Estado de Direito e
Jurisdição
Constitucional

www.editorasaraiva.com.br/direito

Visite nossa página

Série IDP/Saraiva
Conselho Científico

Presidente: Gilmar Ferreira Mendes
Secretário-Geral: Jairo Gilberto Schäfer
Coordenador-Geral: Walter Costa Porto
Coordenador Executivo: Sérgio Antônio Ferreira Victor

Afonso Códolo Belice (discente)
Alberto Oehling de Los Reyes
Alexandre Zavaglia Pereira Coelho
António Francisco de Sousa
Arnoldo Wald
Atalá Correia
Carlos Blanco de Morais
Everardo Maciel
Fábio Lima Quintas
Felix Fischer
Fernando Rezende
Francisco Balaguer Callejón
Francisco Fernández Segado
Ingo Wolfgang Sarlet
Jacob Fortes de Carvalho Filho (discente)
Jorge Miranda
José Levi Mello do Amaral Júnior
José Roberto Afonso
Julia Maurmann Ximenes
Katrin Möltgen
Lenio Luiz Streck
Ludger Schrapper
Marcelo Neves
Maria Alicia Lima Peralta
Michael Bertrams
Miguel Carbonell Sánchez
Paulo Gustavo Gonet Branco
Pier Domenico Logroscino
Rainer Frey
Rodrigo de Bittencourt Mudrovitsch
Rodrigo de Oliveira Kaufmann
Rui Stoco
Ruy Rosado de Aguiar
Sergio Bermudes
Sérgio Prado
Teori Albino Zavascki (*in memoriam*)

GILMAR MENDES

Estado de Direito e JURISDIÇÃO CONSTITUCIONAL

DECISÕES RELEVANTES EM
15 ANOS
DE ATUAÇÃO NO STF

2ª edição

2018

ISBN 978-85-53602-34-6

DADOS INTERNACIONAIS DE CATALOGAÇÃO NA PUBLICAÇÃO (CIP)
ANGÉLICA ILACQUA CRB-8/7057

Av. das Nações Unidas, 7.221, 1º andar, Setor B
Pinheiros – São Paulo – SP – CEP 05425-902

SAC 0800-0117875
De 2ª a 6ª, das 8h às 18h
www.editorasaraiva.com.br/contato

Mendes, Gilmar Ferreira
　　Estado de Direito e Jurisdição Constitucional / Gilmar Ferreira Mendes. — São Paulo : Saraiva Educação, 2018. (Série IDP)

　　Bibliografia

　　1. Brasil - Constituição (1988) - Jurisprudência 2. Brasil. Supremo Tribunal Federal - Jurisprudência I. Título.

18-1006　　　　　　　　CDU 342.4:347.991(81)(094.9)

Índice para catálogo sistemático:
1. Brasil : Constituição e Supremo Tribunal Federal : Jurisprudência : Direito　342.4:347.991(81)(094.9)

Diretoria executiva	Flávia Alves Bravin
Diretoria editorial	Renata Pascual Müller
Gerência editorial	Roberto Navarro
Consultoria acadêmica	Murilo Angeli Dias dos Santos
Edição	Eveline Gonçalves Denardi (coord.)
	Deborah Caetano de Freitas Viadana
Produção editorial	Ana Cristina Garcia (coord.)
	Luciana Cordeiro Shirakawa
	Rosana Peroni Fazolari
Arte e digital	Mônica Landi (coord.)
	Claudirene de Moura Santos Silva
	Fernanda Matajs
	Guilherme H. M. Salvador
	Tiago Dela Rosa
	Verônica Pivisan Reis
Planejamento e processos	Clarissa Boraschi Maria (coord.)
	Juliana Bojczuk Fermino
	Kelli Priscila Pinto
	Marília Cordeiro
	Fernando Penteado
	Mônica Gonçalves Dias
	Tatiana dos Santos Romão
Novos projetos	Fernando Alves
Diagramação	Markelangelo Design e Projetos Editoriais
Revisão	PBA Preparação e Revisão de Textos Ltda
Capa	IDÉE arte e comunicação
Produção gráfica	Marli Rampim
	Sergio Luiz Pereira Lopes
Impressão e acabamento	Edições Loyola

Data de fechamento da edição: 10-8-2018

Dúvidas? Acesse www.editorasaraiva.com.br/direito

Nenhuma parte desta publicação poderá ser reproduzida por qualquer meio ou forma sem a prévia autorização da Editora Saraiva. A violação dos direitos autorais é crime estabelecido na Lei n. 9.610/98 e punido pelo art. 184 do Código Penal.

CL 605278　　CAE 629357

Para Guio.

Sumário

Apresentação 27

Introdução 29

PARTE I – DIREITOS FUNDAMENTAIS

1. Considerações preliminares 33

2. Direitos fundamentais, federalismo e o princípio da proporcionalidade 33
   - Não pagamento de precatório: pedido de intervenção federal. Aplicação do princípio da proporcionalidade – IF 2.915 33
   - Pesagem de botijão e princípio da proporcionalidade – ADI 855 35
   - Vedação de liberdade provisória no processo penal e princípio da proporcionalidade – ADI 3.112 35
   - Princípio da proporcionalidade e proibição de proteção insuficiente – RE 418.376 36

3. As garantias processuais fundamentais e os princípios do contraditório e da ampla defesa. 36
   - Contraditório e ampla defesa no procedimento administrativo – MS 24.268 36
   - Impossibilidade de demissão *ad nutum* de funcionários em estágio probatório – RE 452.721 37
   - Contraditório e ampla defesa: incidência dos direitos fundamentais nas relações privadas – RE 201.819 37
   - Não cabimento de *habeas corpus* contra decisão monocrática proferida por Ministros do STF – HC 105.959 38
   - Processo de *Impeachment*: eleição de deputados integrantes da Comissão Especial que analisa a denúncia e Juízo de admissibilidade no Senado Federal – ADPF 378-ED 39

4. Garantias penais e processuais-penais 40
   - Prisões provisórias em massa e esboço de Estado policial (1) – HC 91.435 41
   - Progressão de regime em caso de inexistência de vaga – RE 641.320 48
   - Possibilidade de execução da pena privativa de liberdade após decisão em segunda instância – ADCs 43 e 44 49
   - Concessão de prisão domiciliar a mulher com filhos menores de 12 anos – HC 141.874. 53
   - Substituição da prisão preventiva pela domiciliar em benefício de todas as mulheres presas que estejam gestantes, puérperas, ou sejam mães de crianças e/ou deficientes sob sua guarda – HC 143.641/SP 54
   - *Habeas corpus* preventivo. Superveniência da ordem de prisão temporária. Não aplicação da Súmula 691. Concessão de Liminar em HC. Expedição de nova ordem de prisão. Nova liminar em *habeas corpus* – Estado policial (2) – HC 95.009 56

- Direito do advogado de ter acesso aos autos do inquérito criminal: PSV 1 – Súmula Vinculante 14. Estado policial (3) 62
- Provas obtidas mediante invasão de domicílio por policiais sem mandado de busca e apreensão – RE 603.616 62
- Contraditório e ampla defesa e denúncia inepta: abuso no oferecimento de denúncia. Estado policial (4) – HCs 85.327, 84.388 e 86.395 63
- Abuso no uso de algemas e exposição vexatória da pessoa presa. Estado policial (5) – Súmula Vinculante 11 65
- A competência para a homologação dos acordos de colaboração premiada – PET 7.074-QO 66
- Excesso de prazo para a prisão – HC 89.090 67
- Excesso de prazo do afastamento das funções de magistrado – HC 90.617 67
- Crime e relação de causalidade: crime ambiental. Denúncia contra o Presidente da Petrobras – HC 83.554 68
- Determinação de recolhimento à prisão, para cumprimento da pena, antes do trânsito em julgado: inadmissibilidade – HC 92.578 69
- Crime hediondo: individualização da pena e progressão de regime – HC 82.959 69
- Redução à condição análoga à de escravo: competência da Justiça Federal ou Estadual – RE 398.041 70
- Prerrogativa de foro: indiciamento de Senador por iniciativa da Polícia Federal. Inadmissibilidade – PET-QO 3.825 71
- Ofensa à imagem de magistrado e operações policiais midiáticas e sem resultados concretos senão a ofensa a direitos fundamentais – HC 102.422 72
- Denúncia por quebra ilegal de sigilo bancário contra Ministro de Estado. Questão preliminar sobre a definição do momento para aceitação da proposta do Ministério Público de suspensão do processo – PET 3.898 74
- Tipicidade do porte de drogas para consumo pessoal – RE 635.659 74

5. **As garantias constitucionais do extraditando** 76
- Competência do Supremo Tribunal Federal para apreciar a natureza política, ou não, do delito imputado ao extraditando e a concessão de refúgio por ato do Poder Executivo (Caso Battisti) – EXTs 1.008 e 1.085 76
- Caso Cesare Battisti – Reclamação contra a decisão final do Presidente da República – Rcl 11.243 80
- Extradição e Estado de Direito no país requerente – EXT 986 81
- Aplicação da jurisprudência da Corte Interamericana no âmbito interno – EXT 1.362 81
- Extradição e prisão preventiva – HC 91.657 83

6. **Segurança jurídica, direito adquirido e interpretação constitucional** 85
- Admissão emergencial de servidores e segurança jurídica – MS 22.357 85
- Direito adquirido e mudança do padrão monetário – RE 141.190 86
- Benefício de Previdência Social e eficácia *pro futuro* da lei. Alteração dos critérios. Aplicação de novos benefícios – RE 416.827 87
- Constitucionalidade da Lei da Anistia e desconsideração, pela impetrante, do árduo processo político que culminou na superação do período de exceção – ADPF 153 87

7. **Direitos fundamentais em espécie** 90

7.1. Direito à vida	90
• Pesquisa científica com embrião humano – ADI 3.510	90
7.2. Direito à educação	93
• Possibilidade de cobrança de mensalidade em curso de pós-graduação *lato sensu* por instituição pública de ensino – RE 597.854, Tema 535	93
7.3. Direito à saúde	94
• Direito à saúde e fornecimento de medicamento – STAs 178 e 175	97
• Direito à saúde e construção e instalação de UTI – SL 228	99
7.4. Direito à igualdade	100
• Constitucionalidade da política de cotas nas universidades públicas – ADPF 186	100
• Reconhecimento de união estável entre pessoas do mesmo sexo – ADPF 132 e ADI 4.277	102
• Alteração no registro civil de transgêneros independentemente de cirurgia de transgenitalização – ADI 4.275	103
7.5. Direito do Trabalho e Direito Previdenciário	104
• Financiamento da suspensão da decisão do TST que mantinha a ultratividade dos acordos coletivos – ADPF 323 MC	104
• Aplicação do prazo prescricional de 5 (cinco) anos para cobrança de valores não depositados no Fundo de Garantia do Tempo de Serviço (FGTS) – ARE 709.212	106
• Direito à desaposentação – REs 661.256, 827.833 e 381.367, Tema 503	107
7.6. Liberdade de expressão artística, científica, de imprensa e liberdade de exercício profissional	109
• Liberdade de expressão e "ato obsceno" durante apresentação teatral – HC 83.996	109
• Liberdade de expressão e crime de racismo – HC 82.424	110
• Liberdade de imprensa e lei de imprensa: não recepção pela Constituição de 1988 – ADPF 130	112
• Liberdade cultural e a prática da vaquejada – ADI 4.983	113
• Liberdade de profissão, liberdade de imprensa e profissão de jornalista – RE 511.961	115
7.7. Restrição da prisão civil por dívida: depositário infiel	117
• Tratado de direitos humanos e supralegalidade – RE 349.703	117
7.8. Livre-iniciativa, direito de propriedade e desapropriação	118
• Monopólio dos Correios quanto aos serviços postais – ADPF 46	118
• Direito de propriedade e desapropriação – MS 24.764	119
• Natureza da responsabilidade do proprietário de terras com cultivo ilegal de plantas psicotrópicas para fins de expropriação – RE 635.336	119
• Indispensabilidade de notificação prévia para desapropriação para fins de reforma agrária – MS 24.547	120

PARTE II – DIREITOS POLÍTICOS FUNDAMENTAIS, PARTIDOS POLÍTICOS E SISTEMAS ELEITORAIS

• Financiamento de campanhas eleitorais por pessoas jurídicas – ADI 4.650	123

10 Estado de Direito e Jurisdição Constitucional – Decisões relevantes em 15 anos de atuação no STF

- Julgamento das contas do chefe do Poder Executivo Municipal – REs 729.744 e 848.826 124
- Inconstitucionalidade da aplicação das inelegibilidades previstas na Lei da Ficha Limpa às eleições de 2010 – RE 631.102 126
- Impossibilidade do exercício de terceiro mandato em um mesmo cargo, ainda que este se dê em localidade diversa daquela onde foram exercidos os dois primeiros mandatos – RE 637.485, Tema 564 127
- Eleição e utilização indevida dos meios de comunicação social – RO 801 e AgRgAg 5.282 128
- Deficiência física grave e voto facultativo: "lacuna constitucional" – PA 18.483 129
- Suspensão de direitos políticos do eleitor submetido à medida de segurança em razão de doença mental – PA 19.297 130
- Captação de sufrágio: não configuração de inelegibilidades. Constitucionalidade do art. 41-A da Lei n. 9.504/97 – ADI 3.592-4 130
- Cláusula de barreira e liberdade partidária: inconstitucionalidade – ADI 1.351 131
- Fidelidade partidária e perda do mandato – MS 26.602 132
- CPI e direito das minorias – MS 24.831 133
- Inelegibilidade em razão de decisão condenatória penal sem trânsito em julgado: inadmissibilidade – ADPF 144 134
- União estável homoafetiva e inelegibilidade – RESPE 24.564 135
- Pretensão de ver declarada a inconstitucionalidade da exigência de título de eleitor no momento da votação. Voto vencido. Arguição casuística. Uso da Suprema Corte para fins partidário-eleitorais – ADI 4.467-MC 135
- Lei Complementar n. 135/2010 (Lei da Ficha Limpa). Ofensa ao princípio da anualidade inscrito no art. 16 da Constituição da República. Desvirtuamento do processo eleitoral – REs 630.147 e 631.102 137
- Renúncia de mandato parlamentar e sucessão pelo suplente – MS 29.988 139
- TSE – Cassação da chapa presidencial eleita em 2014 – AIME 761, AIJE 1943458 e RP 846 140

PARTE III – DIREITO TRIBUTÁRIO

- Cálculo "por dentro" do ICMS. Taxa Selic. Multa Moratória – RE 582.461 145
- Incidência de ICMS sobre venda de veículos salvados de sinistros – RE 588.219 146
- ICMS cobrado no Estado de destino. Protocolo CONFAZ 21/2011 – RE 680.089 146
- Incidência do ICMS na importação de mercadoria por meio de arrendamento mercantil internacional – RE 540.829 148
- Validade de Lei Estadual que instituíra cobrança de tributo anteriormente à Lei Complementar federal – AgR-RE 917.950 149
- Necessidade de lei formal para atualização do valor venal de imóveis – RE 648.245 150
- ICMS na base de cálculo das contribuições PIS/COFINS – RE 574.706 150
- Inexistência de Lei Complementar para regulamentar transferências compensatórias da União para os Estados-membros. As desonerações a partir da Lei Kandir – ADO 25 151
- Possibilidade de aproveitamento integral dos créditos relativos ao ICMS pago na opera-

ção antecedente nas hipóteses em que a operação subsequente é beneficiada pela redução da base de cálculo – RE 635.688 153

• Concessão unilateral por ente federado de benefícios fiscais – ADI 2.548-1 154

• Análise da natureza jurídica da prescrição e da decadência tributárias – RE 560.626-1 155

• Necessidade de comprovação do efetivo exercício do poder de polícia para a cobrança de taxa de renovação de localização e de funcionamento – RE 588.322 157

• Inconstitucionalidade da incidência de Imposto sobre Serviços nas hipóteses de locação de bens móveis – RE 626.706, Tema 212 158

PARTE IV – CONTROLE DE CONSTITUCIONALIDADE

1. **Controle concentrado** 161

   • *Causa petendi aberta* no controle abstrato de constitucionalidade – ADI 2.182 161

   • Leis de efeitos concretos e controle abstrato de normas – ADI 4.048 161

   • Norma constitucional de reprodução obrigatória e controle abstrato de constitucionalidade no âmbito do Estado-membro – RCL 4.432 163

   • Legitimidade de entidade de classe e definição do caráter nacional – ADI 2.866 163

   • Legitimidade de partido político: perda superveniente de representação no Congresso Nacional – ADI 2.618 164

   • ADPF: requisitos de admissibilidade – ADPF 33 164

   • Anencefalia e legalidade da interrupção da gestação: admissibilidade – ADPF 54 165

2. **Controle de constitucionalidade de emenda constitucional** 165

   • Verticalização das coalizões político-partidárias – ADI 3.685 165

   • Contribuição previdenciária dos inativos – ADI 3.105 166

   • Inconstitucionalidade da alteração da composição dos limites máximos do número de vereadores das câmaras municipais – ADI 4.307 166

3. **Controle da omissão inconstitucional** 167

   • Inércia do legislador e necessidade de lei complementar para regular a criação de municípios – ADIs 3.682 e 2.240 167

   • Mandado de injunção e direito de greve do servidor público: decisão de perfil aditivo – MI 708 169

   • Reconhecimento da fungibilidade entre ADI e ADO – ADIs 875, 1.987, 2.727 e 3.243... 171

4. **Controle incidental** 173

   • Controle incidental e declaração de inconstitucionalidade com efeitos restritos – modulação temporal dos efeitos da decisão no sistema difuso – HC 82.959 173

   • Suspensão de execução de lei declarada inconstitucional por decisão definitiva pelo STF (art. 52, inciso X, Constituição Federal). Revisão de jurisprudência – RCL 4.335 . 173

   • Reconhecimento de eficácia *erga omnes* à decisão do STF que, em sede de controle incidental de constitucionalidade, declarou a inconstitucionalidade de norma que regulava a utilização e comercialização do amianto – ADIs 3.406/RJ e 3.470/RJ 174

   • Ação rescisória em caso de interpretação constitucional controvertida: superação do Enunciado da Súmula 343. Cabimento – RE-ED 328.812 175

   • Controle incidental, repercussão geral e objetivação do recurso extraordinário 176

   • Repercussão geral e suspensão do envio de processos ao STF – RE-QO 556.664 176

12 Estado de Direito e Jurisdição Constitucional – Decisões relevantes em 15 anos de atuação no STF

- Declaração de prejudicialidade de recurso extraordinário: não cabimento de agravo de instrumento – AI-QO 760.358 177
- Recurso extraordinário e *causa petendi* aberta 178
- *Causa petendi* aberta e objetivação do recurso extraordinário – RE 388.830 179
- Participação de *amici curiae* em recurso extraordinário – RE-QO 415.454 179
- Sentença aditiva em controle incidental e princípio da isonomia – RE 405.579 180
- Cabimento de agravo regimental contra decisão que indefere pedido de suspensão de segurança – cancelamento da Súmula 506 – SS-AgR-AgR-AgR 1.945 182

5. **Decisões no controle de constitucionalidade e seus efeitos** 183
- Declaração de inconstitucionalidade com efeitos restritos no controle incidental e concreto – RE 197.917 183
- Modulação de efeitos em matéria tributária – RE 560.626 184
- Modulação de efeitos em embargos de declaração – ADI 2.791 185
- Admissibilidade de modulação de efeitos em relação ao direito pré-constitucional – AI-AgR 582.280 186
- ADI e necessidade de impugnação de normas revogadas pela lei objeto da declaração de inconstitucionalidade – ADI 3.660 186
- Lei de teor idêntico à lei declarada constitucional ou inconstitucional – RCL 3.014 187
- Possibilidade de órgãos autônomos, como o CNJ e o CNMP, afastarem a aplicação de determinado ato normativo por vício de inconstitucionalidade – MS 26.739/DF 187
- Caso da Lei Orgânica da Assistência Social e a possibilidade de alteração de jurisprudência com declaração de inconstitucionalidade de norma em sede de reclamação – Rcl 4.374 e RE-RG 567.985 188

PARTE V – ADMINISTRAÇÃO PÚBLICA

1. **Limites do poder regulamentar** 193
- Limites do poder regulamentar e impossibilidade de convalidação de medida provisória – ADI-MC 3.090 e ADI-MC 3.100 193

2. **Moralidade administrativa** 194
- Moralidade administrativa e nepotismo – ADC-MC 12 194
- Cabimento de mandado de segurança coletivo por partidos políticos para defesa de direitos difusos violados por atos administrativos. Desvio de poder em ato administrativo: afastamento de Ministro de Estado nomeado para garantir foro privilegiado – MS 34.070-MC e MS 34.071-MC 194
- Possibilidade de exercício de cargos públicos por membros do Ministério Público – ADPF 388 198

3. **Improbidade administrativa** 199
- Prerrogativa de foro e *perpetuatio jurisdiciones* – ADI 2.797-2 199
- Prerrogativa de foro em ações de improbidade administrativa – RCLs 2.186 e 2.138 200

4. **Administração pública e ordem federativa** 201
- Transferência *ex officio* de servidor e matrícula em universidade pública – ADI 3.324 201
- Taxa de matrícula nas universidades públicas – RE 500.171 203
- ADPF: atos normativos e decisões judiciais que autorizavam a importação de pneus usados – ADPF 101 203

- Concessão de serviço de saneamento em regime metropolitano nas microrregiões – ADI 1.842 204
- Organizações sociais – ADI-MC 1.923 206
- Afastamento indevido dos menores presos do local de residência e concretização do Estatuto da Criança e do Adolescente – SL 235 207
- Análise de constitucionalidade da EC n. 62/2009, que concedia ao Poder Público a possibilidade de adoção de regime especial de pagamento de precatórios – ADIs 4.357/DF e 4.425/DF 208

5. **Concurso público e servidores** 210
   - Cláusulas de barreira em concursos públicos – RE 635.739, Tema 376 210
   - Direito subjetivo à nomeação de candidatos aprovados dentro do número de vagas previstas no edital de concurso público – RE-RG 598.099, Tema 161 211
   - Impossibilidade de o Poder Judiciário rever os critérios de correção adotados por banca examinadora de concurso público – RE-RG 632.853, Tema 485 213
   - Inconstitucionalidade da incorporação de quintos por servidores públicos em razão do exercício de funções gratificadas no período compreendido entre a edição da Lei n. 9.624/98 (2 de abril de 1998) e a Medida Provisória n. 2.225-45/2001 (4 de setembro de 2001) – RE 638.115, Tema 395 213
   - O parcelamento do pagamento da remuneração de servidores em tempo de crise e o pensamento do possível – SSL 883 214

6. **Processo administrativo de demarcação de terras indígenas** 216
   - Demarcação de terras indígenas: Raposa Serra do Sol – PET 3.388 216

7. **Responsabilidade civil do Estado** 218
   - *Quantum* da indenização por desaparecimento de ativista político. Razoabilidade positiva em face de casos de evidente distorção na fixação da indenização – RE 313.915 218

PARTE VI – FUNÇÕES ESSENCIAIS À JUSTIÇA

- Concurso público para empregado da OAB – ADI 3.026 223
- Visto de advogado em contrato constitutivo de pessoas jurídicas: inconstitucionalidade – ADI 1.194 224
- Nomeação de juízes do TRT dentre membros do Ministério Público do Trabalho – ADI 1.289 225

PARTE VII – ACÓRDÃOS

1. **Direitos fundamentais, federalismo e o princípio da proporcionalidade** 229
   IF 2.915 – Intervenção federal – Precatórios judiciais – Observância do princípio da proporcionalidade – Adoção da chamada relação de precedência condicionada entre princípios constitucionais concorrentes 229
   ADI 855 – Gás Liquefeito de Petróleo – Obrigatoriedade de pesagem na hipótese de venda direta ao consumidor – Violação ao princípio da proporcionalidade e razoabilidade das leis restritivas de direitos 235
   ADI 3.112 – Porte de arma – Proteção aos direitos fundamentais por meio de normas penais – Intensidade do controle de constitucionalidade – Vedação de deferimento de liberdade provisória – Inconstitucionalidade reconhecida – Respeito aos princípios da

presunção de inocência e à obrigatoriedade de fundamentação dos mandados de prisão pela autoridade judiciária competente 241

RE 418.376 – Estupro – Posterior convivência entre autor e vítima – Absoluta incapacidade de autodeterminação da vítima – Aplicação do princípio da proteção insuficiente ... 258

2. **As garantias processuais fundamentais e os princípios do contraditório e da ampla defesa** 263

MS 24.268 – Pensão especial – Cancelamento pelo TCU – Ausência de comprovação da adoção por instrumento jurídico adequado – Pensão concedida há vinte anos – Aplicação do princípio da segurança jurídica como subprincípio do Estado de Direito – Possibilidade de revogação de atos administrativos – Poder anulatório sujeito a prazo razoável 263

RE 452.721 – Nomeação – Inobservância dos princípios da ampla defesa, do contraditório e do devido processo legal – Impossibilidade de anulação arbitrária – Exoneração *ad nutum* de funcionários públicos em estágio probatório – Inadmissibilidade – Aplicação da Súmula 21 do STF 272

RE 201.819 – Sociedade sem fins lucrativos – Exclusão de sócio sem garantia da ampla defesa e do contraditório – Eficácia dos direitos fundamentais nas relações privadas – Princípios constitucionais como limites à autonomia privada das associações......................... 277

HC 105.959 – *Habeas Corpus.* Direito processual penal – Impetração contra ato de Ministro relator do Supremo Tribunal Federal – Descabimento – Não conhecimento............... 288

ADPF 378-ED – Direito Constitucional – Embargos de Declaração em ADPF – Inadmissibilidade de pedido consultivo – Inexistência de omissão, contradição ou obscuridade – Inviabilidade da pretensão de rejulgamento da causa – Conhecimento parcial e desprovimento dos embargos 291

3. **Garantias penais e processuais-penais** 312

HC 91.435 – Prisão em flagrante – Ausência de elementos concretos e contemporâneos – Decreto de custódia preventiva – Fundamentação inidônea – Constrangimento ilegal – Parlamentar – Imunidade formal – Incidência do art. 53, § 2º, da Constituição Federal – Ofensa aos direitos fundamentais dos investigados – Confusão conceitual entre os fundamentos da prisão preventiva e aqueles pertinentes ao recebimento da denúncia – Estado policial – Terrorismo estatal como método – Fabricação de provas 312

RE 641.320 – Constitucional – Direito Penal – Execução penal – Repercussão geral – Recurso extraordinário representativo da controvérsia – Cumprimento de pena em regime fechado, na hipótese de inexistir vaga em estabelecimento adequado a seu regime – Violação aos princípios da individualização da pena (art. 5º, XLVI) e da legalidade (art. 5º, XXXIX) – A falta de estabelecimento penal adequado não autoriza a manutenção do condenado em regime prisional mais gravoso.. 327

ADCs 43 e 44 MC – Medida Cautelar na Ação Declaratória de Constitucionalidade – Art. 283 do Código de Processo Penal – Execução da pena privativa de liberdade após o esgotamento do pronunciamento judicial em segundo grau – Princípio constitucional da presunção de inocência – Alteração de entendimento do Supremo Tribunal Federal no julgamento do HC 126.292 – Regra especial associada à disposição geral do art. 283 do CPP que condiciona a eficácia dos provimentos jurisdicionais condenatórios ao trânsito em julgado – Irretroatividade da lei penal mais gravosa... 355

HC 141.874 – Dignidade da pessoa humana e proteção dos direitos individuais e sociais – Proteção à maternidade e à infância – Direito das mulheres reclusas de permanência com seus filhos durante a fase de amamentação – Proteção à família – Lei n. 11.942/2009 – Lei de Execução Penal – Art. 318 do Código de Processo Penal – Substituição da prisão preventiva quando a agente for mulher com filho de até 12 anos de idade incompletos 366

HC 95.009 – Súmula 691 – Não incidência na hipótese de flagrante constrangimento ilegal – Prisão temporária – Oitiva dos investigados para fins de instrução processual – Ausência de justa causa – Fundamentação insuficiente – Novo decreto constritivo de liberdade – Prisão preventiva – Ausência de requisitos – Constrangimento ilegal ante a falta de elementos novos – Magistrado – Informações – Recusa – Atuação não equidistante – Desrespeito à decisão do STF 371

RE 603.616 – Repercussão geral – Inviolabilidade de domicílio – art. 5°, XI, da CF – Busca e apreensão domiciliar sem mandado judicial em caso de crime permanente – Possibilidade – Flagrante delito – Crime permanente – Período noturno – Controle judicial *a posteriori* – Proteção contra ingerências arbitrárias no domicílio – Pacto de São José da Costa Rica, artigo 11, 2 – Pacto Internacional sobre Direitos Civis e Políticos, artigo 17, 1 – Justa causa – Entrada forçada em domicílio, sem uma justificativa prévia – Caso concreto – Flagrante de tráfico de drogas 389

HC 85.327 – Crime societário – Necessidade de individualização das condutas dos indiciados – Observância dos princípios do devido processo legal (CF, art. 5°, inciso LIV), da ampla defesa, do contraditório (CF, art. 5°, inciso LV) e da dignidade humana (CF, art. 1°, inciso III) – Mudança de orientação jurisprudencial 401

HC 86.395 e HC 84.388 – Ação penal – Ausência de justa causa – Denúncia – Não descrição das condutas típicas imputadas ao paciente – Ofensa ao devido processo legal – Ausência de fatos elementares associados às imputações dos crimes 406

HC 91.952 – Súmula Vinculante 11 – Abuso no uso de algemas e exposição vexatória da pessoa presa – Estado policial – Questão eminentemente constitucional – Ofensa à dignidade da pessoa sob a guarda ou custódia do Estado 430

PET 7.074-QO – Questão de ordem em petição – Colaboração premiada – Decisão inicial de homologação judicial: limites e atribuição – Regularidade, legalidade e voluntariedade do acordo – Meio de obtenção de prova – Aferição dos termos e da eficácia da colaboração – Competência colegiada no Supremo Tribunal Federal 432

HC 89.090 – Prisão preventiva – Fundamentação idônea – Excesso de prazo e constrangimento ilegal não configurados – Atuação procrastinatória da defesa e complexidade da causa – Razoabilidade da duração do processo 460

HC 90.617 – *Habeas corpus* – Cabimento em hipóteses que não envolvem o direito à liberdade de ir e vir – Afastamento cautelar de Desembargador – Constrangimento ilegal configurado ante o excessivo período de afastamento – Observância aos princípios do devido processo legal, da dignidade humana e da razoável duração do processo 468

HC 83.554 – Crime ambiental – Vazamento de oleoduto – Responsabilidade penal do dirigente da pessoa jurídica – Limites – Ausência de nexo causal entre a conduta do agente e o resultado considerado lesivo ao meio ambiente 483

PSV 1 – Súmula Vinculante 14 – Advogado – Dados sigilosos – Direito de acesso aos autos do inquérito policial ou do procedimento investigatório – Ressalvas quanto a diligências em andamento – Garantia do contraditório e da ampla defesa – Observância do princípio da dignidade humana 490

HC 92.578 – Direito de recorrer em liberdade – Sentença condenatória – Ausência de trânsito em julgado – Observância aos princípios constitucionais do devido processo legal, da presunção de inocência e da dignidade humana 494

HC 82.959 – Crimes hediondos – Progressão de regime – Individualização da pena – In-

16 Estado de Direito e Jurisdição Constitucional – Decisões relevantes em 15 anos de atuação no STF

constitucionalidade do art. 2°, § 1°, da Lei n. 8.072/90 – Declaração de inconstitucionalidade de lei anteriormente declarada constitucional pelo STF – Modulação de efeitos da declaração de inconstitucionalidade no âmbito do controle incidental............................... 506

RE 398.041 – Trabalho escravo – Redução à condição análoga à de escravo – Desrespeito à dignidade humana e aos direitos fundamentais – Crime contra a coletividade dos trabalhadores – CF, art. 109, inciso VI – Competência – Justiça Federal 537

PET-QO 3.825 – Indiciamento de Senador da República por ato de Delegado da Polícia Federal pela suposta prática do crime do art. 350 da Lei n. 4.737/65 (falsidade ideológica para fins eleitorais) – Inadmissibilidade – Prerrogativa de foro – Garantia voltada para a própria regularidade das instituições em razão das atividades funcionais dos titulares dos cargos... 547

HC 102.422 – Abuso de autoridade mediante denúncia sem justa causa – Imputação de posse ilegal de arma de uso proibido – Operação policial amplamente divulgada e ofensiva à imagem de magistrados e advogados sem resultado algum que não o dano a direitos constitucionalmente garantidos – Necessidade de nova lei sobre abuso de autoridade capaz de inibir a propositura e o recebimento de denúncias negligentes e danosas à imagem dos cidadãos.. 561

PET 3.898 – Denúncia por quebra ilegal de sigilo bancário contra Ministro de Estado e outros – Questão preliminar sobre a definição do momento para aceitação da proposta do Ministério Público de suspensão do processo.. 565

4. Garantias constitucionais do extraditando 597

Ext 1.008 e Ext 1.085 – Extradição – Possibilidade de exame do pedido ante a concessão de refúgio – Competência do Supremo Tribunal Federal para apreciar a natureza política, ou não, do delito imputado ao extraditando – Art. 33 da Lei n. 9.474/97 – Interpretação conforme a Constituição Federal (arts. 5°, inciso LII, e 102, inciso I, letra g)..................... 597

RCL 11.243 – Extradição – Pedido de relaxamento de prisão – Recusa a extradição por crimes políticos – Ato de soberania nacional – 1°, 4°, I, e 84, VII, da Constituição da República – Lide entre estado brasileiro e estado estrangeiro – Incompetência do Supremo Tribunal Federal – Descumprimento do tratado – Princípio da separação dos poderes (Art. 2° CRFB) – Vedação à intervenção do Judiciário na política externa brasileira – Art. 84, VII, da Constituição da República – Extradição como ato político-administrativo vinculado a conceitos jurídicos indeterminados – *Non-refoulement* – Respeito ao direito dos refugiados – Limitação humanística ao cumprimento do tratado de extradição (Artigo III, 1, *f*) – Independência nacional (Art. 4°, I, CRFB) – Relação jurídica de direito internacional. 653

Ext 986 – Extradição – Respeito aos direitos fundamentais do extraditando – Deferimento condicionado à observância rigorosa dos parâmetros do devido processo legal.................. 702

Ext 1.362 – Extradição requerida pela República Argentina – Delitos qualificados pelo estado requerente como de lesa-humanidade – Prescrição da pretensão punitiva sob a perspectiva da lei penal brasileira – Não atendimento ao requisito da dupla punibilidade (art. 77, VI, da Lei 6.815/1980 e art. iii, *c*, do Tratado de Extradição) – Indeferimento do pedido 711

HC 91.657 – Extradição – Insuficiência da instrução – Prisão – Ilegalidade – Revogação da prisão ante a necessidade de observância dos requisitos do art. 312 do Código de Processo Penal, sob pena de expor o extraditando à situação de desigualdade em relação aos nacionais que respondem a processos criminais no Brasil 716

5. Segurança jurídica, direito adquirido e interpretação constitucional 726

MS 22.357 – Servidor público – Admissão por processo seletivo sem concurso público, validada por decisão administrativa e acórdão anterior do TCU – Boa-fé dos impetrantes – Obrigatoriedade da observância ao princípio da segurança jurídica como subprincípio do Estado de Direito – Necessidade de estabilidade das situações criadas administrativamente....   726

RE 141.190 – Plano Bresser – Deflação – Aplicações em certificados de depósitos bancários com valor de resgate prefixado (CDB) – Decreto-lei n. 2.335/87 (congelamento de preços e salários por 90 dias) – Alteração de padrão monetário – Respeito ao direito adquirido – Reequilíbrio do contrato e restabelecimento da igualdade entre as partes contratantes – Observância ao princípio da proteção do ato jurídico perfeito (CF, art. 5º, inciso XXXVI)   731

RE 416.827 – Benefício – Revisão – Pensão por morte – Efeitos financeiros correspondentes à integralidade do salário de beneficiados da previdência geral, a partir da vigência da Lei n. 9.032/95 – Modificação legislativa – Aplicação no tempo....................   741

ADPF 153 – Lei de Anistia – Juízo sobre a legitimidade constitucional do § 1º do art. 1º da Lei n. 6.683/79 – Extensão do perdão político aos crimes de qualquer natureza relacionados com crimes políticos ou praticados por motivação política – Caráter eminentemente político do instituto da anistia – Processo constitucional que transcorreu sobre bases plurais, a consubstanciarem o caráter amplo da anistia concedida – Improcedência total do pedido de declaração de inconstitucionalidade, sem redução de texto, do apontado dispositivo da Lei n. 6.683/79....................   761

6. **Direito à vida**....................   785

ADI 3.510 – Célula-tronco – Pesquisa científica com uso de embrião humano – Art. 5º da Constituição Federal – Alcance....................   785

7. **Direito à educação**....................   804

RE 597.854 – Constitucional e Administrativo – Educação – Universidade pública de Ensino Superior – Cursos de pós-graduação *lato sensu* – Mensalidade – Cobrança – Ofensa ao princípio da gratuidade do ensino em estabelecimentos oficiais – Existência de Repercussão Geral....................   804

8. **Direito à saúde**....................   811

STAs 178 e 175 – Medicamento – Fornecimento – Judicialização do direito à saúde – Audiência Pública – Políticas existentes – Implementação deficitária....................   811

SL 228 – Unidade de tratamento intensivo – Insuficiência de leitos – Ofensa aos arts. 2º, 6º, *caput*, 167, 196 e 198 da Constituição – Garantia do direito fundamental à saúde – Obrigação estatal reconhecida....................   824

9. **Direito à igualdade**....................   836

ADPF 186 – Atos que instituíram sistema de reserva de vagas com base em critério étnico-racial (cotas) no processo de seleção para ingresso em instituição pública de ensino superior – Alegada ofensa aos arts. 1º, *caput*, III, 3º, IV, 4º, VIII, 5º, I, II XXXIII, XLI, LIV, 37, *caput*, 205, 206, *caput*, I, 207, *caput*, e 208, V, todos da Constituição Federal – Ação julgada improcedente....................   836

ADPF 132 e ADI 4.277 – União homoafetiva e seu reconhecimento como instituto jurídico – União estável – Normação constitucional referida a homem e mulher, mas apenas para especial proteção desta última – Focado propósito constitucional de estabelecer relações jurídicas horizontais ou sem hierarquia entre as duas tipologias do gênero humano – Identidade constitucional dos conceitos de "entidade familiar" e "família" – Proibição de discriminação das pessoas em razão do sexo, seja no plano da dicotomia homem/mulher (gênero), seja no plano da orientação sexual de cada qual deles – A proibição do preconceito como capítulo do constitucionalismo fraternal – Homenagem ao pluralismo como valor sociopolítico-cultural – Liberdade para dispor da própria sexualidade, inserida na categoria dos direitos fundamentais do indivíduo, expressão que é da autonomia de vontade – Direito à intimidade e à vida privada – Cláusula pétrea – Tratamento constitucional da instituição da família – Reconhecimento de que a Constituição Federal não empresta ao substantivo "família" nenhum significado ortodoxo ou da própria técnica jurídica – A família como categoria sociocultural e princípio espiritual – Direito subjetivo de constituir família – Interpretação não reducionista... 856

10. **Direito do Trabalho e Direito Previdenciário.** 890

ADPF 323 MC – Medida Cautelar na Arguição de Descumprimento de Preceito Fundamental – Justiça do Trabalho – Ultratividade de normas de acordos e convenções coletivas – Súmula 277 do TST.. 890

ARE 709.212 – Direito do Trabalho – Fundo de Garantia por Tempo de Serviço (FGTS) – Cobrança de valores não pagos – Prazo prescricional – Prescrição quinquenal – Art. 7º, XXIX, da Constituição – Superação de entendimento anterior sobre prescrição trintenária. Inconstitucionalidade dos arts. 23, § 5º, da Lei n. 8.036/90 e 55 do Regulamento do FGTS aprovado pelo Decreto n. 99.684/90 – Segurança jurídica – Necessidade de modulação dos efeitos da decisão – Art. 27 da Lei n. 9.868/99 – Declaração de inconstitucionalidade com efeitos *ex nunc*.. 919

REs 661.256, 827.833 e 381.367 – Previdenciário – § 2º do art. 18 da Lei n. 8.213/91 – Desaposentação – Renúncia a anterior benefício de aposentadoria – Utilização do tempo de serviço/contribuição que fundamentou a prestação previdenciária originária – Obtenção de benefício mais vantajoso.. 933

11. **Liberdade de expressão artística, científica, de imprensa e liberdade de exercício profissional**.. 947

HC 83.996 – Peça de teatro – Ato obsceno (art. 233 do Código Penal) – Discussão sobre a caracterização da ofensa ao pudor público – Contexto em que praticado o ato.............. 947

HC 82.424 – Publicação de livros: antissemitismo – Racismo – Crime imprescritível – Conceituação – Abrangência constitucional – Liberdade de expressão – Limites – Raça humana – Subdivisão – Inexistência.. 952

ADPF 130 – Lei de imprensa – Inconstitucionalidade – Adequação da ação – Regime constitucional da liberdade de expressão jornalística.. 975

ADI 4.983 – Vaquejada – Manifestação cultural – Animais – Crueldade manifesta – Preservação da fauna e da flora – Inconstitucionalidade.. 1009

RE 511.961 – Jornalista – Exigibilidade de diploma para o exercício de atividade jornalística – Liberdades de profissão, de expressão e de informação – Reserva legal qualificada.. 1024

12. **Restrição da prisão civil por dívida: depositário infiel**.. 1066

RE 349.703 – Depositário infiel – Prisão civil – Proibição – Respeito ao Pacto de São José da Costa Rica – *Status* normativo supralegal dos tratados internacionais de direitos humanos – Inaplicabilidade da legislação infraconstitucional conflitante.................................... 1066

13. **Livre-iniciativa, direito de propriedade e desapropriação**.................................. 1106

ADPF 46 – Serviços postais – Monopólio dos Correios – Não recepção da Lei n. 6.538/78 pela Constituição Federal de 1988 1106

MS 24.764 – Desapropriação – Reforma agrária – Vistorias parciais – Admissibilidade – Glebas exploradas autonomamente por arrendatários distintos – Invasão de pequena fração da terra – Superação da jurisprudência do STF firmada no MS 23.054-PB, *DJ* de 4.5.2001, e no MS 23.857-MS, *DJ* de 13.6.2003, segundo a qual a ínfima extensão de área invadida não justifica a improdutividade de imóvel 1118

RE 635.336 – Constitucional – Administrativo – Cultivo ilegal de plantas psicotrópicas – Expropriação – Art. 243 da CF/88 – Regime de responsabilidade – Emenda Constitucional 81/2014 – Inexistência de mudança substancial na responsabilidade do proprietário – Expropriação de caráter sancionatório – Confisco constitucional – Responsabilidade subjetiva, com inversão de ônus da prova 1120

MS 24.547 – Desapropriação – Notificação – Vício – Indispensabilidade de notificação prévia – Art. 2º, § 2º, da Lei n. 8.629/93 – Efetiva participação do proprietário ou de preposto nos trabalhos de levantamento de dados acerca da produtividade do imóvel – Normas de organização e procedimento – Inaplicabilidade da previsão constante do § 5º do art. 2º da Lei n. 8.629/93 1126

14. Direitos políticos fundamentais, partidos políticos e sistemas eleitorais 1133

ADI 4.650 – Direito Constitucional e Eleitoral – Modelo normativo vigente de financiamento de campanhas eleitorais – Lei das Eleições, arts. 23, § 1º, incisos I e II, 24 e 81, *caput* e § 1º – Lei Orgânica dos Partidos Políticos, arts. 31, 38, inciso III, e 39, *caput* e § 5º – Critérios de doações para pessoas jurídicas e naturais e para o uso de recursos próprios pelos candidatos – Ofensa aos princípios fundamentais democrático e da igualdade política – Ausência de modelo constitucional cerrado de financiamento de campanhas – Constituição-moldura – Normas fundamentais limitadoras da discricionariedade legislativa – Diálogos institucionais – Última palavra provisória – Doação por Pessoas Jurídicas – "Plutocratização" do prélio eleitoral – Limites de doação por naturais e uso de recursos próprios pelos candidatos. Compatibilidade material com os cânones democrático, republicano e da igualdade política 1133

RE 729.744 – Competência da Câmara Municipal para julgamento das contas anuais de prefeito – Natureza jurídica do parecer técnico emitido pelo Tribunal de Contas – Competência do Poder Legislativo para o julgamento das contas anuais do chefe do Poder Executivo municipal 1178

RE 637.485 – Repercussão Geral – Reeleição – Prefeito – Interpretação do art. 14, § 5º, da Constituição – Mudança da jurisprudência em matéria eleitoral – Segurança jurídica – Proibição de terceira eleição em cargo da mesma natureza, ainda que em município diverso – Necessidade de ajuste dos efeitos da decisão 1184

RO 801 – Eleições 2002 – Investigação judicial – Art. 22 da Lei Complementar n. 64/90 – Abuso de poder – Utilização indevida dos meios de comunicação social – Jornal – Suplementos – Matérias – Publicidade institucional – Entrevista 1203

AgRgAg 5.282 – Propaganda institucional – Aplicação do art. 36, § 7º, do Regimento Interno do TSE – Ausência de violação ao art. 19 do Código Eleitoral – Divulgação de atos meramente administrativos, sem referência a nome ou imagem do candidato à reeleição – Inexistência de conotação eleitoral – Não configuração da conduta descrita no art. 73, inciso VI, *b*, da Lei n. 9.504/97 – Observância ao princípio da proporcionalidade 1209

PA 18.483 – Voto facultativo – Portadores de necessidades especiais – Legitimidade da extensão do direito assegurado aos maiores de 70 anos 1215

PA 19.297 – Suspensão de direitos políticos – Decisão que impõe medida de segurança – Natureza condenatória – Característica de sanção penal 1224

ADI 3.592-4 – Captação de sufrágio – Art. 41-A da Lei n. 9.504/97 – Respeito à vontade do eleitor – Efeitos da captação ilícita – Cassação do registro ou do diploma 1234

ADI 1.351 – Cláusula de barreira – Partido político – Funcionamento parlamentar – Propaganda partidária gratuita – Fundo partidário – Lei n. 9.096/95 – Inconstitucionalidade – *Obter dictum*: necessidade de revisão da jurisprudência sobre as consequências da fidelidade partidária 1239

MS 26.602 – Infidelidade partidária – Abandono de legenda – Efeitos – Extinção do mandato do parlamentar, ressalvadas situações específicas – Alteração da jurisprudência do STF quanto ao marco temporal (23.3.2007) a partir do qual a fidelidade partidária deve ser observada 1265

MS 24.831 – Comissão Parlamentar de Inquérito – Direito de oposição – Prerrogativa das minorias parlamentares – Expressão do postulado democrático – Instauração de inquérito parlamentar e composição da respectiva CPI – Tema que extravasa os limites *interna corporis* das casas legislativas – Viabilidade do controle jurisdicional – Impossibilidade de a maioria parlamentar frustrar, no âmbito do Congresso Nacional, o exercício, pelas minorias legislativas, do direito constitucional à investigação parlamentar (CF, art. 58, § 3°) 1289

ADPF 144 – Inelegibilidade – Vida pregressa – Decisão condenatória – Ausência de trânsito em julgado – Princípio da presunção de inocência 1299

RESPE 24.564 – Registro de candidato – Candidata ao cargo de Prefeito – Relação estável homossexual com a Prefeita reeleita do município – Inelegibilidade – Art. 14, § 7°, da Constituição Federal 1308

ADI 4.467-MC – Exigência de título de eleitor no momento da votação – Pretensão de ver declarada inconstitucional a norma constante do art. 91-A da Lei n. 9.504/97 (Lei das Eleições) – Voto vencido – Arguição casuística – Uso da Suprema Corte para fins partidário-eleitorais 1311

RE 630.147 e RE 631.102 – Lei Complementar 135/2010 (Lei da Ficha Limpa) – Aplicabilidade às eleições de 2010 – Ofensa ao princípio da anualidade inscrito no art. 16 da Constituição da República – Desvirtuamento do processo eleitoral por ação da maioria contra a minoria – Empate e manutenção da decisão da Corte *a quo* 1320

MS 29.988 – Renúncia de mandato parlamentar e sucessão pelo suplente – Assunção do mandato pelo primeiro imediatamente colocado na lista do partido ou da coligação – Reafirmação da jurisprudência no sentido de que o mandato pertence ao partido 1365

15. Direito Tributário 1370

RE 582.461 – Prisão – Repercussão geral – Taxa Selic – Incidência para atualização de débitos tributários – Legitimidade – Inexistência de violação aos princípios da legalidade e da anterioridade – Necessidade de adoção de critério isonômico – ICMS – Inclusão do montante do tributo em sua própria base de cálculo – Emenda Constitucional n. 33, de 2001 – Multa moratória – Patamar de 20% – Razoabilidade – Inexistência de efeito confiscatório – Precedentes 1370

RE 680.089 – Constitucional e Tributário – Interpretação do art. 155, § 2°, VII, "a" e "b", VIII, da Constituição Federal – Vendas realizadas de forma não presencial a consumidor final não contribuinte do imposto – Aplicação da alíquota interna no estado de origem – Protocolo CONFAZ n. 21/2011 – Inconstitucionalidade – Modulação dos efeitos – Repercussão geral – Recurso extraordinário não provido 1378

RE 540.829 – ICMS – Entrada de mercadoria importada do exterior – Art. 155, II, CF/88 – Operação de arrendamento mercantil internacional – Não incidência – Recurso extraordinário a que se nega provimento 1387

AgR-RE 917.950 – ICMS-Importação – Emenda Constitucional n. 33/2002 – Lei Complementar n. 114/2002 – Leis estaduais anteriores à Lei Complementar e posteriores à

Emenda Constitucional – Ausência de lei complementar federal após a emenda constitucional – ICMS-Importação – Alteração da competência tributária relativa ao ICMS, a fim
de ampliar o sujeito passivo tributário do ICMS-Importação 1394

RE 648.245 – Tributário – Legalidade – IPTU – Majoração da base de cálculo – Necessidade de lei em sentido formal – Atualização monetária – Possibilidade – É inconstitucional a majoração do IPTU sem edição de lei em sentido formal, vedada a atualização,
por ato do Executivo, em percentual superior aos índices oficiais 1399

RE 574.706 – Exclusão do ICMS na base de cálculo do PIS e COFINS – Definição de
faturamento – Apuração escritural do ICMS e regime de não cumulatividade 1402

ADO 25 – Federalismo fiscal e partilha de recursos – Desoneração das exportações e a
Emenda Constitucional n. 42/2003 – Medidas compensatórias – Omissão inconstitucional – Violação do art. 91 do Ato das Disposições Constitucionais Transitórias (ADCT) –
Edição de lei complementar – Ação julgada procedente para declarar a mora do Congresso Nacional quanto à edição da Lei Complementar prevista no art. 91 do ADCT, fixando
o prazo de 12 meses para que seja sanada a omissão 1434

ADI 2.548 – Leis n. 13.212/2001 e 13.214/2001, do Estado do Paraná – Concessão de
benefícios fiscais de ICMS de várias espécies (isenção, redução de base de cálculo, créditos presumidos e dispensa de pagamento) – Observância de lei complementar federal e
existência de convênio entre os Estados e o Distrito Federal – Art. 155, § 2º, inciso XII, g,
da Constituição Federal 1456

RE 635.688 – ICMS – Não cumulatividade – Interpretação do disposto art. 155, § 2º, inciso II,
da Constituição Federal – Redução de base de cálculo – Isenção parcial – Previsão em convênio
(CONFAZ) – Ausência de determinação legal estadual para manutenção integral dos créditos
– Anulação proporcional do crédito relativo às operações anteriores 1462

RE 588.322 – Inconstitucionalidade da taxa de renovação de localização e de funcionamento do Município de Porto Velho – Comprovação do efetivo exercício do poder de
polícia – Imprescindibilidade da regularidade do exercício do poder de polícia – Existência do órgão administrativo não é condição para o reconhecimento da constitucionalidade
da cobrança da taxa de localização e fiscalização – Mas constitui um dos elementos admitidos para se inferir o efetivo exercício do poder de polícia, exigido constitucionalmente.. 1469

RE 626.706 – Tributário – Imposto sobre Serviços (ISS) – Não incidência sobre locação de
bens móveis – Filmes cinematográficos, videoteipes, cartuchos para *videogames* e assemelhados – Súmula Vinculante 31 – Art. 156, inciso III, da Constituição Federal 1475

16. **Controle concentrado** 1477

ADI 2.182 – Ação Direta de Inconstitucionalidade – Natureza aberta da *causa petendi* no
processo constitucional – Superação da questão pertinente à inconstitucionalidade formal
da lei – Possibilidade de apreciação dos aspectos conducentes, ou não, à inconstitucionalidade material – Petição omissa quanto ao vício material – Possibilidade de aferição da
inconstitucionalidade quanto aos aspectos materiais 1477

ADI 4.048 – Controle de constitucionalidade sobre atos de efeito concreto – Legitimidade da abertura de créditos extraordinários – Limites constitucionais à atividade legislativa excepcional do Executivo na edição de medidas provisórias 1483

RCL 4.432 – Normas constitucionais estaduais de reprodução obrigatória – Controle de
constitucionalidade de normas estaduais de conteúdo idêntico à Constituição Federal –
Controle das ações diretas de inconstitucionalidade perante o Tribunal de Justiça estadual
– Normas constitucionais estaduais de caráter remissivo 1500

Estado de Direito e Jurisdição Constitucional – Decisões relevantes em 15 anos de atuação no STF

ADI 2.866 – Legitimidade ativa – Caráter nacional da entidade de classe – Critérios de definição – Art. 7º da Lei n. 9.096/95 – Inaplicabilidade – Relevância nacional da atividade dos associados 1508

ADI 2.618 – Partido político – Legitimidade para propositura de ADI – Perda superveniente de representação – Aferição no momento da propositura – Permanência no polo ativo da relação processual – Objetividade e indisponibilidade da ação 1511

ADPF 33 – Salário mínimo – Proibição de vinculação – Arguição de Descumprimento de Preceito Fundamental – ADPF – Cabimento – Controvérsia sobre legitimidade de lei ou de ato normativo federal, estadual ou municipal, inclusive anterior à Constituição (norma pré-constitucional) 1513

ADPF 54 – ADPF – Adequação – Interrupção da gravidez – Feto anencéfalo – Política judiciária – Macroprocesso – Pedido de interpretação de normas penais para permitir a interrupção da gravidez em caso de anencefalia – Processo objetivo – Necessidade de pronunciamento urgente do Supremo Tribunal Federal – Possibilidade de prolação de decisão com perfil aditivo 1530

17. **Controle de constitucionalidade de emenda constitucional** 1546

ADI 3.685 – Verticalização – Art. 2º da EC 52/2006 – Aplicação imediata da nova regra sobre coligações partidárias eleitorais, introduzida no texto do art. 17, § 1º, da CF – Violação ao princípio da anterioridade da lei eleitoral (CF, art. 16) e às garantias individuais da segurança jurídica e do devido processo legal (CF, art. 5º, *caput*, inciso LIV) – Limites materiais à atividade do legislador constituinte reformador 1546

ADI 3.105 – Contribuição previdenciária dos inativos e pensionistas – Inconstitucionalidade – Seguridade social – Servidor público – Vencimentos – Proventos de aposentadoria e pensões – Sujeição à incidência de contribuição previdenciária – Não ocorrência de ofensa a direito adquirido no ato de aposentadoria – Contribuição social – Exigência patrimonial de natureza tributária – Inexistência de norma de imunidade tributária absoluta – Emenda Constitucional n. 41/2003 (art. 4º, *caput*) – Regra não retroativa – Incidência sobre fatos geradores surgidos após o início de vigência da norma – Possibilidade de isenção para pessoas acometidas de doenças graves 1559

ADI 4.307 – Alteração da composição dos limites máximos do número de vereadores das câmaras municipais – Inconstitucionalidade da pretendida retroação de efeitos da EC 58/2009 para alcançar as eleições, já exauridas, do ano de 2008 – Disposição ofensiva ao art. 16 da Constituição de 1988, que veda a aplicação da regra à eleição que ocorra até um ano após o início de sua vigência 1580

18. **Controle da omissão inconstitucional** 1584

ADI 3.682 – Ação direta de inconstitucionalidade por omissão – Inércia do legislador quanto ao dever de elaborar a lei complementar a que se refere o § 4º do art. 18 da Constituição Federal, na redação dada pela Emenda Constitucional 15/96 – Criação de municípios – Existência de notório lapso temporal a demonstrar a mora legislativa 1584

ADI 2.240 – Ação direta de inconstitucionalidade por omissão – Inércia do legislador quanto ao dever de elaborar a lei complementar a que se refere o § 4º do art. 18 da Constituição Federal, na redação dada pela Emenda Constitucional 15/96 – Criação de municípios – Existência de notório lapso temporal a demonstrar a mora legislativa 1601

MI 708 – Mandado de injunção – Direito de greve do servidor público – Garantia fundamental (CF, art. 5º, inciso LXXI) – Direito de greve dos servidores públicos civis (CF, art. 37, inciso VII) – Evolução do tema na jurisprudência do STF – Definição dos parâmetros de competência constitucional para apreciação no âmbito da justiça federal e da justiça estadual até a edição da legislação específica pertinente, nos termos do art. 37, VII, da CF – Fixação do prazo de 60 dias para que o Congresso Nacional legisle sobre a matéria – Mandado de injunção deferido para determinar a aplicação das Leis ns. 7.701/88 e 7.783/89 até o advento de disciplina legal adequada sobre a matéria 1613

ADIs 875, 1.987, 2.727 e 3.243 – Fundo de Participação dos Estados – Federalismo – Omissão legislativa parcial – Identidade de pedidos e causas de pedir em ações diretas de inconstitucionalidade e ações diretas de inconstitucionalidade por omissão – Inconstitucionalidade – Reconhecimento da fungibilidade entre ações diretas de inconstitucionalidade e ações diretas de inconstitucionalidade por omissão 1642

19. Controle incidental 1668

RCL 4.335 – Controle de constitucionalidade – Papel do Senado Federal – Eficácia *erga omnes* da decisão proferida no sistema difuso de controle de constitucionalidade – Mutação constitucional: suspensão de execução da lei 1668

RE-ED 328.812 – Ação rescisória – Cabimento para assegurar interpretação constitucional do Supremo Tribunal Federal – Conhecimento – Inaplicabilidade da Súmula 343/STF – Cabimento da ação por ofensa à literal disposição constitucional, ainda que a decisão rescindenda tenha se baseado em interpretação controvertida ou anterior à orientação fixada pelo STF 1692

RE-QO 556.664 – Repercussão geral – Questão de Ordem – Inconstitucionalidade dos arts. 45 e 46 da Lei n. 8.212/91 e do art. 5º, parágrafo único, do Decreto-lei n. 1.569/77 declarada pelo Plenário do TRF da 4ª Região – Suspensão da remessa ao STF dos recursos extraordinários e dos agravos de instrumentos que versem sobre a constitucionalidade dos referidos dispositivos 1701

AI-QO 760.358 – Sobrestamento pelo juízo de admissibilidade de recursos extraordinários que tratem de matéria com repercussão geral – Descabimento de agravo de instrumento dirigido ao Supremo – Admissibilidade de agravo regimental a fim de que o próprio Tribunal de origem corrija equívoco na interpretação da jurisprudência do Supremo 1705

RE 388.830 – Recurso Extraordinário – *Causa petendi* aberta – Não ocorrência de ofensa ao art. 239 da Constituição – Possibilidade de análise da matéria com base em fundamento diverso daquele sustentado – Objetivação do recurso extraordinário – Afastamento do caráter marcadamente subjetivo ou de defesa de interesse das partes – Importância da defesa da ordem constitucional objetiva 1711

RE-QO 415.454 – *Amicus curiae* em recurso extraordinário – Admissibilidade – Amplo reconhecimento da figura do *amicus curiae* – Número expressivo de casos existentes – Possível efeito multiplicador da decisão 1714

RE 405.579 – Extensão de benefício fiscal – Inteligência do princípio da isonomia – Livre competição entre empresas – Decisão manipulativa de efeitos aditivos – Equiparação judicial de situações discriminadas pela norma objeto de controle – Admissibilidade 1717

SS-AgR-AgR-AgR-QO 1.945 – Suspensão de segurança – Decisão denegatória – Cabimento de agravo regimental – Aplicação da disciplina prevista na Lei n. 8.437/92 – Superação do entendimento jurisprudencial anterior – Cancelamento da Súmula 506 do STF .. 1731

20. Decisões no controle de constitucionalidade e seus efeitos 1738

RE 197.917 – Modulação de efeitos da decisão do STF no controle incidental – Câmara de Vereadores – Composição – Autonomia municipal – Limites constitucionais – Número de vereadores proporcional à população – CF, art. 29, inciso IV – Aplicação de critério aritmético rígido – Incompatibilidade entre a população e o número de vereadores – Inconstitucionalidade, *incidenter tantum*, da norma municipal – Situação excepcional – Efeitos para o futuro 1738

24 Estado de Direito e Jurisdição Constitucional – Decisões relevantes em 15 anos de atuação no STF

AI-AgR 582.280 – Modulação de efeitos: não recepção de norma pré-constitucional – Técnica da modulação dos efeitos temporais da declaração de inconstitucionalidade – Impossibilidade – Técnica inaplicável quando se tratar de juízo negativo de recepção de atos pré-constitucionais 1755

RE 560.626 – Modulação de efeitos para delimitar a possibilidade de repetição de indébito tributário – Inconstitucionalidade dos arts. 45 e 46 da Lei 8.212/91 e do art. 5°, parágrafo único, do Decreto-Lei 1.569/77 declarada pelo Plenário do Tribunal Regional Federal da 4ª Região.. 1760

ADI 2.791 – Modulação de efeitos via embargos de declaração – Art. 34, § 1°, da Lei n. 12.398/98, do Estado do Paraná – Serventuários da Justiça – Eficácia em relação às aposentadorias e pensões concedidas e aos serventuários que já preenchiam os requisitos legais para os benefícios 1772

ADI 3.660 – Modulação de efeitos no controle concentrado – Efeito repristinatório da declaração de inconstitucionalidade – Custas judiciais – Destinação a entidades privadas – Inconstitucionalidade – Razões de segurança jurídica e de excepcional interesse social – Aplicação do art. 27 da Lei n. 9.868/99, para atribuir à declaração de inconstitucionalidade efeitos a partir da Emenda Constitucional 45/2004 1776

RCL 3.014 – Efeito vinculante dos fundamentos determinantes e lei de teor idêntico – Admissibilidade de reclamação – Alegação de desrespeito à autoridade da decisão do Supremo na ADI 2.868/PI (*DJ* de 11.12.2004): possibilidade de fixação, pelos Estados-membros, de valor referencial inferior ao estabelecido no art. 87 do Ato das Disposições Constitucionais Transitórias – ADCT – Possibilidade de declaração de inconstitucionalidade incidental em julgamento de reclamação 1783

MS 26.739 – Ato do Conselho Nacional de Justiça – CNJ – Anulação da fixação de férias em 60 dias para servidores de segunda instância da Justiça estadual mineira – Competência constitucional do Conselho para controle de legalidade dos atos administrativos de tribunal local – Ato de caráter geral – Desnecessidade de notificação pessoal – Violação do contraditório e da ampla defesa – Férias de sessenta dias 1789

RCL 4.374 – Benefício assistencial de prestação continuada ao idoso e ao deficiente – Art. 203, V, da Constituição – Reclamação como instrumento de (re)interpretação da decisão proferida em controle de constitucionalidade abstrato – Decisões judiciais contrárias aos critérios objetivos preestabelecidos e processo de inconstitucionalização dos critérios definidos pela Lei n. 8.742/93... 1793

21. Limites do poder regulamentar... 1817

ADIs 3.090 e 3.100 – Limites do poder regulamentar – Setor elétrico – Medida Provisória convertida na Lei n. 10.848/2004 – Questão de ordem – Possibilidade de se analisar o alegado vício formal da medida provisória após a conversão em lei – Vícios formais – Possibilidade de convalidação – Questão de ordem rejeitada, por maioria de votos – Vencida a tese de que a promulgação da lei de conversão prejudica a análise dos eventuais vícios formais da medida provisória 1817

22. Moralidade administrativa.. 1835

ADC-MC 12 – Nepotismo – Resolução n. 07/2005 do CNJ – Provimento de cargos em comissão e funções de confiança – Observância aos princípios da impessoalidade, da eficiência, da igualdade e da moralidade – CNJ: Órgão que integra a estrutura administrativa do Poder Judiciário (CF, art. 92) 1835

MS 34.070-MC – Cabimento de mandado de segurança coletivo por partidos políticos para defesa de direitos difusos violados por atos administrativos – Desvio de poder em ato administrativo: afastamento de Ministro de Estado nomeado para garantir foro privilegiado – Deferimento da medida liminar – Suspensão da eficácia da nomeação de Luiz Inácio Lula da Silva para o cargo de Ministro da Casa Civil – Manutenção da competência da justiça em Primeira Instância para os procedimentos criminais em seu desfavor 1845

ADPF 388 – Membros do Ministério Público – Ocupação de cargos públicos fora da instituição – ressalvado o cargo de professor e funções de magistério – Declaração de inconstitucionalidade da Resolução n. 72/2011 do CNMP – Determinada a exoneração dos ocupantes de cargos em desconformidade com a interpretação fixada 1861

23. Improbidade administrativa.. **1882**

ADI 2.797 – Foro especial por prerrogativa de função – Manutenção após o mandato – Extensão, no tempo, ao momento posterior à cessação da investidura – Súmula 394/STF (cancelamento pelo Supremo) – Lei n. 10.628/2002, que acrescentou o § 1º e o § 2º ao art. 84 do CPP – Inadmissibilidade de interpretação autêntica da Constituição por lei ordinária – Usurpação da competência do STF 1882

RCL 2.186 – Agente político – Prerrogativa de foro por crime de responsabilidade – Determinação liminar de suspensão imediata de todos os atos decisórios praticados – Reconhecimento da incompetência absoluta dos juízos reclamados................................... 1914

RCL 2.138 – Uso de aeronaves da Força Aérea como fato configurador de improbidade administrativa – Reclamação interposta pela União contra condenação de Ministro de Estado.. 1923

24. Administração pública e ordem federativa.. **1935**

ADI 3.324 – Universidade – Transferência obrigatória de aluno – Constitucionalidade do art. 1º da Lei n. 9.536/97 – Pressuposto – Observância da natureza jurídica do estabelecimento educacional de origem – Congeneridade das instituições envolvidas: de privada para privada, de pública para pública – Inconstitucionalidade da interpretação que resulte na transferência de instituição privada para pública 1935

RE 500.171 – Taxa de matrícula e gratuidade do serviço público – Ensino superior – Estabelecimento oficial – Cobrança de taxa de matrícula – Inconstitucionalidade 1944

ADPF 101 – Importação de pneus usados – ADPF – Controle de decisões judiciais – Ofensa ao direito à saúde e ao meio ambiente equilibrado – Obrigação intergeracional ... 1947

ADI 1.842 – Saneamento básico – Regiões metropolitanas – Discussão acerca da inconstitucionalidade da transferência, ao Estado, de funções e serviços da competência municipal, especialmente o saneamento básico 1963

ADI-MC 1.923 – Organizações sociais – Pessoas jurídicas de direito privado, sem fins lucrativos, direcionadas ao exercício de atividades referentes a ensino, pesquisa científica, desenvolvimento tecnológico, proteção e preservação do meio ambiente, cultura e saúde – Reforma gerencial do Estado... 1991

SL 235 – Encarceramento de adolescentes – Inadequação das instituições – Proximidade com presos adultos – Inadmissibilidade – Afastamento indevido dos menores do local de residência – Falta de unidade especializada – Descumprimento de dever do Estado – Concretização do Estatuto da Criança e do Adolescente 2004

ADIs 4.357 e 4.425 – Regime de execução da Fazenda Pública mediante precatório – Emenda Constitucional n. 62/2009 – Exame de constitucionalidade formal – Interstício constitucional mínimo entre os dois turnos de votação de emendas à Lei Maior (CF, art. 60, § 2º) – Índice de remuneração da caderneta de poupança como critério de correção monetária – Utilização do rendimento da caderneta de poupança como índice definidor dos juros moratórios dos créditos inscritos em precatórios, quando oriundos de relações jurídico-tributárias 2010

25. Concurso público e servidores **2024**

RE 635.739 – Recurso Extraordinário – Repercussão geral – Cláusula de barreira – Concurso público – Critérios objetivos relacionados ao desempenho meritório do candidato – Ausência de violação ao princípio da isonomia – Existência de amparo constitucional .. 2024

RE 598.099 – Recurso Extraordinário – Repercussão geral. Concurso público – Previsão de vagas em edital – Direito à nomeação dos candidatos aprovados 2031

RE 632.853 – Concurso público – Correção de prova – Não compete ao Poder Judiciário substituir banca examinadora para avaliar respostas dadas pelos candidatos e notas a elas atribuídas – Permissão excepcional para realizar juízo de compatibilidade do conteúdo das questões do concurso com o previsto no edital do certame 2040

RE 638.115 – Administrativo – Servidor público – Incorporação de quintos decorrente do exercício de funções comissionadas no período compreendido entre a edição da Lei n. 9.624/98 e a MP n. 2.225-48/2001 – Impossibilidade 2045

26. Processo administrativo de demarcação de terras indígenas **2053**

PET 3.388 – Demarcação de terras indígenas – Caso "Raposa Serra do Sol" – Especificação judicial do usufruto das populações indígenas sobre as terras que lhes são constitucionalmente asseguradas – Demarcação contínua – Admissibilidade – Fixação de regras do processo demarcatório – Observância ao princípio federativo – Decisão de perfil aditivo .. 2053

27. Responsabilidade civil do Estado **2092**

RE 313.915 – Responsabilidade civil do Estado – Perseguição política durante a ditadura militar – *Quantum* da indenização por desaparecimento de ativista político – Juízo de razoabilidade positiva à evidente distorção ao se fixar o valor da indenização a ser paga 2092

28. Funções essenciais à justiça **2095**

ADI 3.026 – OAB – Quadro funcional – Voto vencido no sentido da exigência de concurso público – Imposição inerente à administração pública direta e indireta – Entendimento majoritário pela inexigibilidade de concurso público 2095

ADI 1.194 – Estatuto da Ordem dos Advogados do Brasil – Obrigatoriedade do visto de advogado para o registro de atos e contratos constitutivos de pessoas jurídicas (art. 1°, § 2°, da Lei n. 8.906/94) – Inconstitucionalidade não reconhecida pela maioria dos membros do STF – Voto vencido: conclusão pela ofensa aos princípios da proporcionalidade e da proteção insuficiente 2107

ADI 1.289 – Cargos vagos – Juízes de Tribunal Regional do Trabalho – Quinto Constitucional – Ministério Público do Trabalho – Composição de lista – Lacuna constitucional – Interpretação com base no chamado "pensamento jurídico do possível" 2120

Apresentação

Este livro que publica votos do Ministro Gilmar Mendes é, como se dizia antigamente, uma antologia. Com efeito, consiste numa seleção de peças jurídicas de alto nível. Nem precisaria de uma apresentação, que apenas serve para destacar o que todos reconhecem, conquanto nem sempre o digam.

Tal antologia é duplamente significativa. Por um lado, revela o talento, a cultura e o saber do autor; por outro, mostra o alto nível do debate jurídico na Suprema Corte brasileira. Se aquelas qualidades são há muito reconhecidas, hoje existem muitos que não fazem justiça para com o Supremo Tribunal Federal. Não se apercebem de que as grandes questões que este tem de enfrentar são complexas, envolvem temas extremamente delicados, importam em teses não raro objeto de controvérsia entre maiores jurisconsultos de todos os tempos.

Ora, nessas questões controvertidas, claramente se destaca o posicionamento do Ministro Gilmar Mendes, como o demonstram os textos reunidos nesta obra. Nestes, ele se baseia em sólidos conhecimentos jurídicos que a tradição consagra, mas revela uma atualização no tocante ao que há de mais recente na doutrina jurídica. E não se esquece nunca de que a função do juiz é fazer justiça, faça chuva, faça sol, agrade ou desagrade gregos e troianos, bacharéis ou jornalistas.

Sem dúvida, para mim – e pode ser deformação profissional – o ponto mais alto da contribuição do Ministro Gilmar Mendes está no campo do direito constitucional. Sem ter a pretensão de supor que antes dele não houve especialistas de grande mérito, ele demonstra conhecer as lições dos mestres do passado – e os grandes documentos do constitucionalismo – como também os aportes dos contemporâneos. Como jurista algum, desde Rui Barbosa – já o disse e repito –, ninguém mais do que ele contribuiu para o desenvolvimento do controle de constitucionalidade e seu aprimoramento no Brasil.

No terreno constitucional, ele está à vontade para lucidamente debater e expender uma lição tanto em questões sutis, como a posição dos tratados internacionais sobre direitos fundamentais na ordem jurídica brasileira, como em outras, mais concretas, como a concessão de *habeas corpus* em casos abuso de poder. Não hesita em discutir a constitucionalidade de emendas constitucionais, nem de fazer face a omissões legislativas, como que decorrentes de uma "greve" de outro poder.

Está sempre atuante na defesa dos direitos fundamentais, em particular da liberdade e de suas garantias, como quer o mais lídimo constitucionalismo. Nesse passo, combina com brilho os princípios constitucionais com os do direito penal e do processo penal, e suas sutilezas. Não toma a punição do ilícito como vingança, mas como sanção condizente com a dignidade da pessoa humana.

Não foge da temática política, enquanto juridicamente tratada. Assim, marca sua visão em matérias como financiamento de campanhas, cláusula de barreira ou de desempenho, fidelidade partidária (e até sistema de governo). E sente-se nisso a sua preocupação patriótica com o futuro do País.

Sabe, como poucos, temperar nas controvérsias a segurança jurídica com a modulação de justiça, a discrição com a proporcionalidade ou a mera adequação. Tem coragem para fulminar casos de desvio de finalidade, em que a finalidade do instituto é deturpada por artifícios maliciosos de agentes políticos ou públicos.

A ênfase dada ao aspecto constitucional da obra do Ministro Gilmar Mendes não pode esconder, mas deriva da solidez de seu conhecimento da teoria geral do Direito, o que se apercebe facilmente quando disserta sobre direito adquirido, por exemplo. Ele inova – e quanto já o fez – contribuindo para o desenvolvimento do direito, mas o faz no respeito do saber consagrado e na lógica desse saber. Não trai jamais a segurança jurídica. O que diz, fundamenta e justifica, ao contrário de outros que veem, nos próprios caprichos, a fonte de um pós-direito arbitrário.

Claro está, enfim, que não se limita à temática constitucional a contribuição do Ministro Gilmar Mendes, como se vê de seus votos, por exemplo, em matéria tributária.

Estou convencido de que a publicação desta antologia jurídica terá efeito marcante na história do direito brasileiro. Muitos nela aprenderão, outros compreenderão as dificuldades da hermenêutica e o futuro terá elementos para dar o devido valor ao nível da ciência jurídica nos tempos que correm.

São Paulo, 2 de maio de 2018.

Manoel Gonçalves Ferreira Filho

Professor Emérito e Titular aposentado de Direito Constitucional da Faculdade de Direito da USP. Doutor Honoris Causa da Universidade de Lisboa. Doutor pela Universidade de Paris. Ex-Professor visitante da Faculdade de Direito de Aix-en-Provence (França). Presidente do Instituto Pimenta Bueno – Associação Brasileira dos Constitucionalistas. Membro da Academia Brasileira de Letras Jurídicas.

Introdução

I. Mencionar, numa introdução feita em duas breves páginas, a obra jurisprudencial do Ministro do STF, Gilmar Ferreira Mendes, sem nelas recordar o Mestre do novo Direito Constitucional brasileiro, o Professor, o Cidadão ativo da "Polis", o Amigo e o Parceiro de uma aventura transatlântica de congressos conjuntos de Direito Público, sempre polémicos e atuais, constitui um exercício tão difícil como frustrante, já que não nos permite dizer tudo o que desejaríamos e que o autor mereceria que disséssemos.

Gilmar Mendes e eu próprio sempre construímos uma relação de estreita colaboração académica e científica, sulcada por cumplicidades jurídico-políticas e por uma sólida amizade. Relação estribada na base de uma sã diversidade de visões sobre o Direito, a Sociedade e o Estado e de uma frutuosa convergência de valores e opções estruturantes sobre o bem comum e a "razão de Estado", no contexto de uma democracia competitiva moderna.

No plano jurídico, sempre criamos conjuntamente eventos e obras coletivas marcantes, pautadas por uma pluralidade dialógica de opiniões dos participantes, a começar pelas nossas. O Ministro Gilmar Mendes como expoente do constitucionalismo moralmente reflexivo, juridicamente germanófilo, discípulo de Peter Häberle, expoente do ativismo na Justiça Constitucional, dialógico na relação comunicativa entre poderes do Estado, garantista na esfera penal e desassombrado e polémico nas suas intervenções públicas. Eu próprio, num outro plano, como positivista, marcado pelo influxo da Escola italiana de Pádua e pelo pensamento de Schmitt e Hart, crítico do ativismo superlativo da Justiça Constitucional e do garantismo penal e defensor da reserva comunicativa dos magistrados supremos.

Em comum nos une o fascínio pelo Direito Público, o debate livre de ideias fora de espartilhos de correção política, a edificação de uma ideia de "Respublica" de Direito Constitucional luso-brasileira, a hostilidade a práticas políticas enquistadas que catalisem a corrupção e práticas contrárias à Ética Pública, a defesa de um Estado de direito eficiente, moderno e socialmente avançado, a escolha de soluções heterodoxas para superar bloqueios prejudiciais ao superior interesse público e uma crença mitológica e obstinada no futuro do Brasil, que para mim, glosando Chico Buarque, será sempre um grande Portugal.

II. Mas, centrando a minha análise na vastíssima, marcante e controvertida edificação jurisprudencial do Ministro Gilmar Mendes no Supremo Tribunal Federal do Brasil, começaria por destacar a **Intervenção Federal 2915** sobre a temática dos precatórios. O Relator era o então Presidente, Ministro Marco Aurélio, que votou pela intervenção. O Ministro Gilmar abriu divergência (talvez a primeira e mais destacada por ele protagonizada). O argumento-chave centrava--se na desproporcionalidade da solução concebida (a intervenção). A crise financeira dos estados seria uma contingência inescapável contra o Governador, contra o Secretário de Fazenda e, igualmente, contra o eventual interventor. Ademais, no plano da técnica jurídica, atento o Voto do Ministro Gilmar Mendes, pela primeira vez, o STF fez uso das três regras da proporcionalidade (adequação, necessidade e proporcionalidade em sentido estrito), fazendo-o com rigor técnico e sem confundir proporcionalidade com juízo de "mera" razoabilidade (o qual foi usado em Portugal desadequadamente como uma fórmula oca, uma espécie de desenho em branco, passível de ser colorido de qualquer maneira, ao alvedrio do juiz). O Ministro Gilmar deixou a sua marca genética nesse precedente.

Destacando um ponto central de sã e amiga divergência que sempre mantivemos (e que afasta, igualmente, o Ministro Gilmar Mendes do tom dominante da judicatura da "Respublica" de Curitiba), cumpre referir que o mesmo ponto respeita às garantias penais e processuais penais, universo onde Gilmar Mendes, atento a sua cosmovisão germânica, se afirma, sem sombra de dúvidas, como um "garantista". Trata-se de algo que deflui de decisões que, por exemplo, respeitam:

i) À questão da inconstitucionalidade da progressão de regime no cumprimento de pena por crimes hediondos.

ii) À enorme e recorrente preocupação que obstinadamente manifesta com as prisões provisórias.

iii) À preclusão da prisão sem trânsito em julgado (não obstante os fluxos e refluxos das decisões jurisprudenciais, que têm afetado as decisões do próprio Ministro.

iv) À proibição do uso de algemas nos arguidos detidos fora de situações de comprovada necessidade (**Súmula Vinculante 11**).

A título final, impõe-se destacar a profunda conexão do Ministro Gilmar Mendes com a doutrina brasileira do *habeas corpus* (HC). Ele realmente é um defensor militante do HC, o que não deixa de ser até certo ponto curioso: com isso ele parece se afastar de um "ideal" paradigmático de Tribunal Constitucional para se aproximar do universo de competências originais do STF que se apartam desse ideal.

Valeria a pena, contudo, construir (mesmo por via ativista) um limite à impetração ou proposição de HC na ordem jurídica brasileira. A luta pelo Direito um dia terá de cessar em nome da segurança e da "paz jurídica".

Carlos Blanco de Morais
Professor Catedrático da Faculdade de Direito da Universidade de Lisboa.
Presidente do Grupo de Ciências Jurídico-Políticas da Faculdade de
Direito da Universidade de Lisboa. Coordenador Científico do Centro
de Investigação de Direito Público

Parte I
Direitos Fundamentais

1. Considerações preliminares

É extremamente rica e diversificada a jurisprudência do Tribunal a respeito dos direitos fundamentais. Daí a necessidade de organizá-la a partir da fixação de algum critério tipológico, ainda que para análise provisória, incidente sobre período limitado.

Destaca-se a atuação da Corte relativamente aos direitos fundamentais de caráter judicial ou direitos fundamentais de natureza processual, contemplando-se os direitos do extraditando, o direito ao contraditório e à ampla defesa, o devido processo legal, o direito à razoável duração do processo, o direito de permanecer calado (direito ao silêncio), o *nullum crimen nulla poena sine praevia lege*, nos diversos significados, o direito à individualização da pena e a questão da prisão civil do depositário infiel.

2. Direitos fundamentais, federalismo e o princípio da proporcionalidade

O tema dos direitos fundamentais implica refletir sobre a aplicação do princípio da proporcionalidade.

- **Não pagamento de precatório: pedido de intervenção federal. Aplicação do princípio da proporcionalidade – IF 2.915**

É de ressaltar, a esse respeito, a IF 2.915[1], mediante a qual fora pleiteada intervenção federal, no Estado de São Paulo, porque não pago certo valor requisitado em precatório, a envolver prestação de natureza alimentícia, expedido em 1997, para inclusão no orçamento de 1998.

Ponderei, naquela ocasião, que, no processo de intervenção federal nos Estados e no Distrito Federal, verifica-se, de imediato, conflito entre a posição da União, visando a garantir a eficácia dos princípios constantes do art. 34 da Constituição, e a posição dos Estados e do Distrito Federal, no sentido de assegurar a prerrogativa básica da autonomia. A primeira baliza para o eventual processo de intervenção destinado a superar tal conflito encontra-se expressamente estampada na Constituição, quando esta consigna a excepcionalidade da medida interventiva.

Diante dessa possível colisão entre princípios constitucionais, a Corte considerou adequada a análise da legitimidade da intervenção a partir de sua conformidade ao princípio constitucional da proporcionalidade.

O princípio da proporcionalidade – também denominado princípio do devido processo legal em sentido substantivo ou, ainda, princípio da proibição do excesso – constitui exigência positiva e material relacionada ao conteúdo de atos restritivos de direitos fundamentais, de modo a estabelecer um "limite do limite" ou uma "proibição de excesso" no cerceamento de tais direitos. Em síntese, a aplicação do princípio da proporcionalidade se dá quando ocorre restrição a

---

[1] Em 3.2.2003, o pedido foi julgado improcedente, vencido o Relator, Min. Marco Aurélio, havendo sido designado redator para o acórdão o Min. Gilmar Mendes (*DJ* de 28.11.2003).

determinado direito fundamental ou conflito concreto entre distintos princípios constitucionais, de maneira a exigir que se estabeleça o peso relativo de cada um dos direitos por meio da aplicação das máximas que integram o mencionado princípio: a) adequação (apto para produzir o resultado desejado); b) necessidade (insubstituível por outro meio menos gravoso e igualmente eficaz); c) proporcionalidade em sentido estrito (forma-se relação ponderada entre o grau de restrição de certo princípio e o grau de realização do princípio contraposto).

A máxima da proporcionalidade, na expressão de Alexy, coincide igualmente com o chamado núcleo essencial dos direitos fundamentais concebido de modo relativo[2]. Nesse aspecto, o princípio da proporcionalidade determina o limite último da possibilidade de restrição legítima de certo direito fundamental.

O exame da proporcionalidade, na hipótese em apreço, exigia algumas considerações sobre o contexto factual e normativo em que se inseria o pedido de intervenção. Argumentei, nesse sentido, que não poderiam ser ignoradas as limitações econômicas condicionantes da atuação do Estado quanto ao cumprimento das ordens judiciais que fundamentavam aquele pedido de intervenção.

Em resposta, o Governador afirmou que, ao assumir o Governo, pendiam de pagamento de precatórios que deveriam ter sido quitados na gestão anterior, além de estarem as finanças públicas em situação caótica, pelo que fora necessária a reorganização do orçamento do Estado. Noticiou, ainda, a satisfação de precatórios de natureza alimentar e a previsão de liquidar os débitos, assim que aprovado, no Congresso, o projeto de lei que permitiria aos Estados utilizarem oitenta por cento dos depósitos judiciais para quitar precatórios de natureza alimentar. Sustentou, por fim, "estar 'lutando' por todas as formas para a obtenção de novos recursos, de modo a acelerar o resgate desse passivo, ainda não realizado, em virtude da impossibilidade material e jurídica existente, porquanto não seria possível o desvio de verbas imprescindíveis ao funcionamento dos demais setores estatais."

Tais circunstâncias fáticas não poderiam ser desconsideradas. No âmbito da atividade jurisdicional, a experiência internacional indica que a proteção dos direitos fundamentais e a busca da redução das desigualdades sociais não prescindem do exame dos reflexos econômicos que possam acarretar.

Caso paradigmático nesse sentido é aquele em que a Corte Constitucional alemã, na famosa decisão sobre *numerus clausus* de vagas nas universidades (*numerus-clausus Entscheidung*), reconheceu que pretensões destinadas a criar os pressupostos fáticos necessários para o exercício de determinado direito estão submetidas à *"reserva do financeiramente possível"* (*Vorbehalt dês finanziellen Möglichen*). Na hipótese, segundo o Tribunal alemão, não pode existir obrigação a impor o deferimento de vagas no sistema educacional, em qualquer tempo e para quem as pleiteie, demandando altos investimentos destinados a suprir demandas individuais, sem levar-se em conta o interesse coletivo[3].

---

[2] Sobre a teoria do núcleo essencial, na doutrina: BALAGUER CALLEJÓN, María Luisa. El contenido esencial del derecho de huelga. *Revista de Derecho Político*. Madrid: Universidad Nacional de Educação a Distancia, 34, 1991, p. 123-141; BRAGE CAMAZANO, Joaquin. *Los límites de los derechos fundamentales*. Madrid: Dykinson, 2004; HÄBERLE, Peter. La garantía del contenido esencial de los derechos fundamentales. Madrid: Dykinson, 2003; LUQUE, Luís Aguiar de. Los limites de los derechos fundamentales. *Revista del Centro de Estudios Constitucionales*. Madrid: Centro de Estudios Constitucionales, 14, jan./abr. 1993, p. 9-34; LORENZO RODRÍGUES-ARMAS, Magdalena. *Análisis del contenido esencial de los derechos fundamentales*. Madrid: Comares; MARTÍNEZ PUJALTE, Antonio-Luis. *La garantía del contenido esencial de los derechos fundamentales*. Madrid: Centro de Estudios Constitucionales, 1997; NOVAES, Jorge Reis. *As restrições aos direitos fundamentais não expressamente autorizadas pela Constituição*. Coimbra: Editora Coimbra, 2003; VILLASENOR GOYZUETA, Claudia Alejandra. *Contenido esencial de los derechos fundamentales y jurisprudencia del tribunal constitucional español*. Madrid: Universidad Complutense Facultad de Derecho, 2003.

[3] *BVerfGE 33, 303 (333)*.

Direitos Fundamentais **35**

A partir desse raciocínio, não se poderia exigir o pagamento da totalidade dos precatórios relativos a créditos alimentares sem que, em contrapartida, houvesse análise dos limites financeiros de um Estado zeloso com as obrigações constitucionais. Tanto isso é verdade que, mesmo se ocorresse intervenção no Estado de São Paulo, o eventual interventor teria de respeitar as mesmas normas constitucionais e limites assinalados pelo Estado, contando, por conseguinte, com apenas 2% das receitas líquidas para pagamento dos precatórios judiciais. Ao interventor, portanto, também seria aplicável a reserva do financeiramente possível.

Desse modo, a Corte concluiu que, enquanto o Estado de São Paulo se mantivesse diligente na busca de soluções para o cumprimento integral dos precatórios judiciais, não estariam presentes os pressupostos para a intervenção federal solicitada. O pedido interventivo, em face de tais argumentos, foi indeferido.

- **Pesagem de botijão e princípio da proporcionalidade – ADI 855**

No julgamento da ADI 855[4], igualmente, o Supremo Tribunal Federal considerou ofensivo ao princípio da proporcionalidade da lei estadual que obrigava os estabelecimentos que comercializavam gás liquefeito de petróleo – GLP – a pesarem, à vista do consumidor, botijões ou cilindros entregues ou recebidos para substituição, com abatimento proporcional do preço do produto ante eventual diferença a menor entre o conteúdo e a quantidade líquida especificada no recipiente.

Na linha do julgamento da liminar, esta de relatoria do Min. Sepúlveda Pertence[5], o Colegiado entendeu que o juízo de adequação constitucional da lei implicava verificar se o ato normativo não esvaziou o conteúdo de direitos fundamentais. Seria necessário, assim, examinar a adequação, a necessidade e a proporcionalidade em sentido estrito. Para tanto, foram determinantes as considerações técnicas lançadas em estudo feito pelo Inmetro, no qual se demonstrou ser impraticável a exigência de que, em cada caminhão, houvesse balança para pesagem dos botijões, ante o risco de imprecisão, especialmente em face do atrito causado pela movimentação do veículo. Mas não foi só. Também restou evidente a inutilidade da medida, uma vez que a fiscalização realizada por amostragem pelo órgão competente seria suficiente a impedir fraudes, sem a majoração do preço final do produto que resultaria dos investimentos indispensáveis ao cumprimento da lei.

- **Vedação de liberdade provisória no processo penal e princípio da proporcionalidade – ADI 3.112**

Ainda sobre o juízo de proporcionalidade aplicado às decisões legislativas, cabe referir o julgamento da ADI 3.112[6], de relatoria do Min. Ricardo Lewandowski, ocasião em que o Tribunal considerou inconstitucional a vedação legal à concessão de liberdade provisória consagrada na Lei

---

[4] O Tribunal, em 6.3.2008, por maioria, julgou procedente a ação direta, vencidos os Ministros Marco Aurélio, Celso de Mello e Menezes Direito. Redigirá o acórdão o Senhor Min. Gilmar Mendes (*DJ* de 26.3.2009).

[5] ADI 855-MC, Rel. Min. Sepúlveda Pertence (*DJ* de 1º.10.1993).

[6] Em sessão plenária realizada em 2.5.2007, o Supremo Tribunal Federal, por unanimidade, rejeitou as alegações de inconstitucionalidade formal, nos termos do voto do Relator, e, por maioria, julgou procedente, em parte, a ação para declarar a inconstitucionalidade dos parágrafos únicos dos arts. 14 e 15 e do art. 21 da Lei n. 10.826/2003, nos termos do voto do Rel. Min. Ricardo Lewandowski, vencidos parcialmente os Ministros Carlos Britto, Gilmar Mendes e Sepúlveda Pertence, que julgavam improcedente a ação quanto aos parágrafos únicos dos arts. 14 e 15, e o Min. Marco Aurélio, que a julgava improcedente quanto ao parágrafo único do art. 15 e, em relação ao art. 21, apenas quanto à referência ao art. 16. O Tribunal, por unanimidade, julgou improcedente a ação relativamente ao art. 2º, inc. X; ao art. 12; ao art. 23, § 1º, § 2º e § 3º; ao art. 25, parágrafo único; ao art. 28 e ao parágrafo único do art. 32; e declarou o prejuízo quanto ao art. 35 (*DJ* de 26.10.2007).

n. 10.826/2003. À luz da lição de Canaris, segundo a qual os direitos fundamentais expressam não apenas proibição do excesso (*Ubermassverbote*), mas também podem ser traduzidos como proibições de proteção insuficiente ou imperativos de tutela (*Untermassverbote*)[7], a Corte decidiu, com base em voto por mim proferido, que as limitações dos direitos fundamentais devem-se fazer em consonância com o princípio da proporcionalidade. A regra há de ser a preservação do direito de liberdade. No caso, a preservação da disciplina legal criaria prisão provisória *ex vi legis*.

Cumpre ressaltar que a decisão do Supremo teve o condão de devolver ao magistrado deliberar, à luz dos requisitos do art. 312 do Código de Processo Penal, sobre a permanência, ou não, da restrição à liberdade, evitando a generalização da prisão provisória nesses casos.

No voto, ressaltei que, se é certo que a Constituição confere ao legislador margem discricionária para avaliação, valoração e conformação, quanto às medidas eficazes e suficientes para a proteção do bem jurídico; no entanto, a mesma Constituição impõe ao legislador os limites do dever de respeito ao princípio da proporcionalidade. Com essa premissa, é possível concluir pela viabilidade da fiscalização judicial de fatos legislativos, estando o Supremo Tribunal Federal incumbido de examinar se o legislador considerou suficientemente os fatos e prognoses e se utilizou da própria margem de ação de forma adequada para a proteção suficiente dos bens jurídicos fundamentais.

- **Princípio da proporcionalidade e proibição de proteção insuficiente – RE 418.376**

Em julgamento de interesse doutrinário evidente – RE 418.376[8] –, o Supremo Tribunal Federal deparou-se com hipótese em que, na decisão recorrida, não fora reconhecida a união estável entre homem e mulher como uma entidade familiar, para efeitos da aplicação da cláusula de extinção da punibilidade prevista no art. 107, inc. VII, do Código Penal.

Tratava-se de situação em que certa criança fora confiada a tutor, que com ela manteve relações sexuais desde que a menina tinha 9 anos de idade. Ou seja, postulava-se o reconhecimento de união estável entre garota de 12 anos que engravidou após manter relações sexuais com o marido da tia, seu tutor legal, e que, depois de ter o filho, veio a juízo afirmar que vivia maritalmente com o próprio opressor.

Naquela ocasião, registrei que, para além da costumeira compreensão do princípio da proporcionalidade como proibição de excesso (já fartamente explorada pelas doutrina e jurisprudência pátrias), há outra faceta desse princípio, a abranger conjunturas diversas, entre as quais a daqueles autos.

É que, por óbvio, conferir à situação o *status* de união estável, equiparável a casamento, para fins de extinção da punibilidade (nos termos do art. 107, inc. VII, do Código Penal), não seria consentâneo com o princípio da proporcionalidade no que toca à proibição de proteção insuficiente.

3. As garantias processuais fundamentais e os princípios do contraditório e da ampla defesa

- **Contraditório e ampla defesa no procedimento administrativo – MS 24.268**

Há muito a jurisprudência do Tribunal enfatiza a importância do respeito ao princípio do contraditório e da ampla defesa como elemento concretizador do Estado de Direito. Inicialmente,

---

[7] CANARIS, Claus-Wilhelm. *Grundrechtswirkungen und Verhältnismässigkeitsprinzip in der richterlichen Anwendung und Fortbildung des Privatsrechts.* JuS, 1989, p. 161 (163).

[8] O Plenário do STF, por maioria, conheceu do recurso extraordinário e negou-lhe provimento, vencidos os Ministros Marco Aurélio, Celso de Mello e Sepúlveda Pertence. Foi designado redator para o acórdão o Min. Joaquim Barbosa (*DJ* de 23.3.2007).

Direitos Fundamentais 37

tal proteção vinha associada ao processo penal. A Constituição de 1988 ampliou o âmbito de incidência e, superando a leitura estrita, consagrou regra segundo a qual "aos litigantes, em processo judicial ou administrativo, e aos acusados em geral são assegurados o contraditório e a ampla defesa, com os meios e recursos a ela inerentes" (art. 5º, inc. LV).

É emblemático o julgamento do MS 24.268[9], no qual o Tribunal houve por bem fixar que os princípios do contraditório e da ampla defesa aplicam-se aos processos administrativos em geral, inclusive aos relacionados com o cancelamento de aposentadorias e pensões efetivadas pelo Tribunal de Contas da União. Assentou a Corte, assim, de forma definitiva, a ideia de que os princípios do contraditório e da ampla defesa haveriam de ter integral incidência nos procedimentos administrativos em geral.

No precedente, estabeleceu-se também que a observância do princípio do contraditório e da ampla defesa no procedimento administrativo independe de se cuidar de controvérsia meramente jurídica ou controvérsia puramente fática. Superou a Corte, assim, entendimento que vinha sendo referendado até então, segundo o qual o princípio do contraditório, na esfera administrativa, teria aplicação apenas nas controvérsias de caráter fático[10].

O referido mandado de segurança configura, decerto, o principal precedente entre os que deram ensejo à edição da Súmula Vinculante 3 do STF, assim redigida: "Nos processos perante o Tribunal de Contas da União asseguram-se o contraditório e a ampla defesa quando da decisão puder resultar anulação ou revogação de ato administrativo que beneficie o interessado, excetuada a apreciação da legalidade do ato de concessão inicial de aposentadoria, reforma e pensão".

- **Impossibilidade de demissão *ad nutum* de funcionários em estágio probatório – RE 452.721**

Interessante anotar, igualmente, a decisão no RE 452.721[11], em que se discutia a anulação de nomeação de defensores públicos feita por Governador de Estado. A Segunda Turma, diante da impossibilidade de exoneração *ad nutum* dos impetrantes, assegurou o direito ao contraditório e à ampla defesa. Considerou o Colegiado que, mesmo em estágio probatório, os recorrentes gozavam de situação jurídica constituída, pelo que firmou a inadmissibilidade da exoneração sem a observância do princípio da ampla defesa.

- **Contraditório e ampla defesa: incidência dos direitos fundamentais nas relações privadas – RE 201.819**

Também foi a propósito de discussões sobre a concretização dos princípios do contraditório e da ampla defesa que o Supremo proferiu decisão relevante quanto ao delicado tema da eficácia dos direitos fundamentais nas relações entre particulares.

Tratava-se do RE 201.819[12], em que se questionava a submissão de entidade de direito privado – dotada de estatutos e atos regimentais próprios – ao princípio da ampla defesa.

---

9. Em 5.2.2004, o STF, por maioria, deferiu o *writ*, nos termos do voto divergente que proferi, e por isso redigi o acórdão, vencidos a Min. Ellen Gracie, Relatora, que o indeferia e, na extensão da concessão, os Ministros Nelson Jobim, Carlos Velloso e Cezar Peluso.

10. SS 514, Rel. Min. Octavio Gallotti (*DJ* de 3.12.1993); RE 158.541, Rel. Min. Carlos Velloso; RE 185.255, Rel. Min. Sydney Sanches (*DJ* de 19.9.1997).

11. Em 22.11.2005, a Segunda Turma do STF, por votação majoritária, conheceu do recurso extraordinário, mas lhe negou provimento, nos termos do voto do Relator, vencido, em parte, o Min. Joaquim Barbosa, que lhe dava parcial provimento.

12. Em 11.10.2005, a Segunda Turma do STF, por maioria, conheceu e negou provimento ao recurso, vencidos a Min. Ellen Gracie, Relatora, e o Min. Carlos Velloso (*DJ* de 27.10.2006).

No julgamento desse recurso extraordinário, restou consignado que as violações a direitos fundamentais não ocorrem somente no âmbito das relações entre o cidadão e o Estado mas igualmente naquelas concretizadas entre pessoas físicas e jurídicas de direito privado. Assentou o Colegiado, então, que os direitos fundamentais assegurados pela Constituição podem vincular, também, de forma direta, as relações havidas entre particulares. No caso, determinado membro de associação profissional (de arrecadação de direitos autorais) insurgia-se contra a própria exclusão da sociedade, sem o devido processo legal. Argumentava, ainda, que a exclusão sumária de membro da associação teria reflexos imediatos na liberdade do exercício profissional.

Cuida-se, talvez, do mais importante precedente sobre a aplicação da doutrina da eficácia imediata dos direitos fundamentais nas relações privadas, que vem sendo objeto de inúmeros estudos[13].

• Não cabimento de *habeas corpus* contra decisão monocrática proferida por Ministros do STF – HC 105.959

Merece destaque, no tocante ao tema, o julgamento do HC 105.959, impetrado contra decisões monocráticas proferidas pelo Ministro Cezar Peluso no Inquérito n. 2.424/RJ, que implicaram a prorrogação de prazos para a realização de escutas telefônicas anteriormente autorizadas nos autos.

No remédio constitucional, os impetrantes pleiteavam o implemento de medida acauteladora para sustar o andamento das Ações Penais n. 2007.51.01.802985-5 (Operação Hurricane I) e 2007.51.01.804865-5 (Operação Hurricane II), que tramitavam perante a 6ª Vara Federal Criminal da Seção Judiciária do Estado do Rio de Janeiro, até o exame final do HC. No mérito, pediu-se: a) a declaração de nulidade da prorrogação de prazos das escutas telefônicas, determinada no Inquérito n. 2.424/RJ; b) o desentranhamento das provas derivadas das referidas decisões; e c) a exclusão desses elementos probatórios das denúncias oferecidas.

Para tanto, aduziram os impetrantes a ausência de fundamentação da decisão que deferiu a prorrogação da escuta telefônica por mais de 44 dias consecutivos. Alegou-se, ainda, violação do art. 5º da Lei n. 9.296/96, bem como a inaplicabilidade da Súmula 606/STF ao caso sob exame.

Indeferida a medida cautelar, os impetrantes formalizaram pedido de reconsideração da decisão, reiterando o pedido liminar de sobrestamento das Ações Penais n. 2007.51.01.802985-5 (Operação Hurricane I) e 2007.51.01.804865-5 (Operação Hurricane II), até o julgamento do Recurso Extraordinário n. 625.263/PR, que versava sobre a mesma matéria – interceptação telefônica e admissibilidade de sucessivas renovações.

---

[13] ABRANTES, José João Nunes. *A vinculação das entidades privadas aos direitos fundamentais*. Lisboa: AAFDL, 1990; CANARIS, Claus-Wilhelm. *Direitos fundamentais e direito privado*. Coimbra: Almedina, 2006; LA CRUZ, Rafael Naranjo. *Los límites de los derechos fundamentales en las relaciones entre particulares*: abuenafe. Madrid: Centro de Estudios Políticos y Constitucionales, 2000; MENDES, Gilmar Ferreira. *Direitos fundamentais*: eficácia das garantias constitucionais nas relações privadas – análise da jurisprudência da Corte Constitucional Alemã; MONTEIRO, Meire Lúcia Gomes (Coord.). *Introdução ao direito previdenciário*. São Paulo: LTr, 1998, p. 237-253; NOVAIS, Jorge Reis. *Direitos fundamentais*: trunfos contra a maioria. Coimbra: Editora Coimbra, 2006; SARLET, Ingo Wolfgang. A influência dos direitos fundamentais no direito privado: o caso brasileiro. In: MONTEIRO, Antônio Pinto; NEUNER, Jörg; SARLET, Ingo Wolfgang (Org.). *Direitos fundamentais e direito privado*: uma perspectiva de direito comparado. Coimbra: Almedina, 2007, p. 111-144; SARMENTO, Daniel. *Direitos fundamentais e relações privadas*. 2. ed. Rio de Janeiro: Lumen Juris, 2006; STEINMETZ, Wilson. *A vinculação dos particulares a direitos fundamentais*. São Paulo: Malheiros, 2004; SOMBRA, Thiago. *A eficácia dos direitos fundamentais nas relações jurídico-privadas*: a identificação do contrato como ponto de encontro dos direitos fundamentais. Porto Alegre: Sérgio Antônio Fabris, 2004; UBILLOS, Juan María Bilbao. En qué medida vinculan a los particulares los derechos fundamentales? In: SARLET, Ingo Wolfgang (Org.). *Constituição, direitos fundamentais e direito privado*. 2. ed. rev. e ampl. Porto Alegre: Livraria do Advogado, 2006, p. 301-340; VALE, André Rufino do. *Eficácia dos direitos fundamentais nas relações privadas*. Porto Alegre: Sérgio Antônio Fabris, 2004.

Em meu voto, entendi ser admissível o *habeas corpus*. Defendi que a chave do debate então travado dizia respeito à efetividade da proteção jurisdicional. Assim, um dos pontos relevantes para aquela discussão consistiria na importância hierárquica do Plenário em face das decisões monocráticas do relator. Defendi que o Plenário é soberano para fazer as devidas correções decisórias em situações de eventual exacerbação de poder do relator, haja vista que o entendimento colegiado é o que mais se aproxima da verdade processual e factual. Ademais, enfatizei a importância de se garantir a proteção judicial efetiva que se materializa no instrumento do *habeas corpus*. Forte em tais razões, julguei procedentes os pedidos veiculados no remédio constitucional.

No entanto, não foi esse o entendimento que prevaleceu entre os Ministros. Por maioria, a Corte decidiu pelo não conhecimento do *habeas corpus*, por entender que ele não seria o remédio constitucional adequado para impugnar decisões monocráticas de Ministros do STF. Para fundamentar esse posicionamento, foi mencionada a Súmula 606/STF, que impede a impetração de *habeas corpus* originário para o Tribunal Pleno de decisão de Turma ou do Plenário, proferida em sede de HC ou RHC. Ademais, rememorou-se que o art. 38 da Lei n. 8.038/90 previa o agravo interno como o caminho natural para atacar as decisões monocráticas do relator. Defendeu-se, portanto, que a possibilidade de impetração de *habeas corpus* em face de decisões monocráticas proferidas pelo relator existiria apenas no plano da teratologia processual.

Diante disso, por maioria de seis votos a cinco, o HC não foi conhecido, por inadequação da via eleita.

- **Processo de *Impeachment*: eleição de deputados integrantes da Comissão Especial que analisa a denúncia e Juízo de admissibilidade no Senado Federal – ADPF 378-ED**

A ADPF 378 foi proposta com fundamento na controvérsia constitucional sobre o processo de julgamento dos crimes de responsabilidade do Presidente da República, previstos em lei anterior à Constituição – Lei n. 1.079/50.

Em embargos de declaração, foram alegadas contradições em três conclusões do julgamento inicial: (a) "não é possível a apresentação de candidaturas ou chapas avulsas para formação da comissão especial"; (b) "a votação para formação da comissão especial somente pode se dar por voto aberto"; (c) "a instauração do processo pelo Senado se dá por deliberação da maioria simples de seus membros, a partir de parecer elaborado por Comissão Especial, sendo improcedentes as pretensões do autor da ADPF de (i) possibilitar à própria Mesa do Senado, por decisão irrecorrível, rejeitar sumariamente a denúncia; e (ii) aplicar o quórum de 2/3, exigível para o julgamento final pela Casa Legislativa, a esta etapa inicial do processamento".

Em embargos de declaração, o Tribunal aprofundou a apreciação dessas questões. Ao final, os embargos de declaração foram rejeitados.

Votei vencido, acolhendo os embargos de declaração.

Quanto à possibilidade de chapa avulsa, a discussão girava em torno do art. 19 da Lei n. 1.079/50, segundo o qual a denúncia é apreciada por uma comissão especial eleita.

Na decisão embargada, a maioria entendeu que o termo "eleita" foi empregado no sentido de "escolhida". Assentou ser "incompatível com o art. 58, *caput* e § 1º, da Constituição" que os "representantes dos partidos políticos ou blocos parlamentares" fossem "escolhidos de fora para dentro, pelo Plenário, em violação à autonomia partidária", em vez de serem "indicados pelos líderes".

Afirmei que defender que eleição seria pautada por uma simples escolha de líderes partidários é afrontar o pilar básico da democracia: direito ao voto de qualquer cidadão, o qual se estende ao parlamentar que recebeu um mandato popular.

Além disso, salientei que a interferência do STF na votação para a formação da comissão parlamentar representaria grave ofensa ao princípio da separação de poderes, tendo em vista que os integrantes do Parlamento são livres para definir os critérios de escolha dos representantes nas comissões.

Quanto à votação secreta, o acórdão embargado afirmara que "todas as votações devem ser abertas, de modo a permitir maior transparência, controle dos representantes e legitimação do processo", visto que em "uma democracia, a regra é a publicidade das votações", de forma que "escrutínio secreto somente pode ter lugar em hipóteses excepcionais e especificamente previstas" e é "incompatível com a natureza e a gravidade do processo por crime de responsabilidade".

Sustentei que a votação secreta tem previsão no Regimento Interno da Câmara dos Deputados (art. 188) e foi adotada no precedente – Caso Collor. Acrescentei que a decisão da Casa do parlamento pela votação secreta deveria ser respeitada pelo Poder Judiciário, por ser matéria *interna corporis* a interpretação e a correta aplicação de dispositivos regimentais, desde que não conflitem com a Constituição Federal ou legislação federal contrária.

Por fim, a decisão embargada afirmara que a acusação deveria passar por Juízo de admissibilidade no Senado, sendo necessária maioria para a instauração do processo.

Sustentei que o juízo de admissibilidade se esgota na Câmara dos Deputados, e o Senado teria apenas a competência para apreciar o mérito. A conjugação dos arts. 51, I, e 52, I, c/c art. 86, § 1º, todos da CF, indica que a Câmara dos Deputados exerce juízo de admissibilidade e o Senado processa e julga o Presidente da República, não havendo reiteração de procedimentos em quaisquer das casas.

Fiquei integralmente vencido. A decisão embargada foi mantida em todos os seus pontos.

4.   Garantias penais e processuais-penais

A Constituição de 1988 consagra expressivo elenco de direitos destinados à defesa da posição jurídica individual perante a administração e os órgãos jurisdicionais em geral, como se pode depreender da leitura do disposto no art. 5º, incs. XXXIV, XXXV, XXXVII a LXXIV, LXVIII, LXXVI e LXXVIII.

Essa expansão normativa das garantias constitucionais penais e processuais-penais não é um fenômeno brasileiro.

A dogmática constitucional alemã cunhou a expressão *"Justizgrundrechte"* para se referir a elenco de proteções constantes da Constituição que tem por escopo proteger o indivíduo no contexto do processo judicial. Sabe-se que a expressão é imperfeita, uma vez que muitos desses direitos transcendem a esfera propriamente judicial.

A adoção da Convenção Europeia de Direitos Humanos promoveu a expansão dos direitos e das garantias nela contemplados. Mediante interpretação dos direitos fundamentais previstos na Constituição em conformidade com as disposições da Convenção Europeia, bem como com a jurisprudência da Corte Europeia dos Direitos Humanos[14], tem-se, hoje, efetiva ampliação do significado dos direitos fundamentais previstos nas constituições nacionais. Em vista da práxis dominante na Alemanha, observa Werner Beulke que tal orientação culmina por conferir supremacia à Convenção Europeia em face do direito alemão[15].

Talvez não haja qualquer exagero na constatação de que esses direitos de caráter penal e processual-penal cumprem papel fundamental na concretização do moderno Estado Democrático de Direito.

---

[14]   Cf. STREINZ, Rudolf. *Europarecht*. 5. ed. Heidelberg, 2001, p. 26.

[15]   Cf. BEULKE, Werner. *Strafprozessrecht*. 8. ed. Heidelberg, 2005, p. 6; cf., ainda, sobre o tema: PALMA, Maria Fernanda. *Direito constitucional penal*. Coimbra: Almedina, 2006; *Jornadas de Direito Processual Penal e Direitos Fundamentais*, coord. Maria Fernanda Palma, Coimbra: Almedina, 2004.

Como observa Martin Kriele, o Estado territorial moderno enfrenta dilema quase insolúvel: de um lado, há de ser mais poderoso que todas as demais forças sociais do país – por exemplo, empresas e sindicatos –; por outro, deve outorgar proteção segura ao mais fraco: à oposição, aos artistas, aos intelectuais, às minorias étnicas[16]. O Estado absolutista e os modelos construídos segundo esse sistema (ditaduras militares, Estados fascistas, sistemas do chamado "centralismo democrático") não se mostram aptos a resolver essa questão.

A solução do dilema – diz Kriele – consiste no fato de que o Estado incorpora, em certo sentido, a defesa dos direitos humanos em seu próprio poder, ao se definir o do Estado como o poder defensor dos direitos humanos. Todavia, adverte, "sem divisão de poderes e em especial sem independência judicial isto não passará de uma declaração de intenções". É que "os direitos humanos somente podem ser realizados quando limitam o poder do Estado, quando o poder estatal está baseado em uma ordem jurídica que inclui a defesa dos direitos humanos"[17].

- **Prisões provisórias em massa e esboço de Estado policial (1) – HC 91.435**

Entre 2003 e 2008, a Polícia Federal realizou número elevado de operações, quase todas efetivadas sob ampla exposição midiática, com denominação específica e com destaque para a apresentação de presos algemados. Embora tais práticas traduzissem orientação político-administrativa da Polícia e de setores do Governo, é certo que também o Poder Judiciário assumia grande responsabilidade no desenvolvimento de tais práticas.

É que, excetuados os casos de prisão em flagrante, somente se decreta a prisão provisória mediante ordem judicial devidamente fundamentada. E eventual abuso na execução da ordem de prisão deve ser adequadamente coibido pela própria autoridade ordenadora da prisão.

Inúmeras decisões judiciais autorizaram esses pedidos de prisões de forma acrítica.

É muito provável que órgãos judiciais tenham se curvado, em muitos casos, diante do poder avassalador acumulado pelas forças policiais. Contrariá-los poderia significar riscos sérios às próprias funções, exercidas, muitas vezes, sob coação[18].

Na denominada "Operação Navalha", o juiz federal Durval Carneiro Neto foi acusado de ter quebrado o sigilo das informações do processo[19]. Na "Operação Themis", destinada à apuração de vendas de sentenças e lavagem de dinheiro na Justiça Federal de São Paulo, a despeito de ordem judicial do Relator, Min. Felix Fischer, que determinara a realização de busca e apreensão com o devido recorte e discrição, optaram as autoridades policiais por efetivar a ação policial, em 20.4.2007,

---

[16] Cf. KRIELE, Martín. *Introducción a la teoría del Estado*. Tradução de Eugênio Bulygin. Buenos Aires: Depalma, 1980, p. 149-150.

[17] KRIELE, Martín, *Introducción*, cit., p. 150.

[18] Em entrevista concedida ao site da Fundação Lauro Campos, Socialismo e Liberdade. Disponível em: <http://www.socialismo.org.br/portal/politica/46-entrevista/837-protogenes-queiroz-entrevista-a-revista-caros-amigos>, o Delegado Protógenes Queiroz, condenado, em primeira instância, aos 9 dias do mês de novembro de 2010, pelos crimes de violação de sigilo funcional e fraude processual durante as investigações da chamada "Operação Satiagraha", relatou episódio que bem demonstra essa realidade: "Mandei recado para o procurador, 'fale com a doutora Silvia (Juíza), ela tem que decretar a prisão do Maluf, senão vou prendê-la, o nome da senhora está no grampo'. Foi uma agonia para que ela decretasse a prisão. Ela decreta. E sai de férias".

[19] Relatório que acusava o juiz federal Durval Carneiro Neto de quebrar o sigilo das investigações foi divulgado em todo o país e, de acordo com o magistrado, seria "fruto de insatisfação de alguns delegados por eu (Durval Carneiro Neto) haver, no período de fevereiro a setembro de 2007, registrado uma série de irregularidades cometidas no curso das investigações da "Operação Navalha", de exclusiva responsabilidade da Diretoria de Inteligência e da Chefia de Divisão de Contra-Inteligência do Departamento de Polícia Federal". Por tais motivos, o juiz federal representou administrativamente contra os delegados federais Renato Halfen da Porciúncula e Emmanuel Henrique Balduíno de Oliveira, de acordo com informações prestadas pelo próprio magistrado em ofício encaminhado em 21.8.2007 à Min. Eliana Calmon nos autos da Ação Penal n. 536/BA, Rel. Min. Eliana Calmon.

com todo o estrépito possível[20]. E, diante das críticas emitidas pelo Relator, divulgou-se na mídia que um de seus filhos estaria envolvido em prática de tráfico de influência no Judiciário[21].

Como particularmente reveladores dos muitos abusos cometidos pelo aparelho persecutório estatal, cumpre referir os *habeas corpus* motivados pelos atos de constrição da liberdade exarados no bojo da assim chamada "Operação Navalha". Nessa ação policial, foi decretada, em 16.5.2007, a prisão preventiva de 47 pessoas em todo o Brasil – entre eles, um Conselheiro Federal da Ordem dos Advogados do Brasil e um Deputado do Distrito Federal.

Apenas para revogar prisões preventivas irregulares e afrontosas ao direito de liberdade individual, foram concedidas, pelo Supremo Tribunal Federal, 27 ordens de *habeas corpus*[22], 9 delas por decisões colegiadas[23].

No HC 91.435[24] (paciente Pedro Passos Júnior), reproduzido neste volume, ressaltei a importância de ser devidamente fundamentada a autorização para a prisão cautelar de qualquer cidadão (CPP, art. 312), bem como a necessidade de o juízo competente indicar e especificar, de modo circunstanciado, elementos concretos a conferir base empírica para legitimar e fundamentar a medida excepcional de constrição da liberdade.

Como se tratava de parlamentar distrital que, nos termos da Constituição, somente poderia ser preso em flagrante por crime inafiançável, buscou-se caracterizar, na ordem de prisão, a permanência do crime de quadrilha, no qual o parlamentar ter-se-ia envolvido em 2006.

Na hipótese, não se afiguravam presentes os elementos para a configuração do flagrante. Os atos supostamente ilícitos imputados ao paciente datavam de junho a setembro de 2006, e a prisão dera-se em maio de 2007. O esforço para caracterizar a permanência do crime de quadrilha soava altamente artificial.

Ressaltei que, na oportunidade da decretação da prisão do paciente, incidia o art. 53, § 2º, da Constituição, segundo o qual "desde a expedição do diploma, os membros do Congresso Nacional não poderão ser presos, salvo em flagrante de crime inafiançável [...]".

Tal orientação se aplica também aos deputados estaduais e distritais.

É que o Plenário do STF, por unanimidade de votos, negou provimento ao RE 456.679/DF, de relatoria do Min. Sepúlveda Pertence e interposto pelo Ministério Público Federal. Nesse julgado, a Corte fixou a tese da aplicabilidade, sem restrições, da imunidade formal prevista no art. 53, § 2º, combinado com os arts. 27, § 1º, e 32, § 3º, todos da Constituição Federal, aos parlamentares do âmbito estadual e distrital.

Nos termos do art. 288 do Código Penal, a pena mínima cominada ao delito de quadrilha ou bando é de reclusão de um ano. E, de acordo com o inc. I do art. 323 do CPP, não será concedida fiança "nos crimes punidos com reclusão em que a pena mínima cominada for superior

---

[20] De acordo com nota disponibilizada no site do Superior Tribunal de Justiça, em 21.10.2009, a Corte Especial do STJ determinou a remessa de cópias do processo ao Ministério Público Federal para verificar se houve abuso de autoridade no cumprimento de determinações do Min. Felix Fischer. Segundo a notícia, "Nos mandados de busca e apreensão expedidos pelo STJ havia expressa observação para que fossem cumpridos com cautela. No entanto, na ocasião, policiais federais cercaram a sede do TRF3 com viaturas e foram acompanhados de equipe de televisão. Disponível em: <http://www.stj.gov.br/portal_stj/publicacao/engine.wsp?tmp.area=398&tmp. texto=94332>. Acesso em: 28 jul. 2010.

[21] Cf. reportagem *A suspeita ronda o Min.*, de Alexandre Oltramarie Ricardo Britto, publicada na revista *Veja* em 2.5.2007. Disponível em: <http://veja.abril.com.br/020507/p_060.shtml>. Acesso em: 29 jul. 2010.

[22] HCs 91.386, 91.393, 91.406, 91.411, 91.412, 91.413, 91.414, 91.415, 91.416, 91.417, 91.418, 91.419, 91.420, 91.421, 91.423, 91.424, 91.425, 91.426, 91.427, 91.429, 91.433, 91.435, 91.439, 91.446, 91.513, 91.514 e 91.525.

[23] Assim, os HCs 91.386, 91.414, 91.415, 91.427, 91.435, 91.513, 91.514, 91.525 e 92.599.

[24] A Turma, por votação unânime, deferiu o pedido de *habeas corpus*, nos termos do voto do Rel. Min. Gilmar Mendes (*DJ* de 16.5.2008).

a dois anos". Dessa forma, diante da constatação de que o crime descrito no art. 288 do CP era afiançável, incidiria, no caso concreto, a imunidade formal prevista no art. 53, § 2º, da CF.

Vale frisar que, apesar da renúncia do paciente ao mandato de Deputado Distrital, ocorrida em 14.8.2007, era perfeitamente aplicável, à época da decretação da prisão, o disposto no art. 53, § 2º, da CF.

Assim, o decreto de prisão do paciente revelava-se insubsistente, pois: i) o decreto cautelar não contava com a exposição detalhada de situação concreta a ensejar o flagrante; ii) no momento da prisão em flagrante, o paciente não fora surpreendido em situação que fizesse supor a associação para o fim da continuidade de cometimento de crimes; e iii) como não se tratava de crime inafiançável, não poderia ocorrer licitamente a prisão em flagrante do paciente.

Ao encerrar os julgamentos dos pedidos de *habeas corpus* relativos a essa série de casos, destaquei as circunstâncias peculiares que envolveram a tramitação e a apreciação dos *habeas corpus* referentes a tal operação.

A defesa de Ulisses Cesar Martins de Sousa, ex-Procurador-Geral do Estado do Maranhão, impetrou, em 17.5.2007, quinta-feira, o primeiro *habeas corpus* – HC 91.386/BA –, a mim distribuído às 19h45. Na mesma data, por volta de 22h, concedi liminar para garantir a liberdade do paciente, tendo em vista a ausência de fundamentos para a prisão provisória.

No dia 18 seguinte, sexta-feira, embarquei às 7h para o Rio de Janeiro, onde participaria de Seminário promovido pela Escola da Magistratura do Tribunal de Justiça do Estado do Rio de Janeiro. Durante o almoço, em torno de 13h30, recebi telefonema do Procurador-Geral da República, Dr. Antônio Fernando Barros e Silva de Souza, a respeito da "Operação Navalha", em curso perante o Superior Tribunal de Justiça – STJ, nos autos do Inquérito 544.

Na oportunidade, o Procurador-Geral da República informou-me sobre as circunstâncias do caso e disse-me que a Relatora, Min. Eliana Calmon, pretendia revogar as prisões tão logo realizada a audiência dos investigados.

Perguntei se a Relatora iria ouvir os detidos durante o fim de semana, e o Procurador-Geral respondeu que as audiências somente começariam na segunda-feira seguinte. Em face disso, observei que era conhecida a jurisprudência do Tribunal sobre prisões preventivas e que o ordenamento brasileiro não abrigava a prisão para mera oitiva de investigados.

No mesmo dia 18, às 14h30, embarquei com destino a São Paulo para participar de congresso na cidade de São Roque-SP.

Logo após chegar a São Paulo, recebi telefonema da jornalista Silvana de Freitas, da Folha de S.Paulo, que indagou sobre detalhes da minha conversa com o Procurador-Geral da República. Além disso, a repórter informou-me que "fontes" da Polícia Federal comentaram que eu iria libertar todos os presos na "Operação Navalha".

Em seguida, voltei a falar sobre o assunto com o Procurador-Geral da República, que esclareceu estar no Estado do Amapá, bem como não haver feito qualquer comentário sobre o nosso diálogo.

Restava, assim, a indagação: estávamos, o Procurador-Geral da República e eu, a ser monitorados?

No dia 19, sábado, retornei a Brasília e conversei por telefone com a Min. Eliana Calmon, já informada a propósito da tramitação dos procedimentos relacionados à mencionada operação.

Na mesma data, o sítio eletrônico "Conversa Afiada", do jornalista Paulo Henrique Amorim, divulgou, com base em "alta fonte da Polícia (Republicana) Federal", diálogos telefônicos que envolviam o meu nome em escutas realizadas pelo Departamento da Polícia Federal, na nota intitulada "Uma Explicação para um HC Inexplicável":

44 Estado de Direito e Jurisdição Constitucional – Decisões relevantes em 15 anos de atuação no STF

"O Conversa Afiada recebeu a seguinte informação de uma alta fonte da Polícia (Republicana) Federal:

Documentos da Operação Furacão indicam que no dia 05 de janeiro de 2007 houve uma ligação de 10 minutos e 29 segundos com referência ao ministro Gilmar Mendes do Supremo Tribunal Federal.

Sérgio, um advogado preso na Operação Furacão, conversa com outro advogado, Emanoel.

O diálogo é o seguinte: 'de colega para colega. O rapaz lá é meu amigo de infância. Quando meu pai era prefeito na cidade, o pai dele era secretário. Quando o papai voltava para o cartório, o pai dele assumia a prefeitura. E os dois governaram Diamantino por 30 anos'.

Tanto Emanoel quanto Gilmar Mendes são de Diamantino, cidade de Mato Grosso.

Gilmar Mendes concedeu um HC (*habeas corpus*) a Ulisses Martins de Souza, preso na Operação Navalha, sem conhecer os autos – segundo informação da Polícia (Republicana) Federal.

Ulisses, ex-procurador geral do Maranhão, aparece na investigação da Polícia (Republicana) Federal como um dos intermediários da empreiteira Gautama.

Emanoel atuou em 'embargos auriculares' para obter o HC do Ulisses.

A transcrição de gravações telefônicas não prova nada. São apenas elementos autorizados pela Justiça e que a Justiça julgará"[25].

É difícil imaginar conduta mais sórdida ou torpe. Não é preciso dizer que as conclusões da nota são fantasiosas em sua integralidade.

Naquele dia ainda, a Agência Estado publicou notícia intitulada "PF 'estranha' *habeas corpus* para acusado na 'Navalha':

'Policiais federais que atuam na Operação Navalha consideraram 'estranha' a decisão tomada hoje pelo ministro Gilmar Mendes, do Supremo Tribunal Federal (STF), que concedeu *habeas corpus* preventivo ao procurador da Justiça no Maranhão e assessor da OAB (Ordem dos Advogados do Brasil) no Estado, Ulisses Cesar Martins de Souza, que está foragido e agora não mais poderá ser preso.

Segundo agentes da PF, Ulisses é considerado um dos intermediários da empresa Gautama, que comandava as fraudes da quadrilha presa na Operação Navalha. O pedido de habeas-corpus foi apresentado ao STF por um advogado da OAB, Alberto Zacharias Toron. Os policiais disseram estranhar a decisão de Gilmar Mendes, porque o ministro não ouviu a relatora do inquérito no Superior Tribunal de Justiça (STJ), ministra Eliana Calmon, nem se informou com a PF sobre as graves acusações que pesam contra Ulisses.

Mendes, no entender dos policiais, deveria ter ouvido também o Procurador-Geral da República, Antonio Fernando Souza, que pediu à ministra a decretação da prisão de Ulisses e demais acusados de participar da quadrilha. O ministro, segundo a PF, não sabia que Ulisses esteve em Brasília e se encontrou com a diretora comercial da Gautama, Maria de Fátima, que agora está presa.

Ele foi monitorado pela PF quando participava da montagem do esquema em torno da obra da BR-402, no Maranhão, orçada em R$ 153 milhões. Federais dizem que ele atuou decisivamente na quadrilha, intermediando a entrega da obra para a empresa Gautama. Federais disseram que todos os passos de Ulisses foram monitorados"[26].

Era evidente o total desconhecimento das regras elementares de processo penal pelas citadas "fontes". Como sabe qualquer estudante de direito, o Relator não precisa pedir informações antes de decidir pedido de liminar em HC.

Tendo em vista todos esses fatos e o notório propósito revelado por tais "fontes da Polícia Federal" de questionar a legitimidade das decisões monocráticas do Relator, na noite de sábado, 19.5.2007, conversei por telefone tanto com o então Ministro da Justiça, Dr. Tarso Genro, quanto com o Diretor-Geral do Departamento da Polícia Federal à época, Dr. Paulo Lacerda. Na

---

[25] Disponível em: <http://conversa-afiada.ig.com.br/materias/433001-433500/433082/433082_1.html>.

[26] Notícia da Agência Estado disponível no endereço eletrônico: <http://www.cosmo.com.br/brasilemundo/integra.asp?id=194597>.

ocasião, expressei a ambos a minha estranheza com a conduta adotada pelos agentes policiais.

Nos dias que se seguiram, foram apreciados novos pedidos de *habeas corpus*, e novas liminares foram concedidas.

Outro fato digno de nota: naqueles dias de maio, diversos órgãos da imprensa publicaram que havia uma lista de nomes de pessoas que teriam recebido benefícios ou mimos da empresa Gautama. Na segunda-feira, 21.5, fui informado, por membro aposentado da Corte, Min. Nelson Jobim, que o nome "Gilmar Mendes" constava de lista de beneficiados da empresa Gautama divulgada pelo DPF.

Na quarta-feira, assim que cheguei ao Tribunal para a sessão plenária das 14h, fui informado, pela imprensa, das declarações do Procurador-Geral da República, no sentido de que a relatora no STJ teria "mais condições de conhecer melhor os fatos, o que permite uma interpretação mais segura" a respeito da "Operação Navalha".

No mesmo momento, tratei de repelir tais declarações, reafirmando que, independentemente de qualquer outra consideração ou apreciação de documentos, a Corte estava satisfatoriamente instruída para avaliar os fundamentos do decreto de prisão preventiva. É óbvio que o decreto prisional deve conter as razões da prisão preventiva. A declaração do Procurador-Geral da República apenas revelava confusão conceitual, muito comum nos meios jornalísticos e em certos setores do Ministério Público, entre fundamentos justificadores da prisão preventiva e aqueles adequados ao recebimento da denúncia ou à prolação de sentença condenatória penal.

Naquele mesmo dia, às 19h, em evidente retaliação às minhas declarações, fui indagado pelas repórteres Carolina Augusta, da Rede Bandeirantes, e Andreza Matais, da Folha de S.Paulo, a respeito de informe do DPF, no qual o nome "Gilmar Mendes" constava da lista de "mimos e brindes" da Gautama.

Não me surpreendi com a informação, pois transcrições de escutas telefônicas a envolver o engenheiro Gilmar de Melo Mendes, ex-Secretário de Fazenda do Estado de Sergipe, constavam da decisão na qual fora decretada a prisão cautelar no Inquérito 544/BA, em curso no STJ, e dos autos do HC 91.386/BA.

Confira-se, a propósito, o seguinte trecho da transcrição:

"DIÁLOGO 57:

ZULEIDO pede para FLÁVIO (FLÁVIO CONCEIÇÃO) conseguir qualquer coisa até sexta. FLÁVIO diz que vai ver amanhã de manhã. ZULEIDO diz que tem certeza que essa operação só vai sair na primeira quinzena. Diz que amanhã cedo vai estar lá (SE) e que vai apertar GILMAR (GILMAR DE MELO MENDES). FLÁVIO diz que vai apertar amanhã. ZULEIDO pede para FLÁVIO fazer um apelo ao Governador (JOÃO ALVES FILHO). FLÁVIO diz que está fechado. (21/06/2006 18:31:07)".

O que me causava surpresa, sim, era a atitude daqueles que divulgaram essas informações, conscientes de que se cuidava de manipulação dolosa de lamentável caso de homonímia.

Em entrevista coletiva no mesmo dia – 23.5 –, tornei públicas as críticas que já fizera no sábado ao Ministro da Justiça e ao Diretor do Departamento da Polícia Federal da época, Paulo Lacerda, quando apontei que parecia estar em gestação no Brasil um modelo de Estado policial. A concessão de liminar em *habeas corpus* por Ministro do Supremo Tribunal Federal passava a configurar ofensa à instituição policial, que, por isso, se sentia autorizada a usar de todos os meios para desqualificar o autor da decisão, valendo-se, especialmente, de informações falsas.

É de destacar que, na Nota Oficial da Divisão de Comunicação Social do DPF, datada de 24.5.2007, não se assumiu qualquer responsabilidade pela divulgação da notícia, tampouco se procurou reparar o equívoco.

Eis o teor da Nota:

"A relação institucional da Polícia Federal com o Poder Judiciário é de respeito e pleno acatamento às suas decisões, especialmente quando se trata da mais alta corte de Justiça do Brasil, o Supremo Tribunal Federal. Não cabe manifestação sobre a opinião pessoal de um de seus ilustres membros. A Polícia Federal aguarda eventual requisição de providências, para apuração de possível irregularidade.

Reafirmamos que a Polícia Federal nestes últimos anos vem aperfeiçoando os mecanismos de investigação. Tal fato tem permitido o desmanche de inúmeras organizações criminosas, com a colheita de indícios e de provas que revelam a materialidade de delitos de natureza grave e a sua autoria, com destaque para o combate das infrações penais cometidas contra a administração pública.

Na função de Polícia Judiciária da União, a legalidade dos atos da Polícia Federal encontra-se submetida aos controles institucionais das autoridades judiciárias e do Ministério Público competentes. Exemplo é o harmônico trabalho que resultou na Operação Navalha, cujas decisões estão sob o crivo da Excelentíssima Min. Relatora Eliana Calmon, do Superior Tribunal de Justiça, e do Excelentíssimo Procurador-Geral da República Antônio Fernando de Souza".

A Nota indicava, como se pôde ver, que a Polícia Federal aguardaria as requisições de providências para apuração de possível irregularidade. Era evidente o abuso. Até porque o órgão policial não precisa de representação para investigar eventuais irregularidades cometidas pelos próprios agentes. No caso, tratava-se de patente crime de ação pública incondicionada, além de infração disciplinar[27].

Registro que, segundo me informou a Diretora da Rede Globo em Brasília, Sílvia Faria, a sucursal da emissora também recebeu, com pedido de que a notícia fosse divulgada, informações dessas "fontes" sobre a suposta lista de "mimos e brindes", em que meu nome constava como beneficiário. Também o repórter da TV Globo Carlos de Lannoy confirmou que essas informações foram fornecidas por François Renner, então Chefe de Assessoria de Imprensa da Polícia Federal.

Portanto, as investigações para esclarecer não precisavam avançar além das calçadas do DPF ou não ultrapassavam sequer o setor encarregado da comunicação social.

Como sói acontecer, havia método na loucura.

E os abusos não pararam por aí.

Naqueles dias de maio de 2007, fui indagado pelo repórter Jailton de Carvalho, do jornal "O Globo", a respeito da informação de que o Sr. Ulisses Cesar Martins de Sousa, paciente do HC 91.386/BA, frequentava constantemente minha residência, consoante constava das investigações a respeito do "Gilmar Mendes" beneficiado pela Gautama. É dispensável fazer quaisquer comentários sobre tais insinuações, dado o seu conteúdo absurdo. Era mais uma notícia mentirosa repassada por tais fontes. Cuidava-se de espécie de terrorismo estatal como método.

Inicialmente, pensei que a tentativa de agentes policiais federais de desqualificar juiz do STF era inédita na nossa história.

Não era, porém, algo novo.

Todos esses incidentes trouxeram à memória as lastimáveis ocorrências que envolveram o nome do Min. Sepúlveda Pertence, no episódio que culminou com a malfadada e totalmente insubsistente denúncia de suposta irregularidade em decisão em recurso extraordinário[28].

---

[27] A conduta ilegal dos agentes estatais envolvidos resultaram em processo penal 2008.34.00.028313-1, da 12ª Vara Federal da Seção Judiciária do Distrito Federal.

[28] Em 12.1.2007, o sítio eletrônico *Terra Magazine* noticiou:
"O relatório enviado ao Conselho Nacional de Justiça e à Procuradoria Geral da República contém a transcrição de gravações, feitas pela Polícia Federal, de conversas telefônicas entre sócios da empresa GDN Consultores Associados, especializada em questões tributárias.

Na época, a fantasiosa notícia recebeu ampla divulgação na imprensa e foi extensa e satisfatoriamente rechaçada pelo Min. Pertence e por todos os membros do Tribunal.

Nos diálogos, os sócios comemoram a obtenção de uma decisão favorável no Supremo Tribunal Federal envolvendo o Banese (Banco do Estado de Sergipe). De acordo com o relatório, as conversas indicam o pagamento de propina e de 'compra de sentença' no caso.

A sentença foi dada em 6 de setembro de 2006 pelo Min. Sepúlveda Pertence. Em diálogo gravado no dia 8 de setembro, Nivaldo de Oliveira, um dos sócios da GDN, fala sobre a decisão favorável do STF e elogia Chafic Chiquie Borges por seu papel no caso: 'Vossa Excelência é brilhante por excelência. Eu não sei onde você conseguiu tanta competência em seus relacionamentos'.

Chafic Borges é, segundo o relatório, quem apresentou Nivaldo de Oliveira ao advogado Luis Fernando Severo Batista, supostamente articulador de um esquema de 'lobby' junto aos tribunais superiores que garantiria decisões jurídicas favoráveis a seus clientes. Batista é também apontado, nas investigações da PF, como suspeito de articular um suposto esquema de fraude tributária que beneficiaria empresas ligadas ao crime organizado.

A seguir, uma das dezenas de conversas gravadas pela PF. Os envolvidos no diálogo são:

'Alexandre Henrique Zarzur – sócio da GDN

Gabriela Damato Neto – sócio da GDN

Luís Fernando Severo Batista – advogado da GDN

Gabriel: Oi, Alexandre, tudo bem?

Alexandre: Tudo bem, e você?

(...)

Gabriel: Eu tô sabendo do que aconteceu lá, resta saber o que é.

Alexandre: Então, é isso aí mesmo.

Gabriel: (...) Eu conversei com o Luís Fernando.

Alexandre: Ah, ele tá comigo agora tomando um café na Ofner.

Gabriel: Ué, ele não está no haras dele?

Alexandre: Ele já voltou.

Gabriel: Deixa eu falar com ele, então.

Luís Fernando: Fala, bonitão.

Gabriel: Eu pensei que você estava no haras.

Luís Fernando: Voltei, tive um problema com a minha ex-esposa. (...) Aproveitei e chamei nosso amigo pra botar ele na linha, senão começa a comemorar, a telefonar, entende?

Gabriel: Deixa eu te fazer uma pergunta. Eu olhei lá o que saiu, deu provimento parcial. Isso é exatamente a mesma decisão que ele deu na liminar, entendeu?

Luís Fernando: Foi a mesma decisão da liminar.

Gabriel: Ali não cabe recurso?

Luís Fernando: Não, não tem instância nenhuma.

Gabriel: Porque ali ele fala...

Luís Fernando: Já julgou, o negócio da liminar acabou com o julgamento do mérito da ação principal, já acabou tudo.

Gabriel: Então nós precisamos sentar na segunda, porque eu já marquei na terça-feira de estar lá com o secretário (Nota da Redação: o então secretário da Fazenda de Sergipe).

Luís Fernando: Não, eu acho que terça-feira é tarde, terça-feira já tem gente me chamando de filho da puta. É verdade. Uma insegurança natural, porque acabou a atividade dele, entendeu, Gabriel?

Gabriel: Sei, sei.

Luís Fernando: Fica muito, muito apreensivo. Então vamos ver se amanhã a gente conversa qualquer coisa, se precisar vamos antes. Tudo bem?

Gabriel: Tudo bem.'

A seguir, comentários e análises dos responsáveis pela investigação sobre o diálogo acima:

'Alexandre Henrique Miola Zarzur, Luís Fernando Garcia Severo Batista e Gabriel conversam sobre as decisões favoráveis ao Banco do Estado de Sergipe S.A. – Banese, cliente da GDN Consultores Associados Ltda. na ação cautelar 1.355 e no recurso extraordinário 505071, julgados pelo Min. Sepúlveda Pertence nos dias 5 e 6 de setembro de 2006, respectivamente. No diálogo, Luís Fernando explica a Gabriel que a decisão do recurso extraordinário não é um mero provimento liminar, diz que <já julgou, o negócio da liminar acabou com o julgamento do mérito da ação principal, já acabou tudo>. Gabriel diz que marcou <terça-feira de estar lá com o secretário>, referindo-se ao secretário de Estado da Fazenda de Sergipe. Neste momento, Luís Fernando retruca dizendo que <terça-feira é tarde, terça-feira já tem gente me chamando de filho da puta>. Luís Fernando refere-se à necessidade de que o pagamento dos <honorários> pelo êxito nas ações judiciais seja imediato, não podendo esperar até terça-feira.

Esse pérfido encadeamento de fatos também foi levado ao conhecimento do Procurador-Geral da República e, até o momento, aguardam-se as devidas providências para elucidação. É óbvio, conforme destacaram as declarações do Min. Pertence, que o intuito da divulgação daqueles fatos era afetar sua eventual indicação para o Ministério da Justiça, como se cogitava à época[29].

Vale frisar que, já naquele infame episódio no qual se buscou envolver o nome de Sepúlveda Pertence, o ex-Secretário de Estado sergipano Gilmar de Melo Mendes fora expressamente citado em relatório de inquérito policial que teve curso na Superintendência Regional do Departamento da Polícia Federal em Mato Grosso do Sul, conforme transcrito na representação datada de 25.1.2007, referente ao Processo Administrativo MPF-PGR 1.00.000.000232/2007/97[30].

Logo, era inquestionável que as autoridades policiais conheciam perfeitamente a identidade do suposto envolvido com a empresa Gautama, que não era o Min. Gilmar Mendes. No entanto, em nenhum momento esclareceram a artificial homonímia nem corrigiram a supressão do nome do meio (de Melo) do ex-Secretário de Estado de Sergipe. Era inequívoco o intuito de confundir o meu nome com o do ex-Secretário de Estado do Sergipe.

Tudo estava a indicar que setores da Polícia haviam incorporado métodos ilícitos para obter a decretação de prisões provisórias requeridas e evitar a concessão de ordem de *habeas corpus*.

O mais grave, porém, estava no significado institucional dessa ação. Não haveria mais limites para a ação policial. Tais forças poderiam desqualificar qualquer autoridade da República, até mesmo do mais alto Tribunal. O chamado combate à impunidade justificava a utilização de todos os métodos e a prática de sistemática de atemorização.

• Progressão de regime em caso de inexistência de vaga – RE 641.320

Trata-se de recurso extraordinário interposto pelo Ministério Público do Estado do Rio Grande do Sul contra acórdão da Quinta Câmara Criminal do TJRS, o qual deu parcial provimento a recurso de apelação interposto por Luciano da Silva Moraes, para reduzir a pena condenatória e fixar a prisão domiciliar enquanto não existir estabelecimento destinado ao regime semiaberto que atenda a todos os requisitos da LEP.

Em suas razões, o recorrente afirmou que a impossibilidade material de o Estado instituir estabelecimento prisional destinado ao regime semiaberto que atenda a todas as exigências da legislação penal não autoriza, por si só, o Poder Judiciário a conceder o benefício da prisão domiciliar fora das hipóteses legalmente previstas. Eventual problema de superlotação das penitenciárias seria questão a ser resolvida no âmbito da Administração Pública, não podendo servir como justificativa para a concessão da prisão domiciliar.

A repercussão geral da questão constitucional discutida foi reconhecida pela Suprema Corte, em acórdão assim ementado:

Observe-se que Luís Fernando justifica a necessidade de pagamento imediato referindo-se a uma terceira pessoa: <É verdade. Uma insegurança natural, porque acabou a atividade dele, entendeu, Gabriel?>... Fica muito, muito apreensivo??? Trata-se do primeiro indício de que as decisões judiciais proferidas na ação cautelar e no recurso extraordinário foram <negociadas>, ao menos no que se refere à sua celeridade, com o próprio Min. Sepúlveda Pertence e/ou seus assessores jurídicos.'" Disponível em: <http://terramagazine.terra.com.br/interna/0,,OI1343596-EI6578,00.html>.

[29] Publicação de grande circulação, à época, colheu a seguinte declaração do Ministro da Justiça Márcio Thomaz Bastos: "O que se fala é no Min. Tarso Genro, no Min. Sepúlveda Pertence. São os dois nomes que eu acredito em relação aos quais se tem afunilado esse processo de escolha. Mas eu vou ter uma reunião com o presidente da República e ele deve me dar esse nome, hoje ainda, espero". Disponível em: <http://www1.folha.uol.com.br/folha/brasil/ult96u87748.shtml>. Acesso em: 21 ago. 2010.

[30] "O monitoramento do advogado ALEXANDRE HENRIQUE MIOLAZARZUR permitiu que os investigadores tomassem conhecimento de casos de outros clientes da GDN CONSULTORES ASSOCIADOS LTDA., dentre estes um caso específico envolvendo o Banco do Estado de Sergipe S/A – BANESE. Trata-se da Ação Cautelar 1.355 e do Recurso Extraordinário 505.071, impetrados no Supremo Tribunal Federal, cujas decisões (parcialmente procedentes) favoreceram o Banco do Estado de Sergipe S/A – BANESE, 'órgão vinculado' à Secretaria de Estado da Fazenda de Sergipe, administrada pelo Secretário de Estado GILMAR DE MELO MENDES."

"Constitucional. 2. Direito Processual Penal. 3. Execução Penal. 4. Cumprimento de pena em regime menos gravoso, diante da impossibilidade de o Estado fornecer vagas para o cumprimento no regime originalmente estabelecido na condenação penal. 5. Violação dos artigos 1º, III, e 5º, II, XLVI e LXV, ambos da Constituição Federal. 6. Repercussão geral reconhecida".

Em meu voto, considerei que a falta de estabelecimento penal adequado não autoriza a manutenção do condenado em regime prisional mais gravoso.

Destaquei que os juízes da execução penal podem avaliar os estabelecimentos destinados aos regimes semiaberto e aberto, para qualificação como adequados a tais regimes. Havendo déficit de vagas, deveriam determinar: (i) a saída antecipada de sentenciado no regime com falta de vagas; (ii) a liberdade eletronicamente monitorada ao sentenciado que sai antecipadamente ou é posto em prisão domiciliar por falta de vagas; (iii) o cumprimento de penas restritivas de direito e/ou estudo ao sentenciado que progride ao regime aberto.

Finalmente, importante reiterar que essas medidas não pretendem esgotar as alternativas a serem adotadas pelos Juízos de execuções penais no intuito de equacionar os problemas de falta de vagas nos regimes adequados ao cumprimento de pena. As peculiaridades de cada região e estabelecimento podem recomendar o desenvolvimento dessas medidas em novas direções.

- • **Possibilidade de execução da pena privativa de liberdade após decisão em segunda instância – ADCs 43 e 44**

Os casos tratavam sobre a possibilidade de início da execução da pena na pendência de recurso extraordinário ou especial.

O art. 637 do CPP afirma que os recursos extraordinários não têm efeito suspensivo. Logo, uma decisão condenatória de segunda instância poderia ser executada na pendência do recurso.

A questão é se a presunção de não culpabilidade impede ou não a prisão após o julgamento em segunda instância. Note-se que a norma constitucional traz como marco final de sua aplicação o "trânsito em julgado" da condenação.

Por ocasião desses julgamentos, o Supremo Tribunal Federal seguia a orientação firmada no HC 84.078. Por maioria, em julgamento concluído em 5.2.2009, o Pleno do STF afirmou que a prisão somente ocorre após o trânsito em julgado da decisão condenatória. Uma ordem de prisão anterior teria caráter cautelar e, em consequência, teria que ser demonstrada sua necessidade imediata, sob pena de violação à garantia de presunção de não culpabilidade.

Tal entendimento teve a concorrência de voto de minha autoria. Ainda assim, uma nova reflexão sobre o tema nos levou a defender a mudança da conclusão, por dois fundamentos: (i) a presunção de não culpabilidade tem âmbito de proteção passível de conformação pela legislação ordinária. Ainda que assim não se entenda, (ii) a garantia da ordem pública autoriza a prisão, em casos graves, após o esgotamento das vias ordinárias.

(i) Âmbito de proteção da presunção de não culpabilidade. O núcleo essencial da presunção de não culpabilidade impõe o ônus da prova do crime e de sua autoria à acusação. Sob esse aspecto, não há maiores dúvidas de que estamos falando de um direito fundamental processual, de âmbito negativo.

Para além disso, a garantia impede, de uma forma geral, o tratamento do réu como culpado até o trânsito em julgado da sentença. No entanto, a definição do que vem a ser tratar como culpado depende de intermediação do legislador.

Ou seja, a norma afirma que ninguém será considerado culpado até o trânsito em julgado da condenação, mas está longe de precisar o que vem a ser considerar alguém culpado.

O que se tem é, por um lado, a importância de preservar o imputado contra juízos precipitados acerca de sua responsabilidade. Por outro, uma dificuldade de compatibilizar o respeito ao acusado com a progressiva demonstração de sua culpa.

Disso se retira que o espaço de conformação do legislador é lato. A cláusula não obsta que a lei regulamente os procedimentos, tratando o implicado de forma progressivamente mais gravosa, conforme a imputação evolui. Por exemplo, para impor uma busca domiciliar, bastam "fundadas razões" – art. 240, § 1º, do CPP. Para tornar o implicado réu, já são necessários a prova da materialidade e indícios da autoria (art. 395, inc. III, do CPP). Para condená-lo, é imperiosa a prova além de dúvida razoável.

Como observado por Eduardo Espínola Filho, "a presunção de inocência é vária, segundo os indivíduos sujeitos passivos do processo, as contingências da prova e o estado da causa"[31].

Ou seja, é natural à presunção de não culpabilidade evoluir de acordo com o estágio do procedimento. Desde que não se atinja o núcleo fundamental, o tratamento progressivamente mais gravoso é aceitável.

Os recursos extraordinários têm sua fundamentação vinculada a questões federais (recurso especial) e constitucionais (recurso extraordinário) e, por força da lei (art. 637 do CPP), não têm efeito suspensivo. A análise das questões federais e constitucionais em recursos extraordinários, ainda que decorra da provocação da parte recorrente, serve preponderantemente não ao interesse do postulante, mas ao interesse coletivo no desenvolvimento e aperfeiçoamento da jurisprudência.

Com o julgamento pelo Tribunal, ainda que a condenação não tenha transitado em julgado, já foi estabelecida pelas instâncias soberanas para análise dos fatos. Após o julgamento da apelação, estão esgotadas as vias ordinárias. Subsequentemente, cabem apenas recursos extraordinários.

Esgotadas as instâncias ordinárias com a condenação à pena privativa de liberdade não substituída, tem-se uma declaração, com considerável força de que o réu é culpado e a sua prisão necessária.

Nesse estágio, é compatível com a presunção de não culpabilidade determinar o cumprimento das penas, ainda que pendentes recursos.

Note-se que a Lei da Ficha Limpa considera inelegíveis os condenados por diversos crimes graves nela relacionados, a partir do julgamento em Tribunal (art. 1º, I, "e", da Lei Complementar n. 64/90, introduzido pela Lei Complementar n. 135/2010).

Essa norma é constitucional, como declarado pelo Supremo Tribunal (Ações Declaratórias de Constitucionalidade 29 e 30, Rel. Min. Luiz Fux, Tribunal Pleno, julgadas em 16.2.2012).

Ou seja, a presunção de não culpabilidade não impede que, mesmo antes do trânsito em julgado, a condenação criminal surta efeitos severos, como a perda do direito de ser eleito. Igualmente, não parece incompatível com a presunção de não culpabilidade que a pena passe a ser cumprida independentemente da tramitação do recurso.

Como reforço, acrescenta-se que uma análise do direito comparado permite verificar que a extensão da garantia contra a prisão até o trânsito em julgado está longe de ser preponderante.

Nem todas as declarações de direitos contemplam expressamente a não culpabilidade.

Em sua maioria, as que contemplam afirmam que a inocência é presumida até o momento em que a culpa é provada de acordo com o direito.

A Convenção Americana de Direitos Humanos (Pacto de São José da Costa Rica) prevê a garantia no artigo 8, 2: "Toda pessoa acusada de um delito tem direito a que se presuma sua inocência, enquanto não for legalmente comprovada sua culpa".

A Convenção Europeia dos Direitos do Homem prevê, no artigo 6º, 2, que "Qualquer pessoa acusada de uma infração presume-se inocente enquanto a sua culpabilidade não tiver sido legalmente provada".

---

[31] ESPÍNOLA FILHO, Eduardo. *Código de Processo Penal Brasileiro anotado*. Campinas: Bookseller, 2000, v. III, p. 436.

Disposições semelhantes são encontradas no direito francês (artigo 9º da Declaração dos Direitos do Homem e do Cidadão de 1789), canadense (seção 11 da Carta de Direitos e Liberdades) e russo (artigo 49 da Constituição).

Todas escolhem, como marco para cessação da presunção, o momento em que a culpa é provada de acordo com o direito. Resta saber em que momento isso ocorre.

O Tribunal Europeu dos Direitos do Homem, interpretando o dispositivo da Convenção Europeia, afirma que a presunção pode ser tida por esgotada antes mesmo da conclusão do julgamento em primeira instância. Alguns países, notadamente os do sistema *common law*, dividem os julgamentos nas fases de veredito (*verdict*) e de aplicação da pena (*sentencing*). Na primeira, é deliberado acerca da culpa do implicado. Se declarada a culpa, passa-se à fase seguinte, de escolha e quantificação das penas. No caso Matijašević v. Serbia, n. 23037/04, julgado em 19.9.2006, o Tribunal reitera já longa jurisprudência no sentido de que, declarada a culpa na fase de veredito, o dispositivo não mais se aplica. Ou seja, com a declaração da culpa, cessa a presunção, independentemente do cabimento de recursos.

Os Estados Unidos adotam *standards* bastante rigorosos nessa seara. A legislação processual federal – art. 18 U. S. Code § 3143 – determina a imediata prisão do condenado, mesmo antes da imposição da pena (alínea "a"), salvo casos excepcionais. As exceções são ainda mais estritas na pendência de apelos (alíneas "b" e "c"). As legislações processuais dos estados não costumam ser mais brandas.

Nesses ordenamentos, muito embora a presunção de não culpabilidade fique afastada, ainda há o direito a recurso, a ser analisado em tempo hábil. No entanto, o direito de análise célere da impugnação é fundado em outros preceitos, como a duração razoável do processo.

O direito alemão prevê uma solução diversa. Muito embora não exista menção expressa à presunção de inocência na Lei Fundamental, o princípio faz parte do ordenamento jurídico pela interpretação do sistema e pela incorporação da Convenção Europeia dos Direitos do Homem. No plano legal, o Código de Processo Penal (*Strafprozeßordnung*) afirma que as "sentenças condenatórias não são exequíveis enquanto não passarem em julgado" (§ 449: "*Strafurteile sind nicht vollstreckbar, bevor sie rechtskräftig geworden sind*"). A despeito disso, se o acusado é fortemente suspeito ("*dringen verdächtig*") do cometimento de um crime grave, a regra é que responda preso. Nesses casos, a lei dispensa ulterior demonstração da necessidade da prisão – §§ 112 e 112a do *Strafprozeßordnung*. Tendo em vista a dificuldade de compatibilização da prisão automática com a presunção de inocência, a jurisprudência tempera a aplicação desses dispositivos, exigindo, nas prisões antes do julgamento, a demonstração, ainda que mínima, de algum dos requisitos da prisão preventiva (*Bundesverfassungsgericht*, 19, 342).

Já o nosso texto constitucional segue a tradição das Constituições da Itália – artigo 27: "*L'imputato non è considerato colpevole sino alla condanna definitiva*" –, de Portugal – artigo 32, 2: "Todo o arguido se presume inocente até ao trânsito em julgado da sentença de condenação, devendo ser julgado no mais curto prazo compatível com as garantias de defesa" – e dos países de língua portuguesa em geral – Angola, artigo 67, 2; Moçambique, artigo 59, 2: 2; Cabo Verde, artigo 34, 1; São Tomé e Príncipe, artigo 40, 2; Guiné-Bissau, artigo 42, 2; e Timor Leste, artigo 34, 1.

Nota-se que, na tradição italiana e nas constituições de língua portuguesa, a presunção vige até o trânsito em julgado.

Não se nega a importância da análise das Constituições de mesma tradição. Em nosso caso, os textos constitucionais de língua portuguesa são "importante objeto de estudo", visto que "é possível identificar uma tradição institucional comum que informa os ordenamentos constitucionais de Portugal, do Brasil, de Angola, de Guiné-Bissau, de Cabo Verde, de Moçambique, e de São Tomé e Príncipe"[32].

---

[32] HORBACH, Carlos Bastide. O controle de constitucionalidade na Constituição de Timor-Leste. *Revista da Faculdade de Direito da Universidade de Lisboa*, vol. XLVI, n. 2. Coimbra: Coimbra Editora, 2005.

De qualquer forma, a interpretação da presunção de não culpabilidade não pode perder de vista nosso próprio ordenamento. Nosso país tem um intrincado sistema judiciário. Na base, há duas instâncias, com ampla competência para análise dos fatos e do direito. Logo acima, temos as instâncias extraordinárias – Tribunais Superiores e Supremo Tribunal. O acesso às instâncias extraordinárias é consideravelmente amplo. Não há meios eficazes para garantir adequação da força de trabalho das Cortes Superiores ao interesse do desenvolvimento da jurisprudência. A própria rejeição de recursos pela falta de repercussão geral, nas estreitas hipóteses em que cabível, demanda muito da Corte. Isso faz com que, mesmo quando desprovidos de relevância, a análise dos recursos extraordinários demore muito.

Resta-nos reconhecer que as instâncias extraordinárias, da forma como são estruturadas no Brasil, não são vocacionadas a dar respostas rápidas às demandas.

Em suma, a presunção de não culpabilidade é um direito fundamental que impõe o ônus da prova à acusação e impede o tratamento do réu como culpado até o trânsito em julgado da sentença.

Ainda assim, não impõe que o réu seja tratado da mesma forma durante todo o processo. Conforme se avança e a culpa vai ficando demonstrada, a lei poderá impor tratamento algo diferenciado.

Com isso, a execução imediata da pena privativa de liberdade na pendência de recursos extraordinários não deve ser considerada incompatível com a presunção de inocência.

(ii) Garantia da ordem pública e esgotamento das vias ordinárias. Paralelamente a isso, tenho que, nas condenações a penas privativas de liberdade em regime inicial fechado, a garantia da ordem pública impõe a prisão após o esgotamento das vias ordinárias.

Para os fins de prisão preventiva, tem-se entendido que a garantia da ordem pública busca preponderantemente evitar que se estabeleça um estado de continuidade delitiva. No entanto, a garantia da ordem pública não se limita a prevenir a reprodução de fatos criminosos, mas também a acautelar o meio social e a própria credibilidade da Justiça em face da gravidade do crime.

Não se está falando em aceitar o clamor público como justificador da prisão preventiva, já rechaçado pelo Supremo Tribunal (HC 80.719/SP, Rel. Min. Celso de Mello, *DJ* de 28.9.2001).

O que se quer dizer é que a própria credibilidade das instituições em geral, e da justiça em particular, fica abalada se o condenado por crime grave não é chamado a cumprir sua pena em tempo razoável.

Além disso, a condenação pelo Tribunal atesta os fatos com soberania.

Se foi imposta, após o julgamento colegiado, uma pena privativa de liberdade, é porque houve um fato grave, atestado quando da sua existência e autoria, pelas instâncias ordinárias. Demonstra-se, com isso, a necessidade da prisão, independentemente de considerações acerca da potencial reiteração criminosa.

Assim, esgotadas as vias ordinárias, com imposição de pena privativa de liberdade, o cumprimento da pena se justifica para a garantia da ordem pública.

Em suma, seja porque a presunção de inocência é um direito com âmbito de proteção normativo, passível de conformação pela legislação ordinária e suscetível de ser aferido de forma gradativa; seja porque a garantia da ordem pública autoriza a prisão, em casos graves, após o esgotamento das vias ordinárias, tenho que a condenação à pena privativa de liberdade pode ser determinada imediatamente após o julgamento das apelações, sendo desnecessário aguardar o trânsito em julgado.

O sistema oferece meios para corrigir eventuais injustiças. O *habeas corpus* pode ser manejado para buscar o efeito suspensivo. E o próprio relator poderá dar ao recurso efeito suspensivo.

O novo CPC traça regime de atribuição de efeito suspensivo a recursos, em tudo aplicável ao processo penal:

"Art. 995. Os recursos não impedem a eficácia da decisão, salvo disposição legal ou decisão judicial em sentido diverso.

Parágrafo único. A eficácia da decisão recorrida poderá ser suspensa por decisão do relator, se da imediata produção de seus efeitos houver risco de dano grave, de difícil ou impossível reparação, e ficar demonstrada a probabilidade de provimento do recurso".

Sob esse aspecto, o relevante é que, havendo probabilidade de provimento do recurso, o sentenciado não fica desprotegido, podendo ser amparado, em tempo hábil, por decisão da instância superior.

O novo entendimento foi adotado no HC 126.292, Rel. Min. Teori Zavascki, julgado em 17.5.2016.

Contra essa decisão, foram opostos embargos de declaração, alegando que a decisão deixara de considerar o art. 283 do CPP, segundo o qual ninguém poderá ser preso, salvo nas hipóteses de flagrante delito, sentença condenatória transitada em julgado ou, no curso da investigação ou do processo, em virtude de prisão temporária ou prisão preventiva. O Tribunal rejeitou os embargos de declaração, sob o fundamento de que a disposição deveria ser lida em conjunto com o art. 637 do CPP, que afirma que nega efeito suspensivo aos recursos extraordinários – julgados em 2.9.2016.

Mantendo esse entendimento, o Tribunal negou medida cautelar nas ADCs 43 e 44, as quais buscavam a afirmação da constitucionalidade do art. 283 do CPP – Rel. Min. Marco Aurélio, sessão de 5.10.2016.

Por fim, o Tribunal reconheceu repercussão geral à questão constitucional em recurso extraordinário, reafirmando sua jurisprudência – ARE 964.246, Rel. Min. Teori Zavascki, julgado em 11.11.2016.

Mais recentemente, venho manifestando simpatia ao entendimento defendido do Min. Dias Toffoli, em seu voto nas ADCs 43 e 44 MC, segundo o qual há uma diferença ontológica entre recurso extraordinário e recurso especial. Essa tese defende que o recurso extraordinário pressupõe a repercussão geral da questão constitucional suscitada, pelo que pressupõe a transcendência dos interesses subjetivos do recorrente. Assim, "como o recurso extraordinário não se presta à correção de ilegalidades de cunho meramente individual", não haveria "razão para se impedir a execução da condenação na pendência de seu julgamento, ou de agravo em recurso extraordinário".

Por sua vez, o recurso especial, embora precipuamente voltado à tutela do direito federal, se prestaria "à correção de ilegalidades de cunho individual".

Até o momento, a questão não retornou a julgamento.

• Concessão de prisão domiciliar a mulher com filhos menores de 12 anos – HC 141.874

Trata-se de *habeas corpus* com pedido de medida liminar, impetrado pela Defensoria Pública do Estado de São Paulo, em favor de uma paciente que foi presa em flagrante e denunciada pela prática, em tese, dos delitos descritos nos arts. 33, *caput*, e 35, *caput*, ambos da Lei n. 11.343/2006 (tráfico e associação para o tráfico de drogas).

A defesa formulou pedido de revogação da prisão preventiva, ou, subsidiariamente, concessão de prisão domiciliar, alegando, em síntese, ausentes os requisitos autorizadores da custódia cautelar, bem como ser a acusada mãe de duas crianças, uma de 3 e outra de 6 anos.

É cediço que, enquanto estiver sob a custódia do Estado (provisória ou decorrente de condenação definitiva), são garantidos ao preso diversos direitos que devem ser respeitados pelas autoridades públicas.

No âmbito constitucional, desde o art. 1º, já se enfatiza a dignidade da pessoa humana como fundamento da República (art. 1º, inc. III, da CF/1988).

No rol dos Direitos e Garantias Fundamentais (Título II), mais especificamente nos capítulos dos Direitos e Deveres Individuais e Coletivos e dos Direitos Sociais (Capítulos I e II), estão o direito à proteção da maternidade e da infância e o direito das mulheres reclusas de permanência com seus filhos durante a fase de amamentação.

Na esfera infraconstitucional, a Lei n. 11.942, de 28 de maio de 2009, deu nova redação aos arts. 14, 83 e 89 da Lei n. 7.210, de 11 de julho de 1984 (Lei de Execução Penal), para assegurar às mães presas e aos recém-nascidos condições mínimas de assistência.

Por sua vez, o Estatuto da Criança e do Adolescente (ECA) assegura à gestante o atendimento pré e perinatal, bem como o acompanhamento no período pós-natal, garantindo, ainda, o direito à amamentação, inclusive no caso de mães privadas de liberdade.

Anotei que o diploma acima citado deve ser aplicado de forma restrita e diligente, verificando-se as peculiaridades de cada caso.

Não obstante as circunstâncias em que tenha sido praticado o delito, a concessão da prisão domiciliar encontra amparo legal na proteção à maternidade e à infância, como também na dignidade da pessoa humana, porquanto se prioriza o bem-estar do menor.

Registrei, também, que, por diversas vezes, a Segunda Turma do STF tem concedido *habeas corpus* para substituir a prisão preventiva de pacientes gestantes e lactantes por prisão domiciliar.

Destaquei, ainda, nos termos das Regras de Bangkok, de dezembro de 2010, que a adoção de medidas não privativas de liberdade deve ter preferência no caso de grávidas e mulheres com filhos dependentes.

Por fim, observei que o crime supostamente praticado pela paciente não envolvia violência ou grave ameaça à pessoa.

Assim, nos termos do art. 318, inc. V, do CPP (mulher com filho de até 12 anos incompletos), deferi o pedido liminar nos termos requeridos, para determinar a imediata substituição da segregação preventiva da paciente por prisão domiciliar, até o julgamento do mérito do *habeas corpus*, sem prejuízo de ulterior decisão do Juízo processante, no que concerne ao disposto no art. 316 do Código de Processo Penal.

Por conseguinte, nos termos do disposto no art. 192, *caput*, do RISTF, concedi a ordem de *habeas corpus* para determinar que a paciente fosse colocada em prisão domiciliar, sem prejuízo da adoção de outras medidas cautelares dispostas no CPP, a critério do Juízo de primeiro grau, confirmando a liminar anteriormente concedida.

- **Substituição da prisão preventiva pela domiciliar em benefício de todas as mulheres presas que estejam gestantes, puérperas, ou sejam mães de crianças e/ou deficientes sob sua guarda – HC 143.641/SP**

Na mesma esteira, em 20 de fevereiro de 2018, ao apreciar o HC coletivo 143.641/SP, a 2ª Turma do Supremo Tribunal Federal, por maioria de votos, concedeu a ordem para determinar a substituição da prisão preventiva pela domiciliar – sem prejuízo da aplicação concomitante das medidas alternativas previstas no art. 319 do CPP – de todas as mulheres presas que estivessem gestantes, puérperas ou fossem mães de crianças e/ou deficientes sob sua guarda, excetuados os casos de crimes praticados por elas mediante violência ou grave ameaça, contra seus descendentes ou, ainda, em situações excepcionalíssimas, as quais deveriam ser devidamente fundamentadas pelos juízes que denegassem o benefício.

O julgado em referência suscitou uma complexa e importante questão acerca da aplicabilidade de *habeas corpus* em caráter coletivo. O caso versava sobre violações sistemáticas a direitos fundamentais "no âmbito da prisão cautelar a que estão sujeitas gestantes e mães de crianças, em razão de falhas estruturais de acesso à Justiça, consubstanciadas em obstáculos econômicos, sociais e culturais".

Em meu voto, inicialmente, busquei analisar, sob a égide do art. 5º, inc. LXVIII, da Constituição Federal, o cabimento desse remédio constitucional na forma coletiva.

Como bem pontuou o relator do processo, Min. Ricardo Lewandowski, "o Supremo Tribunal Federal tem admitido, com crescente generosidade, os mais diversos institutos que logram lidar mais adequadamente com situações em que os direitos e interesses de determinadas coletividades estão sob risco de sofrer lesões graves".

Com efeito, o *habeas corpus* em sua vertente coletiva tem ganhado maior visibilidade, uma vez que se demonstrou que esse instrumento permite uma atuação mais objetiva do STF. No caso em tela, dada a gravidade da condição deplorável vivenciada pelas mães nas instalações prisionais em todo o Brasil, bem como a ausência de óbices legais ao manejo coletivo do *writ*, mostrou-se perfeitamente cabível a pretensão. Ademais, um HC assim impetrado economizaria tempo e energia do Tribunal, cujo acervo processual se mostra tão sobrecarregado.

Quanto ao mérito, faz-se mister destacar que o encarceramento cautelar de mulheres gestantes e mães é um tema enfrentado pela Corte já há alguns anos. Por diversas vezes, a Segunda Turma do STF concedeu *habeas corpus* para substituir a prisão preventiva de pacientes gestantes e lactantes por prisão domiciliar, como nos jugados de minha relatoria: HC 134.104/SP; HC 134.069/DF; HC 133.177/SP; HC 131.760/SP; HC 130.152/SP; HC 128.381/SP; HC 142.593/SP; e HC 142.279/CE. No mesmo sentido foram as decisões concessivas de liminar no HC 142.479 MC/SP, rel. Min. Ricardo Lewandowski, e do *writ* no HC 134.734/SP, rel. Min. Celso de Mello.

Sobre o tema, mencionei, também, as seguintes decisões monocráticas de membros da Primeira Turma do STF: os HCs 134.979/DF; 134.130/DF; 133.179/DF; e 129.001/SP, de relatoria do Min. Luís Roberto Barroso, e o HC 133.532/DF, de relatoria do Min. Marco Aurélio.

Ademais, há os julgados mais recentes: HCs 148.061/SP e 139.889/SP, de relatoria do Min. Ricardo Lewandowski, e o HC 150.308/SP, de minha relatoria.

Em suma, o que se discutia era, nos termos do art. 318, incisos IV e V, do Código de Processo Penal, a forma pela qual se daria a substituição da prisão preventiva pela prisão domiciliar nos casos de gestantes e mães, amparada pelo art. 5º, inciso L, da Constituição de 1988, dispositivo que determina que às presidiárias devem ser asseguradas condições para que possam permanecer com seus filhos durante o período de amamentação.

Para a correta aplicação dos dispositivos supracitados, deve-se compreender a sua *ratio* e encontrar o destinatário da norma. Partindo-se dessa análise, é evidente que, precipuamente, o que se quer tutelar são as vidas dos nascituros e das crianças. Privar o convívio desses indivíduos com as respectivas mães nesta importante fase de crescimento ou introduzi-los, com às genitoras, no precário sistema carcerário certamente é muito prejudicial para a sua formação.

Vale lembrar que, no mais das vezes, as mulheres gestantes ou mães encarceradas vivem sob condições desumanas nos presídios. Nesse sentido, é importante rememorar o julgamento da cautelar na ADPF 347, de 2015, no qual, em face da latente crise prisional brasileira, se reconheceram as inúmeras violações de direitos fundamentais da população carcerária. Assim, foi identificada a figura do "estado de coisas inconstitucional", relativamente ao sistema penitenciário brasileiro, decorrente de ações e omissões dos Poderes Públicos da União, dos Estados e do Distrito Federal.

Portanto, diante da necessidade de haver prioridade absoluta à proteção integral conferida a crianças e adolescentes em face do cenário alarmante vivido dentro dos presídios brasileiros, defendeu-se que a substituição da preventiva pela domiciliar deveria ser a regra, ao passo que a exceção, isto é, a negativa à substituição, deveria ocorrer apenas em casos graves, sempre vir acompanhada de ampla fundamentação do magistrado.

Por fim, há de se ponderar as situações em que o convívio com a mãe encarcerada seja prejudicial para a formação da criança. Nessas hipóteses, não se deve aplicar a regra, haja vista que o direito integral que se busca tutelar *prima facie* é sempre o do nascituro ou o da criança.

É fácil notar a importância desse *habeas corpus* coletivo. Afinal, a decisão nele proferida produz impacto na situação de todas as mulheres submetidas à prisão cautelar no sistema penitenciário nacional, que ostentem a condição de gestantes, de puérperas ou de mães de crianças com até 12 anos de idade sob sua responsabilidade, bem como na situação das próprias crianças.

56 Estado de Direito e Jurisdição Constitucional – Decisões relevantes em 15 anos de atuação no STF

Para o efetivo e célere cumprimento dessa decisão, foram comunicados os Presidentes dos Tribunais Estaduais e Federais, inclusive da Justiça Militar Estadual e federal, para que prestem informações e, no prazo máximo de 60 dias, a contar de sua publicação, implementem de modo integral as determinações estabelecidas.

- *Habeas corpus* **preventivo. Superveniência da ordem de prisão temporária. Não aplicação da Súmula 691. Concessão de Liminar em HC. Expedição de nova ordem de prisão. Nova liminar em** *habeas corpus* **– Estado policial (2) – HC 95.009**

Em julho de 2008, a Polícia Federal efetuou a prisão do banqueiro Daniel Dantas e de várias pessoas, ligadas ou não a seu grupo, em uma operação que se alcunhou de "Operação Satiagraha".

Antes mesmo de decretada a prisão, o banqueiro já impetrara *habeas corpus* no Superior Tribunal de Justiça, com pedido de acesso ao inquérito policial em tramitação na 6ª Vara Federal da Seção Judiciária de São Paulo e com requerimento de salvo-conduto. Era uma resposta à notícia publicada em jornal de circulação nacional, ainda em abril de 2008, que dava conta de que os órgãos de investigação pretendiam obter a ordem de prisão do empresário. Diante do indeferimento da liminar pelo Relator, Min. Arnaldo Esteves, requereu *habeas corpus* ao Supremo Tribunal Federal, processo que foi distribuído ao Min. Eros Grau, em 11.6.2008 (HC 95.009[33]).

Com o recebimento do pedido de *habeas corpus*, o Relator solicitou informações ao Juízo da 6ª Vara Federal da Seção Judiciária de São Paulo. Em resposta enviada ao Min. Eros Grau Mello (*sic*), o juiz federal Fausto Martin de Sanctis informou que as mesmas questões já haviam sido aduzidas pelos pacientes em *habeas corpus* impetrados no Tribunal Regional Federal da 3ª Região e no Superior Tribunal de Justiça.

No ofício, o juiz federal transcreveu informações já prestadas ao TRF-3ª, quando requisitadas pela Desembargadora Federal Cecília Mello, e frisou que "(...) a existência eventual de informações de cunho estritamente sigiloso pode ensejar manipulação de informações de interesse de quaisquer partes com o objetivo de obtenção ilícita de informações por vias indiretas". Além disso, ressaltou que "qualquer informação sigilosa deste magistrado ou de qualquer outro implicaria na (*sic*) violação indevida, com possibilidade de responsabilização".

Negou-se, portanto, a fornecer os dados requeridos.

Em razão da superveniência das férias forenses (julho 2008), o ofício foi encaminhado à Presidência.

Com a efetivação das prisões dos pacientes no período de recesso do Judiciário, submeteu-se à Presidência do Tribunal, em 8.7.2008, pedido para apreciação do *habeas corpus* anteriormente impetrado.

Ao deferir a medida liminar, ressaltei que, embora a jurisprudência do Supremo Tribunal Federal fosse no sentido de inadmissibilidade da impetração de *habeas corpus*, nas causas de sua competência originária, contra decisão denegatória de liminar em ação de mesma natureza articulada perante Tribunal Superior, antes do julgamento do *writ* – entendimento já sumulado[34] –, o

---

[33] O Plenário do Supremo Tribunal Federal, em 6.11.2008, concedeu o *habeas corpus*, nos termos do voto do Rel. Min. Eros Grau, vencido parcialmente o Min. Marco Aurélio e ausente, justificadamente, o Min. Joaquim Barbosa, tendo votado o Presidente, Min. Gilmar Mendes (*DJ* de 19.12.2008).

[34] Súmula 691/STF: "Não compete ao Supremo Tribunal Federal conhecer de *habeas corpus* impetrado contra decisão do Relator que, em *habeas corpus* requerido a tribunal superior, indefere a liminar".

rigor da aplicação dessa hipótese tem sido abrandado nos casos em que: a) seja premente a necessidade de concessão do provimento cautelar para evitar flagrante constrangimento ilegal; ou b) a negativa de decisão concessiva de medida liminar pelo Tribunal Superior importe em caracterizar ou em manter situação que seja manifestamente contrária à jurisprudência do STF.

Desse modo, com apoio na doutrina e na jurisprudência do STF[35], decidi pela necessidade de aplicação do princípio do contraditório em todo o período da persecução penal, inclusive na investigação, visando a dar maior garantia da liberdade e melhor atuação da defesa.

Com base nestes argumentos, em 9.7.2008, concedi a liminar para permitir, desde logo, o acesso dos pacientes aos processos 2007.61.81.001285-2, 2008.61.81.008936-1 e 2008.61.81.008919-1. Também oficiei o Juízo da 6ª Vara Criminal Federal da Seção Judiciária de São Paulo para que, imediatamente, encaminhasse cópia da decisão mediante a qual fora decretada a prisão temporária dos pacientes e as correspondentes medidas de busca e apreensão, bem como prestasse as informações que julgasse pertinentes.

Em atenção ao pedido da Presidência do Supremo Tribunal Federal, o Juízo da 6ª Vara Criminal Federal da Seção Judiciária de São Paulo enviou documentos constantes dos referidos processos, inclusive o decreto de prisão temporária dos pacientes, os quais foram juntados aos autos daquele *habeas corpus*.

Os elementos então presentes nos autos permitiram o exame e o deferimento do pedido de liberdade, com base na falta dos requisitos para o decreto de prisão temporária dos pacientes. Ademais, a fundamentação adotada no decreto de prisão temporária – necessidade de oitiva dos investigados – não se mostrara suficiente para justificar a restrição à liberdade dos pacientes, além de não existir, no ordenamento jurídico brasileiro, prisão com a exclusiva finalidade de submeter os investigados a interrogatório.

Assim, à 1h42 já do dia seguinte, foi comunicada ao juiz da 6ª Vara Federal a ordem de libertação de Daniel Dantas, bem como de outros destinatários do decreto de prisão temporária – Maria Amália Delfim de Melo Coutrim, Arthur Joaquim de Carvalho, Danielle Silbergleid Ninio, Dorio Ferman, Norberto Aguiar Tomaz, Eduardo Penido Monteiro, Carlos Bernardo Torres Rodenburg, Rodrigo Bhering Andrade e Itamar Benigno Filho, funcionários, sócios e acionistas do Opportunity Equity Partners e do Banco Opportunity. O TRF–3ª e o STJ foram igualmente oficiados.

Segundo os dados constantes do *habeas corpus*, o paciente fora libertado às 5h30. Pouco depois, fora intimado a comparecer para interrogatório, a realizar-se às 17h.

Naquele mesmo dia – 10.7.2008 –, o juiz da 6ª Vara Federal determinou novamente a prisão do paciente, ao argumento de que era necessária a prisão provisória por conveniência da instrução criminal, tendo em vista a apreensão de grande quantidade de dinheiro destinada, supostamente, a corromper autoridades policiais envolvidas na investigação. Em longas 18 páginas, o juiz fundamentou a ordem de prisão, assentando que esta se fazia "justificada para conveniência da instrução penal e para assegurar a eventual aplicação da lei criminal dada a flagrante e acintosa cooptação de terceiros para a prática delitiva, desafiando, desse modo, o poder de controle e repressão das autoridades, revelando a finalidade primeira e última de sua atuação espúria, com potencialidade lesiva, habitualidade atual e prospectiva de sua conduta, caso permaneça em liberdade". A ordem atendia a pedido das autoridades policiais, formulado em manifestação de 8 páginas, bem como do Procurador da República Rodrigo de Grandis, a abranger 11 laudas.

---

[35] Cf. decisões colegiadas: HC 84.014/MG, 1ª Turma, unânime, Rel. Min. Marco Aurélio (*DJ* de 25.6.2004); HC 85.185/SP, Pleno, por maioria, Rel. Min. Cezar Peluso (*DJ* de 1º.9.2006); e HC 88.229/SE, Rel. Min. Ricardo Lewandowski, 1ª Turma, maioria (*DJ* de 23.2.2007); e as seguintes decisões monocráticas: HC 85.826/SP (MC), Rel. Min. Gilmar Mendes (*DJ* de 3.5.2005); e HC 86.213/ES (MC), Rel. Min. Marco Aurélio (*DJ* de 1º.8.2005).

Durante o interrogatório perante a Polícia Federal, o paciente recebeu nova ordem de prisão e, mais uma vez, foi recolhido aos cárceres da Polícia Federal de São Paulo.

Novo pedido de liberdade em favor do paciente foi apresentado, nos autos do *habeas corpus*, agora tendo por ato coator a prisão preventiva determinada, em 10.7.2008, pelo juiz federal da 6ª Vara Criminal de São Paulo, nos autos do processo 2008.61.81.009733-3, em sequência ao cumprimento de mandados de busca e apreensão.

Os impetrantes justificaram a possibilidade de conhecimento do pedido de revogação da prisão preventiva nos autos daquele mesmo HC 95.009, dando notícia de que o cumprimento do alvará de soltura expedido pela Presidência do Supremo às 23h30 do dia anterior fora postergado para que se lavrasse a nova ordem de prisão – desta feita, prisão preventiva.

Parecia evidente um tipo especial de concerto entre algumas autoridades da Polícia Federal, do Ministério Público e do Judiciário para superar a ordem emanada da Presidência do Supremo Tribunal Federal.

Em nova decisão, lançada em 11.7.2008, suspendi os efeitos da ordem de prisão preventiva do paciente Daniel Valente Dantas, determinando a expedição do correspondente alvará de soltura, sob o entendimento de que a fundamentação do decreto constritivo da liberdade não se configurava suficiente para justificar a restrição do direito de ir e vir do paciente.

Considerei que "por mais que se tenha estendido ao buscar fundamentos para a ordem de recolhimento preventivo de Daniel Dantas, o magistrado não indicou elementos concretos e individualizados, aptos a demonstrar a necessidade da prisão cautelar, atendo-se, tão somente, a alusões genéricas".

Ademais, não era a primeira vez que o juiz da 6ª Vara Federal insurgia-se contra ordem emanada pela mais Alta Corte do país. Em situação bastante semelhante, em virtude de reiterações de atos constritivos por parte do juiz federal titular da 6ª Vara Criminal Federal, o Min. Celso de Mello, nos autos do HC 94.016/SP, também já havia determinado a suspensão de medidas tomadas por aquele magistrado em flagrante ofensa a julgados do Supremo Tribunal.

Na segunda decisão, assentei que os mesmos fundamentos que permitiram conhecer do pedido de afastamento da prisão temporária também possibilitavam conhecer do pleito de revogação da prisão preventiva e que tampouco a fundamentação utilizada pela 6ª Vara Criminal de São Paulo era suficiente para justificar a constrição da liberdade[36].

Tendo em vista os fortes indícios de que a segunda prisão fora articulada por setores da Polícia Federal, do Ministério Público e da Justiça Federal, determinei que se fizesse a comunicação à Corregedoria do Tribunal Regional Federal e ao Conselho da Justiça Federal.

A segunda liminar provocaria grande polêmica.

Afirmava-se que teria havido ofensa à Súmula 691, pois se cuidava de *habeas corpus* impetrado contra decisão denegatória de liminar em outro *habeas corpus*. Dizia-se que o Presidente do Supremo Tribunal estaria perseguindo indevidamente o magistrado no âmbito da independência funcional (comunicação aos corregedores).

Era interessante a crítica. O Presidente do Supremo não poderia criticar o flagrante desrespeito, por parte de magistrado, às ordens emanadas da Alta Corte. Muito menos cassar essas decisões. Magistrados de primeiro grau estariam, porém, autorizados a descumprir decisões do Supremo Tribunal. Era sinal de que se estava absorvendo o patológico como normal.

Em nota divulgada em 11.6.2008, 121 Juízes Federais da 3ª Região protestaram em apoio ao colega supostamente ameaçado de sanção. No manifesto, indicaram que:

> "não se vislumbra motivação plausível para que um juiz seja investigado por ter um determinado entendimento jurídico. Ao contrário, a independência de que dispõe o magistrado para decidir é um pilar da democracia e princípio constitucional consagrado. Ninguém nem nada podem interferir na livre

---

[36] HC 95.009, Rel. Min. Eros Grau (*DJ* de 19.12.2008).

Direitos Fundamentais **59**

formação da convicção do juiz, no direito de decidir segundo sua consciência, pena de solaparem-se as próprias bases do Estado de Direito[37]".

A imprensa escrita noticiou que alguns membros do Ministério Público, por sua vez, estariam articulando pedido de *impeachment* do Presidente do Supremo[38]. O grupo, supostamente coordenado, em São Paulo, pela Procuradora Regional da República Ana Lúcia Amaral, estaria elaborando representação por crime de responsabilidade, com base no art. 52, inc. II, da Constituição Federal, que dá ao Senado a competência para julgar o impedimento de Ministros do Supremo Tribunal Federal.

Tratava-se de batalha singular, em que se protestava contra decisão de última instância que, regularmente, cassara decisão de primeiro grau. A prosperarem os argumentos expendidos, instalar-se-ia no Brasil modelo extravagante, no qual as instâncias judiciais de primeiro grau não poderiam ter decisões revistas pelas instâncias superiores. A Polícia poderia articular ações com membros do Ministério Público e da Justiça e criar quadro de constrangimento e de imposição até mesmo para a Alta Corte do país.

Os desdobramentos dos fatos havidos em torno dessa tal operação de grande envergadura política, comercial, policial e judicial mostraram que outros acontecimentos graves ocorreram no contexto institucional.

Soube-se, por exemplo, que os juízes criminais federais de São Paulo, de forma articulada, recusaram-se a prestar informações solicitadas, em 30.4.2008, pela Desembargadora Federal Cecília Mello.

Segundo foi apurado em sindicância aberta pelo Corregedor da Justiça do TRF–3ª Região, Dr. André Nabarrete, Juízes Federais de São Paulo decidiram, em reunião, dar resposta-padrão ao pedido de informações formulado pela Desembargadora competente para apreciar o *habeas corpus*, com objetivo de tornar vã a tentativa de identificar em que vara estaria a tramitar o feito investigatório referido[39].

Após a segunda decisão no HC 95.009, surgiu informação de que o delegado e o juiz acompanhavam o movimento no Gabinete da Presidência do Supremo. Essa informação foi dada pelo próprio magistrado em conversa com a Desembargadora Suzana Carvalho, Vice-Presidente do Tribunal Regional da 3ª Região, que confirmou a existência do diálogo em depoimento à Polícia Federal e em entrevista à revista *Veja*[40].

Era mais uma idiossincrasia desse processo.

A ser verdade, o juiz que decretou a prisão provisória e o delegado responsável pelo pedido de prisão consorciaram-se para monitorar os passos da defesa e os andamentos dos *habeas corpus* nos tribunais, deitando suspeita sobre qualquer decisão que viesse a afetar o "sábio e iluminado" decreto de prisão preventiva.

Transmissão de notícia equivocada à mídia (e insultuosa às autoridades judiciais) fazia parte da estratégia global dessas mentes enfermas incrustadas no aparato estatal-policial.

---

[37] "121 juízes demonstram indignação com Mendes". In: *Terra Magazine*, publicado em 11.7.2008. Disponível em: <http://terramagazine.terra.com.br/interna/0,,OI3004085-EI6578,00.html>. Acesso em: 19 jul. 2010.

[38] *Folha de S.Paulo*, "Procuradores preparam pedido de impeachment de Gilmar Mendes", publicada em 14.7.2008. Disponível em: <http://www1.folha.uol.com.br/folha/brasil/ult96u422276.shtml>. Acesso em: 19 jul. 2010; *O Dia Online*. "Procuradores vão tentar impeachment de Gilmar Mendes", divulgada em 14.7.2008. Disponível em: <http://odia.terra.com.br/brasil/htm/procuradores_vao_tentar_impeachment_de_gilmar_mendes_185204.asp>. Acesso em: 19 jul. 2010.

[39] Disponível em: <http://s.conjur.com.br/dl/memorial-defesa-sanc1.doc>. Acesso em: 19 jul. 2010.

[40] *Revista Veja*, "O ministro grampeado também foi vigiado", Edição 2079, de 24.7.2008. Disponível em: <http://veja.abril.com.br/240908/p_062.shtml>. Acesso em: 19 jul. 2010.

Leia-se, por exemplo, trecho de reportagem publicada na revista *IstoÉ*, na edição de 20.7.2010, sob o título: "Campeões de Audiência", de autoria dos jornalistas Mino Pedrosa e Luíza Villame:

"(...) Antes de deixar o comando das investigações, Protógenes fez chegar ao procurador-geral da República, Antonio Fernando de Souza, uma fita de vídeo em que estão registradas cenas de um jantar, num restaurante em Brasília. À mesa estão dois assessores diretos do presidente do Supremo, o advogado Nélio Machado, um dos contratados para defender Daniel Dantas, e uma mulher alta, de cabelos loiros, bem vestida e ainda não identificada. Na conversa é usada a expressão 'um milhão de dólares'. A gravação foi efetuada por funcionários da Abin, cedidos pelo diretor-geral da instituição, Paulo Lacerda, à equipe de Protógenes. O delegado também tem a informação de que o ministro Gilmar Mendes foi alertado do registro daquele jantar. O procurador-geral avalia a possibilidade de pedir uma perícia externa à PF para agregar as gravações ao inquérito".

Tratava-se de notória "plantação" feita pelo delegado com o objetivo de colocar sob névoa de suspeita a decisão tomada pela Presidência do Supremo. Era evidente o caráter mentiroso da informação. O Procurador-Geral da República e a Chefia da Agência Brasileira de Inteligência negaram ter recebido qualquer gravação.

Naquele mesmo dia 20, aquela Agência divulgou nota, negando os fatos narrados na reportagem:

"Tendo em vista reportagem veiculada pela revista *IstoÉ*, edição 2020, que atribui a 'funcionários' da Agência Brasileira de Inteligência a suposta gravação de imagens em restaurante de Brasília onde teriam se reunido assessores do ministro Gilmar Mendes, presidente do Supremo Tribunal Federal, e o advogado Nélio Machado, que atua na defesa do banqueiro Daniel Dantas, esta Agência esclarece que não é verdadeira a informação de que teria realizado o acompanhamento, tampouco a gravação do suposto encontro citado pela publicação."

Posteriormente, em investigação realizada pela própria Polícia Federal, o computador pessoal do delegado foi apreendido, assim como diversos documentos que poderiam gerar suspeitas sobre Ministros do Governo, além de fotos que foram usadas para intimidar autoridades e gravações ilegais.

"O material clandestino – 63 fotografias, 932 arquivos de áudio, 26 arquivos de vídeo e 439 documentos em texto – foi apreendido em novembro do ano passado [novembro de 2008] pela Polícia Federal e estava armazenado em um computador portátil e em um *pen drive* guardado no apartamento do delegado no Rio de Janeiro. Os policiais buscavam provas de ações ilegais da equipe de Protógenes, entre as quais o áudio da interceptação clandestina de uma conversa entre o presidente do Supremo Tribunal Federal, ministro Gilmar Mendes, e o senador Demóstenes Torres[41]".

Descobriu-se, mediante investigação da própria Polícia Federal, que o delegado, ao encontrar advogado do paciente acompanhado de pessoas não identificadas em certo restaurante em Brasília, sentou-se em mesa próxima. Sobre o episódio, a revista *Veja*, citando relatório da Polícia Federal classificado como "confidencial", datado de 12.6.2006, resumiu a pantomima:

"(*Os advogados*) passaram a se comportar em (*sic*) atitudes suspeitas, o que por dever de ofício obrigou o DPF Queiroz a sacar o celular e fazer o registro fotográfico das pessoas que ali se encontravam" – o que, de fato, Protógenes fez. As fotos estavam no computador do delegado e mostram o advogado e seus amigos... jantando. Muito suspeito. Durante meses, o delegado Protógenes espalhou que o advo-

---

[41] *Revista Veja*, "Sem limites". Edição 2103, de 11.3.2009. Disponível em: <http://veja.abril.com.br/110309/p_084.shtml>. Acesso em: 19 jul. 2010.

Direitos Fundamentais 61

gado Nélio Machado estava acompanhado de assessores do ministro Gilmar Mendes, em uma clara insinuação de que haveria uma relação promíscua entre o presidente do STF e a defesa do banqueiro. Ele dizia que tinha fotos que provavam o encontro. Nunca as mostrou. Agora a razão disso ficou clara. Quando a Polícia Federal identificou as pessoas que são vistas nas imagens, o blefe de Protógenes apareceu em toda a sua pomposa falsidade. Foi mais uma tentativa criminosa do delegado de atingir o presidente do STF, portanto, chefe de um dos poderes independentes da República[42].

As notícias e distorções sobre pessoas presentes ao jantar, incluindo supostos assessores da Presidência do STF, corriam à conta do padrão ético adotado por setores do aparato policial naquele momento. Era apenas algo inventado com intuito de constranger a cúpula do Judiciário nacional.

De resto, nenhuma surpresa e nenhuma alteração significativa quanto ao método utilizado: quem inventou a lista de mimos da Gautama e nela fez inserir o nome de Ministro do Supremo Tribunal Federal agora concebia assessor anônimo do Presidente do Supremo Tribunal Federal e o colocava como comensal em jantar de advogados de Daniel Dantas.

As investigações realizadas pela Polícia Federal vieram a revelar que quase uma centena de agentes da ABIN havia sido mobilizada para a chamada "Operação Satiagraha", o que indicava, pelo menos, envolvimento político que até então não havia sido revelado.

Em edição de 13.8.2008, a *Veja* publicou matéria em que afirmava existirem fortes indícios de que a ABIN havia interceptado conversas mantidas entre o Presidente do Supremo Tribunal Federal e o Senador Demóstenes Torres. A revista divulgou a transcrição do diálogo que lhe teria sido oferecido por integrante da ABIN. Tais fatos geraram séria crise.

Em 1º.5.2008, pela manhã, realizou-se reunião no Palácio do Planalto com a presença do Presidente da República, Luiz Inácio Lula da Silva, do Presidente do Supremo Tribunal, Min. Gilmar Mendes, do Vice-Presidente do Tribunal, Min. Cezar Peluso, do Presidente do Tribunal Superior Eleitoral, Min. Carlos Britto, do Ministro da Defesa e ex-Presidente do STF, Nelson Jobim e do Ministro da Justiça, Tarso Genro, do Chefe do Gabinete da Segurança Institucional da Presidência da República, General Jorge Armando Félix, e do Secretário de Comunicação do Governo, Franklin Martins.

Na reunião, discorri sobre os fatos, bem como sobre o quadro de desmando e confusão que parecia dominar o aparelho policial federal na Operação. O Presidente pediu tempo para avaliar a situação. À tarde, veio a notícia de que o Presidente da República decidira afastar o Dr. Paulo Lacerda.

Na sessão plenária de 6.11.2008, o Supremo Tribunal Federal, por 9 votos a 1, confirmou as decisões tomadas pela Presidência naqueles dias e, nos termos do voto do Relator, Min. Eros Grau, concedeu definitivamente a ordem de *habeas corpus* para assegurar acesso aos autos de inquérito, tornar sem efeito a ordem de prisão temporária e a ordem da prisão preventiva, superando a discussão sobre a possibilidade de conversão de *habeas corpus* preventivo em *habeas corpus* de caráter reparatório/liberatório e sobre a aplicação da Súmula 691. Ao reverso do que amplamente alegado no debate midiático, restou definitivamente esclarecido que houve sucessivas impugnações às decisões judiciais tomadas, culminando com o HC impetrado no próprio Supremo contra decisão indeferitória da liminar pelo STJ.

Embora não se conheçam ainda todos os contornos dessa Operação, é certo que a atuação do Supremo, no caso, desnudou capítulo obscuro do modelo de Estado policial que se estava tentando implantar no Brasil[43].

---

[42] *Revista Veja*, "Sem limites". Edição 2103, de 11.3.2009. Disponível em: <http://veja.abril.com.br/110309/p_084. shtml>. Acesso em: 19 jul. 2010.

[43] Nesse sentido, convém registrar matéria divulgada pelo *Conjur* de título "Justiça apura relações privadas da Satiagraha": "O juiz federal Fausto de Sanctis, nos doze meses anteriores à deflagração ruidosa da operação

Estado de Direito e Jurisdição Constitucional – Decisões relevantes em 15 anos de atuação no STF

A ação concertada de policiais, membros do Ministério Público e Juízes há algum tempo vinha sendo desenvolvida com flagrante desrespeito aos paradigmas do Estado de Direito. Dificilmente, porém, haverá outra situação em que tal "concerto" ficou tão visível como nessa Operação. As ações combinadas dos segmentos policiais, do Ministério Público e do Judiciário e os seus desdobramentos mostravam a que ponto o quadro institucional havia sofrido intenso processo de deteriorização.

Não é por acaso que muitos consideram que as decisões da Suprema Corte tomadas no caso Daniel Dantas colocaram em xeque o modelo de Estado policial que se promovera com a participação de policiais, de membros do Ministério Público e de magistrados.

Todo Estado democrático de direito move-se de maneira imparcial, e não é razoável que atenda a interesses particulares, em detrimento de seus objetivos republicanos, e que use a sua máquina policial para atender interesses de alguns.

Uma operação policial desta envergadura – com tantos equívocos republicanos, e movimentada com a quantidade de dinheiro facilmente observada – deixa sempre no ar o receio de que o Estado, através de sua Polícia mal conduzida, tenha sido manobrado para apoiar um dos lados de alguma contenda empresarial internacional.

- **Direito do advogado de ter acesso aos autos do inquérito criminal: PSV 1 – Súmula Vinculante 14. Estado policial (3)**

Ainda acerca das garantias processuais de natureza criminal, cumpre referir a Proposta de Súmula Vinculante 1[44], de autoria do Conselho Federal da Ordem dos Advogados do Brasil, visando à consolidação, em enunciado sumular dotado de efeitos vinculantes, do entendimento já assentado na jurisprudência do Supremo, segundo o qual o advogado tem o direito de ter acesso e de examinar, ressalvadas as diligências em andamento, os autos de inquérito ou procedimento investigatório criminal, ainda que em trâmite sob segredo de justiça.

Lembrando copiosa jurisprudência do STF, no sentido de garantir o direito de defesa em sede de inquéritos policiais e originários, em especial no que concerne ao exercício do contraditório e ao acesso de dados e documentos já produzidos no âmbito das investigações criminais, posicionei-me em favor da edição da Súmula.

É que se estava a consolidar, naquela Súmula, entendimento que confirmava, mais uma vez, o firme compromisso do STF com a efetiva aplicação das garantias constitucionais, coibindo os notórios abusos decorrentes do caráter conferido às sigilosas investigações policiais.

Fácil ver que o caráter sigiloso das investigações policiais estava a servir a propósitos autoritários.

- **Provas obtidas mediante invasão de domicílio por policiais sem mandado de busca e apreensão – RE 603.616**

Trata-se de recurso extraordinário em que se discutiam os limites da cláusula de inviolabilidade do domicílio.

---

despachou diretamente com o delegado pelo menos 88 vezes". Artigo "Justiça apura relações privadas da Satiagraha", de Márcio Chaer, publicado em 22.2.2011. Disponível em: <http://www.conjur.com.br/2011-fev-22/protogenes-trocou-93-telefonemas-maior-inimigo-daniel-dantas>. Acesso em: 30 mar. 2011.

[44] Em 2.2.2009, o Tribunal, por maioria, vencidos os Ministros Joaquim Barbosa e Ellen Gracie, acolheu a proposta de edição de súmula vinculante, com o seguinte enunciado: "É direito do defensor, no interesse do representado, ter acesso amplo aos elementos de prova que, já documentados em procedimento investigatório realizado por órgão com competência de polícia judiciária, digam respeito ao exercício do direito de defesa".

Direitos Fundamentais **63**

A jurisprudência atual do Supremo Tribunal Federal afirma, sem ressalvas, que as autoridades podem ingressar em domicílio, sem a autorização de seu dono, em hipóteses de flagrante delito de crime permanente.

Procurei demonstrar que essa tese esvaziava a inviolabilidade domiciliar, contrariando a interpretação sistemática da própria Constituição e tratados de direitos humanos dos quais o Brasil é signatário. Por isso, propus a evolução do entendimento.

Para tanto, parti de um resgate da cláusula de inviolabilidade domiciliar em nosso direito e no direito comparado, para investigar em que medida a entrada forçada em domicílio é tolerável.

A despeito de sua importância, a busca e apreensão domiciliar necessita de controle. Nesse aspecto, o papel do mandado judicial como garantia do respeito à privacidade é evidente. A avaliação feita por um juiz neutro e desinteressado sobrepõe à avaliação de um policial envolvido no empreendimento, muitas vezes competitivo, de revelar o crime, resguardando contra medidas arbitrárias – Justice Robert H. Jackson, redator da *opinion* da Suprema Corte dos Estados Unidos, caso Johnson v. United States 333 U.S. 10 (1948).

Em suma, propus fosse fixada a interpretação de que a entrada forçada em domicílio sem mandado judicial só é lícita, mesmo em período noturno, quando amparada em fundadas razões, devidamente justificadas *a posteriori*, que indiquem que dentro da casa ocorre situação de flagrante delito, sob pena de responsabilidade disciplinar, civil e penal do agente ou da autoridade, e de nulidade dos atos praticados.

- **Contraditório e ampla defesa e denúncia inepta: abuso no oferecimento de denúncia. Estado policial (4) – HCs 85.327, 84.388 e 86.395**

É de registrar também os precedentes em que o princípio da ampla defesa recebeu contornos mais claros, tendo sido considerado corolário da dignidade da pessoa humana.

Como amplamente reconhecido, o princípio da dignidade da pessoa humana impede que o homem seja convertido em objeto dos processos estatais[45].

Assim, não se afigura admissível o uso do processo penal como substitutivo de pena que se revela tecnicamente inaplicável ou a preservação de ações penais ou de investigações criminais cuja inviabilidade já se divisa de plano. Tem-se, nesses casos, flagrante ofensa ao princípio da dignidade da pessoa humana.

Quando se fazem denúncias infundadas, dando ensejo à persecução criminal injusta, está-se a violar, também, o princípio da dignidade da pessoa humana, que, entre nós, tem base positiva no art. 1º, III, da Constituição. Diga-se o mesmo da prática reiterada de peças de acusação compostas por denúncias genéricas, imputações vagas que não especificam condutas típicas e que, mais grave ainda, muitas vezes motivam prisões só tardiamente superadas mediante a concessão de *habeas corpus*.

Note-se que o HC mostrou-se, em inúmeras oportunidades, instrumento apto a impedir o uso do processo penal como veículo de imputações com tais vícios, obstando a persecução criminal injusta.

No HC 85.327[46], por exemplo, restou assentado que a inépcia da denúncia constitui tema com sérias implicações no campo dos direitos fundamentais, seja relativamente ao direito de defesa, seja no concernente ao princípio da dignidade da pessoa humana. Na ocasião, ressaltei

---

[45] Cf. Maunz-Durig. *Grundgesetz Kommentar*, Band I, Munchen: Verlag C. H. Beck, 1990, II 18.

[46] A Segunda Turma do Supremo Tribunal Federal, por maioria, deferiu o pedido, nos termos do voto do Rel. Min. Gilmar Mendes (*DJ* de 20.10.2006).

que a peça acusatória não especificava a participação de cada um dos pacientes. A denúncia tão somente descrevia, de modo genérico, a suposta ocorrência de crimes societários.

A lembrança das denúncias ineptas recebidas e mantidas pelas instâncias ordinárias no contexto da chamada "Operação Anaconda" chega a ser constrangedora. Cuidava-se de investigação de irregularidades no âmbito da Justiça Federal de São Paulo.

No HC 84.388/SP, de relatoria do Min. Joaquim Barbosa, a Segunda Turma do Supremo Tribunal Federal reconheceu, por unanimidade, o constrangimento ilegal decorrente de uma dessas denúncias[47]. Imputava-se de crime de falsidade ideológica a magistrado que, por equívoco, declarara, perante a Receita Federal, que detinha US$ 9.000,00 (nove mil dólares) no Afeganistão. Ao mesmo tempo, às autoridades administrativas, registrara possuir o mesmo valor no Brasil. Esse fato constituiria, para o *Parquet*, o suposto falso imputado.

Naquela assentada, o Min. Celso de Mello classificou como "bizarra" a atuação persecutória do Estado.

Trata-se, sem dúvida nenhuma, de um dos casos mais vergonhosos da história da justiça brasileira. De fato, raramente se tem notícia, na crônica judicial, de algo tão despropositado. De qualquer forma, o ajuizamento de semelhante ação e a sua aceitação pelos órgãos judiciais configuraram inequívoca lesão ao princípio do devido processo legal e ao princípio da dignidade humana. Daí ter-se enfatizado que o princípio da dignidade da pessoa humana há de ter aplicação subsidiária também no processo penal, devendo-se repudiar qualquer tentativa de transformar o homem em objeto dos processos estatais.

Nesse mesmo *habeas corpus*, quanto à imputação do crime previsto no art. 10 da Lei n. 9.296/96 (interceptação de comunicações telefônicas, de informática ou telemática, ou quebra de segredo da justiça, sem autorização judicial ou com objetivos não autorizados em lei), limitava-se a denúncia a transcrever conversas telefônicas, sem a observância dos requisitos mínimos à persecução criminal. Isto é, sem a demonstração dos elementos indispensáveis à configuração do tipo penal. Também, nesse ponto, a ordem de *habeas corpus* foi concedida, vencido o Relator, que, neste ponto, indeferia a ordem.

Situação muito semelhante ocorreu no julgamento do HC 86.395[48], também da série de *habeas corpus* da "Operação Anaconda".

Na ocasião, ponderei que os requisitos para a apresentação e o acolhimento da denúncia revelam dimensão de concretização do direito constitucional de defesa. Deve-se, portanto, afastar qualquer peça acusatória que não observe os pressupostos aptos a oferecer substrato a persecução criminal minimamente aceitável.

Naquele caso, a atecnia da denúncia oferecida pelo Ministério Público consubstanciava, por si só, o absurdo da pretensão persecutória:

> "ALI MAZLOUM, prevalecendo-se de sua condição de juiz federal, cometeu atos em abuso de autoridade, além de ameaçar Policiais Rodoviários Federais, por palavras, escritos e gestos, de causar-lhes mal injusto e grave, consubstanciado na invectiva de mandar expedir mandados de prisão e de busca e apreensão em local de trabalho, intimidando-os por diversas vezes ao bradar que '**a corda sempre arrebenta do lado mais fraco**'.
>
> Pelo exposto, observando o que dispõem os artigos 14, inciso I; 18, inciso I; 69 e 70, todos do Código Penal, o Ministério Público Federal **denuncia**:
>
> **ALI MAZLOUM**, como incurso nas sanções do:

---

[47] A Turma, por votação unânime, deferiu o pedido de *habeas corpus*, para afastar o crime de falsidade ideológica, extinguindo, quanto a este, o processo penal instaurado contra o paciente. No que se refere ao delito de interceptação telefônica, a Turma, por votação majoritária, deferiu o pedido, para, também quanto a esse crime, extinguir o processo penal em curso contra o paciente, vencidos, no ponto, os Ministros Joaquim Barbosa e Ellen Gracie, que o denegavam" (*DJ* de 19.5.2006).

[48] A Segunda Turma do Supremo Tribunal, em sessão realizada no dia 12.9.2006, por unanimidade, deferiu o pedido de *habeas corpus* (*DJ* de 6.11.2006).

Direitos Fundamentais **65**

a) artigo 147 do Código Penal, com a agravante do artigo 61, II, alínea g do mesmo diploma;

b) artigo 3º, alínea j c/c artigo 6º, § 4º, ambos da Lei n. 4.898/65, aplicando-se as sanções previstas de forma cumulativa" (fls. 49-57).

No caso, a denúncia limitava-se a reportar, de maneira pouco precisa, os termos de representação formulada pelos policiais rodoviários federais envolvidos. E, a despeito de contar com a especificação da pessoa que supostamente teria cometido o ilícito (o então paciente, Ali Mazloum), a peça acusatória, em momento algum, identificava a ação transitiva específica perpetrada, descrevia o modo pelo qual teria sido cometida a prática delituosa (*quomodo*), ou identificava o prejuízo ao bem jurídico penal tutelado (*quid*).

Em outras palavras, a denúncia não narrava, em qualquer passagem, ato do paciente que configurasse ameaça ou abuso de autoridade. Tampouco relatava quais garantias ou direitos profissionais dos policiais apontados como ofendidos teriam sido especificamente violados.

Tratava-se, na realidade, de acusação baseada em peculiar combinação de relatos com outro amontoado de indícios e suposições que, conforme salientado no próprio voto do Relator, no STJ, do acórdão impugnado, estava longe de corresponder a "um primor de elaboração técnica".

Ademais, a questão crucial, naquele caso, era que o processo penal não poderia ser utilizado como instrumento de perseguição política ou administrativa.

Naquela assentada, lembrei, ainda uma vez, que não se pode dar curso a ação penal que, *a priori*, já se sabe inviável. Até porque a transformação do processo penal em instituto de penalização é reveladora de visão totalitária, muito comum nos países do socialismo real, e não pode ser referendada pelo Judiciário.

A título de *obiter dictum*, aduzi que os casos de recebimento de denúncias inequivocamente ineptas por juízes e tribunais revelavam caso de típica covardia institucional.

É fácil ver, na verdade, os danos que a mera existência de uma ação penal impõe ao indivíduo. Daí a necessidade de rigor e prudência tanto dos que têm o poder de iniciativa nas ações penais quantos daqueles que podem decidir sobre seu curso.

No âmbito do STF, foi principalmente o Min. Celso de Mello (HC 73.271) quem deu ênfase ao fato de que a precisão na denúncia é uma exigência "derivada do postulado constitucional que assegura ao réu o pleno direito de defesa", assentando também, de forma lapidar, que "denúncia que não descreve adequadamente o fato criminoso é denúncia inepta".

- **Abuso no uso de algemas e exposição vexatória da pessoa presa. Estado policial (5) – Súmula Vinculante 11**

O modelo de Estado autoritário que estava sendo desenvolvido baseava-se, fortemente, nas prisões realizadas com grande cobertura da mídia, com objetivo de expor os detidos em situação vexatória, em geral com uso indiscriminado de algemas. O uso de algemas e a exposição pública de presos já haviam se tornado uma práxis nas ações rotineiras da Polícia.

Nessa seara, são evidentes os esforços despendidos pelo Supremo Tribunal Federal contra a indevida hipertrofia e o comportamento desviado do aparelho criminal persecutório no Brasil, consubstanciados, talvez de forma mais expressiva, na edição da Súmula Vinculante 11[49].

A edição da Súmula visou a coibir o abuso na utilização de algemas, não raro acompanhada de cobertura ruidosa e previamente acordada com a imprensa, fato que já se apresen-

---

[49] Súmula Vinculante 11: "Só é lícito o uso de algemas em casos de resistência e de fundado receio de fuga ou de perigo à integridade física própria ou alheia, por parte do preso ou de terceiros, justificada a excepcionalidade por escrito, sob pena de responsabilidade disciplinar, civil e penal do agente ou da autoridade e de nulidade da prisão ou do ato processual a que se refere, sem prejuízo da responsabilidade civil do Estado" (aprovada em 13.8.2008).

tara ao Tribunal em diversos julgamentos de *habeas corpus*, tanto nas Turmas quanto no Plenário[50].

O Min. Sepúlveda Pertence já havia chamado a atenção para a "questão do abuso das algemas, que se tem tornado uma prática frequente, destinada a dar colorido ao espetáculo da prisão", aduzindo, ademais, que "não só o uso da algema, como qualquer utilização da pessoa do preso para o espetáculo – como se se tratasse de exibir um troféu – é degradante e ofende princípios básicos da Constituição"[51].

Em consonância com essa linha de entendimento, no voto que proferi quando da apreciação do HC 91.952[52], afetado ao Plenário por iniciativa do Min. Marco Aurélio, destaquei a feição eminentemente constitucional da questão com que se defrontava o Tribunal.

Pertinente mostrava-se, mais uma vez, a lição do Professor Sérgio Pitombo, ao destacar que "as algemas podem também servir para só insultar ou castigar – tortura psíquica, consistente na injusta vexação, e física, no aplicar sanção imprevista –, dar tratamento, enfim, degradante, desumano ao que se acha sob a guarda ou em custódia, violando a garantia individual".

Assim, ao deferir a ordem de *habeas corpus*, deixei registrado a evidente riqueza constitucional do tema na proibição da tortura e, principalmente, na questão da dignidade da pessoa humana.

Com a edição da Súmula, afastar-se-ia qualquer dúvida: os procedimentos policiais e judiciais devem guardar o princípio da dignidade da pessoa humana, evitando que o homem seja transformado em objeto dos processos estatais.

- **A competência para a homologação dos acordos de colaboração premiada – PET 7.074-QO**

Em 2017, importante questão procedimental acerca do rito de homologação de acordos de colaboração premiada foi levada ao Supremo Tribunal Federal. O Min. Luiz Edson Fachin, relator dos processos oriundos da Operação Lava Jato, suscitou Questão de Ordem acerca dos limites da atuação do relator em colaborações premiadas. Conjuntamente, foi julgado o agravo regimental ajuizado pelo então governador do Estado de Mato Grosso do Sul, Reinaldo Azambuja, que contestava a distribuição por prevenção – e não por sorteio – dos autos em que foram homologados os acordos de colaboração premiada celebrados entre o Ministério Público Federal e integrantes do Grupo J&F.

A controvérsia tinha como cerne a verificação da competência do relator ou do Colegiado para homologação do acordo de colaboração, bem como a sindicabilidade das cláusulas do acordo de colaboração pelo Poder Judiciário.

Em meu voto, destaquei, inicialmente, a notória inobservância dos parâmetros legais que deveriam reger os acordos. As diretrizes legais não vinham sendo observadas nos casos precedentes, e, destarte, não havia efetivo controle judicial sobre aqueles negócios jurídicos. Assim, como consequência, o Ministério Público, de forma progressiva, foi estabelecendo uma nova diretiva, na qual o que era acordado prevalecia sobre o legislado, elidindo-se o princípio da legalidade estrita.

À vista disso, ressaltei o fato de que sanções premiais previstas pela lei para acordos fixados até a sentença – perdão judicial, redução da pena privativa de liberdade e sua substituição por restritiva de direito –, apesar de previstas na Lei n. 15.850/2013, passaram a ser acrescidas de

---

50   A esse respeito, cf. RHC 56.465, HC 71.195, HC 89.429 e HC 91.952.

51   Voto proferido no HC 89.429, Rel. Min. Cármen Lúcia (*DJ* de 2.2.2007).

52   Em sessão plenária ocorrida em 7.8.2008, o Tribunal, à unanimidade, e nos termos do voto do Rel. Min. Marco Aurélio, deferiu a ordem de *habeas corpus* (*DJ* de 19.12.2008).

Direitos Fundamentais   67

inovação, sempre estipulando pena sem prévia cominação legal, em flagrante conflito com o art. 5º, inc. XXXIX, da Constituição. Em suma, várias cláusulas estavam sendo adotadas nesses acordos sem o respaldo da legislação.

De igual maneira, discutia-se o exercício insuficiente dos mecanismos de controle jurisdicional da legalidade dos acordos. Nesse ponto, enfatizei que o exame de legalidade dos acordos não estava sendo realizado pelo controle jurisdicional do STF, uma vez que os acordos de colaboração premiada, como aduzido nos multicitados exemplos do voto, foram homologados sem o devido escrutínio do Tribunal a respeito da legalidade.

No que concerne à competência do relator ou do Colegiado para homologação do acordo de colaboração, filiei-me à concepção de que a melhor interpretação deveria ser no sentido da homologação como incumbência do Colegiado, haja vista não ser esse acordo um simples meio de obtenção de prova. Ressaltei que seu efeito não se limitaria às provas oferecidas pelo colaborador e que a submissão aos juízos singulares reduziria o espaço para a contestação dos acordos, ou mesmo para a formação de jurisprudência sobre o tema. A colaboração, como um negócio jurídico regido pelo direito público, tem o momento da homologação como a fase de controle de legalidade desse contrato. De tal modo, arrazoei que o debate, no Colegiado, seria uma importante ferramenta para que essa avaliação fosse mais completa.

Por todo o exposto, concluí que a homologação dos acordos de colaboração premiada seria de competência do Colegiado, especialmente em casos que envolvessem dispensa da denúncia.

Contudo, por maioria de votos, a Questão de Ordem foi resolvida no sentido de reconhecer como competência do relator, em sede monocrática, a homologação de acordos de colaboração premiada, oportunidade em que o magistrado deve se limitar ao juízo de regularidade, legalidade e voluntariedade da avença. Ao colegiado incumbe, em decisão final de mérito, ainda conforme o posicionamento vencedor, a avaliação acerca do cumprimento dos termos e da eficácia do acordo, sendo possível ao Plenário a análise de sua legalidade, nos termos do § 4º do art. 966 do CPC/2015.

• Excesso de prazo para a prisão – HC 89.090

Ainda acerca do caráter arbitrário que imanta muitos dos atos de constrição da liberdade de locomoção oriundos da jurisdição ordinária, cumpre referir que, por ocasião do julgamento do HC 89.090[53], procurei especificar os casos em que o excesso de prazo da prisão é considerado ofensivo ao princípio da razoável duração do processo, para fins de deferimento do *habeas corpus*.

Assim, é correto afirmar-se que, em virtude da alegação de excesso de prazo, o Supremo Tribunal Federal tem deferido a ordem de *habeas corpus* somente em hipóteses excepcionais, nas quais a mora processual: a) decorra exclusivamente de diligências suscitadas pela atuação da acusação; b) resulte da inércia do próprio aparato judicial ou c) seja incompatível com o princípio da razoabilidade.

• Excesso de prazo do afastamento das funções de magistrado – HC 90.617

Outro interessante caso de aplicação do imperativo de celeridade da prestação jurisdicional no contexto do processo penal deu-se na Segunda Turma do STF, quando do julgamento do HC 90.617[54].

---

[53] Em sessão realizada no dia 21.11.2006, a Segunda Turma do Supremo Tribunal Federal, por unanimidade, indeferiu o pedido de *habeas corpus* (DJ de 5.10.2007).

[54] Em 30.10.2007, a Segunda Turma, por decisão majoritária, concedeu a ordem, nos termos do voto do Rel. Min. Gilmar Mendes, vencido o Min. Cezar Peluso. Ausentes, justificadamente, neste julgamento, os Ministros Celso de Mello e Joaquim Barbosa (DJ de 7.3.2008).

68 Estado de Direito e Jurisdição Constitucional – Decisões relevantes em 15 anos de atuação no STF

Discutia-se a possibilidade de reintegração de Desembargador estadual cautelarmente afastado das funções jurisdicionais em face de decisão do Superior Tribunal de Justiça que, nos termos do art. 29 da Lei Complementar n. 35/79 (Lei Orgânica da Magistratura Nacional), recebeu denúncia criminal em desfavor do magistrado paciente.

No caso concreto, a Segunda Turma reconheceu, por maioria simples de votos (2 x 1), o excesso de prazo de afastamento do Desembargador, que permanecera distanciado de suas atividades por período superior a 4 anos e 6 meses, sem que fosse concluída a instrução da ação penal.

Além disso, a Turma também afirmou, por unanimidade de votos, a legitimidade da impetração de *habeas corpus* como garantia fundamental apta a levar ao conhecimento do Poder Judiciário situações de constrangimento ilegal ou de abuso de poder que, a depender do caso, podem transcender a esfera da liberdade de locomoção propriamente dita da pessoa do paciente[55].

- **Crime e relação de causalidade: crime ambiental. Denúncia contra o Presidente da Petrobras – HC 83.554**

Ainda sobre a propositura de denúncias vazadas por vícios graves, cumpre referir o julgamento do HC 83.554[56], de minha relatoria. O *habeas corpus* fora impetrado contra incriminação de ex-Presidente da Petrobras tendo em vista derramamento de óleo de oleoduto em um dos empreendimentos da empresa no Estado do Paraná.

Na oportunidade, o Colegiado concluiu que, seguindo a perspectiva analítica do crime (fato típico, ilícito e culpável, sendo o fato típico composto por conduta, resultado, nexo de causalidade e tipicidade) e consideradas as circunstâncias do caso, não havia possibilidade de incriminar o Presidente da empresa sem que, com isso, se ofendesse o princípio de que não há crime sem conduta.

Ademais, observando o caso concreto versado no *habeas corpus* 83.554, e mesmo levando em conta a possibilidade de responsabilização criminal de dirigente de pessoa jurídica da complexidade da Petrobras, em razão de vazamento em um dos dutos da empresa, certamente ter-se-ia que prestar especial atenção à inevitável vinculação entre fato e autor do fato (nexo de causalidade).

Em suma, não poderia prosperar a ação penal, pois nela inexistia demonstração de qualquer relação causal, não tendo o *Parquet* sequer especificado se a conduta do denunciado fora omissiva ou comissiva. Ficou assentado, então, que o liame entre conduta e resultado é de ser tido como condição da persecução penal, pelo que a denúncia deveria ser tida por injustificada.

Não havia, naquele caso, como imputar o evento danoso, descrito na denúncia, ao paciente. Do contrário, sempre que houvesse vazamento de petróleo em razão de atos da Petrobras, o Presidente da empresa inevitavelmente seria responsabilizado em termos criminais. Isso seria, no mínimo, exagero. Estava-se diante de quadro de evidente irracionalidade e de má compreensão dos limites do direito penal. Considerando apenas as condutas objetivamente imputadas ao paciente, restou claro que, no fundo, a única motivação para a denúncia seria a contestação genérica à gestão do Sr. Reichstul à frente da Petrobras. E mais, a partir da confusão entre atos da pessoa jurídica e atos individuais – e essa distinção mostra-se fundamental para o direito penal –, buscava-se atribuir

---

[55] O seguinte trecho da Ementa é revelador desse ponto: "No caso concreto, o STJ determinou o afastamento do paciente do cargo de Desembargador do TJ/PE e essa situação perdura por quase 4 (quatro) anos sem que a instrução criminal tenha sido devidamente concluída. Os impetrantes insurgem-se não exatamente contra o simples fato do afastamento do paciente do cargo que ocupava na magistratura, mas em face de uma situação de lesão ou ameaça a direito que persiste por prazo excessivo e que, exatamente por essa razão, não pode ser excluído da proteção judicial efetiva (CF, art. 5º, XXXV)".

[56] Em 16.8.2005, a Segunda Turma do Supremo Tribunal Federal deferiu o *habeas corpus*, por unanimidade, nos termos do voto do Rel. Min. Gilmar Mendes (*DJ* de 28.10.2005).

Direitos Fundamentais   69

ao Presidente da instituição a responsabilidade penal por qualquer dano ambiental decorrente da atuação da Petrobras.

No voto, também deixei assentado que a atuação institucional de dirigente de empresa como a Petrobras dá-se em contexto notório de risco. A hipótese conformava-se ao pensamento de Canotilho acerca do chamado "paradigma da sociedade de risco"[57]. A possibilidade de erro em tais domínios não causa espanto, e os erros podem ser atribuídos tanto a agentes da instituição quanto à própria instituição. Existem mecanismos de controle e de repressão a ambos. E cabe também levar em conta as gradações. Ainda que desconsiderássemos as diversas esferas de controle de atos administrativos, olhando o caso concreto, seria inevitável indagar: Qual o erro imputado objetivamente ao ex-Presidente da Petrobras? Ou ainda: o dano ambiental atribuído à Petrobras poderia ser imputado, em qualquer hipótese, a seu Presidente?

Acreditar que qualquer dano ambiental atribuível à Petrobras representa ato criminoso de seu Presidente afigura-se, no mínimo, um excesso. Por isso, o Colegiado concluiu no sentido do trancamento da ação penal em relação ao Presidente da Petrobras, tendo em vista que, diante dos fatos descritos na denúncia, não havia qualquer indicação da prática de crime pelo paciente.

- ● **Determinação de recolhimento à prisão, para cumprimento da pena, antes do trânsito em julgado: inadmissibilidade – HC 92.578**

No julgamento do HC 92.578[58] (Rel. Min. Ricardo Lewandowski), o Supremo Tribunal Federal discutiu o cabimento da prisão do réu para cumprimento da pena antes do trânsito em julgado da sentença penal condenatória.

O núcleo da questão que se discutia naquele *writ* era a compatibilidade entre o princípio da presunção de inocência e a ordem de recolhimento, para cumprimento da pena, quando ainda não houvesse decisão judicial transitada em julgado contra o acusado.

Naquela assentada, considerei que a ordem de prisão antes do trânsito em julgado da sentença penal condenatória, sem expressa e fundamentada indicação dos requisitos e fundamentos da prisão preventiva do art. 312 do CPP, ofende diretamente o princípio de presunção de não culpabilidade de que trata o art. 5º, inc. LVII, da Constituição Federal, razão pela qual concluí pelo deferimento da ordem de *habeas corpus*.

Evidentemente, presentes os pressupostos para a prisão preventiva, poderá o juiz ou o Tribunal decretá-la a qualquer momento, independentemente do trânsito em julgado.

- ● **Crime hediondo: individualização da pena e progressão de regime – HC 82.959**

Também é digno de lembrança o HC 82.959[59] (Rel. Min. Marco Aurélio), em que se discutiu a interpretação do disposto no art. 5º, inc. XLVI, da Constituição, no que diz com a natureza

---

[57] CANOTILHO, J. J. *Direito constitucional.* Coimbra: Almedina, 1991, p. 1304.

[58] Em 12.2.2009, o Plenário do Supremo Tribunal Federal, por maioria e nos termos do voto do Rel. Min. Ricardo Lewandowski, concedeu o *habeas corpus*, vencidos os Ministros Joaquim Barbosa e Ellen Gracie, estando ausente, justificadamente, naquele julgamento, o Min. Eros Grau (*DJ* de 24.4.2009).

[59] O Plenário do Supremo Tribunal, em 23.2.2006, deferiu o *habeas corpus* e declarou, *incidenter tantum*, a inconstitucionalidade do § 1º do art. 2º da Lei n. 8.072/90, nos termos do voto do Rel. Min. Marco Aurélio, vencidos os Ministros Carlos Velloso, Joaquim Barbosa, Ellen Gracie, Celso de Mello e Nelson Jobim. E, por votação unânime, "explicitou que a declaração incidental de inconstitucionalidade do preceito legal em questão não gerará consequências jurídicas com relação às penas já extintas nesta data, pois esta decisão plenária envolve, unicamente, o afastamento do óbice representado pela norma ora declarada inconstitucional, sem prejuízo da apreciação, caso a caso, pelo magistrado competente, dos demais requisitos pertinentes ao reconhecimento da possibilidade de progressão" (*DJ* de 1º.9.2006).

do princípio da individualização da pena. O entendimento segundo o qual a norma sobre a individualização destinava-se exclusivamente a balizar a ação do legislador, não tendo qualquer significado para a posição individual, esvaziava por completa eficácia da norma. É que, para fixar a individualização da pena *in abstracto*, o legislador não precisaria sequer de autorização constitucional expressa. Bastaria aqui o critério geral do *nullum crimen, nulla poena sine lege*.

Em verdade, a fórmula aberta parece indicar, tal como em relação aos demais comandos constitucionais que remetem à intervenção legislativa, que o princípio da individualização da pena fundamenta um direito subjetivo que não se restringe à simples fixação da pena *in abstracto*, mas que incide igualmente no momento da individualização concreta da pena.

A referência à lei – princípio da reserva legal – explicita, tão somente, que esse direito está submetido à restrição legal expressa.

No caso, arguia-se a necessidade de se contemplar também, no contexto, a problemática do núcleo essencial dos direitos fundamentais.

Como o Tribunal havia declarado, anteriormente, a constitucionalidade do art. 2º da Lei n. 8.072/90[60], propus que a declaração de inconstitucionalidade, por suas implicações, contivesse modulação de efeitos: a declaração de inconstitucionalidade não teria qualquer repercussão sobre sentenças condenatórias já executadas. Por tudo isso, a decisão tem grande importância também no contexto do controle de constitucionalidade[61].

- **Redução à condição análoga à de escravo: competência da Justiça Federal ou Estadual – RE 398.041**

É de referir, igualmente, o julgamento do RE 398.041[62], ocasião em que o Supremo Tribunal Federal enfrentou o tema relativo à competência para o processamento e o julgamento do crime de redução à condição análoga à de escravo, previsto no art. 149 do Código Penal.

A controvérsia cingia-se à definição da competência, se da Justiça Comum Estadual ou da Justiça Federal.

Naquele voto, ressaltei o equívoco do pressuposto de que a Polícia e a Justiça estaduais, por razões de ordem histórica e cultural, econômica, social ou política, não se mostravam dispostas ou não estavam aptas para investigar, processar e julgar fatos criminosos cometidos em detrimento dos direitos fundamentais dos trabalhadores. Apenas às autoridades federais – Polícia, membros do Ministério Público e juízes – reputadas, dessa forma, mais competentes e confiáveis – cumpriria a relevante missão de coibir as violações de direitos humanos nas relações de trabalho.

De fato, não se poderia partir da errônea conjectura de que o resultado daquele julgamento representaria certa tomada de posição do Tribunal a respeito do trabalho escravo no país, como pareceu transparecer, *data venia*, do voto do Relator, até porque os mecanismos de deslocamento de competência em face de grave violação aos direitos humanos já estavam previstos em nosso ordenamento (art. 109, inc. V–A, § 5º, inserido na Constituição pela EC 45/2004).

A solução da questão constitucional em tela estava em definir quais seriam os bens jurídicos penais tutelados. Por isso, também não impressionava o argumento, igualmente levantado

---

[60] HC 69.657, Rel. Min. Marco Aurélio, Redator p/ acórdão, Min. Francisco Rezek (*DJ* de 18.6.1993).

[61] Cf., *infra*, III. 4. *Controle incidental*, a discussão acerca da importância do precedente para o desenvolvimento das técnicas de decisão no âmbito do controle difuso.

[62] Em julgamento realizado no dia 30.11.2006, o Tribunal, por maioria, deu provimento ao recurso, nos termos do voto do Rel. Min. Joaquim Barbosa, vencidos os Ministros Cezar Peluso, Carlos Velloso e Marco Aurélio, que lhe negavam provimento, firmando a competência da Justiça estadual para todas as hipóteses em que fosse veiculada a matéria.

Direitos Fundamentais **71**

pelo eminente Relator, de que a "organização do trabalho" a que se refere a norma constitucional (CF, art. 109, inc. VI) deve "englobar outro elemento: o homem, compreendido na sua mais ampla acepção, abarcando aspectos atinentes à sua liberdade, autodeterminação e dignidade".

Não se pode afirmar que todo fato que possa ser configurado em tese como crime de redução à condição análoga à de escravo implica ofensa ao bem jurídico "organização do trabalho", justificando, em todos os casos, a competência da Justiça Federal, conforme a determinação do art. 109, inc. VI, da Constituição da República.

Ademais, existem casos específicos em que o crime – tendo em vista a forma como é cometido, a quantidade de sujeitos envolvidos e a repercussão social causada – deixa de ser violação apenas à liberdade individual do trabalhador, passando a constituir grave ofensa a vários bens e valores constitucionais que dizem respeito à organização do trabalho.

Não há como olvidar, porém, as hipóteses, muito comuns, nas quais, mesmo configurado o crime de redução à condição análoga à de escravo, não se pode sequer vislumbrar qualquer tipo de ofensa aos princípios que regem a organização do trabalho. Por exemplo, nas hipóteses em que apenas um indivíduo, trabalhador, tem a liberdade de locomoção restringida por qualquer meio em razão de dívida contraída com o empregador. Ou no caso de retenção momentânea de um único trabalhador no local de trabalho por cerceamento de meios de transporte. Haveria, aqui, ofensa à liberdade individual do trabalhador, não à organização do trabalho como um todo. Não há, portanto, transgressão de normas e instituições voltadas à tutela coletiva dos trabalhadores, mas apenas a direitos e interesses individualmente considerados.

Por isso, entendo que a regra de competência da Justiça Federal estabelecida pelo art. 109, inc. VI, da Constituição, deve incidir apenas naqueles casos em que esteja patente a ofensa a princípios básicos sobre os quais se estrutura o trabalho em todo o país.

Estabelecida a tese, a Corte considerou que o relato dos fatos fazia transparecer a afronta aos valores estruturantes da organização do trabalho e da proteção do trabalhador. Assim, diante da patente violação, no caso concreto, ao bem jurídico "organização do trabalho", entendeu como justificada a competência da Justiça Federal para processar e julgar o crime descrito nos autos, em aplicação do disposto no art. 109, VI, da Constituição[63].

- **Prerrogativa de foro: indiciamento de Senador por iniciativa da Polícia Federal. Inadmissibilidade – PET-QO 3.825**

Sobre prerrogativa de foro, vale lembrar o julgamento da PET-QO 3.825[64].

Tratava-se de questão de ordem, suscitada pelo Min. Cezar Peluso, para verificar se, a partir do momento em que não se constatam, nos autos, indícios de autoria e materialidade com relação à única autoridade dotada de prerrogativa de foro (Senador da República), caberia, ou não, ao Supremo analisar o tema da nulidade do indiciamento do parlamentar em tese envolvido, independentemente do reconhecimento da incompetência superveniente da Corte.

Na sequência, após o voto do Relator, Min. Sepúlveda Pertence, que indeferia o pedido de anulação formal do indiciamento do Senador Aloizio Mercadante Oliva, pedi vista dos autos.

---

[63] Acerca desse tema, cumpre referir que se encontra em julgamento no Plenário do Supremo Tribunal Federal o RE 459.510, que, no início de 2010, teve seu julgamento suspenso devido ao pedido de vista do Ministro Joaquim Barbosa (*Informativo do STF* 573, 1º a 5.2.2010).

[64] O Tribunal, por maioria e nos termos do voto do Min. Gilmar Mendes (Redator para o acórdão), resolveu questão de ordem no sentido de anular o indiciamento do Senador Aloizio Mercadante Oliva, vencidos os Ministros Sepúlveda Pertence (Relator), Joaquim Barbosa, Carlos Britto e Celso de Mello (*DJ* de 4.4.2008).

No meu voto, consignei, inicialmente, que a jurisprudência do STF é pacífica no sentido de que, nos inquéritos policiais em geral, não cabe ao juiz ou ao Tribunal investigar, de ofício, o titular de prerrogativa de foro. Aludi, então, à lição de Hely Lopes, segundo o qual tais prerrogativas têm por escopo garantir o livre exercício da função do agente político.

Ponderei que a decisão judicial que determina abertura de inquéritos originários para a apuração de condutas eventualmente imputadas a autoridades dotadas de prerrogativa de foro perante o Supremo Tribunal Federal há de ser entendida de maneira a evitar a interpretação de que as competências constitucionais dos órgãos do Poder Judiciário – em especial a da Suprema Corte – estariam definidas em *numerus clausus*.

A esse respeito, aliás, há muito a jurisprudência do STF admite a possibilidade de extensão ou ampliação de sua competência expressa quando esta resulte implícita no próprio sistema constitucional (Cf., Den 103, Rel. Min. Luiz Gallotti, julgada em 5.9.1951).

Lembrei ainda que, antes de cogitar de interpretação restritiva ou ampliativa, compete ao intérprete constitucional verificar se, mediante fórmulas pretensamente alternativas, não se está a violar a própria decisão fundamental do constituinte ou, na afirmação de Pertence, "Se nossa função é realizar a Constituição e nela a largueza do campo do foro prerrogativo de função mal permite caracterizá-lo como excepcional, nem cabe restringi-lo nem cabe negar-lhe a expansão sistemática necessária a dar efetividade às inspirações da Lei Fundamental" (voto proferido na questão de ordem no Inquérito 687/SP, Rel. Min. Sydney Sanches, *DJ* de 9.11.2001).

É que nosso sistema constitucional não repudia a ideia de competências implícitas complementares, desde que necessárias para preencher lacunas constitucionais evidentes. Parece-me que esse argumento está fortemente consolidado. Por isso afigura-se incorreta e contrária à jurisprudência pacífica tese que a competência do Supremo Tribunal há de ser interpretada de forma restritiva.

Em referência ao caso então apreciado, quer isso dizer que, se a Constituição estabelece que os agentes políticos respondem, por crime comum, perante o Supremo Tribunal Federal (CF, art. 102, inc. I, *b*), não há razão constitucional plausível para que as atividades diretamente relacionadas à "supervisão judicial" (como é o caso da abertura de procedimento investigatório, por exemplo) sejam retiradas do controle judicial do STF.

Ademais, há de se fazer a devida distinção entre os inquéritos originários, a cargo e competência do Tribunal (CF, art. 102), e aqueloutros de natureza tipicamente policial, que se regulam inteiramente pela legislação processual penal brasileira.

Nestes termos, votei no sentido de que a questão de ordem fosse resolvida para anular o ato formal de indiciamento promovido pela autoridade policial em face do parlamentar investigado, deixando assentado que a Polícia Federal não está autorizada a abrir de ofício inquérito policial para apurar a conduta de parlamentares federais ou do próprio Presidente da República (no caso do STF). Essa posição acabou prevalecendo na maioria dos votos.

- ## Ofensa à imagem de magistrado e operações policiais midiáticas e sem resultados concretos senão a ofensa a direitos fundamentais – HC 102.422

Talvez o exemplo mais evidente da forma inconsequente com que são conduzidas muitas das ações persecutórias no Estado brasileiro seja o julgamento do HC 102.422.

O *writ* foi impetrado contra decisão do Superior Tribunal de Justiça que aceitou denúncia em ação penal em face do paciente, que a ele imputava a conduta tipificada no art. 16 da Lei n. 10.286/2003 (posse de arma de uso proibido).

As circunstâncias fáticas sobre as quais se apoiava a denúncia bem mostram o caráter temerário e ilegítimo da denúncia. A arma que se pretendia ilegalmente possuída era uma "caneta-revólver" calibre 22, mantida constantemente em exposição em estante da residência do paciente como objeto de decoração e que contava, ademais, com o devido registro de colecionador no Ministério da Defesa.

Ocorre que, ao fazer o registro administrativo da referida arma, o Exército brasileiro anotou a arma como fabricada nos Estados Unidos da América, enquanto, na verdade, a arma havia sido fabricada em Taiwan, embora contasse com sistema de acionamento de origem norte-americana.

Desse erro material do órgão administrativo responsável, o Ministério Público retirou a improvável tese de que se tratavam de duas armas distintas. A primeira, uma caneta-revólver fabricada nos EUA, que tinha registro junto ao Ministério da Defesa, e de paradeiro desconhecido. A segunda, a caneta-revólver fabricada em Taiwan que foi encontrada na residência do paciente, e que configuraria o ilícito antes referido.

O estupor era ainda maior quando se atentava para a investigação que havia embasado a denúncia ministerial, a qual se originou da suposta venda de decisões judiciais por parte do paciente, desembargador federal, utilizando-se de escutas telefônicas e de mandado de busca e apreensão, sem, contudo, encontrar qualquer indício daquilo que havia justificado a invasão da privacidade do denunciado.

Bem por isso aduziam os impetrantes a nulidade da busca e apreensão, quer por ser decorrente das ilegítimas escutas telefônicas, quer por absoluta ausência de fundamentação apta a excepcionar direito individual constitucionalmente garantido. Diziam que os atos persecutórios transformaram-se em verdadeiras autorizações de "devassa" deferida à autoridade policial. Ainda quanto a esse ponto, mencionavam a ilegalidade resultante do acompanhamento da busca e apreensão por procuradores-regionais da República, aos quais falece atribuição para atuar em feito de competência do STJ. Requeriam, por fim, o trancamento da ação penal, ante a ausência de justa causa.

No exercício excepcional do poder cautelar por força do recesso anual do Tribunal, deferi o pedido liminar, suspendendo o curso da ação penal, tendo em vista a plausibilidade jurídica do pedido e o perigo na demora.

Quando teve lugar a sessão de julgamento do *writ*, votou o Min. Relator pela Concessão da ordem de *habeas corpus* e trancamento da ação penal.

Ao proferir o voto referente ao mérito do *habeas corpus*, destacou-se que a suposta corrupção – que justificou o deferimento de diversas medidas invasivas, praticadas não apenas em relação ao paciente, mas também a outros magistrados, além de buscas e apreensões executadas na sede do Judiciário Federal da 3ª Região – não restou minimamente configurada.

Restava evidente que a caneta-revólver objeto da busca e apreensão realizada na casa do paciente é a mesma submetida a registro, porém com erro material claro, no que diz respeito à procedência. Inexatidão esta, aliás, que já havia sido devidamente corrigida pelo órgão competente, ainda que posteriormente ao recebimento da denúncia.

A conclusão era cristalina: a arma de fogo apreendida pela Polícia Federal, objeto da denúncia do Ministério Público Federal, está devidamente registrada no órgão competente, o que resultava na completa atipicidade da conduta do paciente e, por isso, não havia justa causa para a ação penal.

Lembrou-se de que, em diversos arestos, o Supremo Tribunal não vem admitindo a instauração da ação penal quando flagrante a ausência de justa causa para a formação da relação jurídica penal. Será sempre o caso de não permissão para instauração de feito criminal, ou para o trancamento daquele existente em sede de *habeas corpus*, quando o comportamento do réu "nem mesmo em tese constitui crime, ou quando, configurando uma ação penal, resulta de pura criação mental da acusação" (RE 150/393, Rel. Min. Orozimbo Nonato).

Manifestou-se, igualmente, a preocupação com esse tipo de denúncia. Sem dúvida alguma, ali parecia ter havido um excesso no que diz respeito à denúncia. Mas houve também um excesso em relação ao seu recebimento, como se se fizesse aquilo que, na linguagem ou na metáfora futebolística, se diz *"vamos fazer um tipo de compensação"*, já que houve tanto esforço, o Tribunal se envolveu tanto, deu decisão, busca e apreensão, fechou a Avenida Paulista para fazer busca e apreensão no Tribunal Regional Federal. Depois, o resultado dessa chamada Operação Têmis era aquilo: o recebimento da denúncia por uma caneta-revólver.

Avançou-se para afirmar que o país está carente de uma lei de abuso de autoridade para quem oferece denúncia daquela natureza, para quem faz investigação daquele tipo e para quem recebe denúncia daquele tipo. Sem dúvida alguma é preciso que haja limite para essas situações.

De fato, raramente se encontra na história da jurisprudência do Tribunal um caso com tantas características de picaresco, de circense, de bizarro.

Afirmou-se que é preciso meditar sobre tais denúncias. Tem de meditar muito o STJ. Tal negligência com a esfera de privacidade das pessoas é um caso de estudo. Tem de meditar muito o Ministério Público sobre esse tipo de coisa, porque, sem dúvida alguma, aquele era um caso que constrange, que envergonha quem dele participou.

Deferiu-se, por tudo isso, a ordem para trancar a Ação Penal 549/SP (2006/0278698-0), acompanhando o eminente Relator.

- **Denúncia por quebra ilegal de sigilo bancário contra Ministro de Estado. Questão preliminar sobre a definição do momento para aceitação da proposta do Ministério Público de suspensão do processo – PET 3.898**

É de referir-se, por fim, o quanto decidido na Pet 3.898.

Tratava-se de denúncia oferecida pelo Procurador-Geral da República em face de Antonio Palocci Filho, Jorge Eduardo Levi Mattoso e Marcelo Amorim Netto, dando-os como incursos nas sanções do art. 10 da Lei Complementar n. 105/2001, c/c art. 29 do Código Penal, sob acusação de quebrar ilicitamente o sigilo bancário de Francenildo dos Santos Costa.

Naquela ocasião, cuidava-se, preliminarmente, de definir o momento correto para que o denunciado e sua defesa manifestassem formalmente eventual aceitação da proposta ministerial de suspensão do processo, e se a providência somente seria cabível após eventual recebimento da denúncia.

A questão de fundo cingia-se ao recebimento ou não da denúncia.

- **Tipicidade do porte de drogas para consumo pessoal – RE 635.659**

No julgamento do RE 635.659, foi discutida a inconstitucionalidade do art. 28 da Lei n. 11.343, de 23 de agosto de 2006, que define como crime a conduta de quem adquirir, guardar, tiver em depósito, transportar ou trouxer consigo, para consumo pessoal, drogas sem autorização ou em desacordo com determinação legal ou regulamentar, com sujeição às seguintes penas: I – advertência sobre os efeitos das drogas; II – prestação de serviços à comunidade; III – medida educativa de comparecimento a programa ou curso educativo.

No caso em julgamento, o presidiário Francisco Benedito de Souza foi denunciado pela prática do ilícito tipificado no referido artigo porque agentes penitenciários teriam encontrado, em sua cela, um pequeno pacote contendo três gramas de maconha para consumo pessoal. O acusado foi condenado a dois meses de prestação de serviços à comunidade.

Em suas razões, o recorrente afirma que a criminalização do consumo pessoal de drogas viola o art. 5º, inc. X, da Constituição Federal, o qual prevê que são invioláveis a intimidade, a vida privada, a honra e a imagem das pessoas, assegurado o direito à indenização pelo dano material ou moral decorrente de sua violação.

A Procuradoria-Geral da República manifestou-se pelo não provimento do recurso. Argumentou, em resumo, que, ao contrário do que alegava o recorrente, o bem jurídico tutelado pelo dispositivo em análise é a saúde pública, visto que a conduta daquele que traz consigo droga para uso pessoal contribui, por si só, para a propagação do vício no meio social.

Foi reconhecida a repercussão geral da matéria, e deferido o ingresso no feito, na condição de *amicus curiae*, das seguintes entidades: Viva Rio, Comissão Brasileira sobre Drogas e Democracia (CBDD), Associação Brasileira de Estudos Sociais do Uso de Psicoativos (ABESUP), Instituto Brasileiro de Ciências Criminais (IBCCRIM), Instituto de Defesa do Direito de Defesa (IDDD), Conectas Direitos Humanos, Instituto Sou da Paz, Instituto Terra, Trabalho e Cidadania, Pastoral Carcerária, Associação Brasileira de Lésbicas, Gays, Bissexuais, Travestis e Transexuais (ABGLT) e Associação dos Delegados de Polícia do Brasil ADEPOL/BRASIL.

Em meu voto, destaquei que o tema em debate traz a lume contraposições acerca da proteção a direitos fundamentais. De um lado, o direito coletivo à saúde e à segurança; de outra parte, o direito à intimidade e à vida privada. Nessa perspectiva, cabe examinar, como premissa de julgamento da norma impugnada, os parâmetros e limites do controle de constitucionalidade de leis penais, em especial daquelas cujo perfil protetivo tenha por finalidade a contenção de riscos, abstratamente considerados, a bens jurídicos fundamentais.

Em verdade, como venho afirmando em estudos doutrinários sobre o tema, no controle de normas, não se procede apenas a um simples contraste entre a disposição do direito ordinário e os princípios constitucionais. Ao revés, também aqui fica evidente a necessidade de apreciar-se a relação entre a lei e o problema que se lhe apresenta em face do parâmetro constitucional. Em outros termos, a aferição dos chamados fatos legislativos constitui parte essencial do controle de constitucionalidade, de modo que a verificação desses fatos relaciona-se íntima e indissociavelmente com a própria competência do Tribunal.

O art. 28 da Lei n. 11.343/2006 está inserido no Título III do referido diploma legal, sob o qual se encontram agrupadas as disposições atinentes às "atividades de prevenção do uso indevido, atenção e reinserção social de usuários e dependentes de drogas". Por outro lado, as condutas descritas no art. 28 foram também definidas como crime no art. 33 da referida Lei, no rol das condutas relativas ao tráfico. O art. 33, por sua vez, está inserido no Título IV do texto legal, no conjunto das disposições alusivas à "produção não autorizada e ao tráfico ilícito de drogas".

O traço distintivo entre os dois dispositivos, no que diz respeito aos elementos de tipificação das condutas incriminadas, reside na expressão "para uso pessoal", contida na redação do art. 28, *caput*. Objetivou o legislador, como se percebe, conferir tratamento penal diferenciado a usuários e traficantes, abolindo, em relação àqueles, a pena privativa de liberdade prevista no diploma legal revogado (Lei n. 6.368/76, art. 16).

Na prática, porém, apesar do abrandamento das consequências penais da posse de drogas para consumo pessoal, a mera previsão da conduta como infração de natureza penal tem resultado em crescente estigmatização, neutralizando, com isso, os objetivos expressamente definidos no sistema nacional de políticas sobre drogas em relação a usuários e dependentes, em sintonia com políticas de redução de danos e de prevenção de riscos já bastante difundidas no plano internacional.

A criminalização da posse de drogas para uso pessoal conduz a ofensa à privacidade e à intimidade do usuário. Está-se a desrespeitar a decisão da pessoa de colocar em risco a própria saúde.

No voto, ressaltei que não chegava a ponto de afirmar existir o direito a se entorpecer irrestritamente. É perfeitamente válida a imposição de condições e restrições ao uso de determinadas substâncias, não havendo falar, portanto, nesse caso, em direito subjetivo irrestrito.

Cabe registrar que, com esse mesmo entendimento, a Corte Constitucional alemã negou, em 1994, no julgamento do caso Cannabis, a existência de semelhante direito (*Recht zum Rausch*),

76 Estado de Direito e Jurisdição Constitucional – Decisões relevantes em 15 anos de atuação no STF

afirmando, com isso, a viabilidade da criminalização do tráfico de *cannabis sativa* (*BverfGE* 90, 145, 9.3.1994).

Nesse contexto, resta evidenciada, também sob essa perspectiva, a inconstitucionalidade da norma impugnada, por violação ao princípio da proporcionalidade.

Afastada a natureza penal das referidas medidas, por meio da declaração de inconstitucionalidade sem redução de texto, com o consequente deslocamento de sua aplicação da esfera criminal para o âmbito civil, não é difícil antever maior efetividade no alcance dessas medidas, além de se propiciarem, sem as amarras da lei penal, novas abordagens ao problema do uso de drogas por meio de práticas consentâneas com as complexidades que o tema envolve.

5. As garantias constitucionais do extraditando

Assumem relevo, no que diz com os direitos básicos do extraditando, os julgamentos das Extradições 1.008 (Rel. para acórdão Min. Sepúlveda Pertence) e 1.085 (Rel. Min. Cezar Peluso), bem como o julgamento da Extradição 986 (Rel. Min. Eros Grau) e no HC 91.657 (Rel. Min. Gilmar Mendes).

- **Competência do Supremo Tribunal Federal para apreciar a natureza política, ou não, do delito imputado ao extraditando e a concessão de refúgio por ato do Poder Executivo (Caso Battisti) – EXTs 1.008 e 1.085**

Na Extradição 1.008[65], assentei que, para fins de aplicação do art. 33 da Lei n. 9.474/97, a decisão administrativa do Comitê Nacional para Refugiados que determina a concessão do refúgio não pode obstar, de modo absoluto e genérico, todo e qualquer pedido de extradição apresentado ao STF.

Assim, independentemente das distinções doutrinárias quanto à configuração jurídica entre os institutos do refúgio e do asilo, entendi que, no caso concreto, a interpretação constitucional do art. 33 da Lei n. 9.474/97 deveria ser ajustada em consonância com os precedentes firmados na Ext. 232/Cuba (Rel. Min. Victor Nunes) e Ext. 524/Paraguai (Rel. Min. Celso de Mello). Em outras palavras, não seria possível dissociar-se o tema do prosseguimento do pedido de extradição da análise, pelo Supremo, da ocorrência, ou não, de crimes de natureza política no caso concreto.

Essa afirmação se justifica porque não se vislumbravam, naquelas circunstâncias, diferenças substanciais entre os institutos do asilo e do refúgio aptas a ensejarem uma interpretação distinta daquela firmada no julgamento das Extradições 232/Cuba e 524/Paraguai.

Nestes termos, concluí que a questão de ordem suscitada naquela ocasião deveria ser resolvida no sentido de se conferir ao art. 33 da Lei n. 9.474/97 interpretação conforme à Constituição Federal (CF, art. 5º, inc. LII, e art. 102, inc. I, g), para que a extradição somente fosse obstada nos casos em que se imputasse ao extraditando "crime político ou de opinião ou ainda quando as circunstâncias subjacentes à ação do estado requerente demonstrarem a configuração de inaceitável extradição política disfarçada". A posição, nesse sentido, contudo, restou vencida. A maioria entendeu que "o reconhecimento administrativo da condição de refugiado, enquanto dure, é elisiva, por definição, da extradição que tenha implicações com os motivos do seu deferimento"[66].

A questão voltou ao Plenário do Supremo Tribunal Federal por ocasião do julgamento da Ext. 1.085, em que o Governo da Itália pretendia a extradição executória do ativista de

---

[65] Vencido o Relator, Min. Gilmar Mendes, o Tribunal, por maioria, entendeu pelo não conhecimento da extradição, julgando extinto o processo e determinando a expedição de alvará de soltura. Redigiu o acórdão o Senhor Min. Sepúlveda Pertence (*DJ* de 17.8.2007).

[66] Ext 1.008, Redator para acórdão Min. Sepúlveda Pertence (*DJ* de 17.8.2007).

extrema esquerda Cesare Battisti, condenado, em seu país, pela prática de múltiplos homicídios qualificados.

Veio aos autos do processo notícia de que o extraditando solicitara o acolhimento da condição de refugiado pelo Comitê Nacional para os Refugiados – Conare, o que ensejou a suspensão do pedido extradicional, nos termos do art. 34 da Lei n. 9.474/97.

Sobreveio decisão do Conare, de indeferimento do pedido de refúgio, o que motivou recurso ao Ministro da Justiça, finalmente provido "para reconhecer a condição de refugiado a Cesare Battisti, nos termos do art. 1º, inc. I, da Lei n. 9.474/97".

Diante da decisão do Ministério da Justiça, a defesa peticionou, requerendo a imediata libertação do extraditando e, ato contínuo, a declaração de prejuízo do pedido de extradição.

Esse pedido foi apresentado em época de plantão de férias, à vista do que encaminhei os autos ao Procurador-Geral da República, cujo parecer foi pela extinção do processo sem julgamento do mérito, ou, em caso de entendimento diverso, pelo deferimento da extradição.

O Governo da Itália apresentou manifestação, requerendo o deferimento da extradição. Impetrou também mandado de segurança contra a decisão concessiva do refúgio.

Na sessão de 18.11.2009, o Tribunal, por maioria, deferiu o pedido de extradição, tendo prevalecido o voto do Min. Cezar Peluso, Relator, que, após reconhecer a ilegalidade do ato de concessão de refúgio ao extraditando, entendeu que os crimes a ele atribuídos teriam natureza comum, e não política, os quais não estariam prescritos, considerando atendidos os demais requisitos previstos na Lei n. 6.815/80 e no tratado de extradição firmado entre o Brasil e a Itália. Na ocasião, ficaram vencidos os Ministros Cármen Lúcia, Joaquim Barbosa, Eros Grau e Marco Aurélio, que indeferiam o pleito.

No voto que proferi nos autos da Ext. 1.085, tal qual aquele – vencido – prolatado por ocasião do julgamento da Ext. 1.008, afirmei plenamente cabível perquirir a aplicabilidade do art. 33 da Lei n. 9.474/97, segundo o qual dispõe que "o reconhecimento da condição de refugiado obstará o seguimento de qualquer pedido de extradição baseado nos fatos que fundamentaram a concessão de refúgio".

Aduzi, ademais, que, em conformidade com os arts. 77 e 78 da Lei n. 6.815/80 (Estatuto do Estrangeiro), não será concedida extradição quando: o fato que motivar o pedido não for considerado crime no Brasil; a lei brasileira impuser ao crime a pena de prisão igual ou inferior a um ano; o extraditando estiver respondendo a processo pelo qual já foi condenado ou absolvido no Brasil pelo mesmo fato em que se fundar o pedido; estiver extinta a punibilidade pela prescrição da pretensão punitiva; **o fato constituir crime político** (grifo nosso); o extraditando tiver de responder, no Estado requerente, perante Tribunal ou Juízo de Exceção; o crime não for cometido no território do Estado requerente.

Em outras palavras, a ordem jurídica vigente (Lei n. 6.815/80, art. 77, inc. VII, combinado com os §§ 2º e 3º), especifica que, para fins de extraditabilidade, a última palavra compete ao Supremo Tribunal quanto à configuração da natureza política de delito imputado a extraditando.

Assim, em vez de propor maiores digressões teóricas no tocante à conceituação dos institutos do refúgio e do asilo político, considerei que a interpretação adequada para esse caso concreto deveria levar em conta a preocupação de que se estava a discutir a própria dinâmica da separação de Poderes na ordem constitucional pátria (CF, art. 2º). Vale dizer, tratava-se de definir questão de competência explicitada em nosso texto constitucional acerca da vinculação, ou não, do Tribunal, à deliberação administrativa de órgão vinculado ao Poder Executivo relativamente à extraditabilidade de estrangeiro para a apuração de suposta prática de crimes de "natureza política".

A rigor, é de observar que o texto do art. 33 da Lei n. 9.474/97 não previu expressamente a hipótese específica de concessão de refúgio no tocante aos "crimes políticos ou de opinião".

Para os casos específicos de "crimes políticos ou de opinião", parece necessário esclarecer se seria legítimo condicionar o prosseguimento da apreciação e o julgamento do pedido de extradição perante o Tribunal à deliberação administrativa do Ministro da Justiça, contrária à opinião técnica do CONARE.

Trata-se de questão que encontra baliza na ideia fundamental do Estado Democrático de Direito (CF, art. 1°, *caput*), ou seja, a discussão sobre a competência do STF diz respeito especialmente à interpretação constitucional do princípio liberal, dos princípios democráticos e da separação de Poderes.

Em outras palavras, para fins de aplicação do art. 33 da Lei n. 9.474/97, a decisão administrativa do Conare ou do Ministro da Justiça, pela concessão do refúgio, não pode obstar, de modo absoluto, todo e qualquer pedido de extradição apresentado à Suprema Corte.

Essa tese prevaleceu na sessão realizada em 18.11.2009, quando o Tribunal, vencidos os Ministros Joaquim Barbosa, Cármen Lúcia, Eros Grau e Marco Aurélio, nos termos do voto do Relator, Min. Cezar Peluso, assentou a ilegalidade do ato de concessão de refúgio ao extraditando, por reconhecer que seus crimes tinham natureza comum, e não política. Superada essa questão, o Supremo Tribunal deferiu o pedido de extradição, com fundamento na Lei n. 6.815/80 e no tratado de extradição firmado entre o Brasil e a Itália.

A riqueza doutrinária do precedente em análise, contudo, envolve outras questões igualmente enfrentadas pelo STF naquela ocasião.

Cabem, portanto, algumas considerações sobre dúvidas surgidas acerca da execução da decisão que deu provimento ao pedido extradicional, especificamente, sobre a questão, muitas vezes considerada de forma simplista e até mesmo simplória – o que leva, invariavelmente, a soluções acríticas e pouco fundamentadas – quanto ao fato de o Poder Executivo brasileiro estar, ou não, obrigado à efetiva entrega do extraditando à República Italiana, ante o deferimento da extradição por parte do Supremo Tribunal Federal.

É que não se trata de averiguar se o STF tem poder coercitivo em face do Poder Executivo para determinar o cumprimento do acórdão que deferiu a extradição. A questão, muitas vezes formulada por esse viés equivocado, leva a respostas igualmente errôneas. O tema está umbilicalmente ligado à própria natureza da extradição e, portanto, diz respeito à definição do papel exercido pelos Poderes Executivo e Judiciário no processo de extradição.

A extradição, em simples termos, é a entrega que um Estado faz a outro Estado – a pedido deste – de indivíduo neste último processado ou condenado criminalmente. Cuida-se, em suma, de relação de direito internacional entre Estados soberanos para o fim de cooperação em matéria de repressão ao crime. Como relação entre pessoas jurídicas de direito internacional público, a extradição tem como protagonistas os representantes legítimos, os Chefes dos Governos de cada Estado, e é materializada com base em tratado internacional ou, em sua ausência, em promessa de reciprocidade. A relação obrigacional para fins de extradição, se existente – seja com base em tratado bilateral, convênio multilateral, pacto de reciprocidade ou mesmo em lei interna do Estado requerido –, ocorre entre Governos, ou seja, entre os Poderes Executivos de cada Estado.

A tese acima delineada, portanto, rende homenagem aos compromissos internacionais firmados pelo Brasil com os demais Estados. Havendo tratado, todo o processo de extradição deverá observar as suas normas. E, no caso de conflito entre a lei interna e o tratado, o entendimento é consolidado, principalmente, na jurisprudência do STF (por exemplo, Ext 662, Rel. Min. Celso de Mello, *DJ* 30.5.1997), no sentido de que prevalece o tratado, pelo critério da especialidade.

Julgado procedente o pedido de extradição e o cabimento do pedido, resta ao Tribunal comunicar a decisão aos órgãos competentes do Poder Executivo, que providenciarão, perante Estado requerente, a retirada do extraditando do país, conforme o art. 86 da Lei n. 6.815/80 e as normas constantes em tratado porventura existente.

A decisão do Supremo, no processo extradicional, é de natureza preponderantemente declaratória, atestando certeza jurídica quanto à configuração dos requisitos para o cumprimento do tratado ou do pacto de reciprocidade pelo Brasil. Como toda decisão de conteúdo declaratório, estabelece preceito, regra de conduta, consistente no dever de extraditar, pelo Brasil, e no direito de obter a extradição, pelo Estado requerente, em cumprimento do pacto internacional.

Apoiado em fontes doutrinárias, lembrei que nunca se sustentou a possibilidade de não cumprimento, pelo Presidente da República, do tratado de extradição.

Análise mais acurada permite afirmar que, em verdade, o que sempre se defendeu é que, uma vez atestada a legitimidade da extradição em processo jurisdicional no STF, poderá o efetivo cumprimento da decisão demandar medidas administrativas de competência exclusiva do Poder Executivo, assim como o adiamento da entrega em virtude de o extraditando já estar sendo processado ou estar cumprindo pena por outro crime no Brasil.

Ademais, não há, na jurisprudência do Supremo Tribunal Federal, entendimento que consagre ao Chefe do Poder Executivo irrestrita discricionariedade na execução da extradição já concedida.

Enfatizei, mais uma vez, portanto, que não há quem sustente livre apreciação ou até livre arbítrio do Poder Executivo quanto à obrigação – que é de cunho internacional, em virtude de relação mantida com outro Estado soberano – de dar seguimento à efetiva entrega do extraditando. Essa apreciação, tomada em termos de política internacional, como já mencionado, situa-se na primeira fase, em que o Poder Executivo decide se submeterá o pedido extradicional à fase judicial perante o Supremo Tribunal Federal, com todas as responsabilidades e deveres que ela suscita – como a prisão do indivíduo extraditando até o final do processo –, decisão esta que, uma vez tomada, recorde-se, perdura até a efetiva entrega do extraditando ao Estado estrangeiro.

Dessa forma, dizer-se que o Presidente está inteiramente livre para, deferida a extradição, não executá-la, afigura-se, do ponto de vista da coerência e da consistência jurídicas, construção extremamente arriscada. É solução que desafia a própria seriedade do processo extradicional. Revelando concepção equivocada que, como visto, leva a situação de crise, de indeferimento, com a manutenção do extraditando na prisão por tempo indeterminado, de prisão ilimitada no tempo, o que não é sequer imaginável no Estado Democrático de Direito.

Portanto, quanto a essa questão, votei no sentido de deixar assentado que, ante a existência de tratado bilateral de extradição, deve o Poder Executivo cumprir com as obrigações pactuadas no plano internacional e efetivar a extradição. Insisto: a discricionariedade existente é sempre limitada pela lei interna e pelo tratado de extradição.

Foi essa também a orientação adotada pelo Min. Eros Grau, que proferiu o voto de desempate quanto a essa questão. Afirmou o Ministro, durante os debates, e em resposta à indagação do Min. Ricardo Lewandowski sobre se o Presidente estava obrigado ante o Tratado bilateral: "Evidentemente que ele (o Presidente da República) há de decidir no quadro do tratado, a não ser que ele denuncie o tratado".

Daí a correção do quanto assentado na ementa relativamente ao ponto: "Obrigação apenas de agir nos termos do Tratado celebrado com o Estado requerente. Resultado proclamado à vista de quatro votos que declaravam obrigatória a entrega do extraditando e de um voto que se limitava a exigir observância do Tratado. Quatro votos vencidos que davam pelo caráter discricionário do ato do Presidente da República. Decretada a extradição pelo Supremo Tribunal Federal, deve o Presidente da República observar os termos do Tratado celebrado com o Estado requerente, quanto à entrega do extraditando".

80 Estado de Direito e Jurisdição Constitucional – Decisões relevantes em 15 anos de atuação no STF

- **Caso Cesare Battisti – Reclamação contra a decisão final do Presidente da República – Rcl 11.243**

Trata-se de reclamação com pedido de medida liminar, proposta pela República Italiana, contra ato do então Presidente da República Federativa do Brasil que deliberou por não entregar o extraditando CESARE BATTISTI à reclamante.

Em uma breve síntese dos fatos, a prisão preventiva do nacional italiano Cesare Battisti foi decretada pelo Min. Celso de Mello, então relator do processo extradicional, no dia 1º de março de 2007, com base na Lei n. 6.815/80 e no Tratado bilateral de Extradição firmado entre Brasil e Itália. Cesare Battisti foi preso em 18 de março de 2007, para aguardar desfecho do processo extradicional, em conformidade com o disposto no art. 84 da Lei n. 6.815/80.

Em 16 de dezembro de 2009, o Plenário do STF decidiu, por maioria, deferir o pedido de extradição e reconhecer que a decisão de deferimento da extradição não vincula o Presidente da República, nos termos dos votos proferidos pelos Senhores Ministros Joaquim Barbosa, Cármen Lúcia, Carlos Britto, Marco Aurélio e Eros Grau.

Em meu voto, analisei o ato reclamado pelo Governo italiano e o incidente de execução na extradição.

Inicialmente, destaquei que da análise dos votos da Ext 1.085 permite-se concluir que, embora tenha reconhecido certo grau de discricionariedade ao Presidente da República quanto à execução da decisão que deferiu a extradição, o Supremo deixou claro que essa discricionariedade está delimitada pelos termos do acordo celebrado entre o Brasil e a República da Itália.

Consignei, ainda, que tratados internacionais vinculam o Estado brasileiro e todos seus Poderes, inclusive o Supremo Tribunal Federal e a Presidência da República. Daí por que, ao contrário do requerimento fundado em promessa de reciprocidade, o pedido de extradição apoiado em acordo internacional não comporta recusa arbitrária pelo Estado brasileiro. O tratado entre Brasil e Itália especifica que, nesses casos, a condição de não entrega do estrangeiro depende da existência de razões ponderáveis. Com isso, faz-se de especial relevo ação do significado e dos limites normativos dessa expressão.

Parece evidente que a verificação da existência de razões ponderáveis, ainda que sugira uma margem de apreciação política por parte do intérprete, deve necessariamente ser interpretada de acordo com o contexto no qual a situação encontra-se inserida. Como toda interpretação que se faz em torno dos chamados conceitos jurídicos indeterminados, essa expressão deve ser objeto de uma hermenêutica que leve em conta todas as circunstâncias fáticas e jurídicas da situação.

Não se trata, assim, de uma simples avaliação subjetiva, que possa ser feita sem critérios. Além das próprias limitações formalmente acordadas pelas partes e expressamente dispostas no Tratado, bem como no ordenamento jurídico interno – inclusive sua interpretação fixada pela Corte Suprema –, o agente público, ao apreciar a existência ou não dessas razões ponderáveis, em determinada hipótese, também está diretamente vinculado à realidade fática a que esta corresponde.

Com isso, a avaliação sobre existência ou não de razões ponderáveis ter, no contexto da realidade internacional contemporânea, estreita ligação com o Estado Democrático de Direito e com a garantia de que direitos fundamentais do extraditando serão preservados pelo País requerente, a partir de elementos concretamente aferíveis. Caso contrário, haveria razões ponderáveis para que o pedido de extradição fosse recusado.

Nesse sentido, ponderei que não há óbice a que o Presidente da República, na qualidade de Chefe de Estado, proceda a atos necessários para denunciar o Tratado e, assim, desobrigar o País com relação aos seus termos. Todavia, em plena vigência do Acordo Internacional, não é lícito que uma das partes signatárias recuse-lhe a devida aplicação.

Direitos Fundamentais

Ademais, afirmar a higidez da decisão proferida pelo Presidente da República seria admitir que as mesmas razões são inadequadas quando emanadas do Ministro da Justiça para a concessão do refúgio, porém lícitas quando exaradas como fundamentos da decisão do Presidente da República de recusa da extradição.

Diante das descrições dos fatos, verifica-se que os crimes praticados pelo extraditando são gravíssimos (quatro homicídios qualificados), bastando observar o contexto em que foram executados – mediante premeditação e emboscada –, com o claro propósito de eliminar as vítimas, por vingança.

Com fundamento em tais considerações, votei no sentido de julgar procedente a reclamação e resolver o incidente de execução na extradição, para desconstituir o ato do então Presidente da República e determinar a imediata entrega do extraditando ao País requerente.

- **Extradição e Estado de Direito no país requerente – Ext 986**

Quanto às garantias constitucionais do extraditando, a Ext 986[67] (Rel. Min. Eros Grau) apresenta-se igualmente relevante, pois nela se discutiu a proteção de direitos fundamentais de extraditando acusado pela prática de delitos de confabulação, associação delituosa e tráfico de drogas, tipificados nos arts. 48 e 53 da Lei boliviana 1008/88. Não obstante as percucientes observações trazidas pelo Relator, que entendeu encontrar-se o pedido de extradição devidamente instruído, pedi vista dos autos por haver entendido necessárias algumas considerações sobre os acontecimentos que se verificavam na Bolívia naquela oportunidade e que, ao menos em tese, poderiam ensejar o indeferimento daquele pedido de extradição.

Em reconhecimento aos esforços que vinham sendo desenvolvidos no processo de consolidação do Estado Democrático de Direito no país requerente, acompanhei o voto do Min. Eros Grau para deferir a extradição, na certeza de que ao extraditando seria assegurado o pleno cumprimento dos seus direitos fundamentais. Ressaltei, no entanto, o entendimento de que o Supremo deveria sempre adotar orientação estrita, no que concerne à concessão de qualquer pleito extradicional, quando houvesse, no país requerente, ameaça de violação aos direitos fundamentais do extraditando, especialmente a falta de garantia de julgamento que atendesse rigorosamente aos parâmetros do devido processo legal.

- **Aplicação da jurisprudência da Corte Interamericana no âmbito interno – Ext 1.362**

Trata-se de extradição requerida com assento em delito de lesa-humanidade. Segundo consta da Ordem de Captura Internacional (Difusão Vermelha), ao extraditando fora imputada a prática de delitos de lesa-humanidade, na medida em que teria integrado grupo terrorista denominado Triple A.

Após os votos dos Mins. Edson Fachin e Roberto Barroso concedendo a extradição, o Min. Teori Zavascki votou pela rejeição, invocando a prescrição da pretensão punitiva, de acordo com nosso Direito.

O relator sustentou que a qualificação de crime de lesa-humanidade atribuída pela legislação alienígena é consentânea com o direito internacional naquilo em que também vincula o Estado brasileiro.

Naquela oportunidade, registrei que a qualificação de crime contra a humanidade dada pelo Estado requerente não vincula o Brasil. O Direito interno confere ao Poder Judiciário o

---

[67] Em sessão realizada no dia 15.8.2007, o Plenário do Supremo Tribunal Federal, por unanimidade, deferiu o pedido extradicional, nos termos do voto do Rel. Min. Eros Grau (*DJ* de 5.10.2007).

dever de avaliar a legalidade do pedido – art. 102, inc. I, "g", da CF. A dupla tipicidade e a dupla punibilidade são os marcos jurídicos fundamentais dessa avaliação.

Ressaltei que os instrumentos convencionais que regiam a extradição – o Tratado de Extradição entre o Brasil e a Argentina (Decreto n. 62.979/68) e o Acordo de Extradição entre os Estados Partes do Mercosul (Decreto n. 4.975/04) – faziam justamente referência ao direito interno dos países requerente e requerido, para verificação da presença da dupla tipicidade e da dupla punibilidade, respectivamente, artigo III, "c", e artigo 9.

É praxe do Direito Internacional que o Estado sob cuja jurisdição está a pessoa tenha a prerrogativa de avaliação de enquadramento. Isso é reconhecido de forma clara, por exemplo, na Convenção sobre o Terrorismo, de 1971, que, ao tratar da extradição, afirma que "em todos os casos compete exclusivamente ao Estado sob cuja jurisdição ou proteção se encontrarem tais pessoas qualificar a natureza dos atos e determinar se lhes são aplicáveis as normas desta Convenção" – artigo 3º.

Fora isso, tratados bilaterais e multilaterais de extradição fazem referência à dupla tipicidade e à dupla punibilidade. Ou seja, ao verificarmos, com profundidade, os parâmetros jurídicos, para avaliar se houve prescrição, não estamos descumprindo regra de Direito Internacional. É ela própria que nos remete a essa avaliação do Direito interno. Não há conflito de normas.

A violação ao artigo 27 da Convenção de Viena sobre o Direito dos Tratados (Decreto n. 7.030/2009) ocorreria se déssemos prevalência ao Direito interno, em caso de conflito aparente com o Tratado. Por exemplo, se o Brasil assinasse um tratado obrigando-se a extraditar nacionais, depois invocasse o art. 5º, inc. LI, da CF para recusar a entrega.

Em verdade, o País que recebe o pedido de extradição tem compromisso com os direitos do extraditando. Acima de tudo, não pode expô-lo a riscos concretos em relação a direitos humanos ou fundamentais – princípio da não devolução. Nesse sentido, por exemplo, a Convenção Relativa ao Estatuto dos Refugiados – artigo 33 do Decreto n. 50.215/61.

É justamente por isso que o ordenamento jurídico brasileiro prevê uma fase judicial obrigatória na extradição passiva e a confia ao encargo de sua mais elevada Corte. A jurisprudência do STF é firme em jamais lavar as mãos na extradição, mesmo nos casos em que o extraditando esteja assente com o pedido, por exemplo, Ext 1.401, Rel. Min. Celso de Mello, Segunda Turma, julgado em 8.3.2016.

Diferentemente de muitas constituições, a Constituição brasileira, no art. 5º, não faz distinção entre brasileiros e estrangeiros, a não ser naqueles tópicos específicos, como direitos ligados à nacionalidade. Em alguns sistemas, distinguem-se aqueles direitos de cidadania e aqueles chamados direitos humanos. Aqui, no art. 5º, *in genere*, a Constituição contemplou esses direitos a todos, brasileiros e estrangeiros. Inclusive, evidentemente, o princípio do *nullum crimen, nulla poena sine proevia lege*, que já foi objeto de discussão. Essa é uma garantia que se aplica, igualmente, a brasileiros e a estrangeiros. Nesse ponto, não se cuida de adotar qualquer ideologia. Cuida-se de aplicar o direito segundo boas regras de hermenêutica, independentemente de quem se trate, de quem esteja sendo alvo de eventual persecução penal. Já é clássico entre nós que o sistema será devidamente testado quando proteger as mais diversas pessoas.

Avaliar o enquadramento dos fatos tem o potencial de colocar-nos em colisão com a jurisprudência da Corte Interamericana de Direitos Humanos.

Nem precisamos perscrutar, já se fez a análise de tantos casos em que o Tribunal indeferiu, por razões técnicas, razões semelhantes, a extradição, e para não falar em tantos outros em que, também, considerou que não era possível proceder-se à extradição, a despeito da gravidade do delito, fundado exatamente nesses dois elementos: a dupla tipicidade e a possibilidade de persecução do crime pelo Direito brasileiro.

Por outro lado, a premissa de que o crime contra a humanidade deveria afastar esses outros princípios por serem infraconstitucionais – a dupla tipicidade e a possibilidade de persecução, a não prescrição – levar-nos-ia a nos submeter à vontade do Estado estrangeiro, do Estado requerente, em papel de subalternidade, que não é digno nem sequer das relações que temos nos planos internacionais.

A extradição tem de ser valorizada: há o dever, inclusive, no combate à criminalidade no plano internacional. Do contrário, países tornar-se-iam valhacoutos de criminosos. Mas a extradição há de fazer-se segundo os ditames e as prescrições institucionais e legais. Então, a mim, parece-me que ela tem de ser aplicada real e independentemente de casos e de *backgrounds* de caráter político-ideológico. Nenhuma dúvida há em relação a isso.

Diante dessas considerações, acompanhei a divergência inaugurada pelo Min. Teori Zavascki e indeferi o pedido de extradição. Filiaram-se, ainda, a esse posicionamento os Mins. Luiz Fux, Dias Toffoli, Marco Aurélio e Celso de Mello.

Assim, por maioria, o Supremo Tribunal Federal negou o pedido de extradição naquela ocasião.

• Extradição e prisão preventiva – HC 91.657

Cumpre referir, nesse sentido, o julgamento do HC 91.657[68], em que se sustentava o constrangimento ilegal pelo qual estaria passando o paciente, em virtude da decretação de sua prisão preventiva para fins de extradição.

A defesa alegava, em síntese: a) a ilegalidade da prisão preventiva do paciente pelo fato de o pedido de extradição não estar suficientemente instruído, b) a nulidade da decisão mediante a qual decretada a prisão do paciente, por não ter havido manifestação prévia da Procuradoria--Geral da República e c) a desnecessidade da prisão preventiva, porquanto a liberdade do paciente não ensejaria perigo para a instrução criminal promovida pelo Governo do Panamá.

Considerei não assistir razão ao paciente quanto às primeiras duas alegações. Todavia, na parte em que a defesa arguia a desnecessidade da prisão preventiva, sob o fundamento de que a liberdade do paciente não ensejaria perigo para a instrução criminal em curso pelo Governo do Panamá e para o processo de extradição, entendi serem necessários alguns comentários.

Lembrei que o Supremo vem discutindo, por exemplo, a questão da demora no processo de extradição, por razões diversas (deficiência da instrução, realização de diligências) e a dificuldade de lidar – no atual Estado Democrático de Direito em que vivemos e diante dos princípios fundamentais emanados da Carta de 1988 –, com o disposto no parágrafo único do art. 84 da Lei n. 6.815/80 ("A prisão perdurará até o julgamento final do Supremo Tribunal Federal, não sendo admitidas a liberdade vigiada, a prisão domiciliar, nem a prisão-albergue.") e com a reiterada jurisprudência do Tribunal, no sentido de que a prisão "deve perdurar até o julgamento final da causa, sendo sua razão a garantia da entrega do extraditando ao Estado requerente"[69].

A ocasião mostrava-se oportuna para rever-se a orientação da jurisprudência do Supremo, segundo a qual a prisão preventiva para fins de extradição não guarda relação com a prisão preventiva do Código de Processo Penal, não sendo necessária, por consequência, a de observância dos requisitos do art. 312 do CPP. Tal orientação acaba por expor o extraditando, por muitas ve-

---

[68] Em 13.9.2007, o Tribunal, por maioria, vencidos os Ministros Menezes Direito e Marco Aurélio, deferiu a ordem de *habeas corpus*, nos termos do voto do Rel. Min. Gilmar Mendes (*DJ* de 14.3.2008).

[69] Ext 845, Rel. Min. Celso de Mello, em decisão monocrática (*DJ* de 5.4.2006); Ext 987, Rel. Min. Carlos Britto, em decisão monocrática (*DJ* de 31.8.2005); HC 85.381/SC, Rel. Min. Carlos Britto (*DJ* de 5.5.2006); HC 81.709/DF, Rel. Min. Ellen Gracie (*DJ* de 31.5.2002), entre outras.

zes, à situação de clara desigualdade em relação aos nacionais que respondem a processos criminais no Brasil, regidos pelos códigos pátrios.

Argumentei, ademais, que, em nosso Estado de Direito, a prisão é medida excepcional e, por essa razão, não pode ser utilizada como meio generalizado de limitação das liberdades.

Aliás, tanto com base em nossa Carta Magna quanto nos tratados internacionais, com relação ao respeito aos direitos humanos e à dignidade da pessoa humana, de que somos signatários, havia razão para que não aplicássemos tal entendimento, no que concerne àquelas prisões preventivas para fins de extradição.

Apesar da especificidade das referidas custódias para fins extradicionais e da evidente necessidade das devidas cautelas em caso de relaxamento de tais prisões ou de concessão de liberdade provisória, mostrava-se desproporcional o tratamento que vinha sendo dado ao instituto da prisão preventiva para extradição.

No que diz com a situação descrita nos autos do HC 91.657, cabia observar que o então paciente era pessoa pública, há muito conhecida no Brasil nos meios desportivos e, quando da decretação de sua prisão preventiva, exercia as atividades de técnico de futebol do Esporte Clube São Bento de Sorocaba, havendo disputado vários jogos do campeonato paulista. As circunstâncias fáticas da prisão revelam que o paciente foi detido por policiais da Interpol na própria residência, "não tendo oferecido qualquer tipo de resistência, tendo, ainda, mesmo sem pedido da autoridade policial federal da Interpol, espontaneamente, colocado seu passaporte à disposição daquela autoridade – que acabou por lavrar o respectivo auto de exibição/arrecadação e apreensão – demonstrando, assim, mais uma vez, sua intenção de não fugir ou de se ausentar do Brasil, para responder aos chamados das autoridades nacionais ou estrangeiras" (fl. 12).

Na ocasião, o Cônsul-Geral da Colômbia, Mauricio Acero Montejo, em documento anexado aos autos (fls. 16-17) declarou que o então paciente é pessoa "honrável, reta, cumpridora dos seus deveres tanto legais como profissionais e, com a sua atuação pessoal jamais tem representado um perigo à sociedade, nem pretendeu se evadir da justiça da República Federativa do Brasil nem da República do Panamá. Há mais de 13 anos o Senhor Freddy Rincón reside na cidade de São Paulo, Brasil, onde é uma figura pública, amplamente conhecida nos meios esportivos e sociais. O que me leva a afirmar que Freddy Rincón comparecerá às solicitações judiciais cada vez que assim manifestarem tanto as autoridades brasileiras como panamenhas".

Ainda: dois dias antes da decretação da prisão para fins de extradição, o ora paciente havia sido citado e intimado dos termos do Pedido de Cooperação Internacional promovido pelo Governo do Panamá (Processo 2007.61.81.004267-4, da 2ª Vara Criminal Federal da Subseção de São Paulo), havendo comparecido espontaneamente àquela Vara, de onde saíra intimado para a audiência de interrogatório.

A prisão preventiva para a extradição do Paciente subsistia há quase quatro meses (o paciente fora preso em 10.5.2007) e inexistia contra ele sentença de condenação no processo instaurado no Panamá.

Com fundamento em tais fatos, considerando os bons antecedentes do paciente e a necessidade de que fosse verificada a compatibilidade desta custódia com o princípio da proporcionalidade, a fim de que esta se limitasse ao estritamente necessário, concluí, naquele caso, pela presença dos requisitos autorizadores da concessão do *habeas corpus* pleiteado para que o paciente aguardasse solto o julgamento da Ext 1.091/Panamá (Rel. Min. Ricardo Lewandowski).

A Corte determinou a expedição de alvará de soltura, em que deveriam constar as seguintes cautelas: a) o depósito do passaporte do extraditando no Supremo Tribunal Federal; b) a advertência ao extraditando sobre a impossibilidade de, sem autorização do Relator da Extradição no STF, deixar a cidade de seu domicílio no Estado de São Paulo; e c) a obrigação de atender a todos os chamados judiciais e comparecer quinzenalmente à 2ª Vara Criminal Federal da Subseção de São Paulo, para informar sobre suas atividades.

6. Segurança jurídica, direito adquirido e interpretação constitucional

• Admissão emergencial de servidores e segurança jurídica – MS 22.357

No MS 22.357[70], objetivava-se anular ato administrativo do Tribunal de Contas da União, pelo qual aquela Corte considerou regulares as contas da Infraero relativas ao exercício do ano de 1990, havendo determinado, entretanto, àquela estatal, a adoção de providências com vistas a regularizar no prazo de 30 dias, sob pena de nulidade, as 366 admissões realizadas sem concurso público. No julgamento de recurso de revisão, esse prazo fora dilatado para 195 dias, contados a partir da publicação no *Diário Oficial*, 9.5.1995.

Sustentaram os impetrantes que o TCU afrontara o princípio da isonomia, tendo oferecido tratamento desigual a iguais; além de ferir o direito adquirido dos impetrantes, uma vez que a recomendação de adoção de concurso público para admissão de pessoal fora posterior às contratações. Ademais, equivocara-se relativamente à data a partir da qual não mais seriam permitidas admissões sem concurso público. Seria esta contada da publicação do acórdão do Supremo Tribunal Federal, ou seja, 23.4.1993, e não a partir da publicação da primeira deliberação do TCU a respeito da matéria, 6.6.1990.

O que impressionava, na espécie, era o fato de que o Tribunal de Contas, inicialmente, ao julgar as contas referentes ao exercício de 1990, (acórdão publicado em 3.12.1992), houvesse se limitado a reconhecer a necessidade de adoção do concurso público para futuras admissões, o que foi entendido como uma convalidação das admissões realizadas anteriormente.

Portanto, embora o TCU, em 6.6.1990[71], tivesse firmado entendimento quanto à indispensabilidade de concurso público para a admissão de servidores nas empresas estatais, considerara que, no caso da Infraero, ficava a empresa obrigada a observar a orientação para as novas contratações. Essa orientação foi revista no julgamento das contas do exercício de 1991, assentando o Tribunal que a empresa deveria regularizar as 366 admissões, sob pena de nulidade (fls. 492).

Tendo em vista tais circunstâncias, específicas e excepcionais, concluí pelo deferimento da ordem, diante, sobretudo, da boa-fé dos impetrantes, da existência de processo seletivo rigoroso e da contratação conforme o regulamento da Infraero. Era de considerar também a controvérsia, à época da contratação, quanto à exigência de concurso público, nos moldes do art. 37, inc. II, da Constituição, no âmbito das empresas públicas e sociedades de economia mista; além do fato de que houve dúvida quanto à correta interpretação do art. 37, inc. II, em face do art. 173, § 1°, no âmbito do próprio TCU. Ademais, ressaltavam o longo período de tempo transcorrido das contratações e a necessidade de garantir segurança jurídica a pessoas que agiram de boa-fé.

A solução dada pela Corte foi no sentido da concessão da segurança para afastar (1) a ressalva do Acórdão 110/93, Processo TC 016.629/92-2, publicado em 3.11.1993, que determinou a regularização das admissões efetivadas sem concurso público após a decisão do TCU de 16.5.1990 (proferida no Processo TC 006.658/89-0) e, (2) em consequência, a alegada nulidade das contratações dos impetrantes.

Tal decisão valorizou de forma significativa o princípio da segurança jurídica, como subprincípio do Estado de Direito.

---

[70] O Plenário do Supremo Tribunal Federal, em julgamento realizado no dia 27.5.2004, concedeu a segurança, por unanimidade, nos termos do voto do Rel. Min. Gilmar Mendes (*DJ* de 5.11.2004).

[71] Acórdão exarado no processo TC 016.810/91-0, *DOU* de 3.12.1992.

• Direito adquirido e mudança do padrão monetário – RE 141.190

Como corolário da segurança jurídica, a garantia ao direito adquirido marca, igualmente, a jurisprudência do Supremo Tribunal Federal. Merece nota o julgamento do RE 141.190[72] (Red. p/ acórdão Min. Nelson Jobim). Tratava-se de ação contra o Banco de Crédito Nacional S/A, impugnando o critério de incidência do índice deflator, relativamente ao contrato de aplicação financeira, com valor de resgate prefixado, conhecido por CDB, em face do Decreto-lei n. 2.335/87, redação dada pelo Decreto-lei n. 2.342/87.

Interessava, em suma, verificar se poderia ser invocado o princípio do direito adquirido com vistas a manter a estabilidade de contratos em curso, quando mudanças introduzidas por leis posteriores levaram à alteração do padrão monetário sob os quais foram firmados.

Assim sendo, a discussão sobre retroatividade (ou não) da lei monetária, e mesmo a proteção do direito adquirido diante de leis como a do caso em referência, exigia que se considerasse a situação concreta dos autos, sob o prisma da proteção das próprias posições jusfundamentais afetadas: de um lado, a proteção do direito de propriedade e, de outro, o poder estatal de realizar a política monetária.

O que se pretendia resolver, na hipótese, era se, a partir da ponderação entre a proteção dos valores patrimoniais envolvidos e a própria política econômica como uma garantia institucional, teria havido, ou não, excesso legislativo.

No meu voto, considerei que, embora a garantia constitucional da propriedade alcance os valores patrimoniais expressos em dinheiro, essa garantia não lhes outorga uma imunidade contra eventuais alterações da política econômica. Concluí, então, que a opção pelo congelamento de preços e salários, enquanto medida de política econômica, não poderia ser implementada sem alteração substancial das regras de mercado. Assim, o impacto da regulação estatal da economia não poderia deixar de alcançar os contratos de aplicação financeira.

Entendeu o Tribunal que o Plano Bresser representou alteração profunda nos rumos da economia e mudança do padrão monetário do país. Os contratos fixados anteriormente ao plano incorporavam as expectativas inflacionárias e, por isso, estipulavam formas de reajuste de valor nominal. O congelamento importara em quebra radical das expectativas inflacionárias e, por consequência, em desequilíbrio econômico-financeiro dos contratos.

Ademais, a Corte assentou que a manutenção íntegra dos pactos implicaria assegurar ganhos reais não compatíveis com a vontade que deu origem aos contratos, resultando em enriquecimento sem causa.

A "tablita" usada nos contratos de aplicação financeira representara, portanto, a consequência necessária do congelamento como instrumento para se manter a neutralidade distributiva do choque na economia. O Decreto-lei impugnado, ao contrário de desrespeitar, prestigiara o princípio da proteção do ato jurídico perfeito (CF, art. 5º, inc. XXXVI) ao reequilibrar o contrato e devolver a igualdade entre as partes contratantes.

O Tribunal decidiu que, no caso específico, a tablita não havia extrapolado os limites da proporcionalidade. Embora tenha havido a aplicação do fator de deflação aos rendimentos da aplicação financeira contratada com valor de resgate prefixado, as consequências não teriam sido danosas ao investidor.

Aderi, assim, ao voto do Relator, para conhecer do recurso extraordinário, mas a ele negar provimento.

---

[72] O Tribunal, em sessão plenária realizada no dia 14.9.2005, conheceu por unanimidade o recurso, mas lhe negou provimento, vencidos os Ministros Marco Aurélio e Celso de Mello (*DJ* de 26.5.2006).

Direitos Fundamentais **87**

- **Benefício de Previdência Social e eficácia *pro futuro* da lei. Alteração dos critérios. Aplicação de novos benefícios – RE 416.827**

Questão de enorme relevo, inclusive de repercussão numérica expressiva, foi discutida no RE 416.827[73]. Tratava-se de recurso extraordinário em que o Instituto Nacional do Seguro Social (INSS) sustentava que a concessão da pensão por morte deveria ser regida pela lei vigente ao momento em que houvesse sido realizado o requerimento dessa benesse previdenciária.

Sob o argumento de que a legislação inovadora nada dispusera sobre a concessão, ou não, do benefício, considerei não haver alternativa hermenêutica senão a de que a Lei n. 9.032/95 tinha de ser interpretada no sentido de se lhe conferir aplicação imediata, sob pena de violação à regra constitucional constante do art. 195, § 5º, da CF, segundo o qual "nenhum benefício ou serviço da seguridade social poderá ser criado, majorado ou estendido sem a correspondente fonte de custeio total".

É que, diante do silêncio eloquente do legislador ordinário, a Lei n. 9.032/95 haveria de ser aplicada, portanto, apenas às concessões de benefícios ocorridas no período de sua vigência. No caso em apreço, não era difícil verificar que a própria elevação da pensão para as novas concessões de benefícios veio acompanhada de medidas de contenção de custos e de incremento de arrecadação.

- **Constitucionalidade da Lei da Anistia e desconsideração, pela impetrante, do árduo processo político que culminou na superação do período de exceção – ADPF 153**

Por sua relevância política, cumpre referir o julgamento da ADPF 153, em que se questionava a interpretação dada ao § 1º do art. 1º da Lei n. 6.683/79[74], no sentido de que a anistia estende-se aos crimes comuns praticados por agentes públicos contra opositores políticos durante o regime militar.

Segundo o arguente, a referida interpretação seria equívoca, porquanto não estariam abarcados aqueles crimes comuns – tortura, estupro, assassinato etc. – cometidos pelos agentes públicos a serviço do regime militar.

Arguia-se que tais crimes não poderiam ser abarcados a partir do instituto da conexão criminal, além do que tais agentes não poderiam ter cometido crimes políticos – entendidos como aqueles contra a ordem política vigente ou a segurança nacional –, uma vez que eram incumbidos justamente de combatê-los.

Asseverava-se a violação aos preceitos constitucionais da isonomia em matéria de segurança (art. 5º, *caput* e inc. XXXIX); do dever de não ocultar a verdade (art. 5º, inc. XXXIII); dos princípios democrático e republicano (art. 1º); e da dignidade da pessoa humana (art. 1º, inc. III, e art. 5º, inc. XLIII).

Entre outros argumentos, o arguente sustentava que a violação ao princípio constitucional da dignidade da pessoa humana ocorreria na medida em que, a fim de possibilitar a transição do regime militar para a ordem democrática, teria sido firmado acordo para incluir, na Lei da Anis-

---

[73] O Plenário do Supremo Tribunal Federal, em sessão realizada em 8.2.2007, conheceu do recurso por unanimidade de votos e, por maioria, deu-lhe provimento, nos termos do voto do Rel. Min. Gilmar Mendes (*DJ* de 8.2.2007).

[74] Lei n. 6.683/79. "Art. 1º É concedida anistia a todos quantos, no período compreendido entre 02 de setembro de 1961 e 15 de agosto de 1979, cometeram crimes políticos ou conexos com estes, crimes eleitorais, aos que tiveram seus direitos políticos suspensos e aos servidores da Administração Direta e Indireta, de fundações vinculadas ao Poder Público, aos Servidores dos Poderes Legislativo e Judiciário, aos Militares e aos dirigentes e representantes sindicais, punidos com fundamento em Atos Institucionais e Complementares. § 1º Consideram-se conexos, para efeito deste artigo, os crimes de qualquer natureza relacionados com crimes políticos ou praticados por motivação política".

tia, os crimes cometidos por funcionários do Estado contra presos políticos. Ocorre que a edição da referida lei, com a interpretação extensiva aos agentes públicos, implicaria renúncia ao princípio da dignidade da pessoa humana, em especial por sancionar as práticas do crime de tortura por parte de tais agentes.

O pedido final requeria à Corte que desse "à Lei n. 6.683, de 8 de agosto de 1979, uma interpretação conforme a Constituição, de modo a declarar, à luz dos seus preceitos fundamentais, que a anistia concedida pela citada lei aos crimes políticos ou conexos não se estende aos crimes comuns praticados pelos agentes da repressão contra opositores políticos, durante o regime militar (1964/1985)".

Veio aos autos manifestação da Advocacia-Geral da União que sustentava a inviabilidade da pretensão veiculada na inicial, visto que a restrição interpretativa pretendida resultaria na deturpação do sentido da norma, que pretendeu anistiar ampla, geral e irrestritamente a prática dos delitos que enuncia.

Lembrava ainda a AGU que a própria OAB manifestou-se, à época da elaboração da norma impugnada, favoravelmente à sua edição, no parecer da lavra do então Conselheiro José Paulo Sepúlveda Pertence, de 15 de agosto de 1979, aprovado pelo Conselho Federal.

A Procuradoria-Geral da República (PGR) manifestou-se, no mérito, de forma semelhante.

Registre-se, ainda, que diversos *amici curiae* foram admitidos e trouxeram aportes ao julgamento.

Asseverou-se, no voto proferido naquele processo, que, não obstante a clareza linguística do pedido, era possível verificar que se tratava, na verdade, de pedido de declaração de não recepção, pela Constituição de 1988, de um sentido normativo (uma norma) do texto do § 1º do art. 1º da Lei n. 6.683/79. Tem-se, no caso, o que tecnicamente se costuma denominar declaração de inconstitucionalidade (ou de não recepção) sem redução de texto.

Argumentou-se, ainda, quanto aos aspectos ligados às técnicas de decisão em controle de constitucionalidade que, de fato, não se pode negar a semelhança dessas categorias e a proximidade do resultado prático de sua utilização. Porém, é certo que, enquanto na interpretação conforme a Constituição se tem, dogmaticamente, a declaração de que uma lei é constitucional com a interpretação que lhe é conferida pelo órgão judicial, constata-se, na *declaração de nulidade sem redução de texto*, a expressa exclusão, por inconstitucionalidade, de determinadas *hipóteses de aplicação* do *programa normativo* sem que se produza alteração expressa do texto legal.

O pedido do arguente, portanto, deveria ser entendido nessa perspectiva.

A questão cingia-se, feitos esses esclarecimentos, em saber se esse tipo de delimitação do domínio normativo do referido dispositivo era compatível com os fundamentos da ordem Constitucional de 1988. Logo, o problema não residia na conceituação do que seja crime político, e sim na própria característica do ato de anistia.

Destacou-se, nesse sentido, que a anistia seria ato revestido de caráter eminentemente político e que sua amplitude seria definida igualmente de forma política.

Em razão desse caráter eminentemente político da anistia, o Supremo Tribunal Federal já teve a oportunidade de deixar consignado o entendimento segundo o qual o Congresso Nacional pode conceder anistia a seus próprios membros[75].

Ademais, afirmou-se necessário relembrar que a anistia ampla e geral representou o resultado de um compromisso constitucional que tornou possível a própria fundação e a construção da ordem constitucional de 1988. A análise de nossa história constitucional mostra que o processo de redemocratização não obedeceu ao modelo ortodoxo ligado ao binômio entre poder constituinte originário e poder constituinte derivado. Ao contrário, ele foi conduzido segundo solu-

---

[75] ADI 2.306, Rel. Min. Ellen Gracie (*DJ* de 31.10.2002) e ADI 1.231, Rel. Min. Carlos Velloso (*DJ* de 28.4.2006).

ções de compromisso, as quais abriram espaço para transações políticas que levaram à solução consubstanciada na Constituição de 1988, e nos mais de vinte anos de estabilidade institucional com que contamos.

Assim, ressaltou-se que seria indispensável que se observasse a natureza pactual da Carta Constitucional de 1988, e que se verificasse a amplitude dos compromissos políticos firmados por ocasião da Assembleia Nacional Constituinte.

Afirmava-se, portanto, que a nova ordem constitucional pode ser compreendida como resultado de um pacto firmado entre forças plurais e, de alguma forma, antagônicas, o que lhe daria a natureza de *Constituição Compromisso*, encartada no grupo das Cartas ocidentais que foram geradas após períodos de crise, como foi, por exemplo, o caso da Constituição portuguesa de 1830[76].

Lembrou-se de que o período de ditadura militar no Brasil gerou diversas lutas internas, e o exame das situações ocorridas naquele momento histórico permitiria constatar a existência de grupos contrapostos, uns a serviço do Estado, que se legitimava de maneira formal, e outros a serviço de núcleos paraestatais que exerciam posicionamentos políticos divergentes da linha política adotada pelo Estado brasileiro, controlado por militares.

A simples análise dos fatos que ocorreram durante o período deixa claro que a força do Estado subjugou e oprimiu a sociedade civil, que se organizava, da forma como podia, para se contrapor ao regime de exceção.

A contraposição ideológica permitiu a realização de diversas agressões, que se constituíram em fatos típicos criminais, praticados, de um lado, pelo Estado forte e monopolizador do aparelho organizatório e, de outro, por núcleos de cidadãos ideologicamente contrários.

Não obstante o desnível de potencialidade ofensiva exercida durante os tempos de beligerância, afirmou-se necessário observar que tanto houve agressões praticadas pelo Estado, por meio de seus agentes repressores, quanto por intermédio de cidadãos organizados politicamente, em derredor de um direcionamento político.

Sequestros, torturas e homicídios foram praticados de parte a parte, muito embora se possa reconhecer que, quantitativamente, mais atos ilícitos foram realizados pelo Estado e seus diversos agentes do que pelos militantes opositores do Estado.

Isso é o que se pode apresentar enquanto aferível dado histórico, e ir além para adentrar o campo da análise política e valorativa, seria já avançar sobre compreensões morais acerca da natureza justificadora da violência.

Não é possível conferir a ilicitude criminal a alguns atos e, ao mesmo tempo, reconhecer que outros de igual repercussão possuem natureza distinta e podem ser justificados em razão do objetivo político ideológico que os geraram. Não é juridicamente razoável compreender que o objetivo moralmente considerado define a juridicidade da ação, fazendo com que outros atos – com motor condutor diverso – deixem de ser admitidos em razão da diversidade de escopo.

Assim, a perspectiva ideológica não justifica o cometimento de atrocidades, como sequestros, torturas e homicídios cruéis.

Ademais, ainda que fosse possível justificá-las – e não é possível –, é certo que muitos dos que recorreram a estes delitos não buscavam a normalidade democrática. De fato, o que se buscava era a defesa e a instauração de sistemas políticos autoritários, seja para manter o regime de exceção, seja para instalar novas formas de administração de cunho totalitário, com bases stalinistas, castristas ou maoístas. É notório – e este é um fato geralmente obliterado do discurso político atual – que, em muitos casos, os autores desses tipos de crimes violentos pretendiam esta-

---

[76] CANOTILHO, J. J. Gomes. *Direito constitucional e teoria da Constituição.* 7. ed. Coimbra: Almedina, 2003, p. 147-151.

belecer sistema de governo totalitário, inclusive com apoio, financiamento e treinamento concedidos por ditaduras estrangeiras.

De tudo, conclui-se que apenas uma análise normativa é apta a qualificar os atos praticados pelo Estado repressor e pelos movimentos opositores. Essa observação jurídica permitiria a aplicação dos conceitos de crime político e de crime comum, trazendo à baila conceitos normatizados e inseridos na ordem jurídica, aptos ao enfrentamento da questão.

Enfim, lembrou-se de que abertura política foi marcada por uma árdua luta política para que o AI-5 finalmente chegasse ao fim, dando início à redemocratização do país.

Nossa experiência, portanto, mostrou que é possível, pois, proceder-se à transição de uma Constituição para outra em um processo ordenado e sem quebra da legitimidade.

Todos esses elementos deveriam levar à reflexão sobre a própria legitimidade constitucional de qualquer ato tendente a revisar ou restringir a anistia incorporada à EC 26/85.

Parecia certo que aquele processo nos colocava diante de uma hipótese na qual estavam em jogo os próprios fundamentos de nossa ordem constitucional.

Em suma, o que se pretendeu deixar assentado foi que a EC 26/85 incorporou a anistia como um dos fundamentos da nova ordem constitucional que se construía à época, fato que tornaria praticamente impensável qualquer modificação de seus contornos originais que não repercuta nas próprias bases de nossa Constituição e, portanto, em toda a vida político--institucional pós-1988.

Com essas considerações, proferiu-se voto, acompanhando o Relator, para assentar a total improcedência da arguição de descumprimento de preceito fundamental.

7. Direitos fundamentais em espécie

7.1. Direito à vida

• Pesquisa científica com embrião humano – ADI 3.510

No contexto dos direitos fundamentais em espécie, devem ser destacados alguns julgamentos mais importantes do Supremo Tribunal Federal, como o caso da ADI 3.510[77], em que se questionava a possibilidade de pesquisa científica com célula-tronco de embrião humano.

O julgamento da ADI 3.510, relatada pelo Min. Carlos Britto, constituiu eloquente demonstração de que a jurisdição constitucional não pode tergiversar diante de assuntos polêmicos a envolver o debate entre religião e ciência.

Ademais, também o Supremo Tribunal Federal demonstrou, com aquele julgamento, que pode, sim, ser uma Casa do povo, um lugar onde os diversos anseios sociais e o pluralismo político, ético e religioso encontram guarida nos debates procedimental e argumentativamente organizados em torno de normas previamente estabelecidas. As audiências públicas, nas quais são ouvidos os expertos sobre a matéria em debate, a intervenção dos *amici curiae*, com suas contribuições jurídica e socialmente relevantes, assim como a participação do Ministério Público, como representante de toda a sociedade perante o Tribunal, e das advocacias pública e privada, na defesa de seus interesses, fazem do Supremo Tribunal também um espaço democrático, aberto à reflexão e à argumentação jurídica e moral, com ampla repercussão na coletividade e nas instituições democráticas.

---

[77] Em 29.5.2008, o Supremo Tribunal Federal julgou improcedente a ação, por entender que as pesquisas com células-tronco embrionárias não violam o direito à vida, tampouco a dignidade da pessoa humana, vencidos, parcialmente, em diferentes extensões, os Ministros Menezes Direito, Ricardo Lewandowski, Eros Grau, Cezar Peluso e o Presidente, Min. Gilmar Mendes.

Vale destacar, a esse respeito, que, tal como nos ensina Robert Alexy, "o parlamento representa o cidadão politicamente, o tribunal constitucional argumentativamente". Ao votar, referi o raciocínio do filósofo e constitucionalista alemão, transcrito na íntegra:

"O princípio fundamental: 'Todo poder estatal origina-se do povo' exige compreender não só o parlamento, mas também o tribunal constitucional como representação do povo. A representação ocorre, decerto, de modo diferente. O parlamento representa o cidadão politicamente, o tribunal argumentativamente. Com isso, deve ser dito que a representação do povo pelo tribunal constitucional tem um caráter mais idealístico do que aquela pelo parlamento. A vida cotidiana do funcionamento parlamentar oculta o perigo de que maiorias se imponham desconsideradamente, emoções determinem o acontecimento, dinheiro e relações de poder dominem e simplesmente sejam cometidas faltas graves. Um tribunal constitucional que se dirige contra tal não se dirige contra o povo senão, em nome do povo, contra seus representantes políticos. Ele não só faz valer *negativamente* que o processo político, segundo critérios jurídico-humanos e jurídico-fundamentais, fracassou, mas também exige positivamente que os cidadãos aprovem os argumentos do tribunal se eles aceitarem um discurso jurídico-constitucional racional. A representação argumentativa dá certo quando o tribunal constitucional é aceito como instância de reflexão do processo político. Isso é o caso, quando os argumentos do tribunal encontram eco na coletividade e nas instituições políticas, conduzem as reflexões e discussões que resultam em convencimentos examinados. Se um processo de reflexão entre coletividade, legislador e tribunal constitucional se estabiliza duradouramente, pode ser falado de uma institucionalização que deu certo dos direitos do homem no estado constitucional democrático. Direitos fundamentais e democracia estão reconciliados"[78].

Naquela ação direta, dentre os muitos aspectos que poderiam ser destacados, chama a atenção o fato de a Suprema Corte brasileira ter demonstrado postura ativa na condução de tema de tamanha relevância para a sociedade. Sobre isso, consignei que a alternativa da atitude passiva de *self restraint* – ou, em certos casos, de *greater restraint*, utilizando a expressão de García de Enterría[79] – teria sido mais prejudicial ou menos benéfica para a nossa democracia.

Naquela assentada, parti de constatação básica: tínhamos questão específica posta em julgamento –, a constitucionalidade da utilização de células-tronco embrionárias para fins de pesquisa científica –, e para decidi-la não precisaríamos adentrar em temáticas relacionadas aos marcos inicial e final da vida humana para fins de proteção jurídica. São questões transcendentais que pairam no imaginário humano desde tempos imemoriais e que nunca foram resolvidas sequer com relativo consenso. Ciência, religião e filosofia construíram sua própria história em torno de conceitos e concepções sobre o que é a vida, quando ela começa e como deve ser protegida. Com toda a evolução do pensamento e do conhecimento humano, não é possível vislumbrar qualquer resposta racionalmente aceitável de forma universal, seja pela ciência ou pela religião, seja pela filosofia ou pelo imaginário popular.

De fato, se podemos tirar alguma lição das múltiplas teorias e concepções e de todo o infindável debate que se produziu sobre temas, como o aborto, a eutanásia e as pesquisas com embriões humanos, é que não existem respostas moralmente corretas e universalmente aceitáveis sobre tais questões.

Independentemente dos conceitos e concepções religiosas e científicas a respeito do início da vida, é indubitável que existe consenso a respeito da necessidade de que os avanços tecnológicos e científicos, que tenham o próprio homem como objeto, sejam regulados pelo Estado com base no princípio da responsabilidade.

---

[78] ALEXY, Robert. Direitos fundamentais no Estado constitucional democrático. Para a relação entre direitos do homem, direitos fundamentais, democracia e jurisdição constitucional. Tradução de Luís Afonso Heck. *Revista Direito Administrativo*, Rio de Janeiro, n. 217: 55-66, jul./set. 1999.

[79] GARCÍA DE ENTERRÍA, Eduardo. Justicia constitucional: la doctrina prospectiva en la declaración de ineficacia de las leyes inconstitucionales. *Revista de Direito Público*, n. 92, out./dez. 1989, p. 14.

Assim, não se trata de criar obstáculos aos avanços da medicina e da biotecnologia, cujos benefícios para a humanidade são patentes. Os depoimentos de renomados cientistas na Audiência Pública realizada nesta ADI 3.510 nos apresentam futuro promissor relativamente às pesquisas com células-tronco originadas do embrião humano.

Não obstante, cumpria analisar, à luz da experiência acumulada por outros sistemas constitucionais sobre o tema, a adequação da regulação objeto daquela ação direta.

Como se pode constatar, a legislação de diversos países é extremamente rigorosa na regulamentação do tema das pesquisas científicas com embriões humanos. Efetuada a comparação, é impossível negar a deficiência da lei brasileira na regulamentação desse tema.

É importante ressaltar, a esse respeito, que a legislação brasileira não prevê sequer norma para regular as atividades desenvolvidas pelas clínicas de fertilização *in vitro*. Daí a origem dos bancos de embriões congelados sem qualquer destinação específica.

Inserido, no curso do processo legislativo, numa lei que trata de tema distinto, o dos Organismos Geneticamente Modificados – OGM, denominados "transgênicos", o art. 5º da Lei n. 11.105/2005 visa a preencher essa lacuna, destinando à pesquisa e à terapia os embriões humanos congelados há mais de três anos, na data da publicação da lei. Assim, é possível perceber, em princípio, que, enquanto no direito comparado a regulamentação do tema é realizada por leis específicas, destinadas a disciplinar, inteiramente, assunto tão complexo, no Brasil inseriu-se único artigo numa lei destinada a tratar de tema distinto.

Ressaltei, por oportuno, a estrutura da lei espanhola, com 90 artigos, quinze capítulos, oito títulos, ademais das disposições adicionais, transitórias, derrogatórias e finais. No preâmbulo, a lei espanhola é enfática ao afirmar que os "avanços científicos e os procedimentos e ferramentas utilizados para alcançá-los geram importantes incertezas éticas e jurídicas, que devem ser convenientemente reguladas, com o equilíbrio e a prudência que exige um tema tão complexo que afeta de maneira tão direta a identidade do ser humano".

A lei brasileira, no entanto, numa lacuna contundente, estabelece apenas que as instituições de pesquisa e serviços de saúde, que realizem pesquisa ou terapia com células-tronco embrionárias humanas, deverão submeter seus projetos à apreciação e aprovação dos respectivos comitês de ética em pesquisa. Nesse aspecto, deixava a lei de instituir imprescindível Comitê Central de Ética, devidamente regulamentado.

A legislação germânica, de outra sorte, institui não só órgão administrativo competente (*Zuständige Behörde*), ligado ao Ministério da Saúde, para conceder as licenças prévias, como cria Comissão de Ética Central para Pesquisa com células-tronco (*Zentrale Ethik-kommission fur Stammzellenforschung*), formada por expertos em medicina, biologia, ética e teologia.

Além disso, considerei importante observar que a legislação no direito comparado, sem exceção, estabelece, de forma expressa, cláusula de subsidiariedade, para permitir as pesquisas com embriões humanos apenas nas hipóteses em que outros meios científicos não se demonstrarem adequados para os mesmos fins. A lei brasileira deveria, nesses termos, conter dispositivo explícito nesse sentido, a sinalizar tratamento responsável sobre o tema. Os avanços da biotecnologia indicam a possibilidade de que células-tronco totipotentes sejam originadas de células do tecido epitelial e do cordão umbilical. As pesquisas com células-tronco adultas têm demonstrado grandes avanços, de maneira que o desenvolvimento desses meios alternativos poderia tornar desnecessária a utilização de embriões humanos e, portanto, afastar, pelo menos em parte, o debate sobre as questões éticas e morais que envolvem tais pesquisas.

O art. 5º da Lei n. 11.105/2005 seria, portanto, deficiente, em diversos aspectos, na regulamentação do tema das pesquisas com células-tronco.

Direitos Fundamentais **93**

A declaração de inconstitucionalidade, com a consequente pronúncia de nulidade total, no entanto, poderia causar indesejado vácuo normativo mais danoso à ordem jurídica e social do que a manutenção de vigência. Não seria, por isso, o caso de declaração total de inconstitucionalidade, considerando, ademais, a possibilidade de preservar o texto do dispositivo, desde que interpretado em conformidade com a Constituição, ainda que isso implicasse típica sentença de perfil aditivo.

Nesse sentido, a técnica da interpretação conforme a Constituição poderia oferecer alternativa viável. No referido caso, dava oportunidade para o Tribunal avançar. O vazio jurídico a ser produzido por decisão simples de declaração de inconstitucionalidade/nulidade dos dispositivos normativos impugnados tornava necessária solução diferenciada, a exercer "função reparadora" ou, como esclarece Blanco de Morais, "de restauração corretiva da ordem jurídica afetada pela decisão de inconstitucionalidade"[80].

Seguindo a linha de raciocínio até aqui delineada, dever-se-ia conferir ao art. 5º interpretação em conformidade com o princípio da responsabilidade, tendo por parâmetro de aferição o princípio da proporcionalidade como proibição de proteção deficiente (*Untermassverbot*). Conforme analisado, a lei violara o princípio da proporcionalidade como proibição de proteção insuficiente ao deixar de instituir órgão central para análise, aprovação e autorização das pesquisas e terapia com células-tronco originadas do embrião humano.

O art. 5º da Lei n. 11.105/2005 deveria ser interpretado, portanto, no sentido de que a permissão da pesquisa e terapia com células-tronco embrionárias, obtidas de embriões humanos produzidos por fertilização *in vitro*, deve ser condicionada à prévia aprovação e autorização por Comitê (Órgão) Central de Ética e Pesquisa, vinculado ao Ministério da Saúde. Essa interpretação com conteúdo aditivo poderia atender ao princípio da proporcionalidade e, dessa forma, ao princípio da responsabilidade.

Daí haver considerado improcedente a ação, para declarar a constitucionalidade do art. 5º, seus incisos e parágrafos, da Lei n. 11.105/2005, desde que interpretado no sentido de que a permissão da pesquisa e terapia com células-tronco embrionárias, obtidas de embriões humanos produzidos por fertilização *in vitro*, deve ser condicionada à prévia autorização e aprovação por Comitê (Órgão) Central de Ética e Pesquisa, vinculado ao Ministério da Saúde.

7.2. Direito à educação

- **Possibilidade de cobrança de mensalidade em curso de pós-graduação *lato sensu* por instituição pública de ensino – RE 597.854, Tema 535**

Em relação ao tema, merece destaque o RE-RG 597.854, Rel. Min. Edson Fachin. A questão constitucional debatida na referida ação cingia-se a compreender se a Constituição Federal, em seu art. 206, inc. IV, proibiria a cobrança de mensalidade em cursos de pós-graduação *lato sensu* por universidades públicas.

Em especial, cuidava-se de verificar se aos cursos de pós-graduação *lato sensu* deveria ser aplicada a orientação do decidido no RE 500.171, que diz da inconstitucionalidade da cobrança de taxa de matrículas nas universidades públicas, na linha do que assentado inclusive na Súmu-

---

[80] Segundo Blanco de Morais, "às clássicas funções de valoração (declaração do valor negativo do acto inconstitucional), pacificação (força de caso julgado da decisão de inconstitucionalidade) e ordenação (força *erga omnes* da decisão de inconstitucionalidade) juntar-se-ia, também, a *função de reparação*, ou de restauração corretiva da ordem jurídica afectada pela decisão de inconstitucionalidade". MORAIS, Carlos Blanco de. *Justiça constitucional*. Coimbra: Coimbra Editora, 2005. t. II: O contencioso constitucional português entre o modelo misto e a tentação do sistema de reenvio, p. 262-263.

la Vinculante 12: "A cobrança de taxa de matrícula nas universidades públicas viola o disposto no art. 206, inc. IV, da Constituição Federal".

Ao se analisar o art. 206, inc. IV, da Constituição Federal, todavia, percebeu-se que o direito protegido se refere unicamente, no ensino superior, aos cursos de graduação. Sob essa ótica, os cursos de especialização não estariam abrangidos pelo mínimo necessário que a Constituição protege.

Há peculiaridades na pós-graduação *lato sensu*, visto que não conferem grau e variam de acordo com as demandas do próprio mercado, que autorizam o tratamento diferenciado e a cobrança de taxas ou mensalidades.

Além disso, não há disposição constitucional que obrigue a União ou suas instituições de ensino superior a oferecerem cursos de pós-graduação, quanto mais na modalidade *lato sensu*. Logo, caso optem por fazê-lo, isso se dará além do que a Constituição lhes impõe, sendo natural, portanto, que recorram ao implemento de mecanismos especiais de financiamento, tal como a cobrança de mensalidade.

Sob essa perspectiva, a exigência de que também cursos extracurriculares sejam gratuitos, em vez de contribuir para a sua realização, pode resultar em sua não efetivação, frustrando a capacidade de que dispõem as universidades públicas de colaborarem, de forma diversificada, com a comunidade em que estão inseridas na promoção de cursos de interesse geral mediante módicas contribuições. Na melhor das hipóteses, a realização de tais cursos, de forma gratuita, ocorrerá em prejuízo ao desenvolvimento de outras áreas de ensino superior que, nos termos da Constituição, devem ser privilegiadas.

Nesse mesmo sentido desenvolveu-se o Parecer 364/2002/CNE/CE do Conselho Nacional de Educação, o qual foi realizado em razão dos questionamentos do Ministério Público Federal quanto à legalidade desse tipo de cobrança. O Conselho manifestou-se quanto à sua legalidade. Declarou-se que a gratuidade impõe um ônus aos cofres públicos, pois este acaba investindo recursos nas atividades de pós-graduação *lato sensu* em detrimento de outras áreas que a Constituição considerou mais relevantes.

Acompanhei a maioria do STF, que decidiu pela validade de cobrança de mensalidade em curso de pós-graduação *lato sensu* por instituição pública de ensino e fixou a seguinte tese de repercussão geral: "A garantia constitucional da gratuidade de ensino não obsta a cobrança por universidades públicas de mensalidade em cursos de especialização".

7.3. Direito à saúde

O Supremo tem enfrentado a complexa tarefa de emprestar efetividade prática ao direito – constitucionalmente garantido – à saúde.

A doutrina constitucional brasileira há muito tem se dedicado à interpretação do âmbito de proteção do art. 196 da Constituição. Teses muitas vezes antagônicas proliferaram-se nas instâncias do Poder Judiciário e na seara acadêmica. Buscam definir se, como e em que medida o direito constitucional à saúde se traduz em direito subjetivo público a prestações positivas do Estado, passível de garantia pela via judicial.

As divergências doutrinárias quanto ao efetivo âmbito de proteção da norma constitucional do direito à saúde decorrem, especialmente, da natureza prestacional desse direito e da necessidade de compatibilização do que se convencionou denominar "mínimo existencial" e "reserva do possível" (*Vorbehalt des Möglichen*)[81].

---

[81] No julgamento da STA 223 (Redator para o acórdão Min. Celso de Mello), o Supremo Tribunal Federal, ponderando os dois princípios, aduziu que "entre reconhecer o interesse secundário do Estado, em matéria de finanças públicas, e o interesse fundamental da pessoa, que é o direito à vida, não haveria opção possível para o Judiciário, senão o de dar primazia ao último" (*Informativo STF 502, 14 a 18.4.2008*).

Como analisado em estudos doutrinários, os direitos fundamentais não contêm apenas proibição de intervenção (*Eingriffsverbote*), expressando também postulado de proteção (*Schutzgebote*). Haveria, assim, para utilizar expressão de Canaris, não apenas proibição de excesso (*Ubermassverbot*) mas também proibição de proteção insuficiente (*Untermassverbot*)[82].

Nessa dimensão objetiva, também assume relevo a perspectiva dos direitos à organização e ao procedimento (*Recht auf Organization und auf Verfahren*), que são aqueles direitos fundamentais que dependem, na sua realização, de providências estatais com vistas à criação e conformação de órgãos e procedimentos indispensáveis à sua efetivação.

Nessa perspectiva, cabe destacar as contribuições de Stephen Holmes e de Cass Sunstein para o reconhecimento de que todas as dimensões dos direitos fundamentais têm custos públicos, dando significativo relevo ao tema da "reserva do possível", especialmente ao evidenciar a "escassez dos recursos" e a necessidade de se fazerem escolhas alocativas, concluindo, a partir da perspectiva das finanças públicas, que "levar a sério os direitos significa levar à sério a escassez"[83]. Os direitos sociais, assim como os direitos e as liberdades individuais, implicam tanto direitos a prestações em sentido estrito (positivos) quanto direitos de defesa (negativos), e ambas as dimensões demandam o emprego de recursos públicos para a sua garantia.

A dependência de recursos econômicos para a efetivação dos direitos de caráter social leva parte da doutrina a defender que as normas que consagram tais direitos assumem a feição de normas programáticas, dependentes, portanto, da formulação de políticas públicas para se tornarem exigíveis. Nesse sentido, também se defende que a intervenção do Poder Judiciário, ante a omissão estatal quanto à construção satisfatória dessas políticas, violaria o princípio da separação dos Poderes e o princípio da reserva do financeiramente possível.

Em relação aos direitos sociais, é preciso levar em consideração que a prestação devida pelo Estado varia de acordo com a necessidade específica de cada cidadão. Assim, enquanto o Estado tem de dispor de determinado valor para arcar com o aparato capaz de garantir a liberdade dos cidadãos universalmente, no caso de direito social como a saúde, contudo, deve dispor de valores variáveis em função das necessidades individuais de cada cidadão. Gastar mais recursos com uns do que com outros envolve, portanto, a adoção de critérios distributivos para esses recursos.

Assim, em razão da inexistência de suportes financeiros suficientes para a satisfação de todas as necessidades sociais, enfatiza-se que a formulação das políticas sociais e econômicas voltadas à implementação dos direitos sociais implicaria, invariavelmente, escolhas alocativas. Tais escolhas seguiriam critérios de justiça distributiva (o quanto disponibilizar e a quem atender), configurando-se como típicas opções políticas, as quais pressupõem "escolhas trágicas" pautadas por critérios de macrojustiça. É dizer, a escolha da destinação de recursos para certa política, e não para outra, leva em consideração fatores, como o número de cidadãos atingidos pela política eleita, a efetividade e a eficácia do serviço a ser prestado, a maximização dos resultados etc.

Nessa linha de análise, argumenta-se que o Poder Judiciário, cuja vocação é realizar a justiça do caso concreto (microjustiça), muitas vezes não teria condições de, ao examinar determinada pretensão à prestação de algum direito social, analisar as consequências globais da destinação de recursos públicos em benefício da parte, com invariável prejuízo para o todo[84].

Entretanto, defensores da atuação do Poder Judiciário na concretização dos direitos sociais, em especial do direito à saúde, alegam que tais direitos são indispensáveis para a realização da dignidade da

---

[82] CANARIS, Claus-Wilhelm. *Grundrechtswirkungen um Verhältnismässigkeitsprinzip in der richterlichen Anwendung und Fortbildung des Privatsrechts*, JuS, 1989, p. 161.

[83] HOLMES, Stephen; SUNSTEIN, Cass. *The cost of rights:* why liberty depends on taxes. Nova Iorque: W. W. Norton & Company, 1999.

[84] AMARAL, Gustavo. *Direito, escassez e escolha*. Rio de Janeiro: Renovar, 2001.

pessoa humana. Assim, ao menos o "mínimo existencial" de cada qual dos direitos, exigência lógica do princípio da dignidade da pessoa humana, não poderia deixar de ser objeto de apreciação judicial.

A chamada "judicialização do direito à saúde" ganhou tamanha importância teórica e prática que envolve os operadores do direito, os gestores públicos, os profissionais da área de saúde e a sociedade civil como um todo. Se, por um lado, a atuação do Poder Judiciário é fundamental para o exercício efetivo da cidadania; por outro, as decisões judiciais têm significado forte ponto de tensão perante os elaboradores e executores das políticas públicas, que se veem compelidos a garantir prestações de direitos sociais das mais diversas.

De toda forma, parece sensato concluir que, ao fim e ao cabo, problemas concretos deverão ser resolvidos levando-se em consideração todas as perspectivas que a questão dos direitos sociais envolve. Juízos de ponderação são inevitáveis nesse contexto prenhe de complexas relações conflituosas entre princípios e diretrizes políticas ou, em outros termos, entre direitos individuais e bens coletivos.

Alexy segue linha semelhante de conclusão ao constatar a necessidade de modelo que leve em conta todos os argumentos favoráveis e contra os direitos sociais, da seguinte forma:

> "Considerando os argumentos contrários e favoráveis aos direitos fundamentais sociais, fica claro que ambos os lados dispõem de argumentos de peso. A solução consiste em um modelo que leve em consideração tanto os argumentos a favor quantos os argumentos contrários. Esse modelo é a expressão da ideia-guia formal apresentada anteriormente, segundo a qual os direitos fundamentais da Constituição alemã são posições que, do ponto de vista do direito constitucional, são tão importantes que a decisão sobre garanti-las ou não garanti-las não pode ser simplesmente deixada para a maioria parlamentar. (...) De acordo com essa fórmula, a questão acerca de quais direitos fundamentais sociais o indivíduo definitivamente tem é uma questão de sopesamento entre princípios. De um lado está, sobretudo, o princípio da liberdade fática. Do outro lado estão os princípios formais da competência decisória do legislador democraticamente legitimado e o princípio da separação de poderes, além de princípios materiais, que dizem respeito sobretudo à liberdade jurídica de terceiros, mas também a outros direitos fundamentais sociais e a interesses coletivos"[85].

Não obstante, a questão dos direitos fundamentais sociais enfrenta desafios no direito comparado que não se apresentam em nossa realidade. Isso porque a própria existência de direitos fundamentais sociais é questionada em países cujas Constituições não os preveem de maneira expressa ou não lhes atribuem eficácia plena. É o caso da Alemanha, por exemplo, cuja Constituição praticamente não contém direitos fundamentais sociais de maneira expressa.

A Constituição brasileira não só prevê abertamente a existência de direitos fundamentais sociais (art. 6º), especificando seu conteúdo e forma de prestação (arts. 196, 201, 203, 205, 215, 217, entre outros), como não faz distinção entre os direitos e deveres individuais e coletivos (Capítulo I do Título II) e os direitos sociais (Capítulo II do Título II), ao estabelecer que os direitos e garantias fundamentais têm aplicação imediata (art. 5º, § 1º). Vê-se, pois, que os direitos fundamentais sociais foram acolhidos pela Constituição Federal de 1988 como autênticos direitos fundamentais. E não há dúvida: as demandas que buscam a efetivação de prestações de saúde devem ser resolvidas a partir da análise de nosso contexto constitucional e de suas peculiaridades.

Portanto, ante a impreterível necessidade de ponderações, são as circunstâncias específicas de cada caso que serão decisivas para a solução da controvérsia.

A existência de número significativo de demandas judiciais relacionadas ao direito à saúde, por exemplo, revelou o acerto desse entendimento. As múltiplas controvérsias judiciais sobre o tema motivaram a convocação, pela Presidência do Supremo Tribunal Federal, à época por mim exercida, de Audiência Pública sobre a matéria.

---

[85] ALEXY, Robert. *Teoria dos direitos fundamentais*. Tradução de Virgílio Afonso da Silva. São Paulo: Malheiros, 2008, p. 511-512.

Direitos Fundamentais   97

Após ouvir os depoimentos então prestados por representantes dos diversos setores envolvidos com a temática, restou clara a necessidade de redimensionar a questão da judicialização dos direitos sociais no Brasil.

Isso porque, na maioria dos casos, a intervenção judicial não ocorre tendo em vista omissão (legislativa) absoluta em matéria de políticas públicas voltadas à proteção do direito à saúde, mas em razão da necessária determinação judicial para o cumprimento de políticas já estabelecidas. Portanto, não se cogita do problema da interferência judicial em âmbitos de livre apreciação ou de ampla discricionariedade de outros poderes quanto à formulação de políticas públicas.

Situação diferente é a que envolve a inexistência de tratamento na rede pública. Nesses casos, é preciso diferenciar os tratamentos puramente experimentais dos novos tratamentos ainda não testados pelo Sistema de Saúde brasileiro. Isso porque o Sistema Único de Saúde filiou-se à corrente da "Medicina com base em evidências".

Com isso, adotaram-se os Protocolos Clínicos e Diretrizes Terapêuticas, conjunto de critérios que permitem determinar o diagnóstico de doenças e o tratamento correspondente com os medicamentos disponíveis e as respectivas doses. Assim, determinado medicamento ou tratamento em desconformidade com o Protocolo deve ser visto com cautela, pois tende a contrariar consenso científico vigente.

Os tratamentos experimentais (sem comprovação científica de eficácia) são realizados por laboratórios ou centros médicos de ponta, consubstanciando-se em pesquisas clínicas. A participação neles rege-se pelas normas que regulam a pesquisa médica e, portanto, o Estado não pode ser condenado a fornecê-los.

Como esclarecido, naquela ocasião, pelo médico Paulo Hoff, Diretor Clínico do Instituto do Câncer do Estado de São Paulo, essas drogas não podem ser compradas em nenhum país, porque nunca foram aprovadas ou avaliadas, e o acesso a elas deve ser disponibilizado apenas no âmbito de estudos clínicos ou programas de acesso expandido, não sendo possível obrigar o SUS a custeá-las. No entanto, é preciso que o laboratório que realiza a pesquisa continue a fornecer o tratamento aos pacientes que participaram do estudo clínico, mesmo após o término da experiência.

Quanto aos novos tratamentos (ainda não incorporados pelo SUS), é preciso que se tenha cuidado redobrado na apreciação da matéria. Como frisado pelos especialistas ouvidos na Audiência Pública, o conhecimento médico não é estanque, sua evolução é muito rápida e dificilmente acompanhável pela burocracia administrativa.

Se, por um lado, a elaboração dos Protocolos Clínicos e das Diretrizes Terapêuticas privilegia a melhor distribuição de recursos públicos e a segurança dos pacientes; por outro, a aprovação de novas indicações terapêuticas pode ser muito lenta e, assim, acabar por excluir o acesso de pacientes do SUS a tratamento há muito prestado pela iniciativa privada.

Parece certo que a inexistência de Protocolo Clínico no SUS não pode significar violação ao princípio da integralidade do sistema, nem justificar a diferença entre as opções acessíveis aos usuários da rede pública e as disponíveis aos usuários da rede privada. Nesses casos, a omissão administrativa no tratamento de determinada patologia poderá ser objeto de impugnação judicial, tanto por ações individuais como coletivas.

Comprovam tais conclusões as questões constitucionais discutidas nas STA-AgR 175, STA 178 e na SL 228.

Nesses precedentes, o Colegiado decidiu de forma consentânea com o quadro delineado pelas contribuições advindas de diversos setores durante a Audiência Pública em que se discutiu o papel do Judiciário na concretização do art. 196 da Constituição de 1988.

- **Direito à saúde e fornecimento de medicamento – STAs 178 e 175**

No caso do agravo regimental interposto contra a decisão que julgou improcedente o pedido formulado, na Suspensão de Tutela Antecipada 175, pela União, que trazia em apenso o pedido de Suspensão de Tutela Antecipada 178, feito pelo Município de Fortaleza, buscava-se a suspensão do acórdão proferido pelo TRF da 5ª Região, que deferiu a antecipação de tutela recursal para determinar à União, ao Estado do Ceará e ao Município de Fortaleza o fornecimento da medicação denominada Zavesca (Miglustat), em favor de cidadã que dele necessitava, com base na aplicação imediata do direito fundamental social à saúde.

Na origem, o Ministério Público Federal ajuizou ação civil pública, com pedido de tutela antecipada, contra a União, o Estado do Ceará e o Município de Fortaleza, com o fim de obter o remédio Zavesca, para tratamento da patologia denominada NIEMANN-PICK TIPO C, doença neurodegenerativa rara, comprovada clinicamente e por exame laboratorial, que causa série de distúrbios neuropsiquiátricos, tais como "movimentos involuntários, ataxia da marcha e dos membros, disartria e limitações de progresso escolar e paralisias progressivas".

No julgamento, o primeiro dado a ser considerado seria a existência, ou não, de política estatal que abarcasse a prestação de saúde pleiteada pela parte. Ao deferir certa prestação de saúde incluída entre as políticas sociais e econômicas formuladas pelo Sistema Único de Saúde (SUS), o Judiciário não está criando política pública, mas apenas determinando o seu cumprimento. Nesses casos, a existência de direito subjetivo público a determinada política pública de saúde parece ser evidente.

Assim, se a prestação de saúde pleiteada não estiver entre as políticas do SUS, é imprescindível distinguir se a falta de atendimento decorre de omissão legislativa ou administrativa, de decisão administrativa no sentido de não fornecê-la ou de vedação legal.

Não raro, busca-se no Poder Judiciário a condenação do Estado ao fornecimento de prestação de saúde não registrada na Agência Nacional de Vigilância Sanitária – Anvisa.

O segundo dado a ser considerado é a existência de motivação para a recusa pelo SUS. Há casos em que se ajuíza ação com o objetivo de garantir prestação de saúde que o SUS decidiu não custear por entender inexistentes evidências científicas suficientes para autorizar tal inclusão.

Nessa hipótese, podem ocorrer, ainda, duas situações distintas: 1º) o SUS garante tratamento alternativo, mas não adequado a determinado paciente; 2º) o SUS não proporciona nenhum tratamento específico para a patologia.

A princípio, pode-se inferir que a obrigação do Estado, à luz do disposto no art. 196 da Constituição, restringe-se ao cumprimento das políticas sociais e econômicas por ele formuladas para a promoção, proteção e recuperação da saúde.

Dessa forma, pode-se concluir que, em geral, deverá ser privilegiado o tratamento fornecido pelo SUS em detrimento de opção diversa escolhida pelo paciente, sempre que não for comprovada a ineficácia ou a impropriedade da política de saúde existente.

Esse entendimento não afasta, contudo, a possibilidade de o Poder Judiciário, ou de a própria administração, decidir que medida diferente da custeada pelo SUS deve ser tomada em relação a determinada pessoa que, por razões específicas do seu organismo, comprove que o tratamento proporcionado não é eficaz no seu caso. Como ressaltado pelo próprio Ministro da Saúde na Audiência Pública, há necessidade de revisão periódica dos protocolos existentes e de elaboração de novos protocolos. Assim, não se pode afirmar que os Protocolos Clínicos e Diretrizes Terapêuticas do SUS são inquestionáveis, o que permite contestação judicial.

No caso sob exame no STA-AgR 175, o argumento central apontado pela União residia na falta de registro do Zavesca na Agência Nacional de Vigilância Sanitária e, consequentemente, na proibição de comercialização no Brasil.

No entanto, em consulta ao sítio da Anvisa na internet, verificou-se que o medicamento Zavesca (princípio ativo miglustate), produzido pela empresa Actelion, contava com registro (155380002) válido até 1/2012. A medicação, no entanto, não constava dos Protocolos e Diretrizes Terapêuticas do SUS, além de ser de alto custo, por isso não contemplado pela política farmacêutica da rede pública.

Cabe ressaltar, ainda, que o alto preço do medicamento não é, por si só, motivo para o seu não fornecimento, visto que a Política de Dispensação de Medicamentos excepcionais visa a contemplar justamente o acesso da população acometida por enfermidades raras aos tratamentos disponíveis. Ademais, a questão relativa ao custo do medicamento pode ser afetada por modificações diversas, de competência do próprio Poder Público, dando ensejo, até mesmo, à quebra de patentes em determinados casos[86].

Com esses fundamentos, indeferi o pedido de suspensão.

• Direito à saúde e construção e instalação de UTI – SL 228

Merece destaque, no tocante ao tema, o julgamento de Suspensão de Liminar 228, ajuizada pela União contra decisão que determinou à União, ao Estado do Ceará e ao Município de Sobral a transferência de todos os pacientes necessitados de atendimento em Unidades de Tratamento Intensivo (UTIs) para hospitais públicos ou particulares que dispusessem de tais unidades, assim como o início de ações tendentes à instalação e ao funcionamento de 10 leitos de UTIs adultas, 10 leitos de UTIs neonatais e 10 leitos de UTIs pediátricas, no prazo máximo de 90 dias.

A União alegou lesão à ordem público-administrativa à saúde pública e à economia pública, violação ao princípio da separação funcional dos poderes, desrespeito ao princípio da legalidade orçamentária e inobservância da cláusula da reserva do financeiramente possível.

Ao votar quanto ao mérito, sublinhei que o argumento central, apontado pela União, estaria na violação ao princípio da separação de Poderes (art. 2º, CF/88), a vedar intromissão do Poder Judiciário no âmbito de discricionariedade do Poder Executivo.

No caso, refutei a ocorrência de grave lesão à ordem pública, por violação ao art. 2º da Constituição. A alegação de ofensa à separação dos Poderes não justifica a inércia do Poder Executivo em cumprir o dever constitucional de garantia do direito à saúde de todos (art. 196), com a absoluta prioridade para o atendimento das crianças e adolescentes (art. 227), legalmente estabelecido pelas normas que regem o Sistema Único de Saúde e tecnicamente especificado pelas portarias do Ministério da Saúde.

Também não se pode conceber grave lesão à economia da União, diante de determinação constitucional expressa de primazia na formulação de políticas sociais e econômicas nesta área, bem como na alta prioridade de destinação orçamentária respectiva.

Além disso, a decisão impugnada estava em consonância com a jurisprudência do STF, no sentido de que, em casos dessa natureza, impõe-se ao Estado a obrigação constitucional de criar condições objetivas que possibilitem, de maneira concreta, a efetiva proteção de direitos constitucionalmente assegurados[87].

Evidentemente, as questões ligadas ao orçamento e à própria administração de recursos poderiam retardar o cumprimento do dever imposto em decorrência do implemento de políticas públicas.

A suspensão da liminar foi parcialmente deferida, tão somente no tocante à fixação de multa diária por descumprimento da ordem judicial quanto ao início das ações para a instalação e o funcionamento dos leitos de UTIs em 90 dias, mantida a decisão liminar nos demais termos.

---

[86] Acerca dessa problemática, conferir a posição crítica de Luís Roberto Barroso. *Da falta de efetividade à judicialização excessiva*: direito à saúde, fornecimento de medicamentos e parâmetros para a atuação judicial. Disponível em: <http://www.lrbarroso.com.br/pt/noticias/medicamentos.pdf>. Acesso em: 29 jul. 2010.

[87] Nesse sentido, destacam-se os seguintes julgados: RE 271.286/RS, Rel. Min. Celso de Mello; AI 238.328-0, Rel. Min. Marco Aurélio.

Em tais precedentes, ficou demonstrada a necessidade de desenvolvimento de programa de ações relacionadas com a promoção do direito à saúde, bem como de específico planejamento para execução dessas ações.

Acerca desse tema, é de registrar os compromissos assumidos pelo então Ministro da Saúde, José Gomes Temporão, em sua manifestação naquela Audiência Pública sobre a saúde:

"É nesse foco que reforçaremos nossas proposições e compromissos a esta Corte.

Primeiro compromisso: quanto aos Protocolos Clínicos e às Diretrizes Terapêuticas, propomos agilidade na atualização do já existente e na elaboração de novos protocolos, atualizando-os periodicamente sempre com base na melhor evidência científica possível, disponível.

Segundo compromisso: quanto à incorporação de novas tecnologias, insumos e medicamentos, propomos o fortalecimento da Comissão de Incorporação de Tecnologias do Ministério da Saúde, ampliando sua composição, agilizando suas decisões e tornando seu funcionamento mais transparente.

Terceiro compromisso: quanto à pesquisa, propomos aperfeiçoar a organização da pesquisa em rede de centros de referência para estabelecer resultados nacionais.

Quarto compromisso: quanto à prescrição de medicamentos, especialmente os de alto custo e ao adequado manejo dos pacientes, propomos fortalecer os centros de referência para a assistência a esses pacientes.

Quinto compromisso: quanto às ações judiciais, propomos criar os mecanismos necessários para oferecer ao Judiciário assessoria técnica para subsidiar suas decisões"[88].

Tudo está a indicar, portanto, que a iniciativa do Supremo Tribunal Federal em instaurar Audiência Pública sobre questão que toca tão de perto a vida dos cidadãos brasileiros terá bons frutos, e as informações nela coligidas servirão para pautar relação mais racional entre o Judiciário e os responsáveis pela operação do Sistema Único de Saúde.

7.4. Direito à Igualdade

- **Constitucionalidade da política de cotas nas universidades públicas – ADPF 186**

A introdução do sistema de cotas nas universidades públicas ainda é, em alguns aspectos, tema controverso, como em relação aos seus critérios de execução ou a quem deve ser destinatário dessa política pública. Ao ser demandado a analisar o programa de cotas raciais para ingresso na Universidade de Brasília (UnB), o Supremo Tribunal Federal iniciou a definição de certos pontos que passaram a nortear a questão em nosso país.

Discutia-se, então, em síntese, a constitucionalidade da criação da reserva de 20% de vagas para negros no acesso às vagas universais, bem como a instituição do que passou a ser conhecido como "Tribunal racial", isto é, a comissão responsável pela verificação da veracidade da autodeclaração da raça do candidato.

O partido político autor da ação indicava, entre outros pontos, que a política adotada pela UnB seria mais efetiva se levasse em consideração aspectos sociais do candidato, como o econômico. Apontava que o sistema de cotas da UnB poderia agravar o preconceito racial, ao instituir a consciência estatal de raça, promovendo, assim, ofensa arbitrária ao princípio da igualdade. Poderia gerar, inclusive, discriminação reversa em relação aos brancos pobres e, ainda, favorecer a classe média negra.

O "Tribunal racial", por sua vez, violaria os princípios da igualdade e da dignidade humana, na medida em que estaria a ressuscitar a crença de que é possível identificar a que raça pertence uma pessoa. Para o autor, essa definição iria muito além do fenótipo.

---

[88] Disponível em: <http://www.stf.jus.br/arquivo/cms/processoAudienciaPublicaSaude/anexo/Temporao.pdf>. Acesso em: 25 set. 2010.

Acompanhei, nesse caso, o voto do Relator, Min. Ricardo Lewandowski, que entendeu ser constitucional o sistema de cotas instituído pela Universidade de Brasília – a primeira, válido ressaltar, instituição de ensino superior federal a adotar um sistema de cotas para negros. Todavia, elenquei, então, questões que entendo essenciais e que não devem ser olvidadas ao se tratar de políticas de cotas e de ações afirmativas.

Ao analisar o contexto posto na ADPF, destaquei que o debate sobre ações afirmativas iniciou-se de forma equivocada e deturpada no Brasil. Muitas vezes, confunde-se ação afirmativa com política de cotas, sem se atentar para o fato de que as cotas representam apenas uma das formas de políticas positivas de inclusão social. Na verdade, as ações afirmativas são o gênero do qual as cotas são a espécie.

Assim, apontei que programas de cotas deveriam ser apenas uma parte da solução, e que alternativas deveriam ser criadas para atingir-se o mesmo fim. O aumento de vagas e da qualidade no ensino superior, a diminuição do custo de acesso em universidades particulares, a valorização da educação básica e da capacitação, bem como de cursos técnicos especializados, foram exemplos que mencionei de políticas públicas que poderiam ser instigadas. Não se pode deixar de pensar continuamente em alternativas e em novas formas de aumentar a qualidade e o acesso ao ensino universitário público e privado.

Sobre o critério exclusivamente racial, destaquei que no Brasil a discriminação vem associada a outros vários fatores, dentre os quais sobressai a posição ou o *status* cultural, social e econômico do indivíduo – o que não exclui, por certo, a existência de problemas raciais e preconceitos em nosso país.

Apontei, ademais, que é também preciso analisar a diferença existente entre a discriminação promovida pelo Estado e a discriminação praticada pelos particulares. E, nesse ponto, em comparação com os Estados Unidos, país usualmente mencionado quando se fala em ações afirmativas raciais, é necessário ter-se claro que o preconceito existente no Brasil nunca chegou a se transformar em uma espécie de ódio racial coletivo, tampouco ensejou o surgimento de organizações contrárias aos negros. Nunca houve, aqui, formas de segregação racial legitimadas pelo próprio Estado.

Realizei, em meu voto, breve resgate histórico das considerações sobre o tema produzidas no âmbito da sociologia e da antropologia no Brasil, ressaltando a ampla miscigenação de nosso país e a dificuldade de definir-se quem é negro, pardo ou branco.

Em relação ao critério de autodeclaração, anotei que o programa de cotas da Universidade de Brasília decorre do Plano de Metas para Integração Social, Étnica e Racial da UnB, de 2004, que previa ações para intensificar um processo de integração racial, étnica e social no seio da sua população discente, atualmente extremamente elitizada, propondo que, para fins de acompanhamento do processo de integração racial, será introduzido o quesito cor, tanto por autoclassificação como segundo as categorias do IBGE, nas fichas de inscrição ao vestibular e nas fichas de registro dos candidatos aprovados.

Para ter-se ideia, já na inscrição para o primeiro concurso vestibular com cotas da UnB, a exigência de que candidatos que optaram por concorrer às vagas disponíveis aos negros fossem fotografados gerou, por si só, situação segregacionista incomum na realidade brasileira e claramente simbólica de consequências que podem resultar de tal sistema: a existência de filas distintas para negros e não negros.

Ressaltei que causa perplexidade cogitar que espécie de deliberação é feita entre os integrantes da Comissão de Seleção da UnB para avaliar se uma pessoa é ou não negra. Qual seria a distinção entre um pardo mais escuro e um mais claro, já que, de acordo com declarações trazidas aos autos, os pardos claros seriam os mais difíceis de serem identificados? Ao fim e ao cabo, a existência de tal comissão acabou por inserir o critério da heteroidentificação como a base do modelo de cotas da UnB; isto é, no final das contas, quem tem o poder de dar a palavra final sobre a condição racial do indivíduo é uma comissão e não o próprio indivíduo afetado. Um critério de autodeclaração que se transmuda em heteroidentificação é modelo que me parece incongruente e ineficaz.

Nesse aspecto, destaquei que um sistema de cotas conjugado com aspectos sociais do candidato, não apenas racial, poderia ser mais efetivo. Indiquei que a introdução do critério de renda, além de outros, conjugados que sejam com o critério racial, tem o condão de conferir segurança à política de cotas, bem como maior eficácia social da referida política e a prevenção de conflitos raciais.

Por fim, entendi ser de extrema relevância ressaltar alguns pontos que não podem ser esquecidos quando se trata de programas de ações afirmativas.

Em primeiro lugar, destaquei ser preciso que os programas de ações afirmativas sejam limitados no tempo. É o que a doutrina americana chama de *sunset clauses*, ou seja, a necessidade de que determinações sobre algumas matérias, como política pública, contenham regra que preveja que a medida adotada deixará de existir quando seus objetivos sejam atingidos. Ressaltei que o sistema deve ser válido apenas enquanto for necessário para atingir a finalidade pretendida.

Nesse sentido, defendi ser essencial que as instituições que adotam o sistema de cotas realizem avaliações periódicas sobre o desempenho dos seus alunos cotistas, não apenas em relação às notas, mas, também, quanto a eventuais dificuldades por eles enfrentadas. Também deve, em meu ponto de vista, ser ouvido o corpo docente, inclusive para verificar como os professores avaliam os cotistas e evitar possíveis tratamentos diferenciados entre eles e os estudantes não cotistas.

Ainda que com todas essas considerações, filiei-me ao posicionamento do Min. Ricardo Lewandowski, então relator, e julguei improcedentes os pedidos veiculados naquela arguição de descumprimento de preceito fundamental, por entender que a política de cotas na UnB não afrontava a Constituição Federal.

Do mesmo modo entenderam todos os demais Ministros da Corte, de modo que o Supremo Tribunal Federal reconheceu, sob unanimidade, a constitucionalidade da política de cotas desenvolvida pela Universidade de Brasília – UnB.

- **Reconhecimento de união estável entre pessoas do mesmo sexo – ADPF 132 e ADI 4.277**

No que diz respeito à união estável entre pessoas do mesmo sexo, o Supremo Tribunal Federal proferiu decisões paradigmáticas, assim qualificadas por pelo menos dois motivos: primeiro porque se debruçou sobre tema tão sensível e até então controverso no nosso regime jurídico; segundo porque a possibilidade de união entre pessoas do mesmo sexo foi reconhecida por decisão judicial, diferentemente do que ocorreu em outros países.

Com efeito, na Ação Direta de Inconstitucionalidade 4.277 e na Arguição de Descumprimento de Preceito Fundamental 132, pleiteava-se, em síntese, que fosse dada interpretação conforme à Constituição a normas que tratam da união estável, especialmente ao art. 1.723 do Código Civil e aos arts. 19 e 33 do Estatuto dos Servidores do Estado do Rio de Janeiro (Decreto-lei n. 220/75).

Para fundamentar o direito ao reconhecimento de uniões estáveis entre pessoas do mesmo sexo, os autores das referidas ações (Procuradoria-Geral da República e Governador do Estado do Rio de Janeiro, respectivamente) sustentaram que a obrigatoriedade do reconhecimento da união entre pessoas do mesmo sexo como entidade familiar é extraída dos princípios constitucionais da dignidade da pessoa humana, da igualdade, da vedação de discriminações odiosas, da liberdade e da proteção à segurança jurídica.

Registro que, quando do julgamento das ações pelo Plenário da Corte, recebemos a ADPF 132 como ação direta de inconstitucionalidade, nos termos do pedido subsidiário formulado. Além disso, tendo em vista a superveniência da Lei n. 5.034/2007, do Estado do Rio de Janeiro, que dispôs sobre os temas contidos nos pedidos relacionados aos dispositivos do Decreto-lei n. 220/75, conhecemos parcialmente da ação direta, tão somente na parte em que se requereu interpretação conforme à Constituição do art. 1.723 do Código Civil, ou seja, em coincidência com o pedido formulado na ADI 4.277.

Assim, o objeto de ambas as ações recaiu sobre a escorreita interpretação, à luz da Constituição, do art. 1.723 do Código Civil, segundo o qual: "É reconhecida como entidade familiar a união estável entre o homem e a mulher, configurada na convivência pública, contínua e duradoura e estabelecida com o objetivo de constituição familiar". Objetivava-se que se reconhecesse a incidência dessa norma também sobre as uniões entre pessoas do mesmo sexo.

Em meu voto, ponderei que a falta de um modelo institucional que proteja essa relação estimula e incentiva o quadro de discriminação. Relembrei que é dever de proteção do Estado e, *ultima ratio*, da jurisdição constitucional dar essa proteção se, de alguma forma, ela não foi engendrada ou concebida pelo órgão competente. Concluí, finalmente, que não há exorbitância por parte da Corte quando sua atuação é provocada para decidir um caso que diz respeito aos direitos fundamentais, especificamente e de forma inequívoca, relacionado ao respeito a direitos de minoria.

Feitas essas considerações e com algumas ressalvas pontuais quanto à fundamentação, acompanhei o voto do relator, Min. Ayres Britto, filiando-me à orientação unânime do Tribunal que promoveu a equiparação de uniões estáveis homoafetivas às uniões heteroafetivas.

- **Alteração no registro civil de transgêneros independentemente de cirurgia de transgenitalização – ADI 4.275**

Tema que merece destaque foi o versado no julgamento da ADI 4.275/DF, ocorrido em 1º de março de 2018. Naquela oportunidade, pleiteava-se a aplicação da técnica de interpretação conforme à Constituição ao art. 58 da Lei n. 6.015/73 (Lei de Registros Públicos) cuja previsão expressamente anuncia que "o prenome será definitivo, admitindo-se, todavia, a sua substituição por apelidos públicos notórios".

Pretendia-se, com a mencionada Ação Direta de Inconstitucionalidade, que o referido dispositivo fosse interpretado de modo a se autorizar que os indivíduos transgêneros alterassem os seus prenomes e os seus gêneros no registro civil, independentemente de cirurgia de transgenitalização.

Em meu voto, reconheci a existência de significativo dissenso entre os ministros quanto aos critérios para a efetivação dessa mudança. Com efeito, eram no mínimo três os posicionamentos divergentes adotados pelos magistrados da Corte, quais sejam: (i) alguns acreditavam ser possível a alteração do gênero no registro civil, desde que respeitados os requisitos para a configuração do transexualismo, conforme ato normativo do Conselho Federal de Medicina (Portaria n. 1.652/2002); (ii) outros defendiam que a alteração de gênero no registro civil pode ser feita na via administrativa e pressuporia autodeclaração do interessado, que se manifesta sobre o gênero com o qual verdadeiramente se identifica; e (iii) outros, por sua vez, entendiam que a modificação de gênero no registro civil do indivíduo seria possível, desde que sua condição de transgênero estivesse atestada em algum documento juridicamente válido, independentemente da realização de procedimento cirúrgico de redesignação de sexo.

Filiei-me à terceira corrente, haja vista que essa proposta possibilita concatenar o direito fundamental subjetivo à alteração de prenome e de gênero no registro civil da pessoa transgênero – independentemente da realização de procedimento cirúrgico de redesignação de sexo – e o respeito aos imperativos de veracidade e de publicidade dos registros públicos.

O debate gerado com o julgamento trouxe à baila o conflito entre a autodeterminação do cidadão e a proteção da higidez dos registros públicos, uma vez que a alteração de registro civil pode acarretar impactos nas relações entre particulares. Outrossim, o art. 13, inc. I, da Lei de Registros Públicos é expresso ao afirmar que, independentemente do interessado, os atos de registro civil devem ser praticados por ordem judicial, ressalvadas as anotações e averbações obrigatórias.

À luz desse aspecto, consignei entendimento no sentido de que a alteração do registro civil em relação a transgêneros não prescinde de ordem judicial. Ademais, votei no sentido de que essa alteração deveria ser averbada à margem do assento de nascimento, com a especificação de que o ato é realizado por determinação judicial, com vistas a preservar, ainda que sob sigilo, alguma informação sobre os atos do registro civil obrigatório.

Observando-se o cerne da discussão trazida nesse julgado, cumpre destacar a importância do princípio da autodeterminação. Trata-se de direito fundamental calcado nos princípios da igualdade, da liberdade, do autodesenvolvimento e da não discriminação por razão de orientação sexual ou de identificação de gênero, preceitos que se prestam a assegurar a efetiva proteção das minorias.

Portanto, conduzi o meu voto no sentido de reconhecer o direito dos transgêneros de alterarem seu registro civil, independentemente da cirurgia de redesignação sexual, mediante a observância dos seguintes requisitos: (i) existência de ordem judicial (art. 13, inc. I, da Lei n. 6.015/73); e (ii) averbação da alteração em questão à margem do assentamento de nascimento do interessado, resguardado o sigilo acerca dessa modificação.

Prevaleceu, no entanto, o entendimento de que, para a alteração, não se faz necessária a autorização judicial. Votaram nesse sentido os Mins. Edson Fachin, Luís Roberto Barroso, Rosa Weber, Luiz Fux, Celso de Mello e Cármen Lúcia.

7.5. Direito do Trabalho e Direito Previdenciário

- **Financiamento da suspensão da decisão do TST que mantinha a ultratividade dos acordos coletivos – ADPF 323 MC**

Há muito critico a radicalização da jurisprudência do Tribunal Superior do Trabalho no sentido de uma hiperproteção do trabalhador, tratando-o como sujeito dependente de tutela. Não são incomuns posicionamentos tendenciosos em favor dos empregados e a constante busca pela responsabilização dos empregadores.

Nesse aspecto, exemplo de prática recorrente é a anulação de acordos e convenções coletivas legalmente firmados, com participação dos sindicatos, por a justiça trabalhista entender que, mesmo assim, haveria prejuízo aos trabalhadores envolvidos. Não há dúvida de que eventuais abusos possam ser – e são – cometidos, e, nesses casos, a justiça do trabalho deve, por óbvio, atuar. O que não pode ser admitida é constante interpretação casuística de legislações de modo a favorecer apenas um lado da relação jurídica.

Na ADPF 323 teci, em decisão cautelar monocrática, algumas considerações sobre esse tema.

A ação tem por objeto interpretação jurisprudencial conferida pelo TST e pelos Tribunais Regionais do Trabalho da 1ª e da 2ª Região ao art. 114, § 2º, da Constituição Federal, na redação dada pela Emenda Constitucional n. 45, de 30 de dezembro de 2004, consubstanciada na Súmula 277 do

TST[89], na versão atribuída pela Resolução 185, de 27 de setembro de 2012. De acordo com a nova redação sumular, as cláusulas normativas restariam incorporadas ao contrato de trabalho individual até que novo acordo ou convenção coletiva fosse firmado. Trata-se do chamado princípio da ultratividade da norma coletiva, que já fora objeto de legislação específica posteriormente revogada.

O entendimento do TST fundamentava-se em suposta reintrodução do princípio da ultratividade da norma coletiva no sistema jurídico brasileiro pela Emenda Constitucional n. 45/2004. A simples inserção da palavra "anteriormente" no art. 114, § 2º, da Constituição Federal seria a autorização do poder constituinte derivado para tal dedução[90].

A requerente entende, basicamente, que a orientação da Justiça Trabalhista consolidada na nova versão da Súmula 277 do TST tem como base interpretação objetivamente arbitrária da norma constitucional. Alega que o Tribunal Superior do Trabalho teria igualmente usurpado as funções do Poder Legislativo ao reintroduzir, sem suporte legal, princípio que já fora objeto de legislação específica, indicando que a teoria da ultratividade das normas coletivas sempre esteve condicionada à existência de lei, não podendo ser extraída diretamente do texto constitucional. Indica como preceitos fundamentais violados o princípio da separação dos Poderes (arts. 2º e 60, § 4º, inc. III, da CF) e o da legalidade (art. 5º, *caput*, da CF).

Iniciei a decisão monocrática tecendo breve histórico da prevalência da autonomia coletiva na jurisprudência do STF. Mencionei o RE 590.415-RG, de relatoria do Min. Roberto Barroso, no qual foi confirmada a validade de plano de dispensa incentivada devidamente chancelada por acordo coletivo. Também, decisão do Min. Teori Zavascki que, com base na jurisprudência da Corte, deu provimento a recurso extraordinário interposto contra acórdão do TST, que decidira pela invalidade de acordo coletivo de trabalho por entender serem as chamadas *horas in itinere* indisponíveis aos trabalhadores, em razão do disposto no art. 58, § 2º, da Consolidação das Leis do Trabalho (RE 590.415, julg. em 30.4.2015).

Demonstrei, ainda, o absurdo de ser o novo entendimento do Tribunal Superior do Trabalho objeto desta fundamentada em alteração redacional feita por emenda constitucional, que

---

[89] Por alteração realizada em sessão do Tribunal Pleno do TST em 16 de novembro de 2009, a Súmula 277 passou a fazer referência expressa às convenções e aos acordos coletivos. Nessa ocasião, também acrescentou à redação da súmula ressalva à regra geral para o período de sua vigência, em observância ao art. 1º, § 1º, da Lei n. 8.542/92, que expressamente previu a ultratividade das normas coletivas, isto é, que as cláusulas de convenção ou acordo coletivo de trabalho somente poderiam ser modificadas por norma igualmente coletiva. A Súmula 277 passou a ter, então, a seguinte redação: "Sentença normativa. Convenção ou acordo coletivos. Vigência. Repercussão nos contratos de trabalho. I – As condições de trabalho alcançadas por força de sentença normativa, convenção ou acordos coletivos vigoram no prazo assinado, não integrando, de forma definitiva, os contratos individuais de trabalho. II – Ressalva-se da regra enunciado no item I o período compreendido entre 23.12.1992 e 28.07.1995, em que vigorou a Lei n. 8.542, revogada pela Medida Provisória n. 1.709, convertida na Lei n. 10.192, de 14.02.2001". Tal posicionamento foi revisto em setembro de 2012, e a redação atual da Súmula 277 é a seguinte: "CONVENÇÃO COLETIVA DE TRABALHO OU ACORDO COLETIVO DE TRABALHO. EFICÁCIA. ULTRATIVIDADE (redação alterada na sessão do Tribunal Pleno realizada em 14.09.2012) – Res. 185/2012, *DEJT* divulgado em 25, 26 e 27.09.2012. As cláusulas normativas dos acordos coletivos ou convenções coletivas integram os contratos individuais de trabalho e somente poderão ser modificadas ou suprimidas mediante negociação coletiva de trabalho".

[90] Confira-se, nesse sentido, a redação do art. 114, § 2º, da Constituição Federal, na versão atual e na anterior à EC n. 45/2004, com destaque para a alteração redacional: Art. 114, § 2º, da CF (versão atual): "Recusando-se qualquer das partes à negociação coletiva ou à arbitragem, é facultado às mesmas, de comum acordo, ajuizar dissídio coletivo de natureza econômica, podendo a Justiça do Trabalho decidir o conflito, respeitadas as disposições mínimas legais de proteção ao trabalho, bem como as convencionadas anteriormente". Art. 114, § 2º, da CF (versão anterior à EC n. 45/2004): "Recusando-se qualquer das partes à negociação ou à arbitragem, é facultado aos respectivos sindicatos ajuizar dissídio coletivo, podendo a Justiça do Trabalho estabelecer normas e condições, respeitadas as disposições convencionais e legais mínimas de proteção ao trabalho".

passou a ser casuisticamente interpretada pela Corte trabalhista. Consignei que o vocábulo "anteriormente" introduzido pela EC n. 45/2004 à expressão "convencionadas" é voltado a delimitar o poder normativo da Justiça do Trabalho. Na hipótese de não ser ajuizado dissídio coletivo, ou não firmado novo acordo, a convenção automaticamente estará extinta.

Indiquei, nesse ponto, que:

> "Deduzir-se o pretendido pela Justiça Trabalhista poderia configurar verdadeira fraude hermenêutica, destinada apenas a extrair-se – de onde não há – interpretação que a auxilie a fundamentar o que deseja.
>
> Trata-se de autêntica jurisprudência sentimental, seguida em moldes semelhantes à adotada pelo bom juiz Magnaud. Magistrado do Tribunal de primeira instância de Château-Thierry, na França, no qual atuou de 1889 a 1904, passou a ser conhecido como o bom juiz por amparar mulheres e menores, por atacar privilégios, por proteger plebeus, ao interpretar a lei de acordo com classe, mentalidade religiosa ou política das partes. Em suas decisões, o bom juiz Magnaud 'não jogava com a Hermenêutica, em que nem falava sequer. Tomava atitudes de tribuno; usava de linguagem de orador ou panfletário; empregava apenas argumentos humanos sociais, e concluía do alto, dando razão a este ou àquele sem se preocupar com os textos'"[91].

A ideia de que cada decisão judicial é atividade criadora de Direito, não apenas aplicação de norma pronta, teve diversos adeptos na Europa no final do século XIX. O chamado "Movimento do Direito Livre", do qual é considerado precursor o escrito *Gesetz und Richteramt*, de Oskar Bülow, publicado em 1885, seguia o princípio de que haveria pluralidade de significados para a aplicação de determinado texto de lei, cabendo ao juiz ponderar o que acreditava ser a mais justa, em verdadeira livre investigação do direito. O magistrado não teria limites no momento de decidir litígios[92]. É esse ativismo um tanto quanto *naif* que o TST parece pretender seguir na espécie. Também a Justiça do Trabalho não pode perder de vista a realidade e, a partir de visões próprias de mundo, focada a atingir determinado fim que entende nobre, atuar como o bom juiz Magnaud. Há limites que precisam ser observados no Estado democrático de direito e dos quais não se pode deliberadamente afastar para favorecer grupo específico.

Apontei que a Corte trabalhista, em sessão para definir quais súmulas e orientações suas deveriam ser alteradas ou atualizadas, conseguiu a façanha de não apenas interpretar arbitrariamente norma constitucional, de modo a dela extrair o almejado, como também de ressuscitar princípio que somente deveria voltar a existir por legislação específica. Foi o que chamei de verdadeiro "zigue-zague" jurisprudencial, ora entendendo ser possível a ultratividade, ora a negando, de forma a igualmente vulnerar o princípio da segurança jurídica.

Desse modo, por verificar que a justiça trabalhista seguia reiteradamente aplicando a alteração jurisprudencial consolidada na nova redação da Súmula 277, claramente firmada sem base legal ou constitucional que a suporte, entendi, em análise preliminar, estarem presentes os requisitos necessários ao deferimento do pleito de urgência.

- **Aplicação do prazo prescricional de 5 (cinco) anos para cobrança de valores não depositados no Fundo de Garantia do Tempo de Serviço (FGTS) – ARE 709.212**

    A questão central dessa controvérsia dizia respeito à definição do prazo prescricional aplicável à cobrança judicial dos valores devidos, pelos empregadores e pelos tomadores de serviço, ao Fundo de Garantia do Tempo de Serviço (FGTS).

---

91 MAXIMILIANO, Carlos. *Hermenêutica e aplicação do direito*. Rio de Janeiro: Forense, 2006, p. 68.

92 LARENZ, Karl. *Metodologia da ciência do direito*. Lisboa: Fundação Calouste Gulbenkian, 1997, p. 78.

Historicamente, a jurisprudência (do Tribunal Superior do Trabalho e do próprio Supremo Tribunal Federal) assentou que o prazo prescricional para a cobrança das contribuições devidas ao Fundo de Garantia do Tempo de Serviço (FGTS) seria trintenário. Nesse sentido, o Enunciado 362 de Súmula do TST estabelecia que "É trintenária a prescrição do direito de reclamar contra o não recolhimento da contribuição para o FGTS, observado o prazo de 2 (dois) anos após o término do contrato de trabalho".

Esse entendimento foi ratificado pelo STF, mesmo após a promulgação da Constituição, como ilustram os seguintes precedentes: RE 134.328, Rel. Ilmar Galvão, Primeira Turma, *DJ* de 19.2.1993; RE 116.761, Rel. Moreira Alves, Primeira Turma, *DJ* de 2.4.1993; e RE 120.189, Rel. Marco Aurélio, Segunda Turma, *DJ* de 19.2.1999.

Ocorre que essa orientação foi originariamente sedimentada quando ainda não havia sido solucionada antiga controvérsia jurisprudencial e doutrinária acerca da natureza jurídica do FGTS, questão prejudicial à definição do prazo aplicável à cobrança dos valores não vertidos, a tempo e modo, pelos empregadores e tomadores de serviço, ao Fundo.

Entretanto, o art. 7º, inc. III, da nova Carta expressamente arrolou o Fundo de Garantia do Tempo de Serviço como um direito dos trabalhadores urbanos e rurais, colocando termo, no meu entender, à celeuma doutrinária acerca de sua natureza jurídica. Tratando-se de direito dos trabalhadores, é de se lhe aplicar o art. 7º, inc. XXIX, da Constituição de 1988, que contém determinação expressa acerca do prazo prescricional aplicável à propositura das ações atinentes a créditos resultantes das relações de trabalho.

Referido dispositivo estabelece que a ação, quanto aos créditos resultantes das relações de trabalho, tem prazo prescricional de cinco anos para os trabalhadores urbanos e rurais, até o limite de dois anos após a extinção do contrato de trabalho.

Desse modo, tendo em vista a existência de disposição constitucional expressa acerca do prazo aplicável à cobrança do FGTS, após a promulgação da Carta de 1988, sustentei que não mais subsistiam razões para a adoção de prazo de prescrição trintenário. Assim, encaminhei proposta de revisão da jurisprudência da Corte, a qual foi adotada pelo Supremo Tribunal Federal, para fixar o prazo prescricional quinquenal para cobrança de valores não recolhidos ao FGTS, nos termos do art. 7º, inc. XXIX, da Constituição.

- **Direito à desaposentação – REs 661.256, 827.833 e 381.367, Tema 503**

O julgamento do direito à desaposentação pode ser considerado um dos mais relevantes da história recente do Supremo Tribunal Federal em matéria de direito previdenciário. Vários são os fatores e as características específicas do caso que conduzem a essa conclusão. Destes, especifico os três fundamentais.

A relevância a que faço referência decorre, em primeiro lugar, do profícuo debate que precisou ser realizado em relação à natureza do sistema previdenciário adotado no país, suas características e consequências. Foi necessário desenvolver detida análise acerca do modelo adotado pela Constituição Federal para que fosse possível compreender adequadamente as alternativas possíveis para a solução do caso e, dentre as quais, a que melhor se adequaria à escolha constitucional quanto ao nosso sistema previdenciário.

Em segundo lugar, ressalto a magnitude da repercussão econômica e social que decorreu da conclusão a que chegou o Supremo Tribunal Federal sobre a matéria. À época, segundo levantamento realizado pela Advocacia-Geral da União, tramitavam mais de 180.000 ações judiciais em que se pleiteava a majoração do benefício da aposentadoria em razão da desaposentação. Estima-se que, em 2013, poderia haver um número correspondente a 600.141 homens e

248.835 mulheres aptos a requerer o benefício da desaposentação[93]. Assim, caso procedentes as teses que sustentavam o direito à desaposentação, previa-se um aumento mensal da despesa previdenciária no montante aproximado de 6,8 bilhões de reais anuais e de 164,6 bilhões no longo prazo, segundo estudos do Ministério do Trabalho e da Previdência Social[94].

Por fim, destaco que, de forma subjacente à questão hermenêutica relativa à existência de permissivo constitucional que fundamentasse os pleitos formulados, situou-se relevantíssima discussão acerca da legitimidade democrática do posicionamento do Supremo Tribunal Federal *vis-à-vis* o posicionamento – ou deliberada omissão – do Congresso Nacional quanto ao tema em debate.

No que concerne ao primeiro aspecto, é de se notar que o argumento fundamental do pedido de desaposentação residiria na compreensão de que quem contribuiu mais e por mais tempo, em tese, deveria ser elegível a um cálculo mais favorável de seu benefício de aposentadoria. Ou seja, defendia-se que o beneficiário poderia "desaposentar-se", retornando ao trabalho, contribuir por mais tempo para o sistema previdenciário público, de modo a receber, após um determinado período, um benefício majorado.

O critério de justiça a fundamentar o suposto direito à desaposentação, portanto, residiria no sofisma: tendo contribuído mais, teria direito subjetivo a benefício maior.

O que esse argumento não revela é que o modelo adotado pela Constituição Federal não é caracterizado pela constituição de um fundo, seja individual ou coletivo, que, em determinado momento, é revertido integral e diretamente (e dentro dos limites aportados) aos respectivos contribuintes. Diferentemente, nosso sistema é caracterizado pelo princípio da solidariedade, segundo o qual a população ativa aporta os recursos necessários para sustento do sistema, viabilizando a percepção dos benefícios por parte dos inativos.

Por mais verossímil que possa parecer o argumento no sentido de quanto maior a contribuição, maior o benefício, para a hipótese específica tal assertiva não se sustenta. Isso porque não seria consentâneo com o modelo constitucional adotado confundir o nosso sistema com o contributivo por capitalização tão somente quando é conveniente.

Por essas razões é que o Supremo Tribunal Federal, em outras oportunidades, posicionou-se no sentido de que a imposição da contribuição não implica, necessariamente, um aumento proporcional no benefício[95].

Não havendo, assim, fundamento econômico que sustentasse a majoração dos benefícios pretendidos, considerado o sistema atualmente adotado, é que se chegou, portanto, à estimativa de impacto correspondente a 164,6 bilhões no longo prazo, na hipótese de restar prevalecente o entendimento no sentido da constitucionalidade do direito à desaposentação.

Não se defende, evidentemente, que o Judiciário deva tomar decisões por fundamentos meramente utilitaristas, ou seja, objetivando um fim econômico *per se*. O Supremo Tribunal Federal não pode se afastar da Constituição Federal em benefício de argumento meramente econômico ou consequencialista. Não deve, todavia, deixar de considerá-los, pois, tal como ressaltei em meu voto, "the demand for justice is not independent of its price"[96].

Nesse contexto, exsurge, exatamente, o terceiro aspecto a que me referi acima, quanto à legitimidade democrática de um posicionamento do Supremo Tribunal Federal diante das alter-

---

[93] PEREIRA, Rayanne Illis Neiva; e LIMA, Diana Vaz de. Uma discussão sobre o impacto da desaposentação nas despesas do RGPS: o preço das aposentadorias precoces. *Advances in Scientific and Applied Accouting*. São Paulo, v. 8, n. 3, p. 323-324.

[94] Nota Técnica CGEDA/DRGPS/SPPS/MPS n. 14/2015.

[95] Nesse sentido: ADI 1.441 MC, Rel. Min. Octavio Gallotti, *DJ* de 18.10.1996; ADI 1.430, Rel. Min. Moreira Alves, *DJ* de 13.12.1996; ADI 3.105, Rel. Min. Ellen Gracie, Rel p/ Acórdão Min. Cezar Peluso, *DJ* de 18.2.2005.

[96] POSNER, Richard. The economic approach to law. *Texas Law Review*, 53, 778.

Direitos Fundamentais **109**

nativas que se colocam. Mencionei, a propósito, que tive a oportunidade de escrever sobre o tema em artigo intitulado "Interpretação Constitucional e Pensamento de Possibilidades", advertindo que, em muitos casos, o próprio constituinte opta por não regular determinado fato social, deixando, com isso, maior espaço de atuação ao legislador ordinário.

Quanto ao tema em questão, demonstrei que foi estabelecido, efetivamente, um processo legislativo quanto à regulamentação do denominado direito à desaposentação, notadamente no âmbito do Projeto de Lei de Conversão n. 15/15, que resultou na edição da Lei n. 13.183/2015. Na oportunidade, após regular deliberação, a regulamentação da desaposentação foi retirada da lei em questão. Houve, portanto, uma verdadeira opção legislativa pela omissão quanto à regulamentação do referido direito. Tratou-se, portanto, de manifesto silêncio eloquente, para utilizar-mos a expressão de Karl Larenz[97].

Forte em tais razões, votei no sentido de considerar inviável o recálculo de aposentadoria por desaposentação sem previsão em lei, de modo que foi essa a posição prevalente na Corte, adotada pela maioria dos Ministros. Ou seja, reconheceu a Corte que, no sistema em vigor, apenas por meio de lei seria possível fixar critérios para o recálculo de benefícios daqueles que continuem no mercado de trabalho ou a ele regressem após a aposentadoria. Em sede de repercussão geral, fixou--se o tema 503, com a seguinte tese: "no âmbito do Regime Geral de Previdência (RGPS), somente lei pode criar benefícios e vantagens previdenciárias, não havendo, por ora, previsão legal do direito à 'desaposentação', sendo constitucional a regra do artigo 18, parágrafo 2º, da Lei 8.213/1991".

É de se destacar que o Min. Roberto Barroso, relator do feito, houve por bem dar parcial provimento aos recursos interpostos pelo INSS, para, em suma: a) reconhecer o direito do segurado a um novo enquadramento, com eventual majoração do benefício, após um período adicional de contribuição verificado quando do retorno à atividade laboral; e b) estabelecer um critério de cálculo que considerasse, no enquadramento relativo à nova aposentadoria, não só as contribuições adicionais realizadas, mas também o fato de que teria havido percepção de benefício antes da concessão da nova aposentadoria.

Pretendeu-se, assim, o estabelecimento, no âmbito do Judiciário, de critérios regulamentares específicos que, de um lado, garantissem o direito à desaposentação, e, de outro, objetivassem uma particular compensação, com o propósito de evitar impactos no equilíbrio financeiro e atuarial.

A esse respeito, lembrando Victor Nunes Leal, ressaltei a delicadeza da tarefa confiada ao legislador ao compará-la àquela de acondicionar materiais explosivos. Em ambas, o descuido pode resultar em danos irreparáveis que, em muito, extrapolam a figura do manipulador.

Outra não foi a conclusão a que chegou Américo Pisca-Pisca – conhecido personagem de Monteiro Lobato – ao constatar que poderia ter sido vítima fatal pela queda de uma jabuticaba em sua cabeça, uma vez que, incauto, momentos antes havia cogitado tratar-se de uma abóbora.

Conviria apercebermo-nos das tragédias antes que efetivamente caíssem as abóboras inventadas sobre nossas cabeças.

7.6. *Liberdade de expressão artística, científica, de imprensa e liberdade de exercício profissional*

- **Liberdade de expressão e "ato obsceno" durante apresentação teatral – HC 83.996**

Em relação à liberdade de expressão, vale mencionar o HC 83.996[98], julgado pela 2ª Turma do Supremo Tribunal Federal, no qual se buscava o trancamento da ação penal que dava o réu, conhecido

---

[97] LARENZ, Karl. *Metodologia da ciência do direito*. Lisboa: Fundação Calouste Gulbenkian, 1997, p. 525.

[98] Em sessão realizada no dia 17.8.2004, a Segunda Turma do Supremo Tribunal Federal deferiu o pedido de *habeas corpus* e determinou, em consequência, a extinção do processo penal de conhecimento, com o imediato trancamento da ação penal, em virtude de se haver registrado empate na votação. O Relator, Min. Carlos Velloso, indeferiu o pedido. Foi designado redator para o acórdão o Min. Gilmar Mendes (*DJ* de 26.8.2005).

diretor teatral, como incurso nas penas do art. 233 do Código Penal, ao argumento de que a simulação de masturbação e a exibição das nádegas, após o término de peça teatral, em reação a vaias do público, caracterizaria ofensa ao pudor público.

Sustentou o impetrante que a denúncia oferecida contra o paciente era inepta, razão por que deveria ser trancada a ação penal pelos seguintes fundamentos: a) atipicidade da conduta descrita na inicial, pois o conceito de pudor público, elemento normativo do tipo, deveria ser interpretado de acordo com o local e as circunstâncias em que a conduta fora praticada; b) relatividade do grau ofensivo da nudez humana e do próprio conceito de ato obsceno, nos dias atuais; c) ausência de conotação sexual na atitude do paciente, mas de desprezo pela parte do público que o vaiava.

O exame objetivo do caso demonstrava que a discussão – acerca do enquadramento da conduta, em cena, do diretor teatral Gerald Thomas – estava inserida no contexto da liberdade de expressão, ainda que inadequada e deseducada. No entanto, se a sociedade moderna dispõe de mecanismos específicos e adequados de controle, como a própria crítica, faz-se dispensável o enquadramento penal.

A respeito dos limites que devem balizar a atuação legislativa, aduzi em outra oportunidade:

> "É certo que a lei exerce papel deveras relevante na ordem jurídica do Estado de Direito. Assinale-se, porém, que os espaços não ocupados pelo legislador não são dominados pelo caos ou pelo arbítrio. Embora a competência para editar normas, no tocante à matéria, quase não conheça limites (universalidade da atividade legislativa), a atividade legislativa é, e deve continuar sendo, atividade subsidiária. Significa dizer que o exercício da atividade legislativa está submetido ao princípio da necessidade, isto é, que a promulgação de leis supérfluas ou iterativas configura abuso do poder de legislar. É que a presunção de liberdade, que lastreia o Estado de Direito democrático, pressupõe regime legal mínimo, que não reduza ou restrinja, imotivada ou desnecessariamente, a liberdade de ação no âmbito social. As leis hão de ter, pois, fundamento objetivo, devendo mesmo ser reconhecida a inconstitucionalidade das normas que estabelecem restrições dispensáveis"[99].

Com apoio em tais fundamentos, considerei que naquele caso não estariam configurados os elementos caracterizadores de ato obsceno. Nesses termos, o Colegiado decidiu pela concessão da ordem para se determinar o trancamento da ação penal.

- **Liberdade de expressão e crime de racismo – HC 82.424**

Cumpre ressaltar também o caso do HC 82.424[100] (Red. p/ Acórdão Min. Maurício Corrêa), no qual veio ao Plenário da Corte discussão sobre a prática do crime de racismo e seus desdobramentos no ordenamento jurídico-constitucional brasileiro.

O *habeas corpus* foi impetrado contra decisão do Superior Tribunal de Justiça, ao argumento de que, "embora condenado o ora paciente pelo crime tipificado no art. 20 da Lei n. 7.716/89, com a redação dada pela Lei n. 8.081/90, foi ele condenado pelo delito de discriminação contra os judeus, delito esse que não tem conotação racial para se lhe atribuir a imprescritibilidade que, pelo art. 5º, XLII, da Constituição ficou restrita ao crime de racismo. E, depois de sustentarem, com apoio em autores de origem judaica, que os judeus não são uma raça, requerem que 'seja liminarmente suspensa a averbação de imprescritibilidade constante do acórdão, para que, até o julgamento do presente pedido, seja suspensa a execução da sentença', sendo afinal concedida a

---

[99] MENDES, Gilmar Ferreira; FORSTER JÚNIOR, Nestor José. *Manual de redação da Presidência da República*. 2. ed. rev. e atual. Brasília: Presidência da República, 2002, p. 87.

[100] Em sessão realizada no dia 17.9.2003, o Supremo Tribunal Federal, por maioria, indeferiu o *habeas corpus*, vencidos os Ministros Moreira Alves e Marco Aurélio, que concediam a ordem para reconhecer a prescrição da pretensão punitiva do delito, e o Min. Carlos Britto, que a concedia, *ex officio*, para absolver o paciente por falta de tipicidade da conduta (*DJ* de 19.3.2004).

ordem para 'desconstituir a averbação de imprescritibilidade para o crime a que o paciente foi condenado', reconhecendo-se a ocorrência da extinção da punibilidade pela prescrição da pretensão punitiva, uma vez que o ora paciente foi condenado à pena de dois anos de reclusão com 'sursis' em julgamento ocorrido em 31 de outubro de 1996, quatro anos, onze meses e dezessete dias após o recebimento da denúncia"[101].

Naquela assentada, consignei que, aceita a ideia de que o conceito de racismo contempla, igualmente, as manifestações de antissemitismo, há de se perguntar sobre como se articulam as condutas ou manifestações de caráter racista com a liberdade de expressão positivada no texto constitucional. Essa indagação assume relevo ímpar, especialmente quando se considera que a liberdade de expressão, em todas as suas formas, constitui pedra angular do sistema democrático. Talvez seja a liberdade de expressão, aqui contemplada a própria liberdade de imprensa, um dos mais efetivos instrumentos de controle do Governo. Para não falar que se constitui, igualmente, em elemento essencial da formação da consciência e da vontade popular.

Não se desconhece, porém, que, nas sociedades democráticas, há intensa preocupação com o exercício de liberdade de expressão consistente na incitação à discriminação racial, o que levou ao desenvolvimento da doutrina do *hate speech* – que não tem como objetivo exclusivo, entretanto, a questão racial[102].

Em tese, é possível o livro ser instrumento de crime de discriminação racial. As decisões de Cortes europeias, a propósito da criminalização do "Holocaust Denial", confirmam-no de forma inequívoca[103]. É certo, outrossim, que a História comprova o efeito deletério que o discurso de intolerância pode produzir, valendo-se dos mais diversos meios ou instrumentos.

É verdade, ainda que a resposta possa ser positiva, como no caso concreto parece ser, que a tipificação de manifestações discriminatórias, como racismo, há de se fazer com base em um juízo de proporcionalidade. O próprio caráter aberto – diria inevitavelmente aberto – da definição do tipo, na espécie, e a tensão dialética que se coloca em face da liberdade de expressão impõem a aplicação do princípio da proporcionalidade.

Já afirmei, alhures, que, embora não se possa negar que a unidade da Constituição não repugna a identificação de normas de diferentes pesos numa determinada ordem constitucional, é certo que a fixação de rigorosa hierarquia entre diferentes direitos individuais acabaria por desnaturá-los por completo, desfigurando também a Constituição como complexo normativo unitário e harmônico[104].

Todos os elementos em discussão naquele processo levaram à convicção de que o racismo, como fenômeno social e histórico complexo, não pode ter o conceito jurídico delineado a partir do referencial "raça". Cuidava-se, então, de conceito pseudocientífico, notoriamente superado. Não estão superadas, porém, as manifestações racistas aqui entendidas como aquelas discriminatórias assentes em referências de índole racial (cor, religião, aspectos étnicos, nacionalidade etc.).

Não haveria como se atribuir ao texto constitucional significado diverso, isto é, que o conceito jurídico de racismo não pode se divorciar do conceito histórico, sociológico e cultural assente em referências supostamente raciais, aqui incluído o antissemitismo. Concluí, por isso, que a discriminação racial levada a efeito pelo exercício da liberdade de expressão compromete um dos pilares do sistema democrático, a própria ideia de igualdade.

Portanto, deixei consignado que uma compreensão dos direitos fundamentais que não se

---

[101] Extraído do Relatório elaborado pelo Min. Moreira Alves.
[102] Cf. BOYLE, *Hate Speech*, cit., p. 490.
[103] Cf. BOYLE, *Hate Speech*, cit., p. 498.
[104] Cf. MENDES, Gilmar Ferreira; COELHO, Inocêncio Mártires; GONET BRANCO, Paulo Gustavo. *Hermenêutica constitucional e direitos fundamentais*. Brasília: Brasília Jurídica, 2000, p. 283.

Estado de Direito e Jurisdição Constitucional – Decisões relevantes em 15 anos de atuação no STF

assente apenas na concepção liberal certamente não pode dar guarida, no âmbito do direito à liberdade de expressão, a manifestações antissemitas tão intensas como as que estavam estampadas naqueles autos. Ressaltei, outrossim, que o indeferimento do *habeas corpus*, na espécie, mostrava-se fundamental para corroborar uma concepção de exercício dos direitos fundamentais, no contexto de sociedades democráticas, que não se compatibiliza com a prática de intolerância militante e com ataques à dignidade de grupos ou etnias.

Com fundamento em tais considerações, votei pelo indeferimento da ordem de *habeas corpus* na linha defendida pela maioria.

• Liberdade de imprensa e lei de imprensa: não recepção pela Constituição de 1988 – ADPF 130

Sobre a liberdade de imprensa, sobressai o julgamento da ADPF 130 (Rel. Min. Ayres Britto).

A Arguição de Descumprimento de Preceito Fundamental foi proposta por agremiação partidária ao argumento de que "determinados dispositivos da Lei de Imprensa (Lei n. 5.250/67) **(a)** não foram recepcionados pela Constituição Federal de 1988 e **(b)** outros carecem de interpretação conforme com ela compatível (...)" (fl. 3).

O pedido final era de declaração de não recepção de toda a Lei n. 5.250/67 e, alternativamente: 1) a declaração de não recepção: a) da parte inicial do § 2º do art. 1º ("... a espetáculos e diversões públicas, que ficarão sujeitos à censura, na forma da lei, nem..."); b) do § 2º do art. 2º; c) da íntegra dos arts. 3º, 4º, 5º, 6º, 20, 21, 22, 23, 51 e 52; d) da parte final do art. 56 ("... e sob pena de decadência deverá ser proposta dentro de 3 meses da data da publicação ou transmissão que lhe der causa..."); e) dos § 3º e § 6º do art. 57; f) dos § 1º e § 2º do art. 60; g) da íntegra dos arts. 61, 62, 63, 64 e 65; 2) interpretação conforme a Constituição: a) do § 1º do art. 1º; b) da parte final do *caput* do art. 2º; c) do art. 14; d) do inc. I do art. 16; e) do art. 17, no sentido de que as expressões "*subversão da ordem política e social*" e "*perturbação da ordem pública ou alarma social*" não sejam interpretadas como censura de natureza política ideológica e artística ou constituam embaraço à liberdade de expressão e informação jornalística; f) do art. 37, para afirmar que o jornalista não é penalmente responsável por entrevista autorizada e 3) interpretação conforme a Constituição de toda a Lei n. 5.250/67, para afastar qualquer entendimento significante de censura ou embaraço à liberdade de expressão e de informação jornalística.

O Tribunal, por maioria e nos termos do voto do Relator, julgou procedente a ação, vencidos, em parte, o Min. Joaquim Barbosa e a Min. Ellen Gracie, que a julgavam improcedente quanto aos arts. 1º, § 1º; 2º, *caput*, 14; 16, inc. I, e 20, 21 e 22, todos da Lei n. 5.250/67. À época na Presidência da Corte, votei pela improcedência quanto aos arts. 29 a 36 da referida lei. Vencido integralmente ficou o Min. Marco Aurélio, que a julgava improcedente.

O raciocínio elaborado ao longo do voto por mim proferido naquela ação constitucional apontava para a conclusão de que o Texto Constitucional de 1988, sobretudo no art. 220, não apenas legitima como também exige a intervenção legislativa em tema de liberdade de imprensa, com o propósito de efetivar a proteção de outros princípios constitucionais, especialmente os direitos à imagem, à honra e à privacidade.

Considerei, ainda, na parte em que fui voto vencido, que a velha Lei de Imprensa (Lei n. 5.250/67) deveria ser substituída por nova lei, que fosse aberta, na medida do possível, à autorregulação, fixando, dessa forma, princípios gerais e normas instrumentais de organização e de procedimento. Ademais, declará-la totalmente não recepcionada pela Constituição de 1988, naquele momento, poderia configurar quadro de insegurança jurídica que seria extremamente danoso aos meios de comunicação, aos comunicadores e à população em geral.

A legislação comum, evidentemente, poderá ser aplicada em matéria de responsabilidade civil e penal; as normas de registro civil das empresas de comunicação (arts. 8º a 11) já estão disciplinadas pelos arts. 122 a 126 da Lei n. 6.015/73 (Lei dos Registros Públicos); outros dispositivos

Direitos Fundamentais **113**

são patentemente contrários à Constituição (arts. 51, 52, 61, 62, 63 e 64) e outros são inócuos. Mas a ausência de regras mínimas para o exercício efetivo do direito de resposta pode instaurar grave estado de insegurança jurídica que prejudicará, principalmente, os próprios comunicadores.

Daí haver concluído, naquele julgamento, que deveria ter sido mantida a Lei de Imprensa na parte em que regulamentava o exercício do direito de resposta, especificamente o Capítulo IV, arts. 29 a 36. Se a disciplina normativa do direito de resposta revelava-se insuficiente na lei em vigor, a declaração de não recepção agravava ainda mais esse quadro. A ausência de parâmetros constitucionais acabaria por aumentar o poder discricionário da autoridade judicial.

• Liberdade cultural e a prática da vaquejada – ADI 4.983

Esse é um caso em que fiquei vencido, mas com plena convicção de que decidi de forma acertada. Discutia-se a constitucionalidade de legislação cearense que autorizava a vaquejada (Lei n. 15.299, de 8 de janeiro de 2013, do Estado do Ceará), tradição nordestina que consiste, basicamente, na competição de derrubar o boi pelo rabo.

A principal questão posta foi determinar até onde vai o limite da proteção estatal aos animais e o respeito, igualmente estatal, à diversidade de manifestação cultural quando esta utiliza animais em sua prática.

Trata-se de ponderação já feita pela Corte em outros feitos, como ao analisar a "farra do boi" (RE 153.531, Rel. Min. Francisco Rezek, Red. p/ Ac. Min. Marco Aurélio, 2ª Turma, *DJ* de 13.3.1998) ou a "rinha de galo" (ADI 3.776, Rel. Min. Cezar Peluso, Pleno, *DJ* de 29.6.2007). Todavia, ao contrário dessas práticas, nas quais a crueldade é ínsita à própria manifestação, entendi que esse não era o caso da vaquejada.

Indiquei, nesse sentido, que há regulamentos – e a própria legislação estadual então contestada – que preveem formas de garantir a proteção do animal utilizado na vaquejada. As associações, por si sós, já aplicavam seu próprio Regulamento de Bem-Estar animal, que proíbe, por exemplo, que os competidores açoitem os cavalos, batam ou ainda puxem as rédeas de modo a machucar o animal", além de obrigar o uso de rabos de borracha.

Ao analisar a prática, entendi que na vaquejada não há intuito premeditado de machucar, mutilar ou matar quaisquer dos animais envolvidos (equinos ou bovinos), e que a prática, em si, não afigura nenhum tipo de dano físico relevante aos semoventes. A ideia de que a derrubada do boi dentro de uma faixa delimitada configura maus-tratos poderia também levar, a meu ver, à proibição da montaria de qualquer ser humano em cavalos, tendo em vista a submissão destes a incessante percurso com pessoa em sua garupa (cavalgadas), ou até mesmo a treinos e competições (hipismo), que, não raras vezes, levam o animal e, consequentemente, sua musculatura a incomparável esforço físico.

Isto posto, apontei igualmente a importância não apenas cultural, mas também econômica, da prática das vaquejadas ao nordeste brasileiro. A vaquejada, tradição que remonta a mais de cem anos, é fonte de sustento de considerável parcela da população local. Citei, nesse aspecto, a existência de mais de dez mil parques de vaquejadas em praticamente todos os Estados do Nordeste, o que gera duzentos mil empregos direta ou indiretamente, que, de uma hora para outra, estariam à margem do ordenamento jurídico e sem emprego.

Enfatizei que, pelo modo como a prática da vaquejada é enraizada na cultura nordestina, sua proibição certamente não fará com que pare de ser realizada, mas que passe para a clandestinidade e, pior, sem as devidas proteções aos animais já estabelecidas pela lei e pelos regulamentos da associação. A Corte não poderia fechar os olhos para essa realidade.

Um argumento que considerei preocupante foi o da inconstitucionalidade da prática em razão do "avanço civilizatório". Nesse aspecto, destaquei que:

"Não se pode, em um processo civilizatório primado pelo respeito das diferenças, alterar costumes tradicionais constitucionais, tornando-os inconstitucionais pelo simples argumento de avanço civilizatório. E quem diz o que é avanço civilizatório? Todos os atores envolvidos foram ouvidos para chegar ao consenso dos aspectos normativos do que seria tal 'avanço' e de seus limites? Cabe ao Supremo Tribunal Federal ditar quais marcos civilizatórios estão corretos e devem ser observados pela população? Trata-se de evidente conflito de 'visões de mundo' entre os que querem a proibição dessa atividade e os que a defendem, cuja resolução não pode recair na aplicação da regra do 'tudo ou nada'".

E, ainda:

"Não é possível partir-se de um discurso universal de proteção aos animais, como valor autônomo, invocando-se o bem-estar animal e a simples vedação à crueldade, se a mesma fundamentação e se suas consequências, além de seus efeitos, não sejam identificáveis em situações semelhantes. Aqui podemos mencionar o rodeio de Barretos, a prova do laço no Rio Grande do Sul, o abate de animais para alimentação, o uso de camundongos em testes de laboratórios e, como já mencionei, o próprio hipismo. E não esqueçamos que o hipismo é esporte olímpico, já que não faz muito que acabou a Rio 2016! Indo ao extremo do argumento descrito na peça inicial, ninguém pode negar que o hipismo também causa cansaço, exaustão e às vezes até sofrimento físico ao cavalo, porém é prática aceita e incentivada mundialmente. Vê-se, pois, que há situações em que não podemos inovar sem limites, não podemos estipular que determinada conduta é, ou não, correta com base em pressupostos morais que seriam facilmente refutados em situações semelhantes. Algo no estilo do narrado por Monteiro Lobato no livro 'A Reforma da Natureza', em que Emília, inspirada na história de Américo Pisca-Pisca, brinca de Deus, fazendo uma série de inovações em animais, plantas e objetos com base em sua visão de mundo e do que julga ser importante. Ao final, descobre que muitas delas eram sem utilidade e, pior, acabavam prejudicando o que vinha funcionando bem. Para aqueles que não se recordam, destaco um trecho do livro de Monteiro Lobato em que ele faz referência ao reformador da natureza Américo Pisca-Pisca:
'(...) tinha o hábito de pôr defeito em todas as coisas. O mundo para ele estaria errado e a natureza só fazia asneira. – Asneira, Américo? – Pois então?... Aqui mesmo, neste pomar, você tem a prova disso. Ali está uma jabuticabeira enorme sustentando frutas pequeninas, e lá adiante vejo uma colossal abóbora, presa ao caule de uma planta rasteira. Não era lógico que fosse justamente o contrário? Se as coisas tivessem de ser reorganizadas por mim, eu trocaria as bolas, passando as jabuticabeiras para a aboboreira e as abóboras para a jabuticabeira. Não tenho razão? Assim discorrendo, Américo provou que tudo estava errado e só ele era capaz de dispor com inteligência o mundo. Mas o melhor, concluiu, é não pensar nisto e tirar uma soneca à sombra destas árvores, não acha? E Pisca-Pisca, piscando que não acabava mais, estirou-se de papo para cima à sombra da jabuticabeira. Dormiu. Dormiu e sonhou. Sonhou com um mundo novo, reformado inteirinho pelas suas mãos. Uma beleza! De repente, no melhor da festa, plaft! Uma jabuticaba cai do galho e lhe acerta em cheio o nariz. Américo desperta de um pulo. Pisca-Pisca medita sobre o caso e reconhece, afinal, que o mundo não era tão mal feito assim. E segue para a casa refletindo: – Que coisa!... Pois não é que se o mundo fosse arrumado por mim, a primeira vítima teria sido eu? Eu, Américo Pisca-Pisca, morto pela abóbora por mim posta no lugar da jabuticaba? Hum! Deixemo-nos de reformas. Fique tudo como está que está tudo muito bem. E Pisca-Pisca continuou a piscar pela vida à fora mas já sem a cisma de corrigir a natureza'".
Limitemos a nossa criatividade!
Pois bem, vemos que a vaquejada é uma manifestação cultural que existe há décadas; que há regulamentos e a própria legislação ora contestada prevê formas de garantir a proteção do animal nela utilizado. Não cabe a nós, com base uma visão não universalizada do que é, ou não, correto nessa situação, estabelecer que a vaquejada não deve continuar a ser realizada licitamente. Digo isso porque sabemos que, mesmo proibida, continuará a existir. Não sejamos como Américo Pisca-Pisca, não queiramos colocar abóboras em jabuticabeiras porque elas acabarão, como no conto, caindo em nossas próprias cabeças!".

Nesses termos, acompanhei a divergência e entendi que a interpretação que mais se coaduna com a conjugação das expectativas de todos os grupos de agentes envolvidos é aquela que regule a prática, de forma a coibir excessos, e não a que a vede e estimule a marginalidade, gerando, portanto, efeitos mais nocivos do que sua regulação estatal.

Todavia, a maioria dos Ministros entendeu que a lei questionada não garantia que a crueldade contra os animais não viesse a ocorrer nessas manifestações culturais das comunidades sertanejas. Dessarte, preponderou o entendimento pela declaração de inconstitucionalidade da lei, à luz da convicção de que havia, *in casu*, manifesta colisão entre o direito à manifestação cultural e o direito ao meio ambiente e à proteção dos animais, ambos previstos na Constituição Federal.

No entanto, em junho de 2017, cerca de um ano após o julgamento da ADI 4.983/CE, a Mesa do Congresso Nacional promulgou a Emenda Constitucional n. 96, que incorporou o § 7º ao art. 225 da Constituição Federal, com o seguinte teor:

> "Art. 225. Todos têm direito ao meio ambiente ecologicamente equilibrado, bem de uso comum do povo e essencial à sadia qualidade de vida, impondo-se ao Poder Público e à coletividade o dever de defendê-lo e preservá-lo para as presentes e futuras gerações. (...)
> § 7º Para fins do disposto na parte final do inciso VII do § 1º deste artigo, não se consideram cruéis as práticas desportivas que utilizem animais, desde que sejam manifestações culturais, conforme o § 1º do art. 215 desta Constituição Federal, registradas como bem de natureza imaterial integrante do patrimônio cultural brasileiro, devendo ser regulamentadas por lei específica que assegure o bem-estar dos animais envolvidos" (Incluído pela Emenda Constitucional n. 96, de 2017).

Assim, a nova disposição constitucional passou a permitir as práticas desportivas que utilizem animais, desde que configurem manifestação cultural registrada como bem integrante do patrimônio cultural brasileiro.

Com efeito, uma das consequências práticas da Emenda Constitucional n. 96 foi novamente possibilitar a prática da vaquejada. Isso porque, em novembro de 2016, fora decretada e sancionada a Lei n. 13.364, que elevou o rodeio e a vaquejada à condição de manifestações da cultura nacional e de patrimônio cultural imaterial, preenchendo-se, assim, a condição imposta pela EC n. 96/2017 para a permissão das práticas desportivas com animais.

Ademais, em observância à determinação, imposta pela emenda, de que se promulgue lei específica para assegurar o bem-estar dos seres envolvidos nas práticas desportivas, foi apresentado o Projeto de Lei do Senado n. 378/2016, ainda sob tramitação nas Casas Legislativas, que possui o escopo de regulamentar o tratamento conferido aos animais.

A movimentação do Congresso Nacional representou claramente uma resposta à decisão do Supremo Tribunal Federal, que, naquela ocasião, não julgou o caso de maneira correta, em minha opinião.

- ## Liberdade de profissão, liberdade de imprensa e profissão de jornalista – RE 511.961

Merece referência, no contexto geral da liberdade de imprensa e da liberdade de profissão, o julgamento do RE 511.961[105], interposto pelo Ministério Público Federal contra acórdão do TRF da 3ª Região, que declarou recepcionado, pela Constituição de 1988, o art. 4º, inc. V, do Decreto-lei n. 972/69, a exigir diploma de curso superior de jornalismo, registrado pelo Ministério da Educação, para o exercício da profissão de jornalista.

Defendeu o Ministério Público, em síntese, que, se o art. 5º, inc. XIII, da Constituição, remete à legislação infraconstitucional o estabelecimento das condições para a liberdade de exercício profissional, não pode o legislador impor restrições indevidas ou não razoáveis, como seria o caso da exigência de diploma do curso superior de jornalismo. Ademais, haveria, no caso, violação ao art. 13 da Convenção Americana de Direitos Humanos, ratificada pelo Brasil em 1992.

Numa primeira linha de análise, o tema cingia-se à delimitação do âmbito de proteção da

---

[105] O Tribunal, por maioria e nos termos do voto do Relator, Min. Gilmar Mendes (Presidente), conheceu e deu provimento aos recursos extraordinários, declarando ao recepcionado o art. 4º, inc. V, do Decreto-lei n. 972/69, vencido o Min. Marco Aurélio (*DJ* de 13.11.2009).

liberdade de exercício profissional assegurada pelo art. 5º, inc. XIII, da Constituição, assim como à identificação das restrições e conformações legais constitucionalmente permitidas.

Na assentada, destaquei que o citado preceito constitucional contém inequívoca *reserva legal qualificada*: A Constituição remete à lei o estabelecimento das qualificações profissionais como restrições ao livre exercício profissional.

Aduzi, igualmente, que, como princípio expressamente consagrado na Constituição ou como postulado constitucional imanente, o princípio da proteção do núcleo essencial destina-se a evitar o esvaziamento do conteúdo do direito fundamental decorrente de restrições descabidas, desmesuradas ou desproporcionais[106].

A doutrina constitucional mais moderna enfatiza que, em se tratando de imposição de restrições a determinados direitos, deve-se indagar não apenas sobre a admissibilidade constitucional da restrição eventualmente fixada (reserva legal), mas também sobre a compatibilidade das restrições estabelecidas com o princípio da proporcionalidade.

Essa orientação, que permitiu converter o princípio da reserva legal (*Gesetzesvorbehalt*) no princípio da reserva legal proporcional (*Vorbehalt dês verhältnismässigen Gesetzes*)[107], pressupõe não só a legitimidade dos meios utilizados e dos fins perseguidos pelo legislador como também a adequação desses meios para consecução dos objetivos pretendidos (*Geeignetheit*) e a necessidade de sua utilização (*Notwendigkeit oder Erforderlichkeit*)[108].

Partindo de tais premissas, concluí que, no exame da proporcionalidade, o art. 4º, inc. V, do Decreto-lei n. 972/69 não passa sequer no teste da adequação (*Geeignetheit*).

Parece fácil perceber que a formação específica em curso de graduação em jornalismo é meio idôneo para evitar eventuais riscos à coletividade ou danos efetivos a terceiros. Todavia, de forma extremamente distinta de profissões como a medicina ou a engenharia, por exemplo, o jornalismo não exige técnicas específicas que só podem ser aprendidas em faculdade. O exercício do jornalismo por pessoa inapta para tanto não tem o condão de, invariável e incondicionalmente, causar danos ou pelo menos risco de danos a terceiros. A consequência lógica, imediata e comum do jornalismo despreparado será a ausência de leitores e, dessa forma, a dificuldade de divulgação e de contratação pelos meios de comunicação, mas não o prejuízo direto a direitos, à vida, à saúde de terceiros.

Além disso, o jornalismo é profissão diferenciada pela estreita vinculação que mantém com o pleno exercício das liberdades de expressão e de informação. O jornalismo é a própria manifestação e difusão do pensamento e da informação de maneira contínua, profissional e remunerada. Os jornalistas são aquelas pessoas que se dedicam profissionalmente ao exercício pleno da liberdade de expressão. Argumentei, nesse sentido, que o jornalismo e a liberdade de expressão estão imbricados por sua própria natureza e não podem ser pensados e tratados de forma separada.

Isso implica, logicamente, que a interpretação do art. 5º, inc. XIII, da Constituição, na hipótese da profissão de jornalista, faça-se em conjunto com os preceitos do art. 5º, incs. IV, IX e XIV, e do art. 220 da Constituição, que asseguram as liberdades de expressão, de informação e de comunicação em geral.

Seguindo essa linha de raciocínio, fica claro que a exigência de diploma de curso superior para a prática do jornalismo – o qual, na essência, é o desenvolvimento profissional das liberdades de expressão e de informação – não está autorizada pela ordem constitucional, pois constitui

---

[106] HESSE *Grundzuge des Verfassungsrechts, der Bundesrepublik Deutschland*, Heidelberg: C. F. Muller, 1995, p. 134.
[107] PIEROTH/SCHLINK, *Grundrechte*: Staatsrecht II, cit., p. 63.
[108] PIEROTH/SCHLINK, *Grundrechte*: Staatsrecht II, cit., p. 66.

Direitos Fundamentais **117**

restrição, impedimento, verdadeira supressão do pleno, incondicionado e efetivo exercício da liberdade jornalística, expressamente proibida pelo art. 220, § 1º, da Constituição.

Portanto, em se tratando de jornalismo, atividade umbilicalmente ligada às liberdades de expressão e de informação, concluí que o Estado não está legitimado a estabelecer condicionamentos e restrições quanto ao acesso à profissão e ao respectivo exercício profissional.

7.7. Restrição da prisão civil por dívida: depositário infiel

- **Tratado de direitos humanos e supralegalidade – RE 349.703**

Merece posição de destaque entre aqueles julgamentos que marcaram a história jurisprudencial recente do Supremo Tribunal Federal a decisão do RE 349.703[109] (Rel. Min. Ayres Britto), sobre a possibilidade de prisão civil por dívida em situação que equiparava o devedor fiduciante ao depositário infiel. Trata-se de discussão que se desenvolveu em três processos (RE 349.703; RE 466.343 e HC 87.585).

Em relação ao tema, entendo que, desde que o Brasil aderiu, sem qualquer reserva, ao Pacto Internacional dos Direitos Civis e Políticos (art. 11) e à Convenção Americana sobre Direitos Humanos – Pacto de São José da Costa Rica (art. 7º, 7) –, ambos do ano de 1992, não existe suporte, no ordenamento jurídico infraconstitucional brasileiro, para a prisão civil do depositário infiel. É preciso notar que a natureza específica e especial desses diplomas internacionais coloca-os acima do ordenamento infraconstitucional nacional, tornando inaplicável a legislação com ele incompatível. A partir desse raciocínio, não mais subsistem, pois, o Decreto-lei n. 911/69 e o art. 652 do Novo Código Civil (Lei n. 10.406/2002).

Na solução do problema, portanto, cabia considerar a abertura cada vez maior do Estado constitucional a ordens jurídicas supranacionais de proteção de direitos humanos.

Em outras palavras, não se poderia perder de vista que vivemos num "Estado Constitucional Cooperativo", identificado pelo Professor Peter Häberle como aquele que não mais se apresenta como Estado Constitucional voltado para si mesmo, mas que se disponibiliza como referência para os outros Estados Constitucionais membros de certa comunidade, e no qual ganha relevo o papel dos direitos humanos e fundamentais[110].

Para Häberle, ainda que, numa perspectiva internacional, muitas vezes a cooperação entre os Estados ocupe o lugar de mera coordenação e de simples ordenamento para a coexistência pacífica (ou seja, de mera delimitação dos âmbitos das soberanias nacionais), no campo do direito constitucional nacional, tal fenômeno, por si só, pode induzir ao menos a tendências que apontem para o enfraquecimento dos limites entre o interno e o externo, gerando concepção que faz prevalecer o direito comunitário sobre o direito interno[111].

Assim, mesmo conscientes de que os motivos que conduzem à concepção de um Estado Constitucional Cooperativo são complexos, é preciso reconhecer os aspectos sociológico--econômico e ideal-moral[112] como os mais evidentes. E no que se refere ao aspecto ideal-moral, não se pode deixar de considerar a proteção aos direitos humanos como a fórmula mais concreta de que dispõe o sistema constitucional, a exigir, dos atores da vida sociopolítica do Estado, contribuição positiva para a máxima eficácia das normas das Constituições modernas que protegem a cooperação internacional amistosa como princípio vetor das relações entre os Estados Nacionais[113].

---

[109] O Tribunal, por maioria, negou provimento ao recurso, vencidos o Min. Moreira Alves e o Min. Sydney Sanches, que dele conheciam e lhe davam provimento (*DJ* de 5.6.2009).

[110] HÄBERLE, Peter. *El estado constitucional*. Tradução de Hector Fix-Fierro. México: Universidad Nacional Autónoma de México, 2003, p. 75-77.

[111] HÄBERLE, Peter. *El estado constitucional*, cit., p. 74.

[112] HÄBERLE, Peter. *El estado constitucional*, cit., p. 68.

[113] HÄBERLE, Peter. *El estado constitucional*, cit., p. 67.0

Levando em conta tais razões, o Tribunal assentou que o caráter especial desses diplomas internacionais sobre direitos humanos reserva-lhes lugar específico no ordenamento jurídico, estando abaixo da Constituição, porém acima da legislação interna. O *status* normativo de supralegalidade dos tratados internacionais de direitos humanos subscritos pelo Brasil torna inaplicável a legislação infraconstitucional com ele conflitante, seja ela anterior ou posterior ao ato de adesão. Essa foi a posição inicialmente sustentada em meu voto.

Não se afigura legítima, portanto, a autorização da prisão por dívida do depositário infiel pela legislação ordinária.

7.8. *Livre-iniciativa, direito de propriedade e desapropriação*

• Monopólio dos Correios quanto aos serviços postais – ADPF 46

Quanto ao princípio constitucional da livre-iniciativa, merece referência o julgamento da ADPF 46 (monopólio dos Correios)[114].

Sustentou o requerente que o monopólio concedido à ECT seria inconstitucional, pois configuraria, na verdade, eliminação da livre concorrência e do primado da iniciativa privada (art. 1º, inc. IV c/c art. 170, *caput*, inc. IV e parágrafo único da CF), uma vez que não se insere entre as hipóteses do art. 177 da Constituição Federal. Formulou, ao final, os seguintes pedidos:

> "a) reconhecer-se 'a violação aos preceitos fundamentais da livre-iniciativa, da livre concorrência e do livre exercício de qualquer trabalho, como exaustivamente apontado nesta peça, perpetradas por atos da Empresa Brasileira de Correios e Telégrafos (Poder Público)'; b) declarar-se, 'nos termos do artigo 11 da Lei n. 9.882/99, a inconstitucionalidade da Lei n. 6.538/78, especialmente sobre a questão do monopólio de entrega de correspondências'; c) também nos termos do artigo 11 da Lei n. 9.882/99, tendo em vista a relevância da matéria, declarar-se o que se entende por carta, cuja entrega, por motivo de segurança e privacidade, continua sendo prerrogativa da arguida, restringindo-se tal conceito 'ao papel escrito, metido em envoltório fechado, selado, que se envia de uma parte a outra, com conteúdo único, para comunicação entre pessoas distantes, contendo assuntos de natureza pessoal e dirigido, produzido por meio intelectual e não mecânico, excluídos expressamente deste conceito as conhecidas correspondências de mala direta, revistas, jornais e periódicos, encomendas, contas de luz, água e telefone e assemelhados, bem como objetos bancários como talões de cheques, cartões de crédito, etc.'."

Inicialmente, afirmei o acolhimento da arguição apenas no tocante aos arts. 42, 43, 44 e 45 da Lei n. 6.538/78, que se referem a tipos penais. No mais, julguei improcedente a ADPF. No entanto, o julgamento foi suspenso em razão do pedido de vista do Min. Menezes Direito.

Posteriormente, reajustei meu voto para: a) julgar parcialmente procedente a arguição, fixando a interpretação de que a prestação exclusiva, pela União, da atividade postal limita-se ao conceito de carta, cartão-postal e correspondência-agrupada, nos termos do art. 9º da Lei n. 6.538/78, não abarcando a distribuição de boletos (por exemplo, boletos bancários, contas de água, telefone, luz), jornais, livros, periódicos ou outros tipos de encomendas ou impressos; e b) dar interpretação conforme ao art. 42 da Lei n. 6.538/78 para restringir a sua aplicação às atividades postais descritas no art. 9º do referido diploma legal.

---

[114] O Tribunal, por maioria, julgou improcedente pedido formulado em Arguição de Descumprimento de Preceito Fundamental com que se pretendia a declaração da não recepção, pela CF/88, da Lei n. 6.538/78, que instituiu o monopólio das atividades postais pela Empresa Brasileira de Correios e Telégrafos – ECT (ADPF 46, Rel. Min. Marco Aurélio, *DJ* de 20.8.2009).

Direitos Fundamentais **119**

- ### Direito de propriedade e desapropriação – MS 24.764

Quanto às garantias constitucionais do direito de propriedade, cumpre referir o MS 24.764[115] e o MS 24.547[116] (Rel. Min. Ellen Gracie).

No primeiro desses precedentes, pleiteava-se a segurança contra decreto do Presidente da República, de 25.11.2003, que declarou de interesse social, para fins de reforma agrária, imóvel rural composto por cinco engenhos, todos localizados no Município de Tracunháem, Pernambuco.

O impetrante alegava, em síntese, que "as glebas denominadas engenhos Prado e Dependência – que integram o imóvel rural Engenho Prado Grupo Prado – estavam invadidos e a reintegração de posse quanto a elas se operou, respectivamente, em 1º.11.2003 e 3.7.2003, nenhuma vistoria poderia ali ser realizada, para fins de reforma agrária, porquanto não decorrera aquele prazo mínimo de dois anos que deve mediar o ato de reintegração de posse e a realização da vistoria, nos exatos termos do § 6º do art. 2º da Lei n. 8.619/93, com as alterações impostas pela Medida Provisória 2.183-56, de 24.8.2001".

Naquele julgamento, tendo em vista o disposto na legislação, ponderei que não poderia haver desapropriação para reforma agrária de terra invadida, sendo irrelevante o fato de a invasão dar-se sobre parte ou sobre a totalidade do imóvel. De acordo com a jurisprudência anterior[117], a invasão parcial do imóvel não impedia a desapropriação.

Com base nesses fundamentos, o Tribunal deferiu, em parte, a segurança.

- ### Natureza da responsabilidade do proprietário de terras com cultivo ilegal de plantas psicotrópicas para fins de expropriação – RE 635.336

O recurso extraordinário com repercussão geral reconhecida fixou interpretação quanto à natureza jurídica da responsabilidade do proprietário, nas hipóteses do art. 243 da Constituição Federal, estabelecendo que a responsabilidade penal é subjetiva, mas com inversão do ônus da prova. Ou seja, incumbe ao proprietário comprovar a inexistência de culpa.

O art. 243 da Constituição Federal, em sua redação original, previa a expropriação das "glebas", nas quais fossem "localizadas culturas ilegais de plantas psicotrópicas". A Emenda Constitucional n. 81/2014 ampliou o escopo original, passando a mencionar que a expropriação recai sobre "propriedades rurais e urbanas" nas quais "forem localizadas culturas ilegais de plantas psicotrópicas ou a exploração de trabalho escravo".

O instituto previsto no art. 243 da Constituição Federal não se traduz em verdadeira espécie de desapropriação, mas em penalidade ou confisco imposto ao proprietário do imóvel no qual foi realizada a atividade ilícita[118]. De fato, a expropriação é espécie de confisco constitucional e tem caráter sancionatório.

Em nenhum momento a Constituição Federal menciona a participação do proprietário no cultivo ilícito para ensejar a sanção. Pelo contrário, afirma-se que os imóveis "serão expropriados (...), sem qualquer indenização ao proprietário e sem prejuízo de outras sanções previstas em lei".

Ainda assim, não se pode negar que a medida é sancionatória, exigindo-se algum grau de culpa para sua caracterização. Seria incompreensível admitir que o proprietário esbulhado perdesse a pretensão reipersecutória, porque o autor do esbulho opta por cultivar plantas psicotrópi-

---

[115] O Tribunal, por maioria, deferiu, em parte, a segurança, nos termos do voto do Min. Gilmar Mendes, vencidos, parcialmente, os Ministros Sepúlveda Pertence (Relator), Eros Grau, Joaquim Barbosa e Cezar Peluso, que indeferiam integralmente a segurança (*DJ* de 24.3.2006).

[116] O Tribunal, por decisão unânime, rejeitou as preliminares e, a seguir, por maioria, deferiu o mandado de segurança para declarar nulo o decreto expropriatório, editado pelo Presidente da República em 19.5.2003, vencidos os Ministros Joaquim Barbosa e Carlos Britto, que o indeferiam (*DJ* de 23.4.2004).

[117] MS 23.054/PB, Rel. Min. Sepúlveda Pertence (*DJ* de 4.5.2001) e MS 23.857/MS, Rel. Min. Ellen Gracie (*DJ* de 13.6.2003).

[118] GASPARINI, Diógenes. *Direito administrativo*. 17. ed. São Paulo: Saraiva, 2012, p. 909.

cas em seu imóvel. Uma medida dessa ordem seria claramente inadequada ao objetivo do constituinte de evitar a produção de drogas em nosso solo.

Além disso, a nova redação, dada pela Emenda Constitucional n. 81/2014, além de alargar as hipóteses de cabimento do confisco, aclarou a necessidade de observância de um nexo mínimo de imputação da atividade ilícita ao atingido pela sanção. Suprimiu o advérbio "imediatamente", ligado à expropriação – "serão imediatamente expropriadas". Também inseriu a imperiosidade da observância dos direitos fundamentais previstos no art. 5º, "no que couber".

A função social da propriedade aponta para um dever do proprietário de zelar pelo uso lícito de seu terreno, ainda que não esteja na posse direta. Mas esse dever não é ilimitado. Só se pode exigir do proprietário que evite o ilícito, quando evitar o ilícito estiver razoavelmente ao seu alcance.

Foi fixada interpretação de que a responsabilidade do proprietário é subjetiva, admitindo-se qualquer modalidade de culpa, inclusive *in eligendo* ou *in vigilando*.

Quanto ao ônus probatório, compete ao proprietário demonstrar que não incorreu em culpa.

A seguinte tese resumiu a conclusão do julgamento: "A expropriação prevista no art. 243 da CF pode ser afastada, desde que o proprietário comprove que não incorreu em culpa, ainda que *in vigilando* ou *in eligendo*".

- **Indispensabilidade de notificação prévia para desapropriação para fins de reforma agrária – MS 24.547**

No MS 24.547 (Min. Ellen Gracie), também referente ao processo de desapropriação para fins de reforma agrária, o impetrante alegava vício no procedimento consubstanciado na ausência de notificação prévia para realização da vistoria e do levantamento de dados, objetivando a aferição da produtividade da propriedade e, com isso, o atendimento da função social da propriedade. O ato administrativo seria ilegal em face do art. 2º, § 2º, da Lei n. 8.629/93, a determinar a prévia comunicação escrita ao proprietário para efeito de levantamento de dados e informações. Foram mencionados julgados do Supremo Tribunal que dariam sustentação à tese.

Ao votar, destaquei que a necessidade de notificação do proprietário visa a resguardar a plenitude do direito de defesa garantida pela Constituição.

Assinalei ainda que, ao prever, no art. 5º, inc. LV, o contraditório e a ampla defesa nos âmbitos administrativo e judicial – preceito obviamente aplicável aos processos expropriatórios –, o constituinte estabeleceu o dever de adotar normas de organização e de procedimento a fim de evitar que outros bens coletivos ou princípios consagrados na Constituição fossem atingidos.

A ideia de participação procedimental constitui nota marcante do Estado Democrático de Direito. Nesse quadro, por evidente, a intervenção na propriedade é admitida e, em certos casos, exigida. Não se negam, portanto, a necessidade e a relevância do processo de desapropriação para fins de reforma agrária. Todavia, a intervenção extrema no âmbito do direito de propriedade não se dá no Estado Democrático de Direito – repita-se – sem a observância de garantias mínimas ao atingido.

As previsões constitucionais que admitem a intervenção na propriedade por certo não aceitam qualquer atuação estatal arbitrária. Daí a existência de regras garantidoras da participação do atingido, assim como aquelas que definem critérios para a aferição de produtividade.

Nesse quadro de civilidade e de respeito à Constituição, não há, e não pode haver, a terra considerada *a priori* improdutiva. Há, sim, complexo procedimento legal destinado a apurar a produtividade, ou não, das propriedades rurais. Não é preciso dizer que a observância desse procedimento legal constitui exigência elementar por parte das autoridades estatais.

Daí por que considerei que a vistoria realizada sem o respeito daquele requisito legal básico, qual seja, a notificação prévia, representa grosseira violação àquela dimensão participatória no processo de expropriação. O Tribunal, por maioria, e nos termos do voto do Relator, Min. Eros Grau, deferiu o mandado de segurança para declarar nulo o decreto expropriatório editado pelo Presidente da República, vencidos o Min. Joaquim Barbosa e o Min. Carlos Britto, que o indeferiam[119].

---

[119] MS 24.547, Rel. Min. Ellen Gracie (*DJ* de 23.4.2004).

Parte II
Direitos Políticos Fundamentais, Partidos Políticos e Sistemas Eleitorais

Parte II
Direitos Políticos Fundamentais, Partidos Políticos e Sistemas Eleitorais

Temas importantes sobre direitos políticos foram objeto de manifestações do STF e do TSE nos últimos quinze anos.

• Financiamento de campanhas eleitorais por pessoas jurídicas – ADI 4.650

A constitucionalidade do modelo de financiamento de campanhas eleitorais foi analisada na ADI 4.650, cujo objeto eram leis eleitorais que permitiam essa prática[1].

O requerente, o Conselho Federal da Ordem dos Advogados do Brasil, alegava que a permissão de contribuições financeiras de pessoas jurídicas e, no que tange às pessoas naturais, com o estabelecimento de limites às doações proporcionais à renda dos doadores, implicaria a admissão de nefasta influência do poder econômico sobre os resultados eleitorais, o que violaria os princípios democrático, republicano, bem como da isonomia.

O Supremo Tribunal Federal entendeu pela inconstitucionalidade dos dispositivos que autorizavam a realização de doações por pessoas jurídicas a partidos políticos. Nesse caso, fiquei vencido, junto com os Mins. Teori Zavascki e Celso de Mello.

Em pedido de vista, tive a oportunidade de melhor apontar meus principais receios e críticas em relação a tal proibição – que, importante ressaltar, não encontra previsão constitucional expressa.

Assinalei, desde pronto, que a disciplina do financiamento de campanhas eleitorais deve considerar não apenas circunstâncias histórico-culturais de todo país, mas, também, as características relacionadas ao sistema de governo, ao quadro partidário, às regras eleitorais em geral e às práticas políticas efetivamente vivenciadas. Apresentei, para tanto, exemplos do direito comparado, indicando como os modelos da França, dos Estados Unidos e da Alemanha tratam do tema.

Entre nós, destaquei que haveria, sim, a necessidade de aprimorar a legislação que cuida do financiamento de campanhas e da fiscalização dos gastos correspondentes. Todavia, a alta complexidade do tema e a ausência de parâmetros constitucionais específicos, que envolve variáveis diversas (sistema de governo, modelo eleitoral, quadro partidário), recomendariam que qualquer modificação fosse debatida no Congresso Nacional.

Ademais, ressaltei que é preciso respeitar a disciplina constitucional que nos impõe os partidos políticos como meios, por excelência, de exercício da democracia, mas atentar para a natureza e a proporção do processo eleitoral em países presidencialistas, como Brasil e EUA, o que demanda significativo aporte de recursos para campanhas eleitorais. Por isso, entendi que não há como escapar, na prática, de alguma espécie de financiamento misto, com recursos públicos e privados, de partidos e campanhas eleitorais.

Apresentei, então, a evolução das regras sobre financiamento de partidos políticos e campanhas eleitorais no Brasil, lembrando que o Presidente Collor sofreu *impeachment* cujas razões assentam-se,

---

[1] Arts. 23, § 1º, incs. I e II; 24; e 81, *caput* e § 1º, da Lei n. 9.504/97 – Lei das Eleições –, e dos arts. 31; 38, inc. III; 39, *caput* e § 5º, da Lei n. 9.096/95 – Lei Orgânica dos Partidos Políticos.

em grande parte, em ilícitos relacionados ao financiamento da campanha eleitoral. Vigorava, então, legislação que proibia a doação de pessoas jurídicas aos partidos e às campanhas eleitorais, mesmo assim, o que se verificou foi a abundância de recursos de empresas nas campanhas.

Ressaltei que o relatório da CPI sobre o Esquema PC Farias afirmava com clareza que a legislação brasileira, ao então vedar as doações de pessoas jurídicas aos partidos e às campanhas eleitorais, era assaz restritiva e, portanto, irreal. Isso levava à conclusão de que seria hipocrisia a manutenção da vedação de recursos de empresas nas campanhas eleitorais e que, nesse sentido, o que o país precisava fazer era não apenas regulamentar com rigor o aporte de recursos nas campanhas, mas, sobretudo, impor limites aos gastos das campanhas, os quais deveriam ser fiscalizados com máxima eficiência pela Justiça Eleitoral.

Boa parte do que se constatou então continua a ocorrer atualmente, por certo com maior sofisticação e capilaridade, conforme nos revela dia após dia a Operação Lava Jato. Em vez de perquirir as falhas da regulamentação legislativa implementada, apontei que estava se encaminhando solução comprovadamente equivocada e ineficiente, visto que apenas busca resgatar o *status quo* da época do impedimento do ex-presidente Fernando Collor.

Relembrei, ademais, que a investigação do chamado Mensalão revelou que o patrimônio público estaria sendo saqueado por forças políticas, em esquema que se afigurava verdadeiro método de governar: de um lado, recursos do Estado fluiriam para forças políticas; de outro, financiariam a atividade político-partidária e de campanhas eleitorais, a corrupção de agentes públicos, a manutenção de base partidária fisiológica, a compra de apoio da imprensa e de movimentos sociais e, claro, o luxo dos atores envolvidos. Era um método criminoso de governança, que visava à perpetuação de um partido no poder, por meio do asfixiamento da oposição.

Concluí, então, que a vedação das contribuições de empresas privadas asfixiaria os partidos que não se beneficiaram desse esquema criminoso revelado pela Operação Lava Jato, tornando virtualmente impossível a alternância de poder.

Nesse sentido, consignei que, a meu ver, a problemática do financiamento de campanha não está no modelo adotado pela legislação brasileira, que permite a doação de pessoas físicas e jurídicas, mas, historicamente, na ausência de políticas institucionais que possibilitem efetivo controle dos recursos arrecadados e dos gastos durante a campanha eleitoral.

Quanto à segunda pretensão, ressaltei que vedar o financiamento de pessoas jurídicas e permitir o de pessoas naturais, a partir de limite *per capita* e uniforme, significaria criminalizar o processo político-eleitoral, além de ser um convite à prática reiterada de crimes de lavagem de dinheiro.

Por fim, foi julgado procedente em parte o pedido formulado na ação direta para declarar a inconstitucionalidade dos dispositivos legais que autorizavam as contribuições de pessoas jurídicas às campanhas eleitorais, e, com relação às pessoas físicas, as contribuições restaram reguladas pela lei em vigor. A legislação atual, portanto, admite apenas as doações de pessoas físicas, sejam para candidatos, sejam para partidos políticos, nos termos das Leis n. 9.096/95 e 9.504/97, com as modificações promovidas pela Lei n. 13.165/2015 e pela Lei n. 13.488/2017.

- • **Julgamento das contas do chefe do Poder Executivo Municipal – REs 729.744 e 848.826**

No RE 729.744, inscrito como tema 157 da sistemática de repercussão geral, do qual fui relator, a Corte debateu os seguintes temas: a natureza jurídica do parecer técnico emitido pelo Tribunal de Contas sobre as contas do chefe do Poder Executivo; o órgão competente para julgamento das contas anuais do Poder Executivo; a possibilidade de julgamento ficto das contas por decurso de prazo e os efeitos da aprovação das contas pela Câmara Municipal.

Trivava-se de um recurso extraordinário interposto pelo Ministério Público Eleitoral contra um acórdão do TSE que manteve o deferimento do pedido de registro de uma candidatura ao cargo de prefeito municipal. O acórdão recorrido sustentava que era a Câmara Municipal o órgão competente para o julgamento das contas do prefeito, ainda que esse seja ordenador de despesas. Ademais, a desaprovação das contas do prefeito pelo Tribunal de Contas Estadual não seria apta a configurar a inelegibilidade do art. 1º, I, "g", da Lei Complementar n. 64/90, na ausência de decisão irrecorrível proferida pela Câmara Municipal.

O Ministério Público Eleitoral sustentava que deveria prevalecer o parecer emanado pelo TCE em caso de silêncio do Poder Legislativo local ou na hipótese em que não seja atingido quórum qualificado de dois terços dos membros da Câmara Municipal.

No meu voto, lembrei que a Corte tem reconhecido a clara distinção entre as competências para emissão de parecer prévio sobre as contas do chefe do Executivo, nos termos do art. 71, inc. I, do texto constitucional, e para julgar as contas dos demais administradores e responsáveis, nos termos do art. 71, inc. II, da Constituição. Ademais, destaquei que o modelo de organização do TCU é de observância compulsória pelas constituições dos estados-membros (ADIs 849 e 3.715).

Entendi, nesse contexto, que a competência para julgamento das contas anuais dos prefeitos, eleitos pelo povo, deveria ser do Poder Legislativo, órgão constituído de representantes democraticamente eleitos para averiguar, além da sua adequação orçamentária, sua destinação em prol dos interesses da população ali representada.

Cabendo exclusivamente ao Poder Legislativo o julgamento das contas anuais do chefe do Executivo, com mais razão não se poderia conferir a natureza de decisão, com efeitos imediatos, ao parecer emitido pelo Tribunal de Contas que opina pela desaprovação das contas de prefeito até a manifestação expressa da Câmara Municipal. Dessa forma, o entendimento de que o parecer do Tribunal de Contas produziria efeitos permanentes, no caso de silêncio da Casa legislativa, ofende a regra do art. 71, inc. I, da Constituição.

Além disso, o ordenamento jurídico pátrio não admite o julgamento ficto de contas, por decurso de prazo, sob pena de, assim entendo, permitir-se à Câmara Legislativa delegar ao Tribunal de Contas, que é órgão auxiliar, competência constitucional que lhe é própria.

Além disso, a aprovação ou rejeição das contas pela Câmara Municipal teria como efeito, tão somente, a sua elegibilidade ou não, o que não afasta a possibilidade de responsabilização do prefeito nas esferas penal, cível ou administrativa.

O meu voto foi acompanhado pela maioria dos Ministros da Corte, que negou provimento ao recurso e fixou a seguinte tese para fins da sistemática de repercussão geral:

> "o parecer técnico elaborado pelo Tribunal de Contas tem natureza meramente opinativa, competindo, exclusivamente, à Câmara dos Vereadores o julgamento das contas anuais do Chefe do Poder Executivo local, sendo incabível o julgamento ficto das contas por decurso de prazo".

O RE 729.744 foi julgado em conjunto com o RE 848.826, também sob a sistemática da repercussão geral, da relatoria do Min. Roberto Barroso. Nesse caso, entretanto, o TSE havia negado o registro da candidatura a Deputado Estadual, tendo em vista que o candidato, ex-prefeito, teve suas contas rejeitadas pelo Tribunal de Contas dos Municípios do Ceará – TCM/CE, agindo como ordenador de despesas.

O julgamento das contas do prefeito pelo TCM/CE baseava-se na distinção entre contas de governo e contas de gestão. Aquelas se referem à atuação do prefeito como agente político e deveriam ser julgadas pela Câmara Municipal, enquanto estas, à atuação do prefeito como ordenador de despesas e deveriam ser julgadas pelo Tribunal de Contas, nos termos do art. 71, inc. II, da Constituição.

A Corte, vencido o Ministro Relator, entendeu que tanto para as contas de governo quanto para as contas de gestão, a competência judicante seria da Câmara Municipal e não do Tribunal de Contas.

Por fim, a Corte deu provimento ao recurso, fixando a tese de que, "para fins do art. 1º, inciso I, alínea 'g', da Lei Complementar n. 64, de 18 de maio de 1990, alterado pela Lei Complementar n. 135, de 4 de junho de 2010, a apreciação das contas de prefeito, tanto as de governo quanto as de gestão, será exercida pelas Câmaras Municipais, com o auxílio dos Tribunais de Contas competentes, cujo parecer prévio somente deixará de prevalecer por decisão de 2/3 dos vereadores". Foi Redator para o Acórdão o Min. Ricardo Lewandowski.

• Inconstitucionalidade da aplicação das inelegibilidades previstas na Lei da Ficha Limpa às eleições de 2010 – RE 631.102

No julgamento do RE 631.102/PA[2], instalou-se perante o Supremo Tribunal Federal a discussão sobre a aplicação da Lei da Ficha Limpa (Lei Complementar n. 135/2010), que alterou a Lei Complementar n. 64/90, às eleições de 2010. Além disso, questionou-se a constitucionalidade do art. 1º, § 6º, "k", da Lei de Inelegibilidade.

Interposto por Jader Fontenele Barbalho, candidato eleito para o cargo de Senador da República no pleito de 2010, o recurso se insurgia contra acórdão do Tribunal Superior Eleitoral que indeferira o registro de candidatura do referido parlamentar, utilizando-se do entendimento externado pela Corte na Consulta n. 1120-26, de relatoria do Min. Hamilton Carvalhido, no sentido de que as inelegibilidades introduzidas pela Lei da Ficha Limpa não alterariam o processo eleitoral e, portanto, incidiriam de imediato sobre todas as hipóteses nela contempladas ainda que o respectivo fato fosse anterior à sua entrada em vigor, aplicando-se inclusive às eleições de 2010.

Nas razões do recurso extraordinário, alegou-se ofensa ao princípio da anterioridade e anualidade eleitoral, bem como violação do princípio da irretroatividade das leis, da segurança jurídica e da presunção de inocência, e, ainda, contrariedade ao art. 14, § 9º, da Constituição Federal, em razão do desrespeito aos requisitos para criação de novas hipóteses de inelegibilidade.

Votei no sentido de dar provimento ao recurso extraordinário. Em minhas razões, defendi que aplicar a Lei da Ficha Limpa às eleições de 2010 significaria clara violação do princípio da irretroatividade das leis e alertei para os perigos de se abrir esse tipo de possibilidade ao legislador. É que, ao assim ser, poderiam os parlamentares, a cada pleito eleitoral e em nome de aparente higidez moral, propor critérios eleitorais diversos com o objetivo real de prejudicar determinado(s) candidato(s) e beneficiar outro(s), manipulando, dessa forma, o andamento e o resultado das eleições.

Após a contabilização das manifestações dos demais Ministros, constatou-se empate por 05 (cinco) votos a 05 (cinco). Pelo provimento do recurso, além de mim, votaram os Mins. Dias

---

[2] Verificado o empate, após os votos dos Senhores Ministros Joaquim Barbosa (Relator), Cármen Lúcia, Ricardo Lewandowski, Ayres Britto e Ellen Gracie, negando provimento ao recurso, e os votos dos Senhores Ministros Dias Toffoli, Gilmar Mendes, Marco Aurélio, Celso de Mello e Cezar Peluso (Presidente), dando-lhe provimento, o Tribunal rejeitou questão de ordem suscitada da tribuna pelo patrono do recorrente no sentido de suspender o julgamento, contra os votos dos Senhores Ministros Dias Toffoli, Gilmar Mendes e Marco Aurélio. Em seguida, o Tribunal decidiu aplicar, por analogia, o inciso II do parágrafo único do art. 205 do Regimento Interno, e manter a decisão recorrida, vencidos os Senhores Ministros Dias Toffoli, Gilmar Mendes e Marco Aurélio, que determinavam a aplicação do voto de qualidade do Presidente previsto no inciso IX do art. 13 do RISTF. Votou o Presidente. Falaram, pelo recorrente, o Dr. José Eduardo Rangel de Alckmin e, pelo Ministério Público Federal, o Dr. Roberto Monteiro Gurgel Santos, Procurador-Geral da República. Plenário, 27.10.2010 (RE 631.102/PA, Rel. Min. Joaquim Barbosa, DJe de 20.6.2011).

Toffoli, Marco Aurélio, Celso de Mello e Cezar Peluso. Pelo desprovimento, votaram os Ministros Joaquim Barbosa, Cármen Lúcia, Ricardo Lewandowski, Ayres Britto e Ellen Gracie.

Verificado o empate na colheita de votos, passou-se a discutir qual seria o critério de desempate para o julgamento daquele recurso. Uma parcela dos magistrados defendeu a aplicação analógica do art. 205, parágrafo único, inc. II, do Regimento Interno do STF – dispositivo que determina a manutenção do ato impugnado, em caso de empate –, ao passo que a outra parte dos Ministros, em que me englobei, votou no sentido de se aplicar por analogia o art. 13, inc. IX, do RISTF – que determina a aplicação do voto de qualidade do Presidente da Corte em caso de empate.

Também nesse ponto, fiquei vencido. Por maioria de 07 (sete) votos a 03 (três) prevaleceu a primeira tese, que defendia a aplicação analógica do art. 205, parágrafo único, inc. II, do Regimento Interno do Supremo Tribunal Federal, com a manutenção do ato impugnado em caso de empate.

Sucede, entretanto, que no dia 14.12.2011 – após aproximadamente um ano da sessão que julgou o RE 631.102/PA – a Corte Suprema julgou os embargos de declaração opostos ao acórdão de julgamento do RE, concedendo-lhes efeitos infringentes. Naquela ocasião, por unanimidade, o Pleno houve por bem aplicar ao caso o critério de desempate previsto no art. 13, inc. IX, do Regimento Interno do Supremo Tribunal Federal – que determina a aplicação do voto de qualidade do Presidente da Corte em caso de empate – em vez de se utilizar do art. 205, parágrafo único, inc. II, do RISTF – que impõe a manutenção do ato impugnado em havendo empate.

Desse modo, fazendo prevalecer o entendimento consignado em meu voto, o Tribunal acolheu os embargos de declaração e emprestou-lhes efeitos infringentes para modificar o acórdão proferido no julgamento do Recurso Extraordinário e, por conseguinte, deferir o registro de candidatura do embargante.

- **Impossibilidade do exercício de terceiro mandato em um mesmo cargo, ainda que este se dê em localidade diversa daquela onde foram exercidos os dois primeiros mandatos – RE 637.485, Tema 564**

No julgamento do RE 637.485/RJ[3], o Supremo Tribunal Federal discutiu mais uma importante questão afeta à matéria de Direito Eleitoral, qual seja a inelegibilidade, para o cargo de prefeito, de candidato que já exerceu dois mandatos consecutivos na chefia do Executivo Municipal, ainda que pleiteie a terceira candidatura em município diverso.

O Recurso Extraordinário, interposto por Vicente de Paula de Souza Guedes – cidadão eleito para o cargo de Prefeito do município de Valença/RJ –, impugnava decisão do Tribunal Superior Eleitoral que, utilizando-se de entendimento recém-alterado, cassara seu diploma, em razão de o candidato ter exercido dois mandatos consecutivos no cargo de Prefeito do Município de Rio das Flores/RJ.

A defesa do recorrente sustentava violação do art. 14, §§ 5º e 6º, e do art. 5º, *caput*, todos da Constituição Federal, sob a justificativa de que a proibição para o exercício de mais de dois man-

---

[3] O Tribunal, por unanimidade, reconheceu a repercussão geral das questões constitucionais. Em seguida, o Tribunal, por maioria e nos termos do voto do Relator, deu provimento ao recurso e julgou inaplicável a alteração da jurisprudência do Tribunal Superior Eleitoral quanto à interpretação do § 5º do art. 14 da Constituição Federal nas eleições de 2008, vencidos os Senhores Ministros Cármen Lúcia, Ricardo Lewandowski, Joaquim Barbosa e Presidente, que negavam provimento ao recurso. Os Senhores Ministros Cezar Peluso e Marco Aurélio davam provimento em maior extensão. Falaram, pelo recorrente, o Dr. José Eduardo Rangel de Alckmin e, pelo Ministério Público Federal, o Dr. Roberto Monteiro Gurgel Santos, Procurador-Geral da República. Presidiu o julgamento o Senhor Ministro Ayres Britto. Plenário, 1º.8.2012.

datos consecutivos seria consequência da necessidade de alternância de poder, subprincípio inerente aos princípios democrático e republicano, que tem o fim de evitar a perpetuação no Poder Público de um mesmo grupo político, em um mesmo território. Ademais, defendia-se que a aplicação nas eleições de 2008 da nova jurisprudência, há pouco alterada pelo TSE, contrariava o postulado da segurança jurídica, tão caro ao Estado Democrático de Direito.

Reconhecida a repercussão geral da matéria, o recurso extraordinário foi admitido por unanimidade.

No mérito, havia dois pontos principais a serem examinados: a) a constitucionalidade da proibição do exercício de um terceiro mandato em local diverso do local onde foram exercidos os dois primeiros mandatos; e b) a possibilidade de aplicação dessa proibição já nos pleitos municipais de 2008.

Quanto à primeira questão, votei no sentido de que o instituto da reeleição deve se pautar tanto no princípio da continuidade administrativa quanto no princípio republicano. Por tal razão, tem-se que a interpretação mais adequada aos ditames constitucionais seria a que aponta no sentido de que a reeleição para o mesmo cargo é permitida apenas uma única vez, independentemente da localidade pleiteada. Admitir o contrário significaria permitir a figura do denominado "prefeito itinerante" ou do "prefeito profissional", o que não seria sensato.

No tocante a esse aspecto, fui acompanhado pela maioria dos Ministros, vencidos os Mins. Cezar Peluso e Marco Aurélio, que entenderam não haver proibição constitucional para o exercício de terceiro mandato em localidade diversa daquela onde se exerceram os dois primeiros.

Já no que tange à segunda questão discutida, manifestei-me no sentido de que, quando uma decisão promover a alteração de entendimento predominante em determinado tribunal há longa data, seria sensata a modulação de seus efeitos, para se resguardar a segurança jurídica.

No caso em análise, fora regular o registro de candidatura do então recorrente, que participou devidamente das eleições de 2008 e sagrou-se vitorioso na disputa, tudo em conformidade com as normas que vigiam à época. No entanto, em dezembro daquele mesmo ano, período em que já se realizava a diplomação dos eleitos, o TSE proferiu decisão e alterou radicalmente a sua jurisprudência, proibindo-se o exercício de terceiro mandato ainda que em localidades diversas.

Não se discute a possibilidade de o TSE alterar seus entendimentos – ainda que radicalmente –, no entanto, defendi que seria preciso preocupar-se com a segurança jurídica na aplicação das decisões. *In casu*, a alteração repentina da jurisprudência e a aplicação do novo entendimento já nos processos relativos ao pleito de 2008 revelavam ofensa ao princípio da segurança jurídica, que deve nortear o processo eleitoral, respeitando-se a confiança do candidato e do cidadão eleitor.

Ademais, dever-se-ia considerar, na ocasião, o princípio da anterioridade eleitoral, previsto no art. 16 da Constituição Federal. Sustentei que, em respeito ao referido princípio, os efeitos da mudança de jurisprudência do Tribunal Superior Eleitoral também só poderiam valer para as eleições que ocorrerem após um ano da data da decisão que promover a alteração jurisprudencial.

Forte em tais razões, dei provimento ao recurso extraordinário, julgando ser inaplicável a alteração da jurisprudência do TSE quanto à interpretação do § 5º do art. 14 da Constituição Federal nas eleições de 2008. Também em relação ao referido ponto, foi esse o posicionamento que prevaleceu na Corte, vencidos os Mins. Cármen Lúcia, Ricardo Lewandowski, Joaquim Barbosa e Cezar Peluso, que negavam provimento ao recurso.

- **Eleição e utilização indevida dos meios de comunicação social – RO 801 e AgRgAg 5.282**

No RO 801/GO[4], o TSE destacou que o exame da potencialidade deve apresentar-se de modo inconcusso para configuração do abuso de poder e, por conseguinte, para decla-

---

[4]   O Tribunal Superior Eleitoral, por maioria, vencidos os Ministros Luiz Carlos Madeira (Relator) e Marco Aurélio, negou provimento aos recursos (TSE, RO 801/GO, Redator para o acórdão o Min. Caputo Bastos, *DJ* de 18.11.2005).

ração de inelegibilidade do candidato. Salientei, em voto-vista, acompanhando a divergência inaugurada pelo Min. Caputo Bastos, que a reeleição acaba, inevitavelmente, por conferir certa vantagem ao partido que compõe o Governo. Trata-se de autêntica mais-valia política, decorrente do exercício do poder. De um lado, deve a Justiça Eleitoral atuar para evitar o abuso de poder e, de outro, conter a tentação de intervir de forma excessiva na vida política.

Não foi diferente meu posicionamento nos autos do agravo regimental no agravo de instrumento 5.282[5], em que se examinou a ocorrência, ou não, de propaganda institucional em favor de candidato à reeleição (art. 73, inc. VI, b, e § 5º, da Lei n. 9.504/97).

No caso, a divulgação de realização de obras em Boletim Oficial do Município, na dimensão em que ocorreu, não indicara engrandecimento dos feitos nem adjetivação dos fatos, inexistindo conotação eleitoral na forma objetiva com que fora escrito, razão pela qual reformei a decisão do Tribunal Regional. Por fim, observei que a sanção imposta pela decisão de origem indicava desproporção ou autêntico excesso na aplicação da grave sanção – cassação de registro de candidato – imposta em razão da conduta descrita no art. 73, inc. VI, b, da Lei das Eleições. Em síntese, não pareceu plausível que os boletins informativos tenham conduzido ou contribuído para o desequilíbrio no processo eleitoral.

- **Deficiência física grave e voto facultativo: "lacuna constitucional" – PA 18.483**

No PA 18.483 (TSE)[6], discutiu-se o alistamento eleitoral e o voto dos cidadãos portadores de deficiência, cuja natureza e situação impossibilitem ou tornem extremamente oneroso o exercício das obrigações eleitorais. Inicialmente ponderei que, de fato, o art. 14, § 1º, inc. II, da Constituição Federal, faculta o alistamento eleitoral e o voto apenas aos analfabetos, aos maiores de setenta anos, aos maiores de dezesseis e menores de dezoito anos, nada dizendo sobre as pessoas portadoras de deficiência. O Código Eleitoral, no art. 6º, inc. I, contudo, faculta o alistamento eleitoral aos "inválidos", assim como aos maiores de setenta anos.

Examinei a questão à luz de possível ocorrência de lacuna constitucional. Em outros termos, caberia avaliar se a ausência de qualquer disciplina constitucional sobre a matéria tão relevante estava a sugerir não um silêncio eloquente, mas uma clara lacuna de regulação suscetível de ser colmatada mediante interpretação. Concluí que do texto constitucional não se extraía a obrigatoriedade do alistamento em tais casos. Tratava-se de "lacuna" suscetível de ser superada com base nos próprios princípios estruturantes do sistema constitucional, suficientes a legitimar cláusula implícita que justificasse outras exceções ao alistamento obrigatório, desde que compatível com o "projeto" fixado pelo texto constitucional. No caso, o próprio art. 5º, § 2º, da Constituição Federal, autoriza a interpretação que legitima a extensão, às pessoas portadoras de deficiência grave, do direito reconhecido aos idosos. Cabia, aqui, a doutrina do "pensamento do possível" desenvolvida por Häberle[7] e difundida por Zagrebelsky[8].

---

[5] Em 16.12.2004, o Tribunal Superior Eleitoral, por unanimidade, negou provimento aos agravos regimentais (TSE, AgRg no AI 5.282, Rel. Min. Gilmar Mendes, *DJ* de 3.6.2005).

[6] Em sessão realizada em 19.9.2004, o Tribunal Superior Eleitoral, por unanimidade, aprovou a minuta de resolução, nos termos do voto do Rel. Min. Gilmar Mendes (*DJ* de 1º.10.2004).

[7] Cf., HÄBERLE, P. Demokratische Verfassungstheorie im Lichte dês Möglichkeitsdenken, in: *Die Verfassung des Pluralismus*, Königstein/TS, 1980, p. 9.

[8] Cf., ZAGREBELSKY, *El derecho dúctil*. Ley, derechos, justicia. Tradução de Marina Gascón. 3. ed. Madrid: Trotta, 1999, p. 13.

130 Estado de Direito e Jurisdição Constitucional – Decisões relevantes em 15 anos de atuação no STF

- **Suspensão de direitos políticos do eleitor submetido à medida de segurança em razão de doença mental – PA 19.297**

Também referi possível "lacuna constitucional" no PA 19.297[9], no qual se examinou a ocorrência, ou não, de suspensão dos direitos políticos de eleitor submetido à medida de segurança em ação penal instaurada pela prática de homicídio.

No caso, afirmei que a interpretação constitucional guiada pelo "pensamento do possível" abre-nos novas alternativas para preencher essa aparente lacuna constitucional.

O *ethos* constitucional que atua como substrato axiológico do elenco de hipóteses de suspensão dos direitos políticos legitimaria a interpretação extensiva dos incs. II e III do art. 15 para abranger, além dos casos expressos, aqueles em que existe absolvição criminal imprópria, com aplicação de medida de segurança aos inimputáveis, em razão de doença mental ou de desenvolvimento mental incompleto ou retardado.

- **Captação de sufrágio: não configuração de inelegibilidades. Constitucionalidade do art. 41-A da Lei n. 9.504/97 – ADI 3.592-4**

Na ADI 3.592-4/DF[10], o STF reconheceu a constitucionalidade do art. 41-A, da Lei n. 9.504/97 – Lei das Eleições – por não configurar hipótese de declaração de inelegibilidade. Assim, revelar-se-ia prescindível a edição de lei complementar.

A norma, introduzida pela Lei n. 9.840/99, dispunha que, ressalvadas as hipóteses do art. 26, "constitui captação de sufrágio, vedada por esta lei, o candidato doar, oferecer, prometer, ou entregar, ao eleitor, com o fim de obter-lhe o voto, bem ou vantagem pessoal de qualquer natureza, inclusive emprego ou função pública, desde o registro da candidatura até o dia da eleição, inclusive, sob pena de multa de mil a cinquenta mil Ufir, e cassação do registro ou do diploma, observado o procedimento previsto no art. 22 da Lei Complementar n. 64, de 18 de maio de 1990".

Na inicial sustentava-se que o preceito teria criado nova hipótese de inelegibilidade, a atrair a exigência do art. 14, § 9º, da CF, que dispõe sobre a reserva constitucional de lei complementar.

Destaquei, no voto, que a sanção de cassação de registro ou do diploma cominada pelo art. 41-A (captação ilícita de sufrágio) não se confunde com a declaração de inelegibilidade diante da ocorrência de alguma das hipóteses definidas no art. 14 da Constituição e na Lei Complementar n. 64/90.

É que são distintas as hipóteses. A captação ilícita de sufrágio importa em sanção que se justifica pela corrupção eleitoral, enquanto a inelegibilidade impõe óbice à capacidade eleitoral passiva.

Como decorrência dessa constatação, o procedimento da ação de investigação eleitoral previsto no art. 22 da LC 64/90, a ser obedecido na aplicação do art. 41-A, limita-se aos incs. I a XIII, uma vez que os incs. XIV e XV dizem respeito, exatamente, à declaração de inelegibilidade, sendo, portanto, inaplicável no caso de captação ilícita de sufrágio.

Sedimentou-se, ainda, o entendimento de que a decisão fundada no art. 41-A da Lei n. 9.504/97, que cassa o registro ou o diploma do candidato, tem eficácia imediata, não incidindo o disposto no art. 15 da LC 64/90[11]. O Colegiado conservou, portanto, a proteção à vontade do eleitor, combatendo, com a celeridade necessária, as condutas ofensivas ao direito fundamental ao voto.

---

[9] Em sessão realizada em 11.4.2006, o Tribunal Superior Eleitoral, por unanimidade, respondeu à indagação nos termos do voto do Rel. Min. Francisco Peçanha Martins (*DJ* de 9.6.2006).

[10] Em sessão realizada no dia 26 de outubro de 2006, o Plenário do Supremo Tribunal Federal, por unanimidade, julgou improcedente a ação, nos termos do voto do Rel. Min. Gilmar Mendes (ADI 3.592/DF, Rel. Min. Gilmar Mendes, *DJ* de 2.2.2007).

[11] Lei Complementar n. 64/90: "Art. 15. Transitada em julgado a decisão que declarar a inelegibilidade do candidato, ser-lhe-á negado registro, ou cancelado, se já tiver sido feito, ou declarado nulo o diploma, se já expedido" (redação anterior à alteração promovida pela Lei Complementar n. 135/2010).

Direitos Políticos Fundamentais, Partidos Políticos e Sistemas Eleitorais **131**

- ## Cláusula de barreira e liberdade partidária: inconstitucionalidade – ADI 1.351

A denominada "cláusula de barreira" também exigiu atenção da Corte. No julgamento da ADI 1.351[12], o Tribunal declarou a inconstitucionalidade de dispositivos da Lei n. 9.096/95 e, diante do vácuo legislativo decorrente, projetou no tempo a vigência do art. 57 do referido diploma normativo até nova atuação do Congresso Nacional.

Como se pode constatar, o art. 13 da Lei n. 9.096/95 criou o que se denominou "cláusula de barreira" como requisito para o pleno funcionamento parlamentar dos partidos políticos. A regra embasa-se no art. 17, inc. IV, da Constituição, que assegura aos partidos políticos o funcionamento parlamentar, de acordo com a lei. Assim, segundo a lei, não obtendo o partido político determinados percentuais de votação, não teria direito à formação de bancadas e de suas lideranças, com todas as repercussões que isso pode causar, como a ausência de participação em comissões parlamentares e a falta de acessos a cargos e funções nas casas legislativas. Além disso, o partido somente teria direito a receber um por cento do Fundo Partidário (art. 41, inc. II) e a realizar apenas um programa em cadeia nacional, em cada semestre, com a duração de apenas dois minutos (art. 48).

Na oportunidade, salientei que a inconstitucionalidade do dispositivo legal não residia na natureza da restrição à atividade dos partidos políticos, mas na forma e, portanto, na proporção estabelecida pelo legislador. Reduzira-se o espaço para a atuação parlamentar das agremiações partidárias que não haviam alcançado os percentuais exigidos pelo mencionado art. 13, mas que, contraditoriamente, poderiam eleger número expressivo de representantes.

É interessante notar que a Constituição de 1988, no Título II, ao dispor dos direitos e garantias fundamentais, incorporou a regulamentação constitucional dos partidos políticos, o que revela a intenção constituinte de concebê-los como garantias do pleno exercício dos direitos políticos. Dessa maneira, é possível conceber a vontade constituinte de que o exercício da cidadania política se desse não apenas por aqueles que votam (eleitores) ou podem ser votados (candidatos), mas também pelos partidos políticos. Os direitos políticos, portanto, possuem como titulares os cidadãos que votam (eleitores), os cidadãos que podem ser votados (candidatos), assim como os partidos políticos.

Nesse sentido, as lições de Canotilho e Vital Moreira são enfáticas, demonstrando que os partidos políticos são titulares diretos de direitos fundamentais na ordem constitucional[13].

Segundo Canotilho, os partidos políticos são associações privadas com funções constitucionais. Adverte, entretanto, que o reconhecimento da relevância jurídico-constitucional dos partidos de modo algum corresponde à sua estatização. As Constituições, ao reconhecerem a liberdade de formação dos partidos políticos como direito fundamental, bem como ao concederem-lhes estatuto distinto e privilegiado em relação às demais associações, na verdade, estão a conceder aos partidos estatuto constitucional, com dimensões de direito subjetivo, direito político e liberdade fundamental[14].

---

[12] Em sessão plenária realizada em 7.12.2006, o Supremo Tribunal Federal, por unanimidade, decidiu "declarar a inconstitucionalidade dos seguintes dispositivos da Lei n. 9.096, de 19.9.1995: artigo 13; a expressão 'obedecendo aos seguintes critérios', contida na cabeça do artigo 41; incisos I e II do mesmo artigo 41; artigo 48; a expressão 'que atenda ao disposto no art. 13, contida na cabeça do artigo 49, com redução de texto; cabeça dos artigos 56 e 57, com interpretação que elimina de tais dispositivos as limitações temporais neles constantes, até que sobrevenha disposição legislativa a respeito; e a expressão 'no art. 13', constante no inciso II do artigo 57. Também por unanimidade, acordou-se em julgar improcedente a ação no que se refere ao inciso II do artigo 56" (ADI 1.351/DF, Rel. Min. Marco Aurélio, *DJ* de 29.6.2007).

[13] CANOTILHO, J. J. Gomes; MOREIRA, Vital. *Constituição da República portuguesa anotada*. 4. ed. Coimbra: Editora Coimbra, 2007, v. 1, p. 682-683.

[14] CANOTILHO, J. J. Gomes. *Direito constitucional e teoria da Constituição*. 7. ed. Coimbra: Almedina, 2003, p. 315-316.

Afirma Canotilho: "Como elementos funcionais de uma ordem constitucional, os partidos situam-se no ponto nevrálgico de imbricação do poder do Estado juridicamente sancionado com o poder da sociedade politicamente legitimado"[15].

É possível reconhecer aos partidos políticos liberdade externa e liberdade interna. No que tange à primeira, os partidos políticos gozam do direito à sua fundação e atuação sem as ingerências do Estado, dentro dos próprios limites estabelecidos pela Constituição. No que diz respeito à liberdade interna, ela significa que sobre os partidos não pode haver qualquer tipo de controle ideológico-programático, nem controle sobre a organização interna do partido[16].

Adverte o mestre português que não se pode dissociar a liberdade partidária da garantia de igualdade, o que significa reconhecer a todos os partidos políticos iguais possibilidades de desenvolvimento e participação na formação da vontade popular. Ensina: "A liberdade partidária e a igualdade de oportunidades no desenvolvimento da actividade política são duas dimensões da liberdade partidária: proibição de ingerência positiva e de ingerência negativa dos poderes públicos na fundação, existência ou desenvolvimento dos partidos"[17].

Com base em tais considerações, concluí que a cláusula de barreira estabelecida pela Lei n. 9.096/95 representava patente retrocesso em termos de reforma política, na medida em que intensificava as deformidades de nosso singular sistema eleitoral proporcional, que atualmente apresenta visíveis sinais de exaustão.

Não obstante, ressaltei que o legislador pode estabelecer "cláusula de desempenho" que fixe, de forma proporcional, certo percentual de votação como requisito para que o partido político tenha direito não só ao funcionamento parlamentar, mas também à própria eleição de representantes, ficando assegurado, porém, a todos os partidos, com observância do princípio da igualdade de chances, o acesso aos meios e recursos necessários para competir no prélio eleitoral seguinte, incluído, nesse sentido, o acesso ao rádio e à televisão e aos recursos do fundo partidário.

Em *obter dictum*, consignei a necessidade de revisão da jurisprudência sobre fidelidade partidária, para assentar-se que a troca de agremiação sem justificativa plausível por quem fora eleito por outra organização partidária deveria acarretar a perda do mandato. Essa orientação foi apoiada pelos Ministros Marco Aurélio, Carlos Britto e Ricardo Lewandowski.

Parece indubitável que essas manifestações forneceram os subsídios jurídicos e políticos para provocações subsequentes endereçadas ao Tribunal Superior Eleitoral sobre o tema (TSE, Consulta 1.398/2007).

- **Fidelidade partidária e perda do mandato – MS 26.602**

A controvérsia sobre a fidelidade partidária foi contemplada no MS 26.602[18], da relatoria do Min. Eros Grau, no qual o STF decidiu, diferentemente de entendimento anterior, pela possibilidade de perda de mandato. Discutiu-se se os partidos políticos contam com "direito líquido e certo" a manter as vagas por eles conquistadas em eleições regidas pelas regras do sistema proporcional, em caso de desfiliação dos parlamentares que as preenchem.

Ao votar, ponderei que, no contexto de uma democracia partidária e do sistema proporcional, o valor constitucional da fidelidade partidária tem densidade ainda maior. Se considerarmos a exigência de filiação partidária como condição de elegibilidade e a participação do voto de legenda na eleição do candidato (modelo proporcional nas eleições parlamentares), parece certo

---

[15] CANOTILHO, J. J. Gomes. *Direito constitucional e teoria da Constituição*, cit., p. 316-317.

[16] CANOTILHO, J. J. Gomes. *Direito constitucional e teoria da Constituição*, cit., p. 317-318.

[17] CANOTILHO, J. J. Gomes. *Direito constitucional e teoria da Constituição*, cit., p. 319.

[18] Em 4.10.2007, o Plenário do Supremo Tribunal Federal, por maioria, conheceu do Mandado de Segurança e denegou a ordem, vencidos os Ministros Carlos Britto e Marco Aurélio (*DJ* de 17.10.2008).

Direitos Políticos Fundamentais, Partidos Políticos e Sistemas Eleitorais **133**

que, em princípio, a permanência do parlamentar na legenda pela qual foi eleito torna-se condição imprescindível para a manutenção do próprio mandato.

Assim, ressalvadas as situações específicas decorrentes de ruptura de compromissos programáticos por parte da agremiação, perseguição política ou outra situação de igual significado, o abandono da legenda deveria dar ensejo à extinção do mandato.

Por razões de segurança jurídica e considerando a significativa mudança de posição jurisprudencial, o Supremo houve por bem assentar que a decisão proferida no MS 26.602 produziria efeitos a partir da manifestação do TSE na Consulta 1.387/2007, Rel. Min. César Asfor Rocha, que ocorreu na sessão de 27.3.2007.

Em meu voto, destaquei que a mudança de interpretação não implicava reconhecimento, por parte da Corte, de erro ou equívoco interpretativo do texto constitucional em julgados pretéritos, mas o reconhecimento da necessidade de contínua e paulatina adaptação e atualização dos sentidos possíveis da letra da Constituição.

Os efeitos práticos dessa decisão do Supremo Tribunal Federal, no entanto, foram infelizes. Com efeito, a partir do julgamento, uma das hipóteses excepcionais que passaram a permitir a migração injustificada por parte dos parlamentares consiste na situação em que o mandatário deixa seu partido político para fundar uma nova agremiação.

Sobretudo se analisada conjuntamente às decisões tomadas nas ADIs 1.351 e 1.354 – que declararam a inconstitucionalidade da cláusula de barreiras no sistema eleitoral brasileiro[19] –, a decisão tomada no MS 26.602 desorganizou o sistema político-partidário brasileiro. Isso porque, ao não impor qualquer tipo de punição aos trânsfugas que deixassem suas siglas originais para criar outros partidos políticos, a conclusão adotada pelo STF gerou um significativo aumento no número de agremiações registradas no Tribunal Superior Eleitoral. Com efeito, o Brasil, que antes da referida decisão possuía apenas dezoito partidos políticos registrados perante o TSE, hoje possui 35 agremiações em seu quadro partidário, número esse que corresponde praticamente ao dobro daquele.

Como se pode notar, o Tribunal, ao optar por modificar uma decisão legislativa que buscava reduzir o número de agremiações partidárias, acabou por gerar um sistema confuso e multitudinário de partidos. Esse resultado prático mostra que, apesar de bem-intencionada, a decisão tomada pelo Supremo Tribunal Federal contribuiu, de certa forma, para o desarranjo do sistema político brasileiro, uma vez que estimulou a criação desenfreada de partidos políticos.

- ### CPI e direito das minorias – MS 24.831

O direito das minorias legislativas foi discutido no MS 24.831[20], no qual se arguiu a seguinte questão: o expediente adotado pela Mesa do Senado, de modo a validar conduta omissiva do Presidente daquela Casa Legislativa que não indicou os membros das bancadas omissas para

---

[19] Ao julgar as ADIs 1.351 e 1.354 e declarar a inconstitucionalidade da cláusula de barreira, o STF concluiu que mesmo as agremiações que acabavam de ser concebidas teriam acesso ao fundo partidário e receberiam o tempo de propaganda em cadeia nacional, tais quais os partidos maiores. Isso chamou a atenção dos parlamentares brasileiros e os incitou a fundar novas agremiações com a finalidade de acessar essas benesses (Rel. Min. Marco Aurélio, *DJ* de 30.3.2007).

[20] Em 22.6.2005, o Plenário do Supremo Tribunal Federal, por votação majoritária, concedeu o mandado de segurança "para assegurar, à parte impetrante, o direito à efetiva composição da Comissão Parlamentar de Inquérito, de que trata o Requerimento 245/2004, devendo, o Senhor Presidente do Senado, mediante aplicação analógica do art. 28, § 1º do Regimento Interno da Câmara dos Deputados, c/c o art. 85, 'caput', do Regimento Interno do Senado Federal, proceder, ele próprio, à designação dos nomes faltantes dos Senadores que irão compor esse órgão de investigação legislativa, observado, ainda, o disposto no § 1º do art. 58 da Constituição da República" (*DJ* de 4.8.2006).

comporem Comissão Parlamentar de Inquérito – CPI –, é legítimo diante do requerimento de instalação da CPI formulado por um terço dos membros de uma Casa Legislativa, nos termos do referido dispositivo constitucional?

Ao acompanhar o voto proferido pelo Min. Celso de Mello, Relator, afirmei que, no âmbito das CPIs, o dever de investigar vincula-se expressamente à perspectiva de proteção às minorias, tendo em vista a regra que prevê o quórum de um terço dos membros para o requerimento de instalação.

O papel da jurisdição constitucional, nessa temática, é, sem dúvida, compatível com a imposição de limites aos ímpetos da maioria. Assim, restou demonstrado que a possibilidade de indicação de membros para integrar a CPI no caso de inércia das lideranças estaria logicamente incluída no rol de "competências implícitas" da Presidência do Senado.

• Inelegibilidade em razão de decisão condenatória penal sem trânsito em julgado: inadmissibilidade – ADPF 144

Na discussão sobre inelegibilidade, merece destaque, também, o julgamento da ADPF 144[21], cujo objeto foram expressões constantes das alíneas *d, e, g* e *h* do inc. I do art. 1º, assim como parte do art. 15, todos da Lei Complementar n. 64/90 ("Lei das Inelegibilidades"). O fundamento constitucional estaria na não recepção de normas constantes desses dispositivos pelo art. 14, § 9º, da Constituição, com a redação conferida pela Emenda Constitucional n. 4/94. Impugnava-se, ainda, a interpretação dada pelo Tribunal Superior Eleitoral ao referido § 9º, no sentido de não ser norma autoaplicável, por isso, dependente de lei complementar para ter plena vigência e eficácia (interpretação consolidada na Súmula 13 do TSE).

Salientei que a posição do TSE reafirmava o valor da presunção de não culpabilidade no ordenamento constitucional brasileiro. Tal princípio impede a outorga de consequências jurídicas sobre investigado, denunciado ou réu antes do efetivo trânsito em julgado de eventual decisão condenatória.

A garantia da presunção de não culpabilidade não se restringe ao âmbito do direito penal nem do processo penal. Sua abrangência é ampla o suficiente para abarcar todo comportamento do Poder Público tendente à sanção de indivíduos investigados, denunciados ou acusados, com repercussão em diversos âmbitos do direito.

Registrei, ademais, não haver dúvida de que a consideração de fatos da vida pregressa do candidato, como o indiciamento, a denúncia ou a acusação penal, para a configuração de causas de inelegibilidade, sem expressa previsão legislativa para tanto, viola a garantia fundamental da presunção de inocência (art. 5º, inc. LVII, da Constituição).

A criação judicial de novas causas de inelegibilidade, nesse caso, além de desrespeitar a reserva de lei complementar presente no art. 14, § 9º, dá ensejo a arbitrariedades indubitavelmente incompatíveis com o valor da democracia.

A concepção segundo a qual é possível restringir o direito fundamental à presunção de não culpabilidade esbarraria, no caso, na exigência de lei complementar destinada à tipificação das hipóteses de inelegibilidade, ou seja, na reserva de lei estabelecida pela própria Constituição.

E o teste da proporcionalidade também pode deixar bem claro que o exercício de criatividade judicial quanto a novas causas de inelegibilidade não se mostra necessário ante outros meios menos gravosos ao cidadão-candidato e igualmente adequados para a consecução da finalidade enunciada na norma constitucional de proteção da probidade e da moralidade no exercício do mandato político.

---

[21] Na sessão plenária de 6.8.2008, o Tribunal, por maioria, julgou improcedente arguição de descumprimento de preceito fundamental, vencidos os Ministros Carlos Britto e Joaquim Barbosa.

Enquanto não editada a lei complementar prevista pelo art. 14, § 9°, da Constituição, permanecem no sistema outros mecanismos para impedir a candidatura e a consequente eleição de pessoas inaptas, do ponto de vista da probidade administrativa e da moralidade, para o exercício do mandato eletivo.

O primeiro e mais elementar mecanismo de controle é o voto. O segundo é a escolha de candidatos no âmbito interno dos próprios partidos políticos. Cabe às agremiações políticas a eleição de candidatos cuja vida pregressa os qualifique para exercer, com probidade e moralidade, determinada função pública.

A partir de tais fundamentos, acompanhei o voto do Relator, Min. Celso de Mello, para assentar a improcedência da ação.

- **União estável homoafetiva e inelegibilidade – RESPE 24.564**

Relevante questão a envolver o princípio constitucional da igualdade foi objeto do RESPE 24.564[22], no qual se discutiam as consequências jurídico-eleitorais de união estável homoafetiva. Entendi que os sujeitos de relação estável homossexual (denominação adotada pelo Código Civil Alemão), à semelhança do que ocorre com os sujeitos de união estável, de concubinato e de casamento, submetem-se à regra de inelegibilidade prevista no art. 14, § 7°, da Constituição Federal, por serem presumíveis os fortes laços afetivos envolvidos.

- **Pretensão de ver declarada a inconstitucionalidade da exigência de título de eleitor no momento da votação. Voto vencido. Arguição casuística. Uso da Suprema Corte para fins partidário-eleitorais – ADI 4.467-MC**

Sobre o processo eleitoral, cumpre referir, ademais, o julgamento da medida cautelar requerida no bojo da ADI 4.467.

Pretendia-se a suspensão cautelar da vigência do quanto disposto no art. 91-A da Lei n. 9.504/97, na redação fixada pela Lei n. 12.034/2009, ao argumento de que a exigência da apresentação conjunta do título de eleitor e de um documento com foto no ato de votar ofenderia a liberdade de participação política.

Em voto-vista proferido por ocasião do julgamento, assinalou-se que causava estranhamento o fato de, a despeito de a referida norma estar em vigor há um ano, apenas a poucos dias das eleições do dia 3 de outubro de 2010, o Diretório Nacional do Partido dos Trabalhadores vinha a pleitear a sua inconstitucionalidade, inclusive com pedido liminar.

Ainda mais estranhamento causava a incoerência entre a argumentação apresentada pelo autor em suas razões e a sua postura desde a discussão do Projeto de Lei n. 5.498/2009 que, no âmbito do Congresso Nacional, deu origem à norma impugnada.

De fato, era aferível a adesão expressa da liderança do Partido autor à aprovação do PL 5.498/2009, sem qualquer objeção à disposição ora impugnada.

As razões de justificação do mencionado projeto de lei são disso prova robusta, afirmando que a referida norma se tratava de *"resultado de um processo de discussão que envolveu representantes de todos os partidos da Câmara dos Deputados"* e de que se buscaria com a novel legislação *"dificultar casuísmos e mudanças de última hora nas regras do jogo"*.

---

[22] Em 1°.10.2004, o Tribunal Superior Eleitoral, à unanimidade, deu provimento ao recurso especial eleitoral para assentar que "os sujeitos de uma relação estável homossexual, à semelhança do que ocorre com os de relação estável, de concubinato e de casamento, submetem-se à regra de inelegibilidade prevista no art. 14, § 7°, da Constituição Federal" (*RJTSE*, v. 17, t. 1, p. 234).

Reforçava essa constatação a existência de outros projetos de lei de autoria de membros do Partido autor, anteriores ao PL 5.498/2009 e em trâmite no Congresso Nacional, que propõem a criação de exigência semelhante à prevista no art. 91-A da Lei n. 9.504/97, a saber: PL 1.670/2003 – de autoria do Deputado Walmir Pinheiro (PT/BA), e PL 4.658/2004 – de autoria da Deputada Terezinha Fernandes (PT/MA), ambos apensados atualmente ao PL 3.780/97.

Concluiu-se que a consideração desses dados objetivos relacionados à própria atuação política do Partido autor, desde a tramitação da lei até a data julgamento, corroborava, naquele juízo prévio, o entendimento de não se tratar de flagrante inconstitucionalidade que autorizasse, de forma induvidosa, a concessão da medida liminar para a mudança, em última hora, das regras previamente estabelecidas.

Estávamos a três dias do pleito eleitoral, com todos os atos preparatórios já praticados conforme a regra em vigência, sem que o TSE, os partidos políticos, os candidatos e a sociedade em geral tivessem se oposto de forma clara à norma em vigor.

Aduziu-se, ademais, que a informação jornalística corrente talvez melhor explicasse a origem do interesse processual do Partido dos Trabalhadores. No dia 26 de setembro de 2010, por exemplo, a jornalista Renata Lo Prete, no Painel Folha, da Folha de S.Paulo, fornecia ao público a seguinte notícia:

"Prioritário – Nos intervalos do debate da CNBB, o marqueteiro de Dilma, João Santana, defendeu para Antonio Palocci a necessidade de recorrer ao STF para derrubar a exigência de apresentação de documento com foto, além do título de eleitor, na hora de votar. No dia seguinte, a campanha entrou com ação direta de inconstitucionalidade no Supremo.

Cadê? – Anotação de advogados que leram a ADI: a petição não aponta qual dispositivo da Constituição teria sido violado pela exigência dos dois documentos".

A intenção casuística e político-eleitoral estava patente.

Recordou-se que a lei atacada tinha o claro intuito de coibir o famoso *"emprenhamento de urna"*, tão comum em determinados rincões do Brasil, principalmente nos locais vencidos pelo coronelismo e por oligarquias locais que foram presença marcante no Brasil dos últimos tempos.

Daí a indagação: por que algumas forças políticas mudaram de ideia? Qual a razão para aquilo que dantes era uma forma de coibir a fraude tenha agora virado uma mordaça ao exercício do livre direito de votar?

Com isso, chamava-se a atenção para o viés político daquela propositura e, mais ainda, para o risco que corre o Tribunal de, sem se aperceber de detalhes do jogo político, ser manipulado na busca deste ou daquele interesse eleitoral.

Houve o cuidado de se ressaltar que é legítimo ao partido político utilizar de forma política a ação direta de inconstitucionalidade. O que não se poderia permitir é que a Corte a aceitasse ingenuamente nessa estratégia política. Recordou-se o intenso debate que existe no direito comparado sobre a politização da jurisdição constitucional. Na Alemanha, inclusive, há uma expressão corrente no meio político *"Wirsehen uns in Karlsruhe"*, que significa levar para o Tribunal Constitucional – que tem sede na cidade de Karlsruhe – questões políticas decididas sem consenso no Parlamento (*Bundestag*).

Considerando, igualmente, toda a campanha encetada pelo TSE com a finalidade de esclarecer a população sobre a exigência constante no art. 91-A, afirmou-se que era patente que uma nova alteração, a apenas três dias das eleições, poderia gerar muitos transtornos e situações de insegurança.

E perguntava-se: seria possível alterar toda a campanha já realizada, reescrever material informativo há meses divulgado, refazer consultas e esclarecimentos já prestados à população?

Direitos Políticos Fundamentais, Partidos Políticos e Sistemas Eleitorais **137**

Contra o deferimento do pedido de suspensão de vigência da norma concorriam, da mesma forma, razões teóricas e ligadas às técnicas de decisão em controle de constitucionalidade.

É que a interpretação conforme, nos termos propostos pela Relatora, Min. Ellen Gracie, levaria a inevitáveis efeitos aditivos do ordenamento eleitoral e com a gravidade de se estar inovando às portas do pleito.

De fato, parecia indiscutível que a interpretação conforme teria o resultado de dar um novo conteúdo normativo ao art. 91-A da Lei das Eleições (Lei n. 9.504/99). Como é sabido, a eliminação ou a fixação, pelo Tribunal, de determinados sentidos normativos do texto quase sempre tem o condão de alterar, ainda que minimamente, o sentido normativo original determinado pelo legislador. Por isso, muitas vezes a interpretação conforme levada a efeito pelo Tribunal pode transformar-se numa decisão modificativa dos sentidos originais do texto. Esse era exatamente a hipótese naquele processo.

É certo que a decisão interpretativa com efeitos aditivos é extremamente necessária para a atuação de uma Corte Constitucional. O Supremo Tribunal Federal já possui jurisprudência nesse sentido[23]. Contudo, aduziu-se que seria extremamente temerário adotar esse tipo de técnica de decisão naquele contexto. A inserção de uma novidade normativa a essa altura poderia ser um fator de desestabilização do processo eleitoral.

Considerou-se, também, que, se a lei que alterar o processo eleitoral deve respeitar o princípio da anterioridade, a decisão judicial com efeitos aditivos, isto é, a decisão que modifique ou crie novos sentidos normativos da lei, também deve observar o art. 16 da Constituição como guia hermenêutico, tendo em vista um imperativo de segurança jurídica.

Por fim, aduziu-se que o deferimento do pedido seria ofensivo à orientação pacífica da Corte segundo a qual a concessão da medida cautelar deve obedecer ao imperativo da conveniência política. É que, na ação direta de inconstitucionalidade, além dos requisitos da plausibilidade jurídica do pedido e do *periculum in mora*, exige-se a presença do requisito da *conveniência* para a concessão da medida cautelar. Esse requisito, em alguns casos, chegou a substituir o *periculum in mora* como razão justificadora da concessão da liminar[24]. Tal requisito militava frontalmente contra o deferimento da cautelar naquela hipótese.

Com base nesses argumentos, alinhavados em mero juízo sumário de delibação, votou-se no sentido de indeferir o pedido de medida cautelar. A compreensão da maioria, contudo, foi diversa, e a cautelar foi deferida.

- **Lei Complementar n. 135/2010 (Lei da Ficha Limpa). Ofensa ao princípio da anualidade inscrito no art. 16 da Constituição da República. Desvirtuamento do processo eleitoral – REs 630.147 e 631.102**

Particular atenção merecem os julgamentos dos REs 630.147 e 631.102, em que se discutia a incidência do quanto disposto no art. 16 da Constituição sobre a Lei Complementar n. 135/2010, comumente denominada Lei da Ficha Limpa.

O primeiro recurso, interposto por Joaquim Domingos Roriz, tinha como objeto decisão do Tribunal Superior Eleitoral que manteve, em recurso ordinário, provimento do Tribunal Regio-

---

[23] ADI 1.351 – cláusula de barreira; MI 708 – direito de greve dos servidores públicos; MS 26.602 – fidelidade partidária, entre outros.

[24] ADI MC 2.314, Rel. Min. Moreira Alves (*DJ* de 8.6.2001); ADI 568, Rel. Min. Celso de Melo (*DJ* de 27.9.1991); ADI 165, Rel. Min. Celso de Melo (*DJ* de 26.9.1997); ADI 2.290, Rel. Min. Moreira Alves (*DJ* de 31.5.2001); ADI 2.034, Rel. Min. Sydney Sanches (*DJ* de 18.2.2000); ADI MC 2.028, Rel. Min. Moreira Alves (*DJ* de 23.11.1999); ADI MC 1.942, Rel. Min. Moreira Alves (*DJ* de 22.10.1999); ADI MC 1.921, Rel. Min. Marco Aurélio (*DJ* de 12.3.1999); ADI MC 1.719, Rel. Min. Moreira Alves (*DJ* de 27.2.1998); ADI MC 1.087, Rel. Min. Moreira Alves (*DJ* de 7.4.1995).

nal Eleitoral do Distrito Federal indeferitório de seu registro de candidatura ao Governo do Distrito Federal.

O indeferimento do registro baseou-se na ocorrência da causa de inelegibilidade prevista no art. 1º, *k*, da Lei Complementar n. 64/90 (Lei de Inelegibilidades), com a redação dada pela nova Lei Complementar n. 135/2010 (denominada Lei da Ficha Limpa), tendo em vista que o candidato renunciou, em 4 de julho de 2007, ao cargo de Senador da República, depois de oferecida representação para abertura do processo de cassação do mandato por suposta quebra de decoro parlamentar.

Quanto ao segundo recurso, interposto por Jader Barbalho, a mesma questão estava posta. Estava revestida, contudo, de peculiaridades que bem destacavam a eficácia retroativa da Lei Complementar impugnada. Após a renúncia, ocorrida em 2001, o Impetrante havia sido eleito em duas eleições e, por força da Lei Complementar, tornara-se, por um fato ocorrido havia 9 anos, inelegível.

Nas sessões de julgamento dos recursos se ressaltou que a edição da Lei n. 135/2010 representa um extraordinário avanço democrático que contribuirá decisivamente para a efetividade dos valores constitucionais da moralidade e da probidade administrativa. Afirmou-se, contudo, que tal fato não afasta o necessário enfrentamento de importantes questões constitucionais quanto à sua aplicabilidade.

Por exemplo, seria preciso analisar com toda cautela a aplicação retroativa da alínea *d* do inc. I do art. 1º da LC 64/90, com a nova redação dada pela LC 135/2010, a qual amplia de 3 para 8 anos o prazo de inelegibilidade ou o disposto na alínea *m* do inc. I do mesmo art. 1º da LC 64/2010, que determina a inelegibilidade por 8 anos dos que forem excluídos de órgão profissional.

Ademais, a aplicação concreta da lei pode gerar questionamentos quanto ao princípio da presunção de não culpabilidade e também quanto à proteção do ato jurídico perfeito, em razão do princípio da segurança jurídica como princípio de proteção da confiança. Importante se indagar, ainda, sobre a possibilidade da declaração de inelegibilidade decorrente da condenação transitada em julgado com base no art. 41-A da Lei n. 9.504/97 (captação ilícita de sufrágio).

Quanto à submissão da Lei Complementar n. 135/2010 ao prazo inscrito no art. 16 da Constituição, principal questão veiculada nos recursos extraordinários, assentou-se que, na medida em que se legislou sobre causas de inelegibilidade, a LC 135/2010 interferiu numa fase específica do processo eleitoral, qualificada na jurisprudência do STF como a *fase pré-eleitoral*, que se inicia com a escolha e apresentação das candidaturas pelos partidos políticos e vai até o registro das candidaturas na Justiça Eleitoral. Não havia dúvida, portanto, de que a alteração de regras de elegibilidade repercutiria de alguma forma no processo eleitoral.

Em verdade, afirmou-se que a questão não estaria tanto em saber se a LC 135/2010 interferiria no processo eleitoral, mas se ela de alguma forma restringiria direitos e garantias fundamentais do cidadão-eleitor, do cidadão-candidato e dos partidos políticos, atingindo, desse modo, a igualdade de chances (*Chancengleichheit*) na competição eleitoral, com consequências diretas sobre a participação eleitoral das minorias. Se a resposta a essa questão fosse positiva, então dever-se-ia cumprir o mandamento constitucional extraído do princípio da anterioridade (art. 16) na qualidade de garantia fundamental componente do plexo de garantias do devido processo legal eleitoral.

Aduziu-se, nesse sentido, que a alteração de regras sobre inelegibilidade certamente interferiria no processo político de escolha de candidatos, processo este que envolve os próprios candidatos, os partidos políticos e terceiros (por exemplo, os parentes que sofrerão com a possível causa de inelegibilidade prevista no § 7º do art. 14 da Constituição).

Foram extensas as considerações feitas nos votos proferidos naqueles recursos extraordinários, e concluiu-se que outra não poderia ser a orientação adotada senão a de assentar que a situação jurídica dos candidatos se encontra caracterizada na forma das normas vigentes do processo eleitoral, e que eventual alteração significativa nas "regras do jogo" frustrar-lhes-ia ou prejudicar-lhes-ia as expectativas, estratégias e planos razoavelmente objetivos para suas campanhas.

Na medida em que os partidos políticos detêm o monopólio da apresentação de candidaturas, eles seriam também diretamente afetados pelas modificações nas regras sobre elegibilidade.

Lembre-se de que a LC 135/2010 foi publicada no dia 4 de junho de 2010, portanto, poucos dias antes da realização das convenções partidárias (10 a 30 de junho, art. 8° da Lei n. 9.504/97).

Parecia insensato considerar que no período entre o dia 4 de junho e o dia 5 de julho (data da formalização dos pedidos de registro de candidatura) se pudesse recomeçar e redefinir o processo político de escolha de candidaturas de acordo com as novas regras.

Ao argumento de que a lei estava vigente para todos os candidatos, opôs-se que o entendimento segundo o qual a verificação das condições de elegibilidade e das causas de inelegibilidade deve observar as regras vigentes no dia 5 de julho, o que não significa, de forma alguma, que tais regras sejam aquelas que foram publicadas a poucas semanas dessa data de referência.

Em síntese, ao se efetuar um diagnóstico minimamente preocupado com as repercussões da admissibilidade, a qualquer tempo, de mudanças no processo eleitoral, constatou-se que surgem complicações não apenas para a situação jurídica dos candidatos, mas também para a própria autonomia e liberdade dos partidos políticos, os quais ficariam totalmente à mercê da aleatoriedade de eventuais mudanças legislativas conduzidas por maiorias diretamente interessadas na exclusão de determinados atores políticos da disputa eleitoral.

O art. 16 da Constituição, ao submeter a alteração legal do processo eleitoral à regra da anualidade, constitui uma garantia fundamental para o pleno exercício dos direitos políticos.

É que a inclusão de novas causas de inelegibilidade diferentes das inicialmente previstas na legislação, além de afetar a segurança jurídica e a isonomia inerentes ao devido processo legal eleitoral, influenciaria a própria possibilidade de que as minorias partidárias exercessem suas estratégias de articulação política em conformidade com os parâmetros inicialmente instituídos. Correr-se-ia o risco de que, a cada pleito eleitoral, os requisitos de elegibilidade ficassem à mercê das vontades políticas majoritárias.

Por tais razões concluiu-se pelo conhecimento e provimento dos recursos extraordinários, assentando que a lei, com todas as suas virtudes, poderia ser aplicada nas próximas eleições, sem violar, portanto, a Constituição.

A discussão foi, enfim, pacificada por ocasião do julgamento de um terceiro recurso extraordinário que versava sobre o mesmo tema, qual seja, a aplicabilidade da Lei Complementar n. 135 às eleições de 2010.

Tratava-se do RE 633.703/MG, da relatoria do Min. Gilmar Mendes, levado a julgamento plenário em 23 de março de 2011.

O Min. Luiz Fux, acompanhando o voto proferido pelo relator, manifestou-se no sentido de considerar que "a lei adversada fixara novas causas de inelegibilidade em 2010, as quais não poderiam ser aplicadas no mesmo ano da eleição", em atenção ao quanto disposto no art. 16 da Constituição de 1988.

Parece correto concluir que, com a decisão, foi definitivamente resolvida a questão de se o regime de inelegibilidades compõe o processo eleitoral para fins de aplicação da anualidade eleitoral prevista na Carta da República.

- **Renúncia de mandato parlamentar e sucessão pelo suplente – MS 29.988**

Cumpre referir, por fim, o MS 29.988, em que se discutia se a vaga decorrente de renúncia a mandato parlamentar deveria ser preenchida com base na lista de suplentes pertencentes à coligação partidária ou apenas na ordem de suplentes do próprio partido político ao qual pertencia o parlamentar renunciante.

O partido impetrante sustentava que tem o direito à vaga deixada pela renúncia do ex-Deputado Federal Natan Donadon, que ocorreu no último dia 27 de outubro de 2010.

Considerou-se no voto proferido na ocasião, que a tese do impetrante é extremamente plausível, por dois motivos fundamentais.

Em primeiro lugar, pelo fato de a jurisprudência, tanto do Tribunal Superior Eleitoral (Consulta 1.398, Rel. Min. Cesar Asfor Rocha) como do Supremo Tribunal Federal (Mandados de Segurança 26.602, 26.603 e 26.604), ser firme no sentido de que o mandato parlamentar conquistado no sistema eleitoral proporcional pertence ao partido político.

Ademais, seria preciso reconhecer que o sistema eleitoral proporcional brasileiro dá aos partidos políticos o monopólio absoluto das candidaturas[25].

Daí ter-se votado pelo provimento do pedido cautelar veiculado naquele mandado de segurança.

• TSE – Cassação da chapa presidencial eleita em 2014 – AIME 761, AIJE 1943458 e RP 846

No julgamento da AIME n. 761/DF, da AIJE n. 1943458/DF e da RP n. 846/DF, o TSE enfrentou, basicamente, quatro grandes debates jurídicos no curso da semana do dia 5 de junho de 2017. Primeiramente, o Tribunal reafirmou sua jurisprudência sobre o cabimento de ação de impugnação de mandato eletivo contra presidente e vice-presidente da República, como ocorrido em 15 de maio 1990 no julgamento da AIME n. 10.890/RJ.

Em seguida, passamos a analisar se os fatos envolvendo a Fase Odebrecht estavam contidos nas iniciais ou se se cuidava de fato superveniente que não guardava nenhuma conexão com a causa de pedir originária das ações (alegada extrapolação do objeto). Entendi que, com a ampla dilação probatória realizada nos autos, a referida fase que surgiu no curso das ações – denominada Fase Odebrecht – não tinha nenhuma relação com a causa de pedir delimitada na inicial, pois, além de a prova documental produzida não indicar o contrário, o próprio depoimento de Marcelo Odebrecht foi categórico no sentido de que os recursos disponibilizados pela empresa não tinham relação com o "grupo de empreiteiras" que atuavam junto à Petrobras.

Por outro lado, muito se noticiou pelos órgãos de imprensa que a decisão do TSE em não admitir os fatos envolvendo a Fase Odebrecht foi um recuo do Tribunal em relação ao julgamento da admissibilidade da AIME. Contudo, como a ninguém é dado o direito de alterar aquilo que foi sustentado, julgado e registrado no passado, fiz questão de relembrar o Tribunal que, ao votar pela tramitação da ação de impugnação, indiquei a existência de suporte probatório mínimo que justificava a instrução processual da ação quanto ao suposto abuso do poder político e econômico decorrente do financiamento de campanha com dinheiro oriundo de corrupção/propina na Petrobras. Ressaltei, ainda, que o noticiário diário reforçava o suporte probatório mínimo constante dos autos naquele momento, pois os delatores no processo da Lava Jato têm confirmado o depoimento de Paulo Roberto da Costa, no sentido de que parte do dinheiro desviado da Petrobras ou era utilizada em campanha eleitoral, ou para pagamento de propina (Ricardo Pessoa, Alberto Youssef e Pedro Barusco).

Portanto, no julgamento de mérito das ações, reforcei aquilo que está registrado na história do Tribunal, ou seja, os fatos supervenientes indicados por mim no julgamento da admissibilidade da AIME guardavam pertinência com a causa de pedir delimitada na inicial, a saber: empresas que mantinham contratos com a Petrobras repassavam percentual do contrato a candidatos e partidos políticos (entre 1% a 3%), seja mediante doação oficial, seja mediante caixa dois de campanha, seja como pagamento de propina. Apontei, no ponto, vasta doutrina nesse sentido (admissão apenas de fatos supervenientes que tenham conexão com a causa de pedir), inúmeros julgados do STJ, do TSE, dos Regionais Eleitorais e do próprio STF, quando analisou a constitucionalidade e os limites do art. 23 da LC n. 64/90.

---

[25] Cf., nesse sentido: DUVERGER, Maurice. *Os partidos políticos*. Rio de Janeiro: Zahar, 1970, p. 388.

Ademais, sustentei, a partir de uma visão constitucional do processo eleitoral, que, enquanto a ação de investigação judicial eleitoral poderá ser ajuizada até a data da diplomação dos candidatos eleitos (construção jurisprudencial), a ação de impugnação de mandato eletivo será ajuizada "no prazo de quinze dias contados da diplomação, instruída a ação com provas de abuso do poder econômico, corrupção ou fraude" (art. 14, § 10, da Constituição Federal de 1988), sendo certo, então, que, em decorrência da estabilização da demanda, os fatos novos ou supervenientes que não guardam relação com a causa de pedir não podem ser incluídos, tampouco serão apreciados em uma nova demanda eleitoral, considerando que os prazos, além de exíguos, são decadenciais. Dessa forma, como naquele momento do julgamento de mérito das ações não era mais possível o ajuizamento de uma nova ação para apuração dos fatos envolvendo a Fase Odebrecht, com maior razão não se pode admitir a alteração da causa de pedir em processos em curso, sob pena de se eternizar demandas eleitorais, em desrespeito à regra da duração razoável do processo e da própria garantia do exercício do mandato.

Ademais, relatei parecer do processualista Luiz Fernando Casagrande Pereira no sentido de que a opção brasileira de estabilização de mandatos eletivos também se reflete em vários países da Europa, no qual afirmou que "a própria Comissão Europeia para a Democracia através do Direito (Comissão de Veneza) já consignou que os prazos devem ser exíguos para não dificultar o funcionamento da democracia".

Ainda na questão da extrapolação do objeto da demanda, vale reiterar que, como a ninguém é dado o direito de alterar aquilo que foi sustentado, julgado e registrado no passado, a experiência, contudo, pode nos propor novas reflexões para o futuro, como, quem sabe, o que motivou o Procurador-Geral da República, Rodrigo Janot, a solicitar a redistribuição de inquéritos envolvendo executivos da Odebrecht, pois os fatos apurados não guardavam nenhuma relação com a Operação Lava Jato (desvio de recursos da Petrobras)[26].

No mérito, e quanto às gráficas que prestaram serviços à campanha da chapa vencedora, entendi que a perícia não foi absolutamente conclusiva quanto à afirmação de que os serviços não foram efetivamente prestados. Atestou, de um lado, que as empresas não tinham capacidade operacional para prestar o serviço; de outro, que não conseguiram comprovar a subcontratação de empresas. A unidade técnica do TSE e a Polícia Federal enfatizaram que não descartavam o desvio de finalidade dos gastos eleitorais para outros fins que não o de campanha, o que refoge da competência da Justiça Eleitoral, devendo ser apurado por outras instâncias, como foi determinado no julgamento da Prestação de Contas n. 976-13/DF, de minha relatoria, em 10 de dezembro de 2014.

No tocante ao abuso decorrente do suposto desvio de recursos da Petrobras para a campanha da chapa eleita em 2014, concluí, a partir das provas produzidas nos autos relacionadas à causa de pedir da inicial, que o arcabouço probatório não se revela suficientemente contundente para se chegar às severas sanções, mormente porque estava lastreado, em grande parte, em testemunhas que são colaboradores premiados em outras instâncias do Poder Judiciário. De fato, indiquei que a própria Procuradoria-Geral Eleitoral, analisando os fatos anteriores à Fase Odebrecht, opinou no sentido de que não havia provas da repercussão dos supostos ilícitos nas Eleições de 2014.

Dessa forma, julguei improcedentes os pedidos.

---

[26] Disponível em: <http://politica.estadao.com.br/blogs/fausto-macedo/janot-pede-redistribuicao-de-mais-6-inqueritos-no-stf-da-delacao-da-odebrecht/>. Acesso em: 28 jul. 2017.

Parte III
Direito Tributário

Parte III
Direito Tributário

• Cálculo "por dentro" do ICMS. Taxa Selic. Multa Moratória – RE 582.461

Nesse recurso, inscrito como tema 214 da sistemática de repercussão geral, do qual fui relator, a Corte discutiu, basicamente, três temas: a incidência da Taxa Selic para atualização dos débitos tributários, a inclusão do ICMS na sua própria base de cálculo (método de cálculo "por dentro" do tributo) e o caráter confiscatório da multa moratória aplicada ao patamar de 20%.

A recorrente, empresa contribuinte do ICMS, sustentava que a utilização da Taxa Selic gera majoração do tributo sem autorização legal, tendo em vista que a taxa está sujeita ao temperamento do mercado financeiro e às ingerências do Banco Central do Brasil.

Naquela oportunidade, sustentei a legitimidade da incidência da taxa Selic para a atualização do débito tributário, no que fui acompanhado pela maioria dos membros da Corte. Trata-se de índice oficial e, por isso, não implica violação ao princípio da anterioridade tributária.

Ademais, a Corte já havia se pronunciado sobre o tema na ADI 2.214, da relatoria do Min. Maurício Correa. Na referida ação, assentou-se que a incidência da Selic traduz rigorosa igualdade de tratamento entre contribuinte e fisco, não se tratando de imposição tributária.

De fato, entendimento diverso importaria tratamento anti-isonômico, porquanto a Fazenda restaria obrigada a reembolsar os contribuintes por essa taxa Selic, ao ponto que, no desembolso, os cidadãos seriam exonerados, gerando desequilíbrio nas receitas fazendárias.

A recorrente sustentava, ainda, que o método de cálculo "por dentro" do tributo implicaria bitributação, ou seja, cobrança de imposto sobre imposto, o que seria vedado pela Constituição.

Sobre esse caso, também assentei a compatibilidade do método de cálculo do ICMS com a Constituição Federal, considerando a jurisprudência da Corte. No RE 212.209, red. p/ acórdão Min. Nelson Jobim, o tema foi amplamente debatido, firmando-se o entendimento no sentido de que a quantia referente ao ICMS faz parte do "conjunto que representa a viabilização jurídica da operação" e, por isso, integra sua própria base de cálculo.

Um outro fundamento para a incidência "por dentro" foi a Emenda Constitucional n. 33/2001, ao fazer constar que cabe à lei complementar fixar a base de cálculo do tributo, de modo que o montante do imposto a integre, também na importação do exterior de bem, mercadoria ou serviço.

Ora, se o texto constitucional dispõe que o ICMS deve ser calculado com o montante do imposto inserido em sua própria base de cálculo também na importação de bens, naturalmente, a interpretação que há de ser feita é que o imposto já era calculado dessa forma em relação às operações internas. Ou seja, a alteração constitucional autorizou o tratamento isonômico entre as operações internas e as importações no que tange à determinação da base de cálculo do ICMS.

Por último, a Corte discutiu a constitucionalidade da aplicação da multa moratória de 20% em face do princípio da vedação ao confisco.

Salientei, acerca do tópico, que a aplicação da multa moratória tem o objetivo de sancionar o contribuinte que não cumpre suas obrigações tributárias, prestigiando a conduta daqueles que pagam em dia seus tributos aos cofres públicos. Dessa forma, para que a multa moratória cumpra sua função de desencorajar a elisão fiscal, de um lado não pode ser pífia, mas, de outro, não pode ter um importe que lhe confira característica confiscatória, inviabilizando, inclusive, o recolhimento de futuros tributos.

Na espécie, foi confirmado o acórdão recorrido no sentido de que não é confiscatória a multa moratória no percentual de 20%, na linha de diversos precedentes da Corte, a saber: AI-AgR 675.701, Rel. Min. Ricardo Lewandowski, *DJe* de 3.4.2009, e do RE 239.964, Rel. Min. Ellen Gracie, *DJ* de 9.5.2003.

• Incidência de ICMS sobre venda de veículos salvados de sinistros – RE 588.219

Trata-se de recurso inscrito como tema 216 da sistemática de repercussão geral, do qual fui relator, que versa sobre a incidência de ICMS sobre as operações de vendas, por seguradoras, de veículos envolvidos em sinistros. Em debate estava a Lei n. 6.374/89 do Estado de São Paulo, que fazia incidir o ICMS sobre tais operações.

A questão também foi objeto da ADI 1.648, também de minha relatoria, em que se impugnava lei do Estado de Minas Gerais que também dispunha sobre a incidência de ICMS sobre a alienação, pelas seguradoras, de salvados de sinistros.

O recurso extraordinário foi interposto por uma seguradora que alegou ser indevida a incidência de ICMS em operações relativas a seguro, à luz do que dispõe o art. 153, inc. V, da Constituição Federal. Salientou que a alienação de bens salvados de sinistros pela seguradora não poderia ser equiparada à circulação de mercadorias, pois não visaria o lucro, mas tão somente o restabelecimento do equilíbrio financeiro da seguradora.

No meu voto, levei em conta que o objeto das operações da seguradoras é o seguro e não a circulação de mercadorias. Eventual alienação dos salvados não os torna mercadorias.

Nessa linha, dispõe a Súmula 541 dessa Corte, editada na ordem constitucional pretérita: "O imposto sobre vendas e consignações não incide sobre a venda ocasional de veículos e equipamentos usados, que não se insere na atividade profissional do vendedor, e não é realizada com o fim de lucro, sem caráter, pois, de comercialidade".

Por disposição contratual, as seguradoras recebem a propriedade do bem nas hipóteses em que, em razão de sinistro, tenha perdido mais de 75% do valor segurado. Entretanto, são obrigadas a pagar ao segurado 100% do valor do bem. Assim, a alienação posterior dos salvados tem, quando muito, o condão de recuperar parcela da indenização que haja superado o dano ocorrido.

A Corte acompanhou, por maioria, o meu voto, no sentido de que as vendas que se integram à própria operação de seguro constituem recuperação de receitas e não atividade mercantil.

Além de dar provimento ao recurso, o Supremo Tribunal Federal aprovou a edição da Súmula Vinculante 32, com o seguinte teor "O ICMS não incide sobre alienação de salvados de sinistro pelas seguradoras".

• ICMS cobrado no Estado de destino. Protocolo CONFAZ 21/2011 – RE 680.089

O recurso em questão se insere no contexto da chamada "guerra fiscal" entre os Estados da Federação, tendo por objeto o ICMS.

Trata-se de processo-paradigma, de minha relatoria, inscrito como tema 615 da sistemática de repercussão geral, no qual se discute a constitucionalidade da cobrança de ICMS, pelo Estado de destino, nas operações interestaduais de vendas de mercadorias a consumidor final, realizadas de forma não presencial, com base no Protocolo ICMS 21/2011 do CONFAZ. A questão constitucional também estava sendo tratada nas ADIs 4.628 e 4.713, da relatoria do Min. Luiz Fux.

O recorrente, Estado de Sergipe, sustentava que o fato gerador do ICMS, nas operações em questão, ocorria dentro do território do Estado, embora se enquadrasse no conceito de venda não presencial, levada a cabo por meio de internet, telemarketing ou *showroom*.

O referido protocolo, firmado no Conselho Nacional de Política Fazendária (CONFAZ), instituía uma nova fórmula de partilha entre o Estado de origem e o de destino, das receitas do ICMS incidentes nas aquisições não presenciais realizadas por consumidor final não contribuinte do imposto, celebradas por internet, telemarketing ou em *showroom*. Determinava-se a cobrança do diferencial de alíquota mesmo nas operações interestaduais destinadas a consumidor final não contribuinte. Dessa forma, o protocolo buscava impedir que apenas os estados de origem, normalmente situados no sul ou sudeste do país, ficassem com a totalidade do imposto devido na operação.

Ocorre que a própria constituição determinava que as operações interestaduais destinadas a consumidor final não contribuinte sujeitavam-se ao recolhimento do ICMS apenas na origem, mediante aplicação de alíquota interna (art. 155, § 2º, inc. VII, "b", da CF/88).

De forma diversa, dispunha a Constituição quando a operação interestadual fosse destinada a contribuinte do ICMS situado em outro Estado, situação na qual o estado de origem ficaria com a alíquota interestadual e o de destino ficaria com o diferencial de alíquota (alíquota interna – alíquota interestadual).

No meu voto, destaquei a alteração do contexto econômico, imprevisto pelo legislador constituinte de 1988, com o aumento expressivo de vendas por meio do comércio eletrônico, o que modificou consideravelmente o perfil das transações tributadas, com repercussões importantes no quadro da partilha de receitas.

Nada obstante, a despeito de reconhecer a necessidade de uma nova fórmula de partilha, não é possível superar o vício de inconstitucionalidade que decorre da evidente contradição entre o teor do art. 155, § 2º, inc. VII, da Constituição Federal, e o disposto no Protocolo ICMS 21/2011. Embora reconheça a importância do CONFAZ, como instância de diálogo e cooperação entre os Estados-membros e o Distrito Federal, há limites na sua atuação que não podem ser ultrapassados, sob pena de colocar em xeque a supremacia da Constituição.

Nem todos os Estados da Federação aderiram ao Protocolo 21/2011. Logo, admitir a validade do Protocolo implicaria, ainda, uma sobreposição de competências, uma dupla cobrança, ou seja, o Estado de origem (não signatário do protocolo) iria cobrar a alíquota interna, e não a alíquota interestadual, e o Estado de destino, o diferencial de alíquota.

Reconheci a total inadequação do instrumento legislativo em questão, o Protocolo, veículo de hierarquia inferior, em que nem todas as unidades federativas aderiram, para tratar de matéria de tal importância.

A Corte, por unanimidade, acompanhou o meu voto, negando provimento ao recurso extraordinário e declarando a inconstitucionalidade do protocolo. Entretanto, por decisão da maioria, os efeitos da decisão foram modulados a partir da concessão da medida liminar na ADI 4.628.

Impende registrar que, posteriormente ao julgamento, foi promulgada a Emenda Constitucional n. 87/2015, que alterou o preceito constitucional em questão, dispondo da seguinte forma "nas operações e prestações que destinem bens e serviços a consumidor final, contribuinte ou não do imposto, localizado em outro Estado, adotar-se-á a alíquota interestadual e caberá ao Estado de localização do destinatário o imposto correspondente à diferença entre a alíquota interna do Estado destinatário e a alíquota interestadual" (art. 155, § 2°, inc. VII, da CF/88). Logo, tratando-se de operação interestadual destinada a contribuinte ou não do ICMS, caberia ao estado de origem apenas a alíquota interestadual e ao estado de destino o diferencial de alíquota. Entretanto, essa modificação na regra de partilha do ICMS está sendo implementada gradualmente até 2019 (art. 99 do ADCT/88, alterado pela EC n. 87/2015), para reduzir o impacto nas finanças dos estados de origem.

- **Incidência do ICMS na importação de mercadoria por meio de arrendamento mercantil internacional – RE 540.829**

Trata-se de processo-paradigma, de minha relatoria, inscrito como tema 297 da sistemática de repercussão geral, no qual se discute a incidência de ICMS na importação de equipamento objeto de contrato de arrendamento mercantil internacional. O julgado teve o condão de uniformizar a jurisprudência da Corte, que, anteriormente, havia sustentado posições contrárias, pela incidência, no RE 206.069, e pela não incidência, no RE 461.968.

O recorrente, Estado de São Paulo, alegava que o ICMS é devido nas operações de *leasing* tendo em vista que o fato gerador do ICMS na importação é a entrada de qualquer bem no território nacional. Bastaria, portanto, a materialidade do ingresso dos bens no país e a submissão destes aos desembaraços aduaneiros.

No meu voto, manifestei no sentido de que o ICMS não pode ser visto, atualmente, como um imposto incidente apenas sobre operações mercantis e alguns serviços, mas também como um imposto que incide sobre importações. Nessa linha, não havia como subsistir a orientação fixada pelo STF no RE 461.968, da relatoria do Min. Eros Grau, no sentido de exigir-se que o bem ou a mercadoria importados por meio de arrendamento mercantil internacional devam ter a propriedade transferida para o arrendatário para que se viabilize a incidência do ICMS.

Considerei que, adotado o entendimento previsto no RE 461.968, permitir-se-ia a elisão tributária, bastando que o arrendatário internacional, em especial, de aeronaves e peças que o compõem, renove a avença por período suficientemente longo para que utilize o bem durante toda a respectiva vida útil.

Procedendo dessa forma, estará livre da incidência do ICMS na importação. Se tivesse celebrado contrato de compra e venda, entretanto, o imposto ser-lhe-ia cobrado.

Isso posto, dei provimento ao recurso extraordinário para reformar a decisão do Tribunal de Justiça do Estado de São Paulo, reconhecendo a incidência do ICMS na importação de bens e mercadorias, em especial aeronaves e respectivas peças e equipamentos, mediante operações de *leasing* financeiro com o exterior.

Fui vencido no julgamento, acompanhado apenas pelo saudoso Min. Teori Zavascki.

A divergência foi aberta pelo Min. Luiz Fux, que considerou que, na aplicação do direito tributário, dever-se-ão ser obedecidos os conceitos de Direito Privado. Entendeu que, dessa forma, não é possível equiparar *leasing* a compra e venda. Consignou que, para não se transfigurar em um imposto de importação, só incidirá ICMS se esse ingresso se der a título de circulação de mercadoria.

Sua Excelência foi acompanhado pelos demais pares, e a Corte firmou entendimento no sentido de que, com base na Emenda Constitucional n. 33/2001, incide o ICMS na entrada de bem ou mercadoria importados do exterior somente se de fato houver circulação de mercadoria, caracterizada pela transferência de domínio.

Dessa forma, não incide o ICMS na operação de arrendamento mercantil internacional, salvo na hipótese de antecipação da opção de compra, quando configurada a transferência de titularidade do bem.

Direito Tributário **149**

- **Validade de Lei Estadual que instituíra cobrança de tributo anteriormente à Lei Complementar federal – AgR-RE 917.950**

Também é relevante o estudo do julgamento do AgR-RE 917.950/SP. Discutia-se, nesse caso, a possibilidade de cobrança de ICMS-importação por lei paulista (Lei n. 11.001/2001) antecedente à Lei Complementar n. 114/2002, que previa a incidência desse tributo sobre importação de veículo por pessoa física e para uso próprio.

Com a referida emenda constitucional, o art. 155, § 2º, inc. IX, "a", da Constituição Federal, que previa as hipóteses de incidência do ICMS, passou a vigorar com a seguinte redação: "sobre a entrada de bem ou mercadoria importados do exterior por pessoa física ou jurídica, ainda que não seja contribuinte habitual do imposto, qualquer que seja a sua finalidade, assim como sobre o serviço prestado no exterior, cabendo o imposto ao Estado onde estiver situado o domicílio ou o estabelecimento do destinatário da mercadoria, bem ou serviço". Esse mesmo dispositivo dispõe que cabe a lei complementar o regramento desse tributo.

O recurso extraordinário do contribuinte havia sido provido pelo relator, Min. Teori Zavascki, que entendera que a lei impugnada não cumpria os dois requisitos necessários para a exigência de tributo pelas Fazendas estaduais; quais sejam: (*i*) existência de legislação local posterior à Lei Complementar federal (LC n. 114/2002), que prevê a cobrança do ICMS de pessoa física; e (*ii*) fato gerador posterior à lei estadual.

Esse caso compreendia a interessante particularidade de a Lei Estadual Paulista n. 11.001, de 21 de dezembro de 2001, ser subsequente à EC n. 33, de 11 de dezembro de 2001, mas antecedente à LC n. 114, de 16 de dezembro de 2002.

Em meu voto, suscitei a importância de se observar que, após a emenda constitucional, houve alteração da regra-matriz tributante para permitir o alargamento do sujeito passivo tributário do ICMS-importação, norma constitucional que oferecia todos os critérios necessários para a estruturação da lei estadual. Assim, reconheci que não seria correto definir como inconstitucional o ato do ente federativo diligente que, amparado por autorização constitucional e no exercício de sua competência tributária, alterara seu arcabouço normativo estadual para expressar o exato contido naquela norma.

Também destaquei que, apesar de a efetividade desse poder tributante depender de lei complementar federal, não seria caso de inconstitucionalidade formal ou material, mas, tão somente, de condição de eficácia daquele exercício após a superveniência da legislação necessária. Dessa forma, a questão se resolveria no plano da eficácia, uma vez que, caso contrário, a exemplo do Estado de São Paulo, chegaríamos a situação na qual, em razão de até então não ter havido alteração normativa quanto ao contribuinte do ICMS-importação após a Lei Complementar Federal n. 114/2002, o referido ente federativo estaria impedido de cobrar o aludido tributo.

Portanto, concluí que se deveria compreender que as leis anteriores à Lei Complementar n. 114/2002 e posteriores à EC n. 33/2001 não seriam inconstitucionais. Contudo, apenas a partir da edição da Lei Complementar n. 114/2002, observado o princípio da anterioridade nonagesimal, é que estados estariam autorizados a realizar a cobrança de ICMS-importação, nos termos da Emenda Constitucional n. 33/2001, mas preservando a validade das leis estaduais editadas após a referida emenda.

Pelo exposto, dei provimento ao agravo interno do Estado de São Paulo, desprovendo, portanto, o recurso extraordinário do contribuinte, no sentido de denegar a ordem requerida no mandado de segurança, sendo acompanhado pela maioria dos membros da turma.

• Necessidade de lei formal para atualização do valor venal de imóveis – RE 648.245

Trata-se de processo-paradigma, de minha relatoria, inscrito como tema 211 da sistemática de repercussão geral, no qual se discute a necessidade de lei em sentido formal para atualização do valor venal de imóveis para efeito de cobrança do IPTU.

Naquela oportunidade, assentei, com base no entendimento dominante da Corte, que a majoração do valor venal dos imóveis para fins de cobrança de IPTU não prescinde da edição de lei, em sentido formal, exigência que somente se pode afastar quando a atualização não excede os índices inflacionários anuais de correção monetária.

Trata-se de uma decorrência do princípio da reserva legal em matéria tributária (art. 150, inc. I, da CF/88), que veda a exigência ou o aumento de tributo sem lei que o estabeleça. Dessa forma, salvo quanto às exceções expressamente previstas no texto constitucional, a definição dos critérios que compõem a regra tributária, dentre eles a base de cálculo, é matéria restrita à atuação do legislador.

Admite-se, tão somente, a atualização anual do valor dos imóveis com base em índices oficiais de correção monetária, visto que a atualização não constitui aumento de tributo, nos termos do art. 97, § 1º, do Código Tributário Nacional.

No caso concreto, o município majorou o valor venal do imóvel em percentual muito superior ao relativo aos índices oficiais, o que constitui, por via oblíqua, uma majoração de tributo sem amparo legal.

Assim, neguei provimento ao recurso extraordinário da Fazenda Municipal, tendo a Corte, por unanimidade, firmado o entendimento que é inconstitucional a atualização do valor venal sem a edição de lei formal, quando tal majoração supera os índices oficiais de inflação.

• ICMS na base de cálculo das contribuições PIS/COFINS – RE 574.706

Um dos processos mais importantes em matéria tributária foi julgado em 2017. Tratava-se de um recurso, inscrito no tema 69 da sistemática de repercussão geral, versando sobre a inclusão do ICMS na base de cálculo das contribuições PIS e COFINS, sob a relatoria da Ministra Carmen Lúcia. Tais contribuições incidem sobre o faturamento das pessoas jurídicas de direito privado entendido como receita bruta de que trata o art. 12 do Decreto-lei n. 1.598/77, consoante os arts. 2º e 3º da Lei n. 9.718/98, com redação dada pela Lei n. 12.973/2014.

O problema residia em saber se o ICMS destacado nas notas fiscais de vendas de mercadorias ou serviços integra o conceito de faturamento, para fins de cobrança das referidas contribuições.

Naquele julgamento, reiterei os fundamentos que consignei no RE 240.785/MG e que me fizeram concluir pela constitucionalidade da incidência da contribuição ao PIS e da COFINS sobre a parcela destacada de ICMS incidente nas vendas de mercadorias e serviços.

Dentre as minhas razões de decidir, destaquei que o ICMS integra a própria base de cálculo (o chamado cálculo por dentro), evidenciando que o imposto indireto compõe o valor da operação de compra e venda de mercadorias ou de prestação de serviços. Tal entendimento foi firmado pela Corte no RE 212.209 (redator para acórdão Min. Nelson Jobim, *DJ* de 14.2.2003) e no RE 582.461, de minha relatoria, *DJe* de 18.8.2011. Sendo assim, as contribuições sobre o faturamento devem incidir justamente sobre a somatória do valor das operações.

Outro ponto que destaquei foi que a hipótese de incidência e a base de cálculo das contribuições ao PIS e da COFINS, tributos reais e incidentes sobre as vendas, estão relacionadas à realidade econômica bruta, sendo irrelevante se as operações são superavitárias ou não. Salientei que, em se tratando de tributos reais, como a COFINS, a exclusão de qualquer fator que componha seu objeto na espécie depende de expressa previsão legal.

Ademais, a exclusão do ICMS da base de cálculo aproxima indevidamente a COFINS da Contribuição Social sobre o Lucro Líquido (CSLL). Passa-se a tratar o PIS/COFINS como tributo pessoal, aproximando-a de um tributo sobre a renda ou sobre o lucro.

Importante lembrar que a exclusão do ICMS da base de cálculo do PIS/COFINS gera consequências perversas ao sistema tributário e ao financiamento da seguridade social, tais como a busca por novas fontes de financiamento ou o aumento de alíquota para fazer face às perdas de receitas, as quais são necessárias para o cumprimento dos encargos do Estado Social, e o aumento de complexidade e do custo de administração do sistema tributário.

Contestei também o argumento de que o ICMS destacado nas notas fiscais seria uma receita do Estado. De fato, o ICMS destacado na nota fiscal não é automaticamente transferido ao Erário. Em muitos casos, há crédito de operações anteriores a serem considerados.

Por outro lado, o contribuinte também não é um mero intermediário entre o consumidor e a Fazenda Pública naquela transferência. É a estrutura de mercado que irá determinar quem e em que medida suportar, de fato, o ônus tributário.

Por fim, destaquei as consequências que a decisão de excluir o ICMS da base de cálculo das contribuições iria acarretar, dentre as quais, o vultoso impacto fiscal (R$ 250 bilhões de reais, segundo o Anexo de Riscos Fiscais da LDO 2017), tornar ainda mais complexo e oneroso nosso sistema tributário e, ainda, gerar novas controvérsias jurídicas acerca da incidência ou não de tributos sobre receita bruta ou faturamento sobre outros tributos indiretos.

A Corte, entretanto, por maioria, acatou tese contrária, reiterando o posicionamento firmado no RE 240.785, e fixando a tese no sentido de que "O ICMS não compõe a base de cálculo para a incidência do PIS e da COFINS".

- **Inexistência de Lei Complementar para regulamentar transferências compensatórias da União para os Estados-membros. As desonerações a partir da Lei Kandir – ADO 25**

Na ação direta de inconstitucionalidade por omissão – ADO 25, da qual fui relator, a Corte discutiu a omissão legislativa, por parte do Congresso Nacional, em respeito à edição da lei complementar prevista no art. 91, *caput*, do ADCT/88, que assim dispõe:

"Art. 91. A União entregará aos Estados e ao Distrito Federal o montante definido em lei complementar, de acordo com critérios, prazos e condições nela determinados, podendo considerar as exportações para o exterior de produtos primários e semielaborados, a relação entre as exportações e as importações, os créditos decorrentes de aquisições destinadas ao ativo permanente e a efetiva manutenção e aproveitamento do crédito do imposto a que se refere o art. 155, § 2º, X, 'a'. (Incluído pela Emenda Constitucional n. 42, de 19.12.2003)"

Tal dispositivo foi inserido no ADCT/88 pela Emenda Constitucional n. 42/2003, que promoveu a exclusão da incidência do ICMS sobre as operações de exportação. Na sua redação original, a Constituição não excluía a incidência de ICMS sobre as operações de exportação de produtos primários. Determinava, tão somente, que o ICMS não se aplicaria sobre as operações que destinasse ao exterior produtos industrializados e semielaborados definidos em lei complementar (art. 155, § 2º, inc. X, "a", da CF/88).

Com a EC n. 42/2003, o art. 155, § 2º, inc. X, "a", do texto constitucional ficou assim redigido:

"Art. 155. Compete aos Estados e ao Distrito Federal instituir impostos sobre: (Redação dada pela Emenda Constitucional n. 3, de 1993)

(...)

II – operações relativas à circulação de mercadorias e sobre prestações de serviços de transporte interestadual e intermunicipal e de comunicação, ainda que as operações e as prestações se iniciem no exterior; (Redação dada pela Emenda Constitucional n. 3, de 1993)

(...)

§ 2º O imposto previsto no inciso II atenderá ao seguinte:

(...)

X – não incidirá:

a) sobre operações que destinem mercadorias para o exterior, nem sobre serviços prestados a destinatários no exterior, assegurada a manutenção e o aproveitamento do montante do imposto cobrado nas operações e prestações anteriores;".

A nova disposição introduzida ao afastar a possibilidade de cobrança do ICMS em relação às operações que destinem mercadorias ao exterior redefiniu os limites da competência tributária estadual, reduzindo-a, com o evidente escopo de induzir, pela via da desoneração, as exportações brasileiras.

A inclusão da norma do art. 91 do ADCT, por sua vez, veio claramente no sentido de oferecer uma medida compensatória em face das perdas experimentadas de maneira especialmente gravosa pelos estados exportadores em prol de um objetivo nacional: o favorecimento das exportações.

Ora, a Lei Complementar prevista no referido artigo nunca foi editada e até hoje vem sendo aplicada a regra, que deveria ser temporária, do art. 91, § 3º, do ADCT, ou seja, a entrega de recursos com base no Anexo da Lei Complementar n. 87/96, com redação dada pela Lei Complementar n. 115/2002.

No caso, houve basicamente dois argumentos que buscavam afastar a omissão legislativa e, por conseguinte, a inconstitucionalidade.

O primeiro é a existência de projetos de lei complementar tramitando no Congresso Nacional com vistas a regulamentar a entrega de recursos prevista no art. 91 do ADCT. O segundo é que a previsão constante do § 3º do art. 91, mandando aplicar regra temporária, afastaria o vácuo legislativo.

Quanto ao primeiro argumento, destaquei que a posição mais recente adotada pelo Tribunal no sentido de admitir a omissão inconstitucional em sentido mais amplo, ou seja, admitir que também a *inertia deliberandi* das Casas Legislativas pode ser objeto da ação direta de inconstitucionalidade, pode ser objeto da ADO. Cite-se, por exemplo, a ADI 3.682/MT, relativa à mora na elaboração de lei complementar federal a que se refere o art. 18, § 4º, da Constituição, com redação dada pela EC n. 15/96.

Quanto ao segundo argumento, sustentei que o fato de a Emenda Constitucional n. 42/2003 ter disposto critérios provisórios para o repasse não configura razão suficiente para afastar a omissão inconstitucional em questão, à semelhança do que foi deliberado na ADI 875.

Isso posto, votei no sentido de julgar procedente a ADO, reconhecendo a mora do Congresso Nacional quanto à edição da lei complementar prevista no art. 91 do ADCT fixando o prazo de 12 meses para que seja sanada a omissão.

No caso de transcorrer *in albis* o prazo assinalado, votei no sentido de que caberá ao Tribunal de Contas da União fixar o montante total a ser transferido aos Estados-Membros e ao Distrito Federal, bem como as quotas a que cada um deles fará jus, considerando os critérios previstos no próprio art. 91 do ADCT, a saber, exportações para o exterior de produtos primários e semielaborados, relação entre exportações e importações, os créditos decorrentes de aquisições destinadas ao ativo permanente e a efetiva manutenção e aproveitamento do crédito do imposto a que se refere o art. 155, § 2º, inc. X, "a", do texto constitucional.

Considerei que o TCU é o órgão mais adequado e mais habilitado do ponto de vista técnico e institucional para cumprir temporariamente essa atribuição, por aplicação analógica do art. 161, parágrafo único, da Constituição. De fato, o TCU tem o papel constitucional de cálculo das quotas relativas ao Fundo de Participação dos Estados (FPE) e dos Municípios (FPM), além de ter, por atribuição legal, a competência de fiscalizar a entrega dos respectivos recursos aos entes destinatários (art. 1º, inc. VI, da Lei Orgânica do TCU).

Por unanimidade, a Corte acompanhou o meu voto e as propostas para o saneamento da omissão constitucional.

• Possibilidade de aproveitamento integral dos créditos relativos ao ICMS pago na operação antecedente nas hipóteses em que a operação subsequente é beneficiada pela redução da base de cálculo – RE 635.688

Interessante anotar, igualmente, a decisão no RE 635.688, em que se discutia se o Estado do Rio Grande do Sul poderia proceder à anulação proporcional do crédito fiscal relativo às operações de saída interna de mercadorias componentes da cesta básica, que são beneficiadas por redução de base de cálculo, nos termos da Lei gaúcha n. 8.820/89 e do Convênio ICMS 128/94.

A questão constitucional suscitada dizia respeito à interpretação do disposto no art. 155, § 2º, II, da Constituição Federal, que determina que, em matéria de ICMS, os casos de isenção ou de não incidência não implicarão crédito para compensação com o montante devido nas operações ou prestações seguintes, bem como acarretarão a anulação do crédito relativo às operações anteriores.

Assim, fazia-se necessário verificar, diante do texto constitucional, se os casos de redução de base de cálculo estariam compreendidos no conceito de "isenção" para efeito de se aplicarem as restrições previstas nas alíneas "a" e "b" do inciso II do § 2º do art. 155 da Constituição Federal.

Em meu voto, destaquei que a questão constitucional ali versada já havia vindo à baila em outros julgamentos da Corte, como no RE 161.031, no RE 174.478 e na ADI 2.320. Pontuei que, no RE 161.031, a Corte reconhecera que o disposto nas alíneas "a" e "b" do inciso II do § 2º do art. 155 da Constituição Federal não deveria se aplicar aos casos de mera redução de base de cálculo, visto que não estariam esses dispositivos, segundo a orientação acolhida naquele julgado, enquadrados no conceito de isenção. Contudo, rememorei que esse entendimento fora reformado no RE 174.478 e seguido na decisão proferida quando do julgamento da ADI 2.320. Assentou-se entendimento no sentido de que a redução da base de cálculo do ICMS corresponderia a isenção parcial e, não, como outrora se considerava, categoria autônoma em relação à da isenção. Destarte, a nova tese fixada seria a de que a redução de base de cálculo deveria ser tomada, para efeito do que dispõe o art. 155, § 2º, da Constituição Federal, como forma de "isenção parcial".

Dessa forma, filiei-me a essa última orientação, por reconhecer que os casos de redução de base de cálculo estão compreendidos no conceito de isenção, para fins do disposto no art. 155, § 2º, inc. II, da Constituição Federal, na linha do que já decidira o STF no julgamento do RE 174.478 e da ADI 2.320. E disso decorre que os demais casos de isenção devem acarretar a anulação proporcional do crédito relativo às operações anteriores, a não ser que haja disposição legal em sentido contrário, nos termos previstos pelo § 2º do art. 155 da Constituição Federal.

No caso em tela, o Convênio ICMS 128/94, que dispunha sobre tratamento tributário para as operações com as mercadorias que compõem a cesta básica, autorizava expressamente os Estados e o Distrito Federal a "não exigir[em] a anulação proporcional do crédito" nas saídas internas de mercadorias que compõem a cesta básica. Contudo, a despeito da autorização prevista no § 1º da Cláusula Primeira do Convênio ICMS 128/94, não constava que a legislação estadual do

Rio Grande do Sul havia efetivamente previsto a possibilidade de manutenção integral dos créditos nas hipóteses de redução de base de cálculo. Ao contrário, determinava que fosse exigida a anulação proporcional do crédito. Poderia o legislador estadual ter adotado solução diversa, mas não o fez. Portanto, à falta da lei autorizando o aproveitamento integral do crédito, havia, ao caso concreto, plena aplicação da regra do art. 155, § 2º, inc. II, "b", da Constituição Federal.

Destaquei que, nos termos da jurisprudência do STF, o convênio, por si só, não assegura a concessão do benefício em questão. Seria condição necessária, mas não suficiente, porque tem sentido jurídico meramente autorizativo: permite a concessão do benefício fiscal por parte de cada um dos Estados e do Distrito Federal, mas não o cria *per se*.

Portanto, concluí que, no caso do benefício em questão naquele processo, houvera a devida celebração do convênio, nos termos do art. 155, § 2º, XII, "g", da Constituição Federal, mas faltava, no entanto, a lei referida no art. 155, § 2º, da Carta, justificando-se a anulação proporcional dos créditos, de acordo com a norma constitucional aplicável à espécie.

Ademais, na linha da jurisprudência da Corte, reconheci que os casos de redução de base de cálculo devem ser entendidos como isenções parciais, para efeito de aplicação do disposto no art. 155, § 2º, inc. II, estando, portanto, a Fazenda Estadual autorizada, nessas hipóteses, a proceder à anulação proporcional dos créditos, ressalvada a previsão em sentido contrário na legislação estadual, o que não se verificou na hipótese daquele processo.

Ante o exposto, neguei provimento ao recurso extraordinário, no que fui acompanhado pela maioria dos demais julgadores, reafirmando-se, assim, a posição já adotada pelo Supremo Tribunal Federal, no sentido de que a redução da base de cálculo equivale a isenção parcial, para fins de utilização de créditos do ICMS.

- ## Concessão unilateral por ente federado de benefícios fiscais – ADI 2.548-1

Importante destacar a controvérsia trazida no julgamento da ADI 2.548-1, de minha relatoria. Questionava-se, nessa ação direta, a constitucionalidade dos arts. 2º, incs. I e II, §§ 1º, 2º; e 4º da Lei n. 13.212/2001, bem como dos arts. 2º, incs. I e II, § 2º; 3º, incs. I, II e IV; 4º, "a" e "b"; e 5º da Lei n. 13.214/2001, ambas do Estado do Paraná, em contraposição aos arts. 150, inc. II; 152; e 155, § 2º, inc. XII, "g", da Constituição Federal.

Proposta em 2006 pelo então Governador do Estado de São Paulo, a ADI impugnava dispositivos que diferiam o lançamento de imposto incidente nas sucessivas saídas e entradas de mercadorias, bem como concedia créditos fiscais e reduziam bases de cálculo.

A Lei n. 13.212/2001 promovia alterações na legislação do ICMS incidente sobre carnes. Segundo os incisos I e II do art. 2º da referida lei, a depender do destino da ave a ser comercializada – seja a outro Estado, ao exterior ou a consumidor –, da sua condição – abatida, resfriada, congelada, simplesmente temperada, em conserva de carnes etc. – e do estabelecimento que fornece o produto – abatedor ou industrializador – aplicar-se-iam lançamentos diferentes nas saídas desses produtos, bem como possibilitar-se-ia que o estabelecimento abatedor, em substituição a quaisquer créditos, optasse pelo crédito de importância equivalente à aplicação de 7% sobre o valor da operação de saída de produtos resultantes do abate, ainda que submetidos a outros processos industriais.

O art. 4º do mesmo diploma legislativo, por sua vez, previa benefícios fiscais a estabelecimentos de frigoríficos que realizassem o abate de gado bovino, bubalino ou suíno. Segundo esse dispositivo, também em substituição ao aproveitamento de quaisquer créditos, poderia o estabelecimento optar pelo crédito de importância equivalente à aplicação de 7% sobre o valor da operação de saída de produtos resultantes do abate dessas espécies de gado, ainda que submetidos a outros processos industriais. Ademais, o § 1º desse artigo dispõe que, sem prejuízo do cré-

Direito Tributário **155**

dito correspondente ao percentual referido no *caput*, concernente à entrada, far-se-ia na proporção das saídas em operações interestaduais de gado bovino, bubalino ou suíno em pé, originário de outro Estado, ou daquele recebido em transferência de estabelecimento rural de produtor, bem como de produtos resultantes desses tipos de gados, independentemente da origem, e energia elétrica ou óleo combustível utilizados no processo industrial.

Já os dispositivos da Lei n. 13.214/2001 que eram questionados outorgavam créditos fiscais a estabelecimentos que industrializassem determinadas matérias-primas, desde que atuassem sob determinado procedimento. Os dispositivos também outorgavam créditos fiscais nas operações interestaduais com determinados produtos de informática e automação. Ademais, os artigos impugnados da lei reduziam a base de cálculo nas operações internas com produtos determinados – como fios e tecidos de seda, tijolo, telha, manilha, entre outros –, bem como determinavam a isenção do pagamento de ICMS nas operações de saída de *softwares*.

Em meu voto, destaquei que por diversas vezes o Supremo Tribunal Federal já havia enfrentado situações semelhantes, em que se alegava ofensa ao art. 150, inc. II, da Constituição Federal – dispositivo que veda aos entes federados a instituição de tratamento desigual entre contribuintes que se encontrem em situação equivalente, proibindo, nesse sentido, qualquer distinção em razão de ocupação profissional ou função por eles exercida –, ao art. 152 – o qual veda aos Estados, ao Distrito Federal e aos Municípios o estabelecimento de diferença tributária entre bens e serviços, de qualquer natureza, em razão de sua procedência ou destino – e ao art. 155, § 2º, inc. XII, "g" – que atribui a lei complementar a competência para regular a forma com que isenções, incentivos e benefícios fiscais devem ser concedidos e revogados.

Ressaltei, ainda, ser imprestável a justificativa lançada pelo Estado do Paraná no sentido de que o Estado de São Paulo supostamente também concedia benefícios de ICMS semelhantes, uma vez que esse fato não podia afastar os vícios de inconstitucionalidade presentes nas leis paranaenses.

Assim, reconheci que a concessão unilateral pelo Estado-membro ou pelo Distrito Federal de isenções, incentivos e benefícios fiscais relativos ao ICMS, sem a celebração de convênios intergovernamentais, conforme assentado pela jurisprudência da Corte, é inconstitucional. Nesses termos, julguei procedentes os pedidos veiculados na ADI e declarei a inconstitucionalidade dos dispositivos então questionados, no que fui acompanhado à unanimidade pelos demais ministros.

- **Análise da natureza jurídica da prescrição e da decadência tributárias – RE 560.626-1**

Outra interessante controvérsia jurídica foi a versada no RE n. 560.626-1, em que se discutia, em suma, a natureza da prescrição e da decadência tributárias. Naquela oportunidade, assentou-se o entendimento de que as normas relativas a essa temática são normas gerais de direito tributário, cuja disciplina é reservada a lei complementar, tanto sob a Constituição pretérita (art. 18, § 1º, da CF de 1967/69) quanto na Constituição atual (art. 146, inc. III, "b", da CF de 1988). Reconheceu-se que a permissão de regulação distinta sobre esses temas, pelos diversos entes da federação, implicaria prejuízo à vedação de tratamento desigual entre contribuintes em situação equivalente e à segurança jurídica.

Em apertada síntese, julgavam-se, naquela feita, recursos extraordinários interpostos pela Fazenda Nacional contra acórdãos do Tribunal Regional Federal da 4ª Região que, em sede de julgamento de apelações cíveis, declararam inconstitucionais os arts. 45 e 46 da Lei n. 8.212/91 e do art. 5º, parágrafo único, do Decreto-lei n. 1.569/77, reconhecendo a prescrição dos créditos tributários em execução fiscal.

O art. 45 da Lei n. 8.212/91 previa que o direito de a Seguridade Social apurar e constituir seus créditos extinguir-se-ia após 10 anos contados a partir do primeiro dia do exercício seguinte àquele em que o crédito houvesse sido constituído ou da data em que se tornasse definitiva a decisão que anulara, por vício formal, a constituição de crédito anteriormente efetuada. O art. 46 dessa mesma lei, por sua vez, dispunha que o direito de cobrar os créditos da Seguridade Social, constituídos na forma do art. 45, prescreveria em 10 anos. Já o art. 5º, parágrafo único, do Decreto-lei n. 1.569/77 estabelecia que a determinação, pelo Ministro da Fazenda, de não inscrição como Dívida Ativa da União ou a sustação da cobrança judicial dos débitos de comprovada inexequibilidade e de reduzido valor suspendia a prescrição dos créditos a que se refere.

Aquele caso enfrentava unicamente questão atinente à inconstitucionalidade formal – seja perante a Constituição de 1988, seja perante a de 1967/69 – de regras pertinentes à prescrição e à decadência de contribuições sociais previstas por meio de decreto-lei e lei ordinária. Nesse sentido, em meu voto, suscitei que retirar do âmbito da lei complementar a definição dos prazos e a possibilidade de estabelecer as hipóteses de suspensão e interrupção da prescrição e da decadência seria subtrair a própria efetividade da reserva constitucional.

A Constituição não definiu normas gerais de Direito Tributário, porém adotou expressão utilizada no próprio Código Tributário Nacional, lei em vigor quando da sua edição. Nesse contexto, é razoável presumir que o constituinte acolheu a disciplina do CTN, inclusive se referindo expressamente à prescrição e à decadência no art. 146, inc. III, "b", *verbis*: "cabe a lei complementar estabelecer normas gerais em matéria de legislação tributária, especialmente sobre [...] prescrição e decadência tributários".

Ademais, são esses institutos que, por garantirem segurança jurídica na relação de tributação, exigem tratamento uniforme em âmbito nacional, como ocorre com os prazos de prescrição e decadência definidos no Código Civil. Dessa forma, as normas sobre esses temas serão sempre normas gerais. A Constituição, apesar de não haver determinado o conceito de norma geral de Direito Tributário, decerto lhe fixou a função: estabelecer preceitos a serem seguidos em âmbito nacional, que ultrapassem a competência do Congresso Nacional para ditar o direito positivo federal. Dessa forma, entende-se que são normas com maior espectro, as quais devem ser seguidas por todas as esferas políticas com competência tributária de maneira uniforme, seja por direta incidência sobre as relações jurídico-tributárias, seja como fator delimitador da edição da legislação ordinária em matéria fiscal. E, nesse sentido, a fixação de prazos decadenciais e prescricionais e a definição da sua forma de fluência são questões que exigem tratamento uniforme em âmbito nacional.

Outrossim, restringir o alcance da norma constitucional expressa implicaria a fragilização da própria força normativa e concretizadora da Constituição, que claramente pretendeu disciplinar, de forma homogênea e estável, a prescrição, a decadência, a obrigação e o crédito tributário.

Ainda, destaquei a farta jurisprudência sobre a exigência de lei complementar para a disciplina dos institutos da prescrição e da decadência em matéria tributária.

Diante do exposto, conheci do recurso extraordinário e a ele neguei provimento, declarando, assim, a inconstitucionalidade dos arts. 45 e 46 da Lei n. 8.212/91 e do parágrafo único do art. 5º do Decreto-lei n. 1.569/77, no que fui acompanhado por todos os demais Ministros do Tribunal. Ademais, a Corte, por maioria – e nos termos de meu voto – decidiu conceder ao acórdão apenas efeitos *ex nunc*, esclarecendo-se que a modulação seria aplicada tão somente em relação a eventuais repetições de indébitos ajuizadas após a decisão assentada na sessão de julgamento daquele RE, não abrangendo, portanto, os questionamentos e processos já em curso.

Direito Tributário 157

- **Necessidade de comprovação do efetivo exercício do poder de polícia para a cobrança de taxa de renovação de localização e de funcionamento – RE 588.322**

No julgamento do RE 588.322/RO[1], o STF discutiu a constitucionalidade da taxa de renovação de localização e de funcionamento do Município de Porto Velho. Interposto pela Associação Comercial de Rondônia (ACR), o recurso extraordinário – cuja repercussão geral fora reconhecida pelo Plenário em acórdão proferido em 22.10.2009[2] – sustentou que a incidência da taxa então impugnada violava o art. 145, inc. II, da Constituição Federal, porquanto o referido dispositivo exigiria efetiva atuação estatal para a cobrança das taxas, o que supostamente não se verificava na hipótese dos autos.

O acórdão recorrido, proferido pelo Tribunal de Justiça do Estado de Rondônia, consignara que "a exigibilidade da taxa de fiscalização de funcionamento e localização pelo município prescinde de comprovação de atividade fiscalizadora, em face da notoriedade do exercício do poder de polícia da Municipalidade".

Na ocasião do julgamento do recurso extraordinário, consignei que, de fato, o art. 145, inc. II, da Constituição Federal exige a materialidade e a efetivação do exercício do poder de polícia para que seja possível a cobrança das taxas a ele relacionadas, de modo que não é justificável a incidência dessas modalidades tributárias quando o exercício possuir caráter meramente potencial.

Assentada essa primeira premissa, restou examinar se a existência de aparato fiscal administrativo seria suficiente à comprovação da materialidade do poder de polícia. Sob a luz da jurisprudência do STF, manifestei-me no sentido de que a presença de órgão fiscal administrativo constitui sim elemento hábil a demonstrar o efetivo exercício do poder de polícia, muito embora não seja condição imprescindível para tanto.

Portanto, no julgamento do RE 588.322/RO, restaram consignadas as seguintes teses: a) é necessária a materialização do efetivo exercício do poder de polícia para a cobrança das taxas a ele relacionadas, não sendo suficiente, para tanto, o seu exercício em caráter potencial; b) a existência de aparato fiscal administrativo é elemento suficiente para demonstrar o efetivo exercício do poder de polícia e a consequente constitucionalidade da cobrança de eventual taxa de fiscalização; e c) a existência de aparato fiscal administrativo não é imprescindível para a demonstração do efetivo exercício do poder de polícia, de modo que é possível reconhecer-se a constitucionalidade da cobrança de taxas de fiscalização, sem que se demonstre a existência de órgão administrativo fiscal.

No caso em apreço, a Corte Estadual de Rondônia havia assinalado que o Município de Porto Velho, criador da taxa de renovação de localização e de funcionamento, então impugnada, era dotado do aparato fiscal administrativo necessário ao exercício do poder de polícia, razão pela qual o Supremo Tribunal Federal houve por bem declarar a constitucionalidade da cobrança da referida taxa pelo ente municipal, uma vez que comprovada estava a materialização do efetivo exercício do poder de polícia.

---

[1] Em sessão realizada no dia 16 de junho de 2010, o Plenário do Supremo Tribunal Federal, por maioria e nos termos do voto do Rel. Min. Gilmar Mendes, negou provimento ao recurso extraordinário, vencido o Min. Marco Aurélio (RE 588.322/RO, Rel. Min. Gilmar Mendes, *DJe* de 3.9.2010).

[2] RE 588.322 RG, Rel. Min. Cezar Peluso, *DJe* de 18.12.2009.

• Inconstitucionalidade da incidência de Imposto sobre Serviços nas hipóteses de locação de bens móveis – RE 626.706, Tema 212

Também no que diz respeito à matéria de Direito Tributário, merece destaque o julgamento do RE 626.706[3], pelo Supremo Tribunal Federal. O recurso extraordinário, interposto pelo Município de São Paulo, voltava-se contra *decisum* proferido pelo TJSP que reconhecera a impossibilidade de incidência de Imposto Sobre Serviços (ISS) sobre a locação de bens móveis – mais especificamente a locação de filmes cinematográficos, videoteipes, cartuchos para *video games* e assemelhados.

Defendeu o Recorrente que o art. 156, inc. III, da Constituição Federal, ao prever a expressão "serviços de qualquer natureza" na literalidade de seu texto, deu amplitude maior ao significado jurídico de serviços, que supostamente abarcaria as atividades de locação de bens móveis.

Ao apreciar o recurso, destaquei a existência da Súmula Vinculante 31, que já afirmava a inconstitucionalidade da incidência do ISS sobre as operações de locação de bens móveis. Assim, ao estar o acórdão recorrido em conformidade com a jurisprudência vinculante do STF, neguei provimento ao recurso extraordinário, no que fui acompanhado unanimemente pelos demais membros da Corte.

---

[3] Em sessão realizada no dia 8 de setembro de 2010, o Plenário do Supremo Tribunal Federal, por unanimidade e nos termos do voto do Rel. Min. Gilmar Mendes, negou provimento ao recurso extraordinário (RE 626.706/SP, Rel. Min. Gilmar Mendes, *DJe* de 24.9.2010).

Parte IV
Controle de Constitucionalidade

Parte IV
Controle de Constitucionalidade

1. Controle concentrado

São significativas as mudanças verificadas no processo constitucional no âmbito do controle concentrado. A aplicação da Lei n. 9.868/99 (ADI e ADC) e da Lei n. 9.882/99 (ADPF) deu ensejo à ampla atualização do processo constitucional no Brasil.

A constatação de que, no processo de controle de constitucionalidade, faz-se, inevitavelmente, a verificação de fatos e prognoses legislativos, conduziu à necessidade de adoção de modelo procedimental que outorgasse ao Tribunal as condições necessárias para proceder a essa aferição. Esse modelo pressupõe não só a possibilidade de a Corte se valer de todos os elementos técnicos disponíveis para a apreciação da legitimidade do ato questionado, mas também o amplo direito de participação por parte de terceiros interessados. Passos significativos foram dados com a promulgação das Leis ns. 9.868/99 e 9.882/99 (admissão de *amicus curiae* e realização de audiências públicas) e com a edição das normas regimentais pertinentes[1].

• *Causa petendi* aberta no controle abstrato de constitucionalidade – ADI 2.182

Na ADI 2.182[2], o Relator, Min. Marco Aurélio, suscitou a seguinte questão de ordem: se a causa de pedir, delimitada na petição inicial da ação direta de inconstitucionalidade, cinge-se à inconstitucionalidade formal da lei, poderia o Tribunal, superada essa argumentação quanto ao vício de forma, adentrar o exame da inconstitucionalidade material da norma impugnada?

Responderam negativamente a essa questão o Relator e os Ministros Cármen Lúcia, Ricardo Lewandowski, Joaquim Barbosa e Carlos Britto. Os Ministros Eros Grau, Cezar Peluso, Celso de Mello, Ellen Gracie e eu próprio divergimos.

Reiterei que, tanto na ação direta de inconstitucionalidade quanto na ação declaratória de constitucionalidade, a causa de pedir é aberta. O Tribunal fica vinculado apenas ao pedido formulado pelo requerente. O princípio do pedido tem sido relativizado em alguns casos, nos quais o Tribunal declara a inconstitucionalidade de outras normas não constantes do pedido, por estarem imbricadas em um complexo normativo com as normas objeto da ação[3].

Dois temas ainda chamam a atenção no que toca ao procedimento das ações do controle concentrado: o objeto e os legitimados ativos.

• Leis de efeitos concretos e controle abstrato de normas – ADI 4.048

Na ADI 4.048-MC[4], veio à tona, mais uma vez, a questão da verificação da constitucionalidade das leis de efeito concreto.

---

[1] Cf., sobretudo, os arts. 169 a 178 do Regimental Interno do Supremo Tribunal Federal.
[2] Encontra-se em andamento o julgamento do mérito.
[3] Cf. ADI 2.982-QO, Rel. Min. Gilmar Mendes, julgamento em 17.6.2004 (*DJ* de 12.11.2004). ADI 1.144, Rel. Min. Eros Grau (*DJ* de 8.9.2006). ADI 3.645, Rel. Min. Ellen Gracie, julgamento em 31.5.2006 (*DJ* de 1º.9.2006).
[4] O Tribunal, por maioria, concedeu a liminar, nos termos do voto do Rel. Min. Gilmar Mendes (Presidente), vencidos os Ministros Ricardo Lewandowski, Joaquim Barbosa, Cezar Peluso, Ellen Gracie e Menezes Direito (*DJ* de 14.5.2008).

A ação foi proposta contra a Medida Provisória 405, de 18.12.2007, que abriu crédito extraordinário em favor da Justiça Eleitoral e de diversos órgãos do Poder Executivo. Alegava, o Partido autor, em síntese, que a MP 405/2007 violava o art. 62, § 1º, inc. I, d, combinado com o art. 167, § 3º, da Constituição.

Criticava, ainda, o entendimento da Corte quanto ao não cabimento de ação direta de inconstitucionalidade contra normas de caráter orçamentário. Além disso, não se estaria "a discutir o conteúdo de um crédito extraordinário em si mesmo, mas, sim, o real enquadramento de determinado crédito na categoria de 'extraordinário', a única que a Constituição de 1988 admite à medida provisória". Entendia o autor, dessa forma, que a ação era plenamente cabível. Em suas palavras: "não admitir ação direta de inconstitucionalidade para declarar a inadequação de tais despesas como créditos extraordinários – que, certamente, não são – é criar espaço de ilegitimidade (de inconstitucionalidade) não passível de controle jurisdicional".

Ao votar, ponderei que a jurisprudência do Supremo Tribunal Federal não andara bem ao considerar as leis de efeito concreto como inidôneas para o controle abstrato de normas.

Consignei, ademais, que a extensão da jurisprudência, desenvolvida para afastar do controle abstrato de normas os atos administrativos de efeito concreto, às chamadas leis formais, suscitava, sem dúvida, alguma insegurança, porque terminava por colocar a salvo do controle de constitucionalidade um sem-número de leis.

Ressaltei, contudo, que se pretendia reabrir a discussão sobre se os atos do Poder Público sem caráter de generalidade não se prestariam ao controle abstrato de normas, porquanto a própria Constituição elegeu como objeto desse processo os atos tipicamente normativos, entendidos como aqueles dotados de um mínimo de generalidade e abstração. Ademais, não fosse assim, haveria superposição entre a típica jurisdição constitucional e a jurisdição ordinária.

Todavia, a interpretação, em se cuidando de atos editados sob a forma de lei, deveria ser outra. Houve por bem o constituinte não distinguir entre leis dotadas de generalidade e aqueloutras, conformadas sem o atributo da generalidade e abstração. Essas leis formais decorrem ou da vontade do legislador ou do desiderato do próprio constituinte, que exige que determinados atos, ainda que de efeito concreto, sejam editados sob a forma de lei (por exemplo, lei de orçamento, lei que institui empresa pública, sociedade de economia mista, autarquia e fundação pública).

Ora, se a Constituição submete a lei ao processo de controle abstrato, até por ser este o meio próprio de inovação na ordem jurídica e o instrumento adequado de concretização da ordem constitucional, não parece admissível que o intérprete debilite essa garantia da Constituição, isentando número elevado de atos aprovados sob a forma de lei do controle abstrato de normas e, provavelmente, de qualquer forma de controle. É que muitos desses atos, por não envolverem situações subjetivas, dificilmente poderão ser submetidos a controle de legitimidade no âmbito da jurisdição ordinária.

Assentei que não se vislumbravam razões de índole lógica ou jurídica contra a aferição da legitimidade das leis formais no controle abstrato de normas, até porque abstrato – isto é, não vinculado ao caso concreto – haveria de ser o processo, e não o ato legislativo submetido ao controle de constitucionalidade.

Por fim, observei que aquele entendimento do Supremo Tribunal acaba, em muitos casos, por emprestar significado substancial a elementos muitas vezes acidentais: a suposta generalidade, impessoalidade e abstração ou a pretensa concretude e singularidade do ato do Poder Público.

Em sessão realizada no dia 17.4.2008, o Tribunal, por maioria, conheceu da ação, ressaltando que tais leis formais "decorreriam ou da vontade do legislador ou do próprio constituinte, que exigira que certos atos, mesmo que de efeito concreto, fossem editados sob a forma de lei".

Controle de Constitucionalidade 163

- **Norma constitucional de reprodução obrigatória e controle abstrato de constitucionalidade no âmbito do Estado-membro – RCL 4.432**

Ainda no que tange ao objeto da ação direta de inconstitucionalidade, merece destaque a Rcl 4.432, concernente ao problema dos limites impostos aos Tribunais de Justiça dos Estados para o exercício do controle abstrato de constitucionalidade das leis ou atos normativos estaduais e municipais em face da Constituição estadual. De forma mais específica, arguia-se, nesse caso, se existiriam normas da Constituição do Estado-membro que, por sua natureza peculiar, estariam excluídas da apreciação do Tribunal de Justiça. A questão ganha relevo diante da constatação de que muitas normas presentes nas Constituições estaduais apenas reproduzem dispositivos da Constituição Federal, ou, em outros casos, a eles fazem remissão.

Semelhante ao entendimento adotado na RCL 383 (Rel. Min. Moreira Alves) para as hipóteses de normas constitucionais estaduais que reproduzem dispositivos da Constituição Federal – quando se assentou a admissão da propositura da ação direta de inconstitucionalidade perante o Tribunal de Justiça local, com possibilidade de recurso extraordinário se a interpretação da norma constitucional estadual, que reproduz a norma constitucional federal de observância obrigatória pelos Estados contrariar o sentido e o alcance desta – registrei, no julgamento da Rcl 4.432, que também as normas constitucionais estaduais de caráter remissivo podem compor o parâmetro de controle das ações diretas de inconstitucionalidade perante o Tribunal de Justiça estadual.

- **Legitimidade de entidade de classe e definição do caráter nacional – ADI 2.866**

No que diz respeito à legitimação ativa para as ações do controle concentrado, destaque-se o julgamento da ADI 2.866[5], no qual veio à tona a discussão sobre os critérios para se considerar de caráter nacional certa entidade de classe.

Na ausência de disciplina constitucional ou legal expressa acerca dos critérios definidores de tal caráter, o Supremo fixou, como critério geral para conferir a tais entidades o poder de ajuizar ações diretas de inconstitucionalidade, aquele fixado na Lei dos Partidos Políticos[6].

Na ADI 2.866, a Associação Brasileira dos Extratores e Refinadores de Sal – Abersal questionava a legitimidade constitucional da Lei Estadual n. 8.299/2003, do Estado do Rio Grande do Norte, que regulava as formas de escoamento do sal marinho produzido no Rio Grande do Norte e dava outras providências.

Determinou-se que a autora comprovasse possuir associados em um terço ou mais dos Estados da Federação, tendo em vista a aplicação analógica do art. 7º, § 1º, da Lei n. 9.096/95, nos termos da jurisprudência da Corte.

A Abersal informou que congregava dez empresas, das quais seis sediadas no Estado do Rio Grande do Norte; duas, no Estado do Rio de Janeiro; uma, no Estado do Paraná; e uma, no Estado do Rio Grande do Sul. Essas empresas, segundo noticiou, responderiam, em conjunto, pelo abastecimento de 80,72% do mercado nacional de produção de sal, destinado ao consumo humano.

Esclareceu, também, que essa concentrada distribuição geográfica explica-se pelo fato de que o Estado do Rio Grande do Norte responde por mais de 95% da produção de sal marinho do

---

[5] Em sessão realizada no dia 25.9.2005, o Supremo, por unanimidade, reconheceu a legitimidade ativa da Associação Brasileira dos Extratores e Refinadores de Sal – Abersal, para propor ação e deferiu a liminar para suspender os arts. 6º, *caput* e § 4º, 7º e 9º da Lei Estadual n. 8.299/2003 (*DJ* de 17.10.2003).

[6] Lei n. 9.096/95: "Art. 7º O partido político, após adquirir personalidade jurídica na forma da lei civil, registra seu estatuto no Tribunal Superior Eleitoral. § 1º Só é admitido o registro do estatuto de partido político que tenha caráter nacional, considerando-se como tal aquele que comprove o apoiamento de eleitores correspondente a, pelo menos, meio por cento dos votos dados na última eleição geral para a Câmara dos Deputados, não computados os votos em branco e os nulos, distribuídos por um terço, ou mais, dos Estados, com um mínimo de um décimo por cento do eleitorado que haja votado em cada um deles".

país, mostrando-se natural, portanto, que as mais representativas empresas produtoras de sal tenham optado por sediar-se nos Estados onde extraem a matéria-prima, mormente no Rio Grande do Norte e no Rio de janeiro.

Ademais, a Abersal, para justificar o reconhecimento de sua legitimidade, nos termos do art. 103, inc. IX, da CF, ofereceu elementos estatísticos demonstrativos da sua participação na produção de sal para consumo humano no Brasil e argumentou que "o emprego da analogia – com a lei eleitoral – somente se justifica nos casos em que a semelhança entre a hipótese prevista, e a não prevista em lei, repousa no fato de ambas possuírem, como termo comum de referência, a denominada 'razão suficiente' da própria disposição normativa (*ubieademratio, ibieadem juris dispositio*)".

O Tribunal, por decisão unânime, reconheceu a legitimidade ativa da Associação para propor a ação, assentando a "inaplicabilidade, no caso, do critério adotado para a definição do caráter nacional dos partidos políticos (Lei n. 9.096, de 19.9.1995: art. 7º), haja vista a relevância nacional da atividade dos associados da Abersal, não obstante a produção de sal ocorrer em poucas unidades da Federação".

- **Legitimidade de partido político: perda superveniente de representação no Congresso Nacional – ADI 2.618**

No que concerne à legitimidade para propositura de ação direta de inconstitucionalidade, cabe lembrar, ainda, a discussão na ADI 2.618[7]. A Corte deu provimento ao agravo regimental para reconhecer que a perda superveniente de representação parlamentar não retira do partido político a qualidade de legitimado ativo para a propositura da ação direta de inconstitucionalidade.

- **ADPF: requisitos de admissibilidade – ADPF 33**

Sobressai também a decisão proferida na ADPF 33[8], que constitui precedente judicial de relevância ímpar para o processo constitucional relativo à arguição de descumprimento de preceito fundamental.

No julgamento da liminar suscitada naquela ação, o Tribunal acolheu a tese do cabimento da ADPF arguida contra lei estadual pré-constitucional que indexava o reajuste dos vencimentos de determinado grupo de funcionários ao valor do salário mínimo. Essa orientação foi reafirmada na decisão de mérito, proferida em 7.12.2005.

No caso específico, cuidava-se de norma pré-constitucional estadual já revogada. Revela-se importante o fato de o Tribunal ter entendido admissível a ADPF, a despeito da possibilidade de se discutir o tema objeto da controvérsia no âmbito de processo subjetivo.

O Colegiado considerou, assim, que, tendo em conta o caráter marcadamente objetivo do processo de ADPF, a subsidiariedade prevista no art. 4º, § 1º, da Lei n. 9.882/99 afetava, fundamentalmente, os processos de índole objetiva. Dessarte, restou assentado que a existência, ou a possibilidade de utilização de processos de índole subjetiva, não impede o conhecimento da ADPF.

---

[7] O Tribunal, por maioria, em sessão realizada no dia 12.8.2004, deu provimento ao agravo no sentido de reconhecer que a perda superveniente de representação parlamentar não desqualifica o partido político como legitimado ativo para a propositura da ação direta de inconstitucionalidade. Vencidos os Ministros Carlos Velloso (Relator) e Celso de Mello (ADI 2.618 AgR-AgR, Redator para acórdão Min. Gilmar Mendes, *DJ* de 31.3.2006).

[8] O Supremo Tribunal Federal, em sessão Plenária realizada em 7.12.2005, por maioria, conheceu da arguição e, no mérito, por unanimidade de votos, a julgou procedente, nos termos do voto do Rel. Min. Gilmar Mendes, para declarar a ilegitimidade do decreto questionado, a partir da Constituição de 1988, sem se pronunciar sobre o período anterior (ADPF 33, Rel. Min. Gilmar Mendes, julgada em 7.12.2005, *DJ* de 27.10.2006).

Controle de Constitucionalidade 165

- **Anencefalia e legalidade da interrupção da gestação: admissibilidade – ADPF 54**

Na ADPF 54 (aborto de feto anencefálico), da relatoria do Min. Marco Aurélio, ponderei que, ante a inexistência de processo de índole objetiva apto a solver, de uma vez por todas, a controvérsia constitucional, afigurava integralmente aplicável a arguição de descumprimento de preceito fundamental. É que as ações originárias e o próprio recurso extraordinário não parecem, na maioria das vezes, capazes de resolver a controvérsia constitucional de forma geral, definitiva e imediata. No caso, a necessidade de interposição de incontáveis recursos extraordinários idênticos poderá, em verdade, constituir-se em ameaça ao livre funcionamento do STF e das próprias Cortes ordinárias[9]. Ademais, tendo em vista a limitação temporal (eventual aborto somente poderá ser efetivado nos primeiros meses da gravidez) inerente à espécie, dificilmente tal controvérsia poderá ser solvida em processo de caráter estritamente subjetivo.

2. Controle de constitucionalidade de emenda constitucional

Cumpre referir, ademais, as decisões em controle de constitucionalidade mediante as quais foi julgada a legitimidade constitucional de emendas à Constituição de 1988.

- **Verticalização das coalizões político-partidárias – ADI 3.685**

O tema da verticalização, por exemplo, ganhou espaço no julgamento da ADI 3.685[10], proposta pelo Conselho Federal da OAB contra o art. 2º da EC 52/2006, que alterou a redação do art. 17, § 1º, da CF/88, para inserir em seu texto, no que diz respeito à disciplina relativa às coligações partidárias eleitorais, a regra da não obrigatoriedade de vinculação entre as candidaturas em âmbito nacional, estadual, distrital ou municipal.

Inicialmente, ressaltei que as questões suscitadas na ADI estavam vinculadas à problemática dos limites da reforma constitucional, em face das chamadas cláusulas pétreas ou garantias de eternidade. O cerne da questão residia em saber se a regra da anualidade do art. 16 da Constituição consubstanciaria uma das normas que o constituinte originário inseriu no chamado núcleo essencial e imodificável da ordem constitucional.

Consignei, em meu voto, que o pleno exercício de direitos políticos por seus titulares (eleitores, candidatos e partidos) é assegurado pela Constituição por meio de sistema de regras que conformam o que se poderia denominar "devido processo legal eleitoral". Na medida em que estabelecem as garantias fundamentais para a efetividade dos direitos políticos, essas regras também compõem o rol das normas consideradas cláusulas pétreas e, por isso, estão imunes a qualquer reforma que vise a restringi-las ou subtraí-las. Assim, o art. 16, ao submeter a alteração legal do processo eleitoral à regra da anualidade, constitui garantia fundamental para o pleno exercício de direitos políticos.

Com efeito, a inclusão de elementos ou procedimentos "estranhos" ou diferentes dos previamente previstos, além de afetar a segurança jurídica das regras do devido processo legal eleitoral, influencia a própria possibilidade de que as minorias partidárias exerçam estratégias de articulação política em conformidade com os parâmetros inicialmente instituídos.

---

9. ADPF-QO 54, Rel. Min. Marco Aurélio, julgada em 20.10.2004. Julgamento de mérito não concluído.

10. Em 22.3.2007, o Plenário do Supremo Tribunal Federal, por maioria de votos, julgou procedente a ação para fixar que o § 1º do art. 17 da Constituição, com a redação dada pela Emenda Constitucional 52, de 8.4.2006, não se aplica às eleições de 2006, remanescendo aplicável à tal eleição a redação original do mesmo artigo, vencidos os Ministros Marco Aurélio e Sepúlveda Pertence, nessa parte, sendo que o Min. Marco Aurélio entendeu prejudicada a ação, no que diz respeito à segunda parte do art. 2º da referida emenda quanto à expressão "aplicando-se às eleições que ocorrerão no ano de 2002" (ADI 3.685/DF, Rel. Min. Ellen Gracie, *DJ* de 22.3.2006).

166 Estado de Direito e Jurisdição Constitucional – Decisões relevantes em 15 anos de atuação no STF

Eis a síntese dos fundamentos que, acompanhando a Relatora, Min. Ellen Gracie, levaram-me a julgar parcialmente procedente a ADI, para conferir interpretação conforme ao art. 2º da EC 52/2006, no sentido de que se esclarecesse que a alteração normativa introduzida pelo art. 1º da referida Emenda somente pudesse ter aplicação às eleições que viessem a ocorrer após um ano da data de sua vigência.

- **Contribuição previdenciária dos inativos – ADI 3.105**

Ainda sobre controle da legitimidade de emendas constitucionais, é de referir, como emblemático, o julgamento da ADI 3.105[11], em que se discutia a constitucionalidade da cobrança de contribuição previdenciária dos inativos (Redator para o acórdão Min. Cezar Peluso). Anotei que o compromisso do contribuinte inativo ou pensionista, ao pagar esse específico tributo, era com o sistema como um todo, e não apenas com a sua conta no órgão previdenciário. Daí não haver qualquer incoerência na inclusão dos inativos e pensionistas entre os contribuintes do sistema. Tal fato obviamente não desnatura sequer o que é peculiar à contribuição previdenciária, qual seja, a vinculação dos recursos à manutenção do regime de previdência, com a solvabilidade do sistema e, em última instância, com a capacidade econômica do sistema em honrar os benefícios previdenciários.

Não via, portanto, qualquer razão para que fosse estabelecida restrição absoluta à instituição da contribuição dos inativos, tendo em vista a alegada inexistência de causa suficiente.

Concluí, portanto, no sentido de – em razão de ofensa ao princípio da igualdade – declarar-se a inconstitucionalidade do art. 4º, parágrafo único, da Emenda Constitucional 41, garantindo-se aos servidores inativos e aos pensionistas da União, dos Estados, do Distrito Federal e dos Municípios, incluídas suas autarquias e fundações, em gozo de benefícios na data de publicação da Emenda 41, bem como os alcançados pelo art. 3º da Emenda, o pagamento da contribuição previdenciária com observância da regra de imunidade prevista no § 18 do art. 40, na redação da Emenda 41.

Também não vislumbrei qualquer obstáculo a que fosse fixada, no âmbito da contribuição previdenciária, disciplina legislativa assemelhada àquela prevista para o imposto de renda, com o estabelecimento de isenções a partir da identificação de situações singulares que justifiquem tal benefício.

Ponderei, porém, que, tendo em vista até mesmo a aplicação do princípio da proporcionalidade em sentido estrito, não haveria impedimento para que o legislador contemplasse situações especiais como a dos inativos e pensionistas acometidos de doenças graves.

- **Inconstitucionalidade da alteração da composição dos limites máximos do número de vereadores das câmaras municipais – ADI 4.307**

Ainda acerca do controle de constitucionalidade de emendas à Constituição, cumpre mencionar o referendo plenário da medida cautelar deferida na ADI 4.307, ajuizada pelo Procurador-Geral da República contra o inc. I do art. 3º da EC 58/2009, que alterou o inc. IV do *caput* do art. 29 e do art. 29-A da Constituição brasileira, disposições relativas à recomposição das Câmaras Municipais, determinando que, em face do aumento de vagas dos vereadores, fossem empossados, nas vagas surgidas após a eleição, candidatos que obtiveram apenas a condição de suplentes. O aumento de cadeiras, após a eleição, não poderia transformar derrotados em vencedores.

---

[11] Em 18.8.2004, o Supremo, por decisão majoritária, julgou improcedente a ação em relação ao *caput* do art. 4º da Emenda Constitucional n. 41/2003, vencidos a Min. Ellen Gracie, Relatora, e os Ministros Carlos Britto, Marco Aurélio e Celso de Mello e, por unanimidade, julgou inconstitucionais as expressões "cinquenta por cento do" e "sessenta por cento do", contidas, respectivamente, nos incs. I e II do parágrafo único do art. 4º da Emenda Constitucional n. 41/2003, pelo que se aplica, então, à hipótese do art. 4º da EC 41/2003, o § 18 do art. 40 do texto permanente da Constituição, introduzido pela mesma emenda constitucional (*DJ* de 18.2.2005).

O Chefe do Ministério Público Federal reportou-se, na inicial da ação, ao julgamento do RE 197.917, no qual o Supremo Tribunal assentou, com fundamento no inc. IV do art. 29 da Constituição brasileira, a necessária observância da proporção entre o número de vereadores e a população dos Municípios para a composição das respectivas Câmaras, considerados os limites mínimos e máximos fixados pelas alíneas daquele dispositivo constitucional.

Aduziu, ainda, que o art. 16 da Carta da República, conjugado ao art. 5º, inc. LIV, foi colocado pela jurisprudência da Suprema Corte em regime diferenciado de tratamento constitucional, submetido ao art. 60, § 4º. Para fundamentar tal assertiva, mencionou o julgado proferido na ADI 3.685, no qual o STF assentou que o art. 16 da Constituição da República representa garantia individual do cidadão-eleitor.

Por fim, afirmou que o inc. I do art. 3º da EC 58/2009, ao determinar a retroação dessas regras, à revelia dos resultados homologados pela Justiça Eleitoral quanto ao pleito de 2008, faz com que não só o rol dos eleitos e dos suplentes, mas também a participação e o peso dos partidos sejam absolutamente modificados, desse resultando a "diplomação de candidatos que, pelas regras vigentes ao tempo da eleição, não foram realmente eleitos, existindo severo risco de degradação do próprio art. 1º, parágrafo único, como do art. 14, da Constituição" (fls. 8).

O Tribunal acolheu os argumentos que fundamentaram a concessão da medida cautelar, por parte da Relatora, Min. Cármen Lúcia, afirmando que, nas eleições de 2008, os suplentes não foram votados para as cadeiras criadas pela emenda à Constituição, pelo que estaria em jogo o direito inerente à cidadania, que é contar com o leque de candidatos para as cadeiras que devam ser realmente preenchidas.

Ao votar naquela ação direta, ressaltei que se tratava de fazer operar uma limitação implícita ao poder de reforma constitucional, imanente do próprio sistema e que se impõe também aos Estados-membros e Municípios.

De fato, o texto constitucional veda emendas tendentes a abolir determinados princípios. Assentei, portanto, naquela oportunidade, que a expressão "tendentes a abolir" não significava que fosse possível com alteração tópica que não suprime, que não é supressiva. De acordo com a doutrina que dimana do texto constitucional, não deve ser aceita qualquer proposta que leve à erosão do sistema, à sua dessubstanciação ou a seu enfraquecimento.

Portanto, tratava-se de medida prévia, em que se identificou processo erosivo que iria debilitar o sistema representativo constitucional, autorizando, por isso, a intervenção cautelar da Corte.

Atendendo à tradição desenvolvida no nosso sistema de controle de constitucionalidade, o Tribunal, vencido o Min. Eros Grau, referendou a liminar deferida pela Relatora, para suspender a aplicação do inc. I do art. 3º da EC 58/2009.

3. Controle da omissão inconstitucional

- ### Inércia do legislador e necessidade de lei complementar para regular a criação de municípios – ADIs 3.682 e 2.240

Na ADI 3.682[12], de iniciativa da Assembleia Legislativa do Mato Grosso, em face do Presidente da República e do Congresso Nacional, pretendia-se a declaração de mora legislativa em virtude da não elaboração da Lei Complementar a que se refere o § 4º do art. 18 da Constituição Federal (estabelecimento de requisitos para criação de Municípios).

---

[12] Em 9.5.2007, o STF, por unanimidade de votos, julgou procedente a ação para reconhecer a mora do Congresso Nacional e, por maioria, estabelecer o prazo de 18 (dezoito) meses para que este adote todas as providências legislativas ao cumprimento da norma constitucional imposta pelo art. 18, § 4º, da Constituição Federal, nos termos do voto do Rel. Min. Gilmar Mendes (*DJ* de 6.9.2007).

Sustentava-se, em síntese, que vários Estados estariam sofrendo prejuízos decorrentes da falta da citada norma, uma vez que muitas comunidades locais estariam impossibilitadas de emancipar-se e de constituir-se em novos Municípios. Apenas no Estado do Mato Grosso, haveria mais de 40 comunidades nessa situação. Ressaltou-se, ainda, que, passados dez anos da edição da EC 15/96, a lei complementar federal ainda não havia sido elaborada.

Consignei, diante do quadro, que o estado de inconstitucionalidade decorrente da omissão havia produzido efeitos no passado – sendo imprescindível que o ato, destinado a corrigir a omissão inconstitucional, tivesse caráter retroativo. A omissão legislativa em relação à regulamentação do art. 18, § 4º, da Constituição, acabara dando ensejo à conformação e à consolidação de situações de inconstitucionalidade que não poderiam ser ignorados pelo legislador na elaboração da lei complementar federal.

Com o debate acerca da criação de Municípios após a EC 15/96, ademais, colocou-se interessante questão sobre o julgamento conjunto de ADI (por omissão), que propugnava pelo reconhecimento da omissão legislativa (na edição da LC prevista no § 4º do art. 18) e de decisões em ações diretas de inconstitucionalidade movidas contra leis estaduais que criavam Municípios.

Sobre o tema, cumpre afirmar que o constituinte brasileiro partiu de nítida diferenciação entre a inconstitucionalidade por ação e a inconstitucionalidade por omissão.

A tentativa de proceder a essa clara diferenciação, contudo, não se afigura isenta de dificuldades[13]. A afirmação de que o legislador não cumpriu, integralmente, o dever constitucional de legislar[14] contém implícita censura da própria disciplina positiva[15]. Em outras palavras, a declaração de inconstitucionalidade da omissão parcial do legislador – mesmo nesses mecanismos especiais como o mandado de injunção e na ação direta de inconstitucionalidade da omissão – contém a declaração da inconstitucionalidade da lei[16].

A imprecisa distinção entre ofensa constitucional por ação ou por omissão[17] parece conduzir à relativização do significado processual-constitucional desses instrumentos especiais destinados à defesa da ordem constitucional ou de direitos individuais contra a omissão legislativa.

Tem-se, pois, aqui, relativa, mas inequívoca, fungibilidade entre a ação direta de inconstitucionalidade (da lei ou ato normativo) e o processo de controle abstrato da omissão, uma vez que os dois processos – o de controle de normas e o de controle da omissão – acabam por ter – formal e substancialmente – o mesmo objeto, isto é, a inconstitucionalidade da norma em razão da própria incompletude[18].

Atendendo a tais razões, proferi voto no sentido de declarar o estado de mora em que se encontra o Congresso Nacional, a fim de que, em prazo razoável de 18 meses, se adotasse as providências legislativas necessárias ao cumprimento do dever constitucional imposto pelo art. 18, § 4º, da Constituição, devendo ser contempladas as situações imperfeitas decorrentes do estado de inconstitucionalidade gerado pela omissão.

---

[13] Hans-Uwe Erichsen, *Staatsrecht und Verfassungsgerichtsbarkeit*. 2. ed. Munchen, 1979, v. 2, p. 169-170.

[14] Cf. Gilmar Ferreira Mendes. *Die abstrakte Normenkontrolle vor dem Bundesverfassungsgerichts und vor dem brasilianischen Supremo Tribunal Federal*. Berlin, 1991.

[15] Peter Lerche, *AöR*, cit., p. 341 (352); Gerhard Ulsamer, in Maunz et al., *BVerfGG*, § 78, *RdNr.* 22, Fn. 3; cf. a propósito *BVerfGE*, 1, 101; 6, 257 (264), 8, 1 (10).

[16] Vgl. *BVerfGE*, 8, 1 (10); 22, 349 (360).

[17] Hans-Uwe Erichsen. *Staatsrecht und Verfassungsgerichtsbarkeit*, cit., p. 129-170; Christian Pestalozza, "Noch verfassungsmässige" und "bloss verfassungswidrige" Rechtslagen, in *Bundesverfassungsgericht und Grundgesetz*, cit., p. 519 (526, 530).

[18] Sobre o tema, ver voto do Min. Sepúlveda Pertence no julgamento do pedido de concessão de medida cautelar na ADI 526, contra a Medida Provisória 296, de 1991.

Controle de Constitucionalidade **169**

Na mesma assentada, julguei parcialmente procedentes ações diretas contra leis estaduais que criavam Municípios, estabelecendo que as leis declaradas inconstitucionais continuavam em vigor pelo prazo de 24 meses. Dessa forma, configuravam-se decisões proferidas em ADIO e em ADI, permitindo uma solução para a complexa controvérsia posta em juízo.

Deixei consignado que não se tratava de impor prazo para a atuação legislativa do Congresso Nacional, mas apenas de fixar parâmetro temporal razoável, tendo em vista o prazo de 24 meses determinado pelo Tribunal nas ADIs 2.240, 3.316, 3.489 e 3.689 (todas relatadas pelo Min. Eros Grau), para que as leis estaduais que criaram Municípios ou alteraram seus limites territoriais continuassem em vigor.

- **Mandado de injunção e direito de greve do servidor público: decisão de perfil aditivo – MI 708**

Acerca do controle da omissão legislativa inconstitucional, cumpre destacar a decisão proferida no Mandado de Injunção 708[19].

Tratava-se de mandado de injunção impetrado pelo Sindicato dos Trabalhadores em Educação do Município de João Pessoa – Sintem em face do Congresso Nacional, com o objetivo de dar efetividade à norma inscrita no art. 37, inc. VII, da atual Constituição Federal, com a redação conferida pela Emenda Constitucional 19/98.

O Ministério Público Federal, pelo então Procurador-Geral da República, Dr. Cláudio Lemos Fonteles, após arrolar alguns precedentes do Supremo Tribunal Federal (MI 485/MT, Rel. Min. Maurício Corrêa, Pleno, maioria, *DJ* 23.8.2002, MI 585/TO, Rel. Min. Ilmar Galvão, Pleno, maioria, *DJ* 2.8.2002, e MI 20/DF, Rel. Min. Celso de Mello, Pleno, maioria, *DJ* 22.11.1996), manifestou-se nos seguintes termos:

> "7. (...) a pretensão final do impetrante se mostra descabida. Impossível de ser alcançado na via desse *writ* o imediato preenchimento da lacuna, visto que colmatar é tarefa típica do Poder Legislativo, consoante jurisprudência desse Colendo Pretório, consolidada a partir do julgamento do mandado de injunção 107 (Min. Relator MOREIRA ALVES, julgado em 21.11.1990, *DJ* de 2.8.1991), que adotou a denominada 'posição não concretista' no tocante ao mandado de injunção" (cf. sobre o assunto, Alexandre de Moraes. *Constituição do Brasil Interpretada e Legislação Constitucional*. 2. ed. São Paulo: Malheiros, 2003, p. 421 a 427).

De fato, de acordo com a linha de entendimento estabelecida nos precedentes citados, o Tribunal deveria limitar-se a constatar a inconstitucionalidade da omissão e a determinar que o legislador empreendesse as providências requeridas[20].

Precedentes houve, não obstante, que, progressivamente, se afastaram daquele entendimento.

No Mandado de Injunção 283, por exemplo, de relatoria do Min. Sepúlveda Pertence, o Tribunal, pela primeira vez, estipulou prazo para que fosse colmatada a lacuna relativa à mora legislativa, sob pena de assegurar ao prejudicado a satisfação dos direitos negligenciados.

No mesmo sentido, o julgamento do Mandado de Injunção 232, da relatoria do Min. Moreira Alves, em que o Tribunal reconheceu que, passados seis meses sem que o Congresso Nacional

---

[19] O Tribunal, por maioria, nos termos do voto do Rel. Min. Gilmar Mendes, conheceu do mandado de injunção e propôs solucionar a omissão legislativa com a aplicação da Lei n. 7.783, de 28 de junho de 1989, no que couber, vencidos, parcialmente, os Ministros Ricardo Lewandowski, Joaquim Barbosa e Marco Aurélio, que limitavam a decisão à categoria representada pelo sindicato e estabeleciam condições específicas para o exercício do direito de greve dos servidores civis e enfrentavam a questão dos limites à legislação sobre das paralisações.

[20] Cf., sobretudo, o MI 107-DF, Rel. Min. Moreira Alves, *RTJ* 133, p. 11 (35).

editasse a lei referida no art. 195, § 7°, da Constituição Federal, o requerente passaria a gozar a imunidade requerida.

Percebia-se que, sem assumir compromisso com o exercício de típica função legislativa, o Supremo Tribunal Federal afastava-se da orientação inicialmente perfilhada, no que diz respeito ao mandado de injunção.

Os votos que proferi nos Mandados de Injunção 283 (Rel. Min. Sepúlveda Pertence), 232 (Rel. Min. Moreira Alves) e 284 (Rel. Min. Celso de Mello), entre outros, sinalizavam para nova compreensão do instituto e admissão de solução "normativa" para a decisão judicial.

A questão sobre a eficácia do mandado de injunção apresentava-se incontornável quando estava em discussão o direito de greve dos servidores públicos. A disciplina da matéria havia sido objeto de sucessivas dilações desde 1988. A Emenda Constitucional 19/98 retirou o caráter complementar da lei regulamentadora, a qual passou a demandar, unicamente, lei ordinária e específica para a matéria.

Sustentei, durante o julgamento do MI 708, que a representação de servidores não via com bons olhos a regulamentação do tema, porque visava a disciplinar seara que estava, então, submetida a um tipo de lei da selva. Os representantes governamentais entendiam que a regulamentação acabaria por criar o direito de greve dos servidores públicos. Essas visões parcialmente coincidentes contribuíam para que as greves no âmbito do serviço público se realizassem sem controle jurídico, dando ensejo a negociações heterodoxas, ou a ausências que comprometem a própria prestação do serviço público, sem qualquer base legal.

Mencionei, a propósito, episódios emblemáticos relativos à paralisação dos controladores de voo do país; ou, ainda, o caso da greve dos servidores do Judiciário do Estado de São Paulo, ou dos peritos do Instituto Nacional de Seguridade Social – INSS, que trouxeram prejuízos irreparáveis a parcela significativa da população dependente desses serviços públicos.

A não regulação do direito de greve acabava por propiciar quadro de selvageria com sérias consequências para o Estado de Direito, entendido o Estado de Direito como aquele no qual não existem soberanos.

Nesse quadro, afirmei que seria impossível justificar a inércia legislativa e a inoperância das decisões do Supremo Tribunal.

Ponderei, ademais, que eram justas as preocupações quanto à não assunção, pelo Tribunal, de certo protagonismo legislativo. Entretanto, parecia evidente que deixar de atuar naquele momento já se configuraria quase como espécie de "omissão judicial".

Nesse particular, assim como se acenou com a aplicação da Lei Geral de Greve, provisoriamente, aos conflitos decorrentes de greves dos servidores públicos, parecia necessário e adequado que fossem fixadas balizas procedimentais mínimas para apreciação e julgamento dessas demandas coletivas.

A esse respeito, no plano procedimental, registrei a possibilidade/necessidade de aplicação da Lei n. 7.701/88 (que cuida da especialização das Turmas dos Tribunais do Trabalho em processos coletivos), no que tange à competência para apreciar e julgar eventuais conflitos judiciais referentes à greve de servidores públicos que sejam suscitados até o momento de colmatação legislativa da lacuna declarada.

Essa abordagem é interessante, pois revela que o Tribunal identificou lacuna ou omissão implícita no próprio texto constitucional, diante da necessidade prática de definição clara dos órgãos judiciais para dirimir o dissídio de greve.

Ao final, em razão da evolução jurisprudencial sobre o tema da interpretação da omissão legislativa do direito de greve dos servidores públicos civis e em respeito aos ditames de segurança jurídica, o Tribunal deferia o Mandado de Injunção para determinar a aplicação das

Leis ns. 7.701/88 e 7.783/89 aos conflitos e às ações judiciais relativas à interpretação do direito de greve dos servidores públicos civis.

Essa decisão tem tido grande repercussão nos meios acadêmicos nacionais e internacionais[21]. Nesse sentido, é de registrar estudo desenvolvido por Francisco Fernandez Segado, em que o festejado autor espanhol, sobre as decisões no julgamento conjunto dos MIs 670, 708 e 712, afirma que precedente dessa natureza "se separa radicalmente da jurisprudência tradicional do Tribunal acerca do instituto e faz nascer esperanças de que o mandado de injunção, enfim, possa ter vida jurídica própria à margem da ação direta de inconstitucionalidade"[22].

O *leading case*, portanto, fica registrado como marco na história de nosso sistema de controle da omissão inconstitucional.

- ## • Reconhecimento da fungibilidade entre ADI e ADO – ADIs 875, 1.987, 2.727 e 3.243

Cumpre referir que o Supremo Tribunal Federal reconheceu certa fungibilidade entre a ação direta de inconstitucionalidade e a ação direta de inconstitucionalidade por omissão e a possibilidade de utilização simultânea dos dois instrumentos.

Destaque-se, a esse respeito, a decisão proferida pela Corte, em 24.2.2010, no julgamento conjunto das ADIs 875, 1.987, 2.727 e 3.243, que contestavam a constitucionalidade da Lei Complementar n. 62, de 28 de dezembro de 1989, a qual estabelece normas sobre o cálculo, a entrega e o controle das liberações dos recursos que compõem o Fundo de Participação dos Estados – FPE.

Quanto às ADIs 1.987 e 3.243, de autoria do Estado do Mato Grosso, verificava-se que, na primeira, requeria-se a declaração de inconstitucionalidade por omissão da Lei Complementar n. 62/89, ao argumento de que estaria em mora o Legislativo federal em cumprir com regularidade o disposto no art. 161, inc. II, da Constituição, por não estabelecer critérios bastantes para a repartição dos recursos componentes do FPE. Na segunda, com objeto e parâmetro de controle idênticos, pedia o arguente a declaração de inconstitucionalidade total da lei complementar, fundado na mesma causa de pedir[23], ou seja, na inexistência de parâmetros adequados para a operação da partição de recursos do fundo.

O pedido de declaração de inconstitucionalidade contido na ADI 875, por sua vez, parecia fundar-se, igualmente, na alegada ausência de critérios constitucionalmente adequados para a partição tributária em questão.

---

[21] Cf., nesse sentido, Figueiredo, Fernanda Mendonça dos Santos, Greve de servidores: Supremo deu efetividade ao mandado de injunção, Em: *Justiça & Cidadania*, n. 102, p. 38-40, jan. 2009; LIMA, Francisco Gérson Marques de, *Direito de greve no serviço público*. O Supremo Tribunal Federal na crise institucional brasileira: estudos de casos: abordagem interdisciplinar de sociologia constitucional. São Paulo: Malheiros, 2009; LIMA, Juliana Maggi. O direito de greve dos servidores públicos e o STF. In: *Jurisprudência constitucional*: como decide o STF? São Paulo: Malheiros, 2009; REIS, Palhares Moreira. A aplicação da lei geral sobre a greve aos movimentos dos servidores públicos. *L & C: Revista de Direito e Administração Pública*, v. 12, n. 130, p. 37-39, abr. 2009; EBERT, Paulo Roberto Lemgruber. O direito de greve dos servidores públicos após julgamento dos mandados de injunção 670, 708 e 712 pelo Supremo Tribunal Federal. *Revista IOB Trabalhista e Previdenciária*, v. 20, n. 231, p. 83-100, set. 2008; MORAIS, Dalton Santos. A modificação da jurisprudência do STF sobre os efeitos do mandado de injunção no direito de greve dos servidores públicos. *Revista Zênite: IDAF Informativo de Direito*, v. 7, n. 82, p. 983-988, maio 2008; SILVA, Antonio Alvares da. *Greve no serviço público depois da decisão do STF*, Imprenta. São Paulo: LTr, 2008 e PINHEIRO, Danielle Damasceno. O direito de greve dos servidores públicos e o entendimento do Supremo Tribunal Federal. *Revista IOB de Direito Administrativo*, v. 2, n. 22, p. 58-70, out. 2007.

[22] SEGADO, Francisco Fernández. *La justicia constitucional*: una visión de derecho comparado. Madrid: Dykinson, 2009, p. 1027.

[23] Refira-se, ademais, que os fundamentos das duas ações diretas compunham-se de trechos, muitas vezes, exatamente iguais.

Refira-se, ainda, que, ao analisar o pedido veiculado pelo Governador do Mato Grosso do Sul mediante a propositura da ADI 2.727, a Procuradoria-Geral da Fazenda Nacional, em parecer trazido aos autos, assentou que a questão aduzida fundava-se na omissão inconstitucional consubstanciada na ausência de legislação específica para fixação dos critérios de rateio dos fundos de participação.

Diante desse quadro, a sobreposição entre pedidos tornava impossível a distinção das questões constitucionais, uma vez que a afirmação segundo a qual o legislador não havia cumprido o mandamento do art. 161, inc. II, da Constituição, trazia, em seu bojo, a afirmação de que a Lei Complementar n. 62/89 era inconstitucional.

Dito de outra forma, as quatro ações diretas acabavam por ter o mesmo fundamento, a inconstitucionalidade da norma em razão de sua incompletude.

Com apoio nessas constatações, o Plenário do Supremo Tribunal, acompanhando a manifestação do Relator das ADIs, assentou a fungibilidade entre as ações de inconstitucionalidade por ação e omissão, superando, à unanimidade, o anterior entendimento jurisprudencial da Corte[24].

O precedente em tela ganha relevo, igualmente, em razão da técnica de decisão utilizada para solucionar o impasse constitucional.

Reconheceu-se que, embora a Lei Complementar n. 62, de 28 de dezembro de 1989, não satisfaça integralmente à exigência contida na parte final do art. 161, inc. II, da Constituição, sua imediata supressão da ordem jurídica representaria incomensurável prejuízo ao interesse público e à economia dos Estados, uma vez que o vácuo legislativo poderia inviabilizar, por completo, as transferências de recursos.

Ressaltou-se que não se poderia perder de vista que, em determinados casos, a aplicação excepcional da lei declarada inconstitucional traduz exigência orgânica do próprio ordenamento.

Era a hipótese daquele processo, pois a simples supressão da lei complementar que teve sua inconstitucionalidade reconhecida retiraria a base jurídica dos repasses dos recursos ao Estados, muitos dos quais amplamente dependentes dessa fonte de custeio. Tal circunstância parecia demonstrar que, sem abandonar a doutrina tradicional da nulidade da lei inconstitucional, era inevitável, com base no princípio da segurança jurídica, afastar a incidência do princípio da nulidade.

Não se negou, pois, o caráter de princípio constitucional ao princípio da nulidade da lei inconstitucional. Entendeu-se, porém, que esse princípio não poderia ser aplicado nos casos em que se revelasse absolutamente inidôneo para a finalidade perseguida (casos de omissão; exclusão de benefício incompatível com o princípio da igualdade), bem como nas hipóteses em que, como ocorria no caso concreto, a sua aplicação pudesse trazer danos para o próprio sistema jurídico constitucional.

Argumentou-se, então, que a melhor solução seria a aplicação do art. 27 da Lei n. 9.868/99 em sua versão mais ampla. A declaração de inconstitucionalidade *tout court* e, portanto, da nulidade da lei definidora de critérios para o rateio dos Fundos de Participação dos Estados e do Distrito Federal constituiria mais um caso, dentre aqueles em que as consequências da decisão tomada pela Corte podem gerar um verdadeiro caos jurídico.

Nesses termos, julgaram-se procedentes as Ações Diretas de Inconstitucionalidade (ADI 1.987/DF, ADI 875/DF, ADI 2.727/DF e ADI 3.243/DF), para, aplicando o art. 27 da Lei n. 9.868/99, declarar a inconstitucionalidade, sem a pronúncia da nulidade, do art. 2°, incs. I e II, §§ 1°, 2° e 3°, e do Anexo Único, da Lei Complementar n. 62/89, assegurando-se, porém, a aplicação do complexo normativo impugnado até 31 de dezembro de 2012.

---

[24] Cf., nesse sentido, ADI 986, Rel. Min. Néri da Silveira (*DJ* de 8.4.1994) e ADI 1.442, Rel. Min. Celso de Mello (*DJ* de 24.4.2005).

Controle de Constitucionalidade 173

4. Controle incidental

- **Controle incidental e declaração de inconstitucionalidade com efeitos restritos – modulação temporal dos efeitos da decisão no sistema difuso – HC 82.959**

Tal como observado no caso da progressão de regime (HC 82.959 – Rel. Min. Marco Aurélio), nova questão haveria de ser suscitada, relativa à amplitude dos efeitos da declaração de inconstitucionalidade feita nos processos de controle de constitucionalidade difuso ou incidental. É que, até então, dominava a ideia segundo a qual a declaração de inconstitucionalidade proferida em processo de controle difuso haveria de ser dotada, invariavelmente, de efeito *ex tunc*.

Na referida decisão, assentei que – ante a anterior declaração de constitucionalidade da lei – deveria o Tribunal reconhecer que as sentenças condenatórias já executadas não ensejariam qualquer situação de responsabilidade civil por parte do Estado, aplicando-se a técnica da modulação temporal dos efeitos da decisão no sistema difuso de controle de constitucionalidade.

- **Suspensão de execução de lei declarada inconstitucional por decisão definitiva pelo STF (art. 52, inciso X, Constituição Federal). Revisão de jurisprudência – RCL 4.335**

Na Rcl 4.335[25], cuidou-se de mais uma controvérsia suscitada pela decisão do Supremo Tribunal no caso da progressão de regime nos crimes hediondos. O juiz de direito Marcelo Coelho de Carvalho, da Justiça Estadual do Acre, passou a negar os vários pedidos de progressão de regime que lhe foram dirigidos, sob o argumento de que a decisão do Supremo Tribunal seria dotada de eficácia meramente *inter partes*. Relata-se, na referida Reclamação, que, em 2.3.2006, o reclamado afixara comunicado em vários pontos das dependências do Fórum de Rio Branco – Acre, nos seguintes termos:

> "Comunico aos senhores reeducandos, familiares, advogados e comunidade em geral, que A RECENTE DECISÃO PLENÁRIA DO SUPREMO TRIBUNAL FEDERAL proferida nos autos do '*habeas corpus*' n. 82.959, A QUAL DECLAROU A INCONSTITUCIONALIDADE DO DISPOSITIVO DA LEI DOS CRIMES HEDIONDOS QUE VEDAVA A PROGRESSÃO DE REGIME PRISIONAL (ART. 2º, § 1º DA Lei n. 8.072/90), SOMENTE TERÁ EFICÁCIA A FAVOR DE TODOS OS CONDENADOS POR CRIMES HEDIONDOS OU A ELES EQUIPARADOS QUE ESTEJAM CUMPRINDO PENA, a partir da expedição, PELO SENADO FEDERAL, DE RESOLUÇÃO SUSPENDENDO A EFICÁCIA DO DISPOSITIVO DE LEI declarado inconstitucional pelo Supremo Tribunal Federal, nos termos do art. 52, inciso X, da Constituição Federal. Rio Branco, 02 de março de 2.006. Marcelo Coelho de Carvalho Juiz de Direito".

Portanto, evidencia-se a certeza, por parte daquele magistrado, de que a jurisdição ordinária não estava obrigada a prestar reverência à declaração de inconstitucionalidade proferida no sistema difuso. Contra esse entendimento, foi proposta a aludida Reclamação.

Ao votar, ponderei que o Tribunal deveria (re)apreciar o tema da chamada suspensão de execução da lei declarada inconstitucional, fazendo uma análise de seu desenvolvimento e aplicação no modelo brasileiro. Essa análise histórica mostraria, a meu ver, alteração do significado normativo do instituto da suspensão pelo Senado na Constituição de 1988.

É que, sob essa Constituição, se tornou comum o reconhecimento da eficácia *erga omnes* e do efeito vinculante de diversas decisões proferidas pelo Supremo Tribunal Federal. Daí haver concluído que outra haveria de ser a leitura da suspensão pelo Senado no novo contexto normativo.

Naquela oportunidade, reafirmei posição no sentido de que a fórmula relativa à suspensão de execução da lei pelo Senado há de ter simples efeito de publicidade, ou seja, se o Supremo, em sede de controle incidental, declarar, definitivamente, que a lei é inconstitucional, essa decisão terá

---

[25] Julgamento em andamento.

eficácia *erga omnes*, fazendo-se a comunicação àquela Casa legislativa para que publique a decisão no Diário do Congresso. Dessa forma, votei pela procedência da Reclamação, por entender que foi desrespeitada a eficácia *erga omnes* da decisão proferida no HC 82.959, no que fui acompanhado por Eros Grau. Divergiram dessa posição os Mins. Sepúlveda Pertence, Joaquim Barbosa, Ricardo Lewandowski e Marco Aurélio. Já os Mins. Teori Zavascki e Roberto Barroso acompanharam o relator quanto à procedência da reclamação, embora dela discordassem em alguns aspectos relacionados à atribuição de efeitos *erga omnes* à decisão em HC (calcaram-se, para o juízo de procedência, na superveniência da Súmula Vinculante 26).

Como se vê, embora a Reclamação tenha sido julgada procedente pela maioria dos Ministros, a divisão quanto aos fundamentos desse aresto, e a própria alteração na composição da Corte, após alguns votos já terem sido prolatados, indicavam que outros julgados ainda poderiam lançar mais luz sobre a controvérsia.

O julgamento foi concluído quando o Supremo Tribunal Federal, por fim, conheceu da Rcl 4.335, após o voto-vista do Min. Teori Zavascki, seguido pelos Mins. Celso de Mello, Rosa Weber e Luís Barroso. O Ministro acolheu o entendimento externado em meu voto, no sentido de que as decisões do Supremo Tribunal Federal, mesmo em sede de controle concreto, em anos recentes têm sido investidas de eficácia expansiva. Ademais, aferiu que a edição da Súmula Vinculante 26 pela Corte, apesar de superveniente à propositura da ação, não pode ser ignorada e torna flagrante o desrespeito à jurisprudência que enseja a reclamação constitucional.

O processo constitucional como um todo e, em especial, o processo constitucional de caráter incidental têm passado por grande transformação. Parte dessa transformação decorre da nova visão que a Corte passou a desenvolver em torno do seu papel no contexto institucional do controle de constitucionalidade – deixando de ser Tribunal de prestação de justiça às partes para assumir o papel decisivo de intérprete da Constituição nas suas múltiplas dimensões.

- **Reconhecimento de eficácia *erga omnes* à decisão do STF que, em sede de controle incidental de constitucionalidade, declarou a inconstitucionalidade de norma que regulava a utilização e comercialização do amianto – ADIs 3.406/RJ e 3.470/RJ**

Merece destaque, no mesmo sentido, o julgamento das ADIs 3.406/RJ e 3.470/RJ. Naquela ocasião, o Supremo Tribunal Federal declarou ser constitucional a Lei n. 3.579/2001, do Estado do Rio de Janeiro, a qual proíbe a fabricação e comercialização de materiais feitos com amianto, bem como a extração do referido minério.

À decisão, proferida em sede de controle abstrato de constitucionalidade, foram reconhecidos eficácia *erga omnes* e efeito vinculante, proibindo-se, assim, que as demais unidades da federação adotassem leis que permitam o uso de amianto na fabricação de produtos. No julgamento, ademais, a Corte declarou incidentalmente a inconstitucionalidade do art. 2º da Lei Federal n. 9.055/95, que regula a utilização e comercialização da variedade crisotila do amianto. Essa Lei Federal, portanto, permitia expressamente a produção de materiais com amianto em suas composições e contrariava o que estava disposto na lei estadual do Rio de Janeiro.

Entendeu o Plenário do STF que, ao se valorizar a proteção à vida, deveria ser declarado inconstitucional o art. 2º da Lei Federal n. 9.055/95, uma vez que as pesquisas científicas mostram-se uníssonas quanto à nocividade desse insumo. Com efeito, o amianto é comprovadamente cancerígeno e, assim como salientado pelo Min. Dias Toffoli, o dispositivo que permitia sua extração passou a ser inconstitucional, à luz do consenso científico firmado.

Ocorre que a declaração de inconstitucionalidade do art. 2º da Lei n. 9.055/95 se deu de forma incidental, hipótese na qual, em regra, não se conferiria eficácia *erga omnes* automática à decisão, de modo a ser necessário que o Senado Federal editasse resolução para determinar a

Controle de Constitucionalidade **175**

suspensão da execução da lei, nos termos do art. 52, inc. X, da Constituição Federal. No entanto, o STF dispensou a referida exigência da suspensão senatorial e, de maneira expressa, declarou incidentalmente a inconstitucionalidade do art. 2º da Lei n. 9.055/95, com eficácia *erga omnes* e efeito vinculante.

Essa decisão torna perceptível, assim, a mudança interpretativa à qual foi submetido o art. 52, inc. X, da Constituição Federal. Com efeito, a leitura a ser conferida ao referido dispositivo que mais se coaduna com a teoria da nulidade da lei inconstitucional e com o atual modelo constitucional brasileiro é aquela que caminha no sentido de que, caso o Supremo Tribunal Federal, em sede de controle incidental, declare definitivamente a inconstitucionalidade de determinada lei, essa decisão deverá ter eficácia *erga omnes*, de modo que o Senado Federal seja comunicado apenas para que se publique a decisão no Diário do Congresso Nacional.

- **Ação rescisória em caso de interpretação constitucional controvertida: superação do Enunciado da Súmula 343. Cabimento – RE-ED 328.812**

Exemplo típico dessa visão pode ser encontrado no julgamento do RE-ED 328.812[26], no qual se defendeu o cabimento de ação rescisória para fazer valer interpretação constitucional do STF. Anotei, naquele feito, que o instituto da rescisória representa, sobretudo, a conciliação, entre os extremos, do respeito incondicional à coisa julgada e a possibilidade de reforma permanente das decisões judiciais. Sob a perspectiva constitucional, ao analisar o instituto da rescisória, temos dois valores em confronto. De um lado, a segurança jurídica; do outro, a manifestação do devido processo legal, qual seja o compromisso do sistema com a prestação judicial correta, não viciada.

Registrei ainda que, no âmbito específico do inc. V do art. 485 do Código de Processo Civil, o propósito imediato era o de garantir a máxima eficácia da ordem legislativa em sentido amplo. Para isto, permite-se a excepcional rescisão daqueles julgados em que o magistrado violou, nos termos do CPC, "literal disposição de lei". A violação à literal disposição de lei obviamente contempla a violação às normas constitucionais, o que poderia ser considerado como certo tipo de violação "qualificada". É de indagar: nas hipóteses em que o Supremo Tribunal Federal fixa a correta interpretação de norma infraconstitucional, para o fim de ajustá-la à ordem constitucional, a contrariedade a essa interpretação, ou melhor, a contrariedade à lei definitivamente interpretada pelo STF em face da Constituição ensejaria a utilização da ação rescisória?

Quando decisão do Supremo Tribunal fixa interpretação constitucional, o Judiciário acaba por explicitar os conteúdos possíveis da ordem normativa infraconstitucional em face do parâmetro maior, que é a Constituição. Não é a mesma coisa vedar a rescisória para rever interpretação razoável de lei ordinária que tenha sido formulada por juiz, em confronto com outras interpretações de outros juízes, e vedar a rescisória para rever interpretação da lei que é contrária àquela fixada pelo Supremo Tribunal Federal em questão constitucional.

De fato, negar a via da ação rescisória para fazer valer a interpretação constitucional do Supremo importa, a rigor, em admitir violação muito grave à ordem normativa, pois aqui a afronta se dirige à interpretação que pode ser tomada como a própria interpretação constitucional realizada. Nesse ponto, parece que a rescisória também adquire feição que melhor realiza o princípio da isonomia.

No RE-ED 328.312, o Colegiado assentou que a Súmula 343 não tem aplicação quando se cuida de interpretação constitucional fixada pelo Supremo Tribunal Federal.

---

[26] Em sessão de 6.3.2008, o Plenário do Supremo Tribunal Federal, preliminarmente, por maioria de votos, vencido o Min. Marco Aurélio, conheceu dos embargos. No mérito, por unanimidade de votos, rejeitou os embargos de declaração, nos termos do voto do Rel. Min. Gilmar Mendes (*DJ* de 2.5.2008).

176 Estado de Direito e Jurisdição Constitucional – Decisões relevantes em 15 anos de atuação no STF

- **Controle incidental, repercussão geral e objetivação do recurso extraordinário**

No contexto das mudanças, não há como deixar de destacar a função decisiva do instituto da repercussão geral para a racionalização das competências constitucionais da Corte. Esse novo modelo processual-constitucional traduz, sem dúvida, avanço na concepção vetusta que caracteriza o recurso extraordinário entre nós. O recurso extraordinário deixa de ter caráter marcadamente subjetivo ou de defesa de interesse das partes para assumir, de forma decisiva, a função de defesa da ordem constitucional objetiva. Pode-se falar, mesmo, em processo de objetivação do recurso extraordinário.

Trata-se de orientação que os modernos sistemas de Corte Constitucional vêm conferindo ao recurso de amparo e ao recurso constitucional (*Verfassungsbeschwerde*). Nesse sentido, destaca-se a observação de Häberle segundo a qual "a função da Constituição na proteção dos direitos individuais (subjetivos) é apenas uma faceta do recurso de amparo", dotado de "dupla função", subjetiva e objetiva, "consistindo esta última em assegurar o Direito Constitucional objetivo"[27].

Essa orientação há muito se mostra dominante também no direito americano. Já no primeiro quartel do século passado, afirmava Triepel que os processos de controle de normas deveriam ser concebidos como processos objetivos. Assim, sustentava ele na conhecida obra sobre a natureza e o desenvolvimento da jurisdição constitucional que, quanto mais políticas fossem as questões submetidas à jurisdição constitucional, tanto mais adequada pareceria a adoção de processo judicial totalmente diferenciado dos processos ordinários. "Quanto menos se cogitar, nesse processo, de ação (...), de condenação, de cassação de atos estatais – dizia Triepel – mais facilmente poderão ser resolvidas, sob a forma judicial, as questões políticas, que são, igualmente, questões jurídicas"[28]. Triepel acrescentava, então, que "os americanos haviam desenvolvido o mais objetivo dos processos que se poderia imaginar (*Die Amerikaner haben fur Verfassungsstreitigkeiten das objektivste Verfahren eingefuhrt, das sich denken lässt)*[29].

Portanto, há muito resta evidente que a Corte Suprema americana não se ocupa da correção de eventuais interpretações divergentes das Cortes ordinárias. Em verdade, com o *Judiciary Act* de 1925, a Corte passou a exercer pleno domínio sobre as matérias que deve ou não apreciar[30]. A EC 45/2004 conferiu ao Supremo Tribunal poder assemelhado.

Anteriormente, a Lei n. 10.259/2001 já havia simplificado o rito procedimental do recurso extraordinário (porém de forma restrita, pois somente incidia naqueles recursos interpostos contra as decisões dos juizados especiais federais). É indubitável que a Lei n. 11.418/2006 buscou imprimir idêntico modelo aos recursos extraordinários convencionais, que se reproduzem em múltiplos feitos.

- **Repercussão geral e suspensão do envio de processos ao STF – RE-QO 556.664**

É interessante mencionar também a questão de ordem que a Presidência, sob minha orientação, submeteu ao Plenário do Supremo Tribunal Federal no RE 556.664[31].

---

[27] HÄBERLE, Peter. O recurso de amparo no sistema germânico. *Sub Judice* 20/21, 2001, p. 33 (49).

[28] TRIEPEL, Heinrich. Wesen und Entwicklung der Staatsgerichtsbarkeit, *VVDStRL*, v. 5 (1929), p. 26.

[29] TRIEPEL, op. cit., p. 26.

[30] Cf., a propósito, GRIFFIN. Stephen M. The age of Marbury. *Theories of Judicial Review* vs. *Theories of Constitutional Interpretation*, 1962-2002, *Paper* apresentado na reunião anual da 'American Political Science Association', 2002, p. 34.

[31] O Tribunal, por unanimidade e nos termos do voto do Rel. Min. Gilmar Mendes (Presidente), conheceu do recurso extraordinário e a ele negou provimento, declarando a inconstitucionalidade dos arts. 45 e 46 da Lei n. 8.212/91 e do parágrafo único do art. 5º do Decreto-lei n. 1.569/77 (*DJ* de 9.5.2008).

Controle de Constitucionalidade **177**

O recurso extraordinário havia sido interposto em face de decisão, proferida pelo Tribunal Regional Federal da 4ª Região, que negou provimento à apelação da União, por entender que, diante de anterior declaração da inconstitucionalidade dos arts. 45 e 46 da Lei n. 8.212/91, bem como do art. 5º, parágrafo único, do Decreto-lei n. 1.569/77, deveria ser reconhecida a prescrição da execução fiscal. A decisão fundava-se no argumento segundo o qual teria sido ignorada, na hipótese, a obrigatoriedade de lei complementar para cuidar de decadência e prescrição de contribuições previdenciárias.

Consignei, na ocasião, que a Lei n. 11.418/2006 apenas estendeu o que era previsto, de forma restritiva, pela Lei n. 10.259/2001. É verdade que a discussão encetada naqueles autos era inédita – por se tratar de recurso extraordinário com exigência de submissão à análise da preliminar de repercussão geral, referente à questão ainda não decidida pela Corte. Dois precedentes foram mencionados para justificar a propositura de sobrestamento, na origem, dos recursos extraordinários que discutissem a questão: a Medida Cautelar na Ação Cautelar 272-RJ, Rel. Min. Ellen Gracie, *DJ* de 25.2.2004, em que o Supremo Tribunal Federal aplicou o instituto da suspensão de tramitação de processos nos tribunais de origem, nos termos da Lei n. 10.259/2001, e a Medida Cautelar no RE 519.394-2, de minha relatoria, *DJ* de 8.3.2007, em que havia sido deferida parcialmente a liminar requerida pelo INSS para "determinar, *ad referendum* do Pleno, o sobrestamento, na origem, dos recursos extraordinários nos quais se discuta majoração de pensão por morte em face da aplicação da Lei n. 9.032/95, em relação a benefícios concedidos antes de sua edição".

O respaldo da Lei n. 11.418/2006, que incluiu o art. 543-B no Código de Processo Civil, bem como a minuciosa regulamentação implementada pela Emenda Regimental 21/2007, que deu nova redação ao art. 328 do RISTF, eram indicações seguras das mudanças importantes para o processamento do recurso extraordinário perante a Suprema Corte brasileira. É que o instrumento deixa de ter caráter marcadamente subjetivo, ou de defesa de interesse das partes, para assumir, de forma decisiva, a função de defesa da ordem constitucional objetiva.

- **Declaração de prejudicialidade de recurso extraordinário: não cabimento de agravo de instrumento – AI-QO 760.358**

Ainda acerca do sistema inaugurado pela repercussão geral, cabe mencionar o AI 760.358[32], interposto pela União, em face de decisão proferida pela Presidência da Turma Recursal do Juizado Especial Federal de Sergipe, que declarou prejudicado o recurso extraordinário interposto, tendo em vista o julgamento da matéria pelo Supremo Tribunal Federal na QO-RE 597.154 (de minha relatoria), no mesmo sentido da decisão recorrida, conforme autoriza o regime da repercussão geral (art. 543-B, § 3º, do CPC).

No citado julgamento, reafirmei a jurisprudência consolidada no Tribunal no sentido de que é devida a extensão de gratificação de caráter genérico aos inativos e que os critérios de pontuação da GDATA e da GDASST, em relação aos servidores públicos inativos, serão os mesmos aplicáveis aos servidores em atividade, estabelecidos nas sucessivas leis de regência.

A União sustentava, no agravo de instrumento referido, que a matéria debatida nos autos do RE 597.154 dizia respeito à Gratificação de Desempenho Técnico-Administrativa – GDPGTAS, gratificação que não poderia ser equiparada à GDATA, já que criada em quadro jurídico-constitucional diverso, após a promulgação da Emenda Constitucional 41, de 2003. Afirmava-se que a decisão do Supremo Tribunal aplica-se somente aos casos de GDATA e GDASST, não

---

[32] Em 19.11.2009, o Tribunal resolveu questão de ordem no sentido de não conhecer o agravo de instrumento e de devolvê-lo ao Tribunal de origem para que o julgasse como agravo regimental.

podendo ser estendida aos casos de GDPGTAS para efeito de aplicação do regime de repercussão geral, em face da ausência de identidade entre as matérias.

Entendi necessária, porém, reflexão prévia.

Por isso, levei à consideração questão de ordem para que se fixasse, em Plenário, o entendimento de que agravo de instrumento dirigido ao Supremo Tribunal Federal não seria meio adequado para a parte questionar decisão de Tribunal *a quo* que aplica a sistemática da repercussão geral, nos termos dos arts. 543-A e 543-B e parágrafos do Código de Processo Civil.

Ao votar na questão de ordem, ressaltei que a situação levada à Corte sinalizava o início da segunda fase da aplicação da reforma constitucional que instituiu a repercussão geral, dando origem a novo modelo de controle difuso de constitucionalidade. Essa nova fase cuidaria das inevitáveis controvérsias advindas da aplicação aos processos múltiplos, sobrestados ou não, das decisões de mérito pacificadas pelo STF.

Tratava-se da utilização dos *leading cases* para a solução de processos que versam sobre idênticas questões constitucionais e que, segundo o regime legal, não deveriam mais ser remetidos ao Supremo Tribunal, mas, nos termos do § 3º do art. 543-B, solucionados no âmbito dos Tribunais e Turmas recursais de origem, mediante juízo de retratação ou declaração de prejuízo (§ 3º "Julgado o mérito do recurso extraordinário, os recursos sobrestados serão apreciados pelos Tribunais, Turmas de Uniformização ou Turmas Recursais, que poderão declará-los prejudicados ou retratar-se.")

Assim, aduzi que a competência para a aplicação do entendimento firmado pelo STF é dos Tribunais e Turmas recursais de origem. Afirmei, ademais, que não se tratava de delegação para exame do recurso extraordinário. Também não se cuidava de inadmissibilidade ou de julgamento de recursos extraordinários ou agravos pelos Tribunais e Turmas recursais de origem, mas do reconhecimento da competência dos órgãos de origem para adequarem os casos individuais ao decidido no *leading case.*

Lembrei que houve uma opção política na reforma constitucional e que seria de assumir-se definitivamente a função de Corte Constitucional, abandonando-se a função de Corte de Revisão. De fato, desde que entrou em operação o novo modelo, questões constitucionais de relevância ímpar foram apreciadas pelo Plenário do Tribunal, exatamente porque se alargou o tempo de dedicação aos aspectos de grande complexidade e de alta indagação de que são frequentemente revestidas as questões constitucionais.

Ponderei, assim, que não seria cabível agravo de instrumento de cada decisão que aplica a jurisprudência do Tribunal em cumprimento ao disposto no § 3º do art. 543-B, do Código de Processo Civil, uma vez que entendimento contrário importaria a subversão de toda a lógica do sistema.

Seria plenamente consentânea, portanto, com o novo modelo, a possibilidade de se aplicar o decidido quanto a determinada questão constitucional, a situações idênticas, ainda que eventualmente revestidas de circunstâncias acidentais diversas.

Tais razões foram acolhidas, e, em 19.11.2009, o Tribunal resolveu a questão de ordem no sentido de não conhecer o agravo de instrumento e de devolvê-lo ao Tribunal de origem para que o julgasse como agravo regimental.

- **Recurso extraordinário e *causa petendi* aberta**

A adoção de estrutura procedimental aberta para o processo de controle difuso (participação de *amicus curiae* e outros interessados), a concepção de recurso extraordinário de feição especial para os juizados especiais, o reconhecimento de efeito transcendente para a declaração de inconstitucionalidade incidental, a lenta e gradual superação da fórmula do Senado (art. 52, inc. X), a incorporação do instituto da repercussão geral no âmbito do recurso extraordinário e a "desformalização" do recurso extraordinário, com o reconhecimento de possível *causa petendi* aberta, são demonstrações das mudanças verificadas a partir desse diálogo e intercâmbio entre

Controle de Constitucionalidade **179**

os modelos de controle de constitucionalidade positivados no direito brasileiro. Pode-se apontar, entre as diversas transformações detectadas, inequívoca tendência para ampliar a feição objetiva do processo de controle incidental entre nós.

No que concerne à *causa petendi* aberta, o Tribunal já havia afirmado, inicialmente, no AgRSE 5.206, confirmando voto proferido em 8.5.1997 pelo Rel. Min. Sepúlveda Pertence, que:

"E a experiência demonstra, a cada dia, que a tendência dominante – especialmente na prática deste Tribunal – é no sentido da crescente contaminação da pureza dos dogmas do controle difuso pelos princípios reitores do método concentrado.

Detentor do monopólio do controle direto e, também, como órgão de cúpula do Judiciário, titular da palavra definitiva sobre a validade das normas no controle incidente, em ambos os papéis, o Supremo Tribunal há de ter em vista o melhor cumprimento da missão precípua de 'guarda da Constituição', que a Lei Fundamental explicitamente lhe confiou.

Ainda que a controvérsia lhe chegue pelas vias recursais do controle difuso, expurgar da ordem jurídica a lei inconstitucional ou consagrar-lhe definitivamente a constitucionalidade contestada são tarefas essenciais da Corte, no interesse maior da efetividade da Constituição, cuja realização não se deve subordinar à estrita necessidade, para o julgamento de uma determinada causa, de solver a questão constitucional nela adequadamente contida".

Bem se vê que, nesse precedente, o Tribunal já havia sinalizado no sentido de um processo de dessubjetivação do sistema de controle difuso de constitucionalidade.

- **Causa petendi aberta e objetivação do recurso extraordinário – RE 388.830**

Também no RE 388.830[33], que discutia a aplicação da Lei n. 9.718/98, ou da Lei Complementar n. 7/70, como base para o pagamento da contribuição para o Programa de Integração Social – PIS, a questão da *causa petendi* aberta veio à tona.

De fato, não haveria violação ao art. 239 da Carta Magna, tendo em vista que o STF, em diversas oportunidades, já declarara a constitucionalidade de alterações do PIS por legislação infraconstitucional, após a promulgação da Constituição Federal de 1988 (ADI 1.417, Pleno, Rel. Octávio Gallotti, *DJ* de 23.03.01).

Apesar de não se vislumbrar no caso a violação ao art. 239 da Constituição, diante dos diversos aspectos envolvidos na questão, afirmei ser possível ao Tribunal analisar a matéria com base em fundamento diverso daquele sustentado no próprio recurso extraordinário.

Nesse sentido, registrei que o acórdão recorrido havia divergido da orientação firmada no julgamento do RE 357.950, em sessão realizada em 9.11.2005 (Rel. Min. Marco Aurélio), em que ficou assentada a inconstitucionalidade do § 1º do art. 3º da Lei n. 9.718/98.

- **Participação de amici curiae em recurso extraordinário – RE-QO 415.454**

Tal como já observado, não se pode esquecer, também, da tendência da Corte à abertura do processo constitucional à participação de *amici curiae*, admitidos especialmente diante da relevância do caso ou, ainda, em face do notório contributo que a manifestação possa trazer para o julgamento da causa.

Na QO-RE 415.454[34], que versava sobre o benefício previdenciário da pensão por morte, assentei que o instituto do *amicus curiae* confere, ao processo de fiscalização de constitucionalidade, colorido diferenciado, emprestando-lhe caráter pluralista e aberto que não pode ficar res-

---

[33] A Segunda Turma, em 14.2.2006, deu provimento, por unanimidade, ao recurso, nos termos do voto do Min. Gilmar Mendes, Relator (*DJ* de 10.3.2006).

[34] O Tribunal, em sessão realizada em 8.2.2007, por unanimidade, conheceu do recurso e, por maioria, deu-lhe provimento, vencidos os Ministros Eros Grau, Carlos Britto, Cezar Peluso e Sepúlveda Pertence.

trito ao controle concentrado. Ao revés, quando se tratar de matéria relevante e de ampla repercussão, a jurisdição constitucional exercida pelo Supremo deve se afastar de uma perspectiva estritamente subjetiva do recurso extraordinário[35].

• Sentença aditiva em controle incidental e princípio da isonomia – RE 405.579

Merece relevo a utilização, pelo STF, das chamadas sentenças de perfil aditivo. Sabe-se que, como todo tipo de linguagem escrita, os textos normativos padecem de certa indeterminação semântica, ensejando múltiplas interpretações. Assim, é possível entender, como o faz Rui Medeiros, que "a problemática dos limites da interpretação conforme à Constituição está indissociavelmente ligada ao tema dos limites da interpretação em geral"[36].

A eliminação ou fixação, pela Corte, de certos sentidos normativos do texto quase sempre tem o condão de alterar, ainda que minimamente, o sentido normativo original determinado pelo legislador. Por isso, muitas vezes a interpretação conforme levada a efeito pelo Tribunal pode se transformar numa decisão modificativa do sentido original do texto. Daí falar-se, muitas vezes, em decisões manipulativas de perfil aditivo.

A doutrina italiana considera manipulativa a decisão por meio da qual o órgão de jurisdição constitucional modifica ou adita normas submetidas à sua apreciação, a fim de que saiam do juízo constitucional com incidência normativa ou conteúdo distinto do original, mas concordante com a Constituição[37].

Contudo, embora os esforços teóricos acerca do tema tenham frutificado principalmente na Itália, a prolação de decisões manipulativas tem sido constante também na jurisprudência dos Tribunais espanhol[38] e português[39].

Convém observar que, não obstante manifestar-se de forma singular em cada sistema de jurisdição constitucional, a crescente utilização das decisões manipulativas de efeitos aditivos responde a necessidades comuns. Nesse sentido, em lição perfeitamente adequada ao direito pátrio, Augusto Martín de La Vega ressalta ser possível compreender a proliferação das decisões manipulativas de efeitos aditivos, levando-se em conta três fatores: a) a existência de Carta política de perfil marcadamente programática e destinada a progressivo desenvolvimento; b) a permanência de ordenamento jurídico-positivo com marcados resquícios autoritários e c) a ineficácia do Legislativo para responder, em tempo adequado, às exigências de atuação da Constituição e à conformação do ordenamento preexistente ao novo regime constitucional[40].

---

[35] Cf., nesse sentido, RE 591.797, Rel. Min. Dias Toffoli, e RE 563.708, Rel. Min. Cármen Lúcia.

[36] MEDEIROS, Rui. *A decisão de inconstitucionalidade*: os autores, o conteúdo e os efeitos da decisão de inconstitucionalidade da lei. Lisboa: Universidade Católica, 1999, p. 301.

[37] GUASTINI, Riccardo. *Lezioni di teoria costituzionale*. Torino: G. Giappichelli, 2001, p. 222.

[38] CAMAZANO, Joaquín Brage. *La acción abstracta de inconstitucionalidad*. México: Universidad Nacional Autónoma de México, 2005, p. 409-410: ("La utilización de este tipo de sentencias se plantea especialmente respecto de las hipótesis de desigualdad normativa o trato desigual por parte de una ley, porque la Ley prevé determinadas consecuencias para determinadas hipótesis, pero no para otros supuestos que constitucionalmente hubieran exigido un tratamiento igual. Como dice el TC español, ante tales hipótesis cabe, en principio, equiparar por arriba, suprimiendo las restricciones o exclusiones injustificadas establecidas por el legislador con la consiguiente extensión del beneficio a los discriminados").

[39] Cf. MORAIS, Carlos Blanco de (Org.). *As sentenças intermédias da justiça constitucional*. Lisboa: AADFL, 2009, p. 13-115.

[40] VEGA, Augusto de la. *La sentencia constitucional en Italia*. Madrid: Centro de Estudios Políticos y Constitucionales, 2003, p. 229-230.

Controle de Constitucionalidade **181**

É de notar que a complexidade de nosso sistema de controle de constitucionalidade emprestou linhas singulares ao fenômeno das decisões manipulativas de efeitos aditivos[41].

Atento a tais circunstâncias, em voto-vista no RE 405.579[42], neguei provimento ao recurso extraordinário, acompanhando a divergência, por entender que a extensão do benefício fiscal à recorrida, por meio da interpretação conforme à Constituição, em decisão de efeitos aditivos, seria a solução mais adequada, no ordenamento constitucional pátrio, para dirimir a controvérsia (Plenário, 17.10.2007, Informativo 484).

Tratava-se de recurso extraordinário interposto contra acórdão do TRF da 4ª Região que, com base no princípio da isonomia, estendera à empresa que trabalha com mercado de reposição de pneumáticos os efeitos do inc. X do § 1º do art. 5º da Lei n. 10.182/2001[43].

O Relator, Min. Joaquim Barbosa, deu provimento ao recurso, no que foi acompanhado pelos Ministros Eros Grau e Cezar Peluso, por considerar que o incentivo fiscal conferido pela lei citada não alcança a importação de pneumáticos para reposição, mas, apenas, aquela destinada a processo produtivo. O Min. Marco Aurélio, em voto divergente, manifestou-se pelo desprovimento do recurso, ao fundamento de que o inc. X do art. 5º da referida lei encerrou discrímen que possibilita a importação pelas montadoras e fabricantes para simples reposição, o que faz incidir a proibição do inc. II do art. 150 da CF. Acompanhou-o, nesse entendimento, o Min. Carlos Britto.

À primeira vista, a complexa questão seria facilmente resolvida com a declaração de inconstitucionalidade da expressão "incluídos os destinados ao mercado de reposição", de modo que nem as montadoras e fabricantes, nem as demais importadoras, teriam direito ao benefício fiscal. No entanto, tal conclusão parece tão simples quanto equivocada.

É que tal solução acabava por retirar completamente o benefício do imposto de importação no mercado de reposição de peças e de pneus, a influir substancialmente no mercado originário de produção de veículos – daí por que previsto no inc. X do § 1º do art. 5º da Lei n. 10.182/2001.

A declaração de nulidade total da expressão, com eficácia *ex tunc*, resultaria, invariavelmente, em distorção na aplicação do sistema do imposto de importação concebido para a produção de veículos, visando a fortalecer a indústria automobilística. Ademais, tal distorção repercutiria na oferta dos produtos no mercado de reposição, com impacto relevante no equilíbrio do mercado, no consumo interno e na inflação[44].

Cabe destacar que, na espécie, a inconstitucionalidade não reside na outorga do benefício em si, mas na exclusão dos demais contribuintes não contemplados no dispositivo, a despeito de realizarem as mesmas atividades dos expressamente beneficiados.

Por isso, em voto-vista, sugeri que o Tribunal, ao enfrentar a inconstitucionalidade da regra do art. 5º, § 1º, inc. X, da Lei n. 10.182/2001 e do sistema normativo dele decorrente, encontrasse solução que preservasse os estímulos aos investimentos e à produção, pelo menos até a elaboração de novas regras para disciplinar a matéria.

---

[41] Cf. o voto que proferi na ADPF-QO 54, Rel. Min. Marco Aurélio (*DJ* de 31.8.2007), especialmente p. 170-171.

[42] Em sessão de julgamento realizada em 1º.12.2010, o recurso recebeu decisão final no sentido de seu provimento. Os Ministros Joaquim Barbosa, Eros Grau, Cezar Peluso, Dias Toffoli e Cármen Lúcia deram provimento ao recurso, ficando vencidos os Ministros Marco Aurélio, Ayres Britto, Gilmar Mendes e Ricardo Lewandowski, que negavam provimento ao recurso para manter a extensão do benefício à empresa prejudicada.

[43] "Art. 5º O Imposto de Importação incidente na importação de partes, peças, componentes, conjuntos e subconjuntos, acabados e semiacabados, e pneumáticos fica reduzido em: (...) § 1º O disposto no *caput* aplica-se exclusivamente às importações destinadas aos processos produtivos das empresas montadoras e dos fabricantes de (...) X – autopeças, componentes, conjuntos e subconjuntos necessários à produção dos veículos listados nos incisos I a IX, incluídos os destinados ao mercado de reposição" (redação do *caput* dada pela Lei n. 12.350/2010).

[44] Cf. COOTER, Robert; ULEN, Thomas. *Law and economics*. 5. ed. Boston: Pearson, 2007, p. 32 e ss.

De fato, principalmente nos casos de ofensa ao princípio de isonomia decorrente da exclusão de certo benefício, surgem problemas que não podem ser resolvidos mediante simples declaração de nulidade.

De maneira recorrente, tenho insistido que a isonomia é conceito relacional. O postulado da igualdade pressupõe a existência de, pelo menos, duas situações que se encontram numa relação de comparação[45]. Essa relatividade do postulado da isonomia leva, segundo Maurer, a inconstitucionalidade relativa (*relative Verfassungswidrigkeit*), não no sentido de inconstitucionalidade menos grave. É que inconstitucional não se afigura a norma "A" ou "B", mas a disciplina diferenciada das situações (*die Unterschiedlichkeit der Regelung*): no caso, a completa nulidade do benefício fiscal a ser produzido por decisão simples de declaração de inconstitucionalidade do art. 5º, § 1º, inc. X, da Lei n. 10.182/2001.

Assim, vislumbrei a necessidade de solução diferenciada, isto é, decisão que pudesse exercer "função reparadora" ou, como esclarece Blanco de Morais, "de restauração corretiva da ordem jurídica afetada pela decisão de inconstitucionalidade". A solução para a evidente quebra do princípio da isonomia seria a extensão do benefício tributário aos demais contribuintes em situação equivalente, pois sua completa eliminação repercutiria de forma bem mais ampla no consumo, na inflação e no próprio equilíbrio do mercado de reposição.

Tal decisão não afronta o princípio da separação de Poderes, porquanto não se retira do Poder Legislativo a possibilidade de superar a violação ao princípio da isonomia, conferindo nova disciplina ao tema. Do mesmo modo, o Poder Executivo pode a qualquer momento alterar a alíquota do imposto de importação, por meio de decreto, de sorte a superar eventuais impactos da decisão aditiva.

Dessa maneira, ao votar no RE 405.579, assentei que, ao conceder a segurança, o Tribunal *a quo* não violou a Carta Magna, mas a aplicou de forma correta. Frisei também que, enquanto perdurar o benefício fiscal deferido às montadoras e fabricantes, a cobrança da alíquota integral de imposto de importação sobre as atividades da recorrida revela-se inconstitucional. Daí haver propugnado a extensão do benefício fiscal à recorrida – por meio de decisão manipulativa de efeitos aditivos – como solução mais adequada para o caso.

O julgamento foi interrompido por pedido de vista do Min. Menezes Direito[46].

- **Cabimento de agravo regimental contra decisão que indefere pedido de suspensão de segurança – cancelamento da Súmula 506 – SS-AgR-AgR-AgR 1.945**

Convém registrar, ainda, o julgamento da questão de ordem no SS-AgR-AgR-AgR 1.945[47]. No caso, o Estado de Alagoas insurgia-se contra a decisão do Relator, Min. Marco Aurélio, que indeferira pleito de suspensão de segurança com base no art. 4º da Lei n. 4.348/64, dispositivo que regulamenta o regime de suspensão de segurança e prevê o cabimento do recurso de agravo em face da decisão concessiva do pedido de suspensão.

Considerada a disciplina legal existente, firmou-se o enunciado da Súmula 506 do Supremo Tribunal Federal – "O agravo a que se refere o art. 4º da Lei n. 4.348, de 26.06.1964, cabe,

---

[45] MAURER, Hartmut. "*Zur Verfassungswidrigerklärung von Gesetzen*", *in Festschrift fur Werner Weber*. Berlin: 1974, p. 345 (354).

[46] *Informativo STF* 484, 15 a 19 de outubro de 2007. Em 16.2.2009, os autos foram devolvidos para julgamento.

[47] O Tribunal conheceu do agravo, vencidos o Min. Relator, o Min. Marco Aurélio e o Min. Sepúlveda Pertence. E, no mérito, por maioria, vencido o Relator, proveu-o para deferir a suspensão de segurança. Redigiu o acórdão o Min. Gilmar Mendes (*DJ* de 1º.8.2003).

somente, do despacho do presidente do Supremo Tribunal Federal que defere a suspensão da liminar, em mandado de segurança; não do que a denega".

Após a manifestação do então Presidente da Corte, Min. Marco Aurélio, no sentido do não conhecimento do agravo, ponderei que o entendimento sumulado acabava por conferir disciplina assimétrica à matéria, tornando irrecorrível, tão somente, a decisão que negava o pedido de suspensão em mandado de segurança. Era inequívoco, igualmente, que tal interpretação poderia levar a resultados diversos em questões absolutamente idênticas: sobre a mesma matéria, o Plenário do Tribunal poderia conhecer e prover agravo interposto contra decisão indeferitória de pedido de suspensão em qualquer processo, mas estaria impedido de fazê-lo no mandado de segurança.

Era o bastante para justificar a revisão da jurisprudência concernente ao tema, especialmente a Súmula 506 do Tribunal.

Parecia configurar-se curioso caso de lacuna normativa. Se no nosso ordenamento é expressa e pacífica a possibilidade da interposição do recurso de agravo regimental pelo particular, acaso sofra prejuízo com a concessão da suspensão, não se vislumbra razão para se negar ao Poder Público a mesma possibilidade, quando denegatória a decisão do pedido de suspensão. Essa orientação afigura-se tanto mais consistente, caso se considere que, nas amplíssimas hipóteses previstas na Lei n. 8.437/92 (liminar e sentença em cautelar, tutela antecipada, ação popular e ação civil pública), admite-se o agravo tanto na hipótese de deferimento quanto na do indeferimento da suspensão (art. 4º, § 3º).

A lacuna normativa superveniente restaria colmatada fundamentalmente pela aplicação do disposto na Lei n. 8.437/92 (art. 4º, § 3º), sobre o cabimento de agravo contra decisão que almeja o pedido de suspensão.

Assim, a inovadora disciplina para a suspensão da execução das decisões contempladas na Lei n. 8.437/92, relativa ao cabimento do agravo contra despacho indeferitório de suspensão liminar ou de sentença, poderia e deveria, segundo defendi, então, ser aplicada à suspensão em mandado de segurança. Daí por que conheci do agravo regimental em suspensão de segurança, no que fui acompanhado pelo Tribunal, contra os votos do Relator e do Min. Sepúlveda Pertence.

Restou, assim, cancelada a Súmula 506 do Supremo Tribunal Federal.

5. Decisões no controle de constitucionalidade e seus efeitos

Tal como observado, o controle de constitucionalidade experimentou significativa evolução nos últimos anos. Um dos aspectos relevantes diz respeito à declaração de inconstitucionalidade com modulação de efeitos, autorizada pelo art. 27 da Lei n. 9.868/99, e que iniciou sua expansão rumo ao controle concreto no RE 197.917.

- **Declaração de inconstitucionalidade com efeitos restritos no controle incidental e concreto – RE 197.917**

No âmbito das técnicas de declaração de inconstitucionalidade, sobressaem as decisões prolatadas no chamado "caso dos vereadores", referente à aplicação do critério da proporcionalidade à população na fixação do número de vereadores (RE 197.917 – Rel. Min. Maurício Corrêa) e naquele em que se discutia a possibilidade de progressão de regime para condenados por crimes hediondos (HC 82.959 – Rel. Min. Marco Aurélio).

Nas duas decisões, o Tribunal adotou a solução proposta em votos-vista de minha autoria, que recomendavam a adoção da declaração de inconstitucionalidade com efeitos restritos ou limitados.

No RE 197.917, interposto pelo Ministério Público estadual com fundamento nas alíneas *a* e *c* do art. 102 da Constituição, alegava-se que o art. 6º, parágrafo único, da Lei Orgânica local, estaria em contraste com a proporcionalidade exigida pela Carta Federal, pois fixara número excessivo de vereadores, dado que, à época, o Município contava com somente 2.651 habitantes.

Ao votar, o Min. Maurício Corrêa assentou que a questão estava restrita ao significado normativo do vocábulo "proporcional" inserto no art. 29, inc. IV, da Constituição. Apontava o Relator duas radicais e inconciliáveis opções: ou o termo teria algum sentido normativo, ou nada – ou quase nada – significaria do ponto de vista jurídico-normativo.

Seguindo a linha de raciocínio do Relator, manifestei-me, em voto-vista, no sentido de que a ideia, segundo a qual a proporcionalidade estaria mitigada pela determinação de observância de limites (MS 1.949), não poderia mais prosperar, pois sua aplicação prática vinha provocando resultados evidentemente ofensivos à Constituição, tornando vazia a fórmula que relaciona população/vereadores, além de situar-se em descompasso com o princípio da isonomia e do devido processo legal.

Apresentou-se, contudo, outra questão. Tratava-se da necessidade de o Tribunal conferir eficácia *pro futuro* à declaração de inconstitucionalidade, a fim de não criar insegurança jurídica nem afetar as situações constituídas.

Em sessão realizada em 24.3.2004, o Plenário, por maioria, vencidos os Ministros Sepúlveda Pertence, Marco Aurélio e Celso de Mello, declarou a inconstitucionalidade, com efeitos *pro futuro*, da norma questionada e determinou à Câmara de Vereadores que, após o trânsito em julgado, adotasse as medidas cabíveis para adequar sua composição aos parâmetros fixados no acórdão, respeitados os mandatos dos vereadores. O acórdão foi publicado no *DJ* de 7.5.2004.

Já no HC 82.959 havia outro elemento que conferia complexidade ao tema. O Tribunal havia declarado a constitucionalidade da lei que vedava a progressão de regime nos HC 69.657/SP (Rel. Min. Marco Aurélio) e HC 76.371/SP (Rel. Min. Marco Aurélio) julgados em 1992 e 1998, respectivamente. Agora, colocava-se nova indagação: declarada a inconstitucionalidade do art. 2º da referida lei, quais os efeitos a ela atribuíveis (*ex nunc* ou *ex tunc*)? Seria cogitável decisão que, sem levar em conta a declaração de constitucionalidade anteriormente proferida, viesse a reconhecer os efeitos retroativos das decisões?

O Tribunal optou por fórmula intermediária, consagrando que a declaração de inconstitucionalidade afetaria as sentenças condenatórias ainda não completamente executadas, mas restariam incólumes as sentenças cuja execução já se consumara. Afastou-se, assim, a possibilidade de qualquer discussão no campo da responsabilidade civil do Estado.

Do ponto de vista do processo constitucional, importa notar que as duas decisões representam um divisor de águas no que diz respeito às técnicas de decisão do controle de constitucionalidade. Quiçá pela primeira vez o Tribunal afirmava, de forma clara, a possibilidade de restrição de efeitos na declaração de inconstitucionalidade. Nos dois casos, cuidava-se de decisão proferida em processo de controle concreto, ou seja, cuja questão constitucional estava sendo tratada em caráter incidental.

Destaca-se, assim, que a declaração de inconstitucionalidade *in concreto* também se mostra passível de limitação de efeitos. A base constitucional dessa limitação – necessidade de outro princípio justificador da não aplicação do princípio da nulidade – parece sugerir que, se aplicável, a declaração de inconstitucionalidade restrita revela-se compatível com o controle concreto e o controle abstrato de constitucionalidade.

• Modulação de efeitos em matéria tributária – RE 560.626

O dogma da nulidade da lei inconstitucional pertence à tradição do direito brasileiro. A teoria da nulidade tem sido sustentada por importantes constitucionalistas. Fundada na antiga doutrina americana, segundo a qual *the inconstitutional statute is not Law at all*, significativa parcela da doutrina brasileira posicionou-se pela equiparação entre inconstitucionalidade e nu-

Controle de Constitucionalidade **185**

lidade. Afirmava-se, em favor dessa tese, que o reconhecimento de qualquer efeito a uma lei inconstitucional importaria na suspensão provisória ou parcial da Constituição.

Razões de segurança jurídica podem revelar-se, no entanto, aptas a justificar a não aplicação do princípio da nulidade da lei inconstitucional.

Exemplo da correção desse raciocínio consubstanciou-se no julgamento do RE 560.626[48].

O recurso extraordinário, cuja repercussão geral fora formalmente reconhecida pelo Tribunal, veiculava a seguinte questão constitucional: há necessidade do uso de lei complementar para regular matéria relativa à prescrição e à decadência tributárias?

A recorrente argumentava que caberia à lei complementar apenas a função de traçar diretrizes gerais quanto à prescrição e à decadência tributárias. Ademais, nem todas as normas pertinentes à prescrição e à decadência seriam normas gerais, mas tão somente aquelas que regulam o método pelo qual os prazos de decadência e prescrição são contados, que dispõem sobre as hipóteses de interrupção de prescrição e que fixam regras a respeito do reinício de seu curso.

À unanimidade, contudo, o Tribunal seguiu a tese por mim sustentada para, com fundamento em jurisprudência dominante na Corte, afirmar que a fixação de prazos decadenciais e prescricionais e a definição da forma de fluência são questões que exigem tratamento uniforme em âmbito nacional, não se justificando, ao menos por meio de legislação ordinária, a criação de hipóteses de suspensão ou interrupção, nem o incremento ou redução de prazos, sob pena de serem admitidas diferenciações em cada um dos Estados e Municípios e para cada espécie tributária, mesmo dentro de uma mesma esfera política, com evidente prejuízo à vedação constitucional de tratamento desigual entre contribuintes que se encontrem em situação equivalente e à segurança jurídica – valor jurídico maior a fundamentar os institutos examinados.

Colocava-se, no entanto, o problema da repercussão e da insegurança jurídica que poderia advir da decisão prolatada naqueles autos.

Acolhendo proposta por mim elaborada, o Tribunal fixou entendimento no sentido de que, fora dos prazos de decadência e prescrição previstos no Código Tributário Nacional, o Fisco fica impedido de exigir as contribuições da seguridade social. No entanto, prosseguiu o Tribunal, os valores já recolhidos – administrativamente ou por meio de execução fiscal – não seriam devolvidos ao contribuinte, salvo se ajuizada a ação de repetição antes da data de conclusão do julgamento daquele recurso extraordinário.

Fácil concluir que o Supremo Tribunal, contra o voto do Min. Marco Aurélio, deliberou aplicar efeitos *ex nunc* à decisão, estabelecendo a inadmissibilidade de se pedir a repetição de indébitos após a decisão tomada na sessão em que julgado o mérito do extraordinário.

• Modulação de efeitos em embargos de declaração – ADI 2.791

Também foi a ideia de ponderação entre os princípios da nulidade da lei inconstitucional e da segurança jurídica que inspirou o meu voto nos embargos declaratórios da ADI 2.791[49], no qual consignei que, como regra geral, as decisões proferidas no exame de ações diretas de incons-

---

[48] Em 11.6.2008, o Tribunal, por unanimidade e nos termos do voto do Rel. Min. Gilmar Mendes (Presidente), conheceu do recurso extraordinário e a ele negou provimento, declarando a inconstitucionalidade dos arts. 45 e 46 da Lei n. 8.212/91 e do parágrafo único do art. 5º do Decreto-lei n. 1.569/77. Na assentada seguinte, por maioria, vencido o Min. Marco Aurélio, deliberou aplicar efeitos *ex nunc* à decisão, esclarecendo que a modulação aplicava-se tão somente em relação a eventuais repetições de indébitos ajuizadas após a decisão assentada na sessão do dia 11.6.2008, não abrangendo, portanto, os questionamentos e os processos já em curso, nos termos do voto do Relator.

[49] O Tribunal, por maioria, rejeitou os embargos, vencidos o Relator, Min. Gilmar Mendes (Presidente), e os Ministros Ellen Gracie, Eros Grau e Cezar Peluso (*DJ* de 4.9.2009).

titucionalidade possuem eficácia *ex tunc*, sendo nulo o ato impugnado, desde a origem. Considerei, entretanto, que, excepcionalmente, como no caso daqueles autos, a declaração de inconstitucionalidade deveria ter eficácia *ex nunc*, quando, por razões de segurança jurídica ou de relevante interesse social, se mostrasse oportuno que fosse fixado outro momento de eficácia da decisão (art. 27 da Lei n. 9.868/99).

- **Admissibilidade de modulação de efeitos em relação ao direito pré--constitucional – AI-AgR 582.280**

Com base nessa mesma orientação, apresentei voto divergente quanto aos fundamentos do voto do Relator, Min. Celso de Mello, no AI-AgR 582.280[50]. Afastei a legitimidade da progressividade do IPTU, forte no argumento de que a regra discutida não fora recepcionada pelo texto constitucional de 1988[51].

No que diz respeito à modulação de efeitos em sede de declaração de não recepção, pela Constituição, de direito pré-constitucional, deixou-se assentado que não se haveria de negar que, aceita a ideia de modulação, as mesmas razões de segurança jurídica poderiam revelar-se aptas a conduzir o Tribunal a modular os efeitos também desse tipo de decisão.

Daí não se vislumbrar qualquer razão, de ordem prática ou jurídica, que concorresse para a vedação da aplicação da técnica da modulação de efeitos também em decisões que declarem não recepcionada, pela Constituição, determinada norma editada sob regime constitucional anterior.

- **ADI e necessidade de impugnação de normas revogadas pela lei objeto da declaração de inconstitucionalidade – ADI 3.660**

Também merece destaque o julgamento da ADI 3.660[52], na qual se discutiu, na delimitação inicial de certa ação direta de inconstitucionalidade, se o requerente deveria, ou não, verificar a existência de normas revogadas que pudessem, eventualmente, ser repristinadas pela declaração de inconstitucionalidade das normas revogadoras.

Como Relator, concluí que a exigência de impugnação de toda a cadeia normativa supostamente inconstitucional, com o objetivo de se evitar o indesejado efeito respristinatório da legislação anterior eivada dos mesmos vícios, poderia ser relativizada, tendo em vista que o Tribunal sempre pode deliberar a respeito da modulação do próprio efeito repristinatório da declaração de inconstitucionalidade. É que o art. 27 da Lei n. 9.868/99 deixa aberta essa possibilidade. O § 2º do art. 11 dessa Lei, na hipótese de medida cautelar, também permite, de forma expressa, que o Tribunal mitigue o efeito repristinatório da decisão.

Em face do conjunto formado por tais precedentes, pode-se entender que, se o STF declarar a inconstitucionalidade restrita, sem qualquer ressalva, essa decisão afeta os demais processos com pedidos idênticos pendentes de decisão nas diversas instâncias.

---

[50] A Segunda Turma, em 12.9.2006, negou seguimento ao agravo nos termos do voto do Rel. Min. Celso de Mello (*DJ* de 6.11.2006).

[51] Enfatizava o Relator que o pedido formulado pela Procuradoria do Estado do Rio, no sentido de que houvesse a modulação de efeitos, deveria ser considerado inadmissível, tendo em vista que se examinava não um caso de inconstitucionalidade, mas de compatibilidade entre direito pré-constitucional e a nova Constituição.

[52] Em sessão de 13.3.2008, o Supremo Tribunal Federal, por unanimidade, julgou procedente a ação, nos termos do voto do Rel. Min. Gilmar Mendes, e, por maioria, deliberou atribuir à declaração de inconstitucionalidade da Tabela J do anexo da Lei n. 1.936/98, na sua redação vigente, dada pela Lei n. 3.002/2005, e na sua redação original, e do art. 53 e da Tabela V da Lei n. 1.135/91, todas do Estado de Mato Grosso do Sul, efeitos a partir da Emenda Constitucional 45/2004 (*DJ* de 9.5.2008).

Controle de Constitucionalidade **187**

É verdade que, tendo em vista a autonomia, entre nós, dos processos de controle incidental ou concreto e de controle abstrato, mostra-se possível certo distanciamento temporal entre as decisões proferidas nos dois sistemas (decisões anteriores, no sistema incidental, com eficácia *ex tunc*, e decisão posterior, no sistema abstrato, com eficácia *ex nunc*). Esse fato poderá ensejar grande insegurança jurídica.

A aplicação do art. 27 da Lei n. 9.868/99, portanto, apresenta-se como adequada solução para o difícil problema da convivência entre os dois modelos de controle de constitucionalidade existentes no Direito brasileiro, também no que diz respeito às técnicas de decisão.

Não parece haver dúvida de que, frente à complexa conformação de nosso sistema de controle, a limitação de efeito é apanágio do controle judicial de constitucionalidade como um todo, podendo ser aplicado, por conseguinte, tanto no controle direto quanto no controle incidental.

- **Lei de teor idêntico à lei declarada constitucional ou inconstitucional – RCL 3.014**

Interessante questão veio à tona na Rcl 3.014[53] (Rel. Min. Ayres Britto), em que se discutia se havia efeito vinculante dos fundamentos determinantes. Entendi que a controvérsia residia não no reconhecimento de efeito vinculante aos motivos determinantes das decisões em controle abstrato de constitucionalidade, mas na possibilidade de se analisar, mediante ajuizamento de reclamação, a constitucionalidade de lei de teor idêntico ou semelhante à lei que já fora objeto da fiscalização abstrata de constitucionalidade perante o Supremo Tribunal Federal.

Ainda que não se empreste eficácia transcendente (efeito vinculante dos fundamentos determinantes) à decisão, o Tribunal, ao examinar reclamação contra aplicação de lei idêntica àquela declarada (in)constitucional, pode vir a declarar, incidentalmente, a (in)constitucionalidade da lei ainda não atingida pelo juízo de inconstitucionalidade.

Embora a Corte tenha julgado improcedente a reclamação, por vislumbrar diferenças entre a norma declarada constitucional e a outra, cuja aplicação era controvertida no âmbito da reclamação, é certo que foram majoritárias as manifestações no sentido da admissibilidade da reclamação na situação prefigurada.

- **Possibilidade de órgãos autônomos, como o CNJ e o CNMP, afastarem a aplicação de determinado ato normativo por vício de inconstitucionalidade – MS 26.739/DF**

Ao julgar o MS 26.739/DF, o Supremo Tribunal Federal discutiu a possibilidade de o Conselho Nacional de Justiça afastar a aplicação de determinado ato normativo tido por inconstitucional, quando existir jurisprudência pacífica do STF que ateste a referida inconstitucionalidade.

O caso versava sobre o afastamento, pelo CNJ, da aplicação de ato do Tribunal de Justiça de Minas Gerais (TJMG) tido por inconstitucional pelo Conselho, que fixara férias em 60 dias para servidores de segunda instância da Justiça estadual mineira. A edição do ato impugnado, com efeito, contrariava frontalmente a jurisprudência do Supremo Tribunal Federal – que reconhece, de forma pacífica, a inconstitucionalidade da ocorrência de férias coletivas nos juízos e tribunais de segundo grau – o que motivou o afastamento de sua aplicação pelo CNJ.

---

[53] Em sessão plenária realizada em 10.3.2010, o Tribunal, por maioria e nos termos do voto do Rel. Min. Carlos Britto, julgou improcedente a reclamação, vencidos os Ministros Gilmar Mendes (Presidente), Ricardo Lewandowski, Eros Grau, Cezar Peluso e Celso de Mello.

Em face do afastamento pelo Conselho da aplicação do ato do TJMG, o Sindicato dos Servidores da Justiça de Segunda Instância de Minas Gerais (SINJUS/MG) impetrou mandado de segurança coletivo, com pedido liminar, sob o argumento de suposta incompetência do CNJ para prolação de decisão daquela natureza. Defendeu o SINJUS/MG ser atribuição exclusiva do STF a análise de compatibilidade entre a norma que prevê o direito a férias dos servidores mineiros e a Constituição Federal, razão pela qual deveria ser anulada a decisão do CNJ que afastara o ato editado pelo TJMG.

Todavia, no julgamento da demanda, prevaleceu, entre os membros da Segunda Turma do STF, o entendimento no sentido de que o Conselho Nacional de Justiça não era incompetente para a prolação da decisão então impugnada, não havendo, portanto, qualquer usurpação de competência da Corte Constitucional pelo CNJ. Entenderam os magistrados que é possível que órgãos autônomos – como o CNJ, CNMP, Conselho dos Contribuintes, dentre outros – profiram decisão no sentido de afastar a aplicação de determinado ato normativo por vício de inconstitucionalidade, desde que a jurisprudência do Supremo Tribunal Federal seja pacífica em já reconhecer a inconstitucionalidade da matéria.

Desse modo, vale salientar que a decisão proferida no julgamento do MS 26.739/DF não autoriza a realização de controle difuso de constitucionalidade por órgãos não jurisdicionais. Na verdade, nas hipóteses como a que se verificava no referido processo, a jurisprudência do STF deve ser pacífica no sentido de reconhecer a inconstitucionalidade de um tema, para que os órgãos não jurisdicionais possam decidir afastar a aplicação de determinado ato normativo que diga respeito àquele assunto, por inconstitucionalidade. Em conformidade com a decisão, os órgãos não jurisdicionais podem aplicar a jurisprudência uniforme da Corte Constitucional ao caso concreto e concluir pelo afastamento ou pela aplicação de determinado ato normativo, tendo em vista a sua (in)compatibilidade com o texto constitucional, segundo a interpretação do próprio Supremo Tribunal Federal.

- **Caso da Lei Orgânica da Assistência Social e a possibilidade de alteração de jurisprudência com declaração de inconstitucionalidade de norma em sede de reclamação – Rcl 4.374 e RE-RG 567.985**

Esses precedentes são de significativa importância para o sistema de controle de constitucionalidade brasileiro, na medida em que ilustram a possibilidade de inconstitucionalização de normas jurídicas, em razão de alteração das concepções jurídicas dominantes ou de relevantes modificações fáticas.

Com efeito, o Supremo Tribunal Federal, por ocasião do julgamento da Ação Direta de Inconstitucionalidade 1.232, Rel. Min. Ilmar Galvão, já houvera declarado a constitucionalidade do requisito objetivo – renda mensal *per capita* familiar inferior a ¼ do salário mínimo (art. 20, § 3º, da Lei n. 8.742) – estabelecido em lei como condição de miserabilidade para fins de concessão de benefício assistencial de prestação continuada ao idoso ou a portador de deficiência.

Ocorre que essa primeira decisão do Supremo Tribunal Federal não pôs termo à controvérsia quanto à aplicação em concreto do critério da renda familiar *per capita* estabelecido em lei. Isso porque diversos órgãos do Judiciário elaboraram maneiras de contornar o critério objetivo e único estipulado, para avaliar o real estado de miserabilidade social das famílias com entes idosos ou deficientes.

Paralelamente, foram editadas leis que estabeleceram critérios mais elásticos para concessão de outros benefícios assistenciais, como a Lei n. 10.836/2004, que criou o Bolsa-Família; a Lei n. 10.689/2003, que instituiu o Programa Nacional de Acesso à Alimentação; e a Lei n. 10.219/2001, que criou o Bolsa-Escola.

Nessa conjuntura, a questão foi, após cerca de quinze anos, novamente submetida a exame da Suprema Corte, por meio da Reclamação 4.374, de minha relatoria, e do Recurso Extraordinário com Repercussão Geral 567.985, Rel. Min. Marco Aurélio.

Como relator da Reclamação 4.374, ponderei que a reapreciação das decisões tomadas em sede de controle abstrato de normas tende a surgir com mais naturalidade e de forma mais recorrente no âmbito das reclamações. Com efeito, a partir da alegação de afronta a determinada decisão do STF, o Tribunal pode reapreciar e redefinir o conteúdo e o alcance de sua própria decisão.

Feitas essas considerações, a Corte conheceu da reclamação para julgá-la conjuntamente com o recurso extraordinário com repercussão geral e assentar, no mérito, a ocorrência do processo de inconstitucionalização do dispositivo atacado, em razão de notórias mudanças fáticas (políticas, econômicas e sociais) e jurídicas (sucessivas modificações legislativas dos patamares econômicos utilizados como critérios de concessão de outros benefícios assistenciais por parte do Estado brasileiro).

Parte V
Administração Pública

Parte V
Administração Pública

1. Limites do poder regulamentar

• Limites do poder regulamentar e impossibilidade de convalidação de medida provisória – ADI-MC 3.090 e ADI-MC 3.100

No julgamento da ADI-MC 3.090 (Rel. Min. Ellen Gracie) e ADI-MC 3.100[1], no qual se debateu o limite do poder regulamentar no setor elétrico, examinaram-se os excessos do exercício do poder regulamentar pela Administração Pública.

Salientei que o regulamento autorizado *intralegem* é plenamente compatível com o ordenamento jurídico brasileiro, podendo constituir relevante instrumento de realização de política legislativa, tendo em vista considerações de ordem técnica, econômica, administrativa etc.

A nossa ordem constitucional, todavia, não se compadece com as autorizações legislativas puras ou incondicionadas, de nítido e inconfundível conteúdo renunciativo, sob pena de fraude ao princípio da reserva legal e à vedação à delegação de poderes.

A partir de tais premissas, passei a analisar o teor da Medida Provisória 144/2003 com vista a saber se houve, ou não, violação a tais princípios – reserva legal e vedação à delegação de poderes.

Na leitura do *caput* do art. 1º, procurei demonstrar que, apesar do uso da expressão "nos termos desta Medida Provisória e do seu regulamento", da leitura da integralidade da MP, não se vê qualquer balizamento para a compreensão da "contratação regulada ou livre", cujo significado, portanto, haveria de ser definido meramente nos termos de regulamento executivo.

Tal percepção confirmava-se pelo conteúdo dos dois primeiros incisos do art. 1º, que expressamente transfeririam ao regulamento a disciplina das "condições gerais e processos de contratação regulada", e "condições de contratação livre". Como destaquei, não se contava com qualquer balizamento legal para a compreensão do que viriam a ser tais modalidades de contratação, ficando o Legislativo e o Judiciário impossibilitados de dizer "esta disciplina exorbitou o comando legal", simplesmente porque inexiste comando legal algum. Outras disposições da MP também foram examinadas para se concluir que havia normas que transferiam ao Executivo, sem qualquer limite, a possibilidade de tomada de decisões políticas fundamentais em tema que a Carta Constitucional reservara expressamente à lei.

Com base em tais razões, votei no sentido da concessão da liminar para dar interpretação conforme a Constituição, destinada a considerar inaplicável não só a medida provisória como a lei de conversão a qualquer atividade relacionada à exploração do potencial hidráulico para fins de produção de energia. Acompanharam-me os Ministros Sepúlveda Pertence, Marco Aurélio e Celso de Mello.

A maioria do Tribunal, entretanto, indeferiu a medida cautelar, seguindo a divergência aberta pelo Min. Eros Grau.

---

[1] O Tribunal, por maioria, indeferiu a medida cautelar, vencidos os Ministros Gilmar Mendes (Relator), Sepúlveda Pertence, Marco Aurélio e Celso de Mello (*DJ* de 26.10.2007).

2. Moralidade administrativa

• Moralidade administrativa e nepotismo – ADC-MC 12

No julgamento da ADC 12-6[2] (Rel. Min. Ayres Britto), ajuizada pela Associação dos Magistrados Brasileiros – AMB, o Supremo delimitou a função administrativa do CNJ no tocante à expedição de regulamentos com vista à observância do art. 37 da CF, conforme imposto pelo art. 103-B, inc. II, da CF. Tratava-se da Resolução 7/2005, que vedou a prática do nepotismo.

Ao examinar a mencionada Resolução, observei que se cuidava de ato administrativo cujo fundamento de validade decorria diretamente da Constituição, inexistindo qualquer ofensa à legalidade. Inicialmente, destaquei que o conceito de legalidade não faz referência a um tipo de norma específica, mas ao ordenamento jurídico superior como um todo ("bloco de legalidade"). Em outras palavras, a Constituição diz que ninguém será obrigado a fazer ou deixar de fazer alguma coisa que não esteja previamente estabelecido na própria Constituição e nas normas dela derivadas.

Salientei também que não apenas a lei em sentido formal, mas também a Constituição emite comandos normativos direcionados à atividade administrativa, como no caso do princípio da moralidade, a permitir certa margem de "livre apreciação" à Administração Pública. Assim, a Constituição concede ao CNJ poderes discricionários delimitados pelas regras de competência do art. 103-B e pelos princípios do art. 37, dos quais decorrem poderes administrativos "inerentes" ou "implícitos". Portanto, se cabe ao CNJ zelar pelo cumprimento dos princípios da moralidade e da impessoalidade, é da sua competência fiscalizar os atos administrativos do Poder Judiciário que violem tais princípios. Daí a legitimidade da vedação ao nepotismo. Tal proibição é regra constitucional que está na zona de certeza dos princípios da moralidade e da impessoalidade.

Dessa forma, a Resolução do CNJ limitara-se a explicitar o que já resultava da normatividade da Constituição, razão pela qual não vislumbrei inconstitucionalidade na matéria.

• Cabimento de mandado de segurança coletivo por partidos políticos para defesa de direitos difusos violados por atos administrativos. Desvio de poder em ato administrativo: afastamento de Ministro de Estado nomeado para garantir foro privilegiado – MS 34.070-MC e MS 34.071-MC

Deferi medida liminar em dois mandados de segurança coletivos, ambos impetrados por partidos políticos com representação no Congresso Nacional, contra ato de nomeação de Luis Inácio Lula da Silva como Ministro de Estado.

Para o conhecimento das impetrações, revisitei a jurisprudência e afirmei a adequação do mandado de segurança impetrado por partido político para a defesa de direitos difusos.

O interesse tutelado era de caráter difuso, na definição do art. 81, parágrafo único, inc. I, do CDC, por ser transindividual, indivisível e de titularidade indeterminada.

O emprego do mandado de segurança coletivo para a tutela de interesses difusos não é aceito de forma tranquila. A Lei n. 12.016/2009, que "disciplina o mandado de segurança individual e coletivo", indica em sentido contrário. O parágrafo único do art. 21, específico da impetração em caráter coletivo, afirma que a ação pode ser manejada para tutela de direitos coletivos e individuais homogêneos, não mencionando os direitos difusos.

---

2   O Tribunal, por unanimidade, julgou procedente a ação declaratória de constitucionalidade e, por maioria, emprestou interpretação conforme à Constituição para deduzir a função de chefia do substantivo "direção", constante dos incs. II, III, IV e V do art. 2º da Resolução 7, de 18.10.2005, do Conselho Nacional de Justiça, nos termos do voto do Relator, vencidos os Ministros Menezes Direito e Marco Aurélio (*DJ* de 18.12.2009).

De forma paralela, surge a questão da possibilidade de o partido político usar a ação em defesa de interesses que não são peculiares a seus filiados. Até o momento, a jurisprudência vinha negando o uso da via.

Foi essa a *ratio* que guiou o Tribunal no julgamento do RE 196.184, Rel. Min. Ellen Gracie, julgado em 27.10.2004. O caso tratava da possibilidade de utilização da ação com o objetivo de tutelar o interesse individual homogêneo disponível – interesse dos contribuintes em não se submeter a aumento no IPTU. Concluiu-se que a tutela do interesse individual homogêneo disponível deveria ser feita pelos próprios contribuintes, individual ou coletivamente, não sendo viável a tutela pela ação de mandado de segurança coletivo manejada por partido político.

Daquele feita, registrei discordância quanto à possibilidade de o partido político impetrar segurança em favor de "interesses outros que não os de seus eventuais filiados".

Ao deferir as medidas liminares, reconheci que a análise que fiz anteriormente foi excessivamente restritiva. Os partidos políticos têm finalidades institucionais bem diferentes das associações e sindicatos. Representam interesses da sociedade, não apenas dos seus membros. Até mesmo aqueles que não lhes destinam voto são por eles representados.

A ideia de "representação" pelos partidos é da essência da própria definição legal incorporada ao direito brasileiro. Veja-se, a propósito, o que dispõe o art. 1º da Lei n. 9.096/95:

> "Art. 1º O partido político, pessoa jurídica de direito privado, destina-se a assegurar, no interesse do regime democrático, a autenticidade do sistema representativo e a defender os direitos fundamentais definidos na Constituição Federal".

Assim, não é correto lhes conferir o mesmo tratamento dado às associações e aos sindicatos. E não foi isso que fez o texto constitucional em vigor.

A exigência de que o mandado de segurança coletivo seja impetrado "em defesa dos interesses de seus membros ou associados" consta apenas da alínea "b" do inciso LXXII do art. 5º. Não consta da alínea "a", tampouco do próprio inciso.

Aliás, essa diferença não parece ter sido nunca ignorada por esta Corte em sede de controle abstrato. Veja-se a maneira como este Tribunal interpreta o art. 103 da Constituição Federal, que cuida dos legitimados para ADI e ADC. Exige-se pertinência temática para as entidades previstas no inciso IX ("confederação sindical ou entidade de classe de âmbito nacional"), mas não para os partidos políticos. Deles exige-se apenas que contem com representante no Congresso Nacional, quando da propositura da ação direta.

Nessa linha, no já mencionado RE 196.184, a fundamentação da relatora afirmou que os partidos políticos poderiam manejar a ação em defesa de quaisquer interesses difusos.

O fato é que o precedente reduziu a importância da impetração da ordem de mandado de segurança coletivo por partido político, ao impedir o uso da ação para a defesa de interesses individuais homogêneos não peculiares aos filiados, sem que estivessem claros os limites de emprego do remédio na tutela de interesses coletivos e difusos. No cenário atual, os casos de mandado de segurança coletivo são raros.

A superveniente Lei n. 12.016/2009 parece adotar a linha restritiva, limitando o objeto da ação do partido à "defesa de seus interesses legítimos relativos a seus integrantes ou à finalidade partidária".

A leitura restritiva vem sendo criticada com excelentes argumentos. Teori Zavascki, em obra doutrinária, defende que os partidos políticos têm legitimidade ampla para manejar a ação, independentemente de vinculação com interesse de seus filiados. E vai além, sustentando que a ação pode ser manejada para a tutela de interesses difusos, ligados às finalidades do partido. Assim, um partido com programa voltado para a área ambiental poderá requerer a segurança contra ato ofensivo ao meio ambiente. Segundo defende Teori Zavascki, o "elo de relação e de compatibilidade" entre o interesse defendido e os "fins institucionais ou programáticos do partido político" seria o limite para a aferição do cabimento da ação[3].

A orientação doutrinária de Leonardo José Carneiro, José Afonso da Silva e Alexandre de Moraes também aponta no sentido do cabimento da impetração para a tutela de interesses difusos[4].

A concretização do dispositivo constitucional que prevê a legitimidade do uso do mandado de segurança coletivo por partido político ainda é uma obra em andamento. Os limites do art. 21 da Lei n. 12.016/2009 servem como indicativo, mas certamente não como fronteira das hipóteses de cabimento da ação. Tratando-se de garantia constitucional, não poderia o legislador restringir seus contornos para além de seu significado.

Uma solução que exclua a tutela de interesses difusos ou relacione necessariamente a vinculação da ação a interesse de seus integrantes é excessivamente restritiva. Como bem anotado por Teori Zavascki, "tal limitação implicaria não apenas o desvirtuamento da natureza da agremiação partidária – que não foi criada para satisfazer interesses dos filiados –, como também a eliminação, na prática, da faculdade de impetrar mandado de segurança coletivo"[5].

Por outro lado, é preciso ter cuidado para evitar que a ação confira uma legitimidade universal aos partidos políticos. O critério da finalidade partidária é uma limitação segura e correta.

A melhor interpretação ainda precisa ir um passo além. Deve fazer um paralelo com o mandado de segurança impetrado contra desvios no processo legislativo.

Ainda sob a Constituição de 1967/69, o Supremo Tribunal Federal, no MS 20.257 (MS 20.257, Rel. Min. Moreira Alves, *RTJ*, 99(3)/1040), entendeu admissível a impetração de mandado de segurança contra ato da Mesa da Câmara ou do Senado Federal, asseverando que, quando "a vedação constitucional se dirige ao próprio processamento da lei ou da emenda (...), a inconstitucionalidade (...) já existe antes de o projeto ou de a proposta se transformarem em lei ou em emenda constitucional, porque o próprio processamento já desrespeita, frontalmente, a Constituição" (MS 20.257, Rel. Min. Moreira Alves, *RTJ*, 99(3)/1040).

Atualmente, a jurisprudência do Tribunal está pacificada no sentido de que "o parlamentar tem legitimidade ativa para impetrar mandado de segurança com a finalidade de coibir atos praticados no processo de aprovação de leis e emendas constitucionais que não se compatibilizam com o processo legislativo constitucional" (MS 24.642, Rel. Min. Carlos Velloso, *DJ* de 18.6.2004; MS 20.452/DF, Rel. Min. Aldir Passarinho, *RTJ*, 116 (1)/47; MS 21.642/DF, Rel. Min. Celso de Mello, *RDA*, 191/200; MS 24.645/DF, Rel. Min. Celso de Mello, *DJ* de 15.9.2003; MS 24.593/DF, Rel. Min. Maurício Corrêa, *DJ* de 8.8.2003; MS 24.576/DF, Rel. Min. Ellen Gracie, *DJ* de 12.9.2003; MS 24.356/DF, Rel. Min. Carlos Velloso, *DJ* de 12.9.2003).

Também lá se afigurava evidente que se cuidava de uma utilização especial do mandado de segurança, não exatamente para assegurar direito líquido e certo de parlamentar, mas para resolver peculiar conflito de atribuições ou "conflito entre órgãos".

Em ambos os casos de violação à premissa de validade do processo legislativo, é cabível o mandado de segurança para resguardar a regularidade jurídico-constitucional do processo político de deliberação e aprovação de leis (MS 20.257, Rel. Min. Décio Miranda, *DJ* de 27.2.1981; MS 24.642, Rel. Min. Carlos Velloso, *DJ* de 18.6.2004).

---

[3]   ZAVASCKI, Teori. *Processo coletivo*. 6. ed. São Paulo: Revista dos Tribunais, 2014, p. 193-194.
[4]   DA CUNHA, Leonardo José Carneiro. *A fazenda pública em juízo*. 8. ed. São Paulo: Dialética, 2010, p. 469-470; DA SILVA, José Afonso. *Curso de direito constitucional positivo*. 22. ed. São Paulo: Malheiros, 2003, p. 458-459; MORAES, Alexandre de. *Direito constitucional*. 31. ed. São Paulo: Atlas, 2015, p. 177.
[5]   Op. cit., p. 196.

Esse tipo de ação é um mecanismo de defesa institucional, uma salvaguarda das prerrogativas das minorias parlamentares contra abusos cometidos pela maioria.

Para mandados de segurança coletivos impetrados por partido político pode ser construída solução paralela. É bem verdade que não se está cuidando de processo legislativo, mas de ato administrativo.

Mas, pela inexistência de lesão imediata a direitos individuais, a oposição não dispõe de ação que possa atacar imediatamente o ato alegadamente contrário ao direito.

Existe a possibilidade de tutela via ação popular, mas essa via não é aberta aos partidos políticos. Além disso, o mandado de segurança é uma ação que, ao menos em regra, tutela interesses também passíveis de salvaguarda em vias ordinárias.

A oposição tem claro interesse em levar ao Judiciário atos administrativos de efeitos concretos lesivos a direitos difusos.

E nosso sistema consagra a tutela de violações a direitos difusos como um valor a ser buscado, na perspectiva do acesso à jurisdição.

Tendo isso em vista, considerei que o mandado de segurança coletiva era via de defesa da ordem institucional que pode ser validamente desenvolvida e aceita.

No mérito, considerei configurado o desvio de finalidade no ato de nomeação para o cargo de Ministro de Estado, pelo que deferi a medida liminar, para suspender sua eficácia.

O STF consolidou jurisprudência no sentido de que a renúncia a cargos públicos que conferem prerrogativa de foro, com o velado objetivo de escapar ao julgamento em iminência, configura desvio de finalidade, inapto a afastar a competência para o julgamento da causa – AP 396, Rel. Min. Cármen Lúcia, Tribunal Pleno, julgada em 28.10.2010.

A situação era contrária no caso concreto. A alegação era de que pessoa foi nomeada para o cargo de Ministro de Estado para deslocar o foro para o STF e salvaguardar-se contra eventual ação penal sem a autorização parlamentar prevista no art. 51, inc. I, da CF.

Em estudo pioneiro sobre o tema, Vladimir Passos de Freitas defendeu que o ato de nomear pessoa para lhe atribuir foro privilegiado é nulo[6].

Apesar de ser atribuição privativa do Presidente da República a nomeação de Ministro de Estado (art. 84, inc. I, da CF), o ato que visa ao preenchimento de tal cargo deve passar pelo crivo dos princípios constitucionais, mais notadamente os da moralidade e da impessoalidade (interpretação sistemática do art. 87 c/c art. 37, inc. II, da CF).

A propósito, parece especialmente ilustrativa a lição de Manuel Atienza e Juan Ruiz Manero, na obra *Ilícitos atípicos*. Dizem os autores, a propósito dessa categoria: "Os ilícitos atípicos são ações que, *prima facie*, estão permitidas por uma regra, mas que, uma vez consideradas todas as circunstâncias, devem considerar-se proibidas"[7].

E por que devem ser consideradas proibidas? Porque, a despeito de sua aparência de legalidade, porque, a despeito de estarem, à primeira vista, em conformidade com uma regra, destoam da razão que a justifica, escapam ao princípio e ao interesse que lhe é subjacente. Trata-se simplesmente de garantir coerência valorativa ou justificativa ao sistema jurídico e de apartar, com clareza, discricionariedade de arbitrariedade.

O mesmo raciocínio abarca os três institutos bem conhecidos da nossa doutrina: abuso de direito, fraude à lei e desvio de finalidade/poder. Todos são ilícitos atípicos e têm em comum os

---

6 FREITAS, Vladimir Passos de. Nomeação para dar foro privilegiado a réu é ato administrativo nulo. Disponível em: <http://www.conjur.com.br/2016-mar-13/segunda-leitura-nomeacao-dar-foro-privilegiado-reu-ato-administrativo-nulo#_ednref5>. Acesso em: 18.3.2016.

7 ATIENZA, Manuel; MANERO, Juan Rui. *Ilícitos atípicos*. 2. ed. Madrid: Editorial Trotta, 2006, p. 12.

seguintes elementos: 1) a existência de ação que, *prima facie*, estaria em conformidade com uma regra jurídica; 2) a produção de um resultado danoso como consequência, intencional ou não, da ação; 3) o caráter injustificado do resultado danoso, à luz dos princípios jurídicos aplicáveis ao caso; e 4) o estabelecimento de uma segunda regra que limita o alcance da primeira para qualificar como proibidos os comportamentos que antes se apresentavam travestidos de legalidade.

Especificamente nos casos de desvio de finalidade, o que se tem é a adoção de uma conduta que aparenta estar em conformidade com uma certa regra que confere poder à autoridade (regra de competência), mas que, ao fim, conduz a resultados absolutamente incompatíveis com o escopo constitucional desse mandamento e, por isso, é tida como ilícita.

Aplicando essas noções ao caso, a Presidente da República praticou conduta que, *a priori*, estaria em conformidade com a atribuição que lhe confere o art. 84, inc. I, da Constituição – nomear Ministros de Estado. Mas, ao fazê-lo, produziu resultado concreto de todo incompatível com a ordem constitucional em vigor: conferir ao investigado foro no Supremo Tribunal Federal.

Não importam os motivos subjetivos de quem pratica o ato ilícito. O vício, o ilícito, tem natureza objetiva. A bem dizer, a comprovação dos motivos subjetivos que impeliram a mandatária à prática, no caso em tela, configura elemento a mais a indicar a presença do vício em questão, isto é, do desvio de finalidade.

O argumento do desvio de finalidade é perfeitamente aplicável para demonstrar a nulidade da nomeação de pessoa criminalmente implicada, quando prepondera a finalidade de conferir-lhe foro privilegiado.

Considerei que o ex-Presidente Luiz Inácio Lula da Silva fora empossado no cargo de Ministro de Estado para deslocar o foro para o STF e salvaguardar-se contra eventual ação penal sem a autorização parlamentar prevista no art. 51, inc. I, da CF.

Tendo isso em conta, deferi a medida liminar, para suspender a eficácia da nomeação de Luiz Inácio Lula da Silva ao cargo de Ministro Chefe da Casa Civil, determinando a manutenção da competência da justiça de primeira instância para analisar os procedimentos criminais em desfavor do referido ex-presidente da República.

• Possibilidade de exercício de cargos públicos por membros do Ministério Público – ADPF 388

O debate que se deu na arguição de descumprimento de preceito fundamental em referência teve origem na impugnação, por parte do Partido Popular Socialista (PPS), da nomeação, por decreto da Presidente da República, Dilma Vana Rousseff, do Procurador de Justiça do Ministério Público do Estado da Bahia, Wellington César Lima e Silva, ao cargo de Ministro de Estado da Justiça.

A referida nomeação, sem a respectiva exoneração do nomeado do Ministério Público, estaria amparada na interpretação dada pelo Conselho Nacional do Ministério Público ao art. 128, § 5º, inc. II, "d", da Constituição Federal, notadamente após a edição da Resolução 72/2011, que revogou os arts. 2º e 4º da Resolução 5/2006, que vedavam o exercício de qualquer outra função pública, senão da própria função institucional do Ministério Público.

Diante de tal cenário, fez-se oportuna a discussão relativa ao cabimento da arguição de descumprimento de preceito fundamental, notadamente quanto ao preenchimento do requisito da subsidiariedade (art. 4º, § 1º, da Lei n. 9.882/99). Isso porque o Supremo Tribunal Federal tem admitido a natureza normativa de atos emanados do CNMP e do CNJ, o que, em tese, ensejaria a propositura de ação direta de inconstitucionalidade.

No caso em questão, todavia, nem sequer se poderia sustentar a existência de norma do CNMP que autorizasse o ato impugnado via ADPF. Havia, isso sim, uma interpretação particu-

Administração Pública **199**

lar do Ministério Público quanto ao conteúdo do art. 128, § 5º, inc. II, "d", da Constituição Federal, notadamente após a edição da Resolução 72/2011.

A rigor, portanto, o controle de constitucionalidade teria como objeto a normatização do CNMP, a interpretação a ela atribuída pelo Ministério Público e, por fim, os próprios atos concretos de nomeação de membros do MP a cargos na Administração Pública. Nesse contexto, reconheceu-se que não haveria outro meio eficaz para, em sede de controle concentrado de constitucionalidade, sanar a violação à Constituição Federal sustentada na ADPF.

No mérito, o Plenário do Supremo Tribunal Federal reafirmou o conteúdo normativo que decorre da própria literalidade do texto constitucional, e se posicionou de forma contrária à possibilidade de exercício, por membros do MP, de qualquer função, salvo uma de magistério, na Administração Pública.

Tal entendimento já havia sido manifestado em diversas outras oportunidades, notadamente no âmbito do agravo regimental no Recurso Extraordinário n. 676.733, da relatoria do Min. Celso de Mello.

Nada obstante, o julgamento em questão teve, fundamentalmente, o propósito de pacificar, em sede de controle concentrado, o entendimento a respeito do tema.

Nesse particular, importa destacar que o entendimento prevalecente ressaltou que o objetivo da vedação constitucional trata, em princípio, de uma defesa da própria instituição ministerial, que não pode ficar vinculada aos interesses políticos e aos projetos pessoais de seus membros.

3. Improbidade administrativa

- **Prerrogativa de foro e *perpetuatio jurisdiciones* – ADI 2.797-2**

O tema da competência especial por prerrogativa de função foi apreciado pelo STF, nos autos da ADI 2.797-2/DF[8] (julgamento em 15.9.2005 – Rel. Min. Sepúlveda Pertence), no qual se examinou a constitucionalidade dos §§ 1º e 2º introduzidos, pela Lei n. 10.628/2002, no art. 84 do CPP[9].

Firmei posição – vencida – no sentido de reconhecer a constitucionalidade dos dispositivos. Observei, inicialmente, que a edição de lei é forma de interpretar a Constituição, não havendo ofensa ao STF quando o Legislativo edita lei, eventualmente, de teor contrário ao entendimento do Tribunal. Não é possível admitir que o legislador ordinário tenha a sua liberdade totalmente tolhida pelas declarações de constitucionalidade ou inconstitucionalidade do Tribunal. Pode ser adequado e prudente, inclusive, que tais atos legislativos sejam novamente apreciados a partir de dado contexto institucional.

Em síntese, não é possível presumir, portanto, a inconstitucionalidade dos dispositivos atacados simplesmente porque contrariam a "última palavra" conferida pelo Supremo Tribunal Federal sobre o tema, tal como sustentado pelo Relator, Min. Sepúlveda Pertence.

---

[8]   Por maioria, o Tribunal julgou procedente a ação, nos termos do voto do Rel. Min. Sepúlveda Pertence, para declarar a inconstitucionalidade da Lei n. 10.628/2002, que acresceu os §§ 1º e 2º ao art. 84 do Código de Processo Penal vencidos os Ministros Eros Grau, Gilmar Mendes e a Presidente, Min. Ellen Gracie (*DJ* de 19.12.2006).

[9]   Código de Processo Penal, art. 84. "A competência pela prerrogativa de função é do Supremo Tribunal Federal, do Superior Tribunal de Justiça, dos Tribunais Regionais Federais e Tribunais de Justiça dos Estados e do Distrito Federal, relativamente às pessoas que devam responder perante eles por crimes comuns e de responsabilidade" (Redação dada pela Lei n. 10.628, de 24.12.2002).

Em seguida, destaquei a diferença de tratamento que deve existir entre agentes políticos e demais agentes públicos, tendo em vista a peculiar posição daqueles, a justificar o tratamento constitucional diferenciado em relação a estes.

Examinei, também, possível equívoco do argumento segundo o qual a prerrogativa de foro deve ser interpretada de modo restritivo. É que há muito a jurisprudência do Supremo Tribunal Federal admite a possibilidade de extensão ou ampliação da própria competência expressa quando esta resulte implícita no sistema constitucional.

Assim, procurei demonstrar que o sistema constitucional não repudia a ideia de competências implícitas complementares, desde que necessárias para colmatar lacunas constitucionais evidentes. No caso em tela, se a Constituição estabelece que os agentes políticos respondem por crime comum ou de responsabilidade perante o STF, entender que tais agentes devem responder a processo assemelhado, ou de consequência assemelhada, perante o juiz de primeiro grau, afigurar-se-ia, desde logo, algo esdrúxulo.

Especificamente quanto à manutenção da prerrogativa de foro após a cessação do exercício do cargo – § 1º do art. 84 do CPP, manifestei-me pela constitucionalidade do preceito. Se um dos objetivos básicos da disciplina constitucional da prerrogativa de foro é o de conferir a tranquilidade necessária ao exercício de determinados cargos públicos, não faz sentido algum admitir cenário em que um atual Ministro de Estado tome decisões, em razão do exercício do cargo, que possam vir a ser contestadas posteriormente no foro ordinário.

No entanto, sendo a prerrogativa de foro uma proteção ao cargo, e não do seu titular, parece que tal proteção restaria afastada caso se deixasse ao alvedrio do próprio titular o resguardo do cargo público pelo sistema diferenciado dessa prerrogativa. Se o juiz natural consubstancia garantia constitucional, essa arbitrariedade configuraria, no mínimo, fraude à Constituição.

Tais considerações afastam qualquer impugnação no sentido da exigência de disciplina constitucional expressa sobre o tema. O legislador ordinário, no caso em tela, tão somente optara por disciplina que melhor concretiza a instituição da prerrogativa de foro constitucionalmente prevista.

Discute-se a possível assimilação entre os atos de improbidade e os assim chamados crimes de responsabilidade no sistema jurídico brasileiro.

A leitura do texto constitucional parece indicar que não existe espaço normativo útil ou autônomo para o manejo de ação de improbidade em relação aos agentes que já respondem por crime de responsabilidade, tendo em vista a notória coincidência do objeto do crime de responsabilidade do Presidente da República, naquilo que atente contra a probidade administrativa (art. 85, inc. V), com o objeto da ação de improbidade (art. 37, § 4º).

Poder-se-ia argumentar que haveria certo resíduo não abrangido pelas ações por crime de responsabilidade, que seria o elemento reparatório. Ocorre que, caso se trate de mover ação de conteúdo meramente reparatório, não precisa o Ministério Público valer-se da ação de improbidade. Há pletora de procedimentos e providências previstos na ordem jurídica com essa finalidade.

Em resumo, concluí que a disciplina punitiva das Leis ns. 8.429/92 e 1.079/50 opera no mesmo espaço normativo definido pela Constituição, ou seja, no âmbito dos chamados crimes de responsabilidade.

- **Prerrogativa de foro em ações de improbidade administrativa – RCLs 2.186 e 2.138**

A questão sobre a prerrogativa de foro em ação de improbidade foi apreciada também na Rcl 2.186-6/DF, em cujo julgamento me reportei à Rcl 2.138/DF.

Tratava-se de reclamação ajuizada em razão de ações de improbidade administrativa haverem sido propostas contra agentes políticos – por exemplo, Ministro de Estado – perante Varas Federais da Seção Judiciária do Distrito Federal.

À época em que foram ajuizadas as referidas ações de improbidade (dezembro de 1995 e janeiro de 1996), os réus (reclamantes) eram Ministros de Estado, de forma que, nos termos do que restou decidido pelo Supremo Tribunal Federal na Rcl 2.138/DF (Rel. Min. Nelson Jobim, Relator para o acórdão Min. Gilmar Mendes, Pleno, julgamento em 13.6.2007), a decisão reclamada fora proferida por juiz manifestamente incompetente, caracterizando-se, assim, a nulidade absoluta dos atos impugnados.

Essa decisão do Supremo deixou claro que os atos de improbidade descritos na Lei n. 8.429/92 constituem autênticos crimes de responsabilidade. Isso porque as sanções de suspensão de direitos políticos e de perda da função pública demonstram, de modo inequívoco, que as ações de improbidade possuem, além de forte conteúdo penal, a feição de verdadeiro mecanismo de responsabilização política.

A meu ver, não restou dúvida de que o Supremo Tribunal Federal, ao julgar a Rcl 2.138/DF, acabou por assentar que, no que toca aos denominados atos de improbidade, enquanto crimes de responsabilidade, os Ministros de Estado estão sujeitos exclusivamente ao regime da Lei n. 1.079/50, de maneira que a apuração de atos de improbidade atribuídos a tais agentes, nos termos do art. 102, inc. I, *c*, da Constituição, encontra-se sujeita à competência do Supremo Tribunal Federal.

Por fim, deve ser mencionado o julgamento da Rcl 2.138, proposta pela União, pretendendo a suspensão da eficácia de sentença que condenou Ronaldo Mota Sardemberg, Ministro da Secretaria de Assuntos Estratégicos – SAE, da Presidência da República, à época dos fatos que originaram a ação.

4. Administração pública e ordem federativa

- **Transferência *ex officio* de servidor e matrícula em universidade pública – ADI 3.324**

Nos autos da ADI 3.324[10] (Rel. Min. Marco Aurélio), discutia-se a legitimidade constitucional do art. 1º da Lei n. 9.536/97:

> "Art. 1º A transferência *ex officio* a que se refere o parágrafo único do art. 49 da Lei n. 9.394, de 20 de dezembro de 1996, será efetivada, entre instituições vinculadas a qualquer sistema de ensino, em qualquer época do ano e independente da existência de vaga, quando se tratar de servidor público federal civil ou militar estudante, ou seu dependente estudante, se requerida em razão de comprovada remoção ou transferência de ofício, que acarrete mudança de domicílio para o município onde se situa a instituição recebedora ou para a localidade mais próxima desta".

Eis o teor do art. 49 da Lei n. 9.394/96, que estabeleceu as diretrizes e bases da educação nacional:

> "Art. 49. As instituições de educação superior aceitarão a transferência de alunos regulares, para cursos afins, na hipótese de existência de vagas, e mediante processo seletivo. Parágrafo único. As transferências *ex officio* dar-se-ão na forma da lei".

---

[10] Em sessão de 16.12.2004, a ação foi julgada procedente, em parte, nos termos do voto do Rel. Min. Marco Aurélio, para, "sem redução do texto do art. 1º da Lei n. 9.536/1997, assentar a inconstitucionalidade no que se lhe empreste o alcance de permitir a mudança, nele disciplinada, de instituição particular para pública, encerrando a cláusula 'entre instituições vinculadas a qualquer sistema de ensino' a observância da natureza privada ou pública daquela de origem, viabilizada a matrícula na congênere. Em síntese, dar-se-á a matrícula, segundo o artigo 1º da Lei n. 9.536/97, em instituição privada se assim o for a de origem e em pública se o servidor ou o dependente for egresso de instituição pública" (*DJ* de 5.8.2005).

Alegou-se, na inicial, que o preceito encerrava a possibilidade de egressos de instituições privadas virem a ser transferidos para instituições públicas, com ofensa ao disposto nos arts. 5º, *caput* e inc. I; 37, *caput*; 206, incs. I a VII; 207, *caput*; 208, inc. V, da Constituição Federal.

O problema que se colocava era saber-se o que garantiria o acesso diferenciado de servidores públicos às universidades públicas em relação aos demais cidadãos.

Conforme largamente assentado na doutrina, o fundamento jurídico para a transferência *ex officio* de servidores públicos consiste na necessidade de se lhes assegurar condições mínimas, ou pelo menos equivalentes, de modo a viabilizar a continuidade da prestação dos serviços públicos em consonância com o princípio constitucional da eficiência da administração (CF, art. 37).

Considerei que o ato normativo impugnado dispensava tratamento diferenciado aos servidores públicos que, por ser irrestrito, violava o princípio da isonomia e, por conseguinte, consubstanciava arbitrariedade incompatível com os ideais republicanos do Estado Democrático de Direito brasileiro.

Não obstante, esse entendimento gerou nova perplexidade, qual seja, a de saber como conformar a interpretação constitucional do preceito normativo impugnado sem comprometer a satisfação dos princípios e interesses relacionados à questão.

Ponderei, então, ter por pertinente, para o deslinde do problema, a regra inscrita no art. 99 da Lei n. 8.112/90:

> "Art. 99. Ao servidor estudante que mudar de sede no interesse da administração é assegurada, na localidade da nova residência ou na mais próxima, matrícula em instituição **congênere**, em qualquer época, e independentemente de vaga.
>
> Parágrafo único. O disposto neste artigo estende-se ao cônjuge ou companheiro, aos filhos, ou enteados do servidor que vivam na sua companhia, bem como aos menores sob sua guarda, com autorização judicial" (grifo nosso).

Em um caso como aquele, o critério da congeneridade haveria de ser estritamente proporcional, porque tanto possibilitaria o ingresso no caso de transferências *ex officio* como garantiria a integridade da autonomia universitária, além de preservar minimamente o interesse daqueles que não fossem servidores públicos civis e militares ou seus dependentes, isto é, a maioria da população brasileira.

Levei em conta, ademais, não se poder olvidar que o orçamento das universidades públicas conta com receita suficiente apenas para cobrir certo número de vagas. Os próprios memoriais e documentos que haviam sido acostados aos autos indicavam que, em média, considerando apenas os pedidos efetuados no ano de 2004, o ingresso ilimitado de estudantes por transferência obrigatória comprometeria significativamente a oferta de vagas pelas universidades.

Relativamente a determinados casos extremos, por exemplo, o dos estudantes dos cursos de direito e medicina da Universidade de Brasília (UnB), as solicitações haviam ultrapassado em muito a capacidade de oferta semestral de vagas, a ponto de se ter cogitado o próprio cancelamento do processo seletivo vestibular.

Concluí, com apoio em todos esses elementos, que a remoção de ofício é condição necessária, mas não poderia ser simplesmente admitida como requisito suficiente para determinar, de modo irrestrito, a transferência. Assim, acompanhei o Relator, no sentido de julgar parcialmente procedente a ação direta, emprestando ao dispositivo impugnado interpretação conforme, de modo a autorizar a transferência obrigatória desde que a instituição de destino fosse congênere à de origem.

Administração Pública

• Taxa de matrícula nas universidades públicas – RE 500.171

Por ocasião do julgamento do RE 500.171[11] (Rel. Min. Ricardo Lewandowski), discutiu-se a constitucionalidade de resolução da Universidade Federal de Goiás que instituiu a cobrança de "taxa de matrícula". O valor arrecadado seria destinado a programa de assistência para "alunos de baixa condição socioeconômica e cultural".

A instituição de ensino sustentou que caberia à sociedade contribuir para a concretização da gratuidade do ensino – restrita, segundo a Universidade, ao ensino fundamental –, de modo a criar condições para a sua extensão aos demais níveis de ensino. Consignou, por fim, que a exação contestada não consubstanciara taxa em sentido estrito, configurando, na realidade, preço público, razão pela qual não se sujeitaria às limitações constitucionais relativas aos tributos.

Em meu voto, ressaltei que parecia chegada a hora de se rediscutir o ensino gratuito, que se tornara fortemente excludente. Aduzi ser essa uma ironia do nosso modelo, pois somente aqueles que eventualmente frequentaram escolas privadas é que, depois, mediante vestibular, chegavam à universidade pública, dotadas de conceito de excelência.

Essa posição já estava vencida por seis votos proferidos no sentido do desprovimento do recurso. Insisti, no entanto, na revisão da leitura literal do art. 206, inc. IV, da CF, entre outras razões, porque são conhecidas as tensões há muito existentes nas universidades europeias, algumas delas inclusive submetidas a esse regime da gratuidade.

Com a minoria já formada, o Colegiado, modulando a regra da gratuidade em função de uma leitura que atendesse à dinâmica de acesso às universidades públicas, entendeu que haveria, sim, espaço constitucional para compatibilizar a ideia de gratuidade do ensino público com essas imposições que permitem às instituições universitárias subsidiar os mais carentes.

• ADPF: atos normativos e decisões judiciais que autorizavam a importação de pneus usados – ADPF 101

Outro julgamento com largo alcance social foi o que solucionou a dúvida acerca da constitucionalidade de interpretações, incluídas as judicialmente desenvolvidas, que permitiam a importação de pneus usados de qualquer espécie, aí insertos os remoldados.

Tratava-se da ADPF 101[12] (Rel. Min. Cármen Lúcia), na qual se sustentava que tal importação estaria a violar as garantias constitucionais do direito à saúde (art. 196) e do direito ao meio ambiente ecologicamente equilibrado (art. 225), ambos da Constituição de 1988.

Destaquei, de início, a admissibilidade da ação cujo objeto eram decisões judiciais. Tratava-se, certamente, do primeiro caso em que se admitiu a ADPF como instrumento de impugnação de decisões judiciais.

Ao votar, assentei que a questão transcendia ao interesse das autoridades nacionais aduaneiras e ao do setor econômico responsável pela importação de pneus usados de qualquer espécie, afetando de forma difusa e irrestrita toda a sociedade, seja em relação à fruição de meio ambiente

---

[11]   O Tribunal, por maioria e nos termos do voto do Rel. Min. Ricardo Lewandowski, negou provimento ao recurso, vencidos os Ministros Cármen Lúcia, Eros Grau, Celso de Mello e o Presidente, Min. Gilmar Mendes (*DJ* de 14.10.2008).

[12]   Por maioria, o Tribunal julgou parcialmente procedente pedido formulado em arguição de descumprimento de preceito fundamental, ajuizada pelo Presidente da República, e declarou inconstitucionais, com efeitos *ex tunc*, as interpretações, incluídas as judicialmente acolhidas, que permitiram ou permitem a importação de pneus usados de qualquer espécie, aí insertos os remoldados. Ficaram ressalvados os provimentos judiciais transitados em julgado, com teor já executado e objeto completamente exaurido, vencido o Min. Marco Aurélio, que julgava o pleito improcedente.

ecologicamente equilibrado e de sadia qualidade de vida, seja em relação à definição de política externa comercial brasileira pautada em normas jurídicas eficazes.

Concluí, com base na relevância dos bens jurídicos que se pretendia tutelar, no sentido da procedência parcial do pedido da arguição de descumprimento dos preceitos fundamentais consubstanciados no direito à saúde (art. 196) e no direito ao meio ambiente ecologicamente equilibrado (art. 225), para, acompanhando os termos do voto da Relatora, Min. Cármen Lúcia, declarar a constitucionalidade (1) de todo o conjunto de normas federais proibitivas da importação de pneus usados e (2) da interpretação que proíbe a importação de pneus usados de qualquer espécie, com efeitos *ex tunc*, preservando-se os efeitos da coisa julgada aos seus limites objetivos.

- **Concessão de serviço de saneamento em regime metropolitano nas microrregiões – ADI 1.842**

É de referir, por oportuna, a discussão veiculada na ADI 1.842[13] (Rel. Min. Maurício Corrêa), proposta pelo Partido Democrático Trabalhista – PDT, com fundamento no art. 102, inc. I, *a* e *p*, da Carta Magna, em face da Lei Complementar n. 87/97 e da Lei n. 2.869/97, ambas editadas no Estado do Rio de Janeiro.

As normas estaduais impugnadas, concernentes à instituição da Região Metropolitana do Rio de Janeiro (art. 1º da LC 87/97/RJ) e da Microrregião dos Lagos (art. 2º da LC 87/97/RJ), definem o respectivo interesse metropolitano ou comum como "as funções públicas e os serviços que atendam a mais de um Município, assim como os que, restritos ao território de um deles, sejam de algum modo dependentes, concorrentes, confluentes ou integrados de funções públicas, bem como os serviços supramunicipais" (art. 3º da LC 87/97/RJ). Ademais, as normas atribuem ao Estado do Rio de Janeiro a qualidade de poder concedente para prestação de serviços públicos relativos ao estabelecido interesse metropolitano (arts. 5º, parágrafo único, e 7º da Lei Complementar n. 87/97/RJ; e 3º e 12 da Lei n. 2.869/97/RJ).

Os requerentes sustentavam que os arts. 1º a 11 da LC 87/97/RJ e 8º a 21 da Lei n. 2.869/97/RJ violariam a Constituição Federal ao transferir, ao Estado do Rio de Janeiro, funções e serviços de competência municipal, especialmente quanto ao serviço público de saneamento básico.

Arguiam também a afronta ao princípio democrático e ao equilíbrio federativo (arts. 1º, 23, inc. I, e 60, § 4º, inc. I, da Constituição Federal); à autonomia municipal (arts. 18 e 29 da Constituição Federal); ao princípio da não intervenção dos Estados nos Municípios (art. 35 da Constituição Federal), bem como ao rol de competências municipais, discriminadas no texto constitucional vigente (arts. 30, incs. I, V e VIII, e 182, § 1º, da Constituição Federal).

Alegavam, ainda, a não aplicabilidade do art. 25, § 3º, da Constituição Federal à espécie, uma vez que as leis estaduais não integraram a organização, o planejamento e a execução de funções públicas de interesse comum, mas usurparam a execução de políticas públicas exclusivas dos Municípios que compõem a Região Metropolitana e a Microrregião.

O Min. Maurício Corrêa, Relator, citando o precedente da Corte em que se decidiu que a instituição de regiões metropolitanas, de aglomerações urbanas e de microrregiões depende apenas de lei complementar estadual (ADI 1.841/RJ, *DJ* de 20.9.2002), concluiu pela legitimidade da atuação legislativa do Estado do Rio de Janeiro, bem como pela mitigação da autonomia municipal nas matérias que a lei complementar transferiu para o Estado.

Assim, proferiu voto no sentido de julgar improcedente o pedido formulado, por entender legítima a reunião de Municípios territorialmente próximos pelo Estado-membro, com objetivo

---

[13] Julgamento em andamento.

de facilitar a busca de soluções que atendam à coletividade da região, e não apenas a cada um dos Municípios isoladamente considerados, mediante ações conjuntas e unificadas, prestigiando-se a concretização do pacto federativo e os princípios da eficiência e da economicidade.

O Min. Joaquim Barbosa, em voto-vista, acompanhado pelo Min. Nelson Jobim, julgou parcialmente procedente o pedido para declarar a inconstitucionalidade da expressão "a ser submetido à Assembleia Legislativa", contida no inc. I do art. 5º; do parágrafo único do mesmo art. 5º; do art. 6º e incs. I, II, IV e V; dos arts. 7º e 10, todos da LC 87/97 e, ainda, dos arts. 11 a 21 da Lei n. 2.869/97.

Ao votar, considerei que, nada obstante a extensa discussão doutrinária acerca da natureza, ou não, dos Municípios como entes federados, é possível caracterizar o núcleo essencial da autonomia municipal consoante as diretrizes constitucionais citadas.

De forma geral, a autonomia demanda a pluralidade de ordenamentos e a repartição de competências. Em clássico estudo, o Prof. Baracho bem assentou que a autonomia pressupõe "poder de direito público não soberano, que pode, em virtude de direito próprio e não em virtude de delegação, estabelecer regras de direito obrigatórias"[14]. Especificamente quanto à autonomia dos Municípios, a doutrina destaca quatro atribuições ou capacidades essenciais: "a) poder de auto-organização (elaboração de lei orgânica própria); b) poder de autogoverno, pela eletividade do prefeito, do vice-prefeito e dos vereadores; c) poder normativo próprio, ou de autolegislação, mediante a elaboração de leis municipais na área de sua competência exclusiva e suplementar; d) poder de autoadministração: administração própria para criar, manter e prestar os serviços de interesse local, bem como legislar sobre seus tributos e aplicar suas rendas"[15]. Dessas atribuições caracterizam-se os elementos da autonomia municipal, quais sejam, "autonomia política (capacidade de auto-organização e autogoverno), a autonomia normativa (capacidade de fazer leis próprias sobre matéria de sua competência), a autonomia administrativa (administração própria e organização de serviços locais) e a autonomia financeira (capacidade de decretação de seus tributos e aplicação de suas rendas, que é uma característica da autoadministração)[16]". Em sentido semelhante, destaquei que o art. 28 (2) 1 da Constituição Alemã garante a autonomia municipal nos seguintes termos: "Aos Municípios deve ser garantido o direito de regular todos os interesses da comunidade local, nos moldes das leis, com responsabilidade própria". (*Den Gemeinden muß das Recht gewährleistet sein, alle Angelegenheiten der örtlichen Gemeinschaft im Rahmen der Gesetze in eigener Verantwortung zu regeln*). A autoadministração demanda, portanto, (a) mínimo de competências materiais – incluindo a gestão de seus servidores, patrimônio e tributos –; (b) executadas por autoridade, isto é, sem delegação, e com responsabilidade própria. Evidentemente, esse mínimo de competências materiais municipais depende do contexto histórico e circunscreve-se ao interesse predominantemente local, ou seja, àquele interesse que não afeta substancialmente as demais comunidades. Lembrei ainda a doutrina sobre o tema de Alaôr Caffé Alves, segundo a qual razões de ordem técnica, econômica, ambiental, social, geográfica, entre outras, podem transpor certas atividades e serviços do interesse eminentemente local para o regional e vice-versa, sem constituir qualquer violação à autonomia municipal[17].

Em suma, assegura-se a autonomia municipal desde que preservados o autogoverno e a autoadministração dos Municípios. Isso não se incompatibiliza com a integração metropolitana, se conduzida em função de interesse comum, que não se confunde com o simples somatório de interesses locais. Ressaltei que dois aspectos caracterizam a integração metropolitana, o interesse

---

[14] Cf. BARACHO, José Alfredo de Oliveira. *Teoria geral do federalismo*. Rio de Janeiro: Forense, 1986, p. 85.

[15] MEIRELLES, Hely Lopes. *Direito municipal brasileiro*. 14. ed. São Paulo: Malheiros, 2006, p. 93.

[16] SILVA, José Afonso da. *O município na Constituição de 1988*. São Paulo: Revista dos Tribunais, 1989, p. 8-9.

[17] ALVES, Alaôr Caffé. Regiões metropolitanas, aglomerações urbanas e microrregiões: novas dimensões constitucionais da organização do Estado brasileiro. *Revista de Direito Ambiental*, v. 21, ano 6, jan./mar. 2001, p. 57 (77).

comum, já referido, e a compulsoriedade. Acerca desta, relembrei que o Supremo Tribunal Federal já havia se manifestado, ao julgar inconstitucional tanto a necessidade de aprovação prévia pelas Câmaras Municipais (ADI 1.841/RJ, Rel. Min. Carlos Velloso, *DJ* de 20.9.2002) quanto a exigência de plebiscito nas comunidades interessadas (ADI 796/ES, Rel. Min. Néri da Silveira, *DJ* de 17.12.1999). Ponderei que o mais importante era perceber que o poder concedente do serviço de saneamento básico nem permanece fracionado entre os Municípios, nem é transferido para o Estado federado, mas deve ser dirigido por estrutura colegiada – instituída por meio da lei complementar estadual que cria o agrupamento de comunidades locais – em que a vontade de um único ente não seja imposta a todos os demais entes políticos participantes. Com base em tais considerações, concluí que o serviço de saneamento básico – no âmbito de regiões metropolitanas, microrregiões e aglomerados urbanos – constitui serviço de interesse coletivo que não pode estar subordinado à direção de único ente, mas deve ser planejado e executado de acordo com decisões colegiadas em que participem tanto os Municípios compreendidos como o Estado federado[18]. Diante do excepcional interesse social na continuidade da prestação do serviço de saneamento básico, contudo, entendi ser necessária a aplicação do art. 27 da Lei n. 9.868/98, de modo que o Estado do Rio de Janeiro tivesse 24 meses, a contar da data de conclusão do julgamento, para implementar novo modelo de planejamento e execução da função de interesse comum no âmbito das regiões metropolitanas, microrregiões e aglomerados urbanos que acolhesse a participação dos Municípios integrantes, sem que houvesse, entretanto, concentração de poder decisório nas mãos de qualquer ente.

- **Organizações sociais – ADI-MC 1.923**

Nos autos da Medida Cautelar na Ação Direita de Inconstitucionalidade 1.923-5[19] (Rel. Min. Ayres Britto), o Colegiado examinou a Lei n. 6.937/98 e o inc. XXIV do art. 24 da Lei n. 8.666/93. A questão de fundo versava sobre a denominada reforma do Estado, razão pela qual iniciei meu voto considerando o contexto dessa reforma no Brasil, com enfoque para as organizações sociais.

Observei que o programa de publicização permite ao Estado compartilhar com a comunidade, as empresas e o Terceiro Setor a responsabilidade pela prestação de serviços públicos, como os de saúde e de educação. Trata-se, assim, de parceria entre Estado e sociedade na consecução de objetivos de interesse público, com maior agilidade e eficiência.

Em outros termos, as Organizações Sociais traduzem modelo de parceria entre o Estado e a sociedade para a consecução de interesses públicos comuns, com ampla participação da comunidade. De produtor direto de bens e serviços públicos, o Estado passa a constituir o fomentador das atividades publicizadas, exercendo, ainda, controle estratégico de resultados dessas atividades. O contrato de gestão constitui o instrumento de fixação e de controle de metas de desempenho que assegurem a qualidade e a efetividade dos serviços prestados à sociedade. Ademais, as referidas instituições podem assimilar características de gestão "cada vez mais próximas das praticadas no setor privado, o que deverá representar, entre outras vantagens: a contratação de pessoal nas condições de mercado; a adoção de normas próprias para compras e contratos, e a ampla flexibilidade na execução do seu orçamento"[20].

A partir de considerações pontuais sobre a Lei n. 9.637/98, concluí que, ao contrário do que afirmavam os requerentes, submetem-se as Organizações Sociais a amplos mecanismos

---

[18] O julgamento foi suspenso por força do pedido de vista do Min. Ricardo Lewandowski.

[19] O Tribunal, por maioria de votos, indeferiu a cautelar, vencidos os Ministros Joaquim Barbosa, Marco Aurélio e Ricardo Lewandowski (*DJ* de 21.9.2007).

[20] Cf. Ministério da Administração Federal e Reforma do Estado. *Cadernos MARE. Organizações sociais.* 5. ed. Brasília, 1998, p. 13.

de controle interno e externo, este exercido pelo Tribunal de Contas. Além disso, não se subtrai, como alegado pelos requerentes, qualquer função constitucional atribuída ao Ministério Público. Ao reverso, a redação do art. 10 é clara ao prever que, havendo indícios fundados de malversação de bens ou recursos de origem pública, os responsáveis pela fiscalização deverão representar ao Ministério Público, à Advocacia-Geral da União ou à Procuradoria da entidade para que requeiram ao juízo competente a decretação da indisponibilidade dos bens da entidade e o sequestro dos bens dos dirigentes, bem como de agente público ou terceiro, que possam ter enriquecido ilicitamente ou causado dano ao patrimônio público.

Assentei, ainda, que o contrato de gestão constitui instrumento de fixação e de controle de metas de desempenho na prestação dos serviços. Assim, baseia-se em regras mais flexíveis quanto aos atos e aos processos, dando-se ênfase ao controle dos resultados. Por isso, compras e alienações submetem-se a outros procedimentos que não os de licitação com base na Lei n. 8.666/93, voltada para as entidades de direito público. Nesse ponto, lembrei que a própria Constituição autoriza a lei a criar exceções à regra da licitação (art. 37, inc. XXI).

Contudo, a Lei n. 9.637/98 instituíra programa de publicização de atividades e serviços não exclusivos do Estado – como o ensino, a pesquisa científica, o desenvolvimento tecnológico, a proteção e a preservação do meio ambiente, a cultura e a saúde –, transferindo-os para a gestão desburocratizada a cargo de entidades de caráter privado e, portanto, submetendo-os a regime mais flexível, mais dinâmico, enfim, mais eficiente. Esse novo modelo de administração gerencial realizado por entidades públicas, ainda que não estatais, estaria, portanto, voltado mais para o alcance de metas do que para a estrita observância de procedimentos. A busca da eficiência dos resultados, por meio da flexibilização de procedimentos, justificaria a implementação de regime todo especial, regido por regras que respondem a racionalidades próprias do direito público e do direito privado.

Essas razões foram suficientes para que fosse indeferida a medida cautelar requerida, no que assentiu o Tribunal, vencidos os Ministros Joaquim Barbosa, Marco Aurélio e Ricardo Lewandowski.

- ## • Afastamento indevido dos menores presos do local de residência e concretização do Estatuto da Criança e do Adolescente – SL 235

Cumpre referir, ainda, o pedido de Suspensão de Liminar 235, formulado pelo Estado do Tocantins, contra o acórdão do Tribunal de Justiça do Estado do Tocantins, que indeferiu pedido de idêntico teor, para manter a liminar concedida em Ação Civil Pública em curso perante o Juizado da Infância e Juventude da Comarca de Araguaína/TO.

Na Ação Civil Pública, argumentava-se que o Poder Executivo local, ante a inexistência de unidade especializada naquela comarca, estaria encaminhando adolescentes infratores para o Município de Ananás/TO, distante 160 quilômetros daquela localidade, o que dificultaria o contato daqueles com familiares. Ademais, os adolescentes infratores estariam alojados em cadeia local, em celas adjacentes a de presos adultos, a permitir contato visual e verbal entre eles, em ambiente inóspito, fato atestado pelo Conselho Tutelar de Araguaína e pelo Diretor do estabelecimento prisional.

Sustentava-se ainda ser incabível a alegação do óbice da "reserva do possível" naquele caso, ante a necessidade de garantia do mínimo necessário à existência condigna dos jovens.

Em síntese, a controvérsia poderia ser definida como a discussão acerca de possível colisão entre o princípio da separação dos Poderes, concretizado pelo direito do Estado do Tocantins de definir discricionariamente a formulação de políticas públicas voltadas a adolescentes infratores, e a proteção constitucional dos direitos dos adolescentes infratores e de política básica para atendê-los.

O Estado do Tocantins requeria a suspensão da liminar ao argumento de que a decisão configuraria lesão à ordem e economia públicas. Além disso, a liminar deferida – para construção de unidade especializada em prazo determinado – importaria em ato de interferência do Poder Judiciário no âmbito de atuação do Poder Executivo, em afronta ao princípio da independência dos Poderes, previsto no art. 2º da Constituição.

À época na Presidência da Corte, considerei inexistente a ocorrência de grave lesão à ordem pública, por violação ao art. 2º da Constituição. A alegação de ofensa à separação dos Poderes, igualmente, não se mostrara suficiente a justificar a inércia do Poder Executivo do Tocantins em cumprir o dever constitucional de garantia dos direitos da criança e do adolescente com a absoluta prioridade reclamada no texto constitucional (art. 227). Consignei, ademais, não haver dúvida quanto à possibilidade jurídica de determinação judicial para o Poder Executivo concretizar políticas públicas constitucionalmente definidas, como nesse caso, em que o comando constitucional exige, com absoluta prioridade, a proteção dos direitos das crianças e dos adolescentes, claramente definida no Estatuto da Criança e do Adolescente.

Dessa forma, diante da determinação da Constituição e do Estatuto da Criança e do Adolescente, foram mantidos os efeitos da decisão impugnada no que se refere à (1) implantação, em doze meses, de programa de internação e semiliberdade de adolescentes infratores, na comarca de Araguaína/TO e (2) à proibição, sob pena de multa diária, de abrigar adolescentes infratores em outra unidade que não a especializada (nos termos do ECA).

- **Análise de constitucionalidade da EC n. 62/2009, que concedia ao Poder Público a possibilidade de adoção de regime especial de pagamento de precatórios – ADIs 4.357/DF e 4.425/DF**

É de se dar destaque, ainda, ao julgamento conjunto das ADIs 4.357/DF e 4.425/DF, um dos casos mais controvertidos da história recente do Supremo Tribunal Federal.

A Constituição Federal prevê, no art. 100, o regime jurídico dos precatórios ao dispor que "os pagamentos devidos pelas Fazendas Públicas Federal, Estaduais, Distrital e Municipais, em virtude de sentença judiciária, far-se-ão exclusivamente na ordem cronológica de apresentação dos precatórios e à conta dos créditos respectivos, proibida a designação de casos ou de pessoas nas dotações orçamentárias e nos créditos adicionais abertos para este fim". Observa-se que o regime jurídico está pautado no princípio da impenhorabilidade dos bens públicos.

O constituinte de 1988 ampliou significativamente a complexidade do sistema de pagamento das obrigações fazendárias mediante precatórios. Assim, foi criada a Requisição de Pequeno Valor (RPV), consistente em valores que, em razão de sua pouca expressividade, foram excluídos do regime de pagamento por precatórios (CF, art. 100, § 3º). Inaugurou-se, ademais, um sistema hierarquizado para a definição da ordem de pagamento dos precatórios. A Constituição de 1988 dispôs, ainda, sobre a forma de quitação dos precatórios oriundos do regime da Constituição de 1967/1969, introduzindo, com o art. 33 do ADCT, a modalidade de quitação por prestações anuais, corrigido o valor original com vistas à manutenção do valor real da condenação. Na redação originária, foi autorizado o parcelamento em oito anos.

Em 10 de dezembro de 2009, no entanto, foi promulgada a EC n. 62/2009, que alterou a disciplina do pagamento das dívidas judiciais da Fazenda Pública. O art. 100 da Constituição Federal foi substancialmente modificado, além de ter sido acrescentado o art. 97 ao ADCT, que permitiu aos Estados, Distrito Federal e Municípios adotarem um regime especial de pagamento de precatórios, o qual concedia ao Poder Público o prazo de 15 anos para quitar as suas dívidas com particulares.

Fui justamente a EC n. 62/2009 o objeto das ADIs 4.357/DF e 4.425/DF. Propostas pelo Conselho Federal da OAB e pela Confederação Nacional da Indústria, as referidas ações diretas afirmavam que a concessão da moratória prevista na emenda constitucional prejudicava o direito dos credores, em razão de mais uma dilação no prazo de pagamento dos precatórios.

Em 14 de março de 2013, ao examinar as ADIs – muito embora as informações apresentadas durante o julgamento tenham indicado que o modelo instituído pela EC n. 62/2009, apesar dos alegados vícios de inconstitucionalidade, acabara contribuindo para a efetiva redução do estoque dos precatórios, em vários Estados, em contraste com a situação anterior –, o Plenário do STF, julgando-lhes parcialmente procedentes os pedidos, declarou a inconstitucionalidade do regime especial de pagamento de precatórios. Assim, voltou-se ao regime de pagamento anterior, segundo o qual os entes públicos possuem apenas um ano para pagar todas as dívidas com os particulares, e anunciou-se, ademais, que o caso seria submetido novamente ao Plenário para que se discutisse a modulação dos efeitos do *decisum*.

A partir daquele julgamento, os chefes do Poder Executivo de diversos estados e municípios brasileiros – que, enquanto vigente a EC n. 62/2009, vinham logrando êxito em destinar 2% da receita líquida corrente ao pagamento dos precatórios – sustaram de vez o pagamento suas dívidas, pois não possuíam condição financeira de quitar seus débitos da forma como determinara o Supremo Tribunal Federal.

Em decorrência da paralisação do pagamento de precatórios pelos Estados e Municípios do país, o próprio Conselho Federal da OAB, um dos autores das ADIs, requereu ao Min. Luiz Fux, redator do acórdão, que, enquanto o STF não deliberasse em definitivo sobre a modulação dos efeitos daquela decisão, se retornasse ao modelo de pagamento parcelado dos precatórios, tal qual previsto na EC n. 62/2009.

O pedido foi deferido em abril de 2013 pelo Min. Luiz Fux, que, por meio de decisão monocrática, deferiu medida cautelar para determinar que os "Tribunais de Justiça de todos os Estados e do Distrito Federal deem imediata continuidade aos pagamentos de precatórios, na forma como já vinham realizando até a decisão proferida pelo Supremo Tribunal Federal em 14.03.2013, segundo a sistemática vigente à época, respeitando-se a vinculação de receitas para fins de quitação da dívida pública, sob pena de sequestro".

Em outubro do mesmo ano a decisão cautelar foi então ratificada pelo Plenário do STF.

Foi somente em março de 2015 que o Plenário do STF concluiu o julgamento da modulação de efeitos nas ADIs 4.357 e 4.425, atribuindo sobrevida ao regime especial de precatórios previsto pela EC n. 62/2009 por mais 5 (cinco) exercícios financeiros, a contar de primeiro de janeiro de 2016. Nesse período, mantiveram-se inclusive as regras de vinculação de percentuais mínimos da receita corrente líquida ao pagamento dos precatórios e a previsão de sanções para o caso de não liberação tempestiva dos recursos destinados ao pagamento de precatórios, ambos previstos no art. 97, § 10, do ADCT.

Além disso, continuaram válidas as compensações, os leilões e os pagamentos à vista por ordem crescente de crédito previstos na EC n. 62/2009, desde que realizados até 25 de março de 2015, bem como a possibilidade de realização de acordos diretos, observada a ordem de preferência dos credores e de acordo com lei própria da entidade devedora, com redução máxima de 40% do valor do crédito atualizado.

Posteriormente, em 9 de dezembro de 2015, o Supremo Tribunal Federal, ao julgar os embargos de declaração opostos, considerou com seriedade a hipótese de rever, ao menos em parte, a própria decisão, quando se observassem impactos imprevistos e indesejáveis, provenientes da decisão embargada. Nessa ocasião, o STF reconheceu, seguindo a linha do que foi afirmado pelo Min. Celso de Mello, que "a superveniência de circunstâncias de fato relevantes autoriza a Corte a reapreciar a pretensão que foi deduzida nesses embargos de declaração".

Em 15 de dezembro de 2016, foi promulgada a Emenda Constitucional n. 94, que mais uma vez alterou o regime de pagamento de débitos públicos decorrentes de condenações judiciais e instituiu um novo regime especial para o pagamento de precatórios em atraso. A promulgação da referida emenda constitucional representa, sem dúvidas, clara resposta do Poder Legislativo à decisão adotada pelo STF no julgamento das ADIs 4.357/DF e 4.425/DF, que declarara inconstitucional o regime especial de pagamento de precatórios instituído a partir da EC n. 62/2009.

A Emenda Constitucional n. 94/2016 estabeleceu que os Estados, o Distrito Federal e os Municípios que, em 25 de março de 2015, estivessem em mora com o pagamento de precatórios poderiam se valer de um regime especial para quitar seus débitos vencidos e vincendos até 31 de dezembro de 2020. Nesse regime, o ente público deverá depositar mensalmente em conta do Tribunal de Justiça local 1/12 (um doze avos) do valor da sua receita corrente líquida, a qual será fixada nos termos do art. 101, § 1º, inc. II, do ADCT. Até 2020, metade dos recursos destinados ao pagamento de precatórios servirá para o adimplemento dessas dívidas em mora, segundo a ordem cronológica de apresentação e respeitadas as preferências previstas. Os outros cinquenta por cento dos recursos serão destinados ao pagamento de precatórios mediante acordos diretos dos Estados, do Distrito Federal e dos Municípios com os credores, desde que em relação ao crédito transacionado não penda recurso ou defesa judicial e que sejam observados os requisitos definidos na regulamentação editada pelo ente federado.

A Emenda Constitucional n. 94/2016 previu ainda que, enquanto estivesse em vigor o regime especial, seria facultada aos credores a compensação com débitos de natureza tributária ou de outra natureza que até 25 de março de 2015 houvessem sido inscritos na dívida ativa dos Estados, do Distrito Federal ou dos Municípios, observados os requisitos definidos em lei própria do ente federado.

5. Concurso público e servidores
• Cláusulas de barreira em concursos públicos – RE 635.739, Tema 376

No âmbito do Recurso Extraordinário 635.739 discutiu-se a constitucionalidade das cláusulas de barreira (ou afunilamento) inseridas em editais de concurso público, com o intuito de selecionar apenas os candidatos com melhor classificação para prosseguir no certame.

O Tribunal de Justiça de Alagoas, na decisão recorrida, havia concluído pela inconstitucionalidade de previsão em edital de concurso público para o cargo de Agente da Polícia Civil do Estado de Alagoas de cláusula que limitava o número de candidatos para a etapa do exame psicotécnico até a posição de classificação correspondente ao dobro do número de vagas.

Para chegar a tal conclusão, o Tribunal de Justiça estadual havia entendido que a imposição da cláusula de barreira no edital do referido concurso teria violado o princípio da isonomia ao subtrair do impetrante/recorrido "seu direito de concorrer conforme as regras do próprio edital, em pé de igualdade com os demais candidatos, sendo alijado antes de se submeter à segunda fase do certame, mesmo tendo sido classificado na segunda etapa da primeira fase".

A discussão, portanto, cingiu-se a verificar se a previsão editalícia de cláusula de barreira (ou afunilamento), ao prever uma determinada linha de corte de candidatos, com fundamento no critério da classificação nas etapas anteriores, resultaria em violação ao princípio da isonomia, uma vez que impediria a continuidade no certame de candidatos que obtiveram a nota mínima, mas não alcançaram a posição limite para a participação na etapa seguinte.

Em relação ao tema em debate, expliciei que nem todo tratamento desigual resulta, necessariamente, em violação ao princípio da isonomia. Há, de fato, situações em que a distinção no tratamento se evidencia perfeitamente legítima sob a perspectiva constitucional. É que, a rigor, a verificação da isonomia se realiza sob perspectivas relacionais. Ou seja, circunstâncias e características distintas podem fundamentar tratamento diferenciado da norma, sem que se caracterize qualquer violação ao princípio da isonomia. A *contrario sensu*, é de se concluir que a afronta ao princípio apenas ocorrerá quando houver tratamento diferenciado em circunstâncias equivalentes.

O princípio da isonomia, portanto, impõe relevante ônus argumentativo consubstanciado na exigência de que sejam demonstradas razões suficientes para justificar o tratamento diferenciado a ser atribuído às hipóteses em análise.

O caso em discussão tratava de concurso público para o provimento de agentes da Polícia Civil do Estado de Alagoas. Nesse contexto, não se deve desconsiderar que é da essência do concurso público a seleção dos melhores e mais preparados candidatos para o desempenho das funções públicas. Assim, é da própria natureza do certame o tratamento diferenciado entre candidatos classificados em ordem distinta, estipulada com fundamento em critérios meritórios e relacionados ao exercício da atividade.

Assim, *a priori*, não viola o princípio da isonomia a distinção realizada por cláusulas de barreira (ou de afunilamento) que seleciona candidatos a cargos públicos para o prosseguimento nas fases seguintes de concursos, com fundamento na ordem classificatória obtida em razão do desempenho dos candidatos nas etapas pregressas.

Tal posicionamento, quanto ao mérito do tema, prevaleceu à unanimidade de votos.

Além da questão que constituiu o mérito do tema repercussão geral, também se discutiu acerca da modulação dos efeitos da decisão para o caso concreto.

Argumentou-se, nesse sentido, que o impetrante já se encontrava no exercício do cargo há mais de oito anos, por força de decisão judicial que havia assegurado a ele a investidura. Pugnou-se, portanto, que, mantida a tese jurídica acima explicitada, não se decretasse a exoneração do impetrante do cargo por ele exercido. Filiaram-se a essa tese os Mins. Luís Roberto Barroso e Luiz Fux.

Quanto ao particular, ponderou o saudoso Min. Teori Zavascki que a proposta de modulação defendida pelo Min. Luís Roberto Barroso resultaria na mitigação do caráter precário, próprio das medidas cautelares e das decisões antecipatórias de tutela.

É de se destacar que o Supremo Tribunal Federal, em matéria de concurso público, não tem admitido a teoria do fato consumado, para o fim de manter no cargo o candidato que tomou posse em decorrência de execução provisória de medida liminar ou outro provimento judicial de natureza precária, supervenientemente revogado ou modificado, conforme decisão prolatada no âmbito da sistemática da repercussão geral, tema 476, da relatoria do Min. Teori Zavascki (RE 608482, Rel. Min. Teori Zavascki, *DJe* de 30.10.2014).

Reverberando tal posicionamento, por maioria, o Plenário do Supremo Tribunal Federal rejeitou a proposta de modulação dos efeitos, restando vencidos, nesta questão, os Mins. Luiz Fux e Roberto Barroso.

- **Direito subjetivo à nomeação de candidatos aprovados dentro do número de vagas previstas no edital de concurso público – RE-RG 598.099, Tema 161**

No que se refere ao tema "concurso público", merece destaque o julgamento do RE-RG 598.099, no qual se discutiu se o candidato aprovado dentro do número de vagas possui direito subjetivo, ou apenas expectativa de direito, à nomeação.

Na espécie, tratava-se de recurso extraordinário do Estado do Mato Grosso do Sul contra acórdão do Superior Tribunal de Justiça que reconheceu o direito subjetivo à nomeação de candidato aprovado dentro do número de vagas previsto em edital de concurso público.

Os autos foram levados ao Plenário Virtual pelo então Relator Min. Menezes Direito, oportunidade em que o Tribunal reconheceu a existência de repercussão geral da questão constitucional suscitada. Nos termos do art. 38, inc. II, do RISTF, os autos vieram à minha relatoria.

Em meu voto, tracei uma breve evolução da jurisprudência da Corte que se firmava no sentido de que, uma vez publicado o edital do concurso com número específico de vagas, o ato da Administração que declara os candidatos aprovados no certame cria um dever de nomeação para a própria Administração e, portanto, um direito à nomeação titularizado pelo candidato aprovado dentro desse número de vagas.

Assentei ainda que, para que o referido direito à nomeação surja, é necessário que se realizem as seguintes condições fáticas e jurídicas: a) previsão em edital de número específico de vagas a serem preenchidas pelos candidatos aprovados no concurso público; b) realização do certame conforme as regras do edital; c) homologação do concurso e proclamação dos aprovados dentro do número de vagas previsto no edital, em ordem de classificação, por ato inequívoco e público da autoridade administrativa competente.

Entretanto, cumpre esclarecer que, dentro do prazo de validade do certame, compete à Administração escolher o momento em que tal nomeação se realizará.

Na ocasião, afirmei ainda que tal direito decorre do dever de boa-fé e do respeito à segurança jurídica por parte da Administração Pública, os quais exigem o respeito incondicional às regras do edital, inclusive quanto à previsão das vagas do certame.

Todavia, também ficou estabelecido que em determinadas situações excepcionalíssimas pode a Administração se recusar a nomear novos servidores, ainda que os candidatos tenham sido aprovados dentro do número de vagas.

Para justificar o excepcionalíssimo não cumprimento do dever em questão, indiquei que seria necessário que a situação justificadora fosse dotada das seguintes características: a) superveniência: os eventuais fatos ensejadores de uma situação excepcional devem ser necessariamente posteriores à publicação do edital do certame público; b) imprevisibilidade: a situação deve ser determinada por circunstâncias extraordinárias, imprevisíveis à época da publicação do edital; c) gravidade: os acontecimentos extraordinários e imprevisíveis devem ser extremamente graves, implicando onerosidade excessiva, dificuldade ou mesmo impossibilidade de cumprimento efetivo das regras do edital; d) necessidade: a solução drástica e excepcional de não cumprimento do dever de nomeação deve ser extremamente necessária, de forma que a Administração somente pode adotar tal medida quando absolutamente não existirem outros meios menos gravosos para lidar com a situação excepcional e imprevisível.

Assentei ainda que a citada recusa deve ser devidamente motivada e, dessa forma, passível de controle pelo Poder Judiciário.

Por fim, ressaltei que o direito dos aprovados não se estende a todas as vagas existentes, nem sequer àquelas surgidas posteriormente, mas apenas àquelas expressamente previstas no edital de concurso.

Importante salientar que o princípio constitucional do concurso público é fortalecido quando o Poder Público assegura e observa as garantias fundamentais que viabilizam a efetividade desse princípio. Ao lado das garantias de publicidade, isonomia, transparência, impessoalidade, entre outras, o direito à nomeação representa também uma garantia fundamental da plena efetividade do princípio do concurso público.

Administração Pública **213**

- **Impossibilidade de o Poder Judiciário rever os critérios de correção adotados por banca examinadora de concurso público – RE-RG 632.853, Tema 485**

Ainda com relação aos concursos públicos, cito o julgamento do RE-RG 632.853, no qual se discutiu a possibilidade de o Poder Judiciário realizar o controle jurisdicional sobre o mérito da correção das questões aplicadas.

No caso, o Estado do Ceará interpôs recurso extraordinário contra acórdão do Tribunal de Justiça daquele Estado que, mantendo a sentença, anulou as questões objetivas 23, 25, 26, 27, 29, 39, 42 e 48 do 1º Concurso Público Unificado de Base Local no Estado/Programa Saúde da Família de Provas e Títulos para o Cargo de Enfermeiro, por entender que as mencionadas questões possuíam mais de uma resposta e por depreender que o examinador desconsiderou a literatura indicada no edital.

O recorrente defendeu, em síntese, violação ao princípio da separação dos poderes, ao fundamento de que é vedado ao Poder Judiciário adentrar no mérito do ato administrativo e rever critérios de correção e de avaliação impostos pela banca examinadora. Aduziu ainda violação aos princípios da isonomia e da moralidade, ao atribuir-se pontos a determinado candidato em detrimento dos demais.

Ao verificar a existência de questão constitucional a ser debatida, submeti os autos ao Plenário Virtual, oportunidade em que o Tribunal reconheceu a existência de repercussão geral da matéria.

Por ocasião do julgamento do mérito, assentei que é antiga a jurisprudência desta Corte no sentido de que não compete ao Poder Judiciário substituir a banca examinadora para reexaminar o conteúdo das questões e os critérios de correção utilizados, salvo ocorrência de ilegalidade e inconstitucionalidade. A esse propósito, citei diversos julgados, dentre os quais destaco: MS 21.176, Rel. Min. Aldir Passarinho, Pleno, *DJ* de 20.3.1992; MS 21.408, Rel. Min. Moreira Alves, Pleno, *DJ* de 29.5.1992; MS 27.260, Rel. Min. Ayres Britto, Red. p/ acórdão Min. Cármen Lúcia, Pleno, *DJe* de 26.3.2010.

Analisando o caso concreto, percebeu-se que o Tribunal de origem, ao manter a sentença, adentrou no mérito do ato administrativo e substituiu a banca examinadora para renovar a correção de questões de concurso público, violando o princípio da separação dos poderes e a própria reserva de administração (*Verwaltungsvorbehalt*), motivo pelo qual se deu provimento ao recurso extraordinário.

- **Inconstitucionalidade da incorporação de quintos por servidores públicos em razão do exercício de funções gratificadas no período compreendido entre a edição da Lei n. 9.624/98 (2 de abril de 1998) e a Medida Provisória n. 2.225-45/2001 (4 de setembro de 2001) – RE 638.115, Tema 395**

Relevante questão a envolver os servidores públicos foi objeto do julgamento do mérito do RE-RG 638.115, tema 395 da sistemática da repercussão geral, no qual se discutiu a incorporação de quintos decorrente do exercício de funções comissionadas no período compreendido entre a edição da Lei n. 9.624/98 e a MP n. 2.225-48/2001.

No caso, a União interpôs recurso extraordinário contra acórdão do Superior Tribunal de Justiça que havia reconhecido o direito dos servidores públicos de incorporar em suas remunerações a parcela denominada QUINTOS, decorrente do exercício de função comissionada, no período de 8 de abril de 1998 a 5 de setembro de 2001.

Em 27 de abril de 2011, foi reconhecida a repercussão geral da matéria.

Em meu voto, consignei que o tema referente à incorporação de quintos, por suscitar a interpretação da legislação aplicável a essa matéria (Leis n. 8.112/90, 8.911/94, 9.624/98 e MP n.

2.225-45/2001), costuma ser tratado como de índole estritamente infraconstitucional. No entanto, essa forma de abordar a matéria representa apenas um dos enfoques possíveis quanto à questão da legalidade. Nada impede que a questão debatida em todas as instâncias inferiores, inclusive no âmbito do STJ, seja abordada desde outra perspectiva no Supremo Tribunal Federal, mesmo porque a causa de pedir do recurso extraordinário é aberta.

Dessa forma, ficou claro que não se tratava de mera questão de ilegalidade, por ofensa ao direito ordinário, mas típica questão constitucional consistente na afronta ao postulado fundamental da legalidade.

Registrei que, se se admite, como expressamente estabelecido na Constituição, que os direitos fundamentais vinculam todos os poderes e que a decisão judicial deve observar a Constituição e a lei, não é difícil compreender que a decisão judicial que se revele desprovida de base legal afronta algum direito individual específico, pelo menos o princípio da legalidade.

Partindo dessas premissas, adentramos na discussão do mérito.

O Tribunal de origem assentou que a Medida Provisória n. 2.225-45, de 2001, especificamente o seu art. 3º, teria permitido a incorporação dos quintos no período de 8 de abril de 1998 (edição da Lei n. 9.624/98) até 4 de setembro de 2001, data de sua edição.

Para melhor compreensão da controvérsia, entendi necessária uma breve digressão acerca do histórico legislativo da citada incorporação de parcelas remuneratórias. Registrei que o art. 62, § 2º, da Lei n. 8.112/90, em sua redação original, concedeu aos servidores públicos o direito à incorporação da gratificação por exercício de cargo de direção, chefia ou assessoramento à razão de 1/5 (um quinto) por ano, até o limite de 5 (cinco) quintos. A Lei n. 8.911/94 (arts. 3º e 10) disciplinou a referida incorporação. A Medida Provisória n. 1.195/95 alterou a redação da Lei n. 8.112/90 e da Lei n. 8.911/94 para instituir a mesma incorporação na proporção de 1/10, até o limite de dez décimos.

Em 1997, a Medida Provisória n. 1.595-14, convertida na Lei n. 9.527/97, extinguiu a incorporação de qualquer parcela remuneratória (quintos/décimos), proibiu futuras incorporações e transformou as respectivas parcelas em vantagens pessoais nominalmente identificadas.

Cumpriu ainda esclarecer que a Lei n. 9.527/97 não foi revogada pela Lei n. 9.624/98, pela simples razão de que esta é apenas a conversão de uma cadeia distinta de medidas provisórias (reeditadas validamente) iniciada anteriormente à própria Lei n. 9.527/97.

Desde 11 de novembro de 1997, portanto, é indevida qualquer concessão de parcelas remuneratórias referentes a quintos ou décimos.

Nesse quadro normativo, a MP n. 2.225/2001 não veio para extinguir definitivamente o direito à incorporação que teria sido revigorado pela Lei n. 9.624/98, como equivocadamente entenderam alguns órgãos públicos, mas apenas e tão somente para transformar em Vantagem Pessoal Nominalmente Identificada (VPNI) a incorporação das parcelas a que se referem os arts. 3º e 10 da Lei n. 8.911, de 11 de julho de 1994, e o art. 3º da Lei n. 9.624, de 2 de abril de 1998.

Assim, o direito à incorporação de qualquer parcela remuneratória, sejam quintos ou décimos, já estava extinto desde a Lei n. 9.527/97, de modo que sua concessão após esse período viola o princípio da legalidade.

Em conclusão, assentei que não se pode revigorar algo que já estava extinto por lei, salvo mediante outra lei e de forma expressa, o que não ocorrera, naquele caso.

- **O parcelamento do pagamento da remuneração de servidores em tempos de crise e o pensamento do possível – SL 883**

O julgamento da SL n. 883 representa um precedente importante que envolve a problemática efetividade das normas constitucionais diante de contextos financeiros delicados vivenciados

Administração Pública   215

pelo Poder Público. Naquele caso, foi possível perceber com clareza a aplicação da teoria de Peter Häberle e Gustavo Zagrebelsky, sobre o "pensamento do possível" no âmbito da interpretação constitucional.

Naquela oportunidade, o Estado do Rio Grande do Sul requeria a suspensão de decisões liminares proferidas pelo Tribunal de Justiça daquele Estado, que haviam determinado o pagamento integral da remuneração dos servidores públicos do Estado até o último dia de cada mês, sob pena de multa pecuniária. Alegava o autor que a crise financeira sofrida pela Administração Pública estadual impossibilitava o pagamento integral daqueles valores – da forma como determinavam as liminares impugnadas –, razão pela qual requeria o parcelamento do pagamento das remunerações, enquanto única solução viável para aquele caso.

Aquela não era a primeira vez que o Supremo Tribunal Federal se pronunciava sobre a questão. Em outro julgamento, o tema surgiu com o pedido de parcelamento formulado pela então Governadora do Rio Grande do Sul, Yeda Crusius, como forma alternativa de cumprir aquilo que lhe fora determinado. Nesse outro caso, o Plenário também se deparou com a discussão acerca do art. 35 da Constituição do Estado do Rio Grande do Sul, que estabelece a necessidade do pagamento da remuneração mensal dos servidores públicos até o último dia útil do mês.

Naquela hipótese, fator decisivo foi a aplicação do pensamento teórico de Zagrebelsky, em relação à necessidade de se considerar o chamado "pensamento do possível" no controle de constitucionalidade de normas. Assim, para Zagrebelsky o *ethos* da Constituição somente subsistiria na sociedade moderna se a interpretação da Constituição fosse realizada de acordo com o pensamento do possível, isto é, como algo particularmente adequado ou razoável para determinado momento histórico.

Peter Häberle também é expressivo defensor dessa ideia. Para o jurista alemão, o pensamento do possível é aquele relacionado às alternativas, ou seja:

> "Deve estar aberto para terceiras ou quartas possibilidades, assim como para compromissos. Pensamento do possível é pensamento indagativo (*fragendes Denken*). Na *res publica* existe um *ethos* jurídico específico do pensamento em alternativa, que contempla a realidade e a necessidade, sem se deixar dominar por elas. O pensamento do possível ou o pensamento pluralista de alternativas abre suas perspectivas para 'novas' realidades, para o fato de que a realidade de hoje pode corrigir a de ontem, especialmente a adaptação às necessidades do tempo de uma visão normativa, sem que se considere o novo o melhor"[21].

Em relação ao caso concreto que se examinava, é importante destacar que a jurisprudência do STF já reconhecia a constitucionalidade do art. 35 da Constituição do Estado do Rio Grande do Sul, ressaltando, no entanto, que a eficácia de tal dispositivo dependeria de um estado de normalidade das finanças públicas estaduais.

Por trás do julgamento da SL 883, erguia-se um cenário em que o Estado do Rio Grande do Sul não dispunha de recursos financeiros suficientes para o cumprimento de todas as suas obrigações. Por esse motivo, o Estado teve de fazer algumas escolhas e não se podia cogitar no não pagamento da dívida contraída com a União, porquanto esta conseguia utilizar-se de métodos que forçam o adimplemento do Estado, tais como a apropriação de recursos na Conta Única.

Dessa forma, foi preciso que a Administração Pública estadual realizasse a escolha mais adequada e razoável para cumprir as determinações constitucionais que lhe eram impostas, isto é, a melhor escolha possível diante das circunstâncias econômicas que se faziam presentes.

Com efeito, pontuei que aquele cenário de escassez de recursos consistia em ocasião excepcional, de modo que as garantias constitucionais da irredutibilidade e do pagamento em dia da

---

[21]   Häberle, *Die Verfassung des Pluralismus*, cit., p. 3.

remuneração deveriam ser interpretadas de acordo com essa situação, ou seja, conforme o pensamento das possibilidades. Aliás, qual seria a efetividade da decisão que determinasse o pagamento em dia da remuneração dos servidores públicos estatais, sendo tal obrigação impossível de ser cumprida?

Por essa razão, naquele caso votei pelo deferimento total da suspensão para impedir que o Estado fosse obrigado a pagar integralmente todas as remunerações, em razão do inequívoco estado de necessidade em que se encontrava a Administração Pública estadual naquele período.

O julgamento foi então interrompido em decorrência de pedido de vista por parte do Min. Dias Toffoli.

Posteriormente, o Min. Dias Toffoli apresentou o seu voto-vista, julgando prejudicado o pedido em razão da perda superveniente do objeto, uma vez que o Estado do Rio Grande do Sul editara a Lei Complementar n. 15.045/2017, que passou a determinar o pagamento imediato de indenização pelo atraso no pagamento da remuneração dos servidores.

Contudo, apesar da perda superveniente do objeto, esse caso demanda profunda análise acerca do "pensamento do possível" como fator integrante da interpretação constitucional, segundo o qual as determinações constitucionais podem ser realizadas mediante certas alternativas possíveis, em razão do contexto fático enfrentado pela Administração Pública.

Portanto, para preservar os direitos constitucionais e a própria autonomia do Poder Público, é necessário que certas garantias sejam interpretadas conforme o pensamento das possibilidades de sua concretização, sob pena de se conceberem decisões judiciais ineficazes.

6. Processo administrativo de demarcação de terras indígenas
• Demarcação de terras indígenas: Raposa Serra do Sol – PET 3.388

O julgamento da PET 3.388[22] (Rel. Min. Ayres Britto) pode ser considerado como histórico marco jurisprudencial na definição do usufruto que detêm os povos indígenas sobre as áreas por eles ocupadas tradicionalmente.

Tratava-se de ação popular ajuizada, em 20.5.2005, visando à impugnação do modelo contínuo de demarcação da Terra Indígena Raposa Serra do Sol. Pedia-se, no mérito, que fosse declarada nula a Portaria 534/2005 do Ministério de Estado da Justiça, bem como o Decreto Homologatório do Presidente da República, de 15.4.2005, e, em liminar, a suspensão da eficácia dos diplomas impugnados.

Sustentava-se, ainda, que o processo administrativo de demarcação continha vícios consubstanciados, principalmente, no fato de não terem sido ouvidas todas as pessoas e as entidades afetadas pela controvérsia. Além disso, o laudo antropológico sobre a área em questão restara assinado por apenas um profissional.

Alegava-se, também, que a reserva em área contínua traria consequências comerciais, econômicas e sociais extremamente danosas ao Estado de Roraima e que, ao passar para o domínio da União, área significativa do território do Estado lhe seria extraída, o que configuraria patente desequilíbrio entre os entes e ofensa ao princípio federativo.

Ao votar naquele processo, ressaltei que o caso Raposa Serra do Sol era, certamente, um dos mais difíceis e complexos já enfrentados pelo Supremo Tribunal em toda a sua história. Os múltiplos

---

[22] O Tribunal, vencidos os Ministros Joaquim Barbosa, que julgava totalmente improcedente a ação, e Marco Aurélio, que suscitara preliminar de nulidade do processo e, no mérito, declarava a ação popular inteiramente procedente, julgou-a parcialmente procedente, nos termos do voto do Rel. Min. Carlos Britto, reajustado segundo as observações constantes do voto do Min. Menezes Direito, declarando constitucional a demarcação contínua da Terra Indígena Raposa Serra do Sol (*DJ* de 25.9.2009).

Administração Pública **217**

e diversificados fatores sociais envolvidos numa imbricada teia de questões antropológicas, políticas e federativas faziam daquele julgamento verdadeiro marco em nossa jurisprudência constitucional.

Não havia respostas precisas e diretas para o problema apresentado à Corte. Soluções de improcedência ou procedência, total ou parcial, dos pedidos apresentados não abarcariam, à evidência, a totalidade das questões suscitadas em toda a sua complexidade e diversidade.

Naquela oportunidade, sublinhei que a afetação do território de certa unidade federada precisa ter realmente referencial jurídico sério. É preciso que, mais do que o direito de participação, de ser ouvido, assegure-se lugar, no Grupo Técnico de que trata o Decreto, aos Estados e Municípios afetados pela demarcação. Entendi, portanto, que a competência da União deve ser exercida com a participação efetiva dos Estados e Municípios abrangidos pela área a ser demarcada.

A previsão do art. 2°, § 8°, do Decreto 1.775/96 não se afigurava suficiente para abarcar todo o arcabouço constitucional que envolvia a matéria[23]. O Decreto apenas referia o direito de manifestação e de apresentação de provas durante o procedimento demarcatório, não consignando expressamente o direito dos Estados e Municípios de participar da tomada de decisão do ato administrativo, ou de ter, pelo menos, seus argumentos analisados de forma fundamentada. O Decreto 1.775/96, neste ponto, não poderia deixar de ser interpretado em conformidade com a Constituição Federal.

Assim, à luz do princípio federativo, haveria de se garantir o direito dos Estados e dos Municípios envolvidos de participar efetivamente do processo administrativo demarcatório. Deveriam, portanto, integrar o Grupo Técnico especializado designado pelo órgão federal para realizar o levantamento fundiário mencionado.

Além disso, apontei a necessidade de reformulação do procedimento administrativo de demarcação de terras indígenas, com a elaboração de novas normas que incluam os Estados e Municípios nesse procedimento, em todas as fases. Isso porque toda competência estabelecida pela Constituição, seja da União, dos Estados ou dos Municípios, há de ser exercida em conformidade com o princípio da fidelidade à Federação, decorrência lógica do princípio federativo.

Em suma, a competência da União para demarcar terras indígenas há de ser exercida em conformidade com o princípio da fidelidade à Federação, sendo obrigatória a efetiva participação dos Estados e Municípios, em todas as fases do procedimento, observadas as garantias constitucionais do contraditório e da ampla defesa.

Por fim, cumpre ressaltar que a decisão da PET 3.388 marca ruptura importante com a ortodoxia do Tribunal em matéria de técnicas de decisão. De fato, o voto do Min. Menezes Direito estabeleceu 18 regras procedimentais a serem adotadas em demarcações de terras tradicionalmente ocupadas pelos índios[24], as fronteiras do usufruto dos indígenas sobre as áreas que lhes são constitucionalmente garantidas.

---

[23] Decreto n. 1.775/96. "Art. 2° A demarcação das terras tradicionalmente ocupadas pelos índios será fundamentada em trabalhos desenvolvidos por antropólogo de qualificação reconhecida, que elaborará, em prazo fixado na portaria de nomeação baixada pelo titular do órgão federal de assistência ao índio, estudo antropológico de identificação. (...) § 8° Desde o início do procedimento demarcatório até noventa dias após a publicação de que trata o parágrafo anterior, poderão os Estados e municípios em que se localize a área sob demarcação e demais interessados manifestar-se, apresentando ao órgão federal de assistência ao índio razões instruídas com todas as provas pertinentes, tais como títulos dominiais, laudos periciais, pareceres, declarações de testemunhas, fotografias e mapas, para o fim de pleitear indenização ou para demonstrar vícios, totais ou parciais, do relatório de que trata o parágrafo anterior."

[24] Estas as indicações feitas pelo Min. Direito: "1) o usufruto das riquezas do solo, dos rios e dos lagos existentes nas terras indígenas pode ser suplantado de maneira genérica sempre que houver, como dispõe o art. 231, § 6°, da CF, o interesse público da União, na forma de lei complementar;
2) o usufruto dos índios não abrange a exploração de recursos hídricos e potenciais energéticos, que dependerá sempre da autorização do Congresso Nacional;

7. Responsabilidade civil do Estado

- *Quantum* da indenização por desaparecimento de ativista político. Razoabilidade positiva em face de casos de evidente distorção na fixação da indenização – RE 313.915

Ainda em relação à responsabilidade civil do Estado, é digno de nota o julgamento do RE 313.915, da relatoria do Min. Joaquim Barbosa. O recurso havia sido interposto pela União contra acórdão do TRF 5ª Região que negou provimento a apelação cível, mantendo decisão que havia condenado a Recorrente a indenizar viúva por suposta morte de seu cônjuge, ocorrida na época das perseguições políticas levadas a cabo pelo regime de exceção iniciado nos anos sessenta.

Segundo o relatório, constava dos autos que "em 1974 a recorrida enviou cartas ao presidente Geisel (fls. 33), ao cardeal-arcebispo de São Paulo, D. Evaristo Arns (fls. 34), e aos líderes do

---

3) o usufruto dos índios não abrange a pesquisa e a lavra de recursos naturais, que dependerá sempre de autorização do Congresso Nacional;

4) o usufruto dos índios não abrange a garimpagem nem a faiscação, dependendo, se o caso, ser obtida a permissão da lavra garimpeira;

5) o usufruto dos índios fica condicionado ao interesse da Política de Defesa Nacional. A instalação de bases, unidades e postos militares e demais intervenções militares, a expansão estratégica da malha viária, a exploração de alternativas energéticas de cunho estratégico e o resguardo das riquezas de cunho estratégico, a critério dos órgãos competentes – o Ministério da Defesa e o Conselho de Defesa Nacional –, serão implementados independentemente de consulta às comunidades indígenas envolvidas ou à FUNAI;

6) a atuação das Forças Armadas e da Polícia Federal na área indígena, no âmbito de suas atribuições, fica garantida e se dará independentemente de consulta às comunidades indígenas envolvidas ou à FUNAI;

7) o usufruto dos índios não impede a instalação pela União Federal de equipamentos públicos, redes de comunicação, estradas e vias de transporte, além das construções necessárias à prestação de serviços públicos pela União, especialmente os de saúde e de educação;

8) o usufruto dos índios na área afetada por unidades de conservação fica restrito ao ingresso, trânsito e permanência, bem como a caça, a pesca e o extrativismo vegetal, tudo nos períodos, temporadas e condições estipulados pela administração da unidade de conservação, que ficará sob a responsabilidade do Instituto Chico Mendes de Conservação da Biodiversidade;

9) o Instituto Chico Mendes de Conservação da Biodiversidade responderá pela administração da área de unidade de conservação, também afetada pela terra indígena, com a participação das comunidades indígenas da área, em caráter apenas opinativo, levando em conta as tradições e os costumes dos indígenas, podendo, para tanto, contar com a consultoria da FUNAI;

10) o trânsito de visitantes e pesquisadores não índios deve ser admitido na área afetada à unidade de conservação nos horários e condições estipulados pela administração;

11) deve ser admitido o ingresso, o trânsito, a permanência de não índios no restante da área da terra indígena, observadas as condições estabelecidas pela FUNAI;

12) o ingresso, trânsito e a permanência de não índios não pode ser objeto de cobrança de quaisquer tarifas ou quantias de qualquer natureza por parte das comunidades indígenas;

13) a cobrança de tarifas ou quantias de qualquer natureza também não poderá incidir ou ser exigida em troca da utilização de estradas, equipamentos públicos, linhas de transmissão de energia ou de quaisquer outros equipamentos e instalações colocadas a serviço do público, tenham sido excluídos expressamente da homologação ou não;

14) as terras indígenas não poderão ser objeto de arrendamento ou de qualquer ato ou negócio jurídico, que restrinja o pleno exercício da posse direta pela comunidade jurídica ou pelos silvícolas;

15) é vedada, nas terras indígenas, a qualquer pessoa estranha aos grupos tribais ou comunidades indígenas a prática da caça, pesca ou coleta de frutos, assim como de atividade agropecuária extrativa;

16) os bens do patrimônio indígena, isto é, as terras pertencentes ao domínio dos grupos e comunidades indígenas, o usufruto exclusivo das riquezas naturais e das utilidades existentes nas terras ocupadas, observado o disposto nos arts. 49, inc. XVI, e 231, § 3°, da Constituição da República, bem como a renda indígena, gozam de plena isenção tributária, não cabendo a cobrança de quaisquer impostos, taxas ou contribuições sobre uns e outros;

17) é vedada a ampliação da terra indígena já demarcada;

18) os direitos dos índios relacionados as suas terras são imprescritíveis e estas são inalienáveis e indisponíveis".

MDB na Câmara, os senhores Thales Ramalho e Laerte Vieira (fls. 29), cobrando resposta do Estado brasileiro sobre a integridade física de seu marido".

Embora outros argumentos houvessem sido aduzidos pela Recorrente, considerou-se que apenas a suposta violação do art. 37, § 6º, era significativa. De fato, os elementos constantes dos autos e as características do desaparecimento da vítima não permitiam afastar a responsabilidade da União na espécie.

Assentou-se, quanto ao possível excesso na fixação do valor da indenização, que o STJ tem entendido cabível sua revisão em sede de recurso especial quando ultrapassados os limites da razoabilidade do arbitramento[25]. Daí ter-se aduzido que o Supremo Tribunal Federal, verificada flagrante irrazoabilidade, poderia também fazê-lo em sede de recurso extraordinário.

Afirmou-se, todavia, que, tendo por base o RE interposto, não se verificava tal possibilidade, especialmente por se tratar de condenação a pagamento em razão do desaparecimento de um profissional de nível superior, pai de família nos idos de 1974.

A indenização, fixada em CR$ 100.000.000,00 (cem milhões de cruzeiros reais em 7.1.1994, correspondente a R$ 485.061,56, em 23.04.98), ainda que significativa, havia sido fundamentada pelo magistrado *a quo* de forma satisfatória.

A União limitava-se a sustentar no RE que a sentença fugiria "aos parâmetros a partir dos quais são normalmente calculadas as indenizações em casos análogos. Qual o parâmetro básico? Que salário? Como chegar, racionalmente, a tal *quantum*?". Aduzia, ainda, que o "estado brasileiro está mais para a Índia do que para os Estados Unidos da América do Norte" e que "o padrão não deve ser aquele da nação mais abastada do mundo". Por fim, argumentava que "não se deve esquecer que a responsabilidade do Estado funda-se no rateio entre os cidadãos, pelo risco da atividade estatal".

Considerou-se, contudo, que essa linha de argumentação não oferecia elementos para infirmar a conclusão das instâncias ordinárias.

Nestes termos, não se conheceu do recurso extraordinário, corroborando o voto do Relator.

---

[25] Cf., exemplificativamente, REsp 2003/60374, Rel. Min. Antônio de Pádua Ribeiro, 3ª Turma (*DJ* de 14.6.2004); AG 552310 (AgRg), Rel. Min. Carlos Alberto Direito, 3ª Turma (*DJ* de 17.5.2004); REsp 550912 (AgRg), Rel. Min. Carlos Alberto Direito, 3ª Turma (*DJ* de 3.5.2004); Ag 538045 (AgRg), Rel. Min. Nancy Andrighi, 3ª Turma (*DJ* de 16.12.2003).

Parte VI
Funções Essenciais à Justiça

São elencadas, nos arts. 127 e seguintes da Constituição Federal, as funções consideradas essenciais à justiça: o Ministério Público, a Advocacia Pública, a Advocacia e, finalmente, a Defensoria Pública. Vale assim ressaltar, por fim, as decisões que dizem respeito a estas funções, sem as quais a prestação jurisdicional tornar-se-ia impossível ou gravemente deficitária.

- ## Concurso público para empregado da OAB – ADI 3.026

Na ADI 3.026[1] (Rel. Min. Eros Grau), a constitucionalidade da parte final do § 1º do art. 79 da Lei n. 8.906/94 (Estatuto da Advocacia) foi questionada. De acordo com dispositivo, aos servidores da OAB, aplica-se o regime trabalhista. Porém, aos servidores da OAB sujeitos ao regime da Lei n. 8.112/90, concedia-se o direito de opção pelo regime trabalhista, no prazo de noventa dias a partir da vigência do Estatuto da Advocacia. Aos que optassem, assegurava-se o pagamento de indenização, quando da aposentadoria, correspondente a cinco vezes o valor da última remuneração – trecho este contestado na ADI.

O Procurador-Geral da República, requerente, pugnou também pela realização de interpretação conforme o inc. II, da art. 37, da Constituição, ao *caput* do art. 79 do Estatuto da Advocacia ("Aos servidores da OAB é aplicável o regime trabalhista"). Sustentava a tese de que o provimento de cargos da OAB deveria ser feito mediante concurso público.

Diante da controvérsia em torno da limitação dos efeitos de eventual declaração de inconstitucionalidade, bem como em razão do fato de que a discussão da matéria envolvia a conformação constitucional e legal atribuída à OAB, pedi vista dos autos.

Em voto-vista, consignei a inexistência de pronunciamento definitivo do Supremo Tribunal acerca da natureza jurídica da OAB – se de caráter autárquico, ou não – o que, por si só, afastaria conclusão universalmente válida acerca do regime trabalhista aplicável aos seus empregados. Nesse contexto, questionei sob quais condições a disciplina legal do regime de contratação dos empregados da OAB deveria ser harmonizada à conformação institucional que a entidade assume na Constituição Federal de 1988 e na Lei n. 8.906/94.

Discorri, na minha fundamentação, sobre aspectos que deveriam ser considerados, como o fato de a OAB ser organização pública que, independente da nomenclatura de autarquia ou não, desempenha papel institucional de forte caráter estatal e público, sendo responsável por atividades de notória relevância pública. Referi, ainda, o trecho do voto do Relator da ADI, Min. Eros Grau, no que destacou que a titularidade de execução desse serviço público independente confere à entidade competências para o exercício de poder de Polícia, inerentes às suas atividades institucionais, que acabam por envolver não apenas a categoria dos advogados, mas também diversas esferas de atuação jurídica do Estado.

---

[1] Em 8.6.2006, o Tribunal julgou improcedente o pedido, vencidos parcialmente os Ministros Joaquim Barbosa e Gilmar Mendes, que o julgavam procedente com relação ao *caput* do art. 79, ao qual davam interpretação conforme de modo apenas a excetuarem-se, da regra do concurso público, cargos de chefia e assessoramento, isso com efeito *ex nunc* (*DJ* de 29.9.2006).

Entre as premissas daquele voto, ressaltei a perspectiva republicana que impõe relacionar o exercício do poder de polícia estatal à necessidade de uma burocracia estável escolhida mediante processo objetivo. Considerei que a aplicação do princípio republicano ao caso envolvia a assunção da tese de que todo e qualquer agente, ao atuar para a realização de interesse eminentemente público-estatal, não se pode furtar ao quanto disposto pela Constituição, nem pretender eximir os próprios atos e omissões da pertinente fiscalização exercida pelas instâncias críticas da sociedade.

Apoiado em tais razões, concluí pela aplicabilidade do princípio do concurso público aos servidores em caráter efetivo da Ordem dos Advogados do Brasil. No voto, que compôs a minoria, não fiz mais do que reconhecer que a OAB exerce serviço público independente e que, portanto, seria de assegurar, no âmbito administrativo da Instituição, não somente a participação efetiva, mas também a fiscalização por todos os cidadãos e entidades democráticas.

De tudo, resta a afirmação de que é possível cogitar da aplicação de princípios constitucionais da Administração Pública as entidades que, embora não componham a estrutura funcional de órgãos e pessoas estatais, exercerem atividades dotadas desse caráter que então denominei como típico *munus* público.

• Visto de advogado em contrato constitutivo de pessoas jurídicas: inconstitucionalidade – ADI 1.194

Em 22.6.2005, proferi outro voto-vista acerca da constitucionalidade do Estatuto da Advocacia, desta feita por ocasião do julgamento da ADI 1.194[2] (Min. Maurício Corrêa). Especialmente controvertido era o § 2º do art. 1º da Lei n. 8.906/94:

"Art. 1º (...)

§ 2º Os atos e contratos constitutivos de pessoas jurídicas, sob pena de nulidade, só podem ser admitidos a registro, nos órgãos competentes, quando visados por advogados".

Afirmei, naquela ocasião, que, embora a competência para editar normas, no tocante à matéria, quase não conheça limites (universalidade da atividade legislativa), a atividade legislativa é, e deve continuar sendo, subsidiária. Significa dizer que o exercício da atividade legislativa está submetido ao princípio da necessidade, isto é, a promulgação de leis supérfluas ou iterativas configura abuso de poder legislativo. Aduzi, ademais, que a presunção de liberdade, que lastreia o Estado Democrático de Direito, pressupõe regime legal mínimo, que não reduza ou restrinja, imotivada ou desnecessariamente, a liberdade de ação no âmbito social, devendo mesmo ser reconhecida a inconstitucionalidade das normas que estabelecem restrições dispensáveis. Em outras palavras, deveria ser realizada a censura sobre a adequação e a necessidade do ato legislativo.

A partir de tais postulados, um juízo definitivo sobre a proporcionalidade da medida legislativa haveria de resultar da rigorosa ponderação e do possível equilíbrio entre o significado da intervenção para o atingido e os objetivos perseguidos pelo legislador (proporcionalidade em sentido estrito).

Considerei, a respeito do § 2º do art. 1º da Lei n. 8.906/94, que o que se pretendia esclarecer era a restrição ou conformação legislativa que se vincula ao direito de associação, a partir de exigência adicional para a instituição de sociedades.

Daí haver concluído pela inconstitucionalidade do dispositivo, ante a manifesta inadequação da providência legislativa, dada a inexistência de qualquer relação plausível entre meios e fins. Assentei, assim, a desnecessidade da norma impugnada, uma vez que se contava com inúmeras

---

[2] Em 20.5.2009, o Tribunal, por maioria, julgou parcialmente procedente a ação direta para dar interpretação conforme ao art. 21 e seu parágrafo único da Lei n. 8.906/94, nos termos do voto do Relator, vencidos os Ministros Joaquim Barbosa, Marco Aurélio, Cezar Peluso, Ricardo Lewandowski e Gilmar Mendes (Presidente), que a julgavam totalmente procedente (*DJ* de 11.9.2009).

alternativas menos gravosas para garantir o interesse público na higidez dos atos associativos. Em suma: se havia algum interesse garantido pelo § 2° do Estatuto dos Advogados, era o interesse privado destes. Revelava-se, portanto, flagrante a violação à própria liberdade de associação.

• Nomeação de juízes do TRT dentre membros do Ministério Público do Trabalho – ADI 1.289

Refira-se, ainda, o julgamento dos embargos infringentes opostos pelo Procurador-Geral da República contra acórdão proferido pelo Supremo Tribunal Federal na ADI 1.289[3].

Segundo a decisão do Plenário do STF, somente quando não houvesse, entre os membros do Ministério Público do Trabalho, candidato com mais de dez anos de carreira, seria lícita a inclusão em lista, para investidura no cargo de juiz de Tribunal Regional do Trabalho, de quem não preenchesse aquele requisito temporal. Assentou-se a inconstitucionalidade, perante o art. 115, parágrafo único, inc. II, combinado com o art. 94, ambos da Carta de 1988, de ato normativo do Conselho Superior do Ministério Público do Trabalho, que autorizara a complementação da lista com figurantes destituídos daquela antiguidade.

Nos embargos infringentes opostos[4], argumentou o Procurador-Geral que, embora a Constituição exija, para a formação do quinto constitucional, a elaboração de lista sêxtupla com os membros do Ministério Público que contem com mais de dez anos de carreira, nada dispõe a Carta da República na hipótese de faltarem membros do Ministério Público que preenchem o requisito temporal de dez anos de carreira para compor a necessária lista sêxtupla.

Não havendo vedação constitucional expressa, considerou o *Parquet* legítima a complementação da lista sêxtupla com membros do Ministério Público que, embora submetidos ao processo de escolha comum a todos os candidatos, não haviam completado, ainda, o período de dez anos a que se refere o art. 94 da Constituição da República.

Nos embargos sustentou ainda o Chefe do Ministério Público que "a lista sêxtupla" visa a permitir a possibilidade de escolha, pelo Poder Judiciário, de três nomes entre os seis candidatos, bem assim, posteriormente, a escolha pelo Poder Executivo de um único nome entre aqueles constantes da lista tríplice elaborada pelo Poder Judiciário.

Portanto, a formação, pelo órgão de classe, de lista em número inferior a seis representaria cerceamento tanto no dever-poder atribuído ao Poder Judiciário de, dentre seis nomes, escolher três como também no dever-poder do Poder Executivo de escolher apenas um.

É certo que, na hipótese de haver apenas um candidato com mais de dez anos de carreira, teria ele verdadeiro direito subjetivo à nomeação, restando tolhida a necessária participação dos Poderes Judiciário e Executivo no processo de preenchimento do quinto constitucional, contrariando-se, dessa forma, a Constituição Federal.

Para a solução daqueles embargos infringentes, considerei que o Tribunal haveria de socorrer-se, necessariamente, daquilo que se convencionou denominar "pensamento jurídico do possível"[5], entendido como expressão, consequência, pressuposto e limite para uma interpretação constitucional aberta.

Afirmei não ser difícil encontrar exemplos do pensamento do possível na rica jurisprudência do Supremo Tribunal Federal, não raras vezes assentada na eventual configuração de uma

---

[3] O Tribunal, por unanimidade, conheceu dos embargos de infringentes e, por maioria, vencidos os Ministros Sydney Sanches e Moreira Alves, proveu-os para declarar a constitucionalidade do ato impugnado na ação (*DJ* de 27.2.2004).

[4] ADI-EI 1.289, Rel. Min. Gilmar Mendes (*DJ* de 27.02.2004).

[5] HÄBERLE, P. Demokratische Verfassungstheorie im Lichte des Möglichkeitsdenken, in: *Die Verfassung des Pluralismus*, Königstein/TS, 1980, p. 9.

omissão ou lacuna constitucional. São exemplos notórios desse pensamento as decisões da Corte que reconheceram a existência de uma "situação jurídica ainda constitucional" relativamente a algumas normas aplicáveis às defensorias públicas[6].

A regra constitucional em questão continha uma "lacuna": a não disciplina das situações excepcionais existentes na fase inicial de implementação do novo modelo constitucional. Não havendo sido regulada a matéria em disposição transitória, mostrava-se adequado que o próprio intérprete pudesse fazê-lo, em consonância com o sistema constitucional. E a aplicação que menos se distanciava do sistema formulado pelo constituinte parecia ser aquela que admitia a composição da lista com procuradores do trabalho que ainda não preenchiam o requisito concernente ao tempo de serviço, assegurando-se aos órgãos participantes do processo a margem de escolha necessária dentre procuradores com tempo de serviço inferior a 10 anos, na hipótese de inexistência de candidatos que atendessem ao requisito temporal fixado.

Nesses termos, o Tribunal acolheu os embargos infringentes, para declarar a constitucionalidade do item IV da decisão normativa do Conselho Superior do Ministério Público do Trabalho, tomada na 4ª Reunião Ordinária realizada em 25.10.1993.

---

[6] Cf., exemplificativamente, RECrim 147.776-8, Rel. Min. Sepúlveda Pertence, Lex-JSTF, 238.

Parte VII
Acórdãos

Parte VII
Acórdãos

1. Direitos fundamentais, federalismo e o princípio da proporcionalidade

IF 2.915[1]

Intervenção federal – Precatórios judiciais – Observância do princípio da proporcionalidade – Adoção da chamada relação de precedência condicionada entre princípios constitucionais concorrentes.

Trata-se de pedido de intervenção federal, no Estado de São Paulo, diante do não pagamento de valor requisitado em precatório, que envolve prestação de natureza alimentícia, expedido em 1997, para inclusão no orçamento de 1998.

O Governador afirmou não ter sido descumprida a ordem judicial. Ressaltou que, ao assumir o Governo, pendiam de pagamento precatórios que deveriam ter sido pagos pelo governo anterior e estavam as finanças públicas em situação caótica, pelo que foi necessária a reorganização do orçamento do Estado. Noticiou, ainda, a satisfação de precatórios de natureza alimentar e a previsão de liquidar os débitos, assim que aprovado, no Congresso, o projeto de lei que permite aos Estados utilizarem oitenta por cento dos depósitos judiciais para quitar precatórios de natureza alimentar. Sustentou, por fim, "estar 'lutando por todas as formas para a obtenção de novos recursos, de modo a acelerar o resgate desse passivo, ainda não realizado, em virtude da impossibilidade material e jurídica existente, porquanto não seria possível o desvio de verbas imprescindíveis ao funcionamento dos demais setores estatais".

O julgado restou assim ementado:

EMENTA: Intervenção Federal. 2. Precatórios judiciais. 3. Não configuração de atuação dolosa e deliberada do Estado de São Paulo com finalidade de não pagamento. 4. Estado sujeito a quadro de múltiplas obrigações de idêntica hierarquia. Necessidade de garantir eficácia a outras normas constitucionais, como, por exemplo, a continuidade de prestação de serviços públicos. 5. A intervenção, como medida extrema, deve atender à máxima da proporcionalidade. 6. Adoção da chamada relação de precedência condicionada entre princípios constitucionais concorrentes. 7. Pedido de intervenção indeferido.

VOTO

Em nosso sistema federativo, o regime de intervenção representa excepcional e temporária relativização do princípio básico da autonomia dos Estados. A regra, entre nós, é a não intervenção, tal como se extrai com facilidade do disposto no *caput* do art. 34 da Constituição, quando diz que "a União não intervirá nos Estados nem no Distrito Federal, **exceto** para: (...)".

Com maior rigor, pode-se afirmar que o princípio da não intervenção representa subprincípio concretizador do princípio da autonomia, e este, por sua vez, constitui subprincípio concretizador do princípio federativo. O princípio federativo, cabe lembrar, constitui não apenas princípio estruturante da organização política e territorial do Estado brasileiro, mas também cláusula pétrea da Carta de 1988.

---

[1] O pedido foi julgado improcedente em 3.2.2003, vencido o relator, Ministro Marco Aurélio, e designado redator para o acórdão o Ministro Gilmar Mendes (*DJ* de 28.11.2003).

No processo de intervenção federal nos Estados e no Distrito Federal, verifica-se, de imediato, um conflito entre a posição da União, no sentido de garantir a eficácia daqueles princípios constantes do art. 34 da Constituição, e a posição dos Estados e do Distrito Federal, no sentido de assegurar sua prerrogativa básica de autonomia. A primeira baliza para o eventual processo de intervenção destinado a superar tal conflito encontra-se expressamente estampada na Constituição, quando esta consigna a excepcionalidade da medida interventiva.

Diante desse conflito de princípios constitucionais, considero adequada a análise da legitimidade da intervenção a partir de sua conformidade ao princípio constitucional da proporcionalidade.

O princípio da proporcionalidade, também denominado princípio do devido processo legal em sentido substantivo, ou ainda, princípio da proibição do excesso, constitui uma exigência positiva e material relacionada ao conteúdo de atos restritivos de direitos fundamentais, de modo a estabelecer um "limite do limite" ou uma "proibição de excesso" na restrição de tais direitos. A máxima da proporcionalidade, na expressão de Alexy, coincide igualmente com o chamado núcleo essencial dos direitos fundamentais concebido de modo relativo – tal como o defende o próprio Alexy. Nesse sentido, o princípio ou máxima da proporcionalidade determina o limite último da possibilidade de restrição legítima de determinado direito fundamental.

A par dessa vinculação aos direitos fundamentais, o princípio da proporcionalidade alcança as denominadas colisões de bens, valores ou princípios constitucionais. Nesse contexto, as exigências do princípio da proporcionalidade representam um método geral para a solução de conflitos entre princípios, isto é, um conflito entre normas que, ao contrário do conflito entre regras, é resolvido não pela revogação ou redução teleológica de uma das normas conflitantes nem pela explicitação de distinto campo de aplicação entre as normas, mas antes e tão somente pela ponderação do peso relativo de cada uma das normas em tese aplicáveis e aptas a fundamentar decisões em sentidos opostos. Nessa última hipótese, aplica-se o princípio da proporcionalidade para estabelecer ponderações entre distintos bens constitucionais.

Em síntese, a aplicação do princípio da proporcionalidade se dá quando verificada restrição a determinado direito fundamental ou um conflito entre distintos princípios constitucionais de modo a exigir que se estabeleça o peso relativo de cada um dos direitos por meio da aplicação das máximas que integram o mencionado princípio da proporcionalidade. São três as máximas parciais do princípio da proporcionalidade: a adequação, a necessidade e a proporcionalidade em sentido estrito. Tal como já sustentei em estudo sobre a proporcionalidade na jurisprudência do Supremo Tribunal Federal[2], há de perquirir-se, na aplicação do princípio da proporcionalidade, se em face do conflito entre dois bens constitucionais contrapostos, o ato impugnado afigura-se adequado (isto é, apto para produzir o resultado desejado), necessário (isto é, insubstituível por outro meio menos gravoso e igualmente eficaz) e proporcional em sentido estrito (ou seja, se estabelece uma relação ponderada entre o grau de restrição de um princípio e o grau de realização do princípio contraposto).

Registre-se, por oportuno, que o princípio da proporcionalidade aplica-se a todas as espécies de atos dos poderes públicos, de modo que vincula o legislador, a administração e o judiciário, tal como lembra Canotilho[3].

Cumpre assinalar, ademais, que a aplicação do princípio da proporcionalidade em casos como o presente, em que há a pretensão de atuação da União no âmbito da autonomia de unidades federativas, é admitida no direito alemão. Nesse sentido, registram Bruno Schmidt-Bleibtreu e Franz Klein, em comentário ao art. 37 da Lei Fundamental, que "os meios da execução federal

---

[2] A Proporcionalidade na Jurisprudência do Supremo Tribunal Federal, In *Direitos Fundamentais e Controle de Constitucionalidade: Estudos de Direito Constitucional*, 2. ed., Celso Bastos Editor: IBDC, São Paulo, 1999, p. 72.

[3] *Direito Constitucional e Teoria da Constituição*, Coimbra, Almedina, 2. ed., p. 264.

('Bundeszwang') são estabelecidos pela Constituição, pelas leis federais e pelo princípio da proporcionalidade"[4].

O exame da proporcionalidade, no caso em apreço, exige algumas considerações sobre o contexto factual e normativo em que se insere a presente discussão.

Desse modo, não podem ser desconsideradas as limitações econômicas que condicionam a atuação do Estado quanto ao cumprimento das ordens judiciais que fundamentam o presente pedido de intervenção. Nesse sentido, constam do memorial apresentado pelo Estado de São Paulo, os seguintes dados, *verbis*:

*"... considerando-se as estimativas de arrecadação para o exercício corrente, as despesas com o **pessoal** dos três Poderes do Estado deverão se situar em torno de 58% das receitas correntes líquidas estaduais; os gastos com **custeio**, que permite o funcionamento do aparato administrativo, incluindo-se certas parcelas que compõem o percentual mínimo a ser aplicado no desenvolvimento do ensino (art. 212 da CF) e nas ações e serviços públicos de saúde (art. 198, 2°, da CF), deverão atingir o montante de 19% das receitas correntes líquidas, ao passo que o **serviço da dívida** junto à União consumirá, aproximadamente, 12% daquelas receitas; há finalmente, os gastos com **investimentos** mínimos indispensáveis para a simples manutenção do funcionamento de serviços essenciais (rodovias estaduais operadas diretamente pelo Poder Público, aparato de segurança pública, redes de ensino e de saúde, etc.), estimados em 9% das receitas correntes líquidas."*

E continua o Estado de São Paulo:

"Excluídos os gastos apontados no item anterior, o que resta de recursos são utilizados no pagamento de precatórios judiciais, despesa essa estimada, para o ano de 2002 em cerca de 2% das receitas correntes líquidas, vale dizer, algo em torno de R$ 750.000.000 (setecentos e cinquenta milhões de reais)."

Como tenho afirmado, esse exame de dados concretos, ao invés de apenas argumentos jurídicos, não é novidade no Direito comparado. No âmbito dos reflexos econômicos da atividade jurisdicional, a experiência internacional tem, assim, demonstrado que a proteção dos direitos fundamentais e a busca da redução das desigualdades sociais necessariamente não se realizam sem a reflexão acurada acerca de seu impacto.

Um caso paradigmático neste sentido é aquele em que a Corte Constitucional alemã, na famosa decisão sobre *"numerus clausus"* de vagas nas Universidades (*"numerus-clausus Entscheidung"*), reconheceu que pretensões destinadas a criar os pressupostos fáticos necessários para o exercício de determinado direito estão submetidas à *"reserva do financeiramente possível"* (*"Vorbehalt des finanziellen Möglichen"*). Nesse caso, segundo o Tribunal alemão, não pode existir qualquer obrigação constitucional que faça incluir o dever de, no sistema educacional, fornecer vagas a qualquer tempo e a qualquer um que as pleiteie, exigindo altos investimentos destinados a suprir demandas individuais sem qualquer consideração sobre o interesse coletivo[5].

Com efeito, não se pode exigir o pagamento da totalidade dos precatórios relativos a créditos alimentares sem que, em contrapartida, se estabeleça uma análise sobre se tal pagamento encontra respaldo nos limites financeiros de um Estado zeloso com suas obrigações constitucionais. Tanto é verdade que, ainda que ocorra uma intervenção no Estado de São Paulo, o eventual interventor terá que respeitar as mesmas normas constitucionais e limites acima assinalados pelo referido Estado, contando, por conseguinte, com apenas 2% das receitas líquidas para pagamento dos precatórios judiciais. Ao interventor também será aplicável a reserva do financeiramente possível.

Já afirmei, em outras oportunidades, a real necessidade de que os órgãos judicantes, ao julgarem questões intrincadas, analisem com a maior amplitude possível informações e dados concretos para obterem uma interpretação precisa.

---

[4] Die Mittel des Bundeszwanges werden durch das Grundgesetz, die Bundesgesetze und das Prinzip der **Verhältnismäßigkeit** bestimmt, *Kommentar zum Grundgesetz*, 9. ed., Luchterhand, p. 765.

[5] *BVerfGE* 33, 303 (333).

Com esse objetivo, vale destacar que, conforme informações apresentadas pela Procuradoria-Geral do Estado de São Paulo, este Estado vem atuando de maneira bastante positiva no tocante ao pagamento dos precatórios judiciais.

Primeiramente, referido ente federado, atendendo ao disposto no art. 78 do Ato das Disposições Constitucionais Transitórias, acrescido pela Emenda Constitucional n. 30, de 13 de setembro de 2000, satisfez a totalidade do primeiro décimo dos precatórios não alimentares no ano de 2001.

Ademais, por meio do Decreto Estadual n. 46.933, de 19 de julho de 2002, que regulamentou a Lei Federal n. 10.482, de 3 de julho de 2002, destinou-se, no próprio mês de julho, mais de R$ 100.000.000 (cem milhões de reais) para pagamento de precatórios alimentares, perfazendo, neste ano (até o presente momento), o total de R$ 170.221.716,98 (cento e setenta milhões, duzentos e vinte e um mil, setecentos e dezesseis reais e noventa e oito centavos) com pagamento de precatórios alimentares.

Também, consoante dados fornecidos por aquela Procuradoria, serão repassados à Fazenda Estadual, nos meses de agosto e setembro, cerca de R$ 202.000.000 (duzentos e dois milhões de reais), o que resultará até o final do ano no pagamento de mais de R$ 400.000.000 (quatrocentos milhões de reais), ou seja, mais de 10% da dívida total estimada.

Portanto, não resta configurada uma atuação dolosa e deliberada do Estado de São Paulo com a finalidade de não pagamento dos precatórios alimentares.

No caso em exame, a par de um quadro de impossibilidade financeira quanto ao pagamento integral e imediato dos precatórios relativos a créditos de natureza alimentícia, verifica-se a conduta inequívoca da unidade federativa no sentido de honrar tais dívidas.

É evidente a obrigação constitucional quanto aos precatórios relativos a créditos alimentícios, assim como o regime de exceção de tais créditos, conforme a disciplina do art. 78 do ADCT. Mas também é inegável, tal como demonstrado, que o Estado encontra-se sujeito a um quadro de múltiplas obrigações de idêntica hierarquia.

Nesse quadro de conflito, assegurar, de modo irrestrito e imediato, a eficácia da norma contida no art. 78 do ADCT, pode representar negativa de eficácia a outras normas constitucionais. Exemplo bastante ilustrativo é a obrigação dos Estados no que se refere à educação e à saúde. Nos termos do art. 212 da Constituição, os Estados estão obrigados a aplicar vinte e cinco por cento, no mínimo, da receita resultante de impostos, compreendida a proveniente de transferências, na manutenção e desenvolvimento do ensino. A Constituição também prevê, no art. 198, § 2º, a aplicação de recursos mínimos pelos Estados na área de saúde. O descumprimento de tais obrigações, por óbvio, representaria negativa de eficácia a normas constitucionais, bem como implicaria a configuração de específica hipótese de intervenção federal. De fato, o art. 34, VI, alínea "e", prevê expressamente, como hipótese de intervenção, a garantia da observância da "aplicação do mínimo exigido da receita resultante de impostos estaduais, compreendida a proveniente de transferências, na manutenção e desenvolvimento do ensino e nas ações e serviços públicos de saúde".

Diante de tais circunstâncias, cumpre indagar se a medida extrema da intervenção atende, no caso, às três máximas parciais da proporcionalidade.

É duvidosa, de imediato, a adequação da medida de intervenção. O eventual interventor, evidentemente, estará sujeito àquelas mesmas limitações factuais e normativas a que está sujeita a Administração Pública do Estado. Poderá o interventor, em nome do cumprimento do art. 78 do ADCT, ignorar as demais obrigações constitucionais do Estado? Evidente que não. Por outro lado, é inegável que as disponibilidades financeiras do regime de intervenção não serão muito diferentes das condições atuais.

Enfim, resta evidente que a intervenção, no caso, sequer consegue ultrapassar o exame de adequação, o que bastaria para demonstrar sua ausência de proporcionalidade.

Também é duvidoso que o regime de intervenção seja necessário, sob o pressuposto de ausência de outro meio menos gravoso e igualmente eficaz. Manter a condução da Administração estadual sob o comando de um Governador democraticamente eleito, com a ressalva de que esteja o mesmo atuando com boa-fé e com o inequívoco propósito de superar o quadro de inadimplência, é inegavelmente medida menos gravosa que a ruptura na condução administrativa do Estado. Pode-se presumir, ademais, que preservar a chefia do Estado será igualmente eficaz à eventual administração por um interventor, ou, ao menos, não se poderia afirmar, com segurança, que a administração de um interventor, sujeito às inúmeras condicionantes já apontadas, será mais eficaz que a atuação do Governador do Estado.

A intervenção não atende, por fim, ao requisito da proporcionalidade em sentido estrito. Nesse plano, é necessário aferir a existência de proporção entre o objetivo perseguido, qual seja o adimplemento de obrigações de natureza alimentícia, e o ônus imposto ao atingido que, no caso, não é apenas o Estado, mas também a própria sociedade. Não se contesta, por certo, a especial relevância conferida pelo constituinte aos créditos de natureza alimentícia. Todavia, é inegável que há inúmeros outros bens jurídicos de base constitucional que estariam sacrificados na hipótese de uma intervenção pautada por um objetivo de aplicação literal e irrestrita das normas que determinam o pagamento imediato daqueles créditos.

Por fim, consideradas as peculiaridades do caso em exame, diante dos princípios constitucionais que supostamente encontram-se em conflito, afigura-se recomendável a adoção daquilo que a doutrina define como uma "relação de precedência condicionada" entre os princípios concorrentes. Nesse sentido, ensina Inocêncio Mártires Coelho:

"Por isso é que, diante das antinomias de princípios, quando em tese mais de uma pauta lhe parecer aplicável à mesma situação de fato, ao invés de se sentir obrigado a escolher este ou aquele princípio, com exclusão de outros que, **prima facie**, *repute igualmente utilizáveis como norma de decisão, o intérprete fará uma* **ponderação** *entre os standards concorrentes – obviamente se todos forem princípios válidos, pois só assim podem entrar em rota de colisão – optando, afinal, por aquele que, nas* **circunstâncias**, *lhe pareça mais adequado em termos de otimização de justiça.*

Em outras palavras de Alexy, resolve-se esse **conflito** *estabelecendo, entre os princípios concorrentes, uma* **relação de precedência condicionada**, *na qual se diz, sempre diante das peculiaridades do caso, em que condições um princípio prevalece sobre o outro, sendo certo que, noutras circunstâncias, a questão da precedência poderá resolver-se de maneira inversa"*[6].

Estão claros, no caso, os princípios constitucionais em situação de confronto. De um lado, em favor da intervenção, a proteção constitucional às decisões judiciais, e de modo indireto, a posição subjetiva de particulares calcada no direito de precedência dos créditos de natureza alimentícia. De outro lado, a posição do Estado, no sentido de ver preservada sua prerrogativa constitucional mais elementar, qual seja a sua autonomia, e, de modo indireto, o interesse, não limitado ao ente federativo, de não se ver prejudicada a continuidade da prestação de serviços públicos essenciais, como educação e saúde.

Assim, a par da evidente ausência de proporcionalidade da intervenção para o caso em exame, o que bastaria para afastar aquela medida extrema, o caráter excepcional da intervenção, somado às circunstâncias já expostas recomendam a precedência condicionada do princípio da autonomia dos Estados.

Por fim, cabe aqui lembrar da pioneira decisão desta Corte sobre o tema ora em discussão, em acórdão da relatoria do eminente Ministro Nelson Hungria (IF n. 20, *DJ* de 15.07.1954).

---

6 COELHO, Inocêncio Mártires. Racionalidade Hermenêutica: acertos e equívocos, in: *As Vertentes do Direito Constitucional Contemporâneo, Estudos em Homenagem a Manoel Gonçalves Ferreira Filho*, Coord. Ives Gandra S. Martins, São Paulo, América Jurídica, 2002, p. 363.

Tratava-se de pedido de intervenção no Estado de Minas Gerais, que havia alegado não poder efetivar a decisão judicial que embasou o apelo, não por deliberado propósito de descumprir o requisitório, mas em razão de ocasional falta de numerário.

Este Tribunal, por unanimidade, reconheceu que: *"Para justificar a intervenção, não basta a demora de pagamento, na execução de ordem ou decisão judiciária, por falta de numerário: é necessário o intencional ou arbitrário embaraço ou impedimento oposto a essa execução."*

Acrescentou o Ministro Nelson Hungria em seu voto: *"Ora, no caso vertente, o retardamento não promana de obstáculo criado pelo Governador mineiro, mas da acidental exaustão atual do erário do Estado."*

O precedente desta Corte bem se aplica ao pedido de intervenção sob exame. Com efeito, consoante as informações apresentadas pelo Estado de São Paulo, este ente federativo tem sido diligente na tentativa de plena satisfação dos precatórios judiciais. Encontra, contudo, obstáculos nas receitas constitucionalmente vinculadas e na reserva do financeiramente possível. A ele também se aplica a máxima invocada pelo Ministro Nelson Hungria: *"Onde não há, até rei perde."*

Ressalte-se, porém, que não se está a atribuir uma imunidade aos Estados, relativamente ao cumprimento ou não dos precatórios judiciais, sob pena de absoluta inaplicabilidade do art. 78 do ADCT – o que certamente vai de encontro à força normativa da Constituição –, com a consequente perda de credibilidade das decisões proferidas pelo Poder Judiciário perante a sociedade brasileira.

O que se pretende é ultrapassar uma leitura simplista do texto constitucional, sobretudo, quando se tem em mente que a regra é da autonomia do ente federado.

Desse modo, enquanto o Estado de São Paulo se mantiver diligente na busca de soluções para o cumprimento integral dos precatórios judiciais, não estarão presentes os pressupostos para a intervenção federal ora solicitada. Em sentido inverso, o Estado que assim não proceda estará sim, ilegitimamente, descumprindo decisão judicial, atitude esta que não encontra amparo na Constituição Federal.

Indefiro, pois, o pedido.

ADI 855[1]

Gás Liquefeito de Petróleo – Obrigatoriedade de pesagem na hipótese de venda direta ao consumidor – Violação ao princípio da proporcionalidade e razoabilidade das leis restritivas de direitos.

Trata-se de ação direta oposta à Lei n. 10.248, de 14 de janeiro de 1993, do Estado do Paraná, que dispõe como segue:

A requerente sustentou *"que o ato normativo estadual ora impugnado padece da eiva de inconstitucionalidade formal e material, por regular matéria compreendida no regime jurídico federal do abastecimento de gás liquefeito de petróleo (GLP), notadamente no que concerne a relações comerciais entre as empresas distribuidoras do produto e seus consumidores finais, que a Carta Magna reservou à competência legislativa privativa da União (cf. art. 22, ns. IV e VI, e parágrafo único; art. 238; e art. 25, § 2º), agindo o legislador local, aliás, com excesso de poder e arbitrariamente, de modo a violar até mesmo o princípio da proporcionalidade ou da razoabilidade, a que também o legislador deve estar adstrito, como se procurará demonstrar nesta petição inicial."* (fls. 2/3).

A confederação Nacional do Comércio, em resposta ao argumento de abrangência do termo "energia" utilizado pelo legislador constituinte (art. 22, IV), apresentou parecer requerido pelo das Empresas Distribuidoras de Gás Liquefeito de Petróleo – SINDIGÁS, do Professor Caio Tácito, que compreendeu o termo "energia" como energia térmica resultante de combustíveis minerais sólidos, líquidos e gasosos (fls. 31/41).

Ademais, arguiu a requerente o disposto no art. 238 da Constituição, ao reservar à lei obviamente federal, a venda de combustíveis derivados de petróleo, precedido pelo art. 25, § 2º, que restringe a competência estadual ao gás canalizado, sem alcançar os liquefeitos, de que ora se cogita.

O parecer do Diretor de Metrologia Legal do Instituto Nacional de Metrologia, Normatização e Qualidade Industrial – INMETRO, então órgão do Ministério da Justiça ofertou parecer anexado aos autos que reitera os argumentos do Professor Caio Tácito ao concluir pela "irrazoabilidade de conteúdo da norma estadual impugnada."

A Assembleia Legislativa invocou "fato novo", consistente no então Decreto federal n. 861, de julho de 1993, redundante na concessão de poderes aos órgãos estaduais e municipais de defesa do consumidor, dentro da competência concorrente prevista pela n. 8.078-90. Criticou, ainda, o sistema de verificação de depósito residual dos botijões de gás, para, então, asseverar que:

"Nos dias atuais, a evolução técnica assegura a fabricação de balanças precisas, pouco afetadas com desregulagens provocadas por trepidações nos seus transportes e aferições fiscalizadoras, por órgãos estaduais de defesa, do consumidor, melhor controlariam seus regulares funcionamentos, razão por que nenhuma justificativa poderá conter consistência no convencimento de inaplicabilidade da lei paranaense.

O alegado encarecimento do serviço, decorrente de aquisições de balanças, também não tem o condão de convencer, pois a quantidade de aquisições não atinge vulto considerável capaz de oneração acentuada às distribuidoras." (fls. 88)

Em sessão de 1º de julho de 1993, sendo relator o eminente Ministro SEPÚLVEDA PERTENCE, foi deferida, por maioria, a liminar, vencidos os não menos eminentes Ministros Marco Aurélio e Moreira Alves.

Manifestou-se a Advocacia Geral da União pela improcedência da ação.

Após ter descrito a controvérsia, opinou, pela procedência da demanda, o ilustre Subprocurador-Geral da República Flávio Giron, com aprovação do eminente Procurador-Geral.

---

[1] O Tribunal, em 6.3.2008, por maioria, julgou procedente a ação direta, vencidos os Senhores Ministros Marco Aurélio, Celso de Mello e Menezes Direito. Redigirá o acórdão o Senhor Ministro Gilmar Mendes (*DJ* de 26.3.2009).

O acórdão recebeu a seguinte ementa:

EMENTA: Ação direta de inconstitucionalidade. 2. Lei 10.248/93, do Estado do Paraná, que obriga os estabelecimentos que comercializem Gás Liquefeito de Petróleo – GLP a pesarem, à vista do consumidor, os botijões ou cilindros entregues ou recebidos para substituição, com abatimento proporcional do preço do produto ante a eventual verificação de diferença a menor entre o conteúdo e a quantidade líquida especificada no recipiente. 3. Inconstitucionalidade formal, por ofensa à competência privativa da União para legislar sobre o tema (CF/88, arts. 22, IV, 238). 4. Violação ao princípio da proporcionalidade e razoabilidade das leis restritivas de direitos. 5. Ação julgada procedente.

VOTO

O SENHOR MINISTRO GILMAR MENDES – Estou me lembrando longinquamente do tema, num despacho do Ministro Sepúlveda Pertence.

O EXCELENTÍSSIMO SENHOR MINISTRO MENEZES DIREITO – O Ministro **Sepúlveda Pertence** deu a cautelar. Foi dada a cautelar.

O SENHOR MINISTRO GILMAR MENDES – Sim. Mas, aí, não foi o fundamento da inconstitucionalidade formal, e sim da inconstitucionalidade material. Lembro-me de haver, no caso específico, um laudo do INMETRO e um parecer do Professor Caio Tácito. E se invocava, então, a ruptura do princípio da proporcionalidade.

O EXCELENTÍSSIMO SENHOR MINISTRO MENEZES DIREITO – Não me lembro de ter visto isso, pelo menos na discussão narrada nos autos.

O SENHOR MINISTRO GILMAR MENDES – Mas com certeza no despacho do Ministro Sepúlveda Pertence.

O EXCELENTÍSSIMO SENHOR MINISTRO MENEZES DIREITO – Mas não foi despacho, o processo da cautelar foi julgado aqui. Tanto que o fundamento em sentido contrário é o amparo do art. 24, VIII, da Constituição Federal, que fala sobre a defesa do consumidor.

O SENHOR MINISTRO GILMAR MENDES – Quanto ao aspecto formal. Estou falando sem ter feito pesquisa, mas, com certeza, esse debate se colocou. Havia, penso, um laudo do INMETRO que mostrava a imprecisão das balanças, tendo em vista as condições dos percursos, e esse foi o fundamento básico, pelo menos, da decisão do Ministro Sepúlveda Pertence.

O SENHOR MINISTRO EROS GRAU – Em proporcionalidade?

O SENHOR MINISTRO GILMAR MENDES – Em proporcionalidade.

O EXCELENTÍSSIMO SENHOR MINISTRO MENEZES DIREITO – Estou acompanhando a tese de tratar-se, no caso concreto, de defesa do consumidor, porque é essa a exigência, na pergunta feita pelo Ministro **Moreira Alves** e foi destacada pelo Ministro **Marco Aurélio**, e estou descartando essa inconstitucionalidade.

O SENHOR MINISTRO EROS GRAU – Senhora Presidente.

A SRA. MINISTRA ELLEN GRACIE (PRESIDENTE) – Ministro Eros Grau, Vossa Excelência não vota neste caso, mas tem a palavra.

O SENHOR MINISTRO EROS GRAU – O Ministro Maurício Corrêa já votou?

A SRA. MINISTRA ELLEN GRACIE (PRESIDENTE) – Já votou.

O SENHOR MINISTRO EROS GRAU – O meu temor é com relação ao princípio da proporcionalidade, porque isso significa que estamos julgando o legislador, estamos a ele imputando um desvio de processo legislativo. Nós temos competência para apreciar a constitucionalidade da lei, não se ela é boa ou má. E, independentemente de ser boa ou má, se não viola a Constituição, a única maneira de investir contra ela seria nós nos candidatarmos e participarmos do Poder Legislativo. O Poder Judiciário não pode praticar aquilo que Canotilho chama de "desvio de Poder Legislativo".

Direitos fundamentais, federalismo e o princípio da proporcionalidade **237**

É uma pena que eu não vote.

O SENHOR MINISTRO CEZAR PELUSO – Ministro Eros Grau, quando se invoca a proporcionalidade, se invoca num conflito de valores constitucionais. Ninguém invoca a proporcionalidade aleatoriamente, só para discutir teorema, mas para resolver conflito entre valores constitucionais.

O SENHOR MINISTRO CARLOS BRITTO – É juízo de ponderação.

O SENHOR MINISTRO EROS GRAU – Isso não está escrito na Constituição. Perdoe-me.

O SENHOR MINISTRO GILMAR MENDES – Farei a leitura de algumas considerações e, depois, tratarei do tema aqui agitado pelo Ministro Eros Grau.

Ministro Menezes Direito?

O EXCELENTÍSSIMO SENHOR MINISTRO MENEZES DIREITO – Claro, com muito prazer.

O SENHOR MINISTRO GILMAR MENDES – Diz a lei:

"Art. 1º É obrigatória a pesagem, pelos estabelecimentos que comercializem – GLP – Gás Liquefeito de Petróleo, à vista do consumidor, por ocasião da venda de cada botijão ou cilindro entregue e também do recolhido, quando procedida a substituição.

*Parágrafo único. Para o efeito do disposto no **caput** deste artigo, os Postos Revendedores de GLP, bem como os veículos que procedam a distribuição a domicílio, deverão portar balança apropriada para essa finalidade.*

Art. 2º Verificada diferença a menor entre o conteúdo e a quantidade líquida especificada no botijão ou cilindro, o consumidor terá direito a receber, no ato do pagamento, o abatimento proporcional ao preço do produto.

Art. 3º Caso se constate, na pesagem do botijão ou cilindro que esteja sendo substituído, sobra de gás, o consumidor será ressarcido da importância correspondente, através de compensação no ato do produto adquirido."

Portanto, a lei criou um complexo sistema quase que a domicílio, com essa verificação de gás existente no botijão que se está a devolver, e gás faltante no botijão que se está a fornecer.

Nesse caso se discutiu, e a questão assim se colocou:

"Eis aí, pois, um outro fundamento igualmente suficiente" – dizia Sepúlveda Pertence – "para conduzir à invalidade da lei por ofensa ao princípio da razoabilidade, seja porque o órgão técnico já demonstrou a própria impraticabilidade da pesagem obrigatória nos caminhões de distribuição de GLP," – falava-se, portanto, de um laudo do INMETRO – "seja porque as questionadas sobras de gás não locupletam as empresas distribuidoras de GLP, como se insinua, mas pelo método de amostragem, são levadas em conta na fixação dos preços pelo órgão competente, beneficiando, assim, toda a coletividade dos consumidores finais, os quais acabariam sendo onerados pelos aumentos de custos, caso viessem a ser adotadas as impraticáveis balanças exigidas pela lei paranaense."

Dizia, então, o Ministro Sepúlveda Pertence:

"De sua vez, os esclarecimentos de fato – particularmente a manifestação do Instituto Nacional de Metrologia, Normatização e Qualidade Industrial – INMETRO, do Ministério da Justiça – são de múltipla relevância para este julgamento liminar.

Eles servem, de um lado, como proficientemente explorados na petição, não só para lastrear o questionamento da proporcionalidade ou da razoabilidade da disciplina legal impugnada, mas também para indicar a conveniência de sustar – ao menos, provisoriamente – as inovações por ela impostas, as quais, onerosas e de duvidosos efeitos úteis, acarretariam danos de incerta reparação para a economia do setor, na hipótese – que não é de afastar – de que venha ao final a declarar a inconstitucionalidade da lei."

Fazendo uma nota sobre isso e também sobre o enquadramento no contexto da ideia de proporcionalidade, eu dizia que o próprio Tribunal, pelo menos em sede de liminar, assentou a inadequação da medida e ainda colocou em dúvida a sua necessidade. Por isso o fundamento não foi, pelo menos em sede de liminar, aquele referente à competência do órgão legislativo estadual, mas tão somente a questão de afronta substancial, isto sim, de excesso de Poder Legislativo.

Quanto a esses outros aspectos, tenho a impressão – o Ministro Eros Grau tem algumas reservas, ora de índole substancial ora de índole nominal –, e isso parece ser uma prática corrente, de que não há cogitar de reserva legal, senão de reserva legal proporcional. Temos, sim, de verificar se a lei não esvazia o conteúdo de direitos fundamentais, e, nesse sentido, temos de examinar a adequação, a necessidade e a proporcionalidade em sentido estrito. Por isso não me parece que, aqui, estejamos a invadir competências do legislador, mas simplesmente a cumprir esta tensão que, na verdade, é permanente: jurisdição constitucional e democracia; jurisdição constitucional e parlamento; jurisdição constitucional e separação de Poderes; todas essas antinomias que se colocam. Mas esse é um dado inevitável.

O SENHOR MINISTRO EROS GRAU – Vossa Excelência me permite uma observação breve, sem querer promover um colóquio sobre o assunto? Eu pediria ao Tribunal que dissesse: há uma ofensa a tal ou qual preceito constitucional. Singelamente, sem explicitar que há uma ofensa ao tal princípio da proporcionalidade, que nem é princípio; é uma pauta, é um método de avaliação da ofensa, ou não, à Constituição. Não por conta de não proporcionalidade, mas de violação de um dos direitos fundamentais que se considere. Isso é muito importante pois o que é dito nesta Corte, amanhã ou depois, será ensinado. É fundamental explicitar-se isso que foi dito agora, com muita clareza, pelo Ministro Gilmar Mendes.

Nós não estamos julgando segundo a proporcionalidade, mas eventualmente dizendo que, por não ser proporcional em relação à liberdade, à afirmação da igualdade, por exemplo, julgamos inconstitucional. Mas a inconstitucionalidade está referida não à proporcionalidade ou à razoabilidade, porém a direito fundamental que tenha sido violado pelo texto.

É o que peço, para que amanhã ou depois, não se ensine errado. O volume de livros escritos sobre o princípio da proporcionalidade é uma barbaridade. Chega-se verdadeiramente à conclusão de que esta Corte pode fazer o que bem entender a pretexto da proporcionalidade. Ora, isso não é verdadeiro. Se não houver preceito constitucional afrontado pelo texto normativo, efetivamente não nos incumbe afirmar esteja este em conflito com a Constituição.

O que eu pediria, Ministro Gilmar Mendes – e Vossa Excelência disse isso agora com grande clareza e profundidade –, é que explicitemos todos nós, daqui por diante, qual é o preceito constitucional que fundamenta a inconstitucionalidade.

O SENHOR MINISTRO CEZAR PELUSO – Liberdade de exercício profissional.

O SENHOR MINISTRO EROS GRAU – Perfeito. O julgamento desta questão, hoje, é importantíssimo.

Estou de pleno acordo com Vossa Excelência. Agora, vamos dar nome às coisas, e não falar simplesmente, por reducionismo sem cabimento, que é a proporcionalidade. Não é a proporcionalidade, é a liberdade.

A SRA. MINISTRA ELLEN GRACIE (PRESIDENTE) – Ministro Carlos Alberto Direito.

O EXCELENTÍSSIMO SENHOR MINISTRO MENEZES DIREITO – Eu posso, na condição de Relator do tema, fazer uma observação? Não estou questionando aqui o fato de aplicar-se ou não o princípio da proporcionalidade. E vou explicitar a razão pela qual não o faço.

Durante o julgamento, o Ministro **Gilmar Mendes** está aí com o texto fornecido pelo Doutor José Guilherme, que nos ajudará certamente, foi levantada uma questão que, a meu ver, tem relevância. Qual é a relevância? A de que esta lei estadual, independentemente da questão da existência da competência concorrente, teria a destinação específica de proteção ao consumidor, que é o art. 24, VIII, da Constituição Federal. Por quê? Porque, como explicitou o Ministro **Celso de Mello** e o fez também o Ministro **Marco Aurélio**, haveria uma evidência de fraudes praticadas

Direitos fundamentais, federalismo e o princípio da proporcionalidade **239**

contra os consumidores exatamente nesse processo de distribuição de gás liquefeito de petróleo. Quem já teve casa onde se exigiu o fornecimento de gás liquefeito de petróleo pode saber das conveniências e inconveniências desse tipo de fornecimento.

Então, o que disse o Ministro **Celso de Mello** durante o seu voto nesta cautelar? Ele apontou que, no caso, até no próprio Estado do Paraná já havia a iniciativa de uma ação do Ministério Público Estadual com relação a fraudes na distribuição do gás liquefeito de petróleo. E veio ele, em seguida, dizer que essa lei estadual tinha esse objetivo. Nesse momento, o Ministro **Moreira Alves** questionou a existência de inconstitucionalidade quando uma lei estadual determina a existência de equipamento específico na distribuição de gás liquefeito de petróleo diretamente ao consumidor.

O Ministro **Celso de Mello** está chegando agora e participou da votação. Eu estou evocando agora aqui a votação que Vossa Excelência proferiu.

O SENHOR MINISTRO CELSO DE MELLO – Trata-se do voto que proferi no julgamento da **ADI** 980-MC/DF, de que fui Relator.

O EXCELENTÍSSIMO SENHOR MINISTRO MENEZES DIREITO – E, logo depois, o Ministro **Marco Aurélio** assentou nessa mesma trilha.

Então, a meu sentir, mesmo que se tivesse de enfrentar, conforme posto por Vossa Excelência, a questão relativa ao princípio da proporcionalidade, é preciso verificar que esse princípio, no caso, pelo menos, tendo em vista o objetivo da lei, que é o de proteger o direito do consumidor, estaria por ele alcançado, ou seja, o princípio alcançaria, na minha compreensão, também essa exigência. Por quê? Porque a distribuição do gás liquefeito de petróleo se faz em domicílio sem nenhum controle do consumidor, e nós sabemos o quanto de resíduo existe na ida e na volta. O que a lei estadual fez foi estabelecer, no âmbito da sua competência, um critério para esse fornecimento.

Portanto, estou pedindo vênia ao Ministro **Gilmar** para não questionar especificamente a questão teórica relativa ao princípio da proporcionalidade, por entender que, neste caso concreto, a proteção ao consumidor alcançou o objetivo desejado na lei estadual.

O SENHOR MINISTRO CEZAR PELUSO – Mas a objeção parece exatamente uma questão de fato, a de que a medida exigida pela lei, para efeito de tutela do consumidor, não atinge o seu objetivo, por ser impraticável do ponto de vista prático. E aí se faz referência a uma manifestação do INMETRO, ou de instituto semelhante. Então seria importante ler o que o INMETRO, um órgão técnico, diz a esse respeito, pois me parece inútil a medida tomada pela lei, porque ela é impraticável.

O SENHOR MINISTRO GILMAR MENDES – O voto do Ministro Sepúlveda Pertence na liminar era forte exatamente nesse argumento do INMETRO, ao dizer que as sobras constantes dos botijões já eram contempladas na fixação do preço do gás. O INMETRO fazia considerações também sobre a pesagem e a variação das balanças, tendo em vista as más condições dos percursos normais nas ruas e estradas brasileiras, e dizia que aquilo seria um fator adicional de insegurança jurídica.

E a questão, bem lembrada pelo Ministro Cezar Peluso inclusive, é realmente de aplicação da reserva legal proporcional na liberdade de exercício profissional.

Eu me permitiria lembrar, satisfazendo aquela angústia manifestada pelo Ministro Eros Grau, que talvez o primeiro e representativo caso de proporcionalidade na jurisprudência do Supremo Tribunal Federal tenha se dado na Representação n. 930, da relatoria do Ministro Rodrigues Alckmin, em que se cuidou da liberdade do exercício profissional do corretor de imóveis, quando o Supremo afirmou que, naquele caso, não era de se exigir a regulamentação daquela profissão. Portanto, nós estamos exatamente diante de um caso de reserva legal que, pelo menos **a priori**, o Tribunal considerou inconstitucional ou desproporcional.

O SENHOR MINISTRO EROS GRAU – Perdoe-me, Ministro: ou é constitucional ou é inconstitucional. A ofensa não é à proporcionalidade. A ofensa é à liberdade de atividade econômica.

É neste ponto que insisto. Esta Corte deve decidir confrontando o texto normativo com o texto da Constituição. Não estamos aqui para exercer o controle da proporcionalidade das leis. Se o fizéssemos estaríamos a corrigir o legislador.

Eu examinei vários acórdãos da Corte referidos à proporcionalidade e posso afirmar que sempre há um texto constitucional confrontado com o texto normativo infraconstitucional.

O SENHOR MINISTRO GILMAR MENDES – É claro, nós estamos a falar sempre de um direito fundamental ou de uma prerrogativa de caráter fundamental submetida à reserva legal, por isso busca-se sempre um argumento ancilar. Em alguns sistemas se diz que o princípio da proporcionalidade reside na própria ideia dos direitos fundamentais e, em outros sistemas, se diz que ele reside na própria ideia do Estado de Direito; entre nós tem-se dito que essa é uma expressão da ideia do devido processo legal na sua acepção substantiva. Na verdade, a questão básica é simplesmente dizer: não há reserva legal constitucional praticada pelo legislador, portanto, se ela não atender ao princípio da proporcionalidade.

Leio aqui parte do parecer que está nesses elementos que nos foram distribuídos, acho que é o do INMETRO. Diz o seguinte:

Essa autarquia, visando assegurar a fidelidade de tais transações comerciais, realiza periodicamente, através de seus órgãos estaduais conveniados, a fiscalização quantitativa do produto ora em tela com a verificação sistemática do peso do botijão vazio.

A utilização de balança, como preconiza a referida lei, seria prejudicial devido à necessidade de conterem dispositivos de predeterminação de tara, de nível, bem como travas especiais, tendo em vista que tais balanças, sendo especiais, trazem um grau elevado de desgaste e desregulagem que poderia prejudicar as medições.

Cada caminhão teria de ter uma balança, segundo estabelecido na lei.

O SENHOR MINISTRO CEZAR PELUSO – E mais, esses caminhões sujeitos às trepidações das vias públicas levam à desregulação dessas balanças e isso introduz o caos na medição.

O SENHOR MINISTRO CARLOS BRITTO – Sempre em desfavor do consumidor.

O SENHOR MINISTRO CEZAR PELUSO – Exatamente.

O SENHOR MINISTRO GILMAR MENDES – É o que está dizendo o parecer do INMETRO:

Cabe ainda acrescentar que, no caso das balanças que não fossem facilmente retiradas da carroceria, o consumidor teria de subir na mesma para acompanhar a pesagem.

Na verdade, o que se criou foi uma transação que se faz in loco, em cada domicílio.

Quanto ao uso de manômetros, não atendem às finalidades propostas, por serem indicação do GLP em unidade de massas em unidade de pressão.

Isso dizia o parecer do INMETRO.

Esclarecemos que, nos casos em que o consumidor recebe botijão em locais distantes do veículo," – que também ocorre – *"não haverá praticidade na proposta, pela necessidade do consumidor e entregador terem que retornar ao veículo para a conferência do produto.*

Não obstante, todas as empresas distribuidoras de GLP devem possuir um selo aprovado pelo INMETRO, que deve ser aposto à válvula do botijão, de forma a garantir a conservação da quantidade de produto contido no recipiente, bem como permitir a constatação de qualquer irregularidade pela violação do referido selo."

Senhora Presidente, diante dessas considerações, permaneço com a jurisprudência que se consolidara no julgamento da liminar e me manifesto, então, pela inconstitucionalidade da norma, tal como o Tribunal já havia feito, por ocasião do julgamento da cautelar.

ADI 3.112[1]

Porte de arma – Proteção aos direitos fundamentais por meio de normas penais – Intensidade do controle de constitucionalidade – Vedação de deferimento de liberdade provisória – Inconstitucionalidade reconhecida – Respeito aos princípios da presunção de inocência e à obrigatoriedade de fundamentação dos mandados de prisão pela autoridade judiciária competente.

Trata-se de ação direta, com pedido de medida cautelar, ajuizada pelo Partido Trabalhista Brasileiro – PTB, objetivando a declaração de inconstitucionalidade da Lei 10.826, de 22 de dezembro de 2003, Estatuto do Desarmamento, alterada pela Medida Provisória 157, de 23 de dezembro de 2003, que dispõe sobre registro, posse e comercialização de armas de fogo e munição, Sistema Nacional de Armas – Sinarm, define crimes e dá outras providências.

As requerentes entenderam violada a competência privativa do Chefe do Poder Executivo (CF, art. 61, § 1º, e), ferido o *"direito constitucional à segurança individual e ao exercício da legítima defesa"* (CF, art. 5º, *caput*, e art.. 20, § 4º, IV); lesionado o direito de propriedade (CF, art. 5º, *caput*); desatendido o princípio da razoabilidade; e vulnerado o devido processo legal (CF, art. 5º, LIV).

Alegavam em síntese:

– a inconstitucionalidade material da Lei 10.826/2003 quanto aos arts. 5º, §§ 1º e 3º, 10 e 29 por usurpação da competência residual dos Estados (CF, art. 144) e por desrespeito ao princípio federativo;

– ofensa ao direito de propriedade e ao direito de legítima defesa dos cidadãos no tocante aos arts. 5º, §§ 2º e 3º, 11, II, e ao Anexo – Tabelas de Taxa, item II;

– que o art. 21, ao estabelecer que os delitos capitulados nos arts. 16, 17 e 18 são insuscetíveis de liberdade provisória, violou os princípios da presunção de inocência e do devido processo legal, *"pois a possibilidade de o acusado aguardar solto o desfecho de seu processo criminal é garantia constitucional (art. 5º, inciso LXVI combinado com o inciso LIV)"*;

– quebra do princípio da razoabilidade, além de ofensa ao devido processo legal, no que tange ao art. 23, §§ 1º, 2º e 3º;

– desarrazoado o art. 28, que alterou a idade mínima para a obtenção de arma de fogo, de 21 para 25 anos, uma vez que *"o novo Código Civil reduziu de 21 para 18 anos, a idade para habilitar o cidadão à prática de todos os atos da vida civil"*;

– inconstitucionalidade formal e material no art. 35. Formal, porque *"ao instituir o referendo como condição para a vigência do dispositivo de lei contido no artigo 35, viola o disposto no artigo 49, XV, da CF, que estabelece que compete exclusivamente ao Congresso Nacional autorizar a realização de referendo"*. E material porquanto *"proibir a comercialização de armas de fogo e munições é abolir direito constitucional fundamental: a segurança individual do cidadão, uma cláusula pétrea (art. 60, § 4º, IV da CF)."*

---

[1] Em sessão plenária realizada no dia 2.5.2007, o Supremo Tribunal Federal, por unanimidade, rejeitou as alegações de inconstitucionalidade formal, nos termos do voto do Relator, e, por maioria, julgou procedente, em parte, a ação para declarar a inconstitucionalidade dos parágrafos únicos dos artigos 14 e 15 e do artigo 21 da Lei 10.826, de 22.12.2003, nos termos do voto do Relator, Ministro Ricardo Lewandowski, vencidos parcialmente os Senhores Ministros Carlos Britto, Gilmar Mendes e Sepúlveda Pertence, que julgavam improcedente a ação quanto aos parágrafos únicos dos artigos 14 e 15, e o Senhor Ministro Marco Aurélio, que a julgava improcedente quanto ao parágrafo único do artigo 15 e, em relação ao artigo 21, apenas quanto à referência ao artigo 16. O Tribunal, por unanimidade, julgou improcedente a ação relativamente ao artigo 2º, inciso X; ao artigo 12; ao artigo 23, §§ 1º, 2º e 3º; ao artigo 25, parágrafo único; ao artigo 28 e ao parágrafo único do artigo 32; e declarou o prejuízo quanto ao artigo 35 (*DJ* de 26.10.2007).

Pretenderam as requerentes a suspensão da eficácia das normas impugnadas e a aplicação, ao caso, da legislação anterior, a Lei 9.437/97 e o Decreto 2.222/97.

O julgado foi assim ementado:

EMENTA: Ação direta de inconstitucionalidade. Lei 10.826/2003. Estatuto do desarmamento. Inconstitucionalidade formal afastada. Invasão da competência residual dos estados. Inocorrência. Direito de propriedade. Intromissão do estado na esfera privada descaracterizada. Predominância do interesse público reconhecida. Obrigação de renovação periódica do registro das armas de fogo. Direito de propriedade, ato jurídico perfeito e direito adquirido alegadamente violados. Assertiva improcedente. Lesão aos princípios constitucionais da presunção de inocência e do devido processo legal. Afronta também ao princípio da razoabilidade. Argumentos não acolhidos. Fixação de idade mínima para a aquisição de arma de fogo. Possibilidade. Realização de referendo. Incompetência do Congresso Nacional. Prejudicialidade. Ação julgada parcialmente procedente quanto à proibição do estabelecimento de fiança e liberdade provisória. I – Dispositivos impugnados que constituem mera reprodução de normas constantes da Lei 9.437/1997, de iniciativa do Executivo, revogada pela Lei 10.826/2003, ou são consentâneos com o que nela se dispunha, ou, ainda, consubstanciam preceitos que guardam afinidade lógica, em uma relação de pertinência, com a Lei 9.437/1997 ou com o PL 1.073/1999, ambos encaminhados ao Congresso Nacional pela Presidência da República, razão pela qual não se caracteriza a alegada inconstitucionalidade formal.

II – Invasão de competência residual dos Estados para legislar sobre segurança pública inocorrente, pois cabe à União legislar sobre matérias de predominante interesse geral. III – O direito do proprietário à percepção de justa e adequada indenização, reconhecida no diploma legal impugnado, afasta a alegada violação ao art. 5º, XXII, da Constituição Federal, bem como ao ato jurídico perfeito e ao direito adquirido.

IV – A proibição de estabelecimento de fiança para os delitos de "porte ilegal de arma de fogo de uso permitido" e de "disparo de arma de fogo", mostra-se desarrazoada, porquanto são crimes de mera conduta, que não se equiparam aos crimes que acarretam lesão ou ameaça de lesão à vida ou à propriedade. V – Insusceptibilidade de liberdade provisória quanto aos delitos elencados nos arts. 16, 17 e 18. Inconstitucionalidade reconhecida, visto que o texto magno não autoriza a prisão ex lege, em face dos princípios da presunção de inocência e da obrigatoriedade de fundamentação dos mandados de prisão pela autoridade judiciária competente. VI – Identificação das armas e munições, de modo a permitir o rastreamento dos respectivos fabricantes e adquirentes, medida que não se mostra irrazoável.

VII – A idade mínima para aquisição de arma de fogo pode ser estabelecida por meio de lei ordinária, como se tem admitido em outras hipóteses. VIII – Prejudicado o exame da inconstitucionalidade formal e material do art. 35, tendo em conta a realização de referendo. IX – Ação julgada procedente, em parte, para declarar a inconstitucionalidade dos parágrafos únicos dos artigos 14 e 15 e do artigo 21 da Lei 10.826, de 22 de dezembro de 2003.

VOTO

1. Introdução

Está em julgamento a ADI 3.112-1/DF[2], de relatoria do Ministro Ricardo Lewandowski, proposta pelo Partido Trabalhista Brasileiro – PTB, cujo objeto é o inteiro teor do Estatuto do Desarmamento (Lei n. 10.826, de 22 de dezembro de 2003).

As inconstitucionalidades apontadas dividem-se, basicamente, em cinco grupos, a saber:

1) inconstitucionalidade formal (total) por vício de iniciativa – violação ao art. 2º e ao art. 61, § 1º, alínea "e", da Constituição –, tendo em vista que o Estatuto do Desarmamento, oriundo do Projeto de Lei do Senado n. 292/99, teria revogado a lei criadora do Sistema Nacional de Armas – SINARM (Lei n. 9.437/1997), órgão do Ministério da Justiça, no âmbito da Polícia Federal, recriando-o, mantendo sua estrutura organizacional e atribuindo-lhe novas funções administrativas, matérias cuja iniciativa de lei a Constituição reserva privativamente ao Chefe do Poder Executivo;

---

[2] Acompanham esta ADI, em apenso, os autos das seguintes ADI, que possuem o mesmo objeto: ADI 3.137, ADI 3.198, ADI 3.263, ADI 3.518, ADI 3.535, ADI 3.586, ADI 3.600, ADI 3.788 e ADI 3.814.

Direitos fundamentais, federalismo e o princípio da proporcionalidade **243**

2) inconstitucionalidade do art. 2º, inciso X, e do art. 23, do Estatuto, por ter a União extravasado sua competência para legislar sobre *normas gerais* em matéria de "produção e consumo", prevista no art. 24, inciso V e § 1º, da Constituição, o que configuraria também afronta ao princípio federativo (art. 1º, *caput* c/c art. 60, § 4º, da Constituição). Igualmente, a inconstitucionalidade do art. 5º, §§ 1º e 3º, do art. 10, do art. 11, incisos I, II e III, e do art. 29 do Estatuto, por violação à competência residual dos Estados-membros em matéria de segurança pública (art. 144) e, dessa forma, por afronta ao princípio federativo;

3) inconstitucionalidade material, por violação aos princípios da presunção de inocência e da proporcionalidade, dos parágrafos únicos dos artigos 14 e 15, que prescrevem a inafiançabilidade dos crimes de porte ilegal de arma de fogo de uso permitido (art. 14) e de disparo de arma de fogo (art. 15), assim como do art. 21, que dispõe que os crimes previstos nos artigos 16 (posse ou porte ilegal de arma de fogo de uso restrito), 17 (comércio ilegal de arma de fogo) e 18 (tráfico internacional de arma de fogo) são insuscetíveis de liberdade provisória;

4) inconstitucionalidade formal e material do art. 35, *caput* e §§ 1º e 2º, do Estatuto, que preveem que o referendo popular (realizado em outubro de 2005) poderia decidir sobre a proibição da comercialização de armas de fogo e munição em todo território nacional. A inconstitucionalidade formal decorreria da violação ao art. 49, XV, da Constituição, que estabelece a competência exclusiva do Congresso Nacional apenas para "autorizar" a realização de referendo. A inconstitucionalidade material adviria da violação aos direitos fundamentais ao livre exercício da profissão (comércio de armas), da segurança individual, da vida, da incolumidade da pessoa e do seu patrimônio;

5) inconstitucionalidade do art. 28 do Estatuto, que aumentou (em relação à antiga Lei n. 9.437/97) de 21 (vinte de um) para 25 (vinte e cinco) anos a idade mínima para se adquirir uma arma de fogo. Alega-se a falta de razoabilidade da medida, tendo em vista seu descompasso com a legislação mais atual, a exemplo do novo Código Civil, que reduziu de 21 (vinte e um) para 18 (dezoito) anos a idade em que o indivíduo adquire capacidade civil absoluta.

É possível afastar, desde logo, a alegação de inconstitucionalidade formal da totalidade da lei em referência, ou seja, a questão 1 acima delimitada. Como ressaltado nas informações prestadas pelo Congresso Nacional (fls. 329-362), "a iniciativa do Estatuto do Desarmamento partiu do próprio Presidente da República que enviou ao Congresso Nacional, através das Mensagens ns. 699/99 e 188/02, os Projetos de Lei ns. 1.073/99 e 6.426/02, que dispunham, respectivamente, sobre a proibição da venda de arma de fogo e munição em todo o território nacional e sobre o Sistema Nacional de Armas – SINARM, estabelecendo condições para o registro e para o porte de arma de fogo e definindo crimes, os arts. 6º e 11 do Código de Processo Penal – e o art. 242 do Estatuto da Criança e do Adolescente" (fl. 342). E, como bem observou o parecer do Procurador-Geral da República (fls. 394-410), "as questões tratadas na Lei n. 10.826/2003, relativas ao Sistema Nacional de Armas – SINARM e, consequentemente, à Lei n. 9.437/97, que o instituiu, por certo, decorrem do Projeto de Lei n. 1.073/99, de iniciativa do Poder Executivo, que suscitou a matéria e propôs a revogação de alguns dos dispositivos da lei criadora do SINARM" (fl. 405).

Também não há relevância no argumento esposado na questão 2, tendo em vista a competência da União para autorizar e fiscalizar a produção e o comércio de material bélico e legislar sobre direito penal e material bélico, tal como previsto pelos arts. 21, inciso VI, e 22, incisos I e XXI, da Constituição.

É importante observar, ainda, que a questão 4 está prejudicada, visto que o plebiscito previsto no art. 35 já foi realizado (outubro de 2005), tendo decidido a população brasileira pela *não* proibição do comércio de armas de fogo e munição em todo o território nacional.

Cabe enfatizar, também em relação à questão 4, que não é possível vislumbrar qualquer violação aos direitos fundamentais de liberdade de profissão e de propriedade. Tais direitos, como se sabe, possuem âmbito de proteção estritamente normativo[3], dependente da atividade legislativa conformadora de seu conteúdo. Ao legislador é permitida a limitação proporcional desses direitos com vistas à realização de interesses públicos fixados no âmbito de uma política criminal, assim como ocorre com o Estatuto do Desarmamento ao estabelecer regras para o comércio, posse e porte de arma de fogo e munições. Nesse ponto, portanto, também não há inconstitucionalidade.

Quanto à questão 5, entendo que a medida adotada – aumento de 21 (vinte de um) para 25 (vinte e cinco) anos a idade mínima para se adquirir uma arma de fogo – decorre de uma opção do legislador, dentro de sua margem de ação para fixar a política criminal. O legislador, baseado em certos diagnósticos e prognósticos – os quais estão bem explicitados nas informações do Congresso Nacional (fls. 329-362), como a demonstração das estatísticas de que a violência por meio de armas de fogo atinge principalmente os homens com até 24 anos de idade –, entendeu que a medida adequada e necessária, para atingir os fins por ele almejados no bojo da política criminal de desarmamento, seria o aumento da idade mínima para aquisição das armas e munições. Nesse âmbito de definição dos objetivos da política criminal e de avaliação e valoração das medidas adequadas e necessárias para atingi-los, existe uma margem de ação conferida constitucionalmente ao legislador, a qual, em princípio, não deve adentrar o Tribunal. Sobre as margens de ação do legislador e a atividade de controle de constitucionalidade de leis em matéria penal, as análises posteriores deste voto serão esclarecedoras das conclusões aqui delineadas.

Portanto, afastada a relevância das questões ns. 1, 2, 4 e 5, entendo que a questão central nesta ação direta é a que foi definida logo acima como de n. 3, a respeito da inafiançabilidade dos crimes de porte ilegal de arma de fogo de uso permitido (art. 14) e de disparo de arma de fogo (art. 15), assim como do art. 21 do Estatuto, que dispõe que os crimes previstos nos artigos 16 (posse ou porte ilegal de arma de fogo de uso restrito), 17 (comércio ilegal de arma de fogo) e 18 (tráfico internacional de arma de fogo) são insuscetíveis de liberdade provisória. Tendo em vista o que prescreve a Constituição em seu art. 5º, incisos LVII (presunção de inocência como direito fundamental), LXI (imprescindibilidade de a prisão ser precedida de ordem judicial, escrita e devidamente fundamentada) e LXVI (direito fundamental à liberdade, com ou sem fiança), essa questão constitucional merece profunda análise.

Não se pode deixar de enfatizar, ainda, que essa análise não pode prescindir de uma reflexão analítica sobre o controle de constitucionalidade das leis em matéria penal, o papel a ser cumprido pelo Tribunal nesse tema, a atuação do legislador na definição da política criminal, suas margens de ação legislativa, assim como as normas constitucionais (mandatos de criminalização e princípio da proporcionalidade) que configuram o parâmetro da constitucionalidade e, portanto, dos limites das atividades legislativa e judicial nessa área. É o que se fará a seguir.

2. Controle de constitucionalidade de leis penais

2.1. *Mandatos Constitucionais de Criminalização: as margens de ação conferidas constitucionalmente ao legislador em matéria penal e sua limitação pelo princípio da proporcionalidade como proibição de excesso ("Übermassverbot") e proibição de proteção deficiente ("Untermassverbot")*

A Constituição de 1988 contém um significativo elenco de normas que, em princípio, não outorgam direitos, mas que, antes, determinam a criminalização de condutas.

---

[3] Cfr.: MENDES, Gilmar Ferreira. Direitos fundamentais: significados, limites, princípio da proporcionalidade, colisão e concorrência. In: *Direitos Fundamentais e Controle de Constitucionalidade. Estudos de Direito Constitucional*. São Paulo: Saraiva, 2007, p. 17 e ss.

Direitos fundamentais, federalismo e o princípio da proporcionalidade 245

Mencionem-se, a propósito, as seguintes disposições constantes do art. 5º:

"XLI – a lei punirá qualquer discriminação atentatória dos direitos e liberdades fundamentais;

XLII – a prática do racismo constitui crime inafiançável e imprescritível, sujeito à pena de reclusão, nos termos da lei;

XLIII – a lei considerará crimes inafiançáveis e insuscetíveis de graça ou anistia a prática da tortura, o tráfico ilícito de entorpecentes e drogas afins, o terrorismo e os definidos como crimes hediondos, por eles respondendo os mandantes, os executores e os que, podendo evitá-los, se omitirem;

XLIV – constitui crime inafiançável e imprescritível a ação de grupos armados, civis ou militares, contra a ordem constitucional e o Estado Democrático;"

Também o art. 7º, inciso X, contempla norma clara a propósito:

"Art. 7º São direitos dos trabalhadores urbanos e rurais, além de outros que visem à melhoria de sua condição social:

(...)

X – proteção do salário na forma da lei, constituindo crime sua retenção dolosa".

Em sentido idêntico dispõe o art. 227, § 4º, da Constituição:

"Art. 227. É dever da família, da sociedade e do Estado assegurar à criança e ao adolescente, com absoluta prioridade, o direito à vida, à saúde, à alimentação, à educação, ao lazer, à profissionalização, à cultura, à dignidade, ao respeito, à liberdade e à convivência familiar e comunitária, além de colocá-los a salvo de toda forma de negligência, discriminação, exploração, violência, crueldade e opressão.

(...)

§ 4º A lei punirá severamente o abuso, a violência e a exploração sexual da criança e do adolescente."

Também o art. 225, § 3º, dispõe de forma semelhante:

"Art. 225. Todos têm direito ao meio ambiente ecologicamente equilibrado, bem de uso comum do povo e essencial à sadia qualidade de vida, impondo-se ao Poder Público e à coletividade o dever de defendê-lo e preservá-lo para presentes e futuras gerações.

(...)

§ 3º As condutas e atividades consideradas lesivas ao meio ambiente sujeitarão os infratores, pessoas físicas ou jurídicas, a sanções penais e administrativas, independentemente da obrigação de reparar os danos causados."

Em todas essas normas é possível identificar um mandato de criminalização expresso, tendo em vista os bens e valores envolvidos[4].

Em verdade, tais disposições traduzem uma outra dimensão dos direitos fundamentais, decorrente de sua feição objetiva na ordem constitucional.

Tal concepção legitima a ideia de que o Estado se obriga não apenas a observar os direitos de qualquer indivíduo em face das investidas do Poder Público (*direito fundamental enquanto direito de proteção ou de defesa – Abwehrrecht*), mas também a garantir os direitos fundamentais contra agressão propiciada por terceiros (*Schutzpflicht des Staats*)[5].

A forma como esse dever será satisfeito constitui, muitas vezes, tarefa dos órgãos estatais, que dispõem de alguma liberdade de conformação[6]. Não raras vezes, a ordem constitucional identifica o dever de proteção e define a forma de sua realização.

---

[4] FELDENS, Luciano. *A Constituição Penal.* Porto Alegre: Livraria do Advogado, 2005, p. 80 e seg.

[5] HESSE, Konrad. *Grundzüge des Verfassungsrechts der Bundesrepublik Deutschland.* 16. ed. Heidelberg, 1988, p. 155-156.

[6] HESSE, Konrad. *Grundzüge des Verfassungsrechts der Bundesrepublik Deutschland,* cit., p. 156.

A jurisprudência da Corte Constitucional alemã acabou por consolidar entendimento no sentido de que do significado objetivo dos direitos fundamentais resulta o dever do Estado não apenas de se abster de intervir no âmbito de proteção desses direitos, mas também de proteger tais direitos contra a agressão ensejada por atos de terceiros[7].

Essa interpretação da Corte Constitucional empresta sem dúvida uma nova dimensão aos direitos fundamentais, fazendo com que o Estado evolua da posição de *"adversário"* para uma função de guardião desses direitos[8].

É fácil ver que a ideia de um dever genérico de proteção fundado nos direitos fundamentais relativiza sobremaneira a separação entre a ordem constitucional e a ordem legal, permitindo que se reconheça uma irradiação dos efeitos desses direitos sobre toda a ordem jurídica[9].

Assim, ainda que não se reconheça, em todos os casos, uma pretensão subjetiva contra o Estado, tem-se, inequivocamente, a identificação de um dever deste de tomar todas as providências necessárias para a realização ou concretização dos direitos fundamentais[10].

Os direitos fundamentais não podem ser considerados apenas como proibições de intervenção (*Eingriffsverbote*), expressando também um postulado de proteção (*Schutzgebote*). Utilizando-se da expressão de Canaris, pode-se dizer que os direitos fundamentais expressam não apenas uma proibição do excesso (*Übermassverbote*), mas também podem ser traduzidos como proibições de proteção insuficiente ou imperativos de tutela (*Untermassverbote*)[11].

Nos termos da doutrina e com base na jurisprudência da Corte Constitucional alemã, pode-se estabelecer a seguinte classificação do dever de proteção[12]:

a)   dever de proibição (*Verbotspflicht*), consistente no dever de se proibir uma determinada conduta;

b)   dever de segurança (*Sicherheitspflicht*), que impõe ao Estado o dever de proteger o indivíduo contra ataques de terceiros mediante a adoção de medidas diversas;

c)   dever de evitar riscos (*Risikopflicht*), que autoriza o Estado a atuar com o objetivo de evitar riscos para o cidadão em geral mediante a adoção de medidas de proteção ou de prevenção especialmente em relação ao desenvolvimento técnico ou tecnológico.

Discutiu-se intensamente se haveria um direito subjetivo à observância do dever de proteção ou, em outros termos, se haveria um direito fundamental à proteção. A Corte Constitucional acabou por reconhecer esse direito, enfatizando que a não observância de um dever de proteção corresponde a uma lesão do direito fundamental previsto no art. 2, II, da Lei Fundamental[13].

Assim, as normas constitucionais brasileiras referidas explicitam o dever de proteção identificado pelo constituinte e traduzido em mandatos de criminalização expressos dirigidos ao legislador.

---

[7]   Cf., a propósito, *BverfGE*, 39, 1 e s.; 46, 160 (164); 49, 89 (140 e s.); 53, 50 (57 e s.); 56, 54 (78); 66; 39 (61); 77 170 (229 s.); 77, 381 (402 e s.); ver, também, DIETLEIN, Johannes. *Die Lehre von den grundrechtlichen Schutzpflichten*. Berlin, 1991, p. 18.

[8]   Cf., a propósito, DIETLEIN, Johannes. *Die Lehre von den grundrechtlichen Schutzpflichten*, cit., p. 17 e s.

[9]   Von MÜNCH, Ingo. *Grundgesetz-Kommentar, Kommentar zu Vorbemerkung* Art 1-19, N. 22.

[10]   Von MÜNCH, Ingo. *Grundgesetz-Kommentar*, cit.

[11]   CANARIS, Claus-Wilhelm. Grundrechtswirkungen und Verhältnismässigkeitsprinzip in der richterlichen Anwendung und Fortbildung des Privatsrechts. *JuS*, 1989, p. 161 (163).

[12]   RICHTER, Ingo; SCHUPPERT, Gunnar Folke. *Casebook Verfassungsrecht*. 3. ed. München, 1996, p. 35-36.

[13]   Cf. *BVerfGE* 77, 170 (214); ver também RICHTER, Ingo; SCHUPPERT, Gunnar Folke. *Casebook Verfassungsrecht*, p. 36-37.

Direitos fundamentais, federalismo e o princípio da proporcionalidade **247**

Como bem anota Luciano Feldens[14], os mandatos constitucionais de criminalização atuam como limitações à liberdade de configuração do legislador penal e impõem a instituição de um sistema de proteção por meio de normas penais.

Registre-se que os mandatos de criminalização expressos não são uma singularidade da Constituição brasileira. Outras Constituições adotam orientações assemelhadas (Cf. Constituição espanhola, art. 45, 1, 2 e 3; art. 46, "c" e art. 55; Constituição italiana, art. 13; Constituição da França, art. 68; Lei Fundamental da Alemanha, art. 26, I).

É inequívoco, porém, que a Constituição brasileira de 1988 adotou, muito provavelmente, um dos mais amplos, senão o mais amplo "catálogo" de mandatos de criminalização expressos de que se tem notícia.

Ao lado dessa ideia de mandatos de criminalização expressos, convém observar que configura prática corriqueira na ordem jurídica a concretização de deveres de proteção mediante a criminalização de condutas.

Outras vezes cogita-se mesmo de mandatos de criminalização implícitos, tendo em vista uma ordem de valores estabelecida pela Constituição. Assim, levando-se em conta o dever de proteção e a proibição de uma proteção deficiente ou insuficiente (*Untermassverbot*), cumpriria ao legislador estatuir o sistema de proteção constitucional-penal adequado.

Em muitos casos, a eleição da forma penal pode conter-se no âmbito daquilo que se costuma chamar de discrição legislativa, tendo em vista desenvolvimentos históricos, circunstâncias específicas ou opções ligadas a um certo experimentalismo institucional. A ordem constitucional confere ao legislador margens de ação[15] para decidir sobre quais medidas devem ser adotadas para a proteção penal eficiente dos bens jurídicos fundamentais. É certo, por outro lado, que a atuação do legislador sempre estará limitada pelo princípio da proporcionalidade.

Assim, na dogmática alemã é conhecida a diferenciação entre o princípio da proporcionalidade como *proibição de excesso* (*Ubermassverbot*) e como *proibição de proteção deficiente* (*Untermassverbot*). No primeiro caso, o princípio da proporcionalidade funciona como parâmetro de aferição da constitucionalidade das intervenções nos direitos fundamentais como *proibições de intervenção*. No segundo, a consideração dos direitos fundamentais como *imperativos de tutela* (Canaris) imprime ao princípio da proporcionalidade uma estrutura diferenciada[16]. O ato não será *adequado* quando não proteja o direito fundamental de maneira ótima; não será *necessário* na hipótese de existirem medidas alternativas que favoreçam ainda mais a realização do direito fundamental; e violará o subprincípio da *proporcionalidade em sentido estrito* se o grau de satisfação do fim legislativo é inferior ao grau em que não se realiza o direito fundamental de proteção[17].

Na jurisprudência do Tribunal Constitucional alemão, a utilização do princípio da proporcionalidade como proibição de proteção deficiente pode ser encontrada na segunda decisão sobre o aborto (*BverfGE 88, 203, 1993*). O *Bundesverfassungsgericht* assim se pronunciou:

---

[14] FELDENS, Luciano. *A Constituição Penal: a dupla face da proporcionalidade no controle de normas penais.* Porto Alegre: Livraria do Advogado, 2005.

[15] Cfr.: ALEXY, Robert. Epílogo a la Teoría de los Derechos Fundamentales. *Revista Española de Derecho Constitucional.* Madrid: Centro de Estudios políticos y Constitucionales, n. 66, ano 22, p. 13-64, sep.-dic./2002.

[16] "Uma transposição, sem modificações, do estrito princípio da proporcionalidade, como foi desenvolvido no contexto da proibição de excesso, para a concretização da proibição de insuficiência, não é, pois, aceitável, ainda que, evidentemente, também aqui considerações de proporcionalidade desempenhem um papel, tal como em todas as soluções de ponderação". CANARIS, Claus-Wilhelm. *Direitos Fundamentais e Direito Privado.* Coimbra: Almedina, 2003.

[17] Cf. BERNAL PULIDO, Carlos. *El principio de proporcionalidad y los derechos fundamentales.* Madrid: Centro de Estudios Políticos y Constitucionales, 2003, p. 798 e segs.

"*O Estado, para cumprir com seu dever de proteção, deve empregar medidas suficientes de caráter normativo e material, que levem a alcançar – atendendo à contraposição de bens jurídicos – a uma proteção adequada, e como tal, efetiva (proibição de insuficiência).*

(...)

É tarefa do legislador determinar, detalhadamente, o tipo e a extensão da proteção. A Constituição fixa a proteção como meta, não detalhando, porém, sua configuração. No entanto, o legislador deve observar a proibição de insuficiência (...). Considerando-se bens jurídicos contrapostos, necessária se faz uma proteção adequada. Decisivo é que a proteção seja eficiente como tal. As medidas tomadas pelo legislador devem ser suficientes para uma proteção adequada e eficiente e, além disso, basear-se em cuidadosas averiguações de fatos e avaliações racionalmente sustentáveis. (...)."

Os mandatos constitucionais de criminalização, portanto, impõem ao legislador, para o seu devido cumprimento, o dever de observância do princípio da proporcionalidade como proibição de excesso e como proibição de proteção insuficiente. A ideia é a de que a intervenção estatal por meio do Direito Penal, como *ultima ratio*, deve ser sempre guiada pelo princípio da proporcionalidade.

A reserva de lei penal configura-se como reserva legal proporcional (*Vorbehalt des verhältnismässigen Gesetzes*): a proibição de excesso (*Übermassverbot*) funciona como limite máximo, e a proibição de proteção insuficiente, (*Untermassverbot*) como limite mínimo da intervenção legislativa penal.

Abre-se, com isso, a possibilidade do controle da constitucionalidade da atividade legislativa em matéria penal.

Se é certo, por um lado, que a Constituição confere ao legislador uma margem discricionária para a avaliação, valoração e conformação quanto às medidas eficazes e suficientes para a proteção do bem jurídico penal, e, por outro, que a mesma Constituição também impõe ao legislador os limites do dever de respeito ao princípio da proporcionalidade, é possível concluir pela viabilidade da fiscalização judicial da constitucionalidade dessa atividade legislativa. O Tribunal está incumbido de examinar se o legislador considerou suficientemente os fatos e prognoses e se utilizou de sua margem de ação de forma adequada para a proteção suficiente dos bens jurídicos fundamentais[18].

Esses argumentos serão analisados no tópico seguinte.

2.2. Modelo exigente de controle de constitucionalidade das leis em matéria penal, baseado em níveis de intensidade

O Direito Penal é certamente o instrumento mais contundente de que se vale o Estado para disciplinar a conduta dos indivíduos.

Na medida em que a pena constitui a forma de intervenção estatal mais severa no âmbito de liberdade individual, e que, portanto, o Direito Penal e Processual Penal devem revestir-se de maiores garantias materiais e processuais, o controle de constitucionalidade em matéria penal deve ser realizado de forma ainda mais rigorosa do que aquele destinado a averiguar a legitimidade constitucional de outros tipos de intervenção legislativa em direitos fundamentais dotadas de menor potencial ofensivo.

Em outros termos, se a atividade legislativa de definição de tipos e cominação de penas constitui, *prima facie*, uma intervenção de alta intensidade em direitos fundamentais, a fiscalização jurisdicional da adequação constitucional dessa atividade deve ser tanto mais exigente e rigorosa por parte do órgão que tem em seu encargo o controle da constitucionalidade das leis.

---

[18] *BVerfGE* 88, 203, 1993.

Direitos fundamentais, federalismo e o princípio da proporcionalidade **249**

Esse entendimento pode ser traduzido segundo o *postulado do princípio proporcionalidade em sentido estrito*, o qual, como ensina Alexy, "pode ser formulado como uma lei de ponderação cuja fórmula mais simples voltada para os direitos fundamentais diz: *quanto mais intensa se revelar a intervenção em um dado direito fundamental, maiores hão de se revelar os fundamentos justificadores dessa intervenção*"[19].

A tarefa do Tribunal Constitucional é, portanto, a de fiscalizar a legitimidade constitucional da atividade legislativa em matéria penal, lastreado pelo princípio da proporcionalidade, seguindo, dessa forma, a seguinte máxima: *quanto mais intensa seja a intervenção legislativa penal em um direito fundamental, mais intenso deve ser o controle de sua constitucionalidade realizado pelo Tribunal Constitucional.*

Essas são as premissas para a construção de um *modelo exigente de controle de constitucionalidade das leis em matéria penal*, baseado em *níveis de intensidade*[20].

Podem ser distinguidos 3 (três) níveis ou graus de intensidade do controle de constitucionalidade de leis penais, consoante as diretrizes elaboradas pela doutrina e jurisprudência constitucional alemã.

Na famosa decisão (*Urteil*) *Mitbestimmungsgesetz*, do Primeiro Senado de 1º de março de 1979, prolatada na audiência de 28, 29 e 30 de novembro e 1º de dezembro de 1978 – *BVerfGE* 50, 290 –, o Tribunal Constitucional alemão distinguiu os seguintes graus de intensidade do controle de constitucionalidade das leis: a) controle de evidência (*Evidenzkontrolle*); b) controle de sustentabilidade ou justificabilidade (*Vertretbarkeitskontrolle*); c) controle material de intensidade (*intensivierten inhaltlichen Kontrolle*).

No primeiro nível o controle de constitucionalidade realizado pelo Tribunal deve reconhecer ao legislador uma ampla margem de avaliação, valoração e conformação quanto às medidas eficazes e suficientes para a proteção do bem jurídico. A norma somente poderá ser declarada inconstitucional quando as medidas adotadas pelo legislador são visivelmente inidôneas para a efetiva proteção desse bem jurídico.

O Tribunal deixa ressaltado, não obstante, que "a observância da margem de configuração do legislador não pode levar a uma redução do que, a despeito de quaisquer transformações, a Constituição pretende garantir de maneira imutável, ou seja, ela não pode levar a uma redução das liberdades individuais que são garantidas nos direitos fundamentais individuais, sem as quais uma vida com dignidade humana não é possível, segundo a concepção da *Grundgesetz*" (*BVerfGE* 50, 290).

Assim, conclui o Tribunal que "a tarefa (do controle de constitucionalidade) consiste, portanto, em unir a liberdade fundamental própria da configuração político-econômica e político-social" – ou político-criminal, se quisermos contextualizar essa afirmação – "que devem permanecer reservadas ao legislador, com a proteção da liberdade, à qual o indivíduo tem direito justamente também em face do legislador" (*BVerfGE* 50, 290).

Esse controle de evidência foi delineado também na decisão *BVerfGE* 77,170 (*Lagerung Chemischer Waffen*), na qual o Tribunal deixou assentado o seguinte entendimento:

> *"Para o cumprimento dos deveres de tutela (Schutzpflichten) derivados do Art. 2, II, 1 GG, cabe ao Legislativo, assim como ao Executivo, uma ampla margem de avaliação, valoração e conformação (poder discricionário), que também deixa espaço para, por exemplo, dar atenção a interesses públicos e privados concorrentes.*

---

[19] ALEXY, Robert. *Colisão e ponderação como problema fundamental da dogmática dos direitos fundamentais*. Palestra proferida na Fundação Casa de Rui Barbosa, Rio de Janeiro, em 10.12.1998. Tradução informal de Gilmar Ferreira Mendes.

[20] Cfr.: LOPERA MESA, Gloria Patricia. *Principio de proporcionalidad y ley penal. Bases para un modelo de control de constitucionalidad de leyes penales*. Madrid: Centro de Estudios Políticos y Constitucionales, 2006.

Essa ampla liberdade de conformação pode ser controlada pelos tribunais tão somente de maneira restrita, dependendo da peculiaridade da matéria em questão, das possibilidades de formação de um juízo suficientemente seguro e do significado dos bens jurídicos em jogo".

Assim, o Tribunal fixou o entendimento de que a admissão de uma reclamação constitucional (*Verfassungsbeschwerde*) pressupõe a demonstração, *"de maneira concludente, que o Poder Público não adotou quaisquer medidas preventivas de proteção, ou que evidentemente as regulamentações e medidas adotadas são totalmente inadequadas ou completamente insuficientes para o alcance do objetivo de proteção".*

Assim, um controle de evidência em matéria penal será exercido pelo Tribunal com observância da ampla margem de avaliação, valoração e conformação conferida constitucionalmente ao legislador quanto à adoção das medidas mais adequadas para a proteção do bem jurídico penal. Uma eventual declaração de inconstitucionalidade deve basear-se na patente inidoneidade das medidas escolhidas pelo legislador para os objetivos perseguidos pela política criminal.

No segundo nível, o controle de sustentabilidade ou de justificabilidade (*Vertretbarkeitskontrolle*) está orientado a verificar se a decisão legislativa foi tomada após uma apreciação objetiva e justificável de todas as fontes de conhecimento disponíveis no momento da promulgação da lei (*BVerfGE 50, 290*).

Também na decisão *Mühlenstrukturgesetz* (*BVerfGE 39, 210*), o Tribunal Constitucional alemão fixou esse entendimento, nos seguintes termos:

"O exame de constitucionalidade compreende primeiramente a verificação de se o legislador buscou inteirar-se, correta e suficientemente, da situação fática existente à época da promulgação da lei. O legislador tem uma ampla margem de avaliação (discricionariedade) na avaliação dos perigos que ameaçam a coletividade. Mesmo quando, no momento da atividade legislativa, parece remota a possibilidade da ocorrência de perigos para um bem coletivo, não é defeso ao legislador que tome medidas preventivas tempestivamente, contanto que suas concepções sobre o possível desenvolvimento perigoso no caso de sua omissão, não se choquem de tal sorte com as leis da ciência econômica ou da experiência prática, que elas não possam mais representar uma base racional para as medidas legislativas [BVerfGE 25, 1 (17); 38, 61 (87)]. Nesse caso, deve-se partir fundamentalmente de uma avaliação de relações (dados da realidade social) possível ao legislador quando da elaboração da lei [BVerfGE 25, 1 (12 s.)]. Contanto que ele tenha usado os meios de estudo que lhe estavam à disposição, os (eventuais) erros (que vierem a ser revelar no futuro, n. org) sobre o desenvolvimento econômico devem ser tolerados".

Nesse segundo nível, portanto, o controle de constitucionalidade estende-se à questão de se o legislador levantou e considerou diligente e suficientemente todas as informações disponíveis e se realizou prognósticos sobre as consequências da aplicação da norma, enfim, se o legislador valeu-se de sua margem de ação de "maneira sustentável"[21].

Nesse sentido, uma das decisões mais importantes da Corte alemã pode ser encontrada no famoso caso *Cannabis* (*BVerfGE 90, 145*), em que o Tribunal confirmou a constitucionalidade da tipificação penal da aquisição e porte para consumo de produtos derivados da planta *canabis sativa*. Ao analisar o caso sob o ângulo do princípio da proporcionalidade, que incide com maior rigor no exame de um dispositivo penal, a Corte enfatizou que cabe ao legislador uma ampla margem de avaliação quanto à adequação e necessidade de certa medida para o alcance do fim almejado, o que pressupõe também a discricionariedade para a realização de prognósticos quanto às consequências da medida adotada. Os argumentos utilizados estão bem representados no seguinte trecho da decisão:

"Sob o ponto de vista material, ressalvadas as garantias constitucionais especiais, o princípio da proporcionalidade oferece o parâmetro geral constitucional, segundo o qual a liberdade de ação pode ser restringida [cf.

---

[21] *BVerfGE 88, 203, 1993.*

Direitos fundamentais, federalismo e o princípio da proporcionalidade **251**

BVerfGE 75, 108 (154 s.); 80, 137 (153)]. Esse princípio tem um significado mais intenso no exame de um dispositivo penal, que, enquanto sanção mais forte à disposição do Estado, expressa um juízo de valor ético--social negativo sobre uma determinada ação do cidadão [cf. BVerfGE 25, 269 (286); 88, 203 (258)].

Se há previsão de pena privativa de liberdade, isso possibilita uma intervenção no direito fundamental da liberdade da pessoa, protegido pelo Art. 2 II 2 GG. A liberdade da pessoa, que a Grundgesetz caracteriza como 'inviolável', é um bem jurídico tão elevado que nele somente se pode intervir com base na reserva legal do Art. 2 II 3 GG, por motivos especialmente graves. Independentemente do fato de que tais intervenções também podem ser cogitadas sob determinados pressupostos, quando servirem para impedir que o atingido promova contra si próprio um dano pessoal maior [BVerfGE 22, 180 (219); 58, 208 (224 et seg.); 59, 275 (278); 60, 123 (132)], elas, em geral, somente são permitidas se a proteção de outros ou da comunidade assim o exigir, observando-se o princípio da proporcionalidade.

Segundo esse princípio, uma lei que restringe o direito fundamental deve ser adequada e necessária para o alcance almejado. Uma lei é adequada se o propósito almejado puder ser promovido com o seu auxílio; é necessária se o legislador não puder selecionar um outro meio de igual eficácia, mas que não restrinja, ou que restrinja menos, o direito fundamental [cf. BVerfGE 30, 292 (316); 63, 88 (115); 67, 157 (173, 176)].

Na avaliação da adequação e da necessidade do meio escolhido para o alcance dos objetivos buscados, como na avaliação e prognóstico a serem feitos, neste contexto, dos perigos que ameaçam o indivíduo ou a comunidade, cabe ao legislador uma margem (discricionária) de avaliação, a qual o Tribunal Constitucional Federal – dependendo da particularidade do assunto em questão, das possibilidades de formar um julgamento suficientemente seguro e dos bens jurídicos que estão em jogo – poderá revisar somente em extensão limitada (cf. BVerfGE 77, 170 (215); 88, 203 (262)].

Além disso, numa ponderação geral entre a gravidade da intervenção e o peso, bem como da urgência dos motivos justificadores, deve ser respeitado o limite da exigibilidade para os destinatários da proibição [cf. BVerfGE 30, 292 (316); 67, 157 (178); 81, 70 (92)]. A medida não deve, portanto, onerá-lo excessivamente (proibição de excesso ou proporcionalidade em sentido estrito: cf. BVerfGE 48, 396 (402); 83, 1 (19). No âmbito da punibilidade estatal, deriva do princípio da culpa, que tem a sua base no Art. 1 I GG [cf. BVerfGE 45, 187 (228)], e do princípio da proporcionalidade, que deve ser deduzido do princípio do Estado de direito e dos direitos de liberdade, que a gravidade de um delito e a culpa do autor devem estar numa proporção justa em relação à pena. Uma previsão de pena não pode, quanto ao seu tipo e à sua extensão, ser inadequada em relação ao comportamento sujeito à aplicação da pena. O tipo penal e a consequência jurídica devem estar racionalmente correlacionados [cf. BVerGE 54, 100 (108)].

É, em princípio, tarefa do legislador determinar de maneira vinculante o âmbito da ação punível, observando a respectiva situação em seus pormenores. O Tribunal Constitucional Federal não pode examinar a decisão do legislador no sentido de se verificar se foi escolhida a solução mais adequada, mais sensata ou mais justa. Tem apenas que zelar para que o dispositivo penal esteja materialmente em sintonia com as determinações da Constituição e com os princípios constitucionais não escritos, bem como para que corresponda às decisões fundamentais da Grundgesetz [cf. BVerfGE 80, 244 (255)]".

No caso, o *Bundesverfassungsgericht*, após analisar uma grande quantidade de dados e argumentos sobre o tema, reconhece que ainda não estaria concluída, à época, a discussão político--criminal sobre se a redução do consumo de *canabis* poderia ser melhor alcançada por meio da penalização ou da liberação da conduta. E, justamente devido à incerteza quanto ao efetivo grau de periculosidade social do consumo da *canabis* e à polêmica existente, tanto no plano científico como político-social, em torno da eficácia da intervenção por meio do direito penal, é que não se poderia reprovar, do ponto de vista de sua constitucionalidade, a avaliação realizada pelo legislador, naquele estágio do conhecimento, a respeito da adequação e necessidade da medida penal. Assim, admite o Tribunal que *"se o legislador nesse contexto se fixa na interpretação de que a proibição geral de canabis sancionada criminalmente afastaria um número maior de consumidores em potencial do que a suspensão da previsão de pena e que, portanto, seria mais adequada para a proteção dos bens jurídicos, isto deve ser tolerado constitucionalmente, pois o legislador tem a prerrogativa de avaliação e de decisão na escolha entre diversos caminhos potencialmente apropriados para o alcance do objetivo de uma lei"*[22].

---

[22] *BVerfGE* 90, 145, 1994.

Dessa forma, não se pode deixar de considerar que, no âmbito desse denominado controle de sustentabilidade ou de justificabilidade (*Vertretbarkeitskontrolle*), assumem especial relevo as técnicas procedimentais postas à disposição do Tribunal e destinadas à verificação dos fatos e prognoses legislativos, como a admissão de *amicus curiae* e a realização de audiências públicas, previstas em nosso ordenamento jurídico pela Lei n. 9.868/99.

Em verdade, como venho afirmando em estudos doutrinários sobre o tema, no controle abstrato de normas não se procede apenas a um simples contraste entre a disposição do direito ordinário e os princípios constitucionais. Ao revés, também aqui fica evidente que se aprecia a relação entre a lei e o problema que se lhe apresenta em face do parâmetro constitucional. Em outros termos, a aferição dos chamados fatos legislativos constitui parte essencial do chamado controle de constitucionalidade, de modo que a verificação desses fatos relaciona-se íntima e indissociavelmente com a própria competência do Tribunal[23].

No âmbito do controle de constitucionalidade em matéria penal, deve o Tribunal, na maior medida possível, inteirar-se dos diagnósticos e prognósticos realizados pelo legislador para a confecção de determinada política criminal, pois é este conhecimento dos dados da realidade – que serviram de pressuposto da atividade legislativa – que lhe permitirá averiguar se o órgão legislador utilizou-se de sua margem de ação de maneira sustentável e justificada.

No terceiro nível, o controle material intensivo (*intensivierten inhaltlichen Kontrolle*) se aplica às intervenções legislativas que, por afetarem intensamente bens jurídicos de extraordinária importância, como a vida e a liberdade individual, devem ser submetidas a um controle mais rígido por parte do Tribunal, com base no princípio da proporcionalidade em sentido estrito. Assim, quando esteja evidente a grave afetação de bens jurídicos fundamentais de suma relevância, poderá o Tribunal desconsiderar as avaliações e valorações fáticas realizadas pelo legislador para então fiscalizar se a intervenção no direito fundamental em causa está devidamente justificada por razões de extraordinária importância.

Essa fase do controle foi efetivamente definida na citada decisão *Mitbestimmungsgesetz* (*BVerfGE* 50, 290), mas já havia ficado explicitada na célebre decisão *Apothekenurteil* (*BVerfGE* 7, 377, 1958), em que se discutiu o âmbito de proteção do direito fundamental à liberdade de profissão. Na ocasião, o Tribunal assim fixou seu entendimento:

"*As limitações ao poder regulamentar, que são derivadas da observância do direito fundamental, são mandamentos constitucionais materiais que são endereçados, em primeira linha, ao próprio legislador. Sua observância deve ser, entretanto, fiscalizada pelo Tribunal Constitucional Federal. Se uma restrição da livre escolha profissional estiver no 'último degrau' (dos pressupostos objetivos de sua admissão), o Tribunal Constitucional Federal deve primeiro examinar se um bem jurídico coletivo prevalecente está ameaçado e se a regulamentação legislativa pode mesmo servir à defesa contra esse perigo. Ele deve, além disso, também examinar se justamente a intervenção perpetrada é inevitavelmente ordenada para a proteção do referido bem; em outras palavras, se o legislador não poderia ter efetivado a proteção com regulamentações de um 'degrau' anterior.*

Contra um exame no último sentido supra declinado objetou-se que ele ultrapassaria a competência de um tribunal, pois um tribunal não poderia avaliar se uma medida legislativa certa seria ordenada, vez que ele não poderia saber se haveria outros meios igualmente eficazes e se eles poderiam ser realizados pelo legislador. Isso só poderia ser feito quando se conhecem não somente todas as relações sociais a serem ordenadas, como também as possibilidades da legislação. Essa concepção, que pretende, principalmente a partir de considerações pragmáticas, limitar a competência do Tribunal Constitucional Federal é, por vezes, teoricamente fundamentada com a informação de que o Tribunal, por causa da utilização de uma

---

[23] Cfr.: MENDES, Gilmar Ferreira. Controle de constitucionalidade: hermenêutica constitucional e revisão de fatos e prognoses legislativos pelo órgão judicial. In: *Direitos Fundamentais e Controle de Constitucionalidade. Estudos de Direito Constitucional.* São Paulo: Saraiva, 2007, p. 471 e segs.

ampla competência de exame, interferiria na esfera do legislador, e com isso se chocaria contra o princí-pio da divisão de poderes.

O Tribunal Constitucional não pode concordar com essa posição.

Ao Tribunal foi atribuída a proteção dos direitos fundamentais em face do legislador. Quando da interpretação de um direito fundamental resultarem limites ao legislador, o tribunal deve poder fiscalizar a observância deles por parte dele, legislador. Ele não pode subtrair-se à esta tarefa se não quiser, na prática, desvalorizar em grande parte os direitos fundamentais e acabar com a sua função atribuída pela Grundgesetz.

A exigência frequentemente feita nesse contexto segundo o qual o legislador deveria, entre vários meios igualmente adequados, livremente decidir, não resolveria o problema ora em pauta. Tal exigência tem em vista o caso (normal) de um direito fundamental que não se constitui de uma área de proteção gradual (como, p. ex., na decisão BVerfGE 2, 266). Nesse caso, o legislador encontra-se, entretanto, dentro de determinados limites, livre para a escolha entre várias medidas legislativas igualmente adequadas, vez que elas todas atingem o mesmo direito fundamental em seu conteúdo único e não diferenciado. Não obstante, em se tratando de um direito fundamental que encerra em si zonas mais fortes e mais fracas de proteção da liberdade, torna-se necessário que a jurisdição constitucional verifique se os pressupostos para uma regulamentação estão presentes no degrau onde a liberdade é protegida ao máximo. Em outras pa-lavras, necessário se faz que se possa avaliar se medidas legislativas no degrau inferior não teriam sido suficientes, ou seja, se deste modo a intervenção perpetrada fosse 'inexoravelmente obrigatória'. Se se quisesse deixar ao legislador também a escolha entre os 'meios igualmente adequados', que correspondes-sem a degraus diferentes uns dos outros, isso acarretaria que justamente intervenções que limitem ao máximo o direito fundamental seriam, em razão de seu efeito muito eficaz para o alcance da meta alme-jada, as mais frequentes escolhidas e seriam aceitas sem exame. Uma proteção efetiva da área de liberda-de, que o Art. 12 I GG pretende proteger com mais ênfase, não seria, destarte, mais garantida".

Nesse terceiro nível, portanto, o Tribunal examina se a medida legislativa interventiva em dado bem jurídico é necessariamente obrigatória, do ponto de vista da Constituição, para a pro-teção de outros bens jurídicos igualmente relevantes. O controle é mais rígido, pois o Tribunal adentra o próprio exame da ponderação de bens e valores realizada pelo legislador.

Assim, no exercício do controle material intensivo, o Tribunal verifica se a medida penal – que *prima facie* constitui uma intervenção em direitos fundamentais – mantém uma relação de proporcionalidade com as metas fixadas pela política criminal, destinadas, ao fim e ao cabo, à promoção da segurança e da incolumidade públicas, enfim, da paz social.

Estou certo de que essas devem ser as premissas para a construção de um modelo rígido de controle de constitucionalidade de leis em matéria penal, tendo em vista a proteção dos direitos e garantias fundamentais. O Tribunal deve sempre levar em conta que a Constituição confere ao legislador amplas margens de ação para eleger os bens jurídicos penais e avaliar as medidas ade-quadas e necessárias para a efetiva proteção desses bens. Porém, uma vez que se ateste que as medidas legislativas adotadas transbordam os limites impostos pela Constituição – o que poderá ser verificado com base no princípio da proporcionalidade como proibição de excesso (*Übermas-sverbot*) e como proibição de proteção deficiente (*Untermassverbot*) –, deverá o Tribunal exercer um rígido controle sobre a atividade legislativa, declarando a inconstitucionalidade de leis pe-nais transgressoras de princípios constitucionais.

3. Análise da questão constitucional

3.1. *Regime constitucional da liberdade provisória*

O art. 5º, inciso LXVI, da Constituição, prescreve que *"ninguém será levado à prisão ou nela mantido quando a lei admitir a liberdade provisória, com ou sem fiança"*.

Assume, assim, a liberdade provisória, caráter de uma medida cautelar prevista no texto constitucional[24], cuja conformação substancial é deferida ao legislador.

---

[24] OLIVEIRA, Eugênio Pacelli de. *Curso de Processo Penal*. Belo Horizonte: Del Rey, 2006, p. 451 e segs.

Tal como decorre da sistemática constitucional, esse poder conformador há de ser exercido tendo em vista os princípios constitucionais que balizam os direitos fundamentais e o próprio direito de liberdade.

Observe-se que, antes mesmo do advento da Constituição, a Lei n. 6.416, de 1977, já havia consagrado que o juiz poderia conceder ao réu liberdade provisória, mediante termo de comparecimento a todos os atos do processo, sempre que se verificasse pelo auto de prisão em flagrante a inocorrência de qualquer das hipóteses que autorizam a prisão preventiva.

No regime anterior à Lei n. 6.416/77, só eram passíveis de liberdade provisória os crimes afiançáveis. Nos crimes inafiançáveis, o réu haveria de permanecer preso até o julgamento da causa. A referida Lei encerra esse ciclo, admitindo a liberdade provisória sempre que não presentes razões que justifiquem a decretação da prisão preventiva.

Por isso, observa Eugênio Pacelli que a Constituição de 1988 chegou desatualizada em tema de liberdade provisória ao ressuscitar a antiga expressão *inafiançabilidade*. A contradição se acentua porque o regime de liberdade provisória com fiança acaba por ser mais oneroso do que o da liberdade provisória sem fiança[25].

E, obviamente, os crimes afiançáveis são crimes com penas mais leves do que os crimes sem fiança. Enquanto para os crimes inafiançáveis exige-se tão somente o comparecimento a todos os atos do processo, na liberdade provisória com fiança impõe-se não só o comparecimento obrigatório a todos os atos do processo, mas também a comunicação prévia de mudança de endereço e requerimento de autorização judicial para ausência por prazo superior a oito dias.

A doutrina processualista costuma distinguir a liberdade provisória entre *liberdade provisória vinculada, liberdade provisória com fiança* e *liberdade provisória sem fiança*.

Tem-se, no primeiro caso, as hipóteses do art. 310 e parágrafo único do Código de Processo Penal, que prevê que o juiz poderá deferir a liberdade provisória, sem fiança, nos casos de legítima defesa, estado de necessidade, etc., ou na hipótese de não se fazerem presentes os requisitos para a prisão preventiva.

Nos casos em que não houver previsão de pena privativa de liberdade cumulativa ou alternativamente (CPP, art. 321, I) ou quando o máximo da pena privativa de liberdade não exceder a três meses (CPP, art. 321, II), o réu livrar-se-á solto independentemente de fiança ou de qualquer outra exigência. Não há aqui cogitar de liberdade provisória, porque não se impõe qualquer restrição de direito[26].

Por outro lado, tal como observado, a simples inafiançabilidade não impede a concessão de liberdade provisória.

Daí admitir-se a concessão de liberdade provisória nos crimes de racismo, tortura e os definidos no Estatuto do Desarmamento (arts. 14 e 15), nos termos do art. 310, parágrafo único, do CPP[27].

Portanto, é possível adiantar que não há inconstitucionalidade nos artigos 14 e 15 do Estatuto do Desarmamento, visto que a prescrição da inafiançabilidade dos crimes neles descritos não proíbe a concessão de liberdade provisória, tendo em vista o que dispõe o art. 310, parágrafo único, do Código de Processo Penal.

O problema permanece, no entanto, em relação à legislação que proíbe, peremptoriamente, a concessão de liberdade provisória, em face do que dispõe o art. 5º, incisos LVII e LXVI, da Constituição.

---

[25] OLIVEIRA, Eugênio Pacelli de. *Curso de Processo Penal*, cit., p. 457.

[26] OLIVEIRA, Eugênio Pacelli de. *Curso de Processo Penal*, cit., p. 464.

[27] OLIVEIRA, Eugênio Pacelli de. *Curso de Processo Penal*, cit., p. 467.

Direitos fundamentais, federalismo e o princípio da proporcionalidade **255**

A Lei n. 8.072/90 estabeleceu que os crimes hediondos, a prática de tortura, o tráfico ilícito de entorpecentes e drogas afins e o terrorismo são insuscetíveis de fiança e liberdade provisória.

A Lei n. 9.034/95, que cuida dos crimes resultantes de organização criminosa, a Lei n. 9.613/98, que trata dos crimes de lavagem de dinheiro, e a Lei n. 10.826/2003 (Estatuto do Desarmamento) consagraram a proibição da concessão da liberdade provisória, com ou sem fiança.

Depois de algumas decisões que afirmavam a constitucionalidade de algumas dessas disposições, o Supremo Tribunal Federal deu início a julgamento sobre a constitucionalidade do disposto no art. 9º da Lei n. 9.034/95 e no art. 3º da Lei n. 9.613/98 (Rcl 2.391/PR, Relator Marco Aurélio).

Com fundamento no princípio da presunção de inocência, o Ministro Peluso manifestou-se pela inconstitucionalidade das normas em apreço, no que foi acompanhado pelos Ministros Marco Aurélio, Joaquim Barbosa, Carlos Britto e Gilmar Mendes.

Uma das questões postas dizia respeito à legitimidade da decisão legislativa que determinava o recolhimento do réu à prisão para apelar da sentença condenatória. O tema foi discutido à luz do princípio da presunção de inocência.

Outro aspecto dizia respeito à vedação da liberdade provisória nos crimes de lavagem.

Também aqui foi enfático o voto do Ministro Peluso, ao ressaltar que a vedação da liberdade provisória equivalia a uma antecipação da pena igualmente incompatível com o princípio da presunção de inocência.

Como se sabe, a Rcl n. 2.391/PR foi considerada prejudicada em Sessão Plenária de 10.3.2005, por perda superveniente de objeto, em razão da soltura dos pacientes.

A questão constitucional retorna à análise da Corte no presente julgamento a respeito da constitucionalidade do art. 21 do Estatuto do Desarmamento, o que será objeto do tópico seguinte.

3.2. A inconstitucionalidade do art. 21 do Estatuto do Desarmamento

O art. 21 do Estatuto do Desarmamento dispõe que os crimes previstos nos artigos 16 (posse ou porte ilegal de arma de fogo de uso restrito), 17 (comércio ilegal de arma de fogo) e 18 (tráfico internacional de arma de fogo) são insuscetíveis de liberdade provisória, com ou sem fiança. Eis o teor do referido dispositivo normativo:

"Art. 21. Os crimes previstos nos arts. 16, 17 e 18 são insuscetíveis de liberdade provisória."

A norma, como se vê, estabelece um tipo de regime de *prisão preventiva obrigatória*, na medida em que torna a prisão uma regra, e liberdade, a exceção.

Por isso, ela remonta ao vetusto dogma que lastreava o processo penal sob uma outra concepção de Estado de Direito: o da presunção de culpabilidade (e não de inocência), segundo a qual a liberdade era apenas "provisória", e a prisão, permanente.

A Constituição de 1988 – e antes, como demonstrado, a Lei n. 6.416/77 – instituiu um novo regime no qual a liberdade é a regra, e a prisão, apenas provisória, exigindo-se a comprovação, devidamente fundamentada, de sua necessidade cautelar dentro do processo.

No entanto, a norma do art. 21 do Estatuto também parte do pressuposto de que a prisão é sempre necessária, sem se levar em consideração, na análise das razões acautelatórias, as especificidades do caso concreto. A necessidade da prisão decorrerá diretamente da imposição legal, retirando-se do juiz o poder de, em face das circunstâncias específicas do caso, avaliar a presença dos requisitos do art. 312 do Código de Processo Penal: necessidade de garantir a ordem pública, a ordem econômica, por conveniência da instrução criminal, ou assegurar a aplicação da lei penal, havendo prova da existência do crime e indício suficiente de autoria.

Assim, em vista do que dispõe o art. 5º, inciso LVII, o qual consagra o *princípio da presunção de inocência*, a proibição total de liberdade provisória prescrita pelo art. 21 do Estatuto do Desarmamento é patentemente inconstitucional.

256 Estado de Direito e Jurisdição Constitucional – Decisões relevantes em 15 anos de atuação no STF

Ademais, e por consequência, a norma do art. 21 do Estatuto inverte a regra constitucional que exige a fundamentação para todo e qualquer tipo de prisão (art. 5º, inciso LXI), na medida em que diretamente impõe a prisão preventiva (na verdade, estabelece uma *presunção de necessidade da prisão*), afastando a intermediação valorativa de seu aplicador.

Por fim, não é demais enfatizar a desproporcionalidade dessa regra geral da proibição de liberdade provisória nos crimes de posse ou porte de armas. Comparado com o homicídio doloso simples, essa desproporção fica evidente. De acordo com a legislação atual, o indivíduo que pratica o crime de homicídio doloso simples poderá responder ao processo em liberdade, não estando presentes os requisitos do art. 312 do CPP; por outro lado, a prisão será obrigatória para o cidadão que simplesmente porta uma arma. Trata-se, portanto, de uma violação ao princípio da proporcionalidade como proibição de excesso (*Übermassverbot*).

Esses fundamentos são suficientes para constatar a inconstitucionalidade do art. 21 do Estatuto do Desarmamento.

4. Conclusão

O Estatuto do Desarmamento originou-se de um amplo esforço político de conjugação de interesses e anseios dos Poderes da República e de diversos segmentos da sociedade civil no sentido da formulação de um plano legal de controle do comércio e uso indiscriminado das armas de fogo no Brasil.

A sua formação plural não dá ensejo a qualquer alegação de vícios do processo legislativo decorrentes de inobservância das reservas de iniciativa de leis previstas na Constituição. O Estatuto do Desarmamento é originário de um processo legislativo desencadeado por projetos de lei do Poder Executivo e do Poder Legislativo, em que intervieram também segmentos da sociedade e do Poder Judiciário, no âmbito adequado para essa conjunção de vontades, o Congresso Nacional, e daí também não se poder alegar invasão da competência legislativa dos Estados-membros.

As informações prestadas pelo Congresso Nacional, nos autos desta ação direta (fls. 329--362), demonstram que a confecção legislativa desse Estatuto baseou-se em dados estatísticos rigorosos, pesquisas tanto científicas como de opinião, assim como em avaliações criteriosas a respeito das medidas adequadas e necessárias para a consecução dos objetivos almejados. Em outros termos, tudo indica que o legislador, ao realizar os diagnósticos e prognósticos necessários para a avaliação e valoração das medidas destinadas ao fim de controle das armas de fogo no território nacional, utilizou-se de todos os conhecimentos disponíveis no momento do processo legislativo. E esse fato não pode ser olvidado pelo Tribunal.

Submetido esse diploma legal ao crivo desta Corte, devemos ter em mente os limites, sempre imprecisos, que demarcam a atividade legislativa e seu controle judicial, o que nos remete também às tensões entre controle de constitucionalidade e democracia, direitos humanos e soberania popular.

O exercício do controle de constitucionalidade, especialmente em matéria penal, deve ser exercido com observância das amplas margens de ação constitucionalmente deferidas ao legislador para a confecção de políticas criminais voltadas à segurança da população e à paz social.

Portanto, se o legislador, no âmbito de sua discricionariedade, considerou, com base em estudos estatísticos e prognósticos de resultados, que o aumento – de 21 (vinte de um) para 25 (vinte e cinco) anos – da idade mínima para se adquirir uma arma de fogo seria uma medida adequada e necessária dentro de um conjunto de outras medidas igualmente adequadas e necessárias para o controle do uso das armas de fogo no país, o Tribunal não deve interferir nessa decisão eminentemente política.

Por outro lado, é dever desta Corte analisar rigorosamente esse Estatuto – que representa o texto legal base de toda uma política criminal confeccionada pelo legislador – para então verificar

Direitos fundamentais, federalismo e o princípio da proporcionalidade **257**

os desvios legislativos existentes, as transgressões aos princípios constitucionais que lastreiam a atividade legislativa em matéria penal.

No rol de direitos e garantias limitadores dessa atividade legislativa em matéria penal, assume especial relevância o princípio da presunção de inocência. Como bem assevera Ferrajoli, "a presunção de inocência não é apenas uma garantia de liberdade e de verdade, mas também uma garantia de segurança ou, se quisermos, de defesa social: da específica 'segurança' fornecida pelo Estado de direito e expressa pela confiança dos cidadãos na justiça, e daquela específica 'defesa' destes contra o arbítrio punitivo"[28].

O princípio fundamental da presunção de inocência impõe que toda prisão, antes do trânsito em julgado do caso, esteja lastreada em razões, devidamente fundamentadas pela autoridade judicial, justificadoras da necessidade de se garantir o funcionamento eficaz da jurisdição penal. Essa análise da efetiva necessidade da prisão, apenas como medida cautelar no processo, deve se basear nas circunstâncias específicas do caso concreto e, por isso, constitui uma função eminentemente jurisdicional.

O legislador viola o princípio da presunção de inocência quando, no âmbito de uma política criminal de enrijecimento do controle de certas atividades (como o uso e comércio das armas de fogo e munições), proíbe a liberdade provisória, com ou sem fiança, tornando obrigatória a prisão cautelar do acusado pelos crimes nela definidos e, dessa forma, retirando os poderes do juiz quanto à verificação, no âmbito do processo e segundo os elementos do caso, da real necessidade dessa medida cautelar. Trata-se de um excesso legislativo e, portanto, de uma violação ao princípio da proporcionalidade como proibição de excesso (*Übermassverbot*), que exige a atuação do Tribunal quanto ao controle de sua constitucionalidade.

O art. 21 do Estatuto do Desarmamento, ao prever que os crimes prescritos nos artigos 16 (posse ou porte ilegal de arma de fogo de uso restrito), 17 (comércio ilegal de arma de fogo) e 18 (tráfico internacional de arma de fogo) são insuscetíveis de liberdade provisória, com ou sem fiança, e, dessa forma, estabelecer um regime de prisão preventiva obrigatória, viola o princípio da presunção de inocência, o princípio que exige a fundamentação de toda e qualquer ordem de prisão, assim como o princípio da proporcionalidade.

É como voto.

---

[28] FERRAJOLI, Luigi. *Direito e Razão. Teoria do Garantismo Penal*. São Paulo: Ed. RT, 2002, p. 441.

RE 418.376[1]

Estupro – Posterior convivência entre autor e vítima – Absoluta incapacidade de autodeterminação da vítima – Aplicação do princípio da proteção insuficiente.

Trata-se de recurso extraordinário relatado pelo Ministro Marco Aurélio nos seguintes termos:

"O Tribunal de Justiça de Mato Grosso do Sul deu provimento à apelação do Ministério Público, reformando a sentença que absolvera o recorrente, ante fundamentos assim sintetizados:

APELAÇÃO CRIMINAL – RECURSO MINISTERIAL – ESTUPRO – VÍTIMA MENOR DE 14 ANOS DE IDADE – VIOLÊNCIA PRESUMIDA – PRELIMINAR – PRETENDIDA EXTINÇÃO DA PUNIBILIDADE COM BASE NO ART. 107, VII, DO CP – UNIÃO ESTÁVEL – IMPOSSIBILIDADE – NECESSIDADE DE CASAMENTO – REJEIÇÃO – MÉRITO – AUTORIA – CONFISSÃO PELO RÉU – AMPARO NAS DECLARAÇÕES DA VÍTIMA E NO DEPOIMENTO DE SUA GENITORA – PROVA SUFICIENTE – RECURSO PROVIDO.

Tratando-se de crime de estupro, o simples concubinato ou união estável entre ofensor e vítima não é suficiente para a extinção da punibilidade com base no art. 107, VII, do CP, pois ante o direito penal legislado somente a realização do casamento, comprovado documentalmente, tem essa finalidade.

Se o réu confessa a prática das relações sexuais com a vítima menor de 14 anos de idade e essa confissão encontra sustentação nas declarações da vítima, bem como no depoimento de sua genitora, a prova é suficiente para a condenação, provendo-se o recurso ministerial.

Nas razões do extraordinário de folha 121 a 141, interposto com alegada base na alínea "a" do permissivo constitucional, articulou-se com a transgressão do § 3º do artigo 226 da Constituição Federal. O recorrente sustenta que o artigo 107, inciso VII, do Código Penal está em consonância com o Código Civil de 1916 e com a Carta de 1967 – no que consideravam como entidade familiar apenas aquela advinda do casamento –, mas não se harmoniza com a Constituição Federal de 1988, porquanto esta equipara a união estável entre homem e mulher à entidade familiar. Entende que a Lei Máxima atual "objetivou salvaguardar os direitos do convivente, como se casado fosse" (folha 130), extinguindo a punibilidade do crime de estupro quando o autor estiver vivendo em união estável com a vítima, sendo, portanto, uma analogia in bonam partem. Questiona a possibilidade de o acusado ser condenado, tendo em vista o fato de viver com a vítima, ajudando-a a criar o filho que tiveram.

O recorrido apresentou as contrarrazões de folha 145 a 154, alegando ausência de indicação do permissivo legal e de prequestionamento, impossibilidade de reexame de provas e não configuração de dissídio jurisprudencial.

O parecer da Procuradoria Geral da República, de folha 164 a 167, é pelo não conhecimento do recurso, em face da falta de prequestionamento, e, no mérito, pelo provimento, tendo em conta precedente da Corte. É o relatório."

Foi assim ementada a decisão:

EMENTA: *Penal. Recurso extraordinário. Estupro. Posterior convivência entre autor e vítima. Extinção da punibilidade com base no art. 107, VII, do Código Penal. Inocorrência, no caso concreto. Absoluta incapacidade de autodeterminação da vítima. Recurso desprovido.*

O crime foi praticado contra criança de nove anos de idade, absolutamente incapaz de se autodeterminar e de expressar vontade livre e autônoma. Portanto, inviável a extinção da punibilidade em razão do posterior convívio da vítima – a menor impúbere violentada – com o autor do estupro.

---

[1] O Plenário do STF, por maioria, conheceu do recurso extraordinário e negou-lhe provimento, vencidos os Ministros Marco Aurélio, Celso de Mello e Sepúlveda Pertence. Foi designado redator para o acórdão o Ministro Joaquim Barbosa (*DJ* de 23.3.2007).

Convívio que não pode ser caracterizado como união estável, nem mesmo para os fins do art. 226, § 3º, da Constituição Republicana, que não protege a relação marital de uma criança com seu opressor, sendo clara a inexistência de um consentimento válido, neste caso.

Solução que vai ao encontro da inovação legislativa promovida pela Lei n. 11.106/2005 – embora esta seja inaplicável ao caso por ser lei posterior aos fatos –, mas que dela prescinde, pois não considera validamente existente a relação marital exigida pelo art. 107, VII, do Código Penal.

Recurso extraordinário conhecido, mas desprovido.

VOTO-VISTA

Trata-se de recurso extraordinário interposto por José Adélio Franco de Moraes (Réu nos autos da Apelação Criminal n. 2003.005622-0), com fundamento na alínea "a" do art. 102, III, da Constituição, postulando reforma da decisão do Tribunal de Justiça do Estado de Mato Grosso do Sul, que deu provimento ao recurso de apelação do Ministério Público, condenando o acusado, sob o argumento de que,

> "Ainda que a Constituição Federal, ao cuidar do amparo à família, reconheça a união de fato, a exigência legal contida no artigo 107, inciso VII, do Código Penal não foi derrogada, razão pela qual a prova do concubinato não é suficiente para que se reconheça a extinção da punibilidade pretendida."(fl. 11)

E conclui:

> "A toda evidência, portanto, que não há razão para se extinguir a punibilidade do ora apelado, haja vista a gravidade da conduta, prática de estupro com violência presumida contra sua sobrinha Jardelina Corrêa Paixão, menor de 14 anos de idade, inclusive, engravidando-a, bem como a ausência de amparo legal." (fl. 111)

O argumento principal do presente recurso extraordinário é o de que houve contrariedade ao disposto no artigo 226, § 3º, da Constituição Federal, uma vez que a decisão recorrida deixou de reconhecer a união estável entre homem e mulher como uma entidade familiar, para efeitos da aplicação da cláusula de extinção da punibilidade prevista no art. 107, VII, do Código Penal (fls. 121-141).

O Ministro **Marco Aurélio**, Relator, votou pelo provimento do recurso extraordinário, reconhecendo união estável no caso dos autos e, equiparando-a ao casamento para fins de aplicação da hipótese de extinção da punibilidade prescrita no art. 107, VII, do Código Penal, nos seguintes termos:

> "A proteção visada não foi do agente em si, mas da família surgida. À época da promulgação deste, em 1940, não se cogitava da união estável, muito menos de previsão constitucional revelando-a, inexistente óbice ao casamento, protegida pelo Estado. Os avanços da sociedade, os novos ares vividos desaguaram na norma do artigo 226 do Diploma Maior de 1988, estável entre homem e mulher como entidade familiar, sinalizando-se quanto à conversão em casamento, para tanto devendo a lei dispor a respeito, incentivando-a. Há de se admitir que a realidade levou ao agasalho, no texto constitucional, da união estável, alçando-a a patamar que, embora distinto do relativo ao casamento, é próprio à proteção do Estado. Existente, tem-se a família, afigurando-se esta com a mesma dignidade merecedora de atenção, como se casamento houvesse, sendo, repita-se, a base da extinção da punibilidade. Indaga-se: é possível abandonar, nesse contexto, a interpretação sistemática, a interpretação analógica, no que esta vise a beneficiar o agente, o acusado? O fato de o inciso VII do artigo 107 do Código Penal fixar como causa de extinção da punibilidade o casamento do agente com a vítima, nos crimes contra os costumes, exclui a consideração do preceito medular do § 3º do artigo 226 da Constituição Federal? A resposta é desenganadamente negativa. Descabe cogitar de preservação da união estável a ser protegida pelo Estado quando se substitui decisão absolutória do Juízo por condenatória à pena de sete anos de reclusão, em regime integralmente fechado, dissolvendo-se, cumprido o decreto condenatório, a entidade familiar formada."

O Ministro **Joaquim Barbosa** divergiu do Relator, negando provimento ao recurso extraordinário, por dois argumentos principais:

a) o de que somente o casamento regularmente celebrado teria o condão de extinguir a punibilidade no caso; e

b) as circunstâncias específicas do caso, que na sua avaliação, são terríveis, tendo em vista que envolve estupro de uma menina de nove anos de idade.

Acompanhando a divergência, o Ministro **Cezar Peluso**, também votou pelo desprovimento do recurso, afirmando, em síntese, que uma criança de 9 ou 10 anos não tem a mesma consciência de uma pessoa adulta para distinguir entre o discurso do carinho e o discurso erótico, de forma que, a absolvição do crime de estupro, na hipótese, representaria uma agressão ao processo de formação da própria personalidade humana. São palavras do Ministro Cezar Peluso:

> *"Diante desse fato e do meu ponto de vista – parece que a idiossincrasia não era apenas minha, mas foi agora assumida pelo legislador –, pelo vênia ao eminente Ministro Marco Aurélio para negar provimento ao recurso, acompanhando a dissidência."*

O Ministro **Eros Grau**, em seu voto, apresentou pelo menos dois argumentos incisivos para acompanhar a divergência:

1) o não cabimento de interpretação analógica em matéria penal; e

2) a não caracterização da família, que merece a proteção do Estado, nos termos do comando constitucional em discussão, para a hipótese *"[...] que começa com uma violência contra uma menina de 9 anos – e aparentemente prossegue com mais violência ainda – [...]"*. E continua *"[...] não é seguramente, a família da qual nasce a sociedade civil e depois se realiza, como supre a solução, ao Estado. Nem ela é, na minha pré-compreensão, aquela família que deva ser preservada a partir dos valores constitucionais."*

Por fim, também foi objeto de consideração, em aparte do Ministro **Celso de Mello**, o fato de ter sido revogada, pela Lei n. 11.106/05, a hipótese de extinção de punibilidade discutida nos autos.

O que justifica o meu pedido de vista é a preocupação com a hipótese concreta em que ocorre a discussão dos presentes autos: uma menina de idade entre 9 e 12 anos, que mantém relações sexuais com seu tutor legal, então marido de sua tia, com quem ela vivia desde os 8 anos de idade. (Essas informações estão explicitadas na decisão recorrida, a qual reproduz depoimento da vítima na fase policial – cfr. fl. 112).

Não há dúvida de que uma questão jurídica central trazida para exame da Corte, no presente recurso extraordinário, é a equiparação do instituto da união estável ao casamento (art. 226, § 3°, CF/88), para efeitos de aplicação da hipótese de extinção da punibilidade prevista no art. 107, VII, do Código Penal (VII – *pelo casamento do agente com a vítima, nos crimes contra os costumes, definidos nos Capítulos I, II e III do Título VI da Parte Especial deste Código*).

Mas também revela-se necessário investigar uma questão prévia a esta: se a situação concreta apresentada no caso pode ser considerada união estável para fins do art. 226, § 3°, da Constituição Federal de 1988. Ou seja, qual o bem da vida que juridicamente é protegido pela norma constitucional inserta neste dispositivo?

O dispositivo constitucional em questão tem o seguinte teor:

> *"Art. 226. A família, base da sociedade, tem especial proteção do Estado.*
>
> *§ 3° Para efeito da proteção do Estado, é reconhecida a união estável entre o homem e a mulher como entidade familiar, devendo a lei facilitar sua conversão em casamento."*

Sua finalidade é proteger a instituição família, como célula básica da sociedade brasileira, independentemente de ser fruto de uma união oficializada perante o Estado (casamento civil) ou de uma união estável.

Por interpretação sistemática, é preciso registrar que a própria Constituição constrói o conceito de família, enfatizando, no seu art. 226, § 8°: "*O Estado assegurará a assistência à família na pessoa de cada um dos que a integram, criando mecanismos para coibir a violência no âmbito de suas relações.*"

Ora, se é dever do Estado proteger a família, também é seu dever, conforme preceituado no art. 227 da Constituição Federal, "*[...] assegurar à criança e ao adolescente, com absoluta prioridade, o direito à vida, à saúde, à alimentação, à educação, [...], à dignidade, ao respeito, à liberdade e à convivência familiar e comunitária, além de colocá-los a salvo de toda forma de negligência, discriminação, exploração, violência, crueldade e opressão*" (grifos nossos).

Assim, o que parece essencial destacar, na discussão posta, é o fato de se tratar de uma situação fática repugnante: uma criança, confiada a um tutor que, em flagrante abuso de sua autoridade, manteve com ela relações sexuais desde que esta tinha 9 anos de idade.

Cuida-se, em verdade, de permanente coação psicológica e moral a uma criança, submetida pela sua condição de vida, a exploração, crueldade e violência por parte daquele que tinha o dever de protegê-la contra esses males.

Não se pode olvidar o fato de tratar-se, no caso dos autos, de uma menina de 12 anos que engravidou, após manter relações sexuais com o marido de sua tia, seu tutor legal desde os 8 anos de idade.

O fato de esta adolescente, depois de ter o filho, vir a juízo afirmar que vive maritalmente com o seu opressor, não pode ser considerado como hipótese típica de perdão, extinguindo a punibilidade, nos termos do art. 107, VII, do Código Penal.

A união estável, que se equipara a casamento por força do art. 226, § 3°, da Constituição Federal, é uma relação de convivência e afetividade em que homem e mulher de idade adulta, de forma livre e consciente, mantém com o intuito de constituírem família. Não se pode equiparar a situação dos autos a uma união estável, nem muito menos, a partir dela, reconhecer, na hipótese, um casamento, para fins de incidência do art. 107, VII, do Código Penal.

De outro modo, estar-se-ia a blindar, por meio de norma penal benéfica, situação fática indiscutivelmente repugnada pela sociedade, caracterizando-se típica hipótese de proteção insuficiente por parte do Estado, num plano mais geral, e do Judiciário, num plano mais específico.

Quanto à proibição de proteção insuficiente, a doutrina vem apontando para uma espécie de garantismo positivo, ao contrário do garantismo negativo (que se consubstancia na proteção contra os excessos do Estado) já consagrado pelo princípio da proporcionalidade. A proibição de proteção insuficiente adquire importância na aplicação dos direitos fundamentais de proteção, ou seja, na perspectiva do dever de proteção, que se consubstancia naqueles casos em que o Estado não pode abrir mão da proteção do direito penal para garantir a proteção de um direito fundamental. Nesse sentido, ensina o Professor Lênio Streck:

> "*Trata-se de entender, assim, que a proporcionalidade possui uma dupla face: de proteção positiva e de proteção de omissões estatais. Ou seja, a inconstitucionalidade pode ser decorrente de excesso do Estado, caso em que determinado ato é desarrazoado, resultando desproporcional o resultado do sopesamento (Abwägung) entre fins e meios; de outro, a inconstitucionalidade pode advir de proteção insuficiente de um direito fundamental-social, como ocorre quando o Estado abre mão do uso de determinadas sanções penais ou administrativas para proteger determinados bens jurídicos. Este duplo viés do princípio da proporcionalidade decorre da necessária vinculação de todos os atos estatais à materialidade da Constituição, e que tem como consequência a sensível diminuição da discricionariedade (liberdade de conformação) do legislador*"[2].

---

[2]   STRECK, Lênio Luiz. A dupla face do princípio da proporcionalidade: da proibição de excesso (Übermassverbot) à proibição de proteção deficiente (Untermassverbot) ou de como não há blindagem contra normas penais inconstitucionais. *Revista da Ajuris*, ano XXXII, n. 97, março/2005, p. 180.

No mesmo sentido, o Professor Ingo Sarlet:

"A noção de proporcionalidade não se esgota na categoria da proibição de excesso, já que abrange, (...), um dever de proteção por parte do Estado, inclusive quanto a agressões contra direitos fundamentais provenientes de terceiros, de tal sorte que se está diante de dimensões que reclamam maior densificação, notadamente no que diz com os desdobramentos da assim chamada proibição de insuficiência no campo jurídico-penal e, por conseguinte, na esfera da política criminal, onde encontramos um elenco significativo de exemplos a serem explorados"[3].

E continua o Professor Ingo Sarlet:

"A violação da proibição de insuficiência, portanto, encontra-se habitualmente representada por uma omissão (ainda que parcial) do poder público, no que diz com o cumprimento de um imperativo constitucional, no caso, um imperativo de tutela ou dever de proteção, mas não se esgota nesta dimensão (o que bem demonstra o exemplo da descriminalização de condutas já tipificadas pela legislação penal e onde não se trata, propriamente, duma omissão no sentido pelo menos habitual do termo)"[4].

Dessa forma, para além da costumeira compreensão do princípio da proporcionalidade como proibição de excesso (já fartamente explorada pela doutrina e jurisprudência pátrias), há uma outra faceta desse princípio, a qual abrange uma série de situações, dentre as quais é possível destacar a dos presentes autos.

Conferir à situação dos presentes autos o *status* de união estável, equiparável a casamento, para fins de extinção da punibilidade (nos termos do art. 107, VII, do Código Penal) não seria consentâneo com o princípio da proporcionalidade no que toca à proibição de proteção insuficiente.

Isso porque todos os Poderes do Estado, dentre os quais evidentemente está o Poder Judiciário, estão vinculados e obrigados a proteger a dignidade das pessoas, sendo este mais um motivo para acompanhar a divergência inaugurada pelo Min. Joaquim Barbosa.

Assim sendo, a decisão recorrida, ao condenar o ora Recorrente pela prática do crime de estupro (deixando de acolher a tese de que ocorrera a hipótese do inciso VII do art. 107 do Código Penal) não infringiu a norma constitucional prescrita no art. 226, § 3º, da Constituição Federal.

Diante do exposto, **nego provimento** ao recurso extraordinário, acompanhando a divergência.

---

[3] SARLET, Ingo Wolfgang. Constituição e proporcionalidade: o direito penal e os direitos fundamentais entre a proibição de excesso e de insuficiência. *Revista da Ajuris*, ano XXXII, n. 98, junho/2005, p. 107.

[4] SARLET, Ingo Wolfgang. Constituição e proporcionalidade: o direito penal e os direitos fundamentais entre a proibição de excesso e de insuficiência. *Revista da Ajuris*, ano XXXII, n. 98, junho/2005, p. 132.

2. As garantias processuais fundamentais e os princípios do contraditório e da ampla defesa

MS 24.268[1]

Pensão especial – Cancelamento pelo TCU – Ausência de comprovação da adoção por instrumento jurídico adequado – Pensão concedida há vinte anos – Aplicação do princípio da segurança jurídica como subprincípio do Estado de Direito – Possibilidade de revogação de atos administrativos – Poder anulatório sujeito a prazo razoável.

Trata-se de mandado de segurança, da Relatoria da Ministra Ellen Gracie, contra atos do Presidente do Tribunal de Contas da União e do Gerente de Recursos Humanos da Subsecretaria de Planejamento, Orçamento e Administração do Ministério da Fazenda – Gerência Regional de Administração de Minas Gerais.

A impetrante alegou que o TCU cancelou o pagamento da sua pensão especial concedida há dezoito anos, sem ouvi-la na condição de beneficiária adotada, ferindo, dessa forma, os princípios da ampla defesa, do contraditório, do devido processo legal, do direito adquirido, da coisa julgada e do controle judicial dos atos administrativos.

O Presidente do TCU, em suas informações, sustentou a legalidade do ato impugnado já que a adoção, levada a termo em 1984, não foi efetuada por instrumento jurídico adequado, conforme dispõe o art. 28 e 35 da Lei 6.697/79.

Já o gerente regional do Ministério da Fazenda informou que aquele órgão limitou-se a cumprir determinação do Tribunal de Contas da União.

O julgado restou assim ementado:

EMENTA: Mandado de Segurança. 2. Cancelamento de pensão especial pelo Tribunal de Contas da União. Ausência de comprovação da adoção por instrumento jurídico adequado. Pensão concedida há vinte anos. 3. Direito de defesa ampliado com a Constituição de 1988. Âmbito de proteção que contempla todos os processos, judiciais ou administrativos, e não se resume a um simples direito de manifestação no processo. 4. Direito constitucional comparado. Pretensão à tutela jurídica que envolve não só o direito de manifestação e de informação, mas também o direito de ver seus argumentos contemplados pelo órgão julgador. 5. Os princípios do contraditório e da ampla defesa, assegurados pela Constituição, aplicam-se a todos os procedimentos administrativos. 6. O exercício pleno do contraditório não se limita à garantia de alegação oportuna e eficaz a respeito de fatos, mas implica a possibilidade de ser ouvido também em matéria jurídica. 7. Aplicação do princípio da segurança jurídica, enquanto subprincípio do Estado de Direito. Possibilidade de revogação de atos administrativos que não se pode estender indefinidamente. Poder anulatório sujeito a prazo razoável. Necessidade de estabilidade das situações criadas administrativamente. 8. Distinção entre atuação administrativa que independe da audiência do interessado e decisão que, unilateralmente, cancela decisão anterior. Incidência da garantia do contraditório, da ampla defesa e do devido processo legal ao processo administrativo. 9. Princípio da confiança

---

[1] Em 5.2.2004, o STF, por maioria, deferiu o *writ*, nos termos do voto divergente do Ministro Gilmar Mendes, vencidos a Senhora Ministra Ellen Gracie, Relatora, que o indeferia, e, na extensão da concessão, os Senhores Ministros Nelson Jobim, Carlos Velloso e Cezar Peluso.

como elemento do princípio da segurança jurídica. Presença de um componente de ética jurídica. Aplicação nas relações jurídicas de direito público. 10. Mandado de Segurança deferido para determinar observância do princípio do contraditório e da ampla defesa (CF, art. 5º, LV).

VOTO-VISTA

Como anotado no relatório apresentado pela Ministra Ellen Gracie, *"a impetrante alega, em síntese, que o Tribunal de Contas da União, sem ouvi-la na condição de beneficiária adotada, em ato atentatório contra os direitos à ampla defesa, ao contraditório, ao devido processo legal, ao direito adquirido e à coisa julgada, decidiu, unilateral e sumariamente, cancelar o pagamento da sua pensão especial, concedida há dezoito anos".*

A eminente relatora ressalta que *"o Tribunal de Contas da União, na forma do artigo 71, III, da Constituição Federal, é competente para apreciar, para fins de registro, a legalidade das concessões de aposentadorias, reformas e pensões, muito embora os atos praticados sejam passíveis do controle do Poder Judiciário".*

Sobre a aplicação do princípio do contraditório no âmbito do Tribunal de Contas da União destaca o pronunciamento do Ministro Octávio Gallotti na SS 514 (AgRg), *verbis*:

"Considerar que o Tribunal de Contas, quer no exercício da atividade administrativa de rever os atos de seu Presidente, quer no desempenho da competência constitucional para julgamento da legalidade da concessão de aposentadorias, (ou ainda na aferição da regularidade de outras despesas) esteja jungido a um processo contraditório ou contencioso, é submeter o controle externo, a cargo daquela Corte, a um enfraquecimento absolutamente incompatível com o papel que vem sendo historicamente desempenhado pela Instituição desde os albores da República"[2].

Em seguida, invoca o magistério de Velloso no RE 158.543, *verbis*:

"Nos casos que tenho apreciado, em que o tema é ventilado, procuro verificar se o ato administrativo praticado é puramente jurídico ou se envolve ele questões de fato, em que se exige o fazimento de prova. Porque, se o ato é puramente jurídico, envolvendo, simplesmente, a aplicação de normas objetivas, mesmo não tendo sido assegurado o direito de defesa na área administrativa, pode a questão ser examinada em toda sua extensão, no Judiciário, na medida judicial contra o ato apresentada. Neste caso, portanto, não há se falar em prejuízo para o administrado, ou não resulta, do fato de não ter sido assegurada a defesa, na área administrativa, qualquer prejuízo, dado que a questão, repito, pode ser examinada em toda sua extensão, judicialmente"[3].

Entendeu, por isso, a relatora, que o contraditório seria dispensável na fase administrativa, uma vez que a questão seria exclusivamente de direito.

Destacou, ainda, precedente da relatoria do Ministro Sydney Sanches, segundo o qual *"não ofende o art. 5º, LV, da CF, o ato da autoridade que, sem procedimento administrativo, – e portanto sem dar ao interessado oportunidade de se manifestar – retifica ato de sua aposentação para excluir vantagens atribuídas em desconformidade com a lei"[4].*

Afastam-se, igualmente, as alegações de direito adquirido e coisa julgada.

Finalmente assenta a Relatora, que *"entre a data da escritura de adoção (fls. 166) 30.7.1984 e a data do óbito do adotante (fls. 162) 7.8.1984 decorreu apenas uma semana. Oscar de Moura, bisavô da impetrante, ao adotar e em seguida vir a falecer, aos 83 anos de idade, estava com câncer. As circunstâncias evidenciam simulação da adoção com o claro propósito de manutenção da pensão previdenciária. E mais, a adoção foi feita sem a forma prescrita em lei e é nula, nos termos dos artigos 82, 130, 145, III e 146 do Código Civil, não podendo produzir efeitos".*

Divirjo da orientação adotada pela eminente Relatora.

---

[2] SS 514(AgRg), DJ 3.12.1993.
[3] RE 158.543, DJ 6.10.1995; fls. 5/6 do relatório da Ministra Ellen.
[4] RE 185.255, DJ 19.9.1997.

As garantias processuais fundamentais e os princípios do contraditório e da ampla defesa 265

Tenho enfatizado, relativamente ao direito de defesa, que a Constituição de 1988 (art. 5º, LV) ampliou o direito de defesa, assegurando aos litigantes, em processo judicial ou administrativo, e aos acusados em geral o contraditório e a ampla defesa, com os meios e recursos a ela inerentes.

Como já escrevi em outra oportunidade, as dúvidas porventura existentes na doutrina e na jurisprudência sobre a dimensão do direito de defesa foram afastadas de plano, sendo inequívoco que essa garantia contempla, no seu âmbito de proteção, todos os processos judiciais ou administrativos.

Assinale-se, por outro lado, que há muito vem a doutrina constitucional enfatizando que o direito de defesa não se resume a um simples direito de manifestação no processo. Efetivamente, o que o constituinte pretende assegurar – como bem anota Pontes de Miranda – é uma *pretensão à tutela jurídica*[5].

Observe-se que não se cuida aqui, sequer, de uma inovação doutrinária ou jurisprudencial. Já o clássico João Barbalho, nos seus Comentários à Constituição de 1891, asseverava, com precisão:

"Com a plena defesa são incompatíveis, e, portanto, inteiramente, inadmissíveis, os processos secretos, inquisitoriais, as devassas, a queixa ou o depoimento de inimigo capital, o julgamento de crimes inafiançáveis na ausência do acusado ou tendo-se dado a produção das testemunhas de acusação sem ao acusado se permitir reinquiri-las, a incomunicabilidade depois da denúncia, o juramento do réu, o interrogatório dele sob coação de qualquer natureza, por perguntas sugestivas ou capciosas"[6].

Não é outra a avaliação do tema no direito constitucional comparado. Apreciando o chamado *"Anspruch auf rechtliches Gehör"* (*pretensão à tutela jurídica*) no direito alemão, assinala o *Bundesverfassungsgericht* que essa pretensão envolve não só o direito de manifestação e o direito de informação sobre o objeto do processo, mas também o direito de ver os seus argumentos contemplados pelo órgão incumbido de julgar[7].

Daí afirmar-se, correntemente, que a *pretensão à tutela jurídica*, que corresponde exatamente à garantia consagrada no art. 5º LV, da Constituição, contém os seguintes direitos:

1) *direito de informação* (*Recht auf Information*), que obriga o órgão julgador a informar à parte contrária dos atos praticados no processo e sobre os elementos dele constantes;

2) *direito de manifestação* (*Recht auf Äusserung*), que assegura ao defendente a possibilidade de manifestar-se oralmente ou por escrito sobre os elementos fáticos e jurídicos constantes do processo;

3) *direito de ver seus argumentos considerados* (*Recht auf Berücksichtigung*), que exige do julgador capacidade, apreensão e isenção de ânimo (*Aufnahmefähigkeit und Aufnahmebereitschaft*) para contemplar as razões apresentadas (Cf. Pieroth e Schlink, Grundrechte-Staatsrecht II, Heidelberg, 1988, p. 281; Battis e Gusy, Einführung in das Staatsrecht, Heidelberg, 1991, p. 363-364; Ver, também, Dürig/Assmann, in: Maunz-Dürig, Grundgesetz-Kommentar, Art. 103, vol IV, n. 85-99).

Sobre o direito de ver os seus argumentos contemplados pelo órgão julgador (*Recht auf Berücksichtigung*), que corresponde, obviamente, ao dever do juiz ou da Administração de a eles conferir atenção (*Beachtenspflicht*), pode-se afirmar que envolve não só o dever de tomar conhecimento (*Kenntnisnahmepflicht*), como também o de considerar, séria e detidamente, as razões apresentadas (*Erwägungspflicht*)[8].

É da obrigação de considerar as razões apresentadas que deriva o dever de fundamentar as decisões[9].

---

5   Comentários à Constituição de 1967/69, tomo V, p. 234.

6   *Constituição Federal Brasileira* – Comentários, Rio de Janeiro, 1902, p. 323.

7   Cf. Decisão da Corte Constitucional alemã – BVerfGE 70, 288-293; sobre o assunto, ver, também, Pieroth e Schlink, Grundrechte – Staatsrecht II, Heidelberg, 1988, p. 281; Battis, Ulrich, Gusy, Christoph, Einführung in das Staatsrecht, 3. edição, Heidelberg, 1991, p. 363-364.

8   Cf. Dürig/Assmann, in: Maunz-Dürig, Grundgesetz-Kommentar, Art. 103, vol. IV, n. 97.

9   Decisão da Corte Constitucional – BVerfGE 11, 218 (218); Cf. Dürig/Assmann, in: Maunz-Dürig, Grundgesetz-Kommentar, Art. 103, vol. IV, n. 97.

Dessa perspectiva não se afastou a Lei n. 9.784, de 29.1.1999, que regula o processo administrativo no âmbito da Administração Pública Federal. O art. 2º desse diploma legal determina, expressamente, que a Administração Pública obedecerá aos princípios da ampla defesa e do contraditório. O parágrafo único desse dispositivo estabelece que nos processos administrativos serão observados, dentre outros, os critérios de "observância das formalidades essenciais à garantia dos direitos dos administrados" (inciso VIII) e de "garantia dos direitos à comunicação" (inciso X).

Também registra Celso de Mello, no que toca à adoção da ampla defesa no processo administrativo:

"RESTRIÇÃO DE DIREITOS E GARANTIA DO 'DUE PROCESS OF LAW'.

– O Estado, em tema de punições disciplinares ou de restrição a direitos, qualquer que seja o destinatário de tais medidas, não pode exercer a sua autoridade de maneira abusiva ou arbitrária, desconsiderando, no exercício de sua atividade, o postulado da plenitude de defesa, pois o reconhecimento da legitimidade ético-jurídica de qualquer medida estatal – que importe em punição disciplinar ou em limitação de direitos – exige, ainda que se cuide de procedimento meramente administrativo (CF, art. 5º, LV), a fiel observância do princípio do devido processo legal.

A jurisprudência do Supremo Tribunal Federal tem reafirmado a essencialidade desse princípio, nele reconhecendo uma insuprimível garantia, que, instituída em favor de qualquer pessoa ou entidade, rege e condiciona o exercício, pelo Poder Público, de sua atividade, ainda que em sede materialmente administrativa, sob pena de nulidade do próprio ato punitivo ou da medida restritiva de direitos. Precedentes. Doutrina." (*RTJ* 183/371-372, Rel. Min. CELSO DE MELLO)"[10].

Nessa linha, tal como recordado no parecer da Procuradoria-Geral da República, esta Corte já assentou a indispensabilidade do direito de defesa em matéria semelhante.

É o que se destaca na seguinte passagem da decisão da relatoria de Jobim no RE 211.242/RS, *verbis*:

"O acórdão impugnado tem esta ementa: 'EXONERAÇÃO DE SERVIDOR, em virtude de nulidade da investidura. Desnecessidade de prévio inquérito administrativo-disciplinar, que supõe a regularidade do provimento e a ocorrência de fato posterior, imputável ao servidor. Apelo improvido'. (fl. 349) Está em confronto com a orientação fixada no RE 158543, conforme ressalta a PGR. Consta do Parecer: 'Trata-se de recurso extraordinário interposto de acórdão que concluiu ser desnecessária a instauração de procedimento administrativo, com observância do princípio do contraditório, quando da revisão dos atos inquinados de nulidade por parte da administração. Esse Supremo Tribunal Federal tem perfilhado o entendimento oposto, conforme se depreende do julgamento do RE n. 158.543, Rel.: Min. MARCO AURÉLIO *DJ* 06/10/95, p. 33.135, onde ficou assentado que, 'tratando-se da anulação de ato administrativo cuja formalização haja repercutido no campo de interesses individuais, a anulação não prescinde da observância do contraditório, ou seja, da instauração de processo administrativo que enseja a audição daqueles que terão modificada situação já alcançada. Presunção de legitimidade do ato administrativo praticado que não pode ser afastada unilateralmente, porque é comum à administração e ao particular. Dessa forma, opina o MINISTÉRIO PÚBLICO FEDERAL pelo provimento do recurso.' (fl. 430)"

Diz Jobim, ainda:

"*Destaco ainda o voto de MARCO AURÉLIO no RE 199.733 (DJ 30.04.99): '...tive oportunidade de consignar, ao relatar perante a Turma o Recurso Extraordinário n. 158.543/RS, em 30 de agosto de 1994, que, em situação como a dos autos, cumpre atentar para o disposto no inciso LV do rol das garantias constitucionais. Nele alude-se aos litigantes e aos processos judicial e administrativo, mencionando-se, após, o direito ao contraditório, à ampla defesa com os meios e recursos a ele inerentes. O vocábulo litigante há de ser compreendido em sentido lato, ou seja, a envolver interesses contrapostos. Destarte, não tem o sentido processual de parte, a pressupor uma demanda, uma lide, um conflito de interesses constante*

---

[10] MS 24.268/MG, Voto, Min. Celso de Mello.

As garantias processuais fundamentais e os princípios do contraditório e da ampla defesa 267

de processo judicial. Este enfoque decorre da circunstância de o princípio estar ligado, também, aos processos administrativos. A presunção de legitimidade dos atos administrativos milita não só em favor da pessoa jurídica de direito privado, como também do cidadão que se mostre, de alguma forma, por ele alcançado. Logo, o desfazimento, ainda que sob o ângulo da anulação, deve ocorrer cumprindo-se, de maneira irrestrita, o que se entende como devido processo legal (lato sensu), a que o inciso LV do artigo 5º objetiva preservar. O contraditório e a ampla defesa, assegurados constitucionalmente, não estão restritos apenas àqueles processos de natureza administrativa que se mostrem próprios ao campo disciplinar. O dispositivo constitucional não contempla especificidade.

E, Jobim, prossegue na transcrição do Voto de Marco Aurélio (RE 199.733):

"No precedente referido, tive a honra de ser acompanhado pelos demais integrantes da Turma, proferindo os Ministros Carlos Velloso e Néri da Silveira votos específicos. Fez ver o Ministro Carlos Velloso ser incontestável que o devido processo legal aplica-se a todo procedimento administrativo em que o patrimônio do administrado possa vir a ser, de qualquer modo, atingido, desfalcado. Sua Excelência, a partir da revelação de perfil democrático, apontou, mais, a valia de saber-se da existência de pretensão contestada e essa, iniludivelmente, diz respeito à continuidade da relação jurídica que surgiu com a feitura do concurso público, da aprovação, da nomeação e da entrada em exercício no cargo alcançado. Por sua vez, o Ministro Néri da Silveira reportou-se a célebre caso por si examinado, quando Consultor Geral do Estado do Rio Grande do Sul, a envolver certa jornalista, dependente de procurador do Estado junto ao Tribunal de Contas do Rio Grande do Sul, que percebia pensão com base no Código de Organização Judiciária do Estado. Sua Excelência concluiu pela insubsistência do ato da Administração que, de uma hora para outra, afastou a continuidade da percepção das parcelas, fazendo-o ao abrigo da máxima segundo a qual é possível a anulação de atos ilegítimos. Esse caso encaixa-se como luva ao precedente. A Turma proclamou, então, na ementa do acórdão: Ato administrativo Repercussões – Presunção de legitimidade – Situação constituída Interesses contrapostos – Anulação – Contraditório. Tratando-se da anulação de ato administrativo cuja formalização haja repercutido no campo de interesses individuais, a anulação não prescinde da observância do contraditório, ou seja, da instauração de processo administrativo que enseje a audição daqueles que terão modificada situação já alcançada. Presunção de legitimidade do ato administrativo praticado que não pode ser afastada unilateralmente, porque é comum à Administração e ao particular (Recurso Extraordinário n. 158.543/RS, do qual fui Relator – acórdão proferido por maioria de votos – RTJ 156, página 1.042 à 1.048.' Conheço do recurso e lhe dou provimento para ajustar o acórdão recorrido aos referidos precedentes. Publique-se. Brasília, 09 de abril de 2001. (Ministro NELSON JOBIM Relator, DJ de 19/04/2001, p. 00056)" [p. 141/144] (RE 211.242).

A posição consolidada na 2ª Turma desta Corte mereceu, igualmente, o referendo do Plenário no julgamento do MS n. 23.550.

É o que se depreende da seguinte passagem do voto de Sepúlveda Pertence:

"De outro lado, se se impõe a garantia do devido processo legal aos procedimentos administrativos comuns, a fortiori, é irrecusável que a ela há de submeter-se o desempenho de todas as funções de controle do Tribunal de Contas, de colorido quase jurisdicional.

De todo irrelevante a circunstância – a que se apegam as informações – de não haver previsão expressa da audiência dos interessados na Lei Orgânica do TCU, salvo nos processos de tomada ou prestação de contas, dada a incidência direta, na hipótese, das garantias constitucionais do devido processo.

De qualquer modo, se se pretende insistir no mau vezo das autoridades brasileiras de inversão da pirâmide normativa do ordenamento, de modo a acreditar menos na Constituição do que na lei ordinária, nem aí teria salvação o processo: nada exclui os procedimentos do Tribunal de Contas da União da aplicação subsidiária da lei geral do processo administrativo federal, a L. 9.784/99, já em vigor ao tempo dos fatos.

Nela, explicitamente, se prescreve a legitimação, como 'interessados no processo administrativo', de todos 'aqueles que, sem terem iniciado o processo, têm direitos ou interesses que possam ser afetados pela decisão a ser adotada' (art. 9º II)"[11].

---

[11] MS 23.550/DF, Relator: Min. Marco Aurélio; DJ 31.10.2001.

268 Estado de Direito e Jurisdição Constitucional – Decisões relevantes em 15 anos de atuação no STF

E, adiante, conclui Pertence:

"Certo, não há consenso acerca da incidência do princípio do contraditório e da ampla defesa, quando se cuide do exercício de autotutela administrativa, mediante a anulação pela própria administração de atos viciados de ilegalidade.

No Tribunal, a solução afirmativa prevaleceu por maioria na 2ª Turma, no RE 158543, de 30.08.94 (RTJ 157/1042); e por votação unânime no RE 199733 (RTJ 169/1061), e no AgRAg 217849 (RTJ 170/702), ambos de 15.12.98, os três casos, relatados pelo Ministro Marco Aurélio; o entendimento contrário, no entanto, parece ter sido acolhido pela 1ª Turma no RE 213513, de 08.06.99, relator o Ministro Galvão (DJ 24.09.99).

*O dissenso – que também se manifesta na doutrina –, não parece ter lugar quando se cuide, a rigor, não de anulação **ex ofício**, mas de processo administrativo de um órgão de controle, qual o Tribunal de Contas ainda quando a representação parta de órgãos de sua própria estrutura administrativa, quais as secretarias de controle externo sediadas nos Estados, como inicialmente se deu no caso.*

A discussão, no entanto, seria ociosa no caso concreto, no qual houve também representação de particular, empresa vencida na licitação e, por isso, de interesse contraposto ao da impetrante, de modo a evidenciar uma situação típica de litígio, a reclamar induvidosamente a oportunidade da defesa e de contraditório"[12].

Não me parece de acolher-se, na espécie, a distinção enunciada por Velloso sobre a aplicação do direito de defesa e do contraditório apenas aos procedimentos que envolvam questão de fato. Tenho para mim que o texto constitucional não autoriza semelhante redução teleológica (CF, art. 5º, LV).

Portanto, esse fundamento – o da não observância do contraditório e da ampla defesa – afigura-se-me suficiente para concessão da segurança.

Impressiona-me, ademais, o fato de a cassação da pensão ter ocorrido passados 18 anos de sua concessão – e agora já são 20 anos.

Não estou seguro de que se possa invocar o disposto no art. 54 da Lei n. 9.784, de 1999[13], embora tenha sido um dos incentivadores do projeto que resultou na aludida lei –, uma vez que, talvez de forma ortodoxa, esse prazo não deva ser computado com efeitos retroativos.

Mas, afigura-se-me inegável que há um *"quid"* relacionado com a segurança jurídica que recomenda, no mínimo, maior cautela em casos como o dos autos. Se estivéssemos a falar de direito real, certamente já seria invocável a usucapião.

A propósito do direito comparado, vale a pena ainda trazer à colação clássico estudo de Almiro do Couto e Silva sobre a aplicação do princípio da segurança jurídica:

"É interessante seguir os passos dessa evolução. O ponto inicial da trajetória está na opinião amplamente divulgada na literatura jurídica de expressão alemã do início do século de que, embora inexistente, na órbita da Administração Pública, o princípio da res judicata, a faculdade que tem o Poder Público de anular seus próprios atos tem limite não apenas nos direitos subjetivos regularmente gerados, mas também no interesse em proteger a boa-fé e a confiança (Treue und Glauben) dos administrados.

(...)

Esclarece OTTO BACHOF que nenhum outro tema despertou maior interesse do que este, nos anos 50 na doutrina e na jurisprudência, para concluir que o princípio da possibilidade de anulamento foi subs-

---

[12] MS 23.550/DF, Relator: Min. Marco Aurélio; *DJ* 31.10.2001.

[13] Lei n. 9.784, de 29.1.1999: "Art. 54. O direito da Administração de anular os atos administrativos de que decorram efeitos favoráveis para os destinatários decai em cinco anos, contados da data em que foram praticados, salvo comprovada má-fé. § 1º No caso de efeitos patrimoniais contínuos, o prazo de decadência contar-se-á da percepção do primeiro pagamento. § 2º Considera-se exercício do direito de anular qualquer medida de autoridade administrativa que importe impugnação à validade do ato."

As garantias processuais fundamentais e os princípios do contraditório e da ampla defesa 269

tituído pelo da impossibilidade de anulamento, em homenagem à boa-fé e à segurança jurídica. Informa ainda que a prevalência do princípio da legalidade sobre o da proteção da confiança só se dá quando a vantagem é obtida pelo destinatário por meios ilícitos por ele utilizados, com culpa sua, ou resulta de procedimento que gera sua responsabilidade. Nesses casos não se pode falar em proteção à confiança do favorecido. (Verfassungsrecht, Verwaltungsrecht, Verfahrensrecht in der Rechtssprechung des Bundesverwaltungsgerichts, Tübingen 1966, 3. Auflage, vol. I, p. 257 e segs.; vol. II, 1967, p. 339 e segs.).

Embora do confronto entre os princípios da legalidade da Administração Pública e o da segurança jurídica resulte que, fora dos casos de dolo, culpa etc., o anulamento com eficácia ex tunc é sempre inaceitável e o com eficácia ex nunc é admitido quando predominante o interesse público no restabelecimento da ordem jurídica ferida, é absolutamente defeso o anulamento quando se trate de atos administrativos que concedam prestações em dinheiro, que se exauram de uma só vez ou que apresentem caráter duradouro, como os de índole social, subvenções, pensões ou proventos de aposentadoria"[14].

Depois de incursionar pelo direito alemão, refere-se o mestre gaúcho ao direito francês, rememorando o clássico "affaire Dame Cachet":

"Bem mais simples apresenta-se a solução dos conflitos entre os princípios da legalidade da Administração Pública e o da segurança jurídica no Direito francês. Desde o famoso affaire Dame Cachet, de 1923, fixou o Conselho de Estado o entendimento, logo reafirmado pelos affaires Vallois e Gros de Beler, ambos também de 1923 e pelo affaire Dame Inglis, de 1935, de que, de uma parte, a revogação dos atos administrativos não cabia quando existissem direitos subjetivos deles provenientes e, de outra, de que os atos maculados de nulidade só poderiam ter seu anulamento decretado pela Administração Pública no prazo de dois meses, que era o mesmo prazo concedido aos particulares para postular, em recurso contencioso de anulação, a invalidade dos atos administrativos.

HAURIOU, comentando essas decisões, as aplaude entusiasticamente, indagando: 'Mas será que o poder de desfazimento ou de anulação da Administração poderá exercer-se indefinidamente e em qualquer época? Será que jamais as situações criadas por decisões desse gênero não se tornarão estáveis? Quantos perigos para a segurança das relações sociais encerram essas possibilidades indefinidas de revogação e, de outra parte, que incoerência, numa construção jurídica que abre aos terceiros interessados, para os recursos contenciosos de anulação, um breve prazo de dois meses e que deixaria à Administração a possibilidade de decretar a anulação de ofício da mesma decisão, sem lhe impor nenhum prazo'. E conclui: 'Assim, todas as nulidades jurídicas das decisões administrativas se acharão rapidamente cobertas, seja com relação aos recursos contenciosos, seja com relação às anulações administrativas; uma atmosfera de estabilidade estender-se-á sobre as situações criadas administrativamente.' (La Jurisprudence Administrative de 1892 a 1929, Paris, 1929, vol. II, p. 105-106.)"[15].

Na mesma linha, observa Couto e Silva em relação ao direito brasileiro:

"MIGUEL REALE é o único dos nossos autores que analisa com profundidade o tema, no seu mencionado 'Revogação e Anulamento do Ato Administrativo' em capítulo que tem por título 'Nulidade e Temporalidade'. Depois de salientar que 'o tempo transcorrido pode gerar situações de fato equiparáveis a situações jurídicas, não obstante a nulidade que originariamente as comprometia', diz ele que 'é mister distinguir duas hipóteses: (a) a de convalidação ou sanatória do ato nulo e anulável; (b) a perda pela Administração do benefício da declaração unilateral de nulidade (le bénéfice du préalable)'"[16].

---

[14] SILVA, Almiro do Couto e. Os princípios da legalidade da administração pública e da segurança jurídica no estado de direito contemporâneo. *Revista da Procuradoria-Geral do Estado*. Publicação do Instituto de Informática Jurídica do Estado do Rio Grande do Sul, v. 18, n. 46, 1988, p. 11-29.

[15] COUTO E SILVA, Almiro do. Os princípios da legalidade da administração pública e da segurança jurídica no estado de direito contemporâneo. *Revista da Procuradoria-Geral do Estado*. Publicação do Instituto de Informática Jurídica do Estado do Rio Grande do Sul, v. 18, n. 46, 1988, p. 11-29.

[16] COUTO E SILVA, Almiro do. Os princípios da legalidade da administração pública e da segurança jurídica no estado de direito contemporâneo. *Revista da Procuradoria-Geral do Estado*. Publicação do Instituto de Informática Jurídica do Estado do Rio Grande do Sul, v. 18, n. 46, 1988, p. 11-29.

Registre-se que o tema é pedra angular do Estado de Direito sob a forma de proteção à confiança.

É o que destaca Karl Larenz, que tem na consecução da paz jurídica um elemento nuclear do Estado de Direito material e também vê como aspecto do princípio da segurança o da confiança:

"O ordenamento jurídico protege a confiança suscitada pelo comportamento do outro e não tem mais remédio que protegê-la, porque poder confiar (...) é condição fundamental para uma pacífica vida coletiva e uma conduta de cooperação entre os homens e, portanto, da paz jurídica"[17].

O autor tedesco prossegue afirmando que o princípio da confiança tem um componente de ética jurídica, que se expressa no princípio da boa-fé. Diz:

"Dito princípio consagra que uma confiança despertada de um modo imputável deve ser mantida quando efetivamente se creu nela. A suscitação da confiança é imputável, quando o que a suscita sabia ou tinha que saber que o outro ia confiar. Nesta medida é idêntico ao princípio da confiança. (...) Segundo a opinião atual, [este princípio da boa-fé] se aplica nas relações jurídicas de direito público"[18].

Na Alemanha, contribuiu decisivamente para a superação da regra da livre revogação dos atos administrativos ilícitos uma decisão do Tribunal Administrativo de Berlim, proferida em 14.11.1956, posteriormente confirmada pelo Tribunal Administrativo Federal. Cuidava-se de ação proposta por viúva de funcionário público que vivia na Alemanha Oriental. Informada pelo responsável pela Administração de Berlim de que teria direito a uma pensão, desde que tivesse o seu domicílio fixado em Berlim ocidental, a interessada mudou-se para a cidade. A pensão foi-lhe concedida. Tempos após, constatou-se que ela não preenchia os requisitos legais para a percepção do benefício, tendo a Administração determinado a suspensão de seu pagamento e solicitado a devolução do que teria sido pago indevidamente. Hoje a matéria integra a complexa regulação contida no § 48 da Lei sobre processo administrativo federal e estadual, em vigor desde 1977[19].

Considera-se, hodiernamente, que o tema tem, entre nós, assento constitucional (princípio do Estado de Direito) e está disciplinado, parcialmente, no plano federal, na Lei n. 9.784, de 29 de janeiro de 1999, (*v.g.* art. 2º).

Como se vê, em verdade, a segurança jurídica, como subprincípio do Estado de Direito, assume valor ímpar no sistema jurídico, cabendo-lhe papel diferenciado na realização da própria ideia de justiça material.

Nesse sentido, vale trazer passagem de estudo do professor Miguel Reale sobre a revisão dos atos administrativos:

"Não é admissível, por exemplo, que, nomeado irregularmente um servidor público, visto carecer, na época, de um dos requisitos complementares exigidos por lei, possa a Administração anular seu ato, anos e anos volvidos, quando já constituída uma situação merecedora de amparo e, mais do que isso, quando a prática e a experiência podem ter compensado a lacuna originária. Não me refiro, é claro, a requisitos essenciais, que o tempo não logra por si só convalescer, – como seria, por exemplo, a falta de diploma para ocupar cargo reservado a médico, – mas a exigências outras que, tomadas no seu rigorismo formal, determinariam a nulidade do ato.

Escreve com acerto José Frederico Marques que a subordinação do exercício do poder anulatório a um prazo razoável pode ser considerado requisito implícito no princípio do due process of law. Tal princípio, em verdade, não é válido apenas no sistema do direito norte-americano, do qual é uma das peças basilares, mas é extensível a todos os ordenamentos jurídicos, visto como corresponde a uma tripla exigência, de regularidade normativa, de economia de meios e forma e de adequação à tipicidade fática. Não obstante a falta de termo que em nossa linguagem rigorosamente lhe corresponda, poderíamos traduzir due process

---

[17] LARENZ, Karl. *Derecho Justo* – Fundamentos de Ética Jurídica. Madri: Civitas, 1985, p. 91.
[18] LARENZ, Karl. *Derecho Justo* – Fundamentos de Ética Jurídica. Madri: Civitas, 1985, p. 95-96.
[19] Cf. Erichsen, Hans-Uwe, in: Erichsen, Hans-Uwe/Martens, Wolfgang, *Allgemeines Verwaltungsrecht*, 9. ed., Berlim/Nova York, 1992, p. 289.

of law por devida atualização do direito, ficando entendido que haverá infração desse ditame fundamental toda vez que, na prática do ato administrativo, por preterido algum dos momentos essenciais à sua ocorrência; porém destruídas, sem motivo plausível, situações de fato, cuja continuidade seja economicamente aconselhável, ou se a decisão não corresponder ao complexo de notas distintivas da realidade social tipicamente configurada em lei[20].

É possível que, no caso em apreço, fosse até de se cogitar da aplicação do princípio da segurança jurídica, de forma integral, de modo a impedir o desfazimento do ato. Diante, porém, do pedido formulado e da *causa petendi* limito-me aqui a reconhecer a forte plausibilidade jurídica desse fundamento.

Entendo, porém, que se há de deferir a segurança postulada para determinar a observância do princípio do contraditório e da ampla defesa na espécie (CF, art. 5º, LV).

---

[20] REALE, Miguel. *Revogação e anulamento do ato administrativo.* 2. ed. Rio de Janeiro: Forense, 1980.

RE 452.721[1]

Nomeação – Inobservância dos princípios da ampla defesa, do contraditório e do devido processo legal – Impossibilidade de anulação arbitrária – Exoneração *ad nutum* de funcionários públicos em estágio probatório – Inadmissibilidade – Aplicação da Súmula 21 do STF.

Trata-se de recurso extraordinário interposto com fundamento no art. 102, III, "a", da Constituição Federal, em face de acórdão que concedeu a segurança para reintegrar os recorridos no cargo de Defensor Público do Estado de Mato Grosso pela inobservância do devido processo legal administrativo (CF, art. 37, *caput*). A decisão restou assim ementada:

"EMENTA – MANDADO DE SEGURANÇA – ADMINISTRATIVO – CONCURSO PÚBLICO – NOMEAÇÃO E POSSE DOS CANDIDATOS APROVADOS – DEFENSORIA PÚBLICA – ANULAÇÃO POSTERIOR AO ALVEDRIO DA ADMINISTRAÇÃO – INVIABILIDADE – INOBSERVÂNCIA DO DEVIDO PROCESSO LEGAL – REINTEGRAÇÃO – SEGURANÇA CONCEDIDA.

A Administração Pública não pode, a qualquer tempo e a seu alvedrio, anular atos de nomeação e posse dos candidatos aprovados em certame público, sem atentar-se para o devido processo legal administrativo ou aguardar a apreciação jurisdicional e o trânsito em julgado de decisão judicial."

Os recorridos foram aprovados no concurso público para Defensor Público do Estado de Mato Grosso, cujo edital previa 95 (noventa cinco) vagas e não consignava o prazo de validade do concurso.

O concurso foi homologado em 28.12.1998, sendo convocados, primeiramente, 42 (quarenta dois) candidatos.

O Decreto Estadual n. 4.586, de 04 de julho de 2002, prorrogou o prazo de validade do certame por mais dois anos. Com base nesta prorrogação, foram nomeados mais 25 candidatos (*DOE* 05.11.2002).

Diante dos fatos, conforme publicado no *DOE* de 26.05.2003, o Governador do Estado anulou o ato de nomeação desses 25 (vinte cinco) últimos convocados, ora recorridos.

Na origem, os recorridos impetraram mandado de segurança, cujo o pedido de medida liminar foi indeferido. Posteriormente, o Tribunal de Justiça do Estado do Mato Grosso, por maioria de votos, concedeu a segurança para reintegrar os impetrantes nos respectivos cargos, assegurando-lhes a reparação pecuniária a contar da data do ajuizamento da inicial.

O Ministério Público do Estado de Mato Grosso, por sua vez, interpôs recurso extraordinário contra essa decisão, por suposta violação ao art. 37, III e IV, da Carta Magna. Em síntese, o recorrente assevera a legalidade da anulação dos atos de nomeação dos ora recorridos, a partir do fundamento de que: "o raciocínio do julgado prendeu-se apenas, ao ato da posse dos impetrantes por parte do Poder Público, deixando de proceder à análise da legalidade do referido ato e da prerrogativa constitucional de revisão por parte da Administração dos seus próprios atos, desde que eivados de vícios" (fl. 584).

O Subprocurador-Geral da República, Dr. Roberto Monteiro Gurgel Santos, em seu parecer (fls. 677-678), manifestou-se pelo provimento do recurso.

A decisão prolatada recebeu a seguinte Ementa:

EMENTA: 1. Recurso Extraordinário. 2. Concurso Público. 3. Edital que não previu prazo de validade. Inexistência de ato de prorrogação. Alegação de validade de ato de anulação da nomeação realizada pelo Go-

---

[1] Em 22.11.2005, a Segunda Turma do Supremo Tribunal Federal, por votação majoritária, conheceu do recurso extraordinário, mas lhe negou provimento, nos termos do voto do Relator, vencido, em parte, o Ministro Joaquim Barbosa, que lhe dava parcial provimento.

vernador do Estado do Mato Grosso. Precedentes invocados pelo recorrente: RE n. 201.634-BA, 1ª Turma, Red. Para acórdão Min. Moreira Alves, DJ de 17.05.2002 e RE n. 352.258-BA, 2ª Turma, Rel. Min. Ellen Gracie, DJ de 14.05.2004. 4. Nomeação posterior de 25 defensores públicos dentro do número de vagas originariamente previstos no edital. Precedentes: RE n. 192.568-PI, Rel. Min. Marco Aurélio, 2ª Turma, DJ de 13/06/1996; e RE n. 199.733, Rel. Min. Marco Aurélio, 2ª Turma, DJ de 30.04.1999. 5. Inobservância dos princípios da ampla defesa, do contraditório e do devido processo legal (CF, art. 5º LIV e LV). Revogação, por ato unilateral e sem a devida audiência, de situação constituída com relação a defensores públicos em estágio probatório. Impossibilidade de anulação arbitrária dos atos de nomeação dos defensores pelo Governador do Estado do Mato Grosso. Precedente: MS n. 24.268-MG, Pleno, Rel. Min. Gilmar Mendes, DJ de 17.09.2004. 6. Inadmissibilidade de exoneração ad nutum de funcionários públicos em estágio probatório. Aplicação da Súmula n. 21/STF. Precedente: RE n. 378.041-MG, 1ª Turma, Rel. Min. Carlos Brito, DJ de 11.02.2005. 7. Repercussão social, política e jurisdicional. Defensoria Pública Estadual. Essencialidade e relevância nos termos do art. 134, da Constituição Federal. Precedentes: HC n. 76.526-RJ, 2ª Turma, Rel. Min. Mauricio Corrêa, DJ de 17/03/1998 e RE n. 135.328-SP, Pleno, Rel. Min. Marco Aurélio, DJ de 20.04.2001. Recurso desprovido.

VOTO

No caso concreto, a prorrogação do prazo de validade do concurso (Decreto Estadual n. 4.586, de 04 de julho de 2002) se deu em data posterior ao biênio legal, o qual venceu em 28.12.2000.

Quanto à matéria, a Primeira Turma, no julgamento do RE n. 201.634-BA, 1ª T., Red. para o acórdão Min. Moreira Alves, *DJ* de 17.05.2002, assim decidiu:

"EMENTA: Recurso extraordinário. Mandado de segurança. Concurso público. Prazo de validade. Prorrogação.

– Inexistência, no caso, de fundamento autônomo do acórdão recorrido que não foi atacado.

– Não permite o disposto no artigo 37, III, da Constituição que, escoado o prazo de dois anos de validade do concurso público, sem que tenha ele sido prorrogado, possa a Administração instituir novo prazo de validade por dois anos, pois prorrogar é estender prazo ainda existente para além de seu termo final.

Recurso extraordinário conhecido e provido." (RE n. 201.634-BA, Red. para acórdão Min. Moreira Alves, *DJ* de 17.05.2002)

No mesmo sentido, em caso análogo ao descrito nos presentes autos, a Segunda Turma no RE n. 352.258-BA, 2ª T., Rel. Min. Ellen Gracie, *DJ* de 14.05.2004, assim ementado:

"CONCURSO PÚBLICO. PRAZO DE VALIDADE. PRORROGAÇÃO APÓS O TÉRMINO DO PRIMEIRO BIÊNIO. IMPOSSIBILIDADE. ART. 37, III DA CF/88.

1. Ato do Poder Público que, após ultrapassado o primeiro biênio de validade de concurso público, institui novo período de dois anos de eficácia do certame ofende o art. 37, III da CF/88.

2. Nulidade das nomeações realizadas com fundamento em tal ato, que pode ser declarada pela Administração sem a necessidade de prévio processo administrativo, em homenagem à Súmula STF n. 473.

3. Precedentes.

4. Recurso extraordinário conhecido e provido." (RE n. 352.258-BA, 2ª T., Rel. Min. Ellen Gracie, *DJ* de 14.05.2004)

Com relação a esse último julgado, vale mencionar o teor da Súmula n. 473, *verbis*:

"A Administração pode anular seus próprios atos, quando eivados de vícios que os tornam ilegais, porque deles não se originam direitos; ou revogá-los, por motivo de conveniência ou oportunidade, respeitados os direitos adquiridos, e ressalvada, em todos os casos, a apreciação judicial."

Como se observa na espécie, os ora recorridos foram nomeados e empossados e, após terem entrado em efetivo exercício, tiveram os seus respectivos atos de nomeação anulados sem a observância do devido processo legal, da ampla defesa e do contraditório (art. 5º, LIV e LV, CF/1988).

Dessa forma, é inequívoco que a nomeação e a posse repercutiram no campo de interesses individuais e patrimoniais, os quais não podem deixar de ser observados no caso concreto.

É sintomático observar que a nomeação dos 25 (vinte cinco) defensores ora recorridos ocorreu dentro do número originariamente estipulado pelo Edital. Nota-se que, das 95 vagas iniciais, apenas 42 (quarenta dois) haviam sido providas, ou seja, faltariam 53 (cinquenta três) vagas a serem providas.

Nesse particular, observo que há, ainda, precedente desta Segunda Turma no RE n. 192.568-PI, Rel. Min. Marco Aurélio, *DJ* de 13/09/1996, vencidos os Min. Carlos Velloso (em parte) e o Min. Néri da Silveira integralmente, *verbis*:

> "CONCURSO PÚBLICO – EDITAL – PARÂMETROS – OBSERVAÇÃO. As cláusulas constantes do edital de concurso obrigam candidatos e Administração Pública. Na feliz dicção de Hely Lopes Meirelles, o edital é lei interna da concorrência. CONCURSO PÚBLICO – VAGAS – NOMEAÇÃO. O princípio da razoabilidade é conducente a presumir-se, como objeto do concurso, o preenchimento das vagas existentes. Exsurge configurador de desvio de poder, ato da Administração Pública que implique nomeação parcial de candidatos, indeferimento da prorrogação do prazo do concurso sem justificativa socialmente aceitável e publicação de novo edital com idêntica finalidade. 'Como o inciso IV (do artigo 37 da Constituição Federal) tem o objetivo manifesto de resguardar precedências na sequência dos concursos, segue-se que a Administração não poderá, sem burlar o dispositivo e sem incorrer em desvio de poder, deixar escoar deliberadamente o período de validade de concurso anterior para nomear os aprovados em certames subsequentes. Fora isto possível e o inciso IV tornar-se-ia letra morta, constituindo-se na mais rúptil das garantias' (Celso Antonio Bandeira de Mello, 'Regime Constitucional dos Servidores da Administração Direta e Indireta', página 56)".(RE n. 192.568-PI, Rel. Min. Marco Aurélio, Segunda Turma, *DJ* de 13.09.1996)

Considerando, portanto, o fato que os recorridos terem sido nomeados dentre as vagas originariamente previstas no edital do concurso, é possível cogitar de uma presunção de legitimidade no que tange aos atos de nomeação praticados pela Administração Pública. Nesse sentido, é interessante destacar a orientação firmada por esta 2ª Turma, no julgamento do RE n. 199.733--MG, Rel. Min. Marco Aurélio, *DJ* de 30.04.1999:

> "ATO ADMINISTRATIVO – REPERCUSSÕES – PRESUNÇÃO DE LEGITIMIDADE – SITUAÇÃO CONSTITUÍDA – INTERESSES CONTRAPOSTOS – ANULAÇÃO – CONTRADITÓRIO. Tratando-se de ato administrativo cuja a formalização haja repercutido no campo de interesses individuais, a anulação não prescinde da observância do contraditório, ou seja, da instauração de processo administrativo que enseje audição daqueles que terão modificada situação já alcançada. Presunção de legitimidade do ato administrativo praticado, que não pode ser afastada unilateralmente, porque é comum à Administração e ao particular."(RE n. 199.733-MG, 2ª T., Rel. Min. Marco Aurélio, *DJ* de 30.04.1999)

De outro lado, conforme o Plenário deste Supremo Tribunal Federal já teve oportunidade de assentar, a questão da anulação dos atos administrativos deve ser interpretada com temperamentos. Nesse sentido, veja-se o entendimento firmado no julgamento do MS n. 24.268-MG, Pleno, do qual fui redator para acórdão, *DJ* de 17.09.2004, restando a decisão assim ementada:

> "EMENTA: Mandado de Segurança. 2. Cancelamento de pensão especial pelo Tribunal de Contas da União. Ausência de comprovação da adoção por instrumento jurídico adequado. Pensão concedida há vinte anos. 3. Direito de defesa ampliado com a Constituição de 1988. Âmbito de proteção que contempla todos os processos, judiciais ou administrativos, e não se resume a um simples direito de manifestação no processo. 4. Direito constitucional comparado. Pretensão à tutela jurídica que envolve não só o direito de manifestação e de informação, mas também o direito de ver seus argumentos contemplados pelo órgão julgador. 5. Os princípios do contraditório e da ampla defesa, assegurados pela Constituição, aplicam-se a todos os procedimentos administrativos. 6. O exercício pleno do contraditório não se limita à garantia de alegação oportuna e eficaz a respeito de fatos, mas implica a possibilidade de ser ouvido também em matéria jurídica. 7. Aplicação do princípio da segurança jurídica, enquanto subprincípio

As garantias processuais fundamentais e os princípios do contraditório e da ampla defesa **275**

do Estado de Direito. Possibilidade de revogação de atos administrativos que não se pode estender indefinidamente. Poder anulatório sujeito a prazo razoável. Necessidade de estabilidade das situações criadas administrativamente. 8. Distinção entre atuação administrativa que independe da audiência do interessado e decisão que, unilateralmente, cancela decisão anterior. Incidência da garantia do contraditório, da ampla defesa e do devido processo legal ao processo administrativo. 9. Princípio da confiança como elemento do princípio da segurança jurídica. Presença de um componente de ética jurídica. Aplicação nas relações jurídicas de direito público. 10. Mandado de Segurança deferido para determinar observância do princípio do contraditório e da ampla defesa (CF art. 5º LV)." (MS n. 24.268-MG, Pleno, Red. para acórdão Min. Gilmar Mendes, *DJ* de 17.09.2004)

No que diz respeito à violação dos princípios constitucionais do devido processo legal, da ampla defesa e do contraditório (CF, art. 5º, LIV e LV), vale ressaltar que estes não se resumem, portanto, a um simples direito de manifestação no processo. Eles devem abarcar também o direito a informação, manifestação e a possibilidade de ver seus argumentos considerados pelos julgadores.

Como se pode ver, a garantia do contraditório e da ampla defesa configuram norma fundamental de organização e procedimento no âmbito da Administração, não podendo ser flexibilizada ou mitigada.

Tendo em vista as peculiaridades do caso concreto, não é possível negar aos recorridos a possibilidade de exercitar o contraditório e a ampla defesa (CF, art. 5º, LV) em conformidade com uma das balizas do Estado Democrático de Direito: o devido processo legal (CF, art. 5º, LIV).

Considero, por conseguinte, que o novo Governador do Estado do Mato Grosso não poderia desconsiderar as garantias e os direitos individuais já constituídos no âmbito das esferas privadas dos defensores ora recorridos.

Ressalta-se, ainda, que no caso concreto, os defensores ora recorridos estão em estágio probatório, não sendo possível admitir exoneração *ad nutum*. Nesse particular, veja-se o entendimento firmado pela Primeira Turma no RE n. 378.041-MG, 1ª T., Rel. Carlos Brito, *DJ* de 11.02.2005:

"EMENTA: RECURSO EXTRAORDINÁRIO. MUNICÍPIO. DECLARAÇÃO DE DESNECESSIDADE DE CARGO. SERVIDOR PÚBLICO OCUPANTE DE CARGO EFETIVO, EM ESTÁGIO PROBATÓRIO. EXONERAÇÃO *AD NUTUM* E SEM CRITÉRIOS OBJETIVOS. IMPOSSIBILIDADE.

O servidor público ocupante de cargo efetivo, ainda que em estágio probatório, não pode ser exonerado ad nutum, com base em decreto que declara a desnecessidade do cargo, sob pena de ofensa à garantia do devido processo legal, do contraditório e da ampla defesa. Incidência da Súmula 21 do STF.

Recurso a que se dá provimento, para determinar a reintegração dos autores no quadro pessoal da Prefeitura Municipal de Bicas (MG)" (RE n. 378.041-MG, 1ª T., Rel. Carlos Brito, *DJ* de 11.02.2005)

Assim como nesse precedente citado, creio ser possível invocar, inclusive a aplicação da Súmula n. 21/STF, *verbis*:

"Funcionário em estágio probatório não pode ser exonerado nem demitido sem inquérito ou sem as formalidades legais de apuração de sua capacidade."

Por fim, no presente recurso extraordinário, observa-se que, além da questão dos efeitos e garantias funcionais e patrimoniais atribuíveis a cada um dos ora recorridos, a eventual anulação dos atos de nomeação apresenta considerável repercussão social, política e jurisdicional.

Não bastasse a importância que o texto da Constituição de 1988 depositou na instituição da Defensoria Pública (CF, art. 134), essa relevância tem sido normativamente reconhecida e enfatizada em inúmeros julgados deste Tribunal.

A esse respeito, é válido mencionar o posicionamento do Min. Maurício Corrêa, no HC n. 76.526-RJ, Segunda Turma, *DJ* de 17.03.1998, *verbis*:

"A Constituição assegura aos acusados a ampla defesa com os meios e recursos a ela inerentes e, para dar efetividade a este direito fundamental, determina que o Estado prestará assistência judiciária integral e gratuita aos que comprovarem insuficiência de recursos (art. 5º, LV, 2ª parte, e LXXIV), **além de determinar que a União e os entes federados tenham Defensoria Pública, que é instituição essencial à função jurisdicional do Estado, erigida como órgão autônomo da administração da justiça, incumbindo-lhe a orientação jurídica e a defesa, em todos os graus, dos necessitados (art. 134 e par. único). Estas disposições afastam definitivamente o mito da defesa meramente formal, ou da aparência da defesa judicial dos necessitados, como ilação que já foi extraída da letra do art. 261 do CPP (nenhum acusado, ainda que ausente ou foragido, será processado ou julgado sem defensor). É, pois, dever do Defensor Público esgotar os meios que garantam a ampla defesa do necessitado**"(HC n. 76.526, Rel. Min. Mauricio Corrêa, Segunda Turma, *DJ* de 17.03.1998, sem o grifo no original).

Nesse mesmo sentido, destaco o julgamento do RE n. 135.328-SP, Rel. Min. Marco Aurélio, em que o Plenário deste Tribunal decidiu pela constitucionalidade do art. 68 do CPP até o momento em que o Estado de São Paulo organizasse sua Defensoria Pública local, tal como previsto na Constituição Federal. Veja-se, em especial, a manifestação do Min. Celso de Mello naquela assentada, *verbis*:

"A outorga legal ao Ministério Público do poder de ajuizar a ação civil ex delicto não infringe a cláusula inscrita no art. 134 da Lei Fundamental – que define o campo de atuação da Defensoria Pública –, pela relevante circunstância de que a assistência judiciária aos necessitados, além de traduzir indisponível compromisso constitucional do Estado (CF, art. 52, LXXIV), insere-se, até mesmo em caráter concorrente, na esfera de atribuições institucionais do *Parquet*, especialmente em face da norma de encerramento que se contém no art. 129, IX, da Carta Política. Este preceito normativo, ao dispor sobre funções institucionais de caráter residual deferidas ao Ministério Público, torna possível ao legislador outorgar a essa Instituição o exercício de outras atividades, 'desde que compatíveis com sua finalidade...'.

A subsistência da regra legal inscrita no art. 68 do CPP dentro do novo quadro normativo emergente da Constituição promulgada em 1988 justifica-se por vários motivos. Primeiro, porque as funções outorgadas à Defensoria Pública pelo art. 134 da Carta Federal, embora inserindo-se num conjunto irredutível de atribuições reconhecidas a esse importante órgão estatal, não se acham qualificadas pela nota da exclusividade. Segundo, porque a assistência aos ofendidos e aos herdeiros e dependentes carentes de pessoas vitimadas por crime doloso – além de configurar dever constitucional imposto ao Poder Público (CF, art. 245) – assume inquestionável relevância social, em ordem a legitimar a própria intervenção do Ministério Público na tutela dos direitos de pessoas necessitadas que se encontrem na situação referida pelo ordenamento fundamental. Terceiro, porque a proteção jurisdicional dos necessitados, enfatizada e assegurada pela Carta Política, revela-se compatível com as finalidades institucionais do Ministério Público, incumbido que se acha de promover o fiel cumprimento da ordem constitucional e de zelar pelo efetivo respeito dos Poderes Públicos aos direitos outorgados pela Constituição.

A norma constante do art. 68 do CPP, a meu juízo, confere real dimensão a esses encargos atribuídos pela Constituição ao Ministério Público e dá efetiva concreção aos diversos comandos constitucionais que objetivam dispensar plena tutela às pessoas necessitadas." (voto do Min. Celso de Mello, RE n. 135.328-SP, Rel. Min. Marco Aurélio, Pleno, *DJ* de 20.04.2001)

Nesse contexto, é inegável a repercussão que a anulação do ato de nomeação dos defensores ora recorridos apresenta neste caso concreto. A rigor, o mero reconhecimento da validade formal dessa anulação ora questionada poderia comprometer o próprio funcionamento e efetividade das atividades da Defensoria Pública do Estado do Mato Grosso.

Nestes termos, **nego provimento ao recurso**.

RE 201.819[1]

Sociedade sem fins lucrativos – Exclusão de sócio sem garantia da ampla defesa e do contraditório – Eficácia dos direitos fundamentais nas relações privadas – Princípios constitucionais como limites à autonomia privada das associações.

Trata-se de recurso extraordinário interposto contra acórdão do Tribunal de Justiça do Estado do Rio de Janeiro, do seguinte teor:

"*Sociedade Civil. União Brasileira de Compositores. Exclusão de sócio. Alegado descumprimento de resoluções da sociedade e propositura de ações que acarretaram prejuízos morais e financeiros à entidade. Direito constitucional de ampla defesa desrespeito. Antes de concluir pela punição, a comissão especial tinha de dar oportunidade ao sócio de se defender e realizar possíveis provas em seu favor. Infringência ao art. 5º, inc. LV da Constituição Federal. Punição anulada. Pedido de reintegração procedente. Recurso desprovido.*"

Alegou a recorrente, União Brasileira de Compositores – UBC, que seria inaplicável ao caso o princípio da ampla defesa invocado no acórdão atacado, pois não se trata de órgão da administração pública, mas, de entidade de direito privado – sociedade civil – dotada de estatutos e atos regimentais próprios, que disciplinam seu relacionamento com o sócio.

A Ementa do julgado recebeu a seguinte redação:

EMENTA: Sociedade civil sem fins lucrativos. União brasileira de compositores. Exclusão de sócio sem garantia da ampla defesa e do contraditório. Eficácia dos direitos fundamentais nas relações privadas. Recurso desprovido.

I. Eficácia dos direitos fundamentais nas relações privadas. As violações a direitos fundamentais não ocorrem somente no âmbito das relações entre o cidadão e o Estado, mas igualmente nas relações travadas entre pessoas físicas e jurídicas de direito privado. Assim, os direitos fundamentais assegurados pela Constituição vinculam diretamente não apenas os poderes públicos, estando direcionados também à proteção dos particulares em face dos poderes privados.

II. Os princípios constitucionais como limites à autonomia privada das associações. A ordem jurídico-constitucional brasileira não conferiu a qualquer associação civil a possibilidade de agir à revelia dos princípios inscritos nas leis e, em especial, dos postulados que têm por fundamento direto o próprio texto da Constituição da República, notadamente em tema de proteção às liberdades e garantias fundamentais. O espaço de autonomia privada garantido pela Constituição às associações não está imune à incidência dos princípios constitucionais que asseguram o respeito aos direitos fundamentais de seus associados. A autonomia privada, que encontra claras limitações de ordem jurídica, não pode ser exercida em detrimento ou com desrespeito aos direitos e garantias de terceiros, especialmente aqueles positivados em sede constitucional, pois a autonomia da vontade não confere aos particulares, no domínio de sua incidência e atuação, o poder de transgredir ou de ignorar as restrições postas e definidas pela própria Constituição, cuja eficácia e força normativa também se impõem, aos particulares, no âmbito de suas relações privadas, em tema de liberdades fundamentais.

III. Sociedade civil sem fins lucrativos. Entidade que integra espaço público, ainda que não estatal. Atividade de caráter público. Exclusão de sócio sem garantia do devido processo legal. Aplicação direta dos direitos fundamentais à ampla defesa e ao contraditório. As associações privadas que exercem função predominante em determinado âmbito econômico e/ou social, mantendo seus associados em relações de dependência econômica e/ou social, integram o que se pode denominar de espaço público, ainda que não estatal. A União Brasileira de Compositores – UBC, sociedade civil sem fins lucrativos, integra a estrutura do ECAD e, portanto, assume posição privilegiada para determinar a extensão do gozo e fruição dos direitos autorais de seus associados. A

---

[1] Em 11.10.2005, a Segunda Turma do STF, por maioria, conheceu e negou provimento ao recurso, vencida a Min. Ellen Gracie, Relatora, e o Min. Carlos Velloso (*DJ* de 27.10.2006).

exclusão de sócio do quadro social da UBC, sem qualquer garantia de ampla defesa, do contraditório, ou do devido processo constitucional, onera consideravelmente o recorrido, o qual fica impossibilitado de perceber os direitos autorais relativos à execução de suas obras. A vedação das garantias constitucionais do devido processo legal acaba por restringir a própria liberdade de exercício profissional do sócio. O caráter público da atividade exercida pela sociedade e a dependência do vínculo associativo para o exercício profissional de seus sócios legitimam, no caso concreto, a aplicação direta dos direitos fundamentais concernentes ao devido processo legal, ao contraditório e à ampla defesa (art. 5º, LIV e LV, CF/88).

IV. Recurso Extraordinário desprovido.

VOTO-VISTA

A eminente Relatora, Ministra Ellen Gracie, proferiu voto nos seguintes termos:

"A recorrente, União Brasileira de Compositores – UBC, é sociedade civil sem fins lucrativos, dotada de personalidade jurídica de direito privado.

Por motivos irrelevantes para a solução do presente extraordinário, a recorrente excluiu o recorrido de seu quadro de sócios, em procedimento assim narrado no acórdão da origem:

'Embora a sociedade tivesse, de fato, por seu órgão deliberativo, designado uma comissão especial para apurar as possíveis infrações estatutárias atribuídas ao autor, tal comissão, por mais ilibada que fosse, deixou de cumprir princípio constitucional, não ensejando ao apelado oportunidade de defender-se das acusações e de realizar possíveis provas em seu favor.

Conforme se vê de fls. 101/102, a comissão simplesmente reuniu-se e, examinando a documentação fornecida pelo secretário da sociedade, concluiu pela punição do autor. Nada além.

Não se pode, na verdade, pretender que uma entidade de compositores, em sua vida associativa, adote regras ou formas processuais rigorosas, mas também não se pode admitir que princípios constitucionais básicos sejam descumpridos flagrantemente.

Caracterizadas as infrações, ao ver da comissão, o autor tinha de ser, expressa e formalmente, cientificado das mesmas e convocado a apresentar, querendo, em prazo razoável, a sua defesa, facultando-lhe a produção das provas que entendesse cabíveis.

Só depois disso é que poderia surgir o parecer da comissão, num ou noutro sentido.

Como foi feito, o direito de defesa do autor foi mesmo violado, sem que se adentre no mérito, na justiça ou injustiça da punição.' (fls. 265 e 266)

Como se vê, o Tribunal *a quo*, com fundamento no princípio da ampla defesa, anulou a punição aplicada ao recorrido.

O estatuto da recorrida, em seu art. 16, determina que: "*a diretoria nomeará comissão de inquérito composta de três Sócios, a fim de apurar indícios, atos ou fatos que tornem necessária a aplicação de penalidades aos Sócios que contrariem os deveres prescritos no Capítulo IV destes Estatutos.*" (fl. 48).

A leitura do acórdão da apelação revela que a regra acima transcrita foi integralmente obedecida, porém ela foi afastada em homenagem ao princípio da ampla defesa.

Entendo que as associações privadas têm liberdade para se organizar e estabelecer normas de funcionamento e de relacionamento entre os sócios, desde que respeitem a legislação em vigor. Cada indivíduo, ao ingressar numa sociedade, conhece suas regras e seus objetivos, aderindo a eles.

A controvérsia envolvendo a exclusão de um sócio de entidade privada resolve-se a partir das regras do estatuto social e da legislação civil em vigor. Não tem, portanto, o aporte constitucional atribuído pela instância de origem, sendo totalmente descabida a invocação do disposto no art. 5º, LV da Constituição para agasalhar a pretensão do recorrido de reingressar nos quadros da UBC.

Obedecido o procedimento fixado no estatuto da recorrente para a exclusão do recorrido, não há ofensa ao princípio da ampla defesa, cuja aplicação à hipótese dos autos revelou-se equivocada, o que justifica o provimento do recurso.

Diante do exposto, **conheço** do recurso, e **lhe dou provimento**. Condeno o recorrido ao pagamento de custas e honorários advocatícios, fixados em 10% do valor atribuído à causa devidamente atualizada."

As garantias processuais fundamentais e os princípios do contraditório e da ampla defesa **279**

Após o voto da eminente Relatora pedi vista dos autos por se tratar de um caso típico de aplicação de direitos fundamentais às relações privadas – um assunto que, necessariamente, deve ser apreciado sob a perspectiva de uma jurisdição de perfil constitucional.

O tema versado nos presentes autos tem dado ensejo a uma relevante discussão doutrinária e jurisprudencial na Europa e nos Estados Unidos. Valho-me aqui de estudo por mim realizado constante da obra "Direitos Fundamentais e Controle de Constitucionalidade – Estudos de Direito Constitucional", sob o título "Direitos Fundamentais: Eficácia das garantias constitucionais nas relações privadas – análise da jurisprudência da Corte Constitucional Alemã", desenvolvido com base em conferências proferidas no curso de Pós-Graduação da Faculdade de Direito da Universidade Federal do Rio Grande do Sul, Porto Alegre, em 20/10/1994, e no 5º Encontro Nacional de Direito Constitucional (Instituto Pimenta Bueno) – Tema: "Direitos Humanos Fundamentais", em 20/09/1996, USP/SP.

No aludido ensaio, teço as seguintes considerações sobre o tema:

"A questão relativa à eficácia dos direitos fundamentais no âmbito das relações entre particulares marcou o debate doutrinário dos anos 50 e do início dos anos 60 na Alemanha. Também nos Estados Unidos, sob o rótulo da '*state action*', tem-se discutido intensamente a aplicação dos direitos fundamentais às relações privadas.

É fácil ver que a doutrina tradicional dominante do Século XIX e mesmo ao tempo da República de Weimar sustenta orientação segundo a qual os direitos fundamentais destinam-se a proteger o indivíduo contra eventuais ações do Estado, não assumindo maior relevância para as relações de caráter privado. Dos dois direitos fundamentais com notória eficácia para os entes privados (art. 118, 1, 1. período – liberdade de opinião; art. 159, 2º período – liberdade de coalizão) extraiu-se um *argumentum e contrario*.

Um entendimento segundo o qual os direitos fundamentais atuam de forma unilateral na relação entre o cidadão e o Estado acaba por legitimar a ideia de que haveria para o cidadão sempre um espaço livre de qualquer ingerência estatal. A adoção dessa orientação suscitaria problemas de difícil solução tanto no plano teórico, como no plano prático. O próprio campo do Direito Civil está prenhe de conflitos de interesses com repercussão no âmbito dos direitos fundamentais. O benefício concedido a um cidadão configura, não raras vezes, a imposição de restrição a outrem.

Por essa razão, destaca Rüfner que quase todos os direitos privados são referenciáveis a um direito fundamental:

'Os contratos dos cidadãos e sua interpretação, abstraída a jurisprudência do Tribunal Federal do Trabalho, não despertavam grande interesse. O problema da colisão de direitos fundamentais coloca-se também aqui de forma frequente: a liberdade de contratar integra os direitos fundamentais de desenvolvimento da personalidade (*freie Entfaltung der Persönlichkeit*) e de propriedade. Por isso, ela deve ser contemplada como elemento constitucional na avaliação jurídica dos contratos. O estabelecimento de vínculos contratuais com base na autonomia privada relaciona-se, pois, com o exercício de direitos fundamentais. Exatamente na assunção de obrigações contratuais reside uma forma de exercício de direitos fundamentais que limita a liberdade para o futuro. A livre escolha de profissão e o seu livre exercício são concretizados dessa forma. O livre exercício do direito de propriedade consiste também em empregar a propriedade para fins livremente escolhidos. A livre manifestação de opinião e a liberdade de imprensa, a liberdade religiosa e a liberdade artística não são realizáveis sem a possibilidade de livre assunção de obrigações por parte dos cidadãos. Até mesmo a liberdade de consciência não está isenta de vinculações contratuais.'

Também o postulado de igualdade provoca problemas na esfera negocial.

O Estado, que, com os direitos fundamentais, assegura a liberdade do cidadão, não pode retirar essa liberdade com a simples aplicação do princípio da igualdade. O engajamento político e religioso integra o livre exercício do direito de propriedade e o livre exercício do direito de desenvolvimento da personalidade. A liberdade de testar é integrada pela liberdade de diferençar por motivos políticos ou religiosos.

Assim, em face dos negócios jurídicos coloca-se a indagação sobre a sua própria validade como resultado de eventual afronta ou contrariedade aos direitos fundamentais.

É certo, por outro lado, que na relação entre cidadãos não se pode tentar resolver o conflito com a afirmação – duvidosa já na relação com o Poder Público – de que *in dubio pro libertate*', porque não se cuida do estabelecimento de uma restrição ou limitação em sentido estrito.

Canaris observa que o reconhecimento de que os direitos fundamentais cumprem uma tarefa importante na ordem jurídica não apenas como proibição de intervenção (direito de defesa), mas também como postulados de proteção, contribui para explicitar a influência desses postulados no âmbito do direito privado.

Sob o império da Lei Fundamental de Bonn engajou-se Hans Carl Nipperdey em favor da aplicação direta dos direitos fundamentais no âmbito das relações privadas, o que acabou por provocar um claro posicionamento do Tribunal Superior do Trabalho em favor dessa orientação (*unmittelbare Drittwirkung*).

O Tribunal do Trabalho assim justificou o seu entendimento:

> 'Em verdade, nem todos, mas uma série de direitos fundamentais destinam-se não apenas a garantir os direitos de liberdade em face do Estado, mas também a estabelecer as bases essenciais da vida social. Isso significa que disposições relacionadas com os direitos fundamentais devem ter aplicação direta nas relações privadas entre os indivíduos. Assim, os acordos de direito privado, os negócios e atos jurídicos não podem contrariar aquilo que se convencionou chamar ordem básica ou ordem pública'.

Esse entendimento foi criticado sobretudo pela sua deficiente justificação em face do disposto no art. 1, III, da Lei Fundamental, que previa apenas a expressa vinculação dos poderes estatais aos direitos fundamentais.

Afirmou-se ainda que a eficácia imediata dos direitos fundamentais sobre as relações privadas acabaria por suprimir o princípio da autonomia privada, alterando profundamente o próprio significado do Direito Privado como um todo. Ademais, a aplicação direta dos direitos fundamentais às relações privadas encontraria óbice insuperável no fato de que, ao contrário da relação Estado-cidadão, os sujeitos dessas relações merecem e reclamam, em princípio, a mesma proteção.

É claro que o tema prepara algumas dificuldades.

Poder-se-ia argumentar com a disposição constante do art. 1, da Lei Fundamental, segundo a qual 'os direitos humanos configuram o fundamento de toda a sociedade' (*Grundlage jeder Gemeinschaft*). Poder-se-ia aduzir, ainda, que a existência de forças sociais específicas, como os conglomerados econômicos, sindicatos e associações patronais, enfraquece sobremaneira o argumento da igualdade entre os entes privados, exigindo que se reconheça, em determinada medida, a aplicação dos direitos fundamentais também às relações privadas.

Esses dois argumentos carecem, todavia, de força normativa, uma vez que tanto o texto da Lei Fundamental, quanto a própria história do desenvolvimento desses direitos não autorizam a conclusão em favor de uma aplicação direta e imediata dos direitos fundamentais às relações privadas.

Em verdade, até mesmo disposições expressas, como aquela constante do art. 18, n. 1, da Constituição de Portugal, que determina sejam os direitos fundamentais aplicados às entidades privadas, ou do Projeto da Comissão Especial para revisão total da Constituição suíça (art. 25) – *Legislação e Jurisdição devem zelar pela aplicação dos direitos individuais às relações privadas – Gesetzgebung und Rechtsprechung sorgen dafür, dass die Grundrechte sinngeimäss auch unter Privaten wirksam werden* [**atualmente já incorporado à Constituição suíça, desde 2000, no art. 35 (3), com a seguinte redação:** '*Die Behörden sorgen dafür, dass die Grundrechte, soweit sie sich dazu eignen, auch unter Privaten wirksam werden.*'], não parecem aptas para resolução do problema.

A propósito da fórmula consagrada na Constituição portuguesa, acentua Vieira de Andrade que 'se é certo que aí se afirma claramente que os preceitos constitucionais vinculam as entidades privadas, não se diz em que termos se processa essa vinculação e, designadamente, não se estabelece que a vinculação seja idêntica àquela que obriga os poderes públicos'.

Em verdade, ensina Dürig que uma aplicação direta dos direitos fundamentais às relações privadas poderia suprimir ou restringir em demasia o princípio da autonomia privada. Portanto, é o próprio sistema de direitos fundamentais, ensina o notável constitucionalista tedesco, que autoriza e legitima que os indivíduos confiram aos negócios de direito privado conformação não coincidente com tais direitos.

As garantias processuais fundamentais e os princípios do contraditório e da ampla defesa 281

Idêntica orientação é adotada por Konrad Hesse, que destaca serem as relações entre pessoas privadas marcadas, fundamentalmente, pela ideia de igualdade. A vinculação direta dos entes privados aos direitos fundamentais não poderia jamais ser tão profunda, pois, ao contrário da relação Estado-cidadão, os direitos fundamentais operariam a favor e contra os dois partícipes da relação de Direito Privado.

Não se pode olvidar, por outro lado, que as controvérsias entre particulares com base no direito privado hão de ser decididas pelo Judiciário.

Estando a jurisdição vinculada aos direitos fundamentais, parece inevitável que o tema constitucional assuma relevo tanto na decisão dos tribunais ordinários, como no caso de eventual pronunciamento da Corte Constitucional.

Embora tenha rejeitado expressamente a possibilidade de aplicação imediata dos direitos fundamentais às relações privadas *(unmittelbare Drittwirkung)*, entendeu o *Bundesverfassungsgericht* que a ordem de valores formulada pelos direitos fundamentais deve ser fortemente considerada na interpretação do Direito Privado.

Os direitos fundamentais não se destinam a solver diretamente conflitos de direito privado, devendo a sua aplicação realizar-se mediante os meios colocados à disposição pelo próprio sistema jurídico.

Segundo esse entendimento, compete, em primeira linha, ao legislador a tarefa de realizar ou concretizar os direitos fundamentais no âmbito das relações privadas. Cabe a este garantir as diversas posições fundamentais relevantes mediante fixação de limitações diversas.

Um meio de irradiação dos direitos fundamentais para as relações privadas seriam as cláusulas gerais *(Generalklausel)* que serviriam de *'porta de entrada' (Einbruchstelle)* dos direitos fundamentais no âmbito do Direito Privado.

A referência a algumas decisões do *Bundesverfassungsgericht* pode contribuir para esclarecer adequadamente a orientação perfilhada pela Corte Constitucional alemã:

(1) Em 1950, o Presidente do Clube de Imprensa de Hamburgo, Erich Lüth, defendeu um boicote contra o filme *'Unsterbliche Geliebte'*, de Veit Harlan, diretor do filme *'Jud Süs'*, produzido durante o 3. Reich. Harlan logrou decisão do Tribunal estadual de Hamburgo no sentido de determinar que Lüth se abstivesse de conclamar o boicote contra o referido filme com base no § 826 do Código Civil (BGB). Contra essa decisão foi interposto recurso constitucional *(Verfassungsbeschwerde)* perante o *Bundesver fassungsgericht*. A Corte Constitucional deu pela procedência do recurso, enfatizando que decisões de tribunais civis, com base em leis gerais de natureza privada, podem lesar o direito de livre manifestação de opinião consagrado no art. 5, 1, da Lei Fundamental. Os tribunais ordinários estariam obrigados a levar em consideração o significado dos direitos fundamentais em face dos bens juridicamente tutelados pelas leis gerais (juízo de ponderação). Na espécie, entendeu a Corte que, ao apreciar a conduta do recorrente, o Tribunal estadual teria desconsiderado *(verkannt)* o especial significado que se atribui ao direito de livre manifestação de opinião também nos casos em que ele se confronta com interesses privados;

(2) O pequeno jornal 'Blinkfüer' continuou a publicar a programação das rádios da República Democrática Alemã mesmo após a construção do muro de Berlim (13.08.1961). A grande editora Springer dirigiu, por isso, uma circular a todas as bancas e negócios de vendas de jornais, ameaçando-os com a suspensão de fornecimento de jornais e revistas caso continuassem a vender o jornal 'Blinkfüer'. Foram significativos os prejuízos sofridos pela publicação. A pretensão de caráter indenizatório formulada pelo jornal foi rejeitada pelo *Bundesgerichtshof* – BGH (Supremo Tribunal de Justiça). Apreciando o recurso constitucional interposto pelo pequeno jornal, entendeu o *Bundesverfassungsgericht* que a editora Springer não poderia valer-se de sua superioridade econômica para fazer prevalecer a sua opinião. As opiniões contrapostas deveriam concorrer em pé de igualdade, com recursos de caráter exclusivamente intelectual *(geistige Waffen)*;

(3) No chamado 'caso Wallraff', um repórter, adotando uma identidade falsa, obteve um emprego como jornalista na redação do jornal sensacionalista 'Bild-Zeitung'. Essa experiência forneceu-lhe material para um livro. A ação movida pela empresa jornalística contra o repórter e seu editor foi rejeitada pelo Superior Tribunal de Justiça *(Bundesgerichtshof)*. A Corte Constitucional acolheu, todavia, o recurso constitucional interposto contra a decisão, entendendo que 'entre as condições da função de uma imprensa livre pertence a relação de confiança do trabalho de redação', sendo lícita, fundamentalmente, a pretensão manifestada no sentido de impedir a publicação de informações obtidas mediante utilização de artifícios dolosos.

A orientação esposada pela Corte em todos esses precedentes parece sinalizar que, embora o *Bundesverfassungsgericht extraia a* eficácia dos direitos fundamentais sobre as relações privadas do significado objetivo destes para a ordem jurídica total, acaba ele por reconhecer efeito jurídico-subjetivo a essas normas.

Tal como enfatizado no 'caso Blinkfüer', se o juiz não reconhece, no caso concreto, a influência dos direitos fundamentais sobre a relações privadas, então ele não apenas lesa o direito constitucional objetivo, como também afronta direito fundamental considerado como pretensão em face do Estado, ao qual, enquanto órgão estatal, está obrigado a observar.

Assim, ainda que se não possa cogitar de vinculação direta do cidadão aos direitos fundamentais, podem esses direitos legitimar limitações à autonomia privada, seja no plano da legislação, seja no plano da Interpretação.

É preciso acentuar que, diferentemente do que ocorre na relação direta entre o Estado e o cidadão, na qual a pretensão outorgada ao indivíduo limita a ação do Poder Público, a eficácia mediata dos direitos fundamentais refere-se primariamente a uma relação privada entre cidadãos, de modo que o reconhecimento do direito de alguém implica o sacrifício de faculdades reconhecidas a outrem.

Em outros termos, a eficácia mediata dos direitos está frequentemente relacionada com um caso de colisão de direitos. A posição jurídica de um indivíduo em face de outro somente pode prevalecer na medida em que se reconhece a prevalência de determinados interesses sobre outros.

Como enunciado, a teoria da 'eficácia mediata' *(mittelbare Drittwirkung)* revela também a preocupação do *Bundesverfassungsgericht* com a aplicação/concretização dos direitos fundamentais pelos Tribunais ordinários. A discussão sobre a eficácia indireta ganha relevo na medida em que as valorações estabelecidas pela Constituição não coincidem com a valoração do direito privado.

Tal como sintetizado por Hesse, a orientação da Corte Constitucional revela que a função dos direitos fundamentais enquanto elementos de uma ordem objetiva impõe tão somente a preservação de um *standard* mínimo de liberdade individual. Não se impõe, porém, uma redução generalizada da liberdade individual a esse padrão mínimo. 'Se o Direito Privado deixa maior liberdade do que os direitos fundamentais, não deve a liberdade ser restringida mediante uma vinculação a esses direitos'.

Hesse sustenta que os Direitos Fundamentais não obstam a que os titulares assumam obrigações em face de outros entes privados, uma vez que também a possibilidade de se vincular mediante atos livremente celebrados integra a liberdade individual. Assim, seriam válidos, em princípio, contratos celebrados entre pessoas privadas que limitassem a liberdade de opinião e legítimas as decisões de um empregador que selecionasse seus empregados com utilização de referenciais relacionados com a confissão religiosa ou a convicção política.

Não se pode perder de vista, porém, – adverte Hesse – que a liberdade individual pode restar ameaçada pela utilização de mecanismos de poder econômico ou social, o que acabaria por permitir a supressão daquele *standard* mínimo de liberdade pelo uso (abusivo) de posições dominantes no plano econômico-social.

Assim, entende Hesse que cabe ao legislador e, se este se revelar omisso ou indiferente, ao próprio juiz, interpretar o direito privado à luz dos direitos fundamentais *(im Licht der Gründrechte)*, exercendo o dever de proteção *(Schutzplicht)* que se impõe ao Estado.

A crítica ao entendimento da Corte Constitucional alemã sobre a eficácia mediata dos direitos fundamentais assenta-se tanto na sua débil fundamentação dogmática, quanto na sua eventual desnecessidade.

Quanto à fundamentação dogmática, afirma-se que a doutrina da eficácia mediata dos direitos fundamentais no âmbito das relações privadas padece dos mesmos problemas da jurisprudência sobre Constituição enquanto ordem valorativa *(Wertordnungsrechtprechung)*. A ausência de uma ordem objetiva de valores dificulta senão impossibilita uma decisão clara sobre os valores que hão de prevalecer em uma dada situação de conflito. A incerteza quanto aos critérios de ponderação e a existência de múltiplos critérios quase permitiriam afirmar que uma orientação pelos valores básicos poderia fundamentar qualquer decisão.

As garantias processuais fundamentais e os princípios do contraditório e da ampla defesa **283**

O argumento relativo à desnecessidade da jurisprudência sobre a eficácia mediata enfatiza que o recurso a essa teoria seria dispensável em caso de adequada aplicação do direito ordinário. A teoria da aplicação dos direitos fundamentais às relações privadas decorreria, assim, de necessidade de correção de julgados dos Tribunais ordinários. A discussão que se trava aqui refere-se exatamente à possibilidade de que o ganho obtido com a realização de justiça no caso concreto acabe por comprometer a clareza dogmática nos planos constitucional e legal.

Jürgen Schwabe rejeita tanto a doutrina da aplicação imediata, quanto a aplicação mediata dos direitos fundamentais, entendendo que a aplicação dos direitos fundamentais nas relações privadas decorre do próprio caráter estatal do direito privado. No âmbito do direito privado, as pretensões não representariam mais do que o poder estatal sob a forma de proibição ou de prescrição.

Essa orientação, que muito se assemelha à doutrina americana da *'state action'*, tem algo em comum com a doutrina da aplicação imediata dos direitos fundamentais às relações privadas: ambas admitem uma aplicação direta dos direitos fundamentais no âmbito das relações privadas. A diferença básica entre elas reside no fato de que para Schwabe não há que se cogitar de uma eficácia horizontal *(Drittwirkung)*, porquanto os direitos fundamentais devem ser aplicados até mesmo contra uma decisão estatal (decisão legislativa; decisão judicial; execução judicial).

Qualquer que seja a orientação adotada, importa acentuar que a discussão sobre aplicação dos direitos fundamentais às relações privadas está muito longe de assumir contornos dogmáticos claros.

É certo, por outro lado, que, a despeito do esforço desenvolvido pela doutrina, não se logra divisar, com clareza, uma distinção precisa entre a questão material da *Drittwirkung* (eficácia dos direitos fundamentais nas relações privadas) e a questão processual, que alça a Corte Constitucional a um papel de um *Supertribunal de Revisão*"[2].

A propósito da *state action*, o tema tem sido objeto de instigantes estudos e julgamentos nos Estados Unidos, os quais têm reconhecido a aplicação de direitos fundamentais para os casos em que estão envolvidos diretos civis (*The Civil Right Cases*), acordos privados (*Private Agreements*), ou ainda sob a alegação de que a questão decidida demanda um conceito de função pública (*The Public Function Concept*)[3].

No Brasil, a doutrina recente tem se dedicado com afinco ao desenvolvimento do tema. Mencionam-se a propósito os estudos de Daniel Sarmento, Ingo Sarlet, Paulo Gustavo Gonet Branco, Rodrigo de Oliveira Kaufmann, André Rufino do Vale e Thiago Sombra, os quais também enfatizam o amadurecimento dessa questão no Tribunal.

Com base nas raras ocasiões em que a Corte se debruçou sobre o tema, é possível delinear os contornos que a aplicação dos direitos fundamentais nas relações privadas pode assumir (cf. SARMENTO, Daniel. *Direitos Fundamentais e Relações Privadas*. Rio de Janeiro: Lumen Juris, 2004; SOMBRA, Thiago. *A eficácia dos direitos fundamentais nas relações jurídico-privadas: A identificação do contrato como ponto de encontro dos direitos fundamentais*. Porto Alegre: Sérgio Antônio Fabris, 2004; VALE, André Rufino do. *Eficácia dos direitos fundamentais nas relações privadas*. Porto Alegre: Sérgio Antônio Fabris, 2004; KAUFMANN, Rodrigo. *Dimensões e Perspectivas da Eficácia Horizontal dos Direitos Fundamentais. Possibilidades e limites de aplicação no Direito Constitucional Brasileiro*. Tese para a obtenção do título de Mestre em Direito apresentada em 2004 e orientada pelo Professor José Carlos Moreira Alves; BRANCO, Paulo Gustavo Gonet. Associações, Expulsão de Sócios e Direitos Fundamentais, *Direito Público* v. 1, n. 2 (out. /dez. 2003). Porto Alegre: Síntese; Brasília: Instituto Brasiliense de Direito Público, 2003, pp. 170-174; e SARLET, Ingo Wolfgang. A *Eficácia dos Direitos Fundamentais*. Porto Alegre: Livraria do Advogado, 1998).

---

[2]   MENDES, Gilmar Ferreira. *Direitos fundamentais e controle de constitucionalidade*: estudos de direito constitucional. 2. ed. rev. e ampliada. Celso Bastos Ed. São Paulo: Instituto Brasileiro de Direito Constitucional, 1999, p. 218-229.

[3]   NOWAK, John; ROTUNDA, Ronald. *Constitutional Law*. 5th ed. St. Paul, Minn: West Publishing Co., 1995.

Muitos desses estudos desenvolveram-se também a partir dos positivos impulsos decorrentes das decisões proferidas por esta Corte.

No RE n. 160.222-RJ (Rel. Min. Sepúlveda Pertence, *DJ* de 01/09/1995), discutiu-se se cometeria o crime de constrangimento ilegal, o gerente que exige das empregadas de certa indústria de *lingeries* o cumprimento de cláusula constante nos contratos individuais de trabalho, segundo a qual, elas deveriam se submeter a revistas íntimas, sob ameaça de dispensa. Elucidou a ementa:

"I. Recurso extraordinário: legitimação da ofendida – ainda que equivocadamente arrolada como testemunha –, não habilitada anteriormente, o que, porém, não a inibe de interpor o recurso, nos quinze dias seguintes ao término do prazo do Ministério Público, (STF, Súms. 210 e 448). II. Constrangimento ilegal: submissão das operárias de indústria de vestuário a revista íntima, sob ameaça de dispensa; sentença condenatória de primeiro grau fundada na garantia constitucional da intimidade e acórdão absolutório do Tribunal de Justiça, porque o constrangimento questionado a intimidade das trabalhadoras, embora existente, fora admitido por sua adesão ao contrato de trabalho: questão que, malgrado a sua relevância constitucional, já não pode ser solvida neste processo, dada a prescrição superveniente, contada desde a sentença de primeira instância e jamais interrompida, desde então"[4].

Em outro caso, o RE n. 158.215-RS (Rel. Min. Marco Aurélio, *DJ* de 07/06/1996), esta Segunda Turma preconizou a incidência direta dos direitos fundamentais sobre relações entre particulares. Tratava-se da hipótese de um membro expulso de cooperativa sem o atendimento da garantia do contraditório e da ampla defesa no âmago do devido processo legal. A ementa explicita tal raciocínio nos seguintes termos:

"DEFESA – DEVIDO PROCESSO LEGAL – INCISO LV DO ROL DAS GARANTIAS CONSTITUCIONAIS – EXAME – LEGISLAÇÃO COMUM. A intangibilidade do preceito constitucional assegurador do devido processo legal direciona ao exame da legislação comum. Daí a insubsistência da óptica segundo a qual a violência à Carta Política da República, suficiente a ensejar o conhecimento de extraordinário, há de ser direta e frontal. Caso a caso, compete ao Supremo Tribunal Federal exercer crivo sobre a matéria, distinguindo os recursos protelatórios daqueles em que versada, com procedência, a transgressão a texto constitucional, muito embora torne-se necessário, até mesmo, partir-se do que previsto na legislação comum. Entendimento diverso implica relegar à inocuidade dois princípios básicos em um Estado Democrático de Direito – o da legalidade e do devido processo legal, com a garantia da ampla defesa, sempre a pressuporem a consideração de normas estritamente legais.
COOPERATIVA – EXCLUSÃO DE ASSOCIADO – CARÁTER PUNITIVO – DEVIDO PROCESSO LEGAL. Na hipótese de exclusão de associado decorrente de conduta contrária aos estatutos, impõe-se a observância ao devido processo legal, viabilizado o exercício amplo da defesa. Simples desafio do associado à assembleia geral, no que toca à exclusão, não é de molde a atrair adoção de processo sumário. Observância obrigatória do próprio estatuto da cooperativa."[5]

Paulo Gustavo Gonet Branco analisa as tendências jurisprudenciais do Tribunal a partir desse julgamento:

"A segunda turma do Supremo Tribunal enxergou controvérsia constitucional apta a ensejar o conhecimento e provimento de recurso extraordinário em causa em que se discutia a legitimidade formal da expulsão de sócios de uma cooperativa, sem a observância dos preceitos estatutários relativos à defesa dos excluídos. O relator, Ministro Marco Aurélio, dirigiu toda a apreciação do caso para o ângulo da garantia constitucional da ampla defesa. Argumentou que *'a exaltação de ânimos não é de molde a afastar a incidência do preceito constitucional assegurador da plenitude da defesa nos processos em geral. (...) Incumbia à Cooperativa, uma vez instaurado o processo, dar aos acusados a oportunidade de defenderem-se e não excluí-los sumariamente do quadro de associados(...), sem a abertura de prazo para produção de defesa e feitura de prova'.*
O acórdão não se deteve em considerações acadêmicas sobre a eficácia dos direitos fundamentais nas relações entre particulares, o que o torna ainda mais sugestivo. A decisão tomou como indiscutível que

---

[4] RE n. 160.222-RJ, Rel. Min. Sepúlveda Pertence, *DJ* de 01.09.1995.
[5] RE n. 158.215-RS, Rel. Min. Marco Aurélio, *DJ* de 07.06.1996.

As garantias processuais fundamentais e os princípios do contraditório e da ampla defesa **285**

há normas de direitos fundamentais que incidem diretamente sobre relações entre pessoas privadas. Deixou para os comentadores os adornos doutrinários"[6].

Por fim, no RE n. 161.243-DF (Rel. Min. Carlos Velloso, *DJ* de 19/12/1997), o Tribunal não admitiu que a invocação do princípio da autonomia fosse argumento legítimo para discriminar, nacionais de estrangeiros, no que concerne à percepção de benefícios constantes no estatuto pessoal de determinada empresa. Consignou-se na ementa:

"CONSTITUCIONAL. TRABALHO. PRINCÍPIO DA IGUALDADE. TRABALHADOR BRASI-LEIRO EMPREGADO DE EMPRESA ESTRANGEIRA: ESTATUTOS DO PESSOAL DESTA: APLICABILIDADE AO TRABALHADOR ESTRANGEIRO E AO TRABALHADOR BRASILEI-RO. CF, 1967, art. 153, § 1º; CF, 1988, art. 5º, *caput*. I. – Ao recorrente, por não ser francês, não obstante trabalhar para a empresa francesa, no Brasil, não foi aplicado o Estatuto do Pessoal da Empresa, que concede vantagens aos empregados, cuja aplicabilidade seria restrita ao empregado de nacionalidade francesa. Ofensa ao princípio da igualdade: CF, 1967, art. 153, § 1º; CF, 1988, art. 5º, *caput*). II. – A discriminação que se baseia em atributo, qualidade, nota intrínseca ou extrínseca do indivíduo, como o sexo, a raça, a nacionalidade, o credo religioso, etc., é inconstitucional. Precedente do STF: AI 110.846(AgRg)-PR, Célio Borja, *RTJ* 119/465. III. – Fatores que autorizariam a desigualização não ocorrentes no caso. IV. – R.E. conhecido e provido"[7].

Daniel Sarmento, após analisar detalhadamente a jurisprudência do STF e dos demais tribunais pátrios sobre o assunto, observa:

"..., é possível concluir que, mesmo sem entrar na discussão das teses jurídicas sobre a forma de vinculação dos particulares aos direitos fundamentais, a jurisprudência brasileira vem aplicando diretamente os direitos individuais consagrados na Constituição na resolução de litígios privados"[8].

Não estou preocupado em discutir no atual momento qual a forma geral de aplicabilidade dos direitos fundamentais que a jurisprudência desta Corte professa para regular as relações entre particulares.

Tenho a preocupação de, tão somente, ressaltar que o Supremo Tribunal Federal já possui histórico identificável de uma jurisdição constitucional voltada para a aplicação desses direitos às relações privadas.

O caso em exame apresenta singularidades.

Conforme elucida o parecer da Procuradoria-Geral da República, a Recorrente é "repassadora do numerário arrecadado pelo Escritório Central de Arrecadação e Distribuição (ECAD)" (fl. 307).

Destarte, a exclusão de sócio do quadro social da UBC, sem qualquer garantia de ampla defesa, do contraditório, ou do devido processo constitucional, onera consideravelmente o recorrido, o qual fica impossibilitado de perceber os direitos autorais relativos à execução de suas obras.

De outro lado, diante da iminência de expulsão disciplinar, ainda que o recorrido tivesse optado por ingressar em outras entidades congêneres, nacionais ou estrangeiras, o ônus subsistiria em razão da eliminação automática do associado, nos termos do art. 18 do Estatuto Social da recorrente (fl. 48).

Nesse particular, lembro que no julgamento de tema relativo à constitucionalidade do perfil institucional do ECAD (ADI n. 2.054-DF, Rel. Min. Ilmar Galvão, *DJ* de 17.10.2003), o voto condutor do Ministro Sepúlveda Pertence abriu a divergência no sentido de que a entidade representa relevante papel no âmbito do sistema brasileiro de proteção aos direitos autorais, podendo

---

[6] BRANCO, Paulo Gustavo Gonet. Associações, Expulsão de Sócios e Direitos Fundamentais, *Direito Público* v. 1, n. 2 (out. /dez. 2003). Porto Alegre: Síntese; Brasília: Instituto Brasiliense de Direito Público, 2003, p. 170-174.

[7] RE n. 161.243-DF, Rel. Min. Carlos Velloso, *DJ* de 19.12.1997.

[8] SARMENTO, Daniel. *Direitos Fundamentais e Relações Privadas*. Rio de Janeiro: Lumen Iuris, 2004, p. 297.

atuar até mesmo como *"prestador de serviço público por delegação legislativa"*. E tal como anotara Pertence naquela oportunidade, a associação que se recusasse a se filiar ao ECAD arcaria com a consequência grave de não participar da gestão coletiva de arrecadação e distribuição de direitos autorais e, por conseguinte, não poder fazê-los isoladamente.

Na oportunidade do julgamento da referida ADI, acompanhei a tese vencedora, nos seguintes termos:

"... não é necessário entrar na discussão sobre a contrariedade ao direito de associação também, como já demonstrou o Ministro Sepúlveda Pertence, o fato de a Constituição de 88 explicitar essa liberdade negativa de associação não significa que ela não fosse existente entre nós nas versões anteriores. Na espécie, disse que está em jogo não apenas a aplicação da liberdade de associação, mas também a própria proteção do direito autoral. Por isso afigura-se-me legítima a decisão legislativa que, ao fixar as normas de organização e procedimento, viabiliza a cobrança de direitos autorais por uma entidade central. É evidente que o legislador considerou que esse seria o modelo mais adequado para proteger um valor constitucional que estava previsto."

Destarte, considerando que a União Brasileira de Compositores (UBC) integra a estrutura do ECAD, é incontroverso que, no caso, ao restringir as possibilidades de defesa do recorrido, ela assume posição privilegiada para determinar, preponderantemente, a extensão do gozo e fruição dos direitos autorais de seu associado.

Em outras palavras, trata-se de entidade que se caracteriza por integrar aquilo que poderíamos denominar como *espaço público* ainda que *não estatal*.

Essa realidade deve ser enfatizada principalmente porque, para os casos em que o único meio de subsistência dos associados seja a percepção dos valores pecuniários relativos aos direitos autorais que derivem de suas composições, a vedação das garantias constitucionais de defesa pode acabar por lhes restringir a própria liberdade de exercício profissional.

Logo, as penalidades impostas pela recorrente ao recorrido, extrapolam, em muito, a liberdade do direito de associação e, sobretudo, o de defesa. Conclusivamente, é imperiosa a observância das garantias constitucionais do devido processo legal, do contraditório e da ampla defesa (art. 5°, LIV e LV, da CF).

Tem-se, pois, caso singular, que transcende a simples liberdade de associar ou de permanecer associado. Em certa medida, a integração a essas entidades configura, para um número elevado de pessoas, quase que um imperativo decorrente do exercício de atividade profissional.

Cabe assinalar, ainda, as considerações de Paulo Branco relativamente ao caso específico de aplicação do direito de ampla defesa nas hipóteses de exclusão de sócio ou de membro de associação particular:

"É interessante notar, que também na esfera do direito internacional, vem-se firmando o princípio de que os direitos humanos não somente vinculam os Estados negativamente, impedindo-os de afetar os bens protegidos, como, por igual, criam para eles obrigações de agir, em defesa desses bens. Serve de exemplo o caso X e Y v. Holanda, de 1985, em que a Corte Europeia de Direitos Humanos não hesitou em proclamar que os Estados convenentes estavam obrigados à 'adoção de medidas destinadas a assegurar o respeito à vida privada, mesmo na esfera das relações dos indivíduos entre si'.

Um dos direitos fundamentais que se apontam como de incidência no âmbito dos relacionamentos privados é o direito de ampla defesa. Esse direito é tido como de observância obrigatória, em se tratando de exclusão de sócio ou de membro de associação particular.

É certo que a associação tem autonomia para gerir a sua vida e a sua organização. É certo, ainda, que, no direito de se associar, está incluída a faculdade de escolher com quem se associar, o que implica poder de exclusão. O direito de associação, entretanto, não é absoluto e comporta restrições, orientadas para o prestígio de outros direitos também fundamentais. A legitimidade dessas interferências dependerá da ponderação a ser estabelecida entre os interesses constitucionais confrontantes. A apreciação do fundamento dessas interferências, ainda, não pode prescindir de variantes diversas, como o propósito que anima a existência da sociedade. Na jurisprudência da Suprema Corte americana, há precedente distinguindo as sociedades voltadas para expressar um ponto de vista – religioso ou ideológico – e

As garantias processuais fundamentais e os princípios do contraditório e da ampla defesa **287**

outras, de cunho comercial, *non expressive*. Naquelas, a interferência de outros interesses sobre a sua estrutura e gestão teria admissibilidade consideravelmente mais restrita.

Não somente nos Estados Unidos, mas também em outras latitudes é conferida importância ao tipo de sociedade, com vistas a aferir o grau de controle do Estado sobre as decisões da entidade, como a de expulsão de membro. Ferrer i Riba e Salvador Coderch, com suporte na jurisprudência espanhola e na doutrina, produzem uma taxonomia de associações, conforme o grau de controle possível das causas e procedimentos de exclusão de sócios. Assim, as associações que detêm posição dominante na vida social ou econômica ou que exercem funções de representação de interesses gozam de uma liberdade mais restrita na fixação das causas de sanção e na imposição das mesmas. Para os autores, as entidades 'que promovem fins ideológicos integram o núcleo essencial da autonomia privada coletiva: as resoluções das associações religiosas ou de pessoas que compartilham um certo ideário ou uma ou outra concepção do mundo não estão, no fundamental, sujeitas a controle judicial'. Nas entidades de fins associativos predominantemente econômicos, a expulsão seria revisável em consideração ao dano patrimonial que pode causar ao excluído.

É importante notar – assim o advertem a doutrina e a jurisprudência espanholas – que nem toda pretensão decorrente de relação estatutária, surgida no interior de uma entidade privada, pode ser alçada à hierarquia de questão constitucional. Nem toda disputa em torno do estatuto associativo pode ser vista, primariamente, como controvérsia própria do direito fundamental de associação, o que produz óbvia repercussão sobre a competência da justiça constitucional. Casos, no entanto, de desprezo à garantia de defesa do expulso – defesa que há de abranger a notificação das imputações feitas e o direito a ser ouvido – tendem a ser inseridos na lista dos temas de índole constitucional, em que se admite, ademais, a eficácia dos direitos fundamentais no âmbito das associações particulares.

O direito de defesa ampla assoma-se como meio indispensável para se prevenir situações de arbítrio, que subverteriam a própria liberdade de se associar"[9].

Essas considerações parecem fornecer diretrizes mais ou menos seguras e, até certa parte, amplas, para a aplicação do direito de defesa no caso de exclusão de associados.

Todavia, afigura-se-me decisivo no caso em apreço, tal como destacado, a singular situação da entidade associativa, integrante do sistema ECAD, que, como se viu na ADI n. 2.054-DF, exerce uma atividade essencial na cobrança de direitos autorais, que poderia até configurar um *serviço público por delegação legislativa*.

Esse caráter *público* ou *geral* da atividade parece decisivo aqui para legitimar a *aplicação direta* dos direitos fundamentais concernentes ao devido processo legal, ao contraditório e à ampla defesa (art. 5º, LIV e LV, da CF) ao processo de exclusão de sócio de entidade.

Estando convencido, portanto, de que as particularidades do caso concreto legitimam a aplicabilidade dos direitos fundamentais referidos já pelo caráter público – ainda que não estatal – desempenhado pela entidade, peço vênia para divergir, parcialmente, da tese apresentada pela eminente Relatora. Voto, portanto, pelo conhecimento do recurso e, no mérito, pelo seu desprovimento.

---

[9]   BRANCO, Paulo Gustavo Gonet. Associações, Expulsão de Sócios e Direitos Fundamentais. *Direito* Público, v. 1, n. 2, out. /dez. 2003. Porto Alegre: Síntese; Brasília: Instituto Brasiliense de Direito Público, 2003, p. 172-173.

HC 105.959[1]

Habeas corpus – Direito processual penal – Impetração contra ato de ministro relator do Supremo Tribunal Federal – Descabimento – Não conhecimento.

O assessor Dr. Marcos Paulo Dutra Santos assim resumiu o quadro revelado neste processo:

Impugna-se decisão proferida, em 19 de dezembro de 2006, pelo ministro Cezar Peluso no Inquérito n. 2.424/RJ, que implicou a prorrogação do prazo para a realização de escutas telefônicas anteriormente autorizadas, nestes termos:

[...] 2. Considerando as intuitivas razões nelas expostas, designadamente a superveniência do chamado recesso forense desta Corte, que impedirá, na prática, prorrogação ulterior do prazo das diligências já determinadas e imprescindíveis à apuração em curso, prorrogo o prazo das interceptações autorizadas, até 1º de fevereiro do ano vindouro, quando deverão ser apresentados novos relatórios policiais. Expeçam-se os ofícios necessários. Em 2 de fevereiro de 2007, nova prorrogação foi autorizada pelo relator: [...] 2. Considerando seus termos, em si bastantes para justificar a prorrogação do prazo e a realização de diligências complementares, necessárias à apuração dos fatos, defiro: a) a adoção dos meios técnicos necessários para a interceptação das comunicações em sistema de informática e telemática, inclusive VELOX e MSN, de voz e imagem, dados e sinais que transitem pelas linhas telefônicas ali discriminadas; b) interceptação das comunicações telefônicas das pessoas relacionadas no item n. 6 da mesma Petição, bem como das novas linhas indicadas no mesmo sítio; c) suspensão da interceptação dos telefones do alvo nominado no item n. 7; d) prorrogação do prazo das diligências, nos termos já enunciados, bem como prosseguimento das medidas já autorizadas, tudo nos termos do requerido no item n. 8; e) advertência às operadoras sobre a necessidade de apresentação dos dados cadastrais e estações de rádiobase (ERBs, com respectivo extrato de antenas) dos telefones de interesse da investigação; f) a aproximação dos agentes policiais a determinados elos frágeis do grupo, os quais estão sendo identificados, segundo os princípios da oportunidade e da proporcionalidade, com as cautelas já determinadas. [...]. Neste *habeas*, os impetrantes sustentam a ausência de fundamentação da decisão em que se deferiu, de modo alegadamente abusivo, a prorrogação da escuta telefônica por mais de 44 dias consecutivos, violando o disposto no artigo 5º da Lei n. 9.296/96. Apontam a inadequação do Verbete n. 606 da Súmula do Supremo, pois o vício processual veiculado não pode ser apreciado por instância judicial inferior. Argumentam que a nulidade arguida não foi submetida ao exame do Plenário do Supremo na apreciação do Inquérito n. 2.424/RJ, em que recebida, de forma parcial, a denúncia oferecida pelo Ministério Público Federal. Transcrevendo trecho do Informativo n. 529 deste Tribunal, mediante o qual se noticiou o julgamento, mencionam a ilegalidade das sucessivas prorrogações das escutas telefônicas, pois realizadas antes de iniciado o recesso forense. Requereram o implemento de medida acauteladora para sustar o andamento das Ações Penais n. 2007.51.01.802985-5 (Operação Furacão I) e 2007.51.01.804865-5 (Operação Furacão II), que tramitam na 6ª Vara Federal Criminal da Seção Judiciária do Estado do Rio de Janeiro, até o exame final deste *habeas*. No mérito, pedem seja declarada a nulidade das prorrogações das escutas telefônicas determinadas pelo Ministro Cezar Peluso no Inquérito

---

[1] Vistos, relatados e discutidos estes autos, acordam os Ministros do Supremo Tribunal Federal, em Sessão Plenária, sob a Presidência do Ministro Ricardo Lewandowski, na conformidade da ata de julgamento e das notas taquigráficas, por maioria de votos, em não conhecer do *habeas corpus*, vencidos os Ministros Marco Aurélio (Relator), Dias Toffoli, Gilmar Mendes, Celso de Mello e Ricardo Lewandowski (Presidente) (*DJ* de 15.6.2016).

As garantias processuais fundamentais e os princípios do contraditório e da ampla defesa **289**

n. 2.424/RJ, desentranhadas as provas derivadas das referidas decisões, bem como excluídos, das denúncias oferecidas, esses elementos probatórios. Vossa Excelência indeferiu a medida acauteladora, ao argumento de que o Plenário, quando do recebimento da denúncia, havia placitado, por maioria, as sucessivas prorrogações do prazo das interceptações telefônicas. A Procuradoria-Geral da República opina pela não admissão do *habeas*. Os impetrantes formalizaram pedido de reconsideração da decisão de inferimento da medida acauteladora, reiterando o pleito liminar de sobrestamento das Ações Penais n. 2007.51.01.802985-5 (Operação Furacão I) e 2007.51.01.804865-5 (Operação Furacão II), que tramitam na 6ª Vara Federal Criminal da Seção Judiciária do Estado do Rio de Janeiro, até o julgamento do Recurso Extraordinário n. 625.263/PR, cuja repercussão geral já foi reconhecida, por versar sobre a mesma matéria – interceptação telefônica e admissibilidade de sucessivas renovações.

O julgado recebeu a seguinte ementa:

EMENTA: HABEAS CORPUS. *DIREITO PROCESSUAL PENAL. IMPETRAÇÃO CONTRA ATO DE MINISTRO RELATOR DO SUPREMO TRIBUNAL FEDERAL. DESCABIMENTO. NÃO CONHECIMENTO. 1. Não cabe pedido de* habeas corpus *originário para o Tribunal Pleno contra ato de ministro ou outro órgão fracionário da Corte. 2.* Writ *não conhecido.*

VOTO

Senhor Presidente, esse tema provoca sempre debates toda vez que assoma ao Plenário e há bons argumentos, como nós vimos, em um e em outro sentido. Obviamente, o debate que aqui se instala e se coloca diz respeito ao controle do ato por parte do Órgão Pleno do Tribunal, em face de um dos seus membros. Nós já tivemos situações em que se discutiu até isto do Presidente do Tribunal em mandado de segurança, diante – é verdade – do não cabimento de agravo, como se estabelecia no que concerne às chamadas suspensões de segurança, à hipótese do indeferimento. Portanto, o próprio Tribunal acolhia o mandado de segurança e, em uma ou outra vez, houve por bem inclusive de deferir, em casos excepcionais.

De modo que eu entendo que seria de bom alvitre. Eu consigo compreender as razões que se levantam em sentido contrário, mas, a meu ver, até mesmo a competência que agora foi delegada à Turma e o fortalecimento do Relator na Turma poderiam justificar, em muitos casos, nas ações penais originárias, o uso do *habeas corpus*. É claro que sempre seria um uso criterioso por parte de todos os colegas que viessem a ser eleitos ou designados relator.

Vossa Excelência há de se lembrar, quando nós travamos esse debate no HC número tal da relatoria do Ministro Toffoli, eu me lembrava de um caso – extradição é uma situação típica em que se pode colocar essa temática –, em que, em razão da ordem de prisão imposta a um estrangeiro, eu achei por bem conceder o *habeas corpus*. A mim me parece que, em casos determinados, isso é passível de se fazer. Eu tenho a impressão – é importante que a gente, talvez, revisite essa temática – de que a chave da abóboda do sistema de proteção judicial é a proteção judicial efetiva, é aquela cláusula que diz que nenhum direito ou ameaça a direito poderá estar imune à proteção judicial efetiva. Mas o texto quis mais, depois, ao explicitar essas garantias. É o caso do *habeas corpus* e os seus desdobramentos, do mandado de segurança, do mandado de injunção e do *habeas data*. Portanto, o debate que nós estamos travando diz respeito à ideia da efetividade da proteção. A mim me parece que essa é a chave. O Ministro Toffoli, a meu ver, demonstrou muito bem, inclusive, a base positiva do cabimento desse direito no texto constitucional, quer dizer, está expressamente assegurado. É claro que haverá sempre a possibilidade de inconvenientes, de eventuais distorções, retardos, mas esse é o preço que se paga, diz o Ministro Marco Aurélio, por se viver em um estado de direito. E, claro: "Ah, mas pode haver uma eventual exacerbação por parte de um possível relator num dado caso". O Plenário será soberano para fazer a devida correção. Logo, a meu ver, nos sopesamentos que nós temos que fazer aqui, eu enfatizaria a importância da proteção judicial efetiva que se materializa no *habeas corpus*, tal como eu já tinha votado no...

O SENHOR MINISTRO RICARDO LEWANDOWSKI (PRESIDENTE) – Ministro Gilmar, Vossa Excelência me permite um rápido aparte?

O SENHOR MINISTRO GILMAR MENDES – Por favor.

O SENHOR MINISTRO RICARDO LEWANDOWSKI (PRESIDENTE) – Eu me lembro exatamente muito bem de um caso bastante famoso, e a argumentação sólida de Vossa Excelência acabou alterando o julgamento em desfavor de um ato que eu havia praticado numa extradição. Envolvia um jogador de futebol famoso, o Rincón. Vossa Excelência se lembra disso. Eu havia, como era praxe no Tribunal, determinado a prisão preventiva para fins de extradição. Havia um certo automatismo naquela época, até para evitar a fuga do extraditando, e nós simplesmente, quando recebíamos o pedido da autoridade estrangeira, decretávamos a prisão. E foi impetrado um *habeas corpus* contra essa minha decisão liminar num processo de extradição. Eu, evidentemente, defendi o meu ato, mas Vossa Excelência entendeu, enfim, que o caso merecia, sobretudo as circunstâncias pessoais do envolvido mereciam um tratamento diferenciado, uma prisão domiciliar, que lhe foi concedida pelo Pleno do Supremo Tribunal Federal. O meu ato, determinando a prisão preventiva para fins de extradição, que a Corte julgou exagerada para o caso concreto, então, foi corrigido, Vossa Excelência conseguiu alterar o entendimento. E eu creio que sempre o entendimento da maioria é o entendimento que mais se aproxima da verdade processual e factual. Portanto, apenas lembrar como é que isto já funcionou no passado e, a meu ver, funcionou muito bem, e eu, como autoridade coatora, me senti confortado pela discussão que o Plenário travou.

O SENHOR MINISTRO GILMAR MENDES – Por isso, Presidente, que nessa linha, eu entendo que é possível, sim, acho que é admissível e recomendável, no sistema de proteção que a Constituição erige, proceder à aceitação do *habeas corpus*. De qualquer modo, tal como já foi aqui destacado, o próprio texto constitucional reconhece que é cabível, sim, o *habeas corpus* contra autoridade submetida à Constituição nos termos especificados, no caso, juízes do Supremo Tribunal Federal. Evidente que nós não podemos fazer tábula rasa dos argumentos, inclusive de índole pragmática, que se colocam em função das possíveis desinteligências que venham a se estabelecer, mas, é claro, o Tribunal saberá proceder aos devidos encaminhamentos em casos que tais, como tem sabido em outros. De modo que eu vou me manifestar, pedindo todas as vênias à corrente que está se formando no sentido da inadmissibilidade, para reafirmar meu juízo em prol da admissibilidade, sufragando, portanto, o voto do eminente Ministro-Relator.

ADPF 378-ED[1]

Direito constitucional – Embargos de declaração em ADPF – Inadmissibilidade de pedido consultivo – Inexistência de omissão, contradição ou obscuridade – Inviabilidade da pretensão de rejulgamento da causa – Conhecimento parcial e desprovimento dos embargos.

Trata-se de embargos de declaração, com pedido de concessão de efeitos modificativos, opostos pela Mesa da Câmara dos Deputados contra acórdão proferido pelo Plenário desta Corte, que, por maioria, julgou parcialmente procedente a ação de descumprimento de preceito fundamental n. 378, ajuizada pelo Partido Comunista do Brasil. A ação tem por objeto analisar a compatibilidade do rito do processo de *impeachment* de Presidente da República previsto na Lei n. 1.079/1950 com a Constituição de 1988. O acórdão embargado encontra-se assim ementado:

Ementa: DIREITO CONSTITUCIONAL. MEDIDA CAUTELAR EM AÇÃO DE DESCUMPRIMENTO DE PRECEITO FUNDAMENTAL. PROCESSO DE IMPEACHMENT. DEFINIÇÃO DA LEGITIMIDADE CONSTITUCIONAL DO RITO PREVISTO NA LEI N. 1.079/1950. ADOÇÃO, COMO LINHA GERAL, DAS MESMAS REGRAS SEGUIDAS EM 1992. CABIMENTO DA AÇÃO E CONCESSÃO PARCIAL DE MEDIDAS CAUTELARES. CONVERSÃO EM JULGAMENTO DEFINITIVO. I. CABIMENTO DA ADPF E DAS MEDIDAS CAUTELARES INCIDENTAIS.

1. A presente ação tem por objeto central analisar a compatibilidade do rito de impeachment de Presidente da República previsto na Lei n. 1.079/1950 com a Constituição de 1988. A ação é cabível, mesmo se considerarmos que requer, indiretamente, a declaração de inconstitucionalidade de norma posterior à Constituição e que pretende superar omissão parcial inconstitucional. Fungibilidade das ações diretas que se prestam a viabilizar o controle de constitucionalidade abstrato e em tese. Atendimento ao requisito da subsidiariedade, tendo em vista que somente a apreciação cumulativa de tais pedidos é capaz de assegurar o amplo esclarecimento do rito do impeachment por parte do STF.

2. A cautelar incidental requerida diz respeito à forma de votação (secreta ou aberta) e ao tipo de candidatura (indicação pelo líder ou candidatura avulsa) dos membros da Comissão Especial na Câmara dos Deputados. A formação da referida Comissão foi questionada na inicial, ainda que sob outro prisma. Interpretação da inicial de modo a conferir maior efetividade ao pronunciamento judicial. Pedido cautelar incidental que pode ser recebido, inclusive, como aditamento à inicial. Inocorrência de violação ao princípio do juiz natural, pois a ADPF foi à livre distribuição e os pedidos da cautelar incidental são abrangidos pelos pleitos da inicial.

II. MÉRITO: DELIBERAÇÕES POR MAIORIA. 1. PAPÉIS DA CÂMARA DOS DEPUTADOS E DO SENADO FEDERAL NO PROCESSO DE IMPEACHMENT (ITENS C, G, H E I DO PEDIDO CAUTELAR):

1.1. Apresentada denúncia contra o Presidente da República por crime de responsabilidade, compete à Câmara dos Deputados autorizar a instauração de processo (art. 51, I, da CF/1988). A Câmara exerce, assim, um juízo eminentemente político sobre os fatos narrados, que constitui condição para o prosseguimento da denúncia. Ao Senado compete, privativamente, processar e julgar o Presidente (art. 52, I), locução que abrange a

---

[1] Vistos, relatados e discutidos estes autos, acordam os Ministros do Supremo Tribunal Federal, sob a Presidência do Ministro Ricardo Lewandowski, na conformidade da ata de julgamento e das notas taquigráficas, por unanimidade de votos, em conhecer em parte dos embargos de declaração e, na parte conhecida, por maioria de votos, rejeitar o recurso, nos termos do voto do Relator. Vencidos os Ministros Dias Toffoli e Gilmar Mendes, que o acolhiam (*DJ* de 4.8.2016).

realização de um juízo inicial de instauração ou não do processo, isto é, de recebimento ou não da denúncia autorizada pela Câmara.

1.2. Há três ordens de argumentos que justificam esse entendimento. Em primeiro lugar, esta é a única interpretação possível à luz da Constituição de 1988, por qualquer enfoque que se dê: literal, histórico, lógico ou sistemático. Em segundo lugar, é a interpretação que foi adotada pelo Supremo Tribunal Federal em 1992, quando atuou no impeachment do então Presidente Fernando Collor de Mello, de modo que a segurança jurídica reforça a sua reiteração pela Corte na presente ADPF. E, em terceiro e último lugar, trata-se de entendimento que, mesmo não tendo sido proferido pelo STF com força vinculante e erga omnes, foi, em alguma medida, incorporado à ordem jurídica brasileira. Dessa forma, modificá-lo, estando em curso denúncia contra a Presidente da República, representaria uma violação ainda mais grave à segurança jurídica, que afetaria a própria exigência democrática de definição prévia das regras do jogo político. 1.3. Partindo das premissas acima, depreende-se que não foram recepcionados pela CF/1988 os arts. 23, §§ 1º, 4º e 5º; 80, 1ª parte (que define a Câmara dos Deputados como tribunal de pronúncia); e 81, todos da Lei n. 1.079/1950, porque incompatíveis com os arts. 51, I; 52, I; e 86, § 1º, II, todos da CF/1988.

2. RITO DO IMPEACHMENT NA CÂMARA (ITEM C DO PEDIDO CAUTELAR):

2.1. O rito do impeachment perante a Câmara, previsto na Lei n. 1.079/1950, partia do pressuposto de que a tal Casa caberia, nos termos da CF/1946, pronunciar-se sobre o mérito da acusação. Em razão disso, estabeleciam-se duas deliberações pelo Plenário da Câmara: a primeira quanto à admissibilidade da denúncia e a segunda quanto à sua procedência ou não. Havia, entre elas, exigência de dilação probatória.

2.2. Essa sistemática foi, em parte, revogada pela Constituição de 1988, que, conforme indicado acima, alterou o papel institucional da Câmara no impeachment do Presidente da República. Conforme indicado pelo STF e efetivamente seguido no caso Collor, o Plenário da Câmara deve deliberar uma única vez, por maioria qualificada de seus integrantes, sem necessitar, porém, desincumbir-se de grande ônus probatório. Afinal, compete a esta Casa Legislativa apenas autorizar ou não a instauração do processo (condição de procedibilidade). 2.3. A ampla defesa do acusado no rito da Câmara dos Deputados deve ser exercida no prazo de dez sessões (RI/CD, art. 218, § 4º), tal como decidido pelo STF no caso Collor (MS 21.564, Rel. para o acórdão Min. Carlos Velloso).

3. RITO DO IMPEACHMENT NO SENADO (ITENS G E H DO PEDIDO CAUTELAR): 3.1. Por outro lado, há de se estender o rito relativamente abreviado da Lei n. 1.079/1950 para julgamento do impeachment pelo Senado, incorporando-se a ele uma etapa inicial de instauração ou não do processo, bem como uma etapa de pronúncia ou não do denunciado, tal como se fez em 1992. Estas são etapas essenciais ao exercício, pleno e pautado pelo devido processo legal, da competência do Senado de processar e julgar o Presidente da República.

3.2. Diante da ausência de regras específicas acerca dessas etapas iniciais do rito no Senado, deve-se seguir a mesma solução jurídica encontrada pelo STF no caso Collor, qual seja, a aplicação das regras da Lei n. 1.079/1950 relativas a denúncias por crime de responsabilidade contra Ministros do STF ou contra o PGR (também processados e julgados exclusivamente pelo Senado). 3.3. Conclui-se, assim, que a instauração do processo pelo Senado se dá por deliberação da maioria simples de seus membros, a partir de parecer elaborado por Comissão Especial, sendo improcedentes as pretensões do autor da ADPF de (i) possibilitar à própria Mesa do Senado, por decisão irrecorrível, rejeitar sumariamente a denúncia; e (ii) aplicar o quórum de 2/3, exigível para o julgamento final pela Casa Legislativa, a esta etapa inicial do processamento.

4. NÃO É POSSÍVEL A APRESENTAÇÃO DE CANDIDATURAS OU CHAPAS AVULSAS PARA FORMAÇÃO DA COMISSÃO ESPECIAL (CAUTELAR INCIDENTAL): É incompatível com o art. 58, caput e § 1º, da Constituição que os representantes dos partidos políticos ou blocos parlamentares deixem de ser indicados pelos líderes, na forma do Regimento Interno da Câmara dos Deputados, para serem escolhidos de fora para dentro, pelo Plenário, em violação à autonomia partidária. Em rigor, portanto, a hipótese não é de eleição. Para o rito de impeachment em curso, contudo, não se considera inválida a realização de eleição pelo Plenário da Câmara, desde que limitada, tal como ocorreu no caso Collor, a ratificar ou não

As garantias processuais fundamentais e os princípios do contraditório e da ampla defesa **293**

as indicações feitas pelos líderes dos partidos ou blocos, isto é, sem abertura para candidaturas ou chapas avulsas. Procedência do pedido.

5. A VOTAÇÃO PARA FORMAÇÃO DA COMISSÃO ESPECIAL SOMENTE PODE SE DAR POR VOTO ABERTO (CAUTELAR INCIDENTAL): No impeachment, *tôdas as votações devem ser abertas, de modo a permitir maior transparência, controle dos representantes e legitimação do processo. No silêncio da Constituição, da Lei n. 1.079/1950 e do Regimento Interno sobre a forma de votação, não é admissível que o Presidente da Câmara dos Deputados possa, por decisão unipessoal e discricionária, estender hipótese inespecífica de votação secreta prevista no RI/CD, por analogia, à eleição para a Comissão Especial de* impeachment. *Em uma democracia, a regra é a publicidade das votações. O escrutínio secreto somente pode ter lugar em hipóteses excepcionais e especificamente previstas. Além disso, o sigilo do escrutínio é incompatível com a natureza e a gravidade do processo por crime de responsabilidade. Em processo de tamanha magnitude, que pode levar o Presidente a ser afastado e perder o mandato, é preciso garantir o maior grau de transparência e publicidade possível. Nesse caso, não se pode invocar como justificativa para o voto secreto a necessidade de garantir a liberdade e independência dos congressistas, afastando a possibilidade de ingerências indevidas. Se a votação secreta pode ser capaz de afastar determinadas pressões, ao mesmo tempo, ela enfraquece o controle popular sobre os representantes, em violação aos princípios democrático, representativo e republicano. Por fim, a votação aberta (simbólica) foi adotada para a composição da Comissão Especial no processo de* impeachment *de Collor, de modo que a manutenção do mesmo rito seguido em 1992 contribui para a segurança jurídica e a previsibilidade do procedimento. Procedência do pedido.*

6. A DEFESA TEM DIREITO DE SE MANIFESTAR APÓS A ACUSAÇÃO (ITEM E DO PEDIDO CAUTELAR): No curso do procedimento de impeachment, *o acusado tem a prerrogativa de se manifestar, de um modo geral, após a acusação. Concretização da garantia constitucional do devido processo legal (*due process of law*). Precedente: MS 25.647-MC, Redator p/ acórdão Min. Cezar Peluso, Plenário. Procedência do pedido.*

III. MÉRITO: DELIBERAÇÕES UNÂNIMES. 1. IMPOSSIBILIDADE DE APLICAÇÃO SUBSIDIÁRIA DAS HIPÓTESES DE IMPEDIMENTO E SUSPEIÇÃO AO PRESIDENTE DA CÂMARA (ITEM K DO PEDIDO CAUTELAR): Embora o art. 38 da Lei n. 1.079/1950 preveja a aplicação subsidiária do Código de Processo Penal no processo e julgamento do Presidente da República por crime de responsabilidade, o art. 36 dessa Lei já cuida da matéria, conferindo tratamento especial, ainda que de maneira distinta do CPP. Portanto, não há lacuna legal acerca das hipóteses de impedimento e suspeição dos julgadores, que pudesse justificar a incidência subsidiária do Código. A diferença de disciplina se justifica, de todo modo, pela distinção entre magistrados, dos quais se deve exigir plena imparcialidade, e parlamentares, que podem exercer suas funções, inclusive de fiscalização e julgamento, com base em suas convicções político- -partidárias, devendo buscar realizar a vontade dos representados. Improcedência do pedido.

2. NÃO HÁ DIREITO A DEFESA PRÉVIA (ITEM A DO PEDIDO CAUTELAR): A apresentação de defesa prévia não é uma exigência do princípio constitucional da ampla defesa: ela é exceção, e não a regra no processo penal. Não há, portanto, impedimento para que a primeira oportunidade de apresentação de defesa no processo penal comum se dê após o recebimento da denúncia. No caso dos autos, muito embora não se assegure defesa previamente ao ato do Presidente da Câmara dos Deputados que inicia o rito naquela Casa, colocam-se à disposição do acusado inúmeras oportunidades de manifestação em ampla instrução processual. Não há, assim, violação à garantia da ampla defesa e aos compromissos internacionais assumidos pelo Brasil em tema de direito de defesa. Improcedência do pedido.

3. A PROPORCIONALIDADE NA FORMAÇÃO DA COMISSÃO ESPECIAL PODE SER AFERIDA EM RELAÇÃO A BLOCOS (ITEM D DO PEDIDO CAUTELAR): O art. 19 da Lei n. 1.079/1950, no ponto em que exige proporcionalidade na Comissão Especial da Câmara dos Deputados com base na participação dos partidos políticos, sem mencionar os blocos parlamentares, foi superado pelo regime constitucional de 1988. Este estabeleceu expressamente: (i) a possibilidade de se assegurar a representatividade por bloco (art. 58, § 1º) e (ii) a delegação da matéria ao Regimento Interno da Câmara (art. 58, caput). A

Estado de Direito e Jurisdição Constitucional – Decisões relevantes em 15 anos de atuação no STF

opção pela aferição da proporcionalidade por bloco foi feita e vem sendo aplicada reiteradamente pela Câmara dos Deputados na formação de suas diversas Comissões, tendo sido seguida, inclusive, no caso Collor. Improcedência do pedido.

4. OS SENADORES NÃO PRECISAM SE APARTAR DA FUNÇÃO ACUSATÓRIA (ITEM J DO PEDIDO CAUTELAR): O procedimento acusatório estabelecido na Lei n. 1.079/1950, parcialmente recepcionado pela CF/1988, não impede que o Senado adote as medidas necessárias à apuração de crimes de responsabilidade, inclusive no que concerne à produção de provas, função que pode ser desempenhada de forma livre e independente. Improcedência do pedido.

5. É POSSÍVEL A APLICAÇÃO SUBSIDIÁRIA DOS REGIMENTOS INTERNOS DA CÂMARA E DO SENADO (ITEM B DO PEDIDO CAUTELAR): A aplicação subsidiária do Regimento Interno da Câmara dos Deputados e do Senado ao processamento e julgamento do impeachment não viola a reserva de lei especial imposta pelo art. 85, parágrafo único, da Constituição, desde que as normas regimentais sejam compatíveis com os preceitos legais e constitucionais pertinentes, limitando-se a disciplinar questões interna corporis. Improcedência do pedido. 6. O INTERROGATÓRIO DEVE SER O ATO FINAL DA INSTRUÇÃO PROBATÓRIA (ITEM F DO PEDIDO CAUTELAR): O interrogatório do acusado, instrumento de autodefesa que densifica as garantias do contraditório e da ampla defesa, deve ser o último ato de instrução do processo de impeachment. Aplicação analógica da interpretação conferida pelo Supremo Tribunal Federal ao rito das ações penais originárias. Precedente: AP 528-AgR, Rel. Min. Ricardo Lewandowski, Plenário. Procedência do pedido.

IV. ACOLHIMENTO PARCIAL DO PEDIDO: Convertido o julgamento da medida cautelar em definitivo, a fim de promover segurança jurídica no processo de impeachment, foram acolhidos em parte os pedidos formulados pelo autor, nos seguintes termos:

1. Item "f" (equivalente à cautelar "a"): denegação, de modo a afirmar que não há direito a defesa prévia ao ato de recebimento pelo Presidente da Câmara dos Deputados previsto no art. 19 da Lei n. 1.079/1950;

2. Item "g" (equivalente à cautelar "b"): concessão parcial para estabelecer, em interpretação conforme a Constituição do art. 38 da Lei n. 1.079/1950, que é possível a aplicação subsidiária dos Regimentos Internos da Câmara e do Senado ao processo de impeachment, desde que sejam compatíveis com os preceitos legais e constitucionais pertinentes;

3. Item "h" (equivalente à cautelar "c"): concessão parcial para: 1. declarar recepcionados pela CF/1988 os arts. 19, 20 e 21 da Lei n. 1.079/1950 interpretados conforme a Constituição, para que se entenda que as diligências e atividades ali previstas não se destinam a provar a (im)procedência da acusação, mas apenas a esclarecer a denúncia, e 2. para declarar não recepcionados pela CF/1988 os arts. 22, caput, 2ª parte (que se inicia com a expressão "No caso contrário..."), e §§ 1º, 2º, 3º e 4º, da Lei n. 1.079/1950, que determinam dilação probatória e uma segunda deliberação na Câmara dos Deputados, partindo do pressuposto que caberia a tal Casa pronunciar-se sobre o mérito da acusação;

4. Item "i" (equivalente à cautelar "d"): denegação, por reconhecer que a proporcionalidade na formação da comissão especial pode ser aferida em relação aos partidos e blocos parlamentares;

5. Item "j" (equivalente à cautelar "e"): concessão integral, para estabelecer que a defesa tem o direito de se manifestar após a acusação;

6. Item "k" (equivalente à cautelar "f"): concessão integral, para estabelecer que o interrogatório deve ser o ato final da instrução probatória;

7. Item "l" (equivalente à cautelar "g"): concessão parcial para dar interpretação conforme a Constituição ao art. 24 da Lei n. 1.079/1950, a fim de declarar que, com o advento da CF/1988, o recebimento da denúncia no processo de impeachment ocorre apenas após a decisão do Plenário do Senado Federal, em votação nominal tomada por maioria simples e presente a maioria absoluta de seus membros;

8. Item "m" (equivalente à cautelar "h"): concessão parcial para declarar constitucionalmente legítima a aplicação analógica dos arts. 44, 45, 46, 47, 48 e 49 da Lei n. 1.079/1950, os quais determinam o rito do pro-

cesso de impeachment *contra Ministros do STF e PGR ao processamento no Senado Federal de crime de responsabilidade contra Presidente da República, denegando-se o pedido de aplicação do quórum de 2/3 do Plenário do Senado para confirmar a instauração do processo;*

9. Item "n" (equivalente à cautelar "i"): concessão integral, para declarar que não foram recepcionados pela CF/1988 os arts. 23, §§ 1º, 4º (por arrasta mento) e 5º; 80, 1ª parte; e 81, todos da Lei n. 1.079/1950, porque estabelecem os papéis da Câmara e do Senado Federal de modo incompatível com os arts. 51, I; 52, I; e 86, § 1º, II, da CF/1988;

10. Item "o" (equivalente à cautelar "j"): denegação, para afirmar que os senadores não precisam se apartar da função acusatória;

11. Item "p" (equivalente à cautelar "k"): denegação, para reconhecer a impossibilidade de aplicação subsidiária das hipóteses de impedimento e suspeição do CPP relativamente ao Presidente da Câmara dos Deputados;

12. Cautelar incidental (candidatura avulsa): concessão integral para declarar que não é possível a formação da comissão especial a partir de candidaturas avulsas, de modo que eventual eleição pelo Plenário da Câmara limite-se a confirmar ou não as indicações feitas pelos líderes dos partidos ou blocos; e

13. Cautelar incidental (forma de votação): concessão integral para reconhecer que, havendo votação para a formação da comissão especial do impeachment, *esta somente pode se dar por escrutínio aberto. 2. A Mesa da Câmara dos Deputados opôs os presentes embargos de declaração em 1º.2.2016, anteriormente à publicação do acórdão recorrido. A esse respeito, afirmou que a atual jurisprudência do Supremo Tribunal Federal não considera extemporâneo o recurso interposto nessa circunstância, "desde que a parte tenha conhecimento dos seus fundamentos e desde que o recurso apresentado tenha pertinência temática com o que restou decidido". 3. No mérito, a embargante alegou que o acórdão embargado conteria omissões, contradições e obscuridades, assim como teria se baseado em premissas equivocadas, no que se refere a três pontos específicos: (i) o papel do Senado Federal no processo de* impeachment; *(ii) a impossibilidade de candidaturas ou chapas avulsas para a formação da comissão especial do* impeachment *na Câmara dos Deputados; e (iii) a obrigatoriedade de eleição da comissão por voto aberto. 4. A propósito do papel do Senado Federal no processo de* impeachment, *a embargante afirmou haver equívoco na afirmação de que, no caso Collor, o STF teria entendido que caberia ao Senado Federal a decisão de instaurar ou não o processo de* impeachment. *Conforme aduziu, no julgamento do MS 21.564, a posição adotada por esta Corte, ilustrada pelo voto do Ministro Celso de Mello, teria sido a de que "o Senado não pode discordar da decisão da Câmara". Alegou que esta Corte teria conferido interpretação equivocada aos dispositivos constitucionais que tratam do papel do Senado Federal e da Câmara dos Deputados no processo de* impeachment. *Para a embargante, a força imperativa da expressão "será ele submetido a julgamento" retiraria do Senado a possibilidade de rejeitar a autorização da Câmara. Finalmente, apontou omissão/obscuridade quanto aos parâmetros da revisão a ser feita pelo Senado, se limitada à análise dos requisitos formais de admissibilidade da denúncia ou se inclui novo juízo político. 5. Já em relação à impossibilidade de candidaturas ou chapas avulsas, argumentou que haveria contradição em o STF ter considerado recepcionado o art. 38 da Lei n. 1.079/1950, e, logo, validado a aplicação subsidiária do Regimento Interno da Câmara dos Deputados ("RI/CD") ao processo de* impeachment, *mas, ao mesmo tempo, ter deixado de aplicar regras regimentais que qualificam a comissão especial como "eleita" e permitem, para a eleição da Mesa da Casa, candidaturas avulsas (arts. 7º e 8º do RI/CD). Alegou, ainda, que a interpretação conferida por esta Corte à expressão "eleita", presente no art. 218, § 2º, do RI/CD, contrariaria o sentido jurídico mais comum e aquele dado ao termo no próprio RI/CD. Por fim, apontou suposta premissa equivocada no acórdão quanto ao caso Collor, alegando que a eleição a partir de chapa única, em 1992, não se deu por vedação a candidaturas avulsas, mas por peculiaridades do momento político da época, em que havia um consenso em torno do* impeachment. *6. Por fim, a respeito da exigência de eleição da comissão especial por voto aberto, argumentou que o acórdão teria sido omisso quanto à previsão de votação secreta constante da parte final do inciso III do art. 188 do RI/CD (expressão "demais eleições"), "salvo em uma única nota de rodapé". Apontou suposto equívoco de qualificar a previsão regimental que autoriza a votação secreta em todas "as demais eleições" como exceção genérica à regra de publicidade do voto, já que seriam apenas três os casos enquadrados em "demais eleições" na Câmara. Alegou contradição, ao restringir "o voto sob sigilo aos casos de exercício de função eleito-ral", mas desconsiderar que "os membros da Comissão Especial do impeachment são justamente 'eleitos'". Destacou, ainda, ser contraditório afirmar que "a atuação da Câmara dos Deputados deve ser entendida como parte de um momento pré-processual", mas, ao mesmo tempo, entender que a votação deveria ser aberta, pois "o sigilo do escrutínio seria incompatível com a natureza e a gravidade do processo por crime de responsabilida-de". Finalmente, alegou premissa equivocada relativa ao caso Collor, asseverando que, em 1992, a votação foi "meramente simbólica, aberta, por aclamação, porque não houve divergência alguma". 7. Após a exposição desses fundamentos, a Câmara dos Deputados pleiteou o conhecimento e acolhimento dos embargos, para o fim de suprir os vícios apontados. Na sequência, e ainda a título de pedido, formulou 11 "questões paralelas", que, no seu entender, deveriam ser esclarecidas pelo STF. 8. Considerando a relevância da presente ADPF e a necessidade de preservar o princípio do contraditório e da ampla defesa, intimei o autor da ação, os demais interessados (Senado Federal e Presidência da República), a Advocacia-Geral da União e a Procuradoria-Ge-ral da República, para que se manifestassem acerca dos presentes embargos. 9. O requerente, Partido Comu-nista do Brasil – PC do B, manifestou-se no sentido da intempestividade dos presentes embargos de declaração e da inexistência dos vícios apontados na peça recursal, sustentando que os embargos consubstanciam mera tentativa de rediscussão do que foi decidido pelo acórdão embargado. Ainda, alegou que as 11 perguntas dedu-zidas nos embargos de declaração veiculam consulta dirigida ao Poder Judiciário, insuscetível de apreciação por esta Corte, conforme ampla jurisprudência. 10. O Senado Federal defendeu, preliminarmente, que, caso os presentes embargos fossem considerados tempestivos, isso acarretaria preclusão consumativa, a impossibilitar qualquer aditamento posterior. No mérito, limitou-se a defender a interpretação conferida pelo STF de que o Senado Federal teria a possibilidade de realizar juízo de admissibilidade da denúncia, após a autorização para a instauração do processo pela Câmara dos Deputados. Afirmou, ainda, que o juízo de admissibilidade do Se-nado Federal é um juízo próprio e independente, que não se limita a aspectos meramente formais da denúncia, revestindo-se também de dimensão política. 11. A Presidência da República alegou intempestividade do recur-so, argumentando que os embargos, por sua natureza, demandam a formalização do acórdão para serem opos-tos. No mérito, defendeu a inexistência dos vícios apontados, tendo observado que o acórdão enfrentou, de modo preciso, toda a matéria em discussão e que não se pode admitir a tentativa de reapreciação da causa nessa sede. Finalmente, em relação às questões paralelas, trazidas ao final do recurso, apontou que não cabe ao STF res-pondê-las, pois a Corte não é órgão consultivo e a ADPF constitui processo de controle abstrato de normas. 12. Na qualidade de amici curiae, manifestaram-se o Partido dos Trabalhadores – PT e o Democratas – DEM. Em sua petição, o PT alegou que os embargos de declaração não demonstraram a existência de quais-quer dos vícios previstos no art. 535 do CPC, mas apenas serviram para veicular o desconforto da embargan-te com a decisão proferida no Plenário do STF. Já o DEM requereu a juntada de duas atas de sessões da Câmara dos Deputados durante o processo de impeachment do Presidente Collor, contendo declarações do Presidente da Câmara dos Deputados à época no sentido de que: (i) admitiria candidaturas avulsas para a formação da comissão especial não fosse o esgotamento do prazo para seu registro, e (ii) a regra do voto secreto para eleição da Comissão Especial somente não foi aplicada porque não houve chapas concorrentes. 13. Na sequência, o Advogado-Geral da União defendeu, preliminarmente, a intempestividade dos embargos declara-tórios, por ser inviável extrair a existência de omissão, contradição ou obscuridade de acórdão que sequer foi formalizado. Em relação ao mérito, alegou que os vícios apontados pela embargante não estariam presentes na decisão e ressaltou a pretensão infringente do recurso.*

14. Por fim, a Procuradoria-Geral da República apresentou parecer também pelo não conhecimento dos embargos de declaração opostos antes da publicação do acórdão recorrido. No mérito, entendeu pelo não provimento do recurso, em razão da inocorrência de omissão, contradição, ou obscuridade. Apontou, ainda, o não cabimento de embargos de declaração para corrigir erros de julgamento, contradições externas ao jul-gado e omissões das quais não possa resultar mudança da decisão, assim como para obter, em caráter con-sultivo, respostas do Judiciário. 15. O acórdão da ADPF foi publicado em 8.3.2016. Na mesma data, a Mesa da Câmara dos Deputados apresentou petição de ratificação dos termos dos embargos de declaração anteriormente opostos.

As garantias processuais fundamentais e os princípios do contraditório e da ampla defesa   297

A decisão foi assim ementada:

EMENTA: Direito Constitucional. Embargos de declaração em ADPF. Inadmissibilidade de pedido consultivo. Inexistência de omissão, contradição ou obscuridade. Inviabilidade da pretensão de rejulgamento da causa. Conhecimento parcial e desprovimento dos embargos. I. Conhecimento parcial do recurso. 1. Muito embora os embargos tenham sido opostos quando o acórdão recorrido ainda não havia sido formalizado e publicado no órgão oficial, a embargante ratificou suas razões recursais no prazo legal, isto é, após a publicação do julgado. Assim, não há que se falar em intempestividade do recurso. Precedentes. 2. Em sua manifestação, a embargante apresentou 11 "questões paralelas", formuladas em tese e sem relação direta com o objeto da ADPF. Não é possível valer-se de embargos de declaração para obter, em caráter consultivo, esclarecimentos de dúvidas pelo Poder Judiciário, sob pena de desnaturar a essência da atividade jurisdicional. Não conhecimento do recurso nesse ponto. II. No mérito. 3. As alegações de que o acórdão recorrido incorreu em omissão, contradição ou obscuridade, bem como de que adotou premissas equivocadas, não se sustentam. Todos os pontos questionados pela embargante foram enfrentados pelo Tribunal no julgamento da ADPF, de forma clara, coerente e fundamentada. 4. A partir de razões sólidas, a maioria dos Ministros concluiu que: (i) o Senado tem competência para instaurar ou não o processo de impedimento contra Presidente da República, cuja abertura tenha sido previamente autorizada pela Câmara dos Deputados; (ii) não são admissíveis candidaturas avulsas ou independentes para a formação da comissão especial de impeachment, e (iii) os nomes indicados pelos líderes partidários, para a comissão especial do procedimento de impeachment em curso, devem ser submetidos a ratificação ou não pelo Plenário da Câmara dos Deputados, em votação aberta. 5. Ainda que a embargante discorde das conclusões alcançadas pelo Tribunal, não pode pretender revê-las por meio de embargos de declaração. A via recursal adotada não se mostra adequada para, a pretexto de correção de inexistentes vícios internos do acórdão proferido, postular a renovação de julgamento que transcorreu de maneira hígida e regular. Precedentes. 6. Recurso conhecido parcialmente e, na parte conhecida, desprovido.

VOTO

Tempestividade

Os presentes embargos foram opostos pela Mesa da Câmara dos Deputados em 1º.2.2016, e o acórdão ora recorrido foi publicado no *DJe* em 8.3.2016.

É certo que o entendimento outrora prevalecente nesta Corte entendia como intempestivo o recurso apresentado antes da publicação da decisão recorrida. Ocorre que houve modificação substancial desse pensamento, passando-se a admitir o seu cabimento antes daquele marco, desde que a parte tivesse ciência dos fundamentos e do enfrentamento das teses discutidas no julgado recorrido, tal como assentado pelo Plenário desta Corte no julgamento do AI 703269, AgR-ED-ED-EDv-ED, Rel. Min. Luiz Fux, *DJe* 8.5.2015, cuja ementa enuncia:

"Embargos de declaração nos embargos de divergência nos embargos de declaração nos embargos de declaração no agravo regimental no agravo de instrumento. Conversão em agravo regimental. Interposição de embargos de divergência antes da publicação do acórdão embargado. Extemporaneidade. Instrumentalismo processual. Preclusão imprópria para prejudicar a parte que contribui para a celeridade processual. Boa-fé exigida do estado-juiz. Agravo regimental provido. 1. A extemporaneidade não se verifica com a interposição de recurso antes do termo *a quo* e consequentemente não gera a ausência de preenchimento de requisito de admissibilidade da tempestividade. 2. O princípio da instrumentalidade do Direito Processual reclama a necessidade de interpretar os seus institutos sempre do modo mais favorável ao acesso à justiça (art. 5º, XXXV, CRFB) e à efetividade dos direitos materiais (OLIVEIRA, Carlos Alberto Alvaro de. O formalismo valorativo no confronto com o formalismo excessivo. In: *Revista de Processo*, São Paulo: RT, n. 137, p. 7-31, 2006; DINAMARCO, Cândido Rangel. *A instrumentalidade do processo*. 14ª ed. São Paulo: Malheiros, 2009; BEDAQUE, José Roberto dos Santos. *Efetividade do Processo e Técnica Processual*. 3ª ed. São Paulo: Malheiros, 2010). 3. As preclusões se destinam a permitir o regular e célere desenvolvimento do feito, não sendo possível penalizar a parte que age de boa-fé e contribui para o progresso da marcha processual com o não conhecimento do recurso por ela interposto antecipadamente, em decorrência de purismo formal injustificado. 4. Os embargos de declaração opostos objetivando a reforma da decisão do relator, com caráter infringente, devem ser convertidos em agravo regimental, que é o recurso cabível, por força do princípio da fungibilidade. (Precedentes: Pet 4.837-ED, rel. Min. Cármen Lúcia, Tribunal Pleno, *DJ* 14.3.2011; Rcl 11.022-ED, rel. Min. Cármen Lúcia, Tribunal Pleno, *DJ* 7.4.2011; AI 547.827-ED, rel. Min. Dias Toffoli, 1ª Turma, *DJ* 9.3.2011; RE 546.525-ED, rel. Min. Ellen Gracie, 2ª Turma, *DJ* 5.4.2011). 5. *In casu*, pugna-se pela reforma da seguinte decisão: 'EMBARGOS DE DIVERGÊNCIA. PETIÇÃO DE INTERPOSIÇÃO PROTOCOLADA ANTES DA PUBLICAÇÃO DO ACÓRDÃO EMBARGADO. EXTEMPORANEIDADE. INTERPOSIÇÃO DE DOIS RECURSOS CONTRA A MESMA DECISÃO. OFENSA AO POSTULADO DA SINGULARIDADE DOS RECURSOS. AUSÊNCIA DE DEMONSTRAÇÃO, DE MANEIRA OBJETIVA, MEDIANTE ANÁLISE COMPARATIVA ENTRE O ACÓRDÃO PARADIGMA E A DECISÃO EMBARGADA, DA EXISTÊNCIA DO ALEGADO DISSÍDIO JURISPRUDENCIAL. EMBARGOS DE DIVERGÊNCIA NÃO ADMITIDOS'. 6. Agravo regimental provido para cassar a decisão de inadmissão dos embargos de divergência com fundamento na extemporaneidade recursal".

Não obstante essa discussão, tenho que a petição apresentada em 8.3.2016 pela Mesa da Câmara dos Deputados, reiterando os termos do recurso apresentado anteriormente, supre qualquer dúvida quanto à sua tempestividade.

Entendo, portanto, tempestivos os embargos de declaração.

Cabimento

Quanto ao cabimento, descreve o art. 535 do CPC:

"Art. 535. Cabem embargos de declaração quando:

I – houver, na sentença ou no acórdão, obscuridade ou contradição;

II – for omitido ponto sobre o qual devia pronunciar-se o juiz ou tribunal".

Da mesma forma, o art. 337 do Regimento Interno do Supremo Tribunal Federal dispõe que são cabíveis embargos de declaração "quando houver no acórdão obscuridade, dúvida, contradição ou omissão que devam ser sanadas".

Desde a Lei n. 8.950, de 13 de dezembro de 1994, já não é passível de impugnação por meio de embargos a dúvida, nos termos do referido art. 535 do CPC.

O objetivo desse recurso é o aperfeiçoamento do pronunciamento judicial, seja para esclarecê-lo, seja para complementá-lo, com a eliminação de contradição, obscuridade ou omissão. No entanto, por vezes, visa reformar ou invalidar a decisão, pela ocorrência de manifesto equívoco.

Nessa hipótese é que se tem admitido o efeito infringente ou modificativo do julgado, por não haver, no sistema legal, previsão de outro recurso para a correção de eventual erro cometido. A única ressalva que fazem a doutrina e a jurisprudência, em tais casos, é quanto à observância do contraditório.

Resta saber, no entanto, se a premissa considerada no julgamento da medida cautelar na ADPF estava correta e se ocorreu hipótese em que se deve atribuir efeito modificativo aos embargos de declaração.

Parte da matéria veiculada nos embargos de declaração acabou tendo um impacto não previsto no julgamento inicial.

O Tribunal ditou a forma como as comissões parlamentares devem ser formadas – impossibilidade de candidaturas avulsas e publicidade obrigatória dos votos.

Ocorre que essas questões influem no funcionamento parlamentar como um todo, não tendo sua relevância confinada ao rito do *impeachment*. Tais efeitos não esperados da decisão são

As garantias processuais fundamentais e os princípios do contraditório e da ampla defesa 299

mais um argumento que ressalta a importância do aprofundamento do debate no julgamento destes embargos declaratórios.

Aliás, o Tribunal registra precedentes recentes indicando a ampliação dos horizontes dos embargos de declaração contra suas próprias decisões.

Relembro dois casos em que a decisão foi encaminhada nesse sentido.

O primeiro, o caso da responsabilidade solidária no fornecimento de medicamentos – RE 855.178, Rel. Min. Luiz Fux. Em um primeiro momento, houve reafirmação de jurisprudência, no Plenário Virtual. Opostos embargos de declaração, o relator trouxe ao Plenário voto no sentido da rejeição do recurso.

Daquela feita, foi instaurado um importante debate sobre o cabimento dos embargos. No debate, destacou-se a manifestação do Min. Teori Zavascki, que ressaltou a importância de o Tribunal adotar uma postura "magnânima" em relação aos embargos opostos contra a decisão proferida em Plenário Virtual. O julgamento foi interrompido por pedido de vista do Min. Edson Fachin. Atualmente, o prosseguimento aguarda a reinclusão em pauta.

Um segundo julgamento, ainda mais relevante para a solução do presente, foi o caso das ADIs dos precatórios – 4.357-ED e 4.425– ED, julgadas em 9.12.2015.

Ao iniciar o julgamento dos embargos de declaração, o Tribunal considerou com seriedade a hipótese de, tendo em vista os impactos não previstos da decisão embargada, rever, ao menos em parte, a própria decisão. Como dito pelo Min. Celso de Mello "a superveniência de circunstâncias de fato relevantes autoriza a Corte a reapreciar a pretensão que foi deduzida nesses embargos de declaração".

Tendo isso em vista, converteu-se o julgamento em diligência, para ouvir todos os interessados.

O que se retira desses casos é que a Corte percebe a importância do debate acerca do conteúdo de suas próprias decisões, especialmente no controle objetivo de constitucionalidade e nos processos da repercussão geral. A última palavra deve ter uma especial pretensão de correção.

Exatamente por isso, a Corte deve estar especialmente atenta a críticas contra suas deliberações. Na medida em que não há recurso para outra instância, admitir a excepcional rediscussão de matérias em embargos de declaração é a única forma de verificar e, se for o caso, corrigir o que está errado.

O caso presente também indica efeitos colaterais não previstos na decisão, da maior relevância. Estamos diante de uma intromissão do Tribunal nas mais comezinhas atividades do Parlamento. É preciso aferir, com a devida atenção, se essa intromissão ocorreu nos limites devidos ou se representou uma ingerência indevida.

E os embargos de declaração devem ser vistos como a oportunidade de aprofundamento desse debate, exatamente como decidido por esta Corte nos seguintes arestos:

"EMBARGOS DECLARATÓRIOS – APERFEIÇOAMENTO DO ACÓRDÃO – ÓPTICA FLEXÍ-VEL. Os embargos declaratórios não consubstanciam crítica ao ofício judicante, mas servem-lhe ao aprimoramento. Ao apreciá-los, o órgão deve fazê-lo com o espírito de compreensão, atentando para o fato de consubstanciarem verdadeira contribuição da parte em prol do devido processo legal. (...)" (AI 163047 AgR-ED, Segunda Turma, Rel. Min. Marco Aurélio, *DJ* 8.3.1996);

"Embargos declaratórios: admissibilidade e efeitos. Os embargos declaratórios são admissíveis para a correção de premissa equivocada de que haja partido a decisão embargada, atribuindo-se-lhes efeito modificativo quando tal premissa seja influente no resultado do julgamento". (RE 207928-ED, Primeira Turma, Rel. Min. Sepúlveda Pertence, *DJ* 15.5.1998).

A Mesa da Câmara dos Deputados suscita obscuridade e contradição, em suma, em três pontos essenciais:

"(a) quanto à impossibilidade de haver chapa avulsa na composição da comissão especial (…); (b) quanto à obrigatoriedade de a 'eleição' (…) ser por voto aberto, e, finalmente, (c) quanto ao real papel do Senado Federal quando do recebimento da 'decisão' tomada pela Câmara dos Deputados autorizando a abertura do processo de *impeachment*".

In casu, a maioria formou-se basicamente pela permanência do rito supostamente seguido na época do procedimento de *impeachment* do ex-presidente Fernando Collor. Nesse sentido, pronunciaram-se os Ministros Roberto Barroso, acompanhado pelos Ministros Rosa Weber, Teori Zavascki (em parte), Luiz Fux, Cármen Lúcia, Marco Aurélio, Celso de Mello (em parte) e Ricardo Lewandowski.

Todavia, com razão a embargante em apontar contradição entre o fundamento do acórdão recorrido ater-se ao paradigma de 1992 e a conclusão no sentido de impedir a formação de chapa avulsa e a eleição secreta, ambos os pontos expressamente admitidos naquela oportunidade.

Registre-se que o voto condutor do acórdão embargado, da lavra do eminente Min. Roberto Barroso, deixou clara a manutenção das regras que incidiram no processo de *impeachment* de 1992:

"Ministro Marco Aurélio, o assunto é delicado, realmente. Eu me fixei aqui num pilar do meu voto: manter as regras que vigeram em 1992. (…)

Embora não me seja indiferente, considero relevante a observação do Ministro Marco Aurélio, eu, não obstante isso, gostaria de manter as regras de 1992. (…) Portanto, é um *plus* garantístico".

Por sua vez, o Min. Luiz Fux registrou, também, em seus apartes:

"Entretanto, no âmbito da segurança jurídica, eu tenho efetivamente algumas observações, porque o voto do Ministro Fachin, realmente é um voto que arrebata as consciências. Mas sucede que há um aspecto importantíssimo que não podemos olvidar. Depois da Constituição de 1988, o Supremo Tribunal Federal teve a oportunidade de julgar um caso semelhante a esse e fixou a sua jurisprudência e, também, sem inovar no ordenamento, estabeleceu o rito procedimental. E aqui, sob ângulo da segurança jurídica, o Direito brasileiro é muito apegado a essa cláusula pétrea, porque temos, no Direito material, irretroatividade das leis, prescrição, decadência; no Processo Civil, temos coisa julgada.

Então, veja Vossa Excelência o seguinte: já iniciado, um primeiro aspecto da segurança jurídica que, no meu modo de ver, verifica-se no caso em foco, já iniciado o processo, sugere-se um novo rito. Só esse fato já viola a segurança jurídica. Por quê? Porque o rito fixado pela Corte Suprema à luz da Constituição de 1988 já fora estabelecido pelo Supremo Tribunal Federal. Então, vai se modificar a jurisprudência do Supremo Tribunal Federal num caso específico? Vamos modificar daqui para frente, modular os efeitos, esperar terminar este mandato, e vai para o mandato seguinte; se fôssemos modificar. Mas, na verdade, sob o ângulo processual, seria uma violência à segurança jurídica que nós modificássemos o rito adotado pela jurisprudência do Supremo, num caso ocorrente depois da Constituição de 1988. Qual é a diferença? Efetivamente, é o *impeachment* de 1992 e a pretensão de *impeachment* formulada agora.

Por outro lado, hodiernamente, não se admite mais essa mudança *ex-abrupto* da jurisprudência. Há, na exposição de motivos do novel Código, que ontem reajustado para se adaptar às necessidades dos custos operacionais do Supremo Tribunal Federal, uma afirmação muito interessante de Bentham, afirmando que nenhum cidadão, e *a fortiori*, nenhum agente político pode ser tratado como um cão, que só sabe aquilo que é proibido quando um taco de beisebol lhe toca o focinho. E é mais ou menos o que se pretende, eventualmente, ao aprovar um procedimento completamente diferente daquele que fora instituído, repito, depois da Constituição de 1988.

(…)

Portanto, Senhor Presidente, sob esse ângulo, entendo que seria uma gravíssima violação à segurança jurídica se nós, neste momento, tratássemos esse caso de *impeachment* diferentemente daquele caso que ocorreu depois da Constituição Federal de 1988.

E apenas, Senhor Presidente, não estou me comprometendo com essa tese, mas eu verifico, por exemplo, que nós teríamos aqui, pelo menos, uma grande incongruência: a Câmara, por 2/3 (dois terços),

As garantias processuais fundamentais e os princípios do contraditório e da ampla defesa 301

autoriza; e, então, o Senado é obrigado a instaurar o processo. E, *a fortiori*, instaurado o processo, afasta-se a Presidente. O que significa dizer, por via reflexa, que afasta o Presidente e a Câmara dos Deputados, porque, qual seria a alternativa do Senado?".

Assim, não há menor dúvida de que o vetor do acórdão embargado foram as regras estabelecidas no paradigma de 1992. No entanto, como veremos, a conclusão da douta maioria divergiu do procedimento adotado naquela oportunidade.

Essencialmente, a conclusão da douta maioria suscitou diversos questionamentos sumariados pelo Min. Nelson Jobim, em artigo publicado no jornal *Zero Hora*:

"1) Quanto à Comissão, o STF decidiu que não cabia candidaturas avulsas, pois os membros seriam aqueles indicados pelo líderes partidários, obedecida a proporcionalidade das bancadas, pois a expressão eleita significaria escolhida pelo líderes.

Pergunta-se:

a) a exigência da CF de respeito a proporcionalidade partidária na composição da Comissão impõe que a nominada de seus membros seja sempre aquela indicada pelos líderes dos partidos?

b) eleição não é uma das formas de escolha, como o é a indicação de um nome constante de uma lista tríplice?

c) pode-se impedir, com recurso à sinonímia do voto do Ministro Barroso, que a escolha não seja procedida pela forma prevista nas regras, ou seja, a eleição?

d) se não pode haver outra nominata, respeitada a proporcionalidade (única exigência da CF), qual a finalidade de uma votação sem alternativas de escolhas?

e) se o plenário não aprovar a nominata indicada pelos líderes, como deve ser solucionado o impasse?

2) Quanto ao Senado Federal, o STF decidiu que compete, por maioria simples, decidir sobre a instauração do processo.

Pergunta-se:

a) o SF passaria a ser órgão revisor da CD, pois estaria negando execução/prosseguimento à decisão desta?

b) a maioria simples do SF pode derrubar decisão da CD, tomada por maioria de dois terços?

c) para que o procedimento qualificado da CD, instituído pela CF?

d) em linguagem de processo, a aceitação da denúncia poderia ser rejeitada pelo SF?

e) o entendimento não é contrário à CF pois esta dispõe que, admitida a acusação pela Câmara dos Deputados, será o PR submetido a julgamento perante o Senado Federal?

f) ao atribuir-se ao SF a possibilidade de revisão da decisão da CD não importaria em concentrar em uma só casa duas competências que a CF distribui entre a CD (admissibilidade) e o SF (processamento e julgamento)?

g) o rito no caso 'Collor', fixado sem contraditório pelo STF, não importou em confundir o rito dos processos contra ministros do STF e PGR da lei de 1950, onde somente figura o SF: admite a denúncia, processa e julga, sem participação alguma da CD?"

Logo, há, *data maxima venia*, contradição e obscuridade ínsitas na decisão desta Corte em, pelo menos, três pontos: impedir a formação de chapa avulsa; vedar a eleição secreta; e atribuir papel alargado ao Senado no processo de *impeachment*.

Por essas razões, admito o cabimento e o recebimento dos presentes embargos para enfrentar a obscuridade e a contradição ocorridas no julgamento da medida cautelar. Passo ao exame da matéria de fundo.

Possibilidade de chapa avulsa na formação da Comissão

No caso do *impeachment* do ex-presidente Collor foi permitida a existência de chapa/inscrição avulsa para a formação da Comissão Especial na Câmara dos Deputados, tal como se extrai

302 Estado de Direito e Jurisdição Constitucional – Decisões relevantes em 15 anos de atuação no STF

da decisão do presidente da Casa à época, dep. Ibsen Pinheiro, ao responder ao questionamento do deputado Adylson Motta (Diário do Congresso Nacional, Seção I, 9.9.1992, p. 20.435 e 55 do arquivo em pdf.), a saber:

"O SR. ADYLSON MOTTA (PDS – RS. Sem revisão do orador.) – Sr. Presidente, quero um esclarecimento, e depois vou ratificar minha posição. Primeiro, é possível alguém concorrer com candidatura avulsa para constituir a Comissão?

O SR. PRESIDENTE (Ibsen Pinheiro) – Em princípio, sim, é direito regimental de todo o Plenário. No entanto, esse direito tem que ser exercido na forma do Regimento. Tendo a Mesa marcado prazo para indicação até o meio-dia de hoje, as inscrições teriam que ser feitas até o meio-dia de hoje. Não tendo ocorrido a inscrição, a chapa será formada por indicação dos partidos. Se, no entanto, a votação não ocorrer hoje, a Mesa devolverá o prazo para as inscrições até o dia de amanhã. Esta é a decisão.

O SR. ADYLSON MOTTA – Sr. Presidente, quero apenas solicitar a V. Exª pelas razões que declinei desta tribuna, que não desejo meu nome incluído nessa chapa na condição de suplente. Se for reaberto o prazo, quero comunicar que vou concorrer como candidato avulso a membro titular da Comissão na próxima votação. (...)".

Ou seja, a decisão da Presidência da Câmara dos Deputados, no mesmo dia da leitura em Plenário do procedimento a ser seguido no "caso Collor", foi no sentido de permitir as candidaturas avulsas para a composição da Comissão Especial, desde que estas tivessem ocorrido, na forma regimental, até o prazo ofertado pela Mesa daquela Casa (meio-dia do dia da votação).

Relembro o rito seguido no caso do ex-presidente Collor, conforme extraído do *Diário Oficial da União* de 8.10.1992, Seção I, pág. 14246/14247:

"Atos do Senado Federal

SENADO FEDERAL COMO ÓRGÃO JUDICIÁRIO. PROCESSO E JULGAMENTO DO PRESIDENTE DA REPÚBLICA. RITO PROCEDIMENTAL

a) *JUDICIUM ACCUSATIONIS* – (Juízo de acusação)

1. Recebimento, pelo Senado Federal, da Resolução da Câmara dos Deputados, que autoriza a abertura do processo de *impeachment* contra o Presidente da República (CF, art. 86, *caput*, combinado com o art. 51, I).

2. Leitura da denúncia popular e da autorização dada pela Câmara dos Deputados no expediente da sessão seguinte (Lei n. 1.079/50, art. 44).

3. Encaminhamento desses atos a uma Comissão Especial, para apreciação (Lei n. 1.079/50, art. 44, segunda parte). Observância do princípio da proporcionalidade partidária na composição desse órgão colegiado (CF, art. 58, § 1º).

4. Reunião da Comissão Especial no prazo de 48 horas. Eleição de seu Presidente e respectivo Relator (Lei n. 1.079/50, art. 45, primeira parte).

5. Parecer da Comissão Especial, a ser emitido no prazo de 10 dias, versando o conhecimento, ou não, da denúncia popular. Possibilidade de a Comissão proceder, durante o prazo de dez dias, às diligências que julgar necessárias (Lei n. 1.079/50, art. 45, segunda parte).

6. Leitura do parecer da Comissão no expediente de sessão do Senado. Publicação dessa peça opinativa no Diário do Congresso Nacional e em avulsos, que deverão ser distribuídos entre os Senadores (Lei n. 1.079/50, art. 46).

7. Inclusão do parecer na ordem do dia da sessão seguinte (Lei n. 1.079/50, art. 46, *in fine*).

8. Discussão e votação nominal do parecer, pelo Plenário do Senado Federal, em um só turno (Lei n. 1.079/50, art. 47, primeira parte):

a) se rejeitado, dar-se-á a extinção anômala do processo, com o consequente arquivamento dos autos (Lei n. 1.079/50, art. 48);

b) se aprovado, por maioria simples de votos, reputar-se-á passível de deliberação a denúncia popular oferecida (Lei n. 1.079/50, art. 47, *in fine*).

As garantias processuais fundamentais e os princípios do contraditório e da ampla defesa **303**

9. Transmissão da Presidência do Senado ao Presidente do Supremo Tribunal Federal, para os fins do parágrafo único do art. 52 da Constituição Federal.

10. Se a denúncia for considerada objeto de deliberação, notificar-se-á o denunciado para, no prazo de vinte dias, responder à acusação (Lei n. 1.079/50, art. 49 (prazo duplicado para que não seja inferior ao das alegações finais). Tem-se, neste momento, por formalmente instaurado o processo de *impeachment* contra o Presidente da República (CF, art. 86, § 1º, II).

11. Interrogatório do denunciado, pela Comissão. Faculdade de não comparecer a esse ato processual ou de não responder às perguntas formuladas (arts. 38 e 73 da Lei n. 1.079/50, combinados com os arts. do Código do Processo Penal, art. 52, incisos LIV e LXIII, da 185 a 196 CF).

12. Instrução probatória ampla perante a Comissão Especial (Código de Processo Penal, arts. 3º e 155, combinados com o Código de Processo Civil, art. 332; Lei n. 1.079/50, arte. 38 e 73). Observância do princípio do contraditório (CF, art. 5º, LV). Possibilidade de intervenção processual dos denunciantes e do denunciado (Lei n. 1.079/50, art. 52).

13. Possibilidade de oferecimento de alegações finais escritas pelos denunciantes e pelo denunciado. Prazo: quinze dias, sucessivamente (Lei n. 8.038/90, art. 11, *caput*).

14. Parecer da Comissão Especial, a ser emitido no prazo de dez dias, sobre a procedência ou improcedência da acusação. Publicação e distribuição do parecer, com todas as peças que o instruíram, aos Senadores. Inclusão do parecer na ordem do dia, dentro de 48 horas, no mínimo, a contar de sua distribuição (Lei n. 1.079/50, arts. 51 e 53).

15. Discussão e votação nominal do parecer, pelo Plenário do Senado, em um só turno:

a) se o Senado entender que não procede a acusação, o processo será arquivado (Lei n. 1.079/50, art. 55);

b) se o Senado aprovar o parecer, por maioria simples de votos, considerar-se-á procedente a acusação (Lei n. 1.079/50, art. 44, segunda parte).

16. Notificação da decisão senatorial, consubstanciadora de um juízo de pronúncia, ao Presidente da República e aos denunciantes (Lei n. 1.079/50: art. 55, segunda parte).

17. Cabimento de recurso para o Presidente do Supremo Tribunal Federal contra deliberações da Comissão Especial, em qualquer fase do procedimento (arts. 52, parágrafo único, da CF, arts. 38 e 73 da Lei n. 1.079/50, art. 48, incisos 8 e 13, do Regimento Interno do Senado Federal, art. 17, I, *n*, e II, *f*, do Regimento Interno da Câmara dos Deputados). Prazo de interposição, com oferecimento de razões recursais: cinco dias (Código de Processo Penal, art. 593, II, combinado com a Lei n. 1.079/50, arts. 38 e 73).

b) *JUDICIUM CAUSAE* – (Fase de julgamento)

18. Intimação dos denunciantes da deliberação plenária do Senado. Vista do processo, na Secretaria do Senado, para oferecimento, em 48 horas, do libelo acusatório e respectivo rol de testemunhas (Lei n. 1.079/50, art. 58, primeira parte).

19. Abertura de vista ao denunciado, ou ao seu defensor, para oferecer, em 48 horas, a contrariedade ao libelo e o rol de testemunhas. (Lei n. 1.079/50, art. 58, segunda parte).

20. Encaminhamento dos autos ao Presidente do Supremo Tribunal Federal que designará data para julgamento do denunciado (Lei n. 1.079/50, art. 59), notificando-se os denunciantes e o denunciado. Intimação das testemunhas. Intervalo mínimo de dez dias entre a notificação e o julgamento (Lei n. 1.079/50, art. 60 e seu parágrafo único).

21. Abertura da sessão de julgamento, sendo apregoadas as partes, que poderão comparecer pessoalmente ou por intermédio de seus procuradores (Lei n. 1.079/50, art. 61). Se ausente o denunciado, decretar-se-lhe-á a revelia, com o consequente adiamento do julgamento. Designação de nova data e nomeação de advogado dativo (Lei n. 1.079/50, art. 62, § 12).

22. Da sessão de Julgamento, presidida pelo Presidente do Supremo Tribunal Federal, participarão, como juízes, todos os Senadores presentes, com exceção dos que incidirem nas situações de incompatibilidade de natureza jurídico-processual (Lei n. 1.079/50, art. 63, *caput*, combinado com o art. 36).

23. Leitura dos autos do processo. Inquirição das testemunhas (Lei n. 1.079/50, art. 64). Possibilidade de contradita, de reinquirição e de acareação das testemunhas, por iniciativa dos denunciantes e do

304 Estado de Direito e Jurisdição Constitucional – Decisões relevantes em 15 anos de atuação no STF

denunciado. Os Senadores poderão formular reperguntas às testemunhas, sempre por intermédio do Presidente do Supremo Tribunal Federal (Lei n. 1.079/50, art. 65).

24. Finda a inquirição, serão realizados os debates orais, sendo facultadas a réplica e a tréplica entre os denunciantes e o denunciado, pelo prazo que o Presidente do Supremo Tribunal Federal estipular (Lei n. 1.079/50, art. 66, *caput*).

25. Concluídos os debates, retirar-se-ão as partes do recinto da sessão. Discussão única entre os Senadores sobre o objeto da acusação (Lei n. 1.079/50, art. 66, parágrafo único).

26. O Presidente do Supremo Tribunal Federal relata o processo, mediante exposição resumida dos fundamentos da acusação e da defesa, bem assim indicação dos respectivos elementos de prova (Lei n. 1.079/50, art. 67).

27. Realização do julgamento, em votação nominal, pelos Senadores desimpedidos, que responderão SIM ou NÃO à seguinte pergunta formulada pelo Presidente do Supremo Tribunal Federal: 'Cometeu o acusado FERNANDO AFFONSO COLLOR DE MELLO os crimes que lhe são imputados, e deve ser ele condenado à perda do seu cargo e à inabilitação temporária, por oito anos, para o desempenho de qualquer outra função pública, eletiva ou de nomeação?' (CF, art. 52, parágrafo único; Lei n. 1.079/50, art. 68).

28. Lavratura da sentença pelo Presidente do Supremo Tribunal Federal, que será assinada por ele e pelos Senadores que tiverem participado do julgamento. Transcrição dessa resolução do Senado em ata e publicação desta no Diário Oficial e no Diário do Congresso Nacional (Lei n. 1.079/50, art. 69). Cientificação imediata da sentença ao denunciado (Lei n. 1.079/50, art. 71).

30. Encerramento do processo.

NOTAS

1. Com a nova Constituição, concentram-se na instância político-institucional do Senado Federal, no que concerne ao processo de responsabilização político-administrativa do Presidente da República, tanto o juízo de acusação quanto o julgamento (CF, art. 52, 1).

2. Em virtude das novas atribuições constitucionais do Senado e por competir-lhe o processo e o julgamento do Presidente da República nos crimes de responsabilidade, torna-se possível invocar a analogia para adotar, nesse procedimento, e com as necessárias adequações, as normas que regem o processo de *impeachment* dos Ministros do Supremo Tribunal Federal (Lei n. 1.079/50, arts. 36 e 41 a 73).

3. A exigência constitucional da maioria qualificada de 2/3 da totalidade dos Senadores limita-se, exclusivamente, à hipótese de condenação do Presidente da República pelo Senado (CF, art. 52, parágrafo único). As demais deliberações do Senado serão tomadas por maioria simples, presente a maioria absoluta dos seus membros (CF, art. 47). Todas as questões incidentes do processo serão vencidas por simples maioria, não assim a sentença condenatória. A simples maioria, importa absolvição (AURELINO LEAL, *Teoria e Prática da Constituição Federal Brasileira*, Parte Primeira, p. 476, 1925, Briguiet, Rio).

4. A suspensão compulsória e provisória do Presidente da República decorre da instauração do processo de *impeachment* pelo Senado (CF, art. 86, § 1º, II). Tem-se por instaurado esse processo quando da notificação formal ao Presidente da República de que dispõe do prazo de 20 dias para responder à acusação popular, que foi considerada objeto de deliberação pelo Senado.

5. Com a supressão do papel constitucional que tradicionalmente sempre foi outorgado à Câmara dos Deputados, já não mais lhe incumbe, sob a égide da Carta Política de 1988, a formulação do juízo de acusação. Desse modo, revela-se inviável – até mesmo por ausência de recepção da norma inscrita no art. 23, § 4º, da Lei n. 1.079/50 – a eleição, por essa Casa Legislativa, de uma comissão de três membros destinada a acompanhar, no Senado, o julgamento do Presidente da República. Essa atribuição – nela incluída a faculdade processual de oferecer o libelo acusatório – pertence, agora, aos próprios denunciantes.

6. O Presidente do Supremo Tribunal Federal funciona como Presidente do Senado ao longo de todo o processo e julgamento do Presidente da República por crime de responsabilidade. Exclusivamente para esse fim. Dessa indisponível condição jurídico-constitucional decorre a relevante circunstância de que ao Presidente do Supremo Tribunal Federal compete a resolução de todos os incidentes de ordem

As garantias processuais fundamentais e os princípios do contraditório e da ampla defesa   305

jurídica que se verificarem durante as sucessivas fases em que se desenvolve o procedimento. Desse modo, as deliberações emanadas da Comissão Especial de Senadores comportarão recurso, na esfera político-administrativa, para o Presidente do Supremo Tribunal Federal.

7. O prazo constitucional de 180 dias (art. 86, § 2º), referente ao afastamento do Presidente da República de suas funções, inicia-se com a instauração do processo de *impeachment*. A contagem desse prazo – que é improrrogável – não se inicia, em consequência, com a mera instalação dos trabalhos no Senado Federal.

8. O Presidente do Supremo Tribunal Federal não discute, não vota e nem julga o libelo acusatório. Cabe-lhe, tão somente, exercer a presidência do processo de *impeachment* do Chefe de Estado.

9. A ausência dos denunciantes, que eventualmente deixem de comparecer ao julgamento, não implicará o adiamento dessa sessão do Senado (Lei n. 1.079/50, art. 62, *caput*)".

Percebe-se, claramente, que não houve regra acerca da formação da comissão especial (chapa única/avulsa, mediante votação direta ou indireta após escolha pelos líderes partidários dos seus correligionários), determinando-se apenas a observância do princípio da proporcionalidade partidária na composição desse órgão. Então, não se pode dizer que isso foi decidido no caso paradigmático.

Pelo contrário. Está claro, acima, que o Presidente da Câmara dos Deputados, à época do "caso Collor", permitiu a concorrência de candidaturas/chapas avulsas. Aqui está a contradição que merece ser corrigida.

Redobrando as vênias, está clara a contradição ínsita ao julgamento: ou se afirma, com todas as letras, que se estará seguindo o que fora decidido no caso Collor ou não. Não existe meio--termo. Ou se mantém tudo ou se admite a mudança casuística para determinada finalidade, uma vez que qualquer modificação – pela obviedade – que divirja do que fora aplicado anteriormente equivale à alteração de posicionamento.

E mais: será que, fundamentando na manutenção do *leading case*, não se atribuiu circunstâncias fáticas a deliberações que não ocorreram?

Esta Corte deve à sociedade brasileira explicações de suas decisões, esclarecendo se manteve ou não (e em que medida) o rito aplicado ao ex-presidente Collor. E mais: o que mudou de lá para cá para divergirmos daquele primeiro caso pós-88? Houve equívocos de interpretação no "caso Collor"? Em caso positivo, penso que podemos corrigi-los. Se não, devemos mantê-los.

Rememoro que a forma de constituição da comissão especial não foi normatizada no caso do *impeachment* do ex-presidente Fernando Collor, tal como exposto acima.

As regras de constituição das comissões permanentes e temporárias são estipuladas no regimento interno ou no ato que resultar de sua criação. É essa a intelecção do art. 58 da CF:

> "Art. 58. O Congresso Nacional e suas Casas terão comissões permanentes e temporárias, constituídas na forma e com as atribuições previstas no respectivo regimento ou no ato de que resultar sua criação.
>
> § 1º Na constituição das Mesas e de cada Comissão, é assegurada, tanto quanto possível, a representação proporcional dos partidos ou dos blocos parlamentares que participam da respectiva Casa".

De outro vértice, expõe o art. 19 da Lei n. 1.079/50 quanto ao processo do *impeachment* de Presidente da República:

> "Art. 19. Recebida a denúncia, será lida no expediente da sessão seguinte e despachada a uma comissão especial eleita, da qual participem, observada a respectiva proporção, representantes de todos os partidos para opinar sobre a mesma".

Por oportuno, transcrevem-se os arts. 23 e 218, § 2º, do Regimento Interno da Câmara dos Deputados, respectivamente:

"Art. 23. Na constituição das Comissões assegurar-se-á, tanto quanto possível, a representação proporcional dos Partidos e dos Blocos Parlamentares que participem da Casa, incluindo-se sempre um membro da Minoria, ainda que pela proporcionalidade não lhe caiba lugar".

"Art. 218. É permitido a qualquer cidadão denunciar à Câmara dos Deputados o Presidente da República, o Vice-Presidente da República ou Ministro de Estado por crime de responsabilidade.

(...)

§ 2º Recebida a denúncia pelo Presidente, verificada a existência dos requisitos de que trata o parágrafo anterior, será lida no expediente da sessão seguinte e despachada à Comissão Especial eleita, da qual participem, observada a respectiva proporção, representantes de todos os Partidos".

Está claro que, nessa formação, será assegurada a representação proporcional dos partidos políticos ou blocos que integram a Casa correspondente, por eleição (art. 19 da Lei n. 1.079/50 c/c § 2º do art. 218 do Regimento Interno da Câmara dos Deputados).

Ressalto que "eleição" vem do latim *electio*, consistindo no ato ou efeito de eleger, ou seja, escolher, nomear por votação (*Dicionário Aurélio*).

Além disso, é importante registrar o conceito de "eleição" em pelo menos dois célebres professores da nossa língua oficial.

Segundo Antônio Houaiss, "eleição" significa:

"Escolha, por sufrágio, de alguém para ocupar um cargo, um posto ou desempenhar determinada função; pleito".

No mesmo sentido, Aurélio Buarque de Holanda explicita como um dos significados da palavra:

"Escolha, por meio de sufrágios ou votos, de pessoa para ocupar um cargo ou desempenhar certas funções; pleito; pleito eleitoral".

Não é necessário remontar ao berço grecodemocrático para perceber que a escolha será por sufrágio, leia-se, votação.

Ora, querer defender que eleição seria pautada por uma simples escolha de líderes partidários é afrontar o pilar básico da democracia: direito ao voto de qualquer cidadão, o qual se estende ao parlamentar que recebeu um mandato popular.

Tal atitude é um gravíssimo retrocesso histórico, que deve ser corrigida por esta Corte, sob pena de grave ofensa ao princípio da separação de poderes, outro pilar do estado democrático de direito, tal como arrazoado pela recorrente (p. 5 do Recurso de Embargos de Declaração):

"Nunca na história do Supremo Tribunal Federal se decidiu por uma intervenção tão profunda no funcionamento interno da Câmara dos Deputados, restringindo, inclusive, o direito dos parlamentares".

Nada mais natural do que, no seio do Parlamento, seus integrantes serem livres para votar naqueles que ostentem elegibilidade para compor as comissões da Câmara dos Deputados.

Ora, se foi facultada, ao menos em tese, a inscrição de candidatura avulsa no "caso Collor", há clara contradição com o que afirmou o Relator p/ acórdão, na página 31 de seu voto, ao alegar:

"Desse modo, não se consideraria inválida, para o rito do *impeachment* em curso, a realização de eleição pelo Plenário da Câmara, desde que limitada, tal como no caso do Collor, a confirmar ou não as indicações feitas pelos líderes dos partidos ou blocos, isto é, sem abertura de candidaturas ou chapas avulsas".

Nas palavras do então pres. da Câmara, dep. Ibsen Pinheiro, a possibilidade de candidatura ou chapa avulsa é "direito regimental de todo o Plenário" (*Diário do Congresso Nacional*, Seção I, 9.9.1992, p. 20.435 e 55 do arquivo em pdf.).

As garantias processuais fundamentais e os princípios do contraditório e da ampla defesa   307

Nós estamos falando da Casa que representa a vontade do povo cujos representantes são tidos como mandatários da vontade popular.

A prática parlamentar, na Câmara dos Deputados, tem chancelado a aceitação de candidaturas avulsas para todas as comissões, desde que observada a regra da proporcionalidade (cf. QO 526/2009 e QO 135/2011), bem como se observada a ata da 1ª Reunião Ordinária da Comissão Especial Destinada a Estudar e Apresentar Propostas de Unificação das Polícias Civis e Militares.

A Presidência daquela Casa, em 23.2.2015, observando os precedentes *interna corporis*, decidiu que "nas eleições para os cargos de Presidente e Vice-Presidentes de Comissão Permanente, somente serão admitidas candidaturas avulsas provenientes do Partido ou Bloco Partidário a que, nos termos do acordo de Líderes, coube o cargo".

Assim, o resultado deste julgamento não pode se converter em um *nonsense*. Em que medida estamos aumentando as garantias? Será que não estamos eliminando-as nesse ponto?

Isso porque, como consequência da escolha por votação, nada mais óbvio do que possibilitar a existência de chapas avulsas para as candidaturas, sob pena de o empecilho criado por esta Corte se converter em obrigatoriedade de o Parlamento exercer mera chancela de escolhas de líderes partidários, situação que pode gerar uma instabilidade político-institucional na hipótese de não aceitação da maioria votante do Plenário da Câmara dos Deputados.

Tal perplexidade não pode ser cometida pelo Supremo Tribunal Federal, de forma que devemos rever, no ponto, o julgamento embargado e possibilitar a coexistência de chapas/candidaturas, incluindo as avulsas, com vistas a democratizar a escolha por sufrágio, tal como no "caso Collor".

Votação secreta

A integralidade do art. 181, III, do Regimento Interno da Câmara dos Deputados é clara em registrar que a votação por escrutínio secreto será aplicada nas "demais eleições", a saber:

> "Art. 188. A votação por escrutínio secreto far-se-á pelo sistema eletrônico, nos termos do artigo precedente, apurando-se apenas os nomes dos votantes e o resultado final, nos seguintes casos:
>
> I – deliberação, durante o estado de sítio, sobre a suspensão de imunidades de Deputado, nas condições previstas no § 8º do art. 53 da Constituição Federal;
>
> II – por decisão do Plenário, a requerimento de um décimo dos membros da Casa ou de Líderes que representem este número, formulado antes de iniciada a Ordem do dia; (Inciso com redação dada pela Resolução n. 22, de 1992)
>
> III – para eleição do Presidente e demais membros da Mesa Diretora, do Presidente e Vice-Presidentes de Comissões Permanentes e Temporárias, dos membros da Câmara que irão compor a Comissão Representativa do Congresso Nacional e dos 2 (dois) cidadãos que irão integrar o Conselho da República e nas demais eleições".

Então, esse discurso de que a votação secreta foi manobra unipessoal de quem quer que seja é "conto da carochinha" e não passa pela simples leitura do dispositivo supramencionado.

Não custa repisar que a votação para eleição da comissão especial no Senado Federal, no "caso Collor", foi secreta (feita em cédulas), conforme consta no Diário do Congresso Nacional, Seção II, de 1º.10.1992 (sessão de 30.9.1992), nos seguintes termos:

> "As cédulas para a votação estão à disposição dos Srs. Senadores ao lado da urna colocada no plenário. Os Srs. Senadores votarão ao serem chamados pelo Sr. 1º Secretário. A Presidência irá suspender a sessão por alguns minutos, a fim de que os nobres Srs. Senadores possam munir-se das cédulas.
>
> Está suspensa a sessão pelo prazo de cinco minutos.

(Suspensa às 14h46min, a sessão é reaberta às 14h48 min.)

O SR. PRESIDENTE (Mauro Benevides) – Está reaberta a sessão.

A Presidência pede aos Srs. Senadores que se encontram nos seus respectivos gabinetes, ou em outras dependências do Senado Federal, que venham imediatamente ao plenário, porque dentro de dois minutos se iniciará a votação para a formação da Comissão Especial, de conformidade com as indicações das lideranças, em chapa que se encontra ao lado da urna, no plenário da Casa.

É um apelo que transmito, neste instante, a todos os Srs. Senadores: que venham dos seus gabinetes ao plenário da Casa, a fim de que possam exercitar o seu direito de voto.

Portanto, os Srs. Senadores devem vir ao plenário neste momento.

O Sr. 1º Secretário vai processar a chamada a partir deste momento".

A votação secreta possui previsão, portanto, no regimento interno e deve ser respeitada por esta Casa, ante nossa remansosa jurisprudência de que se trata de matéria *interna corporis* a interpretação/correta aplicação de dispositivos regimentais, desde que não conflite com a Constituição Federal ou legislação federal contrária. E também foi utilizada pelo Senado na composição da Comissão no caso do ex-pres. Fernando Collor.

É caso, portanto, de se admitir a inscrição de chapas/candidaturas avulsas e que a eleição seja direta e secreta, tal como previsto no Regimento Interno da Câmara dos Deputados e ocorrido no "caso Collor" (na formação da Comissão no Senado).

Juízo de admissibilidade exclusivo da Câmara dos Deputados

O Senado desempenha papel fundamental no bicameralismo (ao representar os estados da Federação) e no processo de *impeachment*, competindo-lhe "processar e julgar o Presidente e o Vice-Presidente da República nos crimes de responsabilidade" (art. 52, I, da CF), todavia seus poderes devem ser equalizados com os da Câmara, sob pena de se admitir odiosa diferenciação e sobreposição de uma Casa em detrimento da outra.

Nesse ponto, entendo que é o caso de rever o rito do *impeachment* do ex-presidente Collor, fixado sem qualquer contraditório em sessão administrativa da composição à época do STF, mormente por ter confundido o rito dos processos contra Presidente da República e ministros do STF, todos previstos na Lei n. 1.079/50, no qual, neste último caso, a Câmara dos Deputados não possui qualquer papel.

Relembre-se os fundamentos utilizados no campo "Notas" do *Diário Oficial da União* de 8.10.1992, Seção I, pág. 14246/14247:

> "2. Em virtude das novas atribuições constitucionais do Senado e por competir-lhe o processo e o julgamento do Presidente da República nos crimes de responsabilidade, torna-se possível invocar a analogia para adotar, nesse procedimento, e com as necessárias adequações, as normas que regem o processo de *impeachment* dos Ministros do Supremo Tribunal Federal (Lei n. 1.079/50, arts. 36 e 41 a 73)".

Tratando-se de normas de cunho procedimental, sua interpretação pode ser extraída dos fundamentos ali contidos.

E o que se faz, por ora, é cotejar os argumentos à luz das normas constitucionais aplicáveis (arts. 51, I e 52, I, c/c art. 86, § 1º).

Questiono se o papel do Senado é igual nos casos de *impeachment* de Presidente da República e de ministros do STF? Claramente que não, haja vista que, neste último caso, exerce papel duplo – juízo de admissibilidade e de mérito –, ao passo que naquele compete-lhe processar e julgar o Presidente em crimes de responsabilidade.

Data maxima venia, utilizou-se de fundamento que não encontra amparo na Constituição, razão pela qual o papel do Senado deve ser revisto neste julgamento.

As garantias processuais fundamentais e os princípios do contraditório e da ampla defesa 309

A interpretação sistemática dos dispositivos constitucionais não pode conduzir a outra saída senão que a conjugação dos arts. 51, I, e 52, I, c/c art. 86, § 1º, todos da CF indica que a Câmara dos Deputados exerce juízo de admissibilidade e o Senado processa e julga o(a) Presidente da República, não havendo reiteração de procedimentos em quaisquer das casas. Senão, vejamos os arts. 51, I, e 52, I, da CF, respectivamente:

"Art. 51. Compete privativamente à Câmara dos Deputados:

I – autorizar, por dois terços de seus membros, a instauração de processo contra o Presidente e o Vice--Presidente da República e os Ministros de Estado;"

"Art. 52. Compete privativamente ao Senado Federal:

I – processar e julgar o Presidente e o Vice-Presidente da República nos crimes de responsabilidade, bem como os Ministros de Estado e os Comandantes da Marinha, do Exército e da Aeronáutica nos crimes da mesma natureza conexos com aqueles;

II – processar e julgar os Ministros do Supremo Tribunal Federal, os membros do Conselho Nacional de Justiça e do Conselho Nacional do Ministério Público, o Procurador-Geral da República e o Advogado-Geral da União nos crimes de responsabilidade".

Por outro lado, transcrevo o art. 86 e seu § 1º:

"Art. 86. Admitida a acusação contra o Presidente da República, por dois terços da Câmara dos Deputados, será ele submetido a julgamento perante o Supremo Tribunal Federal, nas infrações penais comuns, ou perante o Senado Federal, nos crimes de responsabilidade.

§ 1º O Presidente ficará suspenso de suas funções:

I – nas infrações penais comuns, se recebida a denúncia ou queixa-crime pelo Supremo Tribunal Federal;

II – nos crimes de responsabilidade, após a instauração do processo pelo Senado Federal".

Da conjugação literal dos incisos I e II do § 1º do art. 86, resta claro que o Chefe do Poder Executivo Federal ficará suspenso de suas funções, nos crimes de responsabilidade, após a instauração do processo pelo Senado, ao passo que, nas infrações penais comuns, após o recebimento da denúncia ou queixa-crime pelo STF.

Se a intenção do Poder Constituinte fosse possibilitar ao Senado o poder de rejeitar o processamento da denúncia de crime de responsabilidade, teria reiterado, no inciso II do § 1º do art. 86, a expressão "se recebida a denúncia" pelo Senado Federal, contida no inciso I, quando se refere ao julgamento de crime comuns.

Ao contrário: tratou de excluir tal condição de procedibilidade (subentendendo que já fora exercida pela Câmara) e esclareceu que o afastamento ocorreria "após instauração do processo pelo Senado Federal".

Para aqueles que entendem ser necessário novo juízo de admissibilidade pelo Senado, como justificar a diferenciação textual-normativa entre os incisos I e II do § 1º art. 86?

É consabido que a Constituição não contém expressões inúteis e até as omissões devem ser interpretadas com algum sentido normativo.

Tive a oportunidade de escrever sobre o tema em artigo intitulado "Interpretação Constitucional e 'Pensamento de Possibilidades'", advertindo que, em muitos casos, o próprio Constituinte opta por não regular determinado fato social, deixando, com isso, maior espaço de atuação ao legislador ordinário. Essa ideia de abertura normativa é, mais do que em outras áreas, bastante marcante no Direito Constitucional. Trata-se de atribuir ao legislador ordinário a possibilidade de adaptar as normas à evolução da realidade e às necessidades políticas (CANOTILHO, J. J. Gomes. *Direito Constitucional*, p. 1236.). Outras vezes, a não autorização expressa corresponde não a uma omissão ou lacuna, mas a uma proibição ou vedação.

Trata-se que Larenz denomina "silêncio eloquente" da lei, situações em que o legislador propositalmente se abstém de regular alguma questão. Observa ele:

"Poderia pensar-se que existe uma lacuna só quando e sempre que a lei – entendida esta, doravante, como uma expressão abreviada da totalidade das regras jurídicas suscetíveis de aplicação dadas nas leis ou no Direito consuetudinário – não contenha regra alguma para uma determinada configuração no caso, quando, portanto, 'se mantém em silêncio'. Mas existe também um 'silêncio eloquente' da lei" (LARENZ, Karl. *Metodologia da ciência do direito*. Lisboa: Fundação Calouste Gulbenkian, 1997, p. 525).

Em outras palavras: a hipótese de determinada matéria não ter sido intencionalmente regulada pelo legislador, em que não há de se falar em lacuna.

Esse é o caso. A decisão ora recorrida, na prática, eliminou essa diferenciação, estabelecendo igualdade de solução, a despeito da clara discrepância de situações. Será que não ultrapassamos a linha equidistante da Praça dos Três Poderes?

Desse modo, concordo com o Min. Dias Toffoli ao expressar em seu voto:

"O preceito fala em autorizar a instauração do processo por 2/3 (dois terços) dos membros da Câmara dos Deputados. A Câmara já autoriza o processo. Ou seja, tecnicamente falando, até o recebimento da denúncia, não existe processo. Se a Câmara autoriza o processo, é porque o processo passa a existir com a deliberação da Câmara dos Deputados, por 2/3 (dois terços).

O preceito não fala em analisar a instauração ou o recebimento de uma denúncia, e sim em processar. O Senado Federal processa o quê? Um processo que já existe, porque, no inciso I do art. 51, já se fala em processar, já dispõe que o processo existe.

(…)

Por que, no caso do Supremo – nos debates eu já adiantei essa posição –, é condicionado o afastamento ao recebimento da denúncia por esta Casa? Porque de processo não se pode falar ainda, porque, tecnicamente, não é o Poder Legislativo que analisa crimes comuns, e sim o Poder Judiciário. O que se faz na Câmara, nos casos de crimes comuns, é um juízo político sobre se deve ou não ser autorizada a análise do feito pelo Supremo Tribunal Federal. E esta Casa vai analisar, sob a perspectiva técnico-jurídica, e não política, se cabe ou não o recebimento, tecnicamente, daquela denúncia.

No inciso II, por sua vez, não há condicionante nenhuma: ele será afastado após a instauração do processo. É óbvio que tem que haver uma instauração do processo no Senado da República. Admitida (como diz o art. 86) ou autorizada (como diz o art. 51) a acusação por 2/3 (dois terços) dos deputados federais, será o presidente submetido a julgamento, diz o *caput* do art. 86. E o inciso II do § 1º desse artigo diz: e será ele afastado após a instauração do processo.

Não há aqui nenhuma necessidade de algo além do trâmite documental, com o encaminhamento de mensagem da Câmara dos Deputados para o Senado Federal assentando que aquela acusação foi admitida. O Senado, recebendo a comunicação, instaura, conforme a forma legal, o procedimento, e, ao instaurar esse procedimento, vai comunicar à Presidência da República o afastamento. Não há que se ter uma nova votação nesse momento".

Por conseguinte, a única interpretação que se retira do texto constitucional é que a instauração do processo pelo Senado Federal apresenta-se, após a autorização pela Câmara dos Deputados, um ato formal e obrigatório. Para discordar desta Casa, aquela deve enfrentar o mérito do processo de impedimento constitucional, ressalvada a hipótese de extinção anômala, seja pela absolvição sumária (fato atípico) ou pela ocorrência de causa superveniente que influa no prosseguimento (renúncia, morte etc.).

De tão acintoso fora o julgamento ora embargado, ouso afirmar, em tom jocoso, que os estudiosos poderiam pensar em uma outra ADPF em face do tamanho descumprimento de preceito fundamental que se pautou a maioria no julgamento ora recorrido, ao estabelecer o impedimento de submissão ao voto direto, por meio de sufrágio em pluralidade de chapas, no processo de escolha dos membros da Comissão processante do procedimento de *impeachment*, vulnerando o bicameralismo federal, bem ainda o postulado básico da democracia.

As garantias processuais fundamentais e os princípios do contraditório e da ampla defesa **311**

Senhores ministros, nada mais salutar do que reconhecer nossos erros (obscuridade e contradição), afinal os recursos estão aí para tal finalidade e somos a última trincheira de Justiça. Tenhamos hombridade de assumir que devemos deixar as regras primordiais da democracia falarem por si sós.

Conclusão

Pelo exposto, voto pelo conhecimento e provimento, em parte, dos embargos de declaração, atribuindo-lhes efeito modificativo para, em adição ao decidido no acórdão embargado, assentar que:

– A eleição dos membros da Comissão, em qualquer das casas, poderá ser direta e secreta, por meio de sufrágio entre as chapas porventura inscritas (admitindo-se, inclusive, as avulsas);

– Após o juízo de admissibilidade da Câmara, compete ao Senado processar e julgar o processo de impedimento, cabendo-lhe tão somente o juízo de instrução e de mérito sobre a matéria, ressalvada a hipótese de extinção anômala, seja pela absolvição sumária (fato atípico) ou pela ocorrência de causa superveniente que influa no prosseguimento (renúncia, morte etc.).

3. Garantias penais e processuais-penais

HC 91.435[1]

Prisão em flagrante – Ausência de elementos concretos e contemporâneos – Decreto de custódia preventiva – Fundamentação inidônea – Constrangimento ilegal – Parlamentar – Imunidade formal – Incidência do art. 53, § 2º, da Constituição Federal – Ofensa aos direitos fundamentais dos investigados – Confusão conceitual entre os fundamentos da prisão preventiva e aqueles pertinentes ao recebimento da denúncia – Estado policial – Terrorismo estatal como método – Fabricação de provas.

Trata-se de *habeas corpus*, com pedido de medida liminar, impetrado por HERMAN TED BARBOSA, em favor de PEDRO PASSOS JÚNIOR.

Neste *writ*, a inicial impugna a validade da fundamentação de decreto de prisão em flagrante expedido em face do ora paciente (PEDRO PASSOS JÚNIOR).

Nesse particular, é válido transcrever as passagens nas quais o decreto cautelar fez menção específica e direta à atuação do referido paciente na condição de investigado perante o STJ nos autos do INQ n. 544/BA, *verbis*:

"No terceiro nível da organização criminosa estão agentes públicos municipais, estaduais e federais, os quais agem como intermediários, removendo obstáculos que possam se antepor aos propósitos do grupo, mediante o recebimento de vantagens indevidas.

A participação desses integrantes apresenta-se mais ou menos intensa, a depender dos interesses do momento, como exposto no relatório policial às fls. 5 e 6. São eles:

18) **PEDRO PASSOS JÚNIOR**" – (fls. 30)

[...]

"Como componentes com atuação direta e efetiva estão aqueles que, cientes do fim almejado pela quadrilha, agem efetiva e intensamente em suas áreas para garantir a prática criminosa. Seus atos são indissociáveis das ações centrais dos demais integrantes da organização.

[...]

Na primeira situação estão, segundo o Ministério Público Federal, o Subsecretário de Infraestrutura do Estado do Maranhão, DENISSON LUNA TENÓRIO, o Superintendente Nacional de Produtos de Repasses da Caixa Econômica Federal, FLÁVIO JOSÉ PIN, o Deputado Distrital **PEDRO PASSOS**, o servidor do Ministério do Planejamento ERNANI SOARES GOMES FILHO e o então Chefe de Gabinete do Governador do Estado de Sergipe, FLÁVIO CONCEIÇÃO DE OLIVEIRA NETO." – (fl. 31)

[...]

"Informa o MPF que o Ministério da Integração Nacional celebrou com a Secretaria de Agricultura, Pecuária e Abastecimento do Distrito Federal o Convênio n. 257/2000, no valor de R$ 9.000.000,00

---

[1] A Turma, por votação unânime, deferiu o pedido de *habeas corpus*, nos termos do voto do Relator, Ministro Gilmar Mendes (*DJ* de 16.5.2008).

Garantias penais e processuais-penais **313**

(nove milhões de reais), tendo por objeto a execução de estudos complementares de impacto ambiental, detalhamento de projetos, execução de obras e serviços para a acumulação, captação e distribuição de água e assessoria técnica de operação e manutenção para reestruturação e desenvolvimento de áreas irrigadas na Bacia do Rio Preto, no Distrito Federal.

Surgiu, daí, o contrato n. 001/2001, firmado entre o Distrito Federal, através da Secretaria de Agricultura, e a empresa GAUTAMA. Nessa época, **PEDRO PASSOS JÚNIOR** exercia o cargo de Secretário de Agricultura, Pecuária e Abastecimento do Distrito Federal, podendo assim ser resumida sua atuação em benefício da organização criminosa:

A) em 22 de junho de 2006, **PEDRO PASSOS**, já no exercício do cargo de Deputado Distrital, conseguiu aprovar na Assembleia Legislativa do Distrito Federal o crédito suplementar de R$ 3.500.000,00 (três milhões e quinhentos mil reais), que seria destinado à Secretaria de Agricultura para pagamento à GAUTAMA.

[...]

B) em 16 de junho de 2006, pouco antes da aprovação do referido crédito suplementar, **PEDRO PASSOS** havia solicitado a ZULEIDO VERAS o pagamento de vantagem indevida:

[...]

C) a solicitação voltou a ser renovada em oportunidades sucessivas: em 23 de junho, em 30 de junho, em 3 de julho e em 10 de julho:

[...]

D) em 13 de julho de 2006 consumou-se a entrega da propina ao Deputado Distrital **PEDRO PASSOS**, por FÁTIMA PALMEIRA, no Hotel Eron, onde se encontraram. No mesmo dia, PEDRO PASSOS pediu, através de FÁTIMA PALMEIRA, que ZULEIDO VERAS complementasse o valor da vantagem indevida, que somente foi entregue em parte:

[...]

E) em 8 de setembro, **PEDRO PASSOS** reiterou o pedido de pagamento do restante a FÁTIMA PALMEIRA, que repassou a solicitação a ZULEIDO VERAS:

[...]

Por fim, alerta o MPF que o Tribunal de Contas da União apontou irregularidades na execução do contrato firmado entre o Distrito Federal e a GAUTAMA, através de **PEDRO PASSOS**, impondo medidas saneadoras que não foram observadas pela contratante (TC 011.1282/2005-6).” – (fls. 66-69)

[...]

“Registraram-se diversos encontros entre FÁTIMA PALMEIRA e os agentes públicos que, mesmo com atuação periférica, integram a organização criminosa, encontros realizados geralmente para negociar o pagamento de propinas ou para entregar, aos beneficiários, os valores respectivos.

Destaque-se sua atuação, a título exemplificativo, na fraude perpetrada na implantação e pavimentação da BR 402/MA; nas obras de construção da barragem de Duas Bocas, no Rio Pratagy, em Alagoas; nas fraudes às medições relativas à obra de construção civil e montagem da 2ª fase da 2ª etapa do sistema da adutora do Rio São Francisco; nos eventos relacionados ao projeto e obras nas áreas irrigadas da Bacia do Rio Preto (negociação e pagamento de ‘propina’ ao Deputado Distrital **PEDRO PASSOS** para aprovação de crédito suplementar na Assembleia Legislativa do Distrito Federal); na elaboração do edital de licitação da Concorrência 49/2006 do Projeto ‘Luz para Todos’ no Estado do Piauí.” – (fls. 77)

[...]

“No terceiro e último nível da organização criminosa estão os agentes públicos municipais, estaduais e federais que, praticando de diversos delitos, viabilizam a atividade da organização na obtenção de liberação de verbas, direcionamento dos resultados das licitações, aprovação de projetos, liberação de medições fraudulentas, etc. Enfim, removem os óbices que se antepõem aos propósitos daqueles que integram o primeiro nível da organização, recebendo, para tanto, vantagens indevidas. São categorizados como intermediários.

Segundo esclareceu a autoridade policial em seu relatório (fl. 05/06):

... a participação desses integrantes pode ser efetiva e/ou intensa, sendo caracterizada essa intensidade do envolvimento pela qualidade da atuação (posicionamento do servidor dentro da própria organização), ou pela quantidade de contatos, pagamentos, dados repassados ou outros indicadores de permanência do vínculo do servidor com o grupo criminoso.

Nesse nível são apresentados dezenove integrantes, cujas participações estão assim descritas:

18) **PEDRO PASSOS JÚNIOR**, Deputado Distrital que exerceu o cargo de Secretário de Agricultura, Pecuária e Abastecimento do Distrito Federal, conseguiu aprovar na Assembleia Legislativa do Distrito Federal crédito suplementar de R$ 3.500.000,00 (três milhões e quinhentos mil reais), que seria destinado à Secretaria de Agricultura para pagamento da GAUTAMA; em contraprestação exigiu reiteradamente vantagem indevida de ZULEIDO VERAS, através da FÁTIMA PALMEIRA, como demonstram as gravações das interceptações telefônicas. Registre-se que o Tribunal de Contas da União apontou irregularidades no contrato firmado entre o Distrito Federal e a GAUTAMA." – (fls. 82/85)

[...]

"Com relação ao Deputado Distrital **PEDRO PASSOS JÚNIOR**, *deixo de decretar sua prisão preventiva diante da sua condição de agente político.*

Entretanto, como estamos a tratar de crime de quadrilha, na modalidade de organização criminosa, considerado delito de natureza permanente, o qual comporta a prisão em flagrante, DETERMINO À AUTORIDADE POLICIAL QUE PROCEDA À PRISÃO DO DEPUTADO DISTRITAL **PEDRO PASSOS JÚNIOR**, *em estado de flagrância, lavrando-se o respectivo auto, que deve ser apresentado a mim e ao Presidente da Câmara Legislativa do Distrito Federal, a quem compete decidir sobre a custódia do flagrado." – (fl. 87)*

Além dessas referências na decisão que decretou a prisão em flagrante, há registro no qual o ora paciente (PEDRO PASSOS JÚNIOR) participa dos diálogos telefônicos ns. 78, 79, 80, 81, 82, 83, 84, 85, 86 e 87, ocorridos nos meses de junho, julho e setembro de 2006, *verbis*:

"DIÁLOGO 78:

PEDRO diz que não pode falar com Ele, antes. ZULEIDO diz que 4ª vai por lá (BSB) e resolve aquele negócio. **PEDRO** diz que falou com FÁTIMA que lhe disse que lhe dava um 'socorro' hoje, mas acabou não dando certo. ZULEIDO diz que FÁTIMA está de férias – 15 dias – viajou. ZULEIDO repete que resolve na 4ª. **PEDRO** pergunta se ZULEIDO consegue liquidar o resto na quarta. ZULEIDO diz que sim. PEDRO diz que na terça ou quarta votam o crédito suplementar que está na Câmara. Fala que estão tirando 2 e meio lá, para pagar o resto que falta e dar a Ordem de Serviço para começar alguma coisa, também. ZULEIDO diz que vai chegar na segunda onde PEDRO está (BSB), e conversam pessoalmente. (16/06/2006 20:55:54)

DIÁLOGO 79:

ZULEIDO diz que não pode ir hoje. Diz que só chega lá (BSA) na terça feira, mas vai 'levar o material'. **PEDRO PASSOS** diz que sim e pede para ZULEIDO lhe tirar do sufoco. Fala que está ligando para ZULEIDO para pedir isso (tirá-lo do sufoco) e dar notícia boa para ZULEIDO – a GOVERNADORA ABADIA vai ser candidata... aí fica muito mais fácil para poderem (**PEDRO PASSOS** e ZULEIDO) funcionar isso aí, pois Ela (GOVERNADORA) estava muito reticente por causa da responsabilidade fiscal, mas agora vão 'mandar o pau'. ZULEIDO diz que Ela (GOVERNADORA) vai ter que arregaçar as mangas. **PEDRO PASSOS** diz que Ela (GOVERNADORA) vai ter que criar condições. Diz que agora vai ficar bem mais fácil. Fala que segunda vai conversar com Ela e quando ZULEIDO chegar vai ter notícia para conversarem. ZULEIDO diz que soube que foi aprovado 'aquele negócio' do Orçamento. PEDRO PASSOS diz que ainda não, mas já está com uma parte – 5 mil. ZULEIDO diz que para começar está bom e que o importante é sacramentar.

DIÁLOGO 80:

ZULEIDO diz que na segunda de noite vai estar lá (BRASÍLIA) com FÁTIMA e leva o material de PEDRO PASSOS. Diz que teve que viajar – está em Macapá – mas segunda se encontram. **PEDRO PASSOS** diz que, já que ZULEIDO está dando uma notícia boa, vai pagar com outra – aprovaram 4 milhões e 200 mil de crédito suplementar para a barragem, para pagar o resto e sobrar um saldo para começar lá. ZULEIDO dá os parabéns. PEDRO PASSOS diz que segunda-feira à noite se falam. (30/06/2006 18:29:20)

DIÁLOGO 81:

ZULEIDO diz que está levando o material (dinheiro) dele na quarta. PEDRO diz que achava que ZULEIDO viria hoje. ZULEIDO diz que apareceu problema em SERGIPE e vai sair de lá em torno de meio-dia, chegando em Brasília às 2 horas. PEDRO pergunta se ZULEIDO não vai furar. ZULEIDO diz que não. **PEDRO** diz que é para conversarem, pois tem novidade. ZULEIDO fala que FÁTIMA também está chegando. (03/07/2006 19:53:40)

Garantias penais e processuais-penais **315**

DIÁLOGO 82:

PEDRO PASSOS reclama do sumiço de FÁTIMA. FÁTIMA explica que chegou apenas uma parte (do dinheiro); diz que ficou sem graça para falar com seu interlocutor; diz que tentou entrar em contato no sábado e no domingo, mas não conseguira. **PEDRO PASSOS** diz que seu final de semana foi uma loucura porque ocorreu o lançamento da campanha e outros eventos. FÁTIMA diz que está em MACEIÓ; diz que chegou apenas uma parte e que se **PEDRO PASSOS** quiser ela dará um jeito. **PEDRO PASSOS** responde que quer; diz que 'qualquer coisa já ajuda'. FÁTIMA diz que vai ver como é que pode resolver. **PEDRO PASSOS** pergunta quando é que FÁTIMA conseguirá complementar. FÁTIMA diz que precisa perguntar ao 'nosso amigo' (ZULEIDO). **PEDRO PASSOS** pergunta quanto é que tem 'daquele'; pergunta se tem metade, mais ou menos. FÁTIMA informa que tem menos da metade e diz que essa foi a razão de sua preocupação; diz que vai dar um jeito e depois ligará para **PEDRO. PEDRO PASSOS** pede que veja com 'ele' (ZULEIDO) se ele pode concluir isso porque 'agora é a hora mais importante, FÁTIMA, isso é um socorro que você vai me dar... Fundamental'; diz que precisam se organizar para quitar o resto imediatamente, já esta semana; diz que precisa conversar com FÁTIMA para saber até quanto dá e como é que é porque o orçamento já está autorizado. FÁTI-MA diz que retornará a BRASÍLIA no dia seguinte. **PEDRO** PASSOS solicita que FÁTIMA peça a 'ele' (ZULEIDO) pela conclusão, pois é de grande importância para si. (10/07/2006 13:46:13)

DIÁLOGO 83:

FÁTIMA diz que só está com 'aquilo mesmo que eu lhe disse'; diz que 'ele' (ZULEIDO) comprometeu-se a resolver tudo até sexta-feira; diz que em razão disso precisa conversar com **PEDRO PASSOS** e pede que este veja o dia, local e hora mais conveniente. PEDRO diz que podem conversar na primeira hora após o almoço; pede que FÁTIMA insista com 'ele' (ZULEIDO) e pergunta se o caso será resolvido até sexta-feira. FÁTIMA diz que certamente sim. (12/07/2006 13:14:25)

FÁTIMA e **PEDRO PASSOS** combinam de se encontrar em quinze minutos no hotel (ERON). (13/07/2006 11:15:46)

FÁTIMA diz a **PEDRO PASSOS** que já está chegando. (13/07/2006 11:38:23)

TEREZA diz a ZULEIDO que FÁTIMA foi ao ERON (Hotel) encontrar com 'PP' (**PEDRO PAS-SOS**). (13/07/2006 12:01:54)

DIÁLOGO 84:

PEDRO pergunta como faz para falar com ZULEIDO. FÁTIMA informa o número do telefone do mesmo 81210053. **PEDRO** diz que está tentando, mas não consegue contato; diz que vai insistir no apelo para que ZULEIDO não deixe de lhe ajudar amanhã; pede que FÁTIMA faça o mesmo e diga-lhe que agora é muito importante. FÁTIMA promete que também ligará para ZULEIDO. (13/07/2006 14:54:18)

DIÁLOGO 85:

PEDRO fala com FÁTIMA que ZULEIDO tinha conversado com ele e dito que no dia 01, daria um socorro pra ele, e que ele imagina que ele ZULEIDO tenha tido dificuldade, e se ela não teria como perguntar pra ele ZULEIDO se ele não consegue alguma coisa pra ele, pois qualquer coisa já ajudaria. FÁTIMA diz que vai ligar pra ZULEIDO e que depois entra em contato com ele. (08/09/2006 10:54:03)

DIÁLOGO 86:

FÁTIMA diz que o amigo deles, o **PEDRO (PASSOS)**, ligou pra ela e disse que: 'o nosso amigo (é o ZULEIDO) disse que depois do dia 30 me daria uma ajuda'; ZULEIDO diz que foi isso mesmo, mas que se ele (ZULEIDO) ligar pra ele agora, ele (ZULEIDO) vai dizer, mas com insegurança, que ele não tem segurança ainda; ZULEIDO pergunta como está o recebimento dele, os 800 mil; FÁTIMA diz que não saiu, que está esperando o repasse; ZULEIDO diz que pelo que ele está sentindo, aquilo está dependendo de JÚLIO, e que JÚLIO não deve ter força nenhuma; FÁTIMA diz que é o outro JULIO que ele está falando, o outro JULIO é ligado a **PEDRO**; ZULEIDO pergunta o que esse outro JULIO disse, e diz que já fazem duas semanas que está esse rolo; FÁTIMA diz que antes foi por causa da folha e agora (não termina); que ela tem muita preocupação com isso, que pra tirar tem de falar em cima, que ela acha isso; ZULEIDO pede pra ela sondar isso. (08/09/2006 20:55:24)

DIÁLOGO 87:

PEDRO informa que o prefeito de SINOP precisa entregar os documentos porque nada foi entregue ainda; diz que precisa mandar ele, o prefeito, acelerar o processo porque o dinheiro está acabando.

FLÁVIO diz que ele já tem tudo entregue. PEDRO diz que não; diz que MÁRCIO (FORTES) falou diante de si, há pouco, com o superintendente de CUIABÁ. FLÁVIO pergunta sobre PRESIDENTE (PRUDENTE). PEDRO diz que está resolvendo nesse momento; diz que ligará para FLÁVIO dentro de cinco minutos. (06/07/2006 11:40:10)" – (fls. 67-69)

Com relação à ausência de fundamentação do decreto de prisão em flagrante, a impetração sustenta que:

"A d. autoridade coatora, em que pese ter consignado em sua decisão que deixava de decretar a prisão preventiva do Paciente diante da sua condição de agente político, entendeu que, por se tratar de crime de quadrilha, na modalidade de organização criminosa, considerado delito de natureza permanente, comportaria prisão em flagrante, razão pela qual determinou à autoridade policial que procedesse a prisão em flagrante do Paciente.

Ocorre que, *data venia* do entendimento da d. autoridade coatora quanto ao Paciente, não se concretizou a situação de flagrante delito, pois ele foi acordado pela Polícia Federal e logo em seguida preso quando se encontrava em sua residência em Brasília, sem que, evidentemente, estivesse em situação que sequer pudesse sugerir vinculação a atividade de quadrilha ou bando, ou prática de corrupção.

Uma das características da quadrilha e do crime organizado é o cometimento sequenciado de infrações, umas para dar continuidade ao desiderato da organização, outras para fortalecer a posição de domínio do grupo e, ainda, outras para ocultar a atividade criminosa, de tal forma que, dificilmente, há uma só ação a ser apurada e investigada.

Enfim, da mesma forma que as organizações ilícitas, age a organização de forma continuada, com vista a preservar-se e expandir o seu poder, o que convenhamos, não é o caso dos autos, pois, o Paciente foi citado na decisão ora impugnada por um único fato e uma única situação.

Pelas razões que seguem expostas, o auto de prisão em flagrante merece ser declarado nulo, bem como impõe-se a revogação da prisão em flagrante decretada contra o Paciente, o Deputado Distrital Pedro Passos.

[...]

A decisão ora impugnada determinou a prisão em FLAGRANTE do Paciente, o Deputado Distrital Pedro Passos Júnior, sob o único argumento de ter alegadamente praticado 'crime de quadrilha, na modalidade de organização criminosa, considerado delito de natureza permanente'.

Todavia, inexiste o flagrante afirmado pela d. autoridade coatora, haja vista as considerações que passa a expor.

A Polícia Federal efetivou a prisão no dia 17.05.07 e comunicou-a ao Presidente da Câmara legislativa do Distrito Federal – CLDF, por meio do Ofício n. 17207 – DREX/SR/DPF/DF, encaminhando cópia da decisão da Ministra, do auto da prisão em flagrante, dos áudios e demais peças do inquérito (documentos anexos).

Recebido o auto da prisão em flagrante, o Presidente da CLDF, em atenção ao art. 26 da Regimento Interno da Casa – RICLDF, que regulamenta o art. 61, § 3º da Lei Orgânica do Distrito Federal – LODF, despachou-o, acompanhado de todos os documentos recebidos pela Polícia Federal, para a Comissão de Constituição e Justiça – CCJ, a quem compete decidir, preliminarmente, sobre a prisão [...].

A CCJ, após receber os autos do flagrante, reuniu-se, extraordinariamente, e decidiu requisitar a apresentação do preso, para que permanecesse sob a custódia e sob a responsabilidade da Polícia Legislativa, até que se decidisse sobre o relaxamento da prisão.

Assim, comunicou-se a decisão ao Delegado da Polícia Federal que preside o inquérito e à Ministra que autorizou a prisão, para ciência e providências (Ofício n. 04/CCJ – cópia anexa), especialmente porque na própria decisão a magistrada já havia deixado claro que a decisão de custódia caberia à CLDF, na forma da LODF e do seu Regimento Interno.

Não obstante, a Ministra ao tomar ciência da decisão da CCJ, proferiu decisão (cópia anexa) negando a custódia do preso à CLDF, por entender que o custodiado deve permanecer na carceragem da Polícia Federal, 'eis que não se outorga à Câmara Legislativa a função de carcereira'.

[...]

Ora, outro não poderia ser o entendimento a ser adotado pela CLDF, uma vez que a ela compete ser o juiz da continuidade ou não da prisão, como bem disse a própria Ministra na sua decisão ora atacada.

Se é verdade que o Poder Legislativo não é o detentor exclusivo da competência para deliberar sobre matéria legislativa, é também verdadeiro que nem todas as suas deliberações são de caráter legiferante. Exerce, outrossim, funções administrativas e mesmo jurisdicionais – processamento e julgamento do Presidente da República por crime de responsabilidade, e a deliberação acerca da prisão de parlamentar, por exemplo – expressamente previstas na Constituição.

[...]

Como se vê, estranhamente, a d. autoridade coatora negou a prerrogativa legal da CLDF que a própria d. autoridade coatora havia reconhecido expressamente na decisão ora guerreada.

Ora, se a norma estabelece que a CLDF pode ordenar a custódia do Deputado Distrital preso, e isso foi feito em obediência às normas legais e regulamentares, não pode o Poder Judiciário negar a referida ordem de custódia emanada licitamente ao Órgão Legislativo, sob pena de afronta ao princípio da independência e harmonia dos poderes previsto no art. 2º da CF.

Resta, portanto, demonstrado, que inúmeras são as razões que justificam a concessão desta ordem de *habeas corpus*, ante a manifesta violação ao direito constitucional de ir e vir do Paciente." – (fls. 3-10)

Por fim, o impetrante requer:

"a) quanto à ilegalidade da prisão em flagrante:

Diante da flagrante ilegalidade da prisão decretada, em face do profundo e indisfarçável desrespeito ao disciplinamento normativo a que se subordina tal medida extrema, requer seja concedida liminarmente a ordem, para revogar a prisão em flagrante do Paciente, expedindo-se o competente contramandado de prisão; e ao final, o julgamento favorável do presente pedido, com a definitiva concessão do *writ*; declarando-se ilegais a ordem de prisão e o auto de prisão em flagrante; ou caso esse c. STF não entenda pela ilegalidade do flagrante,

b) quanto a custódia ordenada pela Câmara Legislativa:

Diante de todo exposto, considerando que o art. 26, I, 'a', do RICLDF está em consonância com o § 3º, do art. 61, da LODF, bem como respeita fielmente os ditames da Constituição da República (art. 53, § 2º c/c os arts. 27, § 1º e 32, § 3º) e do regimento Interno da Câmara dos Deputados (art. 251) – princípio da simetria – restou demonstrado que a decisão da CCJ atendeu todos os requisitos constitucionais e legais, razão pela qual requer a Impetrante a concessão de medida liminar, *inaudita altera pars*, determinando de imediato a apresentação do réu à CCJ, que ficará sob a sua custódia, e sob responsabilidade da polícia Legislativa, expedindo-se a devida comunicação à Superintendência da Polícia Federal do Distrito federal, com a urgência que o caso requer.

Requer, outrossim, que no julgamento do mérito, seja anulado o ato da autoridade coatora, reconhecendo-se e assegurando-se à CCJ, e, por conseguinte, ao Poder legislativo Distrital, a competência para ordenar a apresentação do réu preso, bem como de decidir sobre sua custódia, como previsto no art. 26, I, 'a', do RICLDF c/c com o § 3º, do art. 61, da LODF c/c art. 53, § 2º c/c os arts. 27, § 1º e 32, § 3º da Constituição da República." – (fls. 22/23)

Em 22 de maio de 2007 (fls. 111-122), deferi o pedido de medida liminar para fulminar os efeitos da prisão em flagrante decretada em face do ora paciente (*DJ* 28.5.2007).

O parecer do MPF, da lavra da Subprocuradora-Geral da República Cláudia Sampaio Marques, é pela denegação da ordem (fls. 164-168).

A decisão do *writ* recebeu a seguinte ementa:

EMENTA: Habeas Corpus. 1. "Operação Navalha". Inquérito n. 544/BA, do Superior Tribunal de Justiça. Prisão em flagrante. 2. Situação de flagrância não verificada. Ausência no decreto cautelar da exposição detalhada de situação concreta que ensejasse o flagrante. 3. Ao momento da prisão em flagrante, o paciente não foi surpreendido em situação que fizesse supor a associação para o fim da continuidade de cometimento de crimes. 4. Paciente que não exerce mais o cargo de Secretário de Agricultura, Pecuária e Abastecimento do Distrito Federal, nem o mandato de Deputado Distrital. Mesmo com a superação da ausência de indicação de elementos concretos que configurassem o flagrante, não subsistiriam fundamentos para justificar a prisão do paciente até a presente data, nos termos do art. 310, parágrafo único, do CPP. 5. Incidência do óbice do art. 53, § 2º, da CF, à época dos fatos. 6. Situação de constrangimento ilegal apta a ensejar o deferimento da ordem. 7. Ordem deferida para afastar a decretação de prisão em flagrante do paciente nos autos do INQ no 544/BA, em curso perante o STJ.

VOTO

No caso, o elemento apontado para a decretação da prisão em flagrante do ora paciente diz respeito ao fato de o investigado ter, na condição de Secretário de Agricultura, Pecuária e Abastecimento do Distrito Federal, conseguido "aprovar na Assembleia Legislativa do Distrito Federal crédito suplementar de R$ 3.500.000,00 (três milhões e quinhentos mil reais), que seria destinado à Secretaria de Agricultura para pagamento da GAUTAMA; em contraprestação exigiu reiteradamente vantagem indevida de ZULEIDO VERAS, através da FÁTIMA PALMEIRA, como demonstram as gravações das interceptações telefônicas. Registre-se que o Tribunal de Contas da União apontou irregularidades no contrato firmado entre o Distrito Federal e a GAUTAMA" – (fl. 85).

Inicialmente, ressalte-se que o reconhecimento da situação de flagrância em crimes considerados como permanentes – como é o delito de quadrilha – depende de o agente ser "surpreendido em situação própria de flagrante" (cf. JESUS, Damásio E. *Código de Processo Penal Anotado.* 21. ed. São Paulo: Saraiva, 2004. p. 238), inclusive nos termos da jurisprudência do próprio Superior Tribunal de Justiça. Nesse sentido, arrolo a ementa do seguinte precedente:

"EMENTA: PROCESSUAL PENAL. *HABEAS CORPUS.* ART. 288 DO CP, C/C O ART. 1º DA LEI N. 9.034/95 E ART. 317, C/C O ART. 29, TODOS DO CP. PRISÃO PREVENTIVA. FUNDAMENTAÇÃO. PRISÃO EM FLAGRANTE. NECESSIDADE DE O AGENTE SER SURPREENDIDO EM SITUAÇÃO PRÓPRIA DE FLAGRANTE.

I – Demonstrando o magistrado de forma efetiva as circunstâncias concretas ensejadoras da custódia cautelar, consistentes na ameaça à testemunha, na supressão ou eliminação dos elementos probatórios e no afastamento do distrito da culpa, resta suficientemente justificada e fundamentada a imposição do encarceramento provisório como forma de assegurar a aplicação da lei penal, garantir a ordem pública e assegurar a instrução criminal.

II – Para a configuração do estado flagrancial, mesmo nos casos dos crimes classificados como permanentes, faz-se necessário que a prisão ocorra no momento em que o agente esteja em situação demonstrativa da conduta delitiva. Com efeito, a prisão desta natureza não pode fundamentar-se, apenas, em investigações policiais.

III – Não se afigura admissível a revogação da preventiva, ainda que se admita a concessão de fiança, para o delito previsto no art. 288 do CP, c/c art. 1º da Lei n. 9.034/95, tendo em vista a disposição prevista no art. 7º da Lei n. 9.034/95.

Habeas corpus concedido, apenas, para a desconstituição da prisão flagrante. Mantida a prisão preventiva do paciente" – (RHC n. 29.835/STJ, Rel. Min. Rel. Félix Fischer, 5ª Turma, DJ 28.10.2003).

No entanto, da leitura do ato decisório impugnado, não se verifica situação de flagrância com referência ao ora paciente (PEDRO PASSOS JÚNIOR). Ainda que tal situação se fizesse presente ao momento do cumprimento do mandado de prisão, a decisão impugnada deveria ter indicado elementos concretos e, sobretudo, contemporâneos, para o reconhecimento da possibilidade de prisão em flagrante.

Com efeito, é indispensável que o ato impugnado aponte fatos concretos que justifiquem a constrição de liberdade do investigado.

Além disso, destaque-se que o ora paciente não exerce mais o cargo de Secretário de Agricultura, Pecuária e Abastecimento do Distrito Federal, nem o mandato de Deputado Distrital.

Ou seja, ainda que superada a ausência de indicação de elementos concretos que configurassem o flagrante, tampouco subsistiriam fundamentos para justificar a prisão do paciente até a presente data.

De fato, nos termos do art. 310, parágrafo único, do CPP, cabe liberdade provisória ao réu quando, pelo auto de prisão em flagrante, verificar a inocorrência de qualquer das hipóteses que autorizam a prisão preventiva.

Em outras palavras, para se manter a prisão cautelar de qualquer cidadão (CPP, art. 312), é necessário que o juízo competente indique e especifique, de modo minudenciado, elementos concretos que confiram base empírica para legitimar e fundamentar essa medida excepcional de constrição da liberdade.

A depender da situação concreta em apreço, por conseguinte, ao se cominar custódia cautelar em matéria penal, a inobservância desses requisitos legais e constitucionais pode se configurar como grave atentado contra a própria ideia de dignidade humana – princípio fundamental da República Federativa do Brasil e elemento basilar de um Estado democrático de Direito (CF, art. 1º, *caput* e III).

O cerceamento preventivo da liberdade não pode constituir castigo ou punição àquele que sequer possui contra si juízo formulado pelo *Parquet* quanto à plausibilidade de persecução penal que deva, ou não, ser instaurada pelo Estado.

Caso se entenda, como enfaticamente destacam a doutrina e a jurisprudência, que o princípio da dignidade humana não permite que o ser humano se convole em objeto da ação estatal, não há compatibilizar semelhante ideia com a privação provisória da liberdade que seja determinada de modo carente de devida fundamentação.

Entretanto, tenho indeferido pedidos de medidas liminares nas circunstâncias em que: a) exista ato judicial que determine a prisão cautelar; e b) a fundamentação esteja em consonância com os pressupostos de cautelaridade, análogos, ao menos em tese, aos previstos no art. 312 do CPP. Nesse sentido, arrolo as seguintes decisões monocráticas proferidas em sede de medida cautelar, nas quais reconheci a idoneidade da fundamentação da custódia preventiva: HC n. 84.434/SP, *DJ* 3.11.2004; HC n. 84.983/SP, *DJ* 4.11.2004; HC n. 85.877/PE, *DJ* 16.5.2005; e HC n. 86.829/SC, *DJ* 24.10.2005, todos de minha relatoria.

A hipótese dos autos, porém, parece-me distinta.

Os atos supostamente ilícitos imputados ao ora paciente (PEDRO PASSOS JÚNIOR) estão datados de junho a setembro de 2006. Não obstante, não se verificam os requisitos de necessidade da custódia cautelar do ora paciente.

Por último, ressalte-se que na oportunidade da decretação da prisão do paciente incidia o art. 53, § 2º do texto constitucional, o qual preconiza que: "Desde a expedição do diploma, os membros do Congresso Nacional não poderão ser presos, salvo em flagrante de crime inafiançável. [...]".

Nesse particular, em sessão de julgamento datada de 15 de dezembro de 2005, o Plenário do STF, por unanimidade de votos, negou provimento ao Recurso Extraordinário n. 456.679/DF, de relatoria do Min. Sepúlveda Pertence e interposto pelo Ministério Público Federal. Nesse julgado, o Plenário fixou a tese da aplicabilidade, sem restrições, da imunidade formal prevista nos arts. 53, § 2º c/c os arts. 27, § 1º, e 32, § 3º, todos da Constituição Federal, aos parlamentares do âmbito estadual e distrital. Eis o teor da ementa, *verbis*:

"EMENTA: Parlamentar distrital: imunidade formal: CF, art. 53, § 2º c/c os arts. 27, § 1º, e 32, § 3º: incidência. Com o advento da Constituição de 1988 (art. 27, § 1º), que tornou aplicáveis, sem restrições, aos membros das Assembleias Legislativas dos Estados e do Distrito Federal, as normas sobre imunidades parlamentares dos integrantes do Congresso Nacional, ficou superada a tese da Súmula 3/STF (<A imunidade concedida a Deputados Estaduais é restrita à Justiça do Estado>), que tem por suporte necessário que o reconhecimento aos deputados estaduais das imunidades dos congressistas não derivava necessariamente da Constituição Federal, mas decorreria de decisão autônoma do constituinte local" – (RE n. 456.679/DF, Rel. Min. Sepúlveda Pertence, Pleno, unânime, julg. em 15.12.2005, *DJ* 7.4.2006).

Nos termos do art. 288 do Código Penal, a pena mínima cominada ao delito de quadrilha ou bando é de reclusão de 1 (um) ano. Segundo dispõe o inciso I do art. 323 do CPP, não será concedida fiança "nos crimes punidos com reclusão em que a pena mínima cominada for superior a dois anos".

Dessa forma, diante da constatação de que o crime descrito no art. 288 do CP é afiançável, incidiria, no caso concreto, a imunidade formal prevista no art. 53, § 2º, da CF.

Frise-se que, apesar da renúncia do paciente ao mandato de Deputado Distrital, à época da decretação da prisão era perfeitamente aplicável o disposto no art. 53, § 2º, da CF.

Assim, o decreto de prisão do paciente é insubsistente, eis que i) ausente no decreto cautelar a exposição detalhada de situação concreta que ensejasse o flagrante; ii) ao momento da prisão em flagrante, o ora paciente não foi surpreendido em situação que fizesse supor a associação para o fim da continuidade de cometimento de crimes; e iii) à época dos fatos, incidia o óbice do art. 53, § 2º, da Carta Magna.

Vislumbro, assim, patente situação de constrangimento ilegal apta a ensejar o deferimento da ordem.

Nestes termos, voto pelo deferimento da ordem, para afastar a decretação de prisão em flagrante do paciente (PEDRO PASSOS JÚNIOR) nos autos do INQ 544/BA, em curso perante o STJ.

ADENDO AO VOTO

Senhor Presidente, encerrados os julgamentos dos pedidos de *habeas corpus*, farei algumas ponderações acerca das circunstâncias peculiares que envolveram a tramitação e apreciação destes *writs*.

O estudioso do processo penal constitucional deverá atentar para os elementos constantes dos HCs referentes à denominada "Operação Navalha".

Considerando o HC 91.386/BA, julgado por esta Turma em 19.2.2008, e os demais pedidos de *habeas corpus* correspondem às mesmas investigações promovidas pelo Departamento da Polícia Federal e supervisionadas pelo Ministério Público Federal nos autos do INQ n. 544/BA, distribuídos à relatoria da Ministra Eliana Calmon do STJ, é importante destacar os eventos que se seguiram à concessão de liminar.

Em 17 de maio de 2007, quinta-feira, às 16h30, a defesa de ULISSES CESAR MARTINS DE SOUSA impetrou o primeiro *habeas corpus*, o de n. 91.386/BA, a mim distribuído às 19h45. Na mesma data, por volta de 22h, concedi a liminar para garantir a liberdade do paciente.

No dia 18 seguinte, sexta-feira, embarquei às 7h para o Rio de Janeiro, onde participei de Seminário promovido pela Escola da Magistratura do Tribunal de Justiça do Estado do Rio de Janeiro.

Durante o almoço, em torno de 13h30, recebi telefonema do Procurador-Geral da República, Dr. Antônio Fernando Barros e Silva de Souza, a respeito da mencionada "Operação Navalha", em curso perante o Superior Tribunal de Justiça – STJ, nos autos do Inquérito n. 544.

Na oportunidade, o Procurador-Geral da República informou-me sobre as circunstâncias do caso e disse-me que a Relatora, Min. Eliana Calmon, pretendia revogar as prisões tão logo realizada a audiência dos investigados.

Perguntei se a Ministra iria ouvi-los durante o fim de semana e o Procurador-Geral respondeu que as audiências somente começariam na segunda-feira seguinte. Em face disso, observei que ele conhecia a jurisprudência do Tribunal sobre prisões preventivas e que prosseguiria no exame dos pedidos de *habeas corpus*.

No mesmo dia 18, às 14h30, embarquei com destino à São Paulo para participar de Congresso na cidade de São Roque-SP.

Logo após chegar em São Paulo, recebi telefonema da jornalista Silvana de Freitas, da Folha de São Paulo, que indagou sobre detalhes da minha conversa com o Procurador-Geral da República. Além disso, a mencionada jornalista informou-me que "fontes" da Polícia Federal comentaram que eu iria libertar todos os presos da "Operação Navalha".

Em seguida, voltei a falar com o Procurador-Geral da República sobre o assunto. Ele me informou que estava no Estado do Amapá e que não havia feito qualquer comentário sobre o nosso diálogo.

Fica então a indagação, Sr. Presidente: estávamos, o Procurador-Geral da República e eu, a ser monitorados por essas tais "fontes"?

No dia 19, sábado, retornei a Brasília e conversei por telefone com a Min. Eliana Calmon, relatora do Inquérito n. 544, no STJ, a propósito da tramitação dos procedimentos relacionados à mencionada operação.

Na mesma data, o sítio eletrônico "Conversa Afiada" do jornalista Paulo Henrique Amorim divulgou, com base em "alta fonte da Polícia (Republicana) Federal", diálogos telefônicos que envolviam o meu nome em escutas realizadas pelo Departamento da Polícia Federal, na nota intitulada "Uma Explicação para um HC Inexplicável":

> "O Conversa Afiada recebeu a seguinte informação de uma alta fonte da Polícia (Republicana) Federal:
> Documentos da Operação Furacão indicam que no dia 05 de janeiro de 2007 houve uma ligação de 10 minutos e 29 segundos com referência ao Ministro Gilmar Mendes do Supremo Tribunal Federal.
> Sérgio, um advogado preso na Operação Furacão, conversa com outro advogado, Emanoel.
> O diálogo é o seguinte: 'de colega para colega. O rapaz lá é meu amigo de infância. Quando meu pai era prefeito na cidade, o pai dele era secretário. Quando o papai voltava para o cartório, o pai dele assumia a prefeitura. E os dois governaram Diamantino por 30 anos'.
> Tanto Emanoel quanto Gilmar Mendes são de Diamantino, cidade de Mato Grosso.
> Gilmar Mendes concedeu um HC (habeas corpus) a Ulisses Martins de Souza, preso na Operação Navalha, sem conhecer os autos – segundo informação da Polícia (Republicana) Federal.
> Ulisses, ex-procurador geral do Maranhão, aparece na investigação da Polícia (Republicana) Federal como um dos intermediários da empreiteira Gautama.
> Emanoel atuou em 'embargos auriculares' para obter o HC do Ulisses.
> A transcrição de gravações telefônicas não prova nada. São apenas elementos autorizados pela Justiça e que a Justiça julgará." (disponível na página eletrônica: http://conversa-afiada.ig.com.br/materias/43300 1-433500/433082/433082_1.html).

Sr. Presidente, é difícil imaginar conduta mais sórdida ou torpe por parte das tais fontes e do próprio jornalista. Não preciso dizer a esta Turma que as conclusões da nota são grotescamente fantasiosas.

Ainda no dia 19 de maio, a Agência Estado publicou notícia intitulada "PF 'estranha' *habeas corpus* para acusado na 'Navalha'":

> "Policiais federais que atuam na Operação Navalha consideraram 'estranha' a decisão tomada hoje pelo ministro Gilmar Mendes, do Supremo Tribunal Federal (STF), que concedeu *habeas corpus* preventivo ao procurador da Justiça no Maranhão e assessor da OAB (Ordem dos Advogados do Brasil) no Estado, Ulisses Cesar Martins de Souza, que está foragido e agora não mais poderá ser preso.
> Segundo agentes da PF, Ulisses é considerado um dos intermediários da empresa Gautama, que comandava as fraudes da quadrilha presa na Operação Navalha. O pedido de *habeas corpus* foi apresentado ao STF por um advogado da OAB, Alberto Zacharias Toron. Os policiais disseram estranhar a decisão de Gilmar Mendes, porque o ministro não ouviu a relatora do inquérito no Superior Tribunal de Justiça (STJ), ministra Eliana Calmon, nem se informou com a PF sobre as graves acusações que pesam contra Ulisses.

Mendes, no entender dos policiais, deveria ter ouvido também o Procurador-Geral da República, Antonio Fernando Souza, que pediu à Ministra a decretação da prisão de Ulisses e demais acusados de participar da quadrilha. O Ministro, segundo a PF, não sabia que Ulisses esteve em Brasília e se encontrou com a diretora comercial da Gautama, Maria de Fátima, que agora está presa.

Ele foi monitorado pela PF quando participava da montagem do esquema em torno da obra da BR-402, no Maranhão, orçada em R$ 153 milhões. Federais dizem que ele atuou decisivamente na quadrilha, intermediando a entrega da obra para a empresa Gautama. Federais disseram que todos os passos de Ulisses foram monitorados" (Notícia da Agência Estado disponível no endereço eletrônico: http://www.cosmo.com.br/brasilemundo/integra.asp?id=194597).

Era evidente a total ignorância de regras elementares de processo penal pelas citadas "fontes". Como sabe qualquer estudante iniciante do Direito, o relator não precisa pedir informações antes de decidir pedido de liminar em HC.

Tendo em vista esses fatos e o notório propósito revelado por tais "fontes da Polícia Federal" de questionar a legitimidade das decisões monocráticas desta Relatoria, na noite de sábado, 19.5.2007, conversei por telefone tanto com o Ministro da Justiça, Dr. Tarso Genro, quanto com o Diretor-Geral do Departamento da Polícia Federal à época, Dr. Paulo Lacerda. Na ocasião, expressei a ambos a minha estranheza com a conduta adotada por seus agentes.

Continuei apreciando diversos pedidos de *habeas corpus*, concedendo liminares nas hipóteses de flagrante ilegalidade dos decretos de prisão preventiva e assegurando os direitos constitucionais dos investigados, nos termos dos fundamentos acolhidos por esta Turma.

Na segunda-feira, 21 de maio, fui informado que o nome "Gilmar Mendes" constava de lista de beneficiados da empresa Gautama divulgada pelo DPF.

Em 23 de maio, quarta-feira, assim que cheguei ao Tribunal para a sessão plenária às 14h, fui informado pela imprensa das declarações do Procurador-Geral da República, no sentido de que a relatora no STJ teria "mais condições de conhecer melhor os fatos, o que permite uma interpretação mais segura" a respeito da "Operação Navalha".

No mesmo momento, tratei de repelir tais declarações, reafirmando que esta Corte estava satisfatoriamente instruída para avaliar os fundamentos do decreto de prisão preventiva. É óbvio, Sr. Presidente, que o decreto prisional deve conter as razões da prisão preventiva.

A declaração do Procurador-Geral da República revelava confusão conceitual entre os fundamentos da prisão preventiva e aqueles pertinentes ao recebimento da denúncia.

Naquele mesmo dia, às 19h, fui indagado pelas repórteres Carolina Augusta, da Rede Bandeirantes, e Andreza Matais, da Folha de São Paulo, a respeito de informe do DPF, no qual o nome "Gilmar Mendes" constava da lista de "mimos e brindes" da Gautama.

Não me surpreendi com a informação, pois transcrições de escutas telefônicas envolvendo o engenheiro Gilmar de Melo Mendes, ex-secretário de Fazenda do Estado de Sergipe, constavam da decisão mediante a qual foi decretada a prisão cautelar no Inquérito n. 544/BA, em curso no STJ, e dos autos do HC 91.386/BA. Confira-se, a propósito, com o seguinte trecho:

"DIÁLOGO 57:
ZULEIDO *pede para* FLÁVIO *(FLÁVIO CONCEIÇÃO) conseguir qualquer coisa até sexta*. FLÁVIO diz que vai ver amanhã de manhã. ZULEIDO diz que tem certeza que essa operação só vai sair na primeira quinzena. Diz que amanhã cedo vai estar lá (SE) e que vai apertar **GILMAR (GILMAR DE MELO MENDES)**. FLÁVIO diz que vai apertar amanhã. ZULEIDO pede para FLÁVIO fazer um apelo ao Governador (JOÃO ALVES FILHO). FLÁVIO diz que está fechado. (21.6.2006, 18:31:07)."

Surpreendeu-me, sim, Sr. Presidente, a torpeza da atitude daqueles que divulgaram essas informações, conscientes de que se cuidava de manipulação dolosa de um lamentável caso de homonímia.

Concedi, então, entrevista coletiva, naquele mesmo dia e tornei públicas as críticas que já fizera no sábado ao Ministro da Justiça e ao Diretor do Departamento da Polícia Federal da época, Dr. Paulo Lacerda, quando apontei que parecia estar em gestação no Brasil um modelo de **Estado Policial**.

No meu entender, tratava-se de conduta extremamente grave e que precisava ser repelida de imediato. E foi o que fiz, Sr. Presidente, na defesa das funções de magistrado e do próprio STF.

Ressalto que na Nota Oficial da Divisão de Comunicação Social do DPF, datada de 24 de maio de 2007, não se assumiu qualquer responsabilidade pela divulgação da notícia, nem se procurou sanar o equívoco.

Eis o teor da nota:

"A relação institucional da Polícia Federal com o Poder Judiciário é de respeito e pleno acatamento às suas decisões, especialmente quando se trata da mais alta corte de Justiça do Brasil, o Supremo Tribunal Federal. Não cabe manifestação sobre a opinião pessoal de um de seus ilustres membros. A Polícia Federal aguarda eventual requisição de providências, para apuração de possível irregularidade.

Reafirmamos que a Polícia Federal nestes últimos anos vem aperfeiçoando os mecanismos de investigação. Tal fato tem permitido o desmanche de inúmeras organizações criminosas, com a colheita de indícios e de provas que revelam a materialidade de delitos de natureza grave e a sua autoria, com destaque para o combate das infrações penais cometidas contra a administração pública.

Na função de Polícia Judiciária da União, a legalidade dos atos da Polícia Federal encontra-se submetida aos controles institucionais das autoridades judiciárias e do Ministério Público competentes. Exemplo é o harmônico trabalho que resultou na Operação Navalha, cujas decisões estão sob o crivo da Excelentíssima Ministra-Relatora Eliana Calmon, do Superior Tribunal de Justiça, e do Excelentíssimo Procurador-Geral da República Antônio Fernando de Souza."

Sr. Presidente, não se cuidava de opinião pessoal, mas de imputação de crimes praticados por agentes públicos.

Ademais, é evidente que o órgão policial não precisa de representação para investigar eventuais irregularidades cometidas por seus agentes.

No caso, trata-se de patente crime de ação pública incondicionada, além de infração disciplinar.

Registro que, segundo me informou a diretora da Rede Globo em Brasília, Sílvia Faria, aquela sucursal também recebeu, com pedido de que a notícia fosse divulgada, informações dessas "fontes" sobre a suposta lista de "mimos e brindes", em que meu nome constava como beneficiário.

Também o repórter da TV Globo Carlos de Lannoy confirmou que essas informações foram fornecidas pelo agente responsável pelo contato com os jornalistas no próprio Departamento da Polícia Federal.

Vê-se, assim, Sr. Presidente, que as investigações não precisavam avançar além das calçadas do DPF ou sequer ultrapassavam o setor encarregado da comunicação social.

Sr. Presidente, creio que não exagero e não inovo ao afirmar que quem **inventa ou adultera lista de mimos e a divulga** é capaz de **fabricar provas.**

No entanto, os abusos não pararam por aí!

Naqueles dias, fui indagado pelo repórter Jailton de Carvalho do jornal "O Globo", a respeito da informação de que o Sr. ULISSES CESAR MARTINS DE SOUSA, paciente do HC 91.386/BA, frequentava constantemente minha residência, consoante constava das investigações a respeito do "Gilmar Mendes" beneficiado pela Gautama.

Percebe-se, sr. Presidente, que se cuida do uso de uma espécie de **terrorismo estatal como método.**

Dispenso-me de tecer quaisquer comentários sobre tais insinuações dado o seu conteúdo absurdo.

Inicialmente, pensei que a tentativa de agentes policiais federais de desqualificar juiz do STF era inédita na nossa história.

Não era, porém, algo novo!

Todos esses incidentes trouxeram à memória as lastimáveis ocorrências que envolveram o nome do Min. Sepúlveda Pertence, no episódio que culminou com a malfadada e totalmente insubsistente denúncia de suposta irregularidade em decisão em recurso extraordinário.

Com efeito, em 12.1.2007, o sítio eletrônico *Terra Magazine* noticiou:

"O relatório enviado ao Conselho Nacional de Justiça e à Procuradoria Geral da República contém a transcrição de gravações, **feitas pela Polícia Federal**, de conversas telefônicas entre sócios da empresa GDN Consultores Associados, especializada em questões tributárias.

Nos diálogos, os sócios comemoram a obtenção de uma decisão favorável no Supremo Tribunal Federal envolvendo o Banese (Banco do Estado de Sergipe). De acordo com o relatório, as conversas indicam o pagamento de propina e de 'compra de sentença' no caso.

A sentença foi dada em 6 de setembro de 2006 pelo ministro Sepúlveda Pertence. Em diálogo gravado no dia 8 de setembro, Nivaldo de Oliveira, um dos sócios da GDN, fala sobre a decisão favorável do STF e elogia Chafic Chiquie Borges por seu papel no caso: 'Vossa Excelência é brilhante por excelência. Eu não sei onde você conseguiu tanta competência em seus relacionamentos'.

Chafic Borges é, segundo o relatório, quem apresentou Nivaldo de Oliveira ao advogado Luis Fernando Severo Batista, supostamente articulador de um esquema de 'lobby' junto aos tribunais superiores que garantiria decisões jurídicas favoráveis a seus clientes. Batista é também apontado, nas investigações da PF, como suspeito de articular um suposto esquema de fraude tributária que beneficiaria empresas ligadas ao crime organizado.

A seguir, uma das dezenas de conversas gravadas pela PF. Os envolvidos no diálogo são:

'Alexandre Henrique Zarzur – sócio da GDN

Gabriela Damato Neto – sócio da GDN

Luís Fernando Severo Batista – advogado da GDN

Gabriel: Oi, Alexandre, tudo bem?

Alexandre: Tudo bem, e você?

(...)

Gabriel: Eu tô sabendo do que aconteceu lá, resta saber o que é.

Alexandre: Então, é isso aí mesmo.

Gabriel: (...) Eu conversei com o Luís Fernando.

Alexandre: Ah, ele tá comigo agora tomando um café na Ofner.

Gabriel: Ué, ele não está no haras dele?

Alexandre: Ele já voltou.

Gabriel: Deixa eu falar com ele, então.

Luís Fernando: Fala, bonitão.

Gabriel: Eu pensei que você estava no haras.

Luís Fernando: Voltei, tive um problema com a minha ex-esposa. (...) Aproveitei e chamei nosso amigo pra botar ele na linha, senão começa a comemorar, a telefonar, entende?

Gabriel: Deixa eu te fazer uma pergunta. Eu olhei lá o que saiu, deu provimento parcial. Isso é exatamente a mesma decisão que ele deu na liminar, entendeu?

Luís Fernando: Foi a mesma decisão da liminar.

Gabriel: Ali não cabe recurso?

Luís Fernando: Não, não tem instância nenhuma.

Gabriel: Porque ali ele fala...

Luís Fernando: Já julgou, o negócio da liminar acabou com o julgamento do mérito da ação principal, já acabou tudo.

Gabriel: Então nós precisamos sentar na segunda, porque eu já marquei na terça-feira de estar lá com o secretário (Nota da Redação: o então secretário da Fazenda de Sergipe).

Luís Fernando: Não, eu acho que terça-feira é tarde, terça-feira já tem gente me chamando de filho da puta. É verdade. Uma insegurança natural, porque acabou a atividade dele, entendeu, Gabriel?

Garantias penais e processuais-penais **325**

Gabriel: Sei, sei.

Luís Fernando: Fica muito, muito apreensivo. Então vamos ver se amanhã a gente conversa qualquer coisa, se precisar vamos antes. Tudo bem?

Gabriel: Tudo bem.'

A seguir, comentários e análises dos responsáveis pela investigação sobre o diálogo acima:

> 'Alexandre Henrique Miola Zarzur, Luís Fernando Garcia Severo Batista e Gabriel conversam sobre as decisões favoráveis ao Banco do Estado de Sergipe SA – Banese, cliente da GDN consultores associados Ltda. na ação cautelar n. 1.355 e no recurso extraordinário n. 505071, julgados pelo ministro Sepúlveda Pertence nos dias 5 e 6 de setembro de 2006, respectivamente. No diálogo, Luís Fernando explica a Gabriel que a decisão do recurso extraordinário não é um mero provimento liminar, diz que <já julgou, o negócio da liminar acabou com o julgamento do mérito da ação principal, já acabou tudo>. Gabriel diz que marcou <terça-feira de estar lá com o secretário>, referindo-se ao secretário de Estado da Fazenda de Sergipe. Neste momento, Luís Fernando retruca e dizendo que <terça-feira é tarde, terça-feira já tem gente me chamando de filho da puta>. Luís Fernando refere-se à necessidade de que o pagamento dos <honorários> pelo êxito nas ações judiciais seja imediato, não podendo esperar até terça-feira. Observe-se que Luís Fernando justifica a necessidade de pagamento imediato referindo-se a uma terceira pessoa: <É verdade. Uma insegurança natural, porque acabou a atividade dele, entendeu, Gabriel?>... Fica muito, muito apreensivo??? **Trata-se do primeiro indício de que as decisões judiciais proferidas na ação cautelar e no recurso extraordinário foram <negociadas>, ao menos no que se refere à sua celeridade, com o próprio ministro Sepúlveda Pertence e/ou seus assessores jurídicos.**'" (http://terramagazine.terra.com.br/interna/0,,OI1343596-EI6578,00.html)

Na época, a fantasiosa notícia recebeu ampla divulgação na imprensa e foi extensa e satisfatoriamente rechaçada pelo Min. Pertence e por todos os membros deste Tribunal, numa consistente resposta de idoneidade e estabilidade institucional da cúpula do Poder Judiciário no Brasil.

Esse pérfido encadeamento de fatos também foi levado ao conhecimento do Procurador-Geral da República e, até o momento, aguardam-se as devidas providências para sua elucidação. É óbvio, conforme destacaram as declarações do Min. Pertence, que o intuito da divulgação daqueles fatos era afetar sua eventual indicação para o Ministério da Justiça, como se cogitava à época.

Friso que, já naquele infame episódio, o ex-Secretário de Estado sergipano **Gilmar de Melo Mendes** foi expressamente citado em relatório de inquérito policial que teve curso na Superintendência Regional do Departamento da Polícia Federal em Mato Grosso do Sul, conforme transcrito na representação do Min. Sepúlveda Pertence, datada de 25.1.2007 e referente ao Processo Administrativo MPF-PGR 1.00.000.000232/2007/97, nos seguintes termos:

> "O monitoramento do advogado ALEXANDRE HENRIQUE MIOLA ZARZUR permitiu que os investigadores tomassem conhecimento de casos de outros clientes da GDN CONSULTORES ASSOCIADOS LTDA., dentre estes um caso específico envolvendo o Banco do Estado de Sergipe S/A – BANESE. Trata-se da Ação Cautelar n. 1.355 e do Recurso Extraordinário n. 505.071, impetrados no Supremo Tribunal Federal, cujas decisões (parcialmente procedentes) favoreceram o Banco do Estado de Sergipe S/A – BANESE, 'órgão vinculado' à Secretaria de Estado da Fazenda de Sergipe, **administrada pelo Secretário de Estado GILMAR DE MELO MENDES.**" (destacamos)

Logo, é inquestionável que as autoridades policiais conheciam perfeitamente a identidade do suposto envolvido com a empresa Gautama. No entanto, em nenhum momento esclareceram a artificial homonímia nem corrigiram a pérfida supressão do nome do meio do ex-Secretário de Estado de Sergipe.

Sr. Presidente, os fatos noticiados são, na essência, de conhecimento público.

No entanto, até agora, não tenho ciência de quaisquer medidas tomadas pelas autoridades competentes para apurar eventual responsabilidade penal e disciplinar no caso. Repito que tais providências não dependem de representação ou de requisição, mas devem ser efetuadas de ofício.

Dessa forma, tendo em vista o papel institucional do Supremo Tribunal Federal, faço essas considerações para todos os fins, inclusive para registro histórico sobre o caráter emblemático do caso.

Por último, Sr. Presidente, lembro o que a história verificou em todos os tempos: **onde a Polícia se tornou poder, a democracia feneceu!**

RE 641.320[1]

Constitucional – Direito Penal – Execução penal – Repercussão geral – Recurso extraordinário representativo da controvérsia – Cumprimento de pena em regime fechado, na hipótese de inexistir vaga em estabelecimento adequado a seu regime – Violação aos princípios da individualização da pena (art. 5º, XLVI) e da legalidade (art. 5º, XXXIX) – A falta de estabelecimento penal adequado não autoriza a manutenção do condenado em regime prisional mais gravoso.

Trata-se de recurso extraordinário interposto pelo Ministério Público do Estado do Rio Grande do Sul contra acórdão da Quinta Câmara Criminal do TJRS, o qual deu parcial provimento a recurso de apelação interposto por Luciano da Silva Moraes para reduzir a pena condenatória e fixar a prisão domiciliar "enquanto não existir estabelecimento destinado ao regime semiaberto que atenda todos os requisitos da LEP" (fl. 26).

Consta dos autos que o Juízo sentenciante condenou o réu pela prática do crime previsto no art. 157, § 2º, II, do Código Penal, tendo fixado a pena em 5 anos e 8 meses de reclusão, a ser cumprida em regime semiaberto, e 10 dias-multa, à razão de 1/30 do salário mínimo vigente à época do fato.

Irresignado, o réu interpôs recurso de apelação, ao qual o TJRS deu parcial provimento para, confirmando a condenação, reduzir a pena privativa de liberdade a 5 anos e 4 meses de reclusão, mantida a pena de multa. O Tribunal determinou ainda que, enquanto não existir estabelecimento destinado ao regime semiaberto que atenda a todos os requisitos da Lei de Execução Penal, a pena privativa de liberdade seja cumprida em regime de prisão domiciliar.

Contra o acórdão do TJRS, o Ministério Público estadual interpôs o presente recurso extraordinário, no qual sustenta que o aresto impugnado viola os arts. 1º, III, 5º, II, XLVI e LXV, da Constituição Federal.

Afirma que a impossibilidade material de o Estado instituir estabelecimento prisional destinado ao regime semiaberto que atenda a todas as exigências da legislação penal não autoriza, por si só, o Poder Judiciário a conceder o benefício da prisão domiciliar fora das hipóteses legalmente previstas. Eventual problema de superlotação das penitenciárias seria questão a ser resolvida no âmbito da Administração Pública, não podendo servir como justificativa para a concessão da prisão domiciliar.

---

[1] Vistos, relatados e discutidos estes autos, acordam os ministros do Supremo Tribunal Federal, em sessão plenária, sob a presidência do Ministro Ricardo Lewandowski, na conformidade da ata do julgamento e das notas taquigráficas, por maioria e nos termos do voto do Relator, dar parcial provimento ao extraordinário, apenas para determinar que, havendo viabilidade, ao invés da prisão domiciliar, observe-se: (i) a saída antecipada de sentenciado no regime com falta de vagas; (ii) a liberdade eletronicamente monitorada do recorrido, enquanto em regime semiaberto; (iii) o cumprimento de penas restritivas de direito e/ou estudo ao recorrido após progressão ao regime aberto; vencido Marco Aurélio, que o desprovia. Em seguida, apreciando o Tema 423 da repercussão geral, fixar tese nos seguintes termos: a) a falta de estabelecimento penal adequado não autoriza a manutenção do condenado em regime prisional mais gravoso; b) os juízes da execução penal poderão avaliar os estabelecimentos destinados aos regimes semiaberto e aberto, para qualificação como adequados a tais regimes. São aceitáveis estabelecimentos que não se qualifiquem como "colônia agrícola, industrial" (regime semiaberto) ou "casa de albergado ou estabelecimento adequado" (regime aberto; art. 33, § 1º, alíneas "b" e "c"); c) havendo déficit de vagas, deverá determinar-se: (i) a saída antecipada de sentenciado no regime com falta de vagas; (ii) a liberdade eletronicamente monitorada ao sentenciado que sai antecipadamente ou é posto em prisão domiciliar por falta de vagas; (iii) o cumprimento de penas restritivas de direito e/ou estudo ao sentenciado que progride ao regime aberto. Até que sejam estruturadas as medidas alternativas propostas, poderá ser deferida prisão domiciliar ao sentenciado (*DJ* de 1º.8.2016).

Alega que, uma vez que o réu não se enquadra em nenhuma das hipóteses que admitem o recolhimento domiciliar, o acórdão recorrido, ao não levar em conta as circunstâncias pessoais do condenado e a situação do delito, teria desconsiderado a proporcionalidade e a correlação que deve haver entre a conduta do agente e a sanção aplicada.

Requer seja cassado o acórdão proferido pela Quinta Câmara Criminal do Tribunal de Justiça do Estado do Rio Grande do Sul.

Em contrarrazões, a Defensoria Pública do Estado do Rio Grande do Sul alega que o acórdão apenas interpretou as disposições legais pertinentes à luz dos princípios constitucionais da individualização e da proporcionalidade das penas.

O Tribunal *a quo* inadmitiu o recurso (fls. 12-18).

Interposto agravo de instrumento, na decisão da fl. 108, dei provimento ao recurso para convertê-lo neste recurso extraordinário.

A repercussão geral da questão constitucional discutida foi reconhecida por esta Suprema Corte (fls. 117-123), em acórdão assim ementado:

"Constitucional. 2. Direito Processual Penal. 3. Execução Penal. 4. Cumprimento de pena em regime menos gravoso, diante da impossibilidade de o Estado fornecer vagas para o cumprimento no regime originalmente estabelecido na condenação penal. 5. Violação dos artigos 1º, III, e 5º, II, XLVI e LXV, ambos da Constituição Federal. 6. Repercussão geral reconhecida" (RE 641.320 RG, Rel. Min. Gilmar Mendes, *DJe* 24.8.2011).

A Procuradoria-Geral da República postulou a requisição de informações quanto à existência de vagas (fl. 133).

O Instituto de Defesa do Direito de Defesa (IDDD), por meio da Petição 85.674/2011 (fls. 138-166), requereu ingresso no feito na condição de *amicus curiae*. Sustentou que, por imperativo constitucional, na falta de vagas no regime adequado, a pena deve ser cumprida em regime menos gravoso. Pugnou pela negativa de provimento ao recurso.

Em despacho de fl. 344, deferi o pedido de intervenção.

Deferi a solicitação de informações ao Juízo das execuções penais formulado pelo Ministério Público (fl. 351).

Convoquei audiência pública (fls. 369-371), na qual foram ouvidos 28 especialistas, de várias áreas.

Pelo Parlamento, compareceu o deputado federal Marcos Rogério da Silva Brito.

Pelo Ministério da Justiça, foi ouvido o membro do Conselho Nacional de Política Criminal e Penitenciária Herbert José Almeida Carneiro.

Pelo Conselho Nacional de Justiça, manifestou-se juiz auxiliar (Luciano André Losekann).

Pelo Conselho Nacional do Ministério Público, foram inquiridos os membros Andrezza Duarte Cançado e Paulo Taubemblatt.

Pelo Conselho Federal da OAB, manifestou-se Fernando Santana Rocha.

Pelas administrações estaduais, foram ouvidos a Secretária de Justiça e Cidadania e Direitos Humanos do Paraná (Maria Tereza Uille Gomes), o Secretário de Segurança Pública do Rio Grande do Sul (Airton Aloisio Michels), o Secretário de Administração Penitenciária de São Paulo (Lourival Gomes), e representantes da Secretaria de Justiça e Direitos Humanos do Mato Grosso (Clarindo Alves de Castro), da Agência Goiana do Sistema de Execução Penal (Edemundo Dias de Oliveira Filho), da Secretaria de Administração Penitenciária do Estado da Paraíba (Francisco Ronaldo Euflausino dos Santos).

Pelas defensorias públicas, foram inquiridos o defensor público-geral federal, Haman Tabosa de Moraes e Córdova, além de representante das defensorias públicas da União (Ali-

Garantias penais e processuais-penais **329**

ne Lima de Paula Miranda) e dos estados de Rio Grande do Sul (Nilton Leonel Arnecke Maria), Espírito Santo (Humberto Carlos Nunes), Mato Grosso (Marcos Rondon Silva), Pará (José Adaumir Arruda da Silva e Arthur Corrêa da Silva Neto) e São Paulo (Daniela Sollberger Cembranelli).

Pela sociedade civil, foram inquiridos representantes da Pastoral Carcerária da CNBB (Massimiliano Antônio Russo) e da Conectas Direitos Humanos (Marcos Fuchs).

Pelos tribunais de justiça, foram inquiridos os magistrados Sidinei José Brzuska (TJRS) e José de Ribamar Fróz Sobrinho (TJMA).

Pelo Ministério Público, foram ouvidos representantes de Rio Grande do Sul (Ivory Coelho Neto), São Paulo (Miguel Tassinari de Oliveira e Paulo José de Palma).

A transcrição dos depoimentos encontra-se disponível no *site* do Supremo Tribunal para consulta.

O recorrido postulou o cumprimento da pena em prisão domiciliar (fls. 452-454).

Indeferi o pedido, visto que o Juízo das execuções penais informou ter encaminhado o sentenciado a estabelecimento adequado ao regime ao qual foi condenado (fls. 473-474).

A Defensoria Pública da União requereu ingresso no feito na qualidade de *amicus curiae* (fls.443-440). Sustentou que os princípios da individualização da pena e da proporcionalidade impedem o cumprimento da pena em regime mais gravoso. Pugnou pela negativa de provimento ao recurso.

Deferi o pedido de intervenção (fl. 480).

O Procurador-Geral da República pugnou pelo não provimento do recurso extraordinário (fl. 494-523).

A decisão prolatada recebeu a seguinte ementa:

EMENTA: Constitucional. Direito Penal. Execução penal. Repercussão geral. Recurso extraordinário representativo da controvérsia. 2. Cumprimento de pena em regime fechado, na hipótese de inexistir vaga em estabelecimento adequado a seu regime. Violação aos princípios da individualização da pena (art. 5º, XLVI) e da legalidade (art. 5º, XXXIX). A falta de estabelecimento penal adequado não autoriza a manutenção do condenado em regime prisional mais gravoso. 3. Os juízes da execução penal poderão avaliar os estabelecimentos destinados aos regimes semiaberto e aberto, para qualificação como adequados a tais regimes. São aceitáveis estabelecimentos que não se qualifiquem como "colônia agrícola, industrial" (regime semiaberto) ou "casa de albergado ou estabelecimento adequado" (regime aberto) (art. 33, § 1º, alíneas "b" e "c"). No entanto, não deverá haver alojamento conjunto de presos dos regimes semiaberto e aberto com presos do regime fechado. 4. Havendo déficit de vagas, deverão ser determinados: (i) a saída antecipada de sentenciado no regime com falta de vagas; (ii) a liberdade eletronicamente monitorada ao sentenciado que sai antecipadamente ou é posto em prisão domiciliar por falta de vagas; (iii) o cumprimento de penas restritivas de direito e/ou estudo ao sentenciado que progride ao regime aberto. Até que sejam estruturadas as medidas alternativas propostas, poderá ser deferida a prisão domiciliar ao sentenciado. 5. Apelo ao legislador. A legislação sobre execução penal atende aos direitos fundamentais dos sentenciados. No entanto, o plano legislativo está tão distante da realidade que sua concretização é absolutamente inviável. Apelo ao legislador para que avalie a possibilidade de reformular a execução penal e a legislação correlata, para: (i) reformular a legislação de execução penal, adequando-a à realidade, sem abrir mão de parâmetros rígidos de respeito aos direitos fundamentais; (ii) compatibilizar os estabelecimentos penais à atual realidade; (iii) impedir o contingenciamento do FUNPEN; (iv) facilitar a construção de unidades funcionalmente adequadas – pequenas, capilarizadas; (v) permitir o aproveitamento da mão de obra dos presos nas obras de civis em estabelecimentos penais; (vi) limitar o número máximo de presos por habitante, em cada unidade da federação, e revisar a escala penal, especialmente para o tráfico de pequenas quantidades de droga, para permitir o planejamento da gestão da massa carcerária e a destinação dos recursos necessários e suficientes para tanto, sob pena de responsabilidade dos administradores públicos; (vii) fomentar o trabalho e estudo do preso, mediante envolvimento de entidades que recebem recursos públicos, notadamente os serviços sociais autônomos; (viii) destinar as verbas decorrentes da prestação pecuniária para criação de postos de trabalho e estudo no sistema prisional. 6. Decisão de caráter aditivo. Determinação que o Conselho Nacional de Justiça apresente: (i) projeto de estruturação do Cadastro Nacional de Presos, com etapas e prazos de implementação, devendo o banco de dados conter informações suficientes para identificar os mais próximos da progressão ou extinção da pena; (ii) relatório sobre a implantação das centrais de monitoração e penas alternativas, acompanhado, se for o caso, de projeto de medidas ulteriores para desenvolvimento dessas estruturas; (iii) projeto para reduzir ou eliminar o tempo de análise de progressões de regime ou outros benefícios que possam levar à liberdade; (iv) relatório deverá avaliar (a) a adoção de estabelecimentos penais alternativos; (b) o fomento à oferta de trabalho e o estudo para os sentenciados; (c) a facilitação da tarefa das unidades da Federação na obtenção e acompanhamento dos financiamentos com recursos do FUNPEN; (d) a adoção de melhorias da administração judiciária ligada à execução penal. 7. Estabelecimento de interpretação conforme a Constituição para (a) excluir qualquer interpretação que permita o contingenciamento do Fundo Penitenciário Nacional (FUNPEN), criado pela Lei Complementar 79/94; (b) estabelecer que a utilização de recursos do Fundo Penitenciário Nacional (FUNPEN) para financiar centrais de monitoração eletrônica e penas alternativas é compatível com a interpretação do art. 3º da Lei Complementar 79/94. 8. Caso concreto: o Tribunal de Justiça reconheceu, em sede de apelação em ação penal, a inexistência de estabelecimento adequado ao cumprimento de pena privativa de liberdade no regime semiaberto e, como consequência, determinou o cumprimento da pena em prisão domiciliar, até que disponibilizada vaga. Recurso extraordinário provido em parte, apenas para determinar que, havendo viabilidade, ao invés da prisão domiciliar, sejam observados (i) a saída antecipada de sentenciado no regime com falta de vagas; (ii) a liberdade eletronicamente monitorada do recorrido, enquanto em regime semiaberto; (iii) o cumprimento de penas restritivas de direito e/ou estudo ao sentenciado após progressão ao regime aberto.

VOTO

A questão constitucional com repercussão geral reconhecida diz com a inexistência de estabelecimento adequado ao cumprimento de pena privativa de liberdade nos regimes semiaberto e aberto, e com a consequência dessa insuficiência.

Divido a abordagem do caso em julgamento em cinco partes.

Na primeira, traço, em linhas gerais, um diagnóstico da execução penal nos regimes semiaberto e aberto.

Nas duas seguintes, analiso a questão constitucional em julgamento.

Na segunda parte, discorro sobre a possibilidade de manutenção do condenado no regime mais gravoso, na hipótese de inexistir vaga no regime adequado. Desde logo, adianto que refuto essa possibilidade.

Na terceira parte, analiso as consequências do direito a não ser mantido em estabelecimento destinado ao regime mais gravoso. Ao final dessa parte, apresento as teses que tenho por adequadas à solução da repercussão geral.

Na quarta parte, pretendo demonstrar que a questão constitucional em julgamento exige uma solução mais completa do que a simples enunciação de tese. Proponho, em caráter aditivo, medidas que podem ser adotadas com intervenção do Conselho Nacional de Justiça. O objetivo é que se avance na solução do quadro de déficit de vagas no sistema carcerário.

Na quinta e última parte, projeto ao caso concreto as teses expostas, analisando o recurso individual que deu origem à controvérsia.

1ª Parte: Situação da execução penal – regimes semiaberto e aberto

O sistema progressivo de cumprimento de penas não está funcionando como deveria.

Um primeiro problema é a falta de vagas nos regimes semiaberto e aberto. O cruzamento das estatísticas sobre a execução penal do Ministério da Justiça e do Conselho Nacional de Justiça revela que as vagas estão muito aquém da demanda e não são distribuídas uniformemente no território.

Os últimos números divulgados pelo Departamento Penitenciário Nacional – Depen – referentes a junho de 2014 – apontam 89.639 (oitenta e nove mil, seiscentos e trinta e nove) pessoas presas no regime semiaberto contra 67.296 (sessenta e sete mil, duzentas e noventa e seis) vagas.

No regime aberto, temos 15.036 (quinze mil e trinta e seis) pessoas presas, para 6.952 (seis mil, novecentas e cinquenta e duas) vagas.

Esses números do Ministério da Justiça não levam em conta as pessoas submetidas à prisão domiciliar.

Levantamento do CNJ – Novo Diagnóstico de Pessoas Presas no Brasil, Processo 2014.02.00.000639-2 –, datado de junho de 2014, apontou 147.937 (cento e quarenta e sete mil, novecentas e trinta e sete) pessoas em prisão domiciliar no país. Ou seja, em junho de 2014, eram 104.675 (cento e quatro mil, seiscentas e setenta e cinco) pessoas institucionalizadas nos regimes semiaberto e aberto, ao passo que, na metade de 2014, temos mais do que o dobro desse número – 147.937 (cento e quarenta e sete mil, novecentas e trinta e sete) – em prisão domiciliar.

É certo que alguns dos presos estão em prisão domiciliar por razões humanitárias – art. 117 da Lei 7.210/84 ou art. 318 do CPP.

Ainda assim, é possível inferir que a maioria dessas pessoas em prisão domiciliar está nessa condição pela falta de vagas.

Indo além, o Departamento Penitenciário Nacional estima que existam 32.460 (trinta e dois mil, quatrocentos e sessenta) sentenciados em regime fechado, com direito à progressão, aguardando a abertura de vagas no semiaberto.

Somados os números, o déficit de vagas nos regimes semiaberto e aberto estaria na ordem 210.000 (duzentas e dez mil) vagas. Considerando que as vagas são 74.248 (setenta e quatro mil, duzentas e quarenta e oito), seria necessário triplicar a oferta existente para dar conta da demanda.

Além disso, o regime aberto é simplesmente desprezado por várias unidades da federação. Dezessete unidades da federação – Acre, Alagoas, Amapá, Distrito Federal, Espírito Santo, Goiás, Maranhão, Mato Grosso, Pará, Pernambuco, Paraná, Rio de Janeiro, Rio Grande do Norte, Rio Grande do Sul, São Paulo, Sergipe e Tocantins – simplesmente não adotam o regime aberto.

Esses estados – dentre eles, São Paulo, a maior massa de condenados do país – não têm estabelecimentos destinados a pessoas institucionalizadas nesse regime. Em suma, todas as pessoas condenadas ou que progrediram ao regime aberto no Estado com a maior população carcerária do país estão em prisão domiciliar, ou em outro regime sem embasamento na lei.

Ou seja, a lei prevê os três degraus da progressão, mas o último simplesmente não existe em mais da metade do país.

Outro aspecto da questão são os estabelecimentos adequados aos regimes, conforme previsão legal.

O Código Penal prevê como adequado ao regime semiaberto a *"colônia agrícola, industrial ou estabelecimento similar"*, e ao regime aberto *"casa de albergado ou estabelecimento adequado"* (art. 33, § 1º, alíneas "b" e "c").

No entanto, na prática, esses modelos de estabelecimento foram abandonados.

Os números do Departamento Penitenciário Nacional, relativos a dezembro de 2013, apontam apenas 73 (setenta e três) colônias agrícolas ou industriais e 65 (sessenta e cinco) casas de albergado. Não tenho números exatos da capacidade dessas casas, mas existe a premissa operacional de que esses estabelecimentos precisam ser pequenos. Ou seja, a massa de atendidos é irrisória. A maior parte dos estados nem sequer conta com estabelecimentos dessa ordem.

Já penitenciárias são 470 (quatrocentos e setenta) e cadeias públicas 826 (oitocentos e vinte e seis) no país.

Disso se conclui que os modelos de estabelecimento previstos na Lei de Execuções Penais foram abandonados. E, muito mais grave, que os presos dos regimes semiaberto e aberto estão sendo mantidos nos mesmos estabelecimentos que os presos em regime fechado e provisórios.

No que se refere ao aumento do número de vagas nos regimes semiaberto e aberto, os depoimentos produzidos neste processo apontam problemas de ordem variada.

Lourival Gomes, titular da Secretaria da Administração Penitenciária de São Paulo, reportou, durante a audiência pública, que há uma dificuldade muito grande em fazer a vizinhança aceitar novos estabelecimentos, especialmente os destinados ao regime semiaberto. Reconhece-se essa dificuldade, que precisará ser enfrentada e superada.

Há outras também. Muito embora exista a Resolução 9, de 2011, do Conselho Nacional de Política Criminal e Penitenciária, estabelecendo "Diretrizes Básicas de Arquitetura Penal", são notórias as reclamações dos estados em atender aos requisitos em seus projetos. Com isso, dificultam-se linhas de financiamento pelo FUNPEN.

Nesse aspecto, é preciso abrir parênteses para ressaltar a importância de que as unidades sejam pequenas. Menos presos facilitam o controle e a disciplina, além de permitirem a ênfase em atividades de educação e trabalho.

Unidades menores permitem uma maior capilarização, fazendo com que os estabelecimentos penais sejam parte da estrutura urbana das cidades. Com isso, reduz-se a resistência da comunidade à construção de novas unidades e propicia-se ao preso o contato com suas origens e sua família, favorecendo a ressocialização.

O Congresso Nacional já debate a reforma da legislação de execução penal.

Destaco, nesse sentido, o PLS 513/2013, autor senador Renan Calheiros, relator senador Eunício Oliveira, que altera a Lei de Execução Penal, atualmente na Comissão de Constituição e Justiça do Senado.

O projeto traz propostas importantes.

O regime aberto é transformado em prestação de serviço à comunidade e recolhimento domiciliar (art. 95-A).

Fica vedada a superlotação (art. 114-A), antecipando-se a saída ou progressão do sentenciado mais próximo do requisito temporal (§ 2°).

Além disso, o projeto prevê medidas administrativas de relevo, como a informatização das guias de execução (art. 106), progressões e livramentos sem prévia deliberação judicial (art. 107, § 3°, e art. 112).

No âmbito dos estabelecimentos prisionais, destaco a previsão de que cada comarca terá uma cadeia pública (art. 103).

O projeto está no início de sua tramitação e contempla medidas polêmicas. Difícil crer que será aprovado com a brevidade possível.

No marco normativo atual, o relevante é que várias unidades da Federação simplesmente abandonaram o regime aberto. Nos estados que contam com estabelecimento para atender sentenciados em tais regimes, o número de vagas é irrisório. E os estabelecimentos que oferecem vagas não são diferentes das penitenciárias e cadeias públicas comuns, não podendo ser enquadrados como colônia de trabalho ou casa de albergado.

O programa estabelecido pela legislação para execução das penas em tais regimes está longe de uma implementação satisfatória.

Feitas essas considerações, passo à análise da questão principal em julgamento.

2ª Parte: Inexistência de estabelecimento adequado e manutenção do condenado em regime mais gravoso

Analiso a possibilidade de manutenção do condenado no regime mais gravoso, na hipótese de inexistir vaga em estabelecimento adequado a seu regime.

Essa questão está ligada a duas garantias constitucionais em matéria penal da mais alta relevância – individualização da pena (art. 5º, XLVI) e legalidade (art. 5º, XXXIX).

O direito à individualização da pena tem caráter normativo. De um lado, a Constituição incumbe ao legislador a tarefa de conferir densidade normativa adequada à garantia. De outro, permite a ele liberdade de conformação razoavelmente ampla.

A legislação prevê que as penas privativas de liberdade são cumpridas em três regimes – fechado, semiaberto e aberto (art. 33, *caput*, CP).

O regime é inicialmente fixado pelo juiz da condenação, com base no tipo de pena (reclusão ou detenção) (art. 33, *caput*, CP), no tempo de pena (§ 2º) e na culpabilidade (§ 3º).

Durante a execução penal, o condenado tem a expectativa de progredir ao regime imediatamente mais favorável, após cumprir, com bom comportamento carcerário, uma fração da pena (art. 112 da Lei 7.210/84).

Não há dúvida de que os regimes de cumprimento de pena concretizam a individualização da pena, no plano infraconstitucional, em suas fases de aplicação e execução.

O legislador poderia ter optado por outras soluções para a concretização da individualização da pena.

Como advertiu Edemundo Dias de Oliveira Filho, da Agência Goiana do Sistema de Execução Penal, durante a audiência pública, o regime progressivo é uma peculiaridade do direito brasileiro.

Com efeito, os países em geral não adotam um modelo progressivo de cumprimento de penas. Nem sequer conhecem algo semelhante aos regimes semiaberto e aberto.

A análise da legislação estrangeira aponta para o cumprimento de penas privativas de liberdade em encarceramento completo, semelhante ao nosso regime fechado, com várias alternativas de suspensão ou substituição das penas privativas de liberdade. O cumprimento de condenações a pena privativa de liberdade não suspensa ou substituída por penas restritivas de direitos ou multa inicia com encarceramento em tempo integral, de forma semelhante ao regime fechado.

A individualização da pena é possibilitada pela expectativa de, após cumprir fração da pena com bom comportamento, passar a um regime de liberdade condicional ou *"parole"*. Inicia-se, então, um estágio de liberdade, baseado na responsabilidade do executado em cumprir as condições. Não se cogita de que o condenado durma ou frequente o ambiente carcerário nesta fase.

Assim é, por exemplo, em Portugal – art. 61 do Código Penal – Alemanha – § 57 *Strafgesetzbuch (StGB)* – Itália – art. 176 *Codice Penale* – Argentina – art. 13 do *Codigo Penal*, e Estados Unidos. Regimes de semiliberdade ou de albergado não são aplicados, ou o são em hipóteses muito restritas, sem representar o curso natural da execução penal.

O regime progressivo não é a única ferramenta de nosso sistema voltada a satisfazer a garantia da individualização. A individualização na execução inicia com a classificação criminal, arts. 5º e 6º da Lei 7.210/84:

"Art. 5° Os condenados serão classificados, segundo os seus antecedentes e personalidade, para orientar a individualização da execução penal.

Art. 6° A classificação será feita por Comissão Técnica de Classificação que elaborará o programa individualizador da pena privativa de liberdade adequada ao condenado ou preso provisório".

Uma classificação bem feita pode direcionar dois condenados pelo mesmo crime – homicídio, por exemplo – para caminhos diversos. Um, reincidente, membro de associação criminosa, potencialmente perigoso, pode necessitar de cumprir sua pena em um presídio de segurança máxima. Outro, primário, anteriormente com emprego fixo, que cometeu um crime no calor de uma discussão, pode ser recomendado a um estabelecimento de segurança mínima.

O livramento condicional (art. 83 e ss. do CP), apesar de ser uma figura pouco valorizada em nosso direito, também atua na seara da individualização da execução. Serve de incentivo ao bom comportamento para obtenção da liberdade.

No entanto, o sistema atual foi formatado tendo o regime de cumprimento da pena como ferramenta central da individualização da sanção, importante na fase de aplicação (fixação do regime inicial), e capital na fase de execução (progressão de regime).

Sua supressão, sem correspondência em valoração de outros institutos de incentivo à disciplina carcerária – notadamente o livramento condicional – e talvez o redimensionamento das quantidades de pena, reduziria excessivamente o espaço de individualização, nas fases de aplicação e de execução.

Assim, de acordo com o sistema que temos atualmente, a inobservância do direito à progressão de regime, mediante manutenção do condenado em regime mais gravoso, viola o direito à individualização da pena (art. 5°, XLVI).

Relembro que o Supremo Tribunal já afirmou que há direito à individualização na execução penal, pelo que declarou a inconstitucionalidade do regime integralmente fechado, previsto na redação original do art. 2°, § 1°, da Lei 8.072/90 – HC 82.959, Relator Min. Marco Aurélio, Tribunal Pleno, julgado em 23.2.2006.

A violação ao princípio da legalidade é ainda mais evidente. Conforme art. 5°, XXXIX, da CF, as penas devem ser previamente cominadas em lei.

A legislação brasileira prevê o sistema progressivo de cumprimento de penas. Logo, assiste ao condenado o direito a ser inserido em um regime inicial compatível com o título condenatório e a progredir de regime de acordo com seus méritos.

A manutenção do condenado em regime mais gravoso seria um excesso de execução, violando o seu direito.

Rechaço peremptoriamente qualquer possibilidade de ponderar os direitos dos condenados à individualização da pena e à execução da pena de acordo com a lei, com interesses da sociedade na manutenção da segurança pública.

Não se nega que o Estado tem o dever de proteção aos bens jurídicos penalmente relevantes. A proteção à integridade da pessoa e a seu patrimônio contra agressões injustas está na raiz da própria ideia de estado constitucional. Em suma, o Estado tem o dever de proteger os direitos fundamentais contra agressões injustas de terceiros, como corolário do direito à segurança (art. 5°).

No entanto, a execução de penas corporais em nome da segurança pública só se justifica com a observância de estrita legalidade. Regras claras e prévias são indispensáveis. Permitir que o Estado execute a pena de forma deliberadamente excessiva seria negar não só o princípio da legalidade, mas a própria dignidade humana dos condenados – art. 1°, III.

Por mais grave que seja o crime, a condenação não retira a humanidade da pessoa condenada. Ainda que privados de liberdade e dos direitos políticos, os condenados não se tornam simples objetos de direito, mas persistem em sua imanente condição de sujeitos de direitos. A

Constituição chega a ser expletiva nesse ponto, ao afirmar o direito à integridade física e moral dos presos (art. 5º, XLIX).

Disso concluo que não se pode ponderar o interesse da segurança pública com os direitos à individualização da pena e à legalidade, sem se desconsiderar que os presos também são pessoas, dotadas de imanente dignidade.

Dessa forma, não será a ponderação de princípios que autorizará o Estado a deixar de cumprir a lei que confere direitos aos condenados durante a execução das penas. Na medida em que os regimes existem, resta ao Estado disponibilizar vagas em estabelecimentos penais adequados à execução da pena no regime adequado.

A jurisprudência atual do Supremo Tribunal também considera impossível manter o condenado no regime mais gravoso.

Nesse sentido, cito os seguintes precedentes: HC 110.892, Rel. Min. Gilmar Mendes, Segunda Turma, *DJe* 18.5.2012; HC 94.810, Rel. Min. Cármen Lúcia, Primeira Turma, *DJe* 6.3.2009; HC 94.829, Red. p/ acórdão Min. Menezes Direito, Primeira Turma, *DJe* 19.12.2008; HC 94.526, Red. p/ acórdão Min. Ricardo Lewandowski, Primeira Turma, *DJe* 29.8.2008; HC 93.596, Rel. Min. Celso de Mello, Segunda Turma, *DJe* 7.5.2010.

É certo que, inicialmente, formou-se jurisprudência contrária aos pleitos dos condenados (HC 75.299, Rel. Min. Nelson Jobim, Segunda Turma, *DJ* 7.11.1997; HC 72.643, Red. p/ Acórdão Min. Ilmar Galvão, Primeira Turma, *DJ* 17.5.1996), mas que acabou superada, na forma dos precedentes mais recentes.

Prevaleceu, na linha do afirmado pelo Min. Celso de Mello no julgamento do HC 93.596, o entendimento de que não se revela "aceitável que, por (crônicas) deficiências estruturais do sistema penitenciário ou por incapacidade de o Estado prover recursos materiais que viabilizem a implementação das determinações impostas pela Lei de Execução Penal – que constitui exclusiva obrigação do Poder Público – venha a ser frustrado o exercício, pelo sentenciado, de direitos subjetivos que lhe são conferidos pelo ordenamento positivo, como, p. ex., o de iniciar, desde logo, quando assim ordenado na sentença (...), o cumprimento da pena em regime semiaberto".

Indo além, do ponto de vista fático, os indicativos são de que a manutenção dos presos no regime mais gravoso contribui apenas para a perda do controle das prisões pelo Estado, enfraquecendo a própria segurança pública.

Durante a audiência pública realizada neste processo, fiquei muito impressionado com o depoimento do juiz de execuções penais de Porto Alegre/RS, Sidinei José Brzuzka, a esse respeito. Narrou o magistrado que a declaração de inconstitucionalidade do regime integralmente fechado para os crimes hediondos e equiparados pelo STF produziu imediato déficit de vagas no regime semiaberto. Ou seja, o reconhecimento de um direito gerou um impacto até então impensado. Para administrar a questão, o magistrado relatou ter mantido, no regime fechado, os presos com direito ao regime semiaberto. O que aconteceu foi trágico – as facções de presos passaram a controlar o sistema de progressão de regime. Quando precisavam que um de seus membros progredisse, ordenavam a presos do regime semiaberto que não eram de facção que deixassem de retornar para serem recolhidos após saídas autorizadas. Com isso, passaram a dispor das vagas, como se de sua propriedade fossem. Ou seja, o Estado perdeu por completo o controle do sistema.

Além disso, o Estado tornou-se incapaz de garantir minimamente os direitos e a própria segurança dos presos que não faziam parte de facções. Como já afirmado, o preso é pessoa, é um sujeito de direitos. Não pode ser visto perpetuamente como um inimigo. O Estado tem o dever de garantir aos presos em geral a oportunidade de ressocialização. Se não conseguimos garantir a segurança daquele que está em processo de ressocialização – progrediu ao regime semiaberto e está trabalhando –, estamos falhando em cumprir a principal função da execução penal: a ressocialização.

Por todas essas razões, a manutenção do preso no regime mais severo não é uma alternativa.

Como mencionado, o Código Penal prevê como adequado ao regime semiaberto a "colônia agrícola, industrial ou estabelecimento similar", e ao regime aberto "casa de albergado ou estabelecimento adequado" (art. 33, § 1º, alíneas "b" e "c").

Há importante discussão acerca do que vêm a ser tais estabelecimentos adequados.

A presente decisão não pretende esgotar essa questão, até por não ser o objeto principal do recurso representativo da controvérsia. Não se pode, no entanto, perder a oportunidade para alguns apontamentos relevantes.

Durante a audiência pública, o juiz de direito do Rio Grande do Sul Luciano André Losekann, na época juiz auxiliar do Conselho Nacional de Justiça, advertiu que as colônias agrícolas e industriais previstas na Lei de Execução Penal praticamente não existem mais, talvez em razão da mudança de perfil dos condenados.

Como referido, a última estatística oficialmente divulgada pelo Departamento Penitenciário Nacional que contempla esse dado (dezembro de 2013) afirma que, em todo o país, há apenas 73 (setenta e três) colônias agrícolas ou industriais e 65 (sessenta e cinco) casas de albergado. E esses estabelecimentos, pelo tipo de atendimento que fazem, costumam ser pequenos e ter poucas vagas.

Fácil ver que o programa da lei foi praticamente abandonado.

De qualquer forma, não descarto a possibilidade de cumprimento das penas do regime semiaberto em estabelecimento que não se caracteriza como colônia de trabalho. A própria lei prevê a possibilidade de utilização de estabelecimento "similar". Já a oferta de trabalho pode ser suprida por iniciativas internas e externas, notadamente mediante convênios com empresas e órgãos públicos.

O próprio Supremo Tribunal Federal conta com apenados que realizavam importante trabalho. Em meu gabinete, são cinco sentenciados, que prestam ótimos serviços a este Tribunal, vinculados ao Programa Começar de Novo.

O trabalho externo vem, em alguma medida, como um benefício adicional ao preso do regime semiaberto, já que a legislação é restritiva quanto a esse ponto – art. 37 da Lei 7.210/84.

O que é fundamental, de toda forma, é que o preso tenha a oportunidade de trabalhar. O trabalho é, simultaneamente, um dever e um direito do preso – art. 39, V, e art. 41, II, da Lei 7.210/84.

O Estado deve contribuir decisivamente para que os presos tenham oportunidade de trabalho. Não se pode deixar aos presos toda a responsabilidade por buscar colocação, sob pena de criar-se, como mencionado na audiência pública pelo juiz de direito Luciano André Losekann, o regime *semifechado*. Ou seja, o sentenciado, muito embora tenha progredido de regime, pela falta de oportunidade de trabalho, segue em regime em tudo idêntico ao fechado. O magistrado reportou que, de acordo com levantamentos do CNJ, em outubro de 2012, apenas na Penitenciária do Distrito Federal II, havia 854 presos aguardando oportunidade de trabalho para valer-se dos benefícios do regime semiaberto.

Isso é absolutamente indesejável.

Por óbvio, não se trata de permitir ao preso demitir-se da tarefa de buscar qualificação, ou de tolerar preciosismos na adesão às vagas oferecidas. O preso tem o dever de aderir e executar o trabalho com humildade e responsabilidade.

No entanto, o Estado tem, sim, compromisso com a oferta de trabalho aos apenados.

De resto, incumbirá aos juízes da execução penal avaliar os estabelecimentos destinados aos regimes semiaberto e aberto, para qualificação como adequados a tais regimes.

Feitas essas considerações, concluo rejeitando a manutenção do apenado com direito aos regimes semiaberto ou aberto em regime mais gravoso.

3ª Parte: Consequências do direito a não ser mantido em estabelecimento destinado ao regime mais gravoso

Estabelecido como premissa que o sentenciado não pode ser mantido em regime mais gravoso do que tem direito, analiso as consequências que daí devem ser retiradas. Ao final desta parte, apresentarei as teses que tenho por adequadas à solução da questão constitucional.

A proposta de Súmula Vinculante 57 tem a seguinte redação:

"O princípio constitucional da individualização da pena impõe seja esta cumprida pelo condenado, em regime mais benéfico, aberto ou domiciliar, inexistindo vaga em estabelecimento adequado, no local da execução".

Já me manifestei pela impossibilidade de manter o condenado no regime mais gravoso, no mesmo sentido da proposta de súmula.

Ocorre que a proposta dá, como consequência dessa premissa, a adoção da prisão domiciliar.

Atualmente, conforme o entendimento do Juízo da execução penal, há duas alternativas de tratamento do sentenciado que progride de regime, não havendo vagas suficientes: ou é mantido no regime mais gravoso ao que teria direito (fechado), ou é colocado em regime menos gravoso (prisão domiciliar).

Tenho que já não nos basta apenas afirmar o direito ao regime previsto na lei ou ao regime domiciliar.

Por um lado, é imprescindível cobrar dos poderes públicos soluções definitivas para a falta de vagas, seja pela melhoria da administração das vagas existentes, seja pelo aumento do número de vagas. Sobre isso, tratarei na próxima parte do meu voto.

Não há, no entanto, solução imediata possível. Assim, temos que verificar o que fazer com os sentenciados se a situação de falta de vagas está configurada.

A prisão domiciliar é uma alternativa de difícil fiscalização e, isolada, de pouca eficácia. Não descarto sua utilização, até que sejam estruturadas outras medidas, como as que serão propostas neste voto.

No entanto, é preciso avançar em propostas de medidas que, muito embora não sejam gravosas como o encarceramento, não estejam tão aquém do *necessário e suficiente para reprovação e prevenção do crime*" (art. 59 do CP).

Para tanto, proponho as seguintes medidas: *(i)* saída antecipada; *(ii)* liberdade eletronicamente monitorada; *(iii)* penas restritivas de direito e/ou estudo.

Essas medidas são diversas, mas menos gravosas ao sentenciado do que as previstas na lei e na sentença condenatória. Para sua adoção, dependem de adesão do condenado. Caberá a ele observar as regras disciplinares, submetendo-se à fiscalização dos órgãos da execução penal, sob pena de ser mantido no regime mais gravoso, ou a ele regredir.

Com isso, ainda que falte previsão expressa na lei para adoção dessas medidas em execução penal, tenho que não haverá violação ao princípio da legalidade – art. 5º, XXXIX.

Analiso cada uma dessas medidas.

(i) *Saída antecipada.* As vagas nos regimes semiaberto e aberto não são inexistentes, são insuficientes. Assim, de um modo geral, a falta de vagas decorre do fato de que já há um sentenciado ocupando a vaga.

Surge como alternativa antecipar a saída de sentenciados que já estão no regime de destino, abrindo vaga para aquele que acaba de progredir.

O sentenciado do regime semiaberto que tem a saída antecipada pode ser colocado em liberdade eletronicamente monitorada; o sentenciado do aberto, ter a pena substituída por penas alternativas ou estudo.

A primeira dificuldade dessas providências é a seleção dos sentenciados para a saída antecipada.

O cumprimento da pena deve, em princípio, corresponder ao regime para o qual o condenado está selecionado, no estabelecimento adequado. A adoção de uma solução alternativa não é um direito do condenado. Assim, o fato de inexistirem vagas no regime semiaberto ou aberto pode levar à colocação de alguns condenados em prisão domiciliar, por exemplo. Isso não dá aos condenados que estão em estabelecimentos prisionais a prerrogativa de, em nome da isonomia, receberem o mesmo tratamento.

Ainda assim, deve ser buscada uma uniformidade de tratamento. A saída antecipada deve ser deferida ao sentenciado que satisfaz os requisitos subjetivos e está mais próximo de satisfazer o requisito objetivo. Ou seja, aquele que está mais próximo de progredir tem o benefício antecipado. Para selecionar o condenado apto, é indispensável que o julgador tenha ferramentas para verificar qual está mais próximo do tempo de progressão.

A tecnologia da informação deve ser empregada para essa finalidade. Explicarei, na próxima parte do voto, proposta de criação do Cadastro Nacional de Presos. Esse banco de dados contará com dados pessoais do sentenciado e informações sobre o local onde está recolhido. Além disso, será possível cadastrar os dados dos atestados de pena a cumprir, expedidos anualmente pelos Juízos da execução penal.

Isso permitirá verificar os apenados com expectativa de progredir no menor tempo e, em consequência, organizar a fila de saída com observação da igualdade.

Registro que a saída antecipada não deve ser aplicada em casos em que a progressão de regime é vedada legalmente, como no inadimplemento voluntário da multa (art. 36, § 2º, CP) ou da obrigação de reparação do dano e de devolução do produto do ilícito nos crimes contra a administração pública (art. 33, § 4º, CP).

Igualmente, não se dispensa a verificação dos requisitos subjetivos para a progressão. Atualmente, a lei prevê que o sentenciado deve *"ostentar bom comportamento carcerário, comprovado pelo diretor do estabelecimento"* – art. 112 da Lei 7.210/84. A jurisprudência permite o aprofundamento da investigação do merecimento e da aptidão do sentenciado para o benefício. Nesse sentido, pode-se determinar a realização do exame criminológico, a despeito da sua revogação pela Lei 10.792/03 – Súmula Vinculante 26 e Súmula 439 do STJ.

Por certo, ainda restarão várias questões sobre a saída antecipada, a serem apreciadas pelas instâncias ordinárias. Pode-se cogitar, por exemplo, da consideração do caráter do crime – violento ou não, hediondo ou equiparado, ou não. Há bons argumentos favoráveis à consideração dessas circunstâncias. Afinal, são crimes particularmente graves, merecendo cumprimento rigoroso da reprimenda aplicada. Outras considerações, no entanto, podem ser feitas em sentido contrário. O caráter do crime é levado em conta na cominação e na aplicação da pena. Da mesma forma, as circunstâncias que levam à necessidade de uma fração maior de pena para benefícios – reincidência, caráter hediondo do delito – pesarão na saída antecipada, na medida em que necessário mais tempo de pena cumprida para se aproximar do requisito objetivo de progressão.

O que deve ficar ressaltado é que a presente decisão não pretende esgotar todas as possibilidades de administração de vagas nos regimes semiaberto e aberto. Ao reconhecer a possibilidade da antecipação da saída de sentenciados, estamos criando espaço para formulação de uma jurisprudência de base, que irá superar as lacunas e resolver os conflitos.

Tenho por conveniente confiar às instâncias ordinárias margem para complementação e execução das medidas.

Assim, a primeira alternativa que trago é a saída antecipada dos sentenciados.

(ii) *Liberdade eletronicamente monitorada*. A medida prevista na proposta de súmula vinculante é o recolhimento domiciliar. A Lei 7.210/84 é bastante restritiva quanto ao cabimento da prisão domiciliar, admitindo-a apenas em caráter humanitário:

"Art. 117. Somente se admitirá o recolhimento do beneficiário de regime aberto em residência particular quando se tratar de:

I – condenado maior de 70 (setenta) anos;

II – condenado acometido de doença grave;

III – condenada com filho menor ou deficiente físico ou mental;

IV – condenada gestante".

A despeito da falta de previsão legal, estamos tratando de deferimento de prisão domiciliar pela falta de vagas adequadas no sistema carcerário, indicando uma hipótese não prevista de cabimento do regime.

A prisão domiciliar tem vários inconvenientes.

Para começar, cabe ao condenado providenciar uma casa, na qual vai ser acolhido. Nem sempre ele tem meios para manter essa residência. Nem sempre tem uma família que o acolha.

Indo além, o sentenciado retorna ao pleno convívio da família e dos amigos. Em casos de crimes que tenham os membros da família como vítima, pode-se criar nova situação de risco, tornando a pena insuficiente para proteger as vítimas. Por outro lado, os associados para a prática de crimes passam a ter total acesso ao condenado. Eventuais restrições de movimentação não se estendem à comunidade, que não fica proibida de frequentar a casa na qual a pena é cumprida.

A prisão domiciliar, como medida isolada, apresenta ainda outras dificuldades.

A Lei de Execução Penal não trata das condições em que a prisão domiciliar ocorre. Já o CPP, ao tratar da prisão domiciliar durante o processo, afirma que o implicado deverá ficar recolhido na residência, *"só podendo dela ausentar-se com autorização judicial"* – art. 317.

O recolhimento domiciliar puro e simples, em tempo integral, gera dificuldades de caráter econômico e social. O sentenciado passa a necessitar de terceiros para satisfazer todas suas necessidades – comida, vestuário, lazer. Há uma considerável transferência da punição para a família. Surge a necessidade de constante comunicação com os órgãos de execução da pena, para controlar saídas indispensáveis – atendimento médico, manutenção da casa etc.

Indo além, as possibilidades de trabalho sem sair do ambiente doméstico são limitadas. Sem trabalho, o preso dependerá economicamente de sua família e necessitará de seu apoio para satisfazer todas suas necessidades.

Mais grave, o ócio certamente não é contributivo para a ressocialização.

Assim, a execução da sentença em regime de prisão domiciliar é mais proveitosa se for acompanhada de trabalho. A oportunidade de saída para trabalho é importante para garantir a manutenção econômica e a ressocialização.

Todas essas considerações desembocam na dificuldade maior da prisão domiciliar: a fiscalização.

A fiscalização periódica, por diligências de agentes públicos – policiais ou oficiais de justiça – não parece ser suficiente para assegurar o mínimo controle da medida, especialmente se autorizado o trabalho externo.

A autodisciplina não é uma solução suficiente. É certo que o regime aberto prevê ênfase na autodisciplina, impondo que os alojamentos não tenham obstáculos físicos contra a fuga – art. 94 da Lei 7.210/84. O mesmo, no entanto, não se aplica ao regime semiaberto. Além disso, se, por um lado, o regime aberto estimula o apenado a voluntariamente manter-se no alojamento, por outro, não impede que eventuais saídas não autorizadas sejam fiscalizadas e sancionadas como falta disciplinar.

A solução para isso parece ser a monitoração eletrônica dos sentenciados, especialmente os do regime semiaberto. Já há inclusive previsão legal para tanto, art. 146-B, II e IV, da Lei 7.210/84.

Não se desconhece que a monitoração eletrônica é desconfortável e estigmatizante. Ainda assim, o condenado pode com ela concordar, na medida em que é oferecida como alternativa à permanência no ambiente carcerário, viabilizando as saídas e a prisão domiciliar. Ou seja, tenho que, a despeito de onerosa, a imposição é válida.

Quanto ao trabalho fora da residência, deve-se fazer um esforço a fim de dar-se essa oportunidade ao sentenciado. Como já dito, a permanência na residência em tempo integral não é uma situação desejável.

Surgirão diversas dificuldades decorrentes do trabalho externo. Será necessário estabelecer rotas e horários para os quais o trânsito será permitido. Essa determinação precisará ser feita em cada caso e fiscalizada em tempo real.

Por óbvio, não é fácil fazer esse controle. Estou propondo, na próxima parte do voto, a estruturação de centrais para acompanhamento da medida.

Deve ser ressaltado que a monitoração eletrônica também tem limitações. A tecnologia poderá auxiliar as centrais de monitoração eletrônica, informando automaticamente desvios não autorizados. Mas a evolução dos recursos técnicos a ponto de dispensar um operador para acompanhar as movimentações ainda é algo que se espera apenas no futuro. A inserção de muitos presos em regime de monitoração eletrônica poderá sobrecarregar o sistema e os seus operadores.

De qualquer forma, melhor do que a pura e simples prisão domiciliar, é a liberdade eletronicamente vigiada, ficando o sentenciado obrigado a trabalhar e, se possível, estudar, recolhendo-se ao domicílio nos períodos de folga.

(iii) *Penas restritivas de direito e/ou estudo.* A princípio, a liberdade eletronicamente monitorada poderia ser aplicada aos regimes semiaberto e aberto.

No entanto, seja para evitar a sobrecarga, seja para assegurar uma medida que melhor permita o cumprimento da pena e a ressocialização, podemos pensar em medidas alternativas mais eficientes para os sentenciados em regime aberto.

Via de regra, se não há estabelecimentos adequados ao regime aberto, a melhor alternativa não é a prisão domiciliar, mas a substituição da pena privativa de liberdade por penas restritivas de direito.

Atualmente, as penas restritivas de direito são aplicáveis apenas de forma autônoma – art. 44 do CP. Não há progressão, no curso da execução penal, de uma pena privativa de liberdade para penas restritivas de direito. No entanto, ao condenado que progride ao regime aberto, seria muito mais proveitoso aplicar penas restritivas de direito, observando-se as condições dos parágrafos do art. 44 do CP, do que aplicar a prisão domiciliar.

De modo geral, não vislumbro boas razões para preferir manter o sentenciado que progride ao regime aberto em prisão domiciliar, em vez de impor-lhe penas alternativas. Se o sentenciado que já demonstrou ter condições para o regime aberto está disposto a prestar serviços a comunidade, por exemplo, não há razões para mantê-lo preso em casa.

As penas restritivas de direito são menos gravosas do que a pena privativa de liberdade, mesmo em regime aberto. Além disso, as penas alternativas dependem sempre de adesão do sentenciado que, recusando, poderá ser submetido ao encarceramento. Assim, a substituição não é vedada pela reserva de legalidade – art. 5º, XXXIX.

Por outro lado, não será possível encaminhar todos os sentenciados para penas alternativas. O sentenciado ao regime aberto inicial que tem negada a substituição pelo juiz da ação penal, por não satisfazer os requisitos legais, não poderá ser beneficiado com a medida.

Uma outra medida que poderia ser adicionada como alternativa à prisão domiciliar seria o estudo. O estudo dá ensejo à remição da pena (art. 126 da Lei 7.210/84) e torna o sentenciado uma pessoa mais produtiva. Assim, a obrigação de frequentar educação formal regular – ensino fundamental, médio ou superior – pode ser imposta no lugar de uma pena restritiva de direitos.

Essas medidas podem e devem ser avaliadas pelos órgãos da execução como alternativas. Estamos atuando num campo em que não há legislação rígida dispondo sobre as medidas a serem adotadas. O juiz das execuções penais deverá, com base na realidade do sistema prisional de sua localidade e do perfil dos sentenciados, estabelecer as medidas adequadas.

Registro que o juiz deve observar as penas restritivas de direito previstas no art. 43 do Código Penal e o estudo como alternativas ao regime aberto, observando os limites do art. 44, § 2º, do Código Penal.

Estou propondo, na próxima parte do voto, a estruturação de centrais para acompanhamento das medidas alternativas.

Dito isso, sumarizo as conclusões que estou propondo em resposta à questão com repercussão geral da seguinte forma:

a) A falta de estabelecimento penal adequado não autoriza a manutenção do condenado em regime prisional mais gravoso;

b) Os juízes da execução penal poderão avaliar os estabelecimentos destinados aos regimes semiaberto e aberto, para qualificação como adequados a tais regimes. São aceitáveis estabelecimentos que não se qualifiquem como *"colônia agrícola, industrial"* (regime semiaberto) ou *"casa de albergado ou estabelecimento adequado"* (regime aberto) (art. 33, § 1º, alíneas "b" e "c");

c) Havendo déficit de vagas, deverá determinar-se: (i) a saída antecipada de sentenciado no regime com falta de vagas; (ii) a liberdade eletronicamente monitorada ao sentenciado que sai antecipadamente ou é posto em prisão domiciliar por falta de vagas; (iii) o cumprimento de penas restritivas de direito e/ou estudo ao sentenciado que progride ao regime aberto;

d) Até que sejam estruturadas as medidas alternativas propostas, poderá ser deferida a prisão domiciliar ao sentenciado.

Importante reiterar que essas medidas não pretendem esgotar as alternativas que podem ser adotadas pelos juízos de execuções penais no intuito de equacionar os problemas de falta de vagas nos regimes adequados ao cumprimento de pena. As peculiaridades de cada região e estabelecimento podem recomendar o desenvolvimento dessas medidas em novas direções.

Tenho por conveniente confiar às instâncias ordinárias margem para complementação e execução das medidas.

O fundamental é que estamos afastando o excesso da execução – manutenção do sentenciado em regime mais gravoso – e dando aos juízes das execuções penais a oportunidade de desenvolver soluções que minimizem a insuficiência da execução – cumprimento da sentença em prisão domiciliar ou outra modalidade sem o rigor necessário. O desenvolvimento dessas medidas será deliberado e controlado pelas instâncias ordinárias.

No que se refere à adoção de enunciado vinculante, caso a Corte venha por deliberar pela edição imediata do enunciado, seria mais adequada ao aqui proposto a seguinte redação:

"Inexistindo vaga em estabelecimento adequado aos regimes semiaberto ou aberto, deverão ser determinados (*i*) a saída antecipada de sentenciado no regime com falta de vagas; (*ii*) a liberdade eletronicamente monitorada ao sentenciado que sai antecipadamente ou é posto em prisão domiciliar por falta de vagas; (*iii*) o cumprimento de penas restritivas de direito e/ou estudo ao sentenciado que progride ao regime aberto. Até que sejam estruturadas as medidas alternativas, poderá ser deferida a prisão domiciliar ao sentenciado".

342 Estado de Direito e Jurisdição Constitucional – Decisões relevantes em 15 anos de atuação no STF

De qualquer forma, o Projeto de Súmula Vinculante não foi chamado a julgamento nesta assentada. Possivelmente, se adotadas as soluções aqui preconizadas, será conveniente monitorar sua implementação, antes de sumular o entendimento.

As considerações desta parte do voto resolvem a questão constitucional submetida à repercussão geral do ponto de vista jurídico, mas propõem novos desafios em termos de fiscalização e recrudescem os desafios já existentes de estruturação do sistema.

Analiso, no item seguinte, essas dificuldades.

4ª Parte: Decisão manipulativa

Muito embora nossa legislação de execuções penais seja, em linhas gerais, satisfatória quanto à afirmação dos direitos dos condenados, a falta de providências de ordem administrativa levou o sistema ao colapso.

A situação calamitosa do sistema prisional tem batido às portas do Supremo Tribunal sob diferentes formas.

No Tema 365 da repercussão geral – RE 580.252 –, estamos debatendo a responsabilidade civil do Estado em relação ao preso submetido a condições carcerárias inadequadas. Os três votos até o momento são favoráveis à responsabilização do Estado, havendo divergência quanto à forma da indenização. Acompanhei o relator, ministro Teori Zavascki, pelo reconhecimento do direito à indenização em dinheiro. O ministro Roberto Barroso propôs que, preferencialmente, o preso seja indenizado com a remição de dias de pena. O julgamento está suspenso pelo pedido de vista da ministra Rosa Weber.

A ministra Rosa Weber também relata a ADI 5.170, proposta pelo Conselho Federal da OAB, buscando dar interpretação conforme aos dispositivos relativos à responsabilidade civil do Estado, para afirmar que a violação de direitos fundamentais dos presos por más condições carcerárias deve ser indenizada, a título de danos extrapatrimoniais.

No Tema 220 da repercussão geral, representado pelo RE 592.581, da relatoria do ministro Ricardo Lewandowski, discutiu-se a possibilidade de o Poder Judiciário determinar obras em estabelecimentos prisionais, para assegurar os direitos fundamentais dos reclusos. Por unanimidade, o Tribunal estabeleceu como tese ser *"lícito ao Judiciário impor à Administração Pública obrigação de fazer, consistente na promoção de medidas ou na execução de obras emergenciais em estabelecimentos prisionais para dar efetividade ao postulado da dignidade da pessoa humana e assegurar aos detentos o respeito à sua integridade física e moral, nos termos do que preceitua o art. 5º, XLIX, da Constituição Federal, não sendo oponível à decisão o argumento da reserva do possível nem o princípio da separação dos poderes"* – o julgamento ocorreu na sessão de 13.8.2015.

Mais recentemente, a Arguição de Descumprimento de Preceito Fundamental 347, relator ministro Marco Aurélio, proposta pelo PSOL, enfeixou todas essas e outras discussões, postulando que a Corte declare o estado de coisas inconstitucional do sistema penitenciário e determine a elaboração de plano nacional, com metas para sanar a inconstitucionalidade. A medida cautelar foi deferida em parte, para determinar a realização de audiências de apresentação dos flagrados e o descontingenciamento do Fundo Penitenciário Nacional.

Sobre as audiências de apresentação, a validade do convênio entre o CNJ e o Estado de São Paulo para realização do ato foi afirmada no julgamento da ADI 5.240, relator ministro Luiz Fux, julgado em 20.8.2015.

Mais antiga, mas ainda não resolvida, é a Intervenção Federal 5.129, formulada pelo Procurador-Geral da República em desfavor do Estado de Rondônia. O pedido funda-se em situação grave de ofensa à dignidade da pessoa humana ocorrida na unidade prisional denominada Urso Branco.

Garantias penais e processuais-penais **343**

No tema deste processo, estamos enfrentando uma questão que nem sequer deveria existir – a falta de vagas em regimes que, em tese, deveriam desafogar o regime fechado e assegurar a aplicação das penas de prisão, por um lado, e a reintegração do condenado à sociedade, por outro.

Esses são alguns dos principais temas da pauta constitucional e social brasileira e estamos experimentado muita dificuldade em arrostá-los. A realidade prisional é quase sempre calamitosa e agravada por problemas variados nos diferentes estados da Federação. Assim, mesmo com as ferramentas de que hoje dispomos para verificação de ordem prática no controle de constitucionalidade, como a audiência pública, não é possível uma decisão de caráter geral, que resolva a questão por completo. Mas é preciso avançar. Precisamos ser criativos para buscar soluções além dos casos concretos e das ferramentas tradicionais.

Para isso, temos que adotar decisão de caráter plástico, que sirva de plataforma para adequação da realidade aos direitos afirmados pela Constituição e pelas leis.

O ponto principal quanto à técnica de decisão a ser manejada nesta ação é a possibilidade de o STF adotar decisão que modifica o conteúdo do ordenamento jurídico.

No que se refere às decisões manipulativas, o Supremo Tribunal Federal, quase sempre imbuído do dogma kelseniano do legislador negativo, costuma adotar uma posição de *self-restraint* ao se deparar com situações em que a interpretação conforme a Constituição possa descambar para uma decisão interpretativa corretiva da lei (ADI 2.405/RS, rel. min. Carlos Britto, *DJ* de 17.2.2006; ADI 1.344/ES, rel. min. Moreira Alves, *DJ* de 19.4.1996; Rp. 1.417/DF, rel. min. Moreira Alves, *DJ* de 15.4.1988).

Ao se analisar detidamente a jurisprudência do Tribunal, no entanto, é possível verificar que, em muitos casos, a Corte não atenta para os limites, sempre imprecisos, entre a interpretação conforme delimitada negativamente pelos sentidos literais do texto e a decisão interpretativa modificativa desses sentidos originais postos pelo legislador (ADI 3.324, ADI 3.046, ADI 2.652, ADI 1.946, ADI 2.209, ADI 2.596, ADI 2.405).

No julgamento conjunto das ADI 1.105 e 1.127, ambas de relatoria do ministro Marco Aurélio, o Tribunal, ao conferir interpretação conforme à Constituição a vários dispositivos do Estatuto da Advocacia (Lei n. 8.906/94), acabou adicionando-lhes novo conteúdo normativo, convolando a decisão em verdadeira interpretação corretiva da lei (ADI 1.105/DF e ADI 1.127/DF, rel. min. orig. Marco Aurélio, rel. min. p/ acórdão Ricardo Lewandowski).

Em outros vários casos mais antigos (ADI 2.332, ADI 2.084, ADI 1.797, ADI 2.087, ADI 1.668, ADI 1.344, ADI 1.105, ADI 1.127), também é possível verificar que o Tribunal, a pretexto de dar interpretação conforme à Constituição a determinados dispositivos, acabou proferindo o que a doutrina constitucional, amparada na prática da Corte Constitucional italiana, tem denominado de *decisões manipulativas de efeitos aditivos* (Sobre a difusa terminologia utilizada, *vide*: Carlos Blanco de Morais, *Justiça constitucional: o contencioso constitucional portugues entre o modelo misto e a tentação do sistema de reenvio*, cit., t. 2, p. 238 e s.; Augusto Martin De La Vega, *La sentencia constitucional en Italia*, Madrid: Centro de Estudios Politicos y Constitucionales, 2003; Francisco Javier Diaz Revorio, *Las sentencias interpretativas del Tribunal Constitucional*, Valladolid: Lex Nova; 2001; Hector Lopez Bofill, *Decisiones interpretativas en el control de constitucionalidad de la ley*, Valencia: Tirant lo Blanch, 2004).

No curso do ano de 2012, o Tribunal voltou a se deparar com o problema no julgamento de mérito da ADPF 54, rel. Marco Aurélio, que discutia a constitucionalidade da criminalização dos abortos de fetos anencéfalos (ADPF 54, rel. min. Marco Aurélio, julgada em 12.4.2012).

De fato, ao rejeitar a questão de ordem levantada pelo Procurador-Geral da República quando do julgamento da medida cautelar, o Tribunal já havia admitido a possibilidade de, ao julgar o mérito da ADPF 54, atuar de forma criativa, acrescentando mais uma excludente de punibilidade no caso de o feto padecer de anencefalia ao crime de aborto.

Ao decidir o mérito da ação, assentando a sua procedência e dando interpretação conforme aos arts. 124 a 128 do Código Penal, o Tribunal proferiu uma típica decisão manipulativa com eficácia aditiva em matéria penal.

A doutrina italiana considera manipulativa a decisão mediante a qual o órgão de jurisdição constitucional modifica ou adita normas submetidas a sua apreciação, a fim de que saiam do juízo constitucional com incidência normativa ou conteúdo distinto do original, mas concordante com a Constituição (Riccardo Guastini, *Lezioni di teoria costituzionale*, Torino: G. Giappichelli, 2001, p. 222).

Como anota Roberto Romboli, tratando das manipulativas, a "Corte modifica diretamente a norma posta ao seu exame, através de decisões que são definidas como 'autoaplicativas', a indicar o caráter imediato de seus efeitos, que prescindem de qualquer sucessiva intervenção parlamentar" (Roberto Romboli et al., *Giustizia costituzionale*, 2 ed., Torino: G. Giappichelli, 2007, p. 304). É fácil ver que se trata de técnica unilateral de supressão da inconstitucionalidade dos atos normativos (Cf. Markus González Beilfuss, *Tribunal constitucional y reparacion de la discriminacion normativa*, Madrid: Centro de Estudios Políticos y Constitucionales, 2000, p. 117-130).

Ulterior esforço analítico termina por distinguir as manipulativas de efeitos aditivos das manipulativas com efeito substitutivo. A primeira espécie, mais comum, verifica-se quando a Corte constitucional declara inconstitucional certo dispositivo legal não pelo que expressa, mas pelo que omite, alargando o texto da lei ou seu âmbito de incidência. As manipulativas com efeitos substitutivos, por sua vez, são aquelas em que o juízo constitucional declara a inconstitucionalidade da parte em que a lei estabelece determinada disciplina ao invés de outra, substituindo a disciplina advinda do poder legislativo por outra, consentânea com o parâmetro constitucional.

Entre nós, a técnica manipulativa com efeitos substitutivos foi utilizada no julgamento da ADI-MC 2.332/DF, rel. min. Moreira Alves, *DJ* de 2.4.2004, ocasião em o Supremo Tribunal Federal, vencido no ponto o Relator, decidiu "deferir a medida liminar para suspender, no art. 15-A do Decreto-Lei 3.365, de 21 de junho de 1941, introduzido pelo art. 1º da Medida Provisória 2.027-43, de 27 de setembro de 2000, e suas sucessivas reedições, a eficácia da expressão 'de até seis por cento ao ano' (*omissis*) para dar, ao final do *caput* do artigo 15-A, interpretação conforme à Carta da República, de que a base de cálculo dos juros compensatórios será a diferença eventualmente apurada entre 80% do preço ofertado em juízo e o valor do bem fixado na sentença".

Como espécies de decisões com alguma eficácia aditiva, ainda devem ser referidas as decisões demolitórias com efeitos aditivos (quando é suprimida uma lei inconstitucional constritora de direitos), as aditivas de prestação (que têm impacto orçamentário) e as aditivas de princípio (onde são fixados princípios que o legislador deve observar ao prover a disciplina que se tem por indispensável ao exercício de determinado direito constitucional).

Ressalto que, embora os esforços teóricos acerca do tema tenham frutificado principalmente na Itália, a prolação de decisões manipulativas tem sido uma constante também na jurisprudência dos tribunais espanhóis (Joaquín Brage Camazano, *La accion abstracta de inconstitucionalidad*, México: Universidad Nacional Autónoma de México, 2005, p. 409-410: "*La utilización de este tipo de sentencias se plantea especialmente respecto de las hipótesis de desigualdad normativa o trato desigual por parte de una ley, porque la Ley prevé determinadas consecuencias para determinadas hipótesis, pero no para otros supuestos que constitucionalmente hubieran exigido un tratamiento igual. Como dice el TC español, ante tales hipótesis cabe, en principio, equiparar por arriba, suprimiendo las restricciones o exclusiones injustificadas establecidas por el legislador con la consiguiente extensión del beneficio a los discriminados*") e português (Cf. Carlos Blanco de Morais (Org.), *As sentenças intermédias da justiça constitucional*, Lisboa: AADFL, 2009, p. 113-115).

Convém observar que, não obstante manifeste-se de forma singular em cada sistema de jurisdição constitucional, a crescente utilização das decisões manipulativas de efeitos aditivos responde a necessidades comuns. Nesse sentido, em lição perfeitamente adequada ao direito pátrio, Augusto Martín de La Vega ressaltou ser possível compreender a proliferação das decisões manipulativas de efeitos aditivos, levando-se em conta três fatores: a) a existência de uma Carta política de perfil marcadamente programático e destinada a progressivo desenvolvimento; b) a permanência de um ordenamento jurídico-positivo com marcados resquícios autoritários; e c) a ineficácia do Legislativo para responder, em tempo adequado, às exigências de atuação da Constituição e à conformação do ordenamento preexistente ao novo regime constitucional (Augusto de la Vega, *La sentencia constitucional en Italia*, Madrid: Centro de Estudios Políticos y Constitucionales, 2003, p. 229-230).

Acrescente-se que é extremamente difícil excluir tal técnica de decisão de regimes como o brasileiro e o italiano, onde inexiste um recurso como o de amparo espanhol ou a *Verfassungsbeschwerde* alemã, já que, em tais circunstâncias, as decisões aditivas tornam-se a via preferencial para a "reinterpretação e tutela dos direitos subjetivos" (La Pergola, La Constitución como fuente suprema del Derecho, in Antonio Pina, *Division de poderes e interpretacion*: hacía una teoría de la praxis constitucional, Madrid: Tecnos, 1987, p. 149).

Interessante notar que a complexidade de nosso sistema de controle de constitucionalidade emprestou linhas singulares ao fenômeno das decisões manipulativas de efeitos aditivos, conforme o voto que proferi na ADPF-QO 54, rel. min. Marco Aurélio, *DJ* de 31.8.2007, especialmente p. 170-171). O STF pôde chegar ao resultado aditivo, inovando o ordenamento jurídico, tanto por meio das ações do sistema concentrado de controle como nas ações diretas decididas com uso de interpretação conforme com efeitos aditivos e através dos remédios constitucionais individuais, sendo numerosos os casos em que, por exemplo, o veículo da pretensão aditiva foi o mandado de injunção.

Em decisão de notável relevância doutrinária para o tema em discussão, o Supremo Tribunal Federal determinou a aplicação aos servidores públicos da Lei 7.783/89, que dispõe sobre o exercício do direito de greve na iniciativa privada, pelo que promoveu extensão aditiva do âmbito de incidência da norma (MI 670, red. para o acórdão min. Gilmar Mendes, MI 708, rel. min. Gilmar Mendes, e MI 712, rel. min. Eros Grau, julgados em 25.10.2007. Tenha-se presente, ainda, o MI 543, rel. min. Octavio Gallotti, *DJ* de 24.5.2002, e o MI 283, rel. min. Sepúlveda Pertence, *DJ* de 14.11.1991, quando restou assentado que "é dado ao Judiciário, ao deferir a injunção, somar, aos seus efeitos mandamentais típicos, o provimento necessário a acautelar o interessado contra a eventualidade de não se ultimar o processo legislativo, no prazo que fixar, de molde a facultar-lhe, quando possível, a satisfação provisória do seu direito").

Outro caso de extensão do âmbito subjetivo de incidência da norma ocorreu no julgamento do RMS 22.307, ocasião em que se discutiu a possibilidade de extensão jurisprudencial da revisão de vencimentos, em percentual de 28,68%, para alcançar categorias de servidores públicos não contempladas na lei que disciplinou a revisão. O Supremo Tribunal, por maioria, entendeu desnecessária lei específica que estendesse a revisão de vencimentos aos servidores não atingidos e, de plano, determinou o reajuste nas folhas de pagamento (MS 22.307, rel. min. Marco Aurélio, *DJ* de 13.6.1997).

A crescente relevância, entre nós, da técnica decisória aditiva, foi exposta com proficiência por Ayres Blanco de Morais:

"Sensivelmente desde 2004 parecem também ter começado a emergir com maior pragnância decisões jurisdicionais com efeitos aditivos. Tal parece ter sido o caso de uma acção directa de inconstitucionalidade, a ADIn 3105 (ADI 3.105, Rel. Min. Ellen Gracie, *DJ* de 18.2.2005), a qual se afigura como uma sentença demolitória com efeitos aditivos. Esta eliminou, com fundamento na violação do princípio da igualdade, uma norma restritiva que, de acordo com o entendimento do Relator reduziria arbitrariamente para algumas pessoas pertencentes à classe dos servidores públicos, o alcance de um regime de imunidade contributiva que abrangia as demais categorias de servidores públicos. Poderá, igualmente, ter sido o caso no RMS-22.307 (mandado de segurança) que teria englobado os servidores civis num regime de aumentos legalmente concedido a militares" (Carlos Blanco de Morais, *Justiça constitucional*: o contencioso constitucional português entre o modelo misto e a tentação do sistema de reenvio, t. 2, cit., p. 257. Cf., ainda, sob coordenação do Professor Blanco de Morais, *As sentenças intermédias da justiça constitucional*, Lisboa: AAFDL, 2009).

Cabe ressaltar, ainda, o julgamento conjunto, pelo Plenário do Supremo Tribunal Federal, dos mandados de segurança n. 26.602/DF, 26.603/DF e 26.604/DF, em que se assentou que o abandono, pelo parlamentar, da legenda pela qual foi eleito tem como consequência jurídica a extinção do mandato.

Também, de marcado caráter aditivo, registro a decisão proferida na PET 3.388/RR, rel. min. Ayres Britto, quando o Tribunal, enfrentando a situação de insegurança geral deflagrada pela demarcação da reserva Raposa Serra do Sol, logrou, mediante a disciplina constante do voto do ministro Menezes Direito, dar margens nítidas à extensão do usufruto dos indígenas sobre as áreas que lhes são constitucionalmente garantidas (PET 3.388, rel. min. Carlos Britto, j. em 19.3.2009).

Por fim, menciono o RE 405.579, rel. ministro Joaquim Barbosa. Trata-se de hipótese em que duas empresas, importadoras de um mesmo produto, foram discriminadas por concessão de benefício tributário a apenas uma delas, o que gera evidente desequilíbrio comercial. Em voto--vista, propus a extensão do benefício tributário (redução de imposto de importação) a empresas não contempladas no inciso X do § 1º do art. 5º da Lei 10.182/2001, com vistas a sanar violação ao princípio da isonomia e restaurar o equilíbrio do mercado comercial.

Na sessão de julgamento de 1º de dezembro de 2010, contudo, o Plenário do Supremo Tribunal Federal, contra meu voto e dos ministros Ayres Britto, Marco Aurélio e Ricardo Lewandowski, deu provimento ao recurso extraordinário e manteve a validade da lei referida (RE 405.579, rel. Min. Joaquim Barbosa, *DJ* de 4.8.2011).

No presente caso, a despeito das limitações impostas pelo regime do recurso extraordinário, podemos fazer um esforço para resolver a questão de forma estruturante, além do simples estabelecimento de teses jurídicas. Podemos avançar, determinando a observação de ferramentas que serão essenciais na implementação dos direitos dos sentenciados e no atendimento ao programa legal quanto à execução penal.

Para tanto, é fundamental contarmos com o apoio dos órgãos existentes no Poder Judiciário e no Ministério Público para desenvolvimento e fiscalização das soluções a serem adotadas.

No âmbito do Poder Judiciário, o Conselho Nacional de Justiça tem papel importante na supervisão do sistema carcerário. A Lei 12.106/09 criou, no CNJ, o Departamento de Monitoramento e Fiscalização do Sistema Carcerário e do Sistema de Execução de Medidas Socioeducativas – DMF. Esse departamento é vocacionado para acompanhamento das medidas aqui apresentadas, conforme se percebe nos incisos do art. 1º, § 1º:

"§ 1º Constituem objetivos do DMF, dentre outros correlatos que poderão ser estabelecidos administrativamente:

I – monitorar e fiscalizar o cumprimento das recomendações e resoluções do Conselho Nacional de Justiça em relação à prisão provisória e definitiva, medida de segurança e de internação de adolescentes;

II – planejar, organizar e coordenar, no âmbito de cada tribunal, mutirões para reavaliação da prisão provisória e definitiva, da medida de segurança e da internação de adolescentes e para o aperfeiçoamento de rotinas cartorárias;

III – acompanhar e propor soluções em face de irregularidades verificadas no sistema carcerário e no sistema de execução de medidas socioeducativas;

IV – fomentar a implementação de medidas protetivas e de projetos de capacitação profissional e reinserção social do interno e do egresso do sistema carcerário;

V – propor ao Conselho Nacional de Justiça, em relação ao sistema carcerário e ao sistema de execução de medidas socioeducativas, a uniformização de procedimentos, bem como de estudos para aperfeiçoamento da legislação sobre a matéria;

VI – acompanhar e monitorar projetos relativos à abertura de novas vagas e ao cumprimento da legislação pertinente em relação ao sistema carcerário e ao sistema de execução de medidas socioeducativas;

VII – acompanhar a implantação e o funcionamento de sistema de gestão eletrônica da execução penal e de mecanismo de acompanhamento eletrônico das prisões provisórias;"

O DMF tem estrutura de pessoal, prevista na própria lei de criação. Além disso, o CNJ tem poder para requisitar outros magistrados e servidores, caso a tarefa assim exija – art. 6°, XXVIII e XXIX, Regimento Interno.

De forma paralela, o Conselho Nacional do Ministério Público também pode ser chamado a tomar parte ativa nesse procedimento, atuando em conjunto com o CNJ. A participação do CNJ e do CNMP é um convite à participação de todos, da comunidade jurídica, das autoridades federais, estaduais e municipais, da comunidade em geral.

Com apoio dos conselhos, podemos adotar decisão que acolha medidas concretas a serem fiscalizadas por esta Corte.

Há providências de ordem administrativa e de política judiciária que poderão ser implementadas mesmo sem reformas legislativas.

Quanto às providências que podem ser tomadas com coordenação do Conselho Nacional de Justiça, estou propondo que o órgão elabore projetos para sua concretização em prazo razoável.

A adoção desse tipo de decisão pelas Cortes Constitucionais é uma realidade, inclusive de forma bem mais radical do que aqui proponho.

A Suprema Corte norte-americana usou-o no caso *Brown v. Board of Education of Topeka*, em 1954, quando reiterou a inconstitucionalidade da discriminação racial nas escolas públicas e determinou que as leis federais, estaduais e municipais fossem ajustadas a essa orientação. Confiou a execução do julgado aos tribunais de distrito que deveriam guiar-se por princípios de equidade, tradicionalmente caracterizados *"pela flexibilidade prática na determinação de remédios e pela facilidade de ajustar e conciliar as necessidades públicas e privadas"*. Todavia, esses tribunais deveriam exigir das autoridades escolares *"um pronto e razoável"* início da execução, competindo-lhes verificar a necessidade de que se outorgasse um prazo adicional para a conclusão das reformas exigidas.

Em 2011, analisando recursos provenientes de julgamento por colegiado judicial da Califórnia nas ações coletivas movidas por *Coleman* e outros e *Plata* e outros contra o então governador *Brown*, a Suprema Corte confirmou decisão aditiva local. Considerou que as reiteradas violações a direitos a assistência médica dos presos estavam ligadas à superpopulação carcerária. Em consequência, determinou que o Estado do Califórnia elaborasse, em prazo curto, plano de redução da superpopulação, de forma a reduzir a ocupação para um máximo de 137,5% (centro e trinta e sete vírgula cinco por cento) do número de vagas, selecionando os encarcerados para serem liberados. Isso representa uma libertação de cerca de 40.000 (quarenta mil) internos. A medida foi fiscalizada por um colegiado de juízes da Califórnia.

Aqui, no Supremo Tribunal Federal também já adotamos decisões dessa ordem.

No julgamento de questões de ordem nas ações diretas 4.357 e 4.425, referentes à modulação de efeitos da declaração de inconstitucionalidade do regime de pagamentos de precatórios previsto pela Emenda Constitucional 62/2009, concluído em 25.3.2015, o Tribunal conferiu ao Conselho Nacional de Justiça poderes para fazer diagnóstico do sistema de pagamentos pelas

348 Estado de Direito e Jurisdição Constitucional – Decisões relevantes em 15 anos de atuação no STF

diversas unidades da federação e propor medidas, inclusive de caráter normativo, para assegurar a liquidação do estoque de precatórios, em prazo razoável.

Deliberou-se que as propostas do CNJ deveriam ser analisadas, em sessão jurisdicional, prosseguindo o julgamento da questão de ordem na ação de controle concentrado, pelo próprio STF.

De forma semelhante, no caso Raposa Serra do Sol, o Tribunal expediu várias determinações de ordem aberta, delegando ao Relator, em articulação com o TRF1, a supervisão de sua implementação – PET 3.388, rel. min. Carlos Britto, julgado em 19.3.2009.

Na ADPF 347, rel. min. Marco Aurélio, o STF deferiu medidas de caráter liminar, voltadas à superação do caos do sistema carcerário (9.9.2015). O pedido daquela ação é justamente para que o Tribunal expeça determinações de caráter aberto e fiscalize seu cumprimento, retendo a jurisdição.

Nesses precedentes, adotamos a técnica do *complex enforcement*. SARGENTICH, tido como o primeiro autor a empregar a locução, definiu o *"complex enforcement"* como o tipo de litígio *"no qual um segmento grande da realidade social é denunciado como ofensivo ao direito e transformado por ordens judiciais de fazer ou não fazer"* (*"in which a large segment of social reality is denounced as offensive to law and transformed through the judicial process of injunction"* – SARGENTICH, Lewis D. *Complex Enforcement*. Trabalho não publicado. Disponível em: <http://isites.harvard.edu/fs/docs/icb.topic1134127.files/March%2014%20Readings/SargentichComplexEnforcement.pdf>. Acesso em: 2 dez. 2015.)

No presente caso, tenho que é necessário adotar solução semelhante.

Aqui, há a peculiaridade de estarmos tratando de matéria na qual há ponto de conexão entre a atividade administrativa e judicial. Os juízes da execução penal têm competências administrativas, dentre elas "zelar pelo correto cumprimento" das penas e inspecionar e fiscalizar os estabelecimentos da execução, podendo chegar a sua interdição – art. 66 da Lei 7.210/84.

Em grande parte, o que está sendo aqui defendido é a transposição dessas competências para o Supremo Tribunal, como uma espécie de órgão jurisdicional central, na medida em que analisa a presente questão constitucional com repercussão geral.

Essa transposição é recomendada pela eficácia expansiva que os recursos extraordinários com repercussão geral possuem. A análise do caso concreto não deixa dúvida de que a solução da questão constitucional posta requer mais do que uma simples declaração do direito aplicável. Pede a adoção de medidas transformativas, num campo em que a magistratura das execuções penais tem atribuição de atuar.

Passo a expor as propostas.

Criação do Cadastro Nacional de Presos. Aumentar as vagas é fundamental, mas seria ingênuo pensar que haveria fôlego financeiro para triplicar as vagas dos regimes semiaberto e aberto em prazo razoável.

Precisamos de medidas que contemplem soluções para otimizar as vagas existentes e ofereçam alternativas à institucionalização.

Para permitir a saída antecipada de sentenciados mais próximos ao cumprimento de pena, nos termos preconizados neste voto, é indispensável que o juízo das execuções penais disponha de informações acerca da situação das execuções penais em trâmite.

O que a prática demonstra é que uma vara de execuções penais que controla os processos apenas por autos em papel não tem condições de atender aos direitos dos sentenciados em tempo adequado. Fácil projetar que, se deferida a antecipação de benefícios em razão da lotação carcerária, não se terá tampouco meios de verificar quais os sentenciados estão mais próximos de obter a saída.

Nem todas as unidades da Federação contam com órgãos centrais da administração da execução penal. Muitas vezes, o Poder Executivo demite-se da tarefa, deixando a cargo das varas de execuções penais administrar as vagas no sistema prisional.

É preciso centralizar a gestão da execução penal, em órgãos do Poder Executivo, com capacidade de vislumbrar o sistema como um todo.

Para tanto, é indispensável a criação do cadastro nacional de presos.

Registro que, nesse ponto, não estamos criando algo sem embasamento no ordenamento.

A utilização de ferramentas de tecnologia da informação na execução penal é prevista em lei como um dever para a administração pública. A Lei 12.714/12 determina que os "dados e as informações da execução da pena, da prisão cautelar e da medida de segurança deverão ser mantidos e atualizados em sistema informatizado de acompanhamento da execução da pena".

Esse sistema deve "informar tempestiva e automaticamente, por aviso eletrônico, as datas" previstas para "progressão de regime" e "livramento condicional". Além disso, deve avisar o "enquadramento nas hipóteses de indulto ou de comutação de pena".

Em tese, os sistemas deveriam ter sido instalados pelas unidades da Federação em setembro de 2013, final da *vacatio legis* de um ano (art. 6º).

Ou seja, a administração está em mora.

O Poder Executivo da União deveria não só ter apoiado as unidades da Federação no desenvolvimento e na implantação dos sistemas, mas também na instituição de "sistema nacional" para interoperabilidade dos sistemas estaduais – art. 5º.

Muito embora a Lei 12.714/12 não mencione o Conselho Nacional de Justiça, o papel do Conselho na informatização da execução penal é consagrado pela Lei 12.106/09, que cria o Departamento de Monitoramento e Fiscalização do Sistema Carcerário e do Sistema de Execução de Medidas Socioeducativas – DMF, em seu âmbito. É um dos objetivos do DMF "acompanhar a implantação e o funcionamento de sistema de gestão eletrônica da execução penal e de mecanismo de acompanhamento eletrônico das prisões provisórias" – art. 1º, § 1º, VII.

Além de instrumentalizar as saídas antecipadas, a criação de um cadastro de sentenciados traria outras conveniências.

Com um sistema informatizado, seria possível que os benefícios dos presos fossem decididos no seu devido tempo. Teríamos aí um grande avanço. As vagas no sistema prisional são um recurso escasso. Extinção de pena, progressão de regime, livramento condicional, são judicialmente concedidos e abrem vagas no sistema. Além disso, seria possível liberar a força de trabalho das varas de execuções para decidir outros incidentes relevantes.

Não bastasse isso, com a utilização da tecnologia da informação na execução penal, teríamos estatísticas confiáveis, em tempo real, da situação prisional do país. Hoje, os esforços do Ministério da Justiça em tabular os dados demandam energia desproporcional e produzem estatísticas incompletas e defasadas. Em junho de 2015, foi concluído e divulgado o Levantamento Nacional de Informações Penitenciárias relativo a junho de 2014, um ano de defasagem. Esse relatório é feito com base em questionários submetidos pelo Ministério às secretarias de segurança pública dos estados. O sucesso da compilação depende da boa vontade das unidades da Federação em fornecer seus dados. No último relatório, São Paulo simplesmente se omitiu. Ou seja, não há dados sobre a maior massa carcerária do país.

Outro benefício seria a possibilidade de verificação da situação do sistema em tempo real e de otimização do manejo de vagas. Isso foi feito no Estado do Paraná, pela secretária de justiça, cidadania e direitos humanos, Maria Tereza Uille Gomes, que criou centrais de vagas e monitoramento em tempo real dos presos, usando ferramentas de administração – *business intelligence*. A prática participou da edição de 2014 do Prêmio Innovare e melhorou substancialmente a administração penitenciária do Estado do Paraná.

Também, o projeto de reforma da Lei de Execução Penal (PLS 513/2013, autor senador Renan Calheiros, relator senador Eunício Oliveira, atualmente na Comissão de Constituição e Justiça do Senado) prevê a utilização de tecnologia da informação para que os benefícios aos sentenciados sejam automatizados e o despacho somente seja necessário para negá-las.

O número de prisões e progressões de regime pode ser previsto apenas até certo ponto. Situações excepcionais criam demandas imprevisíveis. Já mencionei, nesta decisão, a declaração de inconstitucionalidade do regime integralmente fechado para crimes hediondos, que, de um dia para outro, criou a necessidade de milhares de vagas no regime semiaberto.

Mesmo um sistema bem estruturado deve prever alguma válvula de escape, para reduzir o tempo de encarceramento em caso de necessidade excepcional.

Nos já mencionados casos da Califórnia, a solução para o colapso do sistema foi justamente liberar presos ainda com penas a cumprir. Restou escolher os condenados que estavam mais próximos ao término da pena e, presumivelmente, apresentavam menor risco de reincidência.

Aqui, estou propondo decisão de caráter semelhante – saída antecipada. A instrumentalização da saída antecipada depende da centralização das informações acerca dos presos em cada unidade.

Para tanto, é fundamental a criação de cadastro de presos, com dados suficientes para identificar os mais próximos da progressão ou extinção da pena.

Com isso, assegura-se a igualdade de tratamento entre os presos.

A medida pode ser implementada administrativamente, sem a necessidade de alteração da legislação.

A providência é absolutamente prioritária, na medida em que a estruturação do cadastro servirá de plataforma para todas as outras medidas.

Proponho que o Conselho Nacional de Justiça apresente, em 180 dias, contados da conclusão deste julgamento, projeto de estruturação do Cadastro Nacional de Presos, com etapas e prazos de implementação.

Centrais de monitoração eletrônica e penas alternativas. Nesta decisão, estou propondo a adoção de prisão domiciliar e penas alternativas como resposta à falta de vagas nos regimes semiaberto e aberto.

Para que essas medidas sejam viáveis, é fundamental a estruturação de centrais de monitoração eletrônica e acompanhamento das medidas alternativas.

A monitoração eletrônica, como já afirmado, tem previsão legal e é adotada em alguns estados. A padronização dos serviços espalharia a tecnologia para estados que atualmente não dispõem do sistema. Além disso, a escala pode permitir ganhos econômicos e tecnológicos.

Quanto às demais medidas alternativas, a proposta de substituição de penas do regime aberto por penas restritivas de direito sobrecarregará as atuais estruturas de fiscalização. Na maior parte das comarcas, a fiscalização das penas alternativas é feita diretamente pelas varas de execuções penais, com colaboração de entidades conveniadas. A estruturação de centrais permitiria uma otimização dos recursos e diminuiria a sobrecarga das varas.

Registro que, nessa seara, há recente iniciativa da maior importância. Convênio firmado pelo ministro Ricardo Lewandowski, como presidente do CNJ, com o Ministro da Justiça, José Eduardo Cardozo, em 9.4.2015, busca justamente avançar nesse campo.

Quero também registrar a importância da iniciativa do Ministério da Justiça, que, por meio da Portaria 250/2015, previu a destinação de recursos do FUNPEN a "projetos de Implantação de Centrais de Monitoração Eletrônica de Pessoas Cumpridoras de Medidas Cautelares Diversas da Prisão e Cumpridores de Medidas Protetivas de Urgência e de Centrais Integradas de Alternativas Penais".

Proponho que, em 180 dias, contados da conclusão deste julgamento, o CNJ apresente relatório sobre a implantação das centrais de monitoração e penas alternativas, acompanhado, se for o caso, de projeto de medidas ulteriores para desenvolvimento dessas estruturas.

Trabalho e estudo. Muito embora não seja esse o objeto principal da questão constitucional em julgamento, o trabalho e o estudo na prisão encurtam a pena, na forma do art. 126 da Lei 7.210/84, e favorecem a ressocialização.

Programas de fomento ao trabalho e estudo reduziriam o problema da falta de vagas nos regimes carcerários, razão central deste recurso.

Veja-se que nem sequer o Estado se dispõe a aceitar o trabalho dos condenados. O atual modelo de execução de obras públicas tem privilegiado a contratação de empresas, pelo regime de empreitada. Há muitos condenados que podem e devem trabalhar, na forma do art. 31 da Lei 7.210/84, que poderiam ser envolvidos em empreitadas públicas.

É possível pensar em soluções que viabilizassem a atuação do preso em entidades beneficiadas com recursos públicos, como é o caso das integrantes dos serviços sociais autônomos, o chamado Sistema S, seja na prestação de serviços de interesse da comunidade ou, ainda, em atividades profissionalizantes.

Indo além, os tribunais administram verbas decorrentes de prestações pecuniárias, na forma da Resolução 154 de 2012 do CNJ. A resolução permite a destinação dos recursos a órgãos públicos *"para atividades de caráter essencial à segurança pública"*. Essa poderia ser outra fonte de recursos, centralizando-se a verba na criação de postos de trabalho e oferta de cursos.

O CNJ pode ser chamado a articular os potenciais atores envolvidos, governos e tribunais, para desenvolver projetos de criação de oportunidades nessa área. O Conselho já tem experiência na matéria. O Projeto Começar de Novo é uma iniciativa de recolocação de sentenciados no mercado de trabalho por ele estruturada.

Criado pela Resolução 96/2009 do CNJ, o Começar de Novo tem por objetivo "promover ações de reinserção social de presos, egressos do sistema carcerário e de cumpridores de medidas e penas alternativas".

O programa compõe-se de "um conjunto de ações educativas, de capacitação profissional e de reinserção no mercado de trabalho".

Sua execução é feita por "todos os órgãos do Poder Judiciário", em parceria com a administração pública e entidades públicas e privadas.

Segundo dados do CNJ, na presente data, há uma oferta de 16.252 vagas de trabalho, estando 11.479 já preenchidas. No campo da capacitação, há 8.054 vagas de cursos disponíveis.

Ou seja, o CNJ e os tribunais de justiça já contam com *expertise* na área da capacitação e oferta de trabalho para presos e egressos do sistema carcerário.

O esforço de expansão do projeto atualmente existente, com foco nos condenados em fase de cumprimento de pena, seria de capital importância para remediar a falta de oferta de vagas no sistema carcerário, viabilizar a inserção produtiva dos egressos, e, em última análise, reduzir a taxa de reincidência.

Proponho que o CNJ, em um ano, elabore relatório para expansão do Programa Começar de Novo e adoção de outras medidas buscando o incremento da oferta de estudo e de trabalho aos condenados.

Aumento do número de vagas nos regimes semiaberto e aberto. Indo além, para uma solução satisfatória do problema, o número de vagas nos regimes semiaberto e aberto precisa ser aumentado, para aproximar-se da demanda.

O CNMP, dentro do Programa Segurança sem Violência, tem trabalhado no sentido de buscar alternativas ao déficit.

Da mesma forma, o CNJ pode se debruçar sobre a questão e oferecer soluções.

Parece claro que a questão do financiamento dos estabelecimentos penais é central. Na ADPF 347, foi expedido provimento cautelar para vedar o contingenciamento do Fundo Penitenciário Nacional (FUNPEN), criado pela Lei Complementar 79/94.

A *construção, reforma, ampliação e aprimoramento de estabelecimentos penais* é uma das finalidades do Fundo – art. 3º, I.

No entanto, as unidades da Federação reclamam de entraves burocráticos para liberação dos recursos.

Compreende-se que o investimento público necessite de rígidos controles. Ainda assim, é indispensável que os estados sejam auxiliados para se desincumbir de tais tarefas satisfatoriamente. Os processos precisam ser desburocratizados, para que o Fundo possa atender suas finalidades.

Indo além, a mão de obra dos sentenciados poderia ser utilizada na construção e reforma de unidades prisionais, reduzindo o custo das construções.

Não se pode descartar envolver órgãos da administração nas construções. O Departamento de Engenharia do Exército conta com a Diretoria de Obras e Cooperação, destinada à construção de obras de engenharia de interesse civil. Eventualmente, poderia liderar o trabalho construtivo.

Outra alternativa ligada ao financiamento das estruturas carcerárias é o estabelecimento de parcerias público-privadas.

O Estado de Minas Gerais tem iniciativa nessa linha. A construção e a administração do Complexo Penal de Ribeirão das Neves foram contratadas mediante PPP.

O modelo tem vantagens expressivas, especialmente no âmbito da redução e da estimativa de custos.

O projeto mineiro entregou a construção e a administração do complexo ao parceiro privado.

Na fase da instalação, o parceiro privado ficou responsável por projetar o empreendimento (observados parâmetros mínimos de arquitetura carcerária) e executar o projeto. A remuneração somente surgiu com a disponibilização das vagas, pelo que a demora na construção prejudica principalmente o parceiro privado.

Após, o parceiro privado ficou responsável por toda a administração e segurança do estabelecimento.

Sua remuneração é calculada, principalmente, com base nas vagas colocadas à disposição. Assim, se por qualquer razão uma cela deixa de ficar operacional, o risco é do parceiro privado.

Por outro lado, a administração tem que pagar a parte substancial da remuneração, mesmo que não use as vagas disponibilizadas. Isso dá segurança ao parceiro privado.

Também, tem influência fundamental na remuneração a qualidade do serviço prestado, avaliada por auditoria independente, em conjunto com a comunidade, com base em indicadores estabelecidos. Rebeliões e doenças na população carcerária, por exemplo, reduzem a contrapartida.

O projeto procura dar ao parceiro privado os incentivos corretos, para que administre o estabelecimento com eficiência – sem desperdício, mas mantendo a qualidade.

Do ponto de vista da administração, é esperada maior previsibilidade e uma redução moderada dos custos.

No caso de Minas Gerais, o Estado arcou com os custos da parceria. Não vislumbro empecilho para que o FUNPEN participe do financiamento da construção, na medida em que há

Garantias penais e processuais-penais **353**

previsão de aplicação de seus recursos em "construção, reforma, ampliação e aprimoramento de estabelecimentos penais" e "manutenção dos serviços penitenciários".

Outra alternativa seria a adoção de estabelecimentos específicos para os casos de segurança mínima, desafogando o sistema. Nessa linha, não se pode deixar de registrar o sucesso do método APAC, baseado na autodisciplina. Os sentenciados ficam recolhidos a centro de recuperação – sem grades – gerido por eles próprios. Já há várias iniciativas dessa ordem em diversas unidades da Federação. O Prêmio Innovare de 2014 contemplou, com menção honrosa, a prática em São José dos Campos – SP.

Modelos baseados em autodisciplina podem ser alternativa para os condenados de menor periculosidade, reduzindo a sobrecarga do sistema.

A fim de consolidar as alternativas para atingir o resultado, o CNJ deverá, em 1 ano, apresentar relatório com projetos para o aumento do número de vagas nos regimes semiaberto e aberto.

Friso que os pontos mencionados são simples delineamentos para a proposta a ser apresentada. Não há aqui nenhuma pretensão de esgotar o tema. Caberá ao CNJ ampla liberdade para avaliar e desenvolver as propostas que entender adequadas, ou outras que venham a surgir. Para tanto, o Conselho poderá interagir com o CNMP, com a administração em todos os seus níveis, com os tribunais, com o Ministério Público, com as defensorias públicas, com a advocacia e com a sociedade em geral.

Em suma, estou propondo que o Tribunal vá além da simples enunciação da tese para solução da questão constitucional, estabelecendo providências para adequar a execução penal nos regimes semiaberto e aberto ao plano legal. Para a execução da tarefa, proponho que o Tribunal convoque o CNJ, com poderes elásticos, para desenvolver e implementar as medidas determinadas e adotar outras que sejam oportunas.

5ª Parte: Caso concreto

No caso concreto, o Tribunal de Justiça do Estado do Rio Grande do Sul reconheceu, em sede de apelação em ação penal, a inexistência de estabelecimento adequado ao cumprimento de pena privativa de liberdade no regime semiaberto e, como consequência, determinou o cumprimento da pena em prisão domiciliar, até que disponibilizada vaga.

Neste recurso, o Ministério Público do Estado do Rio Grande do Sul pugna pela reforma da prisão, para que o condenado inicie a execução da pena no regime mais gravoso – fechado, enquanto aguarda a vaga.

Antes de mais nada, ressalto que a possibilidade de esse tipo de questão ser debatida durante o processo de conhecimento não é objeto do recurso extraordinário. A revisão do entendimento do Tribunal de Justiça quanto ao ponto seria potencialmente contrária ao réu, pelo que não pode ser analisada de ofício.

Neste voto, estou propondo que a falta de vagas no regime semiaberto não autoriza a inserção do preso no regime mais gravoso, mas autoriza *(i)* a saída antecipada de sentenciado no regime com falta de vagas; *(ii)* a liberdade eletronicamente monitorada ao sentenciado que sai antecipadamente ou é posto em prisão domiciliar por falta de vagas; *(iii)* o cumprimento de penas restritivas de direito e/ou estudo ao sentenciado que progride ao regime aberto.

Como consequência, estou dando provimento do recurso extraordinário apenas nessa extensão.

Registro, no entanto, que a informação nestes autos é de que o recorrido foi inserido em estabelecimento adequado ao regime semiaberto (fls. 455-471), pelo que a questão posta em julgamento será de reduzida eficácia no cumprimento de sua pena, salvo alterações fáticas ulteriores.

Isso, no entanto, não representa perda do objeto do recurso ou necessidade de substituição do processo que representa a controvérsia, como proposto pelo Procurador-Geral da República.

No curso da execução penal, o condenado pode ser transferido para outro estabelecimento. Nada impede que, após o julgamento deste recurso, a administração penitenciária local use essa faculdade em relação ao recorrido. Além disso, no futuro, o sentenciado terá a expectativa de progredir ao regime aberto, reavivando a questão da consequência de eventual falta de vagas.

Logo, enquanto houver pena a cumprir, é relevante a projeção do entendimento ao caso concreto.

Dessa forma, ainda que a situação atual do recorrido esteja de acordo com o título em execução, é cabível analisar o recurso, na medida em que pode ser transferido para outro estabelecimento.

Dispositivo

Ante o exposto, resolvo a controvérsia com repercussão geral fixando o entendimento de que:

a) a falta de estabelecimento penal adequado não autoriza a manutenção do condenado em regime prisional mais gravoso;

b) os juízes da execução penal poderão avaliar os estabelecimentos destinados aos regimes semiaberto e aberto, para qualificação como adequados a tais regimes. São aceitáveis estabelecimentos que não se qualifiquem como "*colônia agrícola, industrial*" (regime semiaberto) ou "*casa de albergado ou estabelecimento adequado*" (regime aberto) (art. 33, § 1º, alíneas "b" e "c");

c) havendo déficit de vagas, deverá determinar-se: (*i*) a saída antecipada de sentenciado no regime com falta de vagas; (*ii*) a liberdade eletronicamente monitorada ao sentenciado que sai antecipadamente ou é posto em prisão domiciliar por falta de vagas; (*iii*) o cumprimento de penas restritivas de direito e/ou estudo ao sentenciado que progride ao regime aberto. Até que sejam estruturadas as medidas alternativas propostas, poderá ser deferida a prisão domiciliar ao sentenciado.

Determino que Conselho Nacional de Justiça apresente:

a) em 180 dias, contados da conclusão deste julgamento, (*i*) projeto de estruturação do Cadastro Nacional de Presos, com etapas e prazos de implementação, devendo o banco de dados conter informações suficientes para identificar os mais próximos da progressão ou extinção da pena; (*ii*) relatório sobre a implantação das centrais de monitoração e penas alternativas, acompanhado, se for o caso, de projeto de medidas ulteriores para desenvolvimento dessas estruturas;

b) em um ano, relatório com projetos para (*i*) expansão do Programa Começar de Novo e adoção de outras medidas buscando o incremento da oferta de estudo e de trabalho aos condenados; (*ii*) aumento do número de vagas nos regimes semiaberto e aberto.

Dou parcial provimento ao recurso extraordinário, apenas para determinar que, havendo viabilidade, ao invés da prisão domiciliar, observe-se: (*i*) a saída antecipada de sentenciado no regime com falta de vagas; (*ii*) a liberdade eletronicamente monitorada do recorrido, enquanto em regime semiaberto; (*iii*) o cumprimento de penas restritivas de direito e/ou estudo ao recorrido após progressão ao regime aberto.

ADCs 43 e 44 MC[1]

Medida Cautelar na Ação Declaratória de Constitucionalidade – Art. 283 do Código de Processo Penal – Execução da pena privativa de liberdade após o esgotamento do pronunciamento judicial em segundo grau – Princípio constitucional da presunção de inocência – Alteração de entendimento do Supremo Tribunal Federal no julgamento do HC 126.292 – Regra especial associada à disposição geral do art. 283 do CPP que condiciona a eficácia dos provimentos jurisdicionais condenatórios ao trânsito em julgado – Irretroatividade da lei penal mais gravosa.

O Partido Ecológico Nacional – PEN ajuizou ação declaratória de constitucionalidade, com pedido de liminar, buscando seja assentada a harmonia do artigo 283 do Código de Processo Penal com a Carta Federal. Eis o teor do dispositivo:

"Art. 283. Ninguém poderá ser preso senão em flagrante delito ou por ordem escrita e fundamentada da autoridade judiciária competente, em decorrência de sentença condenatória transitada em julgado ou, no curso da investigação ou do processo, em virtude de prisão temporária ou prisão preventiva".

Discorre sobre a legitimidade ativa e pertinência da ação. Aponta a existência de controvérsia constitucional relevante sobre a validade do preceito, ocorrida após o julgamento do *habeas Corpus* n. 126.292, relator o ministro Teori Zavascki, Pleno. Reporta-se a alteração no entendimento sobre a questão atinente à possibilidade de execução provisória, no âmbito penal, de acórdão condenatório em grau de apelação. Diz da necessidade de o Supremo pronunciar-se sobre a constitucionalidade da norma. Destaca que a decisão proferida no referido *habeas* não possui efeito vinculante nem firma regra geral sobre o tema, mas vem repercutindo no sistema judicial brasileiro. Salienta a surpresa causada pelo precedente, porquanto carente de prévio debate com entidades e profissionais atuantes na esfera do Direito criminal. Ainda no tocante ao cabimento, pleiteia, sucessivamente, o recebimento da ação como arguição de descumprimento de preceito fundamental.

Quanto ao mérito, alega que o artigo 283 do Código de Processo Penal revela o alcance do princípio constitucional da não culpabilidade. Sublinha haver o próprio Supremo admitido a plausibilidade da tese positivada pelo dispositivo quando apreciou o *habeas corpus* n. 84.078, relator o ministro Eros Grau, Pleno, acórdão publicado no Diário da Justiça em 26 de fevereiro de 2010. Segundo narra, a redação atual do preceito conforma o princípio da não culpabilidade dentro da moldura normativa preconizada pelo artigo 5º, inciso LVII, da Lei Maior. Argui a liberdade de atuação do legislador, observados os limites da Carta da República, a ensejar a deferência do Poder Judiciário. Assevera a presunção de constitucionalidade reforçada de normas tutelares da liberdade.

Conforme argumenta, a detenção, para fins de cumprimento antecipado da pena, antes do trânsito em julgado da sentença condenatória, consubstancia caso de prisão não previsto na legislação brasileira. Articula com a impossibilidade de criação de custódia mediante decisão aditiva, destacando ser inviável, no tocante ao Direito Penal, o exercício do poder normativo pelo Judiciário.

Alude ter este Tribunal, na apreciação da medida cautelar na arguição de descumprimento de preceito fundamental n. 347, da relatoria do Ministro Marco Aurélio, consignado o estado de coisas inconstitucional no sistema carcerário brasileiro. Consoante assinala, o pronun-

---

[1] O Tribunal, por maioria, indeferiu a cautelar, vencidos os Mins. Marco Aurélio (Relator), Rosa Weber, Ricardo Lewandowski, Celso de Mello e, em parte, o Ministro Dias Toffoli (*DJ* de 7.3.2018).

ciamento no *habeas Corpus* n. 126.292 agravará a condição das unidades carcerárias. Sustenta, caso não seja assentada a compatibilidade do artigo 283 do Código de Processo Penal com a Lei Básica da República, dever o dispositivo ser declarado ainda constitucional, enquanto perdurar o estado de coisas inconstitucional. Refere-se ao julgamento da ação direta de inconstitucionalidade n. 2.415, relator o ministro Carlos Ayres Britto, acórdão publicado no *Diário da Justiça* em 28 de setembro de 2012. Aduz, sucessivamente, que, em situações de constrição provisória, hão de ser adotadas medidas alternativas à segregação, até que suplantada a situação atual das penitenciárias.

Anota que eventual reconhecimento da inconstitucionalidade do preceito não pode retroagir, sob pena de violação ao princípio da irretroatividade de norma penal mais severa, prescrito no artigo 5º, inciso XL, do Diploma Maior. Defende a observância desse dispositivo inclusive no tocante a norma processual penal, tendo em conta resultar a aludida alteração jurisprudencial em privação da liberdade.

Salienta a inadequação de equiparar-se as funções constitucionais exercidas pelo Supremo e pelo Superior Tribunal de Justiça, considerada a temática criminal. Pondera que o pronunciamento de reprovação penal consubstancia atividade de interpretação do Direito federal. Aponta que, consoante a teoria do delito consolidada em Estados democráticos, extrai-se a culpabilidade de entendimento normativo, e não da constatação empírica. Segundo expõe, o Superior Tribunal de Justiça examina matérias relevantes para a afirmação da culpa e definição das consequências jurídico-penais, tais como a licitude da prova, a correta dosimetria da reprimenda e a tipicidade da conduta. Reporta-se à indispensabilidade de aplicação isonômica do Direito Penal, concretizada, com previsibilidade, pela atuação uniformizadora do Superior Tribunal de Justiça. Afirma que, enquanto os processos em curso no Supremo foram objetivados, as atribuições do Superior Tribunal de Justiça permanecem plenamente compatíveis com o perfil institucional de Tribunal de Cassação, resultando na necessidade de condicionar a execução antecipada da pena ao crivo do Superior.

Sob o ângulo do risco, argui que, na esteira do precedente firmado no *habeas corpus* n. 126.292, magistrados têm determinado a execução provisória da pena de prisão antes do trânsito em julgado de decisão condenatória proferida em segunda instância.

Requer, liminarmente, não sejam deflagradas novas execuções provisórias de sanção de prisão até o julgamento final deste processo, bem assim sejam suspensas as que já estiverem em curso, libertando-se os cidadãos recolhidos sem a preclusão maior do ato condenatório. Sucessivamente, busca seja determinada, mediante interpretação conforme à Constituição Federal, a aplicação analógica de medidas alternativas à segregação de acusados com pronunciamento condenatório não transitado em julgado, aludindo ao artigo 319 do Código de Processo Penal. Pede, caso não acolhidos os pleitos anteriores, o condicionamento da execução provisória da reprimenda à apreciação do recurso especial pelo Superior Tribunal de Justiça.

Postula, em definitivo, a declaração de constitucionalidade do artigo 283 do Código de Processo Penal. Sucessivamente, que o preceito seja assentado compatível com a Carta Federal enquanto perdurar o estado de coisas inconstitucional no sistema carcerário brasileiro ou até a apreciação definitiva da arguição de descumprimento de preceito fundamental n. 347. Ainda de forma sucessiva, pretende a realização de interpretação conforme à Constituição para substituir-se a prisão, antes da preclusão maior, pelas medidas alternativas prescritas no artigo 319 do Código de Processo Penal, durante o tempo em que permanecer o estado de coisas inconstitucional. Requer, sucessivamente, que eventual reconhecimento de inconstitucionalidade do artigo 283 do Código de Processo Penal alcance apenas decisões condenatórias relativas a fatos posteriores ao exame desta ação ou ao do *habeas corpus* n. 126.292, bem assim que a execução antecipada da pena seja condicionada à análise do recurso especial pelo Superior Tribunal de Justiça.

Ante a coincidência de objetos, determinou-se o apensamento, a este processo, do revelador da ação declaratória de constitucionalidade n. 44, para julgamento conjunto.

Nesta última, o Conselho Federal da Ordem dos Advogados do Brasil busca, igualmente, seja assentada a constitucionalidade do artigo 283 do Código de Processo Penal. Argumenta que, para o cabimento da ação declaratória de constitucionalidade, surge necessário aferir-se a controvérsia judicial relevante com base em critério qualitativo. Diz da configuração do requisito presente o entendimento adotado pelo Supremo na apreciação do *habeas corpus* n. 126.292. Sustenta que o preceito controvertido permanece válido, devendo ser aplicado pelos Tribunais estaduais e federais, porquanto não afastado expressamente pelo Pleno no exame do referido *habeas*. Alega mostrarem-se nulos os pronunciamentos judiciais que, sem a declaração de inconstitucionalidade do artigo 283 do Código de Processo Penal, implicam a execução provisória de decisão condenatória, ante a inobservância do artigo 97 do Texto Maior. Destaca a necessidade de o Supremo consignar, em sede de controle concentrado, a conformidade ou não do dispositivo com a Lei Fundamental.

Assevera a validade da norma penal, com alicerce na tese da constitucionalidade espelhada, segundo a qual se reconhece a compatibilidade de dispositivo infraconstitucional no que reproduz a ordem da Carta Federal. Consoante aduz, o preceito em jogo não apenas é compatível com a Lei Maior, mas também replica o texto. Enfatiza que este Tribunal, ao analisar o *habeas Corpus* n. 126.292, esvaziou o artigo 5º, inciso LVII, do Diploma Básico, efetuando mutilação inconstitucional.

Postula, liminarmente, a suspensão da execução antecipada da pena de todos os casos nos quais os órgãos fracionários de segunda instância, com alicerce no acórdão do *habeas corpus* n. 126.292, ignoram o disposto no artigo 283 do Código de Processo Penal, violando a cláusula de reserva de plenário. No mérito, requer a declaração de constitucionalidade do artigo 283 do Código de Processo Penal.

O julgado restou assim ementado:

EMENTA: MEDIDA CAUTELAR NA AÇÃO DECLARATÓRIA DE CONSTITUCIONALIDADE. ART. 283 DO CÓDIGO DE PROCESSO PENAL. EXECUÇÃO DA PENA PRIVATIVA DE LIBERDADE APÓS O ESGOTAMENTO DO PRONUNCIAMENTO JUDICIAL EM SEGUNDO GRAU. COMPATIBILIDADE COM O PRINCÍPIO CONSTITUCIONAL DA PRESUNÇÃO DE INOCÊNCIA. ALTERAÇÃO DE ENTENDIMENTO DO SUPREMO TRIBUNAL FEDERAL NO JULGAMENTO DO HC 126.292. EFEITO MERAMENTE DEVOLUTIVO DOS RECURSOS EXTRAORDINÁRIOS E ESPECIAL. REGRA ESPECIAL ASSOCIADA À DISPOSIÇÃO GERAL DO ART. 283 DO CPP QUE CONDICIONA A EFICÁCIA DOS PROVIMENTOS JURISDICIONAIS CONDENATÓRIOS AO TRÂNSITO EM JULGADO. IRRETROATIVIDADE DA LEI PENAL MAIS GRAVOSA. INAPLICABILIDADE AOS PRECEDENTES JUDICIAIS. CONSTITUCIONALIDADE DO ART. 283 DO CÓDIGO DE PROCESSO PENAL. MEDIDA CAUTELAR INDEFERIDA. 1. No julgamento do Habeas Corpus 126.292/SP, a composição plenária do Supremo Tribunal Federal retomou orientação antes predominante na Corte e assentou a tese segundo a qual "A execução provisória de acórdão penal condenatório proferido em grau de apelação, ainda que sujeito a recurso especial ou extraordinário, não compromete o princípio constitucional da presunção de inocência afirmado pelo artigo 5º, inciso LVII da Constituição Federal". 2. No âmbito criminal, a possibilidade de atribuição de efeito suspensivo aos recursos extraordinário e especial detém caráter excepcional (art. 995 e art. 1.029, § 5º, ambos do CPC, c/c art. 3º e 637 do CPP), normativa compatível com a regra do art. 5º, LVII, da Constituição da República. Efetivamente, o acesso individual às instâncias extraordinárias visa a propiciar a esta Suprema Corte e ao Superior Tribunal de Justiça exercer seus papéis de estabilizadores, uniformizadores e pacificadores da interpretação das normas constitucionais e do direito infraconstitucional. 3. Inexiste antinomia entre a especial regra que confere eficácia imediata aos acórdãos somente atacáveis pela via dos recursos excepcionais e a disposição geral que exige o trânsito em julgado como pressuposto para a produção de efeitos da prisão decorrente de sentença condenatória a que alude o art. 283 do CPP. 4. O retorno à compreensão emanada anteriormente pelo Supremo Tribunal Federal, no sentido de conferir efeito paralisante a absolutamente todas decisões colegiadas prolatadas em segundo grau de jurisdição, investindo os Tribunais Superiores em terceiro e quarto graus, revela-se inapropriado com as competências atribuídas constitucionalmente às Cortes de cúpula. 5. A irretroatividade figura como matéria atrelada à aplicação da lei penal no tempo, ato normativo idôneo a inovar a ordem jurídica, descabendo atribuir ultratividade a compreensões jurisprudenciais cujo objeto não tenha reflexo na compreensão da ilicitude das condutas. Na espécie, o debate cinge-se ao plano processual, sem reflexo, direto, na existência ou intensidade do direito de punir, mas, tão somente, no momento de punir. 6. Declaração de constitucionalidade do art. 283 do Código de Processo Penal, com interpretação conforme à Constituição, assentando que é coerente com a Constituição o principiar de execução criminal quando houver condenação assentada em segundo grau de jurisdição, salvo atribuição expressa de efeito suspensivo ao recurso cabível. 7. Medida cautelar indeferida.

VOTO

Senhora Presidente, como disse, anteriormente, participei da maioria que se formou em torno do *Habeas Corpus* 84.078. E, depois, em razão dos vários fatos que se foram acumulando ao longo dos anos, também, fui uma das vozes que passou a recomendar a revisão desse precedente. Na Turma, passei a sustentar que tínhamos de proceder à revisão desse precedente, porque passei a entender que, tal como desenháramos – e lembro-me, sobretudo o ministro Peluso destacou –, seria sempre possível proceder-se ao decreto de prisão provisória com a sentença, ainda que não transitada em julgado. Mas sabemos que, aqui, há limites para esse tipo de fixação. Em muitos casos, seria difícil a justificativa da prisão preventiva, a não ser que se lançasse mão, como fez o ministro Barroso, de um argumento muito largo de ordem pública ou de credibilidade da Justiça, o que poderia gerar críticas. Em geral, ter-se-ia de fazer uma fundamentação, na linha da garantia da instrução, ou da aplicação da lei penal, ou do risco de repetição, e, em muitos casos, essa fundamentação não estaria à disposição do julgador.

O debate que se coloca, a meu ver, e já tive oportunidade de dizer – tenho voto escrito – que a ideia de presunção de inocência é, de fato, um direito fundamental cujo elemento central, o núcleo essencial, é fundamentalmente normativo. É o conjunto normativo que diz o que é essa presunção de não culpabilidade ou presunção de inocência. O legislador pode fazer esse tipo de consideração. E, claro, por isso, também, me parece... E foi um pouco a caminhada que se fez em todos os países com grau civilizatório elevado em relação à decisão de segundo grau. Tanto é que, praticamente, não se conhece, num mundo civilizado, um país que exija o trânsito em julgado. Em princípio, diz-se que se pode executar a prisão com a decisão de segundo grau. Evidentemente, o juiz ou o tribunal poderá suspender a execução; inclusive, pode-se levar, em nosso caso, de maneira muito evidente, o próprio *habeas corpus* – cansamos de fazer isso –, dando liminar. Nada mais efetivo. Até porque, quando se recorre a cortes superiores, já estamos discutindo questão de direito.

De modo que, a mim, parece-me que não podemos perder essa perspectiva. Quando anotei o voto para esse debate, lembrava-me, nessa linha, do que sustentava Eduardo Espíndola Filho, ao afirmar que *"a presunção de inocência é vária, segundo os indivíduos sujeitos passivos do processo, as contingências da prova e o estado da causa"* – dizia ele em linguagem singular.

Então, estava extraindo disso que aqui é um espaço para conformação do legislador. A cláusula não obsta que a lei regulamente os procedimentos, tratando o implicado de forma progressivamente mais gravosa, conforme a imputação evolui. Por exemplo, para impor uma busca domiciliar, bastam fundadas razões; para tornar implicado réu, já são necessários a prova da materialidade e indícios da autoria. Percebemos isso, uma certa gradação, na própria legislação.

Para condená-lo, é imperiosa a prova, além de dúvida razoável.

Então, eu dizia, a partir dessas lições de Espíndola: Suscitando que isso é passível, usando de uma linguagem da teoria dos direitos fundamentais de uma conformação por parte, inclusive, do legislador. Não se trata de um conceito, quer dizer, estamos falando de um princípio, não de uma regra. Isso o ministro Barroso já pontuou. Assim não se resolve numa fórmula de tudo ou nada. É disso que se cuida quando Eduardo Espíndola Filho fala dessa gradação. Quer dizer, uma coisa é termos alguém investigado, outra coisa é termos alguém denunciado, com denúncia recebida. Outra coisa é ter alguém condenado e, agora, com condenação em segundo grau. Quer dizer, o sistema estabelece uma progressiva derruição – vamos chamar assim – da ideia da presunção da inocência. Essa garantia institucional vai esmaecendo em função desse conceito e a própria legislação permite isso. Por isso, se aceita a ideia...

Veja: países que são extremamente rígidos e respeitosos quanto aos direitos fundamentais aceitam a ideia da prisão com a decisão de segundo grau. Evidentemente, e nos deparamos com isso todo dia, poderá haver, sim, situações de abuso, que reparamos com o *habeas corpus*. Em geral, nem isso discutimos – e essa é experiência nossa –, em geral, esses casos não nos chegam por via do recurso especial, nem por extraordinário. Essas duas vias são usadas pelo Ministério Público. Hoje, usamos e recebemos o *habeas corpus*, que permite discutir todas as questões, inclusive, com a possibilidade de concessão de liminar. Nenhuma dúvida, estamos falando para advogados experientes e eles sabem disso. O ministro Pertence, até em tom um tanto quanto jocoso, dizia que a Defesa só usa o recurso extraordinário – e, claro, isso valia para o REsp – quando perseguia a prescrição. Quer dizer, queria que seu caso não fosse julgado, quer dizer, que fosse de fato retardado, se não usa o *habeas corpus*.

Vê-se quando vamos às declarações de direitos, as mais diversas, falam de formação, em que a culpa é provada de acordo com o direito.

A Convenção Americana dos Direitos Humanos prevê a garantia, no art. 8, II:

"2. Toda pessoa acusada de delito tem direito a que se presuma sua inocência enquanto não se comprove legalmente sua culpa".

A Convenção Europeia dos Direitos Humanos prevê no art. 6, II:

"2. Qualquer pessoa acusada de uma infracção presume-se inocente enquanto a sua culpabilidade não tiver sido legalmente provada".

Portanto, aqui há uma dimensão de garantia institucional. Disposições semelhantes são encontradas no Direito francês; na Declaração dos Direitos do Homem e do Cidadão, de 1789; Canadense, no art. 11 da Carta de Direitos e Liberdade.

Todos escolhem como marco para cessação da presunção o momento em que a culpa é provada de acordo com o Direto, resta saber em que momento isso ocorre.

O Tribunal Europeu dos Direitos do Homem, interpretando dispositivo da Convenção Europeia, afirma que a presunção pode ser tida por esgotada antes mesmo da conclusão do julgamento em primeira instância. Alguns países, notadamente os do sistema de *Common Law*, dividem os julgamentos nas fases de veredicto e de aplicação da pena. Na primeira, delibera-se acerca da culpa do implicado, se declarada a culpa, passa-se à fase seguinte de escolha da quantificação da pena. Em um caso da Sérvia, o Tribunal reitera já longa jurisprudência de que, declarada a culpa na fase do veredicto, o dispositivo não mais se aplica, ou seja, com a declaração de culpa, cessa a presunção, independentemente do cabimento de recurso.

Sabemos, também, que os Estados Unidos adotam *standards* bastante rigorosos nessa seara. A legislação processual federal determina a imediata prisão do condenado, mesmo antes da imposição da pena, salvo casos excepcionais. Nesses ordenamentos, muito embora a presunção de não culpabilidade fique afastada, ainda há o direito ao recurso, a ser analisado em tempo hábil.

No entanto, o direito de análise célere da impugnação é fundado em outros preceitos, como a duração razoável do processo.

O Direito alemão prevê uma solução diversa. Muito embora não exista menção expressa à presunção de inocência na Lei Fundamental, o princípio faz parte do ordenamento jurídico pela interpretação do Sistema e pela incorporação da Convenção Europeia dos Direitos do Homem. No plano legal, o Código de Processo Penal afirma que as sentenças condenatórias não são exequíveis enquanto não passarem em julgado. A despeito disso, se o acusado é fortemente suspeito do cometimento de um crime grave, a regra é que responda preso. Portanto, obvia-se esse obstáculo. Nesses casos, a lei dispensa ulterior demonstração da necessidade da prisão. Tendo em vista a dificuldade de compatibilização da prisão automática com a presunção de inocência, a jurisprudência tempera a aplicação desses dispositivos, exigindo, nas prisões antes do julgamento, a demonstração, ainda que mínima, de algum dos requisitos da prisão preventiva. Já o nosso texto constitucional segue a tradição das constituições da Itália, de Portugal e dos países de língua portuguesa em geral. Nota-se que, na tradição italiana e nas constituições de língua portuguesa, a presunção vige até o trânsito em julgado. Não se nega a importância da análise das constituições de mesma tradição. Em nosso caso, os textos constitucionais de língua portuguesa são importante objeto de estudo, visto que é possível identificar uma tradição institucional comum que informa os ordenamentos constitucionais desses países.

De qualquer forma, a interpretação da presunção de não culpabilidade não pode perder de vista nosso próprio ordenamento. Nosso país tem um intrincado sistema judiciário. Na base, há duas instâncias – como sabemos, com ampla competência para análise dos fatos e do direito. Logo acima, temos as instâncias extraordinárias – tribunais superiores e Supremo Tribunal Federal. O acesso às instâncias extraordinárias é consideravelmente amplo. Não há meios eficazes para garantir adequação da força de trabalho das cortes superiores ao interesse do desenvolvimento da jurisprudência. A própria rejeição de recursos por falta de repercussão geral, nas estreitas hipóteses em que cabível, demanda muito da Corte. Isso faz com que, mesmo quando desprovidos de relevância, a análise dos recursos extraordinários demore muito. Resta-nos reconhecer que as instâncias extraordinárias, da forma como são estruturadas no Brasil, não são vocacionadas a dar respostas rápidas às demandas. Por isso o ministro Pertence dizia que, em geral, se o réu optasse pelo recurso extraordinário ou pelo REsp é porque apostava na dilação e não na prestação judicial célere, quer dizer, buscava eventualmente obter prescrição, por exemplo.

Em suma, a presunção de não culpabilidade é um direito fundamental que impõe o ônus da prova à acusação e impede o tratamento do réu como culpado até o trânsito em julgado da sentença. Ainda assim, não impõe que o réu seja tratado da mesma forma durante todo o processo – esse é um ponto crucial e que já foi tocado no voto do ministro Fachin.

Conforme se avança e a culpa vai ficando demonstrada, a lei poderá impor tratamento diferenciado. Esse é um ponto importante: tratar isso como uma garantia institucional, que vai enfraquecendo na medida em que se identifica a prova da culpa.

O que estou colocando à reflexão, portanto, é que vejamos a presunção de inocência como princípio relevantíssimo à ordem jurídica ou constitucional, mas suscetível de ser devidamente conformado, tendo em vista, inclusive, as circunstâncias de aplicação no caso do Direito Penal e do Processual Penal. Por isso, entendo que, nesse contexto, não se há de considerar que a prisão após a decisão de tribunal de apelação seja considerada violadora. E, parece-me, se porventura houver a caracterização – que sempre pode ocorrer – de abuso na decisão condenatória, certamente estarão à disposição do eventual condenado todos os remédios, além do eventual recurso extraordinário, com pedido de efeito suspensivo, cautelar, também o *habeas corpus*. E os tribunais disporão de meios para sustar essa execução antecipada.

Garantias penais e processuais-penais **361**

Logo, não estamos aqui – aqueles que estão admitindo a execução da pena com a decisão de segundo grau – a fazer *tabula rasa* e a determinar que se aplique, sem qualquer juízo crítico, a condenação emitida pelo juízo de segundo grau. Haverá, sempre, remédios e o bom e forte *habeas corpus* estará à disposição. Nós mesmos, na Segunda Turma, temos nos posicionado, o ministro Celso, o ministro Teori, a ministra Cármen, quando lá esteve, de forma restritiva em relação a qualquer tentativa de restringir o *habeas corpus*, exatamente para deixar essa porta aberta. E sabemos que os resultados são expressivos no que diz respeito à concessão de *habeas corpus* em muitos casos.

Estou revisitando, Presidente, esse tema, porque entendi de minha responsabilidade demarcar que, também, somei posição, como já disse, na formação da jurisprudência que agora está-se a rediscutir. Mas a própria realidade institucional de difícil modificação – tanto é que todos nos lembramos do esforço feito pelo ministro Peluso, ao oferecer aquela proposta de emenda constitucional, mas que tinha reflexo não só na área do Direito Penal, como, também, na área do Direito Civil, do Direito privado em geral.

Quando o ministro Peluso ofereceu aquela emenda, dizendo que o trânsito em julgado ocorreria com a decisão de segundo grau – e aí não era apenas no aspecto penal, mas em todos os demais aspectos –, tinha que se reconhecer, a seguir, em todos os casos, no recurso trabalhista, no recurso do processo civil, no REsp, no RE, um efeito rescisório. Esse era o dilema, que ocorre, como já vimos, nos sistemas de corte constitucional, porque, por exemplo, na *Verfassungsbeschwerde*, salvo engano, o modelo alemão da chamada ação constitucional, pode ser proposta no prazo de um ano e, claro, terá efeito rescisório. Pode já ter ocorrido o trânsito em julgado da decisão, como ocorre no modelo espanhol do recurso de amparo. Aqui é diferente.

Claro que o que se viu naquele caso foi que haveria um quadro de grande insegurança jurídica. Daí, talvez, a razão por que a proposta de emenda acabou por não ter o trâmite, a despeito do apoio que colheu na imprensa e nos setores da política, porque é um juízo quase que unânime de que há algo de extremamente singular em nosso sistema jurídico penal, mas, de fato, a ideia que Sua Excelência o ministro Peluso desenvolveu, seguindo o modelo europeu de controle concentrado de que haveria o trânsito em julgado com a decisão de segundo grau e, aí, valia tanto para decisões de caráter penal como civil, colocou, realmente, em grande temor todos aqueles que imaginavam que, depois, o recurso extraordinário teria efeito de uma rescisória com todas as consequências e as próprias execuções que se fariam no campo cível já teriam caráter de definitividade. Daí, portanto, a dificuldade que se colocou. Mas isso é até um dado muito curioso que fala bem, como já destaquei, da honestidade intelectual do ministro Peluso. Sua Excelência, na verdade, que contribuiu decisivamente para com o debate, para com a consagração do precedente aqui referido, depois, diante da análise das consequências, viu-se tentado a desamarrar o impasse e propôs então essa emenda constitucional.

A rigor, é uma situação interessante. Demos aquele passo, ao falarmos da presunção de inocência e conectarmos com o trânsito em julgado em sentido, e depois vimos que estávamos num beco sem saída, numa *Sackgasse*, como se diz em alemão. E o ministro Peluso então engendrou essa fórmula. Vamos fazer uma emenda constitucional em que se declara que o trânsito em julgado formal ocorre com a decisão do segundo grau. E os recursos extraordinários, todos eles, recursos especiais, recursos de revista, passam a ter caráter rescisório. Tratava-se de mudar todo o sistema. Demandava-se uma revolução de caráter cultural.

A partir daí, teríamos, no próprio plano cível, a execução já definitiva ainda pendente de recurso extraordinário. E tudo isso se fez para tentar atender às mazelas do processo penal, era para dar execução. Portanto, isto gerou um quadro de grande insegurança jurídica, quer dizer, tentando resolver aquele problema que a nossa própria revisão da jurisprudência tinha criado, no RE 84.078, no fundo, estávamos a revisar agora, com a proposta de emenda constitucional, todo o sistema.

Fazendo essa análise, de novo, reitero que, em função da própria realidade, da extensão, da complexidade do Sistema e da busca de paradigmas no Direito Comparado, entendi que era importantíssimo proceder à revisão dessa jurisprudência. Tanto é que na Turma passei a suscitar a necessidade de que submetêssemos, novamente, ao Plenário essa questão. Por quê? Porque tínhamos então duas situações e podemos ter até mais. Havia aqueles que desde o início cumpriam uma pena antecipada – que é essa metade a que nos referimos –, praticamente presos provisórios que, absolvidos ou condenados, já estavam presos.

Eu tratarei disso a final, mas sabemos que, dada a ineficiência do sistema, a prisão provisória no Brasil pode ser das mais longas do mundo. No CNJ, Presidente, encontramos um indivíduo no Espírito Santo preso provisoriamente há onze anos. E pensávamos que isso já era o quadro maior de descalabro, quando encontramos em seguida, em um dos mutirões, um sujeito esquecido nas masmorras do Ceará, há catorze anos, provisoriamente, doutor Tércio, como Vossa Excelência sabe e esteve no CNJ como muito digno conselheiro naquela época. Essa é a realidade do Brasil; esse é o quadro brasileiro. É a falência de um sistema. Quanto a essa gente presa provisoriamente, se for absolvida, já ficou presa, já cumpriu a pena; se for condenada, já estará lá. Agora, àqueles que respondem soltos, interessa estender.

E sabemos de nossa experiência: amanhã um sujeito planta, em um processo qualquer, embargos de declaração, e aquilo passa a ser tratado como rotina, a despeito de "o processo ainda não transitou em julgado, vamos examinar". Daqui a pouco, sobrevém uma prescrição com todas as consequências e o quadro de impunidade.

O episódio trazido pelo ministro Tofolli chamou-nos a atenção. Em suma, os milhares, as miríades de recursos são propostos com o objetivo não de rever ou de reverter a decisão, mas, simplesmente, de retardar, de obstar, de caracterizar um estado de impunidade.

Claro que alguém poderá redarguir, contrapor: "Mas por que vocês não encerram o processo?" Seria muito fácil se nós lidássemos com cem processos; mas, quando se lida com três, quatro, cinco, dez mil, é evidente que isso ganha outra dimensão. E essa é a realidade das nossas cortes. Portanto, essa é uma obra em geral bem-sucedida: a obra do retardo que leva à impunidade via prescrição. Por isso, esse tema ganhou essa celeuma.

Eu fico extremamente sensibilizado, Presidente. Eu acho que os presídios brasileiros vão melhorar daqui para frente, porque se descobriu que se pode ir para a cadeia, doutor Kakay. É interessante: nunca ninguém tinha prestado atenção nas más qualidades de nossos presídios; mas agora se descobriu.

Passei pelo CNJ – todos sabem –, de 2008 a 2010, trabalhei na história dos mutirões carcerários, fazendo um grande esforço. E por que fiz isso? Primeiro, porque me incomodavam as perguntas que faziam em sala de classe. Vários alunos diziam: Por que tudo isso que está no art. 5º da Constituição sobre presídios, presos e respeito é mentira? E, de fato, para um constitucionalista que pretende trabalhar com a ideia de força normativa da Constituição, isso era muito constrangedor. "Poxa, logo no art. 5º? "Veja, não estamos falando de direitos sociais deferidos no tempo. Mas os alunos diziam: "Poxa, mas isso tudo é uma mentira". As pessoas têm violações sistêmicas do direito. Basta olhar as fotos e vídeos que saem nos jornais, nas televisões sobre o estado das prisões.

Até aqui, ministra Cármen, recebo, como Presidente, ainda Vice-Presidente, do Supremo, na ausência da ministra Ellen Gracie, a Comissária das Nações Unidas de Direitos Humanos, que veio ao Brasil a propósito da questão de Abaetetuba. Ali, como sabem, u'a moça, uma menina foi colocada, no interior do Pará, em presídio de homens e, claro, foi, sucessiva e barbaramente, violentada. Isso teve repercussão enorme. Juiz ausente da comarca, toda essa tragédia, presídio mal estruturado, tudo o mais. Tive uma conversa, em meu Gabinete, com essa senhora, acompanhado de assessores e ela, então, depois de falar da situação dos direitos humanos no

Garantias penais e processuais-penais **363**

mundo etc., aquela conversa normal, disse que estava no Brasil para, também, acompanhar essa situação, o caso de Abaetetuba. Relatei-lhe as dificuldades de monitoramento, de acompanhamento desses episódios, a relação complexa da execução penal, as más condições de presídios que não são administrados pelo Judiciário, a relação com o Executivo, com a Administração e tudo o mais. E ela fez, então, depois de ouvir com paciência, uma pergunta que até hoje me provoca constrangimento. Aceitou todas aquelas explicações como plausíveis, mas disse: "O senhor não acha que é demais ter levado trinta dias para descobrir esse feito?". E a gente só tem de responder: "*Yes*". Não havia fiscalização nenhuma. Essa moça ficou trinta dias em presídio de homens. A falência toda do sistema.

Então, essa é uma das realidades que temos. De um lado, todos são recolhidos a esses presídios que temos, essas enxovias, colocados em delegacias e tudo o mais que sirva de presídio. Pouca distinção entre onde se cumpre pena definitiva e onde está o preso provisório, toda essa mistura. E tudo isso ao arrepio da Constituição. De modo que é saudável, por exemplo, que agora esse tema esteja sendo discutido e que se tenha descoberto, por exemplo, que se está preocupado com a execução da pena em presídios inadequados. Certamente, agora, esse tema vai entrar na agenda político-institucional. Então, esse é um dado positivo da realidade. Alguém comentava que, depois desses episódios de Curitiba, houve até uma evolução. O banho frio de Curitiba agora foi substituído, há até chuveiro elétrico. Portanto, são melhorias que estão ocorrendo a partir desses ilustres visitantes dessas celas lá existentes na Polícia Federal. Essa é uma realidade. Então, um dado positivo deste julgamento é esse. Quando se argumenta que os presídios estão em más condições... E nem é preciso dizer outra coisa. Se temos 360 mil vagas declaradas – claro que essas vagas jamais foram adequadas, boa parte delas tem *deficit* enormes – e agora temos 700 mil presos, é evidente que temos brutal superlotação.

Então, Presidente, a mim, me parece este debate está desfocado. Não é a questão das más condições dos presídios que deve definir se vamos permitir a maior ou menor duração do processo. O fato que temos de discutir é se a ideia de presunção de inocência, tal como estamos desenhando, justifica, em qualquer hipótese, que se espere a formalização do trânsito em julgado. É essa a pergunta.

E, a mim, parece-me que, se nós considerarmos que, aqui, cuida-se de uma garantia constitucional, que há essa atenuação da presunção de inocência, na medida em que juízos vão-se formando, veredito vão-se formando em sentido contrário, em sentido favorável da formação de culpa, se ainda se pode falar em caso de presunção de inocência, ela é muito esmaecida afinal, com o juízo de primeiro grau, com o juízo de segundo grau e isso permite. E mesmo o acórdão que lavramos no *Habeas Corpus* 84.078, já justificava, na época, a prisão, desde que de caráter provisório.

A SENHORA MINISTRA CÁRMEN LÚCIA (PRESIDENTE) – Formado por maioria, não é Ministro? Eu, por exemplo, fui vencida.

O SENHOR MINISTRO GILMAR MENDES – Formado por maioria. Portanto, a mim, parece-me que isso nos permite fazer essa reflexão. Claro, poderá haver erros. Sempre poderá, sempre poderá. É possível reverter? Todo dia pode ocorrer isso. Mas, também, não vamos esquecer, o sistema permite correção, permite até o impedimento do início da execução da pena com a obtenção de liminar em *habeas corpus*.

De modo que, Presidente, estou confortável em proceder a essa revisão. O sistema brasileiro tornou-se um sistema e é um sistema extremamente complexo. Talvez, até mais complexo do que muitos outros.

O manejo dos recursos muitas vezes tem desideratos diferentes. Certamente, os criminalistas vão lançar mão dos recursos especial e extraordinário, recursos assim chamados especiais, quando tiverem por objetivo não a revisão do julgado, mas a eventual obtenção de um resultado quanto à prescrição, por exemplo. E, certamente, lançarão mão do *habeas corpus* quando tiver o objetivo de, eventualmente, obter anulação do julgado ou mesmo algum ajuste na decisão de caráter condenatório.

Então, a mim, não me parece que o debate, tal como está estruturado, de fato esteja balizado por argumentos corretos. É claro que todos temos preocupação com o Sistema, com o mau funcionamento do sistema. E, aí, também, não podemos negar que temos imensa responsabilidade.

O ministro Toffoli falou de sessenta mil homicídios/ano. Coloca-nos, de novo, numa situação extremamente constrangedora: um dos países mais inseguros do mundo. Mas, fosse só isso, já seria preocupante. E, aí, temos homicídios sem inquérito aberto.

Quando o CNJ chegou a Alagoas, em minha Presidência, havia cinco mil homicídios sem inquérito aberto. Portanto, é o paraíso do crime de mando. Infelizmente, essa realidade não mudou muito. Estive, Presidente, esses dias, durante as eleições, no Rio de Janeiro. É altamente constrangedor. E é um desafio, inclusive, para todos nós, na Presidência do Tribunal Regional Eleitoral, discutindo distribuição logística, distribuição de urna, disse-se que as urnas seriam colocadas na Favela da Maré, às seis horas da manhã. E, aí, uma juíza disse que isso não era possível, porque precisávamos da licença dos donos da favela e nós não a tínhamos. Essa é a realidade do Brasil! E não se está fazendo nada! Não se está estruturando nada para reagir a isso. A Favela da Maré, ali, vizinha do Tribunal, quase. Essa é a realidade: o Estado foi desterrado, o estado de direito falido. Milícias do Rio de Janeiro cobrando pedágio para que candidatos façam campanha. Nessa campanha, com características novas, financiamento vindo dessas organizações.

Isso passou a ser uma realidade. Esse é o grande desafio! Estruturando um sistema institucional de criminalidade. E não se diga que essa tarefa é estranha ao Judiciário! Pelo contrário, essa é uma tarefa do Judiciário. A rigor, um dos grandes equívocos brasileiros, no que diz respeito ao tema da Segurança Pública, é tratar o tema da Segurança Pública como tema de Polícia. E, por isso, aparecem esses salvadores. No fundo, uma grande falha do sistema de Segurança Pública está exatamente na falha do sistema de Justiça Criminal, que envolve o Ministério Público, que envolve a própria Justiça Criminal.

Lembro-me de que o saudoso governador Eduardo Campos monitorava o quadro de Segurança Pública no Estado. Mostrou-me isso lá. E me fez uma pergunta quando estive lá na condição de Presidente do CNJ: "Ministro, nós fazemos um esforço enorme para prendermos chefe de quadrilhas, líderes de crimes de mando no interior de Pernambuco e, oito meses depois, eles estão soltos. Por quê?"

A questão de não se conseguir fazer uma instrução em tempo adequado e tudo mais, obtinham *habeas corpus*. Então, no fundo, temos grande responsabilidade nesse quadro de insegurança jurídica, como temos grande responsabilidade no que diz respeito a esse mau estado do sistema prisional, sem dúvida nenhuma, temos todos. O Judiciário tem grande responsabilidade, o Ministério Público tem grande responsabilidade, os defensores públicos, sem dúvida nenhuma.

E hoje, mais do que ontem, dispomos pelo menos de órgão que, se quiserem, se tiverem propósitos, podem fazer políticas públicas. Se quiserem ser menos corporativos, CNMP e CNJ, podem fazer políticas públicas decentes. Se não quiserem ficar dando vantagem para seus membros e de fato implementando coisas sérias, porque dispõem de força, dispõem de credibilidade, dispõem de legitimidade. Infelizmente, esses órgãos acabam desviando-se e servem a seus próprios membros. Na verdade, hoje, uma parte da decadência do Brasil se deve à formação dessa república corporativa. Todos voltados para seu umbigo.

Lembro-me, Presidente, de que, certa feita, no CNJ, começamos a trabalhar a ideia da advocacia voluntária. Era uma dificuldade porque se reagia a isso. A ideia de que estudantes e advogados pudessem prestar advocacia voluntária. A OAB, da época, reagia. Hoje, acho que a OAB já está mais iluminada. Era difícil. Chegaram a punir, em São Paulo, até a advocacia *pro bono*.

Recebi, na época, no Gabinete, aqui, na Presidência, os defensores públicos, preocupados com a advocacia voluntária. Eles eram cinco mil – acho que não tem mais do que isso, ainda hoje, considerando os federais e os estaduais. Queriam falar contra a advocacia voluntária. E perguntei por que eram contra a advocacia voluntária, uma vez que não davam conta do trabalho? Cinco mil defensores públicos, se se dedicassem só a presos, no Brasil – na época, eram uns seiscentos mil – óbvio que não dariam conta do trabalho! E claro, não fazem só isto! Cuidam de questões de família e tudo mais. E eles disseram que, com a advocacia voluntária, o CNJ está retirando a pressão que existe sobre os governadores. Essa era a lógica. E eu disse: "Vocês poderão coordenar grupos de advogados voluntários, poderão fazer isso". Mas eles não compreendiam. Por quê? Porque a lógica era corporativa, defensor público tem de ser igual a Procurador da República, que tem de ser igual a juiz, todo esse modelo que hoje se desenvolveu no Brasil. E então acabei brincando com eles e a conversa se encerrou assim, dizendo que não se preocupassem, porque havia pobres para todos; para os defensores e para os advogados voluntários.

Portanto, essa é a realidade do Brasil, temos um sistema mal gerido, mal administrado, co-optado por corporações, mas não podemos fugir às responsabilidades; não podemos fugir, não temos como fugir, não dá para fingir que não temos nada com isso. Quando dizíamos que não tínhamos nada com presídio: nós é que decretamos as prisões, nós é que mandamos as pessoas para os presídios; como é que não temos nada com isso? Como dizer que o Ministério Público, que não fiscaliza os presídios, não tem nada com isso? Nós que somos tão ciosos para manter nossas férias de dois meses, nosso direito de voar – doutor Rodrigo – para o exterior em classe executiva ou em primeira classe; já tivemos casos, aqui, em que procuradores vieram pedir direito de voar em primeira classe. Muitas vezes não comparecemos nos presídios para olhar o estado. Então, essa é a realidade: instituições que faltam a seus deveres institucionais.

Então, Presidente, a mim, me parece que não há nenhuma dúvida de que a realidade mostra que precisamos, sim, de levar em conta não só o aspecto normativo que, a meu ver, legitima a compreensão da presunção de inocência nos limites aqui estabelecidos, a partir do voto do Relator e aqueles que o acompanharam, como, também, levar em conta a própria realidade que permite que exigir o trânsito em julgado formal transforme o Sistema num sistema de impunidade.

A SENHORA MINISTRA CÁRMEN LÚCIA (PRESIDENTE) – Vossa Excelência se refere ao voto do Ministro Fachin? Divergente.

O SENHOR MINISTRO GILMAR MENDES – Desculpe. Do ministro Fachin. Portanto, Presidente, com todas as vênias ao voto do ministro Marco Aurélio, do ministro Lewandowski e da ministra Rosa, eu acompanho na íntegra o pronunciamento do ministro Fachin, destacando que, talvez, se formada a maioria, devêssemos – na linha do que já fizemos em outro momento – também, converter esse julgamento em julgamento de mérito, até porque, senão, vamos ter outro debate sobre a eficácia desse julgamento, uma vez que estaremos apenas indeferindo a liminar. A mim, me parece que coloco essa questão como uma questão de ordem para que possamos definir. A mim, me parece que, se estamos até tarde, hoje, é em razão de termos uma definição. E é importante, então, que essa decisão tenha eficácia geral, efeito vinculante.

Mas, com as vênias devidas ao voto do eminente Relator, acompanho às inteiras o voto do ministro Fachin.

HC 141.874[1]

Dignidade da pessoa humana e proteção dos direitos individuais e sociais – Proteção à maternidade e à infância – Direito das mulheres reclusas de permanência com seus filhos durante a fase de amamentação – Proteção à família – Lei n. 11.942/2009 – Lei de Execução Penal – Artigo 318 do Código de Processo Penal – Substituição da prisão preventiva quando a agente for mulher com filho de até 12 anos de idade incompletos.

Trata-se de *habeas corpus* com pedido de medida liminar, impetrado pela Defensoria Pública do Estado de São Paulo, em favor de **FLAVIANE CHAGAS BATISTA**, contra decisão monocrática proferida pela Ministra Maria Thereza de Assis Moura, do Superior Tribunal de Justiça (STJ), que indeferiu liminarmente o pedido formulado nos autos do HC 392.117/SP (eDOC 5, p. 1-5).

Segundo a denúncia, no dia 13 de janeiro de 2017, na Rodovia SP 127, Km 113, e na Rua José Gaspar, 155, Residencial Juliana, na cidade e Comarca de Tatuí/SP, a paciente, juntamente com outros dois agentes, transportava, trazia consigo, guardava e mantinha em depósito 3 porções de cocaína, com peso bruto aproximado de 81,2 gramas; 3 porções de maconha, com peso bruto aproximado de 201,5 gramas; e 2 porções de *crack*, com peso bruto aproximado de 3,13 gramas.

A paciente foi presa em flagrante e denunciada pela prática, em tese, dos delitos descritos nos artigos 33, *caput*, e 35, *caput*, ambos da Lei 11.343/2006 (tráfico e associação para o tráfico de drogas) (eDOC 4, p. 1-2).

O flagrante foi convertido em segregação preventiva (eDOC 4, p. 5-6).

A defesa, então, formulou pedido de revogação da prisão preventiva, ou, subsidiariamente, concessão de prisão domiciliar, alegando, em síntese, ausentes os requisitos autorizadores da custódia cautelar, bem como ser a acusada mãe de duas crianças, uma de três anos e outra de seis anos.

Em 10 de março de 2017, o Juízo de Direito da 2ª Vara Criminal da Comarca de Tatuí/SP indeferiu os pedidos, mantendo a prisão preventiva.

Irresignada, a defesa impetrou *habeas corpus* no Tribunal de Justiça do Estado de São Paulo (TJ/SP), que indeferiu o pedido liminar, pendente ainda o julgamento do mérito.

Novo *writ* foi impetrado no Superior Tribunal de Justiça, postulando-se, em suma, a concessão de liberdade provisória, uma vez que a ré possui duas crianças menores de seis anos, que dependem da mãe para sua sobrevivência.

A relatora do HC 392.117/SP, do STJ, indeferiu liminarmente o *writ*, por óbice da Súmula 691/STF.

Nesta Corte, a impetrante insiste na necessidade de concessão de prisão domiciliar à acusada, principalmente em razão de seus filhos menores de 12 anos.

Alega também a ausência dos requisitos autorizadores da prisão cautelar, dispostos no artigo 312 do CPP.

Para tanto, afirma:

---

[1] Nos termos do disposto no artigo 192, *caput*, do RISTF, a ordem de *habeas corpus* foi concedida para determinar que a paciente fosse colocada em prisão domiciliar, sem prejuízo da adoção de outras medidas cautelares dispostas no CPP, a critério do Juízo de primeiro grau, confirmando a liminar anteriormente concedida (*DJ* de 3.5.2018).

Garantias penais e processuais-penais **367**

"2. Fundamentação jurídica

a) Não cabimento da prisão preventiva

(...) não há nenhum elemento concreto a demonstrar que, em liberdade, a paciente, **que é mãe de duas crianças pequenas**, representaria risco à instrução criminal, à aplicação da lei penal ou à ordem pública ou econômica, restando, assim, desproporcional e desnecessária a manutenção do cárcere. Logo, a liberdade provisória deve ser concedida, revogando-se a prisão preventiva.

(...) **b) necessidade de soltura ou colocação em prisão domiciliar para cuidados com os filhos.**

Ainda que se entenda cabível a prisão preventiva, no caso, de rigor seja ela aplicada na modalidade de prisão domiciliar, nos termos do artigo 318, inciso V, pelas razões que seguem.

Em nível infraconstitucional, a Lei n. 13.257/2016 acrescentou ao Capítulo da Prisão Domiciliar do Código de Processo Penal visando possibilitar à presa provisória o direito de cuidar do filho de até 12 anos (...).

Assim, o próprio CPP estabelece o direito objetivo da presa em cumprir a pena em prisão domiciliar, o que tem sido acolhido por este e. Supremo Tribunal Federal (...).

A ré tem um filho de 3 anos e uma filha de 6 anos (anexo a certidão de nascimento), idade na qual a presença afetuosa da mãe é essencial para o desenvolvimento da criança" (eDOC 1, p. 3-10).

Ao final, pede a concessão da liminar para conceder o direito de aguardar em liberdade o trâmite do processo ou, subsidiariamente, seja concedida a prisão domiciliar, confirmando-se o pedido no mérito do *habeas corpus*.

Na data de 31.3.2017 deferi o pedido de liminar para determinar a imediata substituição da segregação preventiva da paciente por prisão domiciliar, até o julgamento do mérito do presente *habeas corpus*, sem prejuízo de ulterior decisão do Juízo processante no que concerne ao disposto no artigo 316 do Código de Processo Penal (eDOC 8).

A Procuradoria-Geral da República manifestou-se pela denegaçãoda ordem (eDOC 22).

É o relatório.

VOTO

Trata-se de *habeas corpus* no qual a defesa se insurge contra decisão monocrática proferida pela relatora do HC 392.117/SP, do STJ.

Da simples leitura do ato decisório, observa-se que a decisão impugnada limitou-se a negar seguimento ao pedido formulado perante aquela Corte por configuração de hipótese de indevida supressão de instância.

Segundo jurisprudência consolidada deste Tribunal, não tendo sido a questão objeto de exame definitivo pelo Superior Tribunal de Justiça ou inexistindo prévia manifestação das demais instâncias inferiores, a apreciação do pedido da defesa implica supressão de instância, o que não é admitido. Nesse sentido: HC 131.320-AgR/PR, Rel. Min. Teori Zavascki, Segunda Turma, *DJe* 10.2.2016; HC 140.825/PR, Rel. Min. Luiz Fux, *DJe* 3.3.2017 e HC 139.829/SP, Rel. Min. Dias Toffoli, *DJe* 6.3.2017.

Além disso, cumpre destacar a ausência de interposição de agravo regimental contra a decisão do STJ. Aliás, no que se refere ao tema, tenho me posicionado, na Segunda Turma, juntamente com Sua Excelência o Ministro Celso de Mello, no sentido da possibilidade de conhecimento do *habeas corpus* em casos idênticos. Ocorre que a Segunda Turma já se manifestou no sentido de não conhecer dos *writs* (HC 119.115/MG, Rel. Min. Ricardo Lewandowski, *DJe* 13.2.2014 e HC 114.087/SP, Rel. Min. Teori Zavascki, *DJe* 2.10.2014), com fundamento na carência de exaurimento da jurisdição e por inobservância ao princípio da colegialidade, previsto no art. 102, inciso II, alínea "a", da Constituição Federal.

No mesmo sentido, já havia se firmado o entendimento da Primeira Turma desta Corte. A esse propósito, cito: RHC 111.935/DF, Rel. Min. Luiz Fux, *DJe* 30.9.2013; RHC 108.877/SP, Rel. Min. Cármen Lúcia, *DJe* 19.10.2011 e RHC 111.639/DF, Rel. Min. Dias Toffoli, *DJe* 30.3.2012.

Ocorre que, em obediência ao princípio da proteção judicial efetiva (CF, art. 5º, XXXV), a aplicação desses entendimentos jurisprudenciais pode ser afastada no caso de configuração de patente constrangimento ilegal ou abuso de poder, o que verifico ser o caso dos autos.

Segundo os autos, a paciente possui 2 filhos menores (uma criança de 3 anos e outra de 6 anos).

São inúmeros os dispositivos constitucionais que tutelam a família, e, especificamente, a infância e a maternidade, entre os quais destaco os arts. 6º, 226, que alça a família à condição de base da sociedade, e o art. 227, o qual consagra a proteção integral, com absoluta prioridade, de crianças, adolescentes e aos jovens.

No entanto, apesar dessa ampla consagração formal, os direitos das mães e das crianças encarceradas mantêm-se sistematicamente violados, fazendo com que se repitam pleitos de substituição de prisões preventivas por prisões cautelares.

O cerne do problema reside na aplicação do art. 318 do CPP, merecendo destaque a alteração recentemente trazida pelo Marco Legal da Primeira Infância (Lei 13.257/2016), que entrou em vigor em março de 2016, tornando ainda mais amplas as hipóteses de substituição da prisão domiciliar, dando-lhe a seguinte redação:

Art. 318. Poderá o juiz substituir a prisão preventiva pela domiciliar quando o agente for: (Redação dada pela Lei n. 12.403, de 2011).

"I – maior de 80 (oitenta) anos; (Incluído pela Lei n. 12.403, de 2011).

II – extremamente debilitado por motivo de doença grave; (Incluído pela Lei n. 12.403, de 2011).

III – imprescindível aos cuidados especiais de pessoa menor de 6 (seis) anos de idade ou com deficiência; (Incluído pela Lei n. 12.403, de 2011).

IV – gestante; (Redação dada pela Lei n. 13.257, de 2016)

V – mulher com filho de até 12 (doze) anos de idade incompletos; (Incluído pela Lei n. 13.257, de 2016)

VI – homem, caso seja o único responsável pelos cuidados do filho de até 12 (doze) anos de idade incompletos. (Incluído pela Lei n. 13.257, de 2016)

Parágrafo único. Para a substituição, o juiz exigirá prova idônea dos requisitos estabelecidos neste artigo".

De antemão, reconheço que a aplicação da norma mereça comedimento e diligência, verificando-se as peculiaridades de cada caso, de modo que não se instaure uma imunidade de mães à prisão preventiva. Contudo, é preciso destacar que a *ratio* do dispositivo está, acima de tudo, na proteção integral das crianças envolvidas. Esse deve ser, portanto, o ponto de partida do aplicador da norma.

Em seu livro *Prisão e Liberdade*, de acordo com a Lei 12.403/2011 (Editora Revista dos Tribunais, 3. ed., p. 114), o desembargador do Tribunal de Justiça do Estado de São Paulo, Guilherme de Souza Nucci, relata:

"A *mens legis* diz com a necessidade de resguardar, em tal situação, não o agente criminoso, mas sim a pessoa que se encontra em situação de vulnerabilidade legitimadora de maiores cuidados, quais as crianças e deficientes, de modo coerente, inclusive, com a maior proteção a eles deferida pelo ordenamento jurídico nacional, constitucional e infraconstitucional, e internacional. Portanto, o raciocínio que se deve fazer, neste caso, deve partir da consideração do que é melhor para o vulnerável o filho recém-nascido e não do que é mais aprazível para a paciente".

Quanto ao caso em tela, não obstante as circunstâncias em que foi praticado o delito, a concessão da prisão domiciliar encontra amparo legal na proteção à maternidade e à infância, como também na dignidade da pessoa humana, porquanto prioriza-se o bem-estar dos menores.

Registro, também, que, por diversas vezes, a Segunda Turma do STF tem concedido *habeas corpus* para substituir a prisão preventiva de pacientes gestantes e lactantes por prisão domiciliar (HC 134.104/SP, de minha relatoria, *DJe* 19.8.2016; HC 134.069/DF, de minha relatoria, *DJe* 1º.8.2016; HC 133.177/SP, de minha relatoria, *DJe* 1º.8.2016; HC 131.760/SP, de minha relatoria, *DJe* 13.5.2016; HC 130.152/SP, de minha relatoria, *DJe* 1º.2.2016; HC 128.381/SP, de minha relatoria, *DJe* 1º.7.2015).

Destaco, ainda, que, nos termos das Regras de Bangkok, de dezembro de 2010, a adoção de medidas não privativas de liberdade deve ter preferência, no caso de grávidas e mulheres com filhos dependentes.

Transcrevo o dispositivo das Regras de Bangkok:

"Mulheres grávidas e com filhos dependentes

Regra 64 Penas não privativas de liberdade serão preferíveis às mulheres grávidas e com filhos dependentes, quando for possível e apropriado, sendo a pena de prisão apenas considerada quando o crime for grave ou violento ou a mulher representar ameaça contínua, sempre velando pelo melhor interesse do filho ou filhos e assegurando as diligências adequadas para seu cuidado".

A necessidade de observância das Regras de Bangkok, acrescente-se, foi apontada pelo Ministro Ricardo Lewandowski, no julgamento do HC 126.107/SP, e tem sido constantemente invocada pelo Ministro Celso de Mello em seus pronunciamentos orais na Segunda Turma.

Sobre o tema, menciono também as seguintes decisões monocráticas de membros da Primeira Turma do STF: HC 134.979/DF, *DJe* 1º.8.2016; HC 134.130/DF, *DJe* 30.5.2016; HC 133.179/DF, *DJe* 5.4.2016; e HC 129.001/SP, *DJe* 3.8.2015, todos de relatoria do Ministro Roberto Barroso; HC 133.532/DF, Rel. Ministro Marco Aurélio, *DJe* 12.5.2016. E mais recente: HC 134.734/SP, Rel. Min. Celso de Mello, decisão monocrática, *DJe* 7.4.2017 e HC 154.120/SP, Rel. Min. Ricardo Lewandowski, decisão monocrática, *DJe* 27.3.2018.

Por fim, destaque-se a recente concessão, em sede de *habeas corpus* coletivo julgado pela Segunda Turma desta Corte (HC 143.641/SP), da substituição da prisão preventiva por prisão domiciliar às mulheres encarceradas que estejam gestantes ou sejam mães de filhos menores de 12 anos, salvo quando se tratar de crime praticado com violência ou grave ameaça à pessoa, ou estejam em causa crimes praticados contra os próprios descendentes da agente ou quando as circunstâncias concretas desautorizarem a substituição. O precedente do HC 143.641/SP, Rel. Min. Ricardo Lewandowski, Segunda Turma, *DJe* 1º.3.2018, estabelece, portanto, a substituição como regra, devendo a decisão que deixa de substituir a prisão preventiva pela domiciliar ser amplamente fundamentada pelo magistrado.

Consta dos autos, repita-se, que a paciente possui, atualmente, 2 filhos com idade inferior a 12 anos. Ademais, o crime praticado pela acusada não envolveu violência ou grave ameaça a pessoa.

Por todo o exposto, e nos termos do disposto no artigo 192, *caput*, do RISTF, concedo a ordem de *habeas corpus* para determinar que a paciente **FLAVIANE CHAGAS BATISTA** seja colocada em prisão domiciliar, sem prejuízo da adoção de outras medidas cautelares dispostas no CPP, a critério do Juízo de primeiro grau, confirmando a liminar anteriormente concedida.

Além disso, deverá a paciente: a) solicitar previamente autorização judicial sempre que pretender ausentar-se de sua residência (artigo 317 do CPP); b) atender aos chamamentos judiciais; c) noticiar eventual transferência de endereço; e d) submeter-se, periodicamente, juntamente com sua família, a estudos psicossociais, para fins de apuração da melhor situação para a criança (ECA: doutrina da proteção integral à criança e ao adolescente).

A prisão em domicílio, sob pena de desacreditar-se, por completo, o sistema penal repressivo, não pode ser banalizada, devendo ser acompanhada com eficiência. Registro que o Juízo de primeiro grau ficará responsável pela fiscalização do cumprimento das medidas e condições impostas, devendo advertir a paciente de que eventual desobediência implicará o restabelecimento da prisão preventiva. Por fim, observo que o crime supostamente praticado pela paciente não envolve violência ou grave ameaça à pessoa.

Comunique-se ao Juízo da 2ª Vara Criminal da Comarca de Tatuí/SP (Processo 0000268-35.2017.8.26.0624).

HC 95.009[1]

Súmula 691 – Não incidência na hipótese de flagrante constrangimento ilegal – Prisão temporária – Oitiva dos investigados para fins de instrução processual – Ausência de justa causa – Fundamentação insuficiente – Novo decreto constritivo de liberdade – Prisão preventiva – Ausência de requisitos – Constrangimento ilegal ante a falta de elementos novos – Magistrado – Informações – Recusa – Atuação não equidistante – Desrespeito à decisão do STF.

O presente *habeas corpus*, com requerimento de liminar, foi impetrado em 11 de junho de 2008 por Nélio Roberto Seidl Machado e Alberto Pavie Ribeiro em favor de Daniel Valente Dantas e Verônica Valente Dantas, em face de ato atribuído ao Superior Tribunal de Justiça, consistente no indeferimento de liminar pelo Relator do *habeas corpus* n. 107.514, Ministro Arnaldo Esteves.

Segundo se colhe dos autos, o HC referido, de natureza preventiva, foi impetrado perante o STJ em 27 de maio de 2008, com vistas à obtenção de salvo conduto aos pacientes, para que não fossem atingidos por atos constritivos derivados de investigações encetadas pela Polícia Federal e relatadas em matéria publicada no jornal *"Folha de São Paulo"* no dia 26 de abril de 2008, intitulada *"Dantas é alvo de outra investigação da PF"* e com o seguinte subtítulo: *"Banqueiro e sócios são investigados por supostos crimes financeiros após informações encontradas em computador"*.

Naquela impetração, indicou-se que a matéria jornalística mencionara serem Daniel Dantas e seus principais sócios e executivos *"... alvo(s) de outra investigação da Polícia Federal que começou com base na quebra de sigilo do computador central do banco apreendido pelos policiais em setembro de 2004"*.

Afirmaram os Impetrantes ao STJ, na esteira do que fora relatado na notícia, o uso de artifícios para acesso aos dados do *hard disk* (HD) de computador do Banco Opportunity, que já havia sido proibida por decisão do Tribunal Regional Federal da 3ª Região, no julgamento da apelação relacionada ao Processo n. 2004.61.81.001452-5, de relatoria da Desembargadora Federal Cecília Mello e, também, pelo Supremo Tribunal Federal, em decisão da Ministra Ellen Gracie, lançada em mandado de segurança.

Os impetrantes asseveraram que, diante da negativa dos Juízes Federais de São Paulo a admitir a existência efetiva da investigação objeto da notícia, em 29 de abril de 2008, formularam pedido de *habeas corpus* ao Tribunal Regional Federal da 3ª Região (HC n. 32.074). A Relatora, Desembargadora Federal Cecília Mello, *"Considerando a gravidade dos fatos noticiados pela imprensa..."* requisitou, em 30 de abril de 2008, informações a todos os Juízes Federais de competência criminal da cidade de São Paulo. Nenhum deles, porém, admitiu a existência de procedimento investigativo.

No dia 6 de maio de 2008, a Relatora, atendendo a ponderações que lhe foram encaminhadas pelos Juízes Federais de São Paulo, reconsiderou sua ordem e o anterior reconhecimento de sua prevenção para o *writ*, encaminhando os autos à livre distribuição, o que se deu à Desembargadora Federal Ramza Tartuce que, em 20 de maio de 2008, negou a liminar.

A impetração ao STJ se voltou, portanto, ao ato da Desembargadora Federal Cecília Mello consistente em *"...chancelar ponderações de magistrados de primeiro grau, os quais, em última análise, sustentam o canhestro direito de não informar à Corte sobre quaisquer procedimentos que pudessem*

---

[1] O Plenário do Supremo Tribunal Federal, em 06.11.2008, concedeu o *habeas corpus*, nos termos do voto do Relator, Min. Eros Grau, vencido parcialmente o Senhor Ministro Marco Aurélio e ausente, justificadamente, o Senhor Ministro Joaquim Barbosa. Tendo votado o Presidente, Ministro Gilmar Mendes.

ter conteúdo sigiloso.", com isso negando-se ao advogado o direito de acesso aos autos do inquérito e, em consequência, o direito à plena defesa diante de eventual medida constritiva da liberdade.

Em 29 de maio de 2008, o Ministro Arnaldo Esteves de Lima, Relator do HC impetrando junto ao STJ, decidiu pela oitiva do MPF antes de analisar a liminar, seguindo-se requerimento dos impetrantes, apresentado em 30 de maio de 2008 e reiterado em 3 de junho de 2008, para que o pleito liminar fosse imediatamente analisado, sobrevindo, em 6 de junho de 2008, decisão do Ministro Arnaldo Esteves de Lima, tornando sem efeito seu despacho anterior e analisando a liminar, findando por indeferi-la com as seguintes ponderações:

> "Em regra, é incabível *habeas corpus* contra decisão pela qual o relator indefere liminar – Súmula 691/STF. Excepcionalmente, quando evidente o abuso ou ilegalidade, a atingir, direta ou potencialmente, a liberdade, mitiga-se tal princípio, conforme cediça jurisprudência.
>
> O acesso do advogado, habilitado na forma legal, a processos criminais e mesmo inquéritos em andamento, ainda que tramitem sob o manto do sigilo, visando a defesa de seu constituinte, configura, segundo precedentes, **direito**, pois intimamente vinculado às garantias constitucionais da ampla defesa, contraditório, devido processo legal, essencialidade do advogado à prestação jurisdicional, respeitando-se, naturalmente, os limites legais impostos, do sigilo, da intimidade, pertinência dos fatos apurados ou em averiguação, com o exercício da advocacia, no caso concreto etc.
>
> Na hipótese, o contexto revela existir, em princípio, o chamado *fumus boni iuris*, pois o referido jornal, de indiscutível credibilidade, veiculou notícia bem objetiva, a justificar, no legítimo exercício do direito de defesa, que as pessoas por ele nominadas, busquem, através de seus patronos, ter contato direto com as eventuais apurações levadas a efeito pelas autoridades competentes, das mesmas se inteirando, com o escopo de se defenderem. Mais que natural. É direito.
>
> O *periculum in mora*, todavia, não se revela palpável, objetivo, a justificar o deferimento, desde logo, do 'salvo-conduto', pois a notícia jornalística, ainda que preocupante para os Pacientes, o que é compreensivo, denota, no entanto, mera possibilidade, ao expressar, no condicional, ...'poderia levar à prisão...' – fl. 34 –, e não probabilidade.
>
> A liminar ou o salvo-conduto pressupõem, como se sabe, para o seu deferimento, a *existência ou iminência* da prática de coação ilegal, em detrimento da liberdade, imediata ou mediata, conforme o caso, da locomoção, do ir, vir, ficar, etc., de alguém.
>
> Em suma, a *ameaça de violência ou coação à liberdade*, a que se refere a garantia fundamental do art. 5º, LXVIII, deve se revelar objetiva, iminente, plausível, não apenas hipotética, subjetiva, possível, valendo relembrar, no ponto, ensinamento doutrinário, a propósito do mandado de segurança, segundo o qual, em sua feição preventiva, o mesmo não tem cabimento contra o chamado 'ato de hipótese', esta diretriz vale, *mutatis mutandis*, para o **habeas corpus**, também.
>
> O contexto de fato, pelo menos nesta fase inicial, não indica a presença de motivação convincente, a justificar o deferimento do 'salvo-conduto', o qual fica, assim, *indeferido*".

Na presente impetração, frisam os impetrantes que o Min. Relator do HC n. 107.514 reconheceu *fumus boni juris*, tendo, porém, afastado hipótese de *periculum in mora* ante a mera probabilidade de prisão mencionada na matéria jornalística, arrolando argumentos buscando demonstrar o justo receio dos pacientes de se verem tolhidos em sua liberdade de ir e vir.

O *writ* foi distribuído ao Ministro Eros Grau, o qual, em 12 de junho de 2008, solicitou informações ao Juízo Federal da 6ª Vara Criminal de São Paulo para posterior análise do pedido cautelar.

No dia 25 de junho de 2008, os autos foram remetidos ao Ministério Público Federal, lá sendo recebidos em 26 de junho de 2008, opinando o *Parquet* pelo não conhecimento do *writ*, com aplicação da Súmula n. 691 do Supremo Tribunal Federal. Caso se entendesse pelo conhecimento do pedido, manifestou-se pela denegação da ordem, dando-se a devolução dos autos ao STF em 8 de julho de 2008.

No mesmo dia 8 de julho de 2008, os impetrantes apresentaram reiteração do pedido de exame da liminar, agora noticiando o fato de que a temida operação policial se efetivara, com a prisão temporária dos pacientes e de várias outras pessoas que trabalham na principal sede das empresas que levam o nome "Opportunity", bem como a busca e apreensão de bens.

Esclareceram que, mais uma vez, buscaram perante o Juízo de Primeiro Grau informações sobre as razões que determinaram as diligências verificadas, sendo a análise do pedido, porém, postergada para o término das diligências policiais, não obstante os meios de comunicação, a todo instante, noticiassem sobre os fatos.

Destacaram que a mera possibilidade de prisão, identificada pelo Relator do HC em curso perante o STJ, se tornou real, passando a indicar a inexistência dos fundamentos legais que permitiriam a decretação da prisão temporária e, também, reiterando que a investigação tem como base o acesso a dados sigilosos existentes em HD do Banco Opportunity, cujo acesso fora anteriormente vedado.

Por tais motivos, requereram a expedição de liminar que permitisse o imediato acesso aos autos do inquérito policial e, também, que fosse concedida a liberdade aos pacientes, com extensão aos demais funcionários/acionistas/sócios do "Opportunity Equity Partners" e do "Banco Opportunity" alcançados pelas medidas coercitivas, segundo arrolaram.

Pela decisão de fls. 61/71, deferi parcialmente o pedido de medida liminar, para permitir aos pacientes e aos seus procuradores, de imediato, o acesso aos autos dos processos autuados sob os ns. 2007.61.81.001285-2; 2008.61.81.008936-1; e 2008.61.81.008919-1, em curso perante a 6ª Vara Criminal Federal da Seção Judiciária de São Paulo.

Para exame do pedido liberatório, requisitei ao Juízo da 6ª Vara Criminal Federal da Seção Judiciária de São Paulo, ainda, cópia da decisão que decretou a prisão temporária dos pacientes e as correspondentes medidas de busca e apreensão, assim como outras informações que entendesse pertinentes.

Comunicada a decisão ao Juízo da 6ª Vara Criminal Federal da Seção Judiciária de São Paulo (fls. 74/79), as informações foram prestadas em 9 de julho de 2008 pelo Juiz Federal em Plantão Judiciário, Luiz Renato Pacheco Chaves de Oliveira, nos seguintes termos:

"Inicialmente, cabe frisar que o acesso aos autos foi imediatamente garantido em plantão, nos termos da decisão liminar de Vossa Excelência, sendo certo que até o presente momento não houve comparecimento de qualquer procurador ou advogado constituído.

Tendo em vista a grande quantidade de volumes e apensos, bem como a complexidade do processo, não é possível, ao menos de imediato, a prestação das informações por Juiz de Plantão, razão pela qual entrei em contato com Juiz natural Dr. Fausto De Sanctis o qual comunicou-se com a Presidente do Tribunal Regional Federal da Terceira Região que, por sua vez, comprometeu-se a entrar em contato direto com o Supremo Tribunal Federal. Além disso, o referido Juiz natural do feito se prontificou em prestar as informações na primeira hora do dia 10 de julho de 2008, já que é feriado estadual, estando a Justiça Federal funcionando em regime de plantão. De toda sorte, encaminho, desde já, a íntegra da decisão por meio eletrônico. A transmissão via fac-símile é inviável em virtude da mesma contar com elevado número de laudas (175 folhas).

Informo que na data de ontem, ou seja, em 08 de julho, foi deferida pelo Juiz Titular da 6ª Vara Federal Criminal, Dr. Fausto Martin De Sanctis, aos advogados constituídos que compareceram em Secretaria, a entrega de uma cópia de excerto da decisão relativa as prisões e buscas e apreensões, conforme certidão cuja segue, também em meio eletrônico.

A íntegra da decisão e o acesso irrestrito aos autos não foi garantido de pronto, na medida em que alguns endereços constantes da referida decisão e, consequentemente dos autos, continham endereços ainda não diligenciados. Portanto, entendeu-se que a ciência de tais diligências pudesse prejudicar sua realização.

Por outro lado, o acesso ao excerto da decisão, do qual não constaram endereços ainda não diligenciados poderia garantir a ampla defesa e propiciar eventual insurgência junto aos Tribunais.

Sendo estas as informações que reputo cabíveis, sem prejuízo do envio de outras pelo Juiz natural do feito amanhã pela manhã, consigno protestos de elevada estima e consideração, me colocando a disposição para maiores esclarecimentos que Vossa Excelência entender pertinentes". (fls. 82/83).

O Juízo da 6ª Vara Criminal Federal da Seção Judiciária de São Paulo também enviou a este Tribunal documentos constantes dos processos autuados sob os ns. 2007.61.81.001285-2; 2008.61.81.008936-1; e 2008.61.81.008919-1, inclusive o decreto de prisão temporária dos pacientes, os quais foram juntados aos autos deste *habeas corpus*.

Os elementos então presentes nos autos permitiram o exame e o deferimento do pedido de liberdade apresentado em 8 de julho de 2008, fundado na inexistência dos requisitos para o decreto de prisão temporária dos pacientes.

Na sequência, diante da formulação de pedidos específicos, foi estendida a ordem liberatória em favor dos demais destinatários do decreto de prisão temporária.

Um novo pedido de liberdade formulado em favor de Daniel Valente Dantas foi apresentado nos autos deste *habeas corpus*, agora tendo por ato coator a prisão preventiva determinada em 10 de julho de 2008 pelo Juiz Federal da 6ª Vara Criminal de São Paulo, nos autos n. 2008.61.81.009733-3, na sequência ao cumprimento de mandados de busca e apreensão.

Em referida decisão, lançada em face de representação da autoridade policial, a ordem constritiva da liberdade do paciente se baseia na apreensão de cerca de R$ 1.280.000,00 na residência de Hugo Chicaroni, em depoimento deste e em documentos coletados na residência de Daniel Valente Dantas.

Segundo exposto, a quantia referida seria supostamente aplicada no pagamento de propina a um dos delegados por Hugo Chicaroni e por Humberto José da Rocha Braz, conforme tratativas já iniciadas e pagamentos parciais já feitos, em ação judicialmente controlada, para que Daniel Valente Dantas, Verônica Valente Dantas e outro familiar fossem excluídos da investigação, com pleno conhecimento do primeiro.

A nova decisão de encarceramento indicava que os novos elementos probatórios coligidos a partir de 8 de julho de 2008, quando deflagrada a operação policial (autos ns. 2007.61.81.001285--2, 2007.61.81.011419-3 e 2007.61.81.010208-7), permitiam a definitiva ligação entre Daniel Dantas, de um lado, e Hugo Chicaroni e Humberto José da Rocha Braz, de outro.

Consta da decisão que não faria sentido a ordem de prisão preventiva direcionada apenas a Hugo Chicaroni e Humberto Braz, por crime de corrupção ativa e, ao mesmo tempo, a plena liberdade de Daniel Valente Dantas, sob risco de descrédito da justiça criminal, a consagrar verdadeira distinção entre pessoas segundo sua posição social.

A ordem de prisão preventiva de Daniel Valente Dantas foi fundamentada na conveniência da instrução criminal e na necessidade de assegurar a eventual aplicação da lei penal *"...porquanto tudo fará para continuar obstando regular e legítima atuação estatal visando impedir a apuração dos fatos criminosos."* Mais adiante, afirmou que a prisão *"está justificada para conveniência da instrução penal e para assegurar a eventual aplicação da lei criminal dada a flagrante e acintosa cooptação de terceiros para a prática delitiva, desafiando, desse modo, o poder de controle e repressão das autoridades, revelando a finalidade primeira e última de se sua atuação espúria, com potencialidade lesiva, habitualidade atual e prospectiva de sua conduta, caso permaneça em liberdade."*

Também, reiterou referência ao fato de que Daniel Valente Dantas adota postura discreta, sendo cauteloso em ligações telefônicas e troca de *e-mails*, com isso buscando frustrar a persecução penal, concluindo que, *"...solto, possivelmente continuaria a empreender a prática das atividades delitivas, colocando em sério risco a ordem econômica, a ordem pública, justificando, assim, a medida."*

Finalizou aduzindo não ser *"...possível olvidar que o requerido detém significativo poder econômico e possui contatos com o exterior, ampliando a possibilidade de evasão do território nacional, bem ainda porque poderia ocultar vestígios criminosos que ainda se esperam poder apurar, autorizando, desta feita, a decretação de Prisão Preventiva também para garantir a eventual aplicação de lei penal. Ficou claro que coragem e condições para tumultuar a persecução penal não falta ao representado."*

Os impetrantes justificaram a possibilidade de conhecimento do pedido de revogação da prisão preventiva nos autos deste mesmo HC n. 95.009, também dando notícia de que o cumprimento do alvará de soltura expedido por esta Presidência às 23h30 do dia 9 de julho de 2008 foi postergado pela Polícia Federal, com a libertação dos pacientes apenas às 5h30 do dia 10 de julho de 2008, e de que o paciente foi intimado a comparecer no mesmo dia para interrogatório, enquanto, na verdade, se aguardava o decreto de prisão preventiva, estratégia utilizada para negar o cumprimento da libertação determinada pelo STF.

Em outro enfoque, sustentaram a ausência dos requisitos da prisão preventiva, pois os documentos necessários já haviam sido colhidos na instrução do inquérito, impedindo concluir que Daniel Dantas poderia prejudicar seu andamento.

Também, lançaram descrédito sobre o único elemento probatório documental apreendido na residência de Daniel Dantas, adotado para ligá-lo a Hugo Chicaroni e Humberto Braz, ainda indicando não haver inovações no depoimento deste.

Mencionaram, prosseguindo, que a mera constatação do crime não permite a decretação da prisão preventiva, inexistindo fatos novos que justificassem o novo encarceramento, nada consentindo, em outro giro, concluir pela possibilidade de evasão de Daniel Dantas do distrito da culpa.

Em nova decisão, lançada em 11 de julho de 2008, suspendi os efeitos da decisão de prisão preventiva do paciente Daniel Valente Dantas, determinando a expedição do correspondente alvará de soltura, sob o entendimento de que a fundamentação lançada no decreto constritivo da liberdade não se configurava suficiente para justificar a restrição do direito de ir e vir do paciente.

Neguei, por outro lado, o pedido de revogação da prisão preventiva decretada em face de Hugo Chicaroni e Humberto José da Rocha Braz, sob o entendimento de que a impetração, quanto a estes, esbarrava na inexistência de impetração nas instâncias originárias, diferentemente do que ocorrera com o paciente Daniel Valente Dantas.

Findo o recesso do mês de julho, os autos retornaram ao gabinete do Ministro Relator, vindo aos autos, em 22 de agosto de 2008, o parecer da Procuradoria-Geral da República, assim ementado pelo Subprocurador-Geral da República Wagner Gonçalves:

HABEAS CORPUS. PEDIDO PREVENTIVO CONVERTIDO EM LIBERATÓRIO. IMPOSSIBILIDADE. NOVO TÍTULO: PRISÃO TEMPORÁRIA. DECISÃO SATISFATIVA. ACESSO AOS AUTOS. PERDA DE OBJETO. NOVO TÍTULO: PRISÃO PREVENTIVA. SUCESSIVAS SUPRESSÕES DE INSTÂNCIAS. Implicações.

1. Se advém ato jurídico novo, representado por um despacho de prisão temporária (mais de 172 laudas), não se pode transformar, **em questão tão complexa** – *crime contra o Sistema Financeiro Nacional, lavagem de dinheiro, corrupção ativa etc., com inúmeros investigados* – um habeas corpus de preventivo para liberatório. Aliás, o ato não foi levado às instâncias ordinárias.

2. Não é o caso de flexibilização da Súmula 691 (STF), porque tal flexibilização só é possível quando a questão, *levada às instâncias inferiores,* foi indeferida liminarmente ou não restou apreciada. Além disso, não há teratologia, ilegalidade ou abuso de poder.

3. Não pode essa Suprema Corte apreciar **diretamente** ato de juiz singular, para dizer que tal ato não está fundamentado, sob pena de supressão de instâncias. Na lição da Ministra Ellen Gracie: *"Falece competência ao Supremo Tribunal Federal para conhecer e julgar* habeas corpus *contra ato de juiz de 1º grau, sob pena de supressão de instância, em completo desvirtuamento do ordenamento jurídico brasileiro em tema relativo à competência dos órgãos do Poder Judiciário, notadamente da Suprema Corte."* (HC 93.462/DF, 2ª Turma, julgado de 10.6.2008)

4. Pode o juiz de 1º grau, de posse de elementos concretos e fatos novos, após a realização de buscas e apreensões e oitiva de testemunhas, expedir mandado de prisão preventiva, **no curso de uma ação de** *habeas corpus,* providência que se encontra no âmbito de sua competência e atribuições. No dizer do sempre saudoso ex-Ministro Aliomar Baleeiro: *"Prisão preventiva.* **Não há constrangimento ilegal se,** *depois da concessão de* **habeas corpus** *por defeito de fundamentação do primeiro despacho de prisão*

376 Estado de Direito e Jurisdição Constitucional – Decisões relevantes em 15 anos de atuação no STF

*preventiva, o juiz expediu outro, em boa forma processual, **reportando-se a novos elementos de convicção de que o paciente**, acusado de receptação dolosa, **dificulta a prova** e pretendia fugir, como, aliás, fugiu*." (HC 43.961/RS, **2ª Turma**, DJ 15.6.1967). É o caso, *mutatis mutandis*!

5. Cabe à 2ª Turma **referendar ou não** as decisões da ilustrada Presidência expedidas com base no art. 13, inc. VIII, do RISTF. Precedentes dessa Corte.

6. Pelo *referendum* de todas as decisões que garantiram às partes e aos advogados o acesso aos autos; que se reconheça a perda de objeto do *mandamus*, que, convertido, passou a atacar prisão temporária, cujo prazo já transcorreu; que se acate o pedido de reconsideração, para que essa respeitável 2ª Turma não referende, *data venia*, a revogação do despacho da preventiva, por supressão de instância. Além disso, o mesmo contém **fatos novos** e se encontra devidamente fundamentado. E, por consequência, que se dê ciência ao juiz singular, para os devidos fins. (fls. 1.115/1.153 – grifos e destaques do original).

Por fim, a Procuradoria-Geral da República requereu fosse o julgamento afetado ao Plenário do STF.

Esse é o relatório que entendo pertinente para encaminhar meu voto, o que passo a fazer.

O processo recebeu decisão nestes termos ementada:

EMENTA: HABEAS CORPUS. CONSTITUCIONAL E PROCESSUAL PENAL. CORRUPÇÃO ATIVA. CONVERSÃO DE HC PREVENTIVO EM LIBERATÓRIO E EXCEÇÃO À SÚMULA 691/STF. PRISÃO TEMPORÁRIA. FUNDAMENTAÇÃO INIDÔNEA DA PRISÃO PREVENTIVA. CONVENIÊNCIA DA INSTRUÇÃO CRIMINAL PARA VIABILIZAR A INSTAURAÇÃO DA AÇÃO PENAL. GARANTIA DA APLICAÇÃO DA LEI PENAL FUNDADA NA SITUAÇÃO ECONÔMICA DO PACIENTE. PRESERVAÇÃO DA ORDEM ECONÔMICA. QUEBRA DA IGUALDADE (ARTIGO 5º, CAPUT E INCISO I DA CONSTITUIÇÃO DO BRASIL). AUSÊNCIA DE FUNDAMENTAÇÃO CONCRETA DA PRISÃO PREVENTIVA. PRISÃO CAUTELAR COMO ANTECIPAÇÃO DA PENA. INCONSTITUCIONALIDADE. PRESUNÇÃO DE NÃO CULPABILIDADE (ARTIGO 5º, LVII, DA CONSTITUIÇÃO DO BRASIL). CONSTRANGIMENTO ILEGAL. ESTADO DE DIREITO E DIREITO DE DEFESA. COMBATE À CRIMINALIDADE NO ESTADO DE DIREITO. ÉTICA JUDICIAL, NEUTRALIDADE, INDEPENDÊNCIA E IMPARCIALIDADE DO JUIZ. AFRONTA ÀS GARANTIAS CONSTITUCIONAIS CONSAGRADAS NO ARTIGO 5º, INCISOS XI, XII E XLV, DA CONSTITUIÇÃO DO BRASIL. DIREITO, DO ACUSADO, DE PERMANECER CALADO (ARTIGO 5º, LXIII DA CONSTITUIÇÃO DO BRASIL). CONVERSÃO DE HABEAS CORPUS PREVENTIVO EM HABEAS CORPUS LIBERATÓRIO. O habeas corpus preventivo diz com o futuro. Respeita ao temor de futura violação do direito de ir e vir. Temor que, no caso, decorrendo do conhecimento de notícia veiculada em jornal de grande circulação, veio a ser concretizado. Justifica-se a conversão do habeas corpus preventivo em liberatório em razão da amplitude do pedido inicial e porque abrange a proteção mediata e imediata do direito de ir e vir. SÚMULA 691. EXCEÇÃO. DECISÃO FUNDAMENTADA NA NECESSIDADE, NO CASO CONCRETO, DE PRONTA ATUAÇÃO DESTA CORTE. Esta Corte tem abrandado o rigor da Súmula 691/STF nos casos em que (i) seja premente a necessidade de concessão do provimento cautelar e (ii) a negativa de liminar pelo tribunal superior importe na caracterização ou manutenção de situações manifestamente contrárias ao entendimento do Supremo Tribunal Federal. PRISÃO TEMPORÁRIA REVOGADA POR AUSÊNCIA DE SEUS REQUISITOS E PORQUE CUMPRIDAS AS PROVIDÊNCIAS CAUTELARES DESTINADAS À COLHEITA DE PROVAS. Prisão temporária que não se justifica em razão da ausência dos requisitos da Lei n. 7.960/89 e, ainda, porque no caso foram cumpridas as providências cautelares destinadas à colheita de provas. PRISÃO PREVENTIVA: Indeferimento, pelo Juiz, sob o fundamento de ausência de conduta, do paciente, necessária ao estabelecimento de nexo de causalidade entre ela e fatos imputados a outros investigados. Reconsideração com fundamento em prova nova consistente na apreensão de papéis apócrifos na residência do paciente. Insuficiência de provas que se reportam a circunstâncias remotas, dissociadas do contexto atual. FUNDAMENTAÇÃO INIDÔNEA: I) CONVENIÊNCIA DA INSTRUÇÃO CRIMINAL PARA VIABILIZAR, COM A COLHEITA DE PROVAS, A INSTAURAÇÃO DA AÇÃO PENAL. Tendo o Juiz da

Garantias penais e processuais-penais **377**

causa autorizado a quebra de sigilos telefônicos e determinado a realização de inúmeras buscas e apreensões, com o intuito de viabilizar a eventual instauração da ação penal, torna-se desnecessária a prisão preventiva do paciente por conveniência da instrução penal. Medidas que lograram êxito, cumpriram seu desígnio. Daí que a prisão por esse fundamento somente seria possível se o magistrado tivesse explicitado, justificadamente, o prejuízo decorrente da liberdade do paciente. A não ser assim ter-se-á prisão arbitrária e, por consequência, temerária, autêntica antecipação da pena. O propalado "suborno" de autoridade policial, a fim de que esta se abstivesse de investigar determinadas pessoas, à primeira vista se confunde com os elementos constitutivos do tipo descrito no art. 333 do Código Penal (corrupção ativa). II) GARANTIA DA APLICAÇÃO DA LEI PENAL, FUNDADA NA SITUAÇÃO ECONÔMICA DO PACIENTE. A prisão cautelar, tendo em conta a capacidade econômica do paciente e contatos seus no exterior não encontra ressonância na jurisprudência do Supremo Tribunal Federal, pena de estabelecer-se, mediante quebra da igualdade (artigo 5º, caput e inciso I da Constituição do Brasil) distinção entre ricos e pobres, para o bem e para o mal. Precedentes. III) GARANTIA DA ORDEM PÚBLICA, COM ESTEIO EM SUPOSIÇÕES. Mera suposição – vocábulo abundantemente utilizado no decreto prisional – de que o paciente obstruirá as investigações ou continuará delinquindo não autorizam a medida excepcional de constrição prematura da liberdade de locomoção. Indispensável, também aí, a indicação de elementos concretos que demonstrassem, cabalmente, a necessidade da prisão. IV) PRESERVAÇÃO DA ORDEM ECONÔMICA. No decreto prisional nada se vê a justificar a prisão cautelar do paciente, que não há de suportar esse gravame por encontrar-se em situação econômica privilegiada. As conquistas das classes subalternas, não se as produz no plano processual penal; outras são as arenas nas quais devem ser imputadas responsabilidades aos que acumulam riquezas. PRISÃO PREVENTIVA COMO ANTECIPAÇÃO DA PENA. INCONSTITUCIONALIDADE. A prisão preventiva em situações que vigorosamente não a justifiquem equivale a antecipação da pena, sanção a ser no futuro eventualmente imposta, a quem a mereça, mediante sentença transitada em julgado. A afronta ao princípio da presunção de não culpabilidade, contemplado no plano constitucional (artigo 5º, LVII, da Constituição do Brasil), é, desde essa perspectiva, evidente. Antes do trânsito em julgado da sentença condenatória a regra é a liberdade; a prisão, a exceção. Aquela cede a esta em casos excepcionais. É necessária a demonstração de situações efetivas que justifiquem o sacrifício da liberdade individual em prol da viabilidade do processo. ESTADO DE DIREITO E DIREITO DE DEFESA. O Estado de direito viabiliza a preservação das práticas democráticas e, especialmente, o direito de defesa. Direito a, salvo circunstâncias excepcionais, não sermos presos senão após a efetiva comprovação da prática de um crime. Por isso usufruímos a tranquilidade que advém da segurança de sabermos que se um irmão, amigo ou parente próximo vier a ser acusado de ter cometido algo ilícito, não será arrebatado de nós e submetido a ferros sem antes se valer de todos os meios de defesa em qualquer circunstância à disposição de todos. Tranquilidade que advém de sabermos que a Constituição do Brasil assegura ao nosso irmão, amigo ou parente próximo a garantia do habeas corpus, por conta da qual qualquer violência que os alcance, venha de onde vier, será coibida. COMBATE À CRIMINALIDADE NO ESTADO DE DIREITO. O que caracteriza a sociedade moderna, permitindo o aparecimento do Estado moderno, é por um lado a divisão do trabalho; por outro a monopolização da tributação e da violência física. Em nenhuma sociedade na qual a desordem tenha sido superada admite-se que todos cumpram as mesmas funções. O combate à criminalidade é missão típica e privativa da Administração (não do Judiciário), através da polícia, como se lê nos incisos do artigo 144 da Constituição, e do Ministério Público, a quem compete, privativamente, promover a ação penal pública (artigo 129, I). ÉTICA JUDICIAL, NEUTRALIDADE, INDEPENDÊNCIA E IMPARCIALIDADE DO JUIZ. A neutralidade impõe que o juiz se mantenha em situação exterior ao conflito objeto da lide a ser solucionada. O juiz há de ser estranho ao conflito. A independência é expressão da atitude do juiz em face de influências provenientes do sistema e do governo. Permite-lhe tomar não apenas decisões contrárias a interesses do governo – quando o exijam a Constituição e a lei – mas também impopulares, que a imprensa e a opinião pública não gostariam que fossem adotadas. A imparcialidade é expressão da atitude do juiz em face de influências provenientes das partes nos processos judiciais a ele submetidos. Significa julgar com ausência absoluta de prevenção a favor ou contra alguma das partes. Aqui nos colocamos sob a abrangência do princípio da impessoalidade, que a impõe. AFRONTA ÀS GARANTIAS CONSTITUCIONAIS CONSAGRADAS NO ARTIGO 5º, INCISOS XI, XII E XLV, DA CONSTITUIÇÃO DO BRASIL. De que vale declarar, a Constituição, que "a casa é asilo inviolável do indivíduo" (art. 5º, XI) se moradias são invadidas por policiais munidos de mandados que

378 Estado de Direito e Jurisdição Constitucional – Decisões relevantes em 15 anos de atuação no STF

consubstanciem verdadeiras cartas brancas, mandados com poderes de a tudo devassar, só porque o habitante é suspeito de um crime? Mandados expedidos sem justa causa, isto é sem especificar o que se deve buscar e sem que a decisão que determina sua expedição seja precedida de perquirição quanto à possibilidade de adoção de meio menos gravoso para chegar-se ao mesmo fim. A polícia é autorizada, largamente, a apreender tudo quanto possa vir a consubstanciar prova de qualquer crime, objeto ou não da investigação. Eis aí o que se pode chamar de autêntica "devassa". Esses mandados ordinariamente autorizam a apreensão de computadores, nos quais fica indelevelmente gravado tudo quanto respeite à intimidade das pessoas e possa vir a ser, quando e se oportuno, no futuro usado contra quem se pretenda atingir. De que vale a Constituição dizer que "é inviolável o sigilo da correspondência" (art. 5º, XII) se ela, mesmo eliminada ou "deletada", é neles encontrada? E a apreensão de toda a sorte de coisas, o que eventualmente privará a família do acusado da posse de bens que poderiam ser convertidos em recursos financeiros com os quais seriam eventualmente enfrentados os tempos amargos que se seguem a sua prisão. A garantia constitucional da pessoalidade da pena (art. 5º, XLV) para nada vale quando esses excessos tornam-se rotineiros. DIREITO, DO ACUSADO, DE PERMANECER CALADO (ARTIGO 5º, LXIII, DA CONSTITUIÇÃO DO BRASIL). O controle difuso da constitucionalidade da prisão temporária deverá ser desenvolvido perquirindo-se necessidade e indispensabilidade da medida. A primeira indagação a ser feita no curso desse controle há de ser a seguinte: em que e no que o corpo do suspeito é necessário à investigação? Exclua-se desde logo a afirmação de que se prende para ouvir o detido. Pois a Constituição garante a qualquer um o direito de permanecer calado (art. 5º, LXIII), o que faz com que a resposta à inquirição investigatória consubstancie uma faculdade. Ora, não se prende alguém para que exerça uma faculdade. Sendo a privação da liberdade a mais grave das constrições que a alguém se pode impor, é imperioso que o paciente dessa coação tenha a sua disposição alternativa de evitá-la. Se a investigação reclama a oitiva do suspeito, que a tanto se o intime e lhe sejam feitas perguntas, respondendo-as o suspeito se quiser, sem necessidade de prisão. Ordem concedida.

VOTO

1. Admissibilidade do exame da impetração

Como já havia afirmado quando da primeira decisão que exarei neste *writ*, prepondera, nesta Corte, a jurisprudência no sentido da inadmissibilidade da impetração de *habeas corpus*, nas causas de sua competência originária, contra decisão denegatória de liminar em ação de mesma natureza, articulada perante tribunal superior. O manejo do *writ*, perante o STF, como regra, pressupõe o julgamento definitivo da mesma pretensão, no âmbito do tribunal superior [*cf.* HC (QO) n. 76.347/MS, Rel. Min. Moreira Alves, 1ª Turma, unânime, *DJ* 8.5.1998; HC n. 79.238/RS, Rel. Min. Moreira Alves, 1ª Turma, unânime, *DJ* 6.8.1999; HC n. 79.776/RS, Rel. Min. Moreira Alves, 1ª Turma, unânime, *DJ* 3.3.2000; HC n. 79.775/AP, Rel. Min. Maurício Corrêa, 2ª Turma, maioria, *DJ* 17.3.2000; e HC n. 79.748/RJ, Rel. Min. Celso de Mello, 2ª Turma, maioria, *DJ* 23.6.2000].

Esse entendimento está representado na Súmula n. 691/STF, *verbis*: "Não compete ao Supremo Tribunal Federal conhecer de *habeas corpus* impetrado contra decisão do Relator que, em *habeas corpus* requerido a tribunal superior, indefere a liminar".

Entretanto, o rigor na aplicação da Súmula n. 691/STF tem sido abrandado por julgados desta Corte em hipóteses excepcionais em que: a) seja premente a necessidade de concessão do provimento cautelar para evitar flagrante constrangimento ilegal; ou b) a negativa de decisão concessiva de medida liminar pelo tribunal superior importe na caracterização ou na manutenção de situação que seja manifestamente contrária à jurisprudência do STF [*cf.* as decisões colegiadas: HC n. 84.014/MG, 1ª Turma, unânime, Rel. Min. Marco Aurélio, *DJ* 25.6.2004; HC n. 85.185/SP, Pleno, por maioria, Rel. Min. Cezar Peluso, *DJ* 1º.9.2006; e HC n. 88.229/SE, Rel. Min. Ricardo Lewandowski, 1ª Turma, maioria, *DJ* 23.2.2007; e as seguintes decisões monocráticas: HC n. 85.826/SP (MC), Rel. Min. Gilmar Mendes, *DJ* 3.5.2005; e HC n. 86.213/ES (MC), Rel. Min. Marco Aurélio, *DJ* 1º.8.2005].

Garantias penais e processuais-penais **379**

É importante frisar que, na espécie, o pedido originalmente formulado incluía pretensão de salvo-conduto e de acesso aos autos de procedimento investigatório, ou seja, justamente por lhes estar sendo negada a própria existência do inquérito, e, por isso, temendo a prática de atos constritivos contra os pacientes, os impetrantes percorreram o caminho regular da impetração, começando pelo Tribunal Regional Federal da 3ª Região e, daí, seguindo ao Superior Tribunal de Justiça, em ambas as instâncias sendo o pleito *initio litis* negado, o que deu ensejo à impetração deste *habeas corpus* junto ao STF.

Interessante recordar que o Ministro Relator postergou o exame da liminar à vinda das informações do Juízo Federal, as quais foram efetivamente requisitadas em 20 de junho de 2008, data que consta do recibo de AR entregue à 6ª Vara Criminal de São Paulo.

Antes que as informações fossem recebidas, em 25 de junho de 2008 o Ministro Relator encaminhou os autos à Procuradoria-Geral da República, os quais lá foram recebidos no dia seguinte e devolvidos a esta Corte em 8 de julho de 2008, justamente a data em que deflagrada a operação policial que culminou com as buscas e prisões questionadas. Do parecer ministerial consta a notícia de que as informações do Juízo Federal da 6ª Vara Criminal de São Paulo foram remetidas por *fax* ao Gabinete do Ministro Eros Grau enquanto os autos se encontravam na PGR.

A indicar, de pronto, a certeza do constrangimento ilegal decorrente da recusa de informações sobre o inquérito, bem como quanto à negativa de acesso aos investigados e seus defensores, cabe transcrever a íntegra das informações daquele Juízo Federal da 6ª Vara Criminal de São Paulo ao Ministro Eros Grau:

Em atenção à solicitação formulada no Ofício n. 3908/R, de 17.06.2008, recebido aos 23.06.2008, relativo ao **HABEAS CORPUS n. 95009**, em que figuram como impetrantes Nélio Roberto Seidl Machado e Alberto Pavie Ribeiro, como **pacientes DANIEL VALENTE DANTAS e VERÔNICA VALENTE DANTAS**, e, finalmente, como **impetrado o Exmo. Ministro Arnaldo Esteves**, relator do *HABEAS CORPUS* n. 107.514 junto à 5ª Turma do Superior Tribunal de Justiça, passo a prestar informações solicitadas, como segue:

Inicialmente, cabe frisar que informações foram solicitadas a este juízo a respeito das idênticas alegações dos impetrantes, bem ainda, por todos os juízes do Fórum Federal Criminal de São Paulo, em razão de solicitação da Desembargadora Federal Cecília Mello do Tribunal Regional Federal da 3ª Região, quando a autoridade apontada como coatora seria apenas o juízo da 2ª Vara Criminal (*Habeas Corpus* n. 2008.03.00.015482-6).

No pedido realizado junto àquela Corte Regional Federal, os impetrantes **sequer fizeram contar** que haveria inquérito policial instaurado contra os pacientes, muito menos o número deste (autos n. 2007.61.81.001285-2), e tampouco que tinha sido distribuído a esta 6ª Vara Federal Criminal.

Pelo teor do pedido dos impetrantes junto ao E.S.T.F., pode-se observar que também perante o Superior Tribunal de Justiça os impetrantes já consignavam tais informações, não retratadas perante o Tribunal Regional Federal da 3ª Região.

Se já possuíam tal informação, porque haveriam de ocultar perante a Corte Regional ? Que informações fidedignas são essas que, a despeito de não figurarem na matéria jornalística com a precisão citada, fazem com que impetrem dois *Habeas Corpus* perante nossas Cortes Superiores, direcionando os pedidos a esta Vara Criminal?

Devem incialmente revelar **como tiveram conhecimento de tais novos detalhes** se nem mesmo a reportagem fornece essas informações, salvo quanto *"já ter contratado espiões particulares"* o primeiro paciente (tudo conforme a notícia da imprensa).

Ora, a existência eventual de informações de cunho estritamente sigiloso pode ensejar manipulação de informações de interesse de quaisquer partes com o objetivo de obtenção ilícita de informações por vias indiretas.

Nesse diapasão foram as informações prestadas junto ao Tribunal Regional Federal da 3ª Região por este magistrado e por outro do Fórum Criminal, titular da 9ª Vara, Hélio Egydio de Matos Nogueira, e acabaram por acarretar nova reflexão da Desembargadora Federal Cecília Mello que textualmente *reviu sua própria decisão*.

A propósito, as seguintes informações prestadas por este juízo na ocasião foram no seguinte sentido:

"Vossa Excelência solicitou informações de todas as Varas Criminais da Subseção Judiciária Federal de São Paulo, não apenas do juízo impetrado (que, conforme apontado no tópico da solicitação, figuraria apenas o da 2ª Vara Federal Criminal), mas da 5ª Vara, bem como '...[às demais Varas de São Paulo/Capital especializadas em matéria penal', ressalvando, quanto a estas, o devido sigilo.

O Habeas Corpus interposto pelos impetrantes tem por lastro informação de um determinado veículo de imprensa, ou melhor, uma determinada matéria jornalística, que revelaria a existência de uma investigação sigilosa, em curso, contra o primeiro paciente, a partir de dados de um disco rígido obtidos por suposta 'manobra jurídica'.

A solicitação, mediante Habeas Corpus baseado num suposto vazamento de informação sigilosa, remete-se a expediente semelhante ao impetrado por um determinado advogado que, tendo tomado conhecimento da possível existência de procedimento contra o seu cliente, teria questionado às Varas Criminais acerca da sua existência.

Naquela ocasião, este magistrado decidiu:

...No que tange aos procedimentos sigilosos, não há como atender ao requerente diante da própria natureza das eventuais diligências em curso pois, do contrário, este juízo estará violando normal penal proibitiva em evidente ofensa ao art. 10 da Lei n. 9.296, de 24.07.2006, e ao próprio dispositivo citado pelo peticionário (art. 7º, XIII, da Lei n. 8.906, de 04.07.1994). Com relação aos feitos sem sigilo, diante da sua inexistência com relação ao requerente, caberá dirigir-se ao distribuidor, onde poderá obter a certidão negativa da Justiça Federal. Isto colocado e cuidando de requerimento genérico, INDEFIRO o pedido. Intime-se e arquive-se.' (j. 11.11.2004).

Foi interposto Mandado de Segurança n. 2004.03.00.066217-6, cuja Relatora foi a Desembargadora Federal Vesna Kolmar, que julgou extinto o processo sem relação de mérito, nos termos do artigo 267, VI, do C.P.C.

De fato, s.m.j., o presente Writ parece mais uma tentativa na tomada de conhecimento prévio de feitos eventualmente sigilosos, causando certa perplexidade diante da imposição legal do segredo.

Com efeito, o artigo de lei citado (artigo 10 da Lei n. 9.296, de 24.07.2006), o Código Penal (artigos 153, § 1º-A e 154), bem ainda a Resolução n. 589, de 29.11.2007, do Conselho da Justiça Federal (artigo 5º) deixam claro a obrigação do Magistrado na preservação do sigilo sob pena de incidência criminal.

A falta de concretude para o embasamento do Habeas Corpus resta claro à medida que sequer se sabe ao certo a real autoridade coatora, sendo de nota que a persistir o argumento genérico de violação de decisão do Tribunal Regional Federal da 3ª Região, com base em suposta matéria jornalística, demandaria a prestação de informações a todas as Varas Criminais existentes no Estado de São Paulo e Mato Grosso do Sul.

A generalidade da questão poderia ensejar, no futuro, manipulação de informações de interesse de quaisquer partes com o objetivo de obtenção ilícita de informações por vias indiretas.

Ora, se ilegalidade existir, esta deverá, se o caso, ser objeto de manifestação jurisdicional no momento oportuno e com a via adequadamente eleita, apontando-se a real autoridade coatora.

Vossa Excelência solicita informações "resguardando-se o devido sigilo", dando ensejo a todo tipo de interpretação quanto à possibilidade de revelação ou não de informações, textualmente nominada pelo legislador, como sigilosa, criando um sentimento de perplexidade deste magistrado diante da gravidade, não do teor da matéria jornalística (que deverá ser objeto, se o caso, de futura apreciação judicial), mas da tentativa transversa de obtenção de informações de procedimentos sob sigilo.

Expresso, ainda, a Vossa Excelência que, em assim agindo, não pretendo de modo algum imiscuir-me em questões que refogem à minha atividade jurisdicional, mas como forma de suscitar a análise de um tema que a todos interessa, subjacendo à questão envolvida, neste momento, o interesse público, diretamente, e o direito à defesa, indiretamente.".

Como se percebe, a atuação dos impetrantes pode configurar tentativa de obtenção de informações de eventuais procedimentos sob sigilo (não apenas de inquérito policial, como curiosamente afirma), além mesmo da própria matéria jornalística.

Qualquer informação sigilosa deste magistrado ou de qualquer outro implicaria na violação indevida com possibilidade de responsabilização.

Após assentar pedido com base em matéria de jornal, à medida que se dirigem às Cortes Superiores, agregam novos elementos inclusive sobre "inquérito policial", seu número e sua eventual distribuição a este juízo, de tal forma a causar perplexidade, o que revela o desejo de obtenção, a qualquer custo, de informações cobertas por sigilo.

Por outro lado, informações agora trazidas às Cortes Superiores denotam conhecimento que vai além da própria informação da imprensa, podendo já vislumbrar, s.m.j., violação de eventual sigilo.

Na oportunidade, apresento a Vossa Excelência protestos de distinta consideração, colocando-me à disposição para esclarecimentos adicionais.

FAUSTO MARTIN DE SANCTIS

JUIZ FEDERAL (fls. 43/49 – grifos e destaques do original).

Observe-se que não se contentou o Juiz da 6ª Vara Criminal Federal de São Paulo em negar o acesso aos autos do inquérito policial aos investigados e seus defensores, direito este, diga-se, que o Juízo monocrático, certamente não poderia desconhecer, já que pacificamente assegurado nesta Corte, a exemplo do que restou decidido nos autos do HC n. 88.190/RJ, Rel. Min. Cezar Peluso, 2ª T., unânime, *DJ* 6.10.2006, do HC n. 87.827/RJ, Rel. Min. Sepúlveda Pertence, 1ª T., unânime, *DJ* 23.6.2006, e do HC n. 88.520/AP, Rel. Min. Cármen Lúcia, Pleno, maioria, *DJ* 19.12.2007.

Indo além, opôs o inexistente segredo também ao Tribunal Regional Federal da 3ª Região e ao Supremo Tribunal Federal, negando-se, aqui, a informar ao Ministro Relator a situação que de fato existia, qual seja, o pleno andamento do inquérito policial noticiado pelo jornal "Folha de São Paulo", preferindo tergiversar, perguntando-se como haveria a defesa obtido o número do feito e tomado conhecimento de que tinha curso perante aquela Vara, como se estivesse obrigada a se conformar diante do abuso encetado e aguardar, resignada, a futura prisão dos pacientes, como realmente se verificou.

Esse não seria o papel esperado da defesa, não se coadunando a conduta do Juiz subscritor das informações, de seu turno, com o cumprimento dos deveres de seu cargo.

Em tal situação, plenamente configurada a instauração do inquérito e a indevida negativa de acesso aos seus autos aos investigados, até mesmo negando sua existência, consequência lógica disso seria, evidentemente, o temor de constrangimentos dele decorrentes, na forma de ordens de prisão e busca e apreensão, justamente como findou acontecendo.

Buscando a defesa, desde o início, saber do inquérito e acessar seu conteúdo, conforme direito que reconhecidamente lhe assiste, bem como procurando resguardar os pacientes de atos constritivos sem prévio conhecimento do procedimento investigativo, tudo somado à devida análise dos pedidos nas instâncias inferiores, outra não poderia ser a conduta desta Presidência que não analisar livremente o pedido, convertendo o pleito preventivo em liberatório.

Conforme já fiz constar da decisão pela qual suspendi os efeitos do decreto de prisão temporária, a providência se mostra plenamente possível a esta Corte nos autos do mesmo *habeas corpus* de natureza preventiva inicialmente impetrado.

Com efeito, o ato temido pelos impetrantes, consistente na expedição de medidas constritivas com base em investigações a cujos autos não conseguiam ter acesso, se tornou real, o que afasta a equivocada ideia de que a prisão temporária configuraria fato novo, diverso daquele que ensejou a impetração.

A situação de haver o Juízo da 6ª Vara Criminal Federal de São Paulo decretado a prisão temporária em decisão de mais de 172 laudas, o que, no entendimento externado pela PGR em sua manifestação de fls. 1.115/1.153, evidenciaria a complexidade da matéria, não constitui empecilho à conversão operada e ao subsequente exame em sede de liminar, nenhuma relação se podendo vislumbrar, *data venia*, entre dita conversão e o número de folhas de papel gastas pelo magistrado para decidir pelo encarceramento, nenhuma relevância merecendo, de outro lado, eventual dificuldade encontrada pelo Juiz plantonista em prestar as informações requisitadas.

Nesse quadro, considerando que a negativa de acesso aos autos do inquérito à defesa dos pacientes representava flagrante constrangimento ilegal, a contrariar pacificada jurisprudência do STF, a isso somando-se a subsequente ordem de encarceramento decorrente dessa ilegalidade, plenamente válida se afigurou a conversão do HC preventivo em liberatório e a superação da Súmula n. 691 desta Corte, mostrando-se vagos os argumentos de subtração do conhecimento da matéria às instâncias inferiores, as quais, como já exposto, tiveram plena oportunidade de decisão e negaram a ordem pedida, abrindo ao STF o exercício da competência que lhe cabe.

Dentro desse entendimento, decidi pela suspensão dos efeitos da ordem de prisão temporária direcionada aos pacientes, posteriormente estendida aos demais alvos da providência que se encontravam em idêntica situação, nisso indicando a insubsistência dos argumentos apresentados pelo Juízo da 6ª Vara Criminal de São Paulo e a absoluta desnecessidade da ordem constritiva, assim, resumidamente, me manifestando:

No caso em exame, a fundamentação utilizada pelo decreto de prisão temporária – indubitavelmente a espécie mais agressiva de prisão cautelar – não é suficiente para justificar a restrição à liberdade dos pacientes.

Com efeito, não se pode decretar prisão temporária com base na mera necessidade de oitiva dos investigados, para fins de instrução processual. O interrogatório constitui ato normal do inquérito policial, em regra levado a efeito com o investigado solto, ante a garantia fundamental da presunção de inocência.

Nesse ponto, ressalto que não há, no ordenamento jurídico brasileiro, prisão com a exclusiva finalidade de interrogatório dos investigados, providência que, grosso modo, em muito se assemelha à extinta prisão para averiguação, que grassava nos meios policiais na vigência da ordem constitucional pretérita.

Quanto ao pretendido confronto da prova que vier a ser obtida pela medida de busca e apreensão com o depoimento dos investigados, nada consta da decisão que justifique a necessidade de acontecer de imediato. Colhida a prova, poderá a mesma ser confrontada a qualquer tempo, não só com os interrogatórios, como com qualquer outro elemento anterior ou posteriormente coligido na investigação, o que independe do encarceramento decidido pelo juízo de primeiro grau.

Evidencia-se, assim, uma patente violação a direitos individuais dos pacientes, caracterizada não apenas pela ausência de justa causa para a prisão temporária, decretada pelo Juízo da 6ª Vara Criminal Federal da Seção Judiciária de São Paulo, mas, principalmente, pela manutenção da restrição à liberdade dos pacientes frente ao atual contexto fático.

Com efeito, ainda que justificável a prisão temporária decretada, é certo que, no contexto atual, sua manutenção se revela totalmente descabida, nisso considerando-se o tempo decorrido desde a deflagração da operação policial, suficiente para que todos os elementos de prova buscados fossem recolhidos. A propósito, observe-se o teor do ofício 176/2008 – STG, encaminhado hoje, às 12:24, pelo Delegado da Polícia Federal Protógenes Queiroz ao juiz da 6ª Vara Criminal Federal da Subseção Judiciária de São Paulo, dando conta de que apenas dois mandados de busca e apreensão pendiam de cumprimento.

2. Admissibilidade da análise do pedido de suspensão da prisão preventiva

A ordem de suspensão dos efeitos da prisão temporária, decidida em 9 de julho de 2008, foi efetivada mediante alvarás de soltura expedidos por esta Presidência no final do mesmo dia e imediatamente encaminhados à Superintendência Regional do Departamento de Polícia Federal de São Paulo, através do Diretor-Geral do Departamento de Polícia Federal, Luiz Fernando Corrêa, sendo os mesmos recebidos, para cumprimento, às 2h27 do dia 10 de julho de 2008 (fl. 477).

Inexplicavelmente, já no dia 9 de julho de 2008, antes, portanto, de ter conhecimento da ordem de soltura, Delegado da Polícia Federal expedira "Mandado de Intimação" a Daniel Valente Dantas para que comparecesse, no dia 10 de julho de 2008, às 17h00, à sede da Superin-

Garantias penais e processuais-penais **383**

tendência da Polícia Federal em São Paulo para prestar esclarecimentos (fl. 815), sobrevindo, porém, a prisão preventiva do referido investigado naquele mesmo dia, decretada, segundo os fundamentos básicos da ordem, com fulcro na documentação apreendida na operação policial desencadeada em 8 de julho de 2008.

Afigura-se, de início, estranho esse decreto prisional, mormente se considerado que, quando decretada a prisão preventiva de Hugo Chicaroni e Humberto Braz, o próprio Juiz Federal da 6ª Vara Criminal Federal da Seção Judiciária de São Paulo afirmara não haver elementos que justificassem igual decreto no tocante a Daniel Dantas. Confiram-se, a propósito, os trechos correspondentes:

> A autoridade policial representou pelas prisões preventivas de **Daniel Valente Dantas** e das pessoas que a ele estariam reunidas em aparente organização criminosa, a saber: **Verônica Valente Dantas, Danielle Silbergleid Ninio, Arthur Joaquim de Carvalho, Carlos Bernardo Torres Rodenburg, Eduardo Penido Monetiro, Dório Ferman, Itamar Benigno Filho, Norberto Aguiar Tomaz, Guilherme Henrique Sodré Martins, Humberto José da Rocha Brás e Luiz Eduardo Rodrigues Greenhalg**.
>
> Representou também pelas prisões preventivas de **Naji Robert Nahas** e de pessoas que também a ele teriam se associado em suposta organização criminosa: **Fernando Naji Nahas, Carmine Enrique, Celso Roberto Pitta do Nascimento, Miguel Jurno Neto, Lucio Bolonha Funaro, Marco Ernest Matalon, Antonio Moreira Dias Filho e Roberto Sande Caldeira Bastos**.
>
> O Ministério Público Federal, em sua manifestação, postulou a decretação da medida também em relação a **Hugo Chicaroni**.
>
> Ficam, como já decidido precedentemente, **indeferidos** os pedidos de **prisão preventiva dos investigados**, à exceção de **Humberto José da Rocha Braz e Hugo Chicaroni**. Estas custódias cautelares agora decretadas decorreram da necessidade de postergar as prisões em flagrante em razão das medidas adotadas na Ação Controlada que aconselharam o protelamento daquelas medidas.
>
> A decretação da prisão preventiva, pela sua excepcionalidade, deve ser empregada tão somente quando sua necessidade afigurar-se de tal modo imperativa que o Poder Judiciário seja compelido à sua adoção, sob pena de comprometimento de toda a atuação persecutória estatal. *In casu*, esta hipótese resta plenamente atendida quando se detecta o espúrio modo de agir de **Humberto José da Rocha Braz** e de **Hugo Chicaroni**.
>
> A par das investigações empreendidas nestes autos e nos a eles dependentes, a conduta de **Humberto José da Rocha Braz** com a participação de **Hugo Chicaroni**, no episódio envolvendo tratativas perante o Departamento de Polícia Federal para contactar autoridade responsável por presidir as investigações supostamente em desfavor de **Daniel Valente Dantas** e de familiares seus, revela todo o destemor e desrespeito às instituições regularmente constituídas no país. Ambos, na esperança de pôr termo à investigação policial que supunham estar em curso em detrimento de **Daniel Valente Dantas** e de seus familiares, demonstraram profundo desprezo, além de terem subestimado, às instituições do Estado, nomeadamente a Polícia Federal, o Ministério Público Federal e o Poder Judiciário.
>
> Além disso, no diálogo mantido por **Danielle Silbergleid Ninnio** em 27.06.2008 textualmente é afirmado o pagamento de dinheiro para o encerramento de todos os procedimentos administrativos, *"mas para os processos criminais fica muito mais difícil"* (fl. 785 dos autos n. 2008.61.81.008919-1), revelando que órgãos da administração pública (*"FCC brasileira"*, segundo do diálogo) também teriam sido objeto de atuação ilícita.
>
> **Humberto,** diante do que se verificou (contatos telefônicos), teria supostamente agido a mando de **Daniel Valente Dantas,** mas, tal dedução, não confere, por ora, suficiente suporte probatório à decretação da prisão preventiva deste investigado.(...). (fls. 461/462 – destaques do original).

Assim que cientificado da suspensão dos efeitos do decreto de prisão temporária de Daniel Valente Dantas e outros, de imediato, certamente, passou o Juiz Federal da 6ª Vara Criminal da Seção Judiciária de São Paulo a elaborar o decreto de prisão preventiva do primeiro, agora fazendo-o, alegadamente, com base em "outros elementos", nos seguintes termos:

(...). A prisão preventiva não tinha sido decretada na oportunidade pelo fato de ser indispensável estabelecer o vínculo entre o representado **Daniel Valente Dantas** e aqueles que, supostamente, a seu serviço, estariam corrompendo a autoridade policial.

Com a revelação de outros elementos, que fornecem subsídios equivalentes à Prisão Preventiva de Hugo Chicaroni e de Humberto José da Rocha Braz, por força do preceito da igualdade, não teria sentido permitir e decidir pela prisão destes e deixar à margem outros, no caso **Daniel Valente Dantas**. Do contrário, a justiça criminal correria risco de descrédito caso não sejam debeladas as desigualdades que, *s.m.j.*, não podem subsistir no seu funcionamento, e este juízo consagraria verdadeira distinção.

Aqueles que tiveram suas liberdades cerceadas, diante das prisões já decretadas, poderiam alegar situação de inferioridade ou de menor proteção. Em outras palavras, invocariam diferenciação injustificada de tratamento, sentimento experimentado de tratamento não igualitário, aliás, o que já sente o cidadão comum quanto à alegada desigualdade de repressão penal, a consciência de que a injustiça é mais aguda e a justiça severa para as classes favorecidas (*"preconceito de classe"*).

(...).

Todos devem merecer adequado tratamento, sem distinção, uma vez presentes os requisitos da Prisão Preventiva. Essa igualdade requer, assim, que não haja condescendência com os comportamentos duvidosos que atinjam o resultado de um processo criminal legítimo, jamais justificados *"naquilo que todos fazem"*, devendo merecer pronto repúdio, não se admitindo clemências públicas despropositadas ou tratamento privilegiado ou leniente.

(...).

Há de se observar que para o indeferimento do pedido de prisão preventiva de **Daniel Valente Dantas** outrora requerido pela autoridade policial, com manifestação favorável do Ministério Público Federal, este juízo reputou ausente seguro vínculo deste investigado com os representados Humberto e Hugo no tocante às tratativas para a consumação do delito de corrupção ativa, objeto de apuração nos autos da Ação Controlada sob n. 2008.61.81.008291-3.

Até aquele momento, pela análise dos elementos de prova existentes, podia-se entrever que todas as tratativas levadas a efeito por Humberto e Hugo perante Delegado de Polícia Federal que auxiliava nas investigações objeto das medidas assecuratórias em curso, tinham como beneficiários diretos **Daniel Valente Dantas**, Verônica Valente Dantas e outro familiar. Tal circunstância, contudo, não se afigurava suficiente a conferir a concretude necessária ao acolhimento do pedido de prisão preventiva de **Daniel,** tanto é que se fez constar daquele *decisum*:

(...).

As questões deduzidas naquela ocasião estão agora superadas diante dos novos **elementos de prova** obtidos por meio das diligências de Busca e Apreensão realizadas no dia 08.07.2008 que conferem suporte necessário ao que já se verificou pelos contatos telefônicos e telemáticos objeto de monitoramento, nos quais Humberto teria supostamente agido a mando de **Daniel Valente Dantas**, na medida em que teria sido a pessoa que efetivara contatos com autoridade policial, oferecendo-lhe vantagem indevida para *"determiná-la a praticar, omitir ou retardar ato de ofício"*, consistente em altas somas em dinheiro em espécie, cuja origem deve ser objeto de perquirição.

Após proceder à transcrição do depoimento colhido de Hugo Chicaroni, dando conta de que haveria agido no interesse do Grupo Opportunity, bem como de que tinha conhecimento sobre ser Daniel Valente Dantas seu controlador, continuou o Juiz em sua decisão de prisão preventiva:

O estreito vínculo entre **Daniel Valente Dantas**, Hugo Chicaroni e Humberto Braz, se precedentemente às diligências encetadas a partir do dia 08 do corrente mês não se afigurava plenamente apto à decretação de sua custódia preventiva, neste momento ressai com clareza suficiente à reconsideração deste Juízo para o fim de determinar sua prisão preventiva diante dos elementos de prova apresentados nesta data, por meio da Representação da Polícia Federal e pela manifestação ofertada pelo *Parquet* Federal.

Transcrevo, a seguir, excerto da Representação Policial ao tecer considerações acerca do dinheiro apreendido na residência de Hugo Chicaroni reforçando a hipótese de que efetivamente **Daniel Valente Dantas** era sabedor do oferecimento de propina à Polícia Federal, como segue:

*a) as interceptações telefônicas e telemáticas comprovaram, no curso da investigação, que Humberto Braz é o braço direito de Daniel Valente Dantas na organização criminosa; b) o pagamento ofertado por Humberto Braz na reunião com o signatário tinha por propósito excluir **Daniel Dantas** e seus familiares da investigação, ou seja, o beneficiado direto do crime seria Dantas, e não Chicaroni e Braz e a pergunta elementar que se deve fazer quando se investiga um crime é a quem ele aproveita; c) em telefonemas para o telefone do DPF Victor Hugo, interceptado com autorização judicial sugerida pelo próprio, Hugo Chicaroni disse, em código, que o dinheiro do pagamento já estaria em sua residência; d) sendo o homem de confiança e subordinado diretor de Dantas, não é nem minimamente crível que Humberto Braz, sem o consentimento de seu chefe: d1)telefonasse ao DPF Victor Hugo propondo uma reunião, como de fato o fez, apesar de a conversa não ter sido interceptada, por ainda não ter havido autorização judicial; d2) adiantasse R$ 50 mil a Hugo Chicaroni para que a importância fosse oferecida ao signatário como gratificação pelo primeiro contato; d3) arriscasse-se a reunir-se com o DPF Victor Hugo e propor o pagamento de um milhão de dólares para excluir Dantas e seus familiares da investigação; d4) entregasse mais R$ 79.050,00 a Hugo Chicaroni para que adiantasse novamente ao signatário; d5) finalmente, providenciasse um milhão, duzentos e oitenta mil reais para abastecer o apartamento de Hugo Chicaroni de dinheiro para o fim de que fosse posteriormente fosse entregue ao DPF Victor Hugo".*

Na diligência de Busca e Apreensão efetivada na residência de **Daniel Valente Dantas** foi apreendido manuscrito (cuja fotografia está inserida à fl. 05 da Representação da Autoridade Policial (intitulado *"CONTRIBUIÇÕES AO CLUBE"*, dando mostras de que em outra oportunidade já se valia do espúrio mecanismo de corrupção ativa, na medida em que em tal documento observam-se as expressões *"Contribuição para que um dos companheiros não fosse indiciado criminalmente"*, forma de pagamento *"CASH"*, no valor de 1.500.000,00 (não se sabe em qual moeda), no ano de 2004, figurando como interlocutor pessoa denominada *"Pedro"*.

Em outra folha manuscrita apreendida na residência de **Daniel Valente Dantas**, com timbre do Hotel *The Waldorf Astoria*, pode-se ler a anotação: *"usar assunto da Polícia p/produzir notícia e influenciar na Justiça"* (fls. 05/06), concluindo a autoridade policial, seu raciocínio no sentido de que estaria confirmada *"a produção de factoides pela quadrilha com vistas a manipular a imprensa, a fim de gerar notícias favoráveis à organização criminosa, tudo para abastecer com argumentos as inumeráveis manobras jurídicas de seus advogados"*, mormente porque no curso da investigação havia sido comprovado que o investigado *"manteve pessoalmente e por meio de outras pessoas de sua organização contatos com vários jornalistas, ocasiões nas quais são discutidos o teor das matérias a serem publicadas na imprensa"* (fl. 06).

Vislumbra-se, pois, em tese, o crime de corrupção ativa supostamente perpetrado por **Daniel Valente Dantas**, Humberto José da Rocha Braz e Hugo Chicaroni, donde se conclui também pela necessidade da decretação da prisão preventiva do primeiro nominado, por afigurar-se medida essencial à conveniência da instrução criminal, porquanto tudo fará para continuar obstando regular e legítima atuação estatal visando impedir a apuração dos fatos criminosos.

Prossegue o Juiz recordando argumentos utilizados no decreto de prisão preventiva de Hugo Chicaroni e Humberto Braz, os quais também serviram, reitere-se, para afastar a possibilidade de prisão preventiva de Daniel Valente Dantas naquela oportunidade, findando com os seguintes trechos:

Todos estes elementos dão pleno suporte às conclusões de que **Daniel Valente Dantas** efetivamente teria determinado o pagamento de propina figurando Humberto como o representante do GRUPO OPPORTUNITY para a suposta perpetração do aludido crime. (...).

Ao contrário, a conduta de **Daniel Valente Dantas** afigura-se mais nítida ao se verificar que se tivessem logrado sucesso no acordo pretendido, imenso e irreparável prejuízo às investigações teria advindo notadamente levando-se em conta o objetivo de isentar pessoas das imputações que possivelmente sobre elas recaísse para atribuí-las a terceiros, sem mensurar o dano já sentido diante do vazamento e posterior publicação acerca da investigação.

Lançam-se, supostamente, mão de práticas escusas para obstruir, quando não obstaculizar, o exercício normal e eficaz da persecução criminal. A prisão preventiva também de **Daniel Valente Dantas**, *in casu*, está justificada para conveniência da instrução penal e para assegurar a eventual aplicação da lei criminal dada a flagrante e acintosa cooptação de terceiros para a prática delitiva, desafiando, desse modo, o poder de controle e repressão das autoridades, revelando a finalidade primeira e última de sua atuação espúria, com potencialidade lesiva, habitualidade atual e prospectiva de sua conduta, caso permaneça em liberdade.

Os elementos coletados até o presente momento permitem ao juízo concluir que **Daniel Valente Dantas** adota supostamente postura de extrema cautela ante as ligações telefônicas e troca de *e-mail'*, mas com a ideia de inoperância dos órgãos de controle, o que lhe possibilita aparentemente a persistência da prática delitiva, além de possuir considerável poder de decisão, autonomia e representação em sua esfera de atuação, tentando frustrar a persecução penal de modo que, solto, possivelmente continuaria a empreender a prática das atividades delitivas, colocando em sério risco a ordem econômica, a ordem pública, justificando, assim, a medida.

(...).

Em remate, não é possível olvidar que o requerido detém significativo poder econômico e possui contatos com o exterior, ampliando a possibilidade de evasão do território nacional, bem ainda porque poderia ocultar vestígios criminosos que ainda se esperam poder apurar, autorizando, desta feita, a decretação de Prisão Preventiva também para garantir a eventual aplicação da lei penal. Ficou claro eu coragem e condições para tumultuar a persecução penal não falta ao representado.".

Observa-se que, afora o discurso puramente ideológico que envolveu o Juiz Federal da 6ª Vara Criminal da Seção Judiciária de São Paulo quando decidiu pela prisão preventiva de Daniel Valente Dantas, deixando claro que a situação econômica favorável do mesmo configuraria motivo suficiente ao encarceramento provisório, utilizou-se, basicamente, das mesmas constatações que fundamentaram as prisões preventivas de Humberto Braz e Hugo Chicaroni, acrescentando o fato de se haver apreendido alta quantia em dinheiro na residência deste e de se haver encontrado dois pedaços de papel na casa de Daniel Valente Dantas, contendo anotações que absolutamente **NADA** aparentam dizer com o caso concreto.

Ora, soa nítido o verdadeiro concerto entre o Delegado e o Juiz Federal, saltando aos olhos evidente conluio voltado a, sob qualquer título, manter Daniel Valente Dantas encarcerado. Utilizou-se o magistrado de argumentos de que, na verdade, já dispunha quando decretou a prisão temporária, acrescentando suas próprias convicções políticas e aspectos outros de mínima relevância para, burlando a ordem liberatória do Supremo Tribunal Federal, fazer o paciente voltar imediatamente ao cárcere e lá permanecer, como era de seu intento, revelando conduta que não se coaduna com a serenidade e equidistância entre as partes que informam o exercício da função jurisdicional.

Como já antes expus, caber lembrar que o pedido originalmente formulado no HC impetrado junto ao STJ, precedido de outro apresentado ao Tribunal Regional Federal da 3ª Região, visava à obtenção de salvo-conduto ante o desconhecimento dos autos do procedimento investigatório, não logrando sucesso a defesa em ambas as instâncias inferiores. Reiterado o pedido junto ao STF, restou aberta a possibilidade de exame da matéria nesta Corte, convertendo-se o HC preventivo em liberatório, o que permitiu a análise e deferimento do pedido de acesso aos autos e de suspensão dos efeitos da prisão temporária.

Visto que as mesmas investigações que ensejaram as impetrações deram causa tanto à prisão temporária quanto à prisão preventiva de Daniel Valente Dantas, a isso se acrescentando o prévio pedido de salvo-conduto que impedisse a submissão dos pacientes a medidas constritivas da liberdade nelas baseadas, o mesmo entendimento que permitiu a conversão do pedido preventivo em liberatório ensejou o exame direto do pleito de liberdade ante o decreto de prisão preventiva.

Aqui, também, nota-se não haver mínimo fundamento fático ou jurídico na tese levantada pela PGR em seu parecer, sobre a existência de *"sucessivas supressões de instâncias"*. A prisão desde o início temida pelos impetrantes aconteceu, primeiramente na forma temporária, sendo afastada por esta Presidência e, imediatamente, restaurada pelo Juiz, agora sob o rótulo de preventiva, mediante troca de títulos que, na essência, mascaravam o intuito inicial de manutenção do paciente no cárcere.

Tampouco haveria lacuna a ser suprida pelo parecer do Subprocurador-Geral da República Wagner Gonçalves, dispensando-se a transcrição que fez das quatro últimas folhas do decreto de prisão preventiva, vez que delas esta Presidência sempre teve pleno conhecimento, tanto que fez transcrever, na decisão que suspendeu seus efeitos, tópico constante de sua última página. Confira-se:

> Por mais que se tenha estendido ao buscar fundamentos para a ordem de recolhimento preventivo de Daniel Dantas, o magistrado não indicou elementos concretos e individualizados, aptos a demonstrar a necessidade da prisão cautelar, atendo-se, tão somente, a alusões genéricas.

> Nesse sentido, observe-se, pontualmente, a menção ao fato de o crime imputado ao paciente ser de natureza grave e a necessidade de que a ordem pública seja mantida, porque "...não é possível olvidar que o requerido detém significativo poder econômico e possui contatos com o exterior, ampliando a possibilidade de evasão do território nacional, bem ainda porque poderia ocultar vestígios criminosos que ainda se esperam poder apurar, autorizando, desta feita, a decretação da Prisão Preventiva também para garantir a aplicação da lei penal. Ficou claro que coragem e condições para tumultuar a persecução penal não falta ao representado".

> Tais argumentos revelam-se especulativos, expondo simples convicção íntima do magistrado, o qual externa sua crença na possibilidade de fuga do investigado em razão de sua condição econômica e pelo fato de ter contatos no exterior, sem apontar um único fato que, concretamente, demonstrasse a real tomada de providências pelo investigado visando à evasão.

> O mesmo se diga quanto à possibilidade de ocultação de vestígios que ainda se espera poder apurar, quanto a esse tópico valendo, mais uma vez, remeter ao que restou decidido quando do afastamento da prisão temporária, inteiramente aplicável à prisão preventiva, oportunidade em que assentou-se:

>> "...é certo que, no contexto atual, sua manutenção se revela totalmente descabida, nisso considerando-se o tempo decorrido desde a deflagração da operação policial, suficiente para que todos os elementos de prova buscados fossem recolhidos.".

> Vê-se que, no entendimento do magistrado, a prisão preventiva teria como base a possibilidade de interferir o investigado na colheita de provas outras que apenas supõe possam existir, a configurar rematado absurdo, inaceitável em se tratando de tão grave medida restritiva do direito de ir e vir.

Descabe criticar o açodamento da defesa, que haveria deixado de juntar a íntegra da ordem de prisão preventiva quando formulou o pedido de sua revogação.

O insólito reencaminhamento de Daniel Valente Dantas ao cárcere, no mesmo dia em que esta Presidência determinou sua soltura, não poderia despertar no ânimo dos defensores outro sentimento que não fosse o de perplexidade e pressa na nova libertação, cabendo recordar que, em se tratando de concessão de *Habeas Corpus*, dispensa-se até mesmo a apresentação de pedido específico, bastando que o magistrado tome conhecimento, **por qualquer meio**, de ilegalidade ou abuso de poder que represente constrangimento à liberdade de locomoção.

3. Conclusão

Esclareço que o exame do pedido de revogação do decreto de prisão provisória não se encontra prejudicado, sendo simplista o argumento ministerial de que tal se verificaria por já transcorrido o prazo de 5 dias de sua vigência e pelo caráter satisfativo da decisão desta Presidência.

Cabe lembrar que os efeitos da ordem de encarceramento, direcionada não apenas a Daniel Valente Dantas, mas a outras 23 pessoas, foram apenas **suspensos** pela liminar e pelas extensões deferidas, não cuidando o Juiz Federal da 6ª Vara Criminal de São Paulo, pelo que se tem notícia, de revogá-lo.

Nessa situação, uma vez declarado prejudicado o conhecimento do *Habeas Corpus* nesse tópico, como quer a Subprocuradoria-Geral da República, total força constritiva da liberdade recuperaria o decreto de prisão temporária quanto a todos os seus destinatários, devolvendo-lhe força executória que, até este momento, se encontra apenas suspensa, a configurar rematado absurdo.

Por todos esses motivos, reafirmo a competência do Supremo Tribunal Federal para a análise do *Habeas Corpus* em questão, desde a data da impetração e posteriormente, quando verificada a prisão temporária e a prisão preventiva, também reiterando os argumentos que levaram a concluir pela indevida negação ao direito de acesso aos autos e pela insubsistência dos dois decretos constritivos da liberdade dos pacientes e dos demais investigados aos quais foram os pedidos de extensão deferidos.

Logo, concedo a ordem, confirmando as liminares, para garantir aos investigados e seus defensores irrestrito acesso aos autos dos inquéritos, bem como para tornar definitiva a ordem revocatória das prisões temporárias e da prisão preventiva decretada em desfavor de Daniel Dantas.

É como voto.

RE 603.616[1]

Repercussão Geral – Inviolabilidade de domicílio – art. 5º, XI, da CF – Busca e apreensão domiciliar sem mandado judicial em caso de crime permanente – Possibilidade – Flagrante delito – Crime permanente – Período noturno – Controle judicial *a posteriori* – Proteção contra ingerências arbitrárias no domicílio – Pacto de São José da Costa Rica, artigo 11, 2 – Pacto Internacional sobre Direitos Civis e Políticos, artigo 17, 1 – Justa causa – Entrada forçada em domicílio, sem uma justificativa prévia – Caso concreto – Flagrante de tráfico de drogas.

Trata-se de recurso extraordinário que, firmado na alínea "a" do permissivo constitucional, impugna acórdão da Primeira Câmara Cível do Tribunal de Justiça do Estado de Rondônia que manteve a condenação criminal do recorrente pelo crime de tráfico de drogas.

Nas razões do extraordinário, sustenta que são ilícitas as provas obtidas mediante a invasão do respectivo domicílio por autoridades policiais, pois ausente o necessário mandado de busca e apreensão. Dessa forma, entende ter sido violado o art. 5º da CF, considerados os incisos LVI (são inadmissíveis, no processo, as provas obtidas por meio ilícito) e XI (a casa é asilo inviolável do indivíduo, ninguém nela podendo penetrar sem consentimento do morador, salvo em caso de flagrante delito ou desastre, ou para prestar socorro, ou, durante o dia, por determinação judicial).

Assevera, ainda, afronta ao art. 5º, LV (aos litigantes, em processo judicial ou administrativo, e aos acusados em geral são assegurados o contraditório e a ampla defesa, com os meios e recursos a ela inerentes), tendo em vista a alegação de que a sentença condenatória baseou-se apenas nas provas obtidas na fase de inquérito policial.

O recurso extraordinário não foi admitido na origem (fl. 269).

Interposto agravo de instrumento, o Ministério Público ofereceu contrarrazões (fls. 275-277). Manifestou-se pelo conhecimento e pelo não provimento do recurso.

Autuado o Agravo de Instrumento sob n. 757.159, o Ministro Cezar Peluso deu-lhe provimento, determinando a conversão em recurso extraordinário (fl. 287).

A Procuradoria-Geral da República opinou pelo conhecimento parcial deste extraordinário e, nesta, pelo não provimento. Eis a ementa do parecer:

"AGRAVO DE INSTRUMENTO CONVERTIDO EM RE. CONHECIMENTO PARCIAL. OFENSA REFLEXA. SÚMULA 279/STF. VIOLAÇÃO DE DOMICÍLIO. TRÁFICO DE DROGAS. CRIME PERMANENTE. ESTADO DE FLAGRÂNCIA QUE JUSTIFICA A BUSCA SEM MANDADO JUDICIAL. INCISO XI DO ART. 5º DA CF". (Fl. 290).

Foi admitida a repercussão geral em relação à alegação de violação ao art. 5º, LVI e XI, da Constituição Federal – apreensão e busca em domicílio, no período noturno, sem mandado judicial.

O julgado restou assim ementado:

EMENTA: Recurso extraordinário representativo da controvérsia. Repercussão geral. 2. Inviolabilidade de domicílio – art. 5º, XI, da CF. Busca e apreensão domiciliar sem mandado judicial em caso de crime permanente.

---

[1] Acordam os ministros do Supremo Tribunal Federal, em sessão plenária, sob a presidência do Ministro Ricardo Lewandowski, na conformidade da ata do julgamento e das notas taquigráficas, por maioria e apreciando o Tema 280 da sistemática da repercussão geral, negar provimento ao extraordinário e fixar a tese, nos termos do voto do Relator (*DJ* de 10.5.2016).

Possibilidade. A Constituição dispensa o mandado judicial para ingresso forçado em residência em caso de flagrante delito. No crime permanente, a situação de flagrância se protrai no tempo. 3. Período noturno. A cláusula que limita o ingresso ao período do dia é aplicável apenas aos casos em que a busca é determinada por ordem judicial. Nos demais casos – flagrante delito, desastre ou para prestar socorro – a Constituição não faz exigência quanto ao período do dia. 4. Controle judicial a posteriori. Necessidade de preservação da inviolabilidade domiciliar. Interpretação da Constituição. Proteção contra ingerências arbitrárias no domicílio. Muito embora o flagrante delito legitime o ingresso forçado em casa sem determinação judicial, a medida deve ser controlada judicialmente. A inexistência de controle judicial, ainda que posterior à execução da medida, esvaziaria o núcleo fundamental da garantia contra a inviolabilidade da casa (art. 5º, XI, da CF) e deixaria de proteger contra ingerências arbitrárias no domicílio (Pacto de São José da Costa Rica, artigo 11, 2, e Pacto Internacional sobre Direitos Civis e Políticos, artigo 17, 1). O controle judicial a posteriori decorre tanto da interpretação da Constituição, quanto da aplicação da proteção consagrada em tratados internacionais sobre direitos humanos incorporados ao ordenamento jurídico. Normas internacionais de caráter judicial que se incorporam à cláusula do devido processo legal. 5. Justa causa. A entrada forçada em domicílio, sem uma justificativa prévia conforme o direito, é arbitrária. Não será a constatação de situação de flagrância, posterior ao ingresso, que justificará a medida. Os agentes estatais devem demonstrar que havia elementos mínimos a caracterizar fundadas razões (justa causa) para a medida. 6. Fixada a interpretação de que a entrada forçada em domicílio sem mandado judicial só é lícita, mesmo em período noturno, quando amparada em fundadas razões, devidamente justificadas a posteriori, que indiquem que dentro da casa ocorre situação de flagrante delito, sob pena de responsabilidade disciplinar, civil e penal do agente ou da autoridade e de nulidade dos atos praticados. 7. Caso concreto. Existência de fundadas razões para suspeitar de flagrante de tráfico de drogas. Negativa de provimento ao recurso.

VOTO

O presente recurso extraordinário trata dos limites da cláusula de inviolabilidade do domicílio.

A jurisprudência atual do Supremo Tribunal Federal afirma sem ressalvas que as autoridades podem ingressar em domicílio, sem a autorização de seu dono, em hipóteses de flagrante delito de crime permanente.

Pretendo demonstrar que essa tese esvazia a inviolabilidade domiciliar, contrariando a interpretação sistemática da própria Constituição e tratados de direitos humanos dos quais o país é signatário. Por isso, proporei evolução do entendimento.

Para tanto, parto de um resgate da cláusula de inviolabilidade domiciliar em nosso direito e no direito comparado, para investigar em que medida a entrada forçada em domicílio é tolerável.

A importância da inviolabilidade domiciliar na evolução e consolidação dos direitos fundamentais resta patente se voltarmos os olhos para as declarações de direitos.

A cláusula de inviolabilidade domiciliar evoluiu a partir da Quarta Emenda à Constituição dos Estados Unidos, adotada em 1792, que dispõe:

"O direito das pessoas a estarem seguras em suas (...) casas, (...) contra buscas e apreensões não razoáveis, não será violado, e nenhum mandado deverá ser expedido sem causa provável, confirmada por juramento ou afirmação, e com descrição pormenorizada do lugar a ser buscado, e as pessoas ou coisas a serem apreendidas. No original: *The right of the people to be secure in their persons, houses, papers, and effects, against unreasonable searches and seizures, shall not be violated, and no warrants shall issue, but upon probable cause, supported by oath or affirmation, and particularly describing the place to be searched, and the persons or things to be seized*".

Analisando as declarações de direito em vigor, podemos classificá-las, grosseiramente, em três grupos.

Um primeiro grupo limita-se a afirmar a proteção contra buscas arbitrárias. A regulamentação da competência para expedir mandados e estabelecer as hipóteses em que o ingresso forçado é possível fica por conta da lei.

Nesse grupo, estão, além da mencionada Constituição dos Estados Unidos, as Constituições italiana, chinesa e argentina. Nos sistemas de proteção aos direitos humanos, o Pacto de São José da Costa Rica e a Convenção Europeia dos Direitos do Homem vão na mesma linha.

Constituição italiana, art. 14:

"Art. 14 O domicílio é inviolável. Nele não podem ser efetuadas inspeções ou investigações ou sequestros, salvo nos casos e formas estabelecidos por lei, segundo as garantias prescritas para a tutela da liberdade pessoal. As averiguações e inspeções por motivos de saúde e de incolumidade pública ou para fins econômicos e fiscais são regulamentadas por leis especiais.

Art. 14. Il domicilio è inviolabile.

Non vi si possono eseguire ispezioni o perquisizioni o sequestri, se non nei casi e modi stabiliti dalla legge secondo le garanzie prescritte per la tutela della libertà personale.

Gli accertamenti e le ispezioni per motivi di sanità e di incolumità pubblica o a fini economici e fiscali sono regolati da leggi speciali".

Constituição chinesa, art. 39:

"Artigo 39.° O domicílio dos cidadãos da República Popular da China é inviolável. É proibida a busca ilegal ou a intromissão no domicílio dos cidadãos".

Constituição argentina, art. 18:

"Artículo 18°.– El domicilio es inviolable como tambien la correspondencia epistolar y los papeles privados; y una ley determinara en que casos y con que justificativos podra procederse a su allanamiento y ocupacion".

Convenção Americana de Direitos Humanos – Pacto de São José da Costa Rica, art. 11, 2:

"Artigo 11 – Proteção da honra e da dignidade

2. Ninguém pode ser objeto de ingerências arbitrárias ou abusivas em sua vida privada, em sua família, em seu domicílio ou em sua correspondência, nem de ofensas ilegais à sua honra ou reputação".

Convenção Europeia dos Direitos do Homem, art. 8°:

"Direito ao respeito pela vida privada e familiar

1. Qualquer pessoa tem direito ao respeito da sua vida privada e familiar, do seu domicílio e da sua correspondência.

2. Não pode haver ingerência da autoridade pública no exercício deste direito senão quando esta ingerência estiver prevista na lei e constituir uma providência que, numa sociedade democrática, seja necessária para a segurança nacional, para a segurança pública, para o bem-estar econômico do país, a defesa da ordem e a prevenção das infracções penais, a proteção da saúde ou da moral, ou a proteção dos direitos e das liberdades de terceiros".

Uma segunda categoria cria reserva judicial para a busca a apreensão, sem exceções. É o caso do Uruguai.

Constituição uruguaia, art. 11:

"Artículo 11 .– El hogar es un sagrado inviolable. De noche nadie podrá entrar en él sin consentimiento de su jefe, y de día, sólo de orden expresa de Juez competente, por escrito y en los casos determinados por la ley".

Um terceiro grupo de texto vai além, criando reserva judicial para a expedição de mandado de busca e apreensão e estabelecendo exceções, nas quais é tolerado o ingresso sem autorização judicial.

Nessa linha, estão as seguintes constituições e as respectivas exceções:

Alemanha: caso a demora implique perigo;

Portugal: flagrante delito;

Espanha: flagrante delito;

Japão: flagrante delito;

Paraguai: flagrante delito, impedir perpretação de crime ou evitar danos à pessoa ou à propriedade;

Angola: flagrante delito ou situação de emergência, para prestação de auxílio.

Lei Fundamental Alemã, § 13:

"§ 13

(1) O domicílio é inviolável.

(2) Buscas só podem ser ordenadas pelo juiz e, caso a demora implique em perigo, também pelos demais órgãos previstos na legislação e somente na forma nela estipulada. [*(1) Die Wohnung ist unverletzlich.*

(2) Durchsuchungen dürfen nur durch den Richter, bei Gefahr im Verzuge auch durch die in den Gesetzen vorgesehenen anderen Organe angeordnet und nur in der dort vorgeschriebenen Form durchgeführt werden".

Constituição portuguesa, art. 34:

"1. O domicílio e o sigilo da correspondência e dos outros meios de comunicação privada são invioláveis.

2. A entrada no domicílio dos cidadãos contra a sua vontade só pode ser ordenada pela autoridade judicial competente, nos casos e segundo as formas previstos na lei.

3. Ninguém pode entrar durante a noite no domicílio de qualquer pessoa sem o seu consentimento, salvo em situação de flagrante delito ou mediante autorização judicial em casos de criminalidade especialmente violenta ou altamente organizada, incluindo o terrorismo e o tráfico de pessoas, de armas e de estupefacientes, nos termos previstos na lei".

Constituição espanhola, art. 18:

"Artigo 18.

2. O domicílio é inviolável. Nenhuma entrada ou busca pode ser feita sem autorização ou ordem judicial, salvo nos casos de flagrante delito. *El domicilio es inviolable. Ninguna entrada o registro podrá hacerse en él sin consentimiento del titular o resolución judicial, salvo en caso de flagrante delito.*"

Constituição japonesa, arts. 33 e 35:

"Art. 33. Ninguém será preso exceto por ordem judicial que especifique a acusação, salvo em flagrante delito.

Art. 35. O direito de todos a estar seguro em suas casas (…), contra buscas e apreensões não vai ser violado exceto contra mandado emitido por justa causa e com descrição particular do lugar a ser buscado e coisas a serem apreendidas, salvo na hipótese do art. 33".

Constituição do Paraguai, art. 34:

"*Artículo 34 – DEL DERECHO A LA INVIOLABILIDAD DE LOS RECINTOS PRIVADOS*

Todo recinto privado es inviolable. Sólo podrá ser allanado o clausurado por orden judicial y con sujeción a la ley. Excepcionalmente podrá serlo, además, en caso de flagrante delito o para impedir su inminente perpetración, o para evitar daños a la persona o a la propiedad".

Constituição da República de Angola, art. 33:

"Artigo 33.° (Inviolabilidade do domicílio)

1. O domicílio é inviolável.

2. Ninguém pode entrar ou fazer busca ou apreensão no domicílio de qualquer pessoa sem o seu consentimento, salvo nas situações previstas na Constituição e na lei, quando munido de mandado da autoridade competente, emitido nos casos e segundo as formas legalmente previstas, ou em caso de flagrante delito ou situação de emergência, para prestação de auxílio.

3. A lei estabelece os casos em que pode ser ordenada, por autoridade competente, a entrada, busca e apreensão de bens, documentos ou outros objectos em domicílio".

A exceção de relevo parece ser a Constituição francesa, que remete a catálogos de direitos da Declaração dos Direitos do Homem e do Cidadão de 1789 e ao preâmbulo da Constituição de 27 de outubro de 1946, os quais não consagram expressamente a inviolabilidade da casa.

Voltando ao direito pátrio, todas as constituições brasileiras continham cláusula de defesa da casa.

As Constituições de 1824, 1891 e 1934 estabeleciam que a casa é "asilo inviolável", somente cabendo a entrada não consentida nos casos e na forma da lei (art. 179, VII; art. 72, § 11, e art. 113, 16, respectivamente).

Constituição de 1824:

"Art. 179. A inviolabilidade dos Direitos Civis, e Politicos dos Cidadãos Brazileiros, que tem por base a liberdade, a segurança individual, e a propriedade, é garantida pela Constituição do Imperio, pela maneira seguinte.

VII. Todo o Cidadão tem em sua casa um asylo inviolavel. De noite não se poderá entrar nella, senão por seu consentimento, ou para o defender de incendio, ou inundação; e de dia só será franqueada a sua entrada nos casos, e pela maneira, que a Lei determinar".

Constituição de 1891:

"Art. 72 – A Constituição assegura a brasileiros e a estrangeiros residentes no paiz a inviolabilidade dos direitos concernentes á liberdade, á segurança individual e á propriedade, nos termos seguintes:

§ 11. A casa é o asylo inviolavel do individuo; ninguem póde ahi penetrar, de noite, sem consentimento do morador, senão para acudir a victimas de crimes, ou desastres, nem de dia, senão nos casos e pela fórma prescriptos na lei".

Constituição de 1934:

"Art. 113 – A Constituição assegura a brasileiros e a estrangeiros residentes no País a inviolabilidade dos direitos concernentes à liberdade, à subsistência, à segurança individual e à propriedade, nos termos seguintes:

16) A casa é o asilo inviolável do indivíduo. Nela ninguém poderá penetrar, de noite, sem consentimento do morador, senão para acudir a vítimas de crimes ou desastres, nem de dia, senão nos casos e pela forma prescritos na lei".

A Constituição de 1937 igualmente remeteu à lei a regulamentação da garantia (art. 122, § 6°). A declaração de estado de guerra em 1942 – Decreto 10.358, de 31.8.1942 – suspendeu a inviolabilidade domiciliar.

Constituição de 1937:

"Art 122 – A Constituição assegura aos brasileiros e estrangeiros residentes no País o direito à liberdade, à segurança individual e à propriedade, nos termos seguintes:

6°) a inviolabilidade do domicílio e de correspondência, salvas as exceções expressas em lei".

A inviolabilidade do domicílio foi retomada pelas Constituições de 1946 e 1967, e Emenda Constitucional 1/69, sempre remetendo à regulamentação legal (art. 141, § 15; art. 150, § 6°, e art. 153, § 10, respectivamente).

Constituição de 1946:

"Art 141 – A Constituição assegura aos brasileiros e aos estrangeiros residentes no País a inviolabilidade dos direitos concernentes à vida, à liberdade, a segurança individual e à propriedade, nos termos seguintes:

§ 15 – A casa é o asilo inviolável do indivíduo. Ninguém, poderá nela penetrar à noite, sem consentimento do morador, a não ser para acudir a vitimas de crime ou desastre, nem durante o dia, fora dos casos e pela forma que a lei estabelecer".

Constituição de 1967:

"Art. 150 – A Constituição assegura aos brasileiros e aos estrangeiros residentes no Pais a inviolabilidade dos direitos concernentes à vida, à liberdade, à segurança e à propriedade, nos termos seguintes:

§ 10 – A casa é o asilo inviolável do indivíduo. Ninguém pode penetrar nela, à noite, sem consentimento do morador, a não ser em caso de crime ou desastre, nem durante o dia, fora dos casos e na forma que a lei estabelecer".

Emenda Constitucional 1/ 1969:

"Art. 153. A Constituição assegura aos brasileiros e aos estrangeiros residentes no País a inviolabilidade dos direitos concernentes à vida, à liberdade, à segurança e à propriedade, nos têrmos seguintes:

§ 10. A casa é o asilo inviolável do indivíduo; ninguém pode penetrar nela, à noite, sem consentimento do morador, a não ser em caso de crime ou desastre, nem durante o dia, fora dos casos e na forma que a lei estabelecer".

Feito esse passeio por espaço e tempo, chegamos à Constituição de 1988. O texto constitucional tratou da inviolabilidade e de suas exceções no art. 5º, XI:

"Art. 5º

XI – a casa é asilo inviolável do indivíduo, ninguém nela podendo penetrar sem consentimento do morador, salvo em caso de flagrante delito ou desastre, ou para prestar socorro, ou, durante o dia, por determinação judicial;"

Estabeleceram-se quatro exceções à inviolabilidade: *(i)* flagrante delito, *(ii)* desastre, *(iii)* prestação de socorro, *(iv)* determinação judicial.

Ainda que com redação inversa, nossa Constituição se alinha aos textos que criam reserva judicial para a expedição de mandado de busca e apreensão e estabelecem exceções, nas quais é tolerado o ingresso sem autorização judicial.

Ao texto constitucional adicionam-se o art. 11, 2, do Pacto de São José da Costa Rica, e o art. 17, 1, do Pacto Internacional sobre Direitos Civis e Políticos, que protegem o domicílio contra "ingerências abusivas e arbitrárias".

A busca e apreensão domiciliar é uma medida invasiva, mas de grande valia para a repressão à prática de crimes e para a investigação criminal. Abusos podem ocorrer, tanto na tomada da decisão de entrada forçada quanto na execução da medida. As comunidades em situação de vulnerabilidade social são especialmente suscetíveis a serem vítimas de ingerências arbitrárias em domicílios.

Ilustrativo, sob esses aspectos, o relato do Secretário de Segurança do Rio de Janeiro, José Mariano Beltrame, em sua biografia – BELTRAME, José Mariano. *Todo Dia é Segunda-Feira*. [recurso eletrônico]. Rio de Janeiro: Sextante, 2014. Formato: ePub. Acesso em 4.11.2015.

Narra ele que, após a ocupação de favelas cariocas, os policiais faziam buscas nas casas da comunidade, o que levava a prisões de fugitivos e à apreensão de grandes quantidades de armas e drogas escondidas pelos traficantes nos barracos. Comentando o rescaldo da tomada do Complexo do Alemão, escreveu:

"Verificamos praticamente uma a uma, as cerca de 30 mil residências e todos os becos da região, à procura de drogas, armas e bandidos. Só depois de executada essa varredura foi que consideramos a área segura" (posição 1725).

Em seguida, descreve abuso na execução da medida, a prática de "espólio de guerra", ou seja, furto de bens que guarneciam as residências:

"Recebi denúncias consistentes de que houve a prática do espólio de guerra durante a ocupação do Alemão. Alguns moradores se queixaram de que policiais haviam roubado objetos de suas casas durante a varredura. Essa era uma preocupação do comando desde o início, mas, apesar da cautela, houve irregularidades por parte de pequeno grupo, que acabou alvo de investigação" (posição 1752).

Garantias penais e processuais-penais 395

A despeito de sua importância, a busca e apreensão domiciliar necessita de controle. Nesse aspecto, o papel do mandado judicial como garantia do respeito à privacidade é evidente. A avaliação feita por um juiz "neutro e desinteressado" sobrepõe a avaliação de um "policial envolvido no empreendimento, muitas vezes competitivo, de revelar o crime", resguardando contra medidas arbitrárias – Justice Robert H. Jackson, redator da *opinion* da Suprema Corte dos Estados Unidos, caso Johnson v. United States 333 U.S. 10 (1948).

Há casos, no entanto, em que a necessidade de autorização judicial é excepcionada. O presente caso trata da exceção do *"flagrante delito"*.

A interpretação que adota o Supremo Tribunal Federal no momento é a de que, se dentro da casa está ocorrendo um crime permanente, é viável o ingresso forçado pelas forças policiais, independentemente de determinação judicial (RHC 91.189, Rel. Min. Cezar Peluso, Segunda Turma, julgado em 9.3.2010; RHC 117.159, Relator Min. Luiz Fux, Primeira Turma, julgado em 5.11.2013; RHC 121.419, Relator Min. Ricardo Lewandowski, Segunda Turma, julgado em 2.9.2014).

No mesmo sentido, é a jurisprudência do Superior Tribunal de Justiça – RHC 40.796, Rel. Ministro Jorge Mussi, Quinta Turma, julgado em 8.5.2014; AgRg no AREsp 417.637, Rel. Ministro Sebastião Reis Júnior, Sexta Turma, julgado em 9.12.2014.

Para se chegar a essa conclusão, segue-se uma linha de raciocínio simples.

Por definição, nos crimes permanentes, há um intervalo entre a consumação e o exaurimento. Nesse intervalo, o crime está em curso. Assim, se dentro do local protegido o crime permanente está ocorrendo, o perpetrador estará cometendo o delito. Caracterizada a situação de flagrante, viável o ingresso forçado no domicílio.

Assim, por exemplo, no crime de tráfico de drogas – art. 33 da Lei 11.343/06 –, estando a droga depositada em uma determinada casa, o morador está em situação de flagrante delito, sendo passível de prisão em flagrante. Um policial poderia ingressar na residência, sem autorização judicial, e realizar a prisão.

Essa interpretação, a despeito de tradicional em nosso direito, é insatisfatória.

Do policial que realiza a busca sem mandado judicial não se exige certeza quanto ao sucesso da medida. Em verdade, dificilmente a certeza estará ao alcance da polícia. Se certeza do crime e de sua autoria houvesse, a diligência seria desnecessária.

No exemplo do comércio de drogas, o próprio pretenso traficante pode ter sido enganado e ter em sua posse quilos de farinha.

Por estar a certeza fora do alcance, a legislação costuma exigir modelos probatórios bem mais modestos para medidas de investigação. Para busca e apreensão, por exemplo, o Código de Processo Penal exige apenas *"fundadas razões"* – art. 240, § 1º.

Considerado o entendimento atual, o policial ingressará na casa sem a certeza de que a situação de flagrante delito, de fato, ocorre. Se concretizar a prisão, poderá dar seu dever por cumprido. Em caso contrário, terá, ao menos em tese, incorrido no crime de violação de domicílio, majorado pela sua qualidade de funcionário público, agindo fora dos casos legais – art. 150, § 2º, do CP.

Ou seja, o policial estaria assumindo o risco de perpetrar um crime, salvo se tiver sucesso em sua diligência. Isso dá ao policial um perigoso incentivo. Ou desvenda o crime, ou responde pessoal e criminalmente pela violação de domicílio.

Caso o policial não encontre a droga e venha a ser acusado criminalmente, transferir-se-á a escolha dramática para a fase de punição do agente público. A tese defensiva natural será o estrito cumprimento do dever legal putativo – o policial alegará que achava que havia um crime em andamento dentro da casa invadida.

Se rejeitar a defesa, o julgador pune um policial que acreditava estar cumprindo seu dever.

Se a acolher, aniquila a garantia da inviolabilidade do domicílio. Qualquer alegação por parte de policiais de que tinham informação de que havia um crime em andamento afastaria a inviolabilidade domiciliar.

E é nessa situação que nos encontramos atualmente.

Ao respeitar a literalidade do texto constitucional, que simplesmente admite o ingresso forçado em caso de flagrante delito, contraditoriamente estamos fragilizando o núcleo essencial dessa garantia.

Precisamos evoluir, estabelecendo uma interpretação que afirme a garantia da inviolabilidade da casa e, por outro lado, proteja os agentes da segurança pública, oferecendo orientação mais segura sobre suas formas de atuação.

Essa evolução pode decorrer tanto da interpretação da própria Constituição como de sua integração com os tratados de direitos dos quais o país é signatário.

Os tratados sobre direitos humanos podem ampliar direitos e garantias fundamentais previstos na Constituição, mesmo para afastar ressalvas expressas feitas pelo texto constitucional. Esse entendimento foi adotado pelo STF para afirmar a impossibilidade da prisão civil do depositário infiel, expressamente prevista no art. 5º, LXVII, da CF, mas incompatível com tratados internacionais sobre direitos humanos – RE 466.343, Rel. Min. Cezar Peluso, e RE 349.703, Red. para Acórdão Min. Gilmar Mendes, julgados em 3.12.2008.

E o Pacto de São José da Costa Rica e o Pacto Internacional sobre Direitos Civis e Políticos protegem o domicílio contra *ingerências arbitrárias* (art. 11, 2, e art. 17, 1, respectivamente).

A entrada forçada em domicílio, sem uma justificativa prévia conforme o direito, é arbitrária. Não será a constatação de situação de flagrância, posterior ao ingresso, que justificará a medida.

Imagine-se, por exemplo, que a polícia selecionasse casas por sorteio e, nas escolhidas, realizasse busca e apreensão, independentemente de qualquer informação sobre seus moradores. Certamente, seriam flagrados crimes em algumas delas. O resultado positivo das buscas, no entanto, não justificaria sua realização. O fundamental é que o critério para a decisão de realizar a entrada forçada foi arbitrário.

A proteção contra a busca arbitrária exige que a diligência seja avaliada com base no que se sabia antes de sua realização, não depois.

Esse princípio é adotado pelo direito norte-americano, na medida em que não dispensa o mandado em situações de crime em curso, salvo se a busca imediata decorrer de circunstâncias exigentes – *"exigent circumstances"* –, assim consideradas "as circunstâncias que levariam uma pessoa razoável a crer que a entrada era necessária para prevenir o dano aos policiais ou outras pessoas, a destruição de provas relevantes, a fuga de um suspeito, ou alguma outra consequência que frustre indevidamente esforços legítimos de aplicação da lei" – *"Those circumstances that would cause a reasonable person to believe that entry (or other relevant prompt action) was necessary to prevent physical harm to the officers or other persons, the destruction of relevant evidence, the escape of a suspect, or some other consequence improperly frustrating legitimate law enforcement efforts"* [United States v. McConney, 728 F. 2d 1195, 1199 (9th Cir.), cert. denied, 469 U.S. 824 (1984)].

Assim, precisamos rever os termos em que a busca e apreensão domiciliar deve ocorrer.

Novo recurso ao direito comparado nos permite encontrar uma orientação mais segura.

O Tribunal Europeu dos Direitos do Homem parte de um texto normativo menos protetivo para chegar a uma conclusão de maior afirmação da garantia.

A Convenção Europeia dos Direitos do Homem dispõe sobre a inviolabilidade domiciliar em seu artigo 8º. Esse texto se limita a estabelecer que a violação ao domicílio é tolerável quando "estiver prevista na lei". Para além disso, a lei somente pode permitir a ingerência se "constituir uma providência que, numa sociedade democrática, seja necessária" para assegurar uma finalidade aceitável – segurança nacional, segurança pública, bem-estar econômico do país, defesa da ordem e prevenção das infracções penais, proteção da saúde ou da moral, ou proteção dos direitos e das liberdades de terceiros.

Entende-se que a exigência de um mandado judicial autorizando a interferência no domicílio é importante para evitar abusos e arbítrios. No entanto, em situações exigentes, "a ausência de mandado judicial prévio pode ser contrabalançada pela disponibilidade de um controle *ex post factum*". Assim, as buscas sem autorização judicial deverão ser passíveis de rigoroso escrutínio *a posteriori* por magistrado – nesse sentido, Heino contra Finlândia (caso n. 56720/09), decisão de 15.2.2011; Smirnov contra Rússia (caso 71362/01), decisão de 7.6.2007.

O controle judicial da investigação criminal serve para compatibilizar os direitos de liberdade com os interesses da segurança pública. Esse controle pode ser *a priori* – antes da adoção da medida que afeta direitos fundamentais – ou *a posteriori* – após a adoção da medida. No controle prévio, a adoção da medida deve ser precedida da expedição de uma ordem judicial. O juiz, terceiro imparcial, analisa a presença dos requisitos da medida e, se for o caso, autoriza sua realização.

No controle *a posteriori*, a legislação permite aos agentes da administração desde logo atuar, realizando a medida invasiva. Apenas depois de sua concretização, o terceiro imparcial verifica se os agentes da administração agiram de acordo com o direito, analisando se estavam presentes os pressupostos da medida e se sua execução foi conforme o direito.

O controle *a posteriori* pode ser adotado, mesmo em medidas invasivas, se houver razões suficientes para tanto.

É o que ocorre no caso da prisão em flagrante – art. 5º, LXI, da CF. Trata-se de exceção à exigência de prévia ordem escrita da autoridade judiciária para a prisão, fundada na urgência em fazer cessar a prática de crime e na evidência de sua autoria. No entanto, é indispensável o controle da medida *a posteriori*, mediante imediata comunicação ao juiz, que analisa a legalidade da prisão em flagrante – art. 5º, LXII, da CF.

No caso da inviolabilidade domiciliar, em geral, é necessário o controle judicial prévio – expedição de mandado judicial de busca e apreensão. O juiz analisa a existência de justa causa para a medida – na forma do art. 240, § 1º, do CPP, verifica se estão presentes as "*fundadas razões*" para a medida – e, se for o caso, determina a expedição do mandado de busca e apreensão.

No entanto, é a própria Constituição que elenca exceções – entre elas o flagrante delito – nas quais dispensa o mandado judicial para ingresso forçado em casa. Em crimes permanentes, o agente está permanentemente em situação de flagrante delito. Assim, seria de difícil compatibilização com a Constituição exigir controle judicial prévio para essas hipóteses.

Da mesma forma, a cláusula que limita o ingresso ao período do dia é aplicável apenas aos casos em que a busca é determinada por ordem judicial. Nos demais casos – flagrante delito, desastre, ou para prestar socorro – a Constituição não faz exigência quanto ao período do dia. Talvez porque, nessas hipóteses, presume-se urgência no ingresso na casa.

Essa urgência é presumida independentemente de o crime envolver violência ou grave ameaça à pessoa.

Nas hipóteses em que a Constituição dispensa o controle judicial prévio, resta o controle *a posteriori*. Pelo entendimento atualmente aceito na jurisprudência, se a situação de flagrante se confirma, qualquer controle subsequente à medida é dispensado. Não se exige das autoridades policiais maiores explicações sobre as razões que levaram a ingressar na casa onde a diligência foi realizada.

Assim, voltando ao exemplo da droga mantida em depósito em residência, se o policial obtém, mediante denúncia anônima, a informação de que a droga está naquela casa, não poderá pedir mandado judicial, porque ninguém se responsabilizou validamente pela declaração – art. 5º, IV, CF. No entanto, poderá forçar a entrada na casa e fazer a prisão em flagrante. Se, eventualmente, vier a ser indagado, poderá pretextar que soube da localização da droga por informações de inteligência policial. De qualquer forma, a solidez das informações que levaram ao ingresso forçado não é analisada.

Já afirmamos que essa solução é menos insatisfatória. Em consequência, resta fortalecer o controle *a posteriori*, exigindo dos policiais a demonstração de que a medida foi adotada mediante justa causa. Ou seja, que havia elementos para caracterizar a suspeita de que uma situação que autoriza o ingresso forçado em domicílio estava presente. O modelo probatório é o mesmo da busca e apreensão domiciliar – *fundadas razões*, art. 240, § 1º, do CPP. Trata-se de exigência modesta, compatível com a fase de obtenção de provas.

É amplo o leque de elementos que podem ser utilizados para satisfazer o requisito.

O policial pode invocar o próprio testemunho para justificar a medida. Claro que o ingresso forçado baseado em fatos presenciados pelo próprio policial que realiza a busca coloca o agente público em uma posição de grande poder e, por isso mesmo, deve merecer especial escrutínio. No entanto, ao ouvir gritos de socorro e ruídos característicos de uma briga vindos de dentro de uma residência, o policial tem fundadas razões para crer que algum crime está em andamento no ambiente doméstico. Não se deve exigir que busque confirmação adicional para agir.

Por outro lado, provas ilícitas, informações de inteligência policial – denúncias anônimas, afirmações de "informantes policiais" (pessoas ligadas ao crime que repassam informações aos policiais, mediante compromisso de não serem identificadas), por exemplo – e, em geral, elementos que não têm força probatória em juízo não servem para demonstrar a justa causa.

A esse respeito, registro que a jurisprudência desta Corte não vê em elementos desprovidos de valor probatório força suficiente para adoção de medidas invasivas. Os precedentes vão no sentido de que nem mesmo investigações criminais podem ser instauradas sem um mínimo de indícios da ocorrência da infração. Nesse sentido, especificamente sobre a denúncia anônima, decidiu-se no Inq. 1957, Rel. Min. Carlos Velloso, Tribunal Pleno, *DJ* 11.11.2005. Bem pontuou o Ministro Celso de Mello:

"(a) os escritos anônimos não podem justificar, só por si, desde que isoladamente considerados, a imediata instauração da *persecutio criminis*, eis que peças apócrifas não podem ser incorporadas, formalmente, ao processo, salvo quando tais documentos forem produzidos pelo acusado, ou, ainda, quando constituírem, eles próprios, o corpo de delito (como sucede com bilhetes de resgate no delito de extorsão mediante sequestro, ou como ocorre com cartas que evidenciem a prática de crimes contra a honra, ou que corporifiquem o delito de ameaça ou que materializem o *crimen falsi*, p. ex.);

(b) nada impede, contudo, que o Poder Público provocado por delação anônima (disque-denúncia, p. ex.), adote medidas informais destinadas a apurar, previamente, em averiguação sumária, com prudência e discrição, a possível ocorrência de eventual situação de ilicitude penal, desde que o faça com o objetivo de conferir a verossimilhança dos fatos nela denunciados, em ordem a promover, então, em caso positivo, a formal instauração da *persecutio criminis*, mantendo-se, assim, completa desvinculação desse procedimento em relação às peças apócrifas;"

Na mesma linha é o entendimento do Superior Tribunal de Justiça – AgRg no REsp 1521711/RS, Rel. Ministra Maria Thereza de Assis Moura, Sexta Turma, julgado em 21.5.2015.

Nada impede, contudo, que essas informações venham a dar base a pesquisas e, uma vez robustecidas por outros elementos, embasem a busca.

Logo, a tese é coerente com a jurisprudência acerca do lastro mínimo para medidas invasivas.

A solução preconizada não tem a pretensão de resolver todos os problemas. A locução *fundadas razões* demandará esforço de concretização e interpretação. Haverá casos em que o policial julgará que dispõe de indícios suficientes para a medida e o Juízo decidirá em contrário.

O fundamental é que se passa a ter a possibilidade de contestação de uma medida de busca e apreensão que deu resultados. Assegura-se à defesa a oportunidade de impugnar, em um processo contraditório, a existência e suficiência das razões para a medida. Ou seja, a validade da busca é testada com base no que se sabia antes de sua realização, não depois.

A mudança cria espaço para formação de jurisprudência acerca dos limites da atuação policial, possibilitando o desenvolvimento e a concretização da garantia, a partir da avaliação jurisprudencial dos casos concretos.

Há também casos que apresentarão complexidades que ultrapassarão os limites do tema aqui apreciado.

Por exemplo, numa investigação sigilosa, pode surgir a notícia do crime permanente dentro de residência. No entanto, dar acesso ao dono da casa a todos os dados da investigação pode comprometer o restante das pesquisas. Em tese, poder-se-ia realizar investigação independente, documentando indícios mínimos para a busca e retendo o restante da prova. Os limites dessa prática, no entanto, não são aqui debatidos.

Também é comum que, no cumprimento de mandados de busca e apreensão, revelem-se situações de flagrante delito não previstas no objeto inicial. Numa busca por drogas, por exemplo, podem-se encontrar armas de uso proibido. Em princípio, o ingresso forçado está autorizado, pelo que não se cogita de vulneração da garantia da inviolabilidade de domicílio. No entanto, novamente, os limites da prática não são aqui debatidos.

Tampouco se pretende aferir a validade de mandados de busca e apreensão coletivos. Esse expediente, que vem sendo usado em operações em favelas e comunidades conflagradas, testa os limites da garantia contra a inviolabilidade da casa de formas que não comportariam análise no presente tema.

Outra questão não apreciada é a validade do consentimento do morador. As hipóteses concretas podem revelar desdobramentos complexos, seja quanto à prova do consentimento, seja quanto a sua validade e suficiência. A Suprema Corte dos Estados Unidos vê com desconfiança o consentimento do morador obtido pelo agente estatal "sob autoridade governamental" (*under government authority*) ou "sob as cores do uniforme" (*under color of office*) – respectivamente, casos Amos v. United States, 255 U.S. 313 (1921) e caso Johnson v. United States 333 U.S. 10 (1948). Já houve algum debate sobre o assunto no HC 79.512, Rel. Min. Sepúlveda Pertence, julgado em 16.12.1999. O tema em julgamento, no entanto, não se presta a resolver a questão.

Enfim, há uma infinidade de complicadores que merecem avaliação em separado. Será a casuística que impulsionará o desenvolvimento de jurisprudência para enfrentar os diferentes temas.

Ainda assim, tenho que a tese é um avanço para a concretização da garantia. Com ela, estar-se-á valorizando a proteção, na medida em que será exigida justa causa, controlável *a posteriori*, para a busca.

No que se refere à segurança jurídica para os agentes da segurança pública, ao demonstrarem a justa causa para a medida, os policiais deixam de assumir o risco de cometer o crime de invasão de domicílio, mesmo que a diligência não tenha o resultado esperado. Por óbvio, eventualmente, o juiz considerará que a medida não estava justificada em elementos suficientes. Isso, no entanto, não gerará a responsabilização do policial, salvo em caso de abuso inescusável.

Assim, tanto o direito fundamental à inviolabilidade de domicílio quanto à segurança jurídica dos agentes estatais ficarão otimizados.

Em suma, proponho seja fixada a interpretação de que a entrada forçada em domicílio sem mandado judicial só é lícita, mesmo em período noturno, quando amparada em fundadas razões, devidamente justificadas *a posteriori*, que indiquem que dentro da casa ocorre situação de flagrante delito, sob pena de responsabilidade disciplinar, civil e penal do agente ou da autoridade, e de nulidade dos atos praticados.

No caso concreto, o recorrente Paulo Roberto de Lima foi preso em flagrante porque foram encontrados 8,542 kg (oito quilos, quinhentos e quarenta e dois gramas) dentro de um veículo Ford Focus de sua propriedade, estacionado na garagem de sua residência.

A busca foi realizada sem mandado judicial.

No entanto, havia fundadas razões para suspeitar que o recorrente estava em situação de flagrante delito quanto ao crime de tráfico de drogas.

O acórdão recorrido assenta que o investigado e Reinaldo Campanha eram suspeitos de transportar drogas. Reinaldo dirigia caminhão de propriedade do recorrente. A polícia já havia monitorado encontros de ambos.

Em 20.4.2007, Reinaldo partiu da casa do recorrente Paulo Roberto dirigindo caminhão que, posteriormente, foi interceptado. Inspecionado o veículo, foram localizados 23,421 kg (vinte e três quilos, quatrocentos e vinte e um gramas) de cocaína.

Após a prisão, Reinaldo teria confirmado receber a droga de Paulo Roberto.

Na sequência, os policiais foram à residência de Paulo Roberto e ingressaram na casa e em seu terreno sem autorização. Ao revistarem o veículo estacionado na garagem, localizaram os 8,542 kg (oito quilos, quinhentos e quarenta e dois gramas) de cocaína adicionais.

O ingresso forçado na casa estava amparado no acompanhamento prévio e nas declarações do flagrado Reinaldo, elementos suficientes para indicar fundadas razões de que Paulo Roberto estivesse cometendo o crime de tráfico de drogas.

Assim, a tese do recorrente está em desacordo com a interpretação fixada por esta decisão.

As demais teses do recorrente fogem aos limites da admissão de repercussão geral ao recurso extraordinário, pelo que não serão debatidas.

Ante o exposto:

a) resolvo a questão com repercussão geral, estabelecendo a interpretação de que a entrada forçada em domicílio sem mandado judicial só é lícita, mesmo em período noturno, quando amparada em fundadas razões, devidamente justificadas *a posteriori*, que indiquem que dentro da casa ocorre situação de flagrante delito, sob pena de responsabilidade disciplinar, civil e penal do agente ou da autoridade, e de nulidade dos atos praticados;

b) nego provimento ao recurso extraordinário.

HC 85.327[1]

Crime societário – Necessidade de individualização das condutas dos indiciados – Observância dos princípios do devido processo legal (CF, art. 5º, inciso
LIV), da ampla defesa, do contraditório (CF, art. 5º, inciso LV) e da dignidade
humana (CF, art. 1º, inciso III) – Mudança de orientação jurisprudencial.

A Ministra Ellen Gracie, no exercício da Presidência, proferiu decisão liminar que bem
resumiu a questão:

"Trata-se de *habeas corpus* impetrado em favor de Issam Atef Sammour, Zein Atef Sammour e Nadia
Atef Sammour Alberton contra acórdão da 5ª Turma do Superior Tribunal de Justiça no HC n. 23.291/
SP, onde, negando-se provimento ao recurso ordinário, manteve-se acórdão do TRF da 3ª Região que
afastara a alegação de justa causa para o trancamento da ação penal movida pelos ora pacientes pela
prática dos crimes previstos nos art. 334, do Código Penal, c/c o art. 1º, inciso I a IV, da Lei n. 8.137/90.

Alegaram os impetrantes haver no caso concreto, *temerária apresentação de denúncia sem uma correta
definição sobre a autoria do delito, sem descrição como os sócios teriam contribuído para os fatos tidos
como delituosos, pela inexistência de persecutório inquisitorial a apontar a existência de nexo causal
entre o fato investigado e a conduta dos pacientes, sócios da empresa.*

Pedem a concessão de liminar *APENAS PARA SUSPENDER O ANDAMENTO DA AÇÃO PENAL
ATÉ FINAL JULGAMENTO DESTE WRIT* (fls. 21), e, no mérito, o trancamento da ação penal."

O Ministério Público Federal opinou pela denegação da ordem de *habeas corpus.*

Em sessão realizada no dia 15.8.2006, a Segunda Turma prolatou decisão nestes termos
ementada:

*EMENTA: 1. Habeas corpus. Crimes contra a Ordem Tributária (Lei n. 8.137, de 1990). Crime societário.
2. Alegação de denúncia genérica e que estaria respaldada exclusivamente em processo administrativo. Ausência
de justa causa para ação penal. Pedido de trancamento. 3. Dispensabilidade do inquérito policial para instauração
de ação penal (art. 40, § 1º, CPP). 4. Mudança de orientação jurisprudencial, que, no caso de crimes societários,
entendia ser apta a denúncia que não individualizasse as condutas de cada indiciado, bastando a indicação de que
os acusados fossem de algum modo responsáveis pela condução da sociedade comercial sob a qual foram supostamente praticados os delitos. [...] 5. Necessidade de individualização das respectivas condutas dos indiciados. 6.
Observância dos princípios do devido processo legal (CF, art. 5º, LIV), da ampla defesa, contraditório (CF, art.
5º, LV) e da dignidade da pessoa humana (CF, art. 1º, III). Precedentes: HC n. 73.590-SP, 1ª Turma, unânime, Rel. Min. Celso de Mello, DJ de 13.12.1996; e HC n. 70.763-DF, 1ª Turma, unânime, Rel. Min. Celso
de Mello, DJ de 23.09.1994. 7. No caso concreto, a denúncia é inepta porque não pormenorizou, de modo
adequado e suficiente, a conduta dos pacientes. 8. Habeas corpus deferido.*

VOTO

O objeto deste *habeas corpus* se resume a dois pontos: a) denúncia baseada exclusivamente
em processo administrativo; e b) inépcia da denúncia, por ausência de indicação da conduta
individualizada dos acusados.

Em relação ao primeiro ponto, a alegação de que a denúncia se baseou exclusivamente em
processo administrativo (item "a" acima), temos o disposto no art. 46, § 1º, do Código de Processo Penal: "Quando o Ministério Público dispensar o inquérito policial, o prazo para o oferecimento da denúncia contar-se-á da data em que tiver recebido as peças de informações ou a
representação".

---

[1] A Segunda Turma do Supremo Tribunal Federal, por maioria, deferiu o pedido, nos termos do voto do Relator,
Ministro Gilmar Mendes (*DJ* de 20.10.2006).

Com efeito, em nosso ordenamento jurídico, há dispensabilidade do inquérito policial para propositura da ação penal. Neste sentido, vale destacar o seguinte precedente:

"HABEAS CORPUS. ESTELIONATO. ART. 171, CAPUT DO CÓDIGO PENAL.

1 – O inquérito policial não é procedimento indispensável à propositura da ação penal (RHC n. 58.743/ES, Min. Moreira Alves, *DJ* 08/05/1981 e RHC n. 62.300/RJ, Min. Aldir Passarinho).

2 – Denúncia que não é inepta, pois descreve de forma clara a conduta atribuída aos pacientes, que, induzindo a vítima em erro, venderam a ela um falso seguro, omitindo a existência de cláusulas que lhe eram prejudiciais visando à obtenção de vantagem ilícita, fato que incide na hipótese do art. 171, *caput* do Código Penal.

Alegações que dependem de análise fático-probatória, que não se coaduna com o rito angusto do *habeas corpus*.

3 – Esta Corte já firmou o entendimento de que, em se tratando de crimes societários ou de autoria coletiva, é suficiente, na denúncia, a descrição genérica dos fatos, reservando-se à instrução processual a individualização da conduta de cada acusado (HC n. 80.204/GO, Min. Maurício Corrêa, *DJ* 06/10/2000 e HC n. 73.419/RJ, Min. Ilmar Galvão, *DJ* 26/04/1996).

4 – *Habeas corpus* indeferido." (HC n. 82.246, Rel. Min. Ellen Gracie, *DJ* de 14.11.2002).

Em relação ao segundo ponto, inépcia da denúncia, por ausência de indicação da conduta individualizada dos acusados (item "b" acima). No caso concreto, a denúncia (fls. 28-31) tece as seguintes considerações sobre a materialidade delitiva e os indícios de autoria:

"Através de fiscalização realizada por fiscais da receita Federal, em 05 de outubro de 1999, no contêiner NYKU 219.634-0, desembaraçado através do Porto de Paranaguá, oriundo de Hong Kong, restou constatado que os valores atribuídos aos produtos importados, guarda-chuvas, U$ 0,05, eram ínfimos, haja vista, que em outro despacho, DI 99/0150337-0, efetuado no mesmo ano e de mercadoria semelhante, o valor declarado era de U$ 0,48.

A divergência entre os valores dos bens declarados, indicam o propósito do importador de introduzi-los no País com a satisfação de exações incidentes em valor inferior ao devido, o que somente não se efetivou em razão da conferência física realizada pela equipe de fiscalização.

A materialidade delitiva está comprovada pelo Auto de infração n. 0011128/4121/99, (fls. 03 à 19) e valoração definida à fl. 35, sendo nesta apurada uma sonegação de R$ 10.655,70.

Os réus eram sócios da empresa 'Issam Importação e Exportação Ltda.' à época dos fatos, e agiram nesta solidariamente.

Os denunciados em coautoria (art. 29 do CP) praticaram descaminho (art. 334 do CP), ao iludir, em parte, o imposto devido pelo ingresso no país de 4.800 dúzias de guarda-chuvas, declarados fraudulentamente, e em concurso material (art. 69 do CP), praticaram delito contra a ordem tributária eis que ocorreu a supressão dos tributos na importação incidentes sobre os objetos introduzidos no país e declarados fraudulentamente, através de omissão de informação (I) e fraude a fiscalização com a omissão de operação em documento fiscal (II; ambos do art. 1º da Lei 8.137/90)." (fls. 86-88)

Ao apreciar casos similares (HC n. 86.294-SP, 2ª Turma, por maioria, *DJ* de 03.02.2006; e HC n. 85.579-MA, 2ª Turma, unânime, *DJ* de 24.05.2005), acompanhei a orientação então perfilhada pela Corte, no sentido de que em crimes societários seria apta a denúncia que não individualizasse as condutas de cada indiciado, bastando, em princípio, a indicação de que os acusados fossem de algum modo responsáveis pela condução da sociedade comercial sob a qual foram supostamente praticados os delitos (cf. entre outros: HC n. 80.812-PA, 2ª Turma, por maioria, de minha relatoria p/ o acórdão, *DJ* de 05.03.2004; HC n. 73.903-CE, 2ª Turma, unânime, Rel. Min. Francisco Rezek, *DJ* de 25.04.1997; e HC n. 74.791-RJ, 1ª Turma, unânime, Rel. Min. Ilmar Galvão, *DJ* de 09.05.1997).

Conforme se pode observar, no caso concreto, a denúncia não pormenorizou, de modo adequado e suficiente a conduta de cada indiciado, ofendendo assim os princípios do devido processo legal (CF, art. 5º, LIV), da ampla defesa, contraditório (CF, art. 5º, LV) e da dignidade da pessoa humana (CF, art. 1º, III), (cf. entre outros: HC n. 73.590-SP, 1ª Turma, unânime, Rel. Min. Celso de Mello, *DJ* de 13.12.1996; e HC n. 70.763-DF, 1ª Turma, unânime, Rel. Min. Celso de Mello, *DJ* de 23.09.1994.

Pelo que se pode depreender dos autos, todos os denunciados eram solidariamente corresponsáveis, em igualdade de condições, pela representação legal da sociedade comercial ISSAM IMPORTAÇÃO E EXPORTAÇÃO LTDA. Porém, não se pode atribuir o dolo solidariamente a todos os sócios, vez que nosso ordenamento jurídico penal está impregnado pela ideia de que a responsabilização penal se dá, em regra, pela aferição da responsabilidade subjetiva. Dessa forma, as condutas deveriam ser descritas individualmente, para permitir a efetiva defesa dos acusados.

No ponto, vale destacar, o seguinte excerto do voto do Min. Celso de Mello, proferido no HC n. 80.812-PA, como se segue:

"Cumpre ter presente, neste ponto, a advertência constante do magistério jurisprudencial desta Suprema Corte, que, ao insistir na **indispensabilidade** de o Estado identificar, **na peça acusatória**, com absoluta precisão, a participação individual de **cada** denunciado – **e considerada a inquestionável repercussão processual desse ato sobre a sentença judicial** –, observa que '*Discriminar a participação de cada corréu é de todo necessário (...), porque, se, em certos casos, a simples associação pode constituir um delito per se, na maioria deles a natureza da participação de cada um, na produção do evento criminoso, é que determina a sua responsabilidade, porque alguém pode pertencer ao mesmo grupo, sem concorrer para o delito, praticando, por exemplo, atos penalmente irrelevantes, ou nenhum. Aliás, a necessidade de se definir a participação de cada um resulta da própria Constituição, porque a responsabilidade criminal é pessoal, não transcende da pessoa do delinquente (...). É preciso, portanto, que se comprove que alguém concorreu com ato seu para o crime*' (**RTJ** 35/517, **534**, Rel. Min. VICTOR NUNES LEAL).

Tem-se, desse modo, que se revela **inepta** a denúncia, sempre que – **tal como no caso ocorre** – a peça acusatória, **sem** especificar a participação dos acusados, vem a atribuir-lhes virtual **responsabilidade solidária** pelo evento delituoso, **pelo só fato** de pertencerem ao corpo gerencial da empresa (**RHC 50.249**, Rel. Min. XAVIER DE ALBUQUERQUE).

A formulação de **acusações genéricas**, em delitos societários, culmina por consagrar uma **inaceitável** hipótese de responsabilidade penal objetiva, com todas as **gravíssimas** consequências que daí podem resultar, consoante adverte, **em precisa abordagem** do tema, o ilustre Advogado paulista Dr. RONALDO AUGUSTO BRETAS MARZAGÃO ('**Denúncias Genéricas em Crime de Sonegação Fiscal**', in 'Justiça e Democracia', vol. 1/207-211, **210-211**, 1996, RT):

'*Se há compromisso da lei com a culpabilidade, não se admite responsabilidade objetiva, decorrente da imputação genérica, que não permite ao acusado conhecer se houve e qual a medida da sua participação no fato, para poder se defender.*

Desconhecendo o teor preciso da acusação, o defensor não terá como orientar o interrogatório, a defesa prévia e o requerimento de provas, bem assim não terá como avaliar eventual colidência de defesas entre a do seu constituinte e a do corréu. O acusado será obrigado a fazer prova negativa de que não praticou o crime, assumindo o ônus da prova que é do Ministério Público, tendo em vista o princípio constitucional da presunção de inocência.

A denúncia genérica, nos crimes de sonegação fiscal, impossibilita a ampla defesa e, por isso, não pode ser admitida.'

Cumpre ter presente, bem por isso, a séria objeção exposta pelo saudoso Ministro ASSIS TOLEDO, para quem '*Ser acionista ou membro do conselho consultivo da empresa não é crime. Logo, a invocação dessa condição, sem a descrição de condutas específicas que vinculem cada diretor ao evento criminoso, não basta para viabilizar a denúncia*' (**RT** 715/526).

É preciso insistir na circunstância de que a 'responsabilidade penal pelos eventos delituosos praticados no plano societário, em nome e em favor de organismos empresariais, deve resolver-se – consoante **adverte** MANOEL PEDRO PIMENTEL ('**Crimes Contra o Sistema Financeiro Nacional**, p. 172, 1987, RT) – *na responsabilidade individual dos mandatários, uma vez comprovada sua participação nos fatos*' (**grifei**), eis que, tal como salienta o saudoso Professor da Faculdade de Direito do Largo de São Francisco, o princípio hoje dominante da **responsabilidade por culpa** – que **não** se confunde com o postulado da responsabilidade por risco – revela-se incompatível com a concepção do *versari in re illicita*, **banida** do domínio do direito penal da culpa.

É que – tal como já decidiu o Supremo Tribunal Federal – a circunstância de alguém **meramente** ostentar a condição de sócio de uma empresa **não pode** justificar a formulação de **qualquer** juízo acusatório fundado numa **inaceitável** presunção de culpa (**RTJ 163/268-269**, Rel. Min. CELSO DE MELLO)."

Cabe, ainda, ressaltar o recente julgamento do HC n. 86.879-SP (Rel. Min. Joaquim Barbosa, Redator para o acórdão Min. Gilmar Mendes; 2ª Turma, maioria, julgado na Sessão de 21.02.2006, acórdão pendente de publicação), no qual esta Colenda Segunda Turma proclamou a inadmissibilidade de denúncias genéricas para o caso de crimes societários.

Conforme se pode constatar, nesses casos de apreciação de constrangimento ilegal, em razão de injusta persecução penal, o Supremo Tribunal Federal tem declarado que não é difícil perceber os danos que a mera existência de uma ação penal impõe ao indivíduo – o qual, uma vez denunciado, se vê obrigado a despender todos seus esforços em um campo não meramente cível (como seria típico da atuação econômica dessas empresas), mas eminentemente penal, com sérias repercussões para a dignidade pessoal dos seus sócios.

Daí a necessidade de rigor e de prudência por parte daqueles que têm o poder de iniciativa nas ações penais e daqueles que podem decidir sobre o seu curso.

Tal como já ressaltei em outras oportunidades, a fórmula ideal para uma persecução penal adequada e legítima encontrou sua pedagógica sistematização em texto clássico de João Mendes de Almeida Júnior. Diz João Mendes que a denúncia:

> "É uma exposição narrativa e demonstrativa. Narrativa, porque deve revelar o fato com tôdas as suas circunstâncias, isto é, não só a ação transitiva, como a pessoa que a praticou (*quis*), os meios que empregou (*quibus auxiliis*), o malefício que produziu (*quid*), os motivos que o determinaram a isso (*cur*), a maneira porque a praticou (*quomodo*), o lugar onde a praticou (*ubi*), o tempo (*quando*). (Segundo enumeração de Aristóteles, na *Ética a Nincomaco*, 1. III, as *circunstâncias* são resumidas pelas palavras *quis, quid, ubi, quibus auxiliis, cur, quomodo, quando*, assim referidas por Cícero (De Invent. I)). Demonstrativa, porque deve descrever o corpo de delito, dar as razões de convicção ou presunção e nomear as testemunhas e informantes."[2]

Quando se fazem imputações incabíveis, dando ensejo à persecução criminal injusta, portanto, está a se violar, também, o princípio da dignidade da pessoa humana, o qual, entre nós, tem base positiva no artigo 1º, III, da Constituição.

Como se sabe, na sua acepção originária, tal princípio proíbe a utilização ou transformação do homem em objeto dos processos e ações estatais. O Estado está vinculado ao dever de respeito e proteção do indivíduo contra exposição a ofensas ou humilhações. A propósito, em comentários ao art. 1º da Constituição alemã, afirma Günther Dürig que a submissão do homem a um processo judicial indefinido e sua degradação como objeto do processo estatal atenta contra o princípio da proteção judicial efetiva (*rechtliches Gehör*) e fere o princípio da dignidade humana ["*Eine Auslieferung des Menschen an ein staatliches Verfahren und eine Degradierung zum Objekt dieses Verfahrens wäre die Verweigerung des rechtlichen Gehörs*."] (MAUNZ-DÜRIG, *Grundgesetz Kommentar*, Band I, München, Verlag C.H.Beck, 1990, 1ⁱ 18).

Estou convencido de que a inépcia da denúncia, com relação ao caso específico dos pacientes destes autos, constitui tema com sérias implicações no campo dos direitos fundamentais, seja relativamente ao direito de defesa, seja no concernente ao princípio da dignidade da pessoa humana.

Por fim, deve-se ter em mente que, em matéria de crimes societários a denúncia deve expor, de modo suficiente e adequado, a conduta atribuível a cada um dos agentes de modo a que seja

---

[2] ALMEIDA JÚNIOR, João Mendes de. *O processo criminal brasileiro*, v. II. Rio de Janeiro/São Paulo: Freitas Bastos, 1959, p. 183.

possível identificar o papel desempenhado pelo(s) então denunciado(s) na estrutura jurídico-administrativa da empresa.

No caso concreto, a peça acusatória não especifica o nexo de causalidade imputável a cada um dos pacientes. A denúncia tão somente descreve, de modo genérico, a suposta ocorrência de ilícitos penais.

Daí a inviabilidade da legítima instauração da persecução penal por manifesta falta de individualização dos fatos – os quais são coletivamente atribuídos aos ora pacientes pelo simples fato de que, por uma eventualidade socioeconômica, eles integrem uma sociedade ou sejam responsáveis pela integralização do capital social de uma determinada empresa.

Em última análise, a responsabilização penal em casos como este corresponde a indevida transposição de efeitos jurídicos do campo cível ou administrativo para uma área em que as ofensas a direitos e garantias fundamentais podem ser tragicamente potencializada: a esfera da liberdade de locomoção típica da seara penal.

Nesse mesmo sentido, faço referência ao recente julgamento do HC n. 85.948-PA (sessão de 23.05.2006), no qual, a Primeira Turma, por unanimidade, aplicou a mesma tese em caso similar ao ora em apreço.

Diante de todas as razões expostas, é patente que a denúncia não se pautou por descrever, de modo minudenciado, as condutas individuais dos ora pacientes. A inicial acusatória não se reveste dos requisitos necessários a uma persecução penal adequada e legítima no contexto de nosso Estado Democrático de Direito (CPP, art. 41; CF, art. 5º, XLVI e art. 1º, III).

Nestes termos, meu voto é voto pela **concessão** da ordem para que seja trancada a ação penal, por inépcia da denúncia.

HC 86.395[1]

Ação penal – Ausência de justa causa – Denúncia – Não descrição das condutas típicas imputadas ao paciente – Ofensa ao devido processo legal – Ausência de fatos elementares associados às imputações dos crimes.

Trata-se de *habeas corpus*, com pedido de medida liminar, impetrado em face de decisão da Quinta Turma do Superior Tribunal de Justiça proferida no HC n. 41.181/SP, *DJ* de 15.08.2006.

O impetrante ajuizou *habeas corpus* perante o Superior Tribunal de Justiça com o objetivo de trancar a ação penal movida em face do paciente no âmbito do Tribunal Regional Federal da 3ª Região. Ao final, o pedido do HC 41.181-SP foi denegado, cassando-se a liminar anteriormente concedida.

No Supremo Tribunal Federal o impetrante alegou flagrante ausência de justa causa para a instauração de ação penal, sob o argumento de que a denúncia não seria apta, uma vez que não explicitou, de modo claro, quais trechos das conversas havidas entre o policial rodoviário e o paciente configurariam ameaça ou abuso de autoridade. Afirmou que *"não é apta a inicial que obrigue a defesa a arriscar-se a adivinhar o que os acusadores imaginariam ser a prática criminosa"*.

Os impetrantes requereram "a CONCESSÃO DA ORDEM DE *HABEAS CORPUS*, para o fim de, por qualquer dos motivos arrolados, TRANCAR A AÇÃO PENAL movida contra o ora paciente."

O Ministério Público Federal manifestou-se pelo indeferimento da ordem.

A decisão do *habeas corpus* foi assim ementada:

EMENTA: Habeas Corpus. 1. Crimes previstos nos artigos 147 c/c artigo 61, II, alínea "g", do Código Penal e artigo 3º, alínea "j", c/c artigo 6º, § 4º, da Lei n. 4.898/1965 (ameaça com a agravante genérica do abuso de poder ou violação de dever inerente a cargo, ofício, ministério ou profissão e abuso de autoridade). 2. Alegações: a) ausência de representação quanto ao crime de ameaça; e b) ausência de justa causa para a ação penal em face da denúncia não descrever as condutas típicas imputadas ao paciente. 3. No caso concreto, a denúncia limita-se a reportar, de maneira pouco precisa, os termos de representação formulada pelos policiais rodoviários federais envolvidos. Não narra o ato concreto do paciente que configure ameaça ou abuso de autoridade. A peça acusatória não observou os requisitos que poderiam oferecer substrato a uma persecução criminal minimamente aceitável. 4. Na espécie, a atividade persecutória do Estado orienta-se em flagrante desconformidade com os postulados processuais-constitucionais. A denúncia não preenche os requisitos para a regular tramitação de uma ação penal que assegure o legítimo direito de defesa, tendo em vista a ausência de fatos elementares associados às imputações dos crimes de ameaça e abuso de autoridade. Precedentes: HC n. 86.424/SP, acórdão de minha relatoria, Rel. originária Min. Ellen Gracie, 2ª Turma, por maioria, DJ de 20.10.2006; HC n. 84.388/SP, Rel. Min. Joaquim Barbosa, 2ª Turma, unânime, DJ de 19.05.2006; e HC n. 84.409/SP, acórdão de minha relatoria, Rel. originária Min. Ellen Gracie, 2ª Turma, por maioria, DJ de 19.08.2005. 5. Ordem concedida para que seja trancada a ação penal instaurada contra o paciente, em face da manifesta inépcia da denúncia.

VOTO

Para a efetiva compreensão deste caso, é crucial transcrever a íntegra da peça acusatória (fls. 47-59), *verbis*:

---

[1] A Segunda Turma do Supremo Tribunal, em sessão realizada no dia 12.9.2006, por unanimidade, deferiu o pedido de *habeas corpus* (*DJ* de 6.11.2006).

"O **MINISTÉRIO PÚBLICO FEDERAL**, pelas Procuradoras Regionais da República signatárias [**Ana Lúcia Amaral e Janice Agostinho Barreto Ascari**], vem à presença de Vossa Excelência oferecer **DENÚNCIA** contra **ALI MAZLOUM**, Juiz Federal titular da 7ª Vara Criminal de São Paulo, pelas razões que passa a expor:

Encontram-se em trâmite perante a 7ª Vara Criminal Federal de São Paulo as ações penais autuadas sob n. 2003.61.81.001098-9 e 2003.6181.001439-9, nas quais são acusados Ari Natalino da Silva e Aparecida Maria Pessuto da Silva, bem como o inquérito policial n. 2002.61.81.003540-4, instaurado para investigar, quanto às mesmas pessoas, crimes de evasão de divisas e lavagem de ativos.

Perante a 10ª Vara Federal de Brasília tramita inquérito policial sob a condução do Procurador da República no Distrito Federal Guilherm Zanina Schelb, destinado a investigar adulteração de combustíveis e contrabando de cigarros, onde constatou-se a participação de Ari Natalino da Silva, particulares, policiais federais e outras autoridades. Neste feito, o MM. Juiz Federal da 10ª Vara de Brasília autorizou a interceptação de diversos terminais telefônicos, fixos e de celulares, que foi realizada pelo Departamento de Polícia Rodoviária Federal.

Durante o monitoramento vieram à tona suspeitas de outros fatos irregulares e/ou delituosos, entre eles o envolvimento do Delegado de Polícia Federal Alexandre Morato Crenitte. Conforme consta da denúncia (cópia anexa), a autoridade policial, cooptada pela criminalidade, deixou de apreender documentos importantes na casa de Aparecida e reteve cinco mandados de busca e apreensão por quase 30 dias, após os quais, quando cumpridos por outro Delegado, nada de significativo foi encontrado, pois os locais já estavam devidamente esvaziados, devido ao decurso do tempo.

Ari Natalino é sabidamente conhecido por corromper e intimidar autoridades públicas, tendo, nesse caso concreto, contado com a colaboração de seu advogado, Wellengton Carlos de Campos e da atual companheira de Ari, Débora Aparecida Gonçalves da Silva.

Ari Natalino, Wellengton e Débora foram denunciados em 16.09.2003 como incursos nas penas dos artigos 333, parágrafo único (corrupção ativa), 348, *caput* (favorecimento pessoal) e o Delegado Alexandre por infração aos artigos 317 § 1º (corrupção passiva) e 325, *caput* (violação de sigilo funcional), todos do Código Penal.

A denúncia acima referida não foi recebida até a presente data pelo Juiz Federal ALI MAZLOUM, não tendo sido determinada a notificação do servidor público para oferecer defesa prévia e nem qualquer outro ato processual.

Conforme **representação anexa**, em 22 de setembro de 2003, o Policial Rodoviário Federal Wendel Benevides Matos foi contatado, em seu telefone celular de n. 061-9658-8189, pelo Juiz Federal ALI MAZLOUM, que, de maneira clara e formal, disse ter obtido o número com a Procuradora da República Káren Louise Jeanette Khan e que gostaria de conversar a respeito da investigação envolvendo Ari Natalino e Alexandre Crenite.

Marcado um encontro para as 11:00 do dia seguinte, 23 de setembro, o Inspetor Wendel compareceu à 7ª Vara Criminal Federal em companhia de seu colega Marcos Prado. O Juiz ALI MAZLOUM convidou-os a adentrar seu gabinete e passou a argumentar sobre a prisão e soltura do Delegado Alexandre Morato Crenitte e sobre a investigação de Ari Natalino, explicando porque ainda não havia recebido a denúncia do Ministério Público Federal porque, segundo o magistrado, poderiam haver outras questões que poderiam levar ao aditamento da denúncia e a inclusão de novos nomes.

O juiz lamentou, de forma crítica, não ter sido informado no momento oportuno sobre as ocorrências detectadas pelo Ministério Público Federal em relação a Ari Natalino e Alexandre Crenitte, que surgiram nos autos da investigação que tramita perante a 10ª Vara Federal de Brasília. Disse que havia encaminhado ofício àquela Vara Federal requisitando todo o material referente às interceptações telefônicas relacionado ao caso Ari Natalino.

Nessa reunião, por ele convocada, ALI MAZLOUM afirmava e reafirmava que queria todo o material (interceptação) relacionado a Ari Natalino.

'**Quero tudo. Quero tudo**'. Reafirmava que: '**quero todo o material, inclusive as interceptações feitas sem a concorrência das operadoras de telefonia**'.

Questionou os Policiais Rodoviários Federais sobre a linha de ação da equipe quando constatado o envolvimento do Agente de Polícia Federal CÉSAR HERMAN RODRIGUES[2] em possíveis ações criminosas. Os Policiais tentaram explicar que tinham um pequeno efetivo e objetivos preestabelecidos e que, por isso, não havia condições de abarcar as investigações de todos os possíveis delitos verificados durante as interceptações. O magistrado não se convenceu com as explicações dadas.

Passou, então, a relatar supostas dúvidas, como a de saber porque a equipe confeccionou relatório sucinto sobre um fato e sobre o mesmo fato, em data posterior, relatório detalhado, colocando claramente sob suspeita o trabalho realizado, dizendo não entender por que (*sic*) o procedimento fora conduzido daquela forma.

Indagados novamente sobre as ligações telefônicas interceptadas, os Policiais informaram que todos os CDs seriam entregues, pois os Procuradores de São Paulo (Karen Khan) e Brasília (Guilherme Schelb) estavam em contato com o Juiz daquela Seção Judiciária para entrega do material. De forma ríspida, ALI MAZLOUM disse que '**não aceitaria intermediários e que o acerto dele era com o Juiz da 10ª Vara. A coisa é de Juiz para Juiz**'.

Ao sair da reunião, os Policiais dirigiram-se aos gabinetes dos Procuradores da República Karen Louise Jeanette Khan e Sílvio Luíz Martins de Oliveira, relatando todo o ocorrido.

No dia seguinte, 24.09.2003, o Inspetor Wendel recebeu nova ligação de Ali Mazloumn que já iniciou o diálogo chamando-lhe a atenção, pois ficara sabendo da visita aos Procuradores. Determinou que as conversas entre ele e os Policiais fossem reservadas e que suas dúvidas e questionamentos não deveriam ser comentados.

Prosseguindo, o Juiz Federal informou ter entrado em contato telefônico com o Diretor do Departamento de Polícia Rodoviária Federal Hélio Derenne, ocasião em que falaram acerca das investigações do caso ARI NATALINO.

Disse ao Policial Wendel ter ficado surpreso por ser informado que seu próprio telefone também havia sido 'grampeado'. Instou-o a confirmar essa informação, tendo recebido resposta negativa. O juiz então advertiu: '**lembre-se que a corda sempre arrebenta do lado mais fraco**'.

O Policial argumentou que a informação recebida não tinha o menor fundamento e que o Diretor do DPRF não tinha como saber sobre a interceptação desse ou daquele, pois ele não tinha acesso aos autos ou as (*sic*) interceptações. O juiz ponderou que realmente poderia ser uma contra informação para desestabilizá-lo, mas insistia em perguntar diretamente se seu telefone estava sendo grampeado, recebendo sempre a resposta negativa.

Em seguida, ALI ditou três números de telefone, entre os quais estavam o dele próprio e o de César Herman. O Policial Wendel reafirmou que nenhuma daquelas pessoas havia sido interceptada. Antes de encerrar a ligação o Juiz fez questão de mais uma vez perguntar se seu telefone havia ou não sido 'grampeado' e advertir Wendel que '**a corda sempre arrebenta do lado mais fraco**'.

No dia 1º de outubro de 2003, ALI MAZLOUM ligou novamente para o celular de Wendel e informou ter recebido do Juiz Federal da 10ª Vara Federal os discos contendo os diálogos gravados na investigação de Ari Natalino. Solicitou a presença dos policiais, alegando precisar de explicações sobre o conteúdo e manuseio dos CDs. O encontro foi marcado para as 11h do dia seguinte mas, devido à necessidade do trabalho, não foi possível o comparecimento dos policiais. Avisado por telefone, ALI teria, aparentemente, entendido as razões do atraso e nova reunião foi marcada.

Por volta das 11h20m do dia seguinte, 03.10.2003, os Policiais Rodoviários Federais Wendel, Airton e Prado dirigiram-se à 7ª Vara e foram chamados por ALI, de forma cortês, à sua sala.

Ao adentrar o gabinete do magistrado, ALI transformou-se numa pessoa mal-educada, transtornada e ameaçadora.

Iniciou a conversa repreendendo o Policial Wendel de forma firme, contundente e deselegante. Disse que não mais aceitaria que marcasse compromisso com ele e houvesse atraso porque ele '**era muito ocupado e não tinha tempo a perder**'.

---

[2] Em nota, a peça acusatória explicita que: "César Herman Rodrigues foi denunciado perante o órgão Especial do C. Tribunal Regional Federal da 3ª Região (fatos apurados no Inquérito n. 533 – 2003.03.00.048044-6) pelo delito de formação de quadrilha ou bando, em conjunto com o ora denunciado Ali Mazloum, bem como por delitos outros cometidos em parceria com os Juízes federais João Carlos da Rocha Mattos e Casem Mazloum." – (fl. 50).

Ato contínuo, dirigiu-se ao PRF Wendel e disse: 'já estava com seu mandado de prisão pronto, mas conversei com a Dra. Karen (Procuradora da República) e resolvi não expedir'.

ALI MAZLOUM passou a se queixar de que não teria recebido a totalidade dos áudios requeridos e que Wendel 'teria ido correndo para Brasília levar os CDs com os áudios para o Juiz da 10ª Vara', deixando claro não ter gostado desse comportamento.

Os Policiais Rodoviários Federais tentaram explicar que os CDs contendo as interceptações haviam sido levados para Brasília porque a única pessoa com competência para a entrega oficial dos áudios seria o Juiz original do processo (Dr. Cloves, da 10ª Vara Federal de Brasília). ALI, irredutível, não aceitou as explicações e imputou aos Policiais uma espécie de articulação para que ele não obtivesse os CDs.

Sempre em voz alta, passou então a questionar o número de CDs, insistindo que seriam 26 e que só lhe teriam sido entregues 20, chegando a insinuar que os Policiais teriam modificado a quantidade de conversas, vale dizer, increpando-lhes condutas que não cometeram.

Com gestos bruscos, levantou uma espécie de *walkman* e disse aos PRFs que estava gravando toda a conversa, assim como havia feito com a que tiveram em dia anterior. Os Policiais, mais uma vez, tentaram explicar ao Juiz ALI que não havia quaisquer outras conversas monitoradas durante a investigação que não estivessem contidas naqueles 20 CDs. Ele retrucou que não tinha nada o que conversar com o Juiz da 10ª Vara de Brasília, pois havia suscitado um conflito positivo de competência e que no STJ tudo seria resolvido, pois todo o processo viria pra ele.

Em seguida, em tom áspero, passou a dizer que daria uma 'aula de civilidade' àqueles que conduziram a investigação. Agressivo, afirmou que: 'aquele Sherlock Schelb é um burro, um burro, foi dizer à doutora Karen que eu não recebi as informações no momento anterior pois pessoas ligadas a mim poderiam estar envolvidas. Mas é claro que pessoas ligadas a mim estão envolvidas e são citadas pois eu sou o Juiz do caso, os advogados e processados falam de mim e se dirigem a mim'.

De forma alterada, ALI passou a dizer que recebeu os CDs com os áudios da aludida investigação e que estariam faltando conversas. Indicou, especialmente, conversas relativas aos meses de abril e maio e, notadamente, uma conversa do período de 16 de maio. Disse que queria todo o material em seu poder.

Destratando a equipe da Polícia Rodoviária Federal e taxando-a de imatura, atacou o trabalho realizado, que segundo ele estava muito malfeito. Abriu um processo numa página marcada e indicou o trecho de um relatório de interceptação onde estava escrito 'César (*pessoa com influência junto a juízes e processo*)'. Inconformado, disse que aquele comentário era impertinente e que os PRFs teriam que explicar a ele de onde tiraram aquela informação. O Policial Marcos Prado tentou então esclarecer que aquele comentário tinha fundamento em outras ligações e a equipe não fazia somente o trabalho de interceptação, mas também o trabalho de campo.

ALI MAZLOUM, então, dirigiu-se em alto tom ao Policial Marcos Prado e bradou: 'quer dizer que vocês fazem trabalho de campo é? Então vocês fizeram o trabalho de uma tal reunião que teria ocorrido no Hotel Hilton com o Dr. Wellington?' O Policial Prado disse que esse, especificamente, não havia sido feito por sua equipe e que ele estava dando somente um exemplo.

Durante todo o tempo da reunião, em nenhum momento o Juiz Federal ALI MAZLOUM interessou-se pela organização criminosa envolvendo Ari Natalino. Sua **única** preocupação era a de apontar falhas no processo, que ele classificava de malfeito, e externar sua enorme preocupação em relação a César Herman, ao advogado Wellengton e supostas conversas que não estariam naqueles CDs.

Prosseguindo na intimidação aos Policiais e procurando demonstrar posição superior, ALI disse que eles estavam à sua disposição, mostrou um documento que teria remetido ao Diretor-Geral/DPRF e exigiu as identidades funcionais dos três. O PRF Wendel ponderou que os outros colegas não sabiam de nada. ALI tomou a identidade de Wendel e saiu da sala. Logo depois, Wendel foi chamado por uma funcionária para outra sala, onde lhe foi perguntado seu endereço, telefone para contato e outros dados.

O Juiz ALI retornou e apresentou a Wendel um compromisso de perito para que assinasse, sem se dar ao trabalho de comunicá-lo ou mesmo de perguntar se o Policial poderia assumir o compromisso judicial. Ao contrário, ALI afirmou que o Policial estava à sua disposição e que deveria lhe entregar laudos e relatórios.

Intimidado com as atitudes do juiz, o PRF Wendel não teve alternativa senão a de assinar o compromisso que lhe foi imposto pelo magistrado.

ALI MAZLOUM prosseguiu com suas práticas ameaçadoras, dizendo que já havia uma equipe de inteligência da Polícia Federal no caso e que iria pedir laudos paralelos aos peritos da Polícia Federal, numa clara ameaça ao trabalho que os Policiais Rodoviários Federais ainda iriam prestar.

O PRF Wendel informou ao magistrado que não tinha acesso ao material produzido na investigação, a não ser por intermédio do Procurador da República Guilherme Schelb. Instado por ALI a responder a quem pertencia o material, informou que todo o material, assim como os computadores, era do Dr. Guilherme Schelb. Em tom de lamento e sarcasmo, ALI disse: **'Então todo o questionamento que eu lhe fizer você vai ter que perguntar ao Schelb.'** O Policial respondeu que sim.

O Juiz voltou a lembrar os PRFs presentes que **'a corda sempre arrebenta do lado mais fraco'**. Ameaçou-os, novamente, de prisão, dizendo que poderia expedir mandado de prisão e determinar uma busca e apreensão no local onde estavam trabalhando.

Aturdidos, mas firmes, os PRFS disseram ao magistrado que ele se sentisse à vontade para determinar a busca, que não tinham nada a esconder e que não tinham medo de serem presos, pois não haviam feito nada de errado.

O juiz ALI dirigiu-se ao PRF Wendel e disse que se preparasse, pois ficaria em São Paulo por muito tempo. **'Que seria um cidadão paulistano'.** O Policial respondeu que era um servidor público e que iria para onde sua instituição determinasse, encerrando a conversa.

De todo o acima relatado, detalhado na representação anexa, verifica-se que ALI MAZLOUM, prevalecendo-se de sua condição de juiz federal, cometeu atos em abuso de autoridade, além de ameaçar Policiais Rodoviários Federais, por palavras, escritos e gestos, de causar-lhes mal injusto e grave, consubstanciada na invectiva de mandar expedir mandados de prisão e de busca e apreensão em local de trabalho, intimidando-os por diversas vezes ao bradar que **'a corda sempre arrebenta do lado mais fraco'**.

Pelo exposto, observando o que dispõem os artigos 14, inciso I; 18, inciso I; 69 e 70, todos do Código Penal, o Ministério Público Federal **denuncia**:

– **ALI MAZLOUM**, como incurso nas sanções do:

a) artigo 147 do Código Penal, com a agravante do artigo 61, II, alínea **g** do mesmo diploma;

b) artigo 3º, alínea **j** c/c artigo 6º, § 4º, ambos da Lei n. 4.898/65, aplicando-se as sanções previstas de forma cumulativa" (fls. 49-57).

Requer, ainda, digne-se Vossa Excelência de determinar a notificação do acusado, na forma do artigo 4º da Lei n. 8.039/90, para responder por escrito no prazo de 15 dias, encaminhando-se os autos, após esse prazo, à sessão do órgão Especial deste Colendo Tribunal Regional Federal da 3ª Região para o recebimento da presente denúncia, determinando-se então a citação do denunciado para acompanhar todos os atos processuais, até final decisivo, ouvindo-se, no decorrer da instrução criminal, as vítimas e as testemunhas a seguir arroladas.

Requer, ainda, com fundamento no art. 29 da Lei complementar n. 35/79, uma vez recebida esta denúncia seja determinado o **afastamento do Juiz Federal** ora acusado." – (fls. 47-58).

Em decisão de fls. 424-440, a Quinta Turma do STJ denegou a ordem pelos seguintes fundamentos adotados no voto do Min. Relator José Arnaldo da Fonseca, *verbis*:

"No que respeita à admissibilidade da ação penal, contra o sentido da defesa, não se deseja firmar convencimento prévio e aprofundado acerca dos meandros das condutas delituosas. Por esse norte, tem-se em mente a previsão do art. 43 do Código de Processo Penal, segundo o qual deve-se averiguar se os fatos narrados não constituem crime, se há causa de extinção da punibilidade e se a legitimidade do proponente da ação penal foi cumprida.

(...)

O que se pretende definir é que o tipo penal do crime de abuso de autoridade não exclui outras condutas que não guardam correlação específica com a objetividade jurídica firmada pela Lei n. 4.898/65. E neste passo, a existência de ambiente processual, considerado em razão do sujeito passivo – Juiz – no qual transitam vários sujeitos (partes, testemunhas, advogados, serventuários, peritos), totalmente viável é a possibilidade de concurso de crimes com a ação voltada a tipos penais diversos e a sujeitos passivos diferentes.

Garantias penais e processuais-penais 411

(...)

A propósito, o que se espera da peça de acusação é um mínimo de concretização ante os indícios e as provas da ação delituosa e, por conseguinte, a autoria determinada, podendo tal construção vir por meio do contexto da narrativa dos fatos. **Não sendo a denúncia um primor de elaboração técnica (grifo nosso)**, nem por isso há de ser desprezada se o núcleo da narração bem explicita as elementares do crime. É por essa razão que esta Corte tem admitido a persecução quando a controvérsia assegura a autoria, a existência de conduta penalmente relevante e o nexo causal.

(...)

Daí porque tenho que para se apurar a veracidade dos fatos e concluir pela reprovação das condutas perpetradas é imperioso o recebimento da denúncia e a incursão nas amarras da instrução criminal, pelo fato de haver a exposição de fato típico e antijurídico alicerçada por meios informativos idôneos e suficientes à acusação e à defesa.

(...)

Concluindo o teor das discussões, absolutamente consistentes tanto de um lado como de outro, seria um despropósito, diante de tão intrincada controvérsia, que esse juízo de convencimento superficial pudesse ceifar o andamento do processo-crime, contrariando o bom senso e toda a base valorativa já demonstrada, apenas para satisfazer um tecnicismo exacerbado em torno das exigências do art. 41 do CPP, as quais há muito vem sendo mitigadas para se contrapor à criminalidade sofisticada da era eletrônica e para atender os tipos penais da nova legislação." (fls. 430-439).

Em síntese, o STJ denegou a ordem tendo em vista a possibilidade de concurso de crimes com a ação voltada a tipos penais diversos e a sujeitos passivos diferentes. Ademais, o acórdão impugnado sustenta a tese de que não poderia ser desprezada a denúncia que menciona as elementares do delito.

A decisão impugnada, portanto, parte da premissa de que, no caso em tela, haveria exposição do fato típico e antijurídico alicerçada por meios informativos idôneos e suficientes à acusação e à defesa, mesmo que não se trate de, nos próprios dizeres do Relator, Min. José Arnaldo da Fonseca, "um primor de elaboração técnica" (fl. 436).

No parecer de fls. 488-509, o Ministério Público Federal, pelo Subprocurador-Geral da República, Dr. Edson Oliveira de Almeida, opina pelo indeferimento da ordem, sob o fundamento de que a denúncia reproduzida às fls. 47-59 seria apta para a persecução penal. Ademais, o *Parquet* argumenta não haver razão para o trancamento de ação penal quando os fatos narrados configurem, ao menos em tese, crimes, *verbis*:

> "2. A presente impetração reedita as alegações já refutadas na Corte impetrada.
>
> 3. Mas não há razão para adotar entendimento diverso, valendo reproduzir aqui os excelentes pronunciamentos da colega **Cláudia Sampaio Marques**:
>
> '(...)
>
> 13. A arguição de inépcia da denúncia é totalmente descabida na medida em que a inicial acusatória evidencia indícios suficientes de autoria e materialidade delitivas, e descreve, com clareza, fatos que em tese configuram a prática dos crimes de ameaça e abuso de autoridade, pelo Paciente, a quem o exercício do direito de defesa é propiciado e em nada tolhido. Ora, <(...) Se a imputação é clara e específica, permitindo adequação típica e, simultaneamente, a ampla defesa, não há que se reconhecer a pretendida inépcia da exordial acusatória (...)> (HC n. 31.498/RJ, Rel. Min. Felix Fischer, *DJ* de 31.5.2004).
>
> 14. Quanto à suposta ausência de representação do ofendido como condição de procedibilidade à instauração da persecução penal (art. 147, pár. único, CP), a assertiva é totalmente desfundamentada. Isto porque, como é cediço, a representação do ofendido prescinde de rigores formais, bastando, tão somente, seja esboçada pela vítima a intenção de que seja apurada a responsabilidade penal do potencial ofensor.
>
> 15. No caso dos autos, o fato da representação materializar-se sob a forma de relatório fornecido pelo policial Rodoviário Federal Wendel Benevides Matos, ao Ministério Público Federal, efetivamente

não tem condão de descaracterizar a nítida pretensão de ver apurada eventual responsabilidade penal do Paciente; ao contrário, denota a inequívoca intenção em cientificar o Órgão Ministerial para adoção de providências cabíveis quanto à apuração das condutas delituosas teoricamente perpetradas pelo Paciente, sendo desnecessária manifestação expressa e específica neste sentido, conforme, *data venia*, sugere a Defesa. Sobre a questão, HC n. 27.770/PB, Rela. Min. Laurita Vaz, *DJ* de 13.12.2004.

16. Vale lembrar que fomentar o maior aprofundamento da *quaestio* no sentido de aquilatar-se a real intenção da vítima por ocasião do oferecimento da representação constitui controvérsia que certamente transborda os estreitos lindes do *writ*, cuja natureza é eminentemente sumária. Desta forma, eventuais desdobramentos da questão, como o concernente ao *animus* do ofendido, hão de ser necessariamente remetidos à etapa instrutória, momento em que à luz do contraditório e ampla defesa será viável o confronto de depoimentos e demais alegações probatórias suscitadas pela Defesa.

17. Com esteio em precedente do Supremo Tribunal Federal, supostamente adequado ao caso, a impetração sustenta a inaplicabilidade do art. 24, § 1º, do CPP, à espécie, aduzindo tratar-se de ação penal pública condicionada à representação do ofendido, e não ação pública incondicionada.

18. Incontroversa a natureza da ação penal no caso concreto, a qual por ser <condicionada> (art. 147, par. único, CP) demanda a representação do ofendido para instauração da *persecutio criminis*. No entanto, não há como cogitar-se da ausência da referida condição de procedibilidade na medida em que, conforme já mencionado, o relato do ofendido e o seu subsequente encaminhamento ao Ministério Público Federal conferem legitimidade e plena aptidão do *Parquet* para deflagração da ação penal.

19. Ainda que assim não fosse, especificamente no caso em tela a prescindibilidade da representação como condição de procedibilidade encontra amparo na disposição do art. 24, § 2º do CPP, diante do manifesto interesse da União, em se tratando de imputação de práticas delituosas a magistrado federal no desempenho de suas funções.

20. A Defesa tenta suavizar a controvertida atuação do acusado de maneira que os excessos praticados seriam traduzidos em mera <indignação> do Paciente em não obter o teor de interceptações telefônicas, tendo sido <firme> e <contundente>, tão somente para obter elementos de prova que, a seu juízo, estariam visceralmente ligados a feito processado e julgado por Ali Mazloum, então Juiz Federal titular da 7ª Vara Criminal de São Paulo. A conduta seria <justa>, não tendo refletido sobre as vítimas qualquer sentimento de intimidação, razão pela qual o tipo do art. 147 do CP estaria descaracterizado e, da mesma forma, o delito de abuso de autoridade, ante a ausência de descrição de elementar do tipo. Sustenta-se, ainda, a impossibilidade de um mesmo fato dar ensejo a duas imputações.

21. Todavia, o singelo enfoque pretendido pela Defesa perde consistência quando confrontado com a verdadeira conotação dos graves fatos minuciosamente relatados na denúncia, onde suficientemente evidenciada a ocorrência dos crimes de ameaça e abuso de poder, a teor da clara dicção dos arts. 147 do CP, e art. 3º, <j>, da Lei n. 4.898/65, os quais estabelecem, respectivamente, *in verbis*:

Art. 147. Ameaçar alguém, por palavra escrito ou gesto, ou qualquer outro meio simbólico, de causar-lhe mal injusto e grave:

Pena – detenção, de 1 (um) a 6 (seis) meses, ou multa.

(...) *omissis*.>

<**Art. 3º Constitui abuso de autoridade qualquer atentado:**

(...) *omissis*;

j) aos direitos e garantias legais asseguradas ao exercício profissional.>

22. *Data maxima venia*, a simples presunção do Paciente quanto à infundada sonegação de provas (interceptações realizadas pelos policiais rodoviários federais) jamais legitimaria ao douto magistrado valer-se de ameaças e atos de abuso para a obtenção das referidas provas.

23. Com efeito, o nobre e árduo exercício da função judicante encontra parâmetros e limites previstos

Garantias penais e processuais-penais **413**

em lei, e desta forma não há como banalizar flagrantes e induvidosos excessos, consubstanciados em intimidações das mais variadas formas, inclusive, ameaça de restrição à liberdade das vítimas, sob a escusa de que praticados a pretexto de realizar a efetiva prestação jurisdicional.

24. Por fim, o trancamento, pelo Supremo Tribunal Federal, de outra ação penal instaurada contra o Paciente (formação de quadrilha), em nada vincula o presente feito diante da natureza autônoma dos delitos praticados, cuja elucidação certamente demanda acurada investigação, razão pela qual não se cogita de trancamento desta ação penal sob a despropositada alegação de atrelamento das acusações.

25. Ante todo o exposto, opina o Ministério Público Federal pelo não conhecimento do *writ*; em sendo conhecido, que seja denegada a ordem, a fim de que a ação penal instaurada contra o Paciente, perante o Tribunal *a quo*, tenha curso regular.'

(...)

'O **MINISTÉRIO PÚBLICO FEDERAL**, pela Subprocuradora-Geral da República signatária [**Cláudia Sampaio Marques**], vem requerer a V.Ex.ª, em reforço à sua manifestação de fls., a juntada dos documentos em anexo, que comprovam a efetiva presença de justa causa para o prosseguimento da ação penal instaurada contra o Paciente.

Com efeito, comprovam os documentos ora juntados que, à data em que o Paciente intimidou e ameaçou os policiais rodoviários federais, em 3 de outubro de 2003, tinha absoluto conhecimento da existência das interceptações, da legalidade da medida e do conteúdo das conversas interceptadas dos investigados. Sabia o fato que estava sendo investigado, qual seja, a adulteração e contrabando de combustível por quadrilha formada por Ari Natalino da Silva e outros.

Tinha, também, conhecimento de que as interceptações revelavam o envolvimento do Delegado de Polícia Federal Alexandre Morato Crenite e do Agente de Polícia Federal César Herman Rodriguez nos fatos delituosos. Em 3 de outubro de 2003, o Paciente tinha em suas mãos o CD-rom contendo os diálogos interceptados que lhe fora entregue pela Procuradora da República Karen Louise Jeanette Kahn.

Cabe lembrar que, em 5 de setembro de 2003, o Paciente expedira Ofício ao Juízo da 6ª Vara Criminal de São Paulo solicitando cópia das decisões proferidas pelo Juízo Federal da 10ª Vara de Brasília que houvera deferido as interceptações e suas prorrogações, e nesse mesmo dia 5 de setembro obteve a resposta, através do Ofício n. 221/03, acompanhada das cópias das referidas decisões.

E, tendo as decisões, sabia que não existiu autorização para a interceptação no período de abril a maio de 2003. A exigência feita aos Policiais Rodoviários Federais – acompanhada de ameaças e constrangimentos – de que entregassem os CDs contendo as conversas gravadas em abril e maio, teve por causa exclusiva o seu medo de que os Policiais tivessem provas do seu próprio envolvimento e do seu irmão, o juiz Casem Mazloum, com César Herman e com Ari Natalino, além de outras preocupações que somente o ilustre Paciente pode justificar.

E tanto isso é verdade que, nas várias oportunidades em que manifestou-se nos autos da ação penal, o Paciente, por seus defensores, referiu-se a uma reunião realizada no Hotel Hilton entre o advogado de Ari Natalino e César Herman com um juiz identificado pelos dois interlocutores como sendo <o árabe>. Infelizmente, em razão de não ter havido interceptação no período de abril e maio, não foi possível colher melhores dados dessa reunião.

Mas o Paciente, temeroso de que os Policiais Rodoviários Federais tivessem captado registros dessa reunião e da conversa nela empreendida, ameaçou-os na tentativa de que eles revelassem o que sabiam sobre o fato, não acreditando na palavra dos Policiais de que não tinham conhecimento do que ocorrera na referida reunião.

Todos esses elementos associados revelam a existência de justa causa para a ação penal e que o seu trancamento, em sede de *habeas corpus*, importará numa absolvição injustificada e prematura do Paciente, sem propiciar ao Ministério Público a oportunidade de comprovar a sua imputação.

Revelam especialmente que o Paciente não agiu com o justificado propósito de apurar a lisura da prova colhida contra o Delegado de Polícia Federal Alexandre Crenite e o agente César Her-

414 Estado de Direito e Jurisdição Constitucional – Decisões relevantes em 15 anos de atuação no STF

man Rodriguez, mas de proteger a si próprio e aos seus <amigos> de eventual investigação.

Pela sua relevância, é importante destacar o diálogo contido no CD em anexo, tendo como interlocutores César Herman e João Carlos da Rocha Mattos – interceptado com autorização do Tribunal Regional Federal da 3ª Região –, onde ambos revelam preocupação com dados de investigação que estavam em poder do Juiz Hélio Egydio de Matos Nogueira, referindo-se expressamente ao Paciente e ao seu irmão Casem Mazloum. Esses dados referidos pelos interlocutores são aqueles objeto das ameaças feitas pelo Paciente contra os Policiais Rodoviários Federais.

Os documentos em anexo comprovam os fatos aqui resumidamente expostos, revelando a improcedência dos argumentos do Impetrante.

Em consequência, pede o Ministério Público Federal que seja autorizada a juntada dos referidos documentos aos autos, dando-se vista aos Impetrantes sobre os mesmos para que se manifestem.'

4. Com efeito, a denúncia reproduzida às fls. 47/58 descreve crimes em tese de ameaça e abuso de autoridade a serem apurados, em que o paciente, no afã de proteger pessoas a si ligadas e quiçá até a si próprio, **ameaçou e exigiu** de policiais rodoviários federais o acesso a degravações oriundas de interceptações telefônicas sequer realizadas, uma vez que não cobertas por ordem judicial. Para tanto, utilizou-se de expressões como *a corda sempre arrebenta do lado mais fraco* e que a vítima *seria um cidadão paulistano*, bem como de ameaças de prisão. Ofende até mesmo a inteligência mais comum a assertiva dos impetrantes no sentido de que eles *não questionarão nem o significado da expressão 'a corda arrebenta do lado mais fraco', que, só pela sua vagueza, não representa ameaça, mas mera constatação empírica do que ocorre no dia a dia. É uma lei da Física.* (fl. 29, *in fine*). Com toda a certeza o paciente não marcaria encontros com as vítimas para ficar divagando e fazendo elucubrações sobre as leis da Física, já que, como ele mesmo diz, é *muito ocupado e não tinha tempo a perder* (fl. 53).

5. De tudo o quanto já foi dito neste processo desde a instância *a quo*, conclui-se que é **extremamente** prematuro, e constitui cerceio ao direito de acusação titularizado pela sociedade o trancamento da ação penal no nascedouro, devendo a liminar concedida, um primor de estudo dogmático, ser cassada, por não se aplicar ao caso em tela.

6. Isso posto, opino pelo indeferimento do *writ*." (fls. 488/509).

Conforme exposto na peça acusatória, o ora paciente foi denunciado pelos crimes de: **i)** ameaça com a agravante genérica do abuso de poder ou violação de dever inerente a cargo, ofício, ministério ou profissão [("Art. 147 do CP: Ameaçar alguém, por palavra, escrito ou gesto, ou qualquer outro meio simbólico, de causar-lhe mal injusto e grave".); c/c ("Art. 61, II, 'g', do CP – São circunstâncias que sempre agravam a pena, quando não constituem ou qualificam o crime – ter o agente cometido o crime: com abuso de poder ou violação de dever inerente a cargo, ofício, ministério ou profissão.)]; e **ii)** abuso de autoridade ("Art. 3º, alínea 'j', da Lei n. 4.898/1965: Constitui abuso de autoridade qualquer atentado: aos direitos e garantias legais assegurados ao exercício profissional.).

Em síntese, pode-se dizer que a impetração se baseia nos seguintes fundamentos:

a) ausência de representação quanto ao crime de ameaça; e

b) ausência de justa causa para a ação penal em face da denúncia não descrever as condutas típicas imputadas ao paciente, seja quanto à caracterização do crime de ameaça; seja quanto à tentativa de descrição da elementar do crime de abuso de autoridade.

Quanto à alegada falta de condição de procedibilidade para a ação penal correspondente à ausência de representação específica quanto ao crime de ameaça (item "a" acima), a impetração alega que:

"A representação era, inegavelmente, obrigatória para a hipótese em questão. Sua ausência impõe o reconhecimento de inexistência de condição de procedibilidade para a ação penal" (fl. 18).

Preliminarmente, é válido mencionar que o ato de representação do ofendido, para fins penais, não depende, à primeira vista, de "rigores formalísticos", como dizia o saudoso Min.

Cordeiro Guerra, em precedente firmado por esta Segunda Turma no julgamento do RHC n. 58.093/SP, assim ementado, *verbis*:

"A representação ao desencadeamento da '*persecutio criminis*' não necessita cumprir rigores formalísticos. Basta a caracterização nos autos, da manifestação dos ofendidos, ou de seus representantes legais, ao processamento criminal dos autores do evento. Precedente do STF. Improvimento do recurso.". (RHC n. 58.093/SP, Rel. Min. Cordeiro Guerra, 2ª Turma, *DJ* de 3.10.1980).

É pertinente invocar ainda o clássico precedente, de lavra do Min. Moreira Alves, também firmado por esta Segunda Turma no julgamento do RHC n. 54.013/PR (*DJ de* 26.4.1976), no qual se esclarece que a representação deve expressar vontade inequívoca de que o autor seja processado, desde que indique fato típico, isto é, relevante, ao menos em tese, para o âmbito penal, *verbis*:

"*Habeas Corpus*. O inquérito policial não pode ser trancado por meio de *habeas corpus* **quando instaurado em virtude de ato que configura crime em tese**. Não se exige da representação rigorismo formalista, bastando, para que seja tida como tal, a inequívoca manifestação de vontade da vítima de que **o autor do ato que se apresenta, em tese, como crime seja processado**. Recurso Ordinário a que se nega provimento." – (**grifo nosso** – RHC n. 54.013/PR, Segunda Turma, Rel. Min. Moreira Alves, unânime, *DJ de* 26.4.1976).

No caso concreto, é incontroverso que, por meio da representação formulada, os policiais rodoviários federais envolvidos manifestaram a vontade de incitar a instauração da persecução criminal.

Quanto à alegação de ausência de justa causa para a ação penal em face da denúncia não descrever as condutas imputadas ao paciente, a defesa afirma, inicialmente, que:

"redigida em 12 laudas (doc. 01), a longa e prolixa denúncia fez dezenas de considerações pouco importantes, narrou longamente antecedentes e questões marginais, e falhou no principal: a descrição das condutas que representariam a alegada ameaça ou abuso de autoridade. (...). A denúncia, basicamente, repetiu os termos do relatório. Não se sabe, porém, quais dos trechos das conversas configuram a ameaça ou o abuso de autoridade apontado na inicial. Não foram eles delimitados. (...). Só por isto, o trancamento da Ação Penal já se impunha. **Não é apta a inicial que obrigue a defesa a arriscar-se a adivinhar o que os acusadores imaginaram ser a prática criminosa**" – (fls. 6/7).

Com relação à legitimidade da imputação do crime de ameaça (CP, art. 147 c/c art. 61, II, "g"), os impetrantes sustentam atipicidade da conduta, nos seguintes termos:

"Ora, que ele não participava da quadrilha já entendeu este Supremo Tribunal Federal. Ausente esta premissa, não teria ele motivos para ameaçar, consoante o próprio raciocínio das procuradoras da República. E, de fato, não ameaçou.

Desta feita, é flagrante a atipicidade da conduta narrada na inicial, perceptível *prima facie*, já que indiscutível é a ausência da elementar '*promessa de mal injusto*', cabível é, desde já, o trancamento da ação penal, poupando o magistrado ALI MAZLOUM do doloroso constrangimento de se ver processado em mais uma Ação Penal carente de justa causa" – (fl. 33).

Com referência ao suposto cometimento do crime de abuso de autoridade (Lei n. 4.898/1965, art. 3º, alínea 'j'), os impetrantes afirmam a manifesta inépcia da inicial acusatória pela não descrição de elementar referente ao delito, *verbis*:

"**Tendo-se em mira a doutrina, fácil é a constatação de que o denunciante não narrou, em nenhum momento, qual a garantia ou direito profissional da suposta vítima que foi violado, e muito menos indicou a norma complementar em que tal garantia estaria prevista**.

Mais grave do que isso ainda: a exordial nem sequer descreveu o ato atentatório a este direito praticado pelo paciente. Neste ponto, resta claro o vício nela constante.

(...)

Em razão da omissão apontada, a única solução cabível era o trancamento da Ação Penal." (fls. 34-36)

Registradas as principais alegações neste *habeas corpus*, é necessário estabelecer, antes de tudo, algumas premissas.

Em primeiro lugar, o simples fato de uma conduta ser moralmente reprovável ou até constituir irregularidade administrativa não deve justificar, por si só, a propositura de ação penal. Basta lembrarmos, em um primeiro momento, do feito, ainda *sub judice* (INQ n. 1.145/PB, Rel. Min. Maurício Corrêa), em que se discute a questão da tipicidade ou não da "cola eletrônica".

Outro caso emblemático para a análise da questão é o da apuração painel do Senado (INQ n. 1.879/DF, Pleno, unânime, Rel. Min. Ellen Gracie, *DJ* de 7.5.2004), cuja tentativa de criminalização da conduta apenas se realizou após a acontecimento do fato apreciado. Nessa assentada, o Plenário do Supremo Tribunal Federal rejeitou a denúncia por atipicidade da conduta, em decisão assim ementada:

"Supressão de documento (CP, art. 305). Violação do painel do Senado. A obtenção do extrato de votação secreta, mediante alteração nos programas de informática, não se amolda ao tipo penal previsto no art. 305 do CP, mas caracteriza o crime previsto no art. 313-B da Lei 9989, de 14.07.2000. Impossibilidade de retroação da norma penal a fatos ocorridos anteriormente a sua vigência (CF, art. 5º, XL). Extinção da punibilidade em relação ao crime de violação de sigilo funcional (CP, art. 325). Denúncia rejeitada por atipicidade de conduta. Inquérito." (INQ n. 1879/DF, Pleno, unânime, Rel. Min. Ellen Gracie, *DJ* de 7.5.2004).

É inegável reconhecer, portanto, que os requisitos para a apresentação e acolhimento de uma denúncia revelam uma dimensão de concretização do direito constitucional de defesa.

Para que se examine a aptidão de uma peça acusatória, portanto, há de se interpretar o disposto no art. 41 do Código de Processo Penal, *verbis*:

"Art. 41. A denúncia ou queixa conterá a exposição do fato criminoso, com todas as suas circunstâncias, a qualificação do acusado ou esclarecimentos pelos quais se possa identificá-lo, a classificação do crime e, quando necessário, o rol das testemunhas."

Essa fórmula pode ser encontrada em texto clássico de João Mendes de Almeida Júnior, o qual revela uma bela e pedagógica sistematização. Assevera João Mendes que a denúncia:

"É uma exposição narrativa e demonstrativa. Narrativa, porque deve revelar o fato com todas as suas circunstâncias, isto é, não só a ação transitiva, como a pessoa que a praticou (*quis*), os meios que empregou (*quibus auxiliis*), o malefício que produziu (*quid*), os motivos que o determinaram a isso (*cur*), a maneira porque a praticou (*quomodo*), o lugar onde a praticou (*ubi*), o tempo (*quando*). (Segundo enumeração de Aristóteles, na *Ética a Nincomaco*, 1. III, as *circunstâncias* são resumidas pelas palavras *quis, quid, ubi, quibus auxiliis, cur, quomodo, quando*, assim referidas por Cícero (De Invent. I)). Demonstrativa, porque deve descrever o corpo de delito, dar as razões de convicção ou presunção e nomear as testemunhas e informantes" (ALMEIDA JÚNIOR, João Mendes de. *O processo criminal brasileiro*, v. II. Rio de Janeiro/São Paulo: Freitas Bastos, 1959, p. 183).

São lições que devem ser sempre relembradas!

A denúncia limita-se a reportar, de maneira pouco precisa, os termos de representação formulada pelos policiais rodoviários federais envolvidos.

A despeito de ter especificado a pessoa que supostamente teria cometido o ilícito (o ora paciente, ALI MAZLOUM), a peça acusatória, em momento algum, identifica a ação transitiva específica perpetrada, não descreve o modo pelo qual teria sido cometida a suposta prática delituosa (*quomodo*), nem identifica o prejuízo ao bem jurídico penal tutelado (*quid*).

Em outras palavras, a denúncia não narra, em qualquer instante, o ato concreto do paciente que configure ameaça ou abuso de autoridade. Não relata, tampouco, garantias ou direitos profissionais dos policiais supostamente ofendidos que teriam sido especificamente violados.

Trata-se de acusação lastreada em uma peculiar combinação de relatos com um outro amontoado de indícios e suposições que, conforme salientou o próprio voto do Relator do acórdão impugnado, está longe de corresponder a "um primor de elaboração técnica" (fl. 436).

É dizer, a peça acusatória não observou os requisitos que poderiam oferecer substrato a uma persecução criminal minimamente aceitável.

Assim, da leitura da denúncia oferecida contra o paciente, em especial das fls. 49-57, não constato demonstração de mínima descrição dos fatos, nem tampouco concatenação lógica que permita a configuração, ao menos em tese, seja na forma consumada, seja na modalidade tentada, dos elementos dos tipos penais envolvidos (CP, art. 147 c/c art. 61, II, "g"; e Lei n. 4.898/1965, art. 3º, alínea 'j').

Essa questão – a da técnica da denúncia observável em casos concretos desse tipo –, como sabemos, tem merecido do Supremo Tribunal Federal reflexão no plano da dogmática constitucional, associada especialmente ao direito de defesa.

No HC n. 70.763/DF, é interessante transcrever excerto do voto do Ministro Relator Celso de Mello, *verbis*:

"O processo penal de tipo acusatório repele, por ofensivas à garantia da plenitude de defesa, quaisquer imputações que se mostrem indeterminadas, vagas, contraditórias, omissas ou ambíguas. Existe, na perspectiva dos princípios constitucionais que regem o processo penal, um nexo de indiscutível vinculação entre a obrigação estatal de oferecer acusação formalmente precisa e juridicamente apta e o direito individual de que dispõe o acusado a ampla defesa. A imputação penal omissa ou deficiente, além de constituir transgressão do dever jurídico que se impõe ao Estado, qualifica-se como causa de nulidade processual absoluta. A denúncia – enquanto instrumento formalmente consubstanciador da acusação penal – constitui peça processual de indiscutível relevo jurídico. Ela, ao delimitar o âmbito temático da imputação penal, define a própria *res in judicio deducta*. A peça acusatória deve conter a exposição do fato delituoso, em toda a sua essência e com todas as suas circunstâncias. Essa narração, ainda que sucinta, impõe-se ao acusador como exigência derivada do postulado constitucional que assegura ao réu o exercício, em plenitude, do direito de defesa. Denúncia que não descreve adequadamente o fato criminoso é denúncia inepta" (HC n. 70.763/DF, Rel. Min. Celso de Mello, *DJ* de 23.9.1994)

Em outro *habeas corpus* (HC's n. 73.271/SP), também da relatoria do Ministro Celso de Mello, a ementa consubstancia idêntico entendimento, *verbis*:

"(...)

PERSECUÇÃO PENAL – MINISTÉRIO PÚBLICO – APTIDÃO DA DENÚNCIA. O Ministério Público, para validamente formular a denúncia penal, deve ter por suporte uma necessária base empírica, a fim de que o exercício desse grave dever-poder não se transforme em instrumento de injusta persecução estatal. O ajuizamento da ação penal condenatória supõe a existência de justa causa, que se tem por inocorrente quando o comportamento atribuído ao réu 'nem mesmo em tese constitui crime, ou quando, configurando uma infração penal, resulta de pura criação mental da acusação' (RF 150/393, Rel. Min. OROZIMBO NONATO). A peça acusatória deve conter a exposição do fato delituoso em toda a sua essência e com todas as suas circunstâncias. Essa narração, ainda que sucinta, impõe-se ao acusador como exigência derivada do postulado constitucional que assegura ao réu o pleno exercício do direito de defesa. Denúncia que não descreve adequadamente o fato criminoso é denúncia inepta" (HC n. 73.271/SP, Rel. Min. Celso de Mello, *DJ* de 9.4.1996).

É forçoso reconhecer, portanto, que essa discussão apresenta sérias implicações no campo dos direitos fundamentais.

Denúncias genéricas que, assim como a ora em análise, não descrevem os fatos na sua devida conformação, não se coadunam com os postulados básicos do Estado de Direito. Em outro nível de argumentação, quando se fazem imputações vagas está a se violar, também, o princípio da dignidade da pessoa humana, que, entre nós, tem base positiva no artigo 1º, inciso III, da CF.

Como se sabe, na sua acepção originária, este princípio proíbe a utilização ou transformação do homem em objeto dos processos e ações estatais. O Estado está vinculado ao dever de respeito e proteção do indivíduo contra exposição a ofensas ou humilhações.

A propósito, é pertinente mencionar os já conhecidos comentários de Günther Dürig ao art. 1º da Constituição alemã, os quais afirmam que a submissão do homem a um processo judicial indefinido e sua degradação como objeto do processo estatal atenta contra o princípio da proteção judicial efetiva (*rechtliches Gehör*) e fere o princípio da dignidade humana [*"Eine Auslieferung des Menschen an ein staatliches Verfahren und eine Degradierung zum Objekt dieses Verfahrens wäre die **Verweigerung des rechtlichen Gehörs**."*] (MAUNZ-DÜRIG, *Grundgesetz Kommentar*, Band I, München, Verlag C.H.Beck, 1990, 1¹ 18).

Com esses fundamentos, constata-se, na espécie, que estamos diante de mais um daqueles casos em que a atividade persecutória do Estado orienta-se em flagrante desconformidade com os postulados processuais-constitucionais.

É que denúncia imprecisa, genérica e vaga, além de traduzir persecução criminal injusta, é incompatível com o princípio da dignidade humana e com o postulado do direito à defesa e ao contraditório.

Ressalto, por fim, que não se está a discutir matéria probatória – isto é, se a suposta ameaça ou abuso de autoridade teriam ocorrido ou não. Tal exame transcende, em muito, os estreitos limites cognitivos deste *habeas corpus*. Ademais, deve-se levar em conta que não há nos autos elementos suficientes para sustentar uma análise categórica a esse respeito.

Todavia, independentemente de qualquer outra consideração, afigura-se inequívoco que a denúncia, tal como formulada, não preenche os requisitos para a regular tramitação de uma ação penal que assegure o legítimo direito de defesa, tendo em vista a ausência de fatos elementares associados às imputações dos crimes de ameaça e abuso de autoridade (respectivamente: CP, art. 147 c/c art. 61, II, "g"; e Lei n. 4.898/1965, art. 3º, alínea 'j').

A suposta prática de tais atos pode configurar, quando muito, irregularidade cuja responsabilidade até deveria ser apurada na competente instância civil e/ou administrativa.

Em última instância, ainda que fosse desejável e oportuno, entendo que uma persecução penal não pode ser legitimamente instaurada sem o atendimento mínimo dos direitos e garantias constitucionais vigentes em nosso Estado Democrático de Direito (CF, art. 1º, *caput*).

Diante de casos como este, em que as instâncias judiciais que se pronunciaram anteriormente reconheceram a legitimidade da denúncia, não estaria o STF equivocado em admitir a sua inépcia.

Não se pode dar curso a ação penal que, *a priori*, já se sabe inviável. A transformação do processo penal em instituto de penalização é reveladora de uma visão totalitária, muito comum nos países do socialismo real, e não pode ser referendada pelo Judiciário.

A título de *obiter dictum*, conforme já tive oportunidade de asseverar nesta Segunda Turma, se me fosse permitido aventurar uma consideração antropológica e sociológica, diria que os casos de recebimento de denúncias fortemente ineptas por juízes e tribunais traduzem caso de típica covardia institucional.

Trata-se de situações marcadamente deturpadas nas quais o juízo de acolhimento de denúncias ineptas é norteado pela satisfação de um determinado anseio identificável na opinião pública.

É evidente a erronia dessa orientação e a ameaça que a sua adoção pode trazer para a credibilidade do Judiciário e para o fortalecimento das instituições democráticas.

Como se vê, a questão é extremamente séria e implica o uso indevido do processo criminal para finalidades outras, as quais não são compatíveis com os elementos basilares do Estado de Direito.

A questão crucial neste caso é que o processo penal não pode ser utilizado como instrumento de perseguição.

Não se pode perder a dimensão de que o rigor e a prudência devem ser observados, não somente por aqueles que têm o poder de iniciativa nas ações penais, mas, sobretudo, por aqueles que podem decidir sobre o seu curso.

Conforme se pode constatar, nesses casos de apreciação de constrangimento ilegal, em razão de injusta persecução penal, o Supremo Tribunal Federal tem declarado que não é difícil perceber os danos que a mera existência de uma ação penal impõe ao indivíduo – o qual se vê obrigado a despender todos seus esforços em um campo não meramente cível ou administrativo, mas eminentemente penal, com sérias repercussões para a dignidade pessoal dos investigados e/ou denunciados.

Desse modo, um argumento que não pode ser simplesmente reproduzido é o da pretensa subsistência ou predomínio do juiz natural, interpretação invocada pelo voto vencido da Min. Ellen Gracie no julgamento do HC n. 86.424/SP, julgado em 25.10.2005 (acórdão pendente de publicação) – tratava-se daquele caso da substituição de placas particulares de veículo automotor por placas reservadas obtidas junto ao Detran.

Essa tese, no sentido de que o Tribunal Regional Federal e o Superior Tribunal de Justiça já teriam se manifestado pela tipicidade da conduta, somente prolonga o constrangimento ilegal a que o paciente está submetido.

Nesse particular, para uma reflexão abalizada acerca da jurisdição prestada por este Supremo Tribunal Federal nesses casos especificamente quanto às impugnações decorrentes das investigações da "Operação Anaconda", são expressivos os casos de revisão de julgamentos proferidos pelos Tribunais de Justiça, Tribunais Regionais Federais e pelo Superior Tribunal de Justiça no âmbito desta Corte, os quais considero dignos de registro para fins de sistematização da argumentação até aqui desenvolvida.

[Em diversas oportunidades, tivemos, aqui nesta Segunda Turma, casos da "Operação Anaconda" cuja lembrança chega a ser constrangedora.

No HC n. 84.388/SP, de Relatoria do Min. Joaquim Barbosa, este Colegiado reconheceu, por unanimidade, o constrangimento ilegal decorrente de uma denúncia que beirava a irresponsabilidade. Nessa assentada, o Ministro Celso de Mello classificou como "bizarra" a atuação persecutória do Estado. Tratava-se da imputação de um falso, por alguém que, por equívoco, declarara, perante a Receita Federal, que detinha US$ 9.000,00 (nove mil dólares) no Afeganistão e que também declarara possuir o mesmo valor no Brasil. Esse fato constituiria, para o *Parquet*, o suposto falso imputado.

Nesse mesmo *habeas corpus*, quanto à imputação do crime previsto no art. 10 da Lei n. 9.296/1996, a denúncia limitava-se a transcrever conversas telefônicas, sem a observância dos requisitos mínimos à persecução criminal. Isto é, sem a demonstração dos elementos indispensáveis à configuração do tipo penal. Também, nesse ponto, a ordem de *habeas corpus* foi concedida. Eis o teor da ementa desse julgado, *verbis*:

"EMENTA: *HABEAS CORPUS*. "OPERAÇÃO ANACONDA". INÉPCIA DA DENÚNCIA. ALEGAÇÕES DE NULIDADE QUANTO ÀS PROVAS OBTIDAS POR MEIO ILÍCITO. INTERCEPTAÇÃO TELEFÔNICA. IMPORTANTE INSTRUMENTO DE INVESTIGAÇÃO E APURAÇÃO DE ILÍCITOS. ART. 5º DA LEI 9.296/1996: PRAZO DE 15 DIAS PRORROGÁVEL UMA ÚNICA VEZ POR IGUAL PERÍODO. SUBSISTÊNCIA DOS PRESSUPOSTOS QUE CONDUZIRAM À DECRETAÇÃO DA INTERCEPTAÇÃO TELEFÔNICA. DECISÕES FUNDAMENTADAS E RAZOÁVEIS.

A aparente limitação imposta pelo art. 5º da Lei 9.296/1996 não constitui óbice à viabilidade das múltiplas renovações das autorizações.

DESVIO DE FINALIDADE NAS INTERCEPTAÇÕES TELEFÔNICAS, O QUE TERIA IMPLICADO CONHECIMENTO NÃO AUTORIZADO DE OUTRO CRIME.

O objetivo das investigações era apurar o envolvimento de policiais federais e magistrados em crime contra a Administração. Não se pode falar, portanto, em conhecimento fortuito de fato em tese criminoso, estranho ao objeto das investigações.

INCOMPETÊNCIA DA JUSTIÇA FEDERAL DE ALAGOAS PARA AUTORIZAR A REALIZAÇÃO DAS ESCUTAS TELEFÔNICAS QUE ENVOLVEM MAGISTRADOS PAULISTAS.

As investigações foram iniciadas na Justiça Federal de Alagoas em razão das suspeitas de envolvimento de policiais federais em atividades criminosas. Diante da descoberta de possível envolvimento de magistrados paulistas, o procedimento investigatório foi imediatamente encaminhado ao Tribunal Regional Federal da 3ª Região, onde as investigações tiveram prosseguimento, com o aproveitamento das provas até então produzidas.

ATIPICIDADE DE CONDUTAS, DADA A FALTA DE DESCRIÇÃO OBJETIVA DAS CIRCUNSTÂNCIAS ELEMENTARES DOS TIPOS PENAIS. ART. 10 DA LEI 9.296/1996: REALIZAR INTERCEPTAÇÃO DE COMUNICAÇÕES TELEFÔNICAS, DE INFORMÁTICA OU TELEMÁTICA, OU QUEBRAR SEGREDO DE JUSTIÇA SEM AUTORIZAÇÃO JUDICIAL OU COM OBJETIVOS NÃO AUTORIZADOS EM LEI.

Inexistem, nos autos, elementos sólidos aptos a demonstrar a não realização da interceptação de que o paciente teria participado. *Habeas corpus* indeferido nessa parte.

DECLARAÇÃO DE IMPOSTO DE RENDA. DISCREPÂNCIA ACERCA DO LOCAL ONDE SE ENCONTRA DEPOSITADA DETERMINADA QUANTIA MONETÁRIA.

A denúncia é inepta, pois não especificou o fato juridicamente relevante que teria resultado da suposta falsidade – art. 299 do Código Penal. *Habeas corpus* deferido nessa parte. (**HC n. 84.388/SP, Segunda Turma, Rel. Min. Joaquim Barbosa, unânime, *DJ* de 19.05.2006).**

Outro caso que demandou idêntica preocupação desta Segunda Turma foi o julgamento HC 84.409/SP, cujo acórdão foi de minha lavra, no qual a denúncia registrava que o agente teria uma "participação peculiar na quadrilha", sem que, em qualquer momento, especificasse em que consistiria essa peculiar participação. Eis o teor da ementa do acórdão desse julgado:

"*HABEAS CORPUS. DENÚNCIA. ESTADO DE DIREITO. DIREITOS FUNDAMENTAIS. PRINCÍPIO DA DIGNIDADE DA PESSOA HUMANA. REQUISITOS DO ART. 41 DO CPP NÃO PREENCHIDOS.*

1 – A técnica da denúncia (art. 41 do Código de Processo Penal) tem merecido reflexão no plano da dogmática constitucional, associada especialmente ao direito de defesa. Precedentes.

2 – Denúncias genéricas, que não descrevem os fatos na sua devida conformação, não se coadunam com os postulados básicos do Estado de Direito.

3 – Violação ao princípio da dignidade da pessoa humana. Não é difícil perceber os danos que a mera existência de uma ação penal impõe ao indivíduo. Necessidade de rigor e prudência daqueles que têm o poder de iniciativa nas ações penais e daqueles que podem decidir sobre o seu curso.

4 – Ordem deferida, por maioria, para trancar a ação penal." – (HC n. 84.409/SP, Segunda Turma, acórdão de minha relatoria, Rel. originária Min. Ellen Gracie, por maioria, *DJ* de 19.08.2005).

Por último, no julgamento do HC n. 86.424/SP (julgado em 25.10.2005, acórdão pendente de publicação), afigurou-se de todo evidente que a conduta imputada ao paciente – substituição de placas particulares de veículo automotor por placas reservadas obtidas junto ao Detran –, não se mostraria apta a satisfazer o tipo do art. 311 do Código Penal. Na oportunidade, afirmei que não haveria qualquer dúvida de que o órgão de controle – Detran – sabia e poderia sempre saber que se cuidava de placas reservadas fornecidas à Polícia Federal. A apuração da prática de tais atos, destaquei, pode configurar irregularidade administrativa certamente passível de responsabilização nessa esfera. Com base nessa linha de argumentação, esta Segunda Turma acompanhou, por maioria, a tese expendida em meu voto e concedeu a ordem para que fosse trancada a ação penal instaurada em face do paciente, por não estarem configurados, nem mesmo em longínqua apreciação, os elementos do tipo em tese.].

Neste Supremo Tribunal Federal, cada vez mais, é lamentável observar a repetição de casos oriundos de denúncias defeituosas, as quais têm sido recebidas pelos Tribunais Regionais Federais e confirmadas pelo Superior Tribunal de Justiça, sem a observância dos pressupostos mínimos de admissibilidade fixados pela Constituição Federal. E esta Corte, como se vê, não se tem eximido de seu papel de guardiã e garante dos direitos fundamentais.

Evidentemente, ao exercer de modo legítimo a função constitucional que lhe é atribuída, o STF não pode ser considerado, apoditicamente, menos juiz natural do que aqueloutras doutas Cortes.

Destarte, em face da manifesta inépcia da denúncia, o meu voto é pela concessão da ordem de *habeas corpus* para trancar a ação penal instaurada na origem.

Nestes termos, voto pelo **deferimento** da ordem.

É como voto.

HC 84.388[1]

Ação penal – Ausência de justa causa – Denúncia – Não descrição das condutas típicas imputadas ao paciente – Ofensa ao devido processo legal – Ausência de fatos elementares associados às imputações dos crimes.

Cuidava-se de *habeas corpus* impetrado por juiz federal, então denunciado por suposta prática das condutas previstas e apenadas nos artigos 299 do Código Penal (falsidade ideológica) e 10 da Lei n. 9.296/96 (interceptação telefônica ilegal).

Quanto aos argumentos trazidos pelo impetrante, nos valemos da síntese elaborada pelo Ministro Relator:

"O impetrante sustenta a atipicidade das condutas, ante a falta de descrição objetiva das circunstâncias elementares dos tipos penais. Aponta, ainda, os seguintes fatores de nulidade, todos referentes às ilicitudes das provas geradas pelas escutas telefônicas que deram base à denúncia: (i) excesso de prazo para as escutas telefônicas, prazo esse que, embora tenha sido renovado inúmeras vezes, apenas seria passível de uma única prorrogação; (ii) ocorrência de desvio de finalidade nas interceptações telefônicas, o que implicou o conhecimento não autorizado de outro crime, e (iii) incompetência da Justiça Federal de Alagoas para autorizar a realização dessas escutas, uma vez que as investigações envolviam magistrados paulistas".

Manifestou-se a Procuradoria-Geral da República pelo indeferimento do pedido.

A decisão prolatada pelo Supremo Tribunal Federal recebeu a seguinte ementa:

EMENTA: HABEAS CORPUS. *"OPERAÇÃO ANACONDA". INÉPCIA DA DENÚNCIA. ALEGAÇÕES DE NULIDADE QUANTO ÀS PROVAS OBTIDAS POR MEIO ILÍCITO. INTERCEPTAÇÃO TELEFÔNICA. IMPORTANTE INSTRUMENTO DE INVESTIGAÇÃO E APURAÇÃO DE ILÍCITOS. ART. 5º DA LEI 9.296/1996: PRAZO DE 15 DIAS PRORROGÁVEL UMA ÚNICA VEZ POR IGUAL PERÍODO. SUBSISTÊNCIA DOS PRESSUPOSTOS QUE CONDUZIRAM À DECRETAÇÃO DA INTERCEPTAÇÃO TELEFÔNICA. DECISÕES FUNDAMENTADAS E RAZOÁVEIS. A aparente limitação imposta pelo art. 5º da Lei 9.296/1996 não constitui óbice à viabilidade das múltiplas renovações das autorizações. DESVIO DE FINALIDADE NAS INTERCEPTAÇÕES TELEFÔNICAS, O QUE TERIA IMPLICADO CONHECIMENTO NÃO AUTORIZADO DE OUTRO CRIME. O objetivo das investigações era apurar o envolvimento de policiais federais e magistrados em crime contra a Administração. Não se pode falar, portanto, em conhecimento fortuito de fato em tese criminoso, estranho ao objeto das investigações. INCOMPETÊNCIA DA JUSTIÇA FEDERAL DE ALAGOAS PARA AUTORIZAR A REALIZAÇÃO DAS ESCUTAS TELEFÔNICAS QUE ENVOLVEM MAGISTRADOS PAULISTAS. As investigações foram iniciadas na Justiça Federal de Alagoas em razão das suspeitas de envolvimento de policiais federais em atividades criminosas. Diante da descoberta de possível envolvimento de magistrados paulistas, o procedimento investigatório foi imediatamente encaminhado ao Tribunal Regional Federal da 3ª Região, onde as investigações tiveram prosseguimento, com o aproveitamento das provas até então produzidas. ATIPICIDADE DE CONDUTAS, DADA A FALTA DE DESCRIÇÃO OBJETIVA DAS CIRCUNSTÂNCIAS ELEMENTARES DOS TIPOS PENAIS. ART. 10 DA LEI 9.296/1996: REALIZAR INTERCEPTAÇÃO DE COMUNICAÇÕES TELEFÔNICAS, DE INFORMÁTICA OU TELEMÁTICA, OU QUEBRAR SEGREDO DE JUSTIÇA SEM AUTORIZAÇÃO JUDICIAL OU COM OBJETIVOS NÃO AUTORIZADOS EM LEI. Inexistem, nos autos, elementos sólidos aptos a demonstrar a não realização da interceptação de que o paciente*

---

[1] A Turma, por votação unânime, deferiu o pedido de *habeas corpus*, para afastar o crime de falsidade ideológica, extinguindo, quanto a este, o processo penal instaurado contra o paciente. No que se refere ao delito de interceptação telefônica, a Turma, por votação majoritária, deferiu o pedido, para, também quanto a esse crime, extinguir o processo penal em curso contra o paciente, vencidos, no ponto, os Senhores Ministros Joaquim Barbosa e Ellen Gracie, que o denegavam (*DJ* de 19.5.2006).

Garantias penais e processuais-penais

teria participado. Habeas corpus indeferido nessa parte. DECLARAÇÃO DE IMPOSTO DE RENDA. DISCREPÂNCIA ACERCA DO LOCAL ONDE SE ENCONTRA DEPOSITADA DETERMINADA QUANTIA MONETÁRIA. A denúncia é inepta, pois não especificou o fato juridicamente relevante que teria resultado da suposta falsidade – art. 299 do Código Penal. Habeas corpus deferido nessa parte[2].

VOTO-VISTA

Cuida-se de *habeas corpus* impetrado em favor de CASEM MAZLOUM, pelos seguintes fatos:

"O paciente foi denunciado pelo Ministério Público Federal por suposta prática de falsidade ideológica e de interceptação telefônica ilegal (doc. 01)

De acordo com a exordial, a falsidade ideológica teria ocorrido porque o paciente declarou falsamente ao Tribunal Regional Federal, ao cumprir o disposto no artigo 13 da Lei n. 8429/92, possuir U$ 9300 no *Brasil*, quando, de acordo com a declaração anteriormente entregue à Receita Federal, havia consignado que a referida quantia estaria no *Afeganistão*.

(...)

Em relação à segunda acusação, a denúncia afirmou que o paciente *"engendrou* junto ao Agente de Polícia Federal César Herman Rodrigues *todas as providências para realizar* uma interceptação telefônica clandestina, como se verifica também da conversa de ambos no dia seguinte, 18.9.2002" (g.n.). Mais adiante, as procuradoras da República consignaram, que "ilegalmente, o juiz federal criminal CASEM MAZLOUM intercedeu junto a seus 'colaboradores', em especial o coacusado CÉSAR HERMAN, *para providenciar* a interceptação ilícita (...)' (g.n.)" (fls. 04-05)

Requer-se a concessão da ordem para se determinar o trancamento da ação penal, com o reconhecimento da ilicitude da interceptação telefônica e das provas derivadas, bem como da atipicidade das condutas descritas na denúncia.

Após o voto do Ministro-Relator pela concessão parcial da ordem para afastar o crime de falsidade ideológica imputado ao paciente, pedi vistas dos autos para analisar a acusação também atribuída de crime de interceptação telefônica.

Estando o processo pronto para julgamento na semana passada, por solicitação do advogado, aguardei que fosse encaminhada petição com documentos acerca da efetiva realização ou não da interceptação supostamente ilegal.

Protocolada a petição em 18 de novembro próximo passado, apresento o processo em mesa para julgamento.

O paciente foi denunciado pelo como incurso nas sanções do: a) art. 299, com a agravante do art. 61, II, alínea *g*, ambos do Código Penal; e b) art. 10 da Lei n. 9.296/96, com as agravantes do art. 61, II, alíneas *a, c* e *g*, ambos do Código Penal.

Relativamente à primeira imputação, na sessão anterior, esta Segunda Turma já se posicionou pela concessão da ordem para trancar a ação penal. Quanto à segunda, pedi vista dos autos para melhor examinar a questão.

A denúncia assim descreve a conduta criminosa atribuída ao paciente:

"Constam dos autos arquivos de áudio e de conversas entre o Juiz Federal **CASEM MAZLOUM** e o Agente de Polícia Federal **CÉSAR HERMAN RODRIGUEZ** (...). **CASEM** liga para **CÉSAR** em 17.09.2002. Conversam sempre de forma cifrada, sobre uma reunião à qual **CÉSAR** compareceu e na qual teria tratado de assuntos de interesse comum:

(...)" (fl. 40)

---

2 Registre-se, por oportuno, que há significativo erro material na ementa do julgado, pois que o *habeas corpus* foi deferido integralmente, logo, tanto em relação ao crime de falsidade ideológica (Código Penal, art. 299), quanto no que concernia ao crime de interceptação telefônica ilegal (Lei n. 9.296/96, art. 10).

Em seguida, passa a transcrever conversas telefônicas entre esses denunciados:

"CÉSAR – Alô.

CASEM – Alô.

CÉSAR – Oi.

CASEM – Oi, Herman?

CÉSAR – Oi, Dr. Mazloum, tudo bem?

CASEM – Tudo bom, tudo em ordem?

CÉSAR – Tudo joia.

CASEM – E aí, já teve a reunião lá?

CÉSAR – Tive. Tive, teve muito interesse, tá, vai ser... vai estudar de hoje pra amanhã, tá, agora... eu fui obrigado a deixar o... uma cópia lá, até... até pra poder ser estudado, né?

CASEM – Lógico, lógico.

CÉSAR – mas tem um compromisso lá... de que... qualquer start agora, tá, depende... depende da gente, tá?

CASEM – Ah, tá.

CÉSAR – Então, já tá dado o start, ... eu não quis passar nome nem nada, mas... já avisei que... teria um pessoal, não é, que estaria junto com a gente, né... aí... e realmente, se eles falarem vamo tocar pra frente, tá, aí vamos ter uma reunião junto com... com o senhor.

CASEM – Ah, tá legal.

CÉSAR – Aí vai ser bem fechada, tá, se for pra acontecer vai ser nesses próximos dois dias.

CASEM – Ah, então tá bom, aí você me avisa e...

CÉSAR – Bom, e eu já falei, né? Eu já avisei que o material tá entregue e que se por um acaso eu tiver em algum lugar nós vamos saber se foi utilizado ou não o material, né?

CASEM – Certo.

CÉSAR – mas já sabemos que tem algum tipo de... de... de... reconhecimento, né?

CASEM – Certo, tá bom. ... escuta... bom, aí você me avisa, né

CÉSAR – Aviso. Com certeza.

CASEM – Bom, outro motivo também que eu tô te ligando, tem um amigo meu, uma pessoa de confiança, né, e... aí tem um... um amigo dele que é uma pessoa aí... um prefeito aí, né... precisa grampear um...

CÉSAR (interrompe) – ah, a gente tem ... a gente tem que se falar pessoalmente.

CASEM – Certo.

CÉSAR – Sem problema.

CASEM – tá bom, e... é celular, né.

CÉSAR – esses é mais problemático, tá, depois eu te explico porquê.

CASEM – Tá bom, então faz o seguinte, é ... cê vai estar lá amanhã, vai estar por aqui?

CÉSAR – Eu vou estar por aqui amanhã, tá, e eu marquei, eu tô tentando marcar uma reunião amanhã, tá, com o... Abdo, tá?

CASEM – Certo.

CÉSAR – Eu quero ver se o pessoal realmente vai, daí, não falou que ia ajudar? eu quero deixar que ele tome o pé da situação tá, então amanhã de qualquer maneira eu estou vendo se eu tenho uma reunião com ele.

CASEM – tá.

CÉSAR – em relação a isso, só uma coisa, muito... o... só se for o fixo, tá, é cem por cento pra fazer de imediato, tá, agora o... o outro, não.

CASEM – o outro... ah... aquela... aquele aparelho lá que fica clonando...

CÉSAR (corta DE IMEDIATO): não, mas daí, não, eu te explico, eu explico tudo como funciona, até lá o... o... oficial.

CASEM – Ah, tá.

CÉSAR – Tá.

CASEM – Bom, vamos fazer o seguinte, amanhã se você estiver por aqui vamos combinar, a gente se encontra aí em algum lugar, aqui, no aeroporto... CÉSAR – Tá bom, tá bom, tá bom. Eu estou correndo atrás, estou tentando salvar o que dá pra salvar ali do João também né?

CASEM – ah, e lá como é que tá?

CÉSAR – eu tive com ele, ele tá mal, né.

CASEM – Ele tá mal?

CÉSAR – Tá mal, sabe, eu tô... eu já fiz as ações, né, pra ver se consegue anular o casamento lá e pra fazer o reconhecimento dela aqui.

CASEM – e ela tá pegando no pé dele aqui?

CÉSAR – não, ela tá dando uma folga, em relação por exemplo aquelas conversa maluca dela, ela tá dando uma folga, tá, agora em relação às perdas de bônus dela, aquelas coisas, isso não.

CASEM – de o que?

CÉSAR – em relação homem e mulher, dele ter levado a menina...

CASEM – a menina lá?

CÉSAR – é, levar pra dentro de casa...

CASEM – ele tá junto com ela de novo, né?

CÉSAR – não, está no mesmo teto, né.

CASEM – Morando perto?

CÉSAR – é, no mesmo teto.

CASEM – ah, bom, vamos ver se amanhã a gente se encontra?

CÉSAR – olha, esses dois dias são dois dias que... vão acontecer, assim, ou vamo acontecer muita coisa ou nós vamo deixar tudo de mão e deixar quieto, tá, então vai acontecer realmente bastante coisa, tá, é... eu falei direto co ... com o pessoal mesmo, tá, e o pessoal ficou assim super interessado.

CASEM – Ah, tá.

CÉSAR – tá... naquele material que o senhor leu o final de semana.

CASEM – Ah, tá. Tá bom, então, e... então eu vou ver se a gente sé encontra aí amanhã pra gente conversar direitinho.

CÉSAR – Tá bom.

CASEM – Tá bom?

CÉSAR – Tá bom então, tá?

CASEM – Tá legal então.

CÉSAR – Eu estou em casa, qualquer coisa... o João vai passar aqui daqui a pouco.

CASEM – ah, ele vai passar ai?

CÉSAR – vai.

CASEM – tá bom, então. Bom, a gente se fala amanhã então.

CÉSAR – Tá bom então.

CASEM – Um abraço.

CÉSAR – Um abraço, tchau." (fls. 40-43)

Após, afirma:

"O Juiz Federal **CASEM MAZLOUM** engendrou junto ao Agente de Polícia Federal **CÉSAR HERMAN RODRIGUEZ** todas as providências para realizar uma interceptação telefônica clandestina, como se verifica também da conversa entre ambos no dia seguinte, 18.09.2003." (fl. 45)

Em seguida, transcrevem-se mais conversas telefônicas:

"**CASEM** – Alô.

CÉSAR – CÉSAR.

CASEM – Oi.

CÉSAR – Oi, é CÉSAR, tudo bem?

CASEM – Tudo bom?

CÉSAR – Tudo bom. Falou com seu amigo ontem?

CASEM – Com...?

CÉSAR – Com seu amigo ontem, lá de Cotia?

CASEM – Ah, eu liguei pra ele e aí diz que você falou pra ele que ia ser difícil o celular né?

CÉSAR – Não, é, difícil não, é oneroso, tá?

CASEM – Hã?

CÉSAR – É oneroso.

CASEM – Ah, oneroso...

CÉSAR – É oneroso, muito oneroso. Agora é o seguinte: ele falou que te deu o nome do rapaz?

CASEM – Eu tenho o nome.

CÉSAR – Eu levantei o nome, o endereço, o carro, ele falou...

CASEM – O endereço do que? Da... do... lá da...

CÉSAR – Tudo, tudo, tudo. Confirmei que o caso existe, ele falou isso, né?

CASEM – ó, eu não tô entendendo, o cara...

CÉSAR – ele veio com uma suspeita de que a mulher do rapaz lá teria um caso com o ex-segurança da... da... da empresa que fez a segurança pra ele, tá? Aí, o que aconteceu: ele tinha o número do telefone que ele tinha uma suspeita, tá? Aí eu levantei o número do telefone, tá, de quem usava o telefone, o nome dele, e bateu com o nome do segurança...

CASEM – Ah, tá...

CÉSAR – ...depois que ele já tinha sido demitido, no período que ele viajou para o Líbano.

CASEM – Ah...

CÉSAR – ...(inaudível)... acontece todos os dias, então.

CASEM – Ô, a ligação tá ruim, rapaz, não tô quase entendendo nada. Mas escuta, e aí você queria que...

CÉSAR – Bom, agora, o que eu tô fazendo é assim, eu tô levantando essa possibilidade pra ele, tá, que o problema dele não é nem questão da separação, tá, é móstrar pras filhas.

CASEM – é, ele falou isso aí.

CÉSAR – (inaudível) tá ruim a ligação.

CASEM – Alô?

CÉSAR – Alô, agora melhorou, né?

CASEM – É... cê tá falando de celular ou de fixo?

CÉSAR – De celular.

CASEM – De celular.

CÉSAR – É. Então, o rapaz lá, é... ela realmente tem um contato com o ex-segurança que ficou até maio, em maio o ex-segurança foi demitido e de maio em diante ela continua mantendo contato com esse segurança via celular dela, tá? Como o celular dela ela tem assim um milhão de ligação, tá, eu levantei exatamente o telefone que o cara tava usando, tá? Então, levantei o telefone que o cara tava usando, eu levantei o nome do cara, dei pro seu amigo ver e escutar que é o cara mesmo, entendeu?

CASEM – Ah, então fica fácil agora pra... pra ver o...

CÉSAR – é, agora eu tô pedindo o reverso, eu tô pedindo a... eu tô pedindo agora a conta de telefone dele, pra provar que ele também liga pra ela.

CASEM – Ah, tá.

CÉSAR – Entendeu?

CASEM – Ah, sim, é que esse cara aí é muito meu amigo, viu, se você puder dar uma...

CÉSAR – não, eu falei pra ele que não é uma coisa que a gente... não é uma coisa que a gente... não é o que a gente... não é o nosso *metier*, mas que nós tava fazendo isso pra ele já em consideração a isso...

CASEM – Ah, tá...

CÉSAR – Porque é uma coisa trabalhosa, ele já tinha sido acharcado aí por um monte de... de... de...

CASEM – Exatamente!

CÉSAR – ...de picareta. Então falei aqui não tem isso, tá, ajudamo, ajudamo. Levantei o carro do cara, o endereço do cara, os dados do cara todinho, tá, o telefone que o cara falava com ela, provei que ela falava com o cara, levantei que o telefone é do cara, então isso aí já tá tudo levantado, tá? Agora eu tô tentando ver se eu consigo pegar a conta do cara ligando pra ela.

CASEM – ah... tá.

CÉSAR – tá, aí o cara tem um convite mesmo próprio...

CASEM – é... alô, alô, alô.

CÉSAR – entendeu?

CASEM – celular é uma bosta ... alô, alô, alô (CAI A LIGAÇÃO)." (fls. 45-47)

Ao final, arremata a exordial:

"Ilegalmente, o juiz federal criminal **CASEM MAZLOUM** intercedeu junto a seus 'colaboradores', em especial o coacusado **CÉSAR HERMAN**, para providenciar a interceptação telefônica ilícita, em conduta que caracteriza o crime previsto no artigo 10 da Lei n. 9.296/96. No caso do magistrado, incidem ainda as agravantes do artigo 61, II, alíneas *a*, *c* e *g*, bem como o artigo 62, inciso I, ambos do Código Penal." (fl. 50)

Dispõe o referido art. 10 da Lei n. 9.296/96:

"Art. 10. Constitui crime realizar interceptação de comunicações telefônicas, de informática ou telemática, ou quebrar segredo de justiça, sem autorização judicial ou com objetivos não autorizados em lei."

Ao analisar as condutas típicas previstas nesse preceito, assevera Damásio de Jesus:

"De acordo com norma incriminadora, configura delito o fato de quem, sem autorização judicial ou com objetivos não autorizados em lei, realiza interceptação de comunicação telefônica, de informática ou telemática, ou quebra de segredo de justiça referente à diligência (arts. 1°, *caput*, e 8°, *caput*, da Lei).

Realizar a interceptação significa ouvir a conversação ou gravá-la. Cuidando-se de mensagem transmitida via *Modem* ou *Internet*, quer dizer dela tomar conhecimento, lê-la, vê-la (desenho) ou captá-la." (JESUS, Damásio E. "Crime de Interceptação de comunicações telefônicas. Notas ao art. 10 da Lei n. 9.296, de 24 de julho de 1996." *Revista do Tribunal Regional Federal da 1ª Região*, v. 8, n. 4, out./dez. 1996, p. 185-188, p. 187)

Relativamente ao momento consumativo do crime, esclarece Damásio:

"Ocorre no instante em que o sujeito está iniciando a gravação da conversação ou começa a ouvi-la. Tratando-se de mensagem ou documentos transmitidos via *Modem* ou *Internet*, quando principia a captá-los ou dele tomar conhecimento." (JESUS, *op. cit.*, fl. 188)

Sobre esse aspecto, leciona Vicente Greco Filho:

"(...) O crime consuma-se com o ato de interceptar, ou seja, intervir, imiscuir-se, ingressar em, independentemente de a conversa vir a ser gravada. Em tese admite-se a tentativa." (GRECO FILHO, Vicente. *Interceptação telefônica*. São Paulo: Saraiva, 1996, p. 42)

E, é ainda, Vicente Greco quem adverte:

"O crime se consuma com a interceptação, ou seja, com a escuta realizada por terceiro da conversa entre outros interlocutores, qualquer que seja o meio técnico utilizado e independente da revelação da comunicação a outrem. A divulgação da comunicação é mero exaurimento do delito. O crime comporta tentativa como, por exemplo, se o agente é interrompido no ato de implantar o instrumento para a interceptação." (GRECO FILHO, *op. cit.*, p. 43)

Para que se examine a aptidão da denúncia, há de se fazer a leitura do disposto no art. 41 do Código de Processo Penal, *verbis*:

"Art. 41. A denúncia ou queixa conterá a exposição do fato criminoso, com todas as suas circunstâncias, a qualificação do acusado ou esclarecimentos pelos quais se possa identificá-lo, a classificação do crime e, quando necessário, o rol das testemunhas."

Sobre a denúncia ensina o clássico João Mendes de Almeida Júnior, *verbis*:

"É uma exposição narrativa e demonstrativa. Narrativa, porque deve revelar o fato com tôdas as suas circunstâncias, isto é, não só a ação transitiva, como a pessoa que a praticou (*quis*), os meios que empregou (*quibus auxiliis*), o malefício que produziu (*quid*), os motivos que o determinaram a isso (*cur*), a maneira porque a praticou (*quomodo*), o lugar onde a praticou (*ubi*), o tempo (*quando*). (Segundo enumeração de Aristóteles, na *Ética a Nincomac*, 1. III, as *circunstâncias* são resumidas pelas palavras *quis, quid, ubi, quibus auxiliis, cur, quomodo, quando*, assim referidas por Cícero (De Invent. I)). Demonstrativa, porque deve descrever o corpo de delito, dar as razões de convicção ou presunção e nomear as testemunhas e informantes." (ALMEIDA JÚNIOR, João Mendes de. *O processo criminal brasileiro*, v. II. Rio de Janeiro/São Paulo: Freitas Bastos, 1959, p. 183)

São lições que devem ser sempre relembradas!

Observa-se da leitura da denúncia oferecida contra o paciente, em especial das fls. 40-50, que não se demonstra na descrição dos fatos, a configuração dos elementos do tipo, a caracterizar qualquer das condutas nele contempladas, seja na forma tentada, seja na consumada, do art. 10 da Lei n. 9.296/96.

A denúncia limita-se a transcrever conversas telefônicas, sem a observância dos requisitos mínimos à persecução criminal.

A decisão de recebimento da denúncia também não é esclarecedora quanto às alegações. Transcreva-se:

"No que concerne ao delito tipificado no art. 10 da Lei n. 9.296, de 24 de julho de 1996, significativas as conversações voltadas à efetivação de escuta telefônica clandestina.

Em 17 de setembro de 2002[3], CASEM MAZLOUM pediu ao também acusado CÉSAR HERMAN que a providenciasse, para auxiliar um amigo (fl. 06).

(...)

São transcritas, ainda, conversações entre CÉSAR HERMAN e 'Caled' ou 'Khaled', ao que consta, primo de CASEM, por indicação deste. Tratam da obtenção de contas telefônicas (fls. 14/15).

Como se vê, ao contrário do que sustenta a defesa de CASEM MAZLOUM, os atos praticados não consubstanciam mera cogitação.

Importante ressaltar que o acusado CASEM em momento algum nega o pedido feito ao corréu CÉSAR, visando à interceptação clandestina. Além de confirmá-lo, acrescentou que tal pedido foi alterado para obtenção de extratos telefônicos.

As conversações revelam que CÉSAR viabilizou uma escuta ao amigo de CASEM para confirmar se se tratava da pessoa de quem suspeitava (fl. 12). Há elementos, portanto, acerca da realização de interceptação, fora das hipóteses legais e sem autorização judicial, que se subsumem ao tipo previsto no art. 10 da Lei n. 9.296/1996. Interceptação requerida por CASEM MAZLOUM, interditando os interesses de um amigo. Interceptação que contou com o auxílio de CÉSAR HERMAN.

Não se pode negar, em princípio, tenham concorrido para a infração penal, ainda que não tenham pessoalmente realizado a interceptação." (fls. 79-81)

Como se vê, tanto na denúncia quanto na decisão de seu recebimento há um forte *quid* de imaginação e de ausência de elementos de realidade.

---

[3] Conforme original.

A doutrina desta Corte é bastante precisa a respeito da qualidade da denúncia.

É que denúncia *imprecisa, genérica, vaga*, além de traduzir persecução criminal injusta, é incompatível com o princípio da dignidade humana e com o postulado do direito à defesa e ao contraditório.

A propósito, vale transcrever trecho da ementa de acórdão de relatoria do eminente Ministro Celso de Mello:

"MINISTÉRIO PÚBLICO – APTIDÃO DA DENÚNCIA. O Ministério Público, para validamente formular a denúncia penal, deve ter por suporte uma necessária base empírica, a fim de que o exercício desse grave dever-poder não se transforme em instrumento de injusta persecução estatal. O ajuizamento da ação penal condenatória supõe a existência de justa causa, que se tem por inocorrente quando o comportamento atribuído ao réu 'nem mesmo em tese constitui crime, ou quando, configurando uma infração penal, resulta de pura criação mental da acusação' (RF 150/393, Rel. Min. OROZIMBO NONATO). A peça acusatória deve conter a exposição do fato delituoso em toda a sua essência e com todas as suas circunstâncias. Essa narração, ainda que sucinta, impõe-se ao acusador como exigência derivada do postulado constitucional que assegura ao réu o pleno exercício do direito de defesa. Denúncia que não descreve adequadamente o fato criminoso é denúncia inepta." (HC 73.271, *DJ* 4.10.94)

Em outro *habeas corpus*, também da relatoria do Ministro Celso de Mello extrai-se o seguinte excerto:

"O processo penal de tipo acusatório repele, por ofensivas à garantia da plenitude de defesa, quaisquer imputações que se mostrem indeterminadas, vagas, contraditórias, omissas ou ambíguas. Existe, na perspectiva dos princípios constitucionais que regem o processo penal, um nexo de indiscutível vinculação entre a obrigação estatal de oferecer acusação formalmente precisa e juridicamente apta e o direito individual de que dispõe o acusado à ampla defesa. A imputação penal omissa ou deficiente, além de constituir transgressão do dever jurídico que se impõe ao Estado, qualifica-se como causa de nulidade processual absoluta. A denúncia – enquanto instrumento formalmente consubstanciador da acusação penal – constitui peça processual de indiscutível relevo jurídico. Ela, ao delimitar o âmbito temático da imputação penal, define a própria *res in judicio deducta*. A peça acusatória deve conter a exposição do fato delituoso, em toda a sua essência e com todas as suas circunstâncias. Essa narração, ainda que sucinta, impõe-se ao acusador como exigência derivada do postulado constitucional que assegura ao réu o exercício, em plenitude, do direito de defesa. Denúncia que não descreve adequadamente o fato criminoso é denúncia inepta." (HC 70.763, *DJ* 23.9.94)

Ressalte-se que, na espécie, não se está a discutir matéria probatória – se a interceptação teria efetivamente ocorrido ou não –, pois tal exame poderia transcender os limites estreitos do *habeas corpus* e não há nos autos elementos suficientes para uma análise categórica a esse respeito.

Assinale-se, por inegável, que a petição, posteriormente, apresentada pelo impetrante com transcrição de depoimentos das testemunhas parece evidenciar que, efetivamente, não houve a cogitada escuta.

Não é imprescindível, porém, definir tal questão no âmbito do presente *habeas corpus*.

Todavia, independentemente de qualquer outra consideração, afigura-se inequívoco que a denúncia, tal como posta, não preenche os requisitos para o desenrolar de uma ação penal garantidora do legítimo direito de defesa, tendo em vista a ausência de fatos elementares associados ao crime de interceptação telefônica.

Nesses termos, em face da manifesta inépcia da denúncia, o meu voto é no sentido de também quanto à segunda imputação atribuída ao paciente (art. 10 da Lei n. 9.296/96) conceder a ordem de *habeas corpus*.

HC 91.952[1]

Súmula Vinculante 11 – Abuso no uso de algemas e exposição vexatória da pessoa presa – Estado policial – Questão eminentemente constitucional – Ofensa à dignidade da pessoa sob a guarda ou custódia do Estado.

Tratava-se de *habeas corpus* impetrado contra decisão do Superior Tribunal de Justiça que, contra a pretensão do paciente, não reconheceu a nulidade do julgamento do Júri por ter o réu permanecido algemado durante o julgamento.

A Procuradoria-Geral da República, em parecer anexo aos autos, manifestou-se pelo indeferimento da ordem, ao argumento de que o uso de algemas não afrontaria o princípio da não culpabilidade e a manutenção do réu algemado durante a sessão plenária de julgamento não configuraria constrangimento ilegal, quando justificada a medida pela circunstância e necessidade de se manter a ordem e a segurança dos trabalhos.

Daí afirmar que o uso, ou não, de algemas, naquela situação, deveria ficar ao criterioso julgamento do magistrado presidente do julgamento.

Seguindo a orientação esposada pelo Relator, o Tribunal, à unanimidade, deu provimento ao pedido de *habeas corpus*, em julgamento assim ementado:

EMENTA: ALGEMAS – UTILIZAÇÃO. O uso de algemas surge excepcional somente restando justificado ante a periculosidade do agente ou risco concreto de fuga. JULGAMENTO – ACUSADO ALGEMADO – TRIBUNAL DO JÚRI. Implica prejuízo à defesa a manutenção do réu algemado na sessão de julgamento do Tribunal do Júri, resultando o fato na insubsistência do veredicto condenatório.

VOTO

Se a matéria ficasse apenas com fundamento legal, eu não teria voto, mas aparentemente a questão tem feição constitucional.

Percebo que, há muito, o tema também vem sendo tratado sob a perspectiva constitucional. No já muito citado artigo do Professor Sérgio Pitombo, ele já colocava o tema à luz do artigo 153, § 14 – como foi destacado agora no voto do Ministro Cezar Peluso. Dizia ele:

"As algemas podem também servir para só insultar ou castigar – tortura psíquica, consistente na injusta vexação, e física, no aplicar a sanção imprevista –, dar tratamento, enfim, degradante, desumano ao que se acha sob a guarda ou em custódia, violando a garantia individual" (§ 14 do art. 153 da Constituição da Emenda n. 1/69).

Portanto, parece-me que isso já seria suficiente para que apreciássemos o tema sob a perspectiva constitucional.

De fato, é evidente a riqueza constitucional do tema na proibição da tortura, na questão da dignidade da pessoa humana, que vem se alçando na jurisprudência do Supremo Tribunal Federal em um tipo de cláusula de subsidiariedade, tal como a cláusula do devido processo legal, por meio da qual se aplica um dado princípio, como o contraditório e a ampla defesa, a prova ilícita ou determinadas garantias processuais. Aplica-se também o princípio da dignidade da pessoa humana na dimensão em que o homem não pode ser transformado em objeto dos processos estatais.

Desse modo, parece-me não haver nenhuma dúvida quanto à necessidade de que o Tribunal se pronuncie sobre esse tema. Saúdo a iniciativa do Ministro Marco Aurélio de ter afetado este tema ao Plenário que, inicialmente, dos tempos recentes tínhamos o precedente expressivo da Turma, o *Habeas Corpus* 89.429, de Rondônia, Relatora a Senhora Ministra Cármen Lúcia.

---

[1] Em sessão realizada em 7.8.2008, o Tribunal, por unanimidade e nos termos do voto do relator, Ministro Marco Aurélio, deferiu a ordem de *habeas corpus*.

Mas esse caso – e o Ministro Celso de Mello tem chamado a atenção para essa situação – talvez recomende que nós nos pronunciemos um pouco para além da situação do júri que já está sendo equacionada inclusive na legislação. O Ministro Celso de Mello sempre chama a atenção para a disposição existente no Código de Processo Penal Militar, citada agora pelo Ministro Marco Aurélio.

O disposto no art. 234, § 1°:

"Art. 234. (...)

Emprego de algemas

§ 1° O emprego de algemas deve ser evitado, desde que não haja perigo de fuga ou de agressão da parte do preso, e de modo algum será permitido, nos presos a que se refere o art. 242".

Lista, ainda, aqueles que não poderão ser vítimas da aplicação da algema, no art. 242.

Pergunto ao Tribunal se não seria o caso de deixarmos claro, na própria decisão, que esse é o entendimento do Tribunal, quer dizer, não só para o júri, mas que de fato também estamos a emanar uma decisão?

Só quis me assegurar exatamente dessa orientação para os fins, inclusive, da lavratura do acórdão. Acredito que não há objeção quanto a essa sugestão.

PET 7.074-QO[1]

Questão de ordem em petição – Colaboração premiada – Decisão inicial de homologação judicial: limites e atribuição – Regularidade, legalidade e voluntariedade do acordo – Meio de obtenção de prova – Aferição dos termos e da eficácia da colaboração – Competência colegiada no Supremo Tribunal Federal.

A presente Questão de Ordem, em síntese, se propõe a expor ao Plenário desta Suprema Corte questionamentos que permeiam acordos de colaboração premiada e o subsequente ato de homologação judicial, viabilizando a ampliação do debate para que dois pontos sensíveis acerca do instituto sejam dirimidos pela composição plena do Tribunal. Tais pontos são suscitados em variadas controvérsias deduzidas nesta Corte, inclusive sob a relatoria do ora proponente, a merecer, com abrigo no inciso IV do art. 7° do RISTF, se manifeste o Plenário, no âmbito de sua competência, a fim de resolver as dúvidas ora submetidas sobre a interpretação do Regimento.

Nesse sentido são as alegações, por exemplo, de Eduardo Cosentino Cunha formuladas na AC 4.325, sobre a impossibilidade de homologação do acordo de colaboração premiada firmado pelos integrantes do Grupo J&F, ao argumento de ilegalidade da avença, bem como a manifestação do Instituto Brasileiro do Direito de Defesa – IBRADD, em petição protocolizada na PET 7.003, no sentido de que a homologação de tal acordo, pela dimensão verificada, deve ser submetida a referendo do Plenário do Supremo Tribunal Federal. No mesmo norte também se verifica a irresignação manifestada por Carlos Alexandre Klomfahls na PET 7.003, com fundamento no direito de petição previsto no art. 5°, inciso XXXIV, *a*, da Constituição Federal.

Pretende-se esclarecer os limites de atuação do magistrado no acordo de colaboração, inclusive eventuais obstáculos e circunstâncias correlatas, tomando por diretriz posicionamentos anteriores adotados em casos análogos, até mesmo por afinidade, quando do juízo de homologação, quer no que diz respeito a eventual momento processual em que se deva proceder à sindicabilidade judicial das cláusulas acordadas, quer no que diz respeito à atuação monocrática dos integrantes desta Suprema Corte.

A Questão de Ordem, em suma, se desdobra em dois pontos: (i) competência do Tribunal Pleno, e (ii) poderes instrutórios do relator para homologar acordo de colaboração premiada. No âmbito da colaboração premiada, almeja-se trazer ao exame colegiado a possível diferenciação entre a decisão inicial de homologação judicial, seus limites e atribuição, diante da análise da regularidade, legalidade e voluntariedade do acordo, como meio de obtenção de prova à luz dos poderes instrutórios do relator, e a decisão colegiada de mérito, para fins de aferição dos termos

---

[1] Preliminarmente, o Tribunal, por maioria, vencidos os Ministros Marco Aurélio e Gilmar Mendes, resolveu questão de ordem suscitada pelo Ministro Marco Aurélio no sentido de que o entendimento adotado no julgamento da questão de ordem na PET 7.074 se estende a outros casos. Em seguida, o Tribunal, nos termos do voto do Relator, ora reajustado, resolveu questão de ordem no sentido de reafirmar, nos limites dos § 7° e § 11 do art. 4° da Lei n. 12.850/2013, e incs. I e II do art. 21 do RI/STF: i) a atribuição do Relator para, monocraticamente, homologar acordos de colaboração premiada, oportunidade na qual se limita ao juízo de regularidade, legalidade e voluntariedade da avença, vencidos os Ministros Gilmar Mendes e Marco Aurélio; ii) a competência colegiada do Supremo Tribunal Federal, em decisão final de mérito, para avaliar o cumprimento dos termos bem como a eficácia do acordo, vencidos, nos termos de seus votos, os Ministros Ricardo Lewandowski, Gilmar Mendes e Marco Aurélio; iii) que o acordo homologado como regular, voluntário e legal em regra haverá de ser observado mediante o cumprimento dos deveres assumidos pelo colaborador, sendo possível ao Plenário a análise de sua legalidade, nos termos do § 4° do art. 966 do CPC (*DJ* de 3.5.2018).

e da eficácia da colaboração, dissecando esse controle jurisdicional diferido sob o pálio da competência (em Pleno ou Turma) do Supremo Tribunal Federal.

Foi assim ementada a decisão:

EMENTA: QUESTÃO DE ORDEM EM PETIÇÃO. COLABORAÇÃO PREMIADA. I. DECISÃO INICIAL DE HOMOLOGAÇÃO JUDICIAL: LIMITES E ATRIBUIÇÃO. REGULARIDADE, LEGALIDADE E VOLUNTARIEDADE DO ACORDO. MEIO DE OBTENÇÃO DE PROVA. PODERES INSTRUTÓRIOS DO RELATOR. RISTF. PRECEDENTES. II. DECISÃO FINAL DE MÉRITO. AFERIÇÃO DOS TERMOS E DA EFICÁCIA DA COLABORAÇÃO. CONTROLE JURISDICIONAL DIFERIDO. COMPETÊNCIA COLEGIADA NO SUPREMO TRIBUNAL FEDERAL. 1. Nos moldes do decidido no HC 127.483, Rel. Min. DIAS TOFFOLI, Tribunal Pleno, DJe de 3.2.2016, reafirma-se a atribuição ao Relator, como corolário dos poderes instrutórios que lhe são conferidos pelo Regimento Interno do STF, para ordenar a realização de meios de obtenção de prova (art. 21, I e II, do RISTF), a fim de, monocraticamente, homologar acordos de colaboração premiada, oportunidade na qual se restringe ao juízo de regularidade, legalidade e voluntariedade da avença, nos limites do art. 4º, § 7º, da Lei n. 12.850/2013. 2. O juízo sobre os termos do acordo de colaboração, seu cumprimento e sua eficácia, conforme preceitua o art. 4º, § 11, da Lei n. 12.850/2013, dá-se por ocasião da prolação da sentença (e no Supremo Tribunal Federal, em decisão colegiada), não se impondo na fase homologatória tal exame previsto pela lei como controle jurisdicional diferido, sob pena de malferir a norma prevista no § 6º do art. 4º da referida Lei n. 12.850/2013, que veda a participação do juiz nas negociações, conferindo, assim, concretude ao princípio acusatório que rege o processo penal no Estado Democrático de Direito. 3. Questão de ordem que se desdobra em três pontos para: (i) resguardar a competência do Tribunal Pleno para o julgamento de mérito sobre os termos e a eficácia da colaboração; (ii) reafirmar, dentre os poderes instrutórios do Relator (art. 21 do RISTF), a atribuição para homologar acordo de colaboração premiada; (iii) salvo ilegalidade superveniente apta a justificar nulidade ou anulação do negócio jurídico, acordo homologado como regular, voluntário e legal, em regra, deve ser observado mediante o cumprimento dos deveres assumidos pelo colaborador, sendo, nos termos do art. 966, § 4º, do Código de Processo Civil, possível ao Plenário analisar sua legalidade.

VOTO

O SENHOR MINISTRO GILMAR MENDES – Senhora Presidente, o agravo regimental do Governador do Mato Grosso do Sul, Reinaldo Azambuja, discute a competência do Ministro Edson Fachin como relator, sob a alegação de falta de conexão com casos da sua relatoria. Quanto a esse ponto, acompanho o eminente relator, mantendo a sua competência.

Vou concentrar minha manifestação na questão de ordem trazida ao Pleno. Há duas questões de julgamento nessa questão de ordem, como já vimos. Desde logo, felicito o eminente relator pela iniciativa de trazê-las ao Colegiado.

Ressalvado o caso trazido pelo Ministro Dias Toffoli, em outro momento, o HC já multicitado, esta é a primeira vez que a Corte se debruça sobre essa temática extremamente difícil, embora tenhamos – e vou fazer um levantamento, inventário – várias decisões monocráticas do Ministro Teori Zavascki. Desse modo, eu quero cumprimentar Sua Excelência por essa iniciativa, porque, como já foi destacado, inclusive no voto do Ministro Alexandre de Moraes, nós não estamos decidindo apenas este caso, estamos fixando, de alguma forma, um parâmetro para todas as instâncias. E isso é extremamente importante.

Há duas questões em julgamento nesta questão de ordem:

(i) A competência do relator ou do Colegiado para homologação do acordo de colaboração.

(ii) A sindicabilidade das cláusulas do acordo de colaboração pelo Poder Judiciário.

Antes de iniciar a fundamentar meu voto, desejo adiantar uma declaração dos propósitos que o regem.

Em primeiro lugar, é importante assentar que, nesta Questão de Ordem, não se discute a validade das provas obtidas com as delações que são o pano de fundo deste julgado – os acordos de colaboração dos executivos do Grupo JBS com o Grupo de Trabalho Lava Jato.

É supérfluo afirmar que este é um caso de perfil alto, porque envolve a delação do Presidente da República, em troca de contrapartidas elevadas. Devemos policiar-nos para que essa circunstância não polarize o julgamento.

A oportunidade apresenta-se para lançar as bases não apenas para este caso, mas para tantos outros que virão. Não só a este Tribunal, mas para todas as Cortes do País. Por isso mesmo, é importante uma visão um tanto distanciada do caso concreto.

Mantenho dúvida pessoal sobre a impossibilidade de terceiro impugnar a homologação, na medida em que permitimos recurso de decisão unipessoal por qualquer prejudicado. Mesmo em hipóteses em que a lei não previa recurso – como o caso do indeferimento da suspensão de segurança, na vigência da Lei n. 4.348/64 –, a Corte aceitava a impugnação.

Lembro-me de que quando, na fórmula do Regimento, se adotou o indeferimento da suspensão de segurança como insuscetível de recurso, passamos, à época Advogado-Geral da União, a utilizar o mandado de segurança e, posteriormente, provocado pelo próprio Estado de Alagoas, revisamos a jurisprudência do Supremo e consideramos revogada a famosa e célebre Súmula 503. Portanto, essa indenidade que se está dando a este ato é algo singular. Será, de fato, o único ato indene a qualquer verificação, porque o último que existia, no âmbito desta Corte, era de fato aquele da Súmula 503, que restou superado, inclusive a partir de um voto de minha relatoria.

Entretanto, a jurisprudência formou-se, nesta Corte, no sentido de que o delatado defenda-se das provas que advêm da colaboração premiada, não do acordo de colaboração. Nem sequer a anulação do acordo lhe interessa, porquanto o que lhe interessa é contrapor as provas oriundas da delação.

Sob esse aspecto, a Lei n. 12.850/2013 foi um avanço, pois prevê que o delatado tem direito a tomar conhecimento do acordo de colaboração – art. 7º, § 2º. O acordo de colaboração é também uma proteção ao delatado. É a comprovação de que o delator é interessado e, por isso mesmo, seu depoimento tem escasso valor probatório. O próprio legislador preocupou-se em isso assentar, ao proibir a condenação baseada na palavra do colaborador – art. 4º, § 16, da Lei n. 12.850/2013.

Do ponto de vista do delatado, o acordo também documenta a preferência do Ministério Público: a troca, ao todo ou em parte, da pena do delator pela punição do delatado.

Não acho que o sistema atual seja bom. Pelo contrário, o delator é fortemente incentivado a entregar delitos verdadeiros ou fictícios, especialmente quando os delatados são pessoas conhecidas.

Nós temos ouvido, todos nós recebemos em nossos Gabinetes advogados conhecidos que, pela fé do grau, dizem que delatores foram estimulados, inclusive com lista de nomes que deveriam ser delatados, sob pena de não colherem o benefício. Certamente, essas histórias aparecerão e gerarão uma série de questões. Isso já ouvi dos maiores advogados que estão participando dessas causas. Seguramente, ninguém negará o que se tem praticado e, como se sabe, não é uma prática escorreita, condizente com o Estado de direito. Quem faz isso não age de maneira correta. É preciso dizê-lo.

Estou convicto de que esse sistema expõe, de forma excessiva, a honra dos delatados, os quais são apresentados à sociedade como culpados, mesmo antes de saberem do quê. Faz tempo que venho chamando a atenção para esse ponto, e pretendo continuar, Presidente. Creio que temos que evoluir em soluções jurisprudenciais e legislativas, reforçando a presunção de inocência, sem impedir as investigações. Mas o caso concreto não é ideal para tanto.

Na medida do possível, pretendo evitar avançar na análise da validade do acordo de colaboração em questão, até por não ter sido essa questão trazida ao Colegiado pelo relator, em toda a sua extensão. Procurarei pontuar meu voto com outras experiências de colaboração premiada que são do conhecimento da Corte. Tenho que os diversos casos de delação são suficientes para demonstrar o abuso nas promessas ao delator e o pouco caso com direitos do delatado.

Dito isso, tenho que o que mais importa aqui é fixar as bases do controle judicial dos acordos de colaboração premiada. É nesse contexto que quero assentar o propósito de meu voto: reforçar o controle jurisdicional dos atos de colaboração premiada. Já se falou aqui que nós teríamos um dever de lealdade para com a Procuradoria, por exemplo. Nós temos dever de lealdade para com a Constituição, e não para com a Procuradoria – pelo menos esse era o meu entendimento até semana passada. Ademais, a Procuradoria também está submetida à Constituição. Nós já declaramos aqui, Ministro Dias Toffoli, a inconstitucionalidade de tratados internacionais. Não podemos ficar impedidos de analisar um acordo envolvendo infratores da lei.

É uma premissa que precisa ser revisada, não pode ser dita aqui. É nesse contexto, portanto, que quero assentar o propósito do meu voto: reforçar o controle judicial dos atos de colaboração premiada, o que não significa outra coisa, senão colocar esta norma central da Constituição, a mais importante delas todas, que diz que não pode haver qualquer afetação à proteção judicial efetiva, que está no art. 5º, XXXV, que Vossa Excelência tanto enfatizou no seu voto, Ministro Ricardo Lewandowski.

Pretendo demonstrar, no curso da argumentação, que os parâmetros legais que deveriam reger os acordos nunca foram devidamente observados. Hoje, são cada vez menos lembrados. Criou-se um tipo de Direito Penal de Curitiba. Normas que não têm nada a ver com o que está na lei. E, portanto, torna-se impossível o controle da legalidade. Pouco importa o que a Corte venha a decidir, porque certamente isso será mudado daqui a pouco, tendo em vista as más práticas que se desenvolveram.

É evidente que o Congresso não conviverá com essa sorte de abusos, a não ser que alguém edite um ucasse, proibindo o Congresso de legislar. Porque até isso se cogita, Presidente. Discutir a aprovação de uma lei de abuso de autoridade, um projeto de lei que supera a velha lei, feita por Milton Campos, em 65, se tornou obstrução de justiça. Quanta desfaçatez, quanto cinismo, quanta ousadia, quanto pensamento totalitário de quem já disse que discutir o projeto de lei, seja lá qual for, é obstrução de justiça. E Vossa Excelência, Ministro Edson Fachin, tem aí, sob a sua apreciação, casos desse tipo. É preciso realmente ter perdido o senso das medidas, é preciso imaginar que é um tiranete quem age dessa maneira.

Por fim, pretendo demonstrar que, aqui e alhures, a outorga de poderes sem controle ao Ministério Público faz com que boas intenções degringolem em uma rede de abusos e violações de direitos fundamentais.

Feitas essas considerações, Presidente, passarei aos dois pontos do julgamento.

Começo destacando a **inobservância dos parâmetros legais, que deveriam reger os acordos**. Os votos anteriores mencionaram que o acordo de colaboração está sujeito a uma discricionariedade mitigada pela lei, como bem nomeou o Ministro Alexandre de Moraes no seu voto. A legislação dá ao Ministério Público as opções possíveis a serem oferecidas ao agente colaborador.

Na mesma linha, o Ministro Edson Fachin ressaltou que o acordo é regido por normas de Direito Público, as quais delimitam o espaço negocial acerca dos benefícios que serão ofertados ao colaborador. Os demais votos não fugiram dessa orientação.

Ocorre que os contornos legais de negociação do acordo não foram observados até o momento – essa é a verdade, em todos os casos. Pelo contrário, ante a falta de um controle jurisdicional efetivo – e não estou fazendo crítica a Vossa Excelência, Ministro Fachin, ou ao saudoso Ministro Teori Zavascki –, o Ministério Público foi, de forma progressiva, fazendo uma nova legislação. Hoje, os parâmetros da lei têm valor meramente literário – é algo lítero-poético recreativo. Isso os próprios advogados reconhecem.

Prevaleceu o acordado sobre o legislado.

Discute-se tanto isso, no Direito do Trabalho, Ministra Rosa Weber, e, aqui, no Direito Penal, isso passou a ser a regra, obliviando-se o princípio da legalidade estrita. "Ah, mas pode ser o direito de defesa do delator que está sendo afetado". Só que há o delatado também. Isso é um sistema, e a legalidade nunca poderia ter sido banalizada.

Veja, Presidente, não se trata de nenhuma reserva mental em relação à importância do programa e do combate à criminalidade, mas, como eu disse outras vezes, combate a crime não se pode fazer cometendo crimes ou irregularidades.

No âmbito da Lava Jato, nunca houve maior preocupação em seguir à risca os parâmetros que deveriam reger a discricionariedade. E, de forma progressiva, novos expedientes foram introduzidos tanto em benefício do colaborador quanto da acusação, conforme as tratativas das partes.

As sanções premiais previstas pela lei para acordos fixados até a sentença são o perdão judicial, a redução da pena privativa de liberdade – até 2/3 – e sua substituição por restritiva de direito – art. 4º, *caput*, da Lei n. 12.850/2013. Além disso, a lei prevê que, mesmo que não acordado, o perdão pode ser requerido ao juiz, "considerando a relevância da colaboração prestada" – § 2º.

O perdão pode ser instrumentalizado por dispensa de ação penal, se o colaborador não for o líder da organização criminosa e for o primeiro a prestar efetiva colaboração – § 4º.

Na colaboração posterior à sentença, a lei prevê a redução da pena até a metade e a relevação de requisitos objetivos para a progressão do regime prisional – § 5º. Esses são os parâmetros da lei.

Sob curiosa perspectiva, dois dos primeiros acordos de colaboração premiada realizados no âmbito da Lava Jato foram avaliados pela doutrina de J. J. Gomes Canotilho e Nuno Brandão – Colaboração premiada e auxílio judiciário em matéria penal: a ordem pública como obstáculo. In *Revista de Legislação e de Jurisprudência*. Ano 146, n. 4000, set./out. 2016. p. 16-38.

O objetivo do artigo era verificar se Portugal deveria colaborar com o Brasil, fornecendo provas ao caso Lava Jato. Os autores ressaltam que o Código de Processo Penal português trata dos métodos proibidos de prova em seu artigo 126. O dispositivo reputa nulas as provas obtidas mediante ofensa à integridade física ou moral das pessoas – § 1º. Mesmo com o consentimento da pessoa, é reputada nula a prova obtida mediante "promessa de vantagem legalmente inadmissível" – § 2º. Essa disposição encontra correspondência em outros países. Na Alemanha, vedação semelhante está no § 136a, n. 1, do StPO.

Tendo isso em vista, os autores comparam as sanções premiais prometidas a Alberto Youssef e Paulo Roberto Costa com aquelas legalmente admitidas pela legislação. Apontam as seguintes condições acordadas, sem respaldo na legislação: redução da pena de multa; início do cumprimento da pena privativa de liberdade com a celebração do acordo, independentemente de condenação; fixação de requisitos menos gravosos para a progressão de regime da pena privativa de liberdade; suspensão de investigações e procedimentos, após atingido o teto de pena privativa de liberdade em outras sentenças.

Note-se que o início imediato do cumprimento da pena é, em tese, menos favorável ao imputado. As demais circunstâncias são *in bonam partem*.

Acrescento que, em nenhum dos acordos de colaboração da Lava Jato de que tenho conhecimento, foram convencionados os benefícios previstos na lei – redução ou substituição da pena privativa de liberdade. E faço aqui um inventário.

Para Paulo Roberto Costa, o acordo fixou, em substituição à pena privativa de liberdade, 1 ano de monitoração eletrônica; 0 a 2 anos de regime semiaberto, a serem dosados pelo Juiz; regime aberto no cumprimento do restante da pena. Convencionou-se desconsiderar o tempo de prisão processual anterior ao acordo no cálculo dos benefícios, um incentivo para a rápida adesão à colaboração. Quanto à prisão preventiva, foi acordado que, após os depoimentos, o Ministério Público postularia a sua substituição por monitoração eletrônica.

O acordo firmado com Alberto Youssef tampouco previa a redução da fração de pena. Previa uma pena máxima de 30 anos, dos quais o acusado cumpriria entre 1/10 e 1/6, após os quais passaria a um regime aberto.

Esse modelo de fixação de penas é o que tem sido seguido de forma geral. Sobre esse modelo, foram-se adicionando novidades, sempre estipulando pena sem prévia cominação legal, em flagrante conflito com o artigo 5º, XXXIX, da Constituição.

A Ricardo Pessoa, condenado à pena de mais de 8 anos de reclusão, a pena privativa de liberdade foi substituída por regime domiciliar diferenciado, uma espécie de prisão domiciliar, com possibilidade de progressão para regime aberto diferenciado, o qual consistiria em proibição de viajar ao exterior, salvo com autorização do Juízo; proibição de mudar-se de domicílio, salvo com autorização do Juízo; proibição de ausentar-se da Comarca de seu domicílio por mais de 15 dias, sem comunicação e autorização do Juízo; apresentação de relatórios semestrais acerca de suas atividades.

Além disso, várias outras cláusulas têm sido adotadas sem aparente respaldo na legislação. No acordo de Paulo Roberto Costa, a Procuradoria-Geral resolveu adiantar-se para ficar com uma fatia de 20% do que o colaborador devolvesse se fosse destinado aos órgãos responsáveis pela negociação e pela homologação do acordo de colaboração premiada que permitiu tal repatriação. 20%, um tipo de direito de honorários sobre o dinheiro furtado da Petrobras. Porque, como não há mãos a medir, e não há parâmetros de controle, pode-se inventar qualquer coisa. Daqui a pouco, também, pagamentos diretos aos Procuradores.

O Ministro Teori Zavascki fez o controle dessa cláusula, determinando a integral devolução do valor à vítima Petrobras, mas veja-se a que ponto se chega! Essa cláusula veio para referendo, para homologação! Como se o dinheiro da Petrobras agora tivesse que ser partilhado com os procuradores para compor seu orçamento! E, certamente, o juiz Moro já referendou várias dessas cláusulas! A falta de controle, Ministro Luiz Fux, custará caro para todo o sistema jurídico!

Cláusulas sobre a liberdade no curso do processo passaram a ser figurinhas carimbadas nos acordos, novamente sem embasamento legal.

E veja, Presidente, estou fazendo essa revisita ao tema, exatamente porque, certamente, a partir de amanhã, nós vamos estar discutindo isso, seja de *lege ferenda*, seja no contexto de toda jurisdição nacional.

Devo dizer até que nós mesmos, na Segunda Turma, que estamos afeitos a esse debate, tivemos pouca oportunidade de discutir essa temática. Apenas quando se manifestou e se revelou aquele acordo envolvendo a participação de Sérgio Machado é que veio à luz que poderiam estar ocorrendo coisas exóticas! E, aí, inclusive, nas conversas que tivemos com o Ministro Teori Zavascki, ponderávamos que deveríamos analisar isso em sede de Colegiado.

O cumprimento antecipado da pena, uma espécie da prisão preventiva voluntária, também passou a ser uma previsão padrão. No caso de Sérgio Machado, por exemplo, o colaborador optou por cumprir antecipadamente a pena, depois desistiu – Pet 6.138.

O acordo de Sérgio Machado notabilizou-se também por colocar a salvo da recuperação de ativos bens em nome de familiares, especialmente dos filhos do colaborador.

O mesmo acordo transaciona com direitos legalmente inegociáveis. A Lei de Improbidade Administrativa veda "transação, acordo ou conciliação" em ações por ela regidas – art. 17, § 1º, da Lei n. 8.429/92. Ainda assim, a cláusula 10ª afirma que o Ministério Público postulará que as sentenças que reconheçam a responsabilidade do delator, nas ações civis públicas em andamento, sejam "meramente declaratórias". Isso está no acordo de Sérgio Machado, de forma, flagrantemente, *contra legem*. O acordo é revogatório da norma legal.

Há acordos suspendendo o prazo prescricional, de forma não correspondente ao previsto na lei. A Lei n. 12.850/2013 prevê a suspensão da prescrição por até seis meses, prorrogáveis por igual período. No acordo de Sérgio Machado, foi acordada a suspensão prescricional por dez anos.

Esse ciclo de inovações parece ter chegado ao ápice nas delações do Grupo Odebrecht. Nessas, chegou-se a desafiar o art. 5º, LXI, da CF, segundo o qual ninguém será preso sem ordem escrita e fundamentada da autoridade judiciária competente. A notícia que foi dada pelo repórter Walter Nunes, da Folha – eu já fiz referência, na outra assentada, a esse belo trabalho do jornalista, é de que foram acordadas as penas para pronto cumprimento. Matéria de 5.3.2017. Acesso em: 22.6.2017. Disponível em: http://www1.folha.uol.com.br/poder/2017/03/1863736-
-delatores-daodebrecht-cumprirao-pena-sem-condenacao.shtml.".

É, de fato, o novo Direito Penal uma nova jabuticaba, nunca vista em lugar nenhum. É o Direito Penal Constitucional de Curitiba.

O Professor Gustavo Badaró foi ouvido pela mencionada reportagem. Seus comentários foram precisos:

"A lei n. 12.850, que regula a delação premiada, determina que haja três fases num acordo. A primeira é a negociação. Depois, a homologação por um juiz. E então a sentença, que será aplicada observando os benefícios negociados. O que se fez no caso da Odebrecht não foi isso. Existem pessoas que não foram sequer investigadas e vão cumprir pena sem inquérito, sem denúncia e sem sentença".

É algo, realmente, de novidadeiro. Vão cumprir pena sem inquérito, sem denúncia e sem sentença. É o novo Direito Penal, que viola o princípio da legalidade, mas, mais do que isto, viola a própria Constituição. Esses acordos passaram a ter força constituinte, porque revogam normas constitucionais. Por isso que se disse que se deve atentar para o acordo que é feito. Nós declaramos aqui, Ministro Luiz Fux, inconstitucionalidade de normas de tratados internacionais, mas não podemos fazer a verificação, segundo essas premissas, de um acordo de delação premiada.

O SENHOR MINISTRO LUIZ FUX – E o requisito da legalidade não estaria absorvendo essa questão importante que Vossa Excelência suscita e que é, talvez, uma hipótese?

O SENHOR MINISTRO GILMAR MENDES – Onde está? Qual é o dispositivo que autoriza? Isso tem que ser indicado.

Ainda no âmbito dos acordos da Odebrecht, foi estabelecida a cláusula por meio da qual os colaboradores abriam mão do sigilo legal da convenção.

Por fim, neste caso, os acordos foram oferecidos com a vantagem máxima: perdão, sem o oferecimento de denúncia. Como menciona a lei, esse benefício é reservado à colaboração inédita prestada por aquele que não é líder da organização criminosa.

Abro aqui parênteses, porque afirmei que não gostaria de descer a minúcias do caso concreto. Entretanto, tenho que comentar a manifestação do Procurador-Geral da República, que qualificou a verificação da posição de líderes da organização criminosa, pelos delatores, como triplo mortal de costas.

Segundo Sua Excelência, ao propor o acordo, o Ministério Público não pode afirmar se o delator é ou não líder da organização, sem vulnerar sua presunção de inocência. Não se poderia usar a própria colaboração contra o colaborador. Por óbvio, para ver se o benefício é possível, é preciso saber se o delator é o líder da organização. Do contrário, não seria possível, ainda que seja um juízo *a priori*, suscetível de revisão.

No momento da negociação, o Ministério Público, com base nas provas que já colheu e na palavra do colaborador, precisará posicioná-lo na organização. Esse é um dos parâmetros para definição da extensão do benefício. Trata-se de um juízo inicial, mas que pode ser executado sem vulnerar a presunção de inocência. O Ministério Público não deve, e não pode, oferecer o perdão àqueles que, nesta fase, poderia classificar como os líderes da organização.

O cotidiano do Ministério Público é oferecer denúncias, Presidente, contra pessoas que gozam de presunção de inocência, com base nas provas do inquérito. Em outras palavras, é da Instituição o primeiro juízo de culpa do presumido inocente. Esse mesmo juízo é realizado para avaliar a posição de liderança ou não. Se o MP entender que o colaborador não estava dentre os líderes, e propuser o perdão, o juiz deve fazer o controle dessa avaliação, ao homologar o acordo. Parece evidente! *Mutatis mutandis*, é o que o juiz faz ao analisar a admissibilidade de qualquer ação penal, ou ao apreciar o pedido de arquivamento de investigação.

Por outro lado, o Procurador-Geral da República está correto quanto a um segundo aspecto. Se, inicialmente, o MP entendeu que o colaborador não era líder, mas novas provas demonstraram o contrário, será uma questão de eficácia do acordo, que poderá dar ensejo à sua rescisão.

Nesse caso, o MP deverá propor a ação penal, ao final da qual o juiz, se concluir pela culpa do acusado, avaliará a prova e decidirá sobre a eficácia do acordo, na forma do § 11. Ou seja, na sentença, o juiz decidirá se o colaborador era mesmo líder da organização criminosa e o acordo foi corretamente rescindido, ou não.

Nesse segundo momento, a presunção de inocência exerce sua função. O Ministério Público terá o ônus de provar a qualidade de líder do acusado. São dois momentos diferentes. Cada qual com sua avaliação.

O mais relevante desse argumento não é o equívoco jurídico perpetrado. O importante é como ele se relaciona com o caso concreto. Como pretende o Procurador-Geral da República avaliar se Joesley Batista é o líder da organização criminosa? O Ministério Público acaba de isentar os delatores de responder a processos. Que tipo de investigação usará para provar o contrário?

Se for ele o líder, qual a consequência? As hipóteses de rescisão do acordo de Joesley Batista estão enumeradas na Cláusula 26. Ser o líder da organização criminosa não é uma delas. Isso não consta da fórmula de rescisão. Portanto, não está previsto. Logo, dentro do caráter absoluto que estamos atribuindo a esse acordo, este não poderia ser revisto. Afinal, temos que assegurar a segurança jurídica dos infratores, como tentaram nos ensinar.

É curioso! Nós declaramos a inconstitucionalidade, Ministro Ricardo Lewandowski, de tratados internacionais. Muitos países, hoje – sabemos todos –, evitam a declaração de inconstitucionalidade de tratados fazendo o controle preventivo. Mas não se pode fazer um controle de regularidade de um acordo de delação, porque vai deixar os infratores inseguros e o Ministério Público terá oferecido o que não poderá cumprir, ainda que tenha feito ilegalmente.

Não há, no acordo, previsão de ulterior investigação sobre o colaborador, ou seja, simplesmente não vai ocorrer nenhuma diligência para apurar essa questão. E já se sabe *ab ovo, ab initio* que é assim que se quer! Mesmo que a prova caia do céu, é duvidoso que ela sirva à rescisão da avença.

Mas o mais relevante aqui é o testemunho dado pelo Procurador perante a Corte sobre o acordo firmado sobre seus auspícios, que não parece corresponder à realidade.

Há outro aspecto relevante: o Ministério Público parece fazer uma interpretação restritiva da palavra líder. O líder seria único, infungível, magnânimo, chefe de todos os chefes.

A lei define organização criminosa como grupo criminoso de 4 ou mais pessoas. Se um jovem de 18 anos arregimentar 3 adolescentes para trazer maconha do exterior, com alguma regularidade de divisão de tarefas, eles serão uma organização criminosa transnacional. Será fácil identificar o líder numa situação dessas.

Mas organizações complexas e ramificadas não costumam ter uma liderança única. Quem é o líder do PCC? Quem é o líder do Comando Vermelho?

Ao que se sabe sobre essas organizações, o comando é dividido em colegiados ou separado territorialmente. Se as decisões foram tomadas por um colegiado, não teríamos nenhum líder. E se houver divisão do território, tampouco? Será que criminosos de alta patente dessas organizações poderiam ser perdoados sem sequer denúncia? Talvez um acordo de colaboração – para desenvolvermos a ideia *ad absurdum* – possa ser apto a rescindir as sentenças quase centenárias – por que não? – de Fernandinho Beira-Mar ou de Marcola, com as premissas que estão sendo assentadas. Basta que o Ministério Público diga que eles não são líderes da organização. Ou seja, se a organização criminosa é pouco mais que uma quadrilha, haverá um líder a ser responsabilizado como tal. Se é uma verdadeira máfia, ninguém responde como líder.

A própria lei traça como característica das organizações criminosas a divisão de tarefas. Muitas vezes, as organizações são redes de organizações menores que se relacionam entre si com permanência e estabilidade.

No tráfico de drogas, por exemplo, há grupos que se especializam no fornecimento, no transporte, na preparação, na venda, nas operações financeiras, etc. Há uma cadeia de agentes que se organizam de forma mais ou menos horizontal, mas que compõem um único grupo criminoso organizado.

A própria denúncia oferecida quanto aos delatados divide a suposta organização criminosa em quatro núcleos: político, econômico, administrativo, financeiro. Não se descreve que alguém atuava como um líder máximo aos quais todos os outros núcleos prestavam contas – Inq 4.483.

Via de regra, corrupto e corruptor não se subordinam um ao outro, ao menos não de uma forma completa. Ambos lideram sua parte do esquema criminoso, mas ligados pelos laços que os unem em uma mesma organização. Ou seja, ainda que a legislação tenha usado a palavra líder no singular, uma organização complexa possivelmente terá vários líderes que caem e integram o seu escopo.

Também a precedência da delação, neste caso, é contestável. No caso da chamada Operação Lava Jato, é investigada organização criminosa a qual se dedicaria a vários crimes contra a administração pública e de lavagem de dinheiro. O núcleo político dessa organização está em investigação perante o STF, por ser alegadamente integrado por pessoas com foro perante esta Corte.

Originalmente, foi instaurado o Inq 3.889, depois desdobrado em relação aos diversos partidos políticos e seus colaboradores. Ao postular o desdobramento, o Procurador-Geral deixou claro que seu objetivo era a simples organização processual, mas que seguia a suspeita de que se tratava de um único grupo criminoso, ainda que com ramificações.

Pois bem, essa organização criminosa já foi delatada diversas vezes. O próprio núcleo político já fora delatado em várias oportunidades anteriores. Ou seja, é perfeitamente defensável que Joesley e Wesley são, em tese – ou poderiam ser –, líderes da organização criminosa e não foram os primeiros colaboradores. Nenhum dos requisitos legais, portanto, estaria claramente atendido, com todas as vênias do Ministro Edson Fachin.

De resto, essa é uma avaliação de legalidade, a qual não cabe relegar para momento futuro. Pior, e isso é grave, neste caso, em que não haverá nem sequer denúncia – e essa é a aporia que precisa ser resolvida –, nem sequer existirá momento jurisdicional posterior para a verificação da eficácia do acordo. Essa é a pergunta a que se deve responder.

Fechado o parêntese, registro que, mesmo que não se adiante uma interpretação sobre as disposições legais que preveem o benefício, é fato que a compatibilidade do benefício com as hipóteses legais – aqui eu não estou ainda adiantando juízo definitivo, mas apenas fazendo exercícios hipotéticos – não é evidente. Ao menos em aparência, são benefícios e obrigações incompatíveis com a legislação.

Resta claro que os parâmetros legais, que deveriam reger os acordos, nunca foram devidamente observados. Hoje, são cada vez menos lembrados. Por isso que o saúdo mais uma vez,

Ministro Edson Fachin, pela iniciativa de ter trazido esse tema ao Plenário; porque, pelo menos, consciente ou inconscientemente, todos nós teremos que fazer esse tipo de contraste e verificar se vale esse novo Direito, em que se está escrevendo o acordado sobre o legislado, em matéria de Direito Penal, de direitos individuais – não só de delatores, mas também de delatados. E aí estaremos a reescrever a Constituição, com todos aqueles valores que nós considerávamos até ontem, Ministro Celso de Mello, como cláusulas pétreas; mas que, agora, podem ser dissolvidos por um acordo feito com o Ministério Público.

Passo a outro ponto do voto: **exercício insuficiente dos mecanismos de controle jurisdicional da legalidade dos acordos**.

Neste ponto, surge a questão: Houve o controle suficiente da legalidade dos acordos?

Demonstrar que os acordos estão sendo celebrados fora dos parâmetros da lei, talvez, não seja o suficiente para afirmar sua invalidade. Talvez as cláusulas do acordo estejam além do controle jurisdicional. O Ministro Edson Fachin argumentou que o Juízo não deve aprofundar a discussão sobre as cláusulas do acordo de colaboração, sob pena de vulnerar a regra que proíbe o julgador de participar das negociações. Isso foi objeto também de considerações alentadas no voto do Ministro Dias Toffoli, que mostrou, porém, que, em vários casos de sua relatoria, ele fez por bem glosar as cláusulas e dizer que elas não seriam suscetíveis de homologação.

Ou seja, a avaliação da legalidade dos benefícios, em última análise, seria uma prerrogativa do Ministério Público. Há manifestações no sentido de que os benefícios desmedidos seriam aceitáveis.

O Ministro Roberto Barroso argumentou que benefícios, ainda que sem embasamento legal, seriam compatíveis com a Constituição. É sabido que o princípio da legalidade é especialmente rígido quanto às normas penais incriminadoras, por força do art. 5º, XXXIX, da Constituição Federal. Em favor da defesa, há alguma flexibilidade do ordenamento, admitindo-se o uso de normas de conteúdo indeterminado e de analogia. Ainda assim, no próximo título do meu voto, pretendo demonstrar que o princípio da legalidade também é importante *in malam partem*.

No momento, ressalto que, até agora, o Tribunal nunca afirmou que as cláusulas estão fora do controle jurisdicional. Pelo contrário, como mencionei, os votos anteriores amarraram a discricionariedade do Ministério Público aos parâmetros legais. Ainda assim, não se pode dizer que a Corte avalizou a legalidade desse conjunto de cláusulas atípicas. Não parece que tenha ocorrido um efetivo cotejo entre o acordo e a legislação.

O STF vem estabelecendo uma praxe na homologação de acordos de colaboração premiada. Tem sido bastante rígido com o controle da voluntariedade. Muito embora os colaboradores, no mais das vezes, venham representados por advogados de excelente reputação profissional, os quais confirmam a voluntariedade de seus clientes, tem sido de estilo a oitiva do colaborador sem a presença do Ministério Público. Essa audiência, prevista em lei como mera faculdade, vem sendo escrupulosamente observada – art. 4º, § 7º, da Lei n. 12.850/2013.

Quanto à legalidade, tem-se conhecimento de apenas um acordo cuja homologação foi negada por problemas substanciais. O Ministro Teori Zavascki devolveu o acordo de Pedro Correa à Procuradoria-Geral da República. O procedimento está em sigilo, não se tem informação oficial sobre a motivação da decisão. Entretanto, conforme noticiou Fausto Macedo, do Estado de São Paulo, as declarações foram avaliadas como "vagas, sem provas específicas" e "amplas demais". Matéria de 26 de outubro de 2016. Disponível em: http://politica.estadao.com.br/blogs/fausto-macedo/supremo-devolve-para-pgr-delacao-de-pedro-correa-que-acusoulula/. Acesso em: 24.6.2017. Muito embora sem homologação, as declarações do colaborador foram usadas contra delatados. O ex-Presidente Luís Inácio Lula da Silva pleiteia o acesso ao acordo nos autos da Pet 6.160. Reportou que dois termos de depoimento de Pedro Correa instruem ações penais em seu desfavor, em trâmite na 13ª Vara Federal de Curitiba. Negado o acesso pelo relator, sob o fundamento de que o acordo não fora homologado, pende de julgamento agravo regimental, ainda não apresentado à Segunda Turma.

Fora esse caso, temos a glosa de cláusulas não essenciais. O Ministro Teori Zavascki deixou de homologar cláusulas que importavam renúncia ao direito de acesso ao Poder Judiciário. Escreveu-se isso, inclusive de não usar *habeas corpus*. Lembro-me do Ministro Teori Zavascki indignado, chocado, com esse tipo de prática.

Também negou eficácia a cláusula do acordo de Alberto Youssef que previa a remuneração da PGR pela recuperação de ativos, cuidadosos 20% deveriam ser pagos à Procuradoria na devolução.

A Ministra Cármen Lúcia homologou as colaborações dos executivos do Grupo Odebrecht, com algumas ponderações sobre cláusulas restritivas a direitos.

O Ministro Dias Toffoli reportou a negativa de homologar acordo que quebrava sigilo de dados de terceiro.

Entretanto, as outras tantas cláusulas duvidosas relatadas antes foram homologadas sem discussão. Não houve argumentação específica afirmando sua validade. Um indicativo da insuficiência da análise é o tempo empregado na homologação do acordo – isso é fácil de ver. Só para ficar em um exemplo, os 77 acordos de colaboração dos executivos da Odebrecht, com volumosos anexos, foram apresentados ao Tribunal para homologação no final do ano passado. Em 19.1.2017, o relator, Ministro Zavascki, faleceu trágica e repentinamente.

Os procedimentos de verificação da voluntariedade dos delatores foram suspensos pela Presidente da Corte, Ministra Cármen Lúcia. Em um segundo momento, a Presidente retomou as audiências e, em pleno recesso – ou seja, em um curto espaço de tempo –, homologou os 77 acordos.

A despeito da turbulência do momento e do número de acordos, a instrução e a decisão, neste caso, demoraram pouco mais de 10 dias, contados da assunção da competência pela Presidência. Dez dias para homologar 77 acordos. Com toda diligência, com toda presteza, com toda seriedade que certamente a Presidente emprestou ao tema, é obvio que é um juízo de delibação, considerando inclusive todas as atas volumosas, com todos os anexos, como nós sabemos.

Não se pode dizer que, agora, houve uma decisão do Tribunal insuscetível de revisão, especialmente quando se trata de casos como este, em que se reconhece o perdão judicial. Por isso não haverá ação penal, denúncia.

Todos os delatores foram ouvidos e, de fato, algumas cláusulas foram glosadas. Entretanto, ao que se sabe, não houve fundamentação quanto a cláusulas duvidosas, como a aplicação de penas independentemente de condenação. Um grave problema para o qual nós temos que atentar.

De tudo, retiro que os mecanismos de controle jurisdicional da legalidade previstos na lei não estão sendo e não foram suficientemente exercidos. A validade dessas cláusulas nunca passou por um escrutínio verdadeiro da Corte.

Se nós, que temos a experiência que temos e que julgamos uma liminar em Plenário com os olhos de todo o Colegiado, depois de algum tempo, voltamos aqui e dizemos que essa decisão foi equivocada, imagine o que pode acontecer com esses acordos e com essa criatividade que estamos a ver nesse inventário que estou a fazer.

Aparentemente, até o momento, acreditou-se pouco na importância do controle de legalidade do acordo, por ocasião da homologação. Nos acordos que homologou, o Tribunal não terá a oportunidade de rever cláusulas por ocasião do julgamento. No mais das vezes, a competência do Tribunal para homologação de acordo de colaboração decorre de prerrogativa de foro do delatado. Não tendo o colaborador prerrogativa de foro, a ação penal em seu desfavor é declinada para a primeira instância. Como se vai fazer essa verificação? Portanto, são os membros do Mi-

Garantias penais e processuais-penais **443**

nistério Público em primeira instância que têm a atribuição de postular a aplicação do acordo firmado pelo Procurador-Geral da República. Da mesma forma, compete ao juiz de primeira instância avaliar os acordos homologados pelo Supremo Tribunal Federal.

Ao que se sabe, até o momento, as cláusulas acordadas têm sido aplicadas nas instâncias inferiores, sem maior contestação.

De tudo, percebe-se de forma inequívoca que a legalidade dos acordos não está sendo avaliada em momento algum. Essa é a verdade dos fatos. Essa é a inequívoca verdade dos fatos. Não se está fazendo controle de legalidade. Enquanto se faz análise da voluntariedade, precário é o exame da legalidade. Mas, de novo, saúdo o Ministro Edson Fachin, por ter trazido o debate ao Plenário, permitindo que nós façamos essa análise vertical da temática.

Passo para o terceiro ponto do meu voto, Presidente: **falta de controle na persecução penal e violações a direitos fundamentais**.

O *hot site* da Operação Lava Jato informa que o STF já homologou 49 acordos de colaboração premiada no âmbito da investigação. Essas delações redundaram na investigação de 413 pessoas. Desse universo de investigados, 68 foram acusados. O número de denunciados é expressivo. No entanto, a subtração dos denunciados do número de investigados leva a uma indesejável conclusão: 345 delatados não foram acusados. Tramita nesta Corte um número expressivo de investigações contra pessoas que vivem do seu capital político, sem perspectiva de solução, seja redundando em uma acusação, seja em arquivamento.

Grande parte do parlamento e outros tantos políticos de projeção nacional estão sob a lupa da Procuradoria-Geral da República. Algumas investigações foram abertas já sem qualquer perspectiva de sucesso. Cito alguns exemplos.

Foi aberta investigação, com base em depoimentos de Emílio Odebrecht, contra Fernando Henrique Cardoso, tendo em vista relatos superficiais de financiamento irregular nas campanhas de 1994 e 1998 – não sei se o relator anotou que já estava prescrito. A Procuradoria não anotou, mas o processo foi mandado para São Paulo. Essa investigação, declinada para a Justiça Federal em São Paulo, já nasceu tratando de fatos prescritos.

Para que se faz isso? É para brincar com o Supremo Tribunal Federal? Ou tem alguns propósitos outros, políticos? Fatos prescritos dão ensejo a abertura de inquérito? É muito sério o que estamos falando. E, quem sabe, alguém ainda vai dizer: "Ah, mas, se decretar a prescrição aqui, nós estamos sendo desleais com a Procuradoria da República". Lealdade, volto a dizer, devemos à Constituição. Quem deve lealdade à Procuradoria-Geral da República são os procuradores. Eles que honrem a missão à qual foram investidos.

É uma proposta até muito curiosa, em que o rabo começa a balançar o cachorro. Parece que nós estamos realmente no tempo das inversões de todas as coisas. "Ah, mas, agora, segurança jurídica do acordo de infratores; nós não podemos analisar" – quando o sistema manda que se analise!

O Governador do Maranhão, Flávio Dino, foi delatado pelos executivos da Odebrecht. Teria recebido R$ 400.000,00 (quatrocentos mil reais) não contabilizados para sua campanha ao Governo do Estado, em 2014. Nessa época, ele exercia o cargo de deputado federal. A contrapartida à doação irregular seria a tramitação de interesse da companhia, que beneficiaria a empresa na construção do Porto de Mariel, em Cuba. Este é até um caso curioso, interessante. Como sabem, Flávio Dino é do Partido Comunista do Brasil. Havia uma proposta, um projeto, que dizia, de forma caricata, que as leis americanas não se aplicariam ao Brasil. Esse projeto foi apresentado por trinta e tantos parlamentares, no interesse da companhia. Por quê? Porque a companhia construiria o Porto de Mariel em Cuba e entendia que isso seria algum tipo de blindagem diante da legislação americana, que proibiria cooperação com aquele País. O Deputado Flávio Dino, que muitos de nós conhecemos muito bem, recusou-se a relatar esse projeto. Esse projeto não está relatado. Não obstante, ele está investigado. Digo sempre e repito: Lá, na Justiça Eleitoral, em que todos nós devemos rezar para não cometermos injustiça, mas, se o Espírito Santo não ouvir as nossas preces, não se fizer de intermediário dessas preces, pelo menos que ele faça uma outra mediação, Ministro Edson Fachin, que ele nos preserve o senso do ridículo, que ele não nos faça perder o senso do ridículo. Aqui, claramente, perdeu-se o senso do ridículo.

Mas tem mais. Sérgio Machado delatou o ex-Presidente José Sarney. Na época, Sérgio Machado era investigado em inquérito relatado pelo Ministro Teori Zavascki. Havia a perspectiva de cisão das investigações. Sérgio Machado procurou – em um leito de hospital, Ministra Cármen Lúcia, Ministra-Presidente – o já aposentado José Sarney, relatando sua aflição com a situação. Gravou a conversa. Na maior parte do diálogo, José Sarney responde com evasivas às manifestações de Sérgio Machado. No momento tomado por relevante, Sérgio Machado fala em evitar a remessa da investigação para Curitiba, ao que Sarney menciona que tem que "conseguir isso", "sem meter advogado no meio". Este senhor estava com um gravador, estava operando segundo aquela máxima que está nas dez medidas, que depois se repete neste caso também, o tal teste de integridade, que está sendo aplicado nessa linha do novo Direito de Curitiba, sem lei; já que o Congresso não aprovou, aplica-se isso. Pasmem, isso foi o que disse o ex-Presidente, o velho Presidente José Sarney, a quem este País tanto deve, inclusive pela transição democrática perfeita que logrou fazer. Mas veja o que se faz. O Procurador-Geral faz uma representação pela prisão preventiva do ex-Presidente e por busca e apreensão na sua casa. O Ministro Teori Zavascki rejeitou o pedido, alegando que não houve demonstração de que o plano de interferir em sua jurisdição era sincero e teve execução iniciada – decisão de 14.6.2016. De novo vale aquela premissa: se o Espírito Santo não nos ajuda e se não preserva o nosso senso de justiça, pelo menos rezemos para que preserve o nosso senso do ridículo. Este é um caso que enche de opróbrio todas as instituições envolvidas, ação tipicamente midiática. Como se faz uma coisa dessa? Prisão preventiva de José Sarney por obstrução de justiça! Quanta ousadia, quanta falta de leitura, quanta irresponsabilidade!

Por mais de um semestre, o caso restou esquecido. Após a morte de Teori Zavascki, em janeiro de 2017, o Procurador-Geral recauchutou as representações por medidas cautelares, transformando-as – Vossa Excelência pode fazer a comparação inclusive no sistema *Word* – em pedido de abertura de inquérito. Inicialmente, não havia pedido de abertura de inquérito, agora, com a morte de Teori Zavascki, transformam-se em pedido de abertura de inquérito.

No novel inquérito, pretende investigar quantas vezes um advogado, notório amigo do magistrado falecido, esteve neste Tribunal. Para tanto, pediu a obtenção de todos os registros de entrada e de gravações dos deslocamentos do advogado neste Tribunal. E pedia mais, Vossa Excelência, inclusive, depois fez ressalva. Postulou o Ministério Público que ele pudesse participar diretamente da diligência ou praticá-la diretamente. Um tipo de delírio! Colocando em dúvida as informações que o Tribunal prestaria ao Ministério Público, Presidente. É o pedido que se fez de investigação do Doutor Ferrão, neste caso.

São fatos que não têm sido analisados, mas que devem ser ditos! Para colocar limites a esses absurdos! Trazer isso à luz do sol, para que não se diga que a expressão de que há uma ameaça de estado policial é uma expressão de retórica! Não! Há uma ameaça, sim! Verdadeira! Abusiva! E vilipendiam a dignidade da Corte! E não venham dizer que a Corte deve lealdade ao Ministério Público! Deve lealdade à Constituição!

Essa medida foi inicialmente deferida, mas posteriormente suspensa. A investigação pende de conclusão. Acho que suspensa, inclusive, a pedido, salvo engano, Ministro Edson Fachin, da OAB.

Todos esses casos têm muito em comum. Investigações sem futuro são movidas contra pessoas que não serão acusadas de nada, mas que, para demonstrar a própria inocência, teriam

Garantias penais e processuais-penais **445**

que produzir prova negativa. Já falei sobre isso aqui, e, relembrando, Ministro Ricardo Lewandowski, o célebre caso dos dois investigados do STJ, Ministro Falcão e Ministro Marcelo Navarro. Qual seria o crime deles? Obstrução de justiça. De novo isso virou a panaceia! Quando não se sabe o que é, é obstrução de justiça, Ministro Dias Toffoli. Discutir projeto de lei é obstrução de justiça! Discutir lei de anistia é obstrução de justiça! "Ah, pode ser que eles teriam sido cooptados". Não houve um fato relevante, e eles estão lá, já há mais de 2 anos, a responder inquérito.

Agora, esse inquérito cumpre que função, Ministro Edson Fachin? De medrar o STJ, de inibi-los, tanto é que, há até pouco tempo, o STJ não tinha concedido um *habeas corpus* na matéria da Lava Jato. Esse era o objetivo! Vejam que forma covarde de lidar com o Judiciário! É preciso repudiar claramente esses métodos totalitários! Alguém tem dúvida de que esse inquérito será encerrado, de que não tem futuro? Não, mas fica-se alongando, pedem-se novas testemunhas, como se ninguém tivesse experiência, como se o Procurador-Geral não tivesse sido indicado a partir de mediações políticas. Poucos aqui, neste Plenário, podem dizer que não fizeram peregrinação política para serem indicados. Eu até poderia dizê-lo, mas não vou, agora, satanizar um Colega que teve que fazer.

Ficamos nós a dizer "ah, é só um inquérito, é só uma investigação", que não tem futuro algum. Vossa Excelência, Ministro Luiz Fux, tem dito isto: diante de inquéritos sem futuro, Vossa Excelência tem, inclusive, aberto ao investigado a possibilidade de manifestar-se. Práticas que todos nós estamos passando a adotar para evitar esse tipo de coisa. Por quê? Porque é muito fácil abrir inquérito. O difícil é fechar. Este é um caso que vai para o *Guiness* das arbitrariedades.

A delação premiada é fonte de um conflito de direitos – e isso está passando ao largo das considerações aqui. O delator beneficia-se da delação, na busca do prêmio previsto pela lei e pelo contrato. O delatado tem sua honra exposta.

Tendo em vista essa perspectiva de conflito, o legislador estabeleceu limites às sanções premiais, as quais não ficam ao inteiro talante da acusação. É sabido que o princípio da legalidade é especialmente rígido quanto às normas penais incriminadoras, por força do art. 5º, XXXIX, da CF. Em favor da defesa, há alguma flexibilidade do ordenamento, admitindo-se o uso de normas de conteúdo indeterminado e de analogia em favor do réu.

Ainda assim, o princípio da legalidade também é importante *in malam partem*. Em nosso sistema, a ação penal pública é obrigatória e indisponível. O Ministério Público não pode escolher quem vai acusar, ou desistir de ações em andamento. As hipóteses de perdão e de redução da pena são legalmente previstas. O juiz não pode absolver ou relevar penas de forma discricionária.

Projetando esse entendimento, apontam Canotilho e Nuno Brandão que "exclusões ou atenuações de punição de colaboradores fundadas em acordos de colaboração premiada só serão admissíveis se e na estrita medida em que beneficiem de directa cobertura legal, como manifestação de uma clara vontade legislativa nesse sentido" (op. cit., p. 24).

Prosseguem os autores:

"Só deste jeito, além do mais, será respeitada a função de salvaguarda de competência (*kompetenzwahrende Funktion*) que a par da função de garantia da liberdade (*freiheitsgewährleitende Funktion*), conforma estruturalmente o princípio constitucional da legalidade criminal. Na verdade, o princípio da separação de poderes, que se procura garantir e efectivar através da prerrogativa de reserva de lei formal ínsita no princípio da legalidade penal, seria frontal e irremissivelmente abatido se ao poder judicial fosse reconhecida a faculdade de ditar a aplicação e sanções não previstas legalmente.

O princípio da separação de poderes, que se procura garantir e efectivar através da prerrogativa de reserva de lei formal ínsita no princípio da legalidade penal, seria frontal e irremissivelmente abatido se ao poder judicial fosse reconhecida a faculdade de ditar a aplicação e sanções não previstas legalmente ou de, sem supedâneo legal, poupar o réu a uma punição. É o que sucederia, por exemplo, no caso de atenuação de uma pena de prisão para lá da redução de "em até 2/3 (dois terços)" prevista no *caput* do art. 4º da Lei n. 12.850/13 ou de concessão de um perdão judicial em relação a um crime não contemplado pela Lei n. 12.850/13. Em tais casos, o juiz substituir-se-ia ao legislador numa tão gritante quanto inconstitucionalmente intolerável violação de princípios fundamentais do (e para o) Estado de direito como são os da separação de poderes, da legalidade criminal, da reserva de lei e da igualdade na aplicação da lei".

Escrito a propósito dessa lei, Ministro Luiz Fux, a propósito dessa lei. Agora, nós dizemos que o princípio da legalidade está revogado, que há um novo Direito, o Direito de Curitiba.

O estabelecimento de balizas legais para o acordo é uma opção de nosso sistema jurídico, para assegurar a isonomia e evitar a corrupção dos imputados, mediante incentivos desmesurados à colaboração, e dos próprios agentes públicos, aos quais se daria um poder sem limite sobre a vida dos imputados. Um sistema que oferece vantagens sem medida propicia a corrupção dos imputados, incentivados a delatar não apenas a verdade, mas o que mais for solicitado pelos investigadores. Todos sabem que isso está ocorrendo! Não há controle sobre isso! Também incentivaria a corrupção, em sentido amplo, dos próprios agentes públicos, que teriam a alternativa de usar a investigação para quaisquer propósitos pessoais. É sob esse enfoque que os acordos devem ser valorados.

Não quero, como disse, entrar nos detalhes deste caso concreto. Mas este caso concreto, a par de outros incidentes, gerou a prisão de um Procurador da República e uma névoa de suspeitas sobre a atuação de outro, que migrou para o outro lado e deixou de ser procurador para ser advogado, praticamente no mesmo caso.

A operação Lava Jato seguiu uma trilha de propinas, rastreando dinheiro que fluía de contratos públicos para campanhas políticas e para outras finalidades. Com o passar do tempo, as delações foram alcançando a classe política. É inegável a relevância do acordo de colaboração premiada como técnica de investigação que permitiu a demonstração de fatos da maior gravidade, em larga escala, contaminando altos escalões. Entretanto, a preocupação em produzir volume de investigações, com ou sem futuro, parece ter-se tornado, com as vênias de estilo, ou sem vênias, um dos objetivos do Grupo de Trabalho da Procuradoria-Geral da República.

Vazamentos seriais dão o ritmo das apurações, revelando um propósito de enaltecimento da pujança dos investigadores e de desrespeito ao estado de inocência dos investigados.

O Ministro Teori Zavascki reclamava muito disso. Com aquele seu estilo, casmurro, um pouco, ele se dizia incomodado com os vazamentos. Na última vez em que nós estivemos juntos, Ministro Dias Toffoli e eu, com ele, em Georgetown, em Washington, ele reclamava demais. Sentia-se lesado, a toda hora, por esse tipo de prática. Certamente o sentimento – espero que não – que o Ministro Edson Fachin também tem diante desse tipo de ação midiática. Todos nós já tivemos casos que chegaram antes ao Jornal Nacional do que aos nossos Gabinetes. Mas é fato que o conflito de direitos é resolvido com o sacrifício dos direitos fundamentais dos delatados. Esse é o problema. Isso é ainda mais grave, tendo em vista a perspectiva de o Direito Penal desequilibrar o jogo político.

No Governo Dilma Rousseff, construiu-se a narrativa de que a Operação Lava Jato era politicamente direcionada contra o Partido dos Trabalhadores e seus próceres. Olhando em retrospectiva, percebe-se que esse é um erro de avaliação. O governo do dia foi o alvo inicial simplesmente porque seus agentes estavam na melhor posição para efetivamente performar atos de corrupção. Mas o erro é apenas parcial. Os objetivos da Lava Jato não são imediatamente políticos. A disputa é por poder entre os Poderes de Estado. Tanto é que estamos assentando aqui que a Procuradoria tem primazia, que nós não vamos negar à Procuradoria a homologação, porque eles celebraram acordos com bandidos e nós não podemos frustrar as expectativas dos bandidos! Que modo estranho de aplicar o princípio da segurança jurídica – com as vênias de estilo!

Nós, que declaramos a inconstitucionalidade de tratados internacionais. O princípio da segurança jurídica já teve outra serventia, Ministro Celso de Mello. Já teve outra serventia! Não se faz o controle da legalidade, e agora nós não podemos ser desleais com a Procuradoria, que ofereceu o que não poderia ter oferecido! Que coisa!

Já se falou aqui que eu estava preocupado com uma dada tese, porque eu estaria perdendo. Quem perde causa ou ganha causa é advogado, Presidente! Juiz não perde ou ganha causa. Quem está vinculado a escritório de advocacia é que perde ou ganha causa.

Repito, mas o erro é apenas parcial: Os objetivos da Lava jato não são imediatamente políticos. A disputa é por poder entre Poderes do Estado, inclusive subjugando o Judiciário, e não se está percebendo isso! Está-se submetendo o Judiciário agora ao crivo da Procuradoria, inclusive essas ações que são enjambradas para amedrontar magistrados. Eu vivi isso no julgamento do TSE, Ministro Luiz Fux, Vossa Excelência estava lá. No meio da manhã, eclode um vazamento, tentando envolver o Ministro Napoleão em uma delação, causando tumulto no julgamento. Todos só falavam disso! Coisa de gente mau caráter! Realmente vocacionada! Esse tipo de gente é capaz de plantar cocaína no carro de um filho nosso. Quem faz esse tipo de vazamento, Ministra Cármen Lúcia, realmente é um celerado. No meio de um julgamento daquela importância, faz-se esse tipo de coisa, e se faz de maneira impune. Vossa Excelência estava lá, Ministra Rosa Weber, e vivenciou todo aquele tumulto! Nós tivemos que ter firmeza para evitar que aquele ambiente descambasse em um desvario.

Para além de vaidades pessoais, está em formação um quadro que permite que o Processo Penal domine o jogo político. Complementados pelo tapetão eleitoral costurado pela lei da ficha limpa, as investigações de maxicriminalidade das classes políticas e empresarial dão ao Ministério Público o poder de definir os rumos políticos do País; basta abrir um inquérito sem controle.

Não se sabe se já adentramos essa fase, mas estamos em um rumo certeiro nessa direção. E, ao fazermos a análise aqui, estamos reforçando esse tipo de poder: "Ah, não podemos frustrar a segurança jurídica dos bandidos que fizeram acordo." O Ministro Moreira Alves certamente faria uma brincadeira se aqui estivesse, diria: "Ah, nós estamos realmente pagando tributo a nossa origem, a nossa formação de degredados".

Nunca vi enfatizar-se tanto a importância da segurança jurídica e todos sabem que eu tive jurisprudência muito firme e contribuí para a construção da jurisprudência sobre segurança jurídica neste Pleno.

Aqui e alhures, a confiança de poderes sem controle ao Ministério Público faz com que boas intenções degringolem em uma rede de abusos e violação de direitos fundamentais.

Nos Estados Unidos, uma série de leis que reforcem intervenções sem controle dos órgãos de persecução na esfera privada está colocando em sério risco o próprio tecido constitucional. Lá, a legislação permite que governos estaduais, por exemplo, confisquem propriedade privada sem formular acusação criminal com base na mera suspeita de atividade criminosa grave.

Um médico de uma pequena cidade do Alabama, chamado Richard Lowe, tinha por hábito guardar suas economias em caixas de sapato. Em 1990, por influência da esposa, depositou de inopino os seus recursos em uma conta bancária, um valor que chegava a pouco mais de U$ 300.000 (trezentos mil dólares). O ingresso súbito de recursos levou o FBI a promover o congelamento extrajudicial dos recursos da família. O gerente do banco foi acusado de lavagem de dinheiro; o filho do banqueiro também, mas as acusações contra ele foram retiradas, após uma delação fajuta do pai. Apenas após 6 anos, o médico conseguiu reaver seus bens e limpar seu nome.

Segundo reportam estudiosos, a promotoria federal e o FBI sabiam que o médico e o banqueiro não estavam envolvidos em crimes. Simplesmente, acreditaram que o já idoso médico abriria mão de parte dos seus bens em troca de um acordo – ROBERTS, Paul Craig; STRATTON,

Lawrence M. **The Tyranny of Good Intentions**: How Prosecutors and Law Enforcement are Trampling the Constitution in the Name of Justice. New York: Three Rivers Press, 2008.

Incentivos financeiros a delações são hoje uma realidade nos Estados Unidos. Funcionários de companhias aéreas, farmácias, bancos, hotéis e outros negócios propícios são remunerados por indicar clientes "suspeitos". Comprar uma passagem aérea com dinheiro, hospedar-se em um hotel sem bagagem ou fazer um depósito bancário podem ser condutas suficientemente suspeitas para levar a uma medida cautelar patrimonial. Os casos nem sequer precisam ser apresentados a Cortes. Incumbe ao prejudicado providenciar a prova de sua inocência.

Em entrevista à revista alemã *Der Spiegel*, Claus Roxin – muito conhecido no Brasil – opinou de forma contrária à adoção da colaboração premiada no direito alemão. Discutia-se, então, em 2005, a reinserção do instituto, o que veio a ocorrer em 2009, com a inserção do §46b no *Strafgesetzbuch* (StGB), o Código Penal alemão.

Ao ser questionado se a colaboração premiada auxiliaria a prestação jurídica, respondeu: "Ela tem muito mais um efeito simbólico. Com ela, o legislador pode dar a impressão de que quer fazer algo efetivo contra o crime". (Entrevista Justiz. Praktisch nutzlos. Der Spiegel, 44-2005, 31.10.2005)

Mas, além de indicar ser contrário à completa despenalização dos crimes dos delatores, Roxin também argumentou – e essa é uma discussão que certamente vamos ter de *lege ferenda* – que:

> "Se os criminosos escapam sem punição justamente por terem denunciado outro criminoso, isso é constitucionalmente problemático e ofende gravemente o senso comum de justiça. Se todos sabem que podem, em caso de necessidade, comprar sua própria liberdade, isso pode inclusive induzir à promoção de crimes. Além disso, o valor probatório dessas declarações compradas pela moeda da negociação é altamente questionável. A tentação de inventar mentiras ou induzir o aparato policial a seguir caminho equivocado é muito grande". (Entrevista Justiz. **Praktisch nutzlos**. Der Spiegel, 44-2005, 31.10.2005)

No Direito alemão, há diversos tipos de cláusulas de colaboração premiada e antes mesmo da introdução de sua previsão na parte geral do Código Penal, em 2009, havia a possibilidade de redução de pena de criminosos que colaborassem com as investigações.

Indica-se ser provável que uma espécie de colaboração premiada tenha sido prevista pela primeira vez na Alemanha já em 1805, no § 398 do Ordenamento Criminal da Prússia (*Preußische Kriminalordnung*). Todavia, legislação especial sobre o tema entrou em vigor apenas em 9 de junho de 1989. Com previsão de ser aplicável apenas a crimes de cujo conhecimento fosse tomado até dezembro de 1992, teve prazo constantemente renovado, vindo a perder validade em 31 de dezembro de 1999.

A necessidade de nova previsão sobre colaboração premiada ganhou força especialmente após os atentados de 11 de novembro de 2001. O instituto acabou por voltar ao ordenamento jurídico alemão com a introdução do § 46b à parte geral do Código Penal.

Aplica-se aos casos em que o autor, tendo cometido infração punível com pena de prisão mínima ou sentença de prisão perpétua, tenha contribuído substancialmente para a descoberta de um crime previsto no § 100 do Código de Processo Penal do qual tenha diretamente participado, manifestando voluntariamente seu conhecimento, ou divulgue voluntariamente em tempo um crime previsto no §100a do Código de Processo Penal do qual tenha participado e cujo planejamento ele tenha conhecimento e possa ser evitado.

O próprio dispositivo indica como deve ser a aplicação das penas pelo Tribunal: uma pena de prisão perpétua deve ser substituída por uma pena de prisão de não menos que 10 anos. A fim de determinar se uma infração é punível com aumento da pena mínima de prisão, apenas serão levados em consideração agravantes para casos de especial gravidade, mas mitigações não devem

Garantias penais e processuais-penais **449**

ser consideradas. Se o delator participar da infração, a contribuição para a sua descoberta deve exceder a sua contribuição. Em vez de uma redução na sentença, o tribunal pode ordenar a extinção da pena se o crime for punido apenas com pena de prisão fixa e o encarregado não seja condenado a uma pena que exceda 3 anos.

Para o cálculo, o dispositivo indica que a Corte deve dar atenção especial: 1. à natureza e ao alcance dos fatos divulgados e sua relevância para a descoberta ou para a prevenção da infração, o tempo de divulgação, o grau de apoio concedido às autoridades promotoras pelo delator e a gravidade da infração a que se refere sua delação, assim como 2. à relação das circunstâncias mencionadas no número 1 acima com a gravidade da infração cometida e o grau de culpa do delator.

Ao analisar a perspectiva alemã, André Buzari aponta que a aplicação da regra da colaboração premiada pode conduzir a diversas dúvidas sobre sua constitucionalidade por possível ofensa a princípios como da igualdade, da proporcionalidade, da culpabilidade, da legalidade e da finalidade da pena. (BUZARI, André. Kronzeugenregelungen in Straf- und Kartellrecht unter besonderer Berücksichtigung des §46b StGB. Hamburgo: Verlag Dr. Kovac GmBH., 2015, p. 69).

Nesse contexto, antes da reintrodução da cláusula da colaboração premiada ao Código Penal alemão, questionava-se muito sobre possível grave ofensa ao princípio da legalidade. O princípio da legalidade, um dos mais caros ao processo penal, não poderia ser substituído por um mero "senso de oportunidade" (*Opportunitätserwägungen*), algo como ocorre nos Estados Unidos nos *plea bargaining*. Buzari aponta que se tratava de receio sem sentido, já que a concretização dos benefícios acordados por meio da colaboração premiada não seriam, como no modelo americano, creditados pelo Ministério Público (*Staatsanwalt*), mas sim pelo próprio Tribunal. (BUZARI, André. Kronzeugenregelungen in Straf- und Kartellrecht unter besonderer Berücksichtigung des §46b StGB. Hamburgo: Verlag Dr. Kovac GmBH., 2015, p. 69).

E conclui: na colaboração premiada não há mudança de paradigma, o princípio da oportunidade não substitui o princípio da legalidade.

A injustiça do crime delatado deve superar a proporção da injustiça cometida pelo próprio delator, essa seria a principal forma de garantir-se a proporcionalidade na aplicação da pena. Isso porque a possibilidade de o delator ter sua pena reduzida e até mesmo extinta pode conduzir a um déficit de justiça caso não sejam observados limites à aplicação do instituto, especialmente a proporcionalidade entre o ato delatado e a ação do delator.

Não apenas um delito tem o potencial de ofender o ordenamento jurídico, mas também uma reação penal desproporcional contra o mal feito, e isso inclui a confiança da população (BUZARI, André. Kronzeugenregelungen in Straf- und Kartellrecht unter besonderer Berücksichtigung des §46b StGB. Hamburgo: Verlag Dr. Kovac GmBH., 2015, p. 72).

No Brasil, é histórica a valorização do controle jurisdicional da acusação e da investigação. Para ações invasivas, a regra é a necessidade de ordem judicial. Nas hipóteses em que se dá a possibilidade de agir ao Ministério Público e à Polícia, sempre cabe o controle jurisdicional. No curso do julgamento, mencionou-se que o sistema acusatório confere a iniciativa privativa para a ação penal pública ao Ministério Público. No entanto, o sistema acusatório não impede que a lei confira ao Juiz o poder de fiscalizar a legalidade dos atos do MP. O controle do MP pelo Juiz é tradicional em nosso direito. Um promotor não tem nem sequer o poder de arquivar um inquérito. O Juiz pode controlar mesmo essa corriqueira providência, na forma do art. 28 do CPP. Também a lei deu ao Juiz o poder-dever de controlar a legalidade dos acordos de colaboração, inclusive recusando ou adaptando o acordo ilegal art. 4°, § 8°.

Não fosse assim, o acordo que dispensa a denúncia poderia ser jogado em uma gaveta na Procuradoria. A homologação judicial seria desnecessária. Se o controle tem que ser apenas simbólico, então deveríamos ser mais sinceros e declarar a inconstitucionalidade da própria exigência de homologação. E aí, sim, faríamos valer aquele discurso aqui feito de que o Ministério Público passa a ser a primazia, passa a julgar, supera o próprio Supremo Tribunal Federal. É isso que se quer? É isso que está na Constituição?

Foi o legislador quem não confiou no Ministério Público o suficiente para dispensar a atuação do juiz. E nem poderia fazê-lo, tendo em vista a premissa básica do Texto Constitucional, que garante que nenhuma lesão ou ameaça de lesão poderá ser subtraída à apreciação do Poder Judiciário. Como já demonstrado, mesmo com o controle, abusos por parte da acusação não são infrequentes.

Estamos cultivando nossa própria versão do chamado "Direito Penal do inimigo". Delatados são investigados e presos até a própria delação, quando deixam de ser tratados como párias. O uso da prisão preventiva de maneira a subverter toda a noção que tínhamos de prisão preventiva, Ministro Edson Fachin. Só se solta depois de assinar o termo de delação. Isto é uma subversão de tudo aquilo que esta Corte desenvolveu até hoje. Abre-se um novo ciclo de prisões na expectativa da colheita de uma nova safra de delações. Delatados que não são presos são expostos e aguardam indefinidamente a oportunidade de limpar seu nome. Todos estão expostos a esse ciclo. Não há reputação fora do alcance do rolo compressor.

Pode-se encomendar uma delação, como muitos têm denunciado. Talvez o maior representante desse ciclo seja o então Senador

Delcídio do Amaral. Delatado, foi preso por ordem desta Corte, em uma situação, que eu vou relatar aqui, Presidente, Vossa Excelência viveu, nós a vivemos na Segunda Turma. Ainda recentemente discutia esse tema, o decreto desta prisão, com o Ministro Alexandre de Moraes. Porque o relato era de que ele estaria corrompendo testemunhas, obstruindo a Justiça, e, portanto, estaria em situação de flagrante delito.

Diga-se, Ministro Edson Fachin, em homenagem à memória do Ministro Teori Zavascki, que ele teve a lealdade para com a Turma de levar essa questão para sua discussão. Encerramos a sessão e fomos discuti-la. E ele nos convenceu, a despeito de ponderações do Ministro Celso de Mello, do Ministro Dias Toffoli e minhas, de que, naquele caso, fazia-se necessária a prisão.

Mas veja como a roda da fortuna é complicada. Qual era a narrativa, Ministro Luiz Fux? Era de que o banqueiro André Esteves estava fornecendo recursos para o pagamento do filho de Nestor Cerveró, teria dado aqueles cinquenta mil reais. E estaria também obtendo informações em Curitiba sobre o acordo de delação. Ao fim e ao cabo, isso ainda não foi discutido.

Qual o tamanho do constrangimento para o Colegiado, Senhores Ministros, quando se descobriu que aquela narrativa era falsa. Esse dinheiro teria vindo de Bumlai e não do André Esteves. O preço disso foi só a quebra do banco, a partir de uma narrativa falsa, que envolveu o decreto de prisão preventiva. Por isso, nós temos que ter muito cuidado, muito escrutínio quando decretamos a prisão preventiva, porque é uma narrativa unilateral, imaginosa. Este é um fato de que nós somos testemunhas. Nós, que estivemos na Turma, sabemos disso. Devo louvar, de qualquer forma, a lealdade com que o Ministro Teori Zavascki pautou-se também nesse caso. Esse é um caso palmar de erro judiciário inequívoco, sob o qual não se fala, porque só se fala no sucesso.

O Ministro Sepúlveda Pertence foi despachar e usou essa expressão: "Estou diante de um escabroso caso de erro judiciário". O Ministro Teori Zavascki convenceu-se, nem permitiu que ele sustentasse e despachou monocraticamente. Quantos estarão eventualmente na situação desse banqueiro, a partir desse tipo de relato?

Mas eu falava sobre Delcídio do Amaral. Talvez o maior representante desse ciclo seja o Senador. Delatado, foi preso por ordem desta Corte. Após algum tempo de prisão processual, firmou ele mesmo um acordo de delação. Foi posto em liberdade e, em seguida, deu longa entrevista ao Programa Roda Viva – passou a ser uma técnica. É preso, delatado, agora, dá uma entrevista. Lá se apresentou como arrependido e disposto a mudar o País – grande herói. Vai mudar o País! Perguntando sobre os próprios crimes, respondeu com evasivas. Da mesma forma, quando perguntado sobre os malfeitos dos delatados.

Compete a esta Corte a guarda dos Direitos Fundamentais. Temos uma tradição liberal, de afirmação de direitos frente a invasões indevidas – venham de onde vier. Direitos Fundamentais assistem à pessoa humana em geral. Opressores e oprimidos. Fortes e fracos. Governantes e governados. Renegar essa tradição representaria um retrocesso incontornável.

Só para ficar em exemplos, no Caso Battisti – Vossa Excelência estava aqui –, a Corte deixou de determinar a entrega de um assassino condenado, acolhendo uma suposta prerrogativa da Presidência de decidir sobre a entrega. Este caso só foi decidido dessa maneira, porque o Ministro Celso de Mello restou impedido, porquanto a sua posição era no sentido da obrigatoriedade. Mas respeitou-se o direito de um criminoso, claro, violento, que não tinha nada, não tinha aura política nenhuma. E veja, e a Corte era composta por gente que sabia do que se estava falando, não era gente que não sabia o que era um alvará de soltura, não.

No caso Mensalão, a ilustrada maioria preocupou-se em oferecer a defesa mais ampla possível, inclusive recursos de decisões do Pleno para o próprio Pleno – e afastando condenações.

Também preocupa a manipulação política do processo penal. Fico em um exemplo. Em 5.12.2016, o Ministro Marco Aurélio concedeu medida cautelar, determinando o afastamento do Senador Renan Calheiros da Presidência do Senado. Dois dias depois, o Pleno da Corte revogou a ordem – ADPF 402. Na segunda-feira seguinte, o Procurador-Geral da República valeu-se de investigações que, havia longa data, tramitavam para oferecer duas novas denúncias contra o Senador. O Ministro Teori Zavascki, sem alarde – mas talvez devesse ter feito, porque isso é pedagógico –, considerou tão açodadas as novas postulações que devolveu as petições à PGR. As denúncias vieram desacompanhadas de quaisquer provas. Disse o Ministro que, naquele caso de Renan, que julgamos aqui, já tinha dito que estava acolhendo a denúncia contra Renan, o caso da pensão, que se transformou em um caso de locação de automóveis; disse o Ministro Teori Zavascki, de forma constrangida, porque era evidentemente inepta.

Nós somos de um tempo, Ministro Celso de Mello, em que sabemos bem quantas denúncias ineptas foram aviadas perante esta Corte. O Doutor Cláudio Fonteles era conhecido pelos corredores do Supremo Tribunal Federal como Doutor Inépcia, mais de 50% das ações eram ineptas, além daquele jeito extravagante de escrever, nem português sabia.

O Ministro Teori Zavascki considerou tão açodadas as novas postulações que devolveu as petições à PGR. As denúncias vieram desacompanhadas de quaisquer provas. Nem sequer os autos do inquérito, ao qual faziam referência, foram entregues à Corte. Os cadernos processuais estavam baixados em diligência na Polícia Federal. Uso de ação com o propósito de vindita! Isso é flagrantemente abuso de autoridade! Por isso é que não se quer uma lei de abuso de autoridade, evidentemente!

Presidente, concluo essa parte introdutória do meu voto reafirmando o meu pressuposto: o acordo de colaboração premiada deve ser admitido, desde que esteja nos limites da lei.

Compete à Corte realizar o controle efetivo e eficaz dessa legalidade, que tem como limite apenas o espaço conferido pela lei para o juízo de conveniência e de oportunidade da acusação e da defesa.

Trata-se de uma exigência não apenas da lei, mas da própria Constituição, na medida em que a delação é altamente invasiva aos direitos fundamentais dos delatados.

Reafirmo a importância que a colaboração premiada tem para a apuração de crimes. Ainda assim, sem controle, o instituto pode descambar em direções perigosíssimas, Presidente.

Estabelecidos esses parâmetros, passo a apreciar as duas questões que estão em julgamento nesta Questão de Ordem.

Principio pela **competência do relator ou do Colegiado para homologação do acordo de colaboração**.

Há argumentos sólidos para afirmar a competência do relator para homologar monocraticamente acordos de colaboração premiada. A Lei do Processo nos Tribunais afirma que o "relator terá as atribuições que a legislação processual confere aos juízes singulares" – art. 2º, parágrafo único. O Regimento Interno do STF dá ao relator atribuições de ordenar e dirigir o processo, determinando medidas instrutórias – artigo 21, I e II. Por fim, a Corte pronunciou-se sobre esse ponto específico, afirmando que o acordo de colaboração é meio de obtenção de prova, sendo de competência do relator admiti-lo – HC 127.483, Relator Ministro Dias Toffoli, como já foi aqui multicitado.

Concorri com a maioria daquela feita. Entretanto, a questão da competência do relator não era o ponto principal daquele julgamento. Aqui, a questão apresenta-se de forma consideravelmente mais madura. E o próprio Ministro Dias Toffoli disse que aquilo era um processo *in fieri* que se estava fazendo, que não havia ainda definição, porque era o primeiro caso que nós analisávamos na Corte.

Tenho que a melhor interpretação deve ser no sentido de que a homologação compete ao Colegiado. O acordo de colaboração não é simples meio de obtenção de prova. Seu efeito não se limita às provas que serão oferecidas pelo colaborador. O acordo de colaboração é também um negócio jurídico processual, que traz efeitos benéficos ao colaborador. Como já decidiu o Pleno, a ele se agrega "o efeito substancial (de direito material) concernente à sanção premial a ser atribuída a essa colaboração." Com base nele, o Ministério Público pode deixar de deduzir denúncias, rompendo o princípio da obrigatoriedade da ação penal, ou as penas cominadas são reduzidas, ou as penas aplicadas são revistas.

Sob esse aspecto, não há nada de cautelar na colaboração. Pelo contrário, estamos debatendo em que medida a homologação vincula a decisão final. Mas parece certo, pelos votos até agora, que a regra é a observância obrigatória do acordo no julgamento.

Assim, nos processos de competência de Tribunal, o acordo homologado vinculará o Colegiado, o qual, na fase de julgamento, avaliará a eficácia do acordo tão somente.

Um ato de tal importância deveria ser realizado desde logo pelo Colegiado. Sob outro aspecto, quando o acordo de colaboração chega ao ponto do perdão com a dispensa de denúncia, a decisão unipessoal é ainda menos compatível com o sistema. Nesses casos, a lei redunda em duas decisões penais graves: o reconhecimento da culpa do acusado e a dispensa da aplicação da pena correspondente. São dois juízos de mérito da maior relevância. Não há consistência em projetar para tal hipótese a competência do relator para aplicar medidas cautelares.

A meu juízo, o argumento mais relevante para a submissão direta ao Colegiado é a insuficiência do controle realizado até o momento, a qual tentei demonstrar de forma cabal.

Acresço que a submissão aos juízes singulares reduz o espaço para a contestação aos acordos, ou mesmo para a formação de jurisprudência sobre o tema. Os acordos acabam homologados pelos juízes de primeira instância e, eventualmente, por relatores. Não há debate em sessão de julgamento. Isso atrapalha a própria evolução do instituto. Daí uma preocupação surge, que pretendo aprofundar mais adiante em meu voto: o Ministério Público vira o senhor e possuidor da colaboração premiada.

Neste caso concreto, há a peculiaridade adicional de a autoridade delatada ser o Presidente da República. A Constituição reserva ao Supremo Tribunal Federal a competência para o processo e julgamento do primeiro mandatário – art. 102, I, "b". Talvez seja a mais grave das atribuições da Corte.

Em um caso dessa monta, juízes monocráticos devem ser reduzidos ao indispensável. Por óbvio, na ocasião em que o acordo foi firmado, não era possível trazer sua avaliação ao Pleno,

Garantias penais e processuais-penais **453**

tendo em vista a imperiosidade do sigilo. Isso não impediria, entretanto, que a homologação fosse feita *ad referendum* do Colegiado. Tenho que é essa a praxe a ser adotada. Os acordos devem ser avaliados pelo relator, mas sua homologação deve ocorrer no Colegiado.

Prossigo apreciando a questão da **sindicabilidade das cláusulas de acordo de colaboração pelo Poder Judiciário**.

Essa é uma última questão trazida pelo relator, diz respeito aos parâmetros a serem empregados no controle do acordo de colaboração premiada. Inicio a análise desse ponto, retomando algo que foi dito pelo Procurador-Geral da República em sua sustentação oral.

Sua Excelência afirmou que, se o Poder Judiciário realizar o controle do acordo, o Ministério Público, ao acordar, promete, mas não sabe se poderá cumprir. Haveria aí uma ameaça à segurança jurídica. Ao prometer o que está na lei, o Ministério Público tem relativa certeza de que poderá cumprir sua parte do acordo. Entretanto, resta claro que o Ministério Público não se conforma com os limites legais, ao menos nos acordos firmados no âmbito da Lava Jato. Ou seja, primeiro o Ministério Público se assenhorou da lei, agora empurra a culpa da insegurança jurídica para o Poder Judiciário.

Muito interessante! E passamos nós a dizer que não podemos ser desleais com o Ministério Público. Embora ele venha sistematicamente não cumprindo a lei. Muito interessante esse argumento de segurança jurídica!

Esses dias, um amigo português dizia que nós temos malbaratado o Direito Constitucional e adotamos interpretações as mais flexíveis. E, em tom um tanto quanto jocoso disse: "Gilmar, acho que vocês criaram o Direito Constitucional da malandragem!".

Eu fiquei entre perplexo e meio ofendido. Depois, ele me explicou o que estava a dizer: tudo se permite em nome de qualquer interpretação e de qualquer finalidade! Aqui está acontecendo isso! O que a lei diz não vale! E, se se descumpriu a lei, agora nós estamos obrigados a respeitar a segurança jurídica porque houve um acordo de infratores.

Há dois momentos de controle judicial do acordo: o primeiro, a homologação (verificação de regularidade, legalidade e voluntariedade, art. 4°, § 7°), e o segundo, a avaliação da eficácia (§ 11).

O momento da homologação é o momento do controle de legalidade do contrato. Muito embora os precedentes afirmem que o juízo de homologação é superficial, esse momento é sim propício para a avaliação profunda da legalidade do ato. As lições de Direito Privado e de Processo Civil, segundo as quais o magistrado faz mero juízo de delibação, ficando na periferia do ato, não se aplicam. Não cabe "examinar aspectos relacionados à conveniência ou à oportunidade do acordo", ou investigar a veracidade ou não dos atos de colaboração. Mas o Juízo de legalidade é vertical. Estamos falando de um negócio jurídico regido pelo direito público, que excepciona a regra da obrigatoriedade da ação penal. É a própria lei que afirma que, nesse momento, o Juiz avalia a legalidade do acordo. Como já afirmei, tenho que o debate, no Colegiado, é uma ferramenta importante para que a avaliação seja mais completa.

De minha parte, pretendo trazer ao Colegiado eventuais acordos de colaboração sob minha supervisão, independentemente da decisão que venha a ser tomada neste julgamento. Acho que é grande demais a responsabilidade do relator para ficar consigo, há uma preclusão jurídica absoluta, como se disse aqui. Melhor será, se o Tribunal assim entender, que diga que a norma da homologação é inconstitucional e entregue tudo ao Ministério Público e se coloque em uma posição subalterna em relação à Procuradoria-Geral da República e passe a ele o título de tutor da Constituição.

De minha parte, pretendo trazer ao Colegiado eventuais acordos de colaboração sob minha supervisão, ao menos a título de referendo, nas hipóteses em que haja urgência ou sigilo. A divisão da decisão com o Colegiado é de rigor.

Por todas essas razões, vou divergir do relator, com todas as vênias, com todo o respeito, propondo que, neste caso e nos futuros, a homologação dos acordos de colaboração seja feita no Colegiado competente.

Dito isso, passo a analisar o juízo a ser feito no segundo momento, o da sentença. Na sentença, o juiz julgará o colaborador. Se concluir que ele é penalmente responsável pelo delito imputável, chegará a um juízo condenatório. Só então passará a dosar a pena. Dentro da aplicação da pena, aplicará a sanção premial, se configurados os seus requisitos. É isso que a lei diz, ao afirmar que o acordo é causa de perdão, redução ou substituição da pena privativa de liberdade – art. 4°, *caput*.

A lei parece muito clara nesse ponto. A aplicação da pena compete ao Juiz. Não se deixou espaço para convenção, a *priori*, de penas.

O Juiz não é parte do acordo de colaboração – art. 4°, § 6°. Logo, não fica por ele vinculado. O Ministério Público não tem poder para prometer que, do acordo, resultará tal benefício. Em nome próprio, o Ministério Público pode comprometer-se a pleitear a sanção premial e, se assim as partes acordarem, a recorrer da decisão que a negar, ou a aplicar de forma insuficiente. Se fizer mais do que isso, estará prometendo fato de terceiro. Isso não quer dizer que o julgador esteja livre para ignorar a sanção acordada. Havendo previsão de benefício válido no acordo, e sendo o acordo devidamente cumprido, o julgador deve aplicar o benefício. Incumbe ainda ao juiz dosar o benefício, tendo como parâmetros "a personalidade do colaborador, a natureza, as circunstâncias, a gravidade e a repercussão social do fato criminoso e a eficácia da colaboração" – art. 4°, § 1°.

Nesse sentido, ao aplicar benefícios a colaboradores do Grupo Odebrecht, na Ação Penal 50549328820164047000, decidiu Sérgio Fernando Moro: "Cabe somente ao julgador conceder e dimensionar o benefício. O acordo celebrado com o Ministério Público não vincula o juiz" – é o que diz Sérgio Moro, nós estamos dizendo o contrário – "mas as partes às propostas acertadas". Prossegue: "Não obstante, na apreciação desses acordos, para segurança jurídica das partes, deve o juiz agir com certa deferência, sem abdicar do controle judicial".

Veja que até o Direito emanado de Curitiba parece ir em outra direção em relação àquilo que nós estamos enunciando no Plenário.

Na mesma linha, em sua sustentação oral, o Procurador-Geral da República afirmou que o controle da "questão de fundo" ocorre por ocasião do julgamento. Portanto, trata-se de uma fase de verificação do adimplemento das obrigações contratadas, que deve observar os parâmetros constantes do acordo, desde que o acordo esteja em conformidade com a lei. Além disso, como já afirmado, o controle da legalidade, por ocasião da homologação, é um fracasso. Penso ter demonstrado isso.

Não se pode negar o espaço de controle do acordo, por ocasião da sentença. Acrescento que a própria validade do acordo, como negócio jurídico, pode ser revista na sentença, de acordo com os parâmetros de apreciação da validade dos negócios jurídicos em geral. O acordo de colaboração premiada constitui-se como espécie de negócio jurídico e tem como objeto a obtenção de provas para instrução do processo criminal, com vistas a alcançar algum dos resultados previstos nos incisos I a V do art. 4° da Lei n. 12.850/2013.

Tratando-se de espécie do gênero negócio jurídico, os acordos de colaboração premiada devem sujeitar-se à análise de preenchimento dos requisitos exigidos para a verificação da existência, validade e eficácia, assim como qualquer outro negócio jurídico submetido ao ordenamento nacional. Como já demonstrou aqui, no seu voto, o Ministro Dias Toffoli.

Assim, a validade do negócio jurídico – incluindo-se a espécie de que ora se trata – exige o preenchimento dos requisitos básicos: agente capaz, objeto lícito, possível, determinado ou determinável, e forma juridicamente adequada. Nesse sentido, o exame da validade e eficácia dos negócios jurídicos requer análise que se situa além dos limites da verificação da regularidade, legalidade e voluntariedade, própria do juízo homologatório. Exige-se, igualmente, a perquirição a respeito da existência de algum dos defeitos do negócio jurídico que eventualmente possam afetar sua validade ou eficácia.

Desde já, enfatize-se que o exame da voluntariedade não se confunde com o conhecimento da manifestação de vontade, como requisito intrínseco de validade de qualquer negócio jurídico. Não há como, no âmbito do conhecimento perfunctório, o exame de todas as circunstâncias em que a manifestação de vontade foi declarada, para afastar, *a priori*, qualquer juízo acerca da inexistência de vícios.

Se nós formos fazer aqui, honestamente, um exame de quanto tempo cada relator dedicou para a homologação de acordos complexíssimos e de todos os seus anexos, certamente, veremos que isso foi feito de maneira inevitavelmente apressada. Não havia outra alternativa. Como eu chamei a atenção, a Presidente, em dez dias, decidiu todos esses casos ligados à Odebrecht, e não tinha outra alternativa. Agora, dizer que isso é definitivo e que houve uma preclusão geral jurídica que impede a revisão em nome da segurança jurídica parece um pouco demasiado, a ultrapassar qualquer senso prático.

Como defeito do negócio jurídico, a manifestação de vontade viciada é caracterizada quando há uma dissociação entre a declaração da parte e a ordem jurídica. Nesse sentido, o vício na manifestação de vontade pode verificar-se quando há uma divergência entre a vontade real e a vontade declarada, considerando as circunstâncias específicas em que foi externada; ou, ainda, quando houver determinada manifestação, que, muito embora condizente com a vontade real, é dissonante da norma legal que a atribui os efeitos jurídicos pretendidos.

Há, portanto, significativa diferença, nesse particular, entre o juízo a respeito da voluntariedade e da conformidade da manifestação de vontade válida e eficaz – notadamente à luz dos requisitos previstos na Lei n. 12.850/2013. A declaração do agente – ou da autoridade – poderá ser absolutamente voluntária, mas contrária às finalidades previstas na lei em questão, notadamente no que diz respeito ao alcance dos resultados previstos no art. 4º, incisos I a V. O crivo relativo ao atendimento aos requisitos legais, evidentemente, refere-se a atividade tipicamente jurisdicional, de conhecimento exauriente – distinto, portanto, do juízo homologatório. A atividade jurisdicional, nesse particular, não é passível de ser suprimida ou mitigada pela manifestação de vontade das partes contratantes.

Essa análise de regularidade da manifestação de vontade, com vistas a afastar qualquer defeito intrínseco do negócio jurídico, não se operacionaliza em juízo perfunctório. Primeiramente, porque a relação colaborativa, nessa oportunidade, ainda se encontra em fase inicial, para o atendimento do fim último direcionado à produção de provas. Em segundo lugar, porque a manifestação de vontade, nesse particular negócio jurídico, é externada no âmbito de processo ou procedimento que poderá resultar, a depender do sucesso ou insucesso do acordo, na própria restrição de liberdade do agente.

Não é trivial, portanto, a análise da autonomia da vontade, como elemento constituinte básico da declaração de vontade, em circunstâncias nas quais o agente negocia a própria liberdade. Em hipótese na qual o agente, constrangido (ainda que legitimamente) por processo ou procedimento de natureza criminal, que poderá resultar em sanção penal, a depender do êxito em sua negociação, a declaração poderá corresponder integralmente à vontade real – à voluntariedade na conclusão do acordo –, bem como poderá evidenciar o mais genuíno empenho no sucesso da empreitada.

Ainda assim, haverá de ser analisada a sua correspondência aos fins previstos no art. 4º, e incisos I a V, da Lei n. 12.850/2013; pois apenas se voltada, indissociavelmente, aos resultados previstos em lei é que será válida e eficaz para atribuição dos efeitos almejados.

Da mesma forma, o erro, como defeito do negócio jurídico, também assume aspecto delicado na estipulação da avença de que ora se trata. Igualmente, também não está abrangido pelo exame de legalidade, regularidade e voluntariedade. O erro é caracterizado, em linhas gerais, quando há determinado vício relativo ao conhecimento pleno das circunstâncias que envolvem o acordo de vontades. Ou seja, haverá a caracterização do erro, como defeito apto a infirmar a própria validade do negócio jurídico, quando o agente não dispuser de todas as informações necessárias para a formação válida de seu consentimento, de modo que pudesse se portar de forma diversa acaso as tivesse.

Nesse particular, é de indagar-se se o juízo homologatório do acordo de colaboração premiada é exauriente ao ponto de afastar qualquer irregularidade informativa das partes: seja porque o acusado ocultou informações relevantes à acusação; seja porque alegou possuir informações e material probatório de que não dispunha; seja porque o próprio órgão acusador omitiu informações a respeito das provas existentes em relação ao próprio colaborador, de modo a induzi-lo a erro quanto ao juízo de eventual condenação. Quer me parecer que a resposta é negativa.

Reflexão análoga também é cabível ao se examinar eventual existência do dolo, consistente na prática de manobras maliciosas engendradas por uma das partes para alcançar algum propósito específico no fechamento dos acordos.

A propósito do negócio jurídico examinado, é absolutamente razoável supor, em grande parte, a existência de interesses justapostos das partes contratantes: de um lado, pretende-se produzir o maior número possível de acusações de cometimento de crimes por parte de terceiros, de modo a obter-se um acordo mais favorável quanto ao dimensionamento e modo de cumprimento de pena; de outro, também se pretende que sejam produzidas acusações em quantidade e gravidade que justifiquem o abrandamento sancionatório.

No momento inicial de tratativas para o fechamento do acordo, portanto, estar-se-á diante de um ambiente controlado, no qual o delator acusa, mediante compromisso de futuramente subsidiar as acusações, e o Ministério Público expressa ou implicitamente estimula a produção de incriminações, com a promessa, ao final, de aplicação de pena mais branda.

Neste cenário, alheio ao contraditório e ao controle jurisdicional, como é possível assegurar a inexistência de manobras maliciosas, de ambas as partes, para a obtenção de acusações contra terceiros? Não havendo interesses contrapostos, neste momento inicial, é de imaginar-se não haver qualquer tipo de resistência ou controle recíproco para evitar este tipo de ardil.

E quem reconhece é ninguém mais, ninguém menos, que Claus Roxin.

Evidentemente, portanto, que a análise se realiza *a posteriori*. Exigir-se-á, igualmente, conhecimento muito além de exame perfunctório dos indícios liminarmente apresentados para fins de fechamento do acordo e da oitiva do colaborador, de que trata o § 7º do art. 4º da Lei n. 12.850/2013.

De fato, o material de natureza indiciária haverá de ser confirmado por provas mais contundentes, cuja produção restou comprometida pelo colaborador. O material probatório produzido, então, deverá ser submetido ao crivo do contraditório, realizado em ambiente controlado pelo Judiciário, com o devido respeito das garantias constitucionais dos acusados.

Do contrário, nós vamos estornar regras flexíveis aquelas garantias que até então nós considerávamos tradicionais e inafastáveis no texto constitucional: o princípio do contraditório e da ampla defesa; o devido processo legal; o juiz natural. Então será possível, minimamente, ter elementos que permitam melhor compreensão das circunstâncias que envolveram a realização do acordo.

Neste ínterim, como se evidencia atualmente, as acusações são divulgadas publicamente; o acusado é constrangido a exercer o seu direito de defesa também publicamente, em meio impróprio, e desprovido das necessárias informações e fundamentos probatórios que lastreiam a acusação. Assim como é possível de se suceder em qualquer negócio jurídico, é de se cogitar eventual existência de coação na conclusão de negócios jurídicos processuais. Como se sabe, a coação pode se manifestar tanto mediante o emprego de violência física (*vis absoluta*) ou de violência moral (*vis compulsiva*).

Particularmente, a coação moral é frequentemente identificada com a formulação de ameaças pela contraparte contratante. A ameaça deverá ser séria e injusta, e, nos termos do artigo 151 do Código Civil, deve incutir "ao paciente fundado temor de dano iminente e considerável à sua pessoa, à sua família, ou aos seus bens".

No caso, a parte contratante, diante de ameaça de mal maior que lhe é apresentado, tem o seu elemento volitivo dirigido a portar-se de certo modo, com o fim de alcançar os objetivos pretendidos pela contraparte. A escolha, nesse caso, não é realizada com fundamento na autonomia da vontade livremente manifestada, mas sim por pressão externa que lhe é imposta. Nos termos empregados por Emilio Betti:

> *"Posta in questi termini l'alternativa richiede al sogetto della minaccia, un giudizio di convenienza, del qual la conclusione del contratto rappresenta il risultato, in quanto la vittima della violenza ha ritenuto preferibile sottostare al contratto siccome ad un male minore, pur di evitare il male miacciato, giudicato da lei stessa dimaggiore entità".* (BETTI, Emilio. **Teoria Generale delle Obbligazioni**. Milano: Dott. A. Giuffrè, 1954. p. 30)

Não configura a coação, conforme disposto no artigo 153 do Código Civil, a ameaça do exercício normal de um direito. Não obstante, ainda que no âmbito de exercício regular de direito, se há formulação de ameaça com o objetivo de obtenção de vantagens excessivas ou de contrapartidas contrárias ao direito, poderá restar configurada a coação, como defeito apto a inquinar o negócio jurídico. Nesse sentido, assevera o clássico Caio Mário da Silva Pereira:

> "Mas, se esta ameaça é erigida em motivo para obtenção de vantagens excessivas, teria ocorrido um excesso que lhe retiraria a característica de regular exercício de um direito, constituindo então transposição do limite da legalidade um extremo de intimidação que se traduz em processo coativo". (PEREIRA, Caio Mário da Silva. **Instituições de Direito Civil**. Vol. 1. Forense: Rio de Janeiro, 2007. p. 532)

Novamente, é de se reconhecer que a audiência do colaborador, a teor do que dispõe o § 7º, art. 4º, da Lei n. 12.850/2013, não se mostra suficiente para averiguar, nesta espécie de negócio jurídico, a existência de eventual pressão externa ilegítima que possa resultar no afastamento, *a priori*, da ausência de vícios relativos à autonomia da vontade.

A validade do acordo de colaboração premiada também deverá ser aferida pelo Judiciário com fundamento na verificação do adimplemento das obrigações pactuadas. Por disposição expressa da norma, trata-se de um negócio jurídico de resultado – e não de meio – voltado a um determinado fim dentre os previstos nos incisos I a V, cujo não alcance inviabiliza a possibilidade de concessão do perdão judicial, da redução da pena privativa de liberdade ou da substituição da pena restritiva de liberdade por outra restritiva de direitos.

Trata-se de uma interpretação cristalina do *caput* do art. 4º da Lei n. 12.850/2013, combinado, ainda, com a redação do § 1º do dispositivo em questão, que vincula a concessão dos benefícios à eficácia da colaboração.

Ora, ao reconhecer-se que a concessão dos benefícios está vinculada à eficácia da colaboração, no que concerne aos fins especificados nos incisos I a V da Lei n. 12.850/2013, é forçosa a conclusão no sentido de que caberá ao Judiciário a aferição do adimplemento das obrigações pactuadas, sob pena de perda de eficácia do acordo.

Da mesma forma, a verificação do adimplemento das obrigações pactuadas, no âmbito de negócio com tal complexidade, também não se evidencia ser tarefa trivial. Nesse sentido –

mormente considerando as especificidades do acordo de colaboração premiada –, é oportuno reconhecer que as obrigações pactuadas, bem como os respectivos adimplementos, não são estanques e não se encerram em um único momento específico e determinado no tempo. Nem poderia ser assim.

Cabe, neste particular, a referência à obrigação como "processo", no dizer clássico de Clóvis do Couto e Silva, para quem a "obrigação, vista como processo, compõe-se, em sentido largo, do conjunto de atividades necessárias à satisfação do interesse do credor". (SILVA, Clóvis V. do Couto. **A obrigação como processo**. Rio de Janeiro: Editora FGV, 2006. p. 20). A obrigação como processo é uma tese adotada pelo professor Clóvis do Couto e Silva inspirada em Karl Larenz, o grande clássico do Direito Civil alemão.

A obrigação, sob essa perspectiva, é composta pela fase do nascimento e desenvolvimento dos deveres e pela fase do adimplemento. Para cada uma das etapas em referência, haverá deveres e prestações de caráter primário e secundário, em relação às quais se requer o exame específico relativo ao adimplemento.

De fato, além das obrigações de caráter primário, consubstanciadas no alcance dos resultados previstos em lei, também deverão ser consideradas as de caráter secundário, como consequências do princípio da boa-fé, que deve nortear qualquer negócio jurídico, inclusive o de que ora se trata.

A propósito e ao tratar da boa-fé objetiva como cláusula geral contratual, que impõe deveres secundários às partes contratantes, explicita José Carlos Moreira Alves:

"Essas cláusulas gerais, em suas três modalidades básicas – a restritiva, a reguladora e a extensiva –, permitem que se dê uma certa abertura aos sistemas legislativos fechados, outorgando ao juiz, pela remessa que fazem, para a disciplina de relações jurídicas concretas, a padrões de comportamento ou a valores de conduta ética e social (como o da boa-fé objetiva), a possibilidade, no caso concreto, de extrair, para as partes do negócio jurídico, consequências restritivas, corretivas ou integradoras, de deveres secundários, anexos ou instrumentais, que não estão previstos em normas legais ou por vontade expressa dos contratantes, mas que decorrem desses padrões ou desses valores. Daí haver juristas, como Los Mozos, que sustentam ser correta a opinião 'de que o contrato depende, tanto no nascimento de seus efeitos como em sua cessação, de dois elementos: vontade das partes e a boa-fé', cabendo ao juiz averiguar o jogo de ambas". (ALVES, José Carlos Moreira. A boa-fé objetiva no sistema contratual brasileiro. **Revista Ibero-Americana de Direito Público**. América Jurídica. 2003. p. 174.)

Deve-se considerar, portanto, deveres secundários – porém não menos importantes – estritamente vinculados ao princípio da boa-fé objetiva. Podem ser mencionados, *e.g.*, deveres como lealdade, cooperação, atos de vigilância, de guarda, e, quanto ao negócio específico, deveres relacionados ao sigilo de informações e preservação das partes envolvidas e de terceiros (investigados ou não).

O cumprimento de tais misteres deve ser observado em todas as fases da relação obrigacional, seja no nascimento e desenvolvimento, seja no adimplemento das obrigações, e, eventualmente, até após o efetivo adimplemento de todas as obrigações. Note-se, aliás, que há direitos subjetivos do colaborador, previstos no artigo 5º, que podem persistir, inclusive após a conclusão da colaboração.

O controle do adimplemento das referidas obrigações, primárias e secundárias, não é apenas viável, como imperioso, por parte do Judiciário. Essa conclusão, aliás, não decorre tão somente da leitura do artigo 4º Lei n. 12.850/2013. Assim o é para todo e qualquer negócio jurídico submetido à legislação brasileira; e não há razão alguma para atribuir-se tratamento diferenciado à espécie negócio jurídico de colaboração premiada. Ao contrário, considerando a relevância dos interesses envolvidos, muitos dos quais alheios às próprias partes contratantes, exigir-se-á rigor em medida com eles compatível.

Por todo o exposto, tenho que a homologação do acordo não tem eficácia preclusiva completa, a afastar completamente sua revisão, por ocasião do julgamento.

Ante o exposto, na Questão de Ordem, peço vênia ao relator para assentar que a homologação dos acordos de colaboração premiada (i) é de competência do Colegiado, especialmente em casos que envolvam dispensa da denúncia; (ii) compreende o poder-dever do Juiz de aprofundar a avaliação da legalidade do acordo, inclusive quanto à extensão dos benefícios prometidos; (iii) não exclui a possibilidade de o Julgador avaliar, por ocasião da sentença, os defeitos do acordo homologado.

Outrossim, nego provimento ao agravo regimental interposto por Reinaldo Azambuja Silva, pelo que mantenho a competência do relator, Ministro Edson Fachin.

É como voto.

HC 89.090[1]

Prisão preventiva – Fundamentação idônea – Excesso de prazo e constrangimento ilegal não configurados – Atuação procrastinatória da defesa e complexidade da causa – Razoabilidade da duração do processo.

Trata-se de *habeas corpus* impetrado em face de decisão proferida pela Sexta Turma do Superior Tribunal de Justiça – STJ. Eis o teor da ementa desse julgado:

"Penal e processual. *Habeas corpus*. Tráfico internacional de entorpecente. Crime hediondo. 'Operação Caravelas'. Organização criminosa. Elevado número de crimes e de acusados. Fortes indícios de liderança do paciente. Excessiva quantidade de entorpecente. Prisão preventiva. Suficiente fundamentação. Garantia da aplicação da lei penal e da ordem pública. Requisitos do art. 312 do CPP demonstrados. Ausência de constrangimento ilegal. Ordem denegada.

A prisão preventiva é medida excepcional, cabível diante de prova da existência de crime e indícios suficientes de autoria, para garantir a ordem pública, por conveniência da instrução criminal e para assegurar a aplicação da lei penal.

Paciente apontado como '2° homem' dentro da organização, que utiliza nome falso, possuidor de documentos falsos, detentor de grande patrimônio e indícios fortes de seu envolvimento no tráfico internacional.

Decreto fundamentado sobretudo na justificativa da medida para assegurar a aplicação da lei penal e garantir a ordem pública. Requisitos do art. 312 do CPP demonstrados. Inexistência de constrangimento ilegal.

Habeas Corpus denegado."

O impetrante teve a prisão em flagrante transformada em prisão preventiva pelo juiz da 11ª vara federal de Goiás. Alegou constrangimento ilegal tendo em vista os seguintes fatores: a) falta de fundamentação no decreto de prisão preventiva, uma vez que é "especulativo e totalmente sem base legal" e as justificativas apontadas no decreto prisional encontram-se "sem lastro na lei e sem fundamentação vinculada"; e b) excesso de prazo na instrução criminal.

O julgamento do *writ* recebeu a seguinte Ementa:

EMENTA: Habeas corpus. Fundamentação do decreto de prisão preventiva. Custódia cautelar lastreada na garantia da ordem pública e para assegurar a aplicação da lei penal (CPP, art. 312). Excesso de prazo. Não configuração. Contribuição da defesa. Processo complexo. Ordem indeferida.

1. Crimes dos arts. 12 c/c 18, I, e 14, da Lei n. 6.368/1976 e 304 do Código Penal. A impetração alega: i) ausência de fundamentação do decreto de prisão preventiva; e ii) excesso de prazo na instrução criminal.

2. Na espécie, a decretação da preventiva lastreou-se nos fundamentos da garantia da ordem pública e da aplicação da lei penal, nos termos do art. 312 do CPP.

3. Quanto ao requisito da garantia da ordem pública, em linhas gerais e sem qualquer pretensão de exaurir todas as possibilidades normativas de sua aplicação judicial, destaco as seguintes circunstâncias principais: i) a necessidade de resguardar a integridade física do próprio paciente ou dos demais cidadãos; ii) o imperativo de impedir a reiteração das práticas criminosas, desde que tal objetivo esteja lastreado em elementos concretos expostos fundamentadamente no decreto de custódia cautelar; e iii) para assegurar a credibilidade das instituições públicas, em especial do Poder Judiciário, quanto à visibilidade e transparência de políticas públicas de persecução criminal e desde que diretamente relacionadas com a adoção tempestiva de medidas adequadas e eficazes associadas à base empírica concreta que tenha ensejado a custódia cautelar. Precedentes: HC n. 82.149/SC, 1ª Turma, unânime, Rel. Min. Ellen Gracie, DJ de 13.12.2002; HC n. 82.684/SP,

---

[1] Em sessão realizada no dia 21.11.2006, a Segunda Turma do Supremo Tribunal Federal, por unanimidade, indeferiu o pedido de *habeas corpus* (*DJ* de 5.10.2007).

Garantias penais e processuais-penais **461**

2ª Turma, unânime, Rel. Min. Maurício Corrêa, DJ de 1º.08.2003; HC n. 83.157/MT, Pleno, unânime, rel. Min. Marco Aurélio, DJ de 05.09.2003; e HC n. 84.680/PA, 1ª Turma, unânime, Rel. Min. Carlos Britto, DJ de 15.04.2005.

4. O Juiz de 1º grau apresentou elementos concretos suficientes para respaldar a regularidade do decreto cautelar: a função de "direção" desempenhada pelo paciente na organização (o paciente é considerado o "2º homem dentro da organização"); a ramificação das atividades criminosas em diversas unidades da federação; e a alta probabilidade de reiteração delituosa considerando-se a potencialidade da utilização do meio sistematicamente empregado pela quadrilha, a saber, o uso de artifícios para camuflar o transporte de entorpecentes no interior de cortes de carne destinada à exportação.

5. Quanto à alegação de excesso de prazo, constata-se a existência de elementos que sinalizam para a complexidade da causa (elevado número de crimes e de acusados). Em princípio, desde que devidamente fundamentada e atendido o parâmetro da razoabilidade, admite-se a excepcional prorrogação de mais de 81 dias para o término de instruções criminais de caráter complexo. Precedentes: HC n. 71.610/DF, Pleno, Unânime, Rel. Min. Sepúlveda Pertence, DJ de 30.03.2001; HC n. 82.138/SC, 2ª Turma, Unânime, Rel. Min. Maurício Corrêa, DJ de 14.11.2002; HC n. 81.905/PE, 1ª Turma, Maioria, Rel. Min. Ellen Gracie, DJ de 16.05.2003; HC n. 85.679/PE, 1ª Turma, maioria, Rel. Min. Carlos Britto, DJ de 31.03.2006; HC n. 86.577/ES, Rel. Min. Ricardo Lewandowisk, 1ª Turma, maioria, julgado em 12.09.2006; e HC n. 88.905/GO, de minha relatoria, 2ª Turma, unânime, DJ de 13.10.2006.

6. A jurisprudência do Supremo Tribunal Federal tem deferido a ordem de habeas corpus somente em hipóteses excepcionais, nas quais a mora processual: i) seja decorrência exclusiva de diligências suscitadas pela atuação da acusação (cf: HC n. 85.400/PE, Rel. Min. Eros Grau, 1ª Turma, unânime, DJ de 11.03.2005; e HC n. 89.196/BA, Rel. Min. Ricardo Lewandowisk, 1ª Turma, maioria, julgado em 03.10.2006); ii) resulte da inércia do próprio aparato judicial em atendimento ao princípio da razoável duração do processo, nos termos do art. 5º, LXXVIII (cf. HC n. 85.237/DF, Pleno, unânime, Rel. Min. Celso de Mello, DJ de 29.04.2005; HC n. 85.068/RJ, Rel. Min. Sepúlveda Pertence, 1ª Turma, unânime, DJ de 03.06.2005; HC n. 86.346/SP, Rel. Min. Joaquim Barbosa, 2ª Turma, unânime, julgado em 18.04.2006; HC n. 87.910/SP, Rel. Min. Eros Grau, decisão monocrática, DJ de 25.04.2006; HC n. 86.850/PA, Rel. Min. Joaquim Barbosa, 2ª Turma, unânime, julgado em 16.05.2006; e HC n. 87.164/RJ, de minha relatoria, 2ª Turma, unânime, DJ de 29.09.2006); e, por fim, iii) seja incompatível com o princípio da razoabilidade (cf. HC n. 84.931/CE, Rel. Min. Cezar Peluso, 1ª Turma, unânime, DJ de 16.12.2005), ou, quando o excesso de prazo seja gritante (cf. HC n. 81.149/RJ, Rel. Min. Ilmar Galvão, 1ª Turma, unânime, DJ de 05.04.2002; RHC n. 83.177/PI, Rel. Min. Nelson Jobim, 2ª Turma, unânime, DJ de 19.03.2004; HC n. 84.095/GO, Rel. Min. Joaquim Barbosa, 2ª Turma, unânime, DJ de 16.12.2005; e HC n. 87.913/PI, Rel. Min. Carmen Lúcia, 1ª Turma, unânime, julgado em 05.09.2006).

7. Dos documentos acostados aos autos, verifica-se também haver contribuição da defesa para a demora processual, não se configurando a ilegalidade alegada por excesso de prazo, por não haver mora injustificada. Precedentes: HC n. 86.047/SP, Rel. Min. Marco Aurélio, decisão monocrática, DJ de 26.10.2005; HC n. 86.618/MT, 2ª Turma, unânime, Rel. Min. Ellen Gracie, DJ de 28.10.2005; HC n. 85.298/SP, 1ª Turma, maioria, Rel. Min. Marco Aurélio, Rel. p/ acórdão Min. Carlos Britto, DJ de 04.11.2005; HC n. 86.789/SP, de minha relatoria, 2ª Turma, unânime, DJ de 24.03.2006; HC n. 88.229/SE, Rel. Min. Ricardo Lewandowski, 1ª Turma, maioria, julgado em 10.10.2006; e HC n. 88.905/GO, de minha relatoria, 2ª Turma, unânime, DJ de 13.10.2006.

8. Decreto de prisão preventiva devidamente fundamentado, nos termos do art. 312 do CPP e art. 93, IX, da CF. Existência de razões suficientes para a manutenção da prisão preventiva.

9. Ordem indeferida.

VOTO

O parecer do Ministério Público Federal, da lavra do Subprocurador-Geral da República, Dr. Cláudio Lemos Fonteles, é pelo indeferimento do writ, nos seguintes termos:

"7. Depreende-se dos autos que o paciente, juntamente com outras onze pessoas, foi denunciado pelo Ministério Público Federal, em razão de investigações que a Polícia Federal iniciou em virtude de informações prestadas pela Polícia Judiciária Portuguesa, segundo as quais os acusados seriam membros de extensa e complexa estrutura criminosa liderada por Antônio dos Santos Damaso, a qual foi desenvolvida para operar no ramo do tráfico internacional de entorpecentes, associação criminosa, lavagem de dinheiro, falsidade documental, falsidade ideológica, sonegação fiscal e outros crimes contra a ordem tributária. As investigações culminaram na apreensão de 1,6 tonelada de cocaína ocultada em carne bovina (doc. 2 – fls. 46/66).

(...)

10. O MM. Juiz da 5ª Vara Federal da Seção Judiciária do Estado de Goiás ressalta que JOSÉ ANTÔNIO DE PALINHOS JORGE PEREIRA é considerado o 'o 2º homem dentro da organização'. De se ler:

'Apesar de ser Damaso quem, aparentemente, detém o poder de comando das operações ilícitas sob investigação, é também de grande importância participação dos irmãos JOSÉ ANTÔNIO DE PALINHOS JORGE PEREIRA e ANTÔNIO PALINHOS JORGE PEREIRA.

JOSÉ ANTÔNIO DE PALINHOS JORGE PEREIRA é considerado o '2º homem' dentro da organização. Trata-se de empresário de nacionalidade portuguesa, residente no Brasil, proprietário de vasto patrimônio, que inclui veículos importados, residências de luxo e diversas empresas.' (fls. 148).

11. Conforme expõe o il. colega em sua manifestação de fls. 210/219:

'O conceito de ordem pública não se limita a prevenir a reprodução de fatos criminosos, mas também a acautelar o meio social e a própria credibilidade da justiça em face da gravidade do crime e de sua repercussão. A conveniência da medida deve ser regulada pela sensibilidade do juiz à reação do meio ambiente à prática delituosa.

No caso dos autos, a medida mostra-se mais do que conveniente, uma vez se trata de fatos envolvendo uma organização criminosa complexa e ramificada no Brasil e em países da Europa, abarcando várias pessoas que atacavam de formas diferentes em várias funções escusas, todas a fim de se praticarem crimes contra o sistema financeiro nacional, contra a ordem tributária e crimes de tráfico internacional de entorpecente. No caso do último crime, a operação culminou em uma das maiores apreensões já realizadas no Brasil, ocasião em que foi encontrada 1,6 toneladas de cocaína escondida em carne bovina congelada.

Ademais, pelo que se depreende dos documentos que baseavam o decreto prisional, há indícios de que o paciente integrava a mencionada organização criminosa com posições de liderança, tendo inclusive participado da compra de imóveis de valores vultosos em negociações que indicam ocultação de bens e crimes de lavagem de dinheiro, bem como contratações com doleiros e outras operações relacionadas ao tráfico de entorpecentes.

(...)

Nesse contexto, embora o conceito de 'garantia de ordem pública' seja subjetivo, é legítimo o entendimento segundo o qual a prisão preventiva baseada nesse fundamento tenha por justificativas a instabilidade no meio social e os enormes prejuízos não só materiais, mas também institucionais causados por ações delituosas desse porte e complexidade. Assim, não há como se negar que a paz pública esteja ameaçada caso não sejam tomadas as medidas segregacionais necessárias para dissipar a atuação dos membros da organização.' (fls. 212/214).

12. No tocante ao excesso de prazo, vejo que não se caracteriza o constrangimento ilegal sustentado pela defesa, à vista da complexidade do processo, a envolver vários acusados, muitas testemunhas residentes em lugares distintos, entre outras peculiaridades.

13. Além disso, conforme consta das informações de fls. 45/53, 'os acusados, inclusive ora pacientes, são os únicos responsáveis pela demora processual, em prejuízo à tão desejada celeridade e duração razoável do processo.'

14. Prossegue o MM. Juiz Federal Gilton Batista Brito: 'Oportuno ainda asseverar o esforço deste Juízo em conferir celeridade ao feito, como o deslocamento de vários servidores para realizar longas audiências e diversas diligências provocadas pela defesa, em razão da complexidade da ação penal, que envolve delito transfronteiriço, e gerou, até agora, quatorze volumes de autos principais e onze volumes de apensos até o presente momento, sendo digno de nota o elevado número de acusados." (fls. 52/3).

Garantias penais e processuais-penais **463**

15. Diante das informações prestadas, verifica-se que os autos estão aguardando cumprimento de devolução de Cartas Precatórias, expedidas para inquirição de testemunhas arroladas pelas defesas dos acusados, portanto, segundo firme jurisprudência dessa Suprema Corte 'não se caracteriza o excesso de prazo quando o processo está na fase da oitiva das testemunhas da defesa.' (HC 86.329/PA, Rel. Min. Carlos Britto, *DJ* 5.5.2006, p. 00018).

16. Pelo indeferimento do pleito." (fls. 57-65).

O Tribunal Regional Federal da 1ª Região, por unanimidade, denegou a ordem de *habeas corpus* impetrada em favor do paciente em 30 de janeiro de 2006. Transcrevo trechos do acórdão, *verbis*:

"Da leitura dos autos e, sobretudo, da decisão judicial que determinou a busca e apreensão (fls. 132/33/57), proferida pela autoridade judiciária federal do Goiás, assim está exposta a conduta do paciente:

'1.b) JOSÉ ANTÔNIO DE PALINHOS JORGE PEREIRA OU GEORGE COHEN.

Apesar de ser DAMASO quem, aparentemente, detém o poder de comando das operações ilícitas sob investigação, é também de grande importância a participação dos irmãos JOSÉ ANTÔNIO DE PALINHOS JORGE PEREIRA E ANTÔNIO PALINHOS JORGE PEREIRA.

JOSÉ ANTÔNIO DE PALINHOS JORGE PEREIRA é considerado o '2º homem' dentro da organização. Trata-se de empresário de nacionalidade portuguesa, residente no Brasil, proprietário de vasto patrimônio, que inclui veículos importados, residências de luxo e diversas empresas.

Não raro, utiliza-se do nome falso GEORGE COHEN, com o qual abriu pelo menos duas empresas: Torres Vedras Consultoria e Participação Ltda. e Lakenosso Bar e Restaurante Ltda. Possui documentos falsos com os seguintes nomes: JOSÉ ANTÔNIO PALINHOS JORGE PEREIRA COHEN, GEORGE MANOEL DE PARANHOS COHEN, JOSÉ DE PALINHOS JORGE PEREIRA e ANTÔNIO PALINHOS JORGE PEREIRA.

JOSÉ ANTÔNIO DE PALINHOS JORGE PEREIRA mantém contato direto com DAMASO, via telefone e também em reuniões.

Sua ex-mulher, SANDRA TOLPIAKOW, com quem tem dois filhos menores, BÁRBARA e DANIEL, também está sob investigação. Descobriu-se que SANDRA atua como 'testa de ferro' de seu ex-marido, uma vez que mantém em seu nome redes de restaurantes que, na realidade, pertencem a ele.

Tudo indica que SANDRA não aufere lucros desses negócios.

JOSÉ ANTÔNIO PALINHOS também mantém, com muita frequência, contato direto com seu irmão ANTÔNIO PALINHOS, igualmente de nacionalidade portuguesa e detentor de grande patrimônio. Ambos se utilizam de códigos em conversações telefônicas, o que reforça a ideia de que evitam expor-se na tentativa de burlar eventual trabalho de investigação.

(...)

Outra gravação de conversa telefônica de JOSÉ ANTÔNIO PALINHOS demonstra negociação de compra com 'bucho' e filé 'mignon', isso imediatamente após reunião entre ele e DAMASO para acertarem detalhes da participação de cada um antes da remessa de droga para o exterior.

(...)

Como se vê JOSÉ ANTÔNIO PALINHOS é pessoa de confiança de DAMASO e, aparentemente, pela riqueza que parece ter e pelo teor das conversas que mantém com este e com seu irmão ANTÔNIO PALINHOS, aufere altos lucros da atividade ilícita, sendo um de seus financiadores.'

De todo o exposto, ao contrário do que aduz o impetrante, restou concretamente demonstrada a prática do crime, com indícios fortes e suficientes de autoria. Assim, presentes os requisitos objetivos para a decretação da custódia cautelar nos termos do art. 312 do CPP.

Em relação à necessidade da prisão, para a garantia da ordem pública, o il. Magistrado de 1ª Instância a justificou na magnitude do caso e, ainda, no envolvimento de pessoas influentes e possuidoras de notável poderio econômico, a ponto de criar embaraços à instrução do feito, sob os seguintes fundamentos:

'Ressalte-se ainda que, com relação aos denunciados ANTÔNIO DOS SANTOS DAMASO, JOSÉ ANTÔNIO DE PALINHOS JORGE PEREIRA, ANTÔNIO PALINHOS JORGE PEREIRA, LUIZ

MANUEL NETO CHAGAS, JORGE MANUEL ROSA MONTEIRO E MANOEL HORÁCIO KLEIMAN, todos de nacionalidade portuguesa, exceto o último, de nacionalidade Argentina, acentua-se a necessidade da decretação da medida cautelar para assegurar a aplicação da lei penal, ante a possibilidade de os mesmos fugirem em regresso a seus países de origem.

Não se trata, no caso, o referido temor de fuga de mera suposição, estando alicerçado em uma base empírica, qual seja, o frequente trânsito realizado pelos acusados entre o Brasil e seus países de origem, conforme se verificou durante as apurações. Assim, mostra-se bastante claro que, caso em liberdade, os denunciados, na primeira oportunidade que tiverem, certamente retornarão aos referidos países, onde possuem uma vida já estruturada'. (fl. 63).

É sabido que tais circunstâncias não ensejariam, por si só, a custódia cautelar ou a sua manutenção.

Entretanto, no caso em análise, houve a apreensão de uma quantidade considerável de cocaína, 1,6 t (uma tonelada e 600 quilos), droga camuflada no interior de cortes de carne destinada à exportação. Está sendo apurada a participação de cidadãos estrangeiros que atuavam comercialmente no Brasil, adquirindo fazen-das e empresas, auxiliados por profissionais do ramo, no caso, supostamente com o auxílio do paciente.

Circunstâncias que, considerando a magnitude da empreitada criminosa, os valores envolvidos e os fortes indícios da participação do paciente, bem como a necessidade de se garantir a ordem pública e por con-veniência da instrução criminal, autorizam a custódia cautelar. Mesmo porque, embora o paciente afir-me ter profissão lícita, como bem aduz o Ministério Público em seu parecer, 'o paciente é de fato o pro-prietário de diversas empresas (de fachada), nas quais utiliza o nome de SANDRA TOLPIAKOW, sua ex-mulher, como sócia e testa de ferro em seus quadros sociais...'

Quanto ao alegado excesso de prazo na manutenção do paciente na prisão, não vislumbro a ilegalidade apontada na inicial, considerando que o prazo fixado para o término da instrução criminal, quando há réu preso, está fundamentado em construção jurisprudencial, não sendo sua contagem puramente arit-mética, ou seja, absoluta, mas analisada com fulcro nos princípios da razoabilidade, proporcionalidade e a necessidade de se aferir a complexidade da causa, pelo número de acusados, de crimes praticados e da produção das provas requeridas, sobretudo a prova testemunhal.

Conforme se verifica das informações de fls. 19/198, os autos encontram-se aguardando cumprimento e de-volução de Cartas Precatórias, expedidas para inquirição de testemunhas arroladas pelas defesas dos acusa-dos, não havendo que se falar em demora da instrução criminal, que se encontra em estado adiantado.

Além do mais, o paciente foi denunciado por crimes cuja complexidade em razão do número de pessoas envolvidas e de condutas executadas em diversas fases e em vários Estados demanda maior tempo, permitin-do extrapolação de prazos, desde que atendido o princípio da razoabilidade, como acima exposto, e desde que verificados os requisitos do art. 312 do CPP. O que se verifica in casu." (Apenso – fls. 236-238).

O Superior Tribunal de Justiça também denegou a ordem, no HC n. 55.209/GO, sustentan-do que *"os indícios apontam o paciente como autor dos fatos, não só como participante da organi-zação criminosa, mas como um dos líderes, com função específica nas atividades ilícitas pontadas."* (fl. 25).

Conforme se observa, neste *habeas corpus*, discute-se:

a) falta de fundamentação no decreto de prisão preventiva; e

b) excesso de prazo na instrução criminal.

Quanto à alegação de falta de fundamentação no decreto prisional (item "a" acima), obser-vo que o decreto de custódia provisória atendeu ao disposto nos arts. 41 e 43 do CPP. A prisão preventiva também indicou, de modo expresso, os seguintes fundamentos para a decretação da prisão cautelar, nos termos do art. 312 do CPP: i) garantia da ordem pública; e ii) garantia da aplicação da lei penal.

O Juízo Federal da 11ª Vara da Seção Judiciária do Estado de Goiás, ao receber a denúncia, por sua vez, converteu a prisão em flagrante em prisão preventiva, adotando os seguintes funda-mentos em sua decisão:

"Como se não bastassem as razões trazidas pela Procuradoria da República, que servem per si de funda-mento para o decreto cautelar, tem-se que a conversão é necessária também por outro lastro.

Garantias penais e processuais-penais 465

Trata-se do fundamento referente à credibilidade das instituições e do alto grau de probabilidade na ocultação de provas.

Com efeito, causaria sério gravame à credibilidade das instituições públicas permitir a liberdade dos acusados diante dos fortes indícios de presença de organização criminosa especializada em tráfico internacional de drogas.

Os elementos indiciários até aqui produzidos apontam a existência de verdadeira empresa criminosa, com ramificação em vários Estados brasileiros e participação dos réus, cada um deles, a tempo e modo, auxiliando a prática de crimes.

Em trabalho custoso e demorado, a Polícia Federal efetuou diversas diligências na apuração das atividades, tudo indica, criminosas desenvolvidas pelos membros da quadrilha. A extensa e complexa investigação objetivou descobrir rede de tráfico de entorpecentes instalada no Brasil para remeter substâncias entorpecentes para países da Europa, tais como Portugal e Espanha.

Aparentemente, a quadrilha agia em perfeita divisão de tarefas, sendo que as atividades de cada investigado são precedidas de decisões tomadas pelos líderes, entre os quais Antônio dos Santos Damaso, José Antonio Palinhos [ora paciente] e Jorge Manuel Rosa Monteiro.

A investigação indicou ainda na estruturação da quadrilha um escalonamento entre seus integrantes, sendo que nem todos se conhecem, embora ajam em conjunto objetivando a mesma finalidade. Enquanto uns cuidavam da aquisição e transporte da substância entorpecente, outros emprestavam seu auxílio de forma indireta, mas sempre cientes de que estão colaborando com a prática criminosa.

Entre os artifícios utilizados, sinaliza a investigação que o grupo se valia do transporte da droga escondida em containers de carne congelada. Tais containers, por transportarem alimentos, dificilmente são abertos para fiscalização depois de lacrados, pois, por força de rígidos tratados internacionais, podem ter o seu conteúdo recusado para comercialização nos países destinatários, o que geraria para a União o dever de indenizar o vendedor. Daí a deflagração da chamada 'Operação Caravelas', que resultou na apreensão de expressiva quantidade de entorpecentes (1,6 t).

Aliado a isso, é preciso considerar o poder econômico dos acusados, como evidenciam os valiosos bens sequestrados (automóveis de luxo, lancha, apartamentos, fazendas, moedas estrangeiras em grande quantidade, entre outros), o que torna provável o uso de suas posses para quebrantar a ordem pública, comprometer a eficácia do processo, dificultar a instrução criminal ou voltar a delinquir.

(...)

Mostra-se necessária e útil a prisão cautelar dos acusados, remarque-se, com o fim de estancar a ação criminosa, tudo indica, por eles reiteradamente praticada, e, de conseguinte, proteger o meio social das consequências danosas que tais condutas provocam.

Assim, é preciso considerar a forte sinalização de que a liberdade dos denunciados continuará a ofender a ordem pública mediante a prática reiterada dos crimes em apreço, não custa lembrar, um deles equiparado a hediondo (art. 2º da Lei 8.072/1990).

Ainda no que tange ao risco de ocultação de provas, o fato é que, numa atividade tão organizada e complexa, a extensão das infrações penais nunca é plenamente conhecida, existindo, muito provavelmente, outros elementos de convicção a serem descobertos, o que restaria impedido, tudo indica, com a soltura dos acusados.

Diante do exposto:

(...)

VIII – converto o flagrante em prisão preventiva com relação aos acusados Antônio dos Santos Damaso, José Antônio de Palinhos Jorge Pereira [ora paciente], Carlos Roberto da Rocha e Márcio Junqueira de Miranda. Expeça-se mandado de prisão, salvo em relação a Vânia Oliveira Dias e Estilaque Oliveira Reias, porque já decretada a preventiva" (fls. 110-114).

Com relação ao tema da garantia da ordem pública, faço menção à manifestação já conhecida desta Segunda Turma em meu voto proferido no HC n. 88.537/BA acerca da conformação jurisprudencial do requisito dessa garantia. Naquela assentada, pude asseverar que o referido requisito legal envolve, em linhas gerais e sem qualquer pretensão de exaurir todas as possibilidades normativas de sua aplicação judicial, as seguintes circunstâncias principais:

i) a necessidade de resguardar a integridade física do paciente;

ii) o objetivo de impedir a reiteração das práticas criminosas, desde que lastreado em elementos concretos expostos fundamentadamente no decreto de custódia cautelar; e

iii) o propósito de assegurar a credibilidade das instituições públicas, em especial do Poder Judiciário, no sentido da adoção tempestiva de medidas adequadas e eficazes, desde que devidamente fundamentadas, com indicação de elementos concretos, quanto à visibilidade e transparência da implementação de políticas públicas de persecução criminal.

Da leitura do decreto prisional, são inúmeros os elementos e fatos concretos que dão ensejo à regularidade da prisão preventiva. Apenas para fins exemplificativos arrolo os seguintes: a função de "direção" desempenhada pelo paciente na organização (o paciente é considerado o "2º homem dentro da organização"); a ramificação das atividades criminosas em diversas unidades da federação; e a alta probabilidade de reiteração delituosa considerando-se a potencialidade da utilização do meio sistematicamente empregado pela quadrilha, a saber, o uso de artifícios para camuflar o transporte de entorpecentes no interior de cortes de carne destinada à exportação.

Entendo, portanto, que há razões bastantes para a custódia preventiva, tanto pela garantia da ordem pública quanto pela aplicação da lei penal, as quais se revelam, no caso concreto, intimamente vinculadas.

Quanto à alegação de excesso de prazo (item "b" acima), o Supremo Tribunal Federal tem deferido a ordem de *habeas corpus* somente em hipóteses excepcionais, nas quais a mora processual:

i) seja decorrência exclusiva de diligências suscitadas pela atuação da acusação (cf.: HC n. 85.400/PE, Rel. Min. Eros Grau, 1ª Turma, unânime, *DJ* de 11.03.2005; e HC n. 89.196/BA, Rel. Min. Ricardo Lewandowski, 1ª Turma, maioria, julgado em 03.10.2006);

ii) resulte da inércia do próprio aparato judicial em atendimento ao princípio da razoável duração do processo, nos termos do art. 5º, LXXVIII (cf.: HC n. 85.237/DF, Pleno, unânime, Rel. Min. Celso de Mello, *DJ* 29.04.2005; HC n. 85.068/RJ, Rel. Min. Sepúlveda Pertence, 1ª Turma, unânime, *DJ* 03.06.2005; HC n. 86.346/SP, Rel. Min. Joaquim Barbosa, 2ª Turma, unânime, julgado em 18.04.2006; HC n. 87.910/SP, Rel. Min. Eros Grau, decisão monocrática, *DJ* de 25.04.2006; HC n. 86.850/PA, Rel. Min. Joaquim Barbosa, 2ª Turma, unânime, julgado em 16.05.2006; e HC n. 87.164/RJ, de minha relatoria, 2ª Turma, unânime, *DJ* de 29.09.2006); e, por fim,

iii) seja incompatível com o princípio da razoabilidade (cf.: HC n. 84.931/CE, Rel. Min. Cezar Peluso, 1ª Turma, unânime, *DJ* de 16.12.2005), ou, quando o excesso de prazo seja gritante (cf.: HC n. 81.149/RJ, Rel. Min. Ilmar Galvão, 1ª Turma, unânime, *DJ* de 05.04.2002; RHC n. 83.177/PI, Rel. Min. Nelson Jobim, 2ª Turma, unânime, *DJ* de 19.03.2004; HC n. 84.095/GO, Rel. Min. Joaquim Barbosa, 2ª Turma, unânime, *DJ* de 16.12.2005; e HC n. 87.913/PI, Rel. Min. Cármen Lúcia, 1ª Turma, unânime, julgado em 05.09.2006).

Ademais, esta Corte tem o entendimento de que a defesa não poderá arguir excesso de prazo quando ela própria der causa a demora no término da instrução criminal. Nesse sentido, vale destacar os seguintes precedentes: HC n. 86.947/SP, Rel. Min. Marco Aurélio, decisão monocrática, *DJ* de 26.10.2005; HC n. 86.618/MT, 2ª Turma, unânime, Rel. Min. Ellen Gracie, *DJ* de 28.10.2005; HC n. 85.298/SP, 1ª Turma, maioria, Rel. Min. Marco Aurélio, Rel. p/ acórdão Min. Carlos Britto, *DJ* de 04.11.2005; HC n. 86.789/SP, de minha relatoria, 2ª Turma, unânime, *DJ* de 24.03.2006; HC n. 88.229/SE, Rel. Min. Ricardo Lewandowski, 1ª Turma, maioria, julgado em 10.10.2006; e HC n. 88.905/GO, de minha relatoria, 2ª Turma, unânime, *DJ* de 13.10.2006.

No presente caso, há indícios de que a própria defesa deu causa ao excesso de prazo, *verbis*:

"Anoto, outrossim, que os acusados têm impetrado inúmeras ordens de habeas corpus em diversas instâncias judiciais, e, não raro, simultaneamente a incontáveis pedidos de revogação de prisão preventiva, com argumentos idênticos e sem fatos novos que os justifiquem, o que resulta em embaraço à marcha processual. Tal reiteração de pleitos, por certo, também deve ser levada à conta das causas que estão a obstar uma maior celeridade na tramitação da ação penal sob foco, sujeita a quatro instâncias judiciais, inclusive na via estreita do writ." (fl. 76).

Outrossim, verifico a existência de elementos que sinalizam a complexidade da causa. A exordial acusatória (Apenso 1, fls. 46-66) foi oferecida contra 12 denunciados, pela suposta prática de tráfico internacional de entorpecentes cometida em associação. Considerando o caráter complexo da instrução, creio ser possível admitir, em princípio, a excepcional prorrogação de mais de 81 dias para o término da instrução criminal.

A jurisprudência deste Tribunal, para o caso de processos complexos, reconhece a possibilidade de dilação do prazo da instrução processual, sem que a prisão do envolvido configure inequívoco constrangimento ilegal. Nesse sentido, vale destacar os seguintes precedentes da Corte: HC n. 71.610/DF, Pleno, unânime, Rel. Min. Sepúlveda Pertence, *DJ* de 30.03.2001; HC n. 82.138/SC, 2ª Turma, unânime, Rel. Min. Maurício Corrêa, *DJ* de 14.11.2002; HC n. 81.905/PE, 1ª Turma, maioria, Rel. Min. Ellen Gracie, *DJ* de 16.05.2003; HC n. 85.679/PE, 1ª Turma, maioria, Rel. Min. Carlos Britto, *DJ* de 31.03.2006; HC n. 86.577/ES, Rel. Min. Ricardo Lewandowski, 1ª Turma, maioria, julgado em 12.09.2006; e HC n. 88.905/GO, de minha relatoria, 2ª Turma, unânime, *DJ* de 13.10.2006.

Neste caso, considerada a contribuição da defesa para a mora processual, assim como verificada a complexidade da causa, não vislumbro patente situação de constrangimento ilegal apta a ensejar o deferimento da ordem.

Nesses termos, meu voto é pelo indeferimento deste *habeas corpus*. Entretanto, considerando a necessidade de razoável duração do processo no âmbito judicial e os efeitos prejudiciais que podem ser causados ao paciente na esfera penal, determino que esta decisão seja comunicada ao Juízo da 11ª Vara Federal da Seção Judiciária do Estado de Goiás, com a maior brevidade possível, a fim de que a Ação Penal n. 2005.35.00.018057-7 seja apreciada e julgada nos termos do art. 5º, LXXVIII, da CF.

HC 90.617[1]

Habeas corpus – Cabimento em hipóteses que não envolvem o direito à liberdade de ir e vir – Afastamento cautelar de Desembargador – Constrangimento ilegal configurado ante o excessivo período de afastamento – Observância aos princípios do devido processo legal, da dignidade humana e da razoável duração do processo.

Trata-se de *habeas corpus* impetrado em favor de Etério Ramos Galvão, desembargador afastado do Tribunal de Justiça do Estado de Pernambuco (TJ/PE), contra decisão do relator da Ação Penal n. 259/PE, Min. Cesar Asfor Rocha, do Superior Tribunal de Justiça.

Em 19 de março de 2003, a Corte Especial do STJ recebeu a denúncia, salvo quanto aos crimes de lesão corporal e ameaça, e determinou o afastamento do paciente do cargo de magistrado.

O paciente foi denunciado em 28 de maio de 2002 pela suposta prática dos seguintes delitos: a) tentativa de aborto sem o consentimento da gestante (arts. 125 c/c 14, II, e 29 do Código Penal); b) lesão corporal leve (art. 129 do Código Penal); c) aborto provocado sem o consentimento da gestante em concurso de pessoas (arts. 125 c/c 29 do Código Penal); d) roubo em concurso de pessoas (arts. 157 c/c 29 do Código Penal); e) ameaça e coação no curso de processo (arts. 147 e 344 c/c 29 do Código Penal); f) sequestro, cárcere privado e subtração de incapaz (arts. 148, § 1°, III e § 2°, e 249, § 1° do CP); g) falsidade ideológica (art. 299 do CP); h) uso de documento falso (art. 304 do CP).

Com relação ao crime de roubo, a ação penal foi parcialmente trancada pela Segunda Turma desta Corte, no julgamento do HC n. 84.768/PE, *DJ* de 27.5.2005, Rel. Min. Gilmar Mendes.

Quanto aos crimes de falsidade ideológica, uso de documento falso, corrupção ativa, denunciação caluniosa, falso testemunho, e falsidade de atestado médico, a Segunda Turma deliberou novamente pelo trancamento parcial da ação penal (AP n. 259/PE) no julgamento do HC n. 86.000/PE (sessão de 12.12.2006).

A impetração sustentou os riscos decorrentes da:

"[...] perenização do afastamento do paciente, que haverá de se consumar com sua aposentadoria compulsória, sem que se repare a sesquipedal injustiça de seu processo e afastamento.

Socorre ainda ao paciente o novo inciso LXXVIII do art. 5° da Constituição: 'A todos, no âmbito judicial e administrativo, são assegurados a razoável duração do processo e os meios que garantam a celeridade de sua tramitação'. Este prolongamento indefinido da manutenção do paciente fora de seu cargo fere direito constitucionalmente assegurado. Se não há meios hábeis de acelerar a marcha processual, que ao menos se sustem as consequências nocivas do recebimento de denuncia inepta e sem justa causa" – (fl. 36).

Requereu-se, ainda, na inicial, *"a concessão da medida liminar para o fim de sustar o andamento da ação penal, com a suspensão temporária dos efeitos do recebimento da denúncia"* até o julgamento de mérito.

Considerada a relevância da questão suscitada, submeti à análise da Segunda Turma questão de ordem para possibilitar, nos estritos termos do inciso III do art. 21 do RISTF, "o bom andamento" do processo no que concerne ao exercício excepcional do poder geral de cautela pelo órgão colegiado competente (CF, art. 5°, XXXV).

A decisão da questão de ordem foi nestes termos ementada:

---

[1] Em 30.10.2007, a Segunda Turma, por decisão majoritária, concedeu a ordem, nos termos do voto do Relator, Ministro Gilmar Mendes, vencido o Ministro Cezar Peluso. Ausentes, justificadamente, neste julgamento, os Senhores Ministros Celso de Mello e Joaquim Barbosa (*DJ* de 7.3.2008).

EMENTA: *"(...) 8. Com relação à alegação de excesso de prazo quanto aos delitos remanescentes (letras 'a', 'c' e 'f'), porém, o STF tem deferido pedidos de liminar somente em hipóteses excepcionais, nas quais a mora processual seja decorrência exclusiva de diligências suscitadas pela atuação da acusação, ou ainda, em razão do próprio aparato judicial. Ademais, a defesa não poderá arguir excesso de prazo quando ela própria der causa a demora no término da instrução criminal. Precedentes citados: (HC n. 85.679/PE, 1ª Turma, maioria, Rel. Min. Carlos Britto, 31.3.2006; HC n. 85.298/SP, 1ª Turma, maioria, Rel. Min. Marco Aurélio, Rel. p/ acórdão Min. Carlos Britto, DJ 4.11.2005; HC n. 86.618/MT, 2ª Turma, unânime, Rel. Min. Ellen Gracie, DJ 28.10.2005; e HC n. 85.237/DF, Pleno, unânime, Rel. Min. Celso de Mello, DJ 29.4.2005). 9. Dos documentos acostados aos autos, observa-se, à primeira vista, que a defesa não deu causa ao excesso de prazo. No entanto, há indícios de que a suposta vítima teria contribuído para a mora processual. 10. Denúncia recebida em 19 de março de 2003 (ou seja, há mais de 4 anos). Na espécie, na oportunidade do recebimento da denúncia, a Corte Especial do STJ deliberou pelo afastamento cautelar do ora paciente com relação ao exercício do cargo de Desembargador do TJ/PE, nos termos do art. 29 da LOMAN (LC n. 35/1979). 11. Tese vencida quanto à questão de ordem para apreciação da medida liminar em habeas corpus (Rel. Min. Gilmar Mendes): Inicialmente, para a análise do alegado excesso de prazo, surgiria a questão preliminar quanto ao cabimento do presente writ. Segundo inúmeros julgados desta Corte este pedido de habeas corpus não poderia ter seguimento porque o acórdão impugnado não afetaria diretamente a liberdade de locomoção do paciente: HC n. 84.816/PI, Rel. Min. Carlos Velloso, 2ª Turma, unânime, DJ 6.5.2005; HC (AgR) n. 84.326/PE, Rel. Min. Ellen Gracie, 2ª Turma, unânime, DJ 1º.10.2004; HC n. 84.420/PI, Rel. Min. Carlos Velloso, 2ª Turma, unânime, DJ 27.8.2004; HC n. 83.263/DF, Rel. Min. Nelson Jobim, 2ª Turma, unânime, DJ 16.4.2004; e HC n. 77.784/MT, Rel. Min. Ilmar Galvão, 1ª Turma, unânime, DJ 18.12.1998. No caso concreto, o STJ determinou o afastamento do paciente do cargo de Desembargador do TJ/PE e essa situação perdura por quase 4 (quatro) anos sem que a instrução criminal tenha sido devidamente concluída. Os impetrantes insurgem-se não exatamente contra o simples fato do afastamento do paciente do cargo que ocupava na magistratura, mas sim em face de uma situação de lesão ou ameaça a direito que persiste por prazo excessivo e que, exatamente por essa razão, não pode ser excluído da proteção judicial efetiva (CF, art. 5º, XXXV). 12. Tese condutora do acórdão (divergência iniciada pelo Min. Cezar Peluso): O réu não pode suportar, preso, processo excessivamente demorado, a cuja delonga a defesa não deu causa. Diverso é o caso onde a duração do afastamento cautelar do paciente está intimamente ligada à duração do próprio processo: não se cuida de medida destinada a acautelar o próprio processo-crime, nem a garantir-lhe resultado útil. Trata-se de medida preordenada à tutela do conceito público do próprio cargo ocupado pelo paciente e, como tal, não viola a regra constitucional da proibição de prévia consideração da culpabilidade. Norma editada em favor do próprio réu. Independentemente do tempo de duração do processo, no seu curso, o paciente deve permanecer afastado do cargo, em reverência ao prestígio deste e ao resguardo daquele. 13. Questão de ordem resolvida no sentido do indeferimento da medida liminar pleiteada"* – [HC (QO) n. 90.617/PE, Rel. Min. Gilmar Mendes, 2ª Turma, maioria, DJ 6.9.2007].

Em 22 de junho de 2007, os autos da Ação Penal n. 259/PE foram atribuídos ao Ministro Antônio de Pádua Ribeiro, do STJ.

Em 7 de agosto de 2007, O Min. Gilmar Mendes, Relator, proferiu o seguinte despacho:

"Na Petição n. 100.368/2007, a defesa de Etério Ramos Galvão assevera:

'[...] 1. Tantos e tamanhos são os disparates da acusação deduzida contra o paciente que a impetração se olvidou de um argumento que merece a apreciação da Suprema Corte. É que o paciente foi denunciado também pelo delito de subtração de incapaz, apesar da afirmação de que o subtraído seria uma criança recém-nascida – que nunca ninguém viu e que, segundo a denúncia <comenta-se [*sic*] que teria sido dada em adoção internacional> – que seria sua filha.

[...]

2. Um fato superveniente à impetração mas que em sua apreciação há de ser considerado é a publicação do acórdão da Segunda Turma que julgou o HC 82.982/PE, Rel. Min. Cezar Peluso, impetrado em favor da sedizente vítima, Maria Soraia Elias Pereira.

[...]

Considerando que a publicação desse aresto deu-se na p. 45 do *DJU* 8.6.2007 [...], ou seja, posteriormente ao ajuizamento deste pedido de *habeas corpus*, vêm os impetrantes aditar a inicial para que seja também apreciada a questão de que a mesma Turma não pode ter posições conflitantes sobre o mesmo fato.

470 Estado de Direito e Jurisdição Constitucional – Decisões relevantes em 15 anos de atuação no STF

3. Finalmente, requerem os impetrantes seja dada tramitação ao presente feito, com seu encaminhamento imediato à douta Procuradoria-Geral da República para parecer, independente da lavratura e publicação do acórdão referente à questão de ordem julgada no último dia 19 de junho, a fim de que não pereça definitivamente o direito do paciente à reintegração em seu cargo" – (Petição n. 100.368/2007).

O Ministério Público Federal manifestou-se pelo indeferimento do pedido.

Em 30.10.2007, a Segunda Turma concedeu a ordem, por maioria, nos termos do voto do Min. Gilmar Mendes, Relator. O respectivo acórdão foi publicado no *DJ* de 6.3.2008.

EMENTA: Habeas Corpus. 1. Paciente que, na condição de Desembargador do Tribunal de Justiça do Estado de Pernambuco (TJ/PE), foi denunciado pela suposta prática dos delitos de: a) tentativa de aborto sem o consentimento da gestante (CP, arts. 125 c/c 14, II, e 29); b) lesão corporal leve (CP, art. 129); c) aborto provocado sem o consentimento da gestante em concurso de pessoas (CP, arts. 125 c/c 29); d) roubo em concurso de pessoas (CP, arts. 157 c/c 29); e) ameaça e coação no curso de processo em concurso de pessoas (CP, arts. 147 e 344 c/c 29); f) sequestro, cárcere privado e subtração de incapaz (CP, arts. 148, § 1º, III e § 2º, e 249, § 1º); g) falsidade ideológica (CP, art. 299 e parágrafo único); h) uso de documento falso (CP, art. 304); i) falso testemunho (CP, art. 342, § 1º); j) corrupção ativa de testemunha (CP, art. 343); l) denunciação caluniosa (CP, art. 339); e m) falsidade de atestado médico (CP, art. 302 c/c 29). 2. A Corte Especial do Superior Tribunal de Justiça (STJ), ao receber a denúncia, determinou o afastamento do paciente do cargo de magistrado, nos termos do art. 29 da Lei Complementar n. 35/1979 (Lei Orgânica da Magistratura Nacional – LOMAN). No STJ, a inicial acusatória não foi recebida quanto aos crimes de lesão corporal (CP, art. 129 – letra "b") e ameaça (CP, art. 147 – letra "e"). 3. Com relação ao crime de roubo (CP, art. 157 – letra "d"), a ação penal foi parcialmente trancada, por maioria, pela 2ª Turma desta Corte, no julgamento do HC n. 84.768/PE, DJ 27.5.2005, Rel. Originária Min. Ellen Gracie, Red. para o acórdão Min. Gilmar Mendes. 4. Quanto aos crimes de falsidade ideológica (CP, art. 299 e parágrafo único – letra "g"), uso de documento falso (CP, art. 304 – letra "h"), corrupção ativa (CP, art. 343 – letra "j"), denunciação caluniosa (CP, art. 339 – letra "l"), falso testemunho (CP, art. 342 – letra "i"), e falsidade de atestado médico (CP, art. 302 – letra "m"), a 2ª Turma deliberou novamente pelo trancamento parcial da ação penal (AP n. 259/PE, Rel. Min. Cesar Asfor Rocha, do STJ) no julgamento do HC n. 86.000/PE, DJ 2.2.2007, Rel. Min. Gilmar Mendes. 5. Alegações da defesa neste habeas corpus: i) inépcia total da denúncia recebida pelo STJ; ii) ainda que superada a alegação anterior, inépcia da peça acusatória ofertada em desfavor do paciente, em razão da aparente contradição que poderia advir em virtude da decisão tomada pela 2ª Turma no julgamento do HC n. 82.982/PE, de relatoria do Min. Cezar Peluso (DJ 8.6.2007); e iii) excesso de prazo na instrução criminal, no que concerne ao afastamento cautelar do paciente, nos termos do art. 29 da Lei Complementar n. 35/1979 (Lei Orgânica da Magistratura Nacional – LOMAN). 6. Com relação à alegação de inépcia da denúncia, verifica-se que a inicial atendeu ao disposto nos arts. 41 e 43 do CPP. Precedentes do STF. Nesse ponto, ordem indeferida. 7. No que concerne à alegação de inépcia da peça acusatória ofertada em desfavor do paciente, em razão da aparente contradição que poderia advir em virtude da decisão tomada pela 2ª Turma no julgamento do HC n. 82.982/PE, Rel. Min. Cezar Peluso (DJ 8.6.2007) (item "ii" acima), em primeiro lugar, não há relação de vinculação entre o acórdão proferido pela 2ª Turma no HC n. 82.982/PE (Rel. Min. Cezar Peluso) e a matéria discutida neste habeas corpus. Em ambos os casos, discute-se a validade, ou não, de imputações realizadas pelas respectivas peças acusatórias, as quais, não obstante guardem uma relação de conexão fático-probatória, dizem respeito a supostos agentes criminosos distintos. Ademais, eventual conclusão acerca da inépcia, ou não, da denúncia quanto ao crime de subtração de incapaz (CP, art. 249, § 1º) exigiria o reexame de fatos e provas, inviável na via estreita do habeas corpus. Precedentes do STF: HC n. 91.634/GO, Rel. Min. Celso de Mello, 2ª Turma, unânime, DJ 5.10.2007; HC (AgR) n. 90.247/SP, Rel. Min. Eros Grau, 2ª Turma, unânime, DJ 27.4.2007; HC n. 89.248/PR, Rel. Min. Joaquim Barbosa, 2ª Turma, unânime, DJ 6.11.2006; HC n. 86.522/DF, Rel. Min. Gilmar Mendes, 2ª Turma, unânime, DJ 19.4.2006; HC n. 85.089/SP, Rel. Min. Gilmar Mendes, 2ª Turma, unânime, DJ 18.11.2005; HC n. 83.804/DF, Rel. Min. Cezar Peluso, 1ª Turma, unânime, DJ 1º.7.2005; HC n. 83.617/SP, Rel. Min. Nelson Jobim, 2ª Turma, unânime, DJ 14.5.2004; HC n. 81.914/SP, Rel. Min. Nelson Jobim, 2ª Turma, unânime, DJ 22.11.2002;

HC n. 81.472/RJ, Rel. Min. Nelson Jobim, 2ª Turma, unânime, DJ 14.6.2002; HC n. 79.503/RJ, Rel. Min. Maurício Corrêa, 2ª Turma, maioria, DJ 18.5.2001; HC n. 76.381/SP, Rel. Min. Carlos Velloso, 2ª Turma, unânime, DJ 14.8.1998; HC n. 75.069/SP, Rel. Min. Moreira Alves, 1ª Turma, unânime, DJ 27.6.1997; e HC n. 71.436/SP, Rel. Min. Carlos Velloso, 2ª Turma, unânime, DJ 27.10.1994. Quanto a essa segunda alegação, ordem indeferida. 8. Com relação à alegação de excesso de prazo (item "iii" acima), o STF tem deferido a ordem de habeas corpus somente em hipóteses excepcionais, nas quais a mora processual seja decorrência exclusiva de diligências suscitadas pela atuação da acusação, ou ainda, em razão da ineficiência administrativa do próprio aparato judicial. Precedentes do STF: HC n. 89.196/BA, Rel. Min. Ricardo Lewandowski, 1ª Turma, maioria, DJ 16.2.2007; HC n. 86.346/SP, Rel. Min. Joaquim Barbosa, 2ª Turma, unânime, DJ 2.2.2007; HC n. 86.850/PA, Rel. Min. Joaquim Barbosa, 2ª Turma, unânime, DJ 6.11.2006; HC n. 87.164/RJ, Rel. Min. Gilmar Mendes, 2ª Turma, unânime, DJ 29.9.2006; HC n. 87.910/SP, Rel. Min. Eros Grau, decisão monocrática, DJ 25.4.2006; HC n. 85.068/RJ, Rel. Min. Sepúlveda Pertence, 1ª Turma, unânime, DJ 3.6.2005; HC n. 85.237/DF, Rel. Min. Celso de Mello, Pleno, unânime, DJ 29.4.2005; e HC n. 85.400/PE, Rel. Min. Eros Grau, 1ª Turma, unânime, DJ 11.3.2005. 9. Dos documentos acostados aos autos, observa-se, à primeira vista, que a defesa não deu causa ao excesso de prazo. No entanto, há indícios de que a suposta vítima teria contribuído para a mora processual (por meio da: criação de dificuldades para a realização de perícia por um período de cerca de 10 meses após a instauração da AP n. 259/PE; da apresentação de sucessivos pedidos de substituição de testemunhas; e, por fim, da contribuição para que a instrução ainda não se tenha encerrado). 10. Paciente afastado do cargo de Desembargador do TJ/PE desde o recebimento da denúncia – 19.3.2003 (por mais de 4 anos e 6 meses ao momento da sessão de julgamento pela 2ª Turma em 30.10.2007), sem que a instrução criminal tenha sido concluída. Configurada excessiva mora da instrução criminal denominada como "excesso de prazo gritante". Precedentes do STF: HC n. 87.913/PI, Rel. Min. Cármen Lúcia, 1ª Turma, unânime, DJ 5.9.2006; HC n. 84.095/GO, Rel. Min. Joaquim Barbosa, 2ª Turma, unânime, DJ 2.8.2005; HC n. 83.177/PI, Rel. Min. Nelson Jobim, 2ª Turma, unânime, DJ 19.3.2004; e HC n. 81.149/RJ, Rel. Min. Ilmar Galvão, 1ª Turma, unânime, DJ 5.4.2002. 11. Ordem deferida tão somente para suspender os efeitos da decisão da Corte Especial do STJ no que concerne à imposição do afastamento do cargo nos termos do art. 29 da LC n. 35/1979, determinando, por consequência, o retorno do paciente à função de Desembargador Estadual perante o TJ/PE.

VOTO

Conforme apresentado no relatório, em síntese, as alegações em apreço neste *habeas corpus* são três, a saber:

i) a inépcia total da denúncia recebida pelo STJ;

ii) ainda que superado o argumento acima apresentado, a inépcia da peça acusatória ofertada em desfavor do paciente, notadamente em razão da aparente contradição que poderia advir em virtude da decisão tomada por esta Turma no julgamento do HC n. 82.982/PE, de relatoria do Min. Cezar Peluso (*DJ* 8.6.2007); e

iii) o excesso de prazo na instrução criminal, no que concerne ao afastamento cautelar do paciente, nos termos do art. 29 da Lei Complementar n. 35/1979 (Lei Orgânica da Magistratura Nacional – LOMAN).

Com relação à alegação de "gritante inépcia da denúncia" (item "i" acima), a defesa aduz:

"2.1. A tentativa de provocação de aborto

Toda a acusação toma por base o fato – jamais comprovado – de que MARIA SORAIA teria engravidado em fevereiro de 1999 e que essa gravidez seria consequência de um relacionamento com o paciente ETÉRIO GALVÃO. Partindo dessa premissa jamais demonstrada, procura a denúncia descrever o clima existente entre ambos para com isso tentar justificar a cinematográfica tentativa de aborto que descreve.

[...] a inicial confunde conversas acerca da interrupção de uma gravidez suposta com a instigação criminosa que se pode imputar em casos de aborto ocorrido com o consentimento da gestante. O simples desejo do parceiro de interrupção da imaginária gravidez pode receber críticas de ordem ética ou religiosa, mas não serve à imputação de crime algum.

[...] não há nos autos, no entanto, uma única prova de que essa fantasiosa e inacreditável história tenha, de fato, ocorrido, até mesmo porque a própria vítima dela se esqueceu em várias oportunidades, nada tendo relatado sobre esse fantástico episódio em muitas de suas declarações.

[...] não há uma única prova nos autos de que MARIA SORAIA estivesse grávida, o que torna gritante a ausência de justa causa para imputar ao paciente a prática de aborto tentado.

[...] a inicial acusatória, que se esmera e alonga em tantos pormenores irrelevantes, é absolutamente omissa na descrição da ação típica; é genérica, vaga e constitui puro exercício de especulação, não podendo subsistir.

2.2. O aborto tido por consumado

[...] Mas o caso do paciente é pior, pois existe nos autos prova de que MARIA SORAIA nunca, jamais esteve grávida no período em que afirma ter sido vítima de aborto tentado e consumado! É o que demonstra o parecer do ilustre Dr. Daniel Romero Muñoz, Professor do Departamento de Medicina Legal, Ética Médica e Medicina Social da Faculdade de Medicina da Universidade de São Paulo.

[...] esse mesmo parecer atesta, aliás, que a vítima, nessa época, estava se submetendo a 'exames seriados de ultrassonografia pélvica endovaginal para monitorização de ovulação'. Ou seja, MARIA SORAIA queria, mas não podia engravidar, pois apresentava esterelidade primária por disfunção ovariana (pág. 30 do doc. n. 7).

A maior demonstração de que SORAIA repita-se, nunca, jamais esteve grávida do paciente é a sua imensa relutância em submeter-se ao exame pericial determinado pelo Superior Tribunal de Justiça após o recebimento da denúncia.

[...] A denúncia descreve fatos atípicos e de forma inepta, sendo um ultraje às garantias constitucionais do processo penal, não merecendo, de forma alguma, prosperar.

2.3. O sequestro, cárcere privado e a subtração de incapaz

[...] o que importa ao presente tópico, no entanto, é a inexistência de descrição de qualquer conduta do paciente, quanto mais conduta típica. Pergunta-se, afinal, o que fez Etério? Participou ele de que forma da empreitada criminosa?

Não se descreve uma única ação do paciente – nem mesmo a outorga de um suposto mandato criminal – que tenha sido indicada como parte dos gravíssimos delitos que lhe são imputados. Nada, além da genérica afirmação de que teve 'participação direta' e concorreu 'para o sequestro e cárcere privado e também para o delito de subtração de incapaz'" – (fls. 6-27).

O Ministério Público Federal (MPF), em parecer da lavra do Subprocurador-Geral da República, Cláudio Lemos Fonteles, assim se manifestou quanto a esse aspecto (fls. 456-466):

"1. Os advogados Arnaldo Malheiros Filho, Flávia Rahal e Ana Carolina Rocha Cortella ajuizam pedido de *habeas corpus* em favor de Etério Ramos Galvão.

2. Sustentam a inépcia da denúncia em motivação única (fls. 6/36).

3. A peça acusatória não é inepta.

4. Foi recebida em decisão unânime da Corte Essencial do Superior Tribunal de Justiça (Certidão a fls. 165).

5. A própria impetração, a propósito do Relator, Min. César Asfor Rocha, expressamente registra que, *verbis*:

'... a despeito da maneira serena e correta com que o eminente Ministro vem presidindo a instrução no Superior Tribunal de Justiça'. (petição de *habeas-corpus* a fls. 3, *in fine*)

6. E o Ministro-Relator, César Asfor Rocha, nas informações prestadas nestes autos, revela mesmo a prudência reconhecida pela própria impetração. De se ler, a propósito, *verbis*:

'A denúncia foi recebida em 19.03.2003, ocasião em que, por decisão da eg. Corte Especial deste Tribunal, o acusado foi afastado de suas funções de magistrado, sem prejuízo de seus vencimentos e vantagens, até decisão final, nos termos do artigo 29 da LOMAN (LC 35/79).

Garantias penais e processuais-penais **473**

Antes de proceder ao interrogatório dos acusados, e por concluir ser de fundamental importância ao deslinde destes autos um indicativo da existência de provável parto, determinei, em observância aos artigos 156 e 181 do Código de Processo Penal, fosse a vítima novamente periciada, dessa feita, por peritos designados por este Juízo, nas dependências deste Tribunal. As partes designaram profissionais da área de medicina para acompanhar o exame, formularam quesitos e requereram diligências.

Em razão de reiterados óbices da vítima em comparecer à avaliação médica, antes mesmo que fosse concluída a perícia procedi, em 10 de março de 2005, ao interrogatório dos acusados Mário Gil Rodrigues Neto, Túlio José de Souza Linhares, e Eliah Ebsan Meneses Duarte. O acusado Etério Ramos Galvão Filho foi ouvido em 11 de abril de 2005. Após, os acusados apresentaram alegações preliminares, com rol de testemunhas e novas diligências.

O exame pericial na vítima foi concluído em 27 de abril de 2005, e seu depoimento colhido no dia 28 do mesmo mês.' (fls. 419, grifei).

7. No voto, por ocasião do juízo de admissibilidade, disse o Min. César Asfor Rocha, *verbis*:

'O Desembargador Etério, por mim inquirido, admitiu o seu relacionamento sexual com Maria Soraia, dizendo <que manteve, quando muito por 2 ou 3 vezes, relações sexuais com a Dra. Maria Soaria; que não sabe precisar quando, porque não dera ao fato muita importância> e <que admite a possibilidade de poder ser o pai da criança, mas que também poderia ser os pais, o Dr. Sílvio, esposo da Dra. Cristina, e uma outra pessoa cujo nome não se recorda>.

Admitiu também haver conversado com ela sobre a possibilidade da interrupção da gravidez, <como forma de conforto a uma pessoa emocionalmente desequilibrada>, bem assim o encorajamento ao aborto, <já que ela dizia não pretender ter o filho, até porque nessa oportunidade, tinha certeza absoluta e científica de que ela não estaria grávida> (fl. 3 do Termo de Inquirição – vol. 08, fl. 1.995).' (fls. 137 – vol. 1, grifei)

8. A denúncia, firmada pelo colega Eitel Santiago de Brito Pereira, no crime de tentativa de provocação de aborto, destacou fatos objetivos, apontando depoimentos e laudos definidos (registros em pé de página a fls. 43/44), pelo que destaco, *verbis*:

'1.4. SORAIA não concordava com a ideia do aborto e telefonava muito para ETÉRIO, que não queria o prosseguimento da gestação. Por isso, o magistrado pediu que MÁRIO GIL RODRIGUES NETO a convidasse a comparecer em seu escritório de advocacia. Ela atendeu ao convite e conheceu, então, o referido advogado, que tinha recebido a missão de <ponderar à Dra. Maria Soraia sobre o seu relacionamento com o desembargador>.

1.5. MÁRIO GIL encontrou-se e conversou muitas vezes com SORAIA. Admitiu, inclusive, que <pode ter feito alguma referência a tal prática, porque a Dra. Maria Soraia se acalmava, quando o depoente ou qualquer pessoa lhe dizia que ela, se tivesse vontade, fizesse o aborto>. Assim, a vítima era muito instigada à interrupção da gravidez. Mas resistiu.

1.6. Por isso, o desembargador, orientado por MIRLENE e MÁRIO GIL, decidiu agir de maneira diferente.

1.7. Em 13 de abril de 1999, ETÉRIO tentou provocar o aborto sem o consentimento da gestante, dissolvendo, num suco de laranja, sem que sua amante percebesse, comprimidos abortivos. Ela tomou a laranjada e, durante o encontro, manteve relações sexuais com magistrado, que, achando pouco, ainda introduziu, na sua vagina, durante o ato sexual, algumas das referidas pílulas. Minutos depois do coito, sentiu cólicas. Procurou socorro. Foi atendida pela ginecologista Melânia Maria Ramos de Amorim, que confirmou o atendimento, contando ter retirado da genitália da vítima alguns comprimidos diluídos e misturados com sangue, constatando, assim, a tentativa de abortamento, que felizmente conseguiu debelar.

1.8. A primeira gravidez de SORAIA e a tentativa de aborto, nela praticada por ETÉRIO, seguindo a orientação de MIRLENE, restou comprovada nas declarações da vítima, no depoimento de Melânia, no laudo manuscrito do seu próprio punho e, finalmente, por outros fortes e harmônicos elementos de convicção.' (fls. 42/43 – vol. 1 – grifei)

9. Também no delito de aborto provocado sem o consentimento da gestante, com precisão destacou o colega Eitel Santiago de Brito Pereira, *verbis*:

'3.16. No dia do aborto, depois de algumas confusões, na maternidade e nas ruas do Recife, SAMUEL levou SORAIA para a casa dela. Quando entraram no prédio, ele amparava a inditosa anestesista, cuja aparência abatida impressionou os empregados do condomínio. Em casa, ela sentou-se no sofá e ele saiu, retornado em seguida, quando avisou que mandara buscar o carro dela.

3.17. SAMUEL permaneceu de guarda no apartamento de SORAIA, a quem recomendava calma, dizendo que ETÉRIO em breve daria notícias. A vítima acionou o celular do amante, que lhe atendeu, mas desligou logo porque estava muito ocupado e só queria conversar mais tarde. A anestesista ficou deprimida. Foi tomada por uma profunda tristeza. Teve até vontade de morrer. Vítima de um aborto provocado sem o seu consentimento, sentiu-se desamparada e infeliz.

3.18. SORAIA, naquele mesmo dia, telefonou algumas vezes pedindo socorro médico a Jane Nogueira da Silva, que foi até a residência dela, na companhia do motorista da ambulância Everaldo Cavalcanti do Rego e do enfermeiro Luiz Carlos do Nascimento. Ali encontraram SAMUEL, que os atendeu na porta. Entraram e Jane a examinou. Percebeu que tinha febre e usava uma tipoia no braço esquerdo, imobilizado do punho ao ombro.

3.19. Embora SORAIA sofresse dores, Jane examinou seus órgãos genitais e reprodutores, constatando o sangramento, que, na sua compreensão, poderia ser proveniente do aborto. Deu-lhe medicamentos. Quis removê-la para o hospital, a fim de realizar exames mais conclusivos. Mas a vítima se opôs, atemorizada com a presença de SAMUEL.

3.20. Paulo César da Silva, menor de idade ao tempo dos fatos, era o caseiro de SAMUEL. Em conversas com os agentes federais Rubens Freitas e Reynaldo José Ramos revelou que SORAIA, ETÉRIO, SAMUEL e TÚLIO estiveram no sítio no dia em que o crime foi cometido. Disse também que observou indícios da ocorrência do delito. Posteriormente, já na Polícia Federal, com medo dos criminosos, recusou-se a confirmar o que contara antes aos agentes federais.

3.21. Assim, apesar do decurso do tempo e da conduta dos denunciados que tudo fizeram para destruir provas e embaraçar as investigações, está demonstrada a perpetração do aborto provocado por MIRLENE, por ordem de ETÉRIO e com a decisiva participação de SAMUEL, TÚLIO e MÁRIO GIL.

3.22. A esta convicção também chegou o eficiente e destemido Delegado Cléber Alves, ressaltando, em seu relatório, que os elementos coligidos convergem para confirmar a gestação e o aborto, lembrando, inclusive, os <exames utrassonográficos realizados por SORAIA> depois do crime, atestando que em 31.05.99 e 05.07.99 não havia mais a gravidez demonstrada pelo Beta – HCG de 15.03.99, anteriormente referido.

3.23. Não se deve esquecer que o próprio ETÉRIO na oportunidade do seu interrogatório realizado nessa Corte, disse que manteve relações sexuais com Soraia e soube de sua gravidez chegando a admitir que lhe encorajou a matar o feto.' (fls. 48/50 – vol. 1, grifei)

10. Os crimes de sequestro, cárcere privado e subtração de incapaz, a denúncia narra-os calcada em situações objetivas e concretas. De se ler, *verbis*:

'6.1. Em junho de 2000, SORAIA voltou para Recife, atendendo a chamado da Polícia Federal e para responder, também, a processos que os denunciados tinha ajuizado contra ela. No dia 07 daquele mês, prestou declarações na Polícia Federal.

6.2. Naquele tempo, SORAIA estava grávida. É o que se verifica do laudo ecográfico firmado pela médica Fátima Organ (CRM 2513) e realizado no Serviço de Ultrassonografia do Hospital Santa Júlia, em Manaus/AM, poucos dias antes, ou seja, em 30 de maio de 2000, quando apresentava <gestação tópica em torno de 34 semanas>.

6.3. Aliás, a prova da segunda gravidez é exuberante, como registra o Delegado da Polícia Federal, em seu relatório, *in verbis*:

<A segunda gestação de SORAIA encontra-se fartamente demonstrada:

a) Os Laboratórios CERPE confirmaram a autenticidade do Beta-HCG datado de 08.11.99 (fls. 263 e 264).

b) Diversos depoimentos confirmaram o estado gravídico de SORAIA (INCLUSIVE Policiais e Procuradores da República), todos ouvidos nestes autos.

Garantias penais e processuais-penais **475**

c) o prontuário do atendimento médico a que se submeteu SORAIA no Hospital São José, datado de 14.06.2000, pelo Dr. EDUARDO ALEXANDRE menciona expressamente: gravidez no 8º mês, documento este que se encontra acostado às fls. 389 do volume 02, do Inquérito n. 323/PE – STJ.

d) O laudo de ultrassonografia obstétrico datado de 21.06.2000, realizado na Clínica Pró-Imagem, o qual, embora contestado pelo proprietário da clínica, foi efetivamente ali expedido, conforme o indicam as diversas mentiras proferidas por FLÁVIO PAES, proprietário da clínica e marido da mulher que fez o parto (daí a razão da contestação).

e) O laudo de ultrassonografia obstétrica datado de 30.05.2000, acostado às fls. 413, expedido pelo Hospital Santa Júlia de Manaus/AM, confirmado através da declaração datada de 13.05.02, acostada às fls. 412 destes autos'. (fls. 58/59 – vol. 1, grifei).

11. E, em outra passagem, *verbis*:

'6.8. Preocupados com a tentativa de fuga, os denunciados resolveram subtrair a criança para entregá-la ao pai. SORAIA reconheceu, posteriormente, o denunciado ELIAH EBSAN DUARTE como uma das pessoas que estava entre as que retiraram a criança do seu poder e de sua guarda.

6.9. Depois de tomar a criança, os sequestradores removeram SORAIA para a Chácara Boa Sorte, em Gravatá/PE, também pertencente a TÚLIO. Ali a vítima continuou em cárcere privado. Porém, em 26.10.2000, às 12:33 hs., aproveitando-se de um descuido dos vigias, telefonou da casa onde estava presa para a Polícia Federal e para o Ministério Público Federal, informando do sequestro e pedindo ajuda. Conseguiu, em seguida, fugir do cativeiro.

6.10. O telefonema de SORAIA para a Procuradoria da República foi recebido pelo servidor Aberlardo Campelo de Melo Júnior.

6.11. Durante todo o período de sua manutenção em cárcere privado, a vítima foi vigilantemente acompanhada por uma mulher, ainda não identificada, que respondia pelo prenome de Glória.

6.12. SORAIA escapou da prisão na Chácara Boa Sorte, de propriedade de TÚLIO. Alcançou uma estrada, conseguindo carona numa Kombi (ambulância), que a levou até o hospital Jesus Pequenino, em Bezerros/PE, onde recebeu assistência da enfermeira Maria da Glória de Andrade Lima Cardoso, que acionou a Polícia Federal.

6.13. Os policiais promoveram, então, a remoção de SORAIA para Recife/PE. Encerrava-se, assim, o seu sequestro, que durou por quase três meses.

6.14. Em suas diligências investigatórias, o Delegado Cléber Alves obteve os elementos que já autorizam o oferecimento da presente denúncia. Como ele salientou em seu relatório, há provas suficientes do sequestro de SORAIA e do seu parto realizado no cárcere, entre as quais as seguintes:

<a) A vítima esteve desaparecida desde final de junho de 2000, somente reaparecendo em 26.10.2000.

b) O telefonema de SORAIA, da Chácara Boa Sorte (de propriedade de TÚLIO LINHARES) para a Procuradoria da República, documentalmente comprovado nestes autos (fls. 113, 114 e 187).

c) o depoimento da enfermeira MARIA DA GLÓRIA DE ANDRADE LIMA CARDOSO, que prestou auxílio a SORAIA no Hospital JESUS PEQUENINO, de Bezerros/PE (FLS. 141/142).

d) O depoimento do servidor do Ministério Público Federal ABELARDO CAMPELO DE MELO JÚNIOR (fls. 120), que atendeu ao desesperado telefonema da vítima às 12:33hs. de 26.10.2000.

e) Os diversos documentos falsos e/ou falsificados apresentados pelos indiciados ao STJ para <provar> que MARIA SORAIA não estava sequestrada, quais sejam:

– A Portaria (Procuração acostada às fls. 2021 do volume 10 do Inquérito 323/PE – STJ, que na verdade é uma cópia <montada>, com data adulterada e assinatura falsificada atribuída a SORAIA, conforme já anteriormente mencionado neste Relatório Parcial (laudo pericial, fls. 301/310).

– A declaração falsa do advogado HEBER BAIARD NERO VIEIRA GAMA, da qual o nominado se retratou expressamente em seu depoimento de fls. 274/275 destes autos.

– A declaração falsa do ex-Secretário de Assuntos Jurídicos da Prefeitura do Recife/PE, Dr. GERALDO DE OLIVEIRA SANTOS NEVES, que também se retratou expressamente às fls. 384/385, reconhecendo a falsidade do teor do documento em questão que foi redigido pelo indiciado MÁRIO GIL.

476 Estado de Direito e Jurisdição Constitucional – Decisões relevantes em 15 anos de atuação no STF

– Os artifícios ilegais levados a efeitos pelo indiciado ELIAH DUARTE, que pagou cheques de emissão de SORAIA (que haviam sido devolvidos pelo banco) durante o tempo em que a vítima esteve no cárcere para depois, como efetivamente foi feito, apresentar perante o STJ os comprovantes de quitação alegando ter sido SORAIA quem fez o resgate.

– Não satisfeito, após pagos os cheques, ainda promoveu ação criminal contra a vítima.

– A farsa ficou claramente demonstrada nestes autos quando ELIAH, ele próprio, apresentou os cheques e documentos que só poderiam se encontrar na posse de quem efetivamente realizou o pagamento junto à empresa credora (fls. 398, 399 e 400)'. (vide: fls. 61/63)

12. O Relator Min. César Asfor Rocha, nas informações prestadas, registrou que 48 (quarenta e oito) são os testemunhos a comporem o exame dos fatos e que, presentemente, os autos estão 'em fase de oitiva das testemunhas de defesa' (fls. 420), situação óbvia a desmerecer a buscada cessação da instrução criminal e de todo esse iter processual que, claramente, requesta por acurado exame da prova" – (fls. 456-464).

Ressalvada a análise da alegada inépcia quanto ao delito de subtração de incapaz (item "ii" abaixo), ao menos em tese, observa-se que a denúncia atendeu ao disposto nos arts. 41 e 43 do CPP.

A jurisprudência do STF consolidou o entendimento segundo o qual não é possível se trancar ação penal instaurada perante a origem quando a denúncia narra, de modo adequado, fatos que, ao menos em tese, qualificar-se-iam como típicos e que, na espécie, permitiriam ao paciente o exercício da ampla defesa: (*cf.* HC n. 89.965/RJ, Rel. Min. Gilmar Mendes, 2ª Turma, unânime, *DJ* 9.3.2007; HC n. 87.324/SP, Rel. Min. Cármen Lúcia, 1ª Turma, maioria, *DJ* 18.5.2007; HC n. 91.005/DF, Rel. Min. Carlos Britto, 1ª Turma, unânime, *DJ* 1º.6.2007; RHC n. 86.534/MG, Rel. Min. Eros Grau, 1ª Turma, unânime, *DJ* 25.11.2005; RHC n. 85.530/PA, Rel. Min. Joaquim Barbosa, 2ª Turma, unânime, *DJ* 8.6.2007).

Por essas razões, na linha dos precedentes arrolados e da manifestação do MPF, voto pelo indeferimento da ordem.

Com relação à alegação de inépcia da peça acusatória ofertada em desfavor do paciente, notadamente em razão da aparente contradição que poderia advir em virtude da decisão tomada por esta Turma no julgamento do HC n. 82.982/PE, de relatoria do Min. Cezar Peluso (*DJ* 8.6.2007) (item "ii" acima), o MPF considerou:

"13. O singelo aditamento à petição inicial – fls. 443/444 – a propor a atipicidade criminal pelo delito de subtração de incapaz porque, admitido então que o paciente Etério Ramos Galvão é mesmo o pai de Maria Laura, e que ela existe, e viva está, o pai não pode ser sujeito de tal infração, tal argumento, acaso agasalhado, faz ruir toda a linha de argumentação precedente da mesma defesa, que é apresentar Maria Soraia como pessoa atormentada, capaz de engendrar 'a ficção' em quadros de gestação e abortamento.

14. A inconsistência, reconhecida nos caminhos conflitivos da argumentação, *data venia* desabona o pleito.

15. Por outra perspectiva, deduzida a pretensão punitiva, com convincente abordagem fática à sua admissibilidade, que o paciente nega-se ao exercício do pátrio poder, tanto que condutas de abortamento da vida humana são a ele imputadas, o subsequente subtrair, de quem nasceu, à mãe, única devotada à preservação da vida gerada, faz sim do agente da subtração, ainda que pai carnal, autor da comentada infração porque suas atitudes são inconciliáveis com o reconhecimento do exercer o pátrio poder.

16. Quanto a menção ao julgado no HC n. 82.982 – fls. 444/448 – a petição do aditamento, sem juntar cópia integral, autenticada do julgado, transcreve alguns trechos do mesmo para estabelecer que, *verbis*:

'... seja também apreciada a questão que a mesma Turma não pode ter posições conflitantes sobre o mesmo fato'. (fls. 448)

17. Ora sobre não se ter cuidado, como devido, da juntada integral do documento – o completo teor do acórdão, do julgado no HC 82.982 –, pelos trechos lidos pode-se perceber que a Turma não acatou o pleito de Maria Soraia de trancar-se, antecipadamente, a ação penal que responde por falsificação e uso de documento falso – laudo ultrassonográfico a atestar o atestado de gravidez de Maria Laura –

Garantias penais e processuais-penais **477**

o que, por óbvio, não se faz em questão prejudicial homogênea do crime de subtração de incapaz, eis que, e como enfrentei nos itens 13/15 deste parecer, o paciente centra a atipicidade dessa infração na sua efetiva paternidade de Maria Laura.

18. Pelo indeferimento do pedido". – (fls. 464-466)

Neste ponto, é válido transcrever a ementa do HC n. 82.982/PE:

"EMENTA: AÇÃO PENAL. Trancamento. Inadmissibilidade. Crimes de falsificação documental e uso de documento falso. Justa causa. Reconhecimento. Prova. Falta de exame pericial. Irrelevância. Hipótese de criação ou confecção de documento falso. Desaparecimento do documento original. Inexistência doutros passíveis de confronto. Impossibilidade de perícia indireta. Admissibilidade da prova testemunhal em que se baseou a denúncia. Constrangimento ilegal não caracterizado. HC denegado. Há justa causa para ação penal por crimes de documental mediante criação e de uso de documento falso, quando se tenha a denúncia baseado na prova testemunhal, enquanto única capaz de demonstrar a confecção do documento, cujo original desapareceu, sem haver outros passíveis de perícia indireta" – (HC n. 82.982/PE, Rel. Min. Cezar Peluso, 2ª Turma, unânime, *DJ* 8.6.2007).

É importante frisar que, no HC n. 82.982/PE, discutia-se a nulidade, ou não, de peça acusatória que fora oferecida para apurar a conduta de MARIA SORAIA ELIAS PEREIRA, a qual por sua vez, figura como suposta vítima nos autos da ação penal na qual o ora paciente (ETÉRIO RAMOS GALVÃO) é indicado como acusado (AP n. 259/PE).

Nesse julgado, portanto, a questão em debate tão somente dizia respeito à validade, ou não, de ação criminal instaurada em face da então paciente (MARIA SORAIA ELIAS PEREIRA) pela suposta prática dos delitos de falsificação e uso de documento falso, sem que o original estivesse acostado aos autos para fins de realização de perícia.

Naquela oportunidade, esta Segunda Turma admitiu, ao menos em tese, a validade da prova testemunhal para o prosseguimento da ação penal e, por unanimidade de votos, acompanhou o voto do Min. Rel. Cezar Peluso no sentido de denegar a ordem.

Nos autos deste HC n. 90.617/PE, a defesa, por meio da Petição n. 100.368/2007, aditou o pedido originariamente submetido à minha relatoria e aduziu que, diante do julgamento do já mencionado HC n. 82.982/PE, seria o caso de se reconhecer a inépcia da denúncia com relação à conduta de subtração de incapaz atribuída ao ora paciente (ETÉRIO RAMOS GALVÃO), sob pena de que "a mesma Turma não pode ter posições conflitantes sobre o mesmo fato" (fl. 448).

Para a análise desse novo argumento da defesa, creio que duas razões são decisivas para a apreciação da matéria.

Em primeiro lugar, não consigo vislumbrar relação de vinculação entre o acórdão proferido por esta Segunda Turma no HC n. 82.982/PE (Rel. Min. Cezar Peluso) e a deliberação que irá se desenvolver a partir deste voto nos autos deste HC n. 90.617/PE.

Isso ocorre porque, em ambos os casos, discutem-se a validade, ou não, de imputações realizadas pelas respectivas peças acusatórias, as quais, não obstante guardem uma relação de conexão fático-probatória, dizem respeito a supostos agentes criminosos distintos.

É dizer, no HC n. 82.982/PE, apurou-se a regularidade de denúncia ofertada em desfavor de MARIA SORAIA ELIAS PEREIRA para a investigação de supostos ilícitos relacionados a indícios de falso documental.

Neste HC n. 90.617/PE, esta Turma deve apreciar a existência, ou não, de regularidade de acusação promovida pelo *Parquet* em face de ETÉRIO RAMOS GALVÃO no que concerne ao delito remanescente de subtração de incapaz (item "ii" abaixo).

Nesse ponto, assim como ocorrido quanto aos demais delitos acima apreciados (item "i" acima), observa-se que, em princípio, a denúncia atendeu ao disposto nos arts. 41 e 43 do CPP e descreveu fatos e condutas que podem ser classificados como crime em tese.

Reconhecida a distinção entre as matérias acima comparadas, assevero que, ainda que superado esse primeiro argumento, vislumbro que a adequada compreensão da questão demandaria inviável reexame fático e probatório.

Como se sabe, a jurisprudência de ambas as Turmas do Supremo Tribunal Federal é farta no sentido de que o *habeas corpus* não é a via processual adequada para a discussão de fatos e provas constatados sob o crivo do contraditório perante as instâncias ordinárias (*cf.*, nesse sentido, inúmeros julgados, dentre outros: HC n. 91.634/GO, Rel. Min. Celso de Mello, Segunda Turma, unânime, *DJ* 5.10.2007; HC – AgRg n. 90.247/SP, Rel. Min. Eros Grau, Segunda Turma, unânime, *DJ* 27.4.2007; HC n. 89.248/PR, Rel. Min. Joaquim Barbosa, Segunda Turma, unânime, *DJ* 6.11.2006; HC n. 86.522/DF, Rel. Min. Gilmar Mendes, Segunda Turma, unânime, *DJ* 19.4.2006; HC n. 83.804/DF, Rel. Min. Cezar Peluso, Primeira Turma, unânime, *DJ* 1.7.2005; HC n. 85.089/SP, Rel. Min. Gilmar Mendes, Segunda Turma, unânime, *DJ* 18.11.2005; HC n. 83.617/SP, Rel. Min. Nelson Jobim, Segunda Turma, unânime, *DJ* 14.5.2004; HC n. 81.472/RJ, Rel. Min. Nelson Jobim, Segunda Turma, unânime, *DJ* 14.6.2002; HC n. 81.914/SP, Rel. Min. Nelson Jobim, Segunda Turma, unânime, *DJ* 22.11.2002; HC n. 79.503/RJ, Rel. Min. Maurício Corrêa, Segunda Turma, maioria, *DJ* 18.5.2001; HC n. 76.381/SP, Rel. Min. Carlos Velloso, Segunda Turma, unânime, *DJ* 14.8.1998; HC n. 75.069/SP, Rel. Min. Moreira Alves, Primeira Turma, unânime, *DJ* 27.6.1997; e HC n. 71.436/SP, Rel. Min. Carlos Velloso, Segunda Turma, unânime, *DJ* 27.10.1994).

No caso concreto, à primeira vista, eventual conclusão acerca da inépcia, ou não, da denúncia quanto ao crime de subtração de incapaz exigiria, portanto, o reexame de fatos e provas.

Trata-se de matéria que, salvo casos de flagrante ilegalidade ou de manifesto constrangimento – os quais não identifico na espécie –, é incabível na via estreita deste *writ*.

Com relação à alegação de excesso de prazo (item "iii" acima), a defesa asseverou:

> "O *periculum in mora*, por sua vez, advém do fato de que na mesma oportunidade em que a Colenda Corte Especial do Superior Tribunal de Justiça recebeu a denúncia, determinou-se o afastamento do paciente do cargo que ocupava no Tribunal de Justiça de Pernambuco, a título de cautelaridade. Essa decisão, que partiu de requerimento realizado pelo órgão acusador após a apresentação das defesas preliminares pelos acusados, não está apoiada em qualquer fundamento que de fato justifique a imposição de medida tão severa – que mais configura antecipação de efeitos de condenação do que procedimento acautelatório.
>
> E o feito se eterniza... A denúncia foi recebida no dia 19 de março de 2003, há quase quatro anos e a instrução ainda vai longe. Isso sem falar nas nulidades que corréus hão de estar guardando na manga para arguir em momento que lhes seja mais conveniente" – (fl. 35).

Conforme tenho sustentado desde o julgamento do HC n. 89.525/GO (*DJ* 9.3.2007), quanto à alegação de excesso de prazo (item "iii" acima), o STF tem deferido a ordem de *habeas corpus* somente em hipóteses excepcionais, nas quais a mora processual:

a) seja decorrência exclusiva de diligências suscitadas pela atuação da acusação (*cf.*: HC n. 85.400/PE, Rel. Min. Eros Grau, 1ª Turma, unânime, *DJ* 11.3.2005; e HC n. 89.196/BA, Rel. Min. Ricardo Lewandowski, 1ª Turma, maioria, *DJ* 16.2.2007;

b) resulte da inércia do próprio aparato judicial em atendimento ao princípio da razoável duração do processo, nos termos do art. 5º, LXXVIII (*cf.*: HC n. 85.237/DF, Pleno, unânime, Rel. Min. Celso de Mello, *DJ* 29.4.2005; HC n. 85.068/RJ, Rel. Min. Sepúlveda Pertence, 1ª Turma, unânime, *DJ* 3.6.2005; HC n. 87.910/SP, Rel. Min. Eros Grau, decisão monocrática, *DJ* 25.4.2006; HC n. 87.164/RJ, de minha relatoria, 2ª Turma, unânime, *DJ* 29.9.2006; HC n. 86.850/PA, Rel. Min. Joaquim Barbosa, 2ª Turma, unânime, *DJ* 6.11.2006; e HC n. 86.346/SP, Rel. Min. Joaquim Barbosa, 2ª Turma, unânime, *DJ* 2.2.2007); e, por fim,

c) seja incompatível com o princípio da razoabilidade (*cf.*: HC n. 84.931/CE, Rel. Min. Cezar Peluso, 1ª Turma, unânime, *DJ* 16.12.2005), ou, quando o excesso de prazo seja gritante (*cf.*: HC n. 81.149/RJ, Rel.

Min. Ilmar Galvão, 1ª Turma, unânime, *DJ* 5.4.2002; RHC n. 83.177/PI, Rel. Min. Nelson Jobim, 2ª Turma, unânime, *DJ* 19.3.2004; HC n. 84.095/GO, Rel. Min. Joaquim Barbosa, 2ª Turma, unânime, *DJ* 16.12.2005; e HC n. 87.913/PI, Rel. Min. Cármen Lúcia, 1ª Turma, unânime, *DJ* 23.3.2007).

Com referência à alegação de excesso de prazo na instrução criminal, no caso concreto, a denúncia foi recebida em 19 de março de 2003 (**ou seja, há mais de 4 anos e 6 meses**).

Na espécie, nessa mesma oportunidade do recebimento da denúncia, a Corte Especial do STJ deliberou pelo afastamento cautelar do ora paciente com relação ao exercício do cargo de Desembargador do TJ/PE, nos termos do art. 29 da LOMAN (LC n. 35/1979).

Na Petição n. 27.333/2007 (fls. 418-420), o Ministro Cesar Asfor Rocha, então Relator da Ação Penal n. 259/PE, do STJ, ao prestar informações noticiou que:

"O Ministério Público Federal denunciou o acusado Etério Ramos Galvão Filho pelos crimes de aborto, tentado e consumado, sequestro e cárcere privado, subtração de incapaz, falsidade ideológica, uso de documento falso, falso testemunho, corrupção de testemunha, denunciação caluniosa e falsidade de atestado médico (arts. 125, 125 c/c 14, 148, § 1º, III, § 2º, 249, § 1º, 299, parágrafo único, 304, 342, § 1º, 343, 339 e 302 do Código Penal), em concurso com outras sete pessoas.

(...)

Antes de proceder ao interrogatório dos acusados, e por concluir ser de fundamental importância ao deslinde destes autos um indicativo da existência de provável parto, determinei, em observância aos artigos 156 e 181 do Código de Processo Penal, fosse a vítima novamente periciada, dessa feita, por peritos designados por este Juízo, nas dependências deste Tribunal. As partes designaram profissionais da área de medicina para acompanhar o exame, formularam quesitos e requereram diligências.

Em razão de reiterados óbices da vítima em comparecer à avaliação médica, antes mesmo que fosse concluída a perícia procedi, em 10 de março de 2005, ao interrogatório dos acusados Mário Gil Rodrigues Neto, Túlio José de Souza Linhares, e Eliah Ebsan Meneses Duarte. O acusado Etério Ramos Galvão Filho foi ouvido em 11 de abril de 2005. Após, os acusados apresentaram alegações preliminares, com rol de testemunhas e novas diligências.

O exame pericial na vítima foi concluído em 27 de abril de 2005, e seu depoimento colhido no dia 28 do mesmo mês.

Os demais acusados foram ouvidos mediante Carta de Ordem expedida ao eg. Tribunal Regional Federal da 5ª Região, acostada aos autos em 04 de novembro de 2005. Dos interrogatórios realizados naquele Juízo, somente o acusado Samuel Alves dos Santos Neto apresentou defesa prévia. A fim de evitar eventual alegação de nulidade, determinei fossem os autos encaminhados à Defensoria Pública da União, que ofertou as defesas faltantes em 03 de março de 2006.

Após manifestação do *Parquet* Federal nos autos, em 20 de abril de 2006, deleguei a instrução criminal a um eminente Desembargador Federal do eg. Tribunal Regional Federal da 5ª Região, que, consoante a Carta de Ordem n. 04/2006, deu início à coleta dos depoimentos testemunhais.

O acusado Etério Ramos Galvão Filho requereu a reconsideração da medida de afastamento, que restou indeferida pelo eg. Colegiado desta Corte [**STJ**] em 16 de fevereiro de 2006. Em 24 de agosto de 2006, o acusado formulou novo pedido de cancelamento, indeferido em 05 de setembro do mesmo ano.

Ao todo são 48 (quarenta e oito) testemunhas, estando os autos em fase de oitiva das testemunhas de defesa.

Nada obstante o trancamento da ação penal quanto aos delitos de falsidade ideológica, falsidade de atestado médico, uso de documento falso, denunciação caluniosa, e falso testemunho ou falsa perícia, consoante decisão desse egrégio Supremo Tribunal Federal (HC 86.000/PE), permanecem contra o acusado Etério Ramos Galvão Filho acusações da prática dos crimes de aborto, sequestro e cárcere privado, e subtração de incapaz, razão pela qual, esta Corte manteve a orientação adotada quando do recebimento da peça acusatória" – (fls. 418-420).

Das informações prestadas, observa-se, à primeira vista, que não é possível atribuir exclusivamente à defesa a mora processual verificável perante o STJ.

Ao revés, é possível identificar, que há indícios de que a suposta vítima (MARIA SORAIA ELIAS PEREIRA) teria contribuído para a mora processual.

480 Estado de Direito e Jurisdição Constitucional – Decisões relevantes em 15 anos de atuação no STF

Ou seja, exsurge dos autos que, por "reiterados óbices da vítima em comparecer à avaliação médica" (fl. 419), a realização da perícia levou cerca de 10 (dez) meses, vindo a ser concluída somente em 27 de abril de 2005. Ou seja, a produção da prova pericial concluiu-se em mais de 2 (dois) anos e 1 (um) mês da instauração da ação penal, com a consequente determinação de afastamento do cargo do ora paciente.

Ademais, segundo registros constantes da página oficial do STJ (www.stj.gov.br), verifica-se, ainda, que, em 25 de janeiro de 2006, a defesa requereu ao STJ medida cautelar, com pedido de liminar, pretendendo o cancelamento da medida de afastamento das funções de magistrado imposta ao paciente quando do recebimento da denúncia.

Em 3 de fevereiro de 2006, o Ministro Cesar Asfor Rocha, então Relator, negou seguimento à medida cautelar requerida (MC n. 11.109/PE) asseverando que o requerente buscava a satisfação do próprio direito subjetivo postulado na ação principal (Ação Penal n. 259/PE).

O tema do alegado excesso de prazo foi submetido, ainda, em sede de questão de ordem suscitada na APn n. 259/PE, à Corte Especial do STJ em sessão de 15 de fevereiro de 2006. Por maioria de votos, o pleito da defesa foi indeferido. O acórdão da apreciação da questão de ordem somente foi publicado em 23 de abril de 2007.

Nesse ponto, é pertinente transcrever o inteiro teor da ementa do acórdão proferido, por maioria, pela Corte Especial do STJ no julgamento da Apn-QO n. 259/PE:

> "QUESTÃO DE ORDEM EM AÇÃO PENAL ORIGINÁRIA. AFASTAMENTO DO CARGO IMPOSTO NO RECEBIMENTO DA DENÚNCIA. CANCELAMENTO DA MEDIDA. DESMEMBRAMENTO DO PROCESSO. NORMAS DE COMPETÊNCIA. CONTINÊNCIA.
>
> Embora sendo entendimento do relator, em linha de princípio, pela possibilidade de se desmembrar um processo somente com relação ao acusado detentor da prerrogativa de função por foro especial, *in casu*, contudo, razões de segurança, coerência e economia tornam inviável a medida, mormente quando, como na hipótese, a questão já foi enfrentada pelo Colegiado, que se firmou pela unidade do processo.
>
> Pedidos indeferidos" – (Apn-QO n. 259/PE, Rel. Min. Cesar Asfor Rocha, Corte Especial do STJ, maioria, *DJ* 23.4.2007).

A alegação de excesso de prazo para a instrução criminal foi novamente submetida à análise do Eminente Relator da APn n. 259/PE, Min. César Asfor Rocha, em setembro de 2006. Em decisão monocrática de 5 de setembro de 2006 (*DJ* 18.9.2006), o referido relator explicitou que, *verbis*:

> "O acusado **Etério Ramos Galvão** peticiona, às fls. 5.721/5.728, requerendo seja cancelada a medida de afastamento do cargo que lhe foi imposta quando do recebimento da denúncia.
>
> Alega contar com 68 anos de idade e que, *'se mantido o ritmo com que vem se desenvolvendo o presente feito, não será temporário aquilo que o impede de exercer a profissão, que dá azo à sua vida. Se não reintegrado à sua função, nunca mais voltará a judicar, pois dentro em breve será aposentado compulsoriamente'* (fl. 5.724).
>
> Sustenta que a conduta procrastinatória da vítima, o elevado número de testemunhas e o trâmite processual por meio de cartas de ordem retardam o bom andamento processual, caracterizando constrangimento que deve ser sanado via do cancelamento da medida.
>
> Ampara seu pedido no art. 5°, inciso LXXVIII, da Constituição Federal, que assegura a todos razoável duração do processo, e colaciona julgados do Supremo Tribunal Federal, traçando uma comparação ao instituto da prisão.
>
> Em que pese a zelosa argumentação deduzida pela defesa, o fato é que o pedido já foi apreciado e deliberado pela Eg. Corte Especial do STJ, em 15.02.2006, que entendeu pela manutenção da medida. E da análise dos autos, não se observa a superveniência de quaisquer fatos que justifiquem nova submissão da questão ao C. Órgão especial deste Tribunal. O processo desenvolve-se regularmente, estando os autos em fase de inquirição de testemunhas. Com efeito, como anotado quando do exame do tema pela Eg. Corte Especial, o fato de terem sido noticiados nestes autos episódios envolvendo a vítima e pessoas estranhas a este processo não tem o condão de subtrair as acusações que recaem sobre o peticionário e que,

Garantias penais e processuais-penais **481**

segundo entendeu o C. Colegiado, justificam a mantença da medida de afastamento do cargo" – (APn n. 259/PE, Rel. Min. César Asfor Rocha, decisão monocrática, *DJ* 18.9.2006).

Conforme asseverei na oportunidade da apreciação e julgamento da questão de ordem apreciada por esta Colenda Segunda Turma em sessão de 19.6.2007:

"Para a análise do alegado excesso de prazo, inicialmente, surgiria a questão preliminar quanto ao cabimento do presente *writ*. Assim, um argumento usual em inúmeros julgados deste Supremo Tribunal Federal é o de que este pedido de *habeas corpus* não poderia ter seguimento porque o acórdão impugnado não afetaria diretamente a liberdade de locomoção do paciente.

A prevalecer esse entendimento, reiterado em diversos casos pela jurisprudência desta Corte, revelar-se-ia incabível o manejo do HC na situação dos autos. Nesse sentido, arrolo os seguintes precedentes: HC n. 84.816-PI, Rel. Min. Carlos Velloso (2ª Turma, unânime; *DJ* 6.5.2005); HC n. 84.420-PI, Rel. Min. Carlos Velloso (2ª Turma, unânime; *DJ* 27.8.2004); HC (AgR) n. 84.326-PE, Rel. Min. Ellen Gracie (2ª Turma, unânime; *DJ* 1°.10.2004); HC n. 83.263-DF, Rel. Min. Nelson Jobim (2ª Turma, unânime; *DJ* 16.4.2004); HC n. 77.784-MT, Rel. Min. Ilmar Galvão (1ª Turma, unânime; *DJ* 18.12.1998)" – (Voto proferido pelo Min. Gilmar Mendes no HC-QO n. 90.617/PE, julgada em 19.6.2007, 2ª Turma, maioria, *DJ* 6.9.2007).

Naquela assentada (19.6.2007), asseverei ainda, *verbis*:

"Em que pese a extensão e a amplitude que essa interpretação tem assumido em nossa jurisprudência, não me impressiona o argumento de que *habeas corpus* é o meio adequado para proteger tão somente o direito de ir e vir do cidadão em face de violência, coação ilegal ou abuso de poder" – (Voto proferido pelo Min. Gilmar Mendes no HC-QO n. 90.617/PE, julgada em 19.6.2007, 2ª Turma, maioria, *DJ* 6.9.2007).

A esse respeito, devo frisar que, no caso concreto, a decisão do STJ determinou o afastamento do paciente do cargo de Desembargador do TJ/PE e tal situação perdura por mais de 4 (quatro) anos e 6 (seis) meses, sem que a instrução criminal tenha sido devidamente concluída.

Isto é, os impetrantes insurgem-se não exatamente contra o simples fato do afastamento do paciente do cargo que ocupava na magistratura, mas sim em face de uma situação de lesão ou ameaça a direito que persiste por prazo excessivo e que, exatamente por essa razão, não pode ser excluído da proteção judicial efetiva (CF, art. 5°, XXXV).

Ainda, reiterando manifestação anterior, creio como pertinente a transcrição dos seguintes argumentos no voto que proferi em 19.6.2007:

"Nestes termos, considerada essa configuração fática excepcional, entendo ser o caso de se estabelecer um *distinguishing* com relação à referida jurisprudência tradicional deste Tribunal quanto à matéria do cabimento do *habeas corpus*. Entendo que o *writ* é cabível porque, na espécie, discute-se efetivamente aquilo que a dogmática constitucional e penal alemã – a exemplo da ilustre obra *Freiheitliches Strafrecht* ('Direito Penal Libertário'), de Winfried Hassemer, – tem denominado *Justizgrundrechte*.

Essa expressão tem sido utilizada para se referir a um elenco de normas constantes da Constituição que tem por escopo proteger o indivíduo no contexto do processo judicial. Não tenho dúvidas que o termo seja imperfeito, uma vez que, amiúde, esses direitos transcendem a esfera propriamente judicial.

Assim, à falta de outra denominação genérica, também nós optamos por adotar designação assemelhada – direitos fundamentais de caráter judicial e garantias constitucionais do processo –, embora conscientes de que se cuida de denominações que pecam por imprecisão. De toda forma, independentemente dessa questão terminológica, um elemento decisivo é o de que, no caso concreto ora em apreço, invoca-se garantia processual de natureza judicial e administrativa, que tem repercussão direta quanto ao devido processo legal penal e à dignidade pessoal e profissional do paciente.

Desse modo, o tema da razoável duração do processo (CF, art. 5°, LXXVIII), por expressa disposição constitucional, envolve não somente a invocação de pretensão à 'direito subjetivo' de célere tramitação dos processos judiciais e administrativos, mas também, o reconhecimento judicial de 'meios que garantam a celeridade de sua tramitação'. Em outras palavras, a interpretação desse dispositivo também está relacionada à efetivação de legítimas garantias constitucionais como mecanismos de defesa e proteção em face de atrocidades e desrespeitos aos postulados do Estado democrático de Direito (CF, art. 1°).

Nesse particular, entendo que, preliminarmente, o *habeas corpus* é garantia cabível e apta para levar ao conhecimento deste Tribunal a apreciação do tema do excesso de prazo para a instrução criminal.

É dizer, embora a decisão impugnada não repercuta diretamente no direito de ir e vir do paciente (liberdade de locomoção *stricto sensu*), observa-se situação de constrangimento ilegal decorrente de mora na prestação jurisdicional no âmbito processual penal" – (Voto proferido pelo Min. Gilmar Mendes no HC-QO n. 90.617/PE, 2ª Turma, maioria, *DJ* 6.9.2007).

No caso concreto, tal constrangimento corresponde à persistência do afastamento cautelar desde o recebimento da denúncia pelo STJ.

A viabilidade deste *writ* se dá, portanto, em razão de que o afastamento cautelar do paciente tem perdurado por lapso temporal excessivo.

Este *habeas corpus* foi impetrado em 7 de fevereiro de 2007. O julgamento da questão de ordem ocorreu em 19.6.2007, cujo acórdão foi publicado em 6.9.2007. Hoje, completam-se 8 meses e 23 dias desde a impetração.

Friso que, no feito penal em andamento perante a Corte *a quo*, a suposta vítima (MARIA SORAIA ELIAS PEREIRA), vem tumultuando a regular instrução do feito (AP n. 259/PE), seja por ter obstado a realização de perícia por um período de cerca de 10 (dez) meses após a instauração da ação penal, seja por meio da apresentação de sucessivos pedidos de substituição de testemunhas, os quais apesar de indeferidos pelo STJ, têm contribuído para que, até o presente momento (informações disponíveis na página oficial do STJ – www.stj.gov.br), a instrução ainda não se tenha encerrado.

Em conformidade com a orientação jurisprudencial acima mencionada, constato a configuração de excessiva mora da instrução criminal e verifico patente situação de ilegalidade apta a ensejar a concessão da ordem.

Ademais, entendo que, em princípio, a excessiva mora processual verificável de plano, nestes autos, configura-se como aquilo que, em matéria de ilegítima persistência dos efeitos da custódia cautelar, ambas as Turmas deste STF têm denominado como "excesso de prazo gritante". Nesse sentido, arrolo alguns processos nos quais foi adotado o parâmetro de moras processuais superiores a 2 (dois) anos para o deferimento da ordem, a saber: HC n. 87.913/PI, Rel. Min. Cármen Lúcia, Primeira Turma, unânime, *DJ* 5.9.2006; HC n. 84.095/GO, Rel. Min. Joaquim Barbosa, Segunda Turma, unânime, *DJ* 2.8.2005; HC n. 83.177/PI, Rel. Min. Nelson Jobim, Segunda Turma, unânime, *DJ* 19.3.2004; HC n. 81.149/RJ, Rel. Min. Ilmar Galvão, Primeira Turma, unânime, *DJ* 5.4.2002.

Nestes termos, diante de excepcional situação de excesso de prazo para a conclusão da instrução criminal verificável neste caso concreto, **defiro** a ordem tão somente para suspender os efeitos da decisão da Corte Especial do STJ que impôs o afastamento do cargo nos termos do art. 29 da LC n. 35/1979, e determino, por consequência, o retorno do ora paciente à função de magistrado perante o Tribunal de Justiça do Estado de Pernambuco (TJ/PE).

Senhor Presidente, é como voto.

HC 83.554[1]

Crime ambiental – Vazamento de oleoduto – Responsabilidade penal do dirigente da pessoa jurídica – Limites – Ausência de nexo causal entre a conduta do agente e o resultado considerado lesivo ao meio ambiente.

Trata-se de *habeas corpus* impetrado em favor de Henri Philippe Reichstul em face de decisão do Superior Tribunal de Justiça que negou provimento a recurso ordinário em *habeas corpus* assim resumido:

"Processo penal – crime ambiental – trancamento da ação penal – ausência de justa causa e inépcia da denúncia – inocorrência – alegações que exigem dilação probatória – inviabilidade."

O paciente foi denunciado, na qualidade de presidente da empresa Petrobras, como incurso no art. 54 da Lei n. 9.605, de 12 de fevereiro de 1998.

O Ministério Público Federal manifestou-se pelo indeferimento do *writ*.

A decisão proferida, então, pela Segunda Turma, foi assim ementada:

EMENTA: Habeas Corpus. 2. Responsabilidade penal objetiva. 3. Crime ambiental previsto no art. 2º da Lei n. 9.605/98. 4. Evento danoso: vazamento em um oleoduto da Petrobras. 5. Ausência de nexo causal. 6. Responsabilidade pelo dano ao meio ambiente não atribuível diretamente ao dirigente da Petrobras. 7. Existência de instâncias gerenciais e de operação para fiscalizar o estado de conservação dos 14 mil quilômetros de oleodutos. 8. Não configuração de relação de causalidade entre o fato imputado e o suposto agente criminoso. 8. Diferenças entre conduta dos dirigentes da empresa e atividades da própria empresa. 9. Problema da assinalagmaticidade em uma sociedade de risco. 10. Impossibilidade de se atribuir ao indivíduo e à pessoa jurídica os mesmos riscos. 11. Habeas Corpus concedido.

VOTO

Conforme relatei, pretende-se, no caso, a incriminação de ex-Presidente de uma instituição do porte da Petrobras tendo em vista a ocorrência de derramamento de óleo em determinado empreendimento de refino de petróleo.

Seguindo a perspectiva analítica do crime (fato típico, ilícito e culpável, sendo o fato típico composto por conduta, resultado, nexo de causalidade, e tipicidade), e consideradas as circunstâncias do caso, penso que precisamos aqui realizar um exame cuidadoso da conduta considerada criminosa, assim como a análise do nexo de causalidade entre essa conduta e o resultado considerado lesivo ao meio ambiente.

1. A conduta

Na referida perspectiva analítica, o primeiro elemento do fato crime é a conduta, que deve ser dolosa ou culposa, comissiva ou omissiva.

Não há crime sem conduta, essa é uma garantia elementar do direito penal moderno, a afastar qualquer perspectiva de punição do pensamento, da forma de ser, de características pessoais, etc.

Conforme bem advertem Zaffaroni e Pierangeli, não obstante a aparente obviedade do princípio de que não há crime sem conduta, no momento atual não faltam tentativas de suprimir ou de obstaculizar esta garantia. Zaffaroni e Pierangeli, entre outras questões, discutem, especificamente, a legitimidade da responsabilização da pessoa jurídica[2].

---

[1] Em 16.8.2005, a Segunda Turma do Supremo Tribunal Federal deferiu o *habeas corpus*, por unanimidade, nos termos do voto do Min. Gilmar Mendes, relator (*DJ* de 28.10.2005).

[2] *Manual de Direito Penal*, Parte Geral, 4. ed., São Paulo, RT, 2002, p. 409.

Essa não é, certamente, uma discussão pertinente ao presente caso. O que quero enfatizar aqui é que a primeira baliza para a análise do fato crime é a correta percepção da conduta exteriorizada pelo suposto autor do delito.

A conduta, em uma perspectiva finalista, consiste em um comportamento voluntário, dirigido a uma finalidade qualquer. A finalidade da conduta, conforme lições de Rogério Greco, pode ser ilícita – e aqui temos o dolo – ou lícita, hipótese em que a existência de crime estará vinculada a previsão legal expressa no sentido da incriminação de ato culposo[3].

No caso em exame, ao final da denúncia formulada contra o paciente, o Ministério Público afirma que "incorreram os denunciados nas sanções do artigo 54 da Lei 9.605/98". O referido artigo prevê a incriminação tanto da modalidade dolosa quanto da modalidade culposa. Todavia, a denúncia não explicita em qual modalidade pretende o Ministério Público ver o réu condenado.

Considero necessário, nesse ponto, registrar os trechos da denúncia em que são descritas especificamente condutas do paciente (destaques nossos):

"No dia 16 de julho de 2000, *a denunciada PETROBRAS – Petróleo Brasileiro S/A, explorando empreendimento de refino de petróleo* em unidade situada no Município de Araucária – Estado do Paraná, denominada Refinaria Presidente Getulio Vargas – REPAR, *juntamente com os denunciados Henri Philippe Reichstul*, Presidente da empresa, e Luiz Eduardo Valente Moreira, Superintendente da refinaria, *acabaram por poluir* os Rios Barigui e Iguaçu e suas áreas ribeirinhas, por meio do vazamento de aproximadamente quatro milhões de litros de óleo cru, *provocando a mortandade* de animais terrestres e da fauna ictiológica, *além da destruição significativa* da flora, *porque embora tenham colocado em risco o meio ambiente pela exploração e gerenciamento de atividade altamente perigosa, deixaram em contrapartida de adotar medidas administrativas e de impor o manejo de tecnologias apropriadas – dentre as disponíveis – para prevenir ou minimizar os efeitos catastróficos que uma mera falha técnica ou humana poderia provocar em atividades desta natureza.*" (fls. 28/29)

"A PETROBRAS está sob o comando do denunciado Henri Philippe Reichstul desde maio de 1999. A sua administração representa um grande paradoxo.

De um lado a PETROBRAS obteve o melhor desempenho econômico de sua história – um lucro líquido de quase 5 bilhões de dólares – e o valor de mercado da empresa quase que triplicou (passou de 9 bilhões de dólares em janeiro de 1999 para 30 bilhões em janeiro deste ano) – (Reportagem da Revista Exame, edição 737, de 04 de abril de 2001 – páginas 46/47).

Em contrapartida, a PETROBRAS se envolveu em três grandes e graves acidentes em pouco mais de quatorze meses: o derrame de óleo combustível na Baia de Guanabara, o derrame de petróleo nos Rios Barigui e Iguaçu e o acidente na P-36 no campo de Roncador, a 120 Km da costa do litoral fluminense, fora os de menor gravidade, elencados nas informações da Agência Nacional do Petróleo.

[...]

Os acidentes têm ocorrido em progressão geométrica em todo o país não por mero acaso. Todos eles têm relação direta com uma política empresarial preordenada, implantada pelo seu Presidente, buscando em primeiro lugar a autossuficiência na produção de petróleo. Ocorre que não há como aumentar abruptamente os níveis de produtividade e faturamento numa atividade deste tipo sem comprometer os níveis de segurança. Assume-se um risco calculado. [...].

O denunciado Reichstul instituiu 'profunda metamorfose administrativa' na empresa (reportagem acima citada – p. 47), adotando um planejamento estratégico, dividiu a PETROBRAS em 40 unidades de negócios, que funcionam com metas e resultados próprios. Segundo a reportagem mencionada, com a criação de unidades de negócios voltadas para uma gestão de resultados, não há dúvida de que existe uma *pressão para que ocorra um aumento na produtividade na empresa. Afinal, o Presidente da PETROBRAS pretende transformá-la na maior empresa de energia do Hemisfério Sul.*" (fls. 41/42)

---

[3] Rogério Greco, *Curso de Direito Penal*, 5. ed., Rio de Janeiro, Impetus, p. 166.

Garantias penais e processuais-penais **485**

"*DAS MEDIDAS ADOTADAS DEPOIS DOS VAZAMENTOS DA BAÍA DA GUANABARA E DOS RIOS BARIGUI E IGUAÇU:*

Após o vazamento na Baía da Guanabara, ocorrido em janeiro de 2000, o denunciado Henri, Presidente da PETROBRAS, decidiu investir em um projeto ambiental de prevenção de acidentes, batizado de PEGASO – Programa de Excelência em Gestão Ambiental e Segurança Operacional. A medida foi adotada tardiamente, sendo que ainda não alcançou os resultados almejados na prevenção de acidentes. Este fato foi reconhecido por Henri P. Reichstul, quando afirmou em entrevista concedida à Folha de São Paulo em 15 de agosto de 2000, no caderno 'cotidiano', em anexo, que a PETROBRAS só alcançará a excelência ambiental em 2003, sendo impossível garantir que novos vazamentos de petróleo não irão ocorrer até lá.

Quando aconteceu o vazamento nos Rios Barigui e Iguaçu, nova resolução foi tomada pela denunciada PETROBRAS, por meio de seu Presidente denunciado Henri, ou seja, foi criado o programa chamado de vigilância máxima. Com este programa procurou-se colocar em prática desde procedimentos até pequenas obras destinadas a minimizar os efeitos de um vazamento.

Estas medidas deveriam ter sido tomadas anteriormente ao fato, pela empresa denunciada, por meio de seu Presidente Henri P. Reichstul e do então Superintendente da REPAR denunciado Luiz Eduardo Valente Moreira." (fl. 44/45)

"*O vazamento da REPAR é um exemplo claro de que o oleoduto não estava sofrendo manutenção preventiva e controle adequado. O vazamento, portanto, era previsível pelo então Superintendente da REPAR e pelo Presidente da PETROBRAS, que se omitiram em adotar medidas prévias que pudessem evitá-lo, com conhecimento da situação de perigo.*

A adoção prévia das medidas até aqui mencionadas pela PETROBRAS, através do então Superintendente da REPAR e pelo seu Presidente, teria evitado o derrame. Ambos tinham o dever de cuidado pelas posições por eles ocupadas na empresa e a responsabilidade de evitar o vazamento, o que não fizeram a fim de atingir a meta de redução de custos com pessoal, segurança e manutenção, assumindo o risco de produzir o resultado, mesmo depois do grande vazamento de óleo ocorrido na Baía de Guanabara, que chamou atenção da empresa para as dificuldades relacionadas ao funcionamento dos oleodutos.

Particularmente, o dever de cuidado do denunciado Henri era ainda mais acentuado na época do fato imputado nesta denúncia, uma vez que ajuste organizacional realizado na PETROBRAS, em abril de 2000, aprovado pelo seu Conselho de Administração, cumulou na pessoa desse denunciado seis funções corporativas: estratégia corporativa, gestão de desempenho empresarial, desenvolvimento de novos negócios, comunicação institucional, jurídico e meio ambiente (documento procedimento MPF, vol. 2 – fls. 534/535)." (fls. 45/46)

São essas, portanto, as condutas praticadas pelo paciente, nos termos da denúncia.

Estabelecidos os limites das condutas efetivamente praticadas pelo paciente, passo a analisar o nexo de causalidade entre a conduta e o evento danoso.

2. O Nexo de causalidade

O nexo de causalidade encontra previsão no art. 13 do Código Penal, *verbis*:

"Relação de causalidade

Art. 13. O resultado, de que depende a existência do crime, somente é imputável a quem lhe deu causa. Considera-se causa a ação ou omissão sem a qual o resultado não teria ocorrido.

Superveniência de causa independente

§ 1º A superveniência de causa relativamente independente exclui a imputação quando, por si só, produziu o resultado; os fatos anteriores, entretanto, imputam-se a quem os praticou.

Relevância da omissão

§ 2º A omissão é penalmente relevante quando o omitente devia e podia agir para evitar o resultado. O dever de agir incumbe a quem:

a) tenha por lei obrigação de cuidado, proteção ou vigilância;

b) de outra forma, assumiu a responsabilidade de impedir o resultado;

c) com seu comportamento anterior, criou o risco da ocorrência do resultado."

Conforme sintetiza Rogério Greco, dentre as várias teorias que cuidaram da relação de causalidade destacam-se três: a teoria da causalidade adequada; a teoria da relevância jurídica; e a teoria da equivalência dos antecedentes causais, *verbis*:

"Pela teoria da causalidade adequada, elaborada por Von Kries, causa é a condição necessária e adequada a determinar a produção do evento. Na precisa lição de Paulo José da Costa Júnior,

'considera-se a conduta adequada quando é idônea a gerar o efeito. A idoneidade baseia-se na regularidade estatística. Donde se conclui que a conduta adequada (humana e concreta) funda-se no *quod plerumque accidit*, excluindo acontecimentos extraordinários, fortuitos, excepcionais, anormais. Não são levados em conta todas as circunstâncias necessárias, mas somente aqueles que, além de indispensáveis, sejam idôneas à causação do evento'.

No exemplo de Beling, não existiria relação causal entre acender uma lareira no inverno e o incêndio produzido pelas fagulhas carregadas pelo vento.

A teoria da relevância entende como causa a condição relevante para o resultado. Luis Greco, dissertando sobre o tema, procurando descobrir o significado do juízo de relevância, diz que "primeiramente, ele engloba dentro de si o juízo de adequação. Será irrelevante tudo aquilo que for imprevisível para o homem prudente, situado no momento da prática da ação. Só objetivamente previsível é causa relevante. Mezger vai um pouco além da teoria da adequação, ao trabalhar, simultaneamente, com um segundo critério: *a interpretação teleológica dos tipos*. Aqui, não é possível enumerar nada de genérico: será o *telos* específico de cada tipo da parte especial que dirá o que não pode mais ser considerado relevante". Assim, no conhecido exemplo daquele que joga um balde d'água em uma represa completamente cheia, fazendo com que se rompa o dique, não pode ser responsabilizado pela inundação, pois que sua conduta não pode ser considerada relevante a ponto de ser-lhe imputada a infração penal tipificada no art. 254 do Código Penal.

Pela teoria da equivalência dos antecedentes causais, de Von Buri, adotada pelo nosso Código Penal, considera-se causa a ação ou a omissão sem a qual o resultado não teria ocorrido. Isso significa que todos os fatos que antecedem o resultado se equivalem, desde que indispensáveis à sua ocorrência. Verifica-se se o fato antecedente é causa do resultado a partir de uma eliminação hipotética. Se, suprimido mentalmente o fato, vier a ocorrer uma modificação no resultado, é sinal de que aquele é causa deste último.

Pela análise do conceito de causa concebido pela teoria da *conditio sine qua non*, podemos observar que, partindo do resultado naturalístico, devemos fazer uma regressão almejando descobrir tudo aquilo que tenha exercido influência na sua produção"[4].

Na teoria da equivalência dos antecedentes (ou da *conditio sine qua non*), como visto, afigura-se essencial que a causa seja indispensável na produção do resultado. Para se verificar se o fato é causador do resultado é feito o chamado "teste da eliminação hipotética". Suprimido mentalmente o fato, se ocorrer uma modificação no resultado, isto evidenciaria que o fato é sim relevante à produção do resultado. Tomemos como exemplo um crime de homicídio praticado com arma de fogo. Admitida a referida teoria, nos contornos até aqui apresentados, chegaríamos à responsabilização não apenas daquele que efetuou o disparo, mas também do próprio vendedor ou mesmo do fabricante da arma.

E aqui surge uma das críticas à teoria, pois ela estaria na verdade a permitir um problemático "regresso ao infinito".

Mas há uma correção doutrinária para esse problema. Para se evitar a regressão ao infinito, interrompe-se a cadeia causal no momento em que não houver dolo ou culpa por parte daquelas

---

[4]   *Curso de Direito Penal*, p. 241-242.

Garantias penais e processuais-penais **487**

pessoas que tiveram alguma importância na produção do resultado[5]. Voltando ao exemplo do crime cometido com arma de fogo, não se poderia imputar o crime à indústria que produziu e vendeu licitamente a arma de fogo.

Essa restrição a uma perspectiva de regresso ao infinito, para fins de responsabilização, também ocorre no campo civil. Lembro-me aqui do conhecido precedente desta Corte no RE 130764, sob a relatoria de Moreira Alves (*DJ* 7.8.1992). Discutia-se, ali, a responsabilização do Estado por crime praticado por foragidos de estabelecimento prisional. Consta da ementa:

"Responsabilidade civil do Estado. Dano decorrente de assalto por quadrilha de que fazia parte preso foragido vários meses antes. – A responsabilidade do Estado, embora objetiva por força do disposto no artigo 107 da Emenda Constitucional n. 1/69 (e, atualmente, no parágrafo 6º do artigo 37 da Carta Magna), não dispensa, obviamente, o requisito, também objetivo, do nexo de causalidade entre a ação ou a omissão atribuída a seus agentes e o dano causado a terceiros. – Em nosso sistema jurídico, como resulta do disposto no artigo 1.060 do Código Civil, a teoria adotada quanto ao nexo de causalidade é a teoria do dano direto e imediato, também denominada teoria da interrupção do nexo causal. Não obstante aquele dispositivo da codificação civil diga respeito a impropriamente denominada responsabilidade contratual, aplica-se ele também a responsabilidade extracontratual, inclusive a objetiva, até por ser aquela que, sem quaisquer considerações de ordem subjetiva, afasta os inconvenientes das outras duas teorias existentes: a da equivalência das condições e a da causalidade adequada. – No caso, em face dos fatos tidos como certos pelo acórdão recorrido, e com base nos quais reconheceu ele o nexo de causalidade indispensável para o reconhecimento da responsabilidade objetiva constitucional, e inequívoco que o nexo de causalidade inexiste, e, portanto, não pode haver a incidência da responsabilidade prevista no artigo 107 da Emenda Constitucional n. 1/69, a que corresponde o parágrafo 6. do artigo 37 da atual Constituição. Com efeito, o dano decorrente do assalto por uma quadrilha de que participava um dos evadidos da prisão não foi o efeito necessário da omissão da autoridade pública que o acórdão recorrido teve como causa da fuga dele, mas resultou de concausas, como a formação da quadrilha, e o assalto ocorrido cerca de vinte e um meses após a evasão. Recurso extraordinário conhecido e provido."

Estamos aqui no âmbito penal, onde os rigores para se alcançar uma punição certamente são maiores.

Olhando especificamente para o caso deste *habeas corpus*, ainda que pudéssemos conceber hipóteses de responsabilização criminal de um dirigente de uma pessoa jurídica da complexidade da Petrobras, em razão de um evento danoso ocorrido em um de seus oleodutos, certamente teríamos que, no mínimo, zelar por um compromisso de consistência em relação a esse aspecto elementar do direito penal, que é a vinculação entre fato e autor do fato.

No caso concreto, considerando a palavra "causa" em sua perspectiva penalmente relevante, indago: O paciente praticou fato que constituiu causa para a ocorrência do vazamento?

Com o devido respeito, sequer uma relação causal naturalista está bem descrita na denúncia.

A descrição do evento danoso está clara. Trata-se de um vazamento em um oleoduto da Petrobras. Tal vazamento teria causado danos ambientais. As causas para a ruptura de um oleoduto podem ser várias. Mas isso não vem ao caso, essa é uma matéria de prova que não me parece necessária na presente discussão.

Mas a relação de causa e efeito entre a conduta do paciente e o vazamento do oleoduto não estão nada claras.

Considerando as circunstâncias do caso, penso que é inevitável, a partir dos elementos de que dispomos nos autos, sobretudo a partir dos fatos descritos na denúncia, perquirir se há essa condição mínima para a persecução penal, qual seja, a descrição de um liame consistente entre conduta e resultado.

Não estamos aqui a discutir responsabilidade de pessoa jurídica. E talvez isso seja um fator para uma certa confusão na peça acusatória, que refere-se conjuntamente à Petrobras e a seu dirigente.

---

[5] *Curso de Direito Penal*, p. 244.

O problema aqui refere-se aos limites de responsabilização **penal** dos dirigentes de pessoas jurídicas em relação a atos praticados sob o manto da pessoa jurídica. Essa distinção, que parece óbvia, é importante no caso, tendo em vista a referida confusão estabelecida na peça acusatória.

Trazendo a questão para o caso concreto, precisamos necessariamente conferir um tratamento diferenciado entre pessoa física e pessoa jurídica. A relação Petrobras-oleoduto não pode ser equiparada com uma relação Presidente da Petrobras-oleoduto!

A responsabilização penal de pessoa física, não podemos esquecer, ainda obedece àqueles parâmetros legais de garantia que tem caracterizado o direito penal moderno, especialmente a partir do pensamento de Beccaria. E aqui não há espaço para o arbítrio.

Entre outras inúmeras garantias do acusado, remanesce a perspectiva de que não há crime sem conduta, e também não há crime sem que exista um vínculo entre a conduta e o resultado. Nessa linha, indago: podemos equiparar, sem qualquer restrição, no âmbito penal, a conduta de pessoa jurídica com a conduta de seu dirigente? Podemos tratar, do mesmo modo, o nexo de causalidade entre atos de pessoa jurídica e evento danoso, e atos do dirigente da pessoa jurídica e evento danoso praticado em nome da pessoa jurídica?

Não estou excluindo, obviamente, a possibilidade de prática de crimes por parte de dirigentes de pessoas jurídicas justamente na direção de tais entidades. Não é isto! O que quero enfatizar é que não podemos, para fins de responsabilização individual, admitir uma equiparação tosca entre atos de pessoa jurídica e atos de seus dirigentes.

No caso em exame, penso que temos, nos autos, os elementos objetivos para o enfrentamento da questão.

Não me impressiona o argumento utilizado pelo STJ, no sentido de que a apreciação das alegações exigiriam dilação probatória.

Da leitura da denúncia, penso, resta evidente um grosseiro equívoco e uma notória lacuna na tentativa de vincular, com gravíssimos efeitos penais, a conduta do ex-Presidente da Petrobras e um vazamento de óleo ocorrido em determinado ponto de uma malha de mais de 14 mil quilômetros de oleodutos!

A par de um julgamento da gestão do Sr. Reichstul à frente da Petrobras, não há um elemento consistente a vincular o paciente ao vazamento de óleo.

Precisamos aqui refletir sobre isso. Houvesse relação de causa e efeito entre uma ação ou omissão do ex-Presidente da Petrobras, deveria o órgão do Ministério Público explicitá-la de modo consistente. E se houvesse consistência, penso, a cadeia causal dificilmente ocorreria diretamente entre um ato da Presidência de Petrobras e um oleoduto. Imagino que entre a Presidência da Petrobras, obviamente um órgão de gestão, e um tubo de óleo, há inúmeras instâncias gerenciais e de operação em campo. Não há uma equipe de engenheiros responsável pela referida tubulação? É o Presidente da Petrobras que examina, por todos os dias, o estado de conservação dos 14 mil quilômetros de oleodutos? Não há engenheiros de segurança na Petrobras? Obviamente não estou pressupondo uma responsabilização sequer dos engenheiros de segurança. Também para estes há o estatuto de garantias no âmbito penal. O que quero é evidenciar que, se há um evento danoso e se há uma tentativa de responsabilização individual, um pressuposto básico para isto é a demonstração consistente de relação de causalidade entre o suposto agente criminoso e o fato.

Não vejo, com a devida vênia, como imputar o evento danoso descrito na denúncia ao ora paciente. Caso contrário, sempre que houvesse um vazamento de petróleo em razão de atos da Petrobras, o seu presidente inevitavelmente seria responsabilizado em termos criminais. Isso é, no mínimo, um exagero.

Penso que, no caso, estamos diante de um quadro de evidente irracionalidade e de má compreensão dos limites do direito penal. Considerando apenas as condutas objetivamente imputadas ao paciente, verifica-se que, no fundo, a única motivação para a denúncia seria uma contestação genérica à gestão do Sr. Reichstul à frente da Petrobras. E mais, a partir de uma

Garantias penais e processuais-penais **489**

confusão entre atos da pessoa jurídica e atos individuais – e essa distinção me parece fundamental quando estamos falando de direito penal! –, busca-se atribuir ao Presidente da instituição qualquer dano ambiental decorrente da atuação da Petrobras. E, com isto, chega-se ao exagero de buscar conferir ao ex-Presidente da Petrobras a pecha de criminoso.

Cabe lembrar que a atuação institucional de uma autoridade que dirige uma instituição como a Petrobras dá-se em um contexto notório de risco. Lembro-me aqui do pensamento de Canotilho, acerca do chamado "paradigma da sociedade de risco"[6]. A possibilidade de erro em tais domínios não causa espanto, e os erros podem ser atribuídos tanto a agentes da instituição quanto à própria instituição. Há mecanismos de controle e de repressão a ambos. E também há gradações. Ainda que desconsideremos as diversas esferas de controle de atos administrativos, olhando o caso concreto, é inevitável indagar: Qual é o erro imputado objetivamente ao ex-Presidente da Petrobras?! Ou ainda: o dano ambiental atribuído à Petrobras pode ser imputado, em qualquer hipótese, a seu Presidente?

Com o máximo respeito, acreditar que qualquer dano ambiental atribuível à Petrobras representa um ato criminoso de seu Presidente afigura-se, no mínimo, um excesso.

Lembro-me aqui, na linha de Canotilho, que um dos problemas fundamentais da sociedade de risco é a assinalagmaticidade do risco. Tal observação é bastante pertinente para uma correta compreensão da atividade desempenhada por uma autoridade como o Presidente da Petrobras, e também para evidenciar a impropriedade em tentar conferir ao indivíduo e à pessoa jurídica os mesmos riscos.

Enfim, não tenho como aceitável, sobretudo para fins penais, a tentativa de estabelecer uma equação no sentido de que todo e qualquer ato lesivo ao meio ambiente imputável à Petrobras implica um ato criminoso de seu dirigente.

3. Conclusão

Concluo meu voto no sentido do trancamento da ação penal em relação ao Sr. Henri Philippe Reichstul, tendo em vista que, diante dos fatos descritos na denúncia, manifestamente não há qualquer prática de crime pelo paciente.

---

[6] Canotilho, *Direito Constitucional*, Coimbra, Almedina, 1991, p. 1304.

PSV 1[1]

Súmula Vinculante 14 – Advogado – Dados sigilosos – Direito de acesso aos autos do inquérito policial ou do procedimento investigatório – Ressalvas quanto a diligências em andamento – Garantia do contraditório e da ampla defesa – Observância do princípio da dignidade humana.

Tratava-se da Proposta de Súmula Vinculante (PSV n. 1) de autoria do Conselho Federal da Ordem dos Advogados do Brasil, visando à consolidação, em enunciado sumular dotado de efeitos vinculantes, do entendimento, já assentado na jurisprudência do Supremo Tribunal Federal, segundo o qual o advogado tem o direito de ter acesso e de examinar, ressalvadas as diligências em andamento, os autos de inquérito ou procedimento investigatório criminal, ainda que em trâmite sob segredo de justiça.

A decisão prolatada pelo Tribunal foi nestes termos ementada:

EMENTA: Proposta de súmula vinculante. Inquérito policial. Advogado do indiciado. Vista dos autos. 1. Aprovada a Súmula Vinculante n. 14, com a seguinte redação: "É direito do defensor, no interesse do representado, ter acesso amplo aos elementos de prova que, já documentados em procedimento investigatório realizado por órgão com competência de polícia judiciária, digam respeito ao exercício do direito de defesa". 2. Proposta acolhida com a aprovação da Súmula Vinculante n. 14.

VOTO

Em relação ao tema do direito de acesso aos autos de procedimento investigatório penal, é pertinente reiterar as seguintes considerações que expendi em decisão proferida nos autos do INQ n. 2.367/MT:

"Conforme afirmei na decisão proferida em 18 de julho de 2006 no INQ n. 2.314/MT, tais medidas restritivas são imprescindíveis para se assegurar a eficácia das investigações criminais que estejam sendo realizadas com o escopo de elucidar, com a maior brevidade possível, os fatos objeto da denominada 'Operação Sanguessuga'.

Para fins de organização do processamento de eventuais solicitações de cópias dos autos que, futuramente, sejam formulados, determino a aplicação do entendimento acima fixado para o deferimento ou não de todos pedidos que sejam realizados em quaisquer dos autos já distribuídos ou dos feitos que venham a ser distribuídos à minha relatoria no que concerne às investigações da operação referida. Para tanto, a autoridade policial competente deve assegurar aos investigados, assim como aos respectivos advogados formalmente constituídos, o direito de consultar os autos e extrair cópias". (INQ n. 2.367/MT, de minha relatoria, decisão de 22.11.2006).

É certo que a aplicação do princípio do contraditório e da ampla defesa ao inquérito policial é objeto de muita controvérsia.

Parte expressiva da doutrina (MIRABETE, Júlio Fabbrini, *Processo penal*, São Paulo: Atlas, 1991, p. 75; e MARQUES, José Frederico, *Elementos de direito processual penal*, Rio de Janeiro: Forense, 1961, v. I, p. 157.) e da jurisprudência (cf. RE 136.239/SP, Rel. Celso de Mello, 1ª Turma, *DJ* de 14-8-1992) entende ser inaplicável a garantia do contraditório e da ampla defesa ao

---

[1] Em 2.2.2009, o Tribunal, por maioria, vencidos o Senhor Ministro Joaquim Barbosa e a Senhora Ministra Ellen Gracie, acolheu a proposta de edição de súmula vinculante, com o seguinte enunciado: "É DIREITO DO DEFENSOR, NO INTERESSE DO REPRESENTADO, TER ACESSO AMPLO AOS ELEMENTOS DE PROVA QUE, JÁ DOCUMENTADOS EM PROCEDIMENTO INVESTIGATÓRIO REALIZADO POR ÓRGÃO COM COMPETÊNCIA DE POLÍCIA JUDICIÁRIA, DIGAM RESPEITO AO EXERCÍCIO DO DIREITO DE DEFESA".

Garantias penais e processuais-penais **491**

inquérito policial, uma vez que se não tem aqui um processo compreendido como instrumento destinado a decidir litígio.

Orientação mais extensiva é defendida, entre outros, por Rogério Lauria Tucci, que sustenta a necessidade da aplicação do princípio do contraditório em todo o período da persecução penal, inclusive na investigação, visando a dar maior garantia da liberdade e melhor atuação da defesa.

Afirma Tucci que a "contraditoriedade da investigação criminal consiste num direito fundamental do imputado, direito esse que, por ser 'um elemento decisivo do processo penal', não pode ser transformado, em nenhuma hipótese, em 'mero requisito formal'" (TUCCI, Rogério Lauria. *Direitos e Garantias Individuais no Processo Penal Brasileiro*, 2. ed., São Paulo: Revista dos Tribunais, 2004, p. 357-360).

No âmbito dos inquéritos policiais e originários, a jurisprudência do Supremo Tribunal Federal tem se firmado no sentido de garantir, a um só tempo, a incolumidade do direito constitucional de defesa do investigado ou indiciado e a regular apuração de fatos e documentos que sejam, motivadamente, imprescindíveis para o desenvolvimento das ações persecutórias do Estado (HC 90.232/AM, Rel. Min. Sepúlveda Pertence, 1ª T., *DJ* 2.3.2007; HC 82.354/PR, Rel. Min. Sepúlveda Pertence, 1ª T., *DJ* 24.9.2004). Registre-se o teor da ementa do HC 82.354/PR, Rel. Min. Sepúlveda Pertence:

"EMENTA: I. *Habeas corpus*: cabimento: cerceamento de defesa no inquérito policial.

1. O cerceamento da atuação permitida à defesa do indiciado no inquérito policial poderá refletir-se em prejuízo de sua defesa no processo e, em tese, redundar em condenação a pena privativa de liberdade ou na mensuração desta: a circunstância é bastante para admitir-se o *habeas corpus* a fim de fazer respeitar as prerrogativas da defesa e, indiretamente, obviar prejuízo que, do cerceamento delas, possa advir indevidamente à liberdade de locomoção do paciente.

2. Não importa que, neste caso, a impetração se dirija contra decisões que denegaram mandado de segurança requerido, com a mesma pretensão, não em favor do paciente, mas dos seus advogados constituídos: o mesmo constrangimento ao exercício da defesa pode substantivar violação à prerrogativa profissional do advogado – como tal, questionável mediante mandado de segurança – e ameaça, posto que mediata, à liberdade do indiciado – por isso legitimado a figurar como paciente no *habeas corpus* voltado a fazer cessar a restrição à atividade dos seus defensores.

II. Inquérito policial: inoponibilidade ao advogado do indiciado do direito de vista dos autos do inquérito policial.

1. Inaplicabilidade da garantia constitucional do contraditório e da ampla defesa ao inquérito policial, que não é processo, porque não destinado a decidir litígio algum, ainda que na esfera administrativa; existência, não obstante, de direitos fundamentais do indiciado no curso do inquérito, entre os quais o de fazer-se assistir por advogado, o de não se incriminar e o de manter-se em silêncio.

2. *Do plexo de direitos dos quais é titular o indiciado – interessado primário no procedimento administrativo do inquérito policial –, é corolário e instrumento a prerrogativa do advogado de acesso aos autos respectivos, explicitamente outorgada pelo Estatuto da Advocacia (L. 8906/94, art. 7º, XIV), da qual – ao contrário do que previu em hipóteses assemelhadas – não se excluíram os inquéritos que correm em sigilo*: a irrestrita amplitude do preceito legal resolve em favor da prerrogativa do defensor o eventual conflito dela com os interesses do sigilo das investigações, de modo a fazer impertinente o apelo ao princípio da proporcionalidade.

3. A oponibilidade ao defensor constituído esvaziaria uma garantia constitucional do indiciado (CF, art. 5º, LXIII), que lhe assegura, quando preso, e pelo menos lhe faculta, quando solto, a assistência técnica do advogado, que este não lhe poderá prestar se lhe é sonegado o acesso aos autos do inquérito sobre o objeto do qual haja o investigado de prestar declarações.

4. *O direito do indiciado, por seu advogado, tem por objeto as informações já introduzidas nos autos do inquérito, não as relativas à decretação e às vicissitudes da execução de diligências em curso (cf. L. 9296, atinente às interceptações telefônicas, de possível extensão a outras diligências); dispõe, em consequência a autoridade policial de meios legítimos para obviar inconvenientes que o conhecimento pelo indiciado e seu defensor dos autos do inquérito policial possa acarretar à eficácia do procedimento investigatório.*

492 Estado de Direito e Jurisdição Constitucional – Decisões relevantes em 15 anos de atuação no STF

5. *Habeas corpus* deferido para que aos advogados constituídos pelo paciente se faculte a consulta aos autos do inquérito policial, antes da data designada para a sua inquirição." (ênfases acrescidas)

Nesse particular, esta Corte tem assegurado a amplitude do direito de defesa em sede de inquéritos policiais e originários, em especial no que concerne ao exercício do contraditório e ao acesso de dados e documentos já produzidos no âmbito das investigações criminais. A propósito, confira-se o seguinte precedente:

"EMENTA: ADVOGADO. Investigação sigilosa do Ministério Público Federal. Sigilo inoponível ao patrono do suspeito ou investigado. Intervenção nos autos. Elementos documentados. Acesso amplo. Assistência técnica ao cliente ou constituinte. Prerrogativa profissional garantida. Resguardo da eficácia das investigações em curso ou por fazer. Desnecessidade de constarem dos autos do procedimento investigatório. HC concedido. Inteligência do art. 5º, LXIII, da CF, art. 20 do CPP, art. 7º, XIV, da Lei n. 8.906/94, art. 16 do CPPM, e art. 26 da Lei n. 6.368/76. Precedentes. É direito do advogado, suscetível de ser garantido por *habeas corpus*, o de, em tutela ou no interesse do cliente envolvido nas investigações, ter acesso amplo aos elementos que, já documentados em procedimento investigatório realizado por órgão com competência de polícia judiciária ou por órgão do Ministério Público, digam respeito ao constituinte" – (HC n. 88.190/RJ, Rel. Min. Cezar Peluso, 2ª T., unânime, *DJ* 6.10.2006).

Em idêntico sentido, registre-se, ainda, o julgamento do HC n. 88.520/AP (Rel. Min. Cármen Lúcia, Pleno, maioria, julgado em 23.11.2006, *DJ* 19.12.2007), no qual, uma vez mais, o Plenário definiu novas amplitudes constitucionais com relação ao devido processo legal, à ampla defesa e ao contraditório (CF, art. 5º, incisos LIV e LV):

"*HABEAS CORPUS* – PREJUÍZO – AMBIGUIDADE E NECESSIDADE DE PRONUNCIAMENTO DO SUPREMO. Surgindo ambíguo o prejuízo da impetração e sendo o tema de importância maior, considerado o Estado Democrático de Direito, impõe-se o pronunciamento do Supremo quanto à matéria de fundo.

INQUÉRITO – SIGILO – ALCANCE – ACESSO POR PROFISSIONAL DA ADVOCACIA. O sigilo emprestado a autos de inquérito não obstaculiza o acesso por profissional da advocacia credenciado por um dos envolvidos, no que atua a partir de visão pública, a partir da fé do grau detido." – (HC n. 88.520/PA, Rel. Min. Cármen Lúcia, Pleno, maioria, julgado em 23.11.2006, *DJ* 19.12.2007)

No mesmo sentido, citem-se o HC n. 92.331/PB, Rel. Min. Marco Aurélio, *DJE* 1º.8.2008; o HC n. 87.619/SP, Rel. Min. Sepúlveda Pertence, *DJ* 7.4.2006; e o HC n. 87.827/RJ, Rel. Min. Sepúlveda Pertence, *DJ* 23.6.2006.

Assim, a existência de uma sólida jurisprudência sobre o tema nesta Corte confere inegável respaldo à presente proposta de edição de súmula vinculante, nos termos do art. 103-A da Constituição e da Lei n. 11.417/2006.

Não é demais enfatizar que estamos a consolidar nesta súmula entendimento que confirma, mais uma vez, o firme compromisso deste Tribunal com a efetiva aplicação das garantias constitucionais dos direitos fundamentais.

Não se pode perder de vista que a boa aplicação dessas garantias configura elemento essencial de realização do princípio da dignidade humana na ordem jurídica. Como amplamente reconhecido, o princípio da dignidade da pessoa humana impede que o homem seja convertido em objeto dos processos estatais (Cf. MAUNZ-DÜRIG. *Grundgesetz Kommentar*. Band I. München: Verlag C. H. Beck, 1990, II 18).

Assim, não se afigura admissível o uso do processo penal como substitutivo de uma pena que se revela tecnicamente inaplicável ou a preservação de ações penais ou de investigações criminais cuja inviabilidade já se divisa de plano.

Tem-se, nesses casos, flagrante ofensa ao princípio da dignidade da pessoa humana.

Quando se fazem imputações vagas ou denúncias infundadas, dando ensejo à persecução criminal injusta, está-se a violar, também, o princípio da dignidade da pessoa humana, que, entre nós, tem base positiva no art. 1º, III, da Constituição.

Na sua acepção originária, esse princípio proíbe a utilização ou transformação do homem em objeto dos processos e ações estatais. O Estado está vinculado ao dever de respeito e proteção do indivíduo contra exposição a ofensas ou humilhações.

A propósito, em comentários ao art. 1º da Constituição alemã, afirma Günther Dürig que a submissão do homem a um processo judicial indefinido e sua degradação como objeto do processo estatal atenta contra o princípio da proteção judicial efetiva (*rechtliches Gehör*) e fere o princípio da dignidade humana [*"Eine Auslieferung des Menschen an ein staatliches Verfahren und eine Degradierung zum Objekt dieses Verfahrens wäre die **Verweigerung des rechtlichen Gehörs**."*] (MAUNZ-DÜRIG. *Grundgesetz Kommentar.* Band I. München: Verlag C. H. Beck, 1990, 1I 18).

Na mesma linha, entende Norberto Bobbio que a proteção dos cidadãos no âmbito dos processos estatais é justamente o que diferencia um regime democrático daquele de índole totalitária:

"A diferença fundamental entre as duas formas antitéticas de regime político, entre a democracia e a ditadura, está no fato de que somente num regime democrático as relações de mera força que subsistem, e não podem deixar de subsistir onde não existe Estado ou existe um Estado despótico fundado sobre o direito do mais forte, são transformadas em relações de direito, ou seja, em relações reguladas por normas gerais, certas e constantes, e, o que mais conta, preestabelecidas, de tal forma que não podem valer nunca retroativamente. A consequência principal dessa transformação é que nas relações entre cidadãos e Estado, ou entre cidadãos entre si, o direito de guerra fundado sobre a autotutela e sobre a máxima 'Tem razão quem vence' é substituído pelo direito de paz fundado sobre a heterotutela e sobre a máxima 'Vence quem tem razão'; e o direito público externo, que se rege pela supremacia da força, é substituído pelo direito público interno, inspirado no princípio da 'supremacia da lei' (*rule of law*)" (Bobbio, Norberto. *As Ideologias e o Poder em Crise.* Brasília: Ed. da UnB, 1988, p. 97-98).

Em verdade, tal como ensina o notável mestre italiano, a aplicação escorreita ou não dessas garantias é que permite avaliar a real observância dos elementos materiais do Estado de Direito. São elas que permitem distinguir civilização de barbárie.

Assim, tal como a garantia do devido processo legal, o princípio da dignidade da pessoa humana cumpre função subsidiária em relação às garantias constitucionais específicas do processo.

Com base nessas breves considerações, acompanho o voto do Relator e peço vênia aos que dele divergiram para concluir no sentido do acolhimento da presente Proposta de Súmula Vinculante n. 1, cuja redação final o Tribunal poderá deliberar em seguida.

É como voto.

HC 92.578[1]

Direito de recorrer em liberdade – Sentença condenatória – Ausência de trânsito em julgado – Observância aos princípios constitucionais do devido processo legal, da presunção de inocência e da dignidade humana.

Discutia-se no *writ* o cabimento da emissão de mandado de recolhimento do réu ao cárcere antes de atingido o trânsito em julgado da sentença penal condenatória, determinada ao ensejo do julgamento de recurso de apelo em segundo grau de jurisdição.

Os impetrantes requeriam, em sede de liminar, "a suspensão dos efeitos do acórdão, com a expedição de salvo-conduto e recolhimento do mandado de prisão já expedido, para que o Paciente aguarde em liberdade até o julgamento do mérito do presente writ" (fl. 21). Quanto ao mérito, requeriam a cassação do acórdão proferido no Tribunal *a quo*, para que lhe seja garantido aguardar em liberdade o trânsito em julgado da condenação criminal imposta.

O Relator, Min. Ricardo Lewandowski, deferiu a liminar.

O parecer trazido pelo Ministério Público posicionava-se no sentido da concessão da ordem.

Esta a Ementa que o julgado do *writ* recebeu:

EMENTA: PENAL. PROCESSUAL PENAL. HABEAS CORPUS. SÚMULA 691 DO SUPREMO TRIBUNAL FEDERAL. ESTUPRO E ATENTADO VIOLENTO AO PUDOR NA FORMA TENTADA. PRISÃO DETERMINADA NO JULGAMENTO DA APELAÇÃO. INEXISTÊNCIA DE FUNDAMENTAÇÃO HÁBIL A JUSTIFICAR A SEGREGAÇÃO, QUE GUARDA NATUREZA CAUTELAR. RECURSOS EXCEPCIONAIS. EFEITO SUSPENSIVO DESTES QUE NÃO AUTORIZA A EXECUÇÃO PROVISÓRIA DA PENA. ORDEM CONCEDIDA NA PARTE CONHECIDA DO WRIT. I – O Supremo Tribunal Federal vem firmando o entendimento de que a execução provisória da pena, ausente a justificativa da segregação cautelar, fere o princípio da presunção de inocência. II – Paciente que permaneceu solto durante todo o curso processual, e cuja prisão foi determinada apenas por ocasião do julgamento da apelação. III – Decisão lacônica que carece de maior fundamentação. IV – Nulidades processuais, que não podem ser conhecidas sob pena de julgamento per saltum. V – Impetração conhecida em parte, concedendo-se a ordem na parte conhecida para que o réu aguarde solto o julgamento dos recursos.

VOTO

A prática do recolhimento ao cárcere se disseminou nos Tribunais de Justiça e Regionais Federais ante o efeito puramente devolutivo que cerca os recursos especial e extraordinário, conforme o disposto no art. 26, § 2º, da Lei n. 8.038/90, bem como eventuais agravos de instrumento interpostos ante a negativa de seguimento.

Proclama a Constituição em seu art. 5º, inciso LVII: "ninguém será considerado culpado até trânsito em julgado de sentença penal condenatória." Há, portanto, que se examinar a compatibilidade entre o princípio da presunção de inocência e a ordem de recolhimento quando ainda não houver decisão judicial transitada em julgado contra o acusado.

A orientação tradicional do Supremo Tribunal Federal

Esta Corte vinha reconhecendo, sob o regime constitucional em vigor, a legitimidade da exigência do recolhimento à prisão para interposição de recurso.

---

[1] Em 12.2.2009, o Plenário do Supremo Tribunal Federal, por maioria e nos termos do voto do Relator, Ministro Ricardo Lewandowski, concedeu o *habeas corpus*, vencidos o Senhor Ministro Joaquim Barbosa e a Senhora Ministra Ellen Gracie, estando ausente, justificadamente, naquele julgamento, o Senhor Ministro Eros Grau (*DJ* de 24.4.2009).

Garantias penais e processuais-penais **495**

A questão foi bastante discutida no HC 72.366, da relatoria do Min. Néri da Silveira, quando este Plenário, por maioria, reconheceu a validade do art. 594 do Código de Processo Penal em face da Constituição de 1988, nos seguintes termos:

Habeas Corpus. 2. Condenado reincidente. Prisão resultante da sentença condenatória. Aplicabilidade do art. 594, do Código de Processo Penal. 3. Os maus antecedentes do réu, ora paciente, foram reconhecidos, na sentença condenatória, e, também, outros aspectos da sua personalidade violenta. 4. Código de Processo Penal, art. 594: norma recepcionada pelo regime constitucional de 1988. Ora, se este artigo é válido, o benefício que dele decorre, de poder apelar em liberdade, há de ficar condicionado à satisfação dos requisitos ali postos, isto é, o réu deve ter bons antecedentes e ser primário. 5. *Habeas Corpus* denegado e cassada a medida liminar (HC 72.366, Rel. Min. Néri da Silveira, julg. 13.9.1995, *DJ* 26.11.1999).

Essa orientação já era a dominante em ambas as Turmas do Tribunal. Nesse sentido, dentre outras, foram as decisões proferidas no HC 69.263, 2ª Turma, Rel. para acórdão Min. Carlos Velloso, julg. 07.04.92, *DJ* 09.10.92; HC 69.559, 1ª Turma, Rel. Min. Octavio Gallotti, julg. 22.09.92, *DJ* 30.10.92; HC 71.053, 1ª Turma, Rel. Min. Celso de Mello, julg. 22.02.94, *DJ* 10.06.94.

Tal entendimento veio a ser estendido para as leis especiais que exigem a prisão do condenado para a interposição de recurso de apelação. Destaco as seguintes decisões:

a) *HABEAS CORPUS*. LEI DOS CRIMES HEDIONDOS. SENTENÇA CONDENATÓRIA. NECESSIDADE DE CUSTÓDIA PARA APELAR. Apelação não conhecida ao argumento de que, negado o benefício da liberdade, o réu não se recolhera à prisão para recorrer. O artigo 2. – par. 2. da lei de crimes hediondos prevê, como regra, a compulsoriedade do encarceramento. *Habeas corpus* indeferido. (HC 70.634, Rel. Min. Francisco Rezek, 2ª Turma, julg. 09.11.93, *DJ* 24.06.94).

b) *HABEAS CORPUS*. CONSTITUCIONAL. PROCESSO PENAL. TRÁFICO DE ENTORPECENTES. ASSOCIAÇÃO. CRIME HEDIONDO. APELAÇÃO EM LIBERDADE. Não tem direito a apelar em liberdade, réu condenado por crime de tráfico ilícito de entorpecentes em associação, pois trata-se de crime hediondo (L. 8072/90, art. 2º). A constitucionalidade da L. 8.072/90 é reconhecida pela jurisprudência do Tribunal. *Habeas* indeferido (HC 80.412, 2ª Turma, Rel. Min. Nelson Jobim, julg. 03.10.00, *DJ* 17.08.01).

c) PENAL. PROCESSUAL PENAL. *HABEAS CORPUS*. TÓXICOS. SENTENÇA CONDENATÓRIA. APELAÇÃO. RECOLHIMENTO À PRISÃO. LEI 6.368/76, art. 35. I. – O condenado por crime previsto no art. 12 da Lei 6.368/76 não pode apelar sem recolher-se à prisão (Lei 6.368/76, art. 35). II. – H.C. indeferido (HC 72.603, 2ª Turma, Rel. Min. Carlos Velloso, julg. 26.09.95, *DJ* 24.11.95).

d) *Habeas corpus*. Interpretação conjugada do artigo 35 da Lei n. 6.368/76 com o parágrafo 2º do artigo 2º da Lei n. 8.072/90. A presunção de inocência não impede a prisão em virtude de sentença condenatória ainda pendente de recurso. – Da conjugação dos artigos 35 da Lei 6.368/76 e do parágrafo 2º do artigo 2º da Lei 8.072/90, resulta que a proibição absoluta imposta por aquele foi parcialmente alterada por este (o que importa derrogação e não ab-rogação), transformando-se em proibição relativa, já que admite que a regra – que e a proibição de apelar solto – seja afastada (o que e exceção) por decisão fundamentada do Juiz em sentido contrário. – Esta Corte já decidiu, inclusive por seu Plenário, que a presunção de inocência constante no artigo 5º, LVII, da atual Constituição não impede a prisão em virtude de sentença condenatória ainda pendente de recurso. *Habeas corpus* indeferido (HC 69.667, 1ª Turma, Rel. Min. Moreira Alves, julg. 01.12.93, *DJ* 26.02.93).

e) PENAL. PROCESSUAL PENAL. *HABEAS CORPUS*. CRIME HEDIONDO. APELAÇÃO. NECESSIDADE DE O RÉU RECOLHER-SE À PRISÃO. ARTS. 12 E 35 DA LEI 6.368/76 (LEI DE TÓXICOS), C/C ART. 2º, PAR. 2º, DA LEI 8.072/90 (CRIMES HEDIONDOS). I. – Necessidade de o réu recolher-se à prisão para apelar. II. – Não se aplica o disposto no art. 2º, par. 2º, da Lei 8.072/90, se o réu já se encontrava preso quando da sentença condenatória. III. – A presunção de não culpabilidade até o trânsito em julgado da sentença penal condenatória – C.F., art. 5º, LVII – não revogou o art. 594 do C.P.P. IV. – H.C. indeferido (HC 71.889, 2ª Turma, Rel. Min. Carlos Velloso, julg. 29.11.94, *DJ* 24.02.95).

Relativamente a uma das leis objeto da presente discussão, assim firmou a Primeira Turma deste Supremo Tribunal Federal:

Habeas corpus. – Se, em se tratando de crime de quadrilha ou bando, não pode o réu apelar em liberdade (artigo 9° da Lei 9.034/95), não tem ele direito à liberdade provisória enquanto não for julgado seu recurso especial e não transitar em julgado sua condenação. *Habeas corpus* indeferido (HC 75.583, Rel. Min. Moreira Alves, julg. 9.9.1997, *DJ* 10.10.1997).

VOTOS VENCIDOS

É verdade, também, que essa posição foi fortemente contestada em diversos votos vencidos. Transcrevo aqui passagem do Ministro Marco Aurélio, reiteradamente manifestada:

Procede o inconformismo dos Recorrentes quanto à incompatibilidade da regra do artigo 594 em comento com a nova ordem constitucional. Esta é explícita ao revelar como garantia constitucional que "ninguém será preso senão em flagrante delito ou por ordem escrita e fundamentada de autoridade judiciária competente, salvo nos casos de transgressão militar ou crime propriamente militar definidos em lei" (inciso LXI, do artigo 5°). Ora, de prisão em flagrante delito não se cuida nem de hipótese de prisão preventiva em que se exige ordem escrita e fundamentada de autoridade judiciária competente. Também não se tem no caso dos autos o envolvimento de transgressão militar ou de crime propriamente militar. Excluídas as hipóteses contempladas no referido inciso, conclui-se que a prisão deve estar lastreada na certeza da culpa do condenado. Se o inciso LVII do mesmo artigo 5° consigna que ninguém será considerado culpado até o trânsito em julgado de sentença condenatória, impossível é ter como harmônica com a Constituição Federal a regra do artigo 594 do Código de Processo Penal. Trata-se de extravagante pressuposto de recorribilidade que conflita até mesmo com o objetivo do recurso. É contraditório exigir-se daquele que deseja recorrer e, portanto, mostra-se inconformado com o provimento condenatório que se apresente no estabelecimento penal para verdadeiro início do cumprimento da pena. Por outro lado, a inexistência da primariedade e dos bons antecedentes não é de molde a respaldar a prisão. Diz respeito a procedimentos pretéritos do condenado que não formam base ao título condenatório, em relação ao qual se insurge. Impossível é conceber que o recolhimento a ser efetuado seja fruto da inexistência da primariedade e dos bons antecedentes, pois, caso contrário, estar-se-ia incidindo em verdadeiro *bis in idem*.

O que se nota é o balizamento rígido pela Constituição Federal das hipóteses que podem motivar a prisão. Já havendo provimento condenatório, indispensável é que se tenha a culpa do condenado como intangível, ou seja, revelada em sentença judicial trânsita em julgado. A ênfase emprestada pela atual Carta à liberdade exclui que se possa cogitar de verdadeira antecipação do cumprimento da pena, o que ocorrerá caso se imponha o recolhimento do condenado para que possa ver conhecido o recurso que interpôs. O exercício da ampla defesa – e neste está compreendida a interposição de recurso – fica comprometido a partir do momento em que se impõe a necessidade de atender-se a pressuposto que nada tem a ver em si com o recurso, porque ligado à observância, embora temporária, da própria sentença condenatória. Na verdade, subsiste como único móvel da expedição do mandado de prisão o provimento condenatório que, até o trânsito em julgado, por si só, não a respalda, sob pena de presumir-se o extravagante, ou seja, a culpa (HC 69.263, Rel. para acórdão Min. Carlos Velloso, *DJ* 9.10.1992).

Também o Ministro Sepúlveda Pertence opôs-se à intangibilidade da prisão para apelar sob a égide da Constituição de 1988:

(...) quando se trata de prisão que tenha por título sentença condenatória recorrível, de duas, uma: ou se trata de prisão cautelar, ou de antecipação do cumprimento da pena.

Ora, não nego que ainda que o réu tenha respondido ao processo em liberdade, a superveniência da sentença condenatória, somada às circunstâncias do caso, possa aconselhar o seu recolhimento à prisão, a título de medida cautelar. Mas, como toda medida cautelar, ela há de ser fundamentada; fundamentada na necessidade cautelar da prisão. Senão Senhor Presidente, a privação da liberdade será, de fato, antecipação de execução de pena. E antecipação de execução da pena, de um lado, com a regra constitucional de que ninguém será considerado culpado antes que transite em julgado a condenação, são coisas, *data venia*, que *hurlent de se trouver ensemble* (HC 69.964, Rel. Min. Ilmar Galvão, *DJ* 1°.7.1993).

O Ministro Ilmar Galvão assim fundamentava a sua posição:

O mandado de prisão, expedido em cumprimento a sentença condenatória trânsita em julgado, é fora de dúvida que satisfaz à exigência constitucional de ordem escrita e fundamentada. O fundamento está na própria condenação, quando já insuscetível de modificação pelos meios ordinários.

Sentença, nas condições apontadas, é sentença preparada para execução que, no caso da pena privativa de liberdade, se inicia pela expedição do mandado de prisão.

Diversa é a situação da sentença condenatória ainda sujeita a recurso. Em face do princípio da presunção da ausência de culpa, insculpido no inc. LVII (art. 5º), não pode servir de fundamento a uma ordem de prisão. Eventual mandado de prisão que, em função dela, for expedido, configurará hipótese de prisão desfundamentada e, por conseguinte, desautorizada no inc. LXI.

(...)

Não se prestam, pois, para a demonstração do requisito do *periculum in mora*, simples presunções legais, proscritas pelo inc. LVIII, como a decorrente da qualificação subjetiva do agente, da tipologia do crime e do estado do processo (HC 72.366, Rel. Min. Néri da Silveira, *DJ* 26.11.1999).

O Ministro Maurício Corrêa assim se manifestou sobre essa questão:

Além do mais, atento ao que claramente expressa o § 2º do artigo 5º da C.F. que em sintonia com o tratado que o Brasil aderiu a respeito dos direitos humanos – o chamado Pacto de São José da Costa Rica –, a propósito da garantia do cumprimento do duplo grau de jurisdição, concluo que o artigo 594 do Código de Processo Penal não foi recepcionado pela atual Carta Política da República, pela simples razão de que, por ele, não se assegura ao cidadão o exercício dessa garantia (HC 72.366, Rel. Min. Néri da Silveira, *DJ* 26.11.1999).

Presunção de não culpabilidade

Em tese doutoral desenvolvida na Universidade Autônoma de Barcelona, acentua Odone Sanguiné ser a presunção de não culpabilidade um limite teleológico da prisão provisória. Daí concluir pela impossibilidade desta ser adotada com a finalidade de pena antecipada. Leciona o referido autor:

A contradição material consistente em impor uma pena antes de que se condene o processado somente pode prosperar *formalmente* mediante a consideração de tal privação de liberdade como uma medida cautelar, não como uma pena. A aporia pode ser resolvida somente se lograrmos estabelecer o ponto de equilíbrio entre exigências opostas, e verificar a base da *ratio* em que a restrição da liberdade pessoal do imputado pode conciliar-se com o princípio da presunção de inocência, que *exclui qualquer identificação entre imputado e culpável antes da sentença de condenação definitiva*. Mas afirmada a compatibilidade entre a prisão provisória e a presunção de inocência, não se pode perder de vista aquele direito fundamental, que sempre resultará vulnerado quando a medida de privação de liberdade não responder a exigências cautelares, convertendo-se em uma pena antecipada (SANGUINÉ, Odone. *Prisión Provisória y Derechos Fundamentales*. Tirant lo Blanch, Valencia, 2003, p. 445).

Nesse sentido tem se manifestado o Tribunal Constitucional espanhol, como aponta Sanguiné:

De maneira taxativa, o Tribunal Constitucional rechaça frontalmente, como fim legítimo, a antecipação de pena, declarando que *"em nenhum caso pode perseguir-se, com a prisão provisória, fins punitivos ou de antecipação de pena"*, considerando que o *"momento essencial desse regime é a consideração da presunção de inocência como regra de tratamento*. O fato de que o imputado tenha que ser considerado não culpado, *obriga a não castigá-lo por meio da prisão preventiva*. E isso quer dizer que esta *não pode ter caráter retributivo* de uma infração que ainda não tenha sido juridicamente estabelecida", já que "utilizar com tais fins a privação de liberdade *excede os limites constitucionais"*. Portanto, não se pode atribuir à prisão provisória uma *finalidade retributiva* incompatível com sua natureza cautelar e com o direito à presunção de inocência do imputado. Neste sentido, o Tribunal Constitucional esclarece que o direito fundamental à presunção de inocência "impõe limites infranqueáveis" à adoção da prisão provisória: *"proscrição à utilização da prisão provisória com o fim de impulsionar a investigação do delito, obter provas ou declarações"* (SSTC 156/1997, f.j.3º; 67/1997, f.j.2º). Portanto, a satisfação de maneira imediata das demandas sociais de segurança ou inclusive de vingança imediata através da prisão provisória, no caso em que, diante de certos delitos, a sociedade demande uma resposta que não possa demorar-se no tempo, é uma finalidade não admitida pelo Tribunal Constitucional, pois com ela pretende-se conseguir resultados que

Estado de Direito e Jurisdição Constitucional – Decisões relevantes em 15 anos de atuação no STF

são próprios da pena, mas que não podem ser assumidos por uma medida, como a prisão provisória, que é decretada anteriormente à sentença. Adotar a prisão provisória nestes casos não é outra coisa senão relacioná-la ao cumprimento de uma pena (Sanguiné, *op. cit.*, p. 448-449).

Essa também tem sido a posição da jurisprudência alemã, como aponta Sanguiné.

A propósito, transcreva-se a seguinte passagem da decisão de 1965 proferida pela Corte Constitucional alemã:

No instituto da prisão provisória revela-se a tensão entre o direito de liberdade assegurado nos art. 2, II e o art. 104 da Lei Fundamental e a necessidade inafastável de uma persecução criminal efetiva. A rápida e justa presunção de fatos ilícitos graves não seria possível em muitos casos, se as autoridades encarregadas da persecução criminal estivessem impedidas, sem qualquer exceção, de obter a prisão do eventual autor do delito. Por outro lado, a definitiva retirada (volle Entziehung) da liberdade é um mal, que, no Estado de direito, só se aplica, fundamentalmente, àquele que tenha praticado um fato previsto como crime, ou que tenha sido definitivamente condenado.

A aplicação dessa medida contra suspeito da prática de um ato criminoso somente será admissível em casos excepcionais. Daí resulta que, em razão da presunção de inocência, somente poderão ser tomadas medidas de restrição de liberdade, semelhantes à pena de prisão, em casos de presunções fortes e urgentes contra o acusado.

A presunção de inocência não está prevista expressamente na Lei Fundamental. Ela corresponde, porém, à convicção geral associada ao Estado de Direito e integra a ordem positiva da RFA por força do disposto no art. 6°., II, da Convenção Europeia de Direitos Humanos.

Uma solução adequada desse conflito relativo a dois princípios importantes do Estado de Direito somente será alcançada se se puder contrapor, como corretivo, em face da restrição da liberdade considerada necessária e adequada da perspectiva da persecução criminal, permanentemente a pretensão da liberdade do acusado ainda não condenado. Isso significa: a prisão provisória há de observar na sua decretação de execução, o princípio da proporcionalidade.

A intervenção no direito de liberdade somente será aceitável, se e na medida em que, de um lado, existam dados concretos aptos a colocar em dúvida a inocência do acusado e de outro, se a pretensão legítima da comunidade estatal relativa ao completo esclarecimento e célere punição do responsável não puder ser assegurada senão pela decretação da prisão do suspeito (*BVerfGE* 19, 347-348).

Também considero que não se pode conceber como compatível com o princípio constitucional da presunção de inocência qualquer antecipação de cumprimento da pena. Aplicação de sanção antecipada não se compadece com a ausência de decisão condenatória transitada em julgado. Outros fundamentos há para se autorizar a prisão cautelar de alguém (vide art. 312 do Código de Processo Penal). No entanto, o cerceamento preventivo da liberdade não pode constituir um castigo àquele que sequer possui uma condenação definitiva contra si.

Parece evidente, outrossim, que uma execução antecipada em matéria penal configuraria grave atentado contra a própria ideia de dignidade humana. Se se entender, como enfaticamente destacam a doutrina e a jurisprudência, que o princípio da dignidade humana não permite que o ser humano se convole em objeto da ação estatal, não há como compatibilizar semelhante ideia com a execução penal antecipada.

A propósito da aplicação da dignidade humana em matéria penal, registre-se este fragmento da decisão proferida pela Corte Constitucional alemã acerca da aplicação de pena perpétua:

No campo da luta contra a delinquência, é onde se estabelecem os mais altos requisitos de justiça, o art 1° da Lei Fundamental determina a concepção da essência da pena e da relação entre culpa e expiação. O princípio *"nula poena sine culpa"* é dotado de hierarquia de um princípio constitucional (BverfGe 20, 323 (331). Toda pena deve estar em adequada proporção com a gravidade do fato punível e a culpa do delinquente (BverfGe 6, 389 (489) 9, 167 (169) 20, 323 (331) 25, 285 s). O mandato de respeitar a dignidade humana significa especialmente que se proíbam as penas cruéis, desumanas e degradantes (BverfGE 1, 332 (348); 6 389 (439). O delinquente não pode converter-se em simples objeto da luta contra o crime com violação de seus direitos ao respeito e a proteção de seus valores sociais (BverfGE 28m 389 (391). Os pressupostos básicos da existência individual e social do ser humano devem ser conservados (BverfGE 45, 187).

Não vejo como haverá de ser diferente entre nós, diante da importância que se confere ao princípio da dignidade humana, enquadrado como postulado essencial da ordem constitucional (art. 1°, III da Constituição). Na sua acepção originária, este princípio proíbe a utilização ou transformação do homem em objeto dos processos e ações estatais. O Estado está vinculado ao dever de respeito e proteção do indivíduo contra exposição a ofensas ou humilhações. A propósito, em comentários ao art. 1° da Constituição alemã, afirma Günther Dürig que a submissão do homem a um processo judicial indefinido e sua degradação como objeto do processo estatal atentam contra o princípio da proteção judicial efetiva (*rechtliches Gehör)* e ferem o princípio da dignidade humana [*"Eine Auslieferung des Menschen an ein staatliches Verfahren und eine Degradierung zum Objekt dieses Verfahrens wäre die* **Verweigerung des rechtlichen Gehörs.**"] (MAUNZ-DÜRIG, *Grundgesetz Kommentar*, Band I, München, Verlag C.H.Beck, 1990, 1ª 18).

Não se pode perder de vista que a boa aplicação dessas garantias configura elemento essencial de realização do princípio da dignidade humana na ordem jurídica. Assim, não se afigura admissível o uso do processo penal como substitutivo de uma pena que se revela tecnicamente inaplicável ou a preservação de ações penais ou de investigações criminais cuja inviabilidade já se divisa de plano.

Tem-se, nesses casos, flagrante ofensa ao princípio da dignidade da pessoa humana.

O Estado está vinculado ao dever de respeito e proteção do indivíduo contra exposição a ofensas ou humilhações.

Nesse sentido, entende Norberto Bobbio que a proteção dos cidadãos no âmbito dos processos estatais é justamente o que diferencia um regime democrático daquele de índole totalitária:

> A diferença fundamental entre as duas formas antitéticas de regime político, entre a democracia e a ditadura, está no fato de que somente num regime democrático as relações de mera força que subsistem, e não podem deixar de subsistir onde não existe Estado ou existe um Estado despótico fundado sobre o direito do mais forte, são transformadas em relações de direito, ou seja, em relações reguladas por normas gerais, certas e constantes, e, o que mais conta, preestabelecidas, de tal forma que não podem valer nunca retroativamente. A consequência principal dessa transformação é que nas relações entre cidadãos e Estado, ou entre cidadãos entre si, o direito de guerra fundado sobre a autotutela e sobre a máxima "Tem razão quem vence" é substituído pelo direito de paz fundado sobre a heterotutela e sobre a máxima "Vence quem tem razão"; e o direito público externo, que se rege pela supremacia da força, é substituído pelo direito público interno, inspirado no princípio da "supremacia da lei" (*rule of law*) – (BOBBIO, Norberto. *As Ideologias e o Poder em Crise*. Brasília: Ed. Da UnB, 1988, p. 97-98).

Em verdade, tal como ensina o notável mestre italiano, a aplicação escorreita ou não dessas garantias é que permite avaliar a real observância dos elementos materiais do Estado de Direito. São elas que permitem distinguir civilização de barbárie.

Assim, tal como a garantia do devido processo legal, o princípio da dignidade da pessoa humana cumpre função subsidiária em relação às garantias constitucionais específicas do processo.

Na espécie, parece ficar evidente que a adoção de uma fórmula abstrata no plano legislativo que determina o recolhimento à prisão de tantos quantos tenham maus antecedentes ou que tenham praticado determinado tipo de delito revela-se totalmente incompatível com a ideia de dignidade humana.

Como se vê, a opção por essa fórmula apodítica, que enseja diferentes concretizações às diversas situações da vida, não se deixa, certamente, compatibilizar com o princípio da dignidade humana.

Princípio da proporcionalidade

Assim é que se faz imprescindível perquirir se a prisão decorrente de sentença condenatória como exigência para recorrer-se atende ao princípio da proporcionalidade.

O princípio da proporcionalidade, também denominado princípio do devido processo legal em sentido substantivo, ou ainda, princípio da proibição do excesso, constitui uma exigência positiva e material relacionada ao conteúdo de atos restritivos de direitos fundamentais, de modo a estabelecer um "limite do limite" ou uma "proibição de excesso" na restrição de tais direitos. A máxima da proporcionalidade, na expressão de Alexy, coincide igualmente com o chamado núcleo essencial dos direitos fundamentais concebido de modo relativo – tal como o defende o próprio Alexy. Nesse sentido, o princípio ou a máxima da proporcionalidade determina o limite último da possibilidade de restrição legítima de determinado direito fundamental.

São três as máximas parciais do princípio da proporcionalidade: a adequação, a necessidade e a proporcionalidade em sentido estrito. Tal como já sustentei em estudo sobre a proporcionalidade na jurisprudência do Supremo Tribunal Federal ("A Proporcionalidade na Jurisprudência do Supremo Tribunal Federal", in *Direitos Fundamentais e Controle de Constitucionalidade: Estudos de Direito Constitucional*, 2. ed., São Paulo, Celso Bastos Editor: IBDC, 1999, p. 72), há de perquirir-se, na aplicação do princípio da proporcionalidade, se, em face do conflito entre dois bens constitucionais contrapostos, o ato impugnado afigura-se adequado (isto é, apto para produzir o resultado desejado), necessário (isto é, insubstituível por outro meio menos gravoso e igualmente eficaz) e proporcional em sentido estrito (ou seja, se estabelece uma relação ponderada entre o grau de restrição de um princípio e o grau de realização do princípio contraposto).

Passemos ao exame da proporcionalidade no caso em apreço.

Cumpre indagar se a exigência de se recolher à prisão enquanto ainda em trâmite o processo – vez que ainda pendente de admissibilidade e possível exame de recursos especial e extraordinário –, por força de determinação legal, com isso restringindo-se de forma grave o direito fundamental da liberdade atende, no caso, às máximas parciais da proporcionalidade.

Parece certo, ademais, que tal exigência impede a aplicação do princípio da proporcionalidade *in concreto*, tomando como absoluta uma valoração que se assenta exclusivamente num juízo de desvalor genérico – a prática de determinado delito. Semelhante critério viola sem dúvida o princípio da proporcionalidade já na sua acepção de **necessidade**, ou em outros termos, sobre a existência de outro meio igualmente eficaz e menos gravoso.

Na espécie, já se demonstrou à saciedade, a partir dos votos vencidos acima referidos, que os eventuais objetivos de semelhante medida podem ser integralmente alcançados com a adoção da prisão provisória.

Configurada a desnecessidade da medida, tendo em vista sua flagrante inadequação, não há dúvida de que, na espécie, a adoção de fórmulas genéricas, calcadas na mera antecipação da execução da pena por não mais haver recursos com efeito suspensivo à disposição da defesa, resulta ofensiva ao princípio da proporcionalidade na sua acepção de **necessidade**.

Feitas essas considerações, parece-me que o recolhimento à prisão, quando não há uma definitiva sentença condenatória, determinada por lei, sem qualquer necessidade de fundamentação, afronta, a um só tempo, os postulados da presunção de inocência, da dignidade humana e da proporcionalidade. Justamente porque não se trata de uma custódia cautelar, tal como prevista no art. 312, do Código de Processo Penal, que pode efetivar-se a qualquer tempo, desde que presentes os motivos dela ensejadores, o recolhimento à prisão por força legal, tal como se vem aplicando por interpretação da Lei n. 8.038/90, afigura-se-me uma antecipação da pena não autorizada pelo texto constitucional.

Assim, estou também em que o recolhimento à prisão quando ainda cabe recurso da sentença condenatória há que embasar-se em decisão judicial devidamente fundamentada em quaisquer das hipóteses previstas no art. 312 do Código de Processo Penal.

Não se pode negar, porém, que se está aqui, como já apontado, diante de uma proposta de revisão de jurisprudência amplamente consolidada no âmbito do Supremo Tribunal Federal e, que, pela sua importância e aplicação, vinha sendo reafirmada e aplicada cotidianamente no âmbito desta e de outras Cortes do País.

A revisão da jurisprudência

Talvez um dos temas mais ricos da teoria do direito e da moderna teoria constitucional seja aquele relativo à evolução jurisprudencial e, especialmente, à possível mutação constitucional. Se a sua repercussão no plano material é inegável, são inúmeros os desafios no plano do processo em geral e, em especial, do processo constitucional.

Nesse sentido, vale registrar a douta observação de Larenz:

De entre os factores que dão motivo a uma revisão e, com isso, frequentemente, a uma modificação da interpretação anterior, cabe uma importância proeminente à alteração da situação normativa. Trata-se a este propósito de que as relações fácticas ou usos que o legislador histórico tinha perante si e em conformidade aos quais projectou a sua regulação, para os quais a tinha pensado, variaram de tal modo que a norma dada deixou de se "ajustar" às novas relações. É o factor temporal que se faz notar aqui. Qualquer lei está, como facto histórico, em relação actuante com o seu tempo. Mas o tempo também não está em quietude; o que no momento da gênese da lei actuava de modo determinado, desejado pelo legislador, pode posteriormente actuar de um modo que nem sequer o legislador previu, nem, se o pudesse ter previsto, estaria disposto a aprovar. Mas, uma vez que a lei, dado que pretende ter também validade para uma multiplicidade de casos futuros, procura também garantir uma certa constância nas relações inter-humanas, a qual é, por seu lado, pressuposto de muitas disposições orientadas para o futuro, nem *toda* a modificação de relações acarreta por si só, de imediato, uma alteração do conteúdo da norma. Existe a princípio, ao invés, uma relação de tensão que só impele a uma solução – por via de uma interpretação modificada ou de um desenvolvimento judicial do Direito – quando a insuficiência do entendimento anterior da lei passou a ser "evidente" (Karl Larenz, *Metodologia da Ciência do Direito*, 3. edição, Lisboa, 1997, p. 495).

Daí afirmar Larenz:

A alteração da situação normativa pode assim conduzir à modificação – restrição ou extensão – do significado da norma até aqui prevalecente. De par com a alteração da situação normativa, existem factos tais como, sobretudo, modificações na estrutura da ordem jurídica global, uma nítida tendência da legislação mais recente, um novo entendimento da *ratio legis* ou dos critérios teleológico-objectivos, bem como a necessidade de adequação do Direito pré-constitucional aos princípios constitucionais, que podem provocar uma alteração de interpretação. Disto falamos nós já. Os tribunais podem abandonar a sua interpretação anterior porque se convenceram que era incorrecta, que assentava em falsas suposições ou em conclusões não suficientemente seguras. Mas ao tomar em consideração o factor temporal, pode também resultar que uma interpretação que antes era correcta agora não o seja (Larenz, Metodologia, *cit.*, p. 498-500).

Por isso, ensina, Larenz, de forma lapidar:

O preciso momento em que deixou de ser "correcta" é impossível de determinar. Isto assenta em que as alterações subjacentes se efectuam na maior parte das vezes de modo contínuo e não de repente. Durante um "tempo intermédio" podem ser "plausíveis" ambas as coisas, a manutenção de uma interpretação constante e a passagem a uma interpretação modificada, adequada ao tempo. É também possível que uma interpretação que aparecia originariamente como conforme à Constituição, deixe de o ser na sequência de uma modificação das relações determinantes. Então é de escolher a interpretação, no quadro das possíveis, segundo os outros critérios de interpretação, que seja agora a única conforme à Constituição.

No plano constitucional, esse tema mereceu uma análise superior no trabalho de Inocêncio Mártires Coelho sobre interpretação constitucional (Inocêncio Mártires Coelho, *Interpretação Constitucional*. Sergio Antonio Fabris, Porto Alegre, 1997).

No Capítulo 4 da obra em referência, que trata das consequências da diferença entre lei e Constituição, propicia-se uma *releitura* do fenômeno da chamada *mutação constitucional*, asseverando-se que as situações da vida são constitutivas do significado das regras de direito, posto que é somente no momento de sua aplicação aos casos ocorrentes que se revelam o sentido e o alcance dos enunciados normativos. Com base em Perez Luño e Reale, enfatiza-se que, em verdade, a norma jurídica não é o *pressuposto*, mas o *resultado* do processo interpretativo ou que a *norma* é a sua *interpretação*.

Essa colocação coincide, fundamentalmente, com a observação de Häberle, segundo a qual não existe norma jurídica, senão norma jurídica interpretada (*Es gibt keine Rechtsnormen, es gibt nur interpretierte Rechtsnormen*), ressaltando-se que interpretar um ato normativo nada mais é do que colocá-lo no tempo ou integrá-lo na realidade pública (*Einen Rechssatz "auslegen" bedeutet, ihn in die Zeit, d.h. in die öffentliche Wirklichkeit stellen – um seiner Wirksamkeit willen*). Por isso, Häberle introduz o conceito de *pós-compreensão (Nachverständnis)*, entendido como o conjunto de fatores temporalmente condicionados com base nos quais se compreende "supervenientemente" uma dada norma. A *pós-compreensão* nada mais seria, para Häberle, do que a *pré-compreensão do futuro*, isto é, o elemento dialético correspondente da ideia de pré--compreensão (Häberle, Peter. "Zeit und Verfassung". in: *Probleme der Verfassungsinterpretation*, org: Dreier, Ralf/Schwegmann, Friedrich, Nomos, Baden-Baden, 1976, p. 312-313).

Tal concepção permite a Häberle afirmar que, em sentido amplo, toda lei interpretada – não apenas as chamadas leis temporárias – é uma lei com duração temporal limitada (*In einem weiteren Sinne sind alle – interpretierten – Gesetzen "Zeitgesetze" – nicht nur die zeitlich befristeten*). Em outras palavras, o texto, confrontado com novas experiências, transforma-se necessariamente em um outro.

Essa reflexão e a ideia segundo a qual a atividade hermenêutica nada mais é do que um procedimento historicamente situado autorizam Häberle a realçar que uma interpretação constitucional aberta prescinde do conceito de *mutação constitucional (Verfassungswandel)* enquanto categoria autônoma.

Nesses casos, fica evidente que o Tribunal não poderá *fingir* que sempre pensara dessa forma. Daí a necessidade de, em tais casos, fazer-se o ajuste do resultado, adotando-se técnica de decisão que, tanto quanto possível, traduza a mudança de valoração. No plano constitucional, esses casos de mudança na concepção jurídica podem produzir uma *mutação normativa* ou a *evolução na interpretação,* permitindo que venha a ser reconhecida a inconstitucionalidade de situações anteriormente consideradas legítimas. A orientação doutrinária tradicional, marcada por uma alternativa rigorosa entre *atos legítimos* ou *ilegítimos (entweder als rechtmässig oder als rechtswidrig)*, encontra dificuldade para identificar a consolidação de um *processo de inconstitucionalização (Prozess des Verfassungswidrigwerdens)*. Prefere-se admitir que, embora não tivesse sido identificada, a ilegitimidade sempre existira.

Daí afirmar Häberle:

> O Direito Constitucional vive, *prima facie*, uma problemática temporal. De um lado, a dificuldade de alteração e a consequente duração e continuidade, confiabilidade e segurança; de outro, o tempo envolve agora mesmo, especificamente o Direito Constitucional. É que o processo de reforma constitucional deverá ser feito de forma flexível e a partir de uma interpretação constitucional aberta. A continuidade da Constituição somente será possível se *passado e futuro* estiverem nela associados. (Häberle, Zeit und Verfassung, *cit.*, p. 295-296)

Häberle então indaga:

> O que significa tempo? Objetivamente, tempo é a possibilidade de se introduzir mudança, ainda que não haja a necessidade de produzi-la. (Häberle, Zeit und Verfassung, *cit.*, p. 300).

Tal como anota Häberle, "o tempo sinaliza ou indica uma reunião (*ensemble*) de forças sociais e ideias. (...) A ênfase ao 'fator tempo' não deve levar ao entendimento de que o tempo há de ser utilizado como 'sujeito' de transformação ou de movimento (...). A história (da comunidade) tem muitos sujeitos. O tempo nada mais é do que a dimensão na qual as mudanças se tornam possíveis e necessárias (...)." (Häberle, Zeit und Verfassung, *cit.*, p. 300)

Uma nova visão dos direitos fundamentais e suas repercussões

Não é raro que essas alterações de concepções se verifiquem, dentre outros campos, exatamente em matéria de defesa dos direitos fundamentais. Aqui talvez se mesclem as mais diversas

Garantias penais e processuais-penais **503**

concepções existentes na própria sociedade e o processo dialético que as envolve. E os diversos entendimentos de mundo convivem, sem que, muitas vezes, o "novo" tenha condições de superar o "velho".

É natural também que esse tipo de situação se coloque de forma bastante evidente no quadro de uma nova ordem constitucional. Aqui, entendimentos na jurisprudência, doutrina e legislação tornam, às vezes, inevitável, que a interpretação da Constituição se realize, em um primeiro momento, com base na situação jurídica preexistente. Assim, até mesmo institutos novos poderão ser interpretados segundo entendimento consolidado na jurisprudência e na legislação pré-constitucionais. Nesse caso, é igualmente compreensível que uma nova orientação hermenêutica reclame cuidados especiais.

Nesse sentido, refiro-me mais uma vez às lições de Larenz:

> O que é para os tribunais civis, quando muito, uma excepção, adequa-se em muito maior medida a um Tribunal Constitucional. Decerto que se poderá, por exemplo, resolver muitas vezes sobre recursos constitucionais de modo rotineiro, com os meios normais da argumentação jurídica. Aqui tão pouco faltam casos comparáveis. Mas nas resoluções de grande alcance político para o futuro da comunidade, estes meios não são suficientes. Ao Tribunal Constitucional incumbe uma responsabilidade política na manutenção da ordem jurídico-estadual e da sua capacidade de funcionamento. Não pode proceder segundo a máxima: *fiat justitia, pereat res publica*. Nenhum juiz constitucional procederá assim na prática. Aqui a ponderação das consequências é, portanto, de todo irrenunciável, e neste ponto tem KRIELE razão. Certamente que as consequências (mais remotas) tão pouco são susceptíveis de ser entrevistas com segurança por um Tribunal Constitucional, se bem que este disponha de possibilidades muito mais amplas do que um simples juiz civil de conseguir uma imagem daquelas. Mas isto tem que ser aceite. No que se refere à avaliação das consequências previsíveis, esta avaliação só pode estar orientada à ideia de "bem comum", especialmente à manutenção ou aperfeiçoamento da capacidade funcional do Estado de Direito. É, neste sentido, uma avaliação política, mas devendo exigir-se de cada juiz constitucional que se liberte, tanto quanto lhe seja possível – e este é, seguramente, em larga escala o caso – da sua orientação política subjectiva, de simpatia para com determinados grupos políticos, ou de antipatia para com outros, e procure uma resolução despreconceituada, "racional". (Metodologia, *cit.*, p. 517).

Talvez o caso historicamente mais relevante da assim chamada *mutação constitucional* seja expresso na concepção da igualdade racial nos Estados Unidos. Em 1896, no caso *Plessy versus Ferguson*, a Corte Suprema americana reconheceu que a separação entre brancos e negros em espaços distintos, no caso específico – em vagões de trens – era legítima. Foi a consagração da fórmula *"equal but separated"*. Essa orientação veio a ser superada no já clássico *Brown versus Board of Education* (1954), no qual se assentou a incompatibilidade dessa separação com os princípios básicos da igualdade.

Nos próprios Estados Unidos, a decisão tomada em *Mapp versus Ohio*, 367 U.S. 643 (1961), posteriormente confirmada em *Linkletter versus Walker*, 381 U.S. 618 (1965), a propósito da busca e apreensão realizada na residência da Sra. Dollree Mapp, acusada de portar material pornográfico, em evidente violação às leis de Ohio, traduz uma significativa mudança da orientação até então esposada pela Corte Suprema.

A condenação de Dolree Mapp foi obtida com base em evidências obtidas pela polícia quando adentraram sua residência, em 1957, apesar de não disporem de mandado judicial de busca e apreensão. A Suprema Corte, contrariando o julgamento da 1ª Instância, declarou que a 'regra de exclusão' (baseada na Quarta Emenda da Constituição), que proíbe o uso de provas obtidas por meios ilegais nas Cortes federais, deveria ser estendida também às Cortes estaduais. A decisão provocou muita controvérsia, mas os proponentes da *'regra de exclusão'* afirmavam constituir esta a única forma de assegurar que provas obtidas ilegalmente não fossem utilizadas.

A decisão de *Mapp v. Ohio* superou o precedente *Wolf v. Colorado*, 338 U.S. 25 (1949), tornando a regra obrigatória aos Estados, e àqueles acusados, cujas investigações e processos não tinham atendido a estes princípios, era conferido o direito de *habeas corpus*.

Em 1965, a Suprema Corte americana julgou o caso *Linkletter v. Walker*, 381 U.S. 618, no qual um condenado por arrombamento na Corte de Louisiana requereu o direito de *habeas corpus*, com fundamento na decisão do caso *Mapp v. Ohio*.

A Suprema Corte decidiu contrariamente à aplicação retroativa da norma, naqueles casos que tiveram o julgamento final antes da decisão proferida em Mapp. Essa mudança foi descrita por Christina Aires Lima em sua dissertação de Mestrado:

Apesar do entendimento da Corte Federal do Distrito de Lousiana e da Corte de Apelação do Estado, de que no caso *Linkletter* as investigações sobre a pessoa e bens do acusado foram feitas de modo ilegal, tais Cortes decidiram que a regra estabelecida no caso *Mapp* não poderia ser aplicada retroativamente às condenações das cortes estaduais, que se tornaram finais antes do anúncio da decisão do referido precedente.

As decisões dessas Cortes foram fundadas no entendimento de que, conferir-se efeito retroativo aos casos que tiveram julgamento final antes da decisão do caso Mapp, causaria um enorme e preocupante problema para a administração da Justiça.

A Suprema Corte americana admitiu o *certiorari* requerido por *Linkletter*, restrito à questão de saber se deveria, ou não, aplicar efeito retroativo à decisão proferida no caso *Mapp* (Lima, Christina Aires Corrêa. *O Princípio da Nulidade das Leis Inconstitucionais*, UnB, 2000, p. 84).

Ao justificar o indeferimento da aplicação da norma retroativamente, a opinião majoritária da Corte Suprema americana, no julgamento do caso *Linkletter v. Walker*, foi no seguinte sentido:

Uma vez aceita a premissa de que não somos requeridos e nem proibidos de aplicar uma decisão retroativamente, devemos então sopesar os méritos e deméritos em cada caso, analisando o histórico anterior da norma em questão, seu objetivo e efeito, e se a operação retrospectiva irá adiantar ou retardar sua operação. Acreditamos que essa abordagem é particularmente correta com referência às proibições da 4ª Emenda, no que concerne às buscas e apreensões desarrazoadas. Ao invés de "depreciar" a Emenda devemos aplicar a sabedoria do Justice Holmes que dizia que "na vida da lei não existe lógica: o que há é experiência" (*United States Reports*, Vol. 381, p. 629).

E mais adiante ressaltou:

A conduta imprópria da polícia, anterior à decisão em *Mapp*, já ocorreu e não será corrigida pela soltura dos prisioneiros envolvidos. Nem sequer dará harmonia ao delicado relacionamento estadual-federal que discutimos como parte do objetivo de *Mapp*. Finalmente, a invasão de privacidade nos lares das vítimas e seus efeitos não podem ser revertidos. A reparação chegou muito tarde (*United States Reports*, Vol. 381, p. 637).

No direito alemão, mencione-se o famoso caso sobre o regime da execução penal (*Strafgefangene*), de 14 de março de 1972. Segundo a concepção tradicional, o estabelecimento de restrições aos direitos fundamentais dos presidiários mediante atos normativos secundários era considerada, inicialmente, compatível com a Lei Fundamental. Na espécie, cuidava-se de *Verfassungsbeschwerde* proposta por preso que tivera carta dirigida a uma organização de ajuda aos presidiários interceptada, porque continha críticas à direção do presídio. A decisão respaldava-se em uma portaria do Ministério da Justiça do Estado.

A Corte Constitucional alemã colocou em dúvida esse entendimento na decisão proferida sobre problemática da execução penal, como se logra depreender da seguinte passagem do acórdão:

O constituinte contemplou, por ocasião da promulgação da Lei Fundamental, a situação tradicional da execução da pena, tal como resulta dos artigos 2º, parágrafo 2º, 2º período, e 104, parágrafos 1º e 2º da Lei Fundamental, não existindo qualquer sinal de que ele partira da premissa de que o legislador haveria de editar uma lei imediatamente após a entrada em vigor da Lei Fundamental. Na apreciação da questão sobre o decurso de prazo razoável para o legislador disciplinar a matéria e, por conseguinte, sobre a configuração de ofensa à Constituição, deve-se considerar também que, até recentemente, admitia-se, com fundamento das **relações peculiares de poder (besondere Gewaltverhältnisse)**, que os direitos fundamentais do preso estavam submetidos a uma restrição geral decorrente das condições de execução da

Garantias penais e processuais-penais **505**

pena. Cuidar-se-ia de limitação implícita, que não precisava estar prevista expressamente em lei. Assinale-se, todavia, que, segundo a orientação que se contrapõe à corrente tradicional, a Lei Fundamental, enquanto ordenação objetiva de valores com ampla proteção dos direitos fundamentais, não pode admitir uma restrição **ipso jure** da proteção dos direitos fundamentais para determinados grupos de pessoas. Essa corrente somente impôs-se após lento e gradual processo (*BVerfGE* 33, 1 (12)).

A especificidade da situação impunha, todavia, que se tolerassem, provisoriamente, as restrições aos direitos fundamentais dos presidiários, ainda que sem fundamento legal expresso. O legislador deveria emprestar nova disciplina à matéria, em consonância com a orientação agora dominante sobre os direitos fundamentais.

A evolução do entendimento doutrinário e jurisprudencial – uma autêntica *mutação constitucional* – passava a exigir, no entanto, que qualquer restrição a esses direitos devesse ser estabelecida mediante expressa autorização legal.

Conclusão

Por tais motivos, firme no entendimento de que a ordem de prisão antes de atingido o trânsito em julgado da sentença penal condenatória, sem expressa e fundamentada indicação dos requisitos e fundamentos da prisão preventiva, segundo trata o art. 312 do Código de Processo Penal, ofende diretamente o princípio de presunção de não culpabilidade de que trata o art. 5º, LVII, da Constituição Federal, defiro a ordem de *habeas corpus*.

É como voto.

HC 82.959[1]

Crimes hediondos – Progressão de regime – Individualização da pena – Inconstitucionalidade do art. 2º, § 1º, da Lei n. 8.072/90 – Declaração de inconstitucionalidade de lei anteriormente declarada constitucional pelo STF – Modulação de efeitos da declaração de inconstitucionalidade no âmbito do controle incidental.

O Ministro Marco Aurélio, relator, assim resumiu a impetração:

"O Superior Tribunal de Justiça, ao indeferir a ordem no habeas corpus com o qual se defrontou, assim resumiu as teses sufragadas (folha 31):

'Processual penal. Habeas-corpus. Atentado violento ao pudor. Inexistência de lesão corporal grave ou morte. Violência presumida. Crime hediondo. Regime integralmente fechado. Art. 2º, § 1º, Lei 8.072/90. Constitucionalidade. Não revogação pela Lei 9.455/97.

– A jurisprudência deste Superior Tribunal de Justiça consolidou-se no sentido de que os crimes de estupro e atentado violento ao pudor, nas suas formas qualificadas ou simples, ou seja, mesmo que deles não resulte lesão corporal grave ou morte, e ainda que praticados mediante violência presumida, são considerados hediondos, devendo as suas respectivas penas serem cumpridas em regime integralmente fechado, por aplicação do disposto no artigo 2º, § 1º, da Lei 8.072/90.

– E na linha do pensamento predominante no Supremo Tribunal Federal, consolidou, majoritariamente, o entendimento de que a Lei n. 9.455/97, que admitiu a progressão do regime prisional para os crimes de tortura, não revogou o art. 2º, § 1º, da Lei n. 8.072/90, que prevê o regime fechado integral para os chamados hediondos.

– É firme o posicionamento desta Corte, em consonância com a jurisprudência do STF, no sentido da compatibilidade da norma do art. 2º, § 1º, da Lei 8.072/90 com a Constituição Federal.

– Habeas-corpus denegado.'

O paciente, com a peça de folha 2 a 7, sustenta: que o ato praticado deveria merecer enquadramento como obsceno e não como atentado violento ao pudor; que a violência presumida em relação à vítima menor de quatorze anos não qualifica o crime de atentado violento ao pudor como hediondo; a ausência de fundamentação do acórdão proferido pelo Superior Tribunal de Justiça; a impossibilidade de aumento da pena em um sexto, por não revelar a espécie crime continuado; a incoerência de ter-se progressão no regime de cumprimento da pena em se tratando de crime de tortura e não se lograr o mesmo na espécie. Requer a absolvição e, assim não se concluindo, a redução da pena e a progressão no regime de cumprimento.

O parecer da Procuradoria Geral da República é no sentido do indeferimento da ordem (folhas 41 e 42)."

O julgado foi nestes termos ementado:

EMENTA: Pena – Regime de cumprimento – Progressão – Razão de ser. A progressão no regime de cumprimento da pena, nas espécies fechado, semiaberto e aberto, tem como razão maior a ressocialização do preso que, mais dia ou menos dia, voltará ao convívio social.

Pena – Crimes hediondos – Regime de cumprimento – Progressão – Óbice – Artigo 2º, § 1º, da Lei n. 8.072/90 – Inconstitucionalidade – Evolução jurisprudencial. Conflita com a garantia da individualização da pena – artigo 5º, inciso XLVI, da Constituição Federal – a imposição, mediante norma, do cumprimento da

---

[1] O Plenário do Supremo Tribunal, em 23.2.2006, deferiu o *habeas corpus* e declarou, *incidenter tantum*, a inconstitucionalidade do § 1º do art. 2º da Lei n. 8.072/90, nos termos do voto do Relator, Ministro Marco Aurélio, vencidos os Ministros Carlos Velloso, Joaquim Barbosa, Ellen Gracie, Celso de Mello e Nelson Jobim. E, por votação unânime, *"explicitou que a declaração incidental de inconstitucionalidade do preceito legal em questão não gerará consequências jurídicas com relação às penas já extintas nesta data, pois esta decisão plenária envolve, unicamente, o afastamento do óbice representado pela norma ora declarada inconstitucional, sem prejuízo da apreciação, caso a caso, pelo magistrado competente, dos demais requisitos pertinentes ao reconhecimento da possibilidade de progressão"* (DJ de 1º.9.2006).

pena em regime integralmente fechado. Nova inteligência do princípio da individualização da pena, em evolução jurisprudencial, assentada a inconstitucionalidade do artigo 2°, § 1°, da Lei n. 8.072/90.

VOTO-VISTA

1. Introdução

Valho-me da síntese constante do voto do Min. Cezar Peluso, *verbis*:

"O paciente e impetrante foi acusado da prática do delito previsto no art. 214, cc. arts. 224, § 1°, I, 226, III, e 71, todos do Código Penal. Condenado, interpôs apelação, julgada pela 1ª Câmara do Tribunal de Justiça do Estado de São Paulo, que lhe deu parcial provimento para reduzir a pena a 12 anos e 3 meses de reclusão, mantido o regime integral fechado para o seu cumprimento (fls. 23).

Em *writ* impetrado perante o Superior Tribunal de Justiça (HC n. 23.920), argumentou o impetrante que o crime pelo qual fora condenado não poderia ser considerado hediondo, já que dele não resultara lesão corporal grave nem morte, tendo sido praticado apenas com violência presumida. Sustentou, outrossim, a inconstitucionalidade do art. 2°, § 1°, da Lei n. 8.072/90, que veda a progressão de regime, acrescentando, em alternativa, que tal norma teria sido revogada pela Lei n. 9.455/97.

A Sexta Turma do Superior Tribunal de Justiça indeferiu a ordem nos termos do voto do e. Min. VICENTE LEAL, em acórdão que recebeu a seguinte ementa:

'PROCESSUAL PENAL. *HABEAS CORPUS*. ATENTADO VIOLENTO AO PUDOR. INEXISTÊNCIA DE LESÃO CORPORAL GRAVE OU MORTE. VIOLÊNCIA PRESUMIDA. CRIME HEDIONDO. REGIME INTEGRALMENTE FECHADO. ART. 2°, § 1°, LEI 8.072/90. CONSTITUCIONALIDADE. NÃO REVOGAÇÃO PELA LEI 9.455/97.

– A jurisprudência deste Superior Tribunal de Justiça consolidou-se no sentido de que os crimes de estupro e atentado violento ao pudor, nas suas formas qualificadas ou simples, ou seja, mesmo que deles não resulte lesão corporal grave ou morte, e ainda que praticados mediante violência presumida, são considerados hediondos devendo as suas respectivas penas serem cumpridas em regime integralmente fechado, por aplicação do disposto no art. 2°, § 1° da Lei 8.072/90.

– E na linha do pensamento predominante no Supremo Tribunal Federal, consolidou, majoritariamente, o entendimento de que a Lei n. 9.455/97, que admitiu a progressão do regime prisional para os crimes de tortura, não revogou o art. 2°, § 1°, da Lei n. 8.072/90, que prevê o regime fechado integral para os chamados crimes hediondos.

– É firme o posicionamento desta Corte, em consonância com a jurisprudência do STF, no sentido da compatibilidade da norma do art. 2°, § 1°, da Lei 8.072/90 com a Constituição Federal.

– *Habeas corpus* denegado.' (*DJ* de 17.2.2003).

É contra este v. acórdão que se insurge agora o impetrante, reclamando, conforme o relatório, que o ato deveria ser considerado obsceno, e não atentado violento ao pudor; que a violência presumida contra menor de quatorze anos não qualifica o crime como hediondo; que haveria ausência de fundamentação no acórdão proferido pelo Superior Tribunal de Justiça; que não quadraria aumento da pena em um sexto, por não ser a espécie crime continuado; e que seria incoerente a admissão de progressão de regime no cumprimento de pena por crime de tortura, e não nos crimes hediondos.

Remete-se a julgados do Superior Tribunal de Justiça, segundo os quais 'os crimes de estupro e atentado violento ao pudor, na modalidade ficta (com violência presumida) não são considerados crimes hediondos' (HC n. 9345; HC n. 11.537; RESP n. 203.580), e a Lei n. 9.455/97 alcança a pena dos crimes previstos na Lei n. 8.072/90, autorizando a progressão no regime de cumprimento (HC n. 10.658).

Solicitadas informações, o Superior Tribunal de Justiça enviou cópia integral do acórdão proferido no HC n. 23.920.

O parecer da Procuradoria-Geral da República é pelo indeferimento da ordem.

Já votaram os Ministros MARCO AURÉLIO, Relator, CARLOS VELLOSO e CARLOS BRITTO. O Relator, no sentido da concessão da ordem por não ser hediondo o crime de atentado violento ao pudor na forma simples. O Min. CARLOS VELLOSO, em antecipação de voto, é pelo indeferimento, nos termos do precedente da Corte no HC n. 81.288. O Min. CARLOS BRITTO, pelo deferimento, quanto à declaração de inconstitucionalidade do § 1° do art. 2° da Lei n. 8.072/90, que veda progressão de regime."

Também votou pelo indeferimento o Ministro Joaquim Barbosa.

O Ministro Cezar Peluso concluiu o seu voto no sentido de não ser hediondo o crime de atentado violento ao pudor, na forma simples, e de ser inconstitucional o § 1º, do art. 2º da Lei n. 8.072, de 1990. Por conseguinte, concedeu a ordem de *habeas corpus* para garantir ao paciente não só o direito à progressão de regime, mas também, à inaplicabilidade da causa de aumento prevista no art. 226, inciso III, do Código Penal.

Pedi vista dos autos para melhor analisar a questão. Registro que devolvi os autos para julgamento em 26 de maio. O que se tem visto nos últimos meses é que, em face da rediscussão pelo Supremo Tribunal Federal sobre a progressão de regime em crimes hediondos, instaurou-se um amplo debate sobre a matéria agora capitaneada pelo Governo.

2. Da progressão de regime nos crimes hediondos
2.1. A orientação do Supremo Tribunal Federal

Tem-se revelado assaz polêmica na jurisprudência da Corte a interpretação do disposto no art. 5º, XLVI, da Constituição, sobre a natureza do princípio da individualização da pena. A questão tem assumido relevo em razão da expressa disposição da Lei de Crimes Hediondos, que nega a possibilidade de progressão de regime.

No julgamento do HC 69.657, *DJ* 18.6.1993, essa questão foi amplamente discutida, tendo restado vencedora a posição que sustentava constitucionalidade da norma da Lei n. 8.072/90 que veda a progressão de regime.

Registre-se a orientação adotada por Rezek, *verbis*:

"Se o legislador ordinário estabelece, no que diz respeito à pena, algo não caracterizado pela plasticidade; se o legislador diz que no caso de determinado crime o regime da pena será necessariamente fechado, não me parece que esteja por isso sendo afrontado o princípio isonômico – mediante um tratamento igual para seres humanos naturalmente desiguais –, nem tampouco o preceito constitucional que manda seja a pena individualizada. Tenho dificuldade em admitir que só se estaria honrando, em legislação ordinária, a norma constitucional que manda individualizar a pena, na hipótese de dar-se ao magistrado certo elastério em cada um dos seus tópicos de decisão, de modo que ele pudesse optar **sempre** entre pena prisional e outro gênero de pena, e ainda entre regimes prisionais diversificados, além de poder naturalmente alvitrar a intensidade da pena. Não me parece que, passo por passo, o legislador deva abrir opções para o juiz processante para não ofender o princípio da individualização.

Reflito sobre aquilo que o próprio Ministro relator enfatizou em certa passagem de seu douto voto:

> 'Por sinal, a Lei n. 8.072/90 ganha, no particular, contornos contraditórios. A um só tempo dispõe sobre o cumprimento da pena no regime fechado, afastando a progressividade, e viabiliza o livramento condicional, ou seja, o retorno do condenado à vida gregária antes mesmo do integral cumprimento da pena e sem que tenha progredido no regime.'

Nessa assertiva do eminente relator encontro algo capaz de neutralizar sua preocupação com a desesperança do condenado desde seu primeiro dia de cárcere. Se no caso de crime hediondo ele não tem, como os demais condenados, a esperança da progressividade, tem entretanto outra que depende rigorosamente de sua conduta, e que vai naturalmente influenciá-la: a da obtenção do livramento *condicional* depois de certo prazo de cumprimento da pena.

Denunciando o que lhe parece uma contradição na ideologia da própria lei, o Ministro Marco Aurélio critica esse caráter abrupto do livramento condicional. Não se dá ao condenado a progressividade; deixa-se que ele fique no confinamento da prisão fechada para um dia, de súbito, sem esse escalonamento tão salutar, lançá-lo na vida gregária, na vida em comunidade, quando se lhe concede, por bom comportamento, a liberdade condicional.

Também aqui parece-me que o raciocínio do relator é o mais percuciente e sensato. Mas não somos uma casa legislativa. Não temos a autoridade que tem o legislador para estabelecer a melhor disciplina. Nosso foro é corretivo, e só podemos extirpar do trabalho do legislador ordinário – bem ou mal avisado, primoroso ou desastrado – aquilo que não pode coexistir com a Constituição. Permaneço fiel à velha tese do Ministro Luís Gallotti: a *inconstitucionalidade não se presume*, a inconstitucionalidade há de representar uma afronta manifesta do texto ordinário ao texto maior.

Toda a linha de argumentação que o Ministro Marco Aurélio imprime ao seu voto parece-me sábia, e a tudo daria minha adesão prazerosa se estivéssemos a elaborar, em lugar do Congresso, a lei dos crimes hediondos – seguramente não lhe daríamos esse nome, e provavelmente, na esteira da melhor doutrina, não permitiríamos que ela se editasse com tantos defeitos"[2].

Na defesa dessa posição, destaque-se também a manifestação de Celso de Mello, ao enfatizar que a norma constitucional teria como destinatário apenas o legislador, *verbis*:

"Impõe-se ressaltar que esse postulado tem por exclusivo destinatário o próprio legislador, a quem competirá, em função da natureza do delito e de todos os elementos que lhe são circunstanciais – e a partir de uma opção político-jurídica que se submete à sua inteira discrição – cominar, em momento de pura abstração, as penas respectivas e definir os correspondentes regimes de sua execução.

O princípio constitucional da individualização das penas, que é de aplicabilidade restrita, concerne, exclusivamente, à ação legislativa do Congresso Nacional. Este, em consequência, constitui o seu único destinatário. O princípio em causa não se dirige a outros órgãos do Estado, pois.

No caso, o legislador – **a quem se dirige a normatividade emergente do comando constitucional em questão** –, atuando no plano normativo, e no regular exercício de sua competência legislativa, fixou em abstrato, a partir de um juízo discricionário que lhe pertence com exclusividade, e em função da maior gravidade objetiva dos ilícitos referidos, a sanção penal que lhes é imponível. A par dessa individualização *in abstracto*, o legislador – ainda com apoio em sua competência constitucional – definiu, sem qualquer ofensa a princípios ou a valores consagrados pela Carta Política, o regime de execução pertinente às sanções impostas pela prática dos delitos referidos.

A fixação do *quantum* penal e a estipulação dos limites, essencialmente variáveis, que oscilam entre um mínimo e um máximo, decorrem de uma opção legitimamente exercida pelo Congresso Nacional. A norma legal em questão, no ponto em que foi impugnada, ajusta-se a quanto prescreve o ordenamento constitucional, quer porque os únicos limites materiais que restringem essa atuação do legislador ordinário não foram desrespeitados (CF, art. 52, XLVII) – não se trata de pena de morte, de pena perpétua, de pena de trabalhos forçados, de pena de banimento ou de pena cruel – **quer** porque o conteúdo da regra mencionada ajusta-se à filosofia de maior severidade consagrada, em tema de delitos hediondos, pelo constituinte brasileiro (CF, art. 5º, XLIII).

A progressividade no processo de execução das penas privativas de liberdade, de outro lado, não se erige à condição de postulado constitucional. A sua eventual inobservância, pelo legislador ordinário, não ofende o princípio de individualização penal"[3].

Dessa orientação divergiu Marco Aurélio, nos termos seguintes:

"Assentar-se, a esta altura, que a definição do regime e modificações posteriores não estão compreendidas na individualização da pena é passo demasiadamente largo, implicando restringir garantia constitucional em detrimento de todo um sistema e, o que é pior, a transgressão a princípios tão caros em um Estado Democrático como são os da igualdade de todos perante a lei, o da dignidade da pessoa humana e o da atuação do Estado sempre voltada ao bem comum. (...)

(...) a própria Constituição Federal contempla as restrições a serem impostas àqueles que se mostrem incursos em dispositivos da Lei 8.072/90 e dentre elas não é dado encontrar a relativa à progressividade do regime de cumprimento da pena. O inciso XLIII do rol das garantias constitucionais – artigo 5º – afasta, tão somente, a fiança, a graça e a anistia para, em inciso posterior (XLVI), assegurar de forma abrangente, sem excepcionar esta ou aquela prática delituosa, a individualização da pena"[4].

Também Sepúlveda Pertence manifestou orientação diversa, ao afirmar:

"(...) Individualização da pena, Senhor Presidente, enquanto as palavras puderem exprimir ideias, é a operação que tem em vista o agente e as circunstâncias do fato concreto e não a natureza do delito em tese.

---

[2] *RTJ* 147/604-605.
[3] *RTJ* 147/607-608.
[4] *RTJ* 147/602.

Estou convencido também de que esvazia e torna ilusório o imperativo constitucional da individualização da pena a interpretação que lhe reduza o alcance ao momento da aplicação judicial da pena, e o pretende, de todo, impertinente ao da execução dela.

De nada vale individualizar a pena no momento da aplicação, se a execução, em razão da natureza do crime, fará que penas idênticas, segundo os critérios da individualização, signifiquem coisas absolutamente diversas quanto à sua efetiva execução"[5].

No julgamento do presente HC esta questão foi renovada. O relator, Marco Aurélio, reafirmou o entendimento anteriormente manifestado. Também Ayres Britto defendeu orientação semelhante.

Cezar Peluso reforça a ideia de inconstitucionalidade da norma questionada pelos seguintes fundamentos:

"A Constituição Federal, ao criar a figura do **crime hediondo,** assim dispôs no art. 5°, XLIII:

> 'a lei considerará **inafiançáveis** e **insuscetíveis de graça ou anistia** a prática da tortura, o tráfico ilícito de entorpecentes e drogas afins, o terrorismo e os definidos como crimes hediondos, por eles respondendo os mandantes, os executores e os que, podendo evitá-los, se omitirem.' (grifei)

Excepcionou, portanto, de modo nítido, da **regra geral** da liberdade sob fiança e da possibilidade de graça ou anistia, dentre outros, os crimes hediondos, vedando-lhes apenas com igual nitidez: a) a liberdade provisória sob fiança; b) a concessão de graça; c) a concessão de anistia.

Não fez menção nenhuma a vedação de progressão de regime, como, aliás – é bom lembrar –, tampouco receitou tratamento penal *stricto sensu* (sanção penal) mais severo, quer no que tange ao incremento das penas, quer no tocante à sua execução.

Preceituou, antes, em dois incisos:

> 'XLVI – **a lei regulará a individualização da pena** e adotará, entre outras, as seguintes (...);
>
> (...)
>
> XLVIII – a pena será cumprida em estabelecimentos distintos, de acordo com a natureza do delito, a idade e o sexo do apenado'. (grifei)

É, pois, norma constitucional que a pena **deve ser individualizada,** ainda que nos limites da lei, e que sua execução em estabelecimento prisional **deve ser individualizada,** quando menos, **de acordo com a natureza do delito, a idade e o sexo do apenado.**

Evidente, assim, que, perante a Constituição, o **princípio da individualização da pena** compreende: a) proporcionalidade entre o crime praticado e a sanção abstratamente cominada no preceito secundário da norma penal; b) individualização da pena aplicada em conformidade com o ato singular praticado por agente em concreto (dosimetria da pena); c) individualização da sua execução, segundo a dignidade humana (art. 1°, III), o comportamento do condenado no cumprimento da pena (no cárcere ou fora dele, no caso das demais penas que não a privativa de liberdade) e à vista do delito cometido (art. 5°, XLVIII).

Logo, tendo predicamento constitucional o princípio da **individualização da pena** (em abstrato, em concreto e em sua execução), exceção somente poderia aberta por norma de igual hierarquia nomológica.

'A imposição de um regime único e inflexível para o cumprimento da pena privativa de liberdade", nota *MARIA LÚCIA KARAM, 'com a vedação da progressividade em sua execução, atinge o próprio núcleo do princípio individualizador, assim, indevidamente retirando-lhe eficácia, assim indevidamente diminuindo a razão de ser da norma constitucional que, assentada no inciso XLVI do art. 5° da Carta de 1988, o preconiza e garante'.*

Já sob este aspecto, falta, pois, legitimidade à norma inserta no § 1° do art. 2° da Lei n. 8.072/90."

2.2. A reserva legal

O texto constitucional brasileiro, como sabemos, não conferiu um tratamento uniforme à chamada reserva legal ou restrição legal, de modo que encontramos as mais diversas formas de referências à intervenção do legislador no chamado âmbito de proteção dos direitos fundamentais.

---

[5] RTJ 147/608.

Garantias penais e processuais-penais **511**

A Constituição autoriza, em diversas disposições, a intervenção do legislador no âmbito de proteção de diferentes direitos individuais.

Assim, a prestação de assistência religiosa nas entidades civis e militares de internação é assegurada, *nos termos da lei* (CF, art. 5º, VI).

Tem-se, nesse exemplo, caso típico de *simples reserva legal* ou de *simples restrição legal* (*einfacher Gesetzesvobehalt*), exigindo-se apenas que eventual restrição seja prevista em lei.

Tal como referido, a leitura de alguns incisos do art. 5º do texto constitucional explicita exemplos de reserva legal simples:

> "VI – *é inviolável a liberdade de consciência e de crença, sendo assegurado o livre exercício dos cultos religiosos e garantida,* **na forma da lei,** *a proteção aos locais de culto e a suas liturgias;*
>
> VII – *é assegurada,* **nos termos da lei,** *a prestação de assistência religiosa nas entidades civis e militares de internação coletiva;*
>
> XV – *é livre a locomoção no território nacional em tempo de paz, podendo qualquer pessoa,* **nos termos da lei,** *nele entrar, permanecer ou dele sair com seus bens;*
>
> XLV – *nenhuma pena passará da pessoa do condenado, podendo a obrigação de reparar o dano e a decretação do perdimento de bens ser,* **nos termos da lei,** *estendidas aos sucessores e contra eles executadas, até o limite do valor do patrimônio transferido;*
>
> XLVI – **a lei regulará a individualização da pena e adotará,** *entre outras, as seguintes:*
>
> a) privação ou restrição de liberdade;
>
> b) perda de bens;
>
> c) multa;
>
> d) prestação social alternativa;
>
> e) suspensão ou interdição de direitos;
>
> LVII – *o civilmente identificado não será submetido a identificação criminal,* **salvo nas hipóteses previstas em lei.**"

Os casos elencados acima demonstram que o constituinte vale-se de fórmulas diversas para explicitar a chamada reserva legal simples (*na forma da lei; nos termos da lei; salvo nas hipóteses previstas em lei*).

O entendimento segundo o qual a disposição constitucional sobre a individualização estaria exclusivamente voltada para o legislador, sem qualquer significado para a posição individual, além de revelar que se cuidaria então de norma extravagante no catálogo de direitos fundamentais, esvaziaria por completo qualquer eficácia dessa norma. É que, para fixar a individualização da pena *in abstracto*, o legislador não precisaria sequer de autorização constitucional expressa. Bastaria aqui o critério geral do *nullum crimen, nulla poena sine lege*.

Em verdade, estou convencido de que a fórmula aberta parece indicar, tal como em relação aos demais comandos constitucionais que remetem a uma intervenção legislativa, que o princípio da individualização da pena fundamenta um direito subjetivo, que se não se restringe à simples fixação da pena *in abstracto*, mas que se revela abrangente da própria forma de individualização (progressão).

Em outros termos, a fórmula utilizada pelo constituinte assegura um direito fundamental à individualização da pena. A referência à lei – princípio da reserva legal – explicita tão somente que esse direito está submetido a uma restrição legal expressa e que o legislador poderá fazer as distinções e qualificações, tendo em vista as múltiplas peculiaridades que dimanam da situação a reclamar regulação.

É evidente, porém, que, como todos sabem, a reserva legal também está submetida a limites. Do contrário, ter-se-ia a possibilidade de nulificação do direito fundamental submetido à reserva legal por simples decisão legislativa. Este é o cerne da questão. Se se está diante de um direito fundamental à individualização da pena e não de uma mera orientação geral ao legislador –

até porque para isso – despicienda seria a inclusão do dispositivo no elenco dos direitos fundamentais – então há que se cogitar do limite à ação do legislador na espécie.

Em outras palavras, é de se indagar se o legislador poderia, tendo em vista a natureza do delito, prescrever, como o fez na espécie, que a pena privativa de liberdade seria cumprida integralmente em regime fechado, isto é, se na autorização para intervenção no âmbito de proteção desse direito está implícita a possibilidade de eliminar qualquer progressividade na execução da pena.

Essa indagação remete-nos para discussão de um outro tema sensível da dogmática dos direitos fundamentais, que é o da identificação de um núcleo essencial, como limite do limite para o legislador.

2.3. O princípio da proteção do núcleo essencial

2.3.1. Considerações preliminares

Alguns ordenamentos constitucionais consagram a expressa proteção do núcleo essencial, como se lê no art. 19, II da Lei Fundamental alemã de 1949, na Constituição Portuguesa de 1976 (art. 18, III) e na Constituição espanhola de 1978 (art. 53, n. 1) Em outros sistemas, como o norte-americano, cogita-se, igualmente, da existência de um núcleo essencial de direitos individuais.

É preciso ressaltar, porém, que a cláusula constante do art. 19, II da Lei Fundamental configura uma tentativa de fornecer resposta ao poder quase ilimitado do legislador no âmbito dos direitos fundamentais, tal como amplamente reconhecido pela doutrina até o início do século passado. A proteção dos direitos individuais realizava-se mediante a aplicação do princípio da legalidade da Administração e dos postulados da reserva legal e da supremacia da lei[6]. Isso significava que os direitos fundamentais submetidos a uma reserva legal poderiam ter a sua eficácia completamente esvaziada pela ação legislativa (*Die Grundrechte waren nicht "verfassungskräftig", sondern lediglich gesetzeskräftig" und daher "leerlaufend"*)[7].

Tentou-se contornar o perigo do esvaziamento dos direitos de liberdade pela ação do legislador democrático com a doutrina das *"garantias institucionais"* (*"Institutgarantien"*), segundo a qual determinados direitos concebidos como instituições jurídicas deveriam ter o mínimo de sua essência garantido constitucionalmente[8]. A falta de mecanismos efetivos de controle de constitucionalidade das leis – somente em 1925 reconheceu o *Reichsgericht* a possibilidade de se proceder ao controle de constitucionalidade do direito ordinário[9] – e a ausência de instrumentos asseguradores de efetividade dos direitos fundamentais em face dos atos administrativos contribuíam ainda mais para a onipotência do legislador.

A Lei Fundamental de Bonn declarou expressamente a vinculação do legislador aos direitos fundamentais (LF, art. 1, III), estabelecendo diversos graus de intervenção legislativa no âmbito de proteção desses direitos. No art. 19, II, consagrou-se, por seu turno, a proteção do núcleo essencial (*In keinem Falle darf ein Grundrecht in seinem Wesengehalt angestatet werden*). Essa disposição, que pode ser considerada uma reação contra os abusos cometidos pelo

---

[6] Cf., a propósito, HERBERT, Der Wesensgehalt der Grundrechte, **in** EuGRZ 1985, p. 321.

[7] THOMAS, Richard. Grundrechte und Polizeigewalt, in: TRIEPEL, Heinrich (Org.), *Festgabe zur Feier des fünfzigsjährigen Bestehens des Preussischen Oberverwaltungsgerichts*, 1925, p. 183-223 (191 s.); ANSCHÜTZ, Gerhard, Die Verfassung des Deutschen Reichs vom 11. August 1919, 14ª edição, 1933, p. 517 s.

[8] WOLFF, Martin, Reichsverfassung und Eigentum, in: Festgabe der Berliner Juristischen Fakultät für Wilhelm Kahl zum Doktorjubiläum am 19. April 1923, p. IV1-30; SCHMITT, Carl, Verfassungslehre, 1928, p. 170 s; Idem, Freiheitsrechte und institutionelle Garantien der Reichsverfassung (1931), in: Verfassungsrechtliche Aufsätze aus den Jahren 1924, 1954. Materialien zu einer Verfassungslehre, 1958, p. 140-173; Cf., também, HERBERT, Georg, Der Wesensgehalt der Grundrechte, in: *EuGRZ 1985*, p. 321 (322).

[9] RGZ 111, p. 320 s.

Garantias penais e processuais-penais **513**

nacional-socialismo[10], atendia também aos reclamos da doutrina constitucional da época de Weimar, que, como visto, ansiava por impor limites à ação legislativa no âmbito dos direitos fundamentais[11]. Na mesma linha, a Constituição Portuguesa e a Constituição Espanhola contêm dispositivos que limitam a atuação do legislador na restrição ou conformação dos direitos fundamentais (Cf. Constituição portuguesa de 1976, art. 18º, n. 3 e Constituição espanhola de 1978, art. 53, n. 1)[12].

De ressaltar, porém, que, enquanto princípio expressamente consagrado na Constituição ou enquanto postulado constitucional imanente, o princípio da proteção do núcleo essencial destina-se a evitar o esvaziamento do conteúdo do direito fundamental decorrente de restrições descabidas, desmesuradas ou desproporcionais[13].

2.3.2. Diferentes posições dogmáticas sobre a proteção do núcleo essencial

O significado de semelhante cláusula e da própria ideia de proteção do núcleo essencial não é unívoco na doutrina e na jurisprudência.

No âmbito da controvérsia sobre o núcleo essencial suscitam-se indagações expressas em dois modelos básicos:

(1) Os adeptos da chamada *teoria absoluta* (*"absolute Theorie"*) entendem o núcleo essencial dos direitos fundamentais (*Wesensgehalt*) como unidade substancial autônoma (*substantieller Wesenskern*) que, independentemente de qualquer situação concreta, estaria a salvo de eventual decisão legislativa[14]. Essa concepção adota uma interpretação material, segundo a qual existe um espaço interior livre de qualquer intervenção estatal[15]. Em outras palavras, haveria um espaço que seria suscetível de limitação por parte do legislador; outro seria insuscetível de limitação. Nesse caso, além da exigência de justificação, imprescindível em qualquer hipótese, ter-se-ia um "limite do limite" para a própria ação legislativa, consistente na identificação de um espaço insuscetível de regulação.

(2) Os sectários da chamada *teoria relativa* (*"relative Theorie"*) entendem que o núcleo essencial há de ser definido para cada caso, tendo em vista o objetivo perseguido pela norma de caráter restritivo. O núcleo essencial seria aferido mediante a utilização de um processo de

---

[10] VON MANGOLDT, Hermann, *Das Bonner Grundgesetz*, 1ª edição, 1953, Considerações sobre os direitos fundamentais, p. 37, Art. 19, nota 1.

[11] WOLFF, Martin, Reichsverfassung und Eigentum, in: *Festgabe der Berliner Juristischen Fakultät für Wilhelm Kahl zum Doktorjubiläum am 19*. April 1923, p. IV1-30; SCHMITT, Carl, *Verfassungslehre*, 1928, p. 170 s; Idem, Freiheitsrechte und institutionelle Garantien der Reichsverfassung (1931), in: Verfassungsrechtliche Aufsätze aus den Jahren 1924'1954. Materialien zu einer Verfassungslehre, 1958, p. 140-173; Cf., também, HERBERT, Der Wesensgehalt der Grundrechte, in: *EuGRZ 1985*, p. 321 (322); KREBS, Walter, in von Münch/Kunig, *Grundgesetz-Kommentar*, vol. I, Art. 19, II, nr. 23, p. 999.

[12] O art. 18º, n. 3 da Constituição portuguesa de 1976 assim estabelece: "As leis restritivas de direitos, liberdades e garantias têm de revestir caráter geral e abstracto e não podem ter efeito retroactivo nem diminuir a extensão e o alcance do conteúdo essencial dos preceitos constitucionais". Já o art. 53, n. 1 da Constituição espanhola de 1978 assim dispõe: "Los derechos y libertades reconocidos en el Capítulo segundo del presente Título vinculam a todos los poderes públicos. Sólo por ley, que en todo caso deberá respetar su contenido esencial, podrá regularse el ejercicio de tales derechos y libertades, que se tutelarán de acuerdo con lo previsto en el artículo 161, 1, a".

[13] HESSE, *Grunzüge des Verfassungsrechts*, p. 134.

[14] VON MANGOLDT/Klein, Franz, *Das Bonner Grundgesetz*, 2ª edição, 1957, Art. 19, nota V 4; SCHNEIDER, Ludwig, Der Schutz des Wesensghehalts von Grundrechten na Art. 19, II, GG, 1983, p. 189 s. Cf. sobre o assunto, também, PIEROTH/SCHLINK, *Grundrechte – Staatsrecht II*, p. 69; HERBERT, Der Wesensgehalt der Grundrechte, EuGRZ 1985, p. 321 (323).

[15] MARTÍNEZ-PUJALTE, Antonio-Luis, *La garantía del contenido esencial de los derechos fundamentales*, Madri, 1997, p. 22-23.

ponderação entre meios e fins (*Zweck-Mittel-Prüfung*), com base no princípio da proporcionalidade[16]. O núcleo essencial seria aquele mínimo insuscetível de restrição ou redução com base nesse processo de ponderação[17]. Segundo essa concepção, a proteção do núcleo essencial teria significado marcadamente declaratório.

Gavara de Cara observa, a propósito, que, para a teoria relativa, "*o conteúdo essencial não é uma medida pré-estabelecida e fixa, uma vez que não se trata de um elemento autônomo ou parte dos direitos fundamentais*"[18]. Por isso, segundo Alexy, a garantia do art. 19, II, da Lei Fundamental alemã, não apresenta, em face do princípio da proporcionalidade, qualquer limite adicional à restrição dos direitos fundamentais[19].

Tanto a teoria absoluta quanto a teoria relativa pretendem assegurar uma maior proteção dos direitos fundamentais, na medida em que buscam preservar os direitos fundamentais contra uma ação legislativa desarrazoada[20].

Todavia, todas elas apresentam insuficiências.

É verdade que a teoria absoluta, ao acolher uma noção material do núcleo essencial[21], insuscetível de redução por parte do legislador, pode converter-se, em muitos casos, numa fórmula vazia, dada a dificuldade ou até mesmo a impossibilidade de se demonstrar ou caracterizar *in abstracto* a existência desse mínimo essencial. É certo, outrossim, que a ideia de uma proteção ao núcleo essencial do direito fundamental, de difícil identificação, pode ensejar o sacrifício do objeto que se pretende proteger[22]. Não é preciso dizer também que a ideia de núcleo essencial sugere a existência clara de elementos centrais ou essenciais e elementos acidentais, o que não deixa de preparar significativos embaraços teóricos e práticos[23].

Por seu turno, uma opção pela teoria relativa pode conferir uma flexibilidade exagerada ao estatuto dos direitos fundamentais, o que acaba por descaracterizá-los como princípios centrais do sistema constitucional[24].

Por essa razão, propõe Hesse uma fórmula conciliadora, que reconhece no princípio da proporcionalidade uma proteção contra as limitações arbitrárias ou desarrazoadas (teoria relativa), mas também contra a lesão ao núcleo essencial dos direitos fundamentais[25]. É que, observa Hesse, a proporcionalidade não há de ser interpretada em sentido meramente econômico, de adequação da medida limitadora ao fim perseguido, devendo também cuidar da harmonização dessa finalidade com o direito afetado pela medida[26].

Embora o texto constitucional brasileiro não tenha estabelecido expressamente a ideia de um núcleo essencial, é certo que tal princípio decorre do próprio modelo garantístico utilizado pelo constituinte. A não admissão de um limite ao afazer legislativo tornaria inócua qualquer proteção fundamental.

---

[16] MAUNZ, in: *Maunz-Dürig-Herzog-Scholz, Grundgesetz – Kommentar*, art. 19, II, n. 16 s.

[17] Cf. SCHMIDT, Walter, Der Verfassungsvorbehalt der Grundrechte, *AöR* 106 (1981), p. 497-525 (515); Ver, também, HERBERT, Der Wesensgehalt der Grundrechte, *EuGRZ 1985*, p. 321 (323).

[18] GAVARA DE CARA, Juan Carlos, *Derechos Fundamentales y Desarrollo Legislativo*, Madri, 1994, p. 331.

[19] ALEXY, *Theorie der Grundrechte*, p. 272.

[20] Cf. HERBERT, Der Wesensgehalt der Grundrechte, *EuGRZ 1988*, p. 321 (323).

[21] MARTINEZ-PUJALTE, Antonio-Luiz, *La garantía del contenido esencial de los derechos fundamentales*, Madri, 1997, p. 22.

[22] MARTINEZ-PUJALTE, *La garantía del contenido esencial de los derechos fundamentales*, p. 29.

[23] MARTINEZ-PUJALTE, *La garantía del contenido esencial de los derechos fundamentales*, p. 31.

[24] MARTINEZ-PUJALTE, *La garantía del contenido esencial de los derechos fundamentales*, p. 28.

[25] HESSE, *Grundzüge des Verfassungsrechts*, p. 149.

[26] HESSE, *Grundzüge des Verfassungsrechts*, p. 149.

Vale aqui transcrever excerto do voto do Min. Rodrigues Alckmin sobre a liberdade de conformação do legislador:

"Essa liberdade, dentro de regime constitucional vigente, não é absoluta, excludente de qualquer limitação por via de lei ordinária. Tanto assim é que a cláusula final ('observadas as condições de capacidade que a lei estabelecer') já revela, de maneira insofismável, a possibilidade de restrições ao exercício de certas atividades.

Mas também não ficou ao livre critério do legislador ordinário estabelecer as restrições que entenda ao exercício de qualquer gênero de atividade lícita. Se assim fosse, a garantia constitucional seria ilusória e despida de qualquer sentido.

Que adiantaria afirmar 'livre' o exercício de qualquer profissão, se a lei ordinária tivesse o poder de restringir tal exercício, a seu critério e alvitre, por meio de requisitos e condições que estipulasse, aos casos e pessoas que entendesse?

É preciso, portanto, um exame aprofundado da espécie, para fixar quais os limites a que a lei ordinária tem de ater-se, ao indicar as 'condições de capacidade'. E quais os excessos que, decorrentes direta ou indiretamente das leis ordinárias, desatendem à garantia constitucional"[27].

Transcreve Alckmin lição de Fiorini:

"Observa, a este respeito, Fiorini (Poder de Polícia, págs. 149 e segs.):

'No hay duda que las leyes reglamentarias no puedem destruir las libertades consagradas como inviolables y fundamentales. Cuál debe ser la forma como debe actuar el legislador cuando sanciona normas limitativas sobre los derechos individuales? La misma pregunta puede referir-se al administrador cuando concreta actos particulares. Si el Estado democrático exhibe el valor inapreciable con caráter absoluto como es la persona humana, aquí se halla la primera regla que rige cualquier clase de limitaciones. La persona humana ante todo. Teniendo en mira este supuesto fundante, es como debe actuar con carácter rasonable la regulamentación policial. La jurisprudencia y la logica juridica han instituido cuatro principios que rigen este hacer: 1°) la limitacion debe ser *justificada*; 2°) el medio utilizado, es decir, la cantidad y el modo de la medida, debe ser *adecuado* al fin deseado; 3°) el medio y el fin utilizados deben manifestarse *proporcionalmente*; 4°) todas las medidas deben ser *limitadas*. La razonabilidad se expresa con la justificación, adecuación, proporcionalidad y restricción de las normas que se sancionen. Hasta la policia de antaño pretendia estos datos de razonabilidad que enmarcaban con los principios de la justicia, pues deseaba que no fuera arbitraria. Los principios lógicos expuestos no son fáciles de realizar en al pacto con la realidad social, máxime cuando se debe tener en cuenta un valor que se valoró en la relación con mayor grado que cualquier otro: la persona humana. Se ha pretendido hallar una fórmula gramatical comprensiva y salvadora diciendo que las limitaciones policiales deben ser siempre justas y razonables. La locución es genérica y de difícil compresión ante la realidad social, puesto que comprende a otros muchos valores, la moderación, corrección, etc., que se confunden con una medida más genérica como lo es la equidad. La jurisprudencia en nuestro país, y en especial la norteamericana, condensa en muchos de sus fallos las cuatro reglas expuestas bajo la denominación de 'razoabilidad' aunque no la determinen en forma expresa y positiva. La razoabilidad, cuando se refiere a la medida dictada por la gestión policial, debe hallarce justificada, realizada en forma adecuada y sacrificando minimamente los ámbitos individuales. La justa y razonable reglamentación de los derechos declarados como fundamentales para la existencia humana en sociedad, halla en el 'due process of law' de la jurisprudencia norteamericana substancial solución sobre este objeto jurídico que algunos califican 'standard jurídico'. Juan F. Linares la ha calificado de 'garantia innominada' en la Constitución Argentina, presentandola como la garantia de la seguridad de la 'legal y justa aplicación del derecho'. Esta garantia justifica en forma directa el control jurisdiccional sobre cualquier clase de actos realizados por la actividad policial y la responsabilidad por sus desviaciones'.

---

[27] Rp 930, Rel. Min. Rodrigues Alckmin, *DJ* 02.09.77.

Estado de Direito e Jurisdição Constitucional – Decisões relevantes em 15 anos de atuação no STF

E adiante, invocando decisão da Corte Suprema Argentina:

'... es incuestionable que... pueden los tribunales resolver en circunstancias extraordinarias de manifesto e insalvable conflicto entre aquéllas y la ley fundamental, que las mismas no tienen relación con sus fines aparentes y que se han desconocido con ellas, innecesaria e injustificadamente, derechos primordiales que el poder judicial debe amparar... porque de otra suerte la faculdad de reglamentación de las legislaturas y de las municipalidades seria ilimitada'" (fls. 176).

Vê-se, pois, que a argumentação desenvolvida no belíssimo precedente parece não distinguir as situações de aplicação do princípio da proporcionalidade com as do princípio do núcleo essencial.

Independentemente da filiação a uma das teorias postas em questão, é certo que o modelo adotado na Lei n. 8.072/90 faz *tabula rasa* do direito à individualização no que concerne aos chamados crimes hediondos.

A condenação por prática de qualquer desses crimes haverá de ser cumprida integralmente em regime fechado. O núcleo essencial desse direito, em relação aos crimes hediondos, resta completamente afetado. Na espécie, é certo que a forma eleita pelo legislador elimina toda e qualquer possibilidade de progressão de regime e, por conseguinte, transforma a ideia de individualização enquanto aplicação da pena em razão de situações concretas em maculatura.

Daí afirmar Maria Lucia Karam, em texto já referido por Peluso, que *"a imposição de um regime único e inflexível para o cumprimento de pena privativa de liberdade, com vedação de progressividade em sua execução, atinge o próprio núcleo do princípio individualizador, assim indevidamente retirando-lhe eficácia, assim, indevidamente diminuindo a razão de ser da norma constitucional que assentada no inciso XLVI do art. 5º da Carta de 1988, o preconiza e garante"*[28].

No caso dos crimes hediondos, o constituinte adotou um conceito jurídico indeterminado que conferiu ao legislador ampla liberdade, o que permite quase a conversão da reserva legal em um caso de interpretação da Constituição segundo a lei. Os crimes definidos como hediondos passam a ter um tratamento penal agravado pela simples decisão legislativa. E a extensão legislativa que se emprestou à conceituação de crimes hediondos, como resultado de uma política criminal fortemente simbólica, agravou ainda mais esse quadro.

A ampliação dos crimes considerados hediondos torna ainda mais geral a vulneração do princípio da individualização, o que, em outras palavras, quase que transforma a exceção em regra. Todos os crimes mais graves ou que provocam maior repulsa na opinião pública passam a ser tipificados como crimes hediondos e, por conseguinte, exigem o cumprimento da pena em regime integralmente fechado. Os direitos básicos do apenado a uma individualização são totalmente desconsiderados em favor de uma opção política radical.

Não é difícil perceber que fixação *in abstracto* de semelhante modelo, sem permitir que se levem em conta as particularidades de cada indivíduo, a sua capacidade de reintegração social e os esforços enviados com vistas à ressocialização, retira qualquer caráter substancial da garantia da individualização da pena. Ela passa a ser uma delegação em branco oferecida ao legislador, que tudo poderá fazer. Se assim se entender, tem-se a completa descaracterização de uma garantia fundamental.

Portanto, nessa hipótese, independentemente da doutrina que pretenda adotar sobre a proteção do núcleo essencial – relativa ou absoluta –, afigura-se inequívoca a afronta a esse elemento integrante do direito fundamental. É que o próprio direito fundamental restaria violado.

É interessante notar que o próprio Governo Federal, na gestão do Ministro Jobim no Ministério da Justiça, encaminhou Projeto de Lei (Projeto de Lei n. 724-A, de 1995, que pretendia introduzir

---

[28] Regimes de cumprimento da pena privativa de liberdade, in: *Escrito em Homenagem a Alberto Silva Franco*, São Paulo, 2003, p. 314.

Garantias penais e processuais-penais **517**

uma nova política para os denominados crimes de especial gravidade. A Exposição de Motivos do Projeto ressaltava a filosofia que haveria de lhe dar embasamento nos seguintes termos:

"(...) Essa proposta, transformada em lei, permitirá o tratamento rigoroso desses crimes, que se irradiará para todo o sistema, seja na aplicação da pena, seja na sua execução, sem contudo inviabilizar a individualização dessa mesma pena.

(...)

O Projeto, em resumo, estabelece como nítida orientação de Política Criminal, tratamento penal mais severo para os crimes nele referidos mas permite, por outro lado, que esse tratamento se ajuste ao sistema progressivo do cumprimento de pena, instituído pela reforma de 1984, sem o qual torna-se impossível pensar-se em um razoável 'sistema penitenciário'. Se retirarmos do condenado a esperança de antecipar a liberdade pelo seu próprio mérito, pela conduta disciplinada, pelo trabalho produtivo durante a execução da pena, estaremos seguramente acenando-lhe, como única saída, a revolta, as rebeliões, a fuga, a corrupção"[29].

O aludido Projeto de Lei, aprovado na Câmara dos Deputados, acrescentava o seguinte § 4º ao art. 33 do Código Penal:

"§ 4º. O juiz determinará o cumprimento de metade da pena aplicada em regime fechado, desde o início, quando o crime for de especial gravidade."

Tal proposta demonstra que o modelo previsto na Lei n. 8.072/90, se já não se revela inadequado, é, pelo menos **desnecessário**, uma vez que existem alternativas, igualmente eficazes e menos gravosas para a posição jurídica afetada.

Em verdade, tal como apontado por Marco Aurélio e Peluso, a Lei dos Crimes Hediondos contém uma incongruência grave, pois, ao mesmo tempo em que repele a progressividade, admite o livramento condicional desde que cumpridos dois terços da pena (CP, art. 83, V). Tem-se, pois, o retorno à vida social sem que tenha havido progressão do regime, com a reintrodução gradual do condenado na vida em sociedade.

Essa incongruência explicita, a um só tempo, a *desnecessidade* da medida adotada (lesão ao princípio da proporcionalidade) e a falta de cuidado por parte do legislador na fixação de limites do direito fundamental à individualização da pena (caráter arbitrário da norma).

Fica evidente, assim, que a fórmula abstrata consagrada pelo legislador, que veda a progressão aos crimes hediondos, não se compatibiliza também com o princípio da proporcionalidade, na acepção da *necessidade* (existência de outro meio eficaz menos lesivo aos direitos fundamentais). Verificada a **desnecessidade** da medida, resta evidenciada a lesão ao princípio da proporcionalidade.

A previsão da Lei n. 9.455/97 quanto à possibilidade progressão do crime de tortura (§ 7º, art. 1º) se não tem caráter revogatório da Lei n. 8.072/90, parece indicar, também, a **desnecessidade** da medida enquanto instrumento de combate à criminalidade.

Como explicar, com algum grau de plausibilidade, que o crime de tortura possa ter a progressão de regime expressamente admitida e os demais crimes considerados hediondos estejam excluídos desse benefício?

Ora, semelhante incongruência também demonstra, de forma insofismável, a **ausência de necessidade** da providência fixada na Lei n. 8.072/90. Do contrário, não haveria justificativa para o legislador conferir tratamento díspar a situações idênticas.

Ressalto, que não sou refratário à ideia de que se possa adotar um diferente critério de progressividade para os crimes hediondos. Não preconizo a aplicação do princípio da igualdade em toda a sua extensão, tal como defendido pelo Min. Marco Aurélio, porque, a rigor, foi a própria

---

[29] JOBIM, Nelson. Mensagem n. 783. *Diário da Câmara dos* Deputados, 19 de janeiro de 1996, p. 1898.

518 Estado de Direito e Jurisdição Constitucional – Decisões relevantes em 15 anos de atuação no STF

Constituição que os distinguiu em relação aos demais crimes. O que não encontra amparo constitucional, a meu ver, é a vedação, geral e abstrata, da progressão. Como demonstrado, essa proibição não passa pelo juízo de proporcionalidade.

Demonstrada a inconstitucionalidade da proibição da progressão de regime em crime hediondo, passo a adotar as razões esposadas na RCL 2.391, pois, também agora entendo que o Tribunal, ante a sua reiterada jurisprudência anteriormente firmada, haverá de fixar a eficácia restrita dos efeitos da presente declaração.

2.4. A eventual revisão da jurisprudência

Talvez um dos temas mais ricos da teoria do direito e da moderna teoria constitucional seja aquele relativo à evolução jurisprudencial e, especialmente, a possível mutação constitucional. Se a sua repercussão no plano material é inegável, são inúmeros os desafios no plano do processo em geral e, em especial, do processo constitucional.

Nesse sentido, vale registrar a douta observação de Larenz:

"De entre os factores que dão motivo a uma revisão e, com isso, frequentemente, a uma modificação da interpretação anterior, cabe uma importância proeminente à alteração da situação normativa. Trata-se a este propósito de que as relações fácticas ou usos que o legislador histórico tinha perante si e em conformidade aos quais projectou a sua regulação, para os quais a tinha pensado, variaram de tal modo que a norma dada deixou de se 'ajustar' às novas relações. É o factor temporal que se faz notar aqui. Qualquer lei está, como facto histórico, em relação actuante com o seu tempo. Mas o tempo também não está em quietude; o que no momento da gênese da lei actuava de modo determinado, desejado pelo legislador, pode posteriormente actuar de um modo que nem sequer o legislador previu, nem, se o pudesse ter previsto, estaria disposto a aprovar. Mas, uma vez que a lei, dado que pretende ter também validade para uma multiplicidade de casos futuros, procura também garantir uma certa constância nas relações inter-humanas, a qual é, por seu lado, pressuposto de muitas disposições orientadas para o futuro, nem *toda* a modificação de relações acarreta por si só, de imediato, uma alteração do conteúdo da norma. Existe a princípio, ao invés, uma relação de tensão que só impele a uma solução – por via de uma interpretação modificada ou de um desenvolvimento judicial do Direito – quando a insuficiência do entendimento anterior da lei passou a ser 'evidente'"[30].

Daí afirmar Larenz:

"A alteração da situação normativa pode assim conduzir à modificação – restrição ou extensão – do significado da norma até aqui prevalecente. De par com a alteração da situação normativa, existem factos tais como, sobretudo, modificações na estrutura da ordem jurídica global, uma nítida tendência da legislação mais recente, um novo entendimento da *ratio legis* ou dos critérios teleológico-objectivos, bem como a necessidade de adequação do Direito pré-constitucional aos princípios constitucionais, que podem provocar uma alteração de interpretação. Disto falamos nós já. Os tribunais podem abandonar a sua interpretação anterior porque se convenceram que era incorrecta, que assentava em falsas suposições ou em conclusões não suficientemente seguras. Mas ao tomar em consideração o factor temporal, pode também resultar que uma interpretação que antes era correcta agora não o seja"[31].

Por isso, ensina, Larenz, de forma lapidar:

"O preciso momento em que deixou de ser 'correcta' é impossível de determinar. Isto assenta em que as alterações subjacentes se efectuam na maior parte das vezes de modo contínuo e não de repente. Durante um 'tempo intermédio' podem ser 'plausíveis' ambas as coisas, a manutenção de uma interpretação constante e a passagem a uma interpretação modificada, adequada ao tempo. É também possível que uma interpretação que aparecia originariamente como conforme à Constituição, deixe de o ser na sequência de uma modificação das relações determinantes. Então é de escolher a interpretação, no quadro das possíveis, segundo os outros critérios de interpretação, que seja agora a única conforme à Constituição".

---

[30] Karl Larenz, *Metodologia da Ciência do Direito*, 3. ed., Lisboa, 1997, p. 495.
[31] Larenz, *Metodologia, cit.*, p. 498-500.

Garantias penais e processuais-penais **519**

No plano constitucional, esse tema mereceu uma análise superior no trabalho de Inocêncio Mártires Coelho sobre interpretação constitucional[32].

No Capítulo 4 da obra em referência, que trata das consequências da diferença entre lei e Constituição, propicia-se uma *releitura* do fenômeno da chamada *mutação constitucional*, asseverando-se que as situações da vida são constitutivas do significado das regras de direito, posto que é somente no momento de sua aplicação aos casos ocorrentes que se revelam o sentido e o alcance dos enunciados normativos. Com base em Perez Luño e Reale, enfatiza-se que, em verdade, a norma jurídica não é o *pressuposto*, mas o *resultado* do processo interpretativo ou que a *norma é a sua interpretação*.

Essa colocação coincide, fundamentalmente, com a observação de Häberle, segundo a qual não existe norma jurídica, senão norma jurídica interpretada (*Es gibt keine Rechtsnormen, es gibt nur interpretierte Rechtsnormen*), ressaltando-se que interpretar um ato normativo nada mais é do que colocá-lo no tempo ou integrá-lo na realidade pública (*Einen Rechssatz "auslegen" bedeutet, ihn in die Zeit, d.h. in die öffentliche Wirklichkeit stellen – um seiner Wirksamkeit willen*). Por isso, Häberle introduz o conceito de *pós-compreensão* (*Nachverständnis*), entendido como o conjunto de fatores temporalmente condicionados com base nos quais se compreende "supervenientemente" uma dada norma. A *pós-compreensão* nada mais seria, para Häberle, do que a *pré-compreensão do futuro*, isto é, o elemento dialético correspondente da ideia de pré-compreensão[33].

Tal concepção permite a Häberle afirmar que, em sentido amplo, toda lei interpretada – não apenas as chamadas leis temporárias – é uma lei com duração temporal limitada (*In einem weiteren Sinne sind alle – interpretierten – Gesetzen "Zeitgesetze" – nicht nur die zeitlich befristeten*). Em outras palavras, o texto, confrontado com novas experiências, transforma-se necessariamente em um outro.

Essa reflexão e a ideia segundo a qual a atividade hermenêutica nada mais é do que um procedimento historicamente situado autorizam Häberle a realçar que uma interpretação constitucional aberta prescinde do conceito de *mutação constitucional* (*Verfassungswandel*) enquanto categoria autônoma.

Nesses casos, fica evidente que o Tribunal não poderá *fingir* que sempre pensara dessa forma. Daí a necessidade de, em tais casos, fazer-se o ajuste do resultado, adotando-se técnica de decisão que, tanto quanto possível, traduza a mudança de valoração. No plano constitucional, esses casos de mudança na concepção jurídica podem produzir uma *mutação normativa* ou a *evolução na interpretação*, permitindo que venha a ser reconhecida a inconstitucionalidade de situações anteriormente consideradas legítimas. A orientação doutrinária tradicional, marcada por uma alternativa rigorosa entre *atos legítimos* ou *ilegítimos* (*entweder als rechtmässig oder als rechtswidrig*), encontra dificuldade para identificar a consolidação de um *processo de inconstitucionalização* (*Prozess des Verfassungswidrigwerdens*). Prefere-se admitir que, embora não tivesse sido identificada, a ilegitimidade sempre existira.

Daí afirmar Häberle:

"O Direito Constitucional vive, *prima facie*, uma problemática temporal. De um lado, a dificuldade de alteração e a consequente duração e continuidade, confiabilidade e segurança; de outro, o tempo envolve agora mesmo, especificamente o Direito Constitucional. É que o processo de reforma constitucional deverá ser feito de forma flexível e a partir de uma interpretação constitucional aberta. A continuidade da Constituição somente será possível se *passado e futuro* estiverem nela associados"[34].

---

[32] Inocêncio Mártires Coelho, *Interpretação Constitucional*. Sergio Antonio Fabris, Porto Alegre, 1997.

[33] Häberle, Peter. "Zeit und Verfassung". In: *Probleme der Verfassungsinterpretation*, org: Dreier, Ralf/Schwegmann, Friedrich, Nomos, Baden-Baden, 1976, p. 312-313.

[34] Häberle, Zeit und Verfassung, *cit.*, p. 295-296.

Häberle indaga:

"O que significa tempo? Objetivamente, tempo é a possibilidade de se introduzir mudança, ainda que não haja a necessidade de produzi-la"[35].

Tal como anota Häberle, "o tempo sinaliza ou indica uma reunião (*ensemble*) de forças sociais e ideias. (...) A ênfase ao 'fator tempo' não deve levar ao entendimento de que o tempo há de ser utilizado como 'sujeito' de transformação ou de movimento (...). A história (da comunidade) tem muitos sujeitos. O tempo nada mais é do que a dimensão na qual as mudanças se tornam possíveis e necessárias (...)"[36].

2.5. Uma nova visão dos direitos fundamentais e suas repercussões

Não é raro que essas alterações de concepções se verifiquem, dentre outros campos, exatamente em matéria de defesa dos direitos fundamentais. Aqui talvez se mesclem as mais diversas concepções existentes na própria sociedade e o processo dialético que as envolve. E os diversos entendimentos de mundo convivem, sem que, muitas vezes, o "novo" tenha condições de superar o "velho".

É natural também que esse tipo de situação se coloque de forma bastante evidente no quadro de uma nova ordem constitucional. Aqui, entendimentos na jurisprudência, doutrina e legislação tornam, às vezes, inevitável, que a interpretação da Constituição se realize, em um primeiro momento, com base na situação jurídica preexistente. Assim, até mesmo institutos novos poderão ser interpretados segundo entendimento consolidado na jurisprudência e na legislação pré-constitucionais. Nesse caso, é, igualmente, compreensível, que uma nova orientação hermenêutica reclame cuidados especiais.

Nesse sentido, refiro-me mais uma vez às lições de Larenz:

"O que é para os tribunais civis, quando muito, uma excepção, adequa-se em muito maior medida a um Tribunal Constitucional. Decerto que se poderá, por exemplo, resolver muitas vezes sobre recursos constitucionais de modo rotineiro, com os meios normais da argumentação jurídica. Aqui tão pouco faltam casos comparáveis. Mas nas resoluções de grande alcance político para o futuro da comunidade, estes meios não são suficientes. Ao Tribunal Constitucional incumbe uma responsabilidade política na manutenção da ordem jurídico-estadual e da sua capacidade de funcionamento. Não pode proceder segundo a máxima: *fiat justitia, pereat res publica*. Nenhum juiz constitucional procederá assim na prática. Aqui a ponderação das consequências é, portanto, de todo irrenunciável, e neste ponto tem KRIELE razão. Certamente que as consequências (mais remotas) tão pouco são susceptíveis de ser entrevistas com segurança por um Tribunal Constitucional, se bem que este disponha de possibilidades muito mais amplas do que um simples juiz civil de conseguir uma imagem daquelas. Mas isto tem que ser aceite. No que se refere à avaliação das consequências previsíveis, esta avaliação só pode estar orientada à ideia de 'bem comum', especialmente à manutenção ou aperfeiçoamento da capacidade funcional do Estado de Direito. É, neste sentido, uma avaliação política, mas devendo exigir-se de cada juiz constitucional que se liberte, tanto quanto lhe seja possível – e este é, seguramente, em larga escala o caso – da sua orientação política subjectiva, de simpatia para com determinados grupos políticos, ou de antipatia para com outros, e procure uma resolução despreconceituada, 'racional'"[37].

Talvez o caso historicamente mais relevante da assim chamada **mutação constitucional** seja expresso na concepção da igualdade racial nos Estados Unidos. Em 1896, no caso *Plessy versus Ferguson*, a Corte Suprema americana reconheceu que a separação entre brancos e negros em espaços distintos, no caso específico – em vagões de trens – era legítima. Foi a consagração

---

[35] Häberle, Zeit und Verfassung, *cit.*, p. 300.
[36] Häberle, Zeit und Verfassung, *cit.*, p. 300.
[37] *Metodologia*, *cit.*, p. 517.

Garantias penais e processuais-penais **521**

da fórmula *"equal but separated"*. Essa orientação veio a ser superada no já clássico *Brown versus Board of Education* (1954), no qual se assentou a incompatibilidade dessa separação com os princípios básicos da igualdade.

Nos próprios Estados Unidos, a decisão tomada *em Mapp versus Ohio*, 367 U.S. 643 (1961), posteriormente confirmada em Linkletter versus Walker, 381 U.S. 618 (1965), a propósito da busca e apreensão realizada na residência da Sra. Dollree Mapp, acusada de portar material pornográfico, em evidente violação às leis de Ohio, traduz uma significativa mudança da orientação até então esposada pela Corte Suprema.

A condenação de Dolree Mapp foi obtida com base em evidências obtidas pela polícia quando adentraram sua residência, em 1957, apesar de não disporem de mandado judicial de busca e apreensão. A Suprema Corte, contrariando o julgamento da 1ª Instância, declarou que a 'regra de exclusão' (baseada na Quarta Emenda da Constituição), que proíbe o uso de provas obtidas por meios ilegais nas Cortes federais, deveria ser estendida também às Cortes estaduais. A decisão provocou muita controvérsia, mas os proponentes da 'regra de exclusão' afirmavam constituir esta a única forma de assegurar que provas obtidas ilegalmente não fossem utilizadas.

A decisão de *Mapp v. Ohio* superou o precedente *Wolf v. Colorado*, 338 U.S. 25 (1949), tornando a regra obrigatória aos Estados, e àqueles acusados, cujas investigações e processos não tinham atendido a estes princípios, era conferido o direito de *habeas corpus*.

Em 1965 a Suprema Corte americana julgou o caso *Linkletter v. Walker*, 381 U.S. 618, no qual um condenado por arrombamento na Corte de Louisiana requereu o direito de *habeas corpus*, com fundamento na decisão do caso *Mapp v. Ohio*.

A Suprema Corte decidiu contrariamente à aplicação retroativa da norma, naqueles casos que tiveram o julgamento final antes da decisão proferida em Mapp. Essa mudança foi descrita por Christina Aires Lima em sua dissertação de Mestrado:

> "Apesar do entendimento da Corte Federal do Distrito de Lousiana e da Corte de Apelação do Estado, de que no caso Linkletter as investigações sobre a pessoa e bens do acusado foram feitas de modo ilegal, tais Cortes decidiram que a regra estabelecida no caso Mapp não poderia ser aplicada retroativamente às condenações das cortes estaduais, que se tornaram finais antes do anúncio da decisão do referido precedente.
>
> As decisões dessas Cortes foram fundadas no entendimento de que, conferir-se efeito retroativo aos casos que tiveram julgamento final antes da decisão do caso Mapp, causaria um enorme e preocupante problema para a administração da Justiça.
>
> A Suprema Corte americana admitiu o *certiorari* requerido por *Linkletter*, restrito à questão de saber se deveria, ou não, aplicar efeito retroativo à decisão proferida no caso *Mapp*"[38].

Ao justificar o indeferimento da aplicação da norma retroativamente, a opinião majoritária da Corte Suprema americana, no julgamento do caso *Linkletter v. Walker*, foi no seguinte sentido:

> "Uma vez aceita a premissa de que não somos requeridos e nem proibidos de aplicar uma decisão retroativamente, devemos então sopesar os méritos e deméritos em cada caso, analisando o histórico anterior da norma em questão, seu objetivo e efeito, e se a operação retrospectiva irá adiantar ou retardar sua operação. Acreditamos que essa abordagem é particularmente correta com referência às proibições da 4ª. Emenda, no que concerne às buscas e apreensões desarrazoadas. Ao invés de 'depreciar' a Emenda devemos aplicar a sabedoria do Justice Holmes que dizia que 'na vida da lei não existe lógica: o que há é experiência'"[39].

E mais adiante ressaltou:

> "A conduta imprópria da polícia, anterior à decisão em *Mapp*, já ocorreu e não será corrigida pela soltura dos prisioneiros envolvidos. Nem sequer dará harmonia ao delicado relacionamento estadual-

---

[38] Lima, Christina Aires Corrêa. *O Princípio da Nulidade das Leis Inconstitucionais*, UnB, 2000, p. 84.
[39] *United States Reports*, Vol. 381, p. 629.

Estado de Direito e Jurisdição Constitucional – Decisões relevantes em 15 anos de atuação no STF

-federal que discutimos como parte do objetivo de *Mapp*. Finalmente, a invasão de privacidade nos lares das vítimas e seus efeitos não podem ser revertidos. A reparação chegou muito tarde"[40].

No direito alemão, mencione-se o famoso caso sobre o regime da execução penal (*Strafgefangene*), de 14 de março de 1972. Segundo a concepção tradicional, o estabelecimento de restrições aos direitos fundamentais dos presidiários mediante atos normativos secundários era considerada, inicialmente, compatível com a Lei Fundamental. Na espécie, cuidava-se de *Verfassungsbeschwerde* proposta por preso que tivera carta dirigida a uma organização de ajuda aos presidiários interceptada, porque continha críticas à direção do presídio. A decisão respaldava-se em uma portaria do Ministério da Justiça do Estado.

A Corte Constitucional alemã colocou em dúvida esse entendimento na decisão proferida sobre problemática da execução penal, como se logra depreender da seguinte passagem do acórdão:

"O constituinte contemplou, por ocasião da promulgação da Lei Fundamental, a situação tradicional da execução da pena, tal como resulta dos artigos 2º, parágrafo 2º, 2º período, e 104, parágrafos 1º e 2º da Lei Fundamental, não existindo qualquer sinal de que ele partira da premissa de que o legislador haveria de editar uma lei imediatamente após a entrada em vigor da Lei Fundamental. Na apreciação da questão sobre o decurso de prazo razoável para o legislador disciplinar a matéria e, por conseguinte, sobre a configuração de ofensa à Constituição, deve-se considerar também que, até recentemente, admitia-se, com fundamento das **relações peculiares de poder (besondere Gewaltverhältnisse)**, que os direitos fundamentais do preso estavam submetidos a uma restrição geral decorrente das condições de execução da pena. Cuidar-se-ia de limitação implícita, que não precisava estar prevista expressamente em lei. Assinale-se, todavia, que, segundo a orientação que se contrapõe à corrente tradicional, a Lei Fundamental, enquanto ordenação objetiva de valores com ampla proteção dos direitos fundamentais, não pode admitir uma restrição **ipso jure** da proteção dos direitos fundamentais para determinados grupos de pessoas. Essa corrente somente impôs-se após lento e gradual processo"[41].

A especificidade da situação impunha, todavia, que se tolerassem, provisoriamente, as restrições aos direitos fundamentais dos presidiários, ainda que sem fundamento legal expresso. O legislador deveria emprestar nova disciplina à matéria, em consonância com a orientação agora dominante sobre os direitos fundamentais.

A evolução do entendimento doutrinário e jurisprudencial – uma autêntica *mutação constitucional* – passava a exigir, no entanto, que qualquer restrição a esses direitos devesse ser estabelecida mediante expressa autorização legal.

2.6. Efeitos da declaração de inconstitucionalidade

Embora a Lei n. 9.868, de 10 de novembro de 1999, tenha autorizado o Supremo Tribunal Federal a declarar a inconstitucionalidade com efeitos limitados, é lícito indagar sobre a admissibilidade do uso dessa técnica de decisão no âmbito do controle difuso.

Ressalte-se que não estou a discutir a constitucionalidade do art. 27 da Lei n. 9.868, de 1999. Cuida-se aqui tão somente de examinar a possibilidade de aplicação da orientação nele contida no controle incidental de constitucionalidade.

Para tanto, faz-se necessária, inicialmente, uma análise da questão no direito americano, que é a matriz do sistema brasileiro de controle.

É interessante notar que, nos próprios Estados Unidos da América, onde a doutrina acentuara tão enfaticamente a ideia de que a expressão "lei inconstitucional" configurava uma *contradictio in terminis*, uma vez que *"the inconstitutional statute is not law at all"*[42], passou-se a admitir, após

---

[40] *United States Reports*, Vol. 381, p. 637.

[41] *BVerfGE* 33, 1 (12).

[42] Willoughby, Westel Woodbury. *The Constitutional Law of the United States*, New York, 1910, v. 1, p. 9/10; cf. Cooley, Thomas M., *Treaties on the Constitutional Limitations*, 1878, p. 227.

Garantias penais e processuais-penais **523**

a Grande Depressão, a necessidade de se estabelecerem limites à declaração de inconstitucionalidade[43]. A Suprema Corte americana vem considerando o problema proposto pela eficácia retroativa de juízos de inconstitucionalidade a propósito de decisões em processos criminais. Se as leis ou atos inconstitucionais nunca existiram enquanto tais, eventuais condenações nelas baseadas quedam ilegítimas, e, portanto, o juízo de inconstitucionalidade implicaria a possibilidade de impugnação imediata de todas as condenações efetuadas sob a vigência da norma inconstitucional. Por outro lado, se a declaração de inconstitucionalidade afeta tão somente a demanda em que foi levada a efeito, não se há que cogitar de alteração de julgados anteriores.

Sobre o tema, afirma Tribe:

"No caso *Linkletter v. Walker*, a Corte rejeitou ambos os extremos: *'a Constituição nem proíbe nem exige efeito retroativo.'* Parafraseando o *Justice Cardozo* pela assertiva de que *'a constituição federal nada diz sobre o assunto'*, a Corte de Linkletter tratou da questão da retroatividade como um assunto puramente de política (política judiciária), a ser decidido novamente em cada caso. A Suprema Corte codificou a abordagem de Linkletter no caso *Stovall v. Denno*: *'Os critérios condutores da solução da questão implicam (a) o uso a ser servido pelos novos padrões, (b) a extensão da dependência das autoridades responsáveis pelo cumprimento da lei com relação aos antigos padrões, e (c) o efeito sobre a administração da justiça de uma aplicação retroativa dos novos padrões*"[44].

Vê-se, pois, que o sistema difuso ou incidental mais tradicional do mundo passou a admitir a mitigação dos efeitos da declaração de inconstitucionalidade e, em casos determinados, acolheu até mesmo a pura declaração de inconstitucionalidade com efeito exclusivamente *pro futuro*[45]. De resto, assinale-se que, antes do advento da Lei n. 9.868, de 1999, talvez fosse o STF, muito provavelmente, o único órgão importante de jurisdição constitucional a não fazer uso, de modo expresso, da limitação de efeitos na declaração de inconstitucionalidade. Não só a Suprema Corte americana (caso *Linkletter v. Walker*), mas também uma série expressiva de Cortes Constitucionais e Cortes Supremas adotam a técnica da limitação de efeitos (Cf. *v.g.* Corte Constitucional austríaca (Constituição, art. 140), a Corte Constitucional alemã (Lei Orgânica, § 31, 2 e 79, 1), a Corte Constitucional espanhola (embora não expressa na Constituição, adotou, desde 1989, a técnica da *declaração de inconstitucionalidade sem a pronúncia da nulidade*. Cf. Garcia de Enterría, *Justicia Constitucional*, cit., p. 5), a Corte Constitucional portuguesa (Constituição, art. 282, n. 4), o Tribunal de Justiça da Comunidade Europeia (art. 174, 2 do Tratado de Roma), o Tribunal Europeu de Direitos Humanos (caso *Markx*, de 13 de junho de 1979. Cf. Siqueira Castro, Carlos Roberto. *Da Declaração de Inconstitucionalidade e seus efeitos em face das Leis n. 9.868 e 9882/99*, in: Sarmento, Daniel, O Controle de Constitucionalidade e a Lei 9.868/99 (organizador), Rio de Janeiro, 2001).

No que interessa para a discussão da questão em apreço, ressalte-se que o modelo difuso não se mostra incompatível com a doutrina da limitação dos efeitos.

Sem dúvida, afigura-se relevante no sistema misto brasileiro o significado da decisão limitadora tomada pelo Supremo Tribunal Federal no controle abstrato de normas sobre os julgados proferidos pelos demais juízes e tribunais no sistema difuso.

O tema relativo à compatibilização de decisões nos modelos concreto e abstrato não é exatamente novo e foi suscitado, inicialmente, na Áustria, tendo em vista os reflexos da decisão da Corte Constitucional sobre os casos concretos que deram origem ao incidente de inconstitucionalidade (1920-1929). Optou-se ali por atribuir efeito *ex tunc* excepcional à repercussão da decisão de inconstitucionalidade sobre o caso concreto (Constituição austríaca, art. 140, n. 7, 2ª parte).

---

[43] Tribe, Laurence. *The American Constitutional Law*, The Foundation Press, Mineola, New York, 1988.
[44] Tribe, American Constitutional Law, *cit.*, p. 30.
[45] Cf. a propósito, Sesma, *El Precedente, cit.*, p. 174 s.

No direito americano, a matéria poderia assumir feição delicada tendo em vista o caráter incidental ou difuso do sistema, isto é, modelo marcadamente voltado para a defesa de posições subjetivas. Todavia, ao contrário do que se poderia imaginar, não é rara a pronúncia de inconstitucionalidade sem atribuição de eficácia retroativa, especialmente nas decisões judiciais que introduzem alteração de jurisprudência (*prospective overruling*). Em alguns casos, a nova regra afirmada para decisão aplica-se aos processos pendentes (*limited prospectivity*); em outros, a eficácia *ex tunc* exclui-se de forma absoluta (*pure prospectivity*). Embora tenham surgido no contexto das alterações jurisprudenciais de precedentes, as *prospectivity* têm integral aplicação às hipóteses de mudança de orientação que leve à declaração de inconstitucionalidade de uma lei antes considerada constitucional[46].

A prática da *prospectivity*, em qualquer de suas versões, no sistema de controle americano, demonstra, pelo menos, que o controle incidental não é incompatível com a ideia da limitação de efeitos na decisão de inconstitucionalidade.

Há de se reconhecer que o tema assume entre nós peculiar complexidade tendo em vista a inevitável convivência entre os modelos difuso e direto. Quais serão, assim, os efeitos da decisão *ex nunc* do Supremo Tribunal Federal, proferida *in abstracto*, sobre as decisões já proferidas pelas instâncias afirmadoras da inconstitucionalidade com eficácia *ex tunc*?

Um argumento que pode ser suscitado diz respeito ao direito fundamental de acesso à justiça, tal como já arguido no direito português, afirmando-se que haveria a frustração da expectativa daqueles que obtiveram o reconhecimento jurisdicional do fundamento de sua pretensão[47].

A propósito dessa objeção, Rui Medeiros apresenta as seguintes respostas:

"– É sabido, desde logo, que existem domínios em que a restrição do alcance do julgamento de inconstitucionalidade não é, por definição, susceptível de pôr em causa esse direito fundamental (v.g., invocação do n. 4 do art. 282 para justificar a aplicação da norma penal inconstitucional mais favorável ao arguido do que a norma repristinada);

– Além disso, mostra-se claramente claudicante a representação do direito de acção judicial como um direito a uma sentença de mérito favorável, tudo apontando antes no sentido de que o artigo 20 da Constituição não vincula os tribunais a 'uma obrigação-resultado (procedência do pedido) mas a uma mera obrigação-meio, isto é, a encontrar uma solução justa e legal para o conflito de interesse entre as partes';

– Acresce que, mesmo que a limitação de efeitos contrariasse o direito de acesso aos tribunais, ela seria imposta por razões jurídico-constitucionais e, por isso, a solução não poderia passar pela absoluta prevalência do interesse tutelado pelo art. 20 da Constituição, postulando ao invés uma tarefa de harmonização entre os diferentes interesses em conflito;

– Finalmente, a admissibilidade de uma limitação de efeitos na fiscalização concreta não significa que um tribunal possa desatender, com base numa decisão puramente discricionária, a expectativa daquele que iniciou um processo jurisdicional com a consciência da inconstitucionalidade da lei que se opunha ao reconhecimento da sua pretensão. A delimitação da eficácia da decisão de inconstitucionalidade não é fruto de 'mero decisionismo' do órgão de controlo. O que se verifica é tão somente que, à luz do ordenamento constitucional no seu todo, a pretensão do autor à não aplicação da lei desconforme com a Constituição não tem, no caso concreto, fundamento"[48].

Essas colocações têm a virtude de demonstrar que a declaração de inconstitucionalidade *in concreto* também se mostra passível de limitação de efeitos. A base constitucional dessa limitação – necessidade de um outro princípio que justifique a não-aplicação do princípio da nulidade – parece sugerir que, se aplicável, a declaração de inconstitucionalidade restrita revela-se abrangente do modelo de controle de constitucionalidade como um todo. É que, nesses casos, tal como já

---

[46] Cf. Medeiros, A *Decisão de Inconstitucionalidade, cit.*, p. 743.

[47] Cf. Medeiros, A *Decisão de Inconstitucionalidade, cit.*, p. 746.

[48] Cf. Medeiros, A *Decisão de Inconstitucionalidade, cit.*, p. 746-747.

Garantias penais e processuais-penais **525**

argumentado, o afastamento do princípio da nulidade da lei assenta-se em fundamentos constitucionais e não em razões de conveniência. Se o sistema constitucional legitima a declaração de inconstitucionalidade restrita no controle abstrato, esta decisão poderá afetar, igualmente, os processos do modelo concreto ou incidental de normas. Do contrário, poder-se-ia ter inclusive um esvaziamento ou uma perda de significado da própria declaração de inconstitucionalidade restrita ou limitada.

A questão tem relevância especial no direito português, porque, ao lado do modelo abstrato de controle, de perfil concentrado, adota a Constituição um modelo concreto de perfil incidental à semelhança do sistema americano ou brasileiro. Trata-se de herança do sistema adotado pela Constituição portuguesa de 1911.

É claro que, nesse contexto, tendo em vista os próprios fundamentos legitimadores da restrição de efeitos, poderá o Tribunal declarar a inconstitucionalidade com efeitos limitados, fazendo, porém, a ressalva dos casos já decididos ou dos casos pendentes até um determinado momento (v.g., até a decisão *in abstracto*). É o que ocorre no sistema português, onde o Tribunal Constitucional ressalva, frequentemente, os efeitos produzidos até à data da publicação da declaração de inconstitucionalidade no Diário da República ou, ainda, acrescenta no dispositivo que são excetuadas aquelas situações que estejam pendentes de impugnação contenciosa[49].

Essa orientação afigura-se integralmente aplicável ao sistema brasileiro.

Assim, pode-se entender que se o STF declarar a inconstitucionalidade restrita, sem qualquer ressalva, essa decisão afeta os demais processos com pedidos idênticos pendentes de decisão nas diversas instâncias. Os próprios fundamentos constitucionais legitimadores da restrição embasam a declaração de inconstitucionalidade com eficácia *ex nunc* nos casos concretos. A inconstitucionalidade da lei há de ser reconhecida a partir do trânsito em julgado. Os casos concretos ainda não transitados em julgado hão de ter o mesmo tratamento (decisões com eficácia *ex nunc*) se e quando submetidos ao STF.

É verdade que, tendo em vista a autonomia dos processos de controle incidental ou concreto e de controle abstrato, entre nós, mostra-se possível um distanciamento temporal entre as decisões proferidas nos dois sistemas (decisões anteriores, no sistema incidental, com eficácia *ex tunc* e decisão posterior, no sistema abstrato, com eficácia *ex nunc*). Esse fato poderá ensejar uma grande insegurança jurídica. Daí parecer razoável que o próprio STF declare, nesses casos, a inconstitucionalidade com eficácia *ex nunc* na ação direta, ressalvando, porém, os casos concretos já julgados ou, em determinadas situações, até mesmo os casos *sub judice*, até a data de ajuizamento da ação direta de inconstitucionalidade. Essa ressalva assenta-se em razões de índole constitucional, especialmente no princípio da segurança jurídica. Ressalte-se aqui que, além da ponderação central entre o princípio da nulidade e outro princípio constitucional, com a finalidade de definir a dimensão básica da limitação, deverá a Corte fazer outras ponderações, tendo em vista a repercussão da decisão tomada no processo de controle *in abstracto* nos diversos processos de controle concreto.

Dessa forma, tem-se, a nosso ver, uma adequada solução para o difícil problema da convivência entre os dois modelos de controle de constitucionalidade existentes no direito brasileiro, também no que diz respeito à técnica de decisão.

Aludida abordagem responde a uma outra questão intimamente vinculada a esta. Trata-se de saber se o STF poderia, ao apreciar recurso extraordinário, declarar a inconstitucionalidade com efeitos limitados.

Não parece haver dúvida de que, tal como já exposto, a limitação de efeito é um apanágio do controle judicial de constitucionalidade, podendo ser aplicado tanto no controle direto quanto no controle incidental.

---

[49] Cf. Medeiros, *A Decisão de Inconstitucionalidade, cit.*, p. 748.

Na jurisprudência do STF pode-se identificar uma tímida tentativa, levada a efeito em 1977, no sentido de, com base na doutrina de Kelsen e em concepções desenvolvidas no direito americano, abandonar a teoria da nulidade em favor da chamada teoria da anulabilidade para o caso concreto.

Em verdade, no caso específico, considerou o Relator, Leitão de Abreu, que a matéria não comportava a aplicação da doutrina restritiva, pois, ao celebrar o negócio jurídico, o recorrido não tomara em consideração a regra posta no ato legislativo declarado inconstitucional (*RTJ* 82, p. 795/6). Assim, parece claro que toda argumentação desenvolvida por Leitão de Abreu, na espécie, não passa de *obiter dictum*.

Segundo essa concepção, a lei inconstitucional não poderia ser considerada nula, porque, tendo sido editada regularmente, gozaria de presunção de constitucionalidade, e sua aplicação continuada produziria consequências que não poderiam ser olvidadas. A lei inconstitucional não seria, portanto, nula *ipso jure*, mas apenas anulável. A declaração de inconstitucionalidade teria, assim, caráter constitutivo. Da mesma forma que o legislador poderia dispor sobre os efeitos da lei inconstitucional, seria facultado ao Tribunal reconhecer que a lei aplicada por longo período haveria de ser considerada como fato eficaz, apto a produzir consequências pelo menos nas relações jurídicas entre pessoas privadas e o Poder Público. Esse seria também o caso se, com a cassação de um ato administrativo, se configurasse uma quebra da segurança jurídica e do princípio da boa-fé[50].

É interessante registrar a síntese da argumentação desenvolvida por Leitão de Abreu:

"*Hans Kelsen, enfrentando o problema, na sua General Theory of Law and State, inclina-se pela opinião que dá pela anulabilidade, não pela nulidade da lei inconstitucional. Consigna ele, em nota que figura à p. 160, desse livro: The void ab initio theory is not generally accepted.(Cf. for instance Chief Justice Hughes in Chicot County Drainage District v. Baxter State Bank, 308, U. S. 371 (1940)). The best formulation of the problem is to be found in Wellington et al. Petitioners, 16 Piock. 87 (Mass., 1834), at 96: 'Perhaps, however, it may be well doubted whether a formal act of legislation can ever with strict legal propriety be said to be void; It seems more consistent with the nature of the subject, and the principles apliccable to analogous cases, to treat it as voidable'. Com base nessa orientação jurisprudencial, escreve o famoso teórico do direito: 'A decisão tomada pela autoridade competente de que algo que se apresenta como norma é nulo ab initio, porque preenche os requisitos da nulidade determinados pela ordem jurídica, é um ato constitutivo; possui um efeito legal definido; sem esse ato e antes dele o fenômeno em questão não pode ser considerado 'nulo'. Donde não se tratar de decisão 'declaratória', não constituindo, como se afigura, declaração de nulidade: é uma verdadeira anulação, uma anulação com força retroativa, pois se faz mister haver legalmente existente a que a decisão se refira. Logo o fenômeno em questão não pode ser algo nulo ab initio, isto é, o não ser legal. É preciso que esse algo seja considerado como uma força anulada com força retroativa pela decisão que a declarou nula ab initio' (Ob. cit., p. 161). Acertado se me afigura, também, o entendimento de que se não deve ter como nulo ab initio ato legislativo que entrou no mundo jurídico munido de presunção de validade, impondo-se, em razão disso, enquanto não declarado inconstitucional, à obediência pelos destinatários dos seus comandos. Razoável é a inteligência, a meu ver, de que se cuida, em verdade de ato anulável, possuindo caráter constitutivo a decisão que decreta nulidade. Como, entretanto, em princípio, os efeitos dessa decisão operam retroativamente, não se resolve, com isso, de modo pleno, a questão de saber se é mister haver como delitos do orbe jurídico atos ou fatos verificados em conformidade com a norma que haja sido pronunciada como inconsistente com a ordem constitucional. Tenho que procede a tese, consagrada pela corrente discrepante, a que se refere o Corpus Juris Secundum, de que a lei inconstitucional é um fato eficaz, ao menos antes da determinação de inconstitucionalidade, podendo ter consequências que não é lícito ignorar. A tutela da boa-fé exige que, em determinadas circunstâncias, notadamente quando, sob a lei ainda não declarada inconstitucional, se estabeleceram relações entre o particular e o poder público, se apure, prudencialmente, até que ponto a retroatividade da decisão, que decreta a inconstitucionalidade, pode atingir, prejudicando-o, o agente que teve por legítimo o ato e, fundado nele, operou na presunção de que estava procedendo sob o amparo do direito objetivo*"[51].

---

[50] RE 79.343, Rel. Min. Leitão de Abreu, *RTJ* 82, p. 795.
[51] RE 79.343, Rel. Min. Leitão de Abreu, *RTJ* 82, p. 794/5.

Garantias penais e processuais-penais **527**

Essa posição não provocou qualquer mudança na jurisprudência sobre a nulidade *ipso jure*. E, em verdade, é possível até que não fosse apta a provocar qualquer mudança. É que o próprio relator, Leitão de Abreu, ao julgar o RE 93.356, em 24 de março de 1981, destacou, *verbis*:

"Nos dois casos, a tese por mim sustentada pressupunha a existência de situação jurídica formalmente constituída, com base em ato praticado, de boa-fé, sob a lei que só posteriormente veio a ser declarada inconstitucional. Ora, como assinala, com precisão o parecer da Procuradoria-Geral da República, não é esse o caso dos autos, pois que o poder público não chegou a reconhecer ao recorrente o direito ao cômputo do tempo de serviço, a que reporta"[52].

Orientação semelhante já havia sido adotada no primeiro precedente (RE 79.343, Rel. Min. Leitão de Abreu, *RTJ* 82, p. 791 ss), tendo sido realçado que não havia falar-se de proteção de boa-fé, pois restara claro que, ao concluir o negócio jurídico, não tomara o recorrido em consideração a regra posta no ato legislativo posteriormente declarado inconstitucional.

Assim, talvez seja lícito dizer que Leitão de Abreu limitou-se a propor uma reflexão sobre o tema da limitação dos efeitos, no caso concreto, a ser aplicada em alguma questão apropriada. Nessa parte, as considerações por ele trazidas equivalem a simples *obiter dicta*. Ressalte-se, porém, que, se aceita a tese esposada por Leitão, ter-se-ia a possibilidade de limitação de efeitos da decisão no próprio controle incidental ou da decisão *in concreto*. Em outras palavras, o Tribunal poderia declarar a inconstitucionalidade, incidentalmente, com eficácia restrita, o que daria ensejo à aplicação da norma inconstitucional no caso concreto. Tanto quanto é possível depreender da argumentação desenvolvida por Leitão de Abreu, a opção por uma declaração de inconstitucionalidade com efeito limitado decorreria de critérios de conveniência ou de política judiciária, tal como admitido no direito americano.

Diferentemente da posição externada por Leitão de Abreu, entendo que o princípio da nulidade enquanto cláusula não escrita continua a ter plena aplicação entre nós.

Não se nega, pois, caráter de princípio constitucional ao princípio da nulidade da lei inconstitucional. Entende-se, porém, que tal princípio não poderá ser aplicado nos casos em que se revelar absolutamente inidôneo para a finalidade perseguida (casos de omissão; exclusão de benefício incompatível com o princípio da igualdade), bem como nas hipóteses em que a sua aplicação pudesse trazer danos para o próprio sistema jurídico constitucional (grave ameaça à segurança jurídica).

Assim, configurado eventual conflito entre o princípio da nulidade e o princípio da segurança jurídica, que, entre nós, tem *status* constitucional, a solução da questão há de ser, igualmente, levada a efeito em um processo de complexa ponderação.

Desse modo, em muitos casos, há de se preferir a declaração de inconstitucionalidade com efeitos restritos à insegurança jurídica de uma declaração de nulidade, como demonstram os múltiplos exemplos do direito comparado e do nosso direito.

A aceitação do princípio da nulidade da lei inconstitucional não impede, assim, que se reconheça a possibilidade de adoção, entre nós, de uma declaração de inconstitucionalidade alternativa. É o que demonstra a experiência do direito comparado, acima referida. Ao revés, a adoção de uma decisão alternativa é inerente ao modelo de controle de constitucionalidade amplo, que exige, ao lado da tradicional decisão de perfil cassatório com eficácia retroativa, também decisões de conteúdo outro, que não importem, necessariamente, na eliminação direta e imediata da lei do ordenamento jurídico.

Acentue-se, desde logo, que, no direito brasileiro, jamais se aceitou a ideia de que a nulidade da lei importaria na eventual nulidade de todos os atos que com base nela viessem a ser praticados. Embora a ordem jurídica brasileira não disponha de preceitos semelhantes aos constantes

---

[52] RE 93.356, Rel. Min. Leitão de Abreu, *RTJ* 97, p. 1.369.

do § 79 da Lei do *Bundesverfassungsgericht*, que prescreve a intangibilidade dos atos não mais suscetíveis de impugnação, não se deve supor que a declaração de nulidade afete, entre nós, todos os atos praticados com fundamento na lei inconstitucional. É verdade que o nosso ordenamento não contém regra expressa sobre o assunto, aceitando-se, genericamente, a ideia de que o ato fundado em lei inconstitucional está eivado, igualmente, de iliceidade[53]. Concede-se, porém, proteção ao ato singular, em homenagem ao princípio da segurança jurídica, procedendo-se à diferenciação entre o efeito da decisão no plano normativo (*Normebene*) e no plano do ato singular (*Einzelaktebene*) mediante a utilização das chamadas fórmulas de preclusão[54].

Assim, os atos praticados com base na lei inconstitucional que não mais se afigurem suscetíveis de revisão não são afetados pela declaração de inconstitucionalidade.

Vislumbra-se uma exceção expressa a esse entendimento na sentença condenatória penal, uma vez que aqui inexiste prazo, fixado pela legislação ordinária, para a propositura da revisão. Nos termos do art. 621 do Código de Processo Penal, a revisão pode ser proposta a qualquer tempo se a sentença condenatória for contrária a texto expresso da lei penal. Esse fundamento abrange, inequivocamente, a sentença penal condenatória proferida com base na lei inconstitucional[55].

Essa constatação mostra também que a preservação de efeitos dos atos praticados com base na lei inconstitucional passa por uma decisão do legislador ordinário. É ele quem define, em última instância, a existência e os limites das fórmulas de preclusão, fixando *ipso jure* os próprios limites da ideia de retroatividade contemplada no princípio da nulidade.

Como ressaltado, a jurisprudência do Supremo Tribunal Federal procede à diferenciação entre o plano da norma (*Normebene*) e o plano do ato concreto (*Einzelaktebene*) também para excluir a possibilidade de anulação deste em virtude da inconstitucionalidade do ato normativo que lhe dá respaldo.

Admite-se que uma das causas que pode dar ensejo à instauração da ação rescisória no âmbito do processo civil – violação a literal disposição de lei (art. 485, V, do CPC) – contempla, também, a inconstitucionalidade de uma lei na qual se fundou o juiz para proferir a decisão transitada em julgado[56].

Todavia, a rescisão de sentença proferida com base em uma lei considerada inconstitucional somente pode ser instaurada dentro do prazo de dois anos, a contar do trânsito em julgado da decisão (CPC, arts. 485 e 495).

No modelo consagrado pelo § 79, (3), da Lei do *Bundesverfassungsgericht*, admite-se a possibilidade de que a execução de sentença calcada em lei inconstitucional seja impugnada mediante embargos à execução (CPC alemão, § 767).

Inicialmente, a impugnação de sentença trânsita em julgado, no sistema brasileiro, somente haveria de se verificar por via de ação rescisória.

Em julgado de 13 de setembro de 1968, explicitou-se essa orientação:

> "*A suspensão da vigência da lei por inconstitucionalidade torna sem efeito todos os atos praticados sob o império da lei inconstitucional. Contudo, a nulidade da decisão judicial transitada em julgado só pode ser declarada por via de ação rescisória, sendo impróprio o mandado de segurança (...)*"[57].

Esse entendimento foi reiterado posteriormente, enfatizando-se que a execução judicial de uma decisão transitada em julgado não pode ser obstada com a oposição de embargos, uma vez

---

[53] Cf., a propósito, RMS 17.976, Rel. Min. Amaral Santos, *RTJ* 55, p. 744.
[54] Cf. Ipsen, Jörn, *Rechtsfolgen der Verfassungswidrigkeit von Norm und Einzelakt*, Baden-Baden, 1980, p. 266 e s. Ver, também, Mendes, Gilmar, *Jurisdição Constitucional*, São Paulo, 2004, p. 305.
[55] HC 45.232, Rel. Min. Themístocles Cavalcanti, *RTJ* 44, p. 322 ss.
[56] RMS 17.976, Rel. Min. Amaral Santos, *RTJ* 55, p. 744 ss; RE 86.056, Rel. Min. Rodrigues Alckmin, *DJ* 01.07.77.
[57] RMS 17.076, Rel. Min. Amaral Santos, *RTJ* 55, p. 744.

que a nulidade dessa decisão deve ser aferida do âmbito da ação rescisória (RE 86.056, Rel. Min. Rodrigues Alckmin, *DJ* 01.01.77). Em acórdão mais recente, ressaltou-se que *"a execução (...) está amparada no respeito à coisa julgada, que se impõe ao Juízo executante, e que impede que, sobre ela (e até que venha a ser regularmente desconstituída a sentença que lhe deu margem), tenha eficácia o acórdão posterior desta Corte"*[58].

A Medida Provisória n. 2.180-35, de 24 de agosto de 2001, introduziu regra segundo a qual, para os fins de execução judicial, *"considera-se inexigível o título judicial fundado em lei ou ato normativo declarados inconstitucionais pelo Supremo Tribunal Federal ou em aplicação ou interpretação tidas por incompatíveis com a Constituição Federal".* (art. 741, parágrafo único do CPC; art. 836, parágrafo único, CLT).

Assim sendo, ressalvada a hipótese de uma declaração de inconstitucionalidade com limitação de efeitos (art. 27, Lei n. 9.868, de 1999), a declaração de inconstitucionalidade (com eficácia *ex tunc*) em relação a sentenças já transitadas em julgado poderá ser invocada, eficazmente, tanto em ação rescisória, como nos embargos à execução.

Às vezes, invoca-se diretamente fundamento de segurança jurídica para impedir a repercussão da decisão de inconstitucionalidade sobre as situações jurídicas concretas.

Nessa linha, tem-se asseverado a legitimidade dos atos praticados por oficiais de justiça investidos na função pública por força de lei posteriormente declarada inconstitucional. No RE 79.620, da relatoria de Aliomar Baleeiro, declarou-se ser *"válida a penhora feita por agentes do Executivo, sob as ordens dos juízes, nos termos da lei estadual de São Paulo s/n., de 3.12.71, mormente se nenhum prejuízo disso adveio para o executado"* (*DJ* 13.12.74; Cf., também, RE 78.809, Rel. Min. Aliomar Baleeiro, *DJ* 11.10.74). Orientação semelhante foi firmada no RE 78.594, da relatoria de Bilac Pinto, assentando-se que, *"apesar de proclamada a ilegalidade da investidura do funcionário público na função de oficial de justiça, em razão da declaração de inconstitucionalidade da lei estadual que autorizou tal designação, o ato por ele praticado é válido"* (*DJ* 4.11.74).

Em outros termos, razões de segurança jurídica podem obstar à revisão do ato praticado com base na lei declarada inconstitucional.

Registre-se ainda, por amor à completude, que a jurisprudência do STF contempla, ainda, uma peculiaridade no que se refere aos efeitos da decisão que declara a inconstitucionalidade da lei concessiva de vantagens a segmentos do funcionalismo, especialmente aos magistrados. Anteriormente já havia o STF afirmado que *"a irredutibilidade dos vencimentos dos magistrados garante, sobretudo, o direito que já nasceu e que não pode ser suprimido sem que sejam diminuídas as prerrogativas que suportam o seu cargo"*[59].

Por essa razão, tal garantia superaria o próprio efeito *ex tunc* da declaração de inconstitucionalidade da norma (RE 105.789, Rel. Min. Carlos Madeira, *RTJ* 118, p. 301). Decisão publicada em 8.4.1994, também relativa à remuneração de magistrados, retrata entendimento no sentido de que a *"retribuição declarada inconstitucional não é de ser devolvida no período de validade inquestionada da lei declarada inconstitucional – mas tampouco paga após a declaração de inconstitucionalidade"*[60].

Essa tentativa, um tanto quanto heterodoxa, de preservar as vantagens pecuniárias já pagas a servidores públicos, com base numa lei posteriormente declarada inconstitucional, parece carecer de fundamentação jurídica consistente em face da doutrina da nulidade da lei inconstitucional. Ela demonstra, ademais, que o Tribunal, na hipótese, acabou por produzir uma mitigação de efeitos com base em artifícios quase que exclusivamente retóricos. Mais apropriado seria reconhecer que, nos casos referidos, a retroatividade plena haveria de ser afastada com fundamento no princípio da segurança jurídica, que, como se sabe, também entre nós é dotado de hierarquia constitucional.

---

[58] RCL 148, Rel. Min. Moreira Alves, *RTJ* 109, p. 463.
[59] RE 105.789, Rel. Min. Carlos Madeira, *RTJ* 118, p. 301.
[60] RE 122.202, Rel. Min. Francisco Rezek, *DJ* 08.04.94.

Não se afirme que, sob a Constituição de 1988, o STF teria rejeitado a possibilidade de adotar a técnica de decisão com efeitos limitados.

De forma direta, a questão da limitação dos efeitos foi colocada perante o STF, inicialmente na ADI 513, proposta contra dispositivo da Lei n. 8.134, de 1990, que instituía índice de correção aplicável a imposições tributárias anteriormente fixadas (art. 11, parágrafo único). Célio Borja cuidou, fundamentalmente, de indagar acerca da eventual ocorrência de "excepcional interesse social" que legitimasse o afastamento do princípio da nulidade da lei inconstitucional, *verbis*:

> *"Alegação de só poder ter efeito ex nunc a decisão que nulifica lei que instituiu ou aumentou tributo auferido pelo tesouro e já aplicado em serviços ou obras públicas. Sua inaplicabilidade à hipótese dos autos que não cogita, exclusivamente, de tributo já integrado ao patrimônio público, mas, de ingresso futuro a ser apurado na declaração anual do contribuinte e recolhido posteriormente. Também não é ela atinente a eventual restituição de imposto pago a maior, porque está prevista em lei e terá seu valor reduzido pela aplicação de coeficiente menos gravoso.*
>
> *Não existe ameaça iminente à solvência do tesouro, à continuidade dos serviços públicos ou a algum bem política ou socialmente relevante, que justifique a supressão, in casu, do efeito próprio, no Brasil, do juízo de inconstitucionalidade da norma, que é a sua nulidade. É de repelir-se, portanto, a alegada ameaça de lacuna jurídica ameaçadora (bedrohliche Rechtslucke)"[61]*

Nesses termos, ainda que Célio Borja tenha, no caso concreto sob exame, negado a ocorrência dos pressupostos aptos a afastar a incidência do princípio da nulidade da lei inconstitucional, não negou ele a legitimidade de proceder-se a uma tal ponderação.

É verdade, na ADI 1.102, julgada em 5 de outubro de 1995, Maurício Corrêa tornou manifesta sua preocupação com o problema:

> *"Creio não constituir-se afronta ao ordenamento constitucional exercer a Corte política judicial de conveniência, se viesse a adotar sistemática, caso por caso, para a aplicação de quais os efeitos que deveriam ser impostos, quando, como nesta hipótese, defluísse situação tal a recomendar, na salvaguarda dos superiores interesses do Estado e em razão da calamidade dos cofres da Previdência Social, se buscasse o dies a quo, para a eficácia dos efeitos da declaração de inconstitucionalidade, a data do deferimento da cautelar.*
>
> *(...)*
>
> *Ressalvada a minha posição pessoal quanto aos efeitos para a eficácia da decisão que, em nome da conveniência e da relevância da segurança social, seriam a partir da concessão da cautelar deferida em 9 de setembro de 1994, e acolhendo a manifestação do Procurador-Geral da República, julgo procedentes as Ações Diretas de Inconstitucionalidade n. 1.102-2, 1.108-1 e 1.116-2, para, confirmando a liminar concedida pela maioria, declarar a inconstitucionalidade das expressões 'empresários' e 'autônomos' contidas no inciso I do artigo 22 da Lei n. 8.212, de 25 de julho de 1991"[62].*

É expressivo, a propósito da limitação dos efeitos, o voto de Sepúlveda Pertence, *verbis*:

> *"De logo – a observação é de Garcia de Enterría – a consequente eficácia ex tunc da pronúncia de inconstitucionalidade gera, no cotidiano da Justiça Constitucional, um sério inconveniente, que é o de levar os tribunais competentes, até inconscientemente, a evitar o mais possível a declaração de invalidade da norma, à vista dos efeitos radicais sobre o passado.*
>
> *O caso presente, entretanto, não é adequado para suscitar a discussão.*
>
> *O problema dramático da eficácia ex tunc da declaração de inconstitucionalidade surge, quando ela vem surpreender uma lei cuja validade, pelo menos, era 'dada de barato', e de repente, passados tempos, vem a Suprema Corte a declarar-lhe a invalidez de origem. Não é este o caso: a incidência da contribuição social sobre a remuneração de administradores, autônomos e avulsos vem sendo questionada desde a vigência da Lei 7.787, e creio que, nas vias do controle difuso, poucas terão sido as decisões favoráveis à Previdência Social. (...)*

---

[61] ADI 513, Rel. Min. Célio Borja, *RTJ* 141, p. 739.
[62] ADI 1.102, Rel. Min. Maurício Corrêa, *DJ* 17.11.95.

*Sou em tese favorável a que, com todos os temperamentos e contrafortes possíveis e para situações absoluta-
mente excepcionais, se permita a ruptura do dogma da nulidade ex radice da lei inconstitucional,
facultando-se ao Tribunal protrair o início da eficácia erga omnes da declaração. Mas, como aqui já se
advertiu, essa solução, se generalizada, traz também o grande perigo de estimular a inconstitucionalidade*[63].

Entendeu-se, portanto, quando do julgamento da ADI 1.102, que, embora aceitável, em
tese, a discussão sobre a restrição de efeitos, o caso não se mostrava adequado, tendo em vista que
modelo legal adotado vinha sendo sistematicamente impugnado no Judiciário, inclusive no âmbito do próprio Supremo Tribunal Federal.

Observe-se que, em decisão de 23 de março de 1994, no julgamento do HC 70.514 (Rel.
Sydney Sanches, *DJ* 27.06.97), teve o STF oportunidade de ampliar a já complexa tessitura das
técnicas de decisão no controle de constitucionalidade, admitindo que lei que concedia prazo
em dobro para a Defensoria Pública era de ser considerada constitucional enquanto esses órgãos
não estivessem devidamente habilitados ou estruturados.

Assim, o Relator, Sydney Sanches, ressaltou que a inconstitucionalidade do § 5º do art. 5º
da Lei n. 1.060, de 5 de fevereiro de 1950, acrescentado pela Lei n. 7.871, de 8 de novembro de
1989, não haveria de ser reconhecida, no ponto em que confere prazo em dobro, para recurso, às
Defensorias Públicas, "ao menos até que sua organização, nos Estados, alcance o nível da organização do respectivo Ministério Público"[64].

Da mesma forma pronunciou-se Moreira Alves, como se pode depreender da seguinte passagem de seu voto, no julgamento do HC 70.514:

*"A única justificativa, Sr. Presidente, que encontro para esse tratamento desigual em favor da Defensoria Públi-
ca em face do Ministério Público é a de caráter temporário: a circunstância de as Defensorias Públicas ainda
não estarem, por sua recente implantação, devidamente aparelhadas como se acha o Ministério Público.*

*Por isso, para casos como este, parece-me deva adotar-se a construção da Corte Constitucional alemã no
sentido de considerar que uma lei, em virtude das circunstâncias de fato, pode vir a ser inconstitucional,
não o sendo, porém, enquanto essas circunstâncias de fato não se apresentarem com a intensidade necessária para que se tornem inconstitucionais.*

*Assim, a lei em causa será constitucional enquanto a Defensoria Pública, concretamente, não estiver or-
ganizada com a estrutura que lhe possibilite atuar em posição de igualdade com o Ministério Público,
tornando-se inconstitucional, porém, quando essa circunstância de fato não mais se verificar".*

Afigura-se, igualmente, relevante destacar o voto de Sepúlveda Pertence, que assim feriu a
questão no mesmo *Habeas Corpus*:

*"No Habeas Corpus 67.930, quando o Tribunal afirmou a subsistência, sob a Constituição de 88, da legitima-
ção de qualquer do povo, independentemente de qualificação profissional e capacidade postulatória, para a
impetração de habeas corpus, tive a oportunidade de realçar essa situação de fato da Defensoria Pública.*

*E, por isso, ao acompanhar o eminente Relator acentuei que, dada essa pobreza dos serviços da Assistên-
cia Judiciária, e até que ela venha a ser superada, a afirmação da indispensabilidade do advogado, para
requerer habeas corpus, que seria o ideal, viria, na verdade, a ser um entrave de fato, à salvaguarda imediata da liberdade.*

*Agora, em situação inversa, também esse mesmo estado de fato me leva, na linha dos votos até aqui pro-
feridos, com exceção do voto do Ministro Marco Aurélio – a quem peço vênia –, a acompanhar o eminente Relator e rejeitar a prejudicial de inconstitucionalidade rebus sic stantibus".*

Ressalvou-se, portanto, de forma expressa, a possibilidade de que o Tribunal pudesse vir a
declarar a inconstitucionalidade da disposição em apreço, uma vez que a afirmação sobre a legitimidade da norma assentava-se em uma circunstância de fato que se modifica no tempo.

---

[63] ADI 1.102, Rel. Min. Maurício Corrêa, *DJ* 17.11.95.
[64] HC 70.514, Rel. Min. Sydney Sanches, *DJ* 27.06.97.

Posteriormente, em 19 de maio de 1998, no Recurso Extraordinário Criminal n. 147.776, da relatoria de Sepúlveda Pertence, o tema voltou a ser agitado de forma pertinente. A ementa do acórdão revela, por si só, o significado da decisão para atual evolução das técnicas de controle de constitucionalidade:

"Ministério Público: Legitimação para promoção, no juízo cível, do ressarcimento do dano resultante de crime, pobre o titular do direito à reparação: C. Pr. Pen. art. 68, ainda constitucional (cf. RE 135.328): processo de inconstitucionalização das leis.

1. A alternativa radical da jurisdição constitucional ortodoxa entre a constitucionalidade plena e a declaração de inconstitucionalidade ou revogação por inconstitucionalidade da lei com fulminante eficácia ex tunc faz abstração da evidência de que a implementação de uma nova ordem constitucional não é um fato instantâneo, mas um processo, no qual a possibilidade de realização da norma da Constituição – ainda quanto teoricamente não se cuide de preceito de eficácia limitada – subordina-se muitas vezes a alterações da realidade fáctica que a viabilizem.

2. No contexto da Constituição de 1988, a atribuição anteriormente dada ao Ministério Público pelo art. 68 C. Pr. Penal – constituindo modalidade de assistência judiciária – deve reputar-se transferida para a Defensoria Pública: essa, porém, para esse fim, só se pode considerar existente, onde e quando organizada, de direito e de fato, nos moldes do art. 134 da própria Constituição e da lei complementar por ela ordenada: até que – na União ou em cada Estado considerado –, se implemente essa condição de viabilização da cogitada transferência constitucional de atribuições, o art. 68 C. Pr. Pen. será considerado ainda vigente: é o caso do Estado de São Paulo, como decidiu o plenário no RE 135.328"[65]

Revela-se expressiva, para a análise do tema em discussão nestes autos, a seguinte passagem do voto de Pertence:

"O caso mostra, com efeito, a inflexível estreiteza da alternativa da jurisdição constitucional ortodoxa, com a qual ainda jogamos no Brasil: consideramo-nos presos ao dilema entre a constitucionalidade plena e definitiva da lei ou a declaração de sua inconstitucionalidade com fulminante eficácia ex tunc; ou ainda, na hipótese de lei ordinária pré-constitucional, entre o reconhecimento da recepção incondicional e a da perda de vigência desde a data da Constituição.

Essas alternativas radicais – além dos notórios inconvenientes que gera – faz abstração da evidência de que a implementação de uma nova ordem constitucional não é um fato instantâneo, mas um processo, no qual a possibilidade da realização da norma da Constituição – ainda quando teoricamente não se cuide de um preceito de eficácia limitada –, subordina-se muitas vezes a alterações da realidade fáctica que a viabilizem.

É tipicamente o que sucede com as normas constitucionais que transferem poderes e atribuições de uma instituição preexistente para outra criada pela Constituição, mas cuja implantação real pende não apenas de legislação infraconstitucional, que lhe dê organização normativa, mas também de fatos materiais que lhe possibilitem atuação efetiva.

Isso o que se passa com a Defensoria Pública, no âmbito da União e no da maioria das Unidades da Federação.

Certo, enquanto garantia individual do pobre e correspondente dever do Poder Público, a assistência judiciária alçou-se ao plano constitucional desde o art. 141, § 35, da Constituição de 1946 e subsistiu nas cartas subsequentes (1967, art. 150, § 32; 1969, art. 153, § 32) e na Constituição em vigor, sob a forma ampliada de 'assistência jurídica integral' (art. 5º, LXXIV).

Entretanto, é inovação substancial do texto de 1988 a imposição à União e aos Estados da instituição da Defensoria Pública, organizada em carreira própria, com membros dotados da garantia constitucional da inamovibilidade e impedidos do exercício privado da advocacia.

O esboço constitucional da Defensoria Pública vem de ser desenvolvido em cores fortes pela LC 80, de 12.1.94, que, em cumprimento do art. 134 da Constituição, 'organiza a Defensoria Pública da União, do Distrito Federal e dos Territórios e prescreve normas gerais para sua organização nos Estados'. Do diploma

---

[65] DJ de 19.6.1998.

Garantias penais e processuais-penais **533**

se infere a preocupação de assimilar, quanto possível, o estatuto da Defensoria e o dos seus agentes aos do Ministério Público: assim, a enumeração dos mesmos princípios institucionais de unidade, indivisibilidade e independência funcional (art. 3º); a nomeação a termo, por dois anos, permitida uma recondução, do Defensor Público Geral da União (art. 6º) e do Distrito Federal (art. 54); a amplitude das garantias e prerrogativas outorgadas aos Defensores Públicos, entre as quais, de particular importância, a de 'requisitar de autoridade pública e de seus agentes exames, certidões, perícias, vistorias, diligências, processos, documentos, informações, esclarecimentos e providências necessárias ao exercício de suas atribuições' (arts. 43, X; 89, X e 128, X).

A Defensoria Pública ganhou, assim, da Constituição e da lei complementar, um equipamento institucional incomparável – em termos de adequação às suas funções típicas –, ao dos agentes de outros organismos públicos – a exemplo da Procuradoria de diversos Estados –, aos quais se vinha entregando individualmente, sem que constituíssem um corpo com identidade própria, a atribuição atípica da prestação de assistência judiciária aos necessitados.

Ora, no direito pré-constitucional, o art. 68 C. Pr. Pen. – ao confiá-lo ao Ministério Público –, erigiu em modalidade específica e qualificada de assistência judiciária o patrocínio em juízo da pretensão reparatória do lesado pelo crime.

Estou em que, no contexto da Constituição de 1988, essa atribuição deva efetivamente reputar-se transferida do Ministério Público para a Defensoria Pública: essa, porém, para esse fim, só se pode considerar existente, onde e quando organizada, de direito e de fato, nos moldes do art. 134 da própria Constituição e da lei complementar por ela ordenada: até que – na União ou em cada Estado considerado –, se implemente essa condição de viabilização da cogitada transferência constitucional de atribuições, o art. 68 C. Pr. Pen. será considerado ainda vigente.

O caso concreto é de São Paulo, onde, notoriamente, não existe Defensoria Pública, persistindo a assistência jurídica como tarefa atípica de Procuradores do Estado.

O acórdão – ainda não publicado – acabou por ser tomado nesse sentido por unanimidade, na sessão plenária de 1.6.94, com a reconsideração dos votos antes proferidos em contrário.

Ora, é notório, no Estado de São Paulo a situação permanece a mesma considerada no precedente: à falta de Defensoria Pública instituída e implementada segundo os moldes da Constituição, a assistência judiciária continua a ser prestada pela Procuradoria-Geral do Estado ou, na sua falta, por advogado".

Fica evidente, pois, que o STF deu um passo significativo rumo à flexibilização das técnicas de decisão no juízo de controle de constitucionalidade, introduzindo, ao lado da fórmula apodítica da declaração de inconstitucionalidade com equivalência de nulidade, o reconhecimento de um estado imperfeito, insuficiente para justificar a declaração de ilegitimidade da lei ou bastante para justificar a sua aplicação provisória. Expressiva nesse sentido é a observação de Pertence, ao destacar que *"o caso mostra, com efeito, a inflexível estreiteza da alternativa da jurisdição constitucional ortodoxa, com a qual ainda jogamos no Brasil: consideramo-nos presos ao dilema entre a constitucionalidade plena e definitiva da lei ou a declaração de sua inconstitucionalidade com fulminante eficácia* ex tunc; *ou ainda, na hipótese de lei ordinária pré-constitucional, entre o reconhecimento da recepção incondicional e a da perda de vigência desde a data da Constituição."* Daí observar, ainda, os reflexos dessa orientação no plano da segurança jurídica, ao enfatizar que essas *"alternativas radicais – além dos notórios inconvenientes que gera – faz abstração da evidência de que a implementação de uma nova ordem constitucional não é um fato instantâneo, mas um processo, no qual a possibilidade da realização da norma da Constituição – ainda quando teoricamente não se cuide de um preceito de eficácia limitada –, subordina-se muitas vezes a alterações da realidade fáctica que a viabilizem"*[66].

É inegável que a opção desenvolvida pelo STF inspira-se diretamente no uso que a Corte Constitucional alemã faz do "apelo ao legislador", especialmente nas situações imperfeitas ou no "processo de inconstitucionalização". Nessas hipóteses, avalia-se, igualmente, que, tendo em vista

---

[66] RECrim 147.776, Rel. Min. Sepúlveda Pertence, *DJ* de 19.6.1998.

razões de segurança jurídica, a supressão da norma poderá ser mais danosa para o sistema do que a sua preservação temporária.

Não há negar, ademais, que, aceita a ideia da situação "ainda constitucional", deverá o Tribunal, se tiver que declarar a inconstitucionalidade da norma, em outro momento, fazê-lo com eficácia restritiva ou limitada. Em outros termos, o "apelo ao legislador" e a declaração de inconstitucionalidade com efeitos limitados ou restritos estão muito próximos do prisma conceitual ou ontológico.

Essas considerações demonstram que razões de segurança jurídica podem revelar-se aptas a justificar a não aplicação do princípio da nulidade da lei inconstitucional.

Nesses termos, resta evidente que a norma contida no art. 27 da Lei 9.868, de 1999, tem caráter fundamentalmente interpretativo, desde que se entenda que os conceitos jurídicos indeterminados utilizados – segurança jurídica e excepcional interesse social – se revestem de base constitucional. No que diz respeito à segurança jurídica, parece não haver dúvida de que encontra expressão no próprio princípio do Estado de Direito consoante, amplamente aceito pela doutrina pátria e alienígena. Excepcional interesse social pode encontrar fundamento em diversas normas constitucionais. O que importa assinalar é que, consoante a interpretação aqui preconizada, o princípio da nulidade somente há de ser afastado se se puder demonstrar, com base numa ponderação concreta, que a declaração de inconstitucionalidade ortodoxa envolveria o sacrifício da segurança jurídica ou de outro valor constitucional materializável sob a forma de interesse social[67].

Observe-se que sequer o argumento de que a existência de uma decisão alternativa acabaria por debilitar a aplicação da norma constitucional há de ter acolhida aqui. Como observa Garcia de Enterría, se não se aceita o pronunciamento prospectivo, não se declara a inconstitucionalidade de um número elevado de leis, permitindo que se crie um estado de *greater restraint*[68]. Tudo indica, pois, que é a ausência de uma técnica alternativa à simples declaração de nulidade que pode enfraquecer a aplicação da norma constitucional.

Portanto, o princípio da nulidade continua a ser a regra também no direito brasileiro. O afastamento de sua incidência dependerá de um severo juízo de ponderação que, tendo em vista análise fundada no princípio da proporcionalidade, faça prevalecer a ideia de segurança jurídica ou outro princípio constitucionalmente relevante manifestado sob a forma de interesse social relevante. Assim, aqui, como no direito português, a não aplicação do princípio da nulidade não se há de basear em consideração de política judiciária, mas em fundamento constitucional próprio.

No caso em tela, observa-se que eventual declaração de inconstitucionalidade com efeito *ex tunc* ocasionaria repercussões em todo o sistema vigente.

Anoto que, a despeito do caráter de cláusula geral ou conceito jurídico indeterminado que marca o art. 282 (4), da Constituição portuguesa, a doutrina e jurisprudência entendem que a margem de escolha conferida ao Tribunal para a fixação dos efeitos da decisão de inconstitucionalidade não legitima a adoção de decisões arbitrárias, estando condicionada pelo princípio de proporcionalidade.

A propósito, Rui Medeiros assinala que as três vertentes do princípio da proporcionalidade têm aplicação na espécie (adequação, necessidade e proporcionalidade em sentido estrito).

Peculiar relevo assume a proporcionalidade em sentido estrito na visão de Rui Medeiros:

---

[67] Cf., a propósito do direito português, Medeiros, *A Decisão de Inconstitucionalidade, cit.*, p. 716.

[68] Cf., Garcia de Enterría, *Justicia Constitucional, cit.*, p. 13.

"A proporcionalidade nesta terceira vertente tanto pode ser perspectivada pelo lado da limitação de efeitos como pelo lado da declaração de inconstitucionalidade. Tudo se reconduz, neste segundo caso, a saber se à luz do princípio da proporcionalidade as consequências gerais da declaração de inconstitucionalidade são ou não excessivas. Impõe-se, para o efeito, ponderação dos diferentes interesses em jogo, e, concretamente, o confronto entre interesses afectado pela lei inconstitucional e aqueles que hipoteticamente seriam sacrificados em consequência da declaração de inconstitucionalidade com eficácia retroactiva e repristinatória.

Todavia, ainda quanto a esta terceira vertente do princípio da proporcionalidade, não é constitucionalmente indiferente perspectivar o problema das consequências da declaração de inconstitucionalidade do lado da limitação de efeitos ou do lado da própria declaração de inconstitucionalidade. A declaração de inconstitucionalidade com eficácia **ex tunc** tem, manifestamente prioridade de aplicação. Todo o sistema de fiscalização de constitucionalidade português está orientado para a expurgação de normas inconstitucionais. É, aliás, significativa a recusa de atribuição de força obrigatória geral às decisões de não inconstitucionalidade. Não basta, pois, afirmar que "o Tribunal Constitucional deve fazer um juízo de proporcionalidade, cotejando o interesse na reafirmação da ordem jurídica – que a eficácia ex tunc da declaração plenamente potencia – com o interesse na eliminação do factor de incerteza e de insegurança – que a retroactividade, em princípio, acarreta (Acórdão do Tribunal Constitucional n. 308/93)". É preciso acrescentar que o Tribunal Constitucional deve declarar a inconstitucionalidade com força obrigatória geral e eficácia retroactiva e repristinatória, a menos que uma tal solução envolva o sacrifício excessivo da segurança jurídica, da equidade ou de interesse público de excepcional relevo"[69].

3. Conclusão

Considerando que, reiteradamente, o Tribunal reconheceu a constitucionalidade da vedação de progressão de regime nos crimes hediondos, bem como todas as possíveis repercussões que a declaração de inconstitucionalidade haveria de ter no campo civil, processual e penal, reconheço que, ante a nova orientação que se desenha, a decisão somente poderia ser tomada com eficácia *ex nunc*. É que, como observa Larenz, também a justiça constitucional não se opera sob o paradigma do *"fiat justitia, pereat res publica"*. Assente que se cuida de uma revisão de jurisprudência, de um autêntico *"overruling"*, e entendo que o Tribunal deverá fazê-lo com eficácia restrita. E, certamente, elas não eram – nem deveriam ser consideradas – inconstitucionais, quando proferidas.

Com essas considerações, também eu, Senhor Presidente, declaro a inconstitucionalidade do artigo 2º, § 1º, da Lei n. 8.072, de 1990. Faço isso, com efeito *ex nunc,* nos termos do artigo 27 da Lei n. 9.868, de 1999, que entendo aplicável à espécie. Ressalto que esse efeito *ex nunc* deve ser entendido como aplicável às condenações que envolvam situações ainda suscetíveis de serem submetidas ao regime de progressão.

Defiro a ordem de *habeas corpus*, para que se devolva ao juízo de origem o exame acerca do preenchimento pelo paciente das condições para a progressão de regime.

Relativamente aos outros dois aspectos abordados no presente *habeas corpus* – o enquadramento do atentado violento ao pudor como crime hediondo[70] e a aplicação da causa de aumento

---

[69] Medeiros, *A Decisão de Inconstitucionalidade*, cit., p. 703/704.

[70] Já se encontra assentado na jurisprudência deste Supremo Tribunal Federal que os crimes de estupro e de atentado violento ao pudor, tanto nas suas formas simples – Código Penal, arts. 213 e 214 – como nas qualificadas (Código Penal, art. 223, *caput* e parágrafo único), são crimes hediondos.
Nesta assentada, não vejo razão para serem afastadas as considerações esposadas pela Ministra Ellen Gracie, no HC 81.288, julgado pelo Plenário da Corte, *verbis*:

– permaneço com a jurisprudência do Supremo Tribunal Federal.

É como voto.

"A Lei n. 8.072, de 25 de julho de 1990, ao relacionar quais os delitos considerados hediondos, foi expressa ao referir o estupro, apondo-lhe, entre parênteses, a capitulação legal: art. 213 e sua combinação com o art. 223, *caput* e parágrafo único. Vale dizer, foi intenção do legislador, ao utilizar-se da conjunção coordenativa aditiva, significar que são considerados hediondos: (1) o estupro em sua forma simples, que, na definição legal, corresponde a: constranger mulher à conjunção carnal, mediante violência ou grave ameaça; (2) o estupro de que resulte lesão corporal de natureza grave; e (3) o estupro do qual resulte a morte da vítima.

A análise sistêmica do artigo 1º da Lei n. 8.072/90 revela a correção desta assertiva, pelo tratamento dado a outros delitos igualmente classificados entre os que merecem especial repúdio do corpo social. Assim, na extorsão (art. 158, parágrafo 2º), no roubo (art. 157, parágrafo 3º, *in fine*), na epidemia (art. 267, parágrafo 1º), o legislador delimitou a reprimenda exclusivamente para a forma qualificada. Não o fez relativamente ao delito de estupro. Assim deliberando, mostrou-se o legislador atento à efetiva gravidade deste crime, raras vezes denunciado, e que produz em suas vítimas tantas sequelas, tão graves e de tão extensa duração. Creio ser possível afirmar, com base científica, não haja no rol do Código Penal, excetuado o próprio homicídio, outra conduta agressiva que sujeite a respectiva vítima a tamanhas consequências nefastas e que tanto se prolonguem no tempo.

Até mesmo a pura análise gramatical, ou literal, do dispositivo nos leva à mesma conclusão. Compõe-se a redação do inciso como segue: 'V – *estupro (art. 213 e sua combinação com o art. 223, caput, parágrafo único)*'. Vale dizer, após o *nomen juris* genérico do delito e, entre parênteses, encontra-se o número que o artigo assumiu no corpo do Código Penal. Seguem-se (e aí estão, a meu sentir, as duas palavras de cuja exata apreensão semântico/estrutural depende a perfeita interpretação de todo o artigo e o deslinde da *mens legis*), a conjunção **e** e o pronome **sua** (combinação etc.)" (HC 81.288, Rel. p/ acórdão Min. Carlos Velloso, *DJ* 25.04.03).

E concluiu magistralmente a Ministra:

"De tudo, é possível concluir que, não fora a expressa inclusão do delito, em sua forma simples, entre os que o artigo 1º da Lei n. 8.072/90 reputou hediondos, como procurei demonstrar no início deste voto, e, ainda assim, seria viável afirmar que não existe estupro do qual não resulte lesão de natureza grave.

Na lição do mestre Nelson Hungria, em caso de lesão corporal '*não se trata, como o nomen juris poderia sugerir, prima facie, apenas do mal infligido à inteireza anatômica da pessoa. Lesão corporal compreende toda e qualquer ofensa ocasionada à normalidade funcional do corpo ou organismo humano, seja do ponto de vista anatômico, seja do ponto de vista fisiológico ou psíquico. Mesmo a desintegração da saúde mental é lesão corporal, pois a inteligência, a vontade ou a memória dizem com a atividade funcional do cérebro, que é um dos mais importantes órgãos do corpo. Não se concebe uma perturbação mental sem um dano à saúde e é inconcebível um dano à saúde sem um mal corpóreo ou uma alteração do corpo. Quer como alteração da integridade física, quer como perturbação do equilíbrio funcional do organismo (saúde), a lesão corporal resulta sempre de uma violência exercida sobre a pessoa.*'

Para as Profas. Silvia Pimentel, Ana Lucia P. Schitzmeyer e Valéria Pandjiarjian, integrantes do Comitê Latino-Americano e do Caribe para a Defesa dos Direitos da Mulher – CLADEM e do Núcleo de Estudos da Violência da Universidade de São Paulo, "*A violência sexual do estupro, enquanto violência de gênero é fenômeno praticamente universal. Contudo não é inevitável e muito menos incontrolável. Como demonstram estudos transculturais, as relações entre os sexos e as políticas dos sexos diferem radicalmente de sociedade para sociedade, sendo em muito determinadas por complexas configurações de arranjos econômicos, políticos, domésticos e ideológicos.*"

As autoras relembram que "*a polícia, o Ministério Público e o Poder Judiciário não se comportam de forma criativa e ativa em relação a providências que poderiam melhor garantir a efetividade do processo legal*' e enfatizam a necessidade de sensibilização quanto à questão de gênero dos operadores do Direito. A esse propósito, nunca será demasiado louvar a iniciativa pioneira da Associação Internacional de Mulheres Magistradas, que, sob a dedicada coordenação da ilustre Desembargadora Shelma Lombardi de Kato, tem promovido os seminários do projeto 'Jurisprudência da Igualdade', nos quais espaço especial é reservado à divulgação e ênfase na efetiva implementação dos instrumentos internacionais a que nosso País tem apresentado pronta adesão e que têm por objetivo a garantia dos direitos da mulher, em sua acepção ampla de direitos humanos.

Ao repelir a interpretação que afasta do rol dos crimes hediondos o delito de estupro em sua forma simples, estará esta Corte dando à lei sua correta inteligência e ademais e, principalmente, sinalizando que o Estado Brasileiro, para além da simples retórica, estende proteção efetiva às mulheres e crianças vítimas de tal violência e reprime, com a severidade que a sociedade exige, os seus perpetradores."

RE 398.041[1]

Trabalho escravo – Redução à condição análoga à de escravo – Desrespeito à dignidade humana e aos direitos fundamentais – Crime contra a coletividade dos trabalhadores – CF, art. 109, inciso VI – Competência – Justiça Federal.

Cuidam os autos de recurso extraordinário, interposto pelo Ministério Público Federal, contra acórdão do Tribunal Regional Federal da 1ª Região que decidiu ser da competência da Justiça Comum Estadual o processo e julgamento do crime de redução à condição análoga à de escravo, previsto no art. 149 do Código Penal Brasileiro.

O eminente relator assim expôs a sequência dos fatos processuais:

"Em 15 de janeiro de 1992, o Ministério Público Federal denunciou Silvio Caetano de Almeida, fazendeiro, e Raimundo Simião Filho, preposto, por infração aos artigos 149 e 203 do Código Penal.

A denúncia foi recebida em 17 de setembro de 1992 pelo Juiz Federal de Marabá-PA.

Em decisão de 18 de março de 1998, o juiz monocrático determinou a separação do processo relativamente ao corréu Raimundo Simião Filho, prosseguindo, portanto, a ação contra Sílvio Caetano de Almeida.

A sentença, de 23 de junho de 1998, absolveu o réu quanto ao crime do art. 203 do Código Penal, por entender que os atos caracterizadores dessa conduta constituem elementos necessários à configuração do crime de redução à condição análoga à de escravo, aplicando ao caso, por conseguinte, o princípio da consunção. No que se refere ao crime do art. 149 do Código Penal, o juiz condenou o réu, fixando a pena privativa de liberdade em quatro anos de reclusão, a serem cumpridos inicialmente em regime aberto.

Na apelação, o Tribunal Regional Federal da 1ª Região, antes de proceder ao exame de mérito, declarou a incompetência absoluta da justiça federal e anulou todo o processo a partir da decisão que recebera a denúncia, inclusive. A ementa do acórdão tem o seguinte teor:

'PENAL E PROCESSO PENAL. COMPETÊNCIA DA JUSTIÇA FEDERAL NÃO EVIDENCIADA. ART. 149 DO CP. CRIME CONTRA A LIBERDADE PESSOAL. INCOMPETÊNCIA ABSOLUTA.

1. O tipo do art. 149 do CP, redução de trabalhador à condição análoga à de escravo, classificado como crime contra a liberdade individual, não é considerado como crime contra a organização do trabalho, coletivamente considerada, não configurando, portanto, a competência da Justiça Federal – art. 109, VI da CF, Súmula 115 do TFR.

2. Em se tratando de incompetência absoluta, deve ser reconhecida de ofício, com a anulação do processo, a partir do ato de recebimento da denúncia, inclusive. Precedentes deste Regional.

3. Apelação do Réu prejudicada.' (fls. 485)

Inconformado, o Ministério Público Federal interpôs o presente recurso extraordinário, alegando, em suas razões, que o acórdão recorrido viola o disposto no art. 109, VI, da Constituição, visto que, no presente caso, é flagrante a existência de crime contra a organização do trabalho e de crime contra a coletividade dos trabalhadores, justificando-se, portanto, a competência da justiça federal para processar e julgar a infração criminal em exame."

A questão central versada no presente recurso extraordinário, portanto, cinge-se à definição da competência – se da Justiça Comum Estadual ou da Justiça Federal – para processo e julgamento do crime de redução de trabalhadores à condição análoga à de escravo. A controvérsia surge, e encontra sua solução, na interpretação do art. 109, inciso VI, da Constituição, que assim dispõe:

"Art. 109. Aos juízes federais compete processar e julgar:

(...)

VI – os crimes contra a organização do trabalho (...)"

---

[1] Em julgamento realizado no dia 30.11.2006, o Tribunal, por maioria, deu provimento ao recurso, nos termos do voto do Relator, Ministro Joaquim Barbosa, vencidos os Senhores Ministros Cezar Peluso, Carlos Velloso e Marco Aurélio, que negavam-lhe provimento, firmando a competência da justiça estadual para todas as hipóteses em que fosse veiculada a matéria.

A competência da Justiça Federal é induvidosa com relação a alguns dos crimes descritos no Título IV do Código Penal Brasileiro (*"Dos Crimes contra a Organização do Trabalho"*); porém, no caso do crime de redução a condição análoga à de escravo, previsto no *"Capítulo dos Crimes contra a Liberdade Individual"*, especificamente pelo art. 149, ainda persistem as divergências doutrinárias e jurisprudenciais.

A orientação predominante nos tribunais pátrios é no sentido de que compete em regra à Justiça Comum Estadual o processo e julgamento do referido delito. A jurisprudência do Supremo Tribunal Federal está baseada na decisão prolatada nos autos do RE n. 90.042, de relatoria do eminente Min. Moreira Alves, que fixou entendimento segundo o qual "são da competência da Justiça Federal apenas os crimes que ofendam o sistema de órgãos e instituições que preservam, coletivamente, os direitos e deveres dos trabalhadores".

O relator, Min. Joaquim Barbosa, proferiu voto no sentido de afastar a aplicação do referido *leading case*, visto que, naquela oportunidade, o Tribunal teria analisado mera irregularidade na anotação na carteira de trabalho de um único trabalhador, o que justificaria o afastamento da competência da Justiça Federal para julgar o caso. Considerou o relator, no entanto, que, no processo em exame, *"cuida-se de inúmeros trabalhadores a laborar sob escolta, alguns acorrentados, em situação de total violação da liberdade e da autodeterminação de cada um"*, o que estaria a exigir a aplicação do art. 109, VI, da Constituição. Colho trechos da fundamentação do voto do eminente relator:

> *"Em realidade, a expressão 'crimes contra a organização do trabalho' comporta outras dimensões, que vão muito além dos aspectos puramente orgânicos até hoje levados em conta pela doutrina e jurisprudência nacionais. Não se cuida apenas de velar pela preservação de um 'sistema de órgãos e instituições' voltados à proteção coletiva dos direitos e deveres dos trabalhadores.*
>
> *A meu sentir, a 'organização do trabalho' a que alude o dispositivo em discussão deve necessariamente englobar um outro elemento: 'o homem', compreendido na sua mais ampla acepção, abarcando aspectos atinentes à sua liberdade, autodeterminação e dignidade.*
>
> *Com isso quero dizer que quaisquer condutas que possam ser tidas como violadoras não somente do sistema de órgãos e instituições com atribuições para proteger os direitos e deveres dos trabalhadores, mas também do homem trabalhador, atingindo-o nas esferas que lhe são mais caras, em que a Constituição lhe confere proteção máxima, são, sim, enquadráveis na categoria dos crimes contra a organização do trabalho, se praticadas no contexto de relações de trabalho."*

Após tecer considerações doutrinárias sobre o princípio da dignidade humana, o relator assim conclui:

> *"Ora, diante de tão clara opção pelo homem enquanto tal, pela preservação da sua dignidade intrínseca, é inadmissível pensar que o respectivo sistema de organização do trabalho, atividade que dignifica o homem e em que ele se aperfeiçoa completamente, possa ser concebido unicamente à luz do que tradicionalmente se passou a caracterizar como 'órgãos e instituições', excluindo-se dessa relação o ator principal de todo o sistema, isto é, o homem, esse ser dotado de dignidade intrínseca.*
>
> *Não. Data vênia dos que esposam pontos de vista diferentes, entendo que o componente humano, sobretudo em virtude da proteção elevada que a Constituição outorga à sua dignidade, deve, sim, ser considerado elemento indissociável da organização do trabalho.*
>
> *(...)*
>
> *Assim, Senhor Presidente, entendo que, no contexto das relações de trabalho – contexto esse que, como já disse, sofre o influxo do princípio constitucional da dignidade da pessoa humana, o qual ilumina todo o nosso sistema jurídico-constitucional –, a prática do crime previsto no art. 149 do Código Penal se caracteriza como crime contra a organização do trabalho, atraindo, portanto, a competência da justiça federal, na forma do art. 109, VI, da Constituição."*

Após os votos dos Ministros Eros Grau, Carlos Britto e Sepúlveda Pertence, que acompanharam o relator, e dos Ministros Cezar Peluso e Carlos Velloso, que negaram provimento ao recurso, pedi vista dos autos para melhor analisar o problema.

Garantias penais e processuais-penais **539**

A decisão proferida pelo Plenário do Supremo Tribunal Federal, solucionando a controvérsia, foi nestes termos ementada:

EMENTA: DIREITO PENAL E PROCESSUAL PENAL. ART. 149 DO CÓDIGO PENAL. REDUÇÃO À CONDIÇÃO ANÁLOGA À DE ESCRAVO. TRABALHO ESCRAVO. DIGNIDADE DA PESSOA HUMANA. DIREITOS FUNDAMENTAIS. CRIME CONTRA A COLETIVIDADE DOS TRABALHADORES. ART. 109, VI DA CONSTITUIÇÃO FEDERAL. COMPETÊNCIA. JUSTIÇA FEDERAL. RECURSO EXTRAORDINÁRIO PROVIDO. A Constituição de 1988 traz um robusto conjunto normativo que visa à proteção e efetivação dos direitos fundamentais do ser humano. A existência de trabalhadores a laborar sob escolta, alguns acorrentados, em situação de total violação da liberdade e da autodeterminação de cada um, configura crime contra a organização do trabalho. Quaisquer condutas que possam ser tidas como violadoras não somente do sistema de órgãos e instituições com atribuições para proteger os direitos e deveres dos trabalhadores, mas também dos próprios trabalhadores, atingindo-os em esferas que lhes são mais caras, em que a Constituição lhes confere proteção máxima, são enquadráveis na categoria dos crimes contra a organização do trabalho, se praticadas no contexto das relações de trabalho. Nesses casos, a prática do crime prevista no art. 149 do Código Penal (Redução à condição análoga a de escravo) se caracteriza como crime contra a organização do trabalho, de modo a atrair a competência da Justiça federal (art. 109, VI, da Constituição) para processá-lo e julgá-lo. Recurso extraordinário conhecido e provido.

VOTO-VISTA

Instigou-me o fato de que o Tribunal, até o momento deste julgamento, tenha justificado a competência da Justiça Federal na necessidade de se dar uma pronta e rígida resposta ao problema do trabalho escravo em nosso país. Está-se a partir da premissa de que o combate ao trabalho escravo somente será eficaz se protagonizado pelas autoridades federais, criando para o Tribunal quase que uma obrigação moral de decidir nesse sentido. Assim está expresso no voto proferido pelo Ministro Relator:

> *"Senhor Presidente, transcendendo em muito a mera questão de competência, creio que estamos diante de uma das mais dolorosas feridas de nossa sociedade: a incrível e inadmissível persistência de trabalho escravo em nosso país.* **Subjacente à análise do presente processo, portanto, teremos uma tomada de posição desta Corte em relação ao combate ao trabalho escravo, realidade social que se choca frontalmente com diversos princípios fundamentais da Constituição Federal, de que esta Corte é guardiã."**

Em outras palavras, está-se a partir do pressuposto, a meu ver equivocado, de que a polícia e a justiça estaduais, por razões de ordem histórica e cultural, econômica, social ou política, não se mostram dispostas ou não estão aptas para investigar, processar e julgar fatos criminosos cometidos em detrimento dos direitos fundamentais dos trabalhadores. Apenas as autoridades federais – polícia, membros do Ministério Público e juízes – reputadas, dessa forma, mais competentes e confiáveis, poderiam ficar a cargo de tão relevante missão, a de coibir as violações de direitos humanos nas relações de trabalho.

Em suma, a ideia – a meu sentir, preconceituosa – é de que a Justiça Estadual não funciona.

Senhora Presidente. Senhores Ministros. Está claro que o trabalho escravo é uma prática condenada pela sociedade, violadora de toda a ordem constitucional, que possui na dignidade da pessoa humana a sua norma-base (Häberle) e seu valor jurídico supremo (Dürig).

O exercício laboral em condições degradantes e desumanas, como é o caso dos autos, tem sido reprimido nos planos nacional e internacional, por meio dos tratados e convenções de direitos humanos.

A Declaração Universal dos Direitos do Homem e do Cidadão, de 1948, por exemplo, prescreve que *"ninguém será mantido em escravidão ou servidão; a escravidão e o tráfico de escravos serão proibidos em todas as suas formas".* Do mesmo modo, a Organização Internacional do Trabalho, por meio da Convenção n. 29, aprovada na 14ª reunião da Conferência Internacional do Trabalho (Genebra, 1930), adotou diversas proposições relativas ao combate ao trabalho forçado ou obrigatório sob todas as suas formas.

O Estado brasileiro, portanto, está comprometido, nos planos interno e externo, com a erradicação de todo tipo de escravidão, servidão e trabalho forçado que venham a afrontar a dignidade humana. O Estado está incumbido, dessa forma, do dever de criar mecanismos eficazes para a realização desse mister, dentre os quais sobressai a edição de normas de organização e procedimento destinadas a regular a investigação, processo e julgamento dos fatos transgressores dos direitos fundamentais dos trabalhadores.

Porém, isso não leva à conclusão, apodítica, de que o processo e julgamento dos fatos que impliquem situação análoga à escravidão de trabalhadores tenham de estar necessariamente na incumbência da Justiça Federal. Significa apenas que cabe ao Estado brasileiro a criação de mecanismos eficazes para reprimir as lesões aos direitos humanos dos trabalhadores.

Assim, em atenção às exigências internacionais decorrentes dos tratados e convenções dos quais o Brasil é signatário, e em exercício de concretização dos direitos fundamentais assegurados na Constituição de 1988, foi editada a Lei n. 10.803/2003, que modificou o art. 149 do Código Penal, dando nova conformação, mais específica, ao tipo do crime de redução à condição análoga à de escravo. No plano processual, a legislação já conta com normas reguladoras da investigação, processo e julgamento desse crime.

É bem verdade, por outro lado, que é sobre a União que recai a responsabilidade internacional diante do compromisso que tem o Brasil de combater as violações contra os direitos humanos delimitados nos tratados e convenções dos quais é signatário.

O ordenamento jurídico, no entanto, já prevê os mecanismos processuais necessários para os casos – frise-se, excepcionais – nos quais a Justiça Estadual, por motivos vários (insuficiência do aparato persecutório, manipulação política, corrupção etc.), não esteja funcionando de forma eficiente.

A Lei n. 10.446, de 8 de maio de 2002, por exemplo, prevê a possibilidade de investigação, pelo Departamento de Polícia Federal do Ministério da Justiça, sem prejuízo dos órgãos de segurança pública estaduais, dos crimes de repercussão interestadual ou internacional que exijam repressão uniforme, como aqueles relativos *"à violação a direitos humanos, que a República Federativa do Brasil se comprometeu a reprimir em decorrência de tratados internacionais de que seja parte"* (Art. 1º, inciso III).

Ademais, a Emenda Constitucional n. 45/2004 estabeleceu a hipótese de deslocamento da competência para a Justiça Federal para julgamento dos crimes contra os direitos humanos, concedendo à União a responsabilidade nacional para investigar, processar e punir os crimes que incorram em grave ofensa aos direitos humanos.

Assim, o art. 109, V-A e § 5º, dispõe que, nas hipóteses de grave violação de direitos humanos, o Procurador-Geral da República, com a finalidade de assegurar o cumprimento de obrigações decorrentes de tratados internacionais de direitos humanos dos quais o Brasil seja parte, poderá suscitar, perante o Superior Tribunal de Justiça, em qualquer fase do inquérito ou processo, incidente de deslocamento de competência para a Justiça Federal.

O art. 109, V-A e § 5º, inserido na Constituição pela EC n. 45/2004, é objeto das Ações Diretas de Inconstitucionalidade ns. 3.486 e 3.493 (Rel. Min. Sepúlveda Pertence), que aguardam julgamento neste Tribunal. Não obstante, é preciso lembrar que a própria Constituição de 1988, em seu art. 34, VII, *"b"*, sempre previu a hipótese, também excepcional, de intervenção da União nos Estados-membros para assegurar a observância dos direitos da pessoa humana, medida esta igualmente dependente de representação do Procurador-Geral da República (art. 36, III).

Faço essas considerações para esclarecer que não se pode partir do pressuposto equivocado de que o resultado do presente julgamento representará uma tomada de posição deste Tribunal

Garantias penais e processuais-penais **541**

a respeito do trabalho escravo em nosso país, como parece ter pretendido fazer crer, *data venia*, o voto do relator.

O ordenamento jurídico brasileiro já prescreve os mecanismos necessários para a repressão desse tipo de conduta expressamente definida como crime no Código Penal.

A definição da competência – se da Justiça Comum Estadual ou da Justiça Federal – não alterará esse quadro. Aliás, é possível até se cogitar, como o fizeram Velloso e Peluso na sessão anterior, de que as autoridades estaduais, por estarem próximas ao local do crime, podem realizar esse trabalho de forma mais eficiente. Não quero me comprometer com tal argumento, mas tenho como certo de que tanto a Justiça Estadual como a Justiça Federal estão plenamente aptas a processar e julgar o crime de redução à condição análoga à de escravo.

Some-se a isso o entendimento, já perfilhado por esta Corte no julgamento da ADI n. 3.367/DF, Rel. Min. Cezar Peluso, *DJ* 17.3.2006, segundo o qual o Poder Judiciário não é federal, nem estadual, mas um Poder de âmbito nacional, como bem esclarecido pelo seguinte trecho do voto do Ministro Cezar Peluso:

> "(...) O *pacto federativo não se desenha nem expressa, em relação ao Poder Judiciário, de forma normativa idêntica à que atua sobre os demais Poderes da República. Porque a Jurisdição, enquanto manifestação da unidade do poder soberano do Estado, tampouco pode deixar de ser uma e indivisível, é doutrina assente que o Poder Judiciário tem caráter nacional, não existindo, senão por metáforas e metonímias, "Judiciários estaduais" ao lado de um "Judiciário federal".*
>
> *A divisão da estrutura judiciária brasileira, sob tradicional, mas equívoca denominação, em Justiças, é só o resultado da repartição racional do trabalho da mesma natureza entre distintos órgãos jurisdicionais. O fenômeno é corriqueiro, de distribuição de competências pela malha de órgãos especializados, que, não obstante portadores de esferas próprias de atribuições jurisdicionais e administrativas, integram um único e mesmo Poder. Nesse sentido fala-se em Justiça Federal e Estadual, tal como se fala em Justiça Comum, Militar, Trabalhista, Eleitoral, etc., sem que com essa nomenclatura ambígua se enganem hoje os operadores jurídicos."*

O problema posto ao Tribunal no presente recurso diz respeito à interpretação do art. 109, inciso VI, da Constituição, para definir qual o âmbito normativo do dispositivo que prescreve a competência da Justiça Federal para processar e julgar os crimes contra a organização do trabalho.

A solução, a meu ver, está em definir quais são os bens jurídicos penais tutelados. *Por isso, também não me impressiona o argumento, igualmente levantado pelo eminente relator, de que a "organização do trabalho" a que se refere a norma constitucional deve "englobar outro elemento: o homem, compreendido na sua mais ampla acepção, abarcando aspectos atinentes à sua liberdade, autodeterminação e dignidade".*

A própria noção de bem jurídico penal já engloba essa ideia, na medida em que faz referência aos valores da comunidade, que possuem seu núcleo no valor supremo da dignidade da pessoa humana. A função ético-social do Direito Penal, como ensina Hans Welzel, é proteger os valores elementares da vida em comunidade. Dentre esses valores, o penalista alemão ressalta o valor do trabalho, da seguinte forma:

> "(...) uno de los valores humanos más elementales es el trabajo. Su significación puede apreciarse, por una parte, a partir del producto material – de la obra – que genera (valor de resultado del trabajo). Por outra parte, el trabajo posee, ya independientemente de si la obra se logra o no, una significación positiva en la existencia humana. El trabajo como tal, en el ritmo de actividad e inactividad, da plenitud a la vida humana (...)."

Em seguida, prossegue Hans Welzel:

> "Ambas formas de valor (valor de resultado y valor del acto) son importantes para el Derecho Penal. El Derecho Penal quiere proteger antes que nada determinados bienes vitales de la comunidad (valores materiales), como, por ejemplo, la integridad del Estado, la vida, la salud, la libertad, la propiedad, etc. (los llamados bienes jurídicos), de ahí que impone consecuencias jurídicas a su lesión (al desvalor del

resultado). Esta protección de los bienes jurídicos las cumple en cuanto prohíbe y castiga las acciones dirigidas a la lesión de bienes jurídicos. Luego, se impide el desvalor material o de resultado mediante la punición del desvalor de acto. Así asegura la vigencia de los valores de acto ético-sociales de carácter positivo, como el respecto a la vida ajena, a la salud, a la libertad, a la propiedad, etc.

Estos valores del actuar conforme a derecho, arraigados en la permanente conciencia jurídica (es decir, legal, no necesariamente moral) constituyen el transfondo ético-social positivo de las normas jurídico-penales. El Derecho Penal asegura su real acatamiento, en cuanto castiga la inobservancia manifestada a través de acciones desleales, de rebeldía, indignas, fraudulentas. La misión central del Derecho Penal reside, pues, en asegurar la vigencia inquebrantable de estos valores de acto, mediante la comunicación penal y el castigo de la inobservancia de los valores fundamentales del actuar jurídico manifestada efectivamente."[2]

Enfim, conforme as lições de Franz Von Liszt, "*se a missão do Direito é a tutela de interesses humanos, a missão do Direito Penal é a reforçada proteção desses interesses, que principalmente a merecem e dela precisam, por meio da cominação e da execução da pena como mal infligido ao criminoso*"[3]. A proteção de bens jurídicos (valores fundamentais) como missão principal do Direito Penal também encontra-se na doutrina de Claus Roxin[4] e Winfried Hassemer[5].

Nesse sentido, se pudermos afirmar, seguindo Prieto Sanchís[6], que "*toda norma penal constitui um desenvolvimento de direitos*", na medida em que, como ensina Peces-Barba, "*as normas penais fazem parte do subsistema de Direito Penal e ao mesmo tempo do subsistema de direitos fundamentais*"[7], podemos também concluir, agora com Häberle, que "*o Direito Penal pertence ao conteúdo essencial dos direitos fundamentais*"[8].

Portanto, cada norma penal, ao visar à proteção de bens jurídicos fundamentais, está em permanente conexão com a norma fundamental da dignidade da pessoa humana. Trata-se de um "dar e receber", como ensina Häberle[9], entre a dignidade da pessoa humana e os direitos fundamentais individualmente considerados.

Cada norma penal, dessa forma, está marcada por uma diferenciada amplitude e intensidade no que diz com sua conexão com a dignidade humana. Assim, não é preciso muito esforço hermenêutico para concluir que os crimes contra a organização do trabalho constituem o desenvolvimento e a proteção, através do Direito Penal, do valor do trabalho e, com isso, do valor supremo da dignidade da pessoa humana. Isso não é novidade.

A questão, portanto, está em identificar a teleologia da norma constitucional que define a competência da Justiça Federal para processar e julgar os crimes contra a organização do trabalho.

Para tanto, *não creio que seja necessária uma mudança de posição do Tribunal em relação ao entendimento que vem sendo construído desde o precedente do RE n. 90.042/SP.* Na

---

[2] WELZEL, Hans. *Derecho Penal Alemán*. Santiago: Editorial Jurídica de Chile, 1976, p. 11-12.

[3] LISZT, Franz Von. *Tratado de Direito Penal Alemão*. Trad. José Higino Duarte Pereira. Campinas: Russell, 2003, p. 143.

[4] ROXIN, Claus. *La parte General del Derecho Penal sustantivo*. In: ROXIN, Claus; ARZT, Gunther; TIEDEMANN, Klaus. *Introducción al Derecho Penal y al Derecho Procesal Penal*. Barcelona: Ariel, 1989, p. 22.

[5] HASSEMER, Winfried. *Introdução aos fundamentos do Direito Penal*. Porto Alegre: Sergio Antonio Fabris Editor, 2005, p. 55.

[6] PRIETO SANCHÍS, Luis. *La limitación constitucional del legislador penal*. In: Idem. *Justicia Constitucional y Derechos Fundamentales*. Madrid: Trotta, 2003, p. 287.

[7] PECES-BARBA, Gregorio. *Curso de Derechos Fundamentales. Teoría General*. Madrid: Universidad Carlos III; B.O.E, 1999, p. 377.

[8] HÄBERLE, Peter. *La garantia del contenido esencial de los derechos fundamentales*. Madrid: Dykinson, 2003, p. 60.

[9] HÄBERLE, Peter. A dignidade humana como fundamento da comunidade estatal. In: SARLET, Ingo Wolfgang. *Dimensões da Dignidade. Ensaios de Filosofia do Direito e Direito Constitucional*. Porto Alegre: Livraria do Advogado, 2005, p. 129.

Garantias penais e processuais-penais **543**

ocasião, o Ministro Moreira Alves, relator, interpretando o art. 125, VI, das Constituição de 1967/69, assim deixou consignado:

> *"Com efeito, não me parece que o texto constitucional em causa tenha por objetivo carrear para a competência da Justiça Federal Comum todos os crimes que, de alguma forma, digam respeito à relação de trabalho, pelo fato de que os litígios concernentes aos aspectos não criminais dessa relação estão sujeitos, por via de regra, a uma Justiça Federal especializada: a Justiça do Trabalho. Esta se justificaria pelas peculiaridades de natureza processual e de organização de seus órgãos – como a representação paritária de empregadores e empregados nas diferentes instâncias – que não existem no processo comum, nem na organização judiciária estadual. Não é isso o que ocorre em se tratando de crimes de alguma forma vinculados ao trabalho, que se acham capitulados no Código Penal – direito comum –, cuja apuração judicial se faz pelo Código de Processo Penal – também direito comum –, e, com relação aos quais, não se modifica a organização dos órgãos judicantes para o processo e julgamento da ação penal. O que, em realidade, justifica a atribuição de competência, nessa matéria, à Justiça Federal Comum é um interesse de ordem geral – e, por isso mesmo, se atribui à União sua tutela –, na manutenção dos princípios básicos sobre os quais se estrutura o trabalho em todo o país, ou na defesa da ordem pública ou do trabalho coletivo. Daí, aliás, a razão de o texto constitucional haver distinguido o crime contra a organização do trabalho do delito decorrente de greve. Nesse interesse que justifica, a meu ver, a competência da Justiça Federal, em tal terreno, não se enquadram crimes como o de que tratam os presentes autos: deixar o empregador, fraudulentamente, de pagar o salário mínimo a um determinado empregado. Trata-se, aqui, de ato que atenta contra direito individual, mas que não coloca em risco a organização do trabalho. Competente para apreciá-lo é a Justiça Estadual. Em síntese, tenho para mim como certo que o artigo 125, VI, da Constituição Federal atribui competência à Justiça Federal apenas para processar e julgar ações penais relativas a crimes que ofendem o sistema de órgãos e instituições que preservam, coletivamente, os direitos e deveres dos trabalhadores."*

Estou certo de que os crimes contra a organização do trabalho aos quais faz referência o art. 109, VI, da Constituição, não estão resumidos taxativamente no Título IV do Código Penal. Se é possível encontrar crimes definidos nesse título que não correspondem à norma constitucional do art. 109, VI, também é certo que outros crimes definidos na legislação podem configurar, dependendo do caso, crime contra a organização do trabalho.

A questão está, portanto, em identificar qual o bem jurídico afetado; ou seja, como o Ministro Moreira Alves deixou delimitado, se na hipótese existe ofensa ao interesse de ordem geral na manutenção dos princípios básicos sobre os quais se estrutura o trabalho em todo o país.

O Ministro Peluso bem observou em seu voto que o crime de redução de alguém à condição análoga à de escravo nem sempre ocorre no âmbito de uma relação de trabalho. Assim sendo, segundo Peluso, apenas na hipótese de haver um vínculo trabalhista entre criminoso e vítima é que estaria justificada a competência da Justiça Federal. Assim está consignado em seu voto:

> *"Creio que, quando a norma se refere a crimes contra a organização do trabalho, está a tratar daqueles que, típica e essencialmente, dizem respeito a relações de trabalho, e não, aos que, eventualmente, podem ter relações circunstanciais com o trabalho. É que só no primeiro caso se justifica a competência da Justiça Federal, perante o interesse da União no resguardo da específica ordem jurídica concernente ao trabalho."*

O raciocínio do eminente Ministro é plenamente válido para a redação anterior do art. 149 do Código Penal, sem as alterações trazidas pela Lei n. 10.803/2003. O Código Penal, antes da referida alteração, definia a redução à condição análoga à de escravo como crime comum e lhe dava a seguinte redação: "Reduzir alguém à condição análoga à de escravo". O crime poderia ocorrer ou não no âmbito de uma relação de emprego, e qualquer pessoa poderia ser sujeito ativo ou passivo do delito, pois a norma penal não fazia qualquer exigência nesse sentido.

A Lei n. 10.803/2003 deu a seguinte redação ao dispositivo:

> *"Art. 1º O art. 149 do Decreto-Lei n. 2.848, de 7 de dezembro de 1940, passa a vigorar com a seguinte redação:*

"Art. 149. Reduzir alguém a condição análoga à de escravo, quer submetendo-o a trabalhos forçados ou a jornada exaustiva, quer sujeitando-o a condições degradantes de trabalho, quer restringindo, por qualquer meio, sua locomoção em razão de dívida contraída com o empregador ou preposto:

Pena – reclusão, de dois a oito anos, e multa, além da pena correspondente à violência.

§ 1º Nas mesmas penas incorre quem:

I – cerceia o uso de qualquer meio de transporte por parte do trabalhador, com o fim de retê-lo no local de trabalho;

II – mantém vigilância ostensiva no local de trabalho ou se apodera de documentos ou objetos pessoais do trabalhador, com o fim de retê-lo no local de trabalho.

§ 2º A pena é aumentada de metade, se o crime é cometido:

I – contra criança ou adolescente;

II – por motivo de preconceito de raça, cor, etnia, religião ou origem."

Como se vê, além de especificadas as condutas, foram definidos os sujeitos ativos e passivo do crime, que agora passam a ser apenas o empregador e o empregado. Crime próprio, tanto em relação ao sujeito ativo quanto ao passivo, apenas estará configurado quando houver uma relação de trabalho.

Não obstante, se a modificação do preceito primário – que descreve o tipo penal – teve o condão de transformar o crime comum em crime próprio, de forma que, definidos os sujeitos do delito, este apenas ocorrerá no âmbito de uma relação de trabalho, não se pode daí concluir que houve alteração do bem jurídico tutelado pela norma penal, que continua sendo, em princípio, a liberdade individual do trabalhador.

Não vislumbro, portanto, que todo fato que possa ser configurado em tese como crime de redução à condição análoga à de escravo implique uma ofensa ao bem jurídico "organização do trabalho", justificando, em todos os casos, a competência da Justiça Federal, conforme a determinação do art. 109, inciso VI, da Constituição da República.

É certo, deve-se reconhecer, que, tendo em vista o potencial caráter pluriofensivo desse crime, em muitos casos de trabalho escravo de que se tem conhecimento – infelizmente, ainda muito comuns em regiões interioranas rurais deste país – há, indubitavelmente, afronta também a todo um conjunto de princípios de proteção dos direitos trabalhistas.

Existem casos específicos em que o crime – tendo em vista a forma como é cometido, a quantidade de sujeitos envolvidos e a repercussão social causada – deixa de ser uma violação apenas à liberdade individual do trabalhador, passando a constituir uma grave ofensa a vários bens e valores constitucionais que dizem respeito à organização do trabalho.

Não se deve olvidar, porém, as hipóteses, muito comuns, nas quais, configurado o crime de redução à condição análoga à de escravo, não se pode sequer vislumbrar qualquer tipo de ofensa aos princípios que regem a organização do trabalho. Por exemplo, nos casos em que apenas um indivíduo, trabalhador, tem sua liberdade locomoção restringida por qualquer meio em razão de dívida contraída com o empregador. Ou no caso de retenção momentânea de um único trabalhador no local de trabalho por cerceamento de meios de transporte. Há, aqui, ofensa à liberdade individual do trabalhador, mas não à organização do trabalho como um todo. Não há, portanto, transgressão de normas e instituições voltadas à tutela coletiva dos trabalhadores, mas apenas a direitos e interesses individualmente considerados.

Da mesma forma, não se pode perder de vista que a própria estrutura normativa do tipo penal descrito no art. 149 do Código Penal pode dar ensejo à qualificação como *"crime de trabalho escravo"* de inúmeras condutas que, a princípio, analisando bem as condições concretas envolvidas, não poderiam ser tidas como criminosas.

Como efeito, o preceito penal primário do art. 149 do CP contém cláusulas indeterminadas – como, por exemplo, *"condições degradantes de trabalho"* – que podem ser utilizadas indevidamente

Garantias penais e processuais-penais **545**

para permitir um alargamento exacerbado do suporte fático normativo, abrangendo todo e qualquer caso em que trabalhadores são submetidos a condições aparentemente indignas de trabalho. Tenha-se em mente, por exemplo, os fatos muito comuns em que as autoridades relatam como sendo caso de "trabalho escravo" a existência de trabalhadores em local sem instalações adequadas, como banheiro, refeitório etc., sem levar em conta que o próprio empregador utiliza-se das mesmas instalações e que estas são, na maioria das vezes, o retrato da própria realidade interiorana do Brasil.

Há que se estar atento, portanto, para a possibilidade de abusos na tipificação de fatos tidos como de "*trabalho escravo*".

Por isso, entendo que a regra de competência fixada pelo art. 109, inciso VI, da Constituição, deve incidir apenas naqueles casos em que esteja patente a ofensa a *princípios básicos sobre os quais se estrutura o trabalho em todo o país.*

Outro não tem sido o entendimento desta Corte quanto à interpretação de dispositivos constitucionais constantes do art. 109, que definem a competência *ratione materiae* da Justiça Federal.

Por exemplo, no recente julgamento do RE 419.528/PR, Rel. orig. Min. Marco Aurélio, rel. p/ o acórdão Min. Cezar Peluso, em 3 de agosto de 2006, o Tribunal fixou o entendimento, já delineado em outros precedentes (RE n. 263.010-1/MS, Rel. Min. Ilmar Galvão, *DJ* 10.11.2000; HC n. 81.827/MT, Rel. Min. Maurício Corrêa, *DJ* 23.8.2002), segundo o qual a competência da Justiça Federal para processar e julgar os crimes praticados por índios ou contra índios configura-se apenas quando estiverem em jogo questões ligadas aos elementos da cultura indígena e aos direitos e interesses sobre terras, não alcançando delitos isolados praticados individualmente e sem envolvimento com toda a comunidade indígena. O Tribunal entendeu que a expressão "disputa entre direitos indígenas", contida no inciso XI do art. 109 da Constituição, deve ser interpretada em conjunto com o art. 231 da Constituição, justificando a competência da Justiça Federal apenas em casos em que haja um atentado contra a existência do grupo indígena como um todo (Informativo STF n. 434, de 9 de agosto de 2006).

Como se vê, o Tribunal tem fixado seu entendimento jurisprudencial no sentido de que a incidência das normas constitucionais que definem a competência da Justiça Federal depende da análise casuística sobre a configuração da ofensa ao bem jurídico protegido, que deve levar em conta, como na espécie, o elemento coletivo ou transindividual.

Entendo, portanto, que a competência da Justiça Federal para processar e julgar o crime de redução de alguém à condição análoga à de escravo configura-se apenas nas hipóteses em que esteja presente a ofensa aos princípios que regem a organização do trabalho.

Esse entendimento não discrepa totalmente da orientação já perfilhada por esta Corte em outros precedentes. Além do já citado RE n. 90.042/SP, Rel. Min. Moreira Alves, recordo também o RE n. 156.527-6/PA, cuja ementa possui o seguinte teor:

EMENTA: COMPETÊNCIA DA JUSTIÇA FEDERAL. CRIMES CONTRA A ORGANIZAÇÃO DO TRABALHO. INTERPRETAÇÃO DO ART. 109, VI, PRIMEIRA PARTE, DA CONSTITUIÇÃO FEDERAL. Em face do mencionado texto, **são da competência da Justiça Federal tão somente os crimes que ofendem o sistema de órgãos e institutos destinados a preservar, coletivamente, os direitos e deveres dos trabalhadores**. Acórdão que decidiu em conformidade com essa orientação. Recurso não conhecido.

Não se deve esquecer que, nos casos em que esteja configurada a grave violação de direitos humanos, e em que, por razões variadas, a Justiça Comum não esteja atuando de forma eficiente, pode o Procurador-Geral da República suscitar ao Superior Tribunal de Justiça, em qualquer fase do inquérito ou do processo penal, o incidente de deslocamento de competência para a Justiça Federal, com base no que dispõe o art. 109, § 5º, da Constituição Federal, com a redação determinada pela EC n. 45/2004. Poderá também o Procurador-Geral da República, tendo em vista as circunstâncias do caso, sempre em hipóteses excepcionais, formular, ao Supremo Tribunal

Federal, pedido de intervenção federal no Estado para assegurar a observância de direitos da pessoa humana, conforme o disposto no art. 34, inciso VII, alínea "*b*", da Constituição.

Toda essa análise tem o objetivo de fixar, em tese, a interpretação adequada do art. 109, inciso VI, da Constituição da República, para definir objetivamente em quais hipóteses estará configurada a competência da Justiça Federal para processar e julgar o crime de redução à condição análoga à de escravo.

Como já tive a oportunidade de pronunciar em outras ocasiões nesta Corte e em trabalhos doutrinários, é tênue a linha que separa os mecanismos processuais subjetivos e objetivos de proteção da Constituição. *O recurso extraordinário, a meu ver, também é instituto processual de caráter marcadamente objetivo, na medida em que possibilita à esta Corte não apenas a solução do caso concreto, mas a delimitação da tese objetiva.*

Fixada a tese quanto à interpretação do art. 109, inciso VI, da Constituição, *passo a analisar o caso concreto.*

O recurso em exame – e isso o Ministro Relator deixou bem claro – cuida de fatos que configuram redução de vários trabalhadores à condição análoga à de escravos, assim relatados na petição do Ministério Público:

> "*A Fazenda do Silva/PA, cenário macabro dos fatos noticiados nestes autos, foi palco – talvez ainda o seja – desta absoluta ausência de lei, onde cerca de 20 trabalhadores, na maioria analfabetos, eram mantidos sob forte segurança, de modo a realizarem as tarefas determinadas e não empreenderem fuga, submetidos a torturas e servícias, reféns de uma dívida sempre superior ao 'ajuste' inicial do preço a ser pago pela força de trabalho, posto que obrigados a adquirirem, por valores exorbitantes, produtos alimentícios e de necessidades pessoais em cantinas montadas no próprio local de trabalho, além de despesas de hospedagem.*"

A denúncia oferecida pelo Ministério Público Federal (fls. 3-6) descreve os fatos da seguinte maneira:

> "*Por volta do mês de junho de 1990, o primeiro denunciado, como proprietário que é da Fazenda do Silva, localizada no Município de Marabá, Km 32 da Estrada da Serra de Carajás, contratou o segundo denunciado para recrutar trabalhadores que deveriam ser levados para suas terras onde executariam trabalhos de roçagem, e como tal, rotineiros em uma propriedade rural.*
>
> *Atendendo ao convite do primeiro réu – o maior beneficiário da situação – o acusado Raimundo Simião, que atua como 'Gato' na região de Marabá, levou cerca de 20 trabalhadores para a fazenda de Silvio, não procedendo a elementar direito trabalhista que é a anotação de contrato de trabalho na CTPS.*
>
> *Para recrutar pessoal, o 'gato' promete remuneração altíssima, que funciona como fator de indução de conduta. Todavia, mantém no local de trabalho uma cantina onde os trabalhadores são obrigados a fazer suas compras sempre por valores superiores ao mercado, de tal forma que no momento do pagamento todos sempre estão em débito para com o armazém, que é mantido com recursos repassados pelo proprietário da fazenda.*
>
> *Visando o lucro fácil, os trabalhadores são proibidos de deixar o local até que terminem o trabalho e quitem suas dívidas. Qualquer tentativa de fuga é reprimida com violência física, chegando até mesmo à ameaça de morte.*
>
> *E, ainda, para os trabalhadores que 'ousam' reclamar da situação, o 'gato' e seus capangas aplicam verdadeiras torturas físicas e psicológicas, chegando ao ponto de acorrentar trabalhadores como autênticos escravos.(...) As barbaridades chegavam ao ponto de utilizarem os próprios trabalhadores para torturar os companheiros. (...)*"

Esse breve relato dos fatos faz transparecer, a meu ver, a afronta aos valores estruturantes da organização do trabalho e da proteção do trabalhador.

Assim, diante da patente violação, *no caso concreto*, ao bem jurídico "*organização do trabalho*", entendo como justificada *a competência da Justiça Federal para processar e julgar o crime descrito nos autos*, em aplicação do disposto no art. 109, VI, da Constituição.

Nesses termos, conheço e dou provimento ao recurso.

PET-QO 3.825[1]

Indiciamento de Senador da República por ato de Delegado da Polícia Federal pela suposta prática do crime do art. 350 da Lei n. 4.737/65 (falsidade ideológica para fins eleitorais) – Inadmissibilidade – Prerrogativa de foro – Garantia voltada para a própria regularidade das instituições em razão das atividades funcionais dos titulares dos cargos.

Trata-se de questão de ordem para verificar se, a partir do momento em que não se constatam, nos autos, indícios de autoria e materialidade com relação à única autoridade dotada de prerrogativa de foro, caberia, ou não, ao STF analisar o tema da nulidade do indiciamento do parlamentar, em tese, envolvido, independentemente do reconhecimento da incompetência superveniente do STF.

Na espécie, estes autos correspondem a inquérito policial inicialmente remetido ao Supremo Tribunal Federal (STF). A competência constitucional deste STF justifica-se pelo fato de que uma das pessoas indiciadas passou a ostentar a condição de autoridade dotada de foro por prerrogativa de função, o Senador da República ALOIZIO MERCADANTE. Os autos foram autuados na classe "Petição" e foram distribuídos sob a relatoria do Ministro Sepúlveda Pertence.

Antes de proceder ao exame dos fatos objeto deste inquérito, o Procurador-Geral da República (fl. 1.456), Antonio Fernando Barros e Silva de Souza, suscitou a absoluta ilegalidade do ato da autoridade policial que, por ocasião da abertura das investigações policiais, instaurou o inquérito e, sem a manifestação do *Parquet*, procedeu ao indiciamento do Senador.

No caso em apreço, houve indiciamento de Senador da República por ato de Delegado da Polícia Federal. Em síntese, discute-se, nestes autos, se caberia, ou não, à autoridade policial investigar e indiciar autoridade dotada de predicamento de foro perante o STF.

Em outras palavras, questiona-se se, nessa hipótese excepcional de feitos persecutórios instaurados perante este Tribunal Constitucional, o procedimento de investigação pode ser aberto e conduzido por autoridade policial.

Segundo o *Parquet* Federal, a iniciativa do procedimento investigatório, em tais casos, deve ser exclusivamente desempenhada pelo Procurador-Geral da República com a supervisão do Ministro-Relator dessa Corte.

Quanto ao mérito, o Ministério Público Federal considerou que "não há um único elemento nestes autos que aponte para o envolvimento do Senador Aloizio Mercadante nos fatos". E, por fim, o MPF requereu: a) a anulação do indiciamento; b) o arquivamento do inquérito em relação ao Senador ALOIZIO MERCADANTE; e ainda, c) a restituição dos autos ao juízo de origem para o exame da conduta dos demais envolvidos.

De acordo com o voto do Min. Relator, Min. Pertence, o pedido de arquivamento do inquérito solicitado pelo Procurador-Geral da República, com relação ao Senador ALOIZIO MERCADANTE, seria irrecusável pelo Tribunal, porque, na linha da jurisprudência consolidada desta Casa, o juízo do *Parquet* estaria fundado na inexistência de elementos informativos que pudessem alicerçar a denúncia.

O Relator votou pelo arquivamento do inquérito com relação ao Senador indiciado e propôs a concessão de *habeas corpus*, de ofício, em favor do também indiciado JOSÉ GIÁCOMO BACCARIN, de modo a estender-lhe os efeitos do arquivamento do inquérito.

---

[1] O Tribunal, por maioria e nos termos do voto do Senhor Ministro Gilmar Mendes, resolveu questão de ordem no sentido de anular o indiciamento do Senhor Aloizio Mercadante Oliva, vencidos os Senhores Ministros Sepúlveda Pertence, Relator, Joaquim Barbosa, Carlos Britto e Celso de Mello. Lavrará o acórdão o Senhor Ministro Gilmar Mendes (PET-QO, Redator para o acórdão Ministro Gilmar Mendes, *DJ* de 4.4.2008).

Prosseguindo o julgamento, o Min. Relator passou a se manifestar quanto à anulação do indiciamento do Senador ALOIZIO MERCADANTE por alegada carência de poder da autoridade policial para determiná-lo.

O Ministro Sepúlveda Pertence asseverou:

"em linha de princípio, estou em que nem depende de iniciativa do Procurador-Geral a instauração de inquérito policial para a apuração de fato em que se vislumbre a possibilidade de envolvimento de titular de prerrogativa de foro do Supremo Tribunal, nem de que o mero indiciamento formal de dignitário – quando pareça devido à autoridade policial –, reclame prévia decisão de um Ministro da Casa".

[O Relator prosseguiu]:

"instaurado de ofício, licitamente o inquérito – à autoridade policial é que incumbe o indiciamento; é de assinalar que o indiciamento, seja de quem for, não é apenas uma atribuição discricionária, mas, pelo contrário, um poder-dever da autoridade policial, uma vez convencida da concorrência dos seus pressupostos".

Ao final, o Relator votou pelo indeferimento do pedido de anulação do indiciamento do Senador investigado por entender como válida a Portaria que instaurou o procedimento persecutório.

Na sessão realizada em 11 de abril de 2007, o Plenário deste Tribunal, por unanimidade e nos termos do voto do relator, determinou a retificação da autuação para inquérito, tendo em vista que inicialmente os autos foram autuados sob a classe de "Petição".

Posteriormente, também por unanimidade, o Pleno deferiu o arquivamento do inquérito com relação ao Senador ALOIZIO MERCADANTE OLIVA e deferiu *habeas corpus*, de ofício, relativamente a JOSÉ GIÁCOMO BACCARIN.

Na sequência, após o voto do relator, Ministro Sepúlveda Pertence, indeferindo o pedido de anulação formal do indiciamento do Senador ALOIZIO MERCADANTE OLIVA, pediu vista dos autos o Senhor Ministro Gilmar Mendes.

Entretanto, ainda na sessão de 11 de abril de 2007, o Ministro Marco Aurélio suscitou questão de ordem no sentido da prejudicialidade da ação.

Segundo o eminente Min. Marco Aurélio, ante a conclusão de que não se teriam indícios de autoria e materialidade da participação do Senador, o tema do indiciamento estaria prejudicado. Essa questão, contudo, ficou superada porque, por maioria de votos, este Plenário rejeitou a Questão de Ordem suscitada pelo Min. Marco Aurélio.

Não obstante isso, ao final de suas considerações, o Min. Marco Aurélio aduziu que: "não se tem o monopólio quanto ao indiciamento de autoridade, muito embora essa autoridade goze de prerrogativa de foro. A abertura de inquérito sequer depende de um pronunciamento judicial. A própria autoridade policial pode implementar a abertura do inquérito".

O Ministro Cezar Peluso, por sua vez, suscitou segunda questão de ordem para que este Plenário verificasse se, a partir do momento em que não se constatam, nos autos, indícios de autoria e materialidade com relação à única autoridade dotada de prerrogativa de foro, caberia, ou não, ao Tribunal analisar o tema da nulidade do indiciamento do parlamentar, em tese, envolvido, independentemente do reconhecimento da incompetência superveniente do STF.

Em razão da relevância do tema no que concerne à estabilização de expectativas quanto à fixação de competências constitucionais "por" e "para" esta Corte examinar o assunto a partir de outras perspectivas eventualmente incidentes, pedi vista dos autos.

O julgamento da questão de ordem recebeu a seguinte ementa:

EMENTA: Questão de ordem em Petição. 1. Trata-se de questão de ordem para verificar se, a partir do momento em que não se constatam, nos autos, indícios de autoria e materialidade com relação à única autoridade dotada de prerrogativa de foro, caberia, ou não, ao STF analisar o tema da nulidade do indiciamento do parlamentar, em tese, envolvido, independentemente do reconhecimento da incompetência superveniente do STF. Inquérito Policial remetido ao Supremo Tribunal Federal (STF) em que se apuram supostas condutas ilícitas relacionadas, ao menos em tese, a Senador da República. 2. Ocorrência de indiciamento de Senador da República por ato de Delegado da Polícia Federal pela suposta prática do crime do art. 350 da Lei n. 4.737/1965 (Falsidade ideológica para

Garantias penais e processuais-penais **549**

fins eleitorais). 3. O Ministério Público Federal (MPF) suscitou a absoluta ilegalidade do ato da autoridade policial que, por ocasião da abertura das investigações policiais, instaurou o inquérito e, sem a prévia manifestação do Parquet, procedeu ao indiciamento do Senador, sob as seguintes alegações: i) o ato do Delegado de Polícia Federal que indiciou o Senador violou a prerrogativa de foro de que é titular a referida autoridade, além de incorrer em invasão injustificada da atribuição que é exclusiva desta Corte de proceder a eventual indiciamento do investigado; e ii) a iniciativa do procedimento investigatório que envolva autoridade detentora de foro por prerrogativa de função perante o STF deve ser confiada exclusivamente ao Procurador-Geral da República, contando, sempre que necessário, com a supervisão do Ministro-Relator deste Tribunal. 4. Ao final, o MPF requereu: a) a anulação do indiciamento e o arquivamento do inquérito em relação ao Senador, devido a ausência de qualquer elemento probatório que aponte a sua participação nos fatos; e b) a restituição dos autos ao juízo de origem para o exame da conduta dos demais envolvidos. 5. Segundo o Ministro Relator Originário, Sepúlveda Pertence, o pedido de arquivamento do inquérito, solicitado pelo Procurador-Geral da República, com relação ao Senador, seria irrecusável pelo Tribunal, porque, na linha da jurisprudência consolidada do STF, o juízo do Parquet estaria fundado na inexistência de elementos informativos que pudessem alicerçar a denúncia. Voto do relator pelo arquivamento do inquérito com relação ao Senador indiciado e proposta de concessão de habeas corpus, de ofício, em favor do também indiciado JOSÉ GIÁCOMO BACCARIN, de modo a estender-lhe os efeitos do arquivamento do inquérito. 6. Com relação ao pedido de anulação do indiciamento do Senador por alegada ausência de competência da autoridade policial para determiná-lo, o Min. Sepúlveda asseverou: i) a instauração de inquérito policial para a apuração de fato em que se vislumbre a possibilidade de envolvimento de titular de prerrogativa de foro do STF não depende de iniciativa do Procurador-Geral da República, nem o mero indiciamento formal reclama prévia decisão de um Ministro do STF; ii) tanto a abertura das investigações de qualquer fato delituoso, quanto, no curso delas, o indiciamento formal, são atos da autoridade que preside o inquérito; e iii) a prerrogativa de foro do autor do fato delituoso é critério atinente, de modo exclusivo, à determinação da competência jurisdicional originária do Tribunal respectivo, quando do oferecimento da denúncia ou, eventualmente, antes dela, se se fizer necessária diligência sujeita à prévia autorização judicial. Voto pelo indeferimento do pedido de anulação do indiciamento do Senador investigado por entender como válida a portaria policial que instaurou o procedimento persecutório. 7. Ademais, segundo o Min. Pertence, o inquérito deveria ser arquivado com relação ao Senador e a ordem de habeas corpus ser concedida, de ofício, com relação a JOSÉ GIÁCOMO BACCARIN. Quanto à concessão da ordem de ofício, o Min. Pertence entendeu que JOSÉ GIÁCOMO BACCARIN encontrava-se em idêntica situação objetiva à do Senador, pois, em tese, também teria cometido o crime de falsidade ideológica para fins eleitorais. Desse modo, inexistindo elementos informativos que pudessem alicerçar a denúncia com relação ao Senador, ao coautor JOSÉ GIÁCOMO também deveria ser conferido idêntico tratamento. 8. Após o voto do relator indeferindo o pedido de anulação formal do indiciamento do Senador, o Ministro Marco Aurélio suscitou questão de ordem no sentido da prejudicialidade da ação. Ante a conclusão de que não se teriam indícios de autoria e materialidade da participação do Senador, o tema do indiciamento estaria prejudicado. Questão de Ordem rejeitada por maioria pelo Tribunal. 9. Segunda Questão de Ordem suscitada pelo Ministro Cezar Peluso. A partir do momento em que não se verificam, nos autos, indícios de autoria e materialidade com relação à única autoridade dotada de prerrogativa de foro, caberia, ou não, ao STF analisar o tema da nulidade do indiciamento do parlamentar, em tese, envolvido, independentemente do reconhecimento da incompetência superveniente do STF. O voto do Ministro Gilmar Mendes, por sua vez, abriu divergência do Relator para apreciar se caberia, ou não, à autoridade policial investigar e indiciar autoridade dotada de predicamento de foro perante o STF. Considerações doutrinárias e jurisprudenciais acerca do tema da instauração de inquéritos em geral e dos inquéritos originários de competência do STF: i) a jurisprudência do STF é pacífica no sentido de que, nos inquéritos policiais em geral, não cabe a juiz ou a Tribunal investigar, de ofício, o titular de prerrogativa de foro; ii) qualquer pessoa que, na condição exclusiva de cidadão, apresente "notitia criminis", diretamente a este Tribunal é parte manifestamente ilegítima para a formulação de pedido de recebimento de denúncia para a apuração de crimes de ação penal pública incondicionada. Precedentes: INQ n. 149/DF, Rel. Min. Rafael Mayer, Pleno, DJ 27.10.1983; INQ (AgR) n. 1.793/DF, Rel. Min. Ellen Gracie, Pleno, maioria, DJ 14.6.2002; PET – AgR – ED n. 1.104/DF, Rel. Min. Sydney Sanches, Pleno, DJ 23.5.2003; PET n. 1.954/DF, Rel. Min. Maurício Corrêa, Pleno, maioria, DJ 1º.8.2003; PET (AgR) n. 2.805/DF, Rel. Min. Nelson Jobim, Pleno, maioria, DJ 27.2.2004; PET n. 3.248/DF, Rel. Min. Ellen Gracie, decisão monocrática, DJ 23.11.2004; INQ n. 2.285/DF, Rel. Min. Gilmar Mendes, decisão monocrática, DJ 13.3.2006 e PET (AgR) n. 2.998/MG, 2ª Turma, unânime, DJ 6.11.2006; iii) diferenças entre a regra geral, o inquérito policial disciplinado no Código de Processo Penal e o inquérito originário de competência do STF regido pelo art. 102, I, b, da CF e pelo RI/STF. A prerrogativa de foro é uma garantia voltada não exatamente para os interesses dos titulares de cargos relevantes, mas, sobretudo, para a própria regularidade das instituições em razão das atividades funcionais por eles desempenhadas. Se a Constituição estabelece que os agentes políticos respondem, por crime comum, perante o STF (CF, art. 102, I, b), não há razão constitucional plausível para que as atividades diretamente relacionadas à supervisão judicial (abertura de procedimento investigatório) sejam retiradas do controle judicial do STF. A iniciativa do procedimento investigatório deve ser confiada ao MPF contando com a supervisão do Ministro-Relator do STF. 10. A Polícia Federal não está autorizada a abrir de ofício inquérito policial para apurar a conduta de parlamentares federais ou do próprio Presidente da República (no caso do STF). No exercício de competência penal originária do STF (CF, art. 102, I, "b" c/c Lei n. 8.038/1990, art. 2º e RI/STF, arts. 230 a 234), a atividade de supervisão judicial deve ser constitucionalmente desempenhada durante toda a tramitação das investigações desde a abertura dos procedimentos investigatórios até o eventual oferecimento, ou não, de denúncia pelo dominus litis. 11. Segunda Questão de Ordem resolvida no sentido de anular o ato formal de indiciamento promovido pela autoridade policial em face do parlamentar investigado. 12. Remessa ao Juízo da 2ª Vara da Seção Judiciária do Estado do Mato Grosso para a regular tramitação do feito.

VOTO-VISTA

Para a análise dessa segunda questão de ordem, torna-se necessário apresentar algumas considerações doutrinárias e jurisprudenciais deste STF acerca do tema da instauração de inquéritos em geral e dos inquéritos originários de sua própria competência.

Com relação à instauração do inquérito nos crimes de ação pública em geral, Fernando da Costa Tourinho Filho afirma que:

"Nesses crimes, o inquérito também pode ser iniciado mercê de um ofício requisitório do Juiz ou do Promotor de Justiça, ou até mesmo mediante requerimento do ofendido ou de quem tenha qualidade para representá-lo" – (Código de Processo Penal Comentado, 9. ed., São Paulo: Saraiva, vol. 1, p. 37).

Para o caso de inquéritos policiais em geral, Jacinto Nelson de Miranda Coutinho, por sua vez, posiciona-se no mesmo sentido ao aduzir que:

"(...)basta a notícia [criminis] chegar ao órgão, o qual poderá, inclusive, acompanhar diretamente os atos do IP. Nestes casos, MP e órgão jurisdicional poderão requisitar a instauração do IP. E o problema que agora se põe toca com a exegese da expressão. Para a nossa doutrina, a autoridade policial, aqui, não teria poder decisional. É de toda evidência que, recebendo requisição dos órgãos da Justiça, para abertura de um inquérito, à autoridade policial cumpre dar-lhe imediata satisfação, sem se justificar qualquer dúvida, pois à polícia não cabe discutir determinações judiciárias. No caso de recusa, o juiz providenciará, com energia, no sentido de ser obedecido, e a insistência da autoridade policial poderá dar o resultado de ser apurada a sua responsabilidade funcional" – (Estudos Jurídicos em Homenagem a Manoel Pedro Pimentel. São Paulo: Revista dos Tribunais, 1992, p. 163-177).

A jurisprudência do Supremo Tribunal Federal é pacífica no sentido de que, nos inquéritos policiais em geral, não cabe ao juiz ou ao Tribunal investigar, de ofício, o titular de prerrogativa de foro.

Nesse particular, é válido transcrever as seguintes considerações constantes do voto do Ministro Sepúlveda Pertence no Agravo Regimental na Petição n. 2.805/DF (Relator Ministro Nelson Jobim, Plenário, DJ 27.02.2004):

"Admito que, se, em função da sua atividade jurisdicional, tem conhecimento de uma suspeita de crime, o Juiz requisite o inquérito policial. Não que se provoque a autoridade judiciária para requisitar inquérito policial ...

Proponho como preliminar que o Tribunal feche essa porta, que só serve a explorações. Não há porque, em plena capital da República, com um imenso prédio da Polícia Federal, outro da Secretaria de

Garantias penais e processuais-penais **551**

Segurança, do Ministério Público – com um portentoso prédio –, que isso venha primeiro para o Supremo Tribunal Federal ...".

Preliminarmente, entendo que não cabe a esta Corte determinar a instauração de inquéritos originários requeridos diretamente por cidadãos. Nesse particular, reputo válida a citação de trecho da decisão por mim proferida no INQ n. 2.285/DF:

"Não cabe a esta Corte 'determinar' a instauração de inquérito policial para apuração de crime de ação pública incondicionada, ressalvados aqueles praticados no âmbito da própria Corte e que possam dizer respeito ao exercício de sua própria competência, constitucional ou legal (RISTF, art. 8º, inciso IV).

Aliás, o próprio § 3º do art. 5º do Código de Processo Penal, invocado pelo autor deste procedimento como fundamento jurídico de sua pretensão, diz expressamente que a comunicação de crime de ação pública far-se-á à 'autoridade policial'.

Anote-se, outrossim, que conforme assentado pelo Pleno da Corte na PET n. 2805 – AgR (Rel. Min. Nelson Jobim), a intervenção desta Corte é especialmente descabida quando a mesma notícia crime foi (ou pode ser) diretamente encaminhada ao Ministério Público, tendo 'a apresentação da mesma neste Tribunal a finalidade de causar repercussão (...) eleitoral'.

Por estas razões, não conheço ao pleito e nego-lhe seguimento (RISTF, art. 21, § 1º). Consequentemente, deixo de aplicar ao caso o art. 40 do CPP, inclusive por não se tratar de conhecimento eventual ou fortuito de fato potencialmente criminoso mas sim de representação direta manifestamente impertinente" – (INQ n. 2.285/DF, de minha relatoria, decisão monocrática de 3.3.2006, *DJ* 13.3.2006).

Naquele caso, tratava-se de denúncia apresentada por cidadão comum que, de modo ilegítimo, requereu diretamente a esta Corte a instauração de inquérito contra parlamentar federal para a apuração de suposto crime de ação penal pública incondicionada.

Em consonância com a jurisprudência desta Corte, qualquer pessoa que, na condição exclusiva de cidadão, apresente *notitia criminis* diretamente a este Tribunal é parte manifestamente ilegítima para a formulação de pedido de recebimento de denúncia para a apuração de crimes de ação pública incondicionada.

Nesse sentido, cito os seguintes precedentes desta Corte:

[No INQ n. 149/DF, de relatoria do Ministro Rafael Mayer, julgado em 21.9.1983, *DJ* 27.10.1983, o Tribunal Pleno afirmou que:

"ILEGITIMIDADE DE PARTE. AÇÃO PENAL PÚBLICA INCONDICIONADA. CRIME DE PREVARICAÇÃO. – TRATANDO-SE DE AÇÃO PÚBLICA INCONDICIONADA, EM QUE TITULAR O MINISTÉRIO PÚBLICO, FALECE LEGITIMIDADE AO IMPETRANTE PARA A PROPOSITURA DA AÇÃO. MANIFESTAÇÃO DO EXMO. SENHOR PROCURADOR NO SENTIDO DO ARQUIVAMENTO. INQUÉRITO ARQUIVADO". (INQ n. 149/DF, Rel. Min. Rafael Mayer, Tribunal Pleno, julgado em 21.9.1983, *DJ* 27.10.1983)]

[No Agravo Regimental no INQ n. 1.793/DF, Rel. Min. Ellen Gracie, julgado em 2.5.2002, *DJ* 14.6.2002, o Plenário asseverou:

"Ação Penal. Queixa-crime em que figura como querelante deputado federal. Incompetência do Supremo Tribunal Federal para o processamento e julgamento da ação penal. Competência configurada somente na hipótese de o parlamentar figurar na ação penal na qualidade de réu (art. 102, I, b da Constituição Federal). Agravo regimental contra decisão que negou seguimento à queixa-crime. Inaplicabilidade do disposto no art. 108, § 1º do CPP à hipótese vertente, pois não se trata de exceção de incompetência, mas de ajuizamento equivocado da queixa-crime perante esta Suprema Corte, falha que não pode ser suprida *ex officio* por esta Casa. Quanto ao pedido de que seja declarada a suspensão do prazo prescricional a partir da distribuição da queixa-crime, voltando a correr a partir da decisão deste agravo, também não pode ser acolhido, tendo em vista que o oferecimento de queixa-crime perante Juízo incompetente não constitui causa suspensiva da prescrição. Agravo regimental improvido" – INQ (AgR) n. 1.793/DF, Rel. Min. Ellen Gracie, Pleno, maioria, julgado em 2.5.2002, *DJ* 14.6.2002]

[Na PET n. 1954/DF, de relatoria do Ministro Maurício Corrêa, julgado em 11.9.2002, *DJ* 1º.8.2003, o Tribunal Pleno afirmou que:

552 Estado de Direito e Jurisdição Constitucional – Decisões relevantes em 15 anos de atuação no STF

"DENÚNCIA POPULAR. SUJEITO PASSIVO: MINISTRO DE ESTADO. CRIMES DE RESPON-SABILIDADE. ILEGITIMIDADE ATIVA *AD CAUSAM*. RECEBIMENTO DA PEÇA INICIAL COMO *NOTITIA CRIMINIS*. ENCAMINHAMENTO AO MINISTÉRIO PÚBLICO FEDERAL.

1. O processo de *impeachment* dos Ministros de Estado, por crimes de responsabilidade autônomos, não conexos com infrações da mesma natureza do Presidente da República, ostenta caráter jurisdicional, devendo ser instruído e julgado pelo Supremo Tribunal Federal. Inaplicabilidade do disposto nos artigos 51, I e 52, I da Carta de 1988 e 14 da Lei 1.079/50, dado que é prescindível autorização política da Câmara dos Deputados para a sua instauração.

2. Prevalência, na espécie, da natureza criminal desses processos, cuja apuração judicial está sujeita à ação penal pública da competência exclusiva do Ministério Público Federal (CF, artigo 129, I). Ilegitimidade ativa ad causam dos cidadãos em geral, a eles remanescendo a faculdade de noticiar os fatos ao Parquet.

3. Entendimento fixado pelo Tribunal na vigência da Constituição pretérita (MS 20.422, Rezek, *DJ* 29/06/84). Ausência de alteração substancial no texto ora vigente. Manutenção do posicionamento jurisprudencial anteriormente consagrado.

4. Denúncia não admitida. Recebimento da petição como *notitia criminis*, com posterior remessa ao Ministério Público Federal" – (PET n. 1.954/DF, Rel. Min. Maurício Corrêa, Pleno, maioria, julgada em 11.9.2002, *DJ* 1°.8.2003)]

[No Agravo Regimental na PET n. 2.805/DF, Rel. Min. Nelson Jobim, julgado em 13.11.2002, *DJ* 27.2.2004, o Plenário asseverou:

"AGRAVO REGIMENTAL EM PETIÇÃO. CONTRATO DE PRESTAÇÃO DE SERVIÇOS ADVOCATÍCIOS. QUEBRA DE SIGILO BANCÁRIO, FISCAL E TELEFÔNICO. MATÉRIAS JORNALÍSTICAS. DUPLICIDADE DA NOTÍCIA-CRIME.

1. O contrato de prestação de serviços advocatícios foi objeto de exame da decisão agravada.

É equivocada a alegação do agravante de que a decisão agravada não apreciou a existência do contrato e seu conteúdo.

Os honorários e a forma de pagamento contratados não podem ser apontados como ilegais, a ponto de permitirem que se instaure uma ação penal.

O pagamento das parcelas avençadas no referido contrato, nada mais é do que uma obrigação da parte contratante.

2. Para autorizar-se a quebra dos sigilos bancário, fiscal e telefônico, medida excepcional, é necessário que hajam indícios suficientes da prática de um delito.

A pretensão do agravante se ampara em meras matérias jornalísticas, não suficientes para caracterizar-se como indícios.

O que ele pretende é a devassa da vida do Senhor Deputado Federal para fins políticos.

É necessário que a acusação tenha plausibilidade e verossimilhança para ensejar a quebra dos sigilos bancários, fiscal e telefônico.

3. Declaração constante de matéria jornalística não pode ser acolhida como fundamento para a instauração de um procedimento criminal.

4. A matéria jornalística publicada foi encaminhada ao Ministério Público.

A apresentação da mesma neste Tribunal tem a finalidade de causar repercussão na campanha eleitoral, o que não é admissível.

Agravo provido e pedido não conhecido" – PET (AgR) n. 2.805/DF, Rel. Min. Nelson Jobim, Pleno, maioria, julgado em 13.11.2002, *DJ* 27.2.2004]

[Nos Embargos de Declaração no Agravo Regimental na PET n. 1.104/DF, Rel. Min. Sydney Sanches, julgado em 23.4.2003, *DJ* 23.5.2003, o Plenário asseverou:

"DIREITO CONSTITUCIONAL, PENAL E PROCESSUAL PENAL. DENÚNCIA PERANTE O STF, APRESENTADA POR CIDADÃOS, CONTRA MINISTRO DE ESTADO, POR CRIME DE RESPONSABILIDADE. ILEGITIMIDADE ATIVA DOS DENUNCIANTES. EMBARGOS DECLARATÓRIOS.

Garantias penais e processuais-penais **553**

1. Como salientado no acórdão embargado, 'em se tratando de ação penal pública, é do Ministério Público – e não de particulares – a legitimidade ativa para denúncia por crime de responsabilidade (artigos 129, I e 102, I, 'c', da C.F.).

2. Acolhida integralmente a manifestação do Ministério Público federal, e não havendo qualquer omissão a ser suprida, nem contradição ou obscuridade a serem sanadas, os embargos são rejeitados, pois o julgado enfrentou e dirimiu todas as questões suscitadas. 3. Embargos rejeitados". (PET – AgR – ED n. 1104/DF, Rel. Min. Sydney Sanches, Tribunal Pleno, julgado em 23.4.2003, *DJ* 23.5.2003)]

[Na PET n. 3.248/DF, a Rel. Min. Ellen Gracie, por decisão monocrática de 28.10.2004, *DJ* 23.11.2004, considerou:

"1. O Ministério Público Federal promoveu diligências junto à Receita Federal, à Controladoria-Geral da União e autoridades americanas (f. 4), e obteve documentação (f. 07/21) que noticia ter um deputado federal remetido ao exterior, através de Contas CCC-5, no período de 1999/2002, a vultosa importância de cento e noventa e sete milhões, novecentos e um mil, duzentos e cinquenta e um reais e oitenta centavos. O expressivo numerário, segundo o Ministério Público Federal, precisa ser investigado no tocante à sua origem e regularidade. Principalmente é preciso saber se a vultosa importância foi declarada à Receita Federal nas declarações de imposto renda. A documentação obtida pelo Ministério Público Federal deu origem a procedimento administrativo que foi autuado na Procuradoria-Geral da República. E com base nesse procedimento, o Procurador-Geral da República requereu, na petição de f. 02/03, o seguinte:

'Ante o exposto, requer o Ministério Público a autuação deste procedimento como inquérito penal originário, com o indiciamento do Deputado Federal RONALDO CEZAR COELHO, pelo cometimento, em tese, de crime de sonegação fiscal.

6. Solicita, ainda, que seja realizada a quebra do sigilo fiscal do ora indiciado referentes aos anos-base de 1999 a 2002.' (f. 3)

2. Entre as funções institucionais que a Constituição Federal outorgou ao Ministério Público, está a de requisitar a instauração de inquérito policial (CF, art. 129, VIII). Essa requisição independe de prévia autorização ou permissão jurisdicional. Basta o Ministério Público Federal requisitar, diretamente, aos órgãos policiais competentes. Mas não a esta Corte Suprema. Por ela podem tramitar, entre outras demandas, ação penal contra os membros da Câmara dos Deputados e Senado. Mas não inquéritos policiais. Esses tramitam perante os órgãos da Polícia Federal. Eventuais diligências, requeridas no contexto de uma investigação contra membros do Congresso Nacional, podem e devem, sim, ser requeridas perante esta Corte, que é o juiz natural dos parlamentares federais, como é o caso da quebra do sigilo fiscal. Mas o inquérito tramita perante aqueles órgãos policiais e não perante o Supremo Tribunal Federal. Não parece razoável admitir que um ministro do Supremo Tribunal Federal conduza, perante a Corte, um inquérito policial que poderá se transformar em ação penal, de sua relatoria.

Não há confundir investigação, de natureza penal, quando envolvido um parlamentar, com aquela que envolve um membro do Poder Judiciário. No caso deste último, havendo indícios da prática de crime, os autos serão remetidos ao Tribunal ou Órgão Especial competente, a fim de que se prossiga a investigação. É o que determina o art. 33, § único da LOMAN. Mas quando se trata de parlamentar federal, a investigação prossegue perante a autoridade policial federal. Apenas a ação penal é que tramita no Supremo Tribunal Federal. Disso resulta que não pode ser atendido o pedido de instauração de inquérito policial originário perante esta Corte. E, por via de consequência, a solicitação de indiciamento do parlamentar, ato privativo da autoridade policial. Resta a quebra do sigilo fiscal. Mas essa quebra deverá ser requerida no âmbito do inquérito policial que o Ministério Público Federal pretende seja instaurado. Nesse inquérito, disciplinado no CPP, poderá o parlamentar justificar a regularidade da remessa do numerário, ou até mesmo impugnar a idoneidade da documentação apresentada. De qualquer sorte, não há, ainda, qualquer comprovação de que o parlamentar tenha se recusado a apresentar suas declarações do imposto de renda.

3. Diante do exposto, determino sejam os autos devolvidos à Procuradoria-Geral da República para as providências que entender cabíveis" – (PET n. 3.248/DF, Rel. Min. Ellen Gracie, decisão monocrática de 28.10.2004, *DJ* 23.11.2004)]

[No INQ n. 2.285/DF, de minha relatoria, decisão monocrática de 3.3.2006, *DJ* 13.3.2006, considerei:

"Não cabe a esta Corte 'determinar' a instauração de inquérito policial para apuração de crime de ação pública incondicionada, ressalvados aqueles praticados no âmbito da própria Corte e que possam dizer respeito ao exercício de sua própria competência, constitucional ou legal (RISTF, art. 8º, inciso IV).

Aliás, o próprio § 3º do art. 5º do Código de Processo Penal, invocado pelo autor deste procedimento como fundamento jurídico de sua pretensão, diz expressamente que a comunicação de crime de ação pública far-se-á à 'autoridade policial'.

Anote-se, outrossim, que, conforme assentado pelo Pleno da Corte na PET n. 2805 – AgR (Rel. Min. Nelson Jobim), a intervenção desta Corte é especialmente descabida quando a mesma notícia crime foi (ou pode ser) diretamente encaminhada ao Ministério Público, tendo 'a apresentação da mesma neste Tribunal a finalidade de causar repercussão (...) eleitoral'.

Por estas razões, não conheço ao pleito e nego-lhe seguimento (RISTF, art. 21, § 1º). Consequentemente, deixo de aplicar ao caso o art. 40 do CPP, inclusive por não se tratar de conhecimento eventual ou fortuito de fato potencialmente criminoso mas sim de representação direta manifestamente impertinente" – (INQ n. 2.285/DF, de minha relatoria, decisão monocrática de 3.3.2006, DJ 13.3.2006)]

[No Agravo Regimental na PET n. 2.998/MG, de minha relatoria, julgado em 26.9.2006, DJ 6.11.2006, a Segunda Turma asseverou:

"Agravo Regimental em Petição. 1. Suposta existência de crimes contra a Administração Pública e contra a Administração da Justiça. 2. Crimes contra a Administração Pública e contra a Administração da Justiça são passíveis de apuração por meio de ação penal pública incondicionada, porquanto incide, na espécie, a norma geral consagrada no artigo 100, *caput*, do Código Penal ('A ação penal é pública, salvo quando a lei expressamente a declara privativa do ofendido'). 3. O Ministério Público é parte legítima para propor a ação penal incondicionada, independente de quem tenha formulado representação para fins criminais perante o *Parquet*. Ilegitimidade ativa do requerente. Precedentes: INQ n. 149/DF, Rel. Min. Rafael Mayer, Pleno, unânime, DJ de 27.10.1983 e PET (ED–AgR) n. 1.104/DF, Rel. Min. Sydney Sanches, Pleno, unânime, DJ de 23.05.2003. 4. Ainda que superada essa questão preliminar, não procede o pedido formulado pelo requerente porque o próprio Procurador-Geral da República reconheceu a falta de plausibilidade e a necessidade da apuração dos fatos imputados na representação do requerente. 5. Negado provimento ao agravo regimental" – [PET (AgR) n. 2.998/MG, de minha relatoria, 2ª Turma, unânime, julgado em 26.9.2006, DJ 6.11.2006].

Penso que, neste ponto, valeria o esforço no sentido de diferençar as regras e procedimentos aplicáveis ao **inquérito policial** em geral, tal como previsto nos arts. 4º ao 23 do Código de Processo Penal, daquele **inquérito originário**, de competência originária do Supremo Tribunal Federal, a ser processado nos termos do art. 102, I, "b", da CF e do regramento do RI/STF (arts. 230 a 234).

O referido dispositivo constitucional assegura a determinadas autoridades a prerrogativa de foro para a investigação, a apreciação e o julgamento de delitos eventualmente por elas cometidos nessa condição. Trata-se, em nosso sistema constitucional, de uma garantia voltada não exatamente para os interesses dos titulares de cargos relevantes, mas, sobretudo, para a própria regularidade das instituições em razão das atividades funcionais por eles desempenhadas.

Como já lembrado em assentadas anteriores, cabe, aqui, a lição de Hely Lopes, no sentido de que tais prerrogativas têm por escopo garantir o livre exercício da função do agente político. Percebeu o ilustre administrativista, sobretudo, a peculiaridade da situação dos que governam e decidem – os chamados agentes políticos –, em comparação àqueles que apenas administram e executam encargos técnicos e profissionais. Nas palavras de Hely:

"Realmente, a situação dos que governam e decidem é bem diversa da dos que simplesmente administram e executam encargos técnicos e profissionais, sem responsabilidade de decisão e opções políticas. Daí por que os agentes políticos precisam de ampla liberdade funcional e maior resguardo para o desempenho de suas funções. As prerrogativas que se concedem aos agentes políticos não são privilégios pessoais; são garantias necessárias ao pleno exercício de suas altas e complexas funções governamentais e decisórias. Sem essas prerrogativas funcionais os agentes políticos ficariam tolhidos na sua liberdade de opção e decisão, ante o temor de responsabilização pelos padrões comuns da culpa civil e do erro técnico a que ficam sujeitos os funcionários profissionalizados" (*Direito Administrativo Brasileiro*, São Paulo: Malheiros Editores, 29. ed., 2004, cit., p. 78).

Não é outro o *ethos* da prerrogativa de foro entre nós, conforme se extrai da lição de Victor Nunes:

"A jurisdição especial, como prerrogativa de certas funções públicas, é, realmente, instituída **não no interesse da pessoa do ocupante do cargo, mas no interesse público do seu bom exercício, isto é, do seu exercício com o alto grau de independência que resulta da certeza de que seus atos venham a ser julgados com plenas garantias e completa imparcialidade**. Presume o legislador que os tribunais de maior categoria tenham mais isenção para julgar os ocupantes de determinadas funções públicas, por sua capacidade de resistir, seja à eventual influência do próprio acusado, seja às influências que atuarem contra ele. A presumida independência do tribunal de superior hierarquia bilateral, garantia contra e a favor do acusado." (grifo nosso)

No mesmo sentido, forte na lição de Frederico Marques, é o entendimento do eminente Márcio Bonilha, Desembargador aposentado do Tribunal de Justiça do Estado de São Paulo, em artigo de 2002, *verbis*:

"No mundo jurídico, a precisão conceitual constitui exigência essencial indeclinável, para evitar distorções e equívocos na interpretação e valoração de fatos e normas. Esse requisito hermenêutico é lembrado a propósito da controvérsia instaurada sobre a jurisdição competente, em relação ao julgamento de infrações relativas à improbidade administrativa, no tocante a certos agentes públicos.

Desde logo se assinala que prerrogativa de foro não se confunde com foro privilegiado, pois a prerrogativa de função é distinta de privilégio de pessoa. A imprecisão terminológica pode gerar na opinião pública uma falsa ideia de favorecimento pessoal, no tratamento da matéria, em relação a certas autoridades, na aferição da responsabilidade funcional, pondo em dúvida a igualdade na distribuição da justiça.

Compete ao Supremo Tribunal Federal (STF) processar e julgar, originariamente, nas infrações penais comuns, o presidente da República e os demais integrantes dos órgãos de cúpula dos Poderes e, nas infrações penais comuns e nos crimes de responsabilidade, outras altas autoridades nacionais.

A instituição da prerrogativa de foro, relativamente a esses agentes, não traduz favorecimento pessoal, pois contempla as exigências de garantia constitucional pertinentes aos respectivos cargos e funções, pela relevância que representam nos Poderes correspondentes e nos escalões hierárquicos, cuja dignidade funcional cumpre resguardar.

Assim é, no interesse nacional, pouco importando as inferências no plano político e o subjetivismo de opiniões contrárias.

Bem por isso, a discussão sobre o tema deve ser travada à luz objetiva dos princípios e normas constitucionais, sem especulações ideológicas, muito menos as infundadas suspeitas de solução personalista.

O foro especial, que decorre da prerrogativa da função, é instituído para melhor permitir o livre desempenho de certas atividades públicas. É garantia da função, que não pode ficar à mercê de paixões locais. Não é honraria pessoal nem representa privilégio. É proteção que nasce com o exercício do cargo ou função, pelo reconhecimento da elevada hierarquia funcional e dos poderes que emanam de seu exercício, visando à segurança e à isenção na distribuição da justiça. Resguarda-se dessa forma o prestígio das instituições.

No Direito brasileiro, vigoram os princípios do juiz natural e da igualdade de todos perante a lei, sendo proibido o juízo ou tribunal de exceção, mas são legítimos os foros por prerrogativa de função.

Segundo Frederico Marques, 'é errôneo o entendimento' de que 'os casos de competência originária dos tribunais superiores para o processo e julgamento de determinadas pessoas constituem exceções de direito estrito, porque a competência *ratione personae* dos tribunais superiores não constitui <foro privilegiado>, nem se regula pelos preceitos pertinentes aos juízos especiais. Não mais existe o foro privilegiado, como o disse o desembargador Márcio Munhoz, e sim competência destinada a melhor amparar o exercício de certas funções públicas. Não se trata de privilégio de foro, porque a competência, no caso, não se estabelece por amor dos indivíduos, e sim em razão do caráter, cargo ou funções que eles exercem'." (Prerrogativa de foro, *O Estado de São Paulo*, 10 de dezembro de 2002).

A decisão judicial que determina abertura de inquéritos originários para a apuração de condutas eventualmente imputadas a autoridades dotadas de prerrogativa de foro perante esta

Corte há de ser entendida de maneira a evitar a interpretação de que as competências constitucionais dos órgãos do Poder Judiciário – em especial a deste Supremo Tribunal Federal – estariam definidas em *numerus clausus*. A pretensa decorrência imediata de tais argumentos é a suposta exigência de norma constitucional para a disciplina específica do tema.

Para justificar o afastamento dessa tese, basta-me afirmar que aqueles que, hoje, labutam com o mínimo de honestidade e decência em torno do Direito Constitucional sabe que, a toda hora, estamos a fazer colmatação de lacunas constitucionais.

Há muito a jurisprudência deste STF admite a possibilidade de extensão ou ampliação de sua competência expressa quando esta resulte implícita no próprio sistema constitucional. Nesse sentido, o precedente da relatoria do eminente e saudoso Ministro Luiz Gallotti, nos autos da Denúncia n. 103, julgada em 5 de setembro de 1951.

Na Rcl. 2.138/DF, de relatoria do Min. Nelson Jobim, cujo julgamento foi realizado em 13.6.2007, iniciou-se no Plenário a discussão sobre a competência plena e exclusiva do STF para processar e julgar, nas infrações penais comuns e nos crimes de responsabilidade, os Ministros de Estado, conforme a hipótese do art. 102, I, "c", da Constituição. Do voto de Nelson Jobim, destaco:

"Não impressiona o argumento concernente à competência estrita ou da inextensibilidade da competência deste Tribunal ou de outros Tribunais Federais para conhecer de determinadas ações.

A interpretação extensiva do texto constitucional, também em matéria de competência, tem sido uma constante na jurisprudência do STF e do judiciário nacional em geral.

(...)

Recentemente, o STF reconheceu a sua competência para processar todo mandado de segurança, qualquer que fosse a autoridade coatora, impetrado por quem teve a sua extradição deferida pelo Tribunal (RCL 2.069, VELLOSO, sessão de 27.06.2003)" – (Voto proferido pelo Ministro Nelson Jobim).

Após o voto do Relator, Ministro Nelson Jobim, o Pleno do STF julgou procedente a reclamação, conforme noticia o Informativo n. 471/STF:

"Iniciado o julgamento de reclamação na qual se alega ter havido a usurpação da competência originária do STF para o julgamento de crime de responsabilidade cometido por Ministro de Estado (CF, art. 102, I, c), por juiz federal de primeira instância, em razão de ter julgado procedente ação de improbidade administrativa contra o então Ministro-Chefe da Secretaria de Assuntos Estratégicos da Presidência da República. Preliminarmente, o Tribunal, por maioria, assentou a ilegitimidade da Procuradora da República, autora da ação de improbidade, e da Associação Nacional do Ministério Público para, na qualidade de interessados, impugnarem a reclamação porquanto o Ministério Público Federal perante o Supremo Tribunal Federal é representado pelo Procurador-Geral da República. Vencidos os Ministros Carlos Velloso, Celso de Mello, Ilmar Galvão, Sepúlveda Pertence e Marco Aurélio que reconheciam a qualidade de interessada à Procuradora da República nos termos do art. 159 do RISTF, por entenderem que os Procuradores da República que subscrevem a petição inicial qualificam-se como órgãos agentes e não como fiscais da lei, não havendo identidade de posição processual na causa com o Procurador-Geral da República (RISTF, art. 159: 'Qualquer interessado poderá impugnar o pedido do reclamante.'). Em seguida, o Min. Nelson Jobim, relator, fazendo a distinção entre os regimes de responsabilidade político-administrativa previstos na CF, quais sejam, o previsto no art. 37, § 4º, e regulado pela Lei 8.429/92, e o regime de crime de responsabilidade fixado no art. 102, I, letra c, e disciplinado pela Lei 1.079/50, votou pela procedência do pedido formulado na reclamação por entender que os agentes políticos, por estarem regidos por normas especiais de responsabilidade, não respondem por improbidade administrativa com base na Lei 8.429/92, mas apenas por crime de responsabilidade em ação que somente pode ser proposta perante o STF nos termos do art. 102, I, c, da CF ('Art. 102. Compete ao Supremo Tribunal Federal, precipuamente, a guarda da Constituição, cabendo-lhe: I – processar e julgar, originariamente: ... c) nas infrações penais comuns e nos crimes de responsabilidade, os Ministros de Estado e os Comandantes da Marinha, do Exército e da Aeronáutica, ressalvado o disposto no art. 52, I, os membros dos Tribunais Superiores, os do Tribunal de Contas da União e os chefes de missão diplomática de caráter permanente;'). Em síntese, o Min. Nelson Jobim

Garantias penais e processuais-penais **557**

proferiu voto no sentido de julgar procedente a reclamação para assentar a competência do STF e declarar extinto o processo em curso na 14ª Vara da Seção Judiciária do Distrito Federal, que gerou a reclamação, no que foi acompanhado pelos Ministros Gilmar Mendes, Ellen Gracie, Maurício Corrêa e Ilmar Galvão. Após, o julgamento foi adiado em virtude do pedido de vista do Min. Carlos Velloso. Rcl 2.138-DF, rel. Min. Nelson Jobim, 20.11.2002. (Rcl-2138)" – (Informativo n. 291/STF).

"Retomado julgamento de reclamação na qual se alega usurpação da competência originária do STF para o julgamento de crime de responsabilidade cometido por Ministro de Estado (CF, art. 102, I, *c*) — v. Informativo 291. Na espécie, o reclamante insurge-se contra sentença proferida por juiz federal de primeira instância que, julgando procedente pedido formulado em ação civil pública por improbi-dade administrativa, condenara o então Ministro-Chefe da Secretaria de Assuntos Estratégicos da Pre-sidência da República nas penalidades do art. 12 da Lei 8.429/92 e do art. 37, § 4º, da CF, em virtude da solicitação e utilização indevidas de aeronaves da Força Aérea Brasileira – FAB, bem como da fruição de Hotel de Trânsito da Aeronáutica. Abrindo divergência, o Min. Carlos Velloso, em voto--vista, julgou improcedente a reclamação por considerar que, no caso, a competência é do juízo fede-ral de 1º grau. Entendendo que os agentes políticos respondem pelos crimes de responsabilidade tipi-ficados nas respectivas leis especiais (CF, art. 85, parágrafo único), mas, em relação ao que não estiver tipificado como crime de responsabilidade, e estiver definido como ato de improbidade, devem res-ponder na forma da lei própria, qual seja, a Lei 8.429/92, aplicável a qualquer agente público, concluiu que, na hipótese dos autos, as tipificações da Lei 8.429/92, invocadas na ação civil pública, não se en-quadram como crime de responsabilidade definido na Lei 1.079/50. Após o voto do Min. Cezar Pelu-so, que acompanhava o voto do Min. Nelson Jobim, relator, pediu vista dos autos o Min. Joaquim Barbosa. Rcl 2138/DF, rel. Min. Nelson Jobim, 14.12.2005. (Rcl-2138)" – (Informativo n. 413/STF).

"Retomado julgamento de reclamação na qual se alega usurpação da competência originária do STF para o julgamento de crime de responsabilidade cometido por Ministro de Estado (CF, art. 102, I, *c*) — v. Informativos 291 e 413. Na espécie, o reclamante insurge-se contra sentença proferida por juiz federal de primeira instância que, julgando procedente pedido formulado em ação civil pública por improbidade administrativa, condenara o então Ministro-Chefe da Secretaria de Assuntos Estratégicos da Presidência da República nas penalidades do art. 12 da Lei 8.429/92 e do art. 37, § 4º, da CF, em virtude da solicitação e utilização indevidas de aeronaves da Força Aérea Brasileira – FAB, bem como da fruição de Hotel de Trânsito da Aeronáutica. Inicialmente, o Ministério Público Federal suscitou preliminar de não conhecimento, apontando a incompetência superveniente do Supremo para a apre-ciação da matéria em razão de ter ocorrido, depois do início do julgamento da reclamação, a cessação do exercício da função pública pelo interessado e o reconhecimento, na ADI 2797/DF (*DJU* de 19.12.2006), da inconstitucionalidade dos §§ 1º e 2º do art. 84 do CPP, com a redação dada pela Lei 10.628/2002. Após os votos dos Ministros Cármen Lúcia, Joaquim Barbosa — que também suscitava preliminar no sentido da perda do objeto da reclamação em face da cessação da investidura funcional motivadora da prerrogativa de foro —, Ricardo Lewandowski e Carlos Britto, todos acolhendo a preli-minar arguida pelo Ministério Público Federal, pediu vista o Min. Eros Grau. Rcl 2138/DF, rel. Min. Nelson Jobim, 1º.3.2007. (Rcl-2138)" – (Informativo n. 457/STF).

"O Tribunal concluiu julgamento de reclamação proposta pela União contra o Juiz Federal Substituto da 14ª Vara da Seção Judiciária do Distrito Federal e contra o relator da apelação interposta perante o TRF da 1ª Região, na qual se alegava usurpação da competência originária do STF para o julgamento de crime de responsabilidade cometido por Ministro de Estado (CF, art. 102, I, c) — v. Informativos 291, 413 e 457. Na espécie, o juízo federal de 1ª instância julgara procedente pedido formulado em ação civil pública por improbidade administrativa e condenara o então Ministro-Chefe da Secretaria de Assuntos Estratégicos da Presidência da República nas penalidades do art. 12 da Lei 8.429/92 e do art. 37, § 4º, da CF, em virtude da solicitação e utilização indevidas de aeronaves da Força Aérea Brasileira – FAB, bem como da fruição de Hotel de Trânsito da Aeronáutica. Rcl 2138/DF, rel. orig. Min. Nelson Jobim, red. p/ o acórdão Min. Gilmar Mendes, 13.6.2007. (Rcl-2138)" – (Informativo n. 471/STF).

Considerando o entendimento conferido pelo Pleno nesse precedente, assevero que antes de se cogitar de uma interpretação restritiva ou ampliativa, compete ao intérprete constitucional veri-ficar se, mediante fórmulas pretensamente alternativas, não se está a violar a própria decisão funda-mental do constituinte ou, na afirmação de Pertence, *"Se nossa função é realizar a Constituição e nela a largueza do campo do foro prerrogativo de função mal permite caracterizá-lo como excepcional, nem cabe restringi-lo nem cabe negar-lhe a expansão sistemática necessária a dar efetividade às inspirações da Lei Fundamental*" (voto proferido por Sepúlveda Pertence na questão de ordem no Inquérito n. 687/SP, rel. Sydney Sanches, *DJ* de 09.11.2001).

Sobre esse tema, diz Canotilho:

"*A força normativa da Constituição é incompatível com a existência de competências não escritas salvo nos casos de a própria Constituição autorizar o legislador a alargar o leque de competências normativo-constitucionalmente especificado. No plano metódico, deve também afastar-se a invocação de 'poderes implícitos', de 'poderes resultantes' ou de 'poderes inerentes' como formas autônomas de competência. É admissível, porém, uma complementação de competências constitucionais através do manejo de instrumentos metódicos de interpretação (sobretudo de interpretação sistemática ou teleológica). Por esta via, chegar-se-á a duas hipóteses de competência complementares implícitas: (1) competências implícitas complementares, enquadráveis no programa normativo-constitucional de uma competência explícita e justificáveis porque não se trata tanto de alargar competências mas de aprofundar competências (ex.: quem tem competência para tomar uma decisão deve, em princípio, ter competência para a preparação e formação de decisão); (2) competências implícitas complementares, necessárias para preencher lacunas constitucionais patentes através da leitura sistemática e analógica de preceitos constitucionais*" (J. J. Gomes Canotilho, *Direito Constitucional e Teoria da Constituição*, 5. ed., Coimbra: Almedina, p. 543).

De igual modo, no que se refere às "competências implícitas" do STF –, adotou-se a interpretação extensiva ou compreensiva do texto constitucional, em diversas hipóteses:

a) Mandado de Segurança contra ato de Comissão Parlamentar de Inquérito. Precedentes: MS 23.619/DF, rel. Octávio Gallotti, Plenário, *DJ* 7.12.2000; MS 23.851/DF, MS 23.868/DF e MS 23.964/DF, rel. Celso de Mello, Plenário, *DJ* 21.6.2002;

b) *Habeas Corpus* contra a INTERPOL, em face do recebimento de mandado de prisão expedido por magistrado estrangeiro, tendo em vista a competência do STF para processar e julgar, originariamente, a extradição solicitada por Estado estrangeiro (art. 102, I, *g*, CF). Precedentes: HC 80.923/SC, rel. Néri da Silveira, Plenário, *DJ* 21.6.2002; HC 82.686/RS, rel. Sepúlveda Pertence, Plenário, *DJ* 28.3.2003 e HC 82.677/PR, por mim relatado, Plenário, *DJ* 13.6.2003;

c) Mandado de Segurança contra atos que tenham relação com o pedido de extradição (art. 102, I, *g*, CF). A propósito, Rcl 2.069/DF, rel. Carlos Velloso, Plenário, *DJ* 1°.8.2003 e Rcl 2.040/DF, Plenário, *DJ* 27.6.2003;

d) No julgamento do AgRg n. MS 24.099/DF, rel. Maurício Corrêa, Plenário, *DJ* 2.8.2002, firmou-se o entendimento de que a competência do STF para julgar mandado de segurança contra atos da Mesa da Câmara dos Deputados (art. 102, I, *d*, 2ª parte) alcança os atos individuais praticados por parlamentar que profere decisão em nome desta;

e) O Tribunal, ao examinar a Questão de Ordem no HC 78.897/RJ, Plenário, em sessão de 09.06.1999, rel. Nelson Jobim, "*entendeu que o STF é competente para examinar pedido de habeas corpus contra acórdão do STJ que indeferiu recurso ordinário de habeas corpus. Considerou-se que o STF é a última instância de defesa da liberdade de ir e vir do cidadão, podendo qualquer decisão do STJ, desde que configurado o constrangimento ilegal, ser levada ao STF*" (Informativo STF 152).

Vejam, portanto, numa Constituição tão detalhada como a nossa, que não há como não fazer essa interpretação compreensiva do texto constitucional. Resulta impossível não se fazer esse tipo de compreensão com relação à competência para aquilo que o Min. Sepúlveda Pertence denomina como atividade constitucional de "supervisão judicial (e nada mais do que isso) do Supremo Tribunal Federal" (Voto proferido pelo Min. Sepúlveda Pertence na RCL n. 2.349-TO, *DJ* de 05.08.2005).

Nosso sistema constitucional não repudia, por conseguinte, a ideia de competências implícitas complementares, desde que necessárias para colmatar lacunas constitucionais evidentes. Parece-me que este argumento está fortemente consolidado. Por isso considero incorreta e contrária à jurisprudência pacífica a afirmação segundo a qual a competência desta Corte há de ser interpretada de forma restritiva.

Para o caso específico da apreciação das questões incidentes nos **inquéritos originários**, invoco o precedente firmado no julgamento da RCL n. 2.349-TO, Red. para o acórdão Min. Cezar Peluso, Rel. originário Min. Carlos Velloso (*DJ* de 05.08.2005). Nesse julgado, o Plenário, por maioria, asseverou a necessidade de garantia da competência do STF para, nos termos do art. 102, I, "b", fazer incidir o foro por prerrogativa de função com relação a parlamentares sempre que intimados com o objetivo de esclarecerem imputação, ao menos em tese, criminosa, na condição de investigado e/ou testemunha. Eis o teor da Ementa desse julgado:

"EMENTA: COMPETÊNCIA. Parlamentar. Senador. Inquérito policial. Imputação de crime por indiciado. Intimação para comparecer como testemunha. Convocação com caráter de ato de investigação. Inquérito já remetido a juízo. Competência do STF. Compete ao Supremo Tribunal Federal supervisionar inquérito policial em que Senador tenha sido intimado para esclarecer imputação de crime que lhe fez indiciado" (RCL n. 2.349-TO, Red. para o acórdão Min. Cezar Peluso, Rel. originário Min. Carlos Velloso, Plenário, por maioria, *DJ* de 05.08.2005).

Em outras palavras, se a Constituição estabelece que os agentes políticos respondem, por crime comum, perante esta Corte (CF, art. 102, I, *b*), não há razão constitucional plausível para que as atividades diretamente relacionadas à "supervisão judicial" (como é o caso da abertura de procedimento investigatório, por exemplo) sejam retiradas do controle judicial do STF.

Fixadas essas premissas, observa-se que é justamente por isso que está consagrada, em nosso sistema constitucional, a instituição da prerrogativa de foro. Além de estar destinada a evitar o que poderia ser definido como uma tática de guerrilha – nada republicana, diga-se – perante os vários juízos de primeiro grau, tal prerrogativa funcional serve para que os dirigentes das principais instituições públicas sejam julgados perante órgão colegiado – dotado de maior independência, pluralidade de visões e de inequívoca seriedade.

Trata-se de um assunto intimamente impregnado por elementos constitucionais que devem nortear políticas públicas criminais destinadas a esses agentes.

Daí o porquê da urgência da discussão das atribuições e competências no caso de investigação de supostos crimes cometidos por pessoas detentoras de prerrogativa de foro em sede de inquérito originário perante este STF.

Portanto, há de se fazer a devida distinção entre os inquéritos originários, a cargo e competência desta Corte (CF, art. 102), e aqueloutros de natureza tipicamente policial, os quais se regulam inteiramente pela legislação processual penal brasileira.

Sobre esse aspecto, assim manifestou-se o Procurador-Geral em seu parecer:

"6. O foro por prerrogativa de função tem sua justificativa na necessidade de assegurar garantias aos titulares de certos e determinados cargos, cuja importância é definida na Constituição, para que possam exercer em plenitude as atribuições que lhe são cometidas. O elemento de referência para o estabelecimento da garantia não é a pessoa que o titulariza em determinado momento, mas sim o plexo de atribuições do cargo.

7. Permitir que o procedimento de investigação predisposto à colheita de elementos probatórios, que suportarão eventual imputação penal contra titular de cargo a que se assegura foro especial, possa ser aberto por autoridade policial que integra o Departamento de Polícia Federal, e é órgão integrante da estrutura administrativa do Ministério da Justiça, certamente enfraquece a garantia que a Constituição consagra" – (fl. 128).

O despacho que admite o pedido diretamente apresentado pelo Procurador-Geral da República corresponde a ato judicial de natureza administrativa que imputa determinação procedimental de abertura de inquérito no âmbito desta Corte, o qual deve ser aqui autuado e numerado nos termos dos arts. 55, XIV; 56, V; e 231 do RI/STF.

A urgência dessa definição deve-se à exigência constitucional de evitar eventuais excessos por parte da Polícia Judiciária no sentido de se vislumbrar – conforme no excerto do ofício acima transcrito –, inclusive, e independentemente do controle jurisdicional deste Tribunal, a pretensão jurídica de instauração, *"ex officio"*, dos referidos inquéritos originários.

Assim, a discussão acerca dessa possibilidade não é uma mera formulação hipotética. Daí a necessidade de definição das competências constitucionais dos relatores desta Suprema Corte nos inquéritos originários.

Nesse contexto, a iniciativa do procedimento investigatório deve ser confiada ao MPF contando com a supervisão do Ministro-Relator dessa Corte.

É dizer, a Polícia Federal não está autorizada a abrir de ofício inquérito policial para apurar a conduta de parlamentares federais ou do próprio Presidente da República (no caso do STF).

Diante do exposto e na linha dos precedentes arrolados, voto no sentido de que, no exercício de competência penal originária do STF (CF, art. 102, I, "b" c/c Lei n. 8.038/1990, art. 2º), a atividade de supervisão judicial deve ser constitucionalmente desempenhada durante toda a tramitação das investigações (isto é, desde a abertura dos procedimentos investigatórios até o eventual oferecimento, ou não, de denúncia pelo *dominus litis*).

Nestes termos, voto no sentido de que a questão de ordem seja resolvida para anular o ato formal de indiciamento promovido pela autoridade policial em face do parlamentar investigado.

Senhora Presidente, é como voto.

HC 102.422[1]

Abuso de autoridade mediante denúncia sem justa causa – Imputação de posse ilegal de arma de uso proibido – Operação policial amplamente divulgada e ofensiva à imagem de magistrados e advogados sem resultado algum que não o dano a direitos constitucionalmente garantidos – Necessidade de nova lei sobre abuso de autoridade capaz de inibir a propositura e o recebimento de denúncias negligentes e danosas à imagem dos cidadãos.

O *writ* foi impetrado contra decisão do Superior Tribunal de Justiça que aceitou denúncia em ação penal em face do paciente, que a ele imputava a conduta tipificada no art. 16 da Lei n. 10.286/2003 (posse de arma de uso proibido).

A arma que se pretendia ilegalmente possuída era uma "caneta-revólver" calibre 22, mantida constantemente em exposição em estante da residência do paciente como objeto de decoração e que contava, ademais, com o devido registro de colecionador no Ministério da Defesa.

Ocorre que, ao fazer o registro administrativo da referida arma, o Exército brasileiro anotou a arma como fabricada nos Estados Unidos da América, enquanto, na verdade, a arma havia sido fabricada em Taiwan, embora contasse com sistema de acionamento de origem norte-americana.

Desse erro material do órgão administrativo responsável, o Ministério Público retirou a improvável tese de que se tratavam de duas armas distintas. A primeira, uma caneta-revólver fabricada nos EUA, que tinha registro junto ao Ministério da Defesa, e de paradeiro desconhecido. A segunda, a caneta-revólver fabricada em Taiwan que foi encontrada na residência do paciente, e que configuraria o ilícito antes referido.

No exercício excepcional do poder cautelar por força do recesso anual do Tribunal, deferi o pedido liminar, suspendendo o curso da ação penal, tendo em vista a plausibilidade jurídica do pedido e o perigo na demora.

Quando teve lugar a sessão de julgamento do *writ*, votou o Ministro Relator pela Concessão da ordem de *habeas corpus* e trancamento da ação penal, no que foi acompanhado pela maioria do Tribunal. A decisão foi nestes termos ementada:

EMENTA: Habeas Corpus. Ação Penal (trancamento). Justa causa (ausência). Posse ilegal de arma de fogo *de uso restrito ("caneta-revólver"). Atipicidade. 1. É possível a concessão de habeas corpus para a extinção de ação penal sempre que se constatar ou imputação de fato atípico, ou inexistência de qualquer elemento que demonstre a autoria do delito, ou extinção da punibilidade. 2. Na espécie, não há justa causa para a ação penal com base no art. 16 da Lei n. 10.826/2003 (Estatuto do Desarmamento). A apreensão de "caneta-revólver" na residência do investigado, cujas características são de todo assemelhadas à arma registrada em seu nome perante o órgão competente, com mera divergência quanto à origem de sua fabricação, não é suficiente para caracterizar o crime de posse ilegal de arma de fogo de uso restrito, máxime não tendo sido localizado outro equipamento similar de origem diversa. 3. Nas palavras de Reale Júnior, tipicidade é a "congruência entre a ação concreta e o paradigma legal ou a configuração típica do injusto". Não preenchidos esses requisitos, inexiste justa causa para a instauração da persecução penal pelo Parquet. 4. Habeas corpus concedido.*

VOTO VOGAL

Cuida-se de *habeas corpus*, com pedido liminar, impetrado por Arnaldo Malheiros Filho e outros, em favor de ROBERTO LUIZ RIBEIRO HADDAD, contra ato do Superior Tribunal de Justiça que instaurou ação penal em face do paciente, sem necessária justa causa.

---

[1] Em sessão realizada em 10.06.2010, o Tribunal, por maioria e nos termos do voto do Relator, concedeu a ordem de *habeas corpus*, para trancar a ação penal, vencido o Senhor Ministro Marco Aurélio, que a indeferia.

Os impetrantes insurgem-se contra o recebimento de denúncia pelo STJ, a qual se limitou ao crime de posse de arma de fogo de uso proibido (art. 16 da Lei n. 10.826/03).

Argumentam que a investigação originou-se na suposta venda de decisões judiciais, utilizando-se de escutas telefônicas e de mandado de busca e apreensão, sem, contudo, encontrar qualquer indício daquilo que a princípio buscava.

Os impetrantes apontam a ilegalidade das escutas, ante a inexistência de fundamento válido, o que redunda na ilicitude da prova obtida por derivação.

De outro lado, enfocam a nulidade da busca e apreensão, quer por ser decorrente das ilegítimas escutas telefônicas, quer por absoluta ausência de fundamentação apta a excepcionar direito individual constitucionalmente garantido. Dizem que os atos persecutórios transformaram-se em verdadeira autorização de "devassa" deferida à autoridade policial. Ainda quanto a esse ponto, mencionam a ilegalidade resultante do acompanhamento da busca e apreensão por procuradores-regionais da República, aos quais falece atribuição para atuar em feito de competência do STJ.

No mérito, referem-se também à atipicidade da posse de arma de fogo e de munição, tendo em vista tratar-se, na verdade, de uma "caneta-revólver" (desmuniciada) – e de dois projéteis de calibre 22 –, mantida apenas como objeto de decoração em estante da residência do paciente, com o devido registro de colecionador no Ministério da Defesa, o qual se estende sobre as demais peças de seu acervo, em número superior a cinquenta.

Esclarecem que não se sustenta a dúvida, lançada no acórdão, sobre a "caneta-revólver" apreendida ser, ou não, a mesma constante do rol de registro no Ministério da Defesa, ressaltando que a divergência decorreu-se de erro do Exército brasileiro, responsável pelo ato, na medida em que, por considerar o sistema de acionamento americano, presumiu tratar-se de arma de fabricação americana, quando, na verdade, foi fabricada em Taiwan.

Sucessivamente, sustentam a falta de dolo do paciente, que, ante o equívoco do próprio órgão administrativo, não teria a intenção de manter sob sua posse arma de uso restrito sem devida autorização.

No mais, defendem a ineficácia da arma para disparos, pois não estava municiada ou, tampouco, contava com munição disponível ao agente, uma vez que as duas balas apreendidas encontravam-se em outro cômodo da residência.

Finalmente, defendem que o suposto delito de posse de arma de fogo foi objeto de *abolitio criminis*, conforme prevê o art. 30 da Lei n. 10.826/03.

Requerem o trancamento da ação penal, ante a ausência de justa causa.

Em janeiro deste ano, eu deferi o pedido liminar, suspendendo o curso da ação penal, tendo em vista a plausibilidade jurídica do pedido e o perigo na demora.

Há parecer do Ministério Público Federal pela denegação da ordem.

Votou o Ministro Relator pela Concessão da ordem de *habeas corpus* e trancamento da ação penal.

Passo ao exame do mérito.

O caso em exame refere-se aos fatos trazidos a juízo por intermédio do Ministério Público Federal em conhecida operação da Polícia Federal nominada de "Operação Têmis", a qual tinha por objetivo apurar suposta corrupção no Judiciário Federal da 3ª Região.

De acordo com a declaração oficial emitida pelo Ministério Público e pela Polícia Federal em 20.4.2007, "A *atuação da organização criminosa consistia em obter decisões dos magistrados envolvidos que atendiam aos interesses dos donos de bingos e dos empresários, que se utilizavam dos serviços ilegais oferecidos por aquela*".

E, conforme ainda as instituições consorciadas na investigação, "Outra *área de atuação da organização criminosa estava relacionada à obtenção de decisões em matéria tributária, que viabilizavam a compensação indevida e/ou a suspensão da exigibilidade de créditos tributários de grande monta"*. (NOTA CONJUNTA À IMPRENSA – OPERAÇÃO TÊMIS – Ministério Público Federal e Polícia Federal, disponível em: <http://noticias.pgr.mpf.gov.br/noticias-do-site/criminal/nota-conjunta-a-imprensa-operacao-temis>).

Ao fim e ao cabo da apuração conduzida em sede de inquérito judicial no Superior Tribunal de Justiça, mencionada Corte Superior houve por bem instaurar ação penal contra o ora paciente por crime previsto no art. 16, da Lei n. 10.826/2003, rejeitando a denúncia no que dizia respeito aos delitos de advocacia administrativa qualificada, exploração de prestígio e formação de quadrilha, pela ausência de justa causa para a instauração de processo criminal.

A suposta corrupção – que justificou o deferimento de diversas medidas invasivas, praticadas não apenas em relação ao paciente, mas também a outros magistrados, além de buscas e apreensões executadas na sede do Judiciário Federal da 3ª Região – não restou minimamente configurada.

A decisão cautelar de busca e apreensão, exarada pelo Superior Tribunal de Justiça, fundava-se na *"necessidade de se colher provas nas residências, escritórios e empresas dos principais membros da organização criminosa"*, e foi assim deferida para *"obter evidências de práticas de outros delitos e do envolvimento de outras pessoas e empresas no suposto esquema de corrupção do Poder Judiciário, Receita Federal e Polícia Civil"*. (Decisão no Inquérito 547-SP, Doc. 15, fls. 1.381).

Observo que, com essa justificativa, as medidas descritas na decisão de fls. 1.381/1.449 foram executadas de forma ostensiva pela Polícia Federal e com o aval do MPF, em claro desrespeito à discrição ordenada na decisão que concedeu a busca e apreensão.

O fundamento para o recebimento da denúncia, segundo exposto no acórdão questionado, assenta-se exclusivamente no fato de, no momento da busca e apreensão, ter sido apreendida arma idêntica àquela que consta da lista de armas registradas em nome do paciente, porém fabricada nos Estados Unidos da América do Norte.

Todavia, os documentos de fls. 1.505/1.519 deixam claro que o paciente é reconhecido como colecionador de armas pelo Exército brasileiro desde 1997, contando, em seu acervo, com exatamente 51 armas, conforme rol anexo ao certificado n. 14149, tais como metralhadoras, revólveres, pistolas, fuzis, carabinas e espingardas dos mais diversos calibres, modelos e origens.

Desse rol de armas registradas no Ministério da Defesa, **portanto de posse legítima**, consta um revólver sob n. SIGMA 391562, sem marca, calibre 22, modelo caneta, 101 mm, cuja informação inicial assentava a procedência dos EUA. No entanto, às fls. 1.517/1.519, há documento expedido pelo MINISTÉRIO DA DEFESA, EXÉRCITO BRASILEIRO, COMANDO MILITAR DO SUDESTE, 2ª REGIÃO MILITAR, REGIÃO DAS BANDEIRAS, datado de 4 de dezembro de 2009, no qual a autoridade competente relaciona a arma objeto da questão tratada, retificando a procedência e atribuindo a ela a devida origem: TAIWAN.

Resta evidente que a caneta-revólver objeto da busca e apreensão realizada na casa do paciente é a mesma submetida a registro, porém com erro material claro, no que diz respeito à procedência. Inexatidão esta, aliás, já devidamente corrigida pelo órgão competente, ainda que posteriormente ao recebimento da denúncia.

A conclusão é cristalina: a arma de fogo apreendida pela Polícia Federal, objeto da denúncia do Ministério Público Federal, está devidamente registrada no órgão competente, o que resulta na completa atipicidade da conduta do paciente e, por isso, não há justa causa para a ação penal.

O STF, em diversos arestos, não vem admitindo a instauração da ação penal quando flagrante a ausência de justa causa para a formação da relação jurídica penal. Será sempre o caso de não permissão para instauração de feito criminal, ou para o trancamento daquele existente em sede de *habeas corpus*, quando o comportamento do réu "nem mesmo em tese constitui crime, ou quando, configurando uma ação penal, resulta de pura criação mental da acusação" (RE 150/393, Rel. Ministro Orozimbo Nonato).

Permito-me fazer algumas considerações quanto à preocupação com esse tipo de denúncia. Sem dúvida alguma, aqui parece que houve um excesso no que diz respeito à denúncia. Mas houve também um excesso em relação ao seu recebimento, como se se fizesse aquilo que, na linguagem ou na metáfora futebolística, se diz *"vamos fazer um tipo de compensação"*, já que houve tanto esforço, o tribunal se envolveu tanto, deu decisão, busca e apreensão, fechou a Avenida Paulista para fazer busca e apreensão no Tribunal Regional Federal. Depois, o resultado dessa chamada Operação Têmis é isto: o recebimento da denúncia por uma caneta-revólver.

Eu fico a pensar, Senhor Presidente, que o país está carente de uma lei de abuso de autoridade para quem oferece denúncia dessa natureza, para quem faz investigação desse tipo e para quem recebe a denúncia desse tipo. Sem dúvida alguma é preciso que haja limite para essas situações.

Já falei em outra oportunidade que devemos rezar para ter senso de justiça, mas, se o perdermos, temos de pedir a Deus para, pelo menos, não perdermos o senso do ridículo, o que evitaria esse tipo de vexame.

Raramente se vê um caso com tantas características de picaresco, de circense, de bizarro. Diria que este caso ganharia o campeonato mundial de bizarrice não tivéssemos antes tido aqui no Tribunal o HC 84338/SP, referente ao caso dos dólares no Afeganistão – também denúncia do Ministério Público Federal. Aquele em que em um juiz, ao fazer sua declaração de imposto de renda, em um erro corriqueiro, clicou o país "Afeganistão" (que fica próximo a "Brasil" na declaração eletrônica) para informar que possuía certa quantia em dólares. Contudo, na lista de bens que todo servidor público deve apresentar anualmente, informara que os tais dólares encontravam-se com ele. Em decorrência desse fato, apontou-se um crime de falso. É preciso meditar sobre essas coisas. Acredito que todos nós temos de meditar sobre isso. Tem de meditar muito o STJ. É um caso de estudo. Tem de meditar muito o Ministério Público sobre esse tipo de coisa, porque, sem dúvida alguma, este é um caso que constrange, que envergonha quem dele participou.

Defiro a ordem para trancar a Ação Penal 549/SP (2006/0278698-0), acompanhando o eminente relator.

PET 3.898[1]

Denúncia por quebra ilegal de sigilo bancário contra Ministro de Estado e outros – Questão preliminar sobre a definição do momento para aceitação da proposta do Ministério Público de suspensão do processo.

Tratava-se de denúncia oferecida pelo Procurador-Geral da República em face de ANTONIO PALOCCI FILHO, JORGE EDUARDO LEVI MATTOSO e MARCELO AMORIM NETTO, dando-os como incursos nas sanções do art. 10 da Lei Complementar n. 105/2001, c/c art. 29 do Código Penal, sob acusação de quebrar ilicitamente o sigilo bancário de Francenildo dos Santos Costa.

Confiram-se os termos da denúncia:

"1. Com base nos elementos constantes dos autos da Petição n. 3.898 e da Ação Cautelar n. 1.553, que fazem parte integrante da presente peça acusatória, foi apurado que entre os dias 16 e 17 de março de 2006, o primeiro denunciado, **ANTONIO PALOCCI FILHO**, em comunhão de esforços e mediante os auxílios essenciais – adiante especificados – dos outros denunciados, **JORGE EDUARDO LEVI MATTOSO e MARCELO AMORIM NETTO**, praticaram ato manifestamente contrário à lei, consistente na quebra de sigilo bancário de Francenildo dos Santos Costa fora dos procedimentos e hipóteses autorizadas em lei, bem como a divulgação de forma indevida aos meios de comunicação desses dados bancários, tendo por finalidade principal tentar desqualificar publicamente Francenildo dos Santos Costa, que no dia 16 de março de 2006 se encontrava prestando depoimento à 'CPI dos Bingos', relatando fatos (*até a interrupção do depoimento por ordem dessa Suprema Corte, cópia da decisão liminar nas fls. 517/519, vol. 2 da Petição*) que, em princípio, poderiam ser contrários aos interesses do primeiro denunciado. Em razão das informações divulgadas e também da comunicação efetivada ao COAF por determinação do primeiro denunciado e participação do segundo denunciado, houve a instauração de inquérito policial para a apuração de eventual crime de lavagem de dinheiro praticado por Francenildo dos Santos Costa, pela suposta ausência de origem de valores depositados na conta devassada publicamente e sem o devido processo legal, que posteriormente foi arquivado em razão de decisão do Tribunal Regional Federal da 1ª Região no HC n. 2006.0100.017395-3/DF.

2. Na época dos fatos, **ANTONIO PALOCCI FILHO** exercia as funções de Ministro da Fazenda. **JORGE EDUARDO LEVI MATTOSO** se encontrava no exercício da Presidência da Caixa Econômica Federal, e, conforme suas declarações, tinha na pessoa de **ANTONIO PALOCCI FILHO** seu superior hierárquico (*fl. 270 do vol. 2 da Ação Cautelar*). Tal condição de hierarquia também foi confirmada por **ANTONIO PALOCCI FILHO** (*fl. 278 do vol. 2 da Ação Cautelar*). **MARCELO AMORIM NETTO** era Assessor-Chefe de Imprensa do Ministério da Fazenda, sendo suas funções também vinculadas diretamente ao primeiro denunciado (*segundo palavras suas, 'era o interlocutor mais próximo do Ministro Palocci para contato com a imprensa' – fl. 21 do volume 1 da Ação Cautelar e fl. 524 do vol. 3 da Petição. Conforme também declaração de* **ANTONIO PALOCCI FILHO**, *o contato com jornalistas ficava ao cargo da Secretaria de Comunicação, cuja chefia era de* **MARCELO NETTO** *– fl. 280 do vol. 2 da Ação Cautelar*).

3. No dia 16 de março de 2006, por volta de 13h, convocado para tanto em razão de entrevista publicada no jornal *O Estado de São Paulo* dias antes, Francenildo dos Santos Costa estava prestando depoimento junto à chamada 'CPI dos Bingos', tendo revelado que o primeiro acusado comparecia frequentemente na residência nessa capital federal em que trabalhava como jardineiro. Nesse local,

---

[1] Acordaram os Ministros do Supremo Tribunal Federal, por maioria, em acolher questão de ordem suscitada pelo Presidente e deliberar que a proposta de transação penal, formulada pelo Ministério Público Federal, deverá ser apreciada pelos acusados somente após o recebimento da denúncia, vencidos os Senhores Ministros Ellen Gracie, Marco Aurélio e Celso de Mello; em rejeitar a denúncia contra o acusado Antonio Palocci Filho, vencidos os Senhores Ministros Cármen Lúcia, Carlos Britto, Marco Aurélio e Celso de Mello. O Tribunal recebeu a denúncia contra o acusado Jorge Eduardo Levi Mattoso e determinou a remessa dos autos ao juízo de primeiro grau para o prosseguimento da ação penal (*DJ* de 18.12.2009).

conhecido como 'A República de Ribeirão Preto', **ANTONIO PALOCCI FILHO** manteria encontros com, pelo menos, seus ex-assessores de Ribeirão Preto, município em que exerceu as funções de Prefeito. O depoimento de Francenildo chegou a ser transmitido por emissoras de televisão, tendo o seu conteúdo, em princípio, revelado apenas que o primeiro denunciado mantinha contatos (não se sabe se criminosos ou não) com pessoas que se encontravam sob investigação criminal e também com outras pessoas que talvez pudessem atingir sua reputação pessoal.

4. As provas existentes nos autos demonstram indubitavelmente que a emissão ilegal dos extratos bancários da conta de Francelino (*sic*) foi feita por ordem do acusado **JORGE MATTOSO**, que os entregou a **ANTONIO PALOCCI FILHO**, o qual anteriormente o determinara que assim procedesse. A afirmação de **JORGE MATTOSO,** no sentido de que foi exclusivamente '*sua a iniciativa de consultar eventuais registros bancários de FRANCENILDO na CAIXA*', está em conflito com os fatos ocorridos na tarde do dia 16 de março de 2006, que revelam o seu prévio encontro com **ANTONIO PALOCCI FILHO**, a determinação para emissão do extrato da conta, o contato telefônico após o recebimento do extrato e o deslocamento à residência deste último, em torno das 23 horas, para entrega dos respectivos documentos.

4.1. Jeter Ribeiro de Souza referiu que o pedido para emissão dos extratos da conta fora feito *informalmente* por sua chefia imediata, Sueli Aparecida Mascarenhas, que tinha em anotação manual o nome e o CPF de Francenildo (fls. 103/105 do vol. 1 da Petição).

4.2. Sueli Aparecida Mascarenhas confirmou que a solicitação de impressão do extrato lhe fora feita pessoalmente por Ricardo Schumann, por volta de 20h30min do dia 16 de março, o qual, inclusive, declinou que o pedido não poderia ser feito via telefone. Disse ainda que considerou esse pedido como sendo não usual, verdadeiramente atípico, mas não lhe competia questionar ordem vinda do Gabinete da Presidência da CEF. Destacou ainda que lhe foram fornecidos o nome e o CPF de Francenildo para comunicar ao COAF, e não o número da conta corrente. Ao entregar os recibos a Ricardo Schumann, esse os colocou dentro de uma pasta e saiu para ir ao encontro de **JORGE MATTOSO** (fls. 112/114 do vol. 1 da Petição).

4.3. Ricardo Schumann também admitiu que no dia 16 de março, por volta das 20h, foi contatado por **JORGE MATTOSO**, que lhe forneceu os dados de Francenildo, pedindo-lhe para que fosse verificado se possuía registros de operações financeiras na CEF. Referiu, também, que o órgão responsável na CEF por comunicações ao COAF é a SUCOI – Superintendência de Controle Interno (*A informação da SUCOI ao Banco Central do Brasil só ocorreu no dia seguinte, 17 de março, às 19h10min, 'por meio eletrônico', ou seja, 'sem utilização de extrato impresso'*). Ricardo ratificou as declarações de Sueli, e, estando na posse dos extratos, saiu da CEF por volta de 21h15min, entregando-os, alguns minutos depois, dentro de um envelope, a **JORGE MATTOSO** no restaurante La Torreta, nessa capital (*fls. 117/120 do vol. 1 da Petição*).

4.4. Esses fatos são confirmados por **JORGE MATTOSO**, tendo referido ainda que, durante o jantar, recebeu um telefonema do então Ministro **ANTONIO PALOCCI FILHO**, indo à sua residência por volta de 23h, conforme combinado naquele momento, quando lhe repassou o envelope que continha os extratos bancários (*fls. 269/271 do vol. 2 da Ação Cautelar*).

4.5. ANTONIO PALOCCI FILHO (*fls. 277/280 do vol. 2 da Ação Cautelar*) reconheceu que, no dia 16 de março de 2006, se encontrou pessoalmente com **JORGE MATTOSO** em duas oportunidades. A primeira, numa reunião que ocorreu por volta das 19h no Palácio do Planalto (*ratifique-se que o pedido de emissão dos extratos formulado por MATTOSO a Ricardo Schumann ocorreu pouco tempo depois, por volta de 20 horas*). A segunda, quando **JORGE MATTOSO** compareceu à residência de **ANTONIO PALOCCI FILHO** para lhe entregar o envelope com os extratos, por volta de 23h. Admitiu ainda que, neste interregno, conversou com **JORGE MATTOSO** por telefone.

4.6. Quando da primeira reunião, o motorista de **JORGE MATTOSO**, José Carlos da Costa Silva, destacou que **MATTOSO**, ao sair do Palácio do Planalto, se encontrava muito tenso e pediu para retornar à CEF, ao contrário do que sempre fazia quando saía na posse de sua pasta de trabalho. Depois, buscou **MATTOSO** no restaurante La Torreta e o levou para a residência do então Ministro **PALOCCI**. Após entregar um envelope, **MATTOSO** teria retornado ao veículo visivelmente contrariado e preocupado com os fatos (*fls. 199/204 do vol. 1 da Petição*).

Garantias penais e processuais-penais **567**

4.7. Quando do segundo encontro entre **ANTONIO PALOCCI FILHO** e **JORGE MATTOSO**, estava também na residência daquele Daniel Goldberg, além de **MARCELO NETTO**. Em suas declarações, Daniel referiu que no dia 16 de março de 2006, quinta-feira, por volta de 21h (*logo após o Jornal Nacional, quando veiculada matéria jornalística sobre as declarações de Francenildo*), foi contatado via telefone *diretamente* pelo então Ministro **ANTONIO PALOCCI**, que lhe solicitou passasse em sua residência por volta de 23h30min daquele mesmo dia. Um dos assuntos trazidos à pauta no encontro com Daniel por **ANTONIO PALOCCI FILHO** foi informar que '*sabia que em uma reportagem do <GLOBO> tinha sido apurado que o caseiro havia recebido um dinheiro para prestar depoimento falso na CPI dos Bingos e teria até dado entrada <em uma casinha>'*. Disse também que a quantia mencionada por **ANTONIO PALOCCI FILHO**, que teria sido supostamente recebida por Francenildo, seria em torno de R$ 40.000,00, tendo sido questionado pelo interlocutor sobre a possibilidade de a Polícia Federal passar a atuar no caso para se saber '*sobre a grana levada pelo caseiro e a casinha'*. No dia seguinte, 17 de março de 2006, em horário compreendido entre 9h30min/10h, Daniel Goldberg conversou com Cláudio Demzuk de Alencar, para quem relatou a conversa tida no dia anterior na residência do acusado **ANTONIO PALOCCI FILHO**. Por volta de 11h/11h40min, **ambos** se dirigiram à residência de **ANTONIO PALOCCI FILHO** e foi exposto em que condições a Polícia Federal poderia atuar. Naquele instante, **ANTONIO PALOCCI FILHO** teria solicitado que se quisesse que a Polícia Federal atuasse no caso contataria posteriormente. Aproximadamente às 15h30min daquele mesmo dia, **ANTONIO PALOCCI FILHO** ligou novamente para Daniel Goldberg avisando que poderiam repassar as informações para a Polícia Federal (fls. 218221 do vol. 1 da Petição).

5. Consta ainda nas provas carreadas aos autos que, no dia 17 de março de 2006, por volta de 17h30min, **Raphael Rezende Neto foi chamado ao gabinete de JORGE MATTOSO, que lhe apresentou cópia de um extrato bancário que seria publicado numa revista no final de semana**, tendo lhe sido solicitado verificar se a movimentação tinha sido comunicada aos órgãos competentes (no caso, COAF). A comunicação foi efetuada junto ao Sisbacen às 19h10min daquele dia 17 de março de 2006 (*fls. 154/157 do vol. 1 da Petição*). Este procedimento foi realizado no dia 17 de março para se poder, de uma 'forma legalizada', instruir um procedimento para apurar os valores constantes na conta bancária de Francenildo dos Santos Costa.

6. Os extratos da conta poupança de Francenildo (*cópias nas fls. 92 a 92 – sic – do vol. 1 da Petição*) foram emitidos no dia 16 de março de 2006, às 20h58min21s. A Revista Época informou que foram exatamente esses os documentos que lhes foram entregues para publicação (*v. fls. 175/181 do vol. 1 da Petição*), porém em cópias xerográficas, não os originais. Segundo informação técnica, detalhada no depoimento de Delfino Natal de Souza (*fls. 79/83 do vol. 1 da Petição*), gerente de Segurança da Informação da CEF, o código H4A00000 constante nos extratos refere-se à identificação de acesso cuja sessão perdurou entre as 20h58min21s e 21h06min12s, associado a equipamento localizado no 15º andar do edifício matriz da CEF nessa capital.

7. Repise-se que, segundo comprovado, a quebra do sigilo bancário de Francenildo ocorreu às 20h58min21s do dia 16 de março de 2006. Instantes após, esses documentos foram entregues por Ricardo Schumann ao denunciado **JORGE MATTOSO**, que se encontrava jantando no restaurante La Torreta, nessa capital. Na sequência houve contato telefônico do acusado **JORGE MATTOSO** com o acusado **ANTONIO PALOCCI FILHO**, sendo que aquele se comprometeu a ir à residência desse mais tarde, por volta de 23h. Como já destacado, Daniel Krepel Goldberg reconheceu (*fls. 218/221 do vol. 1 da Petição*) que, *por volta das 21h* (**muito pouco tempo após a ilícita quebra do sigilo**), recebeu telefonema do acusado **ANTONIO PALOCCI FILHO** para comparecer numa reunião naquele dia em sua residência. Consoante admitido pelo acusado **MARCELO NETTO** em 17/04/2006 (*fl. 20 do vol. 1 da Ação Cautelar*), '*pode perceber que o assunto tratado entre o Ministro Palocci e o Sr. Daniel Goldberg abordava o inquérito policial que estava em Ribeirão Preto/SP e **uma consulta sobre a informação do dinheiro do caseiro, que seria muito, e se era possível investigar o por quê dele ter esse dinheiro'*.

8. É incontroverso que as movimentações financeiras referentes aos extratos bancários publicados pela Revista Época da conta de Francenildo dos Santos Costa foram exatamente aqueles entregues por **JORGE MATTOSO** a **ANTONIO PALOCCI FILHO**.

9. Segundo **JORGE MATTOSO**, no dia 17 de março – seguinte ao qual entregou ao acusado **ANTONIO PALOCCI FILHO** cópias dos extratos bancários de Francenildo – a Caixa Econômica Federal fez três consultas ao SERASA a respeito da situação de Francenildo dos Santos Costa. As consultas ocorreram nos seguintes horários: 11h16min; 12h40min e 14h27min (*confira-se documento expedido pelo Serasa, de 28/03/2006 – fl. 765, volume 3 da Petição*). **Esses horários de consultas se encontram exatamente dentro do interregno de ligações havidas entre telefones do Ministério da Fazenda e da redação da Revista Época** – adiante especificados –, demonstrando-se, assim, um concerto de atividades todas tendentes a revelar situação fática que pudesse vir em prejuízo de Francenildo dos Santos Costa.

10. A divulgação dos dados da conta bancária de Francenildo dos Santos Costa (caderneta de poupança n. 1048-8, da agência da CEF Lago Sul, Brasília) foi realizada por publicação em página da internet da Revista Época (endereço www.blogbrasil.globolog.com.br), fato ocorrido **às 18h45min do dia 17 de março de 2006.** A matéria, assinada pelos jornalistas Gustavo Krieger e Andrei Meireles, tinha o seguinte conteúdo, na parte relativa aos fatos:

'EXTRATOS REVELAM DEPÓSITOS PARA CASEIRO

O caseiro Francenildo dos Santos Costa, que ganhou fama ao aparecer na CPI dos Bingos nesta semana acusando o ministro Antonio Palocci de frequentar a <casa do lobby>, montada por lobistas de Ribeirão Preto pode ser um trabalhador humilde, como foi descrito diversas vezes, mas está longe de passar por dificuldades financeiras. *Época teve acesso a um conjunto de extratos de uma conta poupança na Caixa Econômica Federal em nome dele. A conta, de número 1048-8, fica na agência do Lago Sul, próxima à casa onde ele trabalha e mora.* Segundo estes extratos, desde o início do ano, a conta recebeu depósitos de R$ 38.860,00. Todos foram registrados como <depósitos em dinheiro>. Francenildo reconheceu os depósitos. De acordo com o caseiro, eles foram resultado de uma doação familiar. Os extratos indicam que, quando o ano começou, a conta em nome do caseiro tinha um saldo de R$ 24,76. No dia 6 de janeiro, é registrado um depósito de R$ 10.000,00. Três dias depois, aparece um saque com cartão eletrônico de R$ 2.500,00. Nos dias seguintes, há outros saques, de menor valor. Em 6 de fevereiro, aparece um outro depósito, desta vez de R$ 9.990,00. A conta fica parada até o dia 15 de fevereiro, quando há um saque de R$ 15.000,00, novamente com cartão eletrônico. Um dia depois, outro depósito, desta vez de R$ 10.000,00, mais uma vez em dinheiro. No dia 3 de março, há o registro de mais um depósito, de R$ 3.870,00. Finalmente, em 06 de março há outro depósito no valor de R$ 5.000,00. No dia 16 de março, quando foi tirado o extrato, o saldo da conta é de R$ 19.662,35. Neste dia, Francenildo depôs na CPI. **Ao receber os extratos, a reportagem de Época entrou em contato com o advogado Wlício Chaveiro Nascimento**, que representa o caseiro. Ele levou um susto. <Não sabia que ele tinha dinheiro. Estou defendendo ele de graça>. *Quinze minutos* **depois, o advogado telefonou para a redação.** De acordo com ele, Francenildo **reconheceu os depósitos,** mas disse que o dinheiro veio de seu pai (...)' (fl. 143 do vol. 1 da Petição – endereço www.blogbrasil.globolog.com.br/archive_2006_03_17_0.html).

11. Segundo destacado na fl. 262 do vol. 2 da Ação Cautelar n. 1.553 (*veja-se também na fls. 192 do vol. 1 da cautelar*), no dia 17 de março de 2006 foram feitas (*fato não habitual até então, pela frequência, nos períodos anterior e posterior aos fatos*) pelo menos 6 ligações telefônicas originadas do número 61.34122501 (do Ministério da Fazenda) para o número 61.33169544 (Redação da Revista Época em Brasília).

11.1. Cronologicamente, os horários das ligações telefônicas são os seguintes: 10h03min; 12h33min03s; 12h40min26s; 15h38min29s; 16h43min53s e 17h40min44s (*ratifica-se que a divulgação da notícia com os dados bancários de Francenildo Costa no blog da Revista Época se deu pouco mais de uma hora depois do último contato telefônico, às 18h45min do dia 17 de março de 2006*).

11.2. **MARCELO AMORIM NETTO,** em seu interrogatório no dia 17 de abril de 2006, afirmou que *"usava o telefone funcional* (0xx61)3214-2501 *e o celular 8118-0135"* (*fl. 22 do vol. 1 da Ação Cautelar e fl. 525 do vol. 3 da Petição*). Gustavo Krieger Barreiro, um dos redatores da nota, admitiu que '*ligava no número 3412-2501 quando queria falar com* **MARCELO NETTO** *no Ministério da Fazenda ou no seu telefone celular*' (*fl. 293 do vol. 2 da Ação Cautelar*).

12. Gustavo Krieger Barreiro, chefe da Sucursal da Revista Época nesta Capital, disse que **MARCELO NETTO era sua fonte** desde o ano de 2002. Negou tivesse recebido os extratos bancários da Polícia Federal, bem como negou eventual participação de inúmeras outras pessoas no repasse dos documentos,

mas **nada referiu** (nem a favor, nem contra) a respeito de eventual participação de **MARCELO NETTO** no evento. Admitiu que recebeu os extratos no dia 17 de março de 2006, sexta-feira **à tarde, pessoalmente e fora da sucursal da Revista**, invocando, porém, o sigilo da fonte. Reconheceu que naquele dia conversou várias vezes ao telefone com **MARCELO NETTO**. Como referido, salientou que, como '*MARCELO NETTO era sua fonte, se reserva o direito de não comentar o teor de qualquer das passagens das conversas mantidas pessoalmente ou por telefone com o mesmo*'. Revelou que assim que recebeu os extratos checou a informação com o advogado de Francenildo, o bel. Wlício Chaveiro Nascimento. Segundo o advogado, o contato se deu por intermédio do jornalista Andrei Meireles, aproximadamente às **18h** do dia 17 de março (*declaração da fl. 397 do vol. 2 da Petição e também na fl. 925 do vol. 4 da Petição*). Com a confirmação dos dados pelo advogado, houve a publicação das informações no blog da Revista Época (*fls. 292/294 do vol. 2 da Ação Cautelar e também fls. 1.325/1.327 do vol. 6 da Petição*).

13. No dia 16 de março de 2006, foram feitas 8 ligações do celular 61.81164198 (*registrado em nome da Sec. Adm. Pres. da República – v. fl. 1.572 do vol. 7 da Petição, mas utilizado por ANTONIO PALOCCI FILHO*) para o aparelho celular particular de **MARCELO NETTO** (61.8118.0135): 11h33min44s, 11h34min53s, 14h10min01s, 14h10min49s; 14h12min24s; 17h05min02s; 17h13min46s e 21h41mn42s. Há também 4 ligações de **MARCELO NETTO** para **ANTONIO PALOCCI FILHO**, com os mesmos aparelhos e na mesma data: 14h13min57s; 16h54min14s; 16h55min52s e 21h34min18s. No dia seguinte, 17 de março, também foram realizadas 9 ligações entre os referidos números telefônicos (*planilha nas fls. 254/258 do vol. 2 da Ação Cautelar e nas fls. 1.719/1.720 do vol. 7 da Petição*).

14. Embora **MARCELO NETTO** tenha negado que seu filho Matheus de Almeida Leitão Netto (que trabalhava juntamente com Gustavo Krieger e Andrei Meireles e outros três jornalistas na *Revista Época* em Brasília) tenha participado do evento, é relevante se destacar que antes e *imediatamente* depois de inúmeras ligações entre os celulares de **MARCELO NETTO** (8118.*0135*) E **ANTONIO PALOCCI FILHO** (8116.*4198*) que antecederam a divulgação da nota jornalística, há ligações telefônicas entre os celulares de **MARCELO NETTO** e seu filho Matheus (8112.*9435*), conforme expressa demonstração da planilha na fl. 1.719 do vol. 7 da Petição (as ligações ocorreram às 9h55min21s e *17h08min19s*). **MARCELO NETTO** referiu ainda em seus depoimentos que fazia contatos quase que diariamente, e várias vezes ao dia, com seu filho Matheus de Almeida Leitão Netto. Essa assertiva é *desmentida* tanto pela planilha da fl. 1.725 do volume 7 da Petição, em que consta o registro de apenas 6 (seis) ligações de seu celular para o de seu filho no período de 10 a 17 de março de 2006 (ocorreram apenas nos dias 16 e 17), como pelo organograma constante na fl. 1.739 do volume 7 da Petição.

15. Em seu depoimento perante a Polícia Federal, Sérgio Eugênio de Risios Bath salientou que, **por volta de 18h30min** do dia 16 de março, recebeu ligação do então Ministro **ANTONIO PALOCCI** para que agendasse uma reunião ainda para aquele dia com a jornalista Helena Chagas, referindo, derradeiramente, que o pedido para agendamento do contato foi feito a ele porque, **naquele momento (final da tarde), MARCELO NETTO não estaria presente no Ministério da Fazenda** (*fl. 780 do vol. 3 da Petição*).

16. Em reinquirição realizada em 11 de setembro de 2006 (*fls. 1.347/1.349 do vol. 6 da Petição*), tendo possibilidade de efetivar sua defesa e refutar os fatos, mas se valendo do direito constitucional ao silêncio, **MARCELO NETTO** não respondeu às várias perguntas, com relevância para as seguintes: a) se era a 'fonte' do jornalista Gustavo Krieger; b) se fez inúmeras ligações telefônicas para a Revista Época do terminal telefônico de sua mesa no dia 16 de março de 2006.

17. MARCELO NETTO foi quem efetivamente entregou pessoalmente, em local não identificado até o momento, os extratos a Gustavo Krieger Barreiro, que os utilizou para a publicação da nota nos meios de comunicação.

18. De todo o exposto ressai que **ANTONIO PALOCCI FILHO, JORGE EDUARDO LEVI MATTOSO e MARCELO AMORIM NETTO**, em comunhão de esforços, praticaram atos contrários à lei, quebrando ilicitamente o sigilo bancário de terceira pessoa e repassando as informações para a imprensa divulgá-las." (fls. 1.888/1.900).

Nos termos do art. 4º da Lei n. 8.038/90, c/c o art. 233 do RISTF, foram os denunciados notificados a apresentar defesa preliminar.

A defesa de ANTONIO PALOCCI FILHO pugnava pela rejeição da denúncia alegando:

a) inépcia da inicial, caracterizada pela falta de descrição pormenorizada e individualizada de ação concreta de ANTONIO PALOCCI FILHO e pela carência de lastro fático a sustentar a acusação de que teria determinado a JORGE EDUARDO LEVI MATTOSO a emissão de extrato bancário de Francenildo dos Santos Costa, ou mesmo participado da sua posterior publicidade;

b) atipicidade do fato, pois, nos moldes do inc. IV do § 3º do art. 1º da Lei Complementar n. 105/2001, "Não constitui violação do dever de sigilo: (...) IV – a comunicação, às autoridades competentes, da prática de ilícitos penais ou administrativos, abrangendo o fornecimento de informações sobre operações que envolvam recursos provenientes de qualquer prática criminosa;", situação que justifica a comunicação sobre movimentação bancária atípica encaminhada pela CEF ao COAF e ao Ministério da Fazenda, todos órgãos componentes da mesma estrutura organizacional, com isso também desincumbindo-se o Presidente da CEF, JORGE EDUARDO LEVI MATTOSO, de obrigação imposta pela Lei n. 9.613/98;

c) falta de justa causa para a instauração da ação penal, ante a fartura de indícios de que ANTONIO PALOCCI FILHO não teve qualquer participação na divulgação de dados bancários de Francenildo dos Santos Costa, devendo-se seu envolvimento na investigação apenas ao intento de "incriminar, a qualquer preço, o então principal Ministro do Governo Federal".

Em favor de MARCELO AMORIM NETTO, seus defensores também buscavam a rejeição da peça acusatória com adoção dos seguintes argumentos:

a) inépcia da denúncia, por não descrever qual, efetivamente, seria a participação de MARCELO AMORIM NETTO no crime que lhe é imputado, bastando-se o Ministério Público Federal em arrolar diversos contatos telefônicos realizados, sem relacioná-los aos fatos e sem apontar atos concretos que indicassem o prévio comprometimento na divulgação dos dados;

b) falta de justa causa para a ação penal, por não haver mínimos indicativos de que MARCELO AMORIM NETTO teria entregue os extratos bancários de Francenildo dos Santos Costa a jornalistas da Revista Época, residindo a acusação em exercício dedutivo da parte acusatória, porém carente de base empírica;

c) atipicidade de conduta, pois eventual entrega dos extratos à imprensa constituiria mero exaurimento do delito de violação de sigilo funcional, consumado no exato instante em que os documentos foram emitidos na sede da Caixa Econômica Federal, não cogitando a denúncia, porém, de participação de MARCELO AMORIM NETTO naquela oportunidade.

Finalmente, a defesa ofertada por JORGE EDUARDO LEVI MATTOSO reclamava, em linha de preliminar, da falta de proposta de suspensão condicional do processo, de que trata o art. 89 da Lei n. 9.099/95. No mais, indica a necessidade de rejeição da denúncia em razão de:

a) falta de justa causa para a ação penal, por nada demonstrar a participação de JORGE EDUARDO LEVI MATTOSO na entrega dos extratos da conta de Francenildo dos Santos Costa à imprensa, residindo a acusação apenas em exercício presuntivo do Ministério Público Federal;

b) atipicidade da conduta, ante a plena legalidade do compartilhamento de informações sigilosas entre autoridades subordinadas, como é o caso do Presidente da Caixa Econômica Federal em relação ao Ministro da Fazenda, aplicando-se o sigilo "... ao público em geral e a terceiros não pertencentes a qualquer órgão fiscalizador".

Tendo vista dos autos, nos termos do art. 5º da Lei n. 8.038/90, o Procurador-Geral da República manifestou-se quanto às defesas, afastando as alegações apresentadas e reiterando pedido de recebimento da denúncia, requerendo, ainda, os antecedentes dos denunciados para análise da possibilidade de proposta suspensiva.

Requisitadas as informações solicitadas pelo Ministério Público Federal, veio aos autos petição da defesa de ANTONIO PALOCCI FILHO informando não ter interesse em acordo suspensivo do processo, o que motivou a inclusão do processo em pauta de julgamento para análise da denúncia pelo Plenário.

Recebidas as certidões, nova vista foi aberta ao *Parquet*, que formalizou proposta de suspensão do processo a MARCELO AMORIM NETTO e JORGE EDUARDO LEVI MATTOSO, mediante as seguintes condições:

a) comparecimento pessoal, bimestral, durante 2 (dois) anos, em escolas da rede pública de ensino de seus Estados de origem, para proferir palestras sobre o sistema democrático e o processo eleitoral, devendo comprovar a realização das referidas palestras perante o Juízo da Execução competente;

b) doação, por uma única vez, de 50 (cinquenta) resmas de papel Braille (papel A4 – 120 gramas) à ABDV – Associação Brasiliense dos Deficientes Visuais, localizada na SGAS 903, Lote 78, Bloco D – Telefone: 3321-4970, a qual deverá ser comprovada perante essa Corte.

Instados a manifestarem-se sobre a proposta apresentada pelo Procurador-Geral da República, os defensores de MARCELO AMORIM NETTO e JORGE EDUARDO LEVI MATTOSO arrolaram argumentos buscando demonstrar que somente deverão exprimir concordância ou discordância com a proposta ministerial após efetivamente recebida a denúncia, não sendo este, portanto, o momento adequado para tanto.

O Tribunal, em sessão de julgamento realizada em 27.8.2009 e por maioria, acolheu questão de ordem suscitada pelo Presidente e deliberou que a proposta de transação penal, formulada pelo Ministério Público Federal, deverá ser apreciada pelos acusados somente após o recebimento da denúncia, vencidos os Senhores Ministros Ellen Gracie, Marco Aurélio e Celso de Mello.

VOTO – Questão de Ordem

A primeira matéria a ser enfrentada por esta Corte reside em situar o momento correto para que o denunciado e sua defesa manifestem formalmente eventual aceitação da proposta ministerial de suspensão do processo, cabendo analisar o entendimento, trazido ao debate pelos defensores de MARCELO AMORIM NETTO e JORGE EDUARDO LEVI MATTOSO, de que a providência somente seria cabível após eventual recebimento da denúncia.

O posicionamento do Plenário sobre o assunto mostra-se de suma importância, na medida em que, caso se conclua pela obrigatoriedade de prévia manifestação do denunciado antes de analisada a denúncia, rejeitando-se com isso o pleito defensivo, o exame da inicial acusatória não poderá ser feito nesta oportunidade, devendo-se abrir aos indiciados nova oportunidade de opção.

Por isso entendi pertinente provocar o debate em questão de ordem, preliminarmente ao exame da denúncia, por constatar que o assunto ainda não foi devidamente debatido em Plenário, observando que, em julgamentos pretéritos, que culminaram com o recebimento da exordial e a suspensão condicional do processo, **já se contava com a prévia concordância do denunciado**, o que, conforme já exposto, não se verifica no caso em análise.

Com efeito, nos autos do INQ n. 2.170/DF, relatado pelo Ministro Carlos Britto, o eminente relator tomou a mesma providência adotada nestes autos, ou seja, à vista da proposta de suspensão condicional do processo, intimou o denunciado a manifestar-se a respeito, externando sua aceitação. Posteriormente, em sessão de julgamento, o Plenário decidiu receber a denúncia e, ato contínuo, suspender o processo.

Igual proceder observou-se nos autos da AP n. 363/RS, de relatoria do Ministro Marco Aurélio, tendo o denunciado também manifestado prévia aceitação, sobrevindo daí a sessão plenária que decidiu pelo recebimento da inicial acusatória e pela suspensão do feito.

Entretanto, no caso em análise, os defensores de MARCELO AMORIM NETTO e JORGE EDUARDO LEVI MATTOSO externam posição de descabimento de aceitação ou rejeição da proposta suspensiva antes de efetivamente recebida a denúncia.

Para tanto, argumentam que o procedimento suspensivo, na forma tratada pelo § 1º do art. 89 da Lei n. 9.099/95, não tem aplicabilidade no rito especial da Lei n. 8.038/90, sob pena de inversão do exercício do direito de defesa. Também afirmam que o processo somente poderia ser suspenso depois de instaurada a instância penal, o que se daria apenas quando recebida a denúncia.

Dispõe o art. 89 da Lei n. 9.099/95, com especial destaque em seus §§ 1º e 7º:

"Art. 89. Nos crimes em que a pena mínima cominada for igual ou inferior a um ano, abrangidas ou não por esta Lei, o Ministério Público, ao oferecer a denúncia, poderá propor a suspensão do processo, por dois a quatro anos, desde que o acusado não esteja sendo processado ou não tenha sido condenado por outro crime, presentes os demais requisitos que autorizariam a suspensão condicional da pena (artigo 77 do Código Penal).

§ 1º Aceita a proposta pelo acusado e seu defensor, na presença do Juiz, este, recebendo a denúncia, poderá suspender o processo, submetendo o acusado a período de prova, sob as seguintes condições:

(...).

§ 7º Se o acusado não aceitar a proposta prevista neste artigo, o processo prosseguirá em seus ulteriores termos".

Da leitura dos dispositivos legais que regem a matéria, apreende-se, em mera interpretação literal, que a formalização do ato suspensivo deveria, sempre e sempre, preceder a análise da denúncia pelo órgão julgador, conclusão possível pelos exatos termos do § 1º do art. 89, indicando que "Aceita a proposta (...) na presença do Juiz, este, **recebendo a denúncia**, poderá suspender o processo...".

É dizer: deveria o denunciado aceitar a proposta para que, então, a denúncia fosse recebida e o processo suspenso, nada devendo o juiz considerar, nessa situação, quanto à efetiva existência de justa causa para a ação penal obstada pelo acordo, ou, quando muito, cabendo fazê-lo *a posteriori*.

De outro lado, caso recusada a proposta pelo denunciado, determina o § 7º do art. 89 que "(...) o processo prosseguirá em seus ulteriores termos", permitindo concluir-se que, nesse momento, tocaria ao magistrado analisar detidamente a denúncia, podendo até mesmo rejeitá-la.

A pergunta que se coloca, de grande relevância indicativa da insuficiência do critério literal para o deslinde da questão, é se estaria o denunciado obrigado a manifestar-se sobre proposta de suspensão do processo formulada pelo Ministério Público, aceitando-a ou não, antes mesmo de ver analisados argumentos de inépcia da denúncia que embasa o acordo ou flagrante falta de justa causa para a ação penal.

Essa insuficiência interpretativa também foi detectada por Luiz Flávio Gomes, que afirma:

"Lendo-se atentamente o disposto no art. 89, § 1º, da Lei 9.099/95, chega-se à inequívoca conclusão de que o recebimento da denúncia é pressuposto da suspensão condicional do processo. O juiz, diz o texto legal, 'recebendo a denúncia', poderá suspender o processo. Pela ordem legal, primeiro marca-se a audiência de conciliação, ouve-se o acusado, celebra-se a transação, para depois o juiz examinar a viabilidade da denúncia. Com a devida *venia*, o juízo de admissibilidade da denúncia, exigido pela lei, deve anteceder à designação da audiência de conciliação". (*Suspensão Condicional do Processo Penal*, São Paulo, RT, 1995, p. 177).

Diversos são os precedentes do Supremo Tribunal Federal que tratam da questão apenas sob o ponto de vista da admissibilidade de *habeas corpus*, em ordem a atacar a denúncia que deu ensejo à proposta suspensiva do processo aceita pelo denunciado. Confira-se, exemplificativamente:

EMENTA: HABEAS CORPUS. *Condição da ação. Interesse processual ou de agir. Caracterização. Alegação de falta de justa causa para ação penal. Admissibilidade. Processo. Suspensão condicional. Aceitação da proposta do representante do Ministério Público. Irrelevância. Renúncia não ocorrente. HC concedido de ofício para que o tribunal local julgue o mérito do pedido de* habeas corpus. *Precedentes. A aceitação de proposta de suspensão condicional do processo não subtrai ao réu o interesse jurídico para ajuizar pedido de* habeas corpus *para trancamento da ação penal por falta de justa causa. (RHC 82.365, 2ª T., Rel. Cezar Peluso, DJe 27.06.2008).*

PROCESSO – SUSPENSÃO – HABEAS CORPUS. A suspensão do processo, operada a partir do disposto no artigo 89 da Lei n. 9.099/95, não obstaculiza impetração voltada a afastar a tipicidade da conduta (HC 85.747, 1ª T., Rel. Marco Aurélio, DJ 14.10.2005).

Vê-se que os excertos transcritos afirmam o cabimento do *writ*, permitindo seja a denúncia questionada mesmo depois de formalizado o termo de acordo de suspensão do processo, dando a ideia de que esse exame deve ser feito pela instância superior àquela que homologou o pacto.

No caso concreto, entretanto, trata-se de denúncia oferecida ao Plenário do Supremo Tribunal Federal para, no exercício de sua competência originária, julgar ação penal cujo réu dispõe de foro por prerrogativa de função, o que, evidentemente, afasta a possibilidade de impetração de *habeas corpus* depois de formalizado o acordo.

Em tal situação, uma vez adotado o entendimento assente na Corte, não restaria alternativa, devendo o Plenário proceder à análise da inicial acusatória, aquilatando eventual inépcia ou falta de justa causa e efetivamente recebendo a denúncia, providência que dará ensejo ao ato seguinte, consistente na colheita da concordância, ou não, dos denunciados e de seus defensores quanto à proposta suspensiva.

Nesse sentido, prossegue Luiz Flávio Gomes:

"Uma vez oferecida a denúncia (bem como formulada a proposta de suspensão do processo), ao juiz cabe examinar sua pertinência jurídica desde logo, antes da designação da audiência de conciliação. Deve valer-se do disposto no art. 43 do CPP para rejeitá-la quando: 'a) o fato narrado evidentemente não constituir crime; b) já estiver extinta a punibilidade, pela prescrição ou outra causa; c) for manifesta a ilegitimidade da parte ou falta de condição exigida pela lei para o exercício da ação penal'. Dentre as condições da ação está o interesse de agir que, no âmbito do processo penal, consiste na seriedade do pedido formulado, isto é, na existência de *fumus boni iuris* (...).

Se o juiz percebe, desde logo, que irá rejeitar a denúncia, principalmente quando não conta com base mínima probatória que lhe dê suporte, por economia processual (que é princípio informante do modelo consensual de Justiça criminal – cfr. o art. 2°), nos parece muito evidente que deve imediatamente tomar tal providência (*ex officio*). Nenhum outro ato processual deverá praticar, mesmo porque é pressuposto da suspensão do processo a existência de uma imputação séria e que conte com viabilidade ou plausibilidade jurídica. Na eventualidade de que o juiz não rejeite a denúncia *ab initio*, tendo em vista a informalidade, a imediatidade, a oralidade, economia processual e outros princípios, nada impede que o acusado, pelo seu defensor, em lugar de aceitar a proposta de suspensão do processo, faça a arguição (oral mesmo) da inviabilidade da peça acusatória. E cabe ao juiz decidir tudo na hora. De qualquer modo, a rejeição (ou não rejeição) da denúncia ensejará o controle recursal" (CPP, art. 581, I, ou *habeas corpus*). (*op. cit.*, p. 177).

A suspensão condicional do processo, embora traga ínsita em seu conceito a ideia de benefício ao denunciado, permitindo-lhe ver-se afastado da ação penal mediante cumprimento de certas condições – *grosso modo* mais leves do que a pena a que estaria sujeito caso condenado –, não deixa de representar, de outro lado, um constrangimento à sua pessoa.

Esse constrangimento caracteriza-se, exatamente, pela necessidade de cumprir obrigações alternativas que lhe são impostas por longo período, variável entre dois a quatro anos, interregno em que, não bastassem as tarefas, restrições ou dispêndios que submetido, sempre ostentará a qualidade de **réu** em ação penal.

Também, cabe considerar que a simples hipótese de ver-se envolvido em outro processo por crime diverso, no curso do prazo assinado, necessariamente levará à revogação do benefício, o que também ocorrerá caso se trate de simples contravenção, conforme o entendimento do magistrado, em qualquer caso sem mínima possibilidade de exame de sua efetiva culpabilidade.

Não é difícil imaginar, assim, o dilema a que estaria submetida qualquer pessoa contra quem se apresentasse denúncia absolutamente inválida, totalmente imprestável ao início de uma ação penal, caso se entenda que a manifestação do denunciado deva preceder ao exame da denúncia.

Em tal hipótese, não obstante a plena convicção da insubsistência da peça inaugural do processo-crime, seja por inépcia ou por ausência de mínimo substrato fático, restaria o denunciado constrangido a aceitar a proposta suspensiva, pois, caso contrário, possível entendimento diverso do órgão julgador faria com que a inicial fosse recebida e o processo iniciado, sem nova possibilidade de aceitar o acordo proposto pela parte acusatória, tudo a traduzir verdadeiro jogo de prognósticos que não se coaduna com o princípio garantidor da ampla defesa, inserto no inciso LV do art. 5° da Constituição Federal e, até mesmo, do estado de inocência, tratado no inciso LVII do mesmo artigo.

Embora tratando da matéria sob enfoque diverso, convém transcrever o seguinte precedente de 1ª Turma desta Corte, indicativo da mesma solução que aqui se propõe:

*EMENTA: I. Suspensão condicional do processo e recebimento de denúncia. Cabível, em tese, a suspensão condicional do processo, é válido o acórdão que – não a tendo proposto o autor da ação – recebe a denúncia ou queixa e determina que se abra vista ao MP ou ao querelante para que proponha ou não a suspensão: **não faria sentido provocar a respeito o autor da ação penal antes de verificada a viabilidade da instauração do processo.** II. Suspensão condicional do processo instaurado mediante ação penal privada: acertada, no caso, a admissibilidade, em tese, da suspensão, a legitimação para propô-la ou nela assentir é do querelante, não, do Ministério Público. (HC 81.720, Rel. Sepúlveda Pertence, DJ 19.04.2002).*

Importante frisar que tal situação, de ordem prática quanto à correta aplicação do § 1° do art. 89 da Lei n. 9.099/95, não se verifica apenas no rito especial da Lei n. 8.038/90, dizendo, na verdade, com todas as ações penais, nos diversos graus de jurisdição.

Com efeito, embora caiba reconhecer as dificuldades que teria o Plenário do STF, ou do STJ, de colher a manifestação do denunciado quanto à proposta de suspensão e, no mesmo ato, decidir a respeito da validade da denúncia, situação que também se estende à competência originária dos Tribunais Regionais Federais e de Justiça, é certo que a necessidade de se garantir a ampla defesa, conquanto imperativo de nível superior ao aspecto meramente procedimental, também se aplica no recebimento de denúncias e na suspensão condicional em processos de competência dos juízos de primeiro grau, ante a identidade de causas e efeitos.

Assim, tenho que constitui direito de o denunciado obter do órgão julgador, monocrático ou colegiado, a manifestação prévia sobre a necessária existência de justa causa para a ação penal, daí nascendo, caso o juízo de delibação resulte positivo, a oportunidade de optar o réu entre a suspensão ou o processamento. Com isso, evita-se, como já exposto, que o denunciado sofra indevido constrangimento, causado pela obrigatoriedade de manifestar concordância ou discordância com a proposta do Ministério Público, antes mesmo de saber da validade da inicial acusatória, o que poderia redundar no recebimento de denúncia inepta ou sem base empírica nos autos a justificar o ato.

Por isso, proponho a presente questão de ordem para que o Plenário passe ao exame da denúncia e, caso decida pelo recebimento, seja aberta vista às partes pela relatoria, para manifestação quanto à proposta de suspensão condicional do processo.

O SENHOR MINISTRO GILMAR MENDES (PRESIDENTE E RELATOR) – Senhores Ministros, Francenildo dos Santos Costa requer a admissibilidade da participação no presente feito, tendo em vista ser vítima, para que seja deferida a sustentação oral na condição de assistente da acusação.

O SENHOR ADVOGADO ALBERTO ZACHARIAS TORON – Excelência, pela ordem, a defesa não foi chamada a se manifestar sobre este tema, e eu gostaria sumariamente de dizer que, nos termos do art. 268 do Código de Processo Penal, só se admite a intervenção da vítima, na qualidade de assistente, após a instauração da ação penal, e não antes.

Portanto, o que se espera é a rejeição desta pretensão que não encontra o menor amparo no nosso Código de Processo Penal.

O SENHOR MINISTRO GILMAR MENDES (PRESIDENTE E RELATOR) – Portanto, proclamo o resultado: recebida a denúncia quanto ao requerido Jorge Eduardo Levi Mattoso, com a ressalva do voto do Ministro Cezar Peluso.

A SENHORA MINISTRA CÁRMEN LÚCIA – Como fica, Senhor Presidente? O Ministro Cezar Peluso não se pronunciou, disse que se arvorava a incompetência. Então fica quatro a quatro.

O SENHOR MINISTRO GILMAR MENDES (PRESIDENTE E RELATOR) – Não. Tem voto no sentido do recebimento.

A SENHORA MINISTRA CÁRMEN LÚCIA – Da denúncia quanto ao Jorge Mattoso. E quanto ao Marcelo? Porque o Ministro Cezar Peluso, em seu voto, disse ser incompetente para conhecer e baixava. Então ele nem aceitava nem rejeitava apenas quanto ao Marcelo.

O SENHOR ALBERTO ZACHARIAS TORON (ADVOGADO) – Senhor Presidente, uma questão de ordem? Pelo o que entendi, o eminente Ministro Cezar Peluso propunha que a questão do recebimento em relação a Mattoso ficasse reservada ao juiz de primeiro grau. É isso?

A SENHORA MINISTRA CÁRMEN LÚCIA – Exatamente.

O SENHOR MINISTRO CELSO DE MELLO – É o que me pareceu.

A SENHORA MINISTRA CÁRMEN LÚCIA – Quanto ao Mattoso, o voto dele é nesse sentido; mas quanto ao Marcelo Netto, não.

O SENHOR MINISTRO CARLOS BRITTO – Como não se trata de julgamento, mas de simples recebimento da denúncia, mesmo havendo empate, a questão se resolve é pelo recebimento da denúncia. *In dubio, pro societate*, não?

O SENHOR MINISTRO MARCO AURÉLIO – Não havendo recebimento quanto àquele que tem a prerrogativa de foro, não se faz presente a *vis attractiva* geradora, para alguns, da competência do Supremo para julgar a ação.

O SENHOR MINISTRO CARLOS BRITTO – Haveria quatro votos.

O SENHOR LUIZ EDUARDO RORIZ (ADVOGADO) – Peço uma questão de ordem, Senhor Presidente. O Regimento do Supremo Tribunal Federal tem dito em todas as matérias – por uma questão de lealdade –, não especificamente na matéria do Pleno, mas a Turma remete ao art. 150, § 3º:

"Art. 150 (...)

§ 3º Nos *habeas corpus* e recursos em matéria criminal, exceto o recurso extraordinário, havendo empate, prevalecerá a decisão mais favorável ao paciente ou réu".

O SENHOR MINISTRO CARLOS BRITTO – É que recurso é outra coisa, assim como o *habeas corpus* também.

O SENHOR MINISTRO MARCO AURÉLIO – Não seria o caso, Senhor Presidente, de, não recebida a denúncia quanto a Antonio Palocci, o detentor da prerrogativa de foro, simplesmente determinar a remessa do processo ao Juízo competente?

O SENHOR MINISTRO GILMAR MENDES (PRESIDENTE E RELATOR) – Foi esse o meu voto.

O SENHOR MINISTRO MARCO AURÉLIO – Eu, por exemplo, ultrapassada a questão do recebimento relativamente aos três, pronuncio-me no sentido de que cessa a competência do Supremo.

O SENHOR MINISTRO CARLOS BRITTO – Como votou o Ministro Gilmar Mendes nesse aspecto?

O SENHOR MINISTRO GILMAR MENDES (PRESIDENTE E RELATOR) – Eu votei exatamente dizendo que a matéria estava posta num grau de tal intrinsicabilidade que volvia ao próprio recebimento da denúncia. E nesse sentido eu me manifestei.

Portanto foi essa a minha posição, para receber a denúncia e depois remeter então.

O SENHOR MINISTRO CARLOS BRITTO – Vossa Excelência recebe a denúncia e envia, é esse o juízo.

O SENHOR MINISTRO MARCO AURÉLIO – É que, em outros casos, sempre que não recebemos quanto ao detentor da prerrogativa, baixamos.

O SENHOR MINISTRO GILMAR MENDES (PRESIDENTE E RELATOR) – Na realidade, nós estamos diante de um inquérito criminal amplo, como foi aqui destacado. Já foi feita toda sorte de investigação, depois toda essa discussão travada no âmbito deste contraditório breve. E foi por isso que emiti juízo e encaminhei voto nesse sentido.

O SENHOR MINISTRO CARLOS BRITTO – De que há indícios suficientes de autoria quanto a dois dos acusados, por isso Vossa Excelência recebeu a denúncia. Foi isso?

O SENHOR MINISTRO GILMAR MENDES (PRESIDENTE E RELATOR) – Não em relação a Marcelo Netto.

O SENHOR MINISTRO CARLOS BRITTO – Exatamente, Vossa Excelência não recebia a denúncia em relação a Pallocci.

O SENHOR MINISTRO GILMAR MENDES (PRESIDENTE E RELATOR) – Em relação a Pallocci e a Marcelo Netto.

O SENHOR MINISTRO CARLOS BRITTO – Ah! Em relação a dois?

O SENHOR MINISTRO GILMAR MENDES (PRESIDENTE E RELATOR) – Em relação a dois.

O SENHOR MINISTRO CARLOS BRITTO – Então está decidido assim.

O SENHOR MINISTRO MARCO AURÉLIO – Senhor Presidente, peço que Vossa Excelência consigne que, ante o não recebimento da denúncia quanto àquele que, uma vez envolvido, provocou a propositura da ação nesta Corte, cessa a competência quanto aos demais. Diante desse fato, como fizemos em inúmeros processos, concluo pela baixa dos autos ao Ministério Público em atuação na primeira instância.

O SENHOR MINISTRO GILMAR MENDES (PRESIDENTE E RELATOR) – Nós temos, então, voto do Relator, do Ministro Eros Grau, da Ministra Ellen Gracie, do Ministro Lewandowski no sentido de receber a denúncia, também da Ministra Cármen Lúcia, que recebia a denúncia, e do Ministro Carlos Britto, que recebia a denúncia quanto a Jorge Mattoso.

O SENHOR MINISTRO CARLOS BRITTO – Quanto a Jorge Mattoso, só o Ministro Peluso não se filiou ao entendimento de Vossa Excelência.

O SENHOR MINISTRO MARCO AURÉLIO – Nesse caso, houve o julgamento de fundo quanto ao detentor da prerrogativa. Aqui, não haverá.

O SENHOR MINISTRO CELSO DE MELLO – No caso, não há, ainda, processo; o que há é um mero procedimento penal, eis que não se instaurou, de modo pleno, a relação processual.

A SENHORA MINISTRA ELLEN GRACIE – Ministro Celso, Vossa Excelência me permite?

Garantias penais e processuais-penais **577**

O SENHOR MINISTRO CELSO DE MELLO – Pois não.

A SENHORA MINISTRA ELLEN GRACIE – Eu vejo uma dificuldade, e uma dificuldade séria. O Tribunal já se debruçou sobre este caso e analisou a situação dos três acusados. Para seguirmos a orientação que Vossa Excelência está propondo, teríamos de ter analisado apenas a posição daquele que detém prerrogativa de foro e, depois, recebida ou não a denúncia em relação a ele, partirmos para o exame dos demais. Não foi assim que procedemos, até porque, conforme o Presidente bem expressou, eram inextricáveis as posições e os comportamentos.

Foi feita a distinção entre quebra de sigilo no sentido de intrusão nos dados e quebra de sigilo no sentido de divulgação dos dados.

Com relação à intrusão dos dados, os indícios convergiam para o segundo denunciado; com relação à parte de divulgação – pelo menos no meu voto ficou esclarecido isso –, não poderia haver participação do primeiro denunciado ou do terceiro denunciado. Mas, na parte de divulgação, necessariamente se imbricavam as situações do primeiro e do terceiro denunciado.

De modo que eu vejo, Ministro Celso de Mello, sinceramente, uma grave dificuldade de adotarmos essa proposta, porque, se acaso remetermos ao primeiro grau, poderá uma decisão de juiz de primeira instância eventualmente contrariar a maioria que se formou, neste Supremo Tribunal Federal, a respeito do recebimento ou não dessa denúncia com relação ao terceiro denunciado.

O SENHOR MINISTRO CELSO DE MELLO – Na verdade, não formulei uma proposta, apenas rememorei um evento.

Obs.: Texto sem revisão da Exma. Sra. Ministra Cármen Lúcia. (§ 3º do art. 96 do RISTF, com a redação dada pela Emenda Regimental n. 26, de 22 de outubro de 2008).

VOTO-MÉRITO

I. Considerações preliminares: as garantias fundamentais de caráter processual (*Justizgrundrechte*) na fase de recebimento da denúncia

A jurisprudência do Supremo Tribunal Federal tem-se firmado no sentido de que, no processo penal, a denúncia, além de uma peça de acusação, constitui um instrumento do exercício da ampla defesa e do contraditório e, portanto, uma garantia fundamental do indivíduo ante o aparato persecutório penal do Estado. Esse entendimento vem se consolidando em diversos julgados de ambas as Turmas (HC 70.763, Rel. Min. Celso de Mello, *DJ* 23.9.1994; HC 95.165, Rel. Min. Cármen Lúcia, *DJ* 22.5.2009; RHC 87.005, Rel. Min. Joaquim Barbosa, *DJ* 18.8.2006; HC 84.768, Rel. p/ acórdão Min. Gilmar Mendes, *DJ* 27.5.2005; HC 84.409, Rel. p/ acórdão Min. Gilmar Mendes, *DJ* 19.8.2005), assim como em recentes pronunciamentos do Plenário desta Corte (INQ n. 2.245, Rel. Min. Joaquim Barbosa, *DJ* 9.11.2007; INQ n. 2.424, Rel. Min. Cezar Peluso, j. 26.11.2008; INQ n. 2.462, Rel. Min. Cezar Peluso, *DJ* 29.8.2008).

O art. 41 do Código de Processo Penal dispõe que "*a denúncia ou queixa conterá a exposição do fato criminoso, com todas as suas circunstâncias, a qualificação do denunciado ou esclarecimentos pelos quais se possa identificá-lo, a classificação do crime e, quando necessário, o rol de testemunhas*".

A exigência legal de exposição do fato criminoso, com todas as suas circunstâncias, tem duas finalidades básicas e precípuas: 1) permitir o exercício do direito de defesa, em toda sua amplitude; 2) viabilizar a correta aplicação da lei penal, permitindo ao órgão jurisdicional dar ao fato descrito a adequada correspondência normativa (tipificação). Em suma, a exigência legal fundamenta-se no direito fundamental à ampla defesa e na tutela da efetividade do processo penal.

Nos crimes praticados por mais de um agente, a peça acusatória deve delimitar, com a maior precisão possível, quais as ações praticadas por cada denunciado, especificando, no caso de autoria e de participação, as condutas praticadas pelos autores (condutas típicas) e as praticadas pelos partícipes (condutas que contribuem para a prática do crime). Nesse sentido, observo que, de acordo com o art. 29 do Código Penal, os autores e partícipes respondem pelo crime na exata medida de sua culpabilidade.

A fórmula ideal para uma persecução penal adequada e legítima encontrou sua pedagógica sistematização em texto clássico de João Mendes de Almeida Júnior (O *processo criminal brasileiro*, Rio de Janeiro-São Paulo: Freitas Bastos, 1959, v. 2, p. 183). Diz João Mendes que a denúncia:

> "É uma exposição narrativa e demonstrativa. Narrativa, porque deve revelar o fato com tôdas as suas circunstâncias, isto é, não só a ação transitiva, como a pessoa que a praticou (*quis*), os meios que empregou (*quibus auxiliis*), o malefício que produziu (*quid*), os motivos que o determinaram a isso (*cur*), a maneira por que a praticou (*quomodo*), o lugar onde a praticou (*ubi*), o tempo (*quando*). (Segundo enumeração de Aristóteles, na Ética a Nincomaco, 1. III, as circunstâncias são resumidas pelas palavras *quis, quid, ubi, quibus auxiliis, cur, quomodo, quando*, assim referidas por Cícero (De Invent. I)). Demonstrativa, porque deve descrever o corpo de delito, dar as razões de convicção ou presunção e nomear as testemunhas e informantes".

Assim, nas palavras do Ministro Celso de Mello, "*a análise de qualquer peça acusatória impõe que nela se identifique, desde logo, a narração objetiva, individuada e precisa do fato delituoso, que, além de estar concretamente vinculado ao comportamento de cada agente, deve ser especificado e descrito, em todos os seus elementos estruturais e circunstanciais, pelo órgão da acusação penal. (...) Uma das principais obrigações jurídicas do Ministério Público no processo penal de condenação consiste no dever de apresentar denúncia que veicule, de modo claro e objetivo, com todos os elementos estruturais, essenciais e circunstanciais que lhe são inerentes, a descrição do fato delituoso, em ordem a viabilizar o exercício legítimo da ação penal e a ensejar, a partir da estrita observância dos pressupostos estipulados no art. 41 do CPP, a possibilidade da efetiva atuação da cláusula constitucional da plenitude de defesa*" (HC 86.879/SP, Red. p/ o acórdão Min. Gilmar Mendes, *DJ* 16.6.2006).

Observe-se que, em alguns casos, o Supremo Tribunal Federal exige que a denúncia indique a presença, em tese, de elementos específicos do tipo. Assim, no célebre "caso Collor" (denúncia contra o então Presidente Collor com fundamento em corrupção passiva), alegava-se a prática de crime de corrupção passiva (CP, art. 317). O Tribunal entendeu inepta a denúncia "em virtude não apenas da inexistência de prova de que a alegada ajuda eleitoral decorreu de solicitação que tenha sido feita direta ou indiretamente, pelo primeiro denunciado, mas também por não haver sido apontado ato de ofício configurador de transação ou comércio com o cargo então por ele exercido" (AP 307, Rel. Min. Ilmar Galvão, julg. em 13.10.1994, *DJ* 13.10.1995).

O Supremo Tribunal Federal, dessa forma, tem reconhecido que a fase de recebimento da denúncia é crucial também para o resguardo de direitos fundamentais do indivíduo denunciado. É nessa fase em que o Tribunal se depara, em maior intensidade, com a complexa relação conflituosa entre o interesse público de efetiva persecução penal e os direitos e garantias fundamentais individuais, assumindo, portanto, a difícil tarefa e a pesada responsabilidade de decidir sobre a submissão do indivíduo à tormentosa via-crúcis do processo penal.

Em casos de apreciação de constrangimento ilegal, em razão de injusta persecução penal, o Supremo Tribunal Federal tem declarado que não é difícil perceber os danos que a mera existência de uma ação penal impõe ao indivíduo, o qual, uma vez denunciado, vê-se obrigado a despender todos os seus esforços em um campo não meramente cível, mas eminentemente penal, com sérias repercussões para a dignidade pessoal.

Mais do que uma peça processual que deve cumprir os requisitos do art. 41 do CPP, a denúncia é o instrumento por meio do qual o órgão julgador pode avaliar a efetiva necessidade de submeter o indivíduo às agruras do processo penal. Ressalte-se que a responsabilidade penal, no sistema brasileiro, é eminentemente subjetiva, estando o indivíduo no centro das preocupações do processo penal.

Daí a necessidade de rigor e de prudência por parte não só daqueles que têm o poder de iniciativa nas ações penais, mas também daqueles que podem decidir sobre o seu curso. A análise de uma denúncia deve ser revestida dos maiores cuidados por parte de todos nós, julgadores, sempre tendo em vista a imposição constitucional de resguardo de direitos e garantias fundamentais.

Quando se fazem imputações incabíveis, dando ensejo à persecução criminal injusta, viola-se, também, o princípio da dignidade da pessoa humana, o qual, entre nós, tem base positiva no art. 1º, III, da Constituição. Na sua acepção originária, este princípio proíbe a utilização ou transformação do homem em objeto dos processos e ações estatais.

Não se pode perder de vista que a boa aplicação dessas garantias configura elemento essencial de realização do princípio da dignidade humana na ordem jurídica. Assim, não se afigura admissível o uso do processo penal como substitutivo de uma pena que se revela tecnicamente inaplicável ou a preservação de ações penais ou de investigações criminais cuja inviabilidade já se divisa de plano. Há, nesses casos, flagrante ofensa ao princípio da dignidade da pessoa humana, princípio este que, assim como a garantia do devido processo legal, cumpre função subsidiária em relação às garantias constitucionais específicas do processo.

A aplicação rigorosa desses entendimentos já fixados na jurisprudência desta Corte reveste de extrema complexidade a fase de recebimento da denúncia e impõe ao órgão julgador a máxima cautela na apreciação de todas as circunstâncias fáticas e jurídicas presentes no caso concreto.

Há, portanto, uma exigência constitucional de exame pormenorizado das descrições fáticas e jurídicas contidas na denúncia e de fundamentação suficiente da decisão que a recebe ou não.

Dessa forma, muitas vezes a análise quanto à presença dos indícios de materialidade e de autoria delitiva pode levar o órgão julgador a se pronunciar, ainda que de forma preliminar e precária, sobre a própria existência e conformação dos fatos delituosos, bem como sobre a configuração e os modos de participação e de autoria criminosa dos denunciados. O pronunciamento antecipado do órgão julgador a respeito da materialidade e da autoria é, assim, inevitável em alguns casos; porém é resultado da atitude diligente e responsável desse órgão numa fase processual em que está em jogo a própria dignidade do indivíduo denunciado.

Com essas breves considerações preliminares, que reforçam entendimentos fixados na jurisprudência desta Corte, passo à análise da denúncia.

II. Análise da denúncia

Registro, inicialmente, que as alegações de inépcia da denúncia, fundadas na ausência de descrição pormenorizada dos fatos e de justa causa para a ação penal, remetem ao exame dos demais argumentos de mérito, apresentados nas defesas preliminares, o que torna necessária sua análise em conjunto.

Na peça acusatória, conclui o Ministério Público Federal que os três denunciados, ANTÔNIO PALLOCI FILHO, JORGE EDUARDO LEVI MATTOSO E MARCELO AMORIM NETTO, violaram, em ação concertada, o sigilo bancário de Francenildo dos Santos Costa.

A análise pormenorizada dos autos permite verificar a existência do fato da quebra do sigilo bancário de Francenildo dos Santos Costa, que então mantinha conta de poupança na Caixa Econômica Federal. Os fatos estão revelados nos autos, seja por documentos, seja pelos depoimentos colhidos durante a fase investigatória. Um extrato contendo as informações sobre as movimentações financeiras de Francenildo foi extraído dos sistemas da Caixa e entregue pelo seu então Presidente ao Ministro da Fazenda à época, sendo que tais informações foram, no dia seguinte, reveladas por meio da mídia. O sigilo financeiro foi atingido e, com isso, a intimidade e a vida privada da vítima, as quais a reserva das informações visa a preservar.

Trata-se de fato extremamente grave: a publicação, totalmente indevida, de movimentações bancárias garantidas pelo sigilo, de pessoa cujo padrão de vida simples, certamente, não despertaria maiores atenções dos órgãos de imprensa, não fosse o fato de ser apontada como testemunha de supostos acontecimentos tidos como aptos a colocar em risco a credibilidade do Ministro da Fazenda da época.

É certo que nenhuma ordem de autoridade com poderes para tanto foi expedida, de forma a permitir a divulgação dos dados bancários de Francenildo dos Santos Costa. Mesmo assim, sua vida financeira foi levada ao conhecimento de terceiros, estranhos à instituição depositária de seus recursos e ao próprio cliente, no evidente intuito de desacreditá-lo, mediante conjecturas desairosas sobre a origem de seus créditos.

Tal prática, típica de regimes totalitários e, portanto, incompatível com o Estado Democrático de Direito, merece repúdio, por colocar em risco a credibilidade do sistema bancário e por ferir frontalmente a garantia constitucional da vida privada, inserta no art. 5º, X, da Constituição Federal.

As questões que aqui demandam maior aprofundamento não são, porém, atinentes à existência e à conformação dos fatos. Dizem, em primeiro lugar, com as características do delito de quebra de sigilo bancário e, em segundo plano, com os indícios de autoria. Ressalto, novamente, que a análise da denúncia deve ter como centro o indivíduo denunciado, de forma que o exame da materialidade deve estar conectado com a verificação dos indícios de autoria.

Inicialmente, trago à consideração da Corte os fatos reconhecidos pelos próprios denunciados. JORGE EDUARDO LEVI MATTOSO, então Presidente da Caixa Econômica Federal, segundo ele mesmo afirma, solicitou a emissão de extrato bancário de conta titularizada por FRANCENILDO DOS SANTOS COSTA. Conforme declarou, sua motivação foi verificar a conformidade da movimentação financeira do titular da conta, para possível informação ao COAF. Afirma ter sido sua a iniciativa de examinar os dados da conta bancária da vítima. Segundo seu depoimento, "pensou em pesquisar se o caseiro FRANCENILDO tinha conta na CAIXA e se havia movimentação financeira atípica para ser informada ao BACEN e ao COAF, conforme determina a lei, tudo visando a resguardar a CAIXA quanto ao cumprimento de suas obrigações" (fl. 134).

Obteve o extrato mediante solicitação a Ricardo Farhat Schumann, consultor da Presidência da Caixa Econômica Federal, que encaminhou a demanda à Sra. Sueli Aparecida Mascarenhas, Superintendente Nacional de Gestão de Pessoas da Caixa, a qual contatou Jeter Ribeiro de Souza, Gerente Nacional de Política de Gestão de Pessoas, da mesma instituição, solicitando-lhe o acesso aos dados da conta bancária de Francenildo, bem como a impressão do respectivo extrato.

De posse desse extrato, verificando que ali constava um lançamento que entendeu destoar do perfil da conta, o denunciado JORGE EDUARDO LEVI MATTOSO o entregou, revelando seu conteúdo, ao então Ministro da Fazenda ANTÔNIO PALOCCI FILHO. Segundo depoimento que prestou à autoridade policial, JORGE EDUARDO LEVI MATTOSO "achou por bem comunicar seu superior hierárquico – o Ministro da Fazenda Antonio Palocci Filho – dos valores atípicos encontrados na conta do caseiro...".

A entrega dos extratos deu-se na residência do então Ministro da Fazenda, na ocasião em que lá se encontrava o denunciado MARCELO AMORIM NETTO, então assessor de imprensa do Ministério, e o Sr. Daniel Krepel Goldberg, então Secretário de Direito Econômico do Ministério da Justiça, o qual fora chamado para uma reunião na casa do Ministro. MARCELO AMORIM NETTO, em seu depoimento, declarou que "pôde perceber que o assunto tratado entre o Ministro Palocci e o Sr. Daniel Goldberg abordava o inquérito policial que estava em Ribeirão Preto/SP e uma consulta sobre a informação do dinheiro do caseiro, que seria muito, e se era possível investigar o porquê dele ter esse dinheiro" (grifei).

Essa é a conformação dos fatos, tal como se pode verificar nos autos. Cabe analisar, então, as características do delito de quebra de sigilo bancário.

II.1. As características do delito de quebra de sigilo bancário

II.1.1. Núcleo do tipo

O crime pelo qual foram denunciados ANTONIO PALOCCI FILHO, JORGE EDUARDO LEVI MATTOSO e MARCELO AMORIM NETTO é o previsto no art. 10, da Lei Complementar n. 105/2001. Referido dispositivo contém a seguinte redação:

> "Art. 10. A quebra de sigilo, fora das hipóteses autorizadas nesta Lei Complementar, constitui crime e sujeita os responsáveis à pena de reclusão, de um a quatro anos, e multa, aplicando-se, no que couber, o Código Penal, sem prejuízo de outras sanções cabíveis".

Ao utilizar como núcleo do tipo o verbo "quebrar", a lei não oferece precisa descrição da ação necessária para a consumação do delito. Que ação realiza o núcleo do tipo? Consuma-se o crime com o acesso aos dados da conta? Com a sua divulgação ou revelação? Em ambas as situações? Quem pode ser o sujeito ativo do crime?

A lei não incrimina o mero acesso aos dados ou informes bancários pelos servidores, gerentes e administradores das instituições autorizados ao seu manuseio, ou a simples extração de um extrato por qualquer deles. A atividade, em qualquer instituição financeira, pressupõe esse acesso. Trata-se, na grande parte das vezes, de cumprimento de dever funcional ou legal e seria absolutamente temerário e casuístico pretender responsabilizar penalmente um funcionário com base na eventual intenção que o levou a examinar os dados bancários do cliente A ou B. A separação entre conduta lícita e ilícita, para fins penais, seria perigosamente subjetiva e incompatível com o princípio da taxatividade.

Ainda que esse acesso possa ter por finalidade, no futuro, a divulgação de dados a terceiro não autorizado a conhecê-los, para atender a interesse pessoal ou do terceiro, a conduta, neste estágio, não é penalmente imputável, embora possa ser apurada civil ou administrativamente.

A ação típica, aqui examinada, não traz para o seu núcleo o ânimo do agente. A técnica de incriminação é diferente da adotada em tipos penais como o da prevaricação, em que o elemento subjetivo do tipo está presente como meta que o agente quer alcançar ("para satisfazer interesse ou sentimento pessoal"), ou como tendência especial da ação, ou, ainda, como estado de consciência ou de ânimo.

Não há, portanto, como considerar punível a mera conduta do acesso aos dados das operações financeiras pelos servidores, gerentes e administradores das instituições financeiras. Regularmente, tais profissionais analisam as contas bancárias sob sua supervisão, seja para fornecer dados ao próprio correntista e movimentar suas contas, seja para identificar eventuais irregularidades nas operações, determinantes de comunicação aos órgãos de fiscalização.

Outra não era a feição atribuída ao crime de quebra de sigilo, tal como tipificado nas Leis ns. 4.595/64 (§ 7º do art. 38) e 7.492/86 (art. 18). Em qualquer das situações, a definição do delito esteve precedida de regras relativas ao manuseio e à transferência de informações sigilosas por aqueles que, nas instituições financeiras ou nos órgãos de fiscalização da atividade financeira e tributária, poderiam ter legítimo acesso a essas informações em razão de suas funções. A lei sempre pressupôs o acesso aos dados pelos agentes das instituições financeiras.

José Paulo Baltazar Júnior, procurando delimitar o âmbito das ações que podem concretizar o núcleo da presente norma incriminadora, conclui que a quebra de sigilo pode ocorrer nas hipóteses de *acesso indevido* (violação ou intrusão) e de *divulgação* (revelação) de dados.

Para o referido magistrado e professor, *"a técnica de redação do dispositivo não é das mais primorosas, ou, ao menos, não segue a tradição do CP, de enunciar o verbo nuclear do tipo no infinitivo. De todo modo, a conduta será quebrar, abrangendo tanto aquele que obtém acesso aos documentos ou dados sigilosos, cometendo a intrusão, quanto aquele que, tendo tido acesso legítimo aos documentos ou dados, os divulga indevidamente".*

Estado de Direito e Jurisdição Constitucional – Decisões relevantes em 15 anos de atuação no STF

O mesmo autor considera evidenciado na lei que *"se o agente, por força de sua atividade, tem acesso a documentos e informações sigilosas, o acesso em si não será criminoso"*. Quando, porém, se tratar de terceiro à instituição financeira, o acesso indevido em si será criminoso.

II.1.2. Autoria do delito – crime comum ou crime próprio?

Nesse raciocínio, poderá realizar o núcleo do tipo, sob a modalidade "violar" (cometer a intrusão), aquele que acessa os dados da conta sem estar autorizado a tanto. É a situação, por exemplo, do chamado *hacker*. Nesse caso, poderá ser sujeito ativo qualquer pessoa que, não estando autorizada a ter acesso à movimentação bancária, o faz, usando de algum artifício.

Já a conduta de "divulgar" pressuporá que o agente, detendo legitimamente a informação, a entregue ou a revele a terceiro não integrante da cadeia de pessoas autorizadas a conhecer o seu teor. Nessa hipótese, só poderá realizar o núcleo do tipo o sujeito que detinha a autorização de acesso.

Não é por outra razão que os autores divergem na classificação do crime de quebra de sigilo bancário – em comum ou próprio –, quando indagam sobre o sujeito ativo. Admitindo-se o desdobramento do núcleo do tipo nas duas possíveis ações – violar e divulgar –, a classificação também precisará ser desdobrada, já que, numa das modalidades, o crime será comum (ressalvados os autorizados ao acesso, que não poderiam ser sujeitos ativos) e, na outra, será próprio (apenas aquele que detém legítimo acesso pode praticá-lo).

Segundo Guilherme de Souza Nucci, *"(...) são próprios os crimes que exigem sujeito ativo especial ou qualificado, isto é, somente podem ser praticados por determinadas pessoas (...). Os próprios podem ser subdivididos em puros ou impuros. Os primeiros dizem respeito aos delitos que, quando não foram cometidos pelo sujeito indicado no tipo penal, deixam de ser crime, caso a conduta se concretize por ato de outra pessoa (ex.: advocacia administrativa – art. 321. Nesse caso, somente o funcionário pode praticar a conduta; outra pessoa que o faça não constitui infração penal). Os impuros referem-se aos delitos que, se não cometidos pelo agente indicado no tipo penal, transformam-se em figuras delituosas diversas (ex.: se a mãe mata o filho recém-nascido, após o parto, em estado puerperal, é infanticídio; caso um estranho mate o recém-nascido, sem qualquer participação da mãe, cuida-se de homicídio)"*.

Assim, o crime de quebra de sigilo bancário comporta dupla classificação, conforme a ação para a realização do tipo: será *comum* na modalidade de *intrusão* e *próprio* na modalidade de *revelação*.

No caso da revelação de dados cobertos pelo sigilo bancário, só haverá crime se o responsável for alguma das pessoas que detenha legitimamente a informação sigilosa. A eventual revelação por terceiro poderá constituir outra espécie delitiva, mas não concretizará o núcleo do tipo penal em análise.

II.2 A imputação do crime ao denunciado JORGE EDUARDO LEVI MATTOSO

Embora se trate de denúncia direcionada a esta Corte em razão da presença, entre os denunciados, do ex- Ministro de Estado ANTÔNIO PALOCCI FILHO, atualmente no exercício das funções de Deputado Federal, detentor, portanto, de foro por prerrogativa de função, faz-se necessário o exame inicial da peça acusatória no que diz respeito a JORGE EDUARDO LEVI MATTOSO, diante da cronologia dos fatos, conforme relatado na denúncia, e em face da conexidade de ações, a impedir a análise isolada da conduta atribuída ao denunciado detentor de foro por prerrogativa de função.

A denúncia imputa a JORGE EDUARDO LEVI MATTOSO a responsabilidade pela efetiva emissão do extrato de Francenildo dos Santos Costa e pela posterior entrega a ANTÔNIO PALOCCI FILHO, concluindo que estes, em concerto de ações que incluía MARCELO AMORIM

Garantias penais e processuais-penais **583**

NETTO, visavam, com isso, a desacreditar a pessoa de Francenildo, que prestava depoimento na CPI dos Bingos, trazendo informações desfavoráveis à pessoa do então Ministro da Fazenda.

Atribui-se, portanto, a JORGE EDUARDO LEVI MATTOSO a prática do delito sob as formas de intrusão e revelação. A peça acusatória imputa a ele e aos demais denunciados *"ato manifestamente contrário à lei, consistente na quebra de sigilo bancário de Francenildo dos Santos Costa fora dos procedimentos e hipóteses autorizadas em lei, bem como a divulgação de forma indevida aos meios de comunicação desses dados bancários".*

II.3. A imputação do crime ao denunciado ANTÔNIO PALOCCI FILHO

A análise dos autos revela que não há dúvidas quanto ao recebimento, pelo denunciado ANTÔNIO PALOCCI FILHO, dos extratos contendo a movimentação bancária de FRANCENILDO. O próprio denunciado reconhece tais fatos. A questão é saber se sua conduta, em alguma das etapas deste lamentável episódio, realiza o núcleo do tipo penal, em qualquer de suas modalidades.

O Ministério Público Federal, na peça acusatória, imputa ao denunciado ANTÔNIO PALOCCI FILHO, inicialmente, a condição de mandante da emissão dos extratos bancários. Colhe-se da denúncia:

> "**4.** As provas existentes nos autos demonstram, indubitavelmente, que a emissão ilegal dos extratos bancários da conta de Francelino (*sic*) foi feita por ordem do denunciado **JORGE MATTOSO**, que os entregou a **ANTONIO PALOCCI FILHO**, o qual anteriormente o determinara que assim procedesse. A afirmação de **JORGE MATTOSO**, no sentido de que foi exclusivamente *'sua a iniciativa de consultar eventuais registros bancários de FRANCENILDO na CAIXA'*, está em conflito com os fatos ocorridos na tarde do dia 16 de março de 2006, que revelam o seu prévio encontro com **ANTONIO PALOCCI FILHO**, a determinação para emissão do extrato da conta, o contato telefônico após o recebimento do extrato e o deslocamento à residência deste último, em torno das 23 horas, para entrega dos respectivos documentos".

Mais adiante, a denúncia analisa a cronologia de eventos e contatos telefônicos, para concluir que ANTÔNIO PALOCCI FILHO teria participação na divulgação das informações na imprensa:

> "De todo o exposto, ressai que ANTONIO PALOCCI FILHO, JORGE EDUARDO LEVI MATTOSO e MARCELO AMORIM NETTO, em comunhão de esforços, praticaram atos contrários à lei, quebrando ilicitamente o sigilo bancário de terceira pessoa e repassando as informações para a imprensa divulgá-las".

A acusação, portanto, considera o denunciado ANTONIO PALOCCI FILHO autor do delito nas duas condutas capazes de concretizar o seu tipo penal: a intrusão e a revelação.

Adotando-se o raciocínio desenvolvido inicialmente, quanto às condutas que podem realizar o núcleo do tipo penal "quebra de sigilo bancário" – intrusão e revelação –, não se pode pretender imputar, ao menos diretamente, ao denunciado ANTÔNIO PALOCCI FILHO a autoria do delito sob a modalidade de intrusão (violação), uma vez que não foi o denunciado que acessou a conta, mas funcionários da Caixa Econômica Federal, por requisição do seu Presidente, os quais, por estarem autorizados a examinar dados de movimentação financeira de clientes, em razão de suas competências funcionais, não praticam, sob esta forma, o crime de quebra de sigilo, mas, sim, e, em tese, a conduta de entregar os extratos a terceiro não autorizado (revelação).

O Ministério Público Federal, aliás, não imputa ao denunciado ANTÔNIO PALOCCI FILHO a conduta de acessar diretamente a conta de Francenildo, mas a de ser o mandante desse acesso. Trata-se, portanto, de imputação de **autoria mediata**.

Sendo verdadeira a acusação de que a ordem de emitir os extratos partiu do Ministro da Fazenda, o denunciado teria se valido do acesso de terceiros, como instrumento à violação do

584 Estado de Direito e Jurisdição Constitucional – Decisões relevantes em 15 anos de atuação no STF

sigilo bancário. Sob essa ótica, sua conduta seria como a do *hacker*, e o acesso aos dados em si já seria criminoso. O então Ministro da Fazenda poderia, portanto, responder pelo delito de intrusão, se provado que, de alguma forma, determinou ou instigou o acesso para ter conhecimento das informações.

Essa é a primeira acusação que se lhe dirige.

Além disso, a denúncia atribui a ANTÔNIO PALOCCI FILHO, em ação concertada com os demais denunciados, a entrega dos dados sigilosos à imprensa. Embora não narre, de forma específica, a conduta desse denunciado, a peça exordial, mediante uso de indícios, chega à presunção de que foi por seu intermédio que o assunto ganhou publicidade.

II.4. *Análise das condutas*

Na linha exposta inicialmente, na modalidade de "revelar", o delito de quebra de sigilo bancário é considerado crime próprio, ou seja, pode ter como autor apenas pessoas determinadas, aquelas que, tendo legítimo acesso aos dados da movimentação bancária de específica pessoa, revelam-os a terceiro, não pertencentes à cadeia de autorizados a conhecê-los, nos termos da lei e dos normativos de regência.

No ponto, trago novamente a lição de Guilherme de Souza Nucci, que, ao comentar o art. 10 da Lei Complementar n. 105, esclarece que "*o sujeito ativo só pode ser pessoa, funcionário público ou não, detentora, legalmente, das informações sigilosas (ex.: o gerente de um banco privado ou um servidor público da Receita Federal)*".

Ocorre que o Ministro da Fazenda não tem, entre suas competências ou prerrogativas, a de obter informações sigilosas, provenientes das contas bancárias mantidas pela Caixa Econômica Federal, ou de qualquer outra instituição bancária. Vale dizer: não detém, legalmente, dados acobertados pelo sigilo bancário nem deles é destinatário.

Nessa linha de raciocínio, não tinha ele a prerrogativa de ser informado, obrigatoriamente, dos dados cobertos pelo sigilo.

A Lei Complementar n. 105 prevê a comunicação, pelos agentes das instituições financeiras, às autoridades competentes, sobre a prática de ilícitos penais ou administrativos, o que abrange o fornecimento de informações relativas a operações que envolvam recursos provenientes de qualquer prática criminosa.

Por sua vez, a Lei n. 9.613/98, que definiu os crimes de lavagem de dinheiro e que criou o Conselho de Controle de Atividades Financeiras (COAF), estabeleceu que as instituições financeiras "dispensarão especial atenção às operações que, nos termos de instruções emanadas das autoridades competentes, possam constituir-se em sérios indícios dos crimes previstos nesta Lei, ou com eles relacionar-se (...)". Tais entidades deverão "comunicar, abstendo-se de dar aos clientes ciência de tal ato, no prazo de vinte e quatro horas, às autoridades competentes, todas as transações constantes do inciso II do art. 10 que ultrapassarem limite fixado, para esse fim, pela mesma autoridade e na forma e condições por ela estabelecidas..." (art. 11, na redação dada pela Lei n. 10.701/2003).

O Plenário do COAF é integrado por diversos órgãos de fiscalização, entre os quais se distribuem as competências relacionadas ao controle das atividades financeiras (BACEN, Comissão de Valores Mobiliários, Superintendência de Seguros Privados, Procuradoria-Geral da Fazenda Nacional, Secretaria da Receita Federal, Subsecretaria de Inteligência da Casa Militar da Presidência da República, Departamento de Polícia Federal e Ministério das Relações Exteriores).

As Cartas-Circulares BACEN ns. 2852/98 e 2826/98 estabelecem as operações e situações que podem configurar indício de ocorrência dos crimes previstos na Lei n. 9.613/98, bem como os procedimentos para sua comunicação ao Banco Central do Brasil, ditando que as pessoas ali arroladas (as instituições financeiras e demais entidades autorizadas a funcionar pelo Banco Central do Brasil) devem dispensar especial atenção às operações ou propostas cujas características possam indicar a existência de crime, conforme previsto na Lei n. 9.613, de 3.3.1998, ou com ele relacionar-se.

Portanto, ao constatar irregularidades em movimentações bancárias, a CEF deverá comunicá-las ao COAF; e o fará mediante o sistema SISBACEN, nos termos dos normativos pertinentes.

Em consequência, nada indicava ou justificava a replicação ou o trânsito das informações sigilosas no âmbito do gabinete do Ministro da Fazenda. Nada também justificava a emissão de documentos para a instrução de um processo a ser encaminhado ao COAF. A comunicação se faz via sistema informatizado.

O Ministro da Fazenda, em consequência, não era a autoridade competente para receber notícia da possível movimentação irregular da conta.

Nas suas atribuições constitucionais (art. 87 da CF) e normativas (art. 27, XII, da Lei n. 10.683/2003 e Decreto n. 5.510/2005, então vigente), não se encontra tal atribuição.

Também não faz parte das atribuições do Presidente da Caixa Econômica Federal a transferência ao Ministro da Fazenda de informações sigilosas, depreendidas da atividade financeira desenvolvida pela empresa pública. As competências do seu Presidente, que vinham arroladas no Decreto n. 5.056/2004, então vigente, não conduziam a semelhante iniciativa. Depreende-se, isto sim, das normas relativas à estrutura organizacional da Caixa, que competia ao seu Presidente a fiscalização da execução da política geral dos negócios e serviços da vice-presidência, responsável pela administração de ativos de terceiros, e da vice-presidência, responsável pela administração de fundos, programas e serviços delegados pelo Governo Federal, para o que poderia solicitar, a qualquer tempo, informações sobre livros, papéis, registros eletrônicos, serviços, operações, contratos e quaisquer instrumentos ou atos (art. 27, I, do Decreto n. 5.056/2004).

A identificação de irregularidades, segundo as normas do mesmo decreto, quando necessária, conduziria o denunciado a comunicá-las inicialmente ao Conselho Diretor da CEF e, na sequência, ao Conselho de Administração. A atividade do Presidente está subordinada à fiscalização pelo Conselho de Administração, na forma do § 1º do art. 17 do mesmo Decreto ("§ 1º. A fiscalização de que trata o inciso II deste artigo poderá ser exercida isoladamente pelos conselheiros, os quais terão acesso aos livros e papéis da CEF, podendo requisitar aos membros do Conselho Diretor e da Diretoria Executiva as informações que considerem necessárias ao desempenho de suas funções").

A empresa pública Caixa Econômica Federal, no âmbito da Administração Pública Indireta, tem sua própria estrutura organizacional, com competências distintas e hierarquia própria, frente ao Ministério ao qual se vincula.

Entre Ministério da Fazenda e Caixa Econômica Federal não há relação de subordinação, mas de vinculação. A situação é diversa da que ocorre com os órgãos que integram o Ministério da Fazenda, como as Secretarias da Receita Federal, do Tesouro Nacional, de Política Econômica etc. Tais secretarias são órgãos subordinados, na estrutura hierárquica do Ministério da Fazenda, ao respectivo Ministro.

As entidades da Administração Indireta – sociedades de economia mista, como o Banco do Brasil, autarquias, como o BACEN, e empresas públicas, como a CEF e a EMGEA – estão vinculadas, mas não subordinadas hierarquicamente, ao Ministro da Fazenda. Tais entidades detêm autonomia financeira, operacional e administrativa.

Subordinação e vinculação resultam em consequências distintas. O objetivo da vinculação, que advém da atividade de tutela, é a verificação dos resultados das atividades que exercem as entidades da Administração Indireta, a conformidade com a política governamental, a fiscalização, nos limites da lei, para a garantia da legalidade, do cumprimento de suas funções institucionais, bem como a manutenção da sua autonomia financeira, administrativa e operacional.

A doutrina do Direito Administrativo é uníssona em afirmar que a atividade de tutela é exercida nos limites da lei, de forma que não compete nem ao Presidente da CEF apresentar, nem ao Ministro da Fazenda solicitar, informações sobre a atividade de rotina da Caixa Econômica Federal, como se houvesse entre eles um dever de subordinação hierárquica. A lei e os normativos que disciplinam as atividades de ambos não incluem semelhante competência.

A admitir-se que a vinculação das instituições ao Ministério da Fazenda é fator suficiente para que as operações sejam comunicadas individualmente ao Ministro, ter-se-ia que abandonar todo o sistema de descentralização e desconcentração existente no ordenamento administrativo, legitimando a comunicação, em última análise, ao Presidente da República, sobre toda e qualquer irregularidade que aconteça no âmbito da Administração Pública, Direta ou Indireta. Em um esforço imaginativo, ter-se-ia que comunicar tal irregularidade, também, aos Presidentes dos demais Poderes, para a garantia do funcionamento do sistema de freios e contrapesos.

É evidente que este não é o conteúdo da lei, ao permitir, repita-se, em caráter excepcional, o trânsito de informações sigilosas entre instituições financeiras e órgãos ou entidades de fiscalização dessas atividades.

Isso afasta a possibilidade de ANTÔNIO PALOCCI FILHO ser diretamente autor ou coautor do crime de quebra de sigilo na modalidade de "revelar".

O denunciado ANTONIO PALOCCI FILHO, não detendo legitimamente a informação sigilosa, não pode ser autor desse crime na modalidade de revelar, já que, como visto, trata-se de crime próprio, o mesmo não se podendo dizer em relação ao denunciado JORGE EDUARDO LEVI MATTOSO. Segundo os elementos trazidos aos autos e as suas próprias declarações, este denunciado, detendo legitimamente as informações, deu a conhecer ao Ministro da Fazenda de então documentos cobertos pelo sigilo bancário que, na sequência, vieram a ser divulgados na imprensa.

Se de alguma forma ANTÔNIO PALOCCI FILHO contribuiu para que a informação chegasse às suas mãos e, na sequência, às da imprensa, caberá indagar a respeito da possibilidade de ele responder como partícipe da revelação, nos termos do art. 29 do Código Penal, ou por algum delito residual.

A doutrina é uníssona em admitir a participação de terceiros em crime próprio. Esta Corte tem julgados no mesmo sentido.

Para tanto, porém, é necessária a participação do *extraneus* no desígnio do agente. No caso dos autos, será necessária a participação no desígnio da revelação, e não apenas na revelação a terceiro, mas a si próprio.

Ao comentar o crime previsto no art. 325 do Código Penal (violação de sigilo funcional), em muito semelhante ao que aqui se examina, Alberto Silva Franco e Rui Stocco afirmam que o *"sujeito ativo do crime somente pode ser funcionário público. Não pratica o crime o particular a quem o segredo é transmitido.(...) Quanto ao terceiro que recebe a revelação, permissão ou facilidade, cumpre distinguir: se determinou ou instigou, de qualquer modo, o funcionário a revelar-lhe o fato, é copartícipe; caso contrário, isto é, se o funcionário agiu espontaneamente, será o único infrator (ainda que o extraneus, por sua vez, revele o segredo a outrem)".*

Transpondo esse entendimento para o caso concreto, conclui-se que ANTONIO PALOCCI FILHO, que não fazia parte da cadeia de pessoas autorizadas a receber, por transferência, as informações sigilosas, poderia, em tese, ser partícipe do crime de quebra de sigilo, na modalidade "revelar", se, como afirma o Ministério Público, tivesse determinado ou instigado a outrem a emissão e a entrega a si dos extratos, transferindo-os, posteriormente, a outros.

Confirmado que determinou ou mesmo instigou, responderá não apenas pela revelação do dado a si mesmo, como também pela sua revelação a outrem.

Do contrário, vale dizer, se não determinou ou instigou a revelação, não poderá ser partícipe, ainda que o dado de que tenha obtido conhecimento alcance indevida publicidade.

Mesmo na participação em crime comum, é necessário um vínculo de natureza psicológica ligando as condutas do autor e as do partícipe. Segundo Celso Delmanto, não basta o nexo causal, sendo necessário que cada concorrente tenha consciência de contribuir para a atividade delituosa de outrem. É indispensável a adesão subjetiva à vontade do outro, embora seja desnecessária a prévia combinação entre eles. Inexistente o vínculo subjetivo, não há concurso de pessoas (*Código penal comentado*, 7. ed. atual. e ampl. Rio de Janeiro: Renovar, 2007. p. 113).

Cezar Bittencourt, tratando do tema da participação, afirma que "o simples conhecimento da realização de uma infração penal ou mesmo a concordância psicológica caracterizam, no máximo, conivência que não é punível, a título de participação, se não constituir, pelo menos alguma forma de contribuição causal, ou, então, constituir por si mesma, uma infração típica".

Paulo José da Costa Jr., ao tratar desse ponto, comenta o art. 325 do Código Penal (violação de sigilo funcional), afirmando, quanto ao sujeito ativo, que aquele "a quem seja revelado o segredo não pratica o crime, a menos que tenha contribuído para a revelação, induzindo ou instigando o funcionário a fazê-la" (*Código penal comentado*. 8. ed. rev. e atual. São Paulo: DPJ, 2005. p. 1061).

Impõe-se, agora, portanto, examinar se os autos trazem elementos probatórios minimamente suficientes para caracterizar (1) a autoria mediata na violação e (2) a participação na revelação dos dados bancários de Francenildo.

II.5. Elementos de prova

A análise exaustiva e pormenorizada dos autos permite concluir que não há elementos mínimos que apontem para a iniciativa do então Ministro da Fazenda e, menos ainda, que indiquem uma ordem proveniente dele para consulta, emissão e entrega de extratos da conta poupança de Francenildo dos Santos Costa.

O convencimento do órgão ministerial quanto à participação do então Ministro da Fazenda na obtenção dos extratos esteve baseado na conjugação dos seguintes elementos indiciários:

a) na tarde do dia 16 (data da emissão dos extratos), ANTONIO PALOCCI FILHO E JORGE EDUARDO LEVI MATTOSO encontraram-se em reunião no Palácio do Planalto;

b) o contato telefônico entre os mesmos denunciados, após a emissão dos extratos;

c) o deslocamento de MATTOSO à residência de PALOCCI, no mesmo dia, em torno das 23 horas, para entrega dos respectivos documentos;

d) as impressões do motorista de JORGE EDUARDO LEVI MATTOSO acerca do seu estado de ânimo, no dia 16, após a reunião no Palácio do Planalto;

e) o Ministro da Fazenda, à época, seria o maior beneficiário, acaso o depoimento de Francenildo, prestado à CPI dos Bingos e contrário aos seus interesses, fosse desacreditado, com a demonstração de que teria sido motivado por pagamento ao depoente;

f) ANTÔNIO PALOCCI FILHO recebeu os extratos em sua casa, quando lá também se encontrava o assessor de imprensa do Ministério da Fazenda e denunciado MARCELO NETTO;

g) a Revista Época encaminhou ao inquérito cópia dos extratos que recebera e nesta há o registro da máquina, do usuário e do momento em que foram emitidos.

Conceitualmente, os indícios constituem fatos que, indiretamente, permitem concluir pela ocorrência de outros. No caso dos autos, a prova acusatória é integralmente indiciária, utilizando-se o Ministério Público de situações provadas para concluir pela ocorrência de outras, que configurariam a hipótese material do crime.

O indício é admitido pelo Código de Processo Penal e definido, no art. 239, como a circunstância conhecida e provada que, tendo relação com o fato, autorize, por indução, concluir-se a existência de outra ou outras circunstâncias. Trata-se de elemento de menor valor probante que a prova direta.

Se assim é, para a utilização do indício como elemento de convicção sobre a ocorrência de um fato, cabe primeiro considerar se possibilidades diversas, pelo mesmo raciocínio indutivo, poderiam estar ligadas aos mesmos elementos provados, revelando, porém, a ocorrência de outros fatos.

Trata-se, aqui, dos chamados "contraindícios", assim abordados por Malatesta:

"O indício pode dar certeza, mas é preciso sempre estar-se atento contra as insídias desta espécie de prova. E, para nos salvaguardarmos de tais insídias, é necessário proceder cautelosamente na avaliação dos indícios, considerando escrupulosa e ponderadamente os motivos infirmantes, de um lado, os contraindícios, do outro. (...).

O contraindício é não somente um indício que se opõe a outro, mas uma prova qualquer que se oponha a um indício: o contraindício, como dissemos, é, em suma, a prova infirmante do indício. (...)".

(Nicola Flamarino Dei Malatesta, A lógica das provas em matéria criminal, Campinas: Bookseller, 2. ed., p. 214).

Voltando-se para os elementos colhidos na fase investigatória, constata-se que ocorreu uma reunião no Palácio do Planalto, no dia 16 de março de 2006, no final da tarde, em torno de 19 horas.

Segundo a prova obtida durante a investigação, JORGE EDUARDO LEVI MATTOSO participava de pelo menos duas reuniões por semana no Palácio do Planalto. Tratava-se, portanto, de uma reunião de rotina entre o Ministro da Fazenda, os presidentes de bancos estatais – (entre eles o da CAIXA –, o Presidente da República e a Ministra-Chefe da Casa Civil).

O encontro entre os denunciados, nessas circunstâncias, não era apenas uma oportunidade para uma conversa específica entre os denunciados MATTOSO e PALOCCI, como concluiu apressadamente o MPF; era algo mais corriqueiro que isso, não se podendo simplesmente presumir que a reunião tivesse o propósito de tratar de qualquer assunto ligado ao depoimento de FRANCENILDO à CPI dos Bingos.

Ainda que se possa presumir que os denunciados tenham se dirigido um ao outro durante a reunião, o que seria o esperado em encontros de trabalho dessa natureza, nenhum elemento indica que conversaram reservadamente, nesta reunião, sobre o assunto dos autos, de forma a se extrair daí a possível ordem de PALOCCI a MATTOSO para a emissão dos extratos. Ademais, o depoimento de ambos foi no sentido de que não conversaram. MATTOSO teria chegado após o início da reunião e saído antes do seu término. Nenhum outro depoimento revelou fato diverso.

A ligação telefônica entre os dois denunciados, na mesma noite, após o horário da emissão dos extratos, também não permite inferir que houve prévia ordem para a extração e a entrega. O telefonema é admitido pelos denunciados, inclusive o teor da conversa, na qual acertaram que MATTOSO iria à residência de PALOCCI ainda naquela noite.

O encontro na residência também é admitido por ambos, bem como a entrega dos extratos por MATTOSO a PALOCCI. Esse fato, porém, não indica que houve prévia determinação ou instigação para a emissão dos documentos, mas apenas que PALOCCI teve acesso a eles e que foi conivente com o então Presidente da Caixa, ao receber dele indevidamente documentos sigilosos, sem tomar providências quanto à quebra do sigilo. Seu comportamento, sob o aspecto da probidade, pode até ser questionado, mas não configura, a meu ver, participação no crime.

Ainda examinando os elementos indiciários utilizados pelo Ministério Público, tenho que absolutamente nenhuma relevância merece o sentimento externado por José Carlos da Costa Silva, motorista do então Presidente da CEF, JORGE MEVI MATTOSO, sobre a suposta tensão demonstrada por este quando saiu da reunião havida no Palácio do Planalto, pouco antes de ser o extrato emitido, absolutamente nada representando, de outro lado, o fato de ver frustrada sua expectativa de que JORGE MATTOSO dali fosse para sua casa, e não para a sede da CEF, como ocorreu.

O que é tido como certo é o fato, objetivamente considerado, de que JORGE MATTOSO determinou a emissão do extrato da conta de poupança de FRANCENILDO DOS SANTOS COSTA e o entregou a ANTÔNIO PALOCCI FILHO no mesmo dia, segundo admitido por ambos, o qual deve ser analisado sem se atribuir relevância às genéricas impressões das pessoas envolvidas no episódio quanto ao estado de ânimo do Presidente da CEF.

A propósito, bem demonstrando o perigo residente na adoção de impressões pessoais de testemunhas, cabe trazer a lição de Eugênio Pacelli de Oliveira:

> "Todo depoimento é uma manifestação do conhecimento, maior ou menor, acerca de um determinado fato. No curso do processo penal, a reprodução desse conhecimento irá confrontar-se com diversas situações da realidade que, consciente ou inconscientemente, poderão afetar a sua fidelidade, isto é, a correspondência entre o que se julga ter presenciado e o que se afirma ter presenciado.
>
> Isto ocorrerá por uma razão muito simples. O sujeito, portador do conhecimento dos fatos, é o homem, titular de inúmeras potencialidades, mas também de muitas vulnerabilidades, tudo a depender das situações concretas em que estiver e que tiver diante de si. Por isso, a noção de verdade, que vem a ser o objeto a ser buscado na prova testemunhal, em regra, poderá não ser unívoca.
>
> Em primeiro lugar, é de se observar que a única verdade absoluta que se pode compreender é a verdade da fé, que nada indaga acerca de seus pressupostos. A verdade do homem, ou a verdade da razão, é sempre relativa, dependente do sujeito que a estiver afirmando. A verdade da razão é apenas a representação que o homem tem e faz da realidade que apreende diuturnamente.
>
> Não bastasse, muitas vezes o prolongamento das investigações criminais e do próprio curso da ação penal impedirá uma atuação mais eficaz da memória do depoimento, com o que a sua convicção da realidade dos fatos apurados já não será tão segura.
>
> Por fim, no plano do consciente e do inconsciente individual, a gravidade dos fatos, as circunstâncias do crime, bem como diversos outros fatores ligados à pessoa do denunciado ou da vítima e à própria formação moral, cultural e intelectual do depoente poderão também influir no espírito e, assim, no discernimento da testemunha". (*Curso de Processo Penal*, Del Rey, Belo Horizonte, 6. ed., p. 349).

Não se quer dizer, com isso, que as condições psicológicas do agente não sejam relevantes em matéria penal. Apenas busca-se enfatizar a temeridade residente em adotá-las, com base em testemunhos, como um elemento de prova, ainda que indiciária.

Por fim, a circunstância de ser o denunciado ANTONIO PALOCCI FILHO o maior beneficiário no descrédito do depoimento de Francenildo à CPI dos Bingos, desacompanhada de qualquer elemento concreto que indique ação antijurídica e culpável do então Ministro da Fazenda voltada à quebra do sigilo do caseiro, não pode conduzir à sua responsabilização penal.

Para demonstrar o risco de adotar-se semelhante raciocínio para fins de imputação penal, valho-me de trecho do parecer do Ministério Público, subscrito pela Subprocuradora-Geral da República, Dra. CLÁUDIA SAMPAIO MARQUES e aprovado pelo então Procurador-Geral da República, Dr. ANTONIO FERNANDO BARROS E SILVA DE SOUZA, que já foi citado textualmente no voto do Ministro Celso de Mello, nos autos do arquivado Inquérito n. 2.071:

> "(...) Não basta para evidenciar a participação dos investigados que os crimes tenham sido praticados por pessoas indicadas por eles para ocupar cargos nas autarquias municipais. Também a condição de beneficiários da infração penal não é suficiente para ter-se os investigados como partícipes. No nosso sistema jurídico-constitucional, a responsabilidade penal é subjetiva, sendo necessário que o agente tenha agido, com dolo ou culpa, para alcançar o resultado lesivo. Muito menos, admite-se a responsabilidade penal por fato de outrem (...)".

Nesse caso, foi o próprio Ministério Público que requereu o arquivamento do inquérito.

Nos presentes autos, sequer se consegue descrever a conduta dolosa ou culposa, absolutamente necessária para a responsabilização penal. O que existe é um conjunto de ilações que, embora tenham aspiração de serem verdadeiras, como é o caso do benefício, não estão suficientemente concatenadas de forma a constituírem elementos de prova e, mais grave que isso, dificultam a defesa do denunciado, que se vê na contingência de provar que não se beneficiaria do fato. A questão não é esta; a questão é: Ele participou de qualquer forma? Qual a sua conduta?

Esta Corte tem resistido à tentação de acolher acusações fundadas em meras ilações.

Prevalece, aqui, o entendimento segundo o qual a circunstância de alguém ser favorecido por efeito de um crime não o torna suspeito, especialmente se nenhuma conduta típica, antijurídica e culpável lhe for atribuída, com descrição específica de seu comportamento. Tal espécie de dedução é temerária, porque, além de subtrair do denunciado a possibilidade de defesa (pode ocorrer de ser mesmo beneficiário do ato e não poder provar o contrário), elege como premissa fato não determinante da conclusão, vale dizer, da circunstância de ser beneficiário de um crime não decorre sua situação de criminoso.

No julgamento do HC 81.295, da relatoria da Ministra Ellen Gracie, julgado em 6.11.2001, decidiu-se, na Primeira Turma, que o fato de alguém ser beneficiário de uma fraude não é suficiente para que este alguém seja denunciado por crime, se não há descrição de sua conduta. Transcrevo trecho do voto de S. Exa.:

"(...) O fato de ter sido beneficiário da fraude, vencendo a licitação, é um indício forte de que poderia ter participado de outro delito, para cuja prática a falsificação constitui delito-meio. No entanto, essa indução não é suficiente para que seja denunciado pelo crime, pois não se descreveu na peça vestibular da ação penal nenhuma conduta sua que indicasse sua participação no delito".

(...)

"Pela ausência dessa descrição, inviável se mostra a defesa do paciente na ação penal, pois não se sabe contra o quê, contra quais circunstâncias relacionadas com o crime de falsidade ideológica deve ele se defender, sendo insuficiente o fato de ter sido beneficiário de uma licitação fraudada para a conclusão de que teria cometido essa fraude, em concurso com os funcionários da prefeitura membros da comissão de licitação".

O comparecimento do denunciado JORGE MATTOSO à residência do então Ministro da Fazenda, na noite em que obtido o extrato da conta de poupança de Francenildo, nada mais prova que a ansiedade do primeiro em apresentar ao segundo o resultado de sua pesquisa, muito provavelmente motivado por ter encontrado elementos capazes, no seu juízo particular, de desacreditar o depoimento do caseiro à CPI dos Bingos. Não há, porém, indicativo de que um concerto anterior para a emissão dos extratos e para a divulgação à imprensa no dia seguinte tenha ocorrido. Portanto, não há como presumir que a divulgação à imprensa decorreria da obtenção e entrega dos extratos; entre a disposição de revelar os dados ao Ministro da Fazenda e a divulgação à imprensa há uma distância que os elementos de prova colhidos não contribuem para reduzir.

Embora seja evidente que em algum momento alguém transferiu as informações à imprensa, não se pode presumir, pelos parcos elementos de convicção invocados pelo Ministério Público, que essa ação tenha sido idealizada ou perpetrada pelo então Ministro da Fazenda ou que este tenha dela participado.

Sequer vem descrita, na inicial acusatória, a conduta do então Ministro na revelação dos dados à imprensa, afirmando o Ministério Público que os denunciados repassaram as informações para a imprensa divulgá-las, sem individualizar adequadamente as suas ações. Presume-se, da narrativa da denúncia, que o Ministério Público tenha deduzido que PALOCCI entregou a seu assessor de imprensa os extratos de Francenildo e que este assessor os tenha entregado a repórter da Revista Época, mas a imputação não chega a ser formulada nesses termos, à falta de elementos.

E se algum componente probatório de maior valor estivesse a apontar para a participação do então Ministro na divulgação à imprensa, a solução não seria diferente quanto à viabilidade da denúncia. É que eventual entrega dos extratos consubstancia fato posterior à revelação das informações sigilosas a ele próprio, por ação do então Presidente da Caixa, ocasião em que, em tese, teria se consumado o crime de quebra de sigilo, pelo até aqui exposto.

Quanto à cópia do extrato apresentada pela Revista Época, não se pode presumir que tenha sido a única extraída do documento original, nem que tenha sido feita pelo então MINISTRO DA FAZENDA, ou por seu assessor de imprensa, ao seu comando, para entrega a qualquer repórter.

Sequer é possível presumir que se trate da cópia do mesmo extrato que foi entregue ao Ministro da Fazenda, já que no depoimento de JETER RIBEIRO DE SOUZA, Gerente Nacional de Política de Gestão de Pessoas, fica claro que houve mais de uma tentativa de impressão, cada uma delas direcionada para impressoras diferentes, no mesmo andar, tendo sido a segunda, teoricamente, a que resultou frutífera, não se sabendo o que pode ter ocorrido com a primeira. O que se sabe, pelo depoimento do referido funcionário, é que da mesma máquina, no mesmo restrito período de tempo em que esteve ligada ao sistema, recebeu dupla ordem de impressão, e que a primeira não teria funcionado. É comum que a impressora fique com o arquivo armazenado, gerando o documento quando seu *status* de funcionamento permitir.

Lembre-se de que, no dia 17, antes da publicação dos extratos, Raphael Rezende Netto (Superintendente Nacional de Controles Internos da Caixa) e João Aldemir Dornelles (Vice-Presidente de Controladoria da Caixa), que estavam numa reunião com a equipe da área de controladoria, foram chamados ao Gabinete de JORGE EDUARDO LEVI MATTOSO. Lá chegando, o então Presidente da Caixa apresentou-lhes cópias do extrato bancário, para que verificassem se a movimentação tinha sido comunicada aos órgãos competentes. Evidencia-se, com isso, que cópias do extrato circularam no âmbito da Caixa mesmo depois da entrega feita por JORGE MATTOSO a ANTÔNIO PALOCCI FILHO, na residência deste.

Tomando-se como premissas (1) que o Presidente da Caixa tinha poderes para verificar movimentação financeira de terceiro, (2) que agiu por conta própria, já que, como visto, não há elementos mínimos que indiquem a iniciativa e, menos ainda, que apontem para a existência de uma ordem ou instigação do então Ministro da Fazenda para que o fizesse, e (3) que sua conduta, na revelação dos dados a si próprio e à imprensa, não está esclarecida, demonstrada nem sequer individualizada na denúncia, resulta que ANTÔNIO PALOCCI FILHO não poderá responder pela quebra de sigilo, seja na modalidade de intrusão, seja na modalidade de revelação.

Como examinado, não há qualquer elemento que indique que o denunciado solicitou, sugeriu ou determinou a emissão do extrato, o que afasta a possibilidade de justa acusação de quebra de sigilo sob a modalidade de intrusão.

E somente pode praticar o delito de quebra de sigilo na modalidade de "revelar" quem detenha legitimamente a informação sigilosa. Esta não era a condição do então Ministro da Fazenda, como suficientemente demonstrado, nem a condição de um assessor de imprensa.

Por fim, somente pode ser partícipe da quebra, na modalidade de "revelar", aquele que teve o desígnio da obtenção do dado e da revelação a si e a outrem, o que também não fica demonstrado pela acusação.

A lei, a par de não assegurar ao Ministro da Fazenda acesso a tais dados sigilosos, sequer o obriga ao sigilo, e sim àqueles que manipulam, por atribuição funcional, as informações sobre a movimentação bancária. Assim, ainda que se lhe pudesse imputar, com base em prova fundada, a entrega dos dados à imprensa, sua conduta, nesse estágio, seria atípica.

Portanto, embora devidamente caracterizado o fato delituoso, não restando dúvidas de que indevidamente o sigilo bancário de Francenildo dos Santos Costa foi quebrado e sua movimentação bancária trazida a público, não há base empírica quanto à alegada autoria mediata do crime, imputada a ANTÔNIO PALOCCI FILHO sob a forma de intrusão, nem quanto ao suposto liame entre as condutas dos três denunciados, estabelecido pelo órgão acusatório para o fim criminoso da revelação, o que afasta a justa causa para o recebimento da denúncia em face de ANTÔNIO PALOCCI FILHO e, consequentemente, em face de MARCELO AMORIM NETTO, não se podendo dizer o mesmo quanto ao denunciado JORGE EDUARDO LEVI MATTOSO.

III. A ausência de justa causa para a ação penal

O tipo penal constitui importante mecanismo de garantia do denunciado. Não é possível abranger como criminosas condutas que não tenham pertinência em relação à conformação estrita do enunciado penal.

Nesse particular, ressalto as seguintes lições de Karl Engisch no célebre caso alemão relativo à possibilidade ou não de tipificação, sem expressa previsão legal, do suposto crime de "furto de energia elétrica":

"Um exemplo característico duma como que nua aplicação da lei fornece-no-lo o Direito penal sempre que se trata de condenação por delitos cometidos. Isso está em conexão com o facto de as intervenções do Estado na sua função punitiva serem das mais duras de todas. Justamente por isso é que o princípio do Estado-de-Direito e o conexo princípio da legalidade manifestam neste domínio a sua particular relevância nos modernos Estados civilizados. Até a nossa Constituição não quis deixar de reforçar dum modo especial a validade destes princípios com vista ao Direito penal. No artigo 103, al. 2, diz-se: 'Um facto apenas pode ser punido quando a respectiva punibilidade haja sido legalmente fixada antes da sua prática'. Não podemos ocupar-nos agora com o esclarecimento desta regra sob todos os seus aspectos. Para fins da presente indagação a sua importância reside em que, segundo ela, **ninguém pode ser punido simplesmente por ser merecedor da pena de acordo com as nossas convicções morais ou mesmo segundo a 'sã consciência do povo', porque praticou uma 'ordinarice' ou um 'facto repugnante', porque é um 'canalha', ou um 'patife' – mas só o pode ser quando tenha preenchido os requisitos daquela punição descritos no 'tipo (hipótese) legal' de uma lei penal**, por exemplo, subtraindo 'a outrem uma coisa móvel alheia com o intuito de ilicitamente se apoderar dela' (§ 242 do Código Penal) ou matando (intencionalmente) 'um homem por crueldade, para satisfazer um impulso sexual, por cupidez ou por outros baixos motivos...' (§ 211 do Código Penal). *Nullum crimen sine lege.* Por força deste princípio o Tribunal do Reich (volume 32, pp. 165 e ss., e já antes vol. 29, pp. 111 e ss.) achou-se impedido, por exemplo, de qualificar e punir como furto o desvio não autorizado de energia eléctrica através duma derivação subreptícia da corrente a partir do cabo condutor. Não bastou que se estivesse, no caso, perante um 'descaramento' e uma 'improbidade', e que, portanto, como diz aquele Supremo Tribunal, a punição correspondesse 'a um sentimento ético jurídico, a uma exigência, imposta pelo tráfico, de tutela de bens jurídicos'. Deveria ter-se tratado de uma 'subtracção de coisas alheias móveis' para que pudesse admitir-se a punibilidade por furto. O Tribunal do Reich considerou, porém, não poder subsumir a energia eléctrica ao conceito de 'coisa'. Por isso, o legislador, no ano de 1900, teve de promulgar uma lei especial com vista à punição do desvio de energia eléctrica (hoje o § 248 do Código Penal). Mas nem mesmo esta lei dava plena satisfação à jurisprudência, no caso, por exemplo, da utilização abusiva de um telefone público, através da introdução de moedas achatadas de dois 'pfennig' na respectiva caixa, pois que este facto não podia ser punido como furto de energia eléctrica, dado a lei exigir para tanto a subtracção da corrente 'por meio de um cabo condutor'. Pondera o Tribunal do Reich: 'Pela introdução de moedas de dois 'pfenning' não se opera um desvio de corrente eléctrica, pois o que sucede é simplesmente que o peso das moedas desprende a tranqueta destinada a impedir de girar o disco de marcação de número' (RGStr 68, pp. 67/68). Ainda se poderia pensar em burla, mas esta não existe, pois que o telefone público funciona automaticamente e, por isso, nenhuma pessoa havia sido enganada, o que é um dos requisitos do tipo legal da burla (§ 263: 'Quem, com o intuito de para si obter uma vantagem patrimonial ilícita, prejudica o património de outrem provocando ou encobrindo um erro através de simulação de factos falsos...' – ora é fora de dúvida que um aparelho não pode ser enganado). E de novo teve o legislador que intervir para evitar absolvições indevidas. Criou em 1935 o § 265 do Código Penal, que sujeita a pena a subtracção do trabalho dum autómato". [sem grifos no original] (ENGISCH, Karl. *Introdução ao pensamento jurídico.* Lisboa: Calouste Gulbenkian, 1996, p. 79-81).

Conforme já tive a oportunidade de afirmar em ocasiões anteriores, tal entendimento não poderia ser diferente, sob pena de afronta ao princípio da reserva legal em matéria penal. Não se pode aqui pretender a aplicação da analogia para abarcar hipótese não mencionada no dispositivo legal (*analogia in malam partem*).

A esse respeito, Zaffaroni e Pierangeli são enfáticos:

"Se por analogia, em direito penal, entende-se completar o texto legal de maneira a estendê-lo para proibir o que a lei não proíbe, considerando antijurídico o que a lei justifica, ou reprovável o que ela não reprova ou, em geral, punível o que não é por ela penalizado, baseando a conclusão em que proíbe, não justifica ou reprova condutas similares, este procedimento de interpretação é absolutamente vedado no campo da elaboração científico-jurídica do direito penal. E assim é porque somente a lei do Estado pode resolver em que casos este tem ingerência ressocializadora afetando com a pena os bens jurídicos do criminalizado, sendo vedado ao juiz 'completar' as hipóteses legais. Como o direito penal é um sistema descontínuo, a própria segurança jurídica, que determina ao juiz o recurso à analogia no direito civil, exige aqui que se abstenha de semelhante procedimento". (ZAFFARONI, Eugenio Raúl; PIERANGELI, José Henrique. *Manual de Direito penal brasileiro*. São Paulo: RT, 2004, p. 168).

(...)

[E abordam, de modo inequívoco, o tema da interpretação restritiva, nos seguintes termos]: "**A partir da rejeição do *in dubio pro reo*, entende-se que a interpretação da lei pode ser extensiva, literal ou restritiva com relação ao alcance da punibilidade. Cremos que há um *limite semântico do texto legal*, além do qual não se pode estender a punibilidade, pois deixa de ser interpretação para ser analogia. Dentro dos limites da resistência da flexibilidade semântica do texto são possíveis interpretações mais amplas ou mais restritivas da punibilidade, mas não cremos que isso possa ser feito livremente, mas que deve obedecer a certas regras, como também entendemos que o princípio *in dubio pro reo* tem vigência penal somente sob a condição de que seja aplicado corretamente.**

a) Em princípio rejeitamos a 'interpretação extensiva', se por ela se entende a inclusão de hipóteses punitivas que não são toleradas pelo limite máximo da resistência semântica da letra da lei, porque isso seria analogia.

b) Não aceitamos nenhuma regra apodítica dentro dos limites semânticos do texto. É correto quando se diz 'onde a lei não distingue não se deve distinguir', isto é correto desde que se acrescente 'salvo que haja imperativos racionais que nos obriguem a distinguir e, claro está, sempre que a distinção não aumente a punibilidade saindo dos limites do texto.

c) Há casos em que a análise da letra da lei dá lugar a duas interpretações possíveis: uma, mais ampla e outra, mais restrita da punibilidade. Isso é observado sem superar o plano exegético. Assim, a expressão 'coisa' do art. 155 do CP pode ser interpretada em sentido ordinário (amplo) ou civil (restrito). Nesses casos é que entra em jogo o *in dubio pro reo*: sempre teremos de inclinar-nos a entendê-las em sentido restritivo, e de acordo com este sentido, ensaiar nossas construções. Não obstante; esse princípio não tem um valor absoluto, porque bem pode ocorrer que o sistema entre em choque com a expressão entendida em seu sentido restrito, e se harmonize com seu sentido amplo, o que, em tal caso, poderemos fazê-lo, porque tem caráter absoluto o princípio da racionalidade da ordem jurídica, que é o próprio pressuposto de nossa atividade científica.

Em síntese: *entendemos que o princípio* in dubio pro reo *nos indica a atitude que necessariamente devemos adotar para entender uma expressão legal que tem sentido duplo ou múltiplo, mas pode ser descartado ante 'a contradição da lei assim entendida com o resto do sistema'" (op. cit., p. 170-171).*

Nesse sentido, relembre-se o caso da violação do painel do Senado (INQ n 1.879, Rel. Min. Ellen Gracie, *DJ* de 7.5.2004), cuja criminalização da conduta apenas se realizou após o acontecimento do fato apreciado. Naquela situação, o Plenário do Supremo Tribunal Federal limitou-se a rejeitar a denúncia por atipicidade da conduta, em decisão assim ementada:

"Supressão de documento (CP, art. 305). Violação do painel do Senado. A obtenção do extrato de votação secreta, mediante alteração nos programas de informática, não se amolda ao tipo penal previsto no art. 305 do CP, mas caracteriza o crime previsto no art. 313-B da Lei n. 9.989, de 14.7.2000.

Impossibilidade de retroação da norma penal a fatos ocorridos anteriormente a sua vigência (CF, art. 5°, XL). Extinção da punibilidade em relação ao crime de violação de sigilo funcional (CP, art. 325). Denúncia rejeitada por atipicidade de conduta. Inquérito". (INQ n 1879, Rel. Min. Ellen Gracie, *DJ* de 7.5.2004).

O Supremo Tribunal Federal tem decidido, reiteradamente, que não há justa causa para a ação penal quando comprovada, de plano, a atipicidade da conduta, a incidência de causa de extinção da punibilidade ou a ausência de indícios de autoria ou de prova sobre a materialidade do delito. Essas as hipóteses que, concretizadas, determinam, em diversas situações, a concessão de *habeas corpus* para trancamento de ação penal com denúncia recebida nas demais instâncias.

A atual redação do art. 395 do CPP, dada pela Lei n. 11.719/2008, ao especificar as hipóteses de rejeição da denúncia, inclui a inépcia, a falta de pressuposto processual ou de condição para o exercício da ação penal, além da falta de justa causa. A doutrina, embora reconheça como positiva a modificação introduzida pela lei, defende que o ideal seria ter reduzido o quadro da rejeição a um só parâmetro: falta de justa causa para a ação penal, que abrangeria todas as situações relevantes.

É certo que meras suposições não justificam o desencadeamento de uma ação penal, que representa, por si só, constrangimento à dignidade da pessoa do denunciado. Exige-se que a denúncia traga, no mínimo, a fumaça do bom direito, para que não se caracterize como temerária e não se convole em coação ilegal (CPP, art. 648, I).

O professor e membro do Ministério Público AFRÂNIO SILVA JARDIM define esta condição da ação:

"Justa causa é suporte probatório mínimo em que se deve lastrear a acusação, tendo em vista que a simples instauração do processo penal já atinge o chamado *status dignitatis* do imputado. Tal lastro probatório nos é fornecido pelo inquérito policial ou pelas peças de informação, que devem acompanhar a acusação penal, arts. 12, 39, § 5, e 46, § 1 do CPP".

Repito que respeitar a dignidade da pessoa humana, em uma de suas dimensões, significa que o homem não pode ser transformado em objeto dos processos estatais. O Estado está vinculado ao dever de respeito e proteção do indivíduo contra exposição a ofensas ou humilhações. A propósito, em comentários ao art. 1° da Constituição alemã, afirma Günther Dürig que a submissão do homem a um processo judicial indefinido e sua degradação como objeto do processo estatal atentam contra o princípio da proteção judicial efetiva (*rechtliches Gehör*) e fere o princípio da dignidade humana ["*Eine Auslieferung des Menschen an ein staatliches Verfahren und eine Degradierung zum Objekt dieses Verfahrens wäre die **Verweigerung des rechtlichen Gehörs**.*"] (MAUNZ-DÜRIG, *Grundgesetz Kommentar*, Band I, München, Verlag C. H. Beck, 1990, 1¹ 18).

O processo criminal inviável, na verdade, é um processo pecaminoso no sentido constitucional, porque ele onera, penaliza a parte simplesmente pela sua propositura. Em escritos doutrinários recentes, tenho sustentado que a cláusula da dignidade da pessoa humana constitui um tipo de cláusula subsidiária em matéria de processo penal, como o é também a cláusula do devido processo legal.

O Tribunal tem ressaltado a necessidade de observância desses elementos mínimos para o recebimento da denúncia. O Ministro Celso de Mello destaca isso em páginas memoráveis desta Corte. Cito, por exemplo, o HC 73.271:

"O Ministério Público, para validamente formular a denúncia penal, deve ter por suporte uma necessária base empírica, a fim de que o exercício desse grave dever-poder não se transforme em instrumento de injusta persecução estatal. O ajuizamento da ação penal condenatória supõe a existência de justa causa, que se tem por inocorrente quando o comportamento atribuído ao réu nem mesmo em tese constitui crime, ou quando, configurando uma infração penal, resulta de pura criação mental da acusação" (RF 150/393, Rel. Min. OROZIMBO NONATO) – (*DJ* 4.10.1996, p. 37.100).

É também do Ministro Celso de Mello a assertiva de que *"as acusações penais não se presumem provadas: o ônus da prova incumbe, exclusivamente, a quem acusa"*.

Colhe-se do HC 83.947, relatado por S. Exa., que "os princípios constitucionais que regem o processo penal põem em evidência o nexo de indiscutível vinculação que existe entre a obrigação estatal de oferecer acusação formalmente precisa e juridicamente apta, de um lado, e o direito individual à ampla defesa, de que dispõe o denunciado, de outro. É que, para o denunciado exercer, em plenitude, a garantia do contraditório, torna-se indispensável que o órgão da acusação descreva, de modo preciso, os elementos estruturais (*"essentialia delicti"*) que compõem o tipo penal, sob pena de se devolver, ilegitimamente, ao réu, o ônus (que sobre ele não incide) de provar que é inocente.

Permitir-se a instauração da ação penal, em tais condições, significa permitir-se a utilização do processo como pena, tentação em que comumente incorre o órgão ministerial, mas em relação a qual nós, julgadores, devemos estar prevenidos.

IV. Conclusão

Não havendo elementos mínimos a confortar o trânsito da denúncia e a instauração da ação penal, impõe-se a rejeição da peça acusatória em face do denunciado ANTÔNIO PALOCCI FILHO.

O mesmo raciocínio adotado quanto ao denunciado ANTÔNIO PALOCCI FILHO aplica-se ao denunciado MARCELO NETTO, cuja suposta conduta de participar da revelação à imprensa dos dados está no desdobramento das ilações feitas em relação ao primeiro.

Como ANTÔNIO PALOCCI FILHO, MARCELO AMORIM NETTO não pode ser sujeito ativo da espécie de delito de que aqui se cogita, que, na modalidade de revelar, é crime próprio. Não há indícios mínimos de que tenha participado da ação própria ou de seu desígnio (a revelação ilegítima dos dados bancários **por quem os detinha legitimamente**), de forma que a esse denunciado deve ser estendido o decreto de rejeição da denúncia.

A lei, a par de não assegurar ao Ministro da Fazenda e ao seu assessor de imprensa o acesso aos dados sigilosos, não os obriga ao sigilo, e sim àqueles que manipulam, por atribuição funcional, as informações sobre a movimentação bancária.

Quanto ao denunciado JORGE EDUARDO LEVI MATTOSO, sua conduta não se insere necessariamente no mesmo raciocínio, já que estava autorizado a buscar os dados, mas não a divulgá-los a terceiros, tendo entregado, como ele próprio afirma, os extratos ao então Ministro da Fazenda, revelando o seu conteúdo sigiloso. Quanto a este, portanto, tenho como presentes os elementos necessários ao recebimento da denúncia.

Mesmo em se tratando de denunciado sem prerrogativa de foro, considerando que sua conduta não poderia ser examinada separadamente da conduta de ANTÔNIO PALOCCI FILHO, por estar com ela absolutamente imbricada, concluo que compete a esta Corte, no desdobramento lógico da decisão quanto ao primeiro, concluir pela viabilidade da denúncia em relação a JORGE EDUARDO LEVI MATTOSO, ainda que o feito, doravante, venha a tramitar perante o primeiro grau de jurisdição.

Por fim, não posso deixar de reiterar que os fatos são extremamente graves e consubstanciam situação absolutamente censurável, não apenas do ponto de vista penal, mas também, e principalmente, sob o aspecto da probidade. O sigilo bancário e, dessa forma, a privacidade de um cidadão brasileiro foram violados e expostos a toda população pelos meios de comunicação. A evidente gravidade dos fatos, assim como o clamor público, porém, não pode fundamentar a instauração de ação penal em contrariedade aos princípios fundamentais do processo penal, sobre os quais se apoia o Estado de Direito e cuja conquista tanto custou à humanidade. A possibilidade de responsabilização criminal passa pela identificação, nesta etapa, de justa causa para a ação penal, o que apenas se caracteriza em face de um dos denunciados.

Por todo o exposto, concluo meu voto por rejeitar a denúncia quanto aos denunciados ANTÔNIO PALOCCI FILHO e MARCELO AMORIM NETTO, acolhendo-a em relação ao denunciado JORGE EDUARDO LEVI MATTOSO. Nesses termos, determino a remessa dos autos ao primeiro grau de jurisdição para prosseguimento da ação penal, inclusive quanto à eventual suspensão condicional do processo.

É como voto.

4. Garantias constitucionais do extraditando

EXT 1.008[1]

Extradição – Possibilidade de exame do pedido ante a concessão de refúgio – Competência do Supremo Tribunal Federal para apreciar a natureza política, ou não, do delito imputado ao extraditando – Art. 33 da Lei n. 9.474/97 – Interpretação conforme a Constituição Federal (arts. 5º, inciso LII, e 102, inciso I, letra g).

Trata-se de pedido de extradição para fins de instrução de investigação criminal do padre colombiano Francisco Antônio Cadena Collazos, formulado pelo Governo da República da Colômbia, baseado no art. 82 da Lei n. 6.815, de 19 de agosto de 1980 (Estatuto do Estrangeiro) e no art. VI do Tratado de Extradição firmado entre o Brasil e a Colômbia, em 28 de dezembro de 1938, e promulgado pelo Decreto n. 6.330, de 25 de setembro de 1940.

O Estado requerente imputou ao extraditando, no mandado de prisão instrutório, o suposto envolvimento em dois crimes de homicídio agravado (arts. 103 e 104, incisos III e VIII) e nos delitos de: sequestro extorsivo (art. 169); terrorismo (art. 343); e rebelião (art. 467), todos do Código Penal Colombiano vigente. O referido documento também aludiu à suposta ocorrência do crime de porte ilegal de armas de fogo.

Apontou-se, ademais, que o extraditando exerceria funções de direção das Forças Armadas Revolucionárias da Colômbia (FARC), as quais teriam lhe permitido atuação de cunho alegadamente terrorista.

Como Relator e com base nas informações prestadas pelo Ministro da Justiça, no sentido de que o extraditando formulou pedido de refúgio perante o Comitê Nacional para os Refugiados (CONARE), determinei o sobrestamento do processo de extradição, nos termos do art. 34 da Lei n. 9.474/1997 ("*A solicitação de refúgio suspenderá, até decisão definitiva, qualquer processo de extradição pendente, em fase administrativa ou judicial, baseado nos fatos que fundamentaram a concessão do refúgio*").

O extraditando requereu a concessão de prisão domiciliar em razão do transcurso do prazo para apreciação do pedido de refúgio pelo Comitê Nacional para os Refugiados (CONARE). O pleito formulado foi indeferido pelo Relator, na linha da jurisprudência do Tribunal, pois que o caso não reclamava situação excepcional, apta a permitir a revogação da prisão preventiva, nem tampouco o deferimento de prisão domiciliar.

A Procuradoria Federal dos Direitos do Cidadão – PFDC solicitou o exame, pelo Comitê Nacional para Refugiados – CONARE, da possibilidade de reconhecimento da condição de refugiado político ao extraditando, com base na Lei n. 9.474/1997.

---

[1] Vencido o Relator, Ministro Gilmar Mendes, o Tribunal, por maioria, entendeu pelo não conhecimento da extradição, julgando extinto o processo e determinando a expedição de alvará de soltura. Redigirá o acórdão o Senhor Ministro Sepúlveda Pertence (*DJ* de 17.8.2007).

O Juízo da Vara de Execuções Criminais do Distrito Federal determinou, unilateralmente, a transferência do extraditando da Ala Federal do Presídio da Papuda/DF para a Carceragem da Superintendência da Polícia Federal no Distrito Federal.

A Procuradoria Regional da República, vislumbrando situação prisional supostamente irregular de extraditando (situação esta, que nem seus próprios advogados, nem repórteres de rádio e de televisão ou voluntários do Comitê Internacional da Cruz Vermelha jamais haviam vislumbrado até então), resolveu atuar na defesa do extraditando. O aludido pleito encontrou ainda acolhida de Promotora de Justiça do Ministério Público do Distrito Federal e Territórios, Dra. Larissa Bezerra Luz de Almeida, e do Juiz de Direito da Vara de Execuções Criminais do Distrito Federal.

O Min. Relator, em 12 de junho de 2006, levando em conta o tempo transcorrido desde a suspensão do processo de extradição, determinou a expedição de ofício ao Ministério da Justiça e ao Comitê Nacional para os Refugiados (Conare), para que o pedido de refúgio do extraditando fosse apreciado com a maior brevidade possível, em consonância com o princípio da razoável duração do processo (CF, art. 5°, LXXVIII), o qual, por decorrência do fundamento constitucional da dignidade da pessoa humana, aplicar-se-ia não somente aos processos judiciais, mas também a todos (brasileiros e estrangeiros) cuja situação jurídica esteja, de alguma forma, submetida ao âmbito administrativo.

O Ministro de Estado da Justiça comunicou que o Comitê Nacional para os Refugiados – Conare, na reunião ordinária realizada em 14 de julho de 2006, reconheceu a condição de refugiado do nacional colombiano.

O Relator determinou o cumprimento da custódia do extraditando em regime domiciliar, reconhecendo a situação de excepcionalidade decorrente da concessão de refúgio (trata-se do primeiro pedido deferido a extraditando pelo Conare, nos termos da Lei n. 9.474/1997).

O Ministério Público Federal posicionou-se pelo indeferimento do pedido, em razão dos crimes imputados ao extraditando configurarem natureza política.

Em sessão plenária realizada no dia 21.3.2007, por maioria, o Supremo Tribunal Federal entendeu pelo não conhecimento da extradição, julgando extinto o processo e determinando a expedição de alvará de soltura, vencido o Relator, Min. Gilmar Mendes.

EMENTA: Extradição: Colômbia: crimes relacionados à participação do extraditando – então sacerdote da Igreja Católica – em ação militar das Forças Armadas Revolucionárias da Colômbia (FARC). Questão de ordem. Reconhecimento do status de refugiado do extraditando, por decisão do comitê nacional para refugiados – Conare: pertinência temática entre a motivação do deferimento do refúgio e o objeto do pedido de extradição: aplicação da Lei 9.474/97, art. 33 (Estatuto do Refugiado), cuja constitucionalidade é reconhecida: ausência de violação do princípio constitucional da separação dos poderes.

1. De acordo com o art. 33 da L. 9474/97, o reconhecimento administrativo da condição de refugiado, enquanto dure, é elisiva, por definição, da extradição que tenha implicações com os motivos do seu deferimento.

2. É válida a lei que reserva ao Poder Executivo – a quem incumbe, por atribuição constitucional, a competência para tomar decisões que tenham reflexos no plano das relações internacionais do Estado – o poder privativo de conceder asilo ou refúgio.

3. A circunstância de o prejuízo do processo advir de ato de um outro Poder – desde que compreendido na esfera de sua competência – não significa invasão da área do Poder Judiciário.

4. Pedido de extradição não conhecido, extinto o processo, sem julgamento do mérito e determinada a soltura do extraditando.

5. Caso em que de qualquer sorte, incidiria a proibição constitucional da extradição por crime político, na qual se compreende a prática de eventuais crimes contra a pessoa ou contra o patrimônio no contexto de um fato de rebelião de motivação política (Ext. 493).

VOTO

Antes de tecer maiores considerações quanto ao mérito deste pedido de extradição, submeto a este Plenário questão de ordem relativa à aplicabilidade, ou não, do art. 33 da Lei n. 9.474,

Garantias constitucionais do extraditando **599**

de 22 de julho de 1997 (o qual dispõe que: "o reconhecimento da condição de refugiado obstará o seguimento de qualquer pedido de extradição baseado nos fatos que fundamentaram a concessão de refúgio").

A esse respeito, repiso que o contexto fático dos autos é inédito. Conforme asseverei em decisão de fls. 452/461 (*DJ* de 03.08.2006), trata-se do primeiro caso de concessão administrativa de refúgio a extraditando.

Em outras palavras, pela primeira vez de nossa história constitucional, o benefício foi concedido a estrangeiro que, simultaneamente, é demandado por seu Estado de origem em processo de extradição, distribuído e submetido à apreciação deste Supremo Tribunal Federal (CF, art. 102, I, "g").

A esse respeito, em manifestação de fls. 695-705, a Subprocuradora-Geral da República, Dra. Cláudia Sampaio Marques, manifesta-se pelo não conhecimento do pedido extradicional, nos seguintes termos:

"14. Inicialmente, cumpre ressaltar que o reconhecimento do *status* de refugiado do extraditando, por decisão proferida pelo Comitê Nacional para os Refugiados – CONARE, impede o prosseguimento da presente extradição, a teor do art. 33, da Lei n. 9.474/97.

15. Com efeito, o citado dispositivo do Estatuto dos Refugiados obsta, expressamente, o prosseguimento do pedido de extradição baseado nos fatos que fundamentaram a concessão de refúgio, hipótese que se amolda ao caso em tela.

16. Dentre os motivos que determinaram a decisão do CONARE, destaca-se 'o *fato de ter ocorrido a persecução criminal ao solicitante somente no ano de 2005, em período pré-eleitoral no país de origem, quatorze anos após a ocorrência do crime a ele imputado, (...)*' (fls. 450), de onde se infere que a investigação em que se baseia o pedido de extradição constitui um dos fatores determinantes para a concessão de refúgio ao extraditando.

(...)

21. Impõe-se, destarte, o não conhecimento do pedido de extradição, em atenção ao óbice legal do art. 33, da Lei n. 9.474/97" – (fls. 697-700).

De acordo com as informações prestadas pelo Ministro de Estado da Justiça (Aviso n. 1088/GM/MJ – Petição n. 101.245/2006, de fls. 449/450), a concessão do pedido de refúgio baseou-se, principalmente, nos seguintes elementos:

"1 – Compromisso firmado pelo solicitante de que se afastará das atividades que envolvem o processo político colombiano, que não exercerá atividades políticas no Brasil e que se dedicará a cuidar de sua família, composta de esposa e filha brasileiras. Esse compromisso levou a que o solicitante fosse considerado desmobilizado de um dos agentes do conflito, permitindo a proteção internacional;

2 – O fato de ter ocorrido a persecução criminal ao solicitante somente no ano de 2005, em período pré-eleitoral no país de origem, quatorze anos após a ocorrência do crime a ele imputado, indicou ao CONARE o relevo político da situação, principalmente quando se constata que desde o ano de 2000, pelo menos, era de amplo conhecimento público o paradeiro do solicitante em território brasileiro e, ainda assim, nesse ínterim, não ter havido qualquer solicitação de seu retorno ao país de origem ou notícia de eventual processo criminal;

3 – Sob caráter humanitário e com base no inciso I do art. 1º da Lei 9.474, de 22 de julho de 1997, e nos termos da Convenção, das Nações Unidas sobre o Refúgio, de 1951, o Comitê entendeu que Francisco Antonio Cadena Collazos tinha fundado temor de perseguição em razão de opiniões políticas o que impediria o seu retorno ao país de origem, razão pela qual reconheceu a sua condição de refugiado." – (fl. 450).

No que concerne ao pedido de Extradição formulado nestes autos, observo que os fatos que fundaram a concessão do refúgio têm pertinência com o "relevo político" da instauração, pelo Estado requerente, de persecução penal em face do ora extraditando.

Nesse contexto, coloca-se a seguinte questão: considerada a alusão à natureza política da apuração dos delitos imputados ao extraditando, o ato de concessão do refúgio pelo CONARE inviabiliza, em definitivo, a continuidade da apreciação do pleito extradicional por este Supremo Tribunal Federal?

Nesse ponto, cabe asseverar que a questão dos efeitos do art. 33 da referida lei sobre o pedido de extradição já foi inicialmente ventilada pelo Plenário dessa Corte no julgamento do HC n. 81.127/DF, Rel. Min. Sydney Sanches. Em julgamento datado de 28 de novembro de 2001, firmou-se o seguinte entendimento, *verbis*:

"EMENTA: – DIREITO CONSTITUCIONAL E PROCESSUAL PENAL. PRISÃO PARA FINS DE EXTRADIÇÃO. PEDIDO DE REFÚGIO, PERANTE O MINISTÉRIO DA JUSTIÇA: SUSPENSÃO DO PROCESSO EXTRADICIONAL, SEM DIREITO, PORÉM, DO EXTRADITANDO, À PRISÃO DOMICILIAR. INTERPRETAÇÃO DOS ARTIGOS 34 E 22 DA LEI N. 9.474, DE 22.07.1997, EM FACE DO ART. 84 DO ESTATUTO DO ESTRANGEIRO. '*HABEAS CORPUS*'.

1. Dispõe o art. 34 da Lei n. 9.474, de 22 de julho de 1997, que define mecanismos para a implementação do Estatuto dos refugiados de 1951, e determina outras providências:

'Art. 34. A solicitação de refúgio suspenderá, até decisão definitiva, qualquer processo de extradição pendente, em fase administrativa ou judicial, baseado nos fatos que fundamentaram a concessão do refúgio'.

E o art. 22:

'Enquanto estiver pendente o processo relativo à solicitação de refúgio, ao peticionário será aplicável a legislação sobre estrangeiros, respeitadas as disposições específicas contidas nesta Lei'.

2. E o Estatuto do Estrangeiro (Lei n. 6.815, de 19 de agosto de 1980, modificada pela Lei n. 6.964, de 9 de dezembro de 1981), regula a extradição do estrangeiro e sua prisão para tal fim (artigos 76 a 94). E no art. 84 esclarece:

'Art. 84. Efetivada a prisão do extraditando (artigo 81), o pedido será encaminhado ao Supremo Tribunal Federal.

Parágrafo único. A prisão perdurará até o julgamento final do Supremo Tribunal Federal, *não sendo admitidas a liberdade vigiada, a prisão domiciliar, nem a prisão albergue*'.

Atento a essa expressa disposição, o Supremo Tribunal Federal tem reiteradamente recusado, durante o processo de extradição, a liberdade vigiada, a prisão domiciliar e a prisão albergue.

3. E não há, na Lei n. 9.474, de 22 de julho de 1997, qualquer disposição no sentido de propiciar tais benefícios, sendo certo que, nos termos do artigo 33, somente o reconhecimento da condição de refugiado obstará o seguimento de qualquer pedido de extradição baseado nos fatos que fundamentaram a concessão do refúgio. Assim, se vier a ser indeferido o pedido de refúgio, nada obsta o prosseguimento do processo extraditório, para o qual é indispensável a manutenção do extraditando, na prisão, sempre sem direito à liberdade vigiada, à prisão domiciliar e à prisão albergue.

4. Não se vislumbrando, assim, qualquer ilegalidade na prisão questionada, inclusive enquanto se processa, no Ministério da Justiça, o pedido de refúgio, é de se indeferir o pedido de '*Habeas Corpus*', cassada, em consequência, a medida liminar, devendo, pois, o extraditando ser reencaminhado à prisão em que se encontrava, à disposição desta Corte.

5. 'H.C.' indeferido, cassada a liminar. Decisão unânime" – (HC n. 81.127/DF, Rel. Min. Sydney Sanches, *DJ* 26/09/2003).

Nesse precedente, o Plenário pareceu acenar com a tese de que, após a concessão da situação de refugiado a determinado extraditando, a tramitação do pedido de Extradição deveria ser obstada.

Na espécie, essa questão, porém, careceria de maiores reflexões quanto ao tema da divisão constitucional de competências estabelecida na ordem jurídica vigente. Essa ressalva é pertinente principalmente porque, no caso concreto, discute-se se os fatos atribuídos ao extraditando configuram-se, ou não, como crimes políticos.

A esse respeito, é válido considerar, antes de tudo, que o texto constitucional é explícito ao asseverar a competência originária deste STF para a apreciação de "extradição solicitada por Estado estrangeiro" (CF, art. 102, I, *g*). Ademais, o inciso VII c/c §§ 2º e 3º do art. 77 da Lei n. 6.815/1980 ("Estatuto do Estrangeiro") estabelecem que:

Garantias constitucionais do extraditando **601**

"Art. 77. Não se concederá a extradição quando:

VII – o fato constituir crime político;

§ 2º Caberá, **exclusivamente**, ao Supremo Tribunal Federal, a apreciação do caráter da infração.

§ 3º O Supremo Tribunal Federal poderá deixar de considerar crimes políticos os atentados contra chefes de Estado ou quaisquer autoridades, bem assim os atos de anarquismo, terrorismo, sabotagem, sequestro de pessoa, ou que importem propaganda de guerra ou de processos violentos para subverter a ordem política ou social".

Neste caso concreto, estamos a discutir a incidência de competência expressa deste Supremo Tribunal Federal (art. 102, I, g). Ademais, a Constituição veda expressamente a extradição de estrangeiro por "crime político ou de opinião" (CF, art. 5º, LII).

Em conformidade com os arts. 77 e 78 da Lei n. 6.815/1980 (Estatuto do Estrangeiro), não será concedida extradição quando: o fato que motivar o pedido não for considerado crime no Brasil; a lei brasileira impuser ao crime a pena de prisão igual ou inferior a um ano; o extraditando estiver respondendo a processo pelo qual já foi condenado ou absolvido no Brasil pelo mesmo fato em que se fundar o pedido; estiver extinta a punibilidade pela prescrição da pretensão punitiva; **o fato constituir crime político** [g.n.]; o extraditando tiver de responder, no Estado requerente, perante Tribunal ou Juízo de Exceção; o crime não for cometido no território do Estado requerente.

Ou seja, a ordem jurídica vigente (Lei n. 6.815/1980, art. 77, inciso VII c/c §§ 2º e 3º), especifica que, para fins de extraditabilidade, a última palavra compete à Corte Constitucional quanto à configuração, ou não, da natureza política de delito imputado a extraditando.

Situações similares à descrita nestes autos foi enfrentada por nossa jurisprudência com relação ao reconhecimento da possibilidade da extradição do asilado político.

A primeira delas foi no julgamento da EXT n. 232/CUBA, de relatoria do Min. Victor Nunes Leal. Nesse julgado, o Plenário deste Tribunal, por unanimidade de votos, decidiu que a concessão de asilo territorial ou diplomático pelo Poder Executivo Brasileiro, por si só, não obstaria o juízo de extraditabilidade a ser manifestado pelo STF. Eis o teor da ementa desse clássico precedente, *verbis*:

"EMENTA: 1) A situação revolucionária de Cuba não oferece garantia para um julgamento imparcial do extraditando, nem para que se conceda a extradição com ressalva de se não aplicar a pena de morte. 2) Tradição liberal da América Latina na concessão de asilo por motivos políticos. 3) Falta de garantias consideradas não somente pela formal supressão ou suspensão, mas também por efeito de fatores circunstanciais. 4) A concessão de asilo diplomático ou territorial não impede, só por si, a extradição, cuja procedência é apreciada pelo Supremo Tribunal, e não pelo governo. 5) Conceituação de crime político proposta pela Comissão Jurídica Interamericana, do Rio de Janeiro, por incumbência da IV Reunião do Conselho Interamericano de Jurisconsultos (Santiago do Chile, 1949), excluindo 'atos de barbária ou vandalismo proibidos pelas leis de guerra', ainda que 'executados durante uma guerra civil, por uma ou outra das partes'" – (EXT n. 232/CUBA, Rel. Min. Victor Nunes Leal, Pleno, unânime, *DJ* 17.12.1962).

No julgamento da EXT n. 524/PARAGUAI, de relatoria do Min. Celso de Mello, o Tribunal Pleno, novamente por unanimidade, indeferiu o pedido extradicional em acórdão assim ementado (no que interessa), *verbis*:

"EMENTA – EXTRADIÇÃO PASSIVA – NATUREZA DO PROCESSO EXTRADICIONAL – LIMITAÇÃO JURÍDICA DOS PODERES DO S.T.F – INEXTRADITABILIDADE POR DELITOS POLÍTICOS – COMPROMISSO CONSTITUCIONAL DO ESTADO BRASILEIRO – ASILO POLÍTICO – EXTRADIÇÃO POLÍTICA DISFARÇADA – INOCORRÊNCIA – DEFICIÊNCIA NA FORMULAÇÃO DO PEDIDO DE EXTRADIÇÃO – INOBSERVÂNCIA DO ESTATUTO DO ESTRANGEIRO DO TRATADO DE EXTRADIÇÃO BRASIL/PARAGUAI – INCERTEZA QUANTO À ADEQUADA DESCRIÇÃO DOS FATOS DELITUOSOS – ÔNUS PROCESSUAL A CARGO DO ESTADO REQUERENTE – DESCUMPRIMENTO – **INDEFERIMENTO** DO PEDIDO.

– O processo extradicional, que é meio efetivo de cooperação internacional na repressão à criminalidade comum, não pode constituir, sob o pálio do princípio da solidariedade, instrumento de concretização de pretensões, questionáveis ou censuráveis, que venham a ser deduzidas por Estado estrangeiro perante o Governo do Brasil.

– São limitados, juridicamente, os poderes do Supremo Tribunal Federal na esfera de demanda extradicional, eis que esta Corte, ao efetuar o controle de legalidade do pedido não aprecia o mérito da condenação penal e nem reexamina a existência de eventuais defeitos formais que hajam inquinado de nulidade a persecução penal instaurada no âmbito do Estado requerente. A necessidade de respeitar a soberania do pronunciamento jurisdicional emanado do Estado requerente impõe ao Brasil, nas extradições passivas, a indeclinável observância desse dever jurídico.

– A inextraditabilidade de estrangeiros por delitos políticos ou de opinião reflete, em nosso sistema jurídico, uma tradição constitucional republicana. Dela emerge, **em favor dos súditos estrangeiros**, um direito público subjetivo, oponível ao próprio Estado e de cogência inquestionável. Há, no preceito normativo que consagra esse **favor** *constitutionis*, uma insuperável limitação jurídica ao poder de extraditar do Estado brasileiro.

– Não há incompatibilidade **absoluta** entre o instituto do asilo político e o da extradição passiva, na exata medida em que o Supremo Tribunal Federal não está vinculado ao juízo formulado pelo Poder Executivo na concessão administrativa daquele benefício regido pelo Direito das Gentes. Disso decorre que a condição jurídica de asilado político não suprime, só por si, a possibilidade de o Estado brasileiro conceder, presentes e satisfeitas as condições constitucionais e legais que a autorizam, a extradição que lhe haja sido requerida. O estrangeiro asilado no Brasil só não será passível de extradição quando o fato ensejador do pedido assumir a qualificação de crime político ou de opinião ou as circunstâncias subjacentes à ação do Estado requerente demonstrarem a configuração de inaceitável extradição política disfarçada (...)" – (EXT n. 524/PARAGUAI, Rel. Min. Celso de Mello, julgada em 31.10.1990, Plenário, unânime, *DJ* 8.3.1991).

Com relação à aplicação desses precedentes ao caso concreto, o *Parquet* Federal, com fundamento em transcrição da doutrina de Celso Duvivier de Albuquerque Mello, assim se manifestou, *verbis*:

"19. É importante destacar que o refúgio não se confunde com o asilo político previsto no art. 28, da Lei n. 6.815/80, de modo que não se aplicam ao caso em tela os precedentes da Corte quanto à possibilidade de extradição do asilado político, segundo os quais 'o Supremo Tribunal Federal não está vinculado ao juízo formulado pelo Poder Executivo na concessão administrativa daquele benefício regido pelo Direito das Gentes' (EXT 524, Rel. Min. Celso de Mello, *DJ* 8.3.1991).

20. Embora ambos os institutos tenham origem comum na Convenção da ONU de 1951, que estabeleceu o Estatuto dos Refugiados, a evolução histórica da matéria tratou de distingui-los, como leciona Celso D. de Albuquerque Mello:

'Pode-se acrescentar que no continente americano o conceito de refugiado é mais amplo do que o de asilado territorial. Assim sendo, todo asilado territorial é refugiado, mas nem todo refugiado é asilado territorial. O asilo territorial, quando é concedido, é comunicado pelo Estado a aquele de onde saiu o indivíduo. Esta obrigação não existe para os demais refugiados. Há atualmente a tendência de se distinguir o asilado territorial do refugiado. Gros Espiell salienta que asilo e refúgio são dois institutos distintos, com regulamentações diferentes. Salienta que os conceitos de asilo territorial e refugiado, nos termos da Convenção da ONU de 1951, às vezes estão unidos, mas que eles são distintos. (...). A qualificação como refugiado não transforma automaticamente a pessoa em asilado territorial. Quem cuida do refugiado é o ACNUR e quem cuida do asilado é o Estado. (...). Também tem sido assinalado que as diferenças entre asilado e refugiado dependem muito das práticas internas'.(*in* 'Curso de Direito Internacional Público', 2º volume, 15ª edição, p. 1095).

21. Impõe-se, destarte, o não conhecimento do pedido de extradição, em atenção ao óbice legal do art. 33, da Lei n. 9.474/97" – (fls. 699/700).

Em primeiro lugar, não desconheço que a doutrina aponta a existência de divergências conceituais entre o instituto do refúgio e o do asilo. Entretanto, diferentemente daquilo que o trecho transcrito pela manifestação da PGR parece descrever, o assunto não é unânime. Destarte, há de se fazer menção também às considerações de Celso Duvivier de Albuquerque Mello que são enfáticas ao registrar que:

Garantias constitucionais do extraditando **603**

"Gros Espiel salienta que asilo e refúgio são dois institutos distintos, com regulamentações diferentes. Salienta que os conceitos de asilo territorial e refugiado, nos termos da Convenção da ONU de 1951, às vezes estão unidos, mas que eles são distintos. **Reconhece o internacionalista uruguaio que no DI [Direito Internacional] Americano ambos os institutos se confundem. Um princípio do direito dos refugiados é a 'reunificação das famílias'.** A qualificação como refugiado não transforma automaticamente a pessoa em asilado territorial. Quem cuida do refugiado é o ACNUR [Alto Comissariado das Nações Unidas para os Refugiados] e quem cuida do asilado é o Estado. **Já Denis Alland sustenta que o asilo e o estatuto do refugiado não são tão distintos, porque o asilo é anterior ao estatuto do refugiado e ao mesmo tempo uma consequência deste. A distinção entre refugiado e asilado territorial não é clara e Paul Lagarde fala em asilo territorial dos refugiados. Também tem sido assinalado que as diferenças entre asilado e refugiado dependem muito das práticas internas**" (MELLO, Celso Duvivier de Albuquerque. *Curso de Direito Internacional Público.* 2º Vol. 15ª edição, 2004, p. 1095 **– trechos negritados omitidos na transcrição do parecer da PGR**).

Para uma tentativa de sistematização do tema das distinções existentes entre cada um desses institutos, pode-se dizer que o asilo político constitui a admissão pelo Estado de estrangeiro perseguido em seu país de origem por razões ligadas a questões políticas, delitos de opinião ou crimes concernentes à segurança do Estado ou outros atos que não configurem quebra do direito penal comum.

Nesse particular, a Constituição brasileira de 1988 consagrou a concessão de asilo político como princípio basilar nas relações internacionais do país (CF, art. 4º, X).

Segundo lição de Francisco Rezek, o asilo político é, por definição, um asilo territorial, e poderá ser concedido àquele que, cruzando fronteira, coloca-se sob a soberania de outro Estado[2].

Conforme bem esclareceu o Min. Celso de Mello em seu voto na EXT n. 524/PARAGUAI, o instituto do asilo político apresenta: "quer em sua prática consuetudinária, quer em sua disciplina convencional, a natureza eminentemente tutelar, pois tem por objetivo dispensar proteção efetiva à pessoa refugiada, preservando-a do arbítrio, da perseguição e da violência de natureza política" – (EXT n. 524/PARAGUAI, Rel. Min. Celso de Mello, julgada em 31.10.1990, Plenário, unânime, *DJ* 8.3.1991).

Em síntese, embora não haja uma obrigação internacional de concessão de asilo, parece que, entre nós, tendo em vista a expressa decisão constitucional, ele assume caráter de direito subjetivo do estrangeiro, e, como tal, há de ser tratado. A sua recusa somente poderá ocorrer nas hipóteses em que não se configure a situação prevista, sujeito o seu reconhecimento a controle pelo Judiciário.

O asilo diplomático, por sua vez, corresponde àquele em que a pessoa busca abrigo em uma representação diplomática estrangeira sediada em determinado País. Trata-se, portanto, de uma forma provisória de asilo político comumente praticado nos países da América Latina. A maioria dos Estados-Nação não o aceita, embora haja precedentes históricos relevantes também em alguns países da Europa.

A partir dos precedentes firmados na EXT n. 232/CUBA e EXT n. 524/PARAGUAI, o STF asseverou a tese de que a concessão de asilo político não impede, em princípio, a extradição, desde que ocorrentes os pressupostos para seu deferimento. Assim, afigura-se evidente que, excetuada a configuração de situação que obsta ou impede a extradição – crime político ou de opinião ou a impossibilidade de julgamento por juiz natural – a concessão do asilo político ou diplomático, por si só, não implica inextraditabilidade.

O refúgio, por seu turno, possui uma origem histórica e legislativa distinta. No âmbito internacional, a matéria está regulada pela "Convenção de 1951, Relativa ao Estatuto dos Refugiados", regulamentada pelo Protocolo de 1967. No âmbito pátrio, a Lei n. 9.474/1997 foi editada com o propósito de definir "mecanismos para a implementação do Estatuto dos Refugiados de 1951".

---

[2]   *Cf.* REZEK, José Francisco. *Direito Internacional Público*: Curso Elementar. São Paulo: Saraiva, 2002, p. 207.

604 Estado de Direito e Jurisdição Constitucional – Decisões relevantes em 15 anos de atuação no STF

De acordo com essa Convenção, "refugiado" é pessoa que "receando com razão ser perseguida em virtude da sua raça, religião, nacionalidade, filiação em certo grupo social ou das suas opiniões políticas, se encontre fora do país de que tem a nacionalidade e não possa ou, em virtude daquele receio, não queira pedir a proteção daquele país (...)".

O instituto do refúgio apresenta, portanto, aplicabilidade para situações de guerra ou de graves perturbações internacionais acabaram por determinar o surgimento de normas internacionais de proteção aos refugiados. De um modo geral, as situações e critérios de concessão do *status* de refugiado receberam, no costume internacional, caráter mais amplo que o atribuído ao estrangeiro beneficiado com o asilo.

Entre nós, o CONARE (instituído pela já referida Lei n. 9.474/1997) é o órgão administrativo competente para apreciar e decidir pedidos de refúgio. Compete a esse órgão colegiado ainda a determinação da perda da condição de refugiado, bem como orientar e coordenar as ações necessárias à eficácia da proteção, assistência e apoio jurídico ao refugiado (Lei n. 9.474/1997, arts. 11 e 12).

Segundo disposição do art. 31 desse diploma legal, a decisão do Ministro da Justiça que resolve recurso da decisão **negativa** do refúgio será irrecorrível.

Essa matéria foi objeto da deliberação deste Plenário nos Embargos de Declaração na Extradição n. 785/MÉXICO, de relatoria do Min. Carlos Velloso, *verbis*:

> "EMENTA: CONSTITUCIONAL. PROCESSUAL PENAL. EXTRADIÇÃO. PEDIDO DE REFÚGIO: Lei 9.474, de 1997, art. 31. EMBARGOS DE DECLARAÇÃO: PRESSUPOSTOS. CPP, art. 619; RI/STF, arts. 337 a 339.
>
> I. – A decisão do Ministro de Estado da Justiça, que resolve o recurso interposto da decisão negativa do refúgio, proferida pelo CONARE, não será passível de recurso. Lei 9.474/97, art. 31. Impossibilidade de aplicação subsidiária da Lei 9.874/99, dado que a aplicação subsidiária ocorre no vazio na norma específica.
>
> II. – Inocorrência de omissão e de contradição. Pressupostos dos embargos de declaração inexistentes.
>
> III. – Embargos de Declaração rejeitados" – (EXT n. 785/MÉXICO, Rel. Min. Carlos Velloso, Plenário, unânime, julgada em 27.3.2003, *DJ* 20.6.2003).

Já para o caso da **concessão de refúgio** pelo CONARE – hipótese dos autos – a Lei n. 9.474/1997 não prevê recurso administrativo específico. Com relação às repercussões judiciais desse ato de concessão, o art. 33 dessa lei dispõe que: "o reconhecimento da condição de refugiado obstará o seguimento de qualquer pedido de extradição baseado nos fatos que fundamentaram a concessão de refúgio".

Ao analisar as normas internacionais aplicáveis aos refugiados, Guido Soares constata "a face verdadeiramente intrusiva" das normas contidas na Convenção de 1951 e em seu Protocolo de 1967, cujos princípios foram internalizados pela Lei n. 9.474/1997. Em sua obra *Curso de Direito Internacional Público*, o autor sustenta que esses documentos, ao obrigarem os Estados a conferir direitos especiais aos refugiados nos respectivos ordenamentos jurídicos nacionais, acabam por instituir regime jurídico claramente diferenciado daquele conferido aos estrangeiros com residência permanente ou ainda, daqueles que, pelas vias ordinárias, postulam um visto de entrada. A crítica de Soares centra-se, portanto, nas ingerências que a *globalização vertical* pode ocasionar para a realização de deveres constitucionais positivados nos textos constitucionais nacionais[3].

Portanto, aqui cabe perguntar se não se haveria de se adotar, no caso a ser analisado pela Corte, a mesma interpretação conferida aos casos de asilo político. Uma questão decisiva para esse caso concreto consiste na incidência das normas que: i) vedam expressamente a extradição de estrangeiro

---

[3] *Cf.* SOARES, Guido. *Curso de Direito Internacional Público.* Vol. II. São Paulo: Atlas, 2002, p. 399.

por "crime político ou de opinião" (CF, art. 5º, LII); e ii) que imputam a competência constitucional para a apreciação da "natureza da infração" expressamente ao Supremo Tribunal Federal (art. 102, I, g, da CF, c/c o inciso VII e §§ 2º e 3º do art. 77 da Lei n. 6.815/1980).

Nesse contexto, em vez de propor maiores considerações teóricas quanto à conceituação dos institutos do refúgio e do asilo político, entendo que a interpretação adequada para este caso concreto deve levar em conta a preocupação de que se está a discutir a própria dinâmica da separação de poderes na ordem constitucional pátria (CF, art. 2º). É dizer, trata-se de definir questão de competência explicitada em nosso texto constitucional acerca da vinculação, ou não, deste Tribunal, à deliberação administrativa de órgão vinculado ao Poder Executivo com relação à extraditabilidade de estrangeiro para a apuração de suposta prática de crimes de "natureza política". O tema corresponde, por conseguinte, a definir o âmbito da autonomia entre as instâncias administrativa e judicial no que concerne ao caso específico de pedidos de extradição baseados em imputação de crimes políticos ou de opinião a extraditando.

Conforme já pude afirmar em diversas oportunidades, na jurisdição constitucional brasileira, a questão da separação de poderes não corresponde a um dado teórico. Trata-se, sobretudo, de uma conformação institucional que deve ser concretizada e tratada dogmaticamente.

Essa doutrina desenvolveu-se, entre nós, a partir da atividade do próprio Supremo Tribunal Federal. Em todas essas ocasiões, menciono o notável voto do Min. Castro Nunes na Representação n. 94/DF (Pleno, unânime, DJ 11.7.1949). Nesse precedente, em que se discutia a questão da caracterização dos princípios sensíveis em nossa ordem constitucional, firmou-se a tese de que o tema da separação de poderes, antes de se constituir como exercício de formulação teórica, corresponde a problema concreto ínsito à competência do STF em definir, em última instância, os critérios constitucionais ensejadores de sua própria competência. A rigor, observa-se que o texto do art. 33 da Lei n. 9.474/1997 não previu expressamente a hipótese específica de concessão de refúgio com relação aos "crimes políticos ou de opinião".

Para a hipótese específica de "crimes políticos ou de opinião", é necessário esclarecer se é legítimo condicionar o prosseguimento da apreciação e julgamento do pedido de extradição perante este Tribunal à deliberação administrativa do CONARE.

Trata-se de questão que encontra sua baliza na ideia fundamental do Estado Democrático de Direito (CF, art. 1º, *caput*). Ou seja, a discussão sobre a competência deste STF diz respeito especialmente à interpretação constitucional do princípio liberal, dos princípios democráticos e da separação de poderes.

Em parecer apresentado na Questão de Ordem na EXT n. 783/MÉXICO, de relatoria do Min. Néri da Silveira, julgada em sessão de 13.9.2001, o então Procurador-Geral da República, Dr. Geraldo Brindeiro, aventou discussão constitucional que apresenta pertinência direta com o tema da aplicação do art. 33 da Lei n. 9.494/1997. Naquela assentada, porém, a questão ficou adstrita à menção dos problemas constitucionais de interpretação do art. 34 do mesmo diploma:

"6. A Constituição Federal, por sua vez, diz expressamente competir ao Supremo Tribunal Federal, processar e julgar a extradição solicitada por Estado estrangeiro (art. 102, I, g, CF).

7. A lei antes mencionada [Lei n. 7.494/97] claramente impõe que o reconhecimento da condição de refugiado impede o prosseguimento de qualquer pedido de extradição, e que a mera solicitação de refúgio suspende o processo extradicional, mesmo que este se encontre já em fase judicial.

8. Ao assim dispor, a norma legal condiciona o prosseguimento do processo no Supremo Tribunal Federal a decisão de caráter administrativo e político do Poder Executivo, o que afronta o princípio constitucional da separação dos Poderes, estabelecido no art. 2º, da Constituição Federal. [g.n.]

9. Não há, pois, como considerar existente razão jurídica que possa justificar a suspensão do presente processo de extradição, diante da flagrante inconstitucionalidade da norma que condiciona o exercício da jurisdição do Colendo Supremo Tribunal Federal a procedimento administrativo no âmbito do Ministério da Justiça. Cumpre, ainda, acrescentar a possibilidade de ser questionada mais uma vez no

Superior Tribunal de Justiça eventual decisão contrária do Ministro da Justiça à solicitação de reconhecimento de condição de refugiado, o que poderia, absurdamente, trazer novamente a questão a este Excelso Pretório por via de Recurso Ordinário em Mandado de Segurança ou Recurso Extraordinário. (...)" – (Parecer da Procuradoria-Geral da República, datado de 21.03.2001, apresentado para fins de julgamento da Questão de Ordem na EXT n. 783/MÉXICO, Rel. Min. Carlos Velloso, Pleno, por maioria, *DJ* 14.11.2003).

Nesse caso, porém, um fator decisivo para a solução da controvérsia deveu-se em razão de que o pedido de refúgio havia sido formulado pela extraditanda em momento posterior ao julgamento de mérito da extradição. A ementa desse julgado não contemplou, expressamente, o tema da inconstitucionalidade do art. 34 da Lei n. 9.474/1997, *verbis*:

> "EXTRADIÇÃO. QUESTÃO DE ORDEM. PEDIDO DE REFÚGIO. SUSPENSÃO DO PROCESSO. LEI N. 9.474/97, ART. 34.
>
> Questão de ordem resolvida no sentido de que o pedido de refúgio, formulado após o julgamento de mérito da extradição, produz o efeito de suspender o processo, mesmo quando já publicado o acórdão, impedindo o transcurso do prazo recursal" – (Questão de Ordem na EXT n. 783/MÉXICO, Rel. Min. Néri da Silveira, Pleno, por maioria, *DJ* 14.11.2003).

A partir do tema suscitado nesse precedente, observa-se que a aplicação do art. 33 da Lei n. 9.474/1997 precisa ser calibrada quanto à consideração, de ordem constitucional, a respeito da competência deste STF quanto ao juízo de extraditabilidade (CF, art. 102, I, *g*). É dizer, entendo que, para fins de aplicação desse dispositivo, a decisão administrativa do CONARE que determina a concessão do refúgio não pode obstar, de modo absoluto e genérico, todo e qualquer pedido de extradição apresentado a essa Suprema Corte.

Nesse contexto, independentemente das distinções doutrinárias quanto à configuração jurídica entre os institutos do refúgio e do asilo, entendo que, no caso concreto, a interpretação constitucional do art. 33 da Lei n. 9.474/1997 deve ser constitucionalmente ajustada em consonância com os precedentes firmados na EXT ns. 232/CUBA e 524/PARAGUAI. Em outras palavras, não é possível dissociarmos o tema do prosseguimento do pedido extradicional da análise, por este Supremo Tribunal Federal, da ocorrência, ou não, de crimes de natureza política no caso concreto.

Essa afirmação se justifica porque não vislumbro diferenças substanciais entre os institutos do asilo e do refúgio aptas a ensejarem uma interpretação distinta daquela firmada no julgamento das referidas extradições que servem de precedente para este caso (EXT ns. 232/CUBA e 524/PARAGUAI).

Destarte, assim como no caso do "asilado", creio ser legítimo estender a ideia desenvolvida pelo voto do Min. Celso de Mello, para se afirmar que o estrangeiro **refugiado** no Brasil "só não será passível de extradição quando o fato ensejador do pedido extradicional qualificar-se como crime político ou de opinião, ou ainda quando as circunstâncias subjacentes à ação do estado requerente demonstrarem a configuração de inaceitável extradição política disfarçada". Em síntese, para efeitos de aplicação do art. 77, VII do Estatuto do Estrangeiro, "(...) não há incompatibilidade absoluta entre o instituto" do refúgio e o da extradição passiva, "na exata medida em que o Supremo Tribunal Federal não está vinculado ao juízo formulado pelo poder executivo na concessão administrativa daquele benefício regido pelo Direito das Gentes".

Nestes termos, entendo que a questão de ordem ora suscitada deve ser resolvida no sentido de se conferir ao art. 33 da Lei n. 9.474/1997 interpretação conforme a Constituição Federal (CF, art. 5º, LII e art. 102, I, *g*), para que a extradição somente seja obstada nos casos em que se impute ao extraditando "crime político ou de opinião ou ainda quando as circunstâncias subjacentes à ação do estado requerente demonstrarem a configuração de inaceitável extradição política disfarçada".

EXT 1.085[1]

Extradição – Possibilidade de exame do pedido ante a concessão de refúgio – Competência do Supremo Tribunal Federal para apreciar a natureza política, ou não, do delito imputado ao extraditando – Art. 33 da Lei n. 9.474/97 – Interpretação conforme a Constituição Federal (arts. 5º, inciso LII, e 102, inciso I, letra g).

Trata-se de pedido de extradição executória formulado pelo Governo da Itália, visando à entrega do nacional italiano CESARE BATTISTI.

Segundo colhe-se dos autos, o pleito extradicional tem como base a condenação do extraditando à prisão perpétua pelos seguintes delitos:

a) homicídio do agente penitenciário Antonio Santoro, ocorrido em Udine, no dia 6 de junho de 1977;

b) homicídio do joalheiro Pierluigi Torregiani, ocorrido em Milão, em 16 de fevereiro de 1979;

c) homicídio do açougueiro Lino Sabbadin, ocorrido em Mestre, em 16 de fevereiro de 1979;

d) homicídio do agente de polícia Andréa Campagna, ocorrido em Milão, em 19 de abril de 1979.

Efetivado o interrogatório, foi apresentada defesa técnica por advogados constituídos, os quais levantaram preliminares de (i) vício formal da documentação apresentada pelo Estado requerente e (ii) perda da eficácia da prisão preventiva, pela inobservância do art. 13, 4, do Tratado firmado entre Brasil e Itália.

No mérito, a defesa apontou (i) a nulidade dos processos criminais que ensejaram a condenação – dada à revelia do acusado em feitos de competência do Tribunal do Júri –, a qual entendem descabida, e (ii) a natureza política dos processos criminais.

Em seu parecer, opinou o Procurador-Geral da República pelo deferimento da extradição.

Veio aos autos notícia de que o extraditando solicitou que fosse reconhecida sua condição de refugiado pelo Comitê Nacional para os Refugiados (CONARE), forçando a suspensão do processo, nos termos do art. 34 da Lei n. 9.474/97.

Sobreveio decisão do CONARE de indeferimento do pedido de refúgio, o que motivou recurso ao Ministro da Justiça, finalmente provido "para reconhecer a condição de refugiado a Cesare Battisti, nos termos do art. 1º, inc. I, da Lei n. 9.474/97".

Diante da decisão do Ministério da Justiça, a defesa peticionou requerendo a imediata libertação do extraditando e, ato contínuo, que fosse o pedido de extradição declarado prejudicado.

Dito pedido foi apresentado em época de plantão de férias, à vista do qual, encaminhei os autos ao Procurador-Geral da República, que se manifestou pela extinção do processo sem julgamento do mérito, ou, em caso de entendimento diverso, pelo deferimento da extradição.

O encaminhamento do pedido ao PGR levou a defesa a interpor agravo regimental, tendo o *Parquet* opinado pelo seu desprovimento.

---

[1] Na sessão de 18.11.2009, o Tribunal, por maioria, deferiu o pedido extradicional, tendo prevalecido o voto do Ministro Cezar Peluso, relator, que, após reconhecer a ilegalidade do ato de concessão de refúgio ao extraditando, entendera que os crimes a ele atribuídos teriam natureza comum, e não política, os quais não estariam prescritos, considerando atendidos os demais requisitos previstos na Lei 6.815/80 e no tratado de extradição firmado entre o Brasil e a Itália. Na ocasião, ficaram vencidos os Ministros Cármen Lúcia, Joaquim Barbosa, Eros Grau e Marco Aurélio, que indeferiam o pleito.

O Governo da Itália apresentou manifestação requerendo o deferimento da extradição, impetrando também mandado de segurança contra a decisão concessiva do refúgio.

Nova petição do extraditando foi apresentada, pleiteando, dessa feita, o reconhecimento da prescrição dos crimes que fundamentam o pedido, tendo o Ministério Público Federal opinado pelo seu indeferimento.

Na sessão plenária de 9.9.2009, o Tribunal homologou o pedido de desistência do agravo regimental, interposto pelo Governo da Itália, nesta Extradição. Em seguida, rejeitou questão de ordem suscitada pela Ministra Cármen Lúcia no sentido de julgar o Mandado de Segurança n. 27.875 antes do pedido de extradição.

Por maioria (5 votos a 4), o Tribunal julgou prejudicado o pedido de mandado de segurança, por reconhecer, nos autos desta Extradição, a ilegalidade do ato do Ministro de Estado da Justiça, por meio do qual concedeu a estatura de refugiado ao extraditando Cesare Battisti, vencidos os Senhores Ministros Eros Grau, Cármen Lúcia, Joaquim Barbosa e Marco Aurélio. Participaram dessa Sessão os Ministros Marco Aurélio, Ellen Gracie, Cezar Peluso, Carlos Britto, Joaquim Barbosa, Eros Grau, Ricardo Lewandowski e Cármen Lúcia, bem como o Presidente.

Iniciado o julgamento de mérito do pedido de extradição, o relator, Ministro Cezar Peluso, deferiu o pleito do Governo da Itália, por entender que não se tratava de imputação de crimes de natureza política, ressaltando que o Presidente da República há de cumprir a decisão do Supremo, caso esta seja pela autorização da extradição com a entrega do estrangeiro ao Governo da Itália, conforme o artigo 1º do Tratado de Extradição, celebrado entre o Brasil e a Itália.

O relator foi acompanhado pelos Senhores Ministros Ricardo Lewandowski, Carlos Britto e Ellen Gracie.

A Ministra Cármen Lúcia e os Ministros Eros Grau e Joaquim Barbosa – apesar de o Tribunal, anteriormente, por maioria, já ter declarado ilegal o ato do Ministro de Estado da Justiça mediante o qual se concedeu refúgio ao extraditando – julgaram extinto o pedido de extradição, tendo em vista não vislumbrarem qualquer mácula no ato formalizado pelo Ministro de Estado da Justiça, com fundamento na Lei n. 9.474/97. Consignaram que fosse determinada a expedição de alvará de soltura, por considerar que Cesare Battisti estaria preso ilegalmente, uma vez que foi reconhecida a respectiva condição de refugiado.

O Ministro Joaquim Barbosa ainda consignou que cabe ao STF apenas analisar a legalidade do pedido de extradição e verificar a ocorrência ou não de prescrição. Ressaltou que "a decisão política situa-se no âmbito exclusivo e discricionário do chefe do Poder Executivo". Segundo Barbosa, o Presidente da República não pode entregar um extraditando sem autorização do Supremo Tribunal Federal, contudo, após concedida a autorização, o Chefe do Poder Executivo pode decidir não extraditar o estrangeiro procurado por outro país.

O julgamento foi suspenso ante o pedido de vista formulado pelo Ministro Marco Aurélio.

Reiniciado o julgamento na Sessão Plenária de 12.11.2009, o Ministro Marco Aurélio reconheceu a higidez do ato de concessão de refúgio do Ministro de Estado da Justiça, entendendo, no caso, tratar-se de crimes de natureza política, tendo em vista que a sentença condenatória do extraditando afirma 34 vezes que os atos criminosos tiveram o objetivo de "subverter a ordem do Estado". Nesse contexto, Sua Excelência o Ministro Marco Aurélio apontou óbice à concessão da extradição no disposto no art. 5º, inciso LII, da Constituição Federal, e no artigo 3º, item 1, letra "e", do Tratado Bilateral de Extradição entre Brasil e Itália, de 1989.

Ademais, consignou ser da competência privativa do Presidente da República manter relações internacionais (art. 84, VII), a quem compete atribuir a estatura de refugiado a estrangeiro que, formulando o pedido, assim seja considerado, mediante ato estritamente discricionário.

Por fim, o Ministro Marco Aurélio reconheceu a ocorrência da prescrição executória. Ressaltou que a sentença condenatória italiana foi formalizada em 13 de dezembro de 1988 e, desde então, não ocorreu qualquer causa interruptiva do prazo prescricional, decorrendo quase 20 anos e 11 meses (109, I, do Código de Processo Penal Brasileiro).

Garantias constitucionais do extraditando **609**

Os Ministros Celso de Mello e Dias Toffoli declararam-se suspeitos e não participaram da votação.

Nesse momento, o julgamento encontrava-se empatado, em 4 votos a 4, surgindo o debate sobre se teria a Presidência direito de voto no caso em análise. O Plenário, relembrando inúmeros precedentes e tendo como evidente, no caso concreto, estar em exame "matéria constitucional", abre à Presidência a oportunidade de manifestação de voto, nos exatos termos do inc. I do art. 146 do RI-STF, sem que se possa invocar a solução do parágrafo único do mesmo artigo (*Art. 146. O Presidente do Plenário não proferirá voto, salvo: I – em matéria constitucional;(...). Parágrafo único. No julgamento do habeas corpus, pelo Plenário, o Presidente não terá voto, salvo em matéria constitucional, proclamando-se, na hipótese de empate, a decisão mais favorável ao paciente*).

Contudo, suspendi o julgamento e declarei encerrada a Sessão Plenária de 12.11.2009, tendo em vista a ausência do *quorum* regimental. Contávamos, naquele momento, apenas com cinco Ministros presentes em Plenário.

Antes de apresentar, a seguir, as razões de meu voto, ressalto que não analisarei a questão da prescrição, tendo em vista que ela está absolutamente resolvida por todos os pontos de vista, não havendo o que acrescentar à posição do Relator e dos Ministros que o seguiram nesse ponto.

VOTO

I. Voto da Presidência – Cabimento

Nas sessões de julgamento de 9 de setembro de 2009 e de 12 de novembro de 2009, surgiu o debate sobre se teria a Presidência direito de voto no caso em análise, o que passo a tratar nesta oportunidade.

Dispõe o art. 146 do RI-STF:

Art. 146. O Presidente do Plenário não proferirá voto, salvo:

I – em matéria constitucional;

II – em matéria administrativa;

III – em matéria regimental;

IV – nos demais casos, quando ocorrer empate, salvo o disposto no parágrafo único deste artigo;

V – nos processos em que esteja vinculado pelo relatório, pelo visto de Revisor, ou pelo pedido de vista;

VI – nas representações para interpretação de lei ou ato normativo federal ou estadual.

Parágrafo único. No julgamento do habeas corpus, pelo Plenário, o Presidente não terá voto, salvo em matéria constitucional, proclamando-se, na hipótese de empate, a decisão mais favorável ao paciente.

Tenho como evidente, no caso concreto, estar em exame "matéria constitucional", abrindo à Presidência a oportunidade de manifestação de voto, nos exatos termos do inc. I do art. 146, acima transcrito, sem que se possa invocar a solução do parágrafo único do mesmo artigo.

Com efeito, e conforme melhor será demonstrado no desenvolvimento do meu voto, discute-se neste Plenário não apenas o atendimento aos requisitos legais da extradição, estendendo-se o âmbito de conhecimento submetido à Corte, também, à análise da pretendida prejudicialidade do feito extradicional, ante a concessão de refúgio ao extraditando por ato do Ministro da Justiça que deu provimento a recurso administrativo interposto contra decisão denegatória do benefício proferida pelo CONARE.

Esse aspecto de análise da questão sob a ótica puramente constitucional foi expressamente ventilado no voto do Ministro Relator, adotando S.Exa. o entendimento, manifestado em linha de preliminar, de pleno cabimento do controle jurisdicional sobre o ato administrativo **vinculado** consistente na concessão de refúgio, a invocar desdobramentos quanto aos princípios da **legalidade** e da **inafastabilidade de análise pelo Poder Judiciário**, bem como da própria competência do Supremo Tribunal Federal para decidir pedidos de extradição.

Confira-se trecho do voto do Ministro Peluso:

Não há, pois, como nem por onde, na interpretação unitária e constitucional do regime normativo do instituto do refúgio, estabelecer, de maneira oracular, que, independentemente de reverência à ordem jurídica, toda decisão emanada do Poder Executivo produza, em qualquer caso, o efeito ou efeitos típicos a que tenda. E não o há, desde logo, porque, nos limites deste caso, como nítida questão prévia que se suscita, tem a legalidade do ato administrativo de ser conhecida e decidida pela Corte como tema preliminar, que não pode deixar de ser julgado, se se dê por invalidez e ineficácia da concessão de refúgio. Depois, pela razão óbvia de que, para usar as palavras da lei, o reconhecimento da condição de refugiado constitui ato vinculado aos requisitos expressos e taxativos que a lei lhe impõe como condição necessária de validade, ao capitular as hipóteses em que pode o refúgio ser deferido e aquelas em que, sem luar para formulação discricionária de juízo de conveniência ou oportunidade, não pode sê-lo, sem grosseiro abuso ou carência do poder jurídico.

Em suma, a decisão do Senhor Ministro da Justiça não escapa ao controle jurisdicional sobre eventual observância dos requisitos de legalidade, sobretudo à aferição de correspondência entre sua motivação necessária declarada e as fattispecie normativas pertinentes, que é terreno em que ganha superior relevo a indagação de juridicidade dos motivos, até para averiguar se não terá sido usurpada, na matéria de extradição, competência constitucional exclusiva do Supremo Tribunal Federal.

Na mesma esteira, a decisão concessiva do refúgio, da lavra do Ministro da Justiça, invoca, como um de seus fundamentos, o art. 4º da Constituição Federal, firmando a concessão do asilo como um dos princípios regentes das relações internacionais do Brasil, buscando, com isso, paralelo com o instituto do refúgio.

Não foi diferente a postura do ilustre Defensor do extraditando, Dr. Luís Roberto Barroso, conforme deixou claro em suas diversas manifestações, especialmente em memorial entregue a todos os Ministros desta Corte Suprema.

Entendo pertinente transcrever, a título ilustrativo, os seguintes trechos do aludido documento:

– A extradição é inviável, pois os crimes com fundamento nas quais ela é pedida são políticos (Constituição, art. 5º, LII e Lei n. 6.815/80, art. 77, VII).

– A extradição é inviável, pois os quatro homicídios não seriam puníveis no Brasil (Lei n. 6.815/80, art. 77, II e VI): a Lei n. 6.683/79 e a Emenda Constitucional n. 26/85 anistiaram os "crimes de qualquer natureza relacionados com crimes políticos ou praticados por motivação política", praticados entre 2 de setembro de 1961 e 15 de agosto de 1979.

– A extradição é inviável, pois a sentença que condenou o peticionário violou elementos essenciais do devido processo legal (Constituição, art. 5º, LIV e Lei n. 6.815/80, art. 77, VIII).

– À luz do direito brasileiro, nenhuma extradição pode ser concebida sem o prévio pronunciamento do Supremo Tribunal Federal. Essa judicialização do procedimento, como amplamente reconhecido pela doutrina e pela jurisprudência, se faz em favor do extraditando, de modo a assegurar a prevalência dos parâmetros maiores da Constituição brasileira. O respeito aos direitos humanos (CF, art. 4º, II) e aos direitos individuais (CF, art. 5º, caput) do extraditando é o grande vetor a orientar as decisões nos processos de extradição passiva, como já assentado expressamente pela Corte.

– O STF desempenha, portanto, um controle sobre a legalidade e a procedência do pedido. Indeferida a extradição pela Corte, o extraditando não poderá ser entregue ao Estado estrangeiro. Deferida a extradição, todavia, a decisão política acerca de sua execução é do Presidente da República, que detém, nos termos da Constituição, competência privativa em matéria de relações internacionais (art. 84, VII e VIII).

– Na linha da tradição constitucional brasileira, a Carta de 1988, em seu art. 5º, XLVII, veda penas de caráter perpétuo, assim como – todas constam do mesmo inciso – penas de morte, de trabalhos forçados, cruéis e de banimento.

Como se vê, tendo a própria defesa adotado diversos dispositivos e princípios constitucionais como fundamentos de suas teses, nenhum argumento válido serviria, agora, para afastar a certeza de encontrar-se em análise **matéria constitucional**, situação que justifica, consoante a

Garantias constitucionais do extraditando **611**

disposição regimental, o exercício do direito de voto pela Presidência do Supremo Tribunal Federal, não se aplicando a regra especial do parágrafo único do art. 146 do RI-STF, visto não se tratar de *habeas corpus* e não haver lacuna regimental que justifique a analogia.

II. Prejudicialidade do mandado de segurança

Na mesma esteira da posição firmada pelo Ministro Relator, reitero o entendimento sobre ser plenamente possível a análise direta da regularidade do ato administrativo do Ministro da Justiça, que resultou na concessão de refúgio, independentemente da existência, ou não, de mandado de segurança impetrado pelo Estado requerente da extradição contra aludida medida, como preliminar do feito extradicional.

Tenho, de fato, como inafastável, que o deferimento de refúgio no curso do processo de extradição assume feições de matéria preliminar, a ser normalmente analisada pela Corte, justamente ante os termos do art. 33 da Lei n. 9.474, de 22 de julho de 1997, o qual dispõe que "o reconhecimento da condição de refugiado obstará o seguimento de qualquer pedido de extradição baseado nos fatos que fundamentaram a concessão de refúgio".

Ora, tendo o aludido art. 33 da Lei do Refúgio, em princípio, o condão de obstaculizar o andamento do processo de extradição, de originária e exclusiva competência do Supremo Tribunal Federal, a Corte não apenas pode, como deve observar a legalidade do ato em tese prejudicial, para saber se o exercício dessa competência não restaria indevidamente coarctada por ato ilegal, mesmo sem provocação das partes.

E deve fazê-lo não porque o ato administrativo de concessão de refúgio seria cognoscível de ofício pelo Judiciário, mas em razão de sua edição no curso do feito extradicional, obrigando o STF a se manifestar sobre a regularidade desse ato impeditivo do normal exercício da competência constitucional da Corte.

III. Efeitos do art. 33 da Lei n. 9.474/97 sobre o processo de extradição

Como já tive oportunidade de manifestar em voto prolatado nos autos da Extradição n. 1008, da qual fui relator, entendo plenamente cabível perquirir a aplicabilidade do art. 33 da Lei n. 9.474, de 22 de julho de 1997, o qual dispõe que "o reconhecimento da condição de refugiado obstará o seguimento de qualquer pedido de extradição baseado nos fatos que fundamentaram a concessão de refúgio".

No que concerne ao pedido de Extradição formulado nestes autos, observo que os fatos que fundaram a concessão do refúgio têm pertinência com o "relevo político" da instauração, pelo Estado requerente, de persecução penal em face do ora extraditando.

Nesse contexto, coloca-se a seguinte questão: considerada a alusão à natureza política da apuração dos delitos imputados ao extraditando, o ato de concessão do refúgio pelo Ministro da Justiça, dando provimento ao recurso interposto contra a negativa decidida pelo CONARE, inviabilizaria, em definitivo, a continuidade da apreciação do pleito extradicional por este Supremo Tribunal Federal?

Segundo afirmei no julgamento da já referida Extradição n. 1008, o deslinde desse questionamento requisita, necessariamente, reflexões quanto ao tema da divisão constitucional de competência estabelecida na ordem jurídica vigente. Essa ressalva é pertinente principalmente porque, no caso concreto, discute-se se os fatos atribuídos ao extraditando configuram, ou não, crimes políticos.

A esse respeito, é válido considerar, antes de tudo, que o texto constitucional é explícito ao asseverar a competência originária deste STF para a apreciação de "extradição solicitada por Estado estrangeiro" (CF, art. 102, I, *g*), bem como ao vedar a extradição de estrangeiro por "crime político ou de opinião" (CF, art. 5º, LII). Ademais, o inciso VII, c/c §§ 2º e 3º, do art. 77 da Lei n. 6.815/1980 ("Estatuto do Estrangeiro") estabelece que:

"Art. 77. Não se concederá a extradição quando:

VII – o fato constituir crime político;

§ 2° Caberá, exclusivamente, ao Supremo Tribunal Federal, a apreciação do caráter da infração.

§ 3° O Supremo Tribunal Federal poderá deixar de considerar crimes políticos os atentados contra chefes de Estado ou quaisquer autoridades, bem assim os atos de anarquismo, terrorismo, sabotagem, sequestro de pessoa, ou que importem propaganda de guerra ou de processos violentos para subverter a ordem política ou social".

Em conformidade com os arts. 77 e 78 da Lei n. 6.815/1980 (Estatuto do Estrangeiro), não será concedida extradição quando: o fato que motivar o pedido não for considerado crime no Brasil; a lei brasileira impuser ao crime a pena de prisão igual ou inferior a um ano; o extraditando estiver respondendo a processo pelo qual já foi condenado ou absolvido no Brasil pelo mesmo fato em que se fundar o pedido; estiver extinta a punibilidade pela prescrição da pretensão punitiva; **o fato constituir crime político [g.n.]**; o extraditando tiver de responder, no Estado requerente, perante Tribunal ou Juízo de Exceção; o crime não for cometido no território do Estado requerente.

Em outras palavras, a ordem jurídica vigente (Lei n. 6.815/1980, art. 77, inciso VII, c/c §§ 2° e 3°), especifica que, para fins de extraditabilidade, a última palavra compete à Corte Constitucional quanto à configuração, ou não, da natureza política de delito imputado a extraditando.

Situações similares à descrita nestes autos foram enfrentadas por nossa jurisprudência com relação ao reconhecimento da possibilidade da extradição do asilado político.

A primeira delas verificou-se no julgamento da EXT n. 232/CUBA, de relatoria do Min. Victor Nunes Leal. Nesse julgado, o Plenário deste Tribunal, por unanimidade de votos, decidiu que a concessão de asilo territorial ou diplomático pelo Poder Executivo Brasileiro, por si só, não obstaria o juízo de extraditabilidade a ser manifestado pelo STF. Eis o teor da ementa desse clássico precedente, *verbis*:

"EMENTA: 1) A situação revolucionária de Cuba não oferece garantia para um julgamento imparcial do extraditando, nem para que se conceda a extradição com ressalva de se não aplicar a pena de morte. 2) Tradição liberal da América Latina na concessão de asilo por motivos políticos. 3) Falta de garantias considerada não somente pela formal supressão ou suspensão, mas também por efeito de fatores circunstanciais. 4) A concessão de asilo diplomático ou territorial não impede, só por si, a extradição, cuja procedência é apreciada pelo Supremo Tribunal, e não pelo governo. 5) Conceituação de crime político proposta pela Comissão Jurídica Interamericana, do Rio de Janeiro, por incumbência da IV Reunião do Conselho Interamericano de Jurisconsultos (Santiago do Chile, 1949), excluindo 'atos de barbária ou vandalismo proibidos pelas leis de guerra', ainda que 'executados durante uma guerra civil, por uma ou outra das partes'" – (EXT n. 232/CUBA, Rel. Min. Victor Nunes Leal, Pleno, unânime, *DJ* 17.12.1962).

No julgamento da EXT n. 524/PARAGUAI, de relatoria do Min. Celso de Mello, o Tribunal Pleno, novamente por unanimidade, indeferiu o pedido extradicional em acórdão assim ementado (no que interessa), *verbis*:

"EMENTA – EXTRADIÇÃO PASSIVA – NATUREZA DO PROCESSO EXTRADICIONAL – LIMITAÇÃO JURÍDICA DOS PODERES DO STF – INEXTRADITABILIDADE POR DELITOS POLÍTICOS – COMPROMISSO CONSTITUCIONAL DO ESTADO BRASILEIRO – ASILO POLÍTICO – EXTRADIÇÃO POLÍTICA DISFARÇADA – INOCORRÊNCIA – DEFICIÊNCIA NA FORMULAÇÃO DO PEDIDO DE EXTRADIÇÃO – INOBSERVÂNCIA DO ESTATUTO DO ESTRANGEIRO DO TRATADO DE EXTRADIÇÃO BRASIL/PARAGUAI – INCERTEZA QUANTO À ADEQUADA DESCRIÇÃO DOS FATOS DELITUOSOS – ÔNUS PROCESSUAL A CARGO DO ESTADO REQUERENTE – DESCUMPRIMENTO – INDEFERIMENTO DO PEDIDO.

– O processo extradicional, que é meio efetivo de cooperação internacional na repressão à criminalidade comum, não pode constituir, sob o pálio do princípio da solidariedade, instrumento de concretização de pretensões, questionáveis ou censuráveis, que venham a ser deduzidas por Estado estrangeiro perante o Governo do Brasil.

Garantias constitucionais do extraditando **613**

– São limitados, juridicamente, os poderes do Supremo Tribunal Federal na esfera de demanda extradicional, eis que esta Corte, ao efetuar o controle de legalidade do pedido não aprecia o mérito da condenação penal e nem reexamina a existência de eventuais defeitos formais que hajam inquinado de nulidade a persecução penal instaurada no âmbito do Estado requerente. A necessidade de respeitar a soberania do pronunciamento jurisdicional emanado do Estado requerente impõe ao Brasil, nas extradições passivas, a indeclinável observância desse dever jurídico.

– A inextraditabilidade de estrangeiros por delitos políticos ou de opinião reflete, em nosso sistema jurídico, uma tradição constitucional republicana. Dela emerge, em favor dos súditos estrangeiros, um direito público subjetivo, oponível ao próprio Estado e de cogência inquestionável. Há, no preceito normativo que consagra esse favor constitutionis, uma insuperável limitação jurídica ao poder de extraditar do Estado brasileiro.

– Não há incompatibilidade absoluta entre o instituto do asilo político e o da extradição passiva, na exata medida em que o Supremo Tribunal Federal não está vinculado ao juízo formulado pelo Poder Executivo na concessão administrativa daquele benefício regido pelo Direito das Gentes. Disso decorre que a condição jurídica de asilado político não suprime, só por si, a possibilidade de o Estado brasileiro conceder, presentes e satisfeitas as condições constitucionais e legais que a autorizam, a extradição que lhe haja sido requerida. O estrangeiro asilado no Brasil só não será passível de extradição quando o fato ensejador do pedido assumir a qualificação de crime político ou de opinião ou as circunstâncias subjacentes à ação do Estado requerente demonstrarem a configuração de inaceitável extradição política disfarçada (...)" – (EXT n. 524/PARAGUAI, Rel. Min. Celso de Mello, julgada em 31.10.1990, Plenário, unânime, *DJ* 8.3.1991).

A doutrina aponta a existência de divergências conceituais entre o instituto do refúgio e o do asilo, não havendo unanimidade a respeito, consoante depreende-se das lições de Celso Duvivier de Albuquerque Mello, o qual, mencionando essa divergência, afirma, *verbis*:

"Gros Espiel salienta que asilo e refúgio são dois institutos distintos, com regulamentações diferentes. Salienta que os conceitos de asilo territorial e refugiado, nos termos da Convenção da ONU de 1951, às vezes estão unidos, mas que eles são distintos. Reconhece o internacionalista uruguaio que no DI [Direito Internacional] Americano ambos os institutos se confundem. Um princípio do direito dos refugiados é a 'reunificação das famílias'. A qualificação como refugiado não transforma automaticamente a pessoa em asilado territorial. Quem cuida do refugiado é o ACNUR [Alto Comissariado das Nações Unidas para os Refugiados] e quem cuida do asilado é o Estado. Já Denis Alland sustenta que o asilo e o estatuto do refugiado não são tão distintos, porque o asilo é anterior ao estatuto do refugiado e ao mesmo tempo uma consequência deste. A distinção entre refugiado e asilado territorial não é clara e Paul Lagarde fala em asilo territorial dos refugiados. Também tem sido assinalado que as diferenças entre asilado e refugiado dependem muito das práticas internas" (MELLO, Celso Duvivier de Albuquerque. Curso de Direito Internacional Público. 2º Vol. 15ª edição, 2004, p. 1095).

Para uma tentativa de sistematização do tema das distinções existentes entre cada um desses institutos, pode-se dizer que o asilo político constitui a admissão, pelo Estado, de estrangeiro perseguido em seu país de origem por razões ligadas a questões políticas, delitos de opinião, crimes concernentes à segurança do Estado ou outros atos **que não configurem quebra do direito penal comum**.

Nesse particular, a Constituição brasileira de 1988 consagrou a concessão de asilo político como princípio basilar nas relações internacionais do país (CF, art. 4º, X).

Segundo lição de Francisco Rezek, o asilo político é, por definição, um asilo territorial, e poderá ser concedido àquele que, cruzando fronteira, coloca-se sob a soberania de outro Estado (*cf.* REZEK, José Francisco. *Direito Internacional Público*: Curso Elementar. São Paulo: Saraiva, 2002, p. 207).

Conforme bem esclareceu o Min. Celso de Mello em seu voto na EXT n. 524/PARAGUAI, o instituto do asilo político apresenta: "quer em sua prática consuetudinária, quer em sua disciplina convencional, a natureza eminentemente tutelar, pois tem por objetivo dispensar proteção efetiva à pessoa refugiada, preservando-a do arbítrio, da perseguição e da violência de natureza política" – (EXT n. 524/PARAGUAI, Rel. Min. Celso de Mello, julgada em 31.10.1990, Plenário, unânime, *DJ* 8.3.1991).

Em síntese, embora não haja uma obrigação internacional de concessão de asilo, parece que, entre nós, tendo em vista a expressa decisão constitucional, ele assume caráter de direito subjetivo do estrangeiro, e, como tal, há de ser tratado. A sua recusa somente poderá ocorrer nas hipóteses em que não se configure a situação prevista, sujeito o seu reconhecimento a controle pelo Judiciário.

O asilo diplomático, por sua vez, corresponde àquele em que a pessoa busca abrigo em uma representação diplomática estrangeira sediada em determinado país. Trata-se, portanto, de uma forma provisória de asilo político, comumente praticada nos países da América Latina. A maioria dos Estados-Nação não o aceita, embora haja precedentes históricos relevantes também em alguns países da Europa.

A partir dos precedentes firmados na EXT n. 232/CUBA e EXT n. 524/PARAGUAI, o STF asseverou a tese de que a concessão de asilo político não impede, em princípio, a extradição, desde que ocorrentes os pressupostos para seu deferimento. Assim, afigura-se evidente que, excetuada a configuração de situação que obsta ou impede a extradição – crime político ou de opinião ou a impossibilidade de julgamento por juiz natural – a concessão do asilo político ou diplomático, por si só, não a obstaria.

O refúgio, por seu turno, possui uma origem histórica e legislativa distinta. No âmbito internacional, a matéria está regulada pela "Convenção de 1951 Relativa ao Estatuto dos Refugiados", regulamentada pelo Protocolo de 1967. No âmbito pátrio, a Lei n. 9.474/1997 foi editada com o propósito de definir "mecanismos para a implementação do Estatuto dos Refugiados de 1951".

De acordo com essa Convenção, "refugiado" é pessoa que, "receando com razão ser perseguida em virtude da sua raça, religião, nacionalidade, filiação em certo grupo social ou das suas opiniões políticas, se encontre fora do país de que tem a nacionalidade e não possa ou, em virtude daquele receio, não queira pedir a proteção daquele país (...)".

O instituto do refúgio, apresentando, portanto, aplicabilidade para situações de guerra ou de graves perturbações internacionais, acabou por determinar o surgimento de normas internacionais de proteção aos refugiados. De um modo geral, as situações e critérios de concessão do *status* de refugiado receberam, no costume internacional, caráter mais amplo que o atribuído ao estrangeiro beneficiado com o asilo.

Entre nós, o CONARE (instituído pela já referida Lei n. 9.474/1997) é o órgão administrativo competente para apreciar e decidir pedidos de refúgio. Compete a esse órgão colegiado, ainda, a determinação da perda da condição de refugiado, bem como orientar e coordenar as ações necessárias à eficácia da proteção, da assistência e do apoio jurídico ao refugiado (Lei n. 9.474/1997, arts. 11 e 12).

Segundo disposição do art. 31 desse diploma legal, a decisão do Ministro da Justiça que resolve recurso da decisão **negativa** do refúgio será irrecorrível.

Essa matéria foi objeto da deliberação deste Plenário nos Embargos de Declaração na Extradição n. 785/MÉXICO, de relatoria do Min. Carlos Velloso, *verbis*:

"EMENTA: CONSTITUCIONAL. PROCESSUAL PENAL. EXTRADIÇÃO. PEDIDO DE REFÚGIO: Lei 9.474, de 1997, art. 31. EMBARGOS DE DECLARAÇÃO: PRESSUPOSTOS. CPP, art. 619; RI/STF, arts. 337 a 339.

I. – A decisão do Ministro de Estado da Justiça, que resolve o recurso interposto da decisão negativa do refúgio, proferida pelo CONARE, não será passível de recurso. Lei 9.474/97, art. 31. Impossibilidade de aplicação subsidiária da Lei 9.874/99, dado que a aplicação subsidiária ocorre no vazio na norma específica.

II. – Inocorrência de omissão e de contradição. Pressupostos dos embargos de declaração inexistentes.

III. – Embargos de Declaração rejeitados" – (EXT n. 785/MÉXICO, Rel. Min. Carlos Velloso, Plenário, unânime, julgada em 27.3.2003, *DJ* 20.6.2003).

Interessante notar que, para o caso da **concessão de refúgio** pelo CONARE, a Lei n. 9.474/1997 não prevê recurso administrativo específico. Com relação às repercussões judiciais desse ato de concessão, o art. 33 dessa lei dispõe que: "o reconhecimento da condição de refugiado obstará o seguimento de qualquer pedido de extradição baseado nos fatos que fundamentaram a concessão de refúgio".

Ao analisar as normas internacionais aplicáveis aos refugiados, Guido Soares constata "a face verdadeiramente intrusiva" das normas contidas na Convenção de 1951 e em seu Protocolo de 1967, cujos princípios foram internalizados pela Lei n. 9.474/1997. Em sua obra *Curso de Direito Internacional Público*, o autor sustenta que esses documentos, ao obrigarem os Estados a conferir direitos especiais aos refugiados nos respectivos ordenamentos jurídicos nacionais, acabam por instituir regime jurídico claramente diferenciado daquele conferido aos estrangeiros com residência permanente ou, ainda, àqueles que, pelas vias ordinárias, postulam um visto de entrada. A crítica de Soares centra-se, portanto, nas ingerências que a *globalização vertical* pode ocasionar para a realização de deveres constitucionais positivados nos textos constitucionais nacionais. (*cf.* SOARES, Guido. *Curso de Direito Internacional Público*. Vol. II. São Paulo: Atlas, 2002, p. 399).

Portanto, ainda entendo pertinente, conforme tive oportunidade de expor, aplicar a mesma interpretação conferida aos casos de asilo político em se tratando de refúgio.

Uma questão decisiva para este caso concreto consiste na incidência das normas que: i) vedam expressamente a extradição de estrangeiro por "crime político ou de opinião" (CF, art. 5º, LII); e ii) imputam a competência constitucional para a apreciação da "natureza da infração" expressamente ao Supremo Tribunal Federal (art. 102, I, g, da CF, c/c o inciso VII e §§ 2º e 3º do art. 77 da Lei n. 6.815/1980).

Nesse contexto, em vez de propor maiores considerações teóricas quanto à conceituação dos institutos do refúgio e do asilo político, entendo que a interpretação adequada para este caso concreto deve levar em conta a preocupação de que se está a discutir a própria dinâmica da separação de Poderes na ordem constitucional pátria (CF, art. 2º). É dizer, trata-se de definir questão de competência explicitada em nosso texto constitucional acerca da vinculação, ou não, deste Tribunal, à deliberação administrativa de órgão vinculado ao Poder Executivo com relação à extraditabilidade de estrangeiro para a apuração de suposta prática de crimes de "natureza política". O tema corresponde, por conseguinte, à definição do âmbito da autonomia entre as instâncias administrativa e judicial no que concerne ao caso específico de pedidos de extradição baseados em imputação de crimes políticos ou de opinião a extraditando.

Conforme já pude afirmar em diversas oportunidades, na jurisdição constitucional brasileira a questão da separação de Poderes não corresponde a um dado teórico. Trata-se, sobretudo, de uma conformação institucional que deve ser concretizada e tratada dogmaticamente.

Essa doutrina desenvolveu-se, entre nós, a partir da atividade do próprio Supremo Tribunal Federal. Em todas essas ocasiões, menciono o notável voto do Min. Castro Nunes na Representação n. 94/DF (Pleno, unânime, *DJ* 11.7.1949). Nesse precedente, em que se discutia a questão da caracterização dos princípios sensíveis em nossa ordem constitucional, firmou-se a tese de que o tema da separação de Poderes, antes de constituir exercício de formulação teórica, corresponde a problema concreto ínsito à competência do STF em definir, em última instância, os critérios constitucionais ensejadores de sua própria competência.

A rigor, observa-se que o texto do art. 33 da Lei n. 9.474/1997 não previu expressamente a hipótese específica de concessão de refúgio com relação aos "crimes políticos ou de opinião".

Por isso que, para a hipótese específica de "crimes políticos ou de opinião", é necessário esclarecer se é legítimo condicionar o prosseguimento da apreciação e o julgamento do pedido de extradição perante este Tribunal à deliberação administrativa do Ministro da Justiça, contrária à opinião técnica do CONARE.

Trata-se de questão que encontra sua baliza na ideia fundamental do Estado Democrático de Direito (CF, art. 1º, *caput*), ou seja, a discussão sobre a competência deste STF diz respeito especialmente à interpretação constitucional do princípio liberal, dos princípios democráticos e da separação de Poderes.

Em parecer apresentado na Questão de Ordem na EXT n. 783/MÉXICO, de relatoria do Min. Néri da Silveira, julgada em sessão de 13.9.2001 (Caso Glória Trevi), o então Procurador-Geral da República, Dr. Geraldo Brindeiro, aventou discussão constitucional que apresenta pertinência direta com o tema da aplicação do art. 33 da Lei n. 9.494/1997. Esclareça-se, porém, que, naquela assentada, a questão ficou adstrita à menção dos problemas constitucionais de interpretação do art. 34 do mesmo diploma:

"6. A Constituição Federal, por sua vez, diz expressamente competir ao Supremo Tribunal Federal, processar e julgar a extradição solicitada por Estado estrangeiro (art. 102, I, g, CF).

7. A lei antes mencionada [Lei n. 9.474/97] claramente impõe que o reconhecimento da condição de refugiado impede o prosseguimento de qualquer pedido de extradição, e que a mera solicitação de refúgio suspende o processo extradicional, mesmo que este se encontre já em fase judicial.

8. Ao assim dispor, a norma legal condiciona o prosseguimento do processo no Supremo Tribunal Federal a decisão de caráter administrativo e político do Poder Executivo, o que afronta o princípio constitucional da separação dos Poderes, estabelecido no art. 2º, da Constituição Federal. [g.n.]

9. Não há, pois, como considerar existente razão jurídica que possa justificar a suspensão do presente processo de extradição, diante da flagrante inconstitucionalidade da norma que condiciona o exercício da jurisdição do Colendo Supremo Tribunal Federal a procedimento administrativo no âmbito do Ministério da Justiça. Cumpre, ainda, acrescentar a possibilidade de ser questionada mais uma vez no Superior Tribunal de Justiça eventual decisão contrária do Ministro da Justiça à solicitação de reconhecimento de condição de refugiado, o que poderia, absurdamente, trazer novamente a questão a este Excelso Pretório por via de Recurso Ordinário em Mandado de Segurança ou Recurso Extraordinário. (...)" – (Parecer da Procuradoria-Geral da República, datado de 21.03.2001, apresentado para fins de julgamento da Questão de Ordem na EXT n. 783/MÉXICO, Rel. Min. Carlos Velloso, Pleno, por maioria, *DJ* 14.11.2003).

No caso mencionado, é importante frisar que um fator decisivo para a solução da controvérsia deveu-se ao fato de que o pedido de refúgio havia sido formulado pela extraditanda em momento **posterior** ao julgamento de mérito da extradição. A ementa desse julgado não contemplou, expressamente, o tema da inconstitucionalidade do art. 34 da Lei n. 9.474/1997, *verbis*:

"EXTRADIÇÃO. QUESTÃO DE ORDEM. PEDIDO DE REFÚGIO. SUSPENSÃO DO PROCESSO. LEI N. 9.474/97, ART. 34.

Questão de ordem resolvida no sentido de que o pedido de refúgio, formulado após o julgamento de mérito da extradição, produz o efeito de suspender o processo, mesmo quando já publicado o acórdão, impedindo o transcurso do prazo recursal" – (Questão de Ordem na EXT n. 783/MÉXICO, Rel. Min. Néri da Silveira, Pleno, por maioria, *DJ* 14.11.2003).

A partir do tema suscitado nesse precedente, observa-se que a aplicação do art. 33 da Lei n. 9.474/1997 precisa ser calibrada quanto à consideração, de ordem constitucional, da competência deste STF no que se refere ao juízo de extraditabilidade (CF, art. 102, I, g).

É dizer, e conforme sigo entendendo, que, para fins de aplicação desse dispositivo, a decisão administrativa do CONARE ou do Ministro da Justiça, pela concessão do refúgio, não pode obstar, de modo absoluto e genérico, todo e qualquer pedido de extradição apresentado a esta Suprema Corte.

Nesse contexto, independentemente das distinções doutrinárias quanto à configuração jurídica dos institutos do refúgio e do asilo, afigura-se que, no caso concreto, a interpretação do art. 33 da Lei n. 9.474/1997 ainda deve ser constitucionalmente ajustada em consonância com os precedentes firmados na EXT ns. 232/CUBA e 524/PARAGUAI. Em outras palavras, não é possível dissociarmos o tema do prosseguimento do pedido extradicional da análise, por este Supremo Tribunal Federal, da ocorrência, ou não, de crimes de natureza política no caso concreto.

Essa afirmação se justifica porque, na verdade, não vislumbro diferenças substanciais entre os institutos do asilo e do refúgio aptas a ensejarem, nesse contexto específico, uma interpretação distinta daquela firmada no julgamento das referidas extradições que servem de precedente para este caso (EXT ns. 232/CUBA e 524/PARAGUAI).

Destarte, assim como no caso do "asilado", creio ser legítimo estender a ideia desenvolvida pelo voto do Min. Celso de Mello, para se afirmar que o estrangeiro **refugiado** no Brasil "só não será passível de extradição quando o fato ensejador do pedido extradicional qualificar-se como crime político ou de opinião, ou ainda quando as circunstâncias subjacentes à ação do Estado requerente demonstrarem a configuração de inaceitável extradição política disfarçada". Em síntese, para efeitos de aplicação do art. 77, VII do Estatuto do Estrangeiro, *"(...) não há incompatibilidade absoluta entre o instituto" do refúgio e o da extradição passiva, "na exata medida em que o Supremo Tribunal Federal não está vinculado ao juízo formulado pelo Poder Executivo na concessão administrativa daquele benefício regido pelo Direito das Gentes".*

Nesses termos, reitero o entendimento de que se deve conferir ao art. 33 da Lei n. 9.474/1997 interpretação conforme a Constituição Federal (CF, art. 5º, LII, e art. 102, I, g), para que a extradição somente seja obstada nos casos em que o Supremo Tribunal Federal ateste a ocorrência de "crime político ou de opinião ou ainda quando as circunstâncias subjacentes à ação do Estado requerente demonstrarem a configuração de inaceitável extradição política disfarçada".

IV. Análise da concessão do refúgio

Com esse embasamento doutrinário e jurisprudencial, parte-se, agora, à análise minuciosa do ato administrativo de concessão de refúgio a Cesare Battisti, emitido pelo Ministro da Justiça em 13 de janeiro de 2009, especificamente quanto aos motivos que o levaram a concluir pelo caráter político dos delitos e pela nota de perseguição política que cercaria o extraditando.

Advirta-se que a análise da capitulação dos fatos deve levar em consideração a ideia de que, necessariamente, a expedição de ato administrativo de concessão de refúgio, seja pelo CONARE, em sua atribuição originária, seja pelo Ministro da Justiça, em sede revisora, sempre resultará de análise vinculada, devendo respeito aos modelos ditados pelo art. 1º da Lei n. 9.474/97.

Referido artigo preceitua que:

Art. 1º Será reconhecido como refugiado todo indivíduo que:

I – devido a fundados temores de perseguição por motivos de raça, religião, nacionalidade, grupo social ou opiniões políticas encontre-se fora de seu país de nacionalidade e não possa ou não queira acolher-se à proteção de tal país;

II – não tendo nacionalidade e estando fora do país onde antes teve sua residência habitual, não possa ou não queira regressar a ele, em função das circunstâncias descritas no inciso anterior;

III – devido a grave e generalizada violação de direitos humanos, é obrigado a deixar seu país de nacionalidade para buscar refúgio em outro país.

Conforme clássica distinção doutrinária, o ato vinculado difere do ato discricionário na medida em que este permite ao administrador moldar sua atuação conforme lhe seja conveniente ou oportuno em face do caso concreto, ao passo que, naquele, a própria lei determina as hipóteses e os critérios a serem verificados para que tenha validade.

618 Estado de Direito e Jurisdição Constitucional – Decisões relevantes em 15 anos de atuação no STF

É certo que parte da doutrina, na atualidade, rechaça a ideia de uma dicotomia estanque, propondo a inexistência de atos administrativos puramente discricionários ou puramente vinculados, a indicar que certos elementos do ato teriam uma ou outra característica, consoante, ademais, já exposto pela Ministra Cármen Lúcia em seu voto.

Admitindo essa evolução doutrinária, não se poderia escapar da certeza de que o **motivo** do ato administrativo de concessão de refúgio é vinculado, segundo taxativamente encontra-se arrolado nos três incisos do art. 1º da Lei n. 9.474/97.

A lei delineia cada uma das situações fáticas ensejadoras do refúgio, cabendo ao agente a verificação da sua ocorrência. Em nenhum momento a lei transferiu a prerrogativa de eleger a situação fática geradora de sua vontade, de forma que não há espaço, aqui, para avaliação pautada em critérios de conveniência e oportunidade.

Conforme Hely Lopes Meirelles, *"O motivo ou causa é a situação de direito ou de fato que determina ou autoriza a realização do ato administrativo. O motivo, como elemento integrante da perfeição do ato, pode vir expresso em lei como pode ser deixado ao critério do administrador. No primeiro caso será um elemento vinculador; no segundo, discricionário, quanto à sua existência e valoração"*. ("Direito Administrativo Brasileiro", Malheiros, São Paulo, 33. edição, 2007, p. 154).

Na hipótese dos autos, como já referido, a lei definiu expressamente os possíveis motivos do refúgio, não deixando a critério do Ministro da Justiça mais que a constatação da sua ocorrência, o que conduz à possibilidade do controle sobre a legalidade do refúgio, a partir da avaliação da sua efetiva ocorrência e da validade dos motivos apontados pela autoridade administrativa. É o que passo a fazer.

Analisando a decisão concessiva de refúgio, de pronto constata-se que o Ministro da Justiça preocupou-se, inicialmente, em expor um quadro sobre a situação política da Itália no período da ocorrência dos delitos que ensejaram o pedido de extradição, relatando, basicamente, o surgimento de grupos de pessoas, alguns deles armados, que pretendiam alterar o regime político-social, o que contou com a reação do governo italiano, não apenas lançando mão do ordenamento jurídico então em vigor, mas criando também regras especiais.

Necessário examinar, portanto, se os motivos invocados na decisão assecuratória do refúgio guardam relação de pertinência com os fatos efetivamente ocorridos e com o direito.

Dentre as regras especiais, a que alude o Ministro da Justiça, há referência ao instituto da delação premiada, levado a efeito sobre o principal denunciante do ora extraditando, Pietro Mutti.

Esse instrumento de prova, apesar da inovação que introduziu nos mecanismos de persecução penal, nada tem de regra de exceção. Ao contrário, constitui legítimo meio de prova, com válida existência em muitos países, inclusive no Brasil, onde é previsto no Código Penal, em seu art. 159, § 4º, e em diversas espécies normativas extravagantes, como é caso da Lei dos Crimes Hediondos (Lei n. 8.072/90, art. 8º, par. ún.), da Lei do Crime Organizado (Lei n. 9.034/95, art. 6º), da Lei de Lavagem de Capitais (Lei n. 9.613/98, arts. 1º e 5º), da Lei de Proteção a Vítimas e Testemunhas (Lei n. 9.807/99, arts. 13 e 14) e da Lei de Tóxicos (Lei n. 10.409/2002, art. 32, 2º).

Ainda que o instituto da delação premiada (introduzido pela chamada "Lei dos Arrependidos") não existisse na legislação italiana à época dos fatos, deve-se ter em mente que, retratando matéria de ordem processual penal, aplica-se de imediato, validamente, a todos os inquéritos e processos criminais, novos ou em andamento, independentemente da data de ocorrência dos fatos investigados.

Essas afirmativas afastam, a toda evidência, a possibilidade de se considerar "regra de exceção" o uso da delação premiada na investigação dos fatos atribuídos ao extraditando. Estando o instrumento previsto em nosso próprio ordenamento processual penal, e sendo seu uso plenamente aceito pela jurisprudência pátria, inclusive ao pressuposto de que é de fundamental importância para a efetividade da legislação penal, especialmente frente à criminalidade organizada, não

Garantias constitucionais do extraditando **619**

seremos nós a contestar a legitimidade do julgamento que, entre outros fatores, fundou-se no depoimento colhido sob esta forma.

Mesmo raciocínio é válido em face do argumento de que CESARE BATTISTI restou condenado à revelia, o que tornaria ilegítimo o processo e o julgamento havido na Itália. A revelia não suprime as garantias inerentes ao devido processo legal e não obsta a extradição. Ademais, o extraditando foi julgado *in absentia* porque se encontrava foragido da Justiça Italiana, tendo-se evadido da prisão em outubro de 1981.

Ainda assim, como bem registrado no voto proferido neste mesmo julgamento pela Ministra Ellen Gracie, o extraditando *"constituiu, por meio de duas cartas manuscritas, em 10 de maio e 12 de julho de 1982, dois advogados para defendê-lo nos processos em curso na Justiça italiana, tendo ainda em fevereiro de 1990, por meio de carta datilografada e assinada, confirmado a escolha de advogado como seu defensor, outorgando-lhe procuração para apresentar recurso em seu favor"*.

Ademais, o julgamento à revelia não vem obstando a concessão de extradição, conforme remansosa jurisprudência da Corte. (Ext. 917/França; Ext. 604/Espanha; Ext. 565/Portugal). Se o julgamento respeitou as garantias do devido processo legal, em especial o princípio do juiz natural, a revelia, por si só, não é óbice à extradição.

Impróprios são, também, os argumentos quanto à ocorrência de revisão *pro societate*, sistematicamente repisados pela defesa e que, segundo seu entendimento, apontaria no sentido da perseguição política e do juízo de exceção.

O exame dos autos demonstra que os homicídios que fundamentam o pedido extradicional ocorreram em 1977 e 1979, sobrevindo a condenação de Battisti à prisão perpétua pelo Tribunal Penal de Recursos de Milão, em 1993, após renovação parcial do processo em face da anulação determinada pela Corte de Cassação italiana.

É fato que, antes da condenação e posteriormente aos fatos delituosos, Cesare Battisti fora preso e processado, juntamente com antigos membros do PAC, sendo condenado à pena de 13 anos de reclusão e 5 meses de arresto por participação em associação subversiva, aquisição e posse ilegais de armas, conforme decisão de 1981, tendo empreendido fuga, no mesmo ano de 1981, homiziando-se na França, depois no México e, mais tarde, novamente na França.

Apenas com essas informações já se pode perceber a absoluta inexistência de hipótese de revisão *pro societate* no julgamento que fundamenta o pedido de extradição, bastando observar que, no processo resultante na condenação de 1981, não fora imputada ao extraditando a responsabilidade por esses homicídios, exatamente por ser desconhecida dos órgãos de persecução penal, situação verificada apenas na subsequente ação penal instaurada à vista de novas provas, cuja obtenção foi inaugurada pela delação premiada de Pietro Mutti.

Logo, não havendo que se falar em identidade de *causa petendi* entre as duas ações penais, por diversos fatos típicos que as ensejaram – associação subversiva, aquisição e posse ilegal de armas na primeira; quatro homicídios na segunda –, constituiria rematado absurdo enxergar no processo que embasa o pedido extradicional hipótese de revisão criminal em desfavor do réu.

A aceitação desse argumento implicaria, necessariamente, a admissão de que o Estado estaria impedido de punir o autor de um delito apenas por não tê-lo feito em processo anterior, instaurado por fato diverso, o que soa, mais uma vez, como rematado absurdo.

Esta Corte não vem se furtando à avaliação da legitimidade dos atos da persecução penal, ou da validade das provas colhidas no curso do processo levado a efeito no Estado requerente, ao examinar pedidos de extradição, já os tendo negado em situações em que evidenciado o chamado julgamento de exceção, ou naqueles em que se verifique ausência ou insuficiência descritiva dos fatos delituosos subjacentes ao pedido de extradição (Ext 524-3/Paraguai, Ext 360/Polônia, Ext 446/Haiti). Sendo, porém, válido o meio adotado, inclusive por encontrar correspondência em instrumentos de prova e em institutos aqui utilizados, nada justifica que, para além dessa análise, o Tribunal decida substituir-se à Corte estrangeira para avaliar se o seu julgamento foi o mais acertado.

A avaliação de insuficiência da prova condenatória esbarra na cognoscibilidade restrita que cerca não apenas a atividade do Supremo Tribunal Federal na via extradicional, como também a própria atividade do Ministro da Justiça, ao conceder o refúgio.

Consoante antes registrado, a motivação do ato de concessão do refúgio é vinculada, não deixando espaço para que a autoridade administrativa substitua-se ao Poder Judiciário do Estado de origem daquele que demanda o refúgio, para avaliar, segundo critérios absolutamente subjetivos, se o julgamento foi o mais justo.

É nessa linha, de conhecimento estrito e de vinculação ao enfoque da decisão emanada do órgão competente estrangeiro, que afasto a possibilidade de se considerar o panorama probatório utilizado pelo Judiciário italiano insuficiente às condenações para as sentenças condenatórias ou nulos os processos por eventual descabimento da revelia do acusado.

Não houve julgamento por Tribunal de Exceção. A Itália já se consolidara como um Estado de Direito à época dos fatos. Não há qualquer prova de que tenham sido violadas as garantias processuais do ordenamento jurídico italiano, nem na correspondência com os institutos da lei adjetiva brasileira.

Vale acrescentar que as mesmas alegações foram examinadas e rechaçadas pela Justiça francesa, por ocasião do julgamento do pleito de extradição de Cesare Battisti, decisão esta que foi referendada pela Corte Europeia de Direitos Humanos, sendo certo que o extraditando viveu no México e na França, por muitos anos, sem ter solicitado o refúgio em qualquer desses países, só vindo a fazê-lo no Brasil, após o ajuizamento do pedido de Extradição pela República italiana.

A impropriedade das alegações apresentadas pelo extraditando para justificar a concessão de refúgio foram muito bem apreendidas na decisão do Comitê Nacional para os Refugiados (CONARE):

> "...não há que se falar na existência de nexo causal entre a perseguição alegada e a solicitação de refúgio. Se for feita uma análise real da situação do Senhor Cesare Battisti, verifica-se que o mesmo foge da condenação desde 1981 quando escapou das prisões italianas.
>
> O ora solicitante também foi procurado pelo Governo italiano, em território francês, em 1991, em 2003 e agora no Brasil, sempre pelos mesmos crimes e por vários Governos.
>
> Assim, não há como enquadrar o pedido nos preceitos de elegibilidade previstos na Lei n. 9.474/97, eis que não se vislumbra a existência de fundado temor de perseguição pelos motivos ali elencados, assim como não há que se falar em generalizada violação de direitos humanos na Itália." (fl. 3077)

Deve-se acrescentar que os crimes que ensejam o pedido de extradição caracterizam-se, no Brasil, como homicídios qualificados (art. 121, § 2°, IV) e, portanto, como crimes hediondos (art. 1°, I, da Lei n. 8.072/90), sendo certo que o art. 3°, III, da Lei 9.474/97 veda o reconhecimento da condição de refugiado nessa hipótese:

> "Art. 3° Não se beneficiarão da condição de refugiado os indivíduos que:
> (...)
> III – tenham cometido crime contra a paz, crime contra a humanidade, *crime hediondo*, participado de atos terroristas ou tráfico de drogas;"

O crime de homicídio praticado por motivo torpe – aqui incluída a vingança por haver a vítima dificultado práticas delituosas anteriores –, ou mesmo "à traição, de emboscada, ou mediante dissimulação ou outro recurso que dificulte ou torne impossível a defesa do ofendido", é tido como hediondo na legislação brasileira, situação que, como visto, impede a concessão de refúgio.

Entendo descabida, com a devida vênia, a invocação da garantia constitucional que veda a retroação da lei nova prejudicial ao réu como fator de afastamento da causa impeditiva da concessão de refúgio estampada no referido inc. III do art. 3° da Lei n. 9.474/97.

Com efeito, tenho que não se trata, aqui, de atribuir a fato pretérito norma penal mais gravosa que não tinha vigência à época de sua ocorrência, prática vedada pelo art. 5°, XL, da Constituição

Federal, devendo a causa em questão ser analisada e aplicada, na verdade, conforme a situação posta no momento da apreciação do pedido de refúgio, como um dos componentes do rol de requisitos e vedações do ato administrativo de sua concessão.

Entendimento diverso poderia conduzir a paradoxo, podendo, de forma contrária ao intento do legislador, abrir a possibilidade de concessão do favor a estrangeiro acusado, *v.g.*, por estupro recentemente cometido, bastando que a legislação do país em cujo território consumou-se o delito não lhe atribuísse essa característica ou que, até mesmo, o Judiciário estrangeiro tivesse afastado da conduta esse qualificativo.

Vê-se, portanto, que a qualificação da conduta como hedionda na Lei n. 9.474/97 tem relevância puramente administrativa, e não penal, cabendo ao órgão competente para a concessão do refúgio apenas analisar o fato concreto e capitulá-lo, ou não, como hediondo, à luz da legislação atual brasileira, independentemente da data de consumação do delito.

Na verdade, caso fosse possível a análise dos critérios limitadores de aplicabilidade da lei penal no tempo, em se tratando de refúgio, não seria demais imaginar que também assistiria ao CONARE, ou mesmo ao Ministro da Justiça, este em sede recursal, a possibilidade de, analisando as circunstâncias do fato criminoso, proceder inclusive à sua desclassificação para tipo penal menos grave e, com isso, retirar-lhe o caráter hediondo, interferindo, dessa forma, na jurisdição do país de ocorrência dos fatos, o que não se mostra possível até mesmo para o Supremo Tribunal Federal.

Em abono dessa posição, e conforme muito bem assinalado no voto do Ministro Ricardo Lewandowski, cabe remeter aos próprios termos do art. 1º da mencionada "CONVENÇÃO DE 1951, RELATIVA AO ESTATUTO DOS REFUGIADOS", cujo § 6º, alínea "b", indica não serem suas disposições aplicáveis "...*às pessoas a respeito das quais houver razões sérias para pensar que:*" (...) "*b) Elas cometeram um **crime grave de direito comum** fora do país de refúgio antes de serem nele admitidas como refugiados.*" (destaquei).

Ora, se a própria Convenção de 1951 já previa sua inaplicabilidade a pessoas que houvessem cometido crimes **graves**, não seria razoável impedir a aplicação do rol de delitos hediondos, instituídos a partir da Lei n. 8.072/90, apenas porque praticado o crime antes da vigência desta, uma vez que, na essência, a conduta era, e continua sendo, **grave**.

Resulta evidente, a meu sentir, que o legislador pátrio, pelo inc. III do art. 3º da Lei n. 9.474/97, utilizou-se da expressão "crimes hediondos" apenas para dar ao seu aplicador mais um critério objetivo de análise, além daquel'outros mencionados no art. 1º, novamente realçando o caráter vinculado do ato administrativo de análise do cabimento de refúgio.

Absolutamente carentes, portanto, de lastro jurídico e fático as razões que levaram o Ministro da Justiça a conceder refúgio político a Cesare Battisti. Desvinculando-se da análise técnica realizada pelo CONARE, Sua Excelência desbordou dos lindes da competência que lhe assistia, dando aos fatos coloração absolutamente imaginária, para a qual convergiu lamentável componente de **ideologização de direitos humanos**.

Reconhecida a ilegalidade do ato de concessão do refúgio, resta, agora, a análise do pleito de extradição propriamente dito. Cabe analisar se, do ponto de vista formal e material, o pedido de extradição comporta deferimento.

V. Análise da extradição – atendimento aos requisitos

Quanto à regularidade formal, assim manifestou-se o Procurador-Geral da República:

> Primeiramente, cumpre notar que o pedido formal de extradição foi devidamente apresentado pelo Estado requerente, atendendo-se ao disposto no art. 80 da Lei n. 6.815/80, tendo sido instruído com certidão da sentença condenatória (fls. 108/179 e 387/400), além de peça informativa contendo indicações precisas sobre os locais, datas, natureza e circunstâncias dos fatos criminosos, a identidade do

extraditando, cópia dos textos legais sobre as tipificações penais, prescrição e respectivas sanções (fls. 65/107). Constam, ainda, relatório da instrução processual (fls. 180/386), e cópias das decisões proferidas pelo Primeiro Tribunal do Júri de Apelação de Milão (fls. 4041536) e pelo Supremo Tribunal de Justiça daquele país (fls. 538/620).

As condenações foram expedidas pela Justiça italiana, competente em razão do local dos fatos, restando atendido o requisito do inc. I do art. 78 da Lei n. 6.815/80.

Quanto à dupla tipificação, é certo que o crime de homicídio encontra-se previsto no art. 121 do Código Penal brasileiro, no qual subsumir-se-iam os fatos resultantes na condenação do extraditando.

Assim, o pedido de extradição, formulado pela República da Itália, contempla todas as formalidades legais, atendendo ao disposto no art. 80 da Lei 6.815/80. Estão presentes a sentença condenatória e os documentos que elucidam locais, datas, natureza e circunstância dos crimes em razão dos quais se demanda a extradição. Encontra-se devidamente individualizado e identificado o extraditando, e foram colacionados os textos legais pertinentes às condenações e ao procedimento que as precedeu.

VI. Crime político na extradição

Vencida a questão sobre a aplicabilidade do art. 33 da Lei n. 9.474/97 e definida a presença dos pressupostos formais da extradição, cabe, agora, analisar os autos da extradição e, especialmente, apurar se os crimes atribuídos ao extraditando poderiam ser classificados como políticos ou de opinião, a ponto de impedirem a extradição, conforme preconizado no art. 5º, LII, da Constituição Federal.

A proibição de extradição por crime político tornou-se um princípio do direito internacional público. Consagrada nos textos de direito positivo desde o século XIX – com prioridade para a Lei Belga de 1883, o Tratado de Montevidéu de 1889 e o Código Bustamante –, a tese da não extradição dos delinquentes políticos constitui, inegavelmente, uma garantia da liberdade política – em toda sua amplitude – e um preceito básico de ordem democrática. Além dos tratados de extradição firmados pelo Brasil, a Constituição de 1988 incorpora o princípio em seu art. 5º, LII, o qual prescreve que "não será concedida extradição de estrangeiro por crime político ou de opinião". A Lei n. 6.815/80, em seu art. 77, VII, dispõe que não se concederá extradição quando se tratar de crime político.

Como bem anota Aníbal Bruno, "*é um preceito que pertence ao regime de privilégio que prevalece nos crimes desse gênero e que decorre de consideração da natureza própria desses crimes, que visam geralmente um fim altruísta – melhorar as condições do país ou da humanidade –, e de que não revelam nos seus agentes o caráter perigoso e condenável do criminoso comum. São fatos cujo conceito varia com o tempo e cuja condenação ou exaltação dependem de circunstâncias históricas, valendo, muitas vezes, aos seus agentes, quando vitoriosos, a glória ou a conquista de altas posições no governo do país*". Esse tratamento privilegiado, que já se tornou tradição em vários ordenamentos jurídicos, representa "*uma nobre conquista de liberalismo e de compreensão do sentido real desses fatos, que merece ser rigorosamente conservada*" (BRUNO, Aníbal. *Direito Penal. Parte Geral Tomo I*. Rio de Janeiro: Forense, 1959, p. 243).

A aplicação rigorosa do princípio segundo o qual não se extradita por crime político exige precisa individualização dessa espécie de infração. Inexistente de forma expressa e positiva, seja na legislação internacional (tratados e convenções), seja na legislação interna (constitucional e infraconstitucional), o conceito de crime político tem sido objeto de instigantes controvérsias doutrinais e jurisprudenciais.

A doutrina não traz soluções definitivas para a difícil tarefa de conceituar o crime político. Alguns autores defendem que os crimes políticos seriam aqueles delitos que representam ameaça

Garantias constitucionais do extraditando **623**

à *segurança interna* do Estado. Outros dão amplitude maior a essa noção, abrangendo os atos que atentam contra a *segurança externa*, ou seja, a própria soberania do Estado em sua relação com os demais Estados. Em face dessa indefinição semântica, há, ainda, autores que defendem medidas legislativas de positivação, nos tratados de extradição que celebrem entre si os Estados, de um rol taxativo de infrações que se caracterizem como políticas para fins de não extradição (Cfr.: RUSSOMANO, Gilda Maciel Corrêa Meyer. *A extradição no direito internacional e no direito brasileiro*. 3. ed. São Paulo: RT, 1981, p. 96-97).

Existem na doutrina, também, as denominadas correntes objetivas e subjetivas quanto à definição do crime político. Por um lado, a corrente *objetiva*, baseando-se no bem jurídico protegido, defende que o crime político seria aquele praticado contra a ordem política estatal; por outro lado, a corrente *subjetiva*, fundada na intenção ou motivação do delinquente, afirma que são políticos os crimes praticados com finalidade política, com a intenção de modificação do regime político (móvel do agente). Na grande parte das vezes ambos os sistemas acabam se conjugando (Cfr.: FRAGA, Mirtô. *O novo Estatuto do Estrangeiro comentado*. Rio de Janeiro: Forense, 1985, p. 302), constituindo a denominada *teoria mista* ou *eclética*.

Divergem, também, as teses quanto à distinção entre delitos comuns e políticos. Talvez essa distinção seja uma das questões mais tormentosas no tocante à aplicação do princípio de não extradição por crime político. A possibilidade da coexistência das duas infrações – uma política e outra comum – levou a doutrina a criar as categorias dos *delitos conexos* e dos *delitos complexos*. Os primeiros seriam aqueles em que seria possível verificar a concomitância dos dois delitos (político e comum), unidos por conexidade. Os segundos, por seu turno, seriam aquelas infrações em que, apesar de atingirem, simultaneamente, a ordem política e o direito comum, constituem ato único e inseparável em seus elementos.

Alguns autores, rechaçando essa distinção, tratam do tema por meio dos conceitos de *delitos puramente políticos* ou *delitos políticos puros*, cujo aspecto político é extreme de dúvidas, e os *delitos relativamente políticos* ou *delitos políticos relativos*, também conhecidos como *delitos mistos*, nos quais é possível identificar, concomitantemente, aspectos políticos e de direito comum (Cfr.: RUSSOMANO, Gilda Maciel Corrêa Meyer. *A extradição no direito internacional e no direito brasileiro*. 3. ed. São Paulo: RT, 1981, p. 90).

Questão difícil diz respeito à aplicação da extradição aos delitos conexos e complexos, também denominados delitos mistos ou delitos políticos relativos, como abordado acima. Também sobre esse ponto a doutrina possui explicações distintas e divergentes. Pelo denominado *sistema da separação*, a identificação de delitos conexos, porém distintos (ou separáveis), torna viável a extradição pelo delito comum. O *sistema do fim e do motivo*, por seu turno, admite a extradição quando presentes infrações ao direito comum com *motivação* política, e, por outro lado, nega a extradição se a *finalidade* da infração for eminentemente política. O *sistema da causalidade* estabelece que os delitos mistos só podem ser afastados da extradição quando forem praticados por atos de verdadeira insurreição ou representarem a consequência de um motim. O *sistema da predominância ou do fato principal*, como a própria denominação indica, baseia-se na predominância da infração – a política ou a de direito comum – de forma que, preponderando o viés político, a extradição poderá ser afastada. Por último, o *sistema de atrocidade dos meios* permite a extradição se o crime político relativo constituir infração gravíssima ou hedionda, com emprego de violência (Cfr.: RUSSOMANO, Gilda Maciel Corrêa Meyer. *A extradição no direito internacional e no direito brasileiro*. 3. ed. São Paulo: RT, 1981, p. 90).

Ante a ausência de teses doutrinárias definitivas, certo é que o conceito de crime político vem sendo construído, nas diversas ordens jurídicas, pela jurisprudência dos tribunais na solução dos casos concretos, utilizando-se vez ou outra das teses e conceitos definidos em âmbito doutrinário. Ian Brownlie enfatiza que, na Inglaterra, por exemplo, a definição de crime político é abordada pelas Cortes de forma empírica, como se pode observar no conjunto de casos mais relevantes: *In re*

624 Estado de Direito e Jurisdição Constitucional – Decisões relevantes em 15 anos de atuação no STF

Castioni (1891) 1 QB 149; *In re Meunier* (1894) 2 QB 415; *R. v. Governor of Brixton Prison, ex. p. Kolczynski* (1955) 1 QB 540; *Schtraks v. Government of Israel* (1964) AC 556; ILR 33, 319; *R. v. Governor of Brixton Prison, ex. p. Kotronis* (1969) 3 All ER 304, 306-7, Lord Parker, CJ; *Re Gross and Others* (1968) 3 All ER 804, 807-10, Chapman, J.; *Cheng v. Governor of Pentonville Prison* (1973) AC 931, HL; *R. v. Governor of Brixton Prison, ex. p. Keane* (1971) 2 WLR 194, DC; (1971) 2 WLR 1243, HL; *R. v. Governor of Winson Green Prison, ex. p. Littlejohn* (1975) 1 WLR 893, DC; Gutteridge, 31 BY (1954), 430-6; Evans, 57 AJ (1963), 1-24; Wortley, 45 BY (1971), 219-53; *Hungarian Deserter* case, ILR 28, 343; *Algerian Irregular Army* case, ILR 32, 294; *Jimenez v. Aristeguieta*, 311 F. 2d 547 (1963); ILR 33, 353; *The State v. Schumann*, ILR 39, 433; *Public Prosecutor v. Zind*, ILR 40, 214; *Karadzole v. Artukovic*, 247 F. 2d 198; ILR 24 (1957), 510; 170 F. Supp. 383, ILR 28, 326; *In re Gonzalez*, 217 F. Supp. 717; ILR 34, 139; *Digest of US Practice* (1975) 168-75; *State of Japan v. Mitsuyo Kono*, ILR 59, 472; *Kroeger v. Swiss Federal Prosecutor's Office*, ILR 72, 606; *Watin v. Ministère Public Fédéral*, ibid. 614; *Della Savia v. Ministère Public*, ibid. 619; *T. v. Swiss Federal Prosecutor's Office*, ibid. 632; *In the Trial of F. E. Steiner*, ILR 74, 478; *Baader-Meinhof Group* case, ibid. 493; *Folkerts v. Public Prosecutor*, ibid. 498; *Croissant*, ibid. 505; *Yugoslav Terrorism* case, ibid. 509; ILR, Vol. 79, index; *Lujambio Galdeano*, ILR 111, 505 (BROWNLIE, Ian. *Principles of Public International Law*. 7. ed. Oxford University Press, 2008, p. 317).

O tratamento empírico ou a abordagem caso a caso (*case by case approach*) não impediu que as Cortes adotassem critérios para a análise do conceito de crime político, alguns deles incorporados em tratados e convenções internacionais e nas legislações de diversos países democráticos. Em muitos casos, esses critérios reproduzem algumas teses e conceitos desenvolvidos doutrinariamente, como apresentado acima, destacando-se, entre outros, os *sistemas da predominância* e da *atrocidade dos meios*; as teses objetiva, subjetiva e eclética; e os conceitos de *crime político puro*, por um lado, e *relativo* (conexo e complexo) por outro.

No Brasil, a Lei n. 6.815/80, em seu art. 77, § 2º, prescreve que compete, exclusivamente, ao Supremo Tribunal Federal a apreciação do caráter político da infração.

Na jurisprudência do Supremo Tribunal Federal, um dos critérios mais presentes encontra fundamento no sistema da preponderância – relacionado ao conceito de delito político relativo – adotado atualmente pela legislação brasileira no § 1º do art. 77 da Lei n. 6.815/80 e, anteriormente, pela Lei de Extradição n. 2.416, de 1911, pelo Decreto-Lei n. 394, de 1938, e pelo Decreto-Lei n. 941, de 1969.

Dispõe o referido dispositivo que a extradição não poderá ser impedida quando *"o fato constituir, principalmente, infração da lei penal comum, ou quando o crime comum, conexo ao delito político, constituir o fato principal"*. Os casos são vários na jurisprudência: EXT n. 794, Rel. Min. Maurício Corrêa, *DJ* de 24.05.2002; EXT n. 694, Rel. Min. Sydney Sanches, *DJ* de 22.08.1997; EXT n. 615, Rel. Min. Paulo Brossard, *DJ* 5.12.1994; EXT 994, Rel. Min. Marco Aurélio, *DJ* 4.8.2006; EXT n. 417, Rel. Min. Oscar Corrêa, *DJ* 21.9.1984.

Destaca-se, entre outros, a ementa do julgado da EXT n. 399, Rel. Min. Aldir Passarinho e Rel. para o acórdão Min. Moreira Alves (*DJ* de 14.10.1983), cujo teor é o seguinte:

EMENTA: Extradição. *Crime complexo ou crime político relativo. Cabe ao STF, em face das circunstâncias peculiares de cada caso, determinar, no crime complexo – que é um misto de crime comum e de crime político, não sendo, pois, pela diversidade de seus elementos constitutivos, delito intrinsecamente político –, se há, ou não, preponderância, para efeito de extradição, do crime comum. – Princípios gerais para essa aferição, na qual se levam em conta, inclusive, circunstâncias exteriores ao delito, como a da confiança que inspira a Justiça do país que requer a extradição. Interpretação do parágrafo 3º do artigo 77 da Lei 6.815, de 19.8.80. – Não está o STF vinculado a decisão de Tribunal do outro país que já tenha negado a extradição do ora extraditando, por entender, em face de peculiaridades de seu sistema jurídico, que o delito em causa era preponderantemente político. Ocorrência, no caso, de crime complexo, em que há preponderância do delito comum. Extradição deferida, com a ressalva de que o Estado requerente deve comutar a pena de prisão perpétua para a de trinta anos de reclusão.* (ênfases acrescidas)

Na oportunidade, o Tribunal deferiu a extradição, avaliando que no sequestro do Diretor da FIAT, na França, de que foi coautor o argentino Horácio Rossi, preponderaram os elementos de um crime comum, *"em face da atrocidade do meio empregado para alcançar o fim visado"*, nas palavras do Relator para o acórdão, Ministro Moreira Alves, que em seu voto, após analisar em profundidade a origem do sistema da preponderância, registrou que *"(...) este Tribunal, norteando--se por esses princípios gerais e pelas circunstâncias peculiares a cada caso, pode determinar, no crime complexo, para efeito de extradição, quando prepondera o delito comum ou o político"*.

Ao proferir seu voto, na mesma linha, o Ministro Néri da Silveira assentou a necessidade de se ter presente que a ordem jurídica brasileira, ao conceder anistia, beneficiando os que cometeram crimes políticos ou conexos com estes, excepcionou, de forma expressa, os que foram condenados pela prática de terrorismo, assalto, sequestro e atentado pessoal, *"tornando-se, dessa maneira, ine-quívoco o espírito de, nos crimes complexos, presente a dimensão do atentado à liberdade pessoal, da violência à pessoa, não se favorecem os delinquentes que, mesmo por motivação política, perpetraram crime que atentou também contra os bens da vida e da liberdade pessoal, nas hipóteses aludidas"*.

Considerou-se, aqui, que o sequestro da vítima, por mais de trinta dias, é fato que, em virtude de sua gravidade, conduziu a Corte, no exercício de seu juízo de apreciação do caráter da infração, a retirar-lhe, de qualquer sorte, o atributo de crime político.

A aplicação do sistema da preponderância busca suas origens na jurisprudência do Tribunal Federal Suíço, que em três elementos principais condicionou, historicamente, a caracterização da predominância do caráter político do fato criminoso, conforme, no mesmo julgado, demons-trou o Ministro Moreira Alves: a) a finalidade de atentar contra a organização política e social do Estado; b) a clara relação entre o ato e a finalidade de modificar a organização política e social do Estado; e c) o caráter do delito, cuja eventual atrocidade – elemento de direito comum – é capaz de afastar o enquadramento como crime político, ainda que presente o fim de atentar contra o Estado.

Conforme já se colhe dos julgados acima referidos, a jurisprudência brasileira adota, tam-bém, para fins de extradição, o sistema da atrocidade dos meios, que é traduzido na regra segun-do a qual o conceito de crime político não abrange ações violentas, marcadas pela crueldade, pelo atentado à vida e à liberdade, especialmente atividades terroristas de todo tipo.

O art. 77, § 3º, da Lei n. 6.815/80 – o qual dispõe que *"o Supremo Tribunal Federal poderá deixar de considerar crimes políticos os atentados contra Chefes de Estado ou quaisquer autoridades, bem assim os atos de anarquismo, terrorismo, sabotagem, sequestro de pessoa, ou que importem pro-paganda de guerra ou processos violentos para subverter a ordem política ou social"* – incorpora, além da denominada *"cláusula de atentado"* ou *"cláusula belga"* – que exclui do conceito de crime político os ataques contra a pessoa do chefe de Estado ou autoridades –, o sistema da atrocidade dos meios, especificamente quanto aos atos de anarquismo, terrorismo, sabotagem, sequestro e outros ali mencionados. Não podia ser de outra forma, visto que a Constituição de 1988 estabelece o re-púdio ao terrorismo como um dos princípios que regem as relações internacionais (art. 4º, VIII), além de atribuir à atividade terrorista o mesmo tratamento jurídico-penal dos crimes hediondos, inafiançáveis e insuscetíveis de graça ou anistia (art. 5º, XLIII).

Apesar da fluidez e da imprecisão do conceito de terrorismo, o Supremo Tribunal Federal o tem tornado imune à caracterização como crime político, como bem realçado pelo Ministro Celso de Mello no julgamento da EXT 855 (*DJ* 1º. 7. 2005):

> "Atos delituosos de natureza terrorista – Descaracterização do terrorismo como prática de criminalida-de política. (...) O repúdio ao terrorismo: um compromisso ético-jurídico assumido pelo Brasil, quer em face de sua própria Constituição, quer perante a comunidade internacional. Os atos delituosos de natureza terrorista, considerados os parâmetros consagrados pela vigente Constituição da República, não se subsumem à noção de criminalidade política, pois a Lei Fundamental proclamou o repúdio ao terrorismo como um dos princípios essenciais que devem reger o Estado brasileiro em suas relações

internacionais (CF, art. 4º, VIII), além de haver qualificado o terrorismo, para efeito de repressão interna, como crime equiparável aos delitos hediondos, o que o expõe, sob tal perspectiva, a tratamento jurídico impregnado do máximo rigor, tornando-o inafiançável e insuscetível da clemência soberana do Estado e reduzindo-o, ainda, à dimensão ordinária dos crimes meramente comuns (CF, art. 5º, XLIII). A Constituição da República, presentes tais vetores interpretativos (CF, art. 4º, VIII, e art. 5º, XLIII), não autoriza que se outorgue, às práticas delituosas de caráter terrorista, o mesmo tratamento benigno dispensado ao autor de crimes políticos ou de opinião, impedindo, desse modo, que se venha a estabelecer, em torno do terrorista, um inadmissível círculo de proteção que o faça imune ao poder extradicional do Estado brasileiro, notadamente se se tiver em consideração a relevantíssima circunstância de que a Assembleia Nacional Constituinte formulou um claro e inequívoco juízo de desvalor em relação a quaisquer atos delituosos revestidos de índole terrorista, a estes não reconhecendo a dignidade de que muitas vezes se acha impregnada a prática da criminalidade política. Extraditabilidade do terrorista: necessidade de preservação do princípio democrático e essencialidade da cooperação internacional na repressão ao terrorismo. (...) A extradição – enquanto meio legítimo de cooperação internacional na repressão às práticas de criminalidade comum – representa instrumento de significativa importância no combate eficaz ao terrorismo, que constitui 'uma grave ameaça para os valores democráticos e para a paz e a segurança internacionais (...)' (Convenção Interamericana Contra o Terrorismo, Art. 11), justificando-se, por isso mesmo, para efeitos extradicionais, a sua descaracterização como delito de natureza política." (Ext 855, Rel. Min. Celso de Mello, julgamento em 26-8-04, *DJ* de 1º-7-05).

Nesse caso, conhecido como o "Caso Norambuena", o extraditando fora condenado, no Chile, por homicídio, extorsão mediante sequestro e formação de quadrilha armada, os quais foram caracterizados como atos delituosos de natureza terrorista.

A Corte, aqui, deferiu a extradição, entendendo que os delitos cometidos pelo extraditando – em momento de plena vigência, no Chile, de um regime inquestionavelmente democrático – possuíam a natureza de crimes comuns. Assentou-se que "(...) *o estatuto da criminalidade política, por isso mesmo, não se revela aplicável nem se mostra extensível, em sua projeção jurídico- constitucional, aos atos delituosos que traduzam práticas terroristas, sejam aquelas cometidas por particulares, sejam aquelas perpetradas com o apoio oficial do próprio aparato governamental, à semelhança do que se registrou, no Cone Sul, com a adoção, pelos regimes militares sul-americanos, do modelo desprezível do terrorismo de Estado*" (voto do Ministro Celso de Mello – Relator).

Em relevante obra sobre a extradição no direito internacional e no direito brasileiro, Gilda Maciel Corrêa Meyer Russomano ressalta a importância da distinção entre *crimes políticos* e *crimes antissociais*, da seguinte forma:

"(...) torna-se, modernamente, indispensável traçar uma linha divisória entre os crimes políticos e os crimes antissociais.

Estes últimos seriam os delitos cometidos por terroristas ou anarquistas, visando, não a um determinado governo, e, sim, à organização social comum às nações civilizadas.

Tais delitos, também denominados crimes político-sociais, se caracterizam pela violência com que procuram subverter a estrutura do estado, ferindo suas instituições básicas.

É evidente, portanto, que tais delitos possuem aspectos de natureza política; mas, mesmo assim, a doutrina hodierna os considera causa eficiente da extradição.

Os autores de tais infrações não podem ser considerados perigosos, apenas, para os papéis em que os delitos foram levados a efeito, mas, igualmente, para a comunidade internacional ou, pelo menos, para os estados que vivem no mesmo estágio de cultura e civilização, adotando sistemas político- administrativos baseados em princípios semelhantes.

Esse foi o motivo por que Bluntschli, com reconhecida primazia, levantou a questão perante o Instituto de Direito Internacional, acentuando o caráter relevante, para todos os povos, da luta contra o terrorismo, de onde deflui a necessidade de ou, até mesmo, o dever de apoio mútuo, entre os estados, para a repressão dos delitos sociais.

Recolhendo essa posição doutrinária e tendo como ponto de referência a tese suscitada, em reunião anterior, pelo espírito altamente categorizado de Bluntschli, o Instituto de Direito Internacional, na

Garantias constitucionais do extraditando **627**

sessão de 1892, em Genebra, declarou, como já mencionamos, que não devem ser considerados delitos políticos os atos criminosos de terrorismo ou de anarquismo, dirigidos contra os fundamentos de toda a organização social." (RUSSOMANO, Gilda Maciel Corrêa Meyer. A extradição no direito internacional e no direito brasileiro. 3. ed. São Paulo: RT, 1981, p. 96-97).

A Constituição de 1988 aproximou o crime político ao crime de opinião (art. 5º, LII) e identificou, para atribuir-lhes regime jurídico diferenciado, os delitos graves, que possuam inegáveis motivações políticas, na esteira da doutrina e da jurisprudência internacionais.

O professor Malcolm N. Shaw, ao tratar do assunto, apresenta, exemplificativamente, a *European Convention in the Supression of Terrorism*, de 1977, (art. 1º) e a *Convention for the Suppression of Terrorism Bombing*, de 1997 (art. 11), além dos diversos precedentes norte-americanos, tais como *McMullen case*, 74 AJIL, 1980, p. 434; *Eain case*, 74 AJIL, 1980, p. 435; *Re Piperno*, 74 AJIL, 1980, p. 683; *US v. Mackin* 668 F.2d 122 (1981); *Government of Belgium v. Postlethwaite* (1987) 2 ALL ER 985; *R. v. Chief Metropolitan Magistrate, ex parte Secretary of State for the Home Department* (1988), 1 WLR 1204; **alguns deles referentes às atividades terroristas do conhecido grupo IRA (*Irish Republican Army*)** (SHAW, Malcolm N. *International Law*. 5. ed. Cambridge University Press, 2003, p. 610).

Não é outro o entendimento albergado pela jurisprudência do Tribunal Constitucional Alemão. Na conhecida decisão *BVerfGE, Beschluss vom 29. Mai 1996*, 2BvR 66/96, a Corte alemã consignou o entendimento segundo o qual atividades terroristas não configuram crime político e, portanto, a extradição é possível nesses casos. De acordo com o Tribunal, *"é incorreto julgar como crime político a participação em uma associação terrorista, cujo propósito é direcionado à prática de graves crimes. Uma ação censurável não deve ser tratada como crime político, apenas porque motivações políticas desempenharam algum papel. De fato, a fronteira do crime político é ultrapassada, quando o convencimento político opera mediante a execução de meios terroristas. Medidas preventivas ou repressivas de um Estado para a defesa contra o terrorismo não configuram, portanto, perseguição política, se elas são tomadas em face de terroristas, dos participantes ativos ou daqueles que, nos bastidores, desempenham atividades de apoio, sem tomar parte nas ações criminosas"*. Tratava-se de reclamação constitucional – a *"Verfassungsbeschwerde"* – intentada por nacional espanhol, **integrante do grupo separatista ETA (*Euskadi Ta Askatasuna*)** e acusado de várias ações criminosas, contra decisão que autorizara a sua extradição. Segundo o reclamante, as ações que lhe foram imputadas configurariam crimes políticos, e as provas que embasaram o pedido de extradição teriam sido obtidas por meio de tortura.

A Corte entendeu pela possibilidade de extradição, afastando a pretendida caracterização de ações terroristas como crime político. Assentou, na ocasião, que a mera motivação política não desempenha papel suficiente na configuração da hipótese que afastaria a possibilidade de extradição.

No Brasil, por definição, o terrorismo (art. 5º, XLIII) e a ação de grupos armados, civis ou militares contra a ordem constitucional e o Estado democrático (art. 5º, XLIV) possuem sempre motivação política. No entanto, a Carta Magna fez questão de acentuar seu caráter especialmente grave para diferenciá-los dos crimes políticos. São exemplos típicos de crimes com motivação política que não constituem crimes políticos.

Outros crimes destacados pela Constituição, como tortura, tráfico ilícito de entorpecentes, racismo e os crimes hediondos, são incompatíveis com os marcos constitucionais do crime político, que não só impedem a extradição (art. 5º, LII), como devem ser apreciados pela justiça federal (art. 109, IV), com recurso ordinário direto para o Supremo Tribunal Federal (art. 103, II, "b"). Acolhe-se, aqui, o sistema de atrocidade dos meios, a impedir que se caracterize como políticas as infrações cuja gravidade é enunciada pela própria Constituição.

Nessa linha, certas espécies de crime, independentemente de sua motivação ou de sua finalidade política, não constituem crimes políticos. É que, levada às últimas consequências a tese contrária, logo teríamos casos de estupro, pedofilia, genocídio ou tortura, entre outros, tratados como crimes meramente políticos, obtendo seus autores os benefícios decorrentes desse enquadramento.

A toda evidência, as ações violentas da Ku Klux Klan e os assassinatos de Martin Luther King, Chico Mendes e Dorothy Stang são exemplos de crimes com notórias motivações e implicações políticas, mas isso não é suficiente para considerá-los como crimes políticos.

Na jurisprudência do Supremo Tribunal destacam-se os casos em que, na solução de difíceis problemas quanto à definição de crime político, conjugam-se os critérios da predominância e da atrocidade dos meios.

No caso *Fiermenich* (EXT n. 417, Relator para o acórdão Min. Oscar Corrêa, *DJ* de 21.9.1984), o Tribunal deferiu a extradição, negando aos fatos delituosos a conotação de crimes políticos. Estes são os termos da ementa do julgado:

> EMENTA – Extradição. Lei de anistia do País requerente inaplicável à hipótese, não atingindo o extraditando. Prevalência dos crimes comuns sobre o político, aplicando-se os §§ 1º a 3º do artigo 77 da Lei 6.815/80, de exclusiva apreciação da Corte: fatos que caracterizam, em princípio, terrorismo, sabotagem, sequestro de pessoas, propaganda de guerra e processos violentos de subversão da ordem. Alegação improcedente de submissão a juízes de exceção. Exclusão dos delitos relativos a: liderança de movimento político, porte de armas e explosivos, e uso de documentos falsos; bem como ressalvado que não poderão ser impostas ao extraditando penas superiores a trinta anos de prisão, o máximo, em relação a cada crime. Extradição deferida – com as ressalvas enunciadas.

O caso versava sobre crimes de homicídio, associação ilícita qualificada, posse de armas e de explosivos e uso de documentos falsos, além de atentado contra o então Ministro da Fazenda da Argentina, que acabou por ferir terceiros. Na ocasião, a Corte entendeu pela preponderância dos crimes comuns, autorizando a extradição, com exclusão dos delitos passíveis de destaque, aos quais reconheceu conotação política.

Trechos do voto do Min. Oscar Dias Corrêa são elucidativos:

> "Que político é o extraditando, que exerceu atividade política, não se nega, antes se proclama. A questão está, contudo, em saber até que ponto a atuação política, a paixão política – digamo-lo – pode ser compreendida e absorvida pela lei, para exculpar, ou descriminar.
>
> (...) Há limites, contudo, à atividade dita política, que, obviamente, conforme a sorte das revoluções, se caracterizam como normais à consecução de objetivos, ou se configuram como delituosas. Nas revoluções, os que depredam, ferem e matam, se vitoriosos, são os juízes dos depredados, feridos e mortos, que pisam e dominam. Se vencidos, são os criminosos, que respondem pelos erros – que, então, são erros imperdoáveis – e comparecem à barra do Tribunal para expiar a culpa de terem sido derrotados".

Em seu voto, acompanhando o Ministro Oscar Corrêa, o Ministro Rafael Mayer assentou que, *"pela eminência do bem jurídico sob a proteção, no crime de homicídio, não me posso furtar a considerar, neste crime complexo, a preponderância do crime comum aí revelado, que os motivos políticos eventuais não afastam".*

Ao encerrar seu voto, o Relator destaca: *"Por mais que prezemos as lutas pela liberdade e pela democracia, não vemos como confundi-las com as práticas delituosas que à sua sombra se acobertam".*

Ao julgar o Caso Pietro Mancini, na Extradição 994, em que foi relator o Ministro Marco Aurélio, o Tribunal negou a extradição, após afastar a hipótese de terrorismo. Ali, vários crimes eram imputados ao extraditando, inclusive com uso de arma de fogo, mas nenhuma notícia havia nos autos de dano grave à população, o que levou o Tribunal, presentes os demais elementos da finalidade e da motivação, a reconhecer a preponderância do caráter político sobre o comum das infrações.

Nos debates daquele julgamento, assentou o Ministro Relator que *"não houve ato voltado, em si, de forma genérica, contra a população"*. Na sequência, o Ministro Sepúlveda Pertence registrou que não havia "*nem sequer crime político violento, tentativa de alterar o regime por meios violentos, onde podem ocorrer fatos de violência. Agora, data vênia, no caso concreto, não é nada que se pudesse caracterizar, propriamente, como terrorismo. A própria explosão de um prédio, esclarece o Relator, atingiu apenas um prédio em construção*". O Ministro Nelson Jobim, após afastar o caráter terrorista das ações do extraditando, acompanhou o relator entendendo ter ficado claro, no voto condutor, que o ato de morte do comandante da academia italiana, naquele caso, não seria atribuível ao próprio extraditando.

Vê-se, pois, que o Supremo Tribunal Federal, ao tratar de situações em que se cogita da natureza política ou comum dos delitos, para fins de extradição, tem, constantemente, tratado de forma absolutamente diferenciada os crimes violentos, praticados contra a pessoa, especialmente no que respeita ao direito à vida e à liberdade. Ainda que a sua finalidade seja política, ou políticos os motivos, tais delitos, especialmente os chamados "delitos de sangue", vêm sendo, sistematicamente, tratados como comuns, por exacerbarem os limites éticos das lutas pela liberdade e pela democracia.

O Ministro Francisco Rezek, ao proferir seu voto acompanhando o Ministro Paulo Brossard (Relator) na Extradição 615 (Caso Garcia Meza – Bolívia), assentava que "*não há um único argumento a indicar motivação política nos crimes de assassinato, de apropriação de terras públicas em proveito próprio e de familiares, de lesão ao erário em concorrências públicas por ele administradas. Tudo que aí temos é desenganada criminalidade comum: de político, só o cargo por ele exercido – de resto, mediante usurpação*".

Mesmo nos casos em que o Tribunal indeferiu a extradição na presença de crimes contra a vida, o móvel para tanto esteve atrelado a outros fatores justificadores da negativa, como a ausência de individualização da conduta dos acusados, ausência de comprovação de sua autoria ou participação, ou mesmo nos casos de dolo eventual, situações em que, caso o julgamento fosse transposto para a Justiça Brasileira, dificilmente haveria condenação.

Assim ocorreu no Caso Falco (Ext 493), relativo à invasão do quartel de La Tablada, na Argentina. Nesse caso, dadas as circunstâncias exclusivas de que se revestiu a insurreição, o Tribunal negou a extradição, em que pese ao caráter violento dos crimes atribuídos ao extraditando. Os fatos caracterizaram-se como ações defensivas da ordem constitucional, afastando-se da hipótese de terrorismo. O voto do Ministro Celso de Mello registrou que "*seria paradoxal considerar político o ato que vulnerasse a ordem constitucional estabelecida e desvestido desse mesmo caráter político o ato de resistência constitucional ao golpe*".

Aqui, ademais, apesar de se tratar de insurreição, crime considerado político no ordenamento jurídico do Estado requerente, a outro, que não ao extraditando, foram atribuídos os crimes de homicídio. O núcleo central da conduta que lhe foi imputada residiu na associação ilícita qualificada, para fins de rebelião agravada – fortemente impregnada de conteúdo político, em torno da qual residem os demais fatos, unidos por vínculo de conexidade. A conduta do extraditando não fora individualizada, como ocorreu em relação a outros que participaram da insurreição. Deixou expresso em seu voto, o Ministro Moreira Alves, na ocasião, que "*na hipótese, não há qualquer circunstância que caracterize a culpa em relação ao assassínio, crime político impróprio*".

Ao julgar o Caso Luciano Pessina (Ext. 694, Rel. Min. Sydney Sanches), a Corte negou a extradição, assentando que faltava nos autos indicação de fatos concretos de participação do extraditando em atos de terrorismo ou de atentado à vida ou à incolumidade física das pessoas.

Conclui-se, pois, que, mesmo na situação em que o Tribunal, excepcionalmente, assentou a preponderância do caráter político de ações delituosas conexas com os chamados "crimes de sangue", não o fez baseado exclusivamente nessa circunstância, mas também, e principalmente, com base na impossibilidade de individualização da conduta do extraditando quanto aos delitos de maior gravidade.

É certo que a adoção dos critérios da preponderância e da atrocidade dos meios, na solução dos casos concretos, nunca prescindiu, na jurisprudência da Corte, da análise do *contexto político* em que praticados os atos criminosos. Além do fato de o conceito de crime político ser relativo a cada ordenamento jurídico, situado historicamente, é importante considerar que o ato de insurgência política poderá ter qualificações completamente distintas se praticado em Estados autoritários ou em Estados democráticos.

Há diferença, na essência, na capitulação de um ato como crime comum ou político, conforme o regime de determinado país seja democrático ou totalitário, ou mesmo ditatorial.

Havendo democracia, não há espaço, em princípio, nem há justificativa, à primeira vista, para atribuir a um delito a característica e os efeitos de um crime político.

Em outras palavras, havendo meios para derrotar o adversário dentro da lei (meios que garantam a todos os seus direitos subjetivos públicos), não há justificativa ética para o *favor constitutionis*. Inversamente, havendo ditadura, "a possibilidade" do crime político existe. Reconhece-se aos cidadãos o direito de defesa contra a tirania. Nesse caso, o revolucionário é uma vítima como toda a sociedade e, não tendo meios jurídicos efetivos para se proteger, lança mão do recurso que lhe sobra, que é a sua ação contra seus opressores. Nessas situações, o crime pode ser considerado um ato político em defesa do próprio agente ou da sociedade.

Ditadura é violência contra os direitos individuais e ameaça constante à própria vida dos cidadãos, sujeitos a denúncias, intrigas, vinganças que costumam levar à prisão ou a outras punições mais severas. Já a democracia abre ao cidadão os meios de movimentar o ordenamento jurídico em sua defesa. Instrumentos como *habeas corpus*, mandado de segurança, preservação do sigilo, devido processo legal, ônus da prova etc. estão à disposição do indivíduo e o protegem do eventual abuso de poder ou de ilegalidade perpetrada pelo Estado.

De outra parte, a democracia também abre aos cidadãos os meios para disputar contra seus adversários, inimigos, opositores, dentro dos parâmetros da vida social civilizada, conquista sofrida da humanidade, ao longo dos milênios da sociedade ocidental. Eleições são conflitos sublimados. Em vez de matar, manter em cárcere, expropriar o patrimônio do adversário, o vencedor da eleição conquista o direito legítimo de governar o país e, dentro da lei, reforçar sua posição de vantagem sobre seu adversário derrotado.

Assim, o mesmo crime que, numa ditadura, pode vir a ser absolvido sob a forma de anistia, numa democracia, é crime mesmo, crime preponderantemente comum, ainda que a motivação interior tenha origem numa hostilidade política. Caso contrário, qualquer indivíduo poderia tomar a lei em suas mãos, punir seu inimigo como lhe agradar e revestir seu ato de nobreza política. Situação em que a vida social assumiria a forma do *mundo hobbesiano*.

Por isso, a necessária análise do contexto sociopolítico em que foi praticado o ato capitulado como crime. Trata-se de elemento indispensável, pressuposto da própria aplicação da teoria mista ou eclética, segundo a qual, para a caracterização do crime como político, adotam-se os critérios objetivo – o bem jurídico violado pela ação (a segurança da ordem político-social do Estado, a própria manutenção do regime) – e subjetivo – que exige, à configuração, o móvel do agente, a intenção de suplantar o regime em vigor.

Ausentes os elementos objetivo e subjetivo, adotados na teoria mista ou eclética, poderá estar descaracterizado o crime político. Presentes, entretanto, o bem jurídico violado e o móvel político do agente, poderão ser estes insuficientes, se abstraídos do contexto em que foi praticada a infração. Havendo Estado de Direito e os instrumentos que dele decorrem para a garantia dos cidadãos, não haveria justificativa, em princípio, para a caracterização do crime como político.

A importância do contexto político na solução dos problemas relacionados à definição do crime político está representada na jurisprudência do STF.

Na extradição 615, já referida anteriormente, esse critério ficou claro. Confiram-se os termos da ementa:

"Crime político. Exame da sua configuração, como exceção impeditiva da concessão da extradição, deferida exclusivamente ao STF. Crime complexo ou crime político relativo, critério para a sua caracterização assentado na predominância da infração penal comum sobre aquelas de natureza política. Art. 77, §§ 1º e 2º, da Lei 6.815/80. Não havendo a Constituição definido o crime político, ao Supremo cabe, em face da conceituação da legislação ordinária vigente, dizer se os delitos pelos quais se pede a extradição constituem infração de natureza política ou não, tendo em vista o sistema da principal idade ou da preponderância. *Tribunal de Exceção. Não caracterização quando o julgamento se dá com fundamento e de conformidade com leis, desde há muito vigentes, e por integrantes da Suprema Corte de Justiça do País, na ocasião, regularmente investidos em suas funções.(...)*" (Ext 615, Rel. Min. Paulo Brossard, julgamento em 19.10.1994, *DJ* de 5.12.1994)

Ali se examinou se o panorama político-social em que se verificou o julgamento do extraditando evidenciava elementos de um Estado de Direito, entre eles o princípio do juiz natural. Concluiu a Corte que sim, que o ex-Chefe de Estado fora julgado por magistrados legitimamente investidos nas suas funções de membros da Suprema Corte da Bolívia.

Em outra extradição, no Caso Pietro Mancini (Ext. 994), o eminente Relator, Ministro Celso de Mello, assentou a importância da análise do contexto social e político do país, por ocasião dos fatos delituosos e do seu julgamento, para efeitos de enquadramento:

"Considero oportuno, ainda, *delinearem-se as circunstâncias históricas que envolvem os fatos pelos quais se pleiteia a presente extradição e que evidenciam a natureza comum (e não política) dos eventos delituosos a que se refere este pleito extradicional.*

Os crimes cometidos pelo ora extraditando ocorreram em abril de 1991 (homicídio do Senador Jaime Guzmán Errázuriz) e entre setembro de 1991 e fevereiro de 1992 (sequestro de Cristián Edwards Del Rio e formação de quadrilha armada). Durante esse período, quando o General Augusto Pinochet não mais exercia a Chefia de Estado, *a República do Chile já vivia, então, um momento de plena normalidade democrática.* Os partidos políticos em geral, inclusive os de esquerda, já se encontravam em situação de absoluta legalidade e o povo chileno havia escolhido, em eleições livres, abertas e democráticas, o seu novo Presidente da República.

Vê-se, pois, que *os delitos cometidos pelo ora extraditando – em momento de plena vigência, no Chile, de um regime inquestionavelmente democrático – possuem a natureza de crimes comuns,* valendo referir, bem por isso, a tal propósito, que o órgão judiciário prolator da condenação penal que motivou este processo de extradição atende, de maneira integral, ao princípio do juiz natural (CF, art. 5º, XXXVII), não se cuidando de tribunal de exceção, nem de juízo instituído "ex post facto" ou organizado "ad hoc" para o julgamento de uma causa penal específica ou de um réu determinado" *(ênfases acrescidas).*

No julgamento do citado caso *Falco* (EXT n. 493), o voto do Ministro Francisco Rezek, em alusão ao julgamento anterior, no Caso Firmenich, bem exprime esse pensamento:

"Foi contra o governo argentino a ação dos rebeldes que assaltaram o quartel de La Tablada. Cuida-se de solver apenas – e a isso o relator consagrou grande parte de seu alento, o tema da pertinência, ou não, da cláusula belga, vinculado à questão da preponderância, que também já enfrentamos no passado. A esse respeito, observo que o argumento que desenvolvi no *caso Fiermenich* não me socorre para votar neste caso. Ali, estimei *que a questão de saber se a violência empreendida por pessoa ou grupo na sua contestação de determinado regime contamina o aspecto político do delito, transformando-o num crime comum, fazendo com que prepondere o elemento de criminalidade comum, deve ser aferida em função do perfil do regime ao qual se reage. Se num regime aberto, onde as pessoas podem livremente exteriorizar sua oposição ao quadro reinante, algum contestador emprega métodos violentos, não tenho maior dificuldade em estimar que esse é um caso de hibridismo a ser resolvido pela tese da criminalidade comum.* No caso Firmenich, em função das circunstâncias na Argentina da época, em função do elevado grau de truculência a que se entregava o governo militar argentino, entendi merecedora de maior tolerância, atitude, porventura, não estritamente acadêmica, dos que se insurgiram contra o regime. Vemos aqui, um quadro político diverso: A Argentina do início de 1989 não é aquela que se retra-

632 Estado de Direito e Jurisdição Constitucional – Decisões relevantes em 15 anos de atuação no STF

tava no caso Firmenich. Estamos em face de ação marcada por determinado grau de violência, com baixas humanas, e dentro de um quadro político onde não falta às pessoas oportunidade de contestar o governo por meios pacíficos" (ênfases acrescidas).

Na ocasião, embora o regime já fosse democrático na Argentina, S. Exa. concluiu por negar a extradição pelo crime de insurreição imputado ao extraditando, *porque o próprio sistema jurídico argentino o classificava como político* e porque, na correspondência desse delito com o do art. 17 da Lei de Segurança Nacional (Art. 17 – Tentar mudar, com emprego de violência ou grave ameaça, a ordem, o regime vigente ou o Estado de Direito), é um crime único, para o qual perdem a identidade os homicídios e as lesões graves, cuja ocorrência e número servirão não para a caracterização de delitos autônomos, mas para aumentar a pena do crime de rebelião.

Retira-se da jurisprudência do Supremo, dessa forma, a conjugação de alguns critérios, que vêm norteando a análise dos sempre difíceis casos referentes aos denominados crimes políticos relativos. Na abordagem caso a caso (*case by case approach*), o Tribunal tem se valido, especialmente, do sistema da preponderância e do critério da atrocidade dos meios, sem deixar de valorar todas as circunstâncias *fáticas e jurídicas* presentes na situação, com especial relevo para o *contexto histórico, político e jurídico* em que praticadas as infrações.

VII. As circunstâncias de fato

A defesa repercutiu declarações iradas de autoridades italianas que se seguiram à decisão do Ministro da Justiça concessiva do refúgio a CESARE BATTISTI, buscando, com isso, demonstrar o caráter de perseguição política que cercaria o pedido extradicional.

A propósito, a defesa destaca carta enviada pelo Presidente da República italiano, Giorgio Napolitano, ao Presidente Luiz Inácio Lula da Silva, na qual expressou "profundo estupor e pesar". Também menciona a convocação do embaixador brasileiro na Itália, efetuada pelo Ministério das Relações Exteriores daquele país, para expressar "sua queixa e surpresa", bem como a convocação do embaixador italiano no Brasil, evidenciando forma grave de protesto nas relações diplomáticas.

Prossegue recordando o aceno do Ministro da Justiça da Itália, Angelino Alfano, sobre a possibilidade de dificultar o ingresso do Brasil no G8 e a declaração do Ministro da Defesa italiano, Ignazio La Russa, de que a decisão concessiva de refúgio a Battisti "*coloca em risco a amizade entre a Itália e o Brasil*", ameaçando acorrentar-se à porta da embaixada brasileira em Roma.

Na mesma linha, a defesa realça declarações do ex-Presidente da República italiano, Francesco Cossiga, de que "o Ministro da Justiça (do Brasil) disse umas cretinices" e de que o Presidente Lula era um "populista católico", do tipo chamado na Itália de "cato-comunista", trazendo ao conhecimento também o fato de que o Ministro italiano para Assuntos Europeus considerou "vergonhosa" a decisão brasileira.

Ainda faz menção à proposta do Vice-Prefeito de Milão de boicote a produtos brasileiros, "como forma de pressionar o Brasil a reconsiderar a decisão", bem como à proposição do Senador Vice-Presidente da Comissão das Relações Exteriores do Senado da Itália, Sergio Divina, indicando o "boicote turístico ao Brasil".

No mais, transcreve frase proferida pelo Deputado italiano Ettore Pirovano, ligado à base de apoio ao Governo do Primeiro-Ministro Berlusconi, nos seguintes termos: "Não me parece que o Brasil seja conhecido por seus juristas, mas, sim, por suas dançarinas. Portanto, antes de pretender nos dar lições de Direito, o Ministro da Justiça brasileiro faria bem se pensasse nisso não uma, mas mil vezes".

Descontado o real destempero e, até mesmo, a deselegância contida em certas declarações, noto que, longe de exteriorizarem um sentimento de perseguição a Cesare Battisti pelos crimes cometidos, aludidas manifestações podem ser caracterizadas como pura expressão de revolta dos

Garantias constitucionais do extraditando **633**

italianos, voltada, na verdade, aos termos em que foi lavrada a decisão do Ministro da Justiça brasileiro concessiva do refúgio, especialmente nas partes em que coloca em dúvida a lisura do Judiciário italiano e a própria consistência da democracia vigente naquele país, o que afasta de tais declarações, por completo, caráter de perseguição política ao extraditando.

A meu sentir, nada permite, de outro lado, considerar como indicativo do caráter político das condenações o fato de se haver afirmado em sentença que o extraditando agiu *"(...) com a finalidade de subverter a ordem do Estado"*, e fazer com que o *"(...) proletariado tomasse o poder"*.

Ora, deve-se recordar que os delitos que embasam o pedido de extradição não se classificam puramente como de opinião ou subversivos da ordem política, tratando-se, na verdade, de *quatro homicídios premeditados*, isoladamente cometidos, fora de contexto de rebelião que, em tese, poderia justificar a ocorrência como espécie de crime multitudinário com resultado morte.

Novamente enaltecendo a distinção doutrinária e jurisprudencial aplicável aos crimes políticos próprios e impróprios, assim manifestou-se o Ministro Celso de Mello no julgamento da Extradição n. 493/Argentina:

A noção de criminalidade política é ampla. Os autores costumam analisá-la em face de posições doutrinárias que reduzem a teoria do crime político a um dualismo conceitual, que distingue, de um lado, o crime político absoluto ou puro (é o crime político em sentido próprio) e, de outro, o crime político relativo ou misto (é o delito político em sentido impróprio). Aquele, traduzindo-se em ações que atingem a personalidade do Estado, ou que buscam alterar-lhe ou afetar-lhe a ordem política e social (Manoel Gonçalves Ferreira Filho, op. cit., p. 609; Francisco de Assis Toledo, "Princípios Básicos de Direito Penal", p. 135, item 119, 3ª Ed., 1987, Saraiva, inter plures); este – o crime político em sentido impróprio – embora exprimindo uma concreta motivação político-social de seu agente, projeta-se em comportamentos geradores de uma lesão jurídica de índole comum.

Por isso é que, diferentemente do que consta da decisão concessiva do refúgio, não se pode, de forma válida, invocar o julgamento firmado por esta Corte na Extradição n. 694 como paradigma de que *"Outros evadidos da Itália por motivos políticos vinculados à situação do país na década de 1970 e o início dos anos 1980, mesmo período de fuga do Recorrente, não foram extraditados para o país pelo Supremo Tribunal Federal"*.

Aludido processo de extradição tinha por escopo a entrega do cidadão italiano Luciano Pessina, negando o Plenário desta Corte o pedido de extradição, consoante a seguinte ementa:

EMENTA: – EXTRADIÇÃO EXECUTÓRIA DE PENAS. PRESCRIÇÃO. CRIMES POLÍTICOS: CRITÉRIO DA PREPONDERÂNCIA. 1. O extraditando foi condenado pela Justiça Italiana, em julgamentos distintos, a três penas de reclusão: a) – a primeira, de 1 ano, 8 meses e 20 dias; b) – a segunda, de 5 anos e 6 meses; e c) – a terceira, de 6 anos e 10 meses. 2. Quanto à primeira, ocorreu a prescrição da pretensão punitiva, de acordo com a lei brasileira. E até a prescrição da pretensão executória da pena, seja pela lei brasileira, seja pela italiana. 3. No que concerne às duas outras, não se consumou qualquer espécie de prescrição, por uma ou outra leis. 4. Mas, já na primeira condenação, atingida pela prescrição, ficara evidenciado o caráter político dos delitos, consistentes em explosões realizadas na via pública, para assustar adversários políticos, nas proximidades das sedes de suas entidades, sem danos pessoais, porque realizadas de madrugada, em local desabitado e não frequentado, na ocasião, por qualquer pessoa, fatos ocorridos em 1974. 5. A segunda condenação imposta ao extraditando foi, também, por crime político, consistente em participação simples em bando armado, de roubo de armas contra empresa que as comercializava, de roubo de armas e de dinheiro, contra entidade bancária, fatos ocorridos em 12.10.1978. Tudo, "com o fim de subverter violentamente a ordem econômica e social do Estado italiano, de promover uma insurreição armada e suscitar a guerra civil no território do estado, de atentar contra a vida e a incolumidade de pessoas para fins de terrorismo e de eversão da ordem democrática". *Essa condenação não contém indicação de fatos concretos de participação do extraditando em atos de terrorismo ou de atentado contra a vida ou a incolumidade física das pessoas*. E o texto é omisso quanto às condutas que justificaram a condenação dos demais agentes, de sorte que não se pode aferir quais foram os fatos globalmente considerados. E não há dúvida de que se tratava de insubmissão à ordem econômica e social do Estado italiano, por razões políticas, inspiradas na militância do paciente e de seu grupo. Trata-se, pois, também, nesse caso, de crime político, hipótese em que a concessão da extradição está expressamente afastada pelo inciso LII do art. 5º da Constituição Federal, "verbis": "não será concedida extradição de estrangeiro por crime político ou de opinião." 6. Na terceira condenação – por roubo contra Banco, agravado pelo uso de armas e pluralidade de agentes – o julgado não diz que o delito tenha sido praticado "com o fim de subverter violentamente a ordem econômica e social do Estado italiano", como ocorreu na 2ª condenação. Não há dúvida, porém, de que os fatos resultaram de um mesmo contexto de militância política, ocorridos que foram poucos meses antes, ou seja, "em época anterior e próxima a 09.02.1978", envolvendo, inclusive, alguns agentes do mesmo grupo. 7. *Igualmente nesse caso (3ª condenação), não se apontam, com relação ao paciente, fatos concretos característicos de prática de terrorismo, ou de atentados contra a vida ou a liberdade das pessoas.* 8. Diante de todas essas circunstâncias, não é o caso de o STF valer-se do § 3º do art. 77 do Estatuto dos Estrangeiros, para, mesmo admitindo tratar-se de crimes políticos, deferir a extradição. 9. O § 1º desse mesmo artigo (77) também não justifica, no caso, esse deferimento, pois é evidente *a preponderância do caráter político dos delitos, em relação aos crimes comuns.* 10. E a Corte tem levado em conta o critério da preponderância para afastar a extradição, ou seja, nos crimes preponderantemente políticos (*RTJ* 108/18; EXTRADIÇÃO n. 412-*DJ* 08.03.85; e *RTJ* 132/62). 11. Com maior razão, hão de ser considerados crimes políticos, ao menos relativos, os praticados pelo extraditando, de muito menor gravidade que as de um dos precedentes, ainda que destinados à contestação da ordem econômica e social, quais sejam, o de participação simples em bando armado, o de roubo de armas, veículos e dinheiro, tudo com a mesma finalidade. 12. Uma vez reconhecida a prescrição, seja pela lei brasileira, seja pela italiana, no que concerne à primeira condenação (1 ano, 8 meses e 20 dias de reclusão) e caracterizados crimes políticos, quanto às duas outras, o pedido de extradição, nas circunstâncias do caso, não comporta deferimento. 13. Extradição indeferida. Plenário. Decisão unânime. (Relator Ministro Sydney Sanches, julgado em 13 de fevereiro de 1997, destaquei).

Note-se, especialmente pelos trechos em destaque, que o Supremo não se baseou apenas na motivação política que levou às práticas delituosas para indeferir a medida, preocupando-se, ao identificar a *preponderância do caráter político* em relação aos tipos penais em que incurso o extraditando, com a inexistência de danos pessoais, o que permitiu visualizar os crimes comuns como um *minus* em relação ao intento de afronta ao regime posto.

Outro precedente elucidativo da adoção da preponderância do caráter político deriva do julgamento da já referida Extradição n. 994, Rel. Min. Marco Aurélio, sendo extraditando Pietro Mancini, condenado pela justiça italiana pelas seguintes acusações:

a) assalto e porte de armas;

b) participação em grupo armado com finalidade subversiva;

c) homicídio e lesões com agravante e porte de armas.

Nesse caso, em que pese à ocorrência de crime contra a vida, foi a extradição indeferida. Entre os fundamentos levantados pelo Ministro Relator, porém, esteve presente a circunstância de que a condenação deu-se com base em dolo eventual, sem individualização da conduta do requerente, a que foi atribuído dolo eventual, pela Justiça italiana, por ter participado de uma manifestação política. Colhe-se do voto do Ministro Relator:

Conforme ressaltado pelo Ministério Público Federal, na Sentença n. 61/85, que se encontra a partir da folha 166, ficou bem caracterizada a existência de um movimento político objetivando a alteração da própria vida do Estado italiano. Os crimes verificados decorreram da formação do movimento denominado Autonomia Operária Organizada. O pano de fundo, revelando-se a conexão, mostrou-se como sendo a atividade de um grupo de ação política, desaguando em práticas criminosas que, isoladamente, poderiam ser tidas como comuns. Tudo ocorreu visando a subverter a ordem do Estado, cogitando-se, por isso mesmo, de "organização subversiva Rosso, em cujo interesse eram deliberadas as rapinas executadas". O que surge inafastável é o fato principal de se haver buscado a modificação da ordem econômico-social do Estado italiano.

Relativamente à morte do policial italiano, o extraditando veio a ser considerado responsável presente o dolo eventual, no que organizara e participara da manifestação prevista e que foi reprimida ocorrendo choques entre os participantes e a polícia.

(...).

Em passo seguinte, fez-se menção ao transporte de explosivo de Genebra, à rapina, ao atentado contra o cárcere de Bérgamo, sendo que, em relação a este, apontou-se que realmente explodiram-se engenhos de alto potencial no interior do Instituto Penal de Bérgamo, que se encontrava, no entanto, em construção, e aludiu-se a danos materiais.

Observa-se que, nesse precedente, a Corte atribuiu ao crime político caráter preponderante em relação aos delitos comuns, mas não sem considerar que, no caso do crime de homicídio, não houve individualização da conduta do extraditando.

A preponderância do crime comum em relação ao crime político motivou, em sentido oposto, o deferimento da extradição do célebre militante do grupo argentino "Montoneros", Mario Eduardo Firmenich, nos autos da já referida Extradição n. 417.

Nesse processo, pesavam contra o extraditando as seguintes acusações:

a)   associação ilícita qualificada e posse de armas de guerra;

b)   posse de explosivos destinados a cometer crimes contra a segurança;

c)   uso de documento público falsificado e posse de armas;

d)   homicídio do empresário Francisco Agustín Soldatti e do cabo da Polícia Federal Ricardo Manuel Duran;

d)   homicídio de Juan Carlos Perez e Alberto Bosch;

e)   atentado contra Juan Aleman, Ministro da Fazenda, que saiu ileso, resultando feridos, porém, o agente da Polícia Federal Ventura Delfor Niño e o motorista Silvio Consiglieri.

Elucidativo do entendimento que se formou naquele julgamento é o voto do Ministro Néri da Silveira, do qual é relevante transcrever o seguinte trecho:

...bem de ver é que, no caso concreto, acusações resultam, precisamente, da atuação do extraditando como líder do movimento terrorista aludido. Essas acusações não nos incumbe, no juízo da extradição, examiná-las, em seu âmago, pois tal concerne ao mérito da responsabilidade criminal, cabendo apurá-las nos procedimentos instaurados no juízo estrangeiro competente, resguardado o contraditório, que, então, se estabelecer nesses feitos. Penso que, ressalvadas aquelas hipóteses mencionadas no parecer da Procuradoria-Geral da República, tidas como insuscetíveis de concessão de extradição, – em se tratando de crimes de atentado contra a vida, de participação em homicídios, de atos de terrorismo, contra a segurança do Estado, não é possível deixar de afastar, segundo a Lei de Estrangeiros, motivação política, pois, em se cuidando de crimes complexos, preponderante é o elemento próprio do crime comum do atentado à vida e à liberdade das vítimas.

Aqui, mais uma vez, identificou-se no extraditando a autoria e a participação direta em crimes contra a vida. Mais que isto, identificou-se prática terrorista.

Reafirma-se, pois, que a jurisprudência da Corte, ao aplicar o sistema da preponderância, não despreza, em qualquer hipótese, a atrocidade dos meios, a ocorrência de crimes contra a vida e a possibilidade de serem eles imputáveis, mediante individualização da conduta, ao extraditando.

Tenho que o contexto em que foram praticados os quatro crimes de homicídio atribuídos a CESARE BATTISTI, aplicando-se os parâmetros acima expostos, rigorosamente permite classificar como preponderantemente comuns as condutas.

Encontram-se nos autos as seguintes descrições dos fatos, consoante a tradução que acompanha o pedido extradicional, *ipsis literis* abaixo transcrita:

Homicídio de ANTONIO SANTORO, marechal dos agentes de custódia do cárcere de Udine, acontecido em Udine em 6.6.1978.

Na manhã de 6.6.1978 o marechal Santoro percorre a pé a rua Spalato em Udine para recar-se da sua casa ao trabalho, isto é, ao cárcere.

Um jovem rapaz, que, finge estar namorando com uma moça dos cabelos ruivos, o espera no cruzamento entre aquela rua e via Albona e dispara dois tiros de pistola nas suas costas e o mata.

Depois do tiroteio entra num carro branco onde se encontram outros dois jovens de sexo masculino, que se distanciam a forte velocidade em direção a via Pola.

Duas testemunhas retêm de poder identificar o modelo do carro: um Simca 1300 ou um Fiat 124.

Lá pelas 13.00 horas do mesmo dia, uma patrulha dos carabineiros encontra abandonada em via Goito um carro marca Simca 1300 branco, que resulta roubado na noite do dia anterior.

O carro vem encontrado aberto e vem acertado que para fazê-lo funcionar, os ladrões tiveram que estrapar os fios do implante elétrico que eram coligados ao quadro com um grampo de cabelos.

Os investigadores acertaram também que o carro estava estacionado no lugar onde foi achado já das 7:50 horas daquele mesmo dia, e, isto é, minutos imediatamente sucessivos ao momento no qual foi consumado o homicídio.

As sucessivas investigações, permitiram de estabelecer que o autor material do homicídio de Santoro, isto é, aquele que tinha disparado nas suas costas os dois tiros de pistola, se identificava no hodierno estradando CESARE BATTISTI, que, entre outras coisas, tinha já ficado preso no cárcere de Udine.

A modalidade exata de tal homicídio foi assim reconstruída: o BATTISTI e Enrica MIGLIORATI, ficaram abraçados por cerca 10 minutos a apenas alguns metros de distância do portão do prédio de Santoro, enquanto Pietro MUTTI e Claudio LAVAZZA, esperavam no carro a chegada da vítima.

BATTISTI se destacou imediatamente da MIGLIORATI, se aproximou correndo de Santoro, e o feriu primeiro com um tiro nas costas e com outros dois tiros, quase a queima-roupa, quando o marechal era já a terra.

Súbito depois o BATTISTA e a MIGLIORATI correram em direção do Simca 1300 que apenas tinha se posicionado no meio da rua, e assim escaparam todos os quatro.

Chegaram então na avenida principal, trocaram de carro, se desfizeram dos travestimentos (bigode e barba postiça para o BATTISTI, peruca ruiva para a MIGLIORATI, peruca preta para o LAVAZZA) e chegaram à estação de Palmanova, onde o BATTISTI desceu, levando consigo a bolsa das armas e das maquiagens.

Foi acertado também que a decisão de matar o Santoro partiu do BATTISTI que conhecia pessoalmente a vítima.

Homicídio de LINO SABBADIN acontecido em Mestre em 16.2.1979

No dia 16.2.1979, lá pelas 16:50 horas, dois indivíduos de sexo masculino, com o rosto descoberto, mas com barba e bigode postiços, entram num açougue dirigido por LINO SABBADIN em Caltana di Santa Maria di Sala perto de Mestre, e, um destes, depois de ter-se certificado que aquele homem que era diante dele era o próprio SABBADIN em pessoa, extraiu fulmineamente uma pistola da uma bolsa que trazia consigo, e explodiu contra este dois golpes de pistola, fazendo-o cair pesantemente sobre o estrado atrás do balcão onde naquele momento estava trabalhando; imediatamente depois dispara outros dois tiros sobre o alvo que no mais é já a terra, e tudo com a clara intenção de matar.

Depois disto os dois saem rapidamente da loja e entram num carro guiado por um terceiro cúmplice, que se afasta a forte velocidade em direção do centro habitado de Caltana, para depois prosseguir em direção de Pianga.

O SABBADIN vem carregado agonizante numa ambulância, mas chega morto no Hospital de Mirano.

Ficou acertado que a vítima, no curso de uma rapina que foi feita ao interno do seu negócio em dezembro de 1978, tinha usado uma arma da qual era legitimamente em possesso, ferindo a morte um dos assaltantes.

As investigações estabeleceram que os indivíduos de sexo masculino que entraram na loja do SABBADIN eram CESSARE BATTISTI e DIEGO GIACOMINI, este último tinha aberto fogo com uma pistola semiautomática calibre 7,65 depois de ter perguntado ao comerciante se era ele o SABBADIN e depois de ter recebido uma resposta positiva.

Neste meio tempo, PAOLA FILIPPI, travestida com bigode e barba postiça e com os cabelos presos dentro de um boné, tinha ficado esperando num carro precedentemente roubado e que foi usado para a fuga.

Garantias constitucionais do extraditando 637

Homicídio de PIERLUIGI TORREGIANI, acontecido em Milão em 16.2.1979

Às 15:00 horas de 16.2.1979, enquanto se dirigia para a sua loja, a pé, em companhia de seus dois filhos menores, PIERLUIGI TORREGIANI cai vítima de uma emboscada.

Dois jovens que o precedem, se giram improvisadamente e disparam dois tiros na sua direção: o escudo antiprojétil que trazia consigo, diminuiu o impacto consentindo a sua defesa.

Vem novamente ferido, mas desta vez ao fêmur, e cai a terra. Dispara em direção de seus agressores, mas um projétil atinge o seu filho, ferindo-o gravemente; o joalheiro vem finalmente atingido na cabeça.

Vem transportado ao hospital onde chega morto.

O filho restará paraplégico e será incapaz de caminhar.

Este homicídio foi cometido mais ou menos poucas horas antes daquele de LINO SABBADIN e, o TORREGIANI também, como o SABBADIN, em precedência tinha reagido com arma de fogo a uma rapina ao restaurante Transatlântico de Milão acontecido em 23.1.1979, no curso da qual um dos delinquentes morreu por causa dos tiros não de TORREGIANI, mas de um outro comensal que se encontrava no local.

A decisão de matar o TORREGIANI amadureceu juntamente com aquela de matar o SABBADIN: as duas ações homicidas foram decididas juntamente, executadas quase contemporaneamente e unitariamente reivindicadas.

Para decidirem sobre os dois homicídios foram feitas uma série de reuniões na casa de PIETRO MUTTI e LUIGI BERGAMIN, às quais o BATTISTI sempre participou e, todos foram de acordo sobre a oportunidade de tais ações criminais. Portanto BATTISTI se assumiu a função de executor material do homicídio de LINO SABBADIN mas teve função decisiva no homicídio TORREGIANI, mesmo se não participou materialmente a execução de tal crime. Ao contrário, súbito depois do homicídio de SABBADIN, BATTISTI procurou, como da precedente acordo, de contactar telefonicamente os autores materiais do homicídio TORREGIANI e, se como não conseguiu localizá-los, fez o telefonema de reinvindicação, depois de ter sentido a notícia do assassinato de TORREGIANI pelo rádio.

Além disto, no curso das reuniões acima citadas na casa de MUTTI e de BERGAMIN, BATTISTI reforçou muitas vezes a necessidade da inevitável ação homicida, deixando, na noite de 14.2.1979 a casa de BERGAMIN, onde estavam reunidos alguns tépidos discordantes deste projeto de duplo homicídio, que no mais era já de imediata realização, observando "que a operação à qual estavam trabalhando era já pronta e que teria partido para Pádova no dia seguinte".

Dito isto se afastou súbito depois.

Se faz presente que Pádova é localizada nas proximidades de Caltana di Santa Maria di Sala onde dois dias depois BATTISTI participou materialmente ao homicídio de LINO SABBADIN.

Em definitivo, o BATTISTI, seja enquanto participante da decisão colegial que diz respeito a ambos homicídios, seja enquanto executor material do homicídio SABBADIN e autor da única reivindicação de ambas ações, foi condenado também por concurso no homicídio TORREGIANI.

Homicídio de ANDREA CAMPAGNA, acontecido em Milão 19.4.1979

Às 14:00 horas do dia 19.4.1979, o agente de Polícia de Estado ANDREA CAMPAGNA, membro da DIGOS de Milão, com funções de motorista, depois de ter visitado a namorada junta à qual, como todos os dias, almoçava, se preparava em companhia de seu futuro sogro, para pegar o seu carro estacionado à via Modica, para depois acompanhá-lo na sua loja de sapatos de via Bari.

A este ponto, vinha improvisamente enfrentado por um jovem desconhecido, que, aparecendo de repente detrás de um carro estacionado ao lado do carro do policial, explodia contra ele, em rápida sucessão 5 tiros de pistola.

LORENZO MANFREDI, pai da namorada do CAMPAGNA, tentava de intervir, mas o atirador lhe apontava a arma que ainda empunhava, apertando por duas vezes o grileto, sem que todavia partissem os tiros.

Súbito depois, o jovem desconhecido fugia em direção à cooperativa de via Modica, onde, em correspondência da curva que ali existe, entrava num carro Fiat 127 dirigido por um cúmplice; tal carro, depois de ter girado à esquerda em via Biella, se afastava em direção de via Ettore Ponti.

O CAMPAGNA vinham imediatamente socorrido, mas morria durante o transporte para o hospital.

Os acertamentos médico-legal dispostos sobre o cadáver do agente assassinado consentiram de esclarecer que a vítima foi atingida por cinco tiros, todos explodidos em rapidíssima sucessão da uma distância muito próxima, quando o CAMPAGNA ainda vivo girava verso o homicida a metade esquerda do corpo.

Como referido pelos familiares, o gente assassinado tinha aparecido de maneira muito nítida no curso de um serviço televisivo em ocasião da prisão de alguns dos autores do homicídio TORREGIANI, havendo o mesmo efetuado o transporte de tais presos da Questura ao cárcere de San Vittore.

A decisão de matar CAMPAGNA foi assumida, como emergeu do prosseguimento das investigações, principalmente por BATTISTI, por CLAUDIO LAVAZZA, PIETRO MUTTI e BERGAMIN LUIGI, pois que o CAMPAGNA tinha participado à prisão de alguns presuntos autores do homicídio de TORREGIANI.

A iniciativa mais importante seja na escolha do objetivo, seja na fase sucessiva de preparação do atentado, foi assunta pelo mesmo BATTISTI, que controlou por um período os movimentos e hábitos do CAMPAGNA.

Além disto foi o próprio BATTISTI que cometeu materialmente o homicídio explodindo cinco tiros na direção do policial, enquanto uma segunda pessoa o esperava à bordo de um Fiat 127 roubado e utilizado para a fuga.

Não vejo como se poderia, diante de tais descrições, atribuir-se predominância política aos homicídios, bastando observar-se o contexto em que foram praticados – mediante premeditação e emboscada –, com o propósito imediato de eliminar as vítimas, destacando-se os motivos apurados pelas investigações, como vingança, nos casos do açougueiro Lino Sabbadin e do joalheiro Pierluigi Torregiani, por terem reagido a assaltos anteriormente ocorridos, os quais resultaram na morte de assaltantes, o que não seria diferente com relação à vítima Andrea Campagna, eliminada por ser motorista da viatura que transportou alguns presos acusados de participar do homicídio de Torregiani.

Quero com isso demonstrar que não se pode dar aos chamados "crimes de sangue" praticados com premeditação e puro *animus necandi*, segundo deflui dos autos, o mesmo caráter de crime político, atribuível, *v.g.*, ao homicídio cometido em meio a um levante social ou ataque maciço visando à alteração do regime.

Evidenciando, com essas considerações, a predominância do intento da prática de crime comum em relação à motivação política, concluo ser possível o deferimento do pedido de extradição, por não esbarrar no impeditivo disposto no art. 5º, LII, da Constituição Federal, e no art. 77, VII, da Lei n. 6.815/80.

VIII. Obrigatoriedade de entrega do extraditando ao estado requerente

Por fim, é preciso tecer algumas considerações sobre a execução desta decisão, especificamente, sobre a questão, muitas vezes abordada de forma simplista e até mesmo simplória – o que leva, invariavelmente, a soluções acríticas e pouco fundamentadas – quanto ao Poder Executivo brasileiro estar ou não obrigado à efetiva entrega do extraditando à República Italiana, ante o deferimento da extradição por parte do Supremo Tribunal Federal.

Não se trata de averiguar se teria o Supremo Tribunal Federal poder coercitivo em face do Poder Executivo para determinar o cumprimento do acórdão que deferiu a extradição. A questão, muitas vezes formulada por esse viés equivocado, leva a respostas igualmente equivocadas. O tema está umbilicalmente ligado à própria natureza da extradição e, portanto, diz respeito à definição do papel exercido pelos Poderes Executivo e Judiciário no processo extradicional.

A extradição, em simples termos, é a entrega que um Estado faz a outro Estado – a pedido deste – de um indivíduo neste último processado ou condenado criminalmente. É, em suma, uma relação de direito internacional entre Estados soberanos para o fim de cooperação em matéria de repressão ao crime. Como uma relação entre pessoas jurídicas de direito internacional público, a extradição tem como protagonistas os representantes legítimos, os Chefes dos Governos de cada Estado, e é materializada com base em tratado internacional ou, em sua ausência, em promessa de reciprocidade. A relação obrigacional para fins de extradição, se existente – seja com base em tratado bilateral, convênio multilateral, pacto de reciprocidade ou mesmo em lei interna do Estado requerido –, ocorre entre Governos, ou seja, entre os Poderes Executivos de cada Estado.

Assim é que, historicamente, o processo extradicional surgiu como uma relação eminentemente entre Estados soberanos.

No Brasil Império, o processo de extradição obedecia a um sistema tipicamente administrativo – sem qualquer participação de autoridade judicial –, consagrado na Lei n. 234, de 23 de novembro de 1841, art. 7º, n. 2, e no Regulamento n. 124, de 5 de fevereiro de 1842, arts. 9º e 20, combinados com o Decreto de 9 de setembro de 1842. O processo observado em relação à extradição passiva era o seguinte: recebido o pedido pelo Ministro dos Negócios Estrangeiros, se, de acordo com o Conselho de Ministros, não o recusasse imediatamente, era ouvido o Procurador-Geral da Coroa. Caso este opinasse favoravelmente ao pedido, a extradição era então concedida, mesmo antes da prisão do extraditando. Podia o Procurador-Geral, no entanto, emitir parecer pela rejeição do pedido pelo Conselho de Ministros ou pela audiência da Seção de Negócios Estrangeiros do Conselho de Estado Imperial, órgão consultivo da Coroa, presidido pelo Imperador (Cfr.: MACIEL, Anor Butler. *Extradição Internacional.* Brasília: Imprensa Nacional, 1957, p. 11).

Nesse período imperial, algumas extradições foram concedidas em razão de tratados firmados pelo Brasil com Carlos X, da França (6 de junho de 1826, art. 8º), Grã-Bretanha (17 de agosto de 1827, art. 5º), com Frederico III, da Prússia (18 de abril de 1828, art. 4º), e com Portugal (19 de maio de 1836, art. 7º). Por ato Circular do Ministro dos Negócios Estrangeiros, de 4 de fevereiro de 1847, dirigido aos agentes diplomáticos e consulares brasileiros, ficaram estabelecidas as condições em que o Brasil entregaria, sob promessa de reciprocidade, criminosos refugiados em seu território.

A Constituição de 1891 não fixou, expressamente, a competência para processar e julgar o pleito extradicional, deixando ao legislador, nos termos do art. 34 (32), a competência para regular, em caráter privativo, o processo de extradição. Na República (até 1911), o sistema administrativo continuou a reger o processo extradicional, com base na Lei n. 221, de 20 de novembro de 1894, art. 38, e Decreto n. 3.084, de 5 de novembro de 1898, 1ª parte, art. 112, § 2º). Com a Lei n. 967, de 2 de janeiro de 1903, a atribuição de informar os pedidos de extradição, antes a cargo do Procurador-Geral da República, passou ao Consultor-Geral da República.

Até então, como abordado, as extradições no Brasil ocorriam com base em tratados firmados com diversos Estados ou em promessas de reciprocidade. Em 1905, o Supremo Tribunal Federal decidiu que a extradição só seria possível se baseada em tratado (HC n. 2.280, decisões de 7, 10 e 14 de junho de 1905). A razão era a de que a Constituição republicana de 1891, ao atribuir ao Congresso Nacional a competência para *"regular os casos de extradição entre os Estados"*, teria abolido a extradição fundada apenas em reciprocidade ou em ato voluntário do Poder Executivo não submetido à prévia disciplina do Poder Legislativo. A decisão fez jurisprudência, e as extradições, a partir de 1905, passaram a ser concedidas apenas com base nos tratados internacionais firmados pelo Brasil. Nessa decisão, conforme nos ensina Lêda Boechat, "o Supremo Tribunal Federal declarou que o Poder Judiciário podia intervir, em matéria de extradição, para verificar se o estrangeiro aqui asilado estava sofrendo ou se achava em iminente perigo de sofrer violência, ou coação, por ilegalidade, ou abuso de poder, nos termos do art. 72, § 22, da Constituição. Requerida uma extradição, cabia-lhe verificar se ela era concedida na forma estabelecida pelo tratado em vigor entre o Brasil e a Nação requerente. E disse ainda: 'Não se concede extradição quando o crime do extraditando está prescrito em face da lei brasileira" (RODRIGUES, Lêda Boechat. *História do Supremo Tribunal Federal. Tomo II, 1899-1910.* Rio de Janeiro: Civilização Brasileira, 1991, p. 185).

A situação criada pela jurisprudência do Supremo Tribunal levou à promulgação da Lei n. 2.416, de 28 de junho de 1911, que prevê novamente a permissão da extradição baseada em promessa de reciprocidade (art. 1º, § 1º). A referida lei, ao regular a extradição, passou a exigir a *efetiva participação do Poder Judiciário no processo extradicional*. Dizia a lei, em seu art. 10, que *"nenhum pedido de extradição será atendido sem prévio pronunciamento do Supremo Tribunal Federal, de cuja decisão não caberá recurso"*. Desde os primórdios, portanto, tal como referido por Lêda Boechat (acima citada), a participação do Supremo Tribunal Federal na extradição consistiu em verificar se ela era concedida *na forma estabelecida pelo tratado* em vigor entre o Brasil e a Nação requerente.

Desde então, o processo extradicional no Brasil, fundado em tratado ou em promessa de reciprocidade (atual art. 76 da Lei n. 6.815/80), passou a contar com uma fase jurisdicional, efetuada pela jurisdição do Supremo Tribunal Federal. A Constituição de 1934 consagrou, expressamente, a competência do Supremo para processar e julgar, originariamente, o processo de extradição (art. 54, 1º, h). Documentos legislativos posteriores – tais como o Decreto-Lei n. 394, de 28.4.1938 (art. 10), o Decreto-Lei n. 941, de 13.10.1969 (art. 94), e a atual Lei n. 6.815, de 19.8.1980 (art. 83) – mantiveram essa efetiva participação do Poder Judiciário, especificamente do Supremo Tribunal Federal, no "controle de legalidade" do processo extradicional. Essa fase jurisdicional é imprescindível à garantia dos direitos do indivíduo extraditando e, por isso, representa um verdadeiro avanço em termos de proteção dos direitos humanos nos planos nacional e internacional.

Assim, como se sabe, o atual processo de extradição no Brasil é dividido em três fases. A primeira, de natureza administrativa, é caracterizada pela apresentação, normalmente pela via diplomática, do pedido do Governo do Estado estrangeiro ao Governo brasileiro. Compete ao Ministério das Relações Exteriores receber o pedido e remetê-lo ao Ministério da Justiça, que decidirá sobre seu envio ao Supremo Tribunal Federal, instaurando a segunda fase, de índole jurisdicional. Já nessa primeira fase, portanto, coloca-se a questão relativa à discricionariedade do Poder Executivo na decisão – que é de política internacional – sobre a extradição. Como bem assevera Anor Butler Maciel, em interessante estudo acerca da extradição:

Nesta fase, a política internacional é decisiva.

Só o Poder Executivo, a quem compete a orientação dos negócios internacionais, é o árbitro do encaminhamento da solicitação de outro Estado à Justiça, levando em conta as relações entre ambas as Nações e fixando a atitude que adotará em relação ao Estado requerente.

Um Estado que se recusasse a atender nossos pedidos de extradição, certamente, não teria sua pretensão nesse sentido encaminhada, embora a lei não exija, para que se conceda a extradição, que se expresse reciprocidade.

Esta faculdade de recusa do encaminhamento do pedido ao Judiciário e denegação de plano do pedido de extradição, tem assento nos termos claros do art. 87, VI, da Constituição Federal (...) (Cfr.: MACIEL, Anor Butler. *Extradição Internacional*. Brasília: Imprensa Nacional, 1957, p. 11).

A natureza discricionária do poder governamental de decidir sobre extradição está situada nessa primeira fase, eminentemente político-administrativa, diretamente vinculada à estrutura da relação obrigacional entre os Estados requerente e requerido. Haverá diferenças marcantes, portanto, se essa relação entre os entes de direito internacional público é fundada em tratado ou em promessa de reciprocidade. A propósito, ensina Francisco Rezek:

"Fundada em promessa de reciprocidade, a demanda extraditória abre ao Governo brasileiro a perspectiva de uma recusa sumária, cuja oportunidade será mais tarde examinada. Apoiado, porém, que se encontre em tratado ou em autêntica existência de reciprocidade, o pedido não comporta semelhante recusa. Há, neste passo – continua Rezek –, um compromisso que ao Governo brasileiro incumbe honrar, sob pena de ver colocada em causa sua responsabilidade internacional. É claro, não obstante, que o compromisso tão somente priva o Governo de qualquer arbítrio, determinando-lhe que submeta ao Supremo Tribunal Federal a demanda, e obrigando-o a efetivar a extradição pela Corte entendida

Garantias constitucionais do extraditando **641**

legítima, desde que o Estado requerente se prontifique, por seu turno, ao atendimento dos requisitos da entrega do extraditando. Nenhum vínculo convencional prévio impediria, de tal sorte, que a extradição se frustrasse quer pelo juízo indeferitório do Supremo, quer pela inflexibilidade do Governo à honra da efetivação da entrega autorizada, quando o Estado requerente sonegasse o compromisso de comutar a pena corporal ou de promover a detração, entre outros" (REZEK, Francisco. O Governo Brasileiro da Extradição Passiva. In: *Estudos de Direito Público em homenagem a Aliomar Baleeiro*. Brasília: Ed. UnB, 1976, p. 238-239).

Para Rezek, portanto, nessa primeira fase, dita governamental, é que caberia ao Poder Executivo exercer a faculdade da recusa – quando presente, como analisado acima – do pedido extradicional. Em suas palavras:

"É de se perguntar se a faculdade da recusa, quando presente, deve ser exercitada pelo Governo antes ou depois do pronunciamento do Tribunal. A propósito, o Decreto-Lei n. 941/69 guarda implacável silêncio, e sua linguagem, notadamente nos arts. 92 e 101, chega a produzir a impressão de que nenhum poder decisório, em nenhum caso, reveste o Executivo, responsável tão só pelo desempenho de encargos pré-moldados e subalternos.

(...)

Convenço-me de que a opção governamental deve ser formulada na fase pré-judiciária do procedimento, e a tanto sou levado por mais de uma razão. Cabe assinalar, antes de mais nada, que o processo extraditório no Supremo Tribunal Federal reclama, ao longo de seu curso, o encarceramento do extraditando, e nesse particular não admite exceções (art. 95 e § 1º). Talvez fosse isso o bastante para que, cogitando do indeferimento, o Poder Executivo não fizesse esperar sua palavra final. Existe, além do mais, uma impressão generalizada, e a todos os títulos defensável, de que a transmissão do pedido ao Tribunal traduz aquiescência da parte do Governo. O Estado requerente, sobretudo, tende a ver nesse ato a aceitação de sua garantia de reciprocidade, passando a crer que a partir de então somente o juízo negativo da Corte sobre a legalidade da demanda lhe poderá vir a frustrar o intento. *Nasceu, como era de se esperar que nascesse, por força de tais fatores, no Supremo Tribunal Federal, o costume de se manifestar sobre o pedido extraditório em termos definitivos. Julgando-a legal e procedente, o Tribunal defere a extradição. Não se limita, assim, a declará-la viável, qual se entendesse que depois de seu pronunciamento o regime jurídico do instituto autoriza ao Governo uma decisão discricionária.*

(...)

Negada a extradição pela Corte, limitam-se os deveres do Poder Executivo à libertação do extraditando e à comunicação desse desfecho ao Estado requerente. Deferida, incumbe-lhe efetivá-la nos termos dos arts. 96 e seguintes do D.L. n. 941/69." (ênfases acrescidas)

É nessa primeira fase, portanto, que cabe ao Poder Executivo deliberar, em termos de política internacional e, principalmente, ante suas obrigações (convencionais ou de reciprocidade) sobre o prosseguimento do pedido de extradição. De toda forma, a existência efetiva de tratado afasta as possibilidades de descumprimento governamental de suas obrigações perante o Estado requerente.

Enfatize-se, nesse ponto, que, ao formularem os pedidos de extradição, os Estados já os instruem com os compromissos próprios de entrega (art. 98, Decreto-Lei n. 941; art. 91, Lei n. 6.815/80) e, quando não o fazem, esses compromissos são requisitados pelo Ministério da Justiça.

A tese acima delineada, portanto, rende homenagem aos compromissos internacionais firmados pelo Brasil com os demais Estados. Havendo tratado, todo o processo de extradição deverá observar as suas normas. E, no caso de conflito entre a lei interna e o tratado, o entendimento é consolidado, principalmente, na jurisprudência do STF (vide, por exemplo, EXT 662, Rel. Min. Celso de Mello, *DJ* 30.5.1997), no sentido de que prevalece o tratado, pelo critério da especialidade. Isso, na verdade, é um truísmo na jurisprudência do Supremo Tribunal Federal, muito antes de nos aventurarmos nessas novas discussões acerca do significado especial dos tratados nas relações entre os Estados e até sobre a necessidade de maiores cuidados na questão da hierarquia normativa entre tratados e leis ordinárias.

Ressaltem-se, nesse aspecto, os princípios internacionais fixados em relação ao Direito dos Tratados pela Convenção de Viena, de 1969, a qual, em seu art. 27, determina que nenhum Estado pactuante *"pode invocar as disposições de seu direito interno para justificar o inadimplemento de um tratado".*

Cumpre ressaltar que as relações entre a República Federativa do Brasil e a República da Itália há muito são marcadas pela cooperação no plano extradicional. O Decreto n. 21.936, de 11 de outubro de 1932, que promulgou o Tratado bilateral de Extradição entre o Brasil e a Itália, firmado no Rio de Janeiro em 28 de novembro de 1931, já afirmava, em seu art. 4º, que *"as Altas Partes contratantes concederão a extradição de seus próprios cidadãos, nos casos previstos no presente Tratado".*

Atualmente, rege o processo extradicional entre Brasil e Itália o Tratado de Extradição assinado em Roma, em 17 de outubro de 1989, aprovado pelo Congresso Nacional em 20 de novembro de 1992 e promulgado pelo Presidente da República (art. 84, VIII, CF/88) em 9 de julho de 1993, cujo art. 1º diz o seguinte: "O Tratado de Extradição, firmado entre a República Federativa do Brasil e a República Italiana, em 17 de outubro de 1989, apenso por cópia ao presente decreto, será executado e cumprido tão inteiramente como nele se contém".

A segunda fase é eminentemente jurisdicional e processada perante o Supremo. Em relação à natureza jurídica do provimento que decorre do julgamento do feito extradicional, transcreva-se, inicialmente, o art. 83 da Lei n. 6.815/80: *"Nenhuma extradição será concedida sem prévio pronunciamento do Plenário do Supremo Tribunal Federal sobre sua legalidade e procedência, não cabendo recurso da decisão".* Da leitura do texto legal surge, de plano, a ideia de controle de regularidade que cerca a atividade da Suprema Corte em tal mister. Vale dizer, toca ao Supremo analisar a inocorrência de alguma das causas impeditivas ou a presença das condições indicadas, respectivamente, nos arts. 77 e 78 do Estatuto do Estrangeiro, além de outras previstas em tratado. Não por acaso resulta assente na Corte a posição de que, com o julgamento da extradição, encerrada está a prestação jurisdicional do STF, cabendo ao Poder Executivo a responsabilidade pela entrega do extraditando ao Governo requerente, nos termos do art. 86 da Lei n. 6.815/1980. Nesse sentido, confiram-se os seguintes julgados do STF: EXT n. 369/República Portuguesa, Rel. Min. Djaci Falcão; EXT n. 579/República Federal da Alemanha, Rel. Min. Celso de Mello e EXT n. 621/República Italiana, Rel. Min. Celso de Mello).

Atestada a higidez do pedido de extradição e o cabimento do pedido, resta ao Tribunal comunicar a decisão aos órgãos competentes do Poder Executivo, que providenciarão, perante Estado requerente, a retirada do extraditando do país, conforme o art. 86 da Lei n. 6.815/80 e as normas constantes em tratado porventura existente.

A decisão do Supremo, no processo extradicional, é de natureza preponderantemente declaratória, atestando certeza jurídica quanto à configuração dos requisitos para o cumprimento do tratado ou do pacto de reciprocidade pelo Brasil. Como toda decisão de conteúdo declaratório, estabelece um preceito, uma regra de conduta, consistente no dever de extraditar, pelo Brasil, e no direito de obter a extradição, pelo Estado requerente, em cumprimento do pacto internacional.

Para Pontes de Miranda (*Tratado das Ações*), com uma decisão dessa natureza, o réu fica "preceitado". Toda decisão declaratória traz consigo forte carga mandamental, consistente no dever das partes de não agir contrariamente ao preceito nela estabelecido. As singelas hipóteses em que é possível negar-se eficácia ao efeito declaratório da decisão na extradição estão previstas ou no próprio tratado internacional, no pacto de reciprocidade, ou na legislação interna: não cumprimento das condições estabelecidas, doença grave do extraditando, não retirada do extraditando do território nacional pelo Estado requerente, e outras que venham a ser expressamente estabelecidas em lei ou convencionadas pelas partes no próprio pacto antecedente. Posta a decisão do Supremo Tribunal, não há espaço para escolha quanto à sua observância; até porque o STF não é órgão de consulta. A decisão reconhece que há, para o Estado requerente, o direito de

Garantias constitucionais do extraditando **643**

obter a extradição do agente, porque considera presentes os respectivos pressupostos. A escolha, pelo Poder Executivo, deu-se antes, quando da formalização do pacto internacional.

Uma decisão declaratória é uma decisão *ex tunc,* por natureza. Dirige-se para o passado. Ao decidir a extradição, o Supremo Tribunal não cria direito, mas decide sobre a existência ou a inexistência de uma relação jurídica. Em caso positivo, se existente a relação jurídica, será porque os pressupostos para a extradição estão presentes, e desde antes da decisão. O mesmo se deve dizer quanto ao direito do Estado estrangeiro de obter a extradição. Não é o Supremo que o cria. Essa relação jurídica, de natureza obrigacional, já existe. Seu nascedouro é o tratado ou o pacto de reciprocidade. Os requisitos também já existem. O Tribunal reconhece a sua existência, atribuindo-lhes a certeza jurídica.

Na hipótese inversa, quando os requisitos não existem, a relação jurídica obrigacional também não existe, desde o início. E teremos, aí, uma decisão declaratória negativa.

Em análise da então terceira fase do processo extradicional, novamente de natureza administrativa, surgem na doutrina considerações, como a do saudoso Professor Celso Bastos, de que "*ao Presidente da República compete a faculdade de consumar a extradição, isto é, mesmo que já aprovada pelo STF, a medida pode deixar de ter seguimento, se assim o entender a mais alta autoridade do país*" (BASTOS, Celso. *Curso de Direito Constitucional.* 22. ed. São Paulo, p. 232).

Gilda Russomano sustenta que "*o Supremo Tribunal Federal, a rigor, não concede a extradição: autoriza o Poder Executivo a que o faça. Assim – prossegue a autora –, quando o Supremo Tribunal nega a procedência ou a legalidade do pedido, a extradição não pode ser concedida pelo Poder Executivo. Mas, no caso inverso, o Poder Executivo poderá deixar de fazer a entrega do extraditando, em qualquer das hipóteses – que mencionaremos adiante – do art. 98, do Estatuto do Estrangeiro*" (*op. cit.,* p. 139).

Francisco Rezek, em sua obra mais recente, afirma o seguinte: "*Fundada em promessa de reciprocidade, a demanda extradicional abre ao governo brasileiro a perspectiva de uma recusa sumária, cuja oportunidade será mais tarde examinada. Apoiada, porém, que se encontre em tratado, o pedido não comporta semelhante recusa. Há, neste passo, um compromisso que ao governo brasileiro incumbe honrar, sob pena de ver colocada em causa sua responsabilidade internacional. É claro, não obstante, que o compromisso tão somente priva o governo de qualquer arbítrio, determinando-lhe que submeta ao Supremo Tribunal Federal a demanda, e obrigando-o a efetivar a extradição pela corte entendida legítima, desde que o Estado requerente se prontifique, por seu turno, ao atendimento dos requisitos da entrega do extraditando. Nenhum vínculo convencional prévio impediria, assim, que a extradição se frustrasse quer pelo juízo indeferitório do Supremo, quer pela inflexibilidade do governo à hora da efetivação da entrega autorizada, quando o Estado requerente sonegasse o compromisso de comutar a pena corporal ou de promover a detração, dentre outros. Excluída a hipótese de que o governo, livre de obrigações convencionais, decida pela recusa sumária, impõe-se-lhe a submissão do pedido ao crivo judiciário. Este se justifica, na doutrina internacional, pela elementar circunstância de se encontrar em causa a liberdade do ser humano. Nossa lei fundamental, que cobre de garantias tanto os nacionais quanto os estrangeiros residentes no país, defere ao Supremo o exame da legalidade da demanda extradicional, a se operar à luz da lei interna e do tratado acaso existente. Percebe-se que a fase judiciária do procedimento está situada entre duas fases governamentais, inerente a primeira à recepção e ao encaminhamento do pedido, e a segunda à efetivação da medida, ou, indeferida esta, à simples comunicação do fato ao Estado interessado. Vale perguntar se a faculdade da recusa, quando presente, deve ser exercida pelo governo antes ou depois do pronunciamento do tribunal. A propósito, veja-se que o processo da extradição no Supremo Tribunal reclama, ao longo de seu curso, o encarceramento do extraditando, e nesse particular não admite exceções. Talvez fosse isso o bastante para que, cogitando do indeferimento, o poder Executivo não fizesse esperar sua palavra final. Existe, além do mais, uma impressão generalizada, e a todos os títulos defensável, de que a transmissão do pedido ao tribunal traduz aquiescência da parte do governo. O Estado requerente, sobretudo, tende a ver nesse ato a aceitação de sua garantia de reciprocidade, passando a crer que a partir de então somente o juízo negativo da corte sobre a legalidade da demanda lhe poderá vir a frustrar o intento. Nasceu, como era de se esperar que nascesse, por força de tais fatores, no Supremo Tribunal Federal, o costume de se manifestar sobre o pedido extradicional em termos definitivos. Julgando-a legal e procedente, o tribunal defere a extradição. Não se limita, assim, a declará-la viável, qual se entendesse que depois de seu pronunciamento o regime jurídico do instituto autoriza ao governo uma decisão discricionária.*" (REZEK, José Francisco. *Direito Internacional Público. Curso Elementar.* 11. ed. rev. e atual. São Paulo: Saraiva, 2008, pp. 199-200).

Há de se admitir que certa confusão instalou-se na própria doutrina sobre a questão relativa à execução da extradição, pelo Poder Executivo, diante da decisão do STF que a concede.

As considerações doutrinárias, no entanto, **nunca sustentaram a possibilidade de não cumprimento**, pelo Presidente da República, do tratado de extradição. Análise mais acurada permite afirmar que, **em verdade, o que sempre se defendeu é que,** nessa terceira fase do processo extradicional, uma vez atestada a legitimidade da extradição em processo jurisdicional no STF, poderá o efetivo cumprimento da decisão demandar medidas administrativas de competência exclusiva do Poder Executivo, assim como o adiamento da entrega em virtude de o extraditando já estar sendo processado ou estar cumprindo pena por outro crime no Brasil.

A tão falada *discricionariedade* do Poder Executivo existirá, por exemplo, quando o extraditando *"estiver sendo processado, ou tiver sido condenado, no Brasil, por crime punível com pena privativa de liberdade ...",* situação em que poderá o Presidente da República, segundo seu prudente critério, e avaliadas as condições fixadas em tratado bilateral de extradição (se houver), optar entre a postergação da entrega do estrangeiro ao término do processo ou ao cumprimento da pena, ou, ainda, proceder à imediata colocação do extraditando à disposição do Estado requerente (art. 89 da Lei n. 6.815/80), caso vislumbre, com isso, melhor atendimento ao interesse nacional.

Assim, ao se afirmar que a decisão do Supremo Tribunal Federal é meramente autorizativa e que, na terceira fase do processo extradicional, poderá o Executivo apreciar a conveniência quanto ao cumprimento da decisão, na verdade está-se a dizer que existem medidas de cunho administrativo, necessárias à execução da extradição, que se submetem à livre apreciação governamental, mas que estão delimitadas, ainda que minimamente, por preceitos normativos contidos na lei interna do Estado requerido ou em tratado internacional.

Esse é também o entendimento depreendido da jurisprudência do Supremo Tribunal Federal.

Na EXT 855, o Ministro Celso de Mello, Relator (28.8.2004), bem delimitou esse entendimento, em trechos da ementa do acórdão a seguir transcritos:

A QUESTÃO DA IMEDIATA EFETIVAÇÃO DA ENTREGA EXTRADICIONAL – INTELIGÊNCIA DO ART. 89 DO ESTATUTO DO ESTRANGEIRO – PRERROGATIVA EXCLUSIVA DO PRESIDENTE DA REPÚBLICA, ENQUANTO CHEFE DE ESTADO. – A entrega do extraditando – que esteja sendo processado criminalmente no Brasil, ou que haja sofrido condenação penal imposta pela Justiça brasileira – depende, em princípio, da conclusão do processo penal brasileiro ou do cumprimento da pena privativa de liberdade decretada pelo Poder Judiciário do Brasil, exceto se o Presidente da República, com apoio em **juízo discricionário**, de caráter eminentemente político, fundado em razões de oportunidade, de conveniência e/ou de utilidade, exercer, na condição de Chefe de Estado, a prerrogativa excepcional que lhe permite determinar a imediata efetivação da ordem extradicional (Estatuto do Estrangeiro, art. 89, "caput", "in fine"). Doutrina. Precedentes.

Na EXT 985, Rel. Min. Joaquim Barbosa, *DJ* 18.8.2006, ficou consignado, na ementa do acórdão, o seguinte:

"O Supremo Tribunal Federal, em recente revisão da jurisprudência, firmou a orientação de que o Estado requerente deve emitir prévio compromisso em comutar a pena de prisão perpétua, prevista

Garantias constitucionais do extraditando   645

pela legislação argentina, para a pena privativa de liberdade com o prazo máximo de trinta anos. Esse entendimento baseia-se na garantia individual fundamental prevista pelo art. 5º, XLVII, b, da Constituição federal do Brasil. *Por estar o extraditando respondendo a ação penal no Brasil por suposto uso de documento falso, caberá ao presidente da República avaliar a **conveniência e a oportunidade da entrega do estrangeiro**, ainda que pendente ação penal ou eventual condenação, nos termos dos arts. 89 e 90 c/c art. 67 da Lei 6.815/1980 e do art. 9º, segunda parte, do Tratado de Extradição firmado entre o Brasil e a Argentina. Pedido de extradição deferido com as restrições indicadas.*"

O mesmo entendimento foi fixado na EXT 959, Rel. Min. Cezar Peluso (*DJ* 9.6.2006), em que S. Exa. afirmou, em voto condutor, que "*a efetivação, ou não, da extradição ficará condicionada à discricionariedade do Governo do Brasil, nos termos do art. 89, combinado com os arts. 67 e 90, todos da Lei n. 6.815/80*".

Da mesma forma, esse entendimento está na EXT 991, Rel. Min. Carlos Britto, caso em que a extradição foi deferida com a ressalva estabelecida no art. 89, combinado com os artigos 67 e 90 da Lei n. 6.815/80.

Cito, ainda, apenas a título exemplificativo, a EXT 997, Rel. Min. Joaquim Barbosa (*DJ* 13.4.2007), a EXT 1.048, Rel. Min. Sepúlveda Pertence (*DJ* 11.5.2007) e a EXT 893, Rel. Min. Gilmar Mendes (*DJ* 15.4.2005).

Em todos esses casos, o que esteve em discussão foi a possibilidade de não haver entrega do extraditando, a critério do Poder Executivo, na presença de circunstâncias expressamente previstas na legislação de regência ou pacto internacional.

Na EXT 1.114, Rel. Min. Cármen Lúcia (*DJ* 21.8.2008), consta do voto da relatora, e da ementa do acórdão, que "*o Supremo Tribunal limita-se a analisar a legalidade e a procedência do pedido de extradição: indeferido o pedido, deixa-se de constituir o título jurídico sem o qual o Presidente da República não pode efetivar a extradição; se deferida, a entrega do súdito ao Estado requerente fica a critério discricionário do Presidente da República*". Analisando-se, porém, o caso concreto e os precedentes citados pela eminente Ministra, é possível constatar que não se está ali a defender a livre apreciação do Poder Executivo quanto a aspectos de conveniência e oportunidade relativos ao efetivo cumprimento da decisão do Supremo. No caso, alegava o extraditando que, "*para a concessão da extradição, seria necessária a manifestação expressa do Presidente da República, o que não teria ocorrido*". O voto então foi apenas no sentido de que a manifestação do Presidente da República poderia ocorrer na terceira fase do processo extradicional, após o fecho da fase jurisdicional perante o Tribunal.

Daí afirmar a Relatora, com base em precedente do Ministro Celso de Mello (EXT 568, *DJ* 7.5.1993), que o "*pedido extradicional, deduzido perante o Estado brasileiro, constitui – quando instaurada a fase judicial de seu procedimento – ação de índole especial, de caráter constitutivo, que objetiva a formação de título jurídico apto a legitimar o Poder Executivo da União a efetivar, com fundamento em tratado internacional ou em compromisso de reciprocidade, a entrega do súdito reclamado*". Portanto, a fundamentação está toda centrada no argumento de que, na fase judicial, cabe ao Supremo Tribunal analisar a legalidade e a procedência do pedido extradicional. Formado o título jurídico, poderá o Poder Executivo deliberar sobre a entrega do extraditando.

Os precedentes da Corte em que se louvou a ilustre Relatora para sustentar sua argumentação não definiam mais que a possibilidade de não haver entrega imediata do extraditando ao Estado requerente pelo Presidente da República, nas hipóteses em que a própria legislação ou o tratado o permitem. Esses os lindes da propalada discrição. **Não há na jurisprudência do Supremo Tribunal Federal entendimento que consagre ao Chefe do Poder Executivo irrestrita discricionariedade na execução da extradição já concedida.**

A pretendida discricionariedade do Poder Executivo, portanto, é delimitada e circunscrita por preceitos legais da Lei 6.815/80, especialmente os arts. 67, 89 e 90, além das disposições do tratado de extradição, se houver, que vinculam o Presidente da República em suas relações com os Estados estrangeiros pactuantes.

Discricionariedade, portanto, no sentido de possibilidade de decisão dentro dos marcos normativos da lei ou do tratado. Em verdade, na teoria geral do direito, o conceito de discricionariedade é justamente este: em simples termos, a existência de uma margem de livre apreciação, segundo critérios de oportunidade e conveniência, precisamente delimitados normativamente, seja por meio de cláusulas gerais, conceitos normativamente indeterminados, preceitos normativamente abertos e/ou indeterminados etc. Lembremos aqui a tão citada moldura normativa concebida por Hans Kelsen em sua Teoria Pura do Direito. Discricionariedade pode ser assim conceituada como existência de alternativas interpretativas, sempre dentro do quadro ou moldura delimitada normativamente.

Discricionariedade sem limites normativos mínimos deixa de ser discricionariedade e só pode ser concebida, no Estado de Direito, como **arbitrariedade**. Imaginar que o Presidente da República tenha poderes de decisão fora dos parâmetros normativos da lei ou do tratado seria dotá-lo de arbitrariedade e não de discricionariedade, o que subverteria completamente a lógica que sustenta um Estado de Direito fundado no império da lei.

Enfatize-se, mais uma vez, portanto, que **não há quem sustente uma livre apreciação ou até um livre arbítrio do Poder Executivo** quanto à obrigação – que é de cunho internacional, em razão de uma relação mantida com outro Estado soberano – de dar seguimento à efetiva entrega do extraditando. **Essa apreciação, tomada em termos de política internacional, como já abordado, situa-se na primeira fase, em que o Poder Executivo decide se submeterá o pedido extradicional à fase judicial perante o Supremo Tribunal Federal, com todas as responsabilidades e deveres que ela suscita – como a** *prisão do indivíduo* **extraditando até o final do processo –, decisão esta que, uma vez tomada, recorde-se, perdura até a efetiva entrega do extraditando ao Estado estrangeiro,** *não tendo o Poder Executivo o poder de desconstituir decisão judicial que determina a prisão para fins de extradição.*

Nesse contexto, dizer-se que agora o Presidente está inteiramente livre para, deferida a extradição, não executá-la, afigura-se, do ponto de vista da coerência e da consistência jurídicas, uma construção extremamente arriscada. Uma solução que desafia a própria seriedade do processo extradicional. Uma concepção equivocada que, como visto, leva a uma situação de crise, de não solução, com a manutenção do extraditando na prisão por tempo indeterminado; uma prisão ilimitada no tempo, o que não é sequer imaginável num Estado Democrático de Direito.

Em nota esclarecedora, Valério Mazzuoli bem compreende o processo extradicional em suas fases judicial e administrativa, demonstrando que, ante a existência de tratado internacional, o Presidente da República está vinculado por uma obrigação de direito internacional (MAZZUOLI, Valério de Oliveira. *Curso de Direito Internacional Público*. São Paulo: RT, 2007, p. 608). O autor, então, diz o seguinte:

"Encaminhado o pedido ao STF, vai este tribunal examinar os fatos e se manifestar sobre a legalidade do pedido em termos definitivos. Assim é a prática atual do STF. Distribuído o processo ao ministro relator, este determina a imediata prisão do extraditando, dando início ao processo. Ao final, uma vez deferido o pedido – e isto já significa, aos olhos do país requerente, um ato de aceitação de sua garantia de reciprocidade – o governo local toma ciência da decisão e procede (se assim entender por bem) à entrega do extraditando ao país que a requereu. Ocorre que, sendo o Presidente da República, e não o STF, o competente para 'manter relações com Estados estrangeiros' (CF, art. 84, inc. VII), será sua – e não do Poder Judiciário – a palavra final sobre a efetiva concessão da medida. Portanto, autorizada pelo STF a extradição, compete ao Presidente da República decidir em definitivo sobre a sua conveniência, sendo perfeitamente possível que a autorização do Supremo não seja efetivada pelo Presidente, sem que isso cause qualquer tipo de responsabilidade para este último. *Tal somente não se dará – ou seja, o Presidente somente será obrigado a efetivar a medida – quando existir tratado de extradição entre os dois países, uma vez que, neste caso, se está diante de uma obrigação internacional assumida pela República Federativa do Brasil, impossível de ser desrespeitada pelo governo".*

Esse é o entendimento, ressalte-se, do eminente Professor Luís Roberto Barroso, reafirmado, inclusive, em artigo publicado hoje, 18.11.2009, no Correio Braziliense (Caderno Opinião, p. 15). Afirma o ilustre advogado em artigo doutrinário sobre o tema:

"Determina o art. 102 da Constituição Federal:

"Compete ao Supremo Tribunal Federal, precipuamente, a guarda da Constituição, cabendo-lhe:

I – processar e julgar, originariamente:

(...)

g) a extradição solicitada por Estado estrangeiro."

Estabelece também a Lei n. 6.815/80:

"Art. 83. Nenhuma extradição será concedida sem prévio pronunciamento do Plenário do Supremo Tribunal Federal sobre sua legalidade e procedência, não cabendo recurso da decisão."

Esses dispositivos devem ser combinados com a regra constitucional que determina:

"Art. 84. Compete privativamente ao Presidente da República:

(...)

VII – manter relações com Estados estrangeiros e acreditar seus representantes diplomáticos."

Assim, como cabe ao Presidente da República manter relações com Estados estrangeiros, o exame do Supremo Tribunal Federal circunscreve-se à legalidade do pedido, sem que isto implique necessariamente na efetiva concessão da medida, que é da competência exclusiva do Chefe do Executivo Federal.

Portanto, o pedido formulado ao Brasil pelo governo estrangeiro é encaminhado ao Supremo Tribunal, que examina a sua legalidade. Uma vez autorizada a extradição, compete ao Executivo decidir sobre a sua conveniência. Portanto, é possível que o Supremo autorize a extradição e esta não venha a ser efetivada, por não ser conveniente ao Executivo. Contrariamente, seria impossível a extradição se o Supremo Tribunal indeferisse o pedido e o Executivo ainda assim quisesse efetivá-la. Neste caso, estaríamos diante de uma violação a um dispositivo constitucional que determina que compete ao Supremo Tribunal o julgamento da extradição de Estado estrangeiro. *Observe-se, entretanto, que, em havendo tratado de extradição entre o Brasil e o Estado requerente, fica o Presidente da República obrigado a conceder a extradição, uma vez autorizada pelo Supremo, sob pena de violar obrigação assumida perante o direito internacional.*" (TIBÚRCIO, Carmen & BARROSO, Luis Roberto. Algumas questões sobre a extradição no direito brasileiro. *Revista Forense*, v. 354, ano 97, pp. 83-104, mar./abr. 2001, p. 84.)

Portanto, ante a existência de tratado bilateral de extradição, deve o Poder Executivo cumprir com as obrigações pactuadas no plano internacional e efetivar a extradição. A discricionariedade existente é sempre limitada pela lei interna e pelo tratado de extradição.

Esse entendimento pode ser encontrado na jurisprudência do STF no conhecido *caso Franz Paul Stangl*, em que o Tribunal, magistralmente conduzido pelo voto de Victor Nunes Leal, consignou o entendimento segundo o qual *"a efetivação, pelo Governo, da entrega do extraditando, autorizada pelo Supremo Tribunal, depende do direito internacional convencional"* (EXT n. 272, Rel. Min. Victor Nunes Leal, julg. em 7 de junho de 1967). Está no voto de Victor Nunes:

"*A decisão favorável do Supremo Tribunal é, sem dúvida, condição prévia, sem a qual não se pode dar a extradição. Mas o Supremo Tribunal também aprecia cada caso em face dos compromissos internacionais porventura assumidos pelo Brasil.*

Mesmo que o Tribunal consinta na extradição – por ser regular e legal o pedido –, surge outro problema, que interessa particularmente ao Executivo: a saber se ele estará obrigado a efetivá-la. Parece-me que essa obrigação só existe **nos limites do direito convencional**, *porque não há, como diz Mercier, 'um direito internacional geral de extradição'*".

Aí está a discricionariedade existente *"nos limites do direito convencional"*, como diria Victor Nunes Leal. Não é arbitrariedade, é discricionariedade mesmo, como possibilidade de decisão dentro dos marcos normativos do tratado.

No caso, no pleno exercício da competência privativa e indelegável de manter relações com Estados estrangeiros, certamente não seria dado ao Chefe do Poder Executivo pinçar um caso específico para, por meio dele, descumprir o Tratado de Extradição, validamente celebrado com a Itália em 17 de outubro de 1989 e promulgado pelo Decreto n. 863, de 9 de julho de 1993.

Outro não é o entendimento de Mirtô Fraga, em artigo publicado no dia de ontem (17 de novembro de 2009), no jornal Correio Braziliense, cujo teor transcreve-se abaixo:

"Não há extradição *ex officio*. Ela deve ser sempre **solicitada**, sob a invocação da existência de tratado ou sob promessa de reciprocidade de tratamento. Não havendo tratado, o Brasil pode negar a extradição, ainda que o Estado requerente **ofereça** promessa de reciprocidade de tratamento em caso idêntico. Há discrição governamental. E a recusa pode ser sumária, quando os documentos nem serão enviados ao STF. Mas, se há tratado, ela se torna **obrigatória**, nas condições nele previstas; sua concessão deriva de uma **obrigação convencional**, mas está **condicionada** ao exame de legalidade e procedência pelo Supremo Tribunal Federal.

E, com ou sem tratado, o processo de extradição comporta três fases distintas: a primeira e a terceira são administrativas; a segunda é judiciária. A primeira fase se inicia com o recebimento do pedido do Estado estrangeiro e termina com o seu encaminhamento ao STF, se for o caso. A segunda é a fase judiciária, em que a Corte analisa o pedido quanto à sua legalidade e procedência. Após a decisão do STF, vem a terceira fase, administrativa, em que o Governo procede à entrega do extraditando (se a Corte julgou-a legal) ou, então, comunica ao Estado requerente o indeferimento do pedido. Nesta terceira fase, com a decisão judicial favorável à extradição, tomam-se determinadas providências para a retirada do extraditando.

Questão interessante consiste em saber se a **faculdade de recusa** – quando presente, isto é, na **ausência de tratado** – deve ser exercitada pelo Governo antes ou depois da fase judiciária. Trataremos, aqui, apenas, da hipótese, em julgamento: quando há tratado.

O Direito é um sistema lógico, racional e, com tais princípios, deve ser analisada toda norma jurídica. Nenhum dispositivo deve ser interpretado no sentido de sua ineficácia. A Constituição brasileira garante os direitos individuais, dentre eles a liberdade. O processo extraditório reclama, em todo o seu curso, a prisão do extraditando. Envolve autoridades policiais, Ministros do STF, Procurador-Geral da República, outros magistrados, advogados. Requer, enfim, uma série de providências que demandam tempo.

No caso Battisti, não há discrição governamental: há tratado entre os dois países. O pedido da Itália deveria ser, como o foi, encaminhado ao STF. É que, pelo **tratado**, a extradição é **obrigatória** e o Brasil, quando o firmou, assumiu o compromisso de entregar estrangeiros solicitados pela Itália. Tal entrega está condicionada, apenas, à decisão judicial e aos compromissos próprios da entrega. Se o STF concluir pela extradição, não há discrição governamental. Cumpre-se o tratado. Entrega-se o extraditando. Nada mais. É princípio internacional e, também, inscrito em nossa Constituição, o respeito aos tratados firmados. Se o Presidente da República, havendo tratado, pudesse recusar a entrega do estrangeiro, depois de decisão favorável do STF, para que assinar o acordo? Qual o objetivo do tratado?

Havendo tratado, a manifestação presidencial pela entrega do extraditando, ocorreu, portanto, na **assinatura do acordo**. É aí que sua vontade se obriga, sujeita só ao julgamento da Corte (legalidade e procedência do pedido). Depois da decisão favorável do STF, não pode haver uma segunda manifestação. Apenas, cumpre-se o tratado.

A única ação presidencial admissível, após o julgamento, é o adiamento da entrega para que o extraditando responda a processo-crime, por atos aqui praticados. Mas, pode o Chefe de Estado dispensá-lo dessa obrigação e entregá-lo imediatamente à Itália. Aí, há discrição governamental. Mas, haverá interesse para o Brasil na primeira alternativa? Ao Presidente, neste caso, cabe o **juízo** discricionário do **interesse público;** não do interesse governamental.

Mas, é necessário lembrar que na primeira hipótese (entrega adiada), a manutenção da prisão de Battisti, no Brasil, por ordem do STF, se faz necessária, pois ela dura até a entrega do extraditando ao Requerente, observados os prazos legais. A prisão há de persistir até que esgotada a condição, suspensos esses prazos. Trata-se, pois, de prisão legítima, mesmo na hipótese de eventual absolvição pelo crime supostamente praticado aqui. É necessário garantir que a entrega possa efetivar-se." (FRAGA, Mirtô. Entrega de Battisti à Itália. Presidente se manifesta antes ou depois da decisão do STF. *Correio Braziliense*, 17.11.2009).

Tudo isso demonstra que o sentido da expressão "discricionariedade", em relação a aspectos do procedimento dessa segunda fase da extradição, acabou, por um fenômeno qualquer de metonímia, sendo indevidamente ampliado. Aquilo que dizia respeito a disposições específicas da lei foi estendido para uma espécie de poder geral do Presidente da República, o qual, como aqui demonstrado, é absolutamente indevido. Em suma, tomou-se a parte – que é a regra da discricionariedade em hipóteses específicas delimitadas normativamente – pelo todo. Um tipo de metonímia da confusão.

Certo é que não há, no texto constitucional ou na legislação, fundamento válido à simples negativa, fundada em uma suposta livre apreciação, de entrega do extraditando ao Estado requerente depois de deferido o pedido pelo Supremo Tribunal Federal.

Dispõe o art. 86 da Lei n. 6.815/80: *"Concedida a extradição, **será** o fato comunicado através do Ministério das Relações Exteriores à Missão Diplomática do Estado requerente que, no prazo de sessenta dias da comunicação, **deverá** retirar o extraditando do território nacional"*.

A impossibilidade de manutenção do extraditando em território brasileiro, mesmo ante o deferimento do pedido extradicional, é realçada, ademais, pela perplexidade em face da constatação de inexistência de válida justificativa para tanto.

Fixadas essas teses, questiona-se: A que título ainda seria permitido ao extraditando manter-se no Brasil?

As hipóteses estão previstas em lei ou em tratado. O Estatuto do Estrangeiro estabelece, nos artigos 89 e 90, a possibilidade de não ser executada a extradição quando: a) o extraditando estiver acometido de enfermidade grave; b) estiver pendente no Brasil processo por crime punível com pena privativa de liberdade, e, neste último caso, a extradição será executada somente depois da conclusão do processo ou do cumprimento da pena, permitindo-se, porém, ao Poder Executivo realizá-la desde logo, se presente a hipótese prevista no art. 67 (interesse nacional); e c) estiver o extraditando respondendo a processo ou condenado por contravenção.

Também poderá ser negada a execução quando o Estado requerente negar-se ao compromisso de cumprir as condições estabelecidas para a extradição (art. 91).

Como refugiado, já restou demonstrada a impossibilidade, bastando reiterar os argumentos acima expendidos acerca do descabimento da medida.

A propósito, revela-se de suma importância advertir sobre a inaplicabilidade do artigo 3, 1, "f", do Tratado firmado com a Itália, assim redigido:

ARTIGO 3

Casos de recusa de extradição.

1. A extradição não será concedida:

(...).

f) se a Parte requerida tiver razões ponderáveis para supor que a pessoa reclamada será submetida a atos de perseguição e discriminação por motivo de raça, religião, sexo, nacionalidade, língua, opinião política, condição social ou pessoal; ou que sua situação possa ser agravada por um dos elementos antes mencionados.

Ora, na linha dos argumentos expendidos, viu-se que o Estado brasileiro não dispõe de argumentos válidos aptos a constituir *"razões ponderáveis para supor que a pessoa reclamada será submetida a atos de perseguição e discriminação por motivo de raça, religião, sexo, nacionalidade, língua, opinião política, condição social ou pessoal; ou que sua situação possa ser agravada por um dos elementos antes mencionados"*, tanto que a decisão concessiva de refúgio, da lavra do Ministro da Justiça, indicou esses mesmos motivos e, conforme entendimento desta Corte, desbordou largamente dos limites normativos da Lei n. 9.474/1997.

650 Estado de Direito e Jurisdição Constitucional – Decisões relevantes em 15 anos de atuação no STF

Restaria a hipótese de asilo político, igualmente inaplicável, considerando-se a demonstrada similitude entre os institutos, nada indicando tratar-se o extraditando de um perseguido em seu país de origem por razões ligadas a questões políticas, delitos de opinião ou crimes concernentes à segurança do Estado ou outros atos que não configurem quebra do direito penal comum.

Afora as duas mencionadas hipóteses de acolhimento definitivo do estrangeiro em território nacional, restaria a concessão de visto permanente ao ora extraditando, o que, todavia, é vedado pelo art. 7º da Lei n. 6.815/80, que impede a concessão de visto a estrangeiro *"VI – condenado ou processado em outro país por crime doloso, passível de extradição segundo a lei brasileira;"*.

Assim, no caso em análise, uma vez declarada pelo Supremo Tribunal Federal a procedência do pedido de extradição, e verificada a vigência do tratado e a impropriedade de qualquer medida administrativa tendente a manter o extraditando no Brasil, resta ao Poder Executivo efetivar a entrega ao Estado requerente.

IX. Conclusão: o papel do STF na extradição

Está na própria jurisprudência do Supremo Tribunal Federal o importante papel cumprido por esta Corte no processo extradicional. Cabe a esta Corte exercer sua precípua função de defesa da Constituição, da ordem democrática e, sobretudo, dos direitos humanos. Como bem ressaltado pelo Min. Celso de Mello no julgamento da EXT 1.074 (*DJ* 12.06.2008):

EXTRADIÇÃO E RESPEITO AOS DIREITOS HUMANOS: PARADIGMA ÉTICO-JURÍDICO CUJA OBSERVÂNCIA CONDICIONA O DEFERIMENTO DO PEDIDO EXTRADICIONAL. – A essencialidade da cooperação internacional na repressão penal aos delitos comuns não exonera o Estado brasileiro – e, em particular, o Supremo Tribunal Federal – de **velar pelo respeito aos direitos fundamentais** do súdito estrangeiro que venha a sofrer, em nosso País, processo extradicional instaurado por iniciativa de qualquer Estado estrangeiro. O extraditando assume, no processo extradicional, a condição indisponível de sujeito de direitos, cuja intangibilidade há de ser preservada pelo Estado a que foi dirigido o pedido de extradição (o Brasil, no caso). – **O Supremo Tribunal Federal não deve autorizar a extradição, se se demonstrar que o ordenamento jurídico do Estado estrangeiro que a requer não se revela capaz de assegurar, aos réus, em juízo criminal, os direitos básicos que resultam do postulado do "due process of law"** (*RTJ* 134/56-58 – *RTJ* 177/485-488), notadamente as prerrogativas inerentes à garantia da ampla defesa, à garantia do contraditório, à igualdade entre as partes perante o juiz natural e à garantia de imparcialidade do magistrado processante. Demonstração, no caso, de que o regime político que informa as instituições do Estado requerente reveste-se de caráter democrático, assegurador das liberdades públicas fundamentais.

A história recente do Supremo Tribunal Federal tem sido caracterizada por muitos como uma inegável fase de ativismo judicial na proteção da Constituição e dos direitos fundamentais.

Rápida análise de alguns casos recentes julgados pelo Supremo Tribunal Federal pode demonstrar que nossa Corte tem exercido positivamente seu papel de proteger a Constituição e os direitos do cidadão, sem com isso adentrar âmbitos próprios da seara política do Parlamento e da Administração.

Nos últimos anos, o Tribunal tem julgado casos históricos, em que são discutidas questões relacionadas ao direito de greve dos servidores públicos, à progressão de regime prisional[2], à fidelidade partidária[3], ao direito da minoria de requerer a instalação de comissões parlamentares de inquéritos[4] e à proibição de nepotismo na Administração pública[5].

---

[2] STF-HC n. 82.959, Relator Marco Aurélio, *DJ* 1º.9.2006.
[3] STF-MS 26.602, Relator Eros Grau, *DJ* 17.10.2008.
[4] STF-MS 24.831, Relator Celso de Mello, *DJ* 4.8.2006.
[5] STF-ADC 12, Relator Carlos Britto, julgado em 20.8.2008.

Citem-se, ainda, as súmulas vinculantes – que já perfazem o total de 21 – aprovadas pelo Tribunal sobre temas relevantes, como o nepotismo (Súmula n. 13), o uso de algemas (Súmula n. 11), loterias e jogos de bingo (Súmula n. 2).

Em todos os casos, é possível verificar que a atuação do Tribunal ocorreu em momentos de esgotamento ou de quase esgotamento de outras vias – jurisdicionais, políticas ou administrativas – para a proteção de direitos fundamentais e da própria Constituição.

Perceba-se, nesse sentido, que o Supremo Tribunal Federal não atua de ofício, escolhendo temas, a seu alvedrio, para proferir decisões com suposto conteúdo legislativo. A atividade judicante da Corte Suprema ocorre em demandas que nela aportam pela via dos recursos, após longos anos de tramitação e esgotamento de todas as instâncias jurisdicionais, ou pela via direta das ações do controle de constitucionalidade, propostas por pessoas ou entidades com representação e legitimação social e política suficientes para levantar questões constitucionais de interesse de toda a sociedade.

Diante de questões jurídicas importantes, o Supremo Tribunal Federal não tem tergiversado, enfrentando os problemas constitucionais com desenvoltura e forte posição na proteção dos direitos.

Em todos os casos mencionados (fidelidade partidária, nepotismo, direito de greve dos servidores públicos), a alternativa da atitude passiva de *self restraint* – ou, em certos casos, de *greater restraint*, utilizando a expressão de García de Enterría[6] – teria sido mais prejudicial ou menos benéficas para a nossa democracia.

Não é nova a discussão sobre o papel de uma Corte Constitucional nas democracias contemporâneas. Está em grandes e conhecidos doutrinadores, como Ackerman (ACKERMAN, Bruce, *et alii. Fundamentos y Alcances del Control Judicial de Constitucionalidad*. Madrid, Centro de Estudios Constitucionales, 1991. 204 p.), Alexander Bickel (BICKEL, Alexander. *The least dangerous branch*: The Supreme Court at the Bar of Politics. Indianapolis: Bobbs-Merrill, 1962), Ely (ELY, John Hart. *Democracy and Distrust*: A Theory of Judicial Review, Harvard University Press, 1995. 261 p.), Dieter Grimm (GRIMM, Dieter. *Constituição e política*. Trad. Geraldo de Carvalho. Belo Horizonte: Del Rey, 2006), entre vários outros, além do excelente estudo de Eugene Rostow (ROSTOW, Eugene. El caracter democratico del control judicial de la constitucionalidad. *Revista Direito Público*. Brasília, v. 4, n. 16, abr./jun. 2007).

De todas as discussões, parece haver algum consenso quanto ao dever de qualquer Corte Constitucional assegurar a efetividade dos direitos fundamentais e a ordem constitucional como um todo.

Esse é o mais relevante papel exercido pelo Supremo Tribunal Federal, como guardião da Constituição. Não há Estado de Direito, nem democracia, em que não haja proteção efetiva de direitos e garantias fundamentais.

O cumprimento dessa precípua tarefa por parte da Corte não tem o condão de interferir negativamente nas atividades dos Poderes Executivo e Legislativo. **Não há "judicialização da política" quando as "questões políticas" estão configuradas como verdadeiras "questões de direitos".** Essa tem sido a orientação fixada pelo Supremo Tribunal Federal, desde os primórdios da República.

Nos Estados constitucionais contemporâneos, é incumbência da Jurisdição constitucional ser a guardiã da Constituição, nunca em detrimento dos demais Poderes democraticamente constituídos. No cumprimento desse mister, legislador democrático e jurisdição constitucional têm papéis igualmente relevantes. A interpretação e a aplicação da Constituição é tarefa cometida

---

[6] GARCÍA DE ENTERRÍA, Eduardo. Justicia Constitucional: la doctrina prospectiva en la declaración de ineficacia de las leyes inconstitucionales. In: *Revista de Direito Público* n. 92, out./dez. de 1989, p. 14.

a todos os Poderes, assim como a toda a sociedade. Como ensinou-nos o Professor Peter Häberle, todo aquele que vive a Constituição é também seu legítimo intérprete.

A imanente tensão dialética entre democracia e Constituição, entre direitos fundamentais e soberania popular, entre Jurisdição Constitucional e legislador democrático é o que alimenta e engrandece o Estado Democrático de Direito, tornando possível o seu desenvolvimento, no contexto de uma sociedade aberta e plural, com base em princípios e valores fundamentais.

Dessa forma, presentes os requisitos legitimadores do pedido, **o meu voto é no sentido de deferir o pedido de extradição de CESARE BATTISTI, para que o nacional italiano possa cumprir a pena privativa de liberdade que lhe foi imposta no Estado requerente.**

Ressalvo, entretanto, diante da imposição de prisão perpétua ao extraditando, que o presente pedido é deferido sob a condição de que o Estado requerente assuma, formalmente, o compromisso de comutar a pena de prisão perpétua em privativa de liberdade máxima de 30 anos, consoante a iterativa jurisprudência desta Corte.

É como voto.

RCL 11.243[1]

Extradição – Pedido de relaxamento de prisão – Recusa à extradição por crimes políticos – Ato de soberania nacional – 1º, 4º, I, e 84, VII, da Constituição da República – Lide entre estado brasileiro e estado estrangeiro – Incompetência do Supremo Tribunal Federal – Descumprimento do tratado – Princípio da separação dos poderes (Art. 2º CRFB) – Vedação à intervenção do Judiciário na política externa brasileira – Art. 84, VII, da Constituição da República – Extradição como ato político-administrativo vinculado a conceitos jurídicos indeterminados – *Non-refoulement* – Respeito ao direito dos refugiados – Limitação humanística ao cumprimento do tratado de extradição (Artigo III, 1, *f*) – Independência nacional (Art. 4º, I, CRFB) – Relação jurídica de direito internacional.

Os fatos envolvidos no processo de extradição do nacional italiano Cesare Battisti são amplamente conhecidos e encontram-se minuciosamente relatados no acórdão lavrado pelo Ministro Cezar Peluso – relator do feito antes de assumir a Presidência desta Corte –, devidamente juntado aos autos desta extradição. Não pretendo revolver aqui toda a cadeia fática dos episódios desse notório caso Battisti. Isso seria desnecessário para a apreciação das questões que neste momento devem ser objeto de nossa atenção. Focarei apenas no relato dos fatos processuais posteriores à decisão de extradição proferida por este Tribunal e de alguns dados relacionados à prisão do extraditando.

Ressalto, antes de tudo, que assumi a Relatoria da EXT 1.085 em razão da Emenda n. 41, de 16 de setembro de 2010, que alterou os artigos 13, VI, 21, II, 340 e 341, do Regimento Interno do Supremo Tribunal Federal, transferindo do Presidente para o Relator a competência para execução e cumprimento das decisões da Corte transitadas em julgado. Assim, conforme a nova disciplina regimental, os incidentes de execução devem ser relatados e levados à apreciação do Plenário do Tribunal pelo Ministro que funcionou como Relator do processo na fase de conhecimento, observadas as regras atinentes às hipóteses de substituição de Relator por aposentadoria, renúncia, morte (art. 38, IV, RI-STF) e assunção à Presidência da Corte (art. 75). Assim, ao deixar a Presidência do Tribunal, em 24 de abril de 2010, assumi a relatoria de todo o acervo de processos do novo Presidente, o Ministro Cezar Peluso, incluindo a execução dos processos já transitados em julgado, conforme a nova disciplina regimental.

Passo então ao relato do caso.

A prisão preventiva do nacional italiano Cesare Battisti foi decretada pelo Ministro Celso de Mello, então relator do presente processo extradicional, no dia 1º de março de 2007, com base na Lei 6.815/80 e no Tratado bilateral de Extradição firmado entre Brasil e Itália. Cesare Battisti foi preso por agentes da Polícia Criminal Internacional, em 18 de março de 2007, na cidade do Rio de Janeiro, e logo transferido para a custódia da Superintendência de Polícia Federal no Distrito Federal. Posteriormente, por decisão do Min. Cezar Peluso, que assumiu a relatoria do feito em razão da declaração de suspeição do Min. Celso de Mello, o extraditando foi transferido para o Complexo Penitenciário da Papuda, para aguardar preso o desfecho do processo extradicional, em conformidade com o disposto no art. 84 da Lei 6.815/80.

A extradição foi julgada definitivamente na Sessão Plenária de 16 de dezembro de 2009,

---

[1] Acordam os Ministros do Supremo Tribunal Federal, em Sessão Plenária, sob a Presidência do Senhor Ministro Cezar Peluso, na conformidade da ata de julgamentos e das notas taquigráficas, por maioria de votos, em não conhecer da reclamação (*DJ* de 5.10.2011).

ocasião em que este Supremo Tribunal decidiu o seguinte (conforme consta do acórdão publicado em 16 de abril de 2010):

"I – preliminarmente, homologar o pedido de desistência do recurso de agravo regimental na Extradição n. 1.085 e indeferir o pedido de sustentação oral em dobro, tendo em vista o julgamento conjunto;

II – rejeitar questão de ordem suscitada pela Senhora Ministra Cármen Lúcia no sentido de julgar o Mandado de Segurança n. 27.875 antes do pedido de extradição;

III – por maioria, julgar prejudicado o pedido de mandado de segurança, por reconhecer nos autos da extradição a ilegalidade do ato de concessão de *status* de refugiado concedido pelo Ministro de Estado da Justiça ao extraditando;

IV – rejeitar as questões de ordem suscitadas pelo Senhor Ministro Marco Aurélio da necessidade de quórum constitucional e da conclusão do julgamento sobre a prejudicialidade do mandado de segurança;

V – por maioria, deferir o pedido de extradição;

VI – rejeitar a questão de ordem suscitada pelo advogado do extraditando, no sentido da aplicação do art. 146 do Regimento Interno, e reconhecer a necessidade do voto do Presidente, tendo em vista a matéria constitucional;

VII – suscitada a questão de ordem pelo Relator, o Tribunal deliberou pela permanência de Sua Excelência na relatoria do acórdão;

VIII – por maioria, reconhecer que a decisão de deferimento da extradição não vincula o Presidente da República, nos termos dos votos proferidos pelos Senhores Ministros Joaquim Barbosa, Cármen Lúcia, Carlos Britto, Marco Aurélio e Eros Grau".

O Tribunal, portanto, ao mesmo tempo em que deferiu o pedido de extradição formulado pelo Governo da Itália, deixou assentado que essa decisão não vincula o Presidente da República. As ementas do acórdão resumem os fundamentos dessa decisão:

"EMENTAS: 1. EXTRADIÇÃO. *Passiva. Refúgio ao extraditando. Fato excludente do pedido. Concessão no curso do processo, pelo Ministro da Justiça, em recurso administrativo. Ato administrativo vinculado. Questão sobre sua existência jurídica, validade e eficácia. Cognição oficial ou provocada, no julgamento da causa, a título de preliminar de mérito. Admissibilidade. Desnecessidade de ajuizamento de mandado de segurança ou outro remédio jurídico, para esse fim. Questão conhecida. Votos vencidos. Alcance do art. 102, inc. I, alínea 'g', da CF. Aplicação do art. 3º do CPC. Questão sobre existência jurídica, validez e eficácia de ato administrativo que conceda refúgio ao extraditando é matéria preliminar inerente à cognição do mérito do processo de extradição e, como tal, deve ser conhecida de ofício ou mediante provocação de interessado jurídico na causa.*

2. EXTRADIÇÃO. *Passiva. Refúgio ao extraditando. Concessão no curso do processo, pelo Ministro da Justiça. Ato administrativo vinculado. Não correspondência entre os motivos declarados e o suporte fático da hipótese legal invocada como causa autorizadora da concessão de refúgio. Contraste, ademais, com norma legal proibitiva do reconhecimento dessa condição. Nulidade absoluta pronunciada. Ineficácia jurídica consequente. Preliminar acolhida. Votos vencidos. Inteligência dos arts. 1º, inc. I, e 3º, inc. III, da Lei n. 9.474/97, art. 1-F do Decreto n. 50.215/61 (Estatuto dos Refugiados), art. 1º, inc. I, da Lei n. 8.072/90, art. 168, § único, do CC, e art. 5º, inc. XL, da CF. Eventual nulidade absoluta do ato administrativo que concede refúgio ao extraditando deve ser pronunciada, mediante provocação ou de ofício, no processo de extradição.*

3. EXTRADIÇÃO. *Passiva. Crime político. Não caracterização. Quatro homicídios qualificados, cometidos por membro de organização revolucionária clandestina. Prática sob império e normalidade institucional de Estado Democrático de direito, sem conotação de reação legítima contra atos arbitrários ou tirânicos. Carência de motivação política. Crimes comuns configurados. Preliminar rejeitada. Voto vencido. Não configura crime político, para fim de obstar a acolhimento de pedido de extradição, homicídio praticado por membro de organização revolucionária clandesti-*

na, em plena normalidade institucional de Estado Democrático de direito, sem nenhum propósito político imediato ou conotação de reação legítima a regime opressivo.

4. EXTRADIÇÃO. Passiva. Executória. Pedido fundado em sentenças definitivas condenatórias por quatro homicídios. Crimes comuns. Refúgio concedido ao extraditando. Decisão administrativa baseada em motivação formal de justo receio de perseguição política. Inconsistência. Sentenças proferidas em processos que respeitaram todas as garantias constitucionais do réu. Ausência absoluta de prova de risco atual de perseguição. Mera resistência à necessidade de execução das penas. Preliminar repelida. Voto vencido. Interpretação do art. 1º, inc. I, da Lei n. 9.474/97. Aplicação do item 56 do Manual do Alto Comissariado das Nações Unidas – ACNUR. Não caracteriza a hipótese legal de concessão de refúgio, consistente em fundado receio de perseguição política, o pedido de extradição para regular execução de sentenças definitivas de condenação por crimes comuns, proferidas com observância do devido processo legal, quando não há prova de nenhum fato capaz de justificar receio atual de desrespeito às garantias constitucionais do condenado.

5. EXTRADIÇÃO. Pedido. Instrução. Documentos vazados em língua estrangeira. Autenticidade não contestada. Tradução algo deficiente. Possibilidade, porém, de ampla compreensão. Defesa exercida em plenitude. Defeito irrelevante. Nulidade inexistente. Preliminar repelida. Precedentes. Inteligência do art. 80, § 1º, da Lei n. 6.815/80. Eventual deficiência na tradução dos documentos que, vazados em língua estrangeira, instruem o pedido de extradição, não o torna inepto, se não compromete a plena compreensão dos textos e o exercício do direito de defesa.

6. EXTRADIÇÃO. Passiva. Executória. Extensão da cognição do Supremo Tribunal Federal. Princípio legal da chamada contenciosidade limitada. Amplitude das questões oponíveis pela defesa. Restrição às matérias de identidade da pessoa reclamada, defeito formal da documentação apresentada e ilegalidade da extradição. Questões conexas sobre a natureza do delito, dupla tipicidade e duplo grau de punibilidade. Impossibilidade consequente de apreciação do valor das provas e de rejulgamento da causa em que se deu a condenação. Interpretação dos arts. 77, 78 e 85, § 1º, da Lei n. 6.815/80. Não constitui objeto cognoscível de defesa, no processo de extradição passiva executória, alegação de insuficiência das provas ou injustiça da sentença cuja condenação é o fundamento do pedido.

7. EXTRADIÇÃO. Julgamento. Votação. Causa que envolve questões constitucionais por natureza. Voto necessário do Ministro Presidente do Supremo Tribunal Federal. Preliminar rejeitada. Precedentes. O Ministro Presidente do Supremo Tribunal Federal tem sempre voto no julgamento dos processos de extradição.

8. EXTRADIÇÃO. Passiva. Executória. Deferimento do pedido. Execução. Entrega do extraditando ao Estado requerente. Submissão absoluta ou discricionariedade do Presidente da República quanto à eficácia do acórdão do Supremo Tribunal Federal. Não reconhecimento. Obrigação apenas de agir nos termos do Tratado celebrado com o Estado requerente. Resultado proclamado à vista de quatro votos que declaravam obrigatória a entrega do extraditando e de um voto que se limitava a exigir observância do Tratado. Quatro votos vencidos que davam pelo caráter discricionário do ato do Presidente da República. Decretada a extradição pelo Supremo Tribunal Federal, deve o Presidente da República observar os termos do Tratado celebrado com o Estado requerente, quanto à entrega do extraditando".

Apesar de reconhecer a discricionariedade do Presidente da República quanto à execução da decisão que deferiu o pedido extradicional, esta Corte deixou consignado que essa discricionariedade está delimitada pelos termos do Tratado celebrado com a República da Itália. Tem o Presidente da República, portanto, a obrigação de agir nos termos do Tratado celebrado com o Estado requerente.

A decisão final desta Corte, na extradição, foi publicada no dia 16 de abril de 2010 (fl. 4198) e transitou em julgado no dia 23 de abril de 2010 (fl. 4200). As comunicações oficiais foram encaminhadas, por meio de ofício (fls. 4.202-4.205) e telex (4.209-4.228), aos Senhores Ministros de Estado da Justiça e das Relações Exteriores.

Como é sabido, o Exmo. Sr. Presidente da República não tomou, de imediato, qualquer decisão referente à extradição de Cesare Battisti, justificando essa cautela inicial com a necessidade de análise mais profunda e detida da decisão do STF e dos termos do Tratado de extradição firmado entre Brasil e Itália. Tais fatos são notórios e foram amplamente divulgados pelos diversos meios de comunicação.

Em 8 de setembro de 2010, o Presidente desta Corte, Ministro Cezar Peluso, determinou o encaminhamento dos autos da EXT 1.085 à Seção de Baixa e Expedição do Tribunal (fl. 4.234). Os autos foram então arquivados no dia 22 de setembro de 2010 (fl. 4.235, verso).

No dia 31 de dezembro de 2010, o Exmo. Sr. Presidente da República decidiu negar o pedido de extradição do nacional italiano Cesare Battisti, formulado pelo Governo da Itália nos autos do processo administrativo n. 08000.003071/2007-51 (Decisão publicada na Edição Extra do *Diário Oficial* n. 251-A, Seção 1, pág. 11, de 31 de dezembro de 2010) (fl. 4.331).

A decisão do Presidente tem como fundamento o Parecer da AGU/AG 17/2010 (fls. 4.261-4.325), da lavra do Consultor da União Arnaldo Sampaio de Moraes Godoy, aprovado por despacho do Advogado-Geral da União Substituto, Fernando Luiz Albuquerque Faria (fls. 4.326-4.330). Em síntese, o parecer conclui, com base na letra "f" do número 1 do art. 3º do Tratado de Extradição celebrado entre Brasil e Itália, que existem "ponderáveis razões para se supor que o extraditando seja submetido a agravamento de sua situação, por motivo de condição pessoal, dado seu passado, marcado por atividade política de intensidade relevante" (fl. 4.325).

Em virtude da decisão proferida pelo Exmo. Sr. Presidente da República, o extraditando Cesare Battisti, por meio de seus patronos devidamente constituídos nos autos (Dr. Luis Roberto Barroso e outros), requereu a esta Corte, no dia 3 de janeiro de 2011, a imediata expedição de alvará de soltura ou, por eventualidade, a declaração do esgotamento da jurisdição do Supremo Tribunal Federal na matéria, de forma a possibilitar aos órgãos do Poder Executivo o cumprimento da decisão presidencial (fls. 4.239-4.244).

A Petição Avulsa de Cesare Battisti (Petição n. 61/2011) foi encaminhada à Presidência do STF, em razão do período de férias do Tribunal, conforme o art. 13, VIII, do Regimento Interno da Corte. Em decisão do dia 4 de janeiro, o Presidente, Ministro Cezar Peluso, determinou o desarquivamento da EXT 1.085 e a juntada a ela da petição de Cesare Battisti (fl. 4.236).

No mesmo dia 4 de janeiro de 2011, a República Italiana protocolou, nos autos da EXT 1.085, petição subscrita pelo advogado A. Nabor A. Bulhões, na qual impugna o pedido de soltura de Cesare Battisti (fls. 4.246-4.252). Defende a República Italiana que a decisão sobre a revogação da prisão do extraditando é da competência exclusiva do Plenário do Supremo Tribunal Federal, o qual deverá analisar, preliminarmente, se o ato presidencial de não extradição é compatível com o acórdão proferido pela Corte na EXT 1.085. Alerta, ainda, para o fato de o extraditando ter fugido da Itália para se livrar dos processos pelos quais veio a ser condenado e, homiziado na França, de lá também ter fugido para o Brasil, quando se encontrava em liberdade condicional, na pendência de recurso perante o Conselho de Estado da República da França, em face de decisões das duas mais altas instâncias judiciárias daquele país que haviam deferido a sua extradição para a Itália.

Em 6 de janeiro de 2011, o Presidente desta Corte, Min. Cezar Peluso, indeferiu os pedidos formulados por Cesare Battisti. Eis o teor da referida decisão:

"DECISÃO: 1. Invocando decisão do Exmo. Sr. Presidente da República que lhe teria negado a extradição, cujo pedido foi deferido por esta Corte, Cesare Battisti requer que o Tribunal lhe expeça, de imediato, alvará de soltura (a), ou, em via alternativa, que declare esgotada sua jurisdição, tocando aos órgãos do Poder Executivo a responsabilidade pelo cumprimento da decisão presidencial (b).

Garantias constitucionais do extraditando **657**

2. Não encontro, porém, em relação a nenhum de ambos os pedidos sucessivos, ou alternativos (a e b), não obstante a inegável urgência da matéria, que envolve questão de liberdade física, o requisito da aparência de razoabilidade jurídica das pretensões, o qual, sintetizado na costumeira expressão *fumus boni iuris*, justificaria excepcional cognição ativa desta Presidência, nos termos do art. 13, inc. VIII, do RISTF.

3. Quanto ao segundo (b), é, desde logo, óbvio que, castrando competência exclusiva do egrégio Plenário, não seria lícito a esta Presidência declarar exaurida, no caso, a jurisdição da Corte, sobretudo nas perspectivas de questão inerente ao âmbito de execução de acórdão proferido pelo Tribunal Pleno e cuja relatoria toca hoje a outro Ministro.

4. Tampouco deve ser outra a solução ao pedido principal (a).

E dou as breves razões desse entendimento, reavivando, de um lado, que, nos termos claros do acórdão, a Corte negou toda legitimidade jurídica às causas fundantes da concessão de refúgio ao então extraditando, ao repelir, por substantiva maioria, as preliminares correspondentes e, em particular, ao reconhecer a 'absoluta ausência de prova de risco atual de perseguição política', bem como de algum 'fato capaz de justificar receio atual de desrespeito às garantias constitucionais do condenado'. Ambas essas afirmações, que resumem e traduzem largos fundamentos do acórdão, constam de expressões textuais de uma de suas ementas, precisamente a quarta (cf. fls. 4195).

E, doutro lado, recusou ao Exmo. Sr. Presidente da República, para efeito de efetuar, ou não, a entrega do extraditando, perante o dispositivo final ou comando decisório (*iudicium*), discricionariedade só proclamada, de modo insuficiente, por quatro dos votos elementares do julgamento. É oportuno, aliás, advertir que, após longa discussão, acordou o egrégio Plenário extirpar ao acórdão e à ata de julgamento a referência à discricionariedade, exatamente porque a não reconheceu como opinião da Corte (cf. fls. 4182-4188).

De nenhum relevo ao propósito a opinião isolada que, integrando voto, pudesse sugerir liberdade absoluta do Exmo. Sr. Presidente da República em tema de entrega, ou não, do extraditando, diante do inequívoco teor do dispositivo do acórdão que, *expressis verbis*, subordinou a legitimidade do ato de S. Ex.ª, uma vez decretada a extradição, à observância dos 'termos do Tratado celebrado com o Estado requerente, quanto à entrega do extraditando'. Tal enunciado seria escusável, se não guardasse consequência prática no mundo jurídico.

5. Ora, funda-se o ato concreto do Exmo Sr. Presidente da República – o qual agora negou a entrega – em parecer que, para formalizar a motivação jurídica necessária, recorre à cláusula inserta no art. 3º, inc. 1, alínea *f*, daquele Tratado, sob alegação de que, segundo várias notícias jornalísticas que enumera, haveria, na Itália, 'comoção política em favor do encarceramento de Battisti', enquanto 'caldo de cultura justificativo de temores para com a situação do extraditando, que será agravada' (fls. 4305). A fundamentação última do parecer que sustenta o ato está bem resumida neste excerto: '153. A condição pessoal do extraditando, agitador político que teria agido nos em (*sic*) anos difíceis da história italiana, ainda que condenado por crime comum, poderia, salvo engano, provocar reação que poderia, em tese, provocar no extraditando, algum tipo de agravamento de sua situação pessoal. Há ponderáveis razões para se supor que o extraditando poderia, em princípio, sofrer alguma forma de agravamento de sua situação' (fls. 4321).

6. Como transparece através do dilatado parecer, não deparei, para além das declarações colhidas aos jornais italianos, com descrição nem menção de nenhum ato ou fato específico e novo, que, não considerado pelo acórdão, pudesse representar, com a nitidez exigida pela natureza singular e restrita deste juízo prévio e sumário, razão ou 'razões ponderáveis para supor que a pessoa reclamada será submetida a atos de perseguição e discriminação por motivo de raça, religião, sexo, nacionalidade, língua, opinião política, condição social ou pessoal; ou que sua situação possa ser agravada por um dos elementos antes mencionados' (fls. 4329). Não tenho como, nesta estima superficial, provisória e de exceção, ver, provada, causa convencional autônoma que impusesse libertação imediata do ora requerente.

7. De modo que, até para não decepar competência do novo e eminente Min. Relator e do egrégio Plenário, no controle de eventual cumprimento ou descumprimento do acórdão exequendo, com as consequências jurídicas que convenham, não me fica alternativa.

Do exposto, indefiro os requerimentos de fls. 4243-4244, mantendo por ora a prisão do requerente e, diante da urgência do caso, determinando sejam os autos conclusos incontinenti ao Relator, Exmo. Sr. Min. Gilmar Mendes, que reapreciará os pedidos, se for o caso".

Contra essa decisão do Presidente desta Corte, Min. Cezar Peluso, o extraditando interpôs agravo regimental (fls. 4.342-4.364), com pedido de *habeas corpus*, alegando, em síntese, o seguinte:

1) a decisão do Presidente da República observou os parâmetros estabelecidos pelo Supremo Tribunal Federal e deve ser cumprida;

2) tendo em vista que a representação da soberania nacional e a condução das relações internacionais cabem ao Poder Executivo, a revisão do mérito de uma decisão de política internacional importa em indevido exercício de poder jurisdicional;

3) a decisão do Presidente da República detectou, adequadamente, que a situação do extraditando pode ser agravada em razão de circunstâncias políticas, evidenciadas em manifestações das autoridades italianas e em reações exacerbadas da sociedade civil;

4) não subsistem os pressupostos que justificam a prisão preventiva para a extradição, de forma que ela deve ser relaxada imediatamente.

Em despacho do dia 31 de janeiro de 2011, o Min. Cezar Peluso consignou que, "diante da decisão de fls. 4.334-4.337 (...), nada há por decidir ou reconsiderar" (fl. 4.418).

Os autos desta EXT 1.085 vieram a mim conclusos no dia 3 de fevereiro de 2011 (fl. 4.527).

Em 4 de fevereiro de 2011, a República Italiana ajuizou esta Reclamação (RCL 11.243) contra a decisão do Presidente da República que negou o pedido de extradição do nacional italiano Cesare Battisti, formulado pelo Governo da Itália nos autos do Processo Administrativo n. 08000.003071/2007-51 (Decisão publicada na Edição Extra do *Diário Oficial* n. 251-A, Seção 1, pág. 11, de 31 de dezembro de 2010) (fl. 4.331).

Em 9 de fevereiro, despachei nesta reclamação, requisitando as informações da Exma. Sra. Presidenta da República e o parecer do Procurador-Geral da República.

Em 23 de fevereiro, foram juntadas aos autos deste processo as informações prestadas pela Presidência da República.

No dia 25 de fevereiro, os autos foram encaminhados à Procuradoria-Geral da República. Em 12 de maio de 2011, o Procurador-Geral da República apresentou parecer pelo não conhecimento da reclamação e, se conhecida, pela sua improcedência.

O extraditando Cesare Battisti, por meio de seu advogado devidamente constituído nos autos desta EXT 1085, apresentou, então, pedido de relaxamento da prisão para extradição. Alegou que o parecer do Procurador-Geral da República, apresentado nos autos da RCL 11.243, "constitui inegável elemento novo que justifica uma reapreciação do pedido de relaxamento da prisão preventiva" (fl. 4.537). Sustentou, assim, que o referido parecer confirmaria a inexistência de justa causa para a manutenção da prisão meses após a decisão do Presidente da República que negou a extradição requerida pela República Italiana. Em suma, haveria "evidente excesso de prazo" da prisão, visto que a decisão desta Corte no processo extradicional já teria transitado em julgado há mais de um ano, estando o extraditando preso há mais de 4 anos.

O pedido de relaxamento da prisão preventiva para extradição do italiano Cesare Battisti foi apresentado no dia 13 de maio de 2011, um dia após a juntada aos autos da RCL 11.243 do parecer do Procurador-Geral da República (em 12.5.2011). Naquele dia, este Relator encontrava-se em missão oficial no exterior, especificamente participando, juntamente com os Ministros Cezar Peluso, Ricardo Lewandowski e Ellen Gracie, da delegação que representou o Supremo Tribunal Federal no "2011 US-Brazil Judicial Dialogue", em Washington, Estados Unidos da América do Norte, realizado entre os dias 11 e 13 de maio, conforme a Portaria n. 107, de 29.4.2011, do Presidente do Tribunal, Ministro Cezar Peluso, publicada no *Diário da Justiça Eletrônico* do dia 10 de maio de 2011. Conforme certidão de fls. 4.532-4.533, da Secretaria Judiciária do Tribunal, a Seção de Processos Originários Criminais procedera erroneamente à re-

Garantias constitucionais do extraditando **659**

messa dos autos ao Gabinete do Exmo. Sr. Ministro Marco Aurélio, por interpretação equivocada do art. 38, I, do Regimento Interno da Corte. Em decisão de fl. 4.531, exarada no mesmo dia 13 de maio de 2011, o Ministro Ayres Britto, no exercício da Presidência do Tribunal (art. 14 do RI-STF), determinou o devido cumprimento do referido inciso I do art. 38 do Regimento Interno, e os autos então foram encaminhados ao Ministro Joaquim Barbosa, o qual, em despacho exarado no dia 14 de maio de 2011 (fl. 4.535, frente e verso), determinou o retorno dos autos a este Relator, para apreciação do pedido de relaxamento da prisão.

Os autos vieram a mim conclusos no dia 16 de maio de 2011 (fl. 4.559), data na qual proferi decisão indeferindo o pedido de relaxamento da prisão do extraditando Cesare Battisti.

Em seguida, no dia 23 de maio de 2011, solicitei dia na pauta de julgamentos do Plenário do Tribunal.

Nesses termos, estando os processos (RCL 11.243 e EXT 1085) devidamente relatados e prontos para julgamento, trago as questões suscitadas pelas partes (o extraditando Cesare Battisti e a República da Itália) para apreciação do Plenário da Corte.

É o relatório, do qual a Secretaria distribuirá cópia aos demais Ministros do Tribunal.

A decisão da referida Reclamação foi nos seguintes termos ementada:

EMENTA: RECLAMAÇÃO. PETIÇÃO AVULSA EM EXTRADIÇÃO. PEDIDO DE RELAXAMENTO DE PRISÃO. NEGATIVA, PELO PRESIDENTE DA REPÚBLICA, DE ENTREGA DO EXTRADITANDO AO PAÍS REQUERENTE. FUNDAMENTO EM CLÁUSULA DO TRATADO QUE PERMITE A RECUSA À EXTRADIÇÃO POR CRIMES POLÍTICOS. DECISÃO PRÉVIA DO SUPREMO TRIBUNAL FEDERAL CONFERINDO AO PRESIDENTE DA REPÚBLICA A PRERROGATIVA DE DECIDIR PELA REMESSA DO EXTRADITANDO, OBSERVADOS OS TERMOS DO TRATADO, MEDIANTE ATO VINCULADO. PRELIMINAR DE NÃO CABIMENTO DA RECLAMAÇÃO ANTE A INSINDICABILIDADE DO ATO DO PRESIDENTE DA REPÚBLICA. PROCEDÊNCIA. ATO DE SOBERANIA NACIONAL, EXERCIDA, NO PLANO INTERNACIONAL, PELO CHEFE DE ESTADO. ARTS. 1º, 4º, I, E 84, VII, DA CONSTITUIÇÃO DA REPÚBLICA. ATO DE ENTREGA DO EXTRADITANDO INSERIDO NA COMPETÊNCIA INDECLINÁVEL DO PRESIDENTE DA REPÚBLICA. LIDE ENTRE ESTADO BRASILEIRO E ESTADO ESTRANGEIRO. INCOMPETÊNCIA DO SUPREMO TRIBUNAL FEDERAL. DESCUMPRIMENTO DO TRATADO, ACASO EXISTENTE, QUE DEVE SER APRECIADO PELO TRIBUNAL INTERNACIONAL DE HAIA. PAPEL DO PRETÓRIO EXCELSO NO PROCESSO DE EXTRADIÇÃO. SISTEMA "BELGA" OU DA "CONTENCIOSIDADE LIMITADA". LIMITAÇÃO COGNITIVA NO PROCESSO DE EXTRADIÇÃO. ANÁLISE RESTRITA APENAS AOS ELEMENTOS FORMAIS. DECISÃO DO SUPREMO TRIBUNAL FEDERAL QUE SOMENTE VINCULA O PRESIDENTE DA REPÚBLICA EM CASO DE INDEFERIMENTO DA EXTRADIÇÃO. AUSÊNCIA DE EXECUTORIEDADE DE EVENTUAL DECISÃO QUE IMPONHA AO CHEFE DE ESTADO O DEVER DE EXTRADITAR. PRINCÍPIO DA SEPARAÇÃO DOS PODERES (ART. 2º CRFB). EXTRADIÇÃO COMO ATO DE SOBERANIA. IDENTIFICAÇÃO DO CRIME COMO POLÍTICO TRADUZIDA EM ATO IGUALMENTE POLÍTICO. INTERPRETAÇÃO DA CLÁUSULA DO DIPLOMA INTERNACIONAL QUE PERMITE A NEGATIVA DE EXTRADIÇÃO "SE A PARTE REQUERIDA TIVER RAZÕES PONDERÁVEIS PARA SUPOR QUE A PESSOA RECLAMADA SERÁ SUBMETIDA A ATOS DE PERSEGUIÇÃO". CAPACIDADE INSTITUCIONAL ATRIBUÍDA AO CHEFE DE ESTADO PARA PROCEDER À VALORAÇÃO DA CLÁUSULA PERMISSIVA DO DIPLOMA INTERNACIONAL. VEDAÇÃO À INTERVENÇÃO DO JUDICIÁRIO NA POLÍTICA EXTERNA BRASILEIRA. ART. 84, VII, DA CONSTITUIÇÃO DA REPÚBLICA. ALEGADA VINCULAÇÃO DO PRESIDENTE AO TRATADO. GRAUS DE VINCULAÇÃO À JURIDICIDADE. EXTRADIÇÃO COMO ATO POLÍTICO-ADMINISTRATIVO VINCULADO A CONCEITOS

JURÍDICOS INDETERMINADOS. NON-REFOULEMENT. RESPEITO AO DIREITO DOS REFUGIADOS. LIMITAÇÃO HUMANÍSTICA AO CUMPRIMENTO DO TRATADO DE EXTRADIÇÃO (ARTIGO III, 1, f). INDEPENDÊNCIA NACIONAL (ART. 4º, I, CRFB). RELAÇÃO JURÍDICA DE DIREITO INTERNACIONAL, NÃO INTERNO. CONSEQUÊNCIAS JURÍDICAS DO DESCUMPRIMENTO QUE SE RESTRINGEM AO ÂMBITO INTERNACIONAL. DOUTRINA. PRECEDENTES. RECLAMAÇÃO NÃO CONHECIDA. MANUTENÇÃO DA DECISÃO DO PRESIDENTE DA REPÚBLICA. DEFERIMENTO DO PEDIDO DE SOLTURA DO EXTRADITANDO. 1. Questão de Ordem na Extradição n. 1.085: "A decisão de deferimento da extradição não vincula o Presidente da República, nos termos dos votos proferidos pelos Senhores Ministros Cármen Lúcia, Joaquim Barbosa, Carlos Britto, Marco Aurélio e Eros Grau". Do voto do Min. Eros Grau extrai-se que "O conceito de ato vinculado que o relator tomou como premissa (...) é, no entanto, excessivamente rigoroso. (...) o conceito que se adotou de ato vinculado, excessivamente rigoroso, exclui qualquer possibilidade de interpretação/aplicação, pelo Poder Executivo, da noção de fundado temor de perseguição". 2. A prova emprestada utilizada sem o devido contraditório, encartada nos acórdãos que deram origem à condenação do extraditando na Itália, no afã de agravar a sua situação jurídica, é vedada pelo art. 5º, LV e LVI, da Constituição, na medida em que, além de estar a matéria abrangida pela preclusão, isto importaria verdadeira utilização de prova emprestada sem a observância do Contraditório, traduzindo-se em prova ilícita. 3. O Tratado de Extradição entre a República Federativa do Brasil e a República Italiana, no seu artigo III, 1, f, permite a não entrega do cidadão da parte requerente quando "a parte requerida tiver razões ponderáveis para supor que a pessoa reclamada será submetida a atos de perseguição". 4. O art. 560 do CPC, aplicável subsidiariamente ao rito da Reclamação, dispõe que "Qualquer questão preliminar suscitada no julgamento será decidida antes do mérito, deste não se conhecendo se incompatível com a decisão daquela". 5. Deveras, antes de deliberar sobre a existência de poderes discricionários do Presidente da República em matéria de extradição, ou mesmo se essa autoridade se manteve nos lindes da decisão proferida pelo Colegiado anteriormente, é necessário definir se o ato do Chefe de Estado é sindicável pelo Judiciário, em abstrato. 6. O art. 1º da Constituição assenta como um dos Fundamentos do Estado Brasileiro a sua soberania – que significa o poder político supremo dentro do território, e, no plano internacional, no tocante às relações da República Federativa do Brasil com outros Estados Soberanos, nos termos do art. 4º, I, da Carta Magna. 7. A Soberania Nacional no plano transnacional funda-se no princípio da independência nacional, efetivada pelo Presidente da República, consoante suas atribuições previstas no art. 84, VII e VIII, da Lei Maior. 8. A soberania, dicotomizada em interna e externa, tem na primeira a exteriorização da vontade popular (art. 14 da CRFB) através dos representantes do povo no parlamento e no governo; na segunda, a sua expressão no plano internacional, por meio do Presidente da República. 9. No campo da soberania, relativamente à extradição, é assente que o ato de entrega do extraditando é exclusivo, da competência indeclinável do Presidente da República, conforme consagrado na Constituição, nas Leis, nos Tratados e na própria decisão do Egrégio Supremo Tribunal Federal na Extradição n. 1.085. 10. O descumprimento do Tratado, em tese, gera uma lide entre Estados soberanos, cuja resolução não compete ao Supremo Tribunal Federal, que não exerce soberania internacional, máxime para impor a vontade da República Italiana ao Chefe de Estado brasileiro, cogitando-se de mediação da Corte Internacional de Haia, nos termos do art. 92 da Carta das Nações Unidas de 1945. 11. O sistema "belga" ou "da contenciosidade limitada", adotado pelo Brasil, investe o Supremo Tribunal Federal na categoria de órgão juridicamente existente apenas no âmbito do direito interno, devendo, portanto, adstringir-se a examinar a legalidade da extradição; é dizer, seus aspectos formais, nos termos do art. 83 da Lei 6.815/80 ("Nenhuma extradição será concedida sem prévio pronunciamento do Plenário do Supremo Tribunal Federal sobre sua legalidade e procedência, não cabendo recurso da decisão"). 12. O Presidente da República, no sistema vigente, resta vinculado à decisão do Supremo Tribunal Federal apenas quando reconhecida alguma irregularidade no processo extradicional, de modo a impedir a remessa do extraditando ao arrepio do ordenamento jurídico, nunca, contudo, para determinar semelhante remessa, porquanto, o Poder Judiciário deve ser o último guardião dos direitos fundamentais de um indivíduo, seja ele nacional ou estrangeiro, mas não dos interesses políticos de Estados alienígenas, os quais devem entabular entendimentos com o Chefe de Estado, vedada a pretensão de impor sua vontade através dos Tribunais internos. 13. In casu, ao julgar a extradição no sentido de ser possível a entrega do cidadão estrangeiro, por inexistirem óbices, o Pretório

Garantias constitucionais do extraditando 661

Excelso exaure a sua função, por isso que functus officio est – *cumpre e acaba a sua função jurisdicional –, conforme entendeu esta Corte, por unanimidade, na Extradição n. 1.114, assentando,* verbis: *"O Supremo Tribunal limita-se a analisar a legalidade e a procedência do pedido de extradição (Regimento Interno do Supremo Tribunal Federal, art. 207; Constituição da República, art. 102, Inc. I, alínea g; e Lei n. 6.815/80, art. 83): indeferido o pedido, deixa-se de constituir o título jurídico sem o qual o Presidente da República não pode efetivar a extradição; se deferida, a entrega do súdito ao Estado requerente fica a critério discricionário do Presidente da República" (Ext 1114, Relator(a): Min. CÁRMEN LÚCIA, Tribunal Pleno, julgado em 12/06/2008). 14. A anulação, pelo Supremo Tribunal Federal, da decisão do Ministro da Justiça que concedeu refúgio político ao extraditando, não o autoriza, a posteriori, a substituir-se ao Chefe de Estado e determinar a remessa do extraditando às autoridades italianas. O descumprimento do Tratado de Extradição,* ad argumentandum tantum, *gera efeitos apenas no plano internacional, e não no plano interno, motivo pelo qual não pode o Judiciário compelir o Chefe de Estado a entregar o súdito estrangeiro. 15. O princípio da separação dos Poderes (art. 2º CRFB), indica não competir ao Supremo Tribunal Federal rever o mérito de decisão do Presidente da República, enquanto no exercício da soberania do país, tendo em vista que o texto constitucional conferiu ao chefe supremo da Nação a função de representação externa do país. 16. A decisão presidencial que negou a extradição, com efeito, é autêntico ato de soberania, definida por Marie-Joëlle Redor como o "poder que possui o Estado para impor sua vontade aos indivíduos que vivem sobre seu território" (De L'Etat Legal a L'Etat de Droit. L'Evolution des Conceptions de la Doctrine Publiciste Française. 1879-1914. Presses Universitaires d'Aix-Marseille, p. 61). 17. O ato de extraditar consiste em "ato de vontade soberana de um Estado que entrega à justiça repressiva de outro Estado um indivíduo, por este perseguido e reclamado, como acusado ou já condenado por determinado fato sujeito à aplicação da lei penal" (RODRIGUES, Manuel Coelho.* A Extradição no Direito Brasileiro e na Legislação Comparada. Tomo I. Rio de Janeiro: Imprensa Nacional, 1930. p. 3). *18. A extradição não é ato de nenhum Poder do Estado, mas da República Federativa do Brasil, pessoa jurídica de direito público externo, representada na pessoa de seu Chefe de Estado, o Presidente da República. A Reclamação por descumprimento de decisão ou por usurpação de poder, no caso de extradição, deve considerar que a Constituição de 1988 estabelece que a soberania deve ser exercida, em âmbito interno, pelos três Poderes (Executivo, Legislativo e Judiciário) e, no plano internacional, pelo Chefe de Estado, por isso que é insindicável o poder exercido pelo Presidente da República e, consequentemente, incabível a Reclamação, porquanto juridicamente impossível submeter o ato presidencial à apreciação do Pretório Excelso. 19. A impossibilidade de vincular o Presidente da República à decisão do Supremo Tribunal Federal se evidencia pelo fato de que inexiste um conceito rígido e absoluto de crime político. Na percuciente observação de Celso de Albuquerque Mello, "A conceituação de um crime como político é (...) um ato político em si mesmo, com toda a relatividade da política" (Extradição. Algumas observações. In:* O Direito Internacional Contemporâneo. Org.: Carmen Tiburcio; Luís Roberto Barroso. Rio de Janeiro: Renovar, 2006. p. 222-223). *20. Compete ao Presidente da República, dentro da liberdade interpretativa que decorre de suas atribuições de Chefe de Estado, para caracterizar a natureza dos delitos, apreciar o contexto político atual e as possíveis perseguições contra o extraditando relativas ao presente, na forma do permitido pelo texto do Tratado firmado (art. III, 1, f); por isso que, ao decidir sobre a extradição de um estrangeiro, o Presidente não age como Chefe do Poder Executivo Federal (art. 76 da CRFB), mas como representante da República Federativa do Brasil. 21. O juízo referente ao pedido extradicional é conferido ao "Presidente da República, com apoio em juízo discricionário, de caráter eminentemente político, fundado em razões de oportunidade, de conveniência e/ou de utilidade (...) na condição de Chefe de Estado" (Extradição n. 855, Ministro Relator Celso de Mello, DJ de 1º.7.2006). 22. O Chefe de Estado é a figura constitucionalmente capacitada para interpretar a cláusula do Tratado de Extradição, por lhe caber, de acordo com o art. 84, VII, da Carta Magna, "manter relações com Estados estrangeiros". 23. O Judiciário não foi projetado pela Carta Constitucional para adotar decisões políticas na esfera internacional, competindo esse mister ao Presidente da República, eleito democraticamente e com legitimidade para defender os interesses do Estado no exterior; aplicável,* in casu, *a noção de capacidades institucionais, cunhada por Cass Sunstein e Adrian Vermeule (Interpretation and Institutions. U Chicago Law & Economics, Olin Working Paper, N. 156, 2002; U Chicago Public Law Research Paper n. 28). 24. É assente na jurisprudência da Corte que "a efetivação, pelo governo, da entrega do extraditando, autorizada pelo Supremo Tribunal Federal, depende do Direito Internacional Convencional"*

*(Extradição n. 272. Relator(a): Min. VICTOR NUNES, Tribunal Pleno, julgado em 07/06/1967). 25. O Supremo Tribunal Federal, na Extradição n. 1.085, consagrou que o ato de extradição é ato vinculado aos termos do Tratado, sendo que a exegese da vinculação deve ser compreendida de acordo com a teoria dos graus de vinculação à juridicidade. 26. O pós-positivismo jurídico, conforme argutamente aponta Gustavo Binenbojm, "não mais permite falar, tecnicamente, numa autêntica dicotomia entre atos vinculados e discricionários, mas, isto sim, em diferentes graus de vinculação dos atos administrativos à juridicidade" (*Uma Teoria do Direito Administrativo. 2ª ed. Rio de Janeiro: Renovar, 2008. p. 208). 27. O ato político-administrativo de extradição é vinculado a conceitos jurídicos indeterminados, em especial,* in casu, *a cláusula do artigo III, 1, f, do Tratado, permissiva da não entrega do extraditando. 28. A Cooperação Internacional em matéria Penal é limitada pela regra do non-refoulement (art. 33 da Convenção de Genebra de 1951), segundo a qual é vedada a entrega do solicitante de refúgio a um Estado quando houver ameaça de lesão aos direitos fundamentais do indivíduo. 29. O provimento jurisdicional que pretende a República Italiana é vedado pela Constituição, seja porque seu art. 4º, I e V, estabelece que a República Federativa do Brasil rege-se, nas suas relações internacionais, pelos princípios da independência nacional e da igualdade entre os Estados, seja pelo fato de, no supracitado art. 84, VII, conferir apenas ao Presidente da República a função de manter relações com Estados estrangeiros. 30. Reclamação não conhecida, mantendo-se a decisão da Presidência da República. Petição Avulsa provida para que se proceda à imediata liberação do extraditando, se por al não estiver preso.*

VOTO

I. Considerações preliminares

Antes de adentrar a análise das questões suscitadas pelas partes – o extraditando Cesare Battisti e a República da Itália –, é preciso esclarecer que, além da extradição (EXT 1085) e da reclamação ajuizada pela República da Itália (RCL 11.243), outros dois processos, também sob minha relatoria, dizem respeito aos fatos que compõem o procedimento extradicional do italiano Cesare Battisti.

A Ação Direta de Inconstitucionalidade n. 4.538 foi proposta pelo partido Democratas (DEM) contra o Parecer AGU/AG 17/2010, aprovado pelo Presidente da República (art. 4º da LC 73/93) em 31 de dezembro de 2010. Quanto ao cabimento da ação direta, o requerente alega que *"a normatividade do Parecer em exame é evidente – ainda que não publicada sua íntegra no órgão de imprensa oficial competente –, pois impõe orientação que não se restringe à atuação do Presidente da República. Incide também sobre as repartições federais responsáveis pelas áreas penitenciária, policial e diplomática, quanto aos limites de atuação do Poder Executivo na matéria. (...) Daí a sua inequívoca configuração como ato normativo sujeito a controle abstrato de constitucionalidade mediante ação direta".*

Como entendo que o referido parecer possui efeitos meramente concretos e limitados no tempo, não tendo o caráter de norma geral e abstrata que torne possível sua submissão ao controle em abstrato de constitucionalidade, estou propondo, no âmbito daquele processo, que se negue seguimento à ação direta de inconstitucionalidade, com base no art. 4º da Lei 9.868/99. O parecer objeto daquela ação também será discutido no bojo do presente processo extradicional, de modo que a negativa de seguimento daquela ação não prejudicará a análise desta Corte sobre referido ato do Presidente da República. E, justamente em razão da possibilidade de que o mencionado parecer seja amplamente apreciado pelo Tribunal no presente processo, não é o caso de conversão da ação direta em arguição de descumprimento de preceito fundamental.

Há, ainda, uma ação popular (Ação Cível Originária n. 1.722), também sob minha relatoria, proposta por Fernando Destito Francischini, Deputado Federal pelo Estado do Paraná, na qual igualmente se impugna o ato do Presidente da República que negou a extradição do italiano Cesare Battisti. Assim como procedi em relação à referida ação direta de inconstitucionalidade, a esta ação popular não foi dado qualquer impulso processual, visto que as questões suscitadas sobre o ato do Presidente da República já estão devidamente postas na reclamação e no bojo da própria extradição e nelas poderão ser devidamente apreciadas.

Passo à análise da reclamação e do incidente de execução na extradição.

II. A terceira fase do processo de extradição

Um primeiro ponto fundamental a ser considerado no processo de extradição refere-se à natureza jurídica da intervenção do Presidente da República após a concessão, pelo STF, da extradição.

A solução dessa questão cobra uma análise sobre o que seja a denominada *terceira fase* do processo extradicional. Nesse sentido, surge outra questão relacionada: uma vez transitado em julgado o acórdão proferido pelo STF em extradição, entra-se numa fase de *execução* desse acórdão ou a decisão do Presidente é autônoma em relação ao processo de extradição no STF?

A apreciação a fundo dessas questões também leva a outros problemas igualmente centrais, tais como o de saber se o Presidente da República pode se afastar dos fundamentos determinantes do acórdão do STF na extradição, ou até contrariá-los.

As análises seguintes, que focam as características determinantes das três fases do processo extradicional, visam a encontrar respostas a essas questões fundamentais.

II.1. O advento histórico da fase jurisdicional do processo de extradição no Brasil

A extradição, em simples termos, é a entrega que um Estado faz a outro Estado – a pedido deste – de um indivíduo neste último processado ou condenado criminalmente. É, em suma, uma relação de direito internacional entre Estados soberanos para o fim de cooperação em matéria de repressão ao crime. Como uma relação entre pessoas jurídicas de direito internacional público, a extradição tem como protagonistas os representantes legítimos, os Chefes dos Governos de cada Estado, e é materializada com base em tratado internacional ou, em sua ausência, em promessa de reciprocidade. A relação obrigacional para fins de extradição, se existente – seja com base em tratado bilateral, convênio multilateral, pacto de reciprocidade ou mesmo em lei interna do Estado requerido –, ocorre entre Governos, ou seja, entre os Poderes Executivos de cada Estado.

Assim é que, historicamente, o processo extradicional surgiu como uma relação eminentemente entre Estados soberanos.

No Brasil Império, o processo de extradição obedecia a um sistema tipicamente administrativo – sem qualquer participação de autoridade judicial –, consagrado na Lei n. 234, de 23 de novembro de 1841, art. 7°, n. 2, e no Regulamento n. 124, de 5 de fevereiro de 1842, arts. 9° e 20, combinados com o Decreto de 9 de setembro de 1842. O processo observado com relação à extradição passiva era o seguinte: recebido o pedido pelo Ministro dos Negócios Estrangeiros, se este – de acordo com o Conselho de Ministros – não o recusasse imediatamente, era ouvido o Procurador-Geral da Coroa. Caso este opinasse favoravelmente ao pedido, a extradição era então concedida, mesmo antes da prisão do extraditando. Podia o Procurador-Geral, no entanto, emitir parecer pela rejeição do pedido pelo Conselho de Ministros ou pela audiência da Seção de Negócios Estrangeiros do Conselho de Estado Imperial, órgão consultivo da Coroa, presidido pelo Imperador (Cfr.: MACIEL, Anor Butler. *Extradição Internacional*. Brasília: Imprensa Nacional, 1957, p. 11).

Nesse período imperial, algumas extradições foram concedidas em razão de tratados firmados pelo Brasil com Carlos X, da França (6 de junho de 1826, art. 8°), Grã-Bretanha (17 de agosto de 1827, art. 5°), com Frederico III, da Prússia (18 de abril de 1828, art. 4°), e com Portugal

(19 de maio de 1836, art. 7°). Por ato Circular do Ministro dos Negócios Estrangeiros, de 4 de fevereiro de 1847, dirigido aos agentes diplomáticos e consulares brasileiros, ficaram estabelecidas as condições em que o Brasil entregaria, sob promessa de reciprocidade, criminosos refugiados em seu território.

A Constituição de 1891 não fixou, expressamente, a competência para processar e julgar o pleito extradicional, deixando ao legislador, nos termos do art. 34 (32), a competência para regular, em caráter privativo, o processo de extradição. Na República (até 1911), o sistema administrativo continuou a reger o processo extradicional, com base na Lei n. 221, de 20 de novembro de 1894, art. 38, e no Decreto n. 3.084, de 5 de novembro de 1898, 1ª parte, art. 112, § 2°. Com a Lei n. 967, de 2 de janeiro de 1903, a atribuição de informar os pedidos de extradição, antes a cargo do Procurador-Geral da República, passou ao Consultor-Geral da República.

Até então, como abordado, as extradições no Brasil ocorriam com base em tratados firmados com diversos Estados ou em promessas de reciprocidade. Em 1905, o Supremo Tribunal Federal decidiu que a extradição só seria possível se baseada em tratado (HC n. 2.280, decisões de 7, 10 e 14 de junho de 1905). A razão era a de que a Constituição republicana de 1891, ao atribuir ao Congresso Nacional a competência para *"regular os casos de extradição entre os Estados"*, teria abolido a extradição fundada apenas em reciprocidade ou em ato voluntário do Poder Executivo não submetido à prévia disciplina do Poder Legislativo. A decisão fez jurisprudência e as extradições, a partir de 1905, passaram a ser concedidas apenas com base nos tratados internacionais firmados pelo Brasil. Nessa decisão, conforme nos ensina Lêda Boechat, *"o Supremo Tribunal Federal declarou que o Poder Judiciário podia intervir, em matéria de extradição, para verificar se o estrangeiro aqui asilado estava sofrendo ou se achava em iminente perigo de sofrer violência, ou coação, por ilegalidade, ou abuso de poder, nos termos do art. 72, § 22, da Constituição".* Requerida uma extradição, cabia-lhe verificar se ela era concedida na forma estabelecida pelo tratado em vigor entre o Brasil e a Nação requerente. (RODRIGUES, Leda Boechat. *História do Supremo Tribunal Federal. Tomo II, 1899-1910.* Rio de Janeiro: Civilização Brasileira, 1991, p. 185; *ênfases acrescidas*).

A situação criada pela jurisprudência do Supremo Tribunal levou à promulgação da Lei n. 2.416, de 28 de junho de 1911, que prevê novamente a permissão da extradição baseada em promessa de reciprocidade (art. 1°, § 1°). A referida lei, ao regular a extradição, passou a exigir **a efetiva participação do Poder Judiciário no processo extradicional**. Dizia a lei, em seu art. 10, que *"nenhum pedido de extradição será atendido sem prévio pronunciamento do Supremo Tribunal Federal, de cuja decisão não caberá recurso".*

Desde então, o processo extradicional no Brasil, fundado em tratado ou em promessa de reciprocidade (atual art. 76 da Lei n. 6.815/80), passou a contar com uma fase jurisdicional, efetuada pelo Supremo Tribunal Federal. A Constituição de 1934 consagrou, expressamente, a competência do Supremo para processar e julgar, originariamente, o processo de extradição (art. 54, 1°, *h*). Documentos legislativos posteriores – tais como o Decreto-Lei n. 394, de 28.4.1938 (art. 10), o Decreto-Lei n. 941, de 13.10.1969 (art. 94), e a atual Lei n. 6.815, de 19.8.1980 (art. 83) – mantiveram a **participação do Poder Judiciário, especificamente do Supremo Tribunal Federal, no "controle de constitucionalidade" do processo extradicional. Essa fase jurisdicional é imprescindível ao respeito à ordem constitucional vigente e à garantia dos direitos do indivíduo extraditando e, por isso, representa um verdadeiro avanço em termos de proteção dos direitos humanos nos planos nacional e internacional.**

II.2. A prevalência da política internacional na primeira fase da extradição

O atual processo de extradição no Brasil é dividido em três fases. A primeira, de natureza administrativa, é caracterizada pela apresentação, normalmente pela via diplomática, do pedido

Garantias constitucionais do extraditando **665**

do Governo do Estado estrangeiro ao Governo brasileiro. Compete ao Ministério das Relações Exteriores receber o pedido e remetê-lo ao Ministério da Justiça, que decidirá sobre seu envio ao Supremo Tribunal Federal, instaurando a segunda fase, de índole jurisdicional. Já nessa primeira fase, portanto, coloca-se a questão sobre a discricionariedade do Poder Executivo na decisão – que é de política internacional – sobre a extradição. Como bem assevera Anor Butler Maciel, em interessante estudo sobre a extradição:

"Nesta fase, a política internacional é decisiva.

Só o Poder Executivo, a quem compete a orientação dos negócios internacionais, é o árbitro do encaminhamento da solicitação de outro Estado à Justiça, levando em conta as relações entre ambas as Nações e fixando a atitude que adotará em relação ao Estado requerente.

Um Estado que se recusasse a atender nossos pedidos de extradição, certamente, não teria sua pretensão nesse sentido encaminhada, embora a lei não exija, para que se conceda a extradição, que se expresse reciprocidade.

Esta faculdade de recusa do encaminhamento do pedido ao Judiciário e denegação de plano do pedido de extradição, tem assento nos termos claros do art. 87, VI, da Constituição Federal (...)" (Cfr.: MACIEL, Anor Butler. *Extradição Internacional*. Brasília: Imprensa Nacional, 1957, p. 11).

A natureza discricionária do poder governamental de decidir sobre extradição, nessa primeira fase, eminentemente político-administrativa, está diretamente vinculada à estrutura da relação obrigacional entre os Estados requerente e requerido. Haverá diferenças marcantes, portanto, se essa relação entre os entes de direito internacional público é fundada em tratado ou em promessa de reciprocidade. A propósito, ensina Francisco Rezek:

"Fundada em promessa de reciprocidade, a demanda extraditória abre ao Governo brasileiro a perspectiva de uma recusa sumária, cuja oportunidade será mais tarde examinada. Apoiado, porém, que se encontre em tratado ou em autêntica existência de reciprocidade, o pedido não comporta semelhante recusa. Há, neste passo – continua Rezek –, um compromisso que ao Governo brasileiro incumbe honrar, sob pena de ver colocada em causa sua responsabilidade internacional. É claro, não obstante, que o compromisso tão somente priva o Governo de qualquer arbítrio, determinando-lhe que submeta ao Supremo Tribunal Federal a demanda, e obrigando-o a efetivar a extradição pela Corte entendida legítima, desde que o Estado requerente se prontifique, por seu turno, ao atendimento dos requisitos da entrega do extraditando. Nenhum vínculo convencional prévio impediria, de tal sorte, que a extradição se frustrasse quer pelo juízo indeferitório do Supremo, quer pela inflexibilidade do Governo à honra da efetivação da entrega autorizada, quando o Estado requerente sonegasse o compromisso de comutar a pena corporal ou de promover a detração, entre outros" (REZEK, Francisco. O Governo Brasileiro da Extradição Passiva. In: *Estudos de Direito Público em homenagem a Aliomar Baleeiro*. Brasília: Ed. UnB, 1976, p. 238-239).

Para Rezek, portanto, seria nessa primeira fase, dita governamental, que caberia ao Poder Executivo exercer a faculdade da recusa – quando presente, como analisado acima – do pedido extradicional. Em suas palavras:

"É de se perguntar se a faculdade da recusa, quando presente, deve ser exercitada pelo Governo antes ou depois do pronunciamento do Tribunal. A propósito, o Decreto-Lei n. 941/69 guarda implacável silêncio, e sua linguagem, notadamente nos arts. 92 e 101, chega a produzir a impressão de que nenhum poder decisório, em nenhum caso, reveste o Executivo, responsável tão só pelo desempenho de encargos pré-moldados e subalternos.

(...)

Convenço-me de que a opção governamental deve ser formulada na fase pré-judiciária do procedimento, e a tanto sou levado por mais de uma razão. Cabe assinalar, antes de mais nada, que o processo extraditório no Supremo Tribunal Federal reclama, ao longo de seu curso, o encarceramento do extraditando, e nesse particular não admite exceções (art. 95 e § 1º). Talvez fosse isso o bastante para que, cogitando do indeferimento, o Poder Executivo não fizesse esperar sua palavra final. Existe, além do mais, uma impressão generalizada, e a todos os títulos defensável, de que a transmissão do pedido ao Tribunal traduz aquiescência da parte do Governo. O Estado requerente, sobretudo, tende a ver nesse ato a aceitação de sua garantia de reciprocidade, passando a crer que a partir de então somente o juízo negativo da Corte sobre a legalidade da demanda lhe poderá vir a frustrar o intento. Nasceu, como era de se esperar que nascesse, por força de tais fatores, no Supremo Tribunal Federal, o costume de se manifestar sobre o pedido extraditório em termos definitivos. Julgando-a legal e procedente, o Tribunal defere a extradição. Não se limita, assim, a declará-la viável, qual se entendesse que depois de seu pronunciamento o regime jurídico do instituto autoriza ao Governo uma decisão discricionária.

(...)

Negada a extradição pela Corte, limitam-se os deveres do Poder Executivo à libertação do extraditando e à comunicação desse desfecho ao Estado requerente. Deferida, incumbe-lhe efetivá-la nos termos dos arts. 96 e seguintes do D.L. n. 941/69".

É nessa primeira fase, portanto, que cabe ao Poder Executivo deliberar, em termos de política internacional e, principalmente, ante suas obrigações (convencionais ou de reciprocidade) sobre o prosseguimento do pedido de extradição. De toda forma, a existência efetiva de reciprocidade e de tratado afasta as possibilidades de descumprimento governamental de suas obrigações perante o Estado requerente.

Enfatize-se, nesse ponto, que, ao formularem os pedidos de extradição, os Estados já os instruem com os compromissos próprios de entrega (art. 98, Decreto-Lei n. 941; art. 91, Lei n. 6.815/80) e, quando não o fazem, esses compromissos são requisitados pelo Ministério da Justiça.

A tese acima delineada, portanto, rende homenagem aos compromissos internacionais firmados pelo Brasil com os demais Estados. Havendo tratado, todo o processo de extradição deverá observar as suas normas. E, no caso de conflito entre a lei interna e o tratado, o entendimento é consolidado, principalmente, na jurisprudência do STF (*vide*, por exemplo, EXT 662, Rel. Min. Celso de Mello, *DJ* 30.5.1997) no sentido de que prevalece o tratado, pelo critério da especialidade.

Ressaltem-se, nesse aspecto, os princípios internacionais fixados pela Convenção de Viena sobre o Direito dos Tratados, de 1969, a qual, em seu art. 27, determina que nenhum Estado pactuante *"pode invocar as disposições de seu direito interno para justificar o inadimplemento de um tratado".*

II.3. A fase jurisdicional: o papel do STF na extradição

A segunda fase é eminentemente jurisdicional e processada perante o Supremo Tribunal Federal. Dispõe o art. 83, da Lei n. 6.815/80, o seguinte: *"Nenhuma extradição será concedida sem prévio pronunciamento do Plenário do Supremo Tribunal Federal sobre sua legalidade e procedência, não cabendo recurso da decisão".* Assim, compete ao Supremo analisar a inocorrência de alguma das causas impeditivas ou a presença das condições indicadas, respectivamente, nos arts. 77 e 78 do Estatuto do Estrangeiro, além de outras previstas em tratado. Nesse sentido, o Tribunal não entra em considerações sobre o mérito da condenação penal sofrida pelo extraditando, não procede ao revolvimento de provas que ensejaram a condenação, nem reexamina aspectos procedimentais que eventualmente possam implicar a nulidade do processo penal no âmbito do Estado estrangeiro requerente. Isso está bem explicado em trecho de decisão desta Corte na EXT 669, Rel. Min. Celso de Mello, *DJ* 29.3.1996:

"O sistema extradicional vigente no direito brasileiro qualifica-se como sistema de controle limitado, com predominância da atividade jurisdicional, que permite ao Supremo Tribunal Federal exercer fiscalização concernente à legalidade extrínseca do pedido de extradição formulado pelo Estado estrangeiro. O modelo que rege, no Brasil, a disciplina normativa da extradição passiva – vinculado, quanto a sua matriz jurídica, ao sistema misto ou belga – não autoriza que se renove, no âmbito do processo extradicional, o litígio penal que lhe deu origem, nem que se proceda ao reexame de mérito (*revision au fond*) ou, ainda, à revisão de aspectos formais concernentes à regularidade dos atos de persecução penal praticados no Estado requerente. O Supremo Tribunal Federal, ao proferir juízo de mera deliberação sobre a postulação extradicional, só excepcionalmente analisa aspectos materiais concernentes à própria substância da imputação penal, desde que esse exame se torne indispensável à solução de eventual controvérsia concernente (a) à ocorrência de prescrição penal, (b) à observância do princípio da dupla tipicidade ou (c) à configuração eventualmente política do delito imputado ao extraditando. Mesmo em tais hipóteses excepcionais, a apreciação jurisdicional do Supremo Tribunal Federal deverá ter em consideração a versão emergente da denúncia ou da decisão emanadas de órgãos competentes no Estado estrangeiro. (...) O modelo extradicional instituído pelo ordenamento jurídico brasileiro (Estatuto do Estrangeiro), precisamente por consagrar o sistema de contenciosidade limitada, circunscreve o *thema decidendum*, nas ações de extradição passiva, à mera análise dos pressupostos (art. 77) e das condições (art. 78) inerentes ao pedido formulado pelo Estado estrangeiro. A pré-exclusão de qualquer debate judicial em torno do contexto probatório e das circunstâncias de fato que envolvem a alegada prática delituosa e o seu suposto autor – justificada pelo modelo extradicional adotado pelo direito brasileiro – implica, por efeito consequencial, a necessidade de delimitar o âmbito de impugnação material a ser deduzida pelo extraditando, consideradas a natureza da controvérsia instaurada no processo extradicional e as restrições impostas à própria atuação do Supremo Tribunal Federal. As restrições de ordem temática que delimitam materialmente o âmbito de exercício do direito de defesa, estabelecidas pelo art. 85, par. 1º, do Estatuto do Estrangeiro, não são inconstitucionais e nem ofendem a garantia da plenitude de defesa, em face da natureza mesma de que se reveste o processo extradicional no direito Brasil. Precedente: *RTJ* 105/3. (Ext 669, Rel. Min. Celso de Mello, julgamento em 6.3.1996, *DJ* de 29.3.1996). No mesmo sentido: Ext 662, Rel. Min. Celso de Mello, julgamento em 28.11.1996, *DJ* de 30.5.1997".

Em suma, cabe à Corte realizar o controle da legalidade do processo extradicional (Regimento Interno do Supremo Tribunal Federal, art. 207; Constituição da República, art. 102, Inc. I, alínea *g*; e Lei n. 6.815/80, art. 83). Com o julgamento da extradição, encerrada está a fase jurisdicional, cabendo ao Poder Executivo a responsabilidade pela entrega do extraditando ao Governo requerente, nos termos do art. 86 da Lei n. 6.815/1980. Nesse sentido, confiram-se os seguintes julgados do STF: EXT n. 369/República Portuguesa, Rel. Min. Djaci Falcão; EXT n. 579/República Federal da Alemanha, Rel. Min. Celso de Mello e EXT n. 621/República Italiana, Rel. Min. Celso de Mello.

É preciso ressaltar, não obstante, que esse controle de constitucionalidade e de legalidade também deve ser traduzido como garantia de respeito incondicional à ordem constitucional e como proteção jurisdicional dos direitos fundamentais do extraditando. É o que revela a jurisprudência do Supremo Tribunal Federal. Referida preocupação já havia sido expressa no julgamento da Ext. n. 232/Cuba – Segunda Turma, Relator Min. Victor Nunes Leal, *DJ* 14.12.1962. Eis a ementa:

> "1) A situação revolucionária de Cuba não oferece garantia para um julgamento imparcial do extraditando, nem para que se conceda a extradição com ressalva de se não aplicar a pena de morte. 2) Tradição liberal da América Latina na concessão de asilo por motivos políticos. 3) Falta de garantias considerada não somente pela formal supressão ou suspensão, mas também por efeito de fatores circunstanciais. 4) A concessão do asilo diplomático ou territorial não impede, só por si, a extradição, cuja procedência é apreciada pelo Supremo Tribunal, e não pelo governo. 5) Conceituação de crime político proposta pela Comissão Jurídica Interamericana, do Rio de Janeiro, por incumbência da IV Reunião do Conselho Interamericano de Jurisconsultos (Santiago do Chile, 1949), excluindo 'atos de barbaria ou vandalismo proibidos pelas leis de guerra'; ainda que 'executados durante uma guerra civil, por uma ou outra das partes'".

Também no julgamento da Ext. n. 347/Itália, Relator Min. Djaci Falcão, *DJ* 9.6.1978, discutiu-se a questão da existência de juízo de exceção e a impossibilidade de concessão de pedido extradicional, como indica a ementa, na parte em que interessa:

"(...) III – Alegação da existência de juízo de exceção. A Corte Constitucional criada pela Constituição Italiana de 1947 situa-se como órgão jurisdicional. A sua composição, o processo de recrutamento dos seus membros, as incompatibilidades e os limites de eficácia das suas decisões encontram-se legitimamente definidos na Legislação da Itália. Órgão jurisdicional pré-constituído e que atende aos princípios fundamentais do estado de direito. A ninguém é dado negar a eficácia suprema da Constituição. Competência da Corte Constitucional, em relação ao extraditando, por força da conexão. Aplicação da Súmula 421. Satisfeitas as condições essenciais à concessão da extradição, impõe-se o seu deferimento. Decisão tomada por maioria de votos".

Em seu voto, ressaltou o relator, o Ministro Djaci Falcão:

"(...) É sabido que a nossa Constituição não admite foro privilegiado, que se apresenta como favor de caráter pessoal, e, bem assim, tribunal de exceção, para o julgamento de 'um caso, ou para alguns casos determinados, porque, então, estaria instituído o que se quer proibir: o juiz *ad hoc*', como acentua o douto Pontes de Miranda (*Comentários à Constituição de 1967, com a Emenda n. 1, de 1969*, tomo V, 2ª. Edição, pág. 238)".

Na mesma assentada, afirmou o Ministro Moreira Alves:

"Ninguém discute que cabe a esta Corte fixar o sentido, e, portanto, o alcance, do que vem a ser Tribunal ou juízo de exceção; para verificar se nele se enquadra o Tribunal ou juízo estrangeiro a cujo julgamento será submetido o extraditando.

É tradicional em nossas Constituições – o princípio somente não constou da de 1937 – o repúdio ao foro privilegiado e aos tribunais ou juízos de exceção. Interpretando essa vedação constitucional, constitucionalistas do porte de CARLOS MAXIMILIANO (...) se valem dos princípios que se fixaram na doutrina alemã na interpretação do artigo 105 da Constituição de Weimar, reproduzido, como acentua MAXIMILIANO (...), quase literalmente pelo artigo 141, § 26, da Constituição brasileira de 1946, cujas expressões foram repetidas na parte final do § 15 do artigo 153 da Emenda Constitucional n. 1/69".

Sobre a necessidade do respeito aos direitos fundamentais do estrangeiro, muito bem salientou o Ministro Celso de Mello no julgamento da Extradição n. 897/República Tcheca (*DJ* 23.9.2004), cujo excerto da ementa transcrevo a seguir:

"(...) **EXTRADIÇÃO E RESPEITO AOS DIREITOS HUMANOS: PARADIGMA ÉTICO-JURÍDICO CUJA OBSERVÂNCIA CONDICIONA O DEFERIMENTO DO PEDIDO EXTRADICIONAL.**

– A **essencialidade** da cooperação internacional na repressão penal aos delitos comuns **não exonera** o Estado brasileiro – e, **em particular**, o Supremo Tribunal Federal – **de velar pelo respeito aos direitos fundamentais** do súdito estrangeiro que venha a sofrer, em **nosso** País, processo extradicional instaurado por iniciativa de **qualquer** Estado estrangeiro. O extraditando **assume**, no processo extradicional, a condição indisponível de **sujeito de direitos**, cuja intangibilidade **há de ser preservada** pelo Estado a que foi dirigido o pedido de extradição (**o Brasil**, no caso).

– O Supremo Tribunal Federal **não deve autorizar** a extradição, **se se demonstrar** que o ordenamento jurídico do Estado estrangeiro que a requer **não se revela capaz de assegurar**, aos réus, em juízo criminal, **os direitos básicos** que resultam do postulado do *"due process of law"* (**RTJ** 134/56-58 – **RTJ** 177/485-488), **notadamente** as prerrogativas inerentes à **garantia** da ampla defesa, à **garantia** do contraditório, à **igualdade** entre as partes perante o juiz natural e à **garantia** de imparcialidade do magistrado processante. **Demonstração**, no caso, de que o regime político que informa as instituições do Estado requerente **reveste-se** de caráter democrático, **assegurador** das liberdades públicas fundamentais".

No mesmo sentido, a ementa da Extradição n. 633/República Popular da China (*DJ* 6.4.2001), também da relatoria do Ministro Celso de Mello, na parte em que interessa:

"(...) O fato de o estrangeiro ostentar a condição jurídica de extraditando **não basta** para reduzi-lo a um estado de submissão incompatível com a essencial dignidade que lhe é inerente como pessoa humana

Garantias constitucionais do extraditando **669**

e que lhe confere a titularidade de direitos fundamentais inalienáveis, dentre os quais avulta, por sua insuperável importância, a garantia do *due process of law*.

Em tema de direito extradicional, o Supremo Tribunal Federal **não pode e nem deve** revelar indiferença diante de transgressões ao regime das garantias processuais fundamentais. É que o Estado brasileiro – que deve obediência irrestrita à própria Constituição que lhe rege a vida institucional – **assumiu**, nos termos desse mesmo estatuto político, o **gravíssimo** dever de **sempre** conferir prevalência aos direitos humanos (**art. 4º, II**).

EXTRADIÇÃO E <u>DUE PROCESS OF LAW</u>.

(...) A possibilidade de ocorrer a privação, em juízo penal, do *due process of law*, nos múltiplos contornos em que se desenvolve esse princípio assegurador dos direitos e da própria liberdade do acusado – **garantia** de ampla defesa, **garantia** do contraditório, **igualdade** entre as partes perante o juiz natural e **garantia** de imparcialidade do magistrado processante – **impede** o válido deferimento do pedido extradicional (**RTJ 134/56-58**, Rel. Min. CELSO DE MELLO).

O Supremo Tribunal Federal **não deve** deferir o pedido de extradição, se o ordenamento jurídico do Estado requerente **não se revelar capaz** de assegurar, aos réus, em juízo criminal, a **garantia plena** de um julgamento imparcial, justo, regular e independente.

A **incapacidade** de o Estado requerente assegurar ao extraditando o direito ao **fair trial** atua como **causa impeditiva** do deferimento do pedido de extradição".

O voto do Ministro Francisco Rezek na mencionada Extradição n. 633/República Popular da China expressou semelhante preocupação:

"(...) Mas a esta altura dos acontecimentos, qualquer que fosse a intenção original, é possível ter segurança de que outra coisa não vai acontecer senão a administração de justiça criminal, no seu aspecto ordinário? Não a tenho. Se a tivesse até ontem, tê-la-ia perdido hoje.

É nossa a responsabilidade pelo extraditando e pela prevalência, no caso dele também, dos parâmetros maiores da Constituição brasileira e da lei que nos vincula".

Ainda sobre a mesma questão ressaltou o relator da Ext. n. 811/República do Peru, o Ministro Celso de Mello, em assentada de 4.9.2002 (*DJ* 28.2.2003):

"(...) O respeito aos direitos humanos deve constituir vetor interpretativo a orientar o Supremo Tribunal Federal nos processos de extradição passiva. Cabe advertir que o dever de cooperação internacional na repressão às infrações penais comuns não exime o Supremo Tribunal Federal de velar pela intangibilidade dos direitos básicos da pessoa humana, fazendo prevalecer, sempre, as prerrogativas fundamentais do extraditando, que ostenta a condição indisponível de sujeito de direitos, impedindo, desse modo, que o súdito estrangeiro venha a ser entregue a um Estado cujo ordenamento jurídico não se revele capaz de assegurar, aos réus, em juízo criminal, a garantia plena de um julgamento imparcial, justo, regular e independente (*fair trial*), com todas as prerrogativas inerentes à cláusula do *due process of law*".

Portanto, como se pode claramente perceber, está na própria jurisprudência do Supremo Tribunal Federal o importante papel cumprido por esta Corte no processo extradicional. Cabe a este Tribunal exercer sua precípua função de defesa da Constituição, da ordem democrática e, sobretudo, dos direitos humanos. Como bem ressaltado pelo Min. Celso de Mello no já citado julgamento da EXT 1.074 (*DJ* 12.6.2008):

"EXTRADIÇÃO E RESPEITO AOS DIREITOS HUMANOS: PARADIGMA ÉTICO-JURÍDICO CUJA OBSERVÂNCIA CONDICIONA O DEFERIMENTO DO PEDIDO EXTRADICIONAL. – A essencialidade da cooperação internacional na repressão penal aos delitos comuns não exonera o Estado brasileiro – e, em particular, o Supremo Tribunal Federal – de **velar pelo respeito aos direitos fundamentais** do súdito estrangeiro que venha a sofrer, em nosso País, processo extradicional instaurado por iniciativa de qualquer Estado estrangeiro. O extraditando assume, no processo extradicional, a condição indisponível de sujeito de direitos, cuja intangibilidade há de ser preservada pelo Estado a

670 Estado de Direito e Jurisdição Constitucional – Decisões relevantes em 15 anos de atuação no STF

que foi dirigido o pedido de extradição (o Brasil, no caso). – **O Supremo Tribunal Federal não deve autorizar a extradição, se se demonstrar que o ordenamento jurídico do Estado estrangeiro que a requer não se revela capaz de assegurar, aos réus, em juízo criminal, os direitos básicos que resultam do postulado do 'due process of law'** (*RTJ* 134/56-58 – *RTJ* 177/485-488), notadamente as prerrogativas inerentes à garantia da ampla defesa, à garantia do contraditório, à igualdade entre as partes perante o juiz natural e à garantia de imparcialidade do magistrado processante. Demonstração, no caso, de que o regime político que informa as instituições do Estado requerente reveste-se de caráter democrático, assegurador das liberdades públicas fundamentais".

Esse é o mais relevante papel exercido pelo Supremo Tribunal Federal, como guardião da Constituição. Não há Estado de Direito, nem democracia, onde não haja proteção efetiva da ordem constitucional.

O cumprimento dessa precípua tarefa por parte da Corte não tem o condão de interferir negativamente nas atividades dos Poderes Executivo e Legislativo. **Não há "judicialização da política" quando as "questões políticas" estão configuradas como verdadeiras "questões de direitos".** Essa tem sido a orientação fixada pelo Supremo Tribunal Federal, desde os primórdios da República.

II.4. A função do STF na terceira fase da extradição

Tendo em vista essa precípua função do Supremo Tribunal Federal na segunda fase do processo de extradição, torna-se necessário averiguar se ela estaria completamente encerrada com a publicação e o trânsito em julgado da decisão final do processo jurisdicional de extradição. Em outros termos, cabe questionar: Qual o papel cumprido pelo STF na terceira fase do processo extradicional? Sua competência se encerra com a prolação da decisão final da segunda fase da extradição?

Parece óbvio que a competência do STF não se encerra com a decisão que põe fim à segunda fase da extradição. Isso decorre de uma razão muito simples: até sua definitiva entrega ao Estado requerente, o extraditando permanece preso sob a custódia do Tribunal, e apenas a decisão do próprio Tribunal pode determinar sua soltura.

Após a publicação e o efetivo trânsito em julgado da decisão que defere ou indefere o pedido de extradição, os autos do processo são apenas formalmente arquivados, pois, a partir desse momento, abre-se a fase de execução da extradição, na qual podem surgir diversos tipos de incidentes, que serão novamente submetidos à apreciação do Tribunal.

Até pouco tempo atrás, competia à Presidência do Tribunal a relatoria dos incidentes surgidos na execução da extradição. A Emenda n. 41, de 16 de setembro de 2010, que alterou os artigos 13, VI, 21, II, 340 e 341, do Regimento Interno do Supremo Tribunal Federal, transferiu do Presidente para o Relator a competência para execução e cumprimento das decisões da Corte transitadas em julgado. Assim, após essa emenda regimental, compete ao Relator do processo de extradição atuar nessa fase de execução, apreciando as questões jurídicas que possam surgir até a entrega definitiva do extraditando ao Estado estrangeiro.

Fatos diversos podem ensejar questões jurídicas importantes a serem resolvidas nessa terceira fase da extradição. Algumas delas podem decorrer da interpretação e da aplicação do art. 89 do Estatuto do Estrangeiro, por exemplo.

São muito comuns, também, os pedidos de *habeas corpus* em favor do extraditando, impetrados já na fase de execução da decisão que defere a extradição.

Recorde-se, ainda, que a jurisprudência desta Corte autoriza o imediato cumprimento da decisão do Pleno que defere pedido de extradição, independentemente da publicação e do trânsito em julgado do acórdão (por exemplo: Ext 1.103-QO, Rel. Min. Eros Grau, julgamento em 2.4.2008, Plenário, *DJE* de 7.11.2008; Ext 1.214, Rel. Min. Ellen Gracie, julgamento em 17.12.2010, Plenário, *Informativo* 613).

No processo de extradição, portanto, não se pode confundir o trânsito em julgado da decisão que defere o pedido de extradição com o alegado "esgotamento" da competência jurisdicional do Supremo Tribunal Federal.

Nessa terceira fase, o STF continua a exercer sua precípua função de, no processo de extradição, resguardar a incolumidade do ordenamento constitucional e dos direitos fundamentais do extraditando. Nesse sentido, a Corte também assegura a efetiva entrega do extraditando ao país em que foi ou será processado e julgado. Com isso, ela cumpre seu papel primordial na defesa da ordem constitucional no Estado Democrático de Direito. A jurisdição do STF sobre o extraditando apenas se encerra com a sua definitiva entrega ao Estado requerente.

É preciso repudiar, com veemência, afirmações vilipendiosas sobre a atuação desta Corte após o trânsito em julgado da decisão nesta EXT 1085. Esta Corte não está cometendo qualquer "farsa processual", como alguns chegaram a dizer. O Tribunal exerce plenamente a competência que lhe foi atribuída pela Constituição de 1988 (art. 102, I, "g") e pelo Estatuto do Estrangeiro. Exerce, portanto, sua precípua função de assegurar a ordem constitucional, fazendo cumprir as leis deste país, incluídos os tratados internacionais de que o Brasil é parte, que também são leis na estrutura do ordenamento jurídico interno.

Assim, cabe ainda questionar como deve ocorrer o impulso inicial para a atuação do STF na terceira fase do processo extradicional. A defesa do extraditando Cesare Battisti afirma que a verificação de eventual cumprimento ou descumprimento, pelo Presidente da República, do acórdão proferido pelo STF dependeria de impugnação específica por parte do Estado requerente, hipótese em que os autos arquivados da extradição deveriam ser enviados ao relator para análise e julgamento. Fala em *princípio da inércia* (o juiz não deve proceder de ofício), para defender que não pode o STF descumprir, de ofício, a decisão do Presidente da República, simplesmente por dela discordar.

Em resposta a esses questionamentos, é preciso afirmar, de forma contundente, que não tem qualquer fundamento a alegação da defesa de Cesare Battisti no sentido de que esta Corte estaria atuando de ofício após o trânsito em julgado da extradição, o que estaria fora de sua competência.

O Min. Cezar Peluso, no exercício da Presidência do Tribunal, apenas julgou um pedido de soltura formulado pela própria defesa do extraditando. Nesse ato, determinou o desarquivamento dos autos desta Extradição 1.085, que passou a tramitar normalmente no Tribunal, sob minha relatoria, de acordo com a Emenda n. 41, de 16 de setembro de 2010, a qual alterou os artigos 13, VI, 21, II, 340 e 341, do Regimento Interno do Supremo Tribunal Federal.

Isso é o que ocorre normalmente nessa terceira fase do processo extradicional, quando o STF é chamado a apreciar questões levantadas como incidentes de execução de suas decisões. É o extraditando que comumente suscita tais questões, seja por meio de petições protocoladas nos autos da extradição – ainda que estes estejam já arquivados, momento no qual se determina seu imediato desarquivamento –, seja pela impetração de *habeas corpus* ou de mandados de segurança contra atos cometidos pela Administração (Poder Executivo) nessa terceira fase da extradição. Nesse sentido, não se pode descartar também o cabimento da reclamação constitucional, que pode ser ajuizada pelo próprio extraditando, ou mesmo pelo Estado requerente – ambos, obviamente, partes diretamente interessadas no processo extradicional –, se entenderem que há afronta à autoridade da decisão do Supremo Tribunal Federal na extradição.

672 Estado de Direito e Jurisdição Constitucional – Decisões relevantes em 15 anos de atuação no STF

São infundadas, portanto, todas as alegações que, de uma forma ou de outra, visaram a desacreditar a regularidade do exercício da jurisdição por esta Corte em relação aos fatos do processo de extradição do italiano Cesare Battisti.

II.5. O papel do Poder Executivo na terceira fase da extradição

A defesa do extraditando Cesare Battisti enfatiza que, proferida a decisão do Presidente da República na terceira fase da extradição, cabe ao STF, tão somente, dar-lhe o *devido* cumprimento, determinando a imediata soltura do extraditando. Questiona-se: O STF tem algum *dever* de cumprir a decisão presidencial em tema de extradição? Ou cabe à Corte, nessa terceira fase do processo extradicional, continuar a exercer seu dever de zelar pela observância da ordem jurídica nacional e pela proteção dos direitos do extraditando, hipótese em que deve avaliar se a decisão do Presidente atende aos pressupostos extradicionais fixados na legislação interna e no tratado bilateral de extradição? Analisemos essas questões.

Uma vez atestada a higidez do pedido de extradição e o cabimento do pedido, compete ao Tribunal comunicar a decisão aos órgãos competentes do Poder Executivo, que providenciarão, perante o Estado requerente, a retirada do extraditando do país, conforme o art. 86 da Lei n. 6.815/80 e as normas constantes em tratado porventura existente.

Francisco Rezek, em sua obra mais recente, afirma o seguinte:

"Fundada em promessa de reciprocidade, a demanda extradicional abre ao governo brasileiro a perspectiva de uma recusa sumária, cuja oportunidade será mais tarde examinada. Apoiada, porém, que se encontre em tratado, o pedido não comporta semelhante recusa. Há, neste passo, um compromisso que ao governo brasileiro incumbe honrar, sob pena de ver colocada em causa sua responsabilidade internacional. É claro, não obstante, que o compromisso tão somente priva o governo de qualquer arbítrio, determinando-lhe que submeta ao Supremo Tribunal Federal a demanda, e obrigando-o a efetivar a extradição pela corte entendida legítima, desde que o Estado requerente se prontifique, por seu turno, ao atendimento dos requisitos da entrega do extraditando. Nenhum vínculo convencional prévio impediria, assim, que a extradição se frustrasse quer pelo juízo indeferitório do Supremo, quer pela inflexibilidade do governo à hora da efetivação da entrega autorizada, quando o Estado requerente sonegasse o compromisso de comutar a pena corporal ou de promover a detração, dentre outros. Excluída a hipótese de que o governo, livre de obrigações convencionais, decida pela recusa sumária, impõe-se-lhe a submissão do pedido ao crivo judiciário. Este se justifica, na doutrina internacional, pela elementar circunstância de se encontrar em causa a liberdade do ser humano. Nossa lei fundamental, que cobre de garantias tanto os nacionais quanto os estrangeiros residentes no país, defere ao Supremo o exame da legalidade da demanda extradicional, a se operar à luz da lei interna e do tratado acaso existente. Percebe-se que a fase judiciária do procedimento está situada entre duas fases governamentais, inerente a primeira à recepção e ao encaminhamento do pedido, e a segunda à efetivação da medida, ou, indeferida esta, à simples comunicação do fato ao Estado interessado. Vale perguntar se a faculdade da recusa, quando presente, deve ser exercitada pelo governo antes ou depois do pronunciamento do tribunal. A propósito, veja-se que o processo da extradição no Supremo Tribunal reclama, ao longo de seu curso, o encarceramento do extraditando, e nesse particular não admite exceções. Talvez fosse isso o bastante para que, cogitando do indeferimento, o poder Executivo não fizesse esperar sua palavra final. Existe, além do mais, uma impressão generalizada, e a todos os títulos defensável, de que a transmissão do pedido ao tribunal traduz aquiescência da parte do governo. O Estado requerente, sobretudo, tende a ver nesse ato a aceitação de sua garantia de reciprocidade, passando a crer que a partir de então somente o juízo negativo da corte sobre a legalidade da demanda lhe poderá vir a frustrar o intento. Nasceu, como era de se esperar que nascesse, por força de tais fatores, no Supremo Tribunal Federal, o costume de se manifestar sobre o pedido extradicional em termos definitivos. Julgando-a legal e procedente, o tribunal defere a extradição. Não se limita, assim, a declará-la viável, qual se entendesse que depois de seu pronunciamento o regime jurídico do instituto autoriza ao governo uma decisão discricionária" (REZEK, José Francisco. *Direito Internacional Público. Curso Elementar*. 11. ed. rev. e atual. São Paulo: Saraiva, 2008, pp. 199-200).

Há de se admitir que certa confusão se instalou na própria doutrina sobre a questão relativa ao dever de cumprimento, por parte do Poder Executivo, da decisão do STF que defere a extradição. As considerações doutrinárias, no entanto, nunca sustentaram a possibilidade de não cumprimento, pelo Presidente da República, do pronunciamento do STF. Análise mais acurada permite afirmar que, em verdade, o que sempre se defendeu é que, nessa terceira fase do processo extradicional, uma vez atestada a higidez da extradição em processo jurisdicional no STF, poderá o efetivo cumprimento da decisão demandar medidas administrativas de competência exclusiva do Poder Executivo, tal como o adiamento da entrega pelo fato de o extraditando já estar sendo processado ou estar cumprindo pena por outro crime no Brasil.

A tão falada discricionariedade do Poder Executivo existirá, portanto, quando o extraditando *"estiver sendo processado, ou tiver sido condenado, no Brasil, por crime punível com pena privativa de liberdade, ..."*, situação em que poderá o Presidente da República, segundo seu prudente critério, e avaliadas as condições fixadas em tratado bilateral de extradição (se houver), optar entre a postergação da entrega do estrangeiro ao término do processo ou ao cumprimento da pena, ou, ainda, proceder à imediata colocação do extraditando à disposição do Estado requerente (art. 89 da Lei n. 6.815/80), caso vislumbre com isso melhor atendimento ao interesse nacional.

Assim, ao se afirmar que a decisão do Supremo Tribunal Federal é meramente autorizativa e que, na terceira fase do processo extradicional, poderá o Executivo apreciar a conveniência quanto ao cumprimento da decisão, na verdade está-se a dizer que existem medidas de cunho administrativo, necessárias à execução da extradição, que se submetem à apreciação governamental, mas que estão delimitadas por preceitos normativos contidos na lei interna do Estado requerido, em tratado internacional e no próprio acórdão concessivo da extradição.

Esse é também o entendimento retirado da jurisprudência do Supremo Tribunal Federal nos diversos casos julgados pela Corte. Na EXT 1.114, Rel. Min. Cármen Lúcia (*DJ* 21.8.2008), consta do voto da relatora e da ementa do acórdão que *"o Supremo Tribunal limita-se a analisar a legalidade e a procedência do pedido de extradição: indeferido o pedido, deixa-se de constituir o título jurídico sem o qual o Presidente da República não pode efetivar a extradição; se deferida, a entrega do súdito ao Estado requerente fica a critério discricionário do Presidente da República"*. Analisando o caso concreto e os precedentes citados pela eminente Ministra, é possível constatar que não se está ali a defender a livre apreciação do Poder Executivo quanto a aspectos de conveniência e oportunidade relativos ao efetivo cumprimento da decisão do Supremo. No caso, alegava o extraditando que, *"para a concessão da extradição, seria necessária a manifestação expressa do Presidente da República, o que não teria ocorrido"*. O voto então foi no sentido de que a manifestação do Presidente da República poderia ocorrer na terceira fase do processo extradicional, após o fecho da fase jurisdicional perante o Tribunal. Daí afirmar a Relatora, com base em precedente do Ministro Celso de Mello (EXT 568, *DJ* 7.5.1993), que o *"pedido extradicional, deduzido perante o Estado brasileiro, constitui – quando instaurada a fase judicial de seu procedimento – ação de índole especial, de caráter constitutivo, que objetiva a formação de título jurídico apto a legitimar o Poder Executivo da União a efetivar, com fundamento em tratado internacional ou em compromisso de reciprocidade, a entrega do súdito reclamado"*. Portanto, a fundamentação está toda centrada no argumento de que, na fase judicial, cabe ao Supremo Tribunal apenas analisar a legalidade e a procedência do pedido extradicional.

A jurisprudência do STF é toda nesse sentido. Na EXT 855, o Ministro Celso de Mello, Relator (28.8.2004), bem delimitou esse entendimento, em trechos da ementa do acórdão a seguir transcritos:

"A QUESTÃO DA IMEDIATA EFETIVAÇÃO DA ENTREGA EXTRADICIONAL – INTELIGÊNCIA DO ART. 89 DO ESTATUTO DO ESTRANGEIRO – PRERROGATIVA EXCLUSIVA

DO PRESIDENTE DA REPÚBLICA, ENQUANTO CHEFE DE ESTADO. – A entrega do extraditando – que esteja sendo processado criminalmente no Brasil, ou que haja sofrido condenação penal imposta pela Justiça brasileira – depende, em princípio, da conclusão do processo penal brasileiro ou do cumprimento da pena privativa de liberdade decretada pelo Poder Judiciário do Brasil, exceto se o Presidente da República, com apoio em **juízo discricionário**, de caráter eminentemente político, fundado em razões de oportunidade, de conveniência e/ou de utilidade, exercer, na condição de Chefe de Estado, a prerrogativa excepcional que lhe permite determinar a imediata efetivação da ordem extradicional (Estatuto do Estrangeiro, art. 89, 'caput', 'in fine'). Doutrina. Precedentes".

Na EXT 985, Rel. Min. Joaquim Barbosa, *DJ* 18.8.2006, ficou consignado, na ementa do acórdão, o seguinte:

"O Supremo Tribunal Federal, em recente revisão da jurisprudência, firmou a orientação de que o Estado requerente deve emitir prévio compromisso em comutar a pena de prisão perpétua, prevista pela legislação argentina, para a pena privativa de liberdade com o prazo máximo de trinta anos. Esse entendimento baseia-se na garantia individual fundamental prevista pelo art. 5º, XLVII, *b*, da Constituição Federal do Brasil. Por estar o extraditando respondendo a ação penal no Brasil por suposto uso de documento falso, caberá ao presidente da República avaliar a **conveniência e a oportunidade da entrega do estrangeiro**, ainda que pendente ação penal ou eventual condenação, nos termos dos arts. 89 e 90 c/c art. 67 da Lei 6.815/1980 e do art. 9º, segunda parte, do Tratado de Extradição firmado entre o Brasil e a Argentina. Pedido de extradição deferido com as restrições indicadas".

O mesmo entendimento foi fixado na EXT 959, Rel. Min. Cezar Peluso (*DJ* 9.6.2006), em que S. Exa. afirmou, em voto condutor, que *"a efetivação, ou não, da extradição ficará condicionada à discricionariedade do Governo do Brasil, nos termos do art. 89, combinado com os arts. 67 e 90, todos da Lei n. 6.815/80".*

Da mesma forma, esse entendimento está na EXT 991, Rel. Min. Carlos Britto, caso em que a extradição foi deferida com a ressalva estabelecida no art. 89, combinado com os artigos 67 e 90 da Lei n. 6.815/80.

Cito, ainda, apenas a título exemplificativo, a EXT 997, Rel. Min. Joaquim Barbosa (*DJ* 13.4.2007), a EXT 1.048, Rel. Min. Sepúlveda Pertence (*DJ* 11.5.2007), e a EXT 893, Rel. Min. Gilmar Mendes (*DJ* 15.4.2005).

A discricionariedade do Poder Executivo, portanto, se existente, é delimitada e circunscrita por preceitos legais da Lei n. 6.815/80, especialmente os arts. 67, 89 e 90, além das disposições do tratado de extradição, se houver, que vinculam o Presidente da República em suas relações com os Estados estrangeiros pactuantes. Recorde-se, assim, que o parágrafo único do art. 89 do Estatuto do Estrangeiro permite o mero adiamento da efetivação da entrega do extraditando, desde que a medida possa colocar *"(...) em risco a sua vida por causa de enfermidade grave comprovada por laudo médico oficial".*

Enfatize-se, mais uma vez, portanto, que não há quem sustente uma livre apreciação ou até um livre-arbítrio do Poder Executivo quanto à obrigação – que é de cunho internacional em virtude de uma relação mantida com outro Estado soberano – de dar seguimento à efetiva entrega do extraditando. **Essa apreciação, tomada em termos de política internacional, como já abordado, situa-se na primeira fase, em que o Poder Executivo decide se submeterá o pedido extradicional à fase judicial perante o Supremo Tribunal Federal, com todas as responsabilidades e deveres que ela suscita, como a prisão do indivíduo extraditando até o final do processo, decisão esta que, uma vez tomada, recorde-se, perdura até a efetiva entrega do extraditando ao Estado estrangeiro, não tendo o Poder Executivo o poder de desconstituir decisão judicial que determina a prisão para fins de extradição.**

A atuação do Presidente da República na terceira fase da extradição, portanto, é essencialmente vinculada aos parâmetros estabelecidos na decisão do STF que autoriza a extradição.

Em nota esclarecedora, Valério Mazzuoli bem compreende o processo extradicional em suas fases judicial e administrativa, demonstrando que, ante a existência de tratado internacional, o Presidente da República está vinculado por uma obrigação de direito internacional (MAZZUOLI, Valério de Oliveira. *Curso de direito internacional público*. São Paulo: RT, 2007, p. 608). O autor, então, diz o seguinte:

"Encaminhado o pedido ao STF, vai este tribunal examinar os fatos e se manifestar sobre a legalidade do pedido em termos definitivos. Assim é a prática atual do STF. Distribuído o processo ao ministro relator, este determina a imediata prisão do extraditando, dando início ao processo. Ao final, uma vez deferido o pedido – e isto já significa, aos olhos do país requerente, um ato de aceitação de sua garantia de reciprocidade – o governo local toma ciência da decisão e procede (se assim entender por bem) à entrega do extraditando ao país que a requereu. Ocorre que, sendo o Presidente da República, e não o STF, o competente para 'manter relações com Estados estrangeiros' (CF, art. 84, inc. VII), será sua – e não do Poder Judiciário – a palavra final sobre a efetiva concessão da medida. Portanto, autorizada pelo STF a extradição, compete ao Presidente da República decidir em definitivo sobre a sua conveniência, sendo perfeitamente possível que a autorização do Supremo não seja efetivada pelo Presidente, sem que isso cause qualquer tipo de responsabilidade para este último. Tal somente não se dará – ou seja, o Presidente somente será obrigado a efetivar a medida – quando existir tratado de extradição entre os dois países, uma vez que, neste caso, se está diante de uma obrigação internacional assumida pela República Federativa do Brasil, impossível de ser desrespeitada pelo governo".

Esse é o entendimento, ressalte-se, do eminente Professor Luís Roberto Barroso, reafirmado, inclusive, em artigo publicado no dia 18.11.2009, no *Correio Braziliense* (Caderno Opinião, p. 15). Afirma o ilustre advogado, em artigo doutrinário sobre o tema:

"Determina o art. 102 da Constituição Federal:

'Compete ao Supremo Tribunal Federal, precipuamente, a guarda da Constituição, cabendo-lhe:

I – processar e julgar, originariamente:

(...)

g) a extradição solicitada por Estado estrangeiro.'

Estabelece também a Lei n. 6.815/80:

'Art. 83. Nenhuma extradição será concedida sem prévio pronunciamento do Plenário do Supremo Tribunal Federal sobre sua legalidade e procedência, não cabendo recurso da decisão.'

Esses dispositivos devem ser combinados com a regra constitucional que determina:

'Art. 84. Compete privativamente ao Presidente da República:

(...)

VII – manter relações com Estados estrangeiros e acreditar seus representantes diplomáticos.'

Assim, como cabe ao Presidente da República manter relações com Estados estrangeiros, o exame do Supremo Tribunal Federal circunscreve-se à legalidade do pedido, sem que isto implique necessariamente na efetiva concessão da medida, que é da competência exclusiva do Chefe do Executivo Federal.

Portanto, o pedido formulado ao Brasil pelo governo estrangeiro é encaminhado ao Supremo Tribunal, que examina a sua legalidade. Uma vez autorizada a extradição, compete ao Executivo decidir sobre a sua conveniência. Portanto, é possível que o Supremo autorize a extradição e esta não venha a ser efetivada, por não ser conveniente ao Executivo. Contrariamente, seria impossível a extradição se o Supremo Tribunal indeferisse o pedido e o Executivo ainda assim quisesse efetivá-la. Neste caso, estaríamos diante de uma violação a um dispositivo constitucional que determina que compete ao Supremo Tribunal o julgamento da extradição de Estado estrangeiro. Observe-se, entretanto, que, em havendo tratado de extradição entre o Brasil e o Estado requerente, fica o Presidente da República obrigado a conceder a extradição, uma vez autorizada pelo Supremo, sob pena de violar obrigação assumida perante o direito internacional". (TIBÚRCIO, Carmen & BARROSO, Luís Roberto. Algumas questões sobre a extradição no direito brasileiro. *Revista Forense*, v. 354, ano 97, pp. 83-104, mar./abr. 2001, p. 84.)

Portanto, ante a existência de tratado bilateral de extradição, deve o Poder Executivo cumprir as obrigações pactuadas no plano internacional e efetivar a extradição, se assim prescreveu a decisão do Supremo Tribunal Federal. Esse entendimento pode ser encontrado na jurisprudência do STF no conhecido *caso Franz Paul Stangl*, em que o Tribunal, magistralmente conduzido pelo voto de Victor Nunes Leal, consignou o entendimento segundo o qual "*a efetivação, pelo Governo, da entrega do extraditando, autorizada pelo Supremo Tribunal, depende do direito internacional convencional*" (EXT n. 272, Rel. Min. Victor Nunes Leal, julg. em 7 de junho de 1967). Está no voto de Victor Nunes:

> "A decisão favorável do Supremo Tribunal é, sem dúvida, condição prévia, sem a qual não se pode dar a extradição. Mas o Supremo Tribunal também aprecia cada caso em face dos compromissos internacionais porventura assumidos pelo Brasil.
>
> Mesmo que o Tribunal consinta na extradição – por ser regular e legal o pedido –, surge outro problema, que interessa particularmente ao Executivo: a saber se ele estará obrigado a efetivá-la. Parece-me que essa obrigação só existe nos limites do direito convencional, porque não há, como diz Mercier, 'um direito internacional geral de extradição'".

Aí está a discricionariedade existente "*nos limites do direito convencional*", como diria Victor Nunes Leal. Não é arbitrariedade, é discricionariedade mesmo, como possibilidade de decisão dentro dos marcos normativos do tratado.

Outro não é o entendimento de Mirtô Fraga, em artigo publicado no dia 17 de novembro de 2009, no jornal *Correio Braziliense*, cujo teor transcreve-se:

> "Não há extradição *ex officio*. Ela deve ser sempre **solicitada**, sob a invocação da existência de tratado ou sob promessa de reciprocidade de tratamento. Não havendo tratado, o Brasil pode negar a extradição, ainda que o Estado requerente **ofereça** promessa de reciprocidade de tratamento em caso idêntico. Há discrição governamental. E a recusa pode ser sumária, quando os documentos nem serão enviados ao STF. Mas, se há tratado, ela se torna **obrigatória**, nas condições nele previstas; sua concessão deriva de uma **obrigação convencional**, mas está **condicionada** ao exame de legalidade e procedência pelo Supremo Tribunal Federal.
>
> E, com ou sem tratado, o processo de extradição comporta três fases distintas: a primeira e a terceira são administrativas; a segunda é judiciária. A primeira fase se inicia com o recebimento do pedido do Estado estrangeiro e termina com o seu encaminhamento ao STF, se for o caso. A segunda é a fase judiciária, em que a Corte analisa o pedido quanto à sua legalidade e procedência. Após a decisão do STF, vem a terceira fase, administrativa, em que o Governo procede à entrega do extraditando (se a Corte julgou-a legal) ou, então, comunica ao Estado requerente o indeferimento do pedido. Nesta terceira fase, com a decisão judicial favorável à extradição, tomam-se determinadas providências para a retirada do extraditando.
>
> Questão interessante consiste em saber se a **faculdade de recusa** – quando presente, isto é, na **ausência de tratado** – deve ser exercida pelo Governo antes ou depois da fase judiciária. Trataremos, aqui, apenas, da hipótese, em julgamento: quando há tratado.
>
> O Direito é um sistema lógico, racional e, com tais princípios, deve ser analisada toda norma jurídica. Nenhum dispositivo deve ser interpretado no sentido de sua ineficácia. A Constituição brasileira garante os direitos individuais, dentre eles a liberdade. O processo extraditório reclama, em todo o seu curso, a prisão do extraditando. Envolve autoridades policiais, Ministros do STF, Procurador-Geral da República, outros magistrados, advogados. Requer, enfim, uma série de providências que demandam tempo.
>
> No caso Battisti, não há discrição governamental: há tratado entre os dois países. O pedido da Itália deveria ser, como o foi, encaminhado ao STF. É que, pelo **tratado**, a extradição é **obrigatória** e o Brasil, quando o firmou, assumiu o compromisso de entregar estrangeiros solicitados pela Itália. Tal entrega está condicionada, apenas, à decisão judicial e aos compromissos próprios da entrega. Se o STF concluir pela extradição, não há discrição governamental. Cumpre-se o tratado. Entrega-se o extraditando. Nada mais. É princípio internacional e, também, inscrito em nossa Constituição, o respeito aos tratados firmados. Se o Presidente da República, havendo tratado, pudesse recusar a entrega do estran-

Garantias constitucionais do extraditando **677**

geiro, depois de decisão favorável do STF, para que assinar o acordo? Qual o objetivo do tratado? Havendo tratado, a manifestação presidencial pela entrega do extraditando, ocorreu, portanto, na **assinatura do acordo**. É aí que sua vontade se obriga, sujeita só ao julgamento da Corte (legalidade e procedência do pedido). Depois da decisão favorável do STF, não pode haver uma segunda manifestação. Apenas, cumpre-se o tratado.

A única ação presidencial admissível, após o julgamento, é o adiamento da entrega para que o extraditando responda a processo-crime, por atos aqui praticados. Mas, pode o Chefe de Estado dispensá-lo dessa obrigação e entregá-lo imediatamente à Itália. Aí, há discrição governamental. Mas, haverá interesse para o Brasil na primeira alternativa? Ao Presidente, neste caso, cabe o **juízo** discricionário do **interesse público;** não do interesse governamental.

Mas, é necessário lembrar que na primeira hipótese (entrega adiada), a manutenção da prisão de Battisti, no Brasil, por ordem do STF, se faz necessária, pois ela dura até a entrega do extraditando ao Requerente, observados os prazos legais. A prisão há de persistir até que esgotada a condição, suspensos esses prazos. Trata-se, pois, de prisão legítima, mesmo na hipótese de eventual absolvição pelo crime supostamente praticado aqui. É necessário garantir que a entrega possa efetivar-se" (FRAGA, Mirtô. Entrega de Battisti à Itália. Presidente se manifesta antes ou depois da decisão do STF. *Correio Braziliense*, 17.11.2009).

Nesse contexto, não se pode afirmar que a decisão do Presidente da República seja autônoma em relação às disposições e aos fundamentos determinantes da decisão proferida pelo Supremo Tribunal Federal no processo de extradição. A interpretação estabelecida pela Corte sobre as normas do ordenamento jurídico interno (inclusive os tratados internacionais, considerados como leis internas) e as declarações por ela emitidas sobre os fatos jurídicos envolvidos no processo de extradição notoriamente fazem coisa julgada material e não podem ser simplesmente desconsideradas por qualquer autoridade da Administração Pública, mesmo a mais alta delas.

Se o quadro normativo composto por leis e tratados internacionais de extradição limita a atuação do Presidente da República, parece óbvio que a interpretação que o Supremo Tribunal Federal dê a esse mesmo quadro normativo também deve ser observada pelo Presidente. Isso é trivial. A autoridade máxima da Administração Pública, ainda que no exercício da representação política da República Federativa do Brasil, subordina-se ao ordenamento jurídico interno, que, por sua vez, deve ser interpretado de acordo com o estabelecido pelo Supremo Tribunal Federal como guardião da ordem jurídica constitucional.

Vejamos, portanto, o que realmente foi decidido pelo Supremo Tribunal Federal nesta EXT 1085.

II. O CONTEÚDO DA DECISÃO DO STF NA EXT 1085

A construção do raciocínio em torno do presente caso leva a outra questão: Quais são os fundamentos determinantes da parte dispositiva do acórdão proferido pelo STF na Extradição 1.085, especificamente quanto ao conceito de *discricionariedade* prevalecente nos votos da maioria?

No julgamento desta EXT 1085, o Supremo Tribunal Federal enfrentou diversas questões extremamente controvertidas, tais como o conceito de crime político para fins de extradição. Não obstante, talvez não seja demasiado afirmar que nada causou mais divergência entre os Ministros da Corte do que a questão da discricionariedade do ato do Presidente da República sobre a execução da extradição.

Sobre o tema, formaram-se duas linhas interpretativas. Além de mim, os Ministros Cezar Peluso, Ricardo Lewandowski e Ellen Gracie entenderam que a função do Chefe do Executivo é tão somente observar a decisão desta Suprema Corte e proceder à extradição de Cesare Battis-

678 Estado de Direito e Jurisdição Constitucional – Decisões relevantes em 15 anos de atuação no STF

ti. De outro lado, os Ministros Marco Aurélio, Cármen Lúcia, Joaquim Barbosa e Ayres Britto posicionaram-se no sentido de que o Presidente da República não está adstrito à decisão proferida por esta Corte, a qual se limita a apreciar a legalidade do processo de extradição. Assim, o Chefe do Executivo, após a decisão autorizativa da extradição proferida por este Tribunal, avaliaria a conveniência da execução da extradição.

O Ministro Eros Grau proferiu voto intermediário, que acabou por balizar o posicionamento da Corte sobre o tema. O Min. Eros manifestou-se no sentido de que a obrigação do Presidente da República de efetivar a extradição é delineada pelos termos do direito convencional.

Dessa forma, por maioria de votos, **o Tribunal reconheceu que a decisão de deferimento da extradição não vincula o Presidente da República, nos termos dos votos proferidos pelos Ministros Joaquim Barbosa, Cármen Lúcia, Ayres Britto, Marco Aurélio e Eros Grau**. O acórdão restou assim ementado:

"8. EXTRADIÇÃO. Passiva. Executória. Deferimento do pedido. Execução. Entrega do extraditando ao Estado requerente. Submissão absoluta ou discricionariedade do Presidente da República quanto à eficácia do acórdão do Supremo Tribunal Federal. Não reconhecimento. <u>Obrigação apenas de agir nos termos do Tratado celebrado com o Estado requerente</u>. Resultado proclamado à vista de quatro votos que declaravam obrigatória a entrega do extraditando e de um voto que se limitava a exigir observância do Tratado. <u>Quatro votos vencidos que davam pelo caráter discricionário do ato do Presidente da República. Decretada a extradição pelo Supremo Tribunal Federal, deve o Presidente da República observar os termos do Tratado celebrado com o Estado requerente, quanto à entrega do extraditando</u>".

A análise dos votos permite concluir que, embora tenha reconhecido certo grau de discricionariedade ao Presidente da República quanto à execução da decisão que deferiu a extradição, este Tribunal deixou claro que essa discricionariedade está delimitada pelos termos do acordo celebrado entre o Brasil e a República da Itália.

O principal precedente invocado para que se chegasse a esse entendimento foi a Extradição 272, Rel. Min. Victor Nunes Leal, Tribunal Pleno, *DJ* 7.6.1967, cuja ementa dispõe, no que interessa:

"EXTRADIÇÃO. A) O DEFERIMENTO OU RECUSA DA EXTRADIÇÃO E DIREITO INERENTE A SOBERANIA. B) A EFETIVAÇÃO, PELO GOVERNO, DA ENTREGA DO EXTRADITANDO, AUTORIZADA PELO SUPREMO TRIBUNAL FEDERAL, DEPENDE DO DIREITO INTERNACIONAL CONVENCIONAL".

Percebo que, tanto no caso ora apreciado quanto na Extradição 272, esta Corte assentou que o Presidente da República está **obrigado** a deferir a extradição autorizada pelo Tribunal **nos termos do tratado**. Isso porque quem defere ou recusa a extradição é o Chefe do Executivo, uma vez que o Supremo Tribunal Federal apenas atesta a legitimidade do processo extraditório, de modo a autorizar que o Presidente da República promova a entrega do extraditando ao Estado requerente.

Nos debates que precederam a proclamação do resultado, o Ministro Eros Grau sustentou que:

"a decisão a respeito da extradição ou não é do Presidente da República. (...) Eu não posso projetar, no futuro, se o Presidente da República vai ou não romper com o governo italiano. Não é isto que está em jogo. Sendo bem objetivo, o meu voto é no sentido de que a questão colocada tem que ser resolvida nos seguintes termos: **o Tribunal autoriza e quem executa, ou não – e há de prestar contas às leis, aos tratados, aos compromissos internacionais –, é o Presidente da República. A questão de ser discricionário ou não é uma questão de palavras**". (*ênfases acrescidas*)

E o Ministro também aduz que "*o que a Ministra Cármen Lúcia chama de 'discricionariedade', eu chamo de 'interpretação'. Então, quando a Ministra fala em 'discricionariedade', ela seguramente não quer dizer 'arbítrio'*".

Diante da dificuldade de entendimento sobre a proclamação do resultado do julgamento, a República italiana apresentou petição postulando esclarecimentos sobre a decisão desta Corte, especificamente sobre o voto do Ministro Eros Grau. A petição foi submetida à análise do Plenário e, nos debates ocorridos em 16.12.2009, o Ministro Eros Grau manifestou-se nos seguintes termos:

> "O único ponto que precisava ser esclarecido, no meu entender, ao contrário do que afirmado pela Ministra Cármen Lúcia, é o seguinte: o ato não é discricionário. **Há de ser praticado nos termos do direito convencional. Isso está dito inúmeras vezes no meu voto.**
>
> Está claro que acompanhei a divergência e está muito claro, para quem souber ler, e mesmo para quem não o queira, que o meu voto se alinha desde o primeiro momento, à afirmação feita pelo Ministro Victor Nunes Leal. Não me recordo agora qual é o voto, mas é simples, é só observar meu voto escrito e as notas taquigráficas.
>
> **De modo que, para que não haja confusão, o resultado principal é exatamente aquele. Eu acompanhei, quanto à questão da não vinculação do Presidente da República à decisão do Tribunal, a divergência. Mas com relação à discricionariedade ou não do seu ato: esse ato não é discricionário, porque é regrado pelas disposições do tratado**" (g.n.).

Seguindo então a sugestão do Ministro Eros Grau, voltemos novamente ao voto do Ministro Victor Nunes Leal na EXT 272, que fixa o entendimento sobre o que significa a discricionariedade do Presidente da República na terceira fase do processo de extradição:

> "A decisão favorável do Supremo Tribunal é, sem dúvida, condição prévia, sem a qual não se pode dar a extradição. Mas o Supremo Tribunal também aprecia cada caso em face dos compromissos internacionais porventura assumidos pelo Brasil.
>
> **Mesmo que o Tribunal consinta na extradição – por ser regular e legal o pedido –, surge outro problema, que interessa particularmente ao Executivo: a saber se ele estará obrigado a efetivá-la. Parece-me que essa obrigação só existe nos limites do direito convencional**, porque não há, como diz Mercier, 'um direito internacional geral de extradição'". (EXT n. 272, Rel. Min. Victor Nunes Leal, julg. em 7 de junho de 1967).

Se o Ministro Eros Grau seguiu Victor Nunes Leal, então não podemos concluir de outra forma senão no sentido de que a discricionariedade existente é aquela que está limitada normativamente pelo tratado internacional firmado entre Brasil e Itália.

A função do Chefe do Executivo na terceira fase do processo de extradição não se limita ao cumprimento da decisão desta Corte, uma vez que há a possibilidade de considerações sobre o momento da execução – quando o réu está sendo processado ou já cumpre pena por crime cometido no Brasil, por exemplo – ou sobre as regras estabelecidas em acordo internacional celebrado entre o país requerente e o requerido no processo de extradição.

Assim, a inexistência de vinculação absoluta do Chefe do Executivo à decisão desta Corte não implica dizer que há ilimitada discricionariedade para a execução, ou não, do pedido de extradição deferido por este Supremo Tribunal Federal. Essa discricionariedade, repita-se, ocorre nos limites do direito convencional, como decidiu esta Corte, seguindo antiga jurisprudência firmada na EXT 272, Rel. Min. Victor Nunes Leal.

O teor da decisão desta Corte sobre esse tema específico foi bem pontuado pelo **Ministro Lewandowski** nos debates ocorridos no Plenário, dos quais retiro alguns trechos:

> "Senhor Presidente, eu trago brevíssimas considerações escritas, mas antes eu gostaria de, no sentido do que foi enfatizado pelo eminente Ministro Cezar Peluso, dizer que meu voto vai na linha do que expôs Sua Excelência e também **na linha do que veiculou o eminente Ministro Eros Grau, quanto à obrigatoriedade da observância dos tratados. Digo que, em tese – apenas registro isso como *obter dictum* –**, seria possível ao Presidente da República, dentro dos quadros do tratado, eventualmente, recusar-se ao cumprimento, amparado numa ou noutra cláusula desse tratado. Mas não poderá invocar, como disse muito bem, a meu juízo, o eminente Ministro Cezar Peluso, que a Itália não

tem condições de garantir os direitos fundamentais do extraditando. De outro lado, eu ousaria acrescentar que também não poderá pronunciar-se novamente quanto à natureza do crime cometido pelo extraditando, porque o Supremo Tribunal Federal já afastou a hipótese de cometimento de crime político".

Cito, ainda, outras **afirmações do Min. Lewandowski** no curso dos debates:

"Não há ampla discricionariedade por parte do Presidente da República".

"Em havendo o tratado, ele deve ser cumprido nos seus termos".

"Bem, estamos autorizando à luz do tratado e da legislação aplicável".

"Nesse caso, nós decidimos deferir a extradição à luz do estatuto do estrangeiro e do tratado de extradição celebrado entre o Brasil e a Itália".

Esses são os fundamentos determinantes da decisão do STF na EXT 1085.

Portanto, fixado que a atuação política do Presidente da República deve ocorrer dentro dos limites normativos do tratado bilateral de extradição firmado entre Brasil e Itália, é fundamental examinarmos o significado desse tratado na ordem jurídica brasileira.

III. O significado do tratado bilateral de extradição na ordem jurídica interna

As análises anteriores levam a questões fundamentais sobre o *status* jurídico do tratado firmado entre Brasil e Itália para cooperação em tema de extradição. Questiona-se: Qual o significado do tratado bilateral de extradição na ordem jurídica interna? Como a jurisprudência do STF trata esse tipo de tratado? Qual a sua estatura no ordenamento jurídico interno e como ele vincula as autoridades nacionais que atuam nas três fases do processo extradicional? Analisemos essas questões.

Os tratados internacionais sempre tiveram papel relevante na jurisprudência desta Corte, principalmente considerando sua relação com a legislação interna.

Com efeito, já sob a *Constituição de 1891*, este Tribunal reconheceu o primado dos tratados internacionais em face de legislação interna posterior. Emblemático, nesse aspecto, é o julgamento da Extradição n. 7, Rel. Min. Canuto Saraiva, ocorrido em 7.1.1914, em que se anulou julgamento anterior para afastar a aplicação dos requisitos para extradição da Lei n. 2.416, de 28.6.1911, em proveito do tratado de extradição entre os governos do Brasil e do Império Alemão, de 17.9.1877 (cf. RODRIGUES, Manoel Coelho. *A Extradição no Direito Brasileiro e na Legislação Comparada.* Tomo III, Anexo B. Rio de Janeiro: Imprensa Nacional, 1931. p. 75/78).

Em matéria tributária, a preponderância das normas internacionais sobre normas internas infraconstitucionais foi admitida por este STF na vigência da *Constituição de 1937*, nos termos da Apelação Cível 7.872/RS, Rel. Min. Philadelpho de Azevedo, julgada em 11.10.1943.

Na oportunidade, a Corte manteve afastada a aplicação do imposto adicional de 10% criado pelo Decreto n. 24.343, de 5.6.1934, em privilégio das disposições de tratado entre o Brasil e o Uruguai, firmado em 25.8.1933 e promulgado pelo Decreto n. 23.710, de 9.1.1934.

O eminente relator – que pouco depois seria nomeado Juiz da Corte Internacional de Justiça em Haia – apreciou exaustivamente a questão, em brilhante e minucioso voto, assim concluindo:

"Chegamos, assim, ao ponto nevrálgico da questão – a atuação do tratado, como lei interna, no sistema de aplicação do direito no tempo, segundo o equilíbrio de normas, em regra afetadas as mais antigas pelas mais recentes.

O Ministro Carlos Maximiliano chegou a considerar o ato internacional de aplicação genérica no espaço, alcançando até súditos de países a ele estranhos, quando tiver a categoria do Código, com o conhecido pelo nome Bustamante (voto in Direito, vol. 8, pgs. 329).

Haveria talvez aí um exagero, interessando, antes, examinar, em suas devidas proporções, o problema do tratado no tempo, sendo claro que ele, em princípio, altera as leis anteriores, afastando sua incidência, nos casos especialmente regulados.

A dificuldade está, porém, no efeito inverso, último aspecto a que desejávamos atingir – o tratado é revogado por lei ordinárias posteriores, ao menos nas hipóteses em que o seria uma outra lei?

A equiparação absoluta entre a lei e o tratado conduziria à resposta afirmativa, mas evidente o desacerto de solução tão simplista, ante o caráter convencional do tratado, qualquer que seja a categoria atribuída às regras de direito internacional.

Em país em que ao Judiciário se veda apreciar a legitimidade de atos do legislativo ou do executivo se poderia preferir tal solução, deixando ao Governo a responsabilidade de ser haver com as potências contratantes que reclamarem contra a indevida e unilateral revogação de um pacto por lei posterior; nunca, porém, na grande maioria das nações em que o sistema constitucional reserva aquele poder, com ou sem limitações.

Na América, em geral, tem assim força vinculatória a regra de que um país não pode modificar o tratado, sem o acordo dos demais contratantes; proclama-o até o art. 10 da Convenção sobre Tratados, assinada na 6ª Conferência Americana de Havana, e entre nós promulgada pelo Decreto 18.956, de 22 de outubro de 1929, embora não o havendo feito, até 1938, o Uruguai, também seu signatário.

Esse era, aliás, o princípio já codificado por EPITÁCIO PESSOA que estendia ainda a vinculação ao que, perante a equidade, os costumes e os princípios de direito internacional, pudesse ser considerado como tendo estado na intenção dos pactuantes (Código, art. 208); nenhuma das partes se exoneraria e assim isoladamente (art. 210) podendo apenas fazer denúncia, segundo o combinado ou de acordo com a cláusula rebus sic stantibus subentendia, aliás, na ausência de prazo determinado.

Clóvis Beviláqua também não se afastou desses princípios universais e eternos, acentuando quão fielmente devem ser executados os tratados, não alteráveis unilateralmente e interpretados segundo a equidade, a boa-fé e o próprio sistema dos mesmos (D.T. Público, vol. 2, pgs. 31 e 32).

Igualmente Hildebrando Acioli, em seu precioso Tratado de Direito Internacional, acentua os mesmos postulados, ainda quando o tratado se incorpora à lei interna e enseja a formação de direitos subjetivos (vol. 2, § 1.309).

É certo que, em caso de dúvida, qualquer limitação de soberania deva ser interpretada restritamente (Acioli, p. cit. § 1.341 n. 13), o que levou Bas Devant, Gastón Jeze e Nicolas Politis a subscreverem parecer favorável à Tchecoslováquia, quanto à desapropriação de latifúndios, ainda que pertencentes a alemães, que invocavam o Tratado de Versalhes (*les traités de paix, ont-ils limité la competence lègislative de certains ètats?* Paris, 1.927); em contrário, a Alemanha teve de revogar, em homenagem àquele pacto, o art. 61 da Constituição de Weimar que conferia à Áustria o direito de se representar no Reichstag. Sem embargo, a Convenção de Havana já aludida, assentou que os tratados continuarão a produzir seus efeitos, ainda quando se modifique a constituição interna do Estado, salvo caso de impossibilidade, em que serão eles adaptados às novas condições (art. 11)". (Ação Cível n. 7.872/RS, Rel. Min. Philadelpho de Azevedo, julgada em 11.10.1943)

Sob a égide da *Constituição de 1946*, o Supremo Tribunal Federal confirmou esse entendimento nos autos da Apelação Cível 9.587/RS, Rel. Min. Lafayette de Andrada, julgada em 21.8.1951, aplicando tratamento tributário previsto no "Tratado de Comércio entre os Estados Unidos do Brasil e os Estado Unidos da América", firmado em 2.2.1935 e promulgado por meio do Decreto 542, de 21.12.1935, em detrimento das disposições do Decreto-Lei n. 7.404, de 22.3.1945. Na ocasião, assentou o voto condutor desse aresto:

"A controvérsia girou sobre a prevalência de tratado da União com Estados estrangeiros.

Nego provimento à apelação. A sentença bem apreciou a hipótese dos autos.

Realmente não pode ter aplicação a autora os dispositivos do dec.-lei 7.404 de 1942 porque há um Tratado entre o Brasil e os Estados Unidos da América do Norte e Inglaterra, pelo qual o Imposto de consumo deveria ser cobrado de acordo com o regulamento vigente à época de sua promulgação.

Está expresso no art. 7º do referido Tratado que os países signatários não podem elevar 'as taxas, custas, exações ou encargos internos nacionais, ou federais que sejam diferentes ou mais elevados do que o estabelecido ou previstos, respectivamente, nas leis dos Estados Unidos da América, em vigor no dia da assinatura do Tratado.'

Portanto, as leis posteriores que alteram a vigorante naquela oportunidade ficam sem aplicação nos produtos importados nos países signatários dessa convenção.

(...)

Já sustentei, ao proferir voto nos embargos na apelação cível 9.583, de 22 de junho de 1950, que os tratados constituem leis especiais e por isso não ficam sujeitos às leis gerais de cada país, porque, em regra, visam justamente à exclusão dessas mesmas leis.

(...)

Sem dúvida que o tratado revoga as leis que lhe são anteriores, mas não pode ser revogado pelas leis posteriores, se estas não se referirem expressamente a essa revogação ou se não denunciarem o tratado.

A meu ver, por isso, uma simples lei que dispõe sobre imposto de consumo não tem força para alterar os termos de um tratado internacional" (Apelação Cível n. 9.587/RS, Rel. Min. Lafayette de Andrada, julgada em 21.8.1951).

Na vigência da *Carta de 1967, com redação dada pela EC n. 1/69*, por sua vez, o Pleno do Supremo Tribunal Federal decidiu que os tratados internacionais, de forma geral, *"têm aplicação imediata, inclusive naquilo em que modificam a legislação interna"* (RE 71.154/PR, Rel. Min. Oswaldo Trigueiro, julgado em 4.8.1971, *DJ* 25.8.1971).

É certo que, a partir do julgamento do RE 80.004/SE (Red. p/ o acórdão Min. Cunha Peixoto, Pleno, *DJ* 29.12.1977), o STF alterou seu entendimento tradicional quanto à relação entre Direito Interno e Direito Internacional, admitindo a paridade entre tratados internacionais e normas internas infraconstitucionais e, consequentemente, o afastamento da aplicação de normas internacionais em virtude de normas internas posteriores.

No mencionado *leading case*, o voto vencedor do Min. Cunha Peixoto assentou, com fundamento na teoria dualista de TRIEPEL, que *"não há nenhum artigo* [na Constituição] *que declare irrevogável uma lei positiva brasileira pelo fato ter sua origem em um tratado"*.

Nessa linha de entendimento, eventuais antinomias entre tratados internacionais e leis internas seriam resolvidas apenas por critérios de cronologia (*lex posteriori derogat priori*) e de especialidade (*lex specialis derogat generali*).

A respeito da perspectiva da especialidade, o Pleno deste STF destacou que, *"na colisão entre a lei e o tratado, prevalece este, porque contém normas específicas"* (HC 58.727/DF, Rel. Min. Soarez Muñoz, Pleno, *DJ* 3.4.1981).

Finalmente, quanto à *Constituição Federal de 1988*, exatamente em 23 de novembro de 1995, o Plenário do STF voltou a discutir a matéria no HC n. 72.131/RJ, Red. p/ o acórdão Min. Moreira Alves, *DJ* 1.8.2003, tendo como foco a prisão civil do devedor como depositário infiel na alienação fiduciária em garantia.

Na oportunidade, reafirmou-se o entendimento de que os diplomas normativos de caráter internacional adentram o ordenamento jurídico interno no patamar da legislação ordinária e eventuais conflitos normativos resolvem-se pela regra *lex posterior derogat legi priori*.

No importante julgamento da medida cautelar na ADI 1.480/DF, Rel. Min. Celso de Mello, *DJ* 4.9.1997, o Tribunal, por maioria, não só concluiu pela submissão dos tratados internacionais à Carta Magna e por sua paridade com as leis internas, como também assentou que não podem versar sobre matéria reservada a leis complementares. Lê-se da ementa do referido julgado, no pertinente:

"(...) PROCEDIMENTO CONSTITUCIONAL DE INCORPORAÇÃO DOS TRATADOS OU CONVENÇÕES INTERNACIONAIS.

– É na Constituição da República – e não na controvérsia doutrinária que antagoniza monistas e dua-

Garantias constitucionais do extraditando **683**

listas – que se deve buscar a solução normativa para a questão da incorporação dos atos internacionais ao sistema de direito positivo interno brasileiro.

O exame da vigente Constituição Federal permite constatar que a execução dos tratados internacionais e a sua incorporação à ordem jurídica interna decorrem, no sistema adotado pelo Brasil, de um ato subjetivamente complexo, resultante da conjugação de duas vontades homogêneas: a do Congresso Nacional, que resolve, definitivamente, mediante decreto legislativo, sobre tratados, acordos ou atos internacionais (CF, art. 49, I) e a do Presidente da República, que, além de poder celebrar esses atos de direito internacional (CF, art. 84, VIII), também dispõe – enquanto Chefe de Estado que é – da competência para promulgá-los mediante decreto.

O iter procedimental de incorporação dos tratados internacionais – superadas as fases prévias da celebração da convenção internacional, de sua aprovação congressional e da ratificação pelo Chefe de Estado – conclui-se com a expedição, pelo Presidente da República, de decreto, de cuja edição derivam três efeitos básicos que lhe são inerentes: (a) a promulgação do tratado internacional; (b) a publicação oficial de seu texto; e (c) a executoriedade do ato internacional, que passa, então, e somente então, a vincular e a obrigar no plano do direito positivo interno. Precedentes.

SUBORDINAÇÃO NORMATIVA DOS TRATADOS INTERNACIONAIS À CONSTITUIÇÃO DA REPÚBLICA.

– No sistema jurídico brasileiro, os tratados ou convenções internacionais estão hierarquicamente subordinados à autoridade normativa da Constituição da República. Em consequência, nenhum valor jurídico terão os tratados internacionais, que, incorporados ao sistema de direito positivo interno, transgredirem, formal ou materialmente, o texto da Carta Política.

O exercício do *treaty-making power*, pelo Estado brasileiro – não obstante o polêmico art. 46 da Convenção de Viena sobre o Direito dos Tratados (ainda em curso de tramitação perante o Congresso Nacional) –, está sujeito à necessária observância das limitações jurídicas impostas pelo texto constitucional.

CONTROLE DE CONSTITUCIONALIDADE DE TRATADOS INTERNACIONAIS NO SISTEMA JURÍDICO BRASILEIRO.

– O Poder Judiciário – fundado na supremacia da Constituição da República – dispõe de competência, para, quer em sede de fiscalização abstrata, quer no âmbito do controle difuso, efetuar o exame de constitucionalidade dos tratados ou convenções internacionais já incorporados ao sistema de direito positivo interno. Doutrina e Jurisprudência.

PARIDADE NORMATIVA ENTRE ATOS INTERNACIONAIS E NORMAS INFRACONSTITUCIONAIS DE DIREITO INTERNO.

– Os tratados ou convenções internacionais, uma vez regularmente incorporados ao direito interno, situam-se, no sistema jurídico brasileiro, nos mesmos planos de validade, de eficácia e de autoridade em que se posicionam as leis ordinárias, havendo, em consequência, entre estas e os atos de direito internacional público, mera relação de paridade normativa. Precedentes.

No sistema jurídico brasileiro, os atos internacionais não dispõem de primazia hierárquica sobre as normas de direito interno. A eventual precedência dos tratados ou convenções internacionais sobre as regras infraconstitucionais de direito interno somente se justificará quando a situação de antinomia com o ordenamento doméstico impuser, para a solução do conflito, a aplicação alternativa do critério cronológico ('lex posterior derogat priori') ou, quando cabível, do critério da especialidade. Precedentes.

TRATADO INTERNACIONAL E RESERVA CONSTITUCIONAL DE LEI COMPLEMENTAR.

– O primado da Constituição, no sistema jurídico brasileiro, é oponível ao princípio 'pacta sunt servanda', inexistindo, por isso mesmo, no direito positivo nacional, o problema da concorrência entre tratados internacionais e a Lei Fundamental da República, cuja suprema autoridade normativa deverá sempre prevalecer sobre os atos de direito internacional público.

Os tratados internacionais celebrados pelo Brasil – ou aos quais o Brasil venha a aderir – não podem, em consequência, versar matéria posta sob reserva constitucional de lei complementar. É que, em tal situação, a própria Carta Política subordina o tratamento legislativo de determinado tema ao exclusivo domínio normativo da lei complementar, que não pode ser substituída por qualquer outra espécie normativa infraconstitucional, inclusive pelos atos internacionais já incorporados ao direito positivo interno (...)". (ADI-MC 1.480-3/DF, Rel. Min. Celso de Mello, *DJ* 4.9.1997)

684 Estado de Direito e Jurisdição Constitucional – Decisões relevantes em 15 anos de atuação no STF

Dessa forma, prevalecia a perspectiva de que "*o sistema constitucional brasileiro – que não exige a edição de lei para efeito de incorporação do ato internacional ao direito interno (visão dualista extremada) – satisfaz-se, para efeito de executoriedade doméstica dos tratados internacionais, com a adoção de iter procedimental que compreenda a aprovação congressional e a promulgação executiva do texto convencional (visão dualista moderada)*", consoante acentuou o Min. Celso de Mello na supracitada ADIN-MC 1.480/DF.

Recentemente, entretanto, este Supremo Tribunal Federal procedeu, no tocante aos tratados internacionais de direitos humanos, à revisão crítica desse entendimento.

Com efeito, impulsionado pela nova redação da Emenda Constitucional n. 45/2004, o Tribunal, no julgamento do RE 466.343/SP, Rel. Min. Cezar Peluso, Pleno, *DJ* 5.6.2009, reviu a orientação em acórdão assim ementado:

"PRISÃO CIVIL. Depósito. Depositário infiel. Alienação fiduciária. Decretação da medida coercitiva. Inadmissibilidade absoluta. Insubsistência da previsão constitucional e das normas subalternas. Interpretação do art. 5°, inc. LXVII e §§ 1°, 2° e 3°, da CF, à luz do art. 7°, § 7, da Convenção Americana de Direitos Humanos (Pacto de San José da Costa Rica). Recurso improvido. Julgamento conjunto do RE n. 349.703 e dos HCs n. 87.585 e n. 92.566. É ilícita a prisão civil de depositário infiel, qualquer que seja a modalidade do depósito".

Nesse ponto, cumpre transcrever trecho do voto que proferi na sessão de 22.11.2006, na qual tive a oportunidade de suscitar a referida atualização da jurisprudência sobre a aplicação dos tratados internacionais, em especial quanto aos direitos humanos:

"É preciso ponderar, no entanto, se, no contexto atual, em que se pode observar a abertura cada vez maior do Estado constitucional a ordens jurídicas supranacionais de proteção de direitos humanos, essa jurisprudência não teria se tornado completamente defasada.

Não se pode perder de vista que, hoje, vivemos em um 'Estado Constitucional Cooperativo', identificado pelo Professor Peter Häberle como aquele que não mais se apresenta como um Estado Constitucional voltado para si mesmo, mas que se disponibiliza como referência para os outros Estados Constitucionais membros de uma comunidade, e no qual ganha relevo o papel dos direitos humanos e fundamentais.

Para Häberle, ainda que, numa perspectiva internacional, muitas vezes a cooperação entre os Estados ocupe o lugar de mera coordenação e de simples ordenamento para a coexistência pacífica (ou seja, de mera delimitação dos âmbitos das soberanias nacionais), no campo do direito constitucional nacional, tal fenômeno, por si só, pode induzir ao menos a tendências que apontem para um enfraquecimento dos limites entre o interno e o externo, gerando uma concepção que faz prevalecer o direito comunitário sobre o direito interno.

Nesse contexto, mesmo conscientes de que os motivos que conduzem à concepção de um Estado Constitucional Cooperativo são complexos, é preciso reconhecer os aspectos sociológico-econômico e ideal-moral como os mais evidentes. E no que se refere ao aspecto ideal-moral, não se pode deixar de considerar a proteção aos direitos humanos como a fórmula mais concreta de que dispõe o sistema constitucional, a exigir dos atores da vida sociopolítica do Estado uma contribuição positiva para a máxima eficácia das normas das Constituições modernas que protegem a cooperação internacional amistosa como princípio vetor das relações entre os Estados Nacionais e a proteção dos direitos humanos como corolário da própria garantia da dignidade da pessoa humana.

Na realidade europeia, é importante mencionar a abertura institucional a ordens supranacionais consagrada em diversos textos constitucionais (*cf. v.g.* Preâmbulo da Lei Fundamental de Bonn e art. 24, (I); o art. 11 da Constituição italiana; os arts. 8° e 16 da Constituição portuguesa; e, por fim, os arts. 9° (2) e 96 (1) da Constituição espanhola; dentre outros).

Ressalte-se, nesse sentido, que há disposições da Constituição de 1988 que remetem o intérprete para realidades normativas relativamente diferenciadas em face da concepção tradicional do direito internacional público. Refiro-me, especificamente, a quatro disposições que sinalizam para uma maior abertura constitucional ao direito internacional e, na visão de alguns, ao direito supranacional.

Garantias constitucionais do extraditando **685**

A primeira cláusula consta do parágrafo único do art. 4°, que estabelece que a '*República Federativa do Brasil buscará a integração econômica, política, social e cultural dos povos da América Latina, visando à formação de uma comunidade latino-americana de nações*'.

Em comentário a este artigo, o saudoso Professor Celso Bastos ensinava que tal dispositivo constitucional representa uma clara opção do constituinte pela integração do Brasil em organismos supranacionais.

A segunda cláusula é aquela constante do § 2° do art. 5°, ao estabelecer que os direitos e garantias expressos na Constituição brasileira '*não excluem outros decorrentes do regime e dos princípios por ela adotados, ou dos tratados internacionais em que a República Federativa do Brasil seja parte*'.

A terceira e quarta cláusulas foram acrescentadas pela Emenda Constitucional n. 45, de 8.12.2004, constantes dos §§ 3° e 4° do art. 5°, que rezam, respectivamente, que 'os tratados e convenções internacionais sobre direitos humanos que forem aprovados, em cada Casa do Congresso Nacional, em dois turnos, por três quintos dos votos dos respectivos membros, serão equivalentes às emendas constitucionais', e 'o Brasil se submete à jurisdição de Tribunal Penal Internacional a cuja criação tenha manifestado adesão.'

Lembre-se, também, que vários países latino-americanos já avançaram no sentido de sua inserção em contextos supranacionais, reservando aos tratados internacionais de direitos humanos lugar especial no ordenamento jurídico, algumas vezes concedendo-lhes valor normativo constitucional.

Assim, Paraguai (art. 9° da Constituição) e Argentina (art. 75 inc. 24), provavelmente influenciados pela institucionalização da União Europeia, inseriram conceitos de *supranacionalidade* em suas Constituições. A Constituição uruguaia, por sua vez, promulgada em fevereiro de 1967, inseriu novo inciso em seu artigo 6°, em 1994, porém mais tímido que seus vizinhos argentinos e paraguaios, ao prever que '*A República procurará a integração social e econômica dos Estados latino-americanos, especialmente no que se refere à defesa comum de seus produtos e matérias-primas. Assim mesmo, propenderá a efetiva complementação de seus serviços públicos.*'

Esses dados revelam uma tendência contemporânea do constitucionalismo mundial de prestigiar as normas internacionais destinadas à proteção do ser humano. Por conseguinte, a partir desse universo jurídico voltado aos direitos e garantias fundamentais, as constituições não apenas apresentam maiores possibilidades de concretização de sua eficácia normativa, como também somente podem ser concebidas em uma abordagem que aproxime o Direito Internacional do Direito Constitucional.

No continente americano, o regime de responsabilidade do Estado pela violação de tratados internacionais vem apresentando uma considerável evolução desde a criação da Convenção Americana sobre Direitos Humanos, também denominada Pacto de San José da Costa Rica, adotada por conferência interamericana especializada sobre direitos humanos, em 21 de novembro de 1969.

Entretanto, na prática, a mudança da forma pela qual tais direitos são tratados pelo Estado brasileiro ainda ocorre de maneira lenta e gradual. E um dos fatores primordiais desse fato está no modo como se tem concebido o processo de incorporação de tratados internacionais de direitos humanos na ordem jurídica interna.

Tudo indica, portanto, que a jurisprudência do Supremo Tribunal Federal, sem sombra de dúvidas, tem de ser revisitada criticamente".

Na ocasião, em que foram apreciados em conjunto também o RE 349.703/RS, em que fui redator para o acórdão, Pleno, *DJ* 5.6.2009, e o HC 87.585/TO, Rel. Min. Marco Aurélio, Pleno, a maioria do Plenário entendeu que as convenções internacionais de direitos humanos têm *status* supralegal, isto é, prevalecem sobre a legislação interna, submetendo-se apenas à Constituição Federal, contra os votos dos Ministros Celso de Mello, Cezar Peluso, Ellen Gracie e Eros Grau, que avançavam ainda mais e reconheciam o *status* constitucional desses tratados. O RE 349.703/RS restou assim ementado, no que interessa:

"PRISÃO CIVIL DO DEPOSITÁRIO INFIEL EM FACE DOS TRATADOS INTERNACIONAIS DE DIREITOS HUMANOS. INTERPRETAÇÃO DA PARTE FINAL DO INCISO LXVII DO ART. 5° DA CONSTITUIÇÃO BRASILEIRA DE 1988. POSIÇÃO HIERÁRQUICO-NORMATIVA DOS TRATADOS INTERNACIONAIS DE DIREITOS HUMANOS NO ORDENAMENTO JU-

RÍDICO BRASILEIRO. Desde a adesão do Brasil, sem qualquer reserva, ao Pacto Internacional dos Direitos Civis e Políticos (art. 11) e à Convenção Americana sobre Direitos Humanos – Pacto de San José da Costa Rica (art. 7°, 7), ambos no ano de 1992, não há mais base legal para prisão civil do depositário infiel, pois o caráter especial desses diplomas internacionais sobre direitos humanos lhes reserva lugar específico no ordenamento jurídico, estando abaixo da Constituição, porém acima da legislação interna. O *status* normativo supralegal dos tratados internacionais de direitos humanos subscritos pelo Brasil torna inaplicável a legislação infraconstitucional com ele conflitante, seja ela anterior ou posterior ao ato de adesão. Assim ocorreu com o art. 1.287 do Código Civil de 1916 e com o Decreto-Lei n. 911/69, assim como em relação ao art. 652 do Novo Código Civil (Lei n. 10.406/2002).

(...)

RECURSO EXTRAORDINÁRIO CONHECIDO E NÃO PROVIDO" (RE 349.703/RS, Redator para o acórdão Min. Gilmar Mendes, Pleno, *DJ* 5.6.2009).

Dessa forma, não só o fenômeno da substituição de um arcaico Estado voltado para si por um "Estado Constitucional Cooperativo", como identificado pelo Professor Peter Häberle, como o próprio texto da Carta Magna, sobretudo com as alterações da EC 45/2004, exigem essa nova interpretação da relação entre direito internacional e normas infraconstitucionais internas.

Além do âmbito dos direitos humanos, a cooperação internacional viabiliza a expansão das operações transnacionais que impulsionam o desenvolvimento econômico – como o fluxo recíproco de capitais, bens, pessoas, tecnologia e serviços – e contribui para o estreitamento das relações culturais, sociais e políticas entre as nações.

Essa complexa cooperação internacional é garantida essencialmente pelo *pacta sunt servanda*.

No atual contexto cooperativo, o professor Moshe Hirsch, empregando a célebre Teoria dos Jogos (*Game Theory*) e o modelo da Decisão Racional (*Rational Choice*), destaca que a crescente intensificação (i) das relações internacionais; (ii) da interdependência entre as nações; (iii) das alternativas de retaliação; (iv) da celeridade e do acesso a informações confiáveis, inclusive sobre o cumprimento por cada Estado dos termos dos tratados; e (v) do retorno dos efeitos negativos (*rebounded externalities*) aumenta o impacto do desrespeito aos tratados e privilegia o devido cumprimento de suas disposições (HIRSCH, Moshe. "Compliance with International Norms" in *The Impact of International Law on International Cooperation*. Cambridge: Cambridge University Press, 2004. p. 184-188).

Tanto quanto possível, o Estado Constitucional Cooperativo demanda a manutenção da boa-fé e da segurança dos compromissos internacionais, ainda que em face da legislação infraconstitucional.

Importante deixar claro, também, que a tese da legalidade ordinária, na medida em que permite às entidades federativas internas do Estado brasileiro o descumprimento unilateral de acordo internacional, vai de encontro aos princípios internacionais fixados pela Convenção de Viena sobre o Direito dos Tratados, de 1969, a qual, em seu art. 27, determina que nenhum Estado pactuante "*pode invocar as disposições de seu direito interno para justificar o inadimplemento de um tratado*".

Ressalta-se que a mencionada convenção, ratificada há pouco tempo pelo Estado brasileiro (Decreto n. 7.030, de 14 de dezembro de 2009), codificou princípios já exigidos como costume internacional, como decidiu a Corte Internacional de Justiça no caso Namíbia [*Legal Consequences for States of the Continued Presence os South África in Namíbia (South West Africa) notwithstanding Security Council Resolution 276 (1970)*, First Advisory Opinion, ICJ Reports 1971, p. 16, §§ 94-95].

A propósito, defendendo a interpretação da constituição alemã pela prevalência do direito internacional sobre as normas infraconstitucionais, acentua o professor Klaus Vogel: "(...) de forma crescente, prevalece internacionalmente a noção de que as leis que contrariam tratados internacionais devem ser inconstitucionais e, consequentemente, nulas". (*Zunehmend setzt sich international die Auffassung durch, dass Gesetze, die gegen völkerrechtliche Verträge versto en,* verfassungswidrig und daher nichtig *sein sollte*) (VOGEL, Klaus. "Einleitung" Rz. 204-205 *in* VOGEL, Klaus & LEHNER, Moris. *Doppelbesteuerungsabkommen.* 4ª ed. München: Beck, 2003. p. 137-138)

Portanto, parece evidente que a possibilidade de afastar a aplicação de normas internacionais por meio de legislação ordinária (*treaty override*), inclusive no âmbito estadual e municipal, está defasada com relação às exigências de cooperação, boa-fé e estabilidade do atual cenário internacional e, sem sombra de dúvidas, precisa ser refutada por esta Corte.

Como enfatizei no voto do RE 466.343/SP, o texto constitucional admite a preponderância das normas internacionais sobre normas infraconstitucionais e claramente remete o intérprete para realidades normativas diferenciadas em face da concepção tradicional do direito internacional público.

Referi-me, naquela oportunidade, aos arts. 4º, parágrafo único, e 5º, §§ 2º, 3º e 4º, da Constituição Federal, que sinalizam para uma maior abertura constitucional ao direito internacional e, na visão de alguns, ao direito supranacional.

Além desses dispositivos, o entendimento de predomínio dos tratados internacionais em nenhum aspecto conflita com os arts. 2º, 5º, II, e § 2º; 49, I; 84, VIII, da Constituição Federal.

Especificamente, os arts. 49, I, e 84, VIII, da Constituição Federal, repetidos com redação similar desde a Constituição de 1891 (respectivamente arts. 34, 12º; e 48, 16º, da CF/1891), não demandam a paridade entre leis ordinárias e convenções internacionais. Ao contrário, indicam a existência de normas infraconstitucionais autônomas que não precisam ser perfiladas a outras espécies de normativos internos.

Na realidade, os mencionados dispositivos não tratam da mera *incorporação*, no plano interno, mas da própria *criação* das normas internacionais.

Com efeito, no plano internacional, é essencial que os Estados-partes tenham a intenção de criar obrigações legais entre eles mediante acordo, daí a imprescindibilidade do consentimento para a norma internaciona (SHAW, Malcom. *International Law.* Cambridge: Cambridge University Press, 2003. p. 812).

No Brasil, o consentimento materializa-se na ratificação pelo Presidente da República (art. 84, VIII, da CF/1988), precedida pela aprovação do texto do tratado pelo Congresso Nacional (art. 49, I, da CF/1988). A propósito, o Min. aposentado Francisco Rezek, em trabalho doutrinário, esclarece:

"30. Pressupostos constitucionais do consentimento: generalidades. O tema em que ingressamos é de direito interno. O direito internacional, como ficou visto, oferece a exata disciplina à representação exterior dos Estados, valorizando quando por eles falem certos dignatários, em razão de suas funções. Não versa, porém, aquilo que escapa ao seu domínio, porque inerente ao sistema de poder consagrado no âmbito de toda ordem jurídica soberana. Presume-se, em direito das gentes, que os governantes habilitados, segundo suas regras, à assunção de compromissos internacionais – todos eles, observe-se, vinculados ao poder Executivo – procedem na conformidade da respectiva ordem interna, e só excepcionalmente uma conduta avessa a essa ordem poderia, no plano internacional, comprometer a validade do tratado.

Dado que o consentimento convencional se materializa sempre num ato de governo – a assinatura, a ratificação, a adesão –, parece claro que seus pressupostos, ditados pelo direito interno tenham normalmente a forma da consulta ao poder Legislativo. Onde o Executivo depende, para comprometer externamente o Estado, de algo mais que sua própria vontade, isto vem a ser em regra a aprovação parlamentar, configurando exceção o modelo suíço onde o referendo popular precondiciona a conclusão de certos tratados. O estudo dos pressupostos constitucionais do consentimento é, assim, fundamentalmente, o estudo da partilha do *treaty-making power* entre os dois poderes políticos – Legislativo e Executivo – em determinada ordem jurídica estatal" (REZEK, Francisco. *Direito Internacional Público.* São Paulo: Saraiva, 2002. p. 57-58).

Assim, a aprovação pelo Congresso Nacional e a ratificação pelo Presidente da República constituem regras de importância fundamental para a validade das normas tanto no plano internacional quanto no plano interno.

Em outras palavras, a República Federativa do Brasil, como sujeito de direito público externo, não pode assumir obrigações, nem criar normas jurídicas internacionais, à revelia da Carta Magna, mas deve observar suas disposições e requisitos fundamentais para vincular-se a obrigações de direito internacional.

Destaque-se que a aprovação do texto do tratado e a ratificação pelo Presidente da República são necessários, porém não suficientes à existência da norma internacional. Daí que a inaplicabilidade de disposições previstas em acordo internacional aprovado pelo Congresso Nacional e ratificado pelo Executivo é possível, tanto no âmbito interno quanto no internacional, no caso de ausência de ratificação pelo outro Estado-parte ou de não concretização de alguma outra condição prevista.

Ora, se o texto constitucional dispõe sobre a criação de normas internacionais e prescinde de sua conversão em espécies normativas internas – na esteira do entendido no RE 71.154/PR, Rel. Min. Oswaldo Trigueiro, Pleno, *DJ* 25.8.1971 –, deve o intérprete constitucional inevitavelmente concluir que os tratados internacionais constituem, por si sós, espécies normativas infraconstitucionais distintas e autônomas, que não se confundem com as normas federais, tais como decreto-legislativo, decretos executivos, medidas provisórias, leis ordinárias ou leis complementares.

Tanto é assim, que o art. 105, III, "a", da Constituição Federal reserva a possibilidade de interposição de recurso especial contra decisão judicial que "contrariar *tratado ou* lei federal, ou negar-lhes vigência". Note-se que a equiparação entre "tratado" e "lei federal" no mencionado dispositivo não indica paridade com "lei federal ordinária", mesmo porque o termo "lei federal" contempla outras espécies normativas, como decreto, lei complementar, decreto-legislativo, medida provisória etc.

Na verdade, a equiparação absoluta entre tratados internacionais e leis ordinárias federais procura enquadrar as normas internacionais em atos normativos internos, o que não tem qualquer sustentação na estrutura constitucional. Constitui solução inadequada à complexa questão da aplicação das normas internacionais, conforme já apontara o saudoso Min. Philadelpho de Azevedo no julgamento de 11.10.1943 (Apelação Cível 7.872/RS).

Como exposto, o tratado internacional não necessita ser aplicado na estrutura de lei ordinária ou de lei complementar, nem ter *status* paritário com qualquer deles, pois tem assento próprio na Carta Magna, com requisitos materiais e formais peculiares.

Dessa forma, à luz dos atuais elementos de integração e de abertura do Estado à cooperação internacional, tutelados no texto constitucional, o entendimento que privilegie a boa-fé e a segurança dos pactos internacionais revela-se mais fiel à Carta Magna.

Ressalte-se que, por sua própria natureza constitucionalmente estabelecida, os tratados internacionais não se sujeitam aos limites formais e materiais das demais normas infraconstitucionais, ainda que federais. Por esse motivo, o Plenário, em decisão unânime, reconheceu a possibilidade de tratados internacionais conferirem isenção a tributos estaduais e municipais, na sessão de 16.8.2007 (RE 229.096/RS, Red. p/ acórdão Min. Cármen Lúcia, Pleno, *DJ* 11.4.2008).

De fato, não é razoável limitar a atuação do sujeito de direito público externo em função de restrições impostas à União, como entidade de direito público interno, consoante já haviam reconhecido os Ministros Nelson Jobim e Celso de Mello na ADI 1.600/DF, Pleno, *DJ* 20.6.2003.

Igualmente, não se justifica a restrição da cooperação internacional pela República Federativa do Brasil, resguardada no art. 4º, IX, da Carta Magna, em razão de regramentos típicos do âmbito interno, aplicados analogicamente, como reservas de iniciativa, distribuição de competências internas, ritos e procedimentos legislativos etc.

Os acordos internacionais, de forma geral e na medida em que atendidos seus específicos requisitos constitucionais, respeitam, a princípio, a separação de Poderes, a autonomia dos entes federativos e o princípio da legalidade.

Especificamente quanto aos tratados de extradição, a jurisprudência desta Corte sempre prestigiou seus termos, mesmo em relação às normas internas, a começar da já citada Extradição n. 7, Rel. Min. Canuto Saraiva, julgado em 7.1.1914.

Nesse caso, o Supremo Tribunal Federal denegou, em primeiro momento, a extradição, com fundamento na ausência de autenticação das decisões judiciais estrangeiras, exigida pelo art. 8º da Lei n. 2.416/1911, na sessão de 29.1.1913.

No entanto, informado, pelo então Ministro da Justiça, da vigência do tratado de extradição firmado pelo Brasil e pelo Império Alemão, em 17.9.1877, esta Corte declarou nulo o acórdão de 29.1.1913 e prolatou nova decisão, em atenção ao referido tratado em 7.1.1914.

Ressalte-se que o referido tratado de 1877 já havia sido denunciado, naquele período que antecedia a I Guerra Mundial, mas continuava em vigor, por curto prazo prefixado, em razão da cláusula de transição nele prevista.

Essa longa tradição jurisprudencial de prestigiar os acordos internacionais de extradição também se fundava no caráter notoriamente especial das normas convencionais, como ficou claro no julgamento do HC 51.977/DF, Rel. Min. Thompson Flores, Pleno, *DJ* 5.4.1974, assim ementado:

> "'Habeas corpus'. Extradição. A arguição de se tratar de crime político é tema que só excepcionalmente se torna possível examinar nesta via sumária. A existência de tratado, regulando a extradição, quando em conflito com a lei, sobre ela prevalece porque contém normas específicas. Excesso de prazo não reconhecido, em conformidade com as disposições do tratado em questão. 'Writ' indeferido".

Evidentemente, esses tratados internacionais vinculam o Estado Brasileiro e todos seus Poderes, inclusive o Supremo Tribunal Federal e a Presidência da República. Daí por que, ao contrário do requerimento fundado em promessa de reciprocidade, o pedido de extradição apoiado em acordo internacional não comporta recusa arbitrária pelo Estado brasileiro, conforme bem esclareceu o Min. aposentado Francisco Rezek:

> "116. Discrição governamental e obrigação convencional. Fundada em promessa de reciprocidade, a demanda extradicional abre ao governo brasileiro a perspectiva de uma recusa sumária, cuja oportunidade será mais tarde examinada. Apoiada, porém, que se encontre em tratado, o pedido não comporta semelhante recusa. Há, neste passo, um compromisso que ao governo brasileiro cumpre honrar, sob pena de ver colocada em causa sua responsabilidade internacional. É claro, ao obstante, que o compromisso tão somente priva o governo de qualquer arbítrio, determinando-lhe que submeta ao Supremo Tribunal Federal a demanda, e obrigando-o a efetiva a extradição pela corte entendida legítima, desde que o Estado requerente se prontifique, por seu turno, ao atendimento dos requisitos da entrega do extraditando" (REZEK, Francisco. *Direito Internacional Público*. São Paulo: Saraiva, 2002. p. 190-191).

Com efeito, a extradição não é nem exigida, nem proibida pelo direito internacional, considerado de forma geral, mas é regulada essencialmente pelos tratados internacionais bilaterais (VERDROSS, Alfred & SIMMA, Bruno. *Universelles Völkerrecht*. 3ª Ed. Berlin: Duncker und Humblot, 1984. p. 819). Isto é, existindo o tratado internacional, ela é exigível nos termos em que pactuada.

Cumpre ressaltar que as relações entre a República Federativa do Brasil e a República da Itália há muito são marcadas pela cooperação no plano extradicional. O Decreto n. 21.936, de 11 de outubro de 1932, que promulgou o Tratado bilateral de Extradição entre o Brasil e a Itália, firmado no Rio de Janeiro em 28 de novembro de 1931, já afirmava, em seu art. 4º, que "*as Altas Partes contratantes concederão a extradição de seus próprios cidadãos, nos casos previstos no presente Tratado*".

Atualmente, rege o processo extradicional entre Brasil e Itália o Tratado de Extradição assinado em Roma, em 17 de outubro de 1989, aprovado pelo Congresso Nacional em 20 de novembro de 1992 e promulgado pelo Presidente da República (art. 84, VIII, CF/88) em 9 de julho de 1993, cujo art. 1º diz o seguinte: "*O Tratado de Extradição, firmado entre a República Federativa do Brasil e a República Italiana, em 17 de outubro de 1989 apenso por cópia ao presente decreto, será executado e cumprido tão inteiramente como nele se contém*".

Assim, apresentado o significado dos tratados de extradição na ordem jurídica interna, cabe examinar especificamente a letra "f" do número 1 do art. 3º do tratado bilateral de extradição firmado entre Brasil e Itália.

IV. A interpretação da letra "f" do número 1 do art. 3º do Tratado de Extradição celebrado entre Brasil e Itália

Na linha do raciocínio desenvolvido até o presente momento, entramos agora em pontos cruciais para a solução das controvérsias presentes neste processo de extradição. Devem ser respondidas questões mais específicas sobre o efetivo respeito ao tratado internacional por parte do Presidente da República: Como deve ser interpretado e qual é a melhor interpretação da letra "f" do número 1 do art. 3º do Tratado de Extradição celebrado entre Brasil e Itália? Qual o significado da expressão "razões ponderáveis" e que tipo de comando normativo ela impõe aos seus aplicadores? Se ela concede poder discricionário para o aplicador, que tipo de discricionariedade é essa, conforme o conceito de discricionariedade definido pelos votos vencedores nesta EXT 1.085?

Passemos então à análise dessas questões.

O art. 1º do Tratado de Extradição firmado entre Brasil e Itália institui a obrigação das partes de extraditar, quando preenchidas as condições estabelecidas em seus dispositivos. Nesse sentido, acordou-se que "*cada uma das partes obriga-se a entregar à outra, mediante solicitação, segundo as normas e condições estabelecidas no presente tratado, as pessoas que se encontrem em seu território e que sejam procuradas pelas autoridades judiciais da parte requerente (...)*".

O mesmo instrumento fixou os casos que autorizam a extradição (art. 2º) e listou hipóteses em que esta não poderá ser concedida: em casos específicos que ensejam recusa da extradição (art. 3º); em caso de a infração determinante da extradição ser punível com pena de morte (art. 4º); e em caso de ausência de respeito aos direitos fundamentais do apenado (art. 5º). As situações em que a recusa da extradição será facultativa também foram enumeradas pelo Tratado (art. 6º).

É cediço que o processo de extradição funda-se não apenas na reciprocidade, mas também na solidariedade internacional e no consenso dos países que o praticam. Nesse sentido, ressalte-se que as condições para extradição foram convencionadas entre Brasil e Itália, que expressamente fixaram, de comum acordo, seus limites.

Consequentemente, do Tratado entre Brasil e Itália emana a necessidade de que, preenchidos os requisitos que autorizam a extradição – e não incidindo nenhuma hipótese de recusa – a solicitação deve ser concedida.

Das situações de caráter excepcional de não incidência das condições do Tratado, merece especial destaque a descrita na letra "f" do número 1 do art. 3º, que prevê que a extradição não será concedida "*se a Parte requerida tiver razões ponderáveis para supor que a pessoa reclamada*

Garantias constitucionais do extraditando **691**

será submetida a atos de perseguição e discriminação por motivo de raça, religião, sexo, nacionalidade, língua, opinião política, condição social ou pessoal; ou que sua situação possa ser agravada por um dos elementos antes mencionados".

Esse dispositivo, ao prescrever que a Parte requerida tem o poder de recusar a extradição com base em *razões ponderáveis*, concede ao Estado requerido importante poder de deliberação política.

É fato que vedação semelhante é comum em tratados internacionais, e pode ser também encontrada em outros instrumentos convencionais, tais como a Convenção Americana sobre Direitos Humanos, de 1969. O art. 22 (8) do Pacto de São José da Costa Rica prescreve que *"em nenhum caso o estrangeiro pode ser expulso ou entregue a outro país, seja ou não de origem, onde seu direito à vida ou à liberdade pessoal esteja em risco de violação por causa da sua raça, nacionalidade, religião, condição social ou de suas opiniões políticas".*

Entretanto, ainda que constitua disposição presente em diversos instrumentos internacionais, o Tratado entre Brasil e Itália especifica que, nesses casos, a condição de não entrega do estrangeiro depende da existência de *razões ponderáveis*. Com isso, faz-se de especial relevo ação do significado e dos limites normativos dessa expressão.

Sobre o tema, o jurista Luiz Olavo Baptista, em artigo no jornal "O Globo", asseverou o seguinte:

A expressão é "razões ponderáveis". Não é simples suspeita, sensação, são razões. Não são simples razões, são razões qualificadas pelo adjetivo ponderáveis. Este significa o que pode ser pesado, medido, o que, aliás, a raiz etimológica, a mesmo de peso, indica. Ou seja, devem ser razões de peso (Luiz Olavo Baptista, "Extradição e devido processo legal", Estado de S. Paulo, publicado em 23.3.2011).

Parece evidente que a verificação da existência de *razões ponderáveis*, ainda que sugira uma margem de apreciação política por parte do intérprete, deve necessariamente ser interpretada de acordo com o contexto no qual a situação encontra-se inserida. Como toda interpretação que se faz em torno dos chamados conceitos jurídicos indeterminados, essa expressão deve ser objeto de uma hermenêutica que leve em conta todas as circunstâncias fáticas e jurídicas da situação.

Não se trata, assim, de uma simples avaliação subjetiva, que possa ser feita sem critérios. Além das próprias limitações formalmente acordadas pelas partes e expressamente dispostas no Tratado, bem como do ordenamento jurídico interno – inclusive sua interpretação fixada pela Corte Suprema –, o agente público, ao apreciar a existência ou não dessas *razões ponderáveis*, em determinada hipótese, também está diretamente vinculado à *realidade fática* que esta corresponde.

Com isso, a avaliação sobre existência ou não de *razões ponderáveis* ter, no contexto da realidade internacional contemporânea, estreita ligação com o Estado Democrático de Direito e com a garantia de que direitos fundamentais do extraditando serão preservados pelo país requerente, a partir de elementos concretamente aferíveis. Caso contrário, haveria *razões ponderáveis* que o pedido de extradição fosse recusado.

A legitimidade de um país como garantidor dos direitos fundamentais pode ser aferida não apenas pela solidez e seriedade de suas instituições nacionais, no plano interno, mas também pelo papel que o Estado exerce em âmbito mundial.

No caso específico, ainda que seja mais do que evidente que a Itália encontra-se inserida no rol dos Estados que prezam pela democracia e pelo respeito incondicional aos direitos humanos, sua participação em organismos mundiais ou blocos regionais, como a União Europeia, dá maior solidez a esta sua condição, haja vista, inclusive, a previsão de sistema multinível de proteção aos direitos humanos: a eventual falha de um nível de proteção (âmbito nacional) poderá ser reconsiderada por um outro nível, que lhe é superior (âmbito comunitário).

Ressalte-se que é evidente que as hipóteses de *perseguição* ou *discriminação* descritas na letra "f" do número 1 do art. 3º podem ter forte caráter pessoal. A história de vida e os precedentes de determinado extraditando muitas vezes podem conduzir a eventual necessidade de que sua extradição seja recusada, com fundamento nesse receio.

Entretanto, suposta alegação de que um extraditando poderá ser perseguido ou discriminado, bem como ter sua situação agravada, com base em reações da sociedade à sua vida pregressa, também encontra limites na própria conjuntura atual do País requerente.

Clamor popular, declarações da imprensa ou demonstração de *estado de ânimo* contra o extraditando são situações normalmente restringidas por um ordenamento jurídico estável. Negar uma extradição com base em manifestações populares de sociedade notoriamente marcada pela democracia não teria cabimento. É presumível que um Estado internacionalmente comprometido com os direitos fundamentais seja capaz de garantir a proteção do extraditando.

Enfatize-se que, em casos de extradições polêmicas, é possível encontrar, em ambos os Estados – requerente e requerido –, manifestações contrárias e favoráveis à entrega do extraditando. Meras declarações de opinião, ainda que emitidas por mídia sensacionalista, não têm o condão de configurar ocorrência do requisito *razões ponderáveis*, nos termos do Tratado entre Brasil e Itália. Vinculam-se, por sua vez, à liberdade de expressão, igualmente garantida e limitada pelo Estado Democrático de Direito.

É preciso verificar, então, quais foram os fundamentos da decisão do senhor Presidente da República, que recusou a extradição de Cesare Battisti, para se saber se são *razões ponderáveis*, aptas a alicerçar a negativa da extradição, em razão de submissão da pessoa reclamada a atos de perseguição ou discriminação, por motivos relacionados à opinião política ou à condição pessoal, de modo que a situação do extraditando possa ser agravada.

No tópico seguinte, entraremos mais a fundo nesses temas.

V. A REITERAÇÃO DAS RAZÕES DA CONCESSÃO DO REFÚGIO NA DECISÃO QUE RECUSOU A EXTRADIÇÃO

O Parecer AGU/AG 17/2010, que fundamenta a decisão do Presidente da República de recusa à extradição, declaradamente estrutura-se da seguinte maneira:

a) afirma que o Presidente da República possui **discricionariedade** para decidir sobre a extradição, nesta terceira fase do processo extradicional, **como consequência da aplicação do tratado, que conta com regra específica nesse sentido;**

b) em seguida, afirma que a análise presidencial recairá sobre dois aspectos, ou planos interpretativos:

b.1) eventual agravamento da situação pessoal do interessado, caso se efetive a extradição; e

b.2) preocupação com o contexto que espera pelo extraditando no país requerente.

Cumpre analisar, nesse diapasão, se a decisão do Presidente da República amolda-se aos termos da avença internacional. Ou seja, deve-se verificar se os fundamentos da decisão presidencial (**agravamento da situação pessoal do extraditando e preocupação com o contexto político que o aguarda no país requerente**) representam *razões ponderáveis* a ensejar a negativa da extradição deferida por este Supremo Tribunal Federal.

Para tanto, deve-se ressaltar que os fundamentos da decisão presidencial que recusou a extradição são, em essência, os mesmos utilizados pelo Ministro da Justiça, por ocasião da concessão de refúgio ao extraditando.

Garantias constitucionais do extraditando **693**

A decisão do Ministro da Justiça, que deu provimento a recurso administrativo interposto por Cesare Battisti contra decisão do Comitê Nacional para os Refugiados (CONARE) e reconheceu a condição de refugiado do extraditando, é de todos conhecida e foi objeto do acórdão que julgou essa EXT. 1.085.

Sem querer me estender, mas apenas para relembrar à Corte, a concessão do refúgio ao extraditando fundamentava-se no art. 1°, inciso I, da Lei 9.474/97, que define mecanismos para a implementação do Estatuto dos Refugiados de 1951, *in verbis*:

"Art. 1° Será reconhecido como refugiado todo indivíduo que:

I – devido a fundados temores de perseguição por motivos de raça, religião, nacionalidade, grupo social ou opiniões políticas encontre-se fora de seu país de nacionalidade e não possa ou não queira acolher-se à proteção de tal país;"

A fundamentação lançada pelo Ministro da Justiça refere-se ao fato de que o extraditando teria se envolvido em organizações ilegais e criminosas por motivos políticos e que seus crimes teriam conotações também políticas, de modo que haveria fundado temor de perseguição por motivo de suas atividades pretéritas, o que ensejaria a concessão de refúgio nos termos do Art. 1°, inciso I, da Lei 9.474/97.

Nesse sentido, assim dispôs o Ministro de Estado da Justiça em sua fundamentação (pg. 2962 dos autos da EXT. 1085):

"Por motivos políticos o Recorrente envolveu-se em organizações ilegais criminalmente perseguidas no estado requerente. Por motivos políticos foi abrigado na França e também por motivos políticos, originários de decisão política do Estado Francês, decidiu, mais tarde, voltar a fugir. Enxergou o Recorrente, ainda, razões políticas para os reiterados pedidos de extradição Itália-França, bem como para a concessão da extradição, que, conforme o Recorrente, estariam vinculadas à situação eleitoral francesa. **O elemento subjetivo do 'fundado temor de perseguição' necessário para o reconhecimento da condição de refugiado está, portanto, claramente configurado.**

À luz do que foi brevemente relatado, **percebe-se do conteúdo das acusações de violação da ordem jurídica italiana e das movimentações políticas que ora deram estabilidade, ora movimentação e preocupação ao Recorrente, o elemento subjetivo, baseado em fatos objetivos, do 'fundado temor de perseguição', necessário para o reconhecimento da condição de refugiado".**

Conforme mencionei acima, o Supremo afastou a configuração de crimes políticos, assentando tratar-se de crimes comuns, bem como tornou insubsistente a concessão de refúgio ao extraditando, por não vislumbrar qualquer temor de perseguição política relativamente a ele em seu país de origem.

A ementa n. 4 do referido acórdão deixa clara a decisão deste Supremo Tribunal no que toca ao ato concessivo de refúgio ao extraditando:

4. EXTRADIÇÃO. Passiva. Executória. Pedido fundado em sentenças definitivas condenatórias por quatro homicídios. Crimes comuns. Refúgio concedido ao extraditando. Decisão administrativa baseada em motivação formal de justo receio de perseguição política. Inconsistência. Sentenças proferidas em processos que respeitaram todas as garantias constitucionais do réu. Ausência absoluta de prova de risco atual de perseguição. Mera resistência à necessidade de execução das penas. Preliminar repelida. Voto vencido. Interpretação do art. 1°, inc. I, da Lei n. 9.474/97. Aplicação do item 56 do Manual do Alto Comissariado das Nações Unidas – ACNUR. <u>Não caracteriza a hipótese legal de concessão de refúgio, consistente em fundado receio de perseguição política, o pedido de extradição para regular execução de sentenças definitivas de condenação por crimes comuns, proferidas com observância do devido processo legal, quando não há prova de nenhum fato capaz de justificar receio atual de desrespeito às garantias constitucionais do condenado.</u> (sublinhei)

O Min. Cezar Peluso, em voto condutor do julgamento, afirmou que a concessão de refúgio deve ater-se às hipóteses previstas na legislação de regência da matéria, de modo que os fatos elencados como motivadores do *fundado temor de perseguição política* devem corresponder à realidade vivenciada atualmente. Assim se pronunciou o então relator desta EXT. 1.085:

> "A condição de refúgio foi, expressamente, reconhecida, no caso, pela autoridade administrativa, com base nos termos do inciso I. Daí que, ancorando toda sua suposta legalidade nessa específica hipótese normativa (*fattispecie* abstrata), é preciso, no exercício da atividade de controle dos seus aspectos jurídico-formais à luz dos requisitos de estrita legalidade, verificar se a decisão atendeu, segundo a motivação declarada, ao conjunto dos elementos de fato previstos na norma em que se apoiou (*fattispecie* concreta). Em palavras mais simples, cumpre ver se, para justificar a concessão de refúgio ao extraditando, deveras constam fatos invocados e provados, capazes de corresponder à hipótese de '*fundados temores de perseguição por motivos de raça, religião, nacionalidade, grupo social ou opiniões políticas*'.
>
> E, mais, atendo-se ao âmbito objetivo dessa previsão legal, é preciso investigar se há receio, não apenas *fundado*, enquanto deva encontrar suporte em fatos provados, com idoneidade para gerar temores racionais, mas também se tal receio seria *atual*, no sentido de que, como possibilidade de continuar no futuro, subsista ainda agora, como séria ameaça à dignidade do extraditando, a eventual situação de risco de perseguição, e, com tal força que lhe impossibilite o legítimo exercício dos seus direitos de pessoa e de cidadão perante o Estado requerente.
>
> E não é tudo, pois insta sobretudo pôr a limpo se o pretenso temor, ainda quando fundado e atual que seja, não estaria relacionado menos com risco exclusivo de perseguição política, enquanto ingrediente necessário da hipótese dessa especial *causa extrínseca* obstativa de extradição, do que com procedimentos judiciais em que, por razões políticas, o Estado requerente não consegue proteger os direitos básicos de um julgamento imparcial e justo".

Seguindo o voto condutor do julgamento, no sentido de afastar a legalidade do ato concessivo do refúgio, o Min. Cezar Peluso referiu-se aos critérios estabelecidos pelo Alto Comissariado das Nações Unidas (ACNUR) para auxiliar na determinação da condição de refugiado:

> "56. **Deve-se distinguir perseguição de punição prevista por uma infração de direito comum. As pessoas que fogem de procedimentos judiciais ou à punição por infrações desta natureza não são normalmente refugiados. Convém relembrar que um refugiado é uma vítima – ou uma vítima potencial – da injustiça e não alguém que foge da justiça**".

Em arremate à análise acerca da decisão do Ministro da Justiça que concedeu o refúgio, concluiu o Min. Peluso, no que foi acompanhado pela maioria da Corte:

> "Trata-se, portanto, de ato administrativo, que, por sua manifesta, absoluta e irremediável nulidade e ineficácia, não pode opor-se à cognição nem a eventual procedência do pedido de extradição, como, ademais, há de ficar ainda mais translúcido no exame do mérito.
>
> O ato é ilegal. Era correta a decisão do CONARE".

Não obstante, o Parecer AGU/AG 17/2010, que fundamentou a decisão do Presidente da República que recusou a extradição, obliquamente reabriu a discussão e resgatou fundamentação idêntica àquela já afastada pela maioria do Tribunal.

Ao trazer à tona passagem do voto proferido pelo Min. Marco Aurélio na EXT. 1.085, em que S. Exa. registra que as sentenças italianas que condenaram o extraditando fizeram diversas referências a *movimento de subversão da ordem estatal*, o Parecer em exame claramente retoma, em sua fundamentação, as razões utilizadas para a concessão do refúgio.

Ocorre que o Min. Marco Aurélio ficou vencido nessa parte de seu voto, que mantinha a concessão de refúgio e a configuração de crimes políticos, ambos afastados pelo Tribunal no julgamento dessa EXT. 1.085. Ainda assim, o Parecer AGU/AG 17/2010 o menciona, nos seguintes termos:

> "O Ministro Marco Aurélio teria reconhecido como procedente alegação da defesa do extraditando, referente às seguintes circunstâncias:

Garantias constitucionais do extraditando 695

a) o Presidente da República Italiana teria expressado profundo estupor e pesar em carta dirigida ao Presidente do Brasil,

b) o Ministro das Relações Exteriores da Itália registrava queixa e surpresa para com os fatos,

c) o Ministro da Justiça na Itália teria acenado com a possibilidade de dificultar o ingresso do Brasil no G-8,

d) o Ministro da Defesa da Itália teria ameaçado de se acorrentar na porta da embaixada brasileira na Itália,

e) o Ex-Presidente da República Italiana teria afirmado que o nosso Ex-ministro da Justiça do Brasil teria dito algumas cretinices,

f) o Ministro italiano para Assuntos Europeus teria considerado vergonhosa a decisão do governo brasileiro,

g) o vice-Presidente da Itália teria proposto um boicote a produtos brasileiros,

h) o Vice-Presidente da Comissão de Relações Exteriores da Itália teria suscitado um boicote turístico ao Brasil" (Parecer AGU/AG 17/2010, pg. 4302 dos autos da EXT. 1.085).

Todas essas referências feitas pelo Min. Marco Aurélio cuidam de reações de autoridades italianas à decisão do Ministro de Estado da Justiça do Brasil, que concedeu refúgio a Cesare Battisti. Nenhuma das reações indicadas refere-se ao extraditando diretamente, mas à posição que o Estado brasileiro estava a adotar, a qual colocava sob suspeição o adequado funcionamento das instituições do Estado italiano.

A partir dessas considerações, repita-se, afastadas pelo Supremo Tribunal Federal, que no julgamento dessa EXT. 1.085 rejeitou a configuração de crimes políticos, bem como a concessão de refúgio, e deferiu o pedido extradicional, o Parecer AGU/AG 17/2010 retoma essa linha de argumentação, desta feita para respaldar a decisão presidencial que recusou a extradição.

Nesse sentido, o referido Parecer afirma que o caso Battisti teria ganhado contornos de clamor, de polarização ideológica, o que geraria circunstância que teria o condão de agravar a situação pessoal do extraditando. Para justificar sua assertiva, o Parecer AGU/AG 17/2010, fundamento da decisão do Presidente da República, cita diversas matérias jornalísticas que se manifestaram sobre o assunto (fls. 4303-4304 dos autos).

Todas as matérias jornalísticas listadas pelo Parecer referiram-se à concessão do refúgio ao extraditando por parte do Ministro da Justiça brasileiro, cada uma delas, a seu modo, manifestando o descontentamento com o menoscabo que a decisão ministerial teria representado relativamente às instituições do Estado italiano.

Consoante mais do que conhecido por todos e já mencionado no meu voto, todas essas colocações restaram ultrapassadas, tendo em vista que o Supremo afastou a concessão do refúgio e deferiu a extradição de Cesare Battisti.

Todavia, o Parecer AGU/AG 17/2010, após citar as referidas matérias da imprensa italiana, afirma:

> "Nesse sentido, as informações acima reproduzidas justificam que se negue a extradição, por força mesmo de disposição convencional. O Presidente da República aplicaria disposição da letra f do item 1 do art. 3 do Tratado de Extradição formalizado por Brasil e Itália. E tem competência para tal" (fls. 4305 dos autos da EXT. 1085).

E, nesse ponto, conclui o Parecer que serviu de fundamento à decisão do Presidente da República que "*A situação sugere certo contexto político, podendo acirrar paixões. Esse núcleo temático, que enseja preocupações, exige ampla reflexão em torno da situação pessoal do extraditando. Concretamente, há temores de que a situação de Battisti poderá ser agravada na Itália, por razões pessoais*" (fls. 4306 dos autos da EXT. 1.085).

Além de reiterar os argumentos utilizados para a concessão do refúgio, ou aqueles trazidos por alguns Ministros desta Corte por ocasião do exame do ato concessivo do refúgio ao extraditando, **já superados pelo acórdão que julgou a EXT. 1.085**, o Parecer AGU/AG 17/2010 afirma, **laconicamente**, que a extradição deve ser recusada em razão de *certo contexto político*, que pode *acirrar paixões*, e que, portanto, *há temores de que a situação de Battisti poderá ser agravada na Itália, por razões pessoais*.

Mais uma vez cumpre ressaltar que o refúgio foi afastado pelo Supremo Tribunal Federal, que considerou os delitos praticados pelo extraditando crimes comuns e, assim, deferiu o pleito extradicional.

Este Tribunal concluiu que o ato concessivo de refúgio não é discricionário, mas vinculado às hipóteses previstas na legislação de regência, portanto, não é ato meramente político. **Desse modo, não é cabível reiterar a argumentação do ato concessivo de refúgio para, agora, recusar a extradição**.

A legislação aplicada pelo ato concessivo de refúgio menciona como autorizador de seu reconhecimento, no que interessa, *fundados temores de perseguição por motivos de opiniões políticas* (Art. 1º, I, da Lei 9.474/97). O Tratado de Extradição entre Brasil e Itália traz, como hipótese de recusa à extradição, o fato de a parte requerida possuir *razões ponderáveis para supor que a pessoa reclamada será **submetida a atos de perseguição e discriminação por motivo de opinião política**, condição pessoal; ou que **sua situação possa ser agravada por um dos elementos antes mencionados** (art. III, item 1., letra f, do referido Tratado de Extradição).

Nota-se grande similaridade entre as hipóteses legal de refúgio e convencional de recusa da extradição. O julgado do Supremo, que afastou o reconhecimento do refúgio, transitou em julgado, todavia, sob fundamento em tudo similar intenta-se justificar a recusa da extradição.

O que está em jogo, agora, é a observância, pelo Estado brasileiro, de tratado internacional (e da decisão desta Corte que determinou que o Presidente da República cumprisse a referida convenção internacional), celebrado espontânea e soberanamente pelo país. Tratado, este, conforme visto, regularmente ratificado pelo Congresso Nacional e, depois, incorporado à ordem jurídica interna.

Nesse contexto, o cumprimento do Tratado de Extradição em exame revela-se obrigação internacional assumida pelo Brasil, pela qual pode ser responsabilizado, e sua incorporação à ordem jurídica interna o convola em parâmetro normativo aferível, também, internamente.

Significa dizer que o Congresso Nacional e o Presidente da República obrigaram o Estado brasileiro aos termos da convenção internacional e agora compete ao Poder Judiciário, representado por este Supremo Tribunal, dar a devida efetividade ao texto convencionado.

Conforme salientado por este Tribunal, a República Federativa do Brasil está comprometida com os termos da Convenção, e seu eventual descumprimento por decisão do Presidente da República deve ser glosado pelo Supremo, em razão do próprio princípio da Separação dos Poderes.

A análise, nos autos da Extradição de que se cuida, cinge-se, portanto, a perquirir-se a adesão da decisão presidencial, especialmente de seus fundamentos, ao preceituado pelo Art. III, 1., f, do Tratado de Extradição Brasil-Itália, visto que o acórdão inicial dessa EXT. 1.085 vinculou a decisão do Presidente da República aos termos convencionados.

Salientei que não há que se falar em discricionariedade, mas apenas em apreciação dentro das margens do que foi convencionado e levando-se em consideração o que decidido por este Tribunal.

Nesse sentido, lembro que **não há óbice a que o Presidente da República, na qualidade de Chefe de Estado, proceda aos atos necessários para denunciar o Tratado e, assim, desobrigar o país com relação aos seus termos. Todavia, em plena vigência do Acordo Internacional não é lícito que uma das partes signatárias recuse-lhe a devida aplicação**.

Garantias constitucionais do extraditando **697**

Ademais, afirmar a higidez da decisão proferida pelo Presidente da República seria admitir que as mesmas razões são inadequadas quando emanadas do Ministro da Justiça para a concessão do refúgio, porém lícitas quando exaradas como fundamentos da decisão do Presidente da República de recusa da extradição.

E não se deve referir à diferença entre os parâmetros de controle (a Lei 9.474/97, para o refúgio, e o Tratado de Extradição Brasil-Itália, no exame ora em curso), uma vez que os comandos normativos utilizados são em tudo similares, assim como as fundamentações efetivadas, e ambos os diplomas possuem real e atual força normativa.

Também não se deve procurar distinguir entre as autoridades que proferiram as decisões, visto que ministros de Estado, no vigente sistema constitucional, são auxiliares do Presidente da República, que laboram se e enquanto gozarem da confiança do Chefe do Poder Executivo, de modo que se presume que seus atos contam com a concordância presidencial, o que restou evidenciado na hipótese de que se cuida.

A recusa da extradição, diante dos termos convencionados, possui fundamentação vinculada ao art. III do Tratado, e as expressões *"razões ponderáveis"* e *"agravamento da situação pessoal"* do extraditando, embora comportem alguma elasticidade interpretativa, devem encontrar uma correspondência em fatos concretos objetivamente aferíveis.

A dificuldade hermenêutica diminui, no caso, em razão da identidade prática entre os fundamentos elencados para a concessão do refúgio e os utilizados para alicerçar a recusa da extradição, visto que o Supremo já os afastou no julgamento inicial desta EXT. 1.085.

A indagação que causa alguma perplexidade é esta: Fundamentos afastados pelo Supremo, no exercício de sua competência originária de processar e julgar extradição (art. 102, I, "g", CF/88), por ocasião da invalidação do ato de concessão de refúgio tornam-se hígidos se apoiadores de decisão presidencial de recusa da extradição, quando os parâmetros normativos são bastante similares?

O Presidente da República deve fundamentar a recusa da extradição em fatos verdadeiros, efetivos e atuais. Se o Supremo tornou insubsistente o ato ministerial baseado em idênticas razões, outra sorte não deverá ter o ato emanado da Presidência da República.

Assim, levando-se em consideração a decisão inicial do Supremo neste caso, os fundamentos do ato concessivo de refúgio e, agora, da decisão de recusa da extradição, verifica-se que esta última não trouxe elemento diverso a ser considerado pela Corte, em nada inovando com relação ao debate travado anteriormente, de forma que subsistem as razões expendidas pelo STF quando negou qualquer tipo de perseguição política a Cesare Battisti, ou agravamento de sua situação pessoal, e invalidou o refúgio que lhe fora concedido.

No voto que proferi por ocasião do julgamento da extradição, assentei que os **delitos que embasam o pedido de extradição neste caso constituem-se de quatro homicídios premeditados.**

Encontram-se nos autos as seguintes descrições dos fatos, consoante a tradução que acompanha o pedido extradicional, *ipsis litteris* abaixo transcrita:

"<u>Homicídio de ANTONIO SANTORO, marechal dos agentes de custódia do cárcere de Udine, acontecido em Udine em 6.6.1978.</u>

Na manhã de 6.6.1978 o marechal Santoro percorre a pé a rua Spalato em Udine para recar-se da sua casa ao trabalho, isto é, ao carcere.

Um jovem rapaz, que, finge estar namorando com uma moça dos cabelos ruivos, o espera no cruzamento entre aquela rua e via Albona e dispara dois tiros de pistola nas suas costas e o mata.

Depois do tiroteio entra num carro branco onde se encontram outros dois jovens de sexo masculino, que se distanciam a forte velocidade em direção a via Pola.

Duas testemunhas retêm de poder identificar o modelo do carro: um Simca 1300 ou um Fiat 124.

Lá pelas 13.00 horas do mesmo dia, uma patrulha dos carabineiros encontra abandonada em via Goito um carro marca Simca 1300 branco, que resulta roubado na noite do dia anterior.

O carro vem encontrado aberto e vem acertado que para fazê-lo funcionar, os ladrões tiveram que estrapar os fios do implante elétrico que eram coligados ao quadro com um grampo de cabelos.

Os investigadores acertaram também que o carro estava estacionado no lugar onde foi achado já das 7:50 horas daquele mesmo dia, e isto é, minutos imediatamente sucessivos ao momento no qual foi consumado o homicídio.

As sucessivas investigações, permeteram de estabelecer que o autor material do homicídio de Santoro, isto é, aquele que tinha disparado nas suas costas os dois tiros de pistola, se identificava no hodierno estradando CESARE BATTISTI, que, entre outras coisas, tinha já ficado preso no cárcere de Udine.

A modalidade exata de tal homicídio foi assim reconstruida: o BATTISTI e Enrica MIGLIORATI, ficaram abraçados por cerca 10 minutos a apenas alguns metros de distância do portão do prédio de Santoro, enquanto Pietro MUTTI e Claudio LAVAZZA, esperavam no carro a chegada da vítima.

BATTISTI se destacou imediatamente da MIGLIORATI, se aproximou correndo de Santoro, e o feriu primeiro com um tiro nas costas e com outros dois tiros, quase a queima-roupa, quando o marechal era já a terra.

Súbito depois o BATTISTA e a MIGLIORATI correram em direção do Simca 1300 que apenas tinha se posicionado no meio da rua, e assim escaparam todos os quatro.

Chegaram então na avenida principal, trocaram de carro, se desfizeram dos travestimentos (bigode e barba postiça para o BATTISTI, peruca ruiva para a MIGLIORATI, peruca preta para o LAVAZZA) e chegaram à estação de Palmanova, onde o BATTISTI desceu, levando consigo a bolsa das armas e das maquiagens.

Foi acertado também que a decisão de matar o Santoro partiu do BATTISTI que conhecia pessoalmente a vítima.

Homicídio de LINO SABBADIN acontecido em Mestre em 16.2.1979

No dia 16.2.1979, lá pelas 16:50 horas, dois indivíduos de sexo masculino, com o rosto descoberto, mas com barba e bigode postiços, entram num açougue dirigido por LINO SABBADIN em Caltana di Santa Maria di Sala perto de Mestre, e um destes, depois de ter-se certificado que aquele homem que era diante dele era o próprio SABBADIN em pessoa, extraiu fulmineamente uma pistola da uma bolsa que trazia consigo, e explodiu contra este dois golpes de pistola, fazendo-o cair pesadamente sobre o estrado atrás do balcão onde naquele momento estava trabalhando; imediatamente depois dispara outros dois tiros sobre o alvo que no mais é já a terra, e tudo com a clara intenção de matar.

Depois disto os dois saem rápidamente da loja e entram num carro guiado por um terceiro cúmplice, que se afasta a forte velocidade em direção do centro habitado de Caltana, para depois prosseguir em direção de Pianga.

O SABBADIN vem carregado agonizante numa ambulância, mas chega morto no Hospital de Mirano.

Ficou acertado que a vítima, no curso de uma rapina que foi feita ao interno do seu negócio em dezembro de 1978, tinha usado uma arma da qual era legítimamente em possesso, ferindo a morte um dos assaltantes.

As investigações estabeleceram que os indivíduos de sexo masculino que entraram na loja do SABBADIN eram CESSARE BATTISTI e DIEGO GIACOMINI, este último tinha aberto fogo com uma pistola semiautomática calibre 7,65 depois de ter perguntado ao comerciante se era ele o SABBADIN e depois de ter recebido uma resposta positiva.

Neste meio tempo, PAOLA FILIPPI, travestida com bigode e barba postiça e com os cabelos presos dentro de un boné, tinha ficado esperando num carro precedentemente roubado e que foi usado para a fuga.

Homicídio de PIERLUIGI TORREGIANI, acontecido em Milão em 16.2.1979

Às 15:00 horas de 16.2.1979, enquanto se dirigia para a sua loja, à pé, em companhia de seus dois filhos menores, PIERLUIGI TORREGIANI cai vítima de uma emboscada.

Dois jovens que o precedem, se giram improvisamente e disparam dois tiros na sua direção: o escudo antiprojétil que trazia consigo, diminuiu o impacto consentindo a sua defesa.

Vem novamente ferido, mas desta vez ao fêmur, e cai a terra. Dispara em direção de seus agressores, mas um projétil atinge o seu filho, ferindo-o gravemente; o joalheiro vem finalmente atingido na cabeça.

Vem transportado ao hospital onde chega morto.

O filho resterá paraplégico e será incapaz de caminhar.

Este homicídio foi cometido mais ou menos poucas horas antes daquele de LINO SABBADIN e, o TORREGIANI também, como o SABBADIN, em precedência tinha reagido com arma de fogo a uma rapina ao restaurante Transatlântico de Milão acontecido em 23.1.1979, no curso da qual um dos delinquentes morreu por causa dos tiros não de TORREGIANI, mas de um outro comensal que se incontrava no local.

A decisão de matar o TORREGIANI amadureceu juntamente com aquela de matar o SABBADIN: as duas ações homicidas foram decididas juntamente, executadas quase contemporâneamente e unitáriamente reivindicadas.

Para decidirem sobre os dois homicídios foram feitas uma série de reuniões na casa de PIETRO MUTTI e LUIGI BERGAMIN, às quais o BATTISTI sempre partecipou e, todos foram de acordo sobre a oportunidade de tais ações criminais. Portanto BATTISTI se assumiu a função de executor material do homicídio de LINO SABBADIN mas teve função decisiva no homicídio TORREGIANI, mesmo se não partecipou materialmente a execução de tal crime. Ao contrário, súbito depois do homicídio de SABBADIN, BATTISTI procurou, como da precedente acordo, de contactar telefonicamente os autores materiais do homicídio TORREGIANI e, se como não conseguiu localizá-los, fez o telefonema de reinvindicação, depois de ter sentido a notícia do assassinato de TORREGIANI pelo rádio.

Além disto, no curso das reuniões acima citadas na casa de MUTTI e de BERGAMIN, BATTISTI reforçou muitas vezes a necessidade da inevitável ação homicida, deixando, na noite de 14.2.1979 a casa de BERGAMIN, onde estavam reunidos alguns tépidos discordantes deste projeto de duplo homicídio, que no mais era já de imediata realização, observando 'que a operação à qual estavam trabalhando era já pronta e que teria partido para Pádova no dia seguinte'.

Dito isto se afastou súbito depois.

Se faz presente que Pádova é localizada nas proximidades de Caltana di Santa Maria di Sala onde dois dias depois BATTISTI partecipou materialmente ao homicídio de LINO SABBADIN.

Em definitivo, o BATTISTI, seja enquanto partecipante da decisão colegial que diz respeito a ambos homicídios, seja enquanto executor material do homicídio SABBADIN e autor da única reinvidicação de ambas ações, foi condenado também por concurso no homicídio TORREGIANI.

Homicídio de ANDREA CAMPAGNA, acontecido em Milão 19.4.1979

Às 14:00 horas do dia 19.4.1979, o agente de Polícia de Estado ANDREA CAMPAGNA, membro da DIGOS de Milão, com funções de motorista, depois de ter visitado a namorada junta à qual, como todos os dias, almoçava, se preparava em companhia de seu futuro sogro, para pegar o seu carro estacionado a via Modica, para depois acompanhá-lo na sua loja de sapatos de via Bari.

A este ponto, vinha improvisamente enfrentado por um jovem desconhecido, que, aparecendo de repente detrás de um carro estacionado ao lado do carro do policial, explodia contra ele, em rápida sucessão 5 tiros de pistola.

LORENZO MANFREDI, pai da namorada do CAMPAGNA, tentava de intevir, mas o atirador lhe apontava a arma que ainda empunhava, apertando por duas vezes o grileto, sem que todavia partissem os tiros.

Súbito depois, o jovem desconhecido fugia em direção à cooperativa de via Modica, onde, em correspondência da curva que ali existe, entrava num carro Fiat 127 dirigido por um cúmplice; tal carro, depois de ter girado a esquerda em via Biella, se afastava em direção de via Ettore Ponti.

O CAMPAGNA vinham imediatamente socorrido, mas morria durante o transporte para o hospital.

Os acertamentos médico-legal dispostos sobre o cadáver do agente assassinado consentiram de esclarecer que a vítima foi atingida por cinco tiros, todos explodidos em rapidíssima sucessão da uma distância muito próxima, quando o CAMPAGNA ainda vivo girava verso o homicida a metade esquerda do corpo.

Como referido pelos familiares, o gente assassinado tinha aparecido de maneira muito nítida no curso de um serviço televisivo em ocasião da prisão de alguns dos autores do homicídio TORREGIANI, havendo o mesmo efetuado o transporte de tais presos da Questura ao cárcere de San Vittore.

A decisão de matar CAMPAGNA foi assumida, como emergeu do proseguimento das investigações, principalmente por BATTISTI, por CLAUDIO LAVAZZA, PIETRO MUTTI e BERGAMIN LUIGI, pois que o CAMPAGNA tinha partecipado à prisão de alguns presuntos autores do homicídio de TORREGIANI.

A iniciativa mais importante seja na escolha do objetivo, seja na fase successiva de preparação do atentado, foi assunta pelo mesmo BATTISTI, que controlou por um período os movimentos e hábitos do CAMPAGNA.

Além disto foi o próprio BATTISTI que cometeu materialmente o homicídio explodindo cinco tiros na direção do policial, enquanto uma segunda pessoa o esperava à bordo de um Fiat 127 roubado e utilizado para a fuga".

A partir dessas descrições dos fatos, **verifica-se que os crimes praticados pelo extraditando são gravíssimos (quatro homicídios qualificados), bastando observar o contexto em que foram executados – mediante premeditação e emboscada –, com o claro propósito de eliminar as vítimas, por vingança.**

Impõe-se, portanto, ao Estado brasileiro, considerados os parâmetros objetivamente estabelecidos no acórdão que deferiu a extradição, e em razão da imperiosa necessidade de se cumprirem os termos do Tratado celebrado, realizar a entrega do extraditando.

Diante do exposto, voto no sentido de se julgar procedente a reclamação e resolver o incidente de execução na extradição, para **desconstituir o ato do Sr. Presidente da República e determinar a imediata entrega do extraditando ao país requerente**, restando, em consequência, prejudicados os exames da ADI 4.538 e da ACO 1.722.

ADITAMENTO AO VOTO

O SENHOR MINISTRO GILMAR MENDES (RELATOR) – Senhor Presidente, desde logo gostaria de dizer que, diferentemente do que foi sustentado, não me parece descabida em abstrato a reclamação, e por várias razões, me parece: primeiro porque, tal como nós dissemos na decisão tomada na extradição, a decisão do Presidente da República deveria pautar-se por aquilo que está estabelecido no tratado. E é inegável que há um interesse, um interesse jurídico relevante, do Estado requerente, como não me parece que aqui se possa arguir, como se fez de plano, o não cabimento da reclamação, alegando-se uma ilegitimidade de parte.

Ademais, é evidente e manifesta – e esse foi o objeto de todo o debate no julgamento da extradição – a existência de um tratado bilateral entre o Brasil e a Itália. Até me pareceu – diria, sem querer ser irônico – ultramontano essa invocação de soberania nesses limites, no contexto em que nós estamos inseridos, do chamado modelo do Estado cooperativo.

Cada vez mais os Estados se entrelaçam nessas relações; os tratados assumem inclusive força, às vezes, de norma superior ou idêntica à Constituição. Nós mesmos tivemos isso em relação aos tratados de direitos humanos, a questão sobre o Pacto de San José, o modelo de Estado cooperativo. Quem sabe dizer hoje o que é o modelo europeu, o modelo da União Europeia, com esse entrelaçamento existente entre a chamada União Europeia e os Estados da agora Comunidade Europeia, submetidos ao Tratado de Direitos Humanos, submetidos a duas cortes importantes, a Corte de Justiça de Luxemburgo e a Corte de Direitos Humanos de Estrasburgo? E hoje, no próprio Tratado de Lisboa, manda-se observar também os parâmetros dessa Convenção Europeia no âmbito da União Europeia. Então, parece-me que é preciso redimensionar essa questão.

E não é estranho ao nosso modelo, nem haveria grande dificuldade, pelo menos do ponto de vista de uma metonímia processual, admitir a presença de um Estado contra a União, e é disso que me parece cuidar. E não fosse isso, obviamente, a questão poderia ser suscitada, a meu ver, como nós admitimos expressamente quando do julgamento da extradição, em sede de incidente de extradição, de execução da extradição.

De modo que não me impressiona, mas vou fazer as considerações, porque há uma série de implicações e, no fundo, aqui, há uma relação difícil de separar entre as próprias questões que são colocadas como condições da ação e as questões de mérito envolvidas.

EXT 986[1]

Extradição – Respeito aos direitos fundamentais do extraditando – Deferimento condicionado à observância rigorosa dos parâmetros do devido processo legal.

O Ministério Público Federal assim resumiu a ação:

"1. O Governo da Bolívia formulou pedido de extradição, com base em tratado firmado entre esse País e o Brasil, promulgado pelo Decreto n. 9.920, de 8 de julho de 1942, do boliviano JOHN AXEL RIVERO ANTELO, pelos delitos de confabulação e associação delituosa e tráfico de substâncias controladas (cocaína), tipificados nos arts. 48 e 53 da Lei boliviana n. 1008, de 19 de julho de 1988 (fls. 331).

2. O pedido foi inicialmente indeferido por essa Corte em razão da insuficiência da documentação apresentada pelo Estado requerente (fls. 524/526). Posteriormente, o Governo da Bolívia enviou novo pedido de prisão preventiva para fins de extradição (fls. 572), acompanhado da documentação faltante, tendo sido decretada a prisão preventiva do extraditando e determinada a tramitação do novo requerimento nos próprios autos (fls. 570).

3. O extraditando foi preso (fls. 564) e interrogado, tendo afirmado que não cometeu os crimes de que é acusado (fls. 311).

4. Em sua defesa técnica, às fls. 315/317, alegou falta de tradução e autenticação da documentação enviada pela Bolívia, a competência da justiça brasileira para o julgamento do crime de associação para o tráfico de entorpecentes e pugnou pela improcedência do pedido de extradição.

5. Consta dos autos a informação de que o extraditando responde à ação penal n. 2004.9545-0, perante a 9ª Vara Criminal da Justiça Federal de Minas Gerais, por ter se utilizado de passaporte falso (fls. 312/313)."

Ao final, pronunciou-se a Procuradoria-Geral da República pela procedência do pedido.

O julgado recebeu a seguinte Ementa:

EMENTA: Extradição e necessidade de observância dos parâmetros do devido processo legal, do estado de direito e do respeito aos direitos humanos. Constituição do Brasil, arts. 5º, § 1º e 60, § 4º. Tráfico de entorpecentes. Associação delituosa e confabulação. Tipificações correspondentes no direito brasileiro. Negativa de autoria. Competência do país requerente. Competência da justiça brasileira para o julgamento do crime de associação delituosa. Improcedência: delito praticado no país requerente. Falta de autenticação de documentos. Irrelevância: documentos encaminhados por via diplomática. Pedido de extradição devidamente instruído. Obrigação do Supremo Tribunal Federal de manter e observar os parâmetros do devido processo legal, do estado de direito e dos direitos humanos. 2. Informações veiculadas na mídia sobre a suspensão de nomeação de ministros da Corte Suprema de Justiça da Bolívia e possível interferência do Poder Executivo no Poder Judiciário daquele País. 3. Necessidade de se assegurar direitos fundamentais básicos ao extraditando. 4. Direitos e garantias fundamentais devem ter eficácia imediata (cf. art. 5º, § 1º); a vinculação direta dos órgãos estatais a esses direitos deve obrigar o estado a guardar-lhes estrita observância. 5. Direitos fundamentais são elementos integrantes da identidade e da continuidade da constituição (art. 60, § 4º). 6. Direitos de caráter penal, processual e processual-penal cumprem papel fundamental na concretização do moderno estado democrático de direito. 7. A proteção judicial efetiva permite distinguir o estado de direito do estado policial e a boa aplicação dessas garantias configura elemento essencial de realização do princípio da dignidade humana na ordem jurídica. 8. Necessidade de que seja assegurada, nos pleitos extradicionais, a aplicação do princípio do devido processo legal, que exige o fair trial não apenas entre aqueles que fazem parte da relação processual, mas de todo o aparato jurisdicional. 8. Tema do juiz natural assume relevo inegável no contexto da extradição, uma vez que o pleito somente poderá ser deferido se o estado requerente dispuser de condições para assegurar julgamento com base nos princípios básicos do estado de direito, garantindo que o extraditando não será submetido a qualquer

---

[1] Em sessão realizada no dia 15.8.2007, o Plenário do Supremo Tribunal Federal, por unanimidade, deferiu o pedido extradicional, nos termos do voto do Relator, Min. Eros Grau (*DJ* de 5.10.2007).

jurisdição excepcional. 9. Precedentes (Ext. n. 232/Cuba-segunda, relator min. Victor Nunes Leal, DJ 14.12.1962; Ext. 347/Itália, Rel. Min. Djaci Falcão, DJ 9.6.1978; Ext. 524/Paraguai, rel. Min. Celso de Mello, DJ 8.3.1991; Ext. 633/República Popular da China, rel. Min. Celso de Mello, DJ 6.4.2001; Ext. 811/Peru, rel. Min. Celso de Mello, DJ 28.2.2003; Ext. 897/República Tcheca, rel. Min. Celso de Mello, DJ 23.09.2004; Ext. 953/Alemanha, rel. Min. Celso de Mello, DJ 11.11.2005; Ext. 977/Portugal, rel. Min. Celso de Mello, DJ 18.11.2005; Ext. 1008/Colômbia, rel. Min. Gilmar Mendes, DJ 11.05.2006; Ext. 1067/Alemanha, rel. Min. Marco Aurélio, DJ 01.06.2007). 10. Em juízo tópico, o Plenário entendeu que os requisitos do devido processo legal estavam presentes, tendo em vista a notícia superveniente de nomeação de novos ministros para a Corte Suprema de Justiça da Bolívia e que deveriam ser reconhecidos os esforços de consolidação do estado democrático de direito naquele país.

Tráfico de entorpecentes e associação delituosa e confabulação. Crimes tipificados nos artigos 48 e 53 da Lei n. 1.008, do Regime de Coca e Substâncias Controladas. Correspondência com os delitos tipificados nos artigos 33 e 35 da Lei brasileira n. 11.343/2006.

Negativa de autoria. Matéria insuscetível de exame no processo de extradição, sob pena de indevida incursão em matéria da competência do País requerente.

Competência da Justiça brasileira para o julgamento do crime de associação. Improcedência, face à circunstância de o crime ter sido praticado no País requerente.

Falta de autenticação de documentos que instruem o pedido de extradição. A apresentação do pedido por via diplomática constitui prova suficiente da autenticidade.

Pedido de extradição devidamente instruído com: (i) a ordem de prisão emanada do País requerente, (ii) a exposição dos fatos delituosos, (iii) a data e o lugar em que praticados, (iv) a comprovação da identidade do extraditando e (v) os textos legais relativos aos crimes e aos prazos prescricionais.

VOTO-VISTA

Trata-se de pedido de extradição, formulado pelo Governo da Bolívia, do nacional boliviano JOHN AXEL RIVERO ANTERO, com base no tratado firmado entre o Brasil e aquele Governo, promulgado pelo Decreto n. 9.920, de 8 de julho de 1942.

O extraditando foi acusado pela prática de delitos de confabulação e associação delituosa e tráfico de substâncias controladas (cocaína), tipificados nos arts. 48 e 53 da Lei boliviana n. 1008/1988.

Em sessão plenária de 31 de maio de 2007, o Ministro Eros Grau, relator desta Extradição, votou pelo seu deferimento.

Não obstante as percucientes considerações trazidas pelo Ministro Eros Grau, que entendeu encontrar-se o pedido de extradição devidamente instruído, pedi vista dos autos por ter entendido necessário fossem tecidas algumas considerações sobre os acontecimentos que se verificavam na Bolívia naquela oportunidade, que, ao menos em tese, poderiam ensejar o indeferimento do presente pleito.

Segundo informações veiculadas na mídia, o Presidente Evo Morales nomeou, em dezembro de 2006, quatro juízes para a Corte Suprema de Justiça da Bolívia e, em 9 de maio de 2007, decidira a Corte Constitucional suspender a nomeação dos referidos juízes, por considerar que os juízes eram interinos e que o período a que tinham direito a exercer o cargo de juiz da Corte Suprema já havia expirado (www.reporterdiario.com.br).

O § 16 do artigo 96 da Constituição boliviana faculta ao Presidente da República nomear, interinamente, no caso de renúncia ou morte, os empregados eleitos por outro Poder, quando este se encontre em recesso. Ainda, lei boliviana, de 2.10.1991, estabelece que as nomeações interinas por parte do Executivo têm efeito somente por um período de 3 meses, após o qual a nomeação perderá efeito.

Estado de Direito e Jurisdição Constitucional – Decisões relevantes em 15 anos de atuação no STF

A pedido do Presidente Morales, o Congresso boliviano instaurou uma CPI para apurar a suspensão das nomeações e, em 29 de maio de 2007, a polícia legislativa do referido Congresso expediu ordem de prisão contra alguns membros da Corte, por terem se recusado a prestar depoimento à referida CPI. Em 30 de maio de 2007 um dos juízes da Corte (Juan González) renunciou ao seu mandato, em protesto aos atos do Presidente Morales[2].

Em 5 de junho de 2007, 900 juízes e magistrados do Poder Judiciário da Bolívia entraram em greve nacional, por 24 horas, em protesto contra a interferência do Presidente Morales no Judiciário, e contra o que consideram "permanentes ataques do presidente do país, Evo Morales, à magistratura"[3].

Assim, ao participar do julgamento no Plenário, naquela assentada de 31 de maio de 2007, de pedido de extradição por parte do Governo da Bolívia, considerei a relevância de levar à discussão desta Corte a capacidade de o Estado requerente assegurar ao extraditando, diante os fatos narrados, seus direitos fundamentais básicos.

Isso por considerar essencial que, nas decisões concessivas de extradição, sejam mantidos e observados os parâmetros do devido processo legal, do estado de direito e dos direitos humanos, fundamentalmente.

A doutrina alemã cunhou a expressão *"Justizgrundrechte"* para se referir a um elenco de proteções constantes da Constituição, que tem por escopo proteger o indivíduo no contexto do processo judicial. Sabe-se que a expressão é imperfeita, uma vez que muitos desses direitos transcendem a esfera propriamente judicial.

À falta de outra denominação genérica, também nós optamos por adotar designação assemelhada – direitos fundamentais de caráter judicial e garantias constitucionais no processo –, embora conscientes de que se cuida de uma denominação que também peca por imprecisão.

A Constituição Federal de 1988 atribuiu significado ímpar aos direitos individuais, ao consagrar um expressivo elenco de direitos destinados à defesa da posição jurídica perante a Administração ou perante os órgãos jurisdicionais em geral, como se pode depreender da leitura do disposto no art. 5º, incisos XXXIV, XXXV e XXXVII a LXXIV. Da mesma forma, refira-se aos incisos LXXVI e LXVIII do art. 5º.

Já a colocação do catálogo dos direitos fundamentais no início do texto constitucional denota a intenção do constituinte de emprestar-lhes significado especial. A amplitude conferida ao texto, que se desdobra em setenta e oito incisos e quatro parágrafos (CF, art. 5º), reforça a impressão sobre a posição de destaque que o constituinte quis outorgar a esses direitos.

A ideia de que os direitos e garantias fundamentais devem ter eficácia imediata (CF, art. 5º, § 1º) ressalta, também, a vinculação direta dos órgãos estatais a esses direitos e o seu dever de guardar-lhes estrita observância.

O constituinte reconheceu, ainda, que os direitos fundamentais são elementos integrantes da *identidade* e da *continuidade* da Constituição, considerando, por isso, ilegítima qualquer reforma constitucional tendente a suprimi-los (art. 60, § 4º). A complexidade do sistema de direitos fundamentais recomenda, por conseguinte, que se envidem esforços no sentido de precisar os elementos essenciais dessa categoria de direitos, em especial no que concerne à identificação dos âmbitos de proteção e à imposição de restrições ou limitações legais.

E no que se refere aos direitos de caráter penal, processual e processual-penal, talvez não haja qualquer exagero na constatação de que esses direitos cumprem um papel fundamental na concretização do moderno Estado democrático de direito.

---

[2] Revista Consultor Jurídico de 31.5.2007 em http://conjur.estadao.com.br e www.spanish.xinhuanet.com, notícia veiculada em 24.5.2007.

[3] www.reporterdiario.com.br.

Como observa Martin Kriele, o Estado territorial moderno arrosta um dilema quase insolúvel: de um lado, há de ser mais poderoso que todas as demais forças sociais do país – por exemplo, empresas e sindicatos –, por outro, deve outorgar proteção segura ao mais fraco: à oposição, aos artistas, aos intelectuais, às minorias étnicas[4].

O estado absolutista e os modelos construídos segundo esse sistema (ditaduras militares, estados fascistas, os sistemas do chamado "centralismo democrático") não se mostram aptos a resolver essa questão.

Segundo ressalta Kriele:

"(...) A Inglaterra garantiu os direitos humanos sem necessidade de uma constituição escrita. Por outro lado, um catálogo constitucional de direitos fundamentais é perfeitamente compatível com o absolutismo, com a ditadura e com o totalitarismo. Assim, por exemplo, o art. 127 da Constituição soviética de 1936 garante a 'inviolabilidade da pessoa'. Isso não impediu que o terror stalinista tivesse alcançado em 1937 seu ponto culminante. A constituição não pode impedir o terror, quando está subordinada ao princípio de soberania, em vez de garantir as condições institucionais da *rule of law*. O mencionado artigo da Constituição da União Soviética diz, mas adiante, que 'a detenção requer o consentimento do fiscal do Estado'. Esta fórmula não é uma cláusula de defesa, mas tão somente uma autorização ao fiscal do Estado para proceder à detenção. Os fiscais foram nomeados conforme o critério político e realizaram ajustes ao princípio da oportunidade política, e, para maior legitimidade, estavam obrigados a respeitar as instruções. Todos os aspectos do princípio de *habeas corpus* ficaram de lado, tais como as condições legais estritas para a procedência da detenção, a competência decisória de juízes legais independentes, o direito ao interrogatório por parte do juiz dentro de prazo razoável, etc. Nestas condições, a proclamação da 'inviolabilidade da pessoa' não tinha nenhuma importância prática. Os direitos humanos aparentes não constituem uma defesa contra o Arquipélago Gulag; ao contrário, servem para uma legitimação velada do princípio da soberania: o Estado tem o total poder de disposição sobre os homens, mas isto em nome dos direitos humanos[5]."

A solução do dilema – diz Kriele – consiste no fato de que o Estado incorpora, em certo sentido, a defesa dos direitos humanos em seu próprio poder, ao definir-se o poder do Estado como o poder defensor dos direitos humanos. Todavia, adverte Kriele, "sem *divisão de poderes* e em especial sem *independência judicial* isto não passará de uma declaração de intenções". É que, explicita Kriele, "*os direitos humanos somente podem ser realizados quando limitam o poder do Estado, quando o poder estatal está baseado em uma ordem jurídica que inclui a defesa dos direitos humanos*"[6].

Nessa linha ainda expressiva a conclusão de Kriele:

"Os direitos humanos estabelecem condições e limites àqueles que têm competência de criar e modificar o direito e negam o poder de violar o direito. Certamente, todos os direitos não podem fazer nada contra um poder fático, a *potestas desnuda*, como tampouco nada pode fazer a moral face ao cinismo. Os direitos somente têm efeito frente a outros direitos, os direitos humanos somente em face a um poder jurídico, isto é, em face a competências cuja origem jurídica e cujo *status* jurídico seja respeitado pelo titular da competência.

Esta é a razão profunda por que os direitos humanos somente podem funcionar em um Estado constitucional. *Para a eficácia dos direitos humanos a independência judicial é mais importante do que o catálogo de direitos fundamentais contidos na Constituição* (g.n)"[7].

Essa expansão normativa das garantias constitucionais processuais, penais e processuais-penais não é um fenômeno brasileiro.

---

4 Cf. KRIELE, Martín. *Introducción a la Teoría del Estado – Fundamentos Históricos de la Legitimidad del Estado Constitucional Democrático*. Trad. de Eugênio Bulygin. Buenos Aires: Depalma, 1980, p. 149-150.
5 KRIELE, Martín. *Introducción a la Teoría del Estado*, cit., p. 160-161.
6 KRIELE, Martín. *Introducción a la Teoría del Estado*, cit., p. 150.
7 KRIELE, Martín. *Introducción a la Teoría del Estado*, cit., p. 159-160.

A adoção da Convenção Europeia de Direitos Humanos por muitos países fez com que se desse uma expansão singular dos direitos e garantias nela contemplados no âmbito europeu. Mediante uma interpretação dos direitos fundamentais previstos na Constituição em conformidade com as disposições da Convenção Europeia tem-se hoje uma efetiva ampliação do significado dos direitos fundamentais previstos na Constituição ou quase uma ampliação dos direitos positivados na Constituição. Tendo em vista a práxis dominante na Alemanha, observa Werner Beulke que tal orientação culmina por conferir supremacia fática da Convenção Europeia em face do direito alemão[8].

Alguns direitos relevantes reconhecidos na Convenção Europeia de Direitos Humanos:

– proibição de tortura (art. 3);

– direito à liberdade e à segurança, especialmente o direito de imediata apresentação do preso para aferição da legitimidade de eventual restrição à liberdade (art. 5, III);

– direito ao devido processo legal ('fair trial'), especialmente a um processo submetido ao postulado da celeridade (art. 6, I);

– direito à imediata informação sobre a forma (tipo penal) e a razão (fato) da acusação (art. 6, III a);

– direito à assistência gratuita de tradutor ou intérprete (art. 6, III e);

– direito à assistência jurídica (art. 6, III c);

– direito de inquirir ou de fazer inquirir as testemunhas de acusação (art. 6, III d);

– *nulla poena sine lege* (art. 7, I);

– abolição da pena de morte (Protocolos ns. 6 e 13)[9].

Tem-se, assim, em rápidas linhas, o significado que os direitos fundamentais e, especialmente os direitos fundamentais de caráter processual, assumem para a ordem constitucional como um todo.

Acentue-se que é a boa aplicação dos direitos fundamentais de caráter processual – aqui merece destaque a proteção judicial efetiva – que permite distinguir o Estado de Direito do Estado Policial!

Não se pode perder de vista que a boa aplicação dessas garantias configura elemento essencial de realização do princípio da dignidade humana na ordem jurídica. O Estado está vinculado ao dever de respeito e proteção do indivíduo contra exposição a ofensas ou humilhações e, como amplamente reconhecido, o princípio da dignidade da pessoa humana impede que o homem seja convertido em objeto dos processos estatais[10].

A propósito, em comentários ao art. 1º da Constituição alemã, afirma Günther Dürig que a submissão do homem a um processo judicial indefinido e sua degradação como objeto do processo estatal atenta contra o princípio da proteção judicial efetiva (*rechtliches Gehör*) e fere o princípio da dignidade humana [*"Eine Auslieferung des Menschen an ein staatliches Verfahren und eine Degradierung zum Objekt dieses Verfahrens wäre die **Verweigerung des rechtlichen Gehörs**."*][11].

Na mesma linha, entende Norberto Bobbio que a proteção dos cidadãos no âmbito dos processos estatais é justamente o que diferencia um regime democrático daquele de índole totalitária:

"A diferença fundamental entre as duas formas antitéticas de regime político, entre a democracia e a ditadura, está no fato de que somente num regime democrático as relações de mera força que subsistem, e não podem deixar de subsistir onde não existe Estado ou existe um Estado despótico fundado sobre o

---

[8] Cf. BEULKE, Werner. *Strafprozessrecht*. 8. ed. Heidelberg, 2005, p. 6; cf. ainda, sobre o tema, Palma, Maria Fernanda. *Direito Constitucional Penal*. Coimbra: Almedina, 2006; *Jornadas de Direito Processual Penal e Direitos Fundamentais*, coord. Maria Fernanda Palma, Coimbra: Almedina, 2004.

[9] Cf. BEULKE, Werner. *Strafprozessrecht*, cit., p. 6.

[10] Cf. MAUNZ-DÜRIG. *Grundgesetz Kommentar*. Band I. München: Verlag C. H. Beck, 1990, 11 18.

[11] MAUNZ-DÜRIG. *Grundgesetz Kommentar*. Band I. München: Verlag C. H. Beck, 1990, 11 18.

direito do mais forte, são transformadas em relações de direito, ou seja, em relações reguladas por normas gerais, certas e constantes, e, o que mais conta, preestabelecidas, de tal forma que não podem valer nunca retroativamente. A consequência principal dessa transformação é que nas relações entre cidadãos e Estado, ou entre cidadãos entre si, o direito de guerra fundado sobre a autotutela e sobre a máxima 'Tem razão quem vence' é substituído pelo direito de paz fundado sobre a heterotutela e sobre a máxima 'Vence quem tem razão'; e o direito público externo, que se rege pela supremacia da força, é substituído pelo direito público interno, inspirado no princípio da 'supremacia da lei' (*rule of law*)"[12].

Em verdade, tal como ensina o notável mestre italiano, a aplicação escorreita ou não dessas garantias é que permite avaliar a real observância dos elementos materiais do Estado de Direito. São elas que permitem distinguir civilização de barbárie.

Nesse sentido, forte nas lições de Claus Roxin, também compreendo que a diferença entre um Estado totalitário e um Estado (Democrático) de Direito reside na forma de regulação da ordem jurídica interna e na ênfase dada à eficácia do instrumento processual penal da prisão preventiva. Registrem-se as palavras do professor Roxin:

"(...) Entre as medidas que asseguram o procedimento penal, a prisão preventiva é a ingerência mais grave na liberdade individual; por outra parte, ela é indispensável em alguns casos para uma administração da justiça penal eficiente. A ordem interna de um Estado se revela no modo em que está regulada essa situação de conflito; os Estados totalitários, sob a antítese errônea Estado-cidadão, exagerarão facilmente a importância do interesse estatal na realização, o mais eficaz possível, do procedimento penal. Num Estado de Direito, por outro lado, a regulação dessa situação de conflito não é determinada através da antítese Estado-cidadão; o Estado mesmo está obrigado por ambos os fins: assegurar a ordem por meio da persecução penal e proteção da esfera de liberdade do cidadão. Com isso, o princípio constitucional da proporcionalidade exige restringir a medida e os limites da prisão preventiva ao estritamente necessário"[13].

Nessa linha, sustenta Roxin que o direito processual penal é o sismógrafo da Constituição, uma vez que nele reside a atualidade política da Carta Fundamental[14].

No caso concreto, há de se assegurar a aplicação do princípio do devido processo legal, que possui um âmbito de proteção alargado, e que exige o *fair trial* não apenas dentre aqueles que fazem parte da relação processual, ou que atuam diretamente no processo, mas de todo o aparato jurisdicional, o que abrange todos os sujeitos, instituições e órgãos, públicos e privados, que exercem, direta ou indiretamente, funções qualificadas, constitucionalmente, como essenciais à Justiça.

E no contexto da extradição o tema do juiz natural assume relevo inegável, uma vez que somente poderá ser deferida essa medida excepcional se o Estado requerente dispuser de condições para assegurar julgamento com base nos princípios básicos do Estado de Direito, garantindo que o extraditando não será submetido a qualquer jurisdição excepcional.

Referida preocupação já havia sido expressa no julgamento da Ext. n. 232/Cuba – segunda, Relator Min. Victor Nunes Leal, *DJ* 14.12.1962. Eis a ementa:

"1) A situação revolucionária de Cuba não oferece garantia para um julgamento imparcial do extraditando, nem para que se conceda a extradição com ressalva de se não aplicar a pena de morte. 2) Tradição liberal da América Latina na concessão de asilo por motivos políticos. 3) Falta de garantias considerada não somente pela formal supressão ou suspensão, mas também por efeito de fatores circunstanciais. 4) A concessão do asilo diplomático ou territorial não impede, só por si, a extradição, cuja procedência é apreciada pelo Supremo Tribunal, e não pelo governo. 5) Conceituação de crime político proposta pela Comissão Jurídica Interamericana, do Rio de Janeiro, por incumbência da IV Reunião do Conselho Interamericano de Jurisconsultos (Santiago do Chile, 1949), excluindo 'atos de

---

12 BOBBIO, Norberto. *As Ideologias e o Poder em Crise*, p. 97-98.
13 ROXIN, Claus. *Derecho Procesal Penal*. Buenos Aires: Editores del Puerto, 2000, p. 258.
14 Cf.ROXIN, Claus. *Derecho Procesal Penal*, cit., p. 10.

708 Estado de Direito e Jurisdição Constitucional – Decisões relevantes em 15 anos de atuação no STF

barbaria ou vandalismo proibidos pelas leis de guerra'; ainda que 'executados durante uma guerra civil, por uma ou outra das partes.'"

Também no julgamento da Ext. n. 347/Itália, Relator Min. Djaci Falcão, *DJ* 9.6.1978, discutiu-se a questão da existência de juízo de exceção e a impossibilidade de concessão de pedido extradicional, como indica a ementa, na parte em que interessa:

"(...) III – Alegação da existência de juízo de exceção. A Corte Constitucional criada pela Constituição Italiana de 1947 situa-se como órgão jurisdicional. A sua composição, o processo de recrutamento dos seus membros, as incompatibilidades e os limites de eficácia das suas decisões encontram-se legitimamente definidos na Legislação da Itália. Órgão jurisdicional preconstituído e que atende aos princípios fundamentais do estado de direito. A ninguém é dado negar a eficácia suprema da Constituição. Competência da Corte Constitucional, em relação ao extraditando, por força da conexão. Aplicação da Súmula 421. Satisfeitas as condições essenciais à concessão da extradição, impõe-se o seu deferimento. Decisão tomada por maioria de votos."

Em seu voto, ressaltou o relator, o Ministro Djaci Falcão:

"(...) É sabido que a nossa Constituição não admite foro privilegiado, que se apresenta como favor de caráter pessoal, e, bem assim, tribunal de exceção, para o julgamento de 'um caso, ou para alguns casos determinados, porque, então, estaria instituído o que se quer proibir: o juiz *ad hoc*', como acentua o douto Pontes de Miranda (Comentários à Constituição de 1967, com a Emenda n. 1, de 1969, tomo V, 2. edição, pág. 238)."

Na mesma assentada, afirmou o Ministro Moreira Alves:

"Ninguém discute que cabe a esta Corte fixar o sentido, e, portanto, o alcance, do que vem a ser Tribunal ou juízo de exceção; para verificar se nele se enquadra o Tribunal ou juízo estrangeiro a cujo julgamento será submetido o extraditando.

É tradicional em nossas Constituições – o princípio somente não constou da de 1937 – o repúdio ao foro privilegiado e aos tribunais ou juízos de exceção. Interpretando essa vedação constitucional, constitucionalistas do porte de CARLOS MAXIMILIANO (...) se valem dos princípios que se fixaram na doutrina alemã na interpretação do artigo 105 da Constituição de Weimar, reproduzido, como acentua MAXIMILIANO (...), quase literalmente pelo artigo 141, § 26, da Constituição brasileira de 1946, cujas expressões foram repetidas na parte final do § 15 do artigo 153 da Emenda Constitucional n. 1/69."

Sobre a necessidade do respeito aos direitos fundamentais do estrangeiro, muito bem salientou o Ministro Celso de Mello no julgamento da Extradição n. 897/República Tcheca (*DJ* 23.9.2004), cujo excerto da ementa transcrevo a seguir:

"(...) **EXTRADIÇÃO E RESPEITO AOS DIREITOS HUMANOS: PARADIGMA ÉTICO-JURÍDICO CUJA OBSERVÂNCIA CONDICIONA O DEFERIMENTO DO PEDIDO EXTRADICIONAL.**

– A **essencialidade** da cooperação internacional na repressão penal aos delitos comuns **não exonera** o Estado brasileiro – e, **em particular**, o Supremo Tribunal Federal – **de velar pelo respeito aos direitos fundamentais** do súdito estrangeiro que venha a sofrer, em **nosso** País, processo extradicional instaurado por iniciativa de **qualquer** Estado estrangeiro. O extraditando **assume**, no processo extradicional, a condição indisponível de **sujeito de direitos**, cuja intangibilidade **há de ser preservada** pelo Estado a que foi dirigido o pedido de extradição (o **Brasil**, no caso).

– O Supremo Tribunal Federal **não deve autorizar** a extradição, **se se demonstrar** que o ordenamento jurídico do Estado estrangeiro que a requer **não se revela capaz de assegurar**, aos réus, em juízo criminal, **os direitos básicos** que resultam do postulado do *"due process of law"* (**RTJ** 134/56-58 – **RTJ** 177/485-488), **notadamente** as prerrogativas inerentes à **garantia** da ampla defesa, à **garantia** do contraditório, à **igualdade** entre as partes perante o juiz natural e à **garantia** de imparcialidade do magistrado processante. **Demonstração**, no caso, de que o regime político que informa as instituições do Estado requerente **reveste-se** de caráter democrático, **assegurador** das liberdades públicas fundamentais."

Garantias constitucionais do extraditando 709

No mesmo sentido, a ementa da Extradição n. 633/ República Popular da China (*DJ* 6.4.2001), também da relatoria do Ministro Celso de Mello, na parte em que interessa:

"(...) O fato de o estrangeiro ostentar a condição jurídica de extraditando **não basta** para reduzi-lo a um estado de submissão incompatível com a essencial dignidade que lhe é inerente como pessoa humana e que lhe confere a titularidade de direitos fundamentais inalienáveis, dentre os quais avulta, por sua insuperável importância, a garantia do *due process of law*.

Em tema de direito extradicional, o Supremo Tribunal Federal **não pode e nem deve** revelar indiferença diante de transgressões ao regime das garantias processuais fundamentais. É que o Estado brasileiro – que deve obediência irrestrita à própria Constituição que lhe rege a vida institucional – **assumiu**, nos termos desse mesmo estatuto político, o **gravíssimo** dever de **sempre** conferir prevalência aos direitos humanos (**art. 4º, II**).

EXTRADIÇÃO E *DUE PROCESS OF LAW*.

(...) A possibilidade de ocorrer a privação, em juízo penal, do *due process of law*, nos múltiplos contornos em que se desenvolve esse princípio assegurador dos direitos e da própria liberdade do acusado – **garantia** de ampla defesa, **garantia** do contraditório, **igualdade** entre as partes perante o juiz natural e **garantia** de imparcialidade do magistrado processante – **impede** o válido deferimento do pedido extradicional (*RTJ* **134/56-58**, Rel. Min. CELSO DE MELLO).

O Supremo Tribunal Federal **não deve** deferir o pedido de extradição, se o ordenamento jurídico do Estado requerente **não se revelar capaz** de assegurar, aos réus, em juízo criminal, a **garantia plena** de um julgamento imparcial, justo, regular e independente.

A **incapacidade** de o Estado requerente assegurar ao extraditando o direito ao *fair trial* atua como **causa impeditiva** do deferimento do pedido de extradição."

O voto do Ministro Francisco Rezek na mencionada Extradição n. 633/República Popular da China expressou, igualmente, semelhante preocupação:

"(...) Mas a esta altura dos acontecimentos, qualquer que fosse a intenção original, é possível ter segurança de que outra coisa não vai acontecer senão a administração de justiça criminal, no seu aspecto ordinário? Não a tenho. Se a tivesse até ontem, tê-la-ia perdido hoje.

É nossa a responsabilidade pelo extraditando e pela prevalência, no caso dele também, dos parâmetros maiores da Constituição brasileira e da lei que nos vincula."

Ainda sobre a mesma questão ressaltou o relator da Ext. n. 811/República do Peru, o Ministro Celso de Mello, em assentada de 04.09.2002 (*DJ* 28.02.2003):

"(...) O respeito aos direitos humanos deve constituir vetor interpretativo a orientar o Supremo Tribunal Federal nos processos de extradição passiva. Cabe advertir que o dever de cooperação internacional na repressão às infrações penais comuns não exime o Supremo Tribunal Federal de velar pela intangibilidade dos direitos básicos da pessoa humana, fazendo prevalecer, sempre, as prerrogativas fundamentais do extraditando, que ostenta a condição indisponível de sujeito de direitos, impedindo, desse modo, que o súdito estrangeiro venha a ser entregue a um Estado cujo ordenamento jurídico não se revele capaz de assegurar, aos réus, em juízo criminal, a garantia plena de um julgamento imparcial, justo, regular e independente (*fair trial*), com todas as prerrogativas inerentes à cláusula do *due process of law*."

No presente caso, no entanto, creio que a preocupação que tive, ao pedir vista dos autos, em 31 de maio de 2007, parece não ter mais lugar.

Conforme informações recebidas do Ministério das Relações Exteriores, em 27 de julho de 2007, foram empossados, no último dia 24 de julho, quatro novos ministros na Corte Suprema de Justiça da Bolívia (Teófilo Tarquino, Angel Irusta, Roberto Suárez e José Luis Baptista), resultado de um acordo travado entre as principais forças políticas naquele país (Podemos, MAS, UN e MNR).

Os referidos ministros, durante a solenidade de posse, afirmaram que atuarão "com absoluta imparcialidade, porque nenhum de nós se sente comprometido com partido político algum, nem da situação nem da oposição." Solicitaram uma majoração no orçamento do Poder Judiciário

Estado de Direito e Jurisdição Constitucional – Decisões relevantes em 15 anos de atuação no STF

para que vários desafios fossem cumpridos e mencionaram, ainda, a "unidade" de trabalho e a necessidade de superar as "asperezas" existentes entre as instituições de poder do Estado (http://www.nu.org.bo/webportal/News, em 25.07.2007).

Diante o exposto, e em reconhecimento aos esforços que vêm sendo desenvolvidos no processo de consolidação do Estado Democrático de Direito no país requerente, acompanho o voto do Ministro Eros Grau para deferir a presente extradição, na certeza de que ao extraditando será assegurado o pleno cumprimento dos direitos fundamentais a que faz jus.

Ressalto, no entanto, meu entendimento de que esta Corte deverá adotar orientação estrita no que concerne à concessão de qualquer pleito extradicional, quando houver, no país requerente, ameaça de violação aos direitos fundamentais do extraditando, especialmente a falta de garantia de um julgamento que observe rigorosamente os parâmetros do devido processo legal (Cf. Ext. n. 232/Cuba-segunda, Relator Min. Victor Nunes Leal, *DJ* 14.12.1962; Ext. 347/Itália, Rel. Min. Djaci Falcão, *DJ* 9.6.1978; Ext. 524/Paraguai, Rel. Min. Celso de Mello, *DJ* 8.3.1991; Ext. 633/República Popular da China, Rel. Min. Celso de Mello, *DJ* 6.4.2001; Ext. 811/Peru, Rel. Min. Celso de Mello, *DJ* 28.2.2003; Ext. 897/República Tcheca, Rel. Min. Celso de Mello, *DJ* 23.09.2004; Ext. 953/Alemanha, Rel. Min. Celso de Mello, *DJ* 11.11.2005; Ext. 977/Portugal, Rel. Min. Celso de Mello, *DJ* 18.11.2005; Ext. 1008/Colômbia, Rel. Min. Gilmar Mendes, *DJ* 11.05.2006; Ext. 1067/Alemanha, Rel. Min. Marco Aurélio, *DJ* 01.06.2007).

É como voto.

EXT 1.362[1]

Extradição requerida pela República Argentina – Delitos qualificados pelo estado requerente como de lesa-humanidade – Prescrição da pretensão punitiva sob a perspectiva da lei penal brasileira – Não atendimento ao requisito da dupla punibilidade (art. 77, VI, da Lei 6.815/1980 e art. iii, c, do Tratado de Extradição) – Indeferimento do pedido.

Conforme pacífica jurisprudência do Supremo Tribunal Federal, "*a satisfação da exigência concernente à dupla punibilidade constitui requisito essencial ao deferimento do pedido extradicional*" (Ext 683, Relator(a): Min. Celso de Mello, Tribunal Pleno, *DJe* de 21.11.2008). Nessa linha, tanto o Estatuto do Estrangeiro (art. 77, VI) quanto o próprio tratado de extradição firmado entre o Brasil e o Estado requerente (art. III, *c*) vedam categoricamente a extradição quando extinta a punibilidade pela prescrição, à luz do ordenamento jurídico brasileiro ou do Estado requerente.

O Estado requerente imputa ao extraditando a prática de delito equivalente ao de associação criminosa (art. 288 do Código Penal), durante os anos de 1973 a 1975, e, no ano de 1974, de crimes equivalentes aos de sequestro qualificado (art. 148, § 2º, do Código Penal) e de homicídio qualificado (art. 121, § 2º, do Código Penal). Evidentemente, todos esses delitos encontram-se prescritos, porquanto, desde sua consumação, transcorreu tempo muito superior ao prazo prescricional máximo previsto no Código Penal, equivalente a 20 (vinte) anos (art. 109, I). Não consta dos autos, ademais, que se tenha configurado qualquer das causas interruptivas da prescrição.

A circunstância de o Estado requerente ter qualificado os delitos imputados ao extraditando como de lesa-humanidade não afasta a sua prescrição, porquanto (a) o Brasil não subscreveu a Convenção sobre a Imprescritibilidade dos Crimes de Guerra e dos Crimes contra a Humanidade, nem aderiu a ela; e (b) apenas lei interna pode dispor sobre prescritibilidade ou imprescritibilidade da pretensão estatal de punir (cf. ADPF 153, Relator(a): Min. Eros Grau, voto do Min. Celso de Mello, Tribunal Pleno, *DJe* de 6.8.2010).

O indeferimento da extradição com base nesses fundamentos não ofende o art. 27 da Convenção de Viena sobre o Direito dos Tratados (Decreto 7.030/2009), uma vez que não se trata, no presente caso, de invocação de limitações de direito interno para justificar o inadimplemento do tratado de extradição firmado entre o Brasil e a Argentina, mas sim de simples incidência de limitação veiculada pelo próprio tratado, o qual veda a concessão da extradição "*quando a ação ou a pena já estiver prescrita, segundo as leis do Estado requerente ou requerido*" (art. III, *c*).

A decisão recebeu a seguinte ementa:

EMENTA: EXTRADIÇÃO REQUERIDA PELA REPÚBLICA ARGENTINA. DELITOS QUALIFICADOS PELO ESTADO REQUERENTE COMO DE LESA-HUMANIDADE. PRESCRIÇÃO DA PRETENSÃO PUNITIVA SOB A PERSPECTIVA DA LEI PENAL BRASILEIRA. NÃO ATENDIMENTO AO REQUISITO DA DUPLA PUNIBILIDADE (ART. 77, VI, DA LEI 6.815/1980 E ART. III, C, DO TRATADO DE EXTRADIÇÃO). INDEFERIMENTO DO PEDIDO. 1. Conforme pacífica jurisprudência do Supremo Tribunal Federal, "a satisfação da exigência concernente à dupla punibilidade constitui requisito essencial ao deferimento do pedido extradicional" (Ext 683,

---

[1] Acordam os Ministros do Supremo Tribunal Federal, em Sessão Plenária, por maioria, em indeferir o pedido de extradição. Determinada a expedição de alvará de soltura em favor do extraditando, se não estiver preso (*DJ* de 5.9.2017).

Relator(a): Min. CELSO DE MELLO, Tribunal Pleno, DJe de 21.11.2008). Nessa linha, tanto o Estatuto do Estrangeiro (art. 77, VI), quanto o próprio tratado de extradição firmado entre o Brasil e o Estado requerente (art. III, c), vedam categoricamente a extradição quando extinta a punibilidade pela prescrição, à luz do ordenamento jurídico brasileiro ou do Estado requerente. 2. O Estado requerente imputa ao extraditando a prática de delito equivalente ao de associação criminosa (art. 288 do Código Penal), durante os anos de 1973 a 1975, e, no ano de 1974, de crimes equivalentes aos de sequestro qualificado (art. 148, § 2º, do Código Penal) e de homicídio qualificado (art. 121, § 2º, do Código Penal). Evidentemente, todos esses delitos encontram-se prescritos, porquanto, desde sua consumação, transcorreu tempo muito superior ao prazo prescricional máximo previsto no Código Penal, equivalente a 20 (vinte) anos (art. 109, I). Não consta dos autos, ademais, que se tenha configurado qualquer das causas interruptivas da prescrição. 3. A circunstância de o Estado requerente ter qualificado os delitos imputados ao extraditando como de lesa-humanidade não afasta a sua prescrição, porquanto (a) o Brasil não subscreveu a Convenção sobre a Imprescritibilidade dos Crimes de Guerra e dos Crimes contra a Humanidade, nem aderiu a ela; e (b) apenas lei interna pode dispor sobre prescritibilidade ou imprescritibilidade da pretensão estatal de punir (cf. ADPF 153, Relator(a): Min. EROS GRAU, voto do Min. CELSO DE MELLO, Tribunal Pleno, DJe de 6.8.2010). 4. O indeferimento da extradição com base nesses fundamentos não ofende o art. 27 da Convenção de Viena sobre o Direito dos Tratados (Decreto 7.030/2009), uma vez que não se trata, no presente caso, de invocação de limitações de direito interno para justificar o inadimplemento do tratado de extradição firmado entre o Brasil e a Argentina, mas sim de simples incidência de limitação veiculada pelo próprio tratado, o qual veda a concessão da extradição "quando a ação ou a pena já estiver prescrita, segundo as leis do Estado requerente ou requerido" (art. III, c). 5. Pedido de extradição indeferido.

VOTO

Esta extradição é postulada por crimes que remontam à década de 1970. O ponto de controvérsia é a superação da prescrição da pretensão punitiva.

Após os votos dos Ministros Edson Fachin e Roberto Barroso, concedendo a extradição, o Min. Teori Zavascki votou pela rejeição, invocando a prescrição da pretensão punitiva, de acordo com nosso Direito.

O Relator sustentou que a *"qualificação de crime de lesa-humanidade atribuída pela legislação alienígena é consentânea com o direito internacional naquilo em que também vincula o Estado brasileiro".*

Tenho que a qualificação de crime contra a humanidade dada pelo Estado requerente não vincula o Brasil. O Direito interno confere ao Poder Judiciário o dever de avaliar a legalidade do pedido – art. 102, I, "g", da CF. A dupla tipicidade e a dupla punibilidade são os marcos jurídicos fundamentais dessa avaliação.

Ressalto que os instrumentos convencionais que regem a extradição – o Tratado de Extradição entre o Brasil e a Argentina (Decreto 62.979/68) e o Acordo de Extradição entre os Estados Partes do Mercosul (Decreto 4.975/04) – fazem justamente referência ao direito interno dos países requerente e requerido, para verificação da presença da dupla tipicidade e da dupla punibilidade – respectivamente, artigo III, "c", e artigo 9.

É praxe do Direito Internacional que o Estado, sob cuja jurisdição está a pessoa, tenha a prerrogativa de avaliação de enquadramento. Isso é reconhecido de forma clara, por exemplo, na Convenção sobre o Terrorismo, de 1971, que, ao tratar da extradição, afirma que *"em todos os casos compete exclusivamente ao Estado sob cuja jurisdição ou proteção se encontrarem tais pessoas qualificar a natureza dos atos e determinar se lhes são aplicáveis as normas desta Convenção"* – artigo 3º.

Fora isso, tratados bilaterais e multilaterais de extradição fazem referência à dupla tipicidade e à dupla punibilidade.

Ou seja, ao verificarmos, com profundidade, os parâmetros jurídicos, para avaliar se houve prescrição, não estamos descumprindo regra de Direito Internacional. É ela própria que nos remete a essa avaliação do Direito interno. Não há conflito de normas.

A violação ao artigo 27 da Convenção de Viena sobre o Direito dos Tratados (Decreto 7.030/09) ocorreria se déssemos prevalência ao Direito interno, em caso de conflito aparente com o Tratado. Por exemplo, se o Brasil assinasse um tratado obrigando-se a extraditar nacionais, depois invocasse o art. 5º, LI, da CF, para recusar a entrega.

Em verdade, o país que recebe o pedido de extradição tem compromisso com os direitos do extraditando. Acima de tudo, não pode expô-lo a riscos concretos, em relação a direitos humanos ou fundamentais – princípio da não devolução. Nesse sentido, por exemplo, a Convenção Relativa ao Estatuto dos Refugiados – artigo 33 do Decreto 50.215/61.

É justamente por isso que o ordenamento jurídico brasileiro prevê uma fase judicial obrigatória na extradição passiva e a confia ao encargo de sua mais elevada Corte. A jurisprudência do STF é firme em jamais lavar as mãos na extradição, mesmo nos casos em que o extraditando esteja assente com o pedido – por exemplo, EXT 1.401, rel. Min. Celso de Mello, Segunda Turma, julgado em 8.3.2016.

Diferentemente, até de muitas constituições, a Constituição brasileira, no artigo 5º, não distingue entre brasileiros e estrangeiros, a não ser naqueles tópicos específicos, como direitos ligados à nacionalidade. Em alguns sistemas distinguem-se aqueles direitos de cidadania e aqueles que são chamados direitos humanos. Aqui, no artigo 5º, *in genere*, a Constituição contemplou a todos, brasileiros e estrangeiros, esses direitos. Inclusive, evidentemente, o princípio do *nullum crimen, nulla poena sine proevia lege*, que foi objeto já de discussão. Essa é uma garantia que se aplica, igualmente, a brasileiros e a estrangeiros. Nesse ponto, não se trata de adotar qualquer ideologia. Trata-se de aplicar o direito segundo boas regras de hermenêutica, independentemente de quem se trate, de quem esteja sendo alvo de eventual persecução penal. Já é clássico entre nós que o sistema será devidamente testado quando proteger as mais diversas pessoas.

O Min. Sepúlveda Pertence, sempre muito bem lembrado nesta Casa, não cansava de destacar uma fórmula de Frankfurter, que dizia que, em geral, as garantias penais e essas doutrinas no âmbito do Direito Penal, inclusive, desenvolvem-se muitas vezes em relação a pessoas que não são os tipos mais angelicais, porque tipos angelicais não são dados, em princípio, a cometerem crimes, delitos. A Miranda *rule*, por exemplo, desenvolve-se em relação a pessoas suspeitas da prática de crimes. E essas garantias, a despeito da gravidade dos crimes – e ninguém está falando que não se trata de algo grave –, têm de respeitar o devido processo legal e as regras básicas do estado de direito.

E aqui preside essa regra de ouro do *nullum crimen, nulla poena sine proevia lege*, que, entre nós, e não é de hoje, abrange inclusive a prescrição. Tanto é que, recentemente, essa questão voltou ao Plenário e reafirmou-se que a nova disciplina da prescrição não se aplica a fatos anteriores – HC 122.694, rel. Min. Dias Toffoli, Tribunal Pleno, julgado em 10.12.2014.

Esse compromisso com os direitos do extraditando é reconhecido, também, pela jurisprudência da Corte Interamericana de Direitos Humanos – caso Wong Ho Wing *vs.* Peru, sentença de 30 de junho de 2015 – e da Corte Europeia de Direitos Humanos – caso Trabelsi *v.* Bélgica, 140/10, sentença de 16.2.2015.

Ou seja, podemos e devemos verificar o enquadramento dado aos fatos pelo Direito argentino.

Avaliar o enquadramento dos fatos tem o potencial de nos colocar em colisão com a jurisprudência da Corte Interamericana de Direitos Humanos.

Há maciça jurisprudência da Corte Regional sobre crimes contra a humanidade. O caso mais representativo para este julgamento é o Almonacid Arellano y otros *vs.* Chile, sentença de

26 de setembro de 2006. Tratou-se de um assassinato praticado em 1973. A conclusão do julgamento foi que o nexo com guerra já era desnecessário nesse ponto da história – §§ 94-99.

Também, é importante o precedente tendo o Brasil como parte, que resultou em condenação – caso Gomes Lund *vs*. Brasil, sentença de 24 de novembro de 2010.

O Brasil comprometeu-se a cumprir as decisões da Corte nos casos em que for parte – artigo 68, 1, do Pacto de São José da Costa Rica.

Os precedentes, embora relevantes, não são ações idênticas em causa de pedir e pedido em relação à presente extradição, sendo apenas semelhantes.

Os precedentes têm força persuasiva, mas não vinculam a decisão no presente caso. O compromisso do país com o cumprimento das decisões da Corte Interamericana é limitado a casos na forma do Pacto.

Aliás, importante lembrar que em Gomes Lund tratou-se de desaparecimentos forçados. Para esses, o STF tem jurisprudência, em extradição, afastando a prescrição sem a localização da vítima.

A despeito das importantes considerações feitas naquele julgamento, e de precedentes que fizeram uma análise do tema, em particular o caso Almonacid, tenho que este Tribunal pode manter o debate numa perspectiva de diálogo entre as cortes.

Assim, mesmo que a extradição venha a ser negada, essa decisão não representará conflito de jurisdições.

A solução de eventual conflito não será simples, nem óbvia. Em outras jurisdições, esse problema foi encarado.

Na Europa, muito se discute sobre a possibilidade de incorporação, pela via do controle jurisdicional de convencionalidade, das decisões do Tribunal de Direitos Humanos, independentemente de intermediação do legislador.

Nicoletta Perlo afirma que *"as decisões da CEDH são a expressão de um órgão internacional e, por consequência, sua integração ao direito interno não é direta"*. (PERLO: 2015, p. 898: "la jurisprudence de la Cour EDH est l'expression d'un organe international et, par conséquence, son intégration en droit interne n'est pas direct").

Na Alemanha, há pelo menos dois precedentes relevantes sobre o tema.

Avaliando julgados do Tribunal de Justiça da Comunidade Europeia – não do Tribunal Europeu de Direitos Humanos –, o Tribunal Constitucional alemão afirmou que sua posição, como corte constitucional, não é de simples deferência.

Num primeiro caso, de 1974, conhecido por Solange I, a Corte alemã afirmou que os direitos fundamentais previstos na Lei Fundamental se sobrelevavam em relação aos direitos reconhecidos no plano transnacional (*BVerfGE* 37, 271 ff.).

Num segundo julgado, de 1986, esse posicionamento evoluiu, mas também evoluiu o Direito Comunitário, que passou a incorporar direitos fundamentais, inclusive, a reconhecer o catálogo de direitos da Convenção Europeia de Direitos Humanos. Ressalvou-se enquanto as instâncias supranacionais observarem o conteúdo essencial da Lei Fundamental Alemã, a Corte Constitucional deixaria de controlar decisões comunitárias. Essa decisão é conhecida por *Solange II – BVerfGE* 73, 339.

Em suma, nos dois casos, enfatiza-se a importância da interpretação adotada pela Corte nacional, a despeito dos avanços enormes que tivemos, especialmente no modelo europeu, no que diz respeito ao Direito supranacional.

Então, a mim, parece-me que também não devemos nos preocupar, porque a decisão tomada pela Corte Interamericana não nos vincula. Não há decisão específica sobre o caso à qual estaríamos obrigados a seguir.

Também, não me parece que se possa considerar *jus cogens* para o Brasil, na época dos fatos, a consideração sobre o crime contra a humanidade.

Nem vou discutir a questão do Tribunal de Nuremberg. Há muito debate sobre isso; a literatura é vastíssima nessa questão, porque se trata – vamos chamar assim para não falar de tribunal de exceção – de um tribunal especial, sob leis especiais. Um tribunal do vencedor sobre o vencido, com regras que são estabelecidas para julgar fatos anteriores. Não é desejável que isso se repita. Tanto é que o Tribunal Penal Internacional agora vem, exatamente, para que não se reedite Nuremberg, para que haja um tribunal, um juiz natural no plano internacional, porque, claro, Nuremberg não é bom paradigma em termos de estatalidade do Direito.

Então, a mim, me parece que esse dado é fundamental. A inclusão e o reconhecimento desses crimes contra a humanidade pelo Brasil dão-se e isso se internaliza no sistema, sem atingir fatos anteriores. Nem precisamos perscrutar, já se fez a análise de tantos casos em que o Tribunal indeferiu, por razões técnicas, razões semelhantes, a extradição, e para não falar em tantos outros em que, também, considerou que não era possível proceder-se à extradição, a despeito da gravidade do delito, fundado exatamente nesses dois elementos: a dupla tipicidade e a possibilidade de persecução do crime pelo Direito brasileiro.

Então, a mim, me parece, Presidente, que não há espaço para outras referências, com as vênias devidas aos votos já proferidos pelo Min. Edson Fachin, que nos trouxe um brilhante estudo; e pelos Ministros Roberto Barroso e Ricardo Lewandowski. O Tribunal tem jurisprudência consolidada que me parece não pode ser afastada.

Por outro lado, a premissa de que o crime contra a humanidade deveria afastar esses outros princípios por serem infraconstitucionais – a dupla tipicidade e a possibilidade de persecução, a não prescrição – levar-nos-ia a nos submeter à vontade do Estado estrangeiro, do Estado requerente, num papel de subalternidade que não é digno sequer das relações que temos nos planos internacionais.

A extradição tem de ser valorizada: há o dever, inclusive, no combate à criminalidade no plano internacional. Do contrário, países tornar-se-iam valhacoutos de criminosos. Mas a extradição há de fazer-se segundo os ditames e prescrições institucionais e legais. Então, a mim, me parece que ela tem de ser aplicada real e independentemente de casos e de *backgrounds* de caráter político-ideológico. Nenhuma dúvida em relação a isso.

Concordo com o Min. Roberto Barroso que, nesse ponto, não se pode fazer discriminação. Se se tratasse de um massacre na Argentina, ou em Cuba, ou na Alemanha Oriental, o tratamento haveria de ser o mesmo, inclusive no que diz respeito às regras do devido processo legal. É claro, talvez, tivéssemos dúvida em deferir extradição a Cuba ou à Alemanha Oriental, enquanto existente, porque, segundo nossos paradigmas, teríamos incerteza sobre a regência do estado de direito lá, que bloqueia a extradição. Veja, há uma velha jurisprudência do Supremo Tribunal Federal que diz que não devemos deferir extradição a países que não observam o devido processo legal e o estado de direito.

Ante o exposto, feitas essas considerações, acompanho a divergência inaugurada pelo Min. Teori Zavascki e voto pelo indeferimento da extradição, com as vênias do Relator.

HC 91.657[1]

Extradição – Insuficiência da instrução – Prisão – Ilegalidade – Revogação da prisão ante a necessidade de observância dos requisitos do art. 312 do Código de Processo Penal, sob pena de expor o extraditando à situação de desigualdade em relação aos nacionais que respondem a processos criminais no Brasil.

O argumento principal do presente *habeas corpus* é o constrangimento ilegal pelo qual estaria passando o paciente, em virtude da decretação de sua prisão preventiva para fins de extradição.

A defesa alega ilegalidade da prisão preventiva do paciente pelo fato de o pedido extradicional não estar suficientemente instruído. Requer seja declarada a nulidade da decisão que decretou a referida prisão do paciente, por não ter havido manifestação prévia por parte da Procuradoria-Geral da República. Aduz, ainda, a desnecessidade da prisão preventiva, considerando que a liberdade do paciente não ensejaria perigo para a instrução criminal promovida pelo Governo do Panamá.

O Governo do Panamá, nos autos da Extradição n. 1091, requereu a extradição instrutória do ora paciente, que foi acusado, pela "Fiscalía Primera Especializada en Delitos Relacionados com Drogas", Ministério Público do Panamá, pela suposta prática de crime contra a economia nacional e outros (lavagem de dinheiro e associação ilícita para delinquir em matéria de drogas).

Verifico, ainda, que o Governo do Panamá também encaminhou pedido de Cooperação Internacional do Ministério Público do Panamá para que o ora paciente fosse interrogado no Brasil, por estar sendo investigado, naquele País, por suposta prática de lavagem de dinheiro e associação para o tráfico internacional de entorpecentes. Referido pedido foi feito com amparo no art. 18 da Convenção das Nações Unidas contra o Crime Organizado Transnacional (Convenção de Palermo – Decreto 5.015/2004), pelo artigo 35 da Convenção Única sobre Entorpecentes – Nova York (Decreto 54.216/64) e pelo artigo 21 da Convenção de Viena sobre Substâncias Psicotrópicas (Decreto 79.388/77) e refere-se ao mesmo inquérito que foi objeto do pedido de extradição.

A solicitação de cooperação internacional foi distribuída à 2ª Vara Criminal Federal do Estado de São Paulo em 24.04.2007. (Apenso, cópia dos autos n. 2007.61.81.004267-4, fl. 90-199).

A defesa de FREDDY EUSÉBIO RINCÓN VALENCIA requereu, em 17 de maio de 2007, a revogação da prisão preventiva.

As alegações da defesa são as seguintes:

a) ilegalidade da prisão preventiva do paciente em face da instrução insuficiente do pedido de extradição;

b) nulidade da decisão que decretou a prisão do paciente por falta de manifestação prévia da Procuradoria-Geral da República; e

c) desnecessidade da prisão preventiva, considerando que a liberdade do paciente não ensejaria perigo para a instrução criminal desenvolvida pelo Governo do Panamá.

Com relação à alegação de ilegalidade da prisão preventiva do paciente em face da instrução insuficiente do pedido de extradição (item "a" acima), a defesa considerou:

> "[...] Ao se verificar atentamente os documentos que foram acostados ao pleito do Governo do Panamá, e encontram-se acostados às fls. 04/15 dos autos originais (ora reproduzido em sua íntegra nas cópias que acompanham o presente), com tradução às fls. 16/28, também daqueles autos, verifica-se que

---

[1] Em 13.9.2007, o Tribunal, por maioria, vencidos os Senhores Ministros Menezes Direito e Marco Aurélio, deferiu a ordem de *habeas corpus*, nos termos do voto do Relator, Min. Gilmar Mendes (*DJ* de 14.3.2008).

Garantias constitucionais do extraditando **717**

em nenhum momento, foram trazidos ao pedido, documentos – sequer cópias simples, autenticadas ou mesmo certidões – que comprovassem a existência ou de sentença condenatória, ou de auto de prisão em flagrante delito, ou de tentativa de fuga do ora paciente, e nem mesmo a existência de um mandado de prisão cautelar (preventiva, temporária, etc.) contra o mesmo" – (fl. 5).

Com relação à alegação de nulidade da decisão que decretou a prisão do paciente por falta de manifestação prévia da Procuradoria-Geral da República (item "b" acima), a impetração asseverou:

"[...] Não bastasse a falta de documento obrigatório e apto a comprovar a existência da alegada ordem de prisão preventiva em desfavor do ora paciente, conforme mencionado no item acima, é de se ressaltar também, I. Ministros, que, diferentemente do que entendeu a D. Autoridade Coatora em seu r. despacho que indeferiu a revogação da prisão preventiva para extradição, o feito que originou a interposição do presente 'mandamus', s.m.j., não tramitou de forma correta e como determina nossa legislação e principalmente a nossa Constituição Federal, uma vez que mesmo antes da decretação inicial da prisão preventiva do ora paciente, não fora aberta vista dos autos ao D. Procurador-Geral da República, que deve sempre atuar em todos os processos de competência dessa C. Corte (artigo 103, § 1º, da Constituição Federal), e especificamente também nos casos de pedido de extradição (artigo 212, do Regimento Interno do Supremo Tribunal Federal), seja como parte, ou no caso em análise, como 'custus legis'.

[...]

E como também não foram observados pela D. Autoridade Coatora tais dispositivos legais – principalmente o Constitucional –, que determinam a participação do Representante-Maior do Ministério Público Federal como fiscal da lei a ser aplicada, em todos os atos de competência dessa Corte, claro é que a r. decisão que determinou a prisão preventiva do ora paciente para fins de extradição e que indeferiu sua revogação, não pode produzir seus efeitos, visto que eivada de nulidade insanável, devendo, dessa forma, imediatamente ser expedido o competente alvará de soltura a favor do ora paciente.

Assim, claro fica que sua prisão preventiva para fins de extradição jamais poderia ter sido decretada e até mesmo cumprida, tratando-se de prisão cautelar totalmente nula, e que por tal motivo, deve ser liminarmente revogada por meio do presente writ, colocando-se o ora paciente em liberdade" – (fls. 9/10).

Com relação à alegação de desnecessidade da prisão preventiva, considerando que a liberdade do paciente não ensejaria perigo para a instrução criminal desenvolvida pelo Governo do Panamá (item "c" acima), a defesa do paciente afirmou:

"[...] o ora paciente foi detido pelos agentes policiais federais da Interpol em São Paulo, por volta das 6:30 horas da manhã, em sua residência, e no endereço que o mesmo sempre forneceu às autoridades policiais e judiciárias no Brasil, onde fora anteriormente cumprido o r. mandado de busca e apreensão e onde na ocasião estava dormindo, não tendo oferecido qualquer tipo de resistência, tendo, ainda, mesmo sem pedido da D. Autoridade Policial Federal da Interpol, espontaneamente, colocado seu passaporte à disposição daquela autoridade – que acabou por lavrar o respectivo auto de exibição/arrecadação e apreensão – demonstrando, assim, mais uma vez sua intenção de não fugir ou de se ausentar do Brasil, para responder aos chamados das autoridades nacionais ou estrangeiras.

Logo, pelos fatos acima narrados, e acontecidos nesse último ano, claro fica que o ora paciente nunca apresentou nenhum tipo de perigo para a instrução criminal desenvolvida pelo Governo do Panamá, de forma que não haveria motivo para que fosse decretada sua prisão preventiva para fins de extradição, como in casu acabou por ocorrer" – (fl. 12).

Por fim, a defesa pleiteou:

"[...] diante da coação ilegal a que está sendo sujeito o ora Paciente, outro não pode ser o entendimento de Vs. Exas., senão o de, após a concessão da liminar pleiteada, ao final, conceder definitivamente a ordem de habeas corpus a favor do mesmo, a fim de que seja revogada integralmente a indevida prisão preventiva para extradição imposta ao ora paciente, colocando-se o mesmo em liberdade e dessa forma fazendo com que ele possa, se o caso, responder ao processo em liberdade, bem como não tenha seu direito de defesa cerceado, até sua decisão final, tendo em vista as ilegalidades que foram cometidas contra o ora Paciente pelas Autoridades Panamenhas e s.m.j., equivocadamente, corroboradas pela D. Autoridade Coatora, fazendo com que ele retorne ao seu 'status libertatis' anterior e que lhe é constitucionalmente assegurado e consagrado" – (fl. 12).

O parecer do Ministério Público Federal (fls. 43-45), da lavra da Subprocuradora-Geral da República, Dra. Cláudia Sampaio Marques, é pela denegação da ordem.

A decisão que solucionou o *writ* foi nestes termos ementada:

EMENTA: Habeas corpus. *1. Pedido de revogação de prisão preventiva para extradição (PPE). 2. Alegações de ilegalidade da prisão em face da instrução insuficiente do pleito extradicional; nulidade da decisão que decretou a prisão do extraditando por falta de manifestação prévia da Procuradoria-Geral da República (PGR); e desnecessidade da prisão preventiva, sob o fundamento de que a liberdade do paciente não ensejaria perigo para a instrução criminal desenvolvida pelo Governo do Panamá. 3. Suposta insuficiência da instrução do pedido extradicional. Informações prestadas pelo Relator da Extradição n. 1091/Panamá indicam que o pleito está sendo processado regularmente. 4. Alegação de nulidade da decisão que decretou a prisão do paciente por falta de manifestação prévia da PGR. Providência estranha ao procedimento da PPE, pois não há exigência de prévia manifestação da PGR para a expedição do mandado de prisão. 5. Alegação de desnecessidade da PPE. A custódia subsiste há quase quatro meses e inexiste contra o paciente sentença de condenação nos autos do processo instaurado no Panamá. 6. PPE. Apesar de sua especificidade e da necessidade das devidas cautelas em caso de relaxamento ou concessão de liberdade provisória, é desproporcional o tratamento que vem sendo dado ao instituto. Necessidade de observância, também na PPE, dos requisitos do art. 312 do CPP, sob pena de expor o extraditando a situação de desigualdade em relação aos nacionais que respondem a processos criminais no Brasil. 7. A PPE deve ser analisada caso a caso, e a ela deve ser atribuído limite temporal, compatível com o princípio da proporcionalidade; e, ainda, que esteja em consonância com os valores supremos assegurados pelo Estado Constitucional, que com partilha com as demais entidades soberanas, em contextos internacionais e supranacionais, o dever de efetiva proteção dos direitos humanos. 8. O Pacto de San José da Costa Rica proclama a liberdade provisória como direito fundamental da pessoa humana (Art. 7º, 5). 9. A prisão é medida excepcional em nosso Estado de Direito e não pode ser utilizada como meio generalizado de limitação das liberdades dos cidadãos (Art. 5º, LXVI). Inexiste razão, tanto com base na CF/88, quanto nos tratados internacionais com relação ao respeito aos direitos humanos e a dignidade da pessoa humana, para que tal entendimento não seja também aplicado às PPE's. 10. Ordem deferida para que o paciente aguarde em liberdade o julgamento da Extradição n. 1091/Panamá. Precedentes: Ext. n. 1.008/Colômbia, Rel. DJ 17.8.2007; Ext 791/Portugal, Rel. Min. Celso de Mello, DJ de 23.10.2000; AC n. 70/RS, Rel. Min. Sepúlveda Pertence, DJ de 12.3.2004; Ext-QO. n. 1054/EUA, Rel. Min. Marco Aurélio, DJ de 14.9.2007.*

VOTO

No que se refere ao item "a", a saber, a suposta ilegalidade da prisão preventiva do paciente em face da instrução insuficiente do pedido de extradição, considero não assistir razão ao ora paciente, por entender, a partir das informações prestadas pelo relator da Extradição n. 1.091/Colômbia, o Ministro Ricardo Lewandowski, apontado como coator nestes autos de *habeas corpus*, que a instrução da extradição está sendo processada regularmente, de acordo com os ditames da Lei n. 6.815/80.

Sobre a questão, assim se manifestou a Subprocuradoria-Geral da República, em parecer de lavra da Dra. Cláudia Sampaio Marques:

1. " (...) 7. Segundo a jurisprudência pacífica desse Tribunal e consoante os termos do art. 84, da Lei n. 6.815/80, a prisão preventiva é pressuposto *indispensável* para o regular processamento do pedido de extradição, *verbis:*

"*HABEAS CORPUS. PRISÃO PREVENTIVA PARA EXTRADIÇÃO. CONDIÇÃO DE PROCEDIBILIDADE DO PLEITO EXTRADICIONAL. IMPROCEDÊNCIA DA ALEGAÇÃO DE QUE A ORDEM DE PRISÃO TERIA SIDO CASSADA PELO PAÍS REQUERENTE. VÍCIOS DE FORMA NO MANDADO DE PRISÃO. INSUBSISTÊNCIA, ANTE A FORMALIZAÇÃO DO PLEITO EXTRADICIONAL. 1. A prisão preventiva para extradição constitui requisito de procedibilidade do processo extradicional, que só terá seu curso regular se o extradi-*

tando estiver preso à disposição do Supremo Tribunal Federal. (...)" (HC 90070, Rel.: Min. Eros Grau, *DJ* 30/03/2007).

(grifados)

2. 8. Outrossim, quanto ao argumento de que não teriam sido trazidos aos autos documentos que comprovassem a existência ou de sentença condenatória ou de auto de prisão em flagrante ou de tentativa de fuga do paciente ou de mandado de prisão cautelar, conforme exige os arts. 80 e 82 da Lei n. 6.815/80, não assiste razão ao impetrante.

9. É reiterado o entendimento dessa Corte que o ordenamento jurídico brasileiro, no que concerne aos processos de extradição, não exige que a ordem de prisão tenha sido emanada, necessariamente, de autoridade estrangeira integrante do Poder Judiciário, bastando que se cuide de autoridade investida, nos termos da legislação do próprio Estado requerente, de atribuição para decretar a prisão (EXT 744, Rel. Min. Celso de Mello. *DJ* 18.2.2000; EXT 746, Rel. Min. Maurício Corrêa. *DJ* 6.8.1999; EXT 633, Rel. Min. Celso de Mello. *DJ* 6.4.2001).

3. 10. Ademais, o pedido de prisão preventiva para extradição foi encaminhado pelo meio diplomático, o que confere autenticidade e veracidade à toda documentação sob análise (art. 80, § 1º, do Estatuto do Estrangeiro), constando, dentre os documentos, a solicitação de detenção feita pelo Ministério Público panamenho à sua representação diplomática no Brasil (fls. 16/28 do Apenso).

4. 11. Pertinente esclarecer que não é suscetível de análise nesta via estreita do *Habeas Corpus* a existência ou não de legislação que outorgue competência ao Ministério Público panamenho para requerer a prisão preventiva, matéria esta que vem a se confundir com o próprio mérito da extradição. (Ext. 837, Rel. Min. Joaquim Barbosa, *DJ* 30.4.2004)." (fl. 44-45)

O item "b" refere-se à alegada nulidade da decisão que decretou a prisão preventiva do paciente, por falta de prévia manifestação da Procuradoria-Geral da República. Aqui também não vislumbro quaisquer irregularidades, como também afirmou o Ministro Lewandowski quando, em despacho de 22 de maio de 2007 indeferiu o pedido de revogação da prisão preventiva:

" (...) Melhor sorte não lhe assiste quanto ao argumento de que a ausência de manifestação da Procuradoria-Geral representa nulidade. É que o mencionado artigo do RISTF se refere ao prazo que é aberto à PGR, após o interrogatório do extraditando e ajuntada de sua defesa. Como se vê, trata-se de providência totalmente estranha ao procedimento de prisão preventiva." (fl.35)

Sobre o tema, opinou o *parquet*:

" (...) 12. Por fim, ao contrário do que afirma o impetrante, não há a exigência da manifestação prévia do Procurador-Geral da República para a expedição do mandado de prisão, isto porque, além de tratar-se de medida de caráter urgente, como dispõe a própria Lei n. 6.815/80, é consabido que, antes do cumprimento do mandado de prisão preventiva, sequer há que se falar em processo de extradição, sendo aquela prisão premissa da extradição (HC 82.261-QO, Rel. Min. Nelson Jobim. *DJ* 27.2.2004; EXT 579-QO, Rel. Min. Celso de Mello. *DJ* 10.9.1993), segundo estabelece o art. 208 do RISTF (Art. 208. Não terá andamento o pedido de extradição sem que o extraditando seja preso e colocado à disposição do Tribunal)." (fl. 45)

No que concerne ao item "c", entretanto, na parte em que a defesa do paciente alega a desnecessidade da prisão preventiva, sob o fundamento de que a liberdade do paciente não ensejaria perigo para a instrução criminal em curso pelo Governo do Panamá e para o processo de extradição, gostaria de tecer alguns comentários.

Há algum tempo venho expressando meu desejo, nesse Plenário, de que o tema da prisão preventiva para fins de extradição seja revisitado.

Vimos discutindo, por exemplo, a questão da demora no processo de extradição, por razões diversas (deficiência da instrução, realização de diligências) e a dificuldade de lidar – no atual Estado Democrático de Direito em que vivemos e a necessidade de que sejam respeitados os princípios fundamentais emanados da Carta de 1988 –, com o disposto no § único do art. 84 da Lei n. 6.815/80 ("A prisão perdurará até o julgamento final do Supremo Tribunal Federal, não sendo admitidas a liberdade vigiada, a prisão domiciliar, nem a prisão-albergue.") e a reiterada jurisprudência desta Casa, no sentido de que a prisão "deve perdurar até o julgamento final da causa, sendo sua razão a garantia da entrega do extraditando ao Estado requerente (Ext. 845, Rel. Min. Celso de Mello, em decisão monocrática, *DJ* 5/4/2006; Ext. 987, Rel. Min. Carlos Britto, em decisão monocrática, *DJ* 31/8/2005; HC 85.381/SC, Rel. Min. Carlos Britto, *DJ* 5/5/2006; HC 81.709/DF, Rel. Min. Ellen Gracie, *DJ* 31/5/2002, dentre outras)." (fl.34-35)

Em assentada no Plenário desta Corte sugeri que fizéssemos uma reflexão de **lege ferenda**, por entender injustificável o alargamento indefinido da custódia do extraditando (aparte no julgamento do HC n. 83.326, Red. para o acórdão Min. Sepúlveda Pertence, *DJ* 1.10.2004).

Na ocasião do julgamento do HC n. 83.326 discutíamos justamente a realização de diligências e a consequente prorrogação da custódia do extraditando. O fato de a jurisprudência desta Casa considerar que a prisão preventiva para fins de extradição não guarda relação com a prisão preventiva do Código de Processo Penal e, por consequência, haveria a desnecessidade de observância dos requisitos do art. 312 do CPP, acaba por expor o extraditando, por muitas vezes, a situação de clara desigualdade em relação aos nacionais que respondem a processos criminais no Brasil, regidos pelos códigos pátrios.

Sobre essa questão da demora no atendimento das diligências assim manifestou-se o Ministro Sepúlveda Pertence em aparte no julgamento do referido HC n. 83.326:

"(...) Esta forma de comunicação no processo de extradição é absolutamente medieval. Numa diligência desta é remetido um ofício ao Ministério da Justiça; do Ministério da Justiça ao Ministério das Relações Exteriores; o Ministério das Relações Exteriores, então, notifica a embaixada. Neste período, podem-se gastar 40 dias." (HC n. 83.326, Red. para o acórdão Min. Sepúlveda Pertence, *DJ* 1.10.2004).

Ao indeferir o pedido de revogação da prisão preventiva do ora paciente, o Ministro Lewandowski o fez a partir da jurisprudência reiterada desta Corte:

"(...) Bem examinados os argumentos, entendo que o decreto de prisão preventiva deve ser mantido. Os arts. 78 e 80 do Estatuto dos Estrangeiros estabelecem as condições para a concessão da extradição, ao passo que o art. 82 do mesmo diploma legal versa sobre a prisão preventiva, **não sendo razoável concluir que, para a medida cautelar, devam ser observados os requisitos da extradição propriamente dita**.

(...)

Esta Corte, ademais, fixou entendimento de que **a prisão preventiva para fins de extradição constitui requisito de procedibilidade do processo extradicional** (HC 90.070/GO, Rel. Min. Eros Grau, *DJ* 30.3.2007; Ext. 1059, Rel. Min. Carlos Britto, *DJ* 9.4.2007), não se fundamentando nos requisitos do art. 312 do Código de Processo Penal (Ext. 820, Rel. Min. Nelson Jobim, *DJ* 3.5.2002; HC 82.920/BA, Rel. Carlos Velloso, *DJ* 18.6.2003, dentre outros).

A custódia cautelar para fins extradicionais, como se sabe, deve perdurar até o julgamento final da causa, sendo sua razão a garantia da entrega do extraditando ao Estado requerente (Ext. 845, Rel. Min. Celso de Mello, em decisão monocrática, *DJ* 5.4.2006; Ext. 987, Rel. Min. Carlos Britto, em decisão monocrática, *DJ* 31.8.2005; HC 85.381/SC, Rel. Min. Carlos Britto, *DJ* 5.5.2006; HC 81.709/DF, Rel. Min. Ellen Gracie, *DJ* 31.5.2002, dentre outras)." (fl.34-35) [g.n.]

Diante o significado ímpar atribuído pela Constituição Federal de 1988 aos direitos individuais penso que se impõe a revisão deste entendimento.

Já a colocação do catálogo dos direitos fundamentais no início do texto constitucional denota a intenção do constituinte de emprestar-lhes significado especial. A amplitude conferida ao texto, que se desdobra em setenta e oito incisos e quatro parágrafos (CF, art. 5º), reforça a impressão sobre a posição de destaque que o constituinte quis outorgar a esses direitos. A ideia de que os direitos individuais devem ter eficácia imediata ressalta, portanto, a vinculação direta dos órgãos estatais a esses direitos e o seu dever de guardar-lhes estrita observância.

O constituinte reconheceu ainda que os direitos fundamentais são elementos integrantes da *identidade* e da *continuidade* da Constituição, considerando, por isso, ilegítima qualquer reforma constitucional tendente a suprimi-los (art. 60, § 4°). A complexidade do sistema de direitos fundamentais recomenda, por conseguinte, que se envidem esforços no sentido de precisar os elementos essenciais dessa categoria de direitos, em especial no que concerne à identificação dos âmbitos de proteção e à imposição de restrições ou limitações legais.

E no que se refere aos direitos de caráter penal, processual e processual-penal, talvez não haja qualquer exagero na constatação de que esses direitos cumprem um papel fundamental na concretização do moderno Estado democrático de direito.

Como observa Martin Kriele, o Estado territorial moderno arrosta um dilema quase insolúvel: de um lado, há de ser mais poderoso que todas as demais forças sociais do país – por exemplo, empresas e sindicatos –, por outro, deve outorgar proteção segura ao mais fraco: à oposição, aos artistas, aos intelectuais, às minorias étnicas (Cf. KRIELE, Martín. *Introducción a la Teoría del Estado – Fundamentos Históricos de la Legitimidad del Estado Constitucional Democrático.* Trad. de Eugênio Bulygin. Buenos Aires: Depalma, 1980, p. 149-150).

O estado absolutista e os modelos construídos segundo esse sistema (ditaduras militares, estados fascistas, os sistemas do chamado "centralismo democrático") não se mostram aptos a resolver essa questão.

Segundo ressalta Kriele:

"(...) A Inglaterra garantiu os direitos humanos sem necessidade de uma constituição escrita. Por outro lado, um catálogo constitucional de direitos fundamentais é perfeitamente compatível com o absolutismo, com a ditadura e com o totalitarismo. Assim, por exemplo, o art. 127 da Constituição soviética de 1936 garante a 'inviolabilidade da pessoa'. Isso não impediu que o terror stalinista tivesse alcançado em 1937 seu ponto culminante. A constituição não pode impedir o terror, quando está subordinada ao princípio de soberania, em vez de garantir as condições institucionais da *rule of law*. O mencionado artigo da Constituição da União Soviética diz, mas adiante, que 'a detenção requer o consentimento do fiscal do Estado'. Esta fórmula não é uma cláusula de defesa, mas tão somente uma autorização ao fiscal do Estado para proceder à detenção. Os fiscais foram nomeados conforme o critério político e realizaram ajustes ao princípio da oportunidade política, e, para maior legitimidade, estavam obrigados a respeitar as instruções. Todos os aspectos do princípio de *habeas corpus* ficaram de lado, tais como as condições legais estritas para a procedência da detenção, a competência decisória de juízes legais independentes, o direito ao interrogatório por parte do juiz dentro de prazo razoável, etc. Nestas condições, a proclamação da 'inviolabilidade da pessoa' não tinha nenhuma importância prática. Os direitos humanos aparentes não constituem uma defesa contra o Arquipélago Gulag; ao contrário, servem para uma legitimação velada do princípio da soberania: o Estado tem o total poder de disposição sobre os homens, mas isto em nome dos direitos humanos" (KRIELE, Martín. *Introducción a la Teoría del Estado*, cit., p. 160-161).

A solução do dilema – diz Kriele – consiste no fato de que o Estado incorpora, em certo sentido, a defesa dos direitos humanos em seu próprio poder, ao definir-se o poder do Estado como o poder defensor dos direitos humanos. Todavia, adverte Kriele, "sem *divisão de poderes* e em especial sem *independência judicial* isto não passará de uma declaração de intenções". É que, explicita Kriele, "*os direitos humanos somente podem ser realizados quando limitam o poder do Estado, quando o poder estatal está baseado na entrada em uma ordem jurídica que inclui a defesa dos direitos humanos*" (KRIELE, Martín. *Introducción a la Teoría del Estado*, cit., p. 150).

Nessa linha ainda expressiva a conclusão de Kriele:

"Os direitos humanos estabelecem condições e limites àqueles que têm competência de criar e modificar o direito e negam o poder de violar o direito. Certamente, todos os direitos não podem fazer nada contra um poder fático, a *potestas desnuda*, como tampouco nada pode fazer a moral face ao cinismo. Os direitos somente têm efeito frente a outros direitos, os direitos humanos somente em face a um poder jurídico, isto é, em face a competências cuja origem jurídica e cujo *status* jurídico seja respeitado pelo titular da competência.

Esta é a razão profunda por que os direitos humanos somente podem funcionar em um Estado constitucional. *Para a eficácia dos direitos humanos a independência judicial é mais importante do que o catálogo de direitos fundamentais contidos na Constituição (g.n.)"* KRIELE, Martín. *Introducción a la Teoría del Estado*, cit., p. 159-160.

Tem-se, assim, em rápidas linhas, o significado que os direitos fundamentais e, especialmente os direitos fundamentais de caráter processual, assumem para a ordem constitucional como um todo.

Acentue-se que é a boa aplicação dos direitos fundamentais de caráter processual – aqui merece destaque a proteção judicial efetiva – que permite distinguir o Estado de Direito de outros modelos.

Não se pode perder de vista que a boa aplicação dessas garantias configura elemento essencial de realização do princípio da dignidade humana na ordem jurídica. Como amplamente reconhecido, o princípio da dignidade da pessoa humana impede que o homem seja convertido em objeto dos processos estatais (Cf. MAUNZ-DÜRIG. *Grundgesetz Kommentar*. Band I. München: Verlag C. H. Beck, 1990, II 18).

Na mesma linha, entende Norberto Bobbio que a proteção dos cidadãos no âmbito dos processos estatais é justamente o que diferencia um regime democrático daquele de índole totalitária:

> "A diferença fundamental entre as duas formas antitéticas de regime político, entre a democracia e a ditadura, está no fato de que somente num regime democrático as relações de mera força que subsistem, e não podem deixar de subsistir onde não existe Estado ou existe um Estado despótico fundado sobre o direito do mais forte, são transformadas em relações de direito, ou seja, em relações reguladas por normas gerais, certas e constantes, e, o que mais conta, preestabelecidas, de tal forma que não podem valer nunca retroativamente. A consequência principal dessa transformação é que nas relações entre cidadãos e Estado, ou entre cidadãos entre si, o direito de guerra fundado sobre a autotutela e sobre a máxima 'Tem razão quem vence' é substituído pelo direito de paz fundado sobre a heterotutela e sobre a máxima 'Vence quem tem razão'; e o direito público externo, que se rege pela supremacia da força, é substituído pelo direito público interno, inspirado no princípio da 'supremacia da lei' (*rule of law*)" (BOBBIO, Norberto. *As Ideologias e o Poder em Crise*, p. 97-98).

Em verdade, tal como ensina o notável mestre italiano, a aplicação escorreita ou não dessas garantias é que permite avaliar a real observância dos elementos materiais do Estado de Direito e distinguir civilização de barbárie.

Nesse sentido, forte nas lições de Claus Roxin, também compreendo que a diferença entre um Estado totalitário e um Estado (Democrático) de Direito reside na forma de regulação da ordem jurídica interna e na ênfase dada à eficácia do instrumento processual penal da prisão preventiva. Registrem-se as palavras do professor Roxin:

> "Entre as medidas que asseguram o procedimento penal, a prisão preventiva é a ingerência mais grave na liberdade individual; por outra parte, ela é indispensável em alguns casos para uma administração da justiça penal eficiente. A ordem interna de um Estado se revela no modo em que está regulada essa situação de conflito; os Estados totalitários, sob a antítese errônea Estado-cidadão, exagerarão facilmente a importância do interesse estatal na realização, o mais eficaz possível, do procedimento penal. Num Estado de Direito, por outro lado, a regulação dessa situação de conflito não é determinada através da antítese Estado-cidadão; o Estado mesmo está obrigado por ambos os fins: assegurar a ordem por meio da persecução penal e proteção da esfera de liberdade do cidadão. Com isso, o princípio constitucional da proporcionalidade exige restringir a medida e os limites da prisão preventiva ao estritamente necessário" (ROXIN, Claus. *Derecho Procesal Penal*. Buenos Aires: Editores del Puerto, 2000, p. 258).

Nessa linha, sustenta Roxin que o direito processual penal é o sismógrafo da Constituição, uma vez que nele reside a atualidade política da Carta Fundamental (Cf. ROXIN, Claus. *Derecho Procesal Penal*, cit., p. 10).

Garantias constitucionais do extraditando **723**

A ideia do Estado de Direito imputa, portanto, ao Poder Judiciário, o papel de garante dos direitos fundamentais. Por consequência, é necessário ter muita cautela para que esse instrumento excepcional de constrição da liberdade não seja utilizado como pretexto para a massificação de prisões preventivas.

Em nosso Estado de Direito, a prisão é uma medida excepcional e, por essa razão, não pode ser utilizada como meio generalizado de limitação das liberdades dos cidadãos.

E não vejo razão, tanto com base em nossa Carta Magna, quanto nos tratados internacionais com relação ao respeito aos direitos humanos e dignidade da pessoa humana, de que somos signatários, para que não apliquemos tal entendimento no que concerne àquelas prisões preventivas para fins de extradição.

O Pacto de San José da Costa Rica, celebrado com a finalidade de evitar a perpetuação da cultura da impunidade quanto à violação de direitos e garantias fundamentais nos âmbitos nacionais, e ratificado pelo Governo Brasileiro, proclama a liberdade provisória como direito fundamental da pessoa humana, e, como tal, tem caráter de universalidade e transnacionalidade.

Em sessão plenária de 22 de novembro de 2006, o Supremo Tribunal Federal deu um grande passo jurisprudencial quanto à questão da incorporação dos tratados e convenções internacionais sobre direitos humanos.

No julgamento do RE n. 466.343/SP, Rel. Min. Cezar Peluso, e do RE n. 349.703, Rel. orig. Min. Ilmar Galvão, sete Ministros (Cezar Peluso, Gilmar Mendes, Cármen Lúcia, Ricardo Lewandowski, Joaquim Barbosa, Carlos Britto e Marco Aurélio) votaram no sentido de se declarar a inconstitucionalidade da prisão civil do depositário infiel nos casos de alienação fiduciária em garantia. Entendeu-se que, tendo em vista o caráter *supralegal* dos tratados sobre direitos humanos, desde a adesão do Brasil, no ano de 1992, ao Pacto Internacional dos Direitos Civis e Políticos (art. 11) e à Convenção Americana sobre Direitos Humanos – Pacto de São José da Costa Rica (art. 7º, 7), não há base legal para aplicação da parte final do art. 5º, inciso LXVII, da Constituição, ou seja, para a prisão civil do depositário infiel.

Naquela assentada, ressaltei meu entendimento no sentido de que a prisão civil do depositário infiel não mais se compatibiliza com os valores supremos assegurados pelo Estado Constitucional, que não está mais voltado apenas para si mesmo, mas compartilha com as demais entidades soberanas, em contextos internacionais e supranacionais, o dever de efetiva proteção dos direitos humanos.

Disse, ainda, que era preciso ponderar, no entanto, se, no contexto atual, em que se pode observar a abertura cada vez maior do Estado constitucional as ordens jurídicas supranacionais de proteção de direitos humanos, essa jurisprudência não teria se tornado completamente defasada.

Não se pode perder de vista que hoje vivemos em um "Estado Constitucional Cooperativo", identificado pelo Professor Peter Häberle como aquele que não mais se apresenta como um Estado Constitucional voltado para si mesmo, mas que se disponibiliza como referência para os outros Estados Constitucionais membros de uma comunidade, e no qual ganha relevo o papel dos direitos humanos e fundamentais (HÄBERLE, Peter. *El estado constitucional*. Trad. de Hector Fix-Fierro. México: Universidad Nacional Autónoma de México, 2003, p. 75-77).

Em outros termos, os tratados sobre direitos humanos, embora não possam afrontar a supremacia da Constituição, têm lugar especial reservado no ordenamento jurídico. Equipará-los à legislação ordinária seria subestimar o seu valor especial no contexto do sistema de proteção dos direitos da pessoa humana.

Apesar da especificidade das referidas custódias para fins extradicionais e a evidente necessidade das devidas cautelas em caso de relaxamento das referidas prisões ou de concessão de liberdade provisória, considero desproporcional o tratamento que vem sendo dado ao instituto da prisão preventiva para extradição.

No julgamento da Ext. 1008/Colômbia, flexibilizei o entendimento da obrigatoriedade da prisão preventiva para fins de extradição, ao deferir prisão domiciliar em favor do extraditando, diante a notícia de que a condição de refugiado lhe fora atribuída pelo CONARE.

Na Ext n. 791/PORTUGAL, o Rel. Ministro Celso de Mello, em decisão de 18.10.2000 (*DJ* de 23.10.2000), deferiu-se monocraticamente pedido de prisão domiciliar em favor do extraditando, sob o fundamento da excepcionalidade do caso. Tratava-se de pessoa em grave estado de saúde em situação que demandava tratamento que não poderia ser adequadamente fornecido pelo Poder Executivo, conforme reconhecido nos autos.

No mesmo sentido a Questão de Ordem na Ação Cautelar n. 70/RS, Rel. Min. Sepúlveda Pertence (*DJ* de 12.03.2004), quando o Plenário deste Tribunal reconheceu a possibilidade de deferimento de prisão domiciliar a extraditando em circunstâncias nas quais se afigurava densa a probabilidade de homologação da opção pela nacionalidade brasileira.

Em julgamento de Questão de Ordem na Ext. n. 1054, da relatoria do Min. Marco Aurélio, em 29 de agosto de 2007, o Plenário desta Corte decidiu, por maioria, relaxar a prisão preventiva decretada contra o extraditando, ao considerar a demora, por parte do país requerente, no atendimento de diligências pleiteadas pelo relator da referida Extradição.

Ademais, no caso, considerou-se o fato de o extraditando estar preventivamente preso há mais de um ano, tempo que estaria exorbitando a razoabilidade da medida prevista na Lei n. 6.815/1980, bem como a proporcionalidade da pena, tendo em vista que o extraditando sequer havia sido condenado.

Ressaltou o Ministro Marco Aurélio em seu voto:

" (...) Esses dados devem ser considerados para sopesar-se a razoabilidade, a proporcionalidade da prisão preventiva, presente a circunstância de o processo não ter desaguado ainda em julgamento em razão da deficiência da apresentação de documentos pelo Governo requerente. Não se pode levar às últimas consequências o preceito da Lei n. 6.815/80 que dispõe sobre a permanência da prisão até a apreciação final do pedido. Há de merecer interpretação consentânea com o arcabouço normativo constitucional, com a premissa inafastável de, sendo a prisão preventiva exceção, ela deve ter limite temporal, tal como ocorre quando envolvido processo em curso na jurisdição brasileira. O excesso de prazo resultante está a merecer a glosa" (Ext. n. 1054/EUA, Rel. Min. Marco Aurélio, julgada em Sessão Plenária de 29.8.2007).

Portanto, creio que a prisão preventiva para fins de extradição há de ser analisada caso a caso e, ainda, que se lhe seja atribuído limite temporal, compatível com o princípio da proporcionalidade, quando seriam avaliadas a sua necessidade, adequação e proporcionalidade em sentido estrito.

Na espécie, o pedido de extradição foi formulado com base na Convenção Interamericana sobre Extradição, na Convenção das Nações Unidas contra o tráfico ilícito de substâncias estupefacientes e psicotrópicas e na promessa de reciprocidade, por inexistir Tratado de Extradição entre o Brasil e o Panamá.

Dos documentos acostados aos autos pela defesa, observo que o ora Paciente é pessoa pública, há muito conhecida no Brasil nos meios desportivos e, quando da decretação de sua prisão preventiva, exercia as atividades de técnico de futebol junto ao Esporte Clube São Bento de Sorocaba, onde disputou vários jogos do campeonato paulista.

Aduz a defesa que o ora paciente foi detido por policiais da Interpol em sua residência, "não tendo oferecido qualquer tipo de resistência, tendo, ainda, mesmo sem pedido da D. Autoridade Policial Federal da Interpol, espontaneamente, colocado seu passaporte à disposição daquela autoridade – que acabou por lavrar o respectivo auto de exibição/arrecadação e apreensão – demonstrando, assim, mais uma vez sua intenção de não fugir ou de se ausentar do Brasil, para responder aos chamados das autoridades nacionais ou estrangeiras." (fl.12)

Em documento de fls. 16-17 o Cônsul-Geral da Colômbia, Mauricio Acero Montejo, declara que o ora paciente é pessoa "honrável, reta, cumpridora dos seus deveres tanto legais como profissionais e, com a sua atuação pessoal jamais tem representado um perigo à sociedade, nem pretendeu se evadir da justiça da República Federativa do Brasil nem da República do Panamá. Há mais de 13 anos o Senhor Freddy Rincón reside na cidade de São Paulo, Brasil, onde é uma figura pública, amplamente conhecida nos meios esportivos e sociais. O que me leva a afirmar que Freddy Rincón comparecerá as solicitações judiciais cada vez que assim manifestarem tanto as autoridades brasileiras como panamenhas."

Leio, ainda, na inicial desta impetração que, dois dias antes da decretação da prisão para fins de extradição, o ora paciente havia sido citado e intimado dos termos do Pedido de Cooperação Internacional promovido pelo Governo do Panamá (processo n. 2007.61.81.004267-4, da 2ª Vara Criminal Federal da Subseção de São Paulo), e que compareceu espontaneamente àquela Vara, de onde saíra intimado para a audiência de interrogatório.

A prisão preventiva para a extradição do Paciente subsiste há quase quatro meses (o paciente foi preso no dia 10 de maio de 2007) e inexiste contra ele sentença de condenação nos autos do processo instaurado no Panamá.

Ante o exposto, considerando os bons antecedentes do ora paciente e a necessidade de que seja verificada a compatibilidade desta custódia com o princípio da proporcionalidade, a fim de que esta seja limitada ao estritamente necessário, verifico, neste caso, a presença dos requisitos autorizadores da concessão do *habeas corpus* pleiteado.

Nestes termos, **defiro** o pedido de *habeas corpus* para que o ora paciente aguarde solto o julgamento da Extradição n. 1091/Panamá.

Determino a expedição de alvará de soltura, que deverá constar as seguintes cautelas: a) o depósito do passaporte do extraditando no Supremo Tribunal Federal; b) a advertência ao extraditando sobre a impossibilidade de, sem autorização do relator da Extradição no STF, deixar a cidade de seu domicílio no Estado de São Paulo; e c) a obrigação de atender a todos os chamados judiciais e comparecer quinzenalmente à 2ª Vara Criminal Federal da Subseção de São Paulo, para informar sobre suas atividades.

O extraditando, antes de ser solto pela Superintendência Regional do DPF/SP, deverá assinar termo (a ser lavrado pela mencionada Superintendência e, posteriormente, encaminhado ao Supremo Tribunal Federal), de que tem conhecimento formal das condições estipuladas neste acórdão e cuja transgressão implicará imediata revogação da medida deferida.

Transmitam-se cópias desta decisão ao Ministro de Estado da Justiça, ao Senhor Diretor-Geral do DPF, ao Superintendente Regional do DPF/SP, e à 2ª Vara Criminal Federal do Estado de São Paulo, solicitando-lhes a adoção de imediatas providências, junto à Divisão de Polícia Marítima, Aérea e de Fronteiras, em ordem a impedir que o extraditando deixe o território nacional sem autorização desta Suprema Corte.

É como voto.

5. Segurança jurídica, direito adquirido e interpretação constitucional

MS 22.357[1]

Servidor público – Admissão por processo seletivo sem concurso público, validada por decisão administrativa e acórdão anterior do TCU – Boa-fé dos impetrantes – Obrigatoriedade da observância ao princípio da segurança jurídica como subprincípio do Estado de Direito – Necessidade de estabilidade das situações criadas administrativamente.

Trata-se de mandado de segurança, da relatoria do Ministro Gilmar Mendes, objetivando a anulação do ato administrativo do Presidente do Tribunal de Contas da União, pelo qual aquela Corte regularizou as contas da Infraero relativas ao exercício do ano de 1991, entretanto, determinou àquela estatal a adoção de providências com vistas a regularizar as 366 admissões realizadas sem concurso público, sob pena de nulidade das mesmas, no prazo de 30 dias.

No julgamento de recurso de revisão, o prazo de 30 dias fora dilatado para 195 dias, contados a partir da publicação no Diário Oficial, 9.5.95.

Aduziram os impetrantes que o TCU afrontou o princípio da isonomia, tendo oferecido tratamento desigual a iguais; feriu o direito adquirido dos impetrantes, uma vez que a recomendação de adoção de concurso público para admissão de pessoal foi posterior as suas contratações; e, equivocou-se relativamente a data a partir da qual não mais seriam permitidas admissões sem concurso público, sendo esta a data da publicação do acórdão do Supremo Tribunal Federal, ou seja, 23.4.93, e não a data da publicação da primeira deliberação do TCU a respeito da matéria, 6.6.90.

Foi assim ementada a decisão:

EMENTA: Mandado de Segurança. 2. Acórdão do Tribunal de Contas da União. Prestação de Contas da Empresa Brasileira de Infraestrutura Aeroportuária – INFRAERO. Emprego Público. Regularização de admissões. 3. Contratações realizadas em conformidade com a legislação vigente à época. Admissões realizadas por processo seletivo sem concurso público, validadas por decisão administrativa e acórdão anterior do TCU. 4. Transcurso de mais de dez anos desde a concessão da liminar no mandado de segurança. 5. Obrigatoriedade da observância do princípio da segurança jurídica enquanto subprincípio do Estado de Direito. Necessidade de estabilidade das situações criadas administrativamente. 6. Princípio da confiança como elemento do princípio da segurança jurídica. Presença de um componente de ética jurídica e sua aplicação nas relações jurídicas de direito público. 7. Concurso de circunstâncias específicas e excepcionais que revelam: a boa-fé dos impetrantes; a realização de processo seletivo rigoroso; a observância do regulamento da Infraero, vigente à época da realização do processo seletivo; a existência de controvérsia, à época das contratações, quanto à exigência, nos termos do art. 37 da Constituição, de concurso público no âmbito das empresas públicas e sociedades de economia

---

[1] O Plenário do Supremo Tribunal Federal, em julgamento realizado no dia 27.5.2004, concedeu a segurança, por unanimidade, nos termos do voto do Relator, Ministro Gilmar Mendes (*DJ* de 5.11.2004).

Segurança jurídica, direito adquirido e interpretação constitucional 727

mista. 8. Circunstâncias que, aliadas ao longo período de tempo transcorrido, afastam a alegada nulidade das contratações dos impetrantes. 9. Mandado de Segurança deferido.

VOTO

A propósito da controvérsia anota a Procuradoria-Geral da República:

"7. Por certo, a obrigatoriedade de realização de concurso público para provimento de cargos em empresas públicas e sociedades de economia mista, prevista nos incisos I e II, do art. 37, da Constituição Federal, não é mais objeto de controvérsias, tornando-se pacífico esse entendimento após decisão dessa Suprema Corte, proferida nos autos do Mandado de Segurança n. 21.322, Ministro-Relator Paulo Brossard, publicado no Diário Oficial de 23.04.93.

8. Entretanto, antes do acórdão pioneiro do Supremo Tribunal Federal, a matéria inspirou intensa polêmica, em razão de aparente antinomia entre o disposto nos artigos 37, II e 173, § 1°, da Constituição Federal, reconhecida pelo próprio Tribunal de Contas da União, conforme extrai-se dos presentes autos.

9. Observa-se que, ao julgar regulares as contas da INFRAERO referentes ao exercício de 1990, com acórdão publicado em 03.12.92, o Tribunal de Contas da União convalidou a situação das admissões pretéritas, recomendando apenas que não fossem efetuadas admissões futuras sem a realização de concurso público. Esse acórdão foi proferido pelo TCU embora já existisse decisão administrativa desse mesmo órgão, datada de 06.06.90, decidindo pela obrigatoriedade da aplicação dos incisos I e II, do art. 37, da Constituição Federal, a empresas públicas e sociedades de economia mista, sendo facilmente constatado o caráter controverso da matéria.

10. Ademais, verifica-se que as contratações dos impetrantes, além de promovidas em razão da carência de pessoal qualificado, foram procedidas de rigoroso processo seletivo, em conformidade com o Regulamento da empresa, em atenção ao preceito à época inscrito no § 1°, do art. 173, da Carta Federal, não podendo, em face das circunstâncias, serem consideradas irregulares.

11. Faz-se oportuno ressaltar que, com o advento da Emenda Constitucional n. 19/98, o mencionado art. 173, § 1°, da Carta Federal passou a vigorar com nova redação, não mais sujeitando as empresas públicas, as sociedades de economia mista e suas subsidiárias, unicamente, ao regime jurídico próprio das empresas privadas, mas determinando o estabelecimento, por lei, de um estatuto jurídico dispondo sobre vários aspectos a elas inerentes." (fls. 650/651)

Impressiona, na espécie, que o Tribunal de Contas, inicialmente, ao julgar as contas referentes ao exercício de 1990, (acórdão publicado em 03.12.92), tenha-se limitado a reconhecer a necessidade de adoção do concurso público para futuras admissões (fls. 482), o que foi entendido como uma convalidação das admissões realizadas anteriormente.

É verdade, igualmente, que o próprio TCU houve por bem estabelecer o dia 23 de abril de 1993, data da publicação do acórdão no MS 21.322/DF, Plenário, rel. Paulo Brossard, como termo inicial a partir do qual haveriam de ser tornadas nulas as admissões de pessoal. Neste julgamento, firmou-se o entendimento de que "as autarquias, empresas públicas ou sociedades de economia mista estão sujeitas à regra, que envolve a administração direta, indireta ou fundacional, de qualquer dos poderes da União, dos Estados, do Distrito Federal e dos Municípios" estão sujeitos ao princípio constitucional do concurso público para acesso aos cargos e empregos públicos.

Nesse sentido, registrou-se a seguinte passagem do voto do Ministro Adhemar Paladini Ghisi, no Processo TC 674.054/91-1:

"14. Considero, portanto, de grande relevância a data de 23 de abril de 1993, em que foi publicada no Diário da Justiça a decisão final e irrecorrível do E. Supremo Tribunal Federal, que definiu, de uma vez por todas a questão da exigência do concurso público para a admissão de pessoal por parte das empresas públicas e sociedades de economia mista, em geral.

15. A partir dessa data portanto, a ninguém será dado questionar essa matéria, e, se dúvidas existiam, foram afastadas definitivamente, constituindo-se, assim, num marco definidor dessa exigência constitucional, consentâneo com o mérito dos diversos julgados desta Corte de contas.

16. Esse Acórdão pioneiro do Supremo Tribunal Federal anima-me a sugerir, nestes autos, e em relação à tese que ora se discute em caráter definitivo, que se altere a data base a partir da qual deverão ser anuladas as admissões de pessoal, que passaria a ser a da publicação do referido Decisório, isto é, 23 de abril de 1993.

17. Esta proposta se assenta no fato de que as reiteradas decisões do Tribunal de Contas da União a respeito desse assunto de alta indagação jurídica, além de jamais mandarem retroagir à data da vigência da atual Carta Magna a anulação das admissões, aleatoriamente fixaram a data da publicação de sua primeira deliberação sobre a matéria como aquela a partir da qual não mais seriam toleradas as admissões em causa (06/06/1990)" (Acórdão n. 056/93, DO 13/12/1993, fls. 19.088-19.090).

Está certo, portanto, que, embora o Tribunal de Contas houvesse, em 06.06.90, firmado o entendimento quanto à indispensabilidade de concurso público para a admissão de servidores nas empresas estatais, considerou aquela Corte que, no caso da INFRAERO, ficava a empresa obrigada a observar a orientação para as novas contratações. Essa orientação foi revista no julgamento das contas do exercício de 1991, assentando o Tribunal que a empresa deveria regularizar as 366 admissões, sob pena de nulidade (fls. 492).

Ao julgar o Recurso de Revisão, o prazo de 30 dias para a adoção das providências referidas foi dilatado para 195 dias contados de 09.05.95, data da publicação no Diário Oficial.

No entanto, tendo o meu antecessor, Néri da Silveira, deferido, em parte, aos 02.10.1995, a liminar (fls. 622), não se executou a decisão do TCU, objeto do presente mandado de segurança.

Na hipótese, a matéria evoca, inevitavelmente, o princípio da segurança jurídica.

A propósito do direito comparado, vale a pena trazer à colação clássico estudo de Almiro do Couto e Silva sobre a aplicação do aludido princípio:

"É interessante seguir os passos dessa evolução. O ponto inicial da trajetória está na opinião amplamente divulgada na literatura jurídica de expressão alemã do início do século de que, embora inexistente, na órbita da Administração Pública, o princípio da res judicata, a faculdade que tem o Poder Público de anular seus próprios atos tem limite não apenas nos direitos subjetivos regularmente gerados, mas também no interesse em proteger a boa-fé e a confiança (Treue und Glauben) dos administrados.

(...)

Esclarece OTTO BACHOF que nenhum outro tema despertou maior interesse do que este, nos anos 50 na doutrina e na jurisprudência, para concluir que o princípio da possibilidade de anulamento foi substituído pelo da impossibilidade de anulamento, em homenagem à boa-fé e à segurança jurídica. Informa ainda que a prevalência do princípio da legalidade sobre o da proteção da confiança só se dá quando a vantagem é obtida pelo destinatário por meios ilícitos por ele utilizados, com culpa sua, ou resulta de procedimento que gera sua responsabilidade. Nesses casos não se pode falar em proteção à confiança do favorecido. (Verfassungsrecht, Verwaltungsrecht, Verfahrensrecht in der Rechtssprechung des Bundesverwaltungsgerichts, Tübingen 1966, 3. Auflage, vol. I, p. 257 e segs.; vol. II, 1967, p. 339 e segs.).

Embora do confronto entre os princípios da legalidade da Administração Pública e o da segurança jurídica resulte que, fora dos casos de dolo, culpa etc., o anulamento com eficácia ex tunc é sempre inaceitável e o com eficácia ex nunc é admitido quando predominante o interesse público no restabelecimento da ordem jurídica ferida, é absolutamente defeso o anulamento quando se trate de atos administrativos que concedam prestações em dinheiro, que se exauram de uma só vez ou que apresentem caráter duradouro, como os de índole social, subvenções, pensões ou proventos de aposentadoria."

Depois de incursionar pelo direito alemão, refere-se o mestre gaúcho ao direito francês, rememorando o clássico "affaire Dame Cachet":

"Bem mais simples apresenta-se a solução dos conflitos entre os princípios da legalidade da Administração Pública e o da segurança jurídica no Direito francês. Desde o famoso affaire Dame Cachet, de 1923, fixou o Conselho de Estado o entendimento, logo reafirmado pelos affaires Vallois e Gros de Beler, ambos também de 1923 e pelo affaire Dame Inglis, de 1935, de que, de uma parte, a revogação dos atos administrativos não cabia quando existissem direitos subjetivos deles provenientes e, de outra, de que os atos maculados de nulidade só poderiam ter seu anulamento decretado pela Administração Pública no prazo de dois meses, que era o mesmo prazo concedido aos particulares para postular, em recurso contencioso de anulação, a invalidade dos atos administrativos. HAURIOU, comentando essas decisões, as aplaude entusiasticamente, indagando: 'Mas será que o poder de desfazimento ou de anulação da Administração

Segurança jurídica, direito adquirido e interpretação constitucional 729

poderá exercer-se indefinidamente e em qualquer época? Será que jamais as situações criadas por decisões desse gênero não se tornarão estáveis? Quantos perigos para a segurança das relações sociais encerram essas possibilidades indefinidas de revogação e, de outra parte, que incoerência, numa construção jurídica que abre aos terceiros interessados, para os recursos contenciosos de anulação, um breve prazo de dois meses e que deixaria à Administração a possibilidade de decretar a anulação de ofício da mesma decisão, sem lhe impor nenhum prazo'. E conclui: 'Assim, todas as nulidades jurídicas das decisões administrativas se acharão rapidamente cobertas, seja com relação aos recursos contenciosos, seja com relação às anulações administrativas; uma atmosfera de estabilidade estender-se-á sobre as situações criadas administrativamente.' (La Jurisprudence Administrative de 1892 a 1929, Paris, 1929, vol. II, p. 105-106.)"[2].

Na mesma linha, observa Couto e Silva em relação ao direito brasileiro:

"MIGUEL REALE é o único dos nossos autores que analisa com profundidade o tema, no seu mencionado 'Revogação e Anulamento do Ato Administrativo' em capítulo que tem por título 'Nulidade e Temporalidade'. Depois de salientar que 'o tempo transcorrido pode gerar situações de fato equiparáveis a situações jurídicas, não obstante a nulidade que originariamente as comprometia', diz ele que 'é mister distinguir duas hipóteses: (a) a de convalidação ou sanatória do ato nulo e anulável; (b) a perda pela Administração do benefício da declaração unilateral de nulidade (le bénéfice du préalable)'. (op. cit., p. 82). (SILVA, Almiro do Couto e. Os princípios da legalidade da administração pública e da segurança jurídica no estado de direito contemporâneo. Revista da Procuradoria-Geral do Estado. Publicação do Instituto de Informática Jurídica do Estado do Rio Grande do Sul, V. 18, n. 46, p. 11-29, 1988)."

Em verdade, a segurança jurídica, como subprincípio do Estado de Direito, assume valor ímpar no sistema jurídico, cabendo-lhe papel diferenciado na realização da própria ideia de justiça material.

Nesse sentido, vale trazer passagem de estudo do professor Miguel Reale sobre a revisão dos atos administrativos:

"Não é admissível, por exemplo, que, nomeado irregularmente um servidor público, visto carecer, na época, de um dos requisitos complementares exigidos por lei, possa a Administração anular seu ato, anos e anos volvidos, quando já constituída uma situação merecedora de amparo e, mais do que isso, quando a prática e a experiência podem ter compensado a lacuna originária. Não me refiro, é claro, a requisitos essenciais, que o tempo não logra por si só convalescer, como seria, por exemplo, a falta de diploma para ocupar cargo reservado a médico, mas a exigências outras que, tomadas no seu rigorismo formal, determinariam a nulidade do ato.

Escreve com acerto José Frederico Marques que a subordinação do exercício do poder anulatório a um prazo razoável pode ser considerado requisito implícito no princípio do due process of law. Tal princípio, em verdade, não é válido apenas no sistema do direito norte-americano, do qual é uma das peças basilares, mas é extensível a todos os ordenamentos jurídicos, visto como corresponde a uma tripla exigência, de regularidade normativa, de economia de meios e forma e de adequação à tipicidade fática. Não obstante a falta de termo que em nossa linguagem rigorosamente lhe corresponda, poderíamos traduzir due process of law por devida atualização do direito, ficando entendido que haverá infração desse ditame fundamental toda vez que, na prática do ato administrativo, for preterido algum dos momentos essenciais à sua ocorrência; porém destruídas, sem motivo plausível, situações de fato, cuja continuidade seja economicamente aconselhável, ou se a decisão não corresponder ao complexo de notas distintivas da realidade social tipicamente configurada em lei"[3].

Considera-se, hodiernamente, que o tema tem, entre nós, assento constitucional (princípio do Estado de Direito) e está disciplinado, parcialmente, no plano federal, na Lei n. 9.784, de 29 de janeiro de 1999 (v.g. art. 2°).

---

[2]   SILVA, Almiro do Couto e. Os princípios da legalidade da administração pública e da segurança jurídica no estado de direito contemporâneo. In: *Revista da Procuradoria-Geral do Estado*. Publicação do Instituto de Informática Jurídica do Estado do Rio Grande do Sul, V. 18, n. 46, p. 11-29, 1988.

[3]   REALE, Miguel. *Revogação e anulamento do ato administrativo*. 2. ed. Rio de Janeiro, Forense. 1980, p. 70/71.

Embora não se aplique diretamente à espécie, a Lei n. 9.784, de 29 de janeiro de 1999, que regula o processo administrativo no âmbito da Administração Pública Federal, estabelece em seu art. 54 o prazo decadencial de cinco anos, contados da data em que foram praticados os atos administrativos, para que a Administração possa anulá-los.

Vale lembrar que o próprio Tribunal de Contas da União aceitou a situação de fato existente à época, convalidando as contratações e recomendando a realização de concurso público para admissões futuras. Observa-se que mais de 10 anos já se passaram em relação às contratações ocorridas entre janeiro de 1991 e novembro de 1992, restando constituídas situações merecedoras de amparo.

Dessa forma, meu voto é no sentido do deferimento da ordem, tendo em vista as específicas e excepcionais circunstâncias do caso em exame. E aqui considero, sobretudo: a boa-fé dos impetrantes; a existência de processo seletivo rigoroso e a contratação conforme o regulamento da Infraero; a existência de controvérsia, à época da contratação, quanto à exigência de concurso público, nos moldes do art. 37, II, da Constituição, no âmbito das empresas públicas e sociedades de economia mista; o fato de que houve dúvida quanto à correta interpretação do art. 37, II, em face do art. 173, § 1º, no âmbito do próprio TCU; o longo período de tempo transcorrido das contratações e a necessidade de garantir segurança jurídica a pessoas que agiram de boa-fé.

Assim, meu voto é no sentido da concessão da segurança para afastar (1) a ressalva do Acórdão n. 110/93, Processo TC n. 016.629/92-2, publicado em 03.11.1993, que determinou a regularização das admissões efetivadas sem concurso público após a decisão do TCU de 16.05.1990 (proferida no Processo TC n. 006.658/89-0), e, (2) em consequência, a alegada nulidade das referidas contratações dos impetrantes.

RE 141.190[1]

Plano Bresser – Deflação – Aplicações em certificados de depósitos bancários com valor de resgate prefixado (CDB) – Decreto-Lei n. 2.335/87 (congelamento de preços e salários por 90 dias) – Alteração de padrão monetário – Respeito ao direito adquirido – Reequilíbrio do contrato e restabelecimento da igualdade entre as partes contratantes – Observância ao princípio da proteção do ato jurídico perfeito (CF, art. 5°, inciso XXXVI).

Trata-se de ação contra o Banco de Crédito Nacional S/A, impugnando o critério de incidência do índice deflator, relativamente ao contrato de aplicação financeira, com valor de resgate pré-fixado, conhecido por CDB, em face do Decreto-Lei n. 2.335/87, redação dada pelo Decreto-Lei n. 2.342/87.

Alegaram os recorrentes contrariedade aos arts. 153, § 3°, e 55, ambos da Carta de 1969. Asseveraram que o Tribunal de Justiça de São Paulo desconsiderou o que foi avençado pelas partes e ignorou a regra da irretroatividade das leis e do respeito ao ato jurídico perfeito e ao direito adquirido. Argumentaram, ainda, com a inconstitucionalidade do Decreto-Lei n. 2.342/87, por tratar de matéria insuscetível de ser veiculada por meio de decreto-lei.

A Procuradoria-Geral da República opinou pelo não conhecimento do recurso.

O julgado recebeu a seguinte ementa:

EMENTA: Aplicações em certificados de depósitos bancários com valor de resgate pré-fixado – CDB. DL 2.335 de 12.6.1987 (congelamento de preços e salários por 90 dias). Plano Bresser. Deflação. Tablita. Aplicação imediata. Alteração de padrão monetário. Alegação de ofensa ao ato jurídico perfeito.

O Plano Bresser representou alteração profunda nos rumos da economia e mudança do padrão monetário do país. Os contratos fixados anteriormente ao plano incorporavam as expectativas inflacionárias e, por isso, estipulavam formas de reajuste de valor nominal. O congelamento importou em quebra radical das expectativas inflacionárias e, por consequência, em desequilíbrio econômico-financeiro dos contratos. A manutenção íntegra dos pactos importaria em assegurar ganhos reais não compatíveis com a vontade que deu origem aos contratos. A tablita representou a consequência necessária do congelamento como instrumento para se manter a neutralidade distributiva do choque na economia. O decreto-lei, ao contrário de desrespeitar, prestigiou o princípio da proteção do ato jurídico perfeito (art. 5° XXXVI, da CF) ao reequilibrar o contrato e devolver a igualdade entre as partes contratantes.

VOTO-VISTA

A par de acompanhar o Min. Nelson Jobim em seu voto-vista sobre o caso, gostaria de fazer algumas ponderações sobre a questão posta, sob o prisma da análise histórica e comparativa, bem como a partir da aplicação do princípio da proporcionalidade.

1. Colocação do problema

É possível que a aplicação da lei no tempo continue a ser um dos temas mais controvertidos do direito hodierno. Não raro, a aplicação das novas leis às relações já estabelecidas suscita infindáveis polêmicas.

De um lado, a ideia central de segurança jurídica, uma das expressões máximas do Estado de Direito; de outro, a possibilidade e necessidade de mudança. Constitui um grande desafio tentar conciliar essas duas pretensões em aparente antagonismo[2].

---

[1] O Tribunal, em sessão Plenária realizada no dia 14.9.2005, conheceu por unanimidade o recurso, mas negou-lhe provimento, vencidos os Ministros Marco Aurélio e Celso de Mello (*DJ* de 26.5.2006).

[2] MACHADO, João Baptista. *Introdução ao Direito e ao Discurso Legitimador*, 12ª reimpressão, Coimbra, 2000, p. 223.

Estado de Direito e Jurisdição Constitucional – Decisões relevantes em 15 anos de atuação no STF

A questão enfrentada, nos presentes autos, empresta ao tema da proteção do direito adquirido e do ato jurídico perfeito uma reflexão instigante. Se por um lado, há consolidada jurisprudência do Supremo Tribunal Federal, no que tange à impertinência de invocar o princípio de proteção ao direito adquirido em face de mudanças em estatutos e institutos, principalmente de direito público; de outro, resta a reflexão sobre a pertinência, ou não, de invocar-se o referido princípio para proteção da estabilidade de contratos em curso, quando as mudanças introduzidas são provenientes de leis que alteram padrão monetário.

Tenho observado que a jurisprudência do STF, nessa seara, ainda apresenta uma certa incongruência de argumentos: se é bastante firme ao afastar a proteção do direito adquirido para as situações em que ocorrem mudanças nos estatutos e instituições de direito público; não tem o mesmo tratamento quando se trata de contratos (estatutos privados). E, quando se trata de norma de alteração de padrão monetário, há ainda um outro tratamento, não menos vacilante.

2. Irretroatividade das leis e direito adquirido

A doutrina é uníssona ao enxergar o problema da irretroatividade tanto como um problema afeto ao direito público quanto ao direito privado[3].

Daí concluir Moreira Alves que o princípio do direito adquirido *"se aplica a toda e qualquer lei infraconstitucional, sem qualquer distinção entre lei de direito público e lei de direito privado, ou entre lei de ordem pública e lei dispositiva"*[4].

Nesse sentido, é o voto por ele proferido na Representação de Inconstitucionalidade n. 1.451, *verbis*:

"Aliás, no Brasil, sendo o princípio do respeito ao direito adquirido, ao ato jurídico perfeito e à coisa julgada de natureza constitucional, sem qualquer exceção a qualquer espécie de legislação ordinária, não tem sentido a afirmação de muitos – apegados ao direito de países em que o preceito é de origem meramente legal – de que as leis de ordem pública se aplicam de imediato alcançando os efeitos futuros do ato jurídico perfeito ou da coisa julgada, e isso porque, se se alteram os efeitos, é óbvio que se está introduzindo modificação na causa, o que é vedado constitucionalmente" (RTJ 143, p. 746).

Fica evidente, pois, que tão só a natureza constitucional do princípio do direito adquirido não permite a distinção sobre eventual retroatividade das leis de ordem pública, tese que é muito comumente aceita em países nos quais o princípio da não retroatividade é mera cláusula legal.

Tal como destaca Baptista Machado, o desenvolvimento da doutrina sobre a aplicação na lei no tempo acaba por revelar especificidades do "estatuto contratual" em face do "estatuto legal". Enquanto este tem pretensão de aplicação imediata, aqueloutro estaria, em princípio, submetido à lei vigente no momento de sua conclusão, a qual seria competente para o reger até à extinção da relação contratual[5]. Diz Machado:

"O fundamento deste regime específico da sucessão de leis no tempo em matéria de contratos estaria no respeito das vontades individuais expressas nas suas convenções pelos particulares – no respeito pelo princípio da autonomia privada, portanto. O contrato aparece como um acto de previsão em que as partes estabelecem, tendo em conta a lei então vigente, um certo equilíbrio de interesses que será como que a matriz do regime da vida e da economia da relação contratual. A intervenção do legislador que venha modificar este regime querido pelas partes afecta as previsões destas, transforma o equilíbrio por elas arquitetado e afecta, portanto, a segurança jurídica. Além de que as cláusulas contratuais são tão diversificadas, detalhadas e originais que o legislador nunca as poderia prever a todas. Por isso mesmo

---

[3] BANDEIRA DE MELLO, Oswaldo Aranha. *Princípios Gerais de Direito Administrativo*, vol. I, 2. ed., 1979, págs. 333 e segs.

[4] ADIn n. 493, Relator: Ministro Moreira Alves, *RTJ* 143, p. 724 (746).

[5] MACHADO, *Introdução ao Direito*, cit., p. 237.

Seguran\u00e7a jur\u00eddica, direito adquirido e interpreta\u00e7\u00e3o constitucional **733**

n\u00e3o falta quem entenda que uma lei nova n\u00e3o pode ser imediatamente aplic\u00e1vel \u00e0s situa\u00e7\u00f5es contratuais em curso quando do seu in\u00edcio de vig\u00eancia sem viola\u00e7\u00e3o do princ\u00edpio da n\u00e3o retroactividade"[6].

Em Portugal, h\u00e1 a possibilidade de distin\u00e7\u00e3o entre leis que podem e leis que n\u00e3o podem ser dissociadas do fato do contrato, com base no art. 12, 2ª parte do C\u00f3digo Civil daquele pa\u00eds[7]. Eis o teor integral do referido dispositivo:

> *"ARTIGO 12º*
>
> *(Aplica\u00e7\u00e3o das leis no tempo. Princ\u00edpio geral)*
>
> 1. *A lei s\u00f3 disp\u00f5e para o futuro; ainda que lhe seja atribu\u00edda efic\u00e1cia retroactiva, presume-se que ficam ressalvados os efeitos j\u00e1 produzidos pelos factos que a lei se destina a regular.*
>
> 2. *Quando a lei disp\u00f5e sobre as condi\u00e7\u00f5es de validade substancial ou formal de quaisquer factos ou sobre os seus efeitos, entende-se, em caso de d\u00favida, que s\u00f3 visa os factos novos; mas, quando dispuser directamente sobre o conte\u00fado de certas rela\u00e7\u00f5es jur\u00eddicas, abstraindo dos factos que lhes deram origem, entender-se-\u00e1 que a lei abrange as pr\u00f3prias rela\u00e7\u00f5es j\u00e1 constitu\u00eddas, que subsistam \u00e0 data da sua entrada em vigor."*[8]

Entretanto, no Brasil, n\u00e3o \u00e9 poss\u00edvel uma tal distin\u00e7\u00e3o, pelo menos n\u00e3o sem antes ter que construir s\u00f3lida argumenta\u00e7\u00e3o sobre os efeitos concretos da retroatividade ou irretroatividade para as situa\u00e7\u00f5es sob an\u00e1lise.

3. As leis contratuais e o direito adquirido

O Supremo Tribunal Federal tem afirmado que a retroatividade das chamadas leis de car\u00e1ter contratual, em princ\u00edpio, n\u00e3o deve ser aceita, ou seja, as normas de direito privado n\u00e3o devem ocasionar altera\u00e7\u00f5es nos contratos j\u00e1 existentes, uma vez que tais contratos constituem atos jur\u00eddicos perfeitos[9].

Por outro lado, Moreira Alves registra sua posi\u00e7\u00e3o bastante firme ao tratar da quest\u00e3o em face dos estatutos e das institui\u00e7\u00f5es (direito p\u00fablico). Enfatiza que quando a discuss\u00e3o envolve estatuto n\u00e3o h\u00e1 falar em direito adquirido, porque os tais estatutos podem ser alterados ao arb\u00edtrio de outrem (o legislador) conforme o que se l\u00ea na passagem de sua interven\u00e7\u00e3o no RE n. 226.855, *verbis*:

> *"O que o art. 6º da Lei de Introdu\u00e7\u00e3o ao C\u00f3digo Civil faz, com rela\u00e7\u00e3o ao direito adquirido, \u00e9 conceitu\u00e1-lo com base na doutrina relativa a esse conceito, ou seja, a de que o direito adquirido \u00e9 o que se adquire em virtude da incid\u00eancia da norma existente no tempo em que ocorreu o fato que, por esta, lhe d\u00e1 nascimento em favor de algu\u00e9m, conceito esse que, para o efeito do disposto no art. 5º, XXXVI, da Constitui\u00e7\u00e3o, s\u00f3 tem relevo em se tratando de aplic\u00e1-lo na rela\u00e7\u00e3o jur\u00eddica em que se discute quest\u00e3o de direito intertemporal, para se impedir, se for o caso, que a lei nova prejudique direito que se adquiriu com base na lei anterior. O mesmo se d\u00e1 com o direito adquirido sob condi\u00e7\u00e3o ou o termo \u00e9 inalter\u00e1vel ao arb\u00edtrio de outrem, requisito este indispens\u00e1vel para t\u00ea-lo como direito adquirido. Por isso, mesmo em se tratando de direito p\u00fablico com refer\u00eancia a regime jur\u00eddico estatut\u00e1rio, n\u00e3o h\u00e1 direito adquirido a esse regime jur\u00eddico, como sempre sustentou esta Corte, e isso porque pode ele ser alterado ao arb\u00edtrio do legislador. N\u00e3o fora isso, e todos os que ingressarem no servi\u00e7o p\u00fablico sob a \u00e9gide de lei que estabele\u00e7a que, se vierem a completar trinta e cinco anos, ter\u00e3o direito \u00e0 aposentadoria, esse direito para eles ser\u00e1 um direito adquirido sob a condi\u00e7\u00e3o de completarem esses 35 anos de servi\u00e7o p\u00fablico, o que jamais algu\u00e9m sustentou"*[10].

Ao tratar das leis que afetam os efeitos futuros de contratos entre particulares celebrados anteriormente, a jurisprud\u00eancia do STF n\u00e3o admite retroatividade (sequer retroatividade m\u00ednima),

---

6   MACHADO, *Introdu\u00e7\u00e3o ao Direito*, cit., p. 238.
7   MACHADO, *Introdu\u00e7\u00e3o ao Direito*, cit., p. 238.
8   RE n. 94384-6, Segunda Turma, Relator Min. Moreira Alves, *DJ* 09.06.81.
9   Cf: RE 159.979/SP, Rel. Min. Paulo Brossard, *DJ* 19.12.1994; ADI n. 493, Rel. Min. Moreira Alves, *DJ* 04.09.1992.
10 Voto na preliminar, RE n. 226.855, Relator: Ministro Moreira Alves, *RTJ* 174, p. 916-942.

pois entende que, nessa hipótese, estar-se-ia afetando a própria causa, que é um fato ocorrido no passado. No RE n. 188.366 restou assente essa orientação, conforme se pode depreender da síntese contida na ementa do acórdão:

> *"Mensalidade escolar. Atualização com base em contrato. – Em nosso sistema jurídico, a regra de que a lei nova não prejudicará o direito adquirido, o ato jurídico perfeito e a coisa julgada, por estar inserida no texto da Carta Magna (art. 5º, XXXVI), tem caráter constitucional, impedindo, portanto, que a legislação infraconstitucional, ainda quando de ordem pública, retroaja para alcançar o direito adquirido, o ato jurídico perfeito ou a coisa julgada, ou que o Juiz a aplique retroativamente. E a retroação ocorre ainda quando se pretende aplicar de imediato a lei nova para alcançar os efeitos futuros de fatos passados que se consubstanciem em qualquer das referidas limitações, pois ainda nesse caso há retroatividade – a retroatividade mínima –, uma vez que se a causa do efeito é o direito adquirido, a coisa julgada, ou o ato jurídico perfeito, modificando-se seus efeitos por força da lei nova, altera-se essa causa que constitucionalmente é infensa a tal alteração. Essa orientação, que é firme nesta Corte, não foi observada pelo acórdão recorrido que determinou a aplicação das Leis 8.030 e 8.039, ambas de 1990, aos efeitos posteriores a elas decorrentes de contrato celebrado em outubro de 1.989, prejudicando, assim, ato jurídico perfeito. Recurso extraordinário conhecido e provido"[11].*

Orientação semelhante foi adotada no RE 205.999, também da relatoria de Moreira Alves:

> *"Compromisso de compra e venda. Rescisão. Alegação de ofensa ao art. 5º, XXXVI, da Constituição.*

> Sendo constitucional o princípio de que lei não pode prejudicar o ato jurídico perfeito, ele se aplica também às leis de ordem pública. De outra parte, se a cláusula relativa a rescisão com a perda de todas as quantias já pagas constava do contrato celebrado anteriormente ao Código de Defesa do Consumidor, ainda quando a rescisão tenha ocorrido após a entrada em vigor deste, a aplicação dele para se declarar nula a rescisão feita de acordo com aquela cláusula fere, sem dúvida alguma, o ato jurídico perfeito, porquanto a modificação dos efeitos futuros de ato jurídico perfeito caracteriza as hipóteses de retroatividade mínima que também é alcançada pelo disposto no art. 5º, XXXVI, da Carta Magna. Recurso extraordinário conhecido e provido"[12].

Assim, conforme demonstram esses precedentes, se a discussão envolver estatutos e instituições de direito público, a jurisprudência da Corte é no sentido de não ser possível invocar a proteção do direito adquirido, já se a discussão sobre direito adquirido tiver como âmbito de aplicação contratos, a jurisprudência do Supremo Tribunal Federal firma-se na tese de que, em face do ato jurídico perfeito, não se revela possível qualquer alteração.

Vale lembrar que, em precedentes mais antigos, esta Corte entendeu não haver direito adquirido a regime jurídico de um instituto de direito, inclusive a propriedade, firmando a tese:

> *"(...)*

> *Com efeito, em matéria de direito adquirido, vigora o princípio – que este Tribunal tem assentado inúmeras vezes – de que não há direito adquirido a regime jurídico de um instituto de direito. Quer isso dizer que, se a lei nova modificar o regime jurídico de determinado instituto de direito (como o é a propriedade, seja ela de coisa móvel ou imóvel, ou de marca), essa modificação se aplica de imediato.*

> *(...)*

> *Também neste caso, trata-se de alteração de regime jurídico, a qual se aplica de imediato, sem violação ao preceito constitucional do direito adquirido"[13].*

Especificamente sobre direitos reais, esta Corte entendeu que:

> *"(...) em se tratando de direitos reais, a doutrina é acorde em que mesmo os já existentes podem ter o seu regime jurídico modificado, aplicando-se de imediato essa alteração, ainda que, por vezes, implique a*

---

[11] RE n. 188.366, Relator: Ministro Moreira Alves, *DJ* 19.11.1999.

[12] RE 205.999, Relator: Ministro Moreira Alves, *DJ* 03.03.2000, p. 89.

[13] RE n. 94020, Tribunal Pleno, Rel. Min. Moreira Alves, *DJ* 04.11.81.

*possibilidade de extinção do próprio direito real, que, pela lei do tempo em que se constituiu, era perpé-
tuo. Nesse sentido, esta Corte também já tornou objeto de súmula (a de n. 170) a jurisprudência segundo
a qual "é resgatável a enfiteuse instituída anteriormente à vigência do Código Civil". Aliás, nesse terreno,
tem-se ido além, entendendo-se que a lei nova que extingue direitos reais pode, sem ofensa a direito adquirido, se aplicar de imediato."*

Tais precedentes, que, à época, discutiam direito adquirido a regime jurídico do instituto
de propriedade industrial (Lei n. 5.772/71), demonstram, inequivocamente, que a jurisprudência do Supremo Tribunal Federal é consolidada, desde há muito tempo, no sentido de que não
há direito adquirido a regime jurídico de um instituto.

4. As leis monetárias e direito adquirido

A definição dos parâmetros e dos limites da proteção institucional conferida pela garantia
constitucional do direito adquirido, nas hipóteses em que as normas jurídicas que alteram o padrão monetário produzem consequências também no âmbito dos contratos celebrados antes de
sua vigência, merecem considerações específicas.

Registre-se, de início, que apesar de este não ser um debate substancial da Corte, localiza-
-se, de forma fragmentada, precedentes que demonstram o deslocamento da discussão dos efeitos de legislação monetária sobre contratos em curso da tese do ato jurídico perfeito para a tese
da retroatividade mínima, no contexto do que se chama de efeitos futuros de atos passados de um
contrato em curso (impertinência de invocação do direito adquirido).

Assim, tais contratos em curso passam a sofrer as consequências diretas de uma lei que altera o padrão monetário e estabelece critérios para a conversão de valores. A jurisprudência do
STF, neste particular, merece ser registrada:

> *"EMENTA: – Locação. Plano cruzado. Alegação de ofensa ao parágrafo 3º do artigo 153 da Emenda
> Constitucional n. 1/69. Decreto-lei n. 2.290/86 e Decreto n. 92.592/86.*
>
> *(...)*
>
> *Já se firmou a jurisprudência desta Corte, como acentua o parecer da Procuradoria-Geral da República, no
> sentido de que as normas que alteram o padrão monetário e estabelecem os critérios para a conversão dos valo-
> res em face dessa alteração se aplicam de imediato, alcançando os contratos em curso de execução, uma vez
> que elas tratam de regime legal de moeda, não se lhes aplicando, por incabíveis, as limitações do direito adqui-
> rido e do ato jurídico perfeito a que se refere o parágrafo 3º do art. 153 da Emenda Constitucional n. 1/69"[14].*

Os precedentes invocados, nesse julgado, são referentes à previdência privada, discutindo-
-se se o benefício contratado segundo a variação do salário mínimo deveria respeitar nova escala
de reajuste estabelecida pela lei de alteração do padrão monetário, ou seja, se havia direito adquirido à variação contratada originalmente.

A jurisprudência da Corte deu sinais inequívocos, especificamente nesta matéria, no sentido de reconhecer os efeitos futuros da lei monetária sobre os contratos celebrados anteriormente
à sua vigência (retroatividade mínima), afastando a proteção do direito adquirido. Conferir: RE
n. 105137/RS, Rel. Cordeiro Guerra, *DJ* 27.09.1985; RE n. 106.132/RS, Rel. Min. Cordeiro Guerra, *DJ* 13.02.1985; RE n. 116063/RS, Rel. Min. Célio Borja, *DJ* 10.06.1988; RE n. 110.321/RS, Rel.
Célio Borja, *DJ* 28.11.1986.

5. Recolocação do problema

Como demonstram os precedentes mencionados, na jurisprudência do STF, até então,
colocou-se como ponto central da reflexão a discussão acerca da retroatividade (em seus diversos

---

[14] RE-114982/RS, Rel. Moreira Alves, *DJ* 01.03.91.

graus) ou irretroatividade das leis em relação a contratos ainda em curso celebrados antes de sua vigência.

Assim sendo, a discussão sobre retroatividade (ou não) da lei monetária, e mesmo a proteção do direito adquirido diante de leis como a do caso sob exame, pressupõem considerar-se a situação concreta dos autos, sob o prisma da proteção das próprias posições jusfundamentais afetadas: de um lado a proteção do direito ao patrimônio; e, de outro lado, a política monetária.

Diante da inevitável pergunta sobre a forma adequada de proteção dessas pretensões, tem--se como resposta indicativa que a proteção a ser oferecida há de vir do próprio direito destinado a proteger a posição afetada.

Assim, se se trata de direito de propriedade ou de outro direito real, há que se invocar a proteção ao direito de propriedade estabelecida no texto constitucional. Se se tratar de proteção à política monetária ou de outro direito de perfil marcadamente institucional, também há se invocar a própria garantia eventualmente afetada e não o princípio do direito adquirido.

Sob esse prisma, desloca-se a reflexão de uma perspectiva situada puramente no direito privado para uma lógica calcada na perspectiva constitucional de Direitos Fundamentais.

6. Valores patrimoniais e garantia constitucional da propriedade

Não se pode perder de vista que, no caso concreto em discussão neste recurso extraordinário, está-se diante de um contrato de aplicação financeira com valor de resgate pré-fixado – CDB, e de uma norma monetária que determinou aplicação de um fator de deflação aos resgates futuros.

O que se coloca para análise é se, diante da ponderação entre a proteção do valores patrimoniais envolvidos no contrato de aplicação financeira e a proteção da própria política econômica como uma garantia institucional, houve ou não excesso legislativo na conformação restritiva que ora se analisa.

De há muito venho defendendo que a extensão da proteção constitucional do direito de propriedade aos valores patrimoniais revela-se uma exigência da própria percepção do conteúdo institucional da garantia do direito de propriedade. Nesse sentido anotei: "A *amplitude conferida modernamente ao conceito constitucional de propriedade e a ideia de que os valores de índole patrimonial, inclusive depósitos bancários e outros direitos análogos, são abrangidos por essa garantia, estão a exigir, efetivamente, que eventual alteração do padrão monetário seja contemplada, igualmente, como problema concernente à garantia constitucional da propriedade*"[15].

É verdade que a extensão da garantia constitucional da propriedade a esses valores patrimoniais não há de ser vista como uma panaceia. A garantia defendida não torna o padrão monetário imune às vicissitudes da vida econômica, sendo evidente, entretanto, que a própria natureza institucional da garantia outorgada legitima o legislador a intervir na ordem monetária, com vistas ao retorno a uma situação de equilíbrio econômico-financeiro[16].

Assim, a extensão da garantia constitucional da propriedade aos valores patrimoniais expressos em dinheiro e nos créditos em dinheiro não lhes outorga uma imunidade contra eventuais alterações da política econômica. A configuração de um quadro de desordem econômica não apenas legitima, como também impõe que sejam tomadas medidas destinadas a restabelecer o equilíbrio econômico, de modo que eventuais providências de conteúdo conformativo-restritivo por parte do legislador poderão afetar algumas posições patrimoniais sem que o atingido possa invocar qualquer pretensão indenizatória. Nesse âmbito, é a própria natureza da garantia constitucional do direito

---

[15] A reforma monetária de 1990 – Problemática jurídica da chamada "retenção dos ativos financeiros" – Lei n. 8.024, de 12/04/1990, *in* Revista de Informação Legislativa, a. 28, n. 112, out./dez., 1991, p. 268-269.

[16] Cfr. A reforma monetária de 1990 – Problemática jurídica da chamada "retenção dos ativos financeiros" – Lei n. 8.024, de 12/04/1990, *in Revista de Informação Legislativa*, a. 28, n. 112, out./dez., 1991, p. 270.

Segurança jurídica, direito adquirido e interpretação constitucional **737**

que possibilita e autoriza a redefinição do conteúdo do direito ou a imposição de limitações a seu exercício[17].

É fácil de ver que esses aspectos – sem dúvida de alta relevância para uma análise do complexo de questões suscitadas – não foram contemplados na doutrina nem pela jurisprudência.

As posições sustentadas por Diogo de Figueiredo Moreira Neto[18], bem como em meu artigo doutrinário supra mencionado[19] demonstram que há uma nova fórmula para enfrentar o problema.

A questão passa a ser: a mudança do estatuto legal da moeda afeta as relações contratuais em curso, tendo em vista a premissa de que a legislação monetária não constitui norma de simples conteúdo contratual, mas lei que disciplina o regime jurídico de determinada situação[20].

Essa é uma outra via para a análise da questão posta, a qual desloca a discussão dos autos para a ponderação de direitos fundamentais e a proibição de restrições legislativas que anulem os próprios direitos fundamentais em confronto, ou seja, investigação sobre o núcleo essencial do direito de propriedade, tendo como parâmetros a sua vinculação.

De um lado, tem-se a proteção do contrato e dos valores patrimoniais resguardados no âmbito de proteção da garantia constitucional da propriedade (garantia institucional – estatuto privado) e, de outro lado, a proteção da política monetária (garantia institucional – instituto público).

7. Análise da tablita pelo princípio da proporcionalidade

No caso dos autos, a norma que impôs a tablita para os contratos de aplicações financeiras com valor de resgate pré-fixado justificou-se pela própria política econômica adotada.

O legislador brasileiro optou pela regulamentação da política econômica por meio de normas jurídicas que deixaram claras e explicitadas as consequências da política de congelamento – determinada pelo Governo Federal – em todos os contratos (inclusive as aplicações financeiras).

Naquelas circunstâncias, foi a solução governamental engendrada para que se pudesse levar a cabo a meta de redução da inflação.

A opção pelo congelamento de preços e salários pelo prazo de 90 dias, como política econômica, não poderia ser implementada sem alteração substancial das regras de mercado, que também atingiram, como consequência inevitável, os contratos de aplicações financeiras de resgate com valor pré-fixado.

Neste, particular, pertinente a doutrina do professor Konrad Hesse, a qual reconhece no princípio da proporcionalidade tanto uma proteção contra as limitações arbitrárias ou desarrazoadas (teoria relativa), como também contra a lesão ao núcleo essencial dos direitos fundamentais[21]. É que, observa Hesse, a proporcionalidade não há de ser interpretada em sentido meramente econômico, de adequação da medida limitadora ao fim perseguido, devendo também cuidar da harmonização dessa finalidade com o direito afetado pela medida.

O vício de inconstitucionalidade substancial decorrente do excesso de poder legislativo implica a aferição da compatibilidade da lei com os fins constitucionalmente previstos, ou seja,

---

[17] A reforma monetária de 1990 – Problemática jurídica da chamada "retenção dos ativos financeiros" – Lei n. 8.024, de 12/04/1990, *in Revista de Informação Legislativa*, a. 28, n. 112, out./dez., 1991, p. 272-273.

[18] Cf. A Reforma monetária e a retenção dos ativos líquidos no Plano Brasil Novo, *in: Revista de Informação Legislativa* n. 108 (1990), p. 49 s.

[19] A Reforma Monetária de 1990 – Problemática Jurídica da Chamada "Retenção dos Ativos Financeiros – Lei n. 8.024, de 12-4-1990", *in Revista de Informação Legislativa*, ano 28, n. 112, out./dez. 1991, p. 235-298, 1991.

[20] ROUBIER, Paul, *Le Droit Transitoire*, 2. ed., Paris, 1960, p. 210-213 e 424-426; MAXIMILIANO, Carlos, *Direito Intertemporal*, 1955, p. 62-63; ESPÍNOLA, Eduardo e ESPÍNOLA FILHO, Eduardo, *Tratado de Direito Civil Brasileiro*, 1932, vol. II, p. 187-188.

[21] HESSE, *Grundzüge des Verfassungsrechts*, p. 149.

à investigação sobre a adequação (*Geeignetheit*) e a necessidade (*Erforderlichkeit*) do ato legislativo supostamente excessivo[22].

Na Alemanha, o *Bundesverfassungsgericht* assentou, em uma de suas primeiras decisões (23-10-1951), que a sua competência cingia-se à apreciação de legitimidade de uma norma, sendo-lhe defeso cogitar de sua conveniência (*Zweckmässigkeit*). Todavia, "a questão sobre a liberdade discricionária outorgada ao legislador, bem como sobre os limites dessa liberdade, é uma questão jurídica suscetível de aferição judicial"[23].

O conceito de discricionariedade no âmbito da legislação traduz, a um só tempo, ideia de liberdade e de limitação. Reconhece-se ao legislador o poder de conformação dentro de limites estabelecidos pela Constituição. E, dentro desses limites, diferentes condutas podem ser consideradas legítimas[24].

A doutrina identifica como típica manifestação do excesso de poder legislativo a violação ao princípio da proporcionalidade ou da proibição de excesso (*Verhältnismässigkeitsprinzip; Übermassverbot*), que se revela mediante contraditoriedade, incongruência, e irrazoabilidade ou inadequação entre meios e fins[25].

A utilização do princípio da proporcionalidade ou da proibição de excesso no Direito constitucional envolve, em um primeiro plano, a apreciação da necessidade (*Erforderlichkeit*) e adequação (*Geeignetheit*) da providência legislativa.

De qualquer forma, um juízo definitivo sobre a proporcionalidade da medida há de resultar da rigorosa ponderação e do possível equilíbrio entre o significado da intervenção para o atingido e os objetivos perseguidos pelo legislador (*proporcionalidade em sentido estrito*)[26]. A proporcionalidade em sentido estrito assumiria, assim, o papel de um "controle de sintonia fina" (*Stimmigkeitskontrolle*), indicando a justeza da solução encontrada ou a necessidade de sua revisão[27].

Na situação posta para análise, pelos dois primeiros critérios – adequação e necessidade – a norma que alterou a política monetária e impôs a tablita para os contratos de aplicações financeiras com valor de resgate pré-fixado passa pelo crivo da proporcionalidade, restando a análise do terceiro e mais concreto dos critérios: a proporcionalidade em sentido estrito.

Exame rigoroso do equilíbrio entre a restrição imposta pela norma em questão e os objetivos perseguidos pelo legislador ao editá-la, a proporcionalidade em sentido estrito somente pode ser evidenciada a partir da investigação em concreto de seus pressupostos e consequências.

As premissas postas no voto-vista do Min. Nelson Jobim são imprescindíveis para esse juízo.

A primeira premissa é a de que a compreensão do caso, no âmbito jurídico, passa pela compreensão do fenômeno econômico, devendo-se ter em mente que as mudanças na política econômica, pela intervenção legislativa do Estado, têm repercussão no contrato celebrado entre as partes. Acertada a conclusão do Min. Nelson Jobim: "*Alterada essa base – seja por mudança na moeda, seja por radical intervenção na economia, como é o congelamento –, o acordo entre as partes deve sofrer modificações no ajuste nominal a fim de ser mantido ajuste substancial.*"

---

[22] CANOTILHO, *Direito Constitucional*, cit., p. 617-618; SCHNEIDER, Zur Verhältnismässigkeitskontrolle, in STARCK, *Bundesverfassungsgericht*, cit., v. 2, p. 392. ERICHSEN, Hans-Uwe & MARTENS, Wolfgang (org).

[23] HESSE, *Grundzüge des Verfassungsrechts*, p. 149.

[24] ERICHSEN, Hans-Uwe & MARTENS, Wolfgang org. *Allgemeines Verwaltungsrecht*, 9. ed., Berlin-Nova York, 1992, p. 186.

[25] SCHNEIDER, Zur Verhältnismässigkeitskontrolle..., in STARCK, *Bundesverfassungsgericht*, cit., v. 2, p. 390 e s.; CANOTILHO, *Direito constitucional*, cit., p. 487.

[26] PIEROTH/SCHLINK, *Grundrechte* – Staatsrecht II, p. 67.

[27] PIEROTH/SCHLINK, *Grundrechte* – Staatsrecht II, p. 68.

Destarte, não há como deixar de registrar aqui que o fator de deflação, ora questionado, ao invés de ferir o pactuado anteriormente, assegurou a manutenção possível do que havia sido pactuado, tendo em vista que o cenário era de redução drástica da inflação.

Ademais, a deflação apresenta-se como uma decorrência inevitável da própria política de congelamento adotada, o que, em outras palavras, quer dizer que o fator deflação garantiu o mínimo equilíbrio para manutenção daquilo que fora anteriormente pactuado, pois sem ele, inevitavelmente, o congelamento produziria efeitos econômicos ainda mais díspares dos que foram inicialmente ajustados pelas partes.

Conforme registrou o Min. Nelson Jobim em seu voto-vista, a partir de estudos econômicos a conclusão a que se chega é a de que o pedido da ação originária não poderia ser atendido porque pretendia um rendimento real de 18,3%, quando, na verdade, o contrato, se efetivamente cumprido, nas novas condições econômico-financeiras, registraria um rendimento negativo de -2,694% para aquele período.

Assim, mesmo diante do critério da proporcionalidade em sentido estrito, a norma analisada apresenta-se constitucional, pois os elementos concretos demonstram (principalmente os percentuais de rendimento real e rendimento pré-fixado) que o fator de deflação, ao contrário do que se alega no presente recurso, ao invés de violar, acabou por proteger o núcleo essencial do direito fundamental envolvido (que em última análise é o direito de propriedade), resguardando-se reflexamente também o direito adquirido e ato jurídico perfeito, como corolários da segurança jurídica e do próprio Estado de Direito. Nas palavras do Min. Nelson Jobim: "*de uma contratação com rendimento real, na melhor das hipóteses, negativo em -2,694%, passaria para um rendimento positivo de 7,32%.*"

8. Conclusão

A discussão pontuada versa sobre política monetária e opções do Governo Federal pelo congelamento de preços e salários como política pública para conter a inflação. Partindo dessa premissa, não há como deixar de reconhecer a vantagem geral que dessa política deveria resultar para a sociedade brasileira como um todo.

Entretanto, tem-se a consciência, principalmente no contexto de um Estado Constitucional, que se pretende garantidor de direitos fundamentais, que a aplicação desse entendimento sem maiores cautelas pode provocar sérios prejuízos aos particulares, com manifesto desrespeito ao princípio da equidade e, hoje diríamos, ao princípio da proporcionalidade, que condiciona toda a concretização dos direitos fundamentais.

O reconhecimento de que a política monetária de um país merece proteção institucional, equiparando-se tal proteção àquela que, no plano objetivo, sempre mereceu o "estatuto do contrato", é algo que revela o deslocamento da perspectiva puramente subjetiva dos direitos fundamentais para a fórmula objetiva de tais direitos.

A perspectiva objetiva e institucional dos direitos fundamentais exige que se pondere, em cada situação concreta apresentada, os direitos fundamentais envolvidos, com a finalidade de que se extraia desses próprios direitos os elementos de sua máxima garantia e eficácia.

Ora, embora não se possa negar que a garantia constitucional do direito de propriedade transcende os lindes dos direitos reais e abarca, genericamente, outros valores patrimoniais, inclusive depósitos bancários[28], deve-se admitir, coerentemente, que também a *propriedade* desses

---

[28] Cf., entre nós, PONTES DE MIRANDA, *Comentários à Constituição de 1967, com a emenda n. 1, de 1969*, 3. edição, Rio de Janeiro, 1987, tomo V, p. 392; v. também HESSE, *Grundzüge des Verfassungsrechts*, Heidelberg, 1988, p. 172; PIEROTH, Bodo, SCHLINK, Bernhard, *Grudrechte – Staatsrecht*, 4. ed., Heidelberg, 1988, p. 231 s.

diversos bens e valores esteja submetida ao poder de conformação do legislador, que poderá, eventualmente, ampliar o *âmbito de proteção* ou optar pela imposição de restrições a esse direito, sempre com observância do princípio da proporcionalidade.

Diante da mudança de ambiência econômica – tal como ocorre no caso de mudança de padrão monetário – a discussão não pode pautar-se no direito adquirido. No máximo, é possível discutir se há prejuízos reais quanto ao direito fundamental material envolvido (no caso os valores patrimoniais/propriedade), o que recomenda, para tais situações, normas de transição claras e definitivas. Isso porque o fato de não se poder invocar o direito adquirido não impede que se invoque a proteção do próprio direito fundamental envolvido.

Dessa forma, conforme magistério clássico do próprio Savigny, o problema necessariamente desloca-se do âmbito do direito intertemporal para o plano da política legislativa[29]. E, mais modernamente, a discussão desloca-se do plano dos direitos subjetivos envolvidos para a perspectiva objetiva dos direitos fundamentais, considerando-se, principalmente, as garantias institucionais.

E, nesse particular, está o Judiciário naquele limite de sua atuação, em que, pelo critério da proporcionalidade em sentido estrito, é convocado a verificar, de plano, se houve excesso ou abuso na restrição imposta, ou seja, se o direito fundamental foi afetado em seu núcleo essencial, sendo-lhe vedada qualquer incursão no plano da pura discricionariedade legislativa (que conforma ou institui o âmbito de proteção do direito fundamental).

No caso específico dos autos, não parece que a tablita tenha extrapolado os limites da proporcionalidade, pois muito embora tenha havido a aplicação do fator de deflação aos rendimentos da aplicação financeira contratada com valor de resgate pré-fixado, as consequências foram mais benéficas ao investidor do que se a questão não houvesse sido regulamentada pelo legislador.

Diante do exposto, acompanho o voto do Relator e conheço do recurso extraordinário, pela possibilidade, em tese, de discutir-se a violação constitucional apontada pelo Recorrente, e, no seu mérito, nego-lhe provimento.

---

[29] SAVIGNY, Traité de Droit Romain, Paris, 1860, vol. 8, p. 525-526.

RE 416.827[1]

Benefício – Revisão – Pensão por morte – Efeitos financeiros correspondentes à integralidade do salário de beneficiados da previdência geral, a partir da
vigência da Lei n. 9.032/95 – Modificação legislativa – Aplicação no tempo.

Trata-se de recurso extraordinário, interposto com fundamento no art. 102, III, "a", da
Constituição Federal, contra acórdão da Turma Recursal dos Juizados Especiais Federais da
Seção Judiciária do Estado de Santa Catarina.

O acórdão recorrido determinou a revisão do benefício de pensão por morte, com efeitos
financeiros correspondentes à integralidade do salário de benefícios da previdência geral, a partir
da vigência da Lei n. 9.032, de 28 de abril de 1995. Isto é, independentemente da legislação anteriormente incidente, a saber: a Lei n. 8.213/1991, especialmente quanto ao art. 75.

O recorrente, Instituto Nacional do Seguro Social (INSS), alegou suposta violação ao art.
5º, XXXVI (ofensa ao ato jurídico perfeito e ao direito adquirido), bem como desrespeito ao
preconizado pelo § 5º, do art. 195, da Constituição Federal (impossibilidade de majoração de
benefício da seguridade social sem a correspondente fonte de custeio total).

Sustentou, ademais, a inobservância do princípio da irretroatividade da lei, cuja única exceção seria a hipótese excepcional da retroação da lei penal mais benéfica ao réu (CF, art. 5º, XL).

Alegou, por fim, que a única hipótese de retroatividade da lei, permitida pela Constituição,
é a da lei penal em favor do réu (art. 5º, XL, CF).

A Procuradoria Geral da República manifestou-se pelo não conhecimento do recurso
extraordinário.

A decisão do recurso extraordinário recebeu a seguinte ementa:

*EMENTA: Recurso extraordinário. Interposto pelo Instituto Nacional do Seguro Social (INSS), com funda-
mento no art. 102, III, "a", da Constituição Federal, em face de acórdão de Turma Recursal dos Juizados Especiais Federais. Benefício previdenciário: pensão por morte (Lei n. 9.032, de 28 de abril de 1995).*

*1. No caso concreto, a recorrida é pensionista do INSS desde 25/6/1972, recebendo através do benefício n.
020.719.002-7, aproximadamente o valor de R$ 248,94. Acórdão recorrido que determinou a revisão do
benefício de pensão por morte, com efeitos financeiros correspondentes à integralidade do salário de benefícios
da previdência geral, a partir da vigência da Lei n. 9.032/1995.*

*2. Concessão do referido benefício ocorrida em momento anterior à edição da Lei n. 9.032/1995. No caso
concreto, ao momento da concessão, incidia a Lei n. 8.213, de 24 de julho de 1991.*

*3. O recorrente (INSS) alegou: i) suposta violação ao art. 5º, XXXVI, da CF (ofensa ao ato jurídico perfeito
e ao direito adquirido); e ii) desrespeito ao disposto no art. 195, § 5º, da CF (impossibilidade de majoração de
benefício da seguridade social sem a correspondente indicação legislativa da fonte de custeio total).*

*4. Análise do prequestionamento do recurso: os dispositivos tidos por violados foram objeto de adequado pre-
questionamento. Recurso Extraordinário conhecido.*

*5. Referência a acórdãos e decisões monocráticas proferidos quanto ao tema perante o STF: RE (AgR) n. 414.735/
SC, 1ª Turma, unânime, Rel. Min. Eros Grau, DJ 29.4.2005; RE n. 418.634/SC, Rel. Min. Cezar Peluso, decisão
monocrática, DJ 15.4.2005; e RE n. 451.244/SC, Rel. Min. Marco Aurélio, decisão monocrática, DJ 8.4.2005.*

*6. Evolução do tratamento legislativo do benefício da pensão por morte desde a promulgação da CF/1988:
arts. 201 e 202 na redação original da Constituição, edição da Lei n. 8.213/1991 (art. 75), alteração da
redação do art. 75 pela Lei n. 9.032/1995, alteração redacional realizada pela Emenda Constitucional n.
20, de 15 de dezembro de 1998.*

---

[1] O Plenário do Supremo Tribunal Federal, em sessão realizada em 8.2.2007, conheceu do recurso por unanimidade de votos, e, por maioria, deu-lhe provimento, nos termos do voto do Relator, Ministro Gilmar Mendes (DJ
de 8.2.2007).

742 Estado de Direito e Jurisdição Constitucional – Decisões relevantes em 15 anos de atuação no STF

7. Levantamento da jurisprudência do STF quanto à aplicação da lei previdenciária no tempo. Consagração da aplicação do princípio tempus regit actum quanto ao momento de referência para a concessão de benefícios nas relações previdenciárias. Precedentes citados: RE n. 258.570/RS, 1ª Turma, unânime, Rel. Min. Moreira Alves, DJ 19.4.2002; RE (AgR) n. 269.407/RS, 2ª Turma, unânime, Rel. Min. Carlos Velloso, DJ 2.8.2002; RE (AgR) n. 310.159/RS, 2ª Turma, unânime, Rel. Min. Gilmar Mendes, DJ 6.8.2004; e MS n. 24.958/DF, Pleno, unânime, Rel. Min. Marco Aurélio, DJ 1º.4.2005.

8. Na espécie, ao reconhecer a configuração de direito adquirido, o acórdão recorrido violou frontalmente a Constituição, fazendo má aplicação dessa garantia (CF, art. 5º, XXXVI), conforme consolidado por esta Corte em diversos julgados: RE n. 226.855/RS, Plenário, maioria, Rel. Min. Moreira Alves, DJ 13.10.2000; RE n. 206.048/RS, Plenário, maioria, Rel. Min. Marco Aurélio, Red. p/ acórdão Min. Nelson Jobim, DJ 19.10.2001; RE n. 298.695/SP, Plenário, maioria, Rel. Min. Sepúlveda Pertence, DJ 24.10.2003; AI (AgR) n. 450.268/MG, 1ª Turma, unânime, Rel. Min. Sepúlveda Pertence, DJ 27.5.2005; RE (AgR) n. 287.261/MG, 2ª Turma, unânime, Rel. Min. Ellen Gracie, DJ 26.8.2005; e RE n. 141.190/SP, Plenário, unânime, Rel. Ilmar Galvão, DJ 26.5.2006.

9. De igual modo, ao estender a aplicação dos novos critérios de cálculo a todos os beneficiários sob o regime das leis anteriores, o acórdão recorrido negligenciou a imposição constitucional de que lei que majora benefício previdenciário deve, necessariamente e de modo expresso, indicar a fonte de custeio total (CF, art. 195, § 5º). Precedente citado: RE n. 92.312/SP, 2ª Turma, unânime, Rel. Min. Moreira Alves, julgado em 11.4.1980.

10. Na espécie, o benefício da pensão por morte configura-se como direito previdenciário de perfil institucional cuja garantia corresponde à manutenção do valor real do benefício, conforme os critérios definidos em lei (CF, art. 201, § 4º).

11. Ausência de violação ao princípio da isonomia (CF, art. 5º, caput) porque, na espécie, a exigência constitucional de prévia estipulação da fonte de custeio total consiste em exigência operacional do sistema previdenciário que, dada a realidade atuarial disponível, não pode ser simplesmente ignorada.

12. O cumprimento das políticas públicas previdenciárias, exatamente por estar calcado no princípio da solidariedade (CF, art. 3º, I), deve ter como fundamento o fato de que não é possível dissociar as bases contributivas de arrecadação da prévia indicação legislativa da dotação orçamentária exigida (CF, art. 195, § 5º). Precedente citado: julgamento conjunto das ADI's n. 3.105/DF e 3.128/DF, Rel. Min. Ellen Gracie, Red. p/ o acórdão, Min. Cezar Peluso, Plenário, maioria, DJ 18.2.2005.

13. Considerada a atuação da autarquia recorrente, aplica-se também o princípio da preservação do equilíbrio financeiro e atuarial (CF, art. 201, caput), o qual se demonstra em consonância com os princípios norteadores da Administração Pública (CF, art. 37).

14. Salvo disposição legislativa expressa e que atenda à prévia indicação da fonte de custeio total, o benefício previdenciário deve ser calculado na forma prevista na legislação vigente à data da sua concessão. A Lei n. 9.032/1995 somente pode ser aplicada às concessões ocorridas a partir de sua entrada em vigor.

15. No caso em apreço, aplica-se o teor do art 75 da Lei 8.213/1991 em sua redação ao momento da concessão do benefício à recorrida.

16. Recurso conhecido e provido para reformar o acórdão recorrido.

VOTO

I) Da admissibilidade do presente recurso extraordinário

O Instituto Nacional de Seguridade Social (INSS), ora recorrente, sustenta que a concessão do benefício pensão por morte deve ser regida pela lei vigente ao momento em que tenha sido realizado o requerimento dessa benesse previdenciária – suposta incidência do *princípio tempus regit actum*. Para tanto, arrola os seguintes argumentos, os quais serão detidamente apreciados em meu voto:

Segurança jurídica, direito adquirido e interpretação constitucional **743**

i) "não há em nosso direito vigente – assim como jamais houve no anterior – norma jurídica genérica que preveja a retroação benéfica, como ocorre com a lei penal, que pode, por expressa determinação constitucional e infraconstitucional, retroagir para beneficiar o réu" (fl. 20);

ii) o pretendido recálculo da pensão recebida pelo segurado ofenderia a regra da irretroatividade da lei e o princípio de proteção ao ato jurídico perfeito (CF, art. 5º, XXXVI), configurando-se, por conseguinte, em violação ao *princípio da segurança jurídica*; e

iii) ademais, aponta que a prevalecer a tese jurídica contida no acórdão recorrido estar-se-ia a admitir a *"majoração de benefício sem a correspondente fonte de custeio total*, o que é vedado não só para o legislador, mas também para o aplicador da lei ao caso concreto (art. 195, § 5º, da Constituição Federal)." (fl. 21).

Ao analisar a doutrina e os precedentes jurisprudenciais acerca dessa matéria, o Juizado Especial Federal Cível de Florianópolis assim se manifestou (fls. 26-31):

> "Os fundamentos, que passo a destacar adiante, demonstram que a doutrina e a jurisprudência do SUPREMO TRIBUNAL FEDERAL e do TRF da 4ª REGIÃO são em sentido contrário ao precedente invocado pela parte autora.
>
> A bem de destacar esta divergência, transcrevo a ementa da decisão do SUPERIOR TRIBUNAL DE JUSTIÇA – STJ:
>
> 'EMBARGOS DE DIVERGÊNCIA. PREVIDENCIÁRIO. PENSÃO. MAJORAÇÃO DE COTA. ARTIGO 75 DA LEI 8.213/91, ALTERADO PELA LEI 9.032/95. POSSIBILIDADE. INCIDÊNCIA IMEDIATA DA LEI NOVA. 1 – O artigo 75 da Lei 8.213/91, na redação da Lei 9.032/95, deve ser aplicado em todos os casos, alcançando todos os benefícios previdenciários, independentemente da lei vigente à época em que foram concedidos. Precedentes.
>
> II – Essa orientação, entretanto, não significa aplicação retroativa da lei nova, mas sua incidência imediata, pois qualquer aumento de percentual passa a ser devido a partir da sua vigência.
>
> III – Embargos rejeitados.' (STJ, 3ª Seção, unânime. Rel. Min. Gilson DIPP. EDREsp 297,274/AL. Julg. em 11/09/2002).
>
> Embora a Lei 9.032/95 tenha modificado o critério de cálculo da pensão por morte, não determinou nenhuma retroação para possibilitar revisar o benefício concedido antes da sua promulgação. É preciso interpretar que a retroação, antes operada em favor dos benefícios, tinha respaldo em disposição legal expressa, que favorecia os beneficiários de pensão – art. 144 da Lei 8.213/91, e que o mesmo não foi previsto na Lei 9.032/95 para fazer-se uma nova revisão favorável do benefício.
>
> É preciso ter presente que o princípio da não violação do ato jurídico perfeito, constitucional e legalmente protegido é um instituto de mão dupla – tanto protege o segurado/beneficiário como o responsável pelo pagamento do benefício –, no caso o INSS, o qual, neste caso, seria surpreendido de arcar com o pagamento de um benefício em valor superior ao previsto na data da concessão, sem que houvesse uma correspondente fonte de custeio criada para atender a despesa dessa majoração – § 5º, art. 195 da CF/88. Trata-se de instituto de política de segurança jurídica e por isso merece integral respeito.
>
> Se diz perfeito o ato consumado segundo a lei vigente ao tempo em que se efetuou (§ 1º do art. 6º da LICC). Ora, se é inadmissível que o INSS revise um benefício concedido (por exemplo por erro) depois de passados 5 anos da concessão, não se tem dúvidas que o marco de consumação do ato jurídico perfeito da pensão se opera da data de sua concessão, pois a partir daí conta-se a decadência do direito revisional do INSS. Tal fato permite ver com clareza solar que as regras básicas de coeficiente de cálculo consideradas naquela data se integram no ato jurídico perfeito que a norma posterior não pode modificar, salvo disposição expressa (o que não foi o caso), e no interesse exclusivo do particular.
>
> A SÚMULA 359 do SUPREMO TRIBUNAL FEDERAL, nos termos em que foi revisada pelo RE 72.509/PR, tem integral pertinência:
>
> 'Ressalvada a revisão prevista em lei, os proventos da inatividade regulam-se pela lei vigente ao tempo em que o militar, ou servidor civil, reuniu os requisitos necessários.'
>
> As expressões 'Ressalvada a revisão prevista em lei' deixam evidente que a modificação dos proventos de uma pensão não poderia ser diferente, ou seja, basear-se-ia na lei vigente ao tempo da implementação dos requisitos e dependeria de lei expressa para qualquer alteração. É lógico, portanto, para essa

Súmula que sem lei expressa todos os critérios vigorantes no momento da aquisição do direito devem ser respeitados pela legislação superveniente.

Bem por isso, precisou o art. 144 da Lei 8.213/91 dizer que os reajustamentos dos benefícios concedidos anteriormente seriam feitos na conformidade dessa Lei e não poderia ser diferente em relação às demais Leis, pois conforme o SUPREMO TRIBUNAL FEDERAL é indispensável que '... (o Estado) edite norma expressamente voltada para o passado ...' (extraído do voto do RE 184.099-4/DF, 1ª T., julg. em 10/12/96). Vale dizer, não basta haver uma lei revogando a anterior para aplicar-se a lei nova ao ato jurídico perfeito.

É certo, portanto, que a legislação que disciplina a concessão dos benefícios previdenciários é a vigente na data do fato determinante para a sua viabilização – aplicação do princípio: *tempus regit actum (e* isso está reconhecido no voto condutor da ementa do STJ antes transcrita). Uma vez concedido o benefício, tem-se ato jurídico perfeito – e os critérios legais posteriores não o afetam, em nenhuma hipótese, para pior. E, para melhor, apenas mediante disposição legal expressa, repito.

(...)

Não é difícil imaginar o desequilíbrio nas relações jurídicas e nas finanças públicas que a interpretação adotada no EDREsp pode causar, pois não leva em conta que os benefícios deferidos no passado e em manutenção têm por base um regime de tributação que se diferencia dos padrões atuais. As alíquotas das contribuições sociais não eram as mesmas, seja das empresas, empregados, autônomos, etc (ver arts. 69 e ss. da Lei 3.807/60) e, bem por isso, os benefícios não poderiam ter a mesma força, pois todo sistema previdenciário leva em conta uma arrecadação para poder custear o seguro. Veja-se que a situação era tão diversa dos padrões atuais, que até os pensionistas se sujeitavam a contribuir com 2% dos respectivos proventos para, obviamente, dar sustentabilidade ao sistema Sistema Previdenciário, pois menores eram as contribuições de toda a Sociedade.

Não se pode, enfim, fazer-se mera transposição das regras atuais (neste caso prevendo a reversão de cotas de pensão extintas ou simplesmente elevando o coeficiente de cálculo do benefício para 100%) para favorecer segurado/dependente sem fazer-se uma necessária correlação com as bases de custeio previstas para sustentar estes pagamentos. Em assim não fazendo, força é presumir que a interpretação equivocada, quanto aos efeitos retroativos mínimos da Lei 9.032/95, afronta a regra constitucional (§ 5º, art. 195) que prevê: 'Nenhum benefício ou serviço da seguridade social poderá ser criado, majorado ou estendido sem a correspondente fonte de custeio total.'

Assim, com respaldo na doutrina e na jurisprudência, a orientação constante do voto do EDREsp n. 297.274/AI, apresenta-se contraditória, *data venia*, ao afirmar que na concessão de benefícios se aplica o princípio *tempus regit actum*, para, ao mesmo tempo, aplicar a Lei 9.032/95 para alterar um coeficiente de cálculo de uma pensão previdenciária concedida em 1990. Isso porque, alberga uma retroatividade mínima à Lei 9.032/95, sem disposição expressa, com total ofensa ao princípio constitucional comentado. Afinal, se a Constituição prevê proteção ao ato jurídico perfeito não pode a lei ou sua interpretação conduzir a afetá-lo, ainda minimamente. Ofensa mínima também é ofensa!

Para comprovar a contradição antes aventada, entendo ser pertinente confrontar a ementa a seguir, que, embora envolvendo assunto diverso, assemelha-se por envolver efeitos pendentes de uma causa pretérita (neste caso um contrato), a qual foi proferida pelo SUPREMO TRIBUNAL FEDERAL – STF, em 19/10/99:

'Recurso extraordinário. Mensalidade escolar. Atualização com base em contrato.

Em nosso sistema jurídico, a regra de que a lei nova não prejudicará o direito adquirido, o ato jurídico perfeito e a coisa julgada, por estar inserida no texto da Carta Magna (art. 5º, XXXVI), tem caráter constitucional, impedindo, portanto, que a legislação infraconstitucional, ainda quando de ordem pública, retroaja para alcançar o direito adquirido, o ato jurídico perfeito ou a coisa julgada, ou que o Juiz a aplique retroativamente. E a retroação ocorre ainda quando se pretende aplicar de imediato a lei nova para alcançar os efeitos futuros de fatos passados que se consubstanciem em qualquer das referidas limitações, pois ainda nesse caso há retroatividade – a retroatividade mínima –, uma **vez que** se a causa do efeito é o direito adquirido, a coisa julgada, ou **o** ato jurídico perfeito, modificando-se seus efeitos por força da lei nova, altera-se essa causa que **constitucionalmente é infensa a tal alteração**. Essa orientação, que é firme nessa Corte, não foi observada pelo acórdão recorrido que determinou a aplicação das Leis 8.030 e 8.039,

Segurança jurídica, direito adquirido e interpretação constitucional **745**

ambas de 1990, aos efeitos posteriores a elas decorrentes de contrato celebrado em outubro de 1.989, prejudicando, assim, ato jurídico perfeito. Recurso extraordinário conhecido e provido.' (RE 188366/SP, Rel. Min. Moreira Alves, 1ª Turma. Unânime).

A se julgar pela parte supra negritada tenho como certo que o STF não admitiu a chamada retroatividade mínima da novel legislação, tendo determinado a manutenção das bases contratadas de acordo com a legislação vigente, o que em tudo se assemelha com a necessidade de preservar-se os critérios adotados quando da data da concessão do benefício previdenciário.

No mesmo Egrégio STF foi decidida a ADI 493-0/DF, de 25/06/92, publicada no Ementário n. 1.674-2, onde restou assentado que os diversos dispositivos da Lei 8.177191, **interferiam** na causa, que é um ato **ou fato ocorrido no** passado, no que dispunha para aplicar a 'TR' a contratos de financiamento imobiliário pelo SFH, celebrados anteriormente à sua vigência. E, bem por isso, julgaram que havia violação da Constituição da República – art. 5°, XXXVI, por prever a geração de efeitos futuros a contratos celebrados anteriormente – retroatividade mínima.

Concessa máxima *venia*, acolher aquela decisão do Superior Tribunal de Justiça – STJ, implicaria em tumultuar todo o sistema de manutenção de benefícios, descurando de proteger as relações jurídicas consolidadas de acordo com as leis vigentes, descurando-se de que poucas legislações se alteraram tanto como a previdenciária e, que adotada aquela interpretação, ter-se-ia que revisar milhões de benefícios em face das modificações recentes absurdamente mais favoráveis, tal como foi o caso das pensões, que evoluíram desarrazoadamente ao ponto de o direito do beneficiário suplantar o direito do segurado. Diz-se: 'o segurado mais vale morto do que vivo', a ponto de a Reforma atual da Previdência pretender alterar os critérios da pensão para limites mais próximos das regras do passado.

Pense-se em termos de auxílio-acidente (atualmente regulado no art. 86 da Lei 8.213/91, reiteradamente modificada nos últimos anos, com coeficientes de 30 a 60%); na aposentadoria por invalidez (art. 44 da Lei 8.213/91, cujo coeficiente de cálculo também foi alterado pela mesma Lei 9.032/95 para 100%); nas aposentadorias por tempo de contribuição/serviço (art. 53 da Lei 8.213191 ou na Lei 8.793/99. Enfim, fácil é se ver que o EDREsp 'escancara a porta do judiciário' para revisar até mesmo os benefícios anteriores a 05/10/88, que tenham sido concedidos sem correção de um ou alguns dos salários de contribuição integrantes do PBC ou para revisar aqueles anteriores que possam obter vantagem com essa Lei mais recente que instituiu o fator previdenciário.

Diante de efeitos tão relevantes do EDREsp confrontado, parece certo dizer que, se este efeito financeiro futuro fosse querido pelo legislador, não teria sido imprevidente, a ponto de não regular expressamente as revisões que deveriam ser operadas pelo INSS. Afinal, sem lei expressa não poderia promover qualquer revisão – por aplicação do princípio da legalidade – art. 37, da CF/88, uma vez que se trata de uma Autarquia. Ou ter-se-ia que presumir que todas estas leis recentes tiveram o intuito de dar muito serviço para os advogados e abarrotar o Poder Judiciário com milhões de novas ações.

A r. decisão do STJ apenas não afetaria o ato jurídico perfeito se não estivesse a implicar na modificação do coeficiente de cálculo considerado no ato de concessão do benefício. Ocorre que sem esta modificação nenhum efeito financeiro futuro seria gerado. Fato que até coloca em dúvida se o caso é mesmo de retroatividade mínima, pois interferindo-se no coeficiente que vigorava na data da concessão do benefício, a revisão supõe uma retroatividade máxima ou média, na conformidade da classificação da Maria Helena Diniz, antes transcrita.

Não se pode olvidar que a jurisprudência do SUPREMO TRIBUNAL FEDERAL (e de outros Tribunais Regionais Federais) tem sido maciça no sentido de não atribuir retroatividade, ainda que mínima para as novas regras que passaram a regular a contagem de tempo de serviço, ou que passaram a exigir laudo ambiental, ou deixaram de considerar especial determinada atividade etc.

Ora, se de um lado não se admite retroatividade mínima e ainda que expressa, para prejudicar o segurado (porque violaria o direito adquirido), com mais razão não se pode permitir que a lei nova, pudesse sem menção expressa, se prestar a modificar os critérios de concessão do benefício mantido há anos, para que assim possa gerar efeitos financeiros futuros.

A situação vivenciada pelo segurado que percebe auxílio-acidente no percentual de 60% do valor do salário-de-benefício (tal como chegou a prever a redação original do art. 86, § 1° da Lei 8.213/91, também permite levar à convicção de que a sua manutenção nesse patamar é de rigor, pois se fosse possível fazer a mesma interpretação do EDResp comentado, se poderia dizer que a redução do coeficiente para 50% não implicaria em retroatividade, porque os efeitos financeiros seriam apenas para o futuro.

A interpretação do TRF da 4ª Região alinha-se com os precedentes do STF:

'PREVIDENCIÁRIO. REVISÃO DO COEFICIENTE DE CÁLCULO. REMESSA OFICIAL. PENSÃO POR MORTE. ART. 75 E ART. 144 DA LEI 8.213/91. BURACO NEGRO. LEI 9.032/95. FALTA DE AMPARO JURÍDICO.

2. Tendo o benefício sido concedido durante o chamado buraco negro, deve ter sua renda mensal inicial recalculada e reajustada por força da disciplina contida no art. 144 da Lei 8.213/91.

3. Deve, pois, ser revisado o benefício, aplicando-se a regra do art. 75 da Lei 8.213/91 em sua redação original, observando-se a disciplina contida no par-único do art. 144 e, ainda, quanto a eventuais parcelas atingidas pela prescrição quinquenal.

4. Improcede o pedido de modificação do salário-de-benefício por força da alteração do art. 75, em face da Lei 9.032/95, de 28 de abril de 1995, já que não houve tal regramento quanto aos benefícios concedidos antes de sua vigência.' (TRF da 4ª região, Ac n. 0401020229-0/RS, Rei. Des. Federal Tadaaqui Hirose, *DJU* de 07/04/1999). Negritei.

E não se diga que há um caráter social para aplicar-se as disposições recentes mesmo sem disposição expressa, pois o Intérprete Maior da Constituição já decidiu que '... no nosso ordenamento jurídico, a legislação infraconstitucional, ainda quando de ordem pública, não pode retroagir para alcançar ato jurídico perfeito...' STF. RE 263.161 AgR/BA, de 16/12/2003.

Em suma, julgo que a interpretação conducente à modificação do critério de cálculo ou do coeficiente de cálculo previsto na época da concessão, sem que haja determinação expressa em qualquer artigo da Lei 9.032/95, implica em malferir o princípio constitucional do direito adquirido (art. 5º, XXXVI) e o princípio que veda a majoração de benefício sem correspondente fonte de custeio (art. 195, § 5º).

Por isso, deixo de acolher a orientação do Superior Tribunal de Justiça, para perfilhar os precedentes do Supremo Tribunal Federal – STF e o do TRF da 4ª REGIÃO, antes citados.

Assim, a rejeição do pedido se impõe."

Entretanto, em acórdão de fls. 48-54, a Turma Recursal da Seção Judiciária do Estado de Santa Catarina deu provimento ao recurso então interposto pela ora recorrida, EDIR GOMES DE ANDRADE, pensionista do INSS, com base no argumento de que a aplicação de lei nova aos benefícios anteriormente concedidos não violaria direito adquirido, nem tampouco ato jurídico perfeito. Em seu voto, o relator, Juiz Federal Jorge Antonio Maurique, asseverou, *verbis* (fls. 50-53):

"Em primeiro lugar, que não há que se falar em direito adquirido pelo Estado contra o beneficiário da previdência para justificar a não incidência da lei nova.

Com efeito, como a Previdência Social é direito garantido constitucionalmente, sendo assim um direito a prestações positivas do Estado para com o indivíduo, vinculado ao mínimo existencial para a defesa da dignidade humana, o Estado não pode opor ao beneficiário o direito adquirido ou o ato jurídico perfeito, já que essa argumentação somente pode ser efetuada pelo indivíduo contra o Estado. Trata-se aqui da conhecida doutrina de proibição do Estado no retrocesso de reconhecimento de direitos sociais.

Ou seja, se o Estado outorga determinado benefício a alguém, visando o reconhecimento efetivo de algum direito fundamental, não poderá, após, ditado por interesses políticos ou econômicos, retroagir no direito que já reconheceu (supondo-se, é claro, que o direito concedido foi nos termos da legislação então vigente, e essa legislação era adequada ao Direito Constitucional à época).

Não há, desta forma, que afirmar o direito do Estado, contra o indivíduo beneficiado, da intangibilidade do benefício.

Posto isso, resta afastada a alegação de direito adquirido.

Quanto à alegação de que estamos diante de ato jurídico perfeito e, portanto, ao abrigo da imutabilidade da prestação concedida, tenho que também não há como se socorrer.

Com efeito, a doutrina sempre albergou a tese de que o ato é regido pela lei do tempo.

No entanto, é necessário efetuar uma distinção entre o momento da aquisição do direito e o momento da fruição do benefício que o direito reconhecido lhe concedeu.

Isso implica o exame da aplicação imediata da lei nova.

Toda a doutrina nacional e a estrangeira mais moderna afirmam que se aplica a lei nova imediatamente, sob pena de enrijecimento do legislador não poder prescrever novas disposições a respeito de fatos

Segurança jurídica, direito adquirido e interpretação constitucional **747**

pretéritos. Isso significa que qualificado determinado direito, ele está adquirido, o que não impede a incidência da nova legislação sobre a relação jurídica quanto aos seus efeitos.

Isso nos leva a identificar o que há de direito adquirido e ato jurídico perfeito no ato de concessão.

Com o falecimento do instituidor da pensão e tendo a legislação previsto que nesta hipótese, para a pessoa qualificada como dependente, haveria o direito à pensão, esse direito nasce com o fato natural morte.

Postulado o benefício perante a autarquia, e esta, verificando que o requerente preenche os requisitos legais, conceda-lhe o benefício, há ato jurídico perfeito, que somente pode ser invalidado através dos motivos gerais e específicos elencados na legislação.

Então, o que há de ato jurídico perfeito é a concessão de pensão.

Já o pagamento da pensão é fato pendente, que se prolonga no tempo e, dessa forma, deve sofrer a imediata incidência da lei nova, pois não há aqui se falar em retroação, mas sim na máxima eficácia da nova legislação que somente não terá aplicação imediata se expressamente assim prever.

No caso, a Lei em questão que aumentou o percentual de pensão não fez nenhuma referência a sua não aplicação a pensões anteriormente concedidas. Logo, o percentual a ser aplicado, ainda que nas pensões concedidas anteriormente, é o da lei vigente na época do recebimento do benefício, que é mensal.

Outrossim, caso fosse outro o entendimento, haveria sem dúvida alguma quebra do *princípio da isonomia*, que determina que todas as pessoas em idênticas situações devam ser tratadas igualmente.

Não olvido a lição sempre presente de Celso Bandeira de Mello que esse princípio deva ser conjugado de forma a identificar os fatores de discrímenes, que, se lógicos, se justifica o tratamento diferencial.

Mas nesse caso, o fator de discriminação que levaria alguns pensionistas a receberem 50%, outros 80% e outros 100% do salário de benefício do instituidor da pensão seria o temporal, ou seja, a data do falecimento, e, nesse caso, essa discriminação não é razoável.

Portanto, concluo que é correto o entendimento de aplicação imediata dos novos percentuais de pensão, não se tratando aqui de aplicação retroativa da lei nova, mas sim de aplicação imediata da lei nova aos fatos pendentes.

Ante o exposto, voto no sentido de dar provimento ao recurso da parte autora para determinar ao INSS que promova a revisão do seu benefício de pensão por morte e condená-lo ao pagamento das diferenças a serem apuradas, corrigidas pelo IGP-DI e acrescidas de juros de mora de 1% (um por cento) ao mês." (fls. 50-53).

Vê-se, assim, que as disposições tidas como violadas foram objeto de adequado prequestionamento.

Meu voto, portanto, é pelo **conhecimento** do presente recurso extraordinário.

Quanto ao mérito, nos termos do § 3º do art. 21 do RISTF, submeto à apreciação deste Plenário matéria de considerável relevância, tanto em razão da repercussão econômica do caso como no que concerne à possibilidade do reconhecimento de direitos previdenciários decorrentes da própria política de regularização atuarial da Previdência Social em nosso país.

A partir da narrativa constante do relatório, não é difícil perceber que o acórdão recorrido está em consonância com recente orientação firmada pela Primeira Turma desta Corte, segundo a qual a Lei n. 9.032/1995 se aplicaria a todos os beneficiários da denominada "pensão por morte", independentemente da norma vigente no momento em que o óbito tenha se verificado.

Nesse sentido, destaco o Agravo Regimental no RE n. 414.735/SC, apreciado pela 1ª Turma, em sessão de 5.4.2005, Rel. Min. Eros Grau (*DJ* de 29.4.2005), o qual foi assim ementado:

"**EMENTA**: AGRAVO REGIMENTAL EM RECURSO EXTRAORDINÁRIO. INSS. PENSÃO POR MORTE. LEI N. 9.032/95. APLICAÇÃO RETROATIVA. NÃO OCORRÊNCIA. EXTENSÃO DO AUMENTO A TODOS OS BENEFICIÁRIOS. PRINCÍPIO DA ISONOMIA.

1. O aumento da pensão por morte, previsto na Lei n. 9.032/95, aplica-se a todos os beneficiários, inclusive aos que já percebiam o benefício anteriormente à edição desse texto normativo.

748 Estado de Direito e Jurisdição Constitucional – Decisões relevantes em 15 anos de atuação no STF

2. Inexiste aplicação retroativa de lei nova para prejudicar ato jurídico perfeito ou suposto direito adquirido por parte da Administração Pública, mas sim de incidência imediata de nova norma para regular situação jurídica que, embora tenha se aperfeiçoado no passado, irradia efeitos jurídicos para o futuro.

3. O sistema público de previdência social é baseado no princípio da solidariedade [artigo 3º, inciso I, da CB/88], contribuindo os ativos para financiar os benefícios pagos aos inativos. Se todos, inclusive inativos e pensionistas, estão sujeitos ao pagamento das contribuições, bem como aos aumentos de suas alíquotas, seria flagrante a afronta ao princípio da isonomia se o legislador distinguisse, entre os beneficiários, alguns mais e outros menos privilegiados, eis que todos contribuem, conforme as mesmas regras, para financiar o sistema. Se as alterações na legislação sobre o custeio atingem a todos, indiscriminadamente, já que as contribuições previdenciárias têm natureza tributária, não há que se estabelecer discriminação entre os beneficiários, sob pena de violação ao princípio constitucional da isonomia.

Agravo regimental não provido."

No mesmo sentido, é válido mencionar ainda as decisões monocráticas proferidas nos seguintes processos: RE n. 418.634, Rel. Cezar Peluso, *DJ* de 15.4.2005, e o RE n. 451.244, Rel. Marco Aurélio, *DJ* de 8.4.2005.

II) O processo legislativo e a evolução do tratamento legal da "pensão por morte"

Antes de apreciar a questão constitucional posta, é pertinente abordar a evolução do tratamento legislativo do instituto previdenciário da "pensão por morte" desde a promulgação da Constituição Federal de 1988.

Originariamente, esse benefício encontrava sua disciplina constitucional específica nos arts. 201 e 202 da CF. Era a seguinte a redação do art. 201, V, na redação anterior à Emenda Constitucional n. 20/1998:

Art. 201. Os planos de previdência social, mediante contribuição, atenderão, nos termos da lei, a:

V – pensão por morte de segurado, homem ou mulher, ao cônjuge ou companheiro e dependentes, (...).

Com base nessa conformação constitucional, a Lei n. 8.213, de 24.7.1991, estabeleceu os critérios legais de definição do valor da pensão por morte. Em sua redação original, o art. 75 estabelecia que:

"Art. 75. O valor mensal da pensão por morte será:

a) constituído de uma parcela, relativa à família, de 80% (oitenta por cento) do valor da aposentadoria que o segurado recebia ou a que teria direito, se estivesse aposentado na data do seu falecimento, mais tantas parcelas de 10% (dez por cento) do valor da mesma aposentadoria quantos forem os seus dependentes, até o máximo de 2 (duas).

b) 100% (cem por cento) do salário-de-benefício ou do salário-de-contribuição vigente no dia do acidente, o que for mais vantajoso, caso o falecimento seja consequência de acidente do trabalho."

Posteriormente, a Lei n. 9.032, de 1995, alterou o teor desse dispositivo, o qual passou a figurar com a seguinte redação:

"Art. 75. O valor mensal da pensão por morte, inclusive a decorrente de acidente do trabalho, consistirá numa renda mensal correspondente a 100% (cem por cento) do salário-de-benefício, observado o disposto na Seção III, especialmente no art. 33 desta lei."

Conforme se pode observar, a Lei n. 9.032/1995 aumentou o percentual de cálculo do benefício para 100% (cem por cento). Ademais, a nova redação modificou o critério que servia de "base de cálculo" para o benefício, além de unificar o tratamento legal da pensão por morte decorrente de acidente de trabalho (alínea *b*, da redação original) com o daquela derivada da mera ocorrência do evento "morte" (alínea *a*, da redação original).

Em outras palavras, antes, admitia-se como critério:

Segurança jurídica, direito adquirido e interpretação constitucional 749

i) ou o "valor da *aposentadoria* que o segurado recebia ou a que teria direito, se estivesse aposentado na data do seu falecimento" (alínea *a*, da redação original); ou

ii) o valor mais vantajoso do "*salário-de-benefício* ou do *salário-de-contribuição* vigente no dia do acidente" (alínea *b*, da redação original).

A partir da alteração de 1995, o valor mensal da pensão por morte passou a corresponder "a 100% (cem por cento) do *salário-de-benefício*". Com relação a essas modificações empreendidas, é interessante aludir às seguintes passagens da Exposição de Motivos do projeto de lei que resultou na Lei n. 9.032/1995:

> "9. Neste sentido, o que se objetiva, no momento, é a reformulação da legislação básica, de modo a **acabar com o tratamento diferenciado dado a determinados grupos de segurados, eliminar distorções existentes na concessão de benefícios especiais, bem como buscar condições de aumentar a arrecadação visando ao *superávit* necessário para melhorar as condições de quem já está aposentado (sem negrito no original)**.
>
> (...)
>
> 13. O anteprojeto, ao propor, também, a alteração de dispositivos referentes aos acidentes de trabalho, busca dar solução ao verdadeiro caos que hoje existe na área, com interpretações as mais diversas, além de fraudes e procedimentos irregulares. Existem mais de 300 mil ações acidentárias em andamento na justiça brasileira, que poderão assim ser eliminadas de imediato. A proposta de equalização dos valores dos benefícios acidentários com os demais benefícios previdenciários será elemento importante para que sejam reduzidas as ações judiciais contra a Previdência Social, assegurando melhores condições de cálculo de benefício para aposentados e pensionistas."

Diante do exposto, a partir da própria evolução do tratamento legislativo da pensão por morte, é possível extrair duas impressões iniciais:

i) O benefício recebeu tratamento legal que assumiu o percentual integral (isto é, de 100%) como referência para a fixação de seu valor mensal de concessão;

ii) ademais, diferentemente da redação original do art. 75 (que estipulava como termo o "dia do falecimento", ou o "dia do acidente"), o teor que o dispositivo assumiu em 1995 não indicou, em princípio, qualquer elemento de discrímen entre as situações já constituídas, isto é, as pensões já concedidas, e os benefícios que seriam concedidos a partir de então.

Observa-se, portanto, que não há qualquer previsão legal específica quanto à extensão temporal dos efeitos decorrentes das modificações legislativas no que concerne ao momento a partir do qual o beneficiado ou segurado tenha ingressado no regime de Seguridade Social sob essa condição.

É certo que o legislador ordinário poderia ter concedido o benefício. Entretanto não o fez explicitamente.

Conforme pretendo apresentar adiante, isso não significa, por si só, que existam razões jurídico-constitucionais que fundamentem a não aplicação do novo indexador ou da nova "base de cálculo" do benefício.

Não se pode olvidar também a atual disciplina da "pensão por morte" nos termos da redação conferida pela Emenda Constitucional n. 20/1998:

> Art. 201. A previdência social será organizada sob a forma de regime geral, de caráter contributivo e de filiação obrigatória, observados critérios que preservem o equilíbrio financeiro e atuarial, e atenderá, nos termos da lei, a:
>
> V – pensão por morte do segurado, homem ou mulher, ao cônjuge ou companheiro e dependentes, observado o disposto no § 2º.

Assim, poder-se-ia colocar a questão constitucional ora em discussão nos seguintes termos: a partir do momento em que a disciplina legal da pensão por morte não teve a pretensão de estabelecer e, de fato, não estabeleceu até então (mesmo em sede do procedimento legislativo de tramitação do Projeto de Lei n. 199-A, de 1995) qualquer ressalva quanto à repercussão econômica dos benefícios previdenciários já existentes, é legítimo presumir "direito" do beneficiado ou segurado com base nessa mesma legislação sem considerar, de um lado, a preservação do equilíbrio financeiro e atuarial e, de outro, o caráter contributivo de perfil institucional do sistema previdenciário nacional?

Como se pode intuir, a questão não é das mais simples. Daí a necessidade de se verificar, no caso concreto, a suposta ocorrência de ofensa a preceitos constitucionais.

III) Do caso concreto – alegação de ofensa aos preceitos constitucionais tidos por violados

Da alegação de ofensa ao art. 5°, XXXVI (suposta ofensa ao direito adquirido ou ao ato jurídico perfeito).

Tendo em vista a tese da violação ao direito adquirido e ao ato jurídico perfeito, conforme já pude manifestar no recente julgamento das ADIs ns. 3.105/DF e 3.128/DF (em que se analisavam as alterações implementadas pela EC n. 41/2003 – Reforma da Previdência), a discussão sobre direito intertemporal assume delicadeza ímpar, entre nós, tendo em vista a disposição constante do art. 5°, inciso XXXVI, da Constituição, que reproduz norma tradicional do direito brasileiro.

A título de registro, observo que desde 1934, e com a exceção da Carta de 1937, todos os textos constitucionais brasileiros têm consagrado cláusula semelhante.

Pude sustentar naquela assentada que os princípios constitucionais do direito adquirido e do ato jurídico perfeito não se mostram aptos a proteger as posições jurídicas contra eventuais mudanças dos institutos ou dos próprios estatutos jurídicos previamente fixados.

Como se sabe, a definição de retroatividade foi objeto de duas doutrinas principais – direito adquirido e fato passado ou fato realizado –, como ensina João Baptista Machado:

"a doutrina dos direitos adquiridos e doutrina do facto passado. Resumidamente, para a primeira doutrina seria retroactiva toda a lei que violasse direitos já constituídos (adquiridos); para a segunda seria retroactiva toda lei que se aplicasse a factos passados antes de seu início de vigência. Para a primeira a Lei nova deveria respeitar os direitos adquiridos, sob pena de retroatividade; para a segunda a lei nova não se aplicaria (sob pena de retroatividade) a fatos passados e aos seus efeitos (só se aplicaria a factos futuros)"[2].

A doutrina do fato passado é também chamada teoria objetiva; a teoria do direito adquirido é chamada teoria subjetiva.

Na lição de Moreira Alves, domina, na nossa tradição, a teoria subjetiva do direito adquirido. É o que se lê na seguinte passagem do voto proferido na ADI n. 493, *verbis*:

"Por fim, há de salientar-se que as nossas Constituições, a partir de 1934, e com exceção de 1937, adotaram desenganadamente, em matéria de direito intertemporal, a teoria subjetiva dos direitos adquiridos e não a teoria objetiva da situação jurídica, que é a teoria de ROUBIER. Por isso mesmo, a Lei de Introdução ao Código Civil, de 1942, tendo em vista que a Constituição de 1937 não continha preceito da vedação da aplicação da lei nova em prejuízo do direito adquirido, do ato jurídico perfeito e da coisa julgada, modificando a anterior promulgada com o Código Civil, seguiu em parte a teoria de ROUBIER e admitiu que a lei nova, desde que expressa nesse sentido, pudesse retroagir. Com efeito, o artigo 6° rezava: "A lei em vigor terá efeito imediato e geral. Não atingirá, entretanto, salvo disposição expressa em contrário, as situações jurídicas definitivamente constituídas e a execução do ato jurídico perfeito". Com o retorno, na Constituição de 1946, do princípio da irretroatividade no tocante ao direito adquirido, o texto da nova Lei de Introdução se tornou parcialmente incompatível com ela, razão por que a Lei n. 3.238/57 o alterou para reintroduzir nesse artigo 6° a regra tradicional

---

[2] MACHADO, João Baptista. *Introdução ao Direito e ao discurso legitimador*. Coimbra, 1983, p. 232.

em nosso direito de que "a lei em vigor terá efeito imediato e geral, respeitados o ato jurídico perfeito, o direito adquirido e a coisa julgada". Como as soluções, em matéria de direito intertemporal, nem sempre são coincidentes, conforme a teoria adotada, e não sendo a que ora está vigente em nosso sistema jurídico a teoria objetiva de ROUBIER, é preciso ter cuidado com a utilização indiscriminada dos critérios por estes usados para resolver as diferentes questões de direito intertemporal"[3].

É certo, outrossim, que a dimensão constitucional que se confere ao princípio do direito adquirido, entre nós, não permite que se excepcionem da aplicação do princípio as chamadas regras de ordem pública.

Daí concluir Moreira Alves que o princípio do direito adquirido "se aplica a toda e qualquer lei infraconstitucional, sem qualquer distinção entre lei de direito público e lei de direito privado, ou entre lei de ordem pública e lei dispositiva"[4].

Nesse sentido é o voto por ele proferido na Representação de Inconstitucionalidade n. 1.451, *verbis*:

"Aliás, no Brasil, sendo o princípio do respeito ao direito adquirido, ao ato jurídico perfeito e à coisa julgada de natureza constitucional, sem qualquer exceção a qualquer espécie de legislação ordinária, não tem sentido a afirmação de muitos – apegados ao direito de países em que o preceito é de origem meramente legal – de que as leis de ordem pública se aplicam de imediato alcançando os efeitos futuros do ato jurídico perfeito ou da coisa julgada, e isso porque, se se alteram os efeitos, é óbvio que se está introduzindo modificação na causa, o que é vedado constitucionalmente"[5].

Fica evidente que a natureza constitucional do princípio não permite a distinção sobre eventual retroatividade das leis de ordem pública muito comum em países nos quais o princípio da não retroatividade é mera cláusula legal.

Mas há aqui uma questão que precisa ser considerada.

As duas principais teorias sobre aplicação da lei no tempo – a teoria do **direito adquirido** e a teoria do **fato realizado**, também chamada do **fato passado** – rechaçam, de forma enfática, a possibilidade de subsistência de situação jurídica individual em face de uma alteração substancial do regime ou de um estatuto jurídico[6].

Assim, sustentava Savigny que as leis concernentes aos institutos jurídicos outorgam aos indivíduos apenas uma qualificação abstrata quanto ao exercício do direito e uma expectativa de direito quanto ao ser ou ao modo de ser do direito[7].

O notável jurisconsulto distinguia duas classes de leis: a primeira, concernente à aquisição de direito; a segunda, relativa à existência de direitos[8]. Afigura-se digna de registro a lição de Savigny a propósito, *verbis*:

"A primeira, concernente à aquisição de direitos, estava submetida ao princípio da irretroatividade, ou seja, à manutenção dos direitos adquiridos. A segunda classe de normas, que agora serão tratadas, relacionam-se à existência de direitos, onde o princípio da irretroatividade não se aplica. As normas sobre a existência de direitos são, primeiramente, aquelas relativas ao contraste entre a existência ou a não existência de um instituto de direito: assim, as leis que extinguem completamente uma instituição

---

[3] ADI n. 493, Relator Ministro Moreira Alves, *RTJ* 143, p. 724 (750).
[4] ADI n. 493, Relator Ministro Moreira Alves, *RTJ* 143, p. 724 (746).
[5] ADI n. 493, Relator Ministro Moreira Alves, *RTJ* 143, p. 724 (746).
[6] Cf., sobre o assunto, MAXIMILIANO, Carlos. *Direito Intertemporal ou Teoria da Retroatividade das Leis*. 2. ed. Rio de Janeiro, 1955, p. 9-13; BANDEIRA DE MELLO, Celso Antônio, *Princípios Gerais de Direito Administrativo*, cit., p. 270 s.
[7] Cf. SAVIGNY, M. F. C. *Traité de Droit Romain* Paris, 1860, V. 8, p. 375 s.; v., a propósito, BANDEIRA DE MELLO, Celso Antônio. *Princípios Gerais de Direito Administrativo*, cit., vol. I, p. 276.
[8] SAVIGNY, *Traité de Droit Romain*, cit., p. 503 s.; 375 s.

752 Estado de Direito e Jurisdição Constitucional – Decisões relevantes em 15 anos de atuação no STF

e, ainda, aquelas que, sem suprimir completamente um instituto modificam essencialmente sua natureza, levam, desde então, no contraste, dois modos de existência diferentes. Dizemos que todas essas leis não poderiam estar submetidas ao princípio da manutenção dos direitos adquiridos (a irretroatividade); pois, se assim fosse, as leis mais importantes dessa espécie perderiam todo o sentido"[9].

Essa orientação foi retomada e desenvolvida por Gabba, segundo o qual somente existia direito adquirido em razão dos institutos jurídicos com referência às relações deles decorrentes, jamais, entretanto, relativamente aos próprios institutos[10].

Nesse sentido, assinala o referido teórico, *verbis*:

"Como dissemos inicialmente, nós temos direitos patrimoniais privados em relação aos quais o legislador tem liberdade de editar novas disposições de aplicação imediata, independentemente de qualquer obstáculo decorrente do princípio do direito adquirido. Esses são: 1º) direitos assegurados aos entes privados, graças exclusivamente à lei, como seriam a propriedade literária e a propriedade industrial; 2º) direitos, que não são criados pelo legislador, e aqueles direitos que, desenvolvidos por efeito da liberdade natural do trabalho e do comércio, têm uma vinculação especial e direta com o interesse geral e estão sujeitos a limites, condições e formas estabelecidas pelo legislador, como, *v.g.*, o direito de caça, de pesca, o direito de propriedade sobre florestas e minas e o direito de exigir o pagamento em uma outra espécie de moeda. Não há dúvida de que, como já tivemos oportunidade de advertir (p.48-50), a lei nova sobre propriedade literária e industrial aplica-se não só aos produtos literários e às invenções anteriormente descobertas, como àquelas outras desenvolvidas após a promulgação da lei; e assim aplica-se imediatamente toda lei nova sobre caça, pesca, propriedade florestal ou sobre o sistema monetário"[11].

O problema relativo à modificação das situações subjetivas em virtude da mudança de um instituto de direito não passou despercebido a Carlos Maximiliano, que assinala, a propósito, em seu clássico *O Direito Intertemporal, verbis*:

"Não há direito adquirido no tocante a instituições, ou institutos jurídicos. Aplica-se logo, não só a lei abolitiva, mas também a que, sem os eliminar, lhes modifica essencialmente a natureza. Em nenhuma hipótese granjeia acolhida qualquer alegação de retroatividade, posto que, às vezes, tais institutos envolvam certas vantagens patrimoniais que, por equidade, o diploma ressalve ou mande indenizar"[12].

Essa orientação básica, perfilhada por nomes de prol das diferentes correntes jurídicas sobre direito intertemporal, encontrou acolhida na jurisprudência do Supremo Tribunal Federal.

Mencione-se, a propósito, a controvérsia suscitada sobre a resgatabilidade das enfiteuses instituídas antes do advento do Código Civil, e que estavam gravadas com cláusula de perpetuidade. Em sucessivos pronunciamentos, reconheceu o Supremo Tribunal Federal que a disposição constante do art. 693 do Código Civil aplicava-se às enfiteuses anteriormente constituídas, afirmando, igualmente, a legitimidade da redução do prazo de resgate, levada a efeito pela Lei n. 2.437, de março de 1955. Nesse sentido, vejam-se os seguintes julgados: RE-Embargos n. 47.931, de 8.8.1962, Relator Ministro Ribeiro da Costa, in: Referências da Súmula do STF, v. 10, p. 24 s.; RE 50.325, de 24.7.1962, Relator Ministro Villas Boas, in: Referências da Súmula do STF, v. 10, p. 28 s.; RE n. 51.606, de 30.4.1963, Relator Ministro Ribeiro da Costa, in: Referências da Súmula do STF, v. 10, p. 30 s.; RE n. 52.060, de 30.4.1960, Relator Ministro Ribeiro da Costa, in: Referências da Súmula do STF, v. 10, p. 34.

Rechaçou-se, expressamente, então, a alegação de ofensa ao ato jurídico perfeito e ao direito adquirido. Esse entendimento acabou por ser consolidado na Súmula 170 do Supremo Tribunal Federal (*É resgatável a enfiteuse instituída anteriormente à vigência do Código Civil*).

---

[9] SAVIGNY, *Traité de Droit Romain*, cit., p. 503-504.
[10] Cf., BANDEIRA DE MELLO, Celso Antônio, *Princípios Gerais de Direito Administrativo*, cit., p. 281.
[11] Gabba, *Teoria della Retroattività delle Leggi*, vol. III, Torino, 1897, p. 208.
[12] MAXIMILIANO, Carlos. *Direito Intertemporal*, cit., p. 62.

Assentou-se, pois, que a proteção ao direito adquirido e ao ato jurídico perfeito não obstava à modificação ou à supressão de determinado instituto jurídico.

Em acórdão mais recente, proferido no RE n. 94.020, de 4 de novembro de 1981, deixou assente a Corte, pela voz do eminente Ministro Moreira Alves, *verbis*:

> "(...) em matéria de direito adquirido vigora o princípio – que este Tribunal tem assentado inúmeras vezes – de que não há direito adquirido a regime jurídico de um instituto de direito. Quer isso dizer que, se a lei nova modificar o regime jurídico de determinado instituto de direito (como é o direito de propriedade, seja ela de coisa móvel ou imóvel, ou de marca), essa modificação se aplica de imediato"[13].

Esse entendimento foi reiterado pelo Supremo Tribunal Federal em tempos mais recentes. Nesse sentido, arrolo os seguintes precedentes: RE n. 105.137, Relator: Ministro Cordeiro Guerra, *RTJ* 115, p. 379; ERE n. 105.137, Relator Ministro Rafael Mayer, *RTJ* 119, p. 783; RE n. 105.322, Relator Ministro Francisco Rezek, *RTJ* 118, p. 709.

Em decisão proferida no RE n. 226.855, o Supremo Tribunal Federal afirmou a natureza institucional do FGTS, como se lê na ementa do acórdão, igualmente da relatoria do Ministro Moreira Alves:

> "Fundo de Garantia por Tempo de Serviço – FGTS. Natureza jurídica e direito adquirido. Correções monetárias decorrentes dos planos econômicos conhecidos pela denominação Bresser, Verão, Collor I (no concernente aos meses de abril e de maio de 1990) e Collor II.
>
> – O Fundo de Garantia por Tempo de Serviço (FGTS), ao contrário do que sucede com as cadernetas de poupança, não tem natureza contratual, mas, sim, estatutária, por decorrer da Lei e por ela ser disciplinado.
>
> – Assim, é de aplicar-se a ele a firme jurisprudência desta Corte no sentido de que não há direito adquirido a regime jurídico.
>
> – Quanto à atualização dos saldos do FGTS relativos aos Planos Verão e Collor I (este no que diz respeito ao mês de abril de 1990), não há questão de direito adquirido a ser examinada, situando-se a matéria exclusivamente no terreno legal infraconstitucional. – No tocante, porém, aos Planos Bresser, Collor I (quanto ao mês de maio de 1990) e Collor II, em que a decisão recorrida se fundou na existência de direito adquirido aos índices de correção que mandou observar, é de aplicar-se o princípio de que não há direito adquirido a regime jurídico.
>
> Recurso extraordinário conhecido em parte, e nela provido, para afastar da condenação as atualizações dos saldos do FGTS no tocante aos Planos Bresser, Collor I (apenas quanto à atualização no mês de maio de 1990) e Collor II"[14].

Diante dessas colocações, rigorosamente calcadas nos postulados fundamentais do direito adquirido, poder-se-ia cogitar que a não retroação das soluções legislativas fixadas pela lei nova (Lei n. 9.032/1995) acabaria por causar prejuízos diretos aos titulares de direitos nos casos específicos.

Na espécie, porém, a situação é totalmente outra.

No caso em apreciação, não se constata qualquer alteração global do regime previdenciário das pensões, com dano direto para os eventuais beneficiários.

Em primeiro lugar, a ora recorrida é pensionista do INSS "desde **25/06/1972**, recebendo através do benefício n. **020.719.902-7**, aproximadamente o valor de R$ 248,94 [**duzentos e quarenta e oito reais e noventa e quatro centavos de real**]" (grifo no original, fl. 04).

Ademais, argumentou-se, na origem, que "tal pensionamento é inferior ao montante exato a que a parte Autora [**ora recorrida**] tem direito, pois não corresponde ao percentual de 100% (cem por cento) a que deveria, por força de Lei." (fl. 04)

---

[13] RE n. 94.020, Relator Ministro Moreira Alves, *RTJ* 104, p. 269 (272).

[14] RE 226.855, cit., p. 916.

754 Estado de Direito e Jurisdição Constitucional – Decisões relevantes em 15 anos de atuação no STF

A rigor, portanto, a ora recorrida pretendeu, na origem, a aplicação da Lei n. 9.032/1995 para o cálculo das prestações futuras relativas a benefício já concedido pelo INSS.

Com relação à matéria de aplicação da lei previdenciária no tempo, é válido mencionar alguns julgados deste Tribunal que consagram a aplicação do princípio *tempus regit actum* nas relações previdenciárias.

Em tais precedentes, esta Corte discutia exatamente qual deveria ser o momento de referência para a concessão da aposentadoria, nos termos da Súmula n. 359/STF. Eis a ementa de alguns desses casos:

EMENTA: Aposentadoria previdenciária. Direito adquirido. Súmula 359.

– Esta Primeira Turma (assim, nos RREE 243.415, 266.927, 231.167 e 258.298) firmou o entendimento que assim é resumido na ementa do acórdão do primeiro desses recursos:

"Aposentadoria: proventos: direito adquirido aos proventos conforme à lei regente ao tempo da reunião dos requisitos da inatividade, ainda quando só requerida após a lei menos favorável (Súmula 359, revista): aplicabilidade a fortiori à aposentadoria previdenciária".

– Dessa orientação divergiu o acórdão recorrido.

Recurso extraordinário conhecido e provido nos termos do voto do relator[15].

EMENTA: – CONSTITUCIONAL. PREVIDENCIÁRIO. APOSENTADORIA: PROVENTOS: DIREITO ADQUIRIDO.

I. – Proventos de aposentadoria: direito aos proventos na forma da lei vigente ao tempo da reunião dos requisitos da inatividade, mesmo se requerida após a lei menos favorável. Súmula 359-STF: desnecessidade do requerimento. Aplicabilidade à aposentadoria previdenciária. Precedentes do STF.

II. – Agravo não provido[16].

EMENTA: Recurso extraordinário. Agravo regimental. 2. Aposentadoria. Direito adquirido quando preenchidos todos os requisitos. Súmula 359/STF. 3. Requerimento administrativo. Desnecessidade. Precedentes. 4. Agravo regimental a que se dá parcial provimento, tão somente, para afastar a retroação da data de início da aposentadoria[17].

EMENTA: APOSENTADORIA – REGÊNCIA. A aposentadoria é regida pelas normas constitucionais e legais em vigor na data em que implementadas as condições pelo servidor – Verbete n. 359 da Súmula do Supremo Tribunal Federal. APOSENTADORIA EM CARGO CIVIL – MILITAR REFORMADO. A Constituição Federal de 1967 bem como a de 1988, na redação primitiva, anterior à Emenda Constitucional n. 20/98, não obstaculizavam o retorno do militar reformado ao serviço público e posterior aposentadoria no cargo civil, acumulando as vantagens respectivas[18].

Assim, afigura-se evidente que, ao reconhecer a configuração de direito adquirido na espécie, o acórdão recorrido violou frontalmente a Constituição, fazendo má aplicação dessa garantia, conforme consolidado diversas vezes por esta Corte. Nesse sentido, arrolo os seguintes precedentes:

i) Agravo Regimental no RE n. 287.261/MG, 2ª Turma, Rel. Min. Ellen Gracie, *DJ* de 26.8.2005 (cuja ementa é explícita em reiterar o entendimento deste Tribunal de que: "não há direito adquirido a regime jurídico");

ii) Agravo Regimental no AI n. 450.268/MG, 1ª Turma, Rel. Min. Sepúlveda Pertence, *DJ* de 25.5.2005 (em cuja ementa, se lê: "a garantia do direito adquirido não impede a modificação para o futuro do regime de vencimentos do servidor público");

iii) RE n. 206.048/RS, Plenário, Rel. Min. Marco Aurélio, Re. p/ acórdão Min. Nelson Jobim, *DJ* de 19.10.2001 (caso da caderneta de poupança Bônus do Tesouro Nacional Fiscal – BTNF, cujo acórdão prescreve que: "a Medida Provisória n. 168/1990 observou o princípio constitucional do direito adquirido");

---

[15] RE n. 258.570, Rel. Min. **Moreira Alves**, *DJ* de 19.4.2002.
[16] Agravo Regimental no RE n. 269.407, Rel. Min. **Carlos Velloso**, *DJ* de 2.8.2002.
[17] Agravo Regimental no RE n. 310.159, Rel. Min. **Gilmar Mendes**, *DJ* de 6.8.2004.
[18] MS n. 24.958, Rel. Min. **Marco Aurélio**, *DJ* de 1º.4.2005.

Segurança jurídica, direito adquirido e interpretação constitucional **755**

iv) Embargos de Declaração no RE n. 226.855/RS, Plenário, Rel. Min. Moreira Alves, *DJ* de 12.9.2000 (caso dos planos econômicos do FGTS, cuja ementa é a seguinte:

"**EMENTA:** Fundo de Garantia por Tempo de Serviço – FGTS. Natureza jurídica e direito adquirido. Correções monetárias decorrentes dos planos econômicos conhecidos pela denominação Bresser, Verão, Collor I (no concernente aos meses de abril e de maio de 1990) e Collor II.

– O Fundo de Garantia por Tempo de Serviço (FGTS), ao contrário do que sucede com as cadernetas de poupança, não tem natureza contratual, mas, sim, estatutária, por decorrer da Lei e por ela ser disciplinado.

– Assim, é de aplicar-se a ele a firme jurisprudência desta Corte no sentido de que não há direito adquirido a regime jurídico.

– Quanto à atualização dos saldos do FGTS relativos aos Planos Verão e Collor I (este no que diz respeito ao mês de abril de 1990), não há questão de direito adquirido a ser examinada, situando-se a matéria exclusivamente no terreno legal infraconstitucional.

– No tocante, porém, aos Planos Bresser, Collor I (quanto ao mês de maio de 1990) e Collor II, em que a decisão recorrida se fundou na existência de direito adquirido aos índices de correção que mandou observar, é de aplicar-se o princípio de que não há direito adquirido a regime jurídico.

Recurso extraordinário conhecido em parte, e nela provido, para afastar da condenação as atualizações dos saldos do FGTS no tocante aos Planos Bresser, Collor I (apenas quanto à atualização no mês de maio de 1990) e Collor II"[19].

v) RE n. 298.695/SP, Plenário, Rel. Min. Sepúlveda Pertence, *DJ* de 24.10.2003 (caso da Lei n. 11.722/SP, em que este Tribunal reconheceu que a irredutibilidade de vencimentos é uma forma qualificada de direito adquirido); e

vi) RE n. 141.190/SP, Plenário, Rel. Min. Ilmar Galvão, Re. p/ acórdão Min. Nelson Jobim, sessão de 14.9.2005, acórdão pendente de publicação (recente caso em que esta Corte interpretou que a aplicação da *Tablita*, deflator previsto no âmbito do art. 27 da Lei 8.177, de 1º de março de 1991, não ofende direito adquirido).

De igual modo, nosso ordenamento constitucional impõe não ser possível invocar mera transposição das regras atuais de elevação do coeficiente de cálculo do benefício para 100% (cem por cento), para favorecer beneficiário ou pensionista, sem a devida correlação com as bases de custeio previstas para sustentar estes pagamentos.

Tendo em vista que a legislação inovadora nada dispôs sobre a concessão ou não do benefício, não parece haver outra alternativa hermenêutica senão a de que a Lei n. 9.032/1995 há de ser interpretada no sentido de que se lhe confira aplicação imediata, sob pena de violação à regra constitucional constante do art. 195, § 5º, da CF, a qual preconiza que "nenhum benefício ou serviço da seguridade social poderá ser criado, majorado ou estendido sem a correspondente fonte de custeio total."

Diante do silêncio eloquente do legislador ordinário, a Lei n. 9.032/1995 deve ser aplicada, portanto, tão somente às concessões de benefícios ocorridas no período de sua vigência.

No caso em apreço, é fácil verificar que a própria elevação da pensão para as novas concessões veio acompanhada de medidas de contenção de custos e incremento de arrecadação. É o que se lê na seguinte passagem da Exposição de Motivos do projeto de lei que resultou na Lei n. 9.032/1995:

"14. Em síntese os principais pontos críticos que estão sendo objeto de reformulação do presente anteprojeto de lei são:

a) unificação das alíquotas de contribuição do segurado empregado, inclusive o doméstico, e do avulso fica em 9% do seu salário-de-contribuição mensal;

b) unificação das alíquotas de contribuição dos segurados empresário, facultativo, trabalhador autônomo e equiparados em 20% do respectivo salário-de-contribuição mensal;

---

[19] RE n. 226.855/RS, Plenário, Rel. Min. Moreira Alves, *DJ* de 12.9.2000.

c) obrigatoriedade de contribuições para a Seguridade Social do aposentado que retorna a atividade;

d) extinção dos pecúlios por invalidez e por morte decorrentes de infortúnio laboral;

e) equalização dos valores dos benefícios decorrentes de acidente do trabalho com os valores dos demais benefícios previdenciários, de forma que terão os seguintes percentuais do salário-de-benefício;

– aposentadoria por invalidez 100%

– pensão 100%

– auxílio-doença 91%

f) cessação da pensão em decorrência de emancipação do pensionista e vedação do acúmulo de pensões decorrentes do casamento ou de união estável;

g) alteração do conceito de aposentadoria especial, que passa a ser concedida em função das condições especiais de trabalho que prejudiquem a saúde ou a integridade física e não de acordo com a categoria profissional do segurado;

h) unificação do valor do auxílio-acidente em 50% do salário-de-benefício;

i) vedação do acúmulo de salário-maternidade com auxílio-doença, de mais de um auxílio-acidente e do recebimento conjunto do seguro desemprego com benefício previdenciário de prestação continuada a exceção da pensão por morte e do auxílio-acidente;

j) incremento do prazo de carência das aposentadorias por idade, por tempo de serviço e especial, de que trata o artigo 142, da Lei n. 8.213/91, para 96 meses, a contar de 1º de janeiro de 1996;

l) extinção das aposentadorias de legislação especial dos jornalistas e dos aeronautas;

m) extinção do auxílio-natalidade.

Finalmente, ressalto que, com as medidas ora propostas, o governo de Vossa Excelência dará um grande passo na busca da desejada racionalização da atual estrutura, e da maior eficiência do sistema. A recuperação do adequado padrão de operacionalidade do sistema é sem dúvida condição fundamental para a reengenharia das funções que devem ser executadas pelo moderno Estado social, reformado para bem cumprir uma legislação efetivamente garantidora dos direitos sociais fundamentais."

Assim, o acórdão recorrido, ao estender a aplicação dos novos critérios de cálculo a todos os beneficiários sob o regime das leis anteriores, acabou por negligenciar a imposição constitucional de que lei que majora o benefício da "pensão por morte" deve, **necessariamente** e de **modo expresso**, indicar a fonte de custeio total.

É dizer, não é possível interpretar essa legislação previdenciária inovadora de modo apartado das condicionantes orçamentárias previstas no § 5º do art. 195 da CF. Logo, a lei previdenciária aplicável ao presente caso concreto é a vigente ao tempo da concessão (princípio *tempus regit actum*).

Há ainda registro desse mesmo entendimento no caso de indenizações por acidentes de trabalho. No RE n. 92.312, Rel. Min. Moreira Alves (*RTJ* 97/1279), este Tribunal declarou, *verbis*:

"INDENIZAÇÃO POR ACIDENTE DE TRABALHO.

– Se é fato certo que a autora da ação se achava percebendo auxílio previdenciário desde 6.6.76, não pode ser aplicada a ela lei posterior (Lei 6.367, de 19.10.76, regulamentada pelo Decreto 79.037/76, ambos entrados em vigor em 1º.1.77). Ofensa ao artigo 153, § 3º, da Constituição Federal. Recurso extraordinário conhecido e provido, em parte"[20].

Conclusivamente, a jurisprudência do Tribunal apresenta fortes elementos de que não é possível apartar essa imposição orçamentária da discussão sobre eventual direito à majoração do percentual de concessão do benefício.

Estabelecida essa premissa básica de meu voto, a qual ainda pretendo retornar adiante, caberia indagar qual a garantia institucional que a ora recorrida poderia apresentar para suscitar a ofensa ao princípio da isonomia?

---

[20] RE n. 92.312, Rel. Min. Moreira Alves, *RTJ* 97/1279.

Ora, na linha de inúmeros precedentes que já tive a oportunidade de afirmar quando do julgamento das ADIs ns. 3.105/DF e 3.128/DF, em razão da pensão por morte se constituir, no presente caso, em direito previdenciário de caráter institucional, a única garantia que pode ser postulada é aquela que diz respeito à própria pensão – é dizer, à manutenção do valor real do benefício concedido nos termos do art. 201 da Constituição Federal.

Desse modo, assim como qualquer outro pensionista do INSS, a ora requerente pode reivindicar as seguintes garantias constitucionais de caráter institucional, *verbis*:

"**Art. 201.** A previdência social será organizada sob a forma de **regime geral**, de caráter contributivo e de filiação obrigatória, **observados os critérios que preservem o equilíbrio financeiro e atuarial**, e atenderá, nos termos da lei, a:

V – **pensão por morte** do segurado, homem ou mulher, ao cônjuge ou companheiro e dependentes, **observado o disposto no § 2°**.

§ 2° Nenhum benefício que substitua o salário de contribuição ou o rendimento do trabalho do segurado terá valor mensal inferior ao salário mínimo.

§ 3° Todos os salários de contribuição considerados para o cálculo de benefício serão devidamente atualizados, na forma da lei.

§ 4° É assegurado o reajustamento dos benefícios para preservar-lhes, em caráter permanente, o valor real, **conforme os critérios definidos em lei**."

Assim, uma vez atendidos todos e cada um desses requisitos, não há como se invocar, **em princípio**, violação ao princípio da isonomia porque, assim como todos os demais segurados/beneficiários, têm sido atendidos todos os requisitos necessários para a preservação do valor real do benefício concedido à ora recorrida.

Conclusivamente, não é possível cogitar de violação ao princípio da isonomia por duas razões.

Em primeiro lugar, trata-se de exigência operacional do sistema previdenciário que, dada a realidade atuarial disponível, não pode ser simplesmente ignorada, mesmo quando expressamente determinada pelo legislador ordinário.

Assim, na situação presente, em que a ausência de disposição em sentido contrário é manifesta, não é possível invocar a pretensão de aplicação de novo critério de cálculo do benefício da pensão por morte. Isso ocorre porque as regras constitucionais de estipulação de dotação orçamentária expressa e específica vinculam o legislador ordinário.

Veja-se, ademais, que, se as circunstâncias normativas fossem diametralmente opostas, (isto é, se a legislação inovadora estabelecesse restrição ou até mesmo diminuição da base de cálculo ou do percentual de definição do valor desse benefício), não haveria qualquer plausibilidade jurídica em aplicar retroativamente as novas disposições aos benefícios já concedidos.

Em segundo lugar, ao estabelecer novos critérios diferenciados para o cálculo dos benefícios concedidos a partir da vigência da Lei n. 9.032/1995, a alternativa hermenêutica que se coloca é a da imposição das leis gerais de regulamentação do setor previdenciário.

Assim, em princípio, não há falar em privilégios ou concessão diferenciada de benefícios previdenciários porque, a rigor, todos e cada um dos beneficiários são titulares da garantia de "reajustamento dos benefícios para preservar-lhes, em caráter permanente, o valor real, conforme os critérios definidos em lei." (CF, art. 201, § 4°).

Nesse contexto, o cumprimento das políticas públicas previdenciárias, exatamente por estar calcado no princípio da solidariedade (CF, art. 3°, I), deve ter como fundamento o fato de que não é possível dissociar as bases contributivas de arrecadação da necessária dotação orçamentária exigida, de modo prévio, pela Constituição (CF, art. 195, § 5°).

Trata-se do princípio da preservação do equilíbrio financeiro e atuarial (CF, art. 201, *caput*) que, inclusive, demonstra-se em consonância com os princípios norteadores da Administração Pública (CF, art. 37) e, no que interessa a este caso, da própria atuação da autarquia ora recorrente.

Afinal, diante da expressão literal da Lei n. 9.032/1995 não há como presumir o direito de retroação do índice aos benefícios concedidos anteriormente pela lei antiga (Lei n. 8.213/1991). O benefício concedido em momento pretérito deve ser regulado pela legislação vigente ao momento da concessão.

É bem verdade que, conforme pude demonstrar ainda há pouco quanto ao presente caso, o princípio do direito adquirido é insuficiente para proteger ou garantir a pretensão da ora recorrida.

Na verdade, essa pretensão não se sustenta nem mesmo com referência às relações jurídicas constituídas até o presente momento.

Assim, por mais que se invoque a ideia menos precisa e, por isso mesmo, mais abrangente do princípio da segurança jurídica, devo frisar que o ato de concessão da pensão por morte envolve não somente o reconhecimento da titularidade de um direito, mas também a fixação de um parâmetro específico a partir do qual a correção monetária do benefício deve ocorrer (Lei n. 8.213/1991, arts. 28 e ss).

Ademais (e aqui esse argumento é crucial), os limites do exercício dessa prerrogativa devem estar em conformidade com a realidade atuarial assumida pelas políticas públicas de previdência social. A partir desse entendimento, se o direito ao benefício foi adquirido anteriormente à edição de nova lei (no caso, se o evento morte for anterior), o seu cálculo deverá ser efetuado de acordo com a legislação em vigor à época em que foram atendidos os requisitos.

Não bastasse toda essa fundamentação doutrinária e jurisprudencial, passo à análise de alegação específica de disposição constitucional que não pode ser separada da discussão até aqui desenvolvida: a ofensa ao art. 195, § 5º, que prevê a necessidade de prévia especificação da fonte de custeio no caso de majoração de benefício.

Da alegação de ofensa ao art. 195, § 5º (majoração do benefício sem a correspondente fonte de custeio total)

Quanto ao argumento de que a interpretação da lei constante no acórdão recorrido violaria o art. 195, § 5º, passo a elaborar algumas considerações com relação ao perfil institucional do benefício da "pensão por morte".

De acordo com o próprio complexo normativo constitucional relativo à seguridade social (CF, arts. 195 e s.), observa-se que a pensão por morte assume feição nitidamente institucional (CF, art. 201, I). E isso não é novidade no Direito Constitucional, havendo uma pletora de normas constitucionais garantidoras de realidades institucionais que não encontram uma definição de seus limites no texto da Constituição (*e.g.* propriedade, liberdade, família, consumidor, etc.). Tal fenômeno também ocorre no âmbito das normas constitucionais tributárias, bastando lembrar dos conceitos de renda, confisco, grande fortuna, etc.

Observo, ainda, que a própria seguridade social (CF, art. 194 e 195), em que se insere o parâmetro constitucional de controle do caso em exame, possui feição eminentemente institucional. E configura-se como tal antes mesmo da EC n. 20/1998 até a recente edição da EC n. 41/2003.

Afigura-se pertinente, nesse ponto, algumas palavras acerca dessas instituições que encontram uma previsão no texto constitucional. Conforme lição de J. J. Gomes Canotilho:

"As chamadas garantias institucionais (*Einrichtungsgarantien*) compreendiam as garantias jurídico-públicas (*institutionnelle Garantien*) e as garantias jurídico-privadas (*Institutsgarantie*). Embora muitas vezes estejam consagradas e protegidas pelas leis constitucionais, elas não seriam verdadeiros direitos atribuídos directamente a uma pessoa; as instituições, como tais, têm um sujeito e um objecto diferente dos direitos dos cidadãos. Assim, a maternidade, a família, a administração autônoma, a imprensa livre, o funcionalismo público, a autonomia acadêmica, são instituições protegidas directamente como realidades sociais objectivas e só, indirectamente, se expandem para a proteção dos direitos individuais"[21].

---

[21] *Direito Constitucional e Teoria da Constituição*, 5. ed., Coimbra, Portugal: Ed. Livraria Almedina, p. 395.

Ainda, sobre o assunto, diz Canotilho:

"As garantias institucionais, constitucionalmente protegidas, visam não tanto 'firmar' 'manter' ou 'conservar' certas 'instituições naturais', mas impedir a sua submissão à completa discricionariedade dos órgãos estaduais, proteger a instituição e defender o cidadão contra ingerências desproporcionadas ou coactivas.

Todavia, a partir do pensamento institucionalístico, inverte-se, por vezes, o sentido destas garantias. As instituições são consideradas como uma existência autônoma a se, preexistente à constituição, o que leva pressuposta uma ideia conservadora da instituição, conducente, em último termo, ao sacrifício dos próprios direitos individuais perante as exigências da instituição como tal. (...) Aqui apenas se volta a acentuar que as garantias institucionais contribuem, em primeiro lugar, para a efectividade óptima dos direitos fundamentais (garantias institucionais como meio) e, só depois, se deve transitar para a fixação e estabilização de entes institucionais. Cfr. Häberle, Die Wesensgehaltgarantie des art. 19 Abs. 2° Grundgesetz, 2ª ed., Karlshure, 1972, p. 70. Como informa P. Saladin, Grundrechte im Wandel, Bern, 1970, p. 296, o movimento institucionalístico actual encontra paralelo na teologia protestante que considera a 'instituição' como um *medium* entre o direito natural e o direito positivo. Sobre a noção (noções) de instituição cfr., por último, Baptista Machado, Introdução ao Direito, pp. 14 e ss; J. M. Bano Leon, '*La distinción entre derecho fundamental y garantia institucional em la Constitución española*', REDC, 24 (1988), pp. 155 e ss.; Márcio Aranha, Interpretação Constitucional e as Garantias Institucionais dos Direitos Fundamentais, São Paulo, 1999, pp. 131 e ss"[22].

A seguridade social, autêntica realidade institucional disciplinada constitucionalmente entre nós, obriga o legislador a promulgar um complexo normativo que assegure sua existência, funcionalidade e utilidade pública e privada.

A necessidade de previsão da fonte de custeio da seguridade social, prevista no art. 195, § 5°, da Constituição, que serve de parâmetro à discussão de inconstitucionalidade ora em exame, por certo não encontra no texto da Carta disciplina suficiente ou exaustiva. Ao contrário, assume feição típica das instituições. Não há, ali, um conceito estático de "benefício" ou "serviço da seguridade social".

Como realidade institucional, aquela fonte de custeio assume feição dinâmica, em que a definição de seu conteúdo está aberta a múltiplas concretizações.

As disposições legais a ela relativas têm, portanto, inconfundível caráter concretizador e interpretativo. E isso obviamente não significa a admissão de um poder legislativo ilimitado.

Nesse processo de concretização ou realização, por certo serão admitidas tão somente normas que não desbordem os múltiplos significados admitidos pelas normas constitucionais concretizadas. Na perspectiva de proteção a direitos individuais, tais como as prerrogativas constitucionais dos contribuintes, deverá ser observado especialmente o princípio da proporcionalidade, que exige que as restrições ou ampliações legais sejam adequadas, necessárias e proporcionais.

Enfim, a faculdade confiada ao legislador de regular o complexo institucional da seguridade, assim como suas fontes de custeio, obriga-o a compatibilizar o dever de contribuir do indivíduo com o interesse da comunidade. Essa necessidade de ponderação entre o interesse individual e o interesse da comunidade é, todavia, comum a todos os direitos fundamentais, não sendo uma especificidade da seguridade social.

Neste passo, reconhece-se que a seguridade social, instituição que entre nós encontra disciplina constitucional, está submetida a um permanente e intenso processo de concretização.

O fenômeno é o mesmo quando se discute especificamente a fonte de custeio da seguridade prevista no art. 195, § 5°, da Constituição, ora consubstanciada por meio da Lei n. 9.032/1995.

Fixados tais pressupostos, não se afigura admissível qualquer leitura que pretenda aplicar os critérios estabelecidos pela Lei n. 9.032/1995 para o cálculo dos benefícios concedidos sob a égide de legislação anterior.

---

[22] Op. cit., p. 1155.

Por fim, tendo em vista esse perfil do modelo contributivo e da necessidade de fonte de custeio (CF, art. 195, § 5º), o próprio sistema previdenciário, constitucionalmente adequado, deve ser institucionalizado com vigência para o futuro.

Afasto, por conseguinte, qualquer leitura do diploma legal referido (Lei n. 9.032/1995) que impute aplicação de suas disposições a benefícios de pensão por morte concedidos em momento anterior.

Em outras palavras, a Lei n. 9.032/1995 somente pode ser aplicada às novas concessões do benefício da pensão por morte. Isto é, ela deve ser aplicada, tão somente, aos novos beneficiários que, por uma questão de imposição constitucional da necessidade de previsão de fonte de custeio (CF, art. 195, § 5º), fazem jus a critérios diferenciados na concessão de benefícios.

Logo, na linha de todas as referências doutrinárias e jurisprudenciais apresentadas, o benefício deve ser fixado a partir da data de sua concessão.

Nesses termos, **conheço** do recurso. No mérito, meu voto é pelo **provimento** do presente recurso extraordinário.

ADPF 153[1]

Lei de Anistia – Juízo sobre a legitimidade constitucional do § 1º do art. 1º da Lei n. 6.683/79 – Extensão do perdão político aos crimes de qualquer natureza relacionados com crimes políticos ou praticados por motivação política – Caráter eminentemente político do instituto da anistia – Processo constitucional que transcorreu sobre bases plurais, a consubstanciarem o caráter amplo da anistia concedida – Improcedência total do pedido de declaração de inconstitucionalidade, sem redução de texto, do apontado dispositivo da Lei n. 6.683/79.

A arguição de descumprimento de preceito fundamental questionava a interpretação dada ao § 1º do art. 1º da Lei n. 6.683/1979[2], no sentido de que a anistia estende-se aos crimes comuns praticados por agentes públicos contra opositores políticos durante o regime militar.

Segundo o arguente, a referida interpretação seria equívoca, porquanto não estariam abarcados aqueles crimes comuns – tortura, estupro, assassinato, etc. – cometidos pelos agentes públicos a serviço do regime militar.

Arguia-se que tais crimes não poderiam ser abarcados a partir do instituto da conexão criminal, além do que tais agentes não poderiam ter cometido crimes políticos – entendidos como aqueles contra a ordem política vigente ou a segurança nacional –, uma vez que eram incumbidos justamente de combatê-los.

Asseverava-se a violação aos preceitos constitucionais da isonomia em matéria de segurança (art. 5º, *caput* e inciso XXXIX); do dever de não ocultar a verdade (art. 5º, XXXIII); dos princípios democrático e republicano (art. 1º); e da dignidade da pessoa humana (art. 1º, III, e art. 5º, XLIII).

Entre outros argumentos, o arguente sustentava que a violação ao princípio constitucional da dignidade da pessoa humana ocorreria na medida em que, a fim de possibilitar a transição do regime militar para a ordem democrática, teria sido firmado acordo para incluir, na Lei da Anistia, os crimes cometidos por funcionários do Estado contra presos políticos. Ocorre que a edição da referida Lei, com a interpretação extensiva aos agentes públicos, implicaria renúncia ao princípio da dignidade da pessoa humana, em especial por sancionar as práticas do crime de tortura por parte de tais agentes.

O pedido final requeria à Corte que desse "à Lei n. 6.683, de 8 de agosto de 1979, uma interpretação conforme a Constituição, de modo a declarar, à luz dos seus preceitos fundamentais, que a anistia concedida pela citada lei aos crimes políticos ou conexos não se estende aos crimes comuns praticados pelos agentes da repressão contra opositores políticos, durante o regime militar (1964/1985)".

Veio aos autos manifestação da Advocacia-Geral da União que sustentava a inviabilidade da pretensão veiculada na inicial, visto que a restrição interpretativa pretendida resultaria na deturpação do sentido da norma, que pretendeu anistiar ampla, geral e irrestritamente a prática dos delitos que enuncia.

---

[1] Em 29.4.2010, o Tribunal, por maioria, julgou improcedente a arguição, nos termos do voto do Relator, vencidos os Senhores Ministros Ricardo Lewandowski, que lhe dava parcial provimento nos termos de seu voto, e Ayres Britto, que a julgava parcialmente procedente para excluir da anistia os crimes previstos no artigo 5º, inciso XLIII, da Constituição.

[2] Lei n. 6.683 – Art. 1º É concedida anistia a todos quantos, no período compreendido entre 2 de setembro de 1961 e 15 de agosto de 1979, cometeram crimes políticos ou conexos com estes, crimes eleitorais, aos que tiveram seus direitos políticos suspensos e aos servidores da Administração Direta e Indireta, de fundações vinculadas ao Poder Públicos, aos Servidores dos Poderes Legislativo e Judiciário, aos Militares e aos dirigentes e representantes sindicais, punidos com fundamento em Atos Institucionais e Complementares. § 1º Consideram-se conexos, para efeito deste artigo, os crimes de qualquer natureza relacionados com crimes políticos ou praticados por motivação política.

762 Estado de Direito e Jurisdição Constitucional – Decisões relevantes em 15 anos de atuação no STF

Lembrava ainda a AGU que a própria OAB manifestou-se, à época da elaboração da norma impugnada, favoravelmente à sua edição, no parecer da lavra do então Conselheiro José Paulo Sepúlveda Pertence, de 15 de agosto de 1979, aprovado pelo Conselho Federal.

A Procuradoria-Geral da República (PGR) manifestou-se, no mérito, de forma semelhante.

Registre-se, ainda, que diversos *amici curiae* foram admitidos e trouxeram aportes ao julgamento.

A decisão proferida pelo Supremo Tribunal Federal foi nestes termos ementada:

EMENTA: LEI N. 6.683/79, A CHAMADA "LEI DE ANISTIA". ARTIGO 5º, CAPUT, III E XXXIII DA CONSTITUIÇÃO DO BRASIL; PRINCÍPIO DEMOCRÁTICO E PRINCÍPIO REPU-BLICANO: NÃO VIOLAÇÃO. CIRCUNSTÂNCIAS HISTÓRICAS. DIGNIDADE DA PESSOA HUMANA E TIRANIA DOS VALORES. INTERPRETAÇÃO DO DIREITO E DISTINÇÃO EN-TRE TEXTO NORMATIVO E NORMA JURÍDICA. CRIMES CONEXOS DEFINIDOS PELA LEI N. 6.683/79. CARÁTER BILATERAL DA ANISTIA, AMPLA E GERAL. JURISPRUDÊN-CIA DO SUPREMO TRIBUNAL FEDERAL NA SUCESSÃO DAS FREQUENTES ANISTIAS CONCEDIDAS, NO BRASIL, DESDE A REPÚBLICA. INTERPRETAÇÃO DO DIREITO E LEIS-MEDIDA. CONVENÇÃO DAS NAÇÕES UNIDAS CONTRA A TORTURA E OUTROS TRATAMENTOS OU PENAS CRUÉIS, DESUMANOS OU DEGRADANTES E LEI N. 9.455, DE 7 DE ABRIL DE 1997, QUE DEFINE O CRIME DE TORTURA. ARTIGO 5º, XLIII DA CONSTITUIÇÃO DO BRASIL. INTERPRETAÇÃO E REVISÃO DA LEI DA ANISTIA. EMEN-DA CONSTITUCIONAL N. 26, DE 27 DE NOVEMBRO DE 1985, PODER CONSTITUINTE E "AUTOANISTIA". INTEGRAÇÃO DA ANISTIA DA LEI DE 1979 NA NOVA ORDEM CONSTI-TUCIONAL. ACESSO A DOCUMENTOS HISTÓRICOS COMO FORMA DE EXERCÍCIO DO DIREITO FUNDAMENTAL À VERDADE. 1. Texto normativo e norma jurídica, dimensão textual e di-mensão normativa do fenômeno jurídico. O intérprete produz a norma a partir dos textos e da realidade. A inter-pretação do direito tem caráter constitutivo e consiste na produção, pelo intérprete, a partir de textos normativos e da realidade, de normas jurídicas a serem aplicadas à solução de determinado caso, solução operada mediante a definição de uma norma de decisão. A interpretação/aplicação do direito opera a sua inserção na realidade; realiza a mediação entre o caráter geral do texto normativo e sua aplicação particular; em outros termos, ainda: opera a sua inserção no mundo da vida. 2. O argumento descolado da dignidade da pessoa humana para afirmar a invali-dade da conexão criminal que aproveitaria aos agentes políticos que praticaram crimes comuns contra opositores políticos, presos ou não, durante o regime militar, não prospera. 3. Conceito e definição de "crime político" pela Lei n. 6.683/79. São crimes conexos aos crimes políticos "os crimes de qualquer natureza relacionados com os crimes políticos ou praticados por motivação política"; podem ser de "qualquer natureza", mas [i] hão de terem estado re-lacionados com os crimes políticos ou [ii] hão de terem sido praticados por motivação política; são crimes outros que não políticos; são crimes comuns, porém [i] relacionados com os crimes políticos ou [ii] praticados por motivação política. A expressão crimes conexos a crimes políticos conota sentido a ser sindicado no momento histórico da sanção da lei. A chamada Lei de anistia diz com uma conexão sui generis, própria ao momento histórico da transição para a democracia. Ignora, no contexto da Lei n. 6.683/79, o sentido ou os sentidos correntes, na doutrina, da chamada conexão criminal; refere o que "se procurou", segundo a inicial, vale dizer, estender a anistia criminal de natureza política aos agentes do Estado encarregados da repressão. 4. A lei estendeu a conexão aos crimes praticados pelos agentes do Estado contra os que lutavam contra o Estado de exceção; daí o caráter bilateral da anistia, ampla e geral, que somente não foi irrestrita porque não abrangia os já condenados — e com sentença transitada em julgado, qual o Supremo assentou — pela prática de crimes de terrorismo, assalto, sequestro e aten-tado pessoal. 5. O significado válido dos textos é variável no tempo e no espaço, histórica e culturalmente. A inter-pretação do direito não é mera dedução dele, mas sim processo de contínua adaptação de seus textos normativos à realidade e seus conflitos. Mas essa afirmação aplica-se exclusivamente à interpretação das leis dotadas de genera-lidade e abstração, leis que constituem preceito primário, no sentido de que se impõem por força própria, autôno-ma. Não àquelas, designadas leis-medida (Massnahmegesetze), que disciplinam diretamente determinados inte-resses, mostrando-se imediatas e concretas, e consubstanciam, em si mesmas, um ato administrativo especial. No caso das leis-medida interpreta-se, em conjunto com o seu texto, a realidade no e do momento histórico no qual ela foi editada, não a realidade atual. É a realidade histórico-social da migração da ditadura para a democracia política, da transição conciliada de 1979, que há de ser ponderada para que possamos discernir o significado da expressão crimes conexos na Lei n. 6.683. É da anistia de então que estamos a cogitar, não da anistia tal e qual uns e outros hoje a concebem, senão qual foi na época conquistada. Exatamente aquela na qual, como afirma inicial, "se procurou" [sic] estender a anistia criminal de natureza política aos agentes do Estado encarregados da repressão. A chamada Lei da anistia veicula uma decisão política assumida naquele momento – o momento da transição conciliada de 1979. A Lei n. 6.683 é uma lei-medida, não uma regra para o futuro, dotada de abstração e generalidade. Há de ser interpretada a partir da realidade no momento em que foi conquistada. 6. A Lei n. 6.683/79 precede a Convenção das Nações Unidas contra a Tortura e Outros Tratamentos ou Penas Cruéis, Desumanos ou Degradantes – adotada pela Assembleia Geral em 10 de dezembro de 1984, vigorando desde 26 de junho de 1987 – e a Lei n. 9.455, de 7 de abril de 1997, que define o crime de tortura; e o preceito veiculado pelo artigo 5º, XLIII da Constituição – que declara insuscetíveis de graça e anistia a prática da tortura, entre outros crimes – não alcança, por impossibilidade lógica, anistias anteriormente a sua vigência consumadas. A Constituição não afeta leis-medida que a tenham precedido. 7. No Estado democrático de direito o Poder Judiciário não está autorizado a alterar, a dar outra redação, diversa da nele contemplada, a texto normativo. Pode, a partir dele, produzir distintas normas. Mas nem mesmo o Supremo Tribunal Federal está autorizado a rescrever leis de anistia. 8. Revisão de lei de anistia, se mudanças do tempo e da sociedade a impuserem, haverá – ou não – de ser feita pelo Poder Legislativo, não pelo Poder Judiciário. 9. A anistia da lei de 1979 foi reafirmada, no texto da EC 26/85, pelo Poder Constituinte da Constituição de 1988. Daí não ter sentido questionar-se se a anistia, tal como definida pela lei, foi ou não recebida pela Constituição de 1988; a nova Constituição a [re]instaurou em seu ato originário. A Emenda Constitucional n. 26/85 inaugura uma nova ordem constitucional, consubstanciando a ruptura da ordem constitucional que decaiu plenamente no advento da Constituição de 5 de outubro de 1988; consubstancia, nesse sentido, a revolução branca que a esta confere legitimidade. A reafirmação da anistia da lei de 1979 está integrada na nova ordem, compõe-se na origem da nova norma fundamental. De todo modo, se não tivermos o preceito da lei de 1979 como ab-rogado pela nova ordem constitucional, estará a coexistir com o § 1º do artigo 4º da EC 26/85, existirá a par dele [dicção do § 2º do artigo 2º da Lei de Introdução ao Código Civil]. O debate a esse respeito seria, todavia, despiciendo. A uma porque foi mera lei-medida, dotada de efeitos concretos, já exauridos; é lei apenas em sentido formal, não o sendo, contudo, em sentido material. A duas porque o texto de hierarquia constitucional prevalece sobre o infraconstitucional quando ambos coexistam. Afirmada a integração da anistia de 1979 na nova ordem constitucional, sua adequação à Constituição de 1988 resulta inquestionável. A nova ordem compreende não apenas o texto da Constituição nova, mas também a norma-origem. No bojo dessa totalidade – totalidade que o novo sistema normativo é – tem-se que "[é] concedida, igualmente, anistia aos autores de crimes políticos ou conexos" praticados no período compreendido entre 02 de setembro de 1961 e 15 de agosto de 1979. Não se pode divisar antinomia de qualquer grandeza entre o preceito veiculado pelo § 1º do artigo 4º da EC 26/85 e a Constituição de 1988. 10. Impõe-se o desembaraço dos mecanismos que ainda dificultam o conhecimento do quanto ocorreu no Brasil durante as décadas sombrias da ditadura.

VOTO-VOGAL

1. Relato do processo

Trata-se de arguição de descumprimento de preceito fundamental, ajuizada pelo Conselho Federal da Ordem dos Advogados do Brasil (OAB), cujo objeto é o § 1º do art. 1º da Lei n. 6.683/1979, que possui o seguinte teor:

> Art. 1º É concedida anistia a todos quantos, no período compreendido entre 2 de setembro de 1961 e 15 de agosto de 1979, cometeram crimes políticos ou conexos com estes, crimes eleitorais, aos que tiveram seus direitos políticos suspensos e aos servidores da Administração Direta e Indireta, de fundações vinculadas ao Poder Públicos, aos Servidores dos Poderes Legislativo e Judiciário, aos Militares e aos dirigentes e representantes sindicais, punidos com fundamento em Atos Institucionais e Complementares.
>
> § 1º Consideram-se conexos, para efeito deste artigo, os crimes de qualquer natureza relacionados com crimes políticos ou praticados por motivação política.

Preliminarmente, o Conselho Federal da OAB sustenta o cabimento da presente ADPF, pois estariam presentes todos os pressupostos para o ajuizamento da ação. Aponta, nesse sentido,

764 Estado de Direito e Jurisdição Constitucional – Decisões relevantes em 15 anos de atuação no STF

a relevância do fundamento da controvérsia constitucional sobre o dispositivo impugnado, anterior à Constituição de 1988, exemplificada pela transcrição de diversas reportagens e de manifestações de doutrinadores e agentes políticos sobre o tema.

A norma impugnada, segundo o arguente, teria sido recepcionada pela Constituição de 1988, mas careceria de interpretação e de aplicação à luz dos novos preceitos e princípios constitucionais.

Estariam atendidas, também, a necessidade de que o objeto da ADPF configure ato normativo geral e abstrato e a exigência de que haja violação a preceito fundamental.

Por fim, inexistiria outro meio eficaz para sanar a lesão aos preceitos fundamentais apontados, atendendo-se ao requisito da subsidiariedade.

No mérito, questiona-se a interpretação dada ao § 1º do art. 1º da Lei n. 6.683/1979, no sentido de que a anistia estende-se aos crimes comuns praticados por agentes públicos contra opositores políticos durante o regime militar.

A referida interpretação seria inepta, pois, nos "crimes conexos", referidos no § º 1º do art. 1º da Lei n. 6.683/1979, não estariam abarcados aqueles crimes comuns – tortura, estupro, assassinato, etc. – cometidos pelos agentes públicos a serviço do regime militar.

A conexão criminal pode ser definida, segundo o arguente, nos seguintes termos:

A conexão criminal implica uma identidade ou comunhão de propósitos ou objetivos, nos vários crimes praticados. Em consequência, quando o agente é um só a lei reconhece a ocorrência de concurso material ou formal de crimes (Código Penal, artigos 69 e 70). É possível, no entanto, que os agentes sejam vários. Nessa hipótese, tendo em vista a comunhão de propósitos ou objetivos, há coautoria (Código Penal, artigo 29).

É bem verdade que, no Código de Processo Penal (art. 76, I, *in fine*), reconhece-se também a conexão criminal, quando os atentes criminosos atuaram uns contra os outros. Trata-se, porém, de simples regra de unificação de competência, de modo a evitar julgamentos contraditórios. Não é norma de direito material.

Dessa maneira, os crimes comuns cometidos pelos agentes públicos a serviço do regime militar não se afigurariam conexos aos crimes políticos sob ângulo algum. Em primeiro lugar, tais agentes não poderiam ter cometido crimes políticos – entendidos como aqueles contra a ordem política vigente ou a segurança nacional –, uma vez que eram incumbidos justamente de combatê-los.

Esses crimes políticos teriam sido praticados pelos opositores ao regime militar, os quais também não teriam agido em coautoria com os agentes públicos referidos. Não haveria, portanto, como se falar em conexão em razão de crimes praticados pelo mesmo sujeito ou em coautoria.

Por fim, afirma o arguente que tampouco se poderia afirmar tratar-se da conexão prevista no artigo 76 do Código de Processo Penal. Isso porque os crimes cometidos pelos opositores ao regime eram voltados contra a ordem política vigente e a segurança nacional, e não contra os agentes públicos, não cabendo se falar, portanto, em cometimento de crimes de uns contra os outros.

Ademais, o Conselho Federal da OAB assevera a violação aos preceitos constitucionais: da isonomia em matéria de segurança (art. 5º, *caput* e inciso XXXIX); do dever de não ocultar a verdade (art. 5º, XXXIII); dos princípios democrático e republicano (art. 1º); e da dignidade da pessoa humana (art. 1º, III, e art. 5º, XLIII).

A isonomia em matéria de segurança é descrita como a fórmula do inciso XXXIX do art. 5º da Constituição, segundo o qual "*não há crime sem lei anterior que o defina, nem pena sem prévia cominação legal*". Assim, o constituinte teria vedado a discriminação, no momento de tipificação de conduta e de cominação da pena, em razão de raça, sexo, gênero ou qualquer outra forma.

Nesse sentido, a anistia, por consistir descriminalização *a posteriori* de determinada conduta, deveria referir-se a crimes objetivamente definidos em lei, abrangendo todo e qualquer sujeito

Segurança jurídica, direito adquirido e interpretação constitucional **765**

que os houver praticado. Ocorre que, segundo argumenta o Conselho Federal da OAB, o § 1º do art. 1º da Lei n. 6.683/1979 acaba por referir-se a pessoas determinadas.

A menção da norma impugnada a *"crimes de qualquer natureza relacionados com crimes políticos"* confere ao Poder Judiciário a definição de tais delitos, violando a necessidade de previsão legal do inciso XXXIX do art. 5º.

Ademais, ao abranger os crimes *"praticados por motivação política"*, o dispositivo impugnado vincula o instituto da anistia à motivação do agente, criando descriminalização de delito que só pode ser reconhecido como tal pelo juiz, no caso concreto, e com referência a pessoa determinada.

Também é apontado como violado o preceito fundamental segundo o qual a população tem direito de *"receber dos órgãos públicos informações de seu interesse particular, ou de interesse coletivo ou geral"* (art. 5º, XXXIII, da Constituição da República). Esse preceito tutelaria o direito da população – titular do poder – de saber a identidade daqueles agentes públicos que, a serviço do regime militar, praticaram crimes contra os governados.

O descumprimento dos preceitos fundamentais dos princípios republicano e democrático residiria no fato de que a norma impugnada foi votada e aprovada pelo Congresso Nacional – composto, à época, por membros eleitos *"sob o placet dos comandantes militares"* – e sancionada por um Chefe de Estado que era General do Exército, ocupante do cargo não em decorrência de eleições democráticas, mas em razão do golpe militar. O Conselho Federal da OAB alega que, por esses motivos, a Lei n. 6.683/1979 deveria ter sido legitimada pelos Poderes Legislativo e Executivo após o restabelecimento da ordem democrática, o que não ocorreu.

Por último, o arguente sustenta violação ao preceito constitucional da dignidade da pessoa humana. Tal violação ocorreria na medida em que, a fim de possibilitar a transição do regime militar para a ordem democrática, teria sido firmado acordo para incluir, na Lei da Anistia, os crimes cometidos por funcionários do Estado contra presos políticos. Ocorre que a edição da referida Lei, com a interpretação extensiva aos agentes públicos, implicaria renúncia ao princípio da dignidade da pessoa humana, em especial por sancionar as práticas do crime de tortura por parte de tais agentes.

O pedido final é para que esta Corte "dê à Lei n. 6.683, de 8 de agosto de 1979, uma interpretação conforme a Constituição, de modo a declarar, à luz dos seus preceitos fundamentais, que a anistia concedida pela citada lei aos crimes políticos ou conexos não se estende aos crimes comuns praticados pelos agentes da repressão contra opositores políticos, durante o regime militar (1964/1985)".

A Advocacia-Geral da União, ao prestar informações, manifesta-se pelo não conhecimento da arguição e, no mérito, por sua improcedência.

Isso porque, preliminarmente, o Conselho Federal da OAB não teria logrado comprovar a existência de controvérsia judicial, requisito para o cabimento da ADPF. A controvérsia apresentada pelo arguente, no caso, cingir-se-ia a mero debate doutrinário, ausentes pronunciamentos jurisdicionais sobre o tema.

Outro pressuposto que não teria sido observado consiste na necessidade de impugnação de todo o complexo normativo do tema. O Conselho Federal da OAB teria impugnado apenas uma determinada interpretação do § 1º do art. 1º da Lei n. 6.683/1979, olvidando-se de atacar o § 1º do art. 4º da Emenda Constitucional 26/1985, que também concede, em sua parte inicial, anistia aos autores de crimes políticos ou conexos.

No mérito, a Advocacia-Geral da União sustenta a inviabilidade da pretensão veiculada na inicial, visto que restringir a interpretação conferida ao § 1º do art. 1º da Lei n. 6.683/1979 seria desvirtuar por completo o sentido da norma, que pretendeu anistiar ampla, geral e irrestritamente a prática dos delitos que enuncia.

Ademais, por tratar-se de regra extintiva de punibilidade, a mudança de interpretação pretendida acarretaria o afastamento do benefício da anistia até então concedido a alguns sujeitos, o que atingiria situações jurídicas já consolidadas e acarretaria leitura mais gravosa da norma, contrariando o *caput* e o inciso XL do art. 5º da Constituição da República. Assim, o § 1º do art. 1º da Lei n. 6.683/1979, em razão de sua compatibilidade com os novos preceitos, teria sido recepcionado pela Constituição de 1988. Tal posição seria reforçada pelo longo período de vigência da Lei n. 6.683/1979, apto a consolidar situações abrigadas pela segurança jurídica.

Assevera, também, que a própria OAB manifestou-se, à época da elaboração da norma impugnada, favoravelmente à sua edição, no parecer da lavra do então Conselheiro José Paulo Sepúlveda Pertence, de 15 de agosto de 1979, aprovado pelo Conselho Federal.

A Procuradoria-Geral da República (PGR) manifesta-se pelo conhecimento da arguição e, no mérito, por sua improcedência.

Assim, ao contrário do que sustentado pela Advocacia-Geral da União, a Procuradoria-Geral da República afirma o cabimento da ADPF e a necessidade de comprovação de existência de controvérsia constitucional relevante – o que foi atendido no caso –, e não de controvérsia judicial, por não se tratar de ADPF incidental.

Também em contraposição à manifestação da AGU, a PGR afirma a irrelevância da não impugnação do art. 4º, § 1º, da EC 26/1985, por não ter substituído, ratificado nem alterado a norma questionada. Afirma, ainda, que a prescrição dos delitos não prejudica a análise da questão de fundo da arguição.

No mérito, assevera, na linha do que sustentado pela AGU, que a interpretação questionada não afronta preceitos fundamentais da Constituição de 1988.

Nesse ponto, seria imprescindível examinar a norma no contexto histórico em que foi editada, consistente na transição do regime militar para o democrático. Assim, por maior que seja a repulsa a acontecimentos degradantes de violência física e moral que marcaram aquele período de nossa história, não seria possível encobrir o sentido jurídico, político e simbólico da anistia.

Por fim, a Procuradoria-Geral da República aduz que, independentemente da improcedência da ADPF, deve ser preservado o "direito fundamental à verdade".

O Relator da ação, Ministro Eros Grau, admitiu a participação, na condição de *amicus curiae*, da Associação Brasileira de Anistiados Políticos. A entidade, em sua manifestação, reforça os pontos defendidos pelo Conselho Federal da OAB na petição inicial.

Ademais, foram aceitas as participações da Associação Juízes para a Democracia, do Centro pela Justiça e o Direito Internacional (CEJIL) e da Associação Democrática e Nacionalista de Militares, também na qualidade de *amici curiae*.

2. Análise das preliminares levantadas quanto ao cabimento da ADPF

De acordo com as razões da petição inicial, a presente arguição de descumprimento submetida a esta Corte refere-se à interpretação de dispositivo específico da lei de anistia, a qual evidenciaria relevante controvérsia jurídico-constitucional e representaria lesão a diversos preceitos fundamentais.

Nos termos da Lei n. 9.882, de 3 de dezembro 1999, cabe arguição de descumprimento de preceito fundamental para evitar-se ou reparar-se lesão a preceito fundamental de ato do Poder Público (art. 1º, *caput*).

O parágrafo único do art. 1º explicita que caberá também arguição de descumprimento quando for relevante o fundamento da controvérsia constitucional sobre lei ou ato normativo federal, estadual ou municipal, inclusive se anteriores à Constituição (leis pré-constitucionais).

Conforme consignei em voto proferido no julgamento da ADPF n. 33, pode-se dizer que a arguição de descumprimento vem completar o sistema de controle de constitucionalidade de perfil relativamente concentrado no STF, uma vez que as questões até então não apreciadas no âmbito do controle abstrato de constitucionalidade (ação direta de inconstitucionalidade e ação declaratória de constitucionalidade)poderão ser objeto de exame no âmbito do novo procedimento.

Nesse sentido, destaquei, no julgamento da ADPF n. 101, em lembrança à observação já feita pelo Ministro Pertence, que a arguição de descumprimento é uma esfinge que pouco a pouco vai sendo desvelada, desvendada pelo Tribunal na sua construtiva jurisprudência.

Feitas essas considerações, passo a analisar a existência de controvérsia constitucional relevante.

Verifico, inicialmente, que se impugna o parágrafo primeiro do artigo primeiro da Lei Federal n. 6.683/1979, pretérito à ordem constitucional de 1988, que tem o seguinte teor:

> Art. 1º É concedida anistia a todos quantos, no período compreendido entre 2 de setembro de 1961 e 15 de agosto de 1979, cometeram crimes políticos ou conexos com estes, crimes eleitorais, aos que tiveram seus direitos políticos suspensos e aos servidores da Administração Direta e Indireta, de fundações vinculadas ao Poder Públicos, aos Servidores dos Poderes Legislativo e Judiciário, aos Militares e aos dirigentes e representantes sindicais, punidos com fundamento em Atos Institucionais e Complementares.
>
> *§ 1º Consideram-se conexos, para efeito deste artigo, os crimes de qualquer natureza relacionados com crimes políticos ou praticados por motivação política.*

O arguente afirma tratar-se de ato normativo geral e abstrato e requer a confirmação de interpretação e aplicação do dispositivo questionado *"à luz dos preceitos e princípios fundamentais consagrados na Constituição Federal"*, de modo a possibilitar a modificação dos efeitos e do alcance da anistia concedida pela referida lei, à semelhança da discussão alemã relacionada não à validade (*Geltung*), mas à qualidade da norma (*Rang der Norm*).

Assim, constata-se a inexistência de outra medida judicial de controle de constitucionalidade eficaz, o que comprova o cabimento da arguição de descumprimento.

Além disso, o arguente afirma tratar-se de arguição de descumprimento *"incidental"* e assevera ser relevante o fundamento da controvérsia constitucional sobre a interpretação do dispositivo impugnado, anterior à Constituição de 1988, conforme se colhe, por exemplo, da transcrição de diversas reportagens e manifestações de doutrinadores e de agentes políticos sobre o tema.

A Advocacia-Geral da União requer o não conhecimento da presente ação neste ponto, por não ter sido demonstrada controvérsia judicial alguma referente à ADPF "incidental", que seria necessária para caracterizar a relevância exigida pela Lei n. 9.882/1999 neste caso.

A Procuradoria-Geral da República, de forma diversa, reforça as alegações do arguente e refuta a manifestação da AGU, na medida em que: seria desnecessária a comprovação de controvérsia judicial no presente caso; não se trataria de modalidade incidental; e estaria comprovada a relevância do fundamento da controvérsia constitucional.

Ao se interpretar o artigo 1º da Lei n. 9.882/1999, em que se apontam o objeto e os parâmetros de controle da ADPF, não se exige expressamente a alegada necessidade de comprovação de controvérsia judicial da questão, nem se evidencia a necessidade de definição de uma modalidade autônoma ou incidental (ainda que parte da doutrina assim o faça). Neste último caso, ainda que assim o fosse, diante do princípio da fungibilidade, não haveria óbice, em princípio, em se conhecer como "autônoma" eventual ADPF ajuizada nominalmente como "incidental".

O que se ressalta, contudo, é a necessidade de se evitar ou de se reparar lesão a preceito fundamental, resultante de ato do Poder Público (art. 1ª. *caput*), bem como de se demonstrar a relevância do fundamento da controvérsia constitucional sobre lei ou ato normativo federal, estadual ou municipal, incluídos os anteriores à Constituição.

Da análise do conjunto de razões apresentadas pelo arguente em sua petição inicial, complementada pela análise das manifestações da AGU e da Procuradoria-Geral da República, constata-se a existência de questão constitucional relevante, por envolver a interpretação sistêmica do conteúdo normativo de importantes preceitos fundamentais que conflitariam com o dispositivo impugnado da Lei de Anistia, tais como o preceito fundamental da isonomia jurídica (art. 5º, *caput* e inciso XXXIX); do princípio democrático e republicano (art. 1º, *caput*); e da dignidade da pessoa humana (art. 1º, III).

Começo por ressaltar que a lesão a preceito fundamental não se configura apenas quando se verifica possível afronta a um princípio fundamental, tal como assente na ordem constitucional, mas também a disposições que confiram densidade normativa ou significado específico a esse princípio.

Ao mesmo tempo, colhe-se da própria manifestação da AGU e da PGR a informação de atual e notória controvérsia, no âmbito dos Ministérios da Justiça e da Defesa, quanto à interpretação e à aplicação do dispositivo impugnado, a evidenciar a existência de um estado institucional de incerteza interpretativa em relação à legitimidade do dispositivo legal impugnado, o que não se reduz a uma mera controvérsia doutrinária.

Nesse sentido, no mínimo, constata-se relevante controvérsia jurídica, ainda que não demonstrada na inicial a controvérsia judicial, na medida em que se fomentam posicionamentos conflitantes do Poder Público na interpretação do dispositivo impugnado, os quais repercutem negativamente não só na garantia de segurança jurídica dos cidadãos direta e indiretamente envolvidos com a concessão de anistia, mas também no âmbito jurídico e político-institucional do Estado e da sociedade brasileira.

O contexto da referida discussão evidencia a complexidade do sistema constitucional de proteção dos direitos fundamentais, que são, num só tempo, direitos subjetivos e elementos fundamentais da ordem constitucional objetiva.

É inequívoca, pois, a relevância constitucional da controvérsia submetida a esta Corte, quanto à ofensa aos referidos preceitos fundamentais da Constituição, que, inevitavelmente, devem ser considerados na interpretação do dispositivo impugnado. Dessa forma, há o envolvimento de preceitos fundamentais de enunciação expressa na Constituição, bem como uma repercussão jurídica evidente na sociedade e no âmbito do Poder Público, no tocante às diferentes posições interpretativas decorrentes do art. 1º, § 1º, da Lei n. 6.683/1979, adotadas em declarações institucionais oficiais de distintos Ministérios.

Também não prospera a preliminar suscitada pelo Advogado-Geral da União no sentido do não cabimento da presente ação de descumprimento de preceito fundamental, em virtude do suposto exaurimento da eficácia do dispositivo legal impugnado.

Em verdade, verifica-se que o dispositivo impugnado, não obstante se referir a atos pretéritos (crimes políticos e conexos praticados no período compreendido entre 2 de setembro de 1961 e 15 de agosto de 1979), revela-se apto à produção de efeitos válidos até os dias atuais, tendo em vista que impõe óbice à persecução penal relativamente às condutas delitivas a que faz menção.

Dessarte, toda e qualquer tentativa de imputação penal relativa aos mencionados delitos será obstada, ainda hoje, pela incidência da Lei n. 6.683/1979.

Essa assertiva é corroborada pelo parecer do Procurador-Geral da República, que, sobre o tema, assim se manifestou:

A Lei n. 6.683/79 tem por objeto a anistia relativa a *crimes políticos ou conexos com estes, crimes eleitorais* e infrações punidas *com fundamento em Atos Institucionais e Complementares* (art. 1º). Não é a vigência da lei que está condicionada a determinado período, e sim seu objeto. Sempre que se discutirem fatos supostamente tipificados como *crimes políticos ou conexos com estes, crimes eleitorais* e infrações punidas *com fundamento em Atos Institucionais e Complementares,* acontecidos *no período compreendido entre 2 de setembro de 1961 e 15 de agosto de 1979,* incidirá a Lei n. 6.683/1979. Não se confunde, portanto, o tempo em que os crimes e infrações referidos pela Lei n. 6.683/1979 foram cometidos (um

Segurança jurídica, direito adquirido e interpretação constitucional **769**

tempo expressamente determinado pela própria lei), com o tempo de vigência da Lei n. 6.683/79 (vigência indeterminada, conforme o regime ordinário das leis, de acordo com o art. 2º da Lei de Introdução ao Código Civil – Decreto-Lei n. 4.657/1942).

Ademais, mesmo que se considerasse norma de eficácia temporária o art. 1º, *caput* e parágrafo único, da Lei n. 6.683/1979, esse fato não seria óbice ao conhecimento da presente ação, haja vista que a ação de descumprimento de preceito fundamental, diversamente do que ocorre com os demais processos objetivos de controle abstrato de constitucionalidade, **pode ter por objeto direito revogado ou que tenha tido a sua eficácia exaurida no tempo, desde que subsista interesse jurídico no pronunciamento judicial**.

Nesse sentido, não se pode olvidar que a arguição de descumprimento de preceito fundamental foi criada com o intuito de complementar o sistema de controle de constitucionalidade de perfil relativamente concentrado no Supremo Tribunal Federal, uma vez que as questões até então não apreciadas no âmbito do controle abstrato de constitucionalidade (ADI e ADC) – caso das leis pré-constitucionais já revogadas ou de eficácia exaurida – tornaram-se suscetíveis de apreciação no âmbito dessa nova modalidade de processo objetivo.

No caso em apreço, consoante anteriormente afirmado, não há dúvida quanto à existência de interesse jurídico na solução da controvérsia constitucional, tendo em vista, inclusive, a divergência existente no âmbito do próprio Poder Executivo Federal acerca da correta interpretação do mencionado dispositivo legal. Ademais, nenhum outro mecanismo revelar-se-ia apto a solver a controvérsia constitucional de forma ampla, geral e imediata.

No tocante à preliminar suscitada pelo Advogado-Geral da União, segundo a qual o autor careceria de interesse de agir, em virtude do fato de que os crimes já estariam prescritos, cumpre salientar, inicialmente, que não se exige, no direito brasileiro, a demonstração do interesse jurídico específico como pressuposto da instauração de controle concentrado de normas.

Registre-se que esse entendimento foi adotado por esta Corte, ainda sob a vigência da Constituição de 1967/1969, quando se ressaltou que a representação de inconstitucionalidade não era uma ação no sentido clássico, mas um instituto de natureza política (cf. voto do Ministro Aliomar Baleeiro, Rp. 700, Rel. Amaral Santos, *RTJ*, 45:690).

Em 3 de fevereiro de 1986, ressaltou o Tribunal, uma vez mais, a natureza política do controle abstrato de normas. O processo judicial deveria, por isso, ser considerado simples forma (cf. Embargos na Rp. 1.092, Rel. Djacir Falcão, *RTJ*, 117:921 (952)). Essa orientação tornou-se ainda mais nítida no acórdão de 18 de maio de 1988. O Supremo Tribunal ressaltou a objetividade desse processo, que não conhece partes e outorga ao Tribunal um instrumento político de controle de normas (cf. Rp. 1.405, Rel. Moreira Alves, *RTJ*, 395:415 e s.).

Desde então, afigura-se pacífico o entendimento sobre a natureza do controle concentrado de normas como controle objetivo, para cuja instauração parece suficiente a existência de um interesse público de controle.

A outorga do direito de propositura a diferentes órgãos estatais e a organizações sociais ressalta o caráter objetivo do controle concentrado de normas, uma vez que o autor não alega a existência de lesão a direitos, próprios ou alheios, atuando como representante do interesse público.

Desse modo, evidencia-se a finalidade imediata dessas ações, consubstanciada na defesa da ordem constitucional, de sua integridade e eficácia, e não de interesses particulares ou específicos.

Nesse contexto, a suposta prescrição das condutas delitivas a que se refere a Lei n. 6.683/1979 em nada interfere na apreciação desta ação de descumprimento de preceito fundamental, que tem por objeto, em verdade, a aferição da compatibilidade com o texto constitucional de interpretação que fora atribuída a dispositivo do referido diploma legal.

Como bem ressaltado pelo Procurador-Geral da República, "a matéria da prescrição não prejudica a apreciação da ADPF. Ao contrário, apenas se ultrapassada a controvérsia sobre a previsão abstrata da anistia, é que se abrirá a oportunidade para a verificação da prescrição".

Em outras palavras, a ocorrência, ou não, da prescrição somente deverá ser analisada, caso a caso, se, e somente se, for declarada inconstitucional (ou não recepcionada) a referida interpretação do dispositivo constitucional.

Nestes autos, trata-se de solucionar controvérsia constitucional relevante – medida necessária à promoção da paz social e à garantia da segurança jurídica.

A última questão preliminar de não conhecimento se refere à alegação de que esta ação de descumprimento de preceito fundamental não deveria ser conhecida, em virtude da não impugnação, pelo autor, do art. 4º, § 1º, da Emenda Constitucional n. 26/1985.

Segundo a Procuradoria-Geral da República, a "Emenda Constitucional n. 26/85, embora tenha reafirmado genericamente a anistia instituída em 1979, pela Lei n. 6.683, em favor dos autores de crimes políticos e anexos, não repetiu a norma diretamente questionada pelo arguente (§ 1º do art. 1º da lei)".

Não obstante tenha a chamada EC 26/85 novamente previsto anistia para os autores de crimes políticos e conexos, ela não faz expressa menção aos crimes supostamente perpetrados pelos agentes públicos responsáveis pela repressão dos opositores ao regime (os quais, alega-se, teriam sido contemplados pelo mencionado art. 1º, § 1º, da Lei n. 6.683).

Indica-se como objeto expresso da presente ADPF norma infraconstitucional pré-constitucional, e não, necessariamente, normas da Constituição pretérita.

Entretanto, a discussão referente à Emenda Constitucional n. 26/85 e sua relação com o disposto no art. 1º, § 1º, da Lei n. 6.683, em princípio, confunde-se com o próprio mérito desta arguição de descumprimento e deverá ser apreciada a seguir.

Portanto, evidenciada a adequação da solução da controvérsia por meio da presente ação, conheço desta arguição de descumprimento de preceito fundamental.

3. Análise do pedido e de seus fundamentos

A tese levantada pelo Conselho Federal da OAB na presente ADPF é a de que o significado da expressão "crimes conexos", presente no § 1º do art. 1º da Lei n. 6.683/1979, não abrangeria os crimes comuns – tais como a tortura, o estupro, o assassinato, etc. – cometidos pelos agentes públicos a serviço do regime militar. Consoante descrito na petição inicial, o arguente pede a esta Corte que "dê à Lei n. 6.683, de 8 de agosto de 1979, uma interpretação conforme a Constituição, de modo a declarar, à luz dos seus preceitos fundamentais, que a anistia concedida pela citada lei aos crimes políticos ou conexos não se estende aos crimes comuns praticados pelos agentes da repressão contra opositores políticos, durante o regime militar (1964/1985)".

Em outros termos, a arguente defende que, entre os sentidos possíveis do texto do § 1º do art. 1º da Lei da Anistia, aquele que considera como crimes políticos anistiados alguns crimes comuns praticados pelos agentes governamentais seria contrário a determinados preceitos fundamentais da Constituição de 1988.

Assim, traduzindo o pedido formulado nesta ADPF, é possível verificar que se trata, na verdade, de pedido de declaração de não recepção, pela Constituição de 1988, de um sentido normativo (uma norma) do texto do § 1º do art. 1º da Lei n. 6.683/1979. Tem-se, no caso, o que tecnicamente se costuma denominar de declaração de inconstitucionalidade (ou de não recepção) sem redução de texto.

Ainda que não se possa negar a semelhança dessas categorias e a proximidade do resultado prático de sua utilização, é certo que, enquanto na interpretação conforme a Constituição se tem, dogmaticamente, a declaração de que uma lei é constitucional com a interpretação que lhe é conferida pelo órgão judicial, constata-se, na *declaração de nulidade sem redução de texto*, a expressa exclusão, por inconstitucionalidade, de determinadas *hipóteses de aplicação* do *programa normativo* sem que se produza alteração expressa do texto legal.

Segurança jurídica, direito adquirido e interpretação constitucional **771**

O pedido do arguente, portanto, deve ser entendido dessa perspectiva. Há um claro pedido de restrição do âmbito de aplicação do art. 1º, e seu parágrafo primeiro, da Lei n. 6.683/1979.

Assim, a questão reside em saber se esse tipo de delimitação do domínio normativo do referido dispositivo é compatível com os fundamentos da ordem Constitucional de 1988.

Passemos então à análise dessa questão.

3.1. O caráter político da anistia

O principal fundamento do pedido do Conselho Federal da OAB é o de que os crimes comuns cometidos pelos agentes públicos a serviço do regime militar não se afigurariam conexos aos crimes políticos ou àqueles cometidos com motivação política.

Antes de tratar desse ponto específico da fundamentação do arguente, abra-se parêntese para ressaltar que esta Corte, no recente julgamento do caso Cesare Battisti (EXT 1.085, Rel. Min. Cezar Peluso, *DJ* 16.4.2010), discutiu justamente a respeito da dificuldade teórica e prática de se definir o que seja crime político e de distingui-lo de crimes comuns conexos ou cometidos com motivação política.

Mas a questão não reside na conceituação do que seja crime político, e sim na própria característica do ato de anistia.

Dessarte, a anistia é ato revestido de caráter eminentemente político, e sua amplitude é definida de forma política. A competência extraordinária do Congresso Nacional para conceder anistia foi inaugurada pela Constituição de 1891 (art. 34), a nossa primeira Constituição Republicana. No tocante ao tema da anistia, lembro as lições de JOÃO BARBALHO, em comentários ao art. 34, 27, da Constituição de 1891:

> "Decretando anistia, o Congresso Nacional exerce atribuição sua privativa, de **caráter eminentemente político, e nenhum dos outros ramos do poder público tem autoridade para entrar na apreciação da justiça ou conveniência e motivos da lei promulgada consagrando tal medida**, que é um ato solene de clemência autorizada por motivos de ordem superior." (CAVALCANTI, João Barbalho Uchoa. *Constituição Federal Brasileira (1891)*. Brasília: Senado Federal, 2002, p. 133).

Em razão desse caráter eminentemente político da anistia, o Supremo Tribunal Federal, inclusive, já teve a oportunidade de deixar consignado o entendimento segundo o qual o Congresso Nacional pode conceder anistia a seus próprios membros. Entender o contrário seria negar qualquer eficácia ao art. 48, inciso VIII, da Constituição. Assim ocorreu no julgamento da ADI n. 2.306 (Rel. Min. Ellen Gracie, *DJ* 31.10.2002), no qual foi reafirmada a competência do Congresso Nacional para conceder anistia, inclusive a seus membros. Cite-se, ainda, no mesmo sentido, o julgamento da ADI n. 1.231, Rel. Min. Carlos Velloso.

Não obstante essas considerações, o ponto fundamental a ser levado em conta é o fato de que a anistia ampla e geral representa o resultado de um compromisso constitucional que tornou possível a própria fundação e a construção da ordem constitucional de 1988.

3.2. Poder constituinte e compromissos constitucionais que fundam a nova ordem constitucional

É preciso atentar para a peculiaridade do movimento que levou ao processo de anistia e, posteriormente, a esse nosso processo de redemocratização. Chamo a atenção – e isso é um pouco lugar-comum na literatura do constitucionalismo universal – para o fato de que talvez os modelos a que nos aferramos (principalmente esse modelo dualista ou binômio entre poder constituinte originário e poder constituinte derivado) estejam, na prática, sendo superados por soluções de compromisso, as quais abrem espaço para transações políticas que levam a uma determinada solução.

Nos dias recentes, estamos a acompanhar, no plano internacional, a grave crise que está a envolver o Judiciário espanhol, com o Juiz Baltazar Garzón, suspenso cautelarmente de suas funções na Espanha por investigar crimes anistiados. E, de alguma forma, é esse o debate que se coloca: se, ao investigar os crimes anteriores do regime franquista, não teria ele rompido com os seus deveres de juiz, isto é, não teria prevaricado. Desse modo, colocando em xeque esse modelo de pacto ou de compromisso que as Constituições (e, neste caso também, a Constituição espanhola de 1978) traduzem. No nosso caso específico, a própria Ordem dos Advogados do Brasil, e disse isso com tintas muito fortes o Ministro Eros Grau, foi uma protagonista da construção desta solução.

Lembro-me de que, ainda jovem estudante de Direito, participei daquele célebre Congresso da Ordem dos Advogados do Brasil, de Curitiba, em 1977. Ali pontificava nada mais nada menos do que a célebre figura de Raimundo Faoro, que conduzia o país rumo a uma conciliação. Recordo-me das discussões sobre o modelo de anistia, as discussões, por exemplo, sobre estado de defesa. Lembro-me também de que o nosso saudoso colega Oscar Corrêa apresentou, naquele congresso, talvez o primeiro estudo sobre o estado de emergência, o estado de defesa (cf. CORRÊA, Oscar Dias. *A defesa do estado de direito e a emergência constitucional.* Rio de Janeiro: Presença, 1980). E houve muitas dificuldades para apresentá-lo, porque muitos advogados, naquele momento de clamor por democracia, entendiam que a proposta constituía a manifestação de um autoritarismo, ou aquilo estava a se traduzir numa positivação de uma postura autoritária.

Quem hoje puder ler o trabalho do Konrad Hesse sobre "*A força normativa da Constituição*" verá que entendia carecer a Constituição Alemã de força normativa, por não conter, naquele momento, elementos de um modelo de estado de defesa, de estado de emergência. E, por isso, dependia, para situações especiais, da tutela do sistema oferecido pelos aliados.

Portanto, Oscar Corrêa percebia a delicadeza desse momento. E Faoro fez enfática defesa da tese sustentada por Oscar Corrêa, ressaltando que ele estava a defender, na verdade, uma solução constitucional adequada. As Constituições precisavam ter elementos mínimos de defesa para não caírem no princípio de necessidade, de que fala Konrad Hesse. Konrad Hesse chama atenção exatamente para esse aspecto. Se as Constituições não regulam o estado de necessidade, este acabará por se impor de qualquer forma. A expressão em alemão é "*Not kennt kein Gebot*": necessidade não conhece princípio, dizia Hesse. Daí a sua defesa enfática para que o texto constitucional contemple uma disciplina adequada do estado de necessidade ou do estado de emergência (cf. HESSE, Konrad. *A força normativa da Constituição*. Porto Alegre: Sergio Antonio Fabris Editor, 1991, p. 24-27).

Assim, observo, neste ponto, que é necessário atentar-se para a natureza pactual da Carta Constitucional de 1988 e verificar-se a amplitude dos compromissos políticos firmados por ocasião da Assembleia Nacional Constituinte, que promulgou a Constituição ora vigente.

A nova ordem constitucional pode ser compreendida como resultado de um pacto firmado entre forças plurais e, de alguma forma, antagônicas, o que lhe dá a natureza de *Constituição Compromisso*, encartada no grupo das Cartas ocidentais que foram geradas após períodos de crise, como foi o caso da Constituição portuguesa de 1830. (cf. CANOTILHO, J. J. Gomes. *Direito constitucional e teoria da Constituição*. 7. ed. Coimbra: Almedina, 2003, p. 147-151).

Não é por outra razão que a crise que gerou o movimento de unificação dos Estados Nacionais adveio das guerras religiosas, cuja superação alterou a esfera de legitimidade do poder e permitiu a criação das pré-condições para a busca futura de legitimidade não mais na força, mas na Constituição. A superação do estado de beligerância acompanha a história das sociedades ocidentais e está presente, na qualidade de objetivo, de todas as ordens constitucionais pactuadas.

O período de ditadura militar no Brasil gerou diversas lutas internas, e o exame das situações ocorridas naquele momento histórico permite constatar a existência de grupos contrapostos, uns a serviço do Estado, que se legitimava de maneira formal, e outros a serviço de núcleos paraestatais, que exerciam posicionamentos políticos divergentes da linha política adotada pelo Estado brasileiro, controlado por militares.

A simples análise dos fatos que ocorreram durante o período deixa claro que a força do Estado subjugou e oprimiu a sociedade civil, que se organizava, da forma como podia, para se contrapor ao regime de exceção.

A contraposição ideológica permitiu a realização de diversas agressões, que se constituíram em fatos típicos criminais, praticados, de um lado, pelo Estado forte e monopolizador do aparelho organizatório e, de outro, por núcleos de cidadãos ideologicamente contrários.

Não obstante o desnível de potencialidade ofensiva exercida durante os tempos de beligerância, é preciso observar que tanto houve agressões praticadas pelo Estado, por meio de seus agentes repressores, quanto por intermédio de cidadãos organizados politicamente, em derredor de um direcionamento político.

Sequestros, torturas e homicídios foram praticados de parte a parte, muito embora se possa reconhecer que, quantitativamente, mais atos ilícitos foram realizados pelo Estado e seus diversos agentes do que pelos militantes opositores do Estado.

Embora seja razoável admitir que a grande maioria das ofensas foi praticada pelos militares, não é razoável introduzir, no campo da análise política e no campo das definições jurídicas, compreensões morais acerca da natureza justificadora da violência.

Não é possível conferir a ilicitude criminal a alguns atos e, ao mesmo tempo, reconhecer que outros de igual repercussão possuem natureza distinta e podem ser justificados em razão do objetivo político ideológico que os geraram. Não é juridicamente razoável compreender que o objetivo moralmente considerado define a juridicidade da ação, fazendo com que outros atos – com motor condutor diverso – deixem de ser admitidos em razão da diversidade de escopo.

Assim, a perspectiva ideológica não justifica o cometimento de atrocidades como sequestros, torturas e homicídios cruéis. Ademais, ainda que fosse possível justificá-las – e não é possível –, é certo que muitos dos que recorreram a estes delitos não buscavam a normalidade democrática, mas a defender sistemas políticos autoritários, seja para manter o regime de exceção, seja para instalar novas formas de administração de cunho totalitário, com bases stalinistas, castristas ou maoístas. É notório que, em muitos casos, os autores desses tipos de crimes violentos pretendiam estabelecer sistema de governo totalitário, inclusive com apoio, financiamento e treinamento concedidos por ditaduras estrangeiras.

Demais disso, as compreensões morais possuem uma relatividade natural, e é própria de sua natureza a ausência de universalidade de seus juízos particulares. Apenas uma análise normativa é apta a qualificar os atos praticados pelo Estado repressor e pelos movimentos opositores. Essa observação jurídica permite a aplicação dos conceitos de crime político e de crime comum, trazendo à baila conceitos normatizados e inseridos na ordem jurídica, aptos ao enfrentamento da questão.

O fortalecimento da Democracia enquanto regime se dá na sua capacidade de resolver os conflitos. E um dos instrumentos de fortalecimento desse ideário é exatamente a formação de uma Constituição pactuada, que proceda à superação de determinado momento crítico.

Saliento aqui a importância de homenagear as pessoas que acreditaram na política como o caminho para a superação de impasses, guiando, por meio de uma atuação segura e constante, o nosso "processo de abertura".

Entre aqueles que optaram pelas vias institucionais para lutar pela democracia, destaco, ainda, Raymundo Faoro, que, como Presidente do Conselho Federal da OAB, desempenhou um papel fundamental para o fim do AI-5, o que, à custa de muitas vitórias e derrotas, finalmente aconteceria em dezembro de 1978.

Uma abertura conquistada por meio do embate político e marcada por vitórias, como a das eleições de 1974, em que o MDB conquista 59% dos votos para o Senado, 48% para a Câmara dos Deputados, e a prefeitura da maioria das grandes cidades; marcada, também, por duros golpes, como quando, em abril de 1977, foi editado o "Pacote de Abril" – composto por uma emenda constitucional e seis decretos-leis –, que, entre outras medidas, fechava temporariamente o Congresso Nacional, determinava que um terço dos senadores não mais seria eleito por voto direto, mas, sim, indicado pelo presidente da República, estabelecia a manutenção de eleições indiretas para governador e a diminuição da representação dos estados mais populosos no Congresso Nacional. Enfim, uma abertura marcada por uma árdua luta política para que o AI-5 finalmente chegasse ao fim, dando início à redemocratização do país.

O regime de exceção, no entanto, só se encerraria realmente em 1985, com a aprovação da Emenda Constitucional (EC 26/1985), que permitiria a realização da Assembleia Nacional Constituinte, e com a promulgação, em 5 de outubro de 1988, da chamada "Constituição Cidadã".

Neste momento é importante destacar o trabalho realizado por nossas lideranças políticas, especialmente por nossos parlamentares, na construção desse processo constituinte complexo, que resultou na Constituição de 1988.

Têm caído no esquecimento aqueles que, fazendo das palavras as suas armas, travaram, por meio do diálogo, o combate na árdua luta parlamentar. Pessoas que tinham um compromisso, acima de tudo, com a implantação da democracia. Vencedoras que foram, neste momento em que lembramos os 40 anos do Ato Institucional n. 5, neste ano em que também celebramos 22 anos da Constituição de 1988, essas pessoas devem ser devidamente homenageadas.

Independentemente das posições políticas, temos de reconhecer que, graças aos avanços feitos por essas pessoas – não de armas, mas do diálogo –, podemos vivenciar nosso processo de evolução democrática, o que nos faz positivamente diferentes em relação aos nossos irmãos latino-americanos, que ainda hoje estão atolados num processo de refazimento institucional sem fim.

De outra sorte, o exemplo da África do Sul, que concedeu anistia ampla inclusive quanto aos horríveis crimes ocorridos sob o regime do *apartheid*, demonstra o valor deste instrumento na pacificação institucional.

A ideia de anistia, como integrante deste pacto político constitucionalizado, não pode ser tomada de forma restritiva – ao contrário –, pois perderia sentido a própria ideia de pacto ou de constituição pactuada!

Aníbal Bruno lembra que o instituto não se destina propriamente a beneficiar pessoas especificamente, mas, sim, a apagar determinado delito, excluindo-se a punibilidade daqueles que o cometeram. É a sua natureza de instrumento global que lhe dá o tom, fazendo as vezes de elemento inserto em pactos específicos travados em sociedade (BRUNO, Aníbal. *Direito Penal.* Tomo 3, 3. ed. São Paulo: Forense, p. 202-203).

No caso em tela, a anistia serviu de instrumento à Constituição pactuada, apresentando-se como meio de superação da dicotomia amigo/inimigo que havia sido potencializada no período de crise precedente.

3.3. Anistia ampla e geral

A anistia não teria o alcance que lhe deu o legislador nem o alcance que pretendeu conferir a ela o constituinte de 1985-1988, se fosse o caso de nós a aceitarmos fracionada, mitigada, retalhada.

A anistia ampla e geral, insculpida na Lei n. 6.683/1979, é abrangente o bastante para abarcar todas as posições político-ideológicas existentes na contraposição amigo/inimigo estabelecidas no regime político precedente, não havendo qualquer incompatibilidade da sua amplitude, ínsita ao parágrafo primeiro do artigo primeiro, com a Constituição pactuada de 1988.

Segurança jurídica, direito adquirido e interpretação constitucional **775**

Ao revés, a amplitude do processo de anistia é ínsita ao conteúdo pactual do próprio texto, não se afigurando incompatível com a ordem constitucional vigente.

E, no que se refere à amplitude da anistia concedida pela Lei n. 6.683/1979, ressalte-se que o próprio arguente sustentou ativamente e zelou pela amplíssima abrangência, à época das discussões legislativas.

Com efeito, em parecer apresentado pelo então Conselheiro Federal José Paulo Sepúlveda Pertence, aprovado pelo Conselho Federal da Ordem dos Advogados do Brasil na sessão plenária de 24 de julho de 1979, a crítica do arguente ao então projeto de lei procurava estender ainda mais o âmbito da anistia. Na oportunidade, destacou o mencionado parecer:

"Quem venha testemunhando a coerência da Ordem dos Advogados do Brasil, no desdobramento do seu compromisso com a aspiração de um Estado de Direito Democrático, não pode ter dúvidas quanto à posição do Conselho Federal, em face do projeto de lei de anistia que o Governo encaminhou ao Congresso. O pronunciamento que nos cabe, em nome dos advogados brasileiros, haverá de somar-se ao das críticas logo endereçadas à mesquinharia das discriminações e ressalvas que apequenam, desfiguram e desqualificam a proposição governamental.

(...)

04. Mais que a forma de lei (que decorre de sua essência, mas com ela não se confunde), o que caracteriza a anistia é sua *objetividade*. Isso sabidamente significa, como se lê, por exemplo, em Aníbal Bruno (*Direito Penal*, III/201), que '*a anistia não se destina propriamente a beneficiar alguém; o que ela faz é apagar o crime e, em consequência, ficam excluídas de punição os que o cometerem*'. A ideia já estava presente no célebre arrazoado de Rui Barbosa (In: *Comentário à Constituição*, 2/441), quando se mostrava que, pela anistia, '*remontando-se ao delito, se lhe elimina o caráter criminoso, suprimindo-se a própria infração*'. Por isso, a observação de Pontes de Miranda (*Comentários à Constituição de 1946*, I/343-344), de que a finalidade da anistia é a mesma da lei criminal com sinais trocados'; e acrescenta: com ela '*olvida-se o ato criminal, com a consequência de se lhe não poderem atribuir efeitos de direito material ou processual. Aconteceu o ato; agora, indo-se ao passado, mesmo onde ele está, acontece juridicamente desaparecer, deixar de ser, não ser*'. Na mesma linha, Raimundo Macedo (*Extinção da punibilidade*), a enfatizar que a anistia '*é como lei nova que deixou de considerar o fato como crime*'.

(...)

14. Ora, não há objeção retórica que possa obscurecer que a amplitude, com a qual o mencionado § 1º definiu, como conexos nos crimes políticos, os crimes de qualquer natureza com eles relacionados, tem o único sentido de prodigalizar a anistia aos homicídios, violências e arbitrariedades policiais de toda a sorte, perpetrados nos desvãos da repressão política.

15. Aliás, não é sem propósito indagar se não será a preocupação de anistiar as violências do regime o que explica que, do benefício, se tenham excluído apenas os já condenados pelos crimes de oposição violenta. Com a relativa liberdade de imprensa que já se alcançou, não há dúvida, como acentua a justificação do projeto, que, se tivessem continuidade, os processos contra os não condenados iriam 'traumatizar a sociedade com o conhecimento de eventos que devem ser sepultados em nome da paz': entre eles, em primeiro lugar, os relativos à institucionalização da tortura aos presos políticos.

16. Note-se que, sob esse prisma, o projeto rompe duplamente com a tradição brasileira. Restringe-se, de um lado, contra os precedentes, o alcance da anistia com relação à criminalidade política, para dela excluir – à vista da circunstância fortuita da existência de condenação – parte dos autores de alguns delitos caracterizadamente políticos, objetiva e subjetivamente. E, de outro lado, amplia-se ineditamente o conceito de crime comum conexo a crimes políticos, para beneficiar com a anistia, não apenas os delitos comuns de motivação política (o que encontra respaldo nos precedentes), mas também, com o sentido já mencionado, os que tenham, com os políticos, qualquer tipo de relação.

17. Nem a repulsa que nos merece a tortura impede reconhecer que toda a amplitude que for emprestada ao esquecimento penal desse período negro de nossa História poderá contribuir para o desarmamento geral, desejável como passo adiante no caminho da democracia.

18. De outro lado, de tal modo a violência da repressão política foi tolerada – quando não estimulada, em certos períodos, pelos altos escalões do poder – que uma eventual persecução penal dos seus executores materiais poderá vir a ganhar certo colorido de farisaísmo.

(...)

20. Se assim se chega, no entanto, a impor à sociedade civil a anistia da tortura oficial – em nome do esquecimento do passado para aplainar o caminho do futuro Estado de Direito – não é admissível que o ódio repressivo continue a manter no cárcere umas poucas dezenas de moços, a quem a insensatez da luta armada pareceu, em anos de desespero, a única alternativa para a alienação política a que a nação fora reduzida." (*Processo CP 2164/1979*, Relator Conselheiro José Paulo Sepúlveda Pertence).

Ressalte-se que esse parecer, aprovado pelo Conselho Federal da Ordem dos Advogados do Brasil, foi encaminhado ao Senador Luiz Viana Filho, em ofício de 15.8.1979, pelo então presidente do Conselho Federal, Dr. Eduardo Seabra Fagundes.

Na mesma data, 15 de agosto de 1979, o Presidente do Instituto dos Advogados Brasileiros (IAB) à época, Dr. Reginaldo de Souza Aguiar, remeteu o parecer de autoria do Dr. Sérgio Tostes, aprovado por unanimidade do Plenário do IAB, em 30 de maio de 1979. O resumo final do parecer afirmou:

"A Anistia, representando reconciliação da nação consigo mesma, deve ser ampla, deve ser geral e deve ser irrestrita. Deve abranger todos aqueles que de uma forma ou de outra praticaram os atos políticos contrários a uma orientação então prevalecente. Não deve ter limites, já que as características do ato político, se variaram de caso a caso tiveram um mesmo fator motivante. Sendo ato de conciliação da nação consigo mesma, não deve ser feita nenhuma gradação ou consideração da natureza do ato político. Significa esquecer o passado e viver o presente, com vistas para o futuro".

Esse entendimento voltou a ser destacado pelo Min. Sepúlveda Pertence em recente entrevista concedida à revista Carta Maior, que consiste em verdadeiro depoimento histórico:

"Carta Maior: *Qual sua opinião sobre a "acusação" de revanchismo, levantada pelos adversários da proposta de criação de uma Comissão da Verdade para avaliar fatos ocorridos durante a ditadura?*

Sepúlveda Pertence: Para cuidar do tema da pergunta, é preciso, de início, desfazer a confusão –, difundida largamente por veículos da grande imprensa –, entre ela – a proposta, desenvolvida no PNDH--3, de criação da Comissão Nacional da Verdade, destinada, não a 'avaliar', mas, sim à reconstituição histórica dos anos de chumbo – e a suposta pretensão de rever os termos da concessão da anistia pela Lei n. 6.683, de 1979, de modo a excluir do seu alcance os abusos criminosos cometidos na repressão, aos crimes políticos dos adversários da ditadura militar, conforme a odienta Lei de Segurança Nacional.

(...)

Fui, no entanto, modesto partícipe e testemunha privilegiada da luta pela anistia.

Relator, no Conselho Federal, da manifestação unânime da OAB sobre o projeto de lei da anistia – reivindicação pioneira da Ordem – afinal extraído do governo do General Figueiredo, nada tenho a alterar no parecer que então submeti aos meus pares.

No projeto, havia um ponto inegociável pelo Governo: o § 1º do art. 1º, que, definindo, com amplitude heterodoxa, o que se considerariam crimes conexos aos crimes políticos, tinha o sentido indisfarçável de fazer compreender, no alcance da anistia, os delitos de qualquer natureza cometidos nos 'porões do regime' –, como então se dizia – pelos agentes civis e militares da repressão.

Meu parecer reconheceu abertamente que esse era o significado inequívoco do dispositivo. E sem alimentar esperanças vãs de que pudesse ele ser eliminado pelo Congresso, concentrava a impugnação ao projeto governamental no § 2º do art. 1º, que excluía da anistia os já condenados por atos de violência contra o regime autoritário.

A circunstância me transformou em assessor informal, na companhia de Raphael de Almeida Magalhães, do ícone da campanha da anistia, o indomável Senador Teotônio Vilela. Teotônio foi um tipo singular daqueles tempos, que a incurável amnésia histórica dos Brasileiros começa a esquecer.

Acompanhei, por isso, cada passo da tramitação legislativa do projeto, pois Teotônio presidiu a comissão especial que o discutiu.

É expressivo recordar que, no curso de todo processo legislativo – que constituiu um marco incomum de intenso debate parlamentar sobre um projeto dos governos militares –, nenhuma voz se tenha levantado para pôr em dúvida a interpretação de que o art. 1º, § 1º, se aprovado, como foi, implicava a anistia da tortura praticada e dos assassínios perpetrados por servidores públicos, sobre o manto da imunidade de fato do regime de arbítrio. O que houve foram propostas de emenda – não muitas, porque de antemão condenado à derrota sumária – para excluir da anistia os torturadores e os assassinos da repressão desenfreada.

É que – na linha do parecer que redigira, e que a Ordem, sem discrepância, aprovara –, também no Congresso Nacional, a batalha efetivamente se concentrou na ampliação da anistia, de modo a retirar do projeto governamental, a execrável regra de exclusão dos já condenados por ações violentas de oposição à ditadura. Exclusão tão mais odiosa na medida em que – contrariando o caráter objetivo do conceito de anistia – discriminava entre agentes do mesmo fato, conforme já estivessem ou não condenados.

A orientação de Teotônio – que Raphael e eu municiávamos – foi espargir emendas para todos os gostos, até identificar uma, de aprovação viável.

A eleita – pelo conteúdo e pela respeitabilidade do subscritor, o Deputado Djalma Marinho – um ex–udenista que continuou fiel ao discurso libertário da UDN: nela além de suprimir a odiosa regra de exclusão do § 2°, ampliava-se o raio de compreensão do § 1°, de modo a tornar indiscutível que a anistia – malgrado beneficiasse os torturadores também alcançaria que a linguagem oficial rotulava de 'terroristas', já condenados ou não.

A Emenda Djalma Marinho – sustentada pelo discurso candente de Teotônio – contra toda força ainda esmagadora do governo autoritário –, dividiu literalmente a Câmara dos Deputados: foi rejeitada por 206 contra 202 votos!

A derrota sofrida no processo legislativo se converteu em vitória, vinda de onde menos se esperava: à base do princípio da igualdade, o Superior Tribunal Militar estendeu aos já condenados a anistia concedida aos acusados, mas ainda não julgados, dos mesmos crimes políticos.

Desculpem–me pelo tom de antecipadas 'memórias póstumas' deste depoimento.

Se não pude evitá-lo, é por que a minha convicção jurídica continua a mesma do parecer apresentado à Ordem, em 1979: não obstante toda nossa repulsa à tortura estatal, os torturadores foram, sim, anistiados pela lei de 1979.

E lei de anistia é essencialmente irreversível, porque implica, na lição dos mestres, tornar não criminosos atos criminosos ao tempo de sua prática. E, por isso, sua eficácia jurídica se exaure e se faz definitiva, no momento mesmo em que entra em vigor.

É certo que a anistia se restringe a elidir caracterização penal do fato. Resta íntegra, quando se refere à ação de agentes públicos, a responsabilidade patrimonial do Estado pelos danos causados aos cidadãos. Mas essa, a responsabilidade civil – cujos efeitos a prescrição quinquenal poderia extinguir – as leis editadas sob o governo Fernando Henrique reassumiu.

Li e reli, com a veneração intelectual e o respeito pessoal por seu redator, o amigo Fábio Konder Comparato, a petição da OAB de hoje, de retratação da posição assumida em 1979. Mas dela não me convenci.

Não superei a impressão inicial de que a maestria do autor não logrou livrar a tese do pecado do anacronismo: ela pretende reler, à luz da Constituição de hoje, que fez da tortura crime 'insusceptível de graça e anistia', e de convenções internacionais que ditam a sua imprescritibilidade, a inequívoca interpretação de uma lei de 1979, editada sob a égide do autoritarismo da Carta de 1969, outorgada pela junta militar que assaltara o Poder. Para aceitar a tese, de minha parte, teria de repudiar convicções acendradas.

Por outro lado, hoje, é cômodo tachar de 'posição imediatista e visão curta sobre direitos humanos' – como está em importante revista da semana o parecer que submeti à OAB, em 1979, e que o Conselho Federal acolheu por unanimidade: afinal, hoje, não se tem presos políticos a libertar, nem processos a trancar, preocupações inadiáveis para os que então lutávamos pela anistia. E o crítico feroz de agora sequer fora escorraçado dos quadros da magistratura que – é justo dizê-lo – exerceu com brilho e dignidade. 'E la nave và'..." (Carta Maior, edição de 18.1.2010, <http://www.cartamaior.com.br/templates/materiaMostrar.cfm?materia_id=16339>).

Esse verdadeiro depoimento de "testemunha privilegiada" expõe com precisão a abrangência da anistia concedida pela Lei n. 6.683/1979. Outra não foi a conclusão do então Senador Paulo Brossard – que posteriormente teve assento neste Supremo Tribunal Federal –, em famoso e irônico discurso proferido em 17 de março de 1981:

"Inequivocamente ilegal terá sido o ato da autoridade que consistiu em maltratar pessoa presa, não importa o delito a ela imputado, ou a prova contra ela acumulada, qualquer que tenham sido as circunstâncias; e anistiada que tenha sido a autoridade, violenta ou cruel, pela forma amplíssima dos 'crimes conexos', assim entendidos os 'de qualquer natureza' simplesmente porque relacionados com crimes políticos, ou porque praticados por motivos políticos, essa autoridade terá se livrado da responsabilidade criminal, mas não estará exonerada e muito menos isenta de reparar o dano que tenha causado à vítima da violência ou crueldade.

(...)

Estejam tranquilos os torturadores, O caráter bilateral da anistia os beneficiou: estão eles a salvo da lei penal pelos crimes que tenham cometido. O fato da tortura, porém, é inapagável. É uma nódoa histórica que a anistia desgraçadamente não apaga. Antes apagasse".

Na lição de Aníbal Bruno, a anistia é a forma de indulgência estatal mais enérgica e de mais amplas consequências jurídicas:

"Ela não se limita a excluir a pena, extingue o próprio crime e com ele todos seus efeitos penais. (...)

É uma medida de interesse público, motivada, de ordinário, por considerações de ordem política, inspiradas na necessidade da paz social. Dirige-se propriamente a determinados fatos, não a determinados indivíduos. Dela se aproveitarão todos aqueles que tenham participado de tais acontecimentos, salvo os que dela tenham sido excluídos, geralmente por circunstâncias particulares que agravam a sua situação em face do Direito. Em suma, a anistia não se destina propriamente a beneficiar alguém; o que ela faz é apagar o crime, e, em consequência, ficam excluídos de punição aqueles que o cometeram.

(...) Visa, como diziam os antigos, ao esquecimento desses fatos no que eles representam" (BRUNO, Aníbal. *Direito Penal*. Tomo 3. 3 ed. São Paulo: Forense, p. 202-203).

Daí que, "uma vez concedida, não pode ser revogada". Mesmo a imposição de condições deve se esgotar e consumir-se na anistia, "porque então já o próprio crime cessou de existir e nada pode ser admitido, do ponto de vista penal, que venha recordá-lo" (BRUNO, Aníbal. *Direito Penal*. Tomo 3, 3 ed. São Paulo: Forense, p. 203-204).

Frise-se que este contexto especialmente amplo acabou por ser demonstrado pelos próprios valores empregados na reparação dos anistiados. Com efeito, segundo dados do SIAFI, de 2003 a 2010, a União gastou mais de 2,8 bilhões de reais em indenizações e pensões aos anistiados. Este valor coloca, provavelmente, o Brasil entre as nações que mais reparações ofereceram a anistiados políticos.

Aqui faço um parêntese para ressaltar que não tem curso a tese – e o Ministro Eros Grau o demonstrou muito bem – da imprescritibilidade em razão de tratados que vieram a ser subscritos posteriormente. Inclusive, diferentemente do que ocorre em outros países, a jurisprudência pacífica desta Corte é no sentido de que as normas sobre prescrição são normas de Direito material. Portanto, se houver uma alteração para tornar os crimes imprescritíveis, como ocorreu na Alemanha pós-nazismo, ela não se aplica aos crimes já praticados. Nós temos uma farta jurisprudência a propósito desse tema (e.g. AI-AgR 139.004, Rel. Min. Moreira Alves, 1ª Turma, *DJ* 2.2.1996; AI-AgR 208124, Rel. Min. Maurício Corrêa, 2ª Turma, *DJ* 5.6.1998; AI-AgR 137.195, Rel. Min. Moreira Alves, 1ª Turma, *DJ* 17.5.1996).

3.4. A EC 26, de 1985

Chamo a atenção para outro aspecto – sobre o qual falarei brevemente: parte dessa desejada ampliação da anistia vai se consumar, como foi destacado no voto do Ministro Eros Grau, com a Emenda n. 26/1985.

Antes de avançar, faço um registro histórico. Quando nós falamos dessa fase histórica e importante do Brasil e mencionamos nomes como esses – José Paulo Sepúlveda Pertence, Teotônio Villela, Djalma Marinho e Paulo Brossard –, estamos a falar de pessoas que souberam construir uma solução política para um problema político grave, gravíssimo, por meio de atuação política no sentido exato dos termos.

Entre aqueles que optaram pelas vias institucionais para lutar pela democracia, já foi destacada aqui a figura de Faoro como Presidente do Conselho Federal da Ordem dos Advogados, que desempenhou papel fundamental para o fim do AI-5, contando também, do lado governamental, com parcerias institucionais importantes, como a de Petrônio Portela e outras figuras da oposição e do Governo.

Todo esse processo, que tem como marca já o resultado das eleições de 1974, contou com a participação ativa de brasileiros ilustres atuando na esfera política.

Talvez o Brasil seja devedor – seguindo um pouco as considerações de José Paulo – das pessoas que travaram a luta, pela via pacífica, e que acreditaram, inclusive, na via parlamentar. Muitos foram cassados. Lembro-me do meu tempo de estudante, de Lysâneas Maciel, Alencar Furtado e de tantos outros nomes que podem ser referidos por conta da atuação como parlamentares. Pessoas que travaram essa luta e que conseguiram – porque nós não temos, talvez, tido a exata dimensão, a partir dessas várias conquistas que culminam na Constituição de 1988 – produzir um modelo de democracia estável.

O Brasil é devedor desses companheiros, não das armas, mas da política, especialmente da política parlamentar, daqueles que realmente acreditaram na via do diálogo e na política como forma de construir soluções para impasses seriíssimos – e nós não temos feito essa devida homenagem.

José Paulo Sepúlveda Pertence lembrava isso em relação a Teotônio Vilela. Mas são tantas as figuras, em todos os partidos, em todos os quadrantes partidários, que se esforçaram para encontrar uma solução institucional que iria ter o seu desate, o seu desenho, no Governo Sarney, com a Emenda Constitucional n. 26, que, conforme todos sabem, é de elaboração, de autoria intelectual de outro notável jurista e político, Célio Borja, que é um dos autores desse texto que resulta na Emenda n. 26.

Nesse contexto, não se pode olvidar que a EC 26, de 1985, que convocou a Assembleia Nacional Constituinte e deu início ao processo constituinte, incorporou a anistia, expressamente, em seu art. 4º, como um dos pressupostos de possibilidade da construção da nova ordem constitucional. Assim dispôs o art. 4º dessa Emenda:

> Art. 4º É concedida anistia a todos os servidores públicos civis da Administração direta e indireta e militares, punidos por atos de exceção, institucionais ou complementares.
>
> § 1º É concedida, igualmente, anistia aos autores de crimes políticos ou conexos, e aos dirigentes e representantes de organizações sindicais e estudantis, bem como aos servidores civis ou empregados que hajam sido demitidos ou dispensados por motivação exclusivamente política, com base em outros diplomas legais.
>
> § 2º A anistia abrange os que foram punidos ou processados pelos atos imputáveis previstos no "caput" deste artigo, praticados no período compreendido entre 2 de setembro de 1961 e 15 de agosto de 1979.
>
> § 3º Aos servidores civis e militares serão concedidas as promoções, na aposentadoria ou na reserva, ao cargo, posto ou graduação a que teriam direito se estivessem em serviço ativo, obedecidos os prazos de permanência em atividade, previstos nas leis e regulamentos vigentes.
>
> § 4º A Administração Pública, à sua exclusiva iniciativa, competência e critério, poderá readmitir ou reverter ao serviço ativo o servidor público anistiado.
>
> § 5º O disposto no "caput" deste artigo somente gera efeitos financeiros a partir da promulgação da presente Emenda, vedada a remuneração de qualquer espécie, em caráter retroativo.
>
> § 6º Excluem-se das presentes disposições os servidores civis ou militares que já se encontravam aposentados, na reserva ou reformados, quando atingidos pelas medidas constantes do "caput" deste artigo.

§ 7º Os dependentes dos servidores civis e militares abrangidos pelas disposições deste artigo já falecidos farão jus às vantagens pecuniárias da pensão correspondente ao cargo, função, emprego, posto ou graduação que teria sido assegurado a cada beneficiário da anistia, até a data de sua morte, observada a legislação específica.

§ 8º A Administração Pública aplicará as disposições deste artigo, respeitadas as características e peculiaridades próprias das carreiras dos servidores públicos civis e militares, e observados os respectivos regimes jurídicos.

É bem verdade que não podemos falar, nos termos estritos da tradicional dogmática constitucional, na instauração de um Poder Constituinte originário no Brasil em 1985. Houve, sim, um processo de transição constitucional e de fundação de uma nova ordem, mas que foi, do ponto de vista histórico-político, paulatinamente previsto e controlado pelas forças políticas e sociais dominantes à época.

A EC 26, de 1985, constitui um peculiar ato constitucional, que não tem natureza própria de emenda constitucional. Em verdade, trata-se de um ato político que rompe com a Constituição anterior e, por isso, não pode dela fazer parte, formal ou materialmente. Ela traz as novas bases para a construção de outra ordem constitucional.

Se fizermos uma análise rigorosa da EC 26/85, do ponto de vista teórico, teremos então que revolver conceitos e concepções da dogmática constitucional quanto ao processo de revisão da Constituição.

Do prisma teórico, a questão foi seriamente contemplada por Carl Schmitt, no seu *Verfassungslehre* (Teoria da Constituição). A problemática assentar-se-ia, segundo Schmitt, na distinção entre *constituinte (Verfassungsgeber = Schöpfer der Verfassung) e legislador constituinte (Verfassungsgezetzgeber = Gesetzgeber über die Verfassung)*. Schmitt enfatizava que a modificação de uma constituição não se confunde com sua abolição, acrescentando, com base no exemplo colhido do art. 2º da Lei Constitucional francesa, de 14 de agosto de 1884 (*La forme républicaine du Gouvernement ne peut faire l'objet d "une proposition de revision"*):

> "*Se uma determinada modificação da Constituição é vedada por uma disposição constitucional, se trata apenas de uma confirmação da diferença entre revisão e abolição da Constituição*" (*Teoría de la Constitución*. Trad. Francisco Ayala. Madrid: Alianza, 1996, p. 121).

Portanto, para Schmitt, não se fazia mister que a Constituição declarasse a imutabilidade de determinados princípios. É que a revisão não poderia, de modo algum, afetar a **continuidade** e a **identidade** da Constituição:

> "*Os limites da faculdade de reformar a Constituição resultam do bom entendimento do conceito de reforma constitucional. Uma faculdade de reformar a Constituição atribuída por uma normatização constitucional, significa que uma ou várias regulações constitucionais podem ser substituídas por outras regulações constitucionais, mas apenas sob o pressuposto de que permaneçam garantidas a identidade e a continuidade da Constituição considerada como um todo. A faculdade de reformar a Constituição contém, pois, tão somente a faculdade de praticar, nas disposições constitucionais, reformas, adições, refundições, supressões, etc.; porém mantendo a Constituição (...)*" (*Teoría de la Constitución*. Trad. Francisco Ayala. Madrid: Alianza, 1996, p. 121).

Assim, para Carl Schmitt, "reforma constitucional não é, pois, destruição da Constituição", de forma que devem ser proibidas "expressamente as reformas que vulnerem o espírito e os princípios da Constituição" (*Teoría de la Constitución*, Trad. Francisco Ayala. Madrid: Alianza, 1996, p. 119-121).

A alteração de elementos essenciais da Constituição configuraria, assim, não uma simples revisão, mas, verdadeiramente, a sua própria supressão (*cf.*, também, BRYDE, Otto-Brun. *Verfassungsentwicklung, Stabilität und Dynamik im Verfassungsrecht der Bundesrepublik Deutschland*, Baden-Baden, 1982, p. 233).

Segurança jurídica, direito adquirido e interpretação constitucional **781**

A concepção de Schmitt relativiza um pouco o valor exclusivo da declaração do constituinte originário sobre a imutabilidade de determinados princípios ou disposições, quase atribuindo-lhe conteúdo declaratório.

Tais cláusulas devem impedir, todavia, não só a supressão da ordem constitucional [BVerf-GE, 30:1(24)], mas também qualquer reforma que altere os elementos fundamentais de sua identidade histórica (HESSE, Konrad. *Grundzüge des Verfassungsrechts der Bundesrepublik Deutschland*, 1982, cit., p. 262). É verdade que importantes autores consideram risíveis os resultados práticos de tais cláusulas, diante de sua falta de eficácia em face de eventos históricos como os golpes e as revoluções (*cf.* LOEWENSTEIN, Karl, *Teoria de la Constitución*. Tradução espanhola, 2. Ed. Barcelona, 1976, p. 192).

Isso não deve impedir, porém, que o constituinte e os órgãos constitucionais procurem evitar a ocorrência desses golpes. Certo é que tais proibições dirigidas ao poder de revisão constituem um dos instrumentos de proteção da Constituição (BRYDE, Otto-Brun, op. cit., 1982, p. 227).

Otto-Brun Bryde destaca que as ideias de *limites materiais de revisão* e de *cláusulas pétreas* expressamente consagradas na Constituição podem estar muito próximas. Se o constituinte considerou determinados elementos de sua obra tão fundamentais que os gravou com cláusulas de imutabilidade, é legítimo supor que nelas foram contemplados os princípios fundamentais (BRYDE, *Verfassungsentwicklung*, op. cit., 1982, p. 236). Nesse sentido, a disposição contida no art. 79, III, da Lei Fundamental de Bonn, poderia ser considerada, em grande parte, de caráter declaratório.

Em qualquer hipótese, os limites do poder de revisão não se restringem, necessariamente, aos casos expressamente elencados nas *garantias de eternidade*. Como observado por Bryde, a decisão sobre a imutabilidade de determinado princípio não significa que outros postulados fundamentais estejam submetidos ao poder de revisão (BRYDE, *Verfassungsentwicklung*, p. 237).

O efetivo significado dessas cláusulas de imutabilidade na práxis constitucional não está imune a controvérsias. Caso se entenda que elas contêm uma *"proibição de ruptura de determinados princípios constitucionais"* (Verfassungsprinzipiendurchbrechungsverbot), tem-se de admitir que o seu significado é bem mais amplo do que uma proibição de revolução ou de destruição da própria Constituição *(Revolutions – und Verfassungsbeseitigungsverbot)*.

É que, nesse caso, a proibição atinge emendas constitucionais que, sem suprimir princípios fundamentais, acabam por lesá-los topicamente, deflagrando um processo de erosão da própria Constituição (BRYDE, *Verfassungsentwicklung*, op. cit., 1982, p. 242).

A Corte constitucional alemã confrontou-se com essa questão na controvérsia sobre a constitucionalidade de emenda que introduzia restrição à inviolabilidade do sigilo da correspondência e das comunicações telefônicas e telegráficas, à revelia do eventual atingido, vedando, nesses casos, o recurso ao Poder Judiciário (Lei Fundamental, art. 10, II, c/c o art. 19, IV). A questão foi submetida ao *Bundesverfassungsgericht*, em processo de controle abstrato, pelo Governo do Estado de Hessen, e em *recurso constitucional (Verfassungsbeschwerde)*, formulado, entre outros, por advogados e juízes, sob a alegação de que a restrição à garantia judicial (arts. 10, par. 2º, e 19, par. 4º) não se mostrava compatível com o princípio do Estado de Direito *(Rechtsstaatsprinzip)*.

Nessa decisão do *Bundesverfassungsgericht*, de 1970, sustentou-se que a disposição contida no art. 79, III, da Lei Fundamental, visa a impedir que "a ordem constitucional vigente seja destruída, na sua substância ou nos seus fundamentos, mediante a utilização de mecanismos formais, permitindo a posterior legalização de regime totalitário" (BVerfGE, 30:1(24); BVerJGE, 34:9(19); HESSE, *Grundzüge des Verfassungsrechts*, cit., p. 262-4).

Essa interpretação minimalista das *garantias de eternidade* foi amplamente criticada na doutrina, uma vez que, na prática, o Tribunal acabou por consagrar uma atitude demissionária, que retira quase toda a eficácia daquelas disposições. A propósito dessa decisão, vale registrar a observação de Bryde:

"Enquanto a ordem constitucional subsistir, não será necessário que o Bundesverfassungsgericht *suspenda decisões dos órgãos de representação popular tomadas por 2/3 de votos. Já não terá relevância a opinião do Tribunal numa situação política em que princípios fundamentais contidos no art. 79, III sejam derrogados"* (BRYDE, *Verfassungsentwicklung*, op. cit., 1982, p. 240).

Não há dúvida, outrossim, de que a tese que vislumbra nas garantias de eternidade uma "proibição de ruptura de determinados princípios constitucionais" (*Verfassungsprinzipiendurchbrechungsverbot*) não parece merecer reparos do prisma estritamente teórico. Não se cuida de uma autovinculação (*Selbstbindung*) do constituinte, até porque esta somente poderia ser admitida no caso de identidade entre o constituinte e o legislador constituinte ou, em outros termos, entre o detentor do poder constituinte originário e o do derivado. Ao revés, é a distinção entre os poderes constituintes originário e derivado que permite afirmar a legitimidade do estabelecimento dessa proibição (BRYDE, *Verfassungsentwicklung*, op. cit., 1982, p. 242).

Não se pode negar, porém, que a aplicação ortodoxa dessas cláusulas, em vez de assegurar a continuidade do sistema constitucional, pode antecipar a sua ruptura, permitindo que o desenvolvimento constitucional se realize fora de eventual camisa de força do regime da imutabilidade.

Aí reside o grande desafio da jurisdição constitucional: *não permitir a eliminação do núcleo essencial da Constituição, mediante decisão ou gradual processo de erosão, nem ensejar que uma interpretação ortodoxa acabe por colocar a ruptura como alternativa à impossibilidade de um desenvolvimento constitucional legítimo.*

Na linha da argumentação desenvolvida por Carl Schmitt, a doutrina constitucional alemã admite que o princípio de continuidade e identidade da Constituição não protege apenas os princípios contemplados pelas *garantias de eternidade*. Afirma-se, quase sem contestação, que também a cláusula de eternidade é insuscetível de alteração. Tal como realçado por Maunz, *"constitui imperativo de uma norma de lógica* (Normlogik) *que, além dos princípios declarados intocáveis, também a própria cláusula pétrea que declara a imutabilidade deve ser considerada intangível"* (MAUNZ-DÜRIG. *Kommentar zum Grundgesetz*, vol. III, art. 79, n. 50). Frustra-se, assim, a possibilidade de o legislador constituinte proceder à *dupla revisão*, eliminando a cláusula pétrea e, posteriormente, os princípios por ela protegidos.

Na mesma linha de raciocínio, afirma Konrad Hesse que a proteção de imutabilidade há de abranger o próprio art. 79 na sua substância (*wesentlicher Bestandteil*) (HESSE, *Grundzüge des Verfassungsrechts*, cit., p. 265). Em outros termos, seria ilegítima não só a supressão da cláusula pétrea, como também a alteração significativa de pressupostos relativos à maioria qualificada contida no art. 79, II, da Lei Fundamental (HESSE, *Grundzüge des Verfassungsrechts*, cit., p. 265).

Com uma fundamentação diferenciada, afirma Bryde que devem ser consideradas intangíveis as próprias garantias de eternidade, se se entender que elas não só asseguram ou protegem a identidade da Constituição, mas também integram essa identidade (*Gegen die Änderbarkeit des Art. 79, III durch den verfassungsändernden Gesetzgeber würde es jedoch sprechen, wenn man diese Vorschrift nicht nur als Schutz der Identität der Verfassung, sondern selbst als Teil dieser Identität anzusehen hätte*) (BRYDE, *Verfassungsentwicklung*, cit., p. 249).

Também no que concerne às disposições relativas ao processo de revisão constitucional, desenvolve Bryde uma fundamentação específica para admitir a impossibilidade de alteração que implique maior facilidade de aprovação de emenda constitucional, como se pode ler na seguinte passagem de sua obra:

"Indaga-se se o legislador constituinte estaria legitimado a proceder à atualização do processo constituinte que poderia colocar em perigo as limitações a ele impostas pelo art. 79, III. Suscita-se, pois, questão relativa à admissibilidade de alteração do processo de revisão constitucional. A resposta a essa questão há de ser obtida da vinculação do legislador constituinte à identidade da Constituição, uma vez que a organização da revisão é significativa para a conformação concreta da Constituição. Isto não deve significar

uma servil imutabilidade do art. 79, mas sim vinculação a seu núcleo essencial. (...) Também o postulado estabelecido no art. 79, II, pertinente à rigidez da Constituição, é intangível, tal como resulta do art. 79, III (garantias de eternidade) c/c art. 20, III (vinculação do legislador). Em outros termos, os pressupostos do art. 79, II, que já se encontram em patamares toleráveis no que toca à facilidade de revisão, não podem ser tornados ainda mais flexíveis" (BRYDE, *Verfassungsentwicklung*, cit., p. 249).

Portanto, essas colocações levam a admitir que o princípio da imutabilidade das cláusulas pétreas se estende, fundamentalmente, às suas próprias disposições e ao processo de revisão constitucional.

De toda forma, as *cláusulas pétreas* ou *as garantias de eternidade* não asseguram, de forma infalível, a continuidade ou a permanência de determinada ordem constitucional, nem excluem a possibilidade de que essa ordem contenha uma cláusula de transição para outro regime ou modelo. A própria Constituição alemã de 1949 prevê, no seu art. 146, a possibilidade de dissolução da ordem fundada pela Lei Fundamental de Bonn em decorrência de decisão a ser tomada após o processo de reunificação.

Em outros termos, o limite da revisão não reside, necessariamente, na fronteira entre legitimidade e revolução (BRYDE, *Verfassungsentwicklung*, p. 233).

É possível, pois, proceder-se à transição de uma Constituição para outra em um processo ordenado e sem quebra da legitimidade.

Por isso, observa Bryde, que se pode substituir a tradicional dicotomia entre poder constituinte originário e poder de revisão por uma fórmula tricotômica, que conceba a revisão total como modelo intermediário.

Convém registrar, a propósito, o seu magistério:

"A substituição da democracia parlamentar, na França, por um sistema presidencial-parlamentar misto, em 1958, não representou uma revolução se se entender esta expressão não só no seu sentido natural, mas também no sentido de uma diferenciação entre o desenvolvimento legítimo e ilegítimo da comunidade. Isso significa que nós podemos substituir a tradicional dicotomia entre processo constituinte originário (*verfahrensungebundener: pouvoir constituant*) e o processo de revisão (*verfasster Revisionsgewalt*) por um modelo tricotômico no qual a possibilidade da legítima substituição da ordem constitucional por outra (revisão total: *Totalrevision*) seja contemplada como uma forma intermediária. A revisão total pode ser disciplinada juridicamente, de modo a ampliar os limites dos métodos ordenados e regulados de desenvolvimento constitucional (*Verfassungsentwicklung*) à custa da Revolução.

Esse problema foi resolvido de forma particularmente feliz em algumas constituições estrangeiras, que distinguem expressamente a revisão parcial da revisão total. Isto se aplica, *v.g.*, à Constituição suíça (arts. 118-123) e à Constituição austríaca (art. 44). Além disso, os pressupostos da revisão total são mais restritivos do que aqueles aplicáveis à revisão parcial. Tal fato resulta mais evidente na Constituição austríaca, que exige um referendo para a revisão total (*Gesamtänderung*) (art. 44, II). Portanto, não se afigura possível uma revisão total sem a participação do titular do poder constituinte. A Constituição suíça exige a participação do povo e de seus representantes tanto para a revisão parcial, quanto para a revisão total (...). Se nesse processo se der a substituição de uma Constituição por outra, já não se terá, certamente, do ponto de vista conceitual, simples revisão constitucional, mas, tendo em vista a identidade entre o titular do poder constituinte originário e derivado, dever-se-á considerar tal processo como legítimo processo constituinte sob a roupagem de um processo de revisão" (BRYDE, *Verfassungsentwicklung*, p. 234).

A Constituição espanhola de 1978 – que também rompeu com um anterior regime autoritário – consagrou, em seu art. 168, expressa previsão de revisão total da Constituição ou de revisão parcial que afete as cláusulas pétreas:

"Art. 168. I – Quando for proposta a revisão total da Constituição ou uma revisão parcial que afete o título preliminar, a seção I do capítulo II do título I ou o título II, proceder-se-á à aprovação do princípio da revisão por maioria de dois terços de cada Câmara e à dissolução das Cortes.

2 – As Cortes que vierem a ser eleitas deverão ratificar a decisão e proceder ao estudo do novo texto constitucional, que deverá ser aprovado por maioria de dois terços de ambas as Câmaras.

3 – Aprovada a reforma pelas Cortes Gerais, será submetida a referendo para ratificação".

Portanto, o processo de revisão total da Constituição caracteriza-se não só pela necessidade de participação do efetivo titular do poder constituinte, o povo, seja mediante plebiscito ou referendo, como também pela fixação de procedimento mais restritivo em relação ao processo de emenda.

Essa abordagem teórica permite introduzir reflexão sobre a adoção, num processo de revisão, de uma ressalva expressa às cláusulas pétreas, contemplando não só a eventual alteração dos princípios gravados com as chamadas *garantias de eternidade*, mas também a possibilidade de transição ordenada da ordem vigente para outro sistema constitucional (revisão total).

Se se entendesse – o que pareceria bastante razoável – que a revisão total ou a revisão parcial das cláusulas pétreas está implícita na própria Constituição, poder-se-ia cogitar – mediante a utilização de um processo especial que contasse com a participação do povo – até mesmo de alteração das disposições constitucionais referentes ao processo de emenda constitucional com o escopo de explicitar a ideia de revisão total ou de revisão específica das cláusulas pétreas, permitindo, assim, que se disciplinasse, juridicamente, a alteração das cláusulas pétreas ou mesmo a substituição ou a superação da ordem constitucional vigente por outra.

Essas breves considerações são fundamentais para uma melhor reflexão sobre as questões suscitadas no presente caso. Talvez num futuro próximo venhamos a analisar melhor como se deu o processo histórico-político que culminou na edição desse peculiar ato que é a EC 26/1985. E, nesse passo, tenhamos de reconsiderar muitos dos tradicionais conceitos de poder constituinte originário e derivado.

A EC 26/1985 muito se aproxima de um modelo de revisão total instaurado pela própria ordem constitucional, sem maiores rupturas do ponto de vista histórico-político.

Devemos refletir, então, sobre a própria legitimidade constitucional de qualquer ato tendente a revisar ou restringir a anistia incorporada à EC 26/1985. Parece certo que estamos, dessa forma, diante de uma hipótese na qual estão em jogo os próprios fundamentos de nossa ordem constitucional.

Enfim, a EC 26/1985 incorporou a anistia como um dos fundamentos da nova ordem constitucional que se construía à época, fato que torna praticamente impensável qualquer modificação de seus contornos originais que não repercuta nas próprias bases de nossa Constituição e, portanto, de toda a vida político-institucional pós-1988.

4. Conclusões

Com essas considerações, acompanho o relator e voto pela total improcedência desta arguição de descumprimento de preceito fundamental.

6. Direito à vida

ADI 3.510[1]

Célula-tronco – Pesquisa científica com uso de embrião humano – Art. 5º da Constituição Federal – Alcance.

Trata-se ação direta de inconstitucionalidade ajuizada pela Procuradoria-Geral da República contra o artigo 5º e parágrafos da Lei de Biossegurança (Lei n. 11.105/05), que dispõe: *"Art. 5º É permitida, para fins de pesquisa e terapia, a utilização de células-tronco embrionárias obtidas de embriões humanos produzidos por fertilização in vitro e não utilizados no respectivo procedimento, atendidas as seguintes condições: I – sejam embriões inviáveis; ou II – sejam embriões congelados há 3 (três) anos ou mais, na data da publicação desta Lei, ou que, já congelados na data da publicação desta Lei, depois de completarem 3 (três) anos, contados a partir da data de congelamento. § 1º Em qualquer caso, é necessário o consentimento dos genitores. § 2º Instituições de pesquisa e serviços de saúde que realizem pesquisa ou terapia com células-tronco embrionárias humanas deverão submeter seus projetos à apreciação e aprovação dos respectivos comitês de ética em pesquisa. § 3º É vedada a comercialização do material biológico a que se refere este artigo e sua prática implica o crime tipificado no art. 15 da Lei n. 9.434, de 4 de fevereiro de 1997."*

Asseverou a PGR que os tais dispositivos ferem a proteção constitucional do direito à vida e a dignidade da pessoa humana, de acordo com vários especialistas em bioética e sexualidade, que apontam o início da vida humana na, e partir da fecundação, ressaltando que "o embrião humano é vida humana".

Em 20 de abril de 2007, foi realizada audiência pública, nos termos do art. 9º, § 1º da Lei 9.868/99, para colher informações de especialistas na matéria, a fim de subsidiar os ministros do STF, bem assim possibilitar maior participação da sociedade civil no enfrentamento da controvérsia constitucional, com o fito de legitimar ainda mais a decisão do Plenário da Corte.

O julgado recebeu a seguinte ementa:

EMENTA: CONSTITUCIONAL. AÇÃO DIRETA DE INCONSTITUCIONALIDADE. LEI DE BIOSSEGURANÇA. IMPUGNAÇÃO EM BLOCO DO ART. 5º DA LEI N. 11.105, DE 24 DE MARÇO DE 2005 (LEI DE BIOSSEGURANÇA). PESQUISAS COM CÉLULAS-TRONCO EMBRIONÁRIAS. INEXISTÊNCIA DE VIOLAÇÃO DO DIREITO À VIDA. CONSITUCIONALIDADE DO USO DE CÉLULAS-TRONCO EMBRIONÁRIAS EM PESQUISAS CIENTÍFICAS PARA FINS TERAPÊUTICOS. DESCARACTERIZAÇÃO DO ABORTO. NORMAS CONSTITUCIONAIS CONFORMADORAS DO DIREITO FUNDAMENTAL A UMA VIDA DIGNA, QUE PASSA PELO DIREITO À SAÚDE E AO PLANEJAMENTO FAMILIAR. DESCABIMEN-

---

[1] Em 29.5.2008, o Supremo Tribunal Federal julgou improcedente a ação, ao considerar que as pesquisas com células-tronco embrionárias não violam o direito à vida, tampouco a dignidade da pessoa humana, vencidos, parcialmente, em diferentes extensões, os Min. Menezes Direito, Ricardo Lewandowski, Eros Grau, Cezar Peluso e o Presidente, Ministro Gilmar Mendes.

786 Estado de Direito e Jurisdição Constitucional – Decisões relevantes em 15 anos de atuação no STF

TO DE UTILIZAÇÃO DA TÉCNICA DE INTERPRETAÇÃO CONFORME PARA ADITAR À LEI DE BIOSSEGURANÇA CONTROLES DESNECESSÁRIOS QUE IMPLICAM RESTRI-ÇÕES ÀS PESQUISAS E TERAPIAS POR ELA VISADAS. IMPROCEDÊNCIA TOTAL DA AÇÃO. I – O CONHECIMENTO CIENTÍFICO, A CONCEITUAÇÃO JURÍDICA DE CÉLULAS--TRONCO EMBRIONÁRIAS E SEUS REFLEXOS NO CONTROLE DE CONSTITUCIONALI-DADE DA LEI DE BIOSSEGURANÇA. As "células-tronco embrionárias" são células contidas num agru-pamento de outras, encontradiças em cada embrião humano de até 14 dias (outros cientistas reduzem esse tempo para a fase de blastocisto, ocorrente em torno de 5 dias depois da fecundação de um óvulo feminino por um esper-matozoide masculino). Embriões a que se chega por efeito de manipulação humana em ambiente extracorpóreo, porquanto produzidos laboratorialmente ou "in vitro", e não espontaneamente ou "in vida". Não cabe ao Supremo Tribunal Federal decidir sobre qual das duas formas de pesquisa básica é a mais promissora: a pesquisa com célu-las-tronco adultas e aquela incidente sobre células-tronco embrionárias. A certeza científico-tecnológica está em que um tipo de pesquisa não invalida o outro, pois ambos são mutuamente complementares. II – LEGITIMIDADE DAS PESQUISAS COM CÉLULAS-TRONCO EMBRIONÁRIAS PARA FINS TERAPÊUTI-COS E O CONSTITUCIONALISMO FRATERNAL. A pesquisa científica com células-tronco embrioná-rias, autorizada pela Lei n. 11.105/2005, objetiva o enfrentamento e cura de patologias e traumatismos que se-veramente limitam, atormentam, infelicitam, desesperam e não raras vezes degradam a vida de expressivo contingente populacional (ilustrativamente, atrofias espinhais progressivas, distrofias musculares, a esclerose múl-tipla e a lateral amiotrófica, as neuropatias e as doenças do neurônio motor). A escolha feita pela Lei de Biossegu-rança não significou um desprezo ou desapreço pelo embrião "in vitro", porém u'a mais firme disposição para en-curtar caminhos que possam levar à superação do infortúnio alheio. Isto no âmbito de um ordenamento constitucional que desde o seu preâmbulo qualifica "a liberdade, a segurança, o bem-estar, o desenvolvimento, a igualdade e a justiça" como valores supremos de uma sociedade mais que tudo "fraterna". O que já significa incor-porar o advento do constitucionalismo fraternal às relações humanas, a traduzir verdadeira comunhão de vida ou vida social em clima de transbordante solidariedade em benefício da saúde e contra eventuais tramas do acaso e até dos golpes da própria natureza. Contexto de solidária, compassiva ou fraternal legalidade que, longe de traduzir desprezo ou desrespeito aos congelados embriões "in vitro", significa apreço e reverência a criaturas humanas que sofrem e se desesperam. Inexistência de ofensas ao direito à vida e da dignidade da pessoa humana, pois a pesqui-sa com células-tronco embrionárias (inviáveis biologicamente ou para os fins a que se destinam) significa a celebra-ção solidária da vida e alento aos que se acham à margem do exercício concreto e inalienável dos direitos à felicida-de e do viver com dignidade (Ministro Celso de Mello). III – A PROTEÇÃO CONSTITUCIONAL DO DIREITO À VIDA E OS DIREITOS INFRACONSTITUCIONAIS DO EMBRIÃO PRÉ-IM-PLANTO. O Magno Texto Federal não dispõe sobre o início da vida humana ou o preciso instante em que ela começa. Não faz de todo e qualquer estádio da vida humana um autonomizado bem jurídico, mas da vida que já é própria de uma concreta pessoa, porque nativiva (teoria "natalista", em contraposição às teorias "concepcionista" ou da "personalidade condicional"). E quando se reporta a "direitos da pessoa humana" e até dos "direitos e garan-tias individuais" como cláusula pétrea está falando de direitos e garantias do indivíduo-pessoa, que se faz destina-tário dos direitos fundamentais "à vida, à liberdade, à igualdade, à segurança e à propriedade", entre outros direitos e garantias igualmente distinguidos com o timbre da fundamentalidade (como direito à saúde e ao planejamento familiar). Mutismo constitucional hermeneuticamente significante de transpasse de poder normativo para a legis-lação ordinária. A potencialidade de algo para se tornar pessoa humana já é meritória o bastante para acobertá-la, infraconstitucionalmente, contra tentativas levianas ou frívolas de obstar sua natural continuidade fisiológica. Mas as três realidades não se confundem: o embrião é o embrião, o feto é o feto e a pessoa humana é a pessoa humana. Donde não existir pessoa humana embrionária, mas embrião de pessoa humana. O embrião referido na Lei de Biossegurança ("in vitro" apenas) não é uma vida a caminho de outra vida virginalmente nova, porquanto lhe fal-tam possibilidades de ganhar as primeiras terminações nervosas, sem as quais o ser humano não tem factibilidade como projeto de vida autônoma e irrepetível. O Direito infraconstitucional protege por modo variado cada etapa do desenvolvimento biológico do ser humano. Os momentos da vida humana anteriores ao nascimento devem ser objeto de proteção pelo direito comum. O embrião pré-implanto é um bem a ser protegido, mas não uma pessoa no sentido biográfico a que se refere a Constituição. IV – AS PESQUISAS COM CÉLULAS-TRONCO NÃO CARACTERIZAM ABORTO. MATÉRIA ESTRANHA À PRESENTE AÇÃO DIRETA DE IN-CONSTITUCIONALIDADE. É constitucional a proposição de que toda gestação humana principia com um embrião igualmente humano, claro, mas nem todo embrião humano desencadeia uma gestação igualmente humana, em se tratando de experimento "in vitro". Situação em que deixam de coincidir concepção e nascituro, pelo menos enquanto o ovócito (óvulo já fecundado) não for introduzido no colo do útero feminino. O modo de irromper em laboratório e permanecer confinado "in vitro" é, para o embrião, insuscetível de progressão reprodutiva. Isto sem prejuízo do reconhecimento de que o zigoto assim extracorporalmente produzido e também extracorporalmente cultivado e armazenado é entidade embrionária do ser humano. Não, porém, ser humano em estado de embrião. A Lei de Biossegurança não veicula autorização para extirpar do corpo feminino esse ou aquele embrião. Eliminar ou desentranhar esse ou aquele zigoto a caminho do endométrio, ou nele já fixado. Não se cuida de interromper gravidez humana, pois dela aqui não se pode cogitar. A "controvérsia constitucional em exame não guarda qualquer vinculação com o problema do aborto." (Ministro Celso de Mello). V – OS DIREITOS FUNDAMENTAIS À AUTONOMIA DA VONTADE, AO PLANEJAMENTO FAMILIAR E À MATERNIDADE. A decisão por uma descendência ou filiação exprime um tipo de autonomia de vontade individual que a própria Constituição rotula como "direito ao planejamento familiar", fundamentado este nos princípios igualmente constitucionais da "dignidade da pessoa humana" e da "paternidade responsável". A conjugação constitucional da laicidade do Estado e do primado da autonomia da vontade privada, nas palavras do Ministro Joaquim Barbosa. A opção do casal por um processo "in vitro" de fecundação artificial de óvulos é implícito direito de idêntica matriz constitucional, sem acarretar para esse casal o dever jurídico do aproveitamento reprodutivo de todos os embriões eventualmente formados e que se revelem geneticamente viáveis. O princípio fundamental da dignidade da pessoa humana opera por modo binário, o que propicia a base constitucional para um casal de adultos recorrer a técnicas de reprodução assistida que incluam a fertilização artificial ou "in vitro". De uma parte, para aquinhoar o casal com o direito público subjetivo à "liberdade" (preâmbulo da Constituição e seu art. 5º), aqui entendida como autonomia de vontade. De outra banda, para contemplar os porvindouros componentes da unidade familiar, se por eles optar o casal, com planejadas condições de bem-estar e assistência físico-afetiva (art. 226 da CF). Mais exatamente, planejamento familiar que, "fruto da livre decisão do casal", é "fundado nos princípios da dignidade da pessoa humana e da paternidade responsável" (§ 7º desse emblemático artigo constitucional de n. 226). O recurso a processos de fertilização artificial não implica o dever da tentativa de nidação no corpo da mulher de todos os óvulos afinal fecundados. Não existe tal dever (inciso II do art. 5º da CF), porque incompatível com o próprio instituto do "planejamento familiar" na citada perspectiva da "paternidade responsável". Imposição, além do mais, que implicaria tratar o gênero feminino por modo desumano ou degradante, em contrapasso ao direito fundamental que se lê no inciso II do art. 5º da Constituição. Para que ao embrião "in vitro" fosse reconhecido o pleno direito à vida, necessário seria reconhecer a ele o direito a um útero. Proposição não autorizada pela Constituição. VI – DIREITO À SAÚDE COMO COROLÁRIO DO DIREITO FUNDAMENTAL À VIDA DIGNA. O § 4º do art. 199 da Constituição, versante sobre pesquisas com substâncias humanas para fins terapêuticos, faz parte da seção normativa dedicada à "SAÚDE" (Seção II do Capítulo II do Título VIII). Direito à saúde, positivado como um dos primeiros dos direitos sociais de natureza fundamental (art. 6º da CF) e também como o primeiro dos direitos constitutivos da seguridade social (cabeça do artigo constitucional de n. 194). Saúde que é "direito de todos e dever do Estado" (caput do art. 196 da Constituição), garantida mediante ações e serviços de pronto qualificados como "de relevância pública" (parte inicial do art. 197). A Lei de Biossegurança como instrumento de encontro do direito à saúde com a própria Ciência. No caso, ciências médicas, biológicas e correlatas, diretamente postas pela Constituição a serviço desse bem inestimável do indivíduo que é a sua própria higidez físico-mental. VII – O DIREITO CONSTITUCIONAL À LIBERDADE DE EXPRESSÃO CIENTÍFICA E A LEI DE BIOSSEGURANÇA COMO DENSIFICAÇÃO DESSA LIBERDADE. O termo "ciência", enquanto atividade individual, faz parte do catálogo dos direitos fundamentais da pessoa humana (inciso IX do art. 5º da CF). Liberdade de expressão que se afigura como clássico direito constitucional-civil ou genuíno direito de personalidade. Por isso que exigente do máximo de proteção jurídica, até como signo de vida coletiva civilizada. Tão qualificadora do indivíduo e da sociedade é essa vocação para os misteres da Ciência que o Magno Texto Federal abre

Estado de Direito e Jurisdição Constitucional – Decisões relevantes em 15 anos de atuação no STF

todo um autonomizado capítulo para prestigiá-la por modo superlativo (capítulo de n. IV do título VIII). A regra de que "O Estado promoverá e incentivará o desenvolvimento científico, a pesquisa e a capacitação tecnológicas" (art. 218, caput) é de logo complementada com o preceito (§ 1º do mesmo art. 218) que autoriza a edição de normas como a constante do art. 5º da Lei de Biossegurança. A compatibilização da liberdade de expressão científica com os deveres estatais de propulsão das ciências que sirvam à melhoria das condições de vida para todos os indivíduos. Assegurada, sempre, a dignidade da pessoa humana, a Constituição Federal dota o bloco normativo posto no art. 5º da Lei 11.105/2005 do necessário fundamento para dele afastar qualquer invalidade jurídica (Ministra Cármen Lúcia). VIII – SUFICIÊNCIA DAS CAUTELAS E RESTRIÇÕES IMPOSTAS PELA LEI DE BIOSSEGURANÇA NA CONDUÇÃO DAS PESQUISAS COM CÉLULAS--TRONCO EMBRIONÁRIAS. A Lei de Biossegurança caracteriza-se como regração legal a salvo da mácula do açodamento, da insuficiência protetiva ou do vício da arbitrariedade em matéria tão religiosa, filosófica e eticamente sensível como a da biotecnologia na área da medicina e da genética humana. Trata-se de um conjunto normativo que parte do pressuposto da intrínseca dignidade de toda forma de vida humana, ou que tenha potencialidade para tanto. A Lei de Biossegurança não conceitua as categorias mentais ou entidades biomédicas a que se refere, mas nem por isso impede a facilitada exegese dos seus textos, pois é de se presumir que recepcionou tais categorias e as que lhe são correlatas com o significado que elas portam no âmbito das ciências médicas e biológicas. IX – IMPROCEDÊNCIA DA AÇÃO. Afasta-se o uso da técnica de "interpretação conforme" para a feitura de sentença de caráter aditivo que tencione conferir à Lei de Biossegurança exuberância regratória, ou restrições tendentes a inviabilizar as pesquisas com células-tronco embrionárias. Inexistência dos pressupostos para a aplicação da técnica da "interpretação conforme a Constituição", porquanto a norma impugnada não padece de polissemia ou de plurissignificatidade. Ação direta de inconstitucionalidade julgada totalmente improcedente.

VOTO

Senhores Ministros. Cabe a mim, na qualidade de Presidente desta Corte, a difícil tarefa de votar por último, num julgamento que ficou marcado, desde seu início, pelas profundas reflexões de todos que intervieram no debate. Os pronunciamentos dos senhores advogados, do Ministério Público, dos *amici curiae* e dos diversos cientistas e expertos, assim como os votos magistrais de Vossas Excelências, fizeram desta Corte um foro de argumentação e de reflexão com eco na coletividade e nas instituições democráticas.

Assim, o que posso dizer é que este Tribunal encerra mais um julgamento que certamente representará um marco em nossa jurisprudência constitucional.

Chamado a se pronunciar sobre um tema tão delicado, o da constitucionalidade das pesquisas científicas com células-tronco embrionárias, um assunto que é ético, jurídico e moralmente conflituoso em qualquer sociedade construída culturalmente com lastro nos valores fundamentais da vida e da dignidade humana, o Supremo Tribunal Federal profere uma decisão que demonstra seu austero compromisso com a defesa dos direitos fundamentais no Estado Democrático de Direito.

O julgamento desta ADI n. 3.510, dedicadamente conduzido pelo Ministro Carlos Britto, constitui uma eloquente demonstração de que a Jurisdição Constitucional não pode tergiversar diante de assuntos polêmicos envolvidos pelo debate entre religião e ciência.

É em momentos como este que podemos perceber, despidos de qualquer dúvida relevante, que a aparente onipotência ou o caráter contramajoritário do Tribunal Constitucional em face do legislador democrático não pode configurar subterfúgio para restringir as competências da Jurisdição na resolução de questões socialmente relevantes e axiologicamente carregadas de valores fundamentalmente contrapostos.

Delimitar o âmbito de proteção do direito fundamental à vida e à dignidade humana e decidir questões relacionadas ao aborto, à eutanásia e à utilização de embriões humanos para fins

Direito à vida **789**

de pesquisa e terapia são, de fato, tarefas que transcendem os limites do jurídico e envolvem argumentos de moral, política e religião que vêm sendo debatidos há séculos sem que se chegue a um consenso mínimo sobre uma resposta supostamente correta para todos.

Apesar dessa constatação, dentro de sua competência de dar a última palavra sobre quais direitos a Constituição protege, as Cortes Constitucionais, quando chamadas a decidir sobre tais controvérsias, têm exercido suas funções com exemplar desenvoltura, sem que isso tenha causado qualquer ruptura do ponto de vista institucional e democrático. Importantes questões nas sociedades contemporâneas têm sido decididas não pelos representantes do povo reunidos no parlamento, mas pelos Tribunais Constitucionais. Cito, a título exemplificativo, a famosa decisão da Suprema Corte norte-americana no caso *Roe vs. Wade*, assim como as decisões do Tribunal Constitucional alemão nos casos sobre o aborto (*BVerfGE 39, 1, 1975; BverfGE 88, 203, 1993*).

Muito se comentou a respeito do equívoco de um modelo que permite que juízes, influenciados por suas próprias convicções morais e religiosas, deem a última palavra a respeito de grandes questões filosóficas, como a de quando começa a vida.

Lembro, em contra-argumento, as palavras de Ronald Dworkin que, na realidade norte-americana, ressaltou o fato de que "*os Estados Unidos são uma sociedade mais justa do que teriam sido se seus direitos constitucionais tivessem sido confiados à consciência de instituições majoritárias*"[2].

Em nossa realidade, o Supremo Tribunal Federal vem decidindo questões importantes, como a recente afirmação do valor da fidelidade partidária (MS n. 26.602, 26.603 e 26.604), sem que se possa cogitar de que tais questões teriam sido melhor decididas por instituições majoritárias, e que assim teriam maior legitimidade democrática.

Certamente, a alternativa da atitude passiva de *self restraint* – ou, em certos casos, de *greater restraint*, utilizando a expressão de García de Enterría[3] – teriam sido mais prejudiciais ou menos benéficas para a nossa democracia.

O Supremo Tribunal Federal demonstra, com este julgamento, que pode, sim, ser uma Casa do povo, tal qual o parlamento. Um lugar onde os diversos anseios sociais e o pluralismo político, ético e religioso encontram guarida nos debates procedimental e argumentativamente organizados em normas previamente estabelecidas. As audiências públicas, nas quais são ouvidos os expertos sobre a matéria em debate, a intervenção dos *amici curiae*, com suas contribuições jurídica e socialmente relevantes, assim como a intervenção do Ministério Público, como representante de toda a sociedade perante o Tribunal, e das advocacias pública e privada, na defesa de seus interesses, fazem desta Corte também um *espaço democrático*. Um espaço aberto à reflexão e à argumentação jurídica e moral, com ampla repercussão na coletividade e nas instituições democráticas.

Ressalto, neste ponto, que, tal como nos ensina Robert Alexy, "*o parlamento representa o cidadão politicamente, o tribunal constitucional argumentativamente*". Cito, nesse sentido, a íntegra do raciocínio do filósofo e constitucionalista alemão:

"O princípio fundamental: "Todo poder estatal origina-se do povo" exige compreender não só o parlamento, mas também o tribunal constitucional como representação do povo. A representação ocorre, decerto, de modo diferente. O parlamento representa o cidadão politicamente, o tribunal argumentativamente. Com isso, deve ser dito que a representação do povo pelo tribunal constitucional tem um caráter mais idealístico do que aquela pelo parlamento. A vida cotidiana do funcionamento parlamentar oculta o perigo de que maiorias se imponham desconsideradamente, emoções determinem o acontecimento, dinheiro e relações de poder dominem e simplesmente sejam cometidas faltas graves. Um tribunal constitucional que se dirige contra tal não se dirige contra o povo senão, em nome do povo, contra seus representantes políticos. Ele não só faz valer *negativamente* que o processo político, segundo critérios

---

[2] DWORKIN, Ronald. *O império do direito*. São Paulo: Martins Fontes, 1999, p. 426.

[3] GARCÍA DE ENTERRÍA, Eduardo. Justicia Constitucional: la doctrina prospectiva en la declaración de ineficacia de las leyes inconstitucionales. In: *Revista de Direito Público* n. 92, out./dez. de 1989, p. 14.

jurídico-humanos e jurídico-fundamentais, fracassou, mas também exige positivamente que os cidadãos aprovem os argumentos do tribunal se eles aceitarem um discurso jurídico-constitucional racional. A representação argumentativa dá certo quando o tribunal constitucional é aceito como instância de reflexão do processo político. Isso é o caso, quando os argumentos do tribunal encontram eco na coletividade e nas instituições políticas, conduzem a reflexões e discussões que resultam em convencimentos examinados. Se um processo de reflexão entre coletividade, legislador e tribunal constitucional se estabiliza duradouramente, pode ser falado de uma institucionalização que deu certo dos direitos do homem no estado constitucional democrático. Direitos fundamentais e democracia estão reconciliados"[4].

O debate democrático produzido no Congresso Nacional por ocasião da votação e aprovação da Lei n. 11.105/2005, especificamente de seu artigo 5°, não se encerrou naquela casa parlamentar. Renovado por provocação do Ministério Público, o debate sobre a utilização de células-tronco para fins de pesquisa científica reproduziu-se nesta Corte com intensidade ainda maior, com a nota distintiva da racionalidade argumentativa e procedimental própria de uma Jurisdição Constitucional.

Não há como negar, portanto, a legitimidade democrática da decisão que aqui tomamos hoje.

Feitas essas breves considerações preliminares, passo à estruturação da análise que faço da controvérsia constitucional, após muito refletir sobre o assunto.

O voto que profiro parte de uma constatação básica: temos uma questão específica posta em julgamento, a constitucionalidade da utilização de células-tronco embrionárias para fins de pesquisa científica, e para decidi-la não precisamos adentrar em temáticas relacionadas aos marcos inicial e final da vida humana para fins de proteção jurídica. São questões transcendentais que pairam no imaginário humano desde tempos imemoriais e que nunca foram resolvidas sequer com relativo consenso. Ciência, religião e filosofia construíram sua própria história em torno de conceitos e concepções sobre o que é a vida, quando ela começa e como deve ser ela protegida. Com todo o desenvolvimento do pensamento e do conhecimento humano, não é possível vislumbrar qualquer resposta racionalmente aceitável de forma universal, seja pela ciência ou pela religião, seja pela filosofia ou pelo imaginário popular.

Se podemos tirar alguma lição das múltiplas teorias e concepções e de todo o infindável debate que se produziu sobre temas como o aborto, a eutanásia e as pesquisas com embriões humanos, é que não existem respostas moralmente corretas e universalmente aceitáveis sobre tais questões.

Independentemente da concepção que se tenha sobre o termo inicial da vida, não se pode perder de vista – e isso parece ser indubitável diante de qualquer posicionamento que se adote sobre o tema – que, em qualquer hipótese, há um elemento vital digno de proteção jurídica.

Muitas vezes passa despercebido nos debates que não é preciso reconhecer em algo um sujeito de direitos para dotar-lhe de proteção jurídica indisponível.

Nesse sentido, são elucidativas as lições de Jürgen Habermas:

"Nessa controvérsia, fracassa toda tentativa de alcançar uma descrição ideologicamente neutra e, portanto, sem prejulgamento, do status moral da vida humana prematura, que seja aceitável para todos os cidadãos de uma sociedade secular. Um lado descreve o embrião no estágio prematuro de desenvolvimento como um amontoado de células e o confronta com a pessoa do recém-nascido, a quem primeiramente compete a dignidade humana no sentido estritamente moral. O outro lado considera a fertilização do óvulo humano como o início relevante de um processo de desenvolvimento já individualizado e controlado por si próprio. Segundo essa concepção, todo exemplar biologicamente determinável da espécie deve ser considerado como uma pessoa potencial e como um portador de direitos fundamen-

---

[4] ALEXY, Robert. Direitos fundamentais no Estado constitucional democrático. Para a relação entre direitos do homem, direitos fundamentais, democracia e jurisdição constitucional. Trad. Luís Afonso Heck. In: *Revista Direito Administrativo*, Rio de Janeiro, 217: 55-66, jul./set. 1999.

tais. Ambos os lados parecem não se dar conta de que algo pode ser considerado como indisponível, ainda que não receba o status de um sujeito de direitos, que nos termos da constituição, é portador de direitos fundamentais inalienáveis. Indisponível não é apenas aquilo que a dignidade humana tem. Nossa disponibilidade pode ser privada de alguma coisa por bons motivos morais, sem por isso ser intangível no sentido dos direitos fundamentais em vigor de forma irrestrita e absoluta (que são direitos constitutivos da dignidade humana, conforme o artigo 1º da Constituição)"[5].

Mesmo entre aqueles que consideram que antes do nascimento com vida não há especificamente um sujeito de direitos fundamentais, não é possível negar que na fase pré-natal há um elemento vital digno de proteção.

Assim, a questão não está em saber quando, como e de que forma a vida humana tem início ou fim, mas como o Estado deve atuar na proteção desse organismo pré-natal diante das novas tecnologias, cujos resultados o próprio homem não pode prever.

Trago à tona as lições de Hans Jonas para afirmar que o Estado deve atuar segundo o *princípio responsabilidade*[6].

As novas tecnologias ensejaram uma mudança radical na capacidade do homem de transformar seu próprio mundo e, nessa perspectiva, por em risco sua própria existência. E o homem tornou-se objeto da própria técnica. Como assevera Hans Jonas, *"o homo faber aplica sua arte sobre si mesmo e se habilita a refabricar inventivamente o inventor e confeccionador de todo o resto"*[7].

O *homo faber* ergue-se diante do *homo sapiens*. A manipulação genética, um sonho ambicioso do *homo faber* de controlar sua própria evolução, demonstra a necessidade de uma nova ética do agir humano, uma ética de responsabilidade. "O princípio responsabilidade – ensina Hans Jonas – contrapõe a tarefa mais modesta que obriga ao temor e ao respeito: conservar incólume para o homem, na persistente dubiedade de sua liberdade que nenhuma mudança das circunstâncias poderá suprimir, seu mundo e sua essência contra os abusos de seu poder"[8].

Independentemente dos conceitos e concepções religiosas e científicas a respeito do início da vida, é indubitável que existe consenso a respeito da necessidade de que os avanços tecnológicos e científicos, que tenham o próprio homem como objeto, sejam regulados pelo Estado com base no *princípio responsabilidade*.

Não se trata de criar obstáculos aos avanços da medicina e da biotecnologia, cujos benefícios para a humanidade são patentes. Os depoimentos de renomados cientistas na audiência pública realizada nesta ADI n. 3.510 nos apresentam um futuro promissor em tema de pesquisas com células-tronco originadas do embrião humano.

A história nos ensinou que é toda a humanidade que sai perdendo diante de tentativas, sempre frustradas, de barrar o progresso científico e tecnológico. Nas felizes palavras de Hans Jonas: *"O que vale a pena reter no caso da ciência e da técnica, em especial depois da sua simbiose, é que se há uma história de êxito, essa é a história de ambas; um êxito contínuo, condicionado por uma lógica interna, e portanto prometendo seguir assim no futuro. Não creio que se possa dizer o mesmo de nenhum outro esforço humano que se alongue pelo tempo"*[9].

---

[5] HABERMAS, Jürgen. *O futuro na natureza humana*. São Paulo: Martins Fontes, 2004, p. 44.
[6] JONAS, Hans. *O princípio responsabilidade. Ensaio de uma ética para a civilização tecnológica*. Trad. Marijane Lisboa, Luis Barros Montez. Rio de Janeiro: Contraponto, 2006.
[7] JONAS, Hans. *O princípio responsabilidade. Ensaio de uma ética para a civilização tecnológica*. Trad. Marijane Lisboa, Luis Barros Montez. Rio de Janeiro: Contraponto, 2006, p. 57.
[8] JONAS, Hans. *O princípio responsabilidade. Ensaio de uma ética para a civilização tecnológica*. Trad. Marijane Lisboa, Luis Barros Montez. Rio de Janeiro: Contraponto, 2006, p. 23.
[9] JONAS, Hans. *O princípio responsabilidade. Ensaio de uma ética para a civilização tecnológica*. Trad. Marijane

À utopia do progresso científico, não obstante, deve-se contrapor o princípio responsabilidade, não como obstáculo ou retrocesso, mas como exigência de uma nova ética para o agir humano, uma ética de responsabilidade proporcional à amplitude do poder do homem e de sua técnica. Essa ética de responsabilidade implica, assim, uma *espécie de humildade*, não no sentido de pequenez, mas em decorrência da excessiva grandeza do poder do homem. Como bem assevera Hans Jonas, *"em vista do potencial quase escatológico dos nossos processos técnicos, o próprio desconhecimento das consequências últimas é motivo para uma contenção responsável"*[10].

Ao princípio esperança (*Prinzip Hoffnung*, de Ernst Bloch[11]), portanto, contrapõe-se o princípio responsabilidade (*Prinzip Verantwortung*, de Hans Jonas[12]).

Como tenho afirmado em outras ocasiões, com base nas lições do Professor Peter Häberle, a Constituição de 1988, ao incorporar tanto o "princípio-responsabilidade" (Hans Jonas) como o "princípio-esperança" (Ernst Bloch), permite que nossa evolução constitucional ocorra entre a *ratio* e a *emotio*[13].

O certo é que o ser humano, diante das novas tecnologias, deve atuar de acordo com uma ética de responsabilidade.

Portanto, a questão está em saber se a Lei n. 11.105, de 24 de março de 2005, regula as pesquisas científicas com células-tronco embrionárias com a prudência exigida por um tema ética e juridicamente complexo, que envolve diretamente a própria identidade humana.

A questão, assim, envolve uma análise segundo parâmetros de proporcionalidade.

A Lei n. 11.105, de 24 de março de 2005, estabelece normas de segurança e mecanismos de fiscalização de atividades que envolvam Organismos Geneticamente Modificados – OGM e seus derivados.

Em seu artigo preambular, a própria lei estabelece as *diretrizes* que constituem o lastro de suas normas: o estímulo e o avanço científico na área de biossegurança e biotecnologia, a proteção à vida e à saúde humana, animal e vegetal, e a observância do princípio da precaução para a proteção do meio ambiente.

Em todo o corpo da lei, o art. 5º é destinado à regulamentação da utilização, para fins de pesquisa, de células-tronco embrionárias obtidas de embriões humanos produzidos por fertilização *in vitro*. Assim dispõe o referido artigo, o qual constitui, em sua integralidade, o objeto da presente ação direta de inconstitucionalidade:

> "Art. 5º É permitida, para fins de pesquisa e terapia, a utilização de células-tronco embrionárias obtidas de embriões humanos produzidos por fertilização *in vitro* e não utilizados no respectivo procedimento, atendidas as seguintes condições:
>
> I – sejam embriões inviáveis; ou
>
> II – sejam embriões congelados há 3 (três) anos ou mais, na data da publicação desta Lei, ou que, já congelados na data da publicação desta Lei, depois de completarem 3 (três) anos, contados a partir da data de congelamento.
>
> § 1º Em qualquer caso, é necessário o consentimento dos genitores.

Lisboa, Luis Barros Montez. Rio de Janeiro: Contraponto, 2006, p. 271-272.

---

[10] JONAS, Hans. *O princípio responsabilidade. Ensaio de uma ética para a civilização tecnológica*. Trad. Marijane Lisboa, Luis Barros Montez. Rio de Janeiro: Contraponto, 2006, p. 63-64.

[11] BLOCH, Ernst. *O princípio esperança*. Trad. Nélio Schneider. Rio de Janeiro: Contraponto, 2005.

[12] JONAS, Hans. *O princípio responsabilidade. Ensaio de uma ética para a civilização tecnológica*. Trad. Marijane Lisboa, Luis Barros Montez. Rio de Janeiro: Contraponto, 2006.

[13] HÄBERLE, Peter. *El Estado Constitucional*. Trad. Héctor Fix-Fierro. México D.F: Universidad Autónoma de México, 2001, p. 7.

§ 2° Instituições de pesquisa e serviços de saúde que realizem pesquisa ou terapia com células-tronco embrionárias humanas deverão submeter seus projetos à apreciação e aprovação dos respectivos comitês de ética em pesquisa.

§ 3° É vedada a comercialização do material biológico a que se refere este artigo e sua prática implica o crime tipificado no art. 15 da Lei n. 9.434, de 4 de fevereiro de 1997."

É possível perceber que a lei, inegavelmente, foi cuidadosa na regulamentação de alguns pontos, ao exigir que as pesquisas sejam realizadas apenas com embriões humanos ditos "inviáveis", sempre mediante o consentimento dos genitores e com aprovação prévia dos projetos por comitês de ética, ficando proibida a comercialização do material biológico utilizado.

O que causa perplexidade, por outro lado, é perceber que, no Brasil, a regulamentação de um tema tão sério, que envolve profundas e infindáveis discussões sobre aspectos éticos nas pesquisas científicas, seja realizada por um, e apenas um artigo.

A vaguidade da lei deixou a cargo do Poder Executivo a regulamentação do tema, que o fez por meio dos arts. 63 a 67 do Decreto n. 5.591, de 22 de novembro de 2005. O referido decreto ainda contém remissões normativas a atos administrativos específicos de órgãos como o Ministério da Saúde e a Agência Nacional de Vigilância Sanitária.

A primeira impressão, não há dúvida, é de que a lei é deficiente na regulamentação do tema e, por isso, pode violar o princípio da proporcionalidade não como proibição de excesso (*Übermassverbot*), mas como proibição de proteção deficiente (*Untermassverbot*).

Como é sabido, os direitos fundamentais se caracterizam não apenas por seu aspecto subjetivo, mas também por uma feição objetiva que os tornam verdadeiros mandatos normativos direcionados ao Estado.

A dimensão objetiva dos direitos fundamentais legitima a ideia de que o Estado se obriga não apenas a observar os direitos de qualquer indivíduo em face das investidas do Poder Público (*direito fundamental enquanto direito de proteção ou de defesa – Abwehrrecht*), mas também a garantir os direitos fundamentais contra agressão propiciada por terceiros (*Schutzpflicht des Staats*)[14].

A forma como esse dever será satisfeito constitui, muitas vezes, tarefa dos órgãos estatais, que dispõem de alguma liberdade de conformação[15]. Não raras vezes, a ordem constitucional identifica o dever de proteção e define a forma de sua realização.

A jurisprudência da Corte Constitucional alemã acabou por consolidar entendimento no sentido de que do significado objetivo dos direitos fundamentais resulta o dever do Estado não apenas de se abster de intervir no âmbito de proteção desses direitos, mas também de proteger tais direitos contra a agressão ensejada por atos de terceiros[16].

Essa interpretação da Corte Constitucional empresta sem dúvida uma nova dimensão aos direitos fundamentais, fazendo com que o Estado evolua da posição de "*adversário*" para uma função de guardião desses direitos[17].

É fácil ver que a ideia de um dever genérico de proteção fundado nos direitos fundamentais relativiza sobremaneira a separação entre a ordem constitucional e a ordem legal, permitindo

---

[14] HESSE, Konrad. *Grundzüge des Verfassungsrechts der Bundesrepublik Deutschland*. 16. ed. Heidelberg, 1988, p. 155-156.

[15] HESSE, Konrad. *Grundzüge des Verfassungsrechts der Bundesrepublik Deutschland*, cit., p. 156.

[16] Cf., a propósito, *BverfGE*, 39, 1 e s.; 46, 160 (164); 49, 89 (140 e s.); 53, 50 (57 e s.); 56, 54 (78); 66; 39 (61); 77 170 (229 s.); 77, 381 (402 e s.); ver, também, DIETLEIN, Johannes. *Die Lehre von den grundrechtlichen Schutzpflichten*. Berlin, 1991, p. 18.

[17] Cf., a propósito, DIETLEIN, Johannes. *Die Lehre von den grundrechtlichen Schutzpflichten*, cit. p. 17 e s.

que se reconheça uma irradiação dos efeitos desses direitos sobre toda a ordem jurídica[18].

Assim, ainda que não se reconheça, em todos os casos, uma pretensão subjetiva contra o Estado, tem-se, inequivocamente, a identificação de um dever deste de tomar todas as providências necessárias para a realização ou concretização dos direitos fundamentais[19].

Os direitos fundamentais não podem ser considerados apenas como proibições de intervenção (*Eingriffsverbote*), expressando também um postulado de proteção (*Schutzgebote*). Utilizando-se da expressão de Canaris, pode-se dizer que os direitos fundamentais expressam não apenas uma proibição do excesso (*Übermassverbote*), mas também podem ser traduzidos como proibições de proteção insuficiente ou imperativos de tutela (*Untermassverbote*)[20].

Nos termos da doutrina e com base na jurisprudência da Corte Constitucional alemã, pode-se estabelecer a seguinte classificação do dever de proteção[21]:

a) dever de proibição (*Verbotspflicht*), consistente no dever de se proibir uma determinada conduta;

b) dever de segurança (*Sicherheitspflicht*), que impõe ao Estado o dever de proteger o indivíduo contra ataques de terceiros mediante a adoção de medidas diversas;

c) dever de evitar riscos (*Risikopflicht*), que autoriza o Estado a atuar com o objetivo de evitar riscos para o cidadão em geral mediante a adoção de medidas de proteção ou de prevenção especialmente em relação ao desenvolvimento técnico ou tecnológico.

Discutiu-se intensamente se haveria um direito subjetivo à observância do dever de proteção ou, em outros termos, se haveria um direito fundamental à proteção. A Corte Constitucional acabou por reconhecer esse direito, enfatizando que a não observância de um dever de proteção corresponde a uma lesão do direito fundamental previsto no art. 2, II, da Lei Fundamental[22].

Assim, na dogmática alemã é conhecida a diferenciação entre o princípio da proporcionalidade como *proibição de excesso* (*Ubermassverbot*) e como *proibição de proteção deficiente* (*Untermassverbot*). No primeiro caso, o princípio da proporcionalidade funciona como parâmetro de aferição da constitucionalidade das intervenções nos direitos fundamentais como *proibições de intervenção*. No segundo, a consideração dos direitos fundamentais como *imperativos de tutela* (Canaris) imprime ao princípio da proporcionalidade uma estrutura diferenciada[23]. O ato não será *adequado* quando não proteja o direito fundamental de maneira ótima; não será *necessário* na hipótese de existirem medidas alternativas que favoreçam ainda mais a realização do direito fundamental; e violará o subprincípio da *proporcionalidade em sentido estrito* se o grau de satisfação do fim legislativo é inferior ao grau em que não se realiza o direito fundamental de proteção[24].

Na jurisprudência do Tribunal Constitucional alemão, a utilização do princípio da proporcionalidade como proibição de proteção deficiente pode ser encontrada na segunda decisão so-

---

[18] Von MÜNCH, Ingo. *Grundgesetz-Kommentar, Kommentar zu Vorbemerkung Art 1-19*, N. 22.

[19] Von MÜNCH, Ingo. *Grundgesetz-Kommentar, cit.*

[20] CANARIS, Claus-Wilhelm. Grundrechtswirkungen und Verhältnismässigkeitsprinzip in der richterlichen Anwendung und Fortbildung des Privatsrechts. *JuS*, 1989, p. 161 (163).

[21] RICHTER, Ingo; SCHUPPERT, Gunnar Folke. *Casebook Verfassungsrecht*. 3. ed. München, 1996, p. 35-36.

[22] Cf. *BVerfGE* 77, 170 (214); ver também RICHTER, Ingo; SCHUPPERT, Gunnar Folke. *Casebook Verfassungsrecht*, p. 36-37.

[23] "Uma transposição, sem modificações, do estrito princípio da proporcionalidade, como foi desenvolvido no contexto da proibição de excesso, para a concretização da proibição de insuficiência, não é, pois, aceitável, ainda que, evidentemente, também aqui considerações de proporcionalidade desempenhem um papel, tal como em todas as soluções de ponderação". CANARIS, Claus-Wilhelm. *Direitos Fundamentais e Direito Privado*. Coimbra: Almedina, 2003.

[24] Cf. BERNAL PULIDO, Carlos. *El principio de proporcionalidad y los derechos fundamentales*. Madrid: Centro de Estudios Políticos y Constitucionales, 2003, p. 798 e segs.

Direito à vida **795**

bre o aborto (*BverfGE 88, 203, 1993*). O *Bundesverfassungsgericht* assim se pronunciou:

> "O Estado, para cumprir com seu dever de proteção, deve empregar medidas suficientes de caráter normativo e material, que levem a alcançar – atendendo à contraposição de bens jurídicos – a uma proteção adequada, e como tal, efetiva (proibição de insuficiência).
>
> (...)
>
> É tarefa do legislador determinar, detalhadamente, o tipo e a extensão da proteção. A Constituição fixa a proteção como meta, não detalhando, porém, sua configuração. No entanto, o legislador deve observar a proibição de insuficiência (...). Considerando-se bens jurídicos contrapostos, necessária se faz uma proteção adequada. Decisivo é que a proteção seja eficiente como tal. As medidas tomadas pelo legislador devem ser suficientes para uma proteção adequada e eficiente e, além disso, basear-se em cuidadosas averiguações de fatos e avaliações racionalmente sustentáveis. (...)"

Uma análise comparativa do art. 5º da Lei n. 11.105/2005 com a legislação de outros países sobre o mesmo assunto pode demonstrar que, de fato, não se trata apenas de uma impressão inicial; a lei brasileira é deficiente no tratamento normativo das pesquisas com células-tronco e, portanto, não está em consonância com o princípio da proporcionalidade como proibição de proteção insuficiente (*Untermassverbot*).

Alemanha

Na Alemanha, editou-se lei específica, a denominada *Stammzellgesetz* (StZG), sobre a importação e a utilização das células-tronco embrionárias em pesquisas científicas.

A regulação da atividade científica com células-tronco é restritiva e inclui (1) limitações importantes quanto às células-tronco embrionárias passíveis de importação e utilização em pesquisa (§ 4º); (2) restrições às pesquisas que podem utilizar células-tronco embrionárias (§ 5º); (iii) a necessidade de aprovação prévia de cada pesquisa (§ 6º); (iv) a instituição de agência competente (§ 7º) e comissão de ética de especialistas (§ 8º) para apreciar e conceder as autorizações prévias; (3) infrações penais (§ 13) e administrativas (§ 14) pertinentes; e (4) a exigência de relatório periódico com os resultados das experiências envolvendo células-tronco tanto embrionárias quanto adultas (§ 15).

Destaque-se que a legislação alemã permite apenas as pesquisas com **linhas de células--tronco consolidadas do exterior**. Portanto, é expressamente proibida a produção de linhas de células-tronco na própria Alemanha, tornando-se imprescindível a importação de embriões para fins de pesquisa.

A lei permite **a importação apenas de embriões formados antes de 1º de janeiro de 2002, desde que na conformidade da legislação do país exportador**. Esse marco temporal foi recentemente alterado pelo *Bundestag* (em 11.4.2008), fixando-se novo marco em **1º de maio de 2007**.

Além disso, somente podem ser utilizados embriões em pesquisa (1) fecundados *in vitro* (2) com o objetivo de assistir a gravidez; e (3) descartados por razões não fundadas em características inerentes aos embriões.

Mais importante, a lei alemã exige que as pesquisas com células tronco embrionárias sejam motivadas por elevados objetivos (*hochrangigen Forschungszielen*) ou sejam destinadas ao desenvolvimento de procedimentos terapêuticos, de diagnóstico ou de prevenção aplicados a seres humanos, com *cláusula de subsidiariedade*. Isto é, só podem ser realizadas pesquisas quando todas as hipóteses foram exaustivamente testadas com células de animais ou em experiências com animais; e somente podem ser realizadas com células-tronco embrionárias (§ 5, Abs. 2 StZG):

> "Trabalhos de pesquisas com células-tronco embrionárias somente podem ser realizadas se cientificamente demonstrado que
>
> (...)
>
> 2. Segundo o estado da Ciência e da Técnica:
>
> a) as hipóteses previstas no projeto de pesquisa foram testadas tanto quanto possível com modelos *in vitro* com células de animais ou em experimentos com animais e

b) o conhecimento científico a ser obtido pelo projeto de pesquisa em apreço não tenha expectativa de ser alcançado utilizando outras células, além das células-tronco embrionárias. (*Forschungsarbeiten an embryonalen Stammzellen dürfen nur durchgeführt werden, wenn wissenschaftlich begründet darlegt ist, dass*

2. nach dem anerkannten Stand von Wissenschaft und Technik

a) die im Forschungsvorhaben vorgesehen Fragestellungen so weit wie möglich bereits in In-vitro-Modellen mit tierischen Zellen oder in Tierversuchung vorgeklärt worden sind und

b) der mit dem Forschungsvorhaben angestrebte wissenschaftliche Erkenntnisgewinn sich voraussichtlich nur mit embryonalen Stammzellen erreichen lässt."

Ressalte-se que a legislação alemã institui não só um órgão administrativo competente (*Zuständige Behörde*), ligado ao Ministério da Saúde, para conceder as licenças prévias, como cria Comissão de Ética Central para Pesquisa com células-tronco (*Zentrale Ethik-kommission für Stammzellenforschung*), formada por expertos em medicina, biologia, ética e teologia.

Em suma, a legislação alemã é extremamente restritiva da atividade científica que tenha por objeto embriões humanos. Os constantes debates entre cientistas, religiosos e entes da sociedade civil, a respeito da necessidade de relativização dos rigores da lei, ainda não levaram a qualquer solução legislativa mais significativa no sentido da mudança das regras estabelecidas.

Apesar das reivindicações de cientistas quanto a mudanças na legislação sobre as pesquisas com células-tronco, há consenso sobre a necessidade de se regular rigidamente essas pesquisas, afastando-se qualquer possibilidade de abusos e transgressões cujas consequências não é possível prever.

Austrália

Na Austrália, a questão é regulada pelo *Research Involving Human Embryos Act 2002*, alterado pelo *Prohibition of Human Cloning for Reproduction and the Regulation of Human Embryo Research Amendment Act 2006*.

Segundo a regulação australiana, **permite-se apenas a utilização de células-tronco embrionárias inviáveis** (*not suitable*). Define-se expressamente que a viabilidade do embrião seja determinada com base na sua aptidão biológica para implantação [*biological fitness for implantation – Section 10 (2) "d" i*]

Nesse caso, institui-se também órgão que emite licenças prévias para as pesquisas envolvendo células-tronco embrionárias (*Embryo Research Licensing Committee of the National Health and Medical Research Council*).

Outrossim, dispõe-se especificamente sobre as formas válidas de obtenção de consentimento dos responsáveis pelos embriões do quais serão derivadas as células-tronco [Section 21 (3) "a"].

Além disso, há preocupação específica com as pesquisas que podem danificar ou destruir embriões, nas quais somente podem ser utilizados embriões criados até 5.4.2002 [Sections 21 (3) "b" e 24 (3)].

Por outro lado, a lei australiana determina que a licença seja limitada a um número específico de embriões que serão utilizados para alcançar os objetivos da pesquisa [Section 21 (4) "a"], além de prever, assim com na legislação alemã, *cláusula de subsidiariedade*, nos seguintes termos:

"(4) Na decisão sobre a emissão de licença, o Órgão de Licença NHMRC precisa considerar o seguinte:

(...)

(b) a possibilidade de significativo avanço no conhecimento ou melhoria nas tecnologias para tratamento propostos no requerimento como resultado no uso do excesso de embriões para reprodução assistida, outros embriões ou óvulos humanos, que não poderiam razoavelmente ser alcançados por outros meios." [*In deciding whether to issue the licence, the NHMRC Licensing Committee must have regard to the following:*

(...)

Direito à vida **797**

(b) the likelihood of significant advance in knowledge or improvement in technologies for treatment as a result of the use of excess ART embryos, other embryos or human eggs proposed in the application, which could not reasonably be achieved by other means].

Como se vê, também a legislação australiana estabelece uma cláusula de subsidiariedade como condição para a permissão de pesquisas com células-tronco. Em outros termos, a utilização de células-tronco apenas é permitida para fins de pesquisa se, e somente se, não existirem ou não sejam suficientes ou adequados outros meios científicos para o alcance dos objetivos da pesquisa.

Essa cláusula de subsidiariedade atende ao postulado da proporcionalidade e da precaução na utilização de novas tecnologias cujo conhecimento humano ainda não é exaustivo. Trata-se, enfim, de um corolário do princípio da responsabilidade.

França

Na França, a *Agence de la Biomédicine* passou a expedir autorizações para pesquisas com células embrionárias humanas (*recherches sur l'embryon et les cellules souches embryonnaires humaines*) desde 2007, com base no Decreto n. 2006-121, de 6 de fevereiro de 2006, que modificou o Código de Saúde Pública (*Décret n. 2006-121 du 6 février 2006 relatif à la recherche sur l'embryon et sur les cellules embryonnaires et modifiant le code de la santé publique*).

Naquele país, portanto, as pesquisas com células embrionárias humanas são permitidas, tendo em vista razões de progresso terapêutico (*pour des progrès thérapeutiques majeurs*), porém são objeto de ampla e rigorosa regulamentação.

Em primeiro lugar, as pesquisas com células embrionárias são permitidas apenas com vistas ao tratamento de doenças particularmente graves ou incuráveis, e apenas são autorizadas, pela agência de biomedicina, por um período máximo de 5 anos (**Art. R. 2151-1**. *Sont notamment susceptibles de permettre des progrès thérapeutiques majeurs, au sens de l'article L. 2151-5, les recherches sur l'embryon et les cellules embryonnaires poursuivant une visée thérapeutique pour le traitement de maladies particulièrement graves ou incurables, ainsi que le traitement des affections de l'embryon ou du foetus.* **Art. R. 2151-2**. *– Le directeur général de l'agence de la biomédecine peut autoriser un protocole de recherche sur l'embryon ou sur les cellules embryonnaires, après avis du conseil d'orientation, pour une durée déterminée qui ne peut excéder cinq ans*).

Ademais, as pesquisas somente são autorizadas após o consentimento prévio do casal genitor ou de membro sobrevivente do casal. [*Art. R 2151-19 – Le directeur général de l'agence de la biomedecine autorise la conservation de cellules souches embryonnaires, après avis du conseil d'orientation, pour une durée déterminée, qui ne peut exceder cinq ans (...)*]

A Lei de Bioética, de 6 de agosto de 2004, já autorizava as referidas pesquisas, mas em caráter subsidiário. Ou seja, também a lei francesa dispõe de uma **cláusula de subsidiariedade**, segundo a qual **serão permitidas as pesquisas com células embrionárias tão somente nos casos em que os progressos terapêuticos almejados não puderem ser alcançados por um método alternativo de eficácia comparável no meio científico**. [*Art. L. 2151-5. – (...)Par dérogation au premier alinéa, et pour une période limitée à cinq ans à compter de la publication du décret en Conseil d'Etat prévu à l'article L. 2151-8, les recherches peuvent être autorisées sur l'embryon et les cellules embryonnaires lorsqu'elles sont susceptibles de permettre des progrès thérapeutiques majeurs et à la condition de ne pouvoir être poursuivies par une méthode alternative d'efficacité comparable, en l'état des connaissances scientifiques.*]

Espanha

A Lei n. 14, de 3 de julho de 2007, que regula a pesquisa biomédica, já em seu preâmbulo ressalta que os "*avanços científicos e os procedimentos e ferramentas utilizados para alcançá-los geram importantes incertezas éticas e jurídicas, que devem ser convenientemente reguladas, com o equilíbrio e a prudência que exige um tema tão complexo que afeta de maneira tão direta a identidade do ser humano."*

A referida lei, que veio complementar as previsões da Lei n. 14, de 26 de maio de 2006, sobre técnicas de reprodução humana assistida, é bastante abrangente e está estruturada em **90 artigos**, quinze capítulos, oito títulos, ademais das disposições adicionais, transitórias, derrogatórias e finais.

Já em seu título I, estabelece um catálogo de princípios e garantias para a proteção dos direitos da pessoa humana e dos bens jurídicos implicados na investigação biomédica, recorrendo a uma relação precisa para estabelecer os limites do princípio da liberdade de pesquisa na defesa da dignidade e da identidade do ser humano.

Assim, em conformidade com a concepção de proteção da vida humana já assentada na jurisprudência espanhola (Sentenças 53/1985, 212/1996 e 116/1999), a lei **proíbe expressamente a constituição de pré-embriões e embriões humanos exclusivamente com a finalidade de experimentação**, mas permite a utilização de qualquer técnica de obtenção de células-tronco embrionárias humanas com fins terapêuticos ou de pesquisa, que não comporte a criação de um pré-embrião ou embrião exclusivamente com esse fim.

Estabelece o art. 28 da referida Lei que os embriões humanos que tenham perdido sua capacidade de desenvolvimento biológico, bem como os embriões ou fetos humanos mortos, poderão ser doados para fins de pesquisa biomédica ou outros fins diagnósticos, terapêuticos, farmacológicos, clínicos ou cirúrgicos.

A promoção da pesquisa biomédica atenderá a critérios de qualidade, eficácia e igualdade de oportunidades, e qualquer pesquisa deverá ser cientificamente justificada, além de cumprir critérios de qualidade científica (art. 10).

A realização de pesquisa sobre uma pessoa requererá seu consentimento expresso, e por escrito, ou de seu representante legal, e prévia informação sobre as consequências e riscos que poderão acarretar a sua saúde (art. 58).

Ademais, a pesquisa em seres humanos somente poderá realizar-se quando inexistente alternativa de eficácia comparável (**cláusula de subsidiariedade**), e não deverá implicar para o ser humano riscos e moléstias desproporcionais aos potenciais benefícios que poderão ser obtidos. (*Artículo 14. Principios generales.1. La investigación en seres humanos sólo podrá llevarse a cabo en ausencia de una alternativa de eficácia comparable. 2. La investigación no deberá implicar para el ser humano riesgos y molestias desproporcionados en relación con los beneficios potenciales que se puedan obtener.*)

México

A Lei Geral de Saúde do México, de 7 de fevereiro de 1984 (última alteração publicada em 18.12.2007) prevê, em seu artigo 100, que a pesquisa em seres humanos deverá adaptar-se a princípios científicos e éticos a justificar a pesquisa, especialmente no que se refere à sua possível contribuição para a solução de problemas de saúde e do desenvolvimento de novos campos da ciência médica.

Também se requer, para a realização de pesquisa, o consentimento expresso, e por escrito, do sujeito fonte, além de prévia informação sobre as consequências e riscos que poderão advir à sua saúde.

E o México igualmente adota, a exemplo dos demais países referidos acima (Alemanha, Austrália, França e Espanha), *cláusula de subsidiariedade*, ao deixar expresso que tais pesquisas somente poderão efetuar-se quando o conhecimento que se pretende produzir não possa ser obtido por outro método idôneo. (Art. 100, II – **II**. *Podrá realizarse sólo cuando el conocimiento que se pretenda producir no pueda obtenerse por otro método idoneo.*)

Direito à vida **799**

A interpretação do art. 5º da Lei n. 11.105/2005 com *efeitos aditivos*

Como se pode constatar, a legislação de outros países é extremamente rigorosa e, portanto, responsável na regulamentação do tema das pesquisas científicas com embriões humanos.

Efetuada a comparação, é impossível negar a deficiência da lei brasileira na regulamentação desse tema.

É importante ressaltar que a legislação brasileira sequer prevê qualquer norma para regular as atividades desenvolvidas pelas clínicas de fertilização *in vitro*. Daí a origem dos bancos de embriões congelados sem qualquer destinação específica.

Inserido, no curso do processo legislativo, numa lei que trata de tema distinto, o dos Organismos Geneticamente Modificados – OGM, denominados "transgênicos", o art. 5º da Lei n. 11.105/2005 visa preencher essa lacuna, destinando à pesquisa e à terapia os embriões humanos congelados há mais de três anos, na data da publicação da lei.

Assim, é possível perceber, em primeiro lugar, que, enquanto no direito comparado a regulamentação do tema é realizada por leis específicas, destinadas a regular, em sua inteireza, esse assunto tão complexo, no Brasil inseriu-se um único artigo numa lei destinada a tratar de tema distinto. Um artigo que deixa de abordar aspectos essenciais ao tratamento responsável do tema.

Ressalto a estrutura da lei espanhola, com **90 artigos**, quinze capítulos, oito títulos, ademais das disposições adicionais, transitórias, derrogatórias e finais. Em seu preâmbulo, a lei espanhola é enfática ao afirmar que os *"avanços científicos e os procedimentos e ferramentas utilizados para alcançá-los geram importantes incertezas éticas e jurídicas, que devem ser convenientemente reguladas, com o equilíbrio e a prudência que exige um tema tão complexo que afeta de maneira tão direta a identidade do ser humano."*

A lei brasileira, numa lacuna contundente, estabelece apenas que as instituições de pesquisa e serviços de saúde, que realizem pesquisa ou terapia com células-tronco embrionárias humanas, deverão submeter seus projetos à apreciação e aprovação *dos respectivos comitês de ética em pesquisa.*

Deixa a lei, nesse aspecto, de instituir um imprescindível Comitê Central de Ética, devidamente regulamentado. A legislação germânica, por exemplo, institui não só um órgão administrativo competente (*Zuständige Behörde*), ligado ao Ministério da Saúde, para conceder as licenças prévias, como cria Comissão de Ética Central para Pesquisa com células-tronco (*Zentrale Ethik-kommission für Stammzellenforschung*), formada por experts em medicina, biologia, ética e teologia.

Além disso, é importante observar que a legislação no direito comparado, sem exceção, estabelece, de forma expressa, uma *cláusula de subsidiariedade*, no sentido de permitir as pesquisas com embriões humanos apenas nas hipóteses em que outros meios científicos não se demonstrarem adequados para os mesmos fins.

A lei brasileira deveria conter dispositivo explícito nesse sentido, como forma de um tratamento responsável sobre o tema. Os avanços da biotecnologia já indicam a possibilidade de que células-tronco totipotentes sejam originadas de células do tecido epitelial e do cordão umbilical. As pesquisas com células-tronco adultas têm demonstrado grandes avanços. O desenvolvimento desses meios alternativos pode tornar desnecessária a utilização de embriões humanos e, portanto, afastar, pelo menos em parte, o debate sobre as questões éticas e morais que envolvem tais pesquisas.

Assim, a existência de outros métodos científicos igualmente adequados e menos gravosos torna a utilização de embriões humanos em pesquisas uma alternativa científica contrária ao princípio da proporcionalidade.

O art. 5º da Lei n. 11.105/2005 é, portanto, deficiente, em diversos aspectos, na regulamentação do tema das pesquisas com células-tronco.

A declaração de sua inconstitucionalidade, com a consequente pronúncia de sua nulidade total, por outro lado, pode causar um indesejado vácuo normativo mais danoso à ordem jurídica e social do que a manutenção de sua vigência.

Não seria o caso de declaração total de inconstitucionalidade, ademais, pois é possível preservar o texto do dispositivo, desde que seja interpretado em conformidade com a Constituição, ainda que isso implique numa típica sentença de perfil aditivo.

Nesse sentido, a técnica da interpretação conforme a Constituição pode oferecer uma alternativa viável.

Há muito se vale o Supremo Tribunal Federal da interpretação conforme à Constituição[25]. Consoante a prática vigente, limita-se o Tribunal a declarar a legitimidade do ato questionado desde que interpretado em conformidade com a Constituição[26]. O resultado da interpretação, normalmente, é incorporado, de forma resumida, na parte dispositiva da decisão[27].

Segundo a jurisprudência do Supremo Tribunal Federal, porém, a interpretação conforme à Constituição conhece limites. Eles resultam tanto da expressão literal da lei quanto da chamada *vontade do legislador*. A interpretação conforme à Constituição é, por isso, apenas admissível se não configurar violência contra a expressão literal do texto e não alterar o significado do texto normativo, com mudança radical da própria concepção original do legislador[28].

Assim, a prática demonstra que o Tribunal não confere maior significado à chamada *intenção do legislador*, ou evita investigá-la, se a interpretação conforme à Constituição se mostra possível dentro dos limites da expressão literal do texto[29].

Muitas vezes, porém, esses limites não se apresentam claros e são difíceis de definir. Como todo tipo de linguagem, os textos normativos normalmente padecem de certa indeterminação semântica, sendo passíveis de múltiplas interpretações. Assim, é possível entender, como o faz Rui Medeiros, que "a problemática dos limites da interpretação conforme à Constituição está indissociavelmente ligada ao tema dos limites da interpretação em geral"[30].

A eliminação ou fixação, pelo Tribunal, de determinados sentidos normativos do texto, quase sempre tem o condão de alterar, ainda que minimamente, o sentido normativo original determinado pelo legislador. Por isso, muitas vezes a interpretação conforme levada a efeito pelo Tribunal pode transformar-se numa decisão modificativa dos sentidos originais do texto.

A experiência das Cortes Constitucionais europeias – destacando-se, nesse sentido, a *Corte Costituzionale* italiana[31] – bem demonstra que, em certos casos, o recurso às decisões interpretativas com efeitos modificativos ou corretivos da norma constitui a única solução viável para que a Corte Constitucional enfrente a inconstitucionalidade existente no caso concreto, sem ter que recorrer a subterfúgios indesejáveis e soluções simplistas como a declaração de inconstituciona-

---

[25] Rp. 948, Rel. Min. Moreira Alves, *RTJ*, 82:55-6; Rp. 1.100, *RTJ*, *115*:993 e s.

[26] Cf., a propósito, Rp. 1.454, Rel. Min. Octavio Gallotti, *RTJ*, *125*:997.

[27] Cf., a propósito, Rp. 1.389, Rel. Min. Oscar Corrêa, *RTJ*, 126:514; Rp. 1.454, Rel. Min. Octavio Gallotti, *RTJ*, *125*:997; Rp. 1.399, Rel. Min. Aldir Passarinho, *DJ*, 9 set. 1988.

[28] ADIn 2405-RS, Rel. Min. Carlos Britto, *DJ* 17.02.2006; ADIn 1344-ES, Rel. Min. Joaquim Barbosa, *DJ* 19.04.2006; RP 1417-DF, Rel. Min. Moreira Alves, *DJ* 15.04.1988; ADIn 3046-SP, Rel. Min. Sepúlveda Pertence, *DJ* 28.05.2004.

[29] Rp. 1.454, Rel. Min. Octavio Gallotti, *RTJ*, *125*:997; Rp. 1.389, Rel. Min. Oscar Corrêa, *RTJ*, *126*:514; Rp. 1.399, Rel. Min. Aldir Passarinho, *DJ*, 9 set. 1988.

[30] MEDEIROS, Rui. *A decisão de inconstitucionalidade. Os autores, o conteúdo e os efeitos da decisão de inconstitucionalidade da lei*. Lisboa: Universidade Católica Editora, 1999, p. 301.

[31] Cf. MARTÍN DE LA VEGA, Augusto. *La sentencia constitucional en Italia*. Madrid: Centro de Estudios Políticos y Constitucionales, 2003.

lidade total ou, no caso de esta trazer consequências drásticas para a segurança jurídica e o interesse social, a opção pelo mero não conhecimento da ação.

Sobre o tema, é digno de nota o estudo de Joaquín Brage Camazano[32], do qual cito a seguir alguns trechos:

"La raíz esencialmente pragmática de estas modalidades atípicas de sentencias de la constitucionalidad hace suponer que su uso es prácticamente inevitable, con una u otra denominación y con unas u otras particularidades, por cualquier órgano de la constitucionalidad consolidado que goce de una amplia jurisdicción, en especial si no seguimos condicionados inercialmente por la majestuosa, pero hoy ampliamente superada, concepción de Kelsen del TC como una suerte de 'legislador negativo'. Si alguna vez los tribunales constitucionales fueron legisladores negativos, sea como sea, hoy es obvio que ya no lo son; y justamente el rico 'arsenal' sentenciador de que disponen para fiscalizar la constitucionalidad de la Ley, más allá del planteamiento demasiado simple 'constitucionalidad/ inconstitucionalidad', es un elemento más, y de importancia, que viene a poner de relieve hasta qué punto es así. Y es que, como Fernández Segado destaca, 'la praxis de los tribunales constitucionales no ha hecho sino avanzar en esta dirección' de la superación de la idea de los mismos como legisladores negativos, 'certificando [así] la quiebra del modelo kelseniano del legislador negativo."

Certas modalidades atípicas de decisão no controle de constitucionalidade decorrem, portanto, de uma necessidade prática comum a qualquer jurisdição constitucional.

Assim, o recurso a técnicas inovadoras de controle da constitucionalidade das leis e dos atos normativos em geral tem sido cada vez mais comum na realidade do direito comparado, na qual os tribunais não estão mais afeitos às soluções ortodoxas da declaração de nulidade total ou de mera decisão de improcedência da ação com a consequente declaração de constitucionalidade.

Além das muito conhecidas técnicas de interpretação conforme à Constituição, declaração de nulidade parcial sem redução de texto, ou da declaração de inconstitucionalidade sem a pronúncia da nulidade, aferição da "lei ainda constitucional" e do apelo ao legislador, são também muito utilizadas as técnicas de limitação ou restrição de efeitos da decisão, o que possibilita a declaração de inconstitucionalidade com efeitos *pro futuro* a partir da decisão ou de outro momento que venha a ser determinado pelo tribunal.

Nesse contexto, a jurisprudência do Supremo Tribunal Federal tem evoluído significativamente nos últimos anos, sobretudo a partir do advento da Lei n. 9.868/99, cujo art. 27 abre ao Tribunal uma nova via para a mitigação de efeitos da decisão de inconstitucionalidade. A prática tem demonstrado que essas novas técnicas de decisão têm guarida também no âmbito do controle difuso de constitucionalidade[33].

Uma breve análise retrospectiva da prática dos Tribunais Constitucionais e de nosso Supremo Tribunal Federal bem demonstra que a ampla utilização dessas decisões, comumente denominadas "atípicas", as converteram em modalidades "típicas" de decisão no controle de constitucionalidade, de forma que o debate atual não deve mais estar centrado na admissibilidade de tais decisões, mas nos limites que elas devem respeitar.

O Supremo Tribunal Federal, quase sempre imbuído do dogma kelseniano do legislador negativo, costuma adotar uma posição de *self-restraint* ao se deparar com situações em que a interpretação conforme possa descambar para uma decisão interpretativa corretiva da lei[34].

---

[32] CAMAZANO, Joaquín Brage. Interpretación constitucional, declaraciones de inconstitucionalidad y arsenal sentenciador (un sucinto inventario de algunas sentencias "atípicas") en Eduardo Ferrer Macgregor (ed.), La interpretación constitucional. México: Porrúa, 2005, en prensa.

[33] RE 197.917/SP, Rel. Min. Maurício Corrêa, *DJ* 7.5.2004.

[34] ADIn 2405-RS, Rel. Min. Carlos Britto, *DJ* 17.02.2006; ADIn 1344 -ES, Rel. Min. Moreira Alves, *DJ* 19.04.1996; RP 1417-DF, Rel. Min. Moreira Alves, *DJ* 15.04.1988.

Ao se analisar detidamente a jurisprudência do Tribunal, no entanto, é possível verificar que, em muitos casos, a Corte não se atenta para os limites, sempre imprecisos, entre a interpretação conforme delimitada negativamente pelos sentidos literais do texto e a decisão interpretativa modificativa desses sentidos originais postos pelo legislador[35].

No recente julgamento conjunto das ADIn 1.105 e 1.127, ambas de relatoria do Min. Marco Aurélio, o Tribunal, ao conferir interpretação conforme a Constituição a vários dispositivos do Estatuto da Advocacia (Lei n. 8.906/94), acabou adicionando-lhes novo conteúdo normativo, convolando a decisão em verdadeira interpretação corretiva da lei[36].

Em outros vários casos mais antigos[37], também é possível verificar que o Tribunal, a pretexto de dar interpretação conforme a Constituição a determinados dispositivos, acabou proferindo o que a doutrina constitucional, amparada na prática da Corte Constitucional italiana, tem denominado de *decisões manipulativas de efeitos aditivos*[38].

Tais sentenças de perfil aditivo foram proferidas por esta Corte nos recentes julgamentos dos MS ns. 26.602, Rel. Min Eros Grau, 26.603, Rel. Min. Celso de Mello e 26.604, Rel. Min. Cármen Lúcia, em que afirmamos o valor da fidelidade partidária; assim como no também recente julgamento a respeito do direito fundamental de greve dos servidores públicos (MI n. 708, de minha relatoria; MI ns. 607 e 712, Rel. Min. Eros Grau). Outra não foi a fórmula encontrada pelo Tribunal para solver a questão da inconstitucionalidade da denominada cláusula de barreira instituída pelo art. 13 da Lei n. 9.096, no julgamento das ADI ns. 1.351 e 1.354, Rel. Min. Marco Aurélio.

Sobre a evolução da Jurisdição Constitucional brasileira em tema de decisões manipulativas, o constitucionalista português Blanco de Morais fez a seguinte análise:

> "(...) o fato é que a Justiça Constitucional brasileira deu, onze anos volvidos sobre a aprovação da Constituição de 1988, um importante passo no plano da suavização do regime típico da nulidade com efeitos absolutos, através do alargamento dos efeitos manipulativos das decisões de inconstitucionalidade.
>
> Sensivelmente, desde 2004 parecem também ter começado a emergir com maior pragnância decisões jurisdicionais com efeitos aditivos.
>
> Tal parece ter sido o caso de uma acção directa de inconstitucionalidade, a ADIn 3105, a qual se afigura como uma sentença demolitória com efeitos aditivos. Esta eliminou, com fundamento na violação do princípio da igualdade, uma norma restritiva que, de acordo com o entendimento do Relator, reduziria arbitrariamente para algumas pessoas pertencentes à classe dos servidores públicos, o alcance de um regime de imunidade tributária que a todos aproveitaria. Dessa eliminação resultou automaticamente a aplicação, aos referidos trabalhadores inactivos, de um regime de imunidade contributiva que abrangia as demais categorias de servidores públicos."

Em futuro próximo, o Tribunal voltará a se deparar com o problema no julgamento da ADPF n. 54, Rel. Min. Marco Aurélio, que discute a constitucionalidade da criminalização dos

---

[35] ADI 3324, ADI 3046, ADI 2652, ADI 1946, ADI 2209, ADI 2596, ADI 2332, ADI 2084, ADI 1797, ADI 2087, ADI 1668, ADI 1344, ADI 2405, ADI 1105, ADI 1127.

[36] ADIn 1105-DF e ADIn 1127 -DF, rel. orig. Min. Marco Aurélio, rel. p/ o acórdão Min. Ricardo Lewandowski.

[37] ADI 3324, ADI 3046, ADI 2652, ADI 1946, ADI 2209, ADI 2596, ADI 2332, ADI 2084, ADI 1797, ADI 2087, ADI 1668, ADI 1344, ADI 2405, ADI 1105, ADI 1127.

[38] Sobre a difusa terminologia utilizada, vide: MORAIS, Carlos Blanco de. *Justiça Constitucional. Tomo II. O contencioso constitucional português entre o modelo misto e a tentação do sistema de reenvio.* Coimbra: Coimbra Editora, 2005, p. 238 e ss. MARTÍN DE LA VEGA, Augusto. *La sentencia constitucional en Italia.* Madrid: Centro de Estudios Políticos y Constitucionales, 2003. DÍAZ REVORIO, Francisco Javier. *Las sentencias interpretativas del Tribunal Constitucional.* Valladolid: Lex Nova, 2001. LÓPEZ BOFILL, Héctor. *Decisiones interpretativas en el control de constitucionalidad de la ley.* Valencia: Tirant lo Blanch, 2004.

abortos de fetos anencéfalos. Caso o Tribunal decida pela procedência da ação, dando interpretação conforme aos arts. 124 a 128 do Código Penal, invariavelmente proferirá uma típica decisão manipulativa com eficácia aditiva.

Ao rejeitar a questão de ordem levantada pelo Procurador-Geral da República, o Tribunal admitiu a possibilidade de, ao julgar o mérito da ADPF n. 54, atuar como verdadeiro legislador positivo, acrescentando mais uma excludente de punibilidade – no caso do feto padecer de anencefalia – ao crime de aborto.

Portanto, é possível antever que o Supremo Tribunal Federal acabe por se livrar do vetusto dogma do legislador negativo e se alie à mais progressiva linha jurisprudencial das decisões interpretativas com eficácia aditiva, já adotadas pelas principais Cortes Constitucionais europeias. A assunção de uma atuação criativa pelo Tribunal poderá ser determinante para a solução de antigos problemas relacionados à inconstitucionalidade por omissão, que muitas vezes causa entraves para a efetivação de direitos e garantias fundamentais assegurados pelo texto constitucional.

O presente caso oferece uma oportunidade para que o Tribunal avance nesse sentido. O vazio jurídico a ser produzido por uma decisão simples de declaração de inconstitucionalidade/nulidade dos dispositivos normativos impugnados torna necessária uma solução diferenciada, uma decisão que exerça uma "função reparadora" ou, como esclarece Blanco de Morais, "de restauração corretiva da ordem jurídica afetada pela decisão de inconstitucionalidade"[39].

Seguindo a linha de raciocínio até aqui delineada, deve-se conferir ao art. 5º uma interpretação em conformidade com o *princípio responsabilidade*, tendo como parâmetro de aferição o princípio da proporcionalidade como proibição de proteção deficiente (*Untermassverbot*).

Conforme analisado, a lei viola o princípio da proporcionalidade como proibição de proteção insuficiente (*Untermassverbot*) ao deixar de instituir um órgão central para análise, aprovação e autorização das pesquisas e terapia com células-tronco originadas do embrião humano.

O art. 5º da Lei n. 11.105/2005 deve ser interpretado no sentido de que a permissão da pesquisa e terapia com células-tronco embrionárias, obtidas de embriões humanos produzidos por fertilização *in vitro*, deve ser condicionada à prévia aprovação e autorização por Comitê (Órgão) Central de Ética e Pesquisa, vinculado ao Ministério da Saúde.

Entendo, portanto, que essa interpretação com conteúdo aditivo pode atender ao princípio da proporcionalidade e, dessa forma, ao princípio responsabilidade.

Assim, **julgo improcedente a ação, para declarar a constitucionalidade do art. 5º, seus incisos e parágrafos, da Lei n. 11.105/2005, desde que seja interpretado no sentido de que a permissão da pesquisa e terapia com células-tronco embrionárias, obtidas de embriões humanos produzidos por fertilização *in vitro*, deve ser condicionada à prévia autorização e aprovação por Comitê (Órgão) Central de Ética e Pesquisa, vinculado ao Ministério da Saúde.**

---

[39] Segundo Blanco de Morais, "às clássicas funções de valoração (declaração do valor negativo do acto inconstitucional), pacificação (força de caso julgado da decisão de inconstitucionalidade) e ordenação (força *erga omnes* da decisão de inconstitucionalidade) juntar-se-ia, também, a *função de reparação*, ou de restauração corretiva da ordem jurídica afectada pela decisão de inconstitucionalidade". MORAIS, Carlos Blanco de. *Justiça Constitucional. Tomo II. O contencioso constitucional português entre o modelo misto e a tentação do sistema de reenvio.* Coimbra: Coimbra Editora, 2005, p. 262-263.

7. Direito à educação

RE 597.854[1]

Constitucional e Administrativo – Educação – Universidade pública de Ensino Superior – Cursos de pós-graduação *lato sensu* – Mensalidade – Cobrança – Ofensa ao princípio da gratuidade do ensino em estabelecimentos oficiais – Existência de Repercussão Geral.

Trata-se de recurso extraordinário interposto em face de acórdão, proferido pelo Tribunal Regional Federal da 1ª Região, que tem o seguinte teor (eDOC 1, p. 165):

> "ADMINISTRATIVO. MANDADO DE SEGURANÇA. ENSINO SUPERIOR. CURSO DE PÓS-GRADUAÇÃO *LATO SENSU*. INSTITUIÇÃO PÚBLICA. COBRANÇA DE MENSALIDADE. AFRONTA AO ART. 206, IV, DA CONSTITUIÇÃO FEDERAL. I – Afigura-se ilegítima a cobrança de mensalidade, por instituição de ensino pública, em curso de pós-graduação *lato sensu*, tendo em vista a garantia constitucional de gratuidade de ensino público (art. 206, IV, da CF). Precedentes do TRF/1ª Região. II – Apelação provida. Sentença reformada".

No recurso extraordinário, interposto com base no art. 102, III, "a", do permissivo constitucional, alega-se violação dos arts. 205, 206, I, 208, VII e 212, § 3º, da Constituição Federal. Defendendo que os dispositivos apontados devem ser sistematicamente interpretados, a recorrente sustenta que "a Constituição prescreve o princípio da gratuidade do ensino em instituições oficiais públicas, sem, entretanto, exonerar a sociedade do dever de colaborar com o ensino de modo genérico – art. 205 – demonstrando claramente, nos demais dispositivos acerca da matéria, a preocupação com a efetivação do ensino fundamental e, progressivamente, a extensão ao ensino médio". Por essa razão, em seu entender, a gratuidade da atividade-fim não afastaria a colaboração da sociedade para sua concretização.

Aduz, ainda, que a gratuidade prevista no art. 206, IV, da CRFB refere-se ao ensino básico obrigatório, cuja finalidade seria distinta daquela dos cursos de pós-graduação *lato sensu*. Afirma que tais cursos têm por objetivo a "capacitação profissional" e que, ao contrário dos cursos de pós-graduação *stricto sensu*, não contam com recursos financeiros do Poder Público. Como as universidades os ofertam "na medida do possível", "caso não haja cobrança de mensalidade para fazer face aos custos do curso, a sua inviabilidade é concreta, culminando com a sua desativação" (eDOC 1, p. 218).

Por meio do sopesamento entre a necessidade de participação financeira dos eventuais interessados e, bem assim, pela consecução dos potenciais benefícios a ser obtidos pelos participantes, afigurar-se-ia, de acordo com a recorrente, ser razoável a cobrança de mensalidade. Tal interpretação seria corroborada, ainda nos termos das razões jurídicas do extraordinário, pelo critério

---

[1] O Tribunal, por maioria e nos termos do voto do Relator, apreciando o tema 535 da repercussão geral, deu provimento ao recurso para denegar a segurança pleiteada, e fixou a seguinte tese: "A garantia constitucional da gratuidade de ensino não obsta a cobrança por universidades públicas de mensalidade em cursos de especialização" (*DJ* de 21.9.2017).

Direito à educação **805**

progressivo estabelecido nos arts. 208, II, 212, § 3º, e 213, § 2º, da CRFB, pois a liquidez do direito à gratuidade estender-se-ia apenas ao ensino fundamental. Requer o provimento do recurso, para reformar o acórdão recorrido.

O Plenário Virtual deste Supremo Tribunal Federal reconheceu que "a questão constitucional apresenta relevância do ponto de vista jurídico, pois o seu julgamento definirá, com base na interpretação dos dispositivos constitucionais supracitados, se as universidades públicas podem efetuar cobrança de mensalidade pelo oferecimento de cursos de pós-graduação *lato sensu*". O acórdão foi assim ementado (eDOC 2):

Ementa: CONSTITUCIONAL. EDUCAÇÃO. UNIVERSIDADE PÚBLICA DE ENSINO SUPE-RIOR. CURSOS DE PÓS-GRADUAÇÃO LATO SENSU. MENSALIDADE. COBRANÇA. EXISTÊNCIA DE REPERCUSSÃO GERAL.

A União requereu o ingresso nesta ação na qualidade de *amicus curiae*, pedido que fora deferido pelo então Relator Ministro Ricardo Lewandowski. Em sua manifestação, a União sustentou que é possível a cobrança de mensalidade, porquanto os cursos de pós-graduação *lato sensu* não são cursos regulares e se afastam das finalidades precípuas das instituições públicas de ensino superior. O Ministério Público Federal manifestou-se pelo desprovimento do recurso, em parecer assim ementado (eDOC 6):

"RECURSO EXTRAORDINÁRIO REPRESENTATIVO DE CONTROVÉRSIA. TEMA 535. INSTITUIÇÃO PÚBLICA DE ENSINO SUPERIOR. COBRANÇA DE MENSALIDADE. CURSO DE PÓS-GRADUAÇÃO *LATO SENSU*. IMPOSSIBILIDADE. OFENSA AO ART. 206, IV, DA CONSTITUIÇÃO DA REPÚBLICA. Parecer pelo não provimento do recurso extraordinário".

A decisão recebeu a seguinte ementa:

EMENTA: CONSTITUCIONAL E ADMINISTRATIVO. RECURSO EXTRAORDINÁRIO COM REPERCUSSÃO GERAL. COBRANÇA DE MENSALIDADE EM CURSO DE PÓS--GRADUAÇÃO LATO SENSU POR INSTITUIÇÃO PÚBLICA DE ENSINO. CURSO DE ES-PECIALIZAÇÃO. POSSIBILIDADE. OFENSA AO PRINCÍPIO DA GRATUIDADE DO ENSI-NO EM ESTABELECIMENTOS OFICIAIS. INOCORRÊNCIA. 1. A garantia constitucional da gratuidade de ensino não obsta a cobrança, por universidades públicas, de mensalidade em curso de especialização. 2. Recurso extraordinário a que se dá provimento.

VOTO

No caso dos autos, a recorrente, Universidade Federal de Goiás, questiona acórdão do Tribunal Regional Federal da 1ª Região que considerou inconstitucional a cobrança de mensalidade para frequência em curso de especialização em Direito Constitucional. Ou seja, a questão constitucional debatida na presente ação cinge-se a saber se a Constituição Federal, em seu artigo 206, inciso IV, proíbe a cobrança de mensalidade em cursos de pós-graduação *lato sensu* por universidades públicas.

Todos sabemos que o direito à educação tem assumido importância predominante para a concretização dos valores tutelados pela Constituição e, principalmente, para a construção de patamar mínimo de dignidade para os cidadãos.

No Brasil, em razão do histórico descaso do Estado no que diz respeito ao oferecimento de uma rede educacional extensa e de qualidade, ocorreu a marginalização de amplos setores da sociedade, prejudicando, inclusive, a concretização de outros direitos fundamentais. Não por acaso, o próprio texto constitucional, em seu art. 205, preceitua que a educação deve ser promovida *"visando ao pleno desenvolvimento da pessoa, seu preparo para o exercício da cidadania e sua qualificação para o trabalho"*.

Além da previsão geral dos arts. 6º e 205 da Constituição Federal, a qual consagra o direito à educação como direito de todos e dever do Estado, o texto constitucional detalha seu âmbito de proteção nos arts. 205 a 214. Nesse sentido, estabelece uma série de princípios norteadores da atividade do Estado com vistas a efetivar esse direito, tais como igualdade de condições pedagógicas, autonomia universitária, gratuidade do ensino público em estabelecimentos oficiais, gestão democrática do ensino público e garantia de padrão de qualidade de piso salarial profissional nacional para os professores da educação pública, nos termos de lei federal (CF, art. 206). Dispõe, ainda, que a União, estados, Distrito Federal e municípios deverão organizar seus sistemas de ensino em regime de colaboração.

A Constituição também estabelece como os entes federados preferencialmente atuarão na área de educação. Aos municípios cabe atuar prioritariamente no ensino fundamental e na educação infantil (art. 211, § 2º). Aos estados e ao Distrito Federal, nos ensinos fundamental e médio (art. 211, § 3º). Compete à União organizar o sistema federal de ensino e o dos Territórios, financiar as instituições de ensino públicas federais e exercer, em matéria educacional, função redistributiva e supletiva, de forma a garantir equalização de oportunidades educacionais e padrão mínimo de qualidade do ensino mediante assistência técnica e financeira aos estados, ao Distrito Federal e aos municípios (art. 211, § 1º).

No tocante ao financiamento, o art. 212 da Constituição estabelece que a União aplicará, na manutenção e desenvolvimento do ensino, anualmente, não menos de 18%; os estados, o Distrito Federal e os municípios, não menos de 25% de suas receitas resultantes de impostos. O § 3º do mesmo artigo define que a distribuição dos recursos públicos terá como prioridade o atendimento das necessidades do ensino obrigatório e o § 5º, com redação dada pela Emenda Constitucional 53, de 2006, indica que a educação básica pública terá como fonte adicional a contribuição do salário-educação. A origem e a destinação de verbas para a efetivação do direito social à educação estão definidas, com isso, em âmbito constitucional.

O direito à educação recebe especial proteção não só no direito interno, mas também no direito internacional. A Declaração Universal dos Direitos Humanos, de 1948, em seu artigo 26, estabelece que todas as pessoas têm direito à instrução, devendo ser gratuita pelo menos nos graus elementar e fundamental. Dispõe, ainda, ser a instrução elementar obrigatória, a instrução técnica profissionalizante acessível a todos e a instrução superior baseada no mérito.

Da mesma forma, o Pacto de Direitos Econômicos, Sociais e Culturais, de 1966, em seus artigos 13 e 14, reforça o compromisso dos Estados na efetivação de uma educação primária obrigatória e acessível gratuitamente a todos. Já em relação à educação secundária e à educação de nível superior, propõe a "*implementação progressiva do ensino gratuito*".

Esse espírito está presente na Constituição de 1988, que reconhece o ensino fundamental, obrigatório e gratuito, como direito público subjetivo (art. 208, I e § 1º), a progressiva universalização do ensino médio (art. 208, II) e o acesso ao ensino superior com base no mérito (art. 208, V).

A ideia de privilegiar o acesso à educação fundamental e, progressivamente, universalizar o acesso aos demais níveis de ensino é reforçada pelo comando do art. 212, § 3º, que privilegia a distribuição de recursos para o ensino obrigatório:

> "A distribuição dos recursos públicos assegurará prioridade ao atendimento das necessidades do ensino obrigatório, no que se refere à universalização, garantia de padrão de qualidade e equidade, nos termos do plano nacional de educação".

Esta Corte já teve oportunidade de interpretar o art. 206, inciso IV, da Constituição Federal, ao julgar o RE 500.171, de relatoria do Ministro Ricardo Lewandowski, quando ficou consignada a inconstitucionalidade da cobrança de taxa de matrícula para acesso a curso de ensino superior em estabelecimentos oficiais de ensino. Esse precedente, inclusive, originou a Súmula Vinculante 12:

"A cobrança de taxa de matrícula nas universidades públicas viola o disposto no art. 206, IV, da Constituição Federal".

Na ocasião do julgamento do RE 500.171, acompanhei a minoria e anotei minha preocupação com o tema da gratuidade do ensino público no Brasil, que há tempo vem enfrentando dificuldades financeiras para sua manutenção, especialmente com qualidade. Entendia, tal como a minoria formada, que há espaço constitucional para compatibilizar a ideia de gratuidade do ensino público com mecanismos que permitam às instituições universitárias públicas subsidiar parte de suas despesas, especialmente em favor dos estudantes mais carentes. Por oportuno, transcrevo parte do meu voto:

"Confesso, inicialmente, ter ficado em grande dificuldade diante do texto Constitucional, tal como posto no voto do eminente Ministro Lewandowski e também enfatizados nos votos dos Ministros Carlos Alberto Direito e Carlos Britto matéria que foi objeto de polêmica já no próprio processo. Todavia, os Ministros Cármen Lúcia, Eros Grau e, agora, o Ministro Celso de Mello trouxeram importantes considerações para demonstrar que a exigência da gratuidade do ensino não se mostra incompatível com a cobrança, ou a imposição de determinadas exações – o nome aqui pouco importa – que subsidiem a universidade na ampliação, inclusive na universalização, tanto quanto possível, na generalização do ensino superior, conhecedores eles que são das dificuldades por que passam essas instituições diante a insuficiência de recursos.

Se tivéssemos que julgar o caso isoladamente, não estivéssemos aqui neste contexto já de um recurso extraordinário objetivado, talvez fizesse outras considerações para desprover o recurso, considerando aspectos ligados ao princípio da legalidade, a dificuldades outras quanto à implementação do modelo de cobrança de exação – o Ministro Ricardo Lewandowski demonstrou isso muito bem em seu voto, a dificuldade mesma de tipificar essas ações. Qual seria a natureza jurídica, como ela seria imposta, qual seria a disciplina? Isso cria um estado de perplexidade. Mas como nós, na verdade, já estamos a discutir o tema em tese, deixo de fazer esse tipo de consideração para entender também, com a minoria já formada, que há, sim, espaço constitucional para compatibilizar a ideia de gratuidade do ensino público com essas imposições que permitem às instituições universitárias subsidiar os mais carentes. Podíamos até eventualmente, se essa posição pudesse ou viesse a tornar-se majoritária, indicar as destinações eventuais desses recursos. Sabemos das dificuldades por que passam as instituições de ensino, por razões várias. O Ministro Cezar Peluso feriu esse tópico dizendo inclusive que não há segurança quanto a essa afirmação, por conta do sucesso arrecadatório existente atualmente. Mas o fato é que, no que concerne à distribuição dos recursos orçamentários, as universidades são extremamente carentes. E se nós que militamos na universidade pública levarmos em conta as condições hoje existentes, sabemos que a universidade pública é altamente excludente. Para tomar como exemplo, a minha faculdade de Direito da Universidade de Brasília recebe 50 alunos por semestre do curso de Direito; não mais do que 100 alunos por ano, portanto. Se considerarmos as vagas desse sistema seriado e as vagas do sistema vestibular, talvez no concurso universal vestibular haja um número de 30 ou 40 vagas – talvez não cheguemos a isso. Portanto, trata-se de um modelo altamente restritivo e excludente, que demanda, na verdade, uma rediscussão. É um pouco o que as universidades vêm tentando fazer com a busca de recursos. A própria universidade busca recursos através dos órgãos de pesquisas, cooperação, convênios e tudo o mais.

Parece-me que teremos que realmente discutir o ensino gratuito porque ele se torna fortemente excludente. Fundamentalmente é uma ironia do nosso modelo. Somente aqueles que eventualmente passaram por todas as escolas privadas é que lograrão, depois, acesso via vestibular e poderão, então, chegar à escola pública, essas dotadas de conceito de excelência.

De modo que estou colocando isso – sei que é posição vencida na assentada – apenas para que nós estabeleçamos esse diálogo importante para nossa reflexão, tendo em vista os múltiplos passos que temos que dar na construção do constitucionalismo brasileiro. É importante, sem dúvida. E se estivéssemos a discutir aqui não na posição minoritária, mas na majoritária, teríamos que estabelecer lindes, limites. Certamente, permitir-se o estabelecimento de uma exação não significaria necessariamente permitir-se transformar a taxa de matrícula em mensalidade.

Sabemos das tensões hoje existentes nas universidades europeias, algumas delas inclusive submetidas a esse regime da gratuidade, e Portugal, com uma regra específica. Lembro-me de que há algum tempo visitava a Universidade de Coimbra e lá não pude realizar a palestra programada, uma vez que os estudantes haviam cerrado o portão da escola, estavam a fazer a chamada "greve das propinas" – assim chamada a contribuição que se cobra dos estudantes em Portugal. O texto em Portugal fala num alargamento progressivo de gratuidade de todos os graus de ensino. Canotilho, então, esgrime, aqui, com a maestria de sempre, a necessidade de uma concordância prática. Sabemos que essa tensão também existe em outras nações europeias.

É fundamental, então, que nós pensemos um pouco sobre esse assunto. Também confesso inicialmente a minha dificuldade de vencer essa expressão constante do artigo 206, IV. Mas subsidiado, estimulado com os argumentos aqui trazidos nos votos da Ministra Cármen Lúcia e dos Ministros Eros Grau e Celso de Mello, eu me animei a participar desse debate, colocando, porém, esta ressalva: fôssemos nós não vencidos, mas vencedores, certamente essa nossa sentença talvez merecesse algo de aditivo, porque há outros limites que precisariam ser observados. Mas eu também gostaria de participar do reconhecimento do belíssimo voto aqui proferido pelo Ministro Ricardo Lewandowski, que visitou toda a jurisprudência e a doutrina relevante sobre o tema de forma articulada e coordenada".

Ainda entendo possível compatibilizar a cobrança de taxa de matrícula, desde que em valor razoável, com a gratuidade do ensino superior ofertado em instituições oficiais. As dificuldades econômicas por que passam nossas universidades públicas justificam a busca de mecanismos alternativos de financiamento. A prestação de serviços de cursos de especialização parece ser um deles.

Nesse caso, já tive a oportunidade de manifestar-me quanto à possibilidade de cobrança de mensalidade nos cursos de pós-graduação *lato sensu* quando do exame da medida cautelar na Reclamação 8.295:

"(...) À primeira vista, afigura-se plausível a pretensão do reclamante no sentido de que a decisão impugnada teria aplicado indevidamente o enunciado da Súmula Vinculante n. 12:

'A cobrança de taxa de matrícula nas universidades públicas viola o disposto no art. 206, IV, da Constituição Federal.'

Isso porque, da análise dos autos, pode-se constatar que a reclamante, Universidade Federal do Rio Grande do Sul, está cobrando taxas de matrícula e mensalidades para os cursos de pós-graduação *lato sensu*, nos termos da Decisão n. 78/2003 do Conselho Universitário (fl. 19), e não para a matrícula em seus cursos de graduação.

O exame dos precedentes desta Suprema Corte que motivaram a aprovação da Súmula Vinculante n. 12 não tratam de qualquer curso realizado pelas universidades públicas, mas apenas dos cursos de ensino superior.

O Recurso Extraordinário n. 500.171/GO, de relatoria do Ministro Ricardo Lewandowski, cujo julgamento deu origem à Súmula Vinculante n. 12, restou assim ementado:

'EMENTA: ADMINISTRATIVO. ENSINO SUPERIOR. ESTABELECIMENTO OFICIAL. COBRANÇA DE TAXA DE MATRÍCULA. INADMISSIBILIDADE. EXAÇÃO JULGADA INCONSTITUCIONAL.

I – A cobrança de matrícula como requisito para que o estudante possa cursar universidade federal viola o art. 206, IV, da Constituição.

II – Embora configure ato burocrático, a matrícula constitui formalidade essencial para que o aluno tenha acesso à educação superior.

III – As disposições normativas que integram a Seção I, do Capítulo III, do Título VIII, da Carta Magna devem ser interpretadas à luz dos princípios explicitados no art. 205, que configuram o núcleo axiológico que norteia o sistema de ensino brasileiro.'

Nesse sentido, inclusive, entendeu a Ministra Ellen Gracie, ao deferir a medida liminar requerida nos autos da Reclamação n. 7831/PA:

'(...) Vislumbro, neste juízo prévio, o confronto entre o ato emanado do juízo reclamado e o que expressamente dispõe a Súmula Vinculante n. 12, *verbis*: 'A cobrança de **taxa de matrícula** nas universidades públicas viola o disposto no art. 206, IV, da Constituição Federal'. (DOU 22.5.2008, negritei) É que, ao julgar o RE 500.171/GO, rel. Min. Ricardo Lewandowski, DJE 23.10.2008, que originou a referida súmula, o Plenário desta Suprema Corte estabeleceu que a cobrança de matrícula para cursar a universidade é que ofende o art. 206, IV, da Constituição Federal, e não a taxa cobrada para inscrição em processo de seleção.' (Rcl 7831MC/PA, relatora Ministra Ellen Gracie, DJe 15.4.2009)

Ressalte-se que, por ocasião do julgamento do RE 500.171 pelo Plenário desta Corte, os Ministros Cármen Lúcia, Eros Grau e Celso de Mello trouxeram importantes considerações para demonstrar que a exigência da gratuidade do ensino não se mostra incompatível com a cobrança de determinadas exações que subsidiem as universidades públicas, conhecedores eles que são das dificuldades por que passam essas instituições em razão da insuficiência de recursos. Filiando-me ao entendimento dessa minoria, também eu considerei haver espaço constitucional para compatibilizar a ideia de gratuidade do ensino público com essas imposições que permitem às instituições universitárias subsidiar os mais carentes.

Quanto ao perigo na demora, verifico que o segundo semestre letivo está para se iniciar e que a manutenção da decisão impugnada inviabilizará a realização de 80 cursos de pós-graduação *lato sensu*, segundo informações da Universidade (fl. 300).

Ante o exposto, defiro a medida liminar para suspender a decisão proferida pela 4ª Turma do Tribunal Regional Federal da 4ª Região, nos autos da Apelação Cível n. 2003.71.00.077369-9/RS, até o julgamento final desta reclamação".

No mesmo sentido, a Ministra Ellen Gracie, ao deferir o pedido de medida cautelar na Rcl 7.831, consignou que o entendimento que deu origem à Súmula Vinculante 12 não abarcaria a taxa cobrada para inscrição no processo de seleção (Rcl-MC 7831, relatora Min. Ellen Gracie, *DJe* 6.4.2009).

Não se desconhecem, é verdade, os precedentes contrários da Primeira Turma, de relatoria do Ministro Marco Aurélio, que entenderam que o raciocínio da Súmula Vinculante 12 também se aplicaria para proibir a cobrança de taxa para participar do vestibular (AI-AgR 748944, *DJe* 25.8.2014), de taxa de expedição de diploma (RE 597872-AgR, *DJe* 3.6.2014) e de anuidade relativa à alimentação em curso profissionalizante.

Entendo, todavia, que há espaço para cobrança de valores para acesso a determinados serviços prestados por instituições oficiais de ensino, e a frequência em curso de especialização parece ser um deles.

Interessante registrar experiências bem-sucedidas de outros países que, ao possibilitarem o financiamento da educação pública também por meio de recursos da sociedade, alcançaram melhorias em seu acesso e qualidade. É o caso, por exemplo, do Chile, onde 65% do financiamento da Universidade provêm da venda de serviços prestados por seus professores ou de projetos de desenvolvimento e pesquisa encomendados pelo Estado ou por empresas privadas e 25% decorrem das taxas que os estudantes pagam. A ajuda estatal cobre apenas 14% do orçamento da instituição. Já os estudantes carentes, que não têm condições de pagar as taxas – e correspondem a 30% dos estudantes –, recebem bolsas integrais do governo. Os 70% restantes têm acesso a créditos estudantis de baixo custo, que devem reembolsar após se formarem. (Conforme Andrés Oppenheimer. *Basta de histórias! A obsessão latino-americana com o passado e as 12 chaves do futuro*. Rio de Janeiro: Objetiva, 2011, p. 196 e 197).

A Constituição parece dedicar-se, no ensino superior, aos cursos de graduação. Os cursos de especialização estariam além desse mínimo necessário que a Constituição visa a proteger. A pós-graduação *lato sensu* é algo que, tanto quanto possível, deve ser oferecido, mas justamente pelas suas peculiaridades, admite, sim, a cobrança de taxas ou mensalidades.

Em outras palavras, não há nada que obrigue a União ou suas instituições de ensino superior a oferecerem cursos de pós-graduação, mormente na modalidade *lato sensu*. Logo, se optam por oferecer, se optam por ir além do que a Constituição lhes impõe, é natural que recorram ao implemento de mecanismos especiais de financiamento, tal como a cobrança de mensalidade.

Nesse sentido, o Conselho Nacional de Educação elaborou o Parecer 364/2002/CNE/CES sobre a cobrança de cursos de pós-graduação *lato sensu* por instituições oficiais de ensino, em razão dos questionamentos do Ministério Público Federal quanto a sua legalidade:

"Os cursos de pós-graduação *lato sensu*, assim denominados em decorrência dos atributos que os diferenciam do que é, por essência e natureza, *stricto*, na dimensão dos conhecimentos e saberes desenvolvidos nos graus posteriores à graduação, são, em maioria, eventuais e caracterizam-se como especialização ou aperfeiçoamento 'têm objetivo técnico-profissional, sem abranger o campo total do saber em que se insere a especialidade', como assinala a Informação já citada, da Coordenação Geral de Legislação e Normas do Ensino Superior, da SESu.

Estes cursos concedem certificados, mas não conferem graus acadêmicos. Nesta distinção formal entre instrumentos que capacitam legalmente (diplomas e graus decorrentes) e os que concedem certificados de aproveitamento particulariza-se a destinação da qualificação que se lhes assegura. Os primeiros decorrem do direito que a Constituição reconhece aos cidadãos da gratuidade do ensino; os segundos, proveem necessidades individuais, não caracterizam qualquer processo contínuo ou regular de preparação formal, tampouco constituem requisitos obrigatórios e academicamente complementares à graduação.

(...)

As outras espécies, não regulares, fazem parte de sua obrigação com a comunidade, por um lado, no caso da extensão, e de demandas especializadas e específicas de aperfeiçoamento profissional, por outro. Estão obrigadas as IFES e as entidades públicas de outros níveis de ensino, portanto, a oferecer gratuitamente, em obediência aos ditames constitucionais, seus cursos regulares, nos quais se auferem diplomas. E no que tange aos outros cursos, outros gêneros não regulares de educação superior, não somente podem as instituições cobrar por sua oferta quanto, mais ainda, decididamente, deveriam cobrar por ela, visto que não se espera que as universidades públicas destinem recursos públicos para tarefas que não façam parte de sua missão constitucional, para a qual, e somente para esta, está preceituada a gratuidade. **Não devem, portanto, as casas públicas de ensino superior destinar suas dotações para oferta gratuita de especializações e aperfeiçoamentos. Ressalte-se, adicionando-se argumento material à lógica do raciocínio, que inexistem, nos orçamentos das universidades públicas, dotações para os cursos de especialização, também não havendo para eles a hipótese de financiamento pelas Agências de Fomento, fazendo impossível, de novo, agora por razões materiais, que se os ofereça gratuitamente.**

Estas, dentre outras, as razões que determinam a inconveniência da gratuidade desta modalidade de formação, cabendo, ao contrário, às instituições públicas, as federais entre elas, a cobrança pelos serviços prestados.

A permanência da gratuidade importaria em ônus injustificável aos cofres públicos, caracterizando impertinente uso de recursos que, a rigor, teriam como prioridade a sua destinação para as funções essenciais da universidade, precisamente aquelas que se enquadram nos limites do preceito constitucional da gratuidade. Ignorar esta circunstância e as prioridades sociais a serem contempladas implicaria a transferência de recursos exíguos e, em certo sentido, inelásticos para a sustentação de atividades assessórias, em prejuízo das suas funções mais relevantes, ao contrário do que inspirou a nossa Constituição". (grifei)

Portanto, considerando as peculiaridades dos cursos de pós-graduação *lato sensu*, que não conferem grau e variam de acordo com as demandas do próprio mercado, entendo ser razoável e proporcional que as instituições oficiais de ensino privilegiem os cursos de graduação, quando da execução de seus orçamentos, conforme entendimento do Conselho Nacional de Educação.

A exigência de que também cursos extracurriculares sejam gratuitos, ao invés de contribuir para a sua realização, pode resultar em sua não efetivação, frustrando a capacidade de que dispõem as universidades públicas de colaborarem, de forma diversificada, com a comunidade em que estão inseridas na promoção de cursos de interesse geral mediante módicas contribuições. Na melhor das hipóteses, a realização de tais cursos, de forma gratuita, ocorrerá em prejuízo ao desenvolvimento de outras áreas de ensino superior que, nos termos da Constituição, devem ser privilegiadas.

E vou além. Entendo possível, inclusive, a cobrança pelos cursos de Mestrado e Doutorado ministrados em universidades públicas.

Ante o exposto, voto por dar provimento ao recurso extraordinário e propor a fixação da seguinte tese: "é constitucional a cobrança de mensalidades pelas universidades públicas nos cursos de pós-graduação *lato sensu*".

É como voto.

8. Direito à saúde

STAs 178 e 175[1]

Medicamento – Fornecimento – Judicialização do direito à saúde – Audiência Pública – Políticas existentes – Implementação deficitária.

Trata-se de agravo regimental interposto contra decisão proferida em pedido de suspensão de tutela antecipada (n. 175), formulado pela União, que trazia apenso o pedido de suspensão de tutela antecipada n. 178, formulado pelo Município de Fortaleza, contra acórdão proferido pela 1ª Turma do Tribunal Regional Federal da 5ª Região, nos autos da Apelação Cível n. 408729/CE (2006.81.00.003148-1), que deferiu a antecipação de tutela recursal para determinar à União, ao Estado do Ceará e ao Município de Fortaleza o fornecimento do medicamento denominado Zavesca (Miglustat), em favor de CLARICE ABREU DE CASTRO NEVES.

Na origem, o Ministério Público Federal ajuizou ação civil pública, com pedido de tutela antecipada, contra a União, o Estado do Ceará e o Município de Fortaleza, com o fim de obter o fornecimento do medicamento Zavesca (Miglustat) em favor de Clarice Abreu de Castro Neves, portadora da doença Niemann-Pick Tipo "C" (fl. 3).

O Juízo da 7ª Vara da Seção Judiciária do Estado do Ceará determinou a extinção do processo, sem resolução de mérito, nos termos do art. 267, VI, do CPC, por ilegitimidade ativa do Ministério Público, com base na maioridade da pessoa doente e no fato de que o Ministério Público Federal não poderia substituir a Defensoria Pública (fls. 90-95).

Interposto recurso de apelação pelo Ministério Público Federal (fls. 96-111), a 1ª Turma do TRF da 5ª Região, reconhecendo a legitimidade ativa do Ministério Público para a propositura da ação civil pública, deferiu antecipação de tutela para que a União, o Estado do Ceará e o Município de Fortaleza fornecessem o medicamento Zavesca (Miglustat) à jovem de 21 anos portadora da doença neurodegenerativa progressiva (Niemann-Pick Tipo "C").

Contra essa decisão, a União ajuizou pedido de suspensão, alegando, em síntese, a ilegitimidade ativa do *Parquet* Federal e a ilegitimidade passiva da União. Sustentou a ocorrência de grave lesão à ordem pública – uma vez que o medicamento requerido não foi aprovado pela Agência Nacional de Vigilância Sanitária e não consta da Portaria n. 1.318 do Ministério da Saúde – e de grave lesão à economia pública, em razão do alto custo do medicamento (R$ 52.000,00 por mês). Inferiu, ainda, a possibilidade de ocorrência do denominado "efeito multiplicador".

Na Suspensão de Tutela Antecipada n. 178, o Município de Fortaleza requereu a suspensão da decisão liminar com base, igualmente, em alegações de lesão à ordem pública, em virtude da ilegitimidade do Ministério Público para propositura de ação civil pública a fim de defender interesse individual de pessoa maior de 18 anos (fls. 2-9 da STA 178).

---

[1] Em 17.3.2010, o Tribunal, por unanimidade e nos termos do voto do Relator, Ministro Gilmar Mendes (Presidente), negou provimento ao recurso de agravo.

A Procuradoria-Geral da República, em parecer de fls. 135-149, manifestou-se pelo indeferimento do pedido de suspensão. Salientou a existência do *periculum in mora* inverso.

Determinei que o Ministério Público Federal informasse se a substituída Clarice Abreu de Castro Neves ainda realizava tratamento com o medicamento ZAVESCA (Miglustat), tendo em vista que a Agência Europeia de Medicamentos (EMEA) havia divulgado a retirada do pedido de indicação de uso do medicamento pelo Laboratório Actelion Registration.

A Procuradoria-Geral da República, às fls. 162-166, informou que a paciente ainda realiza tratamento com o medicamento ZAVESCA, conforme relatório médico do neurologista da Rede SARAH de Hospitais do Aparelho Locomotor, Doutor Dalton Portugal. Juntou, ainda, o comunicado da Agência de Medicina Europeia, de 18 de dezembro de 2008, que confirma a indicação do medicamento em questão para o tratamento da doença Niemann-Pick Tipo C.

Ao agravo foi negado provimento, em decisão assim ementada:

EMENTA: Suspensão de Segurança. Agravo Regimental. Saúde pública. Direitos fundamentais sociais. Art. 196 da Constituição. Audiência Pública. Sistema Único de Saúde – SUS. Políticas públicas. Judicialização do direito à saúde. Separação de poderes. Parâmetros para solução judicial dos casos concretos que envolvem direito à saúde. Responsabilidade solidária dos entes da Federação em matéria de saúde. Fornecimento de medicamento: Zavesca (miglustat). Fármaco registrado na ANVISA. Não comprovação de grave lesão à ordem, à economia, à saúde e à segurança públicas. Possibilidade de ocorrência de dano inverso. Agravo regimental a que se nega provimento.

VOTO

O SENHOR MINISTRO GILMAR MENDES (Presidente): Trata-se de agravo regimental contra decisão da Presidência do STF (fls. 169-184) por meio da qual indeferi o pedido de Suspensão de Tutela Antecipada n. 175, formulado pela União (que contém apensa a Suspensão de Tutela Antecipada n. 178, de idêntico conteúdo, formulada pelo Município de Fortaleza), contra acórdão proferido pela 1ª Turma do Tribunal Regional Federal da 5ª Região, nos autos da Apelação Cível n. 408729/CE (2006.81.00.003148-1).

O presente recurso é tempestivo, conforme se depreende das fls. 189-193.

A decisão agravada indeferiu o pedido de suspensão de tutela antecipada, por não haver constatado grave lesão à ordem, à economia e à saúde públicas.

Assim, saliento que, ao analisar o pedido de suspensão, entendi inexistirem os elementos fáticos e normativos que comprovassem grave lesão à ordem, à economia, à saúde e à segurança públicas.

Na ocasião, destaquei que, segundo consta dos autos, a decisão que a União buscava suspender determinou-lhe fornecer o medicamento ZAVESCA (princípio ativo miglustate) à paciente portadora da patologia denominada NIEMANN-PICK TIPO C, doença neurodegenerativa rara, comprovada clinicamente e por exame laboratorial, que causa uma série de distúrbios neuropsiquiátricos, tais como: "movimentos involuntários, ataxia da marcha e dos membros, disartria e limitações de progresso escolar e paralisias progressivas".

Consignei, ainda, que havia informação da existência de prova pré-constituída, consistente em: laudo médico do Hospital Sarah certificando a essencialidade do medicamento para o aumento de sobrevida e de qualidade de vida da paciente, na impossibilidade de a paciente custear o tratamento e na existência de registro do referido fármaco na ANVISA.

Por fim, constatei que existem casos na jurisprudência desta Corte que afirmam a responsabilidade solidária dos entes federados em matéria de saúde e de que não cabe discutir, no âmbito do pedido de suspensão, questões relacionadas ao mérito da demanda.

Irresignada, a União agravou da referida decisão, reforçando os argumentos antes apresentados no pedido de suspensão.

Diante da relevância da concretização do direito à saúde e da complexidade que envolve a discussão de fornecimento de tratamentos e medicamentos por parte do Poder Público, inclusive por determinação judicial, entendo necessário, inicialmente, retomar o tema sob uma perspectiva mais ampla, o que faço a partir de um juízo mínimo de delibação a respeito das questões jurídicas presentes na ação principal, conforme tem entendido a jurisprudência desta Corte, da qual se destacam os seguintes julgados: SS-AgR n. 846/DF, Rel. Sepúlveda Pertence, *DJ* 8.11.1996 e SS-AgR n. 1.272/RJ, Rel. Carlos Velloso, *DJ* 18.5.2001.

Passo então a analisar as questões complexas relacionadas à concretização do direito fundamental à saúde, levando em conta, para tanto, as **experiências e os dados colhidos na Audiência Pública – Saúde**, realizada neste Tribunal nos dias 27, 28 e 29 de abril e 4, 6 e 7 de maio de 2009.

A doutrina constitucional brasileira há muito se dedica à interpretação do art. 196 da Constituição. Teses, muitas vezes antagônicas, proliferaram-se em todas as instâncias do Poder Judiciário e na seara acadêmica. Tais teses buscam definir *se*, *como* e *em que medida* o direito constitucional à saúde se traduz em um direito subjetivo público a prestações positivas do Estado, passível de garantia pela via judicial.

As divergências doutrinárias quanto ao efetivo âmbito de proteção da norma constitucional do direito à saúde decorrem, especialmente, da natureza prestacional desse direito e da necessidade de compatibilização do que se convencionou denominar "mínimo existencial" e "reserva do possível" (*Vorbehalt des Möglichen*).

Como tenho analisado em estudos doutrinários, os direitos fundamentais não contêm apenas uma proibição de intervenção (*Eingriffsverbote*), expressando também um postulado de proteção (*Schutzgebote*). Haveria, assim, para utilizar uma expressão de Canaris, não apenas uma proibição de excesso (*Übermassverbot*), mas também uma proibição de proteção insuficiente (*Untermassverbot*) (Claus-Wilhelm Canaris, *Grundrechtswirkungen um Verhältnismässigkeitsprinzip in der richterlichen Anwendung und Fortbildung des Privatsrechts*, JuS, 1989, p. 161).

Nessa dimensão objetiva, também assume relevo a perspectiva dos direitos à organização e ao procedimento (*Recht auf Organization und auf Verfahren*), que são aqueles direitos fundamentais que dependem, na sua realização, de providências estatais com vistas à criação e à conformação de órgãos e procedimentos indispensáveis à sua efetivação.

Ressalto, nessa perspectiva, as contribuições de Stephen Holmes e Cass Sunstein para o reconhecimento de que todas as dimensões dos direitos fundamentais têm custos públicos, dando significativo relevo ao tema da "reserva do possível", especialmente ao evidenciar a "escassez dos recursos" e a necessidade de se fazerem escolhas alocativas, concluindo, a partir da perspectiva das finanças públicas, que "levar a sério os direitos significa levar a sério a escassez" (HOLMES, Stephen; SUNSTEIN, Cass. *The Cost of Rights: Why Liberty Depends on Taxes*. W. W. Norton & Company: Nova Iorque, 1999).

Embora os direitos sociais, assim como os direitos e liberdades individuais, impliquem tanto direitos a prestações em sentido estrito (positivos) quanto direitos de defesa (negativos), e ambas as dimensões demandem o emprego de recursos públicos para a sua garantia, é a dimensão prestacional (positiva) dos direitos sociais o principal argumento contrário à sua judicialização.

A dependência de recursos econômicos para a efetivação dos direitos de caráter social leva parte da doutrina a defender que as normas que consagram tais direitos assumem a feição de normas programáticas, dependentes, portanto, da formulação de políticas públicas para se tornarem exigíveis. Nesse sentido, também se defende que a intervenção do Poder Judiciário, ante a omissão estatal quanto à construção satisfatória dessas políticas, violaria o princípio da separação dos Poderes e o princípio da reserva do financeiramente possível.

Em relação aos direitos sociais, é preciso levar em consideração que a prestação devida pelo Estado varia de acordo com a necessidade específica de cada cidadão. Assim, enquanto o Estado tem que dispor de determinado valor para arcar com o aparato capaz de garantir a liberdade dos cidadãos universalmente, no caso de um direito social como a saúde, por outro lado, deve dispor de valores variáveis em função das necessidades individuais de cada cidadão. Gastar mais recursos com uns do que com outros envolve, portanto, a adoção de critérios distributivos para esses recursos.

Dessa forma, em razão da inexistência de suportes financeiros suficientes para a satisfação de todas as necessidades sociais, enfatiza-se que a formulação das políticas sociais e econômicas voltadas à implementação dos direitos sociais implicaria, invariavelmente, escolhas alocativas. Essas escolhas seguiriam critérios de justiça distributiva (o quanto disponibilizar e a quem atender), configurando-se como típicas opções políticas, as quais pressupõem "escolhas trágicas" pautadas por critérios de macrojustiça. É dizer, a escolha da destinação de recursos para uma política, e não para outra, leva em consideração fatores como o número de cidadãos atingidos pela política eleita, a efetividade e a eficácia do serviço a ser prestado, a maximização dos resultados etc.

Nessa linha de análise, argumenta-se que o Poder Judiciário, o qual estaria vocacionado a concretizar a justiça do caso concreto (microjustiça), muitas vezes não teria condições de, ao examinar determinada pretensão à prestação de um direito social, analisar as consequências globais da destinação de recursos públicos em benefício da parte, com invariável prejuízo para o todo (AMARAL, Gustavo. *Direito, escassez e escolha*. Rio de Janeiro: Renovar, 2001).

Por outro lado, defensores da atuação do Poder Judiciário na concretização dos direitos sociais, em especial do direito à saúde, argumentam que tais direitos são indispensáveis para a realização da dignidade da pessoa humana. Assim, ao menos o "mínimo existencial" de cada um dos direitos – exigência lógica do princípio da dignidade da pessoa humana – não poderia deixar de ser objeto de apreciação judicial.

O fato é que o denominado problema da "judicialização do direito à saúde" ganhou tamanha importância teórica e prática, que envolve não apenas os operadores do direito, mas também os gestores públicos, os profissionais da área de saúde e a sociedade civil como um todo. Se, por um lado, a atuação do Poder Judiciário é fundamental para o exercício efetivo da cidadania; por outro, as decisões judiciais têm significado um forte ponto de tensão entre os elaboradores e os executores das políticas públicas, que se veem compelidos a garantir prestações de direitos sociais das mais diversas, muitas vezes contrastantes com a política estabelecida pelos governos para a área de saúde e além das possibilidades orçamentárias.

Lembro, neste ponto, a sagaz assertiva do professor Canotilho segundo a qual "paira sobre a dogmática e teoria jurídica dos direitos econômicos, sociais e culturais a carga metodológica da vaguidez, indeterminação e impressionismo que a teoria da ciência vem apelidando, em termos caricaturais, sob a designação de 'fuzzismo' ou 'metodologia fuzzy'". "Em toda a sua radicalidade – enfatiza Canotilho – a censura de fuzzysmo lançada aos juristas significa basicamente que eles não sabem do que estão a falar quando abordam os complexos problemas dos direitos econômicos, sociais e culturais" (CANOTILHO, J. J. Gomes. Metodologia "fuzzy" e "camaleões normativos" na problemática actual dos direitos econômicos, sociais e culturais. *In: Estudos sobre direitos fundamentais*. Coimbra: Coimbra Editora, 2004, p. 100).

Nesse aspecto, não surpreende o fato de que a problemática dos direitos sociais tenha sido deslocada, em grande parte, para as teorias da justiça, as teorias da argumentação e as teorias econômicas do direito (CANOTILHO, *op. cit.*, p. 98).

Enfim, como enfatiza Canotilho, "havemos de convir que a problemática jurídica dos direitos sociais se encontra hoje numa posição desconfortável" (CANOTILHO, *op. cit.*, p. 99).

De toda forma, parece sensato concluir que, ao fim e ao cabo, problemas concretos deverão ser resolvidos levando-se em consideração todas as perspectivas que a questão dos direitos sociais

Direito à saúde **815**

envolve. Juízos de ponderação são inevitáveis nesse contexto prenhe de complexas relações conflituosas entre princípios e diretrizes políticas ou, em outros termos, entre direitos individuais e bens coletivos.

Alexy segue linha semelhante de conclusão, ao constatar a necessidade de um modelo que leve em conta todos os argumentos favoráveis e contrários aos direitos sociais, da seguinte forma:

"Considerando os argumentos contrários e favoráveis aos direitos fundamentais sociais, fica claro que ambos os lados dispõem de argumentos de peso. A solução consiste em um modelo que leve em consideração tanto os argumentos a favor quantos os argumentos contrários. Esse modelo é a expressão da ideia-guia formal apresentada anteriormente, segundo a qual os direitos fundamentais da Constituição alemã são posições que, do ponto de vista do direito constitucional, são tão importantes que a decisão sobre garanti-las ou não garanti-las não pode ser simplesmente deixada para a maioria parlamentar. (...) De acordo com essa fórmula, a questão acerca de quais direitos fundamentais sociais o indivíduo definitivamente tem é uma questão de sopesamento entre princípios. De um lado está, sobretudo, o princípio da liberdade fática. Do outro lado estão os princípios formais da competência decisória do legislador democraticamente legitimado e o princípio da separação de poderes, além de princípios materiais, que dizem respeito sobretudo à liberdade jurídica de terceiros, mas também a outros direitos fundamentais sociais e a interesses coletivos." (ALEXY, Robert. *Teoria dos direitos fundamentais*. Tradução Virgílio Afonso da Silva. São Paulo: Malheiros Editores, 2008, p. 511-512).

Ressalte-se, não obstante, que a questão dos direitos fundamentais sociais enfrenta desafios no direito comparado que não se apresentam em nossa realidade. Isso porque a própria existência de direitos fundamentais sociais é questionada em países cujas Constituições não os preveem de maneira expressa ou não lhes atribuem eficácia plena. É o caso da Alemanha, por exemplo, cuja Constituição Federal praticamente não contém direitos fundamentais de maneira expressa (ALEXY, Robert. *Teoria dos direitos fundamentais*. Tradução Virgílio Afonso da Silva. São Paulo: Malheiros Editores, 2008, p. 500), e de Portugal, que diferenciou o regime constitucional dos direitos, liberdades e garantias do regime constitucional dos direitos sociais (ANDRADE, José Carlos Vieira de. *Os direitos fundamentais na Constituição Portuguesa de 1976*. 3. ed. Coimbra: Almedina, 2004, p. 385).

Ainda que essas questões tormentosas permitam entrever os desafios impostos ao Poder Público e à sociedade na concretização do direito à saúde, é preciso destacar de que forma a nossa Constituição estabelece os limites e as possibilidades de implementação deste direito.

O direito à saúde é estabelecido pelo artigo 196 da Constituição Federal como (1) "direito de todos" e (2) "dever do Estado", (3) garantido mediante "políticas sociais e econômicas (4) que visem à redução do risco de doenças e de outros agravos", (5) regido pelo princípio do "acesso universal e igualitário" (6) "às ações e serviços para a sua promoção, proteção e recuperação".

Examinemos cada um desses elementos.

(1) direito de todos:

É possível identificar, na redação do referido artigo constitucional, tanto um direito individual quanto um direito coletivo à saúde. Dizer que a norma do art. 196, por tratar de um direito social, consubstancia-se tão somente em norma programática, incapaz de produzir efeitos, apenas indicando diretrizes a serem observadas pelo Poder Público, significaria negar a força normativa da Constituição.

A dimensão individual do direito à saúde foi destacada pelo Ministro Celso de Mello, relator do AgR-RE n. 271.286-8/RS, ao reconhecer o direito à saúde como um direito público subjetivo assegurado à generalidade das pessoas, que conduz o indivíduo e o Estado a uma relação jurídica obrigacional. Ressaltou o Ministro que "a interpretação da norma programática não pode transformá-la em promessa constitucional inconsequente", impondo aos entes federados um dever de prestação positiva. Concluiu que "a essencialidade do direito à saúde fez com que o legislador constituinte qualificasse como prestações de relevância pública as ações e serviços de saúde (CF, art. 197)", legitimando a atuação do Poder Judiciário nas hipóteses em que a Administração Pública descumpra o mandamento constitucional em apreço (AgR-RE N. 271.286-8/RS, Rel. Celso de Mello, *DJ* 12.09.2000).

Não obstante, esse direito subjetivo público é assegurado mediante políticas sociais e econômicas, ou seja, não há um direito absoluto a todo e qualquer procedimento necessário para a proteção, promoção e recuperação da saúde, independentemente da existência de uma política pública que o concretize. Há um direito público subjetivo a políticas públicas que promovam, protejam e recuperem a saúde.

Em decisão proferida na ADPF n. 45/DF, o Min. Celso de Mello consignou o seguinte:

"Desnecessário acentuar-se, considerando o encargo governamental de tornar efetiva a aplicação dos direitos econômicos, sociais e culturais, que os elementos componentes do mencionado binômio (razoabilidade da pretensão + disponibilidade financeira do Estado) devem configurar-se de modo afirmativo e em situação de cumulativa ocorrência, pois, ausentes qualquer desses elementos, descaracterizar-se-á a possibilidade estatal de realização prática de tais direitos" (ADPF-MC n. 45, Rel. Celso de Mello, *DJ* 4.5.2004).

Assim, a garantia judicial da prestação individual de saúde, *prima facie*, estaria condicionada ao não comprometimento do funcionamento do Sistema Único de Saúde (SUS), o que, por certo, deve ser sempre demonstrado e fundamentado de forma clara e concreta, caso a caso.

(2) dever do Estado:

O dispositivo constitucional deixa claro que, para além do direito fundamental à saúde, há o dever fundamental de prestação de saúde por parte do Estado (União, Estados, Distrito Federal e Municípios).

O dever de desenvolver políticas públicas que visem à redução de doenças, à promoção, à proteção e à recuperação da saúde está expresso no art. 196.

A competência comum dos entes da Federação para cuidar da saúde consta do art. 23, II, da Constituição. União, Estados, Distrito Federal e Municípios são responsáveis solidários pela saúde, tanto do indivíduo quanto da coletividade e, dessa forma, são legitimados passivos nas demandas cuja causa de pedir é a negativa, pelo SUS (seja pelo gestor municipal, estadual ou federal), de prestações na área de saúde.

O fato de o Sistema Único de Saúde ter descentralizado os serviços e conjugado os recursos financeiros dos entes da Federação, com o objetivo de aumentar a qualidade e o acesso aos serviços de saúde, apenas reforça a obrigação solidária e subsidiária entre eles.

As ações e os serviços de saúde são de relevância pública, integrantes de uma rede regionalizada e hierarquizada, segundo o critério da subsidiariedade, e constituem um sistema único.

Foram estabelecidas quatro diretrizes básicas para as ações de saúde: direção administrativa única em cada nível de governo; descentralização político-administrativa; atendimento integral, com preferência para as atividades preventivas; e participação da comunidade.

O Sistema Único de Saúde está baseado no financiamento público e na cobertura universal das ações de saúde. Dessa forma, para que o Estado possa garantir a manutenção do sistema, é necessário que se atente para a estabilidade dos gastos com a saúde e, consequentemente, para a captação de recursos.

O financiamento do Sistema Único de Saúde, nos termos do art. 195, opera-se com recursos do orçamento da seguridade social, da União, dos Estados, do Distrito Federal e dos Municípios, além de outras fontes. A Emenda Constitucional n. 29/2000, com vistas a dar maior estabilidade para os recursos de saúde, consolidou um mecanismo de cofinanciamento das políticas de saúde pelos entes da Federação.

Direito à saúde **817**

A Emenda acrescentou dois novos parágrafos ao art. 198 da Constituição, assegurando percentuais mínimos a serem destinados pela União, Estados, Distrito Federal e Municípios para a saúde, visando a um aumento e a uma maior estabilidade dos recursos. No entanto, o § 3º do art. 198 dispõe que caberá à Lei Complementar estabelecer: os percentuais mínimos de que trata o § 2º do referido artigo; os critérios de rateio entre os entes; as normas de fiscalização, avaliação e controle das despesas com saúde; as normas de cálculo do montante a ser aplicado pela União; além, é claro, de especificar as ações e os serviços públicos de saúde.

O art. 200 da Constituição, que estabeleceu as competências do Sistema Único de Saúde (SUS), é regulamentado pelas Leis Federais ns. 8.080/90 e 8.142/90.

O SUS consiste no conjunto de ações e serviços de saúde, prestados por órgãos e instituições públicas federais, estaduais e municipais, da Administração direta e indireta e das fundações mantidas pelo Poder Público, incluídas as instituições públicas federais, estaduais e municipais de controle de qualidade, pesquisa e produção de insumos e medicamentos, inclusive de sangue e hemoderivados, e de equipamentos para saúde.

(3) garantido mediante políticas sociais e econômicas:

A garantia mediante políticas sociais e econômicas ressalva, justamente, a necessidade de formulação de políticas públicas que concretizem o direito à saúde por meio de escolhas alocativas. É incontestável que, além da necessidade de se distribuírem recursos naturalmente escassos por meio de critérios distributivos, a própria evolução da medicina impõe um viés programático ao direito à saúde, pois sempre haverá uma nova descoberta, um novo exame, um novo prognóstico ou procedimento cirúrgico, uma nova doença ou a volta de uma doença supostamente erradicada.

(4) políticas que visem à redução do risco de doença e de outros agravos:

Tais políticas visam à redução do risco de doença e outros agravos, de forma a evidenciar sua dimensão preventiva. As ações preventivas na área da saúde foram, inclusive, indicadas como prioritárias pelo art. 198, inciso II, da Constituição.

(5) políticas que visem ao acesso universal e igualitário:

O constituinte estabeleceu, ainda, um sistema universal de acesso aos serviços públicos de saúde.

Nesse sentido, a Ministra Ellen Gracie, na STA 91, ressaltou que, no seu entendimento, o art. 196 da Constituição refere-se, em princípio, à efetivação de políticas públicas que alcancem a população como um todo (STA 91-1/AL, Ministra Ellen Gracie, *DJ* 26.2.2007).

O princípio do acesso igualitário e universal reforça a responsabilidade solidária dos entes da Federação, garantindo, inclusive, a *"igualdade da assistência à saúde, sem preconceitos ou privilégios de qualquer espécie"* (art. 7º, IV, da Lei n. 8.080/90).

(6) ações e serviços para promoção, proteção e recuperação da saúde:

O estudo do direito à saúde no Brasil leva a concluir que os problemas de eficácia social desse direito fundamental devem-se muito mais a questões ligadas à implementação e à manutenção das políticas públicas de saúde já existentes – o que implica também a composição dos orçamentos dos entes da Federação – do que à falta de legislação específica. Em outros termos, o problema não é de inexistência, mas de execução (administrativa) das políticas públicas pelos entes federados.

Estado de Direito e Jurisdição Constitucional – Decisões relevantes em 15 anos de atuação no STF

A Constituição brasileira não só prevê expressamente a existência de direitos fundamentais sociais (art. 6º), especificando seu conteúdo e forma de prestação (arts. 196, 201, 203, 205, 215, 217, entre outros), como não faz distinção entre os direitos e deveres individuais e coletivos (Capítulo I do Título II) e os direitos sociais (Capítulo II do Título II), ao estabelecer que os direitos e garantias fundamentais têm aplicação imediata (art. 5º, § 1º, CF/88). Vê-se, pois, que os direitos fundamentais sociais foram acolhidos pela Constituição Federal de 1988 como autênticos direitos fundamentais. Não há dúvida – deixe-se claro – de que as demandas que buscam a efetivação de prestações de saúde devem ser resolvidas a partir da análise de nosso contexto constitucional e de suas peculiaridades.

Mesmo diante do que dispõem a Constituição e as leis relacionadas à questão, o que se tem constatado, de fato, é a crescente controvérsia jurídica sobre a possibilidade de decisões judiciais determinarem ao Poder Público o fornecimento de medicamentos e tratamentos, decisões estas nas quais se discutem, inclusive, os critérios considerados para tanto.

No âmbito do Supremo Tribunal Federal, é recorrente a tentativa do Poder Público de suspender decisões judiciais nesse sentido. Na Presidência do Tribunal existem diversos pedidos de suspensão de segurança, de suspensão de tutela antecipada e de suspensão de liminar, com vistas a suspender a execução de medidas cautelares que condenam a Fazenda Pública ao fornecimento das mais variadas prestações de saúde (fornecimento de medicamentos, suplementos alimentares, órteses e próteses; criação de vagas de UTIs e leitos hospitalares; contratação de servidores de saúde; realização de cirurgias e exames; custeio de tratamento fora do domicílio, inclusive no exterior, entre outros).

Assim, levando em conta a grande quantidade de processos e a complexidade das questões neles envolvidas, convoquei **Audiência Pública para ouvir os especialistas em matéria de Saúde Pública,** especialmente os gestores públicos, os membros da magistratura, do Ministério Público, da Defensoria Pública, da Advocacia da União, Estados e Municípios, além de acadêmicos e de entidades e organismos da sociedade civil.

Após ouvir os depoimentos prestados pelos representantes dos diversos setores envolvidos, ficou constatada a necessidade de se redimensionar a questão da judicialização do direito à saúde no Brasil. Isso porque, na maioria dos casos, a intervenção judicial não ocorre em razão de uma omissão absoluta em matéria de políticas públicas voltadas à proteção do direito à saúde, mas tendo em vista uma necessária determinação judicial para o cumprimento de políticas já estabelecidas. Portanto, não se cogita do problema da interferência judicial em âmbitos de livre apreciação ou de ampla discricionariedade de outros Poderes quanto à formulação de políticas públicas.

Esse foi um dos primeiros entendimentos que sobressaiu nos debates ocorridos na Audiência Pública de Saúde: no Brasil, o problema talvez não seja de judicialização ou, em termos mais simples, de interferência do Poder Judiciário na criação e implementação de políticas públicas em matéria de saúde, pois o que ocorre, na quase totalidade dos casos, é apenas a determinação judicial do efetivo cumprimento de políticas públicas já existentes.

Esse dado pode ser importante para a **construção de um critério ou parâmetro para a decisão** em casos como este, no qual se discute, primordialmente, o problema da interferência do Poder Judiciário na esfera dos outros Poderes.

Assim, também com base no que ficou esclarecido na Audiência Pública, o primeiro dado a ser considerado é a existência, ou não, de política estatal que abranja a prestação de saúde pleiteada pela parte. Ao deferir uma prestação de saúde incluída entre as políticas sociais e econômicas formuladas pelo Sistema Único de Saúde (SUS), o Judiciário não está criando política pública, mas apenas determinando o seu cumprimento. Nesses casos, a existência de um direito subjetivo público a determinada política pública de saúde parece ser evidente.

Se a prestação de saúde pleiteada não estiver entre as políticas do SUS, é imprescindível distinguir se a não prestação decorre de (1) uma omissão legislativa ou administrativa, (2) de uma decisão administrativa de não fornecê-la ou (3) de uma vedação legal a sua dispensação.

Não raro, busca-se, no Poder Judiciário, a condenação do Estado ao fornecimento de prestação de saúde não registrada na Agência Nacional de Vigilância Sanitária (ANVISA).

Como ficou claro nos depoimentos prestados na Audiência Pública, é vedado à Administração Pública fornecer fármaco que não possua registro na ANVISA.

A Lei Federal n. 6.360/76, ao dispor sobre a vigilância sanitária a que ficam sujeitos os medicamentos, as drogas, os insumos farmacêuticos e correlatos, determina, em seu art. 12, que *"nenhum dos produtos de que trata esta Lei, **inclusive os importados**, poderá ser industrializado, exposto à venda ou entregue ao consumo antes de registrado no Ministério da Saúde"*. O art. 16 da referida lei estabelece os requisitos para a obtenção do registro, entre eles o de que o produto seja reconhecido como seguro e eficaz para o uso a que se propõe. O art. 18 ainda determina que, em se tratando de medicamento de procedência estrangeira, deverá ser comprovada a existência de registro válido no país de origem.

O registro de medicamento, como ressaltado pelo Procurador-Geral da República na Audiência Pública, é uma garantia à saúde pública. E, como ressaltou o Diretor-Presidente da ANVISA na mesma ocasião, a Agência, por força da lei de sua criação, também realiza a regulação econômica dos fármacos. Após verificar a eficácia, a segurança e a qualidade do produto e conceder-lhe o registro, a ANVISA passa a analisar a fixação do preço definido, levando em consideração o benefício clínico e o custo do tratamento. Havendo produto assemelhado, se o novo medicamento não trouxer benefício adicional, não poderá custar mais caro do que o medicamento já existente com a mesma indicação.

Por tudo isso, o registro na ANVISA configura-se como condição necessária para atestar a segurança e o benefício do produto, sendo o primeiro requisito para que o Sistema Único de Saúde possa considerar sua incorporação.

Claro que essa não é uma regra absoluta. Em casos excepcionais, a importação de medicamento não registrado poderá ser autorizada pela ANVISA. A Lei n. 9.782/99, que criou a Agência Nacional de Vigilância Sanitária (ANVISA), permite que ela dispense de "registro" medicamentos adquiridos por intermédio de organismos multilaterais internacionais, para uso de programas em saúde pública pelo Ministério da Saúde.

O segundo dado a ser considerado é a existência de motivação para o não fornecimento de determinada ação de saúde pelo SUS. Há casos em que se ajuíza ação com o objetivo de garantir prestação de saúde que o SUS decidiu não custear por entender que inexistem evidências científicas suficientes para autorizar sua inclusão.

Nessa hipótese, podem ocorrer, ainda, duas situações: 1°) o SUS fornece tratamento alternativo, mas não adequado a determinado paciente; 2°) o SUS não tem nenhum tratamento específico para determinada patologia.

A princípio, pode-se inferir que a obrigação do Estado, à luz do disposto no art. 196 da Constituição, restringe-se ao fornecimento das políticas sociais e econômicas por ele formuladas para a promoção, proteção e recuperação da saúde.

Isso porque o Sistema Único de Saúde filiou-se à corrente da "Medicina com base em evidências". Com isso, adotaram-se os "Protocolos Clínicos e Diretrizes Terapêuticas", que consistem num conjunto de critérios que permitem determinar o diagnóstico de doenças e o tratamento correspondente com os medicamentos disponíveis e as respectivas doses. Assim, um medicamento ou tratamento em desconformidade com o Protocolo deve ser visto com cautela, pois tende a contrariar um consenso científico vigente.

Ademais, não se pode esquecer de que a gestão do Sistema Único de Saúde, obrigado a observar o princípio constitucional do acesso universal e igualitário às ações e prestações de saúde, só torna-se viável mediante a elaboração de políticas públicas que repartam os recursos (naturalmente escassos) da forma mais eficiente possível. Obrigar a rede pública a financiar toda e qualquer ação e prestação de saúde existente geraria grave lesão à ordem administrativa e levaria ao comprometimento do SUS, de modo a prejudicar ainda mais o atendimento médico da parcela da população mais necessitada. Dessa forma, **podemos concluir que, em geral, deverá ser privilegiado o tratamento fornecido pelo SUS em detrimento de opção diversa escolhida pelo paciente, sempre que não for comprovada a ineficácia ou a impropriedade da política de saúde existente.**

Essa conclusão não afasta, contudo, a possibilidade de o Poder Judiciário, ou de a própria Administração, decidir que medida diferente da custeada pelo SUS deve ser fornecida a determinada pessoa que, por razões específicas do seu organismo, comprove que o tratamento fornecido não é eficaz no seu caso. Inclusive, como ressaltado pelo próprio Ministro da Saúde na Audiência Pública, há necessidade de revisão periódica dos protocolos existentes e de elaboração de novos protocolos. Assim, não se pode afirmar que os Protocolos Clínicos e Diretrizes Terapêuticas do SUS são inquestionáveis, o que permite sua contestação judicial.

Situação diferente é a que envolve a inexistência de tratamento na rede pública. Nesses casos, é preciso diferenciar os tratamentos puramente experimentais dos novos tratamentos ainda não testados pelo Sistema de Saúde brasileiro.

Os tratamentos experimentais (sem comprovação científica de sua eficácia) são realizados por laboratórios ou centros médicos de ponta, consubstanciando-se em pesquisas clínicas. A participação nesses tratamentos rege-se pelas normas que regulam a pesquisa médica e, portanto, o Estado não pode ser condenado a fornecê-los.

Como esclarecido, na Audiência Pública da Saúde, pelo Médico Paulo Hoff, Diretor Clínico do Instituto do Câncer do Estado de São Paulo, essas drogas não podem ser compradas em nenhum país, porque nunca foram aprovadas ou avaliadas, e o acesso a elas deve ser disponibilizado apenas no âmbito de estudos clínicos ou programas de acesso expandido, não sendo possível obrigar o SUS a custeá-las. No entanto, é preciso que o laboratório que realiza a pesquisa continue a fornecer o tratamento aos pacientes que participaram do estudo clínico, mesmo após seu término.

Quanto aos novos tratamentos (ainda não incorporados pelo SUS), é preciso que se tenha cuidado redobrado na apreciação da matéria. Como frisado pelos especialistas ouvidos na Audiência Pública, o conhecimento médico não é estanque, sua evolução é muito rápida e dificilmente suscetível de acompanhamento pela burocracia administrativa.

Se, por um lado, a elaboração dos Protocolos Clínicos e das Diretrizes Terapêuticas privilegia a melhor distribuição de recursos públicos e a segurança dos pacientes; por outro, a aprovação de novas indicações terapêuticas pode ser muito lenta e, assim, acabar por excluir o acesso de pacientes do SUS a tratamento há muito prestado pela iniciativa privada.

Parece certo que a inexistência de Protocolo Clínico no SUS não pode significar violação ao princípio da integralidade do sistema, nem justificar a diferença entre as opções acessíveis aos usuários da rede pública e as disponíveis aos usuários da rede privada. Nesses casos, a omissão administrativa no tratamento de determinada patologia poderá ser objeto de impugnação judicial, tanto por ações individuais como coletivas. No entanto, é imprescindível que haja instrução processual, com ampla produção de provas, o que poderá configurar-se um obstáculo à concessão de medida cautelar.

Portanto, independentemente da hipótese levada à consideração do Poder Judiciário, as premissas analisadas deixam clara a necessidade de instrução das demandas de saúde para que

Direito à saúde 821

não ocorra a produção padronizada de iniciais, contestações e sentenças, peças processuais que, muitas vezes, não contemplam as especificidades do caso concreto examinado, impedindo que o julgador concilie a dimensão subjetiva (individual e coletiva) com a dimensão objetiva do direito à saúde. Esse é mais um dado incontestável, colhido na Audiência Pública – Saúde.

Com fundamento nessas considerações, que entendo essenciais para a reflexão e a discussão do presente caso pelo Plenário desta Corte, retomo, de forma específica, as razões apresentadas pela União em seu agravo regimental.

Da análise do presente recurso, concluo que a agravante não traz novos elementos aptos a determinar a reforma da decisão agravada.

Em primeiro lugar, a agravante repisa a alegação genérica de violação ao princípio da separação dos Poderes, o que já havia sido afastado pela decisão impugnada, a qual assentou a possibilidade, em casos como o presente, de o Poder Judiciário vir a garantir o direito à saúde, por meio do fornecimento de medicamento ou de tratamento imprescindível para o aumento de sobrevida e a melhoria da qualidade de vida da paciente. Colhe-se dos autos que a decisão impugnada informa a existência de provas suficientes quanto ao estado de saúde da paciente e a necessidade do medicamento indicado.

Quanto à possibilidade de intervenção do Poder Judiciário, destaco a ementa da decisão proferida na ADPF-MC 45/DF, relator Celso de Mello, *DJ* 29.4.2004:

"EMENTA: ARGUIÇÃO DE DESCUMPRIMENTO DE PRECEITO FUNDAMENTAL. A QUESTÃO DA LEGITIMIDADE CONSTITUCIONAL DO CONTROLE E DA INTERVENÇÃO DO PODER JUDICIÁRIO EM TEMA DE IMPLEMENTAÇÃO DE POLÍTICAS PÚBLICAS, QUANDO CONFIGURADA HIPÓTESE DE ABUSIVIDADE GOVERNAMENTAL. DIMENSÃO POLÍTICA DA JURISDIÇÃO CONSTITUCIONAL ATRIBUÍDA AO SUPREMO TRIBUNAL FEDERAL. INOPONIBILIDADE DO ARBÍTRIO ESTATAL À EFETIVAÇÃO DOS DIREITOS SOCIAIS, ECONÔMICOS E CULTURAIS. CARÁCTER RELATIVO DA LIBERDADE DE CONFORMAÇÃO DO LEGISLADOR. CONSIDERAÇÕES EM TORNO DA CLÁUSULA DA 'RESERVA DO POSSÍVEL'. NECESSIDADE DE PRESERVAÇÃO, EM FAVOR DOS INDIVÍDUOS, DA INTEGRIDADE E DA INTANGIBILIDADE DO NÚCLEO CONSUBSTANCIADOR DO 'MÍNIMO EXISTENCIAL'. VIABILIDADE INSTRUMENTAL DA ARGUIÇÃO DE DESCUMPRIMENTO NO PROCESSO DE CONCRETIZAÇÃO DAS LIBERDADES POSITIVAS (DIREITOS CONSTITUCIONAIS DE SEGUNDA GERAÇÃO)".

Nesse sentido é a lição de Christian Courtis e Victor Abramovich (ABRAMOVICH, Victor; COURTS, Christian, *Los derechos sociales como derechos exigibles*, Trotta, 2004, p. 251):

"Por ello, el Poder Judicial no tiene la tarea de diseñar políticas públicas, sino la de confrontar el diseño de políticas asumidas con los estándares jurídicos aplicables y – en caso de hallar divergencias – reenviar la cuestión a los poderes pertinentes para que ellos reaccionen ajustando su actividad en consecuencia. Cuando las normas constitucionales o legales fijen pautas para el diseño de políticas públicas y los poderes respectivos no hayan adoptado ninguna medida, corresponderá al Poder Judicial reprochar esa omisión y reenviarles la cuestión para que elaboren alguna medida. Esta dimensión de la actuación judicial puede ser conceptualizada como la participación en un <<diálogo>> entre los distintos poderes del Estado para la concreción del programa jurídico-político establecido por la constitución o por los pactos de derechos humanos" (sem grifo no original).

Além disso, a agravante, reiterando os fundamentos da inicial, aponta, de forma genérica, que a decisão objeto desta suspensão invade competência administrativa da União e provoca desordem em sua esfera, ao impor-lhe deveres que são do Estado e do Município. Contudo, a decisão agravada deixou claro que existem casos na jurisprudência desta Corte que afirmam a responsabilidade solidária dos entes federados em matéria de saúde.

Após refletir sobre as informações colhidas na Audiência Pública de Saúde e sobre a jurisprudência recente deste Tribunal, é possível afirmar que, em matéria de saúde pública, a responsabilidade dos entes da Federação deve ser efetivamente solidária.

No RE 195.192-3/RS, a 2ª Turma deste Supremo Tribunal consignou o entendimento segundo o qual a responsabilidade pelas ações e serviços de saúde é da União, dos Estados, do Distrito Federal e dos Municípios. Nesse sentido, o acórdão restou assim ementado:

"SAÚDE – AQUISIÇÃO E FORNECIMENTO DE MEDICAMENTOS – DOENÇA RARA. Incumbe ao Estado (gênero) proporcionar meios visando a alcançar a saúde, especialmente quando envolvida criança e adolescente. O Sistema Único de Saúde torna a responsabilidade linear alcançando a União, os Estados, o Distrito Federal e os Municípios" (RE 195.192-3/RS, 2ª Turma, Ministro Marco Aurélio, *DJ* 22.2.2000).

Em sentido idêntico, no RE-AgR 255.627-1, o Ministro Nelson Jobim afastou a alegação do Município de Porto Alegre de que não seria responsável pelos serviços de saúde de alto custo. O Ministro Nelson Jobim, amparado no precedente do RE 280.642, no qual a 2ª Turma havia decidido questão idêntica, negou provimento ao Agravo Regimental do Município:

"(...) A referência, contida no preceito, a "Estado" mostra-se abrangente, a alcançar a União Federal, os Estados propriamente ditos, o Distrito Federal e os Municípios. Tanto é assim que, relativamente ao Sistema Único de Saúde, diz-se do financiamento, nos termos do artigo n. 195, com recursos do orçamento, da seguridade social, da União, dos Estados, do Distrito Federal e dos Municípios, além de outras fontes. Já o *caput* do artigo informa, como diretriz, a descentralização das ações e serviços públicos de saúde que devem integrar rede regionalizada e hierarquizada, com direção única em cada esfera de governo. Não bastasse o parâmetro constitucional de eficácia imediata, considerada a natureza, em si, da atividade, afigura-se como fato incontroverso, porquanto registrada, no acórdão recorrido, a existência de lei no sentido da obrigatoriedade de fornecer-se os medicamentos excepcionais, como são os concernentes à Síndrome da Imunodeficiência Adquirida (SIDA/AIDS), às pessoas carentes. O município de Porto Alegre surge com responsabilidade prevista em diplomas específicos, ou seja, os convênios celebrados no sentido da implantação do Sistema Único de Saúde, devendo receber, para tanto, verbas do Estado. Por outro lado, como bem assinalado no acórdão, a falta de regulamentação municipal para o custeio da distribuição não impede fique assentada a responsabilidade do Município. (...)" (RE-AgR 255.627-1/RS, 2ª Turma, Ministro Nelson Jobim, *DJ* 21.11.2000).

A responsabilidade dos entes da Federação foi muito enfatizada durante os debates na Audiência Pública de Saúde, oportunidade em que externei os seguintes entendimentos sobre o tema:

"O Poder Judiciário, acompanhado pela doutrina majoritária, tem entendido que a competência comum dos entes resulta na sua responsabilidade solidária para responder pelas demandas de saúde.

Muitos dos pedidos de suspensão de tutela antecipada, suspensão de segurança e suspensão de liminar fundamentam a ocorrência de lesão à ordem pública na desconsideração, pela decisão judicial, dessa divisão de responsabilidades estabelecidas pela legislação do SUS, alegando que a ação deveria ter sido proposta contra outro ente da Federação.

Não temos dúvida de que o Estado brasileiro é responsável pela prestação dos serviços de saúde. Importa aqui reforçar o entendimento de que cabe à União, aos Estados, ao Distrito Federal e aos Municípios agirem em conjunto no cumprimento do mandamento constitucional.

A Constituição incorpora o princípio da lealdade à Federação por parte da União, dos Estados e Municípios no cumprimento de suas tarefas comuns".

De toda forma, parece certo que, quanto ao desenvolvimento prático desse tipo de responsabilidade solidária, deve ser construído um modelo de cooperação e de coordenação de ações conjuntas por parte dos entes federativos.

Ressalto que o tema da responsabilidade solidária dos entes federativos em matéria de saúde também poderá ser apreciado pelo Tribunal no RE 566.471, Rel. Min. Marco Aurélio, o qual tem repercussão geral reconhecida, nos termos da seguinte ementa:

SAÚDE – ASSISTÊNCIA – MEDICAMENTO DE ALTO CUSTO – FORNECIMENTO. Possui repercussão geral controvérsia sobre a obrigatoriedade de o Poder Público fornecer medicamento de alto custo.

Também tramita nesta corte a Proposta de Súmula Vinculante n. 4, que propõe tornar vinculante o entendimento jurisprudencial a respeito da responsabilidade solidária dos entes da Federação no atendimento das ações de saúde. Referida PSV teve a tramitação sobrestada por decisão da Ministra Ellen Gracie, Presidente da Comissão de Jurisprudência, e está no aguardo da apreciação do mérito do referido RE 566.471 (*DJe* 26.8.2009).

Assim, apesar da responsabilidade dos entes da Federação em matéria de direito à saúde suscitar questões delicadas, a decisão impugnada pelo pedido de suspensão, ao determinar a responsabilidade da União no fornecimento do tratamento pretendido, segue as normas constitucionais que fixaram a competência comum (art. 23, II, da CF), a Lei Federal n. 8.080/90 (art. 7º, XI) e a jurisprudência desta Corte. Entendo, pois, que a determinação para que a União arque com as despesas do tratamento não configura grave lesão à ordem pública.

A correção ou não deste posicionamento, entretanto, não é passível de ampla cognição nos estritos limites deste juízo de contracautela, como quer fazer valer a agravante.

Da mesma forma, as alegações referentes à ilegitimidade passiva da União, à violação do sistema de repartição de competências, à necessidade de figurar como réu na ação principal somente o ente responsável pela dispensação do medicamento pleiteado e à desconsideração da lei do SUS, não são passíveis de ampla delibação no juízo do pedido de suspensão de segurança, pois constituem o mérito da ação, a ser debatido de forma exaustiva no exame do recurso cabível contra o provimento jurisdicional que ensejou a tutela antecipada. Nesse sentido: SS-AgR n. 2.932/SP, Ellen Gracie, *DJ* 25.4.2008 e SS-AgR n. 2.964/SP, Ellen Gracie, *DJ* 9.11.2007, entre outros.

Ademais, diante da natureza excepcional do pedido de contracautela, evidencia-se que a sua eventual concessão no presente momento teria caráter nitidamente satisfativo, com efeitos deletérios à subsistência e ao regular desenvolvimento da saúde da paciente, a ensejar a ocorrência de possível dano inverso.

Neste ponto, o pedido formulado tem nítida natureza de recurso, o que contraria o entendimento assente desta Corte acerca da impossibilidade do pedido de suspensão como sucedâneo recursal, do qual se destacam os seguintes julgados: SL 14/MG, Rel. Maurício Corrêa, *DJ* 03.10.2003; SL 80/SP, rel. Nelson Jobim, *DJ* 19.10.2005; 56-AgR/DF, Rel. Ellen Gracie, *DJ* 23.6.2006.

Melhor sorte não socorre à agravante quanto aos argumentos de grave lesão à economia e à saúde públicas, visto que a decisão agravada consignou, de forma expressa, que o alto custo de um tratamento ou de um medicamento que tem registro na ANVISA não é suficiente para impedir o seu fornecimento pelo Poder Público.

Além disso, não procede a alegação de temor de que esta decisão sirva de precedente negativo ao Poder Público, com possibilidade de ensejar o denominado efeito multiplicador, pois a análise de decisões dessa natureza deve ser feita caso a caso, considerando-se todos os elementos normativos e fáticos da questão jurídica debatida.

Por fim, destaco que a agravante não infirma o fundamento da decisão agravada de que, em verdade, o que se constata é a ocorrência de grave lesão em sentido inverso (dano inverso), caso a decisão venha a ser suspensa (fl. 183).

Ante o exposto, nego provimento ao **agravo regimental**.

É como voto.

SL 228[1]

Unidade de tratamento intensivo – Insuficiência de leitos – Ofensa aos arts. 2º, 6º, *caput*, 167, 196 e 198 da Constituição – Garantia do direito fundamental à saúde – Obrigação estatal reconhecida.

Trata-se de pedido de suspensão de liminar, ajuizada pela União, contra decisão proferida pelo Juízo da 18ª Vara Federal de Sobral (Ação Civil Pública n. 2007.81.03.000799-0) e mantida pelo Tribunal Regional Federal da 5ª Região (Agravo de Instrumento n. 2007.05.00.077007-0), a qual determinou à União, ao Estado do Ceará e ao Município de Sobral a transferência de todos os pacientes necessitados de atendimento em Unidades de Tratamento Intensivo (UTIs) para hospitais públicos ou particulares que disponham de tais unidades, assim como o início de ações tendentes à instalação e ao funcionamento de 10 leitos de UTIs adultas, 10 leitos de UTIs neonatais e 10 leitos de UTIs pediátricas, no prazo máximo de 90 dias.

Na origem, o Ministério Público Federal e o Ministério Público do Ceará ajuizaram ação civil pública, com pedido de liminar, buscando garantir à população dos 61 municípios que compõem a Macrorregião Administrativa do SUS de Sobral o acesso aos serviços médicos de urgência necessários ao tratamento intensivo quando em condições de grave risco à saúde. Alegaram que, após a instauração do Inquérito Civil Público n. 1.15.003.000048/2007-94, constatou-se um quadro de saúde pública extremamente agravado na região, a qual só disponibiliza 9 leitos para atendimento aos pacientes do SUS (fl. 3).

O Juízo da 18ª Vara Federal de Sobral concedeu a liminar na forma pleiteada na inicial, determinando, na hipótese de descumprimento, multa diária para cada réu no valor de R$ 10.000,00 (fls. 72-89).

Contra essa decisão, a União interpôs Agravo de Instrumento perante o TRF da 5ª Região (fls. 16-48).

O Desembargador Relator negou o efeito suspensivo ativo ao Agravo de Instrumento, mantendo a decisão agravada nos seus exatos termos até o julgamento final do recurso (fls. 92-94).

A União pede a suspensão dessa decisão com base na alegação de lesão à ordem público-administrativa, à saúde pública, à economia pública, violação ao princípio da separação funcional dos poderes, desrespeito ao princípio da legalidade orçamentária e inobservância da cláusula da reserva do financeiramente possível.

Os autos foram remetidos a esta Corte em 24 de março de 2008 (fl. 96).

O Ministério Público Federal manifestou-se pelo parcial deferimento do pedido, tão somente para sustar a imposição da multa diária fixada na decisão impugnada (fls. 98-108).

DECISÃO

A base normativa que fundamenta o instituto da suspensão (Leis ns. 4.348/1964, 8.437/1992, 9.494/1997 e art. 297 do RI-STF) permite que a Presidência do Supremo Tribunal Federal, para evitar grave lesão à ordem, à saúde, à segurança e à economia públicas, suspenda a execução de decisões concessivas de segurança, de liminar ou de tutela antecipada, proferidas em única ou última instância, pelos tribunais locais ou federais, quando a discussão travada na origem for de índole constitucional.

Assim, é a natureza constitucional da controvérsia que justifica a competência do Supremo Tribunal Federal para apreciar o pedido de contracautela, conforme a pacificada jurisprudência

---

[1] Decisão do dia 14.10.2008.

Direito à saúde 825

desta Corte, destacando-se os seguintes julgados: RCL-AgR n. 497/RS, Rel. Carlos Velloso, Plenário, maioria, *DJ* 6.4.2001; SS-AgR n. 2.187/SC, Rel. Maurício Corrêa, *DJ* 21.10.2003; e SS n. 2.465/SC, Rel. Nelson Jobim, *DJ* 20.10.2004.

No presente caso, reconheço que a controvérsia instaurada na ação em apreço evidencia a existência de matéria constitucional: alegação de ofensa aos arts. 2°, 6°, *caput*, 167, 196 e 198 da Constituição.

Destaco que a suspensão da execução de ato judicial constitui medida excepcional, a ser deferida, caso a caso, somente quando atendidos os requisitos autorizadores (grave lesão à ordem, à saúde, à segurança ou à economia públicas). Neste sentido, confira-se trecho de decisão proferida pela Ministra Ellen Gracie no julgamento da STA n. 138/RN:

> "[...] os pedidos de contracautela formulados em situações como a que ensejou a antecipação da tutela ora impugnada devem ser analisados, caso a caso, de forma concreta, e não de forma abstrata e genérica, certo, ainda, que as decisões proferidas em pedido de suspensão se restringem ao caso específico analisado, não se estendendo os seus efeitos e as suas razões a outros casos, por se tratar de medida tópica, pontual" – (STA n. 138/RN, Presidente Min. Ellen Gracie, *DJ* 19.9.2007).

Ressalte-se, não obstante, que, na análise do pedido de suspensão de decisão judicial, não é vedado ao Presidente do Supremo Tribunal Federal proferir um juízo mínimo de delibação a respeito das questões jurídicas presentes na ação principal, conforme tem entendido a jurisprudência desta Corte, da qual se destacam os seguintes julgados: SS-AgR n. 846/DF, Rel. Sepúlveda Pertence, *DJ* 8.11.1996 e SS-AgR n. 1.272/RJ, Rel. Carlos Velloso, *DJ* 18.5.2001.

O art. 4° da Lei n. 8.437/1992 c/c art. 1° da Lei 9.494/1997 autoriza o deferimento do pedido de suspensão da execução da tutela antecipada concedida nas ações movidas contra o Poder Público ou seus agentes, a requerimento da pessoa jurídica de direito público interessada, em caso de manifesto interesse público ou de flagrante ilegitimidade, e para evitar grave lesão à ordem, à saúde, à segurança e à economia públicas.

A decisão liminar que a União busca suspender, ao determinar que todos os pacientes que necessitem de atendimento em Unidades de Tratamento Intensivo sejam transferidos para hospitais que as possuam e que sejam realizadas as ações necessárias para providenciar a instalação e o funcionamento de 10 leitos de UTIs neonatal, 10 leitos de UTIs pediátrica e 10 leitos de UTIs adulta na macrorregião de Sobral, fundamentou-se na aplicação imediata do direito fundamental social à saúde, concretizado pela legislação do Sistema Único de Saúde e pelas Portarias do Ministério da Saúde.

A doutrina constitucional brasileira há muito se dedica à interpretação do artigo 196 da Constituição. Teses, muitas vezes antagônicas, proliferaram-se em todas as instâncias do Poder Judiciário e na seara acadêmica. Tais teses buscam definir *se*, *como* e *em que medida* o direito constitucional à saúde se traduz em um direito subjetivo público a prestações positivas do Estado, passível de garantia pela via judicial.

As divergências doutrinárias quanto ao efetivo âmbito de proteção da norma constitucional do direito à saúde decorrem, especialmente, da natureza prestacional desse direito e da necessidade de compatibilização do que se convencionou denominar de "mínimo existencial" e da "reserva do possível" (*Vorbehalt des Möglichen*).

Como tenho analisado em estudos doutrinários, os direitos fundamentais não contêm apenas uma proibição de intervenção (*Eingriffsverbote*), expressando também um postulado de proteção (*Schutzgebote*). Haveria, assim, para utilizar uma expressão de Canaris, não apenas uma proibição de excesso (*Übermassverbot*), mas também uma proibição de proteção insuficiente (*Untermassverbot*) (Claus-Wilhelm Canaris, *Grundrechtswirkungen um Verhältnismässigkeitsprinzip in der richterlichen Anwendung und Fortbildung des Privatsrechts*, JuS, 1989, p. 161).

Nessa dimensão objetiva, também assume relevo a perspectiva dos direitos à organização e ao procedimento (*Recht auf Organization und auf Verfahren*), que são aqueles direitos fundamentais que dependem, na sua realização, de providências estatais com vistas à criação e conformação de órgãos e procedimentos indispensáveis à sua efetivação.

Ressalto, nessa perspectiva, as contribuições de Stephen Holmes e Cass Sunstein para o reconhecimento de que todas as dimensões dos direitos fundamentais têm custos públicos, dando significativo relevo ao tema da "reserva do possível", especialmente ao evidenciar a "escassez dos recursos" e a necessidade de se fazer escolhas alocativas, concluindo, a partir da perspectiva das finanças públicas, que "levar a sério os direitos significa levar à sério a escassez" (HOLMES, Stephen; SUNSTEIN, Cass. *The Cost of Rights: Why Liberty Depends on Taxes*. W. W. Norton & Company: Nova Iorque, 1999).

Embora os direitos sociais, assim como os direitos e liberdades individuais, impliquem tanto direitos a prestações em sentido estrito (positivos), quanto direitos de defesa (negativos), e ambas as dimensões demandem o emprego de recursos públicos para a sua garantia, é a dimensão prestacional (positiva) dos direitos sociais o principal argumento contrário à sua judicialização.

A dependência de recursos econômicos para a efetivação dos direitos de caráter social leva parte da doutrina a defender que as normas que consagram tais direitos assumem a feição de normas programáticas, dependentes, portanto, da formulação de políticas públicas para se tornarem exigíveis. Nesse sentido, também se defende que a intervenção do Poder Judiciário, ante a omissão estatal quanto à construção satisfatória dessas políticas, violaria o princípio da separação dos poderes e o princípio da reserva do financeiramente possível.

Em relação aos direitos sociais, é preciso levar em consideração que a prestação devida pelo Estado varia de acordo com a necessidade específica de cada cidadão. Assim, enquanto o Estado tem que dispor de um valor determinado para arcar com o aparato capaz de garantir a liberdade dos cidadãos universalmente, no caso de um direito social como a saúde, por outro lado, deve dispor de valores variáveis em função das necessidades individuais de cada cidadão. Gastar mais recursos com uns do que com outros envolve, portanto, a adoção de critérios distributivos para esses recursos.

Assim, em razão da inexistência de suportes financeiros suficientes para a satisfação de todas as necessidades sociais, enfatiza-se que a formulação das políticas sociais e econômicas voltadas à implementação dos direitos sociais implicaria, invariavelmente, escolhas alocativas. Tais escolhas seguiriam critérios de justiça distributiva (o quanto disponibilizar e a quem atender), configurando-se como típicas opções políticas, as quais pressupõem "escolhas trágicas" pautadas por critérios de macrojustiça. É dizer, a escolha da destinação de recursos para uma política e não para outra leva em consideração fatores como o número de cidadãos atingidos pela política eleita, a efetividade e eficácia do serviço a ser prestado, a maximização dos resultados, etc.

Nessa linha de análise, argumenta-se que o Poder Judiciário, o qual estaria vocacionado a concretizar a justiça do caso concreto (microjustiça), muitas vezes não teria condições de, ao examinar determinada pretensão à prestação de um direito social, analisar as consequências globais da destinação de recursos públicos em benefício da parte com invariável prejuízo para o todo (AMARAL, Gustavo. *Direito, Escassez e Escolha*. Rio de Janeiro: Renovar, 2001).

Por outro lado, defensores da atuação do Poder Judiciário na concretização dos direitos sociais, em especial do direito à saúde, argumentam que tais direitos são indispensáveis para a realização da dignidade da pessoa humana. Assim, ao menos o "mínimo existencial" de cada um dos direitos, exigência lógica do princípio da dignidade da pessoa humana, não poderia deixar de ser objeto de apreciação judicial.

O fato é que o denominado problema da "judicialização do direito à saúde" ganhou tamanha importância teórica e prática que envolve não apenas os operadores do direito, mas também

Direito à saúde **827**

os gestores públicos, os profissionais da área de saúde e a sociedade civil como um todo. Se, por um lado, a atuação do Poder Judiciário é fundamental para o exercício efetivo da cidadania, por outro, as decisões judiciais têm significado um forte ponto de tensão perante os elaboradores e executores das políticas públicas, que se veem compelidos a garantir prestações de direitos sociais das mais diversas, muitas vezes contrastantes com a política estabelecida pelos governos para a área de saúde e além das possibilidades orçamentárias.

Lembro, nesse ponto, a sagaz assertiva do professor Canotilho segundo a qual "paira sobre a dogmática e teoria jurídica dos direitos econômicos, sociais e culturais a carga metodológica da vaguidez, indeterminação e impressionismo que a teoria da ciência vem apelidando, em termos caricaturais, sob a designação de 'fuzzismo' ou 'metodologia fuzzy'". "Em toda a sua radicalidade – enfatiza Canotilho – a censura de fuzzysmo lançada aos juristas significa basicamente que eles não sabem do que estão a falar quando abordam os complexos problemas dos direitos econômicos, sociais e culturais" (CANOTILHO, J. J. Gomes. Metodologia "fuzzy" e "camaleões normativos" na problemática actual dos direitos econômicos, sociais e culturais. *In: Estudos sobre direitos fundamentais.* Coimbra: Coimbra Editora, 2004, p. 100).

Nesse aspecto, não surpreende o fato de que a problemática dos direitos sociais tenha sido deslocada, em grande parte, para as teorias da justiça, as teorias da argumentação e as teorias econômicas do direito (CANOTILHO, *op. cit.,* p. 98).

Enfim, como enfatiza Canotilho, "havemos de convir que a problemática jurídica dos direitos sociais se encontra hoje numa posição desconfortável" (CANOTILHO, *op. cit.,* p. 99).

De toda forma, parece sensato concluir que, ao fim e ao cabo, problemas concretos deverão ser resolvidos levando-se em consideração todas as perspectivas que a questão dos direitos sociais envolve. Juízos de ponderação são inevitáveis nesse contexto prenhe de complexas relações conflituosas entre princípios e diretrizes políticas ou, em outros termos, entre direitos individuais e bens coletivos.

Alexy segue linha semelhante de conclusão ao constatar a necessidade de um modelo que leve em conta todos os argumentos favoráveis e contra os direitos sociais, da seguinte forma:

"Considerando os argumentos contrários e favoráveis aos direitos fundamentais sociais, fica claro que ambos os lados dispõem de argumentos de peso. A solução consiste em um modelo que leve em consideração tanto os argumentos a favor quanto os argumentos contrários. Esse modelo é a expressão da ideia-guia formal apresentada anteriormente, segundo a qual os direitos fundamentais da Constituição alemã são posições que, do ponto de vista do direito constitucional, são tão importantes que a decisão sobre garanti-las ou não garanti-las não pode ser simplesmente deixada para a maioria parlamentar. (...) De acordo com essa fórmula, a questão acerca de quais direitos fundamentais sociais o indivíduo definitivamente tem é uma questão de sopesamento entre princípios. De um lado está, sobretudo, o princípio da liberdade fática. Do outro lado estão os princípios formais da competência decisória do legislador democraticamente legitimado e o princípio da separação de poderes, além de princípios materiais, que dizem respeito sobretudo à liberdade jurídica de terceiros, mas também a outros direitos fundamentais sociais e a interesses coletivos." (ALEXY, Robert. *Teoria dos Direitos Fundamentais.* Tradução Virgílio Afonso da Silva. São Paulo: Malheiros Editores, 2008, p. 511-512).

Ressalte-se, não obstante, que a questão dos direitos fundamentais sociais enfrenta desafios no direito comparado que não se apresentam em nossa realidade. Isso porque a própria existência de direitos fundamentais sociais é questionada em países cujas Constituições não os preveem de maneira expressa ou não lhes atribuem eficácia plena. É o caso da Alemanha, por exemplo, cuja Constituição Federal praticamente não contém direitos fundamentais de maneira expressa (ALEXY, Robert. *Teoria dos Direitos Fundamentais.* Tradução Virgílio Afonso da Silva. São Paulo: Malheiros Editores, 2008, p. 500), e de Portugal, que diferenciou o regime constitucional dos direitos, liberdades e garantias do regime constitucional dos direitos sociais (ANDRADE, José Carlos Vieira de. *Os Direitos Fundamentais na Constituição Portuguesa de 1976.* 3. ed. Coimbra: Almedina, 2004, p. 385).

828 Estado de Direito e Jurisdição Constitucional – Decisões relevantes em 15 anos de atuação no STF

A Constituição brasileira não só prevê expressamente a existência de direitos fundamentais sociais (artigo 6º), especificando seu conteúdo e forma de prestação (artigos 196, 201, 203, 205, 215, 217, entre outros), como não faz distinção entre os direitos e deveres individuais e coletivos (capítulo I do Título II) e os direitos sociais (capítulo II do Título II), ao estabelecer que os direitos e garantias fundamentais têm aplicação imediata (artigo 5º, § 1º, CF/88). Vê-se, pois, que os direitos fundamentais sociais foram acolhidos pela Constituição Federal de 1988 como autênticos direitos fundamentais. Não há dúvida – deixe-se claro – que as demandas que buscam a efetivação de prestações de saúde devem ser resolvidas a partir da análise de nosso contexto constitucional e de suas peculiaridades.

Portanto, ante a impreterível necessidade de ponderações, são as circunstâncias específicas de cada caso que serão decisivas para a solução da controvérsia. Há que se partir, de toda forma, do texto constitucional e de como ele consagra o direito fundamental à saúde.

Passo então a algumas considerações a respeito do tema.

O direito à saúde é estabelecido pelo artigo 196 da Constituição Federal como (1) "direito de todos" e (2) "dever do Estado", (3) garantido mediante "políticas sociais e econômicas (4) que visem à redução do risco de doenças e de outros agravos", (5) regido pelo princípio do "acesso universal e igualitário" (6) "às ações e serviços para a sua promoção, proteção e recuperação".

Examinemos cada um desses elementos.

(1) direito de todos:

É possível identificar na redação do artigo constitucional tanto um direito individual quanto um direito coletivo à saúde. Dizer que a norma do artigo 196, por tratar de um direito social, consubstancia-se tão somente em norma programática, incapaz de produzir efeitos, apenas indicando diretrizes a serem observadas pelo poder público, significaria negar a força normativa da Constituição.

A dimensão individual do direito à saúde foi destacada pelo Ministro Celso de Mello, relator do AgR-RE n. 271.286-8/RS, ao reconhecer o direito à saúde como um direito público subjetivo assegurado à generalidade das pessoas, que conduz o indivíduo e o Estado a uma relação jurídica obrigacional. Ressaltou o Ministro que "a interpretação da norma programática não pode transformá-la em promessa constitucional inconsequente", impondo aos entes federados um dever de prestação positiva. Concluiu que "a essencialidade do direito à saúde fez com que o legislador constituinte qualificasse como prestações de relevância pública as ações e serviços de saúde (CF, art. 197)", legitimando a atuação do Poder Judiciário nas hipóteses em que a Administração Pública descumpra o mandamento constitucional em apreço. (AgR-RE N. 271.286-8/RS, Rel. Celso de Mello, *DJ* 12.9.2000).

Não obstante, esse direito subjetivo público é assegurado mediante políticas sociais e econômicas. Ou seja, não há um direito absoluto a todo e qualquer procedimento necessário para a proteção, promoção e recuperação da saúde, independentemente da existência de uma política pública que o concretize. Há um direito público subjetivo a políticas públicas que promovam, protejam e recuperem a saúde.

Em decisão proferida na ADPF n. 45/DF, o Min. Celso de Mello consignou o seguinte:

> "Desnecessário acentuar-se, considerando o encargo governamental de tornar efetiva a aplicação dos direitos econômicos, sociais e culturais, que os elementos componentes do mencionado binômio (razoabilidade da pretensão + disponibilidade financeira do Estado) devem configurar-se de modo afirmativo e em situação de cumulativa ocorrência, pois, ausentes qualquer desses elementos, descaracterizar-se-á a possibilidade estatal de realização prática de tais direitos". (ADPF-MC N. 45, Rel. Celso de Mello, *DJ* 4.5.2004).

Dessa forma, a garantia judicial da prestação individual de saúde, *prima facie*, estaria condicionada ao não comprometimento do funcionamento do Sistema Único de Saúde.

(2) dever do Estado:

O dispositivo constitucional deixa claro que, para além do direito fundamental à saúde, há o dever fundamental de prestação de saúde por parte do Estado (União, Estados, Distrito Federal e Municípios).

O dever de desenvolver políticas públicas que visem à redução de doenças, à promoção, à proteção e à recuperação da saúde está expresso no art. 196.

A competência comum dos entes da federação para cuidar da saúde consta do art. 23, II, da Constituição. União, Estados, Distrito Federal e Municípios são responsáveis solidários pela saúde junto ao indivíduo e à coletividade e, dessa forma, são legitimados passivos nas demandas cuja causa de pedir é a negativa, pelo SUS (seja pelo gestor municipal, estadual ou federal), de prestações na área de saúde.

O fato do Sistema Único de Saúde ter descentralizado os serviços e conjugado os recursos financeiros dos entes da federação, com o objetivo de aumentar a qualidade e o acesso aos serviços de saúde, apenas reforça a obrigação solidária e subsidiária entre eles.

As ações e serviços de saúde são de relevância pública, integrantes de uma rede regionalizada e hierarquizada, segundo o critério da subsidiariedade, e constituem um sistema único.

Foram estabelecidas quatro diretrizes básicas para as ações de saúde: direção administrativa única em cada nível de governo; descentralização político-administrativa; atendimento integral, com preferência para as atividades preventivas; e participação da comunidade.

O Sistema Único de Saúde está baseado no financiamento público e na cobertura universal das ações de saúde. Dessa forma, para que o Estado possa garantir a manutenção do sistema é necessário que se atente para a estabilidade dos gastos com a saúde e, consequentemente, para a captação de recursos.

O financiamento do Sistema Único de Saúde, nos termos do art. 195, opera-se com recursos do orçamento da seguridade social, da União, dos Estados, do Distrito Federal e dos Municípios, além de outras fontes. A Emenda Constitucional n. 29/2000, visando a dar maior estabilidade para os recursos de saúde, consolidou um mecanismo de cofinanciamento das políticas de saúde pelos entes da Federação.

A Emenda acrescentou dois novos parágrafos ao art. 198 da Constituição, assegurando percentuais mínimos a serem destinados pela União, Estados, Distrito Federal e Municípios para a saúde, o que possibilitará um aumento e uma maior estabilidade dos recursos. No entanto, Lei Complementar deverá estabelecer: os percentuais mínimos de que trata o § 2º; os critérios de rateio entre os entes; as normas de fiscalização, avaliação e controle das despesas com saúde; as normas de cálculo do montante a ser aplicado pela União; além, é claro, de especificar as ações e serviços públicos de saúde.

O art. 200 da Constituição, que estabeleceu as competências do Sistema Único de Saúde – SUS, é regulamentado pelas Leis Federais 8.080/90 e 8.142/90.

O SUS consiste no conjunto de ações e serviços de saúde, prestados por órgãos e instituições públicas federais, estaduais e municipais, da Administração direta e indireta e das fundações mantidas pelo Poder Público, incluídas as instituições públicas federais, estaduais e municipais de controle de qualidade, pesquisa e produção de insumos, medicamentos, inclusive de sangue e hemoderivados, e de equipamentos para saúde.

(3) garantido mediante políticas sociais e econômicas:

A garantia mediante políticas sociais e econômicas ressalva, justamente, a necessidade de formulação de políticas públicas que concretizem o direito à saúde através de escolhas alocativas.

É incontestável que, além da necessidade de se distribuir recursos naturalmente escassos por meio de critérios distributivos, a própria evolução da medicina impõe um viés programático ao direito à saúde, pois sempre haverá uma nova descoberta, um novo exame, um novo prognóstico ou procedimento cirúrgico, uma nova doença ou a volta de uma doença supostamente erradicada.

(4) políticas que visem à redução do risco de doença e de outros agravos:

Tais políticas visam à redução do risco de doença e outros agravos, de forma a evidenciar sua dimensão preventiva. As ações preventivas na área da saúde foram, inclusive, indicadas como prioritárias pelo art. 198, inciso II, da Constituição.

(5) políticas que visem ao acesso universal e igualitário:

O constituinte estabeleceu, ainda, um sistema universalista de acesso aos serviços públicos de saúde. Assim, as ações e prestações de saúde devem ser garantidas a todos, como decorrência lógica do princípio da dignidade da pessoa humana.

Nesse sentido, a Ministra Ellen Gracie, na STA 91, ressaltou que, no seu entendimento, o art. 196 da Constituição refere-se, em princípio, à efetivação de políticas públicas que alcancem a população como um todo (STA 91-1/AL, Ministra Ellen Gracie, *DJ* 26.2.2007).

O princípio do acesso igualitário e universal reforça a responsabilidade solidária dos entes da federação, impedindo, inclusive, a discriminação dos pacientes em razão do domicílio ou da nacionalidade.

(6) ações e serviços para promoção, proteção e recuperação da saúde:

O estudo do direito à saúde no Brasil leva à concluir que os problemas de eficácia social desse direito fundamental devem-se muito mais a questões ligadas à implementação e manutenção das políticas públicas de saúde já existentes – o que implica também a composição dos orçamentos dos entes da federação – do que à falta de legislação específica. Em outros termos, o problema não é de inexistência, mas de execução (administrativa) das políticas públicas pelos entes federados.

Nessa perspectiva, talvez seja necessário redimensionar a questão da judicialização dos direitos sociais no Brasil. Isso porque, na maioria dos casos, a intervenção judicial não ocorre tendo em vista uma omissão (legislativa) absoluta em matéria de políticas públicas voltadas à proteção do direito à saúde, mas em razão de uma necessária determinação judicial para o cumprimento de políticas já estabelecidas. Portanto, não se cogita do problema da interferência judicial em âmbitos de livre apreciação ou de ampla discricionariedade de outros poderes quanto à formulação de políticas públicas.

Esse dado pode ser importante para a construção de um critério ou parâmetro para a decisão em casos como este, no qual se discute, primordialmente, o problema da interferência do Poder Judiciário na esfera dos outros Poderes.

O primeiro dado a ser considerado é a existência, ou não, de política estatal que abranja a prestação de saúde pleiteada pela parte no processo. Ao deferir uma prestação de saúde incluída entre as políticas sociais e econômicas formuladas pelo Sistema Único de Saúde, o judiciário não está criando política pública, mas apenas determinando o seu cumprimento. Nesses casos, a existência de um direito subjetivo público a determinada política pública de saúde parece ser evidente.

Se a prestação de saúde pleiteada não for abrangida pelas políticas do SUS, é imprescindível distinguir se a não prestação decorre de uma omissão legislativa ou administrativa, ou de uma decisão administrativa de não fornecer.

Nesses casos, a ponderação dos princípios em conflito dará a resposta ao caso concreto. Importante, no entanto, que os critérios de justiça comutativa que orientam a decisão judicial sejam compatibilizados com os critérios das justiças distributiva e social que determinam a elaboração de políticas públicas. Em outras palavras, ao determinar o fornecimento de um serviço de saúde (internação hospitalar, cirurgia, medicamentos, etc.), o julgador precisa assegurar-se de que o Sistema de Saúde possui condições de arcar não só com as despesas da parte, mas também com as despesas de todos os outros cidadãos que se encontrem em situação idêntica.

Essas considerações já são suficientes para a análise do pedido.

O argumento central apontado pela União reside na violação ao princípio da separação de poderes (art. 2º, CF/88), formulado em sentido forte, que veda intromissão do Poder Judiciário no âmbito de discricionariedade do Poder Executivo.

No caso, entendo inexistente a ocorrência de grave lesão à ordem pública, por violação ao art. 2º da Constituição. A alegação de violação à separação dos Poderes não justifica a inércia do Poder Executivo em cumprir seu dever constitucional de garantia do direito à saúde de todos (art. 196), com a absoluta prioridade para o atendimento das crianças e adolescentes (art. 227), legalmente estabelecido pelas normas que regem o Sistema Único de Saúde, e tecnicamente especificado pelas Portarias do Ministério da Saúde.

Não se pode conceber grave lesão à economia da União, diante de determinação constitucional expressa de primazia na formulação de políticas sociais e econômicas nesta área, bem como na alta prioridade de destinação orçamentária respectiva.

A Constituição indica de forma clara os valores a serem priorizados, corroborada pelo disposto nas Leis Federais 8.080/90 e 8.142/90. Tais determinações devem ser seriamente consideradas quando da formulação orçamentária, pois representam comandos vinculativos para o poder público.

Ademais, a decisão impugnada está em consonância com a jurisprudência desta Corte, a qual firmou entendimento, em casos como o presente, de que se impõe ao Estado a obrigação constitucional de criar condições objetivas que possibilitem, de maneira concreta, a efetiva proteção de direitos constitucionalmente assegurados. Nesse sentido, destacam-se os seguintes julgados: RE 271.286/RS, Rel. Min. Celso de Mello; AI 238.328-0, Rel. Min. Marco Aurélio).

Quanto à possibilidade de intervenção do Poder Judiciário, destaco a ementa da decisão proferida na ADPF-MC 45/DF, relator Celso de Mello, *DJ* 29.4.2004:

"EMENTA: ARGUIÇÃO DE DESCUMPRIMENTO DE PRECEITO FUNDAMENTAL. A QUESTÃO DA LEGITIMIDADE CONSTITUCIONAL DO CONTROLE E DA INTERVENÇÃO DO PODER JUDICIÁRIO EM TEMA DE IMPLEMENTAÇÃO DE POLÍTICAS PÚBLICAS, QUANDO CONFIGURADA HIPÓTESE DE ABUSIVIDADE GOVERNAMENTAL. DIMENSÃO POLÍTICA DA JURISDIÇÃO CONSTITUCIONAL ATRIBUÍDA AO SUPREMO TRIBUNAL FEDERAL. INOPONIBILIDADE DO ARBÍTRIO ESTATAL À EFETIVAÇÃO DOS DIREITOS SOCIAIS, ECONÔMICOS E CULTURAIS. CARÁCTER RELATIVO DA LIBERDADE DE CONFORMAÇÃO DO LEGISLADOR. CONSIDERAÇÕES EM TORNO DA CLÁUSULA DA 'RESERVA DO POSSÍVEL'. NECESSIDADE DE PRESERVAÇÃO, EM FAVOR DOS INDIVÍDUOS, DA INTEGRIDADE E DA INTANGIBILIDADE DO NÚCLEO CONSUBSTANCIADOR DO 'MÍNIMO EXISTENCIAL'. VIABILIDADE INSTRUMENTAL DA ARGUIÇÃO DE DESCUMPRIMENTO NO PROCESSO DE CONCRETIZAÇÃO DAS LIBERDADES POSITIVAS (DIREITOS CONSTITUCIONAIS DE SEGUNDA GERAÇÃO)."

Nesse sentido é a lição de Christian Courtis e Victor Abramovich (ABRAMOVICH, Victor; COURTS, Christian, *Los derechos sociales como derechos exigibles*, Trotta, 2004, p. 251):

832 Estado de Direito e Jurisdição Constitucional – Decisões relevantes em 15 anos de atuação no STF

"Por ello, el Poder Judicial no tiene la tarea de diseñar políticas públicas, sino la de confrontar el diseño de políticas asumidas con los estándares jurídicos aplicables y – en caso de hallar divergencias – reenviar la cuestión a los poderes pertinentes para que ellos reaccionen ajustando su actividad en consecuencia. Cuando las normas constitucionales o legales fijen pautas para el diseño de políticas públicas y los poderes respectivos no hayan adoptado ninguna medida, corresponderá al Poder Judicial reprochar esa omisión y reenviarles la cuestión para que elaboren alguna medida. Esta dimensión de la actuación judicial puede ser conceptualizada como la participación en un <<diálogo>> entre los distintos poderes del Estado para la concreción del programa jurídico-político establecido por la constitución o por los pactos de derechos humanos."

Dos documentos acostados aos autos, ressalto os seguintes dados fáticos como imprescindíveis para a análise do pleito:

a) o Ministério Público Federal e o Ministério Público do Estado do Ceará instauraram, conjuntamente, o Inquérito Civil Público n. 1.15.003.000048/2007-94 (em 23.5.2007) para apurar o alto índice de incidência de casos de dengue e o número preocupante de óbitos na região de Sobral (fl. 50);

b) o Município de Sobral, uma macrorregião do Sistema Único de Saúde no Ceará que compreende 61 municípios, possui apenas 9 leitos de Unidades de Terapia Intensiva – UTI no Hospital Santa Casa de Misericórdia (entidade filantrópica), que atende 1,6 milhão de habitantes (fl. 51);

c) inexistem leitos de UTI pediátrica para atender as crianças de 28 dias a 14 anos (fl. 51); e

d) inexistem leitos de UTI neonatal para o atendimento de recém-nascidos que necessitem de tratamento intensivo em toda a macrorregião do SUS de Sobral (fl. 51).

O Coordenador do Serviço de Neonatologia da Santa Casa de Misericórdia testemunhou que:

"(...) diariamente todos os leitos ficam preenchidos, e há um improviso porque a demanda sempre supera a capacidade instalada; que aproximadamente 90% dos pacientes internados apresentam perfil de UTI neonatal; que estes pacientes ficam sendo atendidos em leitos de média complexidade na neonatologia e ficam, a depender do caso, esperando vagas nos hospitais de Fortaleza (...) que a mortalidade neonatal é muito alta, devido a um carente acompanhamento da gestante e da falta de condições técnicas do serviço, e os recém-nascidos com peso inferior a 1,5 kg precisam de cuidados intensivos (...) que o recém-nascido exige um cuidado especial, já que é um ser indefeso, com baixa imunidade, especialmente quando exposto a agentes infectantes presentes no hospital; que numa região pobre como o norte do Ceará, muitas vezes, nem mesmo a proporcionalidade estabelecida pelas normas do SUS são adequadas, já que a realidade local é influenciada por fatores próprios da pobreza, tais como a falta de acompanhamento das grávidas, planejamento familiar etc., o que existe em menor grau nas regiões mais desenvolvidas; que desde o início da estruturação da maternidade, houve a identificação da necessidade de criação de leitos UTI neonatal, mas as autoridades não avançam na resolução do problema (...) que há, no total, 9 incubadoras no setor de média complexidade, atendendo pacientes de alto risco; que, geralmente, há a dolorosa escolha médica de retirar paciente em estado grave da incubadora para a substituição por outro em estado mais grave; que o ideal seria 1 leito de UTI neonatal para cada 1.000 nascimentos; que além de poucas vagas em Fortaleza para transferência de pacientes em alto risco, há problema de falta de equipe e veículos para transferência (...) que o recurso repassado para fazer face à UTI pediátrica é menor que aquele destinado à neonatal (...)." (fls. 52-53)

A Diretora Administrativa da Santa Casa, Regina Célia Carvalho da Silva, declarou que:

"(...) Por falta de vagas no hospital e em outros da região, o paciente fica internado nos leitos de observação e em macas, sendo que os mais graves ficam no leito de ressuscitação. Que são colocadas macas na sala de ressuscitação e também nos corredores do hospital por falta de vagas. Que a Santa Casa tem 9 leitos de UTI, sendo que nenhum deles é pediátrico ou para UTI neonatal (...)". (fl. 55).

O Secretário Municipal de Saúde de Sobral, Arnaldo Ribeiro Costa Lima, disse ao Ministério Público o seguinte:

Direito à saúde 833

"Que, no total, são 9 leitos de UTI adulta, presentes na Santa Casa e 10 de UTI especificamente cardiológica no hospital do Coração; que na macrorregião de Sobral, a proporção é de 88.000 pessoas para cada leito de UTI, enquanto a recomendação da Organização mundial de Saúde indica a necessidade de 10.000 pessoas para cada leito da UTI; que cada paciente internado custa R$ 900 diariamente, e o Estado do Ceará repasse nenhum valor, sendo que a União repassa R$ 450 diários por leito; que há necessidade de que o Estado repasse pelo menos R$ 150 mil por mês; que há projeto do aumento do número de UTIs em duas versões; que o primeiro não se mostra viável financeiramente, e o segundo projeto, levado em consideração pelo Município de Sobral, visa a instalação de 10 leitos de UTI neonatal e 8 pediátricas, mantendo-se os 10 leitos de UTI adulta (em verdade quis referir-se aos 9 já existentes) (...) que quando chega um paciente em estado grave, e inexiste leito disponível, o direcionamento do paciente é feito por uma central estadual de regulação de leitos, cabendo à prefeitura transportar o paciente para o local de acordo com a vaga encontrada (...)." (fls. 55-56)

A decisão impugnada, ao deferir a antecipação de tutela postulada, descreve a situação precária da saúde pública na Região do SUS de Sobral/CE, nos seguintes termos:

"(...) Esse fato, porém, não nos autoriza a aquiescer com as políticas públicas adotadas em relação ao Sistema Único de Saúde, o qual, embora referência em determinadas áreas de sua atuação (*e.g.* fornecimento de medicamentos aos infectados com o vírus HIV), está deixando a desejar no que se refere à saúde dos habitantes da região norte do Estado do Ceará. É que da análise da documentação encartada aos autos, percebe-se claramente que o número de leitos de UTI que atende à vasta área e ao denso grupo populacional é desproporcional à demanda por serviços de alta complexidade. (...) Imergindo propriamente no mérito da discussão que gravita em torno do tema abordado na presente demanda e a partir da análise da sua causa de pedir, estou em que as fotografias de fls. 29/39 são uma demonstração inicial e eloquente da precariedade do atendimento que vem sendo dispensado à população da região norte do Estado do Ceará no único hospital de alta complexidade da região conveniado ao SUS: os flagrantes exibem pessoas (inclusive crianças) sendo atendidas nos corredores, em acomodações inadequadas e em condições incompatíveis com o que exige o estado de saúde.

A tanto some-se que a Tabela V de fl. 52 sinaliza que a macrorregião de Sobral é a que se encontra na pior relação leito/habitante no Estado, considerada a Portaria n. 1.101/GM de 2002, do Ministério da Saúde, a qual estabelece os parâmetros de cobertura assistencial no âmbito do Sistema Único de Saúde – SUS a partir de recomendações técnicas ideais, constituindo-se em referências para orientar os gestores do SUS dos três níveis de governo no planejamento, programação e priorização das ações de saúde a serem desenvolvidas (art. 1º e parágrafo único).

Ademais, a Portaria n. 3.432/GM, de 12 de agosto de 2002, do Ministério da Saúde, ao estatuir sobre os critérios de classificação entre as diferentes Unidades de Tratamento Intensivo – UTI, fixa que 'Todo hospital que atenda gestante de alto risco deve dispor de leitos de tratamento intensivo adulto e neonatal' (item 1.5 do anexo). Ou seja, contando com apenas nove leitos de UTI para o atendimento de uma população estimada em mais de 1,5 milhão de habitantes, o único hospital de alta complexidade conveniado ao SUS da região norte nem de longe corresponde às recomendações do Ministério da Saúde. É certo que há informações dando conta da existência de aproximadamente uma dezena de leitos de UTI no Hospital do Coração, também em Sobral; porém, as internações naquela unidade hospitalar se vinculam à especialidade cardiológica, o que, de certa forma, restringe o espectro de sua atuação.

Desse quadro, vislumbra-se que a região dispõe de menos da metade do número mínimo de leitos comuns por macrorregião, defasagem essa que também diz respeito aos leitos de UTI, cuja necessidade é estimada em 4% a 10% dos leitos hospitalares, em média (v. Item 3.5, letra 'b', do Anexo da Portaria 1.101/2002). Isso sem falar da absoluta ausência de leitos de UTI pediátrica e neonatal. Tais dados revelam o descaso com que vem sendo tratada a saúde na região norte do Ceará, submetendo toda a sua população às consequências dessa omissão, as quais resultaram em diversas mortes que certamente poderiam ter sido evitadas." (fl. 81/82)

Verifico que a decisão objeto do pedido de suspensão, especialmente na parte em que determinou a instalação de UTIs neonatais e pediátricas, apenas determinou o cumprimento de política pública constitucionalmente definida como prioritária (art. 196 c/c 227, *caput*, e § 1°, I) e especificada de maneira clara e concreta por atos normativos do próprio Ministério da Saúde.

A Portaria MS/GM n. 1.101, de 13.6.2002, que estabelece os parâmetros de cobertura assistencial no âmbito do SUS, especifica a quantidade mínima de leitos de Unidades de Tratamento Intensivo de acordo com o número de habitantes de cada região:

"3.5. Necessidade de Leitos Hospitalares

Em linhas gerais, estima-se a necessidade de leitos hospitalares da seguinte forma:

a) Leitos Hospitalares Totais = 2,5 a 3 leitos para cada 1.000 habitantes;

b) Leitos de UTI: calcula-se, em média, a necessidade de 4% a 10% do total de Leitos Hospitalares; (média para municípios grandes, regiões, etc.);

c) Leitos em Unidade de Recuperação (pós-cirúrgico): calcula-se, em média, 2 a 3 leitos por Sala Cirúrgica;

d) Leitos para pré-parto: calcula-se, no mínimo, 2 leitos por Sala de Parto."

A Portaria MS/GM n. 3.432, de 13.8.1998, alterada pela Portaria n. 332, de 28.03.2000, que estabelece critérios de classificação para as Unidades de Tratamento Intensivo, torna obrigatória a existência de leitos de UTI neonatal nas unidades que possuam maternidade de alto risco:

"1.5. Todo hospital que atenda gestante de alto risco deve dispor de leitos de tratamento intensivo adulto e neonatal."

Inocorrentes os pressupostos contidos no art. 4° da Lei n. 8.437/1992, verifico que a suspensão da decisão atacada poderá ocasionar graves e irreparáveis danos à saúde e à vida da população abrangida pela macrorregião do Município de Sobral.

Reforçando esse entendimento, a Procuradoria-Geral da República asseverou o seguinte:

"[...] A ponderação dos valores discutidos, neste caso, portanto, leva ao indeferimento do pedido de contracautela, uma vez que a suspensão dos efeitos da decisão impugnada afrontaria a necessidade premente dos serviços de saúde em causa pela população, mostrando-se indubitável, na espécie, o chamado perigo de dano inverso, a demonstrar a elevada plausibilidade da pretensão veiculada na ação civil, minando, em contrapartida, a razoabilidade da suspensão requerida" – (fl. 107).

Contudo, a decisão impugnada fixou multa diária no valor de R$ 10.000,00 (dez mil reais) para cada um dos réus:

"À luz do exposto e de tudo o mais que dos autos consta, concedo a liminar na forma como pleiteada (art. 12, Lei n. 7.347/85), pelo que determino, sob pena de multa diária individualizada (art. 11, LACP) para cada um dos réus, na hipótese de descumprimento de quaisquer dos comandos da decisão, no valor de R$ 10.000,00 (dez mil reais):

i.) ao MUNICÍPIO DE SOBRAL que providencie, imediatamente, a transferência de todos os pacientes que se encontram ou que venham a se encontrar necessitando de atendimento em Unidades de Tratamento Intensivo – UTI, para hospitais públicos ou particulares detentores de tais unidades de tratamento, que deverão ser contratados para esse fim, competindo à UNIÃO e ao ESTADO DO CEARÁ, conjunta ou separadamente através do SUS, a adoção dos meios necessários para auxiliar o MUNICÍPIO DE SOBRAL no cumprimento das medidas acima especificadas.

ii.) que através dos seus órgãos de gestão e execução, no âmbito de suas respectivas competências, a UNIÃO, o ESTADO DO CEARÁ e o MUNICÍPIO DE SOBRAL, iniciem, no prazo máximo de 90 (noventa) dias, as ações tendentes à instalação e ao funcionamento de pelo menos 10 (dez) novos leitos de UTIs adulta, 10 (dez) leitos de UTI neonatal e 10 (dez) leitos de UTI pediátrica;"

Entendo que tão somente neste ponto a decisão impugnada gera lesão à economia pública, ou seja, **apenas quanto à fixação de multa por não cumprimento, em 90 (noventa) dias, da determinação de iniciar as ações tendentes à instalação e ao funcionamento de pelo menos 10 (dez) novos leitos de UTIs adulta, 10 (dez) leitos de UTI neonatal e 10 (dez) leitos de UTI**

pediátrica. Para se chegar a essa constatação, basta observar que a fixação de multa em valor elevado e sem limitação máxima constitui ônus excessivo ao Poder Público e à coletividade, pois impõe remanejamento financeiro das contas estaduais, em detrimento de outras políticas públicas estaduais de alta prioridade. Dessa forma, remanesce íntegra a decisão, quanto à possibilidade de multa por não transferir os pacientes que necessitem de atendimento em Unidade de Tratamento Intensivo para hospitais, públicos ou particulares, que as possuam.

Destaco, contudo, que não se impede a fixação de multa por descumprimento de decisão judicial. O que não se pode perder de vista é a possibilidade de vultoso prejuízo à coletividade, por multa fixada em decisão liminar baseada em juízo cognitivo sumário.

Assim, não vislumbro grave lesão à ordem, à saúde, à segurança ou à economia públicas, valores protegidos pela Lei n. 8.437, com exceção da fixação de multa diária em valor demasiadamente elevado.

Ante o exposto, defiro parcialmente o pedido de suspensão, **tão somente quanto à fixação de multa diária por descumprimento da ordem judicial quanto ao início das ações para a instalação e funcionamento dos leitos de UTIs em 90 dias**, mantendo a decisão liminar nos seus demais termos.

Comunique-se com urgência.

Publique-se.

Brasília, 14 de outubro de 2008.

Ministro **GILMAR MENDES**
Presidente

9. Direito à igualdade

ADPF 186[1]

Atos que instituíram sistema de reserva de vagas com base em critério étnico-racial (cotas) no processo de seleção para ingresso em instituição pública de ensino superior – Alegada ofensa aos arts. 1º, *caput*, III, 3º, IV, 4º, VIII, 5º, I, II XXXIII, XLI, LIV, 37, *caput*, 205, 206, *caput*, I, 207, *caput*, e 208, V, todos da Constituição Federal – Ação julgada improcedente.

VOTO

1 BREVE RELATO DA AÇÃO

Trata-se de arguição de descumprimento de preceito fundamental, proposta pelo partido político DEMOCRATAS (DEM), contra atos administrativos da Universidade de Brasília (UnB) que instituíram o programa de cotas raciais para ingresso naquela universidade.

Alega-se ofensa aos artigos 1º, *caput* e inciso III; 3º, inciso IV; 4º, inciso VIII; 5º, incisos I, II, XXXIII, XLII, LIV; 37, *caput*; 205; 207, *caput*; e 208, inciso V, da Constituição de 1988.

A peça inicial defende, em síntese, que *"(...) na presente hipótese, sucessivos atos estatais oriundos da Universidade de Brasília atingiram preceitos fundamentais diversos, na medida em que estipularam a criação da reserva de vagas de 20% para negros no acesso às vagas universais e instituíram verdadeiro 'Tribunal Racial', composto por pessoas não identificadas e por meio do qual os direitos dos indivíduos ficariam, sorrateiramente, à mercê da discricionariedade dos componentes, (...)"* (fl. 9).

O autor esclarece, inicialmente, que a presente arguição não visa a questionar a constitucionalidade de ações afirmativas como políticas necessárias para a inclusão de minorias, ou mesmo a adoção do modelo de Estado Social pelo Brasil, nem a existência de racismo, preconceito e discriminação na sociedade brasileira. Acentua, dessa forma, que a ação impugna, especificamente, a adoção de políticas afirmativas "racialistas", nos moldes da adotada pela UnB, que entende inadequada para as especificidades brasileiras.

Assim, a petição traz trechos em que se questiona se *"a raça, isoladamente, pode ser considerada no Brasil um critério válido, legítimo, razoável, constitucional, de diferenciação entre o exercício de direitos dos cidadãos"* (fl. 28). Defende o partido político, com isso, que o acesso aos direitos fundamentais no Brasil não é negado aos negros, mas aos pobres e que o problema econômico está atrelado à questão racial.

Alega que o sistema de cotas da UnB pode agravar o preconceito racial, uma vez que insti-

---

[1] Acordam os Ministros do Supremo Tribunal Federal, em Sessão Plenária, sob a Presidência do Senhor Ministro Ayres Britto, na conformidade da ata de julgamentos e das notas taquigráficas, por unanimidade e nos termos do voto do Relator, julgar totalmente improcedente a arguição (*DJ* de 20.10.2014).

tui a consciência estatal da raça, promove ofensa arbitrária ao princípio da igualdade, gera discriminação reversa em relação aos brancos pobres, além de favorecer a classe média negra (fl. 29).

Afirma que o item 7 e os subitens do Edital n. 02/2009 do CESPE/UnB violam o princípio da igualdade e da dignidade humana, na medida em que ressuscitam a crença de que é possível identificar a que raça pertence uma pessoa (fl. 29). Assim, indaga a respeito da constitucionalidade dos critérios utilizados pela comissão designada pelo CESPE para definir a "raça" do candidato, afirmando que saber quem é ou não negro vai muito além do fenótipo.

A petição ressalta, ainda, que a aparência de uma pessoa diz muito pouco sobre a sua ancestralidade (fl. 30). Refere, com isso, que a "teoria compensatória", que visa à reparação do dano causado pela escravidão, não pode ser aplicada num país miscigenado como o Brasil.

Na inicial, é frisado que, nos últimos 30 anos, estabeleceu-se um consenso entre os geneticistas segundo o qual os seres humanos são todos iguais (fl. 37) e que as características fenotípicas representam apenas 0,035% do genoma humano. Aponta, dessa forma, o perigo da importação de modelos como o de Ruanda e o dos Estados Unidos da América (fls. 41-43).

Sustenta, ademais, que os dados estatísticos referentes aos indicadores sociais são manipulados e que a pobreza no Brasil tem "todas as cores" (fls. 54-58).

Especificamente quanto ao sistema de classificação racial da UnB, o arguente enfatiza que todos os censos brasileiros sempre utilizaram o critério da autoclassificação (fl. 61).

Expõe que, no Brasil, *"a existência de valores nacionais, comuns a todas as raças, parece quebrar o estigma da classificação racial maniqueísta"* (fl. 67).

Conclui, assim, que as cotas raciais instituídas pela UnB violam o princípio constitucional da proporcionalidade, por ofensa ao subprincípio da adequação, no que concerne à utilização da raça como critério diferenciador de direitos entre indivíduos, uma vez que é a pobreza que impede o acesso ao Ensino Superior (fl. 74). Sugere que um modelo que levasse em conta a renda em vez da cor da pele seria menos lesivo aos direitos fundamentais e também atingiria a finalidade pretendida de integrar os negros (fl. 75).

O pedido final da arguição de descumprimento de preceito fundamental está assim formulado:

"(...) seja a ação julgada procedente para o fim de que esta Egrégia Corte Constitucional declare a inconstitucionalidade, com eficácia *erga omnes*, efeitos *ex tunc* e vinculantes dos seguintes atos administrativos e normativos: (i) Ata da Reunião Extraordinária do Conselho de Ensino, Pesquisa e Extensão da Universidade de Brasília (CEPE), realizada no dia 6 de junho de 2003; (ii) Resolução nº 38, de 18 de junho de 2003, do Conselho de Ensino, Pesquisa e Extensão da Universidade de Brasília (CEPE); (iii) Plano de Metas para a Integração Social, Étnica e Racial da Universidade de Brasília – UnB, especificamente os pontos I ("Objetivo"), II ("Ações para alcançar o objetivo"), I ("Acesso"), alínea 'a'; II ("Ações para alcançar o objetivo"), II ("Permanência"), '1', '2' e '3, a, b, c'; e III ("Caminhos para a implementação"), itens 1, 2 e 3. As impugnações aqui referidas tomam por base o texto literal do Plano de Metas, apesar da evidente confusão na distribuição entre itens, alíneas e subitens; e (iv) Item 2, subitens 2.2., 2.2.1, 2.3, item 3, subitem 3.9.8 e item 7 e subitens, do Edital nº 2, de 20 de abril de 2009, do 2º Vestibular de 2009 – CESPE/UnB, por ofensa descarada e manifesta ao artigo 1º, *caput* (princípio republicano) e inciso III (dignidade da pessoa humana); ao artigo 3º, inciso IV (veda o preconceito de cor e a discriminação); o artigo 4º, inciso III (repúdio ao racismo); o artigo 5º, incisos I (igualdade), II (legalidade), XXXIII (direito à informação dos órgãos públicos), XLII (vedação ao racismo) e LIV (devido processo legal e princípio da proporcionalidade), o artigo 37, *caput* (princípios da legalidade, da impessoalidade, da razoabilidade, da publicidade, da moralidade, corolários do princípio republicano), além dos artigos 205 (direito universal de educação), 206, *caput* e inciso I (igualdade nas condições de acesso ao ensino), 207 (autonomia universitária) e 208, inciso V (princípio do acesso aos níveis mais elevados do ensino, da pesquisa e da criação artística segundo a capacidade de cada um), todos da Constituição Federal". (fl. 79)

Em despacho de 21 de julho de 2009 (fl. 613), na condição de Presidente do Tribunal, requisitei as informações dos arguidos e as manifestações do Advogado-Geral da União e do Procurador-Geral da República (art. 5º, § 2º, da Lei n. 9.882/99).

O Reitor da Universidade de Brasília, o Diretor do Centro de Promoção de Eventos da Universidade de Brasília e o Presidente do Conselho de Ensino, Pesquisa e Extensão da Universidade de Brasília prestaram informações (fls. 628-668), alegando a impossibilidade da propositura de arguição de descumprimento de preceito fundamental, por ser cabível o ajuizamento de ação direta de inconstitucionalidade (fl. 636). Asseveraram, com base no princípio da dignidade da pessoa humana, a constitucionalidade dos atos impugnados (fls. 636-640). Sustentaram que *"não é possível ignorar, face à análise de abundantes dados estatísticos, que cidadãos brasileiros de cor negra partem, em sua imensa maioria, de condições socioeconômicas muito desfavoráveis comparativamente aos de cor branca"* (fl. 643). Alegaram, ainda, que a Convenção sobre a Eliminação de Todas as Formas de Discriminação Racial, ratificada pelo Brasil, prevê ações afirmativas como forma de rechaçar a discriminação racial (fl. 645). Esclarecem, assim, que o critério utilizado pela Universidade não é o genético, mas o da análise do fenótipo do candidato (fl. 664). Ressaltam, por fim, que já foram realizados 10 vestibulares utilizando-se o sistema de cotas, não havendo *periculum in mora* a justificar a concessão da medida liminar requerida (fl. 667).

A Procuradoria-Geral da República manifestou-se pela admissibilidade da ADPF e pelo indeferimento da medida cautelar postulada, *"seja pela ausência de plausibilidade do direito invocado, em vista da constitucionalidade das políticas de ação afirmativa impugnadas, seja pela presença do* periculum in mora *inverso"* (fl. 709-733).

Na petição de fls. 735-765, o Advogado-Geral da União manifestou-se pela denegação da medida cautelar pleiteada, por ausência dos requisitos necessários à sua concessão.

Em decisão de 31 de julho de 2009, na condição de Presidente da Corte e com base no § 1º do art. 5º da Lei 9.882/99 e no art. 13, VIII, do Regimento Interno do STF, indeferi o pedido de medida cautelar. Na época, considerei que, embora a importância dos temas em debate merecesse a apreciação célere desta Suprema Corte, naquele momento não havia urgência a justificar a concessão da medida liminar. Levei em conta que o sistema de cotas raciais da UnB tem sido adotado desde o vestibular de 2004, renovando-se a cada semestre, e que a interposição da presente arguição ocorreu após a divulgação do resultado final do vestibular 2/2009, quando já encerrados os trabalhos da comissão avaliadora do sistema de cotas. Assim, naquela ocasião, não se vislumbrava qualquer razão para a medida cautelar de suspensão do registro (matrícula) dos alunos que foram aprovados no vestibular da UnB ou para qualquer interferência no andamento dos trabalhos na universidade.

Em 4 de agosto de 2009, o processo foi então distribuído ao Ministro Ricardo Lewandowski, o qual, em 15 de setembro seguinte, convocou audiência pública para ouvir o depoimento de pessoas com experiência e autoridade em matéria de políticas de ação afirmativa no Ensino Superior. A audiência pública foi realizada nos dias 3 e 4 de março de 2010.

O Advogado-Geral da União manifestou-se pelo não conhecimento da ADPF e, caso esta seja convertida em ADI, pela sua improcedência.

O parecer do Procurador-Geral da República é pela improcedência desta ADPF.

A decisão foi nos seguintes termos ementada:

EMENTA: ARGUIÇÃO DE DESCUMPRIMENTO DE PRECEITO FUNDAMENTAL. ATOS QUE INSTITUÍRAM SISTEMA DE RESERVA DE VAGAS COM BASE EM CRITÉRIO ÉTNICO-RACIAL (COTAS) NO PROCESSO DE SELEÇÃO PARA INGRESSO EM INSTITUIÇÃO PÚBLICA DE ENSINO SUPERIOR. ALEGADA OFENSA AOS ARTS. 1º, CAPUT, III, 3º, IV, 4º, VIII, 5º, I, II, XXXIII, XLI, LIV, 37, CAPUT, 205, 206, CAPUT, I, 207, CAPUT, E 208, V, TODOS DA CONSTITUIÇÃO FEDERAL. AÇÃO JULGADA IMPROCEDENTE. I – Não contra-

ria – ao contrário, prestigia – o princípio da igualdade material, previsto no caput do art. 5º da Carta da República, a possibilidade de o Estado lançar mão seja de políticas de cunho universalista, que abrangem um número indeterminado de indivíduos, mediante ações de natureza estrutural, seja de ações afirmativas, que atingem grupos sociais determinados, de maneira pontual, atribuindo a estes certas vantagens, por um tempo limitado, de modo a permitir-lhes a superação de desigualdades decorrentes de situações históricas particulares. II – O modelo constitucional brasileiro incorporou diversos mecanismos institucionais para corrigir as distorções resultantes de uma aplicação puramente formal do princípio da igualdade. III – Esta Corte, em diversos precedentes, assentou a constitucionalidade das políticas de ação afirmativa. IV – Medidas que buscam reverter, no âmbito universitário, o quadro histórico de desigualdade que caracteriza as relações étnico-raciais e sociais em nosso País, não podem ser examinadas apenas sob a ótica de sua compatibilidade com determinados preceitos constitucionais, isoladamente considerados, ou a partir da eventual vantagem de certos critérios sobre outros, devendo, ao revés, ser analisadas à luz do arcabouço principiológico sobre o qual se assenta o próprio Estado brasileiro. V – Metodologia de seleção diferenciada pode perfeitamente levar em consideração critérios étnico-raciais ou socioeconômicos, de modo a assegurar que a comunidade acadêmica e a própria sociedade sejam beneficiadas pelo pluralismo de ideias, de resto, um dos fundamentos do Estado brasileiro, conforme dispõe o art. 1º, V, da Constituição. VI – Justiça social, hoje, mais do que simplesmente redistribuir riquezas criadas pelo esforço coletivo, significa distinguir, reconhecer e incorporar à sociedade mais ampla valores culturais diversificados, muitas vezes considerados inferiores àqueles reputados dominantes. VII – No entanto, as políticas de ação afirmativa fundadas na discriminação reversa apenas são legítimas se a sua manutenção estiver condicionada à persistência, no tempo, do quadro de exclusão social que lhes deu origem. Caso contrário, tais políticas poderiam converter-se benesses permanentes, instituídas em prol de determinado grupo social, mas em detrimento da coletividade como um todo, situação – é escusado dizer – incompatível com o espírito de qualquer Constituição que se pretenda democrática, devendo, outrossim, respeitar a proporcionalidade entre os meios empregados e os fins perseguidos. VIII – Arguição de descumprimento de preceito fundamental julgada improcedente.

VOTO

2. A QUESTÃO DAS AÇÕES AFIRMATIVAS À LUZ DA LIBERDADE, IGUALDADE E FRATERNIDADE

A presente arguição de descumprimento de preceito fundamental traz a esta Corte uma das questões constitucionais mais fascinantes de nosso tempo – acertadamente cunhado por Bobbio como o "tempo dos direitos" (BOBBIO, Norberto, L' età dei diritti. Einaudi editore, Torino, 1990) – e que, desde meados do século passado, tem sido o centro de infindáveis debates em muitos países e, no Brasil, atinge atualmente seu auge. Trata-se do difícil problema quanto à legitimidade constitucional dos programas de ação afirmativa que implementam mecanismos de discriminação positiva para inclusão de minorias e determinados segmentos sociais.

O tema causa polêmica, tornando-se objeto de discussão, e a razão para tanto está no fato de que ele toca nas mais profundas concepções individuais e coletivas a respeito dos valores fundamentais da liberdade e da igualdade.

Liberdade e igualdade constituem os valores sobre os quais está fundado o Estado constitucional. A história do constitucionalismo se confunde com a história da afirmação desses dois fundamentos da ordem jurídica. Não há como negar, portanto, a simbiose existente entre liberdade e igualdade e o Estado Democrático de Direito. Isso é algo que a ninguém soa estranho – pelo menos em sociedades construídas sobre valores democráticos – e, neste momento, deixo claro que não pretendo rememorar ou reexaminar o tema sob esse prisma.

Não posso deixar de levar em conta, no contexto dessa temática, as assertivas do Mestre e amigo Professor Peter Häberle, o qual muito bem constatou que, na dogmática constitucional, muito já se tratou e muito já se falou sobre liberdade e igualdade, mas pouca coisa se encontra sobre o terceiro valor fundamental da Revolução Francesa de 1789: *a fraternidade* (HÄBERLE, Peter. Libertad, igualdad, fraternidad. 1789 como historia, actualidad y futuro del Estado

840 Estado de Direito e Jurisdição Constitucional – Decisões relevantes em 15 anos de atuação no STF

constitucional. Madrid: Trotta; 1998). E é dessa perspectiva que parto para as análises que faço a seguir.

No limiar deste século XXI, liberdade e igualdade devem ser (re)pensadas segundo o valor fundamental da fraternidade. Com isso quero dizer que a fraternidade pode constituir a chave por meio da qual podemos abrir várias portas para a solução dos principais problemas hoje vividos pela humanidade em tema de liberdade e igualdade.

Vivemos, atualmente, as consequências dos acontecimentos do dia 11 de setembro de 2001 e sabemos muito bem o que significam os fundamentalismos de todo tipo para os pilares da liberdade e igualdade. Fazemos parte de sociedades multiculturais e complexas e tentamos ainda compreender a real dimensão das manifestações racistas, segregacionistas e nacionalistas, que representam graves ameaças à liberdade e à igualdade.

Nesse contexto, a *tolerância nas sociedades multiculturais* é o cerne das questões a que este século nos convidou a enfrentar em tema de liberdade e igualdade.

Pensar a igualdade segundo o valor da fraternidade significa ter em mente as diferenças e as particularidades humanas em todos os seus aspectos. A tolerância em tema de igualdade, nesse sentido, impõe a igual consideração do outro em suas peculiaridades e idiossincrasias. Numa sociedade marcada pelo pluralismo, a igualdade só pode ser igualdade com igual respeito às diferenças. Enfim, no Estado democrático, a conjugação dos valores da igualdade e da fraternidade expressa uma normatividade constitucional no sentido de reconhecimento e proteção das minorias.

A questão da constitucionalidade de ações afirmativas voltadas ao objetivo de remediar desigualdades históricas entre grupos étnicos e sociais, com o intuito de promover a justiça social, representa um ponto de inflexão do próprio valor da igualdade. Diante desse tema, somos chamados a refletir sobre até que ponto, em sociedades pluralistas, a manutenção do *status quo* não significa a perpetuação de tais desigualdades.

Se, por um lado, a clássica concepção liberal de igualdade como um valor meramente formal há muito foi superada, em vista do seu potencial de ser um meio de legitimação da manutenção de iniquidades, por outro o objetivo de se garantir uma efetiva igualdade material deve sempre levar em consideração a necessidade de se respeitar os demais valores constitucionais.

Não se deve esquecer, nesse ponto, o que Alexy trata como o *paradoxo da igualdade*, no sentido de que toda igualdade de direito tem por consequência uma desigualdade de fato, e toda desigualdade de fato tem como pressuposto uma desigualdade de direito (ALEXY, Robert. *Teoría de los derechos fundamentales.* Madrid: Centro de Estudios Políticos y Constitucionales, 2001). Assim, o mandamento constitucional de reconhecimento e proteção igual das diferenças impõe um tratamento desigual por parte da lei. O paradoxo da igualdade, portanto, suscita problemas dos mais complexos para o exame da constitucionalidade das ações afirmativas em sociedades plurais.

Cortes constitucionais de diversos Estados têm sido chamadas a se pronunciar sobre a constitucionalidade de programas de ações afirmativas nas últimas décadas. No entanto, é importante salientar que essa temática – que até certo ponto pode ser tida como universal – tem contornos específicos conforme as particularidades históricas e culturais de cada sociedade.

3. AÇÕES AFIRMATIVAS BASEADAS EXCLUSIVAMENTE NO CRITÉRIO DA "RAÇA"

O tema não pode deixar de ser abordado desde uma reflexão mais aprofundada sobre o conceito do que chamamos de "raça". Nunca é demais esclarecer que a ciência contemporânea, por meio de pesquisas genéticas, comprovou a inexistência de "raças" humanas. Os estudos do genoma humano comprovam a existência de uma única espécie dividida em bilhões de indivíduos únicos: *"somos todos muito parecidos e, ao mesmo tempo, muito diferentes"* (Cfr.: PENA, Sérgio D. J. *Humanidade Sem Raças?* Série 21, Publifolha, p. 11.).

Este Supremo Tribunal Federal, inclusive, no histórico julgamento do *Habeas Corpus* n. 82.424-2/RS, frisou a inexistência de subdivisões raciais entre indivíduos.

A noção de "raça", que insiste em dividir e classificar os seres humanos em "categorias", resulta de um processo político-social que, ao longo da história, originou o racismo, a discriminação e o preconceito segregacionista. Como explica Joaze Bernardino, *"a categoria raça é uma construção sociológica, que por esse motivo sofrerá variações de acordo com a realidade histórica em que ela for utilizada"*. Em razão disso, uma pessoa pode ser considerada branca num contexto social e negra em outro, como ocorre com *"alguns brasileiros brancos que são tratados como negros nos Estados Unidos"* (BERNARDINO, Joaze. Levando a raça a sério: ação afirmativa e correto reconhecimento. In: *Levando a raça a sério: ação afirmativa e universidade*. Rio de Janeiro: DP&A, 2004, p. 19-20).

De toda forma, é preciso enfatizar que, enquanto em muitos países o preconceito sempre foi uma questão étnica, no Brasil o problema vem associado a outros vários fatores, dentre os quais sobressai a posição ou o *status* cultural, social e econômico do indivíduo. Como já escrevia nos idos da década de 40 do século passado Caio Prado Júnior, célebre historiador brasileiro, *"a classificação étnica do indivíduo se faz no Brasil muito mais pela sua posição social; e a raça, pelo menos nas classes superiores, é mais função daquela posição que dos caracteres somáticos"* (PRADO JÚNIOR, Caio. *Formação do Brasil Contemporâneo*. São Paulo: Brasiliense, 2006, p. 109).

Isso não quer dizer que não haja problemas "raciais" no Brasil. O preconceito está em toda parte. Como dizia Bobbio, *"não existe preconceito pior do que o acreditar não ter preconceitos"* (BOBBIO, Norberto. *Elogio da serenidade e outros escritos morais*. São Paulo: Unesp, 2002, p. 122).

No debate sobre o tema, somos também levados a analisar a diferença existente entre a discriminação promovida pelo Estado e a discriminação praticada pelos particulares.

Desde a abolição da escravatura – um dos fatos mais importantes da história de afirmação e efetivação dos direitos fundamentais no Brasil –, não há notícia de que o Estado brasileiro tenha se utilizado do critério racial para realizar diferenciação legal entre seus cidadãos. Esse é um fator de relevo que distingue o debate sobre o tema no Brasil.

Nos Estados Unidos, por exemplo, existiu um sistema institucionalizado de discriminação racial estimulado pela sociedade e pelo próprio Estado, por seus Poderes Executivo, Legislativo e Judiciário, em seus diferentes níveis. A segregação entre negros e brancos foi amplamente implementada pelo denominado sistema *Jim Crow* e legitimada durante várias décadas pela doutrina do "separados mas iguais" (*separate but equal*), criada pela famosa decisão da Suprema Corte nos caso *Plessy vs. Ferguson* (163 U.S 537 1896). Com base nesse sistema legal segregacionista, os negros foram proibidos de frequentar as mesmas escolas que os brancos, comer nos mesmos restaurantes e lanchonetes, morar em determinados bairros, serem proprietários ou locatários de imóveis pertencentes a brancos, utilizar os mesmos transportes públicos, teatros, banheiros etc., casar com brancos, votar e serem votados e, enfim, de serem cidadãos dos Estados Unidos da América. Foi nesse específico contexto de cruel discriminação contra os negros que surgiram as ações afirmativas como uma espécie de mecanismo emergencial de inclusão e integração social dos grupos minoritários e de solução para os conflitos sociais que se alastravam por todo o país na década de 60.

Assim, não se pode deixar de considerar que o preconceito racial existente no Brasil nunca chegou a se transformar numa espécie de ódio racial coletivo, tampouco ensejou o surgimento de organizações contrárias aos negros, como a Ku Klux Klan e os Conselhos de Cidadãos Brancos, tal como ocorrido nos Estados Unidos. Na República Brasileira, nunca houve formas de segregação racial legitimadas pelo próprio Estado.

No Brasil, a análise do tema das ações afirmativas deve basear-se, sobretudo, em estudos históricos, sociológicos e antropológicos sobre as relações raciais em nosso país.

Durante muito tempo, os sociólogos, antropólogos e historiadores identificaram, no processo de miscigenação que formou a sociedade brasileira, uma forma de democracia racial. O apogeu da tese da "democracia racial brasileira" se deu na década de 30, com o trabalho de Gilberto Freyre (*Casa grande & Senzala*).

Na década de 50, a crença na democracia racial levou os representantes brasileiros na UNESCO (Artur Ramos e Luiz Aguiar Costa Pinto), após a 2ª Guerra Mundial, a propor o Brasil como exemplo de uma experiência bem-sucedida de relações raciais.

A partir da década de 60, pesquisas financiadas pela UNESCO, e desenvolvidas por sociólogos brasileiros (Florestan Fernandes, Fernando Henrique Cardoso e Oracy Nogueira, por exemplo), começaram a questionar a existência dessa dita democracia. Concluíram que, no fundo, o Brasil desenvolvera uma forma de discriminação "racial" escondida atrás do mito da "democracia racial". Apontaram que, enquanto nos Estados Unidos desenvolveu-se o preconceito com base na origem do indivíduo (ancestralidade), no Brasil existia o preconceito com base na cor da pele da pessoa (fenótipo).

Na década de 70, pesquisadores como Carlos Hasenbalg e Nelson do Valle e Silva afirmaram que o preconceito e a discriminação não estavam apenas fundados nas sequelas da escravatura, mas assumiram novas formas e significados a partir da abolição, estando relacionadas aos *"benefícios simbólicos adquiridos pelos brancos no processo de competição e desqualificação dos negros"*. Simultaneamente, os movimentos negros passaram a questionar a visão integracionista das lideranças negras brasileiras das décadas de 30, 40, 50 e 60.

Foi na década de 90, durante o governo de Fernando Henrique Cardoso, que o tema das ações afirmativas entrou na agenda do governo brasileiro, com a criação do Grupo de Trabalho Interministerial para a Valorização da População Negra em 1995, com as propostas do Programa Nacional de Direitos Humanos (PNDH) em 1996 e a participação do Brasil na Conferência Mundial contra o Racismo, Discriminação Racial, Xenofobia e Formas Correlatas de Intolerância, em 2001, na África do Sul.

O governo de Luiz Inácio Lula da Silva aprofundou esse processo. Criou a Secretaria Especial para a Promoção da Igualdade Racial, modificou o Sistema de Financiamento ao Estudante e criou o Programa Universidade para Todos, prevendo bolsas e vagas específicas para "negros". Em 2003, o Conselho Nacional de Educação exarou as Diretrizes Nacionais Curriculares para a Educação das Relações Étnico-Raciais e para o Ensino da História e Cultura Afro-Brasileira.

Em 2010, foi promulgado o Estatuto da Igualdade Racial (Lei 12.288/2010), destinado a garantir a efetivação da igualdade de oportunidades, a defesa dos direitos étnicos individuais, coletivos e difusos da população negra, bem como o combate à intolerância étnica, nos termos do seu artigo 1º.

A análise dessas considerações históricas e do que se produziu no âmbito da sociologia e da antropologia no Brasil nos leva até mesmo a questionar se o Estado brasileiro não estaria passando por um processo de abandono da ideia, muito difundida, de um país miscigenado e, aos poucos, adotando uma nova concepção de nação bicolor.

Em 2005, o jogador de futebol Ronaldo – "O Fenômeno" –, presenciando as agressões racistas que jogadores negros estavam sofrendo nos gramados espanhóis, deu a seguinte declaração: "*Eu, que sou branco, sofro com tamanha ignorância. A solução é educar as pessoas*". Tal declaração gerou grande repercussão no Brasil e obrigou Ronaldo a explicar o que ele quis dizer: "*Eu quis dizer que tenho pele mais clara, só isso, e mesmo assim sou vítima de racismo. Meu pai é negro. Não sou branco, não sou negro, sou humano. Sou contra qualquer tipo de discriminação*". Ali Kamel utiliza esse acontecimento como exemplo das mudanças que estariam ocorrendo na mentalidade brasileira. Alerta, dessa forma, que a crise gerada pela declaração do jogador é a

Direito à igualdade **843**

prova de que estamos aceitando a tese da "nação bicolor"; que antes o discurso predominante era favorável à autodeclaração e que agora achamos que temos o direito de classificar as pessoas (KAMEL, Ali. *Não Somos Racistas: uma reação aos que querem nos transformar numa nação bicolor.* Rio de Janeiro: Nova Fronteira, 2006, p. 139-140).

Utilizando outro exemplo do mundo futebolístico, Yvonne Maggie menciona história do clube Portuguesa Santista que, em excursão à África do Sul, em 1959, foi informado de que seus jogadores negros não poderiam participar de partida contra equipe local, de acordo com as leis do país. O time brasileiro, em uníssono, respondeu que não jogaria sob essas condições, situação que fez com que o cônsul do Brasil precisasse anunciar oficialmente a posição do Governo brasileiro no sentido de não admitir racismo e de não concordar com o regime do *apartheid.* O presidente Juscelino Kubitscheck enviou telegrama à África do Sul, manifestando desacordo com o regime, e o Brasil tornou-se o primeiro país fora da África a protestar contra o *apartheid* (fl. 1960).

Para demonstrar a involução pela qual o sistema de miscigenação brasileira tem passado nos últimos tempos, Yvonne Maggie indica os perigos de, paulatinamente, criarem-se divisões entre "brancos" e "negros" em um país em que o povo já se vê misturado (p. 1957). O primeiro passo nesse sentido teria sido a Lei 10.639/2003 que instituiu o ensino da história da África e da cultura afro-brasileira em todas as escolas do Brasil, públicas e privadas. Parecer do Ministério da Educação, que regulamenta as *Diretrizes Nacionais Curriculares para a Educação das Relações Étnico-Raciais e para o Ensino da História e Cultura Afro-Brasileira e Africana* e serve para orientar professores. O documento menciona em vários trechos que a "ideologia do branqueamento da população" deve ser combatida e que o "equívoco quanto a uma identidade humana universal" deve ser demonstrado aos alunos (Parecer CNE/CP 003/2004 – Conselho Nacional de Educação).

Por mais que se questione a existência de uma "Democracia Racial" no Brasil, é fato que a sociedade brasileira vivenciou um processo de miscigenação singular. Nesse sentido, elucida Carlos Lessa que "*O Brasil não tem cor. Tem todo um mosaico de combinações possíveis*" (LESSA, Carlos. "O Brasil não é bicolor", In: FRY, Peter e outros (org.). *Divisões Perigosas: Políticas raciais no Brasil Contemporâneo.* Rio de Janeiro: Civilização Brasileira, 2007, p. 123).

Na Pesquisa Nacional por Amostras de Domicílio (PNAD), em 1976, os brasileiros se autoatribuíram 135 cores distintas. Tal fato demonstra cabalmente a dificuldade dos brasileiros de identificarem a sua cor de pele.

Para Fátima Oliveira, "*ser negro é, essencialmente, um posicionamento político, onde se assume a identidade racial negra. Identidade racial-étnica é o sentimento de pertencimento a um grupo racial ou étnico, decorrente de construção social, cultural e política*" (OLIVEIRA, Fátima. *Ser negro no Brasil: alcances e limites,* In: Revista de Estudos Avançados, vol. 18, n. 50. Instituto de Estudos Avançados da Universidade de São Paulo. São Paulo: IEA. Janeiro/abril de 2004, p. 57-58.)

As preocupações com as consequências da adoção de cotas raciais para o acesso à Universidade levaram cento e treze intelectuais brasileiros (antropólogos, sociólogos, historiadores, juristas, jornalistas, escritores, dramaturgos, artistas, ativistas e políticos) a redigir uma carta contra as leis raciais no Brasil. No documento, os subscritores alertam que "*o racismo contamina profundamente as sociedades quando a lei sinaliza às pessoas que elas pertencem a determinado grupo racial – e que seus direitos são afetados por esse critério de pertinência de raça*". Sustentam que "*as cotas raciais proporcionam privilégios a uma ínfima minoria de estudantes de classe média e conservam intacta, atrás de seu manto falsamente inclusivo, uma estrutura de ensino público arruinada*". Defendem que existem outras formas de superar as desigualdades brasileiras, proporcionando um verdadeiro acesso universal ao Ensino Superior, menos gravosas para a identidade nacional, como a oferta de cursos preparatórios gratuitos e a eliminação das taxas de inscrição

844 Estado de Direito e Jurisdição Constitucional – Decisões relevantes em 15 anos de atuação no STF

nos exames vestibulares ("Cento e Treze cidadãos antirracistas contra as leis raciais", assinado por cento e treze intelectuais brasileiros, entre eles, Ana Maria Machado, Caetano Veloso, Demétrio Magnoli, Ferreira Gullar, José Ubaldo Ribeiro, Lya Luft e Ruth Cardoso).

4. AS COTAS RACIAIS NA UNIVERSIDADE DE BRASÍLIA

A Universidade de Brasília foi a primeira instituição de Ensino Superior federal a adotar um sistema de cotas raciais para ingresso por meio do vestibular. A iniciativa, baseada na autonomia universitária, optou – segundo as informações prestadas pela UnB – pelo critério da análise do fenótipo do candidato: *"os critérios utilizados são os do fenótipo, ou seja, se a pessoa é negra (preto ou pardo), uma vez que, como já suscitado na presente peça, é essa característica que leva à discriminação ou ao preconceito"* (fl. 664).

O programa de cotas da Universidade de Brasília decorre do "Plano de Metas para Integração Social, Étnica e Racial da UnB", de 2004, que prevê ações para intensificar *"um processo de integração racial, étnica e social no seio da sua população discente, atualmente extremamente elitizada"* (item 2). O documento não especificou o modo como tais ações deveriam ser implementadas, mas propôs que, *"para fins de acompanhamento do processo de integração racial, será introduzido o quesito cor, tanto por autoclassificação como segundo as categorias do IBGE, nas fichas de inscrição ao vestibular e nas fichas de registro dos candidatos aprovados"* (item 3).

Note-se, aí, uma sinalização do Plano de Metas para que o processo de seleção de cotistas a ser desenvolvido pela UnB levasse em consideração o critério da autoclassificação. Todavia, o projeto, ao ser executado, sob a direção da Fundação Centro de Seleção e de Promoção de Eventos, órgão da Universidade de Brasília responsável pela seleção para o vestibular, em parceria com a Comissão de Implementação de Metas para Integração Social, Étnica e Racial da UnB, resolveu estabelecer critérios próprios para evitar "fraudadores raciais" (fl. 216).

Para tanto, no primeiro concurso vestibular com cotas da UnB, em 2004, o procedimento adotado indicava que, no momento da inscrição, o candidato seria fotografado e deveria assinar uma declaração relativa aos requisitos para concorrer pelo sistema de cotas aos negros. A foto era então anexada ao pedido e avaliada por uma comissão, que decidia pela homologação ou não de sua inscrição como cotista. Após homologação do resultado, caso houvesse recurso, o candidato era submetido a entrevista pessoal (fl. 69).

Já na inscrição para o primeiro concurso vestibular com cotas da UnB, a exigência de que candidatos que optaram por concorrer às vagas disponíveis aos negros fossem fotografados, gerou, por si só, situação segregacionista incomum na realidade brasileira e claramente simbólica de consequências que podem resultar de tal sistema: a existência de filas distintas para negros e não negros. Sobre isso:

> "A vestibulanda Vanderlúcia Fonseca declarou: 'As cotas já são um bom começo. Só acho constrangedor ter que ser fotografada para provar minha cor. Já tenho isso registrado em meus documentos.' (...) Já Ana Maria Negrêdo frisou diretamente as diferenças de procedimentos: 'Acho que os brancos também deveriam tirar foto. Tinha que ser igual para todo mundo. Por que só a gente tem de meter a cara na câmera?' (...) O estabelecimento de filas separadas para inscrição dos 'negros' chamou a atenção. De modo defensivo, declarou o coordenador das inscrições, Neivion Lopes, quanto aos guichês apartados segundo raça: 'É separado porque precisamos de espaço reservado para fazer as fotos'. Uma senhora teria resmungado baixinho: 'Isso é constrangedor'. (fl. 218).

De fato, tal situação acabou por ser constrangedora, já que, no Brasil, inexistiu política semelhante à de outros países, como os Estados Unidos. Não houve, por aqui, legislação segregacionista que determinasse, por exemplo, a separação entre brancos e negros em ambientes do convívio societário.

Direito à igualdade **845**

De qualquer forma, parece ser agressivo que não baste o candidato se considerar e se autodeclarar negro, mas ter sua condição submetida à avaliação de uma comissão sobre a qual pouco se sabe, com base em uma foto.

Atualmente, de acordo com edital do último concurso vestibular realizado pela UnB, em 2012, o processo inclui submissão dos candidatos declarados negros a entrevista pessoal que deverá ocorrer após a aplicação das provas, na qual o candidato deverá apresentar documento original de identidade. Sua declaração como "negro" ou "pardo" continua a ser analisada por uma banca composta por docentes, representantes de órgãos de direitos humanos e de promoção da igualdade racial e militantes do movimento negro do Brasil.

O critério utilizado para deferir ou não ao candidato o direito a concorrer dentro da reserva de cotas raciais gera alguns questionamentos importantes. Afinal, qual é o fenótipo dos "negros" ("pretos" e "pardos") brasileiros? Quem está técnica e legitimamente capacitado a definir o fenótipo de um cidadão brasileiro? Essas indagações não são despropositadas se considerarmos alguns incidentes ocorridos na história da política de cotas raciais da UnB.

Marcos Chor Maio e Ricardo Ventura Santos relatam que o procedimento adotado pela UnB gerou constrangimentos e dilemas de identidade entre os candidatos:

"Os responsáveis pelo vestibular da UnB por diversas ocasiões reiteram que a meta da comissão era o de analisar as características físicas, visando identificar traços da raça negra. Esse objetivo gerou constrangimentos diversos e dilemas identitários de não pouca monta entre os candidatos ao vestibular, devido às dúvidas de se os critérios seriam mesmo o de aparência física (negra) ou de (afro-) descendência. A candidata Ana Paula Leão Paim, a princípio na dúvida sobre se se declararia 'negra', foi convencida pelo argumento da mãe, que lhe disse que sua 'tataravó era escrava'. Contudo, ainda assim, Ana Paula estava preocupada pois, segundo ela, 'pela fotografia não dá para analisar a descendência'. Outra candidata, Elizabete Braga, que 'não se intimidou com a fotografia', comentou: 'Minha irmã não seria considerada negra, por exemplo. Ela é filha de outro pai, tem a pele mais clara e o cabelo mais liso' (Borges, 2004). Ricardo Zanchet, um candidato que se declarou 'negro', ainda que 'com a pele clara, cabelo liso e castanho... nem de longe lembra[ndo] um negro', e cuja classificação não foi aceita pela comissão, afirmou: 'Vou levar a certidão de nascimento de meu avô e mostrar a eles... Se meu avô e minha bisavó eram negros, eu sou fruto de miscigenação e tenho direito' (Paraguassú, 2004).

(...)

Se a primeira etapa do trabalho de identificação racial da UnB foi conduzido pela equipe da 'anatomia racial', a segunda foi conduzida por um comitê de 'psicologia racial'. Trinta e quatro dos 212 candidatos com inscrições negadas na primeira etapa entraram com recurso junto à UnB. Uma nova comissão foi formada 'por professores da UnB e membros de ONGs', que exigiu dos candidatos um documento oficial para comprovar a cor. Foram ainda submetidos à entrevista (gravada, transcrita e registrada em ata) na qual, entre outros tópicos, foram questionados acerca de seus valores e percepções: 'Você tem ou já teve alguma ligação com o movimento negro? Já se sentiu discriminado por causa da sua cor? Antes de se inscrever no vestibular, já tinha pensado em você como um negro?' (Cruz, 2004). O candidato Alex Fabiany José Muniz, de 23 anos, um dos beneficiários da nova rodada da seleção das cotas, conseguiu um certificado comprovando que era pardo ao levar a certidão de nascimento e uma foto dos pais. Conforme seu depoimento, 'a entrevista tem um cunho altamente político... perguntaram se eu havia participado de algum movimento negro ou se tinha namorado alguma vez com alguma mulata' (Darse Júnior, 2004)." (MAIO, Marcos Chor; e SANTOS, Ricardo Ventura. *Política de Cotas Raciais, os 'Olhos da Sociedade' e os usos da antropologia: o caso do vestibular da Universidade de Brasília [UNB]*. Documento juntado à fls. 219-221 dos autos)

Em 2004, o irmão da candidata Fernanda Souza de Oliveira, filho do mesmo pai e da mesma mãe, foi considerado "negro", mas ela não. Em 2007, os gêmeos idênticos Alex e Alan Teixeira da Cunha foram considerados de "cores diferentes" pela comissão da UnB. Em 2008, Joel Carvalho de Aguiar foi considerado "branco" pela Comissão, enquanto sua filha Luá Resende Aguiar foi considerada "negra", mesmo, segundo Joel, a mãe de Luá sendo "branca".

A adoção do critério de análise do fenótipo para a confirmação da veracidade da informação prestada pelo vestibulando suscita problemas graves. De fato, a maioria das universidades brasileiras que adotaram o sistema de cotas 'raciais' seguiram o critério da autodeclaração associado ao critério de renda.

A Comissão de Relações Étnicas e Raciais da Associação Brasileira de Antropologia (Crer-ABA), em junho de 2004, manifestou-se contrária ao critério adotado pela UnB, nos seguintes termos:

"A pretensa objetividade dos mecanismos adotados pela UnB constitui, de fato, um constrangimento ao direito individual, notadamente ao da livre autoidentificação. Além disso, desconsidera o arcabouço conceitual das ciências sociais, e, em particular, da antropologia social e antropologia biológica. A Crer-ABA entende que a adoção do sistema de cotas raciais nas Universidades públicas é uma medida de caráter político que não deve se submeter, tampouco submeter aqueles aos quais visa beneficiar, a critérios autoritários, sob pena de se abrir caminho para novas modalidades de exceção atentatória à livre manifestação das pessoas." (MAIO, Marcos Chor; e SANTOS, Ricardo Ventura. *Política de Cotas Raciais, os 'Olhos da Sociedade' e os usos da antropologia: o caso do vestibular da Universidade de Brasília [UNB]*. Documento juntado à fls. 228 dos autos)

Defendendo a adoção do critério da autodeclaração no lugar da análise do fenótipo, Marcos Chor Maio e Ricardo Ventura Santos concluem que:

"A comissão de identificação racial da UnB operou uma ruptura com uma espécie de 'acordo tácito' que vinha vigorando no processo de implantação do sistema de cotas no país, qual seja, o respeito à autoatribuição de raça no plano das relações sociais. A valorização desse critério, próprio das sociedades modernas e imprescindível em face da fluidez racial existente no Brasil, cai por terra a partir das normas estabelecidas pela UnB." (MAIO, Marcos Chor; e SANTOS, Ricardo Ventura. *Política de Cotas Raciais, os 'Olhos da Sociedade' e os usos da antropologia: o caso do vestibular da Universidade de Brasília [UNB]*. Documento juntado à fls. 231 dos autos.)

Ademais, é de causar estranheza que detalhes sobre o procedimento adotado pela comissão não cheguem a ser divulgados. Sabe-se que, no primeiro vestibular com cotas, seus integrantes tiveram como tarefa analisar mais de 4 mil fotografias (fl. 208) em um curto prazo.

Dos 4.385 candidatos autodeclarados negros, 212 não tiveram suas inscrições homologadas. O baixo número de alunos que não tiveram seu pedido aprovado deve-se à "perspectiva inclusiva da banca examinadora", de acordo o então diretor acadêmico do Cespe, Mauro Luiz *Rabelo* (fl. 216). Ao revelar um pouco do procedimento adotado, indicou que bastava um membro do grupo considerar o candidato negro ou pardo para que este tivesse sua inscrição deferida. Ainda comentou o que considerou uma das maiores dificuldades enfrentadas pela comissão: "*O grupo observou traços e tom da pele... A dúvida surgiu entre os pardos mais claros. Tais casos foram discutidos em conjunto.*" (fl. 216)

Tal declaração serve para ilustrar que essa espécie de avaliação é complexa e sutil e não pode ser designada a uma comissão sigilosa e sem critérios objetivos. Inclusive porque, do modo como a sociedade brasileira encontra-se hoje estruturada, buscar associar determinadas características genéticas a ancestrais de uma raça específica e, com isso, estabelecer quem é ou não beneficiário de uma ação afirmativa que leve em consideração esse critério, é praticamente impossível.

Em estudo sobre o tema, o Prof. Sérgio D. J. Pena indica que "*A cor corresponde no Brasil ao temo em inglês race e é buscada em uma avaliação fenotípica complexa, que leva em conta a pigmentação da pele e dos olhos, o tipo de cabelo e a forma do nariz e dos lábios*" (p. 161). Todavia, a correlação entre cor e ancestralidade é pobre. O genoma brasileiro é um verdadeiro mosaico, altamente variável e individual, formado pela contribuição de três raízes ancestrais – ameríndia, europeia e africana. E conclui que, atualmente, a maioria dos brasileiros possui simultaneamente grau significativo de influência genética dessas três raízes, de modo que passa não fazer sentido falar em "populações" de brasileiros brancos ou de brasileiros negros (Da inexistência das Raças e suas consequências para a sociedade brasileira. Prof. Dr. Sérgio D. J. Pena, nos autos p. 166).

Ademais, causa perplexidade cogitar que espécie de deliberação é feita entre os integrantes da Comissão de Seleção da UnB para avaliar se uma pessoa é ou não negra. Qual seria a distinção entre um pardo mais escuro e um mais claro, já que, de acordo com declarações trazidas aos autos, os pardos claros seriam os mais difíceis de serem identificados. Quais os critérios de tão tênue questão?

Não se duvida a respeito da premente necessidade de um programa de ação afirmativa para a reserva de vagas que beneficie grupos sociais específicos. Um programa como esses, não obstante, deve ser criteriosamente elaborado, estabelecendo um sistema de normas e procedimentos que permitam a aplicação da política de forma adequada para os fins a que ela se propõe. Enfim, a política de ação afirmativa deve ser proporcional ao objetivo almejado.

No caso da UnB, fica difícil vislumbrar a adequação da política. Criou-se uma comissão de avaliação com poderes para desqualificar e assim revogar a manifestação de vontade do candidato autodeclarado negro. Não se pode negar, portanto, que a existência desse tipo de comissão avaliadora acaba por anular a autodeclaração alçada a critério base desse modelo.

Assim como o critério da autodeclaração é demasiado subjetivo se adotado de forma exclusiva – tal como reconhecido pelos próprios defensores da política de cotas da UnB –, a sua conjugação com uma comissão avaliadora torna o modelo incongruente. Ao fim e ao cabo, a existência de tal comissão acaba por inserir o critério da heteroidentificação como a base do modelo de cotas da UnB; isto é, no final das contas, quem terá o poder de dar a palavra final sobre a condição racial do indivíduo será uma comissão e não o próprio indivíduo afetado. Um critério de autodeclaração que se transmuda em heteroidentificação. O modelo é, inegavelmente, incongruente e ineficaz nesse sentido.

Ademais, há certo consenso quanto à necessidade de que os programas de ações afirmativas sejam limitados no tempo. Trata-se de situação denominada pela doutrina americana de *sunset clauses*, ou seja, a necessidade de que determinações sobre algumas matérias, como política pública, contenham regra que preveja que a medida adotada deixará de existir quando seus objetivos sejam atingidos. Não se espera, assim, que um sistema de ação afirmativa tenha validade por tempo indeterminado, mas apenas enquanto for necessário para atingir a finalidade pretendida.

Nesse sentido, o "Plano de Metas para a integração social, étnica e racial da Universidade de Brasília" prevê a disponibilidade da reserva de vagas pelo período de 10 anos apenas (fl. 98). Cabe questionar seriamente, no entanto, se esse prazo será observado ou se será estendido indefinidamente no tempo. Estamos hoje com 8 anos de implementação do programa e, portanto, faltam apenas 2 anos para o seu encerramento, conforme o plano inicial.

Em estudo sobre o tema, Thomas Sowell indica que os próprios autores de programas de ação afirmativa dificilmente têm coragem de defender que sistemas de cotas devem ser adotados como princípio ou aspecto permanente da sociedade e frisa que se faz *"um grande esforço para chama-las de "provisórias", mesmo quando, de fato, tais preferências acabem não só permanentes, mas ampliadas."* (SOWELL, Thomas. *Ação Afirmativa ao redor do mundo: estudo empírico.* Trad. Joubert de Oliveira Brízida. 2ª ed. Rio de Janeiro: UniverCidade Editora, p. 2, 2004).

É o que aconteceu, por exemplo, na Índia, em que foram os próprios líderes da casta dos intocáveis que propuseram o prazo de dez anos para o recebimento dos benefícios, com a finalidade de evitar conflito social. Este programa foi instituído em 1949 e a reserva continua até hoje em vigor. (SOWELL, Thomas. *Ação Afirmativa ao redor do mundo: estudo empírico.* Trad. Joubert de Oliveira Brízida. 2ª ed. Rio de Janeiro: UniverCidade Editora, p. 3, 2004).

Estado de Direito e Jurisdição Constitucional – Decisões relevantes em 15 anos de atuação no STF

Um programa de ação afirmativa que dê preferência a determinado segmento da sociedade tende a se perpetuar, caso não se tenha bem claro seu objetivo. *"Um programa temporário para eliminar uma condição secular é quase uma contradição em termos. A igualdade de oportunidade pode ser conseguida em um tempo plausível, mas isso é totalmente diferente de eliminar a desigualdade de resultados. (...) As pessoas são diferentes, e isto é assim há séculos (...). Qualquer política "temporária" cuja duração é definida pelo objetivo de se conseguir alguma coisa que jamais foi antes alcançada em lugar nenhum do mundo, seria melhor caracterizada como eterna"*, no entendimento de Sowell. (SOWELL, Thomas. *Ação Afirmativa ao redor do mundo: estudo empírico*. Trad. Joubert de Oliveira Brízida. 2ª ed. Rio de Janeiro: UniverCidade Editora, p. 7, 2004).

Desse modo, o programa de ação afirmativa não objetiva a eliminação completa de desigualdades, mas o aumento da igualdade de oportunidades em um segmento específico. Exatamente por isso tem condições e deve ser estabelecido por um período que pareça razoável, de acordo com os dados disponíveis, para contrabalançar situações entendidas como desfavoráveis. **Para tanto, tão importante quanto definir prazos e metas é submeter o programa a avaliações empíricas rigorosas e constantes.**

As instituições que adotam o sistema de cotas devem realizar avaliações periódicas sobre o desempenho dos seus alunos cotistas, não apenas em relação a notas, mas a eventuais dificuldades por eles enfrentadas. Também deve ser ouvido o corpo docente, inclusive para verificar como os professores avaliam os cotistas e evitar possíveis tratamentos diferenciados que visem evitar reprovação excessiva de alunos cotistas – a denominada "nota afirmativa", em programas da União Soviética ou os "pontos a favor", no sistema adotado na Índia (SOWELL, Thomas. *Ação Afirmativa ao redor do mundo: estudo empírico*. Trad. Joubert de Oliveira Brízida. 2ª ed. Rio de Janeiro: UniverCidade Editora, p. 4, 2004).

De qualquer forma, é evidente que essas avaliações devem ser realizadas de acordo com métodos transparentes e apresentadas de forma clara a toda sociedade. Não se trata, aqui, de não respeitar o sigilo das notas de alguns alunos, mas de apresentar relatórios do desempenho geral dos cotistas, inclusive para que eventuais falhas detectadas no processo sejam corrigidas e para que se possa acompanhar se o programa de ação afirmativa tem logrado – e em que velocidade – atingir sua finalidade.

Na qualidade de medidas de emergência ante a premência de solução dos problemas de discriminação racial, as ações afirmativas não constituem subterfúgio e, portanto, não excluem a adoção de medidas de longo prazo, como a necessária melhora das condições do Ensino Fundamental no Brasil.

5. A QUESTÃO EM FACE DO MODELO DE EDUCAÇÃO BRASILEIRO COMO UM TODO

Outro importante aspecto a ser considerado diz respeito às dificuldades de acesso ao Ensino Superior no Brasil. Sabemos que a universidade pública é altamente excludente. As estatísticas demonstram que, em 2010, apenas 30% dos jovens de 18 a 24 anos de idade declararam estudar e, desse número, somente 14,4 % encontravam-se matriculados no Ensino Superior (dados da Pesquisa Nacional por Amostra de Domicílios-PNAD/IBGE, retirados do Programa de Expansão, Excelência e Internacionalização das Universidades Federais, ANDIFES, abril de 2012). Quando o assunto é o acesso ao Ensino Superior, os números colocam o Brasil em um patamar muito inferior aos demais países da América Latina.

É inegável que, desde a década de 1990, os governos têm implementado políticas que visam aumentar o número de vagas/matrículas nas instituições de Ensino Superior. De um número de 1.565.056 (um milhão, quinhentos e sessenta e cinco mil e cinquenta e seis) em 1991, chegamos, em 2007, a 4.880.381 (quatro milhões, oitocentos e oitenta mil, trezentos e oitenta e um) alunos matriculados no Ensino Superior (dados do Censo da Educação Superior, do Ministério da Educação). Em 2010, 6.379.299 estudantes matricularam-se no Ensino Superior: 25,8% estavam em instituições públicas (14,7% em instituições federais) e 74,2% em instituições particulares, o que revela um avanço que não se pode desprezar.

Conforme o Censo da Educação Superior do ano de 2010, o Brasil contava com 2.377 instituições de Ensino Superior, das quais 278 eram públicas, sendo 99 do sistema federal, 108 estaduais e 71 municipais; o sistema público contava com um total de 1.643.298 matrículas de graduação; o setor privado acolhia 2.099 instituições, com 4.736.001 matrículas de graduação.

Nosso Ensino Superior também é excludente, em razão do modelo restrito de vagas ofertadas por quase todos os cursos. Nós, que militamos na universidade pública, podemos verificar a presença de pouquíssimos alunos nas salas de aula, existindo um gasto excessivo com professores em relação ao número de alunos. É o caso, por exemplo, da Faculdade de Direito da Universidade de Brasília. Recebia 50 alunos por semestre, apenas 100 por ano. Aumentou-se para 60 alunos a cada semestre, não mais do que 120 alunos por ano, com a ampliação do número de professores pelo Programa de Apoio a Planos de Reestruturação e Expansão das Universidades Federais (REUNI), mantendo-se, assim, a proporção entre o número de vagas e o número de professores. Se considerarmos as vagas do Programa de Avaliação Seriada (PAS) e do Sistema de Cotas para Negros, restam apenas 72 vagas no concurso universal por ano.

No Brasil, em 1995, o número de alunos por professor era de apenas 7,5 e, em 2002, passou para 11,6. Lamentavelmente, em 2006, tivemos um decréscimo para 10,8, o que demonstra que ainda temos um número muito elevado de professores em relação ao número de alunos, muito distante do número de 16 alunos por professor observado nos países desenvolvidos. Isso está a revelar a ineficiência na utilização dos recursos públicos destinados à educação superior. Gastamos muito com recursos humanos sem que isso se reflita no aumento do acesso e da qualidade do ensino.

Portanto, por que não aumentar o número de vagas por professor? Um número tão reduzido de vagas em universidades públicas é, por si só, um fator de exclusão.

Por que não se instituir no Brasil, por exemplo, um modelo em que haja vinculação entre a receita da instituição de ensino e o número de vagas que deve ser obrigatoriamente ofertado, de modo a ensejar uma expansão no acesso ao ensino superior público? Claro que um programa de expansão assim poderia gerar outra preocupação, que é a da qualidade do ensino oferecido, mas é importante registrar que essa medida melhoraria o nível formal de educação do país e que a experiência vivida por outros modelos, como o alemão – onde há um elevadíssimo número de vagas por professor – não inviabiliza a boa formação acadêmica dos alunos.

É preciso, ainda, alargar a reflexão, para que não esqueçamos que a análise do acesso à universidade é fundamental; não obstante, ela é apenas uma parcela do debate de uma democracia inclusiva. Devemos pensar a questão em face do modelo de educação brasileiro como um todo, para não buscar soluções apenas na etapa universitária. A valorização e fomento de políticas públicas prioritárias e inclusivas voltadas às etapas anteriores (educação básica) e alternativas (cursos técnicos) são fundamentais, para que não assumamos a universidade como único caminho possível para o sucesso profissional e intelectual.

Assim, não se pode deixar de pensar continuamente em alternativas e novas formas de aumentar a qualidade e o acesso ao ensino universitário público e privado.

Com o desenvolvimento de novas tecnologias, a educação a distância se torna uma alternativa fundamental para universalizar o acesso à educação superior. Essa modalidade de educação mediada por tecnologias é perfeitamente possível para a transmissão de conhecimentos teóricos e permite uma redução de custos do processo de aprendizagem, com enorme alcance de alunos e resultados.

Estado de Direito e Jurisdição Constitucional – Decisões relevantes em 15 anos de atuação no STF

O incremento no número de matrículas em instituições privadas também foi fomentado por alguns programas de incentivo à educação criados pelo Governo Federal, como o Programa Universidade Para Todos (ProUni) e o Fundo de Financiamento Estudantil (Fies), que não soluciona, por si só, o problema do acesso ao Ensino Superior público.

De outro lado, o modelo do concurso universal demanda uma rediscussão. Há uma grande ironia no nosso modelo: de regra, aqueles que eventualmente passaram por todas as escolas privadas é que lograrão, depois, acesso via vestibular e poderão, então, chegar ao ensino público superior, dotado de conceito de excelência.

Assim, somos levados a acreditar que a exclusão no acesso às universidades públicas é determinada pela condição financeira. Nesse ponto, parece não haver distinção entre "brancos" e "negros", mas entre ricos e pobres. Nessa discussão, há quem aponte que os pobres no Brasil têm todas as "cores" de pele. Dessa forma, não podemos deixar de nos perguntar quais serão as consequências das políticas de cotas raciais para a diminuição do preconceito. Será adequado, aqui, tratar de forma desigual pessoas que se podem se encontrar em situações iguais, apenas em razão de suas características fenotípicas? E que medidas ajudarão na inclusão daqueles que não se autoclassificam como "negros"? Com a ampla adoção de programas de cotas raciais, como ficará, do ponto de vista do direito à igualdade, a situação do "branco" pobre? A adoção do critério da renda (adicional ou não) não seria mais adequada para a democratização do acesso ao Ensino Superior no Brasil? Por outro lado, até que ponto podemos realmente afirmar que a discriminação pode ser reduzida a um fenômeno meramente econômico? Podemos questionar, ainda, até que ponto a existência de uma dívida histórica em relação a determinado segmento social justificaria o tratamento desigual.

A despeito de não convivermos com legislações racistas como a dos Estados Unidos, estudos estatísticos apontam para um padrão de vida dos negros muito inferior ao dos brancos. Até que ponto essas informações corroboram a ação afirmativa com base na cor da pele? Quais os critérios utilizados no levantamento de tais dados? Esses estudos poderiam ser questionados?

A petição da Universidade de Brasília (fl. 650) noticia que, segundo a "Síntese de Indicadores Sociais – 2006", realizada pelo IBGE, as informações coletadas convergem para indicar que o critério de pertencimento étnico-racial é altamente determinante no processo de diferenciação e exclusão social. Indicam que *"a taxa de analfabetismo de pretos (14,6%) e de pardos (15,6%) continua sendo em 2005 mais de o dobro que a de brancos (7,0%)"*.

A manifestação do Advogado-Geral da União faz referência à "Síntese de Indicadores Sociais – 2008", também realizada pelo IBGE, segundo a qual *"em números absolutos, em 2007, dos pouco mais de 14 milhões de analfabetos brasileiros, quase 9 milhões são pretos e pardos, demonstrando que para este setor da população a situação continua muito grave. Em termos relativos, a taxa de analfabetismo da população branca é de 6,1% para as pessoas de 15 anos ou mais de idade, sendo que estas mesmas taxas para pretos e pardos superam 14%, ou seja, mais que o dobro que a de brancos"* (fl. 748).

Enquanto muitos se apegam aos dados estatísticos para comprovar a existência de racismo no Brasil, outros, como Ali Kamel, Simon Schwartzman e José Murilo de Carvalho, questionam essas conclusões. Ali Kamel, em obra realizada em 2006, afirma que alguns estudos, muitas vezes, manipulam os dados referentes aos "pardos", ora incluídos entre os "negros", ora considerados à parte. Refere que, segundo o IBGE, os "negros" são 5,9%; os "brancos", 51,4% e os "pardos" 42% dos brasileiros. Afirma que, segundo os dados do PNUD, entre 1982 a 2001, o percentual de "negros" e "pardos" pobres caiu de 58% para 47%, enquanto o de "brancos" pobres se manteve praticamente estável, de 21% para 22%. Comparados esses percentuais com o aumento da população brasileira no período, conclui que *"a pobreza caiu muito mais acentuadamente entre os negros e pardos do que entre os brancos"*. (KAMEL, Ali. *Não Somos Racistas: uma reação aos que*

Direito à igualdade **851**

querem nos transformar numa nação bicolor. Rio de Janeiro: Nova Fronteira, 2006, p. 49 e 67).

De qualquer forma, a reflexão aqui exercida busca ressaltar que a instituição de cotas é relevante, mas é parte do problema da educação no Brasil. É necessário analisar, criticar e exigir políticas públicas que viabilizem melhoras por aumento de vagas e de qualidade no Ensino Superior e que diminuam o custo de acesso em universidades particulares. Além disso, é preciso fomentar o desenvolvimento da educação básica e da capacitação e valorização de cursos técnicos especializados (em nível universitário ou não), que permitam oportunidades de trabalho e de vida digna a todos. É necessário, ainda, que o Estado e a sociedade avaliem as condições de acesso ao mercado de trabalho e que se estimule uma conexão e um diálogo mais constantes e próximos, para que as barreiras de exclusão sejam vencidas não apenas no acesso à educação, mas também no campo profissional.

6. A NECESSIDADE DE UM MODELO DISTINTO DE AÇÕES AFIRMATIVAS DE INCLUSÃO SOCIAL

É certo que o Brasil caminha para a **adoção de um modelo próprio de ações afirmativas de inclusão social,** em virtude das peculiaridades culturais e sociais da sociedade brasileira, que impedem o acesso do indivíduo a bens fundamentais, como a educação e o emprego.

No entanto, é importante ter em mente que a solução para tais problemas não está na importação acrítica de modelos construídos em momentos históricos específicos tendo em vista realidades culturais, sociais e políticas totalmente diversas das quais vivenciamos atualmente no Brasil, mas na interpretação do texto constitucional considerando-se as especificidades históricas e culturais da sociedade brasileira.

Thomas Sowell, PhD em economia pela Chigago University e Professor das universidades de Cornell, Amherst e University of California Los Angeles – UCLA, examinou a aplicação de ações afirmativas em diversos países do mundo e concluiu o seguinte:

> "Inúmeros princípios, teorias, hipóteses e assertivas têm-se utilizado para justificar os programas de ação afirmativa – alguns comuns a vários países do mundo, outros peculiares a determinados países ou comunidades. Notável é o fato de que raramente essas noções são empiricamente testadas, ou mesmo claramente definidas ou logicamente examinadas, muito menos pesadas em relação aos dolorosos custos que muitas vezes impõem. Apesar das afirmativas abrangentes feitas em prol dos programas de ação afirmativa, um exame de suas consequências reais torna difícil o apoio a tais programas ou mesmo dizer-se que esses programas foram benéficos ao cômputo geral – a menos que se esteja disposto a dizer que qualquer quantidade de reparação social, por menor que seja, vale o vulto dos custos e dos perigos, por maiores que sejam." (SOWELL, Thomas. *Ação Afirmativa ao redor do mundo: estudo empírico.* Trad. Joubert de Oliveira Brízida. 2ª ed. Rio de Janeiro: UniverCidade Editora, p. 198, 2004)

Infelizmente, no Brasil, o debate sobre ações afirmativas iniciou-se de forma equivocada e deturpada. Confundem-se ações afirmativas com política de cotas, sem se atentar para o fato de que as cotas representam apenas uma das formas de políticas positivas de inclusão social. Na verdade, as ações afirmativas são o gênero do qual as cotas são a espécie. E, ao contrário do que muitos pensam, mesmo nos Estados Unidos o sistema de cotas sofre sérias restrições doutrinárias e jurisprudenciais, como se pode depreender da análise da série de casos julgados pela Suprema Corte, dentre os quais sobressaem o famoso *Caso Bakke* (*Regents of the University of California vs. Bakke*; 438 U.S 265, 1978).

Em recentes julgados, a Suprema Corte norte-americana voltou a restringir a adoção de políticas raciais. No caso Parents Involved in Community Schools vs. Seattle School District N. 1. (28 de junho de 2007) – no qual se discutiu a possibilidade de o distrito escolar adotar critérios raciais (classificando os estudantes em brancos e não brancos ou negros e não negros) como forma de alocá-los nas escolas públicas –, os juízes, por maioria, entenderam desarrazoado o critério e salientaram que *"a maneira de acabar com a discriminação com base na raça é parar de discriminar com base na raça"*. O Justice Kennedy afirmou que, *"quando o governo classifica um indivíduo por raça, ele precisa primeiro definir o que ele entende por raça. Quem, exatamente, é branco ou não branco? Ser forçado a viver com um rótulo racial definido pelo governo é inconsistente com a dignidade dos indivíduos em nossa sociedade. É um rótulo que os indivíduos não têm o poder de mudar. Classificações governamentais que obrigam pessoas a marchar em diferentes direções de acordo com tipologias raciais podem causar novas divisões"*. No caso Ricci et al. vs. DeStefano et. al. (29 de junho de 2009), a Corte, por maioria, entendeu que decisões que tomam como base a questão da raça violam o comando do Título VII do Civil Rights Act de 1964, o qual prevê que o empregador não pode agir de forma diversa por causa da raça do indivíduo.

Note-se, portanto, que mesmo em um país como os Estados Unidos da América, em que o racismo contra negros foi estabelecido em normas estatais e, portanto, foi, sim, mais perverso do que o racismo encontrado no Brasil, tem-se hoje a consciência de que não se deve tomar decisões com base na raça. Nesse sentido, é preciso reconhecer que o racismo no Brasil é bastante mais complexo e oblíquo do que aquele encontrado, por exemplo, nos EUA.

Essa conclusão, a que chegaram, entre outros, Fernando Henrique Cardoso, Ali Kamel e Demétrio Magnoli, deve conduzir a uma séria reflexão sobre qual modelo de políticas de cotas deve ser implementado em um país com grande miscigenação e que tem a maior parte de sua população autodeclaradamente parda. Com isso quero dizer que muitos dos autodeclarados pardos brasileiros são oriundos de famílias que puderam lhes conceder todas as condições para chegarem às mais importantes universidades brasileiras. Sem dúvida, muitos não gozaram da mesma sorte.

Se não bastasse a complexidade que o tema "ação afirmativa como mecanismo de inclusão social" atrai, a definição dos critérios a serem implementados em universidades públicas para definir quem faz jus ao benefício constitui matéria que amplia direitos de uns com imediata repercussão na vida de outros. Ao reservar 20% (vinte por cento) das vagas para determinado segmento da sociedade, outra parcela estará privada desse percentual de vagas.

Todas as ações que visem a estabelecer e a aprimorar a igualdade entre nós são dignas de apreço. É importante, no entanto, refletir sobre as possíveis consequências da adoção de políticas públicas que levem em consideração apenas o critério racial. Não podemos deixar que o combate ao preconceito e à discriminação em razão da cor da pele, fundamental para a construção de uma verdadeira democracia, reforce as crenças perversas do racismo e divida nossa sociedade em dois polos antagônicos: "brancos" e "não brancos" ou "negros" e "não negros".

A revelação da complexidade do racismo existente em nossa sociedade e das características específicas da miscigenação do povo brasileiro impõe que as entidades responsáveis pela instituição de modelos de cotas sejam sensíveis à especificidade da realidade brasileira e, portanto, ao fixarem as cotas, atentem para a necessidade de conjugação de critérios de "cor" com critérios de renda, tendo em vista a própria eficiência social da instituição das políticas de cotas.

A implementação de cotas baseadas apenas na cor da pele pode não ser eficaz, do ponto de vista de inclusão social, ao passo que sua conjugação com critérios de renda tem o condão de atingir o problema de modo mais preciso, sem deixar margens para questionamentos baseados na ofensa à isonomia, ou sobre a possível estimulação de conflitos raciais inexistentes no Brasil atual.

Essa colocação encontra respaldo em iniciativa bem-sucedida do Governo Federal. A instituição do PROUNI, por meio da Lei 11.096, de 13 de janeiro de 2005, a qual, por sua vez, é fruto da conversão da MP 213/2004, é um exemplo de política pública de ação afirmativa que conseguiu atingir o objetivo de gerar altos índices de inclusão social.

Os critérios utilizados pela lei instituidora do PROUNI são eminentemente socioeconômicos. Em seu primeiro artigo, a referida lei impõe limite máximo de renda familiar *per capi-*

ta de 1 (um) salário mínimo e ½ (meio) para a concessão de bolsa integral ou de até 3 (três) salários mínimos para as bolsas parciais. Já no segundo artigo, além de preocupar-se em estender o benefício às pessoas com deficiência, impõe o requisito de que as bolsas aos estudantes em geral apenas poderão ser concedidas àqueles oriundos de Ensino Médio em escola da rede pública.

O artigo 3º da lei do PROUNI afirma expressamente que os bolsistas serão selecionados pelo *perfil socioeconômico*, e o art. 7º traz a previsão de percentual de bolsas a serem concedidas aos deficientes, bem como aos indígenas, pardos e negros. Afirma, ainda, que as bolsas étnicas ou raciais deverão ser, no mínimo, igual ao percentual de cidadãos autodeclarados indígenas, pardos ou pretos, em cada unidade da federação, segundo o último Censo do IBGE.

Isso quer dizer que o programa do Governo Federal chamado PROUNI, o qual tem sido bem-sucedido, optou por programa de ação afirmativa que leva em consideração critério socioeconômico, de renda familiar mínima, de origem de rede pública de ensino, distingue entre as unidades da federação, além de abranger indígenas, deficientes, entre outras hipóteses. Essa espécie de ação afirmativa, repito, já implementada, com sucesso, parece ser muito mais eficaz socialmente do que um tipo de cota simplesmente baseada em critério racial.

O debate é complexo e não se está a propor soluções milagrosas, mas apenas a demonstrar que a introdução do critério de renda, além de outros, conjugados que sejam com o critério racial, tem o condão de conferir segurança à política de cotas, bem como uma maior eficácia social da referida política e a prevenção de conflitos raciais.

7. UMA PALAVRA SOBRE EXPERIMENTALISMO INSTITUCIONAL

Em palestra ainda recente, proferida em 12 de abril de 2008, no Instituto Brasiliense de Direito Público (IDP), o professor Roberto Mangabeira Unger fez sérias considerações sobre o papel do Direito no avanço da Democracia brasileira. Na oportunidade, o palestrante, após diagnosticar o estágio de evolução de nossa democracia e os desafios que enfrentaria e enfrentará, ressaltou diversas vezes que o desenvolvimento do país dependeria do incentivo que se deverá conferir à imaginação criadora voltada aos experimentos institucionais, que poderá buscar alternativas possíveis à sobrevivência e ao desenvolvimento nacional.

Nesse sentido, Mangabeira salientava que o experimentalismo institucional deve servir a uma democracia nova e pulsante, ajudando-a a encontrar seus próprios caminhos, conducentes ao desenvolvimento econômico. Confiram-se as palavras do palestrante:

"O primeiro foco é o desejo de dar realidade ao compromisso universalmente afirmado de construir um crescimento econômico socialmente inclusivo. A questão que se põe, mesmo diante das democracias mais livres e prósperas do mundo, é se só uma pequena minoria da humanidade será admitida nos setores avançados da produção e do ensino ou se conseguiremos abrir as portas para parcelas grandes da economia e da sociedade, admitindo-lhes a este universo de experimentalismo avançado que caracteriza as formas avançadas de produção e de aprendizado. Os meios tradicionais para atenuar as desigualdades – as políticas compensatórias universalizantes de um lado e a promoção pelos governos da pequena propriedade – revelaram-se ambos insuficientes para alcançar este objetivo.

A segunda ideia (...) é que, se esse experimentalismo é importante para todos os países, para o nosso País, é uma questão de sobrevivência nacional. O que mais quer a Nação agora é construir um modelo de desenvolvimento baseado em ampliação de oportunidades econômicas e educativas e em participação popular. Não será possível construir este modelo dentro do formulário institucional que, há muitas décadas, os nossos quadros dirigentes insistiram em portar e em copiar. (MANGABEIRA, Palestra IDP)".

Mangabeira Unger, em outro trecho de sua palestra, ao analisar o estágio atual do pensamento jurídico, conclama os juristas brasileiros a repensar os modelos institucionais vigentes e não apenas tentar, de uma forma ou de outra, humanizar estruturas esgotadas. Arnaldo Godoy, ao transcrever alguns trechos da referida palestra, tece comentários pertinentes:

"O discurso jurídico ortodoxo canoniza o Direito. Transforma-o em liturgia. Legitima-o como religião civil. Centra-o em imaginário pacto fundante. Sob roupagem retórica supostamente estimulante, anuncia-se como condutor moral de uma nova época, que se diz neopositivista ou neoconstitucionalista. Prega-se um patriotismo constitucional (cf. HABERMAS, 1997, pp. 279 e ss.), que se insinua em suposto pacto reformista, que nada mais é do que uma versão reelaborada de um neocontratualismo de sabor kantiano. Para Mangabeira:

Uma das implicações dessa maneira de pensar o direito é estabelecer um contraste chocante entre duas genealogias de direito: uma genealogia prospectiva e uma genealogia retrospectiva. Prospectivamente, imaginamos o direito o produto do conflito, conflito entre interesses e entre visões. Não há nada de errado nisso. Essa é a própria natureza da democracia – organizar esse conflito. Mas, depois, retrospectivamente, nas mãos dos juristas, imaginamos o direito não como um retrato de um conjunto efêmero de composições entre interesses e visões contrastantes, mas como um sistema ideal de evolução que pode ser representado na linguagem dos princípios e das políticas públicas impessoais'. (MANGABEIRA, Palestra IDP).

O Direito precisa ser repensado. Deve ser adaptado às condições políticas pelas quais presentemente passamos. Deve deixar a antessala das curiosidades. Deve afastar-se do campo minado das sutilezas da argumentação. Para Mangabeira, ainda na palestra aqui esquadrinhada:

'Esta maneira de pensar o direito só faz sentido à luz desse pacto social democrata que eu descrevi e dessa realidade paradoxal de avanço e de recuo do direito do século 20. Esse é o pensamento jurídico característico de uma civilização que não acredita mais na possibilidade ou na necessidade de reconstruir as coisas e que se satisfaz em humanizá-las, em redistribuir recursos e direitos em nome de idealizações do direito. É um método de pensamento jurídico que serve a quem aceita os limites deste mundo, mas que é inaceitável para quem quer transpor esses limites'. (MANGABEIRA, Palestra, IDP).

O Direito que se diz hegemônico seria mera expressão do fracasso. O Direito não teria realizado sua missão, e nem cumprido suas promessas. É dissimulado. Diz-se arauto do que é novo e do que segue, porém regurgita o passado que diz repudiar. Por isso,

'(...) essa forma dominante de pensamento jurídico, esse pós-formalismo teleológico, sistemático e idealizante que é agora apresentado em todo o mundo como a onda do futuro do pensamento jurídico é, na realidade, a transcrição, no pensamento jurídico de uma limitação ou de uma derrota política casada com uma mistificação intelectual'. (MANGABEIRA, Palestra, IDP).

A palestra seguiu densa, em tom de denúncia, angustiada, em passo de realismo impressionante, explicitando-se os porquês da desconfiança:

'Mistificação porque passa magicamente da genealogia prospectiva de direito como produto de conflito para a genealogia retrospectiva do direito nas mãos dos juristas como o fragmento de um sistema ideal. Mistificação a serviço do vanguardismo antidemocrático dos juristas e dos juízes, seduzidos pela ideia de uma tarefa importante de melhorar as coisas idealizando o direito de uma maneira que parece quase irreconciliável com os pressupostos da democracia. Mistificação incompatível com o imperativo do experimentalismo institucional. (MANGABEIRA, Palestra, IDP)'". Artigo disponível em: http://jus.com.br/revista/texto/11770/o-direito-no-fortalecimento-da-democracia-no-pensamento-de-roberto-mangabeira-unger.

Em artigo publicado na *Folha de São Paulo*, em 18 de abril de 2005, intitulado A *justiça como base de desenvolvimento*, de resto também comentado por Arnaldo Godoy no texto transcrito acima, Mangabeira Unger faz afirmações que calham perfeitamente com o raciocínio aqui desenvolvido:

"Como podem iniciativas sóbrias, tomadas com meios disponíveis, melhorar a vida de dezenas de milhões de pessoas no Brasil? Exemplifico nas três áreas em que o país mais requer mudança de rumo: a situação do trabalhador, **a qualidade do ensino** e a influência do dinheiro na política (...) É o compromisso de transformar exigências de justiça em condições de progresso prático. No passado, o conceito foi crescer para ter, depois, os meios com que fazer justiça. Agora, o princípio deve ser fazer justiça para poder crescer. Transformar a democratização das oportunidades de trabalho e de ensino e o saneamento da vida pública em motores de desenvolvimento. A utopia realista que convém ao Brasil, aquela que a nação continua, com espasmos de descrença e de frustração, a buscar, é a da energia construtiva, manifesta no esforço de equipar os que não têm como e os que não sabem como. Um país que cultiva a pujança e venera a ternura não reconciliará os dois lados de sua consciência coletiva sem refundar o desenvolvimento sobre a base da justiça". (MANGABEIRA, FSP, 18 de abril de 2005). (grifei)

Ao analisarmos o caso da Universidade de Brasília, devemos reconhecer o seu valor como modelo experimental; um típico caso de experimentalismo institucional que dever assim ser louvado.

Assim, apesar de todos os problemas aqui apontados, não se pode deixar de considerar que a UnB foi pioneira na formulação dessa política de ação afirmativa no Ensino Superior.

8. CONCLUSÃO

O modelo da UnB tem a virtude e obviamente os eventuais defeitos de um modelo pioneiro, sem paradigmas anteriores.

Por tal motivo, não é o caso de constatar, neste momento, a inconstitucionalidade do modelo instituído pela UnB, que ainda está em plena fase de implementação e, portanto, de experimentação. Trata-se de um modelo que vem sendo testado e que, dessa forma, pode (e deve) ser aperfeiçoado, levando-se em conta todas as questões aqui levantadas.

Em verdade, seria o caso de dizer que a norma (ou as normas) é "ainda constitucional"; é um modelo que pode tender, se for mantido, se não for revisto, a um quadro de inconstitucionalidade.

O programa da UnB foi estabelecido por um prazo de dez anos e já está no seu oitavo ano de vigência. Dessa forma, é recomendável uma revisão completa do modelo quando do término do prazo de dez anos, uma vez constatada eventual necessidade de prorrogação da política de ação afirmativa para acesso à universidade.

Ante o exposto, com todas as ressalvas realizadas na fundamentação, acompanho o Relator quanto à parte dispositiva e voto pela improcedência da ação.

ADPF 132 e ADI 4.277[1]

União homoafetiva e seu reconhecimento como instituto jurídico – União estável – Normação constitucional referida a homem e mulher, mas apenas para especial proteção desta última – Focado propósito constitucional de estabelecer relações jurídicas horizontais ou sem hierarquia entre as duas tipologias do gênero humano – Identidade constitucional dos conceitos de "entidade familiar" e "família" – Proibição de discriminação das pessoas em razão do sexo, seja no plano da dicotomia homem/mulher (gênero), seja no plano da orientação sexual de cada qual deles – A proibição do preconceito como capítulo do constitucionalismo fraternal – Homenagem ao pluralismo como valor sociopolítico-cultural – Liberdade para dispor da própria sexualidade, inserida na categoria dos direitos fundamentais do indivíduo, expressão que é da autonomia de vontade – Direito à intimidade e à vida privada – Cláusula pétrea – Tratamento constitucional da instituição da família – Reconhecimento de que a Constituição Federal não empresta ao substantivo "família" nenhum significado ortodoxo ou da própria técnica jurídica – A família como categoria sociocultural e princípio espiritual – Direito subjetivo de constituir família – Interpretação não reducionista.

Trata-se, inicialmente, de arguição de descumprimento de preceito fundamental, aparelhada com pedido de medida liminar, proposta pelo Governador do Estado do Rio de Janeiro. Descumprimento que resulta:

I – da interpretação que se tem conferido aos incisos II e V do art. 19 e aos incisos I a X do art. 33, todos do Decreto-Lei 220/1975 (Estatuto dos Servidores Civis do Estado do Rio de Janeiro), na medida em que tal interpretação implica efetiva redução de direitos a pessoas de preferência ou concreta orientação homossexual;

II – de decisões judiciais proferidas no Estado do Rio de Janeiro e em outras unidades federativas do País, negando às uniões homoafetivas estáveis o rol de direitos pacificamente reconhecidos àqueles cuja preferência sexual se define como "heterossexual".

2. Nessa linha de clara irresignação quanto ao modo juridicamente reducionista com que são tratados os segmentos sociais dos homoafetivos, argui o autor que têm sido ininterruptamente violados os preceitos fundamentais da igualdade, da segurança jurídica (ambos topograficamente situados no *caput* do art. 5º), da liberdade (inciso II do art. 5º) e da dignidade da pessoa humana (inciso IV do art. 1º). Donde ponderar que a homossexualidade constitui "*fato da vida* [...] *que não viola qualquer norma jurídica, nem é capaz, por si só, de afetar a vida de terceiros*". Cabendo lembrar que o "*papel do Estado e do Direito em uma sociedade democrática, é o de assegurar o desenvolvimento da personalidade de todos os indivíduos, permitindo que cada um realize os seus projetos pessoais lícitos*".

---

[1] Acordam os Ministros do Supremo Tribunal Federal em conhecer da Arguição de Descumprimento de Preceito Fundamental 132 como ação direta de inconstitucionalidade, e julgá-la em conjunto com a ADI 4.277, por votação unânime. Prejudicado o primeiro pedido originariamente formulado na ADPF, por votação unânime. Rejeitadas todas as preliminares, por votação unânime. Os ministros desta Casa de Justiça, ainda por votação unânime, acordam em julgar procedentes as ações, com eficácia *erga omnes* e efeito vinculante, com as mesmas regras e consequências da união estável heteroafetiva, autorizados os Ministros a decidirem monocraticamente sobre a mesma questão, independentemente da publicação do acórdão (*DJ* de 14.10.2011).

3. Avança o arguente para invocar sua condição de legítimo representante de toda a sociedade fluminense, o que incorpora a parcela daquelas pessoas que se relacionam sexualmente fora da dicotomia homem/mulher, especialmente no âmbito dos servidores públicos do Estado. Daí sua legitimidade para a propositura da presente ADPF, pois nítida é a pertinência temática entre o cargo exercido pelo autor e o objeto da presente discussão. Até porque – alega o acionante – há numerosas controvérsias administrativas e judiciais sobre direitos alusivos a servidores estaduais homoafetivos, mormente no que tange às *"licenças por motivo de doença de 'pessoa' da família ou para acompanhamento de 'cônjuge', bem como sobre previdência e assistência social"*. Além do que, por ser a lei em causa anterior a Carta de 1988, *"trata-se de objeto insuscetível de impugnação por outra ação objetiva, sendo certo que apenas um mecanismo dessa natureza será capaz de afastar a lesão em caráter geral, pondo fim ao estado de inconstitucionalidade decorrente da discriminação contra casais homossexuais"*.

4. Já no âmbito das alegações constitutivas da fundamentação ou causa de pedir, propriamente, o autor labora no plano da principiologia constitucional para daí desatar proposições que passo a revelar por modo sintético:

I – Princípio da Igualdade: o legislador e o intérprete não podem conferir tratamento diferenciado a pessoas e a situações substancialmente iguais, sendo-lhes constitucionalmente vedadas quaisquer diferenciações baseadas na origem, no gênero e na cor da pele (inciso IV do art. 3°);

II – Princípio da Liberdade: a autonomia privada em sua dimensão existencial manifesta-se na possibilidade de orientar-se sexualmente e em todos os desdobramentos decorrentes de tal orientação;

III – Princípio da Dignidade da Pessoa Humana: todos os projetos pessoais e coletivos de vida, quando razoáveis, são merecedores de respeito, consideração e reconhecimento;

IV – Princípio da Segurança Jurídica: a atual incerteza quanto ao reconhecimento da união homoafetiva e suas consequências jurídicas acarreta insegurança jurídica tanto para os partícipes da relação homoafetiva, quanto para a própria sociedade;

V – Princípio da Razoabilidade ou da Proporcionalidade: a imposição de restrições é de ser justificada pela promoção de outros bens jurídicos da mesma hierarquia. Caso contrário, estar-se-ia diante de um mero preconceito ou de um autoritarismo moral.

5. Por outra volta, o acionante postula a aplicação do método analógico de integração do Direito para equiparar as uniões estáveis homoafetivas às uniões igualmente estáveis que se dão entre pessoas de sexo diferente. Desde que, tanto numa quanto noutra tipologia de união sexual, tome corpo uma convivência tão contínua quanto pública e nitidamente direcionada para a formação de uma autônoma unidade doméstica (ou entidade familiar, se se prefere). Pelo que é de incidir para qualquer das duas modalidades de união o disposto no Art. 1.723 do Código Civil (*"É reconhecida como entidade familiar a união estável entre o homem e a mulher, configurada na convivência pública, contínua e duradoura e estabelecida com o objetivo de constituição de família"*).

6. Assim equacionando o tema de Direito que submete ao exame deste Excelso Tribunal, o arguente pede que se declare, em sede liminar, a validade das decisões administrativas que equiparam as uniões homoafetivas às uniões estáveis, como também requer a suspensão dos processos e dos efeitos de decisões judiciais em sentido oposto. **No mérito**, postula a aplicação do regime jurídico da união estável às relações homoafetivas. Subsidiariamente, para a hipótese de não cabimento desta ADPF, o autor pugna pelo seu recebimento como ação direta de inconstitucionalidade (ADI), de modo a imprimir interpretação "conforme a Constituição" aos incisos II e V do art. 19 e ao art. 33 do Decreto-lei 220/75 (Estatuto dos Servidores Públicos do Estado do Rio de Janeiro) e ao art. 1.723 do Código Civil. Interpretação que, da mesma forma, resulte na não proibição do regime jurídico da união estável entre heteroafetivos às uniões de traço homoafetivo.

7. Continuo neste relato do processo para consignar que foram solicitadas as informações aos arguidos (Governador e Assembleia Legislativa do Estado do Rio de Janeiro e Tribunais de Justiça dos Estados). Informações que, prestadas, comportam o seguinte esquema de sintetização:

I – Tribunais de Justiça Estaduais. Os Tribunais que se dignaram prestar informações acerca das ações em trâmite no seu espaço de jurisdição destacaram suas posições majoritárias: a) em favor da equiparação entre a união estável heterossexual e a união homoafetiva: **Acre, Goiás, Rio Grande do Sul, Rio de Janeiro, Paraná** (o Tribunal de Justiça do Rio Grande do Sul, por exemplo, noticiou o reconhecimento de direitos a companheiro de servidor em união homoafetiva e, desde 2004, a edição de provimento normativo com a finalidade de determinar aos serviços notariais o registro de documentos relacionados com uniões da espécie); b) contrário ao reconhecimento dos efeitos jurídicos da união estável à união entre parceiros do mesmo sexo: **Distrito Federal e Santa Catarina**. Mais: O Tribunal de Justiça da Bahia acrescentou que o Poder Judiciário, no exercício da função administrativa (aplicação do Estatuto dos Servidores), não pode conceder direitos que não estejam previstos em lei, e que a divergência nos julgamentos é de ser resolvida pelas vias recursais, não se configurando a controvérsia judicial em si como ato lesivo a preceito fundamental. Entende, portanto, incabível a ADPF. Já o Tribunal de Justiça de Santa Catarina, por ele foi noticiado que as uniões homoafetivas (entendidas como "parcerias civis") são ali regidas pelo direito das obrigações (sociedades de fato), situando-se, portanto, na esfera de competência das varas cíveis comuns, e não das varas de família. A seu turno, o Tribunal do Espírito Santo defendeu que a enumeração constitucional das entidades familiares é meramente exemplificativa, pelo que nada impede o reconhecimento jurídico da união estável entre pessoas do mesmo sexo. Por fim, alguns Tribunais noticiaram a inexistência de processos que tenham por objeto o reconhecimento de efeitos jurídicos a uniões homoafetivas (**Tocantins, Sergipe, Pará, Roraima**);

II – Assembleia Legislativa do Estado do Rio de Janeiro. Esse Poder Estatal, ao se manifestar sobre o tema, dá conta do pleno vigor da Lei Estadual 5.034/2007. Lei que dispõe sobre a possibilidade de averbação de companheiros do mesmo sexo no rol de dependentes para fins previdenciários dos servidores públicos fluminenses. O que implica reconhecer a impossibilidade de se lhe imputar prática de qualquer ato lesivo a preceito fundamental;

III – Advocacia-Geral da União: Manifestou-se (fls. 824/844) na forma a seguir ementada:

> *"Direitos Fundamentais. Uniões homoafetivas. Servidor Público. Normas estaduais que impedem a equiparação do companheiro de relação homoafetiva como familiar. Preliminares. Conhecimento parcial da ação. Falta de pertinência temática e de interesse processual. Mérito: observância dos direitos fundamentais à igualdade e à liberdade. Exigências do bem comum. Direito comparado Decisões dos Tribunais Superiores. Manifestação pelo conhecimento parcial da ADPF para que, nessa parte, seja julgado procedente, sem pronúncia de nulidade, com interpretação conforme a Constituição [somente dos dispositivos do Decreto-lei estadual n. 200/75), a fim de contemplar os parceiros da união homoafetiva no conceito de família.";*

IV – Procuradoria-Geral da República. Pela sua Vice Procuradora-Geral, Dra. Deborah Macedo Duprat de Britto Pereira, a PGR posicionou-se pela declaração da obrigatoriedade do reconhecimento, como entidade familiar, da união entre pessoas do mesmo sexo. Contanto que atendidos os requisitos exigidos para a constituição da união estável entre homem e mulher. Eis o resumo do parecer em causa (fls. 848/893):

> "a) o não reconhecimento da união entre pessoas do mesmo sexo como entidade familiar pela ordem infraconstitucional brasileira priva os parceiros destas entidades de uma série de direitos patrimoniais e extrapatrimoniais, e revela também a falta de reconhecimento estatal do igual valor e respeito devidos à identidade da pessoa homossexual;

> b) este não reconhecimento importa em lesão a preceitos fundamentais da Constituição, notadamente aos princípios da dignidade da pessoa humana (art. 1º, inciso III), da vedação à discriminação odiosa (art. 3º, inciso IV), e da igualdade (art. 5º, *caput*), da liberdade (art. 5º, *caput*) e da proteção à segurança jurídica;

> c) é cabível *in casu* a Arguição de Descumprimento de Preceito Fundamental, uma vez que a apontada lesão decorre de atos omissivos e comissivos dos Poderes Públicos que não reconhecem esta união, dentre os quais se destaca o posicionamento dominante do Judiciário brasileiro, e inexiste qualquer outro meio processual idôneo para sanar a lesividade;

> d) a redação do art. 226, § 3º, da Constituição, não é óbice intransponível para o reconhecimento destas entidades familiares, já que não contém qualquer vedação a isto;

e) a interpretação deste artigo deve ser realizada à luz dos princípios fundamentais da República, o que exclui qualquer exegese que aprofunde o preconceito e a exclusão sexual do homossexual;

f) este dispositivo, ao conferir tutela constitucional a formações familiares informais antes desprotegidas, surgiu como instrumento de inclusão social. Seria um contrassenso injustificável interpretá-lo como cláusula de exclusão, na contramão da sua teleologia.

g) é cabível uma interpretação analógica do art. 226, § 3º, pautada pelos princípios constitucionais acima referidos, para tutelar como entidade familiar a união entre pessoas do mesmo sexo;

h) diante da falta de norma regulamentadora, esta união deve ser regida pelas regras que disciplinam a união estável entre homem e mulher, aplicadas por analogia."

8. Consigno, ademais, que, em razão da complexidade do tema e da sua incomum relevância, deferi os pedidos de ingresso na causa a nada menos que 14 *amici curiae*. A sua maioria, em substanciosas e candentes defesas, a perfilhar a tese do autor. Assentando, dentre outros ponderáveis argumentos, que a discriminação gera o ódio. Ódio que se materializa em violência física, psicológica e moral contra os que preferem a homoafetividade como forma de contato corporal, ou mesmo acasalamento. E, nesse elevado patamar de discussão, é que dão conta da extrema disparidade mundial quanto ao modo de ver o dia a dia dos que se definem como homoafetivos, pois, de uma parte, há países que prestigiam para todos os fins de direito a união estável entre pessoas do mesmo sexo, a exemplo da Holanda, Bélgica e Portugal, e, de outro, países que levam a homofobia ao paroxismo da pena de morte, como se dá na Arábia Saudita, Mauritânia e Iêmen.

9. Ajunto que, em razão da regra da prevenção e do julgamento simultâneo de processos em que haja *"coincidência total ou parcial de objetos"* (art. 77-B RI/STF), foi a mim distribuída a Ação Direta de Inconstitucionalidade 4.277. Pelo que passo a relatá-la de forma conjunta, para julgamento igualmente conjugado. Fazendo-o, anoto que a presente ação de natureza abstrata ou concentrada foi proposta pela Procuradoria-Geral da República com o objetivo de que esta Casa de Justiça declare: *"a) que é obrigatório o reconhecimento, no Brasil, da união entre pessoas do mesmo sexo, como entidade familiar, desde que atendidos os requisitos exigidos para a constituição da união estável entre homem e mulher; e b) que os mesmos direitos e deveres dos companheiros nas uniões estáveis estendam-se aos companheiros nas uniões entre pessoas do mesmo sexo."* Isto sob as alegações de que a obrigatoriedade do reconhecimento da união entre pessoas do mesmo sexo como entidade familiar é extraída dos princípios constitucionais da dignidade da pessoa humana, da igualdade, da vedação de discriminações odiosas, da liberdade e da proteção à segurança jurídica. Mesmos fundamentos e pedidos, em última análise, da ADPF 132.

10. Pois bem, originariamente autuada como arguição de descumprimento de preceito fundamental (ADPF 178), esta ação objetiva foi examinada pelo Ministro Gilmar Mendes, no exercício da Presidência deste Supremo Tribunal Federal. Ministro que deu pela indeterminação do objeto da causa, para conhecer o processo como ação direta de inconstitucionalidade. E o fez por entender que a ação tem por objeto a interpretação "conforme a Constituição" do art. 1.723 do Código Civil, o que levou Sua Excelência a aplicar, ao caso, o rito do art. 12 da Lei 9.868/1999.

11. Prestadas as informações pela Presidência da República, pela Câmara dos Deputados e pelo Senado Federal, a Advocacia-Geral da União e a Procuradoria-Geral da República ratificaram as posições já retratadas neste relatório quanto ao tratamento jurídico a ser conferido às uniões homoafetivas.

O acórdão do julgado recebeu a seguinte ementa:

EMENTA: 1. ARGUIÇÃO DE DESCUMPRIMENTO DE PRECEITO FUNDAMENTAL (ADPF). PERDA PARCIAL DE OBJETO. RECEBIMENTO, NA PARTE REMANESCENTE, COMO AÇÃO DIRETA DE INCONSTITUCIONALIDADE. UNIÃO HOMOAFETIVA E SEU RECONHECIMENTO COMO INSTITUTO JURÍDICO. CONVERGÊNCIA DE OBJETOS ENTRE AÇÕES DE NATUREZA ABSTRATA. JULGAMENTO CONJUNTO. Encampação dos fundamentos da ADPF n. 132-RJ pela ADI n. 4.277-DF, com a finalidade de conferir "interpretação conforme à Constituição" ao art. 1.723 do Código Civil. Atendimento das condições da ação. 2. PROIBIÇÃO DE

DISCRIMINAÇÃO DAS PESSOAS EM RAZÃO DO SEXO, SEJA NO PLANO DA DICOTO-MIA HOMEM/MULHER (GÊNERO), SEJA NO PLANO DA ORIENTAÇÃO SEXUAL DE CADA QUAL DELES. A PROIBIÇÃO DO PRECONCEITO COMO CAPÍTULO DO CONSTI-TUCIONALISMO FRATERNAL. HOMENAGEM AO PLURALISMO COMO VALOR SOCIO-POLÍTICO-CULTURAL. LIBERDADE PARA DISPOR DA PRÓPRIA SEXUALIDADE, INSE-RIDA NA CATEGORIA DOS DIREITOS FUNDAMENTAIS DO INDIVÍDUO, EXPRESSÃO QUE É DA AUTONOMIA DE VONTADE. DIREITO À INTIMIDADE E À VIDA PRIVADA. CLÁUSULA PÉTREA. *O sexo das pessoas, salvo disposição constitucional expressa ou implícita em senti-do contrário, não se presta como fator de desigualação jurídica. Proibição de preconceito, à luz do inciso IV do art. 3º da Constituição Federal, por colidir frontalmente com o objetivo constitucional de "promover o bem de todos". Silêncio normativo da Carta Magna a respeito do concreto uso do sexo dos indivíduos como saque da kelseniana "norma geral negativa", segundo a qual "o que não estiver juridicamente proibido, ou obrigado, está juridicamente permitido". Reconhecimento do direito à preferência sexual como direta emanação do princípio da "dignidade da pessoa humana": direito a autoestima no mais elevado ponto da consciência do indivíduo. Direito à busca da felicidade. Salto normativo da proibição do preconceito para a proclamação do direito à liberdade sexual. O concreto uso da sexualidade faz parte da autonomia da vontade das pessoas naturais. Empírico uso da sexualidade nos planos da intimidade e da privacidade constitucionalmente tuteladas. Autonomia da vonta-de. Cláusula pétrea.* 3. TRATAMENTO CONSTITUCIONAL DA INSTITUIÇÃO DA FAMÍLIA. RECONHECIMENTO DE QUE A CONSTITUIÇÃO FEDERAL NÃO EMPRESTA AO SUBS-TANTIVO "FAMÍLIA" NENHUM SIGNIFICADO ORTODOXO OU DA PRÓPRIA TÉCNICA JURÍDICA. A FAMÍLIA COMO CATEGORIA SOCIOCULTURAL E PRINCÍPIO ESPIRITU-AL. DIREITO SUBJETIVO DE CONSTITUIR FAMÍLIA. INTERPRETAÇÃO NÃO REDU-CIONISTA. *O caput do art. 226 confere à família, base da sociedade, especial proteção do Estado. Ênfase constitucional à instituição da família. Família em seu coloquial ou proverbial significado de núcleo doméstico, pouco importando se formal ou informalmente constituída, ou se integrada por casais heteroafetivos ou por pares homoafetivos. A Constituição de 1988, ao utilizar-se da expressão "família", não limita sua formação a casais heteroafetivos nem a formalidade cartorária, celebração civil ou liturgia religiosa. Família como institui-ção privada que, voluntariamente constituída entre pessoas adultas, mantém com o Estado e a sociedade civil uma necessária relação tricotômica. Núcleo familiar que é o principal lócus institucional de concreção dos direi-tos fundamentais que a própria Constituição designa por "intimidade e vida privada" (inciso X do art. 5º). Isonomia entre casais heteroafetivos e pares homoafetivos que somente ganha plenitude de sentido se desembo-car no igual direito subjetivo à formação de uma autonomizada família. Família como figura central ou conti-nente, de que tudo o mais é conteúdo. Imperiosidade da interpretação não reducionista do conceito de família como instituição que também se forma por vias distintas do casamento civil. Avanço da Constituição Federal de 1988 no plano dos costumes. Caminhada na direção do pluralismo como categoria sociopolítico-cultural. Competência do Supremo Tribunal Federal para manter, interpretativamente, o Texto Magno na posse do seu fundamental atributo da coerência, o que passa pela eliminação de preconceito quanto à orientação sexual das pessoas.* 4. UNIÃO ESTÁVEL. NORMAÇÃO CONSTITUCIONAL REFERIDA A HOMEM E MULHER, MAS APENAS PARA ESPECIAL PROTEÇÃO DESTA ÚLTIMA. FOCADO PRO-PÓSITO CONSTITUCIONAL DE ESTABELECER RELAÇÕES JURÍDICAS HORIZONTAIS OU SEM HIERARQUIA ENTRE AS DUAS TIPOLOGIAS DO GÊNERO HUMANO. IDENTI-DADE CONSTITUCIONAL DOS CONCEITOS DE "ENTIDADE FAMILIAR" E "FAMÍLIA". *A referência constitucional à dualidade básica homem/mulher, no § 3º do seu art. 226, deve-se ao centrado in-tuito de não se perder a menor oportunidade para favorecer relações jurídicas horizontais ou sem hierarquia no âmbito das sociedades domésticas. Reforço normativo a um mais eficiente combate à renitência patriarcal dos costumes brasileiros. Impossibilidade de uso da letra da Constituição para ressuscitar o art. 175 da Carta de 1967/1969. Não há como fazer rolar a cabeça do art. 226 no patíbulo do seu parágrafo terceiro. Dispositivo que, ao utilizar da terminologia "entidade familiar", não pretendeu diferenciá-la da "família". Inexistência de hierarquia ou diferença de qualidade jurídica entre as duas formas de constituição de um novo e autonomizado núcleo doméstico. Emprego do fraseado "entidade familiar" como sinônimo perfeito de família. A Constituição não interdita a formação de família por pessoas do mesmo sexo. Consagração do juízo de que não se proíbe nada a ninguém senão em face de um direito ou de proteção de um legítimo interesse de outrem, ou de toda a sociedade, o que não se dá na hipótese sub judice. Inexistência do direito dos indivíduos heteroafetivos à sua não equiparação jurídica com os indivíduos homoafetivos. Aplicabilidade do § 2º do art. 5º da Constituição Federal, a evidenciar que outros direitos e garantias, não expressamente listados na Constituição, emergem "do regime e dos princípios por ela adotados", verbis: "Os direitos e garantias expressos nesta Constituição não excluem outros decorrentes do regime e dos princípios por ela adotados, ou dos tratados internacionais em que a República Federativa do Brasil seja parte". 5. DIVERGÊNCIAS LATERAIS QUANTO À FUNDA-MENTAÇÃO DO ACÓRDÃO. Anotação de que os Ministros Ricardo Lewandowski, Gilmar Mendes e Cezar Peluso convergiram no particular entendimento da impossibilidade de ortodoxo enquadramento da união homoafetiva nas espécies de família constitucionalmente estabelecidas. Sem embargo, reconheceram a união entre parceiros do mesmo sexo como uma nova forma de entidade familiar. Matéria aberta à conformação legislativa, sem prejuízo do reconhecimento da imediata autoaplicabilidade da Constituição. 6. INTERPRETA-ÇÃO DO ART. 1.723 DO CÓDIGO CIVIL EM CONFORMIDADE COM A CONSTITUIÇÃO FEDERAL (TÉCNICA DA "INTERPRETAÇÃO CONFORME"). RECONHECIMENTO DA UNIÃO HOMOAFETIVA COMO FAMÍLIA. PROCEDÊNCIA DAS AÇÕES. Ante a possibilidade de interpretação em sentido preconceituoso ou discriminatório do art. 1.723 do Código Civil, não resolúvel à luz dele próprio, faz-se necessária a utilização da técnica de "interpretação conforme à Constituição". Isso para excluir do dispositivo em causa qualquer significado que impeça o reconhecimento da união contínua, pública e duradoura entre pessoas do mesmo sexo como família. Reconhecimento que é de ser feito segundo as mesmas regras e com as mesmas consequências da união estável heteroafetiva.*

VOTO

Trata-se de ação direta de inconstitucionalidade, com pedido de medida liminar, ajuizada pela Procuradoria-Geral da República, com pedido de interpretação conforme à Constituição do art. 1.723 da Lei 10.406/2002 (Código Civil), *"para que se reconheça a sua incidência também sobre a união entre pessoas do mesmo sexo, de natureza pública, contínua e duradoura, formada com o objetivo de constituição de família".*

Eis o teor do dispositivo impugnado:

"Art. 1.723. É reconhecida como entidade familiar a união estável entre o homem e a mulher, configurada na convivência pública, contínua e duradoura e estabelecida com o objetivo de constituição de família".

Como ressaltado pelo Ministro Ayres Britto, esta ação havia sido originariamente autuada como Arguição de Descumprimento de Preceito Fundamental n. 178, em que se apontava a lesão aos seguintes preceitos fundamentais: vedação à discriminação odiosa (art. 3º, inciso IV), princípio da igualdade (art. 5º, *caput*), princípio da dignidade da pessoa humana (art. 1º, inciso III), direito à liberdade (art. 5º, *caput*) e proteção à segurança jurídica.

O que se pretendia, em síntese, era *"a) declarar a obrigatoriedade do reconhecimento como entidade familiar da união entre pessoas do mesmo sexo, desde que atendidos os mesmos requisitos exigidos para a constituição da união estável entre homem e mulher; e b) declarar que os mesmos direitos e deveres dos companheiros nas uniões estáveis estendem-se aos companheiros nas uniões entre pessoas do mesmo sexo".*

No exercício da Presidência desta Corte, em julho de 2009, após determinar a emenda à inicial, despachei no presente processo para concluir pela inépcia da inicial, em razão da inexistência de objeto específico e bem delimitado da ADPF. Contudo, recebi a petição como ação direta de inconstitucionalidade, com adoção do rito do art. 12 da Lei 9.868/99, em virtude de pedido subsidiário de interpretação conforme à Constituição do art. 1.723 da Lei 10.406/2002 (Código Civil), *"para que se reconheça a sua incidência também sobre a união entre pessoas do mesmo sexo, de natureza pública, contínua e duradoura, formada com o objetivo de constituição de família".*

Em breve síntese, a argumentação contida na petição inicial é no sentido de que o reconhecimento público e estatal da união estável entre pessoas do mesmo sexo, inclusive como entidade familiar, fundamenta-se nos princípios da dignidade da pessoa humana, da igualdade e da vedação de discriminações, da liberdade e da segurança jurídica, assentando que a negativa de tal direito seria inconstitucional.

Para garantir o reconhecimento da união estável entre pessoas do mesmo sexo e os direitos dele decorrentes, requer-se interpretação conforme o art. 1.723 do Código Civil a fim de que *"ele se estenda à união entre pessoas do mesmo sexo, desde que esta se configure como 'convivência pública, contínua e duradoura, estabelecida com o objetivo de constituição de família'".*

Assim, uma interpretação restritiva do referido dispositivo, que partisse do pressuposto de que só seria aplicável à união entre homem e mulher, seria inconstitucional, pois nem o dispositivo legal é restritivo, nem a Constituição.

Ademais, está sendo levada a julgamento conjunto com esta ação direta a ADPF 132, ajuizada pelo Governador do Estado do Rio de Janeiro, com semelhante fundamentação, sobretudo para fins de concessão de benefícios estatutários e previdenciários aos servidores públicos estaduais, em que se requer a procedência da ação para que esta Corte:

"a) interprete a legislação estadual aqui indigitada – art. 19, II e V e art. 33, do Decreto-lei n. 220/75 –, assegurando os benefícios nela previstos aos parceiros de uniões homoafetivas estáveis;

b) declare que as decisões judiciais que negam a equiparação jurídica referida violam preceitos fundamentais".

Em pedido subsidiário, caso esta Corte não entenda pelo cabimento da ADPF 132, requer-se o recebimento da petição inicial como ação direta de inconstitucionalidade, *"uma vez que o que se pretende é a interpretação conforme a Constituição (i) dos arts. 19, II e V, e 33 do Decreto-Lei n. 220/75 (Estatuto dos Servidores Públicos Civis do Estado do Rio de Janeiro) e, bem assim, (ii) do art. 1.723 do Código Civil, para o fim de determinar que este dispositivo não seja interpretado de modo a impedir a aplicação do regime jurídico da união estável às uniões homoafetivas, impondo-se, ao revés, sua aplicação extensiva, sob pena de inconstitucionalidade".*

1 – QUESTÃO PRÉVIA

Inicialmente, acompanho a proposição do eminente Ministro Relator Ayres Britto em seu voto, no sentido de receber a ADPF 132 como ação direta de inconstitucionalidade, nos termos do pedido subsidiário formulado. Ademais, tendo em vista a superveniência da Lei 5.034/2007, do Estado do Rio de Janeiro, que dispôs sobre os temas contidos nos pedidos relacionados aos dispositivos do Decreto-Lei 220/75 do Estado do Rio de Janeiro, também o acompanho para conhecer parcialmente da ação direta, tão somente na parte em que se requer interpretação conforme à Constituição do art. 1.723 do Código Civil, ou seja, em coincidência com o pedido formulado na ADI 4.277.

2 – A INTERPRETAÇÃO CONFORME À CONSTITUIÇÃO NO PRESENTE CASO E SEUS LIMITES

Em síntese, o pedido das ações é para que se dê interpretação conforme à Constituição ao art. 1.723 do Código Civil, que possui o seguinte texto: *"É reconhecida como entidade familiar a união estável entre o homem e a mulher, configurada na convivência pública, contínua e duradoura e estabelecida com o objetivo de constituição familiar".* A Procuradoria-Geral da República pede *"que se reconheça a sua incidência também sobre a união entre pessoas do mesmo sexo".*

Nesse sentido, deve-se indagar, inicialmente, acerca dos limites e das possibilidades de se legitimar tal pretensão a partir do pedido de interpretação conforme à Constituição do art. 1.723 do Código Civil, nos termos em que formulado.

Não é necessário muito esforço hermenêutico para se constatar, de pronto, que o pedido, tal como formulado, poderia suscitar sérios questionamentos quanto aos limites da utilização da técnica da interpretação conforme à Constituição, tema que instiga uma série de controvérsias na teoria constitucional e na prática dos Tribunais Constitucionais.

Há muito se vale o Supremo Tribunal Federal da interpretação conforme à Constituição (Rp. 948, Rel. Min. Moreira Alves, *RTJ*, 82:55-6; Rp. 1.100, *RTJ*, 115:993 e s.). Consoante a prática vigente, limita-se o Tribunal a declarar a legitimidade do ato questionado desde que interpretado em conformidade com a Constituição (Cf., a propósito, Rp. 1.454, Rel. Min. Octavio Gallotti, *RTJ*, 125:997). O resultado da interpretação, normalmente, é incorporado, de forma resumida, na parte dispositiva da decisão (Cf., a propósito, Rp. 1.389, Rel. Min. Oscar Corrêa, *RTJ*, 126:514; Rp. 1.454, Rel. Min. Octavio Gallotti, *RTJ*, 125:997; Rp. 1.399, Rel. Min. Aldir Passarinho, *DJ*, 9 set. 1988).

Segundo a jurisprudência do Supremo Tribunal Federal, porém, a interpretação conforme à Constituição conhece limites. Eles resultam tanto da expressão literal da lei, quanto da chamada *vontade do legislador*. A interpretação conforme à Constituição, por isso, apenas é admissível se não configurar violência contra a expressão literal do texto (Bittencourt, Carlos Alberto Lucio. *O controle jurisdicional da constitucionalidade das leis*. 2. ed. Rio de Janeiro, p. 95) e se não alterar o significado do texto normativo, com mudança radical da própria concepção original do legislador (ADIn 2405-RS, Rel. Min. Carlos Britto, *DJ* 17.2.2006; ADIn 1344-ES, Rel. Min. Joaquim Barbosa, *DJ* 19.4.2006; RP 1417-DF, Rel. Min. Moreira Alves, *DJ* 15.4.1988; ADIn 3046-SP, Rel. Min. Sepúlveda Pertence, *DJ* 28.5.2004).

A prática demonstra que o Tribunal não confere maior significado à chamada *intenção do legislador*, ou evita investigá-la, se a interpretação conforme à Constituição se mostra possível dentro dos limites da expressão literal do texto (Rp. 1.454, Rel. Min. Octavio Gallotti, *RTJ*, 125:997; Rp. 1.389, Rel. Min. Oscar Corrêa, *RTJ*, 126:514; Rp. 1.399, Rel. Min. Aldir Passarinho, *DJ*, 9 set. 1988).

Muitas vezes, porém, esses limites não se apresentam claros e são difíceis de definir. Como todo tipo de linguagem, os textos normativos normalmente padecem de certa indeterminação semântica, sendo passíveis de múltiplas interpretações. Assim, é possível entender, como o faz Rui Medeiros, que *"a problemática dos limites da interpretação conforme à Constituição está indissociavelmente ligada ao tema dos limites da interpretação em geral"* (MEDEIROS, Rui. *A decisão de inconstitucionalidade*: os autores, o conteúdo e os efeitos da decisão de inconstitucionalidade da lei. Lisboa: Universidade Católica Editora, 1999, p. 301).

A eliminação ou a fixação, pelo Tribunal, de determinados sentidos normativos do texto quase sempre tem o condão de alterar, ainda que minimamente, o sentido normativo original determinado pelo legislador. Por isso, muitas vezes, a interpretação conforme levada a efeito pelo Tribunal pode transformar-se numa decisão modificativa dos sentidos originais do texto.

A experiência das Cortes Constitucionais europeias – destacando-se, nesse sentido, a *Corte Costituzionale* italiana – (Cf. MARTÍN DE LA VEGA, Augusto. *La sentencia constitucional en Italia*. Madrid: Centro de Estudios Políticos y Constitucionales, 2003) – bem demonstra que, em certos casos, o recurso às decisões interpretativas com efeitos modificativos ou corretivos da norma constitui a única solução viável para que a Corte Constitucional enfrente a inconstitucionalidade existente no caso concreto, sem ter que recorrer a subterfúgios indesejáveis e a soluções simplistas – como a declaração de inconstitucionalidade total ou, no caso de esta trazer consequências drásticas para a segurança jurídica e o interesse social, a opção pelo mero não conhecimento da ação.

Sobre o tema, é digno de nota o estudo de Joaquín Brage Camazano, do qual cito, a seguir alguns, trechos:

"La raíz esencialmente pragmática de estas modalidades atípicas de sentencias de la constitucionalidad hace suponer que su uso es prácticamente inevitable, con una u otra denominación y con unas u otras particularidades, por cualquier órgano de la constitucionalidad consolidado que goce de una amplia jurisdicción, en especial si no seguimos condicionados inercialmente por la majestuosa, pero hoy ampliamente superada, concepción de Kelsen del TC como una suerte de 'legislador negativo'. Si alguna vez los tribunales constitucionales fueron legisladores negativos, sea como sea, hoy es obvio que ya no lo son; y justamente el rico 'arsenal' sentenciador de que disponen para fiscalizar la constitucionalidad de la Ley, más allá del planteamiento demasiado simple 'constitucionalidad/ inconstitucionalidad', es un elemento más, y de importancia, que viene a poner de relieve hasta qué punto es así. Y es que, como Fernández Segado destaca, 'la praxis de los tribunales constitucionales no ha hecho sino avanzar en esta dirección' de la superación de la idea de los mismos como legisladores negativos, 'certificando [así] la quiebra del modelo kelseniano del legislador negativo". (CAMAZANO, Joaquín Brage. Interpretación constitucional, declaraciones de inconstitucionalidad y arsenal sentenciador (un sucinto inventario de algunas sentencias "atípicas"). en Eduardo Ferrer Macgregor (ed.), *La interpretación constitucional*, Porrúa, México, 2005, en prensa.)

Certas modalidades atípicas de decisão no controle de constitucionalidade decorrem, portanto, de uma necessidade prática comum a qualquer jurisdição constitucional.

Assim, o recurso a técnicas inovadoras de controle da constitucionalidade das leis e dos atos normativos, em geral, tem sido cada vez mais comum na realidade do direito comparado, na qual os tribunais não estão mais afeitos às soluções ortodoxas da declaração de nulidade total ou de mera decisão de improcedência da ação com a consequente declaração de constitucionalidade.

Além das muito conhecidas técnicas de interpretação conforme à Constituição, de declaração de nulidade parcial sem redução de texto, ou de declaração de inconstitucionalidade sem a pronúncia da nulidade, de aferição da *"lei ainda constitucional"* e do apelo ao legislador, são também muito utilizadas as técnicas de limitação ou restrição de efeitos da decisão, o que possibilita a declaração de inconstitucionalidade com efeitos *pro futuro* a partir da decisão ou de outro momento que venha a ser determinado pelo tribunal.

Nesse contexto, a jurisprudência do Supremo Tribunal Federal tem evoluído significativamente nos últimos anos, sobretudo a partir do advento da Lei 9.868/99, cujo art. 27 abre ao Tribunal uma nova via para a mitigação de efeitos da decisão de inconstitucionalidade. A prática tem demonstrado que essas novas técnicas de decisão têm guarida também no âmbito do controle difuso de constitucionalidade (RE 197.917/SP, Rel. Min. Maurício Corrêa, *DJ* 7.5.2004).

Uma breve análise retrospectiva da prática dos Tribunais Constitucionais e de nosso Supremo Tribunal Federal bem demonstra que a ampla utilização dessas decisões, comumente denominadas "atípicas", converteram-nas em modalidades "típicas" de decisão no controle de constitucionalidade, de forma que o debate atual não deve mais estar centrado na admissibilidade de tais decisões, mas nos limites que elas devem respeitar.

O Supremo Tribunal Federal, quase sempre imbuído do dogma kelseniano do legislador negativo, costuma adotar uma posição de *self-restraint* ao se deparar com situações em que a interpretação conforme possa descambar para uma decisão interpretativa corretiva da lei (ADI 2.405-RS, Rel. Min. Carlos Britto, *DJ* 17.2.2006; ADI 1.344-ES, Rel. Min. Moreira Alves, *DJ* 19.4.1996; RP 1.417-DF, Rel. Min. Moreira Alves, *DJ* 15.4.1988).

Ao se analisar detidamente a jurisprudência do Tribunal, no entanto, é possível verificar-se que, em muitos casos, a Corte não se atenta para os limites, sempre imprecisos, entre a interpretação conforme delimitada negativamente pelos sentidos literais do texto e a decisão interpretativa modificativa desses sentidos originais postos pelo legislador (ADI 3.324, ADI 3.046, ADI 2.652, ADI 1.946, ADI 2.209, ADI 2.596, ADI 2.332, ADI 2.084, ADI 1.797, ADI 2.087, ADI 1.668, ADI 1.344, ADI 2.405, ADI 1.105, ADI 1.127).

Direito à igualdade **865**

No julgamento conjunto das ADIs 1.105 e 1.127, ambas de relatoria do Min. Marco Aurélio, o Tribunal, ao conferir interpretação conforme à Constituição a vários dispositivos do Estatuto da Advocacia (Lei 8.906/94), acabou adicionando-lhes novo conteúdo normativo, convolando a decisão em verdadeira interpretação corretiva da lei (ADIn 1105-DF e ADIn 1.127-DF, rel. orig. Min. Marco Aurélio, rel. p/ o acórdão Min. Ricardo Lewandowski).

Em outros vários casos mais antigos (ADI 3.324, ADI 3.046, ADI 2.652, ADI 1.946, ADI 2.209, ADI 2.596, ADI 2.332, ADI 2.084, ADI 1.797, ADI 2.087, ADI 1.668, ADI 1.344, ADI 2.405, ADI 1.105, ADI 1.127), também é possível verificar-se que o Tribunal, a pretexto de dar interpretação conforme à Constituição a determinados dispositivos, acabou proferindo o que a doutrina constitucional, amparada na prática da Corte Constitucional italiana, tem denominado de *decisões manipulativas de efeitos aditivos* (sobre a difusa terminologia utilizada, *vide*: MORAIS, Carlos Blanco de. *Justiça Constitucional*. Tomo II. O contencioso constitucional português entre o modelo misto e a tentação do sistema de reenvio. Coimbra: Coimbra Editora, 2005, p. 238 e ss. MARTÍN DE LA VEGA, Augusto. *La sentencia constitucional en Italia*. Madrid: Centro de Estudios Políticos y Constitucionales, 2003. DÍAZ REVORIO, Francisco Javier. *Las sentencias interpretativas del Tribunal Constitucional*. Valladolid: Lex Nova, 2001. LÓPEZ BOFILL, Héctor. *Decisiones interpretativas en el control de constitucionalidad de la ley*. Valencia: Tirant lo Blanch, 2004).

Sobre a evolução da Jurisdição Constitucional brasileira em tema de decisões manipulativas, o constitucionalista português Blanco de Morais fez a seguinte análise:

"(...) *o fato é que a Justiça Constitucional brasileira deu, onze anos volvidos sobre a aprovação da Constituição de 1988, um importante passo no plano da suavização do regime típico da nulidade com efeitos absolutos, através do alargamento dos efeitos manipulativos das decisões de inconstitucionalidade.*

Sensivelmente, desde 2004 parecem também ter começado a emergir com maior pragnância decisões jurisdicionais com efeitos aditivos.

Tal parece ter sido o caso de uma acção directa de inconstitucionalidade, a ADIn 3.105, a qual se afigura como uma sentença demolitória com efeitos aditivos. Esta eliminou, com fundamento na violação do princípio da igualdade, uma norma restritiva que, de acordo com o entendimento do Relator, reduziria arbitrariamente para algumas pessoas pertencentes à classe dos servidores públicos, o alcance de um regime de imunidade tributária que a todos aproveitaria. Dessa eliminação resultou automaticamente a aplicação, aos referidos trabalhadores inactivos, de um regime de imunidade contributiva que abrangia as demais categorias de servidores públicos" (MORAIS, Carlos Blanco de. *Justiça Constitucional*. Tomo II. O contencioso constitucional português entre o modelo misto e a tentação do sistema de reenvio. Coimbra: Coimbra Editora, 2005, p. 238 e ss.)

Em futuro próximo, o Tribunal voltará a se deparar com o problema no julgamento da ADPF n. 54, Rel. Min. Marco Aurélio, que discute a constitucionalidade da criminalização dos abortos de fetos anencéfalos. Caso o Tribunal decida pela procedência da ação, dando interpretação conforme aos arts. 124 a 128 do Código Penal, invariavelmente proferirá uma típica decisão manipulativa com eficácia aditiva.

Ao rejeitar a questão de ordem levantada pelo Procurador-Geral da República, o Tribunal admitiu a possibilidade de, ao julgar o mérito da ADPF n. 54, atuar como verdadeiro legislador positivo, acrescentando mais uma excludente de punibilidade – no caso de o feto padecer de anencefalia – ao crime de aborto.

Em decisão de notável relevância doutrinária para o tema em discussão, o Supremo Tribunal Federal determinou a aplicação, aos servidores públicos, da Lei 7.783/89, que dispõe sobre o exercício do direito de greve na iniciativa privada, pelo que promoveu extensão aditiva do âmbito de incidência da norma (MI 670, Rel. para o acórdão Min. Gilmar Mendes, MI 708, Rel. Min. Gilmar Mendes, e MI 712, Rel. Min. Eros Grau, julgados em 25.10.2007. Tenha-se presente, ainda, o MI 543, Rel. Min. Octavio Gallotti, *DJ* de 24.5.2002, e o MI 283, Rel. Min. Sepúlveda Pertence, *DJ* de 14.11.1991, quando restou assentado que "*é dado ao Judiciário, ao deferir a injun-*

ção, somar, aos seus efeitos mandamentais típicos, o provimento necessário a acautelar o interessa-do contra a eventualidade de não se ultimar o processo legislativo, no prazo que fixar, de molde a facultar-lhe, quando possível, a satisfação provisória do seu direito").

Cabe ressaltar, ainda, o julgamento conjunto, pelo Plenário do Supremo Tribunal Federal, dos Mandados de Segurança 26.602/DF, 26.603/DF e 26.604/DF, em que se assentou que o abandono, pelo parlamentar, da legenda pela qual foi eleito tem como consequência jurídica a extinção do mandato.

Também de marcado caráter aditivo, registre-se a decisão proferida na Pet 3.388/RR, Rel. Min. Ayres Britto, quando o Tribunal, enfrentando a situação de insegurança geral deflagrada pela demarcação da reserva Raposa Serra do Sol, logrou, mediante a disciplina constante do voto do Ministro Menezes Direito, dar margens nítidas à extensão do usufruto dos indígenas sobre as áreas que lhes são constitucionalmente garantidas (Pet 3.388, Rel. Min. Carlos Britto, *Informativo STF* n. 539, 16 a 20.3.2009).

Por fim, mencione-se o RE 405.579, Rel. Ministro Joaquim Barbosa. Trata-se de hipótese em que duas empresas, importadoras de um mesmo produto, foram discriminadas, por concessão de benefício tributário a apenas uma delas, o que gera evidente desequilíbrio comercial. Em voto-vista de minha lavra, foi proposta a extensão do benefício tributário (redução de imposto de importação) a empresas não contempladas no inciso X do § 1º do art. 5º da Lei 10.182/2001, com vistas a sanar violação ao princípio da isonomia e restaurar o equilíbrio do mercado comercial. O julgamento encontra-se pendente, em razão de pedido de vista.

Portanto, é certo que o Supremo Tribunal Federal já está se livrando do vetusto dogma do legislador negativo, aliando-se, assim, à mais progressiva linha jurisprudencial das decisões interpretativas com eficácia aditiva, já adotada pelas principais Cortes Constitucionais do mundo. A assunção de uma atuação criativa pelo Tribunal pode ser determinante para a solução de antigos problemas relacionados à inconstitucionalidade por omissão, que muitas vezes causa entraves para a efetivação de direitos e garantias fundamentais assegurados pelo texto constitucional.

No presente caso, porém, devemos refletir muito sobre as consequências normativas de uma decisão de interpretação conforme à Constituição do art. 1.723 do Código Civil. Sobre a problemática contida no pedido de interpretação conforme realizado pela Procuradoria-Geral da República, Lenio Luiz Streck fez as reflexões a seguir transcritas, que devem ser objeto de atenção:

"De plano, salta aos olhos a seguinte questão: a efetivação de uma tal medida importa(ria) transformar o Tribunal em um órgão com poderes permanentes de alteração da Constituição, estando a afirmar uma espécie caduca de mutação constitucional (*Verfassungswandlung*) que funcionaria, na verdade, como um verdadeiro processo de alteração formal da Constituição (*Verfassungsänderung*), reservado ao espaço do Poder Constituinte derivado pela via do processo de emenda constitucional.

E isso porque a tese da PGR se perde em meio ao problema semântico e não avança em direção ao *fenômeno mesmo* que é a *applicatio* do texto constitucional. Essa hipertrofia com relação à semântica (que não deixa de ser um sintoma da permanência das bases positivistas no seio da dogmática constitucional) – que aparece claro em expressões como interpretação restritiva ou extensiva – encobre o problema essencial: como dar efeito vinculante e eficácia *erga omnes* a uma decisão do Supremo Tribunal Federal que realize uma Interpretação Conforme à Constituição (*verfassungskonforme Auslegung*)? Poder-se aduzir que o parágrafo único do art. 28 da Lei n. 9.868/99 autoriza tais efeitos para decisões que se utilizem das chamadas sentenças interpretativas *lato sensu*. Mas, mesmo aqui, caberia o questionamento: poderia a lei ordinária alargar o espaço já estabelecido pelo poder constituinte? Não haveria, na espécie, usurpação de competência do constituinte?

E mais. As sentenças interpretativas só podem ser corretamente compreendidas através da diferença (ontológica – *ontologische Differentz*) que existe entre *texto* e *norma*. A interpretação conforme a Constituição não modifica o texto da norma, mas produz uma norma a partir da parametricidade constitucional. Esse é *o limite do sentido e o sentido do limite*. Ou seja, somente a partir dela – da parametricidade constitucional – e não a partir de analogias ou outras formas de extensão de sentido, é que se pode

Direito à igualdade **867**

fazer a referida atribuição de sentido (*Sinngebung*). E, outra coisa: a diferença entre texto e norma não quer dizer que seja permitida a atribuição de qualquer norma ao texto. E muito se pode admitir que, a pretexto da aplicação da máxima hermenêutica 'texto e norma', a PGR venha a pretender substituir o próprio texto da Constituição – pela via indireta da interpretação conforme dada ao Código Civil – por um outro (aquele que ela, a PGR, entenda ser mais adequado).

Portanto, voltamos ao problema fundamental da questão que passa ao largo das discussões jurídicas empreendidas nessa seara. Ou seja, que tipo de democracia queremos? Não se trata de ser contra ou a favor da proteção dos direitos pessoais e patrimoniais dos homossexuais. Aliás, se for para enveredar por esse tipo de discussão, advertimos desde já que somos absolutamente a favor da regulamentação de tais direitos, desde que efetuados pela via correta, que é a do processo legislativo previsto pela Constituição Federal.

O risco que exsurge desse tipo de ação é que uma intervenção desta monta do Poder Judiciário no seio da sociedade produz *graves efeitos colaterais*. Quer dizer: há problemas que simplesmente não podem ser resolvidos pela via de uma ideia errônea de ativismo judicial. O Judiciário não pode substituir o legislador".

Prossegue, então, Lenio Streck, no mesmo raciocínio:

"Reafirmando o que já foi mencionado acima: não cabe ao Poder Judiciário 'colmatar lacunas' (*sic*) do constituinte (nem originário e nem derivado). Ao permitir decisões desse jaez, estar-se-á incentivando a que o Judiciário 'crie' uma Constituição 'paralela' (uma verdadeira 'Constituição do B'), estabelecendo, a partir da subjetividade dos juízes, aquilo que 'indevidamente' – a critério do intérprete – não constou no pacto constituinte. O constituinte não resolveu? 'Chame-se o Judiciário....' Ou 'criemos um princípio', que 'valerá' mais do que a Constituição.

Ora, é necessário ter coragem para dizer algumas coisas, mesmo que possam parecer 'antipáticas' aos olhos da comunidade jurídica. A resolução das querelas relativas às uniões homoafetivas deve ser feita – enquanto não for emendada a Constituição ou elaborada lei ordinária (a exemplo do que ocorreu na Espanha) – no âmbito do direito das obrigações, e não a partir do direito sucessório ou do direito de família. *Há limites hermenêuticos para que o Judiciário se transforme em legislador.*

Veja-se que um dos argumentos utilizados – ao menos no plano retórico para justificar as referidas decisões – é o de que o Judiciário deve assegurar a união estável (portanto, equiparação ao casamento) de casais homossexuais porque o Legislativo não pretende, a curto prazo, por não dispor de 'condições políticas' para tal, elaborar legislação a respeito. Mas, convenhamos, é exatamente esse argumento que se contrapõe à própria tese: *em uma democracia representativa, cabe ao Legislativo elaborar as leis* (ou emendas constitucionais). O fato de o Judiciário – via justiça constitucional – efetuar 'correções' à legislação (filtragem hermenêutico-constitucional e controle *stricto sensu* de constitucionalidade) não significa que possa, nos casos em que *a própria Constituição* aponta para outra direção, construir decisões 'legiferantes'.

Dito de outro modo: a Constituição reconhece união estável entre homem e mulher, mas isso não significa que, por não proibir que essa união estável possa ser feita entre pessoas do mesmo sexo, a própria Constituição possa ser 'colmatada', com um argumento kelseniano do tipo 'o que não é proibido é permitido' (*sic*!). *Fosse assim e inúmeras não proibições poderiam ser transformadas em permissões*: p.ex., a Constituição de 1988 também não proíbe ação direta de inconstitucionalidade de leis municipais face à Constituição Federal (o art. 102, I, 'a', refere apenas a possibilidade de arguição que trate de leis federais e estaduais). E nem por isso torna-se possível falar em ADIn contra lei municipal em sede de STF. Veja-se: em nome do 'princípio democrático' ou da 'república', os munícipes espalhados pelos quatro cantos do Brasil poderiam alegar que '*a Constituição originária violou o princípio da isonomia e que a falta de um mecanismo desse quilate viola direitos fundamentais*', etc. Ora, nada disso pode ser 'colmatado' por um ato voluntarista do Judiciário (veja-se que a ADPF acabou resolvendo o problema – por lei –, ao admitir-se o sindicamento de leis municipais em face da Constituição sempre que não houver outro modo de solucionar a querela; mas, insista-se: foi por via legislativa a alteração do estado da arte). E o que dizer da 'discriminação' entre homem e mulher para os casos de aposentadoria? Se homens e mulheres devem ser iguais, por que as mulheres se aposentam mais cedo? Não seria o caso de ingressar com uma ADPF para substituir a expressão homens e mulheres por 'indivíduos'? E assim por diante...!

Ainda para exemplificar: a legislação civil trata apenas da alteração do prenome. Isso não significa, entretanto, a partir da máxima 'o que não é proibido é permitido', que o Judiciário possa determinar a alteração do apelido de família, na hipótese de alguém se sentir humilhado pelo sobrenome que carrega, alegando, *v.g.*, o princípio da dignidade da pessoa humana. E, registre-se: o princípio da dignidade da pessoa humana não pode ser panaceia para todos os males, mormente de 'omissões' (*sic*) do constituinte: *o direito possui um mínimo de objetividade, que é o texto*. E em se tratando do texto da Constituição, assume maior relevância a máxima de que 'devemos levar o texto a sério'. Sem texto não há normas; não há normas sem textos.

Em síntese: não há um lado 'b' da Constituição a ser 'descoberto' axiologicamente, como se 'por debaixo do texto da Constituição existissem valores a serem desvelados pela cognição do intérprete'. A resposta adequada para o caso da união estável (homoafetiva) depende de alteração legal-constitucional. Veja-se, *v.g.*, o caso espanhol, em que o problema foi resolvido mediante a edição de lei. Na terra de Cervantes, o Poder Judiciário não se sentiu autorizado a 'colmatar' a 'inconstitucionalidade da Constituição'." (STRECK, Lenio Luiz; BARRETTO, Vicente de Paulo et al. *Ulisses e o canto das sereias. Sobre ativismos judiciais e os perigos da instauração de um terceiro turno da constituinte. Jus Navigandi*, Teresina, ano 14, n. 2218, 28 jul. 2009. Disponível em: http://jus.com.br/revista/texto/13229. Acesso em: 3 maio 2011).

Assim, se é certo que, por um lado, a possibilidade da interpretação conforme que se convola numa verdadeira decisão manipulativa de efeitos aditivos não mais constitui um fator de constrangimento ou de estímulo ao *self restraint*, por parte do Supremo Tribunal Federal, por outro lado, a interpretação conforme, nos moldes em que requerida pela Procuradoria-Geral da República, pode ter amplíssimas consequências em diversos sistemas normativos do ordenamento jurídico brasileiro, as quais devem ser minuciosamente consideradas pelo Tribunal.

Desde o começo deste julgamento, eu fiquei preocupado com essa questão e cheguei até a comentar com o Ministro Relator Ayres Britto, tendo em vista, como amplamente confirmado, que o texto do Código Civil reproduz, em linhas básicas, aquilo que consta do texto constitucional. E, de alguma forma, a meu ver, eu cheguei a pensar que isso era um tipo de construto meramente intelectual-processual, que levava os autores a propor a ação, uma vez que o texto, em princípio, reproduzindo a Constituição, não comportaria esse modelo de interpretação conforme. Ele não se destinava a disciplinar outra instituição que não fosse a união estável entre homem e mulher, na linha do que estava no texto constitucional. Daí não ter polissemia, daí não ter outro entendimento que não aquele constante do texto constitucional.

Talvez o único argumento que pudesse justificar a tese da aplicação ao caso da técnica de interpretação conforme à Constituição seria a invocação daquela previsão normativa de união estável entre homem e mulher como óbice ao reconhecimento da união entre pessoas do mesmo sexo, como uma proibição decorrente daquele dispositivo.

E, de fato, é com base nesse argumento que entendo pertinente o pleito trazido nas ações diretas de inconstitucionalidade.

É preciso, portanto, que nós deixemos essa questão muito clara, porque ela terá implicações neste e em outros casos quanto à utilização e, eventualmente, à manipulação da interpretação conforme, que se trata inclusive de uma interpretação conforme com muita peculiaridade, porque o texto é quase um decalque da norma constitucional e, portanto, não há nenhuma dúvida quanto àquilo que o legislador quis dizer, na linha daquilo que tinha positivado o constituinte.

E o texto, em si mesmo, nessa linha, não é excludente – pelo menos essa foi a minha primeira pré-compreensão – da possibilidade de se reconhecer a união estável entre pessoas do mesmo sexo, **não com base no texto legal (art. 1.723 do Código Civil), nem na norma constitucional (art. 226, § 3°)**, mas com suporte em outros princípios constitucionais.

Todavia eu não diria que isso decorre do texto legal nem que está nele albergada alguma proibição, mas tão somente – por isso que me parece e pelo menos esse seria o meu juízo neste

Direito à igualdade **869**

momento – que o único argumento forte a justificar aqui a interpretação conforme à Constituição é o fato de o dispositivo do Código Civil estar sendo invocado para impossibilitar o reconhecimento da união entre pessoas do mesmo sexo. Do contrário, nós estaríamos a fazer um tipo de interpretação conforme muito extravagante.

É, dessa forma, portanto, que fundamento neste julgamento a possibilidade de utilização da interpretação conforme à Constituição. Colhe-se dos elementos dos autos e das sustentações dos *amici curiae*, bem como do conteúdo do voto do Eminente Ministro Relator Ayres Britto e dos votos daqueles que o sucederam, que o argumento determinante da ação é o de que essa norma legal tem servido para fundamentar decisões no sentido negativo à pretensão formulada em juízo, com o objetivo de se reconhecer a formalização da união entre pessoas do mesmo sexo.

Assim, o entendimento que autoriza a interpretação conforme à Constituição no caso é que o dispositivo impugnado está sendo aplicado de forma generalizada para a proibição do reconhecimento da união entre pessoas do mesmo sexo. Tanto é que, no pedido do Governador do Estado do Rio de Janeiro, formulou-se a impugnação das próprias decisões judiciais que assim teriam decidido.

Eu comemoro e comungo também desse entendimento. É sabido que sou um crítico muito ferrenho daquele argumento de que, quando em vez, lançamos mão: de que não podemos fazer isto ou aquilo porque estamos nos comportando como legislador positivo ou coisa que o valha.

Não há nenhuma dúvida de que aqui o Tribunal está assumindo um papel ativo, ainda que provisoriamente, pois se espera que o legislador autêntico venha a atuar. Mas é inequívoco que o Tribunal está dando uma resposta de caráter positivo.

Na verdade, essa afirmação – eu já tive oportunidade de destacar – tem de ser realmente relativizada diante de pretensões que envolvem a produção de norma ou a produção de um mecanismo de proteção. Deve haver aí uma resposta de caráter positivo. E se o sistema jurídico, de alguma forma, falha na composição desta resposta aos cidadãos, e se o Poder Judiciário é chamado, de alguma forma, a substituir o próprio sistema político nessa inação, óbvio que a resposta só poderá ser de caráter positivo.

É certo que essa própria afirmação já envolve certo engodo metodológico. Eu diria que até a fórmula puramente anulatória, quando se cassa uma norma por afirmá-la inconstitucional – na linha tradicional de Kelsen –, já envolve também uma legislação positiva no sentido de se manter um *status quo*, um modelo jurídico contrário à posição que estava anteriormente em vigor.

Explicitada, portanto, a fundamentação sobre os limites e a possibilidade de interpretação conforme à Constituição no presente caso, passo a esclarecer os fundamentos que permitem concluir no sentido da legitimidade constitucional de reconhecimento da união entre pessoas do mesmo sexo.

3 – A QUESTÃO DO RECONHECIMENTO DA UNIÃO ENTRE PESSOAS DO MESMO SEXO

Parece-me que a questão central a ser considerada neste julgamento refere-se à legitimidade constitucional de reconhecimento jurídico da união entre pessoas do mesmo sexo. Indaga-se, ainda, sobre a possibilidade de aplicação analógica do regime da união estável entre homem e mulher, diante da ausência de um modelo institucional mínimo de proteção da união homoafetiva.

Em primeiro lugar, afirmo a importância deste debate e destaco não haver dúvida na atualidade de **ser um fato da vida** a existência de uniões entre pessoas do mesmo sexo no Brasil e no mundo, pautadas por laços de afetividade, convivência comum e duradoura, à semelhança de outros tipos de união expressamente referidas em nossa Constituição como entidades familiares.

Nesse sentido, destaco que, segundo dados do Censo 2010 divulgados pelo Instituto Brasileiro de Geografia e Estatística (IBGE), o Brasil possui 60.002 (sessenta mil e dois) casais homossexuais vivendo juntos. O número pouco expressivo certamente não reflete a realidade – e se entende que talvez estejamos diante de um fenômeno de estatística escondida – muito provavelmente em razão da discriminação, da falta de um modelo institucional, de autoconvenção e de autoproteção dessas pessoas. A falta de institucionalização desta questão contribui para esse quadro. Esse dado estatístico revela, ainda, que o reconhecimento da união entre pessoas do mesmo sexo no Brasil passa pelo enfrentamento de dificuldades de diversas ordens.

Primeiramente, constata-se a ausência de regulamentação normativa específica acerca da união entre pessoas do mesmo sexo e a falta de um modelo institucional mínimo no Brasil, a trazer insegurança jurídica e prejuízos ao reconhecimento de direitos na esfera estatal e no âmbito das relações públicas e privadas.

Faltam leis federais e locais que regulamentem satisfatoriamente a matéria e há divergência de posicionamento das administrações públicas dos entes federativos em acolher ou não pedidos administrativos relacionados à concessão de benefícios ou à proteção de interesses.

Esses impasses, por vezes, têm sido levados à apreciação do Poder Judiciário e os tribunais brasileiros vêm adotando posicionamentos distintos, conforme demonstram os documentos juntados aos autos. Há decisões judiciais em que se nega validade jurídica à união homoafetiva (por impossibilidade jurídica do pedido). Em outras situações, reconhece-se a relação como sociedade de fato, no âmbito dos direitos das obrigações. Em outros casos, avança-se para afirmar a união homoafetiva como entidade familiar, equiparada à união estável no que couber. A depender do entendimento adotado, poderão ser declaradas competentes a vara cível ou a vara de família.

Evidentemente essa proteção poderia ser feita – ou talvez devesse ser feita – primariamente pelo próprio Congresso Nacional, mas também se destacou neste julgamento que são muitas as dificuldades que ocorrem nesse processo decisório, em razão das múltiplas controvérsias que se lavram na sociedade em torno desse tema. E aí a dificuldade do modelo representativo, muitas vezes, de atuar, de operar.

Nós vimos recentemente nas últimas eleições nacionais as dificuldades por que passou a então candidata, agora Presidenta Dilma Rousseff, quando teve que, de alguma forma, se pronunciar sobre este tema, fazendo declarações, as mais diversas e muito provavelmente contraditórias, em torno deste assunto, por conta do preconceito que está presente numa parcela significativa da sociedade.

Isso poderia explicar, talvez, a dificuldade que o Congresso tem de deliberar, pelo menos de forma inaugural, primária, sobre esse tema. É oportuno destacar, a seguir, em análise sucinta, alguns relevantes projetos, de proposições existentes no Congresso, desde propostas de emenda constitucional até várias outras propostas de caráter legislativo, sem que haja uma deliberação efetiva.

3.1 – *A controvérsia política e a ausência de uma deliberação consensual do Congresso*

A união homoafetiva, seus reflexos nas diversas searas jurídicas e outros assuntos conexos não parecem ter sido simplesmente esquecidos pelo Poder Legislativo. Ao contrário, depois do advento da Constituição de 1988 diversos projetos de lei e propostas de emendas à Constituição foram apresentados sobre o assunto. Entre essas diversas proposições legislativas, algumas foram arquivadas e outras tantas continuam em tramitação.

Um dos primeiros projetos que visava a regulamentar a união civil entre pessoas do mesmo sexo foi apresentado pela Deputada Marta Suplicy (PT/SP). Trata-se do Projeto de Lei 1.151/1995, por meio do qual se propunha assegurar a duas pessoas do mesmo sexo o reconhecimento de sua união civil, com vistas especialmente à proteção dos direitos à propriedade, à sucessão, à equiparação ao cônjuge do companheiro ou companheira de mesmo sexo que comprove a união estável como entidade familiar, entre outros direitos.

Esse projeto de lei tratava da forma de registro civil da união, do reconhecimento daquelas não registradas, determinava que os entes federados disciplinassem a concessão de benefícios previdenciários aos seus servidores que comprovassem viver em união homoafetiva, a forma de rompimento da união civil, entre outras providências.

O Deputado Roberto Jefferson (PTB/RJ) apresentou Substitutivo global ao Projeto de Lei 1.151/1995, por meio do qual se transformou a união em contrato de parceria civil, que também deveria ser registrada, sem poder, contudo, ser reconhecida na ausência do devido registro civil.

O Substitutivo mantinha boa parte da regulamentação anterior, trazendo, no entanto, a proibição a quaisquer disposições sobre adoção, tutela ou guarda de crianças ou adolescentes em conjunto, além de disciplinar de maneira mais específica os direitos sucessórios dos parceiros, a instituição do bem de família na parceria civil, o direito à inscrição do parceiro ou parceira como beneficiário do regime geral de Previdência Social como dependente e beneficiário de pensão, com reflexos tributários. Previu, ainda, a possibilidade de composição de rendas entre parceiros para a aquisição da casa própria, além de reconhecer direitos de parceiros a planos de saúde e a seguros de vida.

No entanto, a proposição sofreu ataques na Câmara dos Deputados e, em razão de acordo entre os líderes partidários, foi retirada de pauta em 31 de maio de 2001 e, posteriormente, arquivada.

Também em 1995, a Deputada Marta Suplicy capitaneou a apresentação de Proposta de Emenda à Constituição (PEC 139/1995), que alterava os artigos 3º e 7º da Constituição, para, respectivamente, incluir, entre os objetivos de **promover o bem de todos sem preconceitos, a liberdade de orientação sexual, e proibir a diferenciação** salarial, de exercício de funções e critérios de admissão **por motivo de orientação sexual**. Essa PEC foi arquivada em 1999.

Foi apresentada, posteriormente, a PEC 66/2003, que resgatava o teor da Proposta de Emenda Constitucional 139/1995, mencionada acima. Essa nova proposta foi arquivada em 31.1.2001 e desarquivada em 16.2.2011, em virtude de requerimento de autoria do Deputado Paulo Pimenta (PT/RS), de modo que se encontra em tramitação até o momento.

Em 2003, o então Senador Sérgio Cabral foi autor da Proposta de Emenda à Constituição 70, por meio da qual se propugnou a alteração do § 3º do art. 226 da Constituição para nele incluir-se a possibilidade de reconhecimento de união estável entre casais homossexuais como entidade familiar. Em 2006, o próprio autor retirou a proposta.

Sobre matérias conexas foram apresentados alguns projetos de lei. O PL n. 2.383/2003 foi apresentado pela Deputada Maninha e trata de estender os planos e seguros privados de assistência à saúde às pessoas em união homoafetiva. O PL 6.297/2005, apresentado pelo Deputado Maurício Rands (PT/PE), visa a incluir na situação jurídica de dependente, para fins previdenciários, o companheiro ou a companheira homossexual do segurado ou segurada do INSS, bem como os companheiros ou companheiras de servidores públicos civis da União. Projeto que está em tramitação.

O PL 2.285/2007 (PT/BA), apresentado pelo Deputado Sérgio Barradas Carneiro, reconhece como entidade familiar a união homoafetiva e assegura aos parceiros direitos à guarda e à convivência com filhos, à adoção de filhos, direitos previdenciários e à herança. Este projeto tramita em conjunto com o PL 674/2007, proposto pelo Deputado Cândido Vaccarezza (PT/SP), que foi objeto de Substitutivo do Deputado Eliseu Padilha (PMDB/RS), e vem recebendo inúmeras emendas, assim como vem sendo alvo de debates no âmbito das Comissões da Câmara dos Deputados.

O PL 4.508/2008, apresentado pelo Deputado Olavo Calheiros (PMDB/AL), tramita em conjunto com os mencionados no parágrafo acima e visa à proibição de adoção de filhos por parte de homossexuais. No mesmo sentido, o PL 7.018/2010, do Deputado Zequinha Marinho (PSC/PA), cujo objeto é a alteração do Estatuto da Criança e do Adolescente para vedar a adoção de crianças por casais de mesmo sexo.

O PL 4.914/2009, de autoria conjunta de vários deputados e deputadas, entre eles José Genoíno, Fernando Gabeira, Solange Amaral, acrescenta o art. 1.727-A ao Código Civil para aplicar às uniões homoafetivas o regramento das uniões estáveis ordinárias, excetuando-se a conversão em casamento. Este projeto foi apensado ao PL 580/2007, apresentado pelo Deputado Clodovil Hernandes (PTC/SP), e ambos foram desarquivados em 16.2.2011, de forma que tramitam regularmente.

Outra medida em debate no Congresso é o Projeto de Lei Complementar 122/2006, que criminaliza a homofobia.

Além das proposições legislativas mencionadas, há ainda outras no plano legislativo federal que versaram ou ainda versam sobre temas conexos e até mesmo sobre os mesmos assuntos.

Como antes ressaltado, esse levantamento é ilustrativo e não tem a intenção de analisar exaustivamente as proposições sobre a matéria da união homoafetiva. No entanto, por meio desse exame, colhem-se indícios de que, apesar de o Poder Legislativo debruçar-se sobre o tema há mais de 15 anos, até hoje não conseguiu chegar a consenso básico para a aprovação de qualquer regulamentação.

No campo da legislação local sobre o tema (legislação dos demais entes federativos), há também importantes referências do amadurecimento contínuo dos contornos dos efeitos do reconhecimento jurídico da união homoafetiva.

A recente Lei 5.034/2007, do Estado do Rio de Janeiro, por exemplo, que tem inclusive interesse direto na solução da ADPF 132, possui o seguinte teor:

"Art. 1º – O art. 29 da Lei n. 285, de 03 de dezembro de 1979, fica acrescido do seguinte parágrafo: Art. 29 – (...)

'§ 8º – Equiparam-se à condição de companheira ou companheiro de que trata o inciso I deste artigo, os parceiros homoafetivos, que mantenham relacionamento civil permanente, desde que devidamente comprovado, aplicando-se para configuração deste, no que couber, os preceitos legais incidentes sobre a união estável entre parceiros de sexos diferentes.'

Art. 2º – Aos servidores públicos estaduais, titulares de cargo efetivo, fica assegurado o direito de averbação junto à autoridade competente, para fins previdenciários, da condição de parceiros homoafetivos.

Art. 3º – Esta Lei entrará em vigor na data da sua publicação".

Há, ainda, várias leis locais que determinam a aplicação de sanções por práticas discriminatórias adotadas em razão de orientação sexual, a exemplo das Leis 3.406/2000 e 3.376/2000, do Estado do Rio de Janeiro; da Lei 2.615/2000, do Distrito Federal; da Lei 10.948/2001, do Estado de São Paulo; da Lei 5.275/1997, de Salvador-BA; e das Leis 8.176/2001 e 8.283/2001, do Município de Belo Horizonte-MG; da Lei 9.036/2007, do Estado do Rio Grande do Norte.

O Estado de São Paulo, por meio do Decreto 55.839, de 18 de maio de 2010, estabeleceu o Plano Estadual de Enfrentamento à Homofobia e Promoção da Cidadania LGBT, entre outras providências, com diversas ações para a proteção e o desenvolvimento dos direitos das Lésbicas, Gays, Bissexuais, Travestis e Transexuais.

Esse rol exemplificativo demonstra que o Estado, pouco a pouco, busca consolidar e sedimentar o âmbito normativo de reconhecimento e proteção da união homoafetiva e de seus efeitos jurídicos.

Esse fato sinaliza que, além de muito importante, a matéria é delicada e tormentosa. O Poder Legislativo, em regra, não entra em consenso, mas continua a enfrentar o tema. Todavia, a demora em aprovar legislação gera nos interessados angústia natural e um sentimento de desproteção, para a qual buscam solução no Judiciário.

Assim, de um lado, é importante ter-se em mira que o Legislativo, por mais de 15 anos, vem debatendo a matéria e procurando amadurecê-la, de forma que possa chegar a uma regulamentação satisfatória. Nessa linha de raciocínio, e a depender da complexidade das soluções normativas demandadas deste Tribunal, talvez uma decisão daqui emanada possa até ter efeito mais prejudicial do que benéfico ao amadurecimento do debate na sociedade.

Além disso, das proposições legislativas e dos debates travados no Parlamento, pode-se notar que parece haver maior consenso relativamente a alguns temas, tais como os efeitos previdenciários da união homoafetiva, ao passo que outros assuntos são bastante controvertidos (como é o caso da adoção de crianças por casais homoafetivos).

Por outro lado, é inegável que a ausência de uma regulamentação legislativa minimamente estruturada durante todo esse período implica uma proteção insuficiente aos cidadãos que pretendem resguardar seus direitos fundamentais e aqueles decorrentes de uma união homoafetiva.

A despeito da complexidade do tema e do dissenso político a ele associado – como visto acima –, o fato é que nós temos essa questão posta.

3.2 – O Direito Comparado evidencia a necessidade de aprofundado debate e reflexão social

A análise do Direito Comparado pode servir, especialmente para assuntos polêmicos, como um importante meio de se buscar respostas a questionamentos nacionais. No que se refere ao casamento ou à união civil entre pessoas do mesmo sexo, válido é não apenas se verificar o modo como as demais nações lidaram ou ainda lidam com o tema, mas, principalmente, valer-se de experiências estrangeiras para se atestar o grau de complexidade dessa questão.

No âmbito internacional, os países podem ser classificados em três grupos, de acordo com o tratamento jurídico concedido ao comportamento homossexual. Há os países *repressores*, que proíbem e punem o homossexualismo; os *indiferentes*, ainda que não criminalizem esta conduta, não criam medidas favoráveis a ela e, finalmente, os Estados *avançados*, que possuem medidas para proteção da população homossexual (Cf. Fábio de Oliveira Vargas. *União homoafetiva. Direitos sucessórios e novos direitos*. Curitiba: Juruá Editora, 2011, p. 99).

Dados indicam que em cerca de 76 (setenta e seis) países do mundo o homossexualismo é penalmente repreendido. Estão inseridos nesta listagem Jamaica, Angola, Nepal e grande parte dos países muçulmanos. Ressalto que, nestes, em Iêmen, Irã, Arábia Saudita, Mauritânia e Sudão, as relações sexuais entre homens são, inclusive, punidas com pena de morte (Cf. Daniel Ottoson, *State – sponsored Homophobia – a world survey of laws prohibiting same sex activity between consenting adults*. The International Lesbian, Gay, Bisexual, Trans and Intersex Association, 2010. Disponível em: http://ilga.org/ilga/en/article/1161. Acesso em: 3.5.2011).

A tendência mundial é, entretanto, a crescente afirmação dos direitos das uniões homoafetivas. Na Europa, o Tribunal Europeu dos Direitos Humanos, ainda que não tenha reconhecido nenhuma espécie de direito para casais do mesmo sexo, já indicou que os parâmetros para sua aceitação devem ser desenvolvidos nos Estados europeus.

A União Europeia também incentiva que seus Estados-membros editem normas de proteção a esses direitos. Vale mencionar ainda a Declaração sobre Orientação Sexual e Identidade de Gênero da Organização das Nações Unidas, a qual é apoiada pelo Brasil.

Como é sabido, o relacionamento entre pessoas do mesmo sexo pode receber, normativamente, a mesma proteção concedida ao casamento tradicional ou ser assemelhado ao que, no Brasil, denomina-se união estável.

No primeiro caso – equiparação ao casamento – a união pode apresentar diferentes designações, como *same-sex marriage, equal marriage, same-gender marriage* ou, simplesmente, *casamento*. Poucos países adotaram este posicionamento, como Holanda – o primeiro a admitir o casamento entre pessoas do mesmo sexo, em 2001 –, Bélgica (2003), África do Sul (2006) e Argentina (2010) (Cf. VARGAS, Fábio de Oliveira. op. cit., 2011, p. 101).

A outra forma de proteção aos direitos derivados de relações homossexuais é sua vinculação ao conceito de união estável. Nesse sentido, podem ser conhecidas como "parcerias civis" (Inglaterra), "parcerias registradas" (países da Escandinávia), "parcerias domésticas" (Estados Unidos e alguns países da Europa).

Os países escandinavos foram pioneiros em admitir alguma forma de proteção aos direitos das uniões entre parceiros do mesmo sexo.

A Dinamarca foi o primeiro país a reconhecer a união homoafetiva, em 1989, ao permitir o registro de parcerias civis. Os debates acerca desse tema iniciaram-se, porém, em 1968, com a apresentação de uma proposta de lei. Nos anos seguintes, instaurou-se uma forte discussão na sociedade sobre a extensão dos direitos que deveriam ser reconhecidos aos casais de mesmo sexo.

Ressalto que se passaram 21 anos desde a apresentação da primeira proposta de reconhecimento da união homoafetiva até sua efetiva aprovação pelo Parlamento dinamarquês. Nesse período, foram travados diversos debates e realizadas pesquisas de opinião pública.

O mesmo ocorreu na Holanda, primeiro país a permitir o casamento entre pessoas do mesmo sexo, em que os movimentos a favor de seu reconhecimento começaram a ter maior intensidade em 1991. Em 1994, foi apresentada a primeira proposta de formalização das uniões, que, aprovada, entrou em vigor em 1998. Uma nova legislação, estabelecendo o direito de os homossexuais usufruírem do mesmo instituto matrimonial reservado aos heterossexuais, passou a valer em 2001 (Cf. VARGAS, Fábio de Oliveira. op. cit., 2011, p. 101).

A legislação holandesa apresenta diversos detalhes, frutos de anos de discussões e avaliação de situações práticas. A Holanda possibilita, *v.g.*, a adoção de crianças por casais homossexuais, desde que passados três anos de convivência.

A união homoafetiva também é tratada com detalhes pela legislação da Alemanha, país em que desde 2001 vigora a "parceria civil homossexual", instituída pela *Lebenspartnerschaftsgesetz* (*Gesetz über die Eingetragene Lebenspartnerschaft*. Disponível em: *www.gesetze-im-internet.de/lpartg/index.html* . Acesso em: 3.5.2011).

Essa lei é resultado de uma discussão iniciada na década de oitenta e que continua em vigor após o início de sua vigência, com debates acerca da possibilidade de aumento do rol de direitos e deveres dos parceiros de mesmo sexo. A extensão do projeto de lei era bem maior do que o aprovado e acabou por ser reduzido após algumas concessões.

A lei alemã estabelece as condições para a união civil entre casais do mesmo sexo – iguais aos impedimentos do casamento – e elenca direitos e deveres existentes entre os companheiros da união homossexual, como a possibilidade de adotarem o mesmo sobrenome, o direito à herança e a assistência ao filho do companheiro morto.

Prevê, também, que parceiros homossexuais não podem adotar, mas institui que, caso um companheiro adote uma criança, o outro deverá consentir. Ainda faz referência ao casamento tradicional, indicando que, em algumas questões, é válido o estabelecido pelo Código Civil Alemão na parte referente ao matrimônio – por exemplo, no tocante ao regime de bens.

A análise exemplificativa do direito estrangeiro, que aqui sintetizei em três casos, evi-

Direito à igualdade **875**

dencia que o reconhecimento da união entre pessoas do mesmo sexo é assunto complexo, que gera diversas discussões e reflexões nos países em que o adotaram. Não apenas antes da edição da norma regulamentadora, que costuma demandar prazo considerável de amadurecimento, mas também após sua entrada em vigor.

A extensão das leis que a define e o estabelecimento de algumas restrições indicam que não se trata de assunto simples, mas, sim, de matéria que deve ser bastante deliberada e discutida.

Evidencia-se, ainda, haver um papel relevante do Estado em todas as suas esferas (legislativa, executiva, jurisdicional) para concretizar adequada normatização dessa questão.

3.3 – O reconhecimento da união homoafetiva como afirmação de direitos de minorias

Não seria extravagante, no âmbito da jurisdição constitucional, diante inclusive das acusações de eventual ativismo judicial, como já explicitado neste voto, de excesso de intervenção judicial, dizer-se que melhor saberia o Congresso encaminhar esse tema, como têm feito muitos parlamentos do mundo todo. Destaquei acima, inclusive, a contribuição do direito comparado neste tema, o que demonstra a complexidade e relevância deste debate. Mas é verdade, ainda, que o quadro que se tem no Brasil, como já foi aqui descrito, é de inércia, de dificuldades e de não decisão por razões políticas várias.

É evidente também que aqui nós não estamos a falar apenas da falta de uma disciplina legislativa que permita o desenvolvimento de uma dada política pública. **Nós estamos a falar, realmente, do reconhecimento do direito de minorias, de direitos fundamentais básicos. E, nesse ponto, não se trata de ativismo judicial, mas de cumprimento da própria essência da jurisdição constitucional.**

A doutrina nacional não se tem ocupado, talvez como devesse, de um dispositivo que consta do Direito Comparado, talvez a sua matriz moderna esteja na Lei Fundamental de Bonn, que fala no direito que cada indivíduo tem de autodesenvolvimento (*Selbstentfaltungsrecht*), quer dizer, o livre desenvolvimento de sua personalidade (*die freie Entfaltung seiner Persönlichkeit*), desde que não viole direitos de outrem e não se choque contra a ordem constitucional ou os costumes (Art. 2 I GG – *Jeder hat das Recht auf die freie Entfaltung seiner Persönlichkeit, soweit er nicht die Rechte anderer verletzt und nicht gegen die verfassungsmäßige Ordnung oder das Sittengesetz verstößt*).

Claro que isso não nos impede de identificar esse direito no nosso sistema, a partir, sobretudo, do direito de liberdade e em concordância com outros princípios e garantias constitucionais.

Nesse sentido, é possível destacar, dentre outros: os fundamentos da cidadania e da dignidade da pessoa humana (art. 1º, II e III); os objetivos fundamentais de se construir uma sociedade livre, justa e solidária e de se promover o bem de todos, sem preconceitos de origem, raça, sexo, cor, idade e quaisquer outras formas de discriminação (art. 3º, I e IV); a prevalência dos direitos humanos (art. 4º, II); a igualdade de todos perante a lei, sem distinção de qualquer natureza, garantida a inviolabilidade do direito à liberdade e à igualdade (art. 5º, *caput*); a punição a qualquer discriminação atentatória dos direitos e liberdades fundamentais (art. 5º, XLI); bem como a aplicabilidade imediata dos direitos fundamentais (art. 5º, § 1º) e a não exclusão de outros direitos e garantias decorrentes do regime constitucional e dos princípios por ela adotados ou incorporados por tratados internacionais (art. 5º, § 2º).

A orientação sexual e afetiva deve ser considerada como o exercício de uma liberdade fundamental, de livre desenvolvimento da personalidade do indivíduo, a qual deve ser protegida, livre de preconceito ou de qualquer outra forma de discriminação – como a que poderia se configurar por meio da impossibilidade de reconhecimento da manifestação de vontade de pessoas do mesmo sexo em se unir por laços de afetividade, convivência comum e duradoura, bem como de possíveis efeitos jurídicos daí decorrentes.

A rigor, a pretensão que se formula aqui tem base nos direitos fundamentais, na proteção de direitos de minorias, a partir da própria ideia do direito de liberdade. Trata-se da afirmação do reconhecimento constitucional da união de pessoas do mesmo sexo, como concretização do direito de liberdade – no sentido de exercício de uma liberdade fundamental, de livre desenvolvimento da personalidade do indivíduo.

Não há dúvida de que se impõe tal proteção, sobretudo em razão do que dispõe o art. 5º, inciso XLI da Constituição, ao determinar que *"a lei punirá qualquer discriminação atentatória dos direitos e liberdades fundamentais"*. Essa garantia e o próprio conteúdo do direito de liberdade de autodesenvolvimento se revelam fundamentos jurídicos adequados e suficientes à proteção da união entre pessoas do mesmo sexo, no sentido de traduzir um desdobramento da liberdade fundamental de livre desenvolvimento da personalidade do indivíduo.

Ocorre que a falta de um modelo institucional que abrigue essa opção e sua proteção, que permita a institucionalização dessa relação social, acaba contribuindo para restrições indevidas e para um quadro de discriminação. Não é difícil dizer que o próprio Estado, nesse contexto, se nós estamos a falar de direitos fundamentais, tem um dever de proteção correspectivo a esse direito ou aos direitos aqui elencados.

Nesse ponto, é importante retomar o argumento dos limites e possibilidades de utilização, neste caso, da técnica de interpretação conforme à Constituição. É que a nossa legitimação como Corte Constitucional advém do fato de nós aplicarmos a Constituição, e Constituição enquanto norma. E, para isso, não podemos dizer que nós lemos no texto constitucional o que quisermos, há de haver um consenso básico. Por isso que essa questão é bastante sensível, porque, se abrirmos o texto constitucional, no que diz respeito a essa matéria, não vamos ter dúvida ao que se refere o art. 226, § 3º, multicitado:

> "§ 3º Para efeito da proteção do Estado, é reconhecida a união estável entre o homem e a mulher como entidade familiar, devendo a lei facilitar sua conversão em casamento".

Logo, a expressão literal não deixa dúvida alguma de que nós estamos a falar de "união estável entre homem e mulher". A partir do próprio texto constitucional, portanto, não há dúvida em relação a isso.

Por isso, a meu ver, a solução que aponte como fundamento suficiente para o caso apenas uma leitura interpretativa alargada do dispositivo mencionado seria extravagante à atuação desta Corte e em descompasso com a técnica de interpretação conforme à Constituição.

É essencial que deixemos devidamente explicitados os fundamentos constitucionais que demonstram por que estamos fazendo esta leitura diante de um texto tão claro como este, em que se diz: a união estável é a união estável entre homem e mulher. E isso é relevante, diante do fato de alguns entenderem, aqui, menos do que um silêncio, um claro silêncio eloquente, no sentido de vedar o reconhecimento almejado.

Portanto, parto da premissa de que aqui há outros fundamentos e direitos envolvidos, direitos de perfil fundamental associados ao desenvolvimento da personalidade, que justificam e justificariam a criação de um modelo de proteção jurídica para essas relações existentes, com base no princípio da igualdade, no princípio da liberdade, de autodesenvolvimento e no princípio da não discriminação por razão de opção sexual.

Daí decorre, então, um **dever de proteção**. Mas é preciso mais uma vez dizer isso de forma muito clara, sob pena de cairmos num voluntarismo e numa interpretação ablativa, em que, quando nós quisermos, nós interpretamos o texto constitucional de uma ou outra maneira. Não se pode atribuir esse arbítrio à Corte, sob pena de nos deslegitimarmos.

Quanto à concretização desse dever de proteção, o que se percebe é o seu continuo esvaziamento, dada a ausência de um modelo legalmente institucionalizado e estabelecido pelo Poder

Legislativo, o que também desestimula uma ação efetiva do Poder Executivo e, por vezes, serve de fundamento para a negativa de inúmeras demandas administrativas.

O reconhecimento de alguns aspectos dessa questão até tem ocorrido na seara administrativa, embora na maioria dos casos isto tenha ocorrido no plano infralegal, com enorme dificuldade e com elevado grau de litigância, inclusive com desdobramentos nas vias judiciais. É interessante notar, nesse ponto, tratar-se de fenômeno gradual e que tem se constituído de forma segmentada e descontinua, a exemplo de sua aceitação para fins previdenciários e estatutários.

Vale destacar aqui algumas importantes ocorrências, que, como se poderá perceber, são estanques e não garantem – diante da precariedade dos atos regulamentares – um grau adequado de segurança jurídica.

3.4 – *A insuficiente proteção decorrente da atuação administrativa regulamentar*

No Brasil, sobretudo no âmbito federal, é recente a manifestação mais explícita do Poder Executivo de fomentar a regulamentação e proteção de direitos que, de alguma forma, poderiam estar relacionados ao reconhecimento da união entre pessoas do mesmo sexo. De certa maneira, isso permite evidenciar a dificuldade da extensão de efeitos jurídicos ao reconhecimento da união homoafetiva, o que, de fato, tem se dado de forma gradual e segmentada.

No âmbito da Administração Pública Federal, por exemplo, na área da Previdência Oficial a cargo do Instituto Nacional de Seguridade Social (INSS), foi editada inicialmente a Instrução Normativa/INSS/DC n. 25, de 7 de junho de 2000, posteriormente reformulada pela Instrução Normativa n. 50/2001, a qual estabeleceu procedimentos para a concessão de benefícios previdenciários a parceiros homossexuais (pensão por morte e auxílio reclusão).

Em sentido semelhante, destaca-se a Portaria n. 513, de 9 de dezembro de 2010 do Ministério da Previdência Social, que estabelece que *"no âmbito do Regime Geral da Previdência Social – RGPS, os dispositivos da Lei 8.213, de 24 de junho de 1991, que tratam dos dependentes para fins previdenciários devem ser interpretados de forma a abranger a união estável entre pessoas do mesmo sexo"*.

Ressalte-se, contudo, que tal normatização decorreu de condenação da autarquia previdenciária em anterior ação civil pública que tramitou na 3ª Vara Previdenciária de Porto Alegre. A despeito desse avanço, há dificuldades de ordem prática, inclusive para efeitos de comprovação de dependência econômica, o que acaba por acrescer o número de negativas de concessão de benefícios.

A Agência Nacional de Saúde Suplementar, por seu turno, editou recentemente a Súmula Normativa 12, de 4 de maio de 2010, com o seguinte teor: *"1. Para fins de aplicação à legislação de saúde suplementar, entende-se por companheiro de beneficiário titular de plano privado de assistência à saúde **pessoa do sexo oposto ou do mesmo sexo"*. (grifo nosso). Assim, faculta-se ao cidadão a possibilidade de inclusão de parceiro homoafetivo como beneficiário em planos privados de saúde, cabendo às operadoras definirem a forma como deverá se dar a comprovação da convivência mútua.

O Ministro da Fazenda aprovou, no ano de 2010, o Parecer PGFN/CAT/1.503/2010, da Procuradoria-Geral da Fazenda Nacional, para permitir a inclusão de dependente homoafetiva para efeitos fiscais. Eis a ementa do referido parecer:

"Requerimento administrativo de servidora pública federal para inclusão de dependente homoafetiva para efeitos fiscais. Legitimidade do pleito. Falta de vedação legal ou constitucional. Princípios da não discriminação e da dignidade da pessoa humana". (Disponível em: http://www.pgfn.fazenda.gov.br/arquivos-de-noticias/Parecer%201503-2010.doc. Acesso em: 3.5.2011)

Ademais, ressalte-se que, no ano de 2011, foi divulgado na imprensa nacional o ato do Ministro da Fazenda, Guido Mantega, que autorizou a inclusão de companheiros como dependentes, na união homoafetiva, para obter dedução fiscal na declaração do Imposto de Renda. Entretanto, o referido ato foi impugnado por meio de ação popular pelo Deputado Federal Ronaldo Fonseca, ao argumento de que tal possibilidade se restringiria à união estável entre homem e mulher (http://economia.uol.com.br/impostoderenda/ultimas-noticias/infomoney/2011/03/04/ao-fazer-a-declara-cao-de-ir-casais-homoafetivos-devem-atentar-a-documentacao.jhtm. Acesso em: 3.5.2011).

Em sentido semelhante, foi regulamentada a Resolução Normativa do Conselho Nacional de Imigração – CNI 77, de 29 de janeiro de 2008 –, vinculado ao Ministério da Justiça, que dispõe, entre outros assuntos, sobre critérios para a concessão de visto, temporário ou permanente, ao companheiro ou companheira, em união estável, sem distinção de sexo (art. 1º).

A Lei Maria da Penha – Lei Federal 11.340, de 7 de agosto de 2006 – expressamente estabelece que toda mulher, **independentemente da orientação sexual**, goza dos direitos fundamentais inerentes à pessoa humana, sendo-lhe asseguradas as oportunidades e facilidades para viver sem violência, preservar sua saúde física e mental e seu aperfeiçoamento moral, intelectual e social (art. 2º), bem como que a definição de entidade familiar, para efeitos de proteção desta lei, **independe de orientação sexual** (art. 5º, parágrafo único). Entretanto, há controvérsia sobre sua plena aplicabilidade a casais homoafetivos.

Também o Conselho Nacional de Justiça editou a Resolução 39/2007, reconhecendo a possibilidade de inclusão de companheiro homossexual para fins de dependência econômica.

O próprio Supremo Tribunal Federal, por meio do Ato Deliberativo 27/2009, admitiu a inclusão de companheiro homoafetivo como beneficiário do plano de assistência à saúde e benefícios sociais do Tribunal.

Cite-se também o Provimento 006/2004 do Tribunal de Justiça do Rio Grande do Sul, o qual institui o registro, no Cartório de Títulos e Documentos, de qualquer documentação relativa a uniões afetivas entre pessoas plenamente capazes, independentemente do gênero. Da mesma forma, destaca-se o Provimento 36/2010 da Secretaria da Corregedoria-Geral de Justiça do Estado de Mato Grosso do Sul e o Provimento 174/2010 da Corregedoria-Geral de Justiça do Estado do Amazonas.

Em semelhante sentido, destaca-se o Provimento 007/2010 do Tribunal de Justiça do Estado de Pernambuco que, em seu artigo 1º, determinou nova redação ao art. 775 do Provimento 20/2009, para nele incluir parágrafo único com o seguinte teor:

"Parágrafo único. As pessoas plenamente capazes, independentemente de origem, raça, sexo, cor, idade e quaisquer outras formas de discriminação, que convivam afetivamente ou mantenham sociedade de fato, de forma contínua, pública, duradoura, com ou sem compromisso patrimonial, poderão registrar contratos e documentos que digam respeito à referida relação jurídica ou que visem constituí-la na forma anteriormente prevista".

Em maio de 2009, a Secretaria Especial de Direitos Humanos da Presidência da República apresentou o Plano Nacional de Promoção da Cidadania e Direitos Humanos de Lésbicas, Gays, Bissexuais, Travestis e Transexuais, em que há descrição de diversas metas, entre as quais se destaca a de n. 1.2.34, que estabelece a ação, a cargo da Secretaria de Direitos Humanos, de mobilização parlamentar para aprovação de projetos que tratem de união homoafetiva.

O Ministério da Saúde lançou em 2010 a Política Nacional de Saúde Integral de Lésbicas, Gays, Bissexuais, Travestis e Transexuais, para ser implementada no Sistema Único de Saúde (SUS). Sua formulação seguiu as diretrizes do Governo expressas no Programa Brasil sem Homofobia, que foi coordenado pela Secretaria Especial de Direitos Humanos da Presidência da República (SEDH/PR) e que atualmente compõe o Programa Nacional de Direito Humanos (PNDH 3).

O Presidente da República, por sua vez, editou o Decreto 7.388/2010, que dispõe sobre a composição, a estruturação, as competências e o funcionamento do Conselho Nacional de

Combate à Discriminação (CNCD), o qual tem diversas atribuições para organizar e fomentar políticas públicas que visem à garantia dos direitos das Lésbicas, Gays, Bissexuais, Travestis e Transexuais.

Além disso, por meio de Decreto de 4 de junho de 2010, o Presidente da República institui o Dia Nacional de Combate à Homofobia.

A Ordem dos Advogados do Brasil, ainda, mediante a Portaria 016/2011, do Conselho Federal da Ordem dos Advogados do Brasil, criou, em 15 de abril de 2011, a Comissão Especial da Diversidade Sexual do Conselho Federal da OAB.

O caráter recente e a precariedade jurídica da maioria dessas ocorrências (característica própria dos atos infralegais decorrentes do exercício do poder regulamentar da Administração), por vezes, conduz as controvérsias administrativas para as vias judiciais.

Não há dúvida de que o Poder Judiciário brasileiro, nos últimos anos, tenha se destacado entre os três Poderes no reconhecimento de uniões homoafetivas e dos direitos que delas advêm, em decorrência da necessidade de exercer a jurisdição, ainda que sem balizas legislativas e regulamentares muito claras.

Há algumas decisões que se valeram dos princípios gerais do direito e da analogia com a legislação referente às uniões estáveis heterossexuais, para protegerem parcerias homoafetivas. Essa aproximação já foi feita, inclusive, não apenas para reconhecer direitos daí decorrentes, mas também para ressaltar deveres jurídicos.

Nesse sentido, menciono decisão do Tribunal Superior Eleitoral no RESPE 24.564, de minha relatoria, julgado em 1º.10.2004, em que se reconheceu a relação homoafetiva, a fim de declarar-se a inelegibilidade reflexa de pré-candidata ao cargo de prefeito, que mantinha relação de convivência com a prefeita reeleita do Município de Viseu/PA, *in verbis*:

"REGISTRO DE CANDIDATO. CANDIDATA AO CARGO DE PREFEITO. RELAÇÃO ESTÁVEL HOMOSSEXUAL COM A PREFEITA REELEITA DO MUNICÍPIO. INELEGIBILIDADE. ART. 14, § 7º, DA CONSTITUIÇÃO FEDERAL.

Os sujeitos de uma relação estável homossexual, à semelhança do que ocorre com os de relação estável, de concubinato e de casamento, submetem-se à regra de inelegibilidade prevista no art. 14, § 7º, da Constituição Federal.

Recurso a que se dá provimento".

Essas e outras decisões têm enfrentado problemas pontuais por parceiros homossexuais, relacionados à herança, à sucessão, ao direito previdenciário, por exemplo, e impulsionam a aceitação social e a proteção jurídica dessas relações, que já não podem ser negadas.

Certamente, essas relações não estão à margem do Direito, pois a própria Constituição estabelece a dignidade da pessoa humana como um dos fundamentos da República Federativa do Brasil (art. 1º, III) e a promoção do bem-estar de todos, sem preconceitos de origem, raça, sexo, cor, idade e quaisquer outras formas de discriminação como um dos objetivos fundamentais desta nação.

Em obra sobre a dignidade da pessoa humana e direitos fundamentais, Ingo Sarlet leciona que, *"considerando a dignidade como tarefa, o princípio da dignidade da pessoa humana impõe ao Estado, além do dever de respeito e proteção, a obrigação de promover as condições que viabilizem e removam toda a sorte de obstáculos que ensejam a impedir as pessoas de viverem com dignidade"*. (SARLET, Ingo Wolfgang. *Dignidade da pessoa humana e Direitos Fundamentais na Constituição de 1988*. Porto Alegre: Livraria do Advogado, 2001, p. 109)

Nesse contexto, além de políticas públicas contra eventual tratamento indigno sofrido por homossexual, por exemplo, o Estado deve adotar ações para criar legislação própria que promova a dignidade da pessoa humana, sem nenhuma discriminação por orientação sexual.

Ocorre que esse tema, como antes ressaltado, é extremamente delicado, e o reconhecimento e a proteção dessas relações perpassam uma série de concepções culturais, filosóficas, religiosas, entre outras, que demandam tempo para consolidação pela sociedade.

E, como já enfatizado, o que se constata é a ausência de uma legislação que estabeleça um modelo institucional que confira um mínimo de segurança jurídica e efetividade a esses direitos, o que inviabiliza um adequado nível de proteção exigido para a defesa de direitos fundamentais básicos, aqui já afirmados.

Essas considerações abrem espaço, ainda, para se indagar sobre o relevante problema das lacunas constitucionais e a busca de uma fórmula de resolução da controvérsia no âmbito do controle de constitucionalidade.

4 – O PROBLEMA DAS LACUNAS VALORATIVAS OU AXIOLÓGICAS E A IDEIA DA APLICAÇÃO DO PENSAMENTO DO POSSÍVEL

A Constituição da República Federativa do Brasil não dispõe textualmente sobre a união homoafetiva. De outro lado, também não a veda de forma expressa. No seu art. 226, define-se a família como base da sociedade, a qual tem especial proteção do Estado.

Em análise preliminar deste dispositivo, verifica-se no texto constitucional a indicação de que a entidade familiar pode se configurar a partir do casamento (§ 1º e § 2º), da união estável entre o homem e mulher (§ 3º) e da comunidade formada por qualquer dos pais e seus descendentes (§ 4º) – denominada pela doutrina como família monoparental.

Como já destaquei anteriormente, a questão da união entre pessoas do mesmo sexo não se restringe apenas a uma exigência de formulação de políticas públicas, **mas, sim, ao reconhecimento do direito de minorias, de direitos básicos de liberdade e igualdade. Tais direitos dizem respeito à liberdade de orientação sexual, de desenvolvimento da personalidade e de reconhecimento da união homoafetiva como relação jurídica legítima, e exigem um correspondente dever de proteção do Estado, por intermédio de um modelo mínimo de proteção institucional, como meio de se evitar uma caracterização continuada de discriminação.**

A inexistência de expressa vedação constitucional à formação de uma união homoafetiva, a constatação de sua aproximação às características e finalidades das demais formas de entidades familiares e a sua compatibilidade, *a priori*, com os fundamentos constitucionais da dignidade da pessoa humana, da liberdade, da autodeterminação do desenvolvimento do indivíduo, da segurança jurídica, da igualdade e da vedação à discriminação por sexo e, em sentido mais amplo, por orientação sexual, apontam para a possibilidade de proteção e de reconhecimento jurídico da união entre pessoas do mesmo sexo no atual estágio de nosso constitucionalismo.

Preocupa-me, contudo, que esta Corte desde logo conceda ampla extensão aos efeitos jurídicos do reconhecimento da união homoafetiva sem uma maior reflexão, inclusive da própria sociedade e do Congresso Nacional, em razão da infinidade de implicações práticas e jurídicas, previsíveis e imprevisíveis, que isso pode acarretar. Nesse sentido, basta rememorar que há repercussões nas mais diversas esferas jurídicas dos cidadãos entre si e perante o Estado.

Uma simples decisão de equiparação irrestrita à união estável poderia, ao revés, gerar maior insegurança jurídica, inclusive se não se mantivesse aberto o espaço reservado ao regramento legislativo, por exemplo. A atuação desta Corte neste ponto, como aqui já ressaltado, deve ser admitida como uma solução provisória que não inibe, mas estimula a atuação legislativa.

Por isso que, quando comecei a pensar neste assunto, nesta perspectiva, diante da clareza do texto constitucional, cheguei até a especular, em sentido semelhante ao que explicitou o Ministro Ricardo Lewandowski em seu voto, sobre a chamada existência, aqui, de uma possível lacuna, até, na classificação doutrinária, uma lacuna valorativa ou axiológica.

Direito à igualdade   881

É que se nós reconhecermos que há esse direito ou que há direitos a uma proteção, em seguida deve-se indagar sobre o seu correspondente dever de proteção. E a essa lacuna ou a essa não disciplina normativa do dever de proteção, impõe-se também algum tipo de solução. E, aí, certamente nós podemos, então, ter diversas divergências apenas de como fazê-lo.

Eu até ressaltava, certa vez em aula ministrada aos alunos da Universidade de Brasília (UnB), não faz muito, a importância desse modelo de proteção institucional. A esse respeito, cumpre rememorar aqui um exemplo interessante.

Quando ainda estudante de direito da Universidade de Brasília, lembro-me de que acompanhei aquela movimentação toda que se fez, à época, em torno da chamada **emenda do divórcio**.

Era fato notório naquela época que muitas pessoas tinham situações familiares constituídas, mas não podiam se casar em razão do impedimento constante do texto constitucional. A repercussão sobre a situação dos filhos era evidente. Até por uma dessas ironias da história, o movimento político era tão forte, liderado pelo Senador Nelson Carneiro, que já havia a maioria no Congresso Nacional para a aprovação, mas não havia ainda a maioria constitucional.

Como veio o denominado Pacote de Abril (1977), o Presidente Geisel cuidou de reduzir o *quorum* para aprovação de emenda constitucional. Acabou assim, por ironia, viabilizando a aprovação da emenda, que foi saudada como uma emenda de libertação de todas essas pessoas que aguardavam, de alguma forma, ansiosas, a regularização daquela situação de fato, há muito tempo consolidada.

Por isso, essa questão da proteção por um modelo institucional de garantia de direitos fundamentais básicos é aqui extremamente relevante, à semelhança do que foi esse exemplo da regulamentação do divórcio.

É claro que não são fáceis todos os problemas que decorrem desta opção. E, talvez, seja muito difícil para a Corte fazer todo o elenco de distinções que poderia ocorrer entre a união estável entre homem e mulher e a união entre pessoas do mesmo sexo.

Sabemos que toda a construção que se faz e que se fez, tradicionalmente, ao longo dos anos, sempre teve como foco uma situação tópica. Vez era a situação da concubina, para qual se reconhecia a situação de dependência; vez era a equiparação de situações funcionais. E, assim, a jurisprudência ia, de alguma forma, antecipando a própria legislação, mas as decisões tinham sempre esse caráter tópico.

A decisão proferida pelo Tribunal Superior Eleitoral no RESPE 24.564 (julgado em 1º.10.2004), de que tive a honra de ser o Relator, é um exemplo disso: era um caso de possível impedimento entre pessoas do mesmo sexo que viviam em condição de união estável. Transcrevo, mais uma vez, a ementa do referido julgado:

"REGISTRO DE CANDIDATO. CANDIDATA AO CARGO DE PREFEITO. RELAÇÃO ESTÁVEL HOMOSSEXUAL COM A PREFEITA REELEITA DO MUNICÍPIO. INELEGIBILIDADE. ART. 14, § 7º, DA CONSTITUIÇÃO FEDERAL.

Os sujeitos de uma relação estável homossexual, à semelhança do que ocorre com os de relação estável, de concubinato e de casamento, submetem-se à regra de inelegibilidade prevista no art. 14, § 7º, da Constituição Federal.

Recurso a que se dá provimento".

Lembro-me inclusive de que, na época, citava a jurisprudência do STJ a propósito de tema, que destacava já a existência da união de fato. Mas, aqui, havia razões para justificar a aplicação da restrição, uma vez que nós estávamos diante de norma que tem como desiderato evitar o continuísmo. E era inequívoco que havia aquela relação, tanto é que as partes envolvidas não negavam o fato, apenas afirmavam que a legislação não continha ou não contemplava esse quadro de inelegibilidade.

Então, citei naquela oportunidade um voto do notável Ministro Ruy Rosado, do STJ, no julgamento do Resp 148.897. Ele dizia:

"A hipótese dos autos não se equipara àquela, do ponto de vista do Direito de Família, mas nada justifica que se recuse aqui aplicação ao disposto na norma de direito civil que admite a existência de uma sociedade de fato sempre que presentes os elementos enunciados no art. 1.363 do CC: mútua obrigação de combinar esforços para lograr fim comum. A negativa da incidência de regra assim tão ampla e clara, significaria, a meu juízo, fazer prevalecer princípio moral (respeitável) que recrimina o desvio da preferência sexual, desconhecendo a realidade de que essa união – embora criticada – existiu e produziu efeitos de natureza obrigacional patrimonial que o direito civil comum abrange e regula".

"Kelsen, reptado por Cossio, o criador da teoria egológica, perante a congregação da Universidade de Buenos Aires, a citar um exemplo de relação interssubjetiva que estivesse fora do âmbito do Direito, não demorou para responder: 'Oui, monsieur, l'amour'. E assim é, na verdade, pois o Direito não regula os sentimentos. Contudo, dispõe ele sobre os efeitos que a conduta determinada por esse afeto pode representar como fonte de direitos e deveres, criadores de relações jurídicas previstas nos diversos ramos do ordenamento, algumas ingressando no Direito de Família, como o matrimônio e, hoje, a união estável, outras ficando à margem dele, contempladas no Direito das Obrigações, das Coisas, das Sucessões, mesmo no Direito Penal, quando a crise da relação chega ao paroxismo do crime, e assim por diante".

Então, com base nesses fundamentos, naquela situação eu entendi que o caso era de dar provimento aos recursos, tendo em vista que os sujeitos de uma relação estável homossexual (denominação adotada pelo Código Civil alemão), à semelhança do que ocorre com os sujeitos de união estável, de concubinato e de casamento, submetem-se à regra de inelegibilidade prevista no art. 14, § 7°, da Constituição Federal.

Passo a analisar outro aspecto que me parece importante de ser mencionado para a solução deste caso – e eu já tive a oportunidade de destacar isso em outras ocasiões.

É que, diante de um texto constitucional aberto, que exige novas aplicações, por vezes, nós nos encontramos diante dessas situações de lacunas, às vezes, de lacunas de caráter axiológico.

Assim, se por acaso não pudermos aplicar a norma tal como ela está posta, poderíamos fazê-lo numa perspectiva estritamente analógica, aplicando-a naquilo que coubesse, naquilo que fosse possível.

A propósito da questão ora debatida, avivou-me a memória a reflexão de Gustavo Zagrebelsky, ao tratar sobre o *ethos* da Constituição na sociedade moderna, em seu célebre trabalho sobre "O Direito Dúctil – il diritto mitte", no qual ele diz o seguinte:

"*As sociedades pluralistas atuais – isto é, as sociedades marcadas pela presença de uma diversidade de grupos sociais com interesses, ideologias e projetos diferentes, mas sem que nenhum tenha força suficiente para fazer-se exclusivo ou dominante e, portanto, estabelecer a base material da soberania estatal no sentido do passado – isto é, as sociedades dotadas em seu conjunto de um certo grau de relativismo, conferem à Constituição não a tarefa de estabelecer diretamente um projeto predeterminado de vida em comum, senão a de realizar as condições de possibilidade da mesma*" (Zagrebelsky, El Derecho Dúctil. Ley, derechos, justicia. Trad. de Marina Gascón. 3ª. edição. Edt. Trotta S.A., Madrid, 1999. p. 13).

Em seguida, observa aquele eminente Professor:

"*No tempo presente, parece dominar a aspiração a algo que é conceitualmente impossível, porém altamente desejável na prática: a não prevalência de um só valor e de um só princípio, senão a salvaguarda de vários simultaneamente. O imperativo teórico da não contradição – válido para a **scientia juris** – não deveria obstaculizar a atividade própria da **jurisprudentia** de intentar realizar positivamente a 'concordância prática' das diversidades, e inclusive das contradições que, ainda que assim se apresentem na teoria, nem por isso deixam de ser desejáveis na prática. 'Positivamente': não, portanto mediante a simples amputação de potencialidades constitucionais, senão principalmente mediante prudentes soluções acu-*

mulativas, combinatórias, compensatórias, que conduzam os princípios constitucionais a um desenvolvimento conjunto e não a um declínio conjunto" (Zagrebelsky, *El Derecho Dúctil*, cit., p. 16).

Por isso, concluí que o pensamento a ser adotado, predominantemente em sede constitucional, há de ser o "pensamento do possível".

É o que nós temos no caso deste julgamento. O fato de a Constituição proteger, como já destacado pelo eminente Relator, a união estável entre homem e mulher não significa uma negativa de proteção – nem poderia ser – à união civil, estável, entre pessoas do mesmo sexo.

Leio, ainda, esta passagem desse notável trabalho:

*"Da revisão do conceito clássico de soberania (interna e externa), que é o preço a pagar pela integração do pluralismo em uma única unidade possível – uma unidade dúctil, como se afirmou – deriva também a exigência de que seja abandonada a soberania de um único princípio político dominante, de onde possam ser extraídas, dedutivamente, todas as execuções concretas sobre a base do princípio da exclusão do diferente, segundo a lógica do **aut-aut**, do 'ou dentro ou fora'. A coerência 'simples' que se obteria deste modo não poderia ser a lei fundamental intrínseca do direito constitucional atual, que é, precipuamente, a lógica do **et-et** e que contém por isso múltiplas promessas para o futuro. Neste sentido, fala-se com acerto de um 'modo de pensar do possível' (Möglichkeitsdenken), como algo particularmente adequado ao direito do nosso tempo. Esta atitude mental 'possibilista' representa para o pensamento o que a 'concordância prática' representa para a ação"* (Zagrebelsky, *El Derecho Dúctil*, cit., p. 17).

Em verdade, talvez seja Peter Häberle o mais expressivo defensor dessa forma de pensar o direito constitucional nos tempos hodiernos, entendendo ser o "pensamento jurídico do possível" expressão, consequência, pressuposto e limite para uma interpretação constitucional aberta (Häberle, P. Demokratische Verfassungstheorie im Lichte des Möglichkeitsdenken, in: *Die Verfassung des Pluralismus*, Königstein/TS, 1980, p. 9).

Nessa medida, e essa parece ser uma das importantes consequências da orientação perfilhada por Häberle, "uma teoria constitucional das alternativas" pode converter-se numa "teoria constitucional da tolerância" (Häberle, *Die Verfassung des Pluralismus*, cit., p. 6). Daí perceber–se também que "alternativa enquanto pensamento possível afigura-se relevante, especialmente no evento interpretativo: na escolha do método, tal como verificado na controvérsia sobre a tópica enquanto força produtiva de interpretação" (Häberle, *Die Verfassung des Pluralismus*, cit., p. 7).

A propósito, anota Häberle de forma muito clara:

*"O pensamento do possível é o pensamento em alternativas. Deve estar aberto para terceiras ou quartas possibilidades, assim como para compromissos. Pensamento do possível é pensamento indagativo (fragendes Denken). Na **res publica** existe um **ethos** jurídico específico do pensamento em alternativa, que contempla a realidade e a necessidade, sem se deixar dominar por elas. O pensamento do possível ou o pensamento pluralista de alternativas abre suas perspectivas para "novas" realidades, para o fato de que a realidade de hoje poder corrigir a de ontem, especialmente a adaptação às necessidades do tempo de uma visão normativa, sem que se considere o novo como o melhor"* (Häberle, *Die Verfassung des Pluralismus*, cit., p. 3).

Ainda nessa linha, observa Häberle que, *"para o estado de liberdade da **res publica** afigura-se decisivo que a liberdade de alternativa seja reconhecida por aqueles que defendem determinadas alternativas"*. Daí ensinar que *"não existem apenas alternativas em relação à realidade, existem também alternativas em relação a essas alternativas"* (Häberle, *Die Verfassung des Pluralismus*, cit., p. 6).

O pensamento do possível tem uma dupla relação com a realidade. Uma é de caráter negativo: o pensamento do possível indaga sobre o também possível, sobre alternativas em relação à realidade, sobre aquilo que ainda não é real. O pensamento do possível depende também da realidade em outro sentido: possível é apenas aquilo que pode ser real no futuro (*Möglich ist nur was in Zukunft wirklich sein kann*). É a perspectiva da realidade (futura) que permite separar o impossível do possível (Häberle, *Die Verfassung des Pluralismus*, cit., p.10).

Lembro-me de já ter destacado essa questão do pensamento do possível para resolver, à época, dois casos importantes, um aqui no Supremo Tribunal Federal e outro no Tribunal Superior Eleitoral.

Primeiramente, no âmbito do STF, tratava-se de um caso muito mais técnico, aquela hipótese que se colocara dos procuradores do trabalho que eram indicados para cargo de juiz dos Tribunais Regionais do Trabalho. Ressaltei à época que a Constituição era muito clara. Dizia que eles só poderiam ser indicados se tivessem dez anos na carreira. Como houve uma multiplicação de Tribunais Regionais do Trabalho, deu-se o inevitável. Em pouco tempo, já não havia tantos procuradores com dez anos. Aí, então, o Conselho Superior do Ministério Público editou uma resolução dizendo mais ou menos o óbvio: não havendo procuradores com mais de dez anos, indicam-se aqueles que estejam já efetivados.

Essas indicações foram feitas e foram compostas listas sêxtuplas da seguinte maneira: o Presidente da República escolheu os juízes do trabalho – hoje denominados desembargadores do trabalho, com base nessa norma – e houve, então o ajuizamento de uma ADI proposta pela Associação dos Magistrados do Brasil contra essa norma do Conselho Superior do Ministério Público.

E o Supremo, num primeiro momento, declarou a inconstitucionalidade dessa norma, dizendo que era evidente que ela contrariava a literalidade do texto constitucional. O Procurador-Geral da República à época – o Dr. Geraldo Brindeiro – opôs embargos infringentes na linha do nosso Regimento – na ocasião eram permitidos os embargos infringentes. Coube a mim, então, fazer o relato e trazer o voto desses embargos infringentes, que foram admitidos porque a decisão fora, ainda, à luz do Regimento Interno vigente e antes do advento da Lei 9.868/99.

Eu trouxe, então, essas considerações para dizer que, naquele caso, era notório que havia uma lacuna, faltou uma norma, de caráter transitório, que dissesse aquilo que havia sido dito pela norma do Ministério Público, quer dizer, à falta de procuradores com mais de dez anos, nomeiam-se outros. Até porque, do contrário, as alternativas eram dramáticas: ou não se nomeavam os procuradores para essas vagas – e a ideia do quinto, do pluralismo do Tribunal não seria cumprida, ou haveria indicação de um ou de outro sem que se desse ao Presidente da República alternativa de fazer uma escolha dentro do que quer o mecanismo de *checks and balances* que está no texto constitucional.

Assim, acabamos por acolher os embargos infringentes para julgar constitucional a norma, invocando, então, esse argumento que destacava essa leitura, esse chamado "pensamento do possível" e, também, a possibilidade de que aqui se tivesse uma lacuna constitucional que necessitava da revelação de uma norma implícita, de colmatação.

E, para isso, então, à época, eu citei também uma passagem da obra de Perelman naquele julgado, a chamada Lógica Jurídica, na qual narra um caso interessantíssimo e chega, então, à seguinte conclusão:

> "*Durante a guerra de 1914-1918, como a Bélgica estava quase toda ocupada pelas tropas alemãs, com o Rei e o governo belga no Havre, o Rei exercia sozinho o poder legislativo, sob forma de decretos-leis.*
>
> '*A impossibilidade de reunir as Câmaras, em consequência da guerra, impedia incontestavelmente que se respeitasse o artigo 26 da Constituição (O poder legislativo é exercido coletivamente pelo Rei, pela câmara dos Representantes e pelo Senado). Mas nenhum dispositivo constitucional permitia sua derrogação, nem mesmo em circunstâncias tão excepcionais. O artigo 25 enuncia o princípio de que os poderes 'são exercidos da maneira estabelecida pela Constituição', e o artigo 130 diz expressamente que 'a Constituição não pode ser suspensa nem no todo nem em parte.'* (A. Vanwelkenhuyzen, De quelques lacunes du droit constitutionnel belge, em *Le problème des lacunes en droit*, p. 347).

Foi com fundamento nestes dois artigos da Constituição que se atacou a legalidade dos decretos-leis promulgados durante a guerra, porque era contrária ao artigo 26 que precisa como se exerce o poder legislativo.(...)" (Perelman, Chaïm. *Lógica Jurídica*, trad. Vergínia K. Pupi. Ed. Martins Fontes, São Paulo, 2000, p. 105).

Ressaltei que Perelman responde à indagação sobre a legitimidade da decisão da Corte, com base nos argumentos do Procurador-Geral Terlinden. É o que lê na seguinte passagem do seu trabalho:

"*Como pôde a Corte chegar a uma decisão manifestamente contrária ao texto constitucional? Para compreendê-lo, retomemos as conclusões expostas antes do aresto pelo procurador-geral Terlinden, em razão de seu caráter geral e fundamental*".

E, aí, Perelman reproduz, então, a citação do parecer do mencionado Procurador-Geral:

"Uma lei sempre é feita apenas para um período ou um regime determinado. Adapta-se às circunstâncias que a motivaram e não pode ir além. Ela só se concebe em função de sua necessidade ou de sua utilidade; assim, uma boa lei não deve ser intangível pois vale apenas para o tempo que quis reger. A teoria pode ocupar-se com abstrações. A lei, obra essencialmente prática, aplica-se apenas a situações essencialmente concretas. Explica-se assim que, embora a jurisprudência possa estender a aplicação de um texto, há limites a esta extensão, que são atingidos toda vez que a situação prevista pelo autor da lei venha a ser substituída por outras fora de suas previsões.

Uma lei – constituição ou lei ordinária – nunca estatui senão para períodos normais, para aqueles que ela pode prever.

Obra do homem, ela está sujeita, como todas as coisas humanas, à força dos acontecimentos, à força maior, à necessidade.

Ora, há fatos que a sabedoria humana não pode prever, situações que não pôde levar em consideração e nas quais, tornando-se inaplicável a norma, é necessário, de um modo ou de outro, afastando-se o menos possível das prescrições legais, fazer frente às brutais necessidades do momento e opor meios provisórios à força invencível dos acontecimentos". (Vanwelkenhuysen, *Le problème des lacunes en droit*, cit., pp. 348-349). (Perelman, *Lógica Jurídica*, cit., p.106).

Nessa linha, destaco a conclusão de Perelman:

"Se devêssemos interpretar ao pé da letra o artigo 130 da Constituição, o acórdão da Corte de Cassação teria sido, sem dúvida alguma, *contra legem*. Mas, limitando o alcance deste artigo às situações normais e previsíveis, a Corte de Cassação introduz uma lacuna na Constituição, que não teria estatuído para situações extraordinárias, causadas 'pela força dos acontecimentos', 'por força maior', 'pela necessidade'". (Perelman, *Lógica Jurídica*, cit. p. 107).

Ainda no julgamento daquele caso no STF, eu destaquei outros aspectos, inclusive desse chamado "Pensamento do Possível" na jurisprudência do Supremo, citando o Recurso Extraordinário Criminal n. 147.776, da Relatoria do Ministro Sepúlveda Pertence, no qual se admitiu a possibilidade de que aquela disposição que autorizávamos o Ministério Público – art. 68 do CPP – a representar as vítimas pobres no processo para indenização ou ressarcimentos. O Supremo entendeu que o artigo 68 subsistia, a despeito da nova disciplina que vedava ao Ministério Público atuar como representante judicial da parte, entendendo que ali havia, pelo menos enquanto não estabelecida a defensoria pública de forma geral, a possibilidade dessa compreensão ou desse pensamento do possível.

Já em outro momento, em julgamento ocorrido no TSE, eu me lembro, também, de que tivemos um caso em que se aplicou essa mesma estrutura argumentativa. Cuidava-se de pedido formulado por várias pessoas para que, naqueles casos da chamada deficiência grave, houvesse uma dispensa ou uma isenção de participação no processo eleitoral. Eram, sobretudo, familiares que reclamavam que determinadas pessoas estavam tão doentes ou acometidas de limitações tão graves que deveriam ficar isentas de participar do processo eleitoral a cada dois anos, desincumbindo-se, assim, da obrigação de comparecer à votação ou de fazer a justificação eleitoral.

A leitura do art. 14 da Constituição – diziam muitos dos colegas na Justiça Eleitoral – impossibilitava essa compreensão, porque não facultava sequer ao legislador, tal como fizera o texto anterior, essa flexibilização. De novo, também, aqui citei essa indagação para dizer que o texto constitucional tornou o voto facultativo para os maiores de 70 anos, presumindo, pelo menos, uma possível limitação ou incômodo, o que parecia justificar também, na hipótese, a possibilidade de que vislumbrássemos aqui a existência de uma lacuna, de uma imperfeição, de uma incompletude que justificaria então a exceção pretendida.

Esses dois exemplos ilustram bem a importância da possibilidade dessa compreensão ou desse pensamento do possível para casos como o da união homoafetiva.

A meu ver, se não fosse possível resolver a controvérsia aqui posta à luz da aplicação direta da disposição citada, do art. 226, § 3º, **poderíamos, sem dúvida, encaminhar a solução de reconhecimento da constitucionalidade da união homoafetiva a partir da aplicação do direito fundamental à liberdade de livre desenvolvimento da personalidade do indivíduo e da garantia de não discriminação dessa liberdade de opção, em concordância com outros princípios e garantias constitucionais que destaquei na fundamentação deste voto, a saber:** os fundamentos da cidadania e da dignidade da pessoa humana (art. 1º, II e III); os objetivos fundamentais de se construir uma sociedade livre, justa e solidária e de se promover o bem de todos, sem preconceitos de origem, raça, sexo, cor, idade e quaisquer outras formas de discriminação (art. 3º, I e IV); a prevalência dos direitos humanos (art. 4º, II); a igualdade de todos perante a lei, sem distinção de qualquer natureza, garantida a inviolabilidade do direito à liberdade e à igualdade (art. 5º, *caput*); a punição a qualquer discriminação atentatória dos direitos e liberdades fundamentais (art. 5º, XLI); bem como a aplicabilidade imediata dos direitos fundamentais (art. 5º, § 1º) e a não exclusão de outros direitos e garantias decorrentes do regime constitucional e dos princípios por ela adotados ou incorporados por tratados internacionais (art. 5º, § 2º).

Além disso, é a falta (lacuna) de um modelo normativo de proteção institucional para a união homoafetiva que torna adequada a utilização do pensamento do possível para se aplicar norma existente – em termos de um modelo de proteção institucional semelhante – no que for cabível. Então, a meu ver, é preciso que nós, pelo menos, explicitemos essa questão delicada, porque ela se faz presente no nosso sistema.

5 – CONCLUSÃO DO VOTO

Destaco que, em linhas gerais, estou de acordo com o pronunciamento do Eminente Ministro Relator Ayres Britto quanto ao resultado deste julgamento, **embora esteja a pontuar aqui uma série de preocupações e de divergências em relação à fundamentação de seu voto, ou pelo menos algumas explicitações em relação à divergência de minha fundamentação.**

É que, como já mencionei aqui, entendo existirem fundamentos jurídicos suficientes e expressos que autorizam o reconhecimento da união entre pessoas do mesmo sexo, **não com base no texto legal (art. 1.723 do Código Civil), nem com base na norma constitucional (art. 226, § 3º),** mas, sim, como decorrência de direitos de minorias, de direitos fundamentais básicos em nossa Constituição, do direito fundamental à liberdade de livre desenvolvimento da personalidade do indivíduo e da garantia de não discriminação dessa liberdade de opção (art. 5º, XLI, CF) – dentre outros explicitados em minha fundamentação –, os quais exigem um correspondente dever de proteção, por meio de um modelo de proteção institucional que até hoje não foi regulamentado pelo Congresso.

Nesse sentido, diferentemente do que expôs o Ministro Relator Ayres Britto – ao assentar que não haveria lacuna e que se trataria apenas de um tipo de interpretação que supera a literalidade do disposto no art. 226, § 3º, da Constituição e conclui pela paridade de situações jurídicas –, evidenciei o problema da constatação de uma lacuna valorativa ou axiológica quanto a um sistema de proteção da união homoafetiva, que, de certa forma, demanda uma solução provisória desta Corte, a partir da aplicação, por exemplo, do dispositivo que trata da união estável entre homem e mulher, naquilo que for cabível, ou seja, em conformidade com a ideia da aplicação do pensamento do possível.

Até porque também tenho certo temor, que por dever e honestidade intelectual acho que devo explicitar, de que a equiparação pura e simples das relações, tendo em vista a complexidade do fenômeno social envolvido, pode nos preparar surpresas as mais diversas.

O exercício de imaginação institucional certamente nos estimula, mas, ao mesmo tempo, nos desanima, porque, quando fazemos os paradigmas e começamos a fazer as equiparações e as elucubrações – e sabemos como limitada é a nossa capacidade de imaginar os fatos –, certamente começamos a ver que pretender regular isso, como poderia talvez fazê-lo o legislador, é exacerbar demais essa nossa vocação de legisladores positivos, para usar a expressão tradicional, com sério risco de nos perdermos, produzindo lacunas.

Apenas a título de exemplo, surgem desde logo diversas indagações. Qual seria a repercussão da decisão em relação às questões de filiação e da facilitação da conversão da união estável entre homem e mulher em casamento? Da mesma forma, no âmbito das relações entre o cidadão e o Estado, também há deveres e restrições a todos impostos, que deverão ser considerados. É o caso da **aplicação das regras de vedação ao nepotismo**, por exemplo. Em relação à **legislação eleitoral**, também se exige a adequação dessa nova realidade, como antes mencionei, para causas de inelegibilidade. O reconhecimento da união homoafetiva como instituição familiar equiparada para todos os efeitos à união estável entre homem e mulher suscitaria, ainda, a reflexão de sua **repercussão no âmbito penal**.

Caberia aqui também indagar sobre a exigência de observância do princípio da reserva legal e a aplicabilidade de determinados tipos penais ao se reconhecer, desde logo, a equiparação acrítica e irrestrita da união entre pessoas do mesmo sexo à união estável entre homem e mulher. Relembro, ainda, a discussão em torno da possibilidade de aplicação da Lei Maria da Penha (Lei 11.343/2006) para esses casos.

Essas questões, *mutatis mutandis*, também afligem os próprios cultores do Direito Comparado. Eu me lembro de que estava em Portugal quando foi promulgada a lei do casamento de pessoas do mesmo sexo e lá houve a restrição quanto à adoção. Sistemas diversos têm dado disciplinas específicas ao tema. Há outro recente exemplo: a lei recente da Argentina que aprovou o casamento entre pessoas do mesmo sexo, que contém – claro que trata de todo tema do matrimônio – nada mais, nada menos, do que quarenta e dois artigos.

O que busco enfatizar aqui, de qualquer forma, é que, ao fazermos simplesmente uma equiparação irrestrita, podemos acabar, também, por equiparar desde logo situações que vão revelar diversidades. As escolhas aqui são de fato dramáticas e difíceis.

Por isso, neste momento, limito-me a reconhecer a existência da união entre pessoas do mesmo sexo, por fundamentos jurídicos próprios e distintos daqueles explicitados pelo Ministro Ayres Britto e, com suporte na teoria do pensamento do possível, determinar a aplicação de um modelo de proteção semelhante – no caso, o que trata da união estável –, naquilo que for cabível, nos termos da fundamentação aqui apresentada, sem me pronunciar sobre outros desdobramentos.

Destaco que a decisão do Supremo não significa óbice à atuação do Poder Legislativo. Pelo contrário, a nossa decisão deve ser entendida como um imperativo de regulação da união homoafetiva, como decorrência da necessidade de concretização de um dever de proteção de direitos fundamentais relacionados a essa relação jurídica. Trata-se de um estímulo institucional para que, de fato, as mais diversas situações jurídicas que envolvem a união entre pessoas do mesmo sexo venham a ser disciplinadas.

Ainda em relação a esse diálogo institucional entre os Poderes, é interessante ressaltar mais uma vez os dilemas que marcam a atuação da jurisdição constitucional. Por vezes, afirma-se que o Supremo Tribunal Federal está exorbitando de suas funções, e alega-se, então, que nós estamos a interferir em demasia na disciplina do sistema político. Foi assim na discussão, por exemplo, sobre a fidelidade partidária.

Recentemente se invocava a autonomia do Congresso Nacional no caso da Lei da Ficha Limpa, e aqui, de novo, há até uma dessas revelações da perversão do sistema. Se alguém compulsar os debates no Congresso Nacional, verá que não poucos parlamentares diziam, clara e sonoramente, que estavam fazendo aquela lei para atender a um tipo de pressão, mas que o Supremo a derrubaria. É quase que uma perversão do sistema representativo. Vamos atender às pressões imediatas, mas o Supremo vai derrubar, porque ela é inconstitucional. Mas o prognóstico político não se confirmou e, gerou, então, nova controvérsia, pois o Supremo não confirmou aquela expectativa.

Contudo, no presente julgamento, nós temos outra singularidade: há um tipo de inércia legislativa relacionada a um dever de proteção de direitos fundamentais básicos, de direitos de minoria. Isso reivindica, então, a atuação da Corte. E me parece que a pretensão está formulada de maneira correta. Seria muito fácil responder que essa matéria deveria ser regulada por norma a ser editada pelo Congresso Nacional como única condição possível. Nós sabemos quais seriam os resultados, tal como tem ocorrido com tantas decisões que temos proferido em sede de mandado de injunção, por exemplo.

Neste caso, isto me parece muito claro, estamos a tratar de proteção dos direitos fundamentais. Sabemos – e isso foi dito de forma muito clara a partir de algumas sustentações da tribuna e também foi destacado no voto do Ministro Relator – que a falta de um modelo institucional que proteja essa relação estimula e incentiva o quadro de discriminação.

O limbo jurídico, aqui, inequivocamente, contribui para que haja um quadro de maior discriminação. Talvez contribua até mesmo para as práticas violentas que, de vez em quando, temos tido notícia em relação a essas pessoas. São práticas lamentáveis, mas que ocorrem.

Então, é dever de proteção do Estado e, *ultima ratio*, é dever da Corte Constitucional e da jurisdição constitucional dar essa proteção se, de alguma forma, ela não foi engendrada ou concebida pelo órgão competente.

Parece-me, conclusivamente, que não há exorbitância de nossa parte quando dizemos que a Corte está sendo chamada para decidir um caso que diz respeito aos direitos fundamentais e, no caso específico, de forma inequívoca, diz respeito a direitos de minoria.

Destaco, por fim, a importância da atuação do Tribunal em quadros semelhantes a este, quando, de fato, a nossa omissão representaria um agravamento no quadro de falta de proteção de minorias ou de desproteção de pessoas que estão tendo os seus direitos lesionados.

Neste ponto, ressalto uma passagem muito expressiva à qual já fiz menção quando discutimos o caso das células-tronco, a respeito do ensinamento de Robert Alexy, quando diz que "*o parlamento representa o cidadão politicamente, o* **tribunal constitucional o representa argumentativamente**". Cito, nesse sentido, a íntegra do raciocínio do filósofo e constitucionalista alemão:

"O princípio fundamental: 'Todo poder estatal origina-se do povo' exige compreender não só o parlamento, mas também o tribunal constitucional como representação do povo. A representação ocorre, decerto, de modo diferente. O parlamento representa o cidadão politicamente, o tribunal argumentativamente. Com isso, deve ser dito que a representação do povo pelo tribunal constitucional tem um caráter mais idealístico do que aquela pelo parlamento. A vida cotidiana do funcionamento parlamentar oculta o perigo de que maiorias se imponham desconsideradamente, emoções determinem o acontecimento, dinheiro e relações de poder dominem e simplesmente sejam cometidas faltas graves. Um tribunal constitucional que se dirige contra tal não se dirige contra o povo senão, em nome do povo, contra seus representantes políticos. Ele não só faz valer negativamente que o processo político, segundo critérios jurídico-humanos e jurídico-fundamentais, fracassou, mas também exige positivamente que os cidadãos aprovem os argumentos do tribunal se eles aceitarem um discurso jurídico-constitucional racional. A representação argumentativa dá certo quando o tribunal constitucional é aceito como instância de reflexão do processo político. Isso é o caso, quando os argumentos do tribunal encontram eco na coletividade e nas instituições políticas, conduzem a reflexões e discussões que resultam em convencimentos examinados. Se um processo de reflexão entre coletividade, legislador e tribunal constitucional se estabiliza duradouramente, pode ser falado de uma institucionalização que deu certo dos direitos do homem no estado constitucional democrático. Direitos fundamentais e democracia estão reconciliados". (ALEXY, Robert. Direitos fundamentais no Estado constitucional democrático. Para a relação entre direitos do homem, direitos fundamentais, democracia e jurisdição constitucional. Trad. Luís Afonso Heck. In: *Revista Direito Administrativo*, Rio de Janeiro, 217: 55-66, jul./set. 1999.)

Então, com essas considerações, assentando, portanto, minhas divergências pontuais quanto à fundamentação e apontando a distinta perspectiva de leitura, mas, em convergência quanto ao resultado básico, acompanho o Relator.

Gostaria apenas de destacar, mais uma vez, o magnífico trabalho por ele realizado e, também, o de todos os votos aqui proferidos.

É como voto.

10. Direito do Trabalho e Direito Previdenciário

ADPF 323 MC[1]

Medida Cautelar na Arguição de Descumprimento de Preceito Fundamental – Justiça do Trabalho – Ultratividade de normas de acordos e convenções coletivas – Súmula 277 do TST.

Trata-se de arguição de descumprimento de preceito fundamental, com pedido de medida liminar, proposta pela Confederação Nacional dos Estabelecimentos de Ensino –CONFENEN.

A ação tem por objeto interpretação jurisprudencial conferida pelo Tribunal Superior do Trabalho (TST) e pelos Tribunais Regionais do Trabalho da 1ª e da 2ª Região ao art. 114, § 2°, da Constituição Federal, na redação dada pela Emenda Constitucional 45, de 30 de dezembro de 2004, consubstanciada na Súmula 277 do TST, na versão atribuída pela Resolução 185, de 27 de setembro de 2012.

De acordo com a nova redação sumular, as cláusulas normativas restam incorporadas ao contrato de trabalho individual até que novo acordo ou convenção coletiva seja firmado. Trata-se do chamado princípio da ultratividade da norma coletiva, que já fora objeto de legislação específica posteriormente revogada.

O entendimento do TST fundamenta-se em suposta reintrodução do princípio da ultratividade da norma coletiva no sistema jurídico brasileiro pela Emenda Constitucional 45/2004. A simples inserção da palavra "anteriormente" no art. 114, § 2°, da Constituição Federal, seria a autorização do poder constituinte derivado para tal dedução.

Confira-se, nesse sentido, a redação do art. 114, § 2°, da Constituição Federal, na versão atual e na anterior à EC 45/2004, com destaque para a alteração redacional:

Art. 114, § 2°, CF (**versão atual**): "Recusando-se qualquer das partes à negociação coletiva ou à arbitragem, é facultado às mesmas, de comum acordo, ajuizar dissídio coletivo de natureza econômica, podendo a Justiça do Trabalho decidir o conflito, **respeitadas as disposições mínimas legais de proteção ao trabalho, bem como as convencionadas <u>anteriormente</u>**".

Art. 114, § 2°, CF (**versão anterior à EC 45/2004**): "Recusando-se qualquer das partes à negociação ou à arbitragem, é facultado aos respectivos sindicatos ajuizar dissídio coletivo, podendo a Justiça do Trabalho estabelecer normas e condições, **respeitadas as disposições convencionais e legais mínimas de proteção ao trabalho**".

A requerente entende, basicamente, que a orientação da Justiça Trabalhista consolidada na nova versão da Súmula 277, do TST, tem como base interpretação objetivamente arbitrária da

---

[1] Pleito de urgência deferido para determinar *ad referendum* do Pleno a suspensão de todos os processos em curso e dos efeitos de decisões judiciais proferidas no âmbito da Justiça do Trabalho que versassem sobre a aplicação da ultratividade de normas de acordos e de convenções coletivas, sem prejuízo do término de sua fase instrutória, bem como das execuções já iniciadas (*DJ* de 19.10.2016).

norma constitucional. Alega que o Tribunal Superior do Trabalho teria igualmente usurpado as funções do Poder Legislativo ao reintroduzir, sem suporte legal, princípio que já fora objeto de legislação específica.

Indica como preceitos fundamentais violados o princípio da separação dos Poderes (arts. 2º e 60, § 4º, inciso III, CF) e o da legalidade (art. 5º, *caput*, CF).

Afirma, para tanto, que o TST tinha entendimento consolidado de que as normas coletivas não se incorporavam ao contrato de trabalho, na medida em que sua aplicação estava vinculada ao prazo de sua vigência. Nesse sentido, o TST editou, em 1º de março de 1988, a Súmula 277, que tinha, então, a seguinte redação: "*As condições de trabalho alcançadas por força de sentença normativa vigoram no prazo assinado, não integrando, de forma definitiva, os contratos*".

Aponta que, em alteração feita em sessão do Tribunal Pleno em 16 de novembro de 2009, a Súmula 277 passou a fazer referência expressa às convenções e aos acordos coletivos. Assinala que, nessa ocasião, o Tribunal Superior do Trabalho também acrescentou à redação da súmula ressalva à regra geral para o período de sua vigência, em observância ao art. 1º, § 1º, da Lei 8.542/1992, que expressamente previu a ultratividade das normas coletivas, isto é, que as cláusulas de convenção ou acordo coletivo de trabalho somente poderiam ser modificadas por norma igualmente coletiva.

A Súmula 277 passou a ter, então, a seguinte redação:

"N. 277 Sentença normativa. Convenção ou acordo coletivos. Vigência. Repercussão nos contratos de trabalho

I – As condições de trabalho alcançadas por força de sentença normativa, convenção ou acordos coletivos vigoram no prazo assinado, não integrando, de forma definitiva, os contratos individuais de trabalho.

II – Ressalva-se da regra enunciado no item I o período compreendido entre 23.12.1992 e 28.7.1995, em que vigorou a Lei n. 8.542, revogada pela Medida Provisória n. 1.709, convertida na Lei n. 10.192, de 14.2.2001".

A requerente informa que esse posicionamento foi revisto, sem amparo em precedentes, na chamada "Semana do TST", realizada em setembro de 2012, com o objetivo de modernizar e rever a jurisprudência e o regimento interno daquela Corte. Afirma que, ao final, foi editada a Resolução n. 185, de 14 de setembro de 2012, que alterou diversas súmulas e orientações do TST.

Assim, a redação atual da Súmula 277 é a seguinte:

"**CONVENÇÃO COLETIVA DE TRABALHO OU ACORDO COLETIVO DE TRABALHO. EFICÁCIA.**

ULTRATIVIDADE (redação alterada na sessão do Tribunal Pleno realizada em 14.09.2012) – Res. 185/2012, *DEJT* divulgado em 25, 26 e 27.9.2012

As cláusulas normativas dos acordos coletivos ou convenções coletivas integram os contratos individuais de trabalho e somente poderão ser modificadas ou suprimidas mediante negociação coletiva de trabalho".

A CONFENEN aponta que essa alteração, sem precedentes jurisprudenciais, está fundamentada no entendimento de que o art. 114, § 2º, da Constituição Federal, na redação conferida pela EC 45/2004, teria instituído o princípio da ultratividade e, assim, seria possível considerar que as cláusulas normativas incorporam-se ao contrato de trabalho individual até que novo acordo ou convenção coletiva viesse a ser firmado.

Narra ser claro que a introdução do vocábulo "anteriormente" à expressão "convencionadas" não significa nenhuma alteração substancial do dispositivo em questão, pois manteve a diretriz estabelecida pelo Constituinte de 1988, isto é, o entendimento direto dos interlocutores sociais como meio preferencial na solução dos conflitos coletivos.

Relata que tal alteração jurisprudencial despreza que o debate relativo aos efeitos jurídicos das cláusulas coletivas no tempo sempre esteve localizado no plano infraconstitucional, fato evidenciado pela edição da Lei 8.542/1992, que tratou do tema, mas foi revogada. Entende que a teoria da ultratividade das normas coletivas sempre esteve condicionada à existência de lei, não podendo ser extraída diretamente do texto constitucional.

Sintetiza a questão da seguinte forma:

"168. Não há como instituir a ultra-atividade às cláusulas normativas, vez que, *primeiramente*, o texto original do artigo 114, parágrafo segundo da CF não previu tal instituto; pelo contrário, restou reconhecido pelo Supremo Tribunal Federal no julgamento da ADI n. 2081-DF, Relator Ministro Octávio Gallotti, que a regulamentação da matéria estaria no plano infraconstitucional; *segundo*, a única exceção à regra de eficácia limitada das condições negociadas ao termo do respectivo instrumento normativo decorreu de expressa previsão legal contida na Lei n. 8.542/92. Tendo sido tal diploma revogado, inexiste suporte legal determinativo da ultra-atividade dos efeitos das cláusulas; *terceiro*, os acordos ou convenções coletivas, diferentemente de uma lei, são efêmeros, possuem prazo de validade, caráter contingente, valem apenas por um período certo e determinado pela legislação trabalhista e, ainda assim, podem ser revistos.

169. O artigo 613 da C.L.T. obriga as convenções a conter: *prazo de vigência (inc. I); condições de trabalho durante o prazo de vigência (inc. IV); processo de prorrogação e de revisão total ou parcial (inc. VI).*

170. No § 3º, o art. 614 proíbe convenção ou acordo por prazo superior a 02(dois) anos.

171. A convenção resulta de uma delegação legal aos sindicatos para estabelecer normas temporárias de aplicação apenas às categorias, por prazo certo, criando condições não previstas em lei, mas, evidentemente, com respeito a elas e aos ditames constitucionais.

172. Portanto, *por determinação expressa de lei, a convenção tem prazo certo de vigência e é revisanda*" (eDOC, p. 61).

Menciona, ademais, que a art. 19 da Medida Provisória 1.875/99, que revogou a Lei 8.542/1992, foi objeto de duas ações diretas de inconstitucionalidade. A primeira, de relatoria do Ministro Marco Aurélio, teve liminar deferida, mas, em razão da ausência de aditamento da inicial, acabou por ser julgada extinta (ADI 1.849, *DJU* 4.8.1998). A segunda foi julgada prejudicada, em virtude da revogação de seu objeto (ADI-MC 2081, Rel. Min. Octavio Galloti, Tribunal Pleno, julgado em 21.10.1999).

A despeito disso, da decisão que indeferiu o pedido liminar, a CONFENEN cita o seguinte trecho, a fim de evidenciar a eficácia limitada do disposto no art. 114, § 2º, da Constituição Federal:

"O SENHOR MINISTRO OCTAVIO GALLOTTI – (RELATOR): Procura a autora reacender, sob a ótica da Constituição, a tormentosa controvérsia acerca da permanência, ou não, após exaurido o prazo de urgência de norma coletiva, das vantagens de que hajam chegado a usufruir os antigos empregados por ela abrangidos; discussão pacificada desde 1º.3.88, na Justiça do Trabalho, pela edição da Súmula n. 277-TST: '277. As condições de trabalho alcançadas por força de sentença normativa vigoram no prazo assinado, não integrando, de forma definitiva, os contratos'

Independentemente, porém, do partido que se pretenda tomar nesse velho debate, paira inquestionável a natureza infraconstitucional da questão posta na presente ação, dirigida a uma norma que se limita a revogar duas outras de lei ordinária.

Ou sobrevivem, em face da Constituição, integrados ao contrato de trabalho, os benefícios conferidos pelo acordo coletivo e, nesse caso, desnecessária será a previsão de hierarquia ordinária que se pretende preservar; ou decorrem elas de lei, e não diretamente da Constituição, sem haver razão plausível a impedir a revogação da norma ordinária.

Nada há, por outro lado, a justificar a assertiva de que adquirem foro constitucional as normas legais que estendem a eficácia das de nível constitucional.

Se são de eficácia limitada os preceitos constitucionais a que se apega a requerente, como propõe a inicial, significa isso, precisamente, que deixou o constituinte, à legislatura ordinária, a sua dis-

Direito do Trabalho e Direito Previdenciário **893**

ciplina, não havendo como considerar acrescido à Constituição o preceito regulador relegado ao plano da legislação comum.

Por insuficiência de relevância, ao primeiro exame, da fundamentação jurídica do pedido, indefiro o pedido de medida liminar" (ADI-MC 2081, Rel. Min. Octavio Galloti, Tribunal Pleno, julg. em 21.10.1999, grifos nossos).

Argumenta, portanto, que a ofensa ao princípio da separação dos Poderes decorreria da indevida atuação do Poder Judiciário, que, ao interpretar o art. 114, § 2º, da Constituição Federal, teria instituído o princípio da ultratividade das normas coletivas de trabalho e, assim, usurpado as funções próprias do legislador, deslocando, de forma indevida, a competência de elaboração de norma jurídica. Teria impedido, desse modo, a ampla discussão do tema, a publicidade e todos os trâmites relativos ao processo legislativo.

Sustenta ofensa ao princípio da legalidade, pelo fato de que a nova interpretação jurisprudencial do TST teria o efeito de *"ressuscitar um dispositivo legal revogado, no caso, o artigo 1º, parágrafo primeiro da Lei n. 8.542, de 23 de dezembro de 1992, revogada pela Lei n. 10.192, de 23 de dezembro de 2001, que converteu a Medida Provisória 1.709, revigorando a aplicação da chamada teoria da ultra-atividade, regra não prevista na norma celetista em vigor"* (eDOC 1, p. 20).

Nesses termos, ressalta o seguinte:

"(...) as partes pactuaram as condições de trabalho por meio de instrumento normativo por prazo certo e determinado na forma da lei (artigos 611 e 614 da CLT). Inexistindo lei expressa determinando a indeterminação temporal das cláusulas negociadas, deve prevalecer a vontade manifesta das partes e exercitada pela autonomia privada coletiva que deve ser respeitada na forma do artigo 7º, inciso XXVI, da CF". (eDOC, p. 64)

Ademais, assenta que a:

"(...) caracterização do poder normativo, exercido nos dissídios coletivos de natureza econômica, como 'competência excepcional concedida ao Judiciário' *foi delimitada pelo Supremo Tribunal Federal no julgamento do RE n. 197.911/PE, Relator Ministro Octávio Gallotti*, oportunidade na qual restou decidido que a Justiça do Trabalho *não poderia produzir normas ou condições, contrárias à Constituição*, segundo, que *quando a Constituição Federal estabelece reserva específica de lei formal*, não poderia haver a incidência do poder normativo, terceiro, o Poder Normativo *somente poderia operar no vazio da lei*, como regra subsidiária ou supletiva, *sempre subordinada à supremacia da lei"* (eDOC, p. 47).

A CONFENEN informa, ainda, que o Tribunal Superior do Trabalho decidiu que o novo entendimento contido na Súmula 277 somente deve ser aplicado a situações posteriores à publicação da alteração da mencionada regra sumular, o que ocorreu em 25 de setembro de 2012.

Requer, ao final, concessão de medida liminar para suspender os efeitos das decisões judiciais que adotam o princípio da ultratividade condicionada das cláusulas coletivas, expressamente abolido do plano jurídico nacional pela revogação da Lei 8.542/1992, determinada pela Lei 10.192/2001. Além disso, pleiteia seja sustada a tramitação dos feitos judiciais em que se discute a matéria, para impedir que novas decisões sejam proferidas nesse sentido, garantindo-se a estabilidade jurídica e a paz social até julgamento final da lide, nos termos do art. 5º, § 1º, da Lei 9.882/1999.

Sustenta que *"a conveniência da medida é explícita, tendo em vista que as decisões atacadas, flagrantemente contrárias ao Texto Constitucional, vem provocando constante lesão a direito constitucionalmente assegurado, estando presentes, os requisitos essenciais ao deferimento da medida postulada",* bem como que *"a urgência é também presente, porquanto o dano irreparável reitera-se a cada vez que há uma nova decisão ou mesmo com a aplicação da Súmula n. 277 do TST"* (eDOC, p. 66).

A requerente instruiu a inicial com jurisprudência para demonstrar a reiterada aplicação da Súmula 277 do TST pela Justiça Trabalhista (eDOCs 8-26).

894 Estado de Direito e Jurisdição Constitucional – Decisões relevantes em 15 anos de atuação no STF

A arguição de descumprimento de preceito fundamental foi a mim distribuída por prevenção, em razão de ser relator das ADIs 3.423, 3.392, 3.431, 3.432 e 3.520, que têm como objeto o art. 1º da EC 45/2004, que alterou, entre outros dispositivos, o art. 114 da Constituição Federal. Em linhas gerais, questiona-se, nessas ações, a previsão inserida no § 2º do art. 114, que condiciona o ajuizamento de dissídio coletivo à anuência de todas as partes envolvidas na negociação coletiva.

Apliquei, por analogia, o rito do art. 12 da Lei 9.868/99 (eDOC 10). Prestaram informações e apresentaram manifestações o Tribunal Superior do Trabalho, os Tribunais Regionais do Trabalho da 1ª e da 2ª Região, a Procuradoria-Geral da República e a Advocacia-Geral daUnião.

Decido.

VOTO

Ao melhor analisar a questão, inclusive após o recebimento de informações dos tribunais trabalhistas, pude ter percepção mais ampla da gravidade do que se está aqui a discutir.

Em consulta à jurisprudência atual, verifico que a Justiça Trabalhista segue reiteradamente aplicando a alteração jurisprudencial consolidada na nova redação da Súmula 277, claramente firmada sem base legal ou constitucional que a suporte. Confiram-se, a respeito, AIRR-289-22.2014.5.03.0037, Rel. Min. Cláudio Mascarenhas Brandão, Sétima Turma, julgado em 8.6.2016; ARR-626-22.2012.5.15.0045, Rel. Min. Maria Cristina Irigoyen Peduzzi, Oitava Turma, julgado em 25.11.2015; RR-1125-52.2013.5.15.0083 Rel. Min. Maria Cristina Irigoyen Peduzzi, Oitava Turma, julgado em 7.10.2015.

Ademais, anoto o caráter casuístico da aplicação do novo entendimento, de modo a aparentemente favorecer apenas um lado da relação trabalhista.

Por isso, tendo em vista até mesmo que o poder de cautela, mediante implemento de liminar, é ínsito ao Poder Judiciário (ADPF 309 MC-Ref, Rel. Min. Marco Aurélio, julgado em 28.11.2014), entendo ser necessário apreciar, desde pronto, o pedido cautelar e reconsidero a aplicação do art. 12 da Lei 9.868/1999 (eDOC 10).

1. Cabimento

A presente arguição de descumprimento de preceito fundamental é cabível, nos termos da Lei 9.882/1999.

1.1. Legitimidade

A ação foi proposta pela Confederação Nacional dos Estabelecimentos de Ensino.

Nos termos da Lei 9.882, de 3 de dezembro de 1999, podem propor a arguição de descumprimento de preceito fundamental todos os legitimados para a ação direta de inconstitucionalidade, ou seja, o Presidente da República, a Mesa do Senado Federal, a Mesa da Câmara dos Deputados, a Mesa de Assembleia Legislativa ou a Mesa da Câmara Legislativa do Distrito Federal, o Governador de Estado ou o Governador do Distrito Federal, o Procurador-Geral da República, o Conselho Federal da Ordem dos Advogados do Brasil, partido político com representação no Congresso Nacional e confederação sindical ou entidade de classe de âmbito nacional (CF, art. 103).

Em relação ao direito de propositura pelas confederações sindicais e organizações de classe de âmbito nacional, é possível haver algumas significativas dificuldades práticas.

A existência de diferentes organizações destinadas à representação de determinadas profissões ou atividades e a ausência de disciplina legal sobre o assunto tornam indispensável que se examine, em cada caso, a legitimação dessas diferentes organizações. Causa dificuldade, sobretudo, a definição e a identificação das chamadas entidades de classe, uma vez que, até então, inexistia critério preciso que as diferençasse de outras organizações de defesa de diversos interesses. Por isso, está o Tribunal obrigado a verificar especificamente a qualificação de confederação sindical ou organização de classe instituída em âmbito nacional (Cf. ADI 34/DF, Rel. Min. Octavio Gallotti, *RTJ* 128/481; ADI 43/DF, Rel. Min. Sydney Sanches, *RTJ* 129/959).

O conceito de entidade de classe de âmbito nacional abarca um grupo amplo e diferenciado de associações que não podem ser distinguidas de maneira simples (ADI 433/DF, Rel. Min. Moreira Alves, *DJ* de 20.3.1992). Essa questão tem ocupado o Tribunal praticamente desde a promulgação da Constituição de 1988.

Em decisão de 5 de abril de 1989, o STF intentou precisar o conceito de entidade de classe, ao explicitar que é apenas a associação de pessoas que em essência representa o interesse comum de uma determinada categoria (ADI 34/DF, Rel. Min. Octavio Gallotti, *RTJ* 128/481).

Por outro lado, os grupos formados circunstancialmente, como a associação de empregados de uma empresa, não poderiam ser classificados como organizações de classe nos termos do art. 103, inciso IX, da Constituição. *"Não se pode considerar entidade de classe — diz o Tribunal — a sociedade formada meramente por pessoas físicas ou jurídicas que firmem sua assinatura em lista de adesão ou qualquer outro documento idôneo (...), ausente particularidade ou condição, objetiva ou subjetiva, que distingam sócios de não associados"* (ADI 52/GO, Rel. Min. Célio Borja, *DJ* de 29.9.1990).

A ideia de um interesse comum essencial de diferentes categorias fornece base para a distinção entre a organização de classe, nos termos do art. 103, inciso IX, da Constituição, e outras associações ou organizações sociais. Dessa forma, deixou assente o Supremo Tribunal Federal que o constituinte decidiu por uma legitimação limitada, não permitindo que se convertesse o direito de propositura dessas organizações de classe em autêntica ação popular.

Em outras decisões, o Supremo Tribunal Federal deu continuidade ao esforço de precisar o conceito de entidade de classe de âmbito nacional.

Segundo a orientação firmada pelo STF não configuraria entidade de classe de âmbito nacional, para os efeitos do art. 103, inciso IX, organização formada por associados pertencentes a categorias diversas. Ou, tal como formulado, *"não se configuram como entidades de classe aquelas instituições que são integradas por membros vinculados a extratos sociais, profissionais ou econômicos diversificados, cujos objetivos, individualmente considerados, revelam-se contrastantes"* (ADI 108/DF, Rel. Min. Celso de Mello, *DJ* de 5.6.1992). Tampouco se compatibilizam nessa noção as entidades associativas de outros segmentos da sociedade civil, como, por exemplo, a União Nacional dos Estudantes – UNE (ADI 894/DF, Rel. Min. Néri da Silveira, *DJ* de 20.4.1995).

Não se admite, igualmente, a legitimidade de pessoas jurídicas de direito privado, que reúnam, como membros integrantes, associações de natureza civil e organismos de caráter sindical, exatamente em decorrência desse hibridismo, porquanto "noção conceitual (de instituições de classe) reclama a participação, nelas, dos próprios indivíduos integrantes de determinada categoria, e não apenas das entidades privadas constituídas para representá-los" (ADI 79/DF, Rel. Min. Celso de Mello, *DJ* de 10.9.1989).

Da mesma forma, como regra geral, não se reconhece natureza de entidade de classe àquelas organizações que, *"congregando pessoas jurídicas, apresentam-se como verdadeiras associações de associações"*, uma vez que, nesse caso, faltar-lhes-ia exatamente a qualidade de entidade de classe (ADI 79/DF, Rel. Min. Celso de Mello, *DJ* de 10.9.1989).

Entretanto, em decisão de 12.8.2004, o Supremo Tribunal Federal deu provimento a Agravo Regimental na ADI 3.153, para dar seguimento à ação direta de inconstitucionalidade ajuizada pela Federação Nacional das Associações dos Produtores de Cachaça de Alambique (FENACA). Por oito votos a dois, o Plenário do Tribunal julgou ter a federação legitimidade para a propositura da ação direta, porque, apesar de composta por associações estaduais, poderia ser equiparada a uma entidade de classe. Desse modo, com base na peculiaridade de que a FENACA é entidade de classe que atua na defesa da categoria social, a Corte Constitucional reconheceu a legitimação excepcional dessa forma de associação. (ADI 3153-AgR/DF, Rel. Min. Celso de Mello, Rel. p/ acórdão Min. Sepúlveda Pertence, 12.8.2004).

Afirmou-se, também, que *"não constitui entidade de classe, para legitimar-se à ação direta de inconstitucionalidade (CF, art. 103, IX), associação civil (Associação Brasileira de Defesa do Cidadão) voltada à finalidade altruísta de promoção e defesa de aspirações cívicas de toda a cidadania"* (ADI 61/DF, Rel. Min. Sepúlveda Pertence, *DJ* de 28.9.1990).

No conceito de entidade de classe na jurisprudência do Tribunal não se enquadra, igualmente, a associação que reúne, como associados, órgãos públicos, sem personalidade jurídica e categorias diferenciadas de servidores (*v.g.*, Associação Brasileira de Conselhos de Tribunal de Contas dos Municípios — ABRACCOM, ADI 67/DF, Rel. Min. Moreira Alves, *DJ* de 15.6.90).

Quanto ao caráter nacional da entidade, enfatiza-se que não basta simples declaração formal ou manifestação de intenção constante de seus atos constitutivos. Faz-se mister que, além de uma atuação transregional, tenha a entidade membros em pelo menos nove estados da Federação, número que resulta da aplicação analógica da Lei Orgânica dos Partidos Políticos.

Admitiu-se, inicialmente, a legitimação das federações, porquanto "entidades nacionais de classe".

Essa orientação foi superada por outra, mais restritiva, passando-se a considerar que apenas as organizações sindicais, cuja estrutura vem disciplinada no art. 535 da Consolidação das Leis do Trabalho, são dotadas de direito de propositura. Afasta-se, assim, a possibilidade de que associações, federações ou outras organizações de índole sindical assumam o lugar das confederações para os fins do art. 103, inciso IX, da Constituição, que, segundo os termos do art. 533 e seguintes do texto consolidado, devem estar organizadas com um mínimo de três federações.

Assim, tal como assentado na jurisprudência pacífica do Supremo Tribunal Federal, *"a legitimação para ação direta de inconstitucionalidade é privativa das confederações cuja inclusão expressa no art. 103, IX, é excludente das entidades sindicais de menor hierarquia, quais as federações e sindicatos ainda que de âmbito nacional"* (ADI 1.006-QO/PE, Rel. Min. Sepúlveda Pertence, *DJ* de 25.3.1994).

Simples associação sindical — Federação Nacional que reúne sindicatos em cinco estados — não teria legitimidade, segundo essa orientação, para propor ação direta de inconstitucionalidade (ADI 398/DF, Rel. Min. Sydney Sanches, *DJ* de 28.6.1991).

Se, de um lado, a jurisprudência do Supremo Tribunal revela o salutar propósito de concretizar o conceito de "entidade de classe de âmbito nacional" e de "confederação sindical", para os efeitos do art. 103, inciso IX, da Constituição, deixa entrever, de outro, uma concepção assaz restritiva do direito de propositura dessas organizações.

O esforço que o Tribunal desenvolve para restringir o direito de propositura dessas entidades não o isenta de dificuldades, levando-o, às vezes, a reconhecer a legitimidade de determinada organização, para negá-la em um segundo momento. Foi o que ocorreu com a Federação Nacional das Associações dos Servidores da Justiça do Trabalho, que teve a sua legitimidade reconhecida na ADI 37/DF, relativa à Medida Provisória 44, de 30 de março de 1989, colhendo inclusive a liminar requerida. Posteriormente, essa entidade veio a ter a sua legitimidade infirmada nas ADIs 433/DF, 526/DF e 530/DF.

Relativamente à legitimação das "entidades de classe de âmbito nacional" e das "confederações sindicais", é difícil admitir a juridicidade da exigência quanto à representação da entidade em pelo menos nove estados da Federação, como resultado decorrente da aplicação analógica da Lei Orgânica dos Partidos Políticos.

Ainda que se possa reclamar a *"fixação de um critério preciso sobre tais conceitos vagos"* – entidade de classe de âmbito nacional e confederação sindical –, não há dúvida de que eles devem ser fixados pelo legislador, e não pelo Tribunal, no exercício de sua atividade jurisdicional. O recurso à analogia, aqui, é de duvidosa exatidão.

Na ausência de disciplina constitucional ou legal expressa acerca dos critérios definidores do caráter nacional das entidades de classe, o STF optou por fixar idêntico parâmetro ao estabelecido na Lei dos Partidos Políticos quanto à legitimidade para a propositura de ADI.

Esse critério foi proposto por Moreira Alves, por ocasião da apreciação da Medida Liminar na ADI 386/ES, da relatoria de Sydney Sanches. Porém, nesse mesmo precedente, Moreira Alves preconizou que *"esse critério cederá nos casos em que haja comprovação de que a categoria dos associados só existe em menos de nove estados".*

Foi com base nesse argumento que, no julgamento da ADI 2.866/RN, o Supremo reconheceu a legitimidade ativa da Associação Brasileira dos Extratores e Refinadores de Sal – ABERSAL (ADI 2.866/RN, Rel. Min. Gilmar Mendes, *DJ* de 17.10.03), a qual se enquadrou nessa situação excepcional. Na espécie, constatou-se que, além de a produção de sal ocorrer em apenas alguns estados da Federação, cuidava-se de atividade econômica de patente relevância nacional, haja vista ser notório que o consumo de sal ocorre em todas as unidades da Federação.

Mais problemática ainda se afigura a exigência de que haja uma *relação de pertinência* entre o objeto da ação e a atividade de representação da entidade de classe ou da confederação sindical.

Cuida-se de inequívoca restrição ao direito de propositura que, pela natureza objetiva do processo, dificilmente poderia ser formulada até mesmo pelo legislador ordinário. A *relação de pertinência* assemelha-se muito ao estabelecimento de uma condição de ação – análoga, talvez, ao interesse de agir –, que não decorre dos expressos termos da Constituição e parece ser estranha à natureza do sistema de fiscalização abstrata de normas.

Por isso, a fixação dessa exigência parece ser defesa ao legislador ordinário federal, no uso de sua competência específica.

Assinale-se que a necessidade do desenvolvimento de critérios que permitam identificar, precisamente, as entidades de classe de âmbito nacional não deve condicionar o exercício do direito de propositura da ação por parte das organizações de classe à demonstração de um interesse de proteção específico, nem levar a uma radical adulteração do modelo de controle abstrato de normas. Consideração semelhante já seria defeituosa porque, em relação à proteção jurídica dessas organizações e à defesa dos interesses de seus membros, a Constituição assegura o mandado de segurança coletivo (art. 5º, inciso LXX, alínea *b*), o qual pode ser utilizado pelos sindicatos ou organizações de classe ou, ainda, associações devidamente constituídas há pelo menos um ano.

Uma tal restrição ao direito de propositura não se deixa compatibilizar, igualmente, com a natureza do controle abstrato de normas e criaria uma injustificada diferenciação entre os entes ou órgãos autorizados a propor a ação, diferenciação esta que não encontra respaldo na Constituição.

No caso, a requerente, Confederação Nacional dos Estabelecimentos de Ensino, é entidade de classe, em nível nacional, que representa todos os estabelecimentos particulares de ensino do país.

Nos termos do art. 3º do seu Estatuto, a CONFENEN é *"constituída como associação sindical superior de 3º grau, como base territorial nacional, em conformidade com o art. 8º da Cons-*

tituição Federal e art. 535 da Consolidação das Leis do Trabalho, para estudo, defesa e coordenação de interesses culturais, econômicos e profissionais da categoria e das atividades compreendidas no Grupo ou Categoria dos Estabelecimentos Particulares de Ensino". (eDOC 4)

Ressalto, ademais, que a CONFENEN já foi admitida em diversos julgados desta Corte como parte legítima para a propositura de ação direta de inconstitucionalidade (ADI 3.330, Rel. Min. Ayres Britto, julgada em 3.5.2012; ADI 3.710, Rel. Min. Joaquim Barbosa, julgada em 9.2.2007; ADI 1.007, Rel. Min. Eros Grau, julgada em 31.8.2005; ADI 1.266, Rel. Min. Eros Grau, julgada em 6.4.2005; ADI 2.448, Rel. Min. Sydney Sanches, julgada em 23.4.2003; e ADI 1.472, Rel. Min. Ilmar Galvão, julgada em 5.9.2002).

Em relação à pertinência temática, assiste razão à requerente ao apontar que a interpretação judicial conferida pelo Tribunal Superior do Trabalho e pelos Tribunais Regionais do Trabalho da 1ª e da 2ª Região, em múltiplas decisões que aplicam o princípio da ultratividade da norma coletiva, atinge diretamente os estabelecimentos particulares de ensino de todo o país no aspecto da solução de conflitos coletivos de trabalho, dificultando a negociação.

Pelo exposto, verifica-se que a CONFENEN é parte legítima para propor a presente ADPF.

1.2. Subsidiariedade

No que se refere à subsidiariedade, a Lei 9.882/1999 impõe que a arguição de descumprimento de preceito fundamental somente será admitida se não houver outro meio eficaz de sanar a lesividade (art. 4º, § 1º).

À primeira vista, poderia parecer que somente na hipótese de absoluta inexistência de qualquer outro meio eficaz a afastar a eventual lesão poder-se-ia manejar, de forma útil, a arguição de descumprimento de preceito fundamental. É fácil ver que uma leitura excessivamente literal dessa disposição, que tenta introduzir entre nós o princípio da subsidiariedade vigente no Direito alemão (recurso constitucional) e no Direito espanhol (recurso de amparo), acabaria por retirar desse instituto qualquer significado prático.

De uma perspectiva estritamente subjetiva, a ação somente poderia ser proposta se já se tivesse verificado a exaustão de todos os meios eficazes para afastar a lesão no âmbito judicial. Uma leitura mais cuidadosa há de revelar, porém, que, na análise sobre a eficácia da proteção de preceito fundamental nesse processo, deve predominar um enfoque objetivo ou de proteção da ordem constitucional objetiva. Em outros termos, o princípio da subsidiariedade – inexistência de outro meio eficaz para sanar a lesão –, há de ser compreendido no contexto da ordem constitucional global.

Nesse sentido, caso se considere o caráter enfaticamente objetivo do instituto (o que resulta, inclusive, da legitimação ativa), o meio eficaz de sanar a lesão parece ser aquele apto a solver a controvérsia constitucional relevante de forma ampla, geral e imediata.

No direito alemão, a *Verfassungsbeschwerde* (recurso constitucional) está submetida ao dever de exaurimento das instâncias ordinárias. Todavia, a Corte constitucional pode decidir de imediato um recurso constitucional se se mostrar que a questão é de interesse geral ou se demonstrado que o requerente poderia sofrer grave lesão caso recorresse à via ordinária (Lei Orgânica do Tribunal, § 90, II).

Como se vê, a ressalva constante da parte final do § 90, II, da Lei Orgânica da Corte Constitucional alemã confere ampla discricionariedade para conhecer tanto das questões fundadas no interesse geral (*allgemeine Bedeutung*) quanto das controvérsias baseadas no perigo iminente de grave lesão (*schwerer Nachteil*).

Assim, tem o Tribunal constitucional admitido o recurso constitucional, na forma antecipada, em matéria tributária, tendo em vista o reflexo direto da decisão sobre inúmeras situações homogêneas. A Corte considerou igualmente relevante a apreciação de controvérsia sobre publicidade oficial, tendo em vista seu significado para todos os partícipes, ativos e passivos, do processo eleitoral. (Cf. BVerfGE, 62/230 (232); BVerfGE, 62/117 (144); Klaus Schlaich, *Das Bundesverfassungsgericht*, cit., p. 162.)

No que concerne ao controle de constitucionalidade de normas, a posição da Corte tem-se revelado enfática: *"apresenta-se, regularmente, como de interesse geral a verificação sobre se uma norma legal relevante para uma decisão judicial é inconstitucional"*. (Cf. BVerfGE, 91/93 [106])

No Direito espanhol, explicita-se que cabe o recurso de amparo contra ato judicial desde que *"tenham sido esgotados todos os recursos utilizáveis dentro da via recursal"* (Lei Orgânica do Tribunal Constitucional, art. 44, I). Não obstante, a jurisprudência e a doutrina têm entendido que, para os fins da exaustão das instâncias ordinárias *"não é necessária a interposição de todos os recursos possíveis, senão de todos os recursos razoavelmente úteis"*. (Cf. José Almagro, *Justicia constitucional: comentarios a la Ley Orgánica del Tribunal Constitucional*, 2. ed., Valencia, 1989, p. 324.)

Nessa linha de entendimento, anotou o Tribunal Constitucional espanhol:

"(...) ao se manifestar neste caso a vontade do órgão jurisdicional sobre o fundo da questão controvertida, deve-se entender que a finalidade do requisito exigido no art. 44, 1, 'a', da LOTC foi observado, pois o recurso seria, em qualquer caso, ineficaz para reparar a suposta vulneração do direito constitucional em tela" (auto de 11.2.81, n. 19). (Cf. José Almagro, *Justicia constitucional: comentarios a la Ley Orgánica del Tribunal Constitucional*, cit., p. 325. Anote-se que, na espécie, os recorrentes haviam interposto o recurso fora do prazo).

Vê-se, assim, que também no Direito espanhol tem-se atenuado o significado literal do princípio da subsidiariedade ou do exaurimento das instâncias ordinárias, até porque, em muitos casos, o prosseguimento nas vias ordinárias não teria efeitos úteis para afastar a lesão a direitos fundamentais.

Observe-se, ainda, que a legitimação outorgada ao Ministério Público e ao Defensor do Povo para manejar o recurso de amparo reforça, no sistema espanhol, o caráter objetivo desse processo.

Tendo em vista o Direito alemão, Schlaich transcreve observação de antigo Ministro da Justiça da Prússia segundo o qual *"o recurso de nulidade era proposto pelas partes, porém com objetivo de evitar o surgimento ou a aplicação de princípios jurídicos incorretos"*. Em relação ao recurso constitucional moderno, movido contra decisões judiciais, anota Schlaich: *"essa deve ser também a tarefa principal da Corte Constitucional com referência aos direitos fundamentais, tendo em vista os numerosos e relevantes recursos constitucionais propostos contra decisões judiciais: contribuir para que outros tribunais logrem uma realização ótima dos direitos fundamentais"*. (Klaus Schlaich, *Das Bundesverfassungsgericht*, cit., p. 184.)

Em verdade, o princípio da subsidiariedade, ou do exaurimento das instâncias, atua também nos sistemas que conferem ao indivíduo afetado o direito de impugnar a decisão judicial, como um pressuposto de admissibilidade de índole objetiva, destinado, fundamentalmente, a impedir a banalização da atividade de jurisdição constitucional. (Cf., a propósito, Rudiger Zuck, *Das Recht der Verfassungsbeschwerde*, 2. ed., München, 1988, p. 13 e s.)

No caso brasileiro, o pleito a ser formulado pelos órgãos ou entes legitimados dificilmente versará – pelo menos de forma direta – sobre a proteção judicial efetiva de posições específicas por eles defendidas. A exceção mais expressiva reside, talvez, na possibilidade de o Procurador-Geral da República, como previsto expressamente no texto legal, ou qualquer outro ente legitimado, propor a arguição de descumprimento a pedido de terceiro interessado, tendo em vista a proteção de situação específica. Ainda assim o ajuizamento da ação e sua admissão estarão vinculados, muito provavelmente, ao significado da solução da controvérsia para o ordenamento constitucional objetivo, e não à proteção judicial efetiva de uma situação singular.

Desse modo, considerando o caráter acentuadamente objetivo da arguição de descumprimento, o juízo de subsidiariedade há de ter em vista, especialmente, os demais processos objetivos já consolidados no sistema constitucional. Nesse caso, cabível a ação direta de inconstitucionalidade ou a ação declaratória de constitucionalidade ou, ainda, a ação direta por omissão, não será admissível a arguição de descumprimento.

É o que ocorre, fundamentalmente, nas hipóteses relativas ao controle de legitimidade do direito pré-constitucional, do direito municipal em face da Constituição Federal e nas controvérsias sobre direito pós-constitucional já revogado ou cujos efeitos já se exauriram. Nesses casos, em face do não cabimento da ação direta de inconstitucionalidade, não há como deixar de reconhecer a admissibilidade da arguição de descumprimento.

Também, é possível que se apresente arguição de descumprimento com pretensão de ver declarada a constitucionalidade de lei estadual ou municipal que tenha a legitimidade questionada nas instâncias inferiores. Tendo em vista o objeto restrito da ação declaratória de constitucionalidade, não se vislumbra aqui meio eficaz para solver, de forma ampla, geral e imediata, eventual controvérsia instaurada. Afigura-se igualmente legítimo cogitar de utilização da arguição de descumprimento nas controvérsias relacionadas com o princípio da legalidade (lei e regulamento), uma vez que, assim como assente na jurisprudência, tal hipótese não pode ser veiculada em sede de controle direto de constitucionalidade.

A própria aplicação do princípio da subsidiariedade está a indicar que a arguição de descumprimento há de ser aceita nos casos que envolvam a aplicação direta da Constituição – alegação de contrariedade à Constituição decorrente de decisão judicial ou controvérsia sobre interpretação adotada pelo Judiciário que não cuide de simples aplicação de lei ou normativo infraconstitucional.

Da mesma forma, controvérsias concretas fundadas na eventual inconstitucionalidade de lei ou ato normativo podem dar ensejo a uma pletora de demandas, insolúveis no âmbito dos processos objetivos.

Não se pode admitir que a existência de processos ordinários e recursos extraordinários deva excluir, *a priori*, a utilização da arguição de descumprimento de preceito fundamental. Até porque, tal como assinalado, o instituto assume, entre nós, feição marcadamente objetiva.

A propósito, assinalou o Ministro Sepúlveda Pertence, na ADC 1, que a convivência entre o sistema difuso e o sistema concentrado

"(...) não se faz sem uma permanente tensão dialética na qual, a meu ver, a experiência tem demonstrado que será inevitável o reforço do sistema concentrado, sobretudo nos processos de massa; na multiplicidade de processos a que inevitavelmente, a cada ano, na dinâmica da legislação, sobretudo da legislação tributária e matérias próximas, levará se não se criam mecanismos eficazes de decisão relativamente rápida e uniforme; ao estrangulamento da máquina judiciária, acima de qualquer possibilidade de sua ampliação e, progressivamente, ao maior descrédito da Justiça, pela sua total incapacidade de responder à demanda de centenas de milhares de processos rigorosamente idênticos, porque reduzidos a uma só questão de direito" (ADC 1, Rel. Min. Moreira Alves, julgada em 1º.12.1993, *DJ* de 16.6.1995).

Nesse sentido, destaquei, em meu *Curso de Direito Constitucional*:

"A possibilidade de incongruências hermenêuticas e confusões jurisprudenciais decorrentes dos pronunciamentos de múltiplos órgãos pode configurar ameaça a preceito fundamental (pelo menos, ao da segurança jurídica), o que também está a recomendar uma leitura compreensiva da exigência aposta à lei da arguição, de modo a admitir a propositura da ação especial toda vez que uma definição imediata da controvérsia mostrar-se necessária para afastar aplicações erráticas, tumultuárias ou incongruentes, que comprometam gravemente o princípio da segurança jurídica e a própria ideia de prestação judicial efetiva.

Ademais, a ausência de definição da controvérsia – ou a própria decisão prolatada pelas instâncias judiciais – poderá ser a concretização da lesão a preceito fundamental. Em um sistema dotado de órgão de cúpula que tem missão de guarda da Constituição, a multiplicidade ou a diversidade de soluções pode constituir-se, por si só, em ameaça ao princípio constitucional da segurança jurídica e, por conseguinte, em autêntica lesão a preceito fundamental.

Assim, tendo em vista o perfil objetivo da arguição de descumprimento, com legitimação diversa, dificilmente poder-se-á vislumbrar uma autêntica relação de subsidiariedade entre o novel instituto e as formas ordinárias ou convencionais de controle de constitucionalidade do sistema difuso, expressas, fundamentalmente, no uso do recurso extraordinário.

Como se vê, ainda que aparentemente pudesse ser o recurso extraordinário o meio hábil a superar eventual lesão a preceito fundamental nessas situações, na prática, especialmente nos processos de massa, a utilização desse instituto do sistema difuso de controle de constitucionalidade não se revela plenamente eficaz, em razão do limitado efeito do julgado nele proferido (decisão com efeito entre partes).

Assim sendo, é possível concluir que a simples existência de ações ou de outros recursos processuais – vias processuais ordinárias – não poderá servir de óbice à formulação da arguição de descumprimento. Ao contrário, tal como explicitado, a multiplicação de processos e decisões sobre um dado tema constitucional reclama, as mais das vezes, a utilização de um instrumento de feição concentrada, que permita a solução definitiva e abrangente da controvérsia." (MENDES, Gilmar Ferreira. BRANCO, Paulo Gonet. **Curso de Direito Constitucional**. São Paulo: Saraiva, 2016, p. 1309)

No julgamento da liminar na ADPF 33, o STF acolheu, em linhas gerais, a orientação acima sustentada e considerou cabível, em princípio, ADPF proposta em relação a lei estadual pré-constitucional, que indexava o reajuste dos vencimentos de determinado grupo de funcionários ao valor do salário mínimo. Essa orientação foi reafirmada na decisão de mérito (ADPF 33, de minha relatoria, julgada em 7.12.2005).

Nessas hipóteses, diante da inexistência de processo de índole objetiva apto a solver, de uma vez por todas, a controvérsia constitucional, afigura-se integralmente aplicável a arguição de descumprimento de preceito fundamental. É que as ações originárias e o próprio recurso extraordinário não parecem, as mais das vezes, capazes de resolver a controvérsia constitucional de forma geral, definitiva e imediata. A necessidade de interposição de uma pletora de recursos extraordinários idênticos poderá, em verdade, constituir-se em ameaça ao livre funcionamento do STF e das próprias Cortes ordinárias.

Dessa forma, o Supremo Tribunal poderá conhecer da arguição de descumprimento toda vez que o princípio da segurança jurídica estiver seriamente ameaçado, especialmente em razão de conflitos de interpretação ou de incongruências hermenêuticas causadas pelo modelo pluralista de jurisdição constitucional, desde que presentes os demais pressupostos de admissibilidade.

É fácil ver também que a fórmula da relevância do interesse público para justificar a admissão da arguição de descumprimento (explícita no modelo alemão) está implícita no sistema criado pelo legislador brasileiro, tendo em vista especialmente o caráter marcadamente objetivo que se conferiu ao instituto.

Assim, o Supremo Tribunal Federal poderá, ao lado de outros requisitos de admissibilidade, emitir juízo sobre a relevância e o interesse público contido na controvérsia constitucional, podendo recusar a admissibilidade da ADPF sempre que não vislumbrar relevância jurídica na sua propositura. Essa leitura compreensiva da cláusula da subsidiariedade constante no art. 4º, § 1º, da Lei 9.882/99 parece solver, com superioridade, a controvérsia em torno da aplicação do princípio do exaurimento das instâncias.

No caso, parece difícil identificar outro meio de sanar a lesividade, nos termos do entendimento desta Corte acerca do princípio da subsidiariedade, uma vez que em princípio não cabe ação direta de inconstitucionalidade contra súmula (ADI 594, Rel. Min. Carlos Velloso, julgamento em 19.2.1992; RE 584.188 AgR, Rel. Min. Ayres Britto, julgamento em 28.9.2010) e os recursos extraordinários interpostos contra decisões do TST não seriam aptos a afastar, em caráter incidental definitivo, a lesividade a preceito fundamental.

1.3. Objeto

A presente arguição de descumprimento de preceito fundamental tem como objeto alteração de entendimento jurisprudencial pelo TST e pelos Tribunais Regionais do Trabalho da 1ª e da 2ª Região, consubstanciada na atual redação da Súmula 277. Essa mudança teria ofendido diversos preceitos fundamentais ao interpretar dispositivo da Constituição Federal e dele deduzir suposta reintrodução, no ordenamento jurídico, de princípio já revogado por lei.

O Supremo Tribunal Federal entende que pode ocorrer lesão a preceito fundamental fundada em simples interpretação judicial do texto constitucional. Nesses casos, a controvérsia não tem por base a legitimidade de uma lei ou de um ato normativo, mas se assenta simplesmente na legitimidade de dada interpretação constitucional. No âmbito do recurso extraordinário, essa situação apresenta-se como um caso de decisão judicial que contraria diretamente a Constituição (art. 102, inciso III, alínea *a*).

Não parece haver dúvida de que, diante dos termos amplos do art. 1º da Lei 9.882/1999, essa hipótese poderá ser objeto de arguição de descumprimento – lesão a preceito fundamental resultante de ato do poder público –, até porque se cuida de uma situação trivial no âmbito de controle de constitucionalidade difuso.

Assim, o ato judicial de interpretação direta de uma norma constitucional poderá conter violação a um preceito fundamental. Nessa situação, caberá a propositura da arguição de descumprimento para afastar a lesão a preceito fundamental resultante de ato judicial do poder público, nos termos do art. 1º da Lei 9.882/99.

Exemplo de utilização da arguição de descumprimento de preceito fundamental como instrumento de controle de decisões judiciais foi o julgamento da ADPF 101 (Rel. Min. Cármen Lúcia, *DJe* 8.4.2011). Proposta pelo Presidente da República, a arguição não se dirigia contra lei ou ato normativo, mas tinha como objeto *"decisões judiciais que autorizam a importação de pneus usados"*, ao argumento de que violavam os preceitos fundamentais inscritos nos arts. 196 e 225 da Constituição da República.

Cumpre ressaltar, ainda com referência à ADPF enquanto instrumento de controle de interpretações judiciais, o julgamento da ADPF 144 (Rel. Min. Celso de Mello, *DJe* 26.2.2010), ocasião em que se questionava a interpretação judicial do Tribunal Superior Eleitoral que afirmou não ser autoaplicável o § 9º do art. 14 da Constituição, como forma de impedir a candidatura dos chamados *fichas sujas*.

Tem-se aqui inequívoca utilização da arguição de descumprimento de preceito fundamental como instrumento de impugnação de decisões judiciais.

Problema igualmente relevante coloca-se em relação às decisões de única ou de última instância que, por falta de fundamento legal, acabam por lesar relevantes princípios da ordem constitucional.

Uma decisão judicial que, sem fundamento legal, afete situação individual revela-se igualmente contrária à ordem constitucional, pelo menos ao direito subsidiário da liberdade de ação (*Auffanggrundrecht*) (Schlaich, *Das Bundesverfassungsgericht*, p. 108).

Se admitido, como expressamente estabelecido na Constituição, que os direitos fundamentais vinculam todos os Poderes e que a decisão judicial deve observar a Constituição e a lei, não é difícil compreender que a decisão judicial que se revele desprovida de base legal afronta algum direito individual específico, pelo menos o princípio da legalidade.

A propósito, a Corte Constitucional alemã assinalou:

"Na interpretação do direito ordinário, especialmente dos conceitos gerais indeterminados, [*Generalklausel*] devem os Tribunais levar em conta os parâmetros fixados na Lei Fundamental. Se o Tribunal não observa esses parâmetros, então, ele acaba por ferir a norma fundamental que deixou de obser-

Direito do Trabalho e Direito Previdenciário **903**

var; nesse caso, o julgado deve ser cassado no processo de recurso constitucional" (*Verfassungsbeschwerde* (*BVerfGE* 7/198 (207); 12/113 (124); 13/318 (325), 18/85 (92 e ss.)). Cf., também, Rüdiger Zuck, *Das Recht der Verfassungsbeschwerde*, 2 ed., Munique, 1988, p. 220).

Não há dúvida de que essa orientação prepara algumas dificuldades, podendo converter a Corte Constitucional em autêntico Tribunal de revisão. É que, se a lei deve ser aferida em face de toda a Constituição, as decisões hão de ter sua legitimidade verificada em face da Constituição e de toda a ordem jurídica. Se se admitisse que toda decisão contrária ao direito ordinário é uma decisão inconstitucional, ter-se-ia de acolher, igualmente, todo e qualquer recurso constitucional interposto contra decisão judicial ilegal. (Schlaich, *Das Bundesverfassungsgericht*, p. 109).

Enquanto essa orientação prevalece em relação às leis inconstitucionais, não se adota o mesmo entendimento no que concerne às decisões judiciais.

Por essas razões, o Tribunal alemão procura formular um critério que limita a impugnação das decisões judiciais mediante recurso constitucional. A admissibilidade deste dependeria, fundamentalmente, da demonstração de que, na interpretação e aplicação do Direito, o juiz desconsiderou por completo ou essencialmente a influência dos direitos fundamentais, de que a decisão se revela grosseira e manifestamente arbitrária na interpretação e aplicação do direito ordinário ou, ainda, de que foram ultrapassados os limites da construção jurisprudencial (Cf., sobre o assunto, Schlaich, *Das Bundesverfassungsgericht*, p. 109).

Não raras vezes observa a Corte Constitucional que determinada decisão judicial se afigura insustentável porque assente em interpretação objetivamente arbitrária da norma legal. (*BVerfGE* 64/389 (394).

Assim, uma decisão que, *v.g.*, amplia o sentido de um texto normativo penal para abranger uma dada conduta é considerada inconstitucional, por afronta ao princípio *nullum crimen nulla poena sine lege* (Lei Fundamental alemã, art. 103, II).

Essa concepção da Corte Constitucional levou à formulação de uma teoria sobre os graus ou sobre a intensidade da restrição imposta aos direitos fundamentais (*Stufentheorie*), que admite uma aferição de constitucionalidade tanto mais intensa quanto maior for o grau de intervenção no âmbito de proteção dos direitos fundamentais. (Rüdiger Zuck, *Das Recht der Verfassungsbeschwerde*, 2. ed., Munique, 1988, p. 221).

Embora o modelo de controle de constitucionalidade exercido pelo *Bundesverfassungsgericht* revele especificidades decorrentes, sobretudo, do sistema concentrado, é certo que a ideia de que a não observância do direito ordinário pode configurar uma afronta ao próprio direito constitucional tem aplicação também entre nós.

Essa conclusão revela-se tanto mais plausível se se considera que, tal como a Administração, o Poder Judiciário está vinculado à Constituição e às leis (CF, art. 5º, § 1º).

Certamente afigurava-se extremamente difícil a aplicação desse entendimento, entre nós, no âmbito do recurso extraordinário. O caráter marcadamente individual da impugnação, a fragmentariedade das teses apresentadas nesse processo, a exigência estrita de prequestionamento contribuíam para dificultar a aplicação da orientação acima desenvolvida no âmbito do recurso extraordinário. A arguição de descumprimento de preceito fundamental vem libertar dessas amarras o questionamento da decisão judicial concreta.

No caso, o Tribunal Superior do Trabalho e os Tribunais Regionais da 1ª e da 2ª Região passaram a interpretar o art. 114, § 2º, do texto constitucional, com redação conferida pela EC 45/2004, de forma a dele extrair o princípio da ultratividade condicionada da norma coletiva, objeto de legislação já revogada.

Entende a requerente que essa interpretação direta de norma constitucional, aparentemente realizada de forma casuística e sem suporte legal, ofenderia preceitos fundamentais.

904 Estado de Direito e Jurisdição Constitucional – Decisões relevantes em 15 anos de atuação no STF

Como visto, trata-se de duas hipóteses de lesão a preceito fundamental (lesão em decorrência de interpretação direta de norma constitucional, bem como de decisões proferidas sem base legal) passíveis de serem objeto de ADPF, nos termos da jurisprudência desta Corte.

A presente arguição de descumprimento de preceito fundamental é, portanto, cabível.

1.4. Parâmetro de controle

A CONFENEN indica como preceitos fundamentais violados pela alteração jurisprudencial questionada nessa ação o princípio da separação dos Poderes (art. 2º, 60, § 4º, III, CF) e o da legalidade (art. 5º, *caput*, CF).

No que se refere ao parâmetro de controle na ADPF, é muito difícil indicar, a *priori*, os preceitos fundamentais da Constituição passíveis de lesão tão grave que justifique o processo e julgamento da arguição de descumprimento.

Não há dúvida de que alguns desses preceitos estão enunciados, de forma explícita, no texto constitucional.

Assim, ninguém poderá negar a qualidade de preceitos fundamentais da ordem constitucional aos direitos e garantias fundamentais (art. 5º, entre outros). Da mesma forma, não se poderá deixar de atribuir essa qualificação aos demais princípios protegidos pela cláusula pétrea do art. 60, § 4º, da CF: o princípio federativo, a separação de Poderes e o voto direto, secreto, universal e periódico.

Por outro lado, a própria Constituição explicita os chamados "princípios sensíveis", cuja violação pode dar ensejo à decretação de intervenção federal nos estados-membros (art. 34, inciso VII).

É fácil de ver que a amplitude conferida às cláusulas pétreas e a ideia de *unidade de Constituição* (*Einheit der Verfassung*) acabam por colocar parte significativa da Constituição sob a proteção dessas garantias. Tal tendência não exclui a possibilidade de um *engessamento* da ordem constitucional, obstando à introdução de qualquer mudança de maior significado. (Cf. Bryde, Brun-Otto, *Verfassungsengsentwicklung, Stabilität und Dynamik im Verfassungsrecht der Bundesrepublik Deutschland*, Baden-Baden, 1982, p. 244).

Daí afirmar-se, correntemente, que tais cláusulas hão de ser interpretadas de forma restritiva.

Essa afirmação simplista, em vez de solver o problema, pode agravá-lo, pois a tendência detectada atua no sentido não de uma interpretação restritiva das cláusulas pétreas, mas de uma interpretação restritiva dos próprios princípios por elas protegidos.

Essa via, em lugar de permitir um fortalecimento dos princípios constitucionais contemplados nas *garantias de eternidade*, como pretendido pelo constituinte, acarreta, efetivamente, seu enfraquecimento.

Assim, parece recomendável que eventual interpretação restritiva se refira à própria garantia de eternidade sem afetar os princípios por ela protegidos (Bryde, Brun-Otto, *Verfassungsengsentwicklung, Stabilität und Dynamik im Verfassungsrecht der Bundesrepublik Deutschland*, cit., p. 244).

Por isso, após reconhecer a possibilidade de que se confira uma interpretação ao art. 79, III, da Lei Fundamental, que não leve nem ao engessamento da ordem constitucional, nem à completa nulificação de sua força normativa, afirma Bryde que essa tarefa é prenhe de dificuldades:

"Essas dificuldades residem não apenas na natureza assaz aberta e dependente de concretização dos princípios constitucionais, mas também na relação desses princípios com as concretizações que eles acabaram por encontrar na Constituição. Se parece obrigatória a conclusão de que o art. 79, III, da Lei Fundamental não abarcou todas as possíveis concretizações no seu âmbito normativo, não se afigura

Direito do Trabalho e Direito Previdenciário **905**

menos certo que esses princípios seriam despidos de conteúdo se não levassem em conta essas concretizações. Isso se aplica sobretudo porque o constituinte se esforçou por realizar, ele próprio, os princípios básicos de sua obra. O princípio da dignidade humana está protegido tão amplamente fora do âmbito do art. 1º, que o significado da disposição nele contida acabou reduzido a uma questão secundária (defesa da honra), que, obviamente, não é objeto da garantia de eternidade prevista no art. 79, III. Ainda que a referência ao 1º não se estenda, por força do disposto no art. 1º, III, a toda a ordem constitucional, tem-se de admitir que o postulado da dignidade humana protegido no art. 79, III, não se realiza sem contemplar outros direitos fundamentais. Idêntico raciocínio há de se desenvolver em relação a outros princípios referidos no art. 79, III. Para o Estado de Direito da República Federal da Alemanha afigura-se mais relevante o art. 19, IV (garantia da proteção judiciária), do que o princípio da proibição de lei retroativa que a Corte Constitucional extraiu do art. 20. E, fora do âmbito do direito eleitoral, dos direitos dos partidos políticos e dos chamados direitos fundamentais de índole política, não há limite para a revisão constitucional do princípio da democracia" (*Bryde Verfassungsentwicklung*, cit., p. 245).

Essas assertivas têm a virtude de demonstrar que o efetivo conteúdo das *garantias de eternidade* somente será obtido mediante esforço hermenêutico. Apenas essa atividade poderá revelar os princípios constitucionais que, ainda que não contemplados expressamente nas cláusulas pétreas, guardam estreita vinculação com os princípios por elas protegidos e estão, por isso, cobertos pela garantia de imutabilidade que delas dimana.

Tal como enunciado normalmente nas chamadas "cláusulas pétreas", os princípios merecedores de proteção parecem despidos de conteúdo específico. Que significa, efetivamente, "separação de poderes" ou "forma federativa"? Que é um "Estado de Direito Democrático"? Que significa "proteção da dignidade humana"?

Essas indagações somente podem ser respondidas, adequadamente, no contexto de determinado sistema constitucional. É o exame sistemático das disposições constitucionais integrantes do modelo constitucional que permitirá explicitar o conteúdo de determinado princípio.

Ao se deparar com alegação de afronta ao princípio da divisão de Poderes de Constituição estadual em face dos chamados "princípios sensíveis" (representação interventiva), assentou o notável Castro Nunes lição que, certamente, se aplica à interpretação das cláusulas pétreas:

"Os casos de intervenção prefigurados nessa enumeração se enunciam por declarações de princípios, comportando o que possa comportar cada um desses princípios como dados doutrinários, que são conhecidos na exposição do direito público. E por isso mesmo ficou reservado o seu exame, do ponto de vista do conteúdo e da extensão e da sua correlação com outras disposições constitucionais, ao controle judicial a cargo do Supremo Tribunal Federal. Quero dizer com estas palavras que a enumeração é limitativa como enumeração. (...) A enumeração é taxativa, é limitativa, é restritiva, e não pode ser ampliada a outros casos pelo Supremo Tribunal. Mas cada um desses princípios é dado doutrinário que tem de ser examinado no seu conteúdo e delimitado na sua extensão. Daí decorre que a interpretação é restritiva apenas no sentido de limitada aos princípios enumerados; não o exame de cada um, que não está nem poderá estar limitado, comportando necessariamente a exploração do conteúdo e fixação das características pelas quais se defina cada qual deles, nisso consistindo a delimitação do que possa ser consentido ou proibido aos Estados" (Rp n. 94, Rel. Min. Castro Nunes, *Archivo Judiciario* 85/31 (34-35), 1947).

Essa orientação, consagrada pelo STF para os chamados "princípios sensíveis", há de se aplicar à concretização das cláusulas pétreas e, também, dos chamados "preceitos fundamentais".

É o estudo da ordem constitucional no seu contexto normativo e nas suas relações de interdependência que permite identificar as disposições essenciais para a preservação dos princípios basilares dos preceitos fundamentais em um determinado sistema. Tal como ensina Gomes Canotilho em relação à limitação do poder de revisão, a identificação do preceito fundamental não pode divorciar-se das conexões de sentido captadas do texto constitucional, fazendo-se mister que os limites materiais operem como verdadeiros *limites textuais implícitos*. (Canotilho. *Direito constitucional*, p. 1.136).

Dessarte, um juízo mais ou menos seguro sobre a lesão de preceito fundamental consistente nos princípios da divisão de Poderes, da forma federativa do Estado ou dos direitos e garantias fundamentais exige, preliminarmente, a identificação do conteúdo dessas categorias na ordem constitucional e, especialmente, das suas relações de interdependência.

Nessa linha de entendimento, a lesão a preceito fundamental não se configurará apenas quando se verificar possível afronta a um princípio fundamental, tal como assente na ordem constitucional, mas também a disposições que confiram densidade normativa ou significado específico a esse princípio.

Haja vista as interconexões e interdependências dos princípios e das regras, talvez não seja recomendável proceder-se a uma distinção entre essas duas categorias, fixando-se um conceito extensivo de preceito fundamental, abrangente das normas básicas contidas no texto constitucional.

O próprio STF tem realizado essas associações, como demonstra o reconhecimento do princípio da anterioridade como cláusula pétrea, a despeito de não estar contemplado no âmbito normativo do art. 5º (ADI 939, Rel. Sidney Sanches, *DJ* de 18.3.1994; RE 448.558, de minha relatoria, *DJ* de 16.12.2005).

Percebe-se, pois, ser incontestável a qualidade de preceito fundamental atribuída aos princípios elencados nesta ação como possivelmente lesados pela nova orientação jurisprudencial da Justiça Trabalhista.

O princípio da legalidade (art. 5º, *caput*, CF) e o princípio da separação dos Poderes são dois elementos basilares do direito constitucional nacional, protegidos pela cláusula pétrea do art. 60, § 4º, da Constituição Federal.

Ademais, ao passar a determinar a vigência de cláusulas coletivas a momento posterior à eficácia do instrumento no qual acordadas, a Justiça Trabalhista, além de violar os princípios da separação dos Poderes e da legalidade, nos termos indicados na inicial, também ofende a supremacia dos acordos e das convenções coletivas (art. 7º, inciso XXVI, CF), outro flagrante preceito fundamental que deve ser igualmente resguardado.

É evidente, portanto, a existência de preceitos fundamentais potencialmente lesados na questão aqui discutida.

2. Breve histórico da prevalência da autonomia coletiva no STF

É preciso destacar, desde pronto, que a jurisprudência do Supremo Tribunal Federal tende a valorizar a autonomia coletiva da vontade e da autocomposição dos conflitos trabalhistas, nos termos do art. 7º, XXVI, da Constituição Federal.

Mencione-se, nesse sentido, o RE 590.415-RG, Rel. Min. Roberto Barroso, no qual foi confirmada a validade de plano de dispensa incentivada devidamente chancelada por acordo coletivo:

"DIREITO DO TRABALHO. ACORDO COLETIVO. PLANO DE DISPENSA INCENTIVADA. VALIDADE E EFEITOS. 1. Plano de dispensa incentivada aprovado em acordo coletivo que contou com ampla participação dos empregados. Previsão de vantagens aos trabalhadores, bem como quitação de toda e qualquer parcela decorrente de relação de emprego. Faculdade do empregado de optar ou não pelo plano. 2. Validade da quitação ampla. Não incidência, na hipótese, do art. 477, § 2º, da Consolidação das Leis do Trabalho, que restringe a eficácia liberatória da quitação aos valores e às parcelas discriminadas no termo de rescisão exclusivamente. 3. **No âmbito do direito coletivo do trabalho não se verifica a mesma situação de assimetria de poder presente nas relações individuais de trabalho. Como consequência, a autonomia coletiva da vontade não se encontra sujeita aos mesmos limites que a autonomia individual. 4. A Constituição de 1988, em seu artigo 7º, XXVI, prestigiou a autonomia coletiva da vontade e a autocomposição dos conflitos trabalhistas, acompa-**

Direito do Trabalho e Direito Previdenciário **907**

nhando a tendência mundial ao crescente reconhecimento dos mecanismos de negociação coletiva, retratada na Convenção n. 98/1949 e na Convenção n. 154/1981 da Organização Internacional do Trabalho. O reconhecimento dos acordos e convenções coletivas permite que os trabalhadores contribuam para a formulação das normas que regerão a sua própria vida. 5. Os planos de dispensa incentivada permitem reduzir as repercussões sociais das dispensas, assegurando àqueles que optam por seu desligamento da empresa condições econômicas mais vantajosas do que aquelas que decorreriam do mero desligamento por decisão do empregador. É importante, por isso, assegurar a credibilidade de tais planos, a fim de preservar a sua função protetiva e de não desestimular o seu uso. 7. Provimento do recurso extraordinário. Afirmação, em repercussão geral, da seguinte tese: A transação extrajudicial que importa rescisão do contrato de trabalho, em razão de adesão voluntária do empregado a plano de dispensa incentivada, enseja quitação ampla e irrestrita de todas as parcelas objeto do contrato de emprego, caso essa condição tenha constado expressamente do acordo coletivo que aprovou o plano, bem como dos demais instrumentos celebrados com o empregado (grifo nosso)".

Naquele feito, consignei, sobre o reconhecimento das convenções e acordos coletivos de trabalho, o seguinte:

"(...) é muito claro que o texto constitucional valoriza, de forma enfática, as convenções e os acordos coletivos. Veja-se a referência no inciso VI, e talvez aqui se trate de uma situação de exemplaridade, quando se diz que se assegura a irredutibilidade do salário, salvo o disposto em convenção ou acordo coletivo. Veja-se que é uma cláusula de grande importância, mas o próprio constituinte previu que pode haver uma situação em que, para a mantença do emprego, seria necessária a redução. E nós temos inúmeros exemplos disto no plano internacional. Vossa Excelência acompanha tanto a crise europeia, e sabemos que isso vem ocorrendo sistematicamente, porque a grave crise é a crise da falta de emprego.

Da mesma forma, no inciso XIII, temos novamente menção à importância do acordo ou convenção coletiva de trabalho, quando se diz: duração do trabalho normal não superior a oito horas diárias e quarenta e quatro semanais, facultada a compensação de horários e a redução da jornada, mediante acordo ou convenção coletiva de trabalho.

Também, no inciso XIV: jornada de seis horas para o trabalho realizado em turnos ininterruptos de revezamento, salvo negociação coletiva. Veja, portanto, que o texto está lavrado com esse enfoque, no que diz respeito ao direito coletivo do trabalho.

(...)

Há uma outra questão que se manifesta em casos que tais, onde tomaram-se todas as cautelas de estilo – isso já foi ressaltado pelo ministro Teori Zavascki: é a observância do *pacta sunt servanda* e, também, de um princípio de lealdade negocial que Vossa Excelência manifestou –, no sentido de que não se pode agir contra fato próprio, a famosa fórmula de que não se pode *venire contra factum proprium* . Quer dizer, a tutela aqui vai – usando uma expressão muito cara ao ministro Marco Aurélio – a um limite demasiadamente largo ao pretender, realmente, tutelar este trabalhador, mas fortalecendo uma atitude de deslealdade negocial. Por outro lado, o ministro Barroso já o apontou bem, isto vem contra o preconizado no texto constitucional porque debilita a ideia de negociação coletiva e de acordos coletivos.

Há pouco eu lia uma crítica a essa jurisprudência protetiva da Justiça do Trabalho, especialmente do TST, no sentido, ministra Cármen Lúcia, de que essas propostas de anulação dos acordos, na parte em que supostamente interessava ao empregador, mantidos os ônus assumidos no que diz respeito ao trabalhador, estava levando a um desestímulo à negociação coletiva; e essa reclamação vinha dos próprios sindicatos de trabalhadores".

Também na ADI 4.364, Rel. Min. Dias Toffoli, *DJe* 16.5.2011, que tinha como objeto lei complementar estadual que fixava piso salarial para certas categorias, o Supremo Tribunal Federal consignou a necessidade do reconhecimento das convenções e acordos coletivos de trabalho.

Em trecho da ementa desse julgado restou expresso o que se transcreve:

"6. A fim de manter-se o incentivo à negociação coletiva (art. 7º, XXVI, CF/88), os pisos salariais regionais somente serão estabelecidos por lei naqueles casos em que não haja convenção ou acordo coletivo de trabalho. As entidades sindicais continuarão podendo atuar nas negociações coletivas, desde que respeitado o patamar mínimo legalmente assegurado".

Recentemente, em mais uma clara demonstração de que o Supremo Tribunal Federal vem reforçando o entendimento da prevalência constitucional do negociado em acordos e convenções coletivas, o Ministro Teori Zavascki, com base na jurisprudência da Corte, deu provimento a recurso extraordinário interposto contra acórdão do TST, que decidira pela invalidade de acordo coletivo de trabalho por entender serem as chamadas "horas in itinere" indisponíveis aos trabalhadores, em razão do disposto no art. 58, § 2º, da Consolidação das Leis do Trabalho.

No caso, o recorrente firmara acordo coletivo com o sindicato da categoria para que fosse suprimido o pagamento de tais horas e, em contrapartida, fossem concedidas outras vantagens aos empregados, como fornecimento de cestas básicas, seguro de vida e pagamento do salário-família além do limite legal.

Na decisão, o Ministro Teori Zavascki consignou o seguinte:

"O acórdão recorrido não se encontra em conformidade com a *ratio* adotada no julgamento do RE 590.415, no qual esta Corte conferiu especial relevância ao princípio da autonomia da vontade no âmbito do direito coletivo do trabalho. Ainda que o acordo coletivo de trabalho tenha afastado direito assegurado aos trabalhadores pela CLT, concedeu-lhe outras vantagens com vistas a compensar essa supressão. Ademais, a validade da votação da Assembleia Geral que deliberou pela celebração do acordo coletivo de trabalho não foi rechaçada nesta demanda, razão pela qual se deve presumir legítima a manifestação de vontade proferida pela entidade sindical.

Registre-se que a própria Constituição Federal admite que as normas coletivas de trabalho disponham sobre salário (art. 7º, VI) e jornada de trabalho (art. 7º, XIII e XIV), inclusive reduzindo temporariamente remuneração e fixando jornada diversa da constitucionalmente estabelecida.

Não se constata, por outro lado, que o acordo coletivo em questão tenha extrapolado os limites da razoabilidade, uma vez que, embora tenha limitado direito legalmente previsto, concedeu outras vantagens em seu lugar, por meio de manifestação de vontade válida da entidade sindical". (RE 895.759, Rel. Min. Teori Zavascki, *DJ* 22.9.2016).

Vê-se, pois, que na presente ação não estamos a tratar de mera ofensa reflexa à Constituição Federal, mas, sim, de alteração de interpretação judicial que parece não estar compatível com o texto constitucional, de modo a ofender preceitos fundamentais.

Alteração do paradigma do AI 731.954-RG

Importante ressaltar que o principal tema tratado na presente ADPF – a saber, a possibilidade de incorporação, a contrato individual de trabalho, de cláusulas normativas pactuadas em acordos coletivos – já foi objeto de análise desta Corte pela sistemática da repercussão geral.

O AI 731.954-RG, Rel. Min. Cezar Peluso (tema 193), teve como objeto a ultratividade da norma coletiva e a possibilidade de incorporação de vantagens conferidas mediante acordo ou convenção coletivos ao contrato individual de trabalho, nos termos definidos pela Súmula 277 do TST. O Supremo Tribunal Federal entendeu ser essa matéria de índole infraconstitucional, conforme assentado na jurisprudência da Corte.

Todavia, a discussão de então, apesar de guardar similitudes com o que é tratado nessa arguição de descumprimento de preceito fundamental, não parte do mesmo paradigma.

O mérito do tema 193 da sistemática da repercussão geral, julgado em 18 de setembro de 2009, teve como questão de fundo a Súmula 277 em sua redação original, que previa que "*as condições de trabalho alcançadas por força de sentença normativa vigoram no prazo assinado, não integrando, de forma definitiva, os contratos*". Na decisão recorrida, o TST chegou a fazer expres-

Direito do Trabalho e Direito Previdenciário **909**

sa menção ao fato de que a referência a "sentença normativa" também alcançava as condições de trabalho instituídas mediante acordo ou convenção coletivos de trabalho, alteração redacional que foi posteriormente realizada.

O entendimento jurisprudencial daquela época estava, portanto, em evidente consonância com o reconhecimento constitucional da supremacia das convenções e acordos coletivos de trabalho, conforme disposto no art. 7º, XXVI.

Contudo, a nova orientação do Tribunal Superior do Trabalho, consubstanciada na Súmula 277, em redação de 2012, segue sentido diametralmente oposto, de modo não mais ser possível classificar o tema como matéria de índole infraconstitucional.

Consequentemente, houve alteração interpretativa consubstanciada em nova redação da Súmula 277 do TST a justificar nova análise sobre o caso em questão.

3   Ato lesivo

O ato lesivo objeto desta arguição de descumprimento de preceito fundamental está fundado em alteração de entendimento jurisprudencial assente em interpretação de norma constitucional, consubstanciada na atual redação da Súmula 277, do TST.

Antes de passar à análise do ato lesivo, entendo ser necessário realizar breve sistematização doutrinária das principais questões relacionadas à adoção do princípio da ultratividade da norma coletiva.

Destaco, inicialmente, que a doutrina trabalhista indica partir o princípio da ultratividade da norma coletiva da premissa de buscar-se neutralizar a hegemonia da posição do empregador sobre a do trabalhador no momento da negociação coletiva. Com a ideia de inexistir negociação livre entre partes desiguais, estipula-se que a norma coletiva continue eficaz mesmo após o seu termo final de vigência, assegurando-se ao trabalhador garantias básicas e ferramentas com as quais possa iniciar tratativas futuras.

Em publicação acadêmica, os Ministros Augusto César Leite de Carvalho, Kátia Magalhães Arruda e Maurício Godinho Delgado, do Tribunal Superior do Trabalho, anotam:

> "A ultra-atividade da norma coletiva, quando adotada a ultra-atividade condicionada, assegura a eficácia da convenção ou acordo coletivo cujo prazo de vigência estaria exaurido, de modo a não permitir que a categoria de empregados permaneça sem uma disciplina de suas condições específicas de trabalho. Sendo condicionada à superveniência de nova norma coletiva, o surgimento de nova normatização da matéria faz prevalecer a regra mais recente, ainda que tal signifique a redução de direito." (CARVALHO, Augusto César Leite de, ARRUDA, Kátia Magalhães, DELGADO, Maurício Godinho. A Súmula n. 277 e a defesa da Constituição. In: **Revista do Tribunal Superior do Trabalho**, ano 78, out. a dez. 2012).

Vê-se que, ao menos teoricamente, o princípio da ultratividade condicionada aceita a ideia de eventual redução de direitos por novo instrumento negocial, já que determinada condição de trabalho poderá ser alterada, suprimida ou mantida em acordo seguinte. Difere-se, nesse ponto, do princípio da ultratividade absoluta, de acordo com o qual a norma coletiva favorável ao trabalhador automaticamente passa a integrar seu contrato individual de trabalho e não pode ser jamais suprimida. Trata-se de posicionamento seguido em países como Argentina, Bélgica e México (Cf. PESSOA, Roberto Freitas. PAMPLONA FILHO, Rodolfo. A nova velha questão da ultra-atividade das normas coletivas e a Súmula n. 277 do Tribunal Superior do Trabalho. In: **Revista do Tribunal Superior do Trabalho**, vol. 76, abr.-jun. 2010).

O principal fator positivo do princípio da ultratividade da norma coletiva seria evitar período de anomia jurídica entre o final da vigência da norma anterior e a superveniência da seguinte. Nesse ínterim, ao trabalhador estariam assegurados benefícios básicos anteriormente acordados, até sua confirmação ou alteração por novo instrumento.

Tal argumentação ignora, todavia, o amplo plexo de garantias constitucionais e legais já asseguradas aos trabalhadores, independentemente de acordo ou convenção coletiva. Na inexistência destes, os empregados não ficam desamparados, pois têm diversos direitos essenciais resguardados.

De fato, cessados os efeitos da norma acordada, as relações seguem regidas pelas demais disposições que compõem a legislação trabalhista, algumas até então afastadas por acordo ou convenção coletiva em questão. Não há, rigorosamente, anomia.

Em posição crítica, Julio Bernardo do Carmo aponta:

"Não existe anomia jurídica no Estado Democrático de Direito. Ora o fato da vida cotidiana é regido pela Constituição Federal, ora o é pela lei infraconstitucional federal, estadual ou municipal, ou pela autonomia da vontade privada (contratos), ou pelos costumes, ou pela sentença judicial que dirime o caso concreto levado às barras do Tribunal e assim sucessivamente, em uma cadeia lógica e ordenada de aplicação do direito aos multitudinários fatos da vida social.

Ora, dentro dessa teleologia exegética, aliás a única compatível com o Estado Democrático de Direito, temos que quando uma norma coletiva perde sua razão fundante de validade, ou seja, perde sua vigência e eficácia, não se lhe segue um período de anomia jurídica ou de vácuo legislativo, e sim mera diversidade de aplicação de normas substitutivas que passam automaticamente a reger a respectiva situação.

Assim, *e.g.*, se a fonte da cláusula mais favorável ao trabalhador era a norma coletiva, *e.g.*, um adicional de horas extras de 100%, exaurida a vigência do instrumento coletivo, e perscrutando-se a hierarquia que informa as fontes legais, veremos que a Constituição Federal passará a disciplinar a questão da sobrejornada efetuada pelo trabalhador, em face do disposto no inciso XVI do artigo 7º da Constituição Federal, passando a ser invocável o adicional de horas extras ali previsto de 50%.

E assim acontece com todas as demais cláusulas coletivas caducas, que passarão a ter novo fundamento de validade, ainda que transitoriamente mais desfavorável ao trabalhador". (CARMO, Júlio Bernardo do. A Súmula n. 277 do TST e a ofensa ao princípio da legalidade. In: **Revista do Tribunal Regional do Trabalho da 3ª Região**, Belo Horizonte, v. 55, n. 85, p. 75-84, jan./jun. 2012).

A interpretação conferida pelo TST aos acordos coletivos, equiparando-os a lei, também é questão bastante discutida pela doutrina. Nesse ponto, é evidente que lei e acordos coletivos se diferenciam em diversos aspectos, como em relação à precariedade e ao cunho compromissório.

Sobre o tema, Antonio Carlos de Aguiar anota:

"O TST interpretou os acordos sindicais como se fosse lei. Mandou integrar as condições negociadas (que tinham prazo de validade!) de modo definitivo no contrato individual de trabalho, numa espécie de reconhecimento de direito adquirido (situação usual e adequada para condições previstas em lei e não em convenção ou acordo coletivo de trabalho!)".

E segue:

"Pois bem. Com todo o respeito, quando se interpretou um contrato coletivo como se fosse lei, na verdade o que fez foi o TST criar um "quiproquó jurídico" que espanca a segurança jurídica; desrespeita as instituições e sua autonomia coletiva privada; impacta custos para as empresas; além de tratar os representantes sindicais como cidadãos de segunda classe, que não têm autonomia para defender os interesses de seus representados." (AGUIAR, Antonio Carlos de. A negociação coletiva de trabalho (uma crítica à Súmula n. 277, do TST). In: **Revista Ltr**, vol. 77, n. 09, setembro de 2013).

Em relação a aspectos negativos, Sergio Pinto Martins indica que a incorporação das normas coletivas ao contrato individual de trabalho implica obstar novas negociações coletivas e estimular que o empregador dispense aqueles trabalhadores que tenham cláusulas incorporadas em seus contratos de trabalho, a fim de admitir outros, com benefícios inferiores.

Para ele, trata-se de situação que tende a diminuir a viabilidade da negociação coletiva e aumentar os dissídios coletivos. E complementa:

Direito do Trabalho e Direito Previdenciário **911**

"Não se pode dizer que há direito adquirido à manutenção da condição do contrato de trabalho estabelecida pela norma coletiva anterior, pois o inciso XXXV do artigo 5º da Lei Maior estabelece que 'a lei não prejudicará o direito adquirido'. Não é a convenção ou o acordo coletivo que não prejudicarão o direito adquirido, mas a lei. Ademais, em decorrência do prazo determinado de vigência da norma coletiva, não se pode falar em incorporação de suas cláusulas no contrato de trabalho.

A convenção coletiva pode, portanto, ter tanto regras para melhorar as condições de trabalho como condições *in peius*. Assim, se as partes não quiseram a incorporação, esta não ocorrerá, pois há barganha para obtenção de novas condições de trabalho, implicando concessões recíprocas. A negociação entre as partes é feita no sentido de estabelecer concessões recíprocas para a outorga de outros benefícios. Se foi suprimido determinado benefício, pode ter ocorrido de, no conjunto, terem atribuído melhores benefícios aos trabalhadores." (MARTINS, Sergio Pinto. **Comentários às súmulas do TST**. São Paulo: Atlas, 2015).

É evidente, portanto, em breve análise, que o princípio da ultratividade da norma coletiva apresenta diversos aspectos que precisam ser levados em consideração quando de sua adoção ou não.

São questões que já foram apreciadas pelo Poder Legislativo ao menos em duas ocasiões – na elaboração e na revogação da Lei 8.542/1992 – e que deixam claro tratar-se de tema a ser definido por processo legislativo específico.

Feitas essas breves considerações, passo à análise da questão posta na presente arguição de descumprimento de preceito fundamental.

3.1. Caso concreto: a nova redação da Súmula 277 do TST

Desde uma análise preliminar, parece evidente que a alteração jurisdicional consubstanciada na nova redação da Súmula 277 do TST suscita dúvida sobre a sua compatibilidade com os princípios da legalidade, da separação dos Poderes e da segurança jurídica. Ademais, causa igual perplexidade o caráter casuístico da aplicação do princípio da ultratividade das normas coletivas, como indicarei neste tópico.

Legalidade e separação dos Poderes

O novo entendimento do Tribunal Superior do Trabalho objeto da presente ADPF tem como fundamento a alteração redacional feita pela EC 45/2004 no § 2º do art. 114 da Constituição Federal.

A Corte trabalhista passou a interpretar a introdução do vocábulo "anteriormente" à expressão "convencionadas" como suposta reinserção do princípio da ultratividade condicionada da norma coletiva ao ordenamento jurídico brasileiro.

Em consulta à jurisprudência, vê-se que o entendimento aqui contestado segue sendo reiteradamente aplicado, com trechos da fundamentação em destaque:

"RECURSO DE REVISTA. 1. PRESCRIÇÃO TOTAL DECLARADA EM PRIMEIRA INSTÂNCIA E AFASTADA PELO TRIBUNAL REGIONAL. PROSSEGUIMENTO NO EXAME DA CONTROVÉRSIA. POSSIBILIDADE. ARTIGO 515, § 3º, DA CLT. CAUSA MADURA. (...) INTEGRAÇÃO DE REAJUSTE SALARIAL. PRAZO DE VIGÊNCIA DO INSTRUMENTO NORMATIVO. SÚMULA 277/TST. A controvérsia está centrada em definir se a condenação à integração dos reajustes deve ser limitada ao prazo de vigência do instrumento normativo que os autorizou. A discussão sobre o limite temporal da eficácia das cláusulas inscritas em acordos e convenções coletivas de trabalho, com fundamento nos arts. 613, II, e 614, § 3º, da CLT, **está superada pela compreensão imposta por esta Corte na Súmula 277, segundo a qual 'integram os contratos individuais de trabalho e somente poderão ser modificadas ou suprimidas mediante negociação coletiva de trabalho.' A diretriz inscrita na referida súmula deriva da nova realidade instituída pela EC 45/2004, que, ao introduzir**

912 Estado de Direito e Jurisdição Constitucional – Decisões relevantes em 15 anos de atuação no STF

reforma expressiva na estrutura do Poder Judiciário, dispôs que a Justiça do Trabalho apenas poderia solucionar conflitos coletivos de trabalho mediante comum acordo das partes interessadas (CF, art. 114, § 2º), situação que acabou impondo retrocesso social inadmissível e inconstitucional, por afronta ao 'caput' do art. 7º da CF, ante a recusa sistemática da classe patronal em submeter, após frustradas as tentativas de negociação coletiva, as disputas ao crivo do Poder Judiciário. Mas, para além desses aspectos, determinadas cláusulas ajustadas coletivamente incorporam-se, pela sua própria natureza, de forma definitiva aos contratos de trabalho, não podendo ser suprimida, como no caso dos reajustes salariais. Afora a circunstância de que tais reajustes, fruto de negociação coletiva, apenas objetivam a recomposição do equilíbrio entre as obrigações contratuais assumidas por empregados e empregadores, equilíbrio esse rompido pelo natural desgaste do poder aquisitivo da moeda advindo do processo econômico inflacionário, é fato que a própria Constituição impede a redução de salários, salvo por meio de negociação coletiva (CF, art. 7º, VI), o que não se verifica no caso dos autos. Nesse cenário, a integração de reajustes salariais previstos em normas coletivas não configura contrariedade à Súmula 277 do TST. Recurso de revista não conhecido". (RR – 1412-26.2012.5.05.0019, Relator Ministro: Douglas Alencar Rodrigues, Data de Julgamento: 5.8.2015, 7ª Turma, Data de Publicação: *DEJT* 7.8.2015, grifos nossos)

Em princípio o TST parece valer-se de alteração meramente semântica, que não pretendeu modificar a essência do dispositivo constitucional e, consequentemente, aumentar o âmbito de competências da Justiça do Trabalho.

Nesse aspecto, o Ministro Ives Gandra da Silva Martins Filho esclarece que a palavra "anteriormente" foi introduzida no § 2º do art. 114 da Constituição Federal em verdade para especificar, ainda mais, o limite mínimo a ser respeitado pelo poder normativo da Justiça do Trabalho (MARTINS FILHO, Ives Gandra da Silva. **Processo coletivo do trabalho.** São Paulo: Ltr, 2009, p. 41-43).

Este seria o verdadeiro sentido da norma: constitucionalizar o princípio da manutenção da condição mais favorável ao trabalhador nos termos do art. 468, *caput*, da CLT ("*Nos contratos individuais de trabalho só é lícita a alteração das respectivas condições por mútuo consentimento, e ainda assim desde que não resultem, direta ou indiretamente, prejuízos ao empregado, sob pena de nulidade da cláusula infringente desta garantia*"), também no âmbito das sentenças normativas.

E complementa:

"a incorporação apenas é garantida no caso específico de norma convencional anterior, se o conflito for apreciado pelo judiciário Trabalhista, já que este não poderá deixar de incluir na sentença normativa as vantagens previstas no acordo cuja vigência expirou. A manutenção das conquistas anteriores, nesse caso, fica condicionada apenas à sua especificação quanto às cláusulas que se deseja ver mantidas na nova norma coletiva de trabalho.

Assim, a única fórmula que restaria ao empregador para desonerar-se de concessão que um dia fez aos empregados via de acordo coletivo seria a consecução de novo acordo em que a cláusula indesejável não fosse incluída. Mas, nesse caso, o desiderato patronal apenas lograria êxito mediante compensação com outra espécie de vantagem a ser concedida, menos onerosa para a empresa, como fruto da negociação coletiva. Isso se torna comum nos contextos econômicos de recessão, quando a preservação do emprego é mais importante que o aumento das vantagens salariais (que poderão inclusive ser diminuídas).

Verifica-se, pois, que o dispositivo constitucional em comento não trouxe, na verdade, elemento novo em relação à incorporação das normas coletivas aos contratos individuais de trabalho, senão reflexa e parcialmente, na medida em que impõe a manutenção, na sentença normativa posterior, das vantagens constantes do instrumento coletivo anterior, se este era convenção ou acordo (natureza convencional e não impositiva)." (MARTINS FILHO, Ives Gandra da Silva. **Processo coletivo do trabalho.** São Paulo: LTr, 2009, p. 41-43)

Vê-se, assim, que, se há norma convencional anterior, a Justiça do Trabalho não pode estabelecer, por seu poder normativo, ao julgar dissídio coletivo, condição menos favorável ao traba-

Direito do Trabalho e Direito Previdenciário **913**

lhador do que aquela prevista no acordo ou na convenção coletiva que será por ela substituída por sentença normativa.

O vocábulo introduzido pela EC 45/2004 é voltado, portanto, a delimitar o poder normativo da Justiça do Trabalho. Na hipótese de não ser ajuizado dissídio coletivo, ou não firmado novo acordo, a convenção automaticamente estará extinta.

Daí se percebe que o espírito do legislador constituinte passou longe da ideia de suposta revitalização do princípio da ultratividade da norma coletiva.

Deduzir-se o pretendido pela Justiça Trabalhista poderia configurar verdadeira fraude hermenêutica, destinada apenas a extrair-se – de onde não há – interpretação que a auxilie a fundamentar o que deseja.

Trata-se de autêntica *jurisprudência sentimental*, seguida em moldes semelhantes à adotada pelo bom juiz Magnaud. Magistrado do Tribunal de primeira instância de Château-Thierry, na França, no qual atuou de 1889 a 1904, passou a ser conhecido como o *bom juiz* por amparar mulheres e menores, por atacar privilégios, por proteger plebeus, ao interpretar a lei de acordo com classe, mentalidade religiosa ou política das partes.

Em suas decisões, o bom juiz Magnaud "não jogava com a Hermenêutica, em que nem falava sequer. Tomava atitudes de tribuno; usava de linguagem de orador ou panfletário; empregava apenas argumentos humanos sociais, e concluía do alto, dando razão a este ou àquele sem se preocupar com os textos". (MAXIMILIANO, Carlos. **Hermenêutica e aplicação do direito**. Rio de Janeiro: Forense, 2006, p. 68).

A ideia de que cada decisão judicial é atividade criadora de Direito, não apenas aplicação de norma pronta, teve diversos adeptos na Europa no final do século XIX.

O chamado "Movimento do Direito Livre", do qual é considerado precursor o escrito *Gesetz und Richteramt*, de Oskar Bülow, publicado em 1885, seguia o princípio de que haveria pluralidade de significados para a aplicação de determinado texto de lei, cabendo ao juiz ponderar o que acreditava ser a mais justa, em verdadeira livre investigação do direito. O magistrado não teria limites no momento de decidir litígios. (LARENZ, Karl. **Metodologia da ciência do direito.** Lisboa: Fundação Calouste Gulbenkian, 1997, p. 78).

É esse ativismo um tanto quanto *naif* que o TST parece pretender seguir na espécie.

Também a Justiça do Trabalho não pode perder de vista a realidade e, a partir de visões próprias de mundo, focada a atingir determinado fim que entende nobre, atuar como o bom juiz Magnaud. Há limites que precisam ser observados no Estado democrático de direito e dos quais não se pode deliberadamente afastar para favorecer grupo específico.

Em crítica à interpretação que desde o início já está voltada a obter determinado fim, Carlos Maximiliano pondera:

> "Cumpre evitar, não só o demasiado apego à letra dos dispositivos, como também o excesso contrário, o de *forçar a exegese* e deste modo **encaixar na regra escrita, graças à fantasia do hermeneuta, as teses pelas quais este se apaixonou, de sorte que vislumbra no texto ideias apenas existentes no próprio cérebro, ou no sentir individual, desvairado por ojerizas e pendores, entusiasmos e preconceitos**" (MAXIMILIANO, Carlos. **Hermenêutica e aplicação do direito**. Rio de Janeiro: Forense, 2006, p. 84, grifos nossos).

Não cabe ao Tribunal Superior do Trabalho agir excepcionalmente e, para chegar a determinado objetivo, interpretar norma constitucional de forma arbitrária.

Ademais, a existência de norma legal – já revogada – sobre o tema é aspecto que não pode ser igualmente ignorado. O § 1º do art. 1º da Lei 8.542/1992 expressamente estabelecia que "as cláusulas dos acordos, convenções ou contratos coletivos de trabalho integram os contratos individuais de trabalho e somente poderão ser reduzidas ou suprimidas por posterior acordo, convenção ou contrato coletivo de trabalho".

Assim como qualquer outro diploma legislativo, esse também foi submetido a ampla discussão. Com observância da publicidade, da transparência, foi analisado sob a perspectiva da necessidade e da proporcionalidade de suas medidas.

Mesmo procedimento foi observado na elaboração da Lei 10.192, de 23 de dezembro de 2001, que decorre da conversão da Medida Provisória 1.709/1998 e revogou a Lei 8.542/1992. Em rediscussão da matéria, o Poder Legislativo entendeu por bem retirar o princípio da ultratividade da norma coletiva do ordenamento jurídico nacional.

É no mínimo exótico, portanto, que um tema que tenha sido mais de uma vez objeto de análise pelo Poder Legislativo – em amplo processo democrático de elaboração de leis – retorne ao cenário jurídico por meio de simples reunião interna de membros do Tribunal Superior do Trabalho.

A Corte trabalhista, em sessão para definir quais súmulas e orientações suas deveriam ser alteradas ou atualizadas, conseguiu a façanha de não apenas interpretar arbitrariamente norma constitucional, de modo a dela extrair o almejado, como também de ressuscitar princípio que somente deveria voltar a existir por legislação específica.

Nesse sentido, o Ministro Ives Gandra da Silva Martins Filho aponta:

"(...) se o legislador efetivamente quisesse a não ultratividade, teria manifestado expressamente esse desiderato na nova norma. A ultratividade é exceção, não regra. A norma legal que rege a matéria é o § 3º do art. 614 da CLT, que limita a dois anos a vigência dos acordos e convenções coletivas. Pretender o contrário, apenas com previsão legal, a qual foi revogada expressamente pelo legislador." (MARTINS FILHO, Ives Gandra da Silva. Os pilares do direito do trabalho: os princípios jurídicos e as teorias gerais (uma reflexão sobre sua aplicação). In: **Os pilares do direito do trabalho.** São Paulo: Lex, 2013).

E conclui:

"Como se vê, o caso é paradigmático de substituição ao legislador, e com contundente impacto no mundo jurídico, gerando, da noite para o dia, passivos trabalhistas, sem que se tivesse algum processo sendo julgado para se discutir a matéria, até com sustentações orais e entrega de memoriais. Em debate fechado – ao contrário do que aconteceria se a matéria fosse debatida no Congresso Nacional ou seguidos os trâmites regimentais para alteração de súmula, com parecer da Comissão de Jurisprudência (RITST, art. 163, §§ 1º e 2º) – criou-se direito novo ao operariado, que praticamente sepulta a negociação coletiva, desestimulando a concessão de vantagens por parte do empresariado, sabendo que serão definitivamente incorporadas ao contrato de trabalho, quando é da natureza da negociação ser periódica e limitada.

(...)

Esse caso é típico de ativismo judiciário e voluntarismo jurídico que transmuda a função do magistrado, de julgador para a de legislador, pois sequer houve caso julgado a dar supedâneo à nova súmula. E nem se diga que algum precedente da SDC anterior à nova redação da súmula poderia ser invocado como justificador da nova orientação, na medida em que o art. 165 do RITST só admite precedentes da SDI para edição de súmulas, uma vez que a SDC exerce poder normativo, gerando precedentes normativos e não súmulas, sendo que estas últimas é que são aplicadas aos dissídios individuais, onde se exerce jurisdição e não o poder normativo da Seção de Dissídios Coletivos." (MARTINS FILHO, Ives Gandra da Silva. Os pilares do direito do trabalho: os princípios jurídicos e as teorias gerais (uma reflexão sobre sua aplicação). In: **Os pilares do direito do trabalho.** São Paulo: Lex, 2013).

Em sentido semelhante, as observações de Júlio Bernardo do Carmo:

"Não tendo a Constituição Federal se ocupado dessa tarefa, o problema relacionado não só à vigência de normas coletivas *lato sensu*, como também à de sua possível ultra-atividade, depende sim de previsão expressa no plano legislativo infraconstitucional. (CARMO, Júlio Bernardo do. A Súmula n. 277 do TST e a ofensa ao princípio da legalidade. In: **Revista do Tribunal Regional do Trabalho da 3ª Região**, Belo Horizonte, v. 55, n. 85, p. 75-84, jan./jun. 2012).

E prossegue:

"A questão da incorporação definitiva da cláusula mais favorável ao contrato individual de trabalho deve e tem que ser dissociada tanto no plano individual como no plano coletivo do direito do trabalho.

No plano do direito individual do trabalho, em face do dirigismo estatal, e da natureza de ordem pública e de irrenunciabilidade dos preceitos que outorgam direitos sociais aos trabalhadores, a regra é a de que a norma mais favorável adere sempre ao contrato de trabalho, não mais podendo ser suprimida em seu prejuízo.

Já no plano do direito coletivo a norma mais favorável ao trabalhador não decorre de ato legislativo típico e sim da autonomia privada coletiva, mesmo considerando-se que esta última pode não vingar, ocupando-se o Estado-Juiz de dar prosseguimento normatizado à negociação coletiva malograda.

A singularidade permanece porque, mesmo no âmbito do poder normativo, o Judiciário trabalhista não edita lei abstrata e válida para todos e sim uma norma específica que vai reger a situação de trabalhadores que estão inseridos em determinada categoria profissional.

Ou seja, uma coisa é invocar a inalterabilidade de uma cláusula mais favorável ao trabalhador quando oriunda de uma lei trabalhista cogente, imperativa e inalterável *ad libito* das partes; outra bem diversa é invocar a inalterabilidade ou perpetuidade de uma cláusula favorável ao trabalhador quando advinda, não de lei imperativa e categórica, mas sim da autonomia privada coletiva de que desfrutam os entes sindicais quando celebram um acordo ou uma convenção coletiva de trabalho. Ou mesmo quando a norma coletiva, como é curial, provém de uma sentença normativa, que substitui a autonomia privada coletiva malograda pela imposição da vontade do Estado-Juiz.

No plano individual trabalhista, o contrato de trabalho tende para a indeterminação de prazo e, mesmo nos chamados contratos por prazo determinado, a inalterabilidade da cláusula mais favorável decorre diretamente da lei, muito embora transite antes pela vontade manifesta do empregador que cogita a benesse, a exterioriza no mundo físico e torna-a realidade imutável no mundo do direito do trabalho.

Ou seja, no plano do direito individual do trabalho a inalterabilidade da cláusula mais favorável, decorrendo diretamente de uma lei imperativa e categórica, está totalmente dissociada da noção de prazo do contrato de trabalho; ela é atemporal, e, uma vez reconhecida pelo Estado-Juiz, a situação de inalterabilidade da cláusula mais favorável ao trabalhador é irreversível e imodificável. As normas coletivas, por outro lado, todas, sem exceção, têm prazo de vigência determinado, imposto por lei e suas cláusulas são frutos da autonomia privada coletiva ou de um ato heterônomo estatal que a substitui. Tendo prazo de vigência imperativa delineado na lei, as cláusulas coletivas não podem viver de forma atemporal, cessando sua eficácia com o exaurimento do prazo de vigência da norma coletiva.

Outro argumento que milita contra a teoria da ultra-atividade condicionada da norma coletiva, em face da total ausência de respaldo legal para referendá-la, consubstancia-se na peculiaridade de que uma das garantias constitucionais atinentes aos direitos sociais é a conhecida irredutibilidade do salário ou a rigorosa observância da duração do trabalho normal, ressalvado o disposto em negociação coletiva." (CARMO, Júlio Bernardo do. A Súmula n. 277 do TST e a ofensa ao princípio da legalidade. In: **Revista do Tribunal Regional do Trabalho da 3ª Região**, Belo Horizonte, v. 55, n. 85, p. 75-84, jan./jun. 2012).

Vê-se, pois, que não apenas o princípio da legalidade, mas também o da separação dos Poderes afigura-se atingido com essa atuação indevida.

Sobre o tema, anoto ademais:

"A usurpação da competência do legislador positivo foi deveras desastrosa, porque longe de otimizar, pode, sim, emperrar o surgimento de novas cláusulas favoráveis aos trabalhadores em instrumentos coletivos, já que, aderindo inapelavelmente os contratos individuais de trabalho, amargaria ainda mais o oneroso encargo social do patronato, incutindo um medo generalizado de outorgar tais benesses." (CARMO, Júlio Bernardo. A Súmula n. 277 do TST e a ofensa ao princípio da legalidade. In: **Revista do Tribunal Regional do Trabalho da 3ª Região**, Belo Horizonte, v. 55, n. 85, p. 75-84, jan./jun. 2012).

Ao avocar para si a função legiferante, a Corte trabalhista afastou o debate público e todos os trâmites e as garantias típicas do processo legislativo, passando, por conta própria, a ditar não apenas norma, mas os limites da alteração que criou. Tomou para si o poder de ponderação acer-

Estado de Direito e Jurisdição Constitucional – Decisões relevantes em 15 anos de atuação no STF

ca de eventuais consequências desastrosas e, mais, ao aplicar entendimento que ela mesma estabeleceu, também o poder de arbitrariamente selecionar quem por ele seria atingido.

Segurança jurídica

Verifica-se que, sem legislação específica sobre o tema, o Tribunal Superior do Trabalho realiza verdadeiro "zigue-zague" jurisprudencial, ora entendendo ser possível a ultratividade, ora a negando, de forma a igualmente vulnerar o princípio da segurança jurídica.

Sem precedentes ou jurisprudência consolidada, o TST resolveu de forma repentina – em um encontro do Tribunal para modernizar sua jurisprudência! – alterar dispositivo constitucional do qual flagrantemente não se poderia extrair o princípio da ultratividade das normas coletivas.

Da noite para o dia, a Súmula 277 passou de uma redação que ditava serem as normas coletivas válidas apenas no período de vigência do acordo para o entendimento contrário, de que seriam válidas até que novo acordo as alterasse ou confirmasse.

A alteração de entendimento sumular sem a existência de precedentes que a justifiquem é proeza digna de figurar no livro do *Guinness*, tamanho o grau de ineditismo da decisão que a Justiça Trabalhista pretendeu criar.

Em tentativa de conferir aparente proteção à segurança jurídica, algumas turmas do TST chegaram a determinar que a nova redação da Súmula 277, ou seja, que admite a ultratividade, seria válida apenas para convenções e acordos coletivos posteriores a sua publicação. Isso tudo, ressalte-se, de forma arbitrária, sem nenhuma base legal ou constitucional que a autorizasse a tanto.

Aplicação casuística

Como se vê, a mudança de posicionamento da Corte trabalhista consubstanciada na nova Súmula 277, em sentido diametralmente oposto ao anteriormente entendido, ocorreu sem nenhuma base sólida, mas fundamentada apenas em suposta autorização advinda de mera alteração redacional de dispositivo constitucional.

Se já não bastasse a interpretação arbitrária da norma da Constituição Federal, igualmente grave é a peculiar forma de aplicação da Súmula 277 do TST pela Justiça Trabalhista.

Não são raros os exemplos da jurisprudência a indicar que a própria súmula – que objetiva interpretar dispositivo constitucional – é igualmente interpretada no sentido de ser aplicável apenas a hipóteses que beneficiem um lado da relação trabalhista.

Em outras palavras, decanta-se casuisticamente um dispositivo constitucional até o ponto que dele consiga ser extraído entendimento que se pretende utilizar em favor de determinada categoria.

Mencione-se, nesse sentido:

"PRESTAÇÃO DE SERVIÇOS EM FERIADOS. AUTORIZAÇÃO PREVISTA EM NORMA COLETIVA COM PERÍODO DE VIGÊNCIA JÁ EXPIRADO. **PREVISÃO DE CONDIÇÃO MAIS GRAVOSA AO EMPREGADO. NORMA COLETIVA NÃO INCORPORADA AO CONTRATO DE TRABALHO.** SÚMULA N. 277 DO TST INAPLICÁVEL. A controvérsia cinge-se em saber se a autorização acerca do trabalho em feriados, prevista em norma coletiva, com prazo de vigência já expirado, possui eficácia ultrativa, aplicando-se aos biênios subsequentes, em razão da ausência de norma coletiva posterior dispondo em sentido contrário. Discute-se a aplicabilidade da nova redação da Súmula n. 277 do TST. Ressalta-se que, no caso dos autos, não há notícia acerca de nova negociação coletiva, disciplinando o labor em feriados para a categoria profissional do autor. **Importante salientar, entretanto, para que a ultratividade dos acordos coletivos e das convenções coletivas de trabalho, prevista na Súmula n. 277 do TST, na sua atual redação, seja, efetivamente, um instrumento de garantia dos direitos dos trabalhadores, a aplicação desse verbete deve se amoldar aos princípios da**

Direito do Trabalho e Direito Previdenciário **917**

proteção e da condição mais benéfica. Ademais, cumpre salientar que a aplicação da nova redação da Súmula n. 277 desta Corte pressupõe a existência, no caso concreto, de norma que não seja prejudicial ao trabalhador, admitindo-se, assim, que determinada cláusula normativa se protraia no tempo até que sobrevenha alteração por meio de nova negociação coletiva, desde que, como referido, não prejudique os empregados, sendo essa a melhor exegese a respeito da matéria, à luz da citada súmula. Com efeito, a cláusula normativa invocada pela reclamada, pela qual se autorizou o labor em dias feriados, não aderiu ao contrato de trabalho do autor, porquanto a supressão do direito do trabalhador à folga no feriado consiste em condição mais gravosa, devendo ser limitada ao período subscrito na norma, qual seja, o biênio 2012/2013. Intacta a Súmula n. 277 do Tribunal Superior do Trabalho. Precedentes. Recurso de revista conhecido e desprovido". (RR – 10726-83.2013.5.15.0018, Relator Ministro: José Roberto Freire Pimenta, Data de Julgamento: 26.4.2016, 2ª Turma, Data de Publicação: *DEJT* 29.4.2016, grifos nossos)

Vê-se, pois, que, ao mesmo tempo que a própria doutrina exalta o princípio da ultratividade da norma coletiva como instrumento de manutenção de uma certa ordem para o suposto vácuo existente entre o antigo e o novo instrumento negocial, trata-se de lógica voltada para beneficiar apenas os trabalhadores.

Da jurisprudência trabalhista, constata-se que empregadores precisam seguir honrando benefícios acordados, sem muitas vezes, contudo, obter o devido contrabalanceamento.

Ora, se acordos e convenções coletivas são firmados após amplas negociações e mútuas concessões, parece evidente que as vantagens que a Justiça Trabalhista pretende ver incorporadas ao contrato individual de trabalho certamente têm como base prestações sinalagmáticas acordadas com o empregador. Essa é, afinal, a essência da negociação trabalhista. Parece estranho, desse modo, que apenas um lado da relação continue a ser responsável pelos compromissos antes assumidos – ressalte-se, em processo negocial de concessões mútuas.

4. Conclusão

Desse modo, em análise mais apurada do que se está aqui a discutir, em especial com o recebimento de informações do Tribunal Superior do Trabalho e dos Tribunais Regionais do Trabalho da 1ª e da 2ª Região, bem como por verificar, em consulta à jurisprudência atual, que a Justiça Trabalhista segue reiteradamente aplicando a alteração jurisprudencial consolidada na nova redação da Súmula 277, claramente firmada sem base legal ou constitucional que a suporte, entendo, em análise preliminar, estarem presentes os requisitos necessários ao deferimento do pleito de urgência.

Reconsidero, por esses motivos, a aplicação do art. 12 da Lei 9.868/1999 (eDOC 10).

Em relação ao pedido liminar, ressalto que não tenho dúvidas de que a suspensão do andamento de processos é medida extrema que deve ser adotada apenas em circunstâncias especiais. Em juízo inicial, todavia, as razões declinadas pela requerente, bem como a reiterada aplicação do entendimento judicial consolidado na atual redação da Súmula 277 do TST, são questões que aparentam possuir relevância jurídica suficiente a ensejar o acolhimento do pedido.

Da análise do caso extrai-se indubitavelmente que se tem como insustentável o entendimento jurisdicional conferido pelos tribunais trabalhistas ao interpretar arbitrariamente a norma constitucional.

Ante o exposto, defiro o pedido formulado e determino, desde já, **ad referendum do Pleno** (art. 5º, § 1º, Lei 9.882, de 1999) a suspensão de todos os processos em curso e dos efeitos de decisões judiciais proferidas no âmbito da Justiça do Trabalho que versem sobre a aplicação da ultratividade de normas de acordos e de convenções coletivas, sem prejuízo do término de sua fase instrutória, bem como das execuções já iniciadas.

Dê-se ciência ao Tribunal Superior do Trabalho, aos Tribunais Regionais do Trabalho da 1ª e da 2ª Região e ao Conselho Superior da Justiça do Trabalho, para as necessárias providências (art. 5º, § 3º, Lei 9.882, de 1999).

Comunique-se com urgência.

ARE 709.212[1]

Direito do Trabalho – Fundo de Garantia por Tempo de Serviço (FGTS) – Cobrança de valores não pagos – Prazo prescricional – Prescrição quinquenal – Art. 7º, XXIX, da Constituição – Superação de entendimento anterior sobre prescrição trintenária. Inconstitucionalidade dos arts. 23, § 5º, da Lei 8.036/90 e 55 do Regulamento do FGTS aprovado pelo Decreto 99.684/90 – Segurança jurídica – Necessidade de modulação dos efeitos da decisão – Art. 27 da Lei 9.868/99 – Declaração de inconstitucionalidade com efeitos *ex nunc*.

Trata-se de recurso extraordinário (eDOC 2, p. 125-139), interposto com base na alínea "a" do permissivo constitucional, contra acórdão do Tribunal Superior do Trabalho ementado nos seguintes termos:

"**RECURSO DE REVISTA – PRESCRIÇÃO. FGTS. O Regional consignou expressamente que a pretensão refere-se a depósitos do FGTS e, não, meras diferenças nos recolhimentos efetuados no FGTS. Desse modo, verifica-se que a decisão está em consonância com a jurisprudência desta Corte, sedimentada na Súmula 362 do TST, no sentido de ser trintenária a prescrição da pretensão às contribuições do FGTS, que inclusive serviu de fundamento ao acórdão regional. Recurso de Revista não conhecido.**

FGTS. A decisão regional está em conformidade com a jurisprudência desta Corte sedimentada na Orientação Jurisprudencial 232 da SBDI-1 do TST, segundo a qual o empregado que presta serviços no exterior faz jus ao recolhimento do FGTS, a ser calculado sobre todas as parcelas de natureza salarial. Incidência das Súmulas 333 e 297, I, do TST e do art. 896, § 4º, da CLT. Recurso de Revista não conhecido.

PREVIDÊNCIA COMPLEMENTAR. PREVI. O Regional resolveu a controvérsia à luz das normas contidas no regulamento da Previ, especificamente o art. 21, indicado pela Reclamante como fundamento de sua pretensão e não impugnado pelo Reclamado. Incólumes, pois, os artigos 444 e 818 da CLT e 333, I, do CPC. Também, insubsistente a alegação de contrariedade à Súmula 207 do TST, que dispõe sobre o princípio da 'Lex loci executionis', por ausência do necessário prequestionamento. Incidência do óbice à revisão contido na Súmula 297, I, do TST. Recurso de Revista não conhecido.

AUXÍLIO-ALUGUEL. O Regional, com apoio nas peculiaridades fáticas que lhe foram apresentadas, insuscetíveis de revisão nesta instância recursal, nos termos da Súmula 126 desta Corte, concluiu ser salarial a natureza da parcela auxílio-aluguel/moradia, porque paga em valor fixo, de modo permanente e sem qualquer exigência de prestação de contas. Art. 896, 'c', da CLT e Súmula 297 do TST. Recurso de Revista não conhecido.

DIFERENÇAS DE FÉRIAS. O Regional manteve a sentença que deferiu diferenças de férias à Reclamante sob o único fundamento de que não houve defesa quanto à assertiva constante da inicial de que o Reclamado comprometeu-se a pagar o terço das férias, presumindo-se, portanto, verdadeira tal alegação, nos termos do art. 302 do CPC. Incólume, assim, os artigos 444 e 818 da CLT e 333, I, do CPC. Por outro lado, insubsistente a alegação de contrariedade à Súmula 207 do TST, que dispõe sobre o princípio da 'Lex loci executionis', por ausência do necessário prequestionamento. Súmula 297, I, do

---

[1] Acordam os Ministros do Supremo Tribunal Federal, em Sessão Plenária, sob a presidência do Senhor Ministro Ricardo Lewandowski, na conformidade da ata do julgamento e das notas taquigráficas, decidir o tema 608 da Repercussão Geral, por maioria, negar provimento ao recurso, também por maioria declarar a inconstitucionalidade do art. 23, § 5º, da Lei n. 8.036/1990, e do art. 55 do Decreto n. 99.684/1990, na parte em que ressalvam o "privilégio do FGTS à prescrição trintenária", haja vista violarem o disposto no art. 7º, XXIX, da Carta de 1988. Quanto à modulação, o Tribunal, por maioria, atribuiu à decisão efeitos *ex nunc*, nos termos do voto do relator, Ministro Gilmar Mendes (*DJ* de 19.2.2015).

TST. Por fim, inservível o aresto transcrito para demonstração de divergência jurisprudencial, porque oriundo do Regional prolator da decisão recorrida, órgão não autorizado nos termos do art. 896, 'a', da CLT. Recurso de Revista não conhecido.

DIFERENÇAS DA CONVERSÃO EM ESPÉCIE DE LICENÇAS-PRÊMIO E ABONOS-ASSIDUI-DADE. O Regional limitou-se a consignar que uma vez utilizada base de cálculo fictícia para a conversão em espécie de licenças-prêmio e abonos-assiduidade, faz jus a Reclamante às diferenças pretendidas decorrentes do cálculo a partir do salário efetivamente percebido pela Reclamante no exterior.

Nesse contexto, não prospera a alegação de violação dos artigos 444 e 818 da CLT, e 333, I, do CPC, e de contrariedade à Súmula 207 do TST, por ausência do necessário prequestionamento. Incidência da Súmula 297 do TST. Recurso de Revista não conhecido.

GRATIFICAÇÃO SEMESTRAL. O Regional interpretando as normas internas do Reclamado concluiu haver norma geral, a qual não exclui os empregados que prestam serviço no exterior, que assegura o pagamento da gratificação semestral. Nesse contexto, não prospera a alegação de violação direta e literal do artigo 444 da CLT, que versa sobre a possibilidade de as partes disporem livremente sobre suas relações contratuais de trabalho. Art. 896, 'c', da CLT. Noutro sentido, não prospera a alegação de contrariedade à Súmula 207 do TST, por ausência do necessário prequestionamento. Incidência da Súmula 297 do TST. Recurso de Revista não conhecido.

ADICIONAL DE TRANSFERÊNCIA. O Regional analisando as peculiaridades fáticas que lhe foram apresentadas, inclusive norma interna do Reclamado, insuscetíveis de revisão nos termos da Súmula 126 desta Corte, verificou ser provisória a transferência da Reclamante, concluindo, assim, lhe ser devido o respectivo adicional. Desse modo, constata-se que a decisão regional está em conformidade com entendimento desta Corte sedimentado na Orientação Jurisprudencial 113 da SBDI-1 do TST. Incólumes os artigos apontados como violados e insubsistente a indicação de contrariedade à Súmula 207 do TST, por falta de prequestionamento. Incidência da Súmula 297 desta Corte. Recurso de Revista não conhecido". (eDOC 2, p. 79-81) (grifei)

Houve interposição de embargos de declaração (eDOC 2, p. 99-108), os quais foram rejeitados (eDOC 2, p. 117-121).

Na espécie, o Tribunal Superior do Trabalho confirmou o acórdão do Tribunal Regional, para afirmar que o prazo prescricional para a cobrança das contribuições devidas ao Fundo de Garantia do Tempo de Serviço (FGTS) é trintenário.

A questão constitucional versada nos autos reside em saber qual o prazo prescricional aplicável para cobrança de valores não depositados no FGTS, se quinquenal ou trintenário.

Inicialmente, o presente recurso não foi admitido pelo Tribunal de origem (eDOC 2, p. 183-185). Dei provimento ao agravo para determinar o processamento deste recurso extraordinário (eDOC 5).

Em 24.5.2013, esta Corte reconheceu a repercussão geral da matéria debatida nos presentes autos (eDOC 6). Confira-se a ementa do julgado:

"DIREITO DO TRABALHO. FUNDO DE GARANTIA POR TEMPO DE SERVIÇO (FGTS). COBRANÇA DE VALORES NÃO PAGOS. PRAZO PRESCRICIONAL. ART. 7º, XXIX, DA CONSTITUIÇÃO. RELEVÂNCIA SOCIAL, ECONÔMICA E JURÍDICA DA MATÉRIA. REPERCUSSÃO GERAL RECONHECIDA".

No recurso extraordinário, o recorrente alega que houve violação aos artigos 5º, *caput* e incisos II, XXVII e LIV; e 7º, incisos III e XXIX, da Constituição Federal.

Alega-se que o disposto no art. 7º, XXIV, da Carta Magna encerra norma de eficácia plena a ser aplicada, imediatamente, às relações laborais, inclusive no que se refere ao FGTS.

Afirma-se que a orientação adotada pelo TST e pelas instâncias ordinárias, no sentido de se aplicar o prazo prescricional de 30 (trinta) anos à cobrança de valores decorrentes da ausência de depósito em conta vinculada do FGTS, baseia-se em disposições (artigos 23, § 5º, da Lei 8.036/1990 e 55 do Decreto 99.684/1990) declaradas inconstitucionais no julgamento do RE 522.897, de minha relatoria.

Defende-se, assim, a não aplicação da prescrição trintenária para a cobrança de diferenças do FGTS, ao fundamento de que o referido fundo integra o rol dos direitos dos trabalhadores e, portanto, deriva do vínculo de emprego, razão pela qual aplicar-se-ia a ele o prazo quinquenal previsto no art. 7°, XXIX, do texto constitucional, descabendo cogitar-se de qualquer distinção não prevista pela Carta Magna.

Assevera-se, ainda, que a interpretação adotada pelo TST viola os princípios da igualdade, da segurança jurídica, da propriedade, da razoabilidade, da proporcionalidade, da legalidade e do devido processo legal.

Requer-se, assim, seja aplicado o prazo prescricional previsto no art. 7°, XXIX, da Constituição Federal, para cobrança de valores não depositados no Fundo de Garantia por Tempo de Serviço (FGTS).

É o relatório.

A decisão prolatada recebeu a seguinte ementa:

EMENTA: Recurso extraordinário. Direito do Trabalho. Fundo de Garantia por Tempo de Serviço (FGTS). Cobrança de valores não pagos. Prazo prescricional. Prescrição quinquenal. Art. 7°, XXIX, da Constituição. Superação de entendimento anterior sobre prescrição trintenária. Inconstitucionalidade dos arts. 23, § 5°, da Lei 8.036/1990 e 55 do Regulamento do FGTS aprovado pelo Decreto 99.684/1990. Segurança jurídica. Necessidade de modulação dos efeitos da decisão. Art. 27 da Lei 9.868/1999. Declaração de inconstitucionalidade com efeitos ex nunc. Recurso extraordinário a que se nega provimento.

VOTO

1. O prazo prescricional para cobrança dos depósitos de FGTS e o art. 7°, XXIX, da Constituição Federal

O cerne da presente controvérsia diz respeito à definição do prazo prescricional aplicável à cobrança judicial dos valores devidos, pelos empregadores e pelos tomadores de serviço, ao Fundo de Garantia por Tempo de Serviço (FGTS).

Ressalte-se que a questão constitucional versada no presente recurso extraordinário é diversa da que ensejou a interposição do RE 584.608, Rel. Ellen Gracie, *DJ* 13.3.2009, cuja repercussão geral foi negada pelo Supremo Tribunal Federal. No mencionado recurso, discutia-se o prazo prescricional aplicável sobre a cobrança da correção monetária incidente sobre a multa de 40% sobre os depósitos do FGTS.

No presente apelo, assim como já expus no RE 522.897, de minha relatoria, pendente de julgamento desde o pedido de vista formulado pelo Min. Ayres Britto, debate-se sobre o prazo prescricional aplicável para a cobrança das contribuições ao FGTS não depositadas tempestivamente pelos empregadores e tomadores de serviço.

Na espécie, o Tribunal Superior do Trabalho confirmou o acórdão do Tribunal Regional, para afirmar que o prazo prescricional para a cobrança das contribuições devidas ao Fundo de Garantia do Tempo de Serviço (FGTS) é trintenário, aplicando, assim, o Enunciado 362 de sua Súmula, que diz o seguinte:

"É trintenária a prescrição do direito de reclamar contra o não recolhimento da contribuição para o FGTS, observado o prazo de 2 (dois) anos após o término do contrato de trabalho".

Inicialmente, cumpre ressaltar que o TST editou, em 1980, quando ainda vigente a Lei 5.107, de 13 de setembro de 1966, que criara o FGTS, o Enunciado 95, segundo o qual *"é trintenária a prescrição do direito de reclamar contra o não recolhimento da contribuição para o Fundo de Garantia do Tempo de Serviço"*.

Ressalte-se, pois, que o FGTS surge, aqui, como alternativa à "estabilidade no emprego".

À época, ainda não havia sido solucionada antiga controvérsia jurisprudencial e doutrinária acerca da natureza jurídica do FGTS, questão prejudicial à definição do prazo aplicável à cobrança dos valores não vertidos, a tempo e modo, pelos empregadores e tomadores de serviço, ao Fundo.

Em virtude do disposto no art. 20 da Lei 5.107/1966, segundo o qual a cobrança judicial e administrativa dos valores devidos ao FGTS deveria ocorrer de modo análogo à cobrança das contribuições previdenciárias e com os mesmos privilégios, o Tribunal Superior do Trabalho inclinou-se pela tese de que o FGTS teria natureza previdenciária e, portanto, a ele seria aplicável o disposto no art. 144 da Lei 3.807, de 26 de agosto de 1960 (Lei Orgânica da Previdência Social), que fixava o prazo de trinta anos para a cobrança das contribuições previdenciárias.

Após a Constituição de 1988, foi promulgada a Lei 8.036, de 11 de maio de 1990, que deu nova disciplina ao FGTS. No tocante ao prazo prescricional, o art. 23, § 5º, do novo diploma legal veicula a seguinte disposição: "*o processo de fiscalização, de autuação e de imposição de multas reger-se-á pelo disposto no Título VII da CLT, respeitado o privilégio do FGTS à prescrição trintenária*".

O art. 55 do Decreto 99.684, de 8 de novembro de 1990, ato normativo que regulamenta o FGTS, possui idêntico teor.

Essa foi, portanto, a gênese da tese de que o prazo para a cobrança, pelo empregado ou pelos órgãos públicos, das contribuições devidas ao FGTS seria, anteriormente e mesmo após a Constituição de 1988, de trinta anos.

Ocorre que o art. 7º, III, da nova Carta expressamente arrolou o Fundo de Garantia do Tempo de Serviço como um direito dos trabalhadores urbanos e rurais, colocando termo, no meu entender, à celeuma doutrinária acerca de sua natureza jurídica.

Desde então, tornaram-se desarrazoadas as teses anteriormente sustentadas, segundo as quais o FGTS teria natureza híbrida, tributária, previdenciária, de salário diferido, de indenização, etc.

Trata-se, em verdade, de direito dos trabalhadores brasileiros (não só dos empregados, portanto), consubstanciado na criação de um "pecúlio permanente", que pode ser sacado pelos seus titulares em diversas circunstâncias legalmente definidas (cf. art. 20 da Lei 8.036/1995).

Consoante salientado por José Afonso da Silva, não se trata mais, como em sua gênese, de uma alternativa à estabilidade (para essa finalidade, foi criado o seguro-desemprego), mas de um direito autônomo (SILVA, José Afonso. *Comentário Contextual à Constituição*. 4. ed. São Paulo: Malheiros, 2007, p. 191).

De modo a ilustrar a trajetória histórica do FGTS, cumpre transcrever as seguintes palavras de seu criador, o economista e ex-ministro Roberto Campos:

> "No projeto social [do governo de Humberto de Alencar Castello Branco] figurou o Fundo de Garantia do Tempo de Serviço (FGTS), libertando os trabalhadores da escravidão a uma empresa, na espera frustrada da estabilidade. Eu costumava chamar a indenização de despedida dos empregados de 'prêmio de desastre', enquanto que o FGTS seria a 'criação de um pecúlio permanente'. A criação do FGTS foi uma das reformas sociais mais importantes, e mais controvertidas, do governo Castello Branco. Havia o 'mito da estabilidade', tido como a grande 'conquista social' do governo Vargas. Mito, porque a estabilidade, após dez anos de serviço era em grande parte uma ficção. Os empregados eram demitidos antes de completado o período de carência, pelo receio dos empresários de indisciplina e desídia funcional dos trabalhadores, quando alcançavam a estabilidade. Os trabalhadores, de seu lado, ficavam escravizados à empresa, sacrificando a oportunidade de emigrar para ocupações mais dinâmicas e melhor remuneradas. Os empresários perdiam o investimento no treinamento; as empresas mais antigas, que tinham grupos maiores de empregados estáveis, eram literalmente incompráveis ou invendáveis por causa do 'passivo trabalhista'. Muitas empresas não mantinham líquidos os fundos de indenização de despedida, ou se sequer os formavam, criando-se intermináveis conflitos na despedida de empregados" (Roberto Campos, *Lanterna na Popa*, Rio de Janeiro: Topbooks, 1994, p. 713).

Direito do Trabalho e Direito Previdenciário   923

Trata-se, como se vê, de direito de natureza complexa e multifacetada, haja vista demandar a edição de normas de organização e procedimento que têm o escopo de viabilizar a sua fruição, por intermédio, inclusive, da definição de órgãos e entidades competentes para a sua gestão e da imposição de deveres, obrigações e prerrogativas não apenas aos particulares, mas também ao Poder Público. Cuida-se de verdadeira garantia de caráter institucional, dotada de âmbito de proteção marcadamente normativo (PIEROTH/SCHLINK, *Grundrechte*: Staatsrecht II. Heidelberg: C.F. Müller, 1995, p. 53).

Nesse sentido, cumpre registrar que, mesmo anteriormente à Constituição de 1988, o Supremo Tribunal Federal já havia afastado a tese do suposto caráter tributário ou previdenciário das contribuições devidas ao Fundo, salientando ser o FGTS um direito de índole social e trabalhista.

Por ocasião do julgamento do Recurso Extraordinário 100.249-2, Rel. Min. Oscar Corrêa, Red. p/ Acórdão Min. Néri da Silveira, *DJ* 1.7.1988, o Plenário desta Corte deixou assentado o seguinte entendimento:

> "Fundo de Garantia por Tempo de Serviço. Sua natureza jurídica. Constituição, art. 165, XIII. Lei 5.107, de 13.9.1966. As contribuições para o FGTS não se caracterizam como crédito tributário ou contribuições a tributo comparáveis. Sua sede está no art. 165, XIII, da Constituição. Assegura-se ao trabalhador estabilidade, ou fundo de garantia equivalente. Dessa garantia, de índole social, promana, assim, a exigibilidade pelo trabalhador do pagamento do FGTS, quando despedido, na forma prevista em lei. Cuida-se de um direito do trabalhador. Dá-lhe o Estado garantia desse pagamento. A contribuição pelo empregador, no caso, deflui do fato de ser ele o sujeito passivo da obrigação, de natureza trabalhista e social, que encontra, na regra constitucional aludida, sua fonte. A atuação do Estado, ou de órgão da Administração Pública, em prol do recolhimento da contribuição do FGTS, não implica torná-lo titular de direito à contribuição, mas, apenas, decorre do cumprimento, pelo Poder Público, de obrigação de fiscalizar e tutelar a garantia assegurada ao empregado optante pelo FGTS. Não exige o Estado, quando aciona o empregador, valores a serem recolhidos ao Erário, como receita pública. Não há, aí, contribuição de natureza fiscal ou parafiscal. Os depósitos de FGTS pressupõem vínculo jurídico, com disciplina de Direito do Trabalho. Não se aplica às contribuições do FGTS o disposto nos arts. 173 e 174, do CTN. Recurso extraordinário conhecido, por ofensa ao art. 165, XIII, da Constituição, e provido, para afastar a prescrição quinquenal da ação."

No tocante à prescrição, entretanto, o Supremo Tribunal Federal adotou a tese sustentada à época pelo Tribunal Superior do Trabalho, no sentido de que o prazo seria trintenário, em virtude do disposto no art. 20 da Lei 5.107/1966 c/c art. 144 da Lei 3.807/1960. É o que se extrai do seguinte trecho do voto do Ministro Sidney Sanches:

> "(...) se o FGTS não é tributo, mas direito social do empregado, garantido pela C.F. e regulado por lei própria, que, no art. 20 (Lei 5.107/66) lhe atribui os mesmos privilégios das contribuições devidas à Previdência Social, o prazo prescricional para a pretensão de cobrança há de ser o previsto no art. 144 da LOPS, i.e., o de trinta anos, e não o de cinco, previsto no art. 174 do C.T.N."

Não obstante a nova ordem constitucional, esta Corte continuou a perfilhar, em ambas as Turmas, a tese da prescrição trintenária, consoante se depreende dos julgados do RE 134.328, Rel. Ilmar Galvão, Primeira Turma, *DJ* 19.2.1993; do RE 116.761, Rel. Moreira Alves, Primeira Turma, *DJ* 2.4.1993; e do RE 120.189, Rel. Marco Aurélio, Segunda Turma, *DJ* 19.2.1999, cujas ementas transcrevo, respectivamente:

> "FUNDO DE GARANTIA POR TEMPO DE SERVIÇO. PRESCRIÇÃO. PRAZO TRINTENÁRIO. LEI ORGÂNICA DA PREVIDÊNCIA SOCIAL, ART. 144. A natureza da contribuição devida ao Fundo de Garantia do Tempo de Serviço foi definida pelo Supremo Tribunal Federal no RE 100249 – *RTJ* 136/681. Nesse julgamento foi ressaltado seu fim estritamente social de proteção ao trabalhador, aplicando-se-lhe, quanto à prescrição, o prazo trintenário resultante do art. 144 da Lei Orgânica da Previdência Social. Recurso extraordinário conhecido e provido."

"FUNDO DE GARANTIA DO TEMPO DE SERVIÇO. PRESCRIÇÃO. PRAZO TRINTENÁRIO. LEI ORGÂNICA DA PREVIDÊNCIA SOCIAL, ART. 144. A natureza da contribuição devida ao Fundo de Garantia do Tempo de Serviço foi definida pelo Supremo Tribunal Federal no RE 100249 – *RTJ* 136/681. Nesse julgamento foi ressaltado seu fim estritamente social de proteção ao trabalhador, aplicando-se-lhe, quanto a prescrição, o prazo trintenário resultante do art. 144 da Lei Orgânica da Previdência Social. Recurso extraordinário conhecido e provido."

"FGTS. NATUREZA. O Fundo de Garantia do Tempo de Serviço tem natureza trabalhista e social, não se lhe aplicando as normas de prescrição e decadência relativas aos tributos. Precedente: Recurso Extraordinário 100.249, julgado pelo Pleno, conhecido e provido, por maioria, tendo sido Redator designado o Ministro Néri da Silveira, com aresto veiculado no *Diário da Justiça* de 1º de julho de 1988, à página 16.903."

Verifica-se, pois, que, em relação à natureza jurídica do FGTS, a jurisprudência do Supremo Tribunal Federal revela-se, de fato, consentânea com o disposto na Constituição de 1988.

Contudo, conforme já explanado por mim no julgamento do RE 522.897, a jurisprudência desta Corte não se apresentava concorde com a ordem constitucional vigente quando entendia ser o prazo prescricional trintenário aplicável aos casos de recolhimento e de não recolhimento do FGTS.

Isso porque o art. 7º, XXIX, da Constituição de 1988 contém determinação expressa acerca do prazo prescricional aplicável à propositura das ações atinentes a "créditos resultantes das relações de trabalho".

Eis o teor do referido dispositivo constitucional:

"Art. 7º (...)

XXIX – ação, quanto aos créditos resultantes das relações de trabalho, **com prazo prescricional de cincos anos para os trabalhadores urbanos e rurais, até o limite de dois anos após a extinção do contrato de trabalho.** (redação determinada pela Emenda Constitucional 28/2000)."

Desse modo, tendo em vista a existência de disposição constitucional expressa acerca do prazo aplicável à cobrança do FGTS, após a promulgação da Carta de 1988, não mais subsistem as razões anteriormente invocadas para a adoção do prazo de prescrição trintenário.

Nesse sentido o magistério de Sergio Pinto Martins:

"Com a Constituição de 1988, o FGTS passou a ser um direito do trabalhador (art. 7º, III, da Constituição). O prazo de prescrição para sua cobrança também deve observar os prazos normais do inciso XXIX do art. 7º da Constituição. Dessa forma, não poderia o parágrafo 5º do art. 23 da Lei 8.036 tratar diversamente da Constituição e especificar o prazo de prescrição de trinta anos. Se a lei maior regula exaustivamente a matéria de prescrição no inciso XXIX do artigo 7º, não poderia a lei ordinária tratar o tema de forma diferente" (MARTINS, Sergio Pinto. Prescrição do FGTS para o empregado. In: *Repertório IOB de Jurisprudência*. Trabalhista e Previdenciário. 13/99).

Não há dúvida de que os valores devidos ao FGTS são "créditos resultantes das relações de trabalho", na medida em que, conforme salientado anteriormente, o FGTS é um direito de índole social e trabalhista, que decorre diretamente da relação de trabalho (conceito, repita-se, mais amplo do que o da mera relação de emprego).

Registre-se que a aplicabilidade do disposto no art. 7º, XXIX, da Constituição à cobrança judicial dos valores relativos FGTS foi reconhecida até mesmo pelo Tribunal Superior do Trabalho, embora apenas de forma parcial, restritiva e até mesmo contraditória.

Refiro-me à edição, em 2003, do Enunciado 362, segundo o qual "*é trintenária a prescrição do direito de reclamar contra o não recolhimento da contribuição para o FGTS, **observado o prazo de 2 (dois) anos após o término do contrato de trabalho***".

Em outras palavras, a Corte Trabalhista entendeu ser aplicável apenas a parte do dispositivo constitucional que prevê o prazo de dois anos após a extinção do contrato de trabalho, olvidando-

-se do disposto na primeira parte do dispositivo (o direito de reclamar o depósito do FGTS somente alcançaria os últimos cinco anos).

Tal entendimento revela-se, a meu ver, além de contraditório, em dissonância com os postulados hermenêuticos da máxima eficácia das normas constitucionais e da força normativa da Constituição.

O princípio da proteção do trabalhador, não obstante a posição central que ocupa no Direito do Trabalho, não é apto a autorizar, por si só, a interpretação – defendida por alguns doutrinadores e tribunais, inclusive pelo Tribunal Superior do Trabalho – segundo a qual o art. 7º, XXIX, da Constituição estabeleceria apenas o prazo prescricional mínimo a ser observado pela legislação ordinária, inexistindo óbice à sua ampliação, com vistas à proteção do trabalhador.

Acerca do tema, valho-me novamente do magistério de Sergio Pinto Martins:

"Quando a Constituição quis estabelecer direitos mínimos foi clara no sentido de usar as expressões 'nunca inferior' (art. 7º, VII), 'no mínimo' (art. 7º, XVI e XXI), 'pelo menos' (art. 7º, XVII). No inciso XXIX do art. 7º não foram usadas tais expressões. O constituinte foi preciso no sentido de fixar o prazo, que, portanto, não pode ser modificado pela lei ordinária. O FGTS é um crédito resultante da relação de trabalho. Não pode a lei ordinária reduzir ou ampliar o prazo de prescrição previsto na Constituição. Assim, por mais esse ângulo, o parágrafo 5º do art. 23 da Lei 8.036 é inconstitucional. O mesmo ocorre com o art. 55 do Regulamento do FGTS, determinado pelo Decreto 99.684/90."

Ademais, o princípio da proteção do trabalhador não pode ser interpretado e aplicado de forma isolada, sem a devida atenção aos demais princípios que informam a ordem constitucional. De fato, a previsão de prazo tão dilatado para o ajuizamento de reclamação contra o não recolhimento do FGTS, além de se revelar em descompasso com a literalidade do Texto Constitucional, atenta contra a necessidade de certeza e estabilidade nas relações jurídicas, princípio basilar de nossa Constituição e razão de ser do próprio Direito.

Cumpre ressaltar ainda que o próprio arcabouço legal e institucional do FGTS revela-se apto a afastar toda e qualquer alegação de que a manutenção do referido prazo prescricional justificar-se-ia em virtude da impossibilidade fática de o trabalhador exigir judicialmente, na vigência do contrato de trabalho, o depósito das contribuições, o que fatalmente redundaria em sua demissão ou na aplicação de sanções.

Verifica-se que a legislação que disciplina o FGTS criou instrumentos para que o trabalhador, na vigência do contrato de trabalho, tenha ciência da realização dos depósitos pelo empregador e possa, direta ou indiretamente, exigi-los.

Nos termos do art. 17 da Lei 8.036/1990, os empregadores são obrigados *a comunicar mensalmente aos trabalhadores os valores recolhidos ao FGTS e repassar-lhes todas as informações sobre suas contas vinculadas recebidas da Caixa Econômica Federal ou dos bancos depositários*. Sabe-se, ademais, que a Caixa Econômica Federal, na qualidade de agente operador do Fundo, envia aos trabalhadores, a cada dois meses, extrato atualizado dos depósitos.

Verifica-se, também, que o art. 25 do mencionado diploma legal faculta não apenas ao próprio trabalhador, mas também ao sindicato a que estiver vinculado, exigir judicialmente o depósito dos valores relativos ao FGTS.

Por fim, cumpre registrar que o art. 1º da Lei 8.844, de 20 de janeiro de 1994, atribui ao Ministério do Trabalho a competência para a fiscalização e a apuração das contribuições devidas ao FGTS. Em seu art. 2º, o referido diploma legal afirma competir à Procuradoria-Geral da Fazenda Nacional a inscrição em Dívida Ativa dos débitos para com o FGTS e a representação judicial e extrajudicial do Fundo, para fins de cobrança.

Desse modo, não apenas ao trabalhador e ao seu sindicato é atribuída a legitimidade para a cobrança judicial dos valores não adimplidos pelos empregadores e tomadores de serviço, mas também à União, por intermédio da Procuradoria-Geral da Fazenda Nacional, ampliando-se, dessa forma, a rede de proteção ao trabalhador.

Cumpre salientar, neste ponto, que, com tais referências à legislação ordinária, não se está a defender a submissão do Supremo Tribunal Federal à interpretação conferida ao texto constitucional pela lei, mas apenas a demonstrar que o FGTS – garantia institucional e direito fundamental de âmbito de proteção marcadamente normativo – possui conformação legislativa apta a afastar toda e qualquer tentativa de se atribuir ao art. 7º, XXIX, da Constituição interpretação outra que não a extraída de sua literalidade. Isto é, a existência desse arcabouço normativo e institucional é capaz de oferecer proteção eficaz aos interesses dos trabalhadores, revelando-se inadequado e desnecessário o esforço hermenêutico do Tribunal Superior do Trabalho, no sentido da manutenção da prescrição trintenária do FGTS após o advento da Constituição de 1988.

Por essa razão, nos autos do RE 522.897, defendi a tese de inconstitucionalidade dos artigos 23, § 5º, da Lei 8.036/1990 e 55 do Regulamento do FGTS aprovado pelo Decreto 99.684/1990, na parte em que ressalvam o "privilégio do FGTS à prescrição trintenária", haja vista violarem o disposto no art. 7º, XXIX, da Carta de 1988.

Pelas mesmas razões esposadas no referido recurso extraordinário, é que considerei existente a repercussão geral do presente apelo, que necessita de decisão definitiva desta Corte para sedimentar sua orientação quanto ao tema à luz da sistemática da repercussão geral.

Conforme já dito, e por todas as razões já levantadas, entendo que esta Corte deve, agora, revisar o seu posicionamento anterior para consignar, à luz da diretriz constitucional encartada no inciso XXIX do art. 7º da CF, que o prazo prescricional aplicável à cobrança de valores não depositados no Fundo de Garantia por Tempo de Serviço (FGTS) é quinquenal.

No caso, verifica-se que o recorrido ajuizou, em 19.4.2007, reclamação trabalhista contra Banco do Brasil S.A, a fim de compeli-lo ao pagamento do FGTS relativo ao período de maio de 2001 a 31 de dezembro de 2003.

Assim, não obstante a reclamação tenha sido ajuizada no biênio imediatamente posterior ao término da relação de emprego, ela somente é apta a alcançar os valores devidos e não adimplidos nos cinco anos que antecederam o seu ajuizamento (19.4.2002 a 31.12.2003).

Por tudo isso, a princípio, inclinei-me no sentido de conhecer do presente recurso extraordinário e dar-lhe parcial provimento, para reconhecer como não devidas as contribuições ao FGTS relativas ao período anterior a 19.4.2002, em virtude da prescrição.

Contudo, não se pode olvidar que, por mais de vinte anos, tanto o Supremo Tribunal Federal quanto o Tribunal Superior do Trabalho mantiveram o entendimento segundo o qual o prazo prescricional aplicável ao FGTS seria o trintenário, mesmo após o advento da Constituição de 1988.

O que se propõe, portanto, é a revisão da jurisprudência há muito consolidada no âmbito desta Corte.

2. A Necessidade de Modulação dos Efeitos da Decisão

Trago à análise, novamente, a discussão relativa à aplicação de efeitos meramente prospectivos à decisão que for tomada por esta Corte relativamente à questão constitucional aqui apreciada.

Em casos como este, em que se altera jurisprudência longamente adotada pela Corte, a praxe tem sido no sentido de se modular os efeitos da decisão, com base em razões de segurança jurídica.

Cito, a título de exemplo, a decisão proferida na Questão de Ordem no INQ 687 (*DJ* 9.11.2001), em que o Tribunal cancelou o enunciado da Súmula 394, ressalvando os atos praticados e as decisões já proferidas que nela se basearam.

No Conflito de Competência 7.204, Rel. Min. Carlos Britto (julg. em 29.6.2005), fixou-se o entendimento de que "*o Supremo Tribunal Federal, guardião-mor da Constituição Republicana, pode e deve, em prol da segurança jurídica, atribuir eficácia prospectiva às suas decisões, com a delimitação precisa dos respectivos efeitos, toda vez que proceder a revisões de jurisprudência definidora de competência* ex ratione materiae. *O escopo é preservar os jurisdicionados de alterações jurisprudenciais que ocorram sem mudança formal do Magno Texto".*

Também no julgamento do HC 82.959, em que declaramos, com efeitos prospectivos, a inconstitucionalidade da vedação legal da progressão de regime para os crimes hediondos (art. 2º, § 1º, da Lei 8.072/90, com radical modificação da antiga jurisprudência do Tribunal.

Com efeito, talvez um dos temas mais ricos da teoria do direito e da moderna teoria constitucional seja aquele relativo à evolução jurisprudencial e, especialmente, a possível mutação constitucional. Se a sua repercussão no plano material é inegável, são inúmeros os desafios no plano do processo em geral e, em especial, do processo constitucional.

Nesse sentido, vale registrar a douta observação de Larenz:

"De entre os factores que dão motivo a uma revisão e, com isso, frequentemente, a uma modificação da interpretação anterior, cabe uma importância proeminente à alteração da situação normativa. Trata-se a este propósito de que as relações fácticas ou usos que o legislador histórico tinha perante si e em conformidade aos quais projectou a sua regulação, para os quais a tinha pensado, variaram de tal modo que a norma dada deixou de se 'ajustar' às novas relações. É o factor temporal que se faz notar aqui. Qualquer lei está, como facto histórico, em relação actuante com o seu tempo. Mas o tempo também não está em quietude; o que no momento da gênese da lei actuava de modo determinado, desejado pelo legislador, pode posteriormente actuar de um modo que nem sequer o legislador previu, nem, se o pudesse ter previsto, estaria disposto a aprovar. Mas, uma vez que a lei, dado que pretende ter também validade para uma multiplicidade de casos futuros, procura também garantir uma certa constância nas relações inter-humanas, a qual é, por seu lado, pressuposto de muitas disposições orientadas para o futuro, nem *toda* a modificação de relações acarreta por si só, de imediato, uma alteração do conteúdo da norma. Existe a princípio, ao invés, uma relação de tensão que só impele a uma solução – por via de uma interpretação modificada ou de um desenvolvimento judicial do Direito – quando a insuficiência do entendimento anterior da lei passou a ser 'evidente'." (Karl Larenz, *Metodologia da Ciência do Direito*, 3. Edição, Lisboa, 1997, p. 495).

Daí afirmar Larenz:

"A alteração da situação normativa pode assim conduzir à modificação – restrição ou extensão – do significado da norma até aqui prevalecente. De par com a alteração da situação normativa, existem factos tais como, sobretudo, modificações na estrutura da ordem jurídica global, uma nítida tendência da legislação mais recente, um novo entendimento da *ratio legis* ou dos critérios teleológico-objectivos, bem como a necessidade de adequação do Direito pré-constitucional aos princípios constitucionais, que podem provocar uma alteração de interpretação. Disto falámos nós já. Os tribunais podem abandonar a sua interpretação anterior porque se convenceram que era incorrecta, que assentava em falsas suposições ou em conclusões não suficientemente seguras. Mas ao tomar em consideração o factor temporal, pode também resultar que uma interpretação que antes era correcta agora não o seja." (Larenz, Metodologia, *cit.*, p. 498-500).

Por isso, ensina, Larenz, de forma lapidar:

"O preciso momento em que deixou de ser 'correcta' é impossível de determinar. Isto assenta em que as alterações subjacentes se efectuam na maior parte das vezes de modo contínuo e não de repente. Durante um 'tempo intermédio' podem ser 'plausíveis' ambas as coisas, a manutenção de uma interpretação constante e a passagem a uma interpretação modificada, adequada ao tempo. É também possível que uma interpretação que aparecia originariamente como conforme à Constituição, deixe de o ser na sequência de uma modificação das relações determinantes. Então é de escolher a interpretação, no quadro das possíveis, segundo os outros critérios de interpretação, que seja agora a única conforme à Constituição".

No plano constitucional, esse tema mereceu uma análise superior no trabalho de Inocêncio Mártires Coelho sobre interpretação constitucional (Inocêncio Mártires Coelho, *Interpretação Constitucional*. Sergio Antonio Fabris, Porto Alegre, 1997).

No Capítulo 4 da obra em referência, que trata das consequências da diferença entre lei e Constituição, propicia-se uma *releitura* do fenômeno da chamada *mutação constitucional*, asseverando-se que as situações da vida são constitutivas do significado das regras de direito, posto que é somente no momento de sua aplicação aos casos ocorrentes que se revelam o sentido e o alcance dos enunciados normativos. Com base em Perez Luño e Reale, enfatiza-se que, em verdade, a norma jurídica não é o *pressuposto*, mas o *resultado* do processo interpretativo ou que a *norma* é a sua *interpretação*.

Essa colocação coincide, fundamentalmente, com a observação de Häberle, segundo a qual não existe norma jurídica, senão norma jurídica interpretada (*Es gibt keine Rechtsnormen, es gibt nur interpretierte Rechtsnormen*), ressaltando-se que interpretar um ato normativo nada mais é do que colocá-lo no tempo ou integrá-lo na realidade pública (*Einen Rechssatz "auslegen" bedeutet, ihn in die Zeit, d.h. in die öffentliche Wirklichkeit stellen – um seiner Wirksamkeit willen*). Por isso, Häberle introduz o conceito de *pós-compreensão (Nachverständnis)*, entendido como o conjunto de fatores temporalmente condicionados com base nos quais se compreende "supervenientemente" uma dada norma. A *pós-compreensão* nada mais seria, para Häberle, do que a *pré-compreensão do futuro*, isto é, o elemento dialético correspondente da ideia de pré-compreensão (Häberle, Peter. "Zeit und Verfassung". in: *Probleme der Verfassungsinterpretation*, org.: Dreier, Ralf/Schwegmann, Friedrich, Nomos, Baden-Baden, 1976, p. 312-313).

Tal concepção permite a Häberle afirmar que, em sentido amplo, toda lei interpretada – não apenas as chamadas leis temporárias – é uma lei com duração temporal limitada (*In einem weiteren Sinne sind alle – interpretierten – Gesetzen "Zeitgesetze" – nicht nur die zeitlich befristeten*). Em outras palavras, o texto, confrontado com novas experiências, transforma-se necessariamente em um outro.

Essa reflexão e a ideia segundo a qual a atividade hermenêutica nada mais é do que um procedimento historicamente situado autorizam Häberle a realçar que uma interpretação constitucional aberta prescinde do conceito de *mutação constitucional (Verfassungswandel)* enquanto categoria autônoma.

Nesses casos, fica evidente que o Tribunal não poderá *fingir* que sempre pensara dessa forma. Daí a necessidade de, em tais casos, fazer-se o ajuste do resultado, adotando-se técnica de decisão que, tanto quanto possível, traduza a mudança de valoração. No plano constitucional, esses casos de mudança na concepção jurídica podem produzir uma *mutação normativa* ou a *evolução na interpretação*, permitindo que venha a ser reconhecida a inconstitucionalidade de situações anteriormente consideradas legítimas. A orientação doutrinária tradicional, marcada por uma alternativa rigorosa entre *atos legítimos* ou *ilegítimos* (*entweder als rechtmässig oder als rechtswidrig*), encontra dificuldade para identificar a consolidação de um *processo de inconstitucionalização (Prozess des Verfassungswidrigwerdens)*. Prefere-se admitir que, embora não tivesse sido identificada, a ilegitimidade sempre existira.

Daí afirmar Häberle:

> "O Direito Constitucional vive, *prima facie*, uma problemática temporal. De um lado, a dificuldade de alteração e a consequente duração e continuidade, confiabilidade e segurança; de outro, o tempo envolve agora mesmo, especificamente o Direito Constitucional. É que o processo de reforma constitucional deverá ser feito de forma flexível e a partir de uma interpretação constitucional aberta. A continuidade da Constituição somente será possível se *passado e futuro* estiverem nela associados." (Häberle, Zeit und Verfassung, *cit.*, p. 295-296)

Häberle indaga:

> "O que significa tempo? Objetivamente, tempo é a possibilidade de se introduzir mudança, ainda que não haja a necessidade de produzi-la." (Häberle, Zeit und Verfassung, *cit.*, p. 300).

Tal como anota Häberle, "o tempo sinaliza ou indica uma reunião (*ensemble*) de forças sociais e ideias. (...) A ênfase ao 'fator tempo' não deve levar ao entendimento de que o tempo há de ser utilizado como 'sujeito' de transformação ou de movimento (...). A história (da comunidade) tem muitos sujeitos. O tempo nada mais é do que a dimensão na qual as mudanças se tornam possíveis e necessárias (...)." (Häberle, *Zeit und Verfassung, cit.*, p. 300)

Não é raro que essas alterações de concepções se verifiquem, dentre outros campos, exatamente em matéria de defesa dos direitos fundamentais. Aqui talvez se mesclem as mais diversas concepções existentes na própria sociedade e o processo dialético que as envolve. E os diversos entendimentos de mundo convivem, sem que, muitas vezes, o "novo" tenha condições de superar o "velho".

É natural também que esse tipo de situação se coloque de forma bastante evidente no quadro de uma nova ordem constitucional. Aqui, entendimentos na jurisprudência, doutrina e legislação tornam, às vezes, inevitável, que a interpretação da Constituição se realize, em um primeiro momento, com base na situação jurídica preexistente. Assim, até mesmo institutos novos poderão ser interpretados segundo entendimento consolidado na jurisprudência e na legislação pré-constitucionais. Nesse caso, é, igualmente, compreensível, que uma nova orientação hermenêutica reclame cuidados especiais.

Nesse sentido, refiro-me mais uma vez às lições de Larenz:

"O que é para os tribunais civis, quando muito, uma excepção, adequa-se em muito maior medida a um Tribunal Constitucional. Decerto que se poderá, por exemplo, resolver muitas vezes sobre recursos constitucionais de modo rotineiro, com os meios normais da argumentação jurídica. Aqui tão pouco faltam casos comparáveis. Mas nas resoluções de grande alcance político para o futuro da comunidade, estes meios não são suficientes. Ao Tribunal Constitucional incumbe uma responsabilidade política na manutenção da ordem jurídico-estadual e da sua capacidade de funcionamento. Não pode proceder segundo a máxima: *fiat justitia, pereat res publica*. Nenhum juiz constitucional procederá assim na prática. Aqui a ponderação das consequências é, portanto, de todo irrenunciável, e neste ponto tem KRIELE razão. Certamente que as consequências (mais remotas) tão pouco são susceptíveis de ser entrevistas com segurança por um Tribunal Constitucional, se bem que este disponha de possibilidades muito mais amplas do que um simples juiz civil de conseguir uma imagem daquelas. Mas isto tem que ser aceite. No que se refere à avaliação das consequências previsíveis, esta avaliação só pode estar orientada à ideia de 'bem comum', especialmente à manutenção ou aperfeiçoamento da capacidade funcional do Estado de Direito. É, neste sentido, uma avaliação política, mas devendo exigir-se de cada juiz constitucional que se liberte, tanto quanto lhe seja possível – e este é, seguramente, em larga escala o caso – da orientação política subjectiva, de simpatia para com determinados grupos políticos, ou de antipatia para com outros, e procure uma resolução despreconceituada, 'racional'." (Metodologia, *cit.*, p. 517).

Talvez o caso historicamente mais relevante da assim chamada <u>mutação constitucional</u> seja expresso na concepção da igualdade racial nos Estados Unidos. Em 1896, no caso *Plessy versus Ferguson*, a Corte Suprema americana reconheceu que a separação entre brancos e negros em espaços distintos, no caso específico – em vagões de trens – era legítima. Foi a consagração da fórmula *"equal but separated"*. Essa orientação veio a ser superada no já clássico *Brown versus Board of Education* (1954), no qual se assentou a incompatibilidade dessa separação com os princípios básicos da igualdade.

Nos próprios Estados Unidos, a decisão tomada *em Mapp versus Ohio*, 367 U.S. 643 (1961), posteriormente confirmada em Linkletter versus Walker, 381 U.S. 618 (1965), a propósito da busca e apreensão realizada na residência da Sra. Dollree Mapp, acusada de portar material pornográfico, em evidente violação às leis de Ohio, traduz uma significativa mudança da orientação até então esposada pela Corte Suprema.

A condenação de Dolree Mapp foi determinada com base em evidências obtidas pela polícia quando adentraram sua residência, em 1957, apesar de não disporem de mandado judicial de busca e apreensão. A Suprema Corte, contrariando o julgamento da 1ª Instância, declarou que a 'regra de exclusão' (baseada na Quarta Emenda da Constituição), que proíbe o uso de provas obtidas por meios ilegais nas Cortes federais, deveria ser estendida também às Cortes estaduais. A decisão provocou muita controvérsia, mas os proponentes da 'regra de exclusão' afirmavam constituir esta a única forma de assegurar que provas obtidas ilegalmente não fossem utilizadas.

A decisão de *Mapp v. Ohio* superou o precedente *Wolf v. Colorado*, 338 U.S. 25 (1949), tornando a regra obrigatória aos Estados, e àqueles acusados, cujas investigações e processos não tinham atendido a estes princípios, era conferido o direito de *habeas corpus*.

Em 1965 a Suprema Corte americana julgou o caso *Linkletter v. Walker*, 381 U.S. 618, no qual um condenado por arrombamento na Corte de Louisiana requereu o direito de *habeas corpus*, com fundamento na decisão do caso *Mapp v. Ohio*.

A Suprema Corte decidiu contrariamente à aplicação retroativa da norma, naqueles casos que tiveram o julgamento final antes da decisão proferida em Mapp. Essa mudança foi descrita por Christina Aires Lima em sua dissertação de Mestrado:

"Apesar do entendimento da Corte Federal do Distrito de Lousiana e da Corte de Apelação do Estado, de que no caso Linkletter as investigações sobre a pessoa e bens do acusado foram feitas de modo ilegal, tais Cortes decidiram que a regra estabelecida no caso Mapp não poderia ser aplicada retroativamente às condenações das cortes estaduais, que se tornaram finais antes do anúncio da decisão do referido precedente.

As decisões dessas Cortes foram fundadas no entendimento de que, conferir-se efeito retroativo aos casos que tiveram julgamento final antes da decisão do caso Mapp, causaria um enorme e preocupante problema para a administração da Justiça.

A Suprema Corte americana admitiu o *certiorari* requerido por *Linkletter*, restrito à questão de saber se deveria, ou não, aplicar efeito retroativo à decisão proferida no caso *Mapp*." (Lima, Christina Aires Corrêa. *O Princípio da Nulidade das Leis Inconstitucionais*, UnB, 2000, p. 84)

Ao justificar o indeferimento da aplicação da norma retroativamente, a opinião majoritária da Corte Suprema americana, no julgamento do caso *Linkletter v. Walker*, foi no seguinte sentido:

"Uma vez aceita a premissa de que não somos requeridos e nem proibidos de aplicar uma decisão retroativamente, devemos então sopesar os méritos e deméritos em cada caso, analisando o histórico anterior da norma em questão, seu objetivo e efeito, e se a operação retrospectiva irá adiantar ou retardar sua operação. Acreditamos que essa abordagem é particularmente correta com referência às proibições da 4ª. Emenda, no que concerne às buscas e apreensões desarrazoadas. Ao invés de 'depreciar' a Emenda devemos aplicar a sabedoria do Justice Holmes que dizia que 'na vida da lei não existe lógica: o que há é experiência'." (*United States Reports*, Vol. 381, p. 629).

E mais adiante ressaltou:

"A conduta imprópria da polícia, anterior à decisão em Mapp, já ocorreu e não será corrigida pela soltura dos prisioneiros envolvidos. Nem sequer dará harmonia ao delicado relacionamento estadual-federal que discutimos como parte do objetivo de Mapp. Finalmente, a invasão de privacidade nos lares das vítimas e seus efeitos não podem ser revertidos. A reparação chegou muito tarde." (*United States Reports*, Vol. 381, p. 637).

No direito alemão, mencione-se o famoso caso sobre o regime da execução penal (*Strafgefangene*), de 14 de março de 1972. Segundo a concepção tradicional, o estabelecimento de restrições aos direitos fundamentais dos presidiários, mediante atos normativos secundários, era considerada, inicialmente, compatível com a Lei Fundamental. Na espécie, cuidava-se de *Verfassungsbeschwerde* proposta por preso que tivera carta dirigida a uma organização de ajuda aos presidiários interceptada, porque continha críticas à direção do presídio. A decisão respaldava-se em uma portaria do Ministério da Justiça do Estado.

Direito do Trabalho e Direito Previdenciário **931**

A Corte Constitucional alemã colocou em dúvida esse entendimento na decisão proferida sobre problemática da execução penal, como se logra depreender da seguinte passagem do acórdão:

"O constituinte contemplou, por ocasião da promulgação da Lei Fundamental, a situação tradicional da execução da pena, tal como resulta dos artigos 2º, parágrafo 2º, 2º período, e 104, parágrafos 1º e 2º da Lei Fundamental, não existindo qualquer sinal de que ele partira da premissa de que o legislador haveria de editar uma lei imediatamente após a entrada em vigor da Lei Fundamental. Na apreciação da questão sobre o decurso de prazo razoável para o legislador disciplinar a matéria e, por conseguinte, sobre a configuração de ofensa à Constituição, deve-se considerar também que, até recentemente, admitia-se, com fundamento das **relações peculiares de poder** (**besondere Gewaltverhältnisse**), que os direitos fundamentais do preso estavam submetidos a uma restrição geral decorrente das condições de execução da pena. Cuidar-se-ia de limitação implícita, que não precisava estar prevista expressamente em lei. Assinale-se, todavia, que, segundo a orientação que se contrapõe à corrente tradicional, a Lei Fundamental, enquanto ordenação objetiva de valores com ampla proteção dos direitos fundamentais, não pode admitir uma restrição **ipso jure** da proteção dos direitos fundamentais para determinados grupos de pessoas. Essa corrente somente impôs-se após lento e gradual processo." (*BVerfGE 33, 1 (12)*)

A especificidade da situação impunha, todavia, que se tolerassem, provisoriamente, as restrições aos direitos fundamentais dos presidiários, ainda que sem fundamento legal expresso. O legislador deveria emprestar nova disciplina à matéria, em consonância com a orientação agora dominante sobre os direitos fundamentais.

A evolução do entendimento doutrinário e jurisprudencial – uma autêntica *mutação constitucional* – passava a exigir, no entanto, que qualquer restrição a esses direitos devesse ser estabelecida mediante expressa autorização legal.

Com essas considerações, diante da mudança que se opera, neste momento, em antiga jurisprudência do Supremo Tribunal Federal, e com base em razões de segurança jurídica, entendo que os efeitos desta decisão devam ser modulados no tempo, a fim de que se concedam apenas efeitos prospectivos à decisão e à mudança de orientação que ora se propõe.

Neste ponto, aliás, o caso em tela é em grande medida semelhante a que enfrentamos no julgamento do RE 560.626 e do RE 556.664, de minha relatoria, em que se discutia a constitucionalidade dos arts. 45 e 46 da Lei n. 8.212/91, que fixavam prazo prescricional para as contribuições previdenciárias. A tese acolhida, como se sabe, deu lugar à Súmula Vinculante n. 8, assim redigida:

"SÃO INCONSTITUCIONAIS O PARÁGRAFO ÚNICO DO ARTIGO 5º DO DECRETO-LEI N. 1.569/1977 E OS ARTIGOS 45 E 46 DA LEI N. 8.212/1991, QUE TRATAM DE PRESCRIÇÃO E DECADÊNCIA DE CRÉDITO TRIBUTÁRIO."

Nesses julgados, decidimos que a decisão deveria produzir apenas efeitos *ex nunc*, esclarecendo que a modulação aplicar-se-ia tão somente em relação às repetições de indébitos ajuizadas após a decisão assentada na sessão do dia 11.6.2008, não abrangendo, portanto, os questionamentos e os processos já em curso.

Dizia eu então naquela ocasião:

"Estou acolhendo parcialmente o pedido de modulação de efeitos, tendo em vista a repercussão e a insegurança jurídica que se pode ter na hipótese; mas estou tentando delimitar esse quadro de modo a afastar a possibilidade de repetição de indébito de valores recolhidos nestas condições, com exceção das ações propostas antes da conclusão do julgamento.

Nesse sentido, eu diria que o Fisco está impedido, fora dos prazos de decadência e prescrição previstos no CTN, de exigir as contribuições da seguridade social. No entanto, os valores já recolhidos nestas condições, seja administrativamente, seja por execução fiscal, não devem ser devolvidos ao contribuinte, salvo se ajuizada a ação antes da conclusão do presente julgamento.

932 Estado de Direito e Jurisdição Constitucional – Decisões relevantes em 15 anos de atuação no STF

Em outras palavras, são legítimos os recolhimentos efetuados nos prazos previstos nos arts. 45 e 46 e não impugnados antes da conclusão deste julgamento.

Portanto, reitero o voto pelo desprovimento do recurso extraordinário, declarando a inconstitucionalidade do parágrafo único do art. 5º do Decreto-lei n. 1.569 e dos arts. 45 e 46 da Lei n. 8.212, porém, com a modulação dos efeitos, **ex nunc**, apenas em relação às eventuais repetições de indébito ajuizadas após a presente data, a data do julgamento."

Penso que a mesma diretriz deve ser aplicada em relação ao FGTS, ou seja, também neste caso é importante considerarmos a necessidade de modulação dos efeitos da decisão que estamos a adotar.

Aqui, é claro, não se trata de ações de repetição de indébito, mas, sobretudo, de reclamações trabalhistas, visando à percepção de créditos, e de execuções promovidas pela Caixa Econômica Federal.

A modulação que se propõe consiste em atribuir à presente decisão efeitos *ex nunc* (prospectivos). Dessa forma, para aqueles cujo termo inicial da prescrição ocorra após a data do presente julgamento, aplica-se, desde logo, o prazo de cinco anos. Por outro lado, para os casos em que o prazo prescricional já esteja em curso, aplica-se o que ocorrer primeiro: 30 anos, contados do termo inicial, ou 5 anos, a partir desta decisão.

Assim se, na presente data, já tenham transcorrido 27 anos do prazo prescricional, bastarão mais 3 anos para que se opere a prescrição, com base na jurisprudência desta Corte até então vigente. Por outro lado, se na data desta decisão tiverem decorrido 23 anos do prazo prescricional, ao caso se aplicará o novo prazo de 5 anos, a contar da data do presente julgamento.

DISPOSITIVO

Ante o exposto, fixo a tese, à luz da diretriz constitucional encartada no inciso XXIX do art. 7º da CF, de que o prazo prescricional aplicável à cobrança de valores não depositados no Fundo de Garantia por Tempo de Serviço (FGTS) é quinquenal.

Por conseguinte, voto no sentido de reconhecer a inconstitucionalidade dos artigos 23, § 5º, da Lei 8.036/1990 e 55 do Regulamento do FGTS aprovado pelo Decreto 99.684/1990, na parte em que ressalvam o "privilégio do FGTS à prescrição trintenária", haja vista violarem o disposto no art. 7º, XXIX, da Carta de 1988.

Dessarte, entendo que, no caso, o princípio da segurança jurídica recomenda que seja mitigado o princípio da nulidade da lei inconstitucional, com a consequente modulação dos efeitos da presente decisão, de modo a resguardar as legítimas expectativas dos trabalhadores brasileiros, as quais se pautavam em manifestações, até então inequívocas, do Tribunal competente para dar a última palavra sobre a interpretação da Constituição e da Corte responsável pela uniformização da legislação trabalhista.

Acerca da aplicabilidade da limitação dos efeitos da decisão de inconstitucionalidade ao controle difuso, reporto-me ao voto que proferi no Recurso Extraordinário 197.917, Rel. Maurício Corrêa, *DJ* 7.5.2004.

Assim, com base nessas premissas e tendo em vista o disposto no art. 27 da Lei 9.868/1999, proponho que os efeitos da presente decisão sejam meramente prospectivos.

Ante o exposto, conheço do recurso, para, no mérito, negar-lhe provimento.

REs 661.256, 827.833 e 381.367[1]

Previdenciário – § 2° do art. 18 da Lei 8.213/91 – Desaposentação – Renúncia a anterior benefício de aposentadoria – Utilização do tempo de serviço/contribuição que fundamentou a prestação previdenciária originária – Obtenção de benefício mais vantajoso.

O Supremo Tribunal Federal é instado, mais uma vez, a manifestar-se sobre tema de relevância em relação ao sistema previdenciário adotado no Brasil. Como procurarei demonstrar adiante, os temas suscitados não são novos, muito embora as peculiaridades das circunstâncias ora discutidas exijam um exame mais aprofundado a respeito da incidência das normas constitucionais, *in casu*, assim como de sua regulação infraconstitucional, sobre as pretensões deduzidas nos recursos extraordinários em discussão.

Especificamente, os recursos extraordinários suscitam a discussão quanto à legitimidade de eventual direito de o segurado promover a denominada desaposentação, que consiste na efetivação da renúncia a uma aposentadoria já concedida no âmbito do Regime Geral da Previdência Social, para o fim de, após determinado período de contribuição, obter um novo enquadramento, com base em um cálculo de benefício mais favorável ao segurado.

Diante do tema colocado, o Ministro Relator houve por bem dar parcial provimento aos recursos extraordinários, para garantir o direito à desaposentação, consoante os critérios estabelecidos em seu voto. A conclusão a que chegou foi norteada pelas seguintes premissas:

"a) o Regime Geral da Previdência Social constitui um sistema baseado em duplo fundamento: contributivo e solidário;

b) inexiste comutatividade estrita entre contribuição e benefício, em razão do caráter solidário do sistema. De outra parte, não é legítima a cobrança de contribuição sem oferta de qualquer benefício real, em razão do caráter contributivo do sistema;

c) compromete o equilíbrio financeiro e atuarial do sistema o incentivo a aposentadorias precoces. Sobretudo, viola o princípio da isonomia que aqueles que tenham passado à inatividade precocemente desfrutem de situação mais favorável do que aqueles que permaneceram mais tempo em atividade, sem se beneficiarem do sistema previdenciário;

d) o art. 18, § 2°, da Lei n. 8.213/91 não contempla a situação de alguém que tenha se aposentado e, havendo voltado à atividade, deseje renunciar à primeira aposentadoria para obter uma nova. Vale dizer: existe uma lacuna na legislação.

e) a lacuna é explicável porque, anteriormente, até o advento da Lei n. 9.032/95, vigorava um sistema de pecúlio – com a devolução das contribuições efetuadas após a aposentadoria no momento em que o segurado passasse, em definitivo, à inatividade. Diante disso, a questão da desaposentação não se colocava".

Discute-se, portanto, se seria compatível com o texto constitucional a realização de renúncia à primeira aposentadoria concedida no âmbito do RGPS, por segurado que opta por retornar ao mercado de trabalho, bem como sobre as repercussões pretendidas, em relação à majoração do cálculo de novo benefício.

Mais especificamente, alega-se, nas razões recursais do INSS, no âmbito do RE 661.256 e RE 827.833, em síntese, violação: (i) ao ato jurídico perfeito (art. 5°, XXXVI, da CF/88); (ii) ao

---

[1] O Tribunal, apreciando o tema 503 da repercussão geral, por maioria, deu provimento ao recurso extraordinário, vencidos, em parte, os Ministros Roberto Barroso (Relator), Rosa Weber, Ricardo Lewandowski e Marco Aurélio. O Tribunal fixou tese nos seguintes termos: "No âmbito do Regime Geral de Previdência Social (RGPS), somente lei pode criar benefícios e vantagens previdenciárias, não havendo, por ora, previsão legal do direito à 'desaposentação', sendo constitucional a regra do art. 18, § 2°, da Lei n. 8.213/91" (*DJ* de 28.9.2017).

princípio da solidariedade (artigos 40, 194 e 195 da CF/88) e (iii) ao princípio da isonomia, aplicável aos segurados (art. 5º, *caput*, e 201, § 1º, da CF/88).

No RE 381.367, os recorrentes segurados apontam (i) violação ao artigo 201, § 11, da Constituição Federal e (ii) conflito do artigo 18, § 2º, da Lei 8.213/91 com o texto constitucional, ao vedar a repercussão da contribuição previdenciária no benefício do segurado aposentado que permanece na ativa ou a ela retorna.

Foi assim ementada a decisão:

EMENTA: Constitucional. Previdenciário. Parágrafo 2º do art. 18 da Lei 8.213/91. Desaposentação. Renúncia a anterior benefício de aposentadoria. Utilização do tempo de serviço/contribuição que fundamentou a prestação previdenciária originária. Obtenção de benefício mais vantajoso. Julgamento em conjunto dos RE n. 661.256/ sc (em que reconhecida a repercussão geral) e 827.833/sc. Recursos extraordinários providos. 1. Nos RE n. 661.256 e 827.833, de relatoria do Ministro Luís Roberto Barroso, interpostos pelo INSS e pela União, pugna-se pela reforma dos julgados dos Tribunais de origem, que reconheceram o direito de segurados à renúncia à aposentadoria, para, aproveitando-se das contribuições vertidas após a concessão desse benefício pelo RGPS, obter junto ao INSS regime de benefício posterior, mais vantajoso. 2. A Constituição de 1988 desenhou um sistema previdenciário de teor solidário e distributivo. inexistindo inconstitucionalidade na aludida norma do art. 18, § 2º, da Lei n. 8.213/91, a qual veda aos aposentados que permaneçam em atividade, ou a essa retornem, o recebimento de qualquer prestação adicional em razão disso, exceto salário-família e reabilitação profissional. 3. Fixada a seguinte tese de repercussão geral no RE n. 661.256/SC: "[n]o âmbito do Regime Geral de Previdência Social (RGPS), somente lei pode criar benefícios e vantagens previdenciárias, não havendo, por ora, previsão legal do direito à 'desaposentação', sendo constitucional a regra do art. 18, § 2º, da Lei n. 8213/91". 4. Providos ambos os recursos extraordinários (RE n. 661.256/SC e 827.833/SC).

VOTO

1. Do sistema previdenciário adotado pela Constituição Federal e da interpretação do Supremo Tribunal Federal

Presidente, certamente o debate tem sido bastante proveitoso e interessante, inclusive nas iterações e reiterações de argumentos feitos ao longo do julgamento.

Estou repassando, em rápidas considerações, o aspecto do sistema previdenciário adotado pela Constituição e a interpretação do Supremo, dizendo que a alteração no texto da Constituição Federal pela Emenda Constitucional 20/98, como se sabe, foi instituída com o específico propósito de atendimento ao princípio do equilíbrio financeiro e atuarial da seguridade social, em razão de uma dissociação entre a receita resultante das contribuições e os custos com os benefícios concedidos.

Um dos principais fatores que fundamentavam, à época, o desequilíbrio entre as receitas e as despesas no sistema da seguridade social se consubstanciava exatamente no montante despendido, em razão da aposentadoria precoce dos segurados – se não estimulada pelo arcabouço regulatório vigente, mas, ao menos, não desincentivada. E esse é um ponto importante: não fosse a aposentadoria precoce, certamente esse debate nem se colocaria do ponto de vista fático. Em muitos países, a aposentadoria se dá com 65, 66, 67 ou 68 anos. Há limite, portanto, de idade. Logo, dificilmente, as pessoas que viessem a se aposentar se animariam a obter um outro emprego, ou pelo menos o número seria bastante reduzido.

Diante da reformulação pela qual passou, no Congresso Nacional, a proposta original da Emenda Constitucional 20/98, no que concerne especificamente à rejeição da previsão de uma idade mínima para aposentadoria, foi editada a Lei 9.876/99 com o intuito de reduzir a referida distorção.

Direito do Trabalho e Direito Previdenciário **935**

O fator previdenciário introduzido pela citada lei teve por objetivo suprir essa lacuna ao instituir, para a aposentadoria voluntária no RGPS, forma de cálculo que contemplasse a idade do segurado, o tempo de contribuição e a expectativa de vida. Pretendeu-se, portanto, não apenas uma redução no déficit do sistema previdenciário, mas, principalmente, o estabelecimento de uma correlação mínima entre o período de contribuição do segurado e os benefícios a serem concedidos. É claro que aqui não há uma correspectividade exata, nem pode ocorrer. Há vários incidentes que se manifestam e exigem que se assegure o princípio da solidariedade.

Muito embora o advento do fator previdenciário tenha se revelado como uma ferramenta importante para adequar os critérios de cálculo dos benefícios à realidade contributiva verificada no sistema, não houve, é importante frisar, uma alteração no modelo adotado na Constituição Federal.

Houve, de fato, e no caso específico da aposentadoria por tempo de contribuição, uma adaptação do modelo em questão, para o fim de se instituir um regime híbrido, caracterizado por alguns autores como capitalização virtual. Tal modelo é constituído por contribuições não individualizadas, mas que, por outro lado, integram, em conjunto com a expectativa de vida, o cálculo do valor do benefício a ser pago.

Com efeito, e realizados os devidos apontamentos, o sistema brasileiro é identificado precipuamente com o modelo contributivo de repartição, assim caracterizado pela imposição de contribuições por diversas entidades, incluindo os potenciais beneficiários, para a constituição de um fundo destinado a suprir demandas de segurados que, nos termos das normas previdenciárias, teriam direito à concessão dos benefícios, mas é evidente que longe está de se imaginar que a contribuição dos beneficiários é decisiva para a sustentação do sistema.

A opção pelo modelo de repartição está expressamente consignada no art. 195 da Constituição Federal, que dispõe que *"a seguridade social será financiada por toda a sociedade, de forma direta e indireta, nos termos da lei, mediante recursos provenientes dos orçamentos da União, dos Estados do Distrito Federal e dos Municípios"*, além das contribuições sociais previstas no texto constitucional e nas normas que regem a matéria.

O sistema de repartição adotado pela Constituição Federal está em linha com o princípio da solidariedade, que é definido pela doutrina, nos seguintes termos:

"A Previdência Social se baseia, fundamentalmente, na solidariedade entre os membros da sociedade. Assim, como a noção de bem-estar coletivo repousa na possibilidade de proteção de todos os membros da coletividade, somente a partir da ação coletiva de repartir os frutos do trabalho, com a cotização de cada um em prol do todo, permite a subsistência de um sistema previdenciário. (...) Ressalta Daniel Machado da Rocha que 'a solidariedade previdenciária legitima-se na ideia de que, além de direitos e liberdades, os indivíduos também têm deveres para com a comunidade na qual estão inseridos', como o dever de recolher tributos (e contribuições sociais, como espécies destes), ainda que não haja qualquer possibilidade de contrapartida em contraprestações (é o caso das contribuições exigidas dos tomadores de serviços). Envolve, pelo esforço individual, o movimento global de uma comunidade em favor de uma minoria – os necessitados de proteção – de forma anônima". (CASTRO, Carlos Alberto Pereira de; LAZZARI, João Batista. *Manual de Direito Previdenciário.* 13. ed. São Paulo: Conceito Editorial, 2011. p. 112).

Verifica-se, portanto, que, pelo princípio da solidariedade, a contribuição para custeio do sistema no modelo de repartição se caracteriza por se tratar de obrigação de caráter coletivo e não individualizado.

E aqui podemos ter, realmente, erros de perspectiva.

O referido modelo não se confunde com o contributivo de capitalização, que, diferentemente, é caracterizado pela constituição de um fundo, individual ou coletivo, que, no momento oportuno, será revertido diretamente para aqueles contribuintes que concorreram para a sua formação. Tal modelo é exemplificado pelas previdências privadas e pelos fundos de pensão.

De fato, no modelo brasileiro, não há uma correlação sinalagmática entre as contribuições acumuladas e os benefícios concedidos – muito embora deva ser considerada uma adequação entre receita e dispêndio, a se manter o equilíbrio atuarial. Tal premissa está fundamentada no princípio da solidariedade, que norteia o nosso modelo de seguridade social e exige a conjunção de esforços por parte de uma coletividade para a manutenção do sistema, independentemente de uma correlação estrita com uma contrapartida específica para a contribuição concedida.

Não destoa, portanto, do sistema previdenciário brasileiro, à luz do princípio da solidariedade, o entendimento de que a exigência da contribuição não resulta, direta e imediatamente, em uma legítima expectativa de um direito do recebimento de um benefício em contrapartida. A concessão do benefício, ao contrário, requer o cumprimento das exigências previstas nas normas infraconstitucionais que regulam a matéria, por expressa determinação constante do art. 201 da Constituição Federal.

Sob moldura fática diversa, o Supremo Tribunal Federal já teve a oportunidade de manifestar-se a respeito, em mais de uma oportunidade, assentando o entendimento no sentido de que da imposição da contribuição não decorre, necessariamente, um aumento proporcional no benefício.

Refiro-me, entre outros julgados, ao que foi decidido na ADI 1.441-DF. *Mutatis mutandis*, ao examinar a questão da contribuição dos inativos, outra não foi a conclusão a que se chegou no Plenário da Corte. A propósito, no âmbito da decisão cautelar proferida nos autos da ADI 1.441-DF, restou consignado o seguinte:

"Extensão, aos proventos dos servidores Públicos inativos, da incidência de contribuição para o custeio da previdência social. Insuficiente relevância, em juízo provisório e para fins de suspensão liminar, de arguição de sua incompatibilidade com os artigos 67; 195, II; 40, § 6º; 194, IV e 195, §§ 5º e 6º, todos da Constituição Federal. Medida cautelar indeferida, por maioria". (ADI 1441 MC, Rel. Min. Octavio Gallotti, *DJ* 18.10.1996)

O referido entendimento foi ratificado na ADI 1.430 (Rel. Min. Moreira Alves, *DJ* 13.12.96) e, mais recentemente, na ADI 3.105, da relatoria do Ministro Cezar Peluso.

Naquela oportunidade, manifestei-me nos seguintes termos:

"O princípio do 'equilíbrio financeiro e atuarial' contém basicamente duas exigências. A primeira impõe que as receitas sejam no mínimo equivalentes aos gastos, e aqui temos o denominado equilíbrio financeiro. A segunda exigência, relativa ao equilíbrio atuarial, determina a adoção de correlação entre os montantes com que contribuem os segurados e os valores que perceberão a título de proventos e pensões.

No que se refere ao equilíbrio atuarial, portanto, exige-se uma correlação entre os montantes relativos à contribuição e ao benefício. Ocorre que a Constituição já dispõe sobre o valor dos benefícios previdenciários dos servidores públicos. Assim, para se cumprir o mandamento constitucional de preservação do mencionado equilíbrio, reconhecido inclusive por este Supremo Tribunal Federal (ADIns 2.110 e 2.111, Rel. Min. Sydney Sanches, Informativo no 181), resta ao Estado tão somente disciplinar a questão da contribuição. Todavia, o valor da contribuição incidente sobre a remuneração dos servidores em atividade não poderia implicar confisco, nem assumir valores exorbitantes, tornando insustentável a vida financeira do indivíduo".

Ora, no referido julgamento, diante de hipótese em que se impunha ao segurado uma contribuição incidente sobre o benefício na inatividade, não se identificou nenhuma inconstitucionalidade na escolha legislativa adotada, ainda que ausente uma comutatividade estrita entre a contribuição exigida e eventual aumento nos benefícios, na perspectiva particular do segurado.

Se, naquela oportunidade, portanto, não se considerou inconstitucional a inobservância da referida comutatividade, com muito mais razão não se deveria invocá-la, nesta hipótese, para se fundamentar um pedido de majoração do benefício, em razão da opção voluntária do segurado de retornar ao mercado de trabalho.

Direito do Trabalho e Direito Previdenciário **937**

O que se pretende defender com as teses da desaposentação, a rigor, é que o critério da comutatividade seja utilizado apenas parcialmente e de modo a atender o pleito de se majorar o benefício, sem a devida correspondência na fonte de custeio. De fato, em primeiro lugar, porque não há, no sistema brasileiro do RGPS, a constituição de um fundo particularizado que, após formado, seria revertido única e exclusivamente para os contribuintes que dele participaram. Em segundo lugar, o acréscimo adicional de contribuição, como dito acima, não se mostra compatível com o benefício total auferido pelo segurado.

Em outras palavras, pleiteia-se o melhor dos dois sistemas. De um lado, não se impõe particularmente o ônus pela provisão dos recursos que sustentarão seu próprio benefício. De outro, exige-se uma contrapartida, custeada pelo fundo comum, por uma contribuição adicional (não equivalente) do particular.

Na situação ora em debate, portanto, o contexto fático se amolda a regras infraconstitucionais que, apesar de tolerarem a aposentadoria precoce, a desincentivam, com base nos critérios de cálculos que consideram o tempo de contribuição, os salários de contribuição, bem como a expectativa de vida do segurado. Ou seja, a inatividade precoce seria desestimulada pela imposição de desvantagens no cálculo do benefício, na medida em que se considera, por outro lado, a previsão de recebimento do benefício por mais tempo – a se levar em conta a expectativa média de vida da população brasileira.

Na verdade, a inspiração que norteia o fator previdenciário é de uma poupança virtual. Na medida em que se estima que alguém que decida pela aposentadoria precoce ficará mais tempo no sistema – fará jus, portanto, por um tempo maior ao benefício –, logo, ele terá que sacar uma aposentadoria ou uma pensão menor por um período mais longo. É o que se chama de um modelo de poupança de caráter virtual.

Nesse sentido, o que ocorre, na hipótese dos autos, é uma submissão voluntária aos critérios de cálculo do salário de benefício, com os devidos consectários decorrentes da aposentadoria precoce e, em seguida, um retorno ao mercado de trabalho, quando, então, exigir-se-iam as contribuições pertinentes. Em razão das contribuições adicionais, pretende-se justificar uma revisão do benefício, ainda que incompatível com os aportes efetivados.

Não parece razoável, portanto, que dessas circunstâncias fáticas resulte legítima a imposição de um ônus ao sistema, fundamentado no princípio da solidariedade e, por conseguinte, custeado por uma coletividade, com o argumento de que se haveria de reconhecer uma necessária contrapartida, em benefícios, ao particular que havia se submetido às regras da aposentadoria precoce, tendo a elas renunciado posteriormente.

Não se diga, por outro lado, que o art. 201, § 11, exigiria, à luz da hipótese dos autos, uma correspondência específica entre o salário habitual do empregado, contribuição previdenciária e salário de benefício. A rigor, o referido dispositivo confere à lei ordinária a incumbência de regulamentar a matéria, o que, de fato, foi feito pela Lei 9.876/99, norma esta que contemplou tais aspectos na fórmula de cálculo do benefício, ao instituir a incidência do fator previdenciário. Na hipótese dos autos, tais fatores foram devidamente considerados ao se fazer incidir a fórmula de cálculo do salário de benefício por ocasião da concessão da aposentadoria.

2. Da suposta omissão legislativa e do princípio da legalidade

Vem também o argumento da suposta omissão legislativa e do princípio da legalidade.

Um dos pontos relevantes da Emenda Constitucional 20 foi a autorização expressa à legislação ordinária da tarefa de concretização normativa relativa à implementação do sistema da seguridade social.

Nesse contexto, a já mencionada Lei 9.876/99 instituiu o fator previdenciário e estipulou a fórmula de cálculo dos benefícios, levando-se em consideração o tempo de contribuição, os salários de contribuição e a expectativa de sobrevida do segurado. Paralelamente, a Lei 9.528/97 alterou o RGPS, estipulando, em seu art. 2º, que a nova redação do art. 18, § 2º, da Lei 8.213/91 seria a seguinte:

"Art. 18. O Regime Geral de Previdência Social compreende as seguintes prestações, devidas inclusive em razão de eventos decorrentes de acidente do trabalho, expressas em benefícios e serviços.

§ 2º O aposentado pelo Regime Geral de Previdência Social – RGPS que permanecer em atividade sujeita a este Regime, ou a ele retornar, não fará jus a prestação alguma da Previdência Social em decorrência do exercício dessa atividade, exceto ao salário-família e à reabilitação profissional, quando empregado".

Vale mencionar que, até 1994, os segurados do RGPS que contribuíram, após a aposentadoria, em razão de atividade laboral desenvolvida, recebiam uma restituição das contribuições aportadas, na forma de pecúlio, nos termos da revogada redação dos artigos 81 e 82 da Lei 8.213/91.

Com o advento da Lei 8.870/94, o referido pecúlio foi abolido. Adicionalmente, foram acrescentados o § 4º no art. 12 da Lei 8.212/91, bem como o § 3º no art. 11 da Lei 8.213/91, que passaram a prever expressamente a obrigatoriedade da contribuição por parte do aposentado que retorna à atividade regulada pelo RGPS. Os aposentados que retornam à atividade laboral, portanto, passaram a contribuir de forma genérica para o custeio do sistema da seguridade social.

Atualmente, assim, a legislação em vigor reforça a necessidade de contribuição universal, em concretização ao princípio da solidariedade, sem vinculá-la a nenhum benefício em contrapartida específica. Nesse contexto, portanto, é que se insere a norma prevista no art. 18, § 2º, da Lei 8.213/91, acima especificada.

No mesmo sentido, o Decreto 3.048/99, em seu artigo 181-B, explicita o seguinte:

"Art. 181-B. As aposentadorias por idade, tempo de contribuição e especial concedidas pela previdência social, na forma deste Regulamento, são irreversíveis e irrenunciáveis".

Em suma, os dispositivos acima mencionados não deixam dúvidas quanto à vedação da desaposentação no âmbito do ordenamento previdenciário brasileiro. O art. 18, § 2º, da Lei 8.213/91 é explícito ao restringir as prestações da Previdência Social, na hipótese dos autos, ao salário-família e à reabilitação profissional. O Decreto 3.048/99, no dispositivo 181-B, transcrito acima, é, igualmente, cristalino quanto à irreversibilidade e à irrenunciabilidade da aposentadoria por tempo de contribuição.

Não se verifica, assim, uma omissão normativa em relação ao tema em apreço. As normas existem e são expressas na vedação à renúncia da aposentadoria de modo a viabilizar a concessão de outro benefício com o cálculo majorado.

Nada obstante a previsão expressa do texto legal, deve-se, a rigor, avaliar a compatibilidade das referidas normas com o texto constitucional.

A esse respeito, todavia, parece-me que o conteúdo das normas em apreço está em consonância com os princípios acima identificados, adotados no sistema constitucional de previdência social. Especificamente, as normas em questão estão a concretizar, em relação ao tema ora debatido, os princípios da solidariedade e do equilíbrio financeiro e atuarial da seguridade social. Tal como explicitado, os dispositivos mencionados estão situados em um arranjo normativo advindo de um contexto de relevante preocupação em relação à saúde financeira e atuarial do nosso sistema, arranjo no qual se insere a norma prevista na Lei 9.876/99, que instituiu o fator previdenciário, com visitas a adequar a realidade de custeio com as receitas percebidas no âmbito do sistema.

A *contrario sensu*, frise-se, não se verifica uma regulamentação que estabeleça as regras e critérios por meio dos quais a denominada desaposentação deverá ocorrer. Referido aspecto mostra-se ainda mais relevante diante dos dispositivos expressos acima mencionados.

Direito do Trabalho e Direito Previdenciário **939**

A esse respeito, não se deve olvidar que a Administração Pública se rege pelo princípio da legalidade, de modo que seria inviável a instituição de novas formas de cálculo do benefício, sem o estabelecimento de critérios normativos específicos para a regulamentação do tema. Ou seja, ausente um regramento expresso e suficiente para resultar nos objetivos pretendidos pela desaposentação, sucedida pelo pleito de um novo cálculo para fixação do benefício em condições mais favoráveis, a Administração Pública estaria obstada a conceder as pretensões formuladas pelo segurado, sob pena de violação ao princípio da legalidade.

Nós não podemos esquecer que tivemos uma discussão aqui, muito ampla, a propósito desse tema, quando se tratou da pensão por morte, em que assentamos – e acredito que de forma bastante ampla, se não unânime – que essa regra do art. 195, § 5º, tem um significado que vai além de uma simples limitação ao legislador:

> "Art. 195 (...)
>
> § 5º Nenhum benefício ou serviço da seguridade social poderá ser criado, majorado ou estendido sem a correspondente fonte de custeio total".

De fato, quando o Plenário do STF analisou o tema relativo à pensão por morte, no âmbito do RE 597.389 QO-RG, de minha relatoria, assim me pronunciei a respeito:

> "A Corte ainda assentou o entendimento de que a majoração de benefícios previdenciários, além de submetida ao postulado da contrapartida (CF, art. 195, § 5º), também depende, para sua legítima adequação ao texto da Constituição da República, da observância o princípio da reserva da lei formal, cuja incidência traduz limitação ao exercício da atividade jurisdicional do Estado.
>
> Por isso, não se revela constitucionalmente possível, ao Poder Judiciário, sob o fundamento de isonomia, estender, em sede jurisdicional, majoração de benefício previdenciário, quando inexiste, na lei, a indicação de correspondente fonte de custeio total, sob pena de o Tribunal, se assim proceder, atuar em legítima condição de legislador positivo, o que contraria o art. 2º da Constituição Federal".
> (RE 597.389 QO-RG, de minha relatoria, *DJe* 21.8.2009)

Isso foi muito enfatizado naquele caso, para evitar que houvesse efeito retroativo na concessão. Mas essa não é uma vedação que se aplica tão somente ao legislador. Esse é um vetor hermenêutico que se aplica também ao intérprete. Se não se pode, pela via legislativa, criar benefício sem fonte de custeio, *quid* em relação à criação por via de esforço hermenêutico. Sendo assim, também não se pode pela via jurisprudencial. Sem dúvida nenhuma, a mim me parece que aqui, de fato, há um vetor hermenêutico que vale para o sistema como um todo, tal como nós entendemos, Ministro Fux, no Eleitoral, em relação ao princípio da anterioridade. Aquilo que se impõe ao legislador também se impõe ao tribunal enquanto intérprete. É importante, portanto, que se leve em conta esse aspecto.

É necessário acrescentar que, ainda que assim não fosse, é de conhecimento comum que a Constituição não contém expressões inúteis e até as omissões devem ser interpretadas com algum sentido normativo. *Ad argumentandum*, portanto, por mais que se defenda a existência de uma omissão legislativa (a se desconsiderar a previsão do art. 181-B do Decreto 3.048/99), não se deve desconsiderar o significativo teor de eventual omissão a respeito do tema.

Tive a oportunidade de escrever sobre o tema em artigo intitulado *"Interpretação Constitucional e Pensamento de Possibilidades"*, advertindo que, em muitos casos, o próprio constituinte opta por não regular determinado fato social, deixando, com isso, maior espaço de atuação ao legislador ordinário.

Desse modo, não se cuida aqui de perguntar se a Constituição autoriza, ou não, a desaposentação. Essa matéria está deferida para o legislador ordinário. A Constituição dá diretrizes, entre as quais, o princípio da solidariedade, o equilíbrio do sistema.

Essa ideia de abertura normativa é, mais do que em outras áreas, bastante marcante no Direito Constitucional. Trata-se de atribuir ao legislador ordinário a possibilidade de adaptar as normas à evolução da realidade e às necessidades políticas (CANOTILHO, J. J. Gomes. **Direito Constitucional,** p. 1236). Por isso, não se exclui – no voto do Ministro Fachin se percebe isso – a possibilidade de haver mudanças, mas elas terão que ser consonantes com aquilo que está na Constituição. É preciso que eventual expansão de benefícios, que pode ocorrer, indique fontes de custeio. É um princípio de índole material, mas também de hermenêutica. Lembro então Larenz, que denomina silêncio eloquente da lei as situações em que o legislador propositadamente se abstém de regular algumas questões, a hipótese de determinada matéria não ter sido intencionalmente regulada. Observa ele:

"Poderia pensar-se que existe uma lacuna só quando e sempre que a lei entendida esta, doravante, como uma expressão abreviada da totalidade das regras jurídicas suscetíveis de aplicação dadas nas leis ou no Direito consuetudinário não contenha regra alguma para uma determinada configuração no caso, quando, portanto, se mantém em silêncio. Mas existe também um silêncio eloquente da lei." (LARENZ, Karl. *Metodologia da ciência do direito.* Lisboa: Fundação Calouste Gulbenkian, 1997, p. 525.)

Em outras palavras: a hipótese de determinada matéria não ter sido intencionalmente regulada pelo legislador não permite que se fale, necessariamente, em lacunas.

Referida constatação se reforça ao se notar que houve uma tentativa, no final de 2015, de se estabelecer um regulamento específico para a desaposentação, no âmbito do Projeto de Lei de Conversão 15/15, que resultou na edição da Lei 13.183/2015.

Naquela oportunidade, objetivou-se regular a matéria nos seguintes termos:

"Art. 6º A Lei n. 8.213, de 24 de julho de 1991, passa a vigorar com as seguintes alterações:

'Art. 18. ....

....

§ 2º O aposentado pelo Regime Geral de Previdência Social que permanecer em atividade sujeita a esse Regime, ou a ele retornar, não fará jus a outra aposentadoria desse Regime em consequência do exercício dessa atividade, sendo-lhe assegurado, no entanto, o recálculo de sua aposentadoria tomando-se por base todo o período contributivo e o valor dos seus salários de contribuição, respeitando-se o teto máximo pago aos beneficiários do RGPS, de forma a assegurar-lhe a opção pelo valor da renda mensal que for mais vantajosa.

'Art. 25. ....

§ 1º ....

§ 2º Para requerer o recálculo da renda mensal da aposentadoria, previsto no § 2º do art. 18 desta Lei, o beneficiário deverá comprovar um período de carência correspondente a, no mínimo, sessenta novas contribuições mensais.'

'Art. 28-A. O recálculo da renda mensal do benefício do aposentado do Regime Geral de Previdência Social, previsto no § 2º do art. 18 desta Lei, terá como base o salário de benefício calculado na forma dos arts. 29 e 29-B desta Lei.

§ 1º Não será admitido recálculo do valor da renda mensal do benefício para segurado aposentado por invalidez.

§ 2º Para o segurado que tenha obtido aposentadoria especial, não será admitido o recálculo com base em tempo e salário de contribuição decorrente do exercício de atividade prejudicial à saúde ou à integridade física.

§ 3º O recálculo do valor da renda mensal do benefício limitar-se-á ao cômputo de tempo de contribuição e salários adicionais, não sendo admitida mudança na categoria do benefício previamente solicitado.'

'Art. 54. ....

§ 1º Os aposentados por tempo de contribuição, especial e por idade do Regime Geral de Previdência Social poderão, a qualquer tempo, ressalvado o período de carência previsto no § 2º do art. 25 desta

Lei, renunciar ao benefício, ficando assegurada a contagem do tempo de contribuição que serviu de base para a concessão do benefício.

§ 2º Na hipótese prevista no § 1º deste artigo, não serão devolvidos à Previdência Social os valores mensais percebidos enquanto vigente a aposentadoria inicialmente concedida.' (NR)

'Art. 96. ....

....

III – não será contado por um regime previdenciário o tempo de contribuição utilizado para fins de aposentadoria concedida por outro, salvo na hipótese de renúncia ao benefício, prevista no § 1º do art. 54 desta Lei.

....' (NR)"

Ocorre que o referido dispositivo foi vetado pela Presidente da República, com a seguinte fundamentação:

"As alterações introduziriam no ordenamento jurídico a chamada 'desaposentação', que contraria os pilares do sistema previdenciário brasileiro, cujo financiamento é intergeracional e adota o regime de repartição simples. A alteração resultaria, ainda, na possibilidade de cumulação de aposentadoria com outros benefícios de forma injustificada, além de conflitar com o disposto no § 1º, do art. 86 da própria Lei n. 8.213, de 24 de julho de 1991".

O veto presidencial foi mantido em sessão ocorrida em 15.12.2015 no Plenário da Câmara dos Deputados. Portanto, nenhuma dúvida de que houve uma tentativa de regulamentar a matéria no plano legislativo e isso resultou vetado.

Verifica-se, portanto, que o tema foi objeto de recente debate no âmbito do regular processo legislativo. A alegada omissão, assim, não se confunde com uma inércia das instituições legiferantes. Ao contrário, o processo legislativo teve seu curso e, nos termos das normas que o regem, tomou-se a decisão no sentido de manutenção do atual regramento da matéria.

Ora, é próprio da jurisdição constitucional o exame da compatibilidade da atividade legislativa com o texto constitucional, incluindo-se a possibilidade de tomada de decisões interpretativas com eficácia aditiva. No caso em apreço, no entanto, em hipótese em que não se identifica, *a priori*, uma flagrante inconstitucionalidade das normas que regulam a matéria, é de se indagar se caberia ao Poder Judiciário impor um critério próprio diante de uma deliberada (e eloquente) decisão tomada no âmbito do regular processo legislativo.

A respeito do tema, manifestei-me nos seguintes termos por ocasião do julgamento da ADI 4.277, da relatoria do Min. Ayres Britto:

"Portanto, é certo que o Supremo Tribunal Federal já está se livrando do vetusto dogma do legislador negativo, aliando-se, assim, à mais progressiva linha jurisprudencial das decisões interpretativas com eficácia aditiva, já adotada pelas principais Cortes Constitucionais do mundo. A assunção de uma atuação criativa pelo Tribunal pode ser determinante para a solução de antigos problemas relacionados à inconstitucionalidade por omissão, que muitas vezes causa entraves para a efetivação de direitos e garantias fundamentais assegurados pelo texto constitucional.

No presente caso, porém, devemos refletir muito sobre as consequências normativas de uma decisão de interpretação conforme à Constituição do art. 1.723 do Código Civil. Sobre a problemática contida no pedido de interpretação conforme realizado pela Procuradoria-Geral da República, Lenio Luiz Streck fez as reflexões a seguir transcritas, que devem ser objeto de atenção:

'De plano, salta aos olhos a seguinte questão: a efetivação de uma tal medida importa(ria) transformar o Tribunal em um órgão com poderes permanentes de alteração da Constituição, estando a afirmar uma espécie caduca de mutação constitucional (*Verfassungswandlung*) que funcionaria, na verdade, como um verdadeiro processo de alteração formal da Constituição (*Verfassungsänderung*), reservado ao espaço do Poder Constituinte derivado pela via do processo de emenda constitucional. E isso porque a tese da PGR se perde em meio ao problema semântico e não avança em direção ao fenômeno mesmo que é a *applicatio* do texto constitucional. Essa hipertrofia com relação à semântica (que não deixa de ser um sintoma da permanência das bases positivistas no seio da dogmática constitucional) – que aparece claro em expressões como interpretação restritiva ou extensiva – encobre o problema essencial: como dar efeito vinculante e eficácia *erga omnes* a uma decisão do Supremo Tribunal Federal que realize uma Interpretação Conforme à Constituição (*verfassungskonforme Auslegung*)? Poder-se aduzir que o parágrafo único do art. 28 da Lei n. 9.868/99 autoriza tais efeitos para decisões que se utilizem das chamadas sentenças interpretativas *lato sensu*. Mas, mesmo aqui, caberia o questionamento: poderia a lei ordinária alargar o espaço já estabelecido pelo poder constituinte? Não haveria, na espécie, usurpação de competência do constituinte? E mais. As sentenças interpretativas só podem ser corretamente compreendidas através da diferença (ontológica – *ontologische Differentz*) que existe entre texto e norma. A interpretação conforme a Constituição não modifica o texto da norma, mas produz uma norma a partir da parametricidade constitucional. Esse é o limite do sentido e o sentido do limite. Ou seja, somente a partir dela – da parametricidade constitucional – e não a partir de analogias ou outras formas de extensão de sentido, é que se pode fazer a referida atribuição de sentido (*Sinngebung*). E, outra coisa: a diferença entre texto e norma não quer dizer que seja permitida a atribuição de qualquer norma ao texto. E muito se pode admitir que, a pretexto da aplicação da máxima hermenêutica 'texto e norma', a PGR venha a pretender substituir o próprio texto da Constituição – pela via indireta da interpretação conforme dada ao Código Civil – por um outro (aquele que ela, a PGR, entenda ser mais adequado). Portanto, voltamos ao problema fundamental da questão que passa ao largo das discussões jurídicas empreendidas nessa seara. Ou seja, que tipo de democracia queremos? Não se trata de ser contra ou a favor da proteção dos direitos pessoais e patrimoniais dos homossexuais. Aliás, se for para enveredar por esse tipo de discussão, advertimos desde já que somos absolutamente a favor da regulamentação de tais direitos, desde que efetuados pela via correta, que é a do processo legislativo previsto pela Constituição Federal. O risco que exsurge desse tipo de ação é que uma intervenção desta monta do Poder Judiciário no seio da sociedade produz graves efeitos colaterais. Quer dizer: há problemas que simplesmente não podem ser resolvidos pela via de uma ideia errônea de ativismo judicial. O Judiciário não pode substituir o legislador'".

Diante do exposto, portanto, quer me parecer que a regulamentação relativa à questão da desaposentação encontra-se suficientemente acolhida no âmbito das normas constitucionais e infraconstitucionais aplicáveis. Afora isso, é de se reconhecer que houve um posicionamento recente do Poder Legislativo sobre o tema em discussão, em sentido que não destoa do texto constitucional. Tais constatações levam-me à conclusão de ser inviável, nesse caso, a prolação de decisão que tenha por objetivo desenvolver circunstâncias e critérios inéditos para o fim de se promover a majoração de aposentadoria de aposentados precocemente que optem pela denominada desaposentação.

3. A Emenda Constitucional 20/98 e o princípio do equilíbrio financeiro e atuarial

Nos termos acima mencionados, deve-se enfatizar que a Emenda Constitucional 20/98 foi desenvolvida em um contexto de necessidade de se atribuir maior eficácia ao princípio do equilíbrio financeiro e atuarial e o da solidariedade. Seu advento, assim, remonta a uma percepção do legislador de que havia, então, uma dissociação relevante entre as despesas com o custeio do sistema e as receitas decorrentes das contribuições.

A doutrina conceitua o princípio do equilíbrio financeiro e atuarial da seguinte forma:

"Princípio expresso somente a partir da Emenda Constitucional 20/98 (art. 40, *caput*, e art. 201, *caput*), significa que o Poder Público deverá, na execução da política previdenciária, atentar sempre para a relação entre custeio e pagamento de benefícios, a fim de manter o sistema em condições superavitárias, e observar as oscilações da média etária da população, bem como sua expectativa de vida, para a adequação dos benefícios a estas variáveis" (CASTRO, Carlos Alberto Pereira de; LAZZARI, João Batista. *Manual de direito previdenciário*. 13. ed. São Paulo: Conceito Editorial, 2011. p. 121).

Mais adiante, asseveram os referidos autores:

"Com base nesse princípio, o RGPS foi recentemente modificado para incluir, no cálculo de benefícios de aposentadoria por tempo de contribuição e idade, o chamado 'fator previdenciário', resultante das variáveis demográficas e atuariais relativas à expectativa de vida, comparativamente à idade de jubilação – Lei n. 9.876/99)" (CASTRO, Carlos Alberto Pereira de; LAZZARI, João Batista. *Manual de direito previdenciário*. 13. ed. São Paulo: Conceito Editorial, 2011. p. 121).

Houve, portanto, uma manifesta preocupação do legislador no sentido de se promover um exame cuidadoso dos aspectos relativos ao equilíbrio financeiro do sistema, sob pena de se afetar, inclusive, a higidez da seguridade social.

Ora, o que se verifica é que, muito embora houvesse uma necessidade econômica de promoção de severa reforma da previdência, ainda à época, não se alcançou um consenso suficiente em torno do tema para se viabilizá-la. Não por outra razão é que, posteriormente, a realização de outras reformas se tornou imperiosa, na medida em que as circunstâncias fáticas acabaram por se impor, exigindo uma resposta mais célere do processo político-decisório.

Esse, aliás, é exatamente o contexto em que um tema dessa relevância é submetido à análise desta Corte. Tal cenário é caracterizado pela recorrência, no âmbito do STF, da temática relativa ao desequilíbrio das contas públicas.

Diante dessas circunstâncias fáticas, não parece ser razoável que o Judiciário deixe de sopesar, com elevada sensibilidade, os impactos econômicos e sociais produzidos pelas alternativas constitucionais colocadas em debate, que, no nosso caso, diga-se de passagem – isso já foi ressaltado no voto do Ministro Teori e também no do Ministro Fachin e, agora, no do Ministro Fux – lastreia-se em um princípio constitucional: a necessidade de que se identifique uma fonte de custeio.

De fato, constatando não existir sociedade racional que ignore os custos de suas políticas públicas, Richard Posner, ainda em 1975, asseverava que *"the demand for justice is not independent of its price"* (POSNER, Richard. The economic approach to law. *Texas Law Review*, 53, 778).

Tal conclusão é cogente, pois não se está, frise-se, diante de um estado natural, no qual os recursos são abundantes e a todos acessíveis, segundo suas próprias necessidades, de modo que seja lícita a apropriação particularizada e sem limites por parte de quem assim resolva proceder. O sistema previdenciário é fechado, possui recursos escassos, cujo consumo ocorre de maneira concorrente. Ou seja, o consumo por parte de um determinado grupo resulta, necessariamente, na limitação dos recursos disponíveis aos demais, de modo que a fruição dos benefícios por toda a coletividade exige uma respectiva fonte de custeio, e é o que o texto constitucional explicita.

A propósito, é bom lembrar que todos os jornais econômicos e também aqueles dedicados aos assuntos gerais focam, hoje, nas páginas econômicas, mas também nas páginas políticas, no debate que marca a situação financeira do Rio de Janeiro. E os números no Rio de Janeiro são muito conhecidos no que diz respeito aos servidores públicos. O Estado tem receita de 34 bilhões de reais, gasta 17 bilhões com o grupo chamado Rioprevidência, com 228 mil servidores. Por conseguinte, gasta metade do seu orçamento, da sua receita, com 228 mil pessoas. Consegue auferir 5 bilhões com contribuições de inativos e pensionistas, portanto um déficit de 12 bilhões que ele vinha mantendo com receitas da Petrobras e coisa do tipo, que já desapareceram. Os outros 17 bilhões que sobram é para atender a imensa população de pessoas. Portanto, gasta 17 bilhões com 228 mil pessoas e o restante desses 17 bilhões ele tem que gastar com todos os temas e com todos os servidores, inclusive com os servidores ativos do Poder Judiciário, do Poder Legislativo e do Poder Executivo. Assim, quando se perde esse equilíbrio, as consequências são aquelas que nós acabamos por conhecer.

No caso do sistema previdenciário, essa relação se torna ainda mais complexa ao se ponderar que a disponibilidade de recursos está intimamente relacionada a um equilíbrio "intergeracional" composto, de um lado, por um grupo economicamente ativo, suficiente para custear,

Estado de Direito e Jurisdição Constitucional – Decisões relevantes em 15 anos de atuação no STF

segundo o princípio da solidariedade, as demandas por benefícios de outro grupo que não se encontra mais apto a produzir e, dessa forma, requer a intermediação estatal para prover condições materiais de uma sobrevida digna.

Ocorre que, no decurso do tempo, a relação entre ambos os grupos tende a se alterar, podendo resultar, em tese, de um lado, em situação de superávit de recursos, por haver, em um dado momento, uma população economicamente ativa superior ao grupo inativo ou, de outro, em escassez de recursos resultante de uma demanda superior à capacidade contributiva da população ativa.

Quer me parecer, desse modo, que uma gestão eficiente (e justa) dos limitados recursos disponíveis deve sopesar, juntamente com os princípios relevantes que regem a delicada matéria, a busca por um ponto de eficiência que considere, de um lado, a disponibilidade de recursos (verificada a partir da capacidade contributiva), bem como, de outro, o princípio constitucional de seletividade e distributividade, que impõe a concessão de benefícios a quem dele efetivamente necessitar (seletividade), com a promoção de justiça social (distributividade).

Caso contrário, o consumo concorrente de recursos escassos, quando orientado puramente por interesses individualistas de maximização de benefícios, resulta no conhecido cenário exposto na Tragédia dos Comuns (HARDIN, Garrett. *The Tragedy of the Commons*. Vol. 162. American Association for the Advencemente of Sciente).

Nessa linha de argumentação, e diante do exposto acima, não me parece que a permissão da majoração de benefício no caso da desaposentação esteja em linha com os princípios constitucionais acima mencionados e, muito menos, condizente com a realidade econômica que nos impõe um cuidadoso exame dos impactos produzidos com base nos pedidos formulados.

A propósito do tema, chama a atenção o levantamento realizado pela Advocacia-Geral da União (eDOC 103) no sentido de que tramitam mais de 180.000 ações judiciais em que se pleiteia a majoração do benefício em razão da desaposentação.

Some-se a isso o fato de que, ainda em 2013, poderia haver um número correspondente a 600.141 homens e 248.835 mulheres aptos a requerer o benefício da desaposentação. (PEREIRA, Rayanne Illis Neiva; e LIMA, Diana Vaz de. Uma discussão sobre o impacto da desaposentação nas despesas do RGPS: O preço das aposentadorias precoces. *Advances in Scientific and Applied Accounting*. São Paulo. v. 8, n. 3, p. 323).

Nesse contexto, é de se considerar que, segundo o estudo mencionado, e caso se conclua por procedentes as teses referentes à desaposentação, estima-se um aumento mensal da despesa previdenciária no montante aproximado de um bilhão de reais por mês. (PEREIRA, Rayanne Illis Neiva; e LIMA, Diana Vaz de. Uma discussão sobre o impacto da desaposentação nas despesas do RGPS: O preço das aposentadorias precoces. *Advances in Scientific and Applied Accounting*. São Paulo. v. 8, n. 3, p. 324).

O referido impacto também restou avaliado pela Coordenação Geral de Estatística, Demografia e Atuária do Ministério do Trabalho e Previdência Social, em estudo consignado na Nota Técnica CGEDA/DRGPS/SPPS/MPS n. 14/2015(eDOC 104). Na oportunidade, estimou-se um déficit adicional de 6,8 bilhões de reais anuais e de 164,6 bilhões no longo prazo.

Estamos a tratar, portanto, de quantias bastante relevantes, mormente se considerada a caótica situação em que se encontram as contas públicas na União, nos estados e nos municípios.

Ora, ainda que critérios de eficiência, a serem obtidos por análises econômicas das decisões, não devam ser alçados no âmbito dos princípios ético-jurídicos, ignorar tais aspectos fundamentais é fazer vistas grossas a uma realidade que se impõe em medida suficiente para comprometer a própria eficácia, em concreto, de princípios caros ao Direito Previdenciário, como universalidade da cobertura e do atendimento, irredutibilidade do valor dos benefícios, da garantia do benefício mínimo, entre outros.

Não se trata, a toda evidência, de argumentos *ad terrorem*. Trata-se de uma realidade compartilhada por diversos entes da federação, cujas contas públicas não se mostram suficientes para custeio, *v.g.*, de despesas correntes com gastos de pessoal da ativa.

Ora, nesse contexto, não se mostra desarrazoado avaliar se o referido impacto é justificável – e aqui trato sob perspectiva puramente econômica – para fundamentar a majoração de benefícios de segurados que se tornaram inativos precocemente, em dissonância com todo o arcabouço normativo que se objetivou construir com vistas a identificar, à luz da realidade demográfica brasileira, a parcela da população que, sob o princípio da solidariedade, requer, efetivamente, a concessão dos benefícios previdenciários.

Eu gosto de citar, e acho muito apropriado para a jurisdição constitucional, uma referência feita, a propósito da lei, por Victor Nunes Leal, naquele *Ensaio Sobre Técnica Legislativa*. Antes disso, inclusive, precede uma de um jurista alemão importante: *"legislar é fazer experiências com o destino humano"*, Hermann Jahrreiss, em um trabalho chamado *Groesse und Not der Gesetzgebung*, quer dizer, "Grandeza e Necessidade da Legislação".

Nunca é demasiado enfatizar a delicadeza da tarefa confiada ao legislador. A generalidade, a abstração e o efeito vinculante que caracterizam a lei revelam não só a importância mas também a problemática que marca a atividade legislativa.

A despeito dos cuidados tomados na feitura da lei, os estudos minudentes, os prognósticos realizados com base em levantamentos cuidadosos, não há como deixar de caracterizar o seu afazer como uma experiência. Trata-se, porém, da mais difícil das experiências: a experiência com o destino humano.

Essas peculiaridades do processo de elaboração legislativa foram percebidas por Victor Nunes Leal, que anotou a propósito nesse texto sobre técnica legislativa e estudos de Direito Público:

"Tal é o poder da lei que a sua elaboração reclama precauções severíssimas. Quem faz a lei é como se estivesse acondicionando materiais explosivos. As consequências da imprevisão e da imperícia não serão tão espetaculares, e quase sempre só de modo indireto atingirão o manipulador, mas podem causar danos irreparáveis".

Os riscos envolvidos no afazer legislativo exigem peculiar cautela de todos aqueles que se ocupam do difícil processo de elaboração normativa. A análise não se limita aos aspectos ditos estritamente jurídicos. Colhe também variada gama sobre matéria que deve ser regulada no âmbito legislativo, doutrinário e jurisprudencial e não pode nunca desconsiderar a repercussão econômica, social e política do ato legislativo. Nenhuma dúvida, inclusive, porque o texto constitucional exige, em se tratando de matéria de previdência, que qualquer benefício tenha a adequada fonte de custeio. Mas essas referências ao legislador também devem ser feitas e cabem ser feitas à jurisdição constitucional.

Se é arriscada a atividade do legislador, que opera numa regra de experiência, de tentativa e erro, cujo ato é reversível, ainda que de difícil reversibilidade – mas é reversível, tanto é que o legislador pode revogar, rever o modelo –, isso já não ocorre, pelo menos não é facultado de maneira tão simples, ao Judiciário. Em geral, os atos do Judiciário se presumem, se não definitivos, dotados de uma grande estabilidade. E aqui há uma diferença entre a legislação e a jurisdição constitucional. E aí o risco de nos embrenharmos nesse experimentalismo com sérias consequências, já com as advertências feitas aqui por esse estudo trazido pela AGU e pela própria Previdência Social, o qual sugere que uma mudança neste campo vai nos trazer um acréscimo de despesas de 1 bilhão de reais por mês.

Isso é o cuidado que nós devemos ter nesse tipo de matéria, Presidente.

Em um dos estudos trazidos pela Previdência Social, chega-se a falar em uma estimativa de déficit de 6,8 bilhões de reais anuais e de 164 bilhões no longo prazo.

Portanto, a mim me parece que, se a matéria devesse ser revista, ela teria que ser feita pelo legislador, que teria que seguir os parâmetros que a Constituição determina, os parâmetros atuariais. Do contrário, Presidente, nós corremos o risco de estarmos um pouco a brincar de Deus ou a relembrar aquela figura do Monteiro Lobato na chamada Reforma da Natureza.

Para aqueles que não se recordam, Monteiro Lobato conta uma história em que se dizia o seguinte, referindo-se ao reformador da natureza Américo Pisca-Pisca:

"(...) tinha o hábito de pôr defeito em todas as coisas. O mundo para ele estaria errado e a natureza só fazia asneira.

Asneira, Américo?

Pois então?... Aqui mesmo, neste pomar, você tem a prova disso. Ali está uma jabuticabeira enorme sustentando frutas pequeninas, e lá adiante vejo uma colossal abóbora, presa ao caule de uma planta rasteira. Não era lógico que fosse justamente o contrário? Se as coisas tivessem de ser reorganizadas por mim, eu trocaria as bolas, passando as jabuticabeiras para a aboboreira e as abóboras para a jabuticabeira. Não tenho razão?

Assim discorrendo, Américo provou que tudo estava errado e só ele era capaz de dispor com inteligência o mundo.

Mas o melhor, concluiu, é não pensar nisto e tirar uma soneca à sombra destas árvores, não acha?

E Pisca-Pisca, piscando que não acabava mais, estirou-se de papo para cima à sombra da jabuticabeira. Dormiu. Dormiu e sonhou. Sonhou com um mundo novo, reformado inteirinho pelas suas mãos. Uma beleza!

De repente, no melhor da festa, plaft! Uma jabuticaba cai do galho e lhe acerta em cheio o nariz.

Américo desperta de um pulo. Pisca-Pisca medita sobre o caso e reconhece, afinal, que o mundo não era tão mal feito assim. E segue para a casa refletindo:

Que coisa!... Pois não é que se o mundo fosse arrumado por mim, a primeira vítima teria sido eu? Eu, Américo Pisca-Pisca, morto pela abóbora por mim posta no lugar da jabuticaba? Hum! Deixemo-nos de reformas. Fique tudo como está que está tudo muito bem.

E Pisca-Pisca continuou a piscar pela vida à fora mas já sem a cisma de corrigir a natureza". (LOBATO, Monteiro. *O Pica-pau Amarelo e a Reforma da Natureza*. Obras Completas de Monteiro Lobato. 2ª Série. Literatura Infantil. Vol. 12. Editora Brasiliense. São Paulo, 1964. p. 196-198)

Presidente, eu acompanho o voto do Ministro Teori e do Ministro Fachin e peço vênia ao Ministro Barroso, à Ministra Rosa e ao Ministro Lewandowski.

11. Liberdade de expressão artística, científica, de imprensa e liberdade de exercício profissional

HC 83.996[1]

Peça de teatro – Ato obsceno (art. 233 do Código Penal) – Discussão sobre a caracterização da ofensa ao pudor público – Contexto em que praticado o ato.

Trata-se de *habeas corpus* impetrado da decisão da Primeira Turma Recursal Criminal do Juizado Especial Criminal do Estado do Rio de Janeiro, que denegou ordem de *habeas corpus* em acórdão assim ementado:

> "Ementa – Habeas corpus – Ato obsceno – Trancamento da ação penal por atipicidade da conduta – Exame do elemento subjetivo.
>
> O delito de ato obsceno se tipifica quando o agente, em lugar público, ou aberto ou exposto ao público, exprime manifestação corpórea, de cunho sexual, que ofende o pudor público, tendo como bem jurídico protegido a moralidade pública. Para sua configuração exige-se a presença do elemento subjetivo que é o dolo, somente ocorrendo a infração se demonstrado que o agente tinha consciência da ilicitude do ato e a intenção e vontade de atingir aquele bem jurídico.
>
> Apesar de ser possível o trancamento de ação penal por falta de justa causa quando desponta a inocência do acusado, a atipicidade da conduta ou a extinção da punibilidade, tal medida somente se justifica na hipótese de estar demonstrada de forma clara e incontestável uma destas circunstâncias, não sendo razoável que se impeça o prosseguimento do processo quando o fato narrado, em tese, é típico e a questão relativa, ao elemento subjetivo reclama o exame de prova, inclusive com a oitiva de testemunhas presenciais, tudo com o escopo de se apurar, no caso concreto, se houve a violação ao bem jurídico protegido pelo tipo respectivo. (fl. 106)"

Sustentou a impetração que a denúncia oferecida contra o paciente dando-o como incurso no art. 233 do Código Penal era inepta, razão porque deveria ser trancada a ação penal pelos seguintes fundamentos: a) atipicidade da conduta descrita na inicial, pois o conceito de pudor público, elemento normativo do tipo, deve ser interpretado de acordo com o local e circunstâncias em que a conduta foi praticada; b) relatividade do grau ofensivo da nudez humana e do próprio conceito de ato obsceno, nos dias atuais; c) ausência de conotação sexual na atitude do paciente, mas sim de desprezo pela parte do público que o vaiava.

O Ministério Público Federal opinou pelo conhecimento e denegação da ordem.

A decisão do *writ* recebeu a seguinte ementa:

EMENTA: Habeas corpus. *Ato obsceno (art. 233 do Código Penal). 2. Simulação de masturbação e exibição das nádegas, após o término de peça teatral, em reação a vaias do público. 3. Discussão sobre a caracterização da*

---

[1] Em sessão realizada no dia 17.8.2004, a Segunda Turma do Supremo Tribunal Federal deferiu o pedido de *habeas corpus* e determinou, em consequência, a extinção do processo penal de conhecimento, com o imediato trancamento da ação penal, em virtude de se haver registrado empate na votação. O Ministro Relator, Carlos Velloso, indeferiu o pedido. Foi designado redator para o acórdão o Ministro Gilmar Mendes (*DJ* de 26.8.2005).

ofensa ao pudor público. Não se pode olvidar o contexto em se verificou o ato incriminado. O exame objetivo do caso concreto demonstra que a discussão está integralmente inserida no contexto da liberdade de expressão, ainda que inadequada e deseducada. 4. A sociedade moderna dispõe de mecanismos próprios e adequados, como a própria crítica, para esse tipo de situação, dispensando-se o enquadramento penal. 5. Empate na decisão. Deferimento da ordem para trancar a ação penal. Ressalva dos votos dos Ministros Carlos Velloso e Ellen Gracie, que defendiam que a questão não pode ser resolvida na via estreita do habeas corpus.

VOTO-VISTA

Diz o eminente Relator:

"Estatui, a propósito, o art. 233 do Código Penal:

'Praticar ato obsceno em lugar público, ou aberto ou exposto ao público: Pena – detenção, de três meses a um ano, ou multa.'

Com efeito, ao contrário do que sustenta a impetração, a conduta atribuída ao paciente, na denúncia, pelo menos em tese, se ajusta ao tipo inscrito no art. 233 do Código Penal.

Leciona Hungria que, para configuração do crime, não é necessária a intenção específica de ofender o pudor público, nem que *'o ato represente uma expansão erótica ou vise à excitação da lascívia alheia: desde que, sob o prisma objetivo, se apresente em colisão com o pudor público, ou idôneo a suscitar o sentimento comum de vergonha (**verecundia**), pouco importa que o agente, embora deva ter consciência disso, haja procedido, por exemplo, **jocandi animo ou demonstrandi causa**, ou para exercer uma vingança, sem qualquer intuito de lubricidade.'* Acrescenta que, por se tratar de crime de perigo, *'basta a possibilidade de ofensa ao pudor público, ainda que esta não seja a intenção do agente'* (Nelson Hungria, *'Comentários ao Cód. Penal'*, Forense, 1940, 4. ed., VIII/310).

Endossa esse entendimento Magalhães Noronha:

"(...)

Já dissemos que o bem jurídico é o pudor sexual da sociedade e, portanto, ato obsceno que ofende necessita também ser sexual, devendo, contudo, o qualificativo ser tomado em sentido amplo, para compreender não só os atos normalmente sexuais, como os seus equivalentes, de cunho nitidamente sexual, ambos ofendendo o pudor público.

Falando-se em ato sexual, é mister ter presente não ser imprescindível que ele sirva ao desafogo da luxúria ou sensualidade do agente, como aliás, já se disse no atentado violento ao pudor (n. 800). Basta que conflite com o pudor público, pouco importando o móvel do agente: lubricidade, gracejo, vingança, etc."[2].

No RHC 50.828/SP, Rel. Min. Raphael de Barros Monteiro, precedente mencionado no parecer do Ministério Público Federal, decidiu esta Corte:

"**EMENTA: *Habeas corpus.***

*1) Direito que se invoca, em **habeas corpus**, ao desnudamento total de busto feminino nas praias;*

2) O que a lei tutela, no crime definido no art. 233 do Código Penal, é o pudor coletivo, objetivamente considerado, pouco importando a concepção pessoal do agente a respeito da obscenidade da ação que praticou ou pretende praticar;

3) Compete à autoridade pública aferir o sentimento médio de pudor coletivo e fazê-lo respeitado através do seu poder de polícia;

4) Recurso ordinário desprovido". (DJ de 04.04.73)

É certo, tal como afirmado pela impetração, que, em razão da evolução cultural, a nudez humana tem-se apresentado constantemente nos veículos de comunicação, mas nem por isso tem sido considerada ofensiva ao pudor público. No entanto, mesmo tendo isso em conta, bem

---

[2] NORONHA, Magalhães. *Direito penal*, São Paulo: Saraiva, 1961, 3º/377.

Liberdade de expressão artística, científica, de imprensa e liberdade de exercício profissional **949**

como o local e circunstâncias em que a conduta foi praticada – interior de um teatro, às 2:00h – parece-me prematuro concluir que a conduta do paciente, praticada fora do contexto teatral, não teria atingido o pudor das pessoas que lá se encontravam para assistir a um espetáculo. Somente ao final da instrução é que o Juizado poderá decidir, com base, inclusive, em novos elementos que forem colhidos, sobre a ocorrência ou não do delito.

Assim, como salientado no voto condutor do acórdão da Primeira Turma Recursal Criminal do Juizado Especial Criminal do Estado do Rio de Janeiro, "*o exame do elemento subjetivo, porém, ou mesmo da própria violação ao bem jurídico, a meu sentir, exige exame de prova, com a oitiva das testemunhas presenciais, somente podendo o magistrado concluir pela tipicidade ou atipicidade do comportamento após a produção daquela prova, sendo o fato narrado em tese criminoso.*" (Fl. 132)."

Com as vênias de estilo, ouso divergir.

Não quer me parecer que, na hipótese, esteja configurado o crime de que cuida a denúncia.

No caso em apreço, ainda que se cuide, talvez, de manifestação deseducada e de extremo mau gosto, tudo está a indicar um *protesto* ou uma reação – provavelmente grosseira – contra o público.

Precisas, nesse aspecto, as observações da impetração:

"Quando simulou a masturbação – parece claro a qualquer um – não estava o paciente pretendendo afetar qualquer prazer sexual, mas sim que as vaias não lhe atingiam, davam-lhe até prazer, qual uma masturbação. Estava a demonstrar, de forma incorreta – é claro – desprezo pela parte do público que lhe vaiava. Só isso.

41. Tal interpretação desse ato, de tão óbvia, foi descrita pelo JB On Line, de 18 de agosto deste ano: **"Fazendo graça, o Diretor gesticulava para a audiência, pedindo mais. *Para mostrar desprezo, fingiu que se masturbava*. E saiu de cena."** (fl. 5 dos autos)

42. O mesmo se diga da exibição de suas nádegas. Ninguém com razoável sensibilidade poderia ali enxergar qualquer sentido sexual neste ato, senão apenas o de demonstrar – inadequadamente é certo – desprezo por aquelas pessoas que ali estavam a xingá-lo e a vaiá-lo." (fls. 17)

Não se trata, também, de um gesto totalmente fora do contexto da própria peça teatral.

Nesse sentido, lembra a impetração:

"(...) no espetáculo dirigido pelo paciente, uma das atrizes, durante a apresentação, simulou masturbar-se, como se lê no artigo do jornalista Arnaldo Bloch, ao comentar todo o episódio: "Ah, **mas aquela mulher no início do primeiro ato, *masturbando-se no divã*.**" (fls. 31 dos autos)

31. Nem por isso houve quem levantasse sua voz para dizer que aquela atitude pudesse constituir ato obsceno, ou que a atriz estivesse ali a ultrajar o pudor daqueles que assistiam à ópera." (fls. 12)

Com efeito, não se pode olvidar o contexto no qual se verificou o ato incriminado.

O roteiro da peça, ressalte-se, envolveu até uma simulação de masturbação. Estava-se diante de um público adulto, às duas horas da manhã, no Estado do Rio de Janeiro.

Difícil, pois, nesse contexto admitir que a conduta do paciente tivesse atingido o pudor público.

A rigor, um exame objetivo da querela há de indicar que a discussão está integralmente inserida no contexto da liberdade de expressão, ainda que inadequada ou deseducada.

De resto, observe-se que a sociedade moderna dispõe de mecanismos próprios e adequados a esse tipo de situação, como a própria crítica, sendo dispensável, por isso, o enquadramento penal.

Tal como defendemos em outra oportunidade,

"É certo que a lei exerce um papel deveras relevante na ordem jurídica do Estado de Direito. Assinale-se, porém, que os espaços não ocupados pelo legislador não são dominados pelo caos ou pelo arbítrio.

Embora a competência para editar normas, no tocante à matéria, quase não conheça limites (universalidade da atividade legislativa), a atividade legislativa é, e deve continuar sendo, uma atividade subsidiária. Significa dizer que o exercício da atividade legislativa está submetido ao princípio da necessidade, isto é, que a promulgação de leis supérfluas ou iterativas configura abuso do poder de legislar. É que a presunção de liberdade, que lastreia o Estado de Direito democrático, pressupõe um regime legal mínimo, que não reduza ou restrinja, imotivada ou desnecessariamente, a liberdade de ação no âmbito social. As leis hão de ter, pois, um fundamento objetivo, devendo mesmo ser reconhecida a inconstitucionalidade das normas que estabelecem restrições dispensáveis."[3]

Se essa orientação se aplica às limitações gerais a direitos individuais, com muito maior razão há de se aplicar ao direito penal.

Vale destacar, ainda, decisão antiga desta Segunda Turma, em que se diferenciou a caracterização da obscenidade em razão do público-alvo. Transcrevo o inteiro teor do acórdão relatado pelo eminente Ministro Aliomar Baleeiro:

"Obscenidade e pornografia. O direito constitucional de livre manifestação do pensamento não exclui a punição penal, nem a repressão administrativa de material impresso, fotografado, irradiado ou divulgado por qualquer meio, para divulgação pornográfica ou obscena, nos termos e forma da lei. À falta de conceito legal do que é pornográfico, obsceno ou contrário aos bons costumes, a autoridade deverá guiar-se pela consciência de homem médio de seu tempo, perscrutando os propósitos dos autores do material suspeito, notadamente a ausência, neles, de qualquer valor literário, artístico, educacional ou científico que o redima de seus aspectos mais crus e chocantes. A apreensão de periódicos obscenos cometida ao Juiz de Menores pela Lei de Imprensa visa à proteção de crianças e adolescentes contra o que é impróprio à sua formação moral e psicológica, *o que não importa em vedação absoluta do acesso de adultos que os queiram ler*. Nesse sentido, o Juiz poderá adotar medidas razoáveis que impeçam a venda aos menores até o limite de idade que julgar conveniente, desses materiais, ou a consulta dos mesmos por parte deles." [sem grifos no original][4]

Ressaltou o eminente Ministro em seu voto:

"Mas o conceito de 'obsceno', 'imoral', 'contrário' aos bons costumes é condicionado ao local e à época. Inúmeras atitudes aceitas no passado são repudiadas hoje, do mesmo modo que aceitamos sem pestanejar procedimentos repugnantes às gerações anteriores. A Polícia do Rio, há 30 ou 40 anos não permitia que um rapaz se apresentasse de busto nu nas praias e parece que só mudou de critério guando o ex-Rei Eduardo VIII, então Príncipe de Gales assim se exibiu com o irmão em Copacabana. O chamado *bikini* (ou 'duas peças') seria inconcebível em qualquer praia do mundo ocidental, há 30 anos.

Negro de braço dado com branca em público, ou propósito de casamento entre ambos, constituía crime e atentado aos bons costumes em vários Estados norte-americanos do Sul, até um tempo bem próximo do atual." (*RTJ* 47/790)

Na mesma ocasião, ratificou o Ministro Evandro Lins e Silva:

"Conceito de obscenidade é variável no tempo e no espaço. O que era considerado obsceno, há bem pouco tempo, deixou de o ser, com a mudança de costumes e o conhecimento que a juventude passou a ter de problema que lhe eram proibidos estudar e conhecer, até recentemente." (*RTJ* 47/797)

Portanto, não estão configurados os elementos caracterizadores de ato obsceno.

É certo, poder-se-ia cogitar, objetivamente, de injúria. Porém, além de não haver vítima determinada, a injúria configura crime que demanda a propositura de queixa (CP, art. 145).

Nesses termos, com a devida vênia, o meu voto é pela concessão da ordem para que se determinar o trancamento da ação penal.

---

[3] MENDES, Gilmar Ferreira; FORSTER JÚNIOR, Nestor José. *Manual de redação da Presidência da República*. 2. ed. rev. e atual. Brasília: Presidência da República, 2002, p. 87.

[4] RMS 18.534, Rel. Min. Aliomar Baleeiro, *RTJ* 47/787.

Liberdade de expressão artística, científica, de imprensa e liberdade de exercício profissional   **951**

EXPLICAÇÃO – Sr. Presidente, eu gostaria de fazer uma pequena observação.

É claro que a jurisprudência pacífica da Corte – o Ministro Carlos Velloso ressaltou bem, e nós todos temos feito isso – é no sentido de não se conceder a ordem quando a matéria envolver questões de fato que serão devidamente examinadas na fase instrutória. Mas, como Vossa Excelência, inclusive, houve por bem ressaltar, estamos aqui com um tipo marcadamente normativo, envolvendo esses conceitos culturais fortíssimos. Isso se aplica muito à questão da restrição dos direitos fundamentais em geral – uma boa lembrança, que rocei no meu voto: esse caráter subsidiário do princípio da reserva legal ou da atividade legislativa. A lei, é claro, exerce um papel decisivo na sociedade moderna, no Estado atual, mas a presunção de liberdade que lastreia o Estado de Direito Democrático exige que esse seja um regime legal mínimo. Portanto, devemos ter, talvez, uma cautela para não tentar criminalizar as condutas ou solver, mediante o direito penal, conflitos que podem ser resolvidos de outra maneira por uma sociedade madura. Daí ter colocado no meu voto a possibilidade de que a repulsa, a reprovação à semelhante atitude se traduza também por mecanismos sociais outros que não aqueles decorrentes da aplicação do direito penal.

HC 82.424[1]

Publicação de livros: antissemitismo – Racismo – Crime imprescritível – Conceituação – Abrangência constitucional – Liberdade de expressão – Limites – Raça humana – Subdivisão – Inexistência.

Impetrou-se *habeas corpus* contra decisão do Superior Tribunal de Justiça na qual se alegava que, *"embora condenado o ora paciente pelo crime tipificado no artigo 20, da Lei 7.716/89, com a redação dada pela Lei 8.081/90, foi ele condenado pelo delito de discriminação contra os judeus, delito esse que não tem conotação racial para se lhe atribuir a imprescritibilidade que, pelo artigo 5º, XLII, da Constituição ficou restrito ao crime de racismo. E, depois de sustentarem, com apoio em autores de origem judaica, que os judeus não são uma raça, requerem que 'seja liminarmente suspensa a averbação de imprescritibilidade constante do acórdão, para que, até o julgamento do presente pedido, seja suspensa a execução da sentença', sendo afinal concedida a ordem para 'desconstituir a averbação de imprescritibilidade para o crime a que o paciente foi condenado', reconhecendo-se a ocorrência da extinção da punibilidade pela prescrição da pretensão punitiva, uma vez que o ora paciente foi condenado à pena de dois anos de reclusão com 'sursis' em julgamento ocorrido em 31 de outubro de 1996, quatro anos, onze meses e dezessete dias após o recebimento da denúncia"*[2].

Eis a ementa da decisão contestada:

"Criminal. Habeas corpus. Prática de racismo. Edição e venda de livros fazendo apologia de ideias preconceituosas e discriminatórias. Pedido de afastamento da imprescritibilidade do delito. Considerações acerca de se tratar de prática de racismo, ou não. Argumento de que os judeus não seriam raça. Sentido do termo e das afirmações feitas no acórdão. Impropriedade do writ. Legalidade da condenação por crime contra a comunidade judaica. Racismo que não pode ser abstraído. Prática, incitação e induzimento que não devem ser diferenciados para fins de caracterização do delito de racismo. Crime formal. Imprescritibilidade que não pode ser afastada. Ordem denegada.

I. O habeas corpus é meio impróprio para o reexame dos termos da condenação do paciente, através da análise do delito – se o mesmo configuraria prática de racismo ou caracterizaria outro tipo de prática discriminatória, com base em argumentos levantados a respeito dos judeus – se os mesmos seriam raça, ou não – tudo visando a alterar a pecha de imprescritibilidade ressaltada pelo acórdão condenatório, pois seria necessária controvertida e imprópria análise dos significados do vocábulo, além de amplas considerações acerca da eventual intenção do legislador e inconcebível avaliação do que o Julgador da instância ordinária efetivamente 'quis dizer' nesta ou naquela afirmação feita no decisum.

II. Não há ilegalidade na decisão que ressalta a condenação do paciente por delito contra a comunidade judaica, não se podendo abstrair o racismo de tal comportamento, pois não há que se fazer diferenciação entre as figuras da prática, da incitação ou do induzimento, para fins de configuração do racismo, eis que todo aquele que pratica uma destas condutas discriminatórias ou preconceituosas, é autor do delito de racismo, inserindo-se, em princípio, no âmbito da tipicidade direta.

III. Tais condutas caracterizam crime formal, de mera conduta, não se exigindo a realização do resultado material para a sua configuração.

IV. Inexistindo ilegalidade na individualização da conduta imputada ao paciente, não há por que ser afastada a imprescritibilidade do crime pelo qual foi condenado.

Ordem denegada."

A Procuradoria-Geral da República manifestou-se pelo indeferimento do pedido.

---

[1] Em sessão realizada no dia 17.9.2003, o Supremo Tribunal Federal, por maioria, indeferiu o *habeas corpus*, vencidos os Ministros Moreira Alves e Marco Aurélio, que concediam a ordem para reconhecer a prescrição da pretensão punitiva do delito, e o Min. Carlos Britto, que a concedia, *ex officio*, para absolver o paciente por falta de tipicidade da conduta (*DJ* de 19.3.2004).

[2] Extraído do Relatório elaborado pelo Min. Moreira Alves.

Liberdade de expressão artística, científica, de imprensa e liberdade de exercício profissional 953

O julgado foi ementado nestes termos:

EMENTA: Habeas corpus. *Publicação de livros: antissemitismo. Racismo. Crime imprescritível. Conceituação. Abrangência constitucional. Liberdade de expressão. Limites. Ordem denegada.*
1. Escrever, editar, divulgar e comerciar livros "fazendo apologia de ideias preconceituosas e discriminatórias" contra a comunidade judaica (Lei 7716/89, artigo 20, na redação dada pela Lei 8081/90) constitui crime de racismo sujeito às cláusulas de inafiançabilidade e imprescritibilidade (CF, artigo 5º, XLII). 2. Aplicação do princípio da prescritibilidade geral dos crimes: se os judeus não são uma raça, segue-se que contra eles não pode haver discriminação capaz de ensejar a exceção constitucional de imprescritibilidade. Inconsistência da premissa. 3. Raça humana. Subdivisão. Inexistência. Com a definição e o mapeamento do genoma humano, cientificamente não existem distinções entre os homens, seja pela segmentação da pele, formato dos olhos, altura, pêlos ou por quaisquer outras características físicas, visto que todos se qualificam como espécie humana. Não há diferenças biológicas entre os seres humanos. Na essência são todos iguais. 4. Raça e racismo. A divisão dos seres humanos em raças resulta de um processo de conteúdo meramente político-social. Desse pressuposto origina-se o racismo que, por sua vez, gera a discriminação e o preconceito segregacionista. 5. Fundamento do núcleo do pensamento do nacional-socialismo de que os judeus e os arianos formam raças distintas. Os primeiros seriam raça inferior, nefasta e infecta, características suficientes para justificar a segregação e o extermínio: inconciabilidade com os padrões éticos e morais definidos na Carta Política do Brasil e do mundo contemporâneo, sob os quais se ergue e se harmoniza o estado democrático. Estigmas que por si só evidenciam crime de racismo. Concepção atentatória dos princípios nos quais se erige e se organiza a sociedade humana, baseada na respeitabilidade e dignidade do ser humano e de sua pacífica convivência no meio social. Condutas e evocações aéticas e imorais que implicam repulsiva ação estatal por se revestirem de densa intolerabilidade, de sorte a afrontar o ordenamento infraconstitucional e constitucional do País. 6. Adesão do Brasil a tratados e acordos multilaterais, que energicamente repudiam quaisquer discriminações raciais, aí compreendidas as distinções entre os homens por restrições ou preferências oriundas de raça, cor, credo, descendência ou origem nacional ou étnica, inspiradas na pretensa superioridade de um povo sobre outro, de que são exemplos a xenofobia, "negrofobia", "islamafobia" e o antissemitismo. 7. A Constituição Federal de 1988 impôs aos agentes de delitos dessa natureza, pela gravidade e repulsividade da ofensa, a cláusula de imprescritibilidade, para que fique, ad perpetuam rei memoriam, verberado o repúdio e a abjeção da sociedade nacional à sua prática. 8. Racismo. Abrangência. Compatibilização dos conceitos etimológicos, etnológicos, sociológicos, antropológicos ou biológicos, de modo a construir a definição jurídico-constitucional do termo. Interpretação teleológica e sistêmica da Constituição Federal, conjugando fatores e circunstâncias históricas, políticas e sociais que regeram sua formação e aplicação, a fim de obter-se o real sentido e alcance da norma. 9. Direito comparado. A exemplo do Brasil as legislações de países organizados sob a égide do estado moderno de direito democrático igualmente adotam em seu ordenamento legal punições para delitos que estimulem e propaguem segregação racial. Manifestações da Suprema Corte Norte-Americana, da Câmara dos Lordes da Inglaterra e da Corte de Apelação da Califórnia nos Estados Unidos que consagraram entendimento que aplicam sanções àqueles que transgridem as regras de boa convivência social com grupos humanos que simbolizem a prática de racismo. 10. A edição e publicação de obras escritas veiculando ideias antissemitas, que buscam resgatar e dar credibilidade à concepção racial definida pelo regime nazista, negadoras e subversoras de fatos históricos incontroversos como o holocausto, consubstanciadas na pretensa inferioridade e desqualificação do povo judeu, equivalem à incitação ao discrímen com acentuado conteúdo racista, reforçadas pelas consequências históricas dos atos em que se baseiam. 11. Explícita conduta do agente responsável pelo agravo revelador de manifesto dolo, baseada na equivocada premissa de que os judeus não só são uma raça, mas, mais do que isso, um segmento racial atávica e geneticamente menor e pernicioso. 12. Discriminação que, no caso, se evidencia como deliberada e dirigida especificamente aos judeus, que configura ato ilícito de prática de racismo, com as consequências gravosas que o acompanham. 13. Liberdade de expressão. Garantia constitucional que não se tem como absoluta. Limites morais e jurídicos. O direito à livre expressão não pode abrigar, em sua abrangência, manifestações de conteúdo imoral que implicam ilicitude penal. 14. As liberdades públicas não são incondicionais, por isso devem ser exercidas de maneira harmônica, observados os limites definidos na própria Constituição Federal (CF, artigo

5º, § 2º, *primeira parte). O preceito fundamental de liberdade de expressão não consagra o "direito à incitação ao racismo", dado que um direito individual não pode constituir-se em salvaguarda de condutas ilícitas, como sucede com os delitos contra a honra. Prevalência dos princípios da dignidade da pessoa humana e da igualdade jurídica. 15. "Existe um nexo estreito entre a imprescritibilidade, este tempo jurídico que se escoa sem encontrar termo, e a memória, apelo do passado à disposição dos vivos, triunfo da lembrança sobre o esquecimento". No estado de direito democrático devem ser intransigentemente respeitados os princípios que garantem a prevalência dos direitos humanos. Jamais podem se apagar da memória dos povos que se pretendam justos os atos repulsivos do passado que permitiram e incentivaram o ódio entre iguais por motivos raciais de torpeza inominável. 16. A ausência de prescrição nos crimes de racismo justifica-se como alerta grave para as gerações de hoje e de amanhã, para que se impeça a reinstauração de velhos e ultrapassados conceitos que a consciência jurídica e histórica não mais admitem. Ordem denegada.*

VOTO-VISTA

1. Introdução

Como já relatado pelo Ministro Moreira Alves, a questão gira em torno de decisão do Superior Tribunal de Justiça que indeferiu *habeas corpus* para manter a condenação de acusado de crime de discriminação contra os judeus, sob o fundamento de que tal conduta se enquadraria como racismo sendo, portanto, imprescritível.

Proferiu voto o Ministro-Relator no sentido de declarar a extinção da punibilidade do paciente pela ocorrência da prescrição da pretensão punitiva do Estado, ante a não configuração do crime de "racismo" nos moldes do artigo 5º, XLII, da Constituição.

Apontou como fundamentos de sua decisão, em síntese, que a expressão "nos termos da lei", que se encontra na parte final do art. 5º, XLII, CF, não delega ao legislador ordinário a função de dar o entendimento que lhe aprouver sobre o significado de "racismo", mas apenas que cabe a ele tipificar as condutas em que consiste esta prática e quantificar a respectiva pena. O Relator partiu de uma interpretação restritiva e histórica do conceito de racismo, para concluir que o antissemitismo não está compreendido no conceito de racismo. Buscou a intenção do constituinte de 1987/88, ao mencionar as discussões acerca da Emenda Aditiva que deu origem ao art. 5º, XLII, da Constituição. Afirmou o Ministro: "O elemento histórico – que, como no caso, é importante na interpretação da Constituição, quando ainda não há, no tempo, distância bastante para interpretação evolutiva que, por circunstâncias novas, conduza a sentido diverso do que decorre dele – converge para dar a 'racismo' o significado de preconceito ou de discriminação racial, mais especificamente contra a raça negra." E foi, por entender que o dispositivo constitucional não se aplicava a outros grupos, que o Ministro concluiu que "não se pode qualificar o crime por discriminação pelo qual foi condenado o ora paciente como delito de racismo, e, assim, imprescritível a pretensão punitiva do Estado."

Em sede de voto-vista, afirmou o Ministro Maurício Corrêa que não se pode emprestar isoladamente o significado usual de raça como expressão simplesmente biológica, devendo-se levar em consideração as diversas acepções a que o termo se submete, incluindo aí a antropológica e a sociológica. Ademais, a experiência genética vem apontando que o conceito tradicional de raça – negros, brancos e amarelos – não pode mais ser considerado. Ressaltou ainda que a discussão se os judeus se constituem ou não uma raça perde sentido na medida em que quem discrimina o está fazendo como uma raça, promovendo e incitando a segregação. Assim, afigura-se mais relevante o conceito antropológico do que o científico. A existência de diversas raças decorre de mera concepção histórica, política e social, sendo ela a ser considerada na aplicação do Direito.

Entendeu, portanto, o Ministro Corrêa, que o antissemitismo constitui forma de racismo e, em consequência, crime imprescritível, seja porque o conceito de raça não pode ser resumido à

Liberdade de expressão artística, científica, de imprensa e liberdade de exercício profissional 955

semelhança de meras características físicas, seja porque tal movimento vê os judeus como uma raça, ainda que esta concepção seja sob a ótica social e política.

Na mesma linha, sustentou o Ministro Celso de Mello em antecipação de voto.

Pedi vista dos autos para melhor analisar a questão.

2. O conceito de racismo

A questão central trazida à análise do Supremo Tribunal Federal gira em torno do alcance do termo "racismo" empregado pelo constituinte no art. 5º, inciso XLII, para se considerar ou não imprescritível a conduta antissemita atribuída ao paciente.

Parece ser pacífico hoje o entendimento segundo o qual a concepção a respeito da existência de raças assentava-se em reflexões pseudocientíficas. Nesse sentido, destaquem-se as considerações de Kevin Boyle:

"Reconhecemos hoje que a classificação biológica dos seres humanos em raça e hierarquia racial – no topo da qual encontrava-se certamente a raça branca – era produto pseudocientífico do século XIX. Num tempo em que nós já mapeamos o genoma humano, prodigiosa pesquisa que envolveu o uso de material genético de todos os grupos étnicos, sabemos que existe somente uma raça – a raça humana. Diferenças humanas em aspectos físicos, cor da pele, etnias e identidades culturais, não são baseadas em atributos biológicos. Na verdade, a nova linguagem dos mais sofisticados racistas abandona qualquer base biológica em seus discursos. Eles agora enfatizam diferenças culturais e irreconciliáveis como justificativa de seus pontos de vista extremistas."[3]

É certo, por outro lado, que, historicamente, o racismo prescindiu até mesmo daquele conceito pseudocientífico para estabelecer suas bases, desenvolvendo uma ideologia lastreada em critérios outros.

A propósito da configuração da ideologia racista, anota Bobbio, que são necessárias três condições, que ele define como postulados do racismo como visão de mundo, *verbis*:

"1. A humanidade está dividida em raças diversas, cuja diversidade é dada por elementos de caráter biológico e psicológico, e também em última instância por elementos culturais, que, porém, derivam dos primeiros. Dizer que existem raças significa dizer que existem grupos humanos cujos caracteres são invariáveis e se transmitem hereditariamente.

[...]

2. Não só existem raças diversas, mas existem raças superiores e inferiores. Com essa afirmação, a ideologia racista dá um passo avante. Mas fica diante da dificuldade de fixar os critérios com base nos quais se pode estabelecer com certeza que uma raça é superior a outra.

[...]

3. Não só existem raças, não só existem raças superiores e inferiores, mas as superiores, precisamente porque são superiores, têm o direito de dominar as inferiores, e de extrair disso, eventualmente, todas as vantagens possíveis. A justificação do colonialismo se serviu sobretudo do segundo princípio: há não muitos anos, a União Soviética justificou a agressão ao Afeganistão sustentando que era seu dever dar uma ajuda fraterna ao povo vizinho ameaçado por inimigos poderosos. No entanto, o racismo jamais renunciou ao uso do terceiro princípio"[4].

Daí concluir Bobbio:

"Não há necessidade de ler o *Mein Kampf* de Hitler para encontrar frases em que se afirma peremptoriamente que as raças superiores devem dominar as inferiores, porque já no tempo do colonialismo

---

[3] BOYLE, Kevin. Hate Speech – The United States versus the rest of the world? In: *Maine Law Review*, v. 53:2, 2001, p. 490.

[4] BOBBIO, Norberto. *Elogio da Serenidade*. São Paulo: Unesp, 2002. p. 127-128.

triunfante havia quem dizia, como o historiador e filósofo Ernest Renan, que a conquista de um país de raça inferior por parte de uma raça superior não tem nada de inconveniente. Mas foi apenas com o advento ao poder de Hitler que se formou pela primeira vez na história da Europa civilizada 'um Estado racial': um Estado racial no mais pleno sentido da palavra, pois a pureza da raça devia ser perseguida não só eliminando indivíduos de outras raças, mas também indivíduos inferiores fisicamente ou psiquicamente da própria raça, como os doentes terminais, os prejudicados psíquicos, os velhos não mais autossuficientes"[5].

Já em 1932, como aponta Pierre-André Taguieff, em seu *La force du préjugé*, a referência ao termo "racista" apresentada pela Larousse restringia sua extensão aos "nacionais-socialistas alemães", ao atribuir-lhes uma intenção assim descrita na referida enciclopédia:

"... eles pretendem representar a pura raça alemã, excluindo os judeus, etc."[6].

Surge assim, conforme Taguieff, um dos dois elementos centrais metafóricos constitutivos das definições do racismo – *a pureza da raça* –, por meio de uma referência que caracterizava o nacional-socialismo, antes mesmo de sua instituição como regime. O segundo elemento metafórico, *a superioridade da raça*, apareceu no suplemento de 1953 da mesma Larousse, que assim definiu o termo "racismo":

"Teoria que tem por finalidade proteger a pureza da raça dentro de uma nação e que lhe atribui uma superioridade sobre as demais"[7].

Continua Taguieff:

"Em 1925, no seu livro de referência sobre a Alemanha contemporânea, Edmond Vermeil reintroduziu proposital e expressamente o adjetivo 'racista' para traduzir o termo intraduzível alemão *völkisch* e sugeriu a identificação, que acabou se banalizando na década dos trinta, do racismo (alemão) ao antissemitismo nacionalista ou às tendências antijudaicas do movimento nacionalista na Alemanha dos anos vinte: 'É assim que o partido nacional-alemão se dividiu em dois campos. A extrema direita 'racista' (*völkisch*) se separou do partido. O *racismo* pretende, assim, reforçar o nacionalismo, lutar, internamente, contra tudo que não é alemão e, no exterior, em favor de todos os que têm nomes alemães. Sua doutrina incorporou a de Hitler na Baviera. Ele floresce hoje em todos os estados alemães, onde está por toda parte em luta aberta contra os elementos mais moderados do nacionalismo [...]. O Partido Populista [...] se crê tão patriota, tão alemão quanto os nacionais-alemães ou os *racistas*"[8].

Daí a observação de Taguieff:

"Se há racismo no discurso sobre as raças e fora dele, se há racismo com ou sem a invocação da raça, é porque há um sentido social complexo daquilo que chamamos de racismo, e por trás daquilo que designamos ordinariamente como tal – a saber, as marcas exteriores do racismo [...]. O 'racismo' não é um conceito biológico, remarcou um dia Emmanuel Lévinas, que acrescentou: 'o antissemitismo é o arquétipo de todo aprisionamento. A opressão social, ela mesma, não faz mais do que reproduzir este modelo. Ela enclausura em uma classe, priva de expressão e condena ao 'significante sem significado', e, desde já, à violência e aos combates"[9].

Sobre a dinâmica que marca o fenômeno do racismo, é interessante registrar a observação de Norberto Bobbio, *verbis*:

---

[5]   Bobbio, *Elogio da Serenidade*, cit., p. 128-129.
[6]   TAGUIEFF, Pierre-André. *La force du préjugé: essai sur le racisme et ses doubles*, Paris: la Découverte, 1992, p. 149.
[7]   Taguieff, *La force du préjugé*, cit., p. 149.
[8]   Taguieff, *La force du préjugé*, cit., p. 131.
[9]   Taguieff, *La force du préjugé*, cit., p. 105-106.

Liberdade de expressão artística, científica, de imprensa e liberdade de exercício profissional   957

"Dou alguns exemplos para mostrar que não existem surpresas: o preconceito é monótono. As frases que hoje são dirigidas aos extracomunitários, ou seja, aos que não pertencem à Comunidade Europeia, são mais ou menos as mesmas que, há alguns decênios, em Turim, eram dirigidas aos italianos do Sul, aos meridionais.

[...]

O preconceito não apenas provoca opiniões errôneas, mas, diferentemente de muitas opiniões errôneas, é mais difícil de ser vencido, pois o erro que ele provoca deriva de uma crença falsa e não de um racio-cínio errado que se pode demonstrar falso, nem da incorporação de um dado falso, cuja falsidade pode ser empiricamente provada"[10].

Sobre esse aspecto, vale também trazer a lição de Norberto Bobbio, que, ao descrever a fe-nomenologia do racismo, esclarece:

"[...] A relação de diversidade, e mesmo a de superioridade, não implica as consequências da discrimi-nação racial. Que não se restringe à consideração da superioridade de uma raça sobre outra, mas dá um outro passo decisivo (aquele que chamei de terceira fase no processo de discriminação): com base precisamente no juízo de que uma raça é superior e a outra é inferior, sustenta que a primeira deve comandar, a segunda obedecer, a primeira dominar, a outra ser subjugada, a primeira viver, a outra morrer. Da relação superior-inferior podem derivar tanto a concepção de que o superior tem o dever de ajudar o inferior a alcançar um nível mais alto de bem-estar e civilização, quanto a concepção de que o superior tem o direito de suprimir o inferior. Somente quando a diversidade leva a este segundo modo de conceber a relação entre superior e inferior é que se pode falar corretamente de uma verda-deira discriminação, com todas as aberrações dela decorrentes. Entre estas aberrações, a historicamente mais destrutiva foi a 'solução final' concebida pelos nazistas para resolver o problema judaico no mun-do: o extermínio sistemático de todos os judeus existentes em todos os países em que o nazismo esten-dera seu domínio. Para chegar a esta conclusão, os doutrinadores do nazismo tiveram de passar por estas três diversas fases: a) os judeus são diferentes dos arianos; b) os arianos são uma raça superior; c) as raças superiores devem dominar as inferiores, e até mesmo eliminá-las quando isto for necessário para a própria conservação"[11].

Essas considerações demonstram que, do ponto de vista estritamente histórico, não há como negar o caráter racista do antissemitismo.

Não é por outra razão que, tal como ressaltado nos votos dos Ministros Maurício Corrêa e Celso de Mello, diversos instrumentos internacionais subscritos pelo Brasil não deixam dúvida sobre o claro compromisso no combate ao racismo em todas as suas formas de manifestação, inclusive o antissemitismo.

A propósito, vale aqui mencionar decisões proferidas pela Suprema Corte dos Estados Uni-dos da América e pela Câmara dos Lordes na Inglaterra, transcritas no Parecer do Professor Celso Lafer, já referidas nos votos dos Ministros Maurício Corrêa e Celso de Mello.

A Suprema Corte Americana, em caso julgado em 1987 (Shaare Tefila Congregation *versus* Cobb, US 615), reformou decisão proferida pelas instâncias inferiores, no sentido de se negar aos judeus, por não serem grupo racial distinto, a tutela prevista pela legislação norte-americana de 1982, voltada para o combate à discriminação racial.

Entendeu a Corte Americana que, apesar de serem judeus, na data da decisão, parte do que é tido como a raça caucasiana, estavam eles tutelados pela legislação de 1982, que visava a pro-teger da discriminação classes identificáveis de pessoas, dando assim, maior conteúdo jurídico à dignidade da pessoa humana e à repressão à prática do racismo[12].

---

[10] Bobbio, *Elogio da Serenidade*, cit., p. 120-121.
[11] Bobbio, *Elogio da Serenidade*, cit., p. 109-110.
[12] Cf. LAFER, Celso, *Parecer*, p. 44-47.

Estado de Direito e Jurisdição Constitucional – Decisões relevantes em 15 anos de atuação no STF

A Câmara dos Lordes, em 1983, no caso Mandla e outro *versus* Dowell Lee e outro, entendeu que, à luz do Racial Relations Act de 1976, tratava-se de um caso de discriminação, apesar das longas discussões acerca da inclusão ou não do *sikhs* como um "grupo racial". Firmou a Corte que o significado do termo 'étnico' não pode ter sido empregado em sentido estrito. Acrescentou, ainda, que seria absurdo o Parlamento pretender que grupos raciais fossem formados a partir de uma prova científica. Afirmou, então, o juiz inglês que a palavra "étnico" deveria ser interpretada de maneira ampla, em seu sentido cultural e histórico[13].

Nesse sentido, bem conclui Trina Jones, Professora Associada de Direito da Universidade de Duke:

"Raça é o significado social atribuído a uma categoria. É um conjunto de crenças e convicções sobre indivíduos de um grupo racial em particular. Essas crenças são abrangentes, compreendendo convicções sobre a parte intelectual, sobre a parte física, sobre classe e moral, dentre outras coisas"[14].

Todos esses elementos levam-me à convicção de que o racismo, enquanto fenômeno social e histórico complexo, não pode ter o seu conceito jurídico delineado a partir do referencial "raça". Cuida-se aqui de um conceito pseudocientífico notoriamente superado. Não estão superadas, porém, as manifestações racistas aqui entendidas como aquelas manifestações discriminatórias assentes em referências de índole racial (cor, religião, aspectos étnicos, nacionalidade, etc.).

Assim é que asseverou o Professor Celso Lafer em seu bem lançado parecer, já referido nos votos dos Ministros Maurício Corrêa e Celso de Mello:

"Neste sentido é essa a quarta conclusão deste parecer: discutir o crime da prática do racismo a partir do termo raça nos termos dos argumentos apresentados no HC 82424-2 em favor de Siegfried Ellwanger, é uma maneira de reduzir e, no limite, esvaziar completamente o conteúdo jurídico do preceito constitucional consagrado pelo art. 5º, XLII, devidamente disciplinado pela legislação infra-constitucional, convertendo-o em crime impossível. O art. 5º, LXII, não menciona raça e o conteúdo jurídico do crime da prática do racismo reside nas teorias e preconceitos que discriminam grupos e pessoas a eles atribuindo características de uma 'raça'. Só existe uma 'raça' – a espécie humana – e, portanto, do ponto de vista biológico, não apenas os judeus, como também os negros, os indígenas, os ciganos ou quaisquer outros grupos, religiões ou nacionalidades não formam uma raça o que não exclui, ressalvo, o direito à diversidade. No entanto, todos são passíveis de sofrer a prática do racismo"[15].

Assim não vejo como se atribuir ao texto constitucional significado diverso, isto é, que o conceito jurídico de racismo não se divorcia do conceito histórico, sociológico e cultural assente em referências supostamente raciais, aqui incluído o antissemitismo.

3. O racismo e a liberdade de expressão e de opinião

Se se aceita a ideia de que o conceito de racismo contempla, igualmente, as manifestações de antissemitismo, há de se perguntar sobre como se articulam as condutas ou manifestações de caráter racista com a liberdade de expressão positivada no texto constitucional. Essa indagação assume relevo ímpar, especialmente se se considera que a liberdade de expressão, em todas as suas formas, constitui pedra angular do próprio sistema democrático. Talvez seja a liberdade de expressão, aqui contemplada a própria liberdade de imprensa, um dos mais efetivos instrumentos de controle do próprio governo. Para não falar que se constitui, igualmente, em elemento essencial da própria formação da consciência e de vontade popular.

Não se desconhece, porém, que, nas sociedades democráticas, há uma intensa preocupação com o exercício de liberdade de expressão consistente na incitação à discriminação racial, o que

[13] Cf. Lafer, *Parecer*, p. 47-50.
[14] Shades of Brown: the Law of Skin Color. In: *Duke Law Journal*, v. 49: 1487, 200, p. 1497.
[15] Op. cit., p. 42.

Liberdade de expressão artística, científica, de imprensa e liberdade de exercício profissional   **959**

levou ao desenvolvimento da doutrina do *"hate speech"*. Ressalte-se, porém, que o *"hate speech"* não tem como objetivo exclusivo a questão racial[16].

Nesse sentido indaga Kevin Boyle, em um estudo recente: "Por que o 'discurso de ódio' é um tema problemático?" Ele mesmo responde:

"A resposta reside no fato de estarmos diante de um conflito entre dois direitos numa sociedade democrática – a liberdade de expressão e o direito à não discriminação. A liberdade de expressão, incluindo a liberdade de imprensa, é fundamental para uma democracia. Se a democracia é definida como controle popular do governo, então, se o povo não puder expressar seu ponto de vista livremente, esse controle não é possível. Não seria uma sociedade democrática. Mas, igualmente, o elemento central da democracia é o valor da igualdade política. *'Every one counts as one and no more than one'*, como disse Jeremy Bentham. Igualdade política é, consequentemente, também necessária, se uma sociedade pretende ser democrática. Uma sociedade que objetiva a democracia deve tanto proteger *o direito de liberdade de expressão* quanto *o direito à não discriminação*. Para atingir a igualdade política é preciso proibir a discriminação ou a exclusão de qualquer sorte, que negue a alguns o exercício de direitos, incluindo o direito à participação política. Para atingir a liberdade de expressão é preciso evitar a censura governamental aos discursos e à imprensa"[17].

Como se vê, a discriminação racial levada a efeito pelo exercício da liberdade de expressão compromete um dos pilares do sistema democrático, a própria ideia de igualdade.

Mais uma vez peço vênia para registrar a reflexão de Kevin Boyle, que bem se aplica ao presente caso:

"O ressurgimento na Alemanha e em toda a Europa Ocidental do antissemitismo e da xenofobia é tema de profunda seriedade para as democracias europeias. No início deste ano [a referência é ao ano de 2001] os países da União Europeia tomaram a extraordinária decisão de boicotar o governo austríaco, por vários meses, pela inclusão, na nova colisão de governo, do Partido Nacional de extrema-direita, dirigido por Jorg Heider, que defende políticas contra imigrantes e idolatra as políticas econômicas de Hitler. [...] o governo alemão solicitou à Corte Constitucional Alemã que considerasse a supressão ou o banimento do Partido Democrático Nacional. Ele é acusado de preparar jovens para ataques a estrangeiros, judeus e sinagogas judaicas.

A preocupação com o tema do antissemitismo levou um grande número de países a criminalizar o chamado *discurso revisionista* e a aprovar leis contra a negação do holocausto que pode ser detectada desde 1945. Os campos de concentração, como Auschwitz, não foram abertos a um mundo horrorizado antes que as primeiras publicações minimizassem o que realmente havia ocorrido. Esse tipo de literatura tornou-se mais proeminente nos anos 70. O material incluía desde o simplório – um recente panfleto com a frase 'O Holocausto foi um EMBUSTE, vamos torná-lo REAL!' – à aparentemente sérias pesquisas históricas em publicações acadêmicas, como o impressionante *'Journal for Historical Review'*. Nessas publicações são encontradas afirmações tais como o fato de não terem sido mortos 6 milhões de judeus, mas somente algumas centenas; ou que as câmaras de gás não poderiam ter sido utilizadas em Auschwitz porque eles não tinham a tecnologia para tal. Alegadas evidências documentais de testemunhas sobreviventes ou o diário de Anne Frank não passam de fabricações. Hitler jamais ordenou a Solução Final – ele era inocente, etc.

O antissemitismo nessas publicações, explícito ou implícito, é bastante claro. Não foi melhor exposto, entretanto, como no início deste ano, quando o historiador David Irvine, um notório negador do holocausto, processou a Editora Penguin e Deborah Lipstadt, sob a alegação de que ele havia sido difamado no livro *'Denying the Holocaust: The Growing Assault on Truth and Memory'*, de autoria de Lipstadt. Ela referiu-se a ele como antissemita, um partidário de Hitler, um falso historiador. O próprio Irvine subiu à tribuna para defender-se. O juiz, em um julgamento devastador (os autos atingiram 300 páginas!), afirmou que Lipstadt estava certa – e que Irvine era mesmo tudo aquilo.

---

[16]   Boyle, Hate Speech, cit., p. 490.
[17]   Boyle, Hate Speech, cit., p. 490.

960 Estado de Direito e Jurisdição Constitucional – Decisões relevantes em 15 anos de atuação no STF

Cinco países europeus – a Bélgica, a Alemanha, a França, a Espanha e a Suíça – adotaram diferentes modelos de legislação, mas, na essência, todos consideram crime a banalização ou a negação dos fatos históricos do holocausto ou a justificação do genocídio nacional-socialista. Na Alemanha, a ofensa criada equivale àquela que critica a dignidade do morto. A lei francesa, conhecida como lei Gaysott, foi aprovada em 1990, depois de uma onda de antissemitismo e profanação e pinturas de suásticas em cemitérios judeus. O questionamento público da existência de crimes julgados em Nuremberg foi considerado ofensa. Essa ofensa foi incluída num amplo estatuto, que tornou ilegal o racismo, o antissemitismo ou atos xenófobos.

[...], as preocupações de que essas leis interferem seriamente com a liberdade de pensamento e de opinião deram trabalho aos promotores das liberdades civis e aos tribunais na Europa. Entretanto, foram as leis mantidas pelos tribunais. Em 1987, o líder da Frente Nacional, do partido de extrema-direita na França, Jean Marie Le Pen, foi multado por declarar numa entrevista de rádio que o assassinato de judeus em câmaras de gás foi *'um point de detail'* (um mero detalhe). O historiador revisionista Robert Faurisson, numa entrevista para uma revista francesa, criticou a lei Gaysott, considerando-a ameaçadora da liberdade de expressão; e ele foi além, ao declarar que tinha uma convicção pessoal de que a exterminação de judeus em câmaras de gás jamais existiu nos campos de concentração. Com base nessa última afirmação, ele foi condenado e multado pelo Tribunal de Grande Instância de Paris (TGI), em 1991. Ele depois interpôs recurso para o Comitê de Direitos Humanos, com base na Convenção de Direitos Políticos e Civis, que vinha sendo discutida, sob a alegação de que sua condenação era uma violação à garantia da liberdade de expressão, expressa no artigo 19 da Convenção.

O Comitê de Direitos Humanos manteve a condenação, considerando-a uma interferência justificável ao direito de liberdade de expressão, expresso no artigo 19 da Convenção. O Comitê foi persuadido pelos argumentos do governo francês, no sentido de que a negação do holocausto é o principal veículo do antissemitismo na França. O então membro dos E.U.A. no Comitê, Sr. Tom Burgenthal, como sobrevivente dos campos de concentração de Auschwitz e Sachsenhausen, absteve-se.

A questão da negação do holocausto foi também julgada pelo Tribunal Europeu de Direitos Humanos [...]. Um grande número de recursos contra as leis de negação ao holocausto foi enfrentado e negado pela Corte Europeia. Atualmente, negar que o holocausto tenha existido pode levar, em alguns países na Europa, a uma condenação criminal, e, diante o Tribunal Europeu de Direitos Humanos, não haverá proteção ao direito da liberdade de expressão"[18].

Poder-se-ia ainda indagar, como o fez o Ministro Sepúlveda Pertence, se o livro poderia ser instrumento de um crime, cujo verbo central é "incitar".

Que, em tese, é possível o livro ser instrumento de crime de discriminação racial, não parece haver dúvida. As decisões de Cortes europeias a propósito da criminalização do "Holocaust Denial" confirmam-no de forma inequívoca[19]. É certo, outrossim, que a história confirma o efeito deletério que o discurso de intolerância pode produzir, valendo-se dos mais diversos meios ou instrumentos.

É verdade, ainda que a resposta possa ser positiva, como no caso parece ser, que a tipificação de manifestações discriminatórias, como racismo, há de se fazer com base em um juízo de proporcionalidade. O próprio caráter aberto – diria inevitavelmente aberto – da definição do tipo, na espécie, e a tensão dialética que se coloca em face da liberdade de expressão impõem a aplicação do princípio da proporcionalidade.

A propósito, a própria Corte Europeia de Direitos Humanos, ao julgar o caso Lehideux e Isorni *versus* França (55/1997/839/1045), ECHR, 23 set. 98, aplicou o princípio da proporcionalidade, ao estabelecer um confronto entre o art. 10 (liberdade de expressão) e o art. 17 (proibição de abuso de direito) da Convenção para Proteção dos Direitos do Homem e das Liberdades Fundamentais.

---

[18] Boyle, Hate Speech, cit., p. 497-499.
[19] Cf. Boyle, Hate Speech, cit., p. 498.

Liberdade de expressão artística, científica, de imprensa e liberdade de exercício profissional   961

Nesse caso, Jacques Isorni, que foi advogado do Marechal Pétain, e Marie-François Lehideux, foram condenados penalmente pelo Judiciário francês, por "apologia aos crimes de guerra, ou de crimes e delitos de colaboração", depois da publicação de um encarte publicitário no jornal Le Monde, em 13 de julho de 1984, apresentando como "salutares" certos atos de Philippe Pétain. A Corte Europeia considerou que a jurisdição francesa violou o artigo 10 da Convenção Europeia, prevalecendo, nesse caso, a liberdade de expressão.

4.   O princípio da proporcionalidade

Nesse contexto, ganha relevância a discussão da medida de liberdade de expressão permitida sem que isso possa levar à intolerância, ao racismo, em prejuízo da dignidade humana, do regime democrático, dos valores inerentes a uma sociedade pluralista.

Pode-se afirmar, pois, que ao constituinte não passou despercebido que a liberdade de informação haveria de se exercer de modo compatível com o direito à imagem, à honra e à vida privada (CF, art. 5º, X), deixando entrever mesmo a legitimidade de intervenção legislativa, com o propósito de compatibilizar os valores constitucionais eventualmente em conflito. A própria formulação do texto constitucional – *"Nenhuma lei conterá dispositivo..., observado o disposto no art. 5º, IV, V, X, XIII e XIV"* – parece explicitar que o constituinte não pretendeu instituir aqui um domínio inexpugnável à intervenção estatal. Ao revés, essa formulação indica ser inadmissível, tão somente, a disciplina legal que crie embaraços à liberdade de informação. A própria disciplina do direito de resposta, prevista expressamente no texto constitucional, exige inequívoca regulação legislativa.

Outro não deve ser o juízo em relação ao direito à imagem, à honra e à privacidade, cuja proteção pareceu indispensável ao constituinte também em face da liberdade de informação. Não fosse assim, não teria a norma especial ressalvado que a liberdade de informação haveria de se exercer com observância do disposto no art. 5º, X, da Constituição. Se correta essa leitura, tem-se de admitir, igualmente, que o texto constitucional não só legitima, mas também reclama eventual intervenção estatal com o propósito de concretizar a proteção dos valores relativos à imagem, à honra e à privacidade.

Da mesma forma, não se pode atribuir primazia absoluta à liberdade de expressão, no contexto de uma sociedade pluralista, em face de valores outros como os da igualdade e da dignidade humana. Daí ter o texto constitucional de 1988 erigido, de forma clara e inequívoca, o racismo como crime inafiançável e imprescritível (CF, art. 5º, XLII), além de ter determinado que a lei estabelecesse outras formas de repressão às manifestações discriminatórias (art. 5º, XLI).

É certo, portanto, que a liberdade de expressão não se afigura absoluta em nosso texto constitucional. Ela encontra limites, também no que diz respeito às manifestações de conteúdo discriminatório ou de conteúdo racista. Trata-se, como já assinalado, de uma elementar exigência do próprio sistema democrático, que pressupõe a igualdade e a tolerância entre os diversos grupos.

O princípio da proporcionalidade, também denominado princípio do devido processo legal em sentido substantivo, ou ainda, princípio da proibição do excesso, constitui uma exigência positiva e material relacionada ao conteúdo de atos restritivos de direitos fundamentais, de modo a estabelecer um "limite do limite" ou uma "proibição de excesso" na restrição de tais direitos. A máxima da proporcionalidade, na expressão de Robert Alexy[20], coincide igualmente com o chamado núcleo essencial dos direitos fundamentais concebido de modo relativo – tal como o defende o próprio Alexy. Nesse sentido, o princípio ou máxima da proporcionalidade determina o limite último da possibilidade de restrição legítima de determinado direito fundamental.

---

[20]   Robert Alexy. *Theorie der Grundrechte*, Frankfurt am Main, 1986.

A par dessa vinculação aos direitos fundamentais, o princípio da proporcionalidade alcança as denominadas colisões de bens, valores ou princípios constitucionais. Nesse contexto, as exigências do princípio da proporcionalidade representam um método geral para a solução de conflitos entre princípios, isto é, um conflito entre normas que, ao contrário do conflito entre regras, é resolvido não pela revogação ou redução teleológica de uma das normas conflitantes nem pela explicitação de distinto campo de aplicação entre as normas, mas antes e tão somente pela ponderação do peso relativo de cada uma das normas em tese aplicáveis e aptas a fundamentar decisões em sentidos opostos. Nessa última hipótese, aplica-se o princípio da proporcionalidade para estabelecer ponderações entre distintos bens constitucionais.

Nesse sentido, afirma Robert Alexy:

"O postulado da proporcionalidade em sentido estrito pode ser formulado como uma lei de ponderação, cuja fórmula mais simples voltada para os direitos fundamentais diz:

'quanto mais intensa se revelar a intervenção em um dado direito fundamental, maiores hão de se revelar os fundamentos justificadores dessa intervenção'"[21].

Em síntese, a aplicação do princípio da proporcionalidade se dá quando verificada restrição a determinado direito fundamental ou um conflito entre distintos princípios constitucionais de modo a exigir que se estabeleça o peso relativo de cada um dos direitos por meio da aplicação das máximas que integram o mencionado princípio da proporcionalidade. São três as máximas parciais do princípio da proporcionalidade: a adequação, a necessidade e a proporcionalidade em sentido estrito. **Tal como já sustentei em estudo sobre a proporcionalidade na jurisprudência do Supremo Tribunal Federal**[22], há de perquirir-se, na aplicação do princípio da proporcionalidade, se em face do conflito entre dois bens constitucionais contrapostos, o ato impugnado afigura-se adequado (isto é, apto para produzir o resultado desejado), necessário (isto é, insubstituível por outro meio menos gravoso e igualmente eficaz) e proporcional em sentido estrito (ou seja, se estabelece uma relação ponderada entre o grau de restrição de um princípio e o grau de realização do princípio contraposto).

Registre-se, por oportuno, que o princípio da proporcionalidade aplica-se a todas as espécies de atos dos poderes públicos, de modo que vincula o legislador, a administração e o judiciário, tal como lembra Canotilho[23].

No caso concreto, poder-se-ia examinar se a decisão condenatória ao enquadrar, como racismo, a conduta do paciente e, portanto, imprescritível, atendeu às máximas do princípio da proporcionalidade.

A Corte constitucional alemã entende que as decisões tomadas pela Administração ou pela Justiça com base na lei eventualmente aprovada pelo Parlamento submetem-se, igualmente, ao controle de proporcionalidade. Significa dizer que qualquer medida concreta que afete os direitos fundamentais há de se mostrar compatível com o princípio da proporcionalidade[24].

Essa solução parece irrepreensível na maioria dos casos, especialmente naqueles que envolvem normas de conformação extremamente aberta (cláusulas gerais; fórmulas marcadamente abstratas)[25]. É que a solução ou fórmula legislativa não contém uma valoração definitiva de todos os aspectos e circunstâncias que compõem cada caso ou hipótese de aplicação.

---

[21] Palestra proferida na Fundação Casa de Rui Barbosa, Rio de Janeiro, em 10.12.98.

[22] A Proporcionalidade na Jurisprudência do Supremo Tribunal Federal, in *Direitos Fundamentais e Controle de Constitucionalidade: Estudos de Direito Constitucional*, 2. ed., Celso Bastos Editor: IBDC, São Paulo, 1999, p. 72.

[23] *Direito Constitucional e Teoria da Constituição*, Coimbra, Almedina, 2. ed., p. 264.

[24] Schneider, Zur Verhältnismässigkeits-Kontrolle, cit., p. 403.

[25] JAKOBS, Michael, *Der Grundsatz der Verhältnismässigkeit*, Colônia, 1985, p. 150.

Richter e Schuppert analisam essa questão, com base no chamado "caso Lebach", no qual se discutiu a legitimidade de repetição de notícias sobre fato delituoso ocorrido já há algum tempo e que, por isso, ameaça afetar o processo de ressocialização de um dos envolvidos no crime. Abstratamente consideradas, as regras de proteção da liberdade de informação e do direito de personalidade não conteriam qualquer lesão ao princípio da proporcionalidade. Eventual dúvida ou controvérsia somente poderia surgir na aplicação "*in concreto*" das diversas normas[26].

No caso, após analisar a situação conflitiva, concluiu a Corte que "a repetição de informações, não mais coberta pelo interesse de atualidade, sobre delitos graves ocorridos no passado, pode revelar-se inadmissível se ela coloca em risco o processo de ressocialização do autor do delito"[27].

Essa distinção não passou despercebida ao nosso Supremo Tribunal Federal, quando apreciou pedido liminar contra a Medida Provisória n. 173, de 18 de março de 1990, que vedava a concessão de provimentos liminares ou cautelares contra as medidas provisórias constantes do Plano "Collor" (MPs n. 151, 154, 158, 160, 161, 162, 164, 165, 167 e 168).

O voto proferido pelo Ministro Sepúlveda Pertence revela perfeitamente a necessidade de um duplo juízo de proporcionalidade, especialmente em face de normas restritivas abertas ou extremamente genéricas. Após enfatizar que o que chocava na Medida Provisória no 173 eram a generalidade e a abstração, entendeu Sua Excelência que essas características dificultavam um juízo seguro em sede de cautelar na ação direta de inconstitucionalidade[28].

Vale transcrever expressiva passagem do aludido voto, *verbis*:

> "[...] *essa generalidade e essa imprecisão, que a meu ver, podem vir a condenar, no mérito, a validez desta medida provisória, dificultam, sobremaneira, agora, esse juízo sobre a suspensão liminar dos seus efeitos, nesta ação direta.*
>
> *Para quem, como eu, acentuou que não aceita veto peremptório, veto a priori, a toda e qualquer restrição que se faça a concessão de liminar, é impossível, no cipoal de medidas provisórias que se subtraíram ao deferimento de tais cautelares, **initio litis**, distinguir, em tese, e só assim poderemos decidir neste processo – até onde as restrições são razoáveis, até onde são elas contenções, não ao uso regular, mas ao abuso de poder cautelar, e onde se inicia, inversamente, o abuso das limitações e a consequente afronta a jurisdição legítima do Poder Judiciário.*
>
> *[...]*
>
> *Por isso, [...] depois de longa reflexão, a conclusão a que cheguei, **data venia** dos dois magníficos votos precedentes, é que a solução adequada às graves preocupações que manifestei – solidarizando-me nesse ponto com as ideias manifestadas pelos dois eminentes Pares – não está na suspensão cautelar da eficácia, em tese, da medida provisória.*
>
> *O caso, a meu ver, faz eloquente a extrema fertilidade desta inédita simbiose institucional que a evolução constitucional brasileira produziu, gradativamente, sem um plano preconcebido, que acaba, a partir da Emenda Constitucional 16, a acoplar o velho sistema difuso americano de controle de constitucionalidade ao novo sistema europeu de controle direto e concentrado.*
>
> *[...]*
>
> *O que vejo, aqui, embora entendendo não ser de bom aviso, naquela medida de discricionariedade que há na grave decisão a tomar, da suspensão cautelar, em tese, é que a simbiose constitucional a que me referi, dos dois sistemas de controle de constitucionalidade da lei, permite não deixar ao desamparo ninguém que precise de medida liminar em caso onde – segundo a premissas que tentei desenvolver e melhor do que eu desenvoleram os Ministros Paulo Brossard e Celso de Mello – a vedação da liminar, porque desarrazoada, por que incompatível com o art. 5º, XXXV, por que ofensiva do âmbito de jurisdição do Poder Judiciário, se mostre inconstitucional.*

---

[26] Richter/Schuppert, Casebook Verfassungsrecht, p. 29.

[27] BVerfGE 35, 202 (237).

[28] ADIn 223, Rel. p/ ac. Min. Sepúlveda Pertence, *RTJ* 132, p. 571 s.

964 Estado de Direito e Jurisdição Constitucional – Decisões relevantes em 15 anos de atuação no STF

Assim, creio que a solução estará no manejo do sistema difuso, porque nele, em cada caso concreto, nenhuma medida provisória pode subtrair ao juiz da causa um exame da constitucionalidade, inclusive sob o prisma da razoabilidade, das restrições impostas ao seu poder cautelar, para, se entender abusiva essa restrição, se a entender inconstitucional, conceder a liminar, deixando de dar aplicação, no caso concreto, à medida provisória, na medida em que, em relação àquele caso, a julgue inconstitucional, porque abusiva"[29].

Na espécie, o acórdão do Tribunal de Justiça do Estado do Rio Grande do Sul analisou detidamente a questão, como se pode depreender de excertos do voto do eminente Relator, Desembargador Fernando Mottola, *verbis*:

"Passo, então, eminentes colegas, ao exame de mérito.

'Tratando-se de uma obra envolvendo FATOS HISTÓRICOS, longamente pesquisados, que devem ser conhecidos do maior número possível de pessoas, o autor libera a reprodução e divulgação parcial dos capítulos isolados deste livro'

Essa insólita autorização precede o índice de **Holocausto Judeu ou Alemão? – Nos Bastidores da Mentira do Século,** antecipando a intenção proselitista da obra.

Quatro páginas adiante, agradecendo conselhos e sugestões recebidos, o autor lança uma primeira farpa:

'Para isso, para nos fazer ver, servem também os verdadeiros amigos, dos quais todos nós precisamos e que são uma das maiores riquezas de um homem – e de um povo. *Sim, porque há povos que podem ter e de fato TÊM amigos em outros povos' (grifo meu).*

Seguem-se capítulos e mais capítulos, todos de anátema ao judaísmo, cuja síntese tanto pode ser uma frase de efeito atribuída (*sem indicação da fonte*) a GEORGE WASHINGTON:

'Eles – os judeus – lutam contra nós mais eficazmente que os exércitos inimigos. São cem vezes mais perigosos para a nossa liberdade e são o grande problema que temos. É de lamentar que todo o Estado, há tempo, não os tenha perseguido como a peste da sociedade e como os maiores inimigos da felicidade da América' (p. 59);

como uma outra, retirada do 'testamento político' de HITLER:

'Passarão os séculos, mas as ruínas de nossas cidades e nossos monumentos serão testemunhas, e delas brotará para sempre o ódio contra os responsáveis por esses desastres: a judiaria internacional e quem se pôs a seu serviço' (p. 193).

Fique claro, desde logo, que não se trata de obra historiográfica. O autor professa o que MARC BLO-CK denomina '*superstição da causa única*' (**Introdução à História**, tradução de Maria Manuel Miguel e Rui Grácio, p. 167), e tudo o que pretende é responsabilizar o judaísmo pelas desgraças passadas, presentes e futuras da humanidade.

Ele seria, por exemplo, a força oculta que teria determinado o prematuro encerramento da carreira do atleta norte-americano Jesse Owens, herói da Olimpíada de 1936:

[...]

ele teria, entre outras absurdas felonias, desestabilizado o regime do ex-presidente paraguaio Alfredo Stroessner,

[...]

Há passagens de ingenuidade inacreditável:

[...]

Outras, de linguagem surpreendente:

[...]

---

[29] ADIn 223, Rel. p/ ac. Min. Sepúlveda Pertence, *RTJ* 132, p. 571 (589-590).

Liberdade de expressão artística, científica, de imprensa e liberdade de exercício profissional 965

Uma página lacrimosa sobre Josef Mengele:

[...]

E pelo menos duas do mais grosseiro escárnio. Uma sobre o bombardeio da cidadezinha de Pulawy, descrito por Stanislaw Szmajzner no livro *Inferno em Sobibor*.

[...]

Outra sobre 'O POVO ELEITO':

[...]

Eu poderia citar muitas mais, retirando-as capítulo por capítulo, mas penso que essas bastam para definir o Sigfried Ellwanger *escritor*.

Vejamos os livros que ele, como editor, distribuiu ao público.

O Judeu Internacional, de Henry Ford; **Os Protocolos dos Sábios do Sião, Brasil Colônia de Banqueiros**, e **A História Secreta do Brasil**, de Gustavo Barroso; foram escritos e publicados, pela primeira vez, antes de 1938.

Os Conquistadores do Mundo – Os Verdadeiros Criminosos de Guerra, de Louis Marschalko, é produto contemporâneo.

Consta da introdução de **Hitler – Culpado ou Inocente?**, de Sérgio Oliveira, que ele foi escrito a partir da leitura de **Holocausto Judeu ou Alemão – Nos Bastidores da Mentira do Século** (p. 7 e 11).

Todos foram objeto de difusão conjugada, com chamadas de capa que procuram induzir à leitura do conjunto.

Todos são pragmáticos, adotam o monismo da causa como explicação histórica, e fazem escancarado proselitismo de ideias antijudaicas." (grifei)

E passa o Desembargador a transcrever várias passagens dos livros. Após, continua:

"Esses trechos não são passagens isoladas. Eles representam a essência conclusiva de cada obra, o pensamento obsessivo de cada autor. Não há capítulo com tema diverso. Não se está, portanto, julgando historiadores. O que se discute neste processo não são os limites da pesquisa histórica ou da criação literária, são os limites da sustentação ideológica, da pregação de ideias preconcebidas e carregadas de intolerância.

Já se disse alhures que 'o comportamento social é necessariamente teleológico, realiza um projeto, caracteriza-se pela intencionalidade, e só tem sentido na relação entre a situação que o agente vive e a orientação que consciente ou inconscientemente ele adota' (Ap. Cr. n. 6.460, IIª Câm. Crim. do TARGS, em 17.3.77).

O réu, no interrogatório, afirmou que sua editora é ideológica, pretende 'levar adiante um ideal' (fl. 259v.).

Parece evidente que esse ideal se confunde com a concreção da frase atribuída a WASHINGTON, ou, mais provavelmente, daquela última vontade do **Führer**...

E isso agride o texto expresso da lei brasileira." (grifei)

Também o revisor, Desembargador José Eugênio Tedesco anota, em seu voto:

"Sem qualquer dúvida, ao exame das obras editadas, distribuídas, escritas e comercializadas pelo apelado, do seu conjunto se extrai tranquilamente a intenção única de impor outra verdade, qual seja a execração de uma raça. Em cima de fatos históricos foi lançada uma outra pretensa realidade, sem qualquer escoro, no entanto, em elementos confiáveis, a não ser na imaginação dos escribas.

Ora, como já por demais ressaltado pelo eminente Relator, as afirmações constantes das obras, conforme destacou, dizem com atributos pejorativos, juízos, e não fatos, infamantes do homem e da raça judaica.

Como disse o Dr. Procurador de Justiça, as mencionadas obras tentam negar o holocausto, atribuindo-o aos judeus, como substrato da ação dos aliados, e exatamente pela congênita perversão de caráter, a falsificação de documentos e a montagem de fotografias e filmes, simulando episódios que não teriam ocorrido na Alemanha e nos territórios ocupados por essa, em uma criminosa distorção da realidade histórica, realidade que é pública e notória, oficialmente reconhecida pela própria Alemanha.

Dessa sorte, pelo exame dos autos, extraio a convicção de que a intenção única do apelado é propagar uma realidade alicerçada em ideologia que chega às raias do fanatismo, sem base histórica provadamente séria. Isso não pode ser catalogado de revisionismo."

Diante de tais circunstâncias, cumpre indagar se a decisão condenatória atende, no caso, às três máximas parciais da proporcionalidade.

É evidente a **adequação** da condenação do paciente para se alcançar o fim almejado, qual seja, a salvaguarda de uma sociedade pluralista, onde reine a tolerância. Assegura-se a posição do Estado, no sentido de defender os fundamentos da dignidade da pessoa humana (art. 1º, III, CF), do pluralismo político (art. 1º, V, CF), o princípio do repúdio ao terrorismo e ao racismo, que rege o Brasil nas suas relações internacionais (art. 4º, VIII), e a norma constitucional que estabelece ser o racismo um crime imprescritível (art. 5º, XLII).

Também não há dúvida de que a decisão condenatória, tal como proferida, seja **necessária**, sob o pressuposto de ausência de outro meio menos gravoso e igualmente eficaz. Com efeito, em casos como esse, dificilmente vai se encontrar um meio menos gravoso a partir da própria definição constitucional. Foi o próprio constituinte que determinou a criminalização e a imprescritibilidade da prática do racismo. Não há exorbitância no acórdão.

Tal como anotado nos doutos votos, não se trata aqui sequer de obras revisionistas da história, mas de divulgação de ideias que atentam contra a dignidade dos judeus. Fica evidente, igualmente, que se não cuida, nos escritos em discussão, de simples discriminação, mas de textos que, de maneira reiterada, estimulam o ódio e a violência contra os judeus. Ainda assim, o próprio Tribunal de Justiça do Estado do Rio Grande do Sul agiu com cautela na dosagem da pena, razão pela qual também aqui a decisão atende ao princípio da "proibição do excesso".

A decisão atende, por fim, ao requisito da **proporcionalidade em sentido estrito**. Nesse plano, é necessário aferir a existência de proporção entre o objetivo perseguido, qual seja a preservação dos valores inerentes a uma sociedade pluralista, da dignidade humana, e o ônus imposto à liberdade de expressão do paciente. Não se contesta, por certo, a proteção conferida pelo constituinte à liberdade de expressão. Não se pode negar, outrossim, o seu significado inexcedível para o sistema democrático. Todavia, é inegável que essa liberdade não alcança a intolerância racial e o estímulo à violência, tal como afirmado no acórdão condenatório. Há inúmeros outros bens jurídicos de base constitucional que estariam sacrificados na hipótese de se dar uma amplitude absoluta, intangível, à liberdade de expressão na espécie.

Assim, a análise da bem fundamentada decisão condenatória evidencia que não restou violada a proporcionalidade.

Nesses termos, o meu voto é no sentido de se indeferir a ordem de *habeas corpus*.

ADITAMENTO AO VOTO

Vale aqui esclarecer, inicialmente, o incompreendido voto do Ministro Moreira Alves. Diferentemente do sustentado por alguns, o eminente Ministro em nenhuma passagem do seu voto defende práticas antissemitas. Parte de uma interpretação restritiva e histórica do conceito de racismo, para concluir que o antissemitismo não está compreendido no conceito de racismo. Tanto que o Ministro foi buscar a intenção do constituinte de 1987/88, ao mencionar as discussões acerca da Emenda Aditiva que deu origem ao art. 5º, XLII, da Constituição. Afirmou o Ministro: "O elemento histórico – que, como no caso, é importante na interpretação da Constituição, quando ainda não há, no tempo, distância bastante para interpretação evolutiva que, por circunstâncias novas, conduza a sentido diverso do que decorre dele – converge para dar a 'racismo' o significado de preconceito ou de discriminação racial, mais especificamente contra a raça negra." E foi por entender que o dispositivo constitucional não se aplicava a outros grupos, que o Ministro, tendo em vista as consequências da imprescritibilidade, concluiu, de maneira estritamente técnica e desprovida de qualquer acepção ideológica, que "não se pode qualificar o crime por discriminação pelo qual foi condenado o ora paciente como delito de racismo, e, assim, imprescritível a pretensão punitiva do Estado."

Feitas essas considerações, conforme ressaltei em meu voto, há, no presente caso, uma situação de conflito de valores constitucionalmente amparados e não hierarquizados, cuja solução impõe a aplicação do princípio da proporcionalidade no caso concreto. Já escrevi em outro lugar que, embora não se possa negar que a unidade da Constituição não repugna a identificação de normas de diferentes pesos numa determinada ordem constitucional, é certo que a fixação de uma rigorosa hierarquia entre diferentes direitos individuais acabaria por desnaturá-los por completo, desfigurando também a Constituição enquanto complexo normativo unitário e harmônico[30]. Uma valoração hierárquica diferenciada de direitos individuais somente é admissível em casos especialíssimos.

Todos os elementos em discussão no presente processo, levam-me à convicção de que o racismo, enquanto fenômeno social e histórico complexo, não pode ter o seu conceito jurídico delineado a partir do referencial "raça". Cuida-se aqui de um conceito pseudocientífico, notoriamente superado. Não estão superadas, porém, as manifestações racistas aqui entendidas como aquelas manifestações discriminatórias assentes em referências de índole racial (cor, religião, aspectos étnicos, nacionalidade, etc.).

Assim é que asseverou o Professor Celso Lafer em seu bem-lançado parecer, já referido nos votos dos Ministros Maurício Corrêa e Celso de Mello:

"Neste sentido é essa a quarta conclusão deste parecer: discutir o crime da prática do racismo a partir do termo raça nos termos dos argumentos apresentados no HC 82424-2 em favor de Siegfried Ellwanger, é uma maneira de reduzir e, no limite, esvaziar completamente o conteúdo jurídico do preceito constitucional consagrado pelo art. 5º, XLII, devidamente disciplinado pela legislação infraconstitucional, convertendo-o em crime impossível. O art. 5º, LXII, não menciona raça e o conteúdo jurídico do crime da prática do racismo reside nas teorias e preconceitos que discriminam grupos e pessoas a eles atribuindo características de uma 'raça'. Só existe uma 'raça' – a espécie humana – e, portanto, do ponto de vista biológico, não apenas os judeus, como também os negros, os indígenas, os ciganos ou quaisquer outros grupos, religiões ou nacionalidades não formam uma raça o que não exclui, ressalvo, o direito à diversidade. No entanto, todos são passíveis de sofrer a prática do racismo" (p. 42).

Dessarte, não vejo como se atribuir ao texto constitucional significado diverso, isto é, que o conceito jurídico de racismo não pode divorciar-se do conceito histórico, sociológico e cultural assente em referências supostamente raciais, aqui incluído o antissemitismo.

Se se aceita a ideia de que o conceito de racismo contempla, igualmente, as manifestações de antissemitismo, há de se perguntar sobre como se articulam as condutas ou manifestações de caráter racista com a liberdade de expressão positivada no texto constitucional. Essa indagação assume relevo ímpar, especialmente se se considera que a liberdade de expressão, em todas as suas formas, constitui pedra angular do próprio sistema democrático. Talvez seja a liberdade de expressão, aqui contemplada a própria liberdade de imprensa, um dos mais efetivos instrumentos de controle do próprio governo. Para não falar que se constitui, igualmente, em elemento essencial da própria formação da consciência e da vontade popular.

Tal como leciona Martin Kriele:

"Thomas I. Emerson, o 'old grand man' da doutrina de direitos fundamentais na América, mostrou, com o exemplo da liberdade de opinião, a finalidade quádrupla desses direitos fundamentais e da filosofia política desde os primórdios da história até a atualidade (Thomas J. Emerson, *Toward a general*

---

[30] Cf. MENDES, Gilmar Ferreira; COELHO, Inocêncio Mártires e GONET BRANCO, Paulo Gustavo. *Hermenêutica Constitucional e Direitos Fundamentais*. Brasília: Brasília Jurídica, 2000, p. 283.

Estado de Direito e Jurisdição Constitucional – Decisões relevantes em 15 anos de atuação no STF

theory of the first amendments, 'The Yale Law Journal', 1963, p. 72 e s.; do mesmo autor: *Communication and freedom of expression*, Scientific American, set. 1972).

Dentre estas finalidades o '*individual self-fulfillment*' ocupa o primeiro lugar. Deste fim depreende-se a consequência de que esta liberdade é um fim em si mesmo e independentemente dela seu uso favorece ou não outros fins políticos ou sociais.

Uma segunda finalidade protetora da liberdade de opinião é a proteção das condições necessárias para o progresso na busca da *verdade*. Somente a liberdade de opinião garante que as opiniões se corrijam mutuamente no transcurso do tempo. O progresso dialético do conhecimento depende, no transcurso da história, desta liberdade. O primeiro grande defensor da liberdade de imprensa, John Milton, cujo *Areopagita* apareceu em 1644, fundamentou esta liberdade não com argumentos individualistas, mas dialéticos. Dizia Milton, ainda que com certo exagero:

'*And though all the winds of doctrine were let loose to play upon the earth, so truth be in the field, we do injuriously by licensing and prohibiting to misdoubt her strength. Let her and falsehood grapple; who ever knew truth put to the worse, in a free and open encounter... For who knows not that truth is strong next to the Almighty; she needs no policies, nor stratagems, nor licensing to make her victorious, those are the shifts and defenses that error uses against her power*'.

Esta ideia pertence às formulações clássicas do pensamento liberal jusnaturalista da Inglaterra e dos Estados Unidos da América.

O terceiro fundamento para a liberdade de opinião é sua imprescindibilidade para a decisão política em uma sociedade democrática. Enquanto o aspecto da 'verdade' não se refere, somente, ao âmbito da opinião política, mas em primeiro lugar ao conhecimento científico, neste contexto se agrega todavia o aspecto da justiça e da razoabilidade das decisões obrigatórias. Neste contexto, surge de novo o paralelismo entre o processo político e o processo judicial; assim como uma decisão judicial não pode ser objetiva e justa sem que todos os participantes tenham podido expressar sua opinião, assim também o é no que diz respeito à decisão política. Isto vale tanto mais quanto mais complexas são as relações sociais e econômicas. Também este aspecto forma parte da velha tradição, como já esgrimido no século XVII pelo *chief justice* Hale diante de Hobbes (M.Hale, Reflexionen über Hobbes Dialogue of the Laws, reproduzido em Kriele, Die Herausforderung des Verfassungsstaates, p. 63, 68 e s.).

O quarto aspecto, destacado por Emerson, é que a liberdade de opinião possibilita um *equilíbrio entre estabilidade e mudanças*. Somente a condição de liberdade tem, como disse Emerson, 'uma confrontação de ideias, não da força'. Os conflitos que movem a história não são suprimidos, mas mantidos dentro de vias pacíficas. A liberdade de opinião é garantida também porque a alternativa seria: ou bem opressão, ou bem revolução e guerra civil. Liberdade de opinião incrementa a probabilidade de tirar consequências políticas da regra '*trial and error*', e inclusive evitar, mediante a discussão, os desvios do '*trial and error*'. Também esta ideia pertence à velha tradição anglo-saxã. (Kriele, Martin. *Introducción a la teoría del Estado*. Buenos Aires: De Palma, 1980, p. 472-474).

Kriele acrescenta:

Este esboço dos fundamentos da liberdade de opinião pode ser completado com outros aspectos.

Em quinto lugar, o controle democrático dos órgãos do Estado pressupõe liberdade de opinião. Em especial, o cumprimento do *ethos* do funcionário e das regras convencionais têm que ser controlados pela opinião pública e sua violação deve dar lugar à indignação pública (cfr. § 49).

Em sexto lugar, a liberdade de opinião reforça a legitimidade também, porque possibilita ter *esperança* de que as injustiças serão eliminadas no futuro e porque justifica a confiança de que as decisões já adotadas serão expostas a exame crítico.

Razões similares abonam os outros direitos fundamentais, tais como, por exemplo, a liberdade de associação, de reunião, o direito de peticionar, os direitos eleitorais, etc."[31]

Essa reflexão demonstra a íntima conexão entre direitos fundamentais e o regime democrático, o que justifica inclusive uma revisão ou aprimoramento da chamada teoria liberal dos direitos fundamentais para uma teoria democrático-funcional.

---

[31] KRIELE, Martin. *Introducción a la teoría del Estado*. Buenos Aires: De Palma, 1980, p. 474.

Tal como anota Kriele:

"Os direitos fundamentais e a democracia se dão numa relação de condicionamento mútuo: a democracia pressupõe liberdade individual protegida juridicamente para todos; a liberdade para todos pressupõe democracia. Este fato é de grande importância para a interpretação dos direitos fundamentais. Se se separa a conexão entre liberdade e democracia, *chega-se a uma interpretação dos direitos capaz de pôr em perigo tanto a liberdade como a democracia*. Mas a separação entre a liberdade e a democracia é um efeito tardio da tradição estatal alemã, que tentou garantir certa medida de liberdade sem democracia, certamente não a liberdade para todos e sim as condições econômicas, sociais e políticas adequadas, mas a liberdade para os integrantes de uma camada social caracterizada por propriedade e educação. Assim como para esta tradição pareciam opor-se os princípios de representação e de democracia, o mesmo sucedeu-se com os direitos fundamentais e a democracia. O Estado constitucional democrático aparece como um feixe de compromissos entre ideias opostas entre si"[32].

Continua Martin Kriele,

"(...) da *ratio legis* dos direitos fundamentais surgem pautas de interpretação. A *ratio legis* dá lugar a definições em parte extensivas e em parte restritivas à precisão dos *limites* imanentes e em especial à *reserva da comunidade*, que afetam os direitos à liberdade. A ideia vigente é a de que a *ratio legis*, o sentido e o fim do direito fundamental devem ser impostos ao máximo.

Por exemplo, se faz parte da finalidade de um direito à liberdade garantir 'liberdade para todos' o quanto for possível, haverá aí um limite imanente que consiste nas palavras de Kant – em que a liberdade de cada um há de ser compatível com a liberdade dos demais. O uso da liberdade que prejudica e finalmente destrói a liberdade de outros não está protegido pelo direito fundamental. Se faz parte dos fins de um direito assegurar as condições para uma democracia, então o uso dessa liberdade que elimina tais condições não está protegido pelo direito fundamental.

Na prática isso significa: o legislador tem a autorização de regular e limitar o uso dos direitos fundamentais, de modo que fiquem asseguradas a liberdade para todos e as condições necessárias para a democracia. Quando há sério perigo para a liberdade e a democracia, pode inclusive surgir do direito fundamental a obrigação constitucional do legislador de conjurar este perigo mediante regulamentações adequadas"[33].

Tal como já observado, não se desconhece, porém, que, nas sociedades democráticas, há uma intensa preocupação com o exercício de liberdade de expressão consistente na incitação à discriminação racial, o que levou ao desenvolvimento da doutrina do *"hate speech"*. Ressalte-se, porém, que o *"hate speech"* não tem como objetivo exclusivo a questão racial[34].

Nesse sentido indaga Kevin Boyle, em um estudo recente: "Por que o 'discurso de ódio' é um tema problemático?" Ele mesmo responde:

"A resposta reside no fato de estarmos diante de um conflito entre dois direitos numa sociedade democrática – a liberdade de expressão e o direito à não discriminação. A liberdade de expressão, incluindo a liberdade de imprensa, é fundamental para uma democracia. Se a democracia é definida como controle popular do governo, então, se o povo não puder expressar seu ponto de vista livremente, esse controle não é possível. Não seria uma sociedade democrática. Mas, igualmente, o elemento central da democracia é o valor da igualdade política. *'Every one counts as one and no more than one'*, como disse Jeremy Bentham. Igualdade política é, consequentemente, também necessária, se uma sociedade pretende ser democrática. Uma sociedade que objetiva a democracia deve tanto proteger *o direito de liberdade de expressão* quanto *o direito à não discriminação*. Para atingir a igualdade política é preciso proibir a discriminação ou a exclusão de qualquer sorte, que negue a alguns o exercício de direitos, incluindo o direito à participação política. Para atingir a liberdade de expressão é preciso evitar a censura governamental aos discursos e à imprensa"[35].

---

[32] Kriele, Martin. *Introducción a la teoría del Estado*, cit., p. 470.

[33] Kriele, *Introducción a la teoría del Estado*, cit., p. 475.

[34] BOYLE, Kevin. *Hate Speech – the United States versus the rest of the World?*, Heinonline, Maine Law Review, Vol. 53:2, 2001, p. 490.

[35] Boyle, Hate Speech, cit., p. 490.

Como se vê, a discriminação racial levada a efeito pelo exercício da liberdade de expressão compromete um dos pilares do sistema democrático, a própria ideia de igualdade.

Mais uma vez peço vênia para registrar a reflexão de Kevin Boyle, que bem se aplica ao presente caso:

"O ressurgimento na Alemanha e em toda a Europa Ocidental do antissemitismo e da xenofobia é tema de profunda seriedade para as democracias europeias. No início deste ano [a referência é ao ano de 2001] os países da União Europeia tomaram a extraordinária decisão de boicotar o governo austríaco, por vários meses, pela inclusão, na nova colisão de governo, do Partido Nacional de extrema-direita, dirigido por Jorg Heider, que defende políticas contra imigrantes e idolatra as políticas econômicas de Hitler. [...] o governo alemão solicitou à Corte Constitucional Alemã que considerasse a supressão ou o banimento do Partido Democrático Nacional. Ele é acusado de preparar jovens para ataques a estrangeiros, judeus e sinagogas judaicas.

A preocupação com o tema do antissemitismo levou um grande número de países a criminalizar o chamado *discurso revisionista* e a aprovar leis contra a negação do holocausto que pode ser detectada desde 1945. Os campos de concentração, como Auschwitz, não foram abertos a um mundo horrorizado antes que as primeiras publicações minimizassem o que realmente havia ocorrido. Esse tipo de literatura tornou-se mais proeminente nos anos 70. O material incluía desde o simplório – um recente panfleto com a frase 'O Holocausto foi um EMBUSTE, vamos torná-lo REAL!' – à aparentemente sérias pesquisas históricas em publicações acadêmicas, como o impressionante *Journal for Historical Review*. Nessas publicações são encontradas afirmações tais como o fato de não terem sido mortos 6 milhões de judeus, mas somente algumas centenas; ou que as câmaras de gás não poderiam ter sido utilizadas em Auschwitz porque eles não tinham a tecnologia para tal. Alegadas evidências documentais de testemunhas sobreviventes ou o diário de Anne Frank não passam de fabricações. Hitler jamais ordenou a Solução Final – ele era inocente, etc.

O antissemitismo nessas publicações, explícito ou implícito, é bastante claro. Não foi melhor exposto, entretanto, como no início deste ano, quando o historiador David Irvine, um notório negador do holocausto, processou a Editora Penguin e Deborah Lipstadt, sob a alegação de que ele havia sido difamado no livro '*Denying the Holocaust: The Growing Assault on Truth and Memory*', de autoria de Lipstadt. Ela referiu-se a ele como antissemita, um partidário de Hitler, um falso historiador. O próprio Irvine subiu à tribuna para defender-se. O juiz, em um julgamento devastador (os autos atingiram 300 páginas!), afirmou que Lipstadt estava certa – e que Irvine era mesmo tudo aquilo.

Cinco países europeus – a Bélgica, a Alemanha, a França, a Espanha e a Suíça – adotaram diferentes modelos de legislação, mas, na essência, todos consideram crime a banalização ou a negação dos fatos históricos do holocausto ou a justificação do genocídio nacional-socialista. Na Alemanha, a ofensa criada equivale àquela que critica a dignidade do morto. A lei francesa, conhecida como lei Gaysott, foi aprovada em 1990, depois de uma onda de antissemitismo e profanações, além da pintura de suásticas em cemitérios judeus. O questionamento público da existência de crimes julgados em Nuremberg foi considerado ofensa. Essa ofensa foi incluída num amplo estatuto, que tornou ilegal o racismo, o antissemitismo ou atos xenófobos.

[...], as preocupações de que essas leis interferem seriamente com a liberdade de pensamento e de opinião deram trabalho aos promotores das liberdades civis e aos tribunais na Europa. Entretanto, foram essas leis mantidas pelos tribunais. Em 1987, o líder da Frente Nacional, do partido de extrema-direita na França, Jean Marie Le Pen, foi multado por declarar numa entrevista de rádio que o assassinato de judeus em câmaras de gás foi '*um point de detail*' (um mero detalhe). O historiador revisionista Robert Faurisson, numa entrevista para uma revista francesa, criticou a lei Gaysott, considerando-a ameaçadora da liberdade de expressão; e ele foi além, ao declarar que tinha uma convicção pessoal de que a exterminação de judeus em câmaras de gás jamais existiu nos campos de concentração. Com base nessa última afirmação, ele foi condenado e multado pelo Tribunal de Grande Instância de Paris (TGI), em 1991. Ele depois interpôs recurso para o Comitê de Direitos Humanos, com base na Convenção de Direitos Políticos e Civis, que vinha sendo discutida, sob a alegação de que sua condenação era uma violação à garantia da liberdade de expressão, expressa no artigo 19 da Convenção.

O Comitê de Direitos Humanos manteve a condenação, considerando-a uma interferência justificável ao direito de liberdade de expressão, expresso no artigo 19 da Convenção. O Comitê foi persuadido

Liberdade de expressão artística, científica, de imprensa e liberdade de exercício profissional **971**

pelos argumentos do governo francês, no sentido de que a negação do holocausto é o principal veículo do antissemitismo na França. O então membro dos E.U.A. no Comitê, Sr. Tom Burgenthal, como sobrevivente dos campos de concentração de Auschwitz e Sachsenhausen, absteve-se.

A questão da negação do holocausto foi também julgada pelo Tribunal Europeu de Direitos Humanos [...]. Um grande número de recursos contra as leis de negação ao holocausto foi enfrentado e negado pela Corte Europeia. Atualmente, negar que o holocausto tenha existido pode levar, em alguns países na Europa, a uma condenação criminal, e, diante o Tribunal Europeu de Direitos Humanos, não haverá proteção ao direito da liberdade de expressão"[36].

Poder-se-ia ainda indagar, como o fez o Ministro Sepúlveda Pertence, se o livro poderia ser instrumento de um crime, cujo verbo central é "incitar".

Que, em tese, é possível o livro ser instrumento de crime de discriminação racial, não parece haver dúvida. As decisões de Cortes europeias a propósito da criminalização do "Holocaust Denial" confirmam-no de forma inequívoca[37]. É certo, outrossim, que a história confirma o efeito deletério que o discurso de intolerância pode produzir, valendo-se dos mais diversos meios ou instrumentos.

É verdade, ainda que a resposta possa ser positiva, como no caso parece ser, que a tipificação de manifestações discriminatórias, como racismo, há de se fazer com base em um juízo de proporcionalidade. O próprio caráter aberto – diria inevitavelmente aberto – da definição do tipo, na espécie, e a tensão dialética que se coloca em face da liberdade de expressão impõem a aplicação do princípio da proporcionalidade.

Que a liberdade de expressão há de ter limites lembra-nos constantemente a própria jurisprudência americana, fortemente refratária à ideia de restrição a esse direito. É de Oliver Holmes (Schenck v. United States – 249 U.S. 47 (1919) a expressão segundo a qual não haveria nenhuma boa razão para tutelar a expressão do insensato que grita 'Fogo!' em um teatro abarrotado de público."[38]. Ressalte-se que essa referência é considerada como elemento basilar da doutrina do dano claro e iminente (*present and clear danger*), (Coderch, *El Derecho de la Libertad*, cit., p. 12), segundo a qual os governos não podem proibir as incitações à violação da lei ou ao uso da violência, exceto quando essa incitação esteja voltada a produzir uma ação eminentemente ilegal e que seja provável que tal ação se realize[39].

É verdade que, como se sabe, essa concepção está associada à ideia de neutralidade do Estado em face do conteúdo do discurso[40].

A questão assume uma outra conotação em outros sistemas, como o europeu, em razão de fatores culturais diversos e da devida e específica proteção à dignidade humana.

Assim, a colisão de direitos fundamentais há de ser solvida caso a caso, mediante a utilização do princípio da proporcionalidade. Foi o que fiz no caso concreto, para concluir que, na hipótese dos autos, prevalece a posição do Estado no sentido de defender os fundamentos da dignidade da pessoa humana (art. 1º, III, CF) e do pluralismo político (art. 1º, V, CF), o princípio do repúdio ao terrorismo e ao racismo, que rege o Brasil nas suas relações internacionais (art. 4º, VIII), e a norma constitucional que estabelece ser o racismo um crime imprescritível (art. 5º, XLII).

A propósito, tal como mencionei no meu voto, a própria Corte Europeia de Direitos Humanos, ao julgar o caso Lehideux e Isorni *versus* França (55/1997/839/1045), ECHR, 23 set. 98, aplicou o princípio da proporcionalidade, ao estabelecer um confronto entre o art. 10 (liberdade

---

[36] Boyle, Hate Speech, cit., p. 497-499.

[37] Cf. Boyle, Hate Speech, cit., p. 498

[38] Pablo Salvador Coderch, *El Derecho de la Libertad*, Madrid, 1993, p. 12, nota de rodapé, n. 3.

[39] Coderch, *El Derecho de la Libertad*, cit., p. 38.

[40] Coderch, *El Derecho de la Libertad*, cit., p. 37.

de expressão) e o art. 17 (proibição de abuso de direito) da Convenção para Proteção dos Direitos Humanos e das Liberdades Fundamentais.

Nesse caso, Jacques Isorni, que foi advogado do Marechal Pétain, e Marie-François Lehideux, foram condenados penalmente pelo judiciário francês, por "apologia aos crimes de guerra, ou de crimes e delitos de colaboração", depois da publicação de um encarte publicitário no jornal Le Monde, em 13 de julho de 1984, apresentando como "salutares" certos atos de Philippe Pétain. A Corte Europeia considerou que a jurisdição francesa violou o artigo 10 da Convenção Europeia, prevalecendo, nesse caso, a liberdade de expressão.

A Corte entendeu que não parecia que os requerentes tivessem tido a intenção de negar ou rever o que eles mesmos consideraram "atrocidades" ou "perseguições nazistas" ou ainda as "todo-poderosas forças alemãs e sua barbárie", e que as únicas palavras a serem incriminadas no texto seriam aquelas de duas associações legalmente constituídas com o propósito de promover a reabilitação de Philippe Pétain.

Os requerentes teriam feito menos o elogio a uma política e mais uma apologia de um homem, e isto de uma maneira que a Corte de apelação reconheceu pertinência e legitimidade. Por isso entendeu a Corte não haver lugar para a aplicação do artigo 17.

Há outro caso interessante julgado pela Corte Europeia de Direitos Humanos. Trata-se do caso *Jersild versus Dinamarca* (setembro de 1994). O jornal dinamarquês "Information" publicou em sua revista dominical, em 31 de maio de 1985, artigo do jornalista M. Jens Olaf Jersild, sobre as atitudes racistas de membros de um grupo de jovens, chamados "camisas-verdes". Posteriormente à publicação do artigo os redatores decidiram produzir um documentário sobre os "camisas--verdes", transmitido por canal de televisão, de propriedade do mesmo grupo da revista. Durante a entrevista, alguns membros do grupo exprimiram-se de maneira injuriosa e desrespeitosa em relação aos imigrantes que integram diferentes grupos étnicos estabelecidos na Dinamarca.

A Corte, nesse caso, acolheu o recurso interposto por Jersild por considerar que, em seu conjunto, a reportagem não era orientada à propagação de ideias e opiniões racistas. Considerou-se que condenar um jornalista por haver participado na difusão de declarações emanadas de terceiros, por meio de uma entrevista, acabaria por inibir gravemente a contribuição da imprensa às discussões sobre os problemas de interesse geral. Concluiu-se pela prevalência, na espécie, do art. 10 (liberdade de expressão) sobre o art. 17 (proibição do abuso de direito) da Convenção.

Ao contrário, em decisão proferida em 24 de junho deste ano, a Corte decidiu pela prevalência do art. 17 da Convenção Europeia. Tratava-se da condenação do filósofo e escritor Roger Garaudy, pela contestação de crimes contra a humanidade, em obra revisionista publicada na França, intitulada "Les mythes fondateurs de la politique israélienne".

A Corte Europeia de Direitos Humanos (ECHR) negou provimento ao recurso apresentado pelo impetrante, Roger Garaudy, que havia sido condenado nas instâncias inferiores (*a quo*).

Garaudy interpôs o recurso à ECHR alegando violação do artigo 10 da Convenção, sobre a liberdade de expressão. A Corte considerou que a justificação de uma política pró-nazista não poderia ser beneficiada pela proteção do artigo 10 da Convenção e que o artigo 17 da mesma Convenção – proibição do abuso de direito – deveria prevalecer sobre o artigo 10, em casos de negação ou revisão de fatos históricos claramente reconhecidos, como é o caso do holocausto.

A Corte referiu-se ao artigo 17 da Convenção pelo fato de o caso versar sobre a contestação de crimes contra a humanidade. Em seu livro, Garaudy questionou a realidade, a amplitude e a gravidade de fatos históricos relativos à 2ª Guerra Mundial claramente reconhecidos, tais como a perseguição de judeus pelo regime nazista, o holocausto e o processo de Nuremberg.

Entendeu a Corte Europeia que a contestação de crimes contra a humanidade é uma das formas mais graves de difamação racial contra judeus e de incitação ao ódio. Considerou ainda que a negação ou a revisão de fatos históricos desse tipo coloca em questão os próprios valores

Liberdade de expressão artística, científica, de imprensa e liberdade de exercício profissional   973

em que se baseia a luta contra o racismo e o antissemitismo e que são passíveis de perturbar gravemente a ordem pública. Assim, a Corte considerou tais atos incompatíveis com a democracia e os direitos humanos e entendeu que o requerente incidiu, incontestavelmente, em abuso de direito, tal como previsto no artigo 17 da Convenção.

Concluiu-se, portanto, que a maior parte da publicação tem um caráter revisionista marcante, que vai de encontro aos valores fundamentais expressos no preâmbulo da Convenção, a saber, a justiça e a paz.

Estimou ainda a Corte que o requerente tentou desviar o artigo 10 da Convenção de sua vocação, utilizando seu direito à liberdade de expressão para fins contrários ao texto e ao espírito da Convenção. Sua tese, caso admitida, contribuiria para a destruição de direitos e liberdades garantidos pela Convenção. Por isso, em virtude das disposições do artigo 17 da Convenção, considerou a Corte que o requerente não poderia valer-se das disposições do artigo 10 da mesma Convenção, no que se refere aos elementos relevantes da condenação de crimes contra a humanidade.

Também outras Cortes Constitucionais têm enfrentado colisões de direito como a presente. Tal como aponta Göran Rollnert Liern:

"A STC 176/1995 voltou a pronunciar-se sobre a questão partindo igualmente de uma interpretação ampla da liberdade de expressão do pensamento – 'liberdade de pensamento ou ideológica, liberdade de expressão ou de opinião', diz a própria sentença – relativizando qualquer discussão sobre fatos históricos:

'É evidente que, para assegurar a liberdade de opinião, cabe o que quer que seja, por mais equivocado ou perigoso que possa parecer ao leitor, inclusive aquilo que ataca o próprio sistema democrático. A Constituição – foi dito – protege também a quem a nega. Em consequência, não se trata aqui de se discutir a realidade de fatos históricos, como o holocausto. A liberdade de expressão compreende a de errar e outra atitude a respeito entra no terreno do dogmatismo, incorrendo no defeito que se combate, com mentalidade totalitária. A afirmação da verdade absoluta, conceitualmente distinta da veracidade como exigência da informação, é a tentação permanente dos que anseiam a censura prévia, daquela que haverá ocasião de se falar mais abaixo. Nosso juízo há de ser, a todo momento, alheio a acertos ou desacertos na proposição dos temas ou à maior ou menor exatidão das soluções propugnadas, desprovidas de qualquer possibilidade de certeza absoluta ou de assentamento unânime por sua própria natureza, sem formular em nenhum caso um juízo de valor sobre questões intrinsecamente discutíveis, nem compartilhar ou discordar de opiniões em um contexto polêmico'.

Não obstante, também neste caso esta concepção inicialmente ampla do âmbito da liberdade ideológica como compreensiva das manifestações hostis ao próprio regime democrático, sobressaiu-se posteriormente em virtude da mesma operação intelectual efetuada na Sentença 214/1991: na medida em que o Tribunal considera que a finalidade global da obra é humilhar e ofender o povo judeu – por haver na obra latente conceito pejorativo da etnia judia –, as manifestações efetuadas pelos autores são consideradas consequência de 'uma atitude racista contrária ao conjunto de valores protegidos constitucionalmente' e, enquanto tal, incitações diretas ou subliminares, segundo os casos, à violência ou ao ódio racial, em franca contradição com a proibição contida no artigo 20.2 do Pacto Internacional de Direitos Civil e Políticos. Conclui o juiz constitucional que 'a apologia dos verdugos, glorificando sua imagem e justificando seus feitos, por conta da humilhação de suas vítimas não cabe na liberdade de expressão como valor fundamental do sistema democrático que proclama nossa Constituição. Uma utilização dela que negue a dignidade humana, núcleo irredutível do direito à honra em nossos dias, situa-se por si mesmo fora da proteção constitucional' (SSTC 170/1994 e 76/1995)'."[41]

Ainda sobre decisões proferidas pelo Tribunal Constitucional espanhol, ressalta Pablo Salvador Coderch, a propósito da Sentença 214/1999 [proferida pelo Tribunal Espanhol]:

---

[41] *La libertad ideológica en la jurisprudencia del Tribunal Constitucional (1980-2001)*. Madrid: Centro de Estudios Políticos y Constitucionales, Cuadernos y debates, 2002, p. 353-354.

"se encarrega de recordar que, na cultura europeia da liberdade de expressão, não rege o princípio de neutralidade do (direito do) Estado ante quaisquer conteúdos imagináveis de um discurso:

'Nem a liberdade ideológica (art. 16 CE), nem a liberdade de expressão (art. 20.1 CE) compreende o direito a efetuar manifestações, expressões ou campanhas de caráter racista ou xenófobo, uma vez que, de acordo com o disposto no art. 20.4, não existem direitos ilimitados e ele é contrário não só ao direito à honra da pessoa ou pessoas afetadas, mas também a outros bens constitucionais como o da dignidade humana (art. 10 CE)... A dignidade... não admite discriminação alguma por razão de nascimento, raça ou sexo, opiniões ou crenças. O ódio e o desprezo a todo um povo e a uma etnia (a qualquer povo, a qualquer etnia) são incompatíveis com o respeito à dignidade humana...'.

'O direito à honra dos membros de um povo ou etnia...resulta...lesionado quando se ofende e despreza genericamente a todo um povo ou raça, qualquer que seja. Por ele as expressões... proferidas pelo demandado também desconhecem a efetiva vigência dos valores superiores do ordenamento, em concreto, a do valor da igualdade consagrado no art. 1.1 da Constituição em relação ao artigo 14 da mesma' [Decisão da Corte Espanhola, de 11.11.1991. BOE 301, 17.12.91. Relator: Vicente Gimerio Sendra. 1ª sala. Violeta Friedman contra STS, Sala 1ª, de 05.12.1989].

Para o Tribunal, a conjugação de ambos os princípios leva a uma conclusão que se aplica a todos os habitantes do país o mais antigo dever do Estado, o de garantir a convivência em paz:

'Em um Estado como o espanhol, social, democrático e de direito, os integrantes daquelas coletividades têm o direito a conviver pacificamente e a ser plenamente respeitados pelos demais membros da comunidade social'"[42].

Portanto, estou convencido de que uma compreensão dos direitos fundamentais que não se assente apenas em uma concepção liberal certamente não pode dar guarida, no âmbito do direito à liberdade expressão, a manifestações antissemitas tão intensas como as que ressaem dos autos. Estou certo, outrossim, de que o indeferimento do *habeas corpus* na espécie é fundamental para a afirmação de uma concepção de exercício dos direitos fundamentais no contexto de sociedades democráticas, que se não compatibiliza com a prática de intolerância militante e com ataques à dignidade de grupos ou etnias.

São essas as razões que adiciono às já esposadas anteriormente, no sentido de se indeferir a ordem de *habeas corpus*.

---

[42] CODERCH, Pablo Salvador. *El derecho de la libertad*. Madrid: Centro de Estudios Constitucionales, 1993, p. 37-38.

ADPF 130[1]

Lei de imprensa – Inconstitucionalidade – Adequação da ação – Regime constitucional da liberdade de expressão jornalística.

A presente Arguição de Descumprimento de Preceito Fundamental foi proposta pelo Partido Democrático Trabalhista (PDT) com o fundamento de que *"determinados dispositivos da Lei de Imprensa (Lei n. 5.250, de 9 de fevereiro de 1967) (a) não foram recepcionados pela Constituição Federal de 1988 e (b) outros carecem de interpretação conforme com ela compatível (...)"* (fl. 3).

O parâmetro de controle da presente arguição são os preceitos fundamentais dos incisos IV (liberdade de manifestação do pensamento), V (direito de resposta), IX (liberdade de expressão intelectual, artística, científica e de comunicação), XIII (liberdade de exercício profissional) e XIV (direito de acesso à informação e sigilo da fonte) do art. 5º, e os arts. 220 a 223 (comunicação social) da Constituição Federal.

O pedido final é de declaração de não recepção de toda a Lei n. 5.250/67 e, alternativamente:

1) a declaração de não recepção: a) da parte inicial do § 2º do art. 1º ("... a espetáculos e diversões públicas, que ficarão sujeitos à censura, na forma da lei, nem ..."); b) do § 2º do art. 2º; c) da íntegra dos arts. 3º, 4º, 5º, 6º, 20, 21, 22, 23, 51 e 52; d) da parte final do art. 56 ("...e sob pena de decadência deverá ser proposta dentro de 3 meses da data da publicação ou transmissão que lhe der causa..."); e) dos §§ 3º e 6º do art. 57; f) dos §§ 1º e 2º do art. 60; g) da íntegra dos arts. 61, 62, 63, 64 e 65.

2) Interpretação conforme a Constituição: a) do § 1º do art. 1º; b) da parte final do *caput* do art. 2º; c) do art. 14; d) do inciso I do art. 16; e) do art. 17, no sentido de que as expressões *"subversão da ordem política e social"* e *"perturbação da ordem pública ao alarma social"* não sejam interpretadas como censura de natureza política ideológica e artística ou constituam embaraço à liberdade de expressão e informação jornalística; f) do art. 37, para afirmar que o jornalista não é penalmente responsável por entrevista autorizada.

3) Interpretação conforme a Constituição de toda a Lei n. 5.250/67, para afastar qualquer entendimento significante de censura ou embaraço à liberdade de expressão e de informação jornalística.

Encontram-se suspensos, desde a decisão cautelar proferida pelo Relator, Ministro Carlos Britto, em 21 de fevereiro de 2008 (*DJe* 27.2.2008), e referendada pelo Plenário desta Corte em 27 de fevereiro de 2008 (*DJe* 5.3.2008), cujos efeitos temporários (aplicação do parágrafo único do art. 21 da Lei n. 9.868/99) foram prorrogados em questões de ordem decididas pelo Plenário nas Sessões do dia 4.9.2008 (*DJe* 22.9.2008) e do dia 18.2.2009 (*DJe* 5.3.2009):

a) a expressão *"a espetáculos de diversões públicas, que ficarão sujeitos à censura, na forma da lei, nem"*, contida na parte inicial do § 2º do artigo 1º;

b) a íntegra do § 2º do art. 2º e dos artigos 3º, 4º, 5º, 6º e 65;

c) a expressão *"e sob pena de decadência deverá ser proposta dentro de 3 meses da data da publicação ou transmissão que lhe der causa"*, constante da parte final do artigo 56;

d) os §§ 3º e 6º do artigo 57;

---

[1] Tribunal, por maioria e nos termos do voto do Relator, Min. Carlos Britto, julgou procedente a ação, vencidos, em parte, o Senhor Ministro Joaquim Barbosa e a Senhora Ministra Ellen Gracie, que a julgavam improcedente quanto aos artigo 1º, § 1º; artigo 2º, *caput*; artigo 14; artigo 16, inciso I e artigos 20, 21 e 22, todos da Lei n. 5.250, de 9.2.1967; o Senhor Ministro Gilmar Mendes (Presidente), que a julgava improcedente quanto aos artigos 29 a 36 da referida lei e, vencido integralmente o Senhor Ministro Marco Aurélio, que a julgava improcedente (*DJ* de 6.11.2009).

e) os §§ 1º e 2º do artigo 60;

f) a íntegra dos artigos 61, 62, 63 e 64;

g) os artigos 20, 21, 22 e 23;

h) e os artigos 51 e 52.

É inegável que, para a resolução do tema constitucional em toda a sua extensão, outra questão mais ampla se impõe: a de saber se o art. 220 da Constituição, com sua redação literal aparentemente indicativa de uma liberdade de imprensa praticamente absoluta, admite conformações e restrições legislativas; ou, em outros termos, se o significado constitucional da liberdade de imprensa é compatível com uma lei específica reguladora de aspectos diversos da atividade, das funções e da responsabilidade (civil e penal) dos comunicadores em geral no Brasil.

O julgado que definiu os contornos da liberdade de imprensa restou assim ementado:

EMENTA: ARGUIÇÃO DE DESCUMPRIMENTO DE PRECEITO FUNDAMENTAL (ADPF). LEI DE IMPRENSA. ADEQUAÇÃO DA AÇÃO. REGIME CONSTITUCIONAL DA "LIBERDA-DE DE INFORMAÇÃO JORNALÍSTICA", EXPRESSÃO SINÔNIMA DE LIBERDADE DE IM-PRENSA. A "PLENA" LIBERDADE DE IMPRENSA COMO CATEGORIA JURÍDICA PROIBI-TIVA DE QUALQUER TIPO DE CENSURA PRÉVIA. A PLENITUDE DA LIBERDADE DE IMPRENSA COMO REFORÇO OU SOBRETUTELA DAS LIBERDADES DE MANIFESTA-ÇÃO DO PENSAMENTO, DE INFORMAÇÃO E DE EXPRESSÃO ARTÍSTICA, CIENTÍFICA, INTELECTUAL E COMUNICACIONAL. LIBERDADES QUE DÃO CONTEÚDO ÀS RELA-ÇÕES DE IMPRENSA E QUE SE PÕEM COMO SUPERIORES BENS DE PERSONALIDADE E MAIS DIRETA EMANAÇÃO DO PRINCÍPIO DA DIGNIDADE DA PESSOA HUMANA. O CAPÍTULO CONSTITUCIONAL DA COMUNICAÇÃO SOCIAL COMO SEGMENTO PRO-LONGADOR DAS LIBERDADES DE MANIFESTAÇÃO DO PENSAMENTO, DE INFORMA-ÇÃO E DE EXPRESSÃO ARTÍSTICA, CIENTÍFICA, INTELECTUAL E COMUNICACIONAL. TRANSPASSE DA FUNDAMENTALIDADE DOS DIREITOS PROLONGADOS AO CAPÍTU-LO PROLONGADOR. PONDERAÇÃO DIRETAMENTE CONSTITUCIONAL ENTRE BLO-COS DE BENS DE PERSONALIDADE: O BLOCO DOS DIREITOS QUE DÃO CONTEÚDO À LIBERDADE DE IMPRENSA E O BLOCO DOS DIREITOS À IMAGEM, HONRA, INTIMIDA-DE E VIDA PRIVADA. PRECEDÊNCIA DO PRIMEIRO BLOCO. INCIDÊNCIA A POSTERIO-RI DO SEGUNDO BLOCO DE DIREITOS, PARA O EFEITO DE ASSEGURAR O DIREITO DE RESPOSTA E ASSENTAR RESPONSABILIDADES PENAL, CIVIL E ADMINISTRATIVA, ENTRE OUTRAS CONSEQUÊNCIAS DO PLENO GOZO DA LIBERDADE DE IMPRENSA. PECULIAR FÓRMULA CONSTITUCIONAL DE PROTEÇÃO A INTERESSES PRIVADOS QUE, MESMO INCIDINDO A POSTERIORI, ATUA SOBRE AS CAUSAS PARA INIBIR ABU-SOS POR PARTE DA IMPRENSA. PROPORCIONALIDADE ENTRE LIBERDADE DE IM-PRENSA E RESPONSABILIDADE CIVIL POR DANOS MORAIS E MATERIAIS A TERCEI-ROS. RELAÇÃO DE MÚTUA CAUSALIDADE ENTRE LIBERDADE DE IMPRENSA E DEMOCRACIA. RELAÇÃO DE INERÊNCIA ENTRE PENSAMENTO CRÍTICO E IMPRENSA LIVRE. A IMPRENSA COMO INSTÂNCIA NATURAL DE FORMAÇÃO DA OPINIÃO PÚ-BLICA E COMO ALTERNATIVA À VERSÃO OFICIAL DOS FATOS. PROIBIÇÃO DE MONO-POLIZAR OU OLIGOPOLIZAR ÓRGÃOS DE IMPRENSA COMO NOVO E AUTÔNOMO FATOR DE INIBIÇÃO DE ABUSOS. NÚCLEO DA LIBERDADE DE IMPRENSA E MATÉ-RIAS APENAS PERIFERICAMENTE DE IMPRENSA. AUTORREGULAÇÃO E REGULAÇÃO SOCIAL DA ATIVIDADE DE IMPRENSA. NÃO RECEPÇÃO EM BLOCO DA LEI N. 5.250/1967 PELA NOVA ORDEM CONSTITUCIONAL. EFEITOS JURÍDICOS DA DECISÃO. PROCEDÊN-CIA DA AÇÃO. 1. ARGUIÇÃO DE DESCUMPRIMENTO DE PRECEITO FUNDAMENTAL (ADPF). LEI DE IMPRENSA. ADEQUAÇÃO DA AÇÃO. A ADPF, fórmula processual subsidiária do controle concentrado de constitucionalidade, é via adequada à impugnação de norma pré-constitucional. Situação de concreta ambiência jurisdicional timbrada por decisões conflitantes. Atendimento das condições da ação. 2. RE-GIME CONSTITUCIONAL DA LIBERDADE DE IMPRENSA COMO REFORÇO DAS LIBER-DADES DE MANIFESTAÇÃO DO PENSAMENTO, DE INFORMAÇÃO E DE EXPRESSÃO EM SENTIDO GENÉRICO, DE MODO A ABARCAR OS DIREITOS À PRODUÇÃO INTE-LECTUAL, ARTÍSTICA, CIENTÍFICA E COMUNICACIONAL. A Constituição reservou à imprensa todo um bloco normativo, com o apropriado nome "Da Comunicação Social" (capítulo V do título VIII). A impren-sa como plexo ou conjunto de "atividades" ganha a dimensão de instituição-ideia, de modo a poder influenciar cada pessoa de per se e até mesmo formar o que se convencionou chamar de opinião pública. Pelo que ela, Constituição, destinou à imprensa o direito de controlar e revelar as coisas respeitantes à vida do Estado e da própria sociedade. A imprensa como alternativa à explicação ou versão estatal de tudo que possa repercutir no seio da sociedade e como garantido espaço de irrupção do pensamento crítico em qualquer situação ou contingência. Entendendo-se por pensamento crítico o que, plenamente comprometido com a verdade ou essência das coisas, se dota de potencial emancipatório de mentes e espíritos. O corpo normativo da Constituição brasileira sinonimiza liberdade de infor-mação jornalística e liberdade de imprensa, rechaçante de qualquer censura prévia a um direito que é signo e pe-nhor da mais encarecida dignidade da pessoa humana, assim como do mais evoluído estado de civilização. 3. O CAPÍTULO CONSTITUCIONAL DA COMUNICAÇÃO SOCIAL COMO SEGMENTO PRO-LONGADOR DE SUPERIORES BENS DE PERSONALIDADE QUE SÃO A MAIS DIRETA EMANAÇÃO DA DIGNIDADE DA PESSOA HUMANA: A LIVRE MANIFESTAÇÃO DO PENSAMENTO E O DIREITO À INFORMAÇÃO E À EXPRESSÃO ARTÍSTICA, CIENTÍFI-CA, INTELECTUAL E COMUNICACIONAL. TRANSPASSE DA NATUREZA JURÍDICA DOS DIREITOS PROLONGADOS AO CAPÍTULO CONSTITUCIONAL SOBRE A COMUNICA-ÇÃO SOCIAL. O art. 220 da Constituição radicaliza e alarga o regime de plena liberdade de atuação da im-prensa, porquanto fala: a) que os mencionados direitos de personalidade (liberdade de pensamento, criação, expres-são e informação) estão a salvo de qualquer restrição em seu exercício, seja qual for o suporte físico ou tecnológico de sua veiculação; b) que tal exercício não se sujeita a outras disposições que não sejam as figurantes dela própria, Constituição. A liberdade de informação jornalística é versada pela Constituição Federal como expressão sinônima de liberdade de imprensa. Os direitos que dão conteúdo à liberdade de imprensa são bens de personalidade que se qualificam como sobredireitos. Daí que, no limite, as relações de imprensa e as relações de intimidade, vida privada, imagem e honra são de mútua excludência, no sentido de que as primeiras se antecipam, no tempo, às segundas; ou seja, antes de tudo prevalecem as relações de imprensa como superiores bens jurídicos e natural forma de con-trole social sobre o poder do Estado, sobrevindo as demais relações como eventual responsabilização ou consequên-cia do pleno gozo das primeiras. A expressão constitucional "observado o disposto nesta Constituição" (parte final do art. 220) traduz a incidência dos dispositivos tutelares de outros bens de personalidade, é certo, mas como consequência ou responsabilização pelo desfrute da "plena liberdade de informação jornalística" (§ 1º do mesmo art. 220 da Constituição Federal). Não há liberdade de imprensa pela metade ou sob as tenazes da censura prévia, inclusive a procedente do Poder Judiciário, pena de se resvalar para o espaço inconstitucional da prestidigitação jurídica. Silenciando a Constituição quanto ao regime da internet (rede mundial de computadores), não há como se lhe recusar a qualificação de território virtual livremente veiculador de ideias e opiniões, debates, notícias e tudo o mais que signifique plenitude de comunicação. 4. MECANISMO CONSTITUCIONAL DE CALIBRA-ÇÃO DE PRINCÍPIOS. O art. 220 é de instantânea observância quanto ao desfrute das liberdades de pensa-mento, criação, expressão e informação que, de alguma forma, se veiculem pelos órgãos de comunicação social. Isto sem prejuízo da aplicabilidade dos seguintes incisos do art. 5º da mesma Constituição Federal: vedação do anoni-mato (parte final do inciso IV); do direito de resposta (inciso V); direito a indenização por dano material ou moral à intimidade, à vida privada, à honra e à imagem das pessoas (inciso X); livre exercício de qualquer trabalho, ofício ou profissão, atendidas as qualificações profissionais que a lei estabelecer (inciso XIII); direito ao resguardo do si-gilo da fonte de informação, quando necessário ao exercício profissional (inciso XIV). Lógica diretamente consti-tucional de calibração temporal ou cronológica na empírica incidência desses dois blocos de dispositivos constitucionais (o art. 220 e os mencionados incisos do art. 5º). Noutros termos, primeiramente, assegura-se o gozo dos sobredireitos de personalidade em que se traduz a "livre" e "plena" manifestação do pensamento, da criação e da informação. So-mente depois é que se passa a cobrar do titular de tais situações jurídicas ativas um eventual desrespeito a direitos constitucionais alheios, ainda que também densificadores da personalidade humana. Determinação constitucional de momentânea paralisia à inviolabilidade de certas categorias de direitos subjetivos fundamentais, porquanto a cabeça do art. 220 da Constituição veda qualquer cerceio ou restrição à concreta manifestação do pensamento (vedado o anonimato), bem assim todo cerceio ou restrição que tenha por objeto a criação, a expressão e a informação, seja qual for a forma, o processo, ou o veículo de comunicação social. Com o que a Lei Fundamental do Brasil veicula o mais democrático e civilizado regime da livre e plena circulação das ideias e opiniões, assim como das notícias e informações, mas sem deixar de prescrever o direito de resposta e todo um regime de responsabilidades civis, penais e administrativas. Direito de resposta e responsabilidades que, mesmo atuando a posteriori, infletem sobre as causas para inibir abusos no desfrute da plenitude de liberdade de imprensa. 5. PROPORCIONALI-DADE ENTRE LIBERDADE DE IMPRENSA E RESPONSABILIDADE CIVIL POR DANOS MORAIS E MATERIAIS. Sem embargo, a excessividade indenizatória é, em si mesma, poderoso fator de inibição da liberdade de imprensa, em violação ao princípio constitucional da proporcionalidade. A relação de proporcionalidade entre o dano moral ou material sofrido por alguém e a indenização que lhe caiba receber (quanto maior o dano maior a indenização) opera é no âmbito interno da potencialidade da ofensa e da concreta situação do ofendido. Nada tendo a ver com essa equação a circunstância em si da veiculação do agravo por órgão de imprensa, porque, senão, a liberdade de informação jornalística deixaria de ser um elemento de expansão e de robustez da liberdade de pensamento e de expressão lato sensu para se tornar um fator de contração e de esqualidez dessa liberdade. Em se tratando de agente público, ainda que injustamente ofendido em sua honra e imagem, subjaz à indenização uma imperiosa cláusula de modicidade. Isto porque todo agente público está sob permanente vigília da cidadania. E quando o agente estatal não prima por todas as aparências de legalidade e legitimidade no seu atuar oficial, atrai contra si mais fortes suspeitas de um comportamento antijurídico francamente sindicável pelos cidadãos. 6. RELAÇÃO DE MÚTUA CAUSALIDADE ENTRE LIBERDADE DE IMPRENSA E DEMOCRACIA. A plena liberdade de imprensa é um patrimônio imaterial que corresponde ao mais eloquente atestado de evolução político-cultural de todo um povo. Pelo seu reconhecido condão de vitalizar por muitos modos a Constituição, tirando-a mais vezes do papel, a Imprensa passa a manter com a democracia a mais entranhada relação de mútua dependência ou retroalimentação. Assim visualizada como verdadeira irmã siamesa da democracia, a imprensa passa a desfrutar de uma liberdade de atuação ainda maior que a liberdade de pensamento, de informação e de expressão dos indivíduos em si mesmos considerados. O § 5º do art. 220 apresenta-se como norma constitucional de concretização de um pluralismo finalmente compreendido como fundamento das sociedades autenticamente democráticas; isto é, o pluralismo como a virtude democrática da respeitosa convivência dos contrários. A imprensa livre é, ela mesma, plural, devido a que são constitucionalmente proibidas a oligopolização e a monopolização do setor (§ 5º do art. 220 da CF). A proibição do monopólio e do oligopólio como novo e autônomo fator de contenção de abusos do chamado "poder social da imprensa". 7. RELAÇÃO DE INERÊN-CIA ENTRE PENSAMENTO CRÍTICO E IMPRENSA LIVRE. A IMPRENSA COMO INSTÂN-CIA NATURAL DE FORMAÇÃO DA OPINIÃO PÚBLICA E COMO ALTERNATIVA À VER-SÃO OFICIAL DOS FATOS. O pensamento crítico é parte integrante da informação plena e fidedigna. O possível conteúdo socialmente útil da obra compensa eventuais excessos de estilo e da própria verve do autor. O exercício concreto da liberdade de imprensa assegura ao jornalista o direito de expender críticas a qualquer pessoa, ainda que em tom áspero ou contundente, especialmente contra as autoridades e os agentes do Estado. A crítica jornalística, pela sua relação de inerência com o interesse público, não é aprioristicamente suscetível de censura, mesmo que legislativa ou judicialmente intentada. O próprio das atividades de imprensa é operar como formadora de opinião pública, espaço natural do pensamento crítico e "real alternativa à versão oficial dos fatos" (Deputado Federal Miro Teixeira). 8. NÚCLEO DURO DA LIBERDADE DE IMPRENSA E A INTERDIÇÃO PARCIAL DE LEGISLAR. A uma atividade que já era "livre" (incisos IV e IX do art. 5º), a Constituição Federal acrescentou o qualificativo de "plena" (§ 1º do art. 220). Liberdade plena que, repelente de qualquer censura prévia, diz respeito à essência mesma do jornalismo (o chamado "núcleo duro" da atividade). Assim entendidas as coordenadas de tempo e de conteúdo da manifestação do pensamento, da informação e da criação lato sensu, sem o que não se tem o desembaraçado trânsito das ideias e opiniões, tanto quanto da informação e da criação. Interdição à lei quanto às matérias nuclearmente de imprensa, retratadas no tempo de início e de duração do concreto exercício da liberdade, assim como de sua extensão ou tamanho do seu conteúdo. Tirante, unicamente,

Liberdade de expressão artística, científica, de imprensa e liberdade de exercício profissional **979**

as restrições que a Lei Fundamental de 1988 prevê para o "estado de sítio" (art. 139), o Poder Público somente pode dispor sobre matérias lateral ou reflexamente de imprensa, respeitada sempre a ideia-força de que quem quer que seja tem o direito de dizer o que quer que seja. Logo, não cabe ao Estado, por qualquer dos seus órgãos, definir previamente o que pode ou o que não pode ser dito por indivíduos e jornalistas. As matérias reflexamente de imprensa, suscetíveis, portanto, de conformação legislativa, são as indicadas pela própria Constituição, tais como: direitos de resposta e de indenização, proporcionais ao agravo; proteção do sigilo da fonte ("quando necessário ao exercício profissional"); responsabilidade penal por calúnia, injúria e difamação; diversões e espetáculos públicos; estabelecimento dos "meios legais que garantam à pessoa e à família a possibilidade de se defenderem de programas ou programações de rádio e televisão que contrariem o disposto no art. 221, bem como da propaganda de produtos, práticas e serviços que possam ser nocivos à saúde e ao meio ambiente" (inciso II do § 3º do art. 220 da CF); independência e proteção remuneratória dos profissionais de imprensa como elementos de sua própria qualificação técnica (inciso XIII do art. 5º); participação do capital estrangeiro nas empresas de comunicação social (§ 4º do art. 222 da CF); composição e funcionamento do Conselho de Comunicação Social (art. 224 da Constituição). Regulações estatais que, sobretudo incidindo no plano das consequências ou responsabilizações, repercutem sobre as causas de ofensas pessoais para inibir o cometimento dos abusos de imprensa. Peculiar fórmula constitucional de proteção de interesses privados em face de eventuais descomedimentos da imprensa (justa preocupação do Ministro Gilmar Mendes), mas sem prejuízo da ordem de precedência a esta conferida, segundo a lógica elementar de que não é pelo temor do abuso que se vai coibir o uso. Ou, nas palavras do Ministro Celso de Mello, "a censura governamental, emanada de qualquer um dos três Poderes, é a expressão odiosa da face autoritária do poder público". *9. AUTORREGULAÇÃO E REGULAÇÃO SOCIAL DA ATIVIDADE DE IMPRENSA.* É da lógica encampada pela nossa Constituição de 1988 a autorregulação da imprensa como mecanismo de permanente ajuste de limites da sua liberdade ao sentir-pensar da sociedade civil. Os padrões de seletividade do próprio corpo social operam como antídoto que o tempo não cessa de aprimorar contra os abusos e desvios jornalísticos. Do dever de irrestrito apego à completude e fidedignidade das informações comunicadas ao público decorre a permanente conciliação entre liberdade e responsabilidade da imprensa. Repita-se: não é jamais pelo temor do abuso que se vai proibir o uso de uma liberdade de informação a que o próprio Texto Magno do País após o rótulo de "plena" (§ 1 do art. 220). *10. NÃO RECEPÇÃO EM BLOCO DA LEI 5.250 PELA NOVA ORDEM CONSTITUCIONAL. 10.1. Óbice lógico à confecção de uma lei de imprensa que se orne de compleição estatutária ou orgânica.* A própria Constituição, quando o quis, convocou o legislador de segundo escalão para o aporte regratório da parte restante de seus dispositivos (art. 29, art. 93 e § 5º do art. 128). São irregulamentáveis os bens de personalidade que se põem como o próprio conteúdo ou substrato da liberdade de informação jornalística, por se tratar de bens jurídicos que têm na própria interdição da prévia interferência do Estado o seu modo natural, cabal e ininterrupto de incidir. Vontade normativa que, em tema elementarmente de imprensa, surge e se exaure no próprio texto da Lei Suprema. *10.2. Incompatibilidade material insuperável entre a Lei n. 5.250/67 e a Constituição de 1988.* Impossibilidade de conciliação que, sobre ser do tipo material ou de substância (vertical), contamina toda a Lei de Imprensa: a) quanto ao seu entrelace de comandos, a serviço da prestidigitadora lógica de que para cada regra geral afirmativa da liberdade é aberto um leque de exceções que praticamente tudo desfaz; b) quanto ao seu inescondível efeito prático de ir além de um simples projeto de governo para alcançar a realização de um projeto de poder, este a se eternizar no tempo e a sufocar todo pensamento crítico no País. *10.3 São de todo imprestáveis as tentativas de conciliação hermenêutica da Lei 5.250/67 com a Constituição, seja mediante expurgo puro e simples de destacados dispositivos da lei, seja mediante o emprego dessa refinada técnica de controle de constitucionalidade que atende pelo nome de "interpretação conforme a Constituição".* A técnica da interpretação conforme não pode artificializar ou forçar a descontaminação da parte restante do diploma legal interpretado, pena de descabido incursionamento do intérprete em legiferação por conta própria. Inapartabilidade de conteúdo, de fins e de viés semântico (linhas e entrelinhas) do texto interpretado. Caso-limite de interpretação necessariamente conglobante ou por arrastamento teleológico, a pré-excluir do intérprete/aplicador do Direito qualquer possibilidade da declaração de inconstitucionalidade apenas de determinados dispositivos da lei sindicada, mas permanecendo incólume uma parte sobejante que já não tem significado autônomo. Não se muda, a golpes de interpretação, nem a inextrincabilidade de comandos nem as finalidades da norma interpretada. Impossibilidade de se preservar, após artificiosa

980 Estado de Direito e Jurisdição Constitucional – Decisões relevantes em 15 anos de atuação no STF

hermenêutica de depuração, a coerência ou o equilíbrio interno de uma lei (a Lei federal n. 5.250/67) que foi ideologicamente concebida e normativamente apetrechada para operar em bloco ou como um todo pro indiviso. 11. EFEITOS JURÍDICOS DA DECISÃO. Aplicam-se as normas da legislação comum, notadamente o Código Civil, o Código Penal, o Código de Processo Civil e o Código de Processo Penal às causas decorrentes das relações de imprensa. O direito de resposta, que se manifesta como ação de replicar ou de retificar matéria publicada é exercitável por parte daquele que se vê ofendido em sua honra objetiva, ou então subjetiva, conforme estampado no inciso V do art. 5º da Constituição Federal. Norma, essa, "de eficácia plena e de aplicabilidade imediata", conforme classificação de José Afonso da Silva. "Norma de pronta aplicação", na linguagem de Celso Ribeiro Bastos e Carlos Ayres Britto, em obra doutrinária conjunta. 12. PROCEDÊNCIA DA AÇÃO. Total procedência da ADPF, para o efeito de declarar como não recepcionado pela Constituição de 1988 todo o conjunto de dispositivos da Lei federal n. 5.250, de 9 de fevereiro de 1967.

VOTO

1. Considerações preliminares

Passo então à análise dos pedidos, numa linha de raciocínio que leva em conta o significado da liberdade de imprensa no Estado Democrático de Direito, tal como ela tem sido interpretada pelas Cortes Constitucionais no incessante debate entre a liberdade absoluta e a liberdade com restrições.

2. O significado da liberdade de imprensa no Estado Democrático de Direito

Reafirmar, e assim enfatizar, o significado da liberdade de imprensa no Estado Democrático de Direito não é tarefa estéril, muito menos ociosa. Se é certo que, atualmente, há uma aceitação quase absoluta de sua importância no contexto de um regime democrático e um consenso em torno de seu significado como um direito fundamental universalmente garantido, não menos certo é que, no plano prático, nunca houve uma exata correspondência entre a ampla concordância (ou mesmo o senso comum) em torno da ideia de imprensa livre e a sua efetiva realização e proteção. Mesmo em nações de democracia avançada, a liberdade de imprensa constitui um valor em permanente afirmação e concretização. Em países com histórico de instabilidade política e nas denominadas novas democracias, a paulatina construção dos fundamentos institucionais propícios ao desenvolvimento da liberdade de comunicação ainda representa um desafio e um objetivo a ser alcançado. No Brasil, como não poderia deixar de ser, o permanente aprendizado da democracia, em constante evolução positiva desde o advento do regime constitucional instaurado pela Constituição de 1988, sempre foi indissociável da incessante busca por uma imprensa de fato livre.

Desde as primeiras positivações nas conhecidas declarações de direitos e textos constitucionais – já proclamava a Declaração de Direitos da Virgínia de 1776 (*Virginia Bill of Rights*), em seu artigo 12: "*that the freedom of the press is one of the great bulwarks of liberty and can never be restrained but despotic governments*" –, a liberdade de imprensa constitui um valor em busca de plena realização; um ideal à procura de seu correspondente fático.

Entre a liberdade absoluta e a censura completa, a imprensa se desenvolveu ao longo dos últimos séculos em uma luta incessante em direção à primeira. Talvez tenha sido Alexis de Tocqueville quem, por meio da análise de uma mente estrangeira sobre a democracia nos Estados Unidos da América, revelou tão claramente a peculiar questão sobre a definição do conteúdo da liberdade de imprensa. Pensava Tocqueville: "*Se alguém me mostrasse, entre independência completa e a servidão inteira do pensamento, uma posição intermediária onde eu pudesse permanecer, talvez me estabelecesse nela; mas quem descobrirá essa posição intermediária?*" (TOQUEVILLE, Alexis de. *La democracia en América*. México: Fondo de Cultura Económica, 1996, p. 198).

Dado curioso, nesse sentido, é que a grande maioria dos textos constitucionais, desde as

Liberdade de expressão artística, científica, de imprensa e liberdade de exercício profissional **981**

primeiras declarações de direitos, proclamam expressamente a liberdade de imprensa como um valor quase absoluto, não passível de restrições por parte do governo ou mesmo do parlamento, por meio da lei. Assim ocorreu com a citada Declaração de Direitos da Virgínia de 1776 (art. 12) e com outros textos constitucionais originados dos processos de emancipação das colônias britânicas da América (New Hampshire, art. XII; Carolina do Sul, art. XLIII; Delaware, art. 1º, sec. 5; Pennsylvania, art. XII; Maryland, art. XXXVIII; Georgia, art. IV, sec. 3; Massachusetts, art. XVI), que influenciaram decisivamente na redação final da 1ª Emenda à Constituição dos Estados Unidos da América de 1791: "*O Congresso não legislará no sentido de estabelecer uma religião ou de proibir o seu livre exercício, ou para limitar a liberdade de palavra, ou de imprensa, ou o direito do povo de reunir-se pacificamente e de pedir ao Governo a reparação de seus agravos*" (Cfr.: ASÍS ROIG, Rafael de; ANSUÁTEGUI ROIG, Javier; DORADO PORRAS, Javier. Los textos de las Colonias de Norteamérica y las Enmiendas a la Constitución. In: PECES-BARBA MARTÍNEZ, Gregorio; FERNÉNDEZ GARCÍA, Eusebio; ASÍS ROIG, Rafael de. *Historia de los derechos fundamentales*. Tomo II. Volumen III. Madrid: Dykinson, 2001).

No Brasil, apesar de as primeiras Constituições preverem expressamente a possibilidade da lei restritiva da liberdade de imprensa (Constituição de 1824, art. 179, IV; Constituição de 1891, art. 72, § 12; Constituição de 1934, art. 113, 9; Constituição de 1937, art. 122, 15; Constituição de 1946, art. 141, § 5º; Constituição de 1967/69, art. 153, § 8º), a Constituição de 1988 adotou disposição (art. 220) que muito se assemelha ao modelo liberal clássico de garantia da liberdade de imprensa: "*Art. 220 – A manifestação do pensamento, a criação, a expressão e a informação, sob qualquer forma, processo ou veículo não sofrerão qualquer restrição, observado o disposto nesta Constituição*".

A positivação nos textos constitucionais da liberdade de imprensa como valor imune a restrições de todo tipo não impediu, porém, a delimitação legislativa e jurisprudencial a respeito de seu efetivo conteúdo. A análise da história nos revela que, no processo contínuo de afirmação, positivação e concretização da liberdade de imprensa, os Tribunais cumpriram papel decisivo na interpretação e aplicação desses textos constitucionais. A história de progressiva efetivação do valor da liberdade de imprensa se confunde com a própria história de definição jurisprudencial de seus limites pelas Cortes Constitucionais. O significado da liberdade de imprensa no Estado Democrático de Direito encontra-se na jurisprudência constitucional a respeito da definição dos limites à própria liberdade de imprensa.

No debate permanente entre a liberdade absoluta e a liberdade restrita, a jurisprudência das Cortes produziu duas vertentes ou duas concepções sobre o significado ou o conteúdo da liberdade de imprensa.

Nos Estados Unidos da América, formaram-se duas tradições ou dois modelos de interpretação da 1ª Emenda: a primeira, uma concepção liberal, enfatiza o bom funcionamento do "mercado das ideias" e remonta ao voto dissidente de Oliver W. Holmes no famoso *caso Abrams*; a segunda, uma concepção cívica ou republicana, ressalta a importância da deliberação pública e democrática e tem origem, além dos fundamentos lançados por James Madison, no voto de Louis D. Brandeis no *caso Whitney v. California*, culminando no famoso caso *New York Times Co. v. Sullivan* (Cfr.: SUSTEIN, Cass R. *One case at a time. Judicial Minimalism on the Supreme Court*. Cambridge: Harvard University, 1999, p. 176).

Na Alemanha, o Tribunal Federal Constitucional (*Bundesverfassungsgericht*), por meio de uma jurisprudência constante que possui marco inicial no famoso *caso Lüth*, construiu o conceito de dupla dimensão, duplo caráter ou dupla face dos direitos fundamentais, enfatizando, por um lado, o aspecto subjetivo ou individual, e por outro, a noção objetiva ou o caráter institucional das liberdades de expressão e de imprensa.

982 Estado de Direito e Jurisdição Constitucional – Decisões relevantes em 15 anos de atuação no STF

Analisemos cada uma dessas tradições jurisprudenciais, que revelam o significado da liberdade de imprensa no Estado Democrático de Direito.

2.1. Duas tradições de interpretação da 1ª Emenda à Constituição Norte-Americana

Nos Estados Unidos, apenas na segunda década do século XX, foi instaurada uma verdadeira e profunda discussão sobre o conteúdo e os limites constitucionais da liberdade de imprensa protegida pela 1ª Emenda, quando a Corte Suprema foi chamada a se pronunciar sobre a constitucionalidade de leis restritivas editadas pelo Congresso. São conhecidos os históricos pronunciamentos de Oliver W. Holmes nos casos *Schenck v. United States* (249 US 47, 1919) e *Abrams v. United States* (250 US 616, 1919). Se no primeiro caso (*Schenck v. united States*) o *Justice* Holmes criou a doutrina do "perigo claro e iminente" (*clear and present danger*) para justificar a constitucionalidade da lei restritiva (Lei de Espionagem de 1917, editada durante a 1ª guerra mundial), no seguinte caso (*Abrams v. United States*) Holmes divergiu de seus pares com o famoso pronunciamento em torno do "mercado de ideias" (*market in ideas*):

> *"when men have realized that time has upset many fighting faiths, they may come to believe even more than they believe the very foundations of their own conduct that the ultimate good desired is better reached by free trade in ideas – that the best test of truth is the power of the thought to get itself accepted in the competition of the market, and that truth is the only ground upon which their wishes safely can be carried out. That, at any rate, is the theory of our Constitution. It is an experiment, as all life is an experiment. Every year, if not every day, we have to wager our salvation upon some prophecy based upon imperfect knowledge. While that experiment is part of our system, I think that we should be eternally vigilant against attempts to check the expression of opinions that we loathe and believe to be fraught with death, unless they so imminently threaten immediate interference with the lawful and pressing purposes of the law that an immediate check is required to save the country."*

Os fundamentos do voto divergente de Holmes configuram o que Cass Sustein denomina de o primeiro modelo de interpretação da 1ª Emenda (SUSTEIN, Cass R. *One case at a time. Judicial Minimalism on the Supreme Court*. Cambridge: Harvard University, 1999, p. 176). Defendia Holmes, em verdade, a diversidade, a concorrência e o livre intercâmbio de ideias como o único modo idôneo de se buscar a verdade. Uma interpretação das liberdades de expressão e de imprensa que muito se assemelha às concepções defendidas por Jonh Milton, em 1644, no discurso *"Aeropagítica"* – certamente um dos textos mais expressivos contra a censura da imprensa e sobre a necessidade da livre e ampla circulação de opiniões como forma de alcance do conhecimento e da verdade. Para Milton, *"a opinião, entre homens de valor, é conhecimento em formação"*. Indagava então John Milton ao Parlamento inglês: *"Quem jamais ouviu dizer que a verdade perdesse num confronto em campo livre e aberto?"* (MILTON, John. *Aeropagítica: discurso pela liberdade de imprensa ao Parlamento da Inglaterra*. Rio de Janeiro: Topbooks, 1999).

Talvez seja essa uma das mais importantes funções das liberdades de expressão e de imprensa na democracia. O livre tráfego de ideias e a diversidade de opiniões são elementos essenciais para o bom funcionamento de um sistema democrático e para a existência de uma sociedade aberta. Essas concepções da liberdade encontram na obra de John Stuart Mill – "On liberty" – uma de suas melhores exposições. Como bem observou Isaiah Berlin, outro grande pensador das liberdades, a obra de Stuart Mill *"ainda é a mais clara, sincera, persuasiva e instigante exposição do ponto de vista dos que desejam uma sociedade aberta e tolerante"* (Introdução à obra: MILL, John Stuart. *A liberdade; utilitarismo*. São Paulo: Martins Fontes, 2000, p. XLVII). Ao defender a ampla liberdade de pensamento e de discussão, Mill enfatizava que nada mais prejudicial a toda humanidade do que silenciar a expressão de uma opinião. Em suas memoráveis palavras: *"Se todos os homens menos um partilhassem a mesma opinião, e apenas uma única pessoa fosse de opinião contrária, a humanidade não teria mais legitimidade em silenciar esta única pessoa do que ela, se poder tivesse, em silenciar a humanidade"* (op. cit. p. 29). E continua para afirmar, categoricamente, que *"o que há de particularmente mau em silenciar a expressão de uma opinião é o roubo à raça humana"* (op. cit., p. 29).

A Suprema Corte norte-americana ainda manteve por um tempo seu posicionamento a favor das leis e medidas administrativas restritivas da liberdade de imprensa em casos posteriores – *Pierce v. United States* (1920), *Gitlow v. New York* (1925), *Whitney v. California* (1927) –, porém com os votos dissidentes de Holmes, que representam um marco na história da concepção liberal da proteção das liberdades de expressão e de imprensa nos Estados Unidos (Cfr.: BELTRÁN DE FELIPE, Miguel; GONZÁLEZ GARCÍA, Julio. *Las sentencias básicas del Tribunal Supremo de los Estados Unidos de América*. 2. ed. Madrid: Centro de Estudios Políticos y Constitucionales y Boletín Oficial del Estado, 2006).

Por outro lado, o famoso caso *New York Co. v. Sullivan* (376 US 254, 1964) representa o ponto culminante da formação de uma concepção que se iniciou em James Madison, foi acolhida por Louis D. Brandeis em voto no caso *Whitney v. California* e encontrou uma de suas melhores expressões no importante trabalho de Alexander Meiklejohn, que associou o princípio do *free speech* com o ideal de democracia deliberativa (SUSTEIN, Cass R. *One case at a time. Judicial Minimalism on the Supreme Court*. Cambridge: Harvard University, 1999, p. 176).

Decidiu a Suprema Corte, no *caso Sullivan*, que, para a efetiva garantia das liberdades de expressão e de imprensa, não se poderia exigir dos comunicadores em geral a prova da verdade das informações críticas aos comportamentos de funcionários públicos. O requisito da verdade como condição obrigatória de legitimidade das críticas às condutas públicas seria equiparável à censura, pois praticamente silenciaria quem pretendesse exercer a liberdade de informação. Mesmo nas hipóteses em que se pudesse ter certeza da veracidade das informações, a dúvida poderia persistir sobre a possibilidade de prova dessa verdade perante um Tribunal. Tal sistema suprimiria a vitalidade e a diversidade do debate público e democrático e, dessa forma, não seria compatível com as liberdades de expressão e de informação protegidas pela 1ª Emenda.

A decisão cita expressamente o pensamento de Madison, no sentido de que o direito de criticar e discutir as condutas públicas constitui um princípio fundamental da forma democrática e republicana de governo na América. Trata-se de um modelo que incorpora a ideia cívica e republicana de soberania popular simbolizada pelo *"We the people"*.

A jurisprudência firmada em *Sullivan* foi posteriormente aplicada pela Corte norte--americana em outros casos: *Rosenblatt v. Baer* (1966), com extensão aos candidatos a cargos públicos; *Curtis Publishing Co. v. Butts* e *Associated Press v. Nalker* (1967), aplicando-se o entendimento a figuras públicas que não estivessem desempenhando funções oficiais; *Rosenbloom v. Metromedia* (1971), estendendo-se aos casos em que não há uma figura pública mas tem-se assuntos de transcendência pública.

Como observa Cass Sustein, o *modelo madisoniano* de interpretação da 1ª Emenda traduz o direito de livre expressão como uma parte fundamental do sistema constitucional de deliberação pública e democrática. Essa visão da Constituição não seria contrária à possibilidade de intervenção regulatória do Estado no sentido de promover e aperfeiçoar o debate público e de assegurar o bom funcionamento do regime democrático (SUSTEIN, Cass R. *One case at a time. Judicial Minimalism on the Supreme Court*. Cambridge: Harvard University, 1999, p. 176).

Essa concepção recebeu uma de suas melhores exposições na obra *"Political Freedom"*, de Alexander Meiklejohn, na qual a liberdade de expressão é vista não como derivação de um suposto "direito natural", mas, sim, como uma necessária garantia da livre discussão pública e do autogoverno popular (MEIKLEJOHN, Alexander. *Political Freedom: the constitutional powers of the people*. New York: Oxford University Press, 1965).

Alexander Meiklejohn revigorou a questão sobre o significado e os limites da liberdade de expressão na democracia: *"What do we mean when we say that 'Congress shall make no law… abridging the freedom of speech…'? Do we mean that speaking may be suppressed or that it shall*

984 Estado de Direito e Jurisdição Constitucional – Decisões relevantes em 15 anos de atuação no STF

not be suppressed? And, in either case, on what grounds has the decision been made?" A resposta de Meiklejohn é enfática:

"Congress shall make no law…abridging the freedom of speech…says the First Amendment to the Constitution. As we turn now to the interpreting of those words, three preliminary remarks should be made.

First, let it be noted that, by those words, Congress is not debarred from all action upon freedom of speech. Legislation which abridges that freedom is forbidden, but not legislation to enlarge and enrich it. The freedom of mind which befits the members of a self-governing society is not a given and fixed part of human nature. It can be increased and established by learning, by teaching, by the unhindered flow of accurate information, by giving men health and vigor and security, by bringing them together in activities of communication and mutual understanding. And the federal legislature is not forbidden to engage in that positive enterprise of cultivating the general intelligence upon which the success of self-government so obviously depends. On the contrary, in that positive field the Congress of the United States has a heavy and basic responsibility to promote the freedom of speech.

And second, no one who reads with care the text of the First Amendment can fail to be startled by its absoluteness. The phrase, 'Congress shall make no law…abridging the freedom of speech', is unqualified. It admits no exceptions. (…)

But, third, this dictum which we rightly take to express the most vital wisdom which men have won in their striving for political freedom is yet – it must be admitted – strangely paradoxical. No one can doubt that, in any well-governed society, the legislature has both the right and the duty to prohibit certain forms of speech. (…)All these necessities that speech be limited are recognized and provided for under the Constitution. They were not unknown to the writers of the First Amendment. That amendment, then, we may take it for granted, *does not forbid the abridging of speech.* But, at the same time, *it does forbid the abridging of the freedom of speech.* It is to the solving of that paradox, that apparent self-contradiction, that we are summoned if, as free man, we wish to know what the right of freedom of speech is." (*op. cit.*, p. 19-21)

O paradoxo identificado por Alexander Meiklejohn na Primeira Emenda à Constituição norte-americana também pode ser encontrado nos textos constitucionais que, como o art. 220 da Constituição brasileira de 1988, contêm cláusula proibitiva de qualquer restrição às liberdades de expressão e de imprensa. Ao mesmo tempo em que prescrevem a não restrição dessas liberdades, esses textos não apenas permitem, como obrigam a intervenção legislativa no sentido de sua promoção e efetividade.

Entre concepções liberais, individuais ou subjetivas, por um lado, e outras concepções cívicas, republicanas, democráticas ou objetivas, por outro, o aparente paradoxo das liberdades de expressão, de informação e de imprensa tem sido enfrentado pelas Cortes Constitucionais com base em um postulado que hoje faz transparecer quase uma obviedade: as restrições legislativas são permitidas e até exigidas constitucionalmente quando têm o propósito de proteger, garantir e efetivar tais liberdades.

O Tribunal Constitucional alemão não chegou a outra solução ao interpretar o art. 5º da *Grundgezetz*. É o que será analisado no tópico a seguir.

2.2. A dupla dimensão (subjetiva e objetiva) da liberdade de imprensa na jurisprudência do "Bundesverfassungsgericht"

Se, nos Estados Unidos, é possível identificar essas duas tradições ou dois modelos de interpretação da liberdade de imprensa, na Alemanha, a jurisprudência do Tribunal Constitucional interpreta as liberdades de expressão e de imprensa protegidas pelo art. 5º da *Grundgezetz* de duas formas: como um direito subjetivo fundamental e como uma instituição ou garantia institucional.

O famoso *caso Lüth* (*BverfGE* 7, 198, 1958) é, antes de tudo, um marco na definição do significado da liberdade de expressão na democracia. Em passagem emblemática, consignou o Tribunal o seguinte:

Liberdade de expressão artística, científica, de imprensa e liberdade de exercício profissional   985

"O direito fundamental à livre expressão do pensamento é, enquanto expressão imediata da personalidade humana, na sociedade, um dos direitos humanos mais importantes (un des droits les plus précieux de l'homme, segundo o Art. 11 da Declaração dos Direitos do Homem e do Cidadão de 1789). Ele é elemento constitutivo, por excelência, para um ordenamento estatal livre e democrático, pois é o primeiro a possibilitar a discussão intelectual permanente, a disputa entre as opiniões, que é o elemento vital daquele ordenamento. (BVerfGE 5, 85 [205]). Ele é, num certo sentido, a base de toda e qualquer liberdade por excelência, 'the matrix, the indispensable condition of nearly every other form of freedom' (Cardozo)."

Em *Lüth* o TFC alemão reconhece a dupla dimensão, subjetiva (individual) e objetiva (institucional), dos direitos fundamentais. Em primeira linha, considerou o Tribunal o seguinte:

"Sem dúvida, os direitos fundamentais existem, em primeira linha, para assegurar a esfera de liberdade privada de cada um contra intervenções do poder público; eles são direitos de resistência do cidadão contra o Estado. Isto é o que se deduz da evolução histórica da ideia do direito fundamental, assim como de acontecimentos históricos que levaram os direitos fundamentais às constituições dos vários Estados. Os direitos fundamentais da *Grundgesetz* também têm esse sentido, pois ela quis sublinhar, com a colocação do capítulo dos direitos fundamentais à frente (dos demais capítulos que tratam da organização do Estado e constituição de seus órgãos propriamente ditos), a prevalência do homem e sua dignidade em face do poder estatal. A isso corresponde o fato de o legislador ter garantido o remédio jurídico especial para proteção destes direitos, a Reclamação Constitucional, somente contra atos do poder público."

Em seguida, não obstante, conclui o Tribunal que:

"Da mesma forma é correto, entretanto, que a Constituição, que não pretende ser um ordenamento neutro do ponto de vista axiológico, estabeleceu também, em seu capítulo dos direitos fundamentais, um **ordenamento axiológico objetivo**, e que, justamente em função deste, ocorre um aumento da força jurídica dos direitos fundamentais (...). Esse sistema de valores, que tem como ponto central a personalidade humana e sua dignidade, que se desenvolve livremente dentro da comunidade social, precisa valer enquanto decisão constitucional fundamental para todas as áreas do direito; Legislativo, Administração Pública e Judiciário recebem dele diretrizes e impulsos."

Essa concepção formada pela Corte alemã evidencia que os direitos fundamentais são, a um só tempo, direitos subjetivos e elementos fundamentais da ordem constitucional objetiva. Enquanto direitos subjetivos, os direitos fundamentais outorgam aos titulares a possibilidade de impor os seus interesses em face dos órgãos obrigados [HESSE, Konrad. *Grundzüge des Verfassungsrechts, der Bundesrepublik Deutschland*, Heidelberg: C. F. Müller, 1995, p. 112; KREBS, Walter. *Freiheitsschutz durch Grundrechte*, in: JURA, p. 617 (619), 1988]. Na sua dimensão como elemento fundamental da ordem constitucional objetiva, os direitos fundamentais — tanto aqueles que não asseguram, primariamente, um direito subjetivo quanto aqueloutros, concebidos como garantias individuais — formam a base do ordenamento jurídico de um Estado de Direito democrático.

É verdade consabida, desde que Jellinek desenvolveu a sua *Teoria dos quatro "status"*, que os direitos fundamentais cumprem diferentes funções na ordem jurídica(JELLINEK, G., *Sistema dei diritti pubblici subiettivi*, trad. it., Milano: Giuffrè, 1912, p. 244; cf. ALEXY, Robert, *Theorie der Grundrechte*, Frankfurt am Main, 1986, p. 243 e s.; cf. SARLET, Ingo, A *eficácia dos direitos fundamentais*, Porto Alegre: Livr. do Advogado Ed., 1998, p. 153 e s.). Na sua concepção tradicional, os direitos fundamentais são *direitos de defesa* (*Abwehrrechte*), destinados a proteger determinadas posições subjetivas contra a intervenção do Poder Público, seja pelo (a) não impedimento da prática de determinado ato, seja pela (b) não intervenção em situações subjetivas ou pela não eliminação de posições jurídicas (Cf. ALEXY, Robert, *Theorie der Grundrechte*, cit., p. 174; cf. CANOTILHO, J. J. Gomes, *Direito constitucional*, Coimbra: Almedina, 1991, p. 548.). Nessa dimensão, os direitos fundamentais contêm disposições definidoras de uma *competência negativa do Poder Público* (*negative Kompetenzbestimmung*), que fica obrigado, assim, a respeitar o núcleo de liberdade constitucionalmente assegurado (Cf., HESSE, *Grundzüge des Verfassungsrechts*, cit., p. 133).

Outras normas consagram direitos a prestações de índole positiva (*Leistungsrechte*), que tanto podem referir-se a prestações fáticas de índole positiva (*faktische positive Handlungen*) quanto a prestações normativas de índole positiva (*normative Handlungen*) (ALEXY, *Theorie der Grundrechte*, cit., p. 179; ver, também, CANOTILHO, *Direito constitucional*, cit., p. 549). Tal como observado por Hesse, a garantia de liberdade do indivíduo, que os direitos fundamentais pretendem assegurar, somente é exitosa no contexto de uma sociedade livre. Por outro lado, uma sociedade livre pressupõe a liberdade dos indivíduos e cidadãos, aptos a decidir sobre as questões de seu interesse e responsáveis pelas questões centrais de interesse da comunidade. Essas características condicionam e tipificam, segundo Hesse, a estrutura e a função dos direitos fundamentais. Estes asseguram não apenas direitos subjetivos, mas também os princípios objetivos da ordem constitucional e democrática [HESSE, Bedeutung der Grundrechte, in: BENDA, Ernst; MAIHOFER, Werner e VOGEL, Hans-Jochen, *Handbuch des Verfassungsrechts*. Berlin, 1995, v. I, p. 127 (134)].

A dimensão objetiva ou institucional do direito fundamental à liberdade de imprensa foi afirmada no também famoso caso *Spiegel* (*BVerfGE* 20, 62, 1966). Os fundamentos da decisão do Tribunal Constitucional ressaltam, em primeiro lugar, a importância da imprensa como "elemento essencial" do Estado assente na liberdade (*Wesenelement des freiheitlichen Staates*), na seguinte passagem:

"Uma imprensa independente, não dirigida pelo poder público, não submetida à censura, é elemento essencial do Estado livre; especialmente a imprensa política livre, publicada periodicamente, é imprescindível para a democracia moderna. Se o cidadão deve tomar decisões políticas, tem ele [antes não somente] que ser amplamente informado, mas também deve poder conhecer as opiniões que outros formaram e ponderá-las em si. A imprensa mantém esta discussão constantemente viva; obtendo as informações, ela mesma toma posição e atua como poder orientador na discussão pública. Nela se articula a opinião pública; os argumentos são esclarecidos em discurso e réplica, ganham contornos definidos e, assim, facilitam ao cidadão o julgamento e a decisão. Na democracia representativa, a imprensa apresenta-se, ao mesmo tempo, como constante órgão de ligação e de controle entre o povo e seus representantes eleitos na Câmara Federal e no Governo. Ela resume, de maneira crítica, as opiniões e reivindicações que constantemente surgem na sociedade e em seus grupos, coloca-as em debate e as apresenta aos órgãos estatais politicamente ativos, que, dessa forma, podem constantemente medir suas decisões, também em relação a questões isoladas da política diária, com base no parâmetro das opiniões realmente defendidas em meio ao povo. Tão mais importante é a "tarefa pública" que cabe, assim, à imprensa, pelo fato desta tarefa não poder ser cumprida a contento pelo poder público organizado. As empresas da imprensa devem poder se organizar livremente no espaço social. Elas trabalham segundo princípios de economia privada e sob formas de organização de direito privado. Há, entre elas, concorrência intelectual e econômica na qual o poder público por princípio não pode intervir."

Em seguida, a Corte passa a analisar o caráter institucional da liberdade de imprensa, em trecho digno de nota:

"Corresponde à função da imprensa livre no Estado democrático sua posição jurídica definida constitucionalmente. A Constituição garante, no Art. 5, a liberdade de imprensa. Se, primeiramente – correspondendo à posição sistemática do dispositivo e seu entendimento tradicional –, é assegurado um direito fundamental subjetivo às pessoas e empresas que atuam na imprensa, o qual garante aos seus titulares liberdade em face do poder coercitivo do Estado e lhes assegura, em certas situações, uma posição jurídica privilegiada, o Art. 5 GG encerra, ao mesmo tempo, também um **aspecto jurídico-objetivo**. Ele garante o **instituto "imprensa livre"**. O Estado é – independentemente de direitos subjetivos dos indivíduos – obrigado a considerar, em sua ordem jurídica, em toda a parte onde o campo de validade de uma norma atinja a imprensa, o postulado de liberdade desta. As primeiras consequências disso são os postulados da livre criação de órgãos de imprensa, do livre acesso às profissões de imprensa, dos deveres de informação das autoridades públicas; mas poder-se-ia também pensar

Liberdade de expressão artística, científica, de imprensa e liberdade de exercício profissional **987**

em um dever do Estado de combater os perigos infligidos a uma imprensa livre que poderiam advir da formação de monopólios de opinião. A autonomia da imprensa, assegurada pelo Art. 5 GG, estende-se da obtenção da informação até a divulgação das notícias e opiniões (BVerfGE 10, 118 [121]; 12, 205 [260]). Por isso, diz respeito à liberdade de imprensa também uma certa proteção da relação de confiança entre a imprensa e [seus] informantes particulares. Ela é imprescindível, já que a imprensa não pode abdicar de informações particulares, mas esta fonte de informações só pode fluir abundantemente se o informante puder confiar, fundamentalmente, que o "sigilo da fonte" (*Redaktionsgeheimnis*) será mantido."

O *caso Spiegel* é um marco na definição do significado da liberdade de imprensa na democracia e revela as "duas faces de Janus" dessa liberdade: a pessoal individual e a comunitária institucional. E, como bem assevera Manuel da Costa Andrade, *"só uma compreensão atenta às 'duas raízes' e ao contributo irredutível de qualquer delas pode ajustar-se ao sentido da liberdade de imprensa na experiência da moderna sociedade democrática"* (ANDRADE, Manuel da Costa, *Liberdade de Imprensa e inviolabilidade pessoal: uma perspectiva jurídico-criminal*, Coimbra, Coimbra Editora, 1996, p. 42).

O Tribunal alemão reafirmou o aspecto objetivo ou institucional da liberdade de imprensa em outros casos importantes. Em *Schmid-Spiegel* (BVerfGE 12, 113, 1961), afirma-se que a liberdade de imprensa é *"o instrumento mais importante da formação da opinião pública"*. Em *Blink-füer* (BVerfGE, 25, 256, 1969), o Tribunal novamente deixa consignado que *"as liberdades de expressão e de imprensa têm por fim proteger a livre atividade intelectual e o processo de formação da opinião na democracia livre"*, utilizando a significativa expressão *"instituição da imprensa livre"*. Em *Solidaritätsadrese* (BVerfGE 44, 197, 1977), a Corte assevera que *"o conteúdo axiológico especial do direito fundamental da livre expressão na democracia livre fundamenta uma presunção básica da liberdade do discurso em todos os âmbitos, principalmente na vida pública"*.

O certo é que a dimensão objetiva ou institucional é elemento imprescindível de compreensão do significado da liberdade de imprensa no Estado Democrático de Direito. Não se pode negar que a liberdade de imprensa, além de uma pretensão subjetiva, revela um caráter institucional que a torna uma verdadeira *garantia institucional*.

O papel das garantias institucionais no ordenamento constitucional não é desconhecido. Como é sabido, a Constituição outorga, não raras vezes, garantia a determinados institutos, isto é, a um complexo coordenado de normas, tais como a propriedade, a herança, o casamento etc. Outras vezes, clássicos direitos de liberdade dependem, para sua realização, de intervenção do legislador.

Assim, a liberdade de associação (CF, art. 5º, XVII) depende, pelo menos parcialmente, da existência de normas disciplinadoras do direito de sociedade (constituição e organização de pessoa jurídica etc.). Também a liberdade de exercício profissional exige a possibilidade de estabelecimento de vínculo contratual e pressupõe, pois, uma disciplina da matéria no ordenamento jurídico. O direito de propriedade, como observado, não é sequer imaginável sem disciplina normativa [Cf. KREBS, *Freiheitsschutz durch Grundrechte*, cit., p. 617 (623)].

Da mesma forma, o direito de proteção judiciária, previsto no art. 5º, XXXV, o direito de defesa (art. 5º, LV), e o direito ao juiz natural (art. 5º, XXXVII), as garantias constitucionais do *habeas corpus*, do mandado de segurança, do mandado de injunção e do *habeas data* são típicas garantias de caráter institucional, dotadas de âmbito de proteção marcadamente normativo (Cf. PIEROTH/SCHLINK, *Grundrechte*: Staatsrecht II, Heidelberg: C. F. Müller, 1995, p. 53).

Entre nós, Ingo Sarlet assinala como autênticas garantias institucionais no catálogo da nossa Constituição a garantia da propriedade (art. 5º, XXII), o direito de herança (art. 5º, XXX), o Tribunal do Júri (art. 5º, XXXVIII), a língua nacional portuguesa (art. 13), os partidos políticos e sua autonomia (art. 17, *caput*, e § 1º). Também fora do rol dos direitos e garantias fundamentais (Título II) podem ser localizadas garantias institucionais, tais como a garantia de um sistema de seguridade social (art. 194), da família (art. 226), bem como da autonomia das universidades (art. 207), apenas para mencionar os exemplos mais típicos. Ressalte-se que alguns desses institutos podem até mesmo ser considerados garantias institucionais fundamentais, em face da abertura material propiciada pelo art. 5º, § 2º, da Constituição (SARLET, Ingo, *A eficácia dos direitos fundamentais*, cit., p. 182).

Nesses casos, a atuação do legislador revela-se indispensável para a própria concretização do direito. Pode-se ter aqui um autêntico *dever constitucional de legislar* (*Verfassungsauftrag*), que obriga o legislador a expedir atos normativos "conformadores" e concretizadores de alguns direitos (Cf. BATTIS, Ulrich; GUSY, Christoph, *Einführung in das Staatsrecht*, 4. ed., Heidelberg: C. F. Müller, 1999, p. 327).

Nessa linha de raciocínio, outra não poderia ser a conclusão senão a de que o caráter institucional da liberdade de imprensa não apenas permite, como também exige a intervenção legislativa com o intuito de dar conformação e, assim, conferir efetividade à garantia institucional.

A lei de imprensa constitui, nesse sentido, uma exigência constitucional em razão da face objetiva ou institucional da liberdade de imprensa. É dever do legislador equacionar, nos termos exigidos pela Constituição, as dimensões da liberdade de imprensa e os demais valores fundamentais carentes de proteção.

O tópico seguinte desenvolverá melhor essa ideia, com especial enfoque para a liberdade de imprensa tal como protegida pelo texto constitucional de 1988.

3. A necessidade de uma lei de imprensa

3.1. A reserva legal estabelecida pelo art. 220 da Constituição

O constituinte de 1988 de nenhuma maneira concebeu a liberdade de expressão como direito absoluto, insuscetível de restrição, seja pelo Judiciário, seja pelo Legislativo.

Ao contrário do disposto em alguns dos mais modernos textos constitucionais (Constituição portuguesa de 1976, art. 18º, n. 3, e Constituição espanhola de 1978, art. 53, n. 1) e do estabelecido nos textos constitucionais que a antecederam (Constituição brasileira de 1934, art. 113, 9; Constituição brasileira de 1946, art. 141, § 5º; Constituição brasileira de 1967-69, art. 153, § 8º), a Constituição de 1988 não contemplou, diretamente, na disposição que garante a liberdade de expressão, a possibilidade de intervenção do legislador com o objetivo de fixar alguns parâmetros para o exercício da liberdade de informação.

Não parece correta, todavia, essa leitura rasa do texto constitucional, pelo menos se se considera que a liberdade de informação mereceu disciplina destacada no capítulo dedicado à comunicação social (arts. 220-224 da CF/88).

Particularmente elucidativas revelam-se as disposições constantes do art. 220 da Constituição:

"Art. 220. A manifestação do pensamento, a criação, a expressão e a informação, sob qualquer forma, processo ou veículo não sofrerão qualquer restrição, observado o disposto nesta Constituição.

§ 1º Nenhuma lei conterá dispositivo que possa constituir embaraço à plena liberdade de informação jornalística em qualquer veículo de comunicação social, observado o disposto no art. 5º, IV, V, X, XIII e XIV.

§ 2º É vedada toda e qualquer censura de natureza política, ideológica e artística.

§ 3º Compete à lei federal:

I – regular as diversões e espetáculos públicos, cabendo ao Poder Público informar sobre a natureza deles, as faixas etárias a que não se recomendem, locais e horários em que sua apresentação se mostre inadequada;

Liberdade de expressão artística, científica, de imprensa e liberdade de exercício profissional **989**

II – estabelecer os meios legais que garantam à pessoa e à família a possibilidade de se defenderem de programas ou programações de rádio e televisão que contrariem o disposto no art. 221, bem como da propaganda de produtos, práticas e serviços que possam ser nocivos à saúde e ao meio ambiente".

Pode-se afirmar, pois, que ao constituinte não passou despercebido que a liberdade de informação haveria de se exercer de modo compatível com o direito à imagem, à honra e à vida privada (CF, art. 5º, X), deixa entrever mesmo a legitimidade de intervenção legislativa com o propósito de compatibilizar os valores constitucionais eventualmente em conflito. A própria formulação do texto constitucional — *"Nenhuma lei conterá dispositivo..., observado o disposto no art. 5º, IV, V, X, XIII e XIV"* — parece explicitar que o constituinte não pretendeu instituir aqui um domínio inexpugnável à intervenção legislativa. Ao revés, essa formulação indica ser inadmissível, tão somente, a disciplina legal que crie embaraços à liberdade de informação. A própria disciplina do direito de resposta, prevista expressamente no texto constitucional, exige inequívoca regulação legislativa.

Outro não deve ser o juízo em relação ao direito à imagem, à honra e à privacidade, cuja proteção pareceu indispensável ao constituinte também em face da liberdade de informação. Não fosse assim, não teria a norma especial ressalvado que a liberdade de informação haveria de se exercer com observância do disposto no art. 5º, X, da Constituição. Se correta essa leitura, tem-se de admitir, igualmente, que o texto constitucional não só legitima, como também reclama eventual intervenção legislativa com o propósito de concretizar a proteção dos valores relativos à imagem, à honra e à privacidade.

É fácil ver, assim, que o texto constitucional não excluiu a possibilidade de que se introduzam limitações à liberdade de expressão e de comunicação, estabelecendo, expressamente, que o exercício dessas liberdades há de se fazer com observância do disposto na Constituição. Não poderia ser outra a orientação do constituinte, pois, do contrário, outros valores, igualmente relevantes, quedariam esvaziados diante de um direito avassalador, absoluto e insuscetível de restrição.

Mais expressiva, ainda, parece ser, no que tange à liberdade de informação jornalística, a cláusula contida no art. 220, § 1º, segundo a qual *"nenhuma lei conterá dispositivo que possa constituir embaraço à plena liberdade de informação jornalística em qualquer veículo de comunicação social, observado o disposto no art. 5º, IV, V, X, XIII e XIV".*

Como se vê, **a formulação aparentemente negativa contém, em verdade, uma autorização para o legislador disciplinar o exercício da liberdade de imprensa,** tendo em vista, sobretudo, a proibição do anonimato, a outorga do direito de resposta e a inviolabilidade da intimidade da vida privada, da honra e da imagem das pessoas. Do contrário, não haveria razão para que se mencionassem expressamente esses princípios como limites para o exercício da liberdade de imprensa.

Tem-se, pois, aqui expressa a *reserva legal qualificada*, que autoriza o estabelecimento de restrição à liberdade de imprensa com vistas a preservar outros direitos individuais, não menos significativos, como os direitos da personalidade em geral.

Que a matéria não é estranha a uma disciplina legislativa é o próprio texto que o afirma explicitamente, ao conferir à lei federal a regulação das diversões e dos espetáculos públicos (natureza, faixas etárias a que se não recomendem, locais e horários em que sua apresentação se mostre inadequada), o estabelecimento de mecanismos de defesa contra programas e programações de rádio e de televisão que, *v.g.*, sejam contrários a valores éticos e sociais da pessoa e da família (CF, arts. 220, § 2º, e 221, IV).

Essas colocações hão de servir, pelo menos, para demonstrar que o tema não pode ser tratado da maneira simplista ou até mesmo simplória como vem sendo apresentado, até por alguns juristas.

Como se vê, há uma inevitável tensão na relação entre a liberdade de expressão e de comunicação, de um lado, e os direitos da personalidade constitucionalmente protegidos, de outro, a qual pode gerar uma situação conflituosa, a chamada *colisão de direitos fundamentais* (*Grundrechtskollision*).

É fecunda a jurisprudência da Corte Constitucional alemã sobre o assunto, especialmente no que se refere ao conflito entre a liberdade de imprensa ou a liberdade artística e os direitos da personalidade, como o direito à honra e à imagem. Ressalte-se, ainda, que, assim como o ordenamento constitucional brasileiro, a Lei Fundamental de Bonn proíbe, expressamente, a censura à imprensa (LF, art. 5, I).

A propósito da problemática, mencionem-se duas decisões importantes proferidas pela Corte Constitucional alemã.

Na decisão de 24.2.1971, relativa à publicação do romance Mephisto, de Klaus Mann, reconheceu-se o conflito entre o direito de liberdade artística e os direitos de personalidade como derivações do princípio da dignidade humana (*BVerfGE* 30, 173). O filho adotivo do falecido ator e diretor de teatro Gustaf Gründgen postulou perante a justiça estadual de Hamburgo a proibição da publicação do romance Mephisto com o argumento de que se cuidava de uma biografia depreciativa e injuriosa da memória de Gründgen, caricaturado no romance na figura de Hendrik Höfgen. O tribunal estadual de Hamburgo julgou improcedente a ação. O romance foi publicado em setembro de 1965 com uma advertência aos leitores, assinada por Klaus Mann, afirmando que *"todas as pessoas deste livro são tipos, não retratos de personalidade"* (*Alle Personen dieses Buchs stellen Typen dar, nicht Porträts.* K.M.).

Com fundamento em uma medida liminar deferida pelo Tribunal Superior de Hamburgo, acrescentou-se à publicação uma advertência aos leitores na qual se enfatizava que, embora constassem referências a pessoas, as personagens haviam sido conformadas, fundamentalmente, pela "fantasia poética do autor" (*dichterische Phantasie des Verfassers*).

Posteriormente, concedeu o Tribunal o pedido de proibição da publicação, tanto com fundamento nos direitos subsistentes de personalidade do falecido teatrólogo, quanto em direito autônomo do filho adotivo. Como o público dificilmente poderia distinguir entre poesia e realidade, sendo mesmo levado a identificar na personagem Höfgen a figura de Gründgen, não havia como deixar de reconhecer o conteúdo injurioso das afirmações contidas na obra. O direito de liberdade artística não teria precedência sobre os demais direitos, devendo, por isso, o juízo de ponderação entre a liberdade artística e os direitos de personalidade ser decidido, na espécie, em favor do autor.

O Supremo Tribunal Federal (*Bundesgerichtshof*) rejeitou a revisão interposta sob a alegação de que o direito de liberdade artística encontra limite imanente (*imannente Begrenzung*) no direito de personalidade assegurado constitucionalmente. Esses limites são violados se, a pretexto de descrever a vida ou a conduta de determinadas pessoas, atribui-se a elas prática de atos negativos absolutamente estranhos à sua biografia, sem que se possa afirmar, com segurança, que se cuida, simplesmente, de uma imagem hiperbólica ou satírica.

A editora recorrente sustentou na *Verfassungsbeschwerde* impetrada que as decisões dos Tribunais violavam os artigos 1, 2, I, 5, I e III, 14 (direito de propriedade) e 103, I, todos da Lei Fundamental, bem como os postulados da proporcionalidade e da segurança jurídica.

O Tribunal Constitucional reconheceu que a descrição da realidade integra o âmbito de proteção do direito de liberdade artística, isto é, a chamada arte engajada não estaria fora da proteção outorgada pelo art. 5º, III, da Lei Fundamental.

A ementa do acórdão fornece boa síntese dos fundamentos da decisão:

"N. 16

1. Art. 5, III, 1.º período da Lei Fundamental representa uma norma básica da relação entre o Estado e o meio artístico. Ele assegura, igualmente, um direito individual.

Liberdade de expressão artística, científica, de imprensa e liberdade de exercício profissional **991**

2. A garantia da liberdade artística abrange não só a atividade artística, como a apresentação e a divulgação das obras de arte.

3. O direito de liberdade artística protege também o editor.

4. À liberdade artística não se aplicam nem a restrição do art. 5°, II, nem aquela contida no art. 2°, I, 2.° período.

5. Um conflito entre a liberdade artística e o âmbito do direito de personalidade garantido constitucionalmente deve ser resolvido com fulcro na ordem de valores estabelecida pela Lei Fundamental; nesse sentido, há de ser considerada, particularmente, a garantia da inviolabilidade do princípio da dignidade humana consagrada no art. 1°, I". (Decisão da Corte Constitucional, vol. 30, p. 173).

Reconheceu-se, pois, que, embora não houvesse reserva legal expressa, o direito de liberdade artística não fora assegurado de forma ilimitada. A garantia dessa liberdade, como a de outras constitucionalmente asseguradas não poderia desconsiderar a concepção humana que balizou a Lei Fundamental, isto é, a ideia de homem como personalidade responsável pelo seu próprio destino, que se desenvolve dentro da comunidade social.

O não estabelecimento de expressa reserva legal ao direito de liberdade artística significava que eventuais limitações deveriam decorrer, diretamente, do texto constitucional. Como elemento integrante do sistema de valores dos direitos individuais, o direito de liberdade artística estava subordinado ao princípio da dignidade humana (LF, art. 1°), que, como princípio supremo, estabelece as linhas gerais para os demais direitos individuais. O modelo de ser humano, pressuposto pelo art. 1°, I, da Lei Fundamental, conformaria a garantia constitucional de liberdade artística, assim como esta seria influenciada, diretamente, pela concepção axiológica contida no art. 1°, I.

No caso em apreço, considerou-se que os tribunais não procederam a uma aferição arbitrária dos interesses em conflito, mas, ao revés, procuraram avaliar, de forma cuidadosa, os valores colidentes, contemplando, inclusive a possibilidade de determinar uma proibição limitada do romance (publicação com esclarecimento obrigatório).

Contemple-se, por derradeiro, o chamado *caso Lebach* (*BVerfGE* 35, 202), de 5.06.1973, no qual se discutiu problemática concernente à liberdade de imprensa em face aos direitos de personalidade. Cuidava-se de pedido de medida liminar formulado perante tribunais ordinários por um dos envolvidos em grave homicídio — conhecido o *assassinato de soldados de Lebach — Der Soldatenmord von Lebach* — contra a divulgação de filme, pelo Segundo Canal de Televisão (*Zweites Deutsches Fernsehen* — ZDF), sob a alegação de que, além de lesar os seus direitos de personalidade, a divulgação do filme, no qual era citado nominalmente, dificultava a sua ressocialização. O Tribunal estadual de Mainz e, posteriormente, o Tribunal Superior de Koblenz não acolheram o pedido de liminar, entendendo, fundamentalmente, que o envolvimento no crime fez que o impetrante se tornasse uma personalidade da história recente e que o filme fora concebido como um documentário destinado a apresentar o caso sem qualquer alteração.

Eventual conflito entre a liberdade de imprensa, estabelecida no art. 5°, I, da Lei Fundamental, e os direitos de personalidade do impetrante, principalmente o direito de ressocialização, haveria de ser decidido em favor da divulgação da matéria, que correspondia ao direito de informação sobre tema de inequívoco interesse público.

O recurso constitucional (*Verfassungsbeschwerde*) foi interposto sob alegação de ofensa aos artigos 1°, I (inviolabilidade da dignidade humana), e 2°, I, (...) da Lei Fundamental.

A Corte Constitucional, após examinar o documentário e assegurar o direito de manifestação do Ministério da Justiça, em nome do Governo Federal, do Segundo Canal de Televisão, do Governo do Estado da Renânia do Norte-Vestfália, a propósito do eventual processo de ressocialização do impetrante na sua cidade natal, do Conselho Alemão de Imprensa, da Associação Alemã de Editores, e após ouvir especialistas em execução penal, psicologia social e comunicação, deferiu a medida postulada, proibindo a divulgação do filme, até a decisão do processo principal, se dele constasse referência expressa ao nome do impetrante.

Ressaltou o Tribunal que, ao contrário da expressão literal da lei, o direito à imagem não se limitava à própria imagem, mas também às representações de pessoas com a utilização de atores.

Considerou, inicialmente, o Tribunal que os valores constitucionais em conflito (liberdade de comunicação e os direitos da personalidade) configuram elementos essenciais da ordem democrático-liberal (*freiheitlich demokratische Ordnung*) estabelecida pela Lei Fundamental, de modo que nenhum deles deve ser considerado, em princípio, superior ao outro. Na impossibilidade de uma compatibilização dos interesses conflitantes, tinha-se de contemplar qual haveria de ceder lugar, no caso concreto, para permitir uma adequada solução da colisão.

Em apertada síntese, concluiu a Corte Constitucional:

"Para a atual divulgação de notícias sobre crimes graves tem o interesse de informação da opinião pública, em geral, precedência sobre a proteção da personalidade do agente delituoso. Todavia, além de considerar a intangibilidade da esfera íntima, tem-se que levar em conta sempre o princípio da proporcionalidade. Por isso, nem sempre se afigura legítima a designação do autor do crime ou a divulgação de fotos ou imagens ou outros elementos que permitam a sua identificação.

A proteção da personalidade não autoriza que a Televisão se ocupe, fora do âmbito do noticiário sobre a atualidade, com a pessoa e a esfera íntima do autor de um crime, ainda que sob a forma de documentário.

A divulgação posterior de notícias sobre o fato é, em todo caso, ilegítima, se se mostrar apta a provocar danos graves ou adicionais ao autor, especialmente se dificultar a sua reintegração na sociedade. É de se presumir que um programa, que identifica o autor de fato delituoso pouco antes da concessão de seu livramento condicional ou mesmo após a sua soltura, ameaça seriamente o seu processo de reintegração social."

No processo de *ponderação* desenvolvido para solucionar o conflito de direitos individuais não se deve atribuir primazia absoluta a um ou a outro princípio ou direito. Ao revés, esforça-se o Tribunal para assegurar a aplicação das normas conflitantes, ainda que, no caso concreto, uma delas sofra atenuação. É o que se verificou na decisão acima referida, na qual restou íntegro o direito de noticiar sobre fatos criminosos, ainda que submetido a eventuais restrições exigidas pela proteção do direito de personalidade.

Como demonstrado, a Constituição brasileira, tal como a Constituição alemã, conferiu significado especial aos direitos da personalidade, consagrando o princípio da dignidade humana como postulado essencial da ordem constitucional, estabelecendo a inviolabilidade do direito à honra e à privacidade e fixando que a liberdade de expressão e de informação haveria de observar o disposto na Constituição, especialmente o estabelecido no art. 5º, X.

Faço essas análises, buscando lições do direito comparado, para concluir que **a ordem constitucional de 1988 abre espaço para uma lei de imprensa** instituída para proteger outros princípios constitucionais, especialmente os direitos à honra e à privacidade, enfim, à dignidade humana, assim como para proteção da própria atividade jornalística e de comunicação em geral.

Ressalto, neste ponto, que é extremamente falacioso o argumento, não raras vezes utilizado, de que, em países de democracia desenvolvida, não há leis de imprensa ou de regulação da atividade de imprensa.

Fiz uma breve pesquisa sobre o assunto no direito comparado e apresento a seguir, de forma sucinta, o resultado sobre a presença das leis de imprensa nos diversos ordenamentos jurídicos.

3.2. As Leis de Imprensa no Direito Comparado

3.2.1. Espanha

Na Espanha, o principal marco jurídico no que diz respeito à imprensa encontra-se na Constituição do país, em seu artigo 20. Esse artigo prevê expressamente a proibição de censura prévia e reconhece amplamente a liberdade de expressão, chamando atenção para as limitações advindas dos direitos à honra, à intimidade, à imagem e à proteção da infância e juventude. A Constituição da Espanha também proíbe o sequestro de publicações, gravações e outros meios de informação, a não ser em virtude de decisão judicial.

No que diz respeito a leis de imprensa na Espanha, cabe rememorar que, em 22 de março de 1938, foi promulgado decreto com clara intenção de reduzir a liberdade de expressão como direito do cidadão, com o manifesto intuito de que a imprensa ficasse a serviço dos interesses do regime de Franco.

A lei de imprensa que a sucedeu, de 18 de março de 1966, surge em novo momento histórico do mencionado regime, quando se pretendia desenvolver a estrutura produtiva daquele país. Buscava-se, portanto, maior legitimação democrática, o que englobava uma suposta ampliação do exercício da liberdade de imprensa.

A lei, no entanto, estabelecia uma série de limitações à liberdade de expressão. Se, por um lado, a nova lei trazia progressos em relação à lei de 1938, reduzindo controles, por outro não deixava de conceder inúmeros poderes à Administração.

A vigência da Lei de Imprensa de 1966 foi mantida mesmo com a morte de Franco. No entanto, a partir da transição política e com a nomeação de Adolfo Suarez para novo presidente, as questões das liberdades públicas tornavam tema de ampla discussão. Desse modo, em 1º de abril de 1977, foi aprovado o Decreto-Lei sobre liberdade de expressão, que derrogava o artigo 2º da Lei de Imprensa, suprimia parcialmente o sequestro administrativo de publicações e gravações e reforçava os instrumentos jurídicos de apuração dos delitos de calúnia e injúria praticados pela imprensa.

A maior parte dos artigos da Lei 14/1966 foram revogados expressamente por leis ou por sentenças do Tribunal Constitucional. Em relação à vigência dos dispositivos que não foram revogados expressamente, a Constituição determina a revogação das disposições que estejam em conflito com o texto constitucional, incluindo aquelas em confronto com as liberdades previstas no artigo 20.

Atualmente, uma série de leis e decretos regulam a atividade da imprensa na Espanha. Destas, podemos destacar a *Ley Orgánica* 2/1984, que regula o direito de retificação (resposta), e a *Ley Orgánica* 2/1997, a qual regula a *cláusula de conciencia* dos profissionais da informação, para que sejam garantidos a independência e o bom desempenho das atividades desses profissionais.

No que diz respeito à lei que trata do **direito de retificação ou de resposta**, o artigo 1º dispõe que *"Toda persona, natural o jurídica, tiene derecho a rectificar la informacibn difundida, por cualquier medio de comunicación social, de hechos que le aludan, que considere inexactos y cuya divulgación pueda causarle perjuicio. Podrán ejercitar el derecho de rectificación el perjudicado aludido o su representante y, si hubiese fallecido aquel, sus herederos o los representantes de éstos"*.

A lei ainda prevê que o direito será exercido mediante o envio da retificação escrita ao diretor do meio de comunicação dentro de sete dias após a publicação ou difusão da informação que gerou o prejuízo. Caso a retificação faça referência direta e exclusiva à informação que fora publicada, o diretor do meio de comunicação deverá publicar ou difundir integralmente a retificação, no prazo de três dias contados a partir do recebimento da resposta. A publicação ou difusão da retificação será gratuita e deverá receber destaque semelhante ao oferecido à publicação da informação.

Ademais, há na Espanha um grande número de normas jurídicas técnicas relacionadas às telecomunicações, à radiodifusão e à televisão. Destas, podemos destacar a Lei 11/1998, conhecida como Lei Geral das Telecomunicações, e a Lei 10/2005, com medidas de promoção da televisão digital terrestre, de liberalização das televisões a cabo e de fomento ao pluralismo.

3.2.2. Portugal

Em Portugal, a Constituição Portuguesa de 1976 voltou a consagrar a liberdade de expressão e informação e a liberdade de imprensa em seus artigos 37 e 38, ao assegurar o fim da censura e a independência dos órgãos de comunicação social.

A Lei de Imprensa, por sua vez, foi editada em 13 de janeiro de 1999, vindo a sofrer alterações em 2003, por meio da Lei 18/2003. A lei traz a definição de imprensa, bem como delimita suas distintas classificações. Ao tratar da questão dos limites à liberdade de imprensa, o artigo 3º dispõe que: *"A liberdade de imprensa tem como únicos limites os que decorrem da Constituição e da lei, de forma a salvaguardar o rigor e a objectividade da informação, a garantir os direitos ao bom nome, à reserva da intimidade da vida privada, à imagem e à palavra dos cidadãos e a defender o interesse público e a ordem democrática".*

Os artigos 24, 25, 26 e 27 tratam do direito de resposta. Dessa forma, *"tem direito de resposta nas publicações periódicas qualquer pessoa singular ou colectiva, organização, serviço ou organismo público, bem como o titular de qualquer órgão ou responsável por estabelecimento público, que tiver sido objecto de referências, ainda que indirectas, que possam afectar a sua reputação e boa fama".*

O **direito de retificação ou de resposta**, nesse caso, é independente do procedimento criminal – pelo fato da publicação, bem como do direito à indenização – pelos danos por ela causados. O direito de resposta deve ser exercido no período de trinta dias, caso se trate de diário ou semanário, ou no prazo de sessenta dias, no caso de uma publicação de menor frequência.

Ainda de acordo com a lei de imprensa portuguesa, o conteúdo da resposta está limitado pela relação útil e direta com o texto ou a imagem respondidos. A publicação da resposta é gratuita e deverá ser feita na mesma seção, com o mesmo destaque da publicação que deu causa à retificação. No caso de o direito de reposta não ter sido satisfeito ou houver sido recusado sem fundamento, o interessado poderá recorrer ao Tribunal Judicial ou à Entidade Reguladora para a Comunicação Social no prazo de 10 dias para requerer a publicação.

A Lei de Imprensa ainda trata de alguns crimes, como o atentado à liberdade de expressão (artigo 33º), e dos requisitos das publicações (artigo 15º), da transparência da propriedade referente às empresas jornalísticas (artigo 16º), do estatuto editorial (artigo 17º) e da organização das empresas jornalísticas (Capítulo IV).

Em 8 de novembro de 2005, a Lei 53/2005 criou a Entidade Reguladora para a Comunicação Social (ERC). Assim, agências de notícias, pessoas que editem publicações periódicas, operadores de rádio e televisão, entre outros estão sujeitos à intervenção e à supervisão do conselho regulador. Entre os principais objetivos da regulação encontram-se a promoção do pluralismo cultural e da diversidade de expressão, a garantia da livre difusão e do livre acesso aos conteúdos, a garantia do exercício da responsabilidade editorial perante o público e a proteção dos direitos de personalidade.

Portugal também apresenta legislação técnica específica para rádio e televisão, como é o caso da Lei 32/2003, de Televisão, que regula o acesso da atividade de televisão e o seu exercício no país, e a Lei 4/2001, que trata da Radiofusão.

3.2.3. México

A Constituição dos Estados Unidos Mexicanos trata, em seus artigos 6º e 7º, dos parâmetros que regem a imprensa do México. O artigo 6º prevê que *la manifestación de las ideas no será objeto de ninguna inquisición judicial o administrativa, sino en el caso de que ataque a la moral, los derechos de tercero, provoque algún delito, o perturbe el orden público; el derecho de réplica será ejercido en los términos dispuestos por la ley. El derecho a la información será garantizado por el Estado.* O artigo 7º, por sua vez, prevê que nenhuma autoridade poderá estabelecer censura prévia nem poderá cercear a liberdade de imprensa.

Nesse sentido, a *ley sobre delitos de imprenta*, de 12 de abril de 1917, expõe os conceitos de ataque à vida privada, à moral, à ordem e à paz pública e indica as penas para aqueles que come-

Liberdade de expressão artística, científica, de imprensa e liberdade de exercício profissional **995**

terem tais ofensas. Dessa forma, quaisquer manifestações que possam atingir a reputação e a honra de um determinado cidadão, que façam apologia ao crime e que ofendam a privacidade são vedadas e, por tal motivo, representam limites à liberdade de imprensa.

Alguns conceitos previstos na lei, como "moral", são extremamente abertos e amplos e estão sujeitos a diversas interpretações. A Jurisprudência do país, entretanto, tem trabalhado no sentido de interpretar os termos da lei de 1917 de acordo com o atual contexto político, social e jurídico mexicano.

O **direito de retificação**, também chamado de **direito de réplica ou de resposta**, não foi contemplado pela Constituição mexicana. No entanto, esse direito integra o ordenamento jurídico nacional, uma vez que está previsto na Convenção Americana de Direitos Humanos, em seu artigo 14 e na lei de 1917, sobre delitos de imprensa, em seu artigo 27:

> Los periódicos tendrán la obligación de publicar gratuitamente las rectificaciones o respuestas que las autoridades, empleados o particulares quieran dar a las alusiones que se les hagan en artículos, editoriales, párrafos, reportazgo o entrevistas, siempre que la respuesta se dé dentro de los ocho días siguientes a la publicación que no sea mayor su extensión del triple del párrafo o artículo en que se contenga la alusión que se contesta, tratándose de autoridades, o del doble, tratándose de particulares; que no se usen injurias o expresiones contrarias al decoro del periodista, que no haya ataques a terceras personas y que no se cometa alguna infracción de la presente ley.

O México possui leis e regulamentações específicas de rádiofusão e televisão, como a Lei Federal de Rádio e Televisão, de 1960, reformada pela última vez em 2006, e a Lei Federal de Telecomunicações, 1995, reformada em 2006.

3.2.4. Reino Unido

No âmbito do Reino Unido, encontramos o *Human Rights Act*, de 1998, que trata expressamente da liberdade de expressão no artigo 12.

Ressalte-se que, no Reino Unido, desde 1972, assentou-se a prevalência não só das normas comunitárias, como da própria Convenção Europeia sobre Direitos Humanos sobre o ordenamento interno ordinário, confirmado pela *House of Lords* no famoso caso *Factortame Ltd. V. Secretary of State for Transport* (93 ILR, p. 652).

O *"European Communities Act"*, de 1972, atribuiu ao direito comunitário europeu hierarquia superior em face de leis formais aprovadas pelo Parlamento (TOMUSCHAT, Christian. *Das Bundesverfassungsgericht im Kreise anderer nationaler Verfassungsgerichte, in Peter Badura e Horst Dreier (org.), Festschritft 50 Jahre Bundesverfassungsgericht*, 2001, Tübingen, Mohr-Siebeck, v. 1, p. 249).

Em 2002, com a publicação do *Communications Bill*, foi criado o *Office for Communications* (OFCOM), órgão regulador das Telecomunicações que substituiu outros cinco órgãos reguladores.

Uma série de atos do Parlamento regulamenta a atividade de mídia no país. Entre eles, podem ser destacados o *British Telecommunication Act*, de 1981, e o *Broadcasting Act*, de 1990.

O *Broadcasting Act* faz referência ao material difamatório utilizado em publicações. Nesse caso, o ato do Parlamento nos remete a outro ato, o *Defamation Act*, de 1996, que trata da responsabilidade pela publicação de determinado conteúdo difamatório. Essa legislação cuida especificamente do **direito de retificação** e delimita o procedimento a ser adotado em tal situação.

3.2.5. França

Na França, a Declaração dos Direitos do Homem e do Cidadão de 1789, estabelece, em seu artigo 11, que a livre comunicação de pensamentos e opiniões é um dos mais preciosos direitos do homem: todos os cidadãos podem, portanto, falar, escrever e imprimir livremente.

A Lei sobre a liberdade de imprensa francesa data de 1881 (*Loi du 29 juillet 1881 sur la liberté de la presse*). Já em seu artigo 5º assegura o direito de publicação de revista ou jornal sem necessidade de permissão ou depósito, sendo necessário apenas o registro do responsável pela publicação perante o procurador da república (art. 7º). Não obstante, essa mesma lei limita a liberdade de expressão em diversas situações: para proteção da intimidade da família (art. 39), do menor (art. 39, *bis*), da imagem de pessoas que foram vítimas de violência (art. 39, *quinquies*). Admite-se a aplicação de punição *ex officio* pela Administração quando houver calúnia ou difamação contra uma pessoa ou grupo de pessoas em razão da sua origem ou de pertencer a uma etnia, nação, raça ou religião, ou devido a sexo, orientação sexual ou deficiência (art. 6º). De igual modo, não são tolerados o racismo, a apologia à guerra, a desonra da memória dos veteranos e vítimas de guerra, que lutaram em favor da França (art. 48-1, 48-2 e 48-3). O artigo 48, parágrafo 7º, da referida Lei admite a instauração de processo em razão da simples divulgação pela imprensa de imagem de pessoa usando algemas.

O tema ainda é regulamentado pela Lei de Liberdade de Comunicação, de 1986 (*Loi n. 86-1067 du 30 septembre 1986 relative à la liberté de communication "Loi Léotard"*), que garante a liberdade da comunicação por meios eletrônicos. Segundo a lei, essa liberdade será limitada, na medida do necessário, pelo respeito à dignidade humana, à liberdade, à propriedade, ao caráter pluralista da expressão corrente de pensamento e de opinião e à proteção da infância e da adolescência, por meio da salvaguarda da ordem pública, pelas necessidades de defesa nacional, pelas exigências de serviço público, pelas limitações técnicas inerentes aos meios de comunicação, bem como pela necessidade desenvolver a produção dos serviços audiovisuais. **Essa lei estabeleceu o *Conseil supérieur de l'audiovisuel* (CSA), entidade que visa a garantir a independência e a imparcialidade do setor público de rádio e televisão, bem como a promover a livre concorrência no setor privado**. O *Conseil* também busca assegurar a qualidade e a diversidade dos programas e o desenvolvimento da produção e da criação audiovisual nacional, garantindo que haja representação da língua e cultura francesas. Nesse sentido, o artigo 27, parágrafo 2º determina que pelo menos 60% das obras cinematográficas e audiovisuais divulgadas em horário nobre sejam de procedência europeia, das quais 40% deverão ser obras francesas.

O *Conseil* é formado por nove membros, com mandato de seis anos, não renovável. A Presidência da República, a Assembleia Nacional e o Senado indicam três conselheiros cada um. Suas decisões são de natureza regulamentar e necessitam de aprovação do Primeiro-Ministro, que tem um prazo de quinze dias para pedir uma nova deliberação (art. 6).

3.2.6. Chile

No Chile, a Lei 19.733, promulgada em 18.5.2001, regulamenta a liberdade de imprensa, garantindo a liberdade de opinião e de informação sem censura prévia como um direito fundamental (art. 1º). É vedada a perseguição ou discriminação por causa de divergência de pontos de vista, havendo o dever de prestar contas sobre crimes e abusos cometidos. Seu artigo 3º garante o pluralismo do sistema de informações, que deverá favorecer a expressão da diversidade social, cultural, política e regional do país.

É garantido a qualquer pessoa natural ou jurídica que tiver sido ofendida injustamente por algum meio de comunicação o direito de difusão gratuita de retificação ou esclarecimento gratuito (art. 16).

Há previsão de multa em caso de promoção de ódio ou hostilidade com relação a pessoas ou coletividades em razão de raça, sexo, religião ou nacionalidade (art. 31). É proibida, também, a divulgação da identidade de menores de idade que sejam autores, cúmplices ou partícipes de delitos (art. 33).

Liberdade de expressão artística, científica, de imprensa e liberdade de exercício profissional 997

3.2.7. Peru

A Lei 26.937, que cuida da liberdade de imprensa peruana é bastante sucinta, com apenas 4 artigos. Em seu artigo 1° garante a toda pessoa o direito de livre expressão do pensamento. **Quanto ao exercício do jornalismo, por exemplo, não se exige registro algum para o exercício da profissão (art. 3°).**

3.2.8. Uruguai

No Uruguai, a Lei 16.099 garante a liberdade de expressão e comunicação de pensamentos e opiniões, que será exercida nos limites legais e constitucionais (arts. 1 a 3). Seu artigo 19 criminaliza a divulgação de notícias falsas que ocasionem grave alteração à tranquilidade pública ou grave prejuízo aos interesses econômicos do Estado ou a seu crédito exterior, bem como a instigação ao vilipêndio da Nação. O artigo 21 penaliza com multa os que publicarem ou difundirem informações relacionadas a processos judiciais de família ou de delitos contra o pudor e a decência.

3.2.9. Alemanha

Na Alemanha, a Lei Fundamental de Bonn de 1949 confere aos *Länder* a competência legislativa em matéria de imprensa. A partir de 1958 apareceram as primeiras leis de imprensa de cada estado, sendo a primeira de Hesse, a qual serviu de modelo para as demais.

No plano federal, há um **interessante sistema de autorregulação e autocontrole** da imprensa, cujo órgão principal é o **Conselho de Imprensa Alemão**, criado em 1956 e composto por associações de editores e jornalistas da Alemanha. Estabeleceu-se, nesse sistema, um conjunto de princípios que devem ser respeitados pela imprensa, denominado *Pressekodex*.

Entre os princípios estabelecidos pelo *Pressekodex* estão: liberdade e independência da imprensa (preâmbulo); proteger e respeitar a dignidade humana (Artigo 1); respeitar a intimidade e a privacidade (Artigo 8); realizar pesquisa aprofundada e justa (Artigo 4); separar claramente o editorial do texto dos anúncios comerciais (Artigo 7); proteger a honra (Artigo 9); evitar retrato sensacionalista da violência e da brutalidade (Artigo 11); e presunção de inocência de pessoas que estejam sob investigação (Artigo 13).

O *Pressekodex* determina, ainda, que jornalistas e editores não podem exercer atividade diversa que coloque em questão a credibilidade da imprensa (Artigo 6). A discriminação por sexo, deficiência, origem étnica, religiosa ou social também não é permitida (Artigo 12). Nesse sentido, o código define, inclusive, que deve ser evitada a menção da origem religiosa, social e/ou étnica do criminoso, de modo a evitar o surgimento de preconceitos.

O **Conselho de Imprensa Alemão** é responsável por verificar se os princípios estabelecidos pelo *Pressekodex* estão sendo obedecidos pela imprensa e por receber reclamações e denúncias da população com relação às publicações de jornais, revistas e textos jornalísticos publicados na internet.

Além do *Pressekodex*, na Alemanha firmou-se tratado interestadual, em 31 de agosto de 1991, o *Staatsvertrag für Rundfunk und Telemedien*, que regulamenta a radiodifusão e os meios eletrônicos de comunicação.

Essas atividades são reguladas com base em alguns princípios: proteger e respeitar a dignidade humana; respeitar a vida e a liberdade; respeitar a diversidade de crenças e opiniões; respeitar as diversas convicções morais e religiosas (artigo 3); promover a solidariedade e trabalhar por uma sociedade sem discriminações (artigo 41).

O tratado dispõe, ainda, sobre algumas limitações às atividades de radiodifusão e telecomunicação. O artigo 7°, por exemplo, proíbe a utilização de técnicas subliminares nas publicidades, bem como a propaganda política, ideológica e religiosa. O artigo 15 não permite a interrupção de programas religiosos e infantis para a veiculação de publicidade ou *teleshopping*. Os artigos 24 e 47 protegem os dados pessoais.

O artigo 49 do *Staatsvertrag für Rundfunk und Telemedien* arrola as infrações administrativas decorrentes da desobediência de seus dispositivos. A penalidade aplicada a essas infrações é multa cujo valor varia de 50.000 euros a 500.000 euros, de acordo com a ofensa cometida.

Ressalte-se o artigo 56, que protege o **direito de resposta** daquele que foi afetado por alguma publicação. A resposta deve ser publicada sem cobrança à pessoa afetada, sem alterações e omissões no texto, e deve possuir extensão semelhante ao artigo a ser respondido.

Por fim, merece destaque igualmente o *Staatsvertrag über den Schutz der Menschenwürde und den Jugendschutz in Rundfunk und Telemedien*, cujo objetivo é proteger as crianças e os adolescentes, bem como a dignidade da pessoa humana contra os meios eletrônicos de informação e comunicação.

O artigo 4° estabelece a proibição da abordagem de determinados temas e conteúdos: a utilização de insígnias de organizações proibidas pela Constituição; a discriminação por nacionalidade, raça, religião e etnia; a negação ou a diminuição dos atos cometidos pelo Nacional Socialismo; glorificação da guerra, pornografia e atos de abuso sexual contra crianças e adolescentes.

O tratado em questão instituiu a *Kommission für Jugendmedienschutz* (Artigo 14), a qual deve, entre outras funções, garantir que as provisões prescritas no tratado estejam sendo devidamente respeitadas. A Comissão está autorizada a atuar *ex officio* (Artigo 17) e a aplicar multas em caso de prática de ofensas administrativas, que estão previstas no artigo 24.

3.3. As Leis de Imprensa no Brasil

Como se vê nesse breve relato, as leis de imprensa ou as leis reguladoras dos meios de comunicação de maneira alguma são incompatíveis com a democracia ou com o Estado democrático de Direito. Nossa ordem Constitucional, instituída em 1988, permite, sim, a regulação da imprensa, e isso vem da interpretação do próprio art. 220 da Constituição.

Seria exacerbado otimismo pretender que o texto constitucional fosse suficiente na regulação da atividade dos meios de comunicação em geral. Mesmo a existência das normas da legislação civil, penal e processual não seriam bastantes para o tratamento adequado do assunto. Temas como o direito de resposta, por exemplo, ficariam sem regulamentação específica, o que poderia ser extremamente danoso não só aos indivíduos, mas aos próprios meios de comunicação.

É certo, por outro lado, que a já difundida oposição à lei específica da imprensa é decorrente, em grande parte, de uma cultura e de uma prática jurídica formadas no Brasil em torno de uma sucessão de leis voltadas muito mais à repressão e à censura do que à liberdade da imprensa.

No Brasil, como já abordado anteriormente, todas as Constituições, com exceção da atual Carta de 1988, previram expressamente a possibilidade da lei restritiva da liberdade de imprensa (Constituição de 1824, art. 179, IV; Constituição de 1891, art. 72, § 12; Constituição de 1934, art. 113, 9; Constituição de 1937, art. 122, 15; Constituição de 1946, art. 141, § 5°; Constituição de 1967/69, art. 153, § 8°). Sob todas essas ordens constitucionais, o legislador tratou de regular o tema da imprensa, sempre com algum intuito de controlar e, dessa forma, de censurar a atividade dos meios de comunicação (Carta de Lei de 20 de setembro de 1830; Decreto n. 4.269, de 17 de janeiro de 1921; Lei n. 4.743, de 31 de outubro de 1923; Decreto n. 24.776, de 14 de julho de 1934; Lei n. 2.083, de 12 de novembro de 1953).

Esse entendimento está bem demonstrado na Exposição de Motivos ao Anteprojeto da Lei de Imprensa elaborado pela comissão de juristas presidida pelo Ministro Evandro Lins e Silva e constituída pelo Conselho Federal da Ordem dos Advogados do Brasil (*Diário do Congresso Nacional* (Seção II), 14 de Agosto de 1991, p. 4765):

"(...) 6. A história dos diplomas legais brasileiros demonstra a inclinação para destacar os abusos cometidos através da imprensa e não as liberdades que as devem identificar. Bem a propósito vem o Decreto de 18 de junho de 1822, com a rubrica do Príncipe Regente e o texto de José Bonifácio de Andrada e Silva, que alertava sobre a necessidade de atuação da 'suprema lei de salvação pública' para evitar que 'ou pela imprensa, ou verbalmente ou de qualquer outra maneira propaguem e publiquem os inimigos da ordem e da tranquilidade e da união, doutrinas incendiárias e subversivas, princípios desorganizadores e dissociáveis, que promovendo a anarquia e a licença, ataquem o sistema que os povos deste grande riquíssimo Reino, por sua própria vontade escolheram, abraçaram e requereram...'.

Embora a ressalva do aludido decreto no sentido de não ofender 'a liberdade bem entendida da imprensa que desejo sustentar e conservar, e que tantos bens tem feito à causa sagrada da liberdade brasílica', a vontade do poder e a situação política e institucional do Brasil daqueles tempos já estavam a conjurar contra a proclamada liberdade.

7. Se no crepúsculo da Colônia que se aludia às doutrinas 'incendiárias e subversivas' espalhadas pela imprensa ou mesmo verbalmente, no início do período imperial não se modificaram critérios, e os meios de repressão. A Carta de Lei de 2 de outubro de 1823, decretada pela Assembleia Geral Constituinte e Legislativa, após declarar em seu primeiro artigo que 'nenhum escrito, de qualquer qualidade, volume ou denominação, são sujeitos à censura, nem antes, nem depois de impressos', hostilizava, logo em seguida, aquela **petição de princípios** ao punir todos que negassem a verdade dos dogmas da religião católica romana; defendessem dogmas falsos; excitassem o povo à rebelião tanto por ação direta quando por meios indiretos 'fazendo alegorias, espalhando desconfianças' ou atacassem a forma de Governo, a moral cristã ou os bons costumes. O elenco de discriminações e restrições tinha como vertente a concepção autoritária em torno dos crimes políticos e religiosos.

8. A contradição entre a proclamação otimista dos primeiros dispositivos e os textos imediatos das leis de imprensa em nosso País, assumiu conformação rotineira. A propósito, basta a simples leitura dos seguintes diplomas: Carta de Lei de 20 de setembro 1830; Decreto n. 4.269, de 17 de janeiro de 1921; Lei n. 4.743, de 31 de outubro de 1923; Decreto n. 24.776, de 14 de julho de 1934; Lei n. 2.083, de 12 de novembro de 1953 e Lei n. 5.250, de 9 de fevereiro de 1967.

O art. 1º e seu § 1º do diploma em vigor constituem o modelo bem ilustrativo desse descompasso entre a retórica e o factual: 'É livre a manifestação do pensamento e a procura, o recebimento e a difusão de informações ou ideias, por qualquer meio, e sem dependência de censuras, respondendo cada um, nos termos da lei, pelos abusos que cometer'. '§ 1º Não será tolerada a propaganda de guerra, de processos de subversão da ordem política e social e de preconceitos de raça ou classe'.

Finalmente, vale a lembrança da crítica desferida por Afonso Arinos de Melo Franco ao apreciar o Projeto do Governo n. 1.943, de 1956, sobre a nova lei de imprensa.

Referindo-se a um dispositivo do 'famigerado projeto' comparou-o à obtusa e férrea legislação bragantina e destacou a inconstitucionalidade da suspensão do jornal por prazos variáveis assim como a lei de Dom João VI fazia suspender a publicação até as necessárias correções introduzidas pelo censor (**Pela Liberdade de Imprensa**, Livraria José Olympio Editora, Rio de Janeiro, 1957, p. 121).

9. É compreensível que a sucessão histórica do contraste entre a declaração de liberdade e a institucionalização da censura, produzisse nos espíritos mais prevenidos a natural resistência contra as chamadas **leis de imprensa**.

Não é estranhável, portanto, essa compreensão do problema, se reconhecermos que a história da lei de imprensa em nosso País é a história da censura oficial. Esta conclusão torna-se mais óbvia quando se constata a grande intimidade entre a legislação que reprime os abusos da liberdade de informação e as leis que cuidam das infrações políticas. Leis de imprensa e leis de segurança nacional foram concebidas e utilizadas como vasos comunicantes dos regimes autoritários de governo e das práticas opressoras do Estado. Daí, então, a compreensível oposição à existência de uma lei especial para tornar efetiva a liberdade de informação e assegurar a sua prática, além de criminalizar aquelas condutas que se opõem a este bem jurídico."

A Lei n. 5.250, de 1967, não destoa dessa tendência repressiva do Estado brasileiro em relação à liberdade de imprensa. A atual Lei de Imprensa, não se pode negar, é, como afirma o Ministro Carlos Britto, "servil do regime de exceção"; ela, de fato, está impregnada de um espírito autoritário.

É preciso ponderar, por outro lado, que a Lei n. 5.250/67 há muito vem sendo objeto de depuração por parte de juízes e tribunais e a maioria de seus dispositivos de cunho autoritário não têm recebido aplicação nos casos concretos. Destaca-se, nesse sentido, editorial publicado na Folha de São Paulo em 30 de março de 2008, com a seguinte passagem:

"A Lei de Imprensa deixou de ser a principal ameaça à liberdade de expressão no Brasil. Criada por uma ditadura, seu objetivo central era controlar a informação pela coação legal, imposta a veículos e profissionais. Nem todos os 33 artigos do código de 1967, entretanto, correspondiam a pressupostos de tutela. Os dispositivos mais autoritários da Lei de Imprensa passaram a ser ignorados nos Tribunais a partir da redemocratização de 1985. O que restou do diploma hoje propicia alguma segurança jurídica a cidadãos, empresas e jornalistas, sem ameaçar direitos fundamentais."

Atestada a exigência constitucional de uma lei específica para regular o tema da liberdade de imprensa, só resta concluir que, enquanto não for editada uma nova lei sobre o assunto – existem diversos Projetos de Lei em tramitação no Congresso, entre os quais o de maior importância é o de n. 3.232, de 1992 – a Lei n. 5.250/67 continua sendo uma garantia da própria liberdade de imprensa e de direitos fundamentais como a honra, a imagem, a privacidade e a própria dignidade. Em face do poder e do abuso do poder da imprensa, é inegável que a lei, ao dispor sobre normas de organização e procedimento para o exercício do direito de resposta, por exemplo, constitui uma garantia do indivíduo e dos próprios meios de comunicação contra o poder e o abuso do poder da imprensa. É o que será analisado nos tópicos seguintes.

3.4. O poder e o abuso do poder da imprensa

O poder da imprensa é hoje quase incomensurável. Se a liberdade de imprensa, como antes analisado, nasceu e se desenvolveu como um direito em face do Estado, uma garantia constitucional de proteção de esferas de liberdade individual e social contra o poder político, hodiernamente talvez a imprensa represente um poder social tão grande e inquietante quanto o poder estatal. É extremamente coerente, nesse sentido, a assertiva de Ossenbühl quando escreve que *"hoje não são tanto os media que têm de defender a sua posição contra o Estado, mas, inversamente, é o Estado que tem de acautelar-se para não ser cercado, isto é, manipulado pelos media"* (*Apud*, ANDRADE, Manuel da Costa, *Liberdade de Imprensa e inviolabilidade pessoal: uma perspectiva jurídico-criminal*, Coimbra, Coimbra Editora, 1996, p. 63).

Nesse mesmo sentido são as ponderações de Vital Moreira:

"No princípio a liberdade de imprensa era manifestação da liberdade individual de expressão e opinião. Do que se tratava era de assegurar a *liberdade da imprensa* face ao Estado. No entendimento liberal clássico, a liberdade de criação de jornais e a competição entre eles asseguravam a verdade e o pluralismo da informação e proporcionavam veículos de expressão por via da imprensa a todas as correntes e pontos de vista.

Mas em breve se revelou que a imprensa era também um *poder social*, que podia afetar os direitos dos particulares, quanto ao seu bom nome, reputação, imagem, etc. Em segundo lugar, a liberdade de imprensa tornou-se cada vez menos uma faculdade individual de todos, passando a ser cada vez mais um poder de poucos. Hoje em dia, os meios de comunicação de massa já não são expressão da liberdade e autonomia individual dos cidadãos, antes relevam os interesses comerciais ou ideológicos de grandes organizações empresariais, institucionais ou de grupos de interesse.

Agora torna-se necessário defender não só a liberdade *da imprensa* mas também a liberdade *face à imprensa*." (MOREIRA, Vital. *O direito de resposta na Comunicação Social*. Coimbra: Coimbra Editora, 1994, p. 9).

O pensamento é complementado por Manuel da Costa Andrade, nos seguintes termos:

"Resumidamente, as empresas de comunicação social integram, hoje, não raro, grupos econômicos de grande escala, assentes numa dinâmica de concentração e apostados no domínio vertical e horizontal de mercados cada vez mais alargados. Mesmo quando tal não acontece, o exercício da atividade jornalística

Liberdade de expressão artística, científica, de imprensa e liberdade de exercício profissional **1001**

está invariavelmente associado à mobilização de recursos e investimentos de peso considerável. O que, se por um lado resulta em ganhos indisfarçáveis de poder, redunda ao mesmo tempo na submissão a uma lógica orientada para valores de racionalidade econômica. Tudo com reflexos decisivos em três direções: na direção do poder político, da atividade jornalística e das pessoas concretas atingidas (na honra, privacidade/intimidade, palavra ou imagem)" (op. cit., p. 62).

É compreensível, assim, que o exercício desse poder social muitas vezes acabe por ser realizado de forma abusiva. É tênue a linha que separa a atividade regular de informação e transmissão de opiniões do ato violador de direitos da personalidade. E os efeitos do abuso do poder da imprensa são praticamente devastadores e de dificílima reparação total. Mais uma vez citem-se as sensatas palavras de Ossenbühl sobre os efeitos perversos e muitas vezes irreversíveis do uso abusivo do poder da imprensa:

"Numa inextricável mistura de afirmações de fato e de juízos de valor ele (indivíduo) vê a sua vida, a sua família, as suas atitudes interiores dissecadas perante a nação. No fim ele estará civicamente morto, vítima de assassínio da honra (*Rufmord*). Mesmo quando estas consequências não são atingidas, a verdade é que a imprensa moderna pode figurar como a continuadora direta da tortura medieval. Em qualquer dos casos, é irrecusável o seu *efeito-de-pelourinho*" (Apud, ANDRADE, Manuel da Costa, *Liberdade de Imprensa e inviolabilidade pessoal: uma perspectiva jurídico-criminal*, Coimbra, Coimbra Editora, 1996, p. 63).

No Estado Democrático de Direito, a proteção da liberdade de imprensa também leva em conta a proteção contra a própria imprensa. A Constituição assegura as liberdades de expressão e de informação sem permitir violações à honra, à intimidade, à dignidade humana. A ordem constitucional não apenas garante à imprensa um amplo espaço de liberdade de atuação; ela também protege o indivíduo em face do poder social da imprensa. E não se deixe de considerar, igualmente, que a liberdade de imprensa também pode ser danosa à própria liberdade de imprensa. Como bem assevera Manuel da Costa Andrade, "*num mundo cada vez mais dependente da informação e condicionado pela sua circulação, também os eventos relacionados com a vida da própria imprensa e dos seus agentes (empresários, jornalistas, métodos e processos de trabalho, etc.) constituem matéria interessante e recorrente de notícia, análise e mesmo crítica. O que pode contender com o segredo, a privacidade, a intimidade, a honra, a palavra ou a imagem das pessoas concretamente envolvidas e pertinentes à área da comunicação social*" (op. cit., p. 59).

Essa perspectiva de análise não pode ser menosprezada. A garantia dos direitos fundamentais não ocorre apenas em face do Estado, mas também em relação ao poder privado. A 2ª Turma desta Corte já teve oportunidade de deixar consignado que "*as violações a direitos fundamentais não ocorrem somente no âmbito das relações entre o cidadão e o Estado, mas igualmente nas relações travadas entre pessoas físicas e jurídicas de direito privado. Assim, os direitos fundamentais assegurados pela Constituição vinculam diretamente não apenas os poderes públicos, estando direcionados também à proteção dos particulares em face dos poderes privados*" (RE n. 201.819/RJ, Rel. p/ o acórdão Ministro Gilmar Mendes).

Portanto, no debate a respeito da garantia da liberdade de imprensa no Estado Democrático de Direito, as discussões não podem ser restritas à proteção do espaço de liberdade dos meios de comunicação contra o Estado. Nos dizeres de Manuel da Costa Andrade, é preciso "*uma redefinição do paradigma de proteção constitucional da liberdade de imprensa: uma proteção atenta não só às ameaças que vêm do lado do poder político, mas também às que sopram do lado do private power*" (op. cit., p. 64).

Nos infindáveis debates que se produziram, tanto no direito comparado como no Brasil, a respeito da denominada *Drittwirkung der Grundrechte* (eficácia entre terceiros dos direitos fundamentais), parece haver certo consenso sobre o papel primordial do legislador na devida equação dos conflitos entre direitos nas relações privadas.

1002 Estado de Direito e Jurisdição Constitucional – Decisões relevantes em 15 anos de atuação no STF

A lei, nesse ponto, cumpre o fundamental papel de proteção da liberdade de imprensa em seu duplo significado, como direito subjetivo e como princípio objetivo ou garantia institucional. Assegura o exercício da liberdade de imprensa não só contra Estado, mas também em face da própria imprensa. É tarefa da lei, acima de tudo, proteger o indivíduo contra o abuso do poder da imprensa.

São muitos os casos conhecidos que podem ser qualificados como exercício abusivo do poder da imprensa. No tópico seguinte, traz-se como exemplo um caso emblemático.

3.4.1. O emblemático caso da Escola Base

Em 28 de março do ano de 1994, a mídia brasileira divulgou uma série de matérias referentes a um suposto crime de abuso sexual praticado contra alunos da Escola Base, no bairro da Aclimação, na cidade de São Paulo. Os acusados eram os donos da escola, Icushiro Shimada e sua esposa Aparecida Shimada, bem como o casal de sócios Paula e Maurício Alvarenga e o casal de pais Saulo da Costa Nunes e Mara Cristina França.

O resultado do exame do Instituto Médico Legal(IML) foi inconclusivo, e as lesões encontradas poderiam ser atribuídas tanto a violência sexual como a problemas intestinais. A investigação sobre o caso foi capaz de afastar todas as suspeitas.

Se os veículos da mídia não explicitavam sua parcialidade, ao menos produziam manchetes sensacionalistas que colaboraram para a execração pública dos donos e sócios da escola.

A matéria do dia 31 de março do Jornal Nacional sugeriu o provável consumo de drogas durante supostas orgias, bem como a possibilidade de contágio com o vírus HIV.

O jornal Notícias Populares, hoje extinto, trazia manchetes sensacionalistas como "Kombi era motel na escolinha do sexo" e "exame procura a AIDS nos alunos da escolinha do sexo".

No caso da Veja, em 6 de abril de 1994, foi publicada uma matéria com o título "Uma escola de horrores". Na edição do dia 13 de abril, foi publicada matéria sobre abusos sexuais contra crianças, com a seguinte referência ao caso: "Joseane, sozinha, remoía as cenas que vira hora antes na televisão sobre o caso paulista da Escola Base, palco de orgias sexuais envolvendo alunos de 4 anos de idade".

A divulgação das informações das denúncias provocou saques à escola e depredação de suas instalações. Na época, houve a prisão preventiva dos donos da escola, que posteriormente foram libertados. Os donos faliram e foram ameaçados de morte por telefonemas anônimos. O inquérito, ao final, foi arquivado por falta de provas.

Alguns veículos da imprensa, como a revista *Veja*, a *Folha da Tarde*, a *Folha de São Paulo*, o *Estado de São Paulo*, a *Rede Globo*, publicaram matérias desculpando-se pelos erros cometidos e divulgaram entrevistas com os inocentados. Entretanto, apesar do juízo de retratação, nenhum deles esclareceu perfeitamente o ocorrido.

Foram propostas várias ações de indenização contra os veículos de comunicação que publicaram as reportagens.

O processo contra a Editora Abril S.A., que edita a revista *Veja*, foi julgado procedente, condenando a editora a pagar R$ 250 mil a cada um dos autores. Também foi julgado procedente o processo contra a Empresa Folha da Manhã S.A. – que edita a *Folha de São Paulo* e era responsável ainda pela *Folha da Tarde* e pelo *Notícias Populares* –, condenada a pagar 1.500 salários mínimos, ou seja, R$ 360 mil a cada um dos três autores.

O jornalista Alex Ribeiro realizou pesquisa aprofundada, na qual ouviu todas as pessoas envolvidas no caso, exceto as mães que fizeram as denúncias, que se recusaram a falar. A pesquisa resultou na publicação do livro "O Caso Escola Base – Os Abusos da Imprensa".

Liberdade de expressão artística, científica, de imprensa e liberdade de exercício profissional **1003**

O autor assim descreveu a atuação da imprensa durante a investigação do caso:

"Os jornais, portanto, aceitavam publicar qualquer denúncia, mesmo de pessoas não identificadas. A imprensa não era mais movida pelo *animus narrandi*, ou intenção de narra. O que estava mais do que presente era o *animus denunciandi*, ou compulsão por denunciar. Essa prática é chamada também de 'denuncismo'.

Em *O Estado de S. Paulo*, a matéria aparece sem crédito:

> [...] A mulher (mãe de R.) contou ter recebido um folheto de uma outra escola. Ao ver o papel, seu filho perguntou o que era aquilo, e, ao responder, o menino indagou: "Será que esta escola dá aula de educação especial como a minha?" A mãe quis saber como era a aula. R. respondeu que uma professora, de nome Célia, o obrigou a tirar a roupa, tocou nele, enquanto o beijava. Ele contou que um "tio" ajudou na aula.

Marcelo Godoy, da *Folha de S. Paulo*, trazia outros detalhes:

> [...] A mãe perguntou para o filho (C.) que aulas eram essas. O menino disse: "a tia Célia pegava meu pipi e beijava e dizia que era para ele ficar grande como o do tio".

Mais uma vez, o que os jornalistas publicaram nunca se confirmaria no inquérito policial. E, novamente os leitores ficaram sem nenhuma satisfação posterior.

A cobertura na mídia impressa começava a entrar no ritmo sensacionalista da televisão. A manchete da *Folha da Tarde* de quinta-feira já aceitava denúncias como fatos verdadeiros:

"*Perua escolar carregava crianças para orgia.*

(...)

Nos primeiros dias de abril, circulou *Clipping* do *Estadão*, tabloide com o resumo das principais notícias de cada mês. Em papel de boa qualidade, feito para colecionar, o suplemento assumia as denúncias como fatos verdadeiros: '*Crianças sofrem abuso na escola*'."

A matéria dispensava o verbo no futuro da pretérito:

> [...] Os donos da escola usavam a Kombi da própria escola para levar alunos de 4 a 6 anos a um local onde eles presenciavam relações sexuais e eram fotografados e filmados[2].

Alex Ribeiro destaca, ainda, reportagem da Rede Globo na qual se evidencia ofensa aos acusados, bem como a incriminação deles:

"*Repórter:* [...] mas a covardia dos criminosos pode ter sido ainda maior. Os exames vão revelar se há vestígio de algum tipo de tóxico na urina do garoto. A suspeita de que eles possam ter ingerido drogas partiu dos próprios pais, assustados com a mudança de comportamento dos filhos"[3].

No último capítulo do livro, o jornalista conclui:

"O exemplo da Escola Base prova que a simples retratação não corrige danos morais causados pela publicação de informações incorretas. São, consequentemente, prejuízos irreversíveis. Por isso, o episódio virou objeto de reflexão entre jornalistas experientes e teóricos em comunicação.

(...)

Eugênio Bucci, no artigo 'Imprensa promoveu guerra santa', publicado em *O Estado de S. Paulo*, assinala que a televisão e os meios de comunicação são responsáveis diretos pelos estragos, pois potenciaram a reação moralista e glorificaram a condenação precipitada. Segundo Bucci, a mídia mobilizou os telespectadores para um linchamento moral, uma guerra santa contra os '*depravados*'."

"*Quando se divulgaram as conclusões do inquérito, alguns telejornais se lamentaram pela cobertura imprópria que toda a história mereceu*", destaca Bucci, que prossegue: "*Tarde demais. A violência está consumada. Não contra os alunos, mas contra os acusados.*"

---

[2] RIBEIRO (1995, p. 56-58).
[3] RIBEIRO (1995, p. 60).

1004 Estado de Direito e Jurisdição Constitucional – Decisões relevantes em 15 anos de atuação no STF

O *Estado de S. Paulo* abriu espaço para outros artigos, como "Assassinato pela mídia", de Carlos Alberto Di Franco, chefe do Departamento de Jornalismo e professor titular de Ética Jornalística da Faculdade Cásper Líbero.

"Mesmo que a imprensa, num formidável esforço de reparação, conseguisse limpar o entulho esparrama-do pelos corredores da Escola Base, a reputação dos protagonistas já teria sofrido um abalo irreparável", alerta Di Franco. *"Há uma evidente desproporção entre o impacto da notícia falsa e a pálida força de retificação"*[4].

Em seguida, Alex Ribeiro analisa a atividade jornalística em geral no Brasil:

"O que cabe verificar, entretanto, é se o jornalismo, tal qual é praticado hoje, permitiria o exercício regular e cotidiano desta severa apuração de denúncias.

A atividade tornou-se extremamente competitiva, acirrando a concorrência entre os diversos órgãos de imprensa. Por um lado, isso é bastante positivo: repórteres das mais recentes gerações revelaram-se implacáveis na investigação de escândalos de todos os tipos; colaboraram, de forma significativa, para a consolidação da democracia. Por outro lado, entretanto, a nova praxe jornalística revela-se por de-mais perigosa: a imprensa atravessa o limite sensível que separa a competitividade da agressividade e muitas vezes transforma suposições ou indícios em verdades absolutas. Há risco de que, no lugar do espírito crítico, estabeleça-se o jornalismo critiqueiro – no qual todas as denúncias, mesmo sem funda-mentação, acabam encontrando vazão. Essa praxe vem se tornando conhecida como 'denuncismo'"[5].

Em suma, um típico caso de abuso do poder da imprensa.

3.4.2. O direito de resposta

É fácil perceber que entre o indivíduo e os meios de comunicação há uma patente *desigual-dade de armas*. Nesse sentido são as considerações de Manuel da Costa Andrade:

"Noutra perspectiva não pode desatender-se a manifesta e desproporcionada desigualdade de armas entre a comunicação social e a pessoa eventualmente ferida na sua dignidade pessoal, sempre colocada numa situação de desvantagem. Também este um dos sintomas da complexidade que as transforma-ções operadas ou em curso, tanto ao nível do sistema social em geral, como no sistema da comunica-ção social, em especial, não têm deixado de agravar. Os meios de comunicação social, sobretudo os grandes meios de comunicação de massas configuram hoje instâncias ou sistemas autônomos, obede-cendo a 'políticas' próprias e cujo desempenho dificilmente comporta as 'irritações' do ambiente, designadamente as da voz e dos impulsos do indivíduo. Nesta linha e a este propósito, Gadamer fala mesmo de 'violência' sobre a pessoa. A violência de uma opinião pública administrada pela 'política' da comunicação de massas e atualizada por uma torrente de informação a que a pessoa não pode subtrair-se nem, minimamente, condicionar. A informação – explicita o autor – já não é direta mas mediatizada e não veiculada através da conversação entre mim e o outro, mas através de um órgão se-letivo: através da imprensa, da rádio, da televisão. Certamente, todos estes órgãos estão controlados nos estados democráticos através da opinião pública. Mas sabemos também como a pressão objetiva de vias já conhecidas limita a iniciativa e a possibilidade dos controles. Com outras palavras: exerce-se violência. Na síntese de Weber: entre o indivíduo e a imprensa dificilmente pode falar-se de igualdade de armas; aqui é o *ordinary citizen* que aparece invariavelmente como mais fraco e que tudo tem de esperar da proteção dos tribunais. A sua honra é por assim dizer sacrificada no altar da discussão polí-tica, isto é, socializada" (op. cit., pp. 64-65).

Nesse contexto de total subordinação do indivíduo ao poder privado dos *mass media*, o direito de resposta constitui uma garantia fundamental e, como ensina Vital Moreira, "*um meio de compensar o desequilíbrio natural entre os titulares dos meios de informação – que dispõem de uma posição de força – e o cidadão isolado e inerme perante eles. O direito de*

---

[4] RIBEIRO (1995, p. 152-154).
[5] RIBEIRO (1995, p. 160).

Liberdade de expressão artística, científica, de imprensa e liberdade de exercício profissional   1005

resposta – continua o autor – releva justamente da divisão entre os detentores e os não detentores do poder informativo e visa conferir a estes um meio de defesa perante aqueles" (MOREIRA, Vital. *O direito de resposta na Comunicação Social.* Coimbra: Coimbra Editora, 1994, p. 10).

O direito de resposta, também previsto na grande maioria dos países democráticos que resguardam a liberdade de imprensa – *derecho de réplica* (Espanha); *droit de réponse* e *droit de rectification* (França); *diritto di rettifica* (Itália); *Gegendarstellunsrecht* e *Entgegnungsrecht* (Alemanha) – é assegurado a todo aquele (pessoa física ou jurídica, pública ou privada) que sofra agravo proveniente de informação (notícia) errônea ou inverídica veiculada por meio da imprensa. Trata-se de uma garantia de resposta, retificação, correção, esclarecimento, contestação ou refutação da notícia inverídica ou errônea, de forma proporcional ao agravo sofrido, no mesmo meio de comunicação.

É o *princípio da igualdade de armas*, portanto, que fundamenta o direito de resposta, no sentido de assegurar ao indivíduo meios proporcionais de réplica em face da ofensa veiculada pela imprensa. Como ensina Vital Moreira, *"a ideia fundamental é a de que a resposta deve receber o mesmo relevo, de forma a atingir com a mesma intensidade o mesmo auditório que foi tocado pela notícia originária. Para isso requere-se igualdade de tratamento quanto ao tamanho, colocação, dimensão dos caracteres e demais características entre a resposta e a notícia originária. Para ser uma verdadeira contranotícia ou contramensagem, a resposta tem de ter o mesmo destaque. Não basta que a resposta seja publicada. É necessário que o seja em paridade de condições com o texto que a motivou"* (op. cit., p. 41).

O direito de resposta, assegurado pelo art. 5º, inciso V, da Constituição de 1988, é previsto pela Convenção Americana de Direitos Humanos, nos seguintes termos: *"Toda pessoa atingida por informações inexatas ou ofensivas emitidas em seu prejuízo por meios de difusão legalmente regulamentados e que se dirijam ao público em geral tem direito de fazer, pelo mesmo órgão de difusão, sua retificação ou resposta, **nas condições que estabeleça a lei**"* (ênfases acrescidas).

Como se vê, o direito de resposta é assegurado no plano constitucional, mas necessita, no plano infraconstitucional, de normas de organização e procedimento para tornar possível o seu efetivo exercício.

Vital Moreira nos dá notícia da Resolução (74) 26, de 2 de julho de 1974, do Comitê de Ministros do Conselho da Europa, que recomendou aos Estados membros a adoção de *"regras mínimas relativas ao direito de resposta na imprensa, na rádio e na televisão e noutros meios de comunicação de caráter periódico"* (op. cit., p. 59).

Não há dúvida de que a regulamentação adequada do direito de resposta é um dos temas centrais da Lei de Imprensa.

A Lei n. 5.250/67 regula o tema do direito de resposta no Capítulo IV, arts. 29 a 36, que possuem a seguinte redação:

"Art. 29. Toda pessoa natural ou jurídica, órgão ou entidade pública, que for acusado ou ofendido em publicação feita em jornal ou periódico, ou em transmissão de radiodifusão, ou a cujo respeito os meios de informação e divulgação veicularem fato inverídico ou, errôneo, tem direito a resposta ou retificação.

§ 1º A resposta ou retificação pode ser formulada:

a) pela própria pessoa ou seu representante legal;

b) pelo cônjuge, ascendente, descendente e irmão, se o atingido está ausente do País, se a divulgação é contra pessoa morta, ou se a pessoa visada faleceu depois da ofensa recebida, mas antes de decorrido o prazo de decadência do direito de resposta.

§ 2º A resposta, ou retificação, deve ser formulada por escrito, dentro do prazo de 60 (sessenta) dias da data da publicação ou transmissão, sob pena de decadência do direito.

§ 3º Extingue-se ainda o direito de resposta com o exercício de ação penal ou civil contra o jornal, periódico, emissora ou agência de notícias, com fundamento na publicação ou transmissão incriminada.

Art. 30. O direito de resposta consiste:

I – na publicação da resposta ou retificação do ofendido, no mesmo jornal ou periódico, no mesmo lugar, em caracteres tipográficos idênticos ao escrito que lhe deu causa, e em edição e dia normais;

II – na transmissão da resposta ou retificação escrita do ofendido, na mesma emissora e no mesmo programa e horário em que foi divulgada a transmissão que lhe deu causa; ou

III – a transmissão da resposta ou da retificação do ofendido, pela agência de notícias, a todos os meios de informação e divulgação a que foi transmitida a notícia que lhe deu causa.

§ 1º A resposta ou pedido de retificação deve:

a) no caso de jornal ou periódico, ter dimensão igual à do escrito incriminado, garantido o mínimo de 100 (cem) linhas;

b) no caso de transmissão por radiodifusão, ocupar tempo igual ao da transmissão incriminada, podendo durar no mínimo um minuto, ainda que aquela tenha sido menor;

c) no caso de agência de notícias, ter dimensão igual à da notícia incriminada.

§ 2º Os limites referidos no parágrafo anterior prevalecerão para cada resposta ou retificação em separado, não podendo ser acumulados.

§ 3º No caso de jornal, periódico ou agência de notícias, a resposta ou retificação será publicada ou transmitida gratuitamente, cabendo o custo da resposta ao ofensor ou ao ofendido, conforme decisão do Poder Judiciário, se o responsável não é o diretor ou redator-chefe do jornal, nem com ele tenha contrato de trabalho ou se não é gerente ou proprietário da agência de notícias nem com ela, igualmente, mantenha relação de emprego.

§ 4º Nas transmissões por radiodifusão, se o responsável pela transmissão incriminada não é o diretor ou proprietário da empresa permissionária, nem com esta tem contrato de trabalho, de publicidade ou de produção de programa, o custo da resposta cabe ao ofensor ou ao ofendido, conforme decisão do Poder Judiciário.

§ 5º Nos casos previstos nos §§ 3º e 4º, as empresas têm ação executiva para haver o custo de publicação ou transmissão da resposta daquele que é julgado responsável.

§ 6º Ainda que a responsabilidade de ofensa seja de terceiros, a empresa perde o direito de reembolso, referido no § 5º, se não transmite a resposta nos prazos fixados no art. 31.

§ 7º Os limites máximos da resposta ou retificação, referidos no § 1º, podem ser ultrapassados, até o dobro, desde que o ofendido pague o preço da parte excedente às tarifas normais cobradas pela empresa que explora o meio de informação ou divulgação.

§ 8º A publicação ou transmissão da resposta ou retificação, juntamente com comentários em caráter de réplica, assegura ao ofendido direito a nova resposta.

Art. 31. O pedido de resposta ou retificação deve ser atendido:

I – dentro de 24 horas, pelo jornal, emissora de radiodifusão ou agência de notícias;

II – no primeiro número impresso, no caso de periódico que não seja diário.

§ 1º No caso de emissora de radiodifusão, se o programa em que foi feita a transmissão incriminada não é diário, a emissora respeitará a exigência de publicação no mesmo programa, se constar do pedido resposta de retificação, e fará a transmissão no primeiro programa após o recebimento do pedido.

§ 2º Se, de acordo com o art. 30, §§ 3º e 4º, a empresa é a responsável pelo custo da resposta, pode condicionar a publicação ou transmissão à prova de que o ofendido a requereu em juízo, contando-se desta prova os prazos referidos no inciso I e no § 1º.

Art. 32. Se o pedido de resposta ou retificação não for atendido nos prazos referidos no art. 31, o ofendido poderá reclamar judicialmente a sua publicação ou transmissão.

§ 1º Para esse fim, apresentará um exemplar do escrito incriminado, se for o caso, ou descreverá a transmissão incriminada, bem como o texto da resposta ou retificação, em duas vias dactilografadas, requerendo ao Juiz criminal que ordene ao responsável pelo meio de informação e divulgação a publicação ou transmissão, nos prazos do art. 31.

§ 2º Tratando-se de emissora de radiodifusão, o ofendido poderá, outrossim, reclamar judicialmente o direito de fazer a retificação ou dar a resposta pessoalmente, dentro de 24 horas, contadas da intimação judicial.

§ 3º Recebido o pedido de resposta ou retificação, o juiz, dentro de 24 horas, mandará citar o responsável pela empresa que explora meio de informação e divulgação para que, em igual prazo, diga das razões por que não o publicou ou transmitiu.

§ 4º Nas 24 horas seguintes, o juiz proferirá a sua decisão, tenha o responsável atendido ou não à intimação.

§ 5º A ordem judicial de publicação ou transmissão será feita sob pena de multa, que poderá ser aumentada pelo juiz até o dobro:

a) de Cr$ 10.000 (dez mil cruzeiros) por dia de atraso na publicação, nos casos de jornal e agências de notícias, e no de emissora de radiodifusão, se o programa for diário;

b) equivalente a Cr$ 10.000 (dez mil cruzeiros) por dia de intervalo entre as edições ou programas, no caso de impresso ou programa não diário.

§ 6º Tratando-se de emissora de radiodifusão, a sentença do juiz decidirá do responsável pelo custo da transmissão e fixará o preço desta.

§ 7º Da decisão proferida pelo juiz caberá apelação sem efeito suspensivo.

§ 8º A recusa ou demora de publicação ou divulgação de resposta, quando couber, constitui crime autônomo e sujeita o responsável ao dobro da pena cominada à infração.

§ 9º A resposta cuja divulgação não houver obedecido ao disposto nesta Lei é considerada inexistente.

Art. 33. Reformada a decisão do juiz em instância superior, a empresa que tiver cumprido a ordem judicial de publicação ou transmissão da resposta ou retificação terá ação executiva para haver do autor da resposta o custo de sua publicação, de acordo com a tabela de preços para os seus serviços de divulgação.

Art. 34. Será negada a publicação ou transmissão da resposta ou retificação:

I – quando não tiver relação com os fatos referidos na publicação ou transmissão a que pretende responder;

II – quando contiver expressões caluniosas, difamatórias ou injuriosas sobre o jornal, periódico, emissora ou agência de notícias em que houve a publicação ou transmissão que lhe deu motivos, assim como sobre os seus responsáveis, ou terceiros;

III – quando versar sobre atos ou publicações oficiais, exceto se a retificação partir de autoridade pública;

IV – quando se referir a terceiros, em condições que criem para estes igual direito de resposta;

V – quando tiver por objeto crítica literária, teatral, artística, científica ou desportiva, salvo se esta contiver calúnia, difamação ou injúria.

Art. 35. A publicação ou transmissão da resposta ou pedido de retificação não prejudicará as ações do ofendido para promover a responsabilidade penal e civil.

Art. 36. A resposta do acusado ou ofendido será também transcrita ou divulgada em pelo menos um dos jornais, periódicos ou veículos de radiodifusão que houverem divulgado a publicação motivadora, preferentemente o de maior circulação ou expressão. Nesta hipótese, a despesa correrá por conta do órgão responsável pela publicação original, cobrável por via executiva."

Apesar de restringir o direito de resposta à hipótese de divulgação, pela imprensa, de *fato inverídico ou errôneo*, excluindo – pelo menos textualmente – as *opiniões* (juízos de valor), a Lei n. 5.250/67 regula o tema, não se pode negar, de forma responsável.

Existem, na lei brasileira, normas mínimas de organização e de procedimento para o exercício do direito de resposta. Se essas normas forem declaradas como não recepcionadas pela Constituição de 1988, certamente será instaurado um quadro de extrema insegurança jurídica, que afetará a todos – cidadãos e meios de comunicação. Regras mínimas para o exercício do direito de resposta são, não se pode negar, uma garantia de segurança jurídica também para os próprios meios de comunicação.

A proposta, portanto, é de que sejam mantidos tais dispositivos (arts. 29 a 36) da Lei n. 5.250/67.

4. Conclusões

As análises aqui realizadas levam à conclusão de que o texto constitucional de 1988, sobretudo em seu art. 220, não apenas legitima, como também exige a intervenção legislativa em tema de liberdade de imprensa, com o propósito de efetivar a proteção de outros princípios constitucionais, especialmente os direitos à imagem, à honra e à privacidade.

É certo que a atual Lei de Imprensa (Lei n. 5.250/67) deve ser substituída por uma nova lei, que seja aberta, na medida do possível, à autorregulação, fixando, dessa forma, princípios gerais e normas instrumentais de organização e procedimento. Mas declará-la totalmente não recepcionada pela Constituição de 1988, neste momento, poderia configurar um quadro de insegurança jurídica que seria extremamente danoso aos meios de comunicação, aos comunicadores e à população em geral.

A legislação comum, evidentemente, poderá ser aplicada em matéria de responsabilidade civil e penal; as normas de registro civil das empresas de comunicação (arts. 8º a 11) já estão disciplinadas pelos arts. 122 a 126 da Lei 6.015/73 (Lei dos Registros Públicos); outros dispositivos são patentemente contrários à Constituição (arts. 51 e 52, 61, 62, 63 e 64) e outros são inócuos. Mas a ausência de regras mínimas para o exercício efetivo do direito de resposta pode instaurar um grave estado de insegurança jurídica que prejudicará, principalmente, os próprios comunicadores.

Conclui-se, dessa forma, com fundamento nas considerações acima apresentadas, que deve ser mantida a atual Lei de Imprensa na parte em que regulamenta o exercício do direito de resposta, especificamente o Capítulo IV, arts. 29 a 36.

Assim, o voto é pela declaração de não recepção parcial da Lei n. 5.250, de 1967, mantidos os artigos 29 a 36.

ADI 4.983[1]

Vaquejada – Manifestação cultural – Animais – Crueldade manifesta –
Preservação da fauna e da flora – Inconstitucionalidade.

O Procurador-Geral da República busca a declaração de inconstitucionalidade, com pedido de medida cautelar, da Lei n. 15.299, de 8 de janeiro de 2013, do Estado do Ceará, que regulamenta a vaquejada como prática desportiva e cultural. Os dispositivos impugnados têm a seguinte redação:

"Art. 1º. Fica regulamentada a vaquejada como atividade desportiva e cultural no Estado do Ceará.

Art. 2º. Para efeitos desta Lei, considera-se vaquejada todo evento de natureza competitiva, no qual uma dupla de vaqueiro a cavalo persegue animal bovino, objetivando dominá-lo.

§ 1º. Os competidores são julgados na competição pela destreza e perícia, denominados vaqueiros ou peões de vaquejada, no dominar animal.

§ 2º. A competição deve ser realizada em espaço físico apropriado, com dimensões e formato que propiciem segurança aos vaqueiros, animais e ao público em geral.

§ 3º. A pista onde ocorre a competição deve, obrigatoriamente, permanecer isolada por alambrado, não farpado, contendo placas de aviso e sinalização informando os locais apropriados para acomodação do público.

Art. 3º. A vaquejada poderá ser organizada nas modalidades amadora e profissional, mediante inscrição dos vaqueiros em torneio patrocinado por entidade pública ou privada.

Art. 4º. Fica obrigado aos organizadores da vaquejada adotar medidas de proteção à saúde e à integridade física do público, dos vaqueiros e dos animais.

§ 1º. O transporte, o trato, o manejo e a montaria do animal utilizado na vaquejada devem ser feitos de forma adequada para não prejudicar a saúde do mesmo.

§ 2º. Na vaquejada profissional, fica obrigatória a presença de uma equipe de paramédicos de plantão no local durante a realização das provas.

§ 3º. O vaqueiro que, por motivo injustificado, se exceder no trato com o animal, ferindo-o ou maltratando-o de forma intencional, deverá ser excluído da prova.

Art. 5º. Esta Lei entra em vigor na data de sua publicação.

Art. 6º. Revogam-se as disposições em contrário".

Assevera ter instruído a ação com representação formalizada pela Procuradoria da República no Estado do Ceará. Sustenta o conflito entre normas constitucionais – aquela que assegura o direito ao meio ambiente, artigo 225, e a que garante o direito às manifestações culturais enquanto expressão da pluralidade, artigo 215.

Afirma ser necessário dar maior peso, na espécie, à preservação do meio ambiente. Consoante articula, a lei impugnada não encontra respaldo no Texto Maior, violando o disposto no artigo 225, § 1º, inciso VII, da Carta.

Discorre sobre a vaquejada, apontando ser prática considerada esportiva e cultural no Nordeste do Brasil, em que uma dupla de vaqueiros, montados em cavalos distintos, busca derrubar o touro, puxando-o pelo rabo dentro de área demarcada. Destaca o caráter histórico da atividade, ligada à antiga necessidade de os fazendeiros reunirem o gado, e a transformação, com o tempo, em espetáculo esportivo altamente lucrativo, movimentando "cerca de R$ 14 milhões por ano".

---

[1] Acordam os Ministros do Supremo Tribunal Federal em julgar procedente o pedido formulado para declarar a inconstitucionalidade da Lei n. 15.299/2013, do Estado do Ceará, nos termos do voto do relator e por maioria, em sessão presidida pela Ministra Cármen Lúcia, na conformidade da ata do julgamento e das respectivas notas taquigráficas (*DJ* de 27.04.2017).

Ressalta que, diferentemente do que acontecia no passado, os bovinos são hoje enclausurados, açoitados e instigados. Segundo aduz, isso faz com que o boi corra "quando aberto o portão", sendo, então, conduzido pela dupla de vaqueiros competidores, até uma área assinalada com cal, agarrado pelo rabo, que é torcido até ele cair com as quatro patas para cima e, assim, ser finalmente dominado. Indica laudo técnico, conclusivo, subscrito pela Doutora Irvênia Luíza de Santis Prada, a demonstrar a presença de lesões traumáticas nos animais em fuga, inclusive a possibilidade de a cauda ser arrancada, com consequente comprometimento dos nervos e da medula espinhais, ocasionando dores físicas e sofrimento mental.

Reporta-se a estudo da Universidade Federal de Campina Grande, Paraíba, revelador de lesões e danos irreparáveis sofridos também pelos cavalos utilizados na atividade, considerado percentual relevante de ocorrência de tendinite, tenossinovite, exostose, miopatias focal e por esforço, fraturas e osteoartrite társica. Afirma, ante os dados empíricos, implicar a vaquejada tratamento cruel e desumano às espécies animais envolvidas.

Diz que o Supremo usa a técnica da ponderação para resolver conflitos específicos entre manifestações culturais e proteção ao meio ambiente, predominando entendimento a favor de afastar práticas de tratamento inadequado a animais, mesmo dentro de contextos culturais e esportivos. Cita precedentes – relacionados à "briga de galos": Ações Diretas de Inconstitucionalidade n. 1.856/RJ, relator Ministro Celso de Mello, julgada em 26 de maio de 2011, e n. 2.514/SC, relator Ministro Eros Grau, apreciada em 29 de junho de 2005; ligado à "farra do boi": Recurso Extraordinário n. 153.531/SC, relator Ministro Francisco Rezek, acórdão por mim redigido, apreciado em 3 de junho de 1997.

Frisa que a solução adotada nesses precedentes, no sentido de prevalência da norma constitucional de preservação do meio ambiente e correspondente imposição de limites jurídicos às manifestações culturais, deve ser observada na espécie, presente a crueldade dispensada aos animais.

Sob o ângulo do risco, assevera a possibilidade de ocorrência de danos irreversíveis haja vista estarem submetidos a tratamento cruel. Postulou a concessão de liminar para suspender a eficácia da Lei n. 15.299/2013, do Estado do Ceará. No mérito, requer a declaração de inconstitucionalidade desse diploma legal.

Acionei o disposto no artigo 12 da Lei n. 9.868, de 1999, determinando fossem solicitadas informações ao órgão responsável pelo ato questionado bem como colhidos a manifestação do Advogado-Geral da União e o parecer do Procurador-Geral da República.

O Governo do Estado do Ceará pronunciou-se em duas oportunidades. Na primeira, discorreu sobre a importância histórica da vaquejada. Defendeu a constitucionalidade da norma atacada, porquanto, ao regulamentar o esporte, teria protegido os bens constitucionais ditos violados, impondo a prática adequada do evento e estabelecendo sanções às condutas de maus-tratos aos bovinos. Afirmou obrigar a lei a adoção de medidas protetivas da integridade física e da saúde dos animais.

Sustentou haver sido a vaquejada reconhecida como "prova de rodeio" pela Lei federal n. 10.220, de 11 de abril de 2001, e os praticantes do esporte, atletas profissionais. Aduziu cuidar-se de direito cultural amparado pelo artigo 215 da Carta da República, além de servir de incentivo ao turismo e fonte de empregos sazonais, de alta relevância para a economia local.

Na segunda, apontou, preliminarmente, a inépcia da inicial, ante a veiculação de alegações genéricas, e a inadequação da via eleita, em virtude de a proclamação pretendida depender da apreciação de questões fáticas. Alegou a ausência de impugnação quanto à aludida Lei federal n. 10.220, de 2001, por meio da qual a vaquejada foi classificada como rodeio, o que impediria a apreciação do pedido formulado nesta ação considerada a impossibilidade de assentar a inconstitucionalidade da norma da União por arrastamento.

Liberdade de expressão artística, científica, de imprensa e liberdade de exercício profissional 1011

Quanto ao mérito, salientou que a vaquejada faz parte da cultura da região, revelando patrimônio histórico do povo nordestino, direito fundamental coletivo previsto no artigo 216 da Carta de 1988. Ressaltou a impropriedade da defesa apriorística do meio ambiente natural em detrimento do cultural, devendo tal análise ser realizada diante do caso concreto. Destacou que a legislação questionada atende à exigência de desenvolvimento econômico sustentável. Enfatizou não se confundir a vaquejada com os casos de "brigas de galo" e "farra do boi", pois inexiste crueldade com os animais, como ocorria nos mencionados eventos declarados inconstitucionais pelo Supremo.

Embora oficiada, a Assembleia Legislativa do Estado do Ceará não apresentou manifestação.

A Advocacia-Geral da União diz da procedência do pedido. Explicita que a prática da vaquejada, embora deva ter o reconhecimento como valor cultural, expõe os animais a maus-tratos e crueldade. Aduz estar presente conflito entre os artigos 225, § 1º, inciso VII, e 215 do Diploma Maior, tendo o Supremo julgado a favor da proteção ao meio ambiente, quando reveladas situações de tratamento cruel a animais, ainda que dentro do contexto de manifestações culturais. Articula caber a observância dessa jurisprudência no caso concreto.

Foi assim ementada a decisão:

EMENTA: PROCESSO OBJETIVO – AÇÃO DIRETA DE INCONSTITUCIONALIDADE – ATUAÇÃO DO ADVOGADO-GERAL DA UNIÃO. Consoante dispõe a norma imperativa do § 3º do artigo 103 do Diploma Maior, incumbe ao Advogado-Geral da União a defesa do ato ou texto impugnado na ação direta de inconstitucionalidade, não lhe cabendo emissão de simples parecer, a ponto de vir a concluir pela pecha de inconstitucionalidade. VAQUEJADA – MANIFESTAÇÃO CULTURAL – ANIMAIS – CRUELDADE MANIFESTA – PRESERVAÇÃO DA FAUNA E DA FLORA – INCONSTITUCIONALIDADE. A obrigação de o Estado garantir a todos o pleno exercício de direitos culturais, incentivando a valorização e a difusão das manifestações, não prescinde da observância do disposto no inciso VII do artigo 225 da Carta Federal, o qual veda prática que acabe por submeter os animais à crueldade. Discrepa da norma constitucional a denominada vaquejada.

VOTO

Eu gostaria de cumprimentar Vossa Excelência e cumprimentar também o cuidadoso voto do Ministro Marco Aurélio. Mas dizer, desde logo, que a manifestação do Ministro Marco Aurélio me assustou um pouco, porque eu também não via a possibilidade de se fazer uma aplicação daqueles precedentes anteriores, tanto da farra do boi quanto o da rinha de galo, a esta situação.

E ainda que, em alguns casos, nós possamos ter situações em que há possível lesão ao animal, talvez a medida não devesse ser a de proibição da atividade, tendo em vista exatamente esse forte conteúdo cultural, mas pensar em medidas que, como foi dito da tribuna pelo Doutor Almeida Castro, contribuíssem para cumprir o desiderato preconizado pelo próprio legislador. Medidas que suscitam a ideia de um dever de proteção que compete ao Poder Público em geral no zelo que se deve ter para com o meio ambiente, a fauna, a flora, os animais, em suma.

Então, a mim, parece-me que, se levarmos todas essas questões a ferro e fogo, certamente teremos que dizer que o animal não está no estado natural, por exemplo, quando participa ou quando é obrigado a participar destas situações: a Festa do Peão, em Barretos; a corrida de cavalos.

Em suma, a vida vai ficar muito aborrida, quer dizer, vai ficar muito chata. É engraçado, no Direito brasileiro, não se colocou isso de maneira expressa – tenho insistido nisso –, mas aparece no artigo 2º da Lei Fundamental de Bonn como um desdobramento da lei de Weimar, da Constituição de Weimar, que é a ideia de que a liberdade envolve também o chamado *Selbstentfaltung der Persönlichkeit*, que é a ideia de autodesenvolvimento da personalidade que tem a ver com esses direitos de caráter cultural. Quer dizer, como nos manifestamos, enquanto ser, numa dada comunidade? Quer dizer, quebrar uma praxe desta? Pode ser que, nas tradições indígenas, haja festas – e certamente há algumas – que podem ter um dado tipo de prática. Nós sabemos também que, nesse âmbito, talvez não fossem condizentes com determinados parâmetros que consideramos dignos do nosso processo civilizatório. Mas a própria ideia de pluralismo exige que atuemos, aqui, com um *self restraint*, com algum tipo de moderação.

A mim, preocupa-me bastante que nós, a partir de referenciais um tanto quanto abstratos, comecemos a tentar quebrar práticas que remontam a tempos às vezes imemoriais. Como se está dizendo, isso já vem das práticas dos tempos reinóis do Brasil Colônia e há registros na própria literatura, tentativas até mesmo de regulação do clássico Câmara Cascudo.

Em suma, então, temos que agir como uma certa moderação sob pena de estimularmos, inclusive em casos desse tipo de reação e de prática cultural, a clandestinidade. O que se está buscando aqui é exatamente a regulação adequada. E a atuação do Ministério Público, ao meu ver, tal como já foi sustentado, deveria ser no sentido de contribuir para o aprimoramento de forma conforme e condizente com os ditames modernos de proteção ao meio ambiente, à fauna, à flora etc.

De modo que, assim, também vou pedir vênia, Presidente, ao Ministro Marco Aurélio, mas a mim, parece-me que é iluminada, neste momento – sem dizer que seja obscuro o voto de Vossa Excelência, Ministro Marco Aurélio –, a manifestação do Ministro Fachin porque ela traz aspectos importantes que me lembram o meu mestre, Professor Peter Häberle, a propósito de Constituição como cultura. E foca um outro aspecto importante: o artigo 215.

Lembro-me que temos uma série de considerações a propósito desse tema. O próprio Texto Constitucional – e aqui fala da tentativa de desenvolvimento do desporto –, no artigo 217, também ajudando no raciocínio sobre o desporto, diz:

"Art. 217. É dever do Estado fomentar práticas desportivas formais e não formais, como direito de cada um, observados:

(...)

IV – a proteção e o incentivo às manifestações desportivas de criação nacional".

Veja que, neste ponto, nós temos um tipo de desporto. Eu me lembro que o Ministro Moreira Alves, em tom de certa troça, revelando um pouco de bom humor, dizia que esse esporte de base nacional, tal como era conhecido, talvez fosse o jogo de bicho, e com uma certa associação, especialmente quando os bicheiros tinham que fugir da polícia. Aqui nós vemos que há uma prática que foi desenvolvida e que tem esse caráter de esporte, como tem acontecido também com esses esportes relacionados com a montaria de bois, cavalos etc.

De modo que eu entendo que, se essa legislação carece de alguma censura, há de ser na sua execução, a necessidade de um eventual aperfeiçoamento, de eventuais medidas que se possam tomar no sentido de se reduzirem as possibilidades de lesão aos animais, mas não me parece que seja o caso de declarar a inconstitucionalidade.

A inconstitucionalidade resultaria em jogar na ilegalidade milhares de pessoas que se dedicam a essa atividade em caráter amador ou profissional – esses números são impactantes –, pessoas que se reúnem para também ver esse tipo de espetáculo. Quer dizer, retirar dessas comunidades o mínimo de lazer que, às vezes, se lhes propicia.

De modo que a mim me parece que essa decisão teria consequências extremamente danosas para todo um sistema regional de cultura. E volto a dizer: se, e claro, não se tem garantia de que não haverá lesão ao animal, embora a lesão não seja a regra, diferentemente do que acontece com a farra do boi em que se sabe que, de início, o propósito é matar o animal, ou mesmo desse espetáculo da rinha de galo, aqui, o propósito parece ser de alcance desportivo em sentido am-

Liberdade de expressão artística, científica, de imprensa e liberdade de exercício profissional   1013

plo. A mim me parece, então, que essa deveria ser a solução tal como preconizado pelo Ministro Fachin, a quem saúdo pelo belíssimo voto.

ADITAMENTO AO VOTO

VOTO

O Senhor Ministro Gilmar Mendes: Presidente, considerada a densidade dos votos que sobrevieram, acho pertinente acrescer algumas considerações ao meu adiantamento do voto que proferi na sessão que se iniciou o presente julgamento em 12 de agosto de 2015.

É importante registrar que temos uma densa questão constitucional subjacente: saber até onde vai o limite da proteção estatal aos animais e o respeito, igualmente estatal, à diversidade de manifestação cultural quando esta utiliza os animais em sua prática, a saber:

"Art. 215. O Estado garantirá a todos o pleno exercício dos direitos culturais e acesso às fontes da cultura nacional, e apoiará e incentivará a valorização e a difusão das manifestações culturais.

§ 1º **O Estado protegerá as manifestações das culturas populares, indígenas e afro-brasileiras, e das de outros grupos participantes do processo civilizatório nacional**".

(...)

"Art. 225. Todos têm direito ao meio ambiente ecologicamente equilibrado, bem de uso comum do povo e essencial à sadia qualidade de vida, impondo-se ao Poder Público e à coletividade o dever de defendê-lo e preservá-lo para as presentes e futuras gerações.

§ 1º Para assegurar a efetividade desse direito, incumbe ao Poder Público:

(...)

VII – proteger a fauna e a flora, vedadas, na forma da lei, as práticas que coloquem em risco sua função ecológica, provoquem a extinção de espécies ou **submetam os animais a crueldade**". – grifei.

Existem muitos "Brasis" dentro do Brasil, cujas regiões ostentam diferenças culturais, as quais devem ser respeitadas e incentivadas, na medida em que correspondem à reafirmação do seu passado, bem como à correlação com ele.

Aqui não vai nenhuma crítica ou prevalência desta ou daquela manifestação cultural, mas o claro discurso de que não pode haver uma única visão sobre a exploração do animal pelo homem, a qual pode ocorrer de diferentes maneiras. Entretanto, sua interpretação nunca pode estar dissociada da realidade da comunidade na qual inserida a prática cultural.

Assim, determinada prática que, para os sulistas, pode ser desinfluente, para um nordestino, pode ser ínsita à sua formação histórica; o que para um nortista traduz a sua manifestação cultural, para os "sudestinos" pode não significar nada; e vice-versa.

Da mesma forma que não se pode impor a cultura de determinada parcela da população para outra que não a cultiva, não se pode impedir a prática de atividades culturais das quais não compartilhamos.

Trata-se de visões diversas de concidadãos que merecem ser respeitadas, sob pena de confronto com um dos objetivos fundamentais da República brasileira, qual seja, *"promover o bem de todos, sem preconceitos de origem, raça, sexo, cor, idade e quaisquer outras formas de discriminação"* (art. 3º, IV, da CF).

Não se pode, em um processo civilizatório primado pelo respeito das diferenças, alterar costumes tradicionalmente constitucionais, tornando-os inconstitucionais pelo simples argumento de avanço civilizatório. E quem diz o que é avanço civilizatório? Todos os atores envolvidos foram ouvidos para chegar ao consenso dos aspectos normativos do que seria tal "avanço" e de seus limites? Cabe ao Supremo Tribunal Federal ditar quais marcos civilizatórios estão corretos e devem ser observados pela população?

Trazendo uma leitura jurídico-filosófica da concepção pluralista acerca da ponderação de interpretações, quando se está diante de aparente conflito entre princípios comparáveis entre si, registre-se o magistério de António Manuel Hespanha, *in verbis*:

"A técnica da ponderação parte do princípio de que existem na ordem jurídica – mesmo na de um Estado-Nação – princípios distintos, mas comparáveis entre si (comensuráveis), todos com pretensões a uma vigência máxima (ou seja, pretendendo uma sua otimização). Esses princípios devem ser objeto de um juízo de mútua ponderação (*Abwägung, Ausgleich*).

As diferenças entre uma teoria e outra são muito pequenas, embora haja versões muito diferentes de cada uma delas. Quer a teoria da argumentação, quer as técnicas de ponderação, assumem que as regras da argumentação, quer as técnicas de ponderação, assumem que as regras da argumentação ou da ponderação são contextuais (locais, *problem oriented, case sensitive*). <u>Seja como for, isto não dispensa de critérios de valoração dos argumentos, ou de ponderação dos princípios. Isto é, 'escalas de medida' da força de cada argumento, ou de cada princípio</u>.

O que a concepção pluralista traz a mais é o facto de que estes critérios passam a ser contextuais num sentido suplementar. Já não se trata apenas de argumentar ou de ponderar argumentos ou princípios da ordem jurídica estadual, mas também os de várias ordens normativas suscetíveis de serem aplicadas ao caso. <u>Sendo muito provável que cada uma destas ordens jurídicas tenha lógicas específicas de avaliação dos argumentos</u>. O argumento do 'interesse público' é muito forte na ordem jurídica estadual, mas pode ser quase irrelevante na *lex mercatoria* ou numa ordem jurídica setorial (do desporto, *v.g.*); a igualdade dos sexos <u>pode ter, em ordens jurídicas de comunidades com raízes culturais diferentes, não apenas uma hierarquia diferente, mas concretizações normativas também diferentes</u>. Então, a ponderação dos argumentos há de ser feita <u>não</u> com base numa decisão autoritária sobre o sentido, tomada pelo intérprete, meramente:

- assente na sua visão do mundo ou numa alegada escala objetiva de valores;
- assente numa tradição já estabelecida de concretização/interpretação;
- assente na opinião de um grupo limitado de especialistas ou de burocratas sobre o sentido da norma, com exclusão de outras sensibilidades ou práticas correntes sobre esse sentido;
- assente numa fixação obrigatória de sentido pelo legislador, por um precedente judicial ou por uma corrente judicial, por uma decisão judiciária hierarquicamente superior.

O fundamento da interpretação/concretização há de, antes, consistir num juízo sobre a capacidade que o sentido adotado tenha de promover um consenso alargado e durável (embora sempre aberto e não definitivo), abrangendo todos os grupos ou interesses afetados naquele caso concreto. Ou seja, a interpretação boa há-de ser a que capitalize a experiência alargada de concretizações passadas e que estabilize duradouramente a resolução de conflitos naquele domínio, cumprindo, portanto, os objetivos do direito.

Isso tem consequências imediatas na interpretação das normas jurídicas. A mais importante de todas é a de que todos os elementos de contextualização da norma a interpretar devem ser tidos em conta, e não apenas aqueles a que se referia a doutrina clássica da interpretação (elementos gramatical, histórico, sistemático, racional, teleológico). Assim, o sentido da norma deve ser fixado em função de elementos que permitam encontrar o seu sentido contextualmente mais estabilizador:

- expectativas de todos os grupos de agente envolvidos quanto ao sentido em que a norma vai estabilizar as relações sociais naquele domínio;
- experiências da prática de interpretação/concretização daquela norma;
- tradição interpretativa ou os critérios legais de interpretação e o modo como uma e outros têm influído no sentido da criação de um consenso estabilizador;
- dados normativos da constituição como moldura consensual formal e solene e, por isso, geradora de expectativas de estabilização no sentido para que eles apontam". (Hespanha, António Manuel. *Pluralismo jurídico e direito democrático*. São Paulo: Annablume, 2013. 320p. p. 274-276) – grifei.

Desse modo, podem coexistir, em uma mesma nação,

"(...) ordens jurídicas de comunidades com raízes culturais diferentes, não apenas [com] uma hierarquia diferente, mas concretizações normativas também diferentes, cuja resolução conflituosa <u>não</u> se

Liberdade de expressão artística, científica, de imprensa e liberdade de exercício profissional **1015**

realiza com 'base numa decisão autoritária sobre o sentido, tomada pelo intérprete, meramente assente na sua visão do mundo ou numa alegada escala objetiva de valores' ou 'assente na opinião de um grupo limitado de especialistas ou de burocratas sobre o sentido da norma, com exclusão de outras sensibilidades ou práticas correntes sobre esse sentido'". (Hespanha, António Manuel. *Pluralismo jurídico e direito democrático*. São Paulo: Annablume, 2013. 320p.)

Defende o professor que, nesse caso, a interpretação deve ser permeada pelo *"juízo sobre a capacidade que o sentido adotado tenha de promover um consenso alargado e durável (embora sempre aberto e não definitivo), abrangendo todos os grupos ou interesses afetados naquele caso concreto"*. (Hespanha, António Manuel. *Pluralismo jurídico e direito democrático*. São Paulo: Annablume, 2013. 320p.)

Portanto, conclui Hespanha que *"o sentido da norma deve ser fixado em função de elementos que permitam encontrar o seu sentido contextualmente mais estabilizador"*, contemplando: 1) *"as expectativas de todos os grupos de agente envolvidos quanto ao sentido em que a norma vai estabilizar as relações sociais naquele domínio;"* 2) *"as experiências da prática de interpretação/concretização daquela norma"*; 3) *"a tradição interpretativa ou os critérios legais de interpretação e o modo como uma e outros têm influído no sentido da criação de um consenso estabilizador"*; e 4) *"dados normativos da constituição como moldura consensual formal e solene e, por isso, geradora de expectativas de estabilização no sentido para que eles apontam"*. (Hespanha, António Manuel. *Pluralismo jurídico e direito democrático*. São Paulo: Annablume, 2013. 320p.)

Pois bem.

Sobre a historicidade da vaquejada, transcrevo o seguinte registro:

"Na década de 40, a vaquejada era conhecida por corrida de mourão e tornou-se muito popular na Região Nordeste. Antes, os vaqueiros mostravam como faziam na lida do gado, vestiam seus gibões – roupa de couro que protege o vaqueiro da vegetação seca – e tentavam derrubar o animal em movimento.

Na época dos coronéis, quando não havia cercas no Sertão nordestino, os animais eram marcados e soltos na mata. Depois de alguns meses, os coronéis reuniam os peões (vaqueiros) para juntar o gado marcado. Eram as pegas de gado.

Montados em seus cavalos, vestidos com gibões de couro, estes bravos vaqueiros se embrenhavam na mata cerrada em busca dos bois, fazendo malabarismos para escaparem dos arranhões de espinhos e pontas de galhos secos.

Alguns animais se reproduziam no mato. Os filhotes (maruá) eram selvagens por nunca terem mantido contato com seres humanos, e eram esses animais os mais difíceis de serem capturados. Mesmo assim, os bravos vaqueiros perseguiam, laçavam e traziam os bois aos pés do coronel.

O historiador Câmara Cascudo dizia que, por volta de 1810, ainda não existia a vaquejada, mas já se tinha conhecimento de uma atividade parecida.

Era a derrubada de vara de ferrão, antes praticada em Portugal e na Espanha, onde o peão utilizava uma vara para pegar o boi. **Mas derrubar o boi pelo rabo, a vaquejada tradicional, é puramente nordestina**.

Na região Seridó do Rio Grande do Norte, onde, possivelmente, tudo começou, era impossível o uso da vara, pois o campo era muito acidentado e a mata muito fechada e, por essa razão, tudo indica que foi o vaqueiro seridoense o primeiro a derrubar boi pelo rabo. Uma indicação para isso era a existência dos currais de apartação de bois, que deram origem ao nome da cidade de Currais Novos, também no Rio Grande do Norte.

Esses currais foram feitos em 1760. E era entre 1760 e 1790 que acontecia em Currais Novos a apartação e feira de gado. Foram dessas apartações que surgiram as vaquejadas.

O pátio de apartação de São Bento, no município de Currais Novos, foi construído em 1830. Somente em 1874 apareceu o primeiro registro de informação sobre vaquejada.

O escritor José de Alencar escreveu a respeito da 'puxada de rabo de boi' no Ceará, mas não como sendo algo novo, ele deixou claro que a prática já ocorria anteriormente. Nessa luta, alguns desses homens se destacavam por sua valentia e habilidade. Foi daí que surgiu a ideia da realização de disputas.

O chão seco e a caatinga foram substituídos por grandes parques de vaquejadas, espalhados por toda a região. Hoje, existem clubes, associações, calendários e patrocinadores, para que esse esporte se torne cada vez mais popular. Existe polêmica onde aconteceu a primeira vaquejada, Itapebussu (no Ceará) e Surubim (em Pernambuco) disputam o título.

Oficialmente, de acordo com a organização das duas vaquejadas, a mais antiga seria a de Itapebussu, que em 2007 realizou a vaquejada de número 62, e Surubim, 61.

Porém, extraoficialmente, sabe-se que a contagem da Vaquejada de Surubim só começou a partir da terceira competição, pois até a segunda ninguém havia pensado em abrir a contagem.

Então um fazendeiro da região resolveu fazer um forró para todos se divertirem após a competição, abrindo assim a contagem de 1 (um). Surubim é considerada a 'Capital da Vaquejada', onde a principal vaquejada, do Parque J. Galdino, acontece no mês de Setembro, época que a cidade recebe milhares de turistas.

É bom lembrar que nos anos 60, a nossa querida Pombal se destacava por realizar talvez a maior vaquejada do Sertão paraibano, graças ao pioneirismo de Natal Queiroga, um homem de visão que vislumbrava que o evento poderia ser explorado do ponto de vista turístico, o que na verdade aconteceu, com o envolvimento, inclusive, de toda a sociedade Pombalense, dos estudantes universitários, etc. e tal.

Na época, a festa da vaquejada Pombalense só perdia para a Festa do Rosário, em termos de público.

Assim, a vaquejada é uma festa genuinamente brasileira, com uma tradição de mais de 100 anos.

Nos últimos 20 anos veio se modernizando e profissionalizando tornando-se reconhecida como esporte através da Lei Pelé (Lei n. 9.615, de 1998), que elevou o peão à categoria de desportista, garantindo a ele benefícios como seguro de vida e ditando regras quanto ao contrato profissional.

Esta lei foi regulamentada pela Lei Federal n. 4.495/98, de autoria do deputado Jair Meneghelli (PT-SP), que regulamenta os rodeios (e vaquejada) no País, permitindo o uso de 'sedém' e esporas no rodeio.

Esta lei, aprovada pelo Congresso Nacional, equiparou o peão de boiadeiro a atleta profissional, em vigor desde abril de 2001.

(...)

Em cerimônia realizada no jardim do Palácio da Alvorada, com direito a música sertaneja ao vivo, dança catira, chapéus ao ar e sessão de fotos, o presidente Fernando Henrique Cardoso sancionou no dia 17 de julho de 2002, a lei que regulamenta a realização de rodeios e vaquejadas, considerados como esporte, estabelecendo normas sanitárias para a proteção dos animais nos eventos.

(...) existem mais de 1.000 vaquejadas sendo realizadas no Brasil em praticamente todos os estados". (Disponível em: http://www.vaquejadanet.com.br/noticias/detalhe/?id=7. Acesso 1.6.2016) – grifei.

Vê-se, pois, que a vaquejada é uma atividade genuinamente nordestino-brasileira, constituindo tradição de mais de 100 (cem) anos, que faz parte do patrimônio histórico de parcela de concidadãos, na medida em que reflete a manifestação cultural mais popular do ciclo bovino nordestino (Disponível em: https://www.youtube.com/watch?v=naH_f-HhUYg. Acesso em 2.6.2016).

Trata-se de evidente conflito de "visões de mundo" entre os que querem a proibição dessa atividade e os que a defendem, cuja resolução não pode recair na aplicação da regra do "tudo ou nada".

De um lado, é certo que não se pode apagar essa história de parcela do povo brasileiro e passar, de repente, a proibir tal prática, tendo em vista que se estará apagando a continuidade do registro histórico, a qual repercute na própria manifestação cultural.

Do mesmo modo que o Estado deve coibir a submissão dos animais à crueldade, não se pode desconsiderar o direito de manifestação cultural quando esta, *per si*, é compatível com o âmbito de proteção normativa de proteção do os animais.

Por outro lado, se a prática de determinadas condutas no desempenho da atividade possa traduzir nocividade ou crueldade, esta deve ser repelida, cumprindo o disposto no art. 225 da CF.

Data maxima venia, a vaquejada é demasiadamente diferente dos casos julgados por esta Corte envolvendo a "farra do boi" (RE 153.531, Rel. Min. Francisco Rezek, Red. p/ Ac. Min. Marco Aurélio, 2ª Turma, *DJ* 13.3.1998) ou a "rinha de galo" (ADI 3.776, Rel. Min. Cezar Peluso, Pleno, *DJ* 29.6.2007), nas quais a crudelidade é ínsita à própria manifestação, as quais visam, sabida e conscientemente pelos atores, ao desforço de sofrimento e mutilação e/ou morte dos animais.

Na vaquejada não há intuito premeditado de machucar, mutilar ou matar quaisquer dos animais envolvidos (equinos ou bovinos), sendo prática que, em si, não afigura nenhum tipo de dano físico aos semoventes envolvidos.

E não se alegue que o simples fato de promover a derrubada do boi dentro de uma faixa delimitada configura maus-tratos em ambos os animais (equinos e bovinos), sob pena de esse raciocínio também proibir a montaria de qualquer ser humano em cavalos, tendo em vista a submissão destes a incessante percurso com pessoa em sua garupa (cavalgadas) ou mesmo a treinos e competições (hipismo), que, não raras vezes, levam o animal e, consequentemente, sua musculatura a incomparável esforço físico.

Nesse ponto, válido mencionar reflexão de Klaus Günther sobre a universalidade das normas morais e a ideia de que uma norma apenas pode ser considerada válida se suas consequências e seus efeitos colaterais possam ser aceitos por todos, sob as mesmas circunstâncias, seguindo os interesses de cada um, individualmente. (GÜNTHER, Klaus. *Teoria da argumentação no direito e na moral*: justificação e aplicação. São Paulo: Landy, 2004, p. 65).

Assim, embasando-se em reflexões semelhantes às de Richard M. Hare, Klaus Günther anota que:

> "Com intuito de expor, como diríamos, a *validade* de um enunciado normativo, temos de refletir sobre o tipo de consequências que resultariam da sua aplicação a determinados fatos e se estamos dispostos a aceitar tais consequências. Os fatos com os quais, no contexto dessas reflexões, relacionamos uma proposta normativa podem, por isso, ser apenas hipotéticos. Mas, nesse caso, também não importa se eles fazem parte ou não da respectiva situação de aplicação. Isso *não* quer dizer que características especiais da situação de aplicação não possam ser relevantes na reflexão sobre se a norma ainda poderia ser aceita, mesmo quando, em outra situação, fossem levadas em consideração essas características. No entanto, devemos considerar esses fatos no contexto dessa reflexão, independentemente de fazerem parte da aplicação.
>
> A seleção de fatos relevantes é determinada exclusivamente pela finalidade de se examinar a virtual universalização da norma. Nesse âmbito, não cabem reflexões, tais como se a norma proposta seria realmente a correta ou a adequada, *nesta situação*; se forem consideradas todas as características da situação, acaso não deveria ter sido preferia (*sic*) uma outra norma, ou se, nessa situação, a proposta original de norma deveria ser codificada. No centro desse âmbito está exclusivamente a proposta normativa com o seu conteúdo semântico, conforme estiver definido pelos termos universais". (GÜNTHER, Klaus. *Teoria da argumentação no direito e na moral*: justificação e aplicação. São Paulo: Landy, 2004, p. 47).

Desse modo, tendo em vista que a condição semântica de que uma norma não pode conter nomes próprios, também não pode o julgador, em caso específico, aplicar determinados valores que, em equivalentes situações, não o faria. É preciso avaliar em termos universais. (GÜNTHER, Klaus. *Teoria da argumentação no direito e na moral*: justificação e aplicação. São Paulo: Landy, 2004, p. 60).

Com base nesse ponto de vista,

> "(...) não é lícito perguntar se é correto aplicar uma norma em uma situação, como ela teria de ser aplicada, etc., mas apenas questionar as consequências que previsivelmente resultariam para os nossos

interesses, caso ela fosse aplicada em cada uma das situações. Portanto, a validade se refere apenas à questão se, *como regra*, a norma está dentro dos nossos interesses comuns". (GÜNTHER, Klaus. *Teoria da argumentação no direito e na moral*: justificação e aplicação. São Paulo: Landy, 2004, p. 69).

É justamente essa reflexão que deveria ser considerada pela Corte. Não é possível partir-se de um discurso universal de proteção aos animais, como valor autônomo, invocando-se o bem--estar animal e a simples vedação à crueldade, se a mesma fundamentação e se suas consequências, além de seus efeitos, não sejam identificáveis em situações semelhantes. Aqui podemos mencionar o rodeio de Barretos, a prova do laço no Rio Grande do Sul, o abate de animais para alimentação, o uso de camundongos em testes de laboratórios e, como já mencionei, o próprio hipismo. E não esqueçamos que o hipismo é esporte olímpico, já que não faz muito que acabou a Rio 2016!

Indo ao extremo do argumento descrito na peça inicial, ninguém pode negar que o hipismo também causa cansaço, exaustão e às vezes até sofrimento físico ao cavalo, porém é prática aceita e incentivada mundialmente.

Vê-se, pois, que há situações em que não podemos inovar sem limites, não podemos estipular que determinada conduta é, ou não, correta com base em pressupostos morais que seriam facilmente refutados em situações semelhantes. Algo no estilo do narrado por Monteiro Lobato no livro *A Reforma da Natureza*, em que Emília, inspirada na história de Américo Pisca-Pisca, brinca de Deus, fazendo uma série de inovações em animais, plantas e objetos com base em sua visão de mundo e do que julga ser importante. Ao final, descobre que muitas delas eram sem utilidade e, pior, acabavam prejudicando o que vinha funcionando bem.

Para aqueles que não se recordam, destaco um trecho do livro de Monteiro Lobato em que ele faz referência ao reformador da natureza Américo Pisca-Pisca:

"(...) tinha o hábito de pôr defeito em todas as coisas. O mundo para ele estaria errado e a natureza só fazia asneira.

– Asneira, Américo?

– Pois então?... Aqui mesmo, neste pomar, você tem a prova disso. Ali está uma jabuticabeira enorme sustentando frutas pequeninas, e lá adiante vejo uma colossal abóbora, presa ao caule de uma planta rasteira. Não era lógico que fosse justamente o contrário? Se as coisas tivessem de ser reorganizadas por mim, eu trocaria as bolas, passando as jabuticabeiras para a aboboreira e as abóboras para a jabuticabeira. Não tenho razão?

Assim discorrendo, Américo provou que tudo estava errado e só ele era capaz de dispor com inteligência o mundo.

Mas o melhor, concluiu, é não pensar nisto e tirar uma soneca à sombra destas árvores, não acha?

E Pisca-Pisca, piscando que não acabava mais, estirou-se de papo para cima à sombra da jabuticabeira.

Dormiu. Dormiu e sonhou. Sonhou com um mundo novo, reformado inteirinho pelas suas mãos. Uma beleza!

De repente, no melhor da festa, plaft! Uma jabuticaba cai do galho e lhe acerta em cheio o nariz.

Américo desperta de um pulo. Pisca-Pisca medita sobre o caso e reconhece, afinal, que o mundo não era tão mal feito assim. E segue para a casa refletindo:

– Que coisa!... Pois não é que se o mundo fosse arrumado por mim, a primeira vítima teria sido eu? Eu, Américo Pisca-Pisca, morto pela abóbora por mim posta no lugar da jabuticaba? Hum! Deixemo-nos de reformas. Fique tudo como está que está tudo muito bem.

E Pisca-Pisca continuou a piscar pela vida à fora mas já sem a cisma de corrigir a natureza".

Limitemos a nossa criatividade!

Pois bem, vemos que a vaquejada é uma manifestação cultural que existe há décadas; que há regulamentos e a própria legislação ora contestada prevê formas de garantir a proteção do animal nela utilizado.

Não cabe a nós, com base uma visão não universalizada do que é, ou não, correto nessa situação, estabelecer que a vaquejada não deve continuar a ser realizada licitamente. Digo isso porque sabemos que, mesmo proibida, continuará a existir. Não sejamos como Américo Pisca--Pisca, não queiramos colocar abóboras em jabuticabeiras porque elas acabarão, como no conto, caindo em nossas próprias cabeças!

Nesse aspecto de proteção ao animal, é importante registrar que já é utilizado protetor de cauda nos bovinos para evitar qualquer alegação de aflição de dores ou alegação de maus-tratos (Disponível em https://www.youtube.com/watch?v=a2c69VP8eIM. Acesso em 2.6.2016).

Além disso, tal como argumentado pela Associação Brasileira de Vaquejada, admitida como *amicus curiae*, hodiernamente há uma série de determinações, a fim de conceder maior proteção aos animais utilizados no evento. Mencione-se o Regulamento de Bem-Estar Animal, adotado pela associação e aplicado às vaquejadas, que proíbe os competidores de açoitar os cavalos, *"bater, esporear ou ainda puxar as rédeas de modo a machucar o animal"* (item 28), além de dispor sobre a obrigatoriedade de:

"(i) assegurar a ausência de fome e de sede dos animais; (ii) assegurar a ausência de ferimentos e doenças; (iii) assegurar a liberdade comportamental; (iv) minimizar situações de estresse, medo e ansiedade; (v) promover a melhoria da qualidade do ambiente, garantindo condições de saúde, segurança e bem-estar público; (vi) assegurar e promover a prevenção, redução e eliminação da morbidade, da mortalidade decorrentes de zoonoses nos animais; (vii) assegurar e promover a participação, a educação sanitária, o acesso à informação e a conscientização da coletividade nas atividades envolvendo animais que possam comprometer a saúde pública ou o meio ambiente".

Assim como no hipismo, é bem verdade que, na vaquejada, pode ocorrer episódica e inesperadamente algum ferimento, ainda que não desejado, de forma que deve, nesse caso, haver responsabilização do infrator pela inobservância de uma proibição de realização de maus-tratos no animal.

Isto é, existem formas de minimizar ou eliminar qualquer tipo de consequência física nos semoventes participantes.

Ao meu sentir, penso que o mandamento do art. 225, § 1º, da CF pode ser assegurado ao permitir a prática da vaquejada e, eventualmente, ocorrendo a prática de ilegalidades, ocorrer a punição tal como previsto no § 3º do art. 225 da Lei Maior:

"§ 3º As condutas e atividades consideradas lesivas ao meio ambiente sujeitarão os infratores, pessoas físicas ou jurídicas, a sanções penais e administrativas, independentemente da obrigação de reparar os danos causados".

O ordenamento jurídico nacional já dispõe de instrumentos hábeis e suficientes para coibir eventuais excessos, tal como as disposições da Lei 9.605/98 e a fiscalização, pelos órgãos federal, estadual e municipal, de controle ambiental, sem prejuízo da atuação do Ministério Público.

E penso que a lei ora questionada do Estado do Ceará acabou prestigiando a prática da manifestação cultural e/ou "socioesportiva", reafirmando o comando do art. 215 da CF e proibindo determinadas condutas que possam afetar o âmbito da proteção do art. 225 da CF, tal como previsto no § 3º do art. 4º, a saber:

"§ 3º O vaqueiro que, por motivo injustificado, se exceder no trato com o animal, ferindo-o ou maltratando-o de forma intencional, deverá ser excluído da prova".

Isso tudo, sem prejuízo – por óbvio – da incidência das disposições das normas protetivas ambientais em relação aos animais, no campo penal, administrativo ou civil.

Ou seja, a norma estadual procurou compatibilizar dois princípios constitucionais que, em regra, não são contraditórios, porém fática e especificamente poderiam se chocar. E, quando ocorrer maus-tratos, deve haver a responsabilização do causador do dano.

Proibir a prática, além de ser contrário ao mandamento constitucional do art. 215, também deixaria à margem do ordenamento jurídico uma parcela da população que tem nessa prática única fonte de sustento e a vive como sendo ínsita à produção cultural de parcela dos nordestinos.

Ressalte-se, ainda, estudo encomendado a economistas pela Associação Alagoana de Criadores de Cavalo Quarto de Milha (ALQM), para analisar a importância econômica da vaquejada para Alagoas. De acordo com o relatório, divulgado em dezembro de 2015, a prática movimenta, em média, anualmente, mais de R$ 62 milhões e emprega cerca de 11 mil pessoas, sendo 4.800 de forma direta.

Como indicado no parecer técnico, *"a atividade fica à frente de importantes segmentos como a indústria químico-plástica (tendo a Braskem como empresa-chave), da agricultura (sem contar o setor sucroenergético) e a da indústria têxtil"* ("O Mercado da Vaquejada em Alagoas", coordenado pelos economistas Lucas Sorgato e Jarpa Aramis, cf. noticiado no jornal *Gazeta de Alagoas* em 27.12.2015).

Consequentemente, a interpretação que mais se coaduna com a conjugação das expectativas de todos os grupos de agentes envolvidos é aquela que regule a prática, de forma a coibir excessos, e não a que a vede e estimule a marginalidade, gerando, portanto, efeitos mais nocivos do que sua regulação estatal.

A utilização de critérios de ponderação faz-se, assim, extremamente relevante no tema aqui tratado. Verificar se, no caso concreto, determinada prática agride o animal a tal ponto que possa ser considerada desproporcional ou injustificável para obtenção do fim pretendido – para manifestações culturais, religiosas ou comerciais – já foi objeto de análise de diversas Cortes Constitucionais no mundo.

Em caso em que avaliou a compatibilidade de corridas de touro na França com os valores constitucionais de proteção aos animais, o Conselho Constitucional francês, baseado, igualmente, nessas "escalas de medida" do grau de intensidade de cada argumento aplicado à questão em concreto, considerou não ser inconstitucional a previsão de uma espécie de diferença de tratamento entre as regiões com tradição taurina das demais, que condenam sua prática. Acabou por conceder, portanto, especial importância às tradições locais, avaliando que, para aqueles determinados povoados, a realização de touradas era de especial relevância em face dos possíveis danos causados aos touros.

A tauromaquia tornou-se prática legal na França em 1951, com a introdução de um parágrafo sobre o tema na lei contra maus-tratos de animais domésticos. Nesses termos, estabeleceu-se que seus dispositivos não seriam aplicáveis às corridas de touro, desde que se demonstrasse a existência de ininterrupta tradição da prática. Em 1951, ao texto foi adicionado o adjetivo "local", deixando vago o conceito de "tradição local ininterrupta" que poderia ensejar a exceção. Como a lei não identificou regiões ou cidades onde a corrida de touros é uma tradição, coube aos juízes decidir caso a caso.

Em setembro de 2012, o Conselho Constitucional francês declarou que as touradas são permitidas em certas regiões da França, sem que isso constitua ofensa à Constituição. Ao interpretar o dispositivo que trata do tema, entendeu que "local" deve ser visto de forma restritiva. Também, que é preciso provar que a tradição costuma existir na mesma localidade, em si (e não apenas em cidades próximas), bem como que é prática "ininterrupta", ou seja, que os espetáculos são organizados regularmente (Cf. *Décision n. 2012-271 QPC du 21 septembre 2012*).

Questão semelhante foi submetida ao Tribunal Constitucional espanhol. Em julho de 2010, a Catalunha aprovou lei que aboliu as corridas de touros nessa comunidade autônoma (Ley 28/2010). Logo após sua aprovação, o Partido Popular espanhol apresentou recurso de amparo baseado em três pontos: a competência das comunidades para legislar sobre o tema; a importância do fator cultural da corrida dos touros e o fator econômico representado pelas festas relacionadas às corridas.

Em outubro de 2016, o Tribunal Constitucional espanhol declarou inconstitucional a lei catalã, por entender que a comunidade autônoma, ao exercer sua competência para regulamentar

Liberdade de expressão artística, científica, de imprensa e liberdade de exercício profissional 1021

espetáculos públicos, invadiu a competência do Estado para legislar sobre preservação do patrimônio cultural comum. Essa condição foi atribuída às touradas em legislação da década de noventa e reafirmada com a promulgação da Lei 18/2013, que regulamentou a tauromaquia, e da Lei 10/2015, que especificamente trata da preservação das touradas como manifestação cultural.

O Tribunal ressaltou que o legislador local tem liberdade para atuar, nos termos do pretendido pela comunidade catalã, no que se refere ao exercício de sua competência sobre espetáculos públicos. Tal prerrogativa, todavia, não pode chegar ao extremo de impedir, perturbar ou menosprezar o exercício legítimo da competência do Estado em matéria de cultura. Assim, a Cataluna poderia definir, por exemplo, formas de desenvolvimento das empresas de representações taurinas ou, em matéria de proteção aos animais, estabelecer regras para especial tratamento dos touros utilizados. Nunca, contudo, proibir a tauromaquia.

Nesse sentido, o Tribunal Constitucional indica o seguinte:

"El respeto y la protección de la diversidad cultural 'de los pueblos de España' que deriva del citado art. 46 CE, y que no es sino manifestación de la diversidad propia de nuestro Estado autonómico, parte precisamente de la imposibilidad de prohibir, en una parte del territorio español, una celebración, festejo, o en general, una manifestación de una arraigada tradición cultural – si su contenido no es ilícito o no atenta contra otros derechos fundamentales".

Trata-se, nos termos da sentença, de uma forma de garantir que as tradições implementadas em nível nacional vejam-se complementadas e enriquecidas com as tradições e culturas específicas das comunidades autônomas.

A constitucionalidade do sacrifício de animais para fins religiosos é outro tema extremamente polêmico. Ainda em referência ao direito comparado, mencione-se que a Corte Constitucional austríaca reconheceu que a obrigatoriedade de anestesiar os animais para realização da sangria não tem sentido, tampouco atende aos direitos religiosos dos que a praticam, como judeus ortodoxos e muçulmanos. (VfGH 17.12.1998, B 3028/97).

Em sentido semelhante, o Tribunal Constitucional Federal alemão decidiu que a lei não pode estabelecer restrições à prática religiosa da sangria. O *Tierschutzgesetz*, lei que regula os direitos dos animais na Alemanha, estabelece uma proibição genérica da sangria para fins religiosos, mas indica que autoridades administrativas podem excepcionalmente conceder autorizações para a prática quando necessária para atender às necessidades de membros de comunidade religiosa (BVerfG 1783/99, de 15.1.2002). O caso foi levado ao Tribunal por um açougueiro que teve a permissão para praticar sangria negada.

Outra relevante decisão do *Bundesverfassungsgericht* relacionada ao meio ambiente é o denominado caso *Reiten im Walden* (BVerfGE 80, 137), especial por também mostrar diferentes espectros de valores que podem ser vinculados ao tema – no caso, ponderação entre liberdades individuais e a proteção à natureza.

A legislação alemã sobre florestas (*Bundeswaldgesetz*), de 1975, autoriza a entrada de pessoas nas matas por sua própria conta e risco e autoriza os Estados (*Länder*) a regulamentar detalhes relacionados à limitação do acesso por motivos relevantes, como para proteção das árvores, para combate da exploração econômica das floras e para proteção contra agressões à natureza.

Com base nisso, a legislação do Estado de Nordrhein-Westfalen restringiu cavalgadas a rotas específicas de trilhas especiais e exigiu que os cavaleiros tivessem licenças para os seus cavalos, que só poderiam ser obtidas mediante o pagamento de taxas.

O caso em questão foi levado ao TCF por um criador de cavalos, para fins de recreação, que viu na necessidade de licença, a ser concedida em função de uma pretensa prevenção das florestas, uma limitação aos seus direitos fundamentais.

O Tribunal Constitucional Federal decidiu que as restrições às cavalgadas violavam o direito ao livre desenvolvimento da personalidade (art. 2 (1) GG), uma vez que as pessoas devem ser livres para buscar livremente a diversão por meio de cavalgadas na floresta. Também entendeu que a obrigatoriedade de licença especial para cavalgadas era contrária ao direito à igualdade, já que semelhantes restrições legislativas não eram impostas a esquiadores e *hikers*. Além disso, indicou agressão aos direitos à liberdade de locomoção e aos direitos dos cavaleiros advindos do direito de propriedade que possuem sobre os cavalos.

Por fim, menciono precedente da Suprema Corte israelense em que foi apreciado se o processo de produção do *foie gras* seria contrário ao direito dos animais (Noah v. The Attorney General, HCJ 9232/01). A Corte, então, analisou a compatibilidade da alimentação hipercalórica forçada de animais para produção da iguaria com o Ato Nacional de Proteção aos Animais, que proíbe tortura, atos de crueldade e abusos.

Concluiu, após ponderação das questões envolvidas e apresentadas, que o processo era cruel e gerava um desproporcional grau de sofrimento em relação ao fim pretendido – obtenção de produto considerado artigo de luxo. Ressalte-se que debate semelhante foi recentemente travado no Estado de São Paulo, que proibiu igual prática (Lei 16.222/2015) em lei declarada inconstitucional pelo TJSP, mas por extrapolar o mero interesse local.

Verifica-se, portanto, que a ponderação, ao se estar diante de aparente conflito entre princípios comparáveis entre si, é técnica necessária e usualmente utilizada no direito comparado.

Entre nós, como já mencionado, o dever geral de proteção ao meio ambiente ecologicamente equilibrado está estabelecido em nossa Constituição como uma expressão conjunta de deveres de proibição (ex.: crueldade contra animais, degradação que aniquile a biodiversidade); de segurança (ex.: exigência de avaliação de impacto ambiental) e de se evitar riscos (ex.: evitar práticas que coloquem em risco a função ecológica da fauna e da flora).

Tais deveres, explicitados no texto da Constituição, direcionam o Estado a atuar com objetivo de evitar riscos em geral, mediante a adoção de medidas de proteção ou de prevenção da saúde e do meio ambiente.

Atualmente existe uma gama de profissionais de todas as áreas (médicas e veterinárias) envolvidos, os quais certamente não acompanharão a prática da vaquejada caso ela seja tida como inconstitucional.

Ou seja, em vez de o Estado regular e determinar a observância de cuidados nos tratos dos animais, passaria a coibir a atividade em si, em claro prejuízo ao bem jurídico supostamente tutelado, que passariam a ficar sem auxílio de profissionais técnicos adequados.

Não se trata de simples diversão com possível índole de crueldade, tal como a "farra do boi" ou a "rinha de galo", pois a proibição da prática da vaquejada significa o fim do sustento do vaqueiro profissional, que tem sua atividade reconhecida pela Lei Federal 12.870/13, a saber:

"**Art. 1º Fica reconhecida a atividade de vaqueiro como profissão**.

Art. 2º Considera-se vaqueiro o profissional apto a realizar práticas relacionadas ao trato, manejo e condução de espécies animais do tipo bovino, bubalino, equino, muar, caprino e ovino.

Art. 3º Constituem atribuições do vaqueiro:

(...)

IV – cuidar da saúde dos animais sob sua responsabilidade;

V – auxiliar nos cuidados necessários para a reprodução das espécies, sob a orientação de veterinários e técnicos qualificados;

VI – treinar e preparar animais para eventos culturais e socioesportivos, garantindo que não sejam submetidos a atos de violência;

Art. 4º A contratação pelos serviços de vaqueiro é de responsabilidade do administrador, proprietário ou não, do estabelecimento agropecuário de exploração de animais de grande e médio porte, de pecuária de leite, de corte e de criação". – grifei.

Liberdade de expressão artística, científica, de imprensa e liberdade de exercício profissional · 1023

Existe, portanto, uma quantidade considerável de profissionais que realizam diariamente a prática de treinos e preparação de animais para eventos culturais e "socioesportivos" – tal como a vaquejada – e que dependem financeiramente dessa atividade.

Esta Corte não pode fechar os olhos para essa realidade. Além disso, existem mais de 10.000 (dez mil) parques de vaquejadas em praticamente todos os Estados, gerando 200.000 (duzentos mil) empregos direta ou indiretamente, que, de uma hora para outra, estarão à margem do ordenamento jurídico e sem emprego.

Impedir a prática da vaquejada é aniquilar completamente uma parcela da cultura nordestina e, consequentemente, desrespeitar o art. 215 da CF, que possui a mesma densidade constitucional do art. 225 da CF.

Assim, acompanho a divergência para julgar improcedente a presente ação. É como voto.

RE 511.961[1]

Jornalista – Exigibilidade de diploma para o exercício de atividade jornalística – Liberdades de profissão, de expressão e de informação – Reserva
legal qualificada.

Trata-se de recurso extraordinário, interposto pelo Ministério Público Federal e pelo Sindicato
das Empresas de Rádio e Televisão no Estado de São Paulo – SERTESP (assistente simples), com
fundamento no art. 102, inciso III, "a", da Constituição Federal, contra acórdão do Tribunal Regional
Federal da 3ª Região nos autos da Apelação Cível em Ação Civil Pública n. 2001.61.00.025946-3.

Na origem, o Ministério Público Federal ajuizou ação civil pública – originada dos procedimentos administrativos n. 1.34.001.002285/2001-69 e n. 1.34.001.001683/2001-68 – com pedido de tutela antecipada, em face da União, na qual defendeu a não recepção, pela Constituição
de 1988 (art. 5º, IX e XIII, e art. 220, *caput* e § 1º), do art. 4º, inciso V, do Decreto-Lei n. 972, de
1969, o qual exige o diploma de curso superior de jornalismo, registrado pelo Ministério da
Educação, para o exercício da profissão de jornalista.

Defendeu o Ministério Público, em síntese, que, se o art. 5º, inciso XIII, da Constituição,
remete à legislação infraconstitucional o estabelecimento das condições para o exercício da liberdade de exercício profissional, não pode o legislador impor restrições indevidas ou não razoáveis, como seria o caso da exigência de diploma do curso superior de jornalismo prevista no art.
4º, inciso V, do Decreto-Lei n. 972/1969. Ademais, haveria, no caso, violação ao art. 13 da Convenção Americana de Direitos Humanos, ratificada pelo Brasil em 1992.

Ao final, o Ministério Público requereu que:

1) seja obrigada a União a não mais registrar ou fornecer qualquer número de inscrição no
Ministério do Trabalho para os diplomados em jornalismo, informando aos interessados
a desnecessidade do registro e inscrição para o exercício da profissão de jornalista;

2) seja obrigada a União a não mais executar fiscalização sobre o exercício da profissão de
jornalista por profissionais desprovidos de grau de curso universitário de jornalismo,
bem como não mais exarar os autos de infração correspondentes;

3) sejam declarados nulos todos os autos de infração lavrados por auditores-fiscais do trabalho, em fase de execução ou não, contra indivíduos em razão da prática do jornalismo sem o correspondente diploma;

4) sejam remetidos ofícios aos Tribunais de Justiça de todos os Estados da Federação, dando
ciência da antecipação de tutela, de forma a que se aprecie a pertinência de trancamento
de eventuais inquéritos policiais ou ações penais, que por lá tramitem, tendo por objeto
a apuração de prática de delito de exercício ilegal da profissão de jornalista.

A Federação Nacional dos Jornalistas – FENAJ e o Sindicato dos Jornalistas Profissionais no
Estado de São Paulo ingressaram na lide na qualidade de assistentes simples da União (ré) (fl.
747), e o Sindicato das Empresas de Rádio e Televisão no Estado de São Paulo foi admitido no
processo como assistente simples do Ministério Público Federal (autor).

A sentença proferida pelo Juízo da 16ª Vara Cível Federal de São Paulo (fls. 883-930) julgou
parcialmente procedente o pedido para:

1) determinar que a União não mais exija, em todo o país, o diploma de curso superior de
jornalismo para o registro no Ministério do Trabalho para o exercício da profissão de

---

[1] O Tribunal, por maioria e nos termos do voto do Relator, Ministro Gilmar Mendes (Presidente), conheceu e
deu provimento aos recursos extraordinários, declarando a não recepção do artigo 4º, inciso V, do Decreto-lei
n. 972/1969, vencido o Senhor Ministro Marco Aurélio (*DJ* de 13.11.2009).

Liberdade de expressão artística, científica, de imprensa e liberdade de exercício profissional **1025**

jornalista, informando aos interessados a desnecessidade de apresentação de tal diploma, assim como não mais execute fiscalização sobre o exercício da profissão de jornalista por profissionais desprovidos de grau universitário de jornalismo, e deixe de exarar os autos de infração correspondentes;

2) declarar a nulidade de todos os autos de infração pendentes de execução lavrados por Auditores-fiscais do Trabalho contra indivíduos em razão da prática do jornalismo sem o correspondente diploma;

3) que sejam remetidos ofícios aos Tribunais de Justiça dos Estados, de forma a que se aprecie a pertinência de trancamento de eventuais inquéritos policiais ou ações penais em trâmite, tendo por objeto a apuração de prática do delito de exercício ilegal da profissão de jornalista;

4) fixar multa de R$ 10.000,00 (dez mil reais), a ser revertida em favor do Fundo Federal de Direitos Difusos, nos termos dos arts. 11 e 13 da Lei n. 7.347/85, para cada auto de infração lavrado em descumprimento das obrigações impostas na decisão.

Os autos foram então remetidos ao Tribunal Regional Federal da 3ª Região, em razão do reexame necessário e dos recursos de apelação da União, da Federação Nacional dos Jornalistas – FENAJ, do Sindicato dos Jornalistas Profissionais no Estado de São Paulo e do Ministério Público Federal.

O Tribunal Regional Federal da 3ª Região deu provimento à remessa oficial e aos recursos da União, da FENAJ e do Sindicato dos Jornalistas e reformou a sentença em acórdão cuja ementa possui o seguinte teor (fls. 1580-1613):

"CONSTITUCIONAL. PROCESSUAL CIVIL. AÇÃO CIVIL PÚBLICA. REQUISITOS PARA O EXERCÍCIO DA PROFISSÃO DE JORNALISTA. LEGITIMIDADE ATIVA DO MINISTÉRIO PÚBLICO FEDERAL. FENÔMENO DA RECEPÇÃO. VIA ADEQUADA. MATÉRIA EMINENTEMENTE DE DIREITO. JULGAMENTO ANTECIPADO. POSSIBILIDADE. INEXISTÊNCIA DE LITISCONSÓRCIO NECESSÁRIO COM OUTROS SINDICATOS. DECRETO-LEI N. 972/69. RECEPÇÃO FORMAL E MATERIAL PELA CARTA POLÍTICA DE 1988. EXIGÊNCIA DE CURSO SUPERIOR DE JORNALISMO. AUSÊNCIA DE OFENSA À LIBERDADE DE TRABALHO E DE IMPRENSA E ACESSO À INFORMAÇÃO. PROFISSÃO DE GRANDE RELEVÂNCIA SOCIAL QUE EXIGE QUALIFICAÇÃO TÉCNICA E FORMAÇÃO ESPECIALIZADA. INEXISTÊNCIA DE OFENSA À CONVENÇÃO AMERICANA SOBRE DIREITOS HUMANOS.

1. Legitimidade do Ministério Público Federal para propor ação civil pública, ante o interesse eminentemente de ordem social e pública, indo além dos interesses individuais homogêneos do exercício da profissão de jornalista, alcançando direitos difusos protegidos constitucionalmente, como a liberdade de expressão e acesso à informação.

2. Legítima e adequada a via da ação civil pública, em que se discute a ocorrência ou não do fenômeno da recepção, não se podendo falar em controle de constitucionalidade.

3. Havendo prova documental suficiente para formar o convencimento do julgador e sendo a matéria predominantemente de direito, possível o julgamento antecipado da lide.

4. Todos os Sindicatos da categoria dos jornalistas são legitimados a habilitar-se como litisconsortes facultativos, nos termos do § 2º do art. 5º da Lei n. 7.347/85. Não configuração de litisconsórcio necessário.

5. A vigente Constituição Federal garante a todos, indistintamente e sem quaisquer restrições, o direito à livre manifestação do pensamento (art. 5º, IV) e à liberdade de expressão, independentemente de censura ou licença (art. 5º, IX). São direitos difusos, assegurados a cada um e a todos, ao mesmo tempo, sem qualquer barreira de ordem social, econômica, religiosa, política, profissional ou cultural. Contudo, a questão que se coloca de forma específica diz respeito à liberdade do exercício de qualquer trabalho, ofício ou profissão, ou, simplesmente, liberdade de profissão. Não se pode confundir liberdade de manifestação do pensamento ou de expressão com liberdade de profissão. Quanto a esta, a Constituição assegurou o seu livre exercício, desde que atendidas as qualificações profissionais estabelecidas em lei

(art. 5º, XIII). O texto constitucional não deixa dúvidas, portanto, de que a lei ordinária pode estabelecer as qualificações profissionais necessárias para o livre exercício de determinada profissão.

6. O Decreto-Lei n. 972/69, com suas sucessivas alterações e regulamentos, foi recepcionado pela nova ordem constitucional. Inexistência de ofensa às garantias constitucionais de liberdade de trabalho, liberdade de expressão e manifestação de pensamento. Liberdade de informação garantida, bem como garantido o acesso à informação. Inexistência de ofensa ou incompatibilidade com a Convenção Americana Sobre Direitos Humanos.

7. O inciso XIII do art. 5º da Constituição Federal de 1988 atribui ao legislador ordinário a regulamentação de exigência de qualificação para o exercício de determinadas profissões de interesse e relevância pública e social, dentre as quais, notoriamente, se enquadra a de jornalista, ante os reflexos que seu exercício traz à Nação, ao indivíduo e à coletividade.

8. A legislação recepcionada prevê as figuras do provisionado e do colaborador, afastando as alegadas ofensas ao acesso à informação e manifestação de profissionais especializados em áreas diversas.

9. Precedentes jurisprudenciais.

10. Preliminares rejeitadas.

11. Apelações da União, da FENAJ e do Sindicato dos Jornalistas providas.

12. Remessa oficial provida.

13. Apelação do Ministério Público Federal prejudicada."

No voto condutor, o Relator teceu as seguintes considerações sobre cada um dos temas controvertidos no processo (fls. 1601-1611):

"(...) Não se pode ignorar a relevante função social do jornalismo, daí resultando a grande responsabilidade do profissional e riscos que o mau exercício da profissão oferecem à coletividade e ao país. Os danos efetivos, de ordem individual ou coletiva, que o exercício da profissão de jornalista por pessoa desqualificada ou de forma irresponsável pode gerar são incalculáveis. Os bens jurídicos que podem ser afetados são da mesma magnitude que tantos outros direitos fundamentais tutelados, como a vida, a liberdade, a saúde, e a educação. Os riscos não se afastam nem se diferenciam do exercício irregular da advocacia, da medicina, da veterinária, da odontologia, da engenharia, do magistério e outras tantas profissões. (...) Dentro desse contexto, pois, não se pode ter por irrazoáveis os requisitos da qualificação profissional específica (diploma de curso superior) e registro no órgão competente estabelecidos no Decreto-Lei n. 972/69".

"(...) Deve ser ressaltada, ainda, a louvável preocupação do autor com as populações de localidades afastadas, onde não há jornalista, nem possibilidade de acesso à universidade. Contudo, as normas regulamentares citadas não se olvidaram dessas situações extremas. Note-se que nos municípios desprovidos de curso superior em jornalismo e de profissional habilitado, é permitida a contratação de provisionados para o desempenho da função de jornalista sem a exigência de diploma de jornalismo (art. 16 do Decreto n. 83.284/79). Também restou garantido o direito de registro definitivo aos provisionados quando da nova exigência para o exercício da profissão (art. 16 e 17 do Decreto n. 83.284/79 e art. 1º da Lei n. 7360/85), bem como garantido o exercício da profissão sem a formação técnica para as atividades que dela não se necessite (incisos VIII a XI do Decreto n. 83.284/79). Igualmente ressalvado está o permissivo de contratação e remuneração de profissionais de áreas específicas para a produção de matéria afeta à sua especialidade (registro especial ao colaborador – Art. 5º, I, do Decreto n. 83.284/79)".

"(...) É certo que, com a edição do Decreto n. 678/92 (*DJU* de 09.11.92), a Convenção Americana Sobre Direitos Humanos, também conhecida como Pacto de São José da Costa Rica, passou a integrar o sistema jurídico nacional. Contudo, com a devida vênia, não vislumbro incompatibilidades entre essa norma internacional e os direitos e garantias já assegurados em nossa Constituição Federal relacionados com a liberdade de manifestação do pensamento (art. 5º, IV), com a liberdade de expressão (art. 5º, IX), bem assim com a liberdade de informação (art. 220, § 1º), as quais, repito, não se confundem com liberdade de profissão. De qualquer forma, não se pode olvidar que, consoante referido pelo próprio autor em sua inicial (fls. 31), o C. Supremo Tribunal Federal tem reiteradamente decidido no sentido de que essas normas são recebidas com o status de lei ordinária e como tal submetem-se à supremacia da Constituição Federal. Especificamente no tocante à liberdade de informação, a Constituição Federal, no § 1º do art. 220, não deixa qualquer dúvida de que 'Nenhuma lei conterá dispositivo que possa constituir embaraço à plena liberdade de informação jornalística em qualquer veículo de comunicação social, observado o disposto no art. 5º, IV, V, X, XIII e XIV' (grifei). Se o legislador constituinte invocou expressamente a necessidade de observância ao preceito constante do inciso XIII do art. 5º, constando deste a possibilidade de regulamentação de determinadas profissões, evidencia-se, sob pena de contradição ou mesmo de menção inócua e repetitiva, a intenção de ver regulamentada a profissão voltada para a comunicação social, de tamanha relevância na ordem social."

"É certo, de igual forma, que a imprensa configura-se como um importante instrumento da sociedade para a defesa e a manutenção do Estado Democrático de Direito. Por corolário, imprensa e liberdade são termos inseparáveis, sendo inconcebível a existência da imprensa sem a garantia da liberdade de expressão e manifestação de pensamento, quando somente por meio dela a sociedade pode concretizar o direito à informação, tutelado no texto constitucional vigente. É justamente considerando a relevância da questão da imprensa na formação de uma nação e na manutenção de um Estado Democrático é que a profissão de jornalista comporta regulamentação e exigência de qualificação para seu exercício, sem qualquer ofensa ao princípio da proporcionalidade e razoabilidade. Ao contrário, a limitação é permitida no próprio texto constitucional, elevando, inclusive, o princípio da dignidade humana como um de seus principais fundamentos. Por todo o exposto, impõe-se a conclusão que todas as normas veiculadas pelo Decreto-Lei n. 972/69 foram integralmente recepcionadas pelo sistema constitucional vigente, sendo legítima a exigência do preenchimento dos requisitos da existência do prévio registro no órgão regional competente e do diploma de curso superior de jornalismo para o livre exercício da profissão de jornalista. Em consequência, é de rigor o decreto de total improcedência da presente ação, com a cessação da eficácia da tutela antecipada concedida parcialmente."

Contra esse acórdão do TRF-3ª Região, o Ministério Público Federal e o Sindicato das Empresas de Rádio e Televisão no Estado de São Paulo – SERTESP interpuseram recursos extraordinários (fls. 1.627-1.642/1.648-1.669) com fundamento no art. 102, inciso III, "a", da Constituição, alegando violação ao art. 5º, incisos IX e XIII, assim como ofensa ao art. 220, da Constituição.

Contrarrazões apresentadas pela União (fls. 1.713-1.724), pela Federação Nacional dos Jornalistas – FENAJ e pelo Sindicato dos Jornalistas Profissionais no Estado de São Paulo (fls. 1.736-1.769), o recurso extraordinário foi objeto de juízo positivo de admissibilidade em decisão da Vice-Presidência do Tribunal Regional da 3ª Região (fls. 1779-1780).

Em decisão de 16 de novembro de 2006, deferi medida cautelar na AC n. 1.406/SP para conceder efeito suspensivo ao presente recurso extraordinário, nos seguintes termos:

"O recurso extraordinário ao qual se requer a concessão de efeito suspensivo discute matéria de indubitável relevância constitucional, especificamente, a interpretação do art. 5º, inciso XIII, da Constituição, o qual dispõe que 'é livre o exercício de qualquer trabalho, ofício ou profissão, atendidas as qualificações profissionais que a lei estabelecer'.

Não se pode negar que o tema envolve, igualmente, a interpretação do art. 220 da Constituição, o qual dispõe que: 'A manifestação do pensamento, a criação, a expressão e a informação, sob qualquer forma, processo ou veículo, não sofrerão qualquer restrição, observado o disposto nesta Constituição. § 1º – Nenhuma lei conterá dispositivo que possa constituir embaraço à plena liberdade de informação jornalística em qualquer veículo de comunicação social, observado o disposto no art. 5º, IV, V, X, XIII e XIV'.

A questão constitucional também é objeto do RMS n. 24.213/DF, Rel. Min. Celso de Mello, cujo julgamento foi afetado ao Plenário desta Corte.

O tema referente ao âmbito de proteção e as conformações e limitações legais do direito fundamental à liberdade de profissão e, dessa forma, a questão quanto à recepção ou não do Decreto-Lei n. 972/69 pela Constituição de 1988, foram amplamente debatidos nas instâncias inferiores.

Verifico que o recurso extraordinário foi admitido no tribunal de origem (fl. 8) (Súmula n. 634 do STF).

Quanto à urgência da pretensão cautelar, entendo como suficientes as ponderações do Procurador-Geral da República no sentido de que "um número elevado de pessoas, que estavam a exercer (e ainda exercem) a atividade jornalística independentemente de registro no Ministério do Trabalho de curso superior, por força da tutela antecipada anteriormente concedida e posterior conformação pela sentença de primeiro grau, agora se acham tolhidas em seus direitos, impossibilitadas de exercer suas atividades" (fls. 5-6).

Ante o exposto, ad referendum da Turma, defiro a medida cautelar e concedo o efeito suspensivo ao recurso extraordinário, tal como pleiteado pelo Procurador-Geral da República."

A referida decisão foi referendada pela 2ª Turma do Tribunal em 21 de novembro de 2006 (*DJ* 19.12.2006), em acórdão cuja ementa tem o seguinte teor:

"EMENTA: Ação cautelar. 2. Efeito suspensivo a recurso extraordinário. Decisão monocrática concessiva. Referendum da Turma. 3. Exigência de diploma de curso superior em Jornalismo para o exercício da profissão de jornalista. 4. Liberdade de profissão e liberdade de informação. Arts. 5º, XIII, e 220, caput e § 1o, da Constituição Federal. 5. Configuração da plausibilidade jurídica do pedido (*fumus boni iuris*) e da urgência da pretensão cautelar (periculum in mora). 6. Cautelar, em questão de ordem, referendada."

Em resumo, a controvérsia constitucional está delimitada por duas teses opostas.

Por um lado, defende o Ministério Público Federal, assim como o Sindicato das Empresas de Rádio e Televisão no Estado de São Paulo – SERTESP (recorrentes) que:

a) o art. 4º, inciso V, do Decreto-Lei n. 972, de 1969, não foi recepcionado pela Constituição de 1988, pois viola o art. 5º, incisos IX e XIII, e o art. 220. Segundo o MPF, "a restrição feita pelo art. 5º, inciso XIII da Constituição Federal, refere-se somente a determinadas profissões, nas quais se exige conhecimentos técnicos específicos para o regular desempenho na atividade, sem acarretar qualquer dano à coletividade, como os profissionais na área de Saúde, por exemplo" (fl. 1657). Afirma, ainda, que "vigora no Brasil a regulamentação das profissões por meio dos Conselhos e Ordens Profissionais, que instaura um 'monopólio' sobre a atividade profissional. A função de tais Conselhos – continua o MPF – decorre do poder de polícia do Estado, sendo seu objetivo principal defender a sociedade também do ponto de vista ético, sendo inseridas no Sistema Nacional de Organização e Condições para o Exercício de Profissões, como pessoas jurídicas de Direito Público. (...) No entanto, tal raciocínio não se aplica à classe dos jornalistas, vez que inexiste, naquele ramo, um Conselho ou uma Ordem Profissional, justamente pelo fato de que tal atividade prescinde de controle ético por um órgão público, o que acaba sendo realizado pelos próprios leitores das matérias jornalísticas e ainda por editores e outros responsáveis pelas empresas jornalísticas. (...) De fato, a regulamentação de atividades profissionais decorre do poder de polícia do Estado, mostrando-se irrazoável no caso da profissão de jornalista, pois o jornalismo constitui uma atividade intelectual, desprovida de especificidade que exija diploma para seu exercício" (fl. 1658). Conclui então o MPF que "os requisitos principais para ser um bom jornalista, quais sejam, bom caráter, ética e o conhecimento sobre o assunto abordado, não são matérias a serem aprendidas na faculdade, mas no cotidiano de cada indivíduo, nas suas relações intersubjetivas, de forma que o exercício da profissão em comento prescinde de formação acadêmica específica" (fl. 1663).

b) O art. 4º, inciso V, do Decreto-Lei n. 972, de 1969, foi revogado pelo art. 13 da Convenção Americana sobre Direitos Humanos (Pacto de San José da Costa Rica). Segundo o MPF, "qualquer posição que se adote – que o tratado tenha força de lei ordinária ou de norma constitucional – leva à mesma conclusão: de que o art. 4º, inciso V, do Decreto-Lei n. 972/69, foi revogado pelo Pacto de San José da Costa Rica" (fl. 1669).

Por outro lado, a União, a FENAJ e o Sindicato dos Jornalistas Profissionais no Estado de São Paulo (recorridos) defendem o seguinte:

a) O Decreto-Lei n. 972, de 1969, é plenamente compatível com a Constituição de 1988. Sustenta a União que "a Constituição Federal pretérita, em seu art. 150, § 23, já dispunha sobre a liberdade de exercício profissional, observadas as condições de capacidade estabelecidas por lei. Tais condições de capacidade foram à época determinadas pelo Decreto-Lei n. 972/69, que condicionou o exercício da profissão de jornalista ao curso superior em jornalismo e o registro no órgão regional competente do Ministério do Trabalho e Previdência Social. A Constituição de 1988 também trouxe em seu corpo o princípio da liberdade profissional, em moldes idênticos à Constituição Federal anterior, em seu art. 5º, XIII, (...). Portanto, em termos doutrinários, ambas as disposições constitucionais caracterizam-se como normas constitucionais restringíveis, ou seja, passíveis de regulamentação infraconstitucional, podendo a lei delimitar condições para o exercício das profissões, de acordo com os imperativos do bem comum e em observância dos demais princípios constitucionais" (fl. 1719). No mesmo sentido, afirma a FENAJ e o Sindicato dos Jornalistas que, "por estar o referido Decreto-Lei apenas disciplinando as questões relacionadas com os conhecimentos técnicos e específicos da área de jornalismo, na esteira do que disciplina o art. 5º, inciso XIII, da Constituição Federal, resta evidente a sua recepção pelo novo ordenamento constitucional vigente".

b) Assim, afirma a União que a alegação de que "a profissão de jornalista não pressupõe a existência de qualificação profissional específica é equivocada, vez que esta profissão requer não apenas leitura, mas igualmente o conhecimento da legislação e preceitos técnicos específicos. Com efeito – afirma a União –, para ser jornalista é necessário mais do que o 'hábito da leitura' ou o exercício da atividade profissional, conforme alegado, o que é comprovado pelo número enorme de matérias específicas estudadas nas Faculdades de Jornalismo, entre elas, a Redação e Edição Jornalística, Pesquisa e Teoria da Comunicação, Ética e Legislação de Comunicação, Relações Públicas e sociologia, dentre muitas outras, todas elas essenciais ao bom exercício da profissão de jornalista" (fl. 1720). Seguindo a mesma linha de raciocínio, a FENAJ e o Sindicato dos Jornalistas afirmam que, "para ser jornalista, é preciso bem mais do que o simples hábito de leitura e o exercício da prática profissional, pois, acima de tudo, esta profissão, além de exigir amplo conhecimento sobre cultura, legislação e economia, requer que o profissional jornalista adquira preceitos técnicos e éticos, necessários para entrevistar, reportar, editar e pesquisar. Ou seja, conhecimentos específicos à profissão é muito além da mera cultura e erudição".

d) Alega a União, ainda, que "por ser o jornalismo profissão umbilicalmente ligada à informação e à expressão de ideias, não se sustenta também a ideia de que seu exercício por pessoa inepta não prejudicaria terceiros, vez que o conteúdo de informações incorretas ou inverídicas poderia causar lesões à ordem pública, como já comprovaram inúmeros casos notórios" (fl. 1720). Afirmam a FENAJ e o Sindicato dos Jornalistas que "o papel do jornalista no Brasil não é o de qualquer cidadão, 'inapto', pois para o exercício da profissão é ainda necessária a reflexão sobre a informação, a constituição e definição dos fenômenos sociais, tarefa difícil no cotidiano das redações e cuja aprendizagem, de modo adequado e intransferível, ainda é adquirida no curso superior de jornalismo, do qual não se pode abrir mão".

e) Ressalta-se que "não existe nenhum óbice na legislação impugnada que impeça a livre expressão do pensamento e liberdade de informação, vez que a lei não determina que todas as informações tenham necessariamente que ser expressadas por jornalistas, mesmo porque a livre expressão das informações não está restrita ao diploma em jornalismo. Assim, estão previstas na legislação situações nas quais se dispensam a exigência do diploma para o exercício da mencionada profissão. São os casos de colaborador e provisionados, expressamente previstos como exceções que dispensam a exigência do diploma para o exercício da profissão de jornalista, nos termos do art. 5º do Decreto n. 83.284/79. O colaborador, nos termos da lei, produz trabalho de natureza técnica, científica ou cultural, relacionado com sua especialização, para ser divulgado com seu nome e qualificação. Os provisionados são, por sua vez, os que exercem as funções de jornalismo em localidades nas quais não exista o curso de jornalismo reconhecido na forma da lei. Assim sendo – prossegue a União em sua argumentação –, não estão excluídos dos meios de comunicação outras pessoas que não tenham o diploma de jornalismo, tais como cientistas, intelectuais, outros profissionais e cidadãos, na figura de colaboradores que podem colaborar com artigos, ensaios e críticas, manifestando livremente suas opiniões. Também não descuidou a lei das localidades nas quais não existem faculdades de jornalismo reconhecidas, prevendo nesses casos a figura dos provisionados. Ao abrir essas exceções, a lei, a um só tempo, resguardou a necessidade de requisitos técnicos para o exercício profissional, compatibilizando-o com os princípios constitucionais da livre manifestação de pensamento e de informação" (fl. 1721).

f) Por fim, sustenta a União que "não existe qualquer incompatibilidade face à Convenção Americana de Direitos Humanos, vez que nosso ordenamento jurídico não impõe qualquer obstáculo ao exercício do direito à informação e a legislação reguladora da profissão de jornalista não vai contra qualquer direito humano fundamental, mas sim a favor deles, devendo ser interpretada de forma sistêmica face a outros dispositivos constitucionais e legais. Assim, a exigência do diploma de jornalismo é um meio de proteção de toda a sociedade, que necessita da informação de qualidade e com responsabilidade, não representando óbice, mas sim resguardo a quaisquer direitos humanos previstos na Convenção Americana de Direitos Humanos" (fl. 1721). Em complemento, sustentam a FENAJ e o Sindicato dos Jornalistas que "não há no nosso ordenamento jurídico vigente qualquer dispositivo que cause obstáculo ao exercício do direito de informação, pelo contrário, o que existe é simplesmente uma legislação infraconstitucional que zela pelo exercício regular deste direito, a fim de que a sociedade possa continuar caminhando de forma segura para o fortalecimento das instituições democráticas. A exigência do curso superior de jornalismo jamais pode ser interpretada como violação ao direito de informação. Na verdade, por meio desta exigência, o nosso sistema infraconstitucional apenas assegurou maior eficácia a este direito e garantia fundamental, na medida em que visa garantir que a informação seja prestada à população com mais qualidade e respeito aos princípios éticos e profissionais inerentes à profissão de jornalismo. Não se perca de vista que esta legislação também garante o amplo acesso ao direito de informação ao prever em seus dispositivos a participação tanto do provisionado, como do colaborador, que apesar de não possuírem diploma superior de jornalismo, ainda assim poderão contribuir com a qualidade da informação e com a liberdade de expressão e de pensamento através dos órgãos de imprensa. O advogado, o médico, o engenheiro, etc., em razão das técnicas peculiares às atividades que exercem, devem, antes, cursar as respectivas faculdades. E não é diferente para o jornalista, o qual, além de operador da comunicação, conhecedor não só da palavra e da escrita, deverá, invariavelmente, ser também detentor de uma macrovisão do processo de produção da notícia, requisito este que, igualmente, se adquire nos bancos das universidades".

O parecer do Ministério Público Federal, da lavra da Subprocuradora-Geral da República Sandra Cureau, é pelo provimento do recurso e está resumido na seguinte ementa:

RECURSOS EXTRAORDINÁRIOS. CONSTITUCIONAL. AÇÃO CIVIL PÚBLICA. JORNALISTA. CURSO SUPERIOR EM JORNALISMO. I – PRELIMINARES. LEGITIMAÇÃO ATIVA DO MINISTÉRIO PÚBLICO. ADEQUAÇÃO DA VIA ELEITA. II – MÉRITO. NÃO RECEPÇÃO DO DECRETO-LEI N. 972/69 PELA CONSTITUIÇÃO FEDERAL DE 1988. EXERCÍCIO DA PROFISSÃO DE JORNALISTA E REGISTRO NO ÓRGÃO COMPETENTE. EXIGÊNCIA DE CURSO SUPERIOR EM JORNALISMO. IMPOSSIBILIDADE. INEXISTÊNCIA DE RAZOABILIDADE. LIBERDADE DE PROFISSÃO, DE EXPRESSÃO E DE INFORMAÇÃO. REVOGAÇÃO DO ART. 4º, V, DO DECRETO-LEI N. 972/69 PELO DECRETO N. 678/92 (PACTO DE SAN JOSÉ DA COSTA RICA). III – PARECER PELO PROVIMENTO DOS RECURSOS.

Liberdade de expressão artística, científica, de imprensa e liberdade de exercício profissional   1031

A decisão dos recursos extraordinários recebeu a seguinte ementa:

EMENTA: JORNALISMO. EXIGÊNCIA DE DIPLOMA DE CURSO SUPERIOR, REGISTRA-DO PELO MINISTÉRIO DA EDUCAÇÃO, PARA O EXERCÍCIO DA PROFISSÃO DE JORNA-LISTA. LIBERDADES DE PROFISSÃO, DE EXPRESSÃO E DE INFORMAÇÃO. CONSTITUI-ÇÃO DE 1988 (ART. 5º, IX E XIII, E ART. 220, CAPUT E § 1º). NÃO RECEPÇÃO DO ART. 4º, INCISO V, DO DECRETO-LEI N. 972, DE 1969. 1. RECURSOS EXTRAORDINÁRIOS. ART. 102, III, "A", DA CONSTITUIÇÃO. REQUISITOS PROCESSUAIS INTRÍNSECOS E EXTRÍN-SECOS DE ADMISSIBILIDADE. Os recursos extraordinários foram tempestivamente interpostos e a maté-ria constitucional que deles é objeto foi amplamente debatida nas instâncias inferiores. Recebidos nesta Corte antes do marco temporal de 3 de maio de 2007 (AI-QO n. 664.567/RS, Rel. Min. Sepúlveda Pertence), os recursos extraordinários não se submetem ao regime da repercussão geral. 2. LEGITIMIDADE ATIVA DO MINIS-TÉRIO PÚBLICO PARA PROPOSITURA DA AÇÃO CIVIL PÚBLICA. O Supremo Tribunal Fede-ral possui sólida jurisprudência sobre o cabimento da ação civil pública para proteção de interesses difusos e coleti-vos e a respectiva legitimação do Ministério Público para utilizá-la, nos termos dos arts. 127, caput, e 129, III, da Constituição Federal. No caso, a ação civil pública foi proposta pelo Ministério Público com o objetivo de pro-teger não apenas os interesses individuais homogêneos dos profissionais do jornalismo que atuam sem diploma, mas também os direitos fundamentais de toda a sociedade (interesses difusos) à plena liberdade de expressão e de informação. 3. CABIMENTO DA AÇÃO CIVIL PÚBLICA. A não recepção do Decreto-Lei n. 972/1969 pela Constituição de 1988 constitui a causa de pedir da ação civil pública e não o seu pedido principal, o que está plenamente de acordo com a jurisprudência desta Corte. A controvérsia constitucional, portanto, constitui apenas questão prejudicial indispensável à solução do litígio, e não seu pedido único e principal. Admissibilidade da utili-zação da ação civil pública como instrumento de fiscalização incidental de constitucionalidade. Precedentes do STF. 4. ÂMBITO DE PROTEÇÃO DA LIBERDADE DE EXERCÍCIO PROFISSIONAL (ART. 5º, INCISO XIII, DA CONSTITUIÇÃO). IDENTIFICAÇÃO DAS RESTRIÇÕES E CONFOR-MAÇÕES LEGAIS CONSTITUCIONALMENTE PERMITIDAS. RESERVA LEGAL QUALIFI-CADA. PROPORCIONALIDADE. A Constituição de 1988, ao assegurar a liberdade profissional (art. 5º, XIII), segue um modelo de reserva legal qualificada presente nas Constituições anteriores, as quais prescreviam à lei a definição das "condições de capacidade" como condicionantes para o exercício profissional. No âmbito do mo-delo de reserva legal qualificada presente na formulação do art. 5º, XIII, da Constituição de 1988, paira uma imanente questão constitucional quanto à razoabilidade e proporcionalidade das leis restritivas, especificamente, das leis que disciplinam as qualificações profissionais como condicionantes do livre exercício das profissões. Juris-prudência do Supremo Tribunal Federal: Representação n. 930, Redator p/ o acórdão Ministro Rodrigues Alck-min, DJ, 2-9-1977. A reserva legal estabelecida pelo art. 5º, XIII, não confere ao legislador o poder de restringir o exercício da liberdade profissional a ponto de atingir o seu próprio núcleo essencial. 5. JORNALISMO E LI-BERDADES DE EXPRESSÃO E DE INFORMAÇÃO. INTERPRETAÇÃO DO ART. 5º, INCISO XIII, EM CONJUNTO COM OS PRECEITOS DO ART. 5º, INCISOS IV, IX, XIV, E DO ART. 220 DA CONSTITUIÇÃO. O jornalismo é uma profissão diferenciada por sua estreita vinculação ao pleno exercício das liberdades de expressão e de informação. O jornalismo é a própria manifestação e difusão do pensamento e da informação de forma contínua, profissional e remunerada. Os jornalistas são aquelas pessoas que se dedicam profissionalmente ao exercício pleno da liberdade de expressão. O jornalismo e a liberdade de expressão, portanto, são atividades que estão imbricadas por sua própria natureza e não podem ser pensadas e tratadas de forma sepa-rada. Isso implica, logicamente, que a interpretação do art. 5º, inciso XIII, da Constituição, na hipótese da profis-são de jornalista, se faça, impreterivelmente, em conjunto com os preceitos do art. 5º, incisos IV, IX, XIV, e do art. 220 da Constituição, que asseguram as liberdades de expressão, de informação e de comunicação em geral. 6. DIPLOMA DE CURSO SUPERIOR COMO EXIGÊNCIA PARA O EXERCÍCIO DA PROFIS-SÃO DE JORNALISTA. RESTRIÇÃO INCONSTITUCIONAL ÀS LIBERDADES DE EXPRES-SÃO E DE INFORMAÇÃO. As liberdades de expressão e de informação e, especificamente, a liberdade de imprensa, somente podem ser restringidas pela lei em hipóteses excepcionais, sempre em razão da proteção de outros valores e interesses constitucionais igualmente relevantes, como os direitos à honra, à imagem, à privacidade e à personalidade em geral. Precedente do STF: ADPF n. 130, Rel. Min. Carlos Britto. A ordem constitucional apenas admite a definição legal das qualificações profissionais na hipótese em que sejam elas estabelecidas para proteger, efetivar e reforçar o exercício profissional das liberdades de expressão e de informação por parte dos jornalistas. Fora desse quadro, há patente inconstitucionalidade da lei. A exigência de diploma de curso superior para a prática do jornalismo – o qual, em sua essência, é o desenvolvimento profissional das liberdades de expressão e de informação – não está autorizada pela ordem constitucional, pois constitui uma restrição, um impedimento, uma verdadeira supressão do pleno, incondicionado e efetivo exercício da liberdade jornalística, expressamente proibido pelo art. 220, § 1º, da Constituição. 7. PROFISSÃO DE JORNALISTA. ACESSO E EXERCÍCIO. CONTROLE ESTATAL VEDADO PELA ORDEM CONSTITUCIONAL. PROIBIÇÃO CONSTITUCIONAL QUANTO À CRIAÇÃO DE ORDENS OU CONSELHOS DE FISCALIZAÇÃO PROFISSIONAL. No campo da profissão de jornalista, não há espaço para a regulação estatal quanto às qualificações profissionais. O art. 5º, incisos IV, IX, XIV, e o art. 220, não autorizam o controle, por parte do Estado, quanto ao acesso e exercício da profissão de jornalista. Qualquer tipo de controle desse tipo, que interfira na liberdade profissional no momento do próprio acesso à atividade jornalística, configura, ao fim e ao cabo, controle prévio que, em verdade, caracteriza censura prévia das liberdades de expressão e de informação, expressamente vedada pelo art. 5º, inciso IX, da Constituição. A impossibilidade do estabelecimento de controles estatais sobre a profissão jornalística leva à conclusão de que não pode o Estado criar uma ordem ou um conselho profissional (autarquia) para a fiscalização desse tipo de profissão. O exercício do poder de polícia do Estado é vedado nesse campo em que imperam as liberdades de expressão e de informação. Jurisprudência do STF: Representação n. 930, Redator p/ o acórdão Ministro Rodrigues Alckmin, DJ, 2-9-1977. 8. JURISPRUDÊNCIA DA CORTE INTERAMERICANA DE DIREITOS HUMANOS. POSIÇÃO DA ORGANIZAÇÃO DOS ESTADOS AMERICANOS – OEA. A Corte Interamericana de Direitos Humanos proferiu decisão no dia 13 de novembro de 1985, declarando que a obrigatoriedade do diploma universitário e da inscrição em ordem profissional para o exercício da profissão de jornalista viola o art. 13 da Convenção Americana de Direitos Humanos, que protege a liberdade de expressão em sentido amplo (caso "La colegiación obligatoria de periodistas" – Opinião Consultiva OC-5/85, de 13 de novembro de 1985). Também a Organização dos Estados Americanos – OEA, por meio da Comissão Interamericana de Direitos Humanos, entende que a exigência de diploma universitário em jornalismo, como condição obrigatória para o exercício dessa profissão, viola o direito à liberdade de expressão (Informe Anual da Comissão Interamericana de Direitos Humanos, de 25 de fevereiro de 2009). RECURSOS EXTRAORDINÁRIOS CONHECIDOS E PROVIDOS.

VOTO

I. Preliminares

Os recursos extraordinários interpostos pelo Ministério Público Federal e pelo Sindicato das Empresas de Rádio e Televisão no Estado de São Paulo (SERTESP) preenchem todos os requisitos processuais intrínsecos e extrínsecos de admissibilidade, tal como já atestado pelo juízo positivo de admissibilidade recursal proferido pela Vice-Presidência do Tribunal Regional Federal da 3ª Região (fls. 1.779-1.781).

Em primeiro lugar, os recursos são tempestivos. O acórdão impugnado foi publicado no Diário da Justiça da União – Seção 2, no dia 30.11.2005 (fl. 1614). O SERTESP, na qualidade de assistente simples do Ministério Público Federal, protocolou seu recurso no dia 13.12.2005 (fl. 1627), mediante o devido pagamento do preparo e atendendo às formalidades legais (fls. 1.643-1.646). O Ministério Público Federal apôs seu visto de ciência do acórdão no dia 6.2.2006 e, valendo-se do prazo fixado em dobro (30 dias) pelo art. 188 c/c o art. 508 do Código de Processo Civil, protocolou seu recurso no dia 7.3.2006, recurso este que também atende às formalidades legais.

Interpostos os recursos com base na alínea "a" do inciso III do art. 102 da Constituição, a matéria constitucional que deles é objeto foi amplamente debatida nas instâncias inferiores, o que preenche o requisito do prequestionamento.

Liberdade de expressão artística, científica, de imprensa e liberdade de exercício profissional   1033

Recebidos nesta Corte antes do marco temporal de 3 de maio de 2007 (AI-QO n. 664.567/RS, Rel. Min. Sepúlveda Pertence), os recursos extraordinários não se submetem ao regime da repercussão geral.

Assim, verificados os pressupostos de admissibilidade recursal, o que permite o pleno conhecimento dos recursos, cabe analisar, preliminarmente, as questões relacionadas à legitimação ativa do Ministério Público para propositura da ação civil pública, assim como o cabimento ou a adequação desse tipo de ação, temas estes que foram suscitados nas contrarrazões da União (fl. 1718).

O Ministério Público Federal ajuizou ação civil pública baseada no fundamento da não recepção, pela Constituição de 1988 (art. 5º, IX e XIII, e art. 220, *caput* e § 1º), do art. 4º, inciso V, do Decreto-Lei n. 972, de 1969, o qual exige o diploma de curso superior de jornalismo, registrado pelo Ministério da Educação, para o exercício da profissão de jornalista. Ao final, o Ministério Público requereu que:

1) seja obrigada a União a não mais registrar ou fornecer qualquer número de inscrição no Ministério do Trabalho para os diplomados em jornalismo, informando aos interessados a desnecessidade do registro e inscrição para o exercício da profissão de jornalista;

2) seja obrigada a União a não mais executar fiscalização sobre o exercício da profissão de jornalista por profissionais desprovidos de grau de curso universitário de jornalismo, bem como não mais exarar os autos de infração correspondentes;

3) sejam declarados nulos todos os autos de infração lavrados por auditores-fiscais do trabalho, em fase de execução ou não, contra indivíduos, em razão da prática do jornalismo sem o correspondente diploma;

4) sejam remetidos ofícios aos Tribunais de Justiça de todos os Estados da Federação, dando ciência da antecipação de tutela, a fim de que se aprecie a pertinência de trancamento de eventuais inquéritos policiais ou ações penais, que por lá tramitem, tendo por objeto a apuração de prática de delito de exercício ilegal da profissão de jornalista.

A legitimidade ativa do Ministério Público para a propositura da ação civil pública é evidente. O Supremo Tribunal Federal possui sólida jurisprudência sobre o cabimento dessa ação para proteção de interesses difusos e coletivos e a respectiva legitimação do Ministério Público para utilizá-la, nos termos dos arts. 127, *caput*, e 129, III, da Constituição Federal (RE n. 163.231-3/SP, Rel. Min. Maurício Corrêa, *DJ* 29.6.2001; RE n. 195.056-1/PR, Rel. Min. Carlos Velloso, *DJ* 30.5.2003; RE n. 213.015-0/DF, Rel. Min. Néri da Silveira, *DJ* 24.5.2002; RE n. 208.790-4/SP, Rel. Min. Ilmar Galvão, *DJ* 15.12.2000; RE n. 262.134-0/MA, Rel. Min. Celso de Mello, *DJ* 2.2.2007).

Vale recordar, em primeiro lugar, o precedente do RE n. 163.231-3/SP. Na ocasião, o Ministro Néri da Silveira deixou enfatizado que aquele julgamento abria a primeira oportunidade ao Supremo Tribunal Federal de analisar a fundo a questão da legitimidade do Ministério Público para a propositura da ação civil pública. Dizia o Ministro Néri: *"(...) esta, sem dúvida, é a primeira ação dessa natureza submetida a julgamento no Plenário. A questão relativa à legitimidade do Ministério Público para a propositura da ação civil pública está recém-chegando ao Supremo Tribunal"*.

A ementa desse julgado contém a síntese do entendimento adotado pelo Tribunal:

"EMENTA: RECURSO EXTRAORDINÁRIO. CONSTITUCIONAL. LEGITIMIDADE DO MINISTÉRIO PÚBLICO PARA PROMOVER AÇÃO CIVIL PÚBLICA EM DEFESA DOS INTERESSES DIFUSOS, COLETIVOS E HOMOGÊNEOS. MENSALIDADES ESCOLARES: CAPACIDADE POSTULATÓRIA DO *PARQUET* PARA DISCUTI-LAS EM JUÍZO. 1. A Constituição Federal confere relevo ao Ministério Público como instituição permanente, essencial à função jurisdicional do Estado, incumbindo-lhe a defesa da ordem jurídica, do regime democrático e dos interesses sociais e individuais indisponíveis (CF, art. 127).

2. Por isso mesmo *detém o Ministério Público capacidade postulatória, não só para a abertura do inquérito civil, da ação penal pública e da ação civil pública para a proteção do patrimônio público e social, do meio ambiente,* **mas também de outros interesses difusos e coletivos** (CF, art. 129, I e III).

3. **Interesses difusos** são aqueles que abrangem número indeterminado de pessoas unidas pelas mesmas circunstâncias de fato e coletivos aqueles pertencentes a grupos, categorias ou classes de pessoas determináveis, ligadas entre si ou com a parte contrária por uma relação jurídica base.

3.1. A indeterminidade é a característica fundamental dos interesses difusos e a determinidade a daqueles interesses que envolvem os coletivos.

4. **Direitos ou interesses homogêneos** são os que têm a mesma origem comum (art. 81, III, da Lei n. 8.078, de 11 de setembro de 1990), constituindo-se em subespécie de direitos coletivos.

4.1. *Quer se afirme interesses coletivos ou particularmente interesses homogêneos, **stricto sensu**, ambos estão cingidos a uma mesma base jurídica, sendo coletivos, explicitamente dizendo, porque são relativos a grupos, categorias ou classes de pessoas, que conquanto digam respeito às pessoas isoladamente, não se classificam como direitos individuais para o fim de ser vedada a sua defesa em ação civil pública, porque sua concepção finalística destina-se à proteção desses grupos, categorias ou classe de pessoas.*

5. As chamadas mensalidades escolares, quando abusivas ou ilegais, podem ser impugnadas por via de ação civil pública, a requerimento do Órgão do Ministério Público, pois ainda que sejam interesses homogêneos de origem comum, são subespécies de interesses coletivos, tutelados pelo Estado por esse meio processual como dispõe o artigo 129, inciso III, da Constituição Federal.

5.1. Cuidando-se de tema ligado à educação, amparada constitucionalmente como dever do Estado e obrigação de todos (CF, art. 205), está o Ministério Público investido da capacidade postulatória, patente a legitimidade *ad causam*, quando o bem que se busca resguardar se insere na órbita dos interesses coletivos, em segmento de extrema delicadeza e de conteúdo social tal que, acima de tudo, recomenda-se o abrigo estatal. Recurso extraordinário conhecido e provido para, afastada a alegada ilegitimidade do Ministério Público, com vistas à defesa dos interesses de uma coletividade, determinar a remessa dos autos ao Tribunal de origem, para prosseguir no julgamento da ação."

Como se vê, o Tribunal entendeu que é função institucional do Ministério Público promover o inquérito civil e a ação civil pública para a proteção não apenas do patrimônio público e social e do meio ambiente, mas também de *"outros interesses difusos e coletivos"*, nos termos do art. 129, inciso III, da Constituição da República.

É certo que, como bem ressaltou o Ministro Sepúlveda Pertence na ocasião desse julgamento, *"não é sem tormentos a demarcação precisa do âmbito de legitimação do Ministério Público para a ação civil pública"*. Segundo Pertence, *"é certo que o art. 129, III, outorga ao Ministério Público a legitimação para a 'ação civil pública', na defesa, não apenas dos clássicos interesses difusos nominados, mas também a de outros interesses difusos e coletivos. E não demarca, nem dá critério de demarcação de quais seriam os interesses coletivos confiados à tutela do Ministério Público, ainda que em concorrência com outras entidades"*.

A legislação infraconstitucional define alguns desses interesses e direitos difusos e coletivos.

A Lei n. 7.347/1985 especifica a ordem urbanística, a ordem econômica e a economia popular, os direitos do consumidor, os bens e direitos de valor artístico, estético, histórico, turístico e paisagístico etc. (art. 1º).

A Lei Complementar n. 75/93 dispõe, ainda, que a ação civil pública poderá ser ajuizada pelo Ministério Público para a proteção dos interesses individuais indisponíveis, difusos e coletivos, relativos às comunidades indígenas, à família, à criança, ao adolescente, ao idoso, às minorias étnicas e ao consumidor, assim como *de outros interesses individuais indisponíveis, homogêneos, sociais, difusos e coletivos* (art. 6º, VII).

A Lei n. 8.265/93, por sua vez, dispõe que a ação civil pública poderá ser utilizada para a anulação ou declaração de nulidade de atos lesivos ao patrimônio público ou à moralidade administrativa de Estado ou de Município, de suas administrações indiretas ou fundacionais ou de entidades privadas de que participem, assim como para a proteção de *outros interesses difusos, coletivos e individuais indisponíveis e homogêneos* (art. 25, IV).

Como se pode constatar, o ordenamento jurídico não especifica um rol exaustivo de interesses difusos e coletivos passíveis de proteção pela via da ação civil pública. Nem poderia fazê-lo, pois os direitos e interesses difusos e coletivos são a expressão jurídica de valores historicamente situados, em permanente evolução conforme novos anseios da sociedade.

Nesse sentido, o Ministro Celso de Mello, no citado julgamento do RE n. 163.231/SP, teceu considerações dignas de nota:

"Os interesses metaindividuais, ou de caráter transindividual, constituem valores cuja titularidade transcende a esfera meramente subjetiva, vale dizer, a dimensão puramente individual das pessoas e das instituições. São direitos que pertencem a todos, considerados em perspectiva global. Deles, ninguém, isoladamente, é o titular exclusivo. Não se concentram num titular único, simplesmente porque concernem a todos, e a cada um de nós, enquanto membros integrantes da coletividade.

Na real verdade, *a complexidade desses múltiplos interesses não permite sejam discriminados e identificados na lei. Os interesses difusos e coletivos não comportam rol exaustivo. A cada momento, e em função de novas exigências impostas pela sociedade moderna e pós-industrial, evidenciam-se novos valores, pertencentes a todo o grupo social, cuja tutela se revela necessária e inafastável. Os interesses transindividuais, por isso mesmo, são inominados, embora haja alguns, mas evidentes, como os relacionados aos direitos do consumidor ou concernentes ao patrimônio ambiental, histórico, artístico, estético e cultural.*" (ênfases acrescidas)

Destarte, a Constituição, ao tratar do Ministério Público como instituição permanente e essencial à função jurisdicional do Estado, incumbiu-lhe do indisponível dever de defender a ordem jurídica, o regime democrático e os *interesses sociais e individuais indisponíveis* (art. 127, *caput*). E não há dúvida de que o dispositivo constitucional do art. 127, *caput*, remete para os valores fundamentais protegidos pela Constituição, especialmente os expressos em direitos e interesses decorrentes da dignidade da pessoa humana, da soberania, da cidadania, dos valores sociais do trabalho, da livre-iniciativa e do pluralismo político, como fundamentos da República, tal como definido no art. 1º.

Esse entendimento foi bem esposado pelo Ministro Néri da Silveira no mencionado julgamento do RE n. 163.231/SP:

"Parece, desde logo, extrair-se desse enunciado – o Ministro se referia ao art. 127, *caput* –, sem necessidade de uma discussão quanto à parte final do inciso III do art. 129 da Constituição, que a resposta ao recurso somente poderia se fazer nos termos em que efetivamente concluiu o ilustre Ministro-Relator.

De fato, os bens aqui trazidos a exame, e a respeito dos quais se discute sobre a legitimidade da ação do Ministério Público, dizem imediatamente com questões da mais profunda essencialidade da ordem constitucional. O art. 1º, da Constituição, ao definir a República Federativa do Brasil, assenta que tem este Estado, como fundamentos: a soberania, a cidadania, a dignidade da pessoa humana, os valores sociais do trabalho e da livre-iniciativa e o pluralismo político.

Os interesses vinculados à manutenção desses valores essenciais de nossa ordem constitucional, que se completam com a enumeração do art. 3º, hão de ser compreendidos na cláusula final do art. 127, da Constituição, a legitimar a ação do Ministério Público em sua defesa. Sempre que se disser com a defesa de interesses vinculados à cidadania, à dignidade da pessoa humana, não só quanto à ordem jurídica, o art. 127 autoriza, desde logo, a ação do Ministério Público." (ênfases acrescidas)

E prosseguiu o Ministro Néri da Silveira:

"Só por tais fundamentos – estritamente constitucionais e que decorrem da natureza do Ministério Público como instituição permanente e da função essencial que a ordem constitucional lhe quis atribuir – parece-me que essa legitimidade ressalta desde logo, porque se trata realmente, aqui, de o Ministério Público utilizar um instrumento processual –, no caso, processual-constitucional, definido no art. 129, item III, da Lei Maior – para defender valores dessa natureza. **No âmbito infraconstitucional, não me parece possível, realmente, opor dificuldade de maior expressão quanto à definição desses interesses coletivos** efetivamente postos à consideração da Corte neste instante." (ênfases acrescidas)

Assim, em julgado posterior (RE n. 213.015-0/DF, Rel. Min. Néri da Silveira, DJ 24.5.2002), o Tribunal deixou assentado que *"independentemente da própria lei fixar o conceito de interesse coletivo, é conceito de Direito Constitucional, na medida em que a Carta Política dele faz uso para especificar as espécies de interesses que compete ao Ministério Público defender* (CF, art. 129, III)". Nas palavras do Relator, Ministro Néri da Silveira, *"distorcer o conceito de interesse coletivo ou dar-lhe conceito distinto do que pretendeu a Constituição é violar a Carta Magna de forma direta".*

Nessa perspectiva, o Tribunal já definiu como cabível a ação civil pública para impugnar o aumento abusivo ou ilegal das mensalidades escolares (RE 163.231, *DJ* 29.6.2001; RE 185.360, *DJ* 20.2.1998; RE 190.976, *DJ* 6.2.1998), entendimento que acabou sumulado no seguinte verbete: *"Súmula 643 – O Ministério Público tem legitimidade para promover ação civil pública cujo fundamento seja a ilegalidade de reajuste de mensalidades escolares".*

O Tribunal também entende que *"o Ministério Público dispõe de legitimidade ativa 'ad causam' para ajuizar ação civil pública, quando promovida com o objetivo de impedir que se consume lesão ao patrimônio público resultante de contratação direta de serviço hospitalar privado, celebrada sem a necessária observância de procedimento licitatório, que traduz exigência de caráter ético-jurídico destinada a conferir efetividade, dentre outros, aos postulados constitucionais da impessoalidade, da publicidade, da moralidade administrativa e da igualdade entre os licitantes, ressalvadas as hipóteses legais de dispensa e/ou de inexigibilidade de licitação"* (RE-AgR n. 262.134-0/MA, Rel. Min. Celso de Mello, *DJ* 2.2.2007).

Em outro caso, entendeu-se que é cabível a ação civil pública, ajuizada pelo Ministério Público, que tem por objeto a proteção de interessados na aquisição de casa própria, na condição de consumidores, dos quais foi cobrado preço pela distribuição de informativos ou inscrição em programa habitacional (RE n. 247.134/MS, Rel. Min. Carlos Velloso, *DJ* 9.12.2005).

Não se pense, por outro lado, que essa leitura da Constituição, especialmente dos artigos 127, *caput*, e 129, inciso III, conferiria ao Ministério Público uma amplíssima competência para a utilização da ação civil pública, a ponto de convertê-lo em substituto processual universal para a defesa judicial de todo e qualquer interesse social.

No julgamento do citado RE n. 195.056/PR, o Ministro Pertence teceu considerações sobre a questão que merecem registro:

"(...) Daí não se pode extrair, contudo, como parece pretender o recorrente, que qualquer feixe de pretensões individuais homogêneas, seja qual for o seu objeto, possa ser tema de tutela jurisdicional coletiva por iniciativa do Ministério Público.

Não tenho dúvidas em aderir, como os votos que me precederam, ao virtual consenso doutrinário formado no sentido de não bastar, à legitimação ao MP no particular, a homogeneidade de quaisquer interesses individuais de um número significativo de sujeitos (e.g., Kazuo Watanabe, Demanda Coletivas e os Problemas Emergentes da Práxis Forense, em Sálvio F. Teixeira (coord.), *As Garantias dos Cidadãos na Justiça*, Saraiva, 1993, 185, 186; J. C. Barbosa Moreira, Os Novos Rumos do Proc. Civil. Brasileiro em *Temas Dir. Processual*, 6ª série, 1997, p. 63, 73; Teori A. Zavascki, o Ministério Público e a Defesa dos Direitos Individuais Homogêneos, *Rev. Inf. Legislativa*, Senado, 1993, v. 117/173; Rodolfo C. Mancuso, op. loc. cit.; Lúcia V. Figueiredo, Ação Civil Pública (...) A Posição do Ministério Público, *RTr Dir. Públ*, 16/15, 2399; Hugo N. Mazzili, As atribuições do Ministério Público na LC federal 75, de 20.5.93, *RT* 696/445).

Assim, nessa extensão sem limites – e não com a generalidade com que feita pelo jurista insigne – quiçá tenha procedência a cáustica observação crítica de Miguel Reale (Da Ação Civil Pública em Questões de Dir. Público, *Saraiva*, 1997, *p.* 130), *de que a legitimação do MP para a proteção de direitos individuais homogêneos 'alberga o risco de transformar a comunidade em um conglomerado de incapazes'.*

Nesse campo dos direitos individuais homogêneos, – diversamente do que sucede com os interesses difusos e os coletivos **stricto sensu** *– marcadas, como são, essas duas categorias pelas notas de indivisibilidade e de indeterminação absoluta ou relativa de seus titulares* (Teori Zavascki, op. loc. cit.) *– a pretendida legitimação irrestrita do MP não encontraria fundamento convincente, literal ou sistemático, na ordem jurídica posta.*

(...)

Liberdade de expressão artística, científica, de imprensa e liberdade de exercício profissional 1037

A dificuldade está em encontrar o critério de demarcação da área – consensualmente limitada – em que se há de reconhecer a legitimação do Ministério Público para a tutela coletiva de tais direitos individuais derivados de origem comum.

Opta o Ministro Maurício Corrêa por uma diretiva que tem por si a vantagem da objetividade: a fonte constitucional da questionada legitimação do MP para a defesa dos interesses individuais homogêneos, malgrado contida na alusão genérica do art. 129, III, aos interesses coletivos em geral, seria uma norma de eficácia limitada, dependente de específica previsão legal.

A minha visão do problema – que parece mais afinada à doutrina dominante – se dela perde em objetividade, é menos restritiva que a proposta do Ministro Corrêa e não delega no legislador ordinário o poder de dar maior ou menor efetividade a uma norma da Constituição.

Como S. Exa., não ponho em dúvida que a lei possa conferir tal legitimidade ao Ministério Público: afinal, sua qualificação para a ação civil pública em defesa de determinada modalidade de direitos subjetivos individuais será uma hipótese a mais de legitimação extraordinária e substituição processual, cuja criação por lei ordinária, guardados os limites da razoabilidade, não encontra óbices constitucionais (assim, incidentemente, o afirmei, não faz muito, com o apoio do Tribunal, no AOr 152, 15.9.99, Inf. STF 162, a propósito da inteligência do art. 5º, XXI, da Constituição).

(...)

Não lhe reduzo, porém, a admissibilidade a tais previsões legais explícitas: estou em que, da própria Constituição, é possível derivar outras hipóteses.

E para isso, já neste ponto com o Ministro Velloso e a doutrina mais afeita ao tema, considero adequado o apelo ao art. 127 da Constituição que, delineando em grandes traços o seu papel junto à função jurisdicional do Estado, confia ao Ministério Público "a defesa da ordem jurídica, do regime democrático e dos interesses sociais e individuais indisponíveis".

(...)

E, para orientar a demarcação, a partir do art. 129, III, da área de interesses individuais homogêneos em que admitida a iniciativa do MP, o que reputo de maior relevo, no contexto do art. 127, não é o incumbir à instituição a defesa dos interesses individuais indisponíveis mas, sim, a dos interesses sociais.

(...)

O problema é saber quando a defesa da pretensão de direitos individuais homogêneos, posto que disponíveis, se identifica com o interesse social ou se integra no que o próprio art. 129, III, da Constituição denomina patrimônio social. Não é fácil, no ponto, a determinação do critério da legitimação do Ministério Público.

(...)

(...) é preciso ter em conta que o interesse social não é um conceito axiologicamente neutro, mas, ao contrário – e dado o permanente conflito de interesses parciais inerente à vida em sociedade – é ideia carregada de ideologia e valor, por isso, relativa e condicionada ao tempo e ao espaço em que se deva afirmar.

Donde, de igual modo, ser **de repelir que o reconhecimento da presença de interesse social na tutela de determinada pretensão de uma parcela da coletividade possa ser confiada à livre avaliação subjetiva – inevitavelmente carregada de valores pessoais – quer de agente do Ministério Público que a veicule em juízo, quer do órgão jurisdicional a que toque verificar-lhe a legitimação para a ação coletiva; para obviar esse risco de arbitrariedade, a solução há de fundar-se em critérios dotados de um mínimo de objetividade.**

Penso, como visto, que a adstrição da legitimidade do MP aos casos de previsão legal expressa, embora razoavelmente objetiva, seria um critério insuficiente para a identificação do interesse social na defesa de direitos coletivos: dado que deriva da Constituição a legitimação do MP para a hipótese, não se pode reputar exaustivo o critério que delega ao legislador o poder de demarcar a função de um órgão constitucional essencial à jurisdição.

Creio, assim, que – afora o caso de previsão legal expressa – a afirmação do interesse social para o fim cogitado há de partir da identificação do seu assentamento nos pilares da ordem social projetada pela Constituição e na sua correspondência à persecução dos objetivos fundamentais da República, nela consagrados." (ênfases acrescidas)

No caso, como retratado, a ação civil pública foi proposta pelo Ministério Público com o objetivo de proteger não apenas os interesses individuais homogêneos dos profissionais do jornalismo que atuam sem diploma, mas dos direitos fundamentais de toda a sociedade (interesses difusos) à plena liberdade de expressão e de informação. É patente, portanto, a legitimidade ativa do Ministério Público.

Quanto ao cabimento da ação civil pública, a jurisprudência desta Corte também nos dá a resposta.

A ação civil pública não se confunde, pela própria forma e natureza, com processos cognominados de "processos subjetivos". A parte ativa, nesse processo, não atua na defesa de interesse próprio, mas procura defender interesse público devidamente caracterizado. Afigura-se difícil, se não impossível, sustentar que a decisão que, eventualmente, afaste a incidência de uma lei considerada inconstitucional, em ação civil pública, tenha efeito limitado às partes processualmente legitimadas.

A ação civil pública aproxima-se muito de processo sem partes ou de processo objetivo, no qual a parte autora atua não na defesa de situações subjetivas, agindo, fundamentalmente, com o escopo de garantir a tutela do interesse público[2]. Não foi por outra razão que o legislador, ao disciplinar a eficácia da decisão proferida na ação civil, viu-se compelido a estabelecer que "a sentença civil fará coisa julgada *erga omnes*". Isso significa que, se utilizada com o propósito de proceder ao controle de constitucionalidade, a decisão que, em ação civil pública, afastar a incidência de dada norma por eventual incompatibilidade com a ordem constitucional acabará por ter eficácia semelhante à das ações diretas de inconstitucionalidade, isto é, eficácia geral e irrestrita.

Assim, já o entendimento do Supremo Tribunal Federal no sentido de que essa espécie de controle genérico da constitucionalidade das leis constituiria atividade política de determinadas Cortes realça a impossibilidade de utilização da ação civil pública com esse objetivo. Ainda que se pudesse acrescentar algum outro desiderato adicional a uma ação civil pública destinada a afastar a incidência de dada norma infraconstitucional, é certo que o seu objetivo precípuo haveria de ser a impugnação direta e frontal da legitimidade de ato normativo. Não se trataria de discussão sobre aplicação de lei a caso concreto, porque de caso concreto não se cuida. Pelo contrário, a própria parte autora ou requerente legitima-se não em razão da necessidade de proteção de interesse específico, mas exatamente de interesse genérico amplíssimo, de interesse público. Ter-se-ia, pois, uma decisão (direta) sobre a legitimidade da norma.

É certo que, ainda que se desenvolvam esforços no sentido de formular pretensão diversa, toda vez que, na ação civil pública, ficar evidente que a medida ou providência que se pretende questionar é a própria lei ou ato normativo, restará inequívoco que se trata mesmo é de impugnação direta de lei. Nessas condições, para que não se chegue a um resultado que subverta todo o sistema de controle de constitucionalidade adotado no Brasil, tem-se de admitir a completa inidoneidade da ação civil pública como instrumento de controle de constitucionalidade, seja porque ela acabaria por instaurar um controle direto e abstrato no plano da jurisdição de primeiro grau, seja porque a decisão haveria de ter, necessariamente, eficácia transcendente das partes formais.

Nesse sentido, afigura-se digno de referência acórdão no qual o Supremo Tribunal Federal acolheu reclamação que lhe foi submetida pelo Procurador-Geral da República, determinando o arquivamento de ações ajuizadas nas 2ª e 3ª Varas da Fazenda Pública da Comarca de São Paulo, por entender caracterizada a usurpação de competência da Corte, uma vez que a pretensão nelas veiculada não visava ao julgamento de uma relação jurídica concreta, mas ao da validade de lei em tese[3].

---

[2] Harald Koch, *Prozessführung im öffentlichen Interesse*, Frankfurt am Main, 1983, p. 1 e s.

[3] Rcl. 434, Rel. Francisco Rezek, *DJ* de 9.12.1994.

Liberdade de expressão artística, científica, de imprensa e liberdade de exercício profissional   1039

Essa orientação da Suprema Corte reforçava, aparentemente, a ideia desenvolvida de que eventual esforço dissimulatório por parte do requerente da ação civil pública ficaria ainda mais evidente, porquanto, diversamente da situação aludida no precedente referido, o autor requer tutela genérica do interesse público, devendo, por isso, a decisão proferida ter eficácia *erga omnes*. Assim, eventual pronúncia de inconstitucionalidade da lei levada a efeito pelo juízo monocrático teria força idêntica à da decisão proferida pelo Supremo Tribunal Federal no controle direto de inconstitucionalidade. Todavia, o Supremo Tribunal Federal julgou improcedente a Reclamação n. 602-6/SP, de que foi relator o Ministro Ilmar Galvão, em data de 3.9.1997, cujo acórdão está assim ementado:

> "Reclamação. Decisão que, em Ação Civil Pública, condenou instituição bancária a complementar os rendimentos de caderneta de poupança de seus correntistas, com base em índice até então vigente, após afastar a aplicação da norma que o havia reduzido, por considerá-la incompatível com a Constituição. Alegada usurpação da competência do Supremo Tribunal Federal, prevista no art. 102, I, *a*, da CF. Improcedência da alegação, tendo em vista tratar-se de ação ajuizada, entre partes contratantes, na persecução de bem jurídico concreto, individual e perfeitamente definido, de ordem patrimonial, objetivo que jamais poderia ser alcançado pelo Reclamado em sede de controle *in abstracto* de ato normativo. Quadro em que não sobra espaço para falar em invasão, pela corte reclamada, da jurisdição concentrada privativa do Supremo Tribunal Federal. Improcedência da Reclamação".

No mesmo dia (3.9.1997) e no mesmo sentido, o julgamento da Reclamação n. 600-0/SP, relatada pelo Ministro Néri da Silveira. **Essa orientação do Supremo Tribunal Federal permite, aparentemente, distinguir a ação civil pública que tenha por objeto, propriamente, a declaração de inconstitucionalidade da lei ou do ato normativo de outra na qual a questão constitucional configura simples prejudicial da postulação principal.** É o que foi afirmado na Rcl. 2.224, da relatoria de Sepúlveda Pertence, na qual se enfatizou que "ação civil pública em que a declaração de inconstitucionalidade com efeitos *erga omnes* não é posta como causa de pedir, mas, sim, como o próprio objeto do pedido, configurando hipótese reservada à ação direta de inconstitucionalidade"[4]. Não se pode negar que a abrangência que se empresta — e que se há de emprestar – à decisão proferida em ação civil pública permite que, com uma simples decisão de caráter prejudicial, se retire qualquer efeito útil da lei, o que acaba por constituir, indiretamente, uma absorção de funções que a Constituição quis deferir ao Supremo Tribunal Federal.

Colocado novamente diante desse tema no julgamento da Rcl. 2.460/RJ, o Tribunal arrostou a questão da existência, ou não, de usurpação de sua competência constitucional (CF, art. 102, I, *a*), em virtude da pendência do julgamento da ADI 2.950/RJ e do deferimento de liminares em diversas ações civis públicas ajuizadas perante juízes federais e estaduais das instâncias ordinárias, sob o fundamento de inconstitucionalidade da mesma norma impugnada em sede direta[5]. Entendeu-se que, ainda que se preservassem os atos acautelatórios adotados pela justiça local, seria recomendável determinar a suspensão de todas as ações civis até a decisão definitiva em sede da ação direta. Ressaltou-se, no ponto, que a suspensão das ações decorria não da sustentada usurpação da competência[6], mas, sim, do objetivo de coibir eventual trânsito em julgado nas referidas ações, com o consequente esvaziamento da decisão a ser proferida nos autos da ação direta[7].

---

4   Rcl. 2.224, Rel. Sepúlveda Pertence, *DJ* de 10.2.2006, p. 76.
5   Cf. Decreto n. 25.723/99-RJ, que regulamentou a exploração da atividade de loterias pelo Estado do Rio de Janeiro.
6   Rcl.-MC 2.460, Rel. Marco Aurélio, decisão de 21.10.2003, *DJ* de 28.10.2003.
7   No julgamento da Rcl.-MC 2.460, de 10.3.2004, *DJ* de 6.8.2004, o Tribunal, por maioria, negou referendo à decisão concessiva de liminar e determinou a suspensão, com eficácia *ex nunc*, das ações civis públicas em curso. Restou mantida a tutela antecipada nelas deferida, tendo em vista a existência de tramitação de ação direta de inconstitucionalidade perante o STF.

Essa decisão revela a necessidade de abertura de um *diálogo* ou de uma *interlocução* entre os modelos difuso e abstrato, especialmente nos casos em que a decisão no modelo difuso, como é o caso da decisão de controle de constitucionalidade em ação civil pública, acaba por ser dotada de eficácia ampla ou geral. As especificidades desse modelo de controle, o seu caráter excepcional, o restrito deferimento dessa prerrogativa no que se refere à aferição de constitucionalidade de lei ou ato normativo estadual ou federal em face da Constituição Federal apenas ao Supremo, a legitimação restrita para provocação do Supremo — somente os órgãos e entes referidos no art. 103 da Constituição estão autorizados a instaurar o processo de controle —, a dimensão política inegável dessa modalidade, enfim, tudo leva a não se admitir o controle de legitimidade de lei ou ato normativo federal ou estadual em face da Constituição, no âmbito da ação civil pública.

No quadro normativo atual, poder-se-ia cogitar, nos casos de controle de constitucionalidade em ação civil pública, de suspensão do processo e remessa da questão constitucional ao Supremo Tribunal Federal, via arguição de descumprimento de preceito fundamental, mediante provocação do juiz ou tribunal competente para a causa. Simples alteração da Lei n. 9.882/99 e da Lei n. 7.347/85 poderia permitir a mudança proposta, elidindo a possibilidade de decisões conflitantes, no âmbito das instâncias ordinárias e do Supremo Tribunal Federal, com sérios prejuízos para a coerência do sistema e para a segurança jurídica.

No caso, está claro que a não recepção do Decreto-Lei n. 972/1969 pela Constituição de 1988 constitui apenas a causa de pedir da ação civil pública e não o seu pedido principal, o que está plenamente de acordo com a jurisprudência desta Corte, já pacificada, como apresentado acima, no sentido de que é legítima a utilização da ação civil pública como instrumento de fiscalização incidental de constitucionalidade, desde que a controvérsia constitucional não seja posta como pedido único e principal da ação, mas, antes, constitua apenas questão prejudicial indispensável à solução do litígio (RCL n. 1.733/SP, Rel. Min. Celso de Mello, *DJ* 1º.12.2000; RCL n. 554/MG, Rel. Min. Maurício Corrêa; RCL n. 611/PE, Rel. Min. Sydney Sanches; RE n. 424.993/DF, Rel. Min. Joaquim Barbosa, *DJ* 19.10.2007).

Passo então à análise do mérito dos recursos.

II. Mérito

A questão constitucional suscitada na ação civil pública de autoria do Ministério Público Federal e agora trazida à análise desta Corte cinge-se em saber se o Decreto-Lei n. 972, de 1969, especialmente o seu art. 4º, inciso V, é compatível com a ordem constitucional de 1988. Em síntese, questiona-se a constitucionalidade da exigência de diploma de curso superior de jornalismo, registrado pelo Ministério da Educação, para o exercício da profissão de jornalista.

Desde que foi posta no juízo de primeira instância (16ª Vara Cível Federal de São Paulo), essa questão tem sido discutida de acordo com duas perspectivas de análise. A primeira enfatiza o aspecto relacional-comparativo entre o Decreto-Lei n. 972/1969 e a Constituição de 1988, especificamente em relação às liberdades de profissão, de expressão e de informação protegidas pelos artigos 5º, IX e XIII, e 220. A segunda questiona o referido decreto-lei em face do art. 13 (liberdade de expressão) da Convenção Americana de Direitos Humanos, denominado Pacto de San José da Costa Rica, ao qual o Brasil aderiu em 1992.

Seguirei essas duas vias de análise, não deixando de ressaltar que a primeira continua uma linha jurisprudencial delimitada nesta Corte no julgamento da Representação n. 930/DF, Red. p/ o acórdão Min. Rodrigues Alckmin (5.5.1976), e a segunda representa entendimento consolidado no âmbito do sistema interamericano de direitos humanos.

Antes, porém, de iniciar a exposição do raciocínio que levará às conclusões a que cheguei após muito refletir sobre o tema, quero deixar enfatizada a importância desse julgamento e o seu profundo impacto social. É conhecido o fato de que milhares de jornalistas, alguns figuras

Liberdade de expressão artística, científica, de imprensa e liberdade de exercício profissional 1041

bastante conhecidas do público em geral, estão a atuar em diversos meios de comunicação sem possuir diploma de curso superior específico de jornalismo. Como exemplo, cito apenas o caso de Alon Feuerwerker, atualmente Editor de Política Econômica do Jornal Correio Braziliense e que tem no currículo atuação como Editor de Economia, Opinião e Esportes, Repórter Especial e Secretário de Redação da Folha de São Paulo; Diretor da Agência Folha da Tarde; Chefe do Depto. de Comunicação da Prefeitura de Santos; Editor-executivo do Brasil Online (Grupo Abril); Diretor de Desenvolvimento e Atendimento, Diretor e Vice-Presidente Comercial do Universo Online (UOL); Professor de Jornalismo Online da Escola de Comunicação Social Cásper Líbero – Título de Notório Saber; Assessor de Imprensa da Prefeita Marta Suplicy; Coordenador de Imprensa da campanha eleitoral de José Serra à Presidência da República; Chefe de Comunicação na liderança do Governo Lula na Câmara dos Deputados.

Alon Feuerwerker formulou pedido de ingresso no feito na qualidade de *amicus curiae,* o que foi por mim indeferido, tendo em vista a recente decisão desta Corte no julgamento da ADI-AgR 4.071, Rel. Min. Menezes Direito (julg. 22.4.2009), em que ficou assentado que os pedidos de atuação como *amicus curiae* não poderão mais ser analisados após a inclusão do processo na pauta de julgamentos.

O caso do jornalista Alon Feuerwerker foi citado na petição inicial da ação civil pública ajuizada pelo Ministério Público Federal na primeira instância, nos seguintes termos:

> "A título de exemplo, trazemos o dramático e notório caso de dois profissionais que se viram ameaçados de ter sua liberdade privada, exclusivamente em razão do exercício, sem diploma, do jornalismo. Em 1992, o Sindicato dos Jornalistas do Estado de São Paulo descobriu que Alon Feuerwerker e Ricardo Anderáos, respectivamente diretor da Agência Folha e editor-assistente do caderno 'Ilustrada' do jornal Folha de São Paulo, não possuíam diploma de jornalista ou registro no Ministério do Trabalho. Instaurou-se, então, inquérito policial em razão do alegado exercício ilegal da profissão. Remetidos os autos ao Ministério Público do Estado de São Paulo, o Promotor de Justiça Ricardo Dias Leme, após análise do procedimento, manifestou-se pelo arquivamento do inquérito, entendendo que o Decreto-Lei n. 972 não foi recepcionado pela Constituição de 1988. A decisão foi acolhida pelo juízo, encerrando-se o procedimento policial. Como se pode perceber, nada obstante o feliz desfecho deste caso particular, o risco de ocorrência de privações de liberdade é constante, revelando a necessidade de imediata intervenção do Poder Judiciário. Cidadãos no exercício de uma de suas mais fundamentais liberdades vêm sendo ilegalmente privados de seus bens (multas) e, o que é pior, ameaçados de privação de seu próprio direito de ir e vir." (fls. 18-19)

O cumprimento irrestrito das normas do Decreto-Lei n. 972/69 não afasta hipóteses como esta. Em seu art. 13, o Decreto-Lei n. 972/1969 prescreve que a fiscalização quanto ao cumprimento de suas exigências será realizada pelos Auditores-Fiscais do Trabalho e pelas Delegacias Regionais do Trabalho (na forma do art. 626 e seguintes da Consolidação das Leis do Trabalho – CLT), sendo aplicável aos infratores multa variável de uma a dez vezes o maior salário mínimo vigente no país. Compete aos Sindicatos de Jornalistas representar às autoridades competentes a respeito de fatos que comprovem o exercício irregular da profissão (art. 13, parágrafo único).

Além da multa prevista no art. 13 do Decreto-Lei n. 972/1969, o exercício ilegal da profissão pode, em tese, constituir suporte fático do tipo previsto no art. 47 do Decreto-Lei n. 3.688, de 1941 (Lei de Contravenções Penais), que comina pena de prisão de até 3 meses. A petição inicial da ação civil pública (fl. 18) ajuizada pelo Ministério Público faz referência à Nota/NP/CONJUR/TEM/N. 008/2001 (Nota remetida pela Consultoria Jurídica da Secretaria Executiva do Ministério Público do Trabalho ao Ministério Público Federal na Representação 1.34.001.001683/2001-68), na qual consta a seguinte afirmação:

> "Cumpre observar, por fim, que a aplicação da multa administrativa não exime o infrator da pena prevista na legislação penal. O exercício ilegal da profissão constitui contravenção penal relativa à organização do trabalho prevista no art. 47 da Lei n. 3.688, de 3 de outubro de 1941, que estabelece: Art. 47. Exercer

profissão ou atividade econômica ou anunciar que a exerce, sem preencher as condições a que por lei está subordinado o seu exercício. Pena: prisão simples, de 15 (quinze) dias a 3 (três) meses, ou multa."

O Ministério do Trabalho assim entende porque considera que o Decreto-Lei n. 972, de 17 de outubro de 1969, na parte em que exige o curso superior de jornalismo para o exercício da referida profissão, foi recepcionado pela Constituição de 1988, especialmente porque o art. 5º, inciso XIII, não protegeria de forma absoluta a liberdade profissional, remetendo para a legislação infraconstitucional a definição das qualificações indispensáveis ao exercício de qualquer ofício, trabalho ou profissão. Conforme as transcrições retiradas da peça inicial da ação civil pública (fls. 4-5), assim se pronunciou a Consultoria Jurídica do Ministério do Trabalho:

"Reiteradamente, esta Consultoria Jurídica tem se pronunciado no sentido de que a exigência do curso superior de jornalismo foi recepcionada pela Constituição de 1988 (Parecer n. 016/2001, fl. 2)."

"Ora, a simples leitura do dispositivo transcrito revela que a liberdade de exercício de profissões não é absoluta, sofre restrições na medida em que a própria Constituição comete ao legislador a atribuição de estabelecer as qualificações indispensáveis ao exercício das profissões. Inexiste, portanto, qualquer incompatibilidade entre a exigência do diploma de curso superior prevista no inc. V do artigo 4º do Decreto-Lei 972 de 1969, e a Constituição Federal (Parecer n. 016/2001, fl. 2)."

A medida cautelar, concedida pela 2ª Turma desta Corte na AC n. 1.406/SP, para conferir efeito suspensivo ao presente recurso extraordinário, assegura atualmente o exercício do jornalismo por profissionais destituídos de diploma. O julgamento do mérito da questão, que passamos agora a analisar, repercutirá diretamente sobre o trabalho desses jornalistas e, dessa forma, sobre os meios de comunicação e a imprensa em geral no Brasil. Não se pode menosprezar, também, a repercussão deste julgamento nos diversos cursos de graduação em jornalismo, com implicações sobre a vida dos alunos, professores e, enfim, das universidades e faculdades.

Começo, dessa forma, pela análise do Decreto n. 972, de 1969, especialmente o seu art. 4º, inciso V, em face da Constituição de 1988.

O tema envolve, em uma primeira linha de análise, a delimitação do âmbito de proteção da liberdade de exercício profissional assegurada pelo art. 5º, inciso XIII, da Constituição, assim como a identificação das restrições e conformações legais constitucionalmente permitidas.

Como tenho defendido em estudos doutrinários, a definição do âmbito de proteção configura pressuposto primário para o desenvolvimento de qualquer direito fundamental[8]. O exercício dos direitos individuais pode dar ensejo, muitas vezes, a uma série de conflitos com outros direitos constitucionalmente protegidos. Daí fazer-se mister a definição do *âmbito ou núcleo de proteção* (*Schutzbereich*) e, se for o caso, a fixação precisa das restrições ou das limitações a esses direitos (*limitações ou restrições = Schranke oder Eingriff*)[9].

O *âmbito de proteção* de um direito fundamental abrange os diferentes pressupostos fáticos (*Tatbeständen*) contemplados na norma jurídica (*v.g.*, reunir-se sob determinadas condições) e a consequência comum, a proteção fundamental[10]. Alguns chegam a afirmar que o âmbito de proteção é aquela parcela da realidade (*Lebenswirklichkeit*) que o constituinte houve por bem definir como objeto de proteção especial ou, em outras palavras, *aquela fração da vida protegida por uma garantia fundamental*[11]. Alguns direitos individuais, como o direito de propriedade e o

---

[8]   LERCHE, Grundrechtlicher Schutzbereich, Grundrechtsprägung und Grundrechtseingriff, *In*: Isensee/Kirchhoff, *Handbuch des Staatsrechts*, vol. V, p. 739 (746).

[9]   PIEROTH/SCHLINK, *Grundrechte*: Staatsrecht II, Heidelberg: C. F. Müller, 14. ed., 1998, p. 50; CANOTILHO, J. J. Gomes, *Direito constitucional*, Coimbra: Almedina, 1991, p. 602-603 e ss.

[10] LERCHE, Grundrechtlicher Schutzbereich, cit., p. 739 (746).

[11] PIEROTH/SCHLINK, *Grundrechte*: Staatsrecht II, cit., p. 53; HESSE, *Grundzüge des Verfassungsrechts*, cit., p. 18, n. 46.

Liberdade de expressão artística, científica, de imprensa e liberdade de exercício profissional 1043

direito à proteção judiciária, são dotados de *âmbito de proteção* estritamente normativo (*âmbito de proteção estritamente normativo = rechts-oder norm-geprägter Schutzbereich*).

Nesses casos, não se limita o legislador ordinário a estabelecer restrições a eventual direito, cabendo-lhe definir, em determinada medida, a amplitude e a conformação desses direitos individuais[12]. Acentue-se que o poder de conformar não se confunde com uma faculdade ilimitada de disposição. Segundo Pieroth e Schlink, uma regra que rompe com a tradição não se deixa mais enquadrar como conformação[13].

Em relação ao âmbito de proteção de determinado direito individual, faz-se mister que se identifique não só o objeto da proteção (*O que é efetivamente protegido?: Was ist (eventuell) geschützt?*), mas também contra que tipo de agressão ou restrição se outorga essa proteção (*Wogegen ist (eventuell) geschützt?*)[14]. Não integra o âmbito de proteção qualquer assertiva relacionada com a possibilidade de limitação ou restrição a determinado direito[15].

Isso significa que o *âmbito de proteção* não se confunde com *proteção efetiva e definitiva*, garantindo-se apenas a possibilidade de que determinada situação tenha a sua legitimidade aferida em face de dado parâmetro constitucional[16].

Na dimensão dos direitos de defesa, *âmbito de proteção* dos direitos individuais e *restrições* a esses direitos são conceitos correlatos. Quanto mais amplo for o *âmbito de proteção* de um direito fundamental, tanto mais se afigura possível qualificar qualquer ato do Estado como *restrição*. Ao revés, quanto mais restrito for o *âmbito de proteção*, menor possibilidade existe para a configuração de um conflito entre o Estado e o indivíduo[17].

Assim, o exame das restrições aos direitos individuais pressupõe a identificação do *âmbito de proteção* do direito fundamental ou o seu núcleo. Esse processo não pode ser fixado em regras gerais, exigindo, para cada direito fundamental, determinado procedimento.

Não raro, a definição do âmbito de proteção de certo direito depende de uma interpretação sistemática e abrangente de outros direitos e disposições constitucionais[18]. Muitas vezes, a definição do *âmbito de proteção* somente há de ser obtida em confronto com eventual *restrição* a esse direito.

Não obstante, com o propósito de lograr uma sistematização, pode-se afirmar que a definição do *âmbito de proteção* exige a análise da norma constitucional garantidora de direitos, tendo em vista:

a) a identificação dos bens jurídicos protegidos e a amplitude dessa proteção (*âmbito de proteção da norma*);

b) a verificação das possíveis restrições contempladas, expressamente, na Constituição (*expressa restrição constitucional*) e a identificação das *reservas legais de índole restritiva*[19].

Como se vê, a discussão sobre o âmbito de proteção de certo direito constitui ponto central da dogmática dos direitos fundamentais. Nem sempre se pode afirmar, com segurança, que determinado bem, objeto ou conduta estão protegidos ou não por um dado direito. Assim, indaga-se, em alguns sistemas jurídicos, se valores patrimoniais estariam contemplados pelo âmbito de proteção do direito de propriedade. Da mesma forma, questiona-se, entre nós, sobre a amplitude

---

[12] PIEROTH/SCHLINK, *Grundrechte*: Staatsrecht II, cit., p. 53.
[13] PIEROTH/SCHLINK, *Grundrechte*: Staatsrecht II, cit., p. 53.
[14] SCHWABE, Jürgen, *Probleme der Grundrechtsdogmatik*, Darmstadt, 1977, p. 152.
[15] LERCHE, Grundrechtlicher Schutzbereich, cit., p. 747.
[16] SCHWABE, Jürgen, *Probleme der Grundrechtsdogmatik*, Darmstadt, 1977, p. 152.
[17] PIEROTH/SCHLINK, *Grundrechte*: Staatsrecht II, cit., p. 57.
[18] PIEROTH/SCHLINK, *Grundrechte*: Staatsrecht II, cit., p. 57.
[19] CANOTILHO, *Direito constitucional*, cit., p. 602-603.

da proteção à inviolabilidade das comunicações telefônicas e, especialmente, se ela abrangeria outras formas de comunicação (comunicação mediante utilização de rádio; *pager* etc.)

Tudo isso demonstra que a identificação precisa do âmbito de proteção de determinado direito fundamental exige um renovado e constante esforço hermenêutico.

O art. 5º, inciso XIII, da Constituição de 1988 dispõe que *"é livre o exercício de qualquer trabalho, ofício ou profissão, atendidas as qualificações profissionais que a lei estabelecer"*.

Tem-se, no citado preceito constitucional, uma inequívoca *reserva legal qualificada*. A Constituição remete à lei o estabelecimento das qualificações profissionais como restrições ao livre exercício profissional.

A ideia de restrição é quase trivial no âmbito dos direitos fundamentais. Além do princípio geral de reserva legal, enunciado no art. 5º, II, a Constituição refere-se expressamente à possibilidade de se estabelecerem restrições legais a direitos nos incisos XII (inviolabilidade do sigilo postal, telegráfico, telefônico e de dados), XIII (liberdade de exercício profissional) e XV (liberdade de locomoção), por exemplo.

Para indicar as restrições, o constituinte utiliza-se de expressões diversas, como, v.g., "nos termos da lei" (art. 5º, VI e XV), "nas hipóteses e na forma que a lei estabelecer" (art. 5º, XII), *"atendidas as qualificações profissionais que a lei estabelecer"* (art. 5º, XIII), "salvo nas hipóteses previstas em lei" (art. 5º, LVIII). Outras vezes, a norma fundamental faz referência a um conceito jurídico indeterminado, que deve balizar a conformação de um dado direito. É o que se verifica, v.g., com a cláusula da "função social" (art. 5º, XXIII).

Essas normas permitem limitar ou restringir posições abrangidas pelo âmbito de proteção de determinado direito fundamental.

Assinale-se, pois, que a norma constitucional que submete determinados direitos à reserva de lei restritiva contém, a um só tempo, (a) uma norma de garantia, que reconhece e garante determinado âmbito de proteção e (b) uma norma de autorização de restrições, que permite ao legislador estabelecer limites ao âmbito de proteção constitucionalmente assegurado[20].

A Constituição de 1988, ao assegurar a liberdade profissional (art. 5º, XIII), segue um modelo de reserva legal qualificada presente nas Constituições anteriores, as quais prescreviam à lei a definição das *"condições de capacidade"* como condicionantes para o exercício profissional: Constituição de 1934, art. 113, 13; Constituição de 1937, art. 122, 8; Constituição de 1946, art. 141, § 14; Constituição de 1967/69, art. 153, § 23. O texto constitucional de 1891, apesar de não prever a lei restritiva que estabelecesse as condições de capacidade técnica ou as qualificações profissionais, não impedia a regulamentação das profissões com justificativa na proteção do bem e da segurança geral e individual, como observaram João Barbalho (Cfr.: BARBALHO, João. *Constituição Federal Brasileira, 1891.* Ed. Fac-similar. Brasília: Senado Federal, 2002, p. 330) e Carlos Maximiliano (MAXIMILIANO, Carlos. *Comentários à Constituição brasileira de 1891.* Ed. Fac-similar. Brasília: Senado Federal, 2005, p. 742 e ss.).

Assim, parece certo que, no âmbito desse modelo de reserva legal qualificada presente na formulação do art. 5º, XIII, paira uma imanente questão constitucional quanto à razoabilidade e proporcionalidade das leis restritivas, especificamente, das leis que disciplinam as qualificações profissionais como condicionantes do livre exercício das profissões. A reserva legal estabelecida pelo art. 5, XIII, não confere ao legislador o poder de restringir o exercício da liberdade a ponto de atingir o seu próprio núcleo essencial.

É preciso não perder de vista que as restrições legais são sempre limitadas. Cogita-se aqui dos chamados limites imanentes ou "limites dos limites" (*Schranken-Schranken*), que balizam a ação

---

[20] CANOTILHO, *Direito constitucional*, cit., p. 602-603.

Liberdade de expressão artística, científica, de imprensa e liberdade de exercício profissional **1045**

do legislador quando restringe direitos individuais[21]. Esses *limites*, que decorrem da própria Constituição, referem-se tanto à necessidade de proteção de um núcleo essencial do direito fundamental quanto à clareza, determinação, generalidade e proporcionalidade das restrições impostas[22].

Alguns ordenamentos constitucionais consagram a expressa proteção do núcleo essencial, como se lê no art. 19, II, da Lei Fundamental alemã de 1949 e na Constituição portuguesa de 1976 (art. 18°, III). Em outros sistemas, como o norte-americano, cogita-se, igualmente, da existência de um núcleo essencial de direitos individuais.

A Lei Fundamental de Bonn declarou expressamente a vinculação do legislador aos direitos fundamentais (LF, art. 1, III), estabelecendo diversos graus de intervenção legislativa no âmbito de proteção desses direitos. No art. 19, II, consagrou-se, por seu turno, a proteção do núcleo essencial (*In keinem Falle darf ein Grundrecht in seinem Wesengehalt angestatet werden*). Essa disposição, que pode ser considerada uma reação contra os abusos cometidos pelo nacional-socialismo[23], atendia também aos reclamos da doutrina constitucional da época de Weimar, que, como visto, ansiava por impor limites à ação legislativa no âmbito dos direitos fundamentais[24]. Na mesma linha, a Constituição portuguesa e a Constituição espanhola contêm dispositivos que limitam a atuação do legislador na restrição ou conformação dos direitos fundamentais (cf. Constituição portuguesa de 1976, art. 18°, n. 3, e Constituição espanhola de 1978, art. 53, n. 1).

Dessa forma, enquanto princípio expressamente consagrado na Constituição ou enquanto postulado constitucional imanente, o princípio da proteção do núcleo essencial destina-se a evitar o esvaziamento do conteúdo do direito fundamental decorrente de restrições descabidas, desmesuradas ou desproporcionais[25].

A doutrina constitucional mais moderna enfatiza que, em se tratando de imposição de restrições a determinados direitos, deve-se indagar não apenas sobre a admissibilidade constitucional da restrição eventualmente fixada (reserva legal), mas também sobre a compatibilidade das restrições estabelecidas com o *princípio da proporcionalidade*.

Essa orientação, que permitiu converter o princípio da reserva legal (*Gesetzesvorbehalt*) no *princípio da reserva legal proporcional* (*Vorbehalt des verhältnismässigen Gesetzes*)[26], pressupõe não só a legitimidade dos meios utilizados e dos fins perseguidos pelo legislador, como também a *adequação* desses meios para consecução dos objetivos pretendidos (*Geeignetheit*) e a *necessidade* de sua utilização (*Notwendigkeit oder Erforderlichkeit*)[27].

O subprincípio da *adequação* (*Geeignetheit*) exige que as medidas interventivas adotadas mostrem-se aptas a atingir os objetivos pretendidos. O subprincípio da *necessidade* (*Notwendigkeit oder Erforderlichkeit*) significa que nenhum meio menos gravoso para o indivíduo revelar-se-ia igualmente eficaz na consecução dos objetivos pretendidos[28].

---

[21] ALEXY, Robert, *Theorie der Grundrechte*, Frankfurt am Main, 1986, p. 267; PIEROTH/SCHLINK, *Grundrechte*: Staatsrecht II, cit., p. 65.

[22] PIEROTH/SCHLINK, *Grundrechte*: Staatsrecht II, cit., p. 65.

[23] VON MANGOLDT, Hermann, *Das Bonner Grundgesetz*: Considerações sobre os direitos fundamentais, 1953, p. 37, art. 19, nota 1.

[24] WOLFF, Reichsverfassung und Eigentum, In: *Festgabe der Berliner Juristischen Fakultät für Wilhelm Kahl zum Doktorjubiläum am 19 April 1923*, p. IV 1-30; SCHMITT, Carl, *Verfassungslehre*, Berlin: Duncker & Humblot, 1954, p. 170 e s.; idem, Freiheitsrechte und institutionelle Garantien der Reichsverfassung (1931), in: *Verfassungsrechtliche Aufsätze aus den Jahren 1924/1954*: Materialien zu einer Verfassungslehre, 1958, p. 140-173. Cf., também, HERBERT, Der Wesensgehalt der Grundrechte, in: *EuGRZ*, 1985, p. 321 (322); KREBS, in: VON MÜNCH/KUNIG, *Grundgesetz-Kommentar*, v. I, art. 19, II, n. 23, p. 999.

[25] HESSE *Grundzüge des Verfassungsrechts, der Bundesrepublik Deutschland*, Heidelberg: C. F. Müller, 1995, p. 134.

[26] PIEROTH/SCHLINK, *Grundrechte*: Staatsrecht II, cit., p. 63.

[27] PIEROTH/SCHLINK, *Grundrechte*: Staatsrecht II, cit., p. 66.

[28] PIEROTH/SCHLINK, *Grundrechte*: Staatsrecht II, cit., p. 67.

Um juízo definitivo sobre a proporcionalidade da medida há também de resultar da rigorosa ponderação e do possível equilíbrio entre o significado da intervenção para o atingido e os objetivos perseguidos pelo legislador (*proporcionalidade em sentido estrito*)[29].

Portanto, seguindo essa linha de raciocínio, é preciso analisar se a lei restritiva da liberdade de exercício profissional, ao definir as qualificações profissionais, tal como autorizado pelo texto constitucional, transborda os limites da proporcionalidade e atinge o próprio núcleo essencial dessa liberdade.

Sobre o tema, o Supremo Tribunal Federal possui jurisprudência. Ainda sob o império da Constituição de 1967/69, o Tribunal resolveu interessante caso a respeito da profissão de corretor de imóveis. No RE n. 70.563/SP, o Relator, Ministro Thompson Flores, teceu considerações dignas de nota:

"A liberdade do exercício profissional se condiciona às condições de capacidade que a lei estabelecer. Mas, para que a liberdade não seja ilusória, impõe-se que a limitação, as condições de capacidade, não seja de natureza a desnaturar ou suprimir a própria liberdade. A limitação da liberdade pelas condições de capacidade supõe que estas se imponham como defesa social. Observa Sampaio Dória ('Comentários à Constituição de 1946', 4º vol., p. 637):

'A lei, para fixar as condições de capacidade, terá de inspirar-se em critério de defesa social e não em puro arbítrio. Nem todas as profissões exigem condições legais de exercício. Outras, ao contrário, o exigem. A defesa social decide. Profissões há que, mesmo exercidas por ineptos, jamais prejudicam diretamente direito de terceiro, como a de lavrador. Se carece de técnica, só a si mesmo se prejudica. Outras profissões há, porém, cujo exercício por quem não tenha capacidade técnica, como a de condutor de automóveis, piloto de navios ou aviões, prejudica diretamente direito alheio. Se mero carroceiro se arvora em médico operador, enganando o público, sua falta de assepsia matará o paciente. Se um pedreiro se mete a construir arranha-céus, sua ignorância em resistência de materiais pode preparar desabamento do prédio e morte dos inquilinos. Daí em defesa social, exigir a lei condições de capacidade técnica para as profissões cujo exercício possa prejudicar diretamente direitos alheios, sem culpa das vítimas.'

Reconhece-se que as condições restritivas da liberdade profissional não sejam apenas de natureza técnica. Superiores interesses da coletividade recomendam que aquela liberdade também tenha limitações respeitantes à capacidade moral, física e outras (Cf. Carlos Maximiliano, Comentários à Constituição Brasileira, p. 798). Por outras palavras, as limitações podem ser de naturezas diversas, desde que solicitadas pelo interesse público, devidamente justificado (Cf. Pinto Falcão, 'Constituição Anotada', 1957, 2º v., p. 133; Pontes de Miranda, 'Comentários à Constituição de 1967', 5º v., p. 507). Escreve este insigne publicista:

'O que é preciso é que toda política legislativa a respeito do trabalho se legitime com a probabilidade e a verificação do seu acerto. Toda limitação por lei à liberdade tem de ser justificada. Se, com ela, não cresce a felicidade de todos, ou se não houve proveito na limitação, a regra legal há de ser eliminada. Os mesmos elementos que tornam a dimensão das liberdades campo aberto para as suas ilegítimas explorações do povo estão sempre prontos a explorá-lo, mercê das limitações.'

Há justificação no interesse público na limitação da liberdade do exercício da profissão de corretos de imóveis? Estou convencido que não, e a tanto me convenceu a argumentação de jurídico e substancioso acórdão relatado pelo eminente Des. Rodrigues Alckmim, do Tribunal de Justiça de São Paulo, proferido na Ap. Cível n. 149.473, do qual transcrevo esta passagem:

'Postos estes princípios – os de que a liberdade de exercício da profissão é constitucionalmente assegurada, no Brasil, embora limitável por lei ordinária; mas que a lei ordinária pode exigir somente as condições de capacidade reclamadas pelo 'interesse superior da coletividade'; e que ao Judiciário cabe apurar se a regulamentação é, ou não, legítima – merece exame, agora, o impugnado art. 7º, da Lei n. 4.116. Começa essa lei por estabelecer o regulamento de uma 'profissão

---

[29] PIEROTH/SCHLINK, Grundrechte – Staatsrecht II, cit., p. 67.

de corretor de imóveis', profissão que, consoante o critério proposto por Sampaio Dória, não pode ser regulamentada sob o aspecto de capacidade técnica, por dupla razão. Primeiro, porque essa atividade, mesmo exercida por inepto, não prejudicará diretamente a direito de terceiro. Quem não conseguir obter comprador para propriedades cuja venda promova, a ninguém mais prejudicará, que a si próprio. Em segundo lugar, porque não há requisito de capacidade técnica algum, para exercê-la. Que diplomas, que aprendizado, que prova de conhecimento se exigem para o exercício dessa profissão? Nenhum é necessário. Logo, à evidência, não se justificaria a regulamentação, sob o aspecto de exigência, pelo bem comum, pelo interesse, de *capacidade técnica*. 10. Haverá, acaso, ditado pelo bem comum, algum outro requisito de capacidade exigível aos exercentes dessa profissão? Nenhum. A comum honestidade dos indivíduos não é requisito profissional e sequer exige, a natureza da atividade, especial idoneidade moral para que possa ser exercida sem risco. Consequentemente, o interesse público de forma alguma impõe seja regulamentada a profissão de "corretor de imóveis", como não o impõe com relação a tantas e tantas atividade profissionais que, por dispensarem maiores conhecimentos técnicos ou aptidões especiais físicas ou morais, também não se regulamentam. 11. Como justificar-se, assim, a regulamentação? Note-se que não há, na verdade, interesse coletivo algum que a imponha. E o que se conseguiu, com a lei, foi criar uma disfarçada corporação de ofício, a favor dos exercentes da atividade, coisa que a regra constitucional e regime democrático vigentes repelem.'

Ao enfrentar esta questão, a de que a lei reguladora do exercício da profissão de corretor de imóveis criou, disfarçadamente, uma autêntica corporação, o referido acórdão, relatado pelo douto Des. Rodrigues Alckmim, é em verdade convincente. Sua leitura se impõe:

'De fato. Para ser corretor de imóveis, será preciso que o *candidato* apresente um atestado 'de capacidade intelectual e profissional e de boa conduta, passado por órgão de representação legal da classe'. Ora: desde que não há aprendizado ou escola para o exercício dessa profissão, cuja vulgaridade é patente, falar-se em atestado de 'capacidade profissional' é algo inadmissível. E desde que o 'ingresso' na profissão depende de um registro; e que esse registro depende de tal atestação de 'órgão de representação legal da classe' (não da exibição de diploma acaso obtido em cursos oficiais ou oficialmente reconhecidos), é claro que o que se tem, nitidamente, é uma corporação que poderá, a benefício dos próprios pertencentes, excluir o ingresso de novos membros, reservando-se o privilégio e o monopólio de uma atividade vulgar, que não reclama especiais condições de capacidade técnica ou de outra natureza. Essa regulamentação, portanto, não atende a interesse público, nem é exigida por tal interesse. Na verdade, atende ao interesse dos exercentes dessa atividade vulgar, que não exige conhecimentos técnicos ou condições especiais de capacidade, e que, com a regulamentação dela, poderão limitar ou agastar a concorrência na atividade. Nem se diga que, o que se quer, é zelar pelas condições de idoneidade moral dos exercentes dessa profissão. Note-se, no caso, que nada obsta a que até indivíduos analfabetos possam agenciar a venda de imóveis, sem danos a terceiros e até com êxito. Nenhum risco especial acarreta o exercício dessa profissão a terceiros, se o exercente não provar condições de capacidade técnica ou físicas, ou morais. Nada justifica, portanto, que se reserve esse exercício de profissão aos partícipes de 'Conselhos', e aos que, através das 'atestações', os exercentes das profissões quiserem.'

E conclui o acórdão a que me refiro (fls. 213):

'Ilegítima a regulamentação profissional, o art. 7º da lei, que encerra a proibição de receber remuneração por uma atividade vulgar e lícita, como a mediação na venda de bem imóvel, é inconstitucional. Essa proibição, aliás, vem demonstrar o intuito de instituir um privilégio a benefício dos partícipes da corporação, reservando-se a esses partícipes o poder em cobrar serviços que acaso prestem, serviços que não exigem conhecimentos técnicos ou condições especiais de capacidade não se justifica assim que, com fundamento em que a atividade se acha regulamentada em lei (quando a lei ordinária não podia pretender regulamentar atividade que não exige, por imposição do interesse público, condições de capacidade para o seu exercício), possa o art. 7º referido permitir que, realizado um serviço lícito, comum, o beneficiário desse serviço esteja livre de pagar remuneração, porque esta se reserva aos membros de um determinado grupo de pessoas. Admitir a legitimidade dessa regulamentação seria destruir a liberdade profissional no

Brasil. Toda e qualquer profissão, a admiti-lo, por vulgar e simples que fosse, poderia ser regulamentada, para que a exercessem somente os que obtivessem atestação de órgãos da mesma classe. E ressuscitadas, à sombra dessas regulamentações, estariam as corporações de ofício, nulificando inteiramente o princípio da liberdade profissional, princípio que não está na Constituição para ficar vazio de aplicação e de conteúdo. Por esses motivos, e art. 7º, da Lei n. 4.116, que interessa à solução da presente demanda, é reconhecido inconstitucional.'

5. Não precisaria ir além para ter como manifestamente inconstitucional o citado artigo, razão pela qual mantenho o acórdão recorrido.
É o meu voto." (RE 70.563, rel. Min. Carlos Thompson Flores, *DJ* 22.4.1971 – fls. 361-368)

No conhecido julgamento da Representação n. 930, Relator Ministro Rodrigues Alckmin (*DJ* 2.9.1977), a Corte discutiu a respeito da extensão da liberdade profissional e o sentido da expressão "condições de capacidade", tal como disposto no art. 153, § 23, da Constituição de 1967/69. O voto então proferido pelo eminente Ministro Rodrigues Alckmin enfatizava a necessidade de se preservar o núcleo essencial do direito fundamental, ressaltando-se, igualmente, que, ao fixar as condições de capacidade, haveria o legislador de "*atender ao critério da razoabilidade*".

Valeu-se, inicialmente, o eminente Relator das lições de Fiorini transcritas por Alcino Pinto Falcão:

"No hay duda que las leyes reglamentarias no pueden destruir las libertades consagradas como inviolables y fundamentales. Cuál debe ser la forma como debe actuar el legislador cuando sanciona normas limitativas sobre los derechos individuales? La misma pregunta puede referirse al administrador cuando concreta actos particulares. Si el Estado democrático exhibe el valor inapreciable con carácter absoluto como es la persona humana, aquí se halla la primera regla que rige cualquier clase de limitaciones. La persona humana ante todo. Teniendo en mira este supuesto fundante, es como debe actuar con carácter razonable la reglamentación policial. La jurisprudencia y la lógica jurídica han instituido cuatro principios que rigen este hacer: 1º) la limitación debe ser *justificada*; 2º) el medio utilizado, es decir, la cantidad y el modo de la medida, debe ser *adecuado* al fin deseado; 3º) el medio y el fin utilizados deben manifestarse *proporcionalmente*; 4º) todas las medidas deben ser *limitadas*. La razonabilidad se expresa con la justificación, adecuación, proporcionalidad y restricción de las normas que se sancionen (...)"[30].

Louvando-se nesses subsídios do direito constitucional comparado, concluiu o eminente Relator:

"A Constituição Federal assegura a liberdade de exercício de profissão. O legislador ordinário não pode nulificar ou desconhecer esse direito ao livre exercício profissional (Cooley, Constitutional Limitations, pág. 209, '...Nor, where fundamental rights are declared by the constitutions, is it necessary at the same time to prohibit the legislature, in express terms, from taking them away. The declaration is itself a prohibition, and is inserted in the constitution for the express purpose of operating as a restriction upon legislative power'. Pode somente limitar ou disciplinar esse exercício pela exigência de condições de capacidade, pressupostos subjetivos referentes a conhecimentos técnicos ou a requisitos especiais, morais ou físicos. Ainda no tocante a essas condições de capacidade, não as pode estabelecer o legislador ordinário, em seu poder de polícia das profissões, sem atender ao critério da razoabilidade, cabendo ao Poder Judiciário apreciar se as restrições são adequadas e justificadas pelo interesse público, para julgá-las legítimas ou não"[31].

Embora o acórdão invoque o fundamento da razoabilidade para reconhecer a inconstitucionalidade da lei restritiva, é fácil ver que, nesse caso, a ilegitimidade da intervenção assentava-se na própria disciplina legislativa, que extravasara notoriamente o mandato constitucional (atendimento das qualificações profissionais que a lei estabelecer).

---

[30] Rp. 930, Relator: Ministro Rodrigues Alckmin, *DJ*, 2.9.1977.
[31] Cf. transcrição na Rp. 1.054. Relator: Ministro Moreira Alves, *RTJ*, n. 110, p. 937 (967).

Liberdade de expressão artística, científica, de imprensa e liberdade de exercício profissional 1049

Portanto, desde o importante julgamento da Representação n. 930 (Relator p/ o acórdão: Ministro Rodrigues Alckmin, *DJ*, 2.9.1977), o Supremo Tribunal Federal tem entendimento fixado no sentido de que as restrições legais à liberdade de exercício profissional somente podem ser levadas a efeito no tocante às qualificações profissionais. A restrição legal desproporcional e que viola o conteúdo essencial da liberdade deve ser declarada inconstitucional.

Essas ponderações oferecem subsídios suficientes para analisar o inciso V do art. 4º do Decreto-Lei n. 972/69.

O Decreto-Lei n. 972, de 17 de outubro de 1969, com alterações efetivadas pela Lei n. 6.612, de 7 de dezembro de 1979, e pela Lei n. 7.360, de 10 de setembro de 1985, dispõe sobre o exercício da profissão de jornalista e, em seu art. 4º, estabelece o seguinte:

"Art 4.º O exercício da profissão de jornalista requer prévio registro no órgão regional competente do Ministério do Trabalho e Previdência Social que se fará mediante a apresentação de:

I – prova de nacionalidade brasileira;

II – folha corrida;

III – carteira profissional;

IV – declaração de cumprimento de estágio em empresa jornalística;

V – diploma de curso superior de jornalismo, oficial ou reconhecido registrado no Ministério da Educação e Cultura ou em instituição por este credenciada, para as funções relacionadas de "*a*" a "*g*" no artigo 6º.

O Decreto n. 83.284, de 13 de março de 1979, regulamenta o tema no mesmo sentido:

"Art 4º O exercício da profissão de jornalista requer prévio registro no órgão regional do Ministério do Trabalho, que se fará mediante a apresentação de:

I – prova de nacionalidade brasileira;

II – prova de que não está denunciado ou condenado pela prática de ilícito penal;

III – diploma de curso de nível superior de Jornalismo ou de Comunicação Social, habilitação Jornalismo, fornecido por estabelecimento de ensino reconhecido na forma da lei, para as funções relacionadas nos itens I a VII do artigo 11;

IV – Carteira de Trabalho e Previdência Social.

Parágrafo único. Aos profissionais registrados exclusivamente para o exercício das funções relacionadas nos itens VIII a XI do artigo 2º, é vedado o exercício das funções constantes dos itens I a VII do mesmo artigo."

O art. 6º do Decreto-Lei n. 972/69, por sua vez, classifica as funções desempenhadas pelos jornalistas:

"Art 6º As funções desempenhadas pelos jornalistas profissionais, como empregados, serão assim classificadas:

a) Redator: aquele que além das incumbências de redação comum, tem o encargo de redigir editoriais, crônicas ou comentários;

b) Noticiarista: aquele que tem o encargo de redigir matéria de caráter informativo, desprovida de apreciação ou comentários;

c) Repórter: aquele que cumpre a determinação de colher notícias ou informações, preparando-a para divulgação;

d) Repórter de Setor: aquele que tem o encargo de colher notícias ou informações sôbre assuntos predeterminados, preparando-as para divulgação;

e) Radiorrepórter: aquele a quem cabe a difusão oral de acontecimento ou entrevista pelo rádio ou pela televisão, no instante ou no local em que ocorram, assim como o comentário ou crônica, pelos mesmos veículos;

f) Arquivista-Pesquisador: aquele que tem a incumbência de organizar e conservar cultural e tecnicamente, o arquivo redatorial, procedendo à pesquisa dos respectivos dados para a elaboração de notícias;

g) Revisor: aquele que tem o encargo de rever as provas tipográficas de matéria jornalística;

h) Ilustrador: aquele que tem a seu cargo criar ou executar desenhos artísticos ou técnicos de caráter jornalístico;

i) Repórter-Fotográfico: aquêle a quem cabe registrar, fotograficamente, quaisquer fatos ou assuntos de interesse jornalístico;

j) Repórter-Cinematográfico: aquele a quem cabe registrar cinematograficamente, quaisquer fatos ou assuntos de interesse jornalístico;

l) Diagramador: aquele a quem compete planejar e executar a distribuição gráfica de matérias, fotografias ou ilustrações de caráter jornalístico, para fins de publicação.

Parágrafo único: também serão privativas de jornalista profissional as funções de confiança pertinentes às atividades descritas no artigo 2° como editor, secretário, subsecretário, chefe de reportagem e chefe de revisão."

Como se pode constatar, segundo os referidos diplomas normativos, o exercício da profissão de jornalista requer prévio registro no órgão regional competente do Ministério do Trabalho e Previdência Social, que se fará mediante a apresentação de diploma de curso de nível superior de Jornalismo ou de Comunicação Social, habilitação Jornalismo, fornecido por estabelecimento de ensino reconhecido na forma da lei, para as funções de redator, noticiarista, repórter, repórter de setor, radiorrepórter, arquivista-pesquisador e revisor.

Ao analisar a constitucionalidade dos referidos dispositivos, o Juízo de primeira instância assim se manifestou sobre o tema, em trechos da sentença que são transcritos a seguir:

"Diante do exposto acima, incumbe ao Judiciário apurar se a regulamentação trazida pelo Decreto-Lei n. 972/69 atende aos requisitos necessários para perpetrar restrição legítima ao exercício das profissões, que deverá se pautar na estrita observância ao interesse público (...). Tenho que não. Vejamos. Tal se deve à propalada irrazoabilidade do requisito exigido para o exercício da profissão, tendo em vista que a profissão de jornalista não pode ser regulamentada sob o aspecto da capacidade técnica, eis que não pressupõe a existência de qualificação profissional específica, indispensável à proteção da coletividade, diferentemente das profissões técnicas (a de Engenharia, por exemplo), em que o profissional que não tenha cumprido os requisitos do curso superior por vir a colocar em risco a vida de pessoas, como também ocorre com os profissionais da área de saúde (por exemplo, de Medicina ou de Farmácia). O jornalista deve possuir formação cultural sólida e diversificada, o que não se adquire apenas com a frequência a uma faculdade (muito embora seja forçoso reconhecer que aquele que o faz poderá vir a enriquecer tal formação cultural), mas sim pelo hábito da leitura e pelo próprio exercício da prática profissional. Em segundo lugar, porque o exercício dessa atividade, mesmo que exercida por inepto, não prejudicará diretamente direito de terceiro. Quem não conseguir escrever um bom artigo ou escrevê-lo de maneira ininteligível não conseguirá leitores, porém, isso a ninguém prejudicará, a não ser ao próprio autor. Assim, a regulamentação, pelo que depreendo, não visa ao interesse público, que consiste na garantia do direito à informação, a ser exercido sem qualquer restrição, através da livre manifestação do pensamento, da criação, da expressão e da informação, conforme previsto no inciso IX do art. 5° e *caput* do art. 220, ambos da Constituição Federal" (fls. 905-906).

A sentença de primeira instância indica alguns dos pontos que devem ser analisados.

É preciso verificar se o exercício da profissão de jornalista exige qualificações profissionais e capacidades técnicas específicas e especiais e se, dessa forma, estaria o Estado legitimado constitucionalmente a regulamentar o tema em defesa do interesse da coletividade.

Sobre o assunto, o Ministro Eros Grau, na qualidade de Professor Titular da Faculdade de Direito da Universidade de São Paulo, emitiu parecer respondendo à questão de saber se o exercício da profissão de jornalista reclama qualificações profissionais específicas, do qual se destacam alguns trechos (fls. 797-823):

"(...) a profissão de jornalista não reclama qualificações profissionais específicas, indispensáveis à proteção da coletividade, de modo que ela não seja exposta a riscos; ou, em outros termos, o exercício da profissão de jornalista não se dá de modo a poder causar danos irreparáveis ou prejudicar diretamente direitos alheios, sem culpa das vítimas. Dir-se-á, eventualmente, que a atuação do jornalista poderá, sim, prejudicar diretamente direitos alheios, sem culpa da vítima, quando, por exemplo, uma notícia não verídica, a respeito de determinada pessoa, vier a ser divulgada. Sucede que esse não é um risco inerente à atividade, ou seja, risco que se possa evitar em função da exigência de que o jornalista frequente regularmente um curso de formação profissional, no qual deva obter aprovação. Estamos, no caso, diante de uma patologia semelhante à que se manifesta quando um motorista atropele deliberadamente um seu desafeto ou quando, em uma página de romance, o cozinheiro introduza veneno no prato a ser servido a determinado comensal. Ainda que o regular exercício da profissão de motorista coloque em risco a coletividade, o exercício regular da profissão de cozinheiro, como da profissão de jornalista, não o faz. De qualquer forma, nenhuma dessas patologias poderá ser evitada mediante qualificação profissional, que não tem o condão de conformar o caráter de cada um. De outra parte, a divulgação de notícia não verídica por engano, o que não é corrente, decorre de causas estranhas à qualificação profissional do jornalista; basta a atenção ordinária para que erros desse tipo sejam evitados."

Em parecer sobre o tema (fls. 824-834), Geraldo Ataliba assim se manifestou:

"A segunda interpretação entende que a liberdade ampla da informação jornalística não pode prejudicar o leitor (ouvinte, telespectador) pela transmissão de informações inidôneas, por falta de qualificação profissional das fontes, quando a matéria informada esteja inserida num universo de conhecimentos especializados cujo manejo dependa, legalmente, de qualificação profissional dos seus operadores. Assim, se a saúde é um valor, informação sobre remédios, instrumentos ou processos terapêuticos só pode provir de fonte qualificada formalmente segundo critérios legais; a fonte, nesse caso, será necessariamente um médico, não um palpiteiro, um charlatão, um feiticeiro etc. Se a matéria da notícia é a queda de uma ponte, as informações técnicas sobre suas causas, circunstâncias ou consequências terão por fonte um engenheiro e não qualquer do povo, ou um mero curioso. Enfim, o direito à informação – direito do povo a ser informado, com fidelidade, pelos profissionais do jornalismo – há de ser atendido livremente por pessoas argutas, inteligentes, cultas e dotadas de qualidade comunicativas (escrita, fala, boa expressão), com a condição de que (ao transmitirem notícia sobre fatos e fenômenos objeto de conhecimento específico de profissões regulamentadas) sua interpretação e explicação provirão de profissionais formalmente qualificados (diplomados), a que deverão reportar-se os jornalistas. É desse modo que se obedece ao art. 5º, XIII, da Constituição. Assim, qualquer jornalista poderá informar que foi descoberto um remédio contra a AIDS, ou que caiu uma ponte na cidade de Caixa-Prego. Não poderá, porém – seja por opinião pessoal, seja por ouvir leigos – dizer que o remédio tem tais ou quais efeitos, nem que é elaborado com esmero (ou descuido). Nem poderá dizer que a ponte caiu, porque o concreto não tinha o teor de cimento requerido pela ciência. Evidentemente, poderá relatar que uma autoridade pública (delegado, prefeito, deputado etc.) ou profissional (engenheiro, contador etc.) afirmou 'isto ou aquilo'. Porque, então, a responsabilidade por eventual má informação já será do declarante e não do jornalista."

Como parece ficar claro a partir das abordagens citadas, a doutrina constitucional entende que as qualificações profissionais de que trata o art. 5º, inciso XIII, da Constituição, somente podem ser exigidas, pela lei, daquelas profissões que, de alguma maneira, podem trazer perigo de dano à coletividade ou prejuízos diretos a direitos de terceiros, sem culpa das vítimas, tais como a medicina e demais profissões ligadas à área de saúde, a engenharia, a advocacia e a magistratura, entre outras várias. Nesse sentido, a profissão de jornalista, por não implicar riscos à saúde ou à vida dos cidadãos em geral, não poderia ser objeto de exigências quanto às condições de capacidade técnica para o seu exercício. Eventuais riscos ou danos efetivos a terceiros causados pelo profissional do jornalismo não seriam inerentes à atividade e, dessa forma, não seriam evitáveis pela exigência de um diploma de graduação. Dados técnicos necessários à elaboração da notícia (informação) deveriam ser buscados pelo jornalista em fontes qualificadas profissionalmente sobre o assunto.

Seguindo a linha de raciocínio até aqui desenvolvida, esses entendimentos, que bem apreendem o sentido normativo do art. 5º, inciso XIII, da Constituição, já demonstram a desproporcionalidade das medidas estatais que visam a restringir o livre exercício do jornalismo mediante a exigência de registro em órgão público condicionado à comprovação de formação em curso superior de jornalismo.

No exame da proporcionalidade, o art. 4º, inciso V, do Decreto-Lei n. 972/1969 não passa sequer no *teste da adequação (Geeignetheit)*.

É fácil perceber que a formação específica em curso de graduação em jornalismo não é meio idôneo para evitar eventuais riscos à coletividade ou danos efetivos a terceiros. De forma extremamente distinta de profissões como a medicina ou a engenharia, por exemplo, o jornalismo não exige técnicas específicas que só podem ser aprendidas em uma faculdade. O exercício do jornalismo por pessoa inapta para tanto não tem o condão de, invariável e incondicionalmente, causar danos ou pelo menos risco de danos a terceiros. A consequência lógica, imediata e comum do jornalismo despreparado será a ausência de leitores e, dessa forma, a dificuldade de divulgação e de contratação pelos meios de comunicação, mas não o prejuízo direto a direitos, à vida, à saúde de terceiros.

As violações à honra, à intimidade, à imagem ou a outros direitos da personalidade não constituem riscos inerentes ao exercício do jornalismo; são, antes, o resultado do exercício abusivo e antiético dessa profissão.

O jornalismo despreparado diferencia-se substancialmente do jornalismo abusivo. Este último, como é sabido, não se restringe aos profissionais despreparados ou que não frequentaram um curso superior. As notícias falaciosas e inverídicas, a calúnia, a injúria e a difamação constituem grave desvio de conduta e devem ser objeto de responsabilidade civil e penal. Representam, portanto, um problema ético, moral, penal e civil, que não encontra solução na formação técnica do jornalista. Dizem respeito, antes, à formação cultural e ética do profissional, que pode ser reforçada, mas nunca completamente formada, nos bancos de uma faculdade.

É inegável que a frequência a um curso superior com disciplinas sobre técnicas de redação e edição, ética profissional, teorias da comunicação, relações públicas, sociologia etc. pode dar ao profissional uma formação sólida para o exercício cotidiano do jornalismo. E essa é uma razão importante para afastar qualquer suposição no sentido de que os cursos de graduação em jornalismo serão desnecessários após a declaração de não recepção do art. 4º, inciso V, do Decreto-Lei n. 972/1969. Esses cursos são extremamente importantes para o preparo técnico e ético de profissionais que atuarão no ramo, assim como o são os cursos superiores de comunicação em geral, de culinária, *marketing*, desenho industrial, moda e costura, educação física, entre outros vários, que não são requisitos indispensáveis para o regular exercício das profissões ligadas a essas áreas. Um excelente chefe de cozinha certamente poderá ser formado numa faculdade de culinária, o que não legitima o Estado a exigir que toda e qualquer refeição seja feita por profissional registrado mediante diploma de curso superior nessa área. Certamente o Poder Público não pode restringir dessa forma a liberdade profissional no âmbito da culinária, e disso ninguém tem dúvida, o que não afasta, porém, a possibilidade do exercício abusivo e antiético dessa profissão, com riscos à saúde e à vida dos consumidores.

Os cursos de publicidade e de cinema, por exemplo, igualmente inseridos no âmbito mais amplo da comunicação social, tal como o jornalismo, são extremamente importantes para a formação do profissional que atuará nessas áreas, mas não constituem requisito básico e indispensável para o exercício regular das profissões de publicitário e cineasta.

O mesmo raciocínio deve ser válido para músicos e artistas em geral, cujo exercício profissional deve estar sob o âmbito de proteção do direito fundamental à livre expressão da atividade artística, intelectual e de comunicação, tal como expressamente previsto no inciso IX do art. 5º da Constituição.

Liberdade de expressão artística, científica, de imprensa e liberdade de exercício profissional 1053

Certamente, há, nessas hipóteses, uma esfera de livre expressão protegida pela ordem constitucional contra qualquer intervenção estatal cujo objetivo principal seja o controle sobre as qualificações profissionais para o exercício dessas atividades.

Por isso, não obstante o acerto de todas essas considerações, que explicitam uma análise de proporcionalidade, o certo é que, mais do que isso, a questão aqui verificada é de patente inconstitucionalidade, por violação direta ao art. 5º, inciso XIII, da Constituição. Não se trata apenas de verificar a adequação de uma condição restritiva para o exercício da profissão, mas de constatar que, num âmbito de livre expressão, o estabelecimento de qualificações profissionais é terminantemente proibido pela ordem constitucional, e a lei que assim proceder afronta diretamente o art. 5º, inciso XIII, da Constituição.

O ponto crucial é que o jornalismo é uma profissão diferenciada por sua estreita vinculação ao pleno exercício das liberdades de expressão e informação. O jornalismo é a própria manifestação e difusão do pensamento e da informação de forma contínua, profissional e remunerada. Os jornalistas são aquelas pessoas que se dedicam profissionalmente ao exercício pleno da liberdade de expressão. O jornalismo e a liberdade de expressão, portanto, são atividades que estão imbricadas por sua própria natureza e não podem ser pensadas e tratadas de forma separada.

Isso implica, logicamente, que a interpretação do art. 5º, inciso XIII, da Constituição, na hipótese da profissão de jornalista, se faça, impreterivelmente, em conjunto com os preceitos do art. 5º, incisos IV, IX, XIV, e do art. 220 da Constituição, que asseguram as liberdades de expressão, de informação e de comunicação em geral.

Destacam-se, nesse sentido, os preceitos do art. 220, *caput*, e § 1º, que possuem a seguinte redação:

"Art. 220. A manifestação do pensamento, a criação, a expressão e a informação, sob qualquer forma, processo ou veículo, não sofrerão qualquer restrição, observado o disposto nesta Constituição.

§ 1º. Nenhuma lei conterá dispositivo que possa constituir embaraço à plena liberdade de informação jornalística em qualquer veículo de comunicação social, observado o disposto no art. 5º, IV, V, X, XIII e XIV".

No recente julgamento da ADPF n. 130, Rel. Min. Carlos Britto, na qual se declarou a não recepção da Lei de Imprensa (Lei n. 5.250/1967), o Tribunal enfaticamente deixou consignado o entendimento segundo o qual as liberdades de expressão e de informação e, especificamente, a liberdade de imprensa, somente poderiam ser restringidas pela lei em hipóteses excepcionalíssimas, sempre em razão da proteção de outros valores e interesses constitucionais igualmente relevantes, como os direitos à honra, à imagem, à privacidade e à personalidade em geral.

É certo que o constituinte de 1988 de nenhuma maneira concebeu a liberdade de expressão como direito absoluto, insuscetível de restrição, seja pelo Judiciário, seja pelo Legislativo. A própria formulação do texto constitucional — *"Nenhuma lei conterá dispositivo..., observado o disposto no art. 5º, IV, V, X, XIII e XIV"* — parece explicitar que o constituinte não pretendeu instituir aqui um domínio inexpugnável à intervenção legislativa. Ao revés, essa formulação indica ser inadmissível, tão somente, a disciplina legal que crie embaraços à liberdade de informação. O texto constitucional, portanto, não excluiu a possibilidade de que se introduzam limitações à liberdade de expressão e de comunicação, estabelecendo, expressamente, que o exercício dessas liberdades há de se fazer com observância do disposto na Constituição. Não poderia ser outra a orientação do constituinte, pois, do contrário, outros valores, igualmente relevantes, quedariam esvaziados diante de um direito avassalador, absoluto e insuscetível de restrição.

Todavia, tal como assentado pelo Tribunal na ADPF n. 130, em matéria de liberdade de expressão e de comunicação em geral, as restrições legais estão reservadas a casos extremamente excepcionais, sempre justificadas pela imperiosa necessidade de resguardo de outros valores constitucionais.

Assim, no caso da profissão de jornalista, a interpretação do art. 5º, inciso XIII, em conjunto com o art. 5º, incisos IV, IX, XIV, e o art. 220 leva à conclusão de que a ordem constitucional apenas admite a definição legal das qualificações profissionais na hipótese em que sejam elas estabelecidas para proteger, efetivar e reforçar o exercício profissional das liberdades de expressão e de informação por parte dos jornalistas. Fora desse quadro, há patente inconstitucionalidade da lei.

É fácil perceber, nessa linha de raciocínio, que a exigência de diploma de curso superior para a prática do jornalismo – o qual, em sua essência, é o desenvolvimento profissional das liberdades de expressão e de informação – não está autorizada pela ordem constitucional, pois constitui uma restrição, um impedimento, uma verdadeira supressão do pleno, incondicionado e efetivo exercício da liberdade jornalística, expressamente proibido pelo art. 220, § 1º, da Constituição.

Portanto, **em se tratando de jornalismo, atividade umbilicalmente ligada às liberdades de expressão e de informação, o Estado não está legitimado a estabelecer condicionamentos e restrições quanto ao acesso à profissão e respectivo exercício profissional**. Essas são as lições de Jónatas Machado em expressiva obra sobre o assunto, da qual cito os trechos a seguir:

"O jornalismo assume um relevo central no âmbito da garantia constitucional das liberdades da comunicação. Ele desempenha uma função de dinamização da esfera pública de discussão dos diferentes subsistemas de ação social, a qual assume um relevo especial no âmbito específico do funcionamento do sistema político. Daí **a dignidade materialmente constitucional, que não apenas formalmente constitucional, dos princípios fundamentais que devem disciplinar o acesso à profissão de jornalista e o respectivo exercício profissional, do ponto de vista individual e coletivo**. Isto, note-se, sem nunca transformar o exercício da atividade jornalística num serviço público no sentido jurídico-administrativo da expressão. Se existe algum serviço público no exercício da profissão de jornalista, ele resulta da liberdade e da independência perante os poderes públicos e perante as entidades privadas com que a mesma é levado a cabo, bem como numa deontologia profissional que privilegie os objetivos publicísticos da liberdade, do pluralismo, da discussão pública e do autogoverno democrático, relativamente aos objetivos puramente econômicos das empresas de comunicação. As considerações expostas, juntamente com o que anteriormente se disse a propósito do acesso às atividades ligadas à imprensa, **apontam para a inadmissibilidade de um sistema estadual de licenciamento e controle do acesso e exercício da atividade jornalística ou de outras atividades ligadas à imprensa** e de fixação heterônoma da correspondente deontologia." (sem grifos no original) (MACHADO, Jónatas E. M. *Liberdade de expressão: dimensões constitucionais da esfera pública no sistema social.* Coimbra: Coimbra Editora, 2002, p. 542).

Em outros termos, no campo da profissão de jornalista, não há espaço para a regulação estatal quanto às qualificações profissionais. O art. 5º, incisos IV, IX, XIV, e o art. 220 não autorizam o controle, por parte do Estado, quanto ao acesso e exercício da profissão de jornalista. **Qualquer controle desse tipo, que interfira na liberdade profissional no momento do próprio acesso à atividade jornalística, configura, ao fim e ao cabo,** *controle prévio* **que, em verdade, caracteriza** *censura prévia* **das liberdades de expressão e de informação, expressamente vedada pelo art. 5º, inciso IX, da Constituição.**

A impossibilidade do estabelecimento de controles estatais sobre a profissão jornalística também leva à conclusão de que **não pode o Estado criar uma ordem ou um conselho profissional (autarquia) para a fiscalização desse tipo de profissão**. O exercício do poder de polícia do Estado é vedado nesse campo em que imperam as liberdades de expressão e de informação. Ressaltem-se, nesse sentido, as considerações do Ministro Rodrigues Alckmin, no julgamento da citada Representação n. 930, as quais afirmavam que o serviço público de fiscalização do exercício profissional, a cargo de entes autárquicos especiais, denominados ordens ou conselhos, somente pode ser exercido pelo Estado se existe uma regulamentação legítima da profissão, entendida esta como a regulamentação das profissões que efetivamente reclamam condições de capacidade ou qualificações profissionais especiais. Após considerações sobre o tema, concluiu o Ministro Rodrigues Alckmin da seguinte forma:

Liberdade de expressão artística, científica, de imprensa e liberdade de exercício profissional 1055

"As ordens profissionais constituem organismos criados pelo Estado para o desempenho de serviço público relativo à fiscalização e disciplina de certas profissões. A legitimidade da criação dessas ordens pressupõe a legitimidade e a prévia existência de uma regulamentação profissional. Sem a legitimidade da função pública a ser desempenhada, não pode existir a autarquia profissional que a deva desempenhar. Somente quando a lei ordinária, legitimamente, exija condições de capacidade para o exercício de certa profissão é possível criar um organismo para desempenhar o serviço público de fiscalizar tal exercício profissional. E somente nesse caso é possível exigir o prévio registro profissional nessa ordem, que desempenhará o serviço público de verificar os títulos referentes àquelas condições de capacidade e de fiscalizar o exercício profissional."

É importante frisar, por outro lado, que a vedação constitucional a qualquer tipo de controle estatal prévio não faz pouco caso do elevado potencial da atividade jornalística para gerar riscos de danos ou danos efetivos à ordem, à segurança, ao bem estar da coletividade e a direitos de terceiros. O entendimento até aqui delineado não deixa de levar em consideração a potencialidade danosa da atividade de comunicação em geral e o verdadeiro poder que representam a imprensa e seus agentes na sociedade contemporânea.

Como afirmei no julgamento da ADPF n. 130, o poder da imprensa é hoje quase incomensurável. Se a liberdade de imprensa nasceu e se desenvolveu, conforme antes analisado, como um direito em face do Estado, uma garantia constitucional de proteção de esferas de liberdade individual e social contra o poder político, hodiernamente talvez represente a imprensa um poder social tão grande e inquietante quanto o poder estatal. É extremamente coerente, nesse sentido, a assertiva de Ossenbühl quando escreve que *"hoje não são tanto os media que têm de defender a sua posição contra o Estado, mas, inversamente, é o Estado que tem de acautelar-se para não ser cercado, isto é, manipulado pelos media"* (*Apud*, ANDRADE, Manuel da Costa, *Liberdade de Imprensa e inviolabilidade pessoal: uma perspectiva jurídico-criminal*, Coimbra, Coimbra Editora, 1996, p. 63).

Nesse mesmo sentido são as ponderações de Vital Moreira:

"No princípio a liberdade de imprensa era manifestação da liberdade individual de expressão e opinião. Do que se tratava era de assegurar a *liberdade da imprensa* face ao Estado. No entendimento liberal clássico, a liberdade de criação de jornais e a competição entre eles asseguravam a verdade e o pluralismo da informação e proporcionavam veículos de expressão por via da imprensa a todas as correntes e pontos de vista.

Mas em breve se revelou que a imprensa era também um *poder social*, que podia afetar os direitos dos particulares, quanto ao seu bom nome, reputação, imagem, etc. Em segundo lugar, a liberdade de imprensa tornou-se cada vez menos uma faculdade individual de todos, passando a ser cada vez mais um poder de poucos. Hoje em dia, os meios de comunicação de massa já não são expressão da liberdade e autonomia individual dos cidadãos, antes relevam dos interesses comerciais ou ideológicos de grandes organizações empresariais, institucionais ou de grupos de interesse.

Agora torna-se necessário defender não só a liberdade *da imprensa* mas também a liberdade *face à imprensa*." (MOREIRA, Vital. *O direito de resposta na Comunicação Social*. Coimbra: Coimbra Editora, 1994, p. 9).

O pensamento é complementado por Manuel da Costa Andrade, nos seguintes termos:

"Resumidamente, as empresas de comunicação social integram, hoje, não raro, grupos econômicos de grande escala, assentes numa dinâmica de concentração e apostados no domínio vertical e horizontal de mercados cada vez mais alargados. Mesmo quando tal não acontece, o exercício da atividade jornalística está invariavelmente associado à mobilização de recursos e investimentos de peso considerável. O que, se por um lado resulta em ganhos indisfarçáveis de poder, redunda ao mesmo tempo na submissão a uma lógica orientada para valores de racionalidade econômica. Tudo com reflexos decisivos em três direções: na direção do poder político, da atividade jornalística e das pessoas concretas atingidas (na honra, privacidade/intimidade, palavra ou imagem)." (op. cit., p. 62)

1056 Estado de Direito e Jurisdição Constitucional – Decisões relevantes em 15 anos de atuação no STF

É compreensível, assim, que o exercício desse poder social muitas vezes acabe por ser realizado de forma abusiva. É tênue a linha que separa a atividade regular de informação e transmissão de opiniões do ato violador de direitos da personalidade. E os efeitos do abuso do poder da imprensa são praticamente devastadores e de dificílima reparação total. Mais uma vez citem-se as sensatas palavras de Ossenbühl sobre os efeitos perversos e muitas vezes irreversíveis do uso abusivo do poder da imprensa:

> "Numa inextricável mistura de afirmações de fato e de juízos de valor ele (indivíduo) vê a sua vida, a sua família, as suas atitudes interiores dissecadas perante a nação. No fim ele estará civicamente morto, vítima de assassínio da honra (*Rufmord*). Mesmo quando estas consequências não são atingidas, a verdade é que a imprensa moderna pode figurar como a continuadora direta da tortura medieval. Em qualquer dos casos, é irrecusável o seu *efeito-de-pelourinho*" (*Apud*, ANDRADE, Manuel da Costa, *Liberdade de Imprensa e inviolabilidade pessoal: uma perspectiva jurídico-criminal*, Coimbra, Coimbra Editora, 1996, p. 63)

No Estado Democrático de Direito, a proteção da liberdade de imprensa também leva em conta a proteção contra a própria imprensa. A Constituição assegura as liberdades de expressão e de informação sem permitir violações à honra, à intimidade, à dignidade humana. A ordem constitucional não apenas garante à imprensa um amplo espaço de liberdade de atuação; ela também protege o indivíduo em face do poder social da imprensa. E não se deixe de considerar, igualmente, que a liberdade de imprensa também pode ser danosa à própria liberdade de imprensa. Como bem assevera Manuel da Costa Andrade, *"num mundo cada vez mais dependente da informação e condicionado pela sua circulação, também os eventos relacionados com a vida da própria imprensa e dos seus agentes (empresários, jornalistas, métodos e processos de trabalho, etc.) constituem matéria interessante e recorrente de notícia, análise e mesmo crítica. O que pode contender com o segredo, a privacidade, a intimidade, a honra, a palavra ou a imagem das pessoas concretamente envolvidas e pertinentes à área da comunicação social"* (op. cit., p. 59).

É certo, assim, que o exercício abusivo do jornalismo implica sérios danos individuais e coletivos. Porém, mais certo ainda é que os danos causados pela atividade jornalística não podem ser evitados ou controlados por qualquer tipo de medida estatal de índole preventiva.

Como se sabe, o abuso da liberdade de expressão não pode ser objeto de controle prévio, mas de responsabilização civil e penal, *a posteriori*. E, como analisado acima, não há razão para se acreditar que a exigência de diploma de curso superior de jornalismo seja uma medida adequada e eficaz para evitar o exercício abusivo da profissão. De toda forma, caracterizada essa exigência como típica forma de controle prévio das liberdades de expressão e de informação, e constatado, assim, o embaraço à plena liberdade jornalística, é de se concluir que não está ela autorizada constitucionalmente.

As considerações acima demonstram, ademais, a necessidade de proteção dos jornalistas não apenas em face do Estado, mas dos próprios meios de comunicação, ante seu poder quase incomensurável. Os direitos dos jornalistas, especificamente as garantias quanto ao seu estatuto profissional, devem ser assegurados perante o Estado, a imprensa e os próprios jornalistas. E, novamente, a exigência de diploma comprovante da formatura em um curso de jornalismo não tem qualquer efeito nesse sentido.

Parece que, **nesse campo da proteção dos direitos e prerrogativas profissionais dos jornalistas, a autorregulação é a solução mais consentânea com a ordem constitucional e, especificamente, com as liberdades de expressão e de informação.**

Assim, como reconhece Jónatas Machado, **"a liberdade de expressão e de informação aponta no sentido da autorregulação dos jornalistas,** preferencialmente policêntrica, em termos que garantam a sua liberdade perante o Estado, as entidades privadas, as associações profissionais e os próprios colegas, não havendo sequer lugar para uma heterorregulação do sector, por

Liberdade de expressão artística, científica, de imprensa e liberdade de exercício profissional **1057**

vezes tida como indispensável para garantir o sucesso da autorregulação" (MACHADO, Jónatas E. M. *Liberdade de expressão: dimensões constitucionais da esfera pública no sistema social.* Coimbra: Coimbra Editora, 2002, p. 543).

Dessa forma, são os próprios meios de comunicação que devem estabelecer os mecanismos de controle quanto à contratação, avaliação, desempenho, conduta ética dos profissionais do jornalismo. Poderão as empresas de comunicação estipular critérios de contratação, como a especialidade em determinado campo do conhecimento, o que, inclusive, parece ser mais consentâneo com a crescente especialização do jornalismo no mundo contemporâneo. Assim, como bem observa Jónatas Machado:

"num contexto em que o jornalismo se desdobra, com intensidade crescente, nas mais diversas especialidades, acompanhando a diferenciação funcional do sistema social, é duvidoso que não deva ser deixado ao critério das empresas de comunicação a valorização da experiência profissional adquirida pelos indivíduos nos mais diversos setores de atividade (v.g. economia, política, desporto, religião, etc.), relativamente àqueles que possuem uma formação universitária, mesmo que especializada no setor da comunicação. A garantia da diversidade do acesso à profissão, plenamente compatível com o respeito pelas normas éticas e deontológicas do jornalismo, pode ser excessivamente restringida pela tentativa de formatar os jornalistas, reconduzindo-os a um determinado tipo normativo, mediante, a exigência absoluta de um título universitário" (MACHADO, Jónatas E. M. *Liberdade de expressão: dimensões constitucionais da esfera pública no sistema social.* Coimbra: Coimbra Editora, 2002, p. 544).

Dentro dessa lógica, nada impede que as empresas de comunicação adotem como critério de contratação a exigência do diploma de curso superior em jornalismo.

Assim, esse tipo de orientação regulatória, ao permitir a *autopoiesis* do sistema da comunicação social, oferece maior proteção das liberdades de expressão e de informação.

Enfim, as análises acima levam a crer que essa é a melhor interpretação dos artigos 5º, incisos IX, XIII, e 220 da Constituição da República e a solução mais consentânea com a proteção das liberdades de profissão, de expressão e de informação na ordem constitucional brasileira.

Não fosse esse o entendimento, não poderíamos conceber a relevantíssima atividade jornalística de algumas conhecidas personalidades. García Marques, por exemplo, exerceu o jornalismo, sem diploma universitário, em jornais importantes da Colômbia, como o El Heraldo, El Espectador e El Universal. Foi correspondente internacional e, inclusive, fundador da fundação Neojornalismo Iberoamericano. Mario Vargas Llosa, formado em Direito, por muito tempo também exerceu a profissão de jornalista. Carlos Chagas, notório jornalista brasileiro, iniciou sua carreira em 1958, no jornal "O Globo", sem qualquer exigência de diploma. Nelson Rodrigues também foi jornalista. Barbosa Lima Sobrinho, bacharel em Direito, exerceu a profissão em jornais de Pernambuco, como o Jornal de Pernambuco e o Jornal do Recife, e em outros Estados, como o Jornal do Commercio (Rio de Janeiro), Gazeta (São Paulo) e Correio do Povo (Porto Alegre). Cláudio Barcelos de Barcelos, mais conhecido como Caco Barcelos, não tem formação superior, mas possui notório currículo em jornalismo investigativo. Ressalte-se, ainda, que Carl Bernstein e Bob Woodward, conhecidos mundialmente por seu importante trabalho de informação sobre o escândalo do *Watergate*, nunca possuíram diploma de jornalismo, e nem precisariam ter, pois nos Estados Unidos da América nunca se concebeu tal exigência. Formados em outros cursos, seu trabalho de investigação e denúncia no *The Washington Post* levou à renúncia de um Presidente da República.

Importante ressaltar que essa interpretação também tem sido acolhida pela Corte Interamericana de Direitos Humanos, que já se pronunciou sobre questão idêntica: o caso *"La colegiación obligatoria de periodistas"* (Corte Interamericana de Direitos Humanos, Opinião Consultiva OC-5/85, de 13 de novembro de 1985).

Na ocasião, o Governo da Costa Rica, mediante comunicação de 8 de julho de 1985, submeteu à Corte Interamericana uma solicitação de opinião consultiva sobre a interpretação dos artigos 13 e 29 da Convenção Americana de Direitos Humanos (liberdade de expressão) em relação à obrigatoriedade de inscrição em ordem ou conselho profissional de jornalistas (Colegio de Periodistas), mediante a apresentação de título universitário, para o exercício da profissão jornalística. Assim foi posto o problema perante a Corte Interamericana:

"la consulta que se formula a la CORTE INTERAMERICANA comprende además y en forma concreta, requerimiento de opinión consultiva sobre si existe o no pugna o contradicción entre la colegiatura obligatoria como requisito indispensable para poder ejercer la actividad del periodista en general y, en especial del reportero – según los artículos ya citados de la Ley No. 4420–y las normas internacionales 13 y 29 de la CONVENCIÓN AMERICANA SOBRE DERECHOS HUMANOS. En ese aspecto, es necesario conocer el criterio de la CORTE INTERAMERICANA, respecto al alcance y cobertura del derecho de libertad de expresión del pensamiento y de información y las únicas limitaciones permisibles conforme a los artículos 13 y 29 de la CONVENCIÓN AMERICANA., con indicación en su caso de si hay o no congruencia entre las normas internas contenidas en la *Ley Orgánica del Colegio de Periodistas* ya referidas (Ley n. 4420) y los artículos 13 y 29 internacionales precitados.

¿Está permitida o comprendida la colegiatura obligatoria del periodista y del reportero, entre las restricciones o limitaciones que autorizan los artículos 13 y 29 de la CONVENCIÓN AMERICANA SOBRE DERECHOS HUMANOS? ¿Existe o no compatibilidad, pugna o incongruencia entre aquellas normas internas y los artículos citados de la CONVENCIÓN AMERICANA?."

Participaram do processo como *amicus curiae* a Sociedade Interamericana de Prensa; o Colegio de Periodistas de Costa Rica, o World Press Freedom Committee, o International Press Institute, o Newspaper Guild e a International Association of Broadcasting; o American Newspaper Publishers Association, a American Society of Newspaper Editors e a Associated Press; a Federación Latinoamericana de Periodistas, a International League for Human Rights; e o Lawyers Committee for Human Rights, o Americas Watch Committee e o Committee to Protect Journalists.

A Corte Interamericana de Direitos Humanos proferiu decisão no dia 13 de novembro de 1985, declarando que a obrigatoriedade do diploma universitário e da inscrição em ordem profissional para o exercício da profissão de jornalista viola o art. 13 da Convenção Americana de Direitos Humanos, que protege a liberdade de expressão em sentido amplo. Vale transcrever alguns trechos dos fundamentos dessa importante decisão:

"53. Las infracciones al artículo 13 pueden presentarse bajo diferentes hipótesis, según conduzcan a la supresión de la libertad de expresión o sólo impliquen restringirla más allá de lo legítimamente permitido.

54. En verdad no toda transgresión al artículo 13 de la Convención implica la supresión radical de la libertad de expresión, que tiene lugar cuando, por el poder público se establecen medios para impedir la libre circulación de información, ideas, opiniones o noticias. Ejemplos son la censura previa, el secuestro o la prohibición de publicaciones y, en general, todos aquellos procedimientos que condicionan la expresión o la difusión de información al control gubernamental. En tal hipótesis, hay una violación radical tanto del derecho de cada persona a expresarse como del derecho de todos a estar bien informados, de modo que se afecta una de las condiciones básicas de una sociedad democrática. La Corte considera que la colegiación obligatoria de los periodistas, en los términos en que ha sido planteada para esta consulta, no configura un supuesto de esta especie.

55. La supresión de la libertad de expresión como ha sido descrita en el párrafo precedente, si bien constituye el ejemplo más grave de violación del artículo 13, no es la única hipótesis en que dicho artículo pueda ser irrespetado. En efecto, también resulta contradictorio con la Convención todo acto del poder público que implique una restricción al derecho de buscar, recibir y difundir informaciones e ideas, en mayor medida o por medios distintos de los autorizados por la misma Convención; y todo ello con independencia de si esas restricciones aprovechan o no al gobierno.

56. Más aún, en los términos amplios de la Convención, la libertad de expresión se puede ver también afectada sin la intervención directa de la acción estatal. Tal supuesto podría llegar a configurarse, por ejemplo, cuando por efecto de la existencia de monopolios u oligopolios en la propiedad de los medios de comunicación, se establecen en la práctica 'medios encaminados a impedir la comunicación y la circulación de ideas y opiniones'.

Liberdade de expressão artística, científica, de imprensa e liberdade de exercício profissional **1059**

57. Como ha quedado dicho en los párrafos precedentes una restricción a la libertad de expresión puede ser o no violatoria de la Convención, según se ajuste o no a los términos en que dichas restricciones están autorizadas por el artículo 13.2. Cabe entonces analizar la situación de la colegiación obligatoria de los periodistas frente a la mencionada disposición.

58. Por efecto de la colegiación obligatoria de los periodistas, la responsabilidad, incluso penal, de los no colegiados puede verse comprometida si, al 'difundir informaciones e ideas de toda índole... por cualquier... procedimiento de su elección' invaden lo que, según la ley, constituye ejercicio profesional del periodismo. En consecuencia, esa colegiación envuelve una restricción al derecho de expresarse de los no colegiados, lo que obliga a examinar si sus fundamentos caben dentro de los considerados legítimos por la Convención para determinar si tal restricción es compatible con ella.

59. La cuestión que se plantea entonces es si los fines que se persiguen con tal colegiación entran dentro de los autorizados por la Convención, es decir, son 'necesari(os) para asegurar: a) el respeto a los derechos o a la reputación de los demás, o b) la protección de la seguridad nacional, el orden público o la salud o la moral públicas' (art. 13.2).

60. La Corte observa que los argumentos alegados para defender la legitimidad de la colegiación obligatoria de los periodistas no se vinculan con todos los conceptos mencionados en el párrafo precedente, sino sólo con algunos de ellos. Se ha señalado, en primer lugar, que la colegiación obligatoria es el modo normal de organizar el ejercicio de las profesiones en los distintos países que han sometido al periodismo al mismo régimen. Así, el Gobierno ha destacado que en Costa Rica

existe una norma de derecho no escrita, de condición estructural y constitutiva, sobre las profesiones, y esa norma puede enunciarse en los siguientes términos: toda profesión deberá organizarse mediante una ley en una corporación pública denominada colegio.

En el mismo sentido la Comisión señaló que

Nada se opone a que la vigilancia y control del ejercicio de las profesiones, se cumpla, bien directamente por organismos oficiales, o bien indirectamente mediante una autorización o delegación que para ello haga el estatuto correspondiente, en una organización o asociación profesional, bajo la vigilancia o control del Estado, puesto que ésta, al cumplir su misión, debe siempre someterse a la Ley. La pertenencia a un Colegio o la exigencia de tarjeta para el ejercicio de la profesión de periodista no implica para nadie restricción a las libertades de pensamiento y expresión sino una reglamentación que compete al Poder Ejecutivo sobre las condiciones de idoneidad de los títulos, así como la inspección sobre su ejercicio como un imperativo de la seguridad social y una garantía de una mejor protección de los derechos humanos (Caso Schmidt, supra 15)"

El Colegio de Periodistas de Costa Rica destacó igualmente que 'este mismo requisito (la colegiación) existe en las leyes orgánicas de todos los colegios profesionales'. Por su parte, la Federación Latinoamericana de Periodistas, en las observaciones que remitió a la Corte como amicus curiae, señaló que algunas constituciones latinoamericanas disponen la colegiación obligatoria para las profesiones que señale la ley, en una regla del mismo rango formal que la libertad de expresión.

61. En segundo lugar se ha sostenido que la colegiación obligatoria persigue fines de utilidad colectiva vinculados con la ética y la responsabilidad profesionales. El Gobierno mencionó una decisión de la Corte Suprema de Justicia de Costa Rica en cuyos términos.

es verdad que esos colegios también actúan en interés común y en defensa de sus miembros, pero nótese que aparte de ese interés hay otro de mayor jerarquía que justifica establecer la colegiatura obligatoria en algunas profesiones, las que generalmente se denominan liberales, puesto que además del título que asegura una preparación adecuada, también se exige la estricta observancia de normas de ética profesional, tanto por la índole de la actividad que realizan estos profesionales, como por la confianza que en ellos depositan las personas que requieren de sus servicios. Todo ello es de interés público y el Estado delega en los colegios la potestad de vigilar el correcto ejercicio de la profesión.

En otra ocasión el Gobierno dijo:

Otra cosa resulta de lo que podríamos llamar el ejercicio del periodismo como '*profesión liberal*'. Eso explica que la misma Ley del Colegio de Periodistas de Costa Rica permita a una persona constituirse en comentarista y aún en *columnista permanente y retribuido* de un medio de comunicación, sin obligación de pertenecer al Colegio de Periodistas.

El mismo Gobierno ha subrayado que

el ejercicio de ciertas profesiones entraña, no sólo derechos sino deberes frente a la comunidad y el orden social. Tal es la razón que justifica la exigencia de una habilitación especial, regulada por Ley, para el desempeño de algunas profesiones, como la del periodismo.

Dentro de la misma orientación, un delegado de la Comisión, en la audiencia pública de 8 de noviembre de 1985, concluyó que

la colegiatura obligatoria para periodistas o la exigencia de tarjeta profesional no implica negar el derecho a la libertad de pensamiento y expresión, ni restringirla o limitarla, sino únicamente reglamentar su ejercicio para que cumpla su función social, se respeten los derechos de los demás y se proteja el orden público, la salud, la moral y la seguridad nacionales. La colegiatura obligatoria busca el control, la inspección y vigilancia sobre la profesión de periodistas para garantizar la ética, la idoneidad y el mejoramiento social de los periodistas.

En el mismo sentido, el Colegio de Periodistas afirmó que 'la sociedad tiene derecho, en aras de la protección del bien común, de regular el ejercicio profesional del periodismo'; e igualmente que "el manejo de este pensamiento ajeno, en su presentación al público requiere del trabajo profesional no solamente capacitado, sino obligado en su responsabilidad y ética profesionales con la sociedad, lo cual tutela el Colegio de Periodistas de Costa Rica'.

62. También se ha argumentado que la colegiación es un medio para garantizar la independencia de los periodistas frente a sus empleadores. El Colegio de Periodistas ha expresado que el rechazo a la colegiación obligatoria

equivaldría a facilitar los objetivos de quienes abren medios de comunicación en América Latina, no para el servicio de la sociedad sino para defender intereses personales y de pequeños grupos de poder. Ellos preferirían continuar con un control absoluto de todo el proceso de comunicación social, incluido el trabajo de personas en función de periodistas, que muestren ser incondicionales a esos mismos intereses.

En el mismo sentido, la Federación Latinoamericana de Periodistas expresó que esa colegiación persigue, inter alia,

garantizarle a sus respectivas sociedades el derecho a la libertad de expresión del pensamiento en cuya firme defensa han centrado sus luchas... Y con relación al derecho a la información nuestros gremios han venido enfatizando la necesidad de democratizar el flujo informativo en la relación emisor-receptor para que la ciudadanía tenga acceso y reciba una información veraz y oportuna, lucha esta que ha encontrado su principal traba en el egoísmo y ventajismo empresarial de los medios de comunicación social.

63. La Corte, al relacionar los argumentos así expuestos con las restricciones a que se refiere el artículo 13.2 de la Convención, observa que los mismos no envuelven directamente la idea de justificar la colegiación obligatoria de los periodistas como un medio para garantizar 'el respeto a los derechos o a la reputación de los demás' o 'la protección de la seguridad nacional', 'o la salud o la moral públicas' (art. 13.2); más bien apuntarían a justificar la colegiación obligatoria como un medio para asegurar el orden público (art. 13.2.b) como una justa exigencia del bien común en una sociedad democrática (art. 32.2).

64. En efecto, una acepción posible del orden público dentro del marco de la Convención, hace referencia a las condiciones que aseguran el funcionamiento armónico y normal de las instituciones sobre la base de un sistema coherente de valores y principios. En tal sentido podrían justificarse restricciones al ejercicio de ciertos derechos y libertades para asegurar el orden público. La Corte interpreta que el alegato según el cual la colegiación obligatoria es estructuralmente el modo de organizar el ejercicio de las profesiones en general y que ello justifica que se someta a dicho régimen también a los periodistas, implica la idea de que tal colegiación se basa en el orden público.

65. El bien común ha sido directamente invocado como uno de los justificativos de la colegiación obligatoria de los periodistas, con base en el artículo 32.2 de la Convención. La Corte analizará el argumento pues considera que, con prescindencia de dicho artículo, es válido sostener, en general, que el ejercicio de los derechos garantizados por la Convención debe armonizarse con el bien común. Ello no indica, sin embargo, que, en criterio de la Corte, el artículo 32.2 sea aplicable en forma automática e idéntica a todos los derechos que la Convención protege, sobre todo en los casos en que se especifican taxativamente las causas legítimas que pueden fundar las restricciones o limitaciones para un derecho determinado. El artículo 32.2 contiene un enunciado general que opera especialmente en aquellos casos en que la Convención, al proclamar un derecho, no dispone nada en concreto sobre sus posibles restricciones legítimas.

66. Es posible entender el bien común, dentro del contexto de la Convención, como un concepto referente a las condiciones de la vida social que permiten a los integrantes de la sociedad alcanzar el mayor grado de desarrollo personal y la mayor vigencia de los valores democráticos. En tal sentido, puede considerarse como un imperativo del bien común la organización de la vida social en forma que se fortalezca el funcionamiento de las instituciones democráticas y se preserve y promueva la plena realización de los derechos de la persona humana. De ahí que los alegatos que sitúan la colegiación obligatoria como un medio para asegurar la responsabilidad y la ética profesionales y, además, como una garantía de la libertad e independencia de los periodistas frente a sus patronos, deben considerarse fundamentados en la idea de que dicha colegiación representa una exigencia del bien común.

67. No escapa a la Corte, sin embargo, la dificultad de precisar de modo unívoco los conceptos de 'orden público' y 'bien común', ni que ambos conceptos pueden ser usados tanto para afirmar los derechos de la persona frente al poder público, como para justificar limitaciones a esos derechos en nombre de los intereses colectivos. A este respecto debe subrayarse que de ninguna manera podrían invocarse el 'orden público' o el 'bien común' como medios para suprimir un derecho garantizado por la Convención o para desnaturalizarlo o privarlo de contenido real (ver el art. 29.a) de la Convención). Esos conceptos, en cuanto se invoquen como fundamento de limitaciones a los derechos humanos, deben ser objeto de una interpretación estrictamente ceñida a las 'justas exigencias' de 'una sociedad democrática' que tenga en cuenta el equilibrio entre los distintos intereses en juego y la necesidad de preservar el objeto y fin de la Convención.

68. La Corte observa que la organización de las profesiones en general, en colegios profesionales, no es per se contraria a la Convención sino que constituye un medio de regulación y de control de la fe pública y de la ética a través de la actuación de los colegas. Por ello, si se considera la noción de orden público en el sentido referido anteriormente, es decir, como las condiciones que aseguran el funcionamiento armónico y normal de las instituciones sobre la base de un sistema coherente de valores y principios, es posible concluir que la organización del ejercicio de las profesiones está implicada en ese orden.

69. Considera la Corte, sin embargo, que el mismo concepto de orden público reclama que, dentro de una sociedad democrática, se garanticen las mayores posibilidades de circulación de noticias, ideas y opiniones, así como el más amplio acceso a la información por parte de la sociedad en su conjunto. La libertad de expresión se inserta en el orden público primario y radical de la democracia, que no es concebible sin el debate libre y sin que la disidencia tenga pleno derecho de manifestarse. En este sentido, la Corte adhiere a las ideas expuestas por la Comisión Europea de Derechos Humanos cuando, basándose en el Preámbulo de la Convención Europea, señaló:

> que el propósito de las Altas Partes Contratantes al aprobar la Convención no fue concederse derechos y obligaciones recíprocos con el fin de satisfacer sus intereses nacionales sino... establecer un orden público común de las democracias libres de Europa con el objetivo de salvaguardar su herencia común de tradiciones políticas, ideales, libertad y régimen de derecho ('Austria vs. Italy', Application No.788/60, European Yearbook of Human Rights, vol. 4, (1961), pág. 138).

> También interesa al orden público democrático, tal como está concebido por la Convención Americana, que se respete escrupulosamente el derecho de cada ser humano de expresarse libremente y el de la sociedad en su conjunto de recibir información.

70. La libertad de expresión es una piedra angular en la existencia misma de una sociedad democrática. Es indispensable para la formación de la opinión pública. Es también **conditio sine qua non** para

que los partidos políticos, los sindicatos, las sociedades científicas y culturales, y en general, quienes deseen influir sobre la colectividad puedan desarrollarse plenamente. Es, en fin, condición para que la comunidad, a la hora de ejercer sus opciones, esté suficientemente informada. Por ende, es posible afirmar que una sociedad que no está bien informada no es plenamente libre.

71. Dentro de este contexto el periodismo es la manifestación primaria y principal de la libertad de expresión del pensamiento y, por esa razón, no puede concebirse meramente como la prestación de un servicio al público a través de la aplicación de unos conocimientos o capacitación adquiridos en una universidad o por quienes están inscritos en un determinado colegio profesional, como podría suceder con otras profesiones, pues está vinculado con la libertad de expresión que es inherente a todo ser humano.

72. El argumento según el cual una ley de colegiación obligatoria de los periodistas no difiere de la legislación similar, aplicable a otras profesiones, no tiene en cuenta el problema fundamental que se plantea a propósito de la compatibilidad entre dicha ley y la Convención. El problema surge del hecho de que el artículo 13 expresamente protege la libertad de 'buscar, recibir y difundir informaciones e ideas de toda índole... ya sea oralmente, por escrito o en forma impresa...' La profesión de periodista-lo que hacen los periodistas – implica precisamente el buscar, recibir y difundir información. El ejercicio del periodismo, por tanto, requiere que una persona se involucre en actividades que están definidas o encerradas en la libertad de expresión garantizada en la Convención.

73. Esto no se aplica, por ejemplo, al ejercicio del derecho o la medicina; a diferencia del periodismo, el ejercicio del derecho o la medicina-es decir, lo que hacen los abogados o los médicos – no es una actividad específicamente garantizada por la Convención. Es cierto que la imposición de ciertas restricciones al ejercicio de la abogacía podría ser incompatible con el goce de varios derechos garantizados por la Convención. Por ejemplo, una ley que prohibiera a los abogados actuar como defensores en casos que involucren actividades contra el Estado, podría considerarse violatoria del derecho de defensa del acusado según el artículo 8 de la Convención y, por lo tanto, ser incompatible con ésta. Pero no existe un sólo derecho garantizado por la Convención que abarque exhaustivamente o defina por sí solo el ejercicio de la abogacía como lo hace el artículo 13 cuando se refiere al ejercicio de una libertad que coincide con la actividad periodística. Lo mismo es aplicable a la medicina.

74. Se ha argumentado que la colegiación obligatoria de los periodistas lo que persigue es proteger un oficio remunerado y que no se opone al ejercicio de la libertad de expresión, siempre que ésta no comporte un pago retributivo, y que, en tal sentido, se refiere a una materia distinta a la contenida en el artículo 13 de la Convención. Este argumento parte de una oposición entre el periodismo profesional y el ejercicio de la libertad de expresión, que la Corte no puede aprobar. Según ésto, una cosa sería la libertad de expresión y otra el ejercicio profesional del periodismo, cuestión esta que no es exacta y puede, además, encerrar serios peligros si se lleva hasta sus últimas consecuencias. **El ejercicio del periodismo profesional no puede ser diferenciado de la libertad de expresión, por el contrario, ambas cosas están evidentemente imbricadas, pues el periodista profesional no es, ni puede ser, otra cosa que una persona que ha decidido ejercer la libertad de expresión de modo continuo, estable y remunerado.** Además, la consideración de ambas cuestiones como actividades distintas, podría conducir a la conclusión que las garantías contenidas en el artículo 13 de la Convención no se aplican a los periodistas profesionales.

75. Por otra parte, el argumento comentado en el párrafo anterior, no tiene en cuenta que la libertad de expresión comprende dar y recibir información y tiene una doble dimensión, individual y colectiva. Esta circunstancia indica que el fenómeno de si ese derecho se ejerce o no como profesión remunerada, no puede ser considerado como una de aquellas restricciones contempladas por el artículo 13.2 de la Convención porque, sin desconocer que un gremio tiene derecho de buscar las mejores condiciones de trabajo, ésto no tiene por qué hacerse cerrando a la sociedad posibles fuentes de donde obtener información.

76. La Corte concluye, en consecuencia, que las razones de orden público que son válidas para justificar la colegiación obligatoria de otras profesiones no pueden invocarse en el caso del periodismo, pues conducen a limitar de modo permanente, en perjuicio de los no colegiados, el derecho de hacer uso pleno de las facultades que reconoce a todo ser humano el artículo 13 de la Convención, lo cual infringe principios primarios del orden público democrático sobre el que ella misma se fundamenta.

Liberdade de expressão artística, científica, de imprensa e liberdade de exercício profissional   1063

77. Los argumentos acerca de que la colegiación es la manera de garantizar a la sociedad una informa-ción objetiva y veraz a través de un régimen de ética y responsabilidad profesionales han sido fundados en el bien común. Pero en realidad como ha sido demostrado, el bien común reclama la máxima po-sibilidad de información y es el pleno ejercicio del derecho a la expresión lo que la favorece. Resulta en principio contradictorio invocar una restricción a la libertad de expresión como un medio para ga-rantizarla, porque es desconocer el carácter radical y primario de ese derecho como inherente a cada ser humano individualmente considerado, aunque atributo, igualmente, de la sociedad en su conjun-to. Un sistema de control al derecho de expresión en nombre de una supuesta garantía de la correcci-ón y veracidad de la información que la sociedad recibe puede ser fuente de grandes abusos y, en el fondo, viola el derecho a la información que tiene esa misma sociedad.

78. Se ha señalado igualmente que la colegiación de los periodistas es un medio para el fortalecimien-to del gremio y, por ende, una garantía de la libertad e independencia de esos profesionales y un im-perativo del bien común. No escapa a la Corte que la libre circulación de ideas y noticias no es conce-bible sino dentro de una pluralidad de fuentes de información y del respeto a los medios de comunicación. Pero no basta para ello que se garantice el derecho de fundar o dirigir órganos de opi-nión pública, sino que es necesario también que los periodistas y, en general, todos aquéllos que se dedican profesionalmente a la comunicación social, puedan trabajar con protección suficiente para la libertad e independencia que requiere este oficio. Se trata, pues, de un argumento fundado en un in-terés legítimo de los periodistas y de la colectividad en general, tanto más cuanto son posibles e, inclu-so, conocidas las manipulaciones sobre la verdad de los sucesos como producto de decisiones adopta-das por algunos medios de comunicación estatales o privados.

79. En consecuencia, la Corte estima que la libertad e independencia de los periodistas es un bien que es preciso proteger y garantizar. Sin embargo, en los términos de la Convención, **las restricciones au-torizadas para la libertad de expresión deben ser las 'necesarias para asegurar' la obtención de ciertos fines legítimos, es decir que no basta que la restricción sea útil (supra 46) para la obtención de ese fin, ésto es, que se pueda alcanzar a través de ella, sino que debe ser necesaria, es decir que no pueda alcanzarse razonablemente por otro medio menos restrictivo de un derecho protegido por la Convención. En este sentido, la colegiación obligatoria de los periodistas no se ajusta a lo requerido por el artículo 13.2 de la Convención, porque es perfectamente concebible establecer un estatuto que proteja la libertad e independencia de todos aquellos que ejerzan el periodismo, sin necesidad de dejar ese ejercicio solamente a un grupo restringido de la comunidad.**

80. También está conforme la Corte con la necesidad de establecer un régimen que asegure la respon-sabilidad y la ética profesional de los periodistas y que sancione las infracciones a esa ética. Igualmen-te considera que puede ser apropiado que un Estado delegue, por ley, autoridad para aplicar sanciones por las infracciones a la responsabilidad y ética profesionales. Pero, en lo que se refiere a los periodistas, deben tenerse en cuenta las restricciones del artículo 13.2 y las características propias de este ejercicio profesional a que se hizo referencia antes (supra 72-75).

81. **De las anteriores consideraciones se desprende que no es compatible con la Convención una ley de colegiación de periodistas que impida el ejercicio del periodismo a quienes no sean miem-bros del colegio y limite el acceso a éste a los graduados en una determinada carrera universitaria. Una ley semejante contendría restricciones a la libertad de expresión no autorizadas por el artícu-lo 13.2 de la Convención y sería, en consecuencia, violatoria tanto del derecho de toda persona a buscar y difundir informaciones e ideas por cualquier medio de su elección, como del derecho de la colectividad en general a recibir información sin trabas".**

Também a Organização dos Estados Americanos (OEA), por meio da Comissão Interame-ricana de Direitos Humanos, tem defendido que a exigência de diploma universitário em jorna-lismo como condição obrigatória para o exercício dessa profissão viola o direito à liberdade de expressão.

O Informe Anual da Comissão Interamericana de Direitos Humanos, de 25 de fevereiro de 2009, elaborado pela Dra. Catalina Botero, Relatora Especial da OEA para a Liberdade de Ex-pressão, traz conclusões nesse sentido:

"G. Los periodistas y los medios de comunicación social

1. Importancia del periodismo y de los medios para la democracia; caracterización del periodismo bajo la Convención Americana

177. El periodismo, en el contexto de una sociedad democrática, representa una de las manifestaciones más importantes de la libertad de expresión e información. Las labores periodísticas y las actividades de la prensa son elementos fundamentales para el funcionamiento de las democracias, ya que son los periodistas y los medios de comunicación quienes mantienen informada a la sociedad sobre lo que ocurre y sus distintas interpretaciones, condición necesaria para que el debate público sea fuerte, informado y vigoroso. También es claro que una prensa independiente y crítica es un elemento fundamental para la vigencia de las demás libertades que integran el sistema democrático.

178. En efecto, la jurisprudencia interamericana ha sido consistente en reafirmar que, en tanto piedra angular de una sociedad democrática, la libertad de expresión es una condición esencial para que la sociedad esté suficientemente informada; que la máxima posibilidad de información es un requisito del bien común, y es el pleno ejercicio de la libertad de información el que garantiza tal circulación máxima; y que la libre circulación de ideas y noticias no es concebible sino dentro de una pluralidad de fuentes de información, y del respeto a los medios de comunicación.

179. La importancia de la prensa y del status de los periodistas se explica, en parte, por la indivisibilidad entre la expresión y la difusión del pensamiento y la información, y por el hecho de que una restricción a las posibilidades de divulgación representa, directamente y en la misma medida, un límite al derecho a la libertad de expresión, tanto en su dimensión individual como en su dimensión colectiva. De allí que, en criterio de la Corte Interamericana, las restricciones a la circulación de información por parte del Estado deban minimizarse, en atención a la importancia de la libertad de expresión en una sociedad democrática y la responsabilidad que tal importancia impone a los periodistas y comunicadores sociales.

180. El vínculo directo que tiene con la libertad de expresión diferencia al periodismo de otras profesiones. En criterio de la Corte Interamericana, el ejercicio del periodismo implica que una persona se involucre en actividades definidas o comprendidas en la libertad de expresión que la convención Americana protege específicamente, las cuales están específicamente garantizadas mediante un derecho que coincide en su definición con la actividad periodística. Así, el ejercicio profesional del periodismo no puede diferenciarse del ejercicio de la libertad de expresión –por ejemplo atendiendo al criterio de la remuneración–: son actividades 'evidentemente imbricadas', y el periodista profesional es simplemente quien ejerce su libertad de expresión en forma continua, estable y remunerada. Por su estrecha imbricación con la libertad de expresión, el periodismo no puede concebirse simplemente como la prestación de un servicio profesional al público mediante la aplicación de conocimientos adquiridos en una universidad, o por quienes están inscritos en un determinado colegio profesional (como podría suceder con otros profesionales), pues el periodismo se vincula con la libertad de expresión inherente a todo ser humano. En términos de la Corte, los periodistas se dedican profesionalmente al ejercicio de la libertad de expresión definida expresamente en la Convención, a través de la comunicación social.

181. Por lo tanto, para la jurisprudencia interamericana, las razones de orden público que justifican la colegiatura de otras profesiones no se pueden invocar válidamente en caso del periodismo, porque llevan a limitar en forma permanente, en perjuicio de los no colegiados, el derecho a hacer pleno uso de las facultades que el artículo 13 reconoce a toda persona, 'lo cual infringe principios primarios del orden público democrático sobre el que ella misma se fundamenta'. En este sentido el principio 6 de la Declaración de Principios sobre Libertad de Expresión de la Comisión Interamericana expresa que 'la colegiación obligatoria o la exigencia de títulos para el ejercicio de la actividad periodística, constituyen una restricción ilegítima a la libertad de expresión.'

182. En el mismo sentido, los Relatores Especiales de la ONU, la OEA y la OSCE sobre Libertad de Expresión, en su Declaración Conjunta de 2003, recordaron que 'el derecho a la libertad de expresión garantiza a todas las personas la libertad de buscar, recibir y difundir información a través de cualquier medio y que, como consecuencia de ello, los intentos de limitar el acceso al ejercicio del periodismo son ilegítimos', y en consecuencia declararon (i) que 'a los periodistas no se les debe exigir licencia o estar registrados', (ii) que 'no deben existir restricciones legales en relación con qui-

énes pueden ejercer el periodismo', (iii) que 'los esquemas de acreditación a periodistas sólo son apropiados si son necesarios para proveerles de acceso privilegiado a algunos lugares y/o eventos; dichos esquemas deben ser supervisados por órganos independientes y las decisiones sobre la acreditación deben tomarse siguiendo un proceso justo y transparente, basado en criterios claros y no discriminatorios, publicados con anterioridad'; y (iv) que 'la acreditación nunca debe ser objeto de suspensión solamente con base en el contenido de las informaciones de un periodista'.

183. Ahora bien, en cuanto a los medios de comunicación social, la jurisprudencia interamericana ha resaltado que éstos cumplen un papel esencial en tanto vehículos o instrumentos para el ejercicio de la libertad de expresión e información, en sus dimensiones individual y colectiva, en una sociedad democrática. La libertad de expresión es particularmente importante en su aplicación a la prensa; a los medios de comunicación compete la tarea de transmitir información e ideas sobre asuntos de interés público, y el público tiene derecho a recibirlas. En tal sentido, el Relator Especial de las Naciones Unidas para la Libertad de Opinión y Expresión, el Representante de la Organización para la Seguridad y Cooperación en Europa para la Libertad de los Medios de Comunicación y el Relator Especial de la OEA para la Libertad de Expresión afirmaron, en su declaración conjunta de 1999, que 'los medios de comunicación independientes y pluralistas son esenciales para una sociedad libre y abierta y un gobierno responsable'".

Concluo, portanto, no sentido de que o art. 4º, inciso V, do Decreto-Lei n. 972, de 1969, não foi recepcionado pela Constituição de 1988.

Não se esqueça que, tal como o Decreto-Lei n. 911/69 – que equiparava, para todos os efeitos legais, inclusive a prisão civil, o devedor-fiduciante ao depositário infiel na hipótese do inadimplemento das obrigações pactuadas no contrato de alienação fiduciária em garantia – o qual foi declarado inconstitucional por esta Corte no recente julgamento dos Recursos Extraordinários n. 349.703 (Relator para o acórdão Ministro Gilmar Mendes) e n. 466.343 (Relator Ministro Cezar Peluso)[32], o Decreto-Lei n. 972, também de 1969, foi editado sob a égide do regime ditatorial instituído pelo Ato Institucional n. 5, de 1968. Também assinam este Decreto as três autoridades militares que estavam no comando do país na época: os Ministros da Marinha de Guerra, do Exército e da Aeronáutica Militar, usando das atribuições que lhes conferiu o Ato Institucional n. 16, de 1969, e o Ato institucional n. 5, de 1968. Está claro que a exigência de diploma de curso superior em jornalismo para o exercício da profissão tinha uma finalidade de simples entendimento: afastar dos meios de comunicação intelectuais, políticos e artistas que se opunham ao regime militar. Fica patente, assim, que o referido ato normativo atende a outros valores que não estão mais vigentes em nosso Estado Democrático de Direito. Assim como ficou consignado naquele julgamento, reafirmo que não só o Decreto-Lei n. 911/1969, como também este Decreto-Lei n. 972/1969 não passaria sob o crivo do Congresso Nacional no contexto do atual Estado constitucional, em que são assegurados direitos e garantias fundamentais a todos os cidadãos.

Esses são os fundamentos que me levam a conhecer dos recursos e a eles dar provimento.

É como voto.

---

[32] STF, Pleno, RE n. 349.703, Rel. p/ acórdão Min. Gilmar Mendes, julg. em 3.12.2008. STF, Pleno, RE n. 466.343, Rel. Min. Cezar Peluso, julg. em 3.12.2008.

12. Restrição da prisão civil por dívida: depositário infiel

RE 349.703[1]

Depositário infiel – Prisão civil – Proibição – Respeito ao Pacto de São José da Costa Rica – *Status* normativo supralegal dos tratados internacionais de direitos humanos – Inaplicabilidade da legislação infraconstitucional conflitante.

Nestes termos, o Relator do recurso extraordinário, Min. Ilmar Galvão, expôs a questão discutida nos autos:

*"Recurso que, pelas letras **a** e **b** do permissivo constitucional, foi interposto contra acórdão que teve o contrato de alienação fiduciária em garantia por insuscetível de ser equiparado ao contrato de depósito de bem alheio, para efeito de aplicação da prisão civil autorizada no inc. LXVII do art. 5º da CF.*

Sustenta o recorrente a nulidade da referida decisão por inobservância da norma do art. 97 da CF, alegando, ainda, ofensa ao inciso LXVII do art. 5º da mesma Carta.

Admitido na origem, foi o recurso regularmente processado, sendo certo que a douta Procuradoria-Geral da República, em recursos análogos, tem-se manifestado pela constitucionalidade da medida constritiva, em consonância, aliás, com a jurisprudência predominante do STF.

É o relatório".

Em 3 de dezembro de 2008, o julgamento foi concluído, quando foi prolatada decisão assim ementada:

EMENTA: PRISÃO CIVIL DO DEPOSITÁRIO INFIEL EM FACE DOS TRATADOS INTERNACIONAIS DE DIREITOS HUMANOS. INTERPRETAÇÃO DA PARTE FINAL DO INCISO LXVII DO ART. 5º DA CONSTITUIÇÃO BRASILEIRA DE 1988. POSIÇÃO HIERÁRQUICO--NORMATIVA DOS TRATADOS INTERNACIONAIS DE DIREITOS HUMANOS NO ORDENAMENTO JURÍDICO BRASILEIRO. Desde a adesão do Brasil, sem qualquer reserva, ao Pacto Internacional dos Direitos Civis e Políticos (art. 11) e à Convenção Americana sobre Direitos Humanos – Pacto de San José da Costa Rica (art. 7º, 7), ambos no ano de 1992, não há mais base legal para prisão civil do depositário infiel, pois o caráter especial desses diplomas internacionais sobre direitos humanos lhes reserva lugar específico no ordenamento jurídico, estando abaixo da Constituição, porém acima da legislação interna. O status normativo supralegal dos tratados internacionais de direitos humanos subscritos pelo Brasil torna inaplicável a legislação infraconstitucional com ele conflitante, seja ela anterior ou posterior ao ato de adesão. Assim ocorreu com o art. 1.287 do Código Civil de 1916 e com o Decreto-Lei n. 911/69, assim como em relação ao art. 652 do Novo Código Civil (Lei n. 10.406/2002). ALIENAÇÃO FIDUCIÁRIA EM GARANTIA. DECRETO-LEI N. 911/69. EQUIPARAÇÃO DO DEVEDOR-FIDUCIANTE AO DEPOSITÁRIO. PRISÃO CIVIL DO DEVEDOR-FIDUCIANTE EM FACE DO PRINCÍPIO DA PROPORCIONALIDADE. A prisão civil do devedor-fiduciante no âmbito do contrato de alienação fiduciária em garantia viola o princípio

---

[1] O Tribunal, por maioria, negou provimento ao recurso, vencidos os Senhores Ministros Moreira Alves e Sydney Sanches, que dele conheciam e lhe davam provimento (*DJ* de 5.6.2009).

Restrição da prisão civil por dívida: depositário infiel **1067**

da proporcionalidade, visto que: a) o ordenamento jurídico prevê outros meios processuais-executórios postos à disposição do credor-fiduciário para a garantia do crédito, de forma que a prisão civil, como medida extrema de coerção do devedor inadimplente, não passa no exame da proporcionalidade como proibição de excesso, em sua tríplice configuração: adequação, necessidade e proporcionalidade em sentido estrito; e b) o Decreto-Lei n. 911/69, ao instituir uma ficção jurídica, equiparando o devedor-fiduciante ao depositário, para todos os efeitos previstos nas leis civis e penais, criou uma figura atípica de depósito, transbordando os limites do conteúdo semântico da expressão "depositário infiel" insculpida no art. 5º, inciso LXVII, da Constituição e, dessa forma, desfigurando o instituto do depósito em sua conformação constitucional, o que perfaz a violação ao princípio da reserva legal proporcional. RECURSO EXTRAORDINÁRIO CONHECIDO E NÃO PROVIDO.

VOTO-VISTA

I – Introdução

Em Sessão Plenária de 3 de abril de 2003, o então Min. Relator Ilmar Galvão delimitou a controvérsia constitucional deste recurso extraordinário nos seguintes termos, *verbis*:

"Conforme se pode ver, a controvérsia, no STF, sobre a prisão civil do fiel depositário circunscreve-se, essencialmente, em primeiro lugar, à questão de saber se, na alienação fiduciária em garantia há, ou não, embutido, um contrato de depósito, ou, em segundo plano, se o Pacto de São José da Costa Rica teve, ou não, o condão de revogar o DL n. 911/1969; podendo-se acrescentar, tão somente, o argumento de que uma norma infraconstitucional não pode afastar a exceção da prisão civil do depositário infiel prevista na Constituição.

(...)

Senhor Presidente, [arrematou o Min. Ilmar Galvão:] foi propósito meu, na iminência de afastar-me da Corte, deixar registrado (...) que reconsidero o posicionamento adotado, desde o início, no sentido de ter por constitucional a prisão civil do depositário infiel.

Convenceram-me do contrário os mestres acima citados.

Confesso que, na verdade, o que mais me moveu, até aqui, foi o pragmatismo determinado pela convicção de que *'o pacto de alienação fiduciária em garantia, sem o contrato de depósito nele embutido, perderia, por completo, a sua função de instrumento jurídico capaz de viabilizar a aquisição de certos bens móveis duráveis a grande número de pessoas, impedidas de fazê-lo sem apelo ao crédito, de que, entretanto, não dispõem por falta de lastro cadastral*" (HC 72.131).

Acontece que, presentemente, dada a tendência crescente de nossos tribunais de apelação, capitaneados pelo Superior Tribunal de Justiça, de não admitirem a prisão decorrente da inadimplência em contrato de alienação fiduciária, essa espécie de garantia passou a ser substituída pelo seguro, de ordinário contratado à base de 2% sobre o saldo devedor, conforme pôde este Relator [dizia o Min. Ilmar Galvão] apurar, seja mediante visita pessoal, seja por meio de consultas telefônicas e eletrônicas, já não tendo cabimento falar-se em risco de privação dos integrantes das classes menos favorecidas, do uso de tais bens.

Ante tais considerações, meu voto, neste caso, não conhece do recurso [Friso que, aqui, o Min. Ilmar Galvão utilizou-se da terminologia antes adotada por este STF]."

Após invocar o princípio da dignidade da pessoa humana e de efetuar um detalhado levantamento da experiência do direito comparado, o eminente Relator deste recurso reconsiderou o posicionamento que havia firmado em outras oportunidades perante este Plenário e reconheceu a alegada violação ao inciso LXVII do art. 5º da Constituição, não vislumbrando a procedência das razões do recorrente (BANCO ITAÚ S.A.).

Tendo em vista a relevância que a matéria assumiu na jurisprudência do Supremo Tribunal Federal, na qualidade de Corte comprometida, nos planos interno e internacional, com a salvaguarda dos direitos fundamentais assegurados na Constituição de 1988 e dos direitos humanos protegidos pelos tratados internacionais dos quais o Brasil é signatário, pedi vista dos autos para uma melhor análise do tema.

Apenas para fins de melhor elucidação da questão jurídica sob análise, passo a apreciar a admissibilidade deste recurso.

II – Da admissibilidade do recurso extraordinário

Trata-se de Recurso Extraordinário interposto pelo BANCO ITAÚ S.A., com fundamento nas alíneas "a" e "b" do inciso III do art. 102 da Constituição Federal, contra decisão proferida no julgamento da Apelação Cível n. 598.156.263 (fls. 178-192) pela 13ª Câmara Cível do Tribunal de Justiça do Estado do Rio Grande do Sul – TJRS. Eis o teor do acórdão recorrido, *verbis*:

"AÇÃO DE DEPÓSITO. CORREÇÃO MONETÁRIA. JUROS MORATÓRIOS E REMUNERATÓRIOS. COMISSÃO DE PERMANÊNCIA. CAPITALIZAÇÃO. MORA. MULTA. PRISÃO CIVIL.

A falta de designação da audiência de conciliação não implica nulidade da sentença proferida em julgamento antecipado.

Não há nenhuma ilegalidade em aplicar os índices inflacionários de forma capitalizada, mês a mês, periodicidade em que são publicados. A capitalização é inerente ao conceito de correção monetária.

Consoante disposições contratuais, a correção monetária observa o mesmo critério legal adotado para a atualização dos recursos repassados ao BNDES, originários dos fundos PIS-PASEP e FAT, sendo previsto o critério *pro rata*.

Não há qualquer previsão de perda de prestações pagas e o apelante não aponta nenhuma cláusula nesse sentido.

Os juros moratórios pactuados, bem como os remuneratórios, respeitam a estrema legal, e a comissão de permanência não foi computada em nenhum dos demonstrativos de débito.

Na espécie *sub iudice*, a capitalização anual deverá ser observada nos contratos de abertura de crédito fixo, e a semestral, na cédula de crédito comercial.

A redução do valor do débito, no caso, não desfigura a mora, sendo devida a multa no percentual ajustado, pois foi respeitada a lei vigente ao tempo em que se efetuou o ato.

A prisão civil, a teor do novo texto constitucional, só é admissível em hipótese de depósito para guarda de bem alheio, e não em caso de depósito em garantia, como acontece nos contratos de alienação fiduciária por ter sido retirada do legislador ordinário a possibilidade de equiparações como esta.

Preliminares rejeitadas.

APELAÇÃO PROVIDA EM PARTE." – (fls. 182).

Em 25 de julho de 1996, o BANCO ITAÚ S.A. (recorrente) ajuizou, perante o Juízo Cível da Comarca de Alegrete-RS, ação de busca e apreensão (fls. 2-5) em face de ARMANDO LUIS SEGABINAZZI (recorrido), com o fundamento de que este estaria em mora (art. 2º, § 2º, do Decreto-Lei n. 911/69) em relação às parcelas atinentes a cédula de crédito comercial e contratos de abertura de crédito fixo, garantidos pela alienação fiduciária dos seguintes bens: a) 1 (uma) semeadeira-adubadeira TDA 400, com 24 (vinte e quatro) linhas, marca "Semeato", ano 1994; b) 1 (um) arado gradeador, CR 1027, com 10 (dez) discos, controle remoto, espaçamento de 270 mm, marca "Boelter", ano 1993; c) 2 (duas) taipadeiras hidráulicas THI 1100 JR, marca "Indumec", ano 1993.

Deferida a medida cautelar e determinado o seu imediato cumprimento (fls. 34-35), certificou o oficial de justiça, por declaração do próprio devedor, ARMANDO LUIS SEGABINAZZI (recorrido), que este não possuía mais os referidos bens.

O BANCO ITAÚ S.A. então requereu a conversão do pedido de busca e apreensão em ação de depósito (fls. 37-38), com base no art. 4º do Decreto-Lei n. 911/69, e apresentou a estimativa dos bens alienados fiduciariamente, correspondente a um montante de R$ 22.100,00 (vinte e dois mil e cem reais).

O Juiz de Direito da 2ª Vara da Comarca de Alegrete/RS, deferindo a conversão do pedido em ação de depósito, determinou a citação do requerido para que depositasse judicialmente os bens, em 5 dias, ou seu equivalente em dinheiro (fl. 40), sob pena de prisão – (fl. 42).

Após encerrada a instrução, em sentença datada de 30 de setembro de 1997 (fls. 92-97), o juízo originário julgou a ação parcialmente procedente, nos seguintes termos, *verbis*:

Restrição da prisão civil por dívida: depositário infiel **1069**

"ANTE O EXPOSTO, com base no artigo 4º da Lei n. 911/69, combinado com os artigos 901 e seguintes do Código de Processo Civil, julgo procedente em parte a ação e determino a expedição de mandado para que o réu entregue o bem em 24 horas ou deposite seu valor em dinheiro, sob pena de prisão até um ano." – (fl. 96).

Em 18 de dezembro de 1997, após a rejeição de embargos de declaração opostos por ARMANDO LUIZ SEGABINAZZI, a defesa do ora recorrido interpôs apelação (fls. 108-152), com efeito suspensivo, na qual se suscitou, além de outros argumentos, a inconstitucionalidade, em face do art. 5º, inciso LXVII, da Constituição, da determinação da prisão civil para o caso de descumprimento da sentença (fls. 114-152).

Em contrarrazões de fls. 155-160, o BANCO ITAÚ S.A. (recorrente) invocou o precedente firmado por este Supremo Tribunal Federal no julgamento do HC n. 71.286/MG, Rel. Min. Francisco Rezek, *DJ* de 4.8.1995, em que se assentou a tese segundo a qual o Decreto-Lei n. 911/1969 teria sido recepcionado pela Constituição Federal de 1988. Eis o teor da ementa desse julgado, *verbis*:

"EMENTA: HABEAS CORPUS. PRISÃO CIVIL. ALIENAÇÃO FIDUCIÁRIA. DEPOSITÁRIO INFIEL. DECRETO-LEI 911/69. RECEPÇÃO PELA CONSTITUIÇÃO DE 1988. PRESCRIÇÃO: DIREITO CIVIL. INEXISTÊNCIA DE ILEGALIDADE.

I – O Decreto-lei n. 911/69 foi recepcionado pela ordem constitucional vigente. A equiparação do devedor fiduciário ao depositário infiel não afronta a Carta da República. Legítima, assim, a prisão civil do devedor fiduciante que descumpre, sem justificação, ordem judicial para entregar a coisa ou o seu equivalente em dinheiro. Precedente do STF.

II – Para prisão civil, vale a prescrição à luz do direito civil (artigo 177 do Código Civil). Ordem denegada." – (HC n. 71.286-MG, Segunda Turma, unânime, Rel. Min. Francisco Rezek, *DJ* de 4.8.1995).

O acórdão recorrido foi proferido pela 13ª Câmara Cível do TJRS, por unanimidade, nos termos do voto do Relator, o Desembargador Márcio Borges Fortes, que teceu as seguintes considerações acerca do tema da prisão civil, *verbis*:

"Em outro ponto, mais uma vez, está o apelante com a razão.

Por pertinente, reproduzo trecho da Apelação Cível n. 195.012.547, de que fui relator, como razões de decidir:

'Conquanto o artigo 4º do Decreto-Lei n. 911/69 realmente conceda ao credor fiduciário a ação de depósito, não opera, contudo, a transformação do contrato de alienação fiduciária em contrato de depósito. Trata-se tão somente de uma equiparação estabelecida por legislação ordinária, como outras que se deram na vigência da norma constitucional anterior e sobre permissão dela medraram injustamente. Todavia, a Carta Magna de 1988, em seu artigo 5º inciso LXVII, ao admitir a prisão civil de depositário infiel, excluiu a menção das Constituições antecedentes à lei ordinária, não repetindo a fórmula nelas consagrada, 'na forma da lei'. Logo, pela melhor inteligência do preceito constitucional, foi retirado do legislador ordinário a possibilidade dessas equiparações.'

Vale colacionar aqui fragmentos da lição do Desembargador Adroaldo Furtado Fabrício, em seus Comentários ao Código de Processo Civil, pela insuperável clareza e percuciente análise:

'É relevante assinalar, contudo, que o texto constitucional se absteve de caracterizar o que seja o depositário infiel, ou o próprio depósito, deixando à lei ordinária essa tarefa. E logo veremos que daí decorre a possibilidade, potencialmente perigosa, de extrapolações e equiparações debilitadoras do princípio geral, na medida em que alargam o campo das exceções em detrimento da efetividade da garantia constitucional. (...) Vão-se avolumando os casos de equiparação ao depositário, para o fim de responderem como se o fossem, de pessoas que absolutamente não são depositários. O neomercantilismo vigente, elevando à quase sacralidade os interesses do comércio de dinheiro, não se conforma com a aparente inferioridade das garantias com que se pode forrar à inadimplência. E sonha com a adoção de mecanismos legais tão poderosos, em termos de pressão psicológica, como os permitidos para forçar o depositário à restituição. Daí o risco de se desfigurar ou esvaziar a *garantia constitucional, à força de atribuir-se, mediante lei ordinária, responsabilidade de depositário a quem não o é (...) Objeto de preocupações maiores deve ser a tendência à equiparação quando se trata de bens dados em garantia.' (Comentários ao Código de Processo Civil, vol. VIII, tomo III, páginas 197, 198 e 199).*

Saliente-se que o texto citado é anterior à Constituição Federal de 1988, e com justeza já preconizava o zelo com a garantia constitucional, preocupação que, com certeza, também foi do legislador constituinte, ao arredar a malsinada fórmula antes aludida.

Tais equiparações são artifícios para burlar a antiga vedação de prisão por dívidas. A exceção constitucional para a prisão civil contempla, ao lado do devedor de alimentos, apenas o depositário infiel, aquele que recebe e possui bem alheio e deve restituí-lo. Situação bem diversa é a do alienante fiduciário. Malgrado a equiparação operada no Decreto-Lei n. 911/69, não está mais sujeito à prisão civil." – (fls. 190/191).

Desse acórdão, o recorrente, BANCO ITAÚ S.A., interpôs, simultaneamente, recurso especial (pelas alíneas "a" e "c" do inciso III do art. 105 da CF, fls. 196-203), e recurso extraordinário (pelas alíneas "a" e "b" do inciso III do art. 102 da CF, fls. 205-214).

Em decisão datada de 5 de janeiro de 2001 (fls. 216-221), o RESP foi inadmitido. Nesse mesmo ato decisório, porém, o TJRS admitiu o recurso extraordinário tão somente quanto à alínea "a" do permissivo constitucional.

Nessa oportunidade (fls. 220/221), assim se manifestou o Desembargador Antônio Janyr Dall'Agnol Júnior, o então 2° Vice-Presidente, em substituição ao 3° Vice-Presidente do Tribunal de Justiça do Estado do Rio Grande do Sul, *verbis*:

"(...) Com efeito, o Supremo Tribunal Federal, por seu Plenário (HC 72.131), firmou o entendimento de que, em face da Carta Magna de 1988, persiste a constitucionalidade da prisão civil do depositário infiel em se tratando de alienação fiduciária, bem como de que o Pacto de São José da Costa Rica, além de não poder contrapor-se à permissão do artigo 5°, LXVII, da mesma Constituição, não derrogou, por ser norma infraconstitucional geral, as normas infraconstitucionais especiais sobre prisão civil do depositário infiel.

Esse mesmo entendimento voltou a ser reafirmado recentemente, em 27.05.98, também por decisão do Plenário, quando do julgamento do RE 206.482.

Já o artigo 97 da Constituição Federal não foi objeto de discussão no julgamento, ressentindo-se a matéria, no tópico, do indispensável prequestionamento, o que fatalmente atrai a incidência das Súmulas 282 e 356 do Pretório Excelso.

No que tange à alínea b, o recurso é manifestamente incabível, pois não configurada a declaração de inconstitucionalidade de tratado ou lei federal.

Para admissibilidade do recurso extraordinário pela alínea b, do permissivo constitucional, é necessário declaração de inconstitucionalidade, o que inocorreu na espécie.

IV. Em face do exposto, ADMITO o recurso extraordinário e NEGO SEGUIMENTO ao especial." – (fls. 220/221).

Após esse breve relato do caso, passo a analisar a admissibilidade deste recurso extraordinário (fls. 205-214).

A pretensão recursal deduzida na espécie aponta a violação de dois dispositivos constitucionais:

a) com relação ao art. 97 da Constituição, o recorrente argumenta que "não tendo a questão da inconstitucionalidade do art. 4°, do Decreto-Lei 911/69, manifestada no acórdão recorrido, sido submetida ao plenário do E. Tribunal 'a quo' [TJRS], nem tendo se referido, o acórdão, a julgamento de seu órgão especial em caso análogo, resta evidente que houve violação à norma do artigo 97 da Constituição Federal, que justifica o conhecimento do presente Recurso extraordinário, *ex vi* do art. 102, III, 'a' da Constituição Federal"; e

Restrição da prisão civil por dívida: depositário infiel **1071**

b) com referência ao inciso LXVII do art. 5º da Constituição, a peça recursal sustenta a constitucionalidade da prisão civil do depositário infiel, nos termos do art. 4º do Decreto-Lei n. 911/1969, e com base em precedentes de ambas as Turmas deste Supremo Tribunal Federal (HC n. 70.625/SP, Segunda Turma, por maioria, Rel. Min. Néri da Silveira, julgado em 22.10.1993, *DJ* de 20.5.1994; e RE n. 226.290/RS, Primeira Turma, unânime, Rel. Min. Ilmar Galvão, julgado em 12.5.1998, *DJ* de 20.11.1998).

Em síntese, o acórdão recorrido reconheceu, em parte, a validade do contrato celebrado, garantido por meio de alienação fiduciária dos bens mencionados, mas não reconheceu a possibilidade de decretação da prisão civil do apelante ARMANDO LUIZ SEGABINAZZI (recorrido), sob o fundamento de que na alienação fiduciária não haveria modalidade típica de depósito.

Da leitura atenta dos autos, pode-se verificar que, até o momento da interposição deste Recurso Extraordinário, a violação ao art. 97 da Constituição não foi, em qualquer momento, suscitada pelas partes por meio das competentes vias processuais ordinárias que seriam cabíveis. É dizer, quanto a esse ponto, a decisão que admitiu este recurso está correta ao preconizar que a matéria não foi devidamente prequestionada.

Já quanto ao inciso LXVII do art. 5º da Constituição, o tema foi discutido nas instâncias ordinárias com diversas menções explícitas a julgados desta Corte.

Vê-se, assim, que o inciso LXVII do art. 5º da Constituição (uma das disposições tidas como violadas) foi objeto de adequado prequestionamento.

Por fim, é inquestionável que o cabimento deste recurso extraordinário apenas pode ocorrer quanto à alínea "a" do permissivo constitucional (CF, art. 102, III).

Nesses termos, **conheço parcialmente** deste recurso extraordinário e, nessa extensão do conhecimento, atenho-me ao cabimento do recurso pelo art. 102, III, "a", da CF, limitando-me a apreciar a alegação de violação ao art. 5º, inciso LXVII, da Constituição.

Passo a apreciar o mérito da pretensão recursal.

III – Prisão civil do depositário infiel em face dos tratados internacionais de direitos humanos

Se não existem maiores controvérsias sobre a legitimidade constitucional da prisão civil do devedor de alimentos, assim não ocorre em relação à prisão do depositário infiel. As legislações mais avançadas em matéria de direitos humanos proíbem expressamente qualquer tipo de prisão civil decorrente do descumprimento de obrigações contratuais, excepcionando apenas o caso do alimentante inadimplente.

O art. 7º (n. 7) da Convenção Americana sobre Direitos Humanos – Pacto de San José da Costa Rica, de 1969, dispõe desta forma:

"Ninguém deve ser detido por dívidas. Este princípio não limita os mandados de autoridade judiciária competente expedidos em virtude de inadimplemento de obrigação alimentar."

Com a adesão do Brasil a essa convenção, assim como ao Pacto Internacional dos Direitos Civis e Políticos[2], sem qualquer reserva, ambos no ano de 1992, iniciou-se um amplo debate sobre a possibilidade de revogação, por tais diplomas internacionais, da parte final do inciso LXVII do art. 5º da Constituição brasileira de 1988, especificamente, da expressão "depositário infiel", e, por consequência, de toda a legislação infraconstitucional que nele possui fundamento direto ou indireto.

---

2   Pacto Internacional dos Direitos Civis e Políticos (1966), adotado pela Resolução n. 2.200 A (XXI) da Assembleia Geral das Nações Unidas em 16 de dezembro de 1966, ao qual o Brasil aderiu em 24 de janeiro de 1992, e que, em seu art. 11, assim dispõe: *"Ninguém poderá ser preso apenas por não poder cumprir com uma obrigação contratual".*

Dispensada qualquer análise pormenorizada da irreconciliável polêmica entre as teorias monista (Kelsen)[3] e dualista (Triepel)[4] sobre a relação entre o Direito Internacional e o Direito Interno dos Estados – a qual, pelo menos no tocante ao sistema internacional de proteção dos direitos humanos, tem-se tornado ociosa e supérflua –, é certo que qualquer discussão nesse âmbito pressupõe o exame da relação hierárquico-normativa entre os tratados internacionais e a Constituição.

Desde a promulgação da Constituição de 1988, surgiram diversas interpretações que consagraram um tratamento diferenciado aos tratados relativos a direitos humanos, em razão do disposto no § 2º do art. 5º, o qual afirma que os direitos e garantias expressos na Constituição não excluem outros decorrentes dos tratados internacionais em que a República Federativa do Brasil seja parte.

Essa disposição constitucional deu ensejo a uma instigante discussão doutrinária e jurisprudencial – também observada no direito comparado[5] – sobre o *status* normativo dos tratados e convenções internacionais de direitos humanos, a qual pode ser sistematizada em quatro correntes principais, a saber:

a) a vertente que reconhece a natureza *supraconstitucional* dos tratados e convenções em matéria de direitos humanos[6];

b) o posicionamento que atribui caráter *constitucional* a esses diplomas internacionais[7];

c) a tendência que reconhece o *status* de *lei ordinária* a esse tipo de documento internacional[8];

d) por fim, a interpretação que atribui caráter *supralegal* aos tratados e convenções sobre direitos humanos[9].

A primeira vertente professa que os tratados de direitos humanos possuiriam *status* supraconstitucional. No direito comparado, Bidart Campos defende essa tese em trechos dignos de nota:

"Si para nuestro tema atendemos al derecho internacional de los derechos humanos (tratados, pactos, convenciones, etc., con un plexo global, o con normativa sobre un fragmento o parcialidad) decimos que en tal supuesto el derecho internacional contractual está por encima de la Constitución. Si lo que queremos es optimizar los derechos humanos, y si conciliarlo con tal propósito interpretamos que las vertientes del constitucionalismo moderno y del social se han enrolado – cada una en su situación histórica – en líneas de derecho interno inspiradas en un ideal análogo, que ahora se ve acompañado internacionalmente, nada tenemos que objetar (de lege ferenda) a la ubicación prioritaria del derecho internacional de los derechos humanos respecto de la Constitución. Es cosa que cada Estado ha de decir por sí, pero si esa decisión conduce a erigir a los tratados sobre derechos humanos en instancia prelatoria respecto de la Constitución, el principio de su supremacía – aun debilitado – no queda escarnecido en su télesis, porque es sabido que desde que lo plasmó el constitucionalismo clásico se ha enderezado – en común con todo el plexo de derechos y garantías – a resguardar a la persona humana en su convivencia política"[10].

---

[3] KELSEN, Hans. *Teoria Geral do Direito e do Estado.* São Paulo: Martins Fontes, 1998, p. 515 e ss.

[4] TRIEPEL, Karl Heinrich. *As relações entre o Direito Interno e o Direito Internacional.* Trad. de Amílcar de Castro. Belo Horizonte, 1964.

[5] Cfr.: BIDART CAMPOS, Gérman J. *Teoría General de los Derechos Humanos.* Buenos Aires: Astrea, 1991, p. 357.

[6] Cfr.: MELLO, Celso Duvivier de Albuquerque. O § 2º do art. 5º da Constituição Federal. In: TORRES, Ricardo Lobo (Org.). *Teoria dos direitos fundamentais.* Rio de Janeiro: Renovar, 1999, pp. 25-26.

[7] Cfr.: CANÇADO TRINDADE, Antônio Augusto. *Memorial em prol de uma nova mentalidade quanto à proteção dos direitos humanos nos planos internacional e nacional.* Boletim da Sociedade Brasileira de Direito Internacional, Brasília, n. 113-118, 1998, pp. 88-89; e PIOVESAN, Flávia. *Direitos humanos e o Direito Constitucional Internacional.* São Paulo: Max Limonad, 1996, p. 83.

[8] Cfr.: RE n. 80.004/SE, Rel. Min. Xavier de Albuquerque, *DJ* 29.12.1977.

[9] Art. 25 da Constituição da Alemanha; art. 55 da Constituição da França; art. 28 da Constituição da Grécia.

[10] BIDART CAMPOS, Gérman J. *Teoría General de los Derechos Humanos.* Buenos Aires: Astrea, 1991, p. 353.

Entre nós, Celso de Albuquerque Mello[11] é um exemplar defensor da preponderância dos tratados internacionais de direitos humanos em relação às normas constitucionais, que não teriam, no seu entender, poderes revogatórios em relação às normas internacionais. Em outros termos, nem mesmo emenda constitucional teria o condão de suprimir a normativa internacional subscrita pelo Estado em tema de direitos humanos.

É de ser considerada, no entanto, a dificuldade de adequação dessa tese à realidade de Estados que, como o Brasil, estão fundados em sistemas regidos pelo princípio da supremacia formal e material da Constituição sobre todo o ordenamento jurídico. Entendimento diverso anularia a própria possibilidade do controle da constitucionalidade desses diplomas internacionais.

Como deixou enfatizado o Supremo Tribunal Federal ao analisar o problema, *"assim como não o afirma em relação às leis, a Constituição não precisou dizer-se sobreposta aos tratados: a hierarquia está ínsita em preceitos inequívocos seus, como os que submetem a aprovação e a promulgação das convenções ao processo legislativo ditado pela Constituição (...) e aquele que, em consequência, explicitamente admite o controle da constitucionalidade dos tratados* (CF, art. 102, III, *b*)[12].

Os poderes públicos brasileiros não estão menos submetidos à Constituição quando atuam nas relações internacionais em exercício do *treaty-making power*. Os tratados e convenções devem ser celebrados em consonância não só com o procedimento formal descrito na Constituição[13], mas com respeito ao seu conteúdo material, especialmente em tema de direitos e garantias fundamentais.

O argumento de que existe uma confluência de valores supremos protegidos nos âmbitos interno e internacional em matéria de direitos humanos não resolve o problema. A sempre possível ampliação inadequada dos sentidos possíveis da expressão "direitos humanos" poderia abrir uma via perigosa para uma produção normativa alheia ao controle de sua compatibilidade com a ordem constitucional interna. O risco de normatizações camufladas seria permanente.

A equiparação entre tratado e Constituição, portanto, esbarraria já na própria competência atribuída ao Supremo Tribunal Federal para exercer o controle da regularidade formal e do conteúdo material desses diplomas internacionais em face da ordem constitucional nacional.

Ressalte-se, porém, que, na medida em que esse tipo de controle possa ser exercido, não se podem olvidar as possíveis repercussões de uma declaração de inconstitucionalidade no âmbito do Direito Internacional.

A experiência de diversos ordenamentos jurídicos, especialmente os europeus, demonstra que as Cortes Constitucionais costumam ser bastante cautelosas quanto à questão da apreciação da constitucionalidade de tratados internacionais. Assim, mesmo em momentos delicados – como os famosos casos *Maastricht* na Alemanha[14] e na Espanha[15] –, os Tribunais evitam declarar a inconstitucionalidade de atos normativos internacionais.

---

[11] Cfr.: MELLO, Celso D. de Albuquerque. O § 2º do art. 5º da Constituição Federal. In: TORRES, Ricardo Lobo (Org.). *Teoria dos direitos fundamentais*. 2. ed. Rio de Janeiro: Renovar, 2001, pp. 25.

[12] RHC n. 79.785/RJ, Rel. Min. Sepúlveda Pertence, *DJ* 22.11.2002.

[13] A aplicabilidade dos preceitos internacionais somente é possível a partir do momento em que cumpridos os requisitos solenes para a sua devida integração à ordem jurídico-constitucional, a saber: i) celebração da convenção internacional; ii) aprovação pelo Parlamento; e iii) a ratificação pelo Chefe de Estado – a qual se conclui com a expedição de Decreto, de cuja edição derivam três efeitos básicos que lhe são inerentes: a) a promulgação do tratado internacional; b) a publicação oficial de seu texto; e c) a executoriedade do ato internacional, que, somente a partir desse momento, passa a vincular e a obrigar no plano do direito positivo interno.

[14] BVerfGE 89, 155 (175); *cf.* também SCHWARZE, Jürgen. *In:* BADURA, Peter; DREIER, Horst, *Festschrift 50 Jahre Bundesverfassungsgericht*, Tübingen, 2001, Vol. I, p. 224 (229).

[15] Declaração do Tribunal Constitucional da Espanha de 1º de julho de 1992, *caso Maastricht*. In: LÓPEZ GUERRA, Luis. *Las sentencias básicas del Tribunal Constitucional*. Madrid: Centro de Estudios Políticos y Constitucionales, 2000, p. 603.

Como afirmou o Tribunal Constitucional da Espanha no *caso Maastricht*:

> *"Aunque aquella supremacía quede en todo caso asegurada por la posibilidad de impugnar (arts. 27.2 c, 31 y 32.1 LOTC) o cue\stionar (art. 35 LOTC) la constitucionalidad de los tratados una vez que formen parte del ordenamiento interno, es evidente la perturbación que, para la política exterior y las relaciones internacionales del Estado, implicaría la eventual declaración de inconstitucionalidad de una norma pactada."*

É nesse contexto que se impõe a necessidade de utilização de uma espécie de *controle prévio*, o qual poderia impedir ou desaconselhar a ratificação do tratado de maneira a oferecer ao Poder Executivo possibilidades de renegociação ou aceitação com reservas.

Essa ideia, apesar de todos os óbices do sistema brasileiro, já apresenta os elementos suficientes para a sua exequibilidade. Uma vez que o Decreto Legislativo que aprova o instrumento internacional é passível de impugnação pela via da Ação Direta de Inconstitucionalidade (ADI), ou ainda, da Ação Declaratória de Constitucionalidade (ADC), esse controle de caráter preventivo é possível no Brasil.

Assim, em face de todos os inconvenientes resultantes da eventual supremacia dos tratados na ordem constitucional, há quem defenda o segundo posicionamento, o qual sustenta que os tratados de direitos humanos possuiriam estatura constitucional.

Essa tese entende o § 2º do art. 5º da Constituição como uma *cláusula aberta de recepção* de outros direitos enunciados em tratados internacionais de direitos humanos subscritos pelo Brasil. Ao possibilitar a incorporação de novos direitos por meio de tratados, a Constituição estaria a atribuir a esses diplomas internacionais a hierarquia de norma constitucional. E o § 1º do art. 5º asseguraria a tais normas a *aplicabilidade imediata* nos planos nacional e internacional, a partir do ato de ratificação, dispensando qualquer intermediação legislativa.

A hierarquia constitucional seria assegurada somente aos tratados de proteção dos direitos humanos, tendo em vista seu caráter especial em relação aos tratados internacionais comuns, os quais possuiriam apenas estatura infraconstitucional.

Para essa tese, eventuais conflitos entre o tratado e a Constituição deveriam ser resolvidos pela *aplicação da norma mais favorável à vítima*, titular do direito, tarefa hermenêutica da qual estariam incumbidos os tribunais nacionais e outros órgãos de aplicação do direito[16]. Dessa forma, o Direito Interno e o Direito Internacional estariam em constante interação na realização do propósito convergente e comum de proteção dos direitos e interesses do ser humano[17].

No Brasil, defendem essa tese Antônio Augusto Cançado Trindade[18] e Flávia Piovesan[19], os quais entendem que os §§ 1º e 2º do artigo 5º da Constituição caracterizar-se-iam, respectivamente, como garantes da aplicabilidade direta e do caráter constitucional dos tratados de direitos humanos dos quais o Brasil é signatário. Cançado Trindade, que propôs à Assembleia Nacional Constituinte, em 1987, a inclusão do atual § 2º ao art. 5º no texto constitucional que estava sendo construído, assim expressa seu pensamento:

> *"O propósito do disposto nos parágrafos 2 e 1 do artigo 5 da Constituição não é outro que o de assegurar a aplicabilidade direta pelo Poder Judiciário nacional da normativa internacional de proteção, alçada a nível constitucional (...).*

---

[16] Cfr.: PIOVESAN, Flávia. A Constituição Brasileira de 1988 e os Tratados Internacionais de Proteção dos Direitos Humanos. In: *Temas de Direitos Humanos*. 2. ed. São Paulo: Max Limonad, 2003, pp. 44-56.

[17] Cfr.: CANÇADO TRINDADE, Antonio Augusto. *A interação entre o Direito Internacional e o Direito Interno na proteção dos direitos humanos*. In: Arquivos do Ministério da Justiça, Ano 46, n. 12, jul./dez. 1993.

[18] CANÇADO TRINDADE, Antonio Augusto. *Tratado de Direito Internacional dos Direitos Humanos*. Porto Alegre: Sergio Antonio Fabris Editor, 2003.

[19] PIOVESAN, Flávia. *Direitos Humanos e o Direito Constitucional Internacional*. 5. ed. São Paulo: Max Limonad, 2002.

Restrição da prisão civil por dívida: depositário infiel 1075

Desde a promulgação da atual Constituição, a normativa dos tratados de direitos humanos em que o Brasil é parte tem efetivamente nível constitucional e entendimento em contrário requer demonstração. A tese da equiparação dos tratados de direitos humanos à legislação infraconstitucional – tal como ainda seguida por alguns setores em nossa prática judiciária – não só representa um apego sem reflexão a uma tese anacrônica, já abandonada em alguns países, mas também contraria o disposto no artigo (5) 2 da Constituição Federal Brasileira"[20].

A hierarquia constitucional dos tratados de proteção dos direitos humanos é prevista, por exemplo, pela Constituição da Argentina, que delimita o rol de diplomas internacionais possuidores desse *status* normativo diferenciado em relação aos demais tratados de caráter comum[21]. Da mesma forma, a Constituição da Venezuela, a qual, além da hierarquia constitucional, estabelece a aplicabilidade imediata e direta dos tratados na ordem interna e fixa a regra hermenêutica da norma mais favorável ao indivíduo, tal como defendido por essa corrente doutrinária[22].

Apesar da interessante argumentação proposta por essa tese, parece que **a discussão em torno do *status* constitucional dos tratados de direitos humanos foi, de certa forma, esvaziada pela promulgação da Emenda Constitucional n. 45/2004, a Reforma do Judiciário** (oriunda do Projeto de Emenda Constitucional n. 29/2000), a qual trouxe como um de seus estandartes a incorporação do § 3º ao art. 5º, com a seguinte disciplina: *"Os tratados e convenções internacionais sobre direitos humanos que forem aprovados, em cada Casa do Congresso Nacional, em dois turnos, por três quintos dos votos dos respectivos membros, serão equivalentes às emendas constitucionais."*

Em termos práticos, trata-se de uma declaração eloquente de que os tratados já ratificados pelo Brasil, anteriormente à mudança constitucional, e não submetidos ao processo legislativo especial de aprovação no Congresso Nacional, não podem ser comparados às normas constitucionais.

Não se pode negar, por outro lado, que a reforma também acabou por ressaltar o caráter especial dos tratados de direitos humanos em relação aos demais tratados de reciprocidade entre os Estados pactuantes, conferindo-lhes lugar privilegiado no ordenamento jurídico.

Em outros termos, solucionando a questão para o futuro – em que os tratados de direitos humanos, para ingressarem no ordenamento jurídico na qualidade de emendas constitucionais, terão que ser aprovados em quorum especial nas duas Casas do Congresso Nacional –, **a mudança constitucional ao menos acena para a insuficiência da tese da legalidade ordinária dos tratados e convenções internacionais já ratificados pelo Brasil, a qual tem sido preconizada pela jurisprudência do Supremo Tribunal Federal desde o remoto julgamento do RE n. 80.004/SE,**

---

[20] Cfr.: CANÇADO TRINDADE, Antônio Augusto. Memorial em prol de uma nova mentalidade quanto à proteção dos direitos humanos nos planos internacional e nacional. *Boletim da Sociedade Brasileira de Direito Internacional*, Brasília, n. 113-118, 1998, pp. 88-89.

[21] Art. 75 (22) da Constituição da Argentina: "La Declaración Americana de los Derechos y Deberes del Hombre; la Declaración Universal de Derechos Humanos; la Convención Americana sobre Derechos Humanos; el Pacto Internacional de Derechos Económicos, Sociales y Culturales; el Pacto Internacional de Derechos Civiles y Políticos y su Protocolo Facultativo; la Convención sobre la Prevención y la Sanción del Delito de Genocidio; la Convención Internacional sobre la Eliminación de todas las Formas de Discriminacion Racial; la Convención sobre la Eliminación de todas las Formas de Discriminación contra la Mujer; la Convención contra la Tortura y otros Tratos o Penas Crueles, Inhumanos o Degradantes; la Convención sobre los Derechos del Niño: en las condiciones de su vigencia, tienen jerarquía constitucional, no derogan artículo alguno de la primera parte de esta Constitución y deben entenderse complementarios de los derechos y garantías por ella reconocidos".

[22] Constituição da Venezuela de 2000, art. 23: "Los tratados, pactos y convenciones relativos a derechos humanos, suscritos y ratificados por Venezuela, tienen jerarquía constitucional y prevalecen en el orden interno, en la medida en que contengan normas sobre su goce y ejercicio más favorables a las establecidas por esta Constitución y en las leyes de la República, y son de aplicación inmediata y directa por los tribunales y demás órganos del Poder Público".

1076 Estado de Direito e Jurisdição Constitucional – Decisões relevantes em 15 anos de atuação no STF

de relatoria do Ministro Xavier de Albuquerque (julgado em 1º.6.1977; *DJ* 29.12.1977) e encontra respaldo em um largo repertório de casos julgados após o advento da Constituição de 1988[23].

Após a reforma, ficou ainda mais difícil defender a terceira das teses acima enunciadas, que prega a ideia de que os tratados de direitos humanos, como quaisquer outros instrumentos convencionais de caráter internacional, poderiam ser concebidos como equivalentes às leis ordinárias. Para essa tese, tais acordos não possuiriam a devida legitimidade para confrontar, nem para complementar o preceituado pela Constituição Federal em matéria de direitos fundamentais.

O Supremo Tribunal Federal, como anunciado, passou a adotar essa tese no julgamento do RE n. 80.004/SE, Rel. p/ o acórdão Min. Cunha Peixoto (julgado em 1º.6.1977). Na ocasião, os Ministros integrantes do Tribunal discutiram amplamente o tema das relações entre o Direito Internacional e o Direito Interno. O Relator, Ministro Xavier de Albuquerque, calcado na jurisprudência anterior, votou no sentido do primado dos tratados e convenções internacionais em relação à legislação infraconstitucional. A maioria, porém, após voto-vista do Min. Cunha Peixoto, entendeu que ato normativo internacional – no caso, a Convenção de Genebra, Lei Uniforme sobre Letras de Câmbio e Notas Promissórias – poderia ser modificado por lei nacional posterior, ficando consignado que os conflitos entre duas disposições normativas, uma de direito interno e outra de direito internacional, devem ser resolvidos pela mesma regra geral destinada a solucionar antinomias normativas num mesmo grau hierárquico: *lex posterior derrogat legi priori*.

Na verdade, o entendimento que prevaleceu foi o exposto no brilhante voto do Ministro Leitão de Abreu, que bem equacionou a questão, da seguinte maneira:

> *"(...) Como autorização dessa natureza, segundo entendo, não figura em nosso direito positivo, pois que a Constituição não atribui ao judiciário competência, seja para negar aplicação a leis que contradigam tratado internacional, seja para anular, no mesmo caso, tais leis, a consequência, que me parece inevitável, é que os tribunais estão obrigados, na falta de título jurídico para proceder de outro modo, a aplicar as leis incriminadas de incompatibilidade com tratado. Não se diga que isso equivale a admitir que a lei posterior ao tratado e com ele incompatível reveste eficácia revogatória deste, aplicando-se, assim, para dirimir o conflito, o princípio 'lex posterior revogat priori'. A orientação, que defendo, não chega a esse resultado, pois, fiel à regra de que o tratado possui forma de revogação própria, nega que este seja, em sentido próprio, revogado pela lei. Conquanto não revogado pela lei que o contradiga, a incidência das normas jurídicas constantes do tratado é obstada pela aplicação, que os tribunais são obrigados a fazer, das normas legais com aqueles conflitantes. Logo, a lei posterior, em tal caso, não revoga, em sentido técnico, o tratado, senão que lhe afasta a aplicação. A diferença está em que, se a lei revogasse o tratado, este não voltaria a aplicar-se, na parte revogada, pela revogação pura e simples da lei dita revogatória. Mas como, a meu juízo, a lei não o revoga, mas simplesmente afasta, enquanto em vigor, as normas do tratado com ela incompatíveis, voltará ele a aplicar-se, se revogada a lei que impediu a aplicação das prescrições nele consubstanciadas"*[24].

Sob a égide da Constituição de 1988, exatamente em 22 de novembro de 1995, o Plenário do STF voltou a discutir a matéria no HC n. 72.131/RJ, Red. p/ o acórdão Ministro Moreira Alves, porém agora tendo como foco o problema específico da prisão civil do devedor como depositário infiel na alienação fiduciária em garantia. Na ocasião, reafirmou-se o entendimento de que os diplomas normativos de caráter internacional adentram o ordenamento jurídico interno no patamar da legislação ordinária e eventuais conflitos normativos resolvem-se pela regra *lex posterior derrogat legi priori*. Preconizaram esse entendimento também os votos vencidos dos

---

[23] HC n. 72.131/RJ. Rel. Min. Marco Aurélio, *DJ* 1º.8.2003; ADI-MC n. 1.480/DF, Rel. Min. Celso de Mello, *DJ* 18.5.2001; HC n. 79.870/SP, Rel. Min. Moreira Alves, *DJ* 20.10.2000; HC n. 77.053/SP, Rel. Min. Maurício Corrêa; *DJ* 4.9.1998; RE n. 206.482/SP, Rel. Min. Maurício Corrêa, *DJ* 5.9.2003; RHC n. 80.035/SC, Rel. Min. Celso de Mello, *DJ* 17.8.2001.

[24] Tanto foi assim que o Tribunal, posteriormente, no julgamento do RE n. 95.002/PR, Rel. Min. Soares Muñoz, *DJ* 13.11.1981, voltou a aplicar a Lei Uniforme sobre Letras de Câmbio e Notas Promissórias.

Ministros Marco Aurélio, Francisco Rezek e Carlos Velloso. Deixou-se assentado, não obstante, seguindo-se o entendimento esposado no voto do Ministro Moreira Alves, que o art. 7º (7) do Pacto de San José da Costa Rica, por ser norma geral, não revoga a legislação ordinária de caráter especial, como o Decreto-Lei n. 911/69, que equipara o devedor-fiduciante ao depositário infiel para fins de prisão civil.

Posteriormente, no importante julgamento da medida cautelar na ADI n. 1.480-3/DF, Rel. Min. Celso de Mello (em 4.9.1997), o Tribunal voltou a afirmar que entre os tratados internacionais e as leis internas brasileiras existe mera relação de paridade normativa, entendendo-se as "leis internas" no sentido de simples leis ordinárias e não de leis complementares.

A tese da legalidade ordinária dos tratados internacionais foi reafirmada em julgados posteriores (RE n. 206.482-3/SP, Rel. Min. Maurício Corrêa, julgado em 27.5.1998, *DJ* 5.9.2003; HC n. 81.319-4/GO, Rel. Min. Celso de Mello, julgado em 24.4.2002, *DJ* 19.8.2005)[25] e mantém-se firme na jurisprudência do Supremo Tribunal Federal.

É preciso ponderar, no entanto, se, no contexto atual, em que se pode observar a abertura cada vez maior do Estado constitucional a ordens jurídicas supranacionais de proteção de direitos humanos, essa jurisprudência não teria se tornado completamente defasada.

Não se pode perder de vista que, hoje, vivemos em um "Estado Constitucional Cooperativo", identificado pelo Professor Peter Häberle como aquele que não mais se apresenta como um Estado Constitucional voltado para si mesmo, mas que se disponibiliza como referência para os outros Estados Constitucionais membros de uma comunidade, e no qual ganha relevo o papel dos direitos humanos e fundamentais[26].

Para Häberle, ainda que, numa perspectiva internacional, muitas vezes a cooperação entre os Estados ocupe o lugar de mera coordenação e de simples ordenamento para a coexistência pacífica (ou seja, de mera delimitação dos âmbitos das soberanias nacionais), no campo do direito constitucional nacional, tal fenômeno, por si só, pode induzir ao menos a tendências que apontem para um enfraquecimento dos limites entre o interno e o externo, gerando uma concepção que faz prevalecer o direito comunitário sobre o direito interno[27].

Nesse contexto, mesmo conscientes de que os motivos que conduzem à concepção de um Estado Constitucional Cooperativo são complexos, é preciso reconhecer os aspectos sociológico--econômico e ideal-moral[28] como os mais evidentes. E no que se refere ao aspecto ideal-moral, não se pode deixar de considerar a proteção aos direitos humanos como a fórmula mais concreta de que dispõe o sistema constitucional, a exigir dos atores da vida sociopolítica do Estado uma contribuição positiva para a máxima eficácia das normas das Constituições modernas que protegem a cooperação internacional amistosa como princípio vetor das relações entre os Estados Nacionais[29] e a proteção dos direitos humanos como corolário da própria garantia da dignidade da pessoa humana.

---

[25] HC n 77.053-1/SP, Rel. Min. Maurício Corrêa, julgado em 23.6.1998, *DJ* 4.9.1998; HC n. 79.870-5/SP, Rel. Min. Moreira Alves, julgado em 16.5.2000, *DJ* 20.10.2000; RE n. 282.644-8/RJ, Rel. Min. Marco Aurélio, Red. p/ o acórdão Min. Nelson Jobim, julgado em 13.2.2001, *DJ* 20.9.2002.

[26] HÄBERLE, Peter. *El estado constitucional.* Trad. de Hector Fix-Fierro. México: Universidad Nacional Autónoma de México, 2003, p. 75-77.

[27] HÄBERLE, Peter. *El estado constitucional.* Trad. de Hector Fix-Fierro. México: Universidad Nacional Autónoma de México, 2003, p. 74.

[28] HÄBERLE, Peter. *El estado constitucional.* Trad. de Hector Fix-Fierro. México: Universidad Nacional Autónoma de México, 2003, p. 68.

[29] HÄBERLE, Peter. *El estado constitucional.* Tradução de Hector Fix-Fierro. México: Universidad Nacional Autónoma de México, 2003, p. 67.

Na realidade europeia, é importante mencionar a abertura institucional a ordens supranacionais consagrada em diversos textos constitucionais (cf. *v.g.* Preâmbulo da Lei Fundamental de Bonn e art. 24, (I); o art. 11 da Constituição italiana[30]; os arts. 8°[31] e 16[32] da Constituição portuguesa; e, por fim, os arts. 9° (2) e 96 (1) da Constituição espanhola[33]; dentre outros)[34].

Ressalte-se, nesse sentido, que há disposições da Constituição de 1988 que remetem o intérprete para realidades normativas relativamente diferenciadas em face da concepção tradicional do direito internacional público. Refiro-me, especificamente, a quatro disposições que sinalizam para uma maior abertura constitucional ao direito internacional e, na visão de alguns, ao direito supranacional.

A primeira cláusula consta do parágrafo único do art. 4°, que estabelece que a *"República Federativa do Brasil buscará a integração econômica, política, social e cultural dos povos da América Latina, visando à formação de uma comunidade latino-americana de nações".*

Em comentário a este artigo, o saudoso Professor Celso Bastos ensinava que tal dispositivo constitucional representa uma clara opção do constituinte pela integração do Brasil em organismos supranacionais[35].

A segunda cláusula é aquela constante do § 2° do art. 5°, ao estabelecer que os direitos e garantias expressos na Constituição brasileira *"não excluem outros decorrentes do regime e dos princípios por ela adotados, ou dos tratados internacionais em que a República Federativa do Brasil seja parte".*

A terceira e quarta cláusulas foram acrescentadas pela Emenda Constitucional n. 45, de 8.12.2004, constantes dos §§ 3° e 4° do art. 5°, que rezam, respectivamente, que "os tratados e convenções internacionais sobre direitos humanos que forem aprovados, em cada Casa do Congresso Nacional, em dois turnos, por três quintos dos votos dos respectivos membros, serão equivalentes às emendas constitucionais", e "o Brasil se submete à jurisdição de Tribunal Penal Internacional a cuja criação tenha manifestado adesão."

Lembre-se, também, que vários países latino-americanos já avançaram no sentido de sua inserção em contextos supranacionais, reservando aos tratados internacionais de direitos humanos

---

[30] O art. 11 da Constituição italiana preceitua que a Itália *"consente, em condições de reciprocidade com outros Estados, nas limitações de soberania necessárias a uma ordem asseguradora da paz e da justiça entre as Nações".*

[31] Cf. Canotilho, José Joaquim Gomes. *Direito constitucional e teoria da Constituição,* p. 725-727. Dispõe o atual art. 8° da Constituição da República Portuguesa (Quarta Revisão/1997): "Art. 8° (direito internacional). 1. *As normas e os princípios de direito internacional geral ou comum fazem parte integrante do direito português.* 2. *As normas constantes de convenções internacionais regularmente ratificadas ou aprovadas vigoram na ordem interna após a sua publicação oficial e enquanto vincularem internamente o Estado Português.* 3. *As normas emanadas dos órgãos competentes das organizações internacionais de que Portugal seja parte vigoram directamente na ordem interna, desde que tal se encontre estabelecido nos respectivos tratados constitutivos".*

[32] O art. 16, n. 1 da Constituição Portuguesa preceitua que: *"os direitos fundamentais consagrados na Constituição não excluem quaisquer outros constantes das leis e das regras aplicáveis de direito internacional".* Ademais, o art. 16, n. 2 aduz que: *"os preceitos constitucionais e legais relativos aos direitos fundamentais devem ser interpretados e integrados em harmonia com a Declaração Universal dos Direitos do Homem."*

[33] A Constituição espanhola, em seu art. 9 n. 2, afirma que: *"As normas relativas aos direitos fundamentais e às liberdades que a Constituição reconhece se interpretarão de conformidade com a Declaração Universal dos Direitos Humanos e os tratados e acordos internacionais sobre as mesmas matérias ratificados pela Espanha".* Ademais, no art. 96, n. 1, dita a regra de que: *"os tratados internacionais, logo que publicados oficialmente na Espanha farão parte da ordem interna espanhola".*

[34] Cf. Frowein, Jochen Abr. *Die Europäisierung des Verfassungsrechts. In:* BADURA, Peter e DREIER, Horst. *Festschrift des Bundesverfassungsgerichts.* Bd. I, 2001, pp. 209-210.

[35] BASTOS, Celso Ribeiro; MARTINS, Ives Gandra. *Comentários à Constituição do Brasil.* São Paulo: Saraiva, 1988, p. 466.

Restrição da prisão civil por dívida: depositário infiel **1079**

lugar especial no ordenamento jurídico, algumas vezes concedendo-lhes valor normativo constitucional.

Assim, Paraguai (art. 9º da Constituição)[36] e Argentina (art. 75 inc. 24)[37], provavelmente influenciados pela institucionalização da União Europeia, inseriram conceitos de *supranacionalidade* em suas Constituições. A Constituição uruguaia, por sua vez, promulgada em fevereiro de 1967, inseriu novo inciso em seu artigo 6º, em 1994, porém mais tímido que seus vizinhos argentinos e paraguaios, ao prever que *"A República procurará a integração social e econômica dos Estados latino-americanos, especialmente no que se refere à defesa comum de seus produtos e matérias primas. Assim mesmo, propenderá a efetiva complementação de seus serviços públicos."*

Esses dados revelam uma tendência contemporânea do constitucionalismo mundial de prestigiar as normas internacionais destinadas à proteção do ser humano. Por conseguinte, a partir desse universo jurídico voltado aos direitos e garantias fundamentais, as constituições não apenas apresentam maiores possibilidades de concretização de sua eficácia normativa, como também somente podem ser concebidas em uma abordagem que aproxime o Direito Internacional do Direito Constitucional.

No continente americano, o regime de responsabilidade do Estado pela violação de tratados internacionais vem apresentando uma considerável evolução desde a criação da Convenção Americana sobre Direitos Humanos, também denominada Pacto de San José da Costa Rica, adotada por conferência interamericana especializada sobre direitos humanos, em 21 de novembro de 1969.

Entretanto, na prática, a mudança da forma pela qual tais direitos são tratados pelo Estado brasileiro ainda ocorre de maneira lenta e gradual. E um dos fatores primordiais desse fato está no modo como se tem concebido o processo de incorporação de tratados internacionais de direitos humanos na ordem jurídica interna.

Tudo indica, portanto, que a jurisprudência do Supremo Tribunal Federal, sem sombra de dúvidas, tem de ser revisitada criticamente.

O anacronismo da tese da legalidade ordinária dos tratados de direitos humanos, mesmo antes da reforma constitucional levada a efeito pela Emenda Constitucional n. 45/2004, está bem demonstrado em trechos da obra de Cançado Trindade, que cito a seguir:

> *"A disposição do artigo 5º(2) da Constituição Brasileira vigente, de 1988, segundo a qual os direitos e garantias nesta expressos não excluem outros decorrentes dos tratados internacionais em que o Brasil é parte, representa, a meu ver, um grande avanço para a proteção dos direitos humanos em nosso país. Por meio deste dispositivo constitucional, os direitos consagrados em tratados de direitos humanos em que o Brasil seja parte incorporam-se ipso jure ao elenco dos direitos constitucionalmente consagrados. Ademais, por força do artigo 5º(1) da Constituição, têm aplicação imediata. A intangibilidade dos direitos e garantias individuais é determinada pela própria Constituição Federal, que inclusive proíbe expressamente até mesmo qualquer emenda tendente a aboli-los (artigo 60(4)(IV)). A especificidade e o caráter especial dos tratados de direitos humanos encontram-se, assim, devidamente reconhecidos pela Constituição Brasileira vigente.*
>
> *Se, para os tratados internacionais em geral, tem-se exigido a intermediação pelo Poder Legislativo de ato com força de lei de modo a outorgar a suas disposições vigência ou obrigatoriedade no plano do*

---

[36] Constituição do Paraguai, de 20.6.1992, artigo 9º: *"A República do Paraguai, em condições de igualdade com outros Estados, admite uma ordem jurídica supranacional que garanta a vigência dos direitos humanos, da paz, da justiça, da cooperação e do desenvolvimento político, econômico, social e cultural."*

[37] A Constituição da Argentina, no inciso 24 do artigo 75, estabelece que *"Corresponde ao Congresso: aprovar tratados de integração que deleguem competências e jurisdição a organizações supraestatais em condições de reciprocidade e igualdade, e que respeitem a ordem democrática e os direitos humanos. As normas ditadas em sua consequência têm hierarquia superior às leis."*

ordenamento jurídico interno, distintamente, no tocante aos tratados de direitos humanos em que o Brasil é parte, os direitos fundamentais neles garantidos passam, consoante os parágrafos 2 e 1 do artigo 5° da Constituição Brasileira de 1988, pela primeira vez entre nós a integrar o elenco dos direitos constitucionalmente consagrados e direta e imediatamente exigíveis no plano de nosso ordenamento jurídico interno. Por conseguinte, mostra-se inteiramente infundada, no tocante em particular aos tratados de direitos humanos, a tese clássica – ainda seguida em nossa prática constitucional – da paridade entre os tratados internacionais e a legislação infraconstitucional.

Foi esta a motivação que me levou a propor à Assembleia Nacional Constituinte, na condição de então Consultor jurídico do Itamaraty, na audiência pública de 29 de abril de 1987 da Subcomissão dos Direitos e Garantias Individuais, a inserção em nossa Constituição Federal – como veio a ocorrer no ano seguinte – da cláusula que hoje é o artigo 5°(2). Minha esperança, na época, era no sentido de que esta disposição constitucional fosse consagrada concomitantemente com a pronta adesão do Brasil aos dois Pactos de Direitos Humanos das Nações Unidas e à Convenção Americana sobre Direitos Humanos, o que só se concretizou em 1992.

É esta a interpretação correta do artigo 5°(2) da Constituição Brasileira vigente, que abre um campo amplo e fértil para avanços nesta área, ainda lamentavelmente e em grande parte desperdiçado. Com efeito, não é razoável dar aos tratados de proteção de direitos do ser humano (a começar pelo direito fundamental à vida) o mesmo tratamento dispensado, por exemplo, a um acordo comercial de exportação de laranjas ou sapatos, ou a um acordo de isenção de vistos para turistas estrangeiros. À hierarquia de valores, deve corresponder uma hierarquia de normas, nos planos tanto nacional quanto internacional, a ser interpretadas e aplicadas mediante critérios apropriados. Os tratados de direitos humanos têm um caráter especial, e devem ser tidos como tais. Se maiores avanços não se têm logrado até o presente neste domínio de proteção, não tem sido em razão de obstáculos jurídicos – que na verdade não existem –, mas antes da falta de compreensão da matéria e da vontade de dar real efetividade àqueles tratados no plano do direito interno"[38].

Importante deixar claro, também, que a tese da legalidade ordinária, na medida em que permite ao Estado brasileiro, ao fim e ao cabo, o descumprimento unilateral de um acordo internacional, vai de encontro aos princípios internacionais fixados pela Convenção de Viena sobre o Direito dos Tratados, de 1969, a qual, em seu art. 27, determina que nenhum Estado pactuante *"pode invocar as disposições de seu direito interno para justificar o inadimplemento de um tratado".*

Por conseguinte, parece mais consistente a interpretação que atribui a característica de *supralegalidade* aos tratados e convenções de direitos humanos. Essa tese pugna pelo argumento de que os tratados sobre direitos humanos seriam infraconstitucionais, porém, diante de seu caráter especial em relação aos demais atos normativos internacionais, também seriam dotados de um atributo de *supralegalidade*.

Em outros termos, os tratados sobre direitos humanos não poderiam afrontar a supremacia da Constituição, mas teriam lugar especial reservado no ordenamento jurídico. Equipará-los à legislação ordinária seria subestimar o seu valor especial no contexto do sistema de proteção dos direitos da pessoa humana.

Essa tese foi aventada, em sessão de 29 de março de 2000, no julgamento do RHC n. 79.785-RJ, pelo voto do eminente Relator, Min. Sepúlveda Pertence, que acenou com a possibilidade da consideração dos tratados sobre direitos humanos como documentos supralegais. O Ministro Pertence manifestou seu pensamento da seguinte forma:

"Certo, com o alinhar-me ao consenso em torno da estatura infraconstitucional, na ordem positiva brasileira, dos tratados a ela incorporados, não assumo compromisso de logo – como creio ter deixado expresso no voto proferido na ADInMc 1.480 – com o entendimento, então majoritário – que, também em relação às convenções internacionais de proteção de direitos fundamentais – preserva a jurisprudência que a todos equipara hierarquicamente às leis.

---

[38] CANÇADO TRINDADE, Antonio Augusto. *Memorial em prol de uma nova mentalidade quanto à proteção dos direitos humanos nos planos internacional e nacional.* In: Arquivos de Direitos Humanos 1. Rio de Janeiro: Renovar, 1999, p. 46-47.

Restrição da prisão civil por dívida: depositário infiel **1081**

Na ordem interna, direitos e garantias fundamentais o são, com grande frequência, precisamente porque – alçados ao texto constitucional – se erigem em limitações positivas ou negativas ao conteúdo das leis futuras, assim como à recepção das anteriores à Constituição (...).

Se assim é, à primeira vista, parificar às leis ordinárias os tratados a que alude o art. 5°, § 2°, da Constituição, seria esvaziar de muito do seu sentido útil a inovação, que, malgrado os termos equívocos do seu enunciado, traduziu uma abertura significativa ao movimento de internacionalização dos direitos humanos." [RHC n. 79.785-RJ, Pleno, por maioria, Rel. Min. Sepúlveda Pertence, DJ 22.11.2002, vencidos os Ministros Marco Aurélio e Carlos Velloso (o então Min. Presidente)].

Na experiência do direito comparado, é válido mencionar que essa mesma qualificação é expressamente consagrada na Constituição da Alemanha que, em seu art. 25, dispõe que *"as normas gerais do Direito Internacional Público constituem parte integrante do direito federal. Elas prevalecem sobre as leis e produzem diretamente direitos e deveres para os habitantes do território nacional"*.

Anoto, ainda, que o mesmo tratamento hierárquico-normativo é dado aos tratados e convenções internacionais pela Constituição da França de 1958 (art. 55)[39] e pela Constituição da Grécia de 1975 (art. 28)[40].

Também o Reino Unido vem dando mostras de uma verdadeira revisão de conceitos. O Parlamento já não mais se mostra um soberano absoluto. O *"European Communities Act"*, de 1972, atribuiu ao direito comunitário hierarquia superior em face de leis formais aprovadas pelo Parlamento. Essa orientação tornou-se realidade no caso *Factortame Ltd. v. Secretary of State for Transport (N.2) [1991]*[41].

No Direito Tributário, ressalto a vigência do princípio da prevalência do direito internacional sobre o direito interno infraconstitucional, previsto pelo art. 98 do Código Tributário Nacional[42]. Há, aqui, uma visível incongruência, pois admite-se o caráter especial e superior (hierarquicamente) dos tratados sobre matéria tributária em relação à legislação infraconstitucional[43], mas quando se trata de tratados sobre direitos humanos, reconhece-se a possibilidade de que seus efeitos sejam suspensos por simples lei ordinária[44].

É preciso lembrar, ainda, que o Supremo Tribunal Federal, por longo tempo, adotou a tese do primado do direito internacional sobre o direito interno infraconstitucional. Cito, a título exemplificativo, os julgamentos das Apelações Cíveis n. 9.587, de 1951, Rel. Min. Orozimbo Nonato, e 7.872, de 1943, Rel. Min. Philadelpho Azevedo.

---

[39] Art. 55 da Constituição da França de 1958: *"Les traités ou accords régulièrement ratifiés ou approuvés ont, dès leur publication, une autorité supérieure à celle des lois, sous réserve, pour chaque accord ou traité, de son application par l'autre partie."*

[40] Art. 28 da Constituição da Grécia de 1975: *"The generally recognized rules of international law and the international conventions after their ratification by law and their having been put into effect in accordance with their respective terms, shall constitute an integral part of Greek law and override any law provision to the contrary."*

[41] TOMUSCHAT, Christian. *Das Bundesverfassungsgericht im Kreise anderer nationaler Verfassungsgerichte, in Peter Badura e Horst Dreier (org.), Festschrifft 50 Jahre Bundesverfassungsgericht, 2001, Tübingen, Mohr-Siebeck, v. 1*, p. 249.

[42] Na doutrina: AMARAL, Antonio Carlos Rodrigues do (coord.). *Tratados internacionais na ordem jurídica brasileira*. São Paulo: Lex Editora, 2005. MACHADO, Hugo de Britto. *Curso de Direito Tributário*. 23. ed. São Paulo: Malheiros, 2003, p. 88-89. Na jurisprudência: RE n. 99.376/RS, Rel. Min. Moreira Alves, julg. 1.6.1984; RE n. 90.824/SP, Rel. Min. Moreira Alves, DJ 19.9.1980. Há quem defenda a inconstitucionalidade do art. 98 do Código Tributário. Nesse sentido: CARRAZZA, Roque Antonio. *Curso de Direito Constitucional Tributário*. 19. ed. São Paulo: Malheiros, 2003, p. 208-209.

[43] RE n. 99.376/RS, Rel. Min. Moreira Alves, julg. 1.6.1984.

[44] HC n. 72.131/RJ. Rel. Min. Marco Aurélio, DJ 1.8.2003; ADI-MC n. 1.480/DF, Rel. Min. Celso de Mello, DJ 18.5.2001; HC n. 79.870/SP, Rel. Min. Moreira Alves, DJ 20.10.2000; HC n. 77.053/SP, Rel. Min. Maurício Corrêa; DJ 4.9.1998; RE n. 206.482/SP, Rel. Min. Maurício Corrêa, DJ 5.9.2003; RHC n. 80.035/SC, Rel. Min. Celso de Mello, DJ 17.8.2001.

No julgamento da Apelação Cível n. 7.872/RS (11.10.1943), o Ministro Philadelpho Azevedo assim equacionou o problema:

"(...) Tarefa interessante é, porém, a de situar esses atos (tratados internacionais) em face do direito interno, especialmente do nosso, ainda que sem o deslinde do problema filosófico da primazia do direito internacional sobre o interno, pretendido pela chamada escola de Viena e por outros repelido (Nuovo Digesto Italiano – Trattati e convenzioni internazionali – vol. 12 pgs. 382 – Gustavo Santiso Galvez – El caso de Belice – Guatemala 1941 fls. 182 e segs.) ou o exame das teorias, p. ex. de ANZILOTTI e TRIEPEL – dualistas, fazendo girar o direito interno e o internacional em órbitas excêntricas, e monistas, desdobradas por sua vez em nacionalistas e internacionalistas, segundo Verdross e Kelsen, eis que sempre teria de prevalecer o pacta sund servanda a título de axioma ou categoria. (...)

(...) Chegamos, assim, ao ponto nevrálgico da questão – a atuação do tratado, como lei interna, no sistema de aplicação do direito no tempo, segundo o equilíbrio de normas, em regra afetadas as mais antigas pelas mais recentes. O Ministro Carlos Maximiliano chegou a considerar o ato internacional de aplicação genérica no espaço, alcançando até súditos de países a ele estranhos, quando tiver a categoria do Código, com o conhecido pelo nome Bustamante (voto in Direito, vol. 8, pgs. 329). Haveria talvez aí um exagero, interessando, antes, examinar, em suas devidas proporções, o problema do tratado no tempo, sendo claro que ele, em princípio, altera as leis anteriores, afastando sua incidência, nos casos especialmente regulados. A dificuldade está, porém, no efeito inverso, último aspecto a que desejávamos atingir – o tratado é revogado por lei ordinárias posteriores, ao menos nas hipóteses em que o seria uma outra lei? A equiparação absoluta entre a lei e o tratado conduziria à resposta afirmativa, mas evidente o desacerto de solução tão simplista, ante o caráter convencional do tratado, qualquer que seja a categoria atribuída às regras de direito internacional.

Em país em que ao Judiciário se veda apreciar a legitimidade de atos do legislativo ou do executivo se poderia preferir tal solução, deixando ao Governo a responsabilidade de ser haver com as potências contratantes que reclamarem contra a indevida e unilateral revogação de um pacto por lei posterior; nunca, porém, na grande maioria das nações em que o sistema constitucional reserva aquele poder, com ou sem limitações.

Na América, em geral, tem assim força vinculatória a regra de que um país não pode modificar o tratado, sem o acordo dos demais contratantes; proclama-o até o art. 10 da Convenção sobre Tratados, assinada na 6ª Conferência Americana de Havana, e entre nós promulgada pelo Decreto 18.956, de 22 de outubro de 1929, embora não o havendo feito, até 1938, o Uruguai, também seu signatário.

*Esse era, aliás, o princípio já codificado por Epitácio Pessoa que estendia ainda a vinculação ao que, perante a equidade, os costumes e os princípios de direito internacional, pudesse ser considerado como tendo estado na intenção dos pactuantes (Código, art. 208); nenhuma das partes se exoneraria e assim isoladamente (art. 210) podendo apenas fazer denúncia, segundo o combinado ou de acordo com a cláusula **rebus sic stantibus** subentendia, aliás, na ausência de prazo determinado.*

Clóvis Beviláqua também não se afastou desses princípios universais e eternos, acentuando quão fielmente devem ser executados os tratados, não alteráveis unilateralmente e interpretados segundo a equidade, a boa-fé e o próprio sistema dos mesmos (D.T. Público, vol. 2, pgs. 31 e 32).

Igualmente Hildebrando Acioli, em seu precioso Tratado de Direito Internacional, acentua os mesmos postulados, ainda quando o tratado se incorpora à lei interna e enseja a formação de direitos subjetivos (vol. 2, § 1.309).

É certo que, em caso de dúvida, qualquer limitação de soberania deva ser interpretada restritamente (Acioli, p. cit. § 1.341 n. 13), o que levou Bas Devant, Gastón Jeze e Nicolas Politis a subscreverem parecer favorável à Tchecoslováquia, quanto à desapropriação de latifúndios, ainda que pertencentes a alemães, que invocavam o Tratado de Versalhes (les traités de paix, ont-ils limité la competence lègislative de certains ètats? Paris, 1.927); em contrário, a Alemanha teve de revogar, em homenagem àquele pacto, o art. 61 da Constituição de Weimar que conferia à Áustria o direito de se representar no Reichstag. Sem embargo, a Convenção de Havana já aludida, assentou que os tratados continuarão a produzir seus efeitos, ainda quando se modifique a constituição interna do Estado, salvo caso de impossibilidade, em que serão eles adaptados às novas condições (art. 11).

Mas não precisaríamos chegar ao exame desse grave problema da possibilidade, para o Estado, de modificar certa orientação internacional, por exigências da ordem pública, a despeito de prévia limitação contratual.

Urge apreciar apenas o caso de modificações indiretas, isto é, trazidas normalmente na órbita interna, sem o propósito específico de alterar a convenção, ou estender a mudança para efeitos externos.

Seria exatamente o caso que ora tentamos focalizar de lei ordinária posterior em certo conflito com o Tratado.

Diz, por exemplo, Oscar Tenório: 'uma lei posterior não revoga o tratado por ser este especial' (op. cit. pgs. 45).

Corrobora-o Acioli: 'os tratados revogam as leis anteriores mas posteriores não prevalecem sobre eles, porque teriam de o respeitar' (op. cit. vol. 1 § 30)'.

Um caso desses de subsistência de tratado até sua denúncia, a despeito da promulgação, no interregno, de certa lei sobre o mesmo assunto encontra-se no acórdão unânime do Supremo Tribunal Federal de 7 de janeiro de 1.914 (Coelho Rodrigues – Extradição, vol. 3, n. 78); no parecer sobre a carta rogatória n. 89, o atual Procurador-Geral da República também acentuou que contra o acordo internacional não podiam prevalecer nem o regimento desta Corte, nem quaisquer normas de direito interno, salvo as consagradas na Constituição (Rev. de Jurisprudência Brasileira, vol. 52, pgs. 17).

Por isso a técnica exata e sincera foi a que adotou a lei de extradição de 1.911, mandando no art. 12 que fossem denunciados todos os tratados vigentes para que ela pudesse vigorar genérica e irrestritivamente, mas antes dessa denúncia, os Tratados não seriam alcançados pela lei, como reconheceu, acabamos de ver, o Supremo Tribunal em 1.914.

*Essa é a solução geralmente seguida, como se pode ver, do artigo de Ramon Soloziano, publicado na Revista de Derecho Internacional de Habana e transcrito na Rev. de Direito, vol. 128, pg. 3; afora a opinião de Hyde e de alguns julgados contrários, o escritor aponta o sentido da mais expressa corrente, não só prestigiada por decisões americanas, como de tribunais alemães e franceses, e, sobretudo, de vários países do novo continente; também Natálio Chediak, de Cuba, escreveu longo trabalho sobre 'Aplicación de las convenciones internacionales por el derecho nacional – Habana 1.937 – em que chega às mesmas conclusões, e o apresentou ao 2º Congresso de Direito Comparado, recordando a propósito o art. 65 da Constituição espanhola de 1.931, **in verbis:***

'No podrá dictarse Ley alguna en contradicción con Convenios internacionales, si no hubieran sido previamente denunciados conforme al procedimiento en ellos establecidos'.

O mesmo se nota nos países europeus, onde também prevalece a regra de imodificabilidade unilateral dos tratados (Paul Fauchille – Droit Internacional Public – 8ª ed. Paris – 1.926 – t. 1º, III, § 858)."

Anos depois, baseando-se nesse julgado, o Ministro Orozimbo Nonato, relator da Apelação Cível n. 9.587/DF (21.8.1951), teceu em seu voto vencedor as seguintes considerações:

"Já sustentei, ao proferir voto nos embargos na apelação cível 9.583, de 22 de junho de 1950, que os tratados constituem leis especiais e por isso não ficam sujeitos às leis gerais de cada país, porque, em regra, visam justamente à exclusão dessas mesmas leis."

Após citar o voto do Ministro Philadelpho Azevedo no julgado anterior, o Ministro Orozimbo Nonato assim concluiu:

"Sem dúvida que o tratado revoga as leis que lhe são anteriores, mas não pode ser revogado pelas leis posteriores, se estas não se referirem expressamente a essa revogação ou se não denunciarem o tratado. A meu ver, por isso, uma simples lei que dispõe sobre imposto de consumo não tem força para alterar os termos de um tratado internacional."

Assim, a premente necessidade de se dar efetividade à proteção dos direitos humanos nos planos interno e internacional torna imperiosa uma mudança de posição quanto ao papel dos tratados internacionais sobre direitos na ordem jurídica nacional.

É necessário assumir uma postura jurisdicional mais adequada às realidades emergentes em âmbitos supranacionais, voltadas primordialmente à proteção do ser humano.

Como enfatiza Cançado Trindade, "a tendência constitucional contemporânea de dispensar um tratamento especial aos tratados de direitos humanos é, pois, sintomática de uma escala de valores na qual o ser humano passa a ocupar posição central"[45].

---

[45] CANÇADO TRINDADE, Antonio Augusto. *Tratado de Direito Internacional dos Direitos Humanos*. Porto Alegre: Sergio Antonio Fabris Editor, 2003, p. 515.

Portanto, **diante do inequívoco caráter especial dos tratados internacionais que cuidam da proteção dos direitos humanos**, não é difícil entender que **a sua internalização no ordenamento jurídico**, por meio do procedimento de ratificação previsto na Constituição, **tem o condão de paralisar a eficácia jurídica de toda e qualquer disciplina normativa infraconstitucional com ela conflitante.**

Nesse sentido, é possível concluir que, diante da supremacia da Constituição sobre os atos normativos internacionais, **a previsão constitucional da prisão civil do depositário infiel** (art. 5º, inciso LXVII) **não foi revogada** pelo ato de adesão do Brasil ao Pacto Internacional dos Direitos Civis e Políticos (art. 11) e à Convenção Americana sobre Direitos Humanos – Pacto de San José da Costa Rica (art. 7º, 7), **mas deixou de ter aplicabilidade diante do efeito paralisante desses tratados em relação à legislação infraconstitucional que disciplina a matéria**, incluídos o art. 1.287 do Código Civil de 1916 e o Decreto-Lei n. 911, de 1º de outubro de 1969.

Tendo em vista o **caráter supralegal** desses diplomas normativos internacionais, **a legislação infraconstitucional posterior que com eles seja conflitante também tem sua eficácia paralisada.** É o que ocorre, por exemplo, com o **art. 652 do Novo Código Civil** (Lei n. 10.406/2002), que reproduz disposição idêntica ao art. 1.287 do Código Civil de 1916.

Enfim, desde a adesão do Brasil, no ano de 1992, ao Pacto Internacional dos Direitos Civis e Políticos (art. 11) e à Convenção Americana sobre Direitos Humanos – Pacto de San José da Costa Rica (art. 7º, 7), **não há base legal para aplicação da parte final do art. 5º, inciso LXVII, da Constituição, ou seja, para a prisão civil do depositário infiel.**

De qualquer forma, o legislador constitucional não fica impedido de **submeter** o Pacto Internacional dos Direitos Civis e Políticos e a Convenção Americana sobre Direitos Humanos – Pacto de San José da Costa Rica, além de outros tratados de direitos humanos, **ao procedimento especial de aprovação previsto no art. 5º, § 3º**, da Constituição, tal como definido pela EC n. 45/2004, **conferindo-lhes** *status* **de emenda constitucional.**

IV – Prisão civil do devedor-fiduciante em face do princípio da proporcionalidade

Se, desde o ano de 1992, com a adesão, do Brasil, a tratados de direitos humanos proibitivos da prisão civil por dívida – excetuado apenas o caso do devedor alimentante –, não há mais base legal para a prisão civil do depositário infiel na alienação fiduciária em garantia, não se pode descartar a hipótese de que mesmo antes desse fato normativo essa possibilidade de prisão civil já contrariava a ordem constitucional, posterior ou anterior à Constituição de 1988.

É possível antever que a contrariedade à Constituição já estaria configurada pela violação ao princípio da proporcionalidade, a qual ocorreria, no caso, por dois motivos principais:

a) o ordenamento jurídico prevê outros meios processuais-executórios postos à disposição do credor-fiduciário para a garantia do crédito, de forma que a prisão civil, como medida extrema de coerção do devedor inadimplente, não passaria no exame da proporcionalidade como proibição de excesso (*Übermassverbot*), em sua tríplice configuração: adequação (*Geeingnetheit*), necessidade (*Erforderlichkeit*) e proporcionalidade em sentido estrito;

b) o Decreto-Lei n. 911/69, ao instituir uma ficção jurídica, equiparando o devedor-fiduciante ao depositário, para todos os efeitos previstos nas leis civis e penais, estaria a criar uma figura atípica de depósito, transbordando os limites do conteúdo semântico da expressão "depositário infiel" insculpida no art. 5º, inciso LXVII, da Constituição e, dessa forma, desfigurando o instituto do depósito em sua conformação constitucional, o que perfaria a violação ao princípio da reserva legal proporcional (*Vorbehalt des verhältnismässigen Gesetzes*).

Passemos a analisar essas duas teses.

IV.1 – A violação ao princípio da proporcionalidade como proibição de excesso ("Übermassverbot")

A alienação fiduciária em garantia, tal como definida pelo art. 66 da Lei n. 4.278/65 (Lei do Mercado de Capitais), com a redação determinada pelo Decreto-Lei n. 911/69, "transfere ao credor o domínio resolúvel e a posse indireta da coisa móvel alienada, independentemente da tradição efetiva do bem, tornando-se o alienante ou devedor em possuidor direto e depositário com todas as responsabilidades e encargos que lhe incumbem de acordo com a lei civil e penal".

Segundo os ensinamentos de Orlando Gomes, "a alienação fiduciária em garantia é o negócio jurídico pela qual o devedor, para garantir o pagamento da dívida, transmite ao credor a propriedade de um bem, retendo-lhe a posse direta, sob a condição resolutiva de saldá-la"[46].

Nas lições de Caio Mário, a alienação fiduciária, "criando 'direito real de garantia', implica a transferência, pelo devedor ao credor, da propriedade e posse indireta do bem, mantida a posse direta com o alienante. É, portanto, um negócio jurídico de alienação, subordinado a uma condição resolutiva. Efetuada a liquidação do débito garantido, a coisa alienada retorna automaticamente ao domínio pleno do devedor, independentemente de nova declaração de vontade. Na sua essência, a alienação fiduciária em garantia abrange dupla declaração de vontade: uma de alienação, pela qual a coisa passa ao domínio do adquirente fiduciário (correspondente à *mancipatio* ou a *in iure cessio* de sua fonte romana); outra de retorno da coisa ao domínio livre do devedor alienante (correspondente *factum fiduciae*). A *conditio* está ínsita no próprio contrato, qualificando a lei de 'resolúvel' a propriedade. A solução da *obligatio* será o implemento *pleno iure* da condição. O contrato é bilateral, oneroso e formal. Exige instrumento escrito que se completa pela inscrição no Registro de Títulos e Documentos"[47].

Em outros termos, a alienação fiduciária é contrato em que figuram o devedor-fiduciante, que aliena a coisa em garantia, mas permanece com sua posse direta; e o credor-fiduciário, que adquire a propriedade resolúvel do bem, mantido em sua posse indireta.

O instituto tem dupla finalidade: a) propiciar às instituições financeiras (fiduciário) garantia especial, com todos os meios processuais a ela inerentes, para a satisfação do crédito; b) conceder ao consumidor (fiduciante) melhores condições para a aquisição de bens duráveis[48].

Na condição de sujeitos ativo e passivo da relação contratual, fiduciante e fiduciário possuem obrigações recíprocas. Se o fiduciante paga a dívida, o que importa em implemento da condição resolutiva, o fiduciário perde a condição de proprietário e é obrigado a restituir o domínio do bem alienado em garantia. Por outro lado, se o fiduciante se torna inadimplente, cabe ao fiduciário – possuidor de todos os direitos e pretensões que lhe correspondem pela condição de proprietário, ainda que não pleno, do bem – optar por um dos seguintes meios para garantia do crédito[49]:

a) se o devedor entrega o bem, pode o credor-fiduciário aliená-lo a terceiros (venda extrajudicial) e aplicar o preço da venda no pagamento do seu crédito e das despesas decorrentes da cobrança, entregando ao devedor o saldo porventura apurado, se houver (§ 4º do art. 1º do Decreto-Lei n. 911/69);

---

[46] GOMES, Orlando. *Contratos*. 21. ed. Rio de Janeiro: Forense, 2000, p. 459.

[47] PEREIRA, Caio Mário da Silva. *Instituições de Direito Civil*. Vol. III. 10. ed. Rio de Janeiro: Forense, 2000, p. 381.

[48] Como ensina Moreira Alves, "introduzida a alienação fiduciária em garantia no direito brasileiro, desde logo teve ela ampla utilização na tutela do crédito direto ao consumidor, concedido pelas instituições financeiras, abrindo-se, assim, perspectiva de aquisição a uma larga faixa de pessoas que, até então, não a tinha, e possibilitando, em contrapartida, o escoamento da produção industrial, especialmente no campo dos automóveis e dos eletrodomésticos." ALVES, José Carlos Moreira. *Da alienação fiduciária em garantia*. São Paulo: Saraiva, 1973, p. 11.

[49] Cfr.: GOMES, Orlando. *Alienação fiduciária em garantia*. 4. ed. São Paulo: RT, 1975, p. 108 e ss.

b) pode também o credor ajuizar ação de busca e apreensão para a retomada da posse direta do bem (art. 3º do Decreto-Lei n. 911/69);

c) se o bem alienado não for encontrado ou não se achar na posse do devedor, poderá o credor requerer a conversão do processo de busca e apreensão em ação de depósito, na forma prevista no Capítulo II, do Título I, do Livro IV, do Código de Processo Civil (art. 4º do Decreto-Lei n. 911/69);

d) pode o credor, ainda, optar pelo ajuizamento de ação de execução (art. 5º do Decreto-Lei n. 911/69).

Segundo Moreira Alves, o Decreto-Lei n. 911/69, ao aludir a esses meios, não privou o credor de se valer de outros, como a ação de reivindicação de posse ou a ação de reintegração de posse[50].

Em suma, o credor é livre para escolher quaisquer desses meios, como acentuam Orlando Gomes[51] e Moreira Alves[52].

Assim, como esclarece Waldirio Bulgarelli, o credor-fiduciário, no caso, as instituições financeiras, *"a seu alvedrio e a seu talante escolhem a que melhor couber na oportunidade, para sempre se ressarcir, jamais perdendo, do que resulta que, neste país, a atividade do crédito – ao contrário do que ocorre no resto do mundo – passa a ser uma atividade em que não há risco para o banqueiro"*[53].

Não bastassem essas garantias creditórias postas à disposição do fiduciário, o Decreto-Lei n. 911/69, em seu art. 1º, que altera o art. 66 da Lei n. 4.728/65 (Lei do Mercado de Capitais) equipara o devedor-fiduciante ao depositário, *"com todas as responsabilidades e encargos que lhe incumbem de acordo com a lei civil e penal"*, dando ensejo à interpretação, hoje vigente no Supremo Tribunal Federal[54], segundo a qual o fiduciante inadimplente torna-se "depositário infiel" e, por força do art. 5º, inciso LXVII, da Constituição, está sujeito à prisão civil.

Novamente seguindo as palavras de Waldirio Bulgarelli:

> *"Ao infeliz fiduciante (devedor) resta bem pouco, posto que nunca se viu tão grande aparato legal concedido em favor de alguém contra o devedor. Assim, não pode discutir os termos do contrato, posto que, embora 'disfarçado' em contrato-tipo, o contrato de financiamento com garantia fiduciária é efetivamente contrato de adesão, com as cláusulas redigidas pela financeira, impressas, e por ela impostas ao financiado; não é sequer, o devedor, um comprador que está em atraso, posto que, por 'um passe de mágica' do legislador, foi convertido em DEPOSITÁRIO (naturalmente, foi mais fácil enquadrá-lo, por um Decreto-Lei, entre os depositários, do que reformar a Constituição, admitindo mais um caso de prisão por dívidas), terá direito, se já pagou mais de 40% (quarenta por cento) do preço financiado, a requerer a purgação da mora, em três dias; terá direito ao saldo do bem vendido pela financeira depois de descontado todo o rol de despesas, taxas, custas, comissões etc., fato que dificilmente virá a ocorrer; trate, por isso, o devedor de jamais se atrasar e nunca, mas nunca, pense em não pagar sua dívida, posto que o mundo inteiro ruirá sobre si, e fique feliz se não for preso"*[55].

Diante desse quadro, não há dúvida de que a prisão civil é uma medida executória extrema de coerção do devedor-fiduciante inadimplente, que não passa no exame da proporcionalidade como proibição de excesso (*Übermassverbot*), em sua tríplice configuração: adequação (*Geeingnetheit*), necessidade (*Erforderlichkeit*) e proporcionalidade em sentido estrito.

---

[50] ALVES, José Carlos Moreira. *Da alienação fiduciária em garantia*. São Paulo: Saraiva, 1973, p. 189.

[51] GOMES, Orlando. *Alienação fiduciária em garantia*. 4. ed. São Paulo: RT, 1975, p. 115.

[52] ALVES, José Carlos Moreira. *Da alienação fiduciária em garantia*. São Paulo: Saraiva, 1973, p. 190.

[53] BULGARELLI, Waldirio. *Contratos Mercantis*. São Paulo: Atlas, 2000, p. 308.

[54] HC n. 72.131/RJ. Rel. Min. Marco Aurélio, *DJ* 1.8.2003; ADI-MC n. 1.480/DF, Rel. Min. Celso de Mello, *DJ* 18.5.2001; HC n. 79.870/SP, Rel. Min. Moreira Alves, *DJ* 20.10.2000; HC n. 77.053/SP, Rel. Min. Maurício Corrêa; *DJ* 4.9.1998; RE n. 206.482/SP, Rel. Min. Maurício Corrêa, *DJ* 5.9.2003; RHC n. 80.035/SC, Rel. Min. Celso de Mello, *DJ* 17.8.2001.

[55] BULGARELLI, Waldirio. *Contratos Mercantis*. São Paulo: Atlas, 2000, p. 311-312.

Restrição da prisão civil por dívida: depositário infiel **1087**

Como é sabido, a doutrina identifica como típica manifestação do excesso de poder legislativo a violação ao princípio da proporcionalidade ou da proibição de excesso (*Verhältnismässigkeitsprinzip; Übermassverbot*), que se revela mediante contraditoriedade, incongruência, e irrazoabilidade ou inadequação entre meios e fins[56].

Uma lei será inconstitucional, por infringente ao princípio da proporcionalidade ou da proibição de excesso, diz o *Bundesverfassungsgericht*, *"se se puder constatar, inequivocamente, a existência de outras medidas menos lesivas"*[57].

Portanto, a doutrina constitucional mais moderna enfatiza que, em se tratando de imposição de restrições a determinados direitos, deve-se indagar não apenas sobre a admissibilidade constitucional da restrição eventualmente fixada (reserva legal), mas também sobre a compatibilidade das restrições estabelecidas com o *princípio da proporcionalidade*.

Essa orientação, que permitiu converter o princípio da reserva legal (*Gesetzesvorbehalt*) no *princípio da reserva legal proporcional* (*Vorbehalt des verhältnismässigen Gesetzes*)[58], pressupõe não só a legitimidade dos meios utilizados e dos fins perseguidos pelo legislador, mas também a *adequação* desses meios para consecução dos objetivos pretendidos (*Geeignetheit*) e a *necessidade* de sua utilização (*Notwendigkeit oder Erforderlichkeit*)[59].

O subprincípio da *adequação* (*Geeignetheit*) exige que as medidas interventivas adotadas mostrem-se aptas a atingir os objetivos pretendidos. O subprincípio da *necessidade* (*Notwendigkeit oder Erforderlichkeit*) significa que nenhum meio menos gravoso para o indivíduo revelar-se-ia igualmente eficaz na consecução dos objetivos pretendidos[60]. Em outros termos, o meio não será necessário se o objetivo almejado puder ser alcançado com a adoção de medida que se revele a um só tempo adequada e menos onerosa[61].

Um juízo definitivo sobre a proporcionalidade da medida há também de resultar da rigorosa ponderação e do possível equilíbrio entre o significado da intervenção para o atingido e os objetivos perseguidos pelo legislador (*proporcionalidade em sentido estrito*)[62].

No caso em exame, como analisado, a existência de outros meios processuais executórios postos à disposição do credor-fiduciário para a garantia eficaz do crédito torna patente a desnecessidade da prisão civil do devedor-fiduciante.

Ressalte-se, neste ponto, que, segundo nos informa Moreira Alves, o civilista alemão Regelsberger, quem primeiro chamou a atenção para a figura do negócio fiduciário (*fiduziarische Geschäft*), em 1880, baseado na *fidúcia* romana, já acentuava que **a característica principal desse tipo de negócio jurídico encontrava-se na desproporção entre fim e meio**, e arrematava: "Para a obtenção de determinado resultado é escolhida forma jurídica que protege mais do que é exigido para alcançar aquele resultado; para a segurança do uso é atribuída a possibilidade do abuso na compra"[63].

A restrição à liberdade individual do fiduciante, neste caso, não é justificada pela realização do direito de crédito do fiduciário. A análise da violação à proporcionalidade em sentido estrito, dessa

---

56 SCHNEIDER, Zur Verhältnismässigkeitskontrolle..., in STARCK, *Bundesverfassungsgericht*, cit., v. 2, p. 390 e s.; CANOTILHO, Direito constitucional, cit., p. 487.

57 BVerfGE,39:210(230-1); SCHNEIDER, Zur Verhältnismässigkeitskontrolle..., in STARCK, *Bundesverfassungsgericht*, cit., p. 399-400.

58 PIEROTH/SCHLINK, Grundrechte – Staatsrecht II, p. 63.

59 PIEROTH/SCHLINK, Grundrechte – Staatsrecht II, p. 66.

60 PIEROTH/SCHLINK, Grundrechte – Staatsrecht II, p. 67.

61 PIEROTH/SCHLINK, Grundrechte – Staatsrecht II, p. 66.

62 PIEROTH/SCHLINK, Grundrechte – Staatsrecht II, p. 67.

63 ALVES, José Carlos Moreira. *Da alienação fiduciária em garantia*. São Paulo: Saraiva, 1973, p. 22-23.

forma, é realizada pela **ponderação entre a liberdade individual do fiduciante e o direito de crédito do fiduciário** (decorrente do direito à propriedade e do postulado da segurança jurídica).

Como ensina Alexy, "o postulado da proporcionalidade em sentido estrito pode ser formulado como uma lei de ponderação cuja fórmula[64] mais simples voltada para os direitos fundamentais diz: *quanto mais intensa se revelar a intervenção em um dado direito fundamental, maiores hão de se revelar os fundamentos justificadores dessa intervenção*"[65].

A colisão entre liberdade do devedor e patrimônio do credor resolve-se, no caso concreto, em prol do direito fundamental daquele. A prisão civil do fiduciante só se justificaria diante da realização de outros valores ou bens constitucionais que necessitem de maior proteção tendo em vista as circunstâncias da situação concreta, como, por exemplo, o valor da assistência familiar no caso da prisão do alimentante inadimplente. Não, porém, nas hipóteses em que vise à mera recomposição patrimonial do credor-fiduciante.

Tem-se, aqui, o primado da liberdade individual.

Nesse sentido, não se pode deixar de lembrar que o **Decreto-Lei n. 911/69 foi editado em pleno regime de exceção**, com base no Ato Institucional n. 5, de 1968, período de nossa história que, como muitos ainda podem recordar, foi marcado pelo total menosprezo às liberdades individuais.

IV.2 – A violação ao princípio da reserva legal proporcional ("Vorbehalt des verhältnismässigen Gesetzes")

Ademais, é de se enfatizar que essa ponderação entre liberdade individual do devedor e direitos patrimoniais do credor traz as balizas para se aferir a violação ao princípio da reserva legal. Como explicado, o princípio da reserva legal (*Gesetzesvorbehalt*) pode ser traduzido como *princípio da reserva legal proporcional* (*Vorbehalt des verhältnismässigen Gesetzes*)[66].

Na ordem constitucional pretérita, a previsão da regra geral da proibição da prisão civil por dívida e suas exceções continha uma reserva legal simples. A Constituição de 1967 (art. 153, § 17) e a Emenda Constitucional n. 1 de 1969 (art. 153, § 17) desta forma estatuíam: "Não haverá prisão civil por dívida, multa ou custas, salvo o caso do depositário infiel ou do responsável pelo inadimplemento de obrigação alimentar, *na forma da lei*".

Como é sabido, a norma constitucional que submete determinados direitos à reserva de lei restritiva contém, a um só tempo, (a) uma norma de garantia, que reconhece e garante determinado âmbito de proteção e (b) uma norma de autorização de restrições, que permite ao legislador estabelecer limites ao âmbito de proteção constitucionalmente assegurado[67].

A Constituição de 1988, modificando o texto anterior, retirou a previsão dessa reserva legal (*"na forma da lei"*). Contudo, não por isso proibiu o legislador de dar conformação ao direito fundamental enunciado nesse dispositivo ou mesmo de restringi-lo. Também não permitiu, por outro lado, ao legislador, nessa atividade de conformação e restrição, ultrapassar os limites do âmbito de proteção normativo.

É certo que, no caso de **direitos fundamentais sem reserva legal expressa**, não prevê a Constituição, explicitamente, a possibilidade de intervenção legislativa. Também nesses direitos vislumbra-se o perigo de conflitos em razão de abusos perpetrados por eventuais titulares de direitos

---

[64] Para uma formulação geral sobre princípios, cf. R. Alexy, *Theorie der Grundrechte*, p. 146.

[65] *Colisão e ponderação como problema fundamental da dogmática dos direitos fundamentais*. Palestra proferida na Fundação Casa de Rui Barbosa, Rio de Janeiro, em 10.12.1998. Tradução informal de Gilmar Ferreira Mendes.

[66] PIEROTH/SCHLINK, Grundrechte – Staatsrecht II, p. 63.

[67] CANOTILHO, *Direito Constitucional*, cit., p. 602-603.

Restrição da prisão civil por dívida: depositário infiel **1089**

fundamentais. Todavia, no caso dos direitos fundamentais sem reserva legal expressa, não pode o legislador, em princípio, ir além dos limites definidos no próprio âmbito de proteção[68].

A doutrina do direito comparado parece unânime no sentido de que nem tudo o que se encontra protegido, em tese, pelo âmbito de proteção dos direitos fundamentais sem reserva legal expressa – entre nós, a liberdade religiosa, a inviolabilidade de domicílio, a inviolabilidade da correspondência escrita – colhe efetiva proteção dos direitos fundamentais[69].

A Corte Constitucional alemã, chamada a se pronunciar sobre o tema no caso relacionado com as recusas à prestação de serviço militar, assim se manifestou:

> *"Apenas a colisão entre direitos de terceiros e outros valores jurídicos com hierarquia constitucional podem excepcionalmente, em consideração à unidade da Constituição e à sua ordem de valores, legitimar o estabelecimento de restrições a direitos não submetidos a uma expressa reserva legal"[70].*

A possibilidade de uma colisão legitimaria, assim, o estabelecimento de restrição a um direito não submetido a uma reserva legal expressa.

A propósito, anota Gavara de Cara que, nesses casos, o legislador pode justificar sua intervenção com fundamento nos direitos de terceiros ou em outros princípios de hierarquia constitucional[71].

Entre nós, a atividade legislativa, nessas hipóteses, estaria facilitada pela cláusula de reserva legal subsidiária contida no art. 5º, II, da Constituição.

Assim, a análise da legitimidade constitucional da atividade legislativa de conformação ou restrição pressupõe a identificação do âmbito de proteção do direito fundamental ou do seu núcleo. Este processo não pode ser fixado em regras gerais, exigindo, para cada direito fundamental, determinado procedimento.

Não raro, **a definição do âmbito de proteção de determinado direito** depende de uma interpretação sistemática, abrangente de outros direitos e disposições constitucionais[72]. Muitas vezes, a definição do *âmbito de proteção* somente há de ser obtida em confronto com eventual *restrição* a esse direito.

Não obstante, com o propósito de lograr uma sistematização, pode-se afirmar que a definição do *âmbito de proteção* exige a análise da norma constitucional garantidora de direitos, tendo em vista:

a) a identificação dos bens jurídicos protegidos e a amplitude dessa proteção (*âmbito de proteção da norma*);

b) a verificação das possíveis restrições contempladas, expressamente, na Constituição (*expressa restrição constitucional*) e identificação das *reservas legais de índole restritiva*[73].

Como se vê, a discussão sobre o âmbito de proteção de determinado direito constitui ponto central da dogmática dos direitos fundamentais. Nem sempre se pode afirmar, com segurança, que determinado bem, objeto ou conduta estão protegidos ou não por um dado direito. Assim, indaga-se, em alguns sistemas jurídicos, se valores patrimoniais estariam contemplados pelo âmbito de proteção do direito de propriedade. Da mesma forma, questiona-se, entre nós, sobre a amplitude da proteção à inviolabilidade das comunicações telefônicas e, especialmente, se ela abrangeria outras formas de comunicações (comunicação mediante utilização de rádio; "pager", etc.).

---

68 Cfr. no direito alemão, PIEROTH/SCHLINK, Grundrechte – Staatsrecht II, p. 61.

69 ALEXY, *Theorie der Grundrechte*, p. 107.

70 BVerfGE 28, 243 (26), Cf., também ALEXY, *Theorie der Grundrechte*, cit., p. 108.

71 GAVARA DE CARA, Juan Carlos, *Derechos Fundamentales y Desarrollo Legislativo*, Madrid, Centro de Estudios Políticos y Constitucionales, 1994, p. 150.

72 PIEROTH/SCHLINK, Grundrechte – Staatsrecht II, p. 57.

73 CANOTILHO, *Direito Constitucional*, cit., p. 602-603.

Tudo isso demonstra que a identificação precisa do âmbito de proteção de determinado direito fundamental exige um renovado e constante esforço hermenêutico.

Nesse contexto, peculiar reflexão requerem aqueles direitos individuais que têm o *âmbito de proteção* instituído direta e expressamente pelo próprio ordenamento jurídico (*âmbito de proteção estritamente normativo* = *rechts- oder norm- geprägter Schutzbereich*)[74].

A vida, a possibilidade de ir e vir, a manifestação de opinião e a possibilidade de reunião preexistem a qualquer disciplina jurídica[75].

Ao contrário, é a ordem jurídica que converte o simples *ter* em *propriedade*, institui o *direito de herança* e transforma a coabitação entre homem e mulher em *casamento*[76]. Tal como referido, a proteção constitucional do direito de propriedade e do direito de herança não teria, assim, qualquer sentido sem as normas legais relativas ao direito de propriedade e ao direito de sucessão[77].

Como essa categoria de direito fundamental confia ao legislador, primordialmente, o mister de definir, em essência, o próprio conteúdo do *direito regulado*, fala-se, nesses casos, de *regulação* ou de *conformação* (*Regelung oder Ausgestaltung*) em lugar de *restrição* (*Beschränkung*).

É que as normas legais relativas a esses institutos não se destinam, precipuamente, a estabelecer restrições. Elas cumprem antes relevante e indispensável função como *normas de concretização ou de conformação* desses direitos.

Não raro, o constituinte confere ao legislador ordinário um amplo *poder de conformação*, permitindo que a lei concretize ou densifique determinada faculdade fundamental. É o que se pode constatar, de forma expressa, em algumas disposições constitucionais:

(1) "*a pequena propriedade rural, **assim definida em lei**, desde que trabalhada pela família, não será objeto de penhora para pagamento de débitos decorrentes de sua atividade produtiva, dispondo a lei sobre os meios de financiar o seu desenvolvimento*" (art. 5º, XXVI);

(2) "*aos autores pertence o direito exclusivo de utilização, publicação ou reprodução de suas obras, transmissível aos herdeiros **pelo tempo que a lei fixar**" (art. 5º, XXVII);

(3) "*são assegurados, **nos termos da lei**: a) a proteção às participações individuais em obras coletivas e à reprodução de imagem e voz humana, inclusive nas atividades desportivas; b) o direito de fiscalização do aproveitamento econômico das obras que criarem ou de que participarem aos criadores, aos intérpretes e às respectivas representações sindicais e associativas*" (art. 5º, inciso XXVIII);

(4) "*é reconhecida a instituição do júri, com a organização **que lhe der a lei**, assegurados (...): (art. 5º, XXXVIII);

(5) "*são gratuitos para os reconhecidamente pobres, **na forma lei**: a) o registro civil de nascimento; b) a certidão de óbito*" (art. 5º, LXXVI);

(6) "*são gratuitas as ações de habeas corpus e habeas data, e, **na forma da lei**, os atos necessários ao exercício da cidadania*" (art. 5º, LXXVII).

Por isso, assinala-se na doutrina a peculiar problemática que marca esses direitos com âmbito de proteção marcadamente normativo: ao mesmo tempo que dependem de *concretização* e *conformação* por parte do legislador, eles devem vincular e obrigar o Estado. Em outros termos, **o poder de conformação do legislador, na espécie, não significa que ele detenha absoluto poder de disposição sobre a matéria**[78]. A propósito, observam Pieroth e Schlink que uma disciplina que rompa com a tradição já não mais configura simples conformação.

---

[74] PIEROTH/SCHLINK, Grundrechte – Staatsrecht II, p. 53.

[75] Tais direitos são protegidos na Constituição Federal brasileira no seu Título II: Dos direitos e garantias fundamentais.

[76] PIEROTH/SCHLINK, Grundrechte – Staatsrecht II, p. 53.

[77] ALEXY, Theorie der Grundrechte, p. 303.

[78] PIEROTH/SCHLINK, Grundrechte – Staatsrecht II, p. 53; Ver, também, CANOTILHO, *Direito Constitucional*, cit., p. 634.

Restrição da prisão civil por dívida: depositário infiel **1091**

Eventual supressão pode lesar tais garantias, afrontando o instituto enquanto direito constitucional objetivo e as posições juridicamente tuteladas, se suprimir as normas concretizadoras de determinado instituto[79]. Existiria, assim, para o legislador, um dever de preservar.

Correlato a esse *dever de preservar* imposto ao legislador pode-se identificar, também um *dever de legislar*, isto é, um dever de conferir conteúdo e efetividade aos direitos constitucionais com âmbito de proteção estritamente normativo[80].

No caso do inciso LXVII do art. 5º da Constituição, estamos diante de um direito fundamental com âmbito de proteção estritamente normativo. Cabe ao legislador dar conformação/limitação à garantia constitucional contra a prisão por dívida e regular as hipóteses em que poderão ocorrer suas exceções.

A inexistência de reserva legal expressa no art. 5º, inciso LXVII, porém, não concede ao legislador carta branca para definir livremente o conteúdo desse direito. Não há dúvida de que existe um núcleo ou conteúdo mínimo definido constitucionalmente e vinculante para o legislador.

Nesse sentido, deve-se ter em conta que **a expressão "depositário infiel" possui um significado constitucional peculiar que não pode ser menosprezado pelo legislador.** Existe um desenho constitucional específico para a figura do depósito, o que lhe empresta a forma de instituto a ser observado pela legislação que lhe dá conformação.

Essas assertivas podem ficar mais claras com a análise do significado da garantia constitucional ou do instituto da propriedade e sua conformação/limitação pelo legislador. **Tal como a propriedade, o depósito também tem um significado institucional específico delimitado pela Constituição.**

Sobre o direito de propriedade, pode-se afirmar que eventual redução legal das faculdades a ele inerentes pode ser vista sob uma dupla perspectiva: para o futuro, cuida-se de uma *nova* definição do direito de propriedade; em relação ao direito fundado no passado, tem-se uma nítida restrição[81].

Embora, teoricamente, não se possa caracterizar toda e qualquer disciplina normativa desses institutos como *restrição*, **não há como deixar de reconhecer que o legislador pode, no uso de seu poder de conformação, *redesenhar* determinado instituto, com sérias e, não raras vezes, gravosas consequências para o titular do direito.**

Caberia indagar se, nesses casos, seria possível falar, propriamente, de *conformação* ou *concretização* (*Ausgestaltung* oder *Konkretisierung*) ou se se tem, efetivamente, uma *restrição* (*Beschränkung*)[82], que poderá revelar-se legítima, se adequada para garantir a função social da propriedade, ou ilegítima, se desproporcional, desarrazoada, ou incompatível com o *núcleo essencial* (*Wesensgehalt*) desse direito[83].

A **garantia constitucional da propriedade** assegura uma proteção das posições privadas já configuradas, bem como dos direitos a serem eventualmente constituídos. Garante-se, outrossim, **a propriedade enquanto instituto jurídico**, obrigando o legislador a promulgar complexo normativo que assegure a existência, a funcionalidade, a utilidade privada desse direito[84].

Inexiste, todavia, um conceito constitucional fixo, estático, de propriedade, afigurando-se, fundamentalmente, legítimas não só as novas definições de conteúdo como a fixação de limites

---

79 Cf., a propósito, ALEXY, *Theorie der Grundrechte*, p. 303.

80 Cf., sobre o assunto, HESSE, *Grundzüge des Verfassungsrechts des Verfassungsrechts der Bundesrepublik Deutschland*, 20. ed., Heidelberg, 1995, p. 137 s.

81 Cf. PIEROTH/SCHLINK, Grundrechte – Staatsrecht II, p. 227.

82 ALEXY, *Theorie der Grundrechte*, p. 304.

83 Cf. ALEXY, *Theorie der Grundrechte*, p. 305; PAPIER, *in*: Maunz-Dürig, *Kommentar zum Grundgesetz*, Munique, 1990, vol. II, Art. 14, *n.* 253.

84 PAPIER, *in*: MAUNZ-DÜRIG, *Kommentar zum Grundgesetz*, Art. 14, *n.* 11.

1092 Estado de Direito e Jurisdição Constitucional – Decisões relevantes em 15 anos de atuação no STF

destinados a garantir a sua função social[85]. É que, embora não *aberto*, o conceito constitucional de propriedade há de ser necessariamente dinâmico[86].

Nesse passo, deve-se reconhecer que a garantia constitucional da propriedade está submetida a um processo de *relativização*, sendo interpretada, fundamentalmente, de acordo com parâmetros fixados pela legislação ordinária[87]. As disposições legais relativas ao conteúdo têm, portanto, inconfundível *caráter constitutivo*. Isso não significa, porém, que o legislador possa afastar os limites constitucionalmente estabelecidos. **A definição desse conteúdo pelo legislador há de preservar o direito de propriedade enquanto garantia institucional**. Ademais, as *limitações* impostas ou **as novas *conformações*** conferidas ao direito de propriedade **hão de observar especialmente o princípio da proporcionalidade**, que exige que as restrições legais sejam adequadas, necessárias e proporcionais[88].

Como acentuado pelo *Bundesverfassungsgericht*, a faculdade confiada ao legislador de regular o direito de propriedade obriga-o a *"compatibilizar o espaço de liberdade do indivíduo no âmbito da ordem de propriedade com o interesse da comunidade"*[89]. Essa necessidade de ponderação entre o interesse individual e o interesse da comunidade é, todavia, comum a todos os direitos fundamentais, não sendo uma especificidade do direito de propriedade[90].

A afirmação sobre a legitimidade ou a ilegitimidade de determinada alteração no regime de propriedade há de decorrer, pois, de uma cuidadosa *ponderação* (*Abwägung*) sobre os bens e valores em questão. Nesse sentido, afigura-se digna de registro manifestação do *Bundesverfassungsgericht* a propósito, *verbis*:

> *"A propriedade privada caracteriza-se, na sua dimensão jurídica, pela utilidade privada e, fundamentalmente, pela possibilidade de disposição (BVerfGE 31, 229 (240); seu uso deve servir, igualmente, ao interesse social. Pressupõe-se aqui que o objeto da propriedade tenha uma função social. (...) Compete ao legislador concretizar esse postulado também no âmbito do Direito Privado. Ele deve, portanto, considerar a liberdade individual constitucionalmente garantida e o princípio de uma ordem de propriedade socialmente justa – elementos que se encontram em relação dialética na Lei Fundamental – para o fim de, mediante adequada ponderação, consolidar relações equilibradas e justas"*[91].

É notória a dificuldade para compatibilizar esses valores e interesses diferenciados. Daí enfatizar o *Bundesverfassungsgericht* que o poder de conformação do legislador é tanto menor quanto maior for o significado da propriedade como elemento de preservação da liberdade individual[92]. Ao contrário, *"a faculdade do legislador para definir o conteúdo e impor restrições ao direito de propriedade há de ser tanto mais ampla, quanto mais intensa for a inserção do objeto do direito de propriedade no contexto social"*[93].

Vê-se, pois, que o legislador dispõe de uma relativa liberdade na definição do conteúdo da propriedade e na imposição de restrições. Ele deve preservar, porém, o *núcleo essencial* (*Wesensgehalt*) do direito, constituído pela *utilidade privada* e, fundamentalmente, pelo poder de

---

[85] Cf. a propósito, PAPIER, *in*: MAUNZ-DÜRIG, *Kommentar zum Grundgesetz*, Art. 14, *n*. 253-254, STEIN, Erwin, Zur Wandlung des Eigentumsbegriffes, *in*: *Festschrift für Gebhard Müller*, Tübingen, 1970, p. 503.

[86] PAPIER, Hans-Jürgen, *in*: MAUNZ-DÜRIG, *Kommentar zum Grundgesetz*, Art. 14, *n*. 253-254.

[87] PAPIER, Hans-Jürgen, *in*: MAUNZ-DÜRIG, *Kommentar zum Grundgesetz*, Art. 14, *n*. 35.

[88] PAPIER, *in*: MAUNZ-DÜRIG, *Kommentar zum Grundgesetz*, Art. 14, *n*. 38.

[89] BVerfGE 25, 112 (117).

[90] PAPIER, *in*: MAUNZ-DÜRIG, *Kommentar zum Grundgesetz*, Art. 14, *n*. 38.

[91] BVerfGE 37, 132 (140).

[92] BVerfGE 50, 290 (340).

[93] BVerfGE 50, 290 (340).

Restrição da prisão civil por dívida: depositário infiel **1093**

disposição[94]. A vinculação social da propriedade, que legitima a imposição de restrições, não pode ir ao ponto de colocá-la, única e exclusivamente, a serviço do Estado ou da comunidade[95].

Por outro lado, as considerações expendidas sobre a natureza eminentemente jurídica do âmbito de proteção do direito de propriedade estão a realçar a dificuldade de distinguir, precisamente, a *concretização* ou *conformação* do direito de propriedade da imposição de *restrições* ou de *limitações* a esse direito. Nesse sentido, convém registrar o magistério de Papier:

> *"Da reserva legal constante do art. 14, parágrafo 2, da Lei Fundamental resulta que "apenas a propriedade definida em lei" constitui objeto da garantia da propriedade, gozando, portanto, da proteção constitucionalmente assegurada. (...) Podem-se distinguir conceitualmente as disposições de caráter conformativo do direito de propriedade (Inhaltsbestimmungen) daquelas de índole estritamente restritiva (Schrankenbestimmungen). Essa diferenciação não tem, todavia, qualquer relevância do prisma estritamente dogmático ou objetivo. A decisão do legislador de emprestar, originariamente, um conteúdo restritivo a determinadas faculdades inerentes ao direito de propriedade ou de estabelecer restrições ao conteúdo de direito concebido, inicialmente, de forma ampla é quase obra do acaso. O legislador está obrigado a constituir a ordem jurídica da propriedade, considerando, para isso, tanto os interesses privados como as exigências de cunho social. Normalmente, o interesse individual é assegurado pelas normas de Direito Privado; a função social é garantida por disposições de Direito Público. Esses dois complexos normativos contribuem, igualmente, para a constituição do direito de propriedade, inexistindo qualquer relação de hierarquia ou de precedência entre eles"[96].*

Tem-se, pois, que a distinção entre disposições de *caráter conformativo ou de cunho restritivo* cede lugar, no âmbito do direito de propriedade, para uma outra diferenciação, indubitavelmente mais relevante. Trata-se da distinção entre as *medidas de índole conformativa ou restritiva*, de um lado, e aquelas providências de inequívoca *natureza expropriatória*, de outro. Enquanto as primeiras são dotadas de *abstração, generalidade* e impõem apenas restrições às posições jurídicas individuais, considera-se que as providências expropriatórias têm conteúdo concreto, individual, e importam na retirada total ou parcial do objeto da esfera de domínio privado[97].

Assinale-se, porém, que, não raras vezes, a imposição de limitação importa quase a supressão de determinada faculdade inerente ao direito de propriedade. Não obstante, a jurisprudência considera tais medidas como disposições de conteúdo *meramente conformativo ou restritivo*. Assim, considera-se, na jurisprudência do *Bundesverfassungsgericht*, que a supressão do direito de rescisão do contrato de arrendamento das pequenas propriedades há de ser entendida como providência de caráter *conformativo ou restritivo*[98]. Da mesma forma, a proibição de elevação dos aluguéis acima de determinado limite (30%) configuraria medida de *caráter restritivo e conformativo*[99].

Como se vê, essas disposições de *caráter restritivo e conformativo (Inhalts-und Schrankenbestimmungen)* podem reduzir de forma significativa alguns poderes ou faculdades reconhecidos originariamente ao proprietário, conferindo mesmo nova conformação a determinado instituto – e, por conseguinte – a determinado direito. Essa nova *definição* apresenta-se, inevitavelmente, em relação ao passado, como uma *restrição* ou *limitação*[100].

Ressalte-se, porém, que essa possibilidade de mudança é inerente ao *caráter institucional* e ao próprio *conteúdo marcadamente normativo* do âmbito de proteção do direito de propriedade. Por seu

---

94 BVerfGE 42, 263 (294); 31, 229 (240); 37, 132 (140); 50, 290 (339); v. também, PAPIER, *in*: MAUNZ-DÜRIG, *Kommentar zum Grundgesetz*, Art. 14, n. 273.

95 PAPIER, *in*: MAUNZ-DÜRIG, *Kommentar zum Grundgesetz*, Art. 14, n. 308.

96 PAPIER, *in*: MAUNZ-DÜRIG, *Kommentar zum Grundgesetz*, Art. 14, n. 251.

97 BVerfGE, 52, 1 (27); 66, 76; 58, 300 (330); Cf., também, PIEROTH/SCHLINK, *Grundrechte – Staatsrecht II*, p. 227.

98 BVerfGE 52, 1(26).

99 BVerfGE 71, 230(247).

100 PIEROTH/SCHLINK, *Grundrechte – Staatsrecht II*, p. 237.

turno, a própria função social da propriedade impõe ao legislador um dever de atualização das disposições disciplinadoras do direito de propriedade, tornando, muitas vezes, inevitável uma *mudança do próprio conteúdo*[101]. Ao contrário das providências de índole expropriatória, essas medidas de *conteúdo restritivo e conformativo* não legitimam, em princípio, qualquer pretensão indenizatória[102].

A dimensão conformativa das alterações legislativas afetas ao direito de propriedade tem sido enfatizada pelo Supremo Tribunal Federal.

Assim, reconheceu o Supremo Tribunal a legitimidade do resgate das enfiteuses instituídas antes do advento do Código Civil e gravadas com cláusula de perpetuidade[103]. Embora a questão relativa ao direito de propriedade não tenha sido discutida expressamente, não deve subsistir dúvida de que, ao proclamar a lisura constitucional da alteração, houve por bem a Excelsa Corte reconhecer, igualmente, a inequívoca legitimidade da mudança de regime jurídico do direito de propriedade ou de outro direito real, não obstante eventuais reflexos sobre as posições individuais.

Finalmente, vale lembrar que a legitimidade de mudança do regime de direito de propriedade foi contemplada no Recurso Extraordinário n. 94.020, de 4 de novembro de 1981. No referido recurso, da relatoria do eminente Ministro Moreira Alves, relativo à alegada inconstitucionalidade do art. 125 do Código de Propriedade Industrial – que sujeitava o titular de privilégio, antes regulado pela obrigação constante do art. 116, constituir e manter procurador domiciliado no Brasil, sob pena de caducidade – sustentava-se que, configurando o registro anterior um direito adquirido, não poderia a lei nova impor ao seu titular uma obrigação antes inexistente[104].

Consagrando a orientação esposada pelo eminente Ministro Relator, o Supremo Tribunal Federal reconheceu que se a lei nova modificar o regime jurídico de determinado instituto – como é o da propriedade, seja ela de coisa móvel, ou imóvel ou de marca –, essa modificação se aplica de imediato[105].

Todos esses precedentes estão a corroborar a ideia de que o *caráter normativo do âmbito de proteção* do direito de propriedade e, por conseguinte, o *conteúdo normativo* de seu âmbito de proteção permitem e legitimam a alteração do regime jurídico da propriedade, a despeito dos possíveis reflexos sobre as posições jurídicas individuais.

Embora essas disposições de *conteúdo conformativo* possam provocar uma diminuição ou redução no patrimônio do titular do direito, não há como deixar de reconhecer que tal redução ou diminuição resulta das próprias limitações impostas pela constituinte à garantia da propriedade[106].

A pretexto de dar nova conformação ao direito de propriedade, não pode o legislador suprimir a *utilidade privada* do bem para o seu titular (respeito ao núcleo essencial). Por outro lado, com o propósito de disciplinar a forma de existência ou exercício do direito de propriedade, não pode o legislador tornar impossível a aquisição ou o exercício desse direito[107].

Com a figura institucional do depósito parece não ser diferente. **A Constituição atribui ao legislador a tarefa de dar conformação legal à figura do depósito, mas proíbe-o de desfigurar ou redesenhar esse instituto em termos demasiado restritivos para o depositário.**

---

[101] PAPIER, *in*: MAUNZ-DÜRIG, *Komentar, zum Grundgesetz*, Art. 14, n. 253.

[102] PAPIER, *in*: MAUNZ-DÜRIG, *Komentar, zum Grundgesetz*, Art. 14, n. 284.

[103] RE 47.931, de 8.8.1962, Relator: Ministro Ribeiro da Costa, *in*: Referências da Súmula do STF, v. 10, p. 24 s.; RE 50.325, de 24.07.1962, Relator: Ministro Villas Boas, *in*: Referências da Súmula do STF, v. 10, p. 28 s.; RE 51.606, de 30.4.1963, Relator: Ribeiro da Costa, *in*: Referências da Súmula do STF, v. 10, p. 30 s.; RE 52.060, de 30.4.1960, Relator: Ministro Ribeiro da Costa, *in*: Referências da Súmula do STF, v. 10, p. 34.

[104] RE 94020, Relator: Ministro Moreira Alves, *RTJ* 104, p. 269 (271).

[105] RE 94.020, Relator: Ministro Moreira Alves, *RTJ* 104, p. 269 (271).

[106] Cf., a propósito, PAPIER, *Eigentumsgarantie und Geldentwertung*, in: Archiv des öffentlichen Rechts *n.* 98 (1973), p. 528 (533).

[107] Cf. sobre o assunto, PIEROTH/SCHLINK, *Grundrechte – Staatsrecht II*, p. 53.

Tendo em vista se tratar de exceção expressa à garantia constitucional e regra geral da proibição da prisão civil por dívida, não é permitido ao legislador ampliar indiscriminadamente as hipóteses em que poderá ocorrer a constrição da liberdade individual do depositário infiel.

Tudo indica, portanto, que a Constituição deixa um espaço restrito para que o legislador possa definir o conteúdo semântico da expressão "depositário infiel". Entendimento contrário atribuiria ao legislador o poder de criar novas hipóteses de prisão civil por dívida, esvaziando a garantia constitucional.

Nesse sentido, parte da doutrina tem entendido que o depósito de que trata a norma do art. 5º, inciso LXVII, da Constituição, restringe-se à hipótese clássica ou tradicional na qual o devedor recebe a guarda de determinado bem, incumbindo-se da obrigação contratual ou legal de restituí-lo quando o credor o requeira. Assim sendo, no contrato de alienação fiduciária não haveria um depósito no sentido estrito ou constitucional do termo, mas apenas um "depósito por equiparação" ou "depósito atípico" que não legitimaria a incidência da norma constitucional que comina a prisão civil.

Em resumo da doutrina sobre o assunto, posiciona-se Valério Mazzuoli nos seguintes termos:

"É necessário, de início, deixar bem fixado que, em se tratando de depósito, a Constituição Federal de 1988 somente permite a prisão por dívida civil no caso de infidelidade do depositário propriamente dito, ou seja, nos casos estritos de depósito, entendido este na sua conceituação clássica, genuína, isto é, naquelas hipóteses em que alguém, por força de impostação legal ou de contrato, recebe objeto móvel alheio para guardá-lo, até que o depositante o reclame, e não nos casos de depósitos atípicos instituídos por equiparação visando apenas reforçar as garantias em favor dos credores. Por isso, não cabe a prisão do alienante fiduciário por equiparação, com base na circunstância de que, no caso não ocorreria, em verdade, depósito, mas situação bastante diversa que a lei ordinária equipara a depósito, o que não poderia fazê-lo em face do texto constitucional"[108].

Na jurisprudência, é importante ressaltar que o Superior Tribunal de Justiça já firmou posicionamento no sentido de que na alienação fiduciária em garantia não há um depósito no sentido estrito do termo, tendo o Decreto-Lei n. 911/69 criado uma figura atípica de "depósito por equiparação", de forma que o devedor-fiduciante que descumpre a obrigação pactuada e não entrega a coisa ao credor-fiduciário não se equipara ao depositário infiel para os fins previstos no art. 5º, inciso LXVII, da Constituição, e, portanto, não pode ser submetido à prisão civil[109]. Entende o STJ que "reconhecer à lei ordinária a possibilidade de equiparar outras situações, substancialmente diversas, à do depositário infiel, para o fim de tornar aplicável a prisão civil, equivale a esvaziar a garantia constitucional"[110]. Em suma, a expressão "depositário infiel" abrange tão somente os "depósitos clássicos", previstos no Código Civil, "sem possíveis ampliações que ponham em risco a liberdade dos devedores em geral"[111].

---

[108] MAZZUOLI, Valério de Oliveira. *Prisão Civil por dívida e o Pacto de San José da Costa Rica: de acordo com o Novo Código Civil brasileiro (Lei n. 10.406/2002)*. Rio de Janeiro: Forense, 2002, p. 36.

[109] RESP n. 7.943/RS, Rel. Min. Athos Carneiro, *DJ* 10.6.1991; RESP n. 2.320/RS, Rel. Min. Athos Carneiro, *DJ* 2.9.1991; RESP n. 14.938/PR, Rel. Min. Bueno de Souza, *DJ* 29.6.1992; RMS n. 995/SP, Rel. Min. Waldemar Zveiter, *DJ* 30.8.1993; RESP n. 39.546/RJ, Rel. Min. Barros Monteiro, *DJ* 28.2.1994; HC n. 2.155/SP, Rel. p/ ac. Min. Luiz Vicente Cernicchiaro, *DJ* 17.10.1994; RHC n. 3.988/PI, Rel. Min. Adhemar Maciel, *DJ* 13.2.1995; HC n. 2.771/DF, Rel. p/ ac. Min. Luiz Vicente Cernicchiaro, *DJ* 5.6.1995; RHC n. 4.329/MG, Rel. Min. Luiz Vicente Cernicchiaro, *DJ* 5.6.1995; HC n. 3.206/SP, Rel. Min. Vicente Leal, *DJ* 5.6.1995; RHC n. 4.288/RJ, Rel. Min. Adhemar Maciel, *DJ* 19.6.1995; RHC n. 4.319/GO, Rel. Min. Anselmo Santiago, *DJ* 21.8.1995; HC n. 3.294/SP, Rel. Min. Adhemar Maciel, *DJ* 18.9.1995; HC n. 3.545/DF, Rel. Min. Adhemar Maciel, *DJ* 18.12.1995; RHC n. 4.210/SP, Rel. Min. Pedro Acioli, *DJ* 26.2.1996; RHC n. 8.494/SP, Rel. Min. César Asfor Rocha, *DJ* 21.6.1999.

[110] RESP n. 7.943/RS, Rel. Min. Athos Carneiro, *DJ* 10.6.1991.

[111] RESP n. 7.943/RS, Rel. Min. Athos Carneiro, *DJ* 10.6.1991.

1096 Estado de Direito e Jurisdição Constitucional – Decisões relevantes em 15 anos de atuação no STF

Outro não foi o entendimento adotado pelos votos vencidos dos Ministros Marco Aurélio, Francisco Rezek, Carlos Velloso e Sepúlveda Pertence no julgamento do HC n. 72.131/RJ, de 22.11.1995. Retiro do voto do Ministro Sepúlveda Pertence a seguinte passagem:

"É manifesto que a Constituição exceptuou, da proibição de prisão por dívida, a prisão do inadimplente de obrigação alimentar e a do depositário infiel. A extensão dessa norma de exceção, não o contesto, pode sofrer mutações ditadas pelo legislador ordinário e ate por Tratado. Mas, também me parece, ninguém discordará, em tese, de que, ao concretizar os seus termos – isto é, os conceitos de obrigação alimentar ou de depositário infiel – o legislador não pode, mediante ficções ou equiparações, ampliar arbitrariamente o texto constitucional, além da opção constituinte nele traduzida. E esta há de ser aferida à base da Constituição e de suas inspirações. Não, à base da lei. Em outras palavras, a admissibilidade, segundo a Constituição, da prisão por dívida de alimentos e da prisão do depositário infiel não é cheque em branco passado ao legislador ordinário. Assim como não lhe é lícito, até com uma aparente base constitucional no art. 100, autorizar a prisão do governante que atrase a satisfação de débitos de natureza alimentar da Fazenda Pública, não creio que possa estender, além da marca que há de ser buscada dentro da própria Constituição, o âmbito conceitual do depósito."

Destarte, ao definir os contornos legais do contrato de alienação fiduciária, o legislador empregou uma série de ficções jurídicas.

A primeira delas é a figura da propriedade fiduciária, pela qual o credor-fiduciário mantém apenas a *posse indireta* do bem, ficando a *posse direta* e, portanto, o usufruto da coisa, com o devedor-fiduciante. Na verdade, o credor não é proprietário em termos absolutos enquanto o devedor se encontre com a posse direta do bem; nem quando, na hipótese de inadimplência, o bem lhe seja entregue pelo devedor ou seja recuperado por meio de busca e apreensão, pois, nesse caso, deverá vendê-lo[112] a terceiros e, assim, ficar apenas com o montante correspondente a seu crédito e demais despesas, devolvendo a quantia restante ao devedor (§§ 4º e 6º do art. 66 da Lei n. 4.728/65, com a redação dada pelo Decreto-lei n. 911/69).

A outra ficção jurídica utilizada foi a equiparação do devedor-fiduciante ao depositário. Como ensina Orlando Gomes, "o devedor-fiduciante não é, a rigor, depositário, pois não recebe a coisa para guardar, nem o credor-fiduciário a entrega para esse fim, reclamando-a quando não mais lhe interesse a custódia alheia. A lei o equipara (artificialmente)[113] ao depositário para lhe impor os encargos e responsabilidades inerentes ao exercício dessa função"[114].

Na alienação fiduciária, o credor, que não é proprietário em termos absolutos – e possui apenas a propriedade fiduciária[115], limitada pelo seu escopo de garantia real –, não pode exigir a restituição do bem. Enquanto o devedor estiver em dia com suas obrigações contratuais, não pode o credor reivindicar a posse direta da coisa alienada.

Além disso, na alienação fiduciária o depósito visa à garantia do crédito e não do bem em si, como no caso do depósito em sentido estrito, de forma que, como analisado anteriormente, o inadimplemento do devedor cria para o credor um amplo leque de possibilidades para a restituição do valor do bem, e não do bem propriamente dito. Tanto é assim que, segundo o § 4º do art. 1º do Decreto-Lei n. 911/69, se o devedor inadimplente entrega o bem, deve o credor-fiduciário aliená-lo a terceiros e aplicar o preço da venda no pagamento do seu crédito e das despesas decorrentes da cobrança, entregando ao devedor o saldo porventura apurado, se houver.

---

[112] Segundo Orlando Gomes, a venda do bem não é uma faculdade, mas um ônus jurídico para o credor. GOMES, Orlando. *Alienação fiduciária em garantia.* 4. ed. São Paulo: RT, 1975, p. 115.

[113] Essa expressão é utilizada por Orlando Gomes em trechos anteriores. Cfr.: GOMES, Orlando. *Alienação fiduciária em garantia.* 4. ed. São Paulo: RT, 1975, p. 110.

[114] GOMES, Orlando. *Alienação fiduciária em garantia.* 4. ed. São Paulo: RT, 1975, p. 130.

[115] ALVES, José Carlos Moreira. *Da alienação fiduciária em garantia.* São Paulo: Saraiva, 1973, p. 133 e ss.

Em verdade, como bem definiu o Superior Tribunal de Justiça, "o instituto da alienação fiduciária é uma verdadeira *aberratio legis*: o credor-fiduciário não é proprietário; o devedor--fiduciante não é depositário; o desaparecimento involuntário do bem fiduciado não segue a milenar regra da *res perit domino suo*"[116].

Enfim, para sintetizar todo esse raciocínio, cito trechos do voto do Ministro Carlos Velloso no julgamento do RE n. 206.482/SP (*DJ* 5.9.2003):

"(...) Temos, então, na alienação fiduciária em garantia, mais de uma ficção: a ficção que leva à falsa propriedade do credor-fiduciário, a ficção do contrato de depósito, em que o devedor é equiparado ao depositário, certo que o credor tem, apenas, a posse indireta do bem, posse indireta que não passa, também, de outra ficção. E a partir dessas ficções, fica o comprador-devedor, na alienação fiduciária, sujeito à prisão civil. Mas o que deve ficar esclarecido é que a Constituição autoriza a prisão civil apenas do depositário infiel, ou seja, daquele que, recebendo do proprietário um certo bem para guardar, se obriga a guardá-lo e a devolvê-lo quando o proprietário pedir a sua devolução (Cód. Civil, arts. 1265 e segs., art. 1287). A Constituição, no art. 5º, LXVII, não autoriza a prisão civil de quem não é depositário e, porque não é depositário, na sua exata compreensão jurídica, não pode ser depositário infiel; noutras palavras, a Constituição autoriza a prisão civil – art. 5º, LXVII – apenas do depositário infiel, vale dizer, daquele que se tornou depositário mediante contrato de depósito, não de devedor que se torna depositário em razão de uma equiparação baseada numa mera ficção legal. Se isso fosse possível, amanhã, mediante outras equiparações, fortes em outras ficções legais, poderíamos ter uma prisão excepcional – CF, art. 5º, LXVII – transformada em regra, fraudando-se, assim, a Constituição. Mas o que deve ser acentuado é que a prisão civil do devedor-fiduciante, mediante a equiparação mencionada, não é tolerada pela Constituição, art. 5º, LXVII."

E adiante prossegue Velloso:

"Ora, a Constituição vigente, reconhecidamente uma Constituição liberal, que estabelece uma série de garantias à liberdade, não tolera, certamente, equiparações com base em ficções, para o fim de incluir na autorização constitucional, a prisão. O que deve ser entendido é que a prisão civil somente cabe relativamente ao verdadeiro depositário infiel, não sendo toleradas equiparações que têm por finalidade resolver, com a prisão, uma obrigação civil. As normas infraconstitucionais interpretam-se no rumo da Constituição. No caso, permitir a prisão do alienante fiduciário, equiparado ao depositário infiel, é interpretar a Constituição no rumo da norma infraconstitucional. A Constituição, que deixa expresso que o Estado Democrático de Direito tem como fundamento, dentre outros, o princípio da dignidade da pessoa humana, – art. 1º, III –, não pode tolerar que, em seu nome, seja autorizada a prisão do comprador de um bem móvel, que se tornou inadimplente. Não vale, é bom fazer o registro, a afirmativa no sentido de que a prisão, tratando-se de alienação fiduciária em garantia, do devedor-alienante, vem sendo autorizada pelo Supremo Tribunal. É que, após a promulgação da CF/88, a questão somente foi posta por ocasião do julgamento do HC 72.131-RJ, e vários foram os votos pela ilegitimidade constitucional dessa prisão. A prisão, portanto, do devedor-alienante, no contrato de alienação fiduciária em garantia, com base no D.L. 911/69, viola a Constituição, o art. 5º, LXVII."

Ante o exposto, não há dúvida de que a prisão civil do devedor-fiduciante viola o princípio da reserva legal proporcional, inconstitucionalidade esta que, portanto, fulmina a norma em referência desde a sua concepção, sob a égide da Constituição de 1967/69.

V – Conclusão

Em conclusão, entendo que, desde a adesão do Brasil, sem qualquer reserva, ao Pacto Internacional dos Direitos Civis e Políticos (art. 11) e à Convenção Americana sobre Direitos Humanos – Pacto de San José da Costa Rica (art. 7º, 7), ambos no ano de 1992, não há mais base legal para prisão civil do depositário infiel, pois o caráter especial desses diplomas internacionais sobre

---

116 RHC n. 4288/RJ, Rel. Min. Adhemar Maciel, *DJ* 19.6.1995.

direitos humanos lhes reserva lugar específico no ordenamento jurídico, estando abaixo da Constituição, porém acima da legislação interna. O *status* normativo *supralegal* dos tratados internacionais de direitos humanos subscritos pelo Brasil, dessa forma, torna inaplicável a legislação infraconstitucional com ele conflitante, seja ela anterior ou posterior ao ato de adesão. Assim ocorreu com o art. 1.287 do Código Civil de 1916 e com o Decreto-Lei n. 911/69, assim como em relação ao art. 652 do Novo Código Civil (Lei n. 10.406/2002).

A prisão civil do devedor-fiduciante no âmbito do contrato de alienação fiduciária em garantia viola o princípio da proporcionalidade, visto que: a) o ordenamento jurídico prevê outros meios processuais-executórios postos à disposição do credor-fiduciário para a garantia do crédito, de forma que a prisão civil, como medida extrema de coerção do devedor inadimplente, não passa no exame da proporcionalidade como proibição de excesso (*Übermassverbot*), em sua tríplice configuração: adequação (*Geeingnetheit*), necessidade (*Erforderlichkeit*) e proporcionalidade em sentido estrito; e b) o Decreto-Lei n. 911/69, ao instituir uma ficção jurídica, equiparando o devedor-fiduciante ao depositário, para todos os efeitos previstos nas leis civis e penais, criou uma figura atípica de depósito, transbordando os limites do conteúdo semântico da expressão "depositário infiel" insculpida no art. 5º, inciso LXVII, da Constituição e, dessa forma, desfigurando o instituto do depósito em sua conformação constitucional, o que perfaz a violação ao princípio da reserva legal proporcional (*Vorbehalt des verhältnismässigen Gesetzes*).

Lembro, mais uma vez, que o Decreto-Lei n. 911/69 foi editado sob a égide do regime ditatorial instituído pelo Ato Institucional n. 5, de 1968. Assinam o decreto as três autoridades militares que estavam no comando do país na época. Certamente – e nesse ponto não tenho qualquer dúvida –, tal ato normativo não passaria sob o crivo do Congresso Nacional no contexto atual do Estado constitucional, em que são assegurados direitos e garantias fundamentais a todos os cidadãos.

Deixo acentuado, também, que a evolução jurisprudencial sempre foi uma marca de qualquer jurisdição de perfil constitucional. A afirmação da mutação constitucional não implica o reconhecimento, por parte da Corte, de erro ou equívoco interpretativo do texto constitucional em julgados pretéritos. Ela reconhece e reafirma, ao contrário, a necessidade da contínua e paulatina adaptação dos sentidos possíveis da letra da Constituição aos câmbios observados numa sociedade que, como a atual, está marcada pela complexidade e pelo pluralismo.

A prisão civil do depositário infiel não mais se compatibiliza com os valores supremos assegurados pelo Estado Constitucional, que não está mais voltado apenas para si mesmo, mas compartilha com as demais entidades soberanas, em contextos internacionais e supranacionais, o dever de efetiva proteção dos direitos humanos.

Tenho certeza de que o espírito desta Corte, hoje, mais do que nunca, está preparado para essa atualização jurisprudencial.

Com essas considerações, Senhora Presidente, **conheço parcialmente do recurso** e, na parte conhecida, **nego-lhe provimento.**

3.12.2008
TRIBUNAL PLENO RECURSO EXTRAORDINÁRIO 349.703 RIO GRANDE DO SUL

O SENHOR MINISTRO GILMAR MENDES: Senhores Ministros. Senhoras Ministras.

O Supremo Tribunal Federal acaba de proferir uma decisão histórica. O Brasil adere agora ao entendimento já adotado em diversos países no sentido da **supralegalidade** dos tratados internacionais sobre direitos humanos na ordem jurídica interna.

Se tivermos em mente que o Estado constitucional contemporâneo é também um Estado cooperativo – identificado pelo Professor Peter Häberle como aquele que não mais se apresenta

Restrição da prisão civil por dívida: depositário infiel **1099**

como um Estado Constitucional voltado para si mesmo, mas que se disponibiliza como referência para os outros Estados Constitucionais membros de uma comunidade, e no qual ganha relevo o papel dos direitos humanos e fundamentais[117] –, se levarmos isso em consideração, podemos concluir que acabamos de dar um importante passo na proteção dos direitos humanos em nosso país e em nossa comunidade latino-americana.

Não podemos nos esquecer que o Brasil está inserido nesse contexto latino-americano, no qual estamos todos submetidos a uma ordem comunitária em matéria de direitos humanos; uma ordem positiva expressada na Convenção Americana de Direitos Humanos (Pacto de San José da Costa Rica), cuja proteção jurídica segue avançando a passos largos pelo profícuo trabalho realizado pela Corte Interamericana de Direitos Humanos.

Devemos caminhar juntos na construção de um direito constitucional latino-americano, no qual a proteção dos direitos seja um dever indeclinável de todos e cada um dos Estados.

Nesse contexto, diversos países latino-americanos já avançaram no sentido de sua inserção em contextos supranacionais, reservando aos tratados internacionais de direitos humanos lugar especial no ordenamento jurídico, algumas vezes concedendo-lhes valor normativo constitucional.

Assim, Paraguai (art. 9º da Constituição)[118] e Argentina (art. 75 inc. 24)[119], inseriram conceitos de *supranacionalidade* em suas Constituições. No caso argentino, a Constituição traz expressa a supremacia das normas supranacionais na ordem jurídica interna.

Nos Estados Unidos Mexicanos, apesar de a Constituição não trazer norma expressa nesse sentido, a Suprema Corte de Justicia de la Nación vem interpretando o art. 133 do texto constitucional no sentido de que os tratados internacionais se situam abaixo da Constituição, porém acima das leis federais e locais[120].

No contexto europeu, a temática não é tratada de outra forma.

---

[117] HÄBERLE, Peter. *El estado constitucional*. Trad. de Hector Fix-Fierro. México: Universidad Nacional Autónoma de México, 2003, p. 75-77.

[118] Constituição do Paraguai, de 20.06.1992, artigo 9º: *"A República do Paraguai, em condições de igualdade com outros Estados, admite uma ordem jurídica supranacional que garanta a vigência dos direitos humanos, da paz, da justiça, da cooperação e do desenvolvimento político, econômico, social e cultural."*

[119] A Constituição da Argentina, no inciso 24 do Artigo 75, estabelece que *"Corresponde ao Congresso: aprovar tratados de integração que deleguem competências e jurisdição a organizações supraestatais em condições de reciprocidade e igualdade, e que respeitem a ordem democrática e os direitos humanos. As normas ditadas em sua consequência têm hierarquia superior às leis."*

[120] "Localización: Novena Época, Pleno, Semanario Judicial de la Federación y su Gaceta, Tomo XXV, Abril de 2007, p. 6, tesis P. IX/2007, aislada, Constitucional.
Rubro: TRATADOS INTERNACIONALES SON PARTE INTEGRANTE DE LA LEY SUPREMA DE LA UNIÓN Y UBICAN JERÁRQUICAMENTE POR ENCIMA DE LAS LEYES GENERALES, FEDERAES Y LOCALES. INTERPRETACIÓN DEL ARTÍCULO 133 CONSTITUCIONAL.
La interpretación sistemática del artículo 133 de la Constitución Política de los Estados Unidos Mexicanos permite identificar la existencia de un orden jurídico superior, de carácter nacional, integrado por la Constitución Federal, los tratados internacionales y las leyes generales. Asimismo, a partir de dicha interpretación, armonizada con los principios derecho internacional dispersos en el texto constitucional, así como con las normas y premisas fundamentales de esa rama del derecho, se concluye que los tratados internacionales se ubican jerárquicamente debajo de la Constitución Federal y por encima de las leyes generales, federales y locales, en la medida en que el Estado Mexicano al suscribirlos, de conformidad con lo dispuesto en la Convención de Viena Sobre el Derecho de los Tratados entres los Estados y Organizaciones Internacionales o entre Organizaciones Internacionales y, además, atendiendo al principio fundamental de derecho internacional consuetudinario 'pacta sunt servanda', contrae libremente obligaciones frente a la comunidad internacional que no pueden ser desconocidas invocando normas de derecho interno y cuyo incumplimiento supone, por lo demás, un responsabilidad de carácter internacional".

1100 Estado de Direito e Jurisdição Constitucional – Decisões relevantes em 15 anos de atuação no STF

O mesmo tratamento hierárquico-normativo é dado aos tratados e convenções internacionais pela Constituição da França de 1958 (art. 55)[121] e pela Constituição da Grécia de 1975 (art. 28)[122].

É importante mencionar a abertura institucional a ordens supranacionais consagrada em diversos textos constitucionais europeus. Por exemplo: o Preâmbulo da Lei Fundamental de Bonn e art. 24, (I); o art. 11 da Constituição italiana[123]; os arts. 8°[124] e 16[125] da Constituição portuguesa; e, por fim, os arts. 9° (2) e 96 (1) da Constituição espanhola[126]; dentre outros[127].

A jurisprudência das Cortes vem reconhecendo essa superioridade normativa da ordem jurídica internacional. O Prof. Malcolm Shaw anota os seguintes ordenamentos que preveem a prevalência dos tratados internacionais sobre as leis internas: **França** (caso *Café Jacques Fabre, Cour de Cassation*, 16 Common Market Law Reviwe, 1975); **Holanda** (*Nordstern Allgemeine Versicherung AG v. Vereinigte Stinees Rheinreedereien 74, International Law Review – ILR*); **Itália** (*Canadá v. Cargnello*, Corte de Cassação Italiana, 114 *ILR*); **Chipre** (*Malachtou v. Armefti and Armefti*, 88 ILR); e **Rússia** (art. 5° da Lei Federal Russa sobre Tratados Internacionais, adotada em 16 de Junho de 1995). [SHAW, Malcolm N. *International Law*. 5. ed. Cambridge: Cambridge University Press, 2003. pp. 151-162].

Ressalte-se que no Reino Unido, desde 1972, assentou-se a prevalência não só das normas comunitárias, como da própria Convenção Europeia sobre Direitos Humanos sobre o ordenamento interno ordinário, confirmado pela *House of Lords* no famoso caso *Factortame Ltd. V. Secretary of State for Transport* (93 ILR, p. 652).

Assim, também o Reino Unido vem dando mostras de uma verdadeira revisão de conceitos. O Parlamento já não mais se mostra um soberano absoluto. O *"European Communities Act"*, de 1972, atribuiu ao direito comunitário europeu hierarquia superior em face de leis formais aprovadas pelo Parlamento[128].

---

[121] Art. 55 da Constituição da França de 1958: *"Les traités ou accords régulièrement ratifiés ou approuvés ont, dès leur publication, une autorité supérieure à celle des lois, sous réserve, pour chaque accord ou traité, de son application par l'autre partie."*

[122] Art. 28 da Constituição da Grécia de 1975: *"The generally recognized rules of international law and the international conventions after their ratification by law and their having been put into effect in accordance with their respective terms, shall constitute an integral part of Greek law and override any law provision to the contrary."*

[123] O art. 11 da Constituição italiana preceitua que a Itália *"consente, em condições de reciprocidade com outros Estados, nas limitações de soberania necessárias a uma ordem asseguradora da paz e da justiça entre as Nações"*.

[124] Cf. Canotilho, José Joaquim Gomes. *Direito constitucional e teoria da Constituição*, p. 725-727. Dispõe o atual art. 8° da Constituição da República Portuguesa (Quarta Revisão/1997): "Art. 8° (direito internacional). 1. *As normas e os princípios de direito internacional geral ou comum fazem parte integrante do direito português. 2. As normas constantes de convenções internacionais regularmente ratificadas ou aprovadas vigoram na ordem interna após a sua publicação oficial e enquanto vincularem internamente o Estado Português. 3. As normas emanadas dos órgãos competentes das organizações internacionais de que Portugal seja parte vigoram directamente na ordem interna, desde que tal se encontre estabelecido nos respectivos tratados constitutivos"*.

[125] O art. 16, n. 1 da Constituição Portuguesa preceitua que: *"os direitos fundamentais consagrados na Constituição não excluem quaisquer outros constantes das leis e das regras aplicáveis de direito internacional"*. Ademais, o art. 16, n. 2 aduz que: *"os preceitos constitucionais e legais relativos aos direitos fundamentais devem ser interpretados e integrados em harmonia com a Declaração Universal dos Direitos do Homem."*

[126] A Constituição espanhola, em seu art. 9 n. 2, afirma que: *"As normas relativas aos direitos fundamentais e às liberdades que a Constituição reconhece se interpretarão de conformidade com a Declaração Universal dos Direitos Humanos e os tratados e acordos internacionais sobre as mesmas matérias ratificadas pela Espanha"*. Ademais, no art. 96, n. 1, dita a regra de que: *"os tratados internacionais, logo que publicados oficialmente na Espanha farão parte da ordem interna espanhola"*.

[127] Cf. Frowein, Jochen Abr. *Die Europäisierung des Verfassungsrechts*. In: Badura, Peter e Dreier, Horst. *Festschrift des Bundesverfassungsgerichts*. Bd. I, 2001. pp. 209-210.

[128] Tomuschat, Christian. Das Bundesverfassungsgericht im Kreise anderer nationaler Verfassungsgerichte, in Peter Badura e Horst Dreier (org.), *Festschritft 50 Jahre Bundesverfassungsgericht*, 2001, Tübingen, Mohr-Siebeck, v. 1, p. 249.

Restrição da prisão civil por dívida: depositário infiel **1101**

Ressalte-se, ainda, que em diversos países os tratados internacionais são utilizados como parâmetro de controle de leis internas. Nesse sentido, o Prof. Christian Tomuschat relata a experiência singular da Bélgica, Luxemburgo e Holanda que admitiam o controle de leis ordinárias internas pelo disposto na Convenção Europeia de Direito Humanos (CEDH) antes de possibilitar o próprio controle de constitucionalidade.

Interessante notar que, até hoje, a Finlândia não possui uma Corte Constitucional, nem os juízes estão autorizados a realizar o controle de constitucionalidade das leis, mas a CEDH pode obstar a aplicação das leis internas [TOMUSCHAT, Christian. "Das Bundesverfassungsgericht im Kreise anderer nationaler Verfassungsgerichte" in BADURA & DREIER. *Festschrift 50 Jahre Bundesverfassungsgericht*. 1º vol. Tübingen: Mohr Siebeck, 2001. p. 247-249].

Na Grécia e na Áustria, a Convenção Europeia de Direitos Humanos tem *status* constitucional, enquanto na Alemanha esse tratado possui, na prática, prioridade em face do direito interno (*faktischen Vorrang der EMRK vor deutschen Recht*) [STREINZ, Rudolf. *Europarecht*. 7ª ed. Heidelberg: Muller Verlag, 2005. Rn 73-75 p. 29-30]. Assim está expresso no art. 25 da Constituição alemã: "*as normas gerais do Direito Internacional Público constituem parte integrante do direito federal. Elas prevalecem sobre as leis e produzem diretamente direitos e deveres para os habitantes do território nacional*".

É preciso lembrar, ainda, que o Supremo Tribunal Federal, por longo tempo, adotou a tese do primado do direito internacional sobre o direito interno infraconstitucional.

Sob a Constituição de 1891, este Tribunal reconheceu o primado dos tratados internacionais em face de legislação interna posterior. Emblemático, nesse aspecto, é o julgamento da Extradição n. 7, Rel. Min. Canuto Saraiva, ocorrido em 7.1.1914, em que se anulou julgamento anterior para afastar a aplicação dos requisitos para extradição da Lei n. 2.416, de 28.6.1911 em proveito do tratado de extradição entre os governos do Brasil e do Império Alemão, de 17.9.1877 (cf. RODRIGUES, Manoel Coelho. *A Extradição no Direito Brasileiro e na Legislação Comparada*. Tomo III, Anexo B. Rio de Janeiro: Imprensa Nacional, 1931. p. 75/78).

Além disso, a preponderância das normas internacionais sobre normas internas infraconstitucionais já foi admitida por este STF na vigência da Constituição de 1937, nos termos da Apelação Cível 7.872/RS, Rel. Min. Philadelpho de Azevedo, julgada em 11.10.1943.

Na oportunidade, a Corte manteve afastada a aplicação do imposto adicional de 10% criado pelo Decreto n. 24.343, de 5.6.1934, em privilégio das disposições de tratado entre o Brasil e o Uruguai, firmado em 25.8.1933 e promulgado pelo Decreto n. 23.710, de 9.1.1934.

O eminente relator – que pouco depois seria nomeado Juiz da Corte Internacional de Justiça em Haia – apreciou exaustivamente a questão, em brilhante e minucioso voto, concluindo:

> "*Chegamos, assim, ao ponto nevrálgico da questão – a atuação do tratado, como lei interna, no sistema de aplicação do direito no tempo, segundo o equilíbrio de normas, em regra afetadas as mais antigas pelas mais recentes.*
>
> *O Ministro Carlos Maximiliano chegou a considerar o ato internacional de aplicação genérica no espaço, alcançando até súditos de países a ele estranhos, quando tiver a categoria do Código, com o conhecido pelo nome Bustamante (voto in Direito, vol. 8, pgs. 329).*
>
> *Haveria talvez aí um exagero, interessando, antes, examinar, em suas devidas proporções, o problema do tratado no tempo, sendo claro que ele, em princípio, altera as leis anteriores, afastando sua incidência, nos casos especialmente regulados.*
>
> *A dificuldade está, porém, no efeito inverso, último aspecto a que desejávamos atingir – o tratado é revogado por lei ordinárias posteriores, ao menos nas hipóteses em que o seria uma outra lei?*
>
> *A equiparação absoluta entre a lei e o tratado conduziria à resposta afirmativa, mas evidente o desacerto de solução tão simplista, ante o caráter convencional do tratado, qualquer que seja a categoria atribuída às regras de direito internacional.*

Em país em que ao Judiciário se veda apreciar a legitimidade de atos do legislativo ou do executivo se poderia preferir tal solução, deixando ao Governo a responsabilidade de ser haver com as potências contratantes que reclamarem contra a indevida e unilateral revogação de um pacto por lei posterior; nunca, porém, na grande maioria das nações em que o sistema constitucional reserva aquele poder, com ou sem limitações.

Na América, em geral, tem assim força vinculatória a regra de que um país não pode modificar o tratado, sem o acordo dos demais contratantes; proclama-o até o art. 10 da Convenção sobre Tratados, assinada na 6ª Conferência Americana de Havana, e entre nós promulgada pelo Decreto 18.956, de 22 de outubro de 1929, embora não o havendo feito, até 1938, o Uruguai, também seu signatário.

Esse era, aliás, o princípio já codificado por EPITÁCIO PESSOA que estendia ainda a vinculação ao que, perante a equidade, os costumes e os princípios de direito internacional, pudesse ser considerado como tendo estado na intenção dos pactuantes (Código, art. 208); nenhuma das partes se exoneraria e assim isoladamente (art. 210) podendo apenas fazer denúncia, segundo o combinado ou de acordo com a cláusula *rebus sic stantibus* subentendia, aliás, na ausência de prazo determinado.

Clóvis Beviláqua também não se afastou desses princípios universais e eternos, acentuando quão fielmente devem ser executados os tratados, não alteráveis unilateralmente e interpretados segundo a equidade, a boa-fé e o próprio sistema dos mesmos (D.T. Público, vol. 2, pgs. 31 e 32).

Igualmente Hildebrando Acioli, em seu precioso Tratado de Direito Internacional, acentua os mesmos postulados, ainda quando o tratado se incorpora à lei interna e enseja a formação de direitos subjetivos (vol. 2, § 1.309).

É certo que, em caso de dúvida, qualquer limitação de soberania deva ser interpretada restritamente (Acioli, p. cit. § 1.341 n. 13), o que levou Bas Devant, Gastón Jeze e Nicolas Politis a subscreverem parecer favorável à Tchecoslováquia, quanto à desapropriação de latifúndios, ainda que pertencentes a alemães, que invocavam o Tratado de Versalhes (les traités de paix, ont-ils limité la competence lègislative de certains ètats? Paris, 1.927); em contrário, a Alemanha teve de revogar, em homenagem àquele pacto, o art. 61 da Constituição de Weimar que conferia à Áustria o direito de se representar no Reichstag. Sem embargo, a Convenção de Havana já aludida, assentou que os tratados continuarão a produzir seus efeitos, ainda quando se modifique a constituição interna do Estado, salvo caso de impossibilidade, em que serão eles adaptados às novas condições (art. 11)." (Apelação Cível n. 7.872/RS, Rel. Min. Philadelpho de Azevedo, julgada em 11.10.1943).

Sob a égide da *Constituição de 1946*, o Supremo Tribunal Federal confirmou esse entendimento nos autos da Apelação Cível 9.587/RS, Rel. Min. Lafayette de Andrada, julgada em 21.8.1951, aplicando tratamento tributário previsto no "Tratado de Commércio entre os Estados Unidos do Brasil e os Estado Unidos da América", firmado em 2.2.1935 e promulgado por meio do Decreto 542 de 21.12.1935, em detrimento das disposições do Decreto-Lei n. 7.404, de 22.3.1945. Na ocasião, assentou o voto condutor desse aresto:

"A controvérsia girou sobre a prevalência de tratado da União com Estados estrangeiros.

Nego provimento à apelação. A sentença bem apreciou a hipótese dos autos.

Realmente não pode ter aplicação a autora os dispositivos do dec.-lei 7.404 de 1942 porque há um Tratado entre o Brasil e os Estados Unidos da América do Norte e Inglaterra, pelo qual o Imposto de consumo deveria ser cobrado de acordo com o regulamento vigente à época de sua promulgação.

Está expresso no art. 7º do referido Tratado que os países signatários não podem elevar 'as taxas, custas, exações ou encargos internos nacionais, ou federais que sejam diferentes ou mais elevados do que o estabelecido ou previstos, respectivamente, nas leis dos Estados Unidos da América, *em vigor no dia da assinatura do Tratado.*'

Portanto, as leis posteriores que alteram a vigorante naquela oportunidade ficam sem aplicação nos produtos importados nos países signatários dessa convenção.

(...)

Já sustentei, ao proferir voto nos embargos na apelação cível 9.583, de 22 de junho de 1950, que os tratados constituem leis especiais e por isso não ficam sujeitos às leis gerais de cada país, porque, em regra, visam justamente à exclusão dessas mesmas leis.

(...)

Sem dúvida que o tratado revoga as leis que lhe são anteriores, mas não pode ser revogado pelas leis posteriores, se estas não se referirem expressamente a essa revogação ou se não denunciarem o tratado. A meu ver, por isso, uma simples lei que dispõe sobre imposto de consumo não tem força para alterar os termos de um tratado internacional." (Apelação Cível n. 9.587/RS, Rel. Min. Lafayette de Andrada, julgada em 21.8.1951).

Nesse contexto, foi editado o Código Tributário Nacional, em 25.10.1966, prevendo explicitamente a preponderância dos tratados sobre normas infraconstitucionais internas em matéria tributária:

"Art. 98. Os tratados e convenções internacionais revogam ou modificam a legislação tributária interna e serão observados pela que lhe sobrevenha."

Na vigência da Carta de 1967, com redação dada pela EC n. 1/69, por sua vez, o Pleno do Supremo Tribunal Federal, acolhendo clara concepção monista, decidiu que os tratados internacionais, de forma geral, "têm aplicação imediata, inclusive naquilo em que modificam a legislação interna" (RE 71.154/PR, Rel. Min. Oswaldo Trigueiro, julgado em 4.8.1971, *DJ* 25.8.1971).

Além disso, com base no art. 98 do CTN, o Plenário aprovou, em 15.12.1976, a Súmula n. 575/STF, que assenta: "à mercadoria importada de País Signatário do GATT, ou membro da ALALC, estende-se a isenção do imposto de circulação de mercadorias concedida a similar nacional" (*DJ* 3.1.1977).

Não se pode ignorar que os acordos internacionais demandam um extenso e cuidadoso processo de negociação, de modo a conciliar interesses e concluir instrumento que atinja os objetivos de cada Estado, com o menor custo possível.

Essa complexa cooperação internacional é garantida essencialmente pelo *pacta sunt servanda*. No atual contexto da globalização, o professor Mosche Hirsch, empregando a célebre Teoria dos Jogos (*Game Theory*) e o modelo da Decisão Racional (*Rational Choice*), destaca que a crescente intensificação (i) das relações internacionais; (ii) da interdependência entre as nações, (iii) das alternativas de retaliação; (iv) da celeridade e acesso a informações confiáveis, inclusive sobre o cumprimento por cada Estado dos termos dos tratados; e (v) do retorno dos efeitos negativos (*rebounded externalities*) aumentam o impacto do desrespeito aos tratados e privilegiam o devido cumprimento de suas disposições (HIRSCH, Moshe. "Compliance with International Norms" *in The Impact of International Law on International Cooperation*. Cambridge: Cambridge University Press, 2004. p. 184-188).

Tanto quanto possível, o Estado Constitucional Cooperativo demanda a manutenção da boa-fé e da segurança dos compromissos internacionais, ainda que em face da legislação infraconstitucional, pois seu descumprimento coloca em risco os benefícios de cooperação cuidadosamente articulada no cenário internacional.

> *Importante deixar claro, também, que a tese da legalidade ordinária, na medida em que permite às entidades federativas internas do Estado brasileiro o descumprimento unilateral de acordo internacional, vai de encontro aos princípios internacionais fixados pela Convenção de Viena sobre o Direito dos Tratados, de 1969, a qual, em seu art. 27, determina que nenhum Estado pactuante "pode invocar as disposições de seu direito interno para justificar o inadimplemento de um tratado".*
>
> *Ainda que a mencionada convenção ainda não tenha sido ratificada pelo Brasil, é inegável que ela codificou princípios exigidos como costume internacional, como decidiu a Corte Internacional de Justiça no caso Namíbia [Legal Consequences for States of the Continued Presence os South África in Namíbia (South West África) notwithstanding Security Council Resolution 276 (1970), First Advisory Opinion, ICJ Reports 1971, p. 16, §§ 94-95].*

A propósito, defendendo a interpretação da constituição alemã pela prevalência do direito internacional sobre as normas infraconstitucionais, acentua o professor Klaus Vogel que "de forma

1104 Estado de Direito e Jurisdição Constitucional – Decisões relevantes em 15 anos de atuação no STF

crescente, prevalece internacionalmente a noção de que as leis que contrariam tratados internacionais devem ser inconstitucionais e, consequentemente, nulas" *(Zunehmend setzt sich international die Auffassung durch, dass Gesetze, die gegen völkerrechtliche Verträge verstoßen, verfassungswidrig und daher nichtig sein sollte)* (VOGEL, Klaus. "Einleitung" Rz. 204-205 *in* VOGEL, Klaus & LEHNER, Moris. *Doppelbesteuerungsabkommen*. 4. ed. München: Beck, 2003. p. 137-138).

Portanto, parece evidente que a possibilidade de afastar a aplicação de normas internacionais por meio de legislação ordinária (*treaty override*), inclusive no âmbito estadual e municipal, está defasada com relação às exigências de cooperação, boa-fé e estabilidade do atual cenário internacional e, sem sombra de dúvidas, precisa ser revista por essa Corte.

O texto constitucional admite a preponderância das normas internacionais sobre normas infraconstitucionais e claramente remete o intérprete para realidades normativas diferenciadas em face da concepção tradicional do direito internacional público.

Refiro-me aos arts. 4°, parágrafo único, e 5°, parágrafos 2°, 3° e 4°, da Constituição Federal, que sinalizam para uma maior abertura constitucional ao direito internacional e, na visão de alguns, ao direito supranacional

Além desses dispositivos, o entendimento de predomínio dos tratados internacionais em nenhum aspecto conflita com os arts. 2°, 5°, II e § 2°, 49, I, 84, VIII, da Constituição Federal.

Especificamente, os arts. 49, I, e 84, VIII, da Constituição Federal, repetidos com redação similar desde a Constituição de 1891 (respectivamente arts. 34, 12°; e 48, 16° da CF/1891), não demandam a paridade entre leis ordinária e convenções internacionais. Ao contrário, indicam a existência de normas infraconstitucionais autônomas que não precisam ser perfiladas a outras espécies de normativos internos.

Na realidade, os mencionados dispositivos não tratam da mera *incorporação*, no plano interno, mas da própria *criação* das normas internacionais.

Com efeito, no plano internacional, é essencial que os Estados-partes tenham a intenção de criar obrigações legais entre elas mediante seu acordo, daí a imprescindibilidade do consentimento para a norma internacional. (*cf.* SHAW, Malcom. *International Law*. Cambridge: Cambridge University Press, 2003. p. 812).

No Brasil, o consentimento materializa-se na ratificação pelo Presidente da República (art. 84, VIII, da CF/1988), precedida pela aprovação do texto do tratado pelo Congresso Nacional (art. 49, I, da CF/1988).

A aprovação pelo Congresso Nacional e a ratificação pelo Presidente da República constituem regras de importância fundamental para a validade das normas tanto no plano internacional quanto no plano interno.

Em outras palavras, a República Federativa do Brasil, como sujeito de direito público externo, não pode assumir obrigações, nem criar normas jurídicas internacionais, à revelia da Carta Magna, mas deve observar suas disposições e requisitos fundamentais para vincular-se em obrigações de direito internacional.

Destaque-se que a aprovação do texto do tratado e a ratificação pelo Presidente da República são necessários, porém não suficientes à existência da norma internacional. Daí que a inaplicabilidade de disposições previstas em acordo internacional aprovado pelo Congresso Nacional e ratificado pelo Executivo é possível, tanto no âmbito interno quanto internacional, no caso de ausência de ratificação pelo outro Estado-parte ou de não consubstanciada alguma outra condição prevista.

Ora, se o texto constitucional dispõe sobre a criação de normas internacionais e prescinde de sua conversão em espécies normativas internas – na esteira do entendido no RE 71.154/PR, Rel. Min. Oswaldo Trigueiro, Pleno, *DJ* 25.8.1971 – deve o intérprete constitucional inevitavelmente concluir que os tratados internacionais constituem, por si sós, espécies normativas infraconstitucionais distintas e autônomas, que não se confundem com as normas federais, tais como decreto-legislativo, decretos executivos, medidas provisórias, leis ordinárias ou leis complementares.

Tanto é assim que o art. 105, III, "a", da Constituição Federal reserva a possibilidade de interposição de recurso especial contra decisão judicial que "contrariar *tratado* ou lei federal, ou negar-lhes vigência". Note-se que a equiparação entre "tratado" e "lei federal" no mencionado dispositivo não indica paridade com "lei federal ordinária", mesmo porque o termo "lei federal" contempla outras espécies normativas, como decreto, lei complementar, decreto-legislativo, medida provisória etc.

Na verdade, a equiparação absoluta entre tratados internacionais e leis ordinárias federais procura enquadrar as normas internacionais em atos normativos internos, o que não tem qualquer sustentação na estrutura constitucional. Constitui "solução simplista" à complexa questão da aplicação das normas internacionais, conforme já apontara o saudoso Min. Philadelpho de Azevedo no julgamento de 11.10.1943 (Apelação Cível n. 7.872/RS).

Como exposto, o tratado internacional não necessita ser aplicado na estrutura de outro normativo interno nem ter *status* paritário com qualquer deles, pois tem assento próprio na Carta Magna, com requisitos materiais e formais peculiares.

Dessa forma, à luz dos atuais elementos de integração e abertura do Estado à cooperação internacional, tutelados no texto constitucional, o entendimento que privilegie a boa-fé e a segurança dos pactos internacionais revela-se mais fiel à Carta Magna.

Com essas considerações finais, a título de adendo às razões anteriormente expendidas, ratifico o voto no sentido do desprovimento do recurso.

13. Livre-iniciativa, direito de propriedade e desapropriação

ADPF 46[1]

Serviços postais – Monopólio dos Correios – Não recepção da Lei n. 6.538/78 pela Constituição Federal de 1988.

Conforme relatado pelo Ministro Marco Aurélio, esta arguição de descumprimento de preceito fundamental foi formalizada pela Associação Brasileira das Empresas de Distribuição (ABRAED), apontando-se como arguida a Empresa Brasileira de Correios e Telégrafos (ECT), vinculada ao Ministério das Comunicações.

Ainda segundo o relator, a inicial descreve a criação, no território nacional, de diversas empresas de distribuição, visando a atender à demanda do mercado de serviços de logística, movimentação de materiais, manuseio, distribuição de malotes, revistas, periódicos, pequenas encomendas, leitura e entrega de conta de luz e gás, entre outras atividades.

---

[1] O Tribunal, por maioria, julgou improcedente pedido formulado em arguição de descumprimento de preceito fundamental em que se pretendia a declaração da não recepção, pela CF/88, da Lei 6.538/78, que instituiu o monopólio das atividades postais pela Empresa Brasileira de Correios e Telégrafos – ECT. Os Ministros Joaquim Barbosa e Cezar Peluso acompanharam o voto do Min. Eros Grau, que, abrindo divergência, julgou improcedente o pedido formulado, ao fundamento de que o serviço postal constitui serviço público, e não atividade econômica em sentido estrito, que é prestado pela ECT em regime de privilégio, tendo sido recepcionada pela CF/88 a Lei 6.538/78. Votaram pela procedência parcial do pedido os Min. Carlos Britto, que, também considerando que o serviço postal é serviço público, de prestação exclusiva por parte da União, ressalvou, entretanto, que a recepção da Lei 6.538/78 estaria restrita às atividades que impliquem comunicação privada e comunicação telegráfica, não alcançando, portanto, as de caráter eminentemente mercantil, e o Min. Gilmar Mendes, que declarava a não recepção somente dos artigos 42, 43, 44 e 45 da lei impugnada, que tratam da criminalização da violação ao monopólio postal da União, dado o caráter aberto da disposição, em afronta ao princípio da reserva legal estrita. A Min. Ellen Gracie, em voto-vista, acompanhou a divergência. Em assentada posterior, o Min. Carlos Britto apresentou esclarecimentos sobre seu voto, afirmando excluir do conceito de serviço postal apenas a entrega de encomendas e impressos. Concluiu, assim, pela improcedência do pedido. Quanto a essa parte, ficaram vencidos o Min. Marco Aurélio, relator, que julgava procedente o pleito e os Ministros Gilmar Mendes, Presidente, que reajustou o voto proferido na assentada anterior, Ricardo Lewandowski e Celso de Mello, os quais o julgavam parcialmente procedente, para fixar a interpretação de que a prestação exclusiva pela União da atividade postal limitar-se-ia ao conceito de carta, cartão-postal e correspondência agrupada, nos termos do art. 9º da Lei 6.538/78, não abrangendo a distribuição de boletos (v.g. boletos bancários, contas de água, telefone, luz), jornais, livros, periódicos ou outros tipos de encomendas ou impressos. O Tribunal, por unanimidade, ainda deu interpretação conforme ao art. 42 da Lei 6.538/78 para restringir a sua aplicação às atividades postais descritas no art. 9º do referido diploma legal ("Art. 9º – São exploradas pela União, em regime de monopólio, as seguintes atividades postais: I – recebimento, transporte e entrega, no território nacional, e a expedição, para o exterior, de carta e cartão-postal; II – recebimento, transporte e entrega, no território nacional, e a expedição, para o exterior, de correspondência agrupada: III – fabricação, emissão de selos e de outras fórmulas de franqueamento postal. ... Art. 42º Coletar, transportar, transmitir ou distribuir, sem observância das condições legais, objetos de qualquer natureza sujeitos ao monopólio da União, ainda que pagas as tarifas postais ou de telegramas. Pena: detenção, até dois meses, ou pagamento não excedente a dez dias-multa.") (*Informativos STF* ns. 409 e 554, ADPF 46/DF, rel. orig. Min. Marco Aurélio, red. p/ o acórdão Min. Eros Grau).

Relata a inicial que tais atividades desencadearam

uma verdadeira cruzada nacional para expurgar a concorrência e banir do mercado todas as empresas congregadas pela arguente (na verdade, todas as empresas do ramo de distribuição) sob o argumento de que a arguida possuiria o monopólio postal absoluto e, assim, toda e qualquer correspondência, seja ela uma lista telefônica, uma conta de luz ou uma encomenda, estaria sob o conceito de carta, ou seja, papel escrito metido em envoltório fechado, que se envia de uma parte a outra para comunicação entre pessoas distantes; manuscrito fechado com endereço (*Dicionário Brasil Contemporâneo*). (fl. 10)

Para a arguente, o mencionado monopólio é inconstitucional, pois configura, na verdade, eliminação da livre concorrência e do primado da iniciativa privada (art. 1º, IV c/c art. 170, *caput*, IV e parágrafo único da CF), uma vez que não se insere entre as hipóteses do art. 177 da Constituição Federal. Formula, ao final, os seguintes pedidos:

a) reconhecer-se "*a violação aos preceitos fundamentais da livre-iniciativa, da livre concorrência e do livre exercício de qualquer trabalho, como exaustivamente apontado nesta peça, perpetradas por atos da Empresa Brasileira de Correios e Telégrafos (Poder Público)*";

b) declarar-se, "*nos termos do artigo 11 da Lei n. 9.882/99, a inconstitucionalidade da Lei n. 6.538/78, especialmente sobre a questão do monopólio de entrega de correspondências*";

c) também nos termos do artigo 11 da Lei n. 9.882/99, tendo em vista a relevância da matéria, declarar-se o que se entende por carta, cuja entrega, por motivo de segurança e privacidade, continua sendo prerrogativa da arguida, restringindo-se tal conceito "*ao papel escrito, metido em envoltório fechado, selado, que se envia de uma parte a outra, com conteúdo único, para comunicação entre pessoas distantes, contendo assuntos de natureza pessoal e dirigido, produzido por meio intelectual e não mecânico, excluídos expressamente deste conceito as conhecidas correspondências de mala-direta, revistas, jornais e periódicos, encomendas, contas de luz, água e telefone e assemelhados, bem como objetos bancários como talões de cheques, cartões de crédito, etc.*"

O Ministro **Marco Aurélio**, relator, julgou procedente a arguição de descumprimento de preceito fundamental para

declarar que não foram recepcionados pela Constituição Federal de 1988 os artigos da Lei n. 6.538/78 que disciplinaram o regime da prestação do serviço postal como monopólio exclusivo da União – ou, mediante sutil jogo de palavras, em regime de 'controle/privilégio exclusivo', conforme quer fazer crer a Advocacia-Geral da União, em memorial entregue a esta Corte – a ser executado pela Empresa Brasileira de Correios e Telégrafos, o que viola os princípios da livre-iniciativa, da liberdade no exercício de qualquer trabalho, da livre concorrência e do livre exercício de qualquer atividade econômica, respectivamente disciplinados na Carta Política de 1988 nos artigos 1º, inciso IV, 5º, inciso XIII, 170, cabeça, inciso IV e parágrafo único. (g.n.)

Para S. Exa. o significado do verbo "manter", expresso no inciso X do artigo 21 da CF, não é o mesmo de tempos passados. Após considerações sobre o modelo de Estado Social e o de Estado interventor, S. Exa. asseverou ser "*necessária a devolução das atividades que ainda são prestadas pelo Poder Público à iniciativa privada*", no bojo do programa de reforma do Estado brasileiro. E concluiu:

Desse modo, faz-se necessário reconhecer que, diante do texto constitucional de 1988, frente às mutações operadas no Direito Administrativo brasileiro, de acordo com as inovações perpetradas no que tange aos limites de participação do Estado na economia, simplesmente não há mais espaço para se entender recepcionada a Lei n. 6.538/78, especialmente o texto do artigo 9º, no que disciplina o serviço postal como monopólio a ser explorado unicamente pela União.

Afastado o monopólio do serviço postal, o Ministro Marco Aurélio avança no exame do enquadramento do referido serviço nas áreas de atuação estatal. Para tanto, procura demonstrar que "*nenhuma atividade é, em si mesma, serviço público*", razão pela qual não há critério ontológico

1108 Estado de Direito e Jurisdição Constitucional – Decisões relevantes em 15 anos de atuação no STF

a nortear a matéria. Para S. Exa., o serviço postal insere-se, no contexto atual, no denominado Terceiro Setor e, pois, como serviço não exclusivo:

> No caso, melhor alcança o interesse da coletividade a garantia de que o serviço postal, em suas diversas modalidades, possa ser prestado em regime de concorrência entre as diversas empresas que disputam o mercado consumidor, porquanto tal modelo induz à busca constante de melhorias tecnológicas e consequente queda dos preços oferecidos pelo serviço. Os serviços postais enquadram-se, desse modo, no Terceiro Setor, hipótese em que a atividade pode e deve ser prestada por particulares, sem que isso signifique a diminuição da alta relevância social do desempenho de tais misteres. Ao revés, ocorrerá até uma maior intervenção estatal por meio da regulação, ao lado dos já regulados serviços de educação, saúde, telecomunicações, energia elétrica.

A leitura da Constituição Federal de 1988, para o eminente relator, corroboraria sua tese, na medida em que o legislador constituinte, diferentemente do que dispôs em relação aos serviços de telecomunicações (art. 21, XI, CF) e de energia elétrica (art. 21, XII, *b*, CF), não se referiu à exploração estatal direta ou à exploração mediante autorização, concessão ou permissão no que diz respeito ao serviço postal (art. 21, X, CF). Por outro lado, a Constituição é exaustiva em relação ao monopólio da atividade econômica, nos termos do art. 177, sem que haja qualquer referência ao serviço postal.

Assim, S. Exa. afirma que "somente o intérprete mais criativo poderia concluir que o verbo 'manter', a compelir a União a assumir o ônus relativos aos serviços postais, significa na verdade 'prestação direta ou mediante delegação a empresa pública, em regime de reserva de mercado'".

Em síntese, o voto do eminente Ministro Marco Aurélio confere o seguinte significado ao inciso X do art. 21 da CF:

> No caso e ante as peculiaridades envolvidas, 'manter', na verdade, significa um conjunto de serviços que devam ser garantidos necessariamente pela União, o que abrangeria, inclusive, eventual exigência de prestá-los diretamente, quando não houver interesse econômico suficiente à implementação da atividade em determinados pontos do território nacional. Funciona como espécie de aval que a União concede aos cidadãos, obedecidos os princípios de continuidade e de universalidade dos serviços.

O Ministro **Eros Grau**, por sua vez, votou pela improcedência desta ADPF. Entende S. Exa. que o serviço postal é serviço público, porquanto a própria Constituição, ao destacar tal atividade, fê-lo exatamente para distingui-la da atividade econômica em sentido estrito. Embora a Lei n. 6.538/78 tenha se referido, equivocadamente, a monopólio da atividade estatal, trata-se, na verdade, de privilégio da Administração na prestação do serviço postal, uma vez que a denominação "monopólio" é "de atividade econômica em sentido estrito".

Em resumo, assevera:

> Os regimes jurídicos sob os quais são prestados os serviços públicos importam que sua prestação seja desenvolvida sob privilégios, inclusive, em regra, o da exclusividade na exploração da atividade econômica em sentido amplo a que corresponde a sua prestação. É justamente a virtualidade desse privilégio de exclusividade na prestação, aliás, que torna atrativo para o setor privado a sua exploração, em situação de concessão e permissão.

Para S. Exa., o argumento de que o serviço postal é atividade econômica no sentido estrito não se sustentaria na medida em que a Constituição, para assim defini-lo, deveria ter expressamente reconhecido esse serviço como livre à iniciativa privada, "tal como fazem os artigos 199 e 209 em relação à saúde e à educação, os quais podem ser prestados independentemente de concessão ou permissão. Os artigos mencionados excepcionam o art. 175 para dizer que a prestação de serviços de saúde e educação são livres à iniciativa privada."

Em voto-vista, o Ministro **Joaquim Barbosa** manifestou-se também pela improcedência da ADPF, acompanhando a divergência. Posiciona-se pela definição do serviço postal como serviço público, reportando-se à doutrina brasileira e ao fato de a atividade em apreço ser de *"interesse *geral de toda a coletividade".* Para S. Exa., a Constituição, *"ao falar em 'manter o serviço postal', determinou que cabe à União assegurar a sua execução em todo o território nacional".* Fixada essa premissa, o Ministro Joaquim Barbosa observou que cabe ao legislador definir se o serviço postal pode ou não ser prestado por delegatários da União. Nesse ponto, concluiu:

> Entendo que a possibilidade de quebra do regime de privilégio em relação ao serviço específico de entrega de correspondência comercial (no qual incluo as cobranças de débitos) **deve ser tratada pelo legislador ordinário**, a quem cabe estabelecer as hipóteses de prestação desse serviço pela iniciativa privada, mediante contratos de concessão e permissão. (g.n.)

O Ministro **Cezar Peluso** acompanhou a divergência. Para S. Exa., o fato de a Constituição ter atribuído tal atividade à União é suficiente para configuração do serviço público. Assim, votou pela improcedência da ADPF.

A Ministra **Ellen Gracie**, em voto-vista, também julgou improcedente a ADPF, ao concluir ser a atividade postal serviço público e não atividade econômica, cuja prestação é exclusiva do Estado. Para tanto, fez considerações sobre o art. 177 da CF, que não indica o serviço postal entre as atividades sob monopólio.

Já o Ministro **Carlos Ayres Britto** julgou procedente em parte a ADPF.

Inicialmente entendeu ser a atividade postal serviço público, que, diferentemente dos demais, **não é passível sequer** *"de transpasse para a iniciativa privada, mediante os conhecidos institutos da autorização, da concessão e permissão".* Quanto à caracterização das espécies de atividade postal que seriam consideradas como serviço público, S. Exa. entendeu

> que essa exclusividade a qual me refiro circunscreve-se às atividades que **impliquem comunicação privada e comunicação telegráfica**. Aquilo que tiver caráter rigorosamente mercantil, comercial, eu excluiria dessa atividade da União. (g.n.)

E concluiu:

> Então, julgo procedente em parte, para dizer [...] que a recepção da Lei n. 6.538/78 pela Carta Magna de 88 se restringe às atividades relacionadas com **entrega e envio de cartas, o que se chama tecnicamente de correspondência agrupada, e atividades correlatas, como fabricação e distribuição de selos**. (g.n.)

Cheguei a manifestar-me pelo acolhimento da arguição apenas em relação aos artigos 42, 43, 44 e 45 da Lei n. 6.538, os quais se referem a tipos penais. No mais, julguei improcedente a ADPF.

Em síntese, o relator, Min. Marco Aurélio votou pela procedência da ADPF; o Min. Eros Grau manifestou-se pela improcedência, no que foi acompanhado pelos Ministros Joaquim Barbosa, Cezar Peluso e Ellen Gracie. O Min. Carlos Britto julgou a ADPF procedente em parte.

O julgamento foi suspenso em razão do pedido de vista do Ministro **Menezes Direito**, que, posteriormente, **afirmou sua suspeição**, razão pela qual os autos retornaram a esta Presidência, **momento em que pude reexaminar a questão em maior profundidade. Procedendo ao reajuste do meu voto.**

VOTO

Há controvérsia sobre o critério para se definir se determinada atividade é ou não serviço público. Seria matéria reservada exclusivamente ao legislador ou poder-se-ia definir o serviço público a partir do exame do contexto histórico em que se insere certa atividade?

Antes de reafirmar meu posicionamento, revisitarei brevemente a jurisprudência do Supremo Tribunal Federal sobre o tema.

O STF afirmou, nos autos do RE n. 229.696-7/PE, Rel. para acórdão Ministro Maurício Corrêa, *DJ* 19.12.2002, ao examinar a aplicação do regime de precatório à Empresa Brasileira de

Correios e Telégrafos (ECT), na própria ementa do julgado, que essa empresa pública "não exerce atividade econômica e presta **serviço público** da competência da União Federal e por ela mantido."

O Ministro Ilmar Galvão, então relator originário, ficou **vencido**. A tese de S. Exa. era a de que o serviço postal

> **não se trata de serviço público inerente ao Estado**, mas de atividade econômica exercida em forma de monopólio estatal, o que, como visto, não pode conferir à ECT posição privilegiada em face das empresas privadas. (g.n.)

O voto condutor coube ao Ministro Maurício Corrêa, que sustentou ser a ECT empresa pública prestadora de serviço público e, por conseguinte, submetida ao regime de precatório. Após transcrever o teor do artigo 173, *caput*, da CF de 1988, S. Exa. afirmou que "não há como inferir que seja dispensável a expedição de precatórios nas execuções contra empresas públicas que exerçam atividade **tipicamente estatal**". Afirmou, ainda:

> Note-se que as **empresas prestadoras de serviço público operam em setor próprio do Estado**, no qual só podem atuar em decorrência de ato dele emanado. Assim, o fato de as empresas públicas, as sociedades de economia mista e outras entidades que explorem atividade econômica estarem sujeitas ao regime jurídico das empresas privadas não significa que a elas sejam equiparadas sem qualquer restrição. (g.n.)

Ao acompanhar a divergência inaugurada pelo Ministro Maurício Corrêa, o Ministro Nelson Jobim reportou-se às lições de Ruy Cirne Lima a propósito do critério para a definição de determinada atividade como serviço público:

> É preciso CIRNE LIMA:
>
> "A definição do que seja, ou não, serviço público pode, entre nós, em caráter determinante, formular-se somente na Constituição Federal e, quando não explícita, há de ter-se como suposta no texto daquela. A lei ordinária que definir o que seja, ou não, serviço público, terá de ser contrastada com a definição, expressa ou suposta pela Constituição."
>
> No caso em exame, o sistema constitucional brasileiro de 1967, 1969 e 1988, como já vinha de antes, tem, expressamente, o serviço postal como de competência da União.
>
> **É, por decisão constitucional, um serviço que integra os 'fins do Estado'.**
>
> É, por isso e por opção positivada na norma constitucional, um serviço público.
>
> E, como tal, não consiste, por força da opção constitucional, em 'exploração de atividade econômica' do setor privado, pressuposto para a incidência da regra constitucional de equiparação.
>
> **É o caso da ECT.** (g.n.)

A matéria voltou a ser tratada nos autos do RE n. 407099/RS, Rel. Min. Carlos Velloso, *DJ* 6.8.2004, oportunidade em que o STF, ao examinar a incidência da imunidade tributária (art. 150, VI, *a*, CF) em relação à ECT, expressamente afirmou tratar-se de empresa pública prestadora de serviço público:

> EMENTA: CONSTITUCIONAL. TRIBUTÁRIO. EMPRESA BRASILEIRA DE CORREIOS E TELÉGRAFOS: IMUNIDADE TRIBUTÁRIA RECÍPROCA: C.F., art. 150, VI, A. EMPRESA PÚBLICA QUE EXERCE ATIVIDADE ECONÔMICA E EMPRESA PÚBLICA PRESTADORA DE SERVIÇO PÚBLICO: DISTINÇÃO. I. – As empresas públicas prestadoras de serviço público distinguem-se das que exercem atividade econômica. **A Empresa Brasileira de Correios e Telégrafos é prestadora de serviço público de prestação obrigatória e exclusiva do Estado**, motivo por que está abrangida pela imunidade tributária recíproca: C.F., art. 150, VI, *a*, II. – R.E. conhecido em parte e, nessa parte, provido. (RE 407099, Relator: Min. Carlos Velloso, Segunda Turma, *DJ* 6.8.2004) (g.n.)

Recentemente, o STF manifestou-se novamente sobre a matéria nos autos da ACO n. 765-1, ajuizada pela ECT contra a cobrança do imposto sobre propriedade de veículos automotores – IPVA,

enquanto no desempenho de suas atividades típicas. O Tribunal, por maioria, julgou procedente o pedido, afastando a tese de que a ECT, no que diz respeito a sua atividade-fim (serviço postal) seria atividade econômica:

> Na linha da orientação firmada no julgamento da ACO 959/RN (*DJE* de 16.5.2008), no sentido de que a norma do art. 150, VI, *a*, da CF alcança as empresas públicas prestadoras de serviço público, o Tribunal, por maioria, julgou procedente pedido formulado em ação cível originária proposta pela Empresa Brasileira de Correios e Telégrafos – **ECT** contra o Estado do Rio de Janeiro, para afastar a cobrança do **IPVA**, bem como as sanções decorrentes da inadimplência do tributo. **Vencidos os Ministros Marco Aurélio, relator, e Ricardo Lewandowski, que julgavam o pleito improcedente, por reputarem inaplicável, à autora, a imunidade recíproca, haja vista ser ela empresa pública com natureza de direito privado que explora atividade econômica.** Vencido, parcialmente, o Min. Joaquim Barbosa, que julgava o pedido procedente em parte. Em seguida, o Tribunal, também por votação majoritária, resolveu questão de ordem, suscitada pelo Min. Menezes Direito, para autorizar os Ministros a decidirem, monocraticamente e definitivamente, nos termos da decisão desta ação cível originária, recursos e outras causas que versem sobre o mesmo tema. Vencido, no ponto, o Min. Marco Aurélio. ACO 765/RJ, rel. orig. Min. Marco Aurélio, red. p/ o acórdão Min. Menezes Direito, 13.5.2009. (ACO-765) (*Informativo*/STF n. 546) (g.n.)

Vê-se que esta Corte já se manifestou no sentido de que a ECT, no que se refere à atividade postal, presta serviço público e não atividade econômica em sentido estrito.

O critério para a definição do serviço postal como serviço público decorre de comando expresso da Constituição. Quero dizer: a Constituição Federal, ao dispor que compete à União "manter o serviço postal e o correio aéreo nacional" (art. 21, inciso X) retirou da iniciativa privada determinada atividade por reconhecer nela relevância suficiente a atrair a noção de serviço público. Caso se optasse pelo tratamento da matéria como atividade econômica sob o pálio do monopólio estatal, o serviço postal estaria indicado no art. 177 da CF. Isso, porém, não ocorre.

O reconhecimento do **critério legislativo** – norma legal ou constitucional – para definir certa atividade como serviço público resulta do respeito à própria iniciativa privada, que, em regra, é livre para exercer suas atividades. Assim, somente o legislador poderá excepcionar tal regra. A conclusão, evidentemente, não retira a possibilidade de se examinar a razoabilidade de determinada lei que retire da iniciativa privada certa atividade para designá-la como serviço público.

Na espécie, porém, não se trata disso, **uma vez que é a Constituição que destaca o serviço postal para lhe dar tratamento diferenciado em relação à iniciativa privada ou em relação à atividade econômica em sentido estrito.**

Quanto ao critério legislativo para configuração de certa atividade como serviço público, há menção às lições de Ruy Cirne Lima, feita pelo Ministro Nelson Jobim nos autos do RE n. 229.696-7/PE, Rel. para acórdão Ministro Maurício Corrêa, *DJ* 19.12.2002, já transcrito:

> A definição do que seja, ou não, serviço público pode, entre nós, em caráter determinante, formular-se somente na Constituição Federal e, quando não explícita, há de ter-se como suposta no texto daquela. A lei ordinária que definir o que seja, ou não, serviço público, terá de ser contrastada com a definição, expressa ou suposta pela Constituição.

Há, também, manifestação do Ministro Eros Grau, nos autos da ADI n. 2.847-2/DF, Rel. Min. Carlos Velloso, *DJ* 26.11.2004, reportando-se às lições de Luís Roberto Barroso. Nesse julgado, examinaram-se leis do Distrito Federal que tratavam da exploração de loterias. Afirmou o Ministro Eros Grau:

> Não há dúvida de que a exploração de loterias é **serviço público**. Afirmando-o, é Luis Roberto Barroso quem diz – *Revista de Direito Administrativo*, volume 220 – que "**são serviços públicos as atividades que *a lei definir como tal*, submetendo-as a uma disciplina específica. (g.n.)**

Acrescento a seguinte passagem do artigo referido pelo Ministro Eros Grau:

> Uma questão, todavia, permanece em aberto: a quem incumbe a definição das atividades que devam ser consideradas mais relevantes e necessárias à coletividade (elemento material), assumidas direta ou

indiretamente pelo Estado (elemento subjetivo) e sob regime jurídico total ou parcialmente público (elemento formal)? A resposta é singela e nela parece se resolver, atualmente, a problemática conceituação jurídica de serviços público: à lei.

[...]

O elemento normativo torna-se, assim, imprescindível. São serviços públicos as atividades que a lei definir como tal, submetendo-as a uma disciplina específica." (BARROSO, Luís Roberto. Loteria – Competência Estadual – Bingo. *RDA* n. 220, p. 263) (g.n.).

Maria Sylvia Zanella Di Pietro corrobora o entendimento:

é o Estado, por meio de **lei**, que escolhe quais atividades que, em determinado momento, são consideradas serviços públicos; no direito brasileiro, a própria Constituição faz essa indicação nos artigos 21, incisos X, XI, XII, XV e XXIII, e 25, § 2°, alterados, respectivamente, pelas Emendas Constitucionais 8 e 5, de 1995; isto exclui a possibilidade de distinguir, mediante critérios objetivos, o serviço público da atividade privada; esta permanecerá como tal enquanto o Estado não a assumir como própria; (ZANELLA DI PIETRO, Maria Sylvia. *Direito Administrativo*, 22. ed., São Paulo: Atlas, p. 101-102, 2009).

Concluo, portanto, que o serviço postal previsto no inciso X do art. 21 da CF é serviço público. O entendimento funda-se sobretudo em interpretação sistemática do texto constitucional. Ora, caso assim não fosse, ou seja, caso se tratasse de mera atividade econômica, que poderia admitir a atuação estatal por razões de interesse público, não haveria necessidade do disposto no art. 21, inciso X, da CF. Seria suficiente o comando do art. 173 da CF, que se refere às hipóteses de atuação estatal direta na atividade econômica por razões de segurança nacional ou interesse coletivo.

De todo modo, mesmo considerando que a atividade postal é serviço público, não há como negar o tratamento constitucional peculiar sobre esse serviço.

Diferentemente do que dispõem os incisos XI e XII do art. 21 da CF, **não há**, no inciso X, referência à exploração direta ou mediante concessão, permissão ou autorização da atividade:

Art. 21 – Compete à União:

[...]

X – manter o serviço postal e o correio aéreo nacional;

XI – explorar, diretamente ou mediante autorização, concessão ou permissão, os serviços de telecomunicações, nos termos da lei, que disporá sobre a organização dos serviços, a criação de um órgão regulador e outros aspectos institucionais;

XII – explorar, diretamente ou mediante autorização, concessão ou permissão:

[...]

Entendo que a utilização do verbo "manter", ao invés de "explorar diretamente [...]", significa que a Constituição concedeu ao legislador ordinário alguma flexibilidade quanto à escolha adequada do modo pelo qual a Administração assegurará a prestação do serviço postal a toda sociedade. **Não há como negar que o verbo manter, nesse contexto normativo, é mais abrangente do que "explorar diretamente ou mediante autorização, concessão ou permissão".**

Dessa forma, o legislador ordinário poderá, por exemplo, determinar que o serviço postal seja prestado por exploração direta pela Administração Pública; pela exploração indireta, mediante autorização, concessão ou permissão; ou por outros meios, inclusive a execução pela iniciativa privada, nos termos da legislação, mantendo a União o papel de ente regulador.

Não sem razão, a Constituição, em outra oportunidade, faz expressa alusão ao serviço postal, agora para dar ênfase à competência legislativa sobre a matéria:

Art. 22. Compete privativamente à União legislar sobre:

[...]

V – **serviço postal**." (g.n.)

O tratamento constitucional é realmente **peculiar**, porquanto, ao limitar-se a utilizar o verbo **manter** em relação ao serviço postal, admite que essa específica atividade seja prestada por outros meios além da clássica concessão ou permissão de serviço público, **desde que o legislador ordinário assim disponha**.

O fato de o art. 21, inciso X, não ter feito referência às modalidades delegatórias de concessão, permissão ou autorização significa, enfim, que o legislador ordinário não estará limitado às hipóteses do art. 175 da CF (*"Art. 175 – Incumbe ao Poder Público, na forma da lei, diretamente ou sob regime de concessão ou permissão, sempre através de licitação, a prestação de serviços públicos"*).

Importante destacar que a Lei n. 9.074/1995, que estabelece normas para outorga de concessões e permissões de serviços públicos, no art. 1º, inciso VII, **dispõe que se sujeitam ao regime de concessão ou, quando couber, de permissão, os serviços postais** (inciso incluído pela Lei n. 9.648/1998).

O Ministro Marco Aurélio nos deu notícia do projeto de Lei n. 1.491/1999, que dispunha sobre a delegação do serviço postal, cujas características aproximavam-se do modelo das telecomunicações (Lei n. 9.998/2000). Não é o momento para atestar a constitucionalidade deste ou daquele modelo, **porém pode-se afirmar, a partir da Constituição, que a delegação do serviço postal é admissível, desde que o legislador assim discipline.**

Observo, também, que o modelo de franquia postal é tratado na Lei n. 11.668, de 2.5.2008, bem como no Decreto n. 6.639, de 7.11.2008, os quais estabelecem as regras para a implantação e manutenção de franquia postal, dispondo, inclusive, acerca da obrigatoriedade de procedimento licitatório. Sobre o objeto da franquia, dispõem os §§ 1º e 2º do art. 2º do referido Decreto:

Art. 2º A implantação e a manutenção da atividade de franquia postal será realizada, exclusivamente, pela Empresa Brasileira de Correios e Telégrafos – ECT, sob a supervisão do Ministério das Comunicações, na forma da Lei n. 6.538, de 22 de junho de 1978, e deste Decreto, no desempenho de atividades auxiliares relativas ao serviço postal, consoante o disposto no § 1º do art. 1º da Lei n. 11.668, de 2 de maio de 2008.

§ 1º **As atividades auxiliares relativas ao serviço postal consistem na venda de produtos e serviços disponibilizados pela ECT, incluindo a produção ou preparação de objeto de correspondência, valores e encomendas, que antecedem o recebimento desses postados pela ECT, para posterior distribuição e entrega aos destinatários finais.**

§ 2º As atividades de recebimento, expedição, transporte e entrega de objetos de correspondência, valores e encomendas, inerentes à prestação dos serviços postais, não se confundem com as atividades auxiliares relativas ao serviço postal, não podendo ser objeto do contrato de franquia. (g.n.)

Evidentemente, a franquia postal não se confunde com a clássica concessão e permissão de serviço público, o que já revela que o legislador pode dispor sobre a execução do serviço postal para além das hipóteses do art. 175, da CF, desde que respeitados os princípios constitucionais, especialmente os da Administração Pública.

O que deve nortear o intérprete na aplicação do regime do serviço público é o respeito à universalidade e à prestação de serviço adequado ao cidadão. Considerando a importância da atividade postal e a dimensão continental do território brasileiro, tais aspectos ganham ainda maior relevo.

Há relatos de que comunidades que integram Estados da Federação ainda não têm acesso fácil a agências da ECT.

Imaginemos as comunidades do arquipélago do Bailique, localizado no Amapá, no meio do Rio Amazonas, também conhecido como Rio-Mar. O simples deslocamento para a cidade de Macapá demanda uma viagem de barco de cerca de um dia e meio. É natural que a iniciativa privada não tenha interesse nesse mercado. **Não por outra razão a Constituição destacou o serviço postal, cabendo à União** *mantê-lo.*

A universalidade e a eficiência do serviço postal constituem o núcleo a ser preservado pelo legislador. Não se pode olvidar, nesse ponto, que **o serviço postal foi contemplado pela ordem constitucional de 1988 como *garantia institucional*.**

O papel das garantias institucionais no ordenamento constitucional não é desconhecido. Como é sabido, a Constituição outorga, não raras vezes, garantia a determinados institutos, isto é, a um complexo coordenado de normas, tais como a propriedade, a herança, o casamento etc. Outras vezes, clássicos direitos de liberdade dependem, para sua realização, de intervenção do legislador.

Assim, a liberdade de associação (CF, art. 5º, XVII) depende, pelo menos parcialmente, da existência de normas disciplinadoras do direito de sociedade (constituição e organização de pessoa jurídica etc.). Também a liberdade de exercício profissional exige a possibilidade de estabelecimento de vínculo contratual e pressupõe, pois, uma disciplina da matéria no ordenamento jurídico. O direito de propriedade, como observado, não é sequer imaginável sem disciplina normativa [Cf. KREBS, *Freiheitsschutz durch Grundrechte*, cit., p. 617 (623)].

Da mesma forma, o direito de proteção judiciária, previsto no art. 5º, XXXV, o direito de defesa (art. 5º, LV), e o direito ao juiz natural (art. 5º, XXXVII), as garantias constitucionais do *habeas corpus*, do mandado de segurança, do mandado de injunção e do *habeas data* são típicas garantias de caráter institucional, dotadas de âmbito de proteção marcadamente normativo (Cf. PIEROTH/SCHLINK, *Grundrechte*: Staatsrecht II, Heidelberg: C. F. Müller, 1995, p. 53).

Entre nós, Ingo Sarlet assinala como autênticas garantias institucionais no catálogo da nossa Constituição a garantia da propriedade (art. 5º, XXII), o direito de herança (art. 5º, XXX), o Tribunal do Júri (art. 5º, XXXVIII), a língua nacional portuguesa (art. 13), os partidos políticos e sua autonomia (art. 17, *caput*, e § 1º). Também fora do rol dos direitos e garantias fundamentais (Título II) podem ser localizadas garantias institucionais, tais como a garantia de um sistema de seguridade social (art. 194), da família (art. 226), bem como da autonomia das universidades (art. 207), apenas para mencionar os exemplos mais típicos. Ressalte-se que alguns desses institutos podem até mesmo ser considerados garantias institucionais fundamentais, em face da abertura material propiciada pelo art. 5º, § 2º, da Constituição (SARLET, Ingo, *A eficácia dos direitos fundamentais*, cit., p. 182).

Nesses casos, a atuação do legislador revela-se indispensável para a própria concretização do direito. Pode-se ter aqui um autêntico *dever constitucional de legislar* (*Verfassungsauftrag*), que obriga o legislador a expedir atos normativos "conformadores" e concretizadores de alguns direitos (Cf. BATTIS, Ulrich; GUSY, Christoph, *Einführung in das Staatsrecht*, 4. ed., Heidelberg: C. F. Müller, 1999, p. 327).

Em estudo doutrinário, tive a oportunidade de salientar que as garantias institucionais desempenham função de proteção de bens jurídicos indispensáveis à preservação de certos valores tidos como essenciais. Esclarece Paulo Bonavides que a denominação "garantia institucional" deve-se a Carl Schmitt, que também *"a separou dos direitos fundamentais, deixando bem claro que o sentido dela era o de ministrar uma proteção especial a determinadas instituições"* (BONAVIDES, Paulo. Curso de Direito Constitucional, São Paulo: Malheiros, 1998, p. 495). Prossegue o constitucionalista, ensinando que "a garantia institucional visa, em primeiro lugar, assegurar a permanência da instituição (...), preservando invariavelmente o mínimo de substantividade ou essencialidade, a saber, aquele cerne que não deve ser atingido nem violado, porquanto se tal ocorresse, implicaria já o perecimento do ente protegido" (BONAVIDES, *Curso*, cit., p. 497). Se essas garantias se ordenam a resguardar certos institutos jurídicos, não chegam a esmiuçar todos os elementos deles — **tarefa a cargo do legislador, a quem se haverá de reconhecer liberdade de conformação.**

As garantias institucionais resultam da percepção de que **determinadas instituições (direito público) ou institutos (direito privado) desempenham papel de tão elevada importância** na ordem jurídica que devem ter o seu núcleo essencial (as suas características elementares) preservado da ação erosiva do legislador. O seu objeto é constituído de um complexo de normas jurídicas, de ordem pública e privada. A garantia da família (art. 226) e a da autonomia da universidade (art. 207) exemplificam essa categoria de normas entre nós.

Quando a Constituição dispõe, em seu art. 21, inciso X, que cabe à União *manter* o serviço postal, e, em seu art. 22, V, prescreve que compete à União *legislar* sobre o tema, ela impõe o dever constitucional (*Verfassungsauftrag*) de **proteger o núcleo essencial dessa atividade, num contexto de complexa mutação das circunstâncias fáticas.**

Cabe à União, portanto, tendo em vista o contexto econômico, social e tecnológico, avaliar o modelo de prestação do serviço postal em determinado cenário, com vista a preservar a universalidade e eficiência desse serviço público.

A pretensão da arguente de restringir o significado da palavra "carta" merece atenção, na medida em que a Lei n. 6.538/78, ao tratar das espécies de serviço postal que serão consideradas como "monopólio", **apenas indicou** a carta, o cartão-postal e a correspondência agrupada, além da fabricação de selos e outras formas de franqueamento postal. É o que dispõe o art. 9º da Lei:

Art. 9º São exploradas pela União, **em regime de monopólio**, as seguintes atividades postais:

I – recebimento, transporte e entrega, no território nacional, e a expedição, para o exterior, de **carta e cartão-postal;**

II – recebimento, transporte e entrega, no território nacional, e a expedição, para o exterior, de **correspondência agrupada:**

III – fabricação, emissão de selos e de outras fórmulas de franqueamento postal.

Independentemente da leitura que se fizer do termo "monopólio", fica claro o significado de exclusividade na prestação da atividade, ou seja, somente a União poderá receber, transportar e entregar cartas, cartões-postais e correspondência agrupada. Tais conceitos foram tratados pela lei:

Art. 47º Para os efeitos desta Lei, são adotadas as seguintes definições:

CARTA – objeto de correspondência, com ou sem envoltório, sob a forma de comunicação escrita, de natureza administrativa, social, comercial, ou qualquer outra, que contenha informação de interesse específico do destinatário.

CARTÃO-POSTAL – objeto de correspondência, de material consistente, sem envoltório, contendo mensagem e endereço.

CORRESPONDÊNCIA – toda comunicação de pessoa a pessoa, **por meio de carta**, através da via postal, ou por telegrama.

CORRESPONDÊNCIA AGRUPADA – reunião, em volume, de objetos da mesma ou de diversas naturezas, quando, pelo menos um deles for sujeito ao monopólio postal, remetidos a pessoas jurídicas de direito público ou privado e/ou suas agências, filiais ou representantes.

A despeito da abrangência do conceito, é possível diferençar "carta", "cartão-postal" e "correspondência agrupada" dos conceitos de "encomenda" e "impresso", na medida em que a lei, no citado art. 9º, não os indicou entre as atividades sob monopólio da União.

Isto é, nem todos os serviços postais estão submetidos ao "monopólio" ou prestação exclusiva da União. Logo, os serviços postais abrangidos pelo "monopólio" devem ser interpretados restritivamente.

Eis os conceitos da lei a propósito das atividades não submetidas ao regime de monopólio:

Art. 47º Para os efeitos desta Lei, são adotadas as seguintes definições:

[...]

ENCOMENDA – objeto com ou sem valor mercantil, para encaminhamento por via postal.

IMPRESSO – reprodução obtida sobre material de uso corrente na imprensa, editado em vários exemplares idênticos.

1116 Estado de Direito e Jurisdição Constitucional – Decisões relevantes em 15 anos de atuação no STF

Parece mais apropriado incluir jornais, periódicos e boletos no conceito de encomenda ou impresso e não no de carta. Nesse sentido, tais atividades não estão abrangidas pelo regime de exclusividade previsto no art. 9º, da Lei n. 6.538/78.

Não podemos negar que o avanço tecnológico influi no exame da matéria. Atualmente, por exemplo, o envio de boletos bancários é feito mediante mensagem eletrônica via internet, prescindindo do transporte ou distribuição nos moldes tradicionais.

O Tribunal não pode ignorar a realidade, sob pena de suas decisões ficarem despidas de qualquer eficácia. É o que ocorrerá se entendermos que quaisquer das atividades postais devem ser prestadas exclusivamente pela União.

Necessário que o legislador esteja atento para a implementação de modelos de prestação da atividade postal condizentes com a realidade social e tecnológica vigente, sem prejuízo do dever estatal de manter o serviço público postal (art. 21, inciso X, da CF), como, aliás, destaquei no início de meu voto.

Dessa forma, reconheço que a prestação exclusiva pela União da atividade postal limita-se ao conceito de carta, cartão-postal, correspondência agrupada e fabricação de selos, nos termos do art. 9º da Lei n. 6.538/78, não abarcando a distribuição de boletos (*v.g.* boletos bancários, contas de água, telefone, luz), jornais e periódicos, os quais se inserem na noção de "encomenda" ou "impresso" e não são indicados no referido art. 9º entre as atividades de prestação exclusiva ("monopólio") pela União.

Essa parece ser a interpretação possível ante o inegável *processo de inconstitucionalização*, decorrente de profunda mudança nas relações fáticas, do modelo de monopólio no sentido da prestação exclusiva, pela ECT, de **quaisquer das atividades postais indicadas na Lei n. 6.538/78.**

Nesse ponto, não podemos deixar de levar em conta que, no caso em análise, o reconhecimento do "monopólio" geral e irrestrito da União sobre a atividade postal pode se revestir de completa ineficácia no plano fático, em razão da própria realidade complexa que as novas tecnologias impõem no mundo hodierno.

Do art. 42 da Lei n. 6.538/78

Quanto aos dispositivos da lei relativos a tipos penais, merece atenção o artigo 42 da Lei n. 6.538/78, que dispõe:

VIOLAÇÃO DO PRIVILÉGIO POSTAL DA UNIÃO

Art. 42º Coletar, transportar, transmitir ou distribuir, **sem observância das condições legais**, objetos de qualquer natureza sujeitos ao monopólio da União, ainda que pagas as tarifas postais ou de telegramas.

Pena: detenção, até dois meses, ou pagamento não excedente a dez dias-multa.

FORMA ASSIMILADA

Parágrafo único. Incorre nas mesmas penas quem promova ou facilite o contrabando postal ou pratique qualquer ato que importe em violação do monopólio exercido pela União sobre os serviços postais e de telegramas.

Em um primeiro momento, extrai-se do tipo penal em análise que o delito se caracterizará quando, ao coletar, transportar, transmitir ou distribuir objetos de qualquer natureza sujeitos ao monopólio da União, o agente não estiver no exercício regular de uma das ações que a própria lei autoriza.

A caracterização do delito se dá mediante a técnica da exclusão: se a conduta não estiver permitida, então é delituosa.

É que apenas a combinação desses dispositivos permite saber se houve conduta delituosa. Em outras palavras, para se ter como certa a caracterização do delito, necessário primeiro saber se a conduta do agente não estava autorizada por alguma das hipóteses legais.

Semelhante técnica legislativa é adotada em outras normas incriminadoras, como, por exemplo, na descrição do tipo penal do art. 178 do CP, que incrimina o fato de "emitir conhecimento de depósito ou *warrant*, em desacordo com disposição legal". O conteúdo incriminador não se apresenta preciso, por exigir a identificação daquilo que está em desacordo com a lei que regula os institutos do conhecimento de depósito e do *warrant*.

Não bastasse essa especial circunstância do tipo penal, por si só reveladora da sua falta de precisão, para saber se a conduta está autorizada, será também necessária uma interpretação quanto aos limites das hipóteses permissivas, antes de seu cotejo com as ações que motivaram a denúncia.

O elemento normativo, aqui representado pela expressão "... **sem observância das condições legais...**", causa, em princípio, considerável indeterminação no conteúdo do tipo penal, enfraquecendo sua função de garantia (taxatividade), pois a própria existência do fato punível reclama exegese quanto aos lindes das hipóteses permissivas.

O Princípio da Legalidade, disposto no inciso XXXIX do art. 5º da Constituição Federal e presente no art. 1º do Código Penal, para além de fixar a necessidade de existência de uma lei escrita anterior à ocorrência da conduta, apresenta desdobramentos, entre os quais se destaca a taxatividade, pela qual se reputa inconstitucional toda e qualquer lei penal que, de forma vaga, imprecisa, afaste do destinatário o entendimento de seu alcance.

Desse entendimento não discrepa a doutrina. Em tal sentido, observe-se a lição de Heleno Cláudio Fragoso que, ao tratar das variadas funções do chamado "Princípio da Reserva Legal", ensina:

> Finalmente, atinge o princípio da legalidade a incriminação vaga e indeterminada de certos fatos, deixando incerta a esfera da ilicitude e comprometendo, desta forma, a segurança jurídica do cidadão.
>
> É este um aspecto novo do velho princípio, que pode ser formalmente observado, com a existência de uma lei prévia, mas violado na substância, com a indeterminação da conduta delituosa. Como ensina mestre Soler, 'a só existência de lei prévia não basta; esta lei deve reunir certos caracteres: deve ser concretamente definitória de uma ação, deve traçar uma figura cerrada em si mesma, por força da qual se reconheça não somente qual é a conduta compreendida, senão também qual é a não compreendida',
>
> A incriminação vaga e indeterminada faz com que, em realidade, não haja lei definindo como delituosa certa conduta, pois entrega, em última análise, a identificação do fato punível ao arbítrio do julgador (in *Lições de Direito Penal*, Forense, 5. ed. Parte Geral, p. 97).

O fim social ao qual se destina o "Princípio da Legalidade", caracterizado como mais uma forma de garantia aos direitos individuais, efetivamente, jamais será atingido se a lei penal não externar, de forma clara e taxativa, quais as condutas que, caso praticadas, leva ao ilícito penal.

Todavia, no caso, cabe interpretação conforme, porquanto é possível restringir a aplicação do art. 42, da Lei n. 6.538/78, às hipóteses dispostas no art. 9º, da lei, na medida em que, nos termos em que destaquei inicialmente, o "monopólio" ou regime de exclusividade é limitado a específicas atividades postais.

Conclusão

Ante o exposto, reajusto meu voto para:

a) julgar parcialmente procedente a arguição, fixando a interpretação de que a prestação exclusiva pela União da atividade postal limita-se ao conceito de carta, cartão-postal e correspondência agrupada, nos termos do art. 9º da Lei n. 6.538/78, não abarcando a distribuição de boletos (*v.g.* boletos bancários, contas de água, telefone, luz), jornais, livros, periódicos ou outros tipos de encomendas ou impressos;

b) dar interpretação conforme ao art. 42 da Lei n. 6.538/78 para restringir a sua aplicação às atividades postais descritas no art. 9º do referido diploma legal.

É como voto.

MS 24.764[1]

Desapropriação – Reforma agrária – Vistorias parciais – Admissibilidade
– Glebas exploradas autonomamente por arrendatários distintos – Invasão
de pequena fração da terra – Superação da jurisprudência do STF firmada
no MS 23.054-PB, *DJ* de 4.5.2001, e no MS 23.857-MS, *DJ* de 13.6.2003,
segundo a qual a ínfima extensão de área invadida não justifica a improdutividade de imóvel.

Tratava-se de mandado de segurança impetrado contra decreto do Presidente da República, de 25 de novembro de 2003, que declarou de interesse social, para fins de reforma agrária,
imóvel rural composto por cinco engenhos, todos localizados no Município de Tracunháem,
Pernambuco.

O núcleo da pretensão que compõe o conteúdo do mandado de segurança, à folha 7, está
assim exposto:

> *Como as glebas denominadas engenhos Prado e Dependência – que integram o imóvel rural Engenho
> Prado Grupo Prado – estavam invadidos e a reintegração de posse quanto a elas se operou, respectivamen-
> te em 1ª-11-2003 e 3-7-2003, nenhuma vistoria poderia ali ser realizada, para fins de reforma agrária,
> porquanto não decorrera aquele prazo mínimo de dois anos que deve mediar o ato de reintegração de
> posse e a realização da vistoria, nos exatos termos do § 6º do art. 2º da Lei n. 8.619/93, com as alterações
> impostas pela Medida Provisória 2.183-56, de 24 de agosto de 2001.*

A Procuradoria-Geral opinou pela extinção do processo sem julgamento de mérito, por
força da impossibilidade de dilação probatória em mandado de segurança.

O Plenário do Supremo Tribunal Federal, em 6 de outubro de 2005, julgou o processo e
prolatou decisão nestes termos ementada:

*EMENTA: Mandado de Segurança. 2. Desapropriação para fins de reforma agrária. 3. Os recursos admi-
nistrativos, sem efeito suspensivo, não impedem a edição do decreto de declaração de utilidade pública (Lei
9.794/99, art. 61). Precedente: MS n. 24.163, DJ de 19.9.2003. Inocorrência de ofensa ao princípio do
contraditório e da ampla defesa. 4. Vistorias parceladas. Admissibilidade. Glebas exploradas autonomamente
por arrendatários distintos. 5. Configuração de plausibilidade da impetração de modo a obstar medidas tendentes a dificultar a própria produtividade do imóvel, especialmente se, como no caso, a invasão ocorre em áreas
onde haja água, passagens ou caminhos. 6. Ocupação pelos "sem-terra" de fração que, embora diminuta, é representativa para a administração da propriedade denominada Engenho Dependência. Superação da jurisprudência do STF firmada no MS n. 23.054-PB, DJ de 4.5.2001 e MS n. 23.857-MS, DJ de 13.6.2003,
segundo a qual, a ínfima extensão de área invadida, não justifica a improdutividade de imóvel. 7. Mandado de
Segurança parcialmente deferido.*

VOTO

Sra. Presidente, tenho profundas dúvidas quanto à terra invadida.

Se tal invasão for na porteira de uma propriedade, compromete radicalmente a administração do imóvel.

---

[1] O Tribunal, por maioria, deferiu, em parte, a segurança, nos termos do voto do Senhor Ministro Gilmar Mendes, vencidos, parcialmente, os Senhores Ministros Sepúlveda Pertence (Relator), Eros Grau, Joaquim Barbosa
e Cezar Peluso, que indeferiam integralmente a segurança (*DJ* de 24.3.2006).

Não me sinto habilitado – talvez por ser da área rural e conhecer um pouco o tema – a fazer esse tipo de "distinguishing". Não consigo conviver com a ideia de que se possa ter alguém dentro da propriedade, perturbando o exercício, turbando a posse e ainda assim o seu titular consiga manter a propriedade em funcionamento, especialmente se a invasão estiver localizada, como sói acontecer, em áreas onde haja água, passagens, caminhos.

É de se indagar: como é que se convive com tal estado de coisa? Quem tem um mínimo de experiência sabe! E vinte hectares em quatrocentos hectares é algo significativo.

De modo que, em relação a esta propriedade – Gleba Dependência –, eu concedo a ordem.

RE 635.336[1]

Constitucional – Administrativo – Cultivo ilegal de plantas psicotrópicas – Expropriação – Art. 243 da CF/88 – Regime de responsabilidade – Emenda Constitucional 81/2014 – Inexistência de mudança substancial na responsabilidade do proprietário – Expropriação de caráter sancionatório – Confisco constitucional – Responsabilidade subjetiva, com inversão de ônus da prova.

Trata-se de recurso extraordinário interposto pelo Ministério Público Federal contra acórdão proferido pelo Tribunal Regional Federal da 5ª Região cuja ementa transcrevo a seguir:

"CONSTITUCIONAL. ADMINISTRATIVO. EXPROPRIAÇÃO. DE GLEBAS. CULTIVO ILEGAL DE PLANTAS PSICOTRÓPICAS (MACONHA). ART. 243, DA CF/88. LEI N. 8.257/91. DECRETO 577/92. RESPONSABILIDADE OBJETIVA DO PROPRIETÁRIO. I. O art. 243 da Constituição Federal instituiu importante mecanismo de combate ao tráfico ilícito de entorpecentes, ao permitir a imediata expropriação de quaisquer terras onde forem localizadas culturas ilegais de plantas psicotrópicas. II. Não haverá prescrição no que tange ao prazo de promoção da desapropriação do art. 243 da Carta Magna, posto que a Lei que regula essa espécie de expropriação silencia a respeito. III. O cultivo de plantas psicotrópicas, sem a devida autorização da autoridade competente, caracteriza-se por ilícito que acarretará na desapropriação sem direito à indenização. IV. O Pleno desta Corte Regional já se posicionou no sentido de que é objetiva a responsabilidade do proprietário de terras destinadas para o plantio de espécies psicotrópicas, sendo em consequência irrelevante, a existência ou inexistência de culpa na utilização criminosa". (AR n. 4.842 PE, Pleno, rel. Des. federal Paulo Roberto de Oliveira Lima, julg. 21.9.2005, publ. 28.10.2005). V. APELAÇÃO IMPROVIDA. (fl. 418)

No recurso extraordinário, aponta-se violação ao art. 243, *caput*, da Constituição Federal.

Discute-se nos autos a natureza jurídica da responsabilidade do proprietário, se objetiva ou subjetiva, decorrente da constatação de que foi localizado em sua propriedade cultivo ilegal de plantas psicotrópicas.

Alega-se que o texto constitucional consagra a responsabilidade subjetiva do proprietário como requisito básico à perda de propriedade (fl. 427).

Sustenta-se que a responsabilidade subjetiva, quando a União tem a obrigação de provar a participação no crime ou a omissão no impedimento de sua ocorrência, é a melhor alternativa para garantir o direito de propriedade e penalizar o criminoso ou aquele que, sendo proprietário, anui, pela omissão, com a utilização de sua propriedade rural para o cometimento do crime em consideração. (fl. 428)

Às fls. 433 e 434, o presente recurso extraordinário foi admitido no Tribunal de origem.

Em 26.5.2011, este Supremo Tribunal Federal reconheceu a repercussão geral da questão constitucional suscitada pelo Ministério Público Federal (*DJe* 31.8.2011).

Às fls. 495-497, a Procuradoria-Geral da República opinou pelo provimento do recurso, com base em parecer a seguir ementado:

"RECURSO EXTRAORDINÁRIO AÇÃO DE EXPROPRIAÇÃO (CONFISCO). PLANTIO DE ERVA *CANNABIS SATIVA LINNEU*. ART. 243 DA CF/88 E LEI N. 8.257/91. SENTENÇA QUE JULGOU

---

[1] Acordam os ministros do Supremo Tribunal Federal, em sessão plenária, nos termos do voto do Relator, sob a presidência da Ministra Cármen Lúcia, na conformidade da ata do julgamento e das notas taquigráficas, por unanimidade de votos, apreciando o Tema 399 da repercussão geral, negar provimento ao recurso extraordinário e fixar tese nos termos seguintes: A *expropriação prevista no art. 243 da Constituição Federal pode ser afastada, desde que o proprietário comprove que não incorreu em culpa, ainda que* in vigilando *ou* in eligendo (*DJ* de 15.9.2017).

Livre-iniciativa, direito de propriedade e desapropriação **1121**

PROCEDENTE A PRETENSÃO DA UNIÃO FEDERAL, RECONHECENDO COMO IRRELEVANTE A NÃO COMPROVAÇÃO DO ENVOLVIMENTO DOS EXPROPRIADOS E SEUS FAMILIARES COM A PRÁTICA DELITUOSA SUA CONFIRMAÇÃO PELO TRF DA 5ª REGIÃO. REPONSABILIDADE TIDA, POIS, COMO DE NATUREZA OBJETIVA. ALEGAÇÃO DE CONTRARIEDADE AO ART. 243, *CAPUT*, DA CF/88. PROCEDÊNCIA. DISPOSITIVO CONSTITUCIONAL QUE NÃO AUTORIZA A PUNIÇÃO DE QUEM NÃO DEU CAUSA AO PLANTIO DE ERVAS PSICOTRÓPICAS, OU PARA ELE CONTRIBUIU POR AÇÃO OU OMISSÃO VOLUNTÁRIAS. PARECER PELO CONHECIMENTO E PROVIMENTO DO RECURSO". (fl. 495)

É o relatório.

O julgado foi nestes termos ementado:

EMENTA: Recurso extraordinário. 2. Constitucional. Administrativo. Cultivo ilegal de plantas psicotrópicas. Expropriação. Art. 243 da CF/88. Regime de responsabilidade. 3. Emenda Constitucional 81/2014. Inexistência de mudança substancial na responsabilidade do proprietário. 4. Expropriação de caráter sancionatório. Confisco constitucional. Responsabilidade subjetiva, com inversão de ônus da prova. 5. Fixada a tese: "A expropriação prevista no art. 243 da CF pode ser afastada, desde que o proprietário comprove que não incorreu em culpa, ainda que in vigilando ou in eligendo". 6. Responsabilidade subjetiva dos proprietários assentada pelo Tribunal Regional. 7. Negado provimento ao recurso extraordinário.

VOTO

A questão versada nos presentes autos diz respeito à natureza jurídica da responsabilidade do proprietário decorrente da verificação de existência de cultivo ilegal de psicotrópicos em seu domínio.

A matéria teve repercussão geral reconhecida por esta Corte.

A questão ora enfrentada é tema controverso no âmbito da jurisprudência dos tribunais regionais federais e, também, no Superior Tribunal de Justiça.

Dos julgados proferidos pelo Tribunal Regional Federal da 1ª Região, colhe-se entendimento segundo o qual a responsabilidade do proprietário é subjetiva:

"AÇÃO DE EXPROPRIAÇÃO PREVISTA NO ARTIGO 243 DA CONSTITUIÇÃO. CONFISCO DE IMÓVEL NO QUAL FOR LOCALIZADA CULTURA ILEGAL DE PLANTAS PSICOTRÓPICAS. NATUREZA DA RESPONSABILIDADE CIVIL DO PROPRIETÁRIO. 1. **A natureza jurídica da responsabilidade civil do proprietário da gleba na qual for localizada cultura ilegal de plantas psicotrópicas é subjetiva,** uma vez que o artigo 243 da Carta Magna não dispôs, expressamente, que se trata de responsabilidade objetiva, bem como porque resulta da interpretação sistemática dos dispositivos constitucionais que tratam da desapropriação, do confisco, da perda de bens e da responsabilidade civil objetiva (Carta Magna, artigos 5º, incisos XXIV, XXV, XLV e XLVI; 21, inciso XXIII, alínea 'c'; 37, § 6º; 150, inciso IV). Precedentes desta Corte. 2. Apelações e remessa oficial a que se nega provimento". (Apelação Cível 200133000117567, rel. juíza federal convocada Jaiza Mario Pinto Fraxe, redator do acórdão juiz federal Leão Aparecido Alves, Terceira Turma/TRF1, *DJ* 19.10.2007);

"ADMINISTRATIVO. PROCESSO CIVIL. AÇÃO DE DESAPROPRIAÇÃO POR INTERESSE SOCIAL. PLANTIO DE ENTORPECENTES. ART. 243, DA CONSTITUIÇÃO FEDERAL. LEI N. 8.257/91. DECRETO N. 577/92. [...] 3. **A expropriação** devido ao cultivo ilegal de psicotrópicos, além do elemento objetivo (cultivo da terra), necessita da comprovação de que o proprietário participou conscientemente dessa conduta. 4. O sistema penal brasileiro assenta-se no princípio da **responsabilidade** subjetiva, devendo consignar expressamente quando incidir a **responsabilidade** objetiva, exceção à regra geral. 5. Inexistência de indício de que o proprietário do imóvel rural em que foi encontrada a cultura ilegal de planta psicotrópica, tinha ciência da prática ilícita. Precedentes desta 4ª Turma. 6. Agravo Retido não conhecido. 7. Apelação do expropriado provida. 8. Apelação da União e remessa oficial improvidas". (Apelação Cível 200001000649047, rel. juiz federal convocado Marcus Vinícius Bastos, Quarta Turma/TRF1, *DJ* 14.4.2005).

De forma diametralmente oposta, os tribunais regionais federais da 2ª e 5ª Região consignam entendimento de que a responsabilidade é objetiva:

"PROCESSUAL CIVIL. EXTINÇÃO DO FEITO SEM JULGAMENTO DO MÉRITO. **EXPRO-PRIAÇÃO**. ARTIGO 243 DA CRFB. PLANTIO DE *CANNABIS SATIVA LINNEU*. OBSERVÂNCIA DOS ARTIGOS 282 E 283 DO CPC. ANULAÇÃO DA SENTENÇA. [...] – Consoante decisão proferida pelo Superior Tribunal de Justiça, é objetiva a **responsabilidade** do proprietário de glebas utilizadas para o plantio de espécies psicotrópicas, sendo, por consequência, irrelevante a existência ou não de culpa na utilização criminosa. [...]". (Apelação Cível 185.204, rel. Des. Carlos Guilherme Francovich Lugones, Sexta Turma Especializada/TRF2, *DJ* 5.9.2008);

"CONSTITUCIONAL E ADMINISTRATIVO. DESAPROPRIAÇÃO. CULTIVO DE PLANTAS PSICOTRÓPICAS. ART. **243** DA CONSTITUIÇÃO FEDERAL. **RESPONSABILIDADE** OBJETIVA. [...] 3 – Nos casos de desapropriação-sanção, a **responsabilidade** é objetiva, sendo despicienda a comprovação de culpa do proprietário. Precedentes. 4 – Apelação improvida". (Apelação Cível 427.631, rel. Des. Marcelo Navarro, Terceira Turma/TRF5, *DJe* 4.5.2011);

"CONSTITUCIONAL E ADMINISTRATIVO. DESAPROPRIAÇÃO. PROPRIEDADE COM CULTIVO ILEGAL DE PLANTAS PSICOTRÓPICAS (*CANNABIS SATIVA LINNEU*). ARTIGO **243** DA CF/88. **RESPONSABILIDADE** OBJETIVA DO PROPRIETÁRIO. **EXPROPRIAÇÃO** DE TODA PROPRIEDADE E NÃO APENAS DA ÁREA CULTIVADA. – Apelação interposta contra sentença que julgou procedente o pedido expropriatório fundamentado no art. 243 da Constituição Federal. [...] – No caso de desapropriação por cultivo ilegal de plantas psicotrópicas a **responsabilidade** é objetiva, sendo irrelevante a comprovação de culpa do proprietário. [...]". (Apelação Cível 431.724, rel. Des. Paulo Gadelha, Segunda Turma/TRF5, *DJe* 31.5.2012).

No Superior Tribunal de Justiça, no julgamento do REsp 498.742, rel. Min. José Delgado, *DJ* 16.9.2003, a posição a respeito da questão ora em exame firmou-se no sentido de que a responsabilidade do proprietário é objetiva quando verificada a cultura ilegal de psicotrópicos em sua propriedade. Confira-se a ementa desse julgado:

"PROCESSUAL CIVIL E ADMINISTRATIVO. TERRAS UTILIZADAS PARA O CULTIVO DE PLANTAS PSICOTRÓPICAS. EXPROPRIAÇÃO. LEI 8.257/91, ART. 1º. CONSTITUIÇÃO FEDERAL, ART. 243. EXISTÊNCIA DE RESPONSABILIDADE OBJETIVA. IDENTIFICAÇÃO DO REAL PROPRIETÁRIO DAS GLEBAS CONSTRINGIDAS. POSSIBILIDADE DE DILIGÊNCIAS. ATENDIMENTO À FUNÇÃO ATIVA DO JUIZ E À FINALIDADE SOCIAL DA NORMA. 1. É objetiva a responsabilidade do proprietário de glebas usadas para o plantio de espécies psicotrópicas, sendo, em consequência, irrelevante a existência ou inexistência de culpa na utilização criminosa. [...]". (REsp 498.742, rel. Min. José Delgado, Primeira Turma/STJ, *DJ* 24.11.2003).

Mais recentemente, o Superior Tribunal de Justiça tem-se abstido de analisar a controvérsia, ao argumento de que é eminentemente constitucional – Ag-AgR 1.255.806, rel. Min. Eliana Calmon, Segunda Turma/STJ, *DJe* 14.4.2010.

Rezava a redação original do art. 243 da Constituição Federal:

"Art. 243. As glebas de qualquer região do País onde forem localizadas culturas ilegais de plantas psicotrópicas serão imediatamente expropriadas e especificamente destinadas ao assentamento de colonos, para o cultivo de produtos alimentícios e medicamentosos, sem qualquer indenização ao proprietário e sem prejuízo de outras sanções previstas em lei".

A Emenda Constitucional 81/2014 alterou a redação do dispositivo supostamente violado. Confira-se:

"Art. 243. As propriedades rurais e urbanas de qualquer região do País onde forem localizadas culturas ilegais de plantas psicotrópicas ou a exploração de trabalho escravo na forma da lei serão expropriadas e destinadas à reforma agrária e a programas de habitação popular, sem qualquer indenização ao proprietário e sem prejuízo de outras sanções previstas em lei, observado, no que couber, o disposto no art. 5º".

O Constituinte derivado, na nova redação do dispositivo, ampliou os casos de expropriação, incluindo a exploração de trabalho escravo como fato ensejador à intervenção estatal na propriedade. Por outro lado, passou a ser mencionada a necessária observância das garantias e direitos fundamentais encartados no art. 5º da Constituição Federal. Além disso, foi suprimida a previsão de que a expropriação seria imediata.

De qualquer sorte, o debate sobre o caráter objetivo ou subjetivo da responsabilidade do proprietário segue atual. Aliás, nesse ponto, tenho que não houve mudança substancial da norma constitucional, como será explanado.

O art. 243 da Constituição Federal foi regulamentado pela Lei 8.257/91. O projeto de lei que deu origem ao diploma normativo foi aprovado com disposições que conferiam à responsabilidade contornos claramente subjetivos. Nesse sentido, o art. 19, que determinava a extinção da ação, caso comprovado que o terreno cultivado fora esbulhado; o parágrafo único do art. 4º, que estendia a desapropriação à totalidade da área do imóvel, mas "desde que comprovada a responsabilidade do proprietário"; e o art. 16, que determinava que a União indenizasse o condômino de boa-fé.

Todos esses dispositivos acabaram vetados pelo Presidente da República. Nas razões, consignou-se tratar de veto jurídico, fundado na incompatibilidade do cunho objetivo da responsabilidade, extraída do parâmetro constitucional, com as disposições da nova legislação. Transcrevo trechos da Mensagem 672, pela qual o veto foi comunicado:

"Parágrafo único do art. 4º

[...]

Da forma como está redigido o art. 243, *caput*, da Lei Maior, independe de comprovação de responsabilidade subjetiva do proprietário a expropriação de glebas onde forem localizadas culturas ilegais de plantas psicotrópicas.

Como a Carta Política condicionou a expropriação apenas à existência de cultura ilegal de plantas psicotrópicas, sem que haja necessidade de comprovação da responsabilidade do proprietário pelo plantio ilegal, na área civil, a responsabilidade do proprietário é objetiva, e não subjetiva, como pretende o projeto.

Tal assertiva é facilmente comprovada pela leitura do dispositivo constitucional, uma vez que o art. 243, *caput*, optou por estabelecer como causa única para a expropriação que haja cultural ilegal de plantas psicotrópicas nas glebas de qualquer região do País, não cabendo, sequer, indenização ao proprietário.

Portanto, impõe-se o veto por inconstitucionalidade.

[...]

Art. 16 e seu parágrafo

[...]

Ao determinarem as indenizações que enunciam, essas disposições ferem a Constituição Federal. Se esta, em seu art. 243, *caput*, optou pela responsabilidade objetiva do proprietário, sem qualquer indenização, como já se disse linhas atrás, não há falar em indenização ao coproprietário, ao nu-proprietário ou ao senhorio, sem se golpear a norma constitucional.

[...]

Art. 19

[...]

Sendo objetiva a responsabilidade do proprietário, para fins do art. 243, *caput*, da Carta Magna, tal questão não deve ser discutida na ação expropriatória, sob pena de não ser atendida a celeridade do feito, com a qual se preocupou o Constituinte, como se extrai da expressão 'imediatamente expropriadas'".

Como resultado, a lei entrou em vigor sem disposições que indicassem a necessidade de qualquer avaliação da culpa do proprietário.

Resta ver se, de fato, o caráter objetivo da responsabilidade é compatível com a Constituição Federal.

A doutrina explica que o instituto previsto no art. 243 da Constituição Federal não se traduz em verdadeira espécie de desapropriação, mas em penalidade ou confisco imposto ao proprietário que praticou a atividade ilícita de cultivar plantas psicotrópicas, sem autorização prévia do órgão sanitário do Ministério da Saúde (GASPARINI, Diógenes. *Direito Administrativo*. 17ª ed. São Paulo: Saraiva, 2012, p. 909).

De fato, a expropriação é espécie de confisco constitucional e tem caráter sancionatório.

O Tribunal já teve oportunidade de ressaltar que a Constituição Federal optou pelo rigor na norma em questão – RE 543.974, rel. Min. Eros Grau, Tribunal Pleno, julgado em 29.3.2009. Daquela feita, apontou-se que a expropriação deveria ser estendida à totalidade do imóvel, indo além da área efetivamente plantada.

Na mesma linha, tenho que o rigor deve ser observado quanto à exigência de contribuição do proprietário para com o fato.

Em nenhum momento a Constituição Federal menciona a participação do proprietário no cultivo ilícito para ensejar a sanção. Pelo contrário, afirma-se que os imóveis *"serão expropriadas (...), sem qualquer indenização ao proprietário e sem prejuízo de outras sanções previstas em lei"*.

Tenho que o texto está longe de exigir que o proprietário tenha tomado parte ativa no cultivo.

Ainda assim, não se pode negar que a medida é sancionatória, exigindo-se algum grau de culpa para sua caracterização. Seria incompreensível admitir que o proprietário esbulhado perdesse a pretensão reipersecutória, porque o autor do esbulho opta por cultivar plantas psicotrópicas em seu imóvel. Uma medida dessa ordem seria claramente inadequada ao objetivo do constituinte de evitar a produção de drogas em nosso solo.

A nova redação, dada pela Emenda Constitucional 81/2014, além de alargar as hipóteses de cabimento do confisco, aclarou a necessidade de observância de um nexo mínimo de imputação da atividade ilícita ao atingido pela sanção. Suprimiu o advérbio "imediatamente", ligado à expropriação – "serão imediatamente expropriadas". Também inseriu a imperiosidade da observância dos direitos fundamentais previstos no art. 5º, "no que couber".

A própria menção à aplicabilidade do art. 5º remete a um mínimo de proteção do proprietário que não é culpado pelo ilícito.

De tudo concluo que a responsabilidade do proprietário, muito embora subjetiva, é bastante próxima da objetiva.

Tenho que a questão foi analisada de forma precisa por CARVALHO FILHO, para quem a responsabilidade do proprietário é subjetiva. No entanto, basta que incorra em culpa, ainda que *in vigilando*. Além disso, o ônus da prova da inexistência de culpa lhe incumbe:

> **"O proprietário tem o dever de vigilância sobre sua propriedade, de modo que é de se presumir que conhecia o ilícito.** Para nós, a hipótese só vai comprovar que o cultivo é processado por terceiros à sua revelia, mas aqui **o ônus da prova se inverte, cabendo ao proprietário produzi-la.** Neste caso, parece-nos tratar-se de fato de terceiro, não se consumando o pressuposto que inspirou essa forma de expropriação" (CARVALHO FILHO, José dos Santos. *Manual de Direito Administrativo*. 30. ed. São Paulo: Atlas, 2016. p. 955) (Grifei).

Assim, a função social da propriedade aponta para um dever do proprietário de zelar pelo uso lícito de seu terreno, ainda que não esteja na posse direta. Mas esse dever não é ilimitado. Só se pode exigir do proprietário que evite o ilícito, quando evitar o ilícito estava razoavelmente ao seu alcance.

Em suma, o proprietário pode afastar sua responsabilidade, demonstrando que não incorreu em culpa. Pode provar que foi esbulhado, ou até enganado por possuidor ou detentor. Nessas hipóteses, tem o ônus de demonstrar que não incorreu em culpa, ainda que *in vigilando* ou *in eligendo*.

Saliento, outrossim, que, em caso de condomínio, havendo boa-fé de apenas alguns dos proprietários, a sanção deve ser aplicada. Restará ao proprietário inocente buscar reparação dos demais.

Dessa forma, proponho a solução da questão constitucional em julgamento, adotando-se a seguinte tese:

"A expropriação prevista no art. 243 da CF pode ser afastada, desde que o proprietário comprove que não incorreu em culpa, ainda que *in vigilando* ou *in eligendo*".

No caso concreto, o Tribunal Regional assentou estar demonstrada a participação dos proprietários, ainda que por omissão (fl. 415). O plantio da droga atingiu dois imóveis com matrículas distintas, ambos com proprietários falecidos. A ação de expropriação foi contestada pelos herdeiros, que confirmaram ter a posse dos imóveis. Sustentaram apenas que cada um explora seu próprio lote do terreno maior.

Como já afirmado, a responsabilidade de apenas um dos condôminos é suficiente para autorizar a desapropriação de todo o imóvel. Eventual acertamento da relação entre os proprietários deve ser providenciada em ação própria.

Assim, a decisão recorrida deve ser mantida.

Ante o exposto, voto no sentido de negar provimento ao recurso extraordinário.

MS 24.547[1]

Desapropriação – Notificação – Vício – Indispensabilidade de notificação prévia – Art. 2º, § 2º, da Lei n. 8.629/93 – Efetiva participação do proprietário ou de preposto nos trabalhos de levantamento de dados acerca da produtividade do imóvel – Normas de organização e procedimento – Inaplicabilidade da previsão constante do § 5º do art. 2º da Lei n. 8.629/93.

Cuidava-se de mandado de segurança impetrado contra ato do Presidente da República, com o fulcro de obter a suspensão da eficácia do decreto de 19 de maio de 2003, mediante o qual foi declarado de interesse social, para fins de reforma agrária, imóvel rural pertencente ao impetrante.

Em síntese, fundava-se o mandado de segurança na alegação de vício no procedimento administrativo consubstanciado na ausência de notificação prévia para realização da vistoria e levantamento de dados que pretendia a aferição da produtividade da propriedade, e, com isso, o atendimento da função social da propriedade. O ato administrativo seria ilegal em face do art. 2º, § 2º, da Lei n. 8.629/93, que determina a prévia comunicação escrita ao proprietário para efeito de levantamento de dados e informações, arrolando julgados do Supremo Tribunal que lhe dão sustentação.

O Ministério Público, através do ilustre Procurador-Geral da República, opina pela denegação da segurança pretendida.

O julgamento foi levado a cabo em 14 de agosto de 2003, tendo sido prolatada decisão que recebeu a seguinte ementa:

EMENTA: MANDADO DE SEGURANÇA. REFORMA AGRÁRIA. NOTIFICAÇÃO PRÉVIA. LEI N. 8.629/93, ART. 2º, PARÁGRAFO 2º. REALIZAÇÃO DE VISTORIA EM DATAS DIVERSAS DAS FIXADAS NAS NOTIFICAÇÕES ENCAMINHADAS AO PROPRIETÁRIO. OFENSA AO DEVIDO PROCESSO LEGAL ADMINISTRATIVO. NULIDADE DO PROCEDIMENTO QUE CONTAMINA O DECRETO PRESIDENCIAL. 1. Inocorrência de litispendência ou conexão entre Mandado de Segurança impetrado contra ato do Sr. Presidente da República e outras demandas que atacam defeitos do procedimento administrativo em que se embasou o decreto que declarou a utilidade pública de área rural, para fins de reforma agrária. 2. Desnecessária a participação do INCRA no polo passivo de Mandado de Segurança que ataca ato próprio do Sr. Presidente da República, mesmo que lastreado em procedimento administrativo desenvolvido por esse órgão auxiliar a ele subordinado. Precedentes. 3. Não cabe a análise, em Mandado de Segurança da alegada produtividade do imóvel rural. Tal perquirição melhor se ajusta a exame pelas instâncias ordinárias e mediante ampla dilação probatória. Precedentes. 4. A jurisprudência do Tribunal considera indispensável que a notificação prevista no parágrafo 2º, do artigo 2º, da Lei n. 8.629/93 seja feita com antecedência, de modo a permitir a efetiva participação do proprietário, ou de preposto por ele designado, nos trabalhos de levantamento de dados que tem por objetivo a determinação da produtividade do imóvel. A notificação que inaugura o devido processo legal têm por objetivo dar ao proprietário a oportunidade real de acompanhar os trabalhos de levantamento de dados, fazendo-se assessorar por técnicos de sua confiança, para apresentar documentos, demonstrar a existência de criações e culturas e fornecer os esclarecimentos necessários à eventual caracterização da propriedade como produtiva e, portanto, isenta da desapropriação-sanção. Precedentes. 5. Empecilho à realização dos trabalhos de vistoria não autoriza a realização da verificação em data diversa, sem prévia notificação ao proprietário. Decisões judiciais que não se prestam ao efeito de dispensar o INCRA da obrigação legal de notificar, pois, extraídas de despacho que não deliberou a respeito e derivadas de recursos aviados pela defesa do expropriado-impetrante a quem não podiam

---

[1] O Tribunal, por decisão unânime, rejeitou as preliminares e, a seguir, por maioria, deferiu o mandado de segurança para declarar nulo o decreto expropriatório, editado pelo Presidente da República em 19.5.2003, vencidos os Ministros Joaquim Barbosa e Carlos Britto, que o indeferiam (*DJ* de 23.4.2004).

prejudicar (ne reformatio in pejus). 6. A realização de vistoria para levantamento de dados com vistas a aferição da produtividade, ou não, de área rural não se coaduna com a previsão constante do parágrafo 5º, do artigo 2º, da Lei n. 8.629/93. O fator surpresa, ali inserido, é útil para a averiguação da ocorrência de ilícitos, mas, não serve à finalidade de obter um levantamento fidedigno dos índices de aproveitamento da gleba rural. 7. Mandado de Segurança deferido.

VOTO

A discussão no presente mandado de segurança gira em torno da interpretação dos §§ 2º e 5º da Lei n. 8.629, de 25 de fevereiro de 1993. Assim estabelecem esses dispositivos:

"Art. 2º A propriedade rural que não cumprir a função social prevista no art. 9º é passível de desapropriação, nos termos desta lei, respeitados os dispositivos constitucionais.

(...)

§ 2º Para os fins deste artigo, fica a União, através do órgão federal competente, autorizada a ingressar no imóvel de propriedade particular para levantamento de dados e informações, mediante prévia comunicação escrita ao proprietário, preposto ou seu representante.

(...)

§ 5º No caso de fiscalização decorrente do exercício de poder de polícia, será dispensada a comunicação de que tratam os §§ 2º e 3º. [...]"

É certo que a necessidade de notificação do proprietário visa a resguardar a plenitude do direito de defesa garantida pela Constituição.

Com efeito, a Constituição de 1988 (art. 5º, LV) ampliou o direito de defesa, assegurando aos litigantes, em processo judicial ou administrativo, e aos acusados em geral o contraditório e a ampla defesa, com os meios e recursos a ela inerentes.

Como já escrevi em outra oportunidade, as dúvidas porventura existentes na doutrina e na jurisprudência sobre a dimensão do direito de defesa foram afastadas de plano, sendo inequívoco que essa garantia contempla, no seu âmbito de proteção, todos os processos judiciais ou administrativos.

Assinale-se, por outro lado, que há muito vem a doutrina constitucional enfatizando que o direito de defesa não se resume a um simples direito de manifestação no processo. Efetivamente, o que o constituinte pretende assegurar – como bem anota Pontes de Miranda – é uma *pretensão à tutela jurídica* (Comentários à Constituição de 1967/69, tomo V, p. 234).

Observe-se que não se cuida aqui, sequer, de uma inovação doutrinária ou jurisprudencial. Já o clássico João Barbalho, nos seus Comentários à Constituição de 1891, asseverava, com precisão:

"*Com a plena defesa são incompatíveis, e, portanto, inteiramente, inadmissíveis, os processos secretos, inquisitoriais, as devassas, a queixa ou o depoimento de inimigo capital, o julgamento de crimes inafiançáveis na ausência do acusado ou tendo-se dado a produção das testemunhas de acusação sem ao acusado se permitir reinqui-las, a incomunicabilidade depois da denúncia, o juramento do réu, o interrogatório dele sob coação de qualquer natureza, por perguntas sugestivas ou capciosas*" (Constituição Federal Brasileira – Comentários, Rio de Janeiro, 1902, p. 323).

Não é outra a avaliação do tema no direito constitucional comparado. Apreciando o chamado "*Anspruch auf rechtliches Gehör*" (*pretensão à tutela jurídica*) no direito alemão, assinala o *Bundesverfassungsgericht* que essa pretensão envolve não só o direito de manifestação e o direito de informação sobre o objeto do processo, mas também o direito de ver os seus argumentos contemplados pelo órgão incumbido de julgar (Cf. Decisão da Corte Constitucional alemã – *BVerfGE* 70, 288-293; sobre o assunto, ver, também, Pieroth e Schlink, Grundrechte – Staatsrecht II, Heidelberg, 1988, p. 281; Battis, Ulrich, Gusy, Christoph, *Einführung in das Staatsrecht*, 3. edição, Heidelberg, 1991, p. 363-364).

Daí afirmar-se, correntemente, que a *pretensão à tutela jurídica*, que corresponde exatamente à garantia consagrada no art. 5°, LV, da Constituição, contém os seguintes direitos:

1) *direito de informação (Recht auf Information)*, que obriga o órgão julgador a informar à parte contrária os atos praticados no processo e sobre os elementos dele constantes;

2) *direito de manifestação (Recht auf Äusserung)*, que assegura ao defendente a possibilidade de manifestar-se oralmente ou por escrito sobre os elementos fáticos e jurídicos constantes do processo;

3) *direito de ver seus argumentos considerados (Recht auf Berücksichtigung)*, que exige do julgador capacidade de apreensão e isenção de ânimo (*Aufnahmefähigkeit und Aufnahmebereitschaft*) para contemplar as razões apresentadas (Cf. Pieroth e Schlink, *Grundrechte-Staatsrecht II*, Heidelberg, 1988, p. 281; Battis e Gusy, *Einführung in das Staatsrecht*, Heidelberg, 1991, p. 363-364; Ver, também, Dürig/Assmann, in: Maunz-Dürig, Grundgesetz-Kommentar, Art. 103, vol. IV, n. 85-99).

Sobre o direito de ver os seus argumentos contemplados pelo órgão julgador (**Recht auf Berücksichtigung**), que corresponde, obviamente, ao dever do juiz ou da Administração de a eles conferir atenção (**Beachtenspflicht**), pode-se afirmar que envolve não só o dever de tomar conhecimento (**Kenntnisnahmepflicht**), como também o de considerar, séria e detidamente, as razões apresentadas (**Erwägungspflicht**) (Cf. Dürig/Assmann, in: Maunz-Dürig, Grundgesetz-Kommentar, Art. 103, vol. IV, n. 97).

É da obrigação de considerar as razões apresentadas que deriva o dever de fundamentar as decisões (Decisão da Corte Constitucional – *BVerfGE* 11, 218 (218); Cf. Dürig/Assmann, in: Maunz-Dürig, Grundgesetz-Kommentar, Art. 103, vol. IV, n. 97).

Dessa perspectiva não se afastou a Lei n. 9.784, que regula o processo administrativo no âmbito da Administração Pública Federal. O art. 2° desse diploma legal determina, expressamente, que a Administração Pública obedecerá aos princípios da ampla defesa e do contraditório. O parágrafo único desse dispositivo estabelece que nos processos administrativos serão observados, dentre outros, os critérios de "observância das formalidades essenciais à garantia dos direitos dos administrados" (inc. VIII) e de "garantia dos direitos à comunicação" (inc. X).

Também registra Celso de Mello, no que toca à adoção da ampla defesa no processo administrativo: "a nova Constituição do Brasil instituiu, em favor dos indiciados em processo administrativo, a garantia do contraditório e da plenitude de defesa, com os meios e recursos a ela inerentes (art. 5°, IV). O legislador constituinte consagrou, em norma fundamental, um direito do servidor público oponível ao poder estatal a explícita constitucionalização dessa garantia de ordem jurídica, na esfera do procedimento administrativo-disciplinar, representa um fator de clara limitação dos poderes da administração pública e de correspondente intensificação do grau de proteção jurisdicional dispensada aos direitos dos agentes públicos." (MS 20999, *DJ* 25.5.1990)

Cabe assinalar, por oportuno, que ao prever, no art. 5°, LV o contraditório e a ampla defesa nos âmbitos administrativo e judicial, preceito obviamente aplicável no âmbito dos processos expropriatórios, o Constituinte estabeleceu um dever de adotar normas de organização e procedimento a fim de evitar que outros bens coletivos ou princípios consagrados na Constituição fossem atingidos.

É pertinente, no caso, invocar um conceito adotado pela doutrina constitucional contemporânea naqueles casos em que a garantia dos direitos fundamentais exige, para a sua realização, uma participação no procedimento (*Teilhabe durch Verfahren*).

Refiro-me ao conceito de "*direito à organização e ao procedimento*" (*Recht auf Organization und auf Verfahren*) para designar todos aqueles direitos fundamentais que dependem, na sua realização, tanto de providências estatais com vistas à criação e conformação de órgãos, setores ou repartições (direito à organização) como de outras, normalmente de índole normativa, destinadas a ordenar a fruição de determinados direitos ou garantias, como é o caso das garantias processuais-constitucionais (direito de acesso à justiça; direito de proteção judiciária; direito de defesa) (Cf., sobre o assunto, HESSE, *Grundzüge des Verfassungsrechts*, cit., p. 144; ALEXY, *Theorie de Grundrechte*, p. 430; CANOTILHO, *Direito Constitucional*, Coimbra, 1993, p. 546 s.).

Reconhece-se o significado do direito à organização e ao procedimento como elemento essencial da realização e garantia dos direitos fundamentais (HESSE Konrad, Bedeutung der Grundrechte, in: Handbuch des Verfassungsrechts, in: BENDA, Ernest/ MAIHOFER, Werner/ VOGEL, Hans-Jochen, *Handbuch des Verfassungsrechts*, Berlim, 1995, p. 127 (146-147)).

Isto se aplica de imediato aos direitos fundamentais que têm por objeto a garantia dos postulados da organização e do procedimento, como é o caso da liberdade de associação (CF, art. 5º, XVII), das garantias processuais-constitucionais da defesa e do contraditório (art. 5º, LV), do direito ao juiz natural (art. 5º, XXXVII), das garantias processuais-constitucionais de caráter penal (inadmissibilidade da prova ilícita, o direito do acusado ao silêncio e à não autoincriminação, etc.). Também poder-se-ia cogitar aqui da inclusão, no grupo dos direitos de participação na organização e procedimento, do direito dos partidos políticos a recursos do fundo partidário e do acesso à propaganda política gratuita nos meios de comunicação (art. 17, § 3º, da CF), na medida em que se trata de prestações dirigidas tanto à manutenção da estrutura organizacional dos partidos (e até mesmo de sua própria existência como instituições de importância vital para a democracia), quanto à garantia de uma igualdade de oportunidades no que concerne à participação no processo democrático (SARLET, *A eficácia dos direitos fundamentais*, p. 196).

Ingo Sarlet ressalta que a problemática dos direitos de participação na organização e procedimento centra-se na possibilidade de exigir-se do Estado (de modo especial do legislador) a emissão de atos legislativos e administrativos destinados a criar órgãos e estabelecer procedimentos, ou mesmo de medidas que objetivem garantir aos indivíduos a participação efetiva na organização e procedimento. Na verdade, trata-se de saber se existe uma obrigação do Estado neste sentido e se a esta corresponde um direito subjetivo fundamental do indivíduo (SARLET, *A eficácia dos direitos fundamentais*, p. 196-197).

Assim, quando se impõe que determinadas medidas estatais que afetem direitos fundamentais devam observar um determinado procedimento, sob pena de nulidade, não se está a fazer outra coisa senão proteger o direito mediante o estabelecimento de determinadas normas de procedimento.

É o que ocorre, *v.g.*, quando se impõe que determinados atos processuais somente poderão ser praticados com a presença do advogado do acusado. Ou, tal como faz a Constituição brasileira, quando se estabelece que as negociações coletivas somente poderão ser celebradas com a participação das organizações sindicais (Constituição Federal, art. 8º, VI) (Cf. ADIMC 1361, DJ de 12.4.96.).

Canotilho anota que o direito fundamental material tem irradiação sobre o procedimento, devendo este ser conformado de forma a assegurar a efetividade ótima do direito protegido (CANOTILHO, J. J. Gomes, *Tópicos sobre um curso de mestrado sobre direitos fundamentais. Procedimento, Processo e Organização*, Coimbra, 1990, tópico 2.2).

Ao prever, no art. 5º, LV, o contraditório e a ampla defesa nos âmbitos administrativo e judicial, preceito obviamente aplicável no âmbito dos processos expropriatórios, por certo o Constituinte estabeleceu um dever de adotar normas de organização e procedimento a fim de evitar que outros bens coletivos ou princípios consagrados na Constituição fossem atingidos.

Os direitos à organização e ao processo constituem espécie dos direitos a prestações positivas, a saber, direitos a prestações positivas de caráter normativo, ou seja, o direito à edição de leis que estabelecem normas organizatórias e procedimentais que ampliem a proteção das posições jurídicas dos cidadãos. Cuida-se, portanto, de uma pretensão exigível frente ao Estado no sentido de que adote normas organizatórias e procedimentais aptas a garantir a observância de direitos, interesses e prerrogativas dos titulares de direitos fundamentais quando do exercício de prerrogativas administrativas ou judiciais, orientando direitos a prestações normativas com a teleologia dos direitos de proteção. Corroborando tais considerações, a matéria viu-se assim tratada novamente pelo principal teórico da análise jurídica dos direitos fundamentais na República Federal da Alemanha, Robert Alexy, *verbis*:

> "Os direitos a procedimentos judiciais e administrativos são essencialmente direitos a uma "proteção jurídica efetiva". Condição de uma efetiva proteção jurídica é que o resultado do procedimento garanta os direitos materiais do respectivo titular de direitos.
>
> (...)
>
> Uma comparação dos direitos ao procedimento em sentido estrito com os direitos a competências de direito privado mostra claramente os diferentes objetivos que se perseguem no âmbito da organização e do procedimento. Enquanto os direitos a competências de direito privado asseguram, sobretudo, a possibilidade de que possam realizar-se determinadas ações iusfundamentalmente garantidas, os direitos ao procedimento em sentido estrito servem, em primeiro lugar, para a proteção de posições jurídicas existentes frente ao Estado e frente a terceiros. Por isso, é possível tratar estes últimos também dentro do marco dos direitos de proteção." (ALEXY, Robert. *Theorie der Grundrechte*, Frankfurt am Main, 1986, pp. 472 e 474).

Enfim, resta evidente que a própria garantia dos direitos fundamentais exige para a sua realização, uma participação no procedimento (*Teilhabe durch Verfahren*).

> "Daí – afirma Canotilho – a necessidade de as leis dinamizarem dimensões participatórias procedimentais a fim de, através de um *due process*, se garantirem eficazmente posições jurídicas fundamentais. Para além dos clássicos direitos processuais, a *Verfahrensteilhabe* (participação procedimental) alargou-se aos procedimentos legislativos e administrativos (...). A intervenção legal, regulando a forma de participação, torna-se, assim, decisiva para assegurar o *status activus processualis* (...)" (Canotilho, *Direito Constitucional*, 5. ed., Coimbra, Almedina, 1991, p. 653).

A ideia de participação procedimental constitui nota marcante de um Estado Democrático de Direito. Nesse quadro, por evidente, a intervenção na propriedade é admitida e, em certos casos, exigida. Não se nega, portanto, a necessidade e a relevância do processo de desapropriação para fins de reforma agrária. Todavia, a intervenção extrema no âmbito do direito de propriedade não se dá, em um Estado Democrático de Direito – repita-se – sem a observância de garantias mínimas ao atingido.

As previsões constitucionais que admitem a intervenção na propriedade por certo não admitem uma atuação estatal arbitrária. Daí a existência de regras garantidoras da participação do atingido, assim como aquelas que definem critérios para a aferição de produtividade.

Nesse quadro de civilidade e de respeito à Constituição não há, portanto, a terra considerada "a priori" improdutiva! Há, sim, um complexo procedimento legal destinado a apurar a produtividade ou não das propriedades rurais. Não seria preciso dizer que a observância desse procedimento legal constitui exigência elementar por parte das autoridades estatais.

Ora, a vistoria realizada sem a observância daquele requisito legal básico, qual seja, a notificação prévia, representa grosseira violação àquela dimensão participatória no processo de expropriação.

Desse modo, admitir-se a realização da vistoria, para fins de desapropriação, a qualquer tempo e hora, infringe todos aqueles direitos contidos na *pretensão à tutela jurídica*, como já mencionei, o *direito de informação*, o *direito de manifestação* e o *direito de ver seus argumentos considerados*, e mais, ao referido *direito à organização e ao procedimento*.

É evidente que o § 5º, do art. 2º, da Lei n. 8.629, de 1993, acrescentado pela Medida Provisória n. 1.577-6, de 27 de novembro de 1997, vincula-se, expressamente, aos casos de fiscalização decorrente de exercício do poder de polícia, não se aplicando à vistoria para apuração de produtividade. Tal como acentuou a Ministra Ellen Gracie, aquele dispositivo foi concebido para viabilizar aquelas inspeções em que se busca apurar infrações à legislação trabalhista, ambiental ou

Livre-iniciativa, direito de propriedade e desapropriação **1131**

penal, em especial para reprimir os delitos de plantio de *canabis sativa*, ou ainda, a prática da escravidão. Nesses casos, é certo que o elemento surpresa constitui pressuposto para o sucesso das inspeções. Tais hipóteses não possuem qualquer relação ao caso dos autos, em que a vistoria voltava-se ao levantamento de dados e informações, para fins de desapropriação. Assim, o dispositivo legal não se presta a dirimir a presente controvérsia.

Ademais, a jurisprudência deste Supremo Tribunal Federal é pacífica no sentido da exigibilidade da comunicação prévia do proprietário do imóvel a ser vistoriado:

"(...) A vistoria preparatória de expropriação para fins de reforma agrária não dispensa a notificação prévia dos proprietários, que tem por fim assegurar-lhes o acompanhamento dos procedimentos preliminares de apuração de dados e informações relativas ao imóvel. A falta desta notificação prévia ofende, ao mesmo tempo, os postulados constitucionais do devido processo legal, contraditório e ampla defesa (CF, artigo 5º, LIV e LV). Não se considera prévia a notificação para a vistoria e avaliação do imóvel recebida pelos proprietários no dia do seu início." (MS 23.562, Rel. Min. Maurício Corrêa, *DJ* 17.11.00)

"DESAPROPRIAÇÃO POR INTERESSE SOCIAL. FALTA DE NOTIFICAÇÃO A QUE SE REFERE O § 2º, DO ARTIGO 2º, DA LEI 8.629/93. CONTRADITÓRIO E AMPLA DEFESA: INEXISTÊNCIA: NULIDADE DO ATO. MANDADO DE SEGURANÇA DEFERIDO. 1. A desapropriação por interesse social visando à reforma agrária não dispensa a notificação prévia a que se refere o parágrafo 2º, do artigo 2º, da Lei n. 8.629, de 25 de fevereiro de 1993, de tal modo a assegurar aos seus proprietários o direito de acompanhar os procedimentos preliminares para o levantamento dos dados físicos objeto da pretensão desapropriatória. 2. O conhecimento prévio que se abre ao proprietário consubstancia-se em direito fundamental do cidadão, caracterizando-se a sua ausência patente violação ao princípio do contraditório e da ampla defesa (CF, artigo 5º, inciso LV). 3. Não se considera prévia a notificação entregue ao proprietário do imóvel no mesmo dia em que se realiza a vistoria. Mandado de Segurança deferido." (MS 22.613, rel. Min. Nelson Jobim, *DJ* 07.05.99)

"(...) 2. Diz o art. 2º da Lei n. 8.629, de 25 de fevereiro de 1993: 'A propriedade rural que não cumprir a função social prevista no artigo 9. e passível de desapropriação, nos termos desta Lei, respeitados os dispositivos constitucionais'. E seu par. 2. 'Para fins deste artigo, fica a União, através de órgão federal competente, autorizada a ingressar no imóvel de propriedade particular, para levantamento de dados e informações, com prévia notificação'. 3. Visa essa norma a fazer ciente o proprietário de que o órgão federal competente pretende, por seus agentes, ingressar no imóvel, para os fins nela referidos, de modo que aquele lhes facilite o acesso a propriedade e, também, aos dados e informações. Por outro lado, quer propiciar ao proprietário a adoção de providências, que lhe parecerem cabíveis, se, de algum modo, houver ilegalidade, abuso de poder, ou lesão a qualquer direito. Tudo para que eventual declaração de interesse social, para fins de reforma agrária, se faça com observância do devido processo legal. Precedentes: MS 22.164 e MS 22.165. (...)". (MS 22.285, rel. Min. Sydney Sanches, *DJ* 17.05.96).

Por fim, nessa mesma linha, registro a seguinte passagem do voto do Ministro Celso de Mello na ADI 2213, *verbis*:

"O ordenamento positivo determina que essa vistoria seja precedida de comunicação regular ao proprietário, em face da possibilidade de o imóvel rural que lhe pertence – quando este não estiver cumprindo a sua função social – vir a constituir objeto de declaração expropriatória, para fins de reforma agrária.

A **exigência** dessa vistoria administrativa **é ditada** pela necessidade de **de garantir**, ao proprietário, **a observância** da cláusula constitucional do devido processo legal, **sob pena** de configuração de vício radical, apto a projetar-se sobre todas as fases subsequentes do procedimento de expropriação, **contaminando-as** por efeito de repercussão causal, **em ordem** a gerar, **por ausência** de base jurídica idônea, **a própria invalidação** do decreto presidencial consubstanciador de declaração expropriatória."

Resta evidente, portanto, a vinculação entre a efetiva comunicação prévia da vistoria e a garantia da cláusula constitucional do devido processo legal.

No modelo ora defendido pela União, a definição da data da vistoria ficaria ao completo arbítrio do ente expropriante. Um tal grau de discricionariedade não permite, por evidente, o exercício do direito fundamental de ampla defesa, em completo desacordo com a remansosa jurisprudência desta Corte. Utilizando as palavras de Vieira de Andrade, ilustre Professor da Faculdade de Direito de Coimbra, lembro que "*a autonomia administrativa está sempre condicionada pelo respeito dos direitos, liberdades e garantias dos cidadãos, que constituem um limite autônomo do poder discricionário. As normas relativas aos direitos fundamentais podem comprimir ou mesmo 'reduzir a zero' os poderes discricionários, se houver no caso concreto apenas um modo de realização do direito fundamental*" (*Os direitos fundamentais na Constituição Portuguesa de 1976*, 2. ed., Coimbra, Almedina, 2001, p. 233). No caso em exame, considerada a garantia de ampla – e, sobretudo, efetiva – defesa não havia outra alternativa ao Poder Público senão a realização de uma nova notificação do expropriado.

Nesses termos e na linha da jurisprudência do Supremo Tribunal Federal, o meu voto é pela concessão da segurança.

14. Direitos políticos fundamentais, partidos políticos e sistemas eleitorais

ADI 4.650[1]

Direito Constitucional e Eleitoral – Modelo normativo vigente de financiamento de campanhas eleitorais – Lei das Eleições, arts. 23, § 1º, incisos I e II, 24 e 81, *caput* e § 1º – Lei Orgânica dos Partidos Políticos, Arts. 31, 38, inciso III, e 39, *caput* e § 5º – Critérios de doações para pessoas jurídicas e naturais e para o uso de recursos próprios pelos candidatos – Ofensa aos princípios fundamentais democrático e da igualdade política – Ausência de modelo constitucional cerrado de financiamento de campanhas – Constituição-moldura – Normas fundamentais limitadoras da discricionariedade legislativa – Diálogos institucionais – Última palavra provisória – Doação por Pessoas Jurídicas – "Plutocratização" do prélio eleitoral – Limites de doação por naturais e uso de recursos próprios pelos candidatos. Compatibilidade material com os cânones democrático, republicano e da igualdade política.

O Conselho Federal da Ordem dos Advogados do Brasil – CFOAB ajuíza a presente ação direta de inconstitucionalidade, aparelhada com pedido liminar, em face dos artigos 23, § 1º, incisos I e II; 24; e 81, *caput* e § 1º, da Lei n. 9.504/97 (Lei das Eleições), e dos artigos 31; 38, inciso III; 39, *caput* e § 5º, da Lei n. 9.096/95 (Lei Orgânica dos Partidos Políticos).

A presente ação direta originou-se de representação dirigida à Presidência do Conselho Federal da OAB pelo Conselheiro Federal Cláudio Pereira de Souza Neto e pelo professor Daniel Sarmento, cujas razões foram integralmente endossadas. Nesta ADI, o Requerente postula

(a) *"seja declarada a inconstitucionalidade parcial, sem redução de texto, do art. 24 da Lei 9.504/97, na parte em que autoriza,* **a contrario sensu***, a doação por pessoas jurídicas a campanhas eleitorais, bem como a inconstitucionalidade do Parágrafo único do mesmo dispositivo, e do art. 81, caput e § 1º do referido diploma legal, atribuindo-se, em todos os casos, eficácia ex nunc à decisão"*; (grifou-se)

---

[1] Acordam os Ministros do Supremo Tribunal Federal, em Sessão Plenária, sob a Presidência do Senhor Ministro Ricardo Lewandowski, na conformidade da ata de julgamento e das notas taquigráficas, por maioria e nos termos do voto do Ministro Relator, em julgar procedente em parte o pedido formulado na ação direta para declarar a inconstitucionalidade dos dispositivos legais que autorizavam as contribuições de pessoas jurídicas às campanhas eleitorais, vencidos, em menor extensão, os Ministros Teori Zavascki, Celso de Mello e Gilmar Mendes, que davam interpretação conforme, nos termos do voto ora reajustado do Ministro Teori Zavascki. O Tribunal rejeitou a modulação dos efeitos da declaração de inconstitucionalidade por não ter alcançado o número de votos exigido pelo art. 27 da Lei 9.868/99, e, consequentemente, a decisão aplica-se às eleições de 2016 e seguintes, a partir da Sessão de Julgamento, independentemente da publicação do acórdão. Com relação às pessoas físicas, as contribuições ficam reguladas pela lei em vigor (*DJ de* 24.02.2016).

(b) *"seja declarada a inconstitucionalidade parcial, sem redução de texto, do art. 31 da Lei n. 9.096/95, na parte em que autoriza, a contrario sensu, a realização de doações por pessoas jurídicas a partidos políticos; e a inconstitucionalidade das expressões 'ou pessoa jurídica', constante no art. 38, inciso III, da mesma lei, e 'e jurídicas', inserida no art. 39, caput e § 5° do citado diploma legal, atribuindo-se, em todos os casos, eficácia ex nunc à decisão";* (grifou-se)

(c) "seja declarada a inconstitucionalidade, sem pronúncia de nulidade, do art. 23, § 1°, incisos I e II, da Lei 9.504/97, autorizando-se que tais preceitos mantenham a eficácia por mais 24 meses, a fim de se evitar a criação de uma 'lacuna jurídica ameaçadora' na disciplina do limite às doações de campanha realizadas por pessoas naturais e ao uso de recursos próprios pelos candidatos nessas campanhas;"

(d) *"seja declarada a inconstitucionalidade, sem pronúncia de nulidade, do art. 39, § 5°, da Lei 9.096/95 – com exceção da expressão 'e jurídicas', contemplada no pedido 'b', supra – autorizando-se que tal preceito mantenha a eficácia por até 24 meses, a fim de se evitar a criação de uma 'lacuna jurídica ameaçadora' na disciplina do limite às doações a partido político realizadas por pessoas naturais;"*

(e) *"seja instado o Congresso Nacional a editar legislação que estabeleça (1) limite* per capita *uniforme para doações a campanha eleitoral ou a partido por pessoa natural, em patamar baixo o suficiente para não comprometer excessivamente a igualdade nas eleições, bem como (2) limite, com as mesmas características, para o uso de recursos próprios pelos candidatos em campanha eleitoral, no prazo de 18 meses, sob pena de, em não o fazendo, atribuir-se ao Tribunal Superior Eleitoral a competência para regular provisoriamente tal questão".*

Para melhor compreensão da pretensão veiculada, transcrevo o teor dos dispositivos impugnados:

Lei 9.096/95:

"Art. 31. É vedado ao partido receber, direta ou indiretamente, sob qualquer forma ou pretexto, contribuição ou auxílio pecuniário ou estimável em dinheiro, inclusive através de publicidade de qualquer espécie, procedente de:

I – entidades ou governos estrangeiros;

II – autoridades ou órgãos públicos, ressalvadas as dotações referidas no art. 38;

III – autarquias, empresas públicas ou concessionárias de serviços públicos, sociedades de economia mista e fundações instituídas em virtude de lei e para cujos recursos concorram órgão ou autoridades governamentais;

IV – entidade de classe ou sindical."

"Art. 38. O Fundo Especial de Assistência Financeira aos Partidos Políticos (Fundo Partidário) é constituído por:

(...)

*III – doações de pessoa física **ou jurídica**, efetuadas por intermédio de depósitos bancários diretamente na conta do Fundo Partidário;"*

*"Art. 39. Ressalvado o disposto no art. 31, o partido político pode receber doações de pessoas físicas e **jurídicas** para constituição de seus fundos.*

(...)

§ 5°. Em ano eleitoral, os partidos políticos poderão aplicar ou distribuir pelas diversas eleições os recursos financeiros recebidos de pessoas físicas ou jurídicas, observando-se o disposto no Parágrafo 1° do art. 23, no art. 24 e no Parágrafo 1° do art. 81 da Lei n. 9.504, de 30 de setembro de 1997, e os critérios definidos pelos respectivos órgãos de direção e pelas normas estatutárias."

Direitos políticos fundamentais, partidos políticos e sistemas eleitorais **1135**

Lei 9.504/97:

"*Art. 23. As pessoas físicas poderão fazer doações em dinheiro ou estimáveis em dinheiro para campanhas eleitorais, obedecido o disposto nesta lei:*

§ 1º. As doações e contribuições de que trata este artigo ficam limitadas:

I – no caso de pessoa física, a dez por cento dos rendimentos brutos auferidos no ano anterior à eleição.

II – no caso de candidato que utilize recursos próprios, ao valor máximo de gastos estabelecido pelo seu partido, na forma da lei."

"*Art. 24. É vedado, a partido e candidato, receber direta ou indiretamente doação em dinheiro ou estimável em dinheiro, inclusive por meio de publicidade de qualquer espécie, de:*

I – entidade ou governo estrangeiro;

II – órgão da administração pública direta ou indireta ou fundação mantida com recursos provenientes do Poder Público;

III – concessionário ou permissionário de serviço público;

IV – entidade de direito privado que receba, na condição de beneficiária, contribuição compulsória em virtude de disposição legal;

V – entidade de utilidade pública;

VI – entidade de classe ou sindical;

VII – pessoa jurídica sem fins lucrativos que receba recursos do exterior;

VIII – entidades beneficentes ou religiosas;

IX – entidades esportivas;

X – organizações não governamentais que recebam recursos públicos;

XI – organizações da sociedade civil de interesse público.

Parágrafo único. Não se incluem nas vedações de que trata este artigo as cooperativas cujos cooperados não sejam concessionários ou permissionários de serviços públicos, desde que não estejam sendo beneficiadas com recursos públicos, observado o disposto no art. 81."

"*Art. 81. As doações e contribuições de pessoas jurídicas para campanhas eleitorais poderão ser feitas a partir do registro dos comitês financeiros dos partidos ou coligações.*

§ 1º As doações e contribuições de que trata este artigo ficam limitadas a dois por cento do faturamento bruto do ano anterior à eleição."

Em amparo de sua pretensão, noticia o Conselho Federal, em erudita e alentada peça vestibular, que a atual disciplina normativa de financiamento das campanhas eleitorais maximiza os vícios da dinâmica do processo eleitoral, máxime porque gera uma intolerável dependência da política em relação ao poder econômico. Tal modelo criaria também uma assimetria entre seus participantes, de vez que exclui *ipso facto* cidadãos que não disponham de recursos para disputar em igualdade de condições com aqueles que injetem em suas campanhas vultosas quantias financeiras, seja por conta própria, seja por captação de doadores. Diante desse quadro, articula que o modelo vigente de financiamento de campanhas eleitorais vulnera *(i)* o princípio da isonomia (CRFB/88, art. 5º, *caput*, e art. 14), *(ii)* o princípio democrático (CRFB/88, art. 1º, *caput* e § único, art. 14, art. 60, § 4º, II), *(iii)* o princípio republicano (CRFB/88, art. 1º, *caput*) e *(iv)* ao princípio da proporcionalidade, em sua dimensão de vedação à proteção insuficiente ("*Untermassverbot*").

Explicito, na sequência, as principais alegações do Requerente.

Segundo o Conselho Federal da OAB, os critérios adotados pelo legislador para o financiamento de campanhas ofendem o princípio da isonomia (CRFB/88, art. 5º, *caput*, e art. 14), "*por exacerbar, ao invés de corrigir, as desigualdades políticas e sociais existentes, ao permitir que os ricos, por si ou pelas empresas que controlam, tenham uma possibilidade muito maior de influírem nos resultados eleitorais e, por consequência, nas deliberações coletivas e políticas públicas*".

Assevera que, quando examinado sob a ótica do cidadão-eleitor, as regras de financiamento de campanhas privilegiam "*os que têm mais recursos econômicos, em detrimento dos que não os possuem, na medida em que se fortalece o poder político dos primeiros, em detrimento dos segundos*". Por outro lado, sob a ótica do cidadão-candidato, alega que "*[se] favorece indevidamente àqueles mais ricos – que podem financiar as próprias campanhas, sem limites – bem como aqueles que têm mais conexões com o poder econômico, ou que adotam posições convergentes com a sua agenda política*".

Articula, ainda, quanto à doação por pessoas naturais, que "*o critério adotado pelo legislador para limitar o valor das doações é absolutamente desarrazoado, não guardando qualquer correlação lógica com a finalidade perseguida pela instituição do limite, que é a redução da influência do poder econômico sobre as eleições*". Ademais, assinala que "*a regra em análise cria uma distinção entre cidadãos com base em critério arbitrário e injustificável, considerado o ambiente de que se trata*". E conclui, no ponto, para assentar que "*o legislador (...) impôs uma inaceitável discriminação jurídica, pois proibiu um indivíduo mais pobre de doar a mesma importância que o mais abastado, mesmo se dispuser dos recursos*".

Além disso, a peça vestibular destaca que as normas impugnadas atentam contra o princípio democrático, previsto em inúmeras disposições constitucionais (CRFB/88, art. 1º, *caput* e § único, art. 14 e art. 60, § 4º, II), na medida em que "*infunde elementos fortemente plutocráticos na nossa jovem democracia, ao converter o dinheiro no 'grande eleitor'*". Nas palavras do Requerente, "*[o princípio democrático] não se compatibiliza com a disciplina legal da atividade política que tenha o efeito de atribuir um poder muito maior a alguns cidadãos em detrimento de outros*", que seria justamente o resultado da incidência das normas atacadas.

Nesse sentido, sustenta que o "*funcionamento da democracia pressupõe que se estabeleçam instrumentos que, na medida do possível, imponham uma prudente distância entre o poder político e o dinheiro, tendo em vista a tendência natural deste último de se infiltrar sobre os demais subsistemas sociais, dominando-os*".

Argui também violação ao princípio da igualdade de chances, corolário do postulado democrático, porquanto "*fortalece[m] aqueles que têm mais acesso ao poder econômico, seja pelas bandeiras políticas que sustentam, seja pela sua participação no governo de ocasião*".

Afirma que a legislação eleitoral conferiu primazia aos interesses do capital em detrimento de interesses da sociedade civil organizada. Em suas palavras, "*enquanto entidades de classe, entidades sindicais e a maior parte das instituições que compõem o chamado 3º setor não podem fazer tais doações, ditas contribuições são passíveis para a absoluta maioria das empresas privadas que perseguem finalidade lucrativa*". E finaliza que "*esta injustificável discriminação tende a favorecer, no espaço político, determinados interesses economicamente hegemônicos em detrimento de outros contra-hegemônicos, o que se não se compadece com a neutralidade política que deveria caracterizar a legislação eleitoral*".

Quanto à violação ao princípio republicano, o Requerente alega que "*o sistema de financiamento de campanhas fomenta práticas antirrepublicanas ao invés de combatê-las*", uma vez que, ante a comprovada dependência do poder econômico para a obtenção do sucesso na competição eleitoral, os políticos tenderiam a favorecer os interesses de seus financiadores tanto em suas funções políticas (*e.g.*, elaboração de leis) quanto no uso máquina administrativa (*e.g.*, execução do orçamento, licitações, contratos públicos).

O Conselho Federal da OAB aponta, ainda, que as normas impugnadas ultrajam o princípio da proporcionalidade, em sua faceta de proibição de proteção insuficiente ("*Untermassverbot*"), de vez que, em suas palavras, "*não protegem de maneira suficiente a igualdade, a democracia e o princípio republicano*". Afirma que, "*sob a perspectiva dos interesses constitucionais em conflito, o que se perde por força desta deficiência em proteção estatal não é minimamente compensado pelas vantagens obtidas em razão da tutela insuficiente*".

Defende, assim, que *"a restrição à liberdade econômica das pessoas jurídicas que resultaria da vedação às suas doações a campanha eleitoral ou a partido político seria muito reduzida"*, de vez que *"não envolveria qualquer limitação ao uso dos recursos destas entidades para o desempenho das suas atividades negociais ou institucionais, mas tão somente para o financiamento, direto ou indireto, das campanhas eleitorais"*.

Por outro lado, sustenta que a legislação de vigência, ao não estabelecer um limite igualitário, mas, diversamente, fundado apenas no critério de renda, também não tutela de forma suficiente os princípios da isonomia, democrático e republicano. Daí que, a seu juízo, *"a limitação às doações impostas às pessoas naturais que não vede ditas contribuições, mas imponha teto igualitário ao seu valor, não se afigura restrição excessiva ao direito à participação política, uma vez que este, como acima destacado, deve ser concebido em termos também igualitários, pela sua própria natureza"*.

Em 06.09.2011, determinei a aplicação do rito previsto no art. 12 da Lei n. 9.868/99, visando ao julgamento definitivo do mérito da presente ação direta pelo Plenário da Suprema Corte.

A Presidência da República apresentou suas informações, por intermédio da Consultoria--Geral do Ministério da Justiça e da Consultoria-Geral da União, defendendo a constitucionalidade das disposições impugnadas. No parecer encaminhado pela Consultoria-Geral do Ministério da Justiça, a Presidência da República sustenta a impossibilidade de alijar as pessoas jurídicas do processo político, na medida em que *"são um segmento da sociedade e constituem a organização dos fatores de produção dessa mesma sociedade"*.

Afirma que *"a possibilidade de pessoas jurídicas financiarem campanhas eleitorais por si só não se configura em critério de desequilíbrio, respeitadas as disposições legais no que concerne a limites máximos para os montantes dos aportes privados e à qualidade do financiador"*.

Articula, na sequência, que *"constitui a possibilidade de aporte privado às campanhas garantia de pluralismo partidário, na medida em que evita pode evitar [sic] uma hegemonia entre os partidos dominantes e de maiores representações sobre os de menores adeptos"*.

Pontua, por fim, que a discussão deve gravitar em torno dos mecanismos de controle e de transparência, visto que, a seu sentir, *"as normas, por melhores que sejam, se tornarão letra morta e as relações entre dinheiro e política se desdobrarão por canais paralelos, à margem de todo controle"*. A seu turno, o parecer desenvolvido pela Consultoria-Geral da União endossa essas razões e reitera os termos da CGMJ.

Em sede de informações, a Presidência da Câmara dos Deputados manifestou-se pela constitucionalidade, *formal e material*, do complexo normativo relativo ao financiamento de campanhas. Afirma, sob o prisma *formal*, que todas as disposições impugnadas nesta ação direta *"foram processadas dentro dos estritos tramites constitucionais e regimentais inerentes à espécie"*. Sob o aspecto *material*, aduz que *"a decisão sobre o formato do financiamento das campanhas eleitorais não é dado pronto e acabado contido na norma constitucional, extraível pelo hermeneuta habilidoso"*, mas, ao revés, se trata de *"uma decisão política do Congresso Nacional"*.

Articula também ser incabível a pretensão deduzida pelo Arguente, no sentido de instar o Congresso a editar uma lei estabelecendo limite *per capita* uniforme para doações a campanhas eleitorais ou a partidos políticos por pessoa natural ou por candidatos em campanha, fixando prazo de 18 (dezoito) meses para que tal providência seja levada a efeito, sob pena de transferir ao Tribunal Superior Eleitoral a prerrogativa de editar tal norma. Isso porque, consoante alega, *"não há que se falar, na hipótese, em inconstitucionalidade da norma ou em norma em 'processo de inconstitucionalização'"*.

Além disso, advoga que, *"se é obrigatório o financiamento privado por pessoas físicas, todas as propostas que sustentam o financiamento público exclusivo de campanha, por exemplo, violariam a Constituição (ainda que excluíssem as pessoas jurídicas do rol de doadores)"*. Ao final, adverte que, *"se o uso ao 'Apelo ao Legislador' nas circunstâncias postas já se mostra bastante questionável, mais impróprio ainda seria atribuir ao TSE a responsabilidade por proferir uma espécie de sentença aditiva (em substituição ao Supremo Tribunal Federal) em matéria que claramente extrapola seu poder regulamentar"*.

Por sua vez, a Presidência do Senado Federal, em parecer confiado à sua advocacia, também propugnou pela constitucionalidade das normas legais adversadas. A despeito de reconhecer a inadequação do atual modelo doações e contribuições a campanhas eleitorais e partidos políticos, refuta as ofensas apontadas pelo Requerente. Em suas palavras, *"as razões apresentadas [i.e., violação ao princípio democrático, republicano, da isonomia e da proporcionalidade, em sua dimensão de proibição de proteção insuficiente] são efetivamente verdadeiras, constituindo-se em evidências prima facie da inadequação do regramento atual em face às expectativas da população e aos objetivos do processo eleitoral.*

Contudo, não há como dizer que existem as violações aos princípios descrita [sic] *acima, principalmente porque o sistema atual prevê diversos mecanismos para equilibrar a disputa eleitoral, como a fiscalização das contas, o limite de gastos de campanha, a distribuição de recursos públicos, para todos os partidos e candidatos etc."* (grifos no original).

Prossegue para assentar que *"o desejo de um novo sistema não pode servir de base para considerar o antigo como inconstitucional"*, destacando que *"é o Poder Legislativo o ambiente propício e constitucionalmente adequado para a escolha e delimitação de um novo modelo de financiamento de atividades partidárias e de campanhas eleitorais"*. Nesse sentido, menciona a existência de inúmeros projetos de lei e de Comissões, tanto na Câmara dos Deputados quanto no Senado Federal, para tratar da temática e, consequentemente, formular um novo regime de financiamento.

Em cumprimento ao art. 103, § 3°, da Constituição da República, o Advogado-Geral da União, na qualidade de defensor *legis*, pronunciou-se, preliminarmente, pelo conhecimento parcial da presente ação direta.

No mérito, pugnou pela improcedência dos pedidos deduzidos. Eis a ementa de sua manifestação:

"Eleitoral. Artigos 23, § 1°, incisos I e II; 24; e 81, *caput* e § 1°, da Lei n. 9.504/97, e artigos 31; 38, inciso III; e 39, *caput* e § 5°, da Lei n. 9.096/95. Doações por pessoas jurídicas para campanhas eleitorais e partidos políticos. Fixação de limites para as doações efetuadas por pessoas físicas e para a utilização de recursos próprios em campanhas políticas. Preliminar. Impossibilidade jurídica de parte dos pedidos veiculados na inicial e parcial inadequação da via eleita. Mérito. Inexistência de afronta aos princípios democrático, republicano, da igualdade e da proporcionalidade. Os dispositivos impugnados atendem ao conceito amplo de cidadania e de pluralismo político. Manifestação pelo não conhecimento parcial da ação direta e, no mérito, pela improcedência do pedido."

Preliminarmente, pugnou o AGU pelo não conhecimento parcial da ação direta, especificamente quanto aos pedidos veiculados nos itens *"e.1"*, *"e.2"* e *"e.5"* da peça vestibular, de vez que são *"(i) juridicamente impossíveis, por contrariarem o princípio da separação de Poderes (artigo 2° da Carta política); e (ii) inadequados para a via eleita, pois não se coadunam com o objeto próprio à ação direta de inconstitucionalidade"*. No tocante à incompatibilidade com o princípio da separação de poderes, alega que os itens referidos pretendem *"que esse Supremo Tribunal Federal instaure nova disciplina sobre o tema versado pelas normas atacadas, bem como imponha ao Poder Legislativo o dever de alterar a legislação vigente"*, razão por que *"seriam juridicamente impossíveis"*. Assevera, por outro lado, a inadequação da via eleita, na medida em que se verifica *"cumula*[ção]*, em um só processo,* [de] *pedidos de ação direta de inconstitucionalidade e de ação direta de inconstitucionalidade por omissão"*. Colhe-se de seu pronunciamento que, *"(...) ainda que a lacuna legislativa suposta pelo requerente venha a se formar a partir de eventual procedência dos demais pedidos por ele veiculados na presente ação direta – o que se admite por mera hipótese –, não se afigura viável o*

*exame do pleito de declaração de inconstitucionalidade por omissão, constante do referido item "e.5".
Admitir essa hipótese corresponderia a permitir que essa Suprema Corte declarasse a invalidade de
determinado diploma normativo e, ato contínuo, reconhecesse a existência de mora legislativa sobre a
matéria que, até então, era regularmente disciplinada por ele".*

No mérito, afirma inexistir fundamento constitucional que interdite as pessoas jurídicas de
*"atuar[em] de forma participativa em algum modelos e financiamento de campanhas políticas,
através de doações legalmente contabilizadas".*

Nesse sentido, aduz que *"a Constituição Federal de 1988 não traz um modelo previamente
estabelecido para o financiamento das campanhas eleitorais"*, de maneira que incumbe *"ao legislador a escolha por um deles, mediante edição de lei específica sobre a matéria".*

Pelas mesmas razões, pontua que a utilização de recursos próprios pelos candidatos para
financiar suas campanhas, antes de violar a Lei Maior, *"homenageia os princípios da liberdade de
participação política, da cidadania e do pluralismo político".*

Defende, ainda, que *"a fixação de percentual sobre os rendimentos auferidos no ano anterior
à eleição como critério para limitar as doações feitas por pessoas físicas a partidos e campanhas
eleitorais não revela qualquer inconstitucionalidade por afronta aos postulados da isonomia e da
proporcionalidade"*, porquanto *"[se] trata de opção política exercida pelo Poder Legislativo no
âmbito de sua atuação discricionária, cuja decisão, por não ser incompatível com qualquer disposição constitucional, não pode ser simplesmente substituída pelo critério sugerido pelo requerente".*
Prossegue afirmando que *"a mera alegação do autor de que a fixação de um limite absoluto para
as doações constituiria uma opção política melhor do que a adotada pelos dispositivos atacados
não implica a inconstitucionalidade destes, que, como dito, foram editados pelo legislador dentro
das possibilidades de sentido dos princípios constitucionais que regem a matéria".*

O Ministério Público Federal, em seu parecer, opinou pela procedência dos pedidos veiculados na
exordial da ação direta. O pronunciamento ministerial restou assim ementado:

"Ação Direta de Inconstitucionalidade. Artigos 23, § 1º, incisos I e II; 24; e 81, *caput* e § 1º, da Lei n.
9.504/97. Artigos 31; 38, inciso III; e 39, *caput* e § 5º, da Lei n. 9.096/95. Financiamento por pessoas
jurídicas e limitação às doações por pessoas físicas a partidos políticos e campanhas eleitorais. Utilização de recursos próprios por candidatos no limite de gastos fixado por seus partidos. Preliminares de
impossibilidade jurídica de parte dos pedidos e inadequação da via eleita. Descaracterização. Fungibilidade entre a ADI e ADO. Mérito. Violação aos princípios constitucionais da cidadania, democracia,
República, igualdade, pluralismo político e proporcionalidade (proibição de proteção deficiente). Parecer pela procedência do pedido."

Prossigo no relato para informar que, tendo em vista o caráter interdisciplinar da temática
versada nesta ação direta, que ultrapassa os limites dos subsistemas político, econômicos e social,
convoquei Audiência Pública, na forma do art. 9º, § 1º, da Lei n. 9.868/99, colhendo opinião de
especialistas (*e.g.*, cientistas políticos, juristas, membros da classe política) e de entidades representativas da sociedade civil no afã de subsidiar a Corte ao melhor deslinde da controvérsia.

A referida Audiência Pública foi realizada nos dias 17 e 24 de julho do corrente ano, contando com a participação de 30 expositores, de onde se extraíram valiosas informações empíricas
que permitiram identificar, com maior nitidez, as consequências concretas da incidência do
modelo vigente de financiamento de campanhas sobre a democracia brasileira, além de ausculi-
tar o sentimento de parte da sociedade civil organizada sobre a temática.

Após, a Procuradoria-Geral da República emitiu parecer acerca dos pontos debatidos na
Audiência Pública, corroborando as razões expendidas anteriormente e, por fim, requerendo a
procedência dos pedidos.

Na sequência, admiti, na qualidade de *amici curiae*, o ingresso da Secretaria Executiva do
Comitê Nacional do Movimento de Combate à Corrupção Eleitoral – SE-MCCE, do Partido

Socialista dos Trabalhadores Unificados – PSTU, da Conferência Nacional dos Bispos do Brasil – CNBB, do Instituto dos Advogados Brasileiros – IAB e, em petição conjunta, da Clínica de Direitos Fundamentais da Faculdade de Direito da Universidade do Estado do Rio de Janeiro – CLÍNICA UERJ DIREITOS e do Instituto de Pesquisa Direitos e Movimentos Sociais – IPD-MS. É o relatório, cuja cópia deverá ser encaminhada aos Ministros deste Supremo Tribunal Federal, na forma da lei (art. 9º, *caput*, da Lei n. 9.868/99).

O processo recebeu decisão nestes termos ementada:

EMENTA: Direito constitucional e eleitoral. Modelo normativo vigente de financiamento de campanhas eleitorais. Lei das Eleições, arts. 23, § 1º, incisos I e II, 24 e 81, caput e § 1º. Lei Orgânica dos Partidos Políticos, arts. 31, 38, inciso III, e 39, caput e § 5º. Critérios de doações para pessoas jurídicas e naturais e para o uso de recursos próprios pelos candidatos. Preliminares. Impossibilidade jurídica do pedido. Rejeição. Pedidos de declaração parcial de inconstitucionalidade sem redução de texto (itens e.1.e e.2). Sentença de perfil aditivo (item e.5). Técnica de decisão amplamente utilizada por cortes constitucionais. Atuação normativa subsidiária e excepcional do Tribunal Superior Eleitoral, somente se legitimando em caso de inertia deliberandi do Congresso Nacional para regular a matéria após o transcurso de prazo razoável (in casu, de dezoito meses). Inadequação da via eleita. Improcedência. Pretensões que veiculam ultraje à lei fundamental por ação, e não por omissão. Mérito. Ofensa aos princípios fundamentais democrático e da igualdade política. Cumulação de pedidos de ADI e de ADI por omissão em uma única demanda de controle concentrado de constitucionalidade. Viabilidade processual. Premissas teóricas. Postura particularista e expansiva da suprema corte na salvaguarda dos pressupostos democráticos. Sensibilidade da matéria, afeta que é ao processo político-eleitoral. Autointeresse dos agentes políticos. Ausência de modelo constitucional cerrado de financiamento de campanhas. Constituição-moldura. Normas fundamentais limitadoras da discricionariedade legislativa. Pronunciamento do Supremo Tribunal Federal que não encerra o debate constitucional em sentido amplo. Diálogos institucionais. Última palavra provisória. Mérito. Doação por pessoas jurídicas. Inconstitucionalidade dos limites previstos na legislação (2% do faturamento bruto do ano anterior à eleição). Violação aos princípios democrático e da igualdade política. Captura do processo político pelo poder econômico. "Plutocratização" do prélio eleitoral. Limites de doação por naturais e uso de recursos próprios pelos candidatos. Compatibilidade material com os cânones democrático, republicano e da igualdade política. Ação direta de inconstitucionalidade julgada parcialmente procedente. 1. A postura particularista do Supremo Tribunal Federal, no exercício da judicial review, é medida que se impõe nas hipóteses de salvaguarda das condições de funcionamento das instituições democráticas, de sorte (i) a corrigir as patologias que desvirtuem o sistema representativo, máxime quando obstruam as vias de expressão e os canais de participação política, e (ii) a proteger os interesses e direitos dos grupos políticos minoritários, cujas demandas dificilmente encontram eco nas deliberações majoritárias. 2. O funcionamento do processo político-eleitoral, conquanto matéria deveras sensível, impõe uma postura mais expansiva e particularista por parte do Supremo Tribunal Federal, em detrimento de opções mais deferentes e formalistas, sobre as escolhas políticas exercidas pelas maiorias no seio do Parlamento, instância, por excelência, vocacionada à tomada de decisão de primeira ordem sobre a matéria. 3. A Constituição da República, a despeito de não ter estabelecido um modelo normativo pré-pronto e cerrado de financiamento de campanhas, forneceu uma moldura que traça limites à discricionariedade legislativa, com a positivação de normas fundamentais (e.g., princípio democrático, o pluralismo político ou a isonomia política), que norteiam o processo político, e que, desse modo, reduzem, em alguma extensão, o espaço de liberdade do legislador ordinário na elaboração de critérios para as doações e contribuições a candidatos e partidos políticos. 4. O hodierno marco teórico dos diálogos constitucionais repudia a adoção de concepções juriscêntricas no campo da hermenêutica constitucional, na medida em que preconiza, descritiva e normativamente, a inexistência de instituição detentora do monopólio do sentido e do alcance das disposições magnas, além de atrair a gramática constitucional para outros fóruns de discussão, que não as Cortes. 5. O desenho institucional erigido pelo constituinte de 1088, mercê de outorgar à Suprema Corte a tarefa da guarda precípua da Lei Fundamental, não erigiu um sistema de supremacia judicial em sentido material (ou definitiva), de maneira que seus pronunciamentos judiciais devem ser compreendidos como última palavra provisória, vinculando formalmente as partes do processo e finalizando uma rodada deliberativa acerca da temática, sem, em consequência, fossilizar o conteúdo

Direitos políticos fundamentais, partidos políticos e sistemas eleitorais **1141**

constitucional. 6. A formulação de um modelo constitucionalmente adequado de financiamento de campanhas impõe um pronunciamento da Corte destinado a abrir os canais de diálogo com os demais atores políticos (Poder Legislativo, Executivo e entidades da sociedade civil). 7. Os limites previstos pela legislação de regência para a doação de pessoas jurídicas para as campanhas eleitorais se afigura assaz insuficiente a coibir, ou, ao menos, amainar, a captura do político pelo poder econômico, de maneira a criar indesejada "plutocratização" do processo político. 8. O princípio da liberdade de expressão assume, no aspecto político, uma dimensão instrumental ou acessória, no sentido de estimular a ampliação do debate público, de sorte a permitir que os indivíduos tomem contato com diferentes plataformas e projetos políticos. 9. A doação por pessoas jurídicas a campanhas eleitorais, antes de refletir eventuais preferências políticas, denota um agir estratégico destes grandes doadores, no afã de estreitar suas relações com o poder público, em pactos, muitas vezes, desprovidos de espírito republicano. 10. O telos subjacente ao art. 24, da Lei das Eleições, que elenca um rol de entidades da sociedade civil que estão proibidas de financiarem campanhas eleitorais, destina-se a bloquear a formação de relações e alianças promíscuas e não republicanas entre aludidas instituições e o Poder Público, de maneira que a não extensão desses mesmos critérios às demais pessoas jurídicas evidencia desequiparação desprovida de qualquer fundamento constitucional idôneo. 11. Os critérios normativos vigentes relativos à doação a campanhas eleitorais feitas por pessoas naturais, bem como o uso próprio de recursos pelos próprios candidatos, não vulneram os princípios fundamentais democrático, republicano e da igualdade política. 12. O Conselho Federal da Ordem dos Advogados do Brasil ostenta legitimidade ad causam universal para deflagrar o processo de controle concentrado de constitucionalidade, ex vi do art. 103, VII, da Constituição da República, prescindindo, assim, da demonstração de pertinência temática para com o conteúdo material do ato normativo impugnado. 13. As disposições normativas adversadas constantes das Leis n. 9.096/95 e n. 9.504/97 revelam-se aptas a figurar como objeto no controle concentrado de constitucionalidade, porquanto primárias, gerais, autônomas e abstratas. 14. A "possibilidade jurídica do pedido", a despeito das dificuldades teóricas de pertinência técnica (i.e., a natureza de exame que ela envolve se confunde, na maior parte das vezes, com o próprio mérito da pretensão) requer apenas que a pretensão deduzida pelo autor não seja expressamente vedada pela ordem jurídica. Consectariamente, um pedido juridicamente impossível é uma postulação categoricamente vedada pela ordem jurídica (ARAGÃO, Egas Dirceu Moniz de. Comentários ao Código de Processo Civil. 10ª ed. Rio de Janeiro: Forense, p. 304). 15. In casu, a) Os pedidos constantes dos itens "e.1" e "e.2", primeira parte, objetivam apenas e tão somente que o Tribunal se limite a retirar do âmbito de incidência das normas impugnadas a aplicação reputada como inconstitucional, sem, com isso, proceder à alteração de seu programa normativo. b) Trata-se, a toda evidência, de pedido de declaração de inconstitucionalidade parcial sem redução de texto, cuja existência e possibilidade são reconhecidas pela dogmática constitucional brasileira, pela própria legislação de regência das ações diretas (art. 28, § único, Lei n. 9.868/99) e, ainda, pela práxis deste Supremo Tribunal Federal (ver, por todos, ADI n. 491/AM, Rel. Min. Moreira Alves, Tribunal Pleno, DJ 25.10.1991). c) Destarte, os pedidos constantes dos itens "e.1" e "e.2" são comuns e naturais em qualquer processo de controle abstrato de constitucionalidade, razão por que a exordial não veicula qualquer pretensão expressamente vedada pela ordem jurídica. d) O pedido aduzido no item "e.5" não revela qualquer impossibilidade que nos autorize a, de plano, reconhecer sua inviabilidade, máxime porque o Requerente simplesmente postula que a Corte profira uma "sentença aditiva de princípio" ou "sentença-delegação", técnica de decisão comumente empregada em Cortes Constitucionais algures, notadamente a italiana, de ordem a instar o legislador a disciplinar a matéria, bem assim a delinear, concomitantemente, diretrizes que devem ser por ele observadas quando da elaboração da norma, exsurgindo como método decisório necessário em casos em que o debate é travado nos limites do direito posto e do direito a ser criado. 16. Ademais, a atuação normativa do Tribunal Superior Eleitoral seria apenas subsidiária e excepcional, somente se legitimando em caso de inertia deliberandi do Congresso Nacional para regular a matéria após o transcurso de prazo razoável (in casu, de dezoito meses), incapaz, bem por isso, de afastar a prerrogativa de o Parlamento, quando e se quisesse, instituir uma nova disciplina de financiamento de campanhas, em razão de a temática encerrar uma preferência de lei. 17. A preliminar de inadequação da via eleita não merece acolhida, visto que todas as impugnações veiculadas pelo Requerente (i.e., autorização por doações por pessoas jurídicas ou fixação de limites às doações por pessoas naturais) evidenciam que o ultraje à Lei Fundamental é comissivo, e não omissivo. 18. A cumulação simples de pedidos típicos de ADI e de ADI por omissão é processualmente cabível em uma única demanda de *controle concentrado de constitucionalidade, desde que satisfeitos os requisitos previstos na legislação processual civil (CPC, art. 292). 19. Ação direta de inconstitucionalidade julgada parcialmente procedente para assentar apenas e tão somente a inconstitucionalidade parcial sem redução de texto do art. 31 da Lei n. 9.096/95, na parte em que autoriza, a contrario sensu, a realização de doações por pessoas jurídicas a partidos políticos, e pela declaração de inconstitucionalidade das expressões "ou pessoa jurídica", constante no art. 38, inciso III, e "e jurídicas", inserta no art. 39, caput e § 5º, todos os preceitos da Lei n. 9.096/95.*

VOTO-VISTA

Senhor Presidente, essa questão nós já tivemos oportunidade de discutir quando da assentada passada e a mim me parece bastante complexa, como já foi apontado em ocasiões anteriores e, agora, no voto do ministro Teori Zavascki.

De fato, não temos – e há quase um consenso em torno disso – um modelo ideal de financiamento de campanha. Se há um problema moderno, hoje, atual, contínuo nas democracias é o modelo de financiamento de campanha. É um problema que se aponta a toda hora, desde os mais sofisticados, como o alemão que vem sendo objeto de contínuo aperfeiçoamento com um modelo misto de financiamento, até os outros; temos sempre algum tipo de problema.

Já foi demonstrado aqui que a simples proibição ou exigência de que haja apenas participação dos cidadãos no financiamento não vai resolver claramente a questão, porque, é claro, que os partidos mais organizados e que logram – e esse exemplo está aí para que não deixemos de ver –, os partidos que estão no poder e que já têm recursos, na verdade, precisam apenas de umas centenas de milhares de CPF para fazer a distribuição, se se tratar de um debate só em torno de distribuição.

Certamente, haverá pessoas pobres que farão doações quase que do salário, por quê? Porque vão receber dinheiro para isso. Basta ver os fenômenos de doação que temos verificado para saber como isso opera, além das doações compulsórias: servidores que têm de fazer a doação, empregados, em suma, isso é conhecido. Os partidos que tiverem essa base de raiz vão operar com essa lógica – e já operam. O dinheiro não é problema! O problema é encontrar CPF para fazer essa distribuição.

Então, o tema é realmente bastante complexo. Exige construção que vai para além de modelo apodítico que marca a decisão judicial e que exige um tipo de reflexão.

Há muitas considerações. Claro, haverá empresas que participam com interesse direto, outras com indireto. O que dizer do Direito americano, das empresas que, eventualmente, investem em armas e que querem uma política internacional agressiva, apostando no ambiente de tensão internacional? Não se trata, portanto, de obras, nem de um "toma lá, dá cá" explícito, mas trata-se, na verdade, de referências quanto à política geral e de difícil aferição. Ou outras empresas que investem numa racionalidade econômico-tributária, que querem segurança jurídica e, para isso, investem num dado modelo.

Em suma, muitas são as cogitações passíveis de fazer e não se reduzem a empresas que são concessionárias de serviços públicos ou beneficiárias. Parece-me que o tema, realmente, exige – acho que as contribuições são bastante relevantes, o debate que se travou e todo o impulso é no sentido positivo –, mas me parece que há um mosaico de abordagens que o tema permite.

De modo que gostaria de dizer que, neste processo, vou, se não houver objeção, pedir vista.

VOTO-VISTA

A presente ação direta de inconstitucionalidade apresenta, por um lado, pedidos bastante ousados, tendo em vista as condições de possibilidade do exercício da jurisdição constitucional;

Direitos políticos fundamentais, partidos políticos e sistemas eleitorais **1143**

por outro, em decorrência do primeiro aspecto, aparenta trazer desafios à Corte, no sentido de construir uma decisão, a um só tempo, constitucionalmente adequada e politicamente factível.

Pode-se perceber esse caráter específico e direcionado da presente ação direta a partir do exame dos pedidos apresentados na inicial, os quais transcrevo, logo após citar o inteiro teor dos respectivos dispositivos impugnados:

"Art. 24. É vedado a partido e candidato, receber direta ou indiretamente doação em dinheiro ou estimável em dinheiro, inclusive por meio de publicidade de qualquer espécie, de:

I – entidade ou governo estrangeiro;

II – órgão da administração pública direta ou indireta ou fundação mantida com recursos provenientes do Poder Público;

III – concessionário ou permissionário de serviço público;

IV – entidade de direito privado que receba, na condição de beneficiária, contribuição compulsória em virtude de disposição legal;

V – entidade de utilidade pública;

VI – entidade de classe ou sindical;

VII – pessoa jurídica sem fins lucrativos que receba recursos do exterior;

VIII – entidades beneficentes ou religiosas;

IX – entidades esportivas;

X – organizações não governamentais que recebam recursos públicos;

XI – organizações da sociedade civil de interesse público.

Parágrafo único. Não se incluem nas vedações de que trata este artigo as cooperativas cujos cooperados não sejam concessionários ou permissionários de serviços públicos, desde que não estejam sendo beneficiadas com recursos públicos, observado o disposto no art. 81."

"Art. 81. As doações e contribuições de pessoas jurídicas para campanhas eleitorais poderão ser feitas a partir do registro dos comitês financeiros dos partidos ou coligações.

§ 1º As doações e contribuições de que trata este artigo ficam limitadas a dois por cento do faturamento bruto do ano anterior à eleição."

O primeiro pedido foi assim apresentado: *"seja declarada a inconstitucionalidade parcial, sem redução de texto, do art. 24 da Lei 9.504/97, na parte em que autoriza, a contrario sensu, a doação por pessoas jurídicas a campanhas eleitorais, bem como a inconstitucionalidade do Parágrafo Único do mesmo dispositivo, e do art. 81, caput e § 1º, do referido diploma legal".*

O segundo pedido diz respeito aos seguintes dispositivos constantes da Lei 9.096/95, que dispõem sobre partidos políticos:

"Art. 31. É vedado ao partido receber, direta ou indiretamente, sob qualquer forma ou pretexto, contribuição ou auxílio pecuniário ou estimável em dinheiro, inclusive através de publicidade de qualquer espécie, procedente de:

I – entidades ou governos estrangeiros;

II – autoridades ou órgãos públicos, ressalvadas as dotações referidas no art. 38;

III – autarquias, empresas públicas ou concessionárias de serviços públicos, sociedades de economia mista e fundações instituídas em virtude de lei e para cujos recursos concorram órgão ou autoridades governamentais;

IV – entidade de classe ou sindical."

"Art. 38. O Fundo Especial de Assistência Financeira aos Partidos Políticos (Fundo Partidário) é constituído por:

(...)

III – doações de pessoa física **ou jurídica**, efetuadas por intermédio de depósitos bancários diretamente na conta do Fundo Partidário;"

"*Art. 39. Ressalvado o disposto no art. 31, o partido político pode receber doações de pessoas físicas e jurídicas para constituição de seus fundos.*

(...)

§ 5°. Em ano eleitoral, os partidos políticos poderão aplicar ou distribuir pelas diversas eleições os recursos financeiros recebidos de pessoas físicas ou jurídicas, observando-se o disposto no Parágrafo 1° do art. 23, no art. 24 e no Parágrafo 1° do art. 81 da Lei n. 9.504, de 30 de setembro de 1997, e os critérios definidos pelos respectivos órgãos de direção e pelas normas estatutárias."

A impugnação foi redigida nos seguintes termos: "***seja declarada a inconstitucionalidade parcial, sem redução de texto, do art. 31 da Lei n. 9.096/95***, *na parte em que autoriza, a contrario sensu, a realização de doações por pessoas jurídicas a partidos políticos; e a* ***inconstitucionalidade das expressões*** *"ou pessoa jurídica", constante no art. 38, inciso III, da mesma lei, e "e jurídicas", inserida no art. 39, caput e § 5°, do citado diploma legal*".

E, também, do seguinte modo: "***seja declarada a inconstitucionalidade, sem pronúncia de nulidade, do art. 39, § 5°, da Lei 9.096/95*** *– com exceção da expressão 'e jurídicas', contemplada no pedido 'e-2', supra – autorizando-se que tal preceito mantenha a eficácia por mais até 24 meses, a fim de se evitar a criação de uma 'lacuna jurídica ameaçadora' na disciplina do limite às doações a partido político realizadas por pessoas naturais*".

O terceiro pedido é direcionado ao art. 23, § 1°, e incisos I e II, da Lei 9.504/97:

"*Art. 23. As pessoas físicas poderão fazer doações em dinheiro ou estimáveis em dinheiro para campanhas eleitorais, obedecido o disposto nesta lei:*

§ 1° As doações e contribuições de que trata este artigo ficam limitadas:

I – no caso de pessoa física, a dez por cento dos rendimentos brutos auferidos no ano anterior à eleição.

II – no caso de candidato que utilize recursos próprios, ao valor máximo de gastos estabelecido pelo seu partido, na forma da lei".

Note-se que a impugnação foi encaminhada pela inicial nos seguintes termos:

"***seja declarada a inconstitucionalidade, sem pronúncia de nulidade, do art. 23, § 1°, incisos I e II, da Lei 9.504/97***, *autorizando-se que tais preceitos mantenham a eficácia por mais 24 (vinte e quatro) meses, a fim de se evitar a criação de uma "lacuna jurídica ameaçadora" na disciplina do limite às doações de campanha realizadas por pessoas naturais e ao uso de recursos próprios pelos candidatos nestas campanhas*".

Por fim, veicula-se o pedido: "*seja instado o Congresso Nacional a editar legislação que estabeleça (1) limite per capita uniforme para doações a campanha eleitoral ou a partido por pessoa natural, em patamar baixo o suficiente para não comprometer excessivamente a igualdade nas eleições, bem como (2) limite, com as mesmas características, para o uso de recursos próprios pelos candidatos em campanha eleitoral, no prazo de 18 (dezoito) meses, sob pena de atribuir-se ao Eg. Tribunal Superior Eleitoral – TSE a competência para regular provisoriamente a questão*".

Em resumo, a presente ação direta de inconstitucionalidade pretende:

i) impedir que pessoas jurídicas contribuam para financiamento de campanhas eleitorais. Pede-se, assim, a declaração de inconstitucionalidade do art. 23, § 1°, incisos I e II; do art. 24 e do art. 81, *caput* e § 1°, todos da Lei 9.504/97; e dos artigos 31, 38, inciso III, e 39, *caput* e § 5°, da Lei 9.096/95; e,

ii) determinar que o Congresso Nacional edite legislação que limite de maneira *per capita* e uniforme as doações para campanhas eleitorais e partidos políticos feitas por pessoas naturais, bem como que limite, de igual modo, o uso de recursos próprios por parte dos candidatos nas campanhas.

A relação entre dinheiro e política é extremamente complexa e uma breve pesquisa da realidade de outros países comprova que não há fórmulas universais à regulação da matéria.

A disciplina do financiamento de campanhas eleitorais deve considerar não apenas circunstâncias histórico-culturais de todo país, mas, também, as características relacionadas ao sistema de governo, ao quadro partidário, às regras eleitorais em geral e às práticas políticas efetivamente vivenciadas.

Direitos políticos fundamentais, partidos políticos e sistemas eleitorais **1145**

Desse modo, os países podem optar por regular o tema de diversas maneiras. No Brasil, o constituinte decidiu não disciplinar a matéria em âmbito constitucional, razão por que apenas inseriu no texto as diretrizes constantes do art. 17, CF/88, no que toca aos partidos políticos. Sobre o financiamento da atividade política, em especial, a Carta de 1988 apenas vedou aos partidos o recebimento de recursos financeiros de entidades ou governos estrangeiros (art. 17, II).

Evidencia-se, assim, que a Constituição de 1988 deixou para a legislação ordinária a regulação do financiamento de campanhas eleitorais e, ao não fixar balizas precisas, o constituinte atribuiu ao legislador grande liberdade de conformação do tema.

Talvez por isso, a inicial da presente ADI encontre dificuldades em demonstrar ofensa direta à Constituição. Alega-se afronta aos princípios democrático, republicano, da igualdade e da proporcionalidade. Segundo o requerente, os dispositivos constitucionais violados são:

"Art. 1º **A República** Federativa do Brasil, formada pela união indissolúvel dos Estados e Municípios e do Distrito Federal, constitui-se em **Estado Democrático de Direito** e tem como fundamentos:

(...)

Parágrafo único. **Todo o poder emana do povo**, que o exerce por meio de representantes eleitos ou diretamente, nos termos desta Constituição.

Art. 5º **Todos são iguais perante a lei**, sem distinção de qualquer natureza, garantindo-se aos brasileiros e aos estrangeiros residentes no País a inviolabilidade do direito à vida, à liberdade, à igualdade, à segurança e à propriedade, nos termos seguintes:

Art. 14. A soberania popular será exercida pelo sufrágio universal e pelo voto direto e secreto, **com valor igual para todos**, e, nos termos da lei, mediante: (...)." (Destaquei).

Constata-se, portanto, que não há vedação constitucional expressa à doação de pessoas jurídicas para campanhas eleitorais. A legislação ordinária é que cuida do tema, frise-se, com ampla liberdade. A Lei 9.504/97 dispõe que as despesas de campanhas eleitorais são de responsabilidade dos partidos ou de seus candidatos (art. 17), criando uma espécie de responsabilidade financeira solidária entre eles.

A Lei 11.300/2006 (conhecida como minirreforma eleitoral), cujo objetivo declarado era reduzir os gastos de campanha no Brasil, inseriu o art. 17-A na Lei das Eleições (Lei 9.504/97).

Esse dispositivo fixou que os limites de gastos deverão ser estabelecidos por lei a ser editada até o dia 10 de junho do ano eleitoral. Caso tal lei não seja editada no prazo assinalado, aos partidos incumbirá a fixação dos respectivos limites, os quais deverão ser informados à Justiça Eleitoral para que seja dada ampla publicidade a essas informações.

Nos pleitos ocorridos após a aprovação da chamada minirreforma eleitoral, a lei que deveria fixar os limites não foi editada, de maneira que os próprios partidos fixaram o montante de gastos e informaram ao TSE seus respectivos limites. Se a fixação por lei mostra-se complicada politicamente, a autolimitação pelos partidos tende a ser imprecisa, visto que o descumprimento dos limites declarados é punido com multa, no montante de cinco a dez vezes superior ao valor gasto em excesso (art. 18, II).

Esses dados revelam que há, sim, a necessidade de aprimorar a legislação que cuida do financiamento de campanhas e da fiscalização dos gastos correspondentes. Todavia, a alta complexidade do tema e a ausência de parâmetros constitucionais específicos, que envolve variáveis diversas (sistema de governo, modelo eleitoral, quadro partidário), recomenda que qualquer modificação seja debatida no Congresso Nacional com o cuidado que a matéria requer.

Passo, então, a refletir sobre a disciplina do financiamento das campanhas eleitorais e dos partidos políticos em ambiente democrático, para abordar as questões trazidas na presente ação.

I – Considerações sobre a experiência internacional acerca do financiamento de campanhas eleitorais

A leitura desavisada de textos jornalísticos e até mesmo de livros ou periódicos que se pretendem sérios, ou com algum grau de cientificidade, pode passar a impressão de que boa parte do mundo desenvolvido adota o financiamento, exclusivamente, público de campanhas eleitorais. Trata-se de uma inverdade. Tal sorte de desinformação serve, por óbvio, para confundir e obscurecer o debate, quando deveria esclarecer a opinião pública sobre o tema, que se revela dos mais complexos em termos de desenho institucional e de estabelecimento de regras que regularão o exercício da democracia nos estados modernos, em cujo seio a *democracia possível* é a representativa, consoante afirmou Manoel Gonçalves Ferreira Filho cerca de quarenta anos atrás.

Com o propósito de esclarecer como alguns países relevantes para nós desenvolveram suas respectivas legislações eleitorais e, assim, evitar fornecer, a problemas difíceis e complicados, soluções simples e equivocadas, trarei uma brevíssima análise acerca do tema no direito comparado.

Pode-se iniciar pela **França**, país que, sem dúvida, inspirou-nos em diversos momentos de nossa história. Após anos de debates sobre a necessidade de impor regulamentação mais rigorosa ao financiamento de partidos políticos e de campanhas eleitorais, o país finalmente aprovou, em 1988, duas leis que buscaram cuidar do assunto (a Lei Orgânica 88.226 e a Lei Ordinária 88.227, ambas de 11 de março de 1988).

A lei orgânica cuida das declarações patrimoniais e do financiamento das campanhas de presidentes, deputados e senadores. Já a lei ordinária cuida das declarações patrimoniais de outros políticos, do ressarcimento das despesas de campanha do candidato a deputado, do estatuto dos partidos e do custeio público da atividade partidária.

No que concerne, especificamente, ao financiamento dos partidos políticos e das campanhas eleitorais, as referidas leis francesas partiram da admissão de que os custos eleitorais tornaram-se excessivos e dificilmente seriam reduzidos.

Assim, o financiamento da política demandava tratamento sério e realista. As contribuições dos filiados aos partidos, a ajuda fornecida pelo Estado, a arrecadação com eventos sociais, festas, jantares, donativos, tudo somado, ainda ficava muito aquém do que a experiência revelava constituir a arrecadação de fato dos maiores partidos. Ex-presidentes da República, como Georges Pompidou e Jacques Chirac, nas décadas de 70 e 80 do século passado, em entrevista a jornais, já afirmavam que os recursos que financiam partidos e campanhas muitas vezes são de origem incerta (DELSHIAT, Claude; MARE, Christian. Política e dinheiro: as legislações da França e outros países. Tradução: Jean-François Cleaver. *Revista de Informação Legislativa*, Brasília, n. 123, p. 164).

As leis de 1988 introduziram e disciplinaram alguma espécie de participação de verbas públicas no financiamento de partidos e de campanhas eleitorais. Partidos e grupos políticos existentes receberiam verbas do orçamento, que seriam rateadas consoante a proporcionalidade da representação partidária, para usar expressão conhecida entre nós, verificada em ambas as casas legislativas.

Vale salientar que a fiscalização do financiamento de partidos recaía apenas sobre o recebimento de verbas públicas. O financiamento privado não era objeto de fiscalização.

As campanhas eleitorais passaram a sofrer limitações de despesas: cerca de 100 mil dólares, para a eleição de deputados, e de 24 milhões de dólares, para candidatos à presidência no primeiro turno, e de 28 milhões de dólares, para os dois candidatos que avançassem ao segundo turno.

Essas despesas eram inicialmente sustentadas pelos caixas dos partidos, com as doações que recebessem, mas poderiam ser ressarcidas com um valor fixo de 5% do limite máximo previsto

Direitos políticos fundamentais, partidos políticos e sistemas eleitorais **1147**

em lei para as despesas de todos os candidatos à presidência, podendo, por exemplo, o ressarcimento chegar a 25% desse limite para os candidatos que superassem a marca de 5% dos votos válidos no primeiro turno.

Os candidatos a deputado seriam ressarcidos com 10% do montante correspondente ao limite máximo de despesas, no caso daqueles que superassem o montante de 5% dos votos no primeiro turno. Os candidatos que extrapolassem o limite legal ou que não prestassem contas perdiam o direito ao ressarcimento.

Havia a possibilidade de doações de pessoas físicas e jurídicas, sempre com limitações de valor. Assim, como ocorre na maior parte dos sistemas de financiamento eleitoral conhecidos, o modelo era misto, com financiamento público e privado. A fiscalização dava-se por meio da entrega de comprovantes à *Préfecture* de sua circunscrição eleitoral, pelos deputados e, por parte dos candidatos à presidência, ao Conselho Constitucional.

Em 1995, no entanto, após a revelação de escândalos de corrupção envolvendo o financiamento de campanhas, nova reforma na legislação eleitoral foi implementada. Proibiu-se a doação de empresas ou de qualquer outro tipo de pessoa jurídica, à exceção dos partidos. Manteve--se a possibilidade de doação de pessoas físicas para candidatos e, anualmente, aos partidos, respeitados os limites legais. Note-se que, assim, é possível que partidos financiem candidatos.

O financiamento continuou misto. O Estado pode reembolsar até 47,5% do teto das despesas eleitorais dos partidos. Continua, evidentemente, sendo possível a verificação de fraudes, tais como a criação de micropartidos para arrecadar mais fundos para uma mesma campanha, entre outros expedientes. Recentemente, o ex-presidente Nicolas Sarkozy teve as contas referentes à campanha de 2012 rejeitadas pelo Conselho Constitucional, ante a verificação de irregularidades.

Esse episódio motivou seu afastamento do Conselho e veio ilustrar a dificuldade de impedir fraudes ou abusos em campanhas eleitorais onde quer que seja.

Nos **Estados Unidos da América**, a regulamentação do financiamento de campanhas vem sofrendo modificações paulatinas, com a peculiaridade de que lá decisões da Suprema Corte exerceram relevante influência no modelo regulatório.

Para não regressar muito no tempo, pode-se dizer que, após os escândalos políticos ocorridos no início da década de 70 do século passado nos EUA, que ficaram conhecidos como *Watergate*, o país sentiu necessidade de reforçar o controle sobre os gastos das campanhas eleitorais.

Em 1971, o Congresso dos EUA havia aprovado lei que cuidava do tema: o *Federal Election Campaign Act*. Em 1974, portanto, já depois de conhecidos os fatos cruciais que levaram à renúncia do presidente Nixon, que ocorreu em agosto daquele ano, o Congresso aprovou emendas significativas à referida legislação.

Para que fique claro do que se tratava o escândalo de *Watergate*, pode-se usar o resumo dos crimes praticados pelo comitê de campanha do presidente Nixon, bem como por parte de seu governo: a lista tem início com o recebimento de doações ilegais por parte da campanha, com o conseguinte favorecimento de grandes doadores, realizado em conjunto com a troca de favores por apoio eleitoral realizada entre futuros integrantes do Governo e empresários que doaram à campanha, sendo que tudo culminou com a invasão da sede do Partido Democrata no Hotel *Watergate*. (Conferir em: HERRNSON, P. J. The High Finance of American Politics. *In*: GUNLICKS, A. B. (ed.) *Campaign and Party Finance in North America and Western Europe*. USA: Westview Press, 1993, p. 20.)

No calor dos acontecimentos, o Congresso norte-americano aprovou, em 1974, emendas ao *Federal Election Campaign Act*. Essas alterações incluíam (*i*) limitação do montante das doações às campanhas; (*ii*) a criação do *Federal Election Commission*, agência bipartidária de fiscalização das eleições; (*iii*) a previsão de mecanismos que viabilizassem o financiamento público das eleições presidenciais; (*iv*) determinação para que fosse dada publicidade às doações às campanhas eleitorais; *(v)* limitação dos gastos por parte de candidatos e comitês, excetuando-se os candidatos à presidência que aceitassem o financiamento público, os quais não poderiam utilizar dinheiro privado nas respectivas campanhas; e *(vi)* limitação do montante de gastos dos próprios candidatos em suas campanhas, entre outras medidas.

Em decisão do caso *Buckley v. Valeo,* tornada pública em 30 de janeiro de 1976, a Suprema Corte dos EUA enfrentou essas questões. A ação foi movida pelo senador do Partido Republicano de Nova Iorque James Buckley e outros, inclusive membros do Partido Democrata, contra Francis Valeo, secretário do Senado e, então, membro do *Federal Election Commission.*

A Suprema Corte fixou a seguinte interpretação: *(i)* quanto à alegação de que a limitação das doações às campanhas, trazidas pelo *Federal Election Campaign Act,* violaria a liberdade de expressão, uma vez que a divulgação de discursos políticos depende de um montante considerável de recursos, a Suprema Corte não vislumbrou qualquer violação à Constituição, ante a igualdade de tratamento entre as forças políticas; *(ii)* no ponto em que a lei limitava os gastos por parte de candidatos e comitês (aqui incluídos os gastos dos cidadãos que livremente se associam para defender determinadas posições), a Suprema Corte considerou a novel legislação inconstitucional, vislumbrando violação à liberdade de expressão, em sua modalidade de discurso político, visto que a lei não poderia afetar o direito individual dos cidadãos de livremente participarem dos debates políticos, inclusive utilizando recursos próprios; *(iii)* a Suprema Corte considerou ser constitucional a exigência feita pela lei em favor da transparência e da divulgação dos doadores e de suas respectivas doações às campanhas, não vislumbrando qualquer ofensa à liberdade de expressão ou de associação na medida; e *(iv)* a Corte, também, considerou ser constitucional a lei na parte em que criou a possibilidade de financiamento público de campanhas presidenciais (realizado pelo mecanismo de *tax check-off,* por meio do qual o contribuinte pode designar parte de seus impostos ao fundo de financiamento dos partidos).

O resultado da regulamentação legislativa, no que toca ao financiamento privado e com os crivos exercidos pela Suprema Corte, foi a limitação das doações privadas às campanhas eleitorais, mas com a impossibilidade de se regulamentarem os gastos dos cidadãos, individualmente ou associados, com o discurso político, em homenagem à liberdade de expressão, de modo que se erigiu algum controle sobre contribuições às campanhas (entradas de recursos), mas pouco se fez com relação aos gastos dessas mesmas campanhas (saídas de recursos).

O passar do tempo demonstrou que políticos e partidos encontraram formas de fazer o dinheiro fluir para suas respectivas campanhas. As vedações às doações dirigiram-se às verbas endereçadas às campanhas eleitorais, de forma que as contribuições genéricas aos partidos, desvinculadas de campanhas específicas, continuaram sem limitações. Esses recursos foram apelidados de *soft money,* em contraposição ao *hard money,* dinheiro cujo destino imediato era o apoio a determinada campanha eleitoral.

Verificou-se que o *soft money* era empregado, naturalmente, nas campanhas eleitorais, e que essas contribuições aos partidos cresciam em ritmo de progressão geométrica, atingindo cerca de 750 milhões de dólares no fim do século passado. Após anos de debates, o Congresso dos EUA aprovou o *Bipartisan Campaign Reform Act of 2002,* que, entre tantas medidas, limitou bastante a possibilidade de utilização de *soft money* por parte dos diretórios estaduais dos partidos em eleições federais e vedou a utilização de *soft money* pelos partidos nacionais.

Na decisão do caso *McConnel v. FEC,* a Suprema Corte reconheceu (por 5 x 4) a constitucionalidade das restrições à utilização de *soft money* trazidas pela legislação, especialmente porque, admitindo-se que o *soft money* não se destina diretamente às campanhas eleitorais, tais restrições não violariam a liberdade de expressão, que seria atingida de forma mínima.

E a corrente vencedora da Corte afirmou, então, que as restrições ao manejo do *soft money* estariam justificadas pelo legítimo interesse do governo em prevenir a corrupção existente

Direitos políticos fundamentais, partidos políticos e sistemas eleitorais **1149**

no sistema, bem como em prevenir a aparência de corrupção que resultaria das grandes contribuições financeiras. Esse trecho do voto condutor, que traz fundamentação assentada na prevenção à aparência de corrupção, causou enorme polêmica e voltaria a ser debatido pela Suprema Corte.

Boa parte desses conflitos revela a disposição de alguns de bloquear, por um lado, as doações das pessoas jurídicas às campanhas eleitorais e, por outro, de barrar os caminhos encontrados por esses recursos oriundos de pessoas jurídicas para chegarem às campanhas.

Note-se que, em 1907, foi aprovada a primeira lei dos EUA que bania a doação de pessoas jurídicas às campanhas eleitorais. Em 1947, o Congresso aprovou lei ainda mais restritiva, que proibia até mesmo que pessoas jurídicas (empresas) e sindicatos manifestassem, de forma independente e desvinculada das campanhas, suas preferências eleitorais.

Após o julgamento do caso *Buckley v. Valeo*, o Congresso reafirmou sua posição no sentido de que mesmo manifestações independentes por parte de pessoas jurídicas deveriam ser proibidas, o que foi novamente reafirmado pelo Legislativo Federal do EUA em 2002, quando aprovado o *Bipartisan Campaign Reform Act*, que, por sua vez, foi declarado constitucional, nessa parte, pela Suprema Corte, em 2003, no caso *McConnel v. FEC*.

Apesar de tudo isso, os partidos e candidatos conseguiam encontrar meios de levar recursos financeiros de pessoas jurídicas para suas respectivas campanhas eleitorais. Assim, a Suprema Corte, no caso *Citizens United v. Federal Election Commission*, julgado em 2010, proferiu decisão histórica e polêmica, por meio da qual, por maioria de 5 x 4, afirmou que a primeira emenda à Constituição dos EUA, que protege a liberdade de expressão, não poderia ser interpretada de forma restritiva, de modo que, se é constitucionalmente garantido ao indivíduo livremente expressar-se sobre assuntos político-eleitorais, inclusive com o aporte de recursos financeiros para divulgar sua mensagem, de igual maneira um grupo de indivíduos pode associar-se para fazer a mesma coisa, engajando-se no debate político-eleitoral.

Essas colocações da Suprema Corte visavam à proteção até mesmo da liberdade de imprensa, afinal de contas a maior parte da mídia constitui-se como pessoa jurídica.

A partir dessa decisão, as pessoas naturais e jurídicas podem livremente constituir associações de apoio a determinadas bandeiras político-eleitorais, o que é conhecido nos EUA como *Political Action Committee (PAC)*. Os PAC ou Super-PAC transformaram-se em grandes fontes de recursos e de propaganda e apoiam candidatos específicos.

Nas eleições presidenciais de 2012, ao contrário do que ocorrera, por exemplo, nas eleições em que o ex-presidente Ronald Reagan havia concorrido, ambos os candidatos, republicano e democrata, recusaram-se a receber financiamento público para não sofrerem limitações quanto aos respectivos gastos de campanha (saídas de recursos).

Um dos problemas que acompanhavam a regulamentação eleitoral nos EUA era que as leis previram limitações às campanhas no que se refere ao recebimento de doações, mas não limitaram seus gastos. A partir da decisão do caso *Citizens United v. FEC*, as pessoas jurídicas passaram a participar do debate político-eleitoral por meio dos PAC, sem qualquer limite de aposição de recursos financeiros.

Assim, de forma nem tão oblíqua, a Suprema Corte retirou as limitações de entradas de recursos privados e de gastos das campanhas eleitorais, fazendo com que, apesar de misto (público e privado), na prática, o financiamento eleitoral nos EUA seja majoritariamente privado, com grande participação de pessoas jurídicas e de sindicatos.

O financiamento público em nível federal, caso os candidatos à presidência optem por recusá-lo para as eleições principais, revela-se de maior significado durante as eleições primárias – as quais escolhem os candidatos dos partidos –, bem como nas convenções para nomeação dos candidatos, sempre por meio de subvenções estatais.

Nas eleições de 2012, cerca de 860 milhões de dólares foram arrecadados pelos super--PAC, desses, mais de 500 milhões foram doados por cerca de 150 entidades. Após a decisão do caso *Citizens United v. FEC*, os super-PAC passaram a se organizar de acordo com as seções 501(c)(4) e 501(c)(6) do Código Tributário, as quais regulamentam as pessoas jurídicas sem fins lucrativos.

Isso lhes permitiu receber doações em segredo, visto que, para corporações sem fins lucrativos, admite-se que os doadores mantenham sob sigilo suas respectivas identidades. Assim, um dos reflexos importantes da decisão do caso *Citizens United v. FEC* foi o retrocesso no que diz respeito à transparência do sistema de financiamento de campanhas eleitorais, o que havia sido uma conquista do *Federal Election Campaign Act of 1974.*

O mais importante da descrição da evolução do sistema de financiamento de campanhas, seja na França, seja nos EUA ou em qualquer outro país, é perceber que as diretrizes normativas que regulamentam o financiamento funcionam como *inputs* do sistema, a partir dos quais comportamentos (*outputs*) são estimulados, bem como instigam a criatividade dos atores envolvidos na competição eleitoral para inventarem novas formas de financiar suas campanhas, aproveitando-se das brechas da regulamentação, de forma legal ou não.

Outra conclusão a que se pode chegar a partir do exame de modelos comparados de financiamento de campanhas é a de que, na grande maioria dos países desenvolvidos ou em desenvolvimento, o financiamento é misto, isto é, envolve recursos públicos e privados.

Na **Alemanha**, o princípio da igualdade de partidos, de valor constitucional, inspira toda a disciplina normativa sobre partidos políticos. Ao longo das décadas, diferentes acórdãos do Tribunal Constitucional foram moldando o sistema de financiamento, ora vedando, ora possibilitando o financiamento público dos partidos.

O "Estado de partidos" alemão conforma-se a um sistema político em que o protagonista na eleição é o partido político. Assim, o modelo deve ser consideravelmente plural, deve permitir o ingresso de novas agremiações e deve gerar um sistema parlamentar estável, de modo a atender às necessidades de um país que sofreu com a instabilidade política e econômica e com as consequências das duas grandes guerras. (SANTANO, Ana Cláudia. *O Financiamento da Política.* Curitiba: Editora Íthala, 2014, p. 133.)

O sistema alemão caracterizava-se, inicialmente, por possuir três fontes de financiamento: a quota dos filiados, as doações de terceiros e os fundos estatais. No final da década de 50, uma decisão do Tribunal Constitucional começou a alterar o sistema de dedução fiscal favorável aos partidos (BVerfGE 6,273).

Por considerar que a dedução fiscal favorecia apenas os partidos com representação parlamentar e que era utilizada pelas camadas sociais com maior poder aquisitivo para favorecer apenas os partidos que as representavam, o Tribunal Constitucional entendeu que o sistema violava o princípio da igualdade. Como consequência, o Estado passou a conceder ajudas públicas diretas aos partidos para suas atividades ordinárias.

No entanto, em 1966, o Tribunal Constitucional declarou inconstitucional o financiamento de tais atividades pelo Estado (BVerfGE 20,56), possibilitando o financiamento estatal apenas das atividades eleitorais dos partidos, *"por meio ou de reembolso ou de restituição de gastos, junto com um sistema de adiantamento de valores para aqueles que cumprissem com os requisitos exigidos nas eleições anteriores"* (...) *"O sistema de adiantamentos consistia na divisão dos valores, sendo que 10% seria entregue no segundo ano da legislatura, 15% no terceiro e 35% no quarto ano. O restante 40% seria abonado após as eleições aos partidos que houvessem obtido ao menos 0,5 dos votos. Cabe destacar que tal umbral por lei era de 2,5%, porém, por determinação do Tribunal Constitucional de 22 de julho de 1969, este umbral aumentou".* (SANTANO, Ana Cláudia. *O Financiamento da Política.* Curitiba: Editora Íthala, 2014, p. 136.)

Direitos políticos fundamentais, partidos políticos e sistemas eleitorais **1151**

A mudança provocou uma crise financeira nos partidos, os quais, ao passarem a se valer mais dos adiantamentos de valores, desnaturaram a decisão do Tribunal Constitucional, pois acabavam utilizando referidos valores para financiamento das atividades ordinárias.

Nota-se uma clara confusão entre recursos repassados aos partidos ordinariamente e os diretamente doados às campanhas eleitorais, o que também se verificou, por exemplo, na França e nos EUA. Neste país, os recursos ordinariamente encaminhados aos partidos eram chamados de *soft money*, em razão de, durante bom tempo, não serem alvo de fiscalização mais rigorosa, e os encaminhados às campanhas eleitorais são chamados de *hard money*, pela razão oposta.

Entre 1966 e 1991, a falta de limitação do financiamento público na Alemanha levou a um aumento de trinta vezes do valor das subvenções estatais. O sistema que impedia o financiamento público das atividades ordinárias vigorou até 1982, quando o *Bundestag* instituiu uma comissão de especialistas para estudar o sistema geral de financiamento dos partidos políticos, cujo estudo serviu de base à reforma do sistema. Passou-se a um modelo de compensação de oportunidades, que consistia em um tratamento fiscal diferente às doações e aos pagamentos das quotas dos filiados.

Também, se previu uma quantidade anual sob o conceito de compensação de desigualdades, sempre que o partido houvesse alcançado pelo menos 0,5% dos votos nas listas para os *Länder*.

O modelo foi novamente questionado, com apoio da opinião pública, que não estava de acordo com os altos valores das subvenções estatais. No acórdão BVerfGE 85,264, o Tribunal Constitucional julgou inconstitucional o sistema de compensação de desigualdades, por se tratar de uma interferência do Estado nas diferenças preexistentes entre os partidos.

No acórdão de 1992, o Tribunal Constitucional reformulou seu entendimento, passando a admitir a possibilidade de financiamento das atividades gerais dos partidos pelo Estado, uma vez que a Constituição não contém dispositivo que vede a prática expressamente. Assim, não mais cabia a distinção entre as atividades eleitorais e as demais dos partidos para fins de financiamento, o que se revela uma grande abertura do modelo aos recursos encaminhados aos partidos e campanhas.

O Tribunal também determinou que o financiamento público fosse parcial, de modo a não inviabilizar o princípio da liberdade e independência dos partidos frente ao Estado, cabendo aos partidos buscar apoio social para financiar suas despesas.

A partir dos limites fixados jurisprudencialmente pelo Tribunal Constitucional ao longo de décadas, o legislador optou por um sistema de financiamento que equilibra subvenções públicas com recursos privados, de modo que o financiamento público não supere o privado. A legislação buscou fomentar doações privadas por meio de dedução fiscal no imposto de renda. Também, são de vital importância ao sistema de financiamento as subvenções destinadas às fundações dos partidos.

A Lei dos Partidos Políticos (*Parteiengesetz*, de 24.7.1967) regulamenta a forma como partidos são financiados na Alemanha. O critério de distribuição é medido pela quantidade de votos obtidos pelos partidos nas eleições ao Parlamento Europeu e ao *Bundestag* (0,5% dos votos válidos) e a eleições estaduais – *Landtage* (1%). Em caso de fusão partidária, apenas são somados seus votos caso tenham obtido, cada um, esse mínimo.

As quantias do financiamento público são definidas em 15 de fevereiro de todo ano pelo presidente do *Bundestag* (Seção 19ª, Lei dos Partidos Políticos). O financiamento público é de 0,85 euros por voto válido nas últimas eleições europeias, estaduais e, para o *Bundestag*, até o limite de quatro milhões de votos. Acima disso, o valor passa a ser de 0,70 euros por voto adicional. Partidos recebem 0,38 euros por euro recebido por subvenção de pessoas físicas (como cotas de afiliados e doações) até o total de 3.300 euros por ano. (Art. 18 (3) da Lei dos Partidos Políticos).

Doações a um partido superiores a 50.000 euros devem ser imediatamente comunicadas ao Presidente do *Bundestag* para publicidade. No *site* do *Bundestag,* há listagem com o nome do doador (pessoa física ou jurídica), quantia, partido e data. Doações acima de 10.000 euros devem ser listadas no relatório anual do partido.

São proibidas, por exemplo, doações de instituições de caridade, associações profissionais, de fundações e associações sem fins lucrativos ou religiosas; de empresas total ou parcialmente pertencentes ao Estado, desde que sua participação direta no setor público seja superior a 25% e doações anônimas acima de 500 euros, concedidas com finalidade de obter vantagens específicas.

Nota-se, portanto, que o modelo alemão atualmente permite a mistura dos recursos destinados ao financiamento dos partidos ordinariamente com aqueles destinados às campanhas eleitorais, o que os norte-americanos chamaram de mistura entre *soft* e *hard money*.

Além disso, a mais recente interpretação da Lei Fundamental de Bonn sobre o tema, emanada do Tribunal Constitucional alemão, impõe que os partidos sejam apenas parcialmente financiados com recursos públicos, visto que não devem se confundir com o Estado, antes precisam de estar conectados à sociedade, o que comprovaria o diálogo entre partido e parcela relevante da opinião pública.

Dessa forma, com as restrições referidas acima, o modelo alemão admite financiamento dos partidos e das campanhas com recursos públicos e privados. No que concerne aos privados, as doações de pessoas físicas devem ser feitas por meio da declaração de imposto de renda (**o que é praxe em quase todo o mundo desenvolvido, pois garante a autenticidade da contribuição**), e as doações de pessoas jurídicas são disciplinadas em lei e são objeto de devida publicidade a ser dada pelo Presidente do *Bundestag* para controle do sistema político e da sociedade em geral.

Para não me alongar demasiadamente na análise do direito comparado, adianto que na Europa, em geral, o modelo de financiamento é misto. Em regra, os recursos públicos são direcionados aos partidos *a posteriori*, ou seja, como restituição por gastos efetivados e comprovados com a campanha eleitoral, sendo que as subvenções estatais jamais ultrapassam 50% do montante total de gastos com as campanhas, sendo por volta de 40%, com tendência de redução, ante crises econômicas sucessivas e o desgaste que tais subvenções geram junto à opinião pública.

Ademais, havendo financiamento público, ainda que parcial e minoritário, de partidos e campanhas, os países europeus preocupam-se em bem regulamentar esse fluxo de recursos visando a impedir que partidos tornem-se indistinguíveis do aparelho estatal, bem como a estimular que guardem conexões reais com a parcela da sociedade que representam.

Além disso, busca-se cuidar do tema de forma justa e preservadora da igualdade de chances para que novos partidos possam surgir na paisagem política. Assim, a distribuição de recursos públicos deve atentar para tal aspecto, o que contribui, junto com a proibição de financiamento exclusivamente público, para impedir a *cartelização* do sistema partidário.

II – Relações entre Estado, partidos políticos e sociedade

Cumpre salientar, também, que o financiamento de partidos e de campanhas eleitorais é impactado de modo relevante pelos sistemas de governo, sistemas eleitorais e quadros partidários adotados, sem falar de disposições constitucionais eventualmente existentes sobre a matéria.

Assim, se, por um lado, a Constituição dos EUA não disciplina a vida dos partidos políticos, as constituições europeias em geral o fazem, a exemplo da Lei Fundamental de Bonn.

A Alemanha é considerada por alguns um Estado de partidos, pois eles são o centro de exercício da política do país. Os países europeus, que muitos alegam terem adotado exclusivamente o financiamento público, em verdade possuem modelos mistos e, em quase todos os casos, rechaçam, expressamente, a exclusividade de dinheiro público nas campanhas.

Direitos políticos fundamentais, partidos políticos e sistemas eleitorais **1153**

Isso ocorre porque, apesar da essencialidade dos partidos políticos à vida democrática nesses países, eles não devem confundir-se com o próprio Estado. Antes, os partidos devem estar conectados à sociedade civil, ou a parte significativa dela, de modo a angariar apoios e representar efetivamente correntes de opinião existentes no seio dessas sociedades. Assim, pode-se dizer que os partidos devem situar-se entre o Estado e a sociedade, representando a vontade desta na formação da vontade daquele.

Por essa razão, teóricos dos partidos políticos afastam qualquer tipo de assimilação dos partidos pelas estruturas do Estado – algo típico dos piores regimes autoritários vivenciados no curso do século passado – e, assim, rejeitam teses que conduzam a um sistema de financiamento de partidos e campanhas exclusivamente público.

É essencial que os partidos logrem auferir recursos de seus apoiadores na sociedade civil, demonstrando o liame necessário a uma existência não meramente formal, mas real, como força representativa de setores sociais.

Faz-se imperioso distinguir, também, entre os países presidencialistas e os parlamentaristas, visto que as campanhas eleitorais para a presidência são eminentemente nacionais e, assim, tendem a ser as mais caras. Sem falar do fato de que nações presidencialistas, como Brasil e EUA, possuem territórios vastos.

Assim, é preciso se pense no financiamento das campanhas eleitorais do Brasil desde a nossa matriz constitucional, que se assemelha mais, no que diz respeito ao tratamento dos partidos políticos, à dos países do ocidente europeu, sem perder de vista que, em termos de tamanho das eleições, do eleitorado e do volume de recursos gastos, estamos mais próximos das eleições nacionais dos Estados Unidos da América, em razão de praticarmos o presidencialismo, que demanda uma eleição grande e nacional para a escolha do Presidente da República.

Assim, é preciso respeitar a disciplina constitucional que nos impõe os partidos políticos como meios, por excelência, de exercício da democracia, mas atentar para a natureza e a proporção do processo eleitoral em países presidencialistas, como Brasil e EUA, o que demanda significativo aporte de recursos para campanhas eleitorais.

Isso significa que não há como escapar, na prática, de alguma espécie de financiamento misto, com recursos públicos e privados, de partidos e campanhas eleitorais.

A razão para isso não é complicada de se apreender. Os partidos políticos exercem suas atividades ordinárias durante períodos não eleitorais e, para tanto, precisam conectar-se à sociedade. Assim, para levar a efeito atividades sociais, de debates de ideias e, por meio delas, conectarem-se à parcela da opinião pública que representam ou visam a representar, os partidos demandam alguma sorte de financiamento público e, por óbvio, de privado.

O financiamento público (que no Brasil é realizado via distribuição do Fundo Partidário) visa a estabelecer uma certa igualdade de chances entre partidos, o que insere, no sistema de concorrência partidária, o elemento de igualdade formal (certamente imperfeito e cujo equilíbrio é de difícil alcance).

Todavia, conforme visto, o sistema precisa de evitar que os partidos confundam-se com o próprio Estado (ou que o partido confunda-se com o Estado), pois esta prática revelou-se a mais perversa no curso da história recente, gerando regimes autoritários, à esquerda e à direita, dos mais violentos que a humanidade já teve notícia.

Por essa razão, faz-se imprescindível que os partidos políticos logrem auferir recursos privados, por via de doações, seja de pessoas naturais, seja de pessoas jurídicas, entre aquelas cujas contribuições não estejam vedadas pelo ordenamento jurídico.

O apoio e o financiamento auferido de fontes privadas, em muitos casos, revela-se o maior indício de que determinado partido existe de fato, isto é, que detém existência real ou material, visto que está em conexão a, pelo menos, uma parcela da sociedade, o que é essencial à vitalidade da democracia.

Além disso, esse contato entre partido e sociedade, estabelecido, entre outras formas, por meio do financiamento partidário e eleitoral, é vital à manutenção da competição eleitoral, corolário do princípio constitucional da igualdade de chances, sem o qual resta esvaziada a própria democracia.

E nosso modelo de financiamento de partidos (via Fundo Partidário) e de financiamento de campanhas eleitorais (ora impugnado e que conta com recursos públicos e com doações de pessoas físicas e jurídicas, com limitação baseada na renda dos doadores), apesar de todos seus vícios e, portanto, da necessidade premente de aperfeiçoamento, viabiliza a promoção da concorrência democrática efetiva.

O que tem, de alguma forma, maculado o processo democrático-eleitoral brasileiro são abusos perpetrados, via de regra e com maior intensidade, pelos candidatos que, por sua posição, podem utilizar-se da máquina administrativa em seu favor, normalmente cometendo ilícitos que podem ser evitados com o aprimoramento da legislação, não apenas eleitoral, mas fiscalizatória em geral.

III – Evolução das regras sobre financiamento de partidos políticos e campanhas eleitorais no Brasil

Durante o século XVIII, o único país a manter eleições regulares para preenchimento de cadeiras parlamentares em nível nacional era a Inglaterra. No século XIX, outros países começaram a realizar eleições gerais, a exemplo da França, de Portugal e da Espanha, bem como dos Estados Unidos.

Nesse momento histórico, as eleições realizadas nesses países tinham características em comum: o sistema eleitoral majoritário, a divisão do território em distritos eleitorais e a manifestação pública do voto. (JAIRO NICOLAU. *Eleições no Brasil:* do Império aos dias atuais. Rio de Janeiro, Zahar: 2012, p 17.)

A Constituição brasileira de 1824 enfrentou, entre tantos outros, o desafio de organizar o sistema representativo, que daria conta de eleições em três níveis: municipal, provincial e central. Boa parte dos questionamentos relacionados às eleições durante o Império decorria das suspeitas de fraudes.

Seja em razão da desnecessidade de comprovação de renda que, apesar do voto censitário, vigorou entre os anos de 1824 e 1875, seja a partir de novos regramentos, que passaram a exigir condições para comprovação de renda, permaneceu nebulosa a efetividade do alistamento eleitoral.

O Golpe Republicano precipitou o desenho da nova ordem constitucional do país, mas, durante a Primeira República (1891-1930), de forma geral, o sistema eleitoral permaneceu sendo o majoritário. Três variantes do sistema eleitoral majoritário foram utilizadas durante a Primeira República: 1º) a regra que vigorou nas eleições para a Câmara dos Deputados de 1890; 2º) após o advento da CF de 1891, o Congresso aprovou nova Lei eleitoral em 1892; e 3º) a chamada Lei Rosa e Silva, aprovada em 1904, e que vigorou até 1930.

Todas essas leis veiculavam sistemas majoritários, nos quais os candidatos mais votados (maioria simples) eram eleitos. As variações diziam respeito à conformação dos distritos eleitorais e à quantidade de eleitos por distritos.

Até aquele momento, a totalização da apuração dos votos era realizada pela denominada Comissão de Verificação da Câmara dos Deputados. Este órgão poderia funcionar normalmente, mas tinha natureza eminentemente política, visando a preservar os interesses do Governo central. Durante a Primeira República, entre os anos de 1894 e 1930, a Comissão deixou de reconhecer como eleitos 260 candidatos que constavam das atas das juntas apuradoras, em atuação que, em seus momentos mais exacerbados, recebeu a alcunha de *degola*.

A Justiça Eleitoral do Brasil foi um dos resultados da Revolução Constitucionalista de 1930, que selou o fim da Primeira República. Os dirigentes que assumiram o poder em outubro de 1930 afastaram de seus cargos todos os políticos eleitos na Primeira República.

Os poderes legislativos em todos os níveis da federação foram dissolvidos, e o Governo Provisório nomeou interventores para os executivos estaduais, os quais nomearam interventores para os municípios. Assim, todos os postos de poder viram-se ocupados por políticos que não foram eleitos para tanto.

Desde o fim da Primeira República, muito se discutia sobre a questão eleitoral no Brasil. Era cada vez mais premente que o processo eleitoral fosse devidamente regulado, a fim de se evitar fraudes, que ocorriam em diversos momentos do processo, desde o alistamento até a contagem de votos.

Dessa forma, ainda em dezembro de 1930, o Governo Provisório criou *"comissão com a incumbência de estudar e propor a reforma da lei e dos processos eleitorais"*. (NICOLAU, Jairo. *Eleições no Brasil*: do Império aos dias atuais. Rio de Janeiro: Zahar, 2012, p. 74.)

Essa comissão foi composta por três estudiosos dos assuntos político-eleitorais: Assis Brasil, político gaúcho, ferrenho defensor do sistema de eleições proporcionais para representação popular (até então o modelo era preponderantemente majoritário); João Cabral, estudioso da representação política e professor da UFRJ; e Mario Pinto Serva, promotor do estado de São Paulo.

Após trabalhar durante o ano de 1931, havendo recebido numerosas contribuições de juristas e políticos de todo o país, a Comissão logrou elaborar o Código Eleitoral promulgado em fevereiro de 1932.

O Código Eleitoral de 1932 criou a Justiça Eleitoral, que passou a ser responsável por todas as fases do processo eleitoral no Brasil, e a Constituição Federal de 1934 cuidou da estruturação da nova Justiça especializada.

O Poder Judiciário havia ficado incumbido de organizar as eleições em dois outros momentos de nossa história: no fim do Império (1881-1889) e nos últimos quinze anos da Primeira República (1916-1930), justamente em razão de suspeitas de fraude envolvendo pleitos ocorridos na época, de modo que a prática não era absolutamente novidade entre nós. Infelizmente, a CF/1934 teve vida curta e o regime autoritário conhecido como Estado Novo foi instalado no país.

Ao final do Estado Novo, o presidente Getúlio Vargas editou o Decreto-Lei 7.586, de 14 de maio de 1945, que regulamentou as eleições que ocorreriam em dezembro e criou o sistema eleitoral proporcional de listas abertas, até hoje vigente.

O referido decreto-lei ficou conhecido como Lei Agamenon, em homenagem ao ministro da Justiça Agamenon Magalhães, responsável por sua elaboração. Após a promulgação da Constituição de 1946, o Congresso Nacional aprovou o novo Código Eleitoral, em 1950, que foi substituído, em 1965, pelo Código Eleitoral em vigor.

O Código Eleitoral de 1950 contava com capítulo sobre partidos políticos, no qual o tema "prestação de contas" era abordado, mas na realidade a fiscalização não foi efetiva. A prestação de contas eleitoral teve início com a Lei Orgânica dos Partidos Políticos aprovada já após o golpe militar. Trata-se da Lei 4.740, de 15 de julho de 1965.

Deve-se ressaltar que essa legislação, além de outras proibições, vedava aos partidos *"receber, direta ou indiretamente, sob qualquer forma ou pretexto, contribuição, auxílio ou recurso procedente de emprêsa privada, de finalidade lucrativa"* (art. 56, IV).

Observe-se, portanto, que a proibição das doações de empresas a partidos não é novidade no Brasil. Essa legislação foi substituída pela Lei 5.682, de 21 de julho de 1971, que manteve a redação anterior, estendendo a vedação às entidades de classe ou sindical, nos seguintes termos:

"Art. 91. É vedado aos Partidos:

(...)

IV – receber, direta ou indiretamente, sob qualquer forma ou pretexto, contribuição, auxílio ou recurso procedente de empresa privada, de finalidade lucrativa, entidade de classe ou sindical".

Essa Lei 5.682/1971 regeu o pleito eleitoral de 1989, por meio do qual o Brasil elegeu, diretamente, ao cargo de presidente da República, o senhor Fernando Collor de Mello. Note-se que eram vedadas as doações de pessoas jurídicas aos partidos e, assim, às campanhas eleitorais.

IV – Do *impeachment* do presidente Collor à Operação Lava Jato

O Presidente Collor sofreu *impeachment* cujas razões assentam-se, em grande parte, em ilícitos relacionados ao financiamento da campanha eleitoral. A Comissão Parlamentar de Inquérito que revelou boa parte dos escândalos na época contou com a Presidência do deputado Benito Gama, com a Vice-Presidência do senador Maurício Corrêa, saudoso colega, e com a relatoria do senador Amir Lando. Boa parte do que se constatou então continua a ocorrer atualmente, por certo com maior sofisticação e capilaridade, conforme nos revela dia após dia a Operação Lava Jato.

1 – As constatações da CPI do esquema PC Farias

A CPI do Esquema PC Farias produziu um relatório cujo CAPÍTULO X, intitulado DOS FATORES QUE POSSIBILITAM "ESQUEMAS" DO TIPO PC, teve como primeiro item O FINANCIAMENTO DAS CAMPANHAS ELEITORAIS. Ao discorrer sobre relações escusas que se estabeleceram entre grandes empreiteiras e parte do poder político, o relatório da CPI já mencionava obras superfaturadas, entre outros fenômenos, que voltam a ser escancarados, atualmente, pela Operação Lava Jato.

Além disso, o relatório da CPI afirmava com clareza e considerando a experiência comparada que a legislação brasileira, ao vedar as doações de pessoas jurídicas aos partidos e campanhas eleitorais, era assaz restritiva e, portanto, irreal. Consignava que o fluxo de recursos de empresas para campanhas era realidade em todo o mundo civilizado e que a legislação brasileira beirava o ridículo, uma vez que estava comprovado, à saciedade, que ela não era capaz de impedir o aporte de recursos de empresas para as campanhas.

Isso levava à conclusão de que seria hipocrisia a manutenção da vedação de recursos de empresas nas campanhas eleitorais e que, nesse sentido, o que o país precisava de fazer era, não apenas regulamentar com rigor o aporte de recursos nas campanhas (entrada de recursos), mas sobretudo, impor limites aos gastos (saídas de recursos) das campanhas, os quais deveriam ser fiscalizados com máxima eficiência pela Justiça Eleitoral.

Confira-se trecho significativo do Relatório produzido pela CPI que investigou o esquema PC Farias e que culminou com o *impeachment* do Presidente Collor:

"x.1.1 – Os gastos de campanha

Em primeiro lugar, para entendermos o financiamento eleitoral, abordemos os números: as quantias que se gastam nas campanhas eleitorais têm cifras assombrosas. Para as eleições deste ano (o ano era 1992), existem na imprensa estimativas de que os candidatos a prefeito das grandes capitais gastarão em torno de 20 milhões de dólares, enquanto que os candidatos a vereador desses municípios gastarão, em média, 100 mil dólares. Na campanha de 1990 para a Câmara Federal, o DIAP (Depto. Intersindical

Direitos políticos fundamentais, partidos políticos e sistemas eleitorais **1157**

de Assessoria Parlamentar) estimou que 80 dos candidatos eleitos gastaram mais que um milhão de dólares para se eleger. Esses gastos envolvem aluguel de imóveis, telefones e veículos, contratação de *staff*, gastos com pesquisas de sondagem, material de propaganda, *jingles* etc. Mesmo que esses números sejam superestimados, já que não consideram o trabalho voluntário, as cifras aproximadas seriam muito elevadas. Correspondem a uma evolução mundial dos gastos de campanha, que aumentaram espetacularmente nos últimos vinte anos. Na França, por exemplo, em 1974, os principais candidatos a presidente necessitariam de 40 milhões de francos cada um; em 1981, a fatura não sairia por menos que 150 milhões de francos e, em 1988, 260 milhões, para os dois turnos, pareceriam razoáveis (...) Os deputados já eleitos, em 1981, anunciaram 100 a 120 mil francos de despesas para a campanha; os eleitos, em 1986, anunciaram 1 milhão de francos de despesas.

Entre as causas principais apontadas por especialistas, está a evolução das técnicas de propaganda, que obrigou, pela competição, a que os candidatos lancem mão *de experts* em comunicação, de organismos de pesquisa de opinião, da publicidade de estilo comercial (ver em *Regards sur l'Actualité*, n. 140, abril 1988 – 'La politique et l'argent: législations française et étrangeres'). Também são mencionados, como explicação para esse aumento, o prolongamento do tempo de campanha e, no caso do Brasil, especialmente nas eleições presidenciais, o uso de meios de locomoção, como os 'jatinhos'.

De onde vem o dinheiro necessário? Os recursos obtidos através das contribuições de militantes estão longe de dar conta desses montantes. Tampouco a ajuda do Estado, através do Fundo Partidário, resolve, já que, em nosso País, esse fundo é mínimo. **Assim, o apelo ao setor privado aparece como caminho salvador, apesar de proibido por lei. O hiato entre a necessidade de gastos e o montante arrecadado legalmente dá a medida da hipocrisia, tida por quase todos como necessária, e assim as campanhas eleitorais fazem-se, sabida e assumidamente, ao arrepio da lei.**

A legislação brasileira sobre controle de gastos é considerada irreal e mesmo excessivamente rigorosa, e a imprensa, nos últimos meses, é rica em declarações nesse sentido". (p. 303-304 – grifei).

E o relatório produzido pela CPI prossegue (após descrever as regras que regulamentavam o controle de gastos e financiamento de partidos e campanhas) para concluir ser urgente e necessário viabilizar, regulamentando e fixando limites nítidos, a contribuição de pessoas jurídicas a partidos e campanhas eleitorais, sob pena de se empurrar todo o sistema político para a ilegalidade. Confira-se:

"As diretrizes principais sobre os recursos financeiros dos partidos encontram-se no corpo da Lei Orgânica dos Partidos Políticos (Lei 5.682, de 21 de julho de 1971), especialmente nos títulos VII e VIII (das Finanças e Contabilidade dos Partidos e do Fundo Partidário, respectivamente). Os artigos 91 e 92 estabelecem que recursos são considerados ilícitos, vedando o recebimento de recursos, diretos ou indiretos, de pessoas ou entidades estrangeiras, de autoridades ou órgãos públicos, afora os do fundo Partidário, bem como os de empresa privada de finalidade lucrativa e de entidade de classe ou sindical. A lei estabelece ainda que só podem receber ou aplicar recursos financeiros nas campanhas eleitorais determinados dirigentes dos partidos e comitês legalmente constituídos para esse fim. Os candidatos são expressamente proibidos de realizar individualmente despesas de caráter eleitoral, sob pena de cassação do respectivo registro (ver art. 93).

Essas proibições têm gerado muitas críticas, por serem consideradas irreais e fantasiosas, constituindo, segundo alguns, um convite à ilegalidade. Esse ponto tem centralizado as discussões sobre as falhas da legislação, produzindo mesmo a impressão de que a legalização das doações de empresas privadas seria a medida fundamental para a moralização e transparência das campanhas políticas.

No entanto, a mera legalização dos recursos utilizados nas campanhas praticamente não mudaria a nossa realidade eleitoral, já que se sabe que a grande maioria das campanhas é movida por recursos ilegais – aquilo que agora é ilegal deixaria de sê-lo, convertendo-se o poder do dinheiro em norma legal. A regulamentação das doações de empresas só faz sentido se acompanhada de normas que as disciplinem, para impedir a distorção da representação política pelo poder econômico.

Se admitirmos doações irrestritas e a atuação indiscriminada dos interesses econômicos nas campanhas, estaremos comprometendo a normalidade e a legitimidade das eleições. Não apenas por ferir o princípio da igualdade, já que, evidentemente, os candidatos mais fortes economicamente seriam pri-

Estado de Direito e Jurisdição Constitucional – Decisões relevantes em 15 anos de atuação no STF

vilegiados, mas, talvez principalmente, por permitirmos que se elejam bancadas representativas de interesses econômicos particulares, o que atingiria frontalmente o princípio da liberdade – a independência ante as potências financeiras é uma das condições para o livre funcionamento dos partidos políticos. Do contrário, ter-se-ia o Congresso reduzido a uma bancada de transações entre as grandes empresas.

Que isso não é mera especulação infelizmente ficou demonstrado na CPI. Várias doações ilícitas, diretamente a candidatos e, inclusive, a deputados eleitos foram aqui comprovadas, em depósitos nominais, oriundas dos generosos fantasmas. De onde vieram esses recursos? Por outro lado, conforme é demonstrado neste Relatório, entre as notas fiscais emitidas pela EPC (Empresa de Participações e Construções, fundada por PC Farias, em 1985) que foram destacadas pela Receita Federal, como suspeitas de acobertar pagamentos ilegais, temos, entre maio de 90 e novembro do mesmo ano, milhões de dólares em notas de grandes fornecedores de cimento e construtoras: a Norberto Odebrecht pagou à EPC em torno de três milhões e duzentos mil dólares, a Andrade Gutierrez, em torno de um milhão e setecentos mil dólares, o Grupo Votorantim, aproximadamente duzentos e cinquenta mil dólares, apenas neste período. Para que foram feitos esses pagamentos? É lícito pelo menos supor que parte desses recursos tenha ido para campanhas eleitorais, já que não é segredo para ninguém que essas empresas estão entre as maiores interessadas nos resultados eleitorais. Não é demais que nos detenhamos por um momento no papel que as grandes empreiteiras e prestadoras de serviços jogam na cena política em nosso País, já que os pagamentos mencionados levantam a ponta do manto obscuro que envolve suas atividades.

O crescimento das grandes empresas construtoras dá-se à sombra do Estado brasileiro, nas últimas décadas, de uma forma tal que essas empresas se encontram hoje firmemente encravadas na estrutura da administração pública. Se no início a relação entre Estado e as firmas era externa, isto é, o Estado controla a obra e a empreiteira a realiza, surgindo a corrupção na medida em que a empresa paga a propina para conseguir a concorrência, ou o governante a pede para entregá-la, hoje (em 1992!) a relação é muito mais complexa. As grandes empreiteiras estabelecem prioridades de investimento, atuam na elaboração do orçamento, incluindo seus projetos e descobrindo os caminhos da liberação de verbas, contribuem para a eleição de governantes que lhe sejam simpáticos ou de bancadas que votem seus projetos – enfim, influenciam enormemente na formação dos quadros políticos e administrativos e acabam comandando o orçamento público, como denunciou o Ministro Adib Jatene, logo da sua posse.

(...) Chama a atenção, porém, que, se o clamor pela transparência das finanças partidárias atinge as páginas dos jornais, raramente se menciona o fato de que não há sanções estabelecidas para os que infringirem a lei. Se a proibição do financiamento por empresas privadas se converteu em letra morta, é porque não há praticamente riscos em receber ou doar recursos ilegais. Mesmo nos casos comprovados, aqui nesta CPI, de candidatos que receberam recursos ilícitos, a única pena possível seria a de perda do registro da candidatura, à época das eleições, prevista no parágrafo segundo do art. 93". (p. 311-313).

A leitura do Relatório da CPI do esquema PC Farias impressiona, pois revela que o país já esteve às voltas, em passado recente, com o problema do financiamento de partidos e campanhas, mas parece haver perdido a memória das lições da época. Vigorava, então, legislação que proibia a doação de pessoas jurídicas com fins lucrativos aos partidos e campanhas eleitorais, mesmo assim, o que se verificou foi a abundância de recursos de empresas nas campanhas.

Ante o fracasso da vedação e da óbvia impossibilidade de impedir o fluxo de recursos de empresas para campanhas, consoante constatado pela CPI, sua sugestão, que contou com o apoio da sociedade e que logrou ser aprovada pelo Congresso Nacional, foi de permitir as doações de pessoas jurídicas, impondo-lhes limites nítidos e fiscalizando, via Justiça Eleitoral, as entradas de recursos nas campanhas e os respectivos gastos.

Quanto à fiscalização das contas de campanhas, o relatório da CPI já apontava para o caráter meramente formal do exame da Justiça Eleitoral, notando que este trabalho revelava-se inócuo, se o objetivo fosse mesmo o de controlar gastos de campanhas eleitorais. Afirmava o Relatório da CPI: *"A verdade é que a Justiça Eleitoral tem-se contentado com um controle formal das prestações de contas".*

Cerca de 20 anos depois do estouro do escândalo de corrupção envolvendo a campanha eleitoral do presidente Collor e após todas as lições relatadas pela CPI, o Brasil vê-se às voltas com escândalo de dimensões muito maiores.

Em vez de perquirir as falhas da regulamentação legislativa implementada, está-se encaminhando solução comprovadamente equivocada e ineficiente, visto que apenas busca resgatar o *status quo* da época do impedimento do ex-presidente Fernando Collor.

Aliás, não se cuida de meramente resgatar a regulamentação ou a proibição, mas, talvez, de piorar o que tínhamos naquele tempo, visto que há pedido para que seja imposto limite *per capita* uniforme a doações de pessoas físicas, o que simplesmente consistiria em autorização legislativa da prática do crime de lavagem de dinheiro por campanhas eleitorais.

Após o impedimento do Presidente e todas as recomendações da CPI, aprovou-se a Lei 8.713, de 30.09.1993. Essa lei trouxe normas disciplinadoras da administração financeira das campanhas e regras para instituição dos comitês partidários; estabeleceu a responsabilidade de candidatos e partidos; estipulou as formas de recebimento e movimentação de recursos pelas campanhas e limitou as doações de pessoas físicas e jurídicas, as quais eram antes vedadas de contribuir.

A Lei 8.713/93 foi regulamentada pela Resolução TSE 14.426, de 7.8.1994 e esse conjunto normativo disciplinou as eleições gerais de 1994. Desde essas eleições, portanto, as pessoas jurídicas estão autorizadas a doar aos partidos e às campanhas eleitorais do Brasil. As eleições municipais de 1996 foram regidas pela Lei 9.100, de 29.09.1995, a qual foi regulamentada pela Resolução TSE 19.510, de 18.04.1996. A partir de 1997, os pleitos eleitorais passaram todos a ser regulamentados pela Lei 9.504, de 30 de setembro de 1997, com posteriores modificações.

A Lei 9.504/97 manteve a possibilidade de doações por parte de pessoas físicas e jurídicas, observados limites específicos, e manteve a prática de os próprios partidos fixarem o montante máximo de gastos com suas campanhas.

Para que possamos retomar diretamente o exame da presente ação, faz-se imprescindível examinar a realidade atual das campanhas eleitorais do país.

2 – Operação Lava Jato: a propina lavada

O ministro Celso de Mello, do alto de seus então quarenta e quatro anos de serviços relevantes prestados ao país, qualificou o esquema apelidado de mensalão de a grande vergonha de nossa história política – Ação Penal 470, sessão de 22.10.2012.

Essas sábias palavras foram atropeladas pela sucessão de acontecimentos. O mensalão foi rebaixado no *rating* soberano dos escândalos.

Se, naquela feita, analisamos pagamentos a parlamentares da "base aliada", financiados por verbas de contratos de publicidade e empréstimos bancários fajutos, na Lava Jato temos quadro potencialmente mais sombrio.

A investigação revela que o patrimônio público estaria sendo saqueado por forças políticas. Os recursos serviriam para manter a boa vida dos mandatários, mas não apenas isso. O esquema se afigura verdadeiro método de governar: de um lado, recursos do Estado fluiriam para forças políticas; de outro, financiariam a atividade político-partidária e de campanhas eleitorais, a corrupção de agentes públicos, a manutenção de base partidária fisiológica, a compra de apoio da imprensa e de movimentos sociais e, claro, o luxo dos atores envolvidos. Ou seja, cuidava-se de método criminoso de governança, que visava à perpetuação de um partido no poder, por meio do asfixiamento da oposição.

A investigação aponta que a Petrobras contratava suas obras de engenharia com um grupo de empreiteiras, que controlavam os preços e devolviam 3% de tudo o que recebiam aos corruptos.

Os delatores apontam o partido do Governo como destino da "parte do leão". O gerente-executivo de engenharia, Pedro Barusco, afirmou, na Polícia e em depoimento à CPI, que 2% de todos os pagamentos feitos pela Diretoria de Serviços da estatal, comandada na época por Renato Duque, eram entregues ao tesoureiro do PT. Isso é afirmado em outras delações – como as do presidente da Camargo Corrêa, Dalton Avancini. Esquema semelhante funcionaria na Diretoria Internacional, comandada por Nestor Cerveró.

Os valores seriam entregues ou por pagamentos ocultos, ou por doações eleitorais, contabilizadas e declaradas à Justiça Eleitoral.

E não estamos falando de simples ilações. Há provas concretas, não só a palavra de presos interessados em obter liberdade. Para começar, o volume de recursos encontrados em contas dos agentes da Petrobras no exterior é um elemento forte na direção de que algo está errado.

Alguns fatos já foram inclusive julgados em primeira instância. Na Ação Penal 508325829.2014.4.04.7000, dirigentes da Camargo Corrêa foram condenados pelo pagamento de propinas correspondentes a 1% do valor de contratos na Refinaria Getúlio Vargas (REPAR) e na Refinaria Abreu e Lima (RNEST). O valor teria sido repassado a Paulo Roberto Costa, da Diretoria de Abastecimento da Petrobras.

Em suma, a investigação policial apurou que empreiteiras corrompiam agentes públicos para firmar contratos com a Petrobras, mediante fraude à licitação. A Petrobras, na época, era a petroleira que mais investia no mundo. A atual situação de endividamento da companhia parece deixar claro que o projeto de expansão de suas atividades estava bem além do comportado pelo mercado.

Parte da propina voltaria ao PT em forma de doações contabilizadas à legenda e às campanhas eleitorais. Outra parte seria entregue em dinheiro ao tesoureiro do Partido. Uma terceira financiaria a agremiação, por meio de doações indiretas ocultas, especialmente por meio de publicidade. Somado a isso, a conta de campanha da candidata à Presidência também contabilizou expressiva entrada de valores depositados pelas empresas investigadas.

As doações contabilizadas parecem formar um ciclo que retirava recursos da estatal, abastecia contas do partido, mesmo fora do período eleitoral, e circulava por campanhas eleitorais. No período eleitoral, o esquema abasteceria, também, as campanhas diretamente.

Na saída, há indicativos sérios de inconsistência nas despesas contabilizadas. Aparentemente, o ciclo completar-se-ia não somente com o efetivo financiamento das campanhas com dinheiro sujo, mas, também, com a conversão do capital em ativos aparentemente desvinculados da origem criminosa, podendo ser empregados, como se lícitos fossem, em finalidades outras, até o momento não reveladas.

No que se refere às "doações" não contabilizadas entregues diretamente ao tesoureiro do Partido, ou às indiretas ocultas em publicidade, os recursos da Petrobras alimentariam, indiretamente, o PT, gerando créditos não rastreáveis, além de sustentar *blogs* veiculadores de propaganda do projeto de poder financiado com recursos da sociedade.

Analisando as informações da prestação de contas, disponíveis no sítio eletrônico do TSE, observa-se que as empresas investigadas na referida operação policial, que mantinham contratos com a Petrobras, realizaram diversas doações de campanha, em 2014, ao Diretório Nacional do PT.

Além das "doações" contabilizadas ao PT, realizadas, no ano de 2014, por empresas supostamente envolvidas no esquema do *Petrolão*, agentes públicos que trabalhavam na Petrobras, em

Direitos políticos fundamentais, partidos políticos e sistemas eleitorais **1161**

delações premiadas tornadas públicas, relataram que o pagamento de propina à aludida agremiação foi realizado em anos anteriores, na conta do Partido, bem como diretamente a João Vaccari Neto, tesoureiro do Partido dos Trabalhadores.

Entre as empresas cujos contratos com a Petrobras estão sendo investigados na operação policial por fraude à licitação e formação de cartel, estão a UTC Engenharia S.A., a Andrade Gutierrez S.A., a Construtora Queiroz Galvão S.A., a Construtora OAS Ltda., a Construtora Norberto Odebrecht S.A., a Odebrecht Óleo e Gás S.A. e a Engevix Engenharia S.A. Todas elas realizaram grandes doações ao PT e às campanhas de seus candidatos em 2014.

Ao PT, as empreiteiras doaram os seguintes valores, em 2014:

"A UTC doou ao PT o montante de **R$ 10,8 milhões**.

A Construtora Andrade Gutierrez S.A. realizou doações no valor total **R$ 14.680.000,00 (catorze milhões, seiscentos e oitenta mil reais)**.

A Construtora Queiroz Galvão S.A. doou **R$ 10,8 milhões**.

A Construtora OAS Ltda. fez doações que somam **R$ 11.406.000,00 (onze milhões, quatrocentos e seis mil reais)**.

A Construtora Norberto Odebrecht S.A. fez doações ao PT que totalizam **R$ 2,3 milhões**.

A Odebrecht Óleo e Gás S.A. doou o valor global de **R$ 2 milhões**.

A Engevix Engenharia S.A. Fez doações no montante de **R$ 3,6 milhões**".

Ou seja, só no ano eleitoral, temos um total de **R$ 55,586 milhões** em doações ao Partido. E as doações não se limitavam aos anos de eleições gerais. Mesmo em anos em que não havia pleitos, o fluxo de recursos ao Partido manteve-se intenso.

No período de 2010 a 2014, OAS, Andrade Gutierrez, Queiroz Galvão, UTC, Camargo Corrêa, Engevix, Norberto Odebrecht Brasil e Norberto Odebrecht doaram ao PT a soma de **R$ 171.946.000,00 (cento e setenta e um milhões, novecentos e quarenta e seis mil reais)**.

E esses recursos circularam para abastecer as campanhas eleitorais. O Diretório Nacional do PT, no período de agosto a outubro de 2014, doou **R$ 13.655.000,00 (treze milhões, seiscentos e cinquenta e cinco mil reais)** à conta da candidata Dilma Rousseff. Aos candidatos, comitês ou diretórios regionais que concorriam nos estados, o valor do repasse tendo como doador originário uma das empresas investigadas foi da ordem dos **R$ 53 milhões**.

Diretamente à campanha presidencial da candidata Dilma Rousseff, as empreiteiras investigadas doaram o valor total de **R$ 47,5 milhões**.

Os ingressos são tão expressivos que a própria campanha parece ter servido como plataforma para que os recursos fossem novamente desviados para, sabe-se lá, que finalidade escusa. O ciclo se completa com despesas de campanha de duvidosa consistência.

Nas últimas eleições presidenciais, a candidata vencedora despendeu grandes valores em contratos com fornecedores com incerta capacidade de cumprir ou entregar os respectivos objetos.

A candidata Dilma Rousseff declarou o pagamento à **Focal Confecção e Comunicação Visual** de **R$ 24 milhões** por prestação de serviços, o segundo maior contrato da campanha. A empresa tem sede em São Bernardo do Campo/SP e, conforme veiculado pelo jornal *Folha de São Paulo*, um dos sócios seria, até o ano anterior, motorista contratado pela empresa. A outra sócia, Carla Cortegoso, é filha de Carlos Cortegoso, mencionado por Marcos Valério no Mensalão. (Disponível em: <http://www1.folha.uol.com.br/poder/2014/12/1559556-pt-pagou-r-24-mi-a--empresa-que-tem-motorista-como-socio.shtml>. Acesso em: 10 ago. 2015.)

A **Gráfica VTPB Ltda.** recebeu **R$ 22.898.320,00 (vinte e dois milhões, oitocentos e noventa e oito mil, trezentos e vinte reais)** da candidata para fornecer material impresso. De acordo com o noticiado na imprensa, Ricardo Pessoa, em delação firmada com o Ministério

Público Federal, haveria assinalado que parte do valor do contrato teria origem no esquema de corrupção que envolveria a Petrobras (Disponível em<http://www.istoe.com.br/reportagens/418326_O+EMPREITEIRO+A+GRAFICA+FANTASMA+E+A+CAMPANHA+DE+D ILMA>. Acesso em: 10 ago. 2015.)

Já a Rede Seg Gráfica e Editora, cujo presidente seria um motorista, recebeu **R$ 6.150.000,00 (seis milhões, cento e cinquenta mil reais)** da campanha da presidente Dilma Rousseff sem, contudo, possuir nenhum empregado registrado.

Mas o financiamento de campanhas políticas era apenas um dos aspectos do método de governar que se desvela. E a doação declarada era apenas uma das portas do retorno dos recursos públicos ao Partido.

Paulo Roberto Costa e Pedro Barusco, em depoimentos de delação premiada, referem que João Vaccari Neto, tesoureiro do PT, cuidaria pessoalmente da cobrança e do recolhimento à legenda dos valores referentes ao "sobrepreço para uso político" dos contratos entre as empreiteiras e a Petrobras.

Paulo Roberto Costa afirmou, quanto à empresa Camargo Corrêa, o seguinte:

> "(...) a mesma era uma das empreiteiras que participavam do sistema de cartelização envolvendo os contratos da PETROBRÁS, em relação aos quais havia uma margem de sobrepreço de 3% (três por cento) para uso político (...); que detalha que os valores para uso político eram repassados a JOÃO VACCARI NETO tesoureiro do PT quando se tratasse de recursos destinados ao Partido dos Trabalhadores. (Ação penal 50123310420154047000, evento 16, Termo de colaboração 30)".

Pedro Barusco, por sua vez, relatou que:

> "(...) essa combinação envolveu o tesoureiro do Partido dos Trabalhadores, JOÃO VACCARI NETO, o declarante e os agentes de cada um dos ESTALEIROS, e estabeleceu que sobre o valor de cada contrato firmado entre a SETEBRASIL e os ESTALEIROS, deveria ser distribuído o percentual de 1% (...); Que a divisão se dava da seguinte forma: 2/3 para JOÃO VACCARI; e 1/3 para a "Casa 1" e "Casa 2" (Disponível em: http://politica.estadao.com.br/blogs/fausto-macedo/wp-content/uploads/sites/41/2015/02/858_ANEXO3.pdf)
>
> (...).

Continua o depoimento asseverando que, "quando o declarante começou a contabilizar o pagamento de propinas referentes à KEPELL, em março de 2013, verificou que JOÃO VACCARI já havia recebido, até aquela data, do KEPELL FELS, o valor de **US$ 4.523.000,00 (quatro milhões, quinhentos e vinte e três mil dólares)**, mas não sabe dizer como e onde foi recebido" (Disponível em: <http://politica.estadao.com.br/blogs/fausto-macedo/wp-content/uploads/sites/41/2015/02/858_ ANEXO3.pdf>). Pedro Barusco também disse que os pagamentos de propina foram feitos "em razão de aproximadamente 90 (noventa) contratos de obras de grande porte firmados entre a PETRÓLEO BRASILEIRO S.A. – PETROBRAS e algumas empresas coligadas" (Disponível em: <http://politica. estadao.com.br/blogs/fausto-macedo/wp-content/uploads/sites/41/2015/02/858_ANEXO5.pdf> (fl. 3). Acesso em: 18 ago. 2015)".

Fazia parte do método o financiamento de outras despesas no interesse do partido.

Milton Pascowitch, implicado na Operação Lava Jato por ser o responsável por repassar propinas da Engevix a membros da Diretoria de Serviços da Petrobras, afirmou, em delação premiada, que recursos desviados da Petrobras financiavam o apoio de *blog* que se pretende jornalístico, com o objetivo de promover a propaganda disfarçada do Partido dos Trabalhadores e seus candidatos, além de denegrir a imagem dos partidos e candidatos concorrentes. Ou seja, a imagem partidária, cultivada com recursos públicos, era uma preocupação permanente.

E parece que, como já acontecera no mensalão, a corrupção, também, era meio para formar e manter uma base aliada. Tramitam no Supremo Tribunal Federal e na Justiça Federal de Curitiba várias investigações, tendo como pano de fundo o recebimento de valores desviados da Petrobras para financiamento de campanhas de políticos aliados.

Os próprios diretores das empreiteiras afirmam, sistematicamente, que, por ordem dos políticos que operavam o esquema, deixavam de pagar as propinas pela via normal – contas ocultas ou dinheiro vivo – e faziam depósitos como doações de campanha.

A "Lista do Janot", como ficou conhecida a relação dos pedidos de abertura de inquéritos contra políticos nessa situação, já gerou as primeiras denúncias.

E esse verdadeiro duto de verbas públicas não se destinava apenas ao financiamento de um projeto de poder, o que já é de enorme gravidade. A mídia vem revelando que esses valores foram utilizados também para a compra de fazendas, de apartamentos, suas respectivas reformas de alto luxo, bem como para o financiamento de viagens dos líderes partidários.

As práticas financeiras do Partido dos Trabalhadores e de seus filiados estão em investigação pelo Tribunal Superior Eleitoral, por representação do Corregedor Eleitoral, na forma do art. 35 da Lei 9.096/95.

As implicações de práticas abusivas ou criminosas nas últimas eleições estão *sub judice* no TSE – Ação de Impugnação de Mandato Eletivo 7-61, de relatoria da ministra Maria Thereza, e Ações de Investigação Judicial Eleitoral O1943 e O1547, ambas de relatoria do ministro João Otávio de Noronha, Corregedor-Geral da Justiça Eleitoral.

A própria Petrobras reconheceu um prejuízo de R$ 6,2 bilhões, em razão da corrupção investigada na Operação Lava Jato. Estimativas menos otimistas, mas possivelmente mais realistas, apontam para valores bem maiores. A Polícia Federal estima um prejuízo da ordem dos R$ 19 bilhões de reais.

No mensalão, o ex-diretor de *marketing* do Banco do Brasil foi condenado pelo desvio de R$ 2,9 milhões, a despeito dos rígidos controles observados pelo setor bancário. O valor é quase ridículo, se comparado com o desviado no *Petrolão*. O fato é que o Estado controla empresas grandes, que atuam no mercado e necessitam de agilidade para concorrer, não podendo ficar sob rígidas amarras em sua administração. Um prato cheio para corrupção.

Vale lembrar que as empresas estatais são patrimônio público. E que foram assaltadas por um grupo de pessoas que pretenderam usar o Estado brasileiro em benefício próprio e de seu projeto de poder.

Note-se que estamos, agora sim, falando de financiamento público de campanhas. Financiamento público de apenas um dos lados na disputa eleitoral: aquele que indica a direção da empresa. Financiamento mediante desvio de valores públicos para particulares.

O volume de recursos envolvido nas campanhas eleitorais tem demonstrado aptidão para corromper o sistema político. Era assim quando as doações de pessoas jurídicas eram vedadas. É assim no modelo atual. Para resolver o problema, seria o caso de esquecer as lições de nossa história recente?

Não deixa de ser interessante que o partido que é o grande beneficiário do esquema desvelado pela Operação Lava Jato e, sem sombra de dúvida, seu mentor, seja, também, o incentivador e até mesmo patrocinador de providências (esta ADI figura dentre elas) que visam a proibir a doação de empresas privadas a campanhas eleitorais. Como se explicar tal fenômeno? Sensibilidade de recém-convertido?

V.   O financiamento de campanhas eleitorais no Brasil atual

Os gastos de campanhas eleitorais e de partidos políticos, atualmente, são financiados com doações de recursos de pessoas físicas, de pessoas jurídicas e com valores oriundos do Fundo Partidário.

Historicamente, doações de pessoas jurídicas são em valor muito superior às realizadas por pessoas físicas. Esse padrão, conforme demonstram os números, se repetiu nas eleições de 2014.

Dilma Rousseff declarou à Justiça Eleitoral doações de pessoa jurídica no valor de R$ 294.336.272,40 (duzentos e noventa e quatro milhões, trezentos e trinta e seis mil, duzentos e setenta e dois reais e quarenta centavos), que representa 84% do valor recebido pela candidata, e de pessoas físicas no valor de R$ 869.017,00 (oitocentos e sessenta e nove mil e dezessete reais), que representa 0,24% do total. 14% do restante da receita vieram do Partido dos Trabalhadores que, por sua vez, compôs a receita da campanha com 98% de doações de pessoas jurídicas.

Aécio Neves declarou à Justiça Eleitoral doações de pessoas jurídicas no valor de R$ 22.102.529,46 (vinte e dois milhões, cento e dois mil, quinhentos e vinte e nove reais e quarenta e seis centavos), que representa 9,7% do valor recebido pelo candidato, e doações de pessoa física no valor de R$ 26.400,00 (vinte e seis mil e quatrocentos reais), que representa 0,01% do total.

O restante do valor arrecadado pela campanha de Aécio representa 90% da receita. Do Comitê, foram recebidos R$ 190.054.334,80 (cento e noventa milhões, cinquenta e quatro mil, trezentos e trinta e quatro reais e oitenta centavos), sendo 66% de pessoas jurídicas. Já do Partido foram recebidos R$ 14.674.882,47 (quatorze milhões, seiscentos e setenta e quatro mil, oitocentos e oitenta e oito reais e quarenta e sete centavos), sendo 86% de pessoas jurídicas.

Vale ressaltar que, em relação ao Comitê de campanha, outros 25% são oriundos do Partido político, sendo certo que grande parte desse montante também vem de pessoas jurídicas.

Os gastos declarados dos dois candidatos, por sua vez, foram de R$ 350.232.163,64 (trezentos e cinquenta milhões, duzentos e trinta e dois mil, cento e sessenta e três reais e sessenta e quatro centavos) e R$ 227.408.200,77 (duzentos e vinte e sete milhões, quatrocentos e oito mil, duzentos reais e setenta e sete centavos), respectivamente.

Analisando os dados existentes, percebe-se que as doações de pessoas físicas não são tradição no processo político de nosso país. As doações são feitas por número não expressivo de pessoas e, em geral, são de baixo valor. Por outro lado, vê-se que os gastos declarados são vultosos, milhares de vezes acima dos donativos recebidos das pessoas físicas.

Tendo em vista que o barateamento do custo de campanhas parece ser ideia ainda longe de ser implementada com alguma efetividade, é possível dizer que a restrição das doações às pessoas físicas acarretará, sem nenhuma dúvida: *i)* a clandestinidade de doações de pessoas jurídicas, por meio do caixa 2; e *ii)* estímulo à prática sistemática de crimes de falsidade, com o uso de CPF de "laranjas".

Delineado o quadro de financiamento atual por pessoas físicas e jurídicas, não posso deixar de retratar a situação atual de prestação de contas eleitorais no Brasil.

Há dois tipos de prestação de contas à Justiça Eleitoral: a <u>anual</u> (art. 17, inciso III, da Constituição Federal), entregue anualmente por todos os partidos políticos, e a de <u>campanha eleitoral</u> (art. 34 da Lei n. 9.096/1995), entregue no ano das eleições ou no ano seguinte pelos partidos políticos e candidatos que disputam algum cargo eletivo.

A <u>prestação de contas anual</u> é apresentada pelas direções partidárias municipais, estaduais e nacionais dos 32 partidos existentes, em meio físico, e é analisada pelas equipes dos cartórios eleitorais, dos TRE e do TSE, conforme os respectivos níveis de representação partidária.

A <u>prestação de contas de campanha eleitoral</u>, por sua vez, é analisada de acordo com o cargo disputado. As contas dos candidatos a vereador e a prefeito são analisadas pelos cartórios eleitorais; as contas dos candidatos a deputado estadual, federal e a governador são analisadas pelos TRE, e as contas dos candidatos a Presidente da República são analisadas pelo TSE.

Assim, somam-se às prestações de contas anuais dos partidos políticos as contas da campanha eleitoral: 22 mil processos nas eleições gerais de 2014, e 525 mil processos nas eleições de 2012.

Conforme é possível observar, em algumas unidades da Federação, há servidor responsável pela análise de cerca de 400 a 600 processos eleitorais (MT, RJ, PA, AP, RR), que deve ocorrer no curtíssimo prazo de 8 dias antes da diplomação, no caso de candidato vencedor da eleição, ou até o último dia do mês de julho do ano seguinte (Res. – TSE n. 23.390), nas hipóteses de candidatos derrotados. As contas anuais, por sua vez, prescrevem no prazo de 5 anos, contados da apresentação à Justiça Eleitoral (Lei 12.034/2009).

Ou seja, ou o prazo é muito exíguo, quase forçando a uma avaliação superficial, ou o processo tende à prescrição. Assim, o cenário da fiscalização das contas – que se tem mostrado assunto de extrema relevância na esfera política atual – passaria a ser ainda pior.

Conforme verificamos anteriormente, não temos tradição em doações por pessoas físicas, o que é justificável pelas inúmeras desigualdades sociais e econômicas vividas ao longo de nossa história. Portanto, qualquer reforma do modelo de financiamento de campanha passa, necessariamente, por mudanças no sistema eleitoral, no sistema partidário, na legislação eleitoral e, consequentemente, passa pela reestruturação dos órgãos de fiscalização do processo eleitoral, em especial a Justiça Eleitoral e o Ministério Público Eleitoral.

Nas eleições de 2012, tivemos aproximadamente 500 mil candidaturas aos cargos de vereador, prefeito e vice-prefeito. Considerando um aumento de 10% de candidaturas nas eleições de 2016, teremos algo em torno de 550 mil candidaturas. De outro lado, faz-se uma projeção otimista de que o Fundo Partidário para o ano de 2016 aproxime-se do valor de R$ 1 bilhão.

Ora, partindo de otimismo exagerado, se os partidos repassassem a integralidade dos recursos do Fundo Partidário aos diretórios municipais – isso não faz parte da nossa experiência partidária –, e se a distribuição fosse realizada de forma igualitária – o que também sabemos que não ocorre –, cada candidato no Brasil, em 2016, teria aproximadamente 1.800 reais para a disputa, o que dispensa qualquer esforço matemático e hermenêutico para que se conclua no sentido de que a proposta aventada, *data venia* dos que pensam de forma diferente, é, simplesmente, um convite à criminalização das campanhas eleitorais, prestes a ser chancelada pelo Supremo Tribunal Federal.

Saliento, ainda, que os valores do Fundo Partidário efetivamente empregados em campanhas eleitorais são mínimos: 2,68% das despesas totais das campanhas de 2014 foram pagas com recursos do Fundo Partidário, enquanto, nas eleições de 2012, os gastos pagos com o Fundo representaram 3%.

Assim, pode-se concluir que os valores disponibilizados aos partidos via Fundo Partidário não são gastos em campanhas, mas despendidos com outras coisas. Ademais, apesar da imensa quantidade de recursos do Fundo – previsão de R$ 1 bilhão de reais em 2016 –, não há dinheiro público que possa fazer frente aos gastos de campanha, os quais atingiram mais de R$ 7 bilhões nas eleições de 2014.

Note-se que um dos efeitos do risco de julgar procedente esta ADI foi a elevação do valor do Fundo Partidário. Os parlamentares aprovaram legislação triplicando o valor do Fundo, que foi de R$ 289 milhões em 2014, para R$ 867 milhões neste ano, devendo chegar a quase R$ 1 bilhão em 2016.

A elevação do percentual de verbas públicas no financiamento eleitoral tem sido rechaçada pela população em vários países europeus (*v.g.* a Itália), ante as sucessivas crises econômicas. No Brasil, o problema poderá vir à tona em breve.

De fato, a almejada redução de gastos de campanha com a exclusão das pessoas jurídicas como potenciais doadoras no processo eleitoral desconsidera que a legislação eleitoral em vigor possui vasto leque de ferramentas de aproximação entre candidatos e eleitores, a saber: i) participação em entrevistas, programas e debates antes do registro de candidatura; ii) propaganda em bens particulares (faixas, placas, cartazes, pinturas e inscrições); iii) colocação de cavaletes, bonecos, cartazes e mesas para distribuição de material de propaganda ao longo das vias públicas; iv) distribuição de folhetos, volantes e outros impressos; v) realização de comícios e utilização de aparelhagem de som; vi) realização de carreata com carro de som; vii) criação e divulgação de *jingles*; viii) divulgação de propaganda paga na imprensa escrita, respeitados os limites fixados em lei; ix) realização de propaganda em rádio e em televisão; x) realização de propaganda na *Internet*, dentre outras inúmeras formas de propaganda.

É inquestionável que a utilização desses mecanismos de propaganda exige recursos que não são suportáveis pelo Fundo Partidário, conforme demonstrado anteriormente. Tampouco serão completamente pagos por doações lícitas de pessoas físicas.

Isso estimula, consequentemente, que os candidatos busquem alternativas à margem da legislação eleitoral, pois os custos continuarão os mesmos, reduzindo apenas formalmente quem poderá participar do processo eleitoral na condição de doador, equação que certamente chegará à Justiça Eleitoral para solução, em milhares de processos judiciais.

Sem falar de que o modelo de doação, exclusivamente, por pessoas físicas, no atual cenário de controle de arrecadação e gastos de campanha, cria paradoxos jurídicos intransponíveis.

De fato, conquanto não seja possível pessoa jurídica doar diretamente a campanhas, nada impede que a doação seja da pessoa jurídica à pessoa física, que repassaria os valores ao candidato, sem nenhum limite na legislação para a doação.

Assim como não haveria qualquer impedimento a que dirigentes de pessoas jurídicas que são, obviamente, pessoas físicas, fizessem doações para partidos políticos fora do período eleitoral, sem limitação de valor.

Ambas as práticas permitiriam a doação de pessoas jurídicas, porém de modo informal e sem possibilidade de fiscalização da Justiça Eleitoral, considerando que, no bojo do processo de prestação de contas, constará apenas o nome da pessoa física e o destinatário dos recursos, nada constando sobre a operação anterior, havida entre pessoa jurídica e pessoa física dirigente da empresa.

Por outro lado, conforme venho sustentando no Tribunal Superior Eleitoral (RO n. 1919-42/AC, julgado em 16.9.2014), a exclusão das pessoas jurídicas, sem que se pense, sistematicamente, em reforma do sistema eleitoral e no fortalecimento das instituições de fiscalização (Justiça Eleitoral e Ministério Público Eleitoral), criará um sofisticado doador, genuinamente brasileiro: o **"doador laranja"**. Aconteceria o que alguns já captaram: uma corrida de partidos que engordaram seus cofres por meio da prática de corrupção em busca de CPF de milhões de brasileiros que lhes serviriam a lavar o dinheiro furtado dos cofres públicos, bem como para tentarem perpetuar-se no poder. Planos por ora adiados, em razão do sucesso da Operação Lava Jato.

O que evidencia essa estratégia é o pedido absolutamente *sui generis*, constante da inicial, no sentido de que seja fixado limite *per capita* uniforme às doações de pessoas físicas. Algo que sequer se cogita em todo o mundo civilizado, tendo em vista que desvincular os limites de contribuições da capacidade de renda dos doadores significa, em qualquer parte do mundo, escancarar as portas à prática do crime de lavagem de dinheiro.

Igualmente, não prospera o argumento acerca de eventual dificuldade operacional em busca dessa espécie de doador. Isso porque recente experiência demonstrou espetacular competência para, em pouquíssimos dias, arrecadar milhares de reais para pagamento de multas decorrentes de condenações criminais impostas pelo Supremo Tribunal, enquanto, no exemplo proposto, basta obter o CPF da pessoa que não auferiu rendimentos acima do limite de isenção, pois o dinheiro, não se sabe de onde virá. Ou se sabe?

Ademais, entendo que a limitação proposta, sem ampla reforma do sistema eleitoral, do sistema partidário, da legislação eleitoral e sem reestruturação dos órgãos de fiscalização do processo eleitoral, repercutirá na utilização da máquina administrativa em disputas eleitorais.

Direitos políticos fundamentais, partidos políticos e sistemas eleitorais **1167**

De fato, mesmo no atual modelo, a jurisprudência do TSE tem demonstrado inúmeros desvios, razão pela qual temos o art. 73 da Lei 9.504/1997, editado na perspectiva da reeleição, que estabelece:

> "Art. 73. São proibidas aos agentes públicos, servidores ou não, as seguintes condutas tendentes a afetar a igualdade de oportunidades entre candidatos nos pleitos eleitorais".

Nas eleições de 2014, o Tribunal Superior Eleitoral concluiu pelo desvirtuamento da publicidade institucional da Petrobras e da Caixa Econômica Federal, entre outros ilícitos.

Isso, certamente, agravar-se-á com a redução formal de recursos no atual sistema de disputas eleitorais, violando a ideia de igualdade de chances entre os contendores – candidatos –, entendida como a necessária concorrência livre e equilibrada entre os partícipes da vida política, sem a qual fica comprometida a própria essência do processo democrático.

A meu ver, a problemática do financiamento de campanha não está no modelo adotado pela legislação brasileira, que permite a doação de pessoas físicas e jurídicas, mas, historicamente, na ausência de políticas institucionais que possibilitem efetivo controle dos <u>recursos arrecadados e dos gastos durante a campanha eleitoral</u>.

Na análise da prestação de contas dos candidatos eleitos aos cargos de Presidente e Vice-Presidente da República nas eleições de 2014, o TSE verificou indícios de irregularidades que mereciam a devida apuração, como, por exemplo, de falsidade ideológica no contrato social da Focal Confecção e Comunicação Visual – pequena empresa de São Bernardo, contratada para montar palanques em todo o Brasil –, que prestou serviços à campanha da ordem de R$ 24 milhões, segunda maior prestadora de serviço (Prestação de Contas n. 976-13/DF de minha relatoria, julgada em 10.12.2014).

No referido julgamento, apontei que o sócio-gerente seria, até o ano anterior, motorista contratado pela empresa, havendo sérios indícios de que tenha sido admitido no contrato social para ocultar os verdadeiros sócios, razão pela qual não se poderia descartar a possibilidade de os serviços não haverem sido efetivamente prestados, servindo o contrato como forma de desviar recursos da campanha. Tudo muito similar ao expediente de fantasmas utilizado no esquema de PC Farias, que resultou no impedimento do ex-presidente Collor.

Em outras palavras, pouco importando a origem dos recursos arrecadados (doação de pessoa física, de pessoa jurídica ou recursos do Fundo Partidário), estávamos diante de um sério indício de gasto simulado, que não se resolverá com a simples proibição de pessoas jurídicas participarem do processo eleitoral na condição de doadoras.

Em todos aqueles casos, fica evidente que os atuais mecanismos de controle e de fiscalização das contas, o prazo exíguo para exame da contabilidade e da respectiva documentação, relativa à movimentação de vultosas quantias e a reduzida estrutura de servidores não permitem à Justiça Eleitoral analisar, no processo de prestação de contas se, por exemplo, uma doação aparentemente legal é proveniente de recursos ilícitos – conforme amplamente noticiado ou especulado, por exemplo, pelos meios de comunicação –, ou se os serviços contratados em campanha foram efetivamente prestados pelo contratado.

Essa afirmação foi reforçada, inclusive, pelos auditores do Tribunal de Contas da União nos autos da Prestação de Contas n. 976-13/DF, nos seguintes termos:

> "(...) por mais aperfeiçoado que venham a se tornar o processo e o procedimento de composição, análise e julgamento das prestações de contas eleitorais de partidos/candidatos/comitês financeiros, algumas das possíveis fraudes ora fartamente veiculadas nos órgãos de imprensa dificilmente poderão ser detectadas em feitos da espécie, que pelo requinte dos métodos utilizados, quer pela profissionalização dos protagonistas, quer pela dificuldade mesma decorrente do fato de que o dinheiro, mormente quando em espécie, 'não tem carimbo'.

1168 Estado de Direito e Jurisdição Constitucional – Decisões relevantes em 15 anos de atuação no STF

11. Como exemplo de situação difícil de ser detectada em processo de prestação de contas partidárias ou eleitorais, por mais aperfeiçoados que sejam os métodos de análise, poderíamos citar o que recentemente foi noticiado na imprensa de que dinheiro de corrupção teria sido 'lavado' por meio de doação oficial a partidos políticos. [É o que relata o TCU em seu relatório técnico]

Ora, por mais verdadeiro que isso possa ser, a dinâmica do processamento das prestações de contas, mesmo que venha a ser aperfeiçoada, dificilmente permite a coleta de provas cabais do ilícito. Isto porque, por exemplo, suponhamos que um grande doador, com faturamento anual de bilhões de reais, tenha doado, hipoteticamente, R$ 30 milhões para determinado partido e que tenha contabilizado e emitido cheque nesse valor (débito constante no extrato bancário). Suponhamos também que o partido beneficiado tenha emitido o competente recibo eleitoral e também contabilizado o aporte. Ora, se o doador diz e prova que doou e se o partido beneficiário recebeu e prova que o fez, emitindo o exigível recibo eleitoral, formalmente a doação é legal. Suponhamos, no entanto, que investigações de órgãos policiais, do Ministério Público ou de órgãos de controle externo ou interno, tenham apontado que o doador mencionado tenha recebido por contrato manifestamente superfaturado pagamentos, digamos de R$ 300 milhões, mas que tenha, efetivamente, entregue os bens ou serviços contratados. Logo, em tal suposição, apenas uma parte do valor recebido seria ilegal, já que a outra corresponderia ao valor real da contraprestação. Suponhamos também que esse grande fornecedor-doador tenham [*sic*] recebido diversos valores de outros contratos e efetuado inúmeras despesas, além da doação, inclusive eventuais pagamentos aos agentes envolvidos na cadeia da corrupção. Diante disso tudo, cremos, é de se perguntar, em face da mistura de dinheiro 'limpo' com dinheiro 'sujo' e da diversidade dos momentos de entradas e de saídas, se é possível de algum modo tecnicamente provado afirmar-se que realmente o dinheiro doado para a campanha seja de fato decorrente do ato de corrupção, muito embora, também nos parece aceitável, que até mesmo a inteligência mediana do homem comum possa assim intuir (Fls. 581-582)".

Da mesma forma, nas eleições de 2010, o ministro Marco Aurélio, ao apreciar as contas da candidata eleita Presidente da República, acatava a ponderação da unidade técnica no sentido de que não houve tempo hábil para análise de toda a documentação apresentada e propôs que se suspendesse a análise, nos seguintes termos:

"[...] se os órgãos técnicos assentam que não houve tempo hábil para a apreciação das contas, elas devem ser aprovadas com ressalva, ante a cláusula polivalente da Lei n. 9.504/1997? Não compreendo a extensão do que seja essa aprovação com ressalva. O subjetivismo grassa?

Precisamos, sim, marchar com segurança. Se o órgão competente revela que não ocorreu a explicação cabível quanto a certa despesa – para mim substancial, pouco importando o que tenha sido arrecadado – de R$ 2.000.000,00 (dois milhões de reais), evidentemente, devemos parar e aprofundar o exame, visando à elucidação do quadro.

Manifesto-me, de início, pelo sobrestamento do crivo do Colegiado, para que o setor técnico realize a análise, sem prejuízo da diplomação. Não posso, obviamente, construir nesse campo – o da cominação –, no que a lei simplesmente sinaliza que se devem julgar as contas até oito dias antes da diplomação sem prevê-la. Devem-se apreciá-las, caso possível, se viável esse julgamento, sob pena de atuar-se apenas no campo formal, não no da concretude, da lisura, na prestação das contas. O faz de conta que ressaltei no discurso de posse, na Presidência, em 2006 não pode imperar.

Pronuncio-me no sentido do sobrestamento, para que haja a diligência visando a trazer ao processo a demonstração inequívoca de que o anunciado, em fatura própria, global, pela agência, realmente corresponde às despesas realizadas. (PC n. 4081-37/DF, rel. min. Hamilton Carvalhido, julgada em 9.12.2010)".

Preocupada em justamente fortalecer os mecanismos de controle, a min. Cármen Lúcia, então Presidente do TSE, constituiu uma comissão de notáveis, coordenada pelo Dr. Marcelo Cerqueira e composta por Everardo Maciel, relator da comissão, Hamilton Carvalhido, Antônio Fernando de Souza e Marcelo Lavénère, com o fim de "**apresentar propostas de aperfeiçoamento do sistema de prestação de contas de partidos políticos e de candidatos no Tribunal Superior Eleitoral**" (Portaria n. 557/TSE, de 22.10.2012 – grifei). A referida portaria estabelecia que:

Direitos políticos fundamentais, partidos políticos e sistemas eleitorais **1169**

"Art. 2º Cabe à Comissão:

I – acompanhar, para estudo, o sistema de prestação de contas dos partidos políticos e dos candidatos no processo eleitoral referente às eleições de 2012;

II – apresentar propostas de aperfeiçoamento do sistema para garantir a consistência dos dados apresentados e judicialmente analisados, a transparência das contas e das informações dela constantes e a celeridade do seu controle".

Portanto, a simples exclusão das pessoas jurídicas não solucionará os problemas historicamente identificados pela Justiça Eleitoral, mormente porque, mantidas as atuais regras das disputas eleitorais, que demandam custos elevados de campanha, o número de doações poderá aumentar significativamente, ampliando, por conseguinte, o volume de material a ser apreciado pela Justiça Eleitoral em processo de prestação de contas, o que inviabilizaria, por completo, a necessária transparência que deve permear os pleitos eleitorais.

Contudo, não havendo aumento do número de doações por pessoas físicas – possível cenário que se avizinha, considerando-se que uma tradição não se muda da noite para o dia –, não tenho dúvidas de que estas doações simplesmente não passariam pelo crivo da Justiça Eleitoral, pois os candidatos optariam pela informalidade, seja pela via do caixa dois, seja pela da criação da figura do "doador laranja", triste história já contada em nosso país em passado recente e referida várias vezes neste voto.

VI – Proibição do financiamento por parte de pessoas jurídicas como fechamento do ciclo

O resumo da história, a partir da reabertura democrática, é o seguinte:

(i) A vedação do financiamento por empresas levou, na eleição do presidente Collor, ao financiamento por caixa dois, abastecido por empresas;

(ii) Após o impedimento, alterou-se a legislação, para permitir o financiamento empresarial;

(iii) Ao menos nas últimas três eleições gerais, o partido do poder aproveitou-se do patrimônio público, que ingressou em seus cofres mediante doações ao partido, fora de períodos eleitorais e durante as campanhas, bem como pela via do caixa dois.

O que se sugere por meio desta ação é que o escândalo mais recente estaria a recomendar o retorno ao modelo do escândalo anterior. Não bastasse o equívoco de trocar o fracasso atual pelo fracasso pretérito, o que se percebe é que a própria mudança parece parte do projeto de perpetuação do poder, não mediante gestões eficientes, mas por meio do desequilíbrio da concorrência eleitoral.

Como dito, a própria Petrobras reconheceu um prejuízo de R$ 6,2 bilhões, em razão da corrupção investigada na Operação Lava Jato. Estimativas menos otimistas, mas possivelmente mais realistas, apontam para valores bem maiores. A Polícia Federal estima um prejuízo da ordem dos R$ 19 bilhões de reais.

O relato dos delatores é de que 1/3 dos recursos desviados abasteceriam os cofres do Partido dos Trabalhadores, parte em doações declaradas, parte em contas clandestinas. E estamos falando apenas da Petrobras. Há desconfiança séria de que esquemas de corrupção semelhantes existiriam em outras estatais e na administração centralizada.

Se tomarmos apenas o reconhecido por desviado do balanço da Petrobras de 2014, **R$ 6,2 bilhões,** teríamos um desvio ao Partido dos Trabalhadores da ordem dos **R$ 2,06 bilhões.**

As doações declaradas oriundas das empresas envolvidas no esquema correspondem a pouco mais de um décimo desse valor – na faixa dos R$ 220 milhões.

Feita a subtração, conclui-se que está em local incerto e não sabido **R$ 1,84 bilhão de reais**. São quase seis vezes o valor total declarado como gasto pela campanha de Dilma Rousseff – cerca de R$ 320 milhões de reais.

Ou seja, sem novos *pixulecos*, o partido teria condições de financiar, só com o valor já desviado, eleições presidenciais até 2038. E isso, repito, corresponde às estimativas mais otimistas.

E é nessa quadra da História, com o alforje cheio, que o Partido dos Trabalhadores defende a vedação, ou ao menos a expressiva restrição, do financiamento privado de campanha. É impossível acreditar que o Partido que mais se beneficiou de doações privadas, legais ou não, nos últimos anos, tenha, agora, se convertido a uma posição contrária a qualquer espécie particular na política eleitoral.

A virada moralizadora por parte daqueles que, até o momento, fizeram do deixar-se corromper uma forma de vida é um embuste. É ingênuo crer que a corrupção cessaria pela proibição do financiamento privado. Os fatos revelados na CPI do caso PC Farias provam que o dinheiro encontra caminhos.

E a vedação de doações empresariais não fecha a porta à lavagem de recursos em campanhas eleitorais. Como já mencionado, não é difícil obter os CPF necessários a lavar os recursos de propina, que retornariam às campanhas como valores lícitos. Resultaria disso, apenas, dificultar o já precário controle de contas realizado pela Justiça Eleitoral.

E o partido do poder segue podendo empregar seu *know-how* para desviar recursos ao caixa dois, irrigando a campanha com dinheiro sujo.

Por paradoxal que possa parecer, as doações privadas são instrumento de reequilíbrio do processo eleitoral. A situação já goza de maior exposição, seja pela natural visibilidade dos mandatários, seja pelo desvirtuamento da propaganda institucional, convertida em *marketing* da pessoa do governante.

À oposição, resta buscar, na iniciativa privada, recursos para promover seu projeto. Proibir, formalmente, o acesso ao capital privado favorece, diretamente, a situação. O último pleito presidencial é exemplo de que o financiamento privado colabora para o equilíbrio do pleito. Em segundo turno, os candidatos terminaram virtualmente empatados.

É certo que a oposição contou com auxílio do desgaste dos escândalos de corrupção que macularam a imagem do governo. É certo, também, que a economia estava ingressando na espiral que hoje atravessamos, muito embora, na época, a fosse pedalada com o vigor das últimas forças da poupança pública.

Imagine-se, no entanto, uma campanha sem financiamento empresarial. Que condições a oposição teria de denunciar desmandos da situação e promover seu próprio projeto?

É claro que nossos mecanismos de controle estão falhando. Há muito trabalho a ser feito, na direção de uma reforma política eficiente, que reduza custos de campanha e aumente a transparência dos financiamentos. Não será o retorno reducionista ao modelo que favoreceu a eleição do ex-presidente Collor que nos levará nessa direção.

A procedência desta ação, muito embora sob a sincera crença de que a Corte estará contribuindo para com o aperfeiçoamento da democracia, encerrará qualquer possibilidade de reequilíbrio do processo eleitoral.

VII – De como a presente ADI serve à debilitação da competição eleitoral

Gostaria de ressaltar o empenho da Ordem dos Advogados do Brasil na implementação do financiamento público de campanhas ou, melhor dizendo, na vedação do financiamento por parte de pessoas jurídicas.

Já em 2010, o então Presidente da Ordem, Ophir Cavalcante Jr., promoveu um Seminário sobre a Reforma Política, designando o então advogado Luís Roberto Barroso à relatoria.

O ilustre professor da UERJ reportou que *"algumas propostas, como a adoção da lista preordenada e do financiamento público de campanhas, foram objeto de adesão quase unânime"* (Proposição 2011.19.00143-01). Em sua conclusão, deixou clara a necessária ligação entre o financiamento público e o sistema de lista fechada:

"O último painel do seminário foi dedicado ao tema do financiamento público de campanhas. Falaram o Deputado Federal José Eduardo Cardozo, o jurista Alexandre Kruel Jobim e o professor Lúcio Rennó.

A Ordem dos Advogados do Brasil apoia, em linha de princípio, o financiamento exclusivamente público de campanhas. Tal sistema pressupõe necessariamente a adoção combinada do escrutínio por lista preordenada, tanto pela necessidade de se reduzir drasticamente o custo das campanhas, como para evitar que recursos do Erário financiem uma disputa mercadológica entre candidatos do mesmo partido. A posição da Ordem baseia-se nos seguintes fundamentos.

A conjugação de campanhas milionárias e financiamento privado tem produzido resultados desastrosos para a autenticidade do processo eleitoral e para a transparência das relações entre o Poder Público e os agentes econômicos. Embora interligados, cada um desses problemas justifica um comentário específico. Em primeiro lugar, as campanhas assumiram um custo proibitivo, afastando da política os candidatos que não disponham dos recursos necessários. O financiamento exclusivamente público, combinado com a lista preordenada, reduziria os custos e produziria um novo equilíbrio na disputa eleitoral, além de favorecer a disputa ideológica. Em segundo lugar, a influência dos agentes econômicos na arena parlamentar seria reduzida, afastando-se o risco de que as doações de campanha venham a se converter em favorecimentos indevidos por parte do Poder Público".

Ato contínuo, o conselheiro Cláudio Pereira de Souza Neto e o procurador da República Daniel Sarmento apresentaram Representação ao Conselho Federal da Ordem dos Advogados do Brasil solicitando o ajuizamento de ação direta de inconstitucionalidade em face dos dispositivos das Leis 9.096/95 e 9.504/97.

O Dr. Ophir Cavalcante distribuiu o processo de n. 49.0000.2011.000820-2 ao Dr. Eduardo Bastos Furtado de Mendonça para elaboração de parecer e à Dra. Daniela Teixeira para relatoria.

O voto adotou o parecer elaborado pelo Dr. Eduardo que, por sua vez, adotara as conclusões redigidas pelo prof. Roberto Barroso no Relatório-Geral do Seminário:

"Após profundos debates, as conclusões do Seminário foram sistematizadas pelo Professor Luís Roberto Barroso nas seguintes proposições objetivas, enunciadas em ordem de prioridade, tendo por critério o nível de apoio obtido nos debates internos:

1. Adoção do sistema de lista partidária preordenada ou fechada;

2. Financiamento público das campanhas eleitorais, ficando aberta ao debate subsequente a possibilidade de contribuições privadas de pessoas físicas, com limite máximo de contribuição por doador, bem como com fixação de gasto máximo por campanha;

3. Fidelidade partidária, na linha já estabelecida por decisão do Supremo Tribunal Federal, com a instituição de uma janela de curto período para a mudança de partido anteriormente a cada eleição;

4. Proibição de coligações nas eleições proporcionais ou instituição de cláusula de desempenho;

5. Adoção do sistema de voto distrital misto, segundo a fórmula descrita;

6. Atenuação do sistema presidencialista vigente no Brasil, com a introdução de elementos do chamado semipresidencialismo.'

Naquela oportunidade, o tema relativo ao financiamento das campanhas já havia se destacado e mereceu a sugestão de que este Plenário voltasse tratar do tema.

É o que se faz nesta proposta apresentada pelo ilustre Conselheiro Dr. Cláudio Pereira de Souza Neto, presidente da Comissão Nacional de Estudos Constitucionais.

A proposta apresentada pelo Conselheiro do Rio de Janeiro talvez tenha encontrado a solução jurídica para um problema que se demonstrava insolúvel no estrito âmbito das soluções apresentadas pelos parlamentares brasileiros.

Infelizmente, os projetos de lei que tentam moralizar as doações e gastos das campanhas políticas não contam com o empenho dos parlamentares para lograrem aprovação. É o típico caso de legislação em causa própria. Os parlamentares fazem as leis que vão reger as suas próprias campanhas".

Em setembro de 2011, o Conselho Federal da Ordem dos Advogados do Brasil, presidido pelo Dr. Ophir Cavalcante Jr., propôs a presente Ação Direta de Inconstitucionalidade, objetivando impedir o financiamento privado aos partidos políticos e às campanhas eleitorais. Segundo consta da própria inicial (nota 2), a petição baseou-se na produção intelectual dos juristas Cláudio Pereira de Souza Neto, Daniel Sarmento (professor da UERJ) e Eduardo Mendonça.

Portanto, como podemos constatar da análise dos diversos documentos que compõem a própria ação, sua propositura resultou de esforço conjunto de diversos advogados do Rio de Janeiro, a partir do relatório do prof. Roberto Barroso, em promover a reforma política pela via judicial, uma vez que não haveria consenso entre os parlamentares.

Mas, vejam, esta tem sido, também, **a preocupação do Partido que está no poder há quatro mandatos. Tanto que chegaram a incluir o apoio a projetos legislativos que veiculassem a exclusividade do financiamento público de campanhas eleitorais entre os objetivos estratégicos do Partido, que já se confundia com o Estado, lançados no Plano Nacional de Direitos Humanos – PNDH3 (Decreto 7.037/2009, atualizado pelo Decreto 7.177/2010).**

O que houve, portanto, foi a absorção de um projeto de poder, defendido por um partido que já se confundia com o Estado brasileiro, por parte da sociedade civil organizada, no caso pela OAB. O Conselho Federal da Ordem dos Advogados do Brasil adotou a proposta e a apresentou ao Supremo Tribunal Federal.

O absurdo de tudo isso revela-se na confissão de que a reforma política considerada "correta" pelo Partido oficial não é capaz de lograr a aprovação dos parlamentares brasileiros, que só não a aprovariam por legislarem em causa própria. Note-se que a defesa de causa própria sequer é cogitada pelos artífices desta ação direta, relativamente ao Partido que está no poder há quatro mandatos presidenciais.

Essa visão autoritária e que pretendia ceifar a concorrência democrática no Brasil, oriunda de um partido político foi, então, encampada como posição defendida pela sociedade brasileira. E isso foi feito por meio da manipulação da OAB, uma instituição tradicional no Brasil e que conta em seu currículo com grandes serviços prestados ao país.

Não bastasse isso, ajuizou-se a presente ação direta no Supremo Tribunal Federal, com a finalidade de também manipular a mais alta Corte de justiça brasileira, pretendendo, com isso, arrancar deste colegiado interpretação legitimadora de um verdadeiro golpe nas instituições representativas brasileiras e, por conseguinte, na possibilidade de concorrência democrática efetiva no Brasil.

O lado positivo desse julgamento é a possibilidade de debater esse tema de maneira séria. Além disso, os fatos trazidos a conhecimento público pela Operação Lava Jato jogaram luz sobre as intenções específicas do partido que está no Governo, ao defender a vedação de doações de pessoas jurídicas.

Estamos falando do partido que conseguiu se financiar a ponto de chegar ao poder; uma vez no Governo, passou a manter esquema permanente de fluxo de verbas públicas para o partido, por meio de propinas e *pixulecos* de variados matizes; e, após chegar ao poder e a partir dele abastecer, de modo nunca antes visto na história do país, o caixa do partido, busca-se fechar as portas da competição eleitoral, sufocando os meios de financiamento dos concorrentes.

As lições de Kelsen, a respeito da função institucional da jurisdição constitucional, parecem escritas para esse caso. A proposta do jurista austríaco, que associava a jurisdição constitucional à democracia, assentava exatamente na situação em que a atividade jurisdicional atua na defesa ou na proteção das minorias representativas.

Como se sabe, devemos a Kelsen a associação sistemática da jurisdição constitucional a esse aspecto importante do conceito de democracia que é, exatamente, a possibilidade de sobrevivência e de proteção das minorias.

Na famosa conferência proferida perante a Associação dos Professores de Direito Público alemães, Kelsen deixou claro que a jurisdição constitucional haveria de ter papel central em um sistema democrático moderno:

"Ao lado dessa significação geral comum a todas as Constituições, a jurisdição constitucional também adquire uma importância especial, que varia de acordo com os traços característicos da Constituição considerada. Essa importância é de primeira ordem para a República democrática, com relação à qual as instituições de controle são condição de existência. Contra os diversos ataques, em parte justificados, atualmente dirigidos contra ela, essa forma de Estado não pode se defender melhor do que organizando todas as garantias possíveis da regularidade das funções estatais. Quanto mais elas se democratizam, mais o controle deve ser reforçado. A jurisdição constitucional também deve ser apreciada desse ponto de vista. Garantindo a elaboração constitucional das leis, e em particular sua constitucionalidade material, ela é um meio de proteção eficaz da minoria contra os atropelos da maioria. A dominação desta só é suportável se for exercida de modo regular. A forma constitucional especial, que consiste de ordinário em que a reforma da Constituição depende de uma maioria qualificada, significa que certas questões fundamentais só podem ser solucionadas em acordo com a minoria: a maioria simples não tem, pelo menos em certas matérias, o direito de impor sua vontade à minoria. Somente uma lei inconstitucional, aprovada por maioria simples, poderia então invadir, contra a vontade da minoria, a esfera de seus interesses constitucionais garantidos. Toda minoria – de classe, nacional ou religiosa – cujos interesses são protegidos de uma maneira qualquer pela Constituição, tem pois um interesse eminente na constitucionalidade das leis. Isso é verdade especialmente se supusermos uma mudança de maioria que deixe à antiga maioria, agora minoria, força ainda suficiente para impedir a reunião das condições necessárias à reforma da Constituição. Se virmos a essência da democracia não na onipotência da maioria, mas no compromisso constante entre os grupos representados no Parlamento pela maioria e pela minoria, e por conseguinte na paz social, a justiça constitucional aparecerá como um meio particularmente adequado à realização dessa ideia. A simples ameaça do pedido ao tribunal constitucional pode ser, nas mãos da minoria, um instrumento capaz de impedir que a maioria viole seus interesses constitucionalmente protegidos, e de se opor à ditadura da maioria, não menos perigosa para a paz social que a da minoria. (Kelsen, Hans. *Jurisdição Constitucional*. São Paulo: Martins Fontes, 2003, p. 181-182).

Essa colocação tem a virtude de ressaltar que a jurisdição constitucional não se mostra incompatível com um sistema democrático, que imponha limites aos ímpetos da maioria e discipline o exercício da vontade majoritária. Ao revés, esse órgão de controle cumpre uma função importante no sentido de reforçar as condições normativas da democracia.

A presente ADI intentava, justamente, o oposto do que Kelsen assentara como função essencial da jurisdição constitucional. O partido engordado no poder pretendia fechar as portas de acesso ao Governo pelas quais ele mesmo lá chegou.

E não se diga que estou a exagerar, pois os fatos revelados pela Operação Lava Jato praticamente comprovam tudo o que se está a dizer aqui. Partidos que controlam a máquina administrativa assaltaram os cofres públicos, de modo que nadam em dinheiros públicos enviados para contas ilegais na Suíça e buscam inviabilizar o financiamento de seus competidores, os quais não contam com os desmandos administrativos para angariar fundos e, assim, seriam eleitoralmente aniquilados ao contar apenas com o quinhão de recursos públicos que lhes caberia.

VIII – Da ausência de vedação constitucional às doações de pessoas jurídicas

Partindo-se para o encerramento do voto, cumpre esclarecer que o trabalho dos autores da presente ação direta é bastante difícil, uma vez que pretendem a declaração de inconstitucionalidade da doação de pessoas jurídicas e da fixação de limites baseados na renda auferida para a doação de pessoas físicas.

A dificuldade decorre do fato de a Constituição não definir o modelo de financiamento das campanhas eleitorais, mas, apenas, vedar o recebimento de recursos financeiros de entidade ou governo estrangeiros (art. 17, II, CF).

O direito ao financiamento público de campanha é garantido pelo art. 17, § 3º, CF, que concede aos partidos direito aos recursos do Fundo Partidário e acesso gratuito ao rádio e à televisão.

A partir dessa enxuta disciplina constitucional do tema, a interpretação tradicional e evidente dos dispositivos constitucionais citados é aquela que alia ao financiamento público, via Fundo Partidário, a possibilidade de haver o financiamento privado, a ser regulamentado pelo legislador ordinário.

A possibilidade do financiamento privado, por pessoas físicas e jurídicas, é decorrência nítida do que disposto no inciso II do art. 17 da CF/88. Ao proibir que os partidos políticos recebam recursos de entidade ou governo estrangeiros, a Constituição evidentemente permite, a *contrario sensu*, outras formas de financiamento.

Assim sendo, incumbiria ao Poder Legislativo a disciplina da matéria, a qual, afinal, é das mais complexas entre as enfrentadas pelos países democráticos. Por essa razão, é que se reconhece, em toda parte, que não há, no campo da disciplina do financiamento de partidos políticos e de campanhas eleitorais, regramentos definitivos. Significa dizer que, de tempos em tempos, os legisladores dos países democráticos revisitam o tema a fim de aperfeiçoar sua disciplina e a tornar mais consentânea com as necessidades imanentes ao momento histórico vivido.

Ademais, a atualização legislativa do assunto se impõe, tendo em vista que o dinheiro, eventualmente vedado às campanhas, tende a encontrar caminhos de se fazer nelas presente, de modo que cabe ao Poder Legislativo analisar a realidade político-eleitoral circundante e verificar de que maneira incrementar a legislação para melhor responder a ela.

Decisões emanadas do Poder Judiciário, mormente quando baseadas em interpretação constitucional, possuem tendência a definitividade, em tudo indesejada no tratamento de temas complexos e cambiáveis como financiamento de partidos e de campanhas, conforme uma passada de olhos sobre a experiência comparada revelou.

Nesse sentido, são perfeitas as colocações expostas no voto do ministro Teori, as quais, desde já, acompanho:

> "A segunda constatação – essa no estrito domínio normativo e, portanto, mais sensível ao juízo a ser feito na presente ação – é a de que a Constituição Federal não traz disciplina específica a respeito da matéria. Essa constatação resulta claramente estampada na própria petição inicial, que, para sustentar a inconstitucionalidade dos preceitos normativos atacados, invocou ofensa a princípios constitucionais de conteúdo marcadamente aberto e indeterminado: o princípio democrático, o princípio republicano, o princípio da igualdade.
>
> Há, na Constituição, apenas duas referências à influência do poder econômico em seara eleitoral, ambas em parágrafos do art. 14, inserido em capítulo que trata dos direitos políticos. Eis o que dispõem os parágrafos:
>
> 'Art. 14 (...)
>
> § 9º – Lei complementar estabelecerá outros casos de inelegibilidade e os prazos de sua cessação, a fim de proteger a probidade administrativa, a moralidade para exercício de mandato considerada vida pregressa do candidato, *e a normalidade e legitimidade das eleições contra a influência do poder econômico* ou o abuso do exercício de função, cargo ou emprego na administração direta ou indireta.
>
> § 10 – O mandato eletivo poderá ser impugnado ante a Justiça Eleitoral no prazo de quinze dias contados da diplomação, instruída a ação com provas de *abuso do poder econômico*, corrupção ou fraude'.
>
> O que essas normas visam a combater não é, propriamente, o concurso do poder econômico em campanhas eleitorais, até porque, como já afirmado, não se pode promover campanhas sem suporte finan-

Direitos políticos fundamentais, partidos políticos e sistemas eleitorais **1175**

ceiro. O que a Constituição combate é a influência econômica abusiva, ou seja, a que compromete a *'normalidade e legitimidade das eleições'* (§ 9º). É o *abuso*, e não o uso, que enseja a perda do mandato eletivo (§ 10).

Não havendo, além das indicadas, outras disposições constitucionais a respeito, passa a ser dever e prerrogativa típica do legislador infraconstitucional a importante e espinhosa empreitada de formatar a disciplina normativa das fontes de financiamento dos partidos e das campanhas, em moldes a coibir abusos e a preservar a normalidade dos pleitos eleitorais. Ao Judiciário, por sua vez, fica reservado, nesse plano normativo, o papel de guardião da Constituição, cabendo-lhe o controle da legitimidade constitucional das soluções apresentadas pelo legislador.

Considerando o já referido *caráter flutuante e conjuntural* dessa problemática, a exigir continuada atenção reformadora para aperfeiçoamento do sistema, é importante que o Supremo Tribunal Federal tenha o cuidado de não extrair das raras disposições da Constituição sobre abuso do poder econômico ou, o que seria mais grave, da amplitude semântica e da plurissignificação dos princípios democrático, republicano e da igualdade, interpretações voluntaristas que imponham gessos artificiais e permanentes às alternativas que ela, Constituição, oferece ao legislador encarregado de promover ajustes normativos ao sistema de financiamento dos partidos políticos e das campanhas eleitorais. Refiro-me, com essa observação, ao financiamento privado e, mais especificamente, às contribuições de pessoas jurídicas, que, conforme procurarei demonstrar, não podem ser considerados como absoluta e manifestamente incompatíveis com a Constituição, a ponto de impedir, agora e para sempre (enquanto mantido o atual regime constitucional), possam elas ser autorizadas, ainda que limitadamente, pelo legislador ordinário".

A presente ação direta alega que a regulamentação do financiamento de campanhas eleitorais, com a permissão de contribuições financeiras de pessoas jurídicas e, no que tange às pessoas naturais, com o estabelecimento de limites às doações proporcionais à renda dos doadores, implica a admissão de nefasta influência do poder econômico sobre os resultados eleitorais, o que violaria o **princípio democrático** (art. 1º, *caput* e parágrafo único, art. 14, *caput*, e art. 60, § 4º, II), o **princípio republicano** (art. 1º, *caput*) e o **princípio da isonomia, inclusive na vertente igualdade de valor do voto** (art. 5º, *caput* e art. 14, *caput*), todos da Constituição Federal de 1988.

A despeito da enorme temeridade de se extraírem de princípios de textura ampla como esses regras restritivas assaz específicas, meu voto buscou demonstrar que, dada a realidade brasileira, o financiamento privado de partidos e campanhas revela-se antes homenageador dos princípios democrático, republicano e da igualdade.

Ora, a competição eleitoral, corolário do princípio democrático, tem sido viabilizada justamente por contribuições privadas, em especial, das pessoas jurídicas. A Operação Lava Jato revelou ao país que o partido do poder já independe de doações eleitorais, uma vez que arrecadou somas suficientes ao financiamento de campanhas até 2038, pelo menos.

Se é assim, evidente que a procedência desta ação direta implicaria a violação da igualdade de chances, que decorre dos princípios democrático e republicano, tendo em vista que a própria alternância de poder restaria comprometida, risco real vivenciado pelo país e que por ora parece estar afastado, em razão das revelações feitas pela Operação Lava Jato.

Dessa argumentação decorre que não apenas o financiamento privado não viola a isonomia, como tem a ela servido, visto que, sem que pudesse contar com o apoio financeiro das pessoas jurídicas, os partidos de oposição não teriam a menor chance de competir em níveis razoáveis com o partido que ocupa o Governo. Assim, a legislação atual é garantidora de alguma competição democrático-eleitoral no país.

A alegação de que o financiamento privado gera disparidades e permite que pessoas jurídicas ou pessoas naturais em melhores condições econômicas exerçam influência maior do que a dos menos privilegiados no resultado das eleições também não procede, pelas mesmas razões já expostas.

Deve-se acrescer a elas o fato de que é impossível medir influências em vários níveis. Basta que cada um de nós reflita sobre a influência que teria, nas eleições de 2014, a declaração de intenção de voto do "Zé das Couves" em comparação à influência que teria a declaração de intenção de voto de um artista famoso, de um grande esportista ou até mesmo de nosso ex-colega, o ministro Joaquim Barbosa.

É claro que os princípios democrático, republicano e da isonomia são estruturantes de nossa ordem constitucional. Disso não decorre, no entanto, que prescindam de desdobramentos legislativos. Antes o contrário, é o Poder Legislativo, com seu amplo espaço de conformação, que dá corpo e vida a tais ditames constitucionais, aos quais esta Corte deve respeito e proteção.

A partir da interpretação que pretendem dar a esses princípios, em breve estaremos, com base neles, a anular os 7 x 1 que a Seleção brasileira levou da Alemanha na Copa de 2014.

Arroubos interpretativos não devem acometer o Supremo Tribunal Federal e fazer desta elevada Corte a veiculadora de reforma política, confessa e comprovadamente, derrotada nas instâncias democráticas, em razão de seu propósito, justamente, antidemocrático.

Relembro que já convivemos com a proibição de doação por parte de empresas privadas. Contudo, a história demonstrou que a proibição de contribuição por pessoas jurídicas não colocou fim aos abusos, aos gastos excessivos, tampouco à corrupção, conforme evidenciado por ocasião do *impeachment* do ex-presidente Fernando Collor de Mello.

Depois da experiência institucional vivenciada pelo Brasil, que culminou com o afastamento do primeiro Presidente da República eleito diretamente pelo povo após a redemocratização e o advento da Constituição de 1988, firmou-se consenso de que a proibição de contribuição por pessoas jurídicas, por si só, seria uma opção hipócrita. Isso porque os escândalos que permearam o processo de *impeachment* presidencial e que o sucederam revelaram que tal vedação não surtia nenhum efeito senão o de estimular o caixa dois ou outras práticas do tipo.

Essa posição foi defendida pelo ministro Sepúlveda Pertence, logo após o trauma do *impeachment*, em voto na ADI 1.076/DF, julgada em 15.6.1994, a respeito do financiamento privado de campanhas eleitorais no Brasil:

> "9. Dispensa comentários o rotundo fracasso dessa tentativa ingênua de expungir do financiamento das campanhas eleitorais o dinheiro da empresa privada: além da ineficácia notória, a vedação gerou o efeito perverso do acumpliciamento generalizado dos atores da vida política com a prática das contribuições empresariais clandestinas, fruto, na melhor das hipóteses, da sonegação fiscal.
>
> 10. Assim como ocorrera na América, sob o estrépito de Watergate, era previsível que, também no Brasil, os escândalos dos últimos anos, universalizando a consciência da sua hipocrisia, sepultariam o velho modelo proibitivo.
>
> 11. Não é que seja desejável que empresas de finalidade lucrativa custeiem a disputa do poder político. Mas é inevitável que o façam. Desse modo, a alternativa real não é permitir ou proibir simplesmente. É proibir nominalmente, fingindo ignorar a inoperância fatal da vedação utópica, ou render-se à realidade inevitável da interferência do poder econômico nas campanhas eleitorais, a fim de tentar disciplina-la, limitá-la e fazê-la transparente". (Grifo nosso).

A reflexão realizada pelo ministro Sepúlveda Pertence, em momento histórico tão delicado, reforça o caráter de minha análise, no sentido de que se deve persistir em uma empreitada séria em busca do aperfeiçoamento de nossos procedimentos e instituições a fim de que, sem ceder a proposições milagrosas, se possa chegar a um processo eleitoral minimamente transparente e hígido.

Ressalto que estou me referindo a fatos graves, muitos deles criminosos. Não desconheço a presunção de não culpabilidade e bem sei que não há sentença condenatória com trânsito em julgado em relação a eles. No entanto, essas referências são indispensáveis ao julgamento desta ação.

Em grande parte, o pedido se funda na ilação de que o poder econômico influencia as eleições. A petição inicial qualifica a junção desses elementos como uma "mistura tóxica". Estou reconhecendo a influência, mas afirmando que o remédio é pior do que a doença.

Além disso, estou me posicionando no sentido de que a própria defesa da solução pretendida nesta ação – restrição ao financiamento privado de campanhas eleitorais, especialmente por pessoas jurídicas –, em particular no momento em que nos encontramos, integra um projeto de poder. Em outras palavras, restringir o acesso ao financiamento privado é uma tentativa de suprimir a concorrência eleitoral e eternizar o governo da situação.

Tenho que essas afirmações podem ser tecidas apenas com base nas notícias de que disponhos. A influência do poder político e econômico no jogo democrático é inconspícua e não seria revelada com os métodos de investigação disponíveis ao controle concentrado de normas. Temos que extrair nossas prognoses dos elementos que conhecemos.

Além disso, não estou tirando do ar as informações sobre as quais trabalho. Estou amparado em elementos fáticos reiteradamente noticiados e em provas já produzidas em outros e neste foro. Tenho assim, que a avaliação dos fatos é adequada e necessária.

Ressalto, também, que, a despeito da dureza de minhas palavras, elas não representam julgamento dos envolvidos. Estou aberto a avaliar e considerar as causas e defesas que eventualmente chegarem a minha cognição, proferindo o julgamento justo, orientado pela presunção de inocência e pelo *in dubio pro reo*.

Para terminar, relembro que, com o ajuizamento da presente ação direta de inconstitucionalidade, a requerente pretende:

- impedir que pessoas jurídicas contribuam para o financiamento de campanhas eleitorais. Pede-se, assim, a declaração de inconstitucionalidade do art. 23, § 1º, incisos I e II; do art. 24 e do art. 81, *caput* e § 1º, todos da Lei 9.504/97; e dos artigos 31, 38, inciso III, e 39, *caput* e § 5º, da Lei 9.096/95; e

- determinar que o Congresso Nacional edite legislação que limite de maneira *per capita* e uniforme as doações para campanhas eleitorais e partidos políticos feitas por pessoas naturais, bem como limite, de igual modo, o uso de recursos próprios por parte dos candidatos nas campanhas.

Quanto à primeira pretensão trazida pela presente ADI, devo salientar que a vedação das contribuições de empresas privadas asfixiaria os partidos que não se beneficiaram do esquema criminoso revelado pela Operação Lava Jato, tornando virtualmente impossível a alternância de poder.

Quanto à segunda pretensão, ressalto, ainda mais uma vez, que vedar o financiamento de pessoas jurídicas e permitir o de pessoas naturais, a partir de limite *per capita* e uniforme, significa criminalizar o processo político-eleitoral, além de ser um convite à prática reiterada de crimes de lavagem de dinheiro.

Além disso, os pedidos não encontram guarida em quaisquer dispositivos constitucionais, consoante demonstrou à saciedade o voto do ministro Teori Zavascki. O que se pretende é manipular a Suprema Corte para aplicar um golpe no processo democrático-eleitoral brasileiro, à revelia do Congresso Nacional, que tem resistido a tais investidas.

Desse modo, a procedência desta ação direta de inconstitucionalidade revelar-se-ia uma irresponsabilidade perpetrada pela própria Corte Suprema brasileira.

Ante o exposto, acompanho a divergência inaugurada pelo ministro Teori Zavascki e voto pela total improcedência da presente ação direta de inconstitucionalidade.

RE 729.744[1]

Competência da Câmara Municipal para julgamento das contas anuais de prefeito – Natureza jurídica do parecer técnico emitido pelo Tribunal de Contas – Competência do Poder Legislativo para o julgamento das contas anuais do chefe do Poder Executivo municipal.

A questão central discutida, no presente recurso, refere-se à natureza jurídica do parecer emitido pelo Tribunal de Contas na apreciação das contas anuais de prefeito, bem como à produção de efeitos no caso de silêncio do Poder legislativo municipal quanto à sua aprovação ou rejeição. O debate perpassa, necessariamente, pela discussão a respeito da exclusividade da competência da Câmara Municipal para julgamento das contas do prefeito.

No caso dos autos, o recorrido teve seu pedido de registro de candidatura deferido para disputar o cargo de prefeito do município de Bugre/MG para as eleições de 2012, nas quais se consagrou vencedor.

A Coligação "Unidos Por Um Novo Tempo" (PSC/PT/PPL/PHS/PR/PTdoB) impugnou o deferimento de seu registro perante a Justiça Eleitoral, com o argumento de que o Tribunal de Contas estadual, em sessão de outubro de 2008, emitiu parecer pela rejeição de suas contas referentes ao exercício do ano de 2001, quando ocupava o cargo de prefeito daquele Município (eDOC 2, p. 56-66).

Consignou-se, na decisão da Justiça Eleitoral, que é competência da Câmara Municipal o julgamento das contas do prefeito, cabendo ao Tribunal de Contas apenas a emissão de parecer prévio, não vinculante. Assentou-se que o decurso de prazo regimental ou legal previsto para que a Câmara Legislativa julgue o parecer emitido pelo Tribunal de Contas do Estado não tem o condão de aprovar tacitamente o parecer técnico, de modo a reprovar as contas do prefeito, nem de configurar sua inelegibilidade, nos termos do art. 1º, I, g, da LC 64/90.

O julgado foi nestes termos ementado:

EMENTA: Repercussão Geral. Recurso extraordinário representativo da controvérsia. Competência da Câmara Municipal para julgamento das contas anuais de prefeito. 2. Parecer técnico emitido pelo Tribunal de Contas. Natureza jurídica opinativa. 3. Cabe exclusivamente ao Poder Legislativo o julgamento das contas anuais do chefe do Poder Executivo municipal. 4. Julgamento ficto das contas por decurso de prazo. Impossibilidade. 5. Aprovação das contas pela Câmara Municipal. Afastamento apenas da inelegibilidade do prefeito. Possibilidade de responsabilização na via civil, criminal ou administrativa. 6. Recurso extraordinário não provido.

VOTO

O recurso não merece prosperar.

Sublinho que o Supremo Tribunal Federal fixou entendimento, na ocasião do julgamento da ADI 849 e da ADI 3715, no sentido de que a Constituição Federal é clara ao determinar, em seu art. 75, que as normas constitucionais que conformam o modelo de organização do Tribunal de Contas da União são de observância compulsória pelas constituições dos estados-membros.

---

[1] O Tribunal, por maioria e nos termos do voto do Relator, fixou tese nos seguintes termos: "O parecer técnico elaborado pelo Tribunal de Contas tem natureza meramente opinativa, competindo exclusivamente à Câmara de Vereadores o julgamento das contas anuais do Chefe do Poder Executivo local, sendo incabível o julgamento ficto das contas por decurso de prazo", vencidos os Ministros Roberto Barroso, Edson Fachin, Rosa Weber e Luiz Fux (*DJ de 23.8.2017*).

Direitos políticos fundamentais, partidos políticos e sistemas eleitorais **1179**

No âmbito das competências institucionais do Tribunal de Contas, esta Corte tem reconhecido a clara distinção entre (*i*) a competência para apreciar e emitir parecer prévio sobre as contas prestadas anualmente pelo Chefe do Poder Executivo, especificada no art. 71, inciso I, CF/88; e

(*ii*) competência para julgar as contas dos demais administradores e responsáveis, entre eles, os dos órgãos dos poderes Legislativo e Judiciário, definida no art. 71, inciso II, CF/88.

Assim, cabe ao Tribunal de Contas apenas apreciar, mediante parecer prévio, sem conteúdo deliberativo, as contas prestadas pelo Chefe do Poder Executivo. A competência para julgar essas contas fica a cargo do Congresso Nacional – por força do art. 49, inciso IX, da Constituição –, cuja apreciação não se vincula ao parecer do Tribunal de Contas.

O poder constituinte originário conferiu o julgamento das contas do administrador público ao Poder Legislativo, em razão de que tal decisão comporta em si uma natureza política e não apenas técnica ou contábil, já que objetiva analisar, além das exigências legais para aplicação de despesas, se a atuação do Chefe do Poder Executivo atendeu, ou não, aos anseios e necessidades da população respectiva.

Na segunda hipótese do art. 71 da Constituição, a competência conferida ao Tribunal de Contas é de julgamento das contas dos administradores e demais responsáveis por dinheiros, bens e valores públicos da administração direta e indireta, incluídas as fundações e sociedades instituídas e mantidas pelo poder público federal e as contas daqueles que derem causa à perda, extravio ou outra irregularidade de que resulte prejuízo ao erário (art. 71, II, CF/88).

Neste último caso, os atos administrativos apreciados são analisados de forma técnica, para averiguar se houve violação a preceitos normativos ou regulamentares de natureza contábil, financeira, orçamentária, operacional ou patrimonial e se atenderam aos princípios da administração pública, insculpidos no art. 37 da Constituição. Cuida-se, aqui, de desempenho de função jurídica pelo Tribunal de Contas, consistente no exercício de típica atribuição deliberativa.

Como se percebe, no tocante às contas do Chefe do Poder Executivo, a Constituição confere à Casa Legislativa, além do desempenho de suas funções institucionais legislativas, a função de controle e fiscalização de suas contas, em razão de sua condição de órgão de Poder, a qual se desenvolve por meio de um processo político-administrativo cuja instrução se inicia na apreciação técnica do Tribunal de Contas.

No âmbito municipal, o controle externo das contas do prefeito também constitui uma das prerrogativas institucionais da Câmara dos Vereadores, que o exercerá com o auxílio dos tribunais de contas do estado ou do município, onde houver, nos termos do art. 31 da Constituição, que possui a seguinte redação:

"Art. 31. A fiscalização do Município será exercida pelo Poder Legislativo municipal, mediante controle externo, e pelos sistemas de controle interno do Poder Executivo municipal, na forma da lei.

§ 1º O controle externo da Câmara Municipal será exercido com o auxílio dos Tribunais de Contas dos Estados ou do Município ou dos Conselhos ou Tribunais de Contas dos Municípios, onde houver.

§ 2º O parecer prévio, emitido pelo órgão competente, sobre as contas que o Prefeito deve anualmente prestar, só deixará de prevalecer por decisão de dois terços dos membros da Câmara Municipal.

§ 3º As contas do Município ficarão, durante sessenta dias, anualmente, à disposição de qualquer contribuinte, para exame e apreciação, o qual poderá questionar-lhes a legitimidade, nos termos da lei.

§ 4º É vedada a criação de tribunais, Conselhos ou órgãos de contas municipais".

Ressalto que a expressão "só deixará de prevalecer", constante do § 2º do citado artigo, deve ser interpretada de forma sistêmica, de modo a se referir à necessidade de quórum qualificado para rejeição do parecer emitido pela corte de contas que, como já amplamente demonstrado, é órgão auxiliar do Poder Legislativo na análise das contas do Chefe do Executivo.

Getúlio Sérgio do Amaral sistematiza a forma de controle externo das contas do prefeito prevista no art. 31 da Constituição da seguinte maneira:

"Primeiramente, o controle externo é efetuado pela própria população, mediante o exame direto das contas, que ficam durante sessenta dias à disposição de qualquer contribuinte, para o seu exame e apreciação, podendo ser questionada a sua legitimidade tanto administrativa como judicialmente, neste último, pela ação popular; o outro nível de controle é realizado pelo Tribunal de Contas do Estado, mediante a emissão de parecer prévio, que poderá considerar as contas regulares, parcialmente regulares ou irregulares; e, por último, exsurge através do julgamento das contas municipais, realizado pela Câmara local, que poderá acatar o parecer prévio emitido pelo Tribunal de Contas do Estado, que só deixará de prevalecer por decisão de dois terços dos membros da Câmara Municipal". (AMARAL, Getúlio Sérgio do. *Direito à defesa do prefeito nos julgamentos das contas municipais*: aplicabilidade do devido processo legal e da ampla defesa aos julgamentos das contas do administrador municipal pela Câmara Municipal: doutrina, jurisprudência e legislação. Belo Horizonte: Inédita, 2000, p. 22.)

Cabe destacar a distinção entre contas de governo e contas de gestão, efetivada pela doutrina e acolhida no parecer juntado posteriormente pela Procuradoria-Geral da República, no sentido de que a competência para julgamento das contas do prefeito se define pela sua natureza, ou seja, em razão do tipo de conta apreciada.

Aqui, entendo que temos de tomar cuidado ao definir quando a manifestação do tribunal de contas se refere ao exame de contas de gestão ou não.

Vejamos, no caso dos autos, o Tribunal de Contas do Estado de Minas Gerais analisou a Prestação de Contas da Prefeitura Municipal de Bugre, referente ao exercício de 2001, e emitiu parecer prévio pela rejeição das contas do prefeito. Nessa hipótese, a natureza da manifestação do Tribunal de Contas é apenas opinativa, devendo necessariamente se submeter ao julgamento do Poder Legislativo para efeitos de inelegibilidade.

A hipótese de julgamento apartado de contas de gestão não está compreendida nesse paradigma.

A natureza da manifestação do tribunal de contas que, ao apreciar destacadamente determinado ato de gestão do prefeito, decida pela sua rejeição, foi objeto de análise do RE-RG 848.826, de relatoria do ministro Barroso.

Entendo, portanto, que a competência para julgamento das contas anuais dos prefeitos, eleitos pelo povo, é do Poder Legislativo (art. 71, I, da CF), órgão constituído por representantes democraticamente eleitos para averiguar, além da sua adequação orçamentária, sua destinação em prol dos interesses da população ali representada. Seu parecer, nesse caso, é meramente opinativo, não sendo apto a produzir consequências, como a inelegibilidade prevista no art. 1º, I, g, da Lei Complementar 64/90.

Essa tem sido, inclusive, a jurisprudência firme desta Suprema Corte. No julgamento do RE 132.747, de relatoria do ministro Marco Aurélio, o Tribunal assentou que a competência para julgamento das contas do Chefe do Executivo, considerados os planos federal, estadual e municipal, é do Poder Legislativo (RE 132.747-2, rel. min. Marco Aurélio, Pleno, *DJ* 7.12.1995). No mesmo sentido, ao examinar a ADI 849/MS, a Corte reafirmou a necessidade de observância obrigatória, por parte das constituições estaduais, do modelo federal de competências para julgamento das contas do Chefe do Executivo. O acórdão restou assim ementado:

"Tribunal de Contas dos Estados: competência: observância compulsória do modelo federal: inconstitucionalidade de subtração ao Tribunal de Contas da competência do julgamento das contas da Mesa da Assembleia Legislativa – compreendidas na previsão do art. 71, II, da Constituição Federal, para submetê-las ao regime do art. 71, c/c art. 49, IX, que é exclusivo da prestação de contas do Chefe do Poder Executivo.

Direitos políticos fundamentais, partidos políticos e sistemas eleitorais **1181**

O art. 75 da Constituição Federal, ao incluir as normas federais relativas à 'fiscalização' nas que se aplicariam aos Tribunais de Contas dos Estados, entre essas compreendeu as atinentes às competências institucionais do TCU, nas quais é clara a distinção entre a do art. 71, I – de apreciar e emitir parecer prévio sobre as contas do Chefe do Poder Executivo, a serem julgadas pelo Legislativo – e a do art. 71, II – de julgar as contas dos demais administradores e responsáveis, entre eles, os dos órgãos do Poder Legislativo e do Poder Judiciário.

A diversidade entre as duas competências, além de manifesta, é tradicional, sempre restrita à competência do Poder Legislativo para o julgamento das contas gerais da responsabilidade do Chefe do Poder Executivo, precedidas de parecer prévio do Tribunal de Contas: cuida-se de sistema especial adstrito às contas do Chefe do Governo, que não as presta unicamente como chefe de um dos Poderes, mas como responsável geral pela execução orçamentária: tanto assim que a aprovação política das contas presidenciais não libera do julgamento de suas contas específicas os responsáveis diretos pela gestão financeira das inúmeras unidades orçamentárias do próprio Poder Executivo, entregue a decisão definitiva ao Tribunal de Contas". (ADI 849, Rel. Min. Sepúlveda Pertence, Pleno, *DJ* 23.4.1999)

O posicionamento foi reafirmado pelo Supremo Tribunal Federal em diversos precedentes: ADI 1.964-3/ES, rel. min. Sepúlveda Pertence, *DJ* 7.5.1999; RE-AgR 471.506, de minha relatoria, Segunda Turma, *DJe* 20.5.2011; e ADI 3.715/TO, de minha relatoria, *DJe* 30.10.2014, cuja ementa transcrevo:

"Ação Direta de Inconstitucionalidade. 2. Constituição do Estado do Tocantins. Emenda Constitucional n. 16/2006, que criou a possibilidade de recurso, dotado de efeito suspensivo, para o Plenário da Assembleia Legislativa, das decisões tomadas pelo Tribunal de Contas do Estado com base em sua competência de julgamento de contas (§ 5º do art. 33) e atribuiu à Assembleia Legislativa a competência para sustar não apenas os contratos mas também as licitações e eventuais casos de dispensa e inelegibilidade de licitação (art. 19, inciso XXVIII, e art. 33, inciso IX e § 1º). 3. A Constituição Federal é clara ao determinar, em seu art. 75, que as normas constitucionais que conformam o modelo federal de organização do Tribunal de Contas da União são de observância compulsória pelas Constituições dos Estados-membros. Precedentes. 4. No âmbito das competências institucionais do Tribunal de Contas, o Supremo Tribunal Federal tem reconhecido a clara distinção entre: 1) a competência para apreciar e emitir parecer prévio sobre as contas prestadas anualmente pelo Chefe do Poder Executivo, especificada no art. 71, inciso I, CF/88; 2) e a competência para julgar as contas dos demais administradores e responsáveis, definida no art. 71, inciso II, CF/88. Precedentes.

5. Na segunda hipótese, o exercício da competência de julgamento pelo Tribunal de Contas não fica subordinado ao crivo posterior do Poder Legislativo. Precedentes. 6. A Constituição Federal dispõe que apenas no caso de contratos o ato de sustação será adotado diretamente pelo Congresso Nacional (art. 71, § 1º, CF/88). 7. Ação julgada procedente". (ADI 3.715/TO, de minha relatoria, Pleno, *DJe* 30.10.2014)

Dessa forma, cabendo exclusivamente ao Poder Legislativo o julgamento das contas anuais do Chefe do Executivo, com mais razão não se pode conferir natureza jurídica de decisão, com efeitos imediatos, ao parecer emitido pelo Tribunal de Contas que opina pela desaprovação das contas de prefeito até manifestação expressa da Câmara Municipal.

O entendimento de que o parecer conclusivo do Tribunal de Contas produziria efeitos imediatos, que se tornariam permanentes no caso do silêncio da Casa Legislativa, ofende a regra do art. 71, I, da Constituição. Essa previsão dispõe que, na análise das contas do Chefe do Poder Executivo, os Tribunais de Contas emitem parecer prévio, consubstanciado em pronunciamento técnico, sem conteúdo deliberativo, com o fim de subsidiar as atribuições fiscalizadoras do Poder Legislativo, que não está obrigado a se vincular à manifestação opinativa daquele órgão auxiliar. Tal entendimento teria ainda o condão de transformar a natureza precária do parecer, passível de aprovação ou rejeição, em decisão definitiva.

O ordenamento jurídico pátrio não admite o julgamento ficto de contas, por decurso de prazo, sob pena de, assim se entendendo, permitir-se à Câmara Municipal delegar ao Tribunal de Contas, que é órgão auxiliar, competência constitucional que lhe é própria, além de se criar sanção ao decurso de prazo, inexistente na Constituição.

Do mesmo modo, não se conformam com o texto constitucional previsões normativas que considerem recomendadas as contas do município nos casos em que o parecer técnico não seja emitido no prazo legal, permitindo às câmaras municipais seu julgamento independentemente do parecer do tribunal de contas.

Na oportunidade do julgamento da ADI-MC 215, min. Celso de Mello, *DJ* 3.8.1990, o Supremo Tribunal Federal ressaltou a importância e relevância republicana do parecer emitido pelo Tribunal de Contas na instrução do processo político-administrativo do julgamento de contas do Chefe do Poder Executivo. Tal decisão ficou assim ementada:

"Ação Direta de Inconstitucionalidade – Constituição do Estado da Paraíba – Tribunal de Contas Estadual – Limitação de seus poderes – Instituição de sistema de aprovações fictas – Divergência com o modelo federal – Medida cautelar – Deferimento parcial – Com a superveniência da nova Constituição, ampliou-se, de modo extremamente significativo, a esfera de competência dos Tribunais de Contas, os quais foram investidos de poderes jurídicos mais amplos, em decorrência de uma consciente opção política feita pelo legislador constituinte, a revelar a inquestionável essencialidade dessa instituição surgida nos albores da república. A atuação dos Tribunais de Contas assume, por isso, importância fundamental no campo do controle externo e constitui, como natural decorrência do fortalecimento de sua ação institucional, tema de irrecusável relevância. O Regramento dos Tribunais de Contas estaduais, a partir da Constituição de 1988 – inobstante a existência de domínio residual para sua autônoma formulação – é matéria cujo relevo decorre da nova fisionomia assumida pela Federação Brasileira e, também, do necessário confronto dessa mesma realidade jurídico-institucional com a jurisprudência do Supremo Tribunal Federal, que, construída ao longo do regime constitucional precedente, proclamava a inteira submissão dos estados-membros, no delineamento do seu sistema de controle externo, ao modelo jurídico plasmado na Carta da República. – A impugnação ao vocábulo 'apreciar', empregado pela Constituição Estadual em substituição ao termo 'julgar', adotado pela Carta Federal quanto à mesma atribuição do Tribunal de Contas, não dá lugar a sua suspensão liminar, sob pena de virtual desaparecimento da função de controle que o dispositivo contempla".

É importante sublinhar, ademais, que, no julgamento das contas anuais do prefeito, não há julgamento do próprio prefeito, mas deliberação sobre a exatidão da execução orçamentária do município. A rejeição das contas tem o condão de gerar, como consequência, a caracterização da inelegibilidade do prefeito, nos termos do art. 1º, I, g, da LC 64/90. Não se poderia admitir, dentro desse sistema, que o parecer opinativo do Tribunal de Contas tivesse o condão de gerar tais consequências ao Chefe de Poder local.

Sublinhe-se, entretanto, que, no caso de a Câmara Municipal aprovar as contas do prefeito, o que se afasta é apenas sua inelegibilidade. Os fatos apurados no processo político-administrativo poderão dar ensejo à sua responsabilização civil, criminal ou administrativa.

Depreende-se desse debate, por isso mesmo, a necessidade de observância dos princípios do devido processo legal, do contraditório, da ampla defesa e da motivação pela Câmara Municipal, por ocasião da rejeição das contas do prefeito.

A Constituição Federal garante que ninguém pode ser privado de sua liberdade, de seus bens e de seus direitos sem o devido processo legal. O Estado não pode restringir a esfera jurídica de um cidadão de maneira abusiva. Qualquer medida imposta pelo Poder Público, capaz de gerar consequências gravosas no plano dos direitos e garantias individuais, tem sua legitimidade condicionada à observância do devido processo legal. Nesse sentido, cito os seguintes julgados:

"AGRAVO REGIMENTAL EM RECURSO EXTRAORDINÁRIO. PREFEITO MUNICIPAL. CONTAS REJEITADAS PELA CÂMARA MUNICIPAL. DIREITO AO CONTRADITÓRIO E À AMPLA DEFESA. PRECEDENTES. 1. É pacífica a jurisprudência desta nossa Casa de Justiça no sentido de que é de ser assegurado a ex-prefeito o direito de defesa quando da deliberação da Câmara Municipal sobre suas contas. 2. Agravo regimental desprovido". (RE 414.908-AgR, rel. min. Ayres Britto, Segunda Turma, *DJe* 18.10.2011);

"Medida cautelar. Referendo. Recurso extraordinário. Apreciação das contas do prefeito. Observância do contraditório e da ampla defesa pela Câmara Municipal. Precedentes da Corte. 1. A tese manifestada no recurso extraordinário, relativa à necessidade de observância dos princípios constitucionais do contraditório e da ampla defesa pela Câmara Municipal quando da apreciação das contas do prefeito, após parecer prévio do Tribunal de Contas, encontra harmonia na jurisprudência desta Suprema Corte. Presentes o fumus boni iuris e o periculum in mora. 2. Decisão concessiva da cautelar referendada pela Turma". (AC 2085-MC, rel. min. Menezes Direito, Primeira Turma, *DJe* 19.12.2008).

Assim, conclui-se que compete exclusivamente à Câmara de Vereadores o julgamento das contas anuais do prefeito, subsidiado pelo parecer técnico previamente elaborado pelo Tribunal de Contas. A aprovação ou rejeição dessas contas é ato que se inicia na apreciação, pelo Tribunal de Contas, da exatidão da execução orçamentária do município e se conclui com sua aprovação por um terço ou rejeição por dois terços dos membros da Câmara Legislativa, observados os princípios do contraditório e da ampla defesa.

Ante o exposto, nego provimento ao recurso extraordinário e proponho a fixação da seguinte tese em sede de repercussão geral: **o parecer técnico elaborado pelo Tribunal de Contas tem natureza meramente opinativa, competindo exclusivamente à Câmara de Vereadores o julgamento das contas anuais do Chefe do Poder Executivo local, sendo incabível o julgamento ficto das contas por decurso de prazo**.

RE 637.485[1]

Repercussão Geral – Reeleição – Prefeito – Interpretação do art. 14, § 5º, da Constituição – Mudança da jurisprudência em matéria eleitoral – Segurança jurídica – Proibição de terceira eleição em cargo da mesma natureza, ainda que em município diverso – Necessidade de ajuste dos efeitos da decisão.

Vicente de Paula de Souza Guedes interpõe recurso extraordinário contra acórdão do Tribunal Superior Eleitoral que, nos autos do RESPE 41.980-06, negou provimento a agravo regimental interposto contra decisão monocrática do Ministro Félix Fischer que proveu recurso especial e cassou o diploma do autor como Prefeito do Município de Valença-RJ.

A petição do recurso relata que o autor, após exercer dois mandatos consecutivos como Prefeito do Município de Rio das Flores-RJ, nos períodos 2001-2004 e 2005-2008, transferiu seu domicílio eleitoral e, atendendo às regras quanto à desincompatibilização, candidatou-se ao cargo de Prefeito do Município de Valença-RJ no pleito de 2008. Na época, a jurisprudência do Tribunal Superior Eleitoral era firme em considerar que, nessas hipóteses, não se haveria de cogitar da falta de condição de elegibilidade prevista no art. 14, § 5º, da Constituição (reeleição), pois a candidatura se daria em município diverso. A candidatura sequer foi impugnada e, transcorrido um período de exitosa campanha, o autor saiu vitorioso no pleito.

Ocorre que, em 17 de dezembro de 2008, já no período de diplomação, o TSE alterou sua jurisprudência e passou a considerar tal hipótese como vedada pelo art. 14, § 5º, da Constituição. Em razão dessa mudança jurisprudencial, o Ministério Público Eleitoral e a Coligação adversária naquele pleito impugnaram a expedição do diploma do autor, com fundamento no art. 262, I, do Código Eleitoral. O Tribunal Regional Eleitoral do Rio de Janeiro, com base na anterior jurisprudência do TSE, negou provimento ao recurso e manteve o diploma do autor. Porém, no TSE, o recurso especial eleitoral foi julgado procedente por decisão monocrática do Ministro Félix Fischer. Contra essa decisão monocrática foi interposto agravo regimental, o qual foi negado pelo TSE, em decisão cuja ementa traz os seguintes trechos representativos do novo entendimento adotado:

"(...) 2. A partir do julgamento do Recurso Especial n. 32.507/AL, em 17.12.2008, esta c. Corte deu nova interpretação ao art. 14, § 5º, da Constituição Federal, passando a entender que, no Brasil, qualquer Chefe de Poder Executivo – Presidente da República, Governador de Estado e Prefeito Municipal – somente pode exercer dois mandatos consecutivos nesse cargo. Assim, concluiu que não é possível o exercício de terceiro mandato subsequente para o cargo de prefeito, ainda que em município diverso.

3. A faculdade de transferência de domicílio eleitoral não pode ser utilizada para fraudar a vedação contida no art. 14, § 5º, da Constituição Federal, de forma a permitir que prefeitos concorram sucessivamente e ilimitadamente ao mesmo cargo em diferentes municípios, criando a figura do "prefeito profissional".

4. A nova interpretação do art. 14, § 5º, da Constituição Federal adotada pelo e. TSE no julgamento dos Recursos Especiais 32.507/AL e 32.539/AL em 2008 é a que deve prevalecer, tendo em vista a observância ao princípio republicano, fundado nas ideias de eletividade, temporariedade e responsabilidade dos governantes".

---

[1] Acordam os Ministros do Supremo Tribunal Federal, em Sessão Plenária, sob a presidência do Senhor Ministro Ayres Britto, na conformidade da ata do julgamento e das notas taquigráficas, por unanimidade de votos, reconhecer a repercussão geral das questões constitucionais e, por maioria, dar provimento ao recurso e julgar inaplicável a alteração da jurisprudência do Tribunal Superior Eleitoral quanto à interpretação do § 5º do artigo 14 da Constituição Federal nas eleições de 2008, nos termos do voto do relator, ministro Gilmar Mendes (*DJ* de 21.05.2013).

Direitos políticos fundamentais, partidos políticos e sistemas eleitorais 1185

Opostos embargos de declaração, estes foram rejeitados. O recurso extraordinário ataca essa decisão e alega violação ao art. 14, §§ 5º e 6º, e ao art. 5º, *caput*, da Constituição, ressaltando a repercussão geral da questão constitucional debatida.

Alega o autor que o entendimento do TSE está equivocado, pois, na aplicação do art. 14, § 5º, da Constituição, não leva em conta a distinção entre reeleição para o *mesmo cargo* e reeleição para *cargo de mesma natureza*, distinção esta que já está estabelecida na jurisprudência do STF, especificamente no RE 100.825, Rel. Min. Aldir Passarinho (*DJ* 7.12.1984), de onde se extrai o seguinte trecho: "(...) *a inelegibilidade prevista na letra 'a', ainda do § 1º do art. 151, há de ser compreendida como descabendo a reeleição para o mesmo cargo que o candidato já vinha ocupando* (...). *Com este não pode ser confundido o cargo de Prefeito de um novo Município, pois aí, embora se trate de cargo de mesma natureza e resultante do antigo Município, é um outro cargo*". Esse entendimento, segundo o autor, também teria sido adotado pelo STF no julgamento do AI 531.089/AM, Rel. Min. Joaquim Barbosa. Cita, ainda, a Consulta 706 do TSE, Rel. Min. Sepúlveda Pertence, que demonstraria que o antigo entendimento do TSE é que estaria correto em face do que dispõem os §§ 5º e 6º do art. 14 da Constituição. Em verdade, sustenta o autor: "*uma vez que a proibição de reeleição tem a ver com o valor republicano de impedir a indefinida continuidade de uma pessoa na condução de uma determinada comunidade, não faz sentido algum vislumbrar que essa mesma pessoa não possa governar o destino de outra comunidade, sobre qual o fato de o candidato ter sido Prefeito de outro Município não exerce influência apta a desequilibrar o pleito*".

O autor aduz, ainda, que a aplicação do novo entendimento do TSE às eleições de 2008 viola o princípio da segurança jurídica (art. 5º, *caput*, da Constituição). Ressalta que o registro de sua candidatura sequer foi impugnado e que o recurso que cassou seu diploma foi interposto com base em uma nova orientação jurisprudencial fixada já no período de diplomação dos eleitos. Assim, defende que, caso este Tribunal entenda por albergar a nova orientação do TSE, o recurso extraordinário deve ser provido para que seja observado o princípio da segurança jurídica, "*com a consequente modulação dos efeitos da nova interpretação da norma constitucional, respeitando-se a manifestação do eleitorado que confiou na circunstância de a Justiça Eleitoral ter deferido o registro da candidatura do candidato*".

Registre-se que, em decisão proferida na Ação Cautelar n. 2.788, em 4 de fevereiro de 2011, deferi o pedido de medida cautelar para conceder o efeito suspensivo ao recurso extraordinário. Em consequência, foi suspenso o pleito eleitoral marcado para o dia 6 de fevereiro de 2011 no Município de Valença-RJ, assegurando-se ao autor o exercício do mandato de Prefeito daquele Município até o julgamento final do recurso extraordinário. Eis os fundamentos dessa decisão:

"A análise sumária do caso apresentado nestes autos revela a presença dos pressupostos para a concessão da medida cautelar.

O recurso extraordinário já foi admitido pela Presidência do Tribunal Superior Eleitoral e versa sobre importante questão constitucional relativa à interpretação do § 5º do art. 14 da Constituição, que trata do instituto da reeleição. A plausibilidade da tese defendida pelo autor encontra respaldo em antigo julgado desta Corte, cuja ementa assim dispõe:

'Eleitoral. Constituição de Município. Desmembramento territorial de um município. Eleição de Prefeito Municipal. Inelegibilidade e Irreelegibilidade. O prefeito de um Município – na hipótese dos autos, o Município de Curiúva, no Paraná – pode, desde que se desincompatibilize oportunamente, candidatar-se ao cargo de prefeito de outro município – no caso o de Figueira, no mesmo Estado –, embora este tenha resultado do desmembramento territorial daquele primeiro. Não se tornou o candidato inelegível, por não ter ocorrido a substituição prevista na letra 'b' do par-1., do artigo 151 da Constituição Federal, e em face de haver ele sido afastado tempestivamente do exercício do cargo (letra 'c', do par-1. do mesmo artigo), e a irreelegibilidade prevista na letra 'a', ainda do par-1. do art-151, há de ser compreendida como descabendo a reeleição para o mesmo cargo que o candidato já vinha ocupando, ou seja, o de Prefeito de Curiúva.

Com este não pode ser confundido o cargo de Prefeito de um novo Município, pois aí, embora se trate de cargo da mesma natureza e resultante do desmembramento do antigo Município, é um outro cargo'". (RE 100.825, Rel. p/ o acórdão Min. Aldir Passarinho, *DJ* 7.12.1984)

Ademais, impressiona o fato de o autor ter regularmente transferido seu domicílio eleitoral, ter-se desincompatibilizado, registrado sua candidatura e participado do período de campanha e de todo o pleito eleitoral, sem qualquer contestação ou impugnação por parte do Ministério Público Eleitoral ou de qualquer partido ou coligação. As regras do processo eleitoral vigentes à época, de acordo com a jurisprudência da Justiça Eleitoral amplamente aceita naquele período, davam ao autor plenas condições de elegibilidade. E, neste ponto, é importante enfatizar que as condições de elegibilidade são aferidas na data do registro da candidatura, conforme o entendimento pacificado na jurisprudência do TSE e positivado no atual § 1º do art. 11 da Lei nº 9.504/97 (redação conferida pela Lei nº 12.034/2009). Apenas a mudança ocorrida em antiga jurisprudência do TSE, já no período de diplomação, teria justificado o recurso, manejado pelo Ministério Público e pela coligação adversária, contra a expedição do diploma do autor. O quadro fático apresentado nestes autos está a revelar uma séria questão constitucional que envolve um princípio muito caro no Estado de Direito, que é a segurança jurídica. Parece extremamente plausível considerar, tal como o fez o autor, que mudanças jurisprudenciais ocorridas uma vez encerrado o pleito eleitoral não devam retroagir para atingir aqueles que dele participaram de forma regular (conforme a interpretação jurisprudencial das normas eleitorais vigentes à época do registro de sua candidatura) e nele se sagraram vitoriosos.

Essas questões constitucionais devem ser apreciadas pelo Supremo Tribunal Federal, o que justifica a cautela para assegurar o regular e efetivo julgamento do recurso extraordinário.

A urgência da pretensão cautelar é evidente, tendo em vista o pleito eleitoral municipal cuja realização ocorrerá no próximo dia 6 de fevereiro de 2011. Ressalte-se, ainda, o fato de o autor estar afastado do exercício do mandato para o qual foi eleito. Deve-se ter em mente, como inclusive já decidiu o Tribunal Superior Eleitoral em diversas ocasiões (Ac. n. 1.012, de 18.10.2001, rel. Min. Fernando Neves; AMS n. 3.345, de 19.5.2005, rel. Min. Humberto Gomes de Barros; Ac. n. 317, de 19.8.1997, rel. Min. Costa Leite; MS 3.349, de 25.5.2005, Rel. Min. Gilmar Mendes; Ac. n. 341, de 31.3.1998, rel. Min. Maurício Corrêa), que a pendência de recurso no qual se discute a cassação do mandato recomenda que novas eleições não sejam realizadas até que haja um julgamento definitivo, evitando-se alterações sucessivas no exercício do cargo.

Essas breves razões, desenvolvidas em juízo preliminar sobre a controvérsia, são suficientes para a concessão da medida cautelar, a qual deverá ser submetida ao referendo do órgão colegiado.

Ante o exposto, defiro o pedido de medida cautelar e concedo o efeito suspensivo ao recurso extraordinário interposto nos autos do RESPE 41.980-06 e já admitido pela Presidência do Tribunal Superior Eleitoral. Em consequência, deverá ser suspenso o pleito eleitoral marcado para o próximo dia 6 de fevereiro de 2011 no Município de Valença-RJ, assegurando-se ao autor o exercício do mandato de Prefeito daquele Município, até o julgamento final do recurso extraordinário".

Contra essa decisão na AC 2.788 foi interposto agravo regimental.

O Ministério Público Eleitoral apresentou contrarrazões, pugnando pelo desprovimento do recurso (fls. 811-821).

O parecer do Procurador-Geral da República é pelo desprovimento do recurso extraordinário.

É o relatório.

Foi assim ementada a decisão:

EMENTA: Recurso Extraordinário. Repercussão Geral. Reeleição. Prefeito. Interpretação do art. 14, § 5º, da Constituição. Mudança da jurisprudência em matéria eleitoral. Segurança jurídica. I. Reeleição. Municípios. Interpretação do art. 14, § 5º, da Constituição. Prefeito. Proibição de terceira eleição em cargo da mesma natureza, ainda que em município diverso. O instituto da reeleição tem fundamento não somente no postulado da continuidade administrativa, mas também no princípio republicano, que impede a perpetuação de uma mesma pessoa ou grupo no poder. O princípio republicano condiciona a interpretação e a aplicação do próprio comando da norma constitucional, de modo que a reeleição é permitida por apenas uma única vez. Esse princípio impede a terceira eleição não apenas no mesmo município, mas em relação a qualquer outro município da federação. Entendimento contrário tornaria possível a figura do denominado "prefeito itinerante" ou do "prefeito profissional", o que claramente é incompatível com esse princípio, que também traduz um postulado de temporariedade/alternância do exercício do poder. Portanto, ambos os princípios – continuidade administrativa e republicanismo – condicionam a interpretação e a aplicação teleológicas do art. 14, § 5º, da Constituição. O cidadão que exerce dois mandatos consecutivos como prefeito de determinado município fica inelegível para o cargo da mesma natureza em qualquer outro município da federação. II. Mudança da jurisprudência em matéria eleitoral. Segurança jurídica. Anterioridade eleitoral. Necessidade de ajuste dos efeitos da decisão. Mudanças radicais na interpretação da Constituição devem ser acompanhadas da devida e cuidadosa reflexão sobre suas consequências, tendo em vista o postulado da segurança jurídica. Não só a Corte Constitucional, mas também o Tribunal que exerce o papel de órgão de cúpula da Justiça Eleitoral devem adotar tais cautelas por ocasião das chamadas viragens jurisprudenciais na interpretação dos preceitos constitucionais que dizem respeito aos direitos políticos e ao processo eleitoral. Não se pode deixar de considerar o peculiar caráter normativo dos atos judiciais emanados do Tribunal Superior Eleitoral, que regem todo o processo eleitoral. Mudanças na jurisprudência eleitoral, portanto, têm efeitos normativos diretos sobre os pleitos eleitorais, com sérias repercussões sobre os direitos fundamentais dos cidadãos (eleitores e candidatos) e partidos políticos. No âmbito eleitoral, a segurança jurídica assume a sua face de princípio da confiança para proteger a estabilização das expectativas de todos aqueles que de alguma forma participam dos prélios eleitorais. A importância fundamental do princípio da segurança jurídica para o regular transcurso dos processos eleitorais está plasmada no princípio da anterioridade eleitoral positivado no art. 16 da Constituição. O Supremo Tribunal Federal fixou a interpretação desse artigo 16, entendendo-o como uma garantia constitucional (1) do devido processo legal eleitoral, (2) da igualdade de chances e (3) das minorias (RE 633.703). Em razão do caráter especialmente peculiar dos atos judiciais emanados do Tribunal Superior Eleitoral, os quais regem normativamente todo o processo eleitoral, é razoável concluir que a Constituição também alberga uma norma, ainda que implícita, que traduz o postulado da segurança jurídica como princípio da anterioridade ou anualidade em relação à alteração da jurisprudência do TSE. Assim, as decisões do Tribunal Superior Eleitoral que, no curso do pleito eleitoral (ou logo após o seu encerramento), impliquem mudança de jurisprudência (e dessa forma repercutam sobre a segurança jurídica), não têm aplicabilidade imediata ao caso concreto e somente terão eficácia sobre outros casos no pleito eleitoral posterior. III. Repercussão Geral. Reconhecida a repercussão geral das questões constitucionais atinentes à (1) elegibilidade para o cargo de Prefeito de cidadão que já exerceu dois mandatos consecutivos em cargo da mesma natureza em Município diverso (interpretação do art. 14, § 5º, da Constituição) e (2) retroatividade ou aplicabilidade imediata no curso do período eleitoral da decisão do Tribunal Superior Eleitoral que implica mudança de sua jurisprudência, de modo a permitir aos Tribunais a adoção dos procedimentos relacionados ao exercício de retratação ou declaração de inadmissibilidade dos recursos repetitivos, sempre que as decisões recorridas contrariarem ou se pautarem pela orientação ora firmada. IV. Efeitos do Provimento do Recurso Extraordinário. Recurso Extraordinário provido para: (1) resolver o caso concreto no sentido de que a decisão do TSE no RESPE 41.980-06, apesar de ter entendido corretamente que é inelegível para o cargo de Prefeito o cidadão que exerceu por dois mandatos consecutivos cargo de mesma natureza em Município diverso, não pode incidir sobre o diploma regularmente concedido ao recorrente, vencedor das eleições de 2008 para Prefeito do Município de Valença-RJ; (2) deixar assentados, sob o regime da Repercussão Geral, os seguintes entendimentos: (2.1) o art. 14, § 5º, da Constituição, deve ser interpretado no sentido de que a proibição da segunda reeleição é absoluta e torna inelegível para determinado cargo de Chefe do Poder Executivo o cidadão que já exerceu dois mandatos consecutivos (reeleito uma única vez) em cargo da mesma natureza, ainda que em ente da federação diverso; (2.2) as decisões do Tribunal Superior Eleitoral que, no curso do pleito eleitoral ou logo após o seu encerramento, impliquem mudança de jurisprudência, não têm aplicabilidade imediata ao caso concreto e somente terão eficácia sobre outros casos no pleito eleitoral posterior.

VOTO

1. QUESTÕES CONSTITUCIONAIS E REPERCUSSÃO GERAL

O presente recurso discute duas questões constitucionais distintas, não obstante estejam inter-relacionadas no caso concreto.

A primeira diz respeito à controvérsia quanto à interpretação do § 5º do art. 14 da Constituição, o qual permite uma única *reeleição* subsequente dos ocupantes dos cargos de Chefe do Poder Executivo (no caso, os Prefeitos) ou de quem os houver sucedido ou substituído no curso do mandato. Discute-se, por um lado, se tal preceito constitucional permitiria a candidatura ao cargo de Prefeito do Município X de cidadão que ocupou, por dois mandatos consecutivos (reeleito uma única vez), cargo da mesma natureza no Município Y; ou se, por outro lado, a norma constitucional evidencia uma vedação absoluta à segunda reeleição para cargo de mesma natureza, mesmo que a nova eleição ocorra (mediante prévia alteração do domicílio eleitoral) em ente da federação diverso daquele em que o cidadão ocupara o cargo em referência.

A segunda questão reside na importante relação entre mudança jurisprudencial e segurança jurídica e perscruta os problemas da retroação e da aplicabilidade imediata dos efeitos das decisões que impliquem modificação de entendimento do órgão de cúpula da Justiça Eleitoral, o Tribunal Superior Eleitoral. Pergunta-se se o princípio da segurança jurídica, também em sua face de princípio da confiança, pode constituir uma barreira normativa contra a retroatividade e a aplicabilidade imediata dessas decisões que implicam câmbio jurisprudencial em matéria eleitoral, especialmente no curso do período eleitoral.

Como se pode facilmente constatar, tais questões inegavelmente ultrapassam os lindes do caso concreto discutido nos autos do presente recurso extraordinário, de modo que a decisão desta Corte que defina as soluções para ambas terá repercussão sobre todas as demais questões semelhantes. O requisito da repercussão geral, portanto, está plenamente preenchido no presente caso.

Também estão presentes os demais requisitos processuais (intrínsecos e extrínsecos) de admissibilidade do recurso extraordinário, o que torna possível o pleno conhecimento e análise de mérito das questões constitucionais referidas.

2. A INTERPRETAÇÃO DO ART. 14, § 5º, DA CONSTITUIÇÃO

O art. 14, § 5º, da Constituição, com a redação determinada pela Emenda Constitucional n. 16/1997, dispõe que "*o Presidente da República, os Governadores de Estado e do Distrito Federal, os Prefeitos e quem os houver sucedido ou substituído no curso dos mandatos poderão ser reeleitos para um único período subsequente*".

Como é sabido, a Emenda Constitucional n. 16, de 1997, instituiu a reeleição para os cargos de Chefe do Poder Executivo, permitindo que ela ocorra apenas uma única vez. O novo texto do § 5º do art. 14 foi objeto de apreciação do Supremo Tribunal Federal na Medida Cautelar na Ação Direta de Inconstitucionalidade n. 1.805 (Rel. Min. Neri da Silveira, julgado em 26.3.1998). Na ocasião, o Tribunal indeferiu o pedido de medida cautelar, acolhendo o voto substancioso do Ministro Néri da Silveira, que realizou um profundo estudo sobre o instituto da reeleição. Julgado o pedido de medida cautelar, o mérito da ação continua pendente de apreciação. Após a aposentadoria do Ministro Neri da Silveira, houve substituição de Relator por três vezes e a ação encontra-se atualmente sob a Relatoria da Ministra Rosa Weber.

Apesar de estar pendente a análise dessa ADI 1.805, entendo que o Tribunal, ao julgar o presente caso, pode utilizar como fundamento de sua decisão o § 5º do art. 14 da Constituição, proferindo a interpretação que entenda mais adequada para tal dispositivo constitucional. O futuro e eventual julgamento de mérito dessa ADI 1.805 não é óbice ao pleno conhecimento deste recurso extraordinário, pois aqui se trata de analisar o texto constitucional em sua aplicação concreta, pressuposta a sua plena vigência normativa.

Com efeito, não se podem desprezar os quatorze anos que se passaram desde o julgamento da medida cautelar, em que a norma do art. 14, § 5º, manteve plena vigência e teve ampla aplicação. Realizadas quatro eleições gerais (1998, 2002, 2006, 2010) e três eleições municipais (2000, 2004, 2008) sob a égide da norma introduzida pela EC n. 16/1997, parece impensável uma decisão de mérito desta Corte que venha a interferir nesse estado de coisas já conformado e consolidado. Portanto, trazido a esta Corte um caso concreto (das eleições municipais de 2008) em que se requer seja dada a interpretação adequada ao art. 14, § 5º, da Constituição, este Tribunal deve efetivamente conhecer e decidir o caso em questão, independentemente do eventual julgamento de mérito da ADI 1.805.

Feitas essas considerações iniciais, analisemos o art. 14, § 5º, da Constituição.

O instituto da reeleição criado pela EC 16/1997 constituiu mais uma *condição de elegibilidade* do cidadão. Como esclarecido e definido pelo Supremo Tribunal Federal no julgamento da referida ADI 1.805, na redação original, o § 5º do art. 14 da Constituição perfazia uma *causa de inelegibilidade absoluta*, na medida em que proibia a reeleição dos ocupantes dos cargos de Chefe do Poder Executivo.

Com a EC n. 16/97, o dispositivo passou a ter a natureza de *norma de elegibilidade*. Assim, na dicção do Tribunal, *"não se tratando, no § 5º do art. 14 da Constituição, na redação dada pela Emenda Constitucional n.º 16/1997, de caso de inelegibilidade, mas, sim, de hipótese em que se estipula ser possível a elegibilidade dos Chefes dos Poderes Executivos, federal, estadual, distrital, municipal e dos que os hajam sucedido ou substituído no curso dos mandatos, para o mesmo cargo, para um período subsequente, não cabe exigir-lhes desincompatibilização para concorrer ao segundo mandato, assim constitucionalmente autorizado".* Portanto, concluiu a Corte: *"a exegese conferida ao § 5º do art. 14 da Constituição, na redação da Emenda Constitucional n.º 16/1997, ao não exigir desincompatibilização do titular para concorrer à reeleição, não ofende o art. 60, § 4º, IV, da Constituição".*

A reelegibilidade, como vem asseverado pelo Ministro Carlos Velloso, assenta-se em um postulado de *continuidade administrativa*. *"É dizer – nas palavras do Ministro Carlos Velloso – a permissão para a reeleição do Chefe do Executivo, nos seus diversos graus, assenta-se na presunção de que a continuidade administrativa, de regra, é necessária"* (ADI-MC 1.805, acima referida). Por outro lado, não se olvide que a Constituição de 1988, mas especificamente a Emenda Constitucional n. 16/1997, ao inovar, criando o instituto da reeleição (até então não previsto na história republicana brasileira[2]), o fez permitindo apenas uma única nova eleição para o cargo de Chefe do Poder Executivo de mesma natureza. Assim, contemplou-se não somente o postulado da *continuidade administrativa*, mas também o *princípio republicano* que

---

[2] Assim esclareceu o Ministro Pertence no julgamento do RE 344.882 (*DJ* de 6.8.2004): "A evolução do Direito Eleitoral brasileiro, no campo das inelegibilidades, girou durante décadas em torno do princípio basilar da vedação de reeleição para o período imediato dos titulares do Poder Executivo: regra introduzida, como única previsão constitucional de inelegibilidade, na primeira Carta Política da República (Const. 1891, art. 47, § 4º), a proibição se manteve incólume ao advento dos textos posteriores, incluídos os que regeram as fases de mais acendrado autoritarismo (assim, na Carta de 1937, os arts. 75 a 84, embora equívocos, não chegaram à admissão explícita da reeleição; e a de 1969 (art. 151, § 1º, *a*) manteve-lhe o veto absoluto). As inspirações da irreelegibilidade dos titulares serviram de explicação legitimadora da inelegibilidade de seus familiares próximos, de modo a obviar que, por meio da eleição deles, se pudesse conduzir ao continuísmo familiar. Com essa tradição uniforme do constitucionalismo republicano, rompeu, entretanto, a EC 16/97, que, com a norma permissiva do § 5º do art. 14 da CF, explicitou a viabilidade de uma reeleição imediata para os Chefes do Executivo".

impede a perpetuação de uma mesma pessoa ou grupo no poder, chegando-se à equação cujo denominador comum está hoje disposto no art. 14, § 5º, da Constituição: permite-se a reeleição, porém apenas por uma única vez.

A clareza da norma quanto à *unicidade da reeleição* não afasta diversas questões quanto à sua interpretação e aplicação aos variados casos concretos. A jurisprudência desta Corte, por exemplo, já teve a oportunidade de enfrentar diversos casos em que se colocaram difíceis questões quanto à interpretação/aplicação desse instituto da reeleição (RE 597.994, Redator p/ o ac. Min. Eros Grau, julgamento em 4-6-2009, Plenário, *DJe* de 28-8-2009, com repercussão geral; RE 344.882, Rel. Min. Sepúlveda Pertence, julgamento em 7-4-2003, Plenário, *DJ* de 6-8-2004; RE 366.488, Rel. Min. Carlos Velloso, julgamento em 4-10-2005, Segunda Turma, *DJ* de 28-10-2005).

Interessante questão diz respeito à elegibilidade de cidadão que, tendo exercido por dois períodos consecutivos o cargo de Prefeito do Município X, transfere regularmente seu domicílio eleitoral para o Município Y (comumente o Município Y é limítrofe ou resulta de desmembramento do Município X) e tenta nova eleição nesse último em cargo de mesma natureza do anterior.

Mesmo antes do advento do instituto da reeleição, a questão já se colocava ante a regra da inelegibilidade absoluta ("irreelegibilidade") de quem já havia exercido cargos de Chefe do Poder Executivo. Sob a égide da Constituição de 1967/69, no julgamento do RE 100.825 (Redator p/ o acórdão Min. Aldir Passarinho, *DJ* 7.12.1984), o Supremo Tribunal Federal enfrentou a questão de saber se o Prefeito de um Município – na hipótese dos autos, o Município de Curiúva, no Paraná – poderia, desde que se desincompatibilizasse oportunamente, candidatar-se ao cargo de Prefeito de outro Município – no caso, o Município de Figueira, no mesmo Estado, resultante do desmembramento do Município de Curiúva. Na ocasião, a Corte entendeu que a irreelegibilidade prevista na letra "a" do parágrafo primeiro do art. 151 da Constituição de 1967/69 deve ser compreendida como proibitiva da reeleição para o mesmo cargo. No caso dos autos, o cargo de Prefeito de Figueira, embora se tratasse de cargo da mesma natureza e resultante do desmembramento do antigo Município, seria um outro cargo, na visão do Tribunal. Ao proferir voto-vista, o Min. Oscar Correa teceu as seguintes considerações:

"Há, pois, que buscar-lhe o sentido exato, que é o de vedação de reeleição. E, obviamente, não há de ser senão de eleger, de novo, para o mesmo lugar. Não se reelege quem se elege, de novo, para outro cargo. Quando se afirma que alguém se reelegeu, não se precisa acrescentar nada, pois, no vocábulo está implícito a exigência de ser para a mesma função, cargo. Ou não seria reeleição".

O Ministro Moreira Alves assim se manifestou sobre a questão:

"A questão da irreelegibilidade é de natureza estritamente objetiva: a Constituição impede que alguém, por duas vezes consecutivas, exerça o mesmo cargo. Ora, no caso presente, os cargos são inequivocamente diversos, o que afasta a incidência da vedação constitucional".

A ementa do julgado está assim transcrita:

"Eleitoral. Constituição de Município. Desmembramento territorial de um município. Eleição de Prefeito Municipal. Inelegibilidade e Irreelegibilidade. O prefeito de um Município – na hipótese dos autos, o Município de Curiúva, no Paraná – pode, desde que se desincompatibilize oportunamente, candidatar-se ao cargo de prefeito de outro município – no caso o de Figueira, no mesmo Estado –, embora este tenha resultado do desmembramento territorial daquele primeiro. Não se tornou o candidato inelegível, por não ter ocorrido a substituição prevista na letra 'b' do par-1., do artigo 151 da Constituição Federal, e em face de haver ele sido afastado tempestivamente do exercício do cargo (letra 'c', do par-1. do mesmo artigo), e a irreelegibilidade prevista na letra 'a', ainda do par-1. do art-151, há de ser compreendida como descabendo a reeleição para o mesmo cargo que o candidato já vinha ocupando, ou seja, o de Prefeito de Curiúva. Com este não pode ser confundido o cargo de Prefeito de um novo Município, pois aí, embora se trate de cargo da mesma natureza e resultante do desmembramento do antigo Município, é um outro cargo". (RE 100.825, Rel. p/ o acórdão Min. Aldir Passarinho, *DJ* 7.12.1984) (*ênfases acrescidas*)

Direitos políticos fundamentais, partidos políticos e sistemas eleitorais **1191**

No presente caso, discute-se sobre a elegibilidade para o cargo de Prefeito de cidadão que já exerceu dois mandatos consecutivos em cargo da mesma natureza em Município diverso (interpretação do art. 14, § 5º, da Constituição).

Sobre a questão, o Tribunal Superior Eleitoral manteve por muitos anos entendimento pacífico no sentido de que o instituto da reeleição diz respeito à candidatura ao mesmo cargo e no mesmo território, de modo que não haveria proibição a que o prefeito reeleito em determinado município se candidatasse a cargo de mesma natureza em outro município, vizinho ou não, em período subsequente, desde que transferisse regularmente seu domicílio eleitoral e se afastasse do cargo seis meses antes do pleito. A exceção a essa regra ocorreria apenas nas hipóteses de município desmembrado, incorporado ou que resultasse de fusão em relação ao município anterior (Acórdão n. 21.564/DF, Rel. Min. Carlos Velloso, *DJ* 5.12.2003; Acórdão n. 21.487/DF, Rel. Min. Barros Monteiro; *DJ* 16.9.2003; CTA 1.016-Resolução n. 21.706, Rel. Min. Carlos Velloso, *DJ* 7.5.2004; CTA n. 841, Rel. Min. Fernando Neves, *DJ* 27.2.2003).

Em Sessão do dia 17 de dezembro de 2008, o Tribunal Superior Eleitoral, ao julgar o Recurso Especial Eleitoral n. 32.507 (Rel. Min. Eros Grau) modificou sua antiga jurisprudência, passando a adotar o seguinte entendimento, bem resumido em trecho do voto do Ministro Carlos Britto:

"(...) o princípio republicano está a inspirar a seguinte interpretação basilar dos §§ 5º e 6º do art. 14 da Carta Política: somente é possível eleger-se para o cargo de 'prefeito municipal' por duas vezes consecutivas. Após isso, apenas permite-se, respeitado o prazo de desincompatibilização de 6 meses, a candidatura a 'outro cargo', ou seja, a mandato legislativo, ou aos cargos de Governador de Estado ou de Presidente da República; não mais de Prefeito Municipal, portanto".

Na mesma ocasião, o TSE julgou o Recurso Especial Eleitoral n. 32.539 e igualmente adotou o novo entendimento, resumido na seguinte ementa:

"RECURSO ESPECIAL ELEITORAL. MUDANÇA DE DOMICÍLIO ELEITORAL. 'PREFEITO ITINERANTE'. EXERCÍCIO CONSECUTIVO DE MAIS DE DOIS MANDATOS DE CHEFIA DO EXECUTIVO EM MUNICÍPIOS DIFERENTES. IMPOSSIBILIDADE. INDEVIDA PERPETUAÇÃO NO PODER. OFENSA AOS §§ 5º E 6º DO ART. 14 DA CONSTITUIÇÃO DA REPÚBLICA. NOVA JURISPRUDÊNCIA DO TSE. Não se pode, mediante a prática de ato formalmente lícito (mudança de domicílio eleitoral), alcançar finalidades incompatíveis com a Constituição: a perpetuação no poder e o apoderamento de unidades federadas para a formação de clãs políticos ou hegemonias familiares. O princípio republicano está a inspirar a seguinte interpretação basilar dos §§ 5º e 6º do art. 14 da Carta Política: somente é possível eleger-se para o cargo de 'prefeito municipal' por duas vezes consecutivas. Após isso, apenas permite-se, respeitado o prazo de desincompatibilização de 6 meses, a candidatura a 'outro cargo', ou seja, a mandato legislativo, ou aos cargos de Governador de Estado ou de Presidente da República; não mais de Prefeito Municipal, portanto. Nova orientação jurisprudencial do Tribunal Superior Eleitoral, firmada no Respe 32.507".

O novo entendimento do TSE parte do pressuposto de que a mudança do domicílio eleitoral para o Município Y, por quem já exerceu dois mandatos consecutivos como Prefeito do Município X, configura *fraude* à regra constitucional que proíbe uma segunda reeleição (art. 14, § 5º). A prática de um ato aparentemente lícito (a mudança do domicílio eleitoral) configuraria, em verdade, um *desvio de finalidade*, uma clara burla à regra constitucional visando à monopolização do poder local.

Analisemos os fundamentos da decisão do TSE para verificar a sua consistência.

O argumento baseado nas noções de "fraude à lei" (à regra constitucional do art. 14, § 5º), "abuso do direito" (direito de transferir o domicílio eleitoral), "desvio de finalidade" (finalidade do direito à fixação do domicílio eleitoral) é plenamente válido quando utilizado em casos concretos cujas circunstâncias fáticas demonstrem um estado de coisas com as seguintes características: 1) os municípios possuem territórios limítrofes ou muito próximos, permitindo pressupor a existência de uma mesma microrregião eleitoral, formada por um eleitorado com características comuns e igualmente influenciado pelos mesmos grupos políticos atuantes nessa região; 2) os municípios têm uma origem comum, resultantes de desmembramento, incorporação ou fusão, conforme o art. 18, § 4º, da Constituição. Nessas hipóteses, é possível criar-se uma presunção jurídica (*juris tantum*) no sentido de que o ato de transferência do domicílio eleitoral do Município X para o Município Y, por parte do cidadão que, por duas vezes consecutivas, exerceu o mandato de Chefe do Poder Executivo no Município X, foi realizado em fraude à regra constitucional do art. 14, § 5º, visando alcançar uma finalidade com ela incompatível, isto é, a perpetuação de uma mesma pessoa no poder local.

Não obstante, o argumento não é generalizável e, dessa forma, não é válido para outras várias situações, como as que se configuram quando os municípios: (3) pertencem ao mesmo Estado-membro, mas são territorialmente distantes o bastante para se pressupor que possuem bases eleitorais e grupos políticos completamente distintos; e (4) estão situados em diferentes Estados-membros e estão territorialmente distantes.

Ressalte-se que tais hipóteses são plenamente possíveis, em razão do conceito amplo de domicílio eleitoral adotado pela Justiça Eleitoral, que permite que o cidadão possa legitimamente manter, ao longo de sua vida política, distintos domicílios conforme mantenha vínculos econômicos ou afetivos em diversas localidades dentro do território brasileiro. Pense-se, por exemplo, no filho de pais separados, um (o pai) residindo no Acre e o outro (a mãe) com domicílio residencial fixo no Rio Grande do Sul, fato que legitima o desenvolvimento simultâneo de dois fortes vínculos domiciliares (no conceito do Direito Eleitoral) por um mesmo cidadão e, dessa forma, torna possível a sua candidatura tanto no Acre como no Rio Grande do Sul. Imagine-se, igualmente, o cidadão que passou os vinte primeiros anos de vida em sua cidade natal no interior do Ceará e depois resolveu ir cursar a universidade e construir sua vida profissional em São Paulo, tornando legítima a fixação de seu domicílio eleitoral tanto em um como em outro Estado da federação. As situações são diversas e variadas e, nesses casos, a existência de dois domicílios eleitorais não é fruto de qualquer estratégia política de grupos ou partidos, mas um simples resultado da contingência da vida privada individual.

O fato é que, nas hipóteses acima descritas (3 e 4), não se poderia pressupor que a transferência de domicílio, com vistas à nova eleição em outro município, visaria à perpetuação do mesmo poder político na mesma microrregião eleitoral.

A antiga jurisprudência do TSE, apesar de permitir uma "terceira" eleição em Município diverso, sempre excepcionou as hipóteses em que os municípios envolvidos estivessem localizados numa mesma microrregião eleitoral e fossem resultado de desmembramento, incorporação ou fusão de municípios.

Portanto, não seria inteiramente novo, ou pelo menos não seria razão suficiente para uma modificação radical na jurisprudência, o argumento que constata a fraude à regra constitucional pelo ato de transferência do domicílio eleitoral visando à perpetuação de um mesmo indivíduo ou grupo político no poder local. O argumento que assim se constrói com base na monopolização do poder regional ou no "apoderamento de unidades federadas" seria inválido quando aplicado às hipóteses acima descritas em que o cidadão transfere seu domicílio de um Município no Acre para um Município no Rio Grande do Sul, ou do Ceará para São Paulo.

Como o entendimento jurisprudencial que se constrói deve valer não apenas para os casos concretos específicos que são objeto das decisões paradigmas, mas para todos os demais casos em tese, parece certo então que devemos procurar fundamentos que sejam generalizáveis o bastante para justificar a aplicação do entendimento fixado em casos futuros com as mesmas características.

Fossem as hipóteses de sucessivas reeleições em municípios pertencentes a uma mesma microrregião (hipóteses 1 e 2 acima explicadas) as únicas circunstâncias relevantes a serem tratadas pela jurisprudência, não haveria dúvida a respeito da plena suficiência dos argumentos adotados pelo TSE. No entanto, como explicado, a questão constitucional posta é mais ampla e abarca uma gama mais variada de situações que não se circunscrevem à sucessiva eleição em municípios vizinhos, o que faria pressupor a monopolização do poder regional ou local, em clara violação à Constituição.

Devemos, portanto, interpretar o art. 14, § 5º, da Constituição levando em conta não apenas as situações específicas que, tal como a que foi descrita nos presentes autos, caracterizam-se pela presença de municípios pertencentes a uma mesma microrregião eleitoral. O fato de os Municípios possuírem uma mesma origem territorial não se torna circunstância relevante (ou pelo menos unicamente relevante) para o deslinde da controvérsia e para a fixação de um entendimento jurisprudencial generalizável o bastante para aplicação aos mais variados casos futuros. É necessário levar em consideração todas as hipóteses, isto é, tomar como parâmetro situações de transferência de domicílio e de reeleição entre quaisquer municípios.

Assim, a solução para a questão constitucional posta (elegibilidade para o cargo de Prefeito de cidadão que já exerceu dois mandatos consecutivos em cargo da mesma natureza em Município diverso) deve se basear numa interpretação do art. 14, § 5º, da Constituição, que leve em conta o significado do instituto da reeleição. Importante frisar que, para tanto, a própria jurisprudência desta Corte já oferece os parâmetros necessários.

Como analisado acima, a jurisprudência do STF a respeito do art. 14, § 5º, da Constituição, entende que essa norma constitucional configura (1) uma *condição de elegibilidade*, fundamenta-se em (2) um postulado de *continuidade administrativa* e, ao permitir a reeleição por apenas uma única vez, visa (3) *impedir a perpetuação no poder* de uma mesma pessoa ou grupo.

O Supremo Tribunal Federal, no julgamento da citada ADI 1.805, considerou que o § 5º do art. 14 da Constituição, na sua redação original, perfazia uma *causa de inelegibilidade absoluta*, na medida em que proibia a reeleição "para os mesmos cargos", no período subsequente, dos ocupantes dos cargos de Chefe do Poder Executivo. Com a EC n. 16/97, o dispositivo passou a ter a natureza de *condição de elegibilidade*. A mudança foi, portanto, substancial.

Na redação anterior, ao instituir causa de inelegibilidade absoluta, a norma do § 5º do art. 14 da Constituição assumia *caráter proibitivo*, vedando a candidatura daqueles cidadãos que se encaixavam em sua hipótese de aplicação: ter exercido o cargo de Presidente da República, Governador de Estado ou do Distrito Federal, os Prefeitos e quem os houver sucedido ou substituído nos seis meses anteriores ao pleito. Assim, tal como nas Constituições anteriores, a norma constitucional estabelecia uma causa de inelegibilidade que, de acordo com a interpretação adotada pelo STF no citado RE 100.825, vedava somente a candidatura para "o mesmo cargo", isto é, o cargo de Chefe do Poder Executivo da unidade da federação em questão. Daí o Tribunal realizar a diferenciação entre "cargo de mesma natureza" e "mesmo cargo". Nas palavras do Ministro Oscar Correa, o sentido exato da reeleição vedada ("irreelegibilidade" na expressão da Constituição de 1967/69) "não há de ser senão de eleger, de novo, para o mesmo lugar". Até o advento da EC n. 16/97, portanto, a proibição de reeleição constituía verdadeira causa de inelegibilidade absoluta e tinha o sentido de vedar a eleição para o mesmo cargo, no mesmo domicílio eleitoral.

A EC n. 16/97 passou a permitir a reeleição, ainda que por uma única vez, e, dessa forma, estruturou o § 5º do art. 14 como uma *permissão*, isto é, perfazendo uma condição de elegibilidade para os cargos de Chefe do Poder Executivo. Assim, diz a norma que "*o Presidente da República, os Governadores de Estado e do Distrito Federal, os Prefeitos e quem os houver sucedido ou substituído no curso dos mandatos poderão ser reeleitos para um único período subsequente*".

A nova condição de elegibilidade fundamenta-se no postulado de *continuidade administrativa*, que lhe dá sentido e, dessa forma, condiciona sua aplicação teleológica. Não estando presente a possibilidade e a necessidade da continuidade administrativa, não se preenche o requisito essencial dessa condição de elegibilidade. Em outros termos, pode-se dizer que esse princípio constitui o substrato da condição de aplicação da norma do art. 14, § 5º, da Constituição.

De toda forma, crucial é compreender que, como abordado acima, o instituto da reeleição tem fundamento não somente no postulado da *continuidade administrativa*, mas também no *princípio republicano*, que impede a perpetuação de uma mesma pessoa ou grupo no poder. O princípio republicano condiciona a interpretação e a aplicação do próprio *comando da norma* (resultado ou solução normativa): a reeleição é permitida por apenas uma única vez. E é sensato considerar que esse princípio impede a terceira eleição não apenas no mesmo município, mas em relação a qualquer outro município da federação. Entendimento contrário tornaria possível a figura do denominado "prefeito itinerante" ou do "prefeito profissional", o que claramente é incompatível com esse princípio republicano, que também traduz um postulado de *temporariedade/alternância* do exercício do poder.

Portanto, ambos os princípios – continuidade administrativa e republicanismo – condicionam a interpretação e a aplicação teleológicas do art. 14, § 5º, da Constituição. A reeleição, como condição de elegibilidade, somente estará presente nas hipóteses em que esses princípios forem igualmente contemplados e concretizados. Não estando presentes as hipóteses de incidência desses princípios (é o que ocorre quando o caso envolve municípios diversos) e, dessa forma, não havendo a condição de elegibilidade, fica proibida a reeleição. Significa, ao fim e ao cabo, que o cidadão que exerce dois mandatos consecutivos como Prefeito de determinado município fica inelegível para o cargo da mesma natureza em qualquer outro município da federação.

Em suma, traduzindo em outros termos, pode-se placitar a interpretação do art. 14, §, 5º, da Constituição, dada pelo Ministro Carlos Britto no âmbito do Tribunal Superior Eleitoral: "*somente é possível eleger-se para o cargo de prefeito municipal por duas vezes consecutivas. Após isso, apenas permite-se, respeitado o prazo de desincompatibilização de 6 meses, a candidatura a outro cargo, ou seja, a mandato legislativo, ou aos cargos de Governador de Estado ou de Presidente da República; não mais de Prefeito Municipal, portanto*" (Recurso Especial Eleitoral n. 32.359/AL).

Para se resolver o caso concreto, porém, não se pode deixar de analisar se a decisão do TSE, ao modificar jurisprudência de longa data, respeitou o princípio da segurança jurídica.

3. MUDANÇA JURISPRUDENCIAL E SEGURANÇA JURÍDICA

O caso apresentado nos autos é deveras peculiar. O recurso extraordinário relata que o autor, após exercer dois mandatos consecutivos como Prefeito do Município de Rio das Flores-RJ, nos períodos 2001-2004 e 2005-2008, transferiu seu domicílio eleitoral e, atendendo às regras quanto à desincompatibilização, candidatou-se ao cargo de Prefeito do Município de Valença-RJ no pleito de 2008.

Na época, a jurisprudência do Tribunal Superior Eleitoral era firme em considerar que, nessas hipóteses, não se haveria de cogitar da falta de condição de elegibilidade prevista no art. 14, § 5º, da Constituição, pois a candidatura se daria em município diverso.

Por isso, a candidatura do autor sequer chegou a ser impugnada pelo Ministério Público ou por partido político. Assim, transcorrido todo o período de campanha, pressuposta a regularidade da candidatura, tudo conforme as normas (legais e jurisprudenciais) vigentes à época, o autor saiu-se vitorioso no pleito eleitoral.

Em 17 de dezembro de 2008, já no período de diplomação dos eleitos, o TSE alterou radicalmente sua jurisprudência e passou a considerar tal hipótese como vedada pelo art. 14, § 5º, da Constituição.

Em razão dessa mudança jurisprudencial, o Ministério Público Eleitoral e a Coligação adversária naquele pleito impugnaram a expedição do diploma do autor, com fundamento no art. 262, I, do Código Eleitoral. O Tribunal Regional Eleitoral do Rio de Janeiro, com base na anterior jurisprudência do TSE, negou provimento ao recurso e manteve o diploma do autor. Porém, no TSE, o recurso especial eleitoral foi julgado procedente e, após rejeição dos recursos cabíveis, determinou-se a cassação do diploma do autor.

O caso descrito, portanto, revela uma situação diferenciada, em que houve regular registro da candidatura, legítima participação e vitória no pleito eleitoral e efetiva diplomação do autor, tudo conforme as regras então vigentes e sua interpretação pela Justiça Eleitoral. As circunstâncias levam a crer que a alteração repentina e radical dessas regras, uma vez o período eleitoral já praticamente encerrado, repercute drasticamente na segurança jurídica que deve nortear o processo eleitoral, mais especificamente na confiança não somente do cidadão candidato, mas também na confiança depositada no sistema pelo cidadão-eleitor.

Em casos como este, em que se altera jurisprudência longamente adotada, parece sensato considerar seriamente a necessidade de se modular os efeitos da decisão, com base em razões de segurança jurídica. Essa tem sido a praxe neste Supremo Tribunal Federal, quando há modificação radical de jurisprudência.

Cito, a título de exemplo, a decisão proferida na Questão de Ordem no INQ 687 (*DJ* 9.11.2001), em que o Tribunal **cancelou o enunciado da Súmula n. 394**, ressalvando os atos praticados e as decisões já proferidas que nela se basearam.

No Conflito de Competência n. 7.204/MG, Rel. Min. Carlos Britto (julg. em 29.6.2005), fixou-se o entendimento de que "*o Supremo Tribunal Federal, guardião-mor da Constituição Republicana, pode e deve, em prol da segurança jurídica, atribuir eficácia prospectiva às suas decisões, com a delimitação precisa dos respectivos efeitos, toda vez que proceder a revisões de jurisprudência definidora de competência ex ratione materiae. O escopo é preservar os jurisdicionados de alterações jurisprudenciais que ocorram sem mudança formal do Magno Texto*".

Assim também ocorreu no julgamento do HC n. 82.959, em que declaramos, com efeitos prospectivos, a inconstitucionalidade da vedação legal da **progressão de regime** para os crimes hediondos (art. 2º, § 1º, da Lei n. 8.072/90, com radical modificação da antiga jurisprudência do Tribunal).

Recordo, igualmente, o importante e emblemático caso da **fidelidade partidária**, no qual esta Corte, ante a radical mudança que se operava, naquele momento, em antiga jurisprudência do Supremo Tribunal Federal, e com base em razões de segurança jurídica, entendeu que os efeitos de sua decisão deveriam ser modulados no tempo, fixando o marco temporal desde o qual tais efeitos pudessem ser efetivamente produzidos, especificamente a data da decisão do Tribunal Superior Eleitoral na Consulta n. 1.398/2007, Rel. Min. César Asfor Rocha, que ocorreu na Sessão do dia 27 de março de 2007.

Ressalte-se, neste ponto, que não se trata aqui de declaração de inconstitucionalidade em controle abstrato, a qual pode suscitar a *modulação dos efeitos* da decisão mediante a aplicação do art. 27 da Lei 9.868/99. O caso é de substancial *mudança de jurisprudência*, decorrente de nova interpretação do texto constitucional, o que impõe ao Tribunal, tendo em vista razões de *segurança jurídica*, a tarefa de proceder a uma ponderação das consequências e o devido ajuste do resultado, adotando a técnica de decisão que possa melhor traduzir a mutação constitucional operada. Esse entendimento ficou bem esclarecido

no julgamento do RE n. 353.657/PR, Rel. Min. Marco Aurélio e do RE n. 370.682/SC, Rel. Min. Ilmar Galvão (caso IPI alíquota zero).

Assim, também o Tribunal Superior Eleitoral, quando modifica sua jurisprudência, especialmente no decorrer do período eleitoral, deve ajustar o resultado de sua decisão, em razão da necessária preservação da segurança jurídica que deve lastrear a realização das eleições, especialmente a confiança dos cidadãos candidatos e cidadãos eleitores.

Talvez um dos temas mais ricos da teoria do direito e da moderna teoria constitucional seja aquele relativo à evolução jurisprudencial e, especialmente, à possível mutação constitucional. Se a sua repercussão no plano material é inegável, são inúmeros os desafios no plano do processo em geral e, em especial, do processo constitucional.

Nesse sentido, vale registrar a observação de Karl Larenz:

"De entre os factores que dão motivo a uma revisão e, com isso, frequentemente, a uma modificação da interpretação anterior, cabe uma importância proeminente à alteração da situação normativa. Trata-se a este propósito de que as relações fácticas ou usos que o legislador histórico tinha perante si e em conformidade aos quais projectou a sua regulação, para os quais a tinha pensado, variaram de tal modo que a norma dada deixou de se 'ajustar' às novas relações. É o factor temporal que se faz notar aqui. Qualquer lei está, como facto histórico, em relação actuante com o seu tempo. Mas o tempo também não está em quietude; o que no momento da gênese da lei actuava de modo determinado, desejado pelo legislador, pode posteriormente actuar de um modo que nem sequer o legislador previu, nem, se o pudesse ter previsto, estaria disposto a aprovar. Mas, uma vez que a lei, dado que pretende ter também validade para uma multiplicidade de casos futuros, procura também garantir uma certa constância nas relações inter-humanas, a qual é, por seu lado, pressuposto de muitas disposições orientadas para o futuro, nem *toda* a modificação de relações acarreta por si só, de imediato, uma alteração do conteúdo da norma. Existe a princípio, ao invés, uma relação de tensão que só impele a uma solução – por via de uma interpretação modificada ou de um desenvolvimento judicial do Direito – quando a insuficiência do entendimento anterior da lei passou a ser 'evidente'." (Karl Larenz, *Metodologia da Ciência do Direito*, 3ª Edição, Lisboa, 1997, p. 495).

Daí afirmar Larenz:

"A alteração da situação normativa pode assim conduzir à modificação – restrição ou extensão – do significado da norma até aqui prevalecente. De par com a alteração da situação normativa, existem factos tais como, sobretudo, modificações na estrutura da ordem jurídica global, uma nítida tendência da legislação mais recente, um novo entendimento da *ratio legis* ou dos critérios teleológico-objectivos, bem como a necessidade de adequação do Direito pré-constitucional aos princípios constitucionais, que podem provocar uma alteração de interpretação. Disto falámos nós já. Os tribunais podem abandonar a sua interpretação anterior porque se convenceram que era incorrecta, que assentava em falsas suposições ou em conclusões não suficientemente seguras. Mas ao tomar em consideração o factor temporal, pode também resultar que uma interpretação que antes era correcta agora não o seja." (Larenz, Metodologia, *cit.*, p. 498-500).

Por isso, ensina, Larenz, de forma lapidar:

"O preciso momento em que deixou de ser 'correcta' é impossível de determinar. Isto assenta em que as alterações subjacentes se efectuam na maior parte das vezes de modo contínuo e não de repente. Durante um 'tempo intermédio' podem ser 'plausíveis' ambas as coisas, a manutenção de uma interpretação constante e a passagem a uma interpretação modificada, adequada ao tempo. É também possível que uma interpretação que aparecia originariamente como conforme à Constituição, deixe de o ser na sequência de uma modificação das relações determinantes. Então é de escolher a interpretação, no quadro das possíveis, segundo os outros critérios de interpretação, que seja agora a única conforme à Constituição".

No plano constitucional, esse tema mereceu uma análise superior no trabalho de Inocêncio Mártires Coelho sobre interpretação constitucional (COELHO, Inocêncio Mártires. *Interpretação Constitucional*. Porto Alegre: Sergio Antonio Fabris, 1997).

Direitos políticos fundamentais, partidos políticos e sistemas eleitorais **1197**

No Capítulo 4 da obra em referência, que trata das consequências da diferença entre lei e Constituição, propicia-se uma *releitura* do fenômeno da chamada *mutação constitucional*, asseverando-se que as situações da vida são constitutivas do significado das regras de direito, na medida em que é somente no momento de sua aplicação aos casos ocorrentes que se revelam o sentido e o alcance dos enunciados normativos. Com base em Perez Luño e Reale, enfatiza-se que, em verdade, a norma jurídica não é o *pressuposto*, mas o *resultado* do processo interpretativo ou que a *norma* é a sua *interpretação*.

Essa colocação coincide, fundamentalmente, com a observação de Häberle, segundo a qual não existe norma jurídica, senão norma jurídica interpretada (*Es gibt keine Rechtsnormen, es gibt nur interpretierte Rechtsnormen*), ressaltando-se que interpretar um ato normativo nada mais é do que colocá-lo no tempo ou integrá-lo na realidade pública (*Einen Rechssatz "auslegen" bedeutet, ihn in die Zeit, d.h. in die öffentliche Wirklichkeit stellen – um seiner Wirksamkeit willen*). Por isso, Häberle introduz o conceito de *pós-compreensão* (*Nachverständnis*), entendido como o conjunto de fatores temporalmente condicionados com base nos quais se compreende "supervenientemente" uma dada norma. A *pós-compreensão* nada mais seria, para Häberle, do que a *pré--compreensão do futuro*, isto é, o elemento dialético correspondente da ideia de pré-compreensão (Häberle, Peter. "Zeit und Verfassung". In: *Probleme der Verfassungsinterpretation*, org: Dreier, Ralf/Schwegmann, Friedrich, Nomos, Baden-Baden, 1976, p. 312-313).

Tal concepção permite a Häberle afirmar que, em sentido amplo, toda lei interpretada – não apenas as chamadas leis temporárias – é uma lei com duração temporal limitada (*In einem weiteren Sinne sind alle – interpretierten – Gesetzen "Zeitgesetze" – nicht nur die zeitlich befristeten*). Em outras palavras, o texto, confrontado com novas experiências, transforma-se necessariamente em outro texto.

Essa reflexão e a ideia segundo a qual a atividade hermenêutica nada mais é do que um procedimento historicamente situado autorizam Häberle a realçar que uma interpretação constitucional aberta prescinde do conceito de *mutação constitucional* (*Verfassungswandel*) enquanto categoria autônoma.

Nesses casos, fica evidente que o Tribunal não poderá *fingir* que sempre pensara dessa forma. Daí a necessidade de, em tais casos, fazer-se o ajuste do resultado, adotando-se técnica de decisão que, tanto quanto possível, traduza a mudança de valoração. No plano constitucional, esses casos de mudança na concepção jurídica podem produzir uma *mutação normativa* ou a *evolução na interpretação*, permitindo que venha a ser reconhecida a inconstitucionalidade de situações anteriormente consideradas legítimas. A orientação doutrinária tradicional, marcada por uma alternativa rigorosa entre *atos legítimos* ou *ilegítimos* (*entweder als rechtmässig oder als rechtswidrig*), encontra dificuldade para identificar a consolidação de um *processo de inconstitucionalização* (*Prozess des Verfassungswid rigwerdens*). Prefere-se admitir que, embora não tivesse sido identificada, a ilegitimidade sempre existira.

Daí afirmar Häberle:

> "O Direito Constitucional vive, *prima facie*, uma problemática temporal. De um lado, a dificuldade de alteração e a consequente duração e continuidade, confiabilidade e segurança; de outro, o tempo envolve agora mesmo, especificamente o Direito Constitucional. É que o processo de reforma constitucional deverá ser feito de forma flexível e a partir de uma interpretação constitucional aberta. A continuidade da Constituição somente será possível se *passado e futuro* estiverem nela associados." (Häberle, Zeit und Verfassung, *cit.*, p. 295-296).

Häberle indaga:

> "O que significa tempo? Objetivamente, tempo é a possibilidade de se introduzir mudança, ainda que não haja a necessidade de produzi-la." (Häberle, Zeit und Verfassung, *cit.*, p. 300).

Tal como anota Häberle, "o tempo sinaliza ou indica uma reunião (*ensemble*) de forças sociais e ideias. (...) A ênfase ao 'fator tempo' não deve levar ao entendimento de que o tempo há de ser utilizado como 'sujeito' de transformação ou de movimento (...). A história (da comunidade) tem muitos sujeitos. O tempo nada mais é do que a dimensão na qual as mudanças se tornam possíveis e necessárias (...)." (Häberle, *Zeit und Verfassung, cit.*, p. 300)

Não é raro que essas alterações de concepções se verifiquem, entre outros campos, exatamente em matéria de defesa dos direitos fundamentais. Aqui talvez se mesclem as mais diversas concepções existentes na própria sociedade e o processo dialético que as envolve. E os diversos entendimentos de mundo convivem, sem que, muitas vezes, o "novo" tenha condições de superar o "velho".

É natural também que esse tipo de situação se coloque de forma bastante evidente no quadro de uma nova ordem constitucional. Aqui, entendimentos na jurisprudência, doutrina e legislação tornam, às vezes, inevitável que a interpretação da Constituição se realize, em um primeiro momento, com base na situação jurídica preexistente. Assim, até mesmo institutos novos poderão ser interpretados segundo entendimento consolidado na jurisprudência e na legislação pré-constitucionais. Nesse caso, é igualmente compreensível que uma nova orientação hermenêutica reclame cuidados especiais.

Nesse sentido, refiro-me mais uma vez às lições de Larenz:

"O que é para os tribunais civis, quando muito, uma excepção, adequa-se em muito maior medida a um Tribunal Constitucional. Decerto que se poderá, por exemplo, resolver muitas vezes sobre recursos constitucionais de modo rotineiro, com os meios normais da argumentação jurídica. Aqui tão pouco faltam casos comparáveis. Mas nas resoluções de grande alcance político para o futuro da comunidade, estes meios não são suficientes. Ao Tribunal Constitucional incumbe uma responsabilidade política na manutenção da ordem jurídico-estadual e da sua capacidade de funcionamento. Não pode proceder segundo a máxima: *fiat justitia, pereat res publica.* Nenhum juiz constitucional procederá assim na prática. Aqui a ponderação das consequências é, portanto, de todo irrenunciável, e neste ponto tem KRIELE razão. Certamente que as consequências (mais remotas) tampouco são susceptíveis de ser entrevistas com segurança por um Tribunal Constitucional, se bem que este disponha de possibilidades muito mais amplas do que um simples juiz civil de conseguir uma imagem daquelas. Mas isto tem que ser aceite. No que se refere à avaliação das consequências previsíveis, esta avaliação só pode estar orientada à ideia de 'bem comum', especialmente à manutenção ou aperfeiçoamento da capacidade funcional do Estado de Direito. É, neste sentido, uma avaliação política, mas devendo exigir-se de cada juiz constitucional que se liberte, tanto quanto lhe seja possível – e este é, seguramente, em larga escala o caso – da sua orientação política subjectiva, de simpatia para com determinados grupos políticos, ou de antipatia para com outros, e procure uma resolução despreconceituada, 'racional'." (Metodologia, *cit.*, p. 517).

Talvez o caso historicamente mais relevante da assim chamada <u>mutação constitucional</u> seja expresso na concepção da igualdade racial nos Estados Unidos. Em 1896, no caso *Plessy versus Ferguson*, a Corte Suprema americana reconheceu que a separação entre brancos e negros em espaços distintos, no caso específico – em vagões de trens – era legítima. Foi a consagração da fórmula *"equal but separated"*. Essa orientação veio a ser superada no já clássico *Brown versus Board of Education* (1954), no qual se assentou a incompatibilidade dessa separação com os princípios básicos da igualdade.

Nos próprios Estados Unidos, a decisão tomada *em Mapp versus Ohio*, 367 U.S. 643 (1961), posteriormente confirmada em *Linkletter versus Walker*, 381 U.S. 618 (1965), a propósito da busca e apreensão realizada na residência da Sra. Dollree Mapp, acusada de portar material pornográfico, em evidente violação às leis de Ohio, traduz uma significativa mudança da orientação até então esposada pela Corte Suprema.

A condenação de Dolree Mapp foi determinada com base em evidências obtidas pela polícia quando adentraram sua residência, em 1957, apesar de não disporem de mandado judicial de busca e apreensão. A Suprema Corte, contrariando o julgamento da 1ª Instância, declarou que a 'regra de exclusão' (baseada na Quarta Emenda da Constituição), que proíbe o uso de provas obtidas por meios ilegais nas Cortes federais, deveria ser estendida também às Cortes estaduais. A decisão provocou muita controvérsia, mas os proponentes da 'regra de exclusão' afirmavam constituir esta a única forma de assegurar que provas obtidas ilegalmente não fossem utilizadas.

A decisão de *Mapp v. Ohio* superou o precedente *Wolf v. Colorado*, 338 U.S. 25 (1949), tornando a regra obrigatória aos Estados e àqueles acusados cujas investigações e processos não tinham atendido a estes princípios, era conferido o direito de *habeas corpus*.

Em 1965 a Suprema Corte americana julgou o caso *Linkletter v. Walker*, 381 U.S. 618, no qual um condenado por arrombamento na Corte de Louisiana requereu o direito de *habeas corpus*, com fundamento na decisão do caso *Mapp v. Ohio*.

A Suprema Corte decidiu contrariamente à aplicação retroativa da norma naqueles casos que tiveram o julgamento final antes da decisão proferida em Mapp. Essa mudança foi descrita por Christina Aires Lima em sua dissertação de Mestrado:

> "Apesar do entendimento da Corte Federal do Distrito de Lousiana e da Corte de Apelação do Estado, de que no caso Linkletter as investigações sobre a pessoa e bens do acusado foram feitas de modo ilegal, tais Cortes decidiram que a regra estabelecida no caso Mapp não poderia ser aplicada retroativamente às condenações das cortes estaduais, que se tornaram finais antes do anúncio da decisão do referido precedente.
>
> As decisões dessas Cortes foram fundadas no entendimento de que conferir-se efeito retroativo aos casos que tiveram julgamento final antes da decisão do caso Mapp causaria um enorme e preocupante problema para a administração da Justiça.
>
> A Suprema Corte americana admitiu o *certiorari* requerido por *Linkletter*, restrito à questão de saber se deveria, ou não, aplicar efeito retroativo à decisão proferida no caso *Mapp*". (LIMA, Christina Aires Corrêa. *O Princípio da Nulidade das Leis Inconstitucionais*, UnB, 2000, p. 84)

Ao justificar o indeferimento da aplicação da norma retroativamente, a opinião majoritária da Corte Suprema americana, no julgamento do caso *Linkletter v. Walker*, foi no seguinte sentido:

> "Uma vez aceita a premissa de que não somos requeridos e nem proibidos de aplicar uma decisão retroativamente, devemos então sopesar os méritos e deméritos em cada caso, analisando o histórico anterior da norma em questão, seu objetivo e efeito, e se a operação retrospectiva irá adiantar ou retardar sua operação. Acreditamos que essa abordagem é particularmente correta com referência às proibições da 4ª. Emenda, no que concerne às buscas e apreensões desarrazoadas. Ao invés de 'depreciar' a Emenda devemos aplicar a sabedoria do Justice Holmes que dizia que 'na vida da lei não existe lógica: o que há é experiência'". (*United States Reports*, Vol. 381, p. 629).

E mais adiante ressaltou:

> "A conduta imprópria da polícia, anterior à decisão em *Mapp*, já ocorreu e não será corrigida pela soltura dos prisioneiros envolvidos. Nem sequer dará harmonia ao delicado relacionamento estadual-federal que discutimos como parte do objetivo de *Mapp*. Finalmente, a invasão de privacidade nos lares das vítimas e seus efeitos não podem ser revertidos. A reparação chegou muito tarde". (*United States Reports*, Vol. 381, p. 637).

No direito alemão, mencione-se o famoso caso sobre o regime da execução penal (*Strafgefangene*), de 14 de março de 1972. Segundo a concepção tradicional, o estabelecimento de restrições aos direitos fundamentais dos presidiários, mediante atos normativos secundários, era considerado, inicialmente, compatível com a Lei Fundamental. Na espécie, cuidava-se de *Verfassungsbeschwerde* proposta por preso que tivera carta dirigida a uma organização de ajuda aos presidiários interceptada, porque continha críticas à direção do presídio. A decisão respaldava-se em uma portaria do Ministério da Justiça do Estado.

A Corte Constitucional alemã colocou em dúvida esse entendimento na decisão proferida sobre problemática da execução penal, como se logra depreender da seguinte passagem do acórdão:

"O constituinte contemplou, por ocasião da promulgação da Lei Fundamental, a situação tradicional da execução da pena, tal como resulta dos artigos 2º, parágrafo 2º, 2º período, e 104, parágrafos 1º e 2º da Lei Fundamental, não existindo qualquer sinal de que ele partira da premissa de que o legislador haveria de editar uma lei imediatamente após a entrada em vigor da Lei Fundamental. Na apreciação da questão sobre o decurso de prazo razoável para o legislador disciplinar a matéria e, por conseguinte, sobre a configuração de ofensa à Constituição, deve-se considerar também que, até recentemente, admitia-se, com fundamento das relações peculiares de poder (*besondere Gewaltverhältnisse*), que os direitos fundamentais do preso estavam submetidos a uma restrição geral decorrente das condições de execução da pena. Cuidar-se-ia de limitação implícita, que não precisava estar prevista expressamente em lei. Assinale-se, todavia, que, segundo a orientação que se contrapõe à corrente tradicional, a Lei Fundamental, enquanto ordenação objetiva de valores com ampla proteção dos direitos fundamentais, não pode admitir uma restrição *ipso jure* da proteção dos direitos fundamentais para determinados grupos de pessoas. Essa corrente somente impôs-se após lento e gradual processo." (*BVerfGE* 33, 1 (12))

A especificidade da situação impunha, todavia, que se tolerassem, provisoriamente, as restrições aos direitos fundamentais dos presidiários, ainda que sem fundamento legal expresso. O legislador deveria emprestar nova disciplina à matéria, em consonância com a orientação agora dominante sobre os direitos fundamentais.

A evolução do entendimento doutrinário e jurisprudencial – uma autêntica *mutação constitucional* – passava a exigir, no entanto, que qualquer restrição a esses direitos devesse ser estabelecida mediante expressa autorização legal.

Todas essas considerações estão a evidenciar que as mudanças radicais na interpretação da Constituição devem ser acompanhadas da devida e cuidadosa reflexão sobre suas consequências, tendo em vista o postulado da segurança jurídica.

Não só a Corte Constitucional, mas também o Tribunal que exerce o papel de órgão de cúpula da Justiça Eleitoral, deve adotar tais cautelas por ocasião das chamadas "viragens jurisprudenciais" na interpretação dos preceitos constitucionais que dizem respeito aos direitos políticos e ao processo eleitoral.

Aqui não se pode deixar de considerar o peculiar *caráter normativo* dos atos judiciais emanados do Tribunal Superior Eleitoral, que regem todo o processo eleitoral. Mudanças na jurisprudência eleitoral, portanto, têm efeitos normativos diretos sobre os pleitos eleitorais, com sérias repercussões sobre os direitos fundamentais dos cidadãos (eleitores e candidatos) e partidos políticos. No âmbito eleitoral, portanto, a segurança jurídica assume a sua face de *princípio da confiança* para proteger a estabilização das expectativas de todos aqueles que de alguma forma participam dos prélios eleitorais.

A importância fundamental do princípio da segurança jurídica para o regular transcurso dos processos eleitorais está plasmada no **princípio da anterioridade eleitoral** positivado no art. 16 da Constituição. Esta norma constitucional afirma que qualquer modificação normativa que altere o processo eleitoral poderá entrar em vigor na data de sua publicação, mas não poderá ser aplicada à eleição que ocorra até um ano da data de sua vigência.

O Supremo Tribunal Federal fixou a interpretação desse artigo 16, entendendo-o como uma garantia constitucional (1) do devido processo legal eleitoral, (2) da igualdade de chances e (3) das minorias. A ementa do RE 633.703 (Rel. Min. Gilmar Mendes) deixa explícito o entendimento assentado pelo Tribunal:

Direitos políticos fundamentais, partidos políticos e sistemas eleitorais **1201**

"LEI COMPLEMENTAR 135/2010, DENOMINADA LEI DA FICHA LIMPA. INAPLICABILIDA-DE ÀS ELEIÇÕES GERAIS 2010. PRINCÍPIO DA ANTERIORIDADE ELEITORAL (ART. 16 DA CONSTITUIÇÃO DA REPÚBLICA).

I. O princípio da anterioridade eleitoral como garantia do *devido processo legal eleitoral*. O pleno exercício de direitos políticos por seus titulares (eleitores, candidatos e partidos) é assegurado pela Constituição por meio de um sistema de normas que conformam o que se poderia denominar de *devido processo legal eleitoral*. Na medida em que estabelecem as garantias fundamentais para a efetividade dos direitos políticos, essas regras também compõem o rol das normas denominadas cláusulas pétreas e, por isso, estão imunes a qualquer reforma que vise a aboli-las. O art. 16 da Constituição, ao submeter a alteração legal do processo eleitoral à regra da anualidade, constitui uma garantia fundamental para o pleno exercício de direitos políticos. Precedente: ADI 3.685, Rel. Min. Ellen Gracie, julg. em 22.3.2006. A LC 135/2010 interferiu numa fase específica do processo eleitoral, qualificada na jurisprudência como a *fase pré-eleitoral*, que se inicia com a escolha e a apresentação das candidaturas pelos partidos políticos e vai até o registro das candidaturas na Justiça Eleitoral. Essa fase não pode ser delimitada temporalmente entre os dias 10 e 30 de junho, no qual ocorrem as convenções partidárias, pois o processo político de escolha de candidaturas é muito mais complexo e tem início com a própria filiação partidária do candidato, em outubro do ano anterior. A fase pré-eleitoral de que trata a jurisprudência desta Corte não coincide com as datas de realização das convenções partidárias. Ela começa muito antes, com a própria filiação partidária e a fixação de domicílio eleitoral dos candidatos, assim como o registro dos partidos no Tribunal Superior Eleitoral. A competição eleitoral se inicia exatamente um ano antes da data das eleições e, nesse interregno, o art. 16 da Constituição exige que qualquer modificação nas regras do jogo não terá eficácia imediata para o pleito em curso.

II. O princípio da anterioridade eleitoral como garantia constitucional da *igualdade de chances*. Toda limitação legal ao direito de sufrágio passivo, isto é, qualquer restrição legal à elegibilidade do cidadão constitui uma limitação da igualdade de oportunidades na competição eleitoral. Não há como conceber causa de inelegibilidade que não restrinja a liberdade de acesso aos cargos públicos, por parte dos candidatos, assim como a liberdade para escolher e apresentar candidaturas por parte dos partidos políticos. E um dos fundamentos teleológicos do art. 16 da Constituição é impedir alterações no sistema eleitoral que venham a atingir a igualdade de participação no prélio eleitoral.

III. O princípio da anterioridade eleitoral como *garantia constitucional das minorias* e o papel da Jurisdição Constitucional na democracia. O princípio da anterioridade eleitoral constitui uma garantia fundamental também destinada a assegurar o próprio exercício do direito de minoria parlamentar em situações nas quais, por razões de conveniência da maioria, o Poder Legislativo pretenda modificar, a qualquer tempo, as regras e critérios que regerão o processo eleitoral. A aplicação do princípio da anterioridade não depende de considerações sobre a moralidade da legislação. O art. 16 é uma barreira objetiva contra abusos e desvios da maioria, e dessa forma deve ser aplicado por esta Corte. A proteção das minorias parlamentares exige reflexão acerca do papel da Jurisdição Constitucional nessa tarefa. A Jurisdição Constitucional cumpre a sua função quando aplica rigorosamente, sem subterfúgios calcados em considerações subjetivas de moralidade, o princípio da anterioridade eleitoral previsto no art. 16 da Constituição, pois essa norma constitui uma garantia da minoria, portanto, uma barreira contra a atuação sempre ameaçadora da maioria.

IV. RECURSO EXTRAORDINÁRIO CONHECIDO E PROVIDO. Recurso extraordinário conhecido para: a) reconhecer a repercussão geral da questão constitucional atinente à aplicabilidade da LC 135/2010 às eleições de 2010, em face do princípio da anterioridade eleitoral (art. 16 da Constituição), de modo a permitir aos Tribunais e Turmas Recursais do país a adoção dos procedimentos relacionados ao exercício de retratação ou declaração de inadmissibilidade dos recursos repetitivos, sempre que as decisões recorridas contrariarem ou se pautarem pela orientação ora firmada. b) dar provimento ao recurso, fixando a não aplicabilidade da Lei Complementar n° 135/2010 às eleições gerais de 2010".

O art. 16 da Constituição traduziu o postulado da segurança jurídica como princípio da anterioridade ou anualidade em relação à mudança na legislação eleitoral. Em razão do caráter especialmente peculiar dos atos judiciais emanados do Tribunal Superior Eleitoral,

1202 Estado de Direito e Jurisdição Constitucional – Decisões relevantes em 15 anos de atuação no STF

os quais regem normativamente todo o processo eleitoral, é razoável concluir que a Constituição também alberga uma norma, ainda que *implícita*, que traduz o postulado da segurança jurídica como princípio da anterioridade ou anualidade em relação à alteração da jurisprudência do TSE.

Logo, é possível concluir que a mudança de jurisprudência do Tribunal Superior Eleitoral está submetida ao princípio da anterioridade eleitoral. Assim, as decisões do TSE que, no curso do pleito eleitoral (ou logo após o seu encerramento), impliquem mudança de jurisprudência (e dessa forma repercutam sobre a segurança jurídica), não têm aplicabilidade imediata ao caso concreto e somente terão eficácia sobre outros casos no pleito eleitoral posterior.

No caso concreto posto nos autos do presente recurso extraordinário, a decisão do TSE no RESPE 41.980-06, apesar de ter entendido corretamente que é inelegível para o cargo de Prefeito o cidadão que exerceu por dois mandatos consecutivos cargo de mesma natureza em Município diverso, não pode retroagir para incidir sobre o diploma regularmente concedido a Vicente de Paula de Souza Guedes, vencedor das eleições de 2008 para Prefeito do Município de Valença-RJ.

4. CONCLUSÃO

Ante o exposto, dou provimento ao recurso para:

a) **reconhecer a repercussão geral das questões constitucionais** atinentes à (a.1) *elegibilidade para o cargo de Prefeito de cidadão que já exerceu dois mandatos consecutivos em cargo da mesma natureza em Município diverso (interpretação do art. 14, § 5º, da Constituição); e (a.2) retroatividade ou aplicabilidade imediata no curso do período eleitoral da decisão do Tribunal Superior Eleitoral que implica mudança de sua jurisprudência*, de modo a permitir aos Tribunais a adoção dos procedimentos relacionados ao exercício de retratação ou declaração de inadmissibilidade dos recursos repetitivos, sempre que as decisões recorridas contrariarem ou se pautarem pela orientação ora firmada.

b) **dar provimento ao presente recurso**, de modo a:

(b.1)   resolver o caso concreto no sentido de que a decisão do TSE no RESPE 41.980-06, apesar de ter entendido corretamente que é inelegível para o cargo de Prefeito o cidadão que exerceu por dois mandatos consecutivos cargo de mesma natureza em Município diverso, não pode incidir sobre o diploma regularmente concedido a Vicente de Paula de Souza Guedes, vencedor das eleições de 2008 para Prefeito do Município de Valença-RJ;

(b.2)   deixar assentados, sob o regime da repercussão geral, os seguintes entendimentos: (b.2.1) o art. 14, § 5º, da Constituição, deve ser interpretado no sentido de que a proibição da segunda reeleição é absoluta e torna inelegível para determinado cargo de Chefe do Poder Executivo o cidadão que já exerceu dois mandatos consecutivos (reeleito uma única vez) em cargo da mesma natureza, ainda que em ente da federação diverso; (b.2.2) as decisões do Tribunal Superior Eleitoral que, no curso do pleito eleitoral ou logo após o seu encerramento, impliquem mudança de jurisprudência, não têm aplicabilidade imediata ao caso concreto e somente terão eficácia sobre outros casos no pleito eleitoral posterior.

RO 801[1]

Eleições 2002 – Investigação judicial – Art. 22 da Lei Complementar n. 64/90 – Abuso de poder – Utilização indevida dos meios de comunicação social – Jornal – Suplementos – Matérias – Publicidade institucional – Entrevista.

Trata-se de recurso ordinário interposto no TSE, em que o Diretório Regional do Partido do Movimento Democrático Brasileiro – PMDB ajuizara Ação de Investigação Judicial Eleitoral, com fundamento no art. 22 da Lei Complementar n. 64/90, contra Marconi Ferreira Perillo Júnior, governador do Estado de Goiás, visando apurar abuso do poder econômico, político e de autoridade, bem como o uso indevido dos meios de comunicação social.

O Tribunal Regional Eleitoral de Goiás julgou improcedente o pedido de investigação.

O Ministério Público Eleitoral e o Diretório Regional do PMDB interpuseram recurso ordinário sustentando *"que Marconi Perillo cometeu atos abusivos do poder de autoridade e uso indevido dos meios de comunicação social, valendo-se da máquina administrativa para autopromoção, veiculando propaganda eleitoral, sob aparência de propaganda institucional, em razão de contrato firmado pela Agência Goiana de Comunicação (Agecom) – agência governamental do Estado – com o jornal Diário da Manhã. Asseguram que a publicação do suplemento "Goiás em Raio X", do jornal Diário da Manhã, com distribuição gratuita, beneficiou a candidatura do Recorrido, mesmo antes de ser lançada, causando desigualdade entre os concorrentes no pleito de 2002"[2].*

Argumentou o Ministério Público a ocorrência de: *"a) utilização indevida da publicidade institucional; b) uso indevido dos meios de comunicação por meio das chamadas Entrevistas com o governador; c) influência do poder econômico e político no pleito sob responsabilidade do Recorrido"[3].*

Os recorrentes pediram a declaração de inelegibilidade do governador pelo prazo de três anos e a cassação do seu diploma.

A Procuradoria-Geral Eleitoral opinou pelo conhecimento dos recursos e por seu provimento.

Em 12.4.2005, o Tribunal Superior Eleitoral prolatou decisão nestes termos ementada:

EMENTA: Eleições 2002. Investigação judicial. Art. 22 da Lei Complementar n. 64/90. Abuso de poder. Utilização indevida dos meios de comunicação social. Jornal. Suplementos. Matérias. Publicidade institucional. Entrevista. Governador. 1. Esta Corte Superior já firmou entendimento de que, com exceção dos processos que tratam de registro de candidatura, o prazo para interposição de recurso pelo Ministério Público dá-se da intimação pessoal de seu representante. 2. Não cabe à Justiça Eleitoral julgar eventual prática de ato de improbidade administrativa, o que deve ser apurado por intermédio de ação própria. Precedente: Acórdão n. 612. 3. Tratando-se de fato ocorrido na imprensa escrita, tem-se que o seu alcance é inegavelmente menor em relação a um fato sucedido em outros veículos de comunicação social, como o rádio e a televisão, em face da própria característica do veículo impresso de comunicação, cujo acesso à informação tem relação direta ao interesse do eleitor. 4. Na investigação judicial, é fundamental se perquirir se o fato apurado tem a potencialidade para desequilibrar a disputa do pleito, requisito essencial para a configuração dos ilícitos a que se refere o art. 22 da Lei de Inelegibilidades. Recurso ordinário a que se nega provimento.

---

[1] O Tribunal Superior Eleitoral, por maioria, vencidos os Ministros relator, Luiz Carlos Madeira e Marco Aurélio, negou provimento aos recursos (*DJ* de 18.11.2005).

[2] Relatório elaborado pelo Ministro Luiz Carlos Madeira.

[3] Relatório elaborado pelo Ministro Luiz Carlos Madeira.

VOTO

Senhor Presidente, o TRE julgou improcedente a Ação de Investigação Judicial Eleitoral ajuizada em desfavor do Sr. Marconi Ferreira Perillo Júnior, então Governador de Goiás e candidato à reeleição no pleito de 2002, por entender não configurado abuso do poder econômico e político nem uso indevido dos meios de comunicação.

A Procuradoria Regional Eleitoral interpôs dois Recursos Especiais para requerer a nulidade do processo, sob a alegação de cerceamento de defesa, pois o Regional haveria impedido a juntada de documentos e a produção de provas. Encontram-se retidos nos autos.

Interpôs também dois Recursos Ordinários (este e o de n. 801), em que, além de reiterar as razões dos Especiais quanto ao cerceamento de produção de provas, sustenta a existência de quatro fatos que comprovariam a prática de abuso do poder econômico ou de autoridade e o uso indevido de meio de comunicação, que seriam: utilização indevida de meio de comunicação social, consistente em tratamento privilegiado conferido pelo jornal *Diário da Manhã* ao investigado, inclusive com distribuição gratuita de jornais; uso indevido de meio de comunicação social, consistente na distribuição gratuita de suplementos do jornal *Diário da Manhã* com finalidade eleitoral; abuso do poder político consistente na redução de impostos realizada pelo investigado com fim eleitoral; e abuso de autoridade e uso indevido de meio de comunicação social consistentes na utilização de publicidades institucionais para fim político-eleitoral.

Requer a declaração de nulidade do processo por cerceamento de prova, o processamento e provimento dos recursos especiais retidos e o conhecimento e provimento deste Recurso Ordinário, com a declaração de inelegibilidade do Recorrido.

Todos os Recursos foram admitidos pelo presidente do Regional.

O Ministério Público, em seu parecer, opina pelo julgamento simultâneo de ambos os recursos ordinários, nos termos do art. 105 do Código de Processo Civil, uma vez que têm em comum a causa de pedir, as partes e o objeto, pois o RO n. 725 possui como fundamento *"o uso indevido de meio de comunicação social consistente na distribuição gratuita de suplemento do jornal Diário da Manhã, com finalidade eleitoral"*, que é um dos fundamentos deste Recurso. Quanto ao mérito, opina pelo provimento do Recurso devido à existência de abuso com potencialidade para influir no resultado do pleito, confirmado pelas provas coligidas no RO n. 725. Na hipótese, no entanto, de não ser permitido o julgamento simultâneo dos processos, opina pelo provimento dos recursos especiais para anular o feito.

Levado o feito a julgamento, o relator, Ministro Luiz Carlos Madeira, deu provimento integral ao Recurso da Procuradoria Regional Eleitoral/GO e provimento parcial ao Recurso do Diretório Regional do PMDB, para impor ao recorrido a sanção de inelegibilidade, a contar do pleito a que se refere o processo. O Ministro Caputo Bastos divergiu do relator para negar provimento aos recursos.

Preliminarmente, é de se afastar a eventual intempestividade do Recurso, arguida pelo Recorrido em suas contrarrazões. Afinal, a intimação dos membros do Ministério Público é regida pela Lei Complementar n. 75/93, que estabelece que o prazo recursal tem início a partir da sua intimação pessoal, independentemente de sua atuação – seja como *custos legis*, seja como parte.

É correta a decisão de se julgar os Recursos simultaneamente, uma vez que resta caracterizada continência – o RO n. 725 está contido neste RO n. 801.

Quanto ao mérito, o Ministério Público, analisando os autos, concluiu que *"das quatro condutas imputadas ao Recorrido somente uma se qualifica como caracterizadora de abuso de poder ou uso indevido de meio de comunicação"*. Afastou a existência da primeira, terceira e quarta condutas indicadas como ilícitas. E explica:

Direitos políticos fundamentais, partidos políticos e sistemas eleitorais **1205**

Depreende-se das provas constantes dos presentes autos, aliadas às provas produzidas nos autos do Recurso Ordinário n. 725, que resta comprovada a prática da segunda conduta imputada ao recorrido, relativa ao "uso indevido de meio de comunicação social consistente na distribuição gratuita de suplemento do jornal Diário da Manhã, com finalidade eleitoral", a qual se apresenta como abusiva a ponto de se caracterizar como ilícito eleitoral passível de inelegibilidade.

[...]

Finalmente, é de se destacar que os presentes autos demonstram que a conduta abusiva foi mais adiante do que se vislumbrava, pois, além de referida propaganda, dita como institucional, ter se iniciado juntamente com a tramitação do procedimento licitatório (fls. 103/165), sem que ainda tivesse sido elaborado o fabuloso contrato no valor de R$ 1.519.455,00 (hum milhão, quinhentos e dezenove mil, quatrocentos e cinquenta e cinco reais), em evidente prática de improbidade administrativa, a ser pago em três parcelas, respectivamente, nos meses de março, abril e maio de 2002, infere-se que parte desse valor foi parar no "caixa de campanha" do recorrido, pois resta comprovado que a empresa UNIGRAF UNIDAS GRÁFICAS E EDITORAS LTDA. (jornal Diário da Manhã) efetuou, em 28 de agosto de 2002, ao então Governador, candidato à reeleição, Marconi Perillo, a doação da importância de R$ 300.000,00 (trezentos mil reais) por meio do Cheque n. 512541, da Agência 4378, do Banco n. 341 (fls. 600/601).

No entanto, o Recorrido, em seus memoriais, alega que a indigitada conduta não teve potencialidade para influir no pleito, o que é fundamental para que se configure o ilícito.

Como já observei em outra oportunidade, o grupamento ou partido no governo desfruta de inevitável vantagem, configurando-se até mesmo uma autêntica e supralegal mais-valia política, decorrente do exercício do poder. A expressão não é minha, inicialmente é de Carl Schmitt, o qual, após asseverar que a detenção do poder outorga ao partido dominante a forma de poder político que supera em muito o simples valor das normas, observa:

> *O partido dominante dispõe de toda a preponderância que leva consigo em um estado onde impera esta classe de legalidade a mera posse dos meios legais do poder. A maioria deixa repentinamente de ser um partido, trata-se de um estado mesmo.*
>
> *Por mais estritas e delimitadas que sejam as normas a que está sujeito o estado legislativo na execução da lei, "destaca-se sempre o ilimitado que está por trás", como foi dito certa vez por Otto Mayer. Em consequência, acima de toda normatividade, a mera posse do poder estatal produz uma mais-valia política adicional que vem acrescentar-se ao poder puramente legal e normativista, uma vantagem supralegal relativa à posse legal do poder em favor da maioria. (El partido dominante dispone de toda la preponderancia que lleva consigo, en un Estado donde impera esta clase de legalidad, la mera posesión de los medios legales del poder. La mayoria deja repentinamente de ser un partido; es el Estado mismo. Por mas estrictas y delimitadas que sean las normas a las que se sujeta el'Estado legislativo en la ejecución de la ley, resalta "siempre lo ilimitado que está detrás", como dijo una vez Otto Mayer. En consecuencia, por encima de toda normatividad, la mera posesión del poder estatal produce una plusvalía política adicional, que viene a añadirse al poder puramente legal y normativista, una prima superlegal a la posesión legal del poder legal y al logro de la mayoria)*[4].

Isso está evidente no quadro da reeleição. A mídia, sem dúvida, empresta uma atenção muito maior para os eventuais ocupantes dos cargos públicos. Isto se dá no plano federal e, talvez até com maior razão, também no plano estadual. E às vezes, se for o caso, no plano municipal.

Quem acompanhou as eleições municipais mais recentes deve ter visto isso de maneira evidente. O Presidente Lula chegou a inaugurar obras em São Paulo, até uma enchente, o que produziu uma grande repercussão. Mas isso é natural dentro do processo eleitoral.

Essa é uma questão notória, não há como discutir e não há como impedir que os detentores de poder participem do processo eleitoral num estado partidariamente ocupado.

---

[4] *Legalidad y Legitimidad*, op. cit., p. 49.

Esse é um dado da realidade, de constatação sociológica, não há como evitar. Felizmente, é constatado nas democracias e pode ser superado. É preciso que se levem em conta esses fatos e não se impressionar com divulgações, entrevistas ou abordagens de cunho eventualmente favorável ao governo, já que cabe à oposição, no processo, fazer o contraponto. Esse é um ônus do processo democrático.

A alegação de abuso chega a ser um tanto quanto pueril quando vemos sob esta ótica – decorre exatamente do exercício do poder, dessa mais-valia política que tem que ser concebida dentro do quadro de igualdade de oportunidades.

Em um sistema de sufrágio universal, tenho observado também que a intervenção da Justiça Eleitoral deve ser feita com a devida prudência, sob pena de um desvirtuamento da vontade popular.

As eleições brasileiras caracterizam-se por disputas muito acirradas, com amplo debate, o que não deixa de ser um sinal positivo de vitalidade da nossa democracia. Isso também gera uma forma intensa de controle dos atos praticados pelos candidatos. Se a experiência mostra a ocorrência de excessos ou mesmo abusos nos pleitos eleitorais, e isso também tem sido notado – recentemente o Ministro Jobim falava sobre essa experiência no Congresso Nacional[5] –, é evidente que não poderíamos vincular tais abusos apenas aos grupos vencedores. E assim, sobretudo, a partir de uma perspectiva naturalmente partidária e apaixonada, são comuns as denúncias que buscam tão somente criar um embaraço político ou mesmo inviabilizar a nova administração.

Obviamente, a Justiça Eleitoral, na revisão judicial das práticas eleitorais, não pode atuar com a paixão dos candidatos e dos seus eleitores. Daí a necessidade de uma avaliação equidistante e cuidadosa das múltiplas denúncias que surgem em cada eleição.

Como princípio, em nosso modelo de eleições majoritárias, a outorga do poder ocorre por um critério simples de decisão da maioria do povo em um processo eleitoral adequado.

A falta de votos, obviamente, não é um problema da Justiça Eleitoral.

Cabe lembrar, ademais, que a derrota assume um significado específico nos sistemas democráticos.

O partido vencido recebe o honroso encargo de exercer o poder-dever de oposição. Como princípio em nosso modelo de eleições majoritárias, a outorga do poder aqui ocorre por um critério simples da decisão da maioria do povo em processo eleitoral adequado.

Cabe lembrar, ademais, que não há aqui, como já tive a oportunidade de ressaltar, uma postura crítica da democracia e da ideia do poder do povo. Todavia, faz-se mister observar também que eventuais reclamos, acusações ou imputações estão exclusivamente associados à disputa pelo poder. Aqui vale mais uma vez lembrar, o que já lembrei em outras oportunidades, a lição de Zagrebelsky:

"Para a democracia crítica, nada é tão insensato como a divinização do povo que se expressa pela máxima vox populi, vox dei, autêntica forma de idolatria política". Esta grosseira teologia política democrática corresponde aos conceitos triunfalistas e acríticos do poder do povo que, como já vimos, não passam de adulações interesseiras.

Na democracia crítica, a autoridade do povo não depende de suas supostas qualidade sobre-humanas, como a onipotência e a infalibilidade. Depende, ao contrário, de fator exatamente oposto, a saber, do fato de se assumir que todos os homens e o povo, em seu conjunto, são necessariamente limitados e falíveis.

Este ponto de vista parece conter uma contradição que é necessário aclarar. Diz o mestre italiano: Como é possível confiar na decisão de alguém, como atribuir-lhe autoridade quando não se lhe reconhece méritos e

---

[5] Pronunciamento na 34ª reunião ordinária da Comissão de Constituição, Justiça e Cidadania, da 2ª Sessão Legislativa Ordinária, da 52ª Legislatura, em 15.12.2004.

Direitos políticos fundamentais, partidos políticos e sistemas eleitorais **1207**

virtudes, e sim vícios e defeitos? A resposta está precisamente no caráter geral dos vícios e defeitos. A democracia em geral, e aqui às vezes há um erro: nós satanizamos os vencedores e tentamos deificar os vencidos. Quando Zagrebelsky está a mostrar que neste caso não há santos e demônios no processo eleitoral.

A democracia, em geral, e particularmente a democracia crítica, baseia-se em um fator essencial: em que os méritos e defeitos de um são também de todos.

Se no valor político essa igualdade é negada, já não teríamos democracia, quer dizer, um governo de todos para todos; teríamos, ao contrário, alguma forma de autocracia, ou seja, o governo de uma parte (os melhores) sobre outra (os piores).

Portanto, se todos são iguais nos vícios e nas virtudes políticas, ou, o que é a mesma coisa, se não existe nenhum critério geralmente aceito, por meio do qual possam ser estabelecidas hierarquias de mérito e demérito, não teremos outra possibilidade senão atribuir a autoridade a todos, em seu conjunto. Portanto, para a democracia crítica, a autoridade do povo não depende de suas virtudes, ao contrário, desprende-se – é necessário estar de acordo com isso – de uma insuperável falta de algo melhor.

De fato, se não é correta essa divinização do poder popular, não menos certo é que a eventual relativização do princípio da maioria, após a realização de um pleito eleitoral complexo, não pode ser tomada como algo ordinário. Nesse caso, seguindo a linha de raciocínio de Zagrebelsky, estaríamos consagrando um tipo nefasto de autocracia, ou seja, o governo de uma parte (no caso, a minoria vencida sobre a outra – os vencedores do pleito eleitoral).

Sem dúvida, nas palavras de Kelsen, "*o princípio da maioria absoluta (e não qualificada) representa a aproximação relativamente maior da liberdade*". É Kelsen quem diz:

Há apenas uma ideia que leva, por um caminho racional, ao princípio majoritário: a ideia de que, se nem todos os indivíduos são livres, pelo menos o seu maior número o é, o que vale dizer que há necessidade de uma ordem social que contrarie o menor número deles. Certamente esse raciocínio pressupõe a igualdade como postulado fundamental da democracia: de fato está claro que se procura assegurar a liberdade não deste ou daquele indivíduo, porque esta vale mais que aquele, mas a do maior número possível de indivíduos. Portanto, a concordância entre vontades individuais e vontades do estado será tanto mais fácil de se obter quanto menor for o número de indivíduos cujo acordo é necessário para decidir uma modificação na vontade do Estado, no momento em que se manifestasse, estivesse mais em desacordo do que em acordo com as vontades individuais; se isso fosse exigido ao máximo, poderia ocorrer que uma minoria pudesse impedir uma mudança na vontade do estado, contrariando a maioria.

Com tudo isso, gostaria apenas de enfatizar a inadmissibilidade, em um autêntico regime democrático, de uma rotineira e excessiva relativização do princípio majoritário.

No caso sob exame, a veiculação da propaganda ocorreu nos meses de março e maio de 2002, período notoriamente não abrangido pela vedação legal imposta pelo art. 73, VI, *b*, da Lei n. 9.504/97.

Quanto à entrevista concedida pelo governador, não me parece que esteja caracterizada a intenção de favorecimento com vistas ao pleito de 2002. Se alguém é eventualmente potencial candidato à reeleição, é possível que se diga que qualquer ato que faça no governo tem essa conotação. Dificilmente aqui há de se fazer um tipo de perscrutação psicológica para saber que tipo de ato está tendente a viabilizar uma reeleição. Talvez fosse mais sensato, se é que se quer discutir a questão neste plano, de *lege ferenda*, discutir a justeza, a adequação, da reeleição. Mas, neste caso, estaríamos num outro plano. E, ainda assim, com a vedação da reeleição não se impediria o eventual favorecimento do candidato do partido coligado ou integrado pelo eventual chefe do Poder Executivo.

Também estou convencido quanto à ausência de potencialidade para influenciar o resultado do pleito. O candidato se elegeu em primeiro turno com 51,20% dos votos válidos – 1.301.554 votos; e o segundo colocado obteve 32,79% dos votos, o que representa 833.554 votos. Há uma diferença de 468 mil votos, quase 500 mil votos.

A imprensa escrita atinge um contingente muito menor de eleitores do que outros meios de comunicação, como a televisão e o rádio. Especialmente em se tratando desses jornais de que somos destinatários, distribuídos e lançados na madrugada nas nossas casas, e sabemos mais ou menos a atenção que devotamos a esses jornais. Imaginar que daí se atingiu um número potencial de tal ou qual número de eleitores vai um otimismo, para sermos sutis, bastante grande. Imaginar que o valoroso Jornal da Comunidade, que chega as nossas casas, é lido por todos, sem nenhum desapreço por esse jornal, de fato, é um grande elogio a ele.

O fato de os encartes haverem sido distribuídos não quer dizer que tenham sido lidos pelos eleitores. Esses dados, a toda evidência, traduzem a ausência de potencialidade dos fatos para alterar o resultado do pleito majoritário de 2002 no Estado de Goiás.

Diante do exposto, acompanho a divergência para negar provimento aos recursos.

AgRgAg 5.282[1]

Propaganda institucional – Aplicação do art. 36, § 7º, do Regimento Interno do TSE – Ausência de violação ao art. 19 do Código Eleitoral – Divulgação de atos meramente administrativos, sem referência a nome ou imagem do candidato à reeleição – Inexistência de conotação eleitoral – Não configuração da conduta descrita no art. 73, inciso VI, b, da Lei n. 9.504/97 – Observância ao princípio da proporcionalidade.

Trata-se de agravo regimental no agravo de instrumento, de relatoria do Ministro Gilmar Mendes que possui o seguinte histórico: o Ministério Público Eleitoral ajuizou representação contra Lairton Gomes Goulart, candidato à reeleição para o cargo de prefeito do Município de Bertioga/SP. Alegou a existência de propaganda institucional veiculada em período vedado (art. 73, VI, b, da Lei n. 9.504/97). A juíza eleitoral julgou a representação improcedente, por entender que não ocorreu divulgação de propaganda institucional, bem como não houve autorização do Representado para sua veiculação. O TRE reformou a sentença, cassou o registro do candidato com base no art. 73, VI, b, § 5º, da Lei n. 9.504/97 e aplicou-lhe multa, nos moldes do art. 43, § 7º, da Resolução-TSE n. 21.610.

Em agravo regimental em agravo de instrumento interposto de recurso especial não admitido, o candidato reiterou que fora eleito prefeito por maioria de votos em 3 de outubro. Alegou que o agravo de instrumento não poderia ter sido julgado por decisão monocrática, segundo o art. 19, parágrafo único, do Código Eleitoral. Insistiu na inexistência de propaganda institucional, uma vez que houve tão somente a divulgação de atos administrativos próprios do Poder Executivo, com o único escopo de levar informação à comunidade. Argumentou que não houve veiculação de seu nome nem de sua imagem. Arguiu que a responsabilidade pela divulgação das matérias do Boletim Oficial do Município não é do agente público, e sim do redator-chefe do órgão de imprensa oficial. Por esse motivo, negou que tivesse autorizado a publicação da matéria. Aduziu, por fim, que não restou provado seu benefício decorrente da indigitada conduta, o que contraria o art. 73, § 8º, da Lei n. 9.504/97.

O Ministro Gilmar Mendes, Relator, reviu seu posicionamento e deu provimento ao agravo regimental e ao recurso especial para afastar a cassação do registro de Lairton Gomes Goulart e a multa correspondente.

O Ministério Público interpôs agravo regimental, alegando, quanto ao mérito, que a norma do art. 73, VI, b, da Lei n. 9.504/97 veda toda publicidade institucional nos três meses anteriores à eleição, ainda que realizada de forma indireta, excetuando-se apenas a relativa a produtos e serviços que tenham concorrência no mercado e aos casos de grave e urgente necessidade pública, o que não é o caso sob exame. Acrescentou que não é preciso aferir se a publicidade institucional teria potencial para afetar a igualdade de oportunidades entre candidatos no pleito.

A Coligação também interpôs agravo regimental. Afirmou possuir interesse direto na lide, porquanto disputou com candidato próprio o pleito majoritário de Bertioga. Aduziu que houve contradição nas decisões. Sustentou que o precedente que serviu de fundamento do *decisum* trata de uso indevido de comunicação social, e não de propaganda institucional. Ressaltou que o fato de o Boletim Oficial do município trazer *"mera informação ou publicidade institucional é matéria afeta ao exame da prova trazida aos autos, pelo que incidem as Súmulas 07/STJ e 279/STF"*.

O recurso recebeu decisão nestes termos ementada:

EMENTA: Agravo regimental. Agravo de instrumento. Propaganda institucional. Aplicação do art. 36, § 7º, do Regimento Interno. Ausência de violação ao art. 19 do Código Eleitoral.

---

[1] Em 16.12.2004, o Tribunal Superior Eleitoral, por unanimidade, negou provimento aos agravos regimentais (DJ de 3.6.2005).

1210 Estado de Direito e Jurisdição Constitucional – Decisões relevantes em 15 anos de atuação no STF

Pedido de assistência deferido, uma vez que, "para verificar a existência de interesse jurídico de terceiro, para intervir no processo como assistente de uma das partes, há de partir-se da hipótese de vitória da parte contrária para indagar se dela lhe adviria prejuízo juridicamente relevante" (STF – Pleno: RT 669/215 e RF 317/213). É o caso dos autos. Divulgação, em Boletim Oficial Municipal, de atos meramente administrativos, sem referência a nome nem divulgação de imagem do candidato à reeleição. Inexistência de conotação eleitoral. Não configuração da conduta descrita no art. 73, VI, b, da Lei n. 9.504/97. Observância ao princípio da proporcionalidade. Agravos Regimentais desprovidos.

VOTO

Senhor Presidente, quanto à alegada afronta ao art. 19 do Código Eleitoral, a pretensão da Coligação não merece prosperar.

Como bem assinalado pela Ministra Ellen Gracie:

> *Esta Corte já firmou entendimento no sentido de que a nova redação do art. 36, §§ 6º e 7º², do RITSE, está em consonância com a do art. 557 do Código de Processo Civil. Além disso, tem entendido que a aplicação desses dispositivos regimentais prestigia os princípios da economia e celeridade processuais que norteiam o Direito Eleitoral. Nesse sentido, o Acórdão n. 15.671, de 1º.8.00, Relator Ministro Fernando Neves; o Acórdão n. 53, de 6.9.01, Relator Ministro Sepúlveda Pertence; e o Acórdão n. 18.187, de 11.9.01, de minha relatoria.*

> *O art. 36, § 7º, do Regimento Interno desta Corte autoriza o relator a apreciar o mérito do recurso e dar-lhe provimento, se a decisão recorrida estiver em manifesto confronto com súmula ou jurisprudência dominante do Supremo Tribunal Federal ou de Tribunal Superior, mesmo que essa decisão singular implique anulação de eleição ou perda de diploma. A parte irresignada com a decisão poderá interpor agravo regimental, previsto no § 8º do mesmo artigo. O julgamento do agravo regimental, este sim – e é o que estamos fazendo –, deverá ser realizado em conformidade com o disposto no art. 19, parágrafo único, do Código Eleitoral³, vale dizer, com a composição plena da Corte (Acórdão n. 19.561, de 21.02.2002).*

Colaciono, ainda, trecho do voto proferido pelo Ministro Fernando Neves por ocasião do julgamento do Agravo Regimental no Recurso Especial n. 15.671, de 1º.8.2000, *verbis*:

> *[...] a Lei n. 9.756/98 deu nova redação ao art. 557 do Código de Processo Civil, autorizando o relator a dar provimento ao recurso, caso a decisão recorrida esteja em manifesto confronto com súmula ou com jurisprudência dominante do STF ou de Tribunal Superior.*

> *Esta Corte, por meio da Resolução n. 20.595, de 6.4.00, alterou a redação do § 7º do art. 36 do RITSE, que passou a ser:*

> > *"§ 7º. Poderá o relator dar provimento ao recurso, se a decisão recorrida estiver em manifesto confronto com súmula ou com jurisprudência dominante do Supremo Tribunal Federal ou de Tribunal Superior."*

---

[2] "Art. 36. [...]
[...]
§ 6º O relator negará seguimento a pedido ou recurso intempestivo, manifestamente inadmissível, improcedente, prejudicado ou em confronto com súmula ou com jurisprudência dominante do Tribunal, do Supremo Tribunal Federal ou de Tribunal Superior.
§ 7º Poderá o relator dar provimento ao recurso, se a decisão recorrida estiver em manifesto confronto com súmula ou com jurisprudência dominante do Supremo Tribunal Federal ou de Tribunal Superior."

[3] "Art. 19. O Tribunal Superior delibera por maioria de votos, em sessão pública, com a presença da maioria de seus membros.
Parágrafo único. As decisões do Tribunal Superior, assim na interpretação do Código Eleitoral em face da Constituição e cassação de registro de partidos políticos, como sobre quaisquer recursos que importem anulação geral de eleições ou perda de diplomas, só poderão ser tomadas com a presença de todos os seus membros. Se ocorrer impedimento de algum Juiz, será convocado o substituto ou o respectivo suplente."

Direitos políticos fundamentais, partidos políticos e sistemas eleitorais **1211**

A *alteração do Regimento Interno do TSE, com base na nova redação do art. 557 do CPC, tem como escopo desobstruir a pauta do Tribunal, a fim de que as ações e os recursos que realmente precisam ser julgados pelo órgão colegiado possam ser apreciados o quanto antes.*

Assim, recursos manifestamente inviáveis deverão ser julgados imediatamente pelo próprio relator, por meio de decisão singular, prestigiando-se os princípios da economia e celeridade processuais que norteiam o Direito Eleitoral.

Com relação ao pedido de assistência do Sr. Orlandini e da Coligação Sorria Bertioga, acolho o parecer da Procuradoria-Geral Eleitoral para deferi-lo. Afinal, como bem asseverou o Ministério Público:

> [...]
>
> 4. *Embora o requerente não tenha demonstrado de forma minuciosa a existência de interesse jurídico, essa Egrégia Corte, a propósito do tema, no julgamento do* **ARESPE** *n. 24750/SE, publicado em sessão em 11/10/2004, de que foi relator o eminente Min.:* **Carlos Velloso**, *embora negando provimento ao recurso, teve a assistência ali requerida por admissível, reconhecendo a existência de interesse jurídico de candidato a vice-prefeito pertencente a chapa adversária.*
>
> 5. *Como já concluiu o Colendo Supremo Tribunal Federal, "para verificar a existência de interesse jurídico de terceiro, para intervir no processo como assistente de uma das partes, há de partir-se da hipótese de vitória da parte contrária para indagar se dela lhe adviria prejuízo juridicamente relevante"[4].*

Assim, verificadas a regularidade processual e a tempestividade, merecem conhecimento os Agravos Regimentais.

Passo ao exame do mérito dos Regimentais, em que ambos os Agravantes defendem a existência de propaganda institucional realizada pelo Candidato agravado, que exercia o cargo de prefeito à época dos fatos.

O art. 73, VI, *b*, e § 5º, da Lei n. 9.504/97 assim dispõe:

> *Art. 73. São proibidas aos agentes públicos, servidores ou não, as seguintes condutas tendentes a afetar a igualdade de oportunidades entre candidatos nos pleitos eleitorais:*
>
> *[...]*
>
> *VI – nos três meses que antecedem o pleito:*
>
> *[...]*
>
> *b) com exceção da propaganda de produtos e serviços que tenham concorrência no mercado, autorizar publicidade institucional dos atos, programas, obras, serviços e campanhas dos órgãos públicos federais, estaduais ou municipais, ou das respectivas entidades da administração indireta, salvo em caso de grave e urgente necessidade pública, assim reconhecida pela Justiça Eleitoral;*
>
> *[...]*
>
> *§ 5º Nos casos de descumprimento do disposto nos incisos I, II, III, IV e VI do caput, sem prejuízo do disposto no parágrafo anterior, o candidato beneficiado, agente público ou não, ficará sujeito à cassação do registro ou do diploma.*

O Boletim Oficial do Município divulgou, entre 3 e 9 de julho, a notícia de que a Prefeitura

> [...] *entregou à comunidade duas classes vinculadas, duas creches, novas instalações do PROCON e 44 casas construídas no Bairro de Boraceia através* [sic] *do PSH, Programa Social da Caixa Econômica Federal e ainda atingiu a marca de 1000 títulos de posse entregues à comunidade com a regularização fundiária de dois núcleos* (fl. 57).

Após análise do contexto em que inserida a divulgação do Boletim, afirmou a juíza eleitoral que

---

4 *STF – Pleno: RT 669/215 e RF 317/213)* [...] (fls. 253-254; grifos do original).

Essas publicações tem [sic] o cunho informativo afirmado na defesa, orientando a comunidade a respeito dos novos serviços postos à sua disposição, bem como a respeito do convênio firmado entre a Prefeitura e a Caixa Econômica Federal que permitirá a construção de outras unidades habitacionais, acrescentando ainda que o programa para eventual ampliação dessas unidades também será subsidiado pelo Governo Federal para atender famílias com renda de até três salários mínimos.

Todavia, embora essas publicações possuam ares de propaganda institucional, a verdade é que a sua veiculação contem-se [sic] dentro dos estreitos limites da informação jornalística, voltada para os aspectos da Administração Pública Municipal, não se vislumbrando, no caso, a ocorrência de propaganda institucional irregular ou violação do princípio da impessoalidade.

Ademais, nada há nos autos, a indicar tenha o representado autorizado essas indigitadas publicações (fls. 57 – 58).

Resta irrepreensível a sentença, pois encontra respaldo na jurisprudência desta Corte:

[...]

*DA ALEGAÇÃO DE USO INDEVIDO DOS MEIOS DE COMUNICAÇÃO SOCIAL – NOTICIÁRIO DAS ATIVIDADES DO GOVERNO PELO DIÁRIO OFICIAL DO ESTADO – ATIVIDADE COMPATÍVEL COM A FINALIDADE DA IMPRENSA OFICIAL – INEXISTÊNCIA DE PROMOÇÃO PESSOAL – **NOTÍCIAS QUE SE PAUTARAM POR FORMA OBJETIVA, NEUTRA, SEM ENGRANDECIMENTO DOS FEITOS OU ADJETIVAÇÃO DOS ATOS – NÃO CARACTERIZAÇÃO DO ILÍCITO**.*

[...][5].

O precedente, ao contrário do alegado pela Coligação, aplica-se adequadamente ao caso destes autos, pois aqui também não houve engrandecimento dos feitos nem adjetivação dos fatos, inexistindo conotação eleitoral na forma objetiva com que foi escrito o Boletim Municipal. Transcrevo trecho do voto do eminente Ministro Eduardo Alckmin nesse acórdão, que elucida ainda mais o entendimento desta Corte:

[...]

Cabe assinalar, contudo, que a vedação constitucional de uso de nomes, símbolos ou imagens na publicidade dos atos oficiais se liga necessariamente à finalidade de promoção pessoal.

Tal não seria se fosse proibida a menção do nome dos juízes julgadores na ata de sessão de determinado tribunal. Ou do presidente da República que assinou leis e decretos.

[...]

Não há de se pretender que a ação governamental passe a ser ocultada da população por conta de possíveis reflexos eleitorais.

[...] (grifos nossos).

Ressalte-se que, no caso dos autos, não houve menção ao nome do então Prefeito nem à sua imagem ou às eleições vindouras. Saliento que se limitaram a relatar fatos objetivos ligados à Administração, sem adjetivação.

Conforme sustentei no julgamento do Recurso Especial n. 24.864, na sessão passada (14.12.2004), um político que não possa dizer que está engajado em uma determinada atividade ou que defende certas ideias, sem dúvida, não é digno dessa atividade. Da mesma forma, não é razoável impedir um prefeito candidato à reeleição de dar ciência à comunidade dos serviços postos à sua disposição ou das realizações da prefeitura, sem a linguagem típica de publicidade eleitoral, mesmo porque as atividades desse prefeito não se encerram no período eleitoral; ele nem mesmo está obrigado a afastar-se do cargo.

Ademais, conforme tenho assinalado em diversos julgamentos desta Corte, penso que a regra do art. 73 comporta uma exegese que atenua seu rigor literal. Tais proibições, previstas na

---

[5] Acórdão n. 399, de 5.6.2000, relator designado Ministro Eduardo Alckmin; grifos nossos.

Direitos políticos fundamentais, partidos políticos e sistemas eleitorais   **1213**

Lei n. 9.504/97, no meu entendimento, devem ser entendidas no contexto de uma **reserva legal proporcional**, sob pena de violação a outros princípios constitucionais.

Não há dúvida de que o regime legal de repressão a condutas abusivas por parte de candidatos possui uma clara autorização constitucional. Mas essa autorização não direciona a um regime punitivo inflexível, sob pena de vulneração a outros princípios constitucionais. Nessa perspectiva, não parece razoável simplesmente igualar e punir condutas que, na realidade, se apresentam de modo diferenciado. Isso configuraria um excesso legislativo e, ao mesmo tempo, uma violação a princípios constitucionais contrapostos, como a democracia majoritária e a divisão de poderes.

Como já tive a oportunidade de manifestar, creio que a intervenção do Tribunal Superior Eleitoral no processo eleitoral há de se fazer com o devido cuidado para que não haja alteração da própria vontade popular. É que o ativismo judicial aqui pode colocar em xeque o próprio processo democrático, dando ensejo à conspurcação da decisão majoritária ou à criação de um partido da Justiça Eleitoral, que acabará por consagrar, as mais das vezes, o segundo mais votado.

Não se está aqui, obviamente, a defender uma concepção acrítica de democracia e da ideia de poder do povo (no jargão popular: "a voz do povo é a voz de Deus"). A esse propósito, valho-me da análise de Zagrebelsky, *verbis*:

> *Para a democracia crítica, nada é tão insensato como a divinização do povo que se expressa pela máxima vox populi, vox dei, autêntica forma de idolatria política. Esta grosseira teologia política democrática corresponde aos conceitos triunfalistas e acríticos do poder do povo que, como já vimos, não passam de adulações interesseiras.*
>
> *Na democracia crítica, a autoridade do povo não depende de suas supostas qualidades sobre-humanas, como a onipotência e a infalibilidade. Depende, ao contrário, de fator exatamente oposto, a saber, do fato de se assumir que todos os homens e o povo, em seu conjunto, são necessariamente limitados e falíveis.*
>
> *Este ponto de vista parece conter uma contradição que é necessário aclarar. Como é possível confiar na decisão de alguém, como atribuir-lhe autoridade quando não se lhe reconhecem méritos e virtudes, e sim vícios e defeitos? A resposta está precisamente no caráter geral dos vícios e defeitos. A democracia, em geral, e particularmente a democracia crítica, baseia-se em um fator essencial: em que os méritos e defeitos de um são também de todos. Se no valor político essa igualdade é negada, já não teríamos democracia, quer dizer, um governo de todos para todos; teríamos, ao contrário, alguma forma de autocracia, ou seja, o governo de uma parte (os melhores) sobre a outra (os piores).*
>
> *Portanto, se todos são iguais nos vícios e nas virtudes políticas, ou, o que é a mesma coisa, se não existe nenhum critério geralmente aceito, através do qual possam ser estabelecidas hierarquias de mérito e demérito, não teremos outra possibilidade senão atribuir a autoridade a todos, em seu conjunto. Portanto, para a democracia crítica, a autoridade do povo não depende de suas virtudes, ao contrário, desprende-se – é necessário estar de acordo com isso – de uma insuperável falta de algo melhor*[6].

De fato, se não é correta essa divinização do poder popular, não menos certo é que a eventual relativização do princípio da maioria, após a realização de um pleito eleitoral complexo, não pode ser tomada como algo ordinário.

Nesse caso, seguindo a linha de raciocínio de Zagrebelsky, estaríamos consagrando um tipo nefasto de autocracia, ou seja, o governo de uma parte (no caso a minoria vencida) sobre a outra (os vencedores do pleito eleitoral).

Sem dúvida, nas palavras de Kelsen, *"o princípio da maioria absoluta (e não qualificada) representa a aproximação relativamente maior da ideia de liberdade"*.

Ainda em Kelsen, encontra-se o seguinte pensamento acerca do princípio majoritário, *verbis*:

> *Há apenas uma ideia que leva, por um caminho racional, ao princípio majoritário: a ideia de que, se nem todos os indivíduos são livres, pelo menos o seu maior número o é, o que vale dizer que há necessidade de*

---

6   ZAGREBELSKY, Gustavo. *La crucifixión y la democracia*, trad. espanhola, Ariel, 1996, pág. 105 – título original: Il *"crucifige!" e la democracia*, Giulio Einaudi, Torino, 1995.

uma ordem social que contrarie o menor número deles. Certamente esse raciocínio pressupõe a igualdade como postulado fundamental da democracia: de fato está claro que se procura assegurar a liberdade não deste ou daquele indivíduo porque esta vale mais que aquele, mas do maior número possível de indivíduos. Portanto, a concordância entre vontades individuais e vontade do Estado será tanto mais fácil de se obter quanto menor for o número de indivíduos cujo acordo é necessário para decidir uma modificação na vontade do Estado, no momento em que se manifestasse, estivesse mais em desacordo do que em acordo com as vontades individuais; se isso fosse exigido ao máximo, poderia ocorrer que uma minoria pudesse impedir uma mudança na vontade do Estado, contrariando a maioria[7].

Com tudo isso, gostaria apenas de enfatizar a inadmissibilidade, em um autêntico regime democrático, de uma rotineira e excessiva relativização do princípio majoritário.

Não se cuida, aqui, de opção de política judiciária a ser ou não desenvolvida por esta Corte, mas de inevitável aplicação do princípio da proporcionalidade, que, entre nós, está expresso na cláusula do devido processo legal substancial (art. 5º, LIV, da Constituição Federal). Há, especialmente, uma violação à proporcionalidade em sentido estrito, tendo em vista a ponderação entre os valores constitucionais que, no caso, se apresentam contrapostos.

No caso concreto, pode-se verificar a ausência da proporcionalidade, ou ainda um autêntico excesso na aplicação da grave sanção imposta em razão da conduta descrita no art. 73, VI, *b*, da Lei das Eleições. Não parece plausível que os boletins informativos tenham produzido um desequilíbrio no processo eleitoral.

Por todo o exposto, nego provimento aos Agravos Regimentais.

---

[7] *A Democracia*, São Paulo, Martins Fontes, 1993, p. 32.

PA 18.483[1]

Voto facultativo – Portadores de necessidades especiais – Legitimidade da extensão do direito assegurado aos maiores de 70 anos.

O Corregedor Regional Eleitoral do Espírito Santo formulou consulta acerca da vigência do art. 6º, I, a do Código Eleitoral, que desobriga o alistamento eleitoral de "inválidos", em face da disciplina constitucional do art. 14, § 1º, II, da Constituição de 1998.

Por força do processo em tela, o Tribunal Superior Eleitoral aprovou a seguinte Resolução:

RESOLUÇÃO n. 21.920: Dispõe sobre o alistamento eleitoral e o voto dos cidadãos portadores de deficiência, cuja natureza e situação impossibilitem ou tornem extremamente oneroso o exercício de suas obrigações eleitorais.

O TRIBUNAL SUPERIOR ELEITORAL, no uso de suas atribuições, tendo em vista o disposto no parágrafo único do art. 1º da Lei n. 4.737, de 15 de julho de 1965,

considerando a decisão proferida, em 3.8.2004, nos autos do Processo Administrativo n. 18.483,

considerando a necessidade de garantia do princípio da dignidade da pessoa humana, princípio fundamental do Estado democrático de direito,

considerando que o texto constitucional faculta aos maiores de 70 anos o exercício do voto, certamente com a finalidade de não causar transtorno ao seu bem-estar (CF, art. 14, § 1º, II, *b*),

considerando que algumas pessoas apresentam deficiências que praticamente tornam impossível ou extremamente oneroso o exercício de suas obrigações eleitorais,

considerando que o art. 5º, § 2º, da Constituição Federal, legitima a extensão do direito assegurado aos maiores de 70 anos às pessoas portadoras de deficiência nas condições referidas,

considerando não haver razão para se aplicarem as sanções legais àqueles que se encontram na situação acima descrita e que, por isso, deixam de exercer suas obrigações eleitorais,

considerando a necessidade de se estabelecer rotina procedimental para viabilizar o cumprimento da decisão referida,

RESOLVE:

Art. 1º O alistamento eleitoral e o voto são obrigatórios para todas as pessoas portadoras de deficiência.

Parágrafo único. Não estará sujeita a sanção a pessoa portadora de deficiência que torne impossível ou demasiadamente oneroso o cumprimento das obrigações eleitorais, relativas ao alistamento e ao exercício do voto.

Art. 2º O juiz eleitoral, mediante requerimento de cidadão nas condições do parágrafo único do art. 1º ou de seu representante legal, acompanhado de documentação comprobatória da deficiência descrita no parágrafo único do art. 1º, poderá expedir, em favor do interessado, certidão de quitação eleitoral, com prazo de validade indeterminado.

§ 1º Na avaliação da impossibilidade e da onerosidade para o exercício das obrigações eleitorais, serão consideradas, também, a situação socioeconômica do requerente e as condições de acesso ao local de votação ou de alistamento desde a sua residência.

§ 2º Quando se tratar de eleitor em cuja inscrição figure situação regular, o cartório eleitoral providenciará o registro, no cadastro, da informação de que a pessoa se encontra na situação descrita no parágrafo único do art. 1º, mediante o comando de código FASE específico, a ser implantado pela Corregedoria-Geral da Justiça Eleitoral.

§ 3º Quando o requerente possuir inscrição cancelada ou suspensa, poderá solicitar a regularização de sua situação eleitoral, observadas as regras fixadas na Res.-TSE n. 21.538/2003.

---

[1] Em sessão realizada em 19.9.2004, o Tribunal Superior Eleitoral, por unanimidade, aprovou a minuta de resolução, nos termos do voto do relator, Ministro Gilmar Mendes (*DJ* de 1º.10.2004).

§ 4° A providência a que se refere o caput tornará inativa a situação de eventual registro, por ausência às urnas ou aos trabalhos eleitorais, desde que a ausência decorra da situação descrita no parágrafo único do art. 1°.

§ 5° O descrito neste artigo não alterará a aptidão da inscrição eleitoral para o exercício do voto.

Art. 3° A expedição da certidão a que se refere o caput do art. 2° não impede, a qualquer tempo, o alistamento eleitoral de seu beneficiário, que não estará sujeito à penalidade prevista no art. 8° do Código Eleitoral.

Art. 4° O disposto nesta Resolução não alcança as demais sanções aplicadas pela Justiça Eleitoral com base no Código Eleitoral e em leis conexas.

Art. 5° O comando do código FASE referido no § 2° do art. 2°, relativo a requerimentos formulados no período de fechamento do cadastro, somente será efetivado após a sua reabertura.

Art. 6° Esta Resolução entra em vigor na data de sua publicação, revogadas as disposições em contrário.

Sala de Sessões do Tribunal Superior Eleitoral.

Brasília, 19 de setembro de 2004 (DJ de 1°. 10.2004).

VOTO-VISTA

1. Versa este Processo Administrativo sobre consulta formulada pelo Corregedor Regional Eleitoral do Espírito Santo acerca da vigência do art. 6°, inciso I, alínea *a*, Código Eleitoral. Esse dispositivo desobriga o alistamento eleitoral dos "inválidos[2]", em face da disciplina constitucional conferida à matéria pelo art. 14, § 1°, inciso II, que faculta o alistamento e o voto apenas para os analfabetos, para os maiores de setenta anos e para os maiores de dezesseis e menores de dezoito anos.

Na Sessão de 13.3.01 votou o ministro Garcia Vieira, relator à época, que, ao acompanhar o Parecer Ministerial, concluiu pela obrigatoriedade do alistamento e do voto aos portadores de deficiência. Entendeu que a atual Constituição disciplinou, taxativamente, as hipóteses nas quais o alistamento e o voto seriam facultativos. Ressalvou, entretanto, ser possível a justificação do não exercício do voto por parte dessas pessoas, a critério do Juiz Eleitoral da zona em que estiver inscrito o interessado, consoante as disposições da Res.-TSE n. 20.717, de 12.9.2000.

Após o voto do Relator, pediu vista o ministro Fernando Neves que, ao levar o feito a julgamento na Sessão de 22.3.01, lembrou que as Constituições de 1946 e de 1967 traziam disposições expressas acerca da possibilidade de exceções à obrigatoriedade do alistamento. Argumentou que essa possibilidade não está prevista na Constituição vigente, razão pela qual acompanhou o voto do Relator. Na sequência, pediu vista o ministro Nelson Jobim.

Continuando o julgamento em 12.2.04, votou o senhor ministro BARROS MONTEIRO, novo relator, que acompanhou os votos proferidos anteriormente. Concluiu não ter sido o dispositivo objeto da consulta recepcionado pela Constituição. Reconheceu nela haver disciplinamento para a matéria, o que não ocorria nos textos constitucionais de 1946 e de 1967, os quais remetiam à legislação infraconstitucional a possibilidade de serem estabelecidas essas exceções. Em face desses posicionamentos, pedi vista para melhor estudar a questão.

2. De fato, o art 14, parágrafo 1°, II, Constituição Federal[3], faculta o alistamento eleitoral e o voto apenas aos analfabetos, aos maiores de setenta anos, aos maiores de dezesseis e menores de dezoito anos. Nada diz sobre as pessoas portadoras de deficiência.

---

[2] Expressão utilizada no dispositivo legal.

[3] "Art. 14. [...]

[...]

Direitos políticos fundamentais, partidos políticos e sistemas eleitorais **1217**

O Código Eleitoral, em seu art. 6º, I[4], por outro lado, faculta o alistamento eleitoral aos "inválidos", assim como aos maiores de setenta anos.

Valho-me aqui dos subsídios constantes da decisão do teor do voto proferido nos embargos infringentes na ADI n. 1.289/DF, de minha relatoria no Supremo Tribunal Federal.

O exame dessa questão avivou-me a memória para uma reflexão de Gustavo Zagrebelsky sobre o *ethos* da Constituição na sociedade moderna. Diz aquele eminente Professor italiano em seu celebrado trabalho sobre o direito dúctil – *il diritto mitte*:

> "As sociedades pluralistas atuais – isto é, as sociedades marcadas pela presença de uma diversidade de grupos sociais com interesses, ideologias e projetos diferentes, mas sem que nenhum tenha força suficiente para fazer-se exclusivo ou dominante e, portanto, estabelecer a base material da soberania estatal no sentido do passado. Isto é, as sociedades dotadas em seu conjunto de um certo grau de relativismo conferem à Constituição não a tarefa de estabelecer diretamente um projeto predeterminado de vida em comum, senão a de realizar as condições de possibilidade da mesma"[5].

Em seguida, observa aquele eminente Professor:

> "No tempo presente, parece dominar a aspiração a algo que é conceitualmente impossível, porém altamente desejável na prática: a não prevalência de um só valor e de um só princípio, senão a salvaguarda de vários simultaneamente. O imperativo teórico da não contradição – válido para a *scientia juris* – não deveria obstaculizar a atividade própria da *jurisprudentia* de intentar realizar positivamente a 'concordância prática' das diversidades, e inclusive das contradições que, ainda que assim se apresentem na teoria, nem por isso deixam de ser desejáveis na prática. 'Positivamente': não, portanto mediante a simples amputação de potencialidades constitucionais, senão principalmente mediante prudentes soluções acumulativas, combinatórias, compensatórias, que conduzam os princípios constitucionais a um desenvolvimento conjunto e não a um declínio conjunto"[6].

Por isso, conclui que o pensamento a ser adotado, predominantemente em sede constitucional, há de ser o "pensamento do possível".

Leio, ainda, esta passagem desse notável trabalho:

> "Da revisão do conceito clássico de soberania (interna e externa), que é o preço a pagar pela integração do pluralismo em uma única unidade possível – uma unidade dúctil, como se afirmou – deriva também a exigência de que seja abandonada a soberania de um único princípio político dominante, de

---

§ 1º O alistamento eleitoral e o voto são:
[...]
II – facultativos para:
a) os analfabetos;
b) os maiores de setenta anos;
c) os maiores de dezesseis e menores de dezoito anos".

[4] Art. 6º O alistamento e o voto são obrigatórios para os brasileiros de um e outro sexo, salvo:
I – quanto ao alistamento:
a) **os inválidos;**
b) os maiores de setenta anos;
c) os que se encontrem fora do país.
II – quanto ao voto:
a) os enfermos;
b) os que se encontrem fora do seu domicílio;
c) os funcionários civis e os militares, em serviço que os impossibilite de votar."

[5] Zagrebelsky, *El Derecho Dúctil*. Ley, derechos, justicia. Trad. de Marina Gascón. 3. edição. Trotta S.A., Madrid, 1999. p. 13.

[6] Zagrebelsky, *El Derecho Dúctil*, cit., p. 16.

onde possam ser extraídas, dedutivamente, todas as execuções concretas sobre a base do princípio da exclusão do diferente, segundo a lógica do **aut-aut**, do "ou dentro ou fora". A coerência "simples" que se obteria deste modo não poderia ser a lei fundamental intrínseca do direito constitucional atual, que é, precipuamente, a lógica do **et-et** e que contém por isso múltiplas promessas para o futuro. Neste sentido, fala-se com acerto de um 'modo de pensar do possível' (Möglichkeitsdenken), como algo particularmente adequado ao direito do nosso tempo. Esta atitude mental 'possibilista' representa para o pensamento o que a 'concordância prática' representa para a ação"[7].

Em verdade, talvez seja Peter Häberle o mais expressivo defensor dessa forma de pensar o direito constitucional nos tempos hodiernos, entendendo ser o "pensamento jurídico do possível" expressão, consequência, pressuposto e limite para uma interpretação constitucional aberta[8].

Nessa medida, e essa parece ser uma das importantes consequências da orientação perfilhada por Häberle, "uma teoria constitucional das alternativas" pode converter-se numa "teoria constitucional da tolerância"[9]. Daí perceber-se também que a "alternativa enquanto pensamento possível afigura-se relevante, especialmente no evento interpretativo: na escolha do método, tal como verificado na controvérsia sobre a tópica enquanto força produtiva de interpretação"[10].

A propósito, anota Häberle:

"O pensamento do possível é o pensamento em alternativas. Deve estar aberto para terceiras ou quartas possibilidades, assim como para compromissos. Pensamento do possível é pensamento indagativo (fragendes Denken). Na **res publica** existe um **ethos** jurídico específico do pensamento em alternativa, que contempla a realidade e a necessidade, sem se deixar dominar por elas. O pensamento do possível ou o pensamento pluralista de alternativas abre suas perspectivas para "novas" realidades, para o fato de que a realidade de hoje poder corrigir a de ontem, especialmente a adaptação às necessidades do tempo de uma visão normativa, sem que se considere o novo como o melhor"[11].

Nessa linha, observa Häberle que "para o estado de liberdade da **res publica** afigura-se decisivo que a liberdade de alternativa seja reconhecida por aqueles que defendem determinadas alternativas". Daí ensinar que "não existem apenas alternativas em relação à realidade, existem também alternativas em relação a essas alternativas"[12].

O pensamento do possível tem uma dupla relação com a realidade. Uma é de caráter negativo: "o pensamento do possível" indaga sobre o também possível, sobre alternativas em relação à realidade, sobre aquilo que ainda não é real. "O pensamento do possível" depende também da realidade em outro sentido: possível é apenas aquilo que pode ser real no futuro (*Möglich ist nur was in Zukunft wirklich sein kann*). É a perspectiva da realidade (futura) que permite separar o impossível do possível[13].

Valendo-nos da lição de Scheuner citada por Häberle, se quiser preservar força regulatória em uma sociedade pluralista, a Constituição não pode ser vista como texto acabado ou definitivo, mas sim como *"projeto"* (*"Entwurf"*) em desenvolvimento contínuo[14].

---

[7] Zagrebelsky, *El Derecho Dúctil*, cit., p. 17.

[8] HÄBERLE, P. Demokratische Verfassungstheorie im Lichte des Möglichkeitsdenken, in: *Die Verfassung des Pluralismus*, Königstein/TS, 1980, p. 9.

[9] Häberle, *Die Verfassung des Pluralismus*, cit., p. 6.

[10] Häberle, *Die Verfassung des Pluralismus*, cit., p. 7.

[11] Häberle, *Die Verfassung des Pluralismus*, cit., p. 3.

[12] Häberle, *Die Verfassung des Pluralismus*, cit., p. 6.

[13] Häberle, *Die Verfassung des Pluralismus*, cit., p. 10.

[14] Häberle, *Die Verfassung des Pluralismus*, cit., p. 4.

Direitos políticos fundamentais, partidos políticos e sistemas eleitorais 1219

O legislador constitucional, ao facultar o voto aos maiores de setenta anos, atentou, certamente, para as prováveis limitações físicas decorrentes da sua idade, de modo a não transformar o exercício do voto em transtorno ao seu bem-estar[15].

É certo também que algumas pessoas apresentam deficiências que praticamente tornam impossível o exercício de suas obrigações eleitorais, tais como os tetraplégicos e os deficientes visuais inabilitados para a leitura em braile. Todos eles podem encontrar-se em situação até mais onerosa do que a dos idosos. Ressalte-se que nem todas as salas de seções de votações têm acesso adequado para deficientes.

Portanto, a solução que mais parece se aproximar desse "pensamento do possível", na espécie, é exatamente a que faculta o alistamento eleitoral e o voto aos cidadãos com deficiências que impossibilitam ou tornam assaz oneroso o exercício de suas obrigações eleitorais.

Muito mais distante da vontade constitucional, em todos os seus sentidos, seria obrigar a pessoa portadora de deficiência, inabilitada ao sufrágio, a deslocar-se para sua sessão de votação e submetê-la à experiência frustrante de não conseguir exercer os elementares direitos de cidadania, ou, ainda, de fazê-lo com enorme sacrifício.

Assim, entendo que o "pensamento do possível", no Direito Constitucional, autoriza, também aqui, uma interpretação compreensiva que permita ampliar as hipóteses de alistamento facultativo a essas estritas hipóteses.

A questão pode ser vista da perspectiva de lacuna da Constituição.

Nesse sentido, permito-me trazer, à colação, interessante caso julgado pela Corte de Cassação da Bélgica, mencionado por Perelman em "Lógica Jurídica". Anota Perelman:

> "Durante a guerra de 1914-1918, como a Bélgica estava quase toda ocupada pelas tropas alemãs, com o Rei e o governo belga no Havre, o Rei exercia sozinho o poder legislativo, sob forma de decretos-leis.
>
> 'A impossibilidade de reunir as Câmaras, em consequência da guerra, impedia incontestavelmente que se respeitasse o artigo 26 da Constituição (O poder legislativo é exercido coletivamente pelo Rei, pela câmara dos Representantes e pelo Senado). Mas nenhum dispositivo constitucional permitia sua derrogação, nem mesmo em circunstâncias tão excepcionais. O artigo 25 enuncia o princípio de que os poderes 'são exercidos da maneira estabelecida pela Constituição', e o artigo 130 diz expressamente que 'a Constituição não pode ser suspensa nem no todo nem em parte.' (A. Vanwelkenhuyzen, De quelques *lacunes du droit constitutionnel belge, em Le problème des lacunes en droit*, p. 347).
>
> Foi com fundamento nestes dois artigos da Constituição que se atacou a legalidade dos decretos-leis promulgados durante a guerra, porque era contrária ao artigo 26 que se precisa como se exerce o poder legislativo.
>
> Se a teoria de Hans Kelsen fosse conforme a realidade jurídica, e se o texto constitucional devesse constituir a norma fundamental do direito belga, a Corte de Cassação teria de aceitar a argumentação do demandante, que atacava como anticonstitucionais os decretos-leis promulgados somente pelo Rei. Mas, na verdade a Corte não exitou em afirmar que 'foi pela aplicação dos princípios constitucionais que o Rei tendo permanecido durante a guerra o único órgão do poder legislativo que conservou sua liberdade de ação, tomou as disposições com força de lei que a defesa do território e os interesses vitais da nação exigiam imperiosamente.'"
>
> [...][16].

Perelman responde à indagação sobre a legitimidade da decisão da Corte, com base nos argumentos do Procurador-Geral Terlinden. É o que lê na seguinte passagem do seu trabalho:

---

[15] "Art. 230. A família, a sociedade e o Estado têm o dever de *amparar as pessoas idosas*, assegurando sua participação na comunidade, *defendendo* sua dignidade e *bem-estar* e garantindo-lhes o direito à vida."

[16] Perelman, Chaïm. *Lógica Jurídica*, trad. Vergínia K. Pupi. Martins Fontes, São Paulo, 2000, p. 105.

"Como pôde a Corte chegar a uma decisão manifestamente contrária ao texto constitucional? Para compreendê-lo, retomemos as conclusões expostas antes do aresto pelo procurador-geral Terlinden, em razão de seu caráter geral e fundamental.

'Uma lei sempre é feita apenas para um período ou um regime determinado. Adapta-se às circunstâncias que a motivaram e não pode ir além. Ela só se concebe em função de sua necessidade ou de sua utilidade; assim, uma boa lei não deve ser intangível, pois vale apenas para o tempo que quis reger. A teoria pode ocupar-se com abstrações. A lei, obra essencialmente prática, aplica-se apenas a situações essencialmente concretas. Explica-se assim que, embora a jurisprudência possa estender a aplicação de um texto, há limites a esta extensão, que são atingidos toda vez que a situação prevista pelo autor da lei venha a ser substituída por outras fora de suas previsões.

Uma lei – constituição ou lei ordinária – nunca estatui senão para períodos normais, para aqueles que ela pode prever.

Obra do homem, ela está sujeita, como todas as coisas humanas, à força dos acontecimentos, à força maior, à necessidade.

Ora, há fatos que a sabedoria humana não pode prever, situações que não pôde levar em consideração e nas quais, tornando-se inaplicável a norma, é necessário, de um modo ou de outro, afastando-se o menos possível das prescrições legais, fazer frente às brutais necessidades do momento e opor meios provisórios à força invencível dos acontecimentos.' (Vanwelkenhuysen, Le problème des lacunes en droit, cit., pp. 348-349). [...]"[17]

Nessa linha, conclui Perelman:

"Se devêssemos interpretar ao pé da letra o artigo 130 da Constituição, o acórdão da Corte de Cassação teria sido, sem dúvida alguma, contra legem. Mas, limitando o alcance deste artigo às situações normais e previsíveis, a Corte de Cassação introduz uma lacuna na Constituição, que não teria estatuído para situações extraordinárias, causadas 'pela força dos acontecimentos', 'por força maior', 'pela necessidade'"[18].

Não é difícil encontrar exemplos do "pensamento do possível" na rica jurisprudência do Supremo Tribunal Federal, não raras vezes assentada na eventual configuração de uma omissão ou lacuna constitucional.

São exemplos notórios desse pensamento as decisões do Tribunal que reconheceram a existência de uma "situação jurídica ainda constitucional" relativamente a algumas normas aplicáveis às defensorias públicas.

De certa forma, o precedente firmado no Recurso Extraordinário Criminal n. 147.776, da relatoria do ministro Sepúlveda Pertence, parece aquele que, entre nós, melhor expressa essa ideia de omissão ou lacuna constitucional apta a justificar a interpretação compreensiva do texto constitucional e das situações jurídicas pré-constitucionais.

A ementa do acórdão revela, por si só, o significado da decisão para a versão brasileira do "pensamento constitucional do possível":

"Ministério Público: Legitimação para promoção, no juízo cível, do ressarcimento do dano resultante de crime, pobre o titular do direito à reparação: C. Pr. Pen, art. 68, ainda constitucional (cf. RE 135.328): processo de inconstitucionalização das leis.

1. A alternativa radical da jurisdição constitucional ortodoxa entre a constitucionalidade plena e a declaração de inconstitucionalidade ou revogação por inconstitucionalidade da lei com fulminante eficácia **ex tunc** faz abstração da evidência de que a implementação de uma nova ordem constitucional não é um fato instantâneo, mas um processo, no qual a possibilidade de realização da norma da constituição – ainda quanto teoricamente não se cuide de preceito de eficácia limitada – subordina-se muitas vezes a alterações da realidade fática que a viabilizem.

---

[17] Perelman, *Lógica Jurídica*, cit., p. 106.
[18] Perelman, *Lógica Jurídica*, cit., p. 107.

Direitos políticos fundamentais, partidos políticos e sistemas eleitorais · 1221

2. No contexto da Constituição de 1988, a atribuição anteriormente dada ao Ministério Público pelo art. 68, C. Pr. Penal – constituindo modalidade de assistência judiciária – deve reputar-se transferida para a Defensoria Pública: essa, porém, para esse fim, só se pode considerar existente, onde e quando organizada, de direito e de fato, nos moldes do art. 134 da própria Constituição e da lei complementar por ela ordenada: até que – na União ou em cada Estado considerado –, se implemente essa condição de viabilização da cogitada transferência constitucional de atribuições, o art. 68, C. Pr. Pen será considerado ainda vigente: é o caso do Estado de São Paulo, como decidiu *o plenário no RE 135.328*"[19].

Nesse sentido, afigura-se eloquente a seguinte passagem do voto proferido pelo ministro Sepúlveda Pertence:

"O caso mostra, com efeito, a inflexível estreiteza da alternativa da jurisdição constitucional ortodoxa, com a qual ainda jogamos no Brasil: consideramo-nos presos ao dilema entre a constitucionalidade plena e definitiva da lei ou a declaração de sua inconstitucionalidade com fulminante eficácia **ex tunc**; ou ainda, na hipótese de lei ordinária pré-constitucional, entre o reconhecimento da recepção incondicional e a da perda de vigência desde a data da Constituição.

Essas alternativas radicais – além dos notórios inconvenientes que gera – fazem abstração da evidência de que a implementação de uma nova ordem constitucional não é um fato instantâneo, mas um processo, no qual a possibilidade da realização da norma da Constituição – ainda quando teoricamente não se cuide de um preceito de eficácia limitada –, subordina-se muitas vezes a alterações da realidade fática que a viabilizem.

É tipicamente o que sucede com as normas constitucionais que transferem poderes e atribuições de uma instituição preexistente para outra criada pela Constituição, mas cuja implantação real pende não apenas de legislação infraconstitucional, que lhe dê organização normativa, mas também de fatos materiais que lhe possibilitem atuação efetiva.

Isso o que se passa com a Defensoria Pública, no âmbito da União e no da maioria das Unidades da Federação.

Certo, enquanto garantia individual do pobre e correspondente dever do Poder Público, a assistência judiciária alçou-se ao plano constitucional desde o art. 141, § 35, da Constituição de 1946 e subsistiu nas cartas subsequentes (1967, art. 150, § 32; 1969, art. 153, § 32) e na Constituição em vigor, sob a forma ampliada de '**assistência jurídica integral**' (art. 5º, LXXIV).

Entretanto, é inovação substancial do texto de 1988 a imposição à União e aos Estados da instituição da Defensoria Pública, organizada em carreira própria, com membros dotados da garantia constitucional da inamovibilidade e impedidos do exercício privado da advocacia.

O esboço constitucional da Defensoria Pública vem de ser desenvolvido em cores fortes pela LC 80, de 12.1.94, que, em cumprimento do art. 134 da Constituição, '**organiza a Defensoria Pública da União, do Distrito Federal e dos Territórios e prescreve normas gerais para sua organização nos Estados**'. Do diploma se infere a preocupação de assimilar, quanto possível, o estatuto da Defensoria e o dos seus agentes aos do Ministério Público: assim, a enumeração dos mesmos princípios institucionais de unidade, indivisibilidade e independência funcional (art. 3º); a nomeação a termo, por dois anos, permitida uma recondução, do Defensor Público Geral da União (art. 6º) e do Distrito Federal (art. 54); a amplitude das garantias e prerrogativas outorgadas aos Defensores Públicos, entre as quais, de particular importância, a de '**requisitar de autoridade pública e de seus agentes exames, certidões, perícias, vistorias, diligências, processos, documentos, informações, esclarecimentos e providências necessárias ao exercício de suas atribuições**' (arts. 43, X; 89, X, e 128, X).

A Defensoria Pública ganhou, assim, da Constituição e da lei complementar, um equipamento institucional incomparável – em termos de adequação às suas funções típicas –, ao dos agentes de outros organismos públicos – a exemplo da Procuradoria de diversos Estados –, aos quais se vinha entregando individualmente, sem que constituíssem um corpo com identidade própria, a atribuição atípica da prestação de assistência judiciária aos necessitados.

---

[19] *RECrim* 147.776-8, Rel. Sepúlveda Pertence, *Lex* – JSTF, 238, p. 390.

Ora, no direito pré-constitucional, o art. 68, C. Pr. Penal – ao confiá-lo ao Ministério Público –, erigiu em modalidade específica e qualificada de assistência judiciária o patrocínio em juízo da pretensão reparatória do lesado pelo crime.

Estou em que, no contexto da Constituição de 1988, essa atribuição deva efetivamente reputar-se transferida do Ministério Público para a Defensoria Pública: essa, porém, para esse fim, só se pode considerar existente, onde e quando organizada, de direito e de fato, nos moldes do art. 134 da própria Constituição e da lei complementar por ela ordenada: até que – na União ou em cada Estado considerado –, se implemente essa condição de viabilização da cogitada transferência constitucional de atribuições, o art. 68, C. Pr. Penal será considerado ainda vigente.

O caso concreto é de São Paulo, onde, notoriamente, não existe Defensoria Pública, persistindo a assistência jurídica como tarefa atípica de Procuradores do Estado.

O acórdão – ainda não publicado – acabou por ser tomado nesse sentido por unanimidade, na sessão plenária de 1.6.94, com a reconsideração dos votos antes proferidos em contrário.

Ora, é notória, no Estado de São Paulo, a situação permanece a mesma considerada no precedente: à falta de Defensoria Pública instituída e implementada segundo os moldes da Constituição, a assistência judiciária continua a ser prestada pela Procuradoria-Geral do Estado ou, na sua falta, por advogado"[20].

Também aqui se identificou uma lacuna no texto constitucional que, ao outorgar a atribuição de assistência judiciária às defensorias públicas, não ressalvou as situações jurídicas reguladas de maneira diversa no direito pré-constitucional – ausência de cláusula transitória –, especialmente naquelas unidades federadas que ainda não haviam instituído os órgãos próprios de defensoria. Dessarte, a justificativa para a mantença do direito pré-constitucional se fez com base numa disposição transitória implícita, que autorizava a aplicação do modelo legal pré-constitucional até a completa implementação do novo sistema previsto na Constituição.

Assim, pareceu legítimo ao Tribunal admitir que a regra constitucional em questão continha uma lacuna: a não regulação das situações excepcionais existentes na fase inicial de implementação do novo modelo constitucional. Não tendo a matéria sido regulada em disposição transitória, afigura-se que o próprio intérprete pudesse fazê-lo em consonância com o sistema constitucional.

O mesmo raciocínio expus quando do julgamento dos embargos infringentes na ADI n. 1289[21]. Nesse caso, indagava-se se seria possível, na ausência de membros do Ministério Público com dez anos de carreira para compor a necessária lista sêxtupla para preenchimento de vaga do quinto constitucional de Juiz do Tribunal Regional do Trabalho, a contemplação com membros do Ministério Público que, embora tivessem sido submetidos ao processo de escolha comum a todos os candidatos, não tivessem completado, ainda, o período a que se refere o art. 94 da Constituição.

O Tribunal entendeu que a aplicação que menos se distanciava do sistema formulado pelo constituinte parecia ser aquela que admitia a composição da lista por procuradores do trabalho que ainda não preenchiam o requisito concernente ao tempo de serviço estipulado.

Na espécie, a ausência de qualquer disciplina constitucional sobre a matéria tão relevante sugere não um silêncio eloquente, mas uma clara lacuna de regulação suscetível de ser colmatada

---

[20] *RECrim* 147.776-8, Rel: Sepúlveda Pertence, *Lex* – JSTF 238: 390-9 (393-7).

[21] "Ação Direta de Inconstitucionalidade. 2. Embargos Infringentes. Cabimento, na hipótese de recurso interposto antes da vigência da Lei n. 9.868, de 10 de novembro de 1999. 3. Cargos vagos de juízes do TRT. Composição de lista. 4. Requisitos dos arts. 94 e 115 da Constituição: quinto constitucional e lista sêxtupla. 5. Ato normativo que menos se distancia do sistema constitucional, ao assegurar aos órgãos participantes do processo a margem de escolha necessária. 6. Salvaguarda simultânea de princípios constitucionais em lugar da prevalência de um sobre outro. 7. Interpretação constitucional aberta que tem como pressuposto e limite o chamado "pensamento jurídico do possível". 8. Lacuna constitucional. 9. Embargos acolhidos para que seja reformado o acórdão e julgada improcedente a ADI 1.289, declarando-se a constitucionalidade da norma impugnada."

Direitos políticos fundamentais, partidos políticos e sistemas eleitorais **1223**

mediante interpretação que reconhece o caráter facultativo do alistamento e do voto no caso de deficiência grave. Parece evidente que o constituinte não pretendeu impor o alistamento em tais casos. Trata-se tão somente de uma "lacuna" suscetível de ser superada com base nos próprios princípios estruturantes do sistema constitucional, suficientes a legitimar uma cláusula implícita que justifique outras exceções ao alistante obrigatório, desde que compatível com o "projeto" fixado pelo texto constitucional. No caso em apreço, o próprio art. 5º, § 2º, da Constituição Federal autoriza, a meu ver, a interpretação aqui perfilhada, legitimando a extensão às pessoas portadoras de deficiência grave do direito reconhecido aos idosos.

Nesses termos, voto no sentido de que resolução deste Tribunal discipline a facultatividade do alistamento e do voto aos cidadãos portadores de deficiência que impossibilite ou torne extremamente oneroso o exercício de suas obrigações eleitorais.

PA 19.297[1]

Suspensão de direitos políticos – Decisão que impõe medida de segurança – Natureza condenatória – Característica de sanção penal.

A Corregedoria Regional Eleitoral do Estado do Paraná submeteu à apreciação da Corregedoria-Geral a situação de suspensão de direitos políticos do eleitor Jakson Luiz dos Santos, ao qual foi aplicada medida de segurança em ação penal instaurada pela prática de homicídio.

O Juízo da 176ª ZE/PR entendeu pela propriedade da suspensão dos direitos políticos.

A Procuradoria-Geral opinou no sentido da possibilidade de suspensão de direitos políticos das pessoas condenadas e que tenham que cumprir pena por medida de segurança.

Resolução n. 22.193: Medida de segurança. Suspensão de direitos políticos. Natureza condenatória. Possibilidade. Não obstante tratar-se de sentença absolutória imprópria, a decisão que impõe medida de segurança ostenta natureza condenatória, atribuindo sanção penal, razão por que enseja suspensão de direitos políticos nos termos do art. 15, III, da Constituição Federal.

VOTO-VISTA

A Corregedoria Regional Eleitoral do Paraná solicitou à Corregedoria-Geral Eleitoral (CGE) pronunciamento acerca da adequação da decisão proferida pelo Juízo da 176ª Zona Eleitoral da circunscrição do Paraná, nos autos do Processo Administrativo n. 162/2003, que determinou a suspensão dos direitos políticos de eleitor ao qual foi aplicada medida de segurança, tendo em vista que se trata de hipótese não contemplada nas orientações da CGE e deste Tribunal Superior Eleitoral, *"que só se manifestaram quanto à aptidão da condenação criminal transitada em julgado para suspender os direitos políticos"* (fl. 2).

Consta da sentença do juízo eleitoral (cópia juntada à fl. 10) que o eleitor Jakson Luiz dos Santos, ao ser absolvido em ação penal instaurada pela prática de homicídio (art. 121, c.c. o art. 61, II, *e*, do Código Penal[2]), recebeu a aplicação de medida de segurança para tratamento ambulatorial. Colho trechos que bem representam os fundamentos da referida decisão:

"O inciso III, do artigo 15, da Constituição Federal, assinala que a condenação criminal transitada em julgado, enquanto durarem seus efeitos, constitui-se num dos casos de suspensão de direitos políticos. Tal circunstância também está prevista na Lei de Inelegibilidade, relativamente aos crimes listados na alínea e, inciso I, de seu artigo 1º, bem como no artigo 51 da Resolução n. 20.132/98 do colendo Tribunal Superior Eleitoral.

Inobstante possa parecer que para a suspensão de direitos políticos o Juiz Eleitoral deva levar em conta apenas a sentença penal condenatória transitada em julgado, não se pode olvidar as sentenças absolutórias

---

[1] Em sessão realizada em 11.4.2006, o Tribunal Superior Eleitoral, por unanimidade, respondeu à indagação nos termos do voto do Relator, Ministro Francisco Peçanha Martins (*DJ* de 9.6.2006).

[2] "Art. 121. Matar alguém:
Pena – reclusão, de seis a vinte anos.
[...]".
"Art. 61. São circunstâncias que sempre agravam a pena, quando não constituem ou qualificam o crime: (*Redação dada pela Lei n. 7.209, de 11.7.1984*)
II – ter o agente cometido o crime: (*Redação dada pela Lei n. 7.209, de 11.7.1984*)
[...]
e) contra ascendente, descendente, irmão ou cônjuge;
[...]".

impróprias, com a aplicação de medidas de segurança que, em sentido amplo, não deixam de constituir sanções penais traduzidas em providências de cunho ou finalidade exclusivamente preventivo, mercê da periculosidade do agente. Ontologicamente, a medida de segurança e a pena são iguais, distinguindo-se em relação ao seu fundamento de aplicação: culpabilidade para a pena e periculosidade para a medida de segurança. Daí que, para fins de suspensão de direitos políticos, há a necessidade de aplicação dos mesmos critérios.

(...)

Destarte, ciente do contido no ofício antes mencionado, tenho por suspensos os direitos políticos de JAKSON LUIZ DOS SANTOS, inscrição eleitoral n. 71997590680, nascido em 04/01/1979, filho de Luiz Carlos dos Santos e de Nanci Aparecida Dal Pozzo dos Santos, enquanto perdurarem os efeitos da medida de segurança lhe aplicada".

Na Informação n. 515/04, a CGE, considerando a inexistência de regulamentação e a singularidade da matéria, sugeriu que ela fosse submetida à análise do Ministério Público Eleitoral (fls. 12-15).

A Procuradoria-Geral Eleitoral (PGE) manifestou-se pela possibilidade da suspensão dos direitos políticos das pessoas que tenham que cumprir medida de segurança (fls. 20-24), *verbis*:

"Não vemos razão para somente os condenados a pena privativa de liberdade sofrerem a sanção de suspensão dos direitos políticos, já que o inciso III do art. 15 da Lei Magna, reza:

'Art. 15. É vedada a cassação de direitos políticos, cuja perda ou suspensão só se dará nos casos de:

III – condenação criminal transitada em julgado, enquanto durarem seus efeitos.'

No caso da pena comutada em medida de segurança, nada impede a aplicação da suspensão dos direitos políticos, que será cumprida durante o período de suspensão das atividades do representado.

(...)

(...) face a doutrina existente em nosso sistema, bem como as centenas de condenações de pessoas com deficiência mental, não vemos como excluir as mesmas da suspensão dos direitos políticos, já que, ontologicamente, não há qualquer razão para excluir uns e deixar que a pena se aplique somente aos demais.

Posto isto, a Procuradoria-Geral Eleitoral opina que deva ser respondida à consulta, no sentido de que é possível a suspensão dos direitos políticos das pessoas condenadas e que tenham que cumprir pena por medida de segurança".

Levados os autos a julgamento na sessão de 25.11.2004, o Ministro Peçanha Martins, relator, respondendo à consulta, reconheceu ser *"[...] apropriada a suspensão de direitos políticos de pessoa apenada com medida de segurança".* Considerou não haver razão para que esse efeito acessório da sentença não fosse aplicado a pessoas nessa condição, tendo em vista o disposto no art. 183 da Lei de Execução Penal, que permite a substituição da pena privativa de liberdade pela medida de segurança se, durante o seu cumprimento, o sentenciado for acometido de doença mental.

Na sequência, pedi vista para melhor apreciar o caso.

Feita a síntese dos fatos, passo a decidir.

De fato, o art. 15 da Constituição[3] não positivou de forma expressa a situação dos direitos políticos daqueles que, por falta de higidez mental, são submetidos a medidas de segurança.

A Constituição, ao prescrever a regra geral da vedação da cassação de direitos políticos, estabelece também os casos de perda e suspensão desses direitos. E a expressão *"só se dará nos casos de"*

---

[3] "Art. 15. É vedada a cassação de direitos políticos, cuja perda ou suspensão só se dará nos casos de:

I – cancelamento da naturalização por sentença transitada em julgado;

II – incapacidade civil absoluta;

III – condenação criminal transitada em julgado, enquanto durarem seus efeitos;

IV – recusa de cumprir obrigação a todos imposta ou prestação alternativa, nos termos do art. 5°, VIII;

V – improbidade administrativa, nos termos do art. 37, § 4°."

indica que o elenco de incisos do art. 15 constitui um rol taxativo de hipóteses excepcionais de perda ou suspensão de direitos políticos, insuscetível, à primeira vista, de ampliação.

Leve-se em conta, ainda, que a regra constitucional e suas exceções, ao se conformarem como garantias de direitos fundamentais de caráter político, compõem o núcleo das chamadas cláusulas de imutabilidade ou garantias de eternidade e, dessa forma, exigem interpretação restritiva, impedindo a construção de qualquer sentido normativo do texto que vise a limitar ou anular o pleno exercício da cidadania política.

Nesse sentido, essa aparente lacuna constitucional torna-se obstáculo, em princípio, a qualquer tentativa de se incluir na Constituição mais uma hipótese de perda ou suspensão de direitos políticos.

A reflexão sobre o caso em análise, porém, avivou-me a memória para o *"pensamento do possível"*, na reflexão de Gustavo Zagrebelsky sobre o *ethos* da Constituição na sociedade moderna. Diz aquele eminente Professor italiano no seu celebrado trabalho sobre o direito dúctil – *il diritto mite*:

> *"As sociedades pluralistas atuais – isto é, as sociedades marcadas pela presença de uma diversidade de grupos sociais com interesses, ideologias e projetos diferentes, mas sem que nenhum tenha força suficiente para fazer-se exclusivo ou dominante e, portanto, estabelecer a base material da soberania estatal no sentido do passado – isto é, as sociedades dotadas em seu conjunto de um certo grau de relativismo, conferem à Constituição não a tarefa de estabelecer diretamente um projeto predeterminado de vida em comum, senão de realizar as condições de possibilidade da mesma"*[4].

Em seguida, observa aquele eminente Professor:

> *"No tempo presente, parece dominar a aspiração a algo que é conceitualmente impossível, porém altamente desejável na prática: a não prevalência de um só valor e de um só princípio, senão a salvaguarda de vários simultaneamente. O imperativo teórico da não contradição – válido para a **scientia juris** – não deveria obstaculizar a atividade própria da **jurisprudentia** de intentar realizar positivamente a 'concordância prática' das diversidades, e inclusive das contradições que, ainda que assim se apresentem na teoria, nem por isso deixam de ser desejáveis na prática. 'Positivamente': não, portanto mediante a simples amputação de potencialidades constitucionais, senão principalmente mediante prudentes soluções acumulativas, combinatórias, compensatórias, que conduzam os princípios constitucionais a um desenvolvimento conjunto e não a um declínio conjunto"*[5].

Por isso, conclui que o pensamento a ser adotado, predominantemente em sede constitucional, há de ser o *"pensamento do possível"*. Leio, ainda, esta passagem desse notável trabalho:

> *"Da revisão do conceito clássico de soberania (interna e externa), que é o preço a pagar pela integração do pluralismo em uma única unidade possível – uma unidade dúctil, como se afirmou – deriva também a exigência de que seja abandonada a soberania de um único princípio político dominante, de onde possam ser extraídas, dedutivamente, todas as execuções concretas sobre a base do princípio da exclusão do diferente, segundo a lógica do **aut-aut**, do "ou dentro ou fora". A coerência 'simples' que se obteria deste modo não poderia ser a lei fundamental intrínseca do direito constitucional atual, que é, precipuamente, a lógica do **et-et** e que contém por isso múltiplas promessas para o futuro. Neste sentido, fala-se com acerto de um "modo de pensar do possível" (Möglichkeitsdenken), como algo particularmente adequado ao direito do nosso tempo. Esta atitude mental "possibilista" representa para o pensamento o que a "concordância prática" representa para a ação"*[6].

---

[4] Zagrebelsky, *El Derecho Dúctil*. Ley, derechos, justicia. Trad. de Marina Gascón. 3. edição. Ed. Trotta S.A., Madrid, 1999, p. 13.

[5] Zagrebelsky, *El Derecho Dúctil*, cit., p. 16.

[6] Zagrebelsky, *El Derecho Dúctil*, cit., p. 17.

Em verdade, talvez seja Peter Häberle o mais expressivo defensor dessa forma de pensar o direito constitucional nos tempos hodiernos, entendendo ser o *"pensamento jurídico do possível"* expressão, consequência, pressuposto e limite para uma interpretação constitucional aberta[7].

Nessa medida, e essa parece ser uma das importantes consequências da orientação perfilhada por Häberle, *"uma teoria constitucional das alternativas"* pode converter-se numa *"teoria constitucional da tolerância"*[8]. Daí perceber-se também que *"alternativa enquanto pensamento possível afigura-se relevante, especialmente no evento interpretativo: na escolha do método, tal como verificado na controvérsia sobre a tópica enquanto força produtiva de interpretação"*[9].

A propósito, anota Häberle:

"O pensamento do possível é o pensamento em alternativas. Deve estar aberto para terceiras ou quartas possibilidades, assim como para compromissos. Pensamento do possível é pensamento indagativo (fragendes Denken). Na **res publica** *existe um* **ethos** *jurídico específico do pensamento em alternativa, que contempla a realidade e a necessidade, sem se deixar dominar por elas. O pensamento do possível ou o pensamento pluralista de alternativas abre suas perspectivas para "novas" realidades, para o fato de que a realidade de hoje poder corrigir a de ontem, especialmente a adaptação às necessidades do tempo de uma visão normativa, sem que se considere o novo como o melhor"*[10].

Nessa linha, observa Häberle, *"para o estado de liberdade da* **res publica** *afigura-se decisivo que a liberdade de alternativa seja reconhecida por aqueles que defendem determinadas alternativas"*. Daí ensinar que *"não existem apenas alternativas em relação à realidade, existem também alternativas em relação a essas alternativas"*[11].

O pensamento do possível tem uma dupla relação com a realidade. Uma é de caráter negativo: o pensamento do possível indaga sobre o também possível, sobre alternativas em relação à realidade, sobre aquilo que ainda não é real. O pensamento do possível depende também da realidade em outro sentido: possível é apenas aquilo que pode ser real no futuro (*Möglich ist nur was in Zukunft wirklich sein kann*). É a perspectiva da realidade (futura) que permite separar o impossível do possível[12].

Lembro que a ideia de um "pensamento do possível" já não é novidade para esta Corte eleitoral. No julgamento do PA n. 18.483, de minha relatoria – a respeito do alistamento eleitoral e do voto dos cidadãos que apresentam deficiências que praticamente tornam impossível ou extremamente oneroso o exercício de suas obrigações eleitorais –, proferi voto fundamentado no pensamento do possível, para fixar que o art. 5º, § 2º, da Constituição Federal, legitima a extensão do direito assegurado aos maiores de 70 anos e às pessoas portadoras de deficiência nas condições referidas.

Feitas essas necessárias digressões, o caso em análise também está a cobrar, a meu ver, a adoção de um típico *"pensamento do possível"*. Em outros termos – valendo-nos da lição de Scheuner, citada por Häberle –, se quiser preservar a força regulatória em uma sociedade pluralista, a Constituição não pode ser vista como texto acabado ou definitivo, mas sim como *"projeto"* (*"Entwurf"*) em contínuo desenvolvimento[13].

---

[7] HÄBERLE, P. Demokratische Verfassungstheorie im Lichte des Möglichkeitsdenken, in: *Die Verfassung des Pluralismus*, Königstein/TS, 1980, p. 9.

[8] Häberle, *Die Verfassung des Pluralismus*, cit., p. 6.

[9] Häberle, *Die Verfassung des Pluralismus*, cit., p. 7.

[10] Häberle, *Die Verfassung des Pluralismus*, cit., p. 3.

[11] Häberle, *Die Verfassung des Pluralismus*, cit., p. 6.

[12] Häberle, *Die Verfassung des Pluralismus*, cit., p. 10.

[13] Häberle, *Die Verfassung des Pluralismus*, cit., p. 4.

Nesse sentido, deve-se indagar sobre o *ethos* constitucional que fundamenta as hipóteses de perda ou suspensão de direitos políticos.

O texto constitucional prevê, no art. 15, inciso II, que a incapacidade civil absoluta é causa de suspensão de direitos políticos. O inciso III, por seu turno, estabelece a hipótese de suspensão no caso da condenação criminal transitada em julgado, enquanto durarem seus efeitos.

Apesar da similitude dos temas, em nenhum dos casos existe, como se vê, menção expressa à perda ou suspensão de direitos políticos daqueles cidadãos que, processados e julgados pelo cometimento de infrações penais, são submetidos a medidas de segurança, por padecerem de deficiente estado psicológico.

Todavia, cabe questionar se o fato de o texto constitucional não ter contemplado expressamente esta hipótese representa obstáculo intransponível para que o Tribunal, diante do problema, identifique, na linha do pensamento do possível, o substrato axiológico das hipóteses de perda ou suspensão de direitos políticos e, num exercício de mediação entre realidade e necessidade, encontre as alternativas prospectivamente indicadas pela Constituição para a solução dos casos deixados *em aberto* no momento de sua germinação.

Assim, a questão também poderia ser vista de uma outra perspectiva: a da *lacuna da Constituição*.

Nesse sentido, permito-me trazer à colação interessante caso julgado pela Corte de Cassação da Bélgica, mencionado por Perelman em "Lógica Jurídica". Anota Perelman:

> "*Durante a guerra de 1914-1918, como a Bélgica estava quase toda ocupada pelas tropas alemãs, com o Rei e o governo belga no Havre, o Rei exercia sozinho o poder legislativo, sob forma de decretos-leis.*
>
> '*A impossibilidade de reunir as Câmaras, em consequência da guerra, impedia incontestavelmente que se respeitasse o artigo 26 da Constituição (O poder legislativo é exercido coletivamente pelo Rei, pela câmara dos Representantes e pelo Senado). Mas nenhum dispositivo constitucional permitia sua derrogação, nem mesmo em circunstâncias tão excepcionais. O artigo 25 enuncia o princípio de que os poderes 'são exercidos da maneira estabelecida pela Constituição', e o artigo 130 diz expressamente que 'a Constituição não pode ser suspensa nem no todo nem em parte.' (A. Vanwelkenhuyzen, De quelques lacunes du droit constitutionnel belge, em Le problème des lacunes en droit, p. 347).*
>
> *Foi com fundamento nestes dois artigos da Constituição que se atacou a legalidade dos decretos-leis promulgados durante a guerra, porque era contrária ao artigo 26 que precisa como se exerce o poder legislativo.*
> (...)*"[14]

Perelman responde à indagação sobre a legitimidade da decisão da Corte, com base nos argumentos do Procurador-Geral Terlinden. É o que se lê na seguinte passagem do seu trabalho:

> "*Como pôde a Corte chegar a uma decisão manifestamente contrária ao texto constitucional? Para compreendê-lo, retomemos as conclusões expostas antes do aresto pelo procurador-geral Terlinden, em razão de seu caráter geral e fundamental.*
>
> '*Uma lei sempre é feita apenas para um período ou um regime determinado. Adapta-se às circunstâncias que a motivaram e não pode ir além. Ela só se concebe em função de sua necessidade ou de sua utilidade; assim, uma boa lei não deve ser intangível pois vale apenas para o tempo que quis reger. A teoria pode ocupar-se com abstrações. A lei, obra essencialmente prática, aplica-se apenas a situações essencialmente concretas. Explica-se assim que, embora a jurisprudência possa estender a aplicação de um texto, há limites a esta extensão, que são atingidos toda vez que a situação prevista pelo autor da lei venha a ser substituída por outras fora de suas previsões.*
>
> *Uma lei – constituição ou lei ordinária – nunca estatui senão para períodos normais, para aqueles que ela pode prever.*

---

[14] PERELMAN, Chaïm. *Lógica Jurídica*, trad. Vergínia K. Pupi. Ed. Martins Fontes, São Paulo, 2000, p. 105.

Direitos políticos fundamentais, partidos políticos e sistemas eleitorais **1229**

Obra do homem, ela está sujeita, como todas as coisas humanas, à força dos acontecimentos, à força maior, à necessidade.

Ora, há fatos que a sabedoria humana não pode prever, situações que não pôde levar em consideração e nas quais, tornando-se inaplicável a norma, é necessário, de um modo ou de outro, afastando-se o menos possível das prescrições legais, fazer frente às brutais necessidades do momento e opor meios provisórios à força invencível dos acontecimentos.' (Vanwelkenhuysen, Le problème des lacunes en droit, cit., pp. 348-349).

(...)"[15]

Nessa linha, conclui Perelman:

"Se devêssemos interpretar ao pé da letra o artigo 130 da Constituição, o acórdão da Corte de Cassação teria sido, sem dúvida alguma, contra legem. Mas, limitando o alcance deste artigo às situações normais e previsíveis, a Corte de Cassação introduz uma lacuna na Constituição, que não teria estatuído para situações extraordinárias, causadas 'pela força dos acontecimentos', 'por força maior', 'pela necessidade'"[16].

Portanto, desde essa perspectiva de análise, a interpretação evolutiva do art. 15 da Constituição, no sentido de um pensamento jurídico de possibilidades, pode fornecer soluções adequadas ao problema em exame. E a resposta pode estar na identificação do *ethos* constitucional que traduzem os incisos II e III desse art. 15.

O inciso II prevê a hipótese de suspensão dos direitos políticos em virtude de incapacidade civil absoluta. Não trata o texto constitucional das hipóteses de incapacidade civil absoluta em decorrência da idade, no caso dos menores de 16 anos (inciso I do art. 3º do Código Civil), que não são cidadãos politicamente ativos. A suspensão apenas se aplica, logicamente, aos que já gozam de direitos políticos. Portanto, o inciso II abarca os cidadãos que, segundo o art. 3º do Código Civil, por enfermidade ou deficiência mental, não tenham o necessário discernimento para a prática dos atos da vida civil e os que, mesmo por causa transitória, não puderem exprimir sua vontade.

Com efeito, a Constituição exclui do processo eleitoral aqueles indivíduos que, em razão da falta de idade (menores de 16 anos) ou de doença mental, não possuem o necessário discernimento para a prática dos atos da vida política. Na disciplina constitucional, capacidade civil e capacidade política parecem estar estreitamente relacionadas.

Nesse sentido, entendo que a identificação da teleologia constitucional está a permitir a inclusão, dentre os casos excepcionados, daqueles cidadãos submetidos a medidas de segurança.

A propósito da medida de segurança, confiram-se no Código Penal os seguintes dispositivos:

"Art. 26. É isento de pena o agente que, por doença mental ou desenvolvimento mental incompleto ou retardado, era, ao tempo da ação ou da omissão, inteiramente incapaz de entender o caráter ilícito do fato ou de determinar-se de acordo com esse entendimento.

Redução de pena

Parágrafo único. A pena pode ser reduzida de um a dois terços, se o agente, em virtude de perturbação de saúde mental ou por desenvolvimento mental incompleto ou retardado não era inteiramente capaz de entender o caráter ilícito do fato ou de determinar-se de acordo com esse entendimento.

[...]

Art. 96. As medidas de segurança são:

I – internação em hospital de custódia e tratamento psiquiátrico ou, à falta, em outro estabelecimento adequado;

II – sujeição a tratamento ambulatorial.

---

[15] Perelman, *Lógica Jurídica*, cit., p. 106.
[16] Perelman, *Lógica Jurídica*, cit., p. 107.

Parágrafo único. Extinta a punibilidade, não se impõe medida de segurança nem subsiste a que tenha sido imposta.

Imposição da medida de segurança para inimputável

Art. 97. Se o agente for inimputável, o juiz determinará sua internação (art. 26). Se, todavia, o fato previsto como crime for punível com detenção, poderá o juiz submetê-lo a tratamento ambulatorial.

Prazo

§ 1º A internação, ou tratamento ambulatorial, será por tempo indeterminado, perdurando enquanto não for averiguada, mediante perícia médica, a cessação da periculosidade. O prazo mínimo deverá ser de 1 (um) a 3 (três) anos.

[...].”

Partindo-se da disciplina legal do instituto, é possível estabelecer três requisitos para a aplicação da medida de segurança: a ofensa de um bem jurídico relevante para o direito penal, a periculosidade do sujeito ativo e a sua inimputabilidade.

Assim, o inimputável, em virtude de doença mental ou desenvolvimento mental incompleto ou retardado, que pratica uma conduta típica e ilícita receberá a absolvição; porém, ser-lhe-á aplicada a medida de segurança. Trata-se, portanto, de uma *sentença absolutória imprópria*.

A medida de segurança, no entanto, tem uma finalidade diversa da pena. Nesse sentido, recordo a lição de Basileu Garcia[17], que, a despeito do tempo, parece harmonizar-se com o significado atual das penas e das medidas de segurança. Transcrevo:

“As medidas de segurança – são indubitavelmente, o mais importante empreendimento do Código Penal de 1940 – são, na ciência penal, tantas vezes secular, um instituto ainda muito novo. Conquanto hajam aparecido, na doutrina e nas aplicações práticas, já em fins da última centúria, só de uns anos a esta parte vêm ganhando terreno e conquistando posição de realce nas legislações.

Elas constituem meios defensivos da sociedade. Visam preservar o ambiente social da ação nefasta do delinquente. Mas – perguntar-se-á – acaso a pena também não é medida de defesa?

Nas divergências que dividem os criminalistas acerca dos fins da pena, reuniu decisivas adesões a orientação de considerá-la como um meio de defesa da sociedade, preferentemente a manifestação de castigo. Através de tal concepção dos seus fins utilitários, a pena aproxima-se bastante da medida de segurança. Os escritores, todavia, têm envidado estabelecer separação entre as duas espécies de providências, atribuindo, a cada uma das formas de reação contra o delito traços característicos próprios.

Há certa dose de artificialismo nessa tarefa, enquanto paira no plano doutrinário. Mas na concretização dos textos legislativos os dois institutos se vão distanciando, através das peculiaridades de organização que lhes são prefixadas.

Antes de se penetrar no exame dos preceitos legais, para verificar em que consistem, especialmente na legislação criminal brasileira, as distinções a assinalar, cumpre sejam indicados os aspectos diferenciais que têm sido preconizados no campo doutrinário.

Tem-se dito que a pena continua a ser um castigo, ainda que, cada vez mais, se pretenda expungi-la do caráter retributivo e expiatório. Embora se intente, na sua execução, evitar afligir o condenado, causar-lhe um sofrimento que o faça recebê-la como punição, na verdade a pena jamais perderá, no consenso geral, a eiva de paga do mal pelo mal, malum passionis quod infligitur ob malum acionis. Ora, em contraposição, as medidas de segurança não traduzem castigo. Foram instituídas ao influxo do pensamento da defesa coletiva, atendendo à preocupação de prestar ao delinquente uma assistência reabilitadora.

À pena – acrescenta-se – invariavelmente se relaciona um sentimento de reprovação social, mesmo porque se destina a punir, ao passo que às medidas de segurança não se volta a pública animadversão, exatamente porque não representam senão meios assistenciais e de cura do indivíduo perigoso, para que possa readaptar-se à coletividade.

---

[17] *Instituições de Direito Penal*, vol. I, tomo II, 2ª tiragem. São Paulo: Max Limonad, 1952, p. 593-597.

As penas são proporcionadas à gravidade do delito. Quer na sua fase cominatória, nos textos abstratos da lei, quer na sua fase de aplicação pelo juiz, existe relativa proporcionalidade entre a maior ou menor potencialidade lesiva da infração e a respectiva pena. Ao revés, no que concerne às medidas de segurança, não há indeclinável relação entre o delito e a maior ou menor intensidade de tais medidas, que, sob a influência de um critério estritamente subjetivista, se proporcionam tão só à periculosidade do criminoso. Este pode ser indivíduo deveras temível e ter praticado infração insignificante. Nem por isso estará livre de medida de segurança das mais rigorosas, com restrição a um dos seus mais valiosos bens jurídicos – nomeadamente a liberdade.

[...]

O esteio menos inseguro da distinção parece que se reduz a que é exclusivamente a periculosidade do criminoso que decide da aplicação das medidas de segurança, enquanto na pena se tem em vista o crime em si mesmo, nos seus dois elementos – objetivo e psíquico: a materialidade do fato e culpabilidade".

Infere-se, pois, que a medida de segurança tem o sentido de prevenção geral em face da periculosidade do agente inimputável. É ela providência de natureza cautelar do Estado, o qual, impossibilitado de apenar o infrator da ordem jurídica penal, submete-o a tratamento curativo, limitando os direitos individuais deste em prol do bem-estar coletivo.

Com isso, é possível também concluir que não apenas a capacidade civil, mas também a imputabilidade ou capacidade de culpabilidade penal, está estritamente relacionada à capacidade política.

Sobre a imputabilidade ou aptidão para ser culpável, colho trechos das magistrais lições de Aníbal Bruno[18], *verbis*:

"Sendo a imputabilidade o elemento que se destaca desde logo na estrutura da culpabilidade, admitida mesmo, por muitos, como o seu pressuposto, se ela falta ou se mostra imperfeita, por ausência ou debilidade dos seus componentes, com ela se exclui ou se atenua a culpabilidade e, portanto, a responsabilidade penal.

É o que acontece nos indivíduos imaturos e naqueles que se encontram sob a ação de um processo biológico que lhes altera, de modo permanente ou transitório, as funções psíquicas e determina a perda ou suspensão da capacidade normal de entendimento e vontade exigida pelo Direito punitivo. Desses indivíduos uns são normais, como os menores, que não atingiram ainda o grau de desenvolvimento em que se completa aquela capacidade de entender e querer, ou aqueles que se encontram transitoriamente em estado, patológico ou não, de suspensão da consciência. Outros são anômalos mentais mais ou menos permanentes. Todos eles se englobam nas categorias que o nosso Código designa por doença mental ou desenvolvimento mental incompleto ou retardado. Esses estados de inimputabilidade ou de imputabilidade diminuída são definidos nas legislações segundo um dos três critérios – o biológico ou psiquiátrico, o psicológico, ou o misto ou biopsicológico.

(...)

(...) recorrem as legislações modernas, em geral, ao terceiro critério, o misto ou biopsicológico, que melhor chamaríamos biopsicológico-normativo, em que a lei se refere a determinados estados anormais do espírito, restringindo o alcance dessa referência com a exigência de certas consequências psicológicas daqueles estados, mas, em geral, não consequências psicológicas puras, mas em relação com a norma de comportamento social. Podemos mencionar como sujeitos a esse critério os Códigos alemão, italiano, suíço, argentino. A presença dos estados de perturbação mental determina apenas uma presunção de inimputabilidade ou uma inimputabilidade condicionada, que será julgada efetiva quando verificada realmente a ausência daqueles atributos psíquicos que compõem a imputabilidade.

Foi esse critério biopsicológico-normativo o adotado pelo nosso Código. Aí os estados anômalos psíquicos que podem produzir inimputabilidade são designados como doença mental e desenvolvimento mental incompleto ou retardado e as consequências que eles devem produzir para que essa inimputabilidade se reconheça é a inteira incapacidade, no agente, de compreender o caráter criminoso do fato ou de determinar-se de acordo com esse entendimento".

---

[18] BRUNO, Aníbal. *Direito Penal. Parte Geral.* Tomo II. 2. ed. Rio de Janeiro: Forense, 1959, p. 129-132.

Ainda no que diz respeito à imputabilidade, é também interessante citar a síntese do pensamento clássico elaborada por César Roberto Bittencourt[19]:

"O velho Carrara nos dava uma definição lapidar sobre imputabilidade afirmando que: "A imputabilidade é o juízo que fazemos de um fato futuro, previsto como meramente possível; a imputação é o juízo de um fato ocorrido. A primeira é a contemplação de uma ideia; a segunda é o exame de um fato concreto. Lá estamos diante de um conceito puro; aqui estamos na presença de uma realidade". Imputabilidade é a capacidade de culpabilidade, é a aptidão para ser culpável. Como afirma Muñoz Conde, "quem carece desta capacidade, por não ter maturidade suficiente, ou por sofrer de graves alterações psíquicas, não pode ser declarado culpado e, por conseguinte, não pode ser responsável penalmente pelos seus atos, por mais que típicos e antijurídicos". Imputabilidade não se confunde com responsabilidade, que é o princípio segundo o qual a pessoa dotada de culpabilidade (imputável) deve responder por suas ações. Aliás, também nesse particular, foi feliz a Reforma Penal de 1984, ao abandonar a terminologia responsabilidade penal, equivocadamente utilizada pela redação original do Código Penal de 1940".

Após referir que o Direito Penal brasileiro adota o sistema biopsicológico para a fixação dos critérios de inimputabilidade ou de culpabilidade diminuída, continua César Roberto Bitencourt:

"Para reconhecimento da existência de incapacidade é suficiente que o agente não tenha uma das duas capacidades: de entendimento ou de autodeterminação. É evidente que, se falta a primeira, ou seja, não tem a capacidade de avaliar os próprios atos, de valorar sua conduta, positiva ou negativamente, em cotejo com a ordem jurídica, o agente não sabe e não pode saber a natureza valorativa do ato que pratica. Faltando essa capacidade, logicamente também não tem a de autodeterminar-se, porque a capacidade de autocontrole pressupõe a capacidade de entendimento. O indivíduo controla ou pode controlar, isto é, evitar aquilo que sabe que é errado. Omite aquela conduta à qual atribui um valor negativo. Ora, se não tiver condições de fazer essa avaliação, de valorar determinada conduta como certa ou errada, consequentemente também não terá condições de controlar-se, de autodeterminar-se"[20].

Como se vê, a inimputabilidade penal tem relação estreita com a incapacidade civil absoluta. Elas têm os mesmos pressupostos subjetivos: a falta de maturidade (menores de 18 anos, no caso do Direito Penal; e menores de 16 anos, no caso do Direito Civil) ou a doença mental. Por conseguinte, o indivíduo não apenado por ser inimputável penalmente guarda, no plano fático, extrema semelhança com aquele que padece de incapacidade civil absoluta.

No plano político-eleitoral, a referida semelhança também ocorre. A incapacidade para votar e ser votado atinge os cidadãos que ainda não alcançaram a maturidade – que são os menores de 16 anos, coincidente com a menoridade civil (incapacidade absoluta) – assim como os que padecem de alguma doença mental e, portanto, não possuem o discernimento necessário para a prática dos atos da vida política.

A Constituição, ao tratar desses casos de incapacidade, apenas se ateve ao âmbito civil, estabelecendo de forma expressa, precisamente no art. 15, inciso II, a possibilidade de suspensão dos direitos políticos dos cidadãos que padecem de incapacidade civil absoluta. Os casos de inimputabilidade penal, por motivo de doença mental, não estão abarcados, em princípio, pelo inciso II do art. 15.

Por outro lado, ao cuidar da seara penal, o constituinte previu apenas a hipótese de suspensão dos direitos políticos no caso de condenação criminal transitada em julgado – no art. 15, inciso III. A aplicação da medida de segurança, por advir de uma decisão *absolutória*, ainda que *imprópria*, ficou à margem da disciplina constitucional.

Estamos, assim, diante de uma *aparente lacuna constitucional*.

No entanto, se está claro, como analisado, que a teleologia constitucional é a de excluir do processo político-eleitoral todos aqueles que ainda não possuem a devida capacidade para a prática

---

[19] *Manual de Direito Penal. Parte Geral*. 7. ed. São Paulo: Saraiva, 2002. vol. 1, p. 303-305.

[20] *Manual de Direito Penal. Parte Geral*. 7. ed. São Paulo: Saraiva, 2002. vol. 1, p. 306.

dos atos da vida política, seria um total contrassenso a interpretação desses dispositivos constitucionais que levasse ao entendimento de que os indivíduos submetidos a medidas de segurança, por debilidade mental, pudessem gozar plenamente de seus direitos políticos, podendo votar e, o que causa perplexidade, serem votados.

A interpretação constitucional guiada por um pensamento de possibilidades abre-nos novas alternativas para preencher essa aparente lacuna constitucional. O *ethos* constitucional que atua como substrato axiológico do elenco de hipóteses de suspensão dos direitos políticos legitima a interpretação extensiva dos incisos II e III do art. 15, para abranger, além dos casos expressos, aqueles em que existe absolvição criminal imprópria, com aplicação de medida de segurança aos indivíduos inimputáveis, em razão de doença mental ou de desenvolvimento mental incompleto ou retardado.

Ressalto, mais uma vez, que esse tipo de interpretação extensiva, em virtude da aplicação de um pensamento do possível, não é novidade para esta Corte eleitoral. No julgamento do PA n. 18.483, o Tribunal, com base no art. 5º, § 2º, da Constituição Federal, deu interpretação extensiva ao art. 14, § 1º, II, para relativizar a obrigatoriedade do voto para os indivíduos que possuam deficiência que torne impossível ou demasiadamente oneroso o cumprimento das obrigações eleitorais relativas ao alistamento e ao exercício do voto, criando, com isso, mais uma hipótese não prevista constitucionalmente.

Além disso, no julgamento do PA n. 18.391/AP (Res.-TSE n. 20.806, de 15.5.2001), embora diante da expressa previsão constitucional de que *"não podem alistar-se como eleitores os estrangeiros e, durante o período do serviço militar obrigatório, os conscritos"*[21], o TSE excepcionou essa regra para incluir neste rol, ou seja, como não alistáveis, os índios *isolados* ou *em vias de integração*, assim considerados nos termos do Estatuto do Índio (Lei n. 6.001/73). Discutiu-se, na hipótese, se as exigências impostas para o alistamento eleitoral, inclusive a relativa à comprovação de quitação do serviço militar ou de cumprimento de prestação alternativa, também seriam aplicáveis aos silvícolas.

Ademais, outras razões levam a esse entendimento.

A Lei de Execução Penal (art. 183[22]), assim como o art. 41 do Código Penal, permite que o indivíduo que cumpre pena privativa de liberdade venha a ser submetido a medida de segurança em razão da superveniência de doença mental. Nesse caso, o condenado submetido a medida de segurança no curso do cumprimento da pena continuará com seus direitos políticos suspensos. Não haveria motivo, portanto, para conceder a plenitude do exercício desses direitos apenas àqueles indivíduos aos quais a medida de segurança é aplicada no momento da prolação da sentença absolutória imprópria.

Deve-se levar em conta, ainda, que ambas as hipóteses expressas de suspensão de direitos políticos (art. 15, inciso II, incapacidade civil absoluta, e art. 15, inciso III, condenação criminal transitada em julgado) necessitam de prévia decisão judicial. Nesses casos, a suspensão dos direitos políticos é um efeito acessório ou secundário da decisão judicial, que não precisa estar nela expresso, bastando a comunicação do fato ao juiz eleitoral (art. 51 da Res.-TSE n. 21.538/2003). Com a medida de segurança não será diferente. O juízo eleitoral, ao tomar conhecimento da decisão judicial que aplica a medida de segurança, terá como suspensos os direitos políticos do eleitor.

Por essas razões, voto no sentido de que a consulta seja respondida nos seguintes termos: é legítima a suspensão dos direitos políticos dos indivíduos submetidos a medidas de segurança, tendo em vista a interpretação compreensiva do art. 15, incisos II e III, da Constituição Federal.

---

[21] Constituição Federal, art. 14, § 2º.

[22] Art. 183. Quando, no curso da execução da pena privativa de liberdade, sobrevier doença mental ou perturbação da saúde mental, o Juiz, de ofício, a requerimento do Ministério Público ou da autoridade administrativa, poderá determinar a substituição da pena por medida de segurança.

ADI 3.592-4[1]

Captação de sufrágio – Art. 41-A da Lei n. 9.504/97 – Respeito à vontade do eleitor – Efeitos da captação ilícita – Cassação do registro ou do diploma.

Trata-se de ação direta de inconstitucionalidade, com pedido de medida liminar, proposta pelo Partido Socialista Brasileiro – PSB, em face da expressão *"cassação do registro ou do diploma"*, constante do art. 41-A da Lei n. 9.504, de 30 de setembro de 1997, o qual possui o seguinte teor:

> *"Art. 41-A. Ressalvado o disposto no art. 26 e seus incisos, constitui captação de sufrágio, vedada por esta Lei, o candidato doar, oferecer, prometer, ou entregar, ao eleitor, com o fim de obter-lhe o voto, bem ou vantagem pessoal de qualquer natureza, inclusive emprego ou função pública, desde o registro da candidatura até o dia da eleição, inclusive, sob pena de multa de mil a cinquenta mil UFIR, e cassação do registro ou do diploma, observado o procedimento previsto no art. 22 da Lei Complementar n. 64, de 18 de maio de 1990."*

O requerente alegou, em síntese, que o referido dispositivo teria criado nova hipótese de inelegibilidade, sem observância da reserva constitucional de lei complementar para tratar do assunto, prevista no art. 14, § 9º, da Constituição.

Sustentou, também, que o dispositivo impugnado teria ainda afrontado os §§ 10 e 11 do art. 14 da Constituição, na medida em que estabeleceu hipótese de perda de mandato eletivo em decorrência de abuso de poder econômico, corrupção ou fraude, sem observar, no entanto, o procedimento previsto para a ação de impugnação de mandato eletivo.

A Advocacia-Geral da União manifestou-se pela improcedência do pedido e a Procuradoria-Geral da República opinou constitucionalidade do dispositivo impugnado.

A decisão da ação direta de inconstitucionalidade recebeu a seguinte ementa:

EMENTA: Ação direta de inconstitucionalidade. Art. 41-A da Lei n. 9.504/97. Captação de sufrágio. 2. As sanções de cassação do registro ou do diploma previstas pelo art. 41-A da Lei n. 9.504/97 não constituem novas hipóteses de inelegibilidade. 3. A captação ilícita de sufrágio é apurada por meio de representação processada de acordo com o art. 22, incisos I a XIII, da Lei Complementar n. 64/90, que não se confunde com a ação de investigação judicial eleitoral, nem com a ação de impugnação de mandato eletivo, pois não implica a declaração de inelegibilidade, mas apenas a cassação do registro ou do diploma. 4. A representação para apurar a conduta prevista no art. 41-A da Lei n. 9.504/97 tem o objetivo de resguardar um bem jurídico específico: a vontade do eleitor. 5. Ação direta de inconstitucionalidade julgada improcedente.

VOTO

A presente ação impugna a expressão "cassação do registro ou do diploma" constante do art. 41-A da Lei das Eleições.

Com o advento da Lei n. 9.840/99, que introduziu o art. 41-A na Lei n. 9.504/97, surgiram na doutrina e na jurisprudência de alguns Tribunais eleitorais teses sobre a inconstitucionalidade desse dispositivo, por se tratar de nova hipótese de inelegibilidade criada por lei ordinária e não por lei complementar, como exige o art. 14, § 9º da Constituição.

---

[1] Em sessão realizada no dia 26.10.2006, o Plenário do Supremo Tribunal Federal, por unanimidade, julgou improcedente a ação, nos termos do voto do Relator, Ministro Gilmar Mendes (*DJ* de 2.2.2007).

Direitos políticos fundamentais, partidos políticos e sistemas eleitorais 1235

Atualmente, todavia, o Tribunal Superior Eleitoral já possui jurisprudência consolidada no sentido de que as sanções de cassação de registro ou de diploma, previstas por diversos dispositivos da Lei das Eleições, não constituem novas hipóteses de inelegibilidade[2].

A sanção de cassação de registro ou do diploma cominada pelo art. 41-A da Lei n. 9.504/97 não se confunde com a declaração de inelegibilidade diante da ocorrência de alguma das hipóteses definidas no art. 14 da Constituição e na Lei Complementar n. 64/90.

Assim, quanto à constitucionalidade do art. 41-A, da Lei n. 9.504/97, em face do § 9º do art. 14 da Constituição, o parecer do Procurador-Geral da República, Dr. Antônio Fernando Barros e Silva de Souza, bem esclarece a questão, *verbis*:

"Não procedem as alegações de inconstitucionalidade da expressão 'e cassação do registro ou do diploma', contida no artigo 41-A, da Lei n. 9.504/97, com a redação que lhe foi conferida pela Lei n. 9.840/99. Em primeiro, é preciso observar que, ao contrário do sustentado pelo requerente em sua petição inicial, o aludido dispositivo não cria nova hipótese de inelegibilidade, razão pela qual não se observa a sustentada violação ao artigo 14, § 9º, da Constituição Federal. Em verdade, o dispositivo sob análise se refere, especificamente, à captação ilícita de sufrágio, impondo como sanções, a pena de multa e a cassação do registro ou do diploma, não se confundindo estas hipóteses com a inelegibilidade. Com efeito, ao discorrer sobre o tema das inelegibilidades, o Ministro Moreira Alves destacou que estas se caracterizam como 'impedimentos que, se não afastados por quem preencha os pressupostos de elegibilidade, lhe obstam concorrer a eleições ou, – se supervenientes ao registro ou se de natureza constitucional – servem de fundamento à impugnação de sua diplomação, se eleito'. Verifica-se, portanto, que distintas são as situações de inelegibilidade e de captação ilícita de sufrágio, porquanto esta impõe uma sanção que decorre de prática de corrupção eleitoral, enquanto aquela impõe um impedimento, um obstáculo que não se caracteriza como sanção, embora dela possa resultar. Dessa forma, não se pode concluir que a disposição insculpida no artigo 41-A, da Lei n. 9.504/97 se apresenta como obstáculo à cidadania passiva, isto é, como espécie de inelegibilidade, porquanto, na realidade, o que fez o legislador foi impor uma forma de sanção ao candidato que vicia a vontade do eleitor, através da doação, oferecimento, promessa ou entrega de bem ou vantagem pessoal de qualquer natureza, inclusive emprego ou função pública, e a punição é restrita ao pleito em que ocorreu a captação ilícita. Tal diferença resta evidenciada no acórdão n. 16.242, do Tribunal Superior Eleitoral, no qual o Ministro Nelson Jobim, relator, destacou em seu voto:

'(...) Mas lembro que a lei complementar exige, para efeito da prática de abuso de poder econômico, o risco de perturbação da livre manifestação popular. É isso que tem que ser demonstrado. Ou seja, quando a captação de sufrágio foi criada pelo art. 41-A da Lei n. 9.840/99, não se falou de inelegibilidade, e sim em captação do sufrágio com o fim de obter o voto. No caso concreto poder-se-ia pensar em captação de sufrágio, mas captação de sufrágio não leva à inelegibilidade, que exige o risco de perturbação da livre manifestação popular. Esta é a diferença fundamental. Ou seja, se estivéssemos perante a captação de sufrágio, sim, porque estaríamos discutindo o problema com o fim de obter o voto do art. 41-A; todavia, não é a hipótese'.

Assim sendo, resta claro que não se pode atribuir à sanção decorrente da captação ilícita de sufrágio a natureza de inelegibilidade, de sorte que não procede o argumento do requerente no sentido da necessidade de previsão em lei complementar." (fls. 221-222)

---

[2] Ac. n. 25.241, de 22.9.2005, rel. Min. Humberto Gomes de Barros; no mesmo sentido o Ac. n. 882, de 8.11.2005, rel. Min. Marco Aurélio; Ac. n. 25.295, de 20.9.2005, rel. Min. Cesar Asfor Rocha; Ac. n. 5.817, de 16.8.2005, rel. Min. Caputo Bastos; Ac. n. 25.215, de 4.8.2005, rel. Min. Caputo Bastos; no mesmo sentido o Ac. n. 25.289, de 25.10.2005, do mesmo relator; Ac. n. 25.227, de 21.6.2005, rel. Min. Gilmar Mendes; Ac. n. 4.659, de 19.8.2004, rel. Min. Peçanha Martins; Ac. n. 612, de 29.4.2004, rel. Min. Carlos Velloso; Ac. n. 21.221, de 12.8.2003, rel. Min. Luiz Carlos Madeira; Ac. n. 21.169, de 10.6.2003, rel. Min. Ellen Gracie; Ac. n. 21.248, de 3.6.2003, rel. Min. Fernando Neves; Ac. n. 19.644, de 3.12.2002, rel. Min. Barros Monteiro.

No mesmo sentido manifestou-se o Advogado-Geral da União, nos seguintes termos:

"Em que pesem os argumentos colacionados à inicial, percebe-se que o autor parte da equivocada premissa de que o disposto no artigo 41-A da mencionada lei estaria criando uma nova hipótese de inelegibilidade. Todavia, isso não ocorreu, conforme se demonstrará a seguir. A Constituição Federal traça em seu bojo condições de elegibilidade (art. 14, §§ 3º e 8), bem como hipóteses de inelegibilidades (art. 14, §§ 4º a 7º). Por fim, possibilita ao legislador complementar criar novas hipóteses de inelegibilidade, com o fito de proteger a probidade administrativa, a moralidade para o exercício do mandato, considerada a vida pregressa do candidato, e a normalidade e legitimidade das eleições contra a influência do poder econômico ou do abuso do exercício de função cargo ou emprego na administração pública direta ou indireta (art. 14, § 9º). Dessa forma, para que um cidadão comum possa pretender ocupar algum cargo eletivo deverá possuir condições de elegibilidade (nacionalidade brasileira, pleno exercício dos direitos políticos, alistamento eleitoral, domicílio eleitoral na circunscrição, filiação partidária e idade mínima), bem como não poderá se enquadrar em qualquer das hipóteses de inelegibilidade previstas no art. 14 da Carta Maior e na Lei Complementar n. 64/90. Nesse diapasão, o autor afirma, com acerto, que, afora as hipóteses de inelegibilidades elencadas na Constituição Federal e na legislação complementar, não poderia o legislador ordinário inovar. Cabe asseverar que, no caso dos autos, não houve tal inovação ao introduzir o artigo 41-A no bojo da Lei n. 9.504/97. Em nenhuma passagem da lei em apreço há menção a pena da inelegibilidade como consequência jurídica do descumprimento dos preceitos nela contidos. Ao revés disso, as sanções previstas no artigo 41-A são expressas, quais sejam, a pena de multa e a cassação do registro ou do diploma. Não se menciona inelegibilidade, porquanto de inelegibilidade não se trata. Na realidade, as sanções correlatas ao cometimento da captação de sufrágio pelo eventual candidato – pena de multa ou cassação do registro ou do diploma – não impõem, por si mesmas, a sua inelegibilidade. O sentido do preceito sob análise é o de afastar, de imediato, o candidato da disputa eleitoral. Assim, ele não incidirá em qualquer condição de inelegibilidade, mas tão somente restará proibido de participar de um pleito eleitoral específico." (fls. 204-205)

Deve ser levado em conta também que, em recente julgamento (ADI 3.305/DF, Rel. Min. Eros Grau, julgado em 13.9.2006), o Supremo Tribunal Federal declarou a constitucionalidade do art. 77 da Lei n. 9.504/97, entendendo que tal dispositivo, ao cominar a sanção de cassação de registro da candidatura, não trata de nova hipótese de inelegibilidade. Retiro as referências deste julgado do Informativo STF n. 440, *verbis*:

"O Tribunal julgou improcedente pedido formulado em ação direta de inconstitucionalidade ajuizada pelo Partido Liberal – PL contra o art. 77 e seu parágrafo único da Lei federal 9.504/97, que, respectivamente, proíbe os candidatos a cargos do Poder Executivo de participar, no trimestre que antecede o pleito, de inaugurações de obras públicas, e comina, ao infrator, a pena de cassação do registro da candidatura. Sustentava-se, na espécie, ofensa ao art. 14, § 9º, da CF, por se ter estabelecido, sem lei complementar, nova hipótese de inelegibilidade, bem como a inobservância do princípio da isonomia, já que a norma alcançaria exclusivamente os candidatos a cargo do Poder Executivo. Entendeu-se que a referida vedação não afronta o disposto no art. 14, § 9º, da CF, porquanto não consubstancia nova condição de elegibilidade, destinando-se apenas a garantir igual tratamento a todos os candidatos e a impedir a existência de abusos. Além disso, concluiu-se pela inocorrência de violação ao princípio da isonomia, por se considerar haver razão adequada para a diferenciação legal, qual seja, a de exercer o Poder Executivo função diversa da do Poder Legislativo, de gerir a Administração Pública e de, consequentemente, decidir sobre a realização de obras. Precedente citado: ADI 1062 MC/DF (DJU de 1º.7.94)."

Assim, tendo em vista que a sanção de cassação de registro ou do diploma não implica declaração de inelegibilidade, não vislumbro inconstitucionalidade no art. 41-A da Lei n. 9.504/97 em face do disposto no § 9º do art. 14 da Constituição.

Da mesma forma, não vejo qualquer inconstitucionalidade em relação aos §§ 10 e 11 do art. 14 da Constituição.

É certo que a captação de sufrágio, definida pelo art. 41-A, da Lei n. 9.504/97, deverá ser apurada de acordo com o procedimento da ação de investigação judicial eleitoral, previsto no art. 22 da LC n. 64/90, o qual dispõe, em seus incisos XIV e XV, o seguinte:

Direitos políticos fundamentais, partidos políticos e sistemas eleitorais 1237

"XIV – *julgada procedente a representação, o Tribunal declarará a inelegibilidade do representado e de quantos hajam contribuído para a prática do ato, cominando-lhes sanção de inelegibilidade para as eleições a se realizarem nos três anos subsequentes à eleição em que se verificou, além da cassação do registro do candidato diretamente beneficiado pela interferência do poder de autoridade, determinando a remessa dos autos ao Ministério Público Eleitoral, para instauração de processo disciplinar, se for o caso, e processo-crime, ordenando quaisquer outras providências que a espécie comportar;*

XV – *se a representação for julgada procedente após a eleição do candidato serão remetidas cópias de todo o processo ao Ministério Público Eleitoral, para os fins previstos no art. 14, §§ 10 e 11 da Constituição Federal, e art. 262, inciso IV, do Código Eleitoral.*"

Tais incisos, no entanto, não se aplicam ao procedimento da representação para apuração da conduta descrita no art. 41-A da Lei n. 9.504/97, como já decidiu o Tribunal Superior Eleitoral[3].

O procedimento do art. 22, a ser observado na aplicação do art. 41-A, é aquele previsto nos incisos I a XIII. Isso porque, diferentemente da ação de investigação judicial eleitoral, a representação para a apuração da captação de sufrágio não implica a declaração de inelegibilidade, mas apenas a cassação do registro ou do diploma.

Por isso, a decisão fundada no art. 41-A da Lei n. 9.504/97, que cassa o registro ou o diploma do candidato, tem eficácia imediata, não incidindo, na hipótese, o que previsto no art. 15 da LC n. 64/90, que exige o trânsito em julgado da decisão para a declaração de inelegibilidade do candidato. Os recursos interpostos contra tais decisões são regidos pela regra geral do art. 257 do Código Eleitoral, segundo a qual os recursos eleitorais não têm efeito suspensivo. Assim, não há necessidade de que seja interposto recurso contra a diplomação ou ação de impugnação de mandato eletivo para o fim de cassar o diploma.

Estabelece-se, dessa forma, a distinção entre (a) a ação de impugnação de mandato eletivo, instaurada para a apuração de abuso de poder econômico, corrupção ou fraude, a seguir o rito previsto no art. 14, §§ 10 e 11 da Constituição e no art. 3º da LC n. 64/90; (b) a ação de investigação judicial eleitoral, instaurada para apurar uso indevido, desvio ou abuso de poder econômico ou do poder de autoridade, ou utilização indevida de veículos ou meios de comunicação social, em benefício de candidato ou de partido político, que deve seguir o procedimento do art. 22, incisos I a XV da LC n. 64/90; (c) e a representação para apurar a conduta descrita no art. 41-A da Lei n. 9.504/97, que segue o procedimento dos incisos I a XIII do art. 22 da LC n. 64/90.

Com esses fundamentos, não vislumbro qualquer inconstitucionalidade no art. 41-A da Lei n. 9.504/97 em face do art. 14, §§ 9º, 10 e 11 da Constituição.

O art. 41-A foi introduzido na Lei n. 9.504/97, por meio da Lei n. 9.840/99, com a finalidade de reforçar a proteção à vontade do eleitor, combatendo, com a celeridade necessária, as condutas ofensivas ao direito fundamental ao voto. Ou seja, enquanto a ação de investigação judicial eleitoral visa proteger a lisura do pleito, a representação para apurar a conduta prevista no art. 41-A da Lei n. 9.504/97 tem o objetivo de resguardar um bem jurídico específico: a vontade do eleitor.

Nos termos da Constituição, a soberania popular será exercida pelo sufrágio universal e pelo voto direto e secreto, com valor igual para todos (art. 14, *caput*).

Embora não esteja explícito nessa norma constitucional, é evidente que esse voto tem uma outra qualificação: ele há de ser livre. Somente a ideia de liberdade explica a ênfase que se conferiu ao caráter secreto do voto.

O *voto direto* impõe que o voto dado pelo eleitor seja conferido a determinado candidato ou a determinado partido, sem que haja uma mediação por uma instância intermediária ou por um colégio eleitoral. Não retira o caráter direto da eleição a adoção do modelo proporcional para a

---

[3] Ac n. 19.587, de 21.3.2002, Rel. Min. Fernando Neves; Ag. n. 3042, de 19.3.2002, Rel. Min. Sepúlveda Pertence.

eleição para a Câmara de Deputados (CF, art. 45, *caput*), que faz a eleição de um parlamentar depender dos votos atribuídos a outros ou à própria legenda. É que, nesse caso, decisivo para a atribuição do mandato é o voto atribuído ao candidato ou ao partido e não qualquer decisão a ser tomada por órgão delegado ou intermediário.

O *voto secreto* é inseparável da ideia do *voto livre*.

A ninguém é dado o direito de interferir na liberdade de escolha do eleitor. A liberdade do voto envolve não só o próprio processo de votação, mas também as fases que a precedem, inclusive relativas à escolha de candidatos e partidos em número suficiente para oferecer alternativas aos eleitores.

Tendo em vista reforçar essa liberdade, enfatiza-se o caráter *secreto* do voto. Ninguém poderá saber, contra a vontade do eleitor, em quem ele votou, vota ou pretende votar.

Portanto, é inevitável a associação da liberdade do voto com uma ampla possibilidade de escolha por parte do eleitor. Só haverá liberdade de voto se o eleitor dispuser de conhecimento das alternativas existentes. Daí a inevitável associação entre o direito ativo do eleitor e a chamada igualdade de oportunidades ou de chances (*Chancengleichheit*) entre os partidos políticos.

A *igualdade do voto* não admite qualquer tratamento discriminatório, seja quanto aos eleitores, seja quanto à própria eficácia de sua participação eleitoral.

A igualdade de votos abrange não apenas a igualdade de valor numérico (*one man one vote*) (*Zahlwertgleichheit*), mas também, fundamentalmente, a igualdade de valor quanto ao resultado (*Erfolgswertgleichheit*).

A igualdade de valor quanto ao resultado é observada se cada voto é contemplado na distribuição dos mandatos. A igualdade de valor quanto ao resultado associa-se, inevitavelmente, ao sistema eleitoral adotado, se majoritário ou proporcional, à admissão ou não de cláusula de desempenho ou de barreira para as agremiações partidárias, e à solução que se adote para as sobras ou restos, no caso da eleição proporcional.

Ressalte-se que o caráter livre e secreto do voto impõe-se não só em face do Poder Público, mas também das pessoas privadas em geral. Com base no direito alemão, Pieroth e Schlink falam de uma eficácia desse direito não só em relação ao Poder Público, mas também em relação a entes privados (*Drittwirkung*)[4].

Assim, a preservação do voto livre e secreto obriga o Estado a tomar inúmeras medidas com o objetivo de oferecer as garantias adequadas ao eleitor, de forma imediata, e ao próprio processo democrático.

Essa é a teleologia da norma do art. 41-A da Lei das Eleições.

O rito sumário previsto nos incisos I a XIII do art. 22 da LC n. 64/90, assim como a possibilidade de execução imediata da decisão que cassa o registro ou o diploma do candidato que pratica captação ilícita de sufrágio, traduzem salutar inovação em nossa legislação, pois permitem a rápida apuração e consequente punição daqueles que atentam contra a incolumidade da vontade do eleitor.

Dessa forma, a regra vem integrar o plexo normativo de garantias processuais do direito fundamental ao voto.

Os resultados obtidos pela aplicação do art. 41-A da Lei n. 9.504/97 pela Justiça Eleitoral em todo o país têm demonstrado a importância de mecanismos processuais céleres para a proteção eficaz da liberdade do eleitor, o que só tem contribuído para o aperfeiçoamento da democracia.

Com essas considerações, voto pela improcedência desta ação direta de inconstitucionalidade.

---

[4] Cf. Pieroth e Schlink, *Grundrechte – Staatrecht II*, 2005, p. 277.

ADI 1.351[1]

Cláusula de barreira – Partido político – Funcionamento parlamentar – Propaganda partidária gratuita – Fundo partidário – Lei n. 9.096/95 – Inconstitucionalidade – *Obter dictum*: necessidade de revisão da jurisprudência sobre as consequências da fidelidade partidária.

Trata-se de ação direta de inconstitucionalidade ajuizada pelo Partido Comunista do Brasil – PC do B, o Partido Democrático Trabalhista – PDT e o Partido Social Cristão – PSC para impugnar os seguintes dispositivos da Lei dos Partidos Políticos, Lei n. 9.096, de 19 de setembro de 1995: art. 13; expressão contida no art. 41, inciso II; art. 48; expressão contida no *caput* do art. 49; e os arts. 56 e 57.

O Advogado-Geral da União apontou que, do exame dos dispositivos atacados, depreendia-se que a análise da constitucionalidade restringia-se ao art. 13 da Lei n. 9.096/95, tendo em conta a referência a este nas demais normas impugnadas.

O Ministro Marco Aurélio, em seu Relatório, narrou que o Advogado-Geral da União buscou *"demonstrar que a não inclusão da matéria na Constituição de 1988, embora contida nas Cartas anteriores, não veda o legislador ordinário a adotá-la novamente sob a égide da ordem atual. A limitação aos partidos políticos estaria em consonância com a adequação da lei ordinária para disciplinar o 'caráter nacional' previsto no inciso I do artigo 17 do texto constitucional. O legislador apenas fixou critérios para evitar a criação e a atuação de partidos excessivamente pequenos, não dotados de expressiva representatividade. Refuta o argumento segundo o qual o caráter nacional está totalmente conceituado pelo § 1º do artigo 7º da mesma lei, asseverando aludir cada dispositivo a um momento distinto de verificação de regularidade, sendo este a do registro e a do artigo 13, de natureza periódica".*

Prossegue o Relatório narrando a manifestação do Advogado-Geral da União: *"o princípio da plenitude partidária resguarda somente a existência de partidos autênticos, assim entendidos aqueles que se amparam em parcela razoável da população e não numa individualidade forte, capaz de obter a adesão de apenas alguns seguidores. Diz não versar o artigo 13 sob análise a liberdade de criação de partidos mas o funcionamento parlamentar, apenas evidenciando, indiretamente, a incidência do inciso I do artigo 17 da Constituição da República. Logo, o óbice à criação de partidos pequenos estaria neste dispositivo constitucional, não no questionado. Aduz, alfim, inexistir ofensa ao princípio da igualdade, tendo em conta justamente o tratamento desigual dispensado aos partidos relevantes e pequenos, limitando a atuação destes últimos."*

Resume o Relator, igualmente, a parecer do Ministério Público da seguinte forma: "O Procurador-Geral da República, (...) também consigna resumir-se a questão ao exame da constitucionalidade do artigo 13. Ante a óptica externada, a organização dos partidos políticos, apesar de livre, não é limitada, tendo em vista o requisito do "caráter nacional" contido no inciso I do artigo 17 da Carta Federal. Afirma caber a determinação deste conceito à lei ordinária. Esta, restringindo a atuação parlamentar, guarda relação lógica com o fundamento constitucional. Considera observado o princípio da isonomia, levando em conta atribuírem as normas questionadas

---

[1] Em sessão plenária realizada no dia 7.12.2006, o Supremo Tribunal Federal, por unanimidade, acordou em "declarar a inconstitucionalidade dos seguintes dispositivos da Lei n. 9.096, de 19 de setembro de 1995: artigo 13; a expressão 'obedecendo aos seguintes critérios', contida na cabeça do artigo 41; incisos I e II do mesmo artigo 41; artigo 48; a expressão 'que atenda ao disposto no art. 13, contida na cabeça do artigo 49, com redução de texto; cabeça dos artigos 56 e 57, com interpretação que elimina de tais dispositivos as limitações temporais neles constantes, até que sobrevenha disposição legislativa a respeito; e a expressão 'no art. 13', constante no inciso II do artigo 57. Também por unanimidade, acordou-se em julgar improcedente a ação no que se refere ao inciso II do artigo 56" (*DJ* de 30.3.2007).

1240 Estado de Direito e Jurisdição Constitucional – Decisões relevantes em 15 anos de atuação no STF

tempo nos meios de comunicação de massa e valor no rateio do fundo partidário conforme a proporção do partido. A discriminação de forma diversa seria inconstitucional. Cita a doutrina autorizada e pugna pela improcedência do pedido."

Em sessão plenária realizada no dia 7 de dezembro de 2006, o Supremo Tribunal Federal prolatou decisão assim ementada:

EMENTA: Partido político – Funcionamento parlamentar – Propaganda partidária gratuita – Fundo partidário. Surge conflitante com a Constituição Federal lei que, em face da gradação de votos obtidos por partido político, afasta o funcionamento parlamentar e reduz, substancialmente, o tempo de propaganda partidária gratuita e a participação no rateio do Fundo Partidário. Normatização – Inconstitucionalidade – Vácuo. Ante a declaração de inconstitucionalidade de leis, incumbe atentar para a inconveniência do vácuo normativo, projetando-se, no tempo, a vigência de preceito transitório, isso visando a aguardar nova atuação das Casas do Congresso Nacional.

VOTO

I. Introdução

O Ministro Marco Aurélio, relator, submete à apreciação deste Plenário as Ações Diretas de Inconstitucionalidade ns. 1.351-3 e 1.354-8, propostas, respectivamente, pelo Partido Comunista do Brasil – PC do B e outro (PDT) e pelo Partido Social Cristão – PSC, nas quais são impugnados o artigo 13; expressão contida no art. 41, inciso II; o art. 48; expressão contida no *caput* do art. 49; e os artigos 56 e 57, todos da Lei n. 9.096, de 19 de setembro de 1995 (Lei dos Partidos Políticos).

Este é o teor dos dispositivos normativos impugnados:

"*Art. 13. Tem direito a funcionamento parlamentar, em todas as Casas Legislativas para as quais tenha elegido representante, o partido que, em cada eleição para a Câmara dos Deputados obtenha o apoio de, no mínimo, 5% (cinco por cento) dos votos apurados, não computados os brancos e os nulos, distribuídos em, pelo menos, um terço dos Estados, com um mínimo de 2% (dois por cento) do total de cada um deles.*

Art. 41. O Tribunal Superior Eleitoral, dentro de 5 (cinco dias), a contar da data do depósito a que se refere o § 1º do artigo anterior, fará a respectiva distribuição aos órgãos nacionais dos partidos, obedecendo aos seguintes critérios:

II – 99% (noventa e nove por cento) do total do Fundo Partidário serão distribuídos aos partidos que tenham preenchido as condições do art. 13, na proporção dos votos obtidos na última eleição geral para a Câmara dos Deputados.

Art. 48. O partido registrado no Tribunal Superior Eleitoral que não atenda ao disposto no art. 13 tem assegurada a realização de um programa em cadeia nacional, em cada semestre, com a duração de dois minutos.

Art. 49. O partido que atenda ao disposto no art. 13 tem assegurado:

I – a realização de um programa, em cadeia nacional e de um programa, em cadeia estadual em cada semestre, com a duração de vinte minutos cada;

II – a utilização do tempo total de quarenta minutos, por semestre, para inserções de trinta segundos ou um minuto, nas redes nacionais, e de igual tempo nas emissoras estaduais.

Art. 56. No período entre a data da publicação desta Lei e o início da próxima legislatura, será observado o seguinte:

I – fica assegurado o direito ao funcionamento parlamentar na Câmara dos Deputados ao partido que tenha elegido e mantenha filiados, no mínimo, três representantes de diferentes Estados;

II – a Mesa Diretora da Câmara dos Deputados disporá sobre o funcionamento da representação partidária conferida, nesse período, ao partido que possua representação eleita ou filiada em número inferior ao disposto no inciso anterior;

Direitos políticos fundamentais, partidos políticos e sistemas eleitorais **1241**

III – *ao partido que preencher as condições do inciso I é assegurada a realização anual de um programa, em cadeia nacional, com a duração de dez minutos;*

IV – *ao partido com representante na Câmara dos Deputados desde o início da Sessão Legislativa de 1995, fica assegurada a realização de um programa em cadeia nacional em cada semestre, com a duração de cinco minutos, não cumulativos com o tempo previsto no inciso III;*

V – *vinte e nove por cento do Fundo Partidário será destacado para distribuição a todos os partidos com estatutos registrados no Tribunal Superior Eleitoral, na proporção da representação parlamentar filiada no início da Sessão Legislativa de 1995.*

Art. 57. No período entre o início da próxima Legislatura e a proclamação dos resultados da segunda eleição geral subsequente para a Câmara dos Deputados, será observado o seguinte:

I – *direito a funcionamento parlamentar ao partido com registro definitivo de seus estatutos no Tribunal Superior Eleitoral até a data da publicação desta Lei que, a partir de sua fundação tenha concorrido ou venha a concorrer às eleições gerais para a Câmara dos Deputados, elegendo representante em duas eleições consecutivas:*

a) na Câmara dos Deputados, toda vez que eleger representante em, no mínimo, cinco Estados e obtiver um por cento dos votos apurados no País, não computados os brancos e os nulos;

b) nas Assembleias Legislativas e nas Câmaras de Vereadores, toda vez que, atendida a exigência do inciso anterior, eleger representante para a respectiva Casa e obtiver um total de um por cento dos votos apurados na Circunscrição, não computados os brancos e os nulos;

II – *vinte e nove por cento do Fundo Partidário será destacado para distribuição, aos Partidos que cumpram o disposto no art. 13 ou no inciso anterior, na proporção dos votos obtidos na última eleição geral para a Câmara dos Deputados;*

III – *é assegurada, aos Partidos a que se refere o inciso I, observadas, no que couber, as disposições do Título IV:*

a) a realização de um programa, em cadeia nacional, com duração de dez minutos por semestre;

b) a utilização do tempo total de vinte minutos por semestre em inserções de trinta segundos ou um minuto, nas redes nacionais e de igual tempo nas emissoras dos Estados onde hajam atendido ao disposto no inciso I, b."

Como se pode constatar, o art. 13 da Lei n. 9.096/95 cria o que se tem denominado de *"cláusula de barreira"* ou de *"de desempenho"* – um certo eufemismo – como requisito para o pleno *funcionamento parlamentar* dos partidos políticos.

A regra possui fundamento no art. 17, inciso IV, da Constituição, que assegura aos partidos políticos o funcionamento parlamentar, *de acordo com a lei.*

A Lei n. 9.096/95 (Lei dos Partidos Políticos) estabelece que "o partido político funciona, nas Casas Legislativas, por intermédio de uma bancada, que deve constituir suas lideranças de acordo com o estatuto do partido, as disposições regimentais das respectivas Casas e as normas desta Lei" (art. 12).

O art. 13 da Lei dos Partidos Políticos (dispositivo normativo atacado) dispõe que somente "tem direito a funcionamento parlamentar, em todas as Casas Legislativas para as quais tenha elegido representante, o partido que, em cada eleição para a Câmara dos Deputados obtenha o apoio de, no mínimo, cinco por cento dos votos apurados, não computados os brancos e os nulos, distribuídos em, pelo menos, um terço dos Estados, com um mínimo de dois por cento do total de cada um deles".

Assim, o partido político que não obtiver tais percentuais de votação não terá direito ao funcionamento parlamentar, o que significa a não formação de bancadas e de suas lideranças, com todas as repercussões que isso pode causar, como a não participação em comissões parlamentares e o não exercício de cargos e funções nas casas legislativas. Além disso, o partido somente terá

1242 Estado de Direito e Jurisdição Constitucional – Decisões relevantes em 15 anos de atuação no STF

direito a (a) receber 1% (um por cento) do Fundo Partidário (art. 41, II); e (b) à realização de um programa em cadeia nacional, em cada semestre, com a duração de apenas 2 (dois) minutos (art. 48).

Esses são os contornos normativos da denominada cláusula de barreira instituída pelo art. 13 da Lei n. 9.096/95.

Observe-se, nesse ponto, que, diversamente dos modelos adotados no direito comparado – cito, como referência, o sistema alemão – a fórmula adotada pela legislação brasileira restringe o funcionamento parlamentar do partido, mas não afeta a própria eleição do representante. Não há aqui, pois, repercussão direta sobre mandatos dos representantes obtidos para a agremiação que não satisfaça à referida cláusula de funcionamento parlamentar.

Nos termos de disposição transitória (art. 57), essa norma do art. 13 somente entrará em vigor para a legislatura a iniciar-se no ano de 2007. Daí a premente necessidade do posicionamento desta Corte sobre a matéria, diante da proximidade do início do dia 1º de fevereiro de 2007.

Tenho como relevante questionar se o legislador, além de definir as regras e, portanto, os contornos legais do sistema proporcional, fixando o quociente eleitoral e o quociente partidário, pode restringir de tal forma o funcionamento parlamentar dos partidos políticos, com repercussão direta sobre o regime de igualdade de chances que deve existir entre as agremiações partidárias.

A abordagem dessa problemática tangencia temas de inegável importância para o desenvolvimento de nosso sistema político-eleitoral, como a natureza e função dos partidos políticos no regime democrático, a conformação legislativa do sistema proporcional, o princípio da igualdade de chances e o tormentoso problema da fidelidade partidária, que estão a cobrar novas reflexões tendo em vista a necessária reforma política para o aperfeiçoamento de nossa democracia.

Esses temas serão objeto de uma análise mais detida nos tópicos seguintes.

II. Natureza e função dos partidos políticos na democracia

A Constituição de 1988 atribuiu relevo ímpar à participação dos partidos no processo eleitoral, estabelecendo como condição de elegibilidade a filiação partidária (CF, art. 17).

Assegura-se a liberdade de criação, fusão, incorporação e extinção de partidos políticos, resguardados determinados princípios.

Os partidos políticos são importantes instituições na formação da vontade política. A ação política realiza-se de maneira formal e organizada pela atuação dos partidos políticos. Eles exercem uma função de mediação entre o povo e Estado no processo de formação da vontade política, especialmente no que concerne ao processo eleitoral[2]. Mas não somente durante essa fase ou período. O processo de formação de vontade política transcende o momento eleitoral e se projeta para além desse período. Enquanto instituições permanentes de participação política, os partidos desempenham função singular na complexa relação entre o Estado e sociedade. Como nota Grimm, se os partidos políticos estabelecem a mediação entre o povo e o Estado, na medida em que apresentam lideranças pessoais e programas para a eleição e procuram organizar as decisões do Estado consoante as exigências e as opiniões da sociedade, não há dúvida de que eles atuam nos dois âmbitos.

Assim, a questão não mais é de saber se eles integram a sociedade ou o Estado, mas em que medida eles estão integrados em um e outro âmbito[3].

---

[2] GRIMM, Dieter. Politische Parteien. In: BENDA, Ernst; MAIHOFER, Werner; VOGEL, Hans-Jochen (Hrsg). *Handbuch des Verfassungsrechts*. Band 1, Berlim/Nova York, 1995, p. 599 (p. 606).

[3] Cf. GRIMM, Dieter. Politische Parteien. In: BENDA, Ernst; MAIHOFER, Werner; VOGEL, Hans-Jochen (Hrsg). *Handbuch des Verfassungsrechts*. Band 1, cit., p. 599 (613).

Direitos políticos fundamentais, partidos políticos e sistemas eleitorais · 1243

É certo, ademais, como se tem referido, que, na democracia partidária, tem-se um Estado partidariamente ocupado, o que coloca em confronto os partidos que ocupam funções e cargos no governo e aqueles que atuam apenas junto ao povo[4]. Afigura-se inevitável, igualmente, que para a agremiação partidária no poder se coloque o dilema de atuar exclusivamente no âmbito do Estado, enquanto partido do Governo, ou se deverá atuar também como organização partidária no âmbito da sociedade.

III. A conformação legislativa do sistema eleitoral proporcional e as restrições impostas aos partidos políticos

O art. 45 da Constituição brasileira estabelece o sistema proporcional para as eleições dos representantes parlamentares do povo. A legislação brasileira preservou o sistema proporcional de listas abertas e votação nominal, que corresponde à nossa prática desde 1932[5].

Trata-se de um modelo proporcional peculiar e diferenciado do modelo proporcional tradicional, que se assenta em listas apresentadas pelos partidos políticos. A lista aberta de candidatos existente no Brasil faz com que o mandato parlamentar, que resulta desse sistema, afigure-se também fruto do desempenho e do esforço do candidato. Trata-se, como destacado por Scott Mainwaring, de sistema que, com essa característica, somente se desenvolveu no Brasil e na Finlândia[6]. Em verdade, tal como anota Giusti Tavares, semelhante modelo é adotado também no Chile[7].

No sentido da originalidade do sistema, anota Walter Costa Porto que o tema acabou não merecendo estudo adequado por parte dos estudiosos brasileiros, tendo despertado o interesse de pesquisadores estrangeiros, como Jean Blondel. Registrem-se as observações de Walter Costa Porto[8]:

"Tal peculiaridade foi pouco examinada pelos nossos analistas. E foi um estrangeiro que lhe deu atenção: Jean Blondel, nascido em Toulon, França, professor das universidades inglesas de Manchester e Essex, e autor, entre outros livros, de Introduction to Comparative Government, Thinking Politicaly and Voters, Parties and Leaders. Em introdução a uma pesquisa que realizou, em 1957, no Estado da Paraíba, escreveu Blondel:

> 'A lei eleitoral brasileira é original e merece seja descrita minuciosamente. É, com efeito, uma mistura de escrutínio uninominal e de representação proporcional, da qual há poucos exemplos através do mundo (...) Quanto aos postos do Executivo ... é sempre utilizado o sistema majoritário simples (...) Mas, para a Câmara Federal, para as Câmaras dos Estados e para as Câmaras Municipais, o sistema é muito mais complexo. O princípio de base é que cada eleitor vote somente num candidato, mesmo que a circunscrição comporte vários postos a prover; não se vota nunca por lista. Nisto o sistema é uninominal. No entanto, ao mesmo tempo cada partido apresenta vários candidatos, tantos quantos são os lugares de deputados, em geral, menos se estes são pequenos partidos. De

---

[4] Cf. GRIMM, Dieter. Politische Parteien. In: BENDA, Ernst; MAIHOFER, Werner; VOGEL, Hans-Jochen (Hrsg). Handbuch des Verfassungsrechts. Band 1, cit., p. 636.

[5] A rigor, tal como anota Walter Costa Porto em palestra recente perante o IX Congresso Brasiliense de Direito Constitucional (1011.2006), o sistema adotado em 1932 era ainda um sistema misto, pois ele acabava por contemplar a eleição, em segundo turno, dos mais votados que não alcançaram o quociente eleitoral. Somente em 1935 foi adotado um modelo puramente proporcional.

[6] MAINWARING, Scott. Políticos, Partidos e Sistemas Eleitorais. In: Estudos Eleitorais, TSE n. 2, maio/ago. 1997, p. 335 (343).

[7] Cf. TAVARES, Giusti José Antonio. Sistemas Eleitorais nas Democracias Contemporâneas. Rio de Janeiro: Relume-Dumará, 1994, p. 126-127.

[8] Cf. COSTA PORTO, Walter. Sistema Eleitoral Brasileiro, Palestra proferida no IX Congresso Brasiliense de Direito Constitucional, Brasília 10.11.2006, p. 8-9; Cf. também Costa Porto, Walter, Essa mentirosa urna, 2004, p. 163 s.

algum modo, os candidatos de um mesmo partido estão relacionados, pois a divisão de cadeiras se faz por representação proporcional, pelo número de votos obtidos por todos os candidatos de um mesmo partido (...) Votando num candidato, de fato o eleitor indica, de uma vez, uma preferência e um partido. Seu voto parece dizer: 'Desejo ser representado por um tal partido e mais especificamente pelo Sr. Fulano. Se este não for eleito, ou for de sobra, que disso aproveite todo o partido. O sistema é, pois, uma forma de voto preferencial, mas condições técnicas são tais que este modo de escrutínio é uma grande melhora sobre o sistema preferencial tal qual existe na França'".

No sistema eleitoral adotado no Brasil, impõe-se precisar (1) *o número de votos válidos,* (2) *o quociente eleitoral,* (3) *o quociente partidário,* (4) *a técnica de distribuição de restos ou sobras* e (5) *o critério a ser adotado na falta de obtenção do quociente eleitoral.*

Os *votos válidos* são os votos conferidos à legenda partidária e ao candidato. Não são computados os votos nulos e os votos em branco.

O *quociente eleitoral,* que traduz o índice de votos a ser obtido para a distribuição das vagas, obtém-se mediante a divisão do número de votos válidos pelos lugares a preencher na Câmara dos Deputados, nas Assembleias Legislativas ou nas Câmaras de Vereadores.

O *quociente partidário* indica o número de vagas alcançado pelos partidos e é calculado pela divisão do número de votos conferidos ao partido, diretamente, ou a seus candidatos pelo quociente eleitoral, desprezando-se a fração.

A *distribuição de restos ou sobras* decorre do fato de, após a distribuição inicial, haver vagas a serem preenchidas sem que os partidos tenham votos suficientes para atingir o *quociente eleitoral.* Podem-se adotar diferentes critérios, como a *distribuição pela maior sobra* ou *pela maior média*[9]. O Código Eleitoral adotou o critério da maior média, estabelecendo que para obtê-la "*adiciona-se mais um lugar aos que já foram obtidos por cada um dos partidos; depois, toma-se o número de votos válidos atribuídos a cada partido e divide-se por aquela soma; o primeiro lugar a preencher caberá ao partido que obtiver a maior média; repita-se a mesma operação tantas vezes quantos forem os lugares restantes que devam ser preenchidos, até sua total distribuição entre os diversos partidos*" (Código Eleitoral, art. 109).

Se nenhum partido atingir o quociente eleitoral, o Código Eleitoral determina que hão de ser considerados eleitos os candidatos mais votados, independentemente de qualquer critério de proporcionalidade (Código Eleitoral, art. 111). A solução parece questionável, como anota José Afonso da Silva, pois a Constituição prescreve, no caso, a adoção do sistema eleitoral proporcional[10].

Vê-se, assim, que, também no sistema proporcional, tendo em vista razões de ordem prática, os votos dos partidos que não atingiram o quociente eleitoral e os votos constantes das sobras podem não ter qualquer aproveitamento, não havendo como conferir-lhes significado quanto ao resultado.

Interessante notar que esse sistema permite que um candidato sem nenhum voto nominal seja eleito. Tal como registra Walter Costa Porto, nas eleições de 2 dezembro de 1945 o Partido Social Democrático apresentou dois candidatos a deputado federal, no Território do Acre: Hugo Ribeiro Carneiro e Hermelindo de Gusmão Castelo Branco Filho. O primeiro candidato obteve 3.775 votos; o segundo nenhum voto nominal, pois ficara no Rio de Janeiro. Não obstante, o partido alcançou uma vez o quociente eleitoral e mais uma sobra de 1.077 votos. O critério do "maior número de votos" do partido, em caso de sobra, acabou por conferir mandato a candidato que não obtivera sequer um voto[11].

Mencione-se que pode ocorrer até mesmo que o candidato mais votado no pleito eleitoral não logre obter o assento em razão de a agremiação partidária não ter obtido o quociente eleitoral.

---

[9] Cf TEIXEIRA, J. H. Meirelles. *Curso de Direito Constitucional,* cit., p. 525.
[10] Cf. SILVA, José Afonso da. *Curso de Direito Constitucional Positivo.* 27. ed. São Paulo: Malheiros, 2006, p. 376.
[11] COSTA PORTO, *Essa mentirosa urna,* cit., p. 157.

Foi o que se verificou em vários casos expressivos, dentre os quais se destaca o de Dante de Oliveira, que, candidato pelo PDT a uma vaga para Câmara dos Deputados, pelo Estado de Mato Grosso, nas eleições de 1990, obteve a maior votação (49.886 votos) e não foi eleito em razão de seu partido não ter obtido quociente. À época, postulou a revisão do resultado com a alegação de que a inclusão dos votos brancos para obtenção do quociente eleitoral revelava-se inconstitucional (Código Eleitoral, art. 106, parágrafo único). O Tribunal Superior Eleitoral rejeitou essa alegação com o argumento de que os votos brancos eram manifestações válidas e somente não seriam computáveis para as eleições majoritárias por força de normas constitucionais expressas (CF, artigos 28, 29, II, e 77, § 2º)[12]. Também o recurso extraordinário interposto contra essa decisão não foi acolhido tendo em vista as mesmas razões[13]. O art. 106, parágrafo único, do Código Eleitoral foi revogado pela Lei n. 9.504/ 1997[14]. Desde então, não se tem mais dúvida de que o voto em branco não deve ser contemplado para os fins de cálculo do quociente eleitoral.

Outra questão relevante coloca-se tendo em vista a cláusula contida no art. 109, § 2º do Código Eleitoral, segundo a qual *"só poderão concorrer à distribuição dos lugares os partidos ou coligações que tiverem obtido quociente eleitoral"*. Explicita-se aqui outra relativização da efetividade do voto, uma vez que somente serão contemplados os votos dos partidos que lograram obter o quociente eleitoral. Nas eleições de 2002, José Carlos Fonseca obteve 92.727 votos para deputado federal no Estado do Espírito Santo. O quociente eleitoral foi de 165.284. A sua coligação obteve 145.271 votos ou 8,78 % dos votos conferidos. Preenchidas sete vagas, cuidou-se da distribuição dos restos ou sobras. O Tribunal Regional Eleitoral recusou-se a contemplar a coligação a qual estava vinculado José Carlos Fonseca no cálculo das sobras em razão do disposto no art. 109, § 2º, do Código Eleitoral. Contra essa decisão foi impetrado mandado de segurança, forte no argumento da desproporcionalidade do critério ou da adoção de um critério legal que transmudava o sistema proporcional em sistema majoritário. Enquanto a coligação que obtivera 8,78 % dos votos não seria contemplada com um mandato parlamentar, as demais estariam assim representadas:

Coligações	Votos	Cadeiras
Coligação Espírito Santo Forte	39.36%	50%
Frente Competência para Mudar	12.74%	10%
Frente Mudança para Valer	17,37%	20%
Frente Trabalhista	21,07%	25%

O TSE rejeitou a ação, assentando-se que a expressão sistema proporcional contida no art. 45 da Constituição encontraria no Código Eleitoral critérios precisos e definidos. A discussão sobre a adequação dos critérios utilizados pelo legislador resvalava para controvérsia de *lege ferenda* sem reflexo no plano da legitimidade da fórmula[15].

---

[12] Cf. Recurso Especial – TSE n. 9.277, Relator Vilas Boas, *DJ* 23.4.1991; Cf. sobre o assunto também COSTA PORTO, Walter, *Essa mentirosa urna*, São Paulo, 2004, p. 171-173.

[13] RE 140.386, Relator Carlos Velloso, *DJ* 20.4.2001.

[14] Cf. Estudos de Xavier de Albuquerque, Leitão de Abreu, Paulo Bonavides e Tito Costa. In: *Estudos Eleitorais*, TSE n. 2, maio/ago. 1997, p. 79-137.

[15] Mandado de Segurança TSE 3.109-ES, Relator: Sálvio de Figueiredo; Cf. também Costa Porto, *Essa mentirosa urna*, cit., p. 178-181.

Convém assinalar que o modelo proporcional de listas abertas adotado entre nós contribui acentuadamente para a personalização da eleição, o que faz com que as legendas dependam, em grande medida, do desempenho de candidatos específicos. Daí o destaque que se confere às candidaturas de personalidades dos diversos setores da sociedade ou de representantes de corporação. Essa personalização do voto acaba por acentuar a dependência do partido e a determinar a sua fragilidade programática.

Assim, esse modelo de listas abertas tem consequência sobre a disciplina interna das legendas, que se tornam, quase inevitavelmente, reféns dos personalismos dos candidatos que as integram. Mainwaring chega a afirmar que vários aspectos da legislação eleitoral brasileira não têm – ou têm pouco – paralelo no mundo, e nenhuma outra democracia dá aos políticos tanta autonomia *vis-à-vis* seus partidos[16].

IV. A cláusula de barreira e o princípio da proporcionalidade

A legislação brasileira estabeleceu uma forma peculiar de "cláusula de barreira" ou "de desempenho" (art. 13 da Lei n. 9.096/95), ao determinar que *"tem direito a funcionamento parlamentar, em todas as Casas Legislativas para as quais tenha elegido representante, o partido que, em cada eleição para a Câmara de Deputados, obtenha o apoio de, no mínimo, 5% (cinco por cento) dos votos apurados, não computados brancos e os nulos, distribuídos em, pelo menos, um terço dos Estados, com um mínimo de 2% (dois por cento) do total de cada um deles"*. De acordo com a regra de transição contida no art. 57, essa norma do art. 13 somente entrará em vigor para a legislatura a iniciar-se no ano de 2007.

Assim, além de definir as regras e, portanto, os contornos legais do sistema proporcional, fixando o quociente eleitoral e o quociente partidário, o sistema de distribuição de mandatos por restos ou sobras etc., o legislador criou mais essa limitação ao funcionamento da agremiação partidária.

A questão que aqui se discute é a possibilidade ou não de a lei estabelecer uma cláusula de barreira que repercuta sobre o funcionamento parlamentar dos partidos políticos, tal como o fez o legislador brasileiro.

Como se vê, trata-se de uma restrição absoluta ao próprio funcionamento parlamentar do partido, sem qualquer repercussão sobre os mandatos de seus representantes. Não se estabelece qualquer tipo de mitigação, mas simplesmente veda-se o funcionamento parlamentar ao partido, com as consequências que isso pode gerar, como o não recebimento dos recursos provenientes do fundo partidário, ou o seu recebimento em percentuais ínfimos, e a vedação do acesso ao rádio e à televisão.

Por isso, o modelo aqui adotado diferencia-se substancialmente de outros sistemas políticos-eleitorais do direito comparado.

Na realidade do direito alemão, consagra-se que o partido político que não obtiver 5% (cinco por cento) dos votos na votação proporcional, ou pelo menos três mandatos diretos, não obterá mandato algum, também na eleição para o chamado primeiro voto. Nesse caso, despreza-se a votação dada ao partido. Todavia, nunca se atribuiu consequência no que concerne àquilo que nós chamamos de "igualdade de oportunidades" ou "igualdade de chances". A legislação alemã tentou estabelecer um limite mais elevado para efetivar o financiamento público das campanhas[17]. Mas a Corte Constitucional entendeu que essa cláusula era sim violadora do princípio da

---

[16] MAINWARING, Scott. *Políticos, Partidos e Sistemas Eleitorais*, in: Estudos Eleitorais, TSE 2, maio/ago. 1997, p. 335 (337).

[17] Talvez o modelo mais conhecido e difundido de financiamento público dos partidos seja aquele instituído pela legislação alemã. Inicialmente, consagrou-se apenas a possibilidade de uma compensação aos partidos pelos gastos de campanha eleitoral consistente no pagamento de uma quantia por voto obtido, desde que o partido

Direitos políticos fundamentais, partidos políticos e sistemas eleitorais **1247**

igualdade de oportunidades (*Chancengleicheit*), porque impedia que os partidos políticos com pequena expressão conseguissem um melhor desempenho, tendo em vista que eles não teriam acesso à televisão, muito menos aos recursos públicos. Daí a legislação ter fixado percentual de 0,5% dos votos para o pagamento de indenização pelo desempenho dos partidos nas eleições.

O modelo confeccionado pelo legislador brasileiro, no entanto, não deixou qualquer espaço para a atuação partidária, mas simplesmente negou, *in totum*, o funcionamento parlamentar, o que evidencia, a meu ver, uma clara violação ao princípio da proporcionalidade, na qualidade de *princípio da reserva legal proporcional* (*Vorbehalt des verhältnismässigen Gesetzes*).

O fato é que – e isso foi bem demonstrado no voto do relator –, como observado no último pleito eleitoral, agremiações partidárias que obtiveram um expressivo cabedal de votos não teriam, na próxima legislatura, direito a qualquer funcionamento parlamentar, por força dessa "cláusula de barreira à brasileira". Há, aqui, a meu ver, um sacrifício radical das minorias!

Como analisado, a Constituição brasileira definiu que as eleições dos deputados federais, dos deputados estaduais e dos vereadores efetivar-se-ão pelo critério proporcional (CF, arts. 27, § 1º, e 45). E nada mais disse! É certo, por isso, que o legislador dispõe de alguma discricionariedade na concretização do sistema proporcional, inclusive o sistema de lista partidária fechada ou o sistema de lista com mobilidade.

Essa margem de ação conferida ao legislador também abrange a limitação do funcionamento parlamentar, tendo em vista que, como anunciado, a Constituição, em seu art. 17, inciso IV, assegura aos partidos políticos o funcionamento parlamentar, *de acordo com a lei*.

Não se deve esquecer, todavia, que se tem, também neste caso, uma *reserva legal proporcional*, que limita a própria atividade do legislador na conformação e limitação do funcionamento parlamentar dos partidos políticos.

Estou certo de que se o legislador brasileiro tivesse conformado um modelo semelhante ao adotado no direito alemão, por exemplo, tal como explicado anteriormente, talvez não estaríamos aqui a discutir esse tema. É possível, sim, ao legislador pátrio, o estabelecimento de uma cláusula de barreira ou de desempenho que impeça a atribuição de mandatos à agremiação que não obtiver um dado percentual de votos.

A via eleita pelo legislador brasileiro, no entanto, parece-me extremamente delicada. A regra do art. 13 da Lei dos Partidos Políticos não deixa qualquer espaço, não realiza qualquer mitigação, mas simplesmente nega o funcionamento parlamentar à agremiação partidária. Como ressaltado pelo Ministro Pertence, "*a cláusula de barreira não mata, mas deixa morrer*". Há aqui, portanto, uma clara violação ao princípio da proporcionalidade.

V. A cláusula de barreira em face do princípio da igualdade de chances (*Chancengleicheit*)

A questão constitucional debatida nestas ações também gira em torno do significado do princípio da igualdade de chances (*Chancengleicheit*) para o processo eleitoral democrático.

---

lograsse um percentual não inferior a 0,5% dos votos válidos para as eleições parlamentares federais. Esse piso é considerado compatível com a Constituição e afigura-se importante para evitar abusos. A fixação de um percentual mais elevado, porém, poderia impedir o natural desenvolvimento do processo político e sua renovação. Daí ter a Corte Constitucional alemã declarado, inicialmente, a inconstitucionalidade de lei que fixava em 5% o percentual de votos para que o partido pudesse gozar do benefício referido. A jurisprudência constitucional avançou, posteriormente, para admitir o financiamento estatal diretamente ao partido (BVerfGE 85, 264). Quanto ao benefício fiscal para doações privadas, admite-se até o limite 6600 Euros. Tal benefício aplica-se, porém, apenas às pessoas físicas (DEGENHART, Christoph. *Staatsrecht I.* 21. ed. Heidelberg: Muller, 2005, p. 36).

Como analisado, o partido que não obtiver os percentuais de votação previstos pelo art. 13 da Lei n. 9.096/95, ou seja, que não ultrapassar a denominada cláusula de barreira, somente terá direito a (a) receber 1% (um por cento) do Fundo Partidário (art. 41, II); e (b) à realização de um programa em cadeia nacional, em cada semestre, com a duração de apenas 2 (dois) minutos (art. 48).

Por outro lado, os partidos que cumprirem os requisitos do art. 13 compartilharão os restantes 99% (noventa e nove por cento) do total do Fundo Partidário na proporção dos votos obtidos na última eleição geral para a Câmara dos Deputados (art. 41, II). Ademais, o partido que atenda ao disposto no art. 13 também tem assegurada: a) a realização de um programa, em cadeia nacional e de um programa, em cadeia estadual em cada semestre, com a duração de vinte minutos cada; b) a utilização do tempo total de quarenta minutos, por semestre, para inserções de trinta segundos ou um minuto, nas redes nacionais, e de igual tempo nas emissoras estaduais (art. 49).

O fator e a proporção desse discrímen legalmente estabelecido entre os partidos políticos detentores de mandatos eletivos devem ser analisados desde a perspectiva do princípio da igualdade de chances ou de oportunidades.

O princípio da igualdade entre os partidos políticos é fundamental para a adequada atuação dessas instituições no complexo processo democrático. Impõe-se, por isso, uma *neutralidade* do Estado em face das instituições partidárias, exigência essa que se revela tão importante quanto difícil de ser implementada[18]. A importância do princípio da igualdade está em que sem a sua observância não haverá possibilidade de estabelecer uma concorrência livre e equilibrada entre os partícipes da vida política, o que acabará por comprometer a essência do próprio processo democrático. A dificuldade está nos aspectos jurídicos e fáticos. Quanto aos aspectos jurídicos, ela reside na diferenciação acentuada do objeto envolvido como consequência das próprias diferenças de uma sociedade livre e aberta. Daí afirmar Dieter Grimm que a neutralidade estatal deve ser entendida como não influência da desigualdade, o que lhe confere caráter de igualdade formal[19]. Quanto aos aspectos fáticos, afigura-se inegável que o Estado, que há de conduzir-se com neutralidade em relação aos partidos, é também um Estado partidariamente ocupado[20].

O princípio da *Chancengleichheit* parece ter encontrado sua formulação inicial na República de Weimar, com as obras de Herman Heller (*Probleme der Demokratie*, I und II, 1931, e *Europa und der Faschismus*, 1929) e de Carl Schmitt (*Der Hüter der Verfassung*, 1931, e *Legalität und Legitimität*, 1932).

Na concepção de Heller, *"o Estado de Direito Democrático atual encontra seu fundamento, principalmente, na liberdade e igualdade da propaganda política, devendo assegurar-se a todas as agremiações e partidos igual possibilidade jurídica de lutar pela prevalência de suas ideias e interesses"*[21]. O notável publicista acrescentava que a fórmula técnica para preservar a unidade da formação democrática assenta-se na livre submissão da minoria à vontade majoritária, isto é, na renúncia das frações minoritárias a uma superação da maioria, mediante o uso da violência. Isto pressupõe a renúncia à opressão da minoria e exige a preservação das perspectivas dela vir a se tornar maioria[22].

Por seu turno, advertia Carl Schmitt que um procedimento neutro e indiferente da democracia parlamentar poderia dar ensejo à fixação de uma maioria por via da matemática ou da

---

[18] Cf. GRIMM, Dieter. Politische Parteien. In: BENDA, Ernst; MAIHOFER, Werner; VOGEL, Hans-Jochen (Hrsg). *Handbuch des Verfassungsrechts*. Band 1, cit., p. 599 (626).

[19] GRIMM, Dieter. Politische Parteien. In: BENDA, Ernst; MAIHOFER, Werner; VOGEL, Hans-Jochen (Hrsg). *Handbuch des Verfassungsrechts*. Band 1, cit., p. 599 (626).

[20] GRIMM, Dieter. Politische Parteien. In: BENDA, Ernst; MAIHOFER, Werner; VOGEL, Hans-Jochen (Hrsg). *Handbuch des Verfassungsrechts*. Band 1, cit., p. 599 (627).

[21] HELLER, Herman. *Europa und der Faschismus*. Berlin/Leipzig, 1929, p. 95 e s.

[22] HELLER, Herman. *Europa und der Faschismus*, cit., p. 9.

Direitos políticos fundamentais, partidos políticos e sistemas eleitorais **1249**

estatística, causando, dessa forma, o próprio esfacelamento do sistema de legalidade. Tal situação somente haveria de ser evitada com a adoção de um princípio consagrador de igualdade de chances para alcançar a maioria, aberto a todas as tendências e movimentos[23]. E, enfaticamente, asseverava Carl Schmitt:

> *"Sin este principio, las matemáticas de las mayorías, con su indiferencia frente al contenido del resultado, no solo serían un juego grotesco y un insolente escarnio de toda justicia, sino que, a causa del concepto de legalidad derivado de dichas matemáticas, estas acabarían también con el sistema mismo, desde el instante en que se ganara la primera mayoría, pues esta primera mayoría se instituiría enseguida legalmente como poder permanente. La igualdad de chance abierta a todos no puede separarse mentalmente del Estado legislativo parlamentario. Dicha igualdad permanece como el principio de justicia y como una condición vital para la autoconservación"[24].*

Com impecável lógica, consignava o eminente publicista que a legalidade do poder estatal conduz à negação e à derrogação do direito de resistência enquanto Direito,[25] uma vez que ao poder legal, conceitualmente, não é dado cometer injustiças, podendo, para isso, converter em "ilegalidade" toda resistência e revolta contra a injustiça e antijuridicidade[26]. E o eminente mestre acrescentava que:

> *"Si la mayoría puede fijar a su arbitrio la legalidad y la ilegalidad, también puede declarar ilegales a sus adversarios políticos internos, es decir, puede declararlos hors-la-loi, excluyéndolos así de la homogeneidad democrática del pueblo. Quien domine el 51 por 100 podría ilegalizar, de modo legal, al 49 por 100 restante. Podría cerrar tras sí, de modo legal, la puerta de la legalidad por la que ha entrado y tratar como a un delincuente común al partido político contrario, que tal vez golpeaba con sus botas la puerta que se le tenía cerrada"[27].*

Destarte, a adoção do princípio de *igualdade de chances* constitui condição indispensável ao exercício legal do poder, uma vez que a minoria somente há de renunciar ao direito de resistência se ficar assegurada a possibilidade de vir a se tornar maioria[28]. Vale registrar, ainda nesse particular, o seu magistério:

> *"El Estado legislativo parlamentario de hoy, basado en la dominación de las mayorías del momento, solo puede entregar el monopolio del ejercicio legal del poder al partido momentáneamente mayoritario, y solo puede exigir a la minoría que renuncie al derecho de resistencia mientras permanezca efectivamente abierta a todos la igualdad de chance para la obtención de la mayoría y mientras presente visos de verdad este presupuesto de su principio de justicia"[29].*

Na vigência da Lei Fundamental de Bonn (1949), a discussão sobre a "igualdade de chances" entre os partidos foi introduzida por Forsthoff, que assentou os seus fundamentos nas disposições que consagram a liberdade de criação das agremiações políticas (art. 21, I, 2) e asseguram a igualdade de condições na disputa eleitoral (art. 38 e 28)[30].

Também Gerhard Leibholz considerou inerente ao modelo constitucional o princípio de "igualdade de chances", derivando-o, porém, diretamente, do preceito que consagra a ordem liberal-democrática (*freiheitlich demokratischen Grundordnung*)[31].

---

[23] SCHMITT, Carl. *Legalidad y Legitimidad*. Trad. esp. Madri: Aguilar, 1971, p. 43-44.

[24] SCHMITT, Carl. *Legalidad y Legitimidad*, cit., p. 44.

[25] SCHMITT, Carl. *Legalidad y Legitimidad*, cit., p. 44.

[26] SCHMITT, Carl. *Legalidad y Legitimidad*, cit., p. 46.

[27] SCHMITT, Carl. *Legalidad y Legitimidad*, cit., p. 46.

[28] SCHMITT, Carl. *Legalidad y Legitimidad*, cit., p. 47.

[29] SCHMITT, Carl. *Legalidad y Legitimidad*, cit., p. 47.

[30] FORSTHOFF, Ernst. *Die politischen Parteien im Verfassungsrecht*. Tübingen, 1950, p. 6 e 12.

[31] LEIBHOLZ, Gerhard. Verfassungsrechtliche Stellung und innere Ordnung der Parteien. *DJT*, p. C. 2.

Mais tarde, após os primeiros pronunciamentos do Tribunal Federal Constitucional, passou Leibholz a considerar que o postulado da igualdade de chances encontrava assento no princípio da liberdade e pluralidade partidárias (arts. 21, I, e 38, I) e no princípio geral de igualdade (art. 3º, l).

Tais elementos serviram de base para o desenvolvimento da construção jurisprudencial iniciada pelo *Bundesverfassungsgericht* em 1952. Observe-se que, nos primeiros tempos, a jurisprudência da Corte Constitucional parecia identificar o princípio de igualdade de chances com o direito de igualdade eleitoral — *Wahlrechtsgleichheit* — (Lei Fundamental, art. 38, l). As controvérsias sobre o financiamento dos partidos e a distribuição de horários para transmissões radiofônicas e televisivas ensejaram o estabelecimento da distinção entre o princípio da igualdade de chances, propriamente dito, e o direito de igualdade eleitoral. Os preceitos constitucionais atinentes à liberdade partidária (art. 21, l) e ao postulado geral da isonomia (art. 3º, I) passaram a ser invocados como fundamento do *direito de igualdade de chances* dos partidos políticos[32].

Converteu-se, assim, a "igualdade de chances" em princípio constitucional autônomo, um autêntico *direito fundamental* dos partidos, assegurando-se às agremiações tratamento igualitário por parte do Poder Público e dos seus delegados[33].

Inicialmente, perfilhou o Tribunal Constitucional orientação que preconizava aplicação estritamente formal do princípio de "igualdade de chances". Todavia, ao apreciar controvérsia sobre a distribuição de horário para transmissão radiofônica, introduziu o 2º Senado da Corte Constitucional o conceito de "igualdade de chances gradual" — *abgestufte Chancengleicheit*, de acordo com a "significação do Partido"[34].

Considerou-se, dentre outros aspectos, que o tratamento absolutamente igualitário levaria a uma completa distorção da concorrência, configurando a equiparação legal das diferentes possibilidades (*faktische Chancen*) manifesta afronta ao princípio da *neutralidade* que deveria ser observado pelo Poder Público em relação a todos os partidos políticos[35].

A Lei dos Partidos de 1967 veio consagrar, no § 5º, o princípio da igualdade de chances tal como concebido pela jurisprudência da Corte Constitucional, estabelecendo a seguinte disposição: "(1) Se um delegado do Poder Público coloca suas instalações ou serviços à disposição dos partidos, há de se dar igual tratamento às demais agremiações partidárias. A amplitude da garantia pode ser atribuída, gradualmente, de acordo com a "significação do partido", assegurando-se, porém, um mínimo razoável à consecução dos objetivos partidários. A significação do partido é aferida, em especial, pelos resultados obtidos nas últimas eleições para a Câmara de Representantes. Ao partido com representação no Parlamento há de se assegurar uma participação não inferior à metade daquela reconhecida a qualquer outro partido".

Como se constata, o § 5º da Lei dos Partidos consagrou a *gradação* da "igualdade de chances" (*abgestufte Chancengleicheit*), estabelecendo inequívoca "cláusula de diferenciação" (*Differenzierungsklausel*)[36]. É evidente que uma interpretação literal do dispositivo poderia converter o postulado da "igualdade de chances" numa garantia do *status quo*, consolidando-se a posição dos *partidos estabelecidos* (*etablierte Parteien*)[37].

---

[32] BATTIS, Ulrich. *Einführung in das Öffentliche Recht*. Fernuniversität Hagen, 1981, un. 2, p. 22-23.

[33] TSATSOS, Dimitris Th.; MORLOK, Martin. *Die Parteien in der politischen Ordnung*. Fernuniversität Hagen, un. 3, p. 23; TSATSOS, MOHR, MORLOK e WENZEL. *Deutsches Staatsrecht*, Fernuniversität Hagen, 1981, un, 2, p. 42; BATTIS, Ulrich. *Einführung in das Öffentliche Recht*, cit., p. 22-23.

[34] *BVerfGE* 14, 121; LIPPHARDT, op. cit., p. 691-692 e s.

[35] LIPPHARDT, op. cit., p. 442.

[36] LIPPHARDT, op. cit., p. 699.

[37] LIPPHARDT, op. cit., p. 700; TSATSOS, Dimitris Th.; MORLOK, Martin. *Die Parteien in der politischen Ordnung*, cit., p. 30-31.

Direitos políticos fundamentais, partidos políticos e sistemas eleitorais 1251

Tal possibilidade já havia sido enunciada por Carl Schmitt, ao reconhecer que os partidos no governo desfrutam de inevitável vantagem, configurando-se uma autêntica e supralegal "mais-valia política" decorrente do exercício do poder[38]. Após asseverar que a detenção do poder outorga ao partido dominante a forma de poder político que supera de muito o simples valor das normas, observa Carl Schmitt:

> "El partido dominante dispone de toda la preponderancia que lleva consigo, en un Estado donde impera esta clase de legalidad, la mera posesión de los medios legales del poder. La mayoría deja repentinamente de ser un partido; es el Estado mismo. Por mas estrictas y delimitadas que sean las normas a las que se sujeta el'Estado legislativo en la ejecución de la ley, resalta 'siempre lo ilimitado que está detrás', como dijo una vez Otto Mayer. En consecuencia, por encima de toda normatividad, la mera posesión del poder estatal produce una plusvalía política adicional, que viene a añadirse al poder puramente legal y normativista, una prima superlegal a la posesión legal del poder legal y al logro de la mayoría"[39]

Não se pode negar, pois, que os *partidos estabelecidos* gozam de evidente primazia em relação aos *newcomers*, decorrente sobretudo de sua posição consolidada na ordem política[40]. Por outro lado, a realização de eleições com o propósito de formar um Parlamento capaz de tomar decisões respaldado por uma nítida maioria enseja, não raras vezes, modificações legítimas nas *condições de igualdade*. Disso pode resultar, à evidência, um *congelamento* (*Erstarrung*) do sistema partidário[41].

Todavia, há de se observar que o direito de "igualdade de chances" não se compadece com a ampliação ou a consolidação dos *partidos estabelecidos*. Eventual supremacia há de ser obtida e renovada em processo eleitoral justo (*fairer Wettbewerb*) e abrangente da totalidade da composição partidária[42].

Como já ressaltado, a gradação da igualdade de chances, tal como desenvolvida pelo Tribunal Constitucional e assente na Lei dos Partidos (§ 5), há de levar em conta a "significação do partido". Esta deve corresponder à sua participação na formação da vontade política (... *Anteil den sie an der politischen Willensbildung des Volkes hat*)[43]. E o critério fundamental para aferição do grau de influência na vontade política é fornecido, basicamente, pelo desempenho eleitoral[44].

Não há dúvida de que a gradação da "igualdade de chances" *deve realizar-se cum grano salis*, de modo a assegurar razoável e adequada eficácia a todo e qualquer esforço partidário[45]. Até porque o abandono da orientação que consagra a *igualdade formal* entre os partidos não pode ensejar, em hipótese alguma, a nulificação do tratamento igualitário que lhes deve ser assegurado pelo Poder Público. Eventual gradação do direito de igualdade de chances há de se efetivar com a observância de critério capaz de preservar a própria seriedade do sistema democrático e pluripartidário[46].

Tal constatação mostra-se particularmente problemática no que concerne à distribuição dos horários para as transmissões radiofônicas e televisivas. Uma radical gradação do direito de igualdade de chances acabaria por converter-se em autêntica garantia do *status quo*. Daí ter-se consolidado na jurisprudência constitucional alemã orientação que assegura a todos os partícipes do

---

[38] SCHMITT, Carl. *Legalidad y Legitimidad*, cit., p. 49.

[39] SCHMITT, Carl. *Legalidad y Legitimidad*, cit., p. 49.

[40] TSATSOS, Dimitris Th.; MORLOK, Martin. *Die Parteien in der politischen Ordnung*, cit., p. 30.

[41] HESSE, Konrad. *Grundzüge des Verfassungsrechts in der Bundesrepublik Deutschland*. Heidelberg, 1982, p. 69.

[42] LIPPHARDT, op. cit., p. 700.

[43] *BVerfGE* 24, 344; LIPPHARDT, op. cit., p. 446.

[44] LIPPHARDT, op. cit., p. 446; TSATSOS, Dimitris Th.; MORLOK, Martin. *Die Parteien in der politischen Ordnung*, cit., p. 25.

[45] LIPPHARDT, op. cit., p. 700-701 e 438-439; TSATSOS, *Deutsches Staatsrecht*, op. cit., p. 43; BATTIS, op. cit., p. 22-25.

[46] BATTIS, Ulrich. *Einführung in das Öffentliche Recht*, cit., p. 21-22; cf. tb. *BVerfGE*, 24, 300.

prélio eleitoral, pelo menos, uma "adequada e eficaz propaganda" (*angemessene und wirksame Wahlpropaganda*)[47]. Considera-se, assim, que um *Sendezeitminimum* ("tempo mínimo de transmissão") deve ser assegurado a todos os concorrentes, independentemente de sua "significação"[48].

Ainda assim, verificam-se na doutrina sérias reservas *à gradação do direito de igualdade de chances*, no tocante às "transmissões eleitorais". É que tal oportunidade assume relevância extraordinária para os pequenos partidos e as novas agremiações, que, diversamente dos *etablierten Parteien*, não dispõem de meios adequados para difundir a sua plataforma eleitoral[49]. Também Tsatsos e Morlok sustentam, nesse particular, que a igualdade formal de todos os que participam do processo eleitoral deve ser decididamente afirmada. Entendem que, *"em uma democracia, não constitui tarefa de um Poder onisciente e interventivo tomar providências que indiquem aos eleitores a imagem 'correta' dos partidos. Ao revés, com a escolha prévia dos partidos, arroga-se o Estado um direito que apenas é de se reconhecer à cidadania na sua manifestação eleitoral"*[50].

Digna de relevo é a problemática relativa ao financiamento dos partidos. Em 1958, declarou o *Bundesverfassungsgericht* a inconstitucionalidade de lei que facultava a subvenção aos partidos mediante desconto de imposto, ao fundamento de que tal prática não era compatível com o princípio de "igualdade de chances"[51]. Posteriormente, declarou-se a inconstitucionalidade de disposição contida na lei de orçamento, que assegurava aos partidos representados no Parlamento significativa soma de recursos, entendendo que o funcionamento permanente das organizações partidárias através de recursos públicos não era compatível com a liberdade e abertura do processo de formação da vontade popular[52].

Calcado na orientação consagrada pelo Tribunal, que considerava legítima apenas a alocação de recursos públicos para fazer face aos elevados custos da campanha[53], estabeleceu o legislador disposição que concedia aos partidos políticos que obtivessem o mínimo de 2,5% dos votos válidos apurados em cada região eleitoral uma subvenção a título de "reembolso de despesas eleitorais" (*Erstattung vom Wahlkampfkosten*), (Lei dos Partidos, § 18).

A Corte Constitucional declarou, todavia, a nulidade do preceito, pelos fundamentos seguintes: *"No que concerne ao 'reembolso das despesas eleitorais', hão de ser contempladas todas as agremiações que participaram do prélio eleitoral, não sendo possível estabelecer uma votação mínima (Mindesstimmenanteil) com a justificativa de que as eleições devam criar um parlamento com poder de decisão. Ao revés, tal exigência somente pode ser estabelecida como pressuposto indispensável de aferição da seriedade das propostas e programas apresentados pelos partidos, isto é, a sua avaliação pelos eleitores traduzida pelo resultado das eleições. No tocante ao 'reembolso das despesas eleitorais', há de se reconhecer o perigo de alguns grupos fragmentários tomarem parte do pleito tão somente em virtude da subvenção pública.* A votação mínima que legitima a concessão do "reembolso das despesas eleitorais" somente há de ser fixada tendo em vista as relações concretas fornecidas pelas eleições parlamentares. O número de eleitores correspondia, naquelas eleições, a cerca de 38 milhões; o número de votantes, 33,4 milhões. Nessas condições, se se considerar a média de participação nas eleições, um partido deveria obter cerca de 835.000 votos para atingir

---

[47] LIPPHARDT, op. cit., p. 438-439.

[48] LIPPHARDT, op. cit., p. 438-439.

[49] Cf GRIMM, Dieter. Politische Parteien. In: BENDA, Ernst; MAIHOFER, Werner; VOGEL, Hans-Jochen (Hrsg). *Handbuch des Verfassungsrechts*. Band 1, cit., p. 346-347.

[50] TSATSOS, Dimitris Th.; MORLOK, Martin. *Die Parteien in der politischen Ordnung*, cit., p. 32.

[51] BVerfGE 8/51; Vide, TSATSOS. *Deutsches Staatsrecht*, op. cit., p. 49; LIPPHARDT, op. cit., p. 258-264.

[52] BVerfGE, 20, 56 ff — 19.07.1966 — TSATSOS, *Deutsches Staatsrecht*, op. cit., p. 49-50; BATTIS, Ulrich. *Einführung in das Öffentliche Recht*, cit., p. 27-28.

[53] BVerfGE, 20, 56.

Direitos políticos fundamentais, partidos políticos e sistemas eleitorais **1253**

o percentual de 2,5% legalmente exigido. Tal exigência, como prova de seriedade dos esforços eleitorais, não parece razoável. Uma votação mínima de 0,5% dos votos apurados significaria que um partido deveria somar cerca de 167.000 votos. Um partido que logrou tantos sufrágios não pode ter contestada a seriedade de seu esforço eleitoral" (*BVerfGE* 24, 300)[54]. Em face da referida decisão, não restou ao legislador outra alternativa senão a de fixar em 0,5% o aludido *percentual mínimo* (Lei dos Partidos, § 18, 2).

Tais considerações estão a demonstrar que, não obstante eventuais percalços de ordem jurídica ou fática, a "igualdade de chances", concebida como princípio constitucional autônomo, constitui expressão jurídica da *neutralidade do Estado* em relação aos diversos concorrentes[55]. O seu fundamento não se assenta única e exclusivamente no postulado geral da "igualdade de chances" (Lei Fundamental, art. 3º, I). Ao revés, a igualdade de chances é considerada como derivação direta dos preceitos constitucionais que consagram o regime democrático (art. 20, I) e pluripartidário (art. 21, I)[56].

Não tenho dúvida de que a "igualdade de chances" é princípio integrante da ordem constitucional brasileira.

Considere-se, de imediato, que o postulado geral de igualdade tem ampla aplicação entre nós, não se afigurando possível limitar o seu alcance, em princípio, às pessoas naturais, ou restringir a sua utilização a determinadas situações ou atividades. Nesse sentido, já observara Seabra Fagundes que "tão vital se afigura o princípio ao perfeito estruturamento do Estado democrático, e tal é a sua importância como uma das liberdades públicas, para usar a clássica terminologia de inspiração francesa, que, não obstante expresso como garantia conferida a 'brasileiros e estrangeiros residentes no País', o que denota, à primeira vista, ter tido em mira apenas as pessoas físicas, se tornou pacífico alcançar, também, as pessoas jurídicas"[57].

Em virtude, a chamada "força irradiante do princípio da igualdade" parece espraiar-se por todo o ordenamento jurídico, contemplando, de forma ampla, todos os direitos e situações. Daí ter asseverado Francisco Campos:

"A cláusula relativa à igualdade diante da lei vem em primeiro lugar, na lista dos direitos e garantias que a Constituição assegura aos brasileiros e aos estrangeiros residentes no País. Não foi por acaso ou arbitrariamente que o legislador constituinte iniciou com o direito à igualdade a enumeração dos direitos individuais. Dando-lhe o primeiro lugar na enumeração, quis significar expressivamente, embora de maneira tácita, que o princípio de igualdade rege todos os direitos em seguida a ele enumerados. É como se o art. 141 da Constituição estivesse assim redigido: 'A Constituição assegura com 'igualdade os direitos concernentes à vida, à liberdade, à segurança individual e à propriedade, nos termos seguintes: ...'"[58]

Explicitando esse pensamento, acrescenta o insigne jurista que o princípio de igualdade tem por escopo a proteção da livre concorrência entre os homens em todos os âmbitos de atividade. Registre-se o seu magistério:

"O alcance do princípio de igualdade perante a lei há de ser, portanto, interpretado na maior latitude dos seus termos, ou como envolvendo não só a hipótese de que, embora não havendo existido, venha, entretanto, a se criar no País o regime de classes, como toda e qualquer situação, a que, embora casualmente ou

---

[54] Cf. BATTIS, Ulrich. *Einführung in das Öffentliche Recht*, cit., p. 29-30.

[55] GRIMM, Dieter. Politische Parteien. In: BENDA, Ernst; MAIHOFER, Werner; VOGEL, Hans-Jochen (Hrsg). *Handbuch des Verfassungsrechts*. Band 1, cit., p. 344-345.

[56] LIPPHARDT, op. cit., p. 92-93; GRIMM, Dieter. Politische Parteien. In: BENDA, Ernst; MAIHOFER, Werner; VOGEL, Hans-Jochen (Hrsg). *Handbuch des Verfassungsrechts*. Band 1, cit., p. 344; TSATSOS, Dimitris Th.; MORLOK, Martin. *Die Parteien in der politischen Ordnung*, cit., p. 22.

[57] FAGUNDES, Miguel Seabra. O princípio constitucional de igualdade perante a lei e o Poder Legislativo. *RF* 161/78; cf. também, CAMPOS, Francisco. Parecer. *RDA* 72/403.

[58] CAMPOS, Francisco. Parecer, de 19 de maio de 1947. *RF* 116/396.

episodicamente, sem caráter sistemático, ou de modo puramente singular, se deixe de aplicar o critério ou a medida geral prevista para casos ou situações da mesma espécie, e se lhes aplique critério ou medida de exceção. O princípio não tem, portanto, como foco de incidência, um ponto preciso e definido. Ele se difunde por todo o tecido das relações humanas que possam constituir objeto de regulamentação jurídica ou sejam suscetíveis de configurar-se em conteúdo de um ato ou de um comando da autoridade pública. Não é princípio adstrito a um aspecto ou a uma forma de organização social; é um postulado de ordem geral, destinado a reger o comércio jurídico em todas as modalidades, de modo a assegurar, particularmente sob as constituições liberais e democráticas, o regime da concorrência, que é a categoria sob a qual elas concebem não somente a ordem social, como a ordem política, a ordem econômica e a ordem jurídica. O princípio de igualdade tem por principal função proteger e garantir a livre concorrência entre os homens, seja quando a sua atividade tem por objeto o poder, seja quando o polo de seu interesse são os bens materiais ou imateriais, cujo gozo exclusivo lhes é assegurado pelo direito de propriedade"[59].

De resto, a concorrência é imanente ao regime liberal e democrático, tendo como pressuposto essencial e inafastável a neutralidade do Estado.

É o que se constata na seguinte passagem do preclaro magistério de Francisco Campos:

"O regime liberal e democrático postula a concorrência não apenas como categoria histórica, mas como a categoria ideal da convivência humana. Ora, a concorrência pressupõe, como condição essencial, necessária ou imprescindível, que o Estado não favoreça a qualquer dos concorrentes, devendo, ao contrário, assegurar a todos um tratamento absolutamente igual, a nenhum deles podendo atribuir prioridade ou privilégio, que possa colocá-lo em situação especialmente vantajosa em relação aos demais. Esta, no mundo moderno, a significação do princípio da igualdade perante a lei. Por ele, todos ficarão certos de que na concorrência, tomada esta expressão no seu sentido mais amplo, o Estado mantém-se neutro ou não procurará intervir senão para manter entre os concorrentes as liberdades ou as vantagens a que cada um deles já tinha direito ou que venha a adquirir, mediante os processos normais da concorrência. O princípio de igualdade tem hoje, como se vê, um campo mais vasto de aplicação do que nos tempos que se seguiram imediatamente às suas primeiras declarações"[60].

Afigura-se, pois, dispensável ressaltar a importância do princípio da isonomia no âmbito das relações estatais. Como a ninguém é dado recusar a integração a uma determinada ordem estatal, faz-se mister reconhecer o direito de participação igualitária como correlato necessário da inevitável submissão a esse poder de império. E o direito de participação igualitária na vida da comunidade estatal e na formação da vontade do Estado não se restringe à igualdade eleitoral, ao acesso aos cargos públicos, ao direito de informação e de manifestação de opinião, abrangendo a própria participação nos partidos políticos e associações como forma de exercer influência na formação da vontade política[61].

Vê-se, pois, que o princípio de igualdade entre os partidos políticos constitui elementar exigência do modelo democrático e pluripartidário.

No entanto, não se pode ignorar que, tal como apontado, a aplicação do princípio de "igualdade de chances" encontra dificuldades de ordem jurídica e fática. Do prisma jurídico, não há dúvida de que o postulado da igualdade de chances incide sobre uma variedade significativa de *objetos*. E, do ponto de vista fático, impende constatar que o Estado, que deve conduzir-se de forma neutra, é, ao mesmo tempo, partidariamente ocupado[62].

Aludidas dificuldades não devem ensejar, à evidência, o estabelecimento de quaisquer discriminações entre os *partidos* estabelecidos e os *newcomers*, porquanto eventual distinção haveria de resultar, inevitavelmente, no próprio falseamento do processo de livre concorrência.

---

[59] CAMPOS, Francisco. Parecer, de 19 de maio de 1947. *RF* 116/397.

[60] CAMPOS, Francisco. Parecer, de 19 de maio de 1947. *RF* 116/398.

[61] LARENZ, Karl. *Richtiges Recht*. München: C. H. Beck, 1979, p. 126-127.

[62] GRIMM, Dieter. Politische Parteien. In: BENDA, Ernst; MAIHOFER, Werner; VOGEL, Hans-Jochen (Hrsg). *Handbuch des Verfassungsrechts*. Band 1, cit., p. 344; cf. também, SCHMITT, Carl. *Legalidad y Legitimidad*, cit., p. 49.

Não se afirma, outrossim, que ao legislador seria dado estabelecer distinções entre os concorrentes com base em critérios objetivos. Desde que tais distinções impliquem alteração das condições mínimas de concorrência, evidente se afigura sua incompatibilidade com a ordem constitucional calcada no postulado de isonomia. Mais uma vez é de se invocar a lição de Francisco Campos:

"Se o princípio deve reger apenas a aplicação da lei, é claro que ao legislador ficaria devassada a imensidade de um arbítrio sem fronteiras, podendo alterar, à sua discrição, por via de medidas concretas ou individuais, as condições da concorrência, de maneira a favorecer, na corrida, a um dos concorrentes, em detrimento dos demais. O que garante, efetivamente, a concorrência não é tão só o princípio da legalidade, entendido como a exigência que os atos da justiça e da administração possam ser referidos ou imputados à lei. Desde que ficasse assegurada ao legislador a faculdade de alterar a posição de neutralidade do Estado em face dos concorrentes, tomando o partido de uns contra outros, a ordem da concorrência não poderia ter a posição central e dominante que lhe cabe, incontestavelmente, no ciclo histórico que se abriu com a revolução industrial do Século passado e que ainda não se pode dar como encerrado no mundo ocidental. O caráter de norma obrigatória para o legislador, para ele especialmente, resulta da natureza e da extensão do princípio de igualdade perante a lei. Seria, de outra maneira, um princípio supérfluo ou destituído de qualquer significação"[63].

Não parece subsistir dúvida, portanto, de que o princípio da isonomia tem aplicação à atividade político-partidária, fixando os limites e contornos do poder de regular a concorrência entre os partidos.

Ademais, como já observado, faz-se mister notar que o princípio da igualdade de chances entre os partidos políticos parece encontrar fundamento, igualmente, nos preceitos constitucionais que instituem o regime democrático, representativo e pluripartidário (CF, artigos 1º, V e parágrafo único). Tal modelo realiza-se, efetivamente, através da atuação dos partidos, que são, por isso, elevados à condição de autênticos e peculiares *órgãos públicos ainda que não estatais*, com relevantes e indispensáveis funções atinentes à formação da vontade política, à criação de legitimidade e ao processo contínuo de mediação (*Vermittlung*) entre povo e Estado (Lei 5.682/71, art. 2º)[64].

Esta *mediação* tem seu ponto de culminância na realização de eleições, com a livre concorrência das diversas agremiações partidárias.

E a disputa eleitoral é condição indispensável do próprio modelo representativo, como assinala Rezek:

"O regime representativo pressupõe disputa eleitoral cuja racionalidade deriva da livre concorrência entre os partidos, cada um deles empenhado na reunião da vontade popular em torno de seu programa político. Não merece o nome de partido político, visto que não lhe tem a essência, o chamado 'partido único': aqui se trata, antes, de um grande departamento político do Estado, fundado na presunção de que seu ideário representa a vontade geral a ponto de alcançar o foro da incontestabilidade. As eleições, no Estado unipartidário, não traduzem o confronto de teses programas, mas a mera expedição popular, em favor dos eleitos, de um atestado de habilitação ao cumprimento do programa que de antemão se erigira em dogma. A pluralidade de partidos não é, dessa forma, uma opção. Sem ela não há que falar, senão por abusiva metáfora, em partido político de espécie alguma"[65].

Portanto, não se afigura necessário despender maior esforço de argumentação para que se possa afirmar que a concorrência entre os partidos, inerente ao próprio modelo democrático e representativo, tem como pressuposto inarredável o princípio de "igualdade de chances".

O Tribunal Superior Eleitoral teve oportunidade de discutir a aplicação do princípio de "igualdade chances" a propósito da distribuição de tempo entre os partidos no rádio e na televisão.

---

[63] CAMPOS, Francisco. Parecer, de 19 de maio de 1947. *RF* 116/398.

[64] Ver, a propósito, LEIBHOLZ, Gerhard. *Verfassungstaat-Verfassungsrecht.* Stuttgart, 1973, p. 81; DENNINGER, Erhard. *Staatsrecht.* Hamburg, 1973, p. 71-74.

[65] REZEK, Francisco. *Organização Política do Brasil — Estudos de Problemas Brasileiros* (texto de aula). Brasília: Editora Universidade de Brasília, 1981, p. 34.

Cuidava-se de discussão sobre a constitucionalidade da Lei n. 7.508, de 1986, que regulamentava propaganda eleitoral para as eleições nacionais e estaduais (inclusive para a Assembleia Nacional Constituinte). Referida Lei não assegurava qualquer fração de tempo para propaganda eleitoral no Rádio e na Televisão aos partidos que não contassem com representante no Congresso Nacional ou nas Assembleias Legislativas (art. 1º, II).

O Procurador-Geral da República, hoje Ministro do Supremo Tribunal Federal, Sepúlveda Pertence, manifestou-se, com base em estudo por nós elaborado[66], pela inconstitucionalidade parcial da referida lei. Todavia, por maioria de votos (quatro a três), o Tribunal Superior Eleitoral rejeitou a arguição de inconstitucionalidade formulada. Acentuou, porém, o Ministro Néri da Silveira, então Presidente do Tribunal, que a argumentação desenvolvida nos votos vencidos e na manifestação do Procurador-Geral eram considerações valiosas que haveriam de ser consideradas nas novas leis sobre a matéria[67].

A legislação que tratou do tema a partir da referida decisão não mais deixou de contemplar os partidos políticos sem representação parlamentar na distribuição do tempo para divulgação da campanha eleitoral.

Assinale-se, porém, que, tal como observado, o princípio da "igualdade de chances" entre os partidos políticos abrange todo o processo de concorrência entre os partidos, não estando, por isso, adstrito a um segmento específico. É fundamental, portanto, que a legislação que disciplina o sistema eleitoral, a atividade dos partidos políticos e dos candidatos, o seu financiamento, o acesso aos meios de comunicação, o uso de propaganda governamental, dentre outras, não negligencie a ideia de igualdade de chances sob pena de a concorrência entre agremiações e candidatos se tornar algo ficcional, com grave comprometimento do próprio processo democrático.

Atualmente, o Tribunal Superior Eleitoral está a apreciar, no RESPE n. 21.334, Rel. Min. Peçanha Martins, controvérsia constitucional sobre o direito de determinado partido político, no âmbito estadual, veicular programa político partidário sem ter elegido representantes para a Assembleia Legislativa. Em voto que proferi nesse recurso, quando integrante daquela Corte Eleitoral, ressaltei que o critério adotado pelo legislador, na distribuição dos horários de propaganda eleitoral, impossibilitou o acesso ao rádio e à televisão dos partidos políticos habilitados que não contam com representantes na Assembleia Legislativa Estadual. Ainda que se possa considerar razoável a sistemática estabelecida pelo legislador no tocante à distribuição dos horários, de acordo com a representação parlamentar, afigura-se inevitável reconhecer que a negação, ainda que limitada, do direito de acesso ao rádio e à televisão, não se compadece com o postulado da "igualdade de chances". O Ministro Cezar Peluso pediu vista do recurso para melhor analisar a matéria (em 4.4.2006).

No presente caso, não tenho dúvida de que as restrições impostas pela Lei 9.096/95 ao acesso gratuito pelos partidos políticos ao rádio e à televisão, assim como aos recursos do fundo partidário, afrontam o princípio da "igualdade de chances".

Destarte, a Lei dos Partidos Políticos estabeleceu as seguintes regras:

a) Quanto ao acesso dos partidos políticos aos recursos do fundo partidário:

    a.1) o partido que não obtiver os percentuais de votação previstos pelo art. 13, ou seja, que não ultrapassar a denominada "cláusula de barreira", somente terá direito a receber 1% (um por cento) do Fundo Partidário (art. 41, I);

    a.2) os partidos que cumprirem os requisitos do art. 13 compartilharão os restantes 99% (noventa e nove por cento) do total do Fundo Partidário na proporção dos votos obtidos na última eleição geral para a Câmara dos Deputados (art. 41, II).

b) Quanto ao acesso dos partidos políticos ao rádio e à televisão:

---

[66] TSE-Acórdão 8.444, de 4.11.1986, Relator Aldir Passarinho. MENDES, Gilmar Ferreira. Propaganda Eleitoral. Horário Gratuito. Distribuição Equitativa. *Revista de Direito Público*, v. 20, n. 82, p. 100-110, abr./jun. 1987.

[67] MS-TSE n. 754, Relator Roberto Rosas, *DJ* 11.4.1990; MS-TSE n. 746, Relator Roberto Rosas, *DJ* 11. 4.1990; RMS n. 785, Relator Aldir Passarinho, *DJ* 2.10.1987.

b.1) o partido que não obtiver os percentuais de votação previstos pelo art. 13 terá direito à realização de um programa em cadeia nacional, em cada semestre, com a duração de apenas 2 (dois) minutos (art. 48);

b.2) o partido que atenda ao disposto no art. 13 tem assegurada: 1) a realização de um programa em cadeia nacional e de um programa em cadeia estadual, em cada semestre, com a duração de vinte minutos cada; 2) a utilização do tempo total de quarenta minutos, por semestre, para inserções de trinta segundos ou um minuto, nas redes nacionais, e de igual tempo nas emissoras estaduais (art. 49).

Como se vê, essa regra torna inviável a própria sobrevivência dos partidos que não ultrapassem a "cláusula de barreira", na medida em que destina a todos eles apenas 1% (um por cento) dos recursos do Fundo Partidário, permanecendo os outros 99% (noventa e nove por cento) restantes com os demais partidos.

O significado do Fundo Partidário para os partidos políticos pode ser devidamente apreendido na Tabela abaixo a propósito dos recursos financeiros auferidos pelas agremiações partidárias no exercício financeiro de 2005.

RECEITAS AUFERIDAS PELAS DIREÇÕES NACIONAIS DOS PARTIDOS – EXERCÍCIO FINANCEIRO – 2005

Partido	*Recursos F. P.	%	**Recursos Próprios	%	Total	%
PT	24.690.181,55	69,36%	10.907.790,47	30,64%	35.597.972,02	100%
PSDB	19.239.678,07	99,45%	106.786,40	0,55%	19.346.464,47	100%
PMDB	17.949.068,71	95,72%	801.965,17	4,28%	18.751.033,88	100%
PFL	17.800.148,30	99,07%	166.904,47	0,93%	17.967.052,77	100%
PP	10.518.884,51	97,54%	265.531,18	2,46%	10.784.415,69	100%
PSB	7.114.067,31	88,05%	965.557,98	11,95%	8.079.625,29	100%
PTB	6.941.278,19	99,89%	7.384,51	0,11%	6.948.662,70	100%
PDT	6.908.638,95	98,95%	73.587,57	1,05%	6.982.226,52	100%
PL	6.900.799,97	91,50%	640.858,22	8,50%	7.541.658,19	100%
PPS	1.181.644,31	65,98%	609.384,99	34,02%	1.791.029,30	100%
PV	1.151.497,31	93,57%	79.118,39	6,43%	1.230.615,70	100%
PC do B	878.655,93	33,20%	1.767.710,52	66,80%	2.646.366,45	100%
PRONA	44.190,71	15,74%	236.617,44	84,26%	280.808,15	100%
PSC	44.190,71	47,45%	48.937,18	52,55%	93.127,89	100%
PSDC	44.190,71	41,64%	61.943,32	58,36%	106.134,03	100%
PHS	44.190,71	58,17%	31.782,86	41,83%	75.973,57	100%
PSTU	39.937,04	4,19%	912.262,44	95,81%	952.199,48	100%
PCO	29.198,22	100,00%	Não informado	0,00%	29.198,22	100%
PMN	24.435,09	4,86%	478.547,72	95,14%	502.982,81	100%
PRTB	23.944,55	19,48%	98.945,98	80,52%	122.890,53	100%
PMR/PRB	12.102,83	52,78%	10.827,78	47,22%	22.930,61	100%
PTC/PRN	8.442,60	15,57%	45.784,61	84,43%	54.227,21	100%
P-SOL	8.442,60	54,03%	7.183,37	45,97%	15.625,97	100%
PAN	5.256,79	40,55%	7.706,31	59,45%	12.963,10	100%
PCB	2.523,11	11,20%	20.000,00	88,80%	22.523,11	100%
PRP	2.523,11	2,21%	111.554,19	97,79%	114.077,30	100%
PSL	–	–	111.425,41	100%	111.425,41	100%
PTdoB	–	–	55.820,00	100%	55.820,00	100%
PTN	–	–	Não informado	–	–	–

* Os valores provenientes do Fundo Partidário tiveram como base os relatórios emitidos pelo SIAFI.
** Os valores correspondentes aos Recursos Próprios podem sofrer alterações.

Tem-se, portanto, um modelo legal do Fundo Partidário assaz restritivo para com os partidos menores e, especialmente, com as agremiações em formação.

Em outros termos, o art. 41 da Lei 9.096/99 condena as agremiações minoritárias a uma morte lenta e segura, ao lhes retirar as condições mínimas para concorrer no prélio eleitoral subsequente em regime de igualdade com as demais agremiações.

Não bastasse isso, a lei restringe em demasia o acesso ao rádio e à televisão dos partidos que não alcancem os percentuais estabelecidos pelo art. 13, na medida em que lhes assegura **a realização de um programa em cadeia nacional, em cada semestre, com a duração de apenas 2 (dois) minutos.**

Levando-se em conta que, atualmente, a disputa eleitoral é travada prioritariamente no âmbito do rádio e, principalmente, da televisão, parece não haver dúvida de que tal regra, em verdade, torna praticamente impossível às agremiações minoritárias o desenvolvimento da campanha em regime de "igualdade de chances" com os demais partidos, os quais têm assegurada a realização de um programa em cadeia nacional e de um programa em cadeia estadual, em cada semestre, com a duração de vinte minutos cada, assim como a utilização do tempo total de quarenta minutos, por semestre, para inserções de trinta segundos ou um minuto, nas redes nacionais, e de igual tempo nas emissoras estaduais.

Todos sabem que há muito as eleições deixaram de ser resolvidas nos palanques eleitorais. Na era da comunicação, o rádio e a televisão tornam-se poderosos meios postos à disposição dos partidos para a divulgação de seus conteúdos programáticos e de suas propostas de governo. Na medida em que permitem o contato direto e simultâneo entre candidatos/partidos e eleitores, constituem ferramentas indispensáveis à própria sobrevivência das agremiações partidárias. Dessa forma, uma limitação legal assaz restritiva do acesso a esses recursos de comunicação tem o condão de inviabilizar a participação dos partidos políticos nas eleições e, com isso, a sua própria subsistência no regime democrático.

É preciso ressaltar, por outro lado, que a adoção de critério fundado no desempenho eleitoral dos partidos não é, por si só, abusiva. Em verdade, tal como expressamente reconhecido pela Corte Constitucional alemã, não viola o princípio de igualdade a adoção pela lei do fator de desempenho eleitoral para os fins de definir o grau ou a dimensão de determinadas prerrogativas das agremiações partidárias.

Não pode, porém, o legislador adotar critério que *congele* o quadro partidário ou que bloqueie a *constituição e desenvolvimento* de novas forças políticas.

A regra da "cláusula de barreira", tal como foi instituída pela Lei n. 9.096/95, limitando drasticamente o acesso dos partidos políticos ao rádio e à televisão e aos recursos do fundo partidário, constitui uma clara violação ao princípio da "igualdade de chances".

VI. A crise do sistema eleitoral proporcional no Brasil: novas reflexões sobre a fidelidade partidária na jurisprudência do STF

É preciso deixar enfatizado, não obstante, que as preocupações do legislador são, de fato, legítimas. A criação de uma "cláusula de barreira" para o pleno funcionamento parlamentar dos partidos políticos tem o claro intuito de antecipar alguns pontos de uma reforma política mais ampla.

Hoje, parece inegável que o sistema eleitoral de feição proporcional, que corresponde à nossa prática política brasileira desde 1932, vem apresentando significativos *déficits* e emitindo sinais de exaustão.

Recentemente, o país mergulhou numa das maiores crises éticas e políticas de sua história republicana, crise esta que revelou algumas das graves mazelas do sistema político-partidário brasileiro, e que torna imperiosa a sua imediata revisão.

Direitos políticos fundamentais, partidos políticos e sistemas eleitorais **1259**

De tudo que foi revelado, tem-se como extremamente grave o aparelhamento das estruturas estatais para fins político-partidários e a apropriação de recursos públicos para o financiamento de partidos políticos.

A crise tornou, porém, evidente, para todos, a necessidade de que sejam revistas as atuais regras quanto à fidelidade partidária.

Em outros termos, estamos desafiados a repensar o atual modelo a partir da própria juris-prudência do Supremo Tribunal Federal. Devemos refletir, inclusive, sobre a consequência da mudança de legenda por aqueles que obtiveram o mandato no sistema proporcional, o que constitui, sem sombra de dúvidas, uma clara violação à vontade do eleitor e um falseamento grotesco do modelo de representação popular pela via da democracia de partidos!

Com efeito, é assegurada aos partidos políticos autonomia para fixar, em seus programas, seus objetivos políticos e para definir sua estrutura interna e funcionamento, devendo seus esta-tutos estabelecer normas de fidelidade e disciplina partidárias[68] (CF, art. 17 e § 1º).

Nesse aspecto, tem sido até aqui pacífica a orientação no Supremo Tribunal Federal e no Tribunal Superior Eleitoral de que a infidelidade partidária não terá repercussão sobre o manda-to exercido[69]. A maior sanção que a agremiação partidária poderia impor ao filiado infiel é a ex-clusão de seus quadros.

Se considerarmos a exigência de filiação partidária como condição de elegibilidade e a parti-cipação do voto de legenda na eleição do candidato, tendo em vista o modelo eleitoral proporcional adotado para as eleições parlamentares, essa orientação afigura-se amplamente questionável.

Assim, ressalvadas situações específicas decorrentes de ruptura de compromissos programá-ticos por parte da agremiação ou outra situação de igual significado, **o abandono da legenda, a meu ver, deve dar ensejo à perda do mandato**. Na verdade, embora haja participação especial do candidato na obtenção de votos com o objetivo de posicionar-se na lista dos eleitos, tem-se que a eleição proporcional se realiza em razão de votação atribuída à legenda. Como se sabe, com raras exceções, a maioria dos eleitos sequer logram obter o quociente eleitoral, dependendo a sua eleição dos votos obtidos pela agremiação.

Nessa perspectiva, não parece fazer qualquer sentido, do prisma jurídico e político, que o eventual eleito possa, simplesmente, desvencilhar-se dos vínculos partidários originalmen-te estabelecidos, carregando o mandato obtido em um sistema no qual se destaca o voto atribuído à agremiação partidária a que estava filiado para outra legenda.

Daí a necessidade imperiosa de revisão da jurisprudência do STF acima referida.

VII. A necessidade de uma solução diferenciada: a interpretação das disposições transitórias (art. 57) com efeitos aditivos

O Ministro Marco Aurélio, Relator, votou no sentido da declaração de inconstitucionalida-de/nulidade total dos dispositivos impugnados: o artigo 13; expressão contida no art. 41, inciso II; o art. 48; expressão contida no *caput* do art. 49; e os artigos 56 e 57, todos da Lei n. 9.096, de 19 de setembro de 1997 (Lei dos Partidos Políticos).

---

[68] O art. 3º da Lei n. 9.096/95 diz que "é assegurada, ao partido político, autonomia para definir sua estrutura interna, organização e funcionamento". O art. 14 da mesma lei diz que "o partido é livre para fixar, em seu programa, seus objetivos políticos e para estabelecer, em seu estatuto, a sua estrutura interna, organização e funcionamento."

[69] MS 20.297, Relator Moreira Alves, julgado em 18.12.1981. Acórdão-TSE n. 11.075, Relator Célio de Oliveira Borja, *DJ* 15.5.1990).

Essa conclusão me preocupa, pois temos, no caso, os artigos 56 e 57, que trazem normas de transição e que regeram o tema desde a publicação da lei, em 20.9.1995. A declaração de nulidade total dessas normas, com eficácia *ex tunc*, resultará, invariavelmente, num vácuo legislativo.

Por isso, o Tribunal deve encontrar uma solução que, ao declarar a inconstitucionalidade da regra do art. 13 e do sistema normativo dele decorrente, preserve as normas de transição do artigo 57 que regem a questão atualmente, pelo menos até que o legislador elabore novas regras para disciplinar a matéria.

Nesse sentido, a técnica da interpretação conforme à Constituição pode oferecer uma alternativa viável.

Há muito se vale o Supremo Tribunal Federal da interpretação conforme à Constituição[70]. Consoante a prática vigente, limita-se o Tribunal a declarar a legitimidade do ato questionado desde que interpretado em conformidade com a Constituição[71]. O resultado da interpretação, normalmente, é incorporado, de forma resumida, na parte dispositiva da decisão[72].

Segundo a jurisprudência do Supremo Tribunal Federal, porém, a interpretação conforme à Constituição conhece limites. Eles resultam tanto da expressão literal da lei quanto da chamada *vontade do legislador*. A interpretação conforme à Constituição é, por isso, apenas admissível se não configurar violência contra a expressão literal do texto[73]e não alterar o significado do texto normativo, com mudança radical da própria concepção original do legislador[74].

Assim, a prática demonstra que o Tribunal não confere maior significado à chamada *intenção do legislador*, ou evita investigá-la, se a interpretação conforme à Constituição se mostra possível dentro dos limites da expressão literal do texto[75].

Muitas vezes, porém, esses limites não se apresentam claros e são difíceis de definir. Como todo tipo de linguagem, os textos normativos normalmente padecem de certa indeterminação semântica, sendo passíveis de múltiplas interpretações. Assim, é possível entender, como o faz Rui Medeiros, que "a problemática dos limites da interpretação conforme à Constituição está indissociavelmente ligada ao tema dos limites da interpretação em geral"[76].

A eliminação ou fixação, pelo Tribunal, de determinados sentidos normativos do texto, quase sempre tem o condão de alterar, ainda que minimamente, o sentido normativo original determinado pelo legislador. Por isso, muitas vezes a interpretação conforme levada a efeito pelo Tribunal pode transformar-se numa decisão modificativa dos sentidos originais do texto.

A experiência das Cortes Constitucionais europeias – destacando-se, nesse sentido, a *Corte Costituzionale* italiana[77] – bem demonstra que, em certos casos, o recurso às decisões interpretativas

---

[70] Rp. 948, Rel. Min. Moreira Alves, *RTJ, 82:55-6*; Rp. 1.100, *RTJ, 115:993* e s.

[71] Cf., a propósito, Rp. 1.454, Rel. Min. Octavio Gallotti, *RTJ, 125:997.*

[72] Cf., a propósito, Rp. 1.389, Rel. Min. Oscar Corrêa, *RTJ, 126:514*; Rp. 1.454, Rel. Min. Octavio Gallotti, *RTJ, 125:997*; Rp. 1.399, Rel. Min. Aldir Passarinho, *DJ, 9 set. 1988.*

[73] Bittencourt, *O controle jurisdicional*, cit., p. 95.

[74] ADIn 2405-RS, Rel. Min. Carlos Britto, *DJ* 17.02.2006; ADIn 1344-ES, Rel. Min. Joaquim Barbosa, *DJ* 19.04.2006; RP 1417-DF, Rel. Min. Moreira Alves, *DJ* 15.04.1988; ADIn 3046-SP, Rel. Min. Sepúlveda Pertence, *DJ* 28.05.2004.

[75] Rp. 1.454, Rel. Min. Octavio Gallotti, *RTJ, 125:997*; Rp. 1.389, Rel. Min. Oscar Corrêa, *RTJ, 126:514*; Rp. 1.399, Rel. Min. Aldir Passarinho, *DJ, 9 set. 1988.*

[76] MEDEIROS, Rui. A *decisão de inconstitucionalidade. Os autores, o conteúdo e os efeitos da decisão de inconstitucionalidade da lei*. Lisboa: Universidade Católica Editora, 1999, p. 301.

[77] Cf. MARTÍN DE LA VEGA, Augusto. *La sentencia constitucional en Italia*. Madrid: Centro de Estudios Políticos y Constitucionales, 2003.

Direitos políticos fundamentais, partidos políticos e sistemas eleitorais 1261

com efeitos modificativos ou corretivos da norma constitui a única solução viável para que a Corte Constitucional enfrente a inconstitucionalidade existente no caso concreto, sem ter que recorrer a subterfúgios indesejáveis e soluções simplistas como a declaração de inconstitucionalidade total ou, no caso de esta trazer consequências drásticas para a segurança jurídica e o interesse social, a opção pelo mero não conhecimento da ação.

Sobre o tema, é digno de nota o estudo de Joaquín Brage Camazano[78], do qual cito a seguir alguns trechos:

> *"La raíz esencialmente pragmática de estas modalidades atípicas de sentencias de la constitucionalidad hace suponer que su uso es prácticamente inevitable, con una u otra denominación y con unas u otras particularidades, por cualquier órgano de la constitucionalidad consolidado que goce de una amplia jurisdicción, en especial si no seguimos condicionados inercialmente por la majestuosa, pero hoy ampliamente superada, concepción de Kelsen del TC como una suerte de 'legislador negativo'. Si alguna vez los tribunales constitucionales fueron legisladores negativos, sea como sea, hoy es obvio que ya no lo son; y justamente el rico 'arsenal' sentenciador de que disponen para fiscalizar la constitucionalidad de la Ley, más allá del planteamiento demasiado simple 'constitucionalidad/ inconstitucionalidad', es un elemento más, y de importancia, que viene a poner de relieve hasta qué punto es así. Y es que, como Fernández Segado destaca, 'la praxis de los tribunales constitucionales no ha hecho sino avanzar en esta dirección' de la superación de la idea de los mismos como legisladores negativos, 'certificando [así] la quiebra del modelo kelseniano del legislador negativo."*

Certas modalidades atípicas de decisão no controle de constitucionalidade decorrem, portanto, de uma necessidade prática comum a qualquer jurisdição constitucional.

Assim, o recurso a técnicas inovadoras de controle da constitucionalidade das leis e dos atos normativos em geral tem sido cada vez mais comum na realidade do direito comparado, na qual os tribunais não estão mais afeitos às soluções ortodoxas da declaração de nulidade total ou de mera decisão de improcedência da ação com a consequente declaração de constitucionalidade.

Além das muito conhecidas técnicas de interpretação conforme à Constituição, declaração de nulidade parcial sem redução de texto, ou da declaração de inconstitucionalidade sem a pronúncia da nulidade, aferição da "lei ainda constitucional" e do apelo ao legislador, são também muito utilizadas as técnicas de limitação ou restrição de efeitos da decisão, o que possibilita a declaração de inconstitucionalidade com efeitos *pro futuro* a partir da decisão ou de outro momento que venha a ser determinado pelo tribunal.

Nesse contexto, a jurisprudência do Supremo Tribunal Federal tem evoluído significativamente nos últimos anos, sobretudo a partir do advento da Lei n. 9.868/99, cujo art. 27 abre ao Tribunal uma nova via para a mitigação de efeitos da decisão de inconstitucionalidade. A prática tem demonstrado que essas novas técnicas de decisão têm guarida também no âmbito do controle difuso de constitucionalidade[79].

Uma breve análise retrospectiva da prática dos Tribunais Constitucionais e de nosso Supremo Tribunal Federal bem demonstra que a ampla utilização dessas decisões, comumente denominadas "atípicas", as converteram em modalidades "típicas" de decisão no controle de constitucionalidade, de forma que o debate atual não deve mais estar centrado na admissibilidade de tais decisões, mas nos limites que elas devem respeitar.

---

[78] CAMAZANO, Joaquín Brage. *Interpretación constitucional, declaraciones de inconstitucionalidad y arsenal sentenciador (un sucinto inventario de algunas sentencias "atípicas").* en Eduardo Ferrer Macgregor (ed.), *La interpretación constitucional*, Porrúa, México, 2005, en prensa.

[79] RE 197.917/SP, Rel. Min. Maurício Corrêa, *DJ* 7.5.2004.

O Supremo Tribunal Federal, quase sempre imbuído do dogma kelseniano do legislador negativo, costuma adotar uma posição de *self-restraint* ao se deparar com situações em que a interpretação conforme possa descambar para uma decisão interpretativa corretiva da lei[80].

Ao se analisar detidamente a jurisprudência do Tribunal, no entanto, é possível verificar que, em muitos casos, a Corte não se atenta para os limites, sempre imprecisos, entre a interpretação conforme delimitada negativamente pelos sentidos literais do texto e a decisão interpretativa modificativa desses sentidos originais postos pelo legislador[81].

No recente julgamento conjunto das ADIn 1.105 e 1.127, ambas de relatoria do Min. Marco Aurélio, o Tribunal, ao conferir interpretação conforme a Constituição a vários dispositivos do Estatuto da Advocacia (Lei n. 8.906/94), acabou adicionando-lhes novo conteúdo normativo, convolando a decisão em verdadeira interpretação corretiva da lei[82].

Em outros vários casos mais antigos[83], também é possível verificar que o Tribunal, a pretexto de dar interpretação conforme a Constituição a determinados dispositivos, acabou proferindo o que a doutrina constitucional, amparada na prática da Corte Constitucional italiana, tem denominado de *decisões manipulativas de efeitos aditivos*[84].

Sobre a evolução da Jurisdição Constitucional brasileira em tema de decisões manipulativas, o constitucionalista português Blanco de Morais fez a seguinte análise:

> "(...) o fato é que a Justiça Constitucional brasileira deu, onze anos volvidos sobre a aprovação da Constituição de 1988, um importante passo no plano da suavização do regime típico da nulidade com efeitos absolutos, através do alargamento dos efeitos manipulativos das decisões de inconstitucionalidade.
>
> Sensivelmente, desde 2004 parecem também ter começado a emergir com maior pregnância decisões jurisdicionais com efeitos aditivos.
>
> Tal parece ter sido o caso de uma acção directa de inconstitucionalidade, a ADIn 3105, a qual se afigura como uma sentença demolitória com efeitos aditivos. Esta eliminou, com fundamento na violação do princípio da igualdade, uma norma restritiva que, de acordo com o entendimento do Relator, reduziria arbitrariamente para algumas pessoas pertencentes à classe dos servidores públicos, o alcance de um regime de imunidade tributária que a todos aproveitaria. Dessa eliminação resultou automaticamente a aplicação, aos referidos trabalhadores inactivos, de um regime de imunidade contributiva que abrangia as demais categorias de servidores públicos."

Em futuro próximo, o Tribunal voltará a se deparar com o problema no julgamento da ADPF n. 54, Rel. Min. Marco Aurélio, que discute a constitucionalidade da criminalização dos abortos de fetos anencéfalos. Caso o Tribunal decida pela procedência da ação, dando interpretação conforme aos arts. 124 a 128 do Código Penal, invariavelmente proferirá uma típica decisão manipulativa com eficácia aditiva.

---

[80] ADIn 2405-RS, Rel. Min. Carlos Britto, *DJ* 17.02.2006; ADIn 1344-ES, Rel. Min. Moreira Alves, *DJ* 19.04.1996; RP 1417-DF, Rel. Min. Moreira Alves, *DJ* 15.04.1988.

[81] ADI 3324, ADI 3046, ADI 2652, ADI 1946, ADI 2209, ADI 2596, ADI 2332, ADI 2084, ADI 1797, ADI 2087, ADI 1668, ADI 1344, ADI 2405, ADI 1105, ADI 1127.

[82] ADIn 1105-DF e ADIn 1127-DF, rel. orig. Min. Marco Aurélio, rel. p/ o acórdão Min. Ricardo Lewandowski.

[83] ADI 3324, ADI 3046, ADI 2652, ADI 1946, ADI 2209, ADI 2596, ADI 2332, ADI 2084, ADI 1797, ADI 2087, ADI 1668, ADI 1344, ADI 2405, ADI 1105, ADI 1127.

[84] Sobre a difusa terminologia utilizada, vide: MORAIS, Carlos Blanco de. *Justiça Constitucional*. Tomo II. *O contencioso constitucional português entre o modelo misto e a tentação do sistema de reenvio*. Coimbra: Coimbra Editora, 2005, p. 238 e ss. MARTÍN DE LA VEGA, Augusto. *La sentencia constitucional en Italia*. Madrid: Centro de Estudios Políticos y Constitucionales, 2003. DÍAZ REVORIO, Francisco Javier. *Las sentencias interpretativas del Tribunal Constitucional*. Valladolid: Lex Nova, 2001. LÓPEZ BOFILL, Héctor. *Decisiones interpretativas en el control de constitucionalidad de la ley*. Valencia: Tirant lo Blanch, 2004.

Direitos políticos fundamentais, partidos políticos e sistemas eleitorais 1263

Ao rejeitar a questão de ordem levantada pelo Procurador-Geral da República, o Tribunal admitiu a possibilidade de, ao julgar o mérito da ADPF n. 54, atuar como verdadeiro legislador positivo, acrescentando mais uma excludente de punibilidade – no caso do feto padecer de anencefalia – ao crime de aborto.

Portanto, é possível antever que o Supremo Tribunal Federal acabe por se livrar do vetusto dogma do legislador negativo e se alie à mais progressiva linha jurisprudencial das decisões interpretativas com eficácia aditiva, já adotadas pelas principais Cortes Constitucionais europeias. A assunção de uma atuação criativa pelo Tribunal poderá ser determinante para a solução de antigos problemas relacionados à inconstitucionalidade por omissão, que muitas vezes causa entraves para a efetivação de direitos e garantias fundamentais assegurados pelo texto constitucional.

O presente caso oferece uma oportunidade para que o Tribunal avance nesse sentido. O vazio jurídico a ser produzido por uma decisão simples de declaração de inconstitucionalidade/ nulidade dos dispositivos normativos impugnados – principalmente as normas de transição contidas no artigo 57 – torna necessária uma solução diferenciada, uma decisão que exerça uma "função reparadora" ou, como esclarece Blanco de Morais, "de restauração corretiva da ordem jurídica afetada pela decisão de inconstitucionalidade"[85].

Entendo que as normas de transição contidas no artigo 57, que disciplinaram a matéria desde o advento da Lei dos Partidos Políticos, de 1995, devam continuar em vigor até que o legislador edite nova lei que dê nova regulamentação ao tema.

Dessa forma, proponho ao Tribunal que o artigo 57 da Lei n. 9.096/95 seja interpretado no sentido de que as normas de transição nele contidas continuem em vigor até que o legislador discipline novamente a matéria, dentro dos limites esclarecidos pelo Tribunal neste julgamento.

VIII. Conclusão

Por todos esses motivos, não tenho nenhuma dúvida sobre a inconstitucionalidade dessa "cláusula de barreira à brasileira".

A inconstitucionalidade não reside na natureza desse tipo de restrição à atividade dos partidos políticos, mas na forma e, portanto, na proporção estabelecida pelo legislador brasileiro. Não se deixou qualquer espaço para a atuação parlamentar das agremiações partidárias que não atingiram os percentuais exigidos pelo art. 13 da Lei 9.096/95 e que, contraditoriamente, podem eleger um cabedal expressivo de representantes. O modelo é patológico na medida em que impede o funcionamento parlamentar do partido, mas não afeta a própria eleição do representante.

Na prática, a subsistência de um modelo como esse tem o condão de produzir, a curto prazo, dois principais efeitos indesejados. O primeiro é o de anular a efetividade da atuação do partido como bancada específica, o que se afigura decisivo para que se encontre uma solução que supere esta inevitável "situação de isolamento", mediante a fusão com outras agremiações partidárias que consigam atingir os percentuais de votação exigidos pela lei. O segundo, como consequência, é a acentuação do desvirtuamento da fidelidade partidária, com a integração dos parlamentares eleitos a partidos detentores do direito de funcionamento parlamentar, sem qualquer respeito ou preocupação com as intenções programáticas de cada agremiação.

Portanto, a cláusula de barreira estabelecida pela Lei 9.096/95 não representa nenhum avanço, mais sim um patente retrocesso em termos de reforma política, na medida em que intensifica

---

[85] Segundo Blanco de Morais, "às clássicas funções de valoração (declaração do valor negativo do acto inconstitucional), pacificação (força de caso julgado da decisão de inconstitucionalidade) e ordenação (força *erga omnes* da decisão de inconstitucionalidade) juntar-se-ia, também, a *função de reparação*, ou de restauração corretiva da ordem jurídica afectada pela decisão de inconstitucionalidade". MORAIS, Carlos Blanco de. *Justiça Constitucional. Tomo II. O contencioso constitucional português entre o modelo misto e a tentação do sistema de reenvio.* Coimbra: Coimbra Editora, 2005, p. 262-263.

as deformidades de nosso singular sistema eleitoral proporcional, que atualmente apresenta visíveis sinais de exaustão.

Deixo enfatizado, não obstante, que o legislador pode estabelecer uma cláusula de desempenho que fixe, de forma proporcional, certo percentual de votação como requisito para que o partido político tenha direito não só ao funcionamento parlamentar, mas à própria eleição de representantes, ficando, porém, assegurado a todos os partidos, com observância do princípio da igualdade de chances, o acesso aos meios e recursos necessários para competir no prélio eleitoral seguinte, incluídos, nesse sentido, o acesso ao rádio e à televisão e aos recursos do fundo partidário.

Até que o legislador brasileiro edite novas regras com essa conformação, as normas de transição do art. 57 devem permanecer em vigor, regulando a matéria.

Em conclusão, voto pela declaração de inconstitucionalidade dos seguintes dispositivos da Lei n. 9.096/95: do art. 13; da expressão "obedecendo aos seguintes critérios" contida no art. 41, assim como dos incisos I e II deste artigo; do art. 48; da expressão "que atenda ao disposto no art. 13" contida no art. 49; e da expressão "no art. 13 ou" contida no inciso II do art. 57. Ademais, o artigo 57 da Lei n. 9.096/95 deve ser interpretado no sentido de que as normas de transição nele contidas continuem em vigor até que o legislador discipline novamente a matéria, dentro dos limites esclarecidos pelo Tribunal neste julgamento.

MS 26.602[1]

Infidelidade partidária – Abandono de legenda – Efeitos – Extinção do mandato do parlamentar, ressalvadas situações específicas – Alteração da jurisprudência do STF quanto ao marco temporal (23.3.2007) a partir do qual a fidelidade partidária deve ser observada.

O Partido Popular Socialista – PPS impetrou Mandado de Segurança contra ato do Presidente da Câmara dos Deputados, para que os deputados suplentes fossem empossados nas vagas pertencentes ao Partido Popular Socialista decorrentes da desfiliação dos deputados eleitos pela legenda nas últimas eleições, conforme decisão do Tribunal Superior Eleitoral referente à Consulta n. 1.398.

O Presidente da Câmara dos Deputados negou o pedido, sob argumento de que o fato não consubstanciava quaisquer das hipóteses do art. 56, § 1º da Constituição.

A Procuradoria-Geral da República opinou pela denegação da ordem.

A decisão prolatada pelo Supremo Tribunal recebeu a seguinte ementa:

EMENTA: CONSTITUCIONAL. ELEITORAL. MANDADO DE SEGURANÇA. FIDELIDADE PARTIDÁRIA. DESFILIAÇÃO. PERDA DE MANDATO. ARTS. 14, § 3º, V E 55, I A VI DA CONSTITUIÇÃO. CONHECIMENTO DO MANDADO DE SEGURANÇA, RESSALVADO ENTENDIMENTO DO RELATOR. SUBSTITUIÇÃO DO DEPUTADO FEDERAL QUE MUDA DE PARTIDO PELO SUPLENTE DA LEGENDA ANTERIOR. ATO DO PRESIDENTE DA CÂMARA QUE NEGOU POSSE AOS SUPLENTES. CONSULTA, AO TRIBUNAL SUPERIOR ELEITORAL, QUE DECIDIU PELA MANUTENÇÃO DAS VAGAS OBTIDAS PELO SISTEMA PROPORCIONAL EM FAVOR DOS PARTIDOS POLÍTICOS E COLIGAÇÕES. ALTERAÇÃO DA JURISPRUDÊNCIA DO SUPREMO TRIBUNAL FEDERAL. MARCO TEMPORAL A PARTIR DO QUAL A FIDELIDADE PARTIDÁRIA DEVE SER OBSERVADA [27.3.07]. EXCEÇÕES DEFINIDAS E EXAMINADAS PELO TRIBUNAL SUPERIOR ELEITORAL. DESFILIAÇÃO OCORRIDA ANTES DA RESPOSTA À CONSULTA AO TSE. ORDEM DENEGADA. 1. Mandado de segurança conhecido, ressalvado entendimento do Relator, no sentido de que as hipóteses de perda de mandato parlamentar, taxativamente previstas no texto constitucional, reclamam decisão do Plenário ou da Mesa Diretora, não do Presidente da Casa, isoladamente e com fundamento em decisão do Tribunal Superior Eleitoral. 2. A permanência do parlamentar no partido político pelo qual se elegeu é imprescindível para a manutenção da representatividade partidária do próprio mandato. Daí a alteração da jurisprudência do Tribunal, a fim de que a fidelidade do parlamentar perdure após a posse no cargo eletivo. 3. O instituto da fidelidade partidária, vinculando o candidato eleito ao partido, passou a vigorar a partir da resposta do Tribunal Superior Eleitoral à Consulta n. 1.398, em 27 de março de 2007. 4. O abandono de legenda enseja a extinção do mandato do parlamentar, ressalvadas situações específicas, tais como mudanças na ideologia do partido ou perseguições políticas, a serem definidas e apreciadas caso a caso pelo Tribunal Superior Eleitoral. 5. Os parlamentares litisconsortes passivos no presente mandado de segurança mudaram de partido antes da resposta do Tribunal Superior Eleitoral. Ordem denegada.

VOTO

I. A questão constitucional

Discute-se nos Mandados de Segurança ns. 26.602/DF (PPS), 26.603/DF (PSDB) e 26.604/DF (DEMOCRATAS), da relatoria dos Ministros Eros Grau, Celso de Mello e Cármen Lúcia,

---

[1] Em 4.10.2007, o Plenário do Supremo Tribunal Federal, por maioria, conheceu do Mandado de Segurança e denegou a ordem, vencidos os Ministros Carlos Britto e Marco Aurélio (*DJ* de 17.10.2008).

1266 Estado de Direito e Jurisdição Constitucional – Decisões relevantes em 15 anos de atuação no STF

respectivamente, se os partidos políticos possuem um "direito líquido e certo" a manter as vagas por eles conquistadas em eleições regidas pelas regras do sistema proporcional, em caso de desfiliação dos parlamentares que as preenchem.

II. A evolução jurisprudencial sobre o tema

Após a Constituição de 1988, o tema da fidelidade partidária e a questão específica quanto à extinção do mandato do parlamentar que deixar a legenda sob a qual tenha sido eleito encontraram resposta na jurisprudência desta Corte, desde o julgamento do MS n. 20.927/DF, Rel. Min. Moreira Alves, julg. 11.10.1989, *DJ* 15.4.1994.

Na ocasião, o voto condutor, proferido pelo Relator, Ministro Moreira Alves, deixou consignado o seguinte entendimento:

> "Em face da Emenda n. 1, que, em seu artigo 152, parágrafo único (que, com alteração de redação, passou a parágrafo 5º desse mesmo dispositivo, por força da Emenda Constitucional n. 11/78), estabelecia o princípio da fidelidade partidária, Deputado que deixasse o Partido sob cuja legenda fora eleito perdia o seu mandato. Essa perda era decretada pela Justiça Eleitoral, em processo contencioso em que se assegurava ampla defesa, e, em seguida, declarada pela Mesa da Câmara (arts. 152, § 5º; 137, IX; e 35, § 42).
>
> Com a emenda Constitucional n. 25/85, deixou de existir esse princípio de fidelidade partidária, e, em razão disso, a mudança de Partido por parte de Deputado não persistiu como causa de perda de mandato, revogado o inciso V do artigo 35 que enumerava os casos de perda de mandato.
>
> Na atual Constituição, também não se adota o princípio da fidelidade partidária, o que se tem permitido a mudança de Partido por parte de Deputados sem qualquer sanção jurídica, e, portanto, sem perda de mandato.
>
> Ora, se a própria Constituição não estabelece a perda de mandato para o Deputado que, eleito pelo sistema de representação proporcional, muda de partido e, com isso, diminui a representação parlamentar do Partido por que se elegeu (e se elegeu muitas vezes graças aos votos de legenda), quer isso dizer que, apesar de a Carta Magna dar acentuado valor à representação partidária (artigos 5º, LXX, "a"; 58, § 1º; 58, § 4º; 103, VIII), não quis preservá-la com a adoção da sanção jurídica da perda do mandato, para impedir a redução da representação de um partido no Parlamento. Se o quisesse, bastaria ter colocado essa hipótese entre as causas de perda de mandato, a que alude o artigo 55."

Assim, com base no entendimento de que "a vinculação ao partido é apenas condição de elegibilidade (art. 14, § 3º)", o Ministro Moreira Alves pôde concluir que "em nosso sistema constitucional atual, apesar da valorização dada à representação parlamentar federal dos partidos, não se exige qualquer modalidade de fidelidade partidária para os eleitos, após a diplomação, ainda quando não se tenha empossado como deputados".

Moreira Alves foi acompanhado pelos Ministros Sepúlveda Pertence, Célio Borja, Octavio Gallotti, Francisco Rezek, Aldir Passarinho e Néri da Silveira. Registro, no mesmo sentido, o pronunciamento do Ministro Pertence:

> "(...) na minha convicção – disse Pertence – restou inabalada, com todas as vênias, a premissa de que parti: a falta, em nosso direito constitucional vigente, de base para decretar a perda de mandato de titular, convicção que agora acaba de receber valiosos subsídios do eminente Ministro Moreira Alves.
>
> A partir do sistema inferir-se essa perda não me parece definitivamente autorizado pelo texto constitucional, que é – e nem poderia ser de modo diverso, tal a gravidade da sanção – exaustivo, no art. 55, a ponto de tornar explícito, por exemplo, o que seria muito mais fácil de extrair por inferências lógicas: que o Deputado que perde os direitos políticos perderá o seu mandato eletivo".

Como se pode constatar, a convicção formada pela maioria naquele julgamento parece ter sido firmada, basicamente, sobre o fato da inexistência, no ordenamento jurídico, de texto normativo

Direitos políticos fundamentais, partidos políticos e sistemas eleitorais **1267**

expresso que prescreva a sanção de perda do mandato ao parlamentar que deixa a legenda sob a qual foi eleito. A não repetição, pela atual Constituição, do texto do art. 152, parágrafo único, da Constituição de 1967/69[2], assim como a taxatividade do art. 55[3], seriam os motivos determinantes dessa decisão majoritária da Corte.

Trechos do voto proferido pelo Ministro Néri da Silveira esclarecem os fundamentos adotados pelo Tribunal:

> "Penso que todos estamos de acordo com a importância, para a vida partidária, dos princípios de disciplina e de fidelidade. Qualquer entidade precisa ter fidelidade a determinados princípios, fidelidade aos programas partidários. Isso nada tem a ver com imposição de sanção, de pena por descumprimento desses princípios.
>
> Nessa linha, o que a maioria afirmou é que a regra posta na Emenda Constitucional n. 1, art. 152, parágrafo único, que previa sanção de perda do mandato para o deputado que deixasse o partido pelo qual se elegeu, não mais subsiste no regime atual. Foi em virtude disso que a maioria do Tribunal decidiu o mandado de segurança no sentido de indeferi-lo.
>
> Se a sanção não existe mais no nosso sistema, relativamente aos titulares de mandato, também não há assento na Constituição para se impor a restrição do direito ao exercício do mandato, à convocação, por parte do suplente que haja, eventualmente deixado o partido pelo qual se elegeu, quer tenha retornado, ou não, a essa agremiação partidária".

Por tal fundamento, essa decisão sempre suscitou reflexões mais aprofundadas em torno de aspectos de hermenêutica constitucional. Pergunto: a inexistência de dispositivo normativo expresso – ou, explicando melhor, a ausência de texto – pode ser razão única para a conclusão, muitas vezes apodítica, sobre a inexistência de determinada norma no ordenamento jurídico?

Antes de responder a essa indagação elementar, quero ressaltar que, já naquela ocasião do julgamento do MS n. 20.927, essa suposta conexão lógica entre a ausência, no atual ordenamento, de texto como o do antigo art. 152 da Constituição de 1967/69 e a impossibilidade de aplicação da sanção de perda do mandato, além da taxatividade do art. 55, não ficou bastante clara aos olhos de alguns Ministros, que foram além da expressão textual de nossa Constituição e, por meio de uma interpretação sistemática baseada nos valores da fidelidade partidária e da democracia representativa, chamaram a atenção para a presença, em nosso sistema constitucional, de uma regra que impõe a perda do mandato ao parlamentar que abandona o partido por meio do qual foi eleito.

Assim foram os votos de Celso de Mello, Paulo Brossard, Carlos Madeira e Sydney Sanches. Ressalto trechos do voto do Ministro Paulo Brossard:

> "(...) os partidos continuam a ser instrumentos necessários e imprescindíveis na formação dos poderes políticos, do legislativo e do executivo, no plano federal, no estadual e no municipal. Mantendo a representação proporcional, manteve igualmente, agora de maneira implícita, a fidelidade partidária.

---

[2] Art. 152. A organização, o funcionamento e a extinção dos Partidos Políticos serão regulados em lei federal, observados os seguintes princípios: (...) Parágrafo único: Perderá o mandato no Senado Federal, na Câmara dos Deputados, nas Assembleias Legislativas e nas Câmaras Municipais quem, por atitudes ou pelo voto, se opuser às diretrizes legitimamente estabelecidas pelos órgãos de direção partidária ou deixar o Partido sob cuja legenda foi eleito. A perda do mandato será decretada pela Justiça Eleitoral, mediante representação do Partido, assegurado o direito de ampla defesa.

[3] Art. 55. Perderá o mandato o Deputado ou Senador: I – que infringir qualquer das proibições estabelecidas no artigo anterior; II – cujo procedimento for declarado incompatível com o decoro parlamentar; III – que deixar de comparecer, em cada sessão legislativa, à terça parte das sessões ordinárias da Casa a que pertencer, salvo licença ou missão por esta autorizada; IV – que perder ou tiver suspensos os direitos políticos; V – quando o decretar a Justiça Eleitoral, nos casos previstos nesta Constituição; VI – que sofrer condenação criminal em sentença transitada em julgado.

Um partido que elege vinte deputados, não pode ficar com sua representação reduzida a quinze, dez, cinco ou nenhum deputado, e um partido que tenha eleito um não pode locupletar-se com os eleitos por outro partido e apresentar-se com uma representação que não é a sua, de cinco, dez, quinze ou vinte deputados. Ou a escolha do candidato por um partido, o seu registro, a sua eleição, a sua diplomação, enfim, todo o processo eleitoral não vale nada e não passe de mero e grotesco simulacro.

A questão partidária é séria demais para que se não lhe dê um tratamento igualmente sério. Ninguém é obrigado a ingressar em um partido, nem a nele permanecer; mas tendo sido investido por intermédio do partido de sua escolha de um mandato, seja ele qual for, não pode dele dispor como se fosse exclusivamente seu, como se se tratasse de um bem do seu patrimônio pessoal, disponível como qualquer bem material."

Na ocasião, o espírito altivo e perspicaz de Rezek pôde vislumbrar o dia de hoje, como se pode perceber do seguinte trecho de seu voto:

"Tenho a certeza de que as coisas não permanecerão como hoje se encontram. Em breve ou a médio prazo, os partidos políticos no Brasil – de cujo exato número receio eu próprio haver perdido a conta – serão em número consentâneo com aquela divisão natural das facções políticas de que se compõe nossa sociedade. Nesse momento serão mais coesos, haverá maior homogeneidade entre seus filiados, e poder-se-á falar com mais firmeza a respeito da fidelidade a eles devida.

A Constituição de 1988 tem naturalmente um subsolo. Este consiste, basicamente, nas suas circunstâncias, no seu momento histórico. Não foi por acaso que o constituinte de 88 se omitiu de prescrever, com a riqueza vernacular quantitativa que usou em tantos temas menores, sobre a fidelidade partidária. Não quis fazê-lo por acreditar, provavelmente, que não saímos ainda daquela zona cinzenta em que nos encontramos desde os acontecimentos de 64, ou, mais precisamente, desde quando dissolvidos os antigos partidos – resultando no abandono da vida pública por homens de estatura do nosso antigo colega Oscar Corrêa. Isso é uma realidade de que o constituinte deve ter querido prestigiar, e ao direito positivo me atenho.

Sei que o futuro renderá homenagem à generosa inspiração cívica da tese que norteou os votos dos eminentes Ministros Celso de Mello, Paulo Brossard, Carlos Madeira e Sydney Sanches".

Talvez o quadro partidário imaginado por Rezek ainda não se tenha concretizado no Brasil, mas hoje já podemos perceber, claramente, a necessidade de mudança da orientação firmada naquele julgamento.

A própria realidade partidária observada no Brasil, no último decênio, faz transparecer a inadequação da interpretação sobre o princípio da fidelidade partidária que se vem fazendo ao longo de todos esses anos.

Essa constatação ficou patente no recente julgamento das ADI ns. 1.351 e 1.354, de relatoria do Ministro Marco Aurélio, em que discutimos sobre a constitucionalidade da denominada "cláusula de barreira".

Em voto proferido na ocasião, fiz questão de expor posicionamento pessoal sobre o tema, afirmando a necessidade da imediata revisão do entendimento jurisprudencial adotado pelo Tribunal desde o julgamento do MS n. 20.927:

"VI. A crise do sistema eleitoral proporcional no Brasil: novas reflexões sobre a fidelidade partidária na jurisprudência do STF

É preciso deixar enfatizado, não obstante, que as preocupações do legislador são, de fato, legítimas. A criação de uma "cláusula de barreira" para o pleno funcionamento parlamentar dos partidos políticos tem o claro intuito de antecipar alguns pontos de uma reforma política mais ampla.

Hoje, parece inegável que o sistema eleitoral de feição proporcional, que corresponde à nossa prática política brasileira desde 1932, vem apresentando significativos déficits e emitindo sinais de exaustão.

Recentemente, o país mergulhou numa das maiores crises éticas e políticas de sua história republicana, crise esta que revelou algumas das graves mazelas do sistema político-partidário brasileiro, e que torna imperiosa a sua imediata revisão.

Direitos políticos fundamentais, partidos políticos e sistemas eleitorais **1269**

De tudo que foi revelado, tem-se como extremamente grave o aparelhamento das estruturas estatais para fins político-partidários e a apropriação de recursos públicos para o financiamento de partidos políticos.

A crise tornou, porém, evidente, para todos, a necessidade de que sejam revistas as atuais regras quanto à fidelidade partidária.

Em outros termos, estamos desafiados a repensar o atual modelo a partir da própria jurisprudência do Supremo Tribunal Federal. Devemos refletir, inclusive, sobre a consequência da mudança de legenda por aqueles que obtiveram o mandato no sistema proporcional, o que constitui, sem sombra de dúvidas, uma clara violação à vontade do eleitor e um falseamento grotesco do modelo de representação popular pela via da democracia de partidos!

Com efeito, é assegurada aos partidos políticos autonomia para fixar, em seus programas, seus objetivos políticos e para definir sua estrutura interna e funcionamento, devendo seus estatutos estabelecer normas de fidelidade e disciplina partidárias[4] (CF, art. 17 e § 1º).

Nesse aspecto, tem sido até aqui pacífica a orientação no Supremo Tribunal Federal e no Tribunal Superior Eleitoral de que a infidelidade partidária não terá repercussão sobre o mandato exercido[5]. A maior sanção que a agremiação partidária poderia impor ao filiado infiel é a exclusão de seus quadros.

Se considerarmos a exigência de filiação partidária como condição de elegibilidade e a participação do voto de legenda na eleição do candidato, tendo em vista o modelo eleitoral proporcional adotado para as eleições parlamentares, essa orientação afigura-se amplamente questionável.

Assim, ressalvadas situações específicas decorrentes de ruptura de compromissos programáticos por parte da agremiação ou outra situação de igual significado, o abandono da legenda, a meu ver, deve dar ensejo à perda do mandato. Na verdade, embora haja participação especial do candidato na obtenção de votos com o objetivo de posicionar-se na lista dos eleitos, tem-se que a eleição proporcional se realiza em razão de votação atribuída à legenda. Como se sabe, com raras exceções, a maioria dos eleitos sequer logram obter o quociente eleitoral, dependendo a sua eleição dos votos obtidos pela agremiação.

Nessa perspectiva, não parece fazer qualquer sentido, do prisma jurídico e político, que o eventual eleito possa, simplesmente, desvencilhar-se dos vínculos partidários originalmente estabelecidos, carregando o mandato obtido em um sistema no qual se destaca o voto atribuído à agremiação partidária a que estava filiado para outra legenda.

Daí a necessidade imperiosa de revisão da jurisprudência do STF acima referida."

Abra-se parêntese para deixar claro que, no Mandado de Segurança n. 23.405/DF, que tramitou sob minha relatoria, a decisão do Tribunal apenas declarou prejudicado o *writ*, tendo em vista a perda de seu objeto. A menção à questão da perda de mandato por infidelidade partidária, tal como tratada na jurisprudência do Tribunal desde o MS n. 20.927, serviu apenas de *obter dictum* e não pode servir de parâmetro para indicar o posicionamento atual da Corte.

A questão então chegou ao Tribunal Superior Eleitoral, que proferiu uma interpretação evolutiva de nosso ordenamento constitucional, transpondo os limites fixados pelo Supremo Tribunal Federal no julgamento do MS n. 20.927. A decisão do TSE (Consulta n. 1.398, Rel. Min. César Asfor Rocha) fundamentou-se, principalmente, nas características do sistema proporcional adotado no Brasil. Em síntese, disse o TSE que, no sistema proporcional (com regras de quociente eleitoral e quociente partidário), o mandato é do partido e a mudança de agremiação, após a diplomação, gera a perda do mandato pelo parlamentar.

---

4   O art. 3º da Lei n. 9.096/95 diz que "é assegurada, ao partido político, autonomia para definir sua estrutura interna, organização e funcionamento". O art. 14 da mesma lei diz que "o partido é livre para fixar, em seu programa, seus objetivos políticos e para estabelecer, em seu estatuto, a sua estrutura interna, organização e funcionamento."

5   MS 20.297, Relator Moreira Alves, julgado em 18.12.1981. Acórdão-TSE n. 11.075, Relator Célio de Oliveira Borja, *DJ* 15.5.1990.

1270 Estado de Direito e Jurisdição Constitucional – Decisões relevantes em 15 anos de atuação no STF

Posteriormente, o TSE voltou a decidir sobre a questão, reafirmando o posicionamento anterior, no sentido de que "o mandato é do partido e, em tese, o parlamentar o perde ao ingressar em novo partido" (Consulta n. 1.423, Rel. Min. José Delgado).

A decisão da Justiça Eleitoral renova a leitura que se vinha fazendo a respeito da fidelidade partidária após a Constituição de 1988 e, nesse sentido, torna imperiosa a revisão também da jurisprudência desta Corte, a partir de uma nova leitura do texto constitucional, baseada nos princípios da democracia partidária, da representação proporcional, do pluralismo político e da fidelidade partidária.

III. Natureza e função dos partidos políticos na democracia

A Constituição de 1988 atribuiu relevo ímpar à participação dos partidos no processo eleitoral, estabelecendo como condição de elegibilidade a filiação partidária (CF, art. 17).

Os partidos políticos são, assim, importantes instituições na formação da vontade política. A ação política realiza-se de maneira formal e organizada pela atuação dos partidos políticos. Eles exercem uma função de mediação entre o povo e o Estado no processo de formação da vontade política, especialmente no que concerne ao processo eleitoral[6]. Mas não somente durante essa fase ou período. O processo de formação de vontade política transcende o momento eleitoral e se projeta para além desse período. Enquanto instituições permanentes de participação política, os partidos desempenham função singular na complexa relação entre o Estado e a sociedade. Como nota Grimm, se os partidos políticos estabelecem a mediação entre o povo e o Estado, na medida em que apresentam lideranças pessoais e programas para a eleição e procuram organizar as decisões do Estado consoante as exigências e as opiniões da sociedade, não há dúvida de que eles atuam nos dois âmbitos.

Assim, a questão não mais é de saber se eles integram a sociedade ou o Estado, mas em que medida eles estão integrados em um e outro âmbito[7].

IV. O sistema eleitoral proporcional no Brasil

O art. 45 da Constituição brasileira estabelece o sistema proporcional para as eleições dos representantes parlamentares do povo. A legislação brasileira preservou o sistema proporcional de listas abertas e votação nominal, que corresponde à nossa prática desde 1932[8].

Trata-se de um modelo proporcional peculiar e diferenciado do modelo proporcional tradicional, que se assenta em listas apresentadas pelos partidos políticos. A lista aberta de candidatos existente no Brasil faz com que o mandato parlamentar, que resulta desse sistema, afigure-se também fruto do desempenho e do esforço do candidato. Trata-se, como destacado por Scott Mainwaring, de sistema que, com essa característica, somente se desenvolveu no Brasil e na Finlândia[9]. Em verdade, tal como anota Giusti Tavares, semelhante modelo é adotado também no Chile[10].

---

[6] GRIMM, Dieter. Politische Parteien. In: BENDA, Ernst; MAIHOFER, Werner; VOGEL, Hans-Jochen (Hrsg). *Handbuch des Verfassungsrechts*. Band 1, Berlin/Nova York, 1995, p. 599 (p. 606).

[7] Cf. GRIMM, Dieter. Politische Parteien. In: BENDA, Ernst; MAIHOFER, Werner; VOGEL, Hans-Jochen (Hrsg). *Handbuch des Verfassungsrechts*. Band 1, cit., p. 599 (613).

[8] A rigor, tal como anota Walter Costa Porto em palestra recente perante o IX Congresso Brasiliense de Direito Constitucional (10.11.2006), o sistema adotado em 1932 era ainda um sistema misto, pois ele acabava por contemplar a eleição, em segundo turno, dos mais votados que não alcançaram o quociente eleitoral. Somente em 1935 foi adotado um modelo puramente proporcional.

[9] MAINWARING, Scott. Políticos, Partidos e Sistemas Eleitorais. In: *Estudos Eleitorais*, TSE n. 2, maio/ago. 1997, p. 335 (343).

[10] Cf. TAVARES, Giusti José Antonio. *Sistemas Eleitorais nas Democracias Contemporâneas*. Rio de Janeiro: Relume-Dumará, 1994, p. 126-127.

Direitos políticos fundamentais, partidos políticos e sistemas eleitorais **1271**

No sentido da originalidade do sistema, anota Walter Costa Porto que o tema acabou não merecendo estudo adequado por parte dos estudiosos brasileiros, tendo despertado o interesse de pesquisadores estrangeiros, como Jean Blondel. Registrem-se as observações de Walter Costa Porto[11]:

> "Tal peculiaridade foi pouco examinada pelos nossos analistas. E foi um estrangeiro que lhe deu atenção: Jean Blondel, nascido em Toulon, França, professor das universidades inglesas de Manchester e Essex, e autor, entre outros livros, de *Introduction to Comparative Government, Thinking Politicaly and Voters, Parties and Leaders*. Em introdução a uma pesquisa que realizou, em 1957, no Estado da Paraíba, escreveu Blondel:

> *'A lei eleitoral brasileira é original e merece seja descrita minuciosamente. É, com efeito, uma mistura de escrutínio uninominal e de representação proporcional, da qual há poucos exemplos através do mundo (...) Quanto aos postos do Executivo ... é sempre utilizado o sistema majoritário simples (...) Mas, para a Câmara Federal, para as Câmaras dos Estados e para as Câmaras Municipais, o sistema é muito mais complexo. O princípio de base é que cada eleitor vote somente num candidato, mesmo que a circunscrição comporte vários postos a prover; não se vota nunca por lista. Nisto o sistema é uninominal. No entanto, ao mesmo tempo cada partido apresenta vários candidatos, tantos quantos são os lugares de deputados, em geral, menos se estes são pequenos partidos. De algum modo, os candidatos de um mesmo partido estão relacionados, pois a divisão de cadeiras se faz por representação proporcional, pelo número de votos obtidos por todos os candidatos de um mesmo partido (...) Votando num candidato, de fato o eleitor indica, de uma vez, uma preferência e um partido. Seu voto parece dizer: 'Desejo ser representado por um tal partido e mais especificamente pelo Sr. Fulano. Se este não for eleito, ou for de sobra, que disso aproveite todo o partido. O sistema é, pois, uma forma de voto preferencial, mas condições técnicas são tais que este modo de escrutínio é uma grande melhora sobre o sistema preferencial tal qual existe na França'".*

No sistema eleitoral adotado no Brasil, impõe-se precisar (1) o *número de votos válidos*, (2) o *quociente eleitoral*, (3) o *quociente partidário*, (4) a *técnica de distribuição de restos ou sobras* e (5) o *critério a ser adotado na falta de obtenção do quociente eleitoral*.

Os *votos válidos* são os votos conferidos à legenda partidária e ao candidato. Não são computados os votos nulos e os votos em branco.

O *quociente eleitoral*, que traduz o índice de votos a ser obtido para a distribuição das vagas, obtém-se mediante a divisão do número de votos válidos pelos lugares a preencher na Câmara dos Deputados, nas Assembleias Legislativas ou nas Câmaras de Vereadores.

O *quociente partidário* indica o número de vagas alcançado pelos partidos e é calculado pela divisão do número de votos conferidos ao partido, diretamente, ou a seus candidatos pelo quociente eleitoral, desprezando-se a fração.

A *distribuição de restos ou sobras* decorre do fato de, após a distribuição inicial, haver vagas a serem preenchidas sem que os partidos tenham votos suficientes para atingir o *quociente eleitoral*. Podem-se adotar diferentes critérios, como a *distribuição pela maior sobra* ou *pela maior média*[12]. O Código Eleitoral adotou o critério da maior média, estabelecendo que para obtê-la *"adiciona-se mais um lugar aos que já foram obtidos por cada um dos partidos; depois, toma-se o número de votos válidos atribuídos a cada partido e divide-se por aquela soma; o primeiro lugar a preencher caberá ao partido que obtiver a maior média; repita-se a mesma operação tantas vezes quantos forem os lugares restantes que devam ser preenchidos, até sua total distribuição entre os diversos partidos"* (Código Eleitoral, art. 109).

---

[11] Cf. PORTO, Walter Costa. *Sistema Eleitoral Brasileiro*. Palestra proferida no IX Congresso Brasiliense de Direito Constitucional, Brasília 10.11.2006, p. 8-9; Cf. também PORTO, Walter Costa. *A mentirosa urna*. São Paulo: Martins Fontes, 2004, p. 163 s.

[12] Cf TEIXEIRA, J. H. Meirelles. *Curso de Direito Constitucional*. São Paulo: Forense Universitária, 1991, p. 525.

Se nenhum partido atingir o quociente eleitoral, o Código Eleitoral determina que hão de ser considerados eleitos os candidatos mais votados, independentemente de qualquer critério de proporcionalidade (Código Eleitoral, art. 111). A solução parece questionável, como anota José Afonso da Silva, pois a Constituição prescreve, no caso, a adoção do sistema eleitoral proporcional[13].

Vê-se, assim, que, também no sistema proporcional, tendo em vista razões de ordem prática, os votos dos partidos que não atingiram o quociente eleitoral e os votos constantes das sobras podem não ter qualquer aproveitamento, não havendo como conferir-lhes significado quanto ao resultado.

Interessante notar que esse sistema permite que um candidato sem nenhum voto nominal seja eleito. Tal como registra Walter Costa Porto, nas eleições de 2 dezembro de 1945, o Partido Social Democrático apresentou dois candidatos a deputado federal no Território do Acre: Hugo Ribeiro Carneiro e Hermelindo de Gusmão Castelo Branco Filho. O primeiro candidato obteve 3.775 votos; o segundo, nenhum voto nominal, pois ficara no Rio de Janeiro. Não obstante, o partido alcançou uma vez o quociente eleitoral e mais uma sobra de 1.077 votos. O critério do "maior número de votos" do partido, em caso de sobra, acabou por conferir mandato a candidato que não obtivera sequer um voto[14].

Mencione-se que pode ocorrer até mesmo que o candidato mais votado no pleito eleitoral não logre obter o assento em razão de a agremiação partidária não ter obtido o quociente eleitoral. Foi o que se verificou em vários casos expressivos, dentre os quais se destaca o de Dante de Oliveira, que, candidato pelo PDT a uma vaga para Câmara dos Deputados, pelo Estado de Mato Grosso, nas eleições de 1990, obteve a maior votação (49.886 votos) e não foi eleito em razão de seu partido não ter obtido quociente. À época, postulou a revisão do resultado com a alegação de que a inclusão dos votos brancos para obtenção do quociente eleitoral revelava-se inconstitucional (Código Eleitoral, art. 106, parágrafo único). O Tribunal Superior Eleitoral rejeitou essa alegação com o argumento de que os votos brancos eram manifestações válidas e somente não seriam computáveis para as eleições majoritárias por força de normas constitucionais expressas (CF, artigos 28, 29, II, e 77, § 2º)[15]. Também o recurso extraordinário interposto contra essa decisão não foi acolhido tendo em vista as mesmas razões[16]. O art. 106, parágrafo único, do Código Eleitoral foi revogado pela Lei n. 9.504/1997[17]. Desde então, não se tem mais dúvida de que o voto em branco não deve ser contemplado para os fins de cálculo do quociente eleitoral.

Outra questão relevante coloca-se tendo em vista a cláusula contida no art. 109, § 2º, do Código Eleitoral, segundo a qual "*só poderão concorrer à distribuição dos lugares os partidos ou coligações que tiverem obtido quociente eleitoral*". Explicita-se aqui outra relativização da efetividade do voto, uma vez que somente serão contemplados os votos dos partidos que lograram obter o quociente eleitoral. Nas eleições de 2002, José Carlos Fonseca obteve 92.727 votos para deputado federal no Estado do Espírito Santo. O quociente eleitoral foi de 165.284. A sua coligação obteve 145.271 votos ou 8,78% dos votos conferidos. Preenchidas sete vagas, cuidou-se da distribuição dos restos ou sobras. O Tribunal Regional Eleitoral recusou-se a contemplar a coligação, à qual estava vinculado José Carlos Fonseca, no cálculo das sobras em razão do disposto no art. 109, § 2º, do Código Eleitoral. Contra essa decisão foi impetrado mandado de segurança, forte

---

[13] Cf. SILVA, José Afonso da. *Curso de Direito Constitucional Positivo*. 27. ed. São Paulo: Malheiros, 2006, p. 376.

[14] PORTO, Walter Costa. *A mentirosa urna*. São Paulo: Martins Fontes, 2004, p. 157.

[15] Cf. Recurso Especial-TSE n. 9.277, Relator Vilas Boas, *DJ* 23.4.1991.; Cf sobre o assunto também PORTO, Walter Costa. *A mentirosa urna*. São Paulo: Martins Fontes, 2004, p. 171-173.

[16] RE 140.386, Relator Carlos Velloso, *DJ* 20.4.2001.

[17] Cf. Estudos de Xavier de Albuquerque, Leitão de Abreu, Paulo Bonavides e Tito Costa. In: *Estudos Eleitorais*, TSE n. 2, maio/ago. 1997, p. 79-137.

Direitos políticos fundamentais, partidos políticos e sistemas eleitorais **1273**

no argumento da desproporcionalidade do critério ou da adoção de um critério legal que transmudava o sistema proporcional em sistema majoritário. Enquanto a coligação que obtivera 8,78% dos votos não seria contemplada com um mandato parlamentar, as demais estariam assim representadas:

Coligações	Votos	Cadeiras
Coligação Espírito Santo Forte	39,36%	50%
Frente Competência para Mudar	12,74%	10%
Frente Mudança para Valer	17,37%	20%
Frente Trabalhista	21,07%	25%

O TSE rejeitou a ação, assentando-se que a expressão sistema proporcional contida no art. 45 da Constituição encontraria no Código Eleitoral critérios precisos e definidos. A discussão sobre a adequação dos critérios utilizados pelo legislador resvalava para controvérsia de *lege ferenda* sem reflexo no plano da legitimidade da fórmula[18].

Convém assinalar que o modelo proporcional de listas abertas adotado entre nós contribui acentuadamente para a personalização da eleição, o que faz com que as legendas dependam, em grande medida, do desempenho de candidatos específicos. Daí o destaque que se confere às candidaturas de personalidades dos diversos setores da sociedade ou de representantes de corporação. Essa personalização do voto acaba por acentuar a dependência do partido e determinar a sua fragilidade programática.

Assim, esse modelo de listas abertas tem consequência sobre a disciplina interna das legendas, que se tornam, quase inevitavelmente, reféns dos personalismos dos candidatos que as integram. Mainwaring chega a afirmar que vários aspectos da legislação eleitoral brasileira não têm – ou têm pouco – paralelo no mundo, e nenhuma outra democracia dá aos políticos tanta autonomia *vis-à-vis* seus partidos[19].

V. O valor da fidelidade partidária: a necessidade de uma nova leitura constitucional

No contexto de uma democracia partidária e do sistema eleitoral proporcional, o valor constitucional da fidelidade partidária tem uma densidade ainda maior.

O modelo de democracia representativa adotado pela Constituição qualifica o mandato como eminentemente representativo da vontade popular (deputados) e dos entes federativos (senadores). Assim, o art. 45 da Constituição dispõe que "a Câmara dos Deputados compõe-se de representantes do povo", e o art. 46 estabelece que "o Senado Federal compõe-se de representantes dos Estados e do Distrito Federal".

Como analisado, o art. 45 estabelece que a representação popular é obtida por meio do sistema eleitoral de caráter proporcional, concebendo uma verdadeira democracia partidária.

Isso porque, como visto, no sistema eleitoral proporcional adotado no Brasil os partidos políticos detêm um *monopólio absoluto* das candidaturas[20]. A filiação partidária, no sistema político

---

[18] Mandado de Segurança TSE 3.109-ES, Relator: Sálvio de Figueiredo; Cf também Costa Porto, *Essa mentirosa urna*, cit., p. 178-181.

[19] MAINWARING, Scott. Políticos, Partidos e Sistemas Eleitorais, in: *Estudos Eleitorais*, TSE 2, maio/ago. 1997, p. 335 (337).

[20] Cfr.: DUVERGER, Maurice. *Os partidos políticos*. Rio de Janeiro: Zahar Ed., 1970, p. 388.

delineado na Constituição, constitui uma condição de elegibilidade, como prescreve o art. 14, § 3º, inciso V. Nesse sentido, o art. 87 do Código Eleitoral é enfático ao determinar que "somente podem concorrer às eleições candidatos registrados por partidos". E a Lei n. 9.096/1995, em seu art. 18, dispõe que "para concorrer a cargo eletivo, o eleitor deverá estar filiado ao respectivo partido pelo menos 1 (um) ano antes da data fixada para as eleições, majoritárias ou proporcionais".

Se considerarmos a exigência de filiação partidária como condição de elegibilidade e a participação do voto de legenda na eleição do candidato, tendo em vista o modelo eleitoral proporcional adotado para as eleições parlamentares, parece certo que a permanência do parlamentar na legenda pela qual foi eleito torna-se condição imprescindível para a manutenção do próprio mandato.

Assim, ressalvadas situações específicas decorrentes de ruptura de compromissos programáticos por parte da agremiação, perseguição política ou outra situação de igual significado, o abandono da legenda, a meu ver, deve dar ensejo à extinção do mandato.

Essa interpretação decorre de própria realidade partidária observada no Brasil após a Constituição de 1988. É preceito básico da hermenêutica constitucional de que não existe norma jurídica, senão norma jurídica interpretada (*Es gibt keine Rechtsnormen, es gibt nur interpretierte Rechtsnormen*), ressaltando-se que interpretar um ato normativo nada mais é do que colocá-lo no tempo ou integrá-lo na realidade pública (*Einen Rechssatz "auslegen" bedeutet, ihn in die Zeit, d.h. in die öffentliche Wirklichkeit stellen – um seiner Wirksamkeit willen*)[21].

É preciso estar atento para o quadro político-partidário no contexto pós-88. O entendimento jurisprudencial adotado pelo Supremo Tribunal Federal no MS n. 20.927 justificou-se sob um contexto histórico específico. O Ministro Rezek, como já sublinhado, ressaltou a adequação da decisão a um momento político especial, e proferiu a seguinte frase, logo no início de seu voto: *"Tenho a certeza de que as coisas não permanecerão como hoje se encontram".*

As normas de fidelidade partidária adotadas pela Constituição de 1967/69 também somente poderiam ser interpretadas naquele contexto histórico, bem descrito em estudo de Paulo Bonavides:

> "A Emenda Constitucional n. 1, editada, a seguir, a 17 de outubro de 1969, pela Junta Militar, incorporou esses dispositivos ao art. 152 da Constituição, explicitando no parágrafo único o princípio da fidelidade partidária, vazada nos seguintes termos:
>
> > 'Perderá o mandato no Senado Federal, na Câmara dos Deputados, nas Assembleias Legislativas e nas Câmaras Municipais quem, por atitudes ou pelo voto, se opuser às diretrizes legitimamente estabelecidas pelos órgãos de direção partidária ou deixar o partido sob cuja legenda foi eleito. A perda do mandato será decretada pela Justiça Eleitoral, mediante representação do partido, assegurado o direito de ampla defesa.'
>
> Era a consagração do princípio da fidelidade partidária em toda a sua latitude, indispensável naquela conjuntura aos desígnios governistas de conservação da artificial organização partidária vigente no País, debaixo de um modelo que se apartava consideravelmente da realidade e fazia, como já dissemos, o culto das aparências democráticas. Nele o espírito de obediência passiva e resignada à usurpação do poder invadira todas as instituições da república e matinha abertas as duas Casas do Congresso, onde se elegia tranquilamente, pelas vias indiretas, a dinastia presidencial dos generais que se sucediam no exercício da suprema magistratura da Nação"[22].

A redemocratização e o desenvolvimento da democracia de partidos, após a Constituição de 1988, revelam-nos uma conjuntura política extremamente distinta.

---

[21] Häberle, Peter. "Zeit und Verfassung". in: *Probleme der verfassungsinterpretation*, org.: Dreirer, Ralf/Schwegmann, Friedrich, Nomos, Baden-Baden, 1976, p. 312-313.

[22] BONAVIDES, Paulo. *Reflexões*: política e direito. 3. ed. São Paulo: Malheiros Editores, 1998, p. 443.

Direitos políticos fundamentais, partidos políticos e sistemas eleitorais **1275**

O quadro do denominado "troca-troca" partidário na atual legislatura é lamentável, como se pode constatar da relação abaixo:

Data	Deputado	De	Para
27/9/07	CARLOS SOUZA (AM)	PP	PRB
25/9/07	CLODOVIL HERNANDES (SP)	PTC	PR
24/9/07	SÉRGIO BRITTO (BA)	PDT	PMDB
21/9/07	DAVI ALVES SILVA (MA)	PDT	PSC
12/9/07	DR. PAULO CESAR (RJ)	PTB	PR
21/8/07	GERVÁSIO SILVA (SC)	DEM	PSDB
7/8/07	GERALDO REZENDE (MS)	PPS	PMDB
12/7/07	JURANDY LOUREIRO (ES)	PTB	PSC
11/7/07	TAKAYANA (PR)	PTB	PSC
5/7/07	CLEBER VERDE (MA)	PTB	PRB
4/7/07	MARCOS ANTONIO (PE)	S.PART.	PRB
3/7/07	SILAS CÂMERA (AM)	PTB	PSC
28/6/07	DAMIÃO FELICIANO (PB)	S.PART.	PDT
4/6/07	MARCOS ANTONIO (PE)	PAN	S.PART.
2/5/07	JACKSON BARRETO (SE)	PTB	PMDB
25/4/07	LINDOMAR GARÇON (RO)	PR	PV
2/4/07	JUSMARI OLIVEIRA (BA)	PFL	PR
23/3/07	AIRTON ROVEDA (PR)	PPS	PR
23/3/07	CRISTIANO MATHEUS (AL)	PFL	PMDB
19/3/07	LINDOMAR GARÇON (RO)	PV	PR
15/3/07	DJALMA BERGER (SC)	S.PART.	PSB
15/3/07	JUVENIL ALVES (MG)	PT	S.PART.
14/3/07	ANGELA PORTELA (RR)	PTC	PT
12/3/07	LEO ALCÂNTARA (CE)	PSDB	PR
12/3/07	MARCELO TEIXEIRA (CE)	PSDB	PR
12/3/07	VICENTE ARRUDA (CE)	PSDB	PR
9/3/07	PAULO PIAUI (MG)	PPS	PMDB
8/3/07	DJALMA BERGER (SC)	PSDB	S.PART.
5/3/07	JOSÉ ROCHA (BA)	PFL	PR
5/3/07	TONHA MAGALHÃES (BA)	PFL	PR
28/2/07	ÁTILA LIRA (PI)	PSDB	PSB
13/2/07	RATINHO JUNIOR (PR)	PPS	PSC
8/2/07	MARCELO GUIMARÃES (BA)	PFL	PMDB
2/2/07	DAMIÃO FELICIANO (PB)	PR	S.PART.
2/2/07	WALDIR MARANHÃO (MA)	PSB	PP
1/2/07	HOMERO PEREIRA (MT)	PPS	PR
1/2/07	JURANDY LOUREIRO (ES)	PSC	PAN
1/2/07	LÚCIO VALE (PA)	PMDB	PR
1/2/07	MARCOS ANTONIO (PE)	PSC	PAN
1/2/07	NEILTON MULIM (RJ)	PPS	PR
1/2/07	SILAS CÂMARA (AM)	PTB	PAN
1/2/07	TAKAYAMA (PR)	PMDB	PAN

Fonte: Secretaria-Geral da Mesa da Câmara.
Publicado no Jornal *Correio Braziliense*. Caderno Brasil. Política. Brasília, 29 de setembro de 2007, p. 6.

Não se aleguem, por outro lado, as hipóteses em que é o partido que depende dos votos dados nominalmente a determinado candidato, que atinge, sozinho, o quociente eleitoral uma ou mais vezes, trazendo para a legenda mais de uma vaga, o que só faz transparecer as incongruências de nosso sistema proporcional.

Na verdade, embora haja participação especial do candidato na obtenção de votos com o objetivo de posicionar-se na lista dos eleitos, tem-se que a eleição proporcional se realiza em razão de votação atribuída à legenda. Ademais, como se sabe, com raras exceções, a maioria dos eleitos sequer logram obter o quociente eleitoral, dependendo a sua eleição dos votos obtidos pela agremiação.

Nessa perspectiva, torno a repetir que não parece fazer qualquer sentido, do atual prisma jurídico e político, que o eventual eleito possa, simplesmente, desvencilhar-se dos vínculos partidários originalmente estabelecidos, carregando o mandato obtido em um sistema no qual se destaca o voto atribuído à agremiação partidária a que estava filiado para outra legenda.

Essas razões são suficientes para demonstrar a necessidade de imediata revisão da jurisprudência desta Corte.

VI. Direitos fundamentais dos partidos políticos

É preciso indagar, ainda, se há um direito do partido político às vagas obtidas segundo as regras do sistema eleitoral proporcional.

Estou certo de que o constituinte de 1988, ao estabelecer que os direitos e garantias individuais constituem limites materiais à reforma constitucional, não se restringiu ao elenco do art. 5º. Todos os preceitos constitucionais que asseguram direitos e garantias e que, de alguma forma, conferem densidade à dignidade da pessoa humana – entendida esta como conteúdo essencial de todos e cada um dos direitos fundamentais, na concepção de Dürig – estão abarcados pelo inciso IV do art. 60 da Constituição e consistem, portanto, em barreiras contra o poder de reforma constitucional.

Nesse sentido, não é preciso muito esforço hermenêutico para atestar que, nesse âmbito, estão incluídos os direitos políticos e suas garantias, expressos no Capítulo IV do Título II da Constituição. O Título II da Constituição condensa o que se poderia chamar de *núcleo constitucional da cidadania*, ao dispor os direitos fundamentais em sua tríplice configuração como direitos civis, sociais e políticos.

O conceito de cidadania de T. H Marshall bem representa essa divisão. Assim descreve o sociólogo inglês a tríplice divisão do conceito de cidadania:

"(...) pretendo dividir o conceito de cidadania em três partes. Mas a análise é, neste caso, ditada mais pela história do que pela lógica. Chamarei estas três partes, ou elementos, de civil, política e social. O elemento civil é composto dos direitos necessários à liberdade individual – liberdade de ir e vir, liberdade de imprensa, pensamento e fé, o direito à propriedade e de concluir contratos válidos e o direito à justiça. (...) Por elemento político se deve entender o direito de participar no exercício do poder político, como um membro de um organismo investido da autoridade política ou como um eleitor dos membros de tal organismo. (...) O elemento social se refere a tudo o que vai desde o direito a um mínimo de bem-estar econômico e segurança ao direito de participar, por completo, na herança social e levar a vida de um ser civilizado de acordo com os padrões que prevalecem na sociedade"[23].

---

[23] MARSHAL, T. S. *Cidadania e Classe Social*. Brasília: Senado Federal, 2002, p. 9; no mesmo sentido, cf.: FARIÑAS DULCE, María José. *Globalización, Ciudadanía y Derechos Humanos*. Madrid: Dykinson, 2004, p. 37.

É interessante notar que a Constituição de 1988, em seu Título II, ao dispor dos direitos e garantias fundamentais, incorporou a regulamentação constitucional dos partidos políticos, o que revela a intenção constituinte de concebê-los como garantias do pleno exercício dos direitos políticos.

Dessa forma, é possível conceber a vontade constituinte de que o exercício da cidadania política se desse não apenas por aqueles que votam (eleitores) ou podem ser votados (candidatos), mas também pelos partidos políticos.

Os direitos políticos, portanto, possuem como titulares os cidadãos que votam (eleitores), os cidadãos que podem ser votados (candidatos), assim como os partidos políticos.

Nesse sentido, as lições de Canotilho e Vital Moreira são enfáticas, demonstrando que os partidos políticos são diretos titulares de direitos fundamentais na ordem constitucional[24].

Diante do preceito constitucional do art. 5º, § 2º, é possível dizer que alguns desses direitos não estão expressos no texto da Constituição. Muitos decorrem do próprio sistema político-partidário desenhado na Constituição.

VI.1. Direito às vagas conquistadas pelo sistema eleitoral proporcional

Existe um direito dos partidos políticos às vagas por eles conquistadas segundo as regras do sistema proporcional?

Diante de tudo o que já foi dito, a resposta deve ser afirmativa. Trata-se de um direito não expressamente consignado no texto constitucional, mas decorrente do regime de democracia representativa e partidária adotado pela Constituição (art. 5º, § 2º).

Ressalte-se, nesse contexto, que a presença dos partidos políticos num regime democrático modifica a própria concepção que se tem de democracia. Essas são as clássicas lições de Maurice Duverger[25]:

"É a seguinte definição mais simples e mais realista de democracia: regime em que os governantes são escolhidos pelos governados, por intermédio de eleições honestas e livres. Sobre esse mecanismo de escolha, os juristas, após os filósofos do século XVIII, desenvolveram uma teoria de representação, o eleitor, dando ao eleito mandato para falar e agir em seu nome, dessa maneira, o Parlamento, mandatário da nação, exprime a soberania nacional. O fato da eleição, assim como a doutrina da representação, foram profundamente transformados pelo desenvolvimento dos partidos. Não se trata doravante de um diálogo entre eleitor e eleito, Nação e Parlamento: um terceiro se introduziu entre eles, que modifica, radicalmente, a natureza de suas relações. Antes de ser escolhido pelos eleitores, o deputado é escolhido pelo partido: os eleitores só fazem ratificar essa escolha. A coisa é visível nos regimes de partido único em que um só candidato se propõe à aceitação popular. Por ser mais dissimulada, não é menos real nos regimes pluralistas: eleitor pode escolher entre muitos candidatos, mas cada um destes é designado por um partido. Se se quer manter a teoria da representação jurídica, é necessário admitir que o eleito recebe um duplo mandato: do partido e dos eleitores. A importância de cada um varia segundo o país; no conjunto, o mandato partidário tende a sobrelevar o mandato eleitoral"[26].

No regime de *democracia partidária*, portanto, os candidatos recebem os mandatos tanto dos eleitores como dos partidos políticos. A representação é ao mesmo tempo popular e partidária. E, como ensinou Duverger, "o mandato partidário tende a sobrelevar o mandato eleitoral". Nesse contexto, o certo é que os candidatos, eles mesmos, não seriam os únicos detentores dos mandatos.

Os mandatos pertenceriam, assim, aos partidos políticos. As vagas conquistadas no sistema eleitoral proporcional pertenceriam às legendas. Esta é uma regra que parece decorrer da própria lógica do regime de democracia representativa e partidária vigente em nosso país.

---

[24] CANOTILHO, J.J. Gomes; MOREIRA, Vital. *Constituição da República Portuguesa Anotada*. Vol. 1. 4. ed. Coimbra Ed., 2007, p. 682-683.

[25] DUVERGER, Maurice. *Os partidos políticos*. Rio de Janeiro: Zahar Ed., 1970, p. 387-388.

[26] DUVERGER, Maurice. *Os partidos políticos*. Rio de Janeiro: Zahar Ed., 1970, p. 387.

1278 Estado de Direito e Jurisdição Constitucional – Decisões relevantes em 15 anos de atuação no STF

Isso não implica a adoção de uma concepção de *mandato imperativo* ou de *mandato vinculado*. A democracia representativa no Brasil pressupõe a figura do *mandato representativo*, segundo o qual o representante não fica vinculado aos seus representados. O mandato representativo não pode ser revogado pelos eleitores, nem pelos partidos. O mandato representativo é mandato livre.

Mas a democracia partidária e o papel centralizador das candidaturas que detêm os partidos nesse regime são perfeitamente compatíveis com a ideia de mandato livre. Nos diversos modelos político-eleitorais, nunca se cogitou de que nos sistemas proporcionais o monopólio das candidaturas pertencente aos partidos políticos fosse inconciliável com a concepção genuína do mandato representativo.

Em Portugal, por exemplo, onde se adota, como de todos é sabido, um modelo de mandato representativo ou de mandato livre, a regra é que os parlamentares que abandonem suas legendas podem continuar a exercer o mandato como independentes, se não se filiarem a qualquer outro partido; mas se isso ocorrer, ou seja, se a desfiliação for seguida de filiação a outra agremiação política, tem-se então hipótese de parlamentar trânsfuga, fato que gera a imediata perda do mandato (CRP, art. 160, "c")[27].

Na Espanha, onde também se adota a concepção de mandato livre, *"el transfuguismo"* é uma prática há muito condenada pela sociedade[28].

Em verdade, nas modernas democracias representativas, tem-se uma nova concepção de mandato partidário, a partir de elementos dos modelos de mandato representativo e mandato imperativo.

A manutenção das vagas conquistadas no sistema proporcional, portanto, constitui um direito dos partidos políticos, que não é incompatível, ressalte-se, com os direitos assegurados no estatuto constitucional dos congressistas. A taxatividade do rol especificado no art. 55 da Constituição, como garantia fundamental assegurada aos parlamentares, não é contrária à regra da extinção do mandato como decorrência lógica do próprio sistema eleitoral de feição proporcional adotado em nosso regime democrático partidário.

Não está a se tratar de perda de mandato como sanção aplicada ao parlamentar por ato de infidelidade partidária. Isso ficou bem claro já no julgamento da Consulta n. 1.398 no Tribunal Superior Eleitoral.

VI.2. Direito de oposição, pluripartidarismo e proteção das minorias

Segundo Canotilho, os partidos políticos são associações privadas com funções constitucionais. Adverte, entretanto, que o reconhecimento da relevância jurídico-constitucional dos partidos de modo algum corresponde à sua estatização. As Constituições, ao reconhecerem a liberdade de formação dos partidos políticos como um direito fundamental, bem como ao concederem-lhes um estatuto distinto e privilegiado em relação às demais associações, na verdade, estão a conceder aos partidos um estatuto constitucional, com dimensões de direito subjetivo, direito político e liberdade fundamental[29].

---

[27] MENDES, Maria de Fátima Abrantes; MIGUÉIS, Jorge. *Lei Eleitoral da Assembleia da República*. Actualizada, anotada e comentada e com os resultados eleitorais de 1976 a 2002.

[28] GARCÍA ROCA, Javier. Los derechos de los representantes: una regla individualista de la democracia. In: *La democracia constitucional*. Estudios en homenaje al Profesor Francisco Rubio Llorente. Madrid: Congreso de los Diputados, Tribunal Constitucional, Universidad Complutense de Madrid, Fundación Ortega y Gasset, Centro de Estudios Políticos y Constitucionales, 2002, p. 863.

[29] CANOTILHO, J. J. Gomes. *Direito Constitucional e Teoria da Constituição*, 7. ed. Coimbra: Almedina, 2003, p. 315-316.

Afirma Canotilho: *"Como elementos funcionais de uma ordem constitucional, os partidos situam-se no ponto nevrálgico de imbricação do poder do Estado juridicamente sancionado com o poder da sociedade politicamente legitimado"*[30].

É possível reconhecer aos partidos políticos liberdade externa e liberdade interna. No que tange à primeira, os partidos políticos gozam do direito à sua fundação e atuação sem as ingerências do Estado, dentro dos próprios limites estabelecidos pela Constituição. No que diz respeito à liberdade interna, ela significa que sobre os partidos não pode haver qualquer tipo de controle ideológico-programático, nem controle sobre a organização interna do partido[31].

Adverte o mestre português que não se pode dissociar a liberdade partidária da garantia de igualdade, o que significa reconhecer a todos os partidos políticos iguais possibilidades de desenvolvimento e participação na formação da vontade popular. Ensina: *"A liberdade partidária e a igualdade de oportunidades no desenvolvimento da actividade política são duas dimensões da liberdade partidária: proibição de ingerência positiva e de ingerência negativa dos poderes públicos na fundação, existência ou desenvolvimento dos partidos"*[32].

Nesse contexto, o direito fundamental de oposição democrática decorre diretamente da liberdade de opinião e da liberdade de associação partidária. A oposição parlamentar é o direito à informação regular sobre os principais assuntos de interesse público, bem como o direito à fiscalização e de opinião crítica sobre os assuntos discutidos no Parlamento. Pode também ser identificado como direito de participação na organização e procedimento do próprio parlamento e direito de antena[33].

Por outro lado, conforme lembra Canotilho, com base na jurisprudência do Tribunal Constitucional Alemão, *"(...) a oposição exerce-se não apenas face à maioria parlamentar, mas também face à maioria parlamentar e Governo."* E completa: *"A ideia de oposição extraparlamentar conexiona-se, de resto, com outros direitos fundamentais como, por ex., os direitos de reunião e manifestação (art. 45°), e com o próprio princípio democrático (cfr. Lei n. 24/98, art. 3°/4)"*[34].

A oposição legítima, institucionalizada ou reconhecida como parte da estrutura política de uma sociedade que se organiza em bases democráticas, constitui a força produzida por um ou mais partidos para atuar no âmbito do parlamento, contestando a força parlamentar de outros partidos que mantêm no poder um determinado Governo[35].

Conforme ensina Duverger *"O desenvolvimento contemporâneo dos partidos políticos, ao mesmo tempo que modifica a separação dos poderes clássicos, transformou essa função de oposição, encarnando-a, de novo, fora do Governo, em órgão distinto: os partidos minoritários são os herdeiros dos tribunos da plebe"*[36].

E, nesse contexto, é preciso reconhecer que o mulpartidarismo tem como consequência um sistema de oposição bastante complexo: além da oposição externa, exercida pelos partidos

---

[30] CANOTILHO, J. J. Gomes. *Direito Constitucional e Teoria da Constituição*, 7. ed. Coimbra: Almedina, 2003, p. 316-317.

[31] CANOTILHO, J. J. Gomes. *Direito Constitucional e Teoria da Constituição*, 7. ed. Coimbra: Almedina, 2003, p. 317-318.

[32] CANOTILHO, J. J. Gomes. *Direito Constitucional e Teoria da Constituição*, 7. ed. Coimbra: Almedina, 2003, p.319.

[33] CANOTILHO, J. J. Gomes. *Direito Constitucional e Teoria da Constituição*, 7. ed. Coimbra: Almedina, 2003, p. 327.

[34] CANOTILHO, J. J. Gomes. *Direito Constitucional e Teoria da Constituição*, 7. ed. Coimbra: Almedina, 2003, p. 327.

[35] BONAVIDES, Paulo. *Teoria do Estado*, 3. ed., 2ª tiragem, revista e ampliada, São Paulo: Malheiros, 1995, p. 183.

[36] DUVERGER, Maurice. *Os partidos políticos*, Rio de Janeiro: Zahar Editores, 1970, p. 446-447.

minoritários, há também uma oposição interna, entre os próprios partidos da maioria. Conforme anota Duverger:

"As decisões governamentais resultam de um compromisso entre os partidos associados no poder; mas cada um deles reserva para si o direito de defender o seu ponto de vista próprio perante os militantes e de criticar, portanto, o compromisso governamental, atirando em cima dos aliados a responsabilidade das suas deficiências; cada um dos associados governamentais faz oposição ao seu próprio Governo. Toda a técnica dessa oposição interna consiste em distinguir as necessidades práticas imediatas das reformas de estrutura a longo termo incluídas na doutrina do partido: o parlamentar justifica-se de participar no Governo invocando as primeiras; critica-o em nome das segundas. Por conseguinte, a oposição interna será tanto mais fácil e tanto mais eficaz quanto mais coerente e mais autenticamente revolucionária for a doutrina do partido, de modo que não se afigure aos olhos da opinião pública como um pretexto destinado a fazer perdoar a colaboração ministerial"[37].

O reconhecimento da oposição como uma das garantias institucionais da representação política e da própria democracia brasileira exige que sejam solenemente evitadas práticas como o "transfuguismo", tendo em vista que elas afrontam diretamente o direito fundamental de oposição.

Isso porque, no sistema proporcional, num regime que consagra o pluralismo partidário (art. 17, *caput*, da CF/88) e o pluralismo político (art. 1º, V, da CF/88), a diversidade de ideologias não se revela mera consequência do sistema, mas pilar que o sustenta, tendo em vista que um de seus fundamentos (pluralismo político) dela depende.

Assim, não há como deixar de registrar que a preferência do constituinte originário brasileiro pela democracia partidária, no contexto de uma sociedade plural, exige uma posição firme a favor da fidelidade partidária como regra a ser respeitada pelos representantes eleitos no sistema proporcional.

Não se pode descartar, nesse contexto, a necessidade de proteção das minorias. E a proteção das minorias parlamentares exige reflexão acerca do papel da jurisdição constitucional nessa tarefa.

A proposta de Hans Kelsen, que associava a jurisdição constitucional à democracia, assentava exatamente na situação em que a atividade jurisdicional atua na defesa ou na proteção das minorias representativas.

Como se sabe, devemos a Kelsen a associação sistemática da jurisdição constitucional a esse aspecto importante do conceito de democracia, que é, exatamente, a possibilidade de sobrevivência e de proteção das minorias. A opção de Kelsen pelo modelo democrático está vinculada à concepção teórica do relativismo. O sistema democrático não se legitima pela verdade, mas, sim, pelo consenso[38].

Na famosa conferência proferida perante a Associação dos Professores de Direito Público alemães, Kelsen deixou claro que a jurisdição constitucional haveria de ter papel central em um sistema democrático moderno:

"Ao lado dessa significação geral comum a todas as Constituições, a jurisdição constitucional também adquire uma importância especial, que varia de acordo com os traços característicos da Constituição considerada. Essa importância é de primeira ordem para a República democrática, com relação à qual as instituições de controle são condição de existência. Contra os diversos ataques, em parte justificados, atualmente dirigidos contra ela, essa forma de Estado não pode se defender melhor do que organizando todas as garantias possíveis da regularidade das funções estatais. Quanto mais elas se democratizam, mais o controle deve ser reforçado. A jurisdição constitucional também deve ser apreciada desse ponto de vista. Garantindo a elaboração constitucional das leis, e em particular sua constitucionalidade material, ela é um meio de proteção eficaz da minoria contra os atropelos da maioria. A dominação desta

---

[37] DUVERGER, Maurice. *Os partidos políticos*. Rio de Janeiro: Zahar Editores, 1970, p. 449.

[38] KELSEN, Hans. *Vom Wesen und Wert der Demokratie*. 2. ed. 1929, p. 101.

Direitos políticos fundamentais, partidos políticos e sistemas eleitorais   **1281**

só é suportável se for exercida de modo regular. A forma constitucional especial, que consiste de ordinário em que a reforma da Constituição depende de uma maioria qualificada, significa que certas questões fundamentais só podem ser solucionadas em acordo com a minoria: a maioria simples não tem, pelo menos em certas matérias, o direito de impor sua vontade à minoria. Somente uma lei inconstitucional, aprovada por maioria simples, poderia então invadir, contra a vontade da minoria, a esfera de seus interesses constitucionais garantidos. Toda minoria – de classe, nacional ou religiosa – cujos interesses são protegidos de uma maneira qualquer pela Constituição, tem pois um interesse eminente na constitucionalidade das leis. Isso é verdade especialmente se supusermos uma mudança de maioria que deixe à antiga maioria, agora minoria, força ainda suficiente para impedir a reunião das condições necessárias à reforma da Constituição. Se virmos a essência da democracia não na onipotência da maioria, mas no compromisso constante entre os grupos representados no Parlamento pela maioria e pela minoria, e por conseguinte na paz social, a justiça constitucional aparecerá como um meio particularmente adequado à realização dessa ideia. A simples ameaça do pedido ao tribunal constitucional pode ser, nas mãos da minoria, um instrumento capaz de impedir que a maioria viole seus interesses constitucionalmente protegidos, e de se opor à ditadura da maioria, não menos perigosa para a paz social que a da minoria"[39].

Nesse contexto, os entes de representação devem agir dentro de limites prescritos, estando os seus atos vinculados a determinados procedimentos. Essas constituições pretendem, portanto, que os atos praticados pelos órgãos representativos possam ser objeto de crítica e controle[40]. Trata-se, em verdade, de um modelo de fiscalização democrática dos atos do Poder Público.

Essa colocação tem a virtude de ressaltar que a jurisdição constitucional não se mostra incompatível com um sistema democrático, que imponha limites aos ímpetos da maioria e discipline o exercício da vontade majoritária. Ao revés, esse órgão de controle cumpre uma função importante no sentido de reforçar as condições normativas da democracia.

VII. Segurança jurídica e mudança de jurisprudência: a necessidade de modulação dos efeitos da decisão

Muito se lembrou aqui que o STF tem jurisprudência sedimentada no sentido de que a infidelidade partidária não é causa de perda de mandato (MS n. 20.927/DF, Rel. Min. Moreira Alves, julg. 11.10.1989, *DJ* 15.4.1994).

Apenas em decisão bastante recente, proferida nas ADI ns. 1.351 e 1.354 (cláusula de barreira), julgamento ocorrido em 7 de dezembro de 2006, é que o Tribunal teria dado sinais de que sua jurisprudência poderia ser revisada em futuro próximo. Ressalte-se, não obstante, que o **acórdão** nessas ações foi publicado apenas no dia 30 de março deste ano.

A decisão do TSE na Consulta n. 1.398 foi proferida no dia 27 de março, e a Resolução foi publicada no dia 8 de maio.

Em casos como este, típico de mutação constitucional, em que se altera jurisprudência longamente adotada pela Corte, a praxe tem sido no sentido de se modular os efeitos da decisão, com base em razões de segurança jurídica.

Cito, a título de exemplo, a decisão proferida na Questão de Ordem no INQ 687 (*DJ* 9.11.2001), em que o Tribunal cancelou o enunciado da Súmula n. 394, ressalvando os atos praticados e as decisões já proferidas que nela se basearam.

No Conflito de Competência n. 7.204/MG, Rel. Min. Carlos Britto (julg. em 29.6.2005), fixou-se o entendimento de que "*o Supremo Tribunal Federal, guardião-mor da Constituição Re-*

---

[39]   KELSEN, Hans. *Jurisdição Constitucional.* São Paulo: Martins Fontes, 2003, p. 181-182.
[40]   GRIMM, Dieter. Verfassungserichtsbarkeit – Funktion und Funktionsgrenzen in demokratischem Staat. In: *Jus-Didaktik*, Heft 4, Munique, 1977, p. 83 (95).

publicana, pode e deve, em prol da segurança jurídica, atribuir eficácia prospectiva às suas decisões, com a delimitação precisa dos respectivos efeitos, toda vez que proceder a revisões de jurisprudência definidora de competência ex ratione materiae. *O escopo é preservar os jurisdicionados de alterações jurisprudenciais que ocorram sem mudança formal do Magno Texto".*

Também no julgamento do HC n. 82.959, em que declaramos, com efeitos prospectivos, a inconstitucionalidade da vedação legal da progressão de regime para os crimes hediondos (art. 2º, § 1º, da Lei n. 8.072/90, com radical modificação da antiga jurisprudência do Tribunal.

Lembre-se, neste ponto, que não se trata aqui de aplicação do art. 27 da Lei n. 9.868/99, mas de substancial mudança de jurisprudência, decorrente de nova interpretação do texto constitucional, o que permite ao Tribunal, tendo em vista razões de segurança jurídica, dar efeitos prospectivos às suas decisões. Esse entendimento ficou bem esclarecido no recente julgamento do RE n. 353.657/PR, Rel. Min. Marco Aurélio e do RE n. 370.682/SC, Rel. Min. Ilmar Galvão (caso IPI alíquota zero).

Com efeito, talvez um dos temas mais ricos da teoria do direito e da moderna teoria constitucional seja aquele relativo à evolução jurisprudencial e, especialmente, a possível mutação constitucional. Se a sua repercussão no plano material é inegável, são inúmeros os desafios no plano do processo em geral e, em especial, do processo constitucional.

Nesse sentido, vale registrar a douta observação de Larenz:

"De entre os factores que dão motivo a uma revisão e, com isso, frequentemente, a uma modificação da interpretação anterior, cabe uma importância proeminente à alteração da situação normativa. Trata-se a este propósito de que as relações fácticas ou usos que o legislador histórico tinha perante si e em conformidade aos quais projectou a sua regulação, para os quais a tinha pensado, variaram de tal modo que a norma dada deixou de se 'ajustar' às novas relações. É o factor temporal que se faz notar aqui. Qualquer lei está, como facto histórico, em relação actuante com o seu tempo. Mas o tempo também não está em quietude; o que no momento da gênese da lei actuava de modo determinado, desejado pelo legislador, pode posteriormente actuar de um modo que nem sequer o legislador previu, nem, se o pudesse ter previsto, estaria disposto a aprovar. Mas, uma vez que a lei, dado que pretende ter também validade para uma multiplicidade de casos futuros, procura também garantir uma certa constância nas relações inter-humanas, a qual é, por seu lado, pressuposto de muitas disposições orientadas para o futuro, nem *toda* a modificação de relações acarreta por si só, de imediato, uma alteração do conteúdo da norma. Existe a princípio, ao invés, uma relação de tensão que só impele a uma solução – por via de uma interpretação modificada ou de um desenvolvimento judicial do Direito – quando a insuficiência do entendimento anterior da lei passou a ser 'evidente'"[41].

Daí afirmar Larenz:

"A alteração da situação normativa pode assim conduzir à modificação – restrição ou extensão – do significado da norma até aqui prevalecente. De par com a alteração da situação normativa, existem factos tais como, sobretudo, modificações na estrutura da ordem jurídica global, uma nítida tendência da legislação mais recente, um novo entendimento da *ratio legis* ou dos critérios teleológico-objectivos, bem como a necessidade de adequação do Direito pré-constitucional aos princípios constitucionais, que podem provocar uma alteração de interpretação. Disto falamos nós já. Os tribunais podem abandonar a sua interpretação anterior porque se convenceram que era incorrecta, que assentava em falsas suposições ou em conclusões não suficientemente seguras. Mas ao tomar em consideração o factor temporal, pode também resultar que uma interpretação que antes era correcta agora não o seja"[42].

Por isso, ensina Larenz, de forma lapidar:

"O preciso momento em que deixou de ser 'correcta' é impossível de determinar. Isto assenta em que as alterações subjacentes se efectuam na maior parte das vezes de modo contínuo e não de repente.

---

[41] Karl Larenz, *Metodologia da Ciência do Direito*, 3. ed. Lisboa, 1997, p. 495.

[42] Larenz, *Metodologia*, cit., p. 498-500.

Durante um 'tempo intermédio' podem ser 'plausíveis' ambas as coisas, a manutenção de uma interpretação constante e a passagem a uma interpretação modificada, adequada ao tempo. É também possível que uma interpretação que aparecia originariamente como conforme à Constituição, deixe de o ser na sequência de uma modificação das relações determinantes. Então é de escolher a interpretação, no quadro das possíveis, segundo os outros critérios de interpretação, que seja agora a única conforme à Constituição".

No plano constitucional, esse tema mereceu uma análise superior no trabalho de Inocêncio Mártires Coelho sobre interpretação constitucional[43].

No Capítulo 4 da obra em referência, que trata das consequências da diferença entre lei e Constituição, propicia-se uma *releitura* do fenômeno da chamada **mutação constitucional**, asseverando-se que as situações da vida são constitutivas do significado das regras de direito, posto que é somente no momento de sua aplicação aos casos ocorrentes que se revelam o sentido e o alcance dos enunciados normativos. Com base em Perez Luño e Reale, enfatiza-se que, em verdade, a norma jurídica não é o *pressuposto*, mas o *resultado* do processo interpretativo ou que a *norma* é a sua *interpretação*.

Essa colocação coincide, fundamentalmente, com a observação de Häberle, segundo a qual não existe norma jurídica, senão norma jurídica interpretada (*Es gibt keine Rechtsnormen, es gibt nur interpretierte Rechtsnormen*), ressaltando-se que interpretar um ato normativo nada mais é do que colocá-lo no tempo ou integrá-lo na realidade pública (*Einen Rechssatz "auslegen" bedeutet, ihn in die Zeit, d.h. in die öffentliche Wirklichkeit stellen – um seiner Wirksamkeit willen*). Por isso, Häberle introduz o conceito de *pós-compreensão* (*Nachverständnis*), entendido como o conjunto de fatores temporalmente condicionados com base nos quais se compreende "supervenientemente" uma dada norma. A *pós-compreensão* nada mais seria, para Häberle, do que a *pré-compreensão do futuro*, isto é, o elemento dialético correspondente da ideia de pré-compreensão[44].

Tal concepção permite a Häberle afirmar que, em sentido amplo, toda lei interpretada – não apenas as chamadas leis temporárias – é uma lei com duração temporal limitada (*In einem weiteren Sinne sind alle – interpretierten – Gesetzen "Zeitgesetze" – nicht nur die zeitlich befristeten*). Em outras palavras, o texto, confrontado com novas experiências, transforma-se necessariamente em um outro.

Essa reflexão e a ideia segundo a qual a atividade hermenêutica nada mais é do que um procedimento historicamente situado autorizam Häberle a realçar que uma interpretação constitucional aberta prescinde do conceito de *mutação constitucional* (*Verfassungswandel*) enquanto categoria autônoma.

Nesses casos, fica evidente que o Tribunal não poderá *fingir* que sempre pensara dessa forma. Daí a necessidade de, em tais casos, fazer-se o ajuste do resultado, adotando-se técnica de decisão que, tanto quanto possível, traduza a mudança de valoração. No plano constitucional, esses casos de mudança na concepção jurídica podem produzir uma *mutação normativa* ou a *evolução na interpretação*, permitindo que venha a ser reconhecida a inconstitucionalidade de situações anteriormente consideradas legítimas. A orientação doutrinária tradicional, marcada por uma alternativa rigorosa entre *atos legítimos* ou *ilegítimos* (*entweder als rechtmässig oder als rechtswidrig*), encontra dificuldade para identificar a consolidação de um *processo de inconstitucionalização* (*Prozess des Verfassungswidrigwerdens*). Prefere-se admitir que, embora não tivesse sido identificada, a ilegitimidade sempre existira.

---

[43] Inocêncio Mártires Coelho, *Interpretação Constitucional*. Porto Alegre, Sergio Antonio Fabris, 1997.

[44] HÄBERLE, Peter. "Zeit und Verfassung". In: *Probleme der Verfassungsinterpretation*, org.: Dreier, Ralf/Schwegmann, Friendrich, Nomos, Baden-Baden, 1976, p. 312-313.

Daí afirmar Häberle:

"O Direito Constitucional vive, *prima facie*, uma problemática temporal. De um lado, a dificuldade de alteração e a consequente duração e continuidade, confiabilidade e segurança; de outro, o tempo envolve agora mesmo, especificamente o Direito Constitucional. É que o processo de reforma constitucional deverá ser feito de forma flexível e a partir de uma interpretação constitucional aberta. A continuidade da Constituição somente será possível se *passado e futuro* estiverem nela associados"[45].

Häberle indaga:

"O que significa tempo? Objetivamente, tempo é a possibilidade de se introduzir mudança, ainda que não haja a necessidade de produzi-la"[46].

Tal como anota Häberle, "o tempo sinaliza ou indica uma reunião (*ensemble*) de forças sociais e ideias. (...) A ênfase ao 'fator tempo' não deve levar ao entendimento de que o tempo há de ser utilizado como 'sujeito' de transformação ou de movimento (...). A história (da comunidade) tem muitos sujeitos. O tempo nada mais é do que a dimensão na qual as mudanças se tornam possíveis e necessárias (...)"[47].

Não é raro que essas alterações de concepções se verifiquem, dentre outros campos, exatamente em matéria de defesa dos direitos fundamentais. Aqui talvez se mesclem as mais diversas concepções existentes na própria sociedade e o processo dialético que as envolve. E os diversos entendimentos de mundo convivem, sem que, muitas vezes, o "novo" tenha condições de superar o "velho".

É natural também que esse tipo de situação se coloque de forma bastante evidente no quadro de uma nova ordem constitucional. Aqui, entendimentos na jurisprudência, doutrina e legislação tornam, às vezes, inevitável, que a interpretação da Constituição se realize, em um primeiro momento, com base na situação jurídica preexistente. Assim, até mesmo institutos novos poderão ser interpretados segundo entendimento consolidado na jurisprudência e na legislação pré-constitucionais. Nesse caso, é, igualmente, compreensível, que uma nova orientação hermenêutica reclame cuidados especiais.

Nesse sentido, refiro-me mais uma vez às lições de Larenz:

"O que é para os tribunais civis, quando muito, uma excepção, adequa-se em muito maior medida a um Tribunal Constitucional. Decerto que se poderá, por exemplo, resolver muitas vezes sobre recursos constitucionais de modo rotineiro, com os meios normais da argumentação jurídica. Aqui tão pouco faltam casos comparáveis. Mas nas resoluções de grande alcance político para o futuro da comunidade, estes meios não são suficientes. Ao Tribunal Constitucional incumbe uma responsabilidade política na manutenção da ordem jurídico-estadual e da sua capacidade de funcionamento. Não pode proceder segundo a máxima: *fiat justitia, pereat res publica*. Nenhum juiz constitucional procederá assim na prática. Aqui a ponderação das consequências é, portanto, de todo irrenunciável, e neste ponto tem KRIELE razão. Certamente que as consequências (mais remotas) tão pouco são susceptíveis de ser entrevistas com segurança por um Tribunal Constitucional, se bem que este disponha de possibilidades muito mais amplas do que um simples juiz civil de conseguir uma imagem daquelas. Mas isto tem que ser aceite. No que se refere à avaliação das consequências previsíveis, esta avaliação só pode estar orientada à ideia de 'bem comum', especialmente à manutenção ou aperfeiçoamento da capacidade funcional do Estado de Direito. É, neste sentido, uma avaliação política, mas devendo exigir-se de cada juiz constitucional que se liberte, tanto quanto lhe seja possível – e este é, seguramente, em larga escala o caso – da sua orientação política subjectiva, de simpatia para com determinados grupos políticos, ou de antipatia para com outros, e procure uma resolução despreconceituada, 'racional'"[48].

---

[45] Häberle, Zeit und Verfassung, cit., p. 295-296.
[46] Häberle, Zeit und Verfassung, cit., p. 300.
[47] Häberle, *Zeit und Verfassung*, cit., p. 300.
[48] *Metodologia*, cit., p. 517.

Direitos políticos fundamentais, partidos políticos e sistemas eleitorais   1285

Talvez o caso historicamente mais relevante da assim chamada *mutação constitucional* seja expresso na concepção da igualdade racial nos Estados Unidos. Em 1896, no caso *Plessy versus Ferguson*, a Corte Suprema americana reconheceu que a separação entre brancos e negros em espaços distintos, no caso específico – em vagões de trens – era legítima. Foi a consagração da fórmula *"equal but separated"*. Essa orientação veio a ser superada no já clássico *Brown versus Board of Education* (1954), no qual se assentou a incompatibilidade dessa separação com os princípios básicos da igualdade.

Nos próprios Estados Unidos, a decisão tomada em *Mapp versus Ohio*, 367 U.S. 643 (1961), posteriormente confirmada em Linkletter versus Walker, 381 U.S. 618 (1965), a propósito da busca e apreensão realizada na residência da Sra. Dollree Mapp, acusada de portar material pornográfico, em evidente violação às leis de Ohio, traduz uma significativa mudança da orientação até então esposada pela Corte Suprema.

A condenação de Dolree Mapp foi determinada com base em evidências obtidas pela polícia quando adentraram sua residência, em 1957, apesar de não disporem de mandado judicial de busca e apreensão. A Suprema Corte, contrariando o julgamento da 1ª Instância, declarou que a 'regra de exclusão' (baseada na Quarta Emenda da Constituição), que proíbe o uso de provas obtidas por meios ilegais nas Cortes federais, deveria ser estendida também às Cortes estaduais. A decisão provocou muita controvérsia, mas os proponentes da 'regra de exclusão' afirmavam constituir esta a única forma de assegurar que provas obtidas ilegalmente não fossem utilizadas.

A decisão de *Mapp v. Ohio* superou o precedente *Wolf v. Colorado*, 338 U.S. 25 (1949), tornando a regra obrigatória aos Estados, e àqueles acusados, cujas investigações e processos não tinham atendido a estes princípios, era conferido o direito de *habeas corpus*.

Em 1965 a Suprema Corte americana julgou o caso *Linkletter v. Walker*, 381 U.S. 618, no qual um condenado por arrombamento na Corte de Louisiana requereu o direito de *habeas corpus*, com fundamento na decisão do caso *Mapp v. Ohio*.

A Suprema Corte decidiu contrariamente à aplicação retroativa da norma, naqueles casos que tiveram o julgamento final antes da decisão proferida em Mapp. Essa mudança foi descrita por Christina Aires Lima em sua dissertação de Mestrado:

> "Apesar do entendimento da Corte Federal do Distrito de Lousiana e da Corte de Apelação do Estado, de que no caso Linkletter as investigações sobre a pessoa e bens do acusado foram feitas de modo ilegal, tais Cortes decidiram que a regra estabelecida no caso Mapp não poderia ser aplicada retroativamente às condenações das cortes estaduais, que se tornaram finais antes do anúncio da decisão do referido precedente.
>
> As decisões dessas Cortes foram fundadas no entendimento de que, conferir-se efeito retroativo aos casos que tiveram julgamento final antes da decisão do caso Mapp, causaria um enorme e preocupante problema para a administração da Justiça.
>
> A Suprema Corte americana admitiu o *certiorari* requerido por *Linkletter*, restrito à questão de saber se deveria, ou não, aplicar efeito retroativo à decisão proferida no caso *Mapp*"[49].

Ao justificar o indeferimento da aplicação da norma retroativamente, a opinião majoritária da Corte Suprema americana, no julgamento do caso *Linkletter v. Walker*, foi no seguinte sentido:

> "Uma vez aceita a premissa de que não somos requeridos e nem proibidos de aplicar uma decisão retroativamente, devemos então sopesar os méritos e deméritos em cada caso, analisando o histórico anterior da norma em questão, seu objetivo e efeito, e se a operação retrospectiva irá adiantar ou retardar sua operação. Acreditamos que essa abordagem é particularmente correta com referência às proibições da 4ª Emenda, no que concerne às buscas e apreensões desarrazoadas. Ao invés de 'depreciar' a Emenda devemos aplicar a sabedoria do Justice Holmes que dizia que 'na vida da lei não existe lógica: o que há é experiência'"[50].

---

[49] LIMA, Christina Aires Corrêa. *O Princípio da Nulidade das Leis Inconstitucionais*, UnB, 2000, p. 84.
[50] *United States Reports*, Vol. 381, p. 629.

1286 Estado de Direito e Jurisdição Constitucional – Decisões relevantes em 15 anos de atuação no STF

E mais adiante ressaltou:

"A conduta imprópria da polícia, anterior à decisão em *Mapp*, já ocorreu e não será corrigida pela soltura dos prisioneiros envolvidos. Nem sequer dará harmonia ao delicado relacionamento estadual--federal que discutimos como parte do objetivo de *Mapp*. Finalmente, a invasão de privacidade nos lares das vítimas e seus efeitos não podem ser revertidos. A reparação chegou muito tarde"[51].

No direito alemão, mencione-se o famoso caso sobre o regime da execução penal (*Strafgefangene*), de 14 de março de 1972. Segundo a concepção tradicional, o estabelecimento de restrições aos direitos fundamentais dos presidiários, mediante atos normativos secundários, era considerado, inicialmente, compatível com a Lei Fundamental. Na espécie, cuidava-se de *Verfassungsbeschwerde* proposta por preso que tivera carta dirigida a uma organização de ajuda aos presidiários interceptada, porque continha críticas à direção do presídio. A decisão respaldava-se em uma portaria do Ministério da Justiça do Estado.

A Corte Constitucional alemã colocou em dúvida esse entendimento na decisão proferida sobre problemática da execução penal, como se logra depreender da seguinte passagem do acórdão:

"O constituinte contemplou, por ocasião da promulgação da Lei Fundamental, a situação tradicional da execução da pena, tal como resulta dos artigos 2°, parágrafo 2°, 2° período, e 104, parágrafos 1° e 2° da Lei Fundamental, não existindo qualquer sinal de que ele partira da premissa de que o legislador haveria de editar uma lei imediatamente após a entrada em vigor da Lei Fundamental. Na apreciação da questão sobre o decurso de prazo razoável para o legislador disciplinar a matéria e, por conseguinte, sobre a configuração de ofensa à Constituição, deve-se considerar também que, até recentemente, admitia-se, com fundamento das **relações peculiares de poder (besondere Gewaltverhältnisse)**, que os direitos fundamentais do preso estavam submetidos a uma restrição geral decorrente das condições de execução da pena. Cuidar-se-ia de limitação implícita, que não precisava estar prevista expressamente em lei. Assinale-se, todavia, que, segundo a orientação que se contrapõe à corrente tradicional, a Lei Fundamental, enquanto ordenação objetiva de valores com ampla proteção dos direitos fundamentais, não pode admitir uma restrição **ipso jure** da proteção dos direitos fundamentais para determinados grupos de pessoas. Essa corrente somente impôs-se após lento e gradual processo." (*BVerfGE 33, 1 (12)*)

A especificidade da situação impunha, todavia, que se tolerassem, provisoriamente, as restrições aos direitos fundamentais dos presidiários, ainda que sem fundamento legal expresso. O legislador deveria emprestar nova disciplina à matéria, em consonância com a orientação agora dominante sobre os direitos fundamentais.

A evolução do entendimento doutrinário e jurisprudencial – uma autêntica *mutação constitucional* – passava a exigir, no entanto, que qualquer restrição a esses direitos devesse ser estabelecida mediante expressa autorização legal.

Com essas considerações, diante da mudança que se opera, neste momento, em antiga jurisprudência do Supremo Tribunal Federal, e com base em razões de segurança jurídica, entendo que os efeitos desta decisão devam ser modulados no tempo. Creio que o marco temporal desde o qual tais efeitos possam ser efetivamente produzidos deve coincidir com a decisão do Tribunal Superior Eleitoral na Consulta n. 1.398/2007, Rel. Min. César Asfor Rocha, que ocorreu na Sessão do dia 27 de março de 2007.

VIII. Situações especiais e fixação do procedimento e da competência da Justiça Eleitoral para apreciá-las

Existem situações especiais em que a quebra dos vínculos políticos entre partido e parlamentar não configura hipótese de infidelidade partidária.

No direito constitucional espanhol, bem observa Javier García Roca, utilizando expressão de Rubio Llorente, que *"no todos tránsfugas son tan malos"*. E prossegue em sua observação: "la expresión

---

[51] *United States Reports*, Vol. 381, p. 637.

(*transfuguismo*) alberga una pluralidad de situaciones no igualmente censurables, no todos los representantes que transitan de una formación política a otra sin abandonar el cargo, se mueven por motivos socialmente justificables, algunos pueden cambiar de ideas, o mantener fielmente su compromiso con el electorado ante un cambio de rumbo inesperado del partido"[52].

O TSE, em resposta à Consulta n. 1.398, Rel. Min. César Asfor Rocha, Resolução n. 22.526, consignou que a desfiliação em virtude de (1) mudança de orientação programática do partido ou de (2) comprovada perseguição política pela agremiação ao trânsfuga seriam duas dessas situações.

Nessas hipóteses, qual o órgão que terá a competência para averiguar, em cada caso, se há uma causa justificadora da mudança de partido?

No modelo da Constituição de 1967/69, a competência era da Justiça Eleitoral, assegurada a ampla defesa ao parlamentar.

Essa mesma regra de competência deve também ser adotada no modelo atual, ficando com a Justiça Eleitoral o poder de jurisdição sobre os fatos supostamente configuradores da infidelidade partidária, resguardando-se a garantia de ampla defesa aos parlamentares e aos partidos envolvidos.

Quanto ao rito procedimental, pode-se aplicar, analogicamente, tanto o procedimento do art. 3º e seguintes da Lei Complementar n. 64/90, utilizado para a ação de impugnação de registro de candidatura e, também por analogia, à ação de impugnação de mandato eletivo; ou, alternativamente, o rito previsto no art. 22 da LC n. 64/90, aplicado à ação de investigação judicial eleitoral e, por analogia, à representação por captação de sufrágio prevista no art. 41-A da Lei n. 9.504/97.

Cabe ao Tribunal Superior Eleitoral editar Resolução que regulamente todos os aspectos decorrentes da adoção dessas novas regras de fidelidade partidária. Solução como essa foi adotada por esta Corte no julgamento do RE n. 197.917/SP, Rel. Min. Maurício Corrêa, de 6.6.2002, ante a necessidade de se dar orientação normativa uniforme para todo o país.

IX. Conclusão

De tudo o que foi dito, o certo é que, em uma democracia de partido como a que vivemos, o valor da fidelidade partidária possui um sentido mais amplo e uma densidade política ainda maior.

A fidelidade partidária condiciona o próprio funcionamento da democracia, ao impor normas de preservação dos vínculos políticos e ideológicos entre eleitores, eleitos e partidos, como definidos no momento do exercício do direito fundamental do sufrágio. Trata-se, portanto, de uma garantia fundamental da vontade do eleitor.

O "transfuguismo" ou, na linguagem vulgar, o "troca-troca" partidário, contamina todo o processo democrático, e corrompe o funcionamento parlamentar dos partidos, com repercussões negativas sobre o exercício do direito de oposição, um direito fundamental dos partidos políticos.

O Supremo Tribunal Federal está a reinterpretar a Constituição, em toda sua inteireza e não fundado em textos isolados, exercendo, dessa forma, sua função precípua de guardião da ordem constitucional. Como tenho afirmado em outros julgados nesta Corte, a evolução jurisprudencial sempre foi uma marca de qualquer jurisdição de perfil constitucional. A afirmação da mutação constitucional não implica o reconhecimento, por parte da Corte, de erro ou equívoco interpretativo do texto constitucional em julgados pretéritos. Ela reconhece e reafirma, ao contrário, a necessidade

---

[52] GARCÍA ROCA, Javier. Los derechos de los representantes: una regla individualista de la democracia. In: *La democracia constitucional*. Estudios en homenaje al Profesor Francisco Rubio Llorente. Madrid: Congreso de los Diputados, Tribunal Constitucional, Universidad Comlutense de Madrid, Fundación Ortega y Gasset, Centro de Estudios Políticos y Constitucionales, 2002, p. 863.

Estado de Direito e Jurisdição Constitucional – Decisões relevantes em 15 anos de atuação no STF

da contínua e paulatina adaptação dos sentidos possíveis da letra da Constituição à realidade que a circunda.

Ante o exposto, voto nos seguintes termos:

a) denego a segurança em relação aos parlamentares, litisconsortes passivos nos presentes mandados de segurança, que mudaram de partido antes do marco temporal fixado pelo Tribunal, em 27 de março de 2007, data do julgamento da Consulta n. 1.398/2007 pelo Tribunal Superior Eleitoral;

b) concedo a segurança em relação à Deputada Jusmari Oliveira, litisconsorte passivo no Mandado de Segurança n. 26.604, que, de acordo com os dados constantes dos autos, segundo relato da Ministra Cármen Lúcia, trocou de legenda (PFL – PR) em data posterior ao marco temporal fixado por esta Corte;

c) caberá ao Tribunal Superior Eleitoral editar Resolução para regulamentar, por meio de normas materiais e processuais, o tema da extinção dos mandatos decorrente da mudança de partido;

d) enquanto a Resolução do TSE não for editada, poderá ser dada aplicação analógica ao art. 3º e seguintes da Lei Complementar n. 64/90 – também aplicáveis à ação de impugnação de registro de candidatura e à ação de impugnação de mandato eletivo – para regular o procedimento a ser adotado na representação para declaração de extinção de mandato por infidelidade partidária decorrente da mudança de partido.

É como voto.

MS 24.831[1]

Comissão Parlamentar de Inquérito – Direito de oposição – Prerrogativa das minorias parlamentares – Expressão do postulado democrático – Instauração de inquérito parlamentar e composição da respectiva CPI – Tema que extravasa os limites *interna corporis* das casas legislativas – Viabilidade do controle jurisdicional – Impossibilidade de a maioria parlamentar frustrar, no âmbito do Congresso Nacional, o exercício, pelas minorias legislativas, do direito constitucional à investigação parlamentar (CF, art. 58, § 3º).

Trata-se de mandado de segurança de relatoria do Ministro Celso de Mello que assim resumiu o caso:

*"Trata-se de mandado de segurança, que, **impetrado** por eminentes Senadores da República, **insurge-se contra omissão** atribuída à Mesa do Senado Federal, **representada** por seu ilustre Presidente, **e que**, por **alegadamente** lesiva a direito público subjetivo das minorias parlamentares, **teria** frustrado, **não obstante** a natureza **eminentemente** constitucional desse instrumento de investigação legislativa, **a instauração de** inquérito parlamentar **destinado a apurar** a utilização das 'casas de bingos' **na prática** do delito de lavagem de dinheiro, **bem assim a esclarecer** a possível conexão dessas mesmas 'casas' e das empresas concessionárias de apostas **com** organizações criminosas.*

*Estes autos **registram** que, em 05/03/2004, **foi encaminhado** à Mesa do Senado Federal **requerimento** subscrito **por 39** (trinta e nove) Senhores Senadores, **inclusive** os ora impetrantes (**mais do que 1/3 dos membros do Senado Federal, portanto**), **com o objetivo de ver instituída** Comissão Parlamentar de Inquérito, **para apuração de** fato determinado.*

[...]

*O eminente Senhor Presidente do Senado Federal, **em sua condição** de órgão dirigente da Mesa dessa Alta Casa do Congresso Nacional, **solicitou** aos Senhores Líderes partidários **a indicação de Senadores** para compor a referida CPI, **observada** a cláusula de proporcionalidade partidária **peculiar** à formação e composição das comissões legislativas (CF, art. 58, § 1º).*

*Em resposta a tal solicitação, **somente** os Senadores Jefferson Peres, **Líder** do PDT, e Efraim Moraes, **Líder da Minoria – PFL/PSDB, procederam** à indicação **dos membros** destinados a compor as vagas em referida CPI, **sendo certo que** os Senadores **Líderes** do PMDB, do Bloco de Apoio ao Governo (PT/PSB/ PTB/PL), do PTB, do PSB e do PPS **abstiveram-se** de tal indicação, **o que inviabilizou** – não obstante a norma inscrita **no art. 58, § 3º** da Constituição – **a instauração** da investigação parlamentar em causa.*

*Com o impasse criado, o eminente Senador Arthur Virgílio **suscitou** questão de ordem perante o eminente Senhor Presidente do Senado Federal, **destinada a superar** o obstáculo surgido **com a omissão** dos Senhores Líderes das agremiações majoritárias, **em ordem a permitir** a constituição e o regular funcionamento **da referida CPI.***

*O Senhor Presidente do Senado Federal **recusou-se a suprir a omissão** dos Líderes partidários do grupo majoritário, **por entender não lhe assistir** qualquer prerrogativa nesse tema, **em face** da circunstância de o Regimento Interno do Senado Federal, alegadamente, **reservar** o exercício desse poder **apenas** aos Líderes dos Partidos Políticos (arts. 66 e 78).*

*Por tais razões, e fundando-se, ainda, na existência de lacuna normativa no texto regimental, **deixou de acolher a questão de ordem** mencionada, o que **motivou**, por parte do Senador Arthur Virgílio, **a***

---

[1] Em sessão realizada no dia 22.6.2005, o Plenário do Supremo Tribunal Federal, por votação majoritária, concedeu o mandado de segurança *"para assegurar, à parte impetrante, o direito à efetiva composição da Comissão Parlamentar de Inquérito, de que trata o Requerimento n. 245/2004, devendo, o Senhor Presidente do Senado, mediante aplicação analógica do art. 28, § 1º do Regimento Interno da Câmara dos Deputados, c/c o art. 85, 'caput', do Regimento Interno do Senado Federal, proceder, ele próprio, à designação dos nomes faltantes dos Senadores que irão compor esse órgão de investigação legislativa, observado, ainda, o disposto no § 1º do art. 58 da Constituição da República."*

*interposição de recurso (Recurso n. 5/2004), **que resultou improvido** pela E. Comissão de Constituição, Justiça e Cidadania daquela Casa legislativa.*

Daí a presente impetração, *cujo fundamento essencial **reside** na alegação **de que existe**, no sistema constitucional brasileiro – **e em favor das minorias parlamentares** – o reconhecimento do direito de oposição e da prerrogativa da investigação parlamentar, **especialmente** se se considerar, **nos termos** do art. 58, § 3º da Carta Política, que esse poder – **impregnado** de irrecusável significação político-jurídica – **revela-se oponível**, até mesmo, **às próprias maiorias parlamentares** que atuam no âmbito institucional do Legislativo.*"

Alegaram também os impetrantes a possibilidade de suprir-se a omissão dos Líderes majoritários, pela aplicação analógica de preceitos inscritos tanto no Regimento Comum do Congresso Nacional (art. 9º, § 1º) quanto no Regimento Interno da Câmara dos Deputados (art. 28, § 1º e art. 45, § 3º).

O Procurador-Geral da República opinou pelo não conhecimento da ação por entender que *"não compete ao Presidente do Senado Federal, na omissão dos líderes partidários, indicar, de mão própria, os membros de comissões".*

O julgado recebeu a seguinte ementa:

EMENTA: Comissão Parlamentar de Inquérito – Direito de oposição – Prerrogativa das minorias parlamentares – Expressão do postulado democrático – Direito impregnado de estatura constitucional – Instauração de inquérito parlamentar e composição da respectiva CPI – Tema que extravasa os limites "interna corporis" das casas legislativas – Viabilidade do controle jurisdicional – Impossibilidade de a maioria parlamentar frustrar, no âmbito do congresso nacional, o exercício, pelas minorias legislativas, do direito constitucional à investigação parlamentar (CF, art. 58, § 3º) – Mandado de segurança concedido. Criação de comissão parlamentar de inquérito: requisitos constitucionais.

– O Parlamento recebeu dos cidadãos, não só o poder de representação política e a competência para legislar, mas, também, o mandato para fiscalizar os órgãos e agentes do Estado, respeitados, nesse processo de fiscalização, os limites materiais e as exigências formais estabelecidas pela Constituição Federal. – O direito de investigar – que a Constituição da República atribuiu ao Congresso Nacional e às Casas que o compõem (art. 58, § 3º) – tem, no inquérito parlamentar, o instrumento mais expressivo de concretização desse relevantíssimo encargo constitucional, que traduz atribuição inerente à própria essência da instituição parlamentar. – A instauração do inquérito parlamentar, para viabilizar-se no âmbito das Casas legislativas, está vinculada, unicamente, à satisfação de três (03) exigências definidas, de modo taxativo, no texto da Carta Política: (1) subscrição do requerimento de constituição da CPI por, no mínimo, 1/3 dos membros da Casa legislativa, (2) indicação de fato determinado a ser objeto de apuração e (3) temporariedade da comissão parlamentar de inquérito. – Preenchidos os requisitos constitucionais (CF, art. 58, § 3º), impõe-se a criação da Comissão Parlamentar de Inquérito, que não depende, por isso mesmo, da vontade aquiescente da maioria legislativa. Atendidas tais exigências (CF, art. 58, § 3º), cumpre, ao Presidente da Casa legislativa, adotar os procedimentos subsequentes e necessários à efetiva instalação da CPI, não lhe cabendo qualquer apreciação de mérito sobre o objeto da investigação parlamentar, que se revela possível, dado o seu caráter autônomo (RTJ 177/229 – RTJ 180/101-193), ainda que já instaurados, em torno dos mesmos fatos, inquéritos policiais ou processos judiciais.

O estatuto constitucional das minorias parlamentares: a participação ativa, no Congresso Nacional, dos grupos minoritários, a quem assiste o direito de fiscalizar o exercício do poder.

– A prerrogativa institucional de investigar, deferida ao Parlamento (especialmente aos grupos minoritários que atuam no âmbito dos corpos legislativos), não pode ser comprometida pelo bloco majoritário existente no Congresso Nacional e que, por efeito de sua intencional recusa em indicar membros para determinada comissão de inquérito parlamentar (ainda que fundada em razões de estrita conveniência político-partidária), culmine por frustrar e nulificar, de modo inaceitável e arbitrário, o exercício, pelo Legislativo (e pelas minorias que o integram), do poder constitucional de fiscalização e de investigação do comportamento dos órgãos, agentes e instituições do Estado, notadamente daqueles que se estruturam na esfera orgânica do Poder Executivo. – Existe, no sistema político-jurídico brasileiro, um verdadeiro estatuto constitucional das minorias parlamentares, cujas prerrogativas – notadamente aquelas pertinentes ao direito de investigar – devem ser preservadas pelo Poder

Judiciário, a quem incumbe proclamar o alto significado que assume, para o regime democrático, a essencialidade da proteção jurisdicional a ser dispensada ao direito de oposição, analisado na perspectiva da prática republicana das instituições parlamentares. – A norma inscrita no art. 58, § 3º, da Constituição da República destina-se a ensejar a participação ativa das minorias parlamentares no processo de investigação legislativa, sem que, para tanto, mostre-se necessária a concordância das agremiações que compõem a maioria parlamentar.

A concepção democrática do estado de direito reflete uma realidade densa de significação e plena de potencialidade concretizadora dos direitos e das liberdades públicas.

– O Estado de Direito, concebido e estruturado em bases democráticas, mais do que simples figura conceitual ou mera proposição doutrinária, reflete, em nosso sistema jurídico, uma realidade constitucional densa de significação e plena de potencialidade concretizadora dos direitos e das liberdades públicas. – A opção do legislador constituinte pela concepção democrática do Estado de Direito não pode esgotar-se numa simples proclamação retórica. A opção pelo Estado democrático de direito, por isso mesmo, há de ter consequências efetivas no plano de nossa organização política, na esfera das relações institucionais entre os poderes da República e no âmbito da formulação de uma teoria das liberdades públicas e do próprio regime democrático. Em uma palavra: ninguém se sobrepõe, nem mesmo os grupos majoritários, aos princípios superiores consagrados pela Constituição da República. – O direito de oposição, especialmente aquele reconhecido às minorias legislativas, para que não se transforme numa promessa constitucional inconsequente, há de ser aparelhado com instrumentos de atuação que viabilizem a sua prática efetiva e concreta. – A maioria legislativa, mediante deliberada inércia de seus líderes na indicação de membros para compor determinada Comissão Parlamentar de Inquérito, não pode frustrar o exercício, pelos grupos minoritários que atuam no Congresso Nacional, do direito público subjetivo que lhes é assegurado pelo art. 58, § 3º, da Constituição e que lhes confere a prerrogativa de ver efetivamente instaurada a investigação parlamentar em torno de fato determinado e por período certo.

O controle jurisdicional dos atos parlamentares: possibilidade, desde que haja alegação de desrespeito a direitos e/ou garantias de índole constitucional. – O Poder Judiciário, quando intervém para assegurar as franquias constitucionais e para garantir a integridade e a supremacia da Constituição, desempenha, de maneira plenamente legítima, as atribuições que lhe conferiu a própria Carta da República, ainda que essa atuação institucional se projete na esfera orgânica do Poder Legislativo. – Não obstante o caráter político dos atos parlamentares, revela-se legítima a intervenção jurisdicional, sempre que os corpos legislativos ultrapassem os limites delineados pela Constituição ou exerçam as suas atribuições institucionais com ofensa a direitos públicos subjetivos impregnados de qualificação constitucional e titularizados, ou não, por membros do Congresso Nacional. Questões políticas. Doutrina. Precedentes. – A ocorrência de desvios jurídico-constitucionais nos quais incida uma Comissão Parlamentar de Inquérito justifica, plenamente, o exercício, pelo Judiciário, da atividade de controle jurisdicional sobre eventuais abusos legislativos (RTJ 173/805-810, 806), sem que isso caracterize situação de ilegítima interferência na esfera orgânica de outro Poder da República. Legitimidade passiva "ad causam" do Presidente do Senado Federal – autoridade dotada de poderes para viabilizar a composição das comissões parlamentares de inquérito. – O mandado de segurança há de ser impetrado em face de órgão ou agente público investido de competência para praticar o ato cuja implementação se busca. – Incumbe, em consequência, não aos Líderes partidários, mas, sim, ao Presidente da Casa Legislativa (o Senado Federal, no caso), em sua condição de órgão dirigente da respectiva Mesa, o poder de viabilizar a composição e a organização das comissões parlamentares de inquérito.

VOTO VOGAL

No caso em exame, conforme bem elucidou o eminente Relator, estamos diante de uma questão constitucional sensível, relativa à proteção do direito das minorias parlamentares.

Esse tema possui uma previsão constitucional específica no âmbito das comissões parlamentares de inquérito, o § 3º do art. 58 da Constituição Federal. Já na esfera infraconstitucional, a matéria é regulada pelo parágrafo único, do art. 1º, da Lei n. 1.579, de 18 de março de 1952, que assim dispõe:

"Parágrafo único. A criação de Comissão Parlamentar de Inquérito **dependerá de deliberação plenária, se não for determinada pelo terço da totalidade dos membros da Câmara dos Deputados ou do Senado**" (sem o grifo no original).

A pergunta fundamental que se deve fazer neste caso é a seguinte: o expediente adotado pela Mesa do Senado, de modo a validar conduta omissiva do Presidente daquela Casa Legislativa que não indicou os membros das bancadas omissas para comporem CPI, é legítimo diante do requerimento de instalação da Comissão Parlamentar formulado por 1/3 (um terço) dos membros de uma Casa Legislativa, nos termos do referido dispositivo constitucional?

Tem-se aqui uma outra dimensão da proposta de Hans Kelsen, que associava a jurisdição constitucional à democracia exatamente na medida em que a atividade jurisdicional atuasse na defesa ou na proteção das minorias representativas.

Todos sabemos que, além da função de legislar, o Poder Legislativo detém o poder-dever de, em situações excepcionais, investigar. Na Constituição brasileira, a par de estar previsto em outras disposições, esse poder-dever encontra concretização específica no mencionado § 3º do art. 58 da Constituição, que prevê a instituição das comissões parlamentares de inquérito.

E aqui, no âmbito das CPIs, o dever de investigar vincula-se expressamente à perspectiva de proteção às minorias, tendo em vista a regra que prevê o *quorum* de 1/3 (um terço) dos membros para o requerimento de instalação.

Esta Corte, no presente caso, é acionada justamente para garantir eficácia ao direito da minoria parlamentar.

Como se sabe, devemos a Kelsen a associação sistemática da jurisdição a esse aspecto importante do conceito de democracia, que é, exatamente, a possibilidade de sobrevivência e de proteção das minorias. A opção de Kelsen pelo modelo democrático está vinculada à concepção teórica do relativismo. O sistema democrático não se legitima pela verdade, mas sim pelo consenso[2].

Na famosa conferência proferida perante a Associação dos Professores de Direito Público alemães, Kelsen deixou claro que a jurisdição constitucional haveria de ter papel central em um sistema democrático moderno:

"Contra as muitas censuras que se fazem ao sistema democrático – muitas delas corretas e adequadas –, não há melhor defesa senão a da instituição de garantias que assegurem a plena legitimidade do exercício das funções do Estado. Na medida em que amplia o processo de democratização, deve-se desenvolver também o sistema de controle. É dessa perspectiva que se deve avaliar aqui a jurisdição constitucional. Se a jurisdição constitucional assegura um processo escorreito de elaboração legislativa, inclusive no que se refere ao conteúdo da lei, então ela desempenha uma importante função na proteção da minoria contra os avanços da maioria, cuja predominância somente há de ser aceita e tolerada se exercida dentro do quadro de legalidade. A exigência de um *quorum* qualificado para a mudança da Constituição traduz a ideia de que determinadas questões fundamentais devem ser decididas com a participação da minoria. A maioria simples não tem o direito de impor a sua vontade – pelo menos em algumas questões – à minoria. Nesse ponto, apenas mediante a aprovação de uma lei inconstitucional poderia a maioria afetar os interesses da minoria constitucionalmente protegidos. Por isso, a minoria, qualquer que seja a sua natureza – de classe, de nacionalidade ou de religião – tem um interesse eminente na constitucionalidade da lei.

Isto se aplica sobretudo em caso de mudança das relações entre maioria e minoria, se uma eventual maioria passa a ser minoria, mas ainda suficientemente forte para obstar uma decisão qualificada relativa à reforma constitucional. Se se considera que a essência da democracia reside não no império absoluto da maioria, mas exatamente no permanente compromisso entre maioria e minoria dos grupos populares representados no Parlamento, então representa a jurisdição constitucional um instrumento adequado para a concretização dessa ideia. A simples possibilidade de impugnação perante a Corte Constitucional parece configurar instrumento adequado para preservar os interesses da minoria contra

---

[2] KELSEN, Hans. *Vom Wesen und Wert der Demokratie*. 2. ed., 1929, p. 101.

Direitos políticos fundamentais, partidos políticos e sistemas eleitorais **1293**

lesões, evitando a configuração de uma ditadura da maioria, que, tanto quanto a ditadura da minoria, se revela perigosa para a paz social"[3].

Na experiência do direito comparado, Klaus Stüwe[4] realiza profunda análise sobre a jurisprudência do Tribunal Alemão desde o seu surgimento (1951) até os dias atuais.

O jurista alemão afirma que, na repartição das funções do Estado de Direito, o controle das instituições democráticas é exercido, de forma compartilhada, entre a "oposição parlamentar" e a "jurisdição constitucional".

Acerca dessa "oposição parlamentar", Canotilho enuncia o "direito de oposição democrática", o qual, em suas palavras:

"...é um direito imediatamente decorrente da liberdade de opinião e da liberdade de associação partidária. Precisamente por isso, o direito de oposição não se limita à *oposição parlamentar* (o art. 114.º/3, conjugado com o número 1º do mesmo artigo, poderia ser interpretado nesse sentido), antes abrange o direito à *oposição extraparlamentar*, desde que exercido nos termos da Constituição (art. 10.º/2). Por outro lado, como salienta o Tribunal Constitucional Alemão, a oposição exerce-se não apenas face à maioria parlamentar mas também face à *maioria parlamentar e governo*. A interpretação restritiva do direito à oposição (no sentido de uma simples oposição parlamentar ao «governo de sua majestade»), conduziria, desde logo, a que as forças políticas não representadas no Parlamento vissem a sua liberdade política, o seu direito de participação na vida pública, o seu direito fundamental de associação e a sua liberdade de expressão, indirectamente restringidos (para além do permitido pelo art. 18º) por uma «anódina» interpretação do direito de oposição democrática (cfr. art. 1º/3 da L n. 24/98, de 26 de Maio – Estatuto de Direito de Oposição –, onde se refere precisamente o direito de oposição dos partidos sem representação parlamentar). A ideia de *oposição extraparlamentar* conexiona-se, de resto, com outros direitos fundamentais como, por ex., os direitos de reunião e manifestação (art. 45º), e com o próprio princípio democrático (cfr. Lei n. 24/98, art. 3º/4). O princípio democrático postulará mesmo a oposição extraparlamentar quando a oposição parlamentar deixar de ter expressão significativa, como é o caso das «grandes coligações» formadas por todos ou pelos principais partidos com assento no Parlamento (*Allparteienregierung*).

Específico da *oposição parlamentar é o* direito à informação regular e directa sobre o andamento dos principais assuntos de interesse público (art. 114º/3), o direito de fiscalização e de crítica no âmbito da Assembleia da República (arts. 156º, 180º/2/c e 194º), o direito de participação na organização e funcionamento do próprio parlamento (arts. 175º/b, 176º/3, 178º/2 e 180º/1) e o direito de antena (art. 40º/2). Particularmente relevante é o *direito de consulta prévia (cf.* Lei n. 24/98, art. 5º) sobre questões políticas importantes (marcação da data de eleições, orientações de política externa, *políticas de defesa e segurança interna). O conjunto destes direitos designa-se por **direitos de oposição.** Constitucionalmente duvidosa é a limitação do direito de réplica política apenas aos partidos de oposição representados na Assembleia da República (cfr., porém, L 36/86, art. 2º, de 5/9 – garantia de réplica política dos partidos de oposição)"[5].

Nesse particular, o próprio Klaus Stüwe[6] realça o papel desempenhado pelos controles derivados dos direitos da minoria, os quais são importantes, sobretudo, nas hipóteses em que tais prerrogativas sejam "absolutas", ou seja, independam da vontade da maioria.

---

[3] KELSEN, Hans. *Wesen und Entwicklung der Staatsgerichtsbarkeit*, VVDStRL 5, 1928, p. 80-81; cf. também tradução italiana de Carmelo, Geraci. La Garanzia giurisdizionale della Costituzione. In: *La giustizia costituzionale*. Milão, 1980, p. 144 (201-203).

[4] STÜWE, Klaus. *Die Opposition im Bundestag und das Bundesverfassungsgericht: Das Verfahren als Kontrollinstrument der parlamentarischen Minderheit. Nomos Verlagsgesellschaft.* Baden-Baden, 1997, 367 pp. (*Cf.* Tradução espanhola de José Antonio Montilla Marcos).

[5] CANOTILHO, José Joaquim Gomes. *Direito Constitucional e Teoria da Constituição.* 5. ed. Almedina: Lisboa. pp. 324-325.

[6] STÜWE, Klaus, op. cit., p. 40.

Como algumas categorias desses importantes controles, Stüwe elenca dois exemplos da Lei Fundamental alemã. O primeiro é aquele da convocação antecipada do Parlamento (*Bundestag*) por meio da petição de 1/3 (um terço) de seus membros (art. 39, III). O segundo exemplo, por sua vez, tem nítida semelhança com o caso concreto sob análise. Trata-se da **obrigação**, friso, de constituir uma comissão de investigação diante da solicitação de, pelo menos, 1/4 (um quarto) dos parlamentares (art. 44, I).

Daí afirmar-se coerentemente na doutrina alemã que, se requerido, o Parlamento (*Bundestag*) **pode** instalar a CPI. O órgão parlamentar **deve**, porém, instituir a comissão se o requerimento contar com o apoio de pelo menos um quarto dos membros do parlamento. Cuida-se, pois de um direito da minoria em face da maioria – *dies ist ein Recht der Minderheit gegenüber der Mehrheit*[7].

Tendo em vista essa circunstância particular, indaga-se, no direito alemão, se, no caso de requerimento da maioria, seria necessária a edição de uma resolução do Parlamento, especialmente se o tema da investigação apresenta-se devidamente definido. A resposta é afirmativa. A resolução é também exigida porque o número de membros da comissão há de ser devidamente fixado[8].

Já com relação ao aspecto do exercício da "jurisdição constitucional", devo alertar que as modernas constituições, não obstante consagrarem os direitos fundamentais e o princípio da soberania popular como princípios básicos do Estado de Direito, dispõem, em geral, sobre a forma de manifestação da vontade popular e sobre a atuação dos órgãos representativos dessa vontade.

Nesse contexto, os entes de representação devem agir dentro de limites prescritos, estando os seus atos vinculados a determinados procedimentos[9]. Essas constituições pretendem, portanto, que os atos praticados pelos órgãos representativos possam ser objeto de crítica e controle[10]. Trata-se, em verdade, de um modelo de fiscalização democrática dos atos do Poder Público.

Tal como observado por Dieter Grimm, um sistema que admite o conflito de opinião e a pluralidade de interesses como legítimo somente poderá subsistir se houver consenso sobre a forma de resolução de conflitos e sobre os próprios limites desses conflitos[11]. Se a controvérsia tiver por objeto o próprio método de solução dos conflitos, o sistema democrático não estará livre da ameaça de instabilidades e de tumultos no seu funcionamento.

Essa colocação tem a virtude de ressaltar que a jurisdição constitucional não se mostra incompatível com um sistema democrático que imponha limites aos ímpetos da maioria e discipline o exercício da vontade majoritária. Ao revés, esse órgão de controle cumpre uma função importante no sentido de reforçar as condições normativas da democracia e atenuar a possibilidade de conflitos básicos que afetem o próprio sistema[12].

Agora, passo a tecer algumas considerações sobre o tema da criação de comissões parlamentares de inquérito no direito constitucional brasileiro. Pontes de Miranda, em comentário ao art. 37 da Constituição de 1967 (com a Emenda n. 1, de 1969), que continha preceito semelhante ao atual[13], assim lecionava:

> "A criação é *requerida*. Todo requerimento é o que se chama, em terminologia científica, ato jurídico *strictu sensu*. Requere-se a alguém. Defere, ou indefere o requerido, alguém a quem se requereu. Pode-se,

---

[7]   Schmidt-Bleibtreu-Klein, *Kommentar zum Grundgesetz*, art. 44, 9. ed., 1999, p. 835.

[8]   Schmidt-Bleibtreu-Klein, *Kommentar zum Grundgesetz*, art. 44, 9. ed., 1999, pp. 835/836.

[9]   Cf., a propósito, GRIMM, Dieter. *Verfassungserichtsbarkeit – Funktion und Funktionsgrenzen in demokratischem Staat. In: Jus-Didaktik*, Heft 4, Munique, 1977, p. 83 (95).

[10] GRIMM, Dieter, op. cit., p. 83 (95).

[11] GRIMM, Dieter, op. cit., p. 83 (96).

[12] Idem, Ibidem.

[13] "Art. 39. A Câmara dos Deputados e o Senado Federal, em conjunto ou separadamente, criarão comissões de inquérito sobre o fato determinado e por prazo certo, mediante requerimento de um terço de seus membros." (CF de 1967).

Direitos políticos fundamentais, partidos políticos e sistemas eleitorais **1295**

porém, atribuir ao destinatário do requerimento maior ou menor arbítrio, inclusive reduzi-lo a zero, isto é, fazer simplesmente integrativa de forma a atividade do corpo ou pessoa a que se dirige o requerimento. Então, cumpre-lhe apenas verificar se os pressupostos de fundo e de forma foram satisfeitos. Se houve o requerimento com a assinatura de um terço, ou mais, dos membros da câmara, ou, se a comissão de inquérito é mista, das duas câmaras, e o plenário, apreciando-o em sua feitura, o confirma, há o dever de *criar* a comissão de inquérito, porque o art. 37 foi explícito em estatuir que se há de criar (verbo "criarão") desde que o requeira o terço ou mais dos membros da câmara, ou das câmaras."[14]

Conforme registra a inicial do MS 24.847-DF, o alcance do referido dispositivo da Constituição de 1967/69 foi objeto de manifestações desta Corte na Representação 1.183-PB, quando assim se manifestou o eminente Relator, Ministro Moreira Alves:

"Essa faculdade que o art. 37 atribui a um terço dos membros de ambas as Câmaras do Congresso é exceção ao princípio estabelecido no art. 31, para permitir que a minoria, com a observância de *quorum* que seja representativo (1/3), não seja impedida pela maioria – que, muitas vezes, pertence à mesma corrente partidária do Poder Executivo – de exercitar, com relação a esse Poder, a fiscalização de fatos determinados"[15].

Tal interpretação, que enfatiza justamente a perspectiva substancial da regra que prevê o *quorum* de 1/3 (um terço), foi desenvolvida pelo Ministro Pertence, já sob o regime da Constituição de 1988, no julgamento do MS n. 22.494-DF:

"Indaga-se: há direito subjetivo em jogo? A meu ver, sim, e direito fundamental: a CPI é instrumento básico da minoria; **a maioria não precisa de CPI.** A constituição de comissões parlamentares de inquérito para fiscalizar o Governo, sem se converter antes em maioria, **é direito fundamental da minoria e, portanto, dos deputados que, em determinado episódio a personalizam, na medida em que firmam requerimento para investigação de fato que consideram relevante**"[16].

Na mesma linha, manifestou-se o Ministro Paulo Brossard no HC n. 71.039-RJ:

"6. A Constituição de Weimar, de 1919, ao assegurar à minoria (uma quinta parte do Reichstag, art. 34) o direito de criar comissão de inquérito, abriu nova e rica perspectiva a respeito, uma vez que, mesmo **contra a vontade da maioria, a minoria, vale dizer, à oposição ficava assegurado o emprego desse instrumento de atuação parlamentar.**

No Brasil, foi a Constituição de 34 que consagrou a novidade e **como prerrogativa da minoria,** art. 36; desde então, a norma inovadora foi incorporada ao nosso direito constitucional, Constituição de 46, art. 53, Carta de 1967, art. 39, Carta de 69, art. 37, Constituição de 1988, art. 58, § 3°; ainda que a Carta de 69, era natural, cuidasse de atrofiar a prerrogativa parlamentar, art. 30, parágrafo único"[17].

Já no julgamento da ADI n. 1.635-DF, o Min. Maurício Corrêa foi enfático:

"**Reafirmo: as comissões parlamentares de inquérito consubstanciam instrumental ao alcance da minoria.** Qualquer requisito que venha a ser imposto por diploma ordinário para obstacular-lhe a instalação – e não imagino, aí, a fila de requerimentos ou de deliberações para instalação futura dessas comissões – conflita, pelo menos sob o meu olhar, sob a leitura que faço da Carta da República, com esse mesmo diploma."[18]

Por fim, merece registro o lúcido entendimento do Ministro Celso de Mello, também na ADI n. 1.635-DF:

"**Não posso,** desse modo, **precisamente porque existe,** no caso, um claro fundamento constitucional sobre o qual se apoia a pretensão dos autores, conferir precedência (que seria inaceitável) a um argumento

---

[14] MIRANDA, Pontes de. *Comentários à Constituição de 1967 (com a Ementa n. I DE 1969).* Tomo II (Arts. 34 – 112). 2. ed. rev. São Paulo: Revista dos Tribunais, 1970, p. 64
[15] Voto proferido na Representação n. 1.183, *DJ* de 01.12.1984.
[16] Cf. voto proferido no Mandado de Segurança n. 22.494-DF, Rel. Min. Maurício Corrêa, *DJ* de 27.06.1997.
[17] Cf. voto proferido no HC n. 71.039-RJ, Rel. Min. Paulo Brossard, *DJ* de 06.12.1996.
[18] Cf. voto proferido na ADI n. 1.635-DF, Rel. Min. Maurício Corrêa, *DJ* de 05.03.2004.

de caráter **meramente** regimental, **para,** a partir dele – **e com incompreensível preponderância** sobre a grave afirmação de desrespeito ao texto da Constituição da República **frustrar o controle parlamentar** sobre atos do governo, **em detrimento** de uma prerrogativa constitucional assegurada, em tema de fiscalização legislativa, **às minorias** existentes no âmbito das Casas do Congresso Nacional.

É preciso ter presente, **ao reconhecer-se** a natureza **indiscutivelmente** constitucional de que se reveste a controvérsia **sub examine,** que o preceito normativo inscrito no art. 58, § 3°, da Carta Federal **destina-se** a ensejar a **ativa** participação **das minorias parlamentares** no processo de investigação legislativa dos atos do Poder Executivo.

Não se pode recusar procedência à afirmação, **em tudo compatível com a essência democrática que qualifica o regime político brasileiro,** tal como veio este a ser definido pelo próprio texto da Constituição da República, de que a circunstância 'de a maioria não necessitar dos votos da minoria para lograr sucesso em todas as suas iniciativas não significa possa ela, só por isso, violentar normas constitucionais e regimentais para abreviar a consumação de atos do seu interesse. **A minoria, face à lei, está colocada em pé de igualdade com ela** e todos tem a obrigação indeclinável de se subordinarem às normas que se impuserem através de Regimento e às que lhes impôs a Constituição. (*RT* 442/193).

Não se revela possível desconsiderar, **por isso mesmo,** a própria **ratio** subjacente ao preceito normativo inscrito no art. 58, § 3°, da Constituição, cujo fundamento político-jurídico, **derivando da necessidade de respeito incondicional às minorias parlamentares,** atua como verdadeiro **pressuposto de legitimação** da ordem democrática.

(...)

O desrespeito às prerrogativas constitucionais dos legisladores, **o desprezo,** pelo bloco dominante no Congresso Nacional, ao poder de investigação parlamentar da Oposição, as **interpretações que frustrem** os direitos essenciais dos grupos parlamentares minoritários **e os comportamentos institucionais** que possam concretizar ofensa aos atos destinados à legítima fiscalização do Poder Executivo, **especialmente** em tema de inquestionável relevância nacional – **como o é** a investigação parlamentar do Sistema Financeiro Nacional –, **qualificam-se,** quando efetivamente constatado o abuso, **como procedimentos intoleráveis,** destituídos de **qualquer** legitimidade jurídica, **ainda** que se invoque, para sustentar eventuais desvios arbitrários, o argumento da prevalência da vontade majoritária, cujo predomínio, no entanto, no âmbito do Parlamento, **somente** pode resultar **se** e **quando** efetivamente respeitados os direitos e as prerrogativas **dos grupos minoritários**"[19].

Com relação à disciplina estabelecida pelo Regimento Interno do Senado Federal, é valido transcrever os seguintes dispositivos:

"**Art. 74.** As comissões temporárias serão:

I – internas – as previstas no Regimento para finalidade específica;

II – externas – destinadas a representar o Senado em congressos, solenidades e outros atos públicos;

III – **parlamentares de inquérito – criadas nos termos do art. 58, § 3°, da Constituição. (sem o grifo no original).**

(...)

Art. 78. Os membros das comissões serão designados pelo Presidente, por indicação escrita dos respectivos líderes, assegurada, tanto quanto possível, a participação proporcional das representações partidárias ou dos blocos parlamentares com atuação no Senado Federal (Const., art. 58, § 1°)" **(sem o grifo no original).**

Apenas para efeito de elucidação da argumentação desenvolvida por Pontes de Miranda relativamente à extensão do art. 37 da Constituição de 1967 (dispositivo análogo ao art. 58, § 3°, da atual CF), destaco o seguinte excerto:

"**[Dizia Pontes]** Outra questão é a de se saber se o requerimento feito por alguma comissão e levado a plenário pode ser base para a criação. A resposta é afirmativa, porque o art. 37 não disse que *somente* se cria

---

[19] Cf. voto proferido na ADI n. 1.635-DF, Rel. Min. Maurício Corrêa, *DJ* de 05.03.2004.

comissão de inquérito se o requer um terço dos membros da câmara, ou das câmaras, ou que tal requerimento, assinado por um terço, é pressuposto para as deliberações, e sim que, se fôr requerida a criação por um terço, se criará. O requerimento, na espécie do art. 37, é exercício do direito formativo gerador"[20].

Assim, partindo-se da premissa de que é possível estabelecer, aqui, raciocínio análogo ao disposto pelo Regimento do Senado, pode-se dizer que o art. 78 não preconiza que a designação de membros das comissões "somente" será realizada mediante "indicação escrita dos respectivos líderes".

Pelo contrário, na linha apontada pelos diversos precedentes desta Corte, essa garantia institucional diz respeito a uma interpretação constitucional que esclareça os seus limites.

Ao mesmo tempo em que se assegure a liberdade de disposição no que concerne a aspectos de auto-organização, não é possível que o regramento regimental descumpra os requisitos mínimos estatuídos na Constituição e na legislação de regência.

De fato, o art. 78 do Regimento do Senado não especifica a possibilidade de o Presidente da Casa Legislativa indicar, no caso de omissão das lideranças partidárias, os membros da comissão parlamentar de inquérito.

Todavia, sob o pretexto de que se trataria de uma "questão interna" não se pode simplesmente ignorar o disposto no art. 58, § 3º, da CF, bem como no parágrafo único do art. 1º da Lei n. 1.579/1952.

A condição que se coloca para o exercício dessa garantia institucional é a de que, para a criação das comissões parlamentares de inquérito, seja obtido o *quorum* de 1/3 (um terço) dos representantes da casa respectiva.

Ademais, ao lançar mão de uma interpretação sistemática do Regimento do Senado, observa-se que, diante desta curiosa omissão regimental e na hipótese de inércia das lideranças partidárias, a indicação dos membros das CPIs pela Presidência da Casa não contraria o disposto no art. 48, XXI, do Regimento do Senado:

> **"Art. 48.** Ao Presidente compete:
> XXI – designar substitutos de membros das comissões e nomear relator em plenário;"

Pode-se dizer, portanto, que a possibilidade de indicação no caso de inércia de tais lideranças estaria logicamente incluída no rol de "competências implícitas" da Presidência do Senado. Nesse particular, é pertinente realçar ainda o disposto tanto pelo art. 33, § 1º, do Regimento Interno da Câmara dos Deputados, quanto pelo art. 9º, § 1º, do Regimento Comum do Congresso Nacional:

> [No Regimento da Câmara, lê-se que:]
> **"Art. 33.** (...)
> § 1º As Comissões Temporárias compor-se-ão do número de membros que for previsto no ato ou requerimento de sua constituição, designados pelo Presidente por indicação dos Líderes, **ou independentemente desta se, no prazo de quarenta e oito horas após criar-se a Comissão, não se fizer a escolha."** (sem o grifo no original).
> [O **Regimento Comum do Congresso Nacional**, por sua vez, estabelece que:]
> **"Art. 9º Os membros das Comissões** Mistas do Congresso Nacional **serão designados pelo Presidente do Senado mediante indicação das lideranças.**
> § 1º Se os **Líderes não fizerem a indicação, a escolha caberá ao Presidente."** (sem o grifo no original).

Quanto à questão do exercício do direito de minoria, denota-se, apenas para fins exemplificativos, que ele também está consagrado no art. 23 do Regimento Interno da Câmara dos Deputados e no art. 10 do Regimento Comum do Congresso Nacional:

---

[20] MIRANDA, Pontes de. *Comentários à Constituição de 1967 (com a Ementa n. I de 1969).* Tomo II (Arts. 34 – 112). 2. ed. rev. São Paulo: Revista dos Tribunais, 1970, p. 64.

[No Regimento da Câmara:]

"**Art. 23.** Na constituição das Comissões assegurar-se-á, tanto quanto possível, a representação proporcional dos Partidos e dos Blocos Parlamentares que participem da Casa, incluindo-se sempre um membro da Minoria, ainda que pela proporcionalidade não lhe caiba lugar."

[Já o Regimento Comum do Congresso, de igual modo, disciplina que:]

"**Art. 10.** As Comissões Mistas, ressalvado o disposto no parágrafo único do art. 21, no art. 90(6) e no § 2º do art. 104, compor-se-ão de 11 (onze) Senadores e 11 (onze) Deputados, obedecido o critério da proporcionalidade partidária, **incluindo-se sempre, um representante da Minoria, se a proporcionalidade não lhe der representação**" (sem o grifo no original).

Diante do exposto, violou direito líquido e certo o ato da Mesa do Senado que validou a conduta omissiva do Presidente daquela Casa Legislativa, o qual, por sua vez, não indicou os membros para a composição da denominada "CPI dos Bingos" sob a alegação de que parcela da bancada parlamentar teria se mantido inerte quanto à "indicação escrita pelos respectivos líderes" (Regimento do Senado, art. 78).

Assim, manifesto-me pelo **deferimento** do *writ* nos termos do voto Relator.

ADPF 144[1]

Inelegibilidade – Vida pregressa – Decisão condenatória – Ausência de trânsito em julgado – Princípio da presunção de inocência.

Tratava-se de arguição de descumprimento de preceito fundamental, ajuizada pela Associação dos Magistrados Brasileiros – AMB, em que questionava a validade constitucional das interpretações emanadas do Tribunal Superior Eleitoral – TSE em tema de inelegibilidade fundada na vida pregressa dos candidatos.

Sustentava, ademais, por incompatibilidade com o § 9º do art. 14 da CF, na redação que lhe deu a ECR 4/94 ("Art. 14, § 9º Lei complementar estabelecerá outros casos de inelegibilidade e os prazos de sua cessação, a fim de proteger a probidade administrativa, a moralidade para exercício de mandato considerada vida pregressa do candidato, e a normalidade e legitimidade das eleições contra a influência do poder econômico ou o abuso do exercício de função, cargo ou emprego na administração direta ou indireta."), a não recepção de certos textos normativos inscritos na Lei Complementar 64/90, nos pontos em que exige o trânsito em julgado para efeito de reconhecimento de inelegibilidade e em que acolhe ressalva descaracterizadora de hipótese de inelegibilidade.

Foi assim ementada a decisão:

EMENTA: Arguição de Descumprimento de Preceito Fundamental – Possibilidade de ministros do STF, com assento no TSE, participarem do julgamento da ADPF – Inocorrência de incompatibilidade processual, ainda que o presidente do TSE haja prestado informações na causa – Reconhecimento da legitimidade ativa ad causam da Associação dos Magistrados Brasileiros – Existência, quanto a ela, do vínculo de pertinência temática – Admissibilidade do ajuizamento de ADPF contra interpretação judicial de que possa resultar lesão a preceito fundamental – Existência de controvérsia relevante na espécie, ainda que necessária sua demonstração apenas nas arguições de descumprimento de caráter incidental – Observância, ainda, no caso, do postulado da subsidiariedade – Mérito: relação entre processos judiciais, sem que neles haja condenação irrecorrível, e o exercício, pelo cidadão, da capacidade eleitoral passiva – Registro de candidato contra quem foram instaurados procedimentos judiciais, notadamente aqueles de natureza criminal, em cujo âmbito ainda não exista sentença condenatória com trânsito em julgado – Impossibilidade constitucional de definir-se, como causa de inelegibilidade, a mera instauração, contra o candidato, de procedimentos judiciais, quando inocorrente condenação criminal transitada em julgado – Probidade administrativa, moralidade para o exercício do mandato eletivo, vita anteacta e presunção constitucional de inocência – Suspensão de direitos políticos e imprescindibilidade, para esse efeito, do trânsito em julgado da condenação criminal (CF, art. 15, III) – Reação, no ponto, da Constituição democrática de 1988 à ordem autoritária que prevaleceu sob o regime militar – Caráter autocrático da cláusula de inelegibilidade fundada na Lei Complementar n. 5/70 (art. 1º, I, n), que tornava inelegível qualquer réu contra quem fosse recebida denúncia por suposta prática de determinados ilícitos penais – Derrogação dessa cláusula pelo próprio regime militar (Lei Complementar n. 42/82), que passou a exigir, para fins de inelegibilidade do candidato, a existência, contra ele, de condenação penal por determinados delitos – Entendimento do Supremo Tribunal Federal sobre o alcance da LC n. 42/82: necessidade de que se achasse configurado o trânsito em julgado da condenação (RE 99.069/BA, Rel. Min. Oscar Corrêa) – Presunção constitucional de inocência: um direito fundamental que assiste a qualquer pessoa – Evolução histórica e regime jurídico do princípio do estado de inocência – O tratamento dispensado à presunção de inocência pelas declarações internacionais de direitos e liberdades fundamentais, tanto as de caráter regional quanto as de natureza

---

[1] Na sessão plenária de 6.8.2008, o Tribunal, por maioria, julgou improcedente arguição de descumprimento de preceito fundamental, vencidos os Ministros Carlos Britto e Joaquim Barbosa que julgavam a arguição procedente.

global – O processo penal como domínio mais expressivo de incidência da presunção constitucional de inocência – Eficácia irradiante da presunção de inocência – Possibilidade de extensão desse princípio ao âmbito do processo eleitoral – Hipóteses de inelegibilidade – Enumeração em âmbito constitucional (CF, art. 14, §§ 4º a 8º) – Reconhecimento, no entanto, da faculdade de o Congresso Nacional, em sede legal, definir "outros casos de inelegibilidade" – Necessária observância, em tal situação, da reserva constitucional de lei complementar (CF, art. 14, § 9º) – Impossibilidade, contudo, de a lei complementar, mesmo com apoio no § 9º do art. 14 da Constituição, transgredir a presunção constitucional de inocência, que se qualifica como valor fundamental, verdadeiro cornerstone _em que se estrutura o sistema que a nossa Carta política consagra em respeito ao regime das liberdades e em defesa da própria preservação da ordem democrática – Privação da capacidade eleitoral passiva e processos, de natureza civil, por improbidade administrativa – Necessidade, também em tal hipótese, de condenação irrecorrível – Compatibilidade da Lei n. 8.429/92 (art. 20, caput) com a Constituição Federal (art. 15, V, c/c o art. 37, § 4º) – O significado político e o valor jurídico da exigência da coisa julgada – Releitura, pelo Tribunal Superior Eleitoral, da Súmula 01/TSE, com o objetivo de inibir o afastamento indiscriminado da cláusula de inelegibilidade fundada na LC 64/90 (art. 1º, I, g) – Nova interpretação que reforça a exigência ético-jurídica de probidade administrativa e de moralidade para o exercício de mandato eletivo – Arguição de Descumprimento de Preceito Fundamental julgada improcedente, em decisão revestida de efeito vinculante._

VOTO

O Tribunal conclui mais um julgamento em arguição de descumprimento de preceito fundamental. Inicialmente contestada e tratada com receio pelo próprio Tribunal, o instituto da ADPF tem se desenvolvido amplamente na recente jurisprudência desta Corte.

Primeiro, tivemos o julgamento definitivo da ADPF n. 33, na qual o Tribunal decidiu que a existência de ADI contra dispositivos da Lei n. 9.882/99 não constitui óbice à continuidade do julgamento da arguição.

Como é sabido, a OAB propôs a ADI n. 2.231 contra a Lei 9.882/99, distribuída à época ao Ministro Néri da Silveira, na qual se alegava, em síntese, a inconstitucionalidade do parágrafo único, inciso I, do art. 1º, o § 3º do art. 5º, o art. 10, *caput* e § 3º, e o art. 11, todos da mesma Lei. O Ministro Néri da Silveira, na Sessão do dia 5.12.2001, acolheu em parte a arguição, para suspender, com eficácia *ex nunc* e até o julgamento final da ação, a vigência do § 3º do art. 5º da referida lei, por estar relacionado com a arguição incidental em processos em concreto, e conferir interpretação conforme a Constituição ao inciso I do § único do art. 1º, excluindo de sua aplicação controvérsia constitucional concretamente já deduzida em processo judicial em curso. O julgamento foi interrompido em razão de pedido de vista do Ministro Sepúlveda Pertence.

Depois, o Tribunal conheceu da ADPF n. 54, Rel. Min. Marco Aurélio (Sessão de 27.4.2005), na qual se discute a constitucionalidade do aborto de fetos anencéfalos.

Neste ano de 2008, em Sessão de 27 de fevereiro, o Tribunal proferiu julgamento em medida cautelar na ADPF n. 130, Rel. Min. Carlos Britto, na qual se discute a constitucionalidade Lei de Imprensa (Lei n. 5.250/67) em face dos preceitos fundamentais da liberdade de expressão e da liberdade de imprensa.

O Tribunal apreciou pedido de medida cautelar também na ADPF n. 47, Rel. Min. Eros Grau, e na ADPF n. 79, Rel. Min. Cezar Peluso, e está em andamento o julgamento da ADPF n. 46, Rel. Min. Marco Aurélio. Além disso, na ADPF n. 101, Rel. Min. Cármen Lúcia, realizou-se a segunda audiência pública nesta Corte destinada à oitiva de experts na matéria discutida na ação constitucional.

Como se pode ver, paulatinamente a arguição de descumprimento de preceito fundamental vai se consolidando nesta Corte como ação constitucional destinada à proteção de preceitos fundamentais naqueles casos em que outras vias de impugnação se mostrem inadequadas.

Direitos políticos fundamentais, partidos políticos e sistemas eleitorais **1301**

As mudanças ocorridas no sistema de controle de constitucionalidade brasileiro a partir de 1988 alteraram radicalmente a relação que havia entre os controles concentrado e difuso. A ampliação do direito de propositura da ação direta e a criação da ação declaratória de constitucionalidade vieram reforçar o controle concentrado em detrimento do difuso. Não obstante, subsistiu um espaço residual expressivo para o controle difuso relativo às matérias não suscetíveis de exame no controle concentrado (interpretação direta de cláusulas constitucionais pelos juízes e tribunais, direito pré-constitucional, controvérsia constitucional sobre normas revogadas, controle de constitucionalidade do direito municipal em face da Constituição Federal). É exatamente esse espaço, imune à aplicação do sistema direto de controle de constitucionalidade, que tem sido responsável pela repetição de processos, pela demora na definição das decisões sobre importantes controvérsias constitucionais e pelo fenômeno social e jurídico da chamada "guerra de liminares".

O instituto da ADPF, sem dúvida, vem se afirmando como autêntica ação constitucional voltada à proteção da Constituição.

A ADPF permite a antecipação de decisões sobre controvérsias constitucionais relevantes, evitando que elas venham a ter um desfecho definitivo após longos anos, quando muitas situações já se consolidaram ao arrepio da "interpretação autêntica" do Supremo Tribunal Federal.

A ADPF também pode ser utilizada para – de forma definitiva e com eficácia geral – solver controvérsia relevante sobre a legitimidade do direito ordinário pré-constitucional em face da nova Constituição que, até o surgimento do instituto, somente poderia ser veiculada mediante a utilização do recurso extraordinário.

Ademais, as decisões proferidas pelo Supremo Tribunal Federal nesses processos, haja vista a eficácia *erga omnes* e o efeito vinculante, estão aptas a fornecer a diretriz segura para o juízo sobre a legitimidade ou a ilegitimidade de atos de teor idêntico, editados pelas diversas entidades municipais.

Assim, a arguição de descumprimento, que pode ser manejada para solver controvérsias constitucionais sobre a constitucionalidade do direito federal, do direito estadual e também do direito municipal, veio completar o sistema de controle de constitucionalidade de perfil relativamente concentrado no Supremo Tribunal Federal.

Expresso essas palavras para enfatizar esse vertiginoso desenvolvimento da ADPF no Supremo Tribunal Federal. Não tenho dúvidas de que a ADPF desenvolverá cada vez mais o seu potencial como ação voltada à proteção da ordem constitucional.

Passo então à análise da controvérsia constitucional.

O objeto desta ADPF são expressões constantes das alíneas *d, e, g* e *h* do inciso I do art. 1º, assim como parte do art. 15, todos da Lei Complementar n. 64, de 18 de maio de 1990, comumente denominada "Lei das Inelegibilidades". O fundamento constitucional estaria na não recepção de normas constantes desses dispositivos pelo art. 14, § 9º, da Constituição, com a redação conferida pela Emenda Constitucional n. 4, de 7 de julho de 1994. Impugna-se, ainda, a interpretação dada pelo Tribunal Superior Eleitoral ao referido § 9º do art. 14º da Constituição, no sentido de não ser norma autoaplicável, por isso, dependente de lei complementar para ter plena vigência e eficácia (interpretação consolidada na Súmula n. 13 do TSE).

Entende a Associação dos Magistrados Brasileiros – AMB, em síntese, que o § 9º do art. 14 da Constituição constitui, sim, norma de eficácia plena e imediata e que, portanto, (1) a exigência do *"trânsito em julgado"* das decisões mencionadas nas alíneas "d", "e" e "h" do inciso I do art. 1º, (2) a ressalva quando *"a questão houver sido ou estiver sendo submetida à apreciação do Poder Judiciário"* constante da alínea "g" do inciso I do art. 1º, (3) assim como a exigência de que tenha *"transitada em julgado"* a decisão mencionada no art. 15, todos da Lei Complementar n. 64/90, estariam em total conflito com a referida norma constitucional, da qual somente se poderia extrair a teleologia no sentido de se proteger a probidade administrativa e a moralidade para o exercício do mandato eletivo, considerada a vida pregressa do candidato.

Os pressupostos para o conhecimento da ADPF estão plenamente preenchidos. Não se pode negar a controvérsia judicial que se estabeleceu em torno da interpretação do § 9º do art. 14 da Constituição, com a redação determinada pela Emenda Constitucional n. 4, de 1994.

Sobre o tema, o Tribunal Superior Eleitoral tem seguido uma perene linha jurisprudencial. A questão voltou a ser amplamente debatida naquela Corte em 20 de setembro de 2006, no julgamento do Recurso Ordinário n. 1.069, Rel. Min. Marcelo Ribeiro, ocasião em que se reafirmou o entendimento consolidado na Súmula n. 13 no sentido de que o art. 14, § 9º da Constituição não é autoaplicável e que, portanto, na ausência de lei complementar estabelecendo os casos em que a vida pregressa do candidato configure causa de inelegibilidade, não pode o Poder Judiciário substituir o legislador para aplicar diretamente a norma constitucional mediante critérios fixados judicialmente. O mesmo posicionamento foi fixado no julgamento do RESPE n. 26.437, Rel. Min. Marcelo Ribeiro.

Também neste ano de 2008, o TSE debruçou-se novamente sobre o assunto (RCED n. 667, Rel. Min. Gerardo Grossi; PA n. 19919 – Consulta formulada pelo Tribunal Regional da Paraíba) e, em todos os julgados, manteve a plena vigência do entendimento consolidado em sua Súmula n. 13.

A posição do TSE, a meu ver, reafirma o valor da presunção de inocência ou de não culpabilidade no ordenamento constitucional brasileiro. Tal princípio impede a outorga de consequências jurídicas sobre investigado, denunciado ou réu antes do efetivo trânsito em julgado de eventual decisão condenatória.

A garantia da presunção de não culpabilidade não se restringe ao âmbito do direito e do processo penais. Sua abrangência é ampla o suficiente para abarcar todo comportamento do poder público tendente à sanção de indivíduos investigados, denunciados ou acusados, com repercussão em diversos âmbitos do direito.

Trata-se, assim, de uma garantia de segurança do cidadão em face do Estado. Conforme as lições de Ferrajoli, *"a presunção de inocência não é apenas uma garantia de liberdade e de verdade, mas também uma garantia de segurança ou, se quisermos, de defesa social: da específica segurança fornecida pelo Estado de Direito e expressa pela confiança dos cidadãos na justiça, e daquela específica defesa destes contra o arbítrio punitivo"*[2].

Não tenho dúvidas de que a consideração de fatos da vida pregressa do candidato, como o indiciamento, a denúncia ou a acusação penal, para a configuração de causas de inelegibilidade, sem expressa previsão legislativa para tanto, viola a garantia fundamental da presunção de inocência (art. 5º, LVII, da Constituição).

A Emenda Constitucional n. 4, de 1994, foi salutar ao modificar o art. 14, § 9º, da Constituição, para determinar à lei o estabelecimento de outros casos de inelegibilidade, a fim de proteger a probidade e a moralidade para o exercício do mandato, considerada a vida pregressa do candidato.

É a lei complementar, ressalte-se, que deve estabelecer essas causas de inelegibilidade. O art. 14, § 9º, necessita, impreterivelmente, dessa densificação normativa. Há, aqui, uma reserva absoluta de lei complementar, que não pode ser desconsiderada pela autoridade judicial eleitoral.

A criação judicial de novas causas de inelegibilidade, nesse caso, além de violar a reserva de lei complementar presente no art. 14, § 9º, dá ensejo a arbitrariedades indubitavelmente incompatíveis com o valor da democracia.

---

[2] FERRAJOLI, Luigi. *Direito e Razão. Teoria do Garantismo Penal.* São Paulo: RT, 2002, p. 441.

Todos sabem quão fácil é, hoje em dia, instaurar procedimentos investigatórios contra quem quer que seja. Não é difícil vislumbrar, mesmo porque são notórios os casos concretos ocorridos e amplamente divulgados nos meios de comunicação, os abusos e arbitrariedades que podem ser cometidos com base nessa interpretação que a entidade autora pretende conferir ao art. 14, § 9º, da Constituição. A via que se abre é, portanto, perigosa e ameaçadora do próprio regime democrático.

Reafirmo, portanto, a necessidade de que haja uma mínima tipicidade dos atos e fatos configuradores de causas de inelegibilidade para fins de aplicação da determinação contida no art. 14, § 9º, da Constituição.

Caberá à lei complementar definir as hipóteses de inelegibilidade, podendo o legislador estabelecer critérios.

Esse, portanto, é o entendimento que deve ficar consignado neste julgamento.

É bem verdade que esta Corte, sob a égide da Constituição anterior, já havia firmado posicionamento sobre o tema.

Em 17 de novembro de 1976, houve por bem o Supremo Tribunal Federal reformar decisão proferida pelo Tribunal Superior Eleitoral na qual se afirmava a inconstitucionalidade de norma que estabelecia a inelegibilidade dos cidadãos que estivessem respondendo a processo-crime[3]. A lei federal determinava que cidadãos denunciados pela prática de crime não eram elegíveis[4].

O Tribunal Superior Eleitoral reconheceu a inconstitucionalidade dessa disposição, por incompatível com o princípio da presunção da inocência. Esse princípio, postulado universal de direito, referido na Declaração dos Direitos do Homem e do Cidadão, de 10 de dezembro de 1948, teria sido incorporado à ordem constitucional brasileira pela cláusula constante do art. 153, § 36, da Constituição de 1967/69[5].

Vale registrar passagem do voto proferido pelo eminente Ministro Leitão de Abreu, no julgamento do recurso extraordinário, que bem sintetiza a orientação que conduziu o Tribunal Superior Eleitoral à pronúncia de inconstitucionalidade da norma questionada:

> "Em nosso sistema constitucional, dispensável se faz colocar esse problema, especialmente naquilo que entende com o princípio da presunção de inocência, não tanto em nome do princípio cardial do direito internacional público – *pacta sunt servanda* – mas principalmente em face da regra posta na vigente Carta Política, regra que acompanha a nossa evolução constitucional. Nessa norma fundamental se estatui que 'a especificação dos direitos e garantias expressos nesta Constituição não exclui outros direitos e garantias decorrentes do regime e dos princípios que ela adota'. Ora, o postulado axiológico da presunção de inocência está em perfeita sintonia com os direitos e garantias do regime e dos princípios que ela adota. O valor social e jurídico, que se expressa na presunção de inocência do acusado, é inseparável do sistema axiológico, que inspira a nossa ordem constitucional, encontrando lugar necessário, por isso, entre os demais direitos e garantias individuais, especificados no art. 153 da Constituição Federal. Além de se tratar, desse modo, como declarado com a sua costumeira elegância, o eminente Ministro Xavier de Albuquerque, de princípio eterno, universal, imanente, que não precisa estar inscrito em Constituição nenhuma, esse princípio imanente, universal e eterno constitui, em nossa ordem constitucional, direito positivo"[6].

O Supremo Tribunal Federal não aderiu a esse entendimento e, por maioria de votos, reformou a decisão, sem negar, no entanto, que o princípio da presunção da inocência poderia encon-

---

[3] RE 86.297, Relator: Ministro Thompson Flores, *RTJ*, n. 79, p. 671.
[4] Lei Complementar n. 5, de 1970, art. 1, I, *n*.
[5] RE 86.297, Relator: Ministro Thompson Flores, *RTJ*, n. 79, p. 671.
[6] RE 86.297, Relator: Ministro Thompson Flores, *RTJ*, n. 79, p. 671 (705).

trar aplicação na ordem jurídica brasileira. Seria legítimo, todavia, o estabelecimento de restrições legais ao direito do cidadão, ainda que na ausência de decisão judicial definitiva sobre a sua culpabilidade[7].

A posição da maioria pode ser traduzida pela seguinte passagem do voto proferido pelo Ministro Moreira Alves:

> "A presunção de inocência é (...) ideia-força que justifica uma série de direitos processuais em favor do acusado no processo penal moderno. Tomada, porém, em seu sentido literal, traduziria nas expressões vigorosas de Manzini (...), ideia 'goffamente paradossale e irrazionale' (desazadamente paradoxal e irracional). E Manzini, ninguém o nega, foi estrênuo defensor do respeito aos direitos processuais do réu e da dignidade humana. Foi por tomá-la em sentido literal, dando-lhe valor absoluto, por alçá-la à magnitude da categoria dos direitos inerentes à pessoa humana, que a maioria do Tribunal Superior Eleitoral considerou parcialmente inconstitucional a letra 'n' do inciso I do art. 1º da Lei Complementar n. 5/1970.
>
> Nesse sentido – sem o qual a inconstitucionalidade em causa perderia sua base de sustentação – não posso considerar a presunção de inocência como daqueles princípios eternos, universais, imanentes, que não precisam estar inscritos nas Constituições, e que, na nossa, teriam guarida na norma residual do § 36 do art. 153. O ataque que sua literalidade tem sofrido pelos adeptos mais conspícuos dos princípios que floresceram à sua sombra o demonstra. Os fatos – admissão universal das providências admitidas contra a pessoa ou os bens do réu (prisão, sequestro, arresto, apreensão de bens) – o evidenciam. Se é indisputável que a presunção de inocência não impede o cerceamento do bem maior, que é a liberdade, como pretender-se que possa cercear a atuação do legislador no terreno das inelegibilidades, em que, por previsão constitucional expressa, até fatos de ordem moral podem retirar a capacidade eleitoral passiva?
>
> Não tenho, portanto, dúvida alguma sobre a constitucionalidade da letra 'n' do inciso I do art. 1º da Lei Complementar n. 5/1970[8]".

Recusou-se, dessa forma, a posição que acolhia o princípio da presunção da inocência como integrante da ordem constitucional brasileira por força da cláusula de remissão contida no art. 153, § 36, da Constituição de 1967/69.

É provável que a questão pudesse ter sido discutida, de modo mais plausível, com base no *princípio da proporcionalidade* (*excesso de poder legislativo*).

E é justamente sob o ponto de vista do princípio da proporcionalidade que a controvérsia pode ser solvida com maior clareza.

Cabe questionar se a proteção da probidade e da moralidade no exercício dos mandatos pode configurar justificativa idônea para restringir ou mesmo anular a garantia individual da presunção de inocência assegurada ao cidadão-candidato.

Como ensina Alexy, "o postulado da proporcionalidade em sentido estrito pode ser formulado como uma lei de ponderação cuja fórmula[9] mais simples voltada para os direitos fundamentais diz: *quanto mais intensa se revelar a intervenção em um dado direito fundamental, maiores hão de se revelar os fundamentos justificadores dessa intervenção*"[10].

A concepção segundo a qual é possível restringir o direito fundamental à presunção de inocência esbarraria, no caso, na exigência de lei complementar destinada à tipificação das hipóteses de inelegibilidade, ou seja, na reserva de lei estabelecida pela própria Constituição.

E o teste da proporcionalidade também pode deixar bem claro que o exercício de criatividade judicial quanto a novas causas de inelegibilidade não se mostra necessário ante outros

---

[7] RE 86.297, Relator: Ministro Thompson Flores, *RTJ*, n. 79, p. 671 (683 e s.).

[8] RE 86.297, Relator: Ministro Thompson Flores, *RTJ*, n. 79, p. 671 (694).

[9] Para uma formulação geral sobre princípios, cf. R. Alexy, *Theorie der Grundrechte*, p. 146.

[10] *Colisão e ponderação como problema fundamental da dogmática dos direitos fundamentais*. Palestra proferida na Fundação Casa de Rui Barbosa, Rio de Janeiro, em 10.12.1998. Tradução informal de Gilmar Ferreira Mendes.

Direitos políticos fundamentais, partidos políticos e sistemas eleitorais **1305**

meios menos gravosos ao cidadão-candidato e igualmente adequados para a consecução da finalidade enunciada na norma constitucional de proteção da probidade e da moralidade no exercício do mandato político.

Enquanto não é editada a lei complementar prevista pelo art. 14, § 9º, da Constituição, permanecem no sistema outros mecanismos para impedir a candidatura e a consequente eleição de pessoas inaptas, do ponto de vista da probidade administrativa e da moralidade, para o exercício do mandato eletivo.

Uma das características fundamentais de um regime democrático é a existência de múltiplos meios de impedir a chegada ou a permanência do mau governante no poder. Lembro, aqui, as palavras de Karl Popper, em sua monumental obra *"A sociedade aberta e seus inimigos"*, segundo as quais *"a democracia é o regime de governo que prevê mecanismos de destituição do mau governante do poder"*.

O primeiro e mais elementar mecanismo de controle é o voto.

Nos termos da Constituição, a soberania popular será exercida pelo sufrágio universal e pelo voto direto e secreto, com valor igual para todos (art. 14, *caput*).

Embora não esteja explícito nessa norma constitucional, é evidente que esse voto tem uma outra qualificação: ele há de ser livre. Somente a ideia de liberdade explica a ênfase que se conferiu ao caráter secreto do voto.

O *voto direto* impõe que o voto dado pelo eleitor seja conferido a determinado candidato ou a determinado partido, sem que haja uma mediação por uma instância intermediária ou por um colégio eleitoral. Não retira o caráter direto da eleição a adoção do modelo proporcional para a eleição para a Câmara de Deputados (CF, art. 45, *caput*), que faz a eleição de um parlamentar depender dos votos atribuídos a outros ou à própria legenda. É que, nesse caso, decisivo para a atribuição do mandato é o voto atribuído ao candidato ou ao partido e não qualquer decisão a ser tomada por órgão delegado ou intermediário.

O *voto secreto* é inseparável da ideia do *voto livre*.

A ninguém é dado o direito de interferir na liberdade de escolha do eleitor. A liberdade do voto envolve não só o próprio processo de votação, mas também as fases que a precedem, inclusive relativas à escolha de candidatos e partidos em número suficiente para oferecer alternativas aos eleitores.

Tendo em vista reforçar essa liberdade, enfatiza-se o caráter *secreto* do voto. Ninguém poderá saber, contra a vontade do eleitor, em quem ele votou, vota ou pretende votar.

Portanto, é inevitável a associação da liberdade do voto com uma ampla possibilidade de escolha por parte do eleitor. Só haverá liberdade de voto se o eleitor dispuser de conhecimento das alternativas existentes. Daí a inevitável associação entre o direito ativo do eleitor e a chamada igualdade de oportunidades ou de chances (*Chancengleichheit*) entre os partidos políticos.

A *igualdade do voto* não admite qualquer tratamento discriminatório, seja quanto aos eleitores, seja quanto à própria eficácia de sua participação eleitoral.

Ressalte-se que o caráter livre e secreto do voto impõe-se não só em face do Poder Público, mas também das pessoas privadas em geral. Com base no direito alemão, Pieroth e Schlink falam de uma eficácia desse direito não só em relação ao Poder Público, mas também em relação a entes privados (*Drittwirkung*) (Cf. Pieroth e Schlink, *Grundrechte – Staatrecht II*, 2005, p. 277).

Assim, a preservação do voto livre e secreto obriga o Estado a tomar inúmeras medidas com o objetivo de oferecer as garantias adequadas ao eleitor, de forma imediata, e ao próprio processo democrático.

O direito ao voto permite ao eleitor escolher, de forma livre e soberana, candidatos que, em sua visão, são os mais aptos ao exercício do mandato eletivo.

Outro mecanismo de controle é a escolha de candidatos no âmbito interno dos próprios partidos políticos. Cabe às agremiações políticas a eleição de candidatos cuja vida pregressa os qualifiquem para exercer, com probidade e moralidade, determinada função pública.

Os partidos políticos são importantes instituições na formação da vontade política. A ação política realiza-se de maneira formal e organizada pela atuação dos partidos políticos. Eles exercem uma função de mediação entre o povo e Estado no processo de formação da vontade política, especialmente no que concerne ao processo eleitoral[11]. Mas não somente durante essa fase ou período. O processo de formação de vontade política transcende o momento eleitoral e se projeta para além desse período. Enquanto instituições permanentes de participação política, os partidos desempenham função singular na complexa relação entre o Estado e sociedade. Como nota Grimm, se os partidos políticos estabelecem a mediação entre o povo e o Estado, na medida em que apresentam lideranças pessoais e programas para a eleição e procuram organizar as decisões do Estado consoante as exigências e as opiniões da sociedade, não há dúvida de que eles atuam nos dois âmbitos.

O controle das candidaturas realizado pelos partidos políticos tem relevância fundamental no regime democrático. Trata-se de um controle proveniente da própria sociedade organizada em associações privadas de caráter político.

Conforme as lições de Canotilho, os partidos políticos são associações privadas com funções constitucionais. O reconhecimento da relevância jurídico-constitucional dos partidos de modo algum corresponde à sua estatização. As Constituições, ao reconhecerem a liberdade de formação dos partidos políticos como um direito fundamental, bem como ao concederem-lhes um estatuto distinto e privilegiado em relação às demais associações, na verdade, estão a conceder aos partidos um estatuto constitucional, com dimensões de direito subjetivo, direito político e liberdade fundamental. (CANOTILHO, J. J. Gomes. *Direito Constitucional e Teoria da Constituição*, 7. ed. Coimbra: Almedina, 2003, p. 315-316).

Afirma Canotilho: "*Como elementos funcionais de uma ordem constitucional, os partidos situam-se no ponto nevrálgico de imbricação do poder do Estado juridicamente sancionado com o poder da sociedade politicamente legitimado*" (CANOTILHO, J. J. Gomes. *Direito Constitucional e Teoria da Constituição*, 7. ed. Coimbra: Almedina, 2003, p. 316-317).

É possível reconhecer aos partidos políticos liberdade externa e liberdade interna. No que tange à primeira, os partidos políticos gozam do direito à sua fundação e atuação sem as ingerências do Estado, dentro dos próprios limites estabelecidos pela Constituição. No que diz respeito à liberdade externa, ela significa que sobre os partidos não pode haver qualquer tipo de controle ideológico-programático, nem controle sobre a organização interna do partido (CANOTILHO, J. J. Gomes. *Direito Constitucional e Teoria da Constituição*, 7. ed. Coimbra: Almedina, 2003, p. 317-318).

Assim, é próprio da democracia de partidos que os cidadãos possam participar amplamente do processo de escolha de seus mandatários políticos, não apenas por meio do voto direto, secreto e universal, mas por meio da atuação das agremiações partidárias representativas dos mais diversos interesses sociais, encarregadas de escolherem os candidatos mais aptos ao exercício dos mandatos eletivos com probidade e moralidade.

O art. 14, § 9°, da Constituição, apesar de ter condicionada sua plena eficácia à edição da lei complementar nele prevista, traça uma inequívoca diretriz aos cidadãos eleitores, aos cidadãos-candidatos e aos partidos políticos para que exerçam, eles próprios, esse controle

---

[11] GRIMM, Dieter. Politische Parteien. In: BENDA, Ernst; MAIHOFER, Werner; VOGEL, Hans-Jochen (Hrsg). *Handbuch des Verfassungsrechts*. Band 1, Berlim/Nova York, 1995, p. 599 (p. 606).

Direitos políticos fundamentais, partidos políticos e sistemas eleitorais   **1307**

das candidaturas tendo em vista a proteção da probidade administrativa e da moralidade para o exercício dos mandatos.

Deixo ressaltado, por fim, que a divulgação de listas de candidatos com "ficha suja" por entidades associativas de magistrados nada acrescenta à nossa democracia. Ao contrário, por serem provindas de associação de autoridades judiciárias, essas listas são recebidas pela sociedade com uma aura de veracidade e de legitimidade que as confundem com os próprios atos jurisdicionais, o que as tornam verdadeiros documentos cuja finalidade outra não é senão a condenação antecipada de pessoas. Uma lista que, a princípio, divulga nomes de indivíduos investigados, denunciados ou acusados penalmente, transforma-se, quando emanada desse tipo de ente associativo, em listas de condenados na visão do cidadão comum. Sem contar os casos notórios, amplamente divulgados pela imprensa, de abusos na divulgação de nomes de pessoas já absolvidas, mas ainda sem o trânsito em julgado por falta de publicação da sentença ou do acórdão. Isso não se compadece com o valor da presunção de não culpabilidade e, portanto, não se compadece com a democracia.

Com essas breves considerações, acompanho o Ministro Relator e voto pela improcedência da ação.

RESPE 24.564[1]

Registro de candidato – Candidata ao cargo de Prefeito – Relação estável homossexual com a Prefeita reeleita do município – Inelegibilidade – Art. 14, § 7º, da Constituição Federal.

Tratava-se de registro da candidatura da Sra. Maria Eulina Rabelo de Sousa Fernandes ao cargo de Prefeito de Viseu/PA (fl. 2).

O pedido foi impugnado sob o fundamento de que a Sra. Maria Eulina mantém união estável com a atual prefeita reeleita do Município.

O juiz eleitoral indeferiu o registro, por considerar a Candidata inelegível nos termos do art. 14, § 7º, da Constituição Federal (fl. 704).

O Tribunal Regional Eleitoral reformou a sentença (fl. 835). O Acórdão restou assim ementado:

[...]

1. Considera-se união estável, para a proteção do Estado, aquela que decorre de união entre homem e mulher como entidade familiar, a teor do que dispõe a Lei Civil em vigor.

2. Inexistência de previsão constitucional e infraconstitucional. A regra de inelegibilidade inserida no art. 14, § 7º da Constituição Federal não atinge, nem mesmo de maneira reflexa, as relações homoafetivas, por não se enquadrar no conceito de relação estável, e, diante do silêncio eloquente contido no seu artigo 226, § 3º.

3. A omissão do ordenamento jurídico que regulamente as relações homoafetivas e consequentemente as inelegibilidades decorrentes de tais relações, não autoriza a aplicação por analogia das proibições decorrentes dos limites advindos das relações de parentesco para o exercício de mandato eletivo, previstas na Constituição Federal e na Lei n. 64/90.

4. Considerando o Princípio da Legalidade, não incumbe ao intérprete ampliar o elenco de inelegibilidades, o que conduziria a se imiscuir na vontade do legislador. De igual modo, há de ser observado o Princípio da Isonomia Material, não podendo ser restringidos direitos, sob pena de, a despeito da omissão legal, incorrer em inadmissível e inconcebível discriminação (fls. 833-834).

O Ministério Público Eleitoral e o Sr. Izaias José Silva Oliveira Neto interpuseram Recurso Especial (fls. 875 e 893).

Os Srs. Luiz Alfredo Amin Fernandes e Dilermando Júnior Fernandes Lhamas opuseram embargos declaratórios (fls. 887 e 906).

O TRE rejeitou ambos os embargos (fl. 912).

Na sequência, os Srs. Luiz Alfredo Amin Fernandes e Dilermando Júnior Fernandes Lhamas também interpuseram recurso especial separadamente (fls. 919 e 929).

Alegam os Recorrentes, em síntese, que a falta de regulamentação acerca da união entre pessoas do mesmo sexo não poderia afastar a vedação constitucional de perpetuidade de pessoas da mesma família no poder. Apontam violação ao art. 14, § 7º, da Constituição Federal.

O Ministério Público opinou pelo provimento do Recurso (fl. 1.067).

Em sessão realizada no dia 1º.10.2004, o Tribunal Superior Eleitoral deu provimento ao recurso, em decisão nestes termos ementada:

EMENTA: REGISTRO DE CANDIDATO. CANDIDATA AO CARGO DE PREFEITO. RELAÇÃO. ESTÁVEL HOMOSSEXUAL COM A PREFEITA REELEITA DO MUNICÍPIO.

---

[1] Em 1º.10.2004, o Tribunal Superior Eleitoral, à unanimidade, deu provimento ao recurso especial eleitoral para assentar que "os sujeitos de uma relação estável homossexual, à semelhança do que ocorre com os de relação estável, de concubinato e de casamento, submetem-se à regra de inelegibilidade prevista no art. 14, § 7º, da Constituição Federal" (*RJTSE*, Vol. 17, Tomo 1, p. 234).

Direitos políticos fundamentais, partidos políticos e sistemas eleitorais **1309**

INELEGIBILIDADE. ART. 14, § 7º, DA CONSTITUIÇÃO FEDERAL. Os sujeitos de uma relação estável homossexual, à semelhança do que ocorre com os de relação estável, de concubinato e de casamento, submetem--se à regra de inelegibilidade prevista no art. 14, § 7º, da Constituição Federal. Recurso a que se dá provimento.

VOTO

O TRE examinou a prova e concluiu pela caracterização de união de fato entre a Recorrida e a prefeita reeleita de Viseu/PA.

A questão cinge-se em se saber se essa união entre pessoas do mesmo sexo dá ensejo à inelegibilidade prevista no art. 14, § 7º, da Constituição Federal.

Ao longo dos tempos, o TSE tem entendido que o concubinato, assim como a união estável, enseja a inelegibilidade prevista no referido dispositivo constitucional.

Como bem enfatizado pelo Ministro Sepúlveda Pertence, no voto do Resp. 19.442, de 21.08.2001:

> [...] as questões acerca do concubinato, do desquite simulado, da irmã da concubina (Súmula n. 7) e tantas outras construções jurisprudenciais que assustaram os ortodoxos, mas, criadas neste Tribunal, vieram a ser consagradas, com uma ou outra exceção, pela jurisprudência do Supremo Tribunal Federal.

Essas construções jurisprudenciais sempre objetivaram a não perpetuação de um mesmo grupo no poder, as chamadas oligarquias, tão presentes em nossa história política.

O TSE, quando reconheceu a elegibilidade do cônjuge do chefe do Poder Executivo para o mesmo cargo do titular, desde que este fosse reelegível e que tivesse renunciado até seis meses antes do pleito, considerou que

> Subjacentes a todo o conjunto dessas normas constitucionais, estiveram sempre duas ordens de preocupação: (1) **a de impedir o 'continuísmo', seja pelo mesmo ocupante do cargo, seja por uma mesma família, ao vedar a eleição subsequente de parentes próximos,** e (2) a de impedir o uso da máquina administrativa em tais campanhas, com evidente desvantagem para os demais competidores e para a lisura do processo de escolha democrática (grifos nossos).

Em todas essas situações – concubinato, união estável, casamento e parentesco – está presente, pelo menos em tese, forte vínculo afetivo, capaz de unir pessoas em torno de interesses políticos comuns. Por essa razão, sujeitam-se à regra constitucional do art. 14, § 7º, da Constituição Federal.

Em que pese o ordenamento jurídico brasileiro ainda não ter admitido a comunhão de vidas entre pessoas do mesmo sexo como entidade familiar, acredito que esse relacionamento tenha reflexo na esfera eleitoral.

Vale ressaltar que, no plano patrimonial, o STJ admite a repercussão desse tipo de relação e a denomina sociedade ou união de fato. No Supremo Tribunal Federal, reconheceu-se a companheira homossexual para fins previdenciários (Pet n. 1984-9/RS).

Colaciono trecho bastante elucidativo do voto do Ministro Ruy Rosado, proferido no Resp. 148897/MG, *verbis*:

> A hipótese dos autos não se equipara àquela, do ponto de vista do Direito de Família, mas nada justifica que se recuse aqui aplicação ao dispositivo na norma de direito civil que admite a existência de uma sociedade de fato sempre que presentes os elementos enunciados no art. 1363 do Código Civil [anterior]: mútua obrigação de combinar esforços para lograr fim comum. A negativa da incidência de regra assim tão ampla e clara, significa, a meu juízo, fazer prevalecer princípio moral (respeitável) que recrimina o desvio da preferência sexual, desconhecendo a realidade de que essa união – embora criticada – existiu e produziu efeitos de natureza obrigacional e patrimonial e que o direito civil comum abrange e regula.
>
> Kelsen, reptado por Cossio, o criador da teoria egológica, perante a congregação da Universidade de Buenos Aires, a citar um exemplo de relação intersubjetiva que estivesse fora do âmbito do Direito, não

*demorou para responder: 'Oui, monsieur, l'amour'. E assim é, na verdade, pois o **Direito** não regula sentimentos. Contudo, dispõe ele sobre os efeitos que a conduta determinada por esse afeto pode representar como fonte de direitos e deveres, criadores de relações jurídicas previstas nos diversos ramos do ordenamento, algumas ingressando no Direito de Família, como o matrimônio e, hoje, a união estável, outras ficando à margem dele, contempladas no Direito das Obrigações, das Coisas, das Sucessões, mesmo no Direito Penal, quando a crise da relação chega ao paroxismo do crime, e assim por diante (grifos nossos).*

É um dado da vida real a existência de relações homossexuais em que, assim como na união estável, no casamento ou no concubinato, presume-se que haja fortes laços afetivos.

Assim, entendo que os sujeitos de uma relação estável homossexual (denominação adotada pelo Código Civil Alemão), à semelhança do que ocorre com os sujeitos de união estável, de concubinato e de casamento, submetem-se à regra de inelegibilidade prevista no art. 14, § 7º, da Constituição Federal.

Ante o exposto, **dou provimento** aos Recursos.

ADI 4.467-MC[1]

Exigência de título de eleitor no momento da votação – Pretensão de ver declarada inconstitucional a norma constante do art. 91-A da Lei n. 9.504/97 (Lei das Eleições) – Voto vencido – Arguição casuística – Uso da Suprema Corte para fins partidário-eleitorais.

Tratava-se de medida cautelar requerida no bojo de ação direta de inconstitucionalidade que pretendia a suspensão da vigência do quanto disposto no art. 91-A da Lei n. 9.504/97, na redação fixada pela Lei n. 12.034/09, ao argumento de que a exigência da apresentação conjunta do título de eleitor e de um documento com foto no ato de votar ofenderia a liberdade de participação política.

Afirmava-se, ainda, que a apresentação do título de eleitor, nos moldes estabelecidos na legislação adversada, não ofereceria garantia de lisura nesse momento crucial de revelação da vontade do eleitorado e que as experiências das últimas eleições demonstrariam maior confiabilidade na identificação aferida com base em documentos oficiais de identidade com foto.

Aduzia-se, ainda, que os preceitos impugnados, embora objetivassem maior segurança no reconhecimento dos eleitores, estabeleceriam uma exigência desmedida, a qual afastaria a finalidade que a norma pretendera alcançar.

Por vislumbrar aparente ofensa aos postulados da proporcionalidade e da razoabilidade, e ressaltando a iminência das eleições marcadas para o dia 3.10.2010, o Tribunal, em sessões realizadas nos dias 29 e 30 de setembro de 2010, por maioria, concedeu medida cautelar em ação direta de inconstitucionalidade, ajuizada pelo Diretório Nacional do Partido dos Trabalhadores, para, mediante interpretação conforme conferida ao art. 91-A da Lei n. 9.504/97, na redação dada pela Lei n. 12.034/2009 – e ao art. 47, § 1º, da Resolução TSE 23.218/2010 –, reconhecer que somente a ausência de documento oficial de identidade com fotografia trará obstáculo ao exercício do direito de voto.

O julgado recebeu a seguinte ementa:

EMENTA: Ação Direta de Inconstitucionalidade. Medida cautelar. Art. 91-A, caput, da Lei 9.504, de 30-9-1997, inserido pela Lei n. 12.034, de 29-9-2009. Art. 47, § 1º, da Resolução 23.218, de 2.3.2010, do Tribunal Superior Eleitoral. Obrigatoriedade da exibição concomitante, no momento da votação, do título eleitoral e de documento oficial de identificação com fotografia. Alegação de ofensa ao postulado do livre exercício da soberania e aos princípios constitucionais da proporcionalidade, da razoabilidade e da eficiência. Necessidade de fixação de interpretação conforme à Constituição Federal das normas impugnadas. Perigo na demora consubstanciado na iminência das eleições gerais marcadas para o dia 3 de outubro de 2010. 1. A proximidade das eleições gerais de 3 de outubro de 2010 e a invulgar importância do tema enfrentado na presente ação direta, relativo ao livre exercício da cidadania pela expressão do voto, autorizam o procedimento de urgência previsto no art. 10, § 3º, da Lei 9.868/99, a fim de que o Tribunal possa se manifestar antes de eventual perecimento de direito. 2. A segurança do procedimento de identificação dos eleitores brasileiros no ato de votação ainda apresenta deficiências que não foram definitivamente solucionadas. A postergação do implemento de projetos como a unificação das identidades civil e eleitoral num só documento propiciou, até os dias atuais, a ocorrência de inúmeras fraudes ligadas ao exercício do voto. 3. A apresentação do atual título de eleitor, por si

---

[1] O Tribunal, por maioria, concedeu a medida cautelar, vencidos os Ministros Gilmar Mendes e Cezar Peluso, Presidente, que indeferiam a concessão da medida cautelar por considerar que o porte obrigatório do título de eleitor não esvaziaria ou restringiria o direito fundamental ao voto de forma desarrazoada ou desproporcional, tendo o legislador atuado dentro de sua margem de ação, sem ofensa ao texto constitucional (*DJ* de 1º.6.2011).

só, já não oferece qualquer garantia de lisura nesse momento crucial de revelação da vontade do eleitorado. Por outro lado, as experiências das últimas eleições realizadas no Brasil demonstraram uma maior confiabilidade na identificação aferida com base em documentos oficiais de identidade dotados de fotografia, a saber: as carteiras de identidade, de trabalho e de motorista, o certificado de reservista e o passaporte. 4. A norma contestada, surgida com a edição da Lei 12.034/2009, teve o propósito de alcançar maior segurança no processo de reconhecimento dos eleitores. Por isso, estabeleceu, já para as eleições gerais de 2010, a obrigatoriedade da apresentação, no momento da votação, de documento oficial de identificação com foto. 5. Reconhecimento, em exame prefacial, de plausibilidade jurídica da alegação de ofensa ao princípio constitucional da razoabilidade na interpretação dos dispositivos impugnados que impeça de votar o eleitor que, embora apto a prestar identificação mediante a apresentação de documento oficial com fotografia, não esteja portando seu título eleitoral. 6. Medida cautelar deferida para dar às normas ora impugnadas interpretação conforme à Constituição Federal, no sentido de que apenas a ausência de documento oficial de identidade com fotografia impede o exercício do direito de voto.

VOTO-VISTA

1. A presente ação possui um inequívoco viés político

A presente ação pretende, em síntese, declarar a inconstitucionalidade do *caput* do art. 91-A da Lei n. 9.504/97, o qual foi inserido pela Lei n. 12.034/2009 –, promulgada em 29 de setembro de 2009 e em vigência desde 30 de setembro de 2009. O dispositivo impugnado tem o seguinte teor:

> Art. 91-A. No momento da votação, além da exibição do respectivo título, o eleitor deverá apresentar documento de identificação com fotografia. (*Incluído pela Lei n. 12.034, de 2009.*)

A despeito de a referida norma estar vigente há um ano, é curioso notar que apenas agora, a poucos dias das eleições do dia 3 de outubro de 2010, o Diretório Nacional do Partido dos Trabalhadores pleiteia a sua inconstitucionalidade, inclusive com pedido liminar.

Dessa forma, revela-se o viés **eminentemente político da pretensão**, que se verifica, neste juízo liminar, inclusive por meio da **incoerência entre a argumentação apresentada pelo autor em suas razões e a sua postura desde a discussão do Projeto de Lei n. 5.498/2009 no âmbito do Congresso Nacional**.

Apenas a título ilustrativo, destaco que, **na tramitação do referido projeto de lei, o Partido autor, por meio da Emenda n. 3, de 7.7.2009, de autoria do Deputado Sérgio Barradas Carneiro (PT/BA) e outros, tratou de dispor exclusivamente sobre o art. 91-A da referida lei, momento em que teve a oportunidade de debater sobre sua adequação e de modificá-lo em sintonia com o que ora alega. Entretanto, não se sugeriu qualquer alteração do *caput* do art. 91-A**, mas tão somente se propôs a criação de um parágrafo único, para ficar *"vedado portar aparelho de telefonia celular, máquinas fotográficas e filmadoras, dentro da cabine de votação"*.

Ressalte-se, ainda, que **consta a adesão expressa da liderança do Partido autor à aprovação do PL 5498/2009, sem qualquer objeção à disposição ora impugnada**. Nesse sentido, colhe-se das razões de justificação do mencionado projeto de lei a conclusão de se tratar de *"resultado de um processo de discussão que envolveu representantes de todos os partidos da Câmara dos Deputados"* e de que **se buscaria com a novel legislação** *"dificultar casuísmos e mudanças de última hora nas regras do jogo"*.

Reforça essa constatação a existência de outros projetos de lei de autoria de membros do Partido autor, anteriores ao PL 5498/2009 e em trâmite no Congresso Nacional, que propõem a criação de exigência semelhante à prevista no art. 91-A da Lei n. 9.504/97, a saber: PL 1670/2003 – de autoria do Deputado Walmir Pinheiro (PT/BA) e PL 4658/2004 – de autoria da Deputada Terezinha Fernandes (PT/MA), ambos apensados atualmente ao PL 3780/1997.

Registro que, com o resgate de tais informações, não se quer defender aqui a necessidade de interpretação da *mens legislatoris* como critério hermenêutico necessário. Pelo contrário, esta

Direitos políticos fundamentais, partidos políticos e sistemas eleitorais **1313**

proposição se aproxima das lições de Dworkin, pois implica, como se viu, o exercício interpretativo que começa no presente e se volta para o passado, à medida que seu enfoque contemporâneo assim o determine.

Dessa forma, a consideração desses **dados objetivos relacionados à própria atuação política do Partido autor, desde a tramitação da lei até a presente data, corrobora, neste juízo prévio, o entendimento de não se tratar no presente caso de flagrante inconstitucionalidade que autorize, de forma induvidosa, a concessão da medida liminar para a mudança, em última hora, das regras previamente estabelecidas.**

É necessário deixar claro que estamos a três dias do pleito eleitoral, com todos os atos preparatórios já praticados conforme a regra em vigência, sem que o TSE, os partidos políticos, os candidatos e a sociedade em geral tenham se oposto de forma clara à norma em vigor.

Não posso deixar de demonstrar que **tudo não passa de uma oportunidade política, de claro sentido, mas com resultado duvidoso para o pleito que se avizinha.**

Um rápido olhar sobre a imprensa talvez aclare o verdadeiro sentido desta ação.

No dia 26 de setembro do corrente ano, a jornalista Renata Lo Prete, no Painel Folha, da *Folha de São Paulo*, fornece ao público a seguinte notícia:

> **Prioritário** – Nos intervalos do debate da CNBB, o marqueteiro de Dilma, João Santana, defendeu para Antonio Palocci a necessidade de recorrer ao STF para derrubar a exigência de apresentação de documento com foto, além do título de eleitor, na hora de votar. No dia seguinte, a campanha entrou com ação direta de inconstitucionalidade no Supremo.

> *Cadê?* – Anotação de advogados que leram a ADI: a petição não aponta qual dispositivo da Constituição teria sido violado pela exigência dos dois documentos.

Com todas as ressalvas necessárias à notícia de cunho jornalístico, que poderá conter apenas a opinião da articulista, a sua impressão sobre o fato, ou mesmo um equívoco, a matéria da forma como postada e a credibilidade natural de quem a escreve, merece ao menos uma reflexão.

Recordemo-nos de que a lei foi de iniciativa de diversos membros do Congresso Nacional, inclusive de membros do Partido dos Trabalhadores (autor desta ação), e tinha o claro intuito de coibir o famoso *"emprenhamento de urna"*, tão comum em determinados rincões do Brasil, principalmente nos locais vencidos pelo coronelismo e por oligarquias locais que foram presença marcante no Brasil dos últimos tempos.

Por que algumas forças políticas mudaram de ideia? Qual a razão para aquilo que, dantes era uma forma de coibir a fraude, tenha agora virado uma mordaça ao exercício do livre direito de votar? Noto que o argumento assim manejado em nada destoa daquele utilizado na República Velha, ou Primeira República, para justificar o transporte de eleitores, o fornecimento de alimentação, a reunião de títulos nas mãos dos chefes políticos e tantas outras mazelas da vida eleitoral brasileira.

Por que razão argumentos desta estirpe estão sendo, agora, utilizados exatamente por quem propôs a modificação na lei eleitoral ao argumento de que a exigência apenas do título de eleitor não dava segurança à votação e facilitava a fraude?

Chamo a atenção para o viés político desta proposta, e mais ainda para o risco que esta Corte corre de, sem se aperceber de detalhes do jogo político, ser manuseada na busca deste ou daquele interesse eleitoral.

É claro que é legítimo ao partido político utilizar de forma política a ação direta de inconstitucionalidade. O que não se pode permitir é que esta Corte embarque nessa estratégia política. Recorde-se, aqui, o intenso debate que existe no direito comparado sobre a politização da jurisdição constitucional. Na Alemanha, inclusive, há uma expressão corrente no meio político *"Wir sehen uns in Karlsruhe"*, que significa levar para o Tribunal Constitucional – que tem sede na cidade de Karlsruhe – questões políticas decididas sem consenso no parlamento (*Bundestag*).

2. O TSE já enfrentou a questão

A matéria objeto da presente ADI já foi submetida à apreciação do TSE. Em consulta formulada pela Corregedoria Regional Eleitoral da Bahia e analisada pelo TSE **em sessão do dia 16.6.2010**, foi questionada a possibilidade de o eleitor votar apresentando apenas um dos documentos comprobatórios de identidade, na hipótese de extravio ou inutilização do título eleitoral após o prazo para emissão de segunda via.

Em seu voto, o Relator, Min. Aldir Passarinho Junior, entendeu que o art. 91-A da Lei n. 9.504/97 deve ser cumprido e que as providencias cabíveis para possibilitar a reimpressão de títulos até o prazo definido em lei (10 dias antes das eleições) devem ser tomadas. Enfatizou que a norma legal estabeleceu um comando, que deve ser observado e resulta na necessidade de ampla divulgação em campanhas, que já estavam a ocorrer. Por unanimidade, o Tribunal acolheu essa proposta do Relator. Do STF, estavam presentes na sessão do TSE os Ministros Ricardo Lewandowski, Cármen Lúcia e Marco Aurélio.

O Min. Aldir Passarinho Junior votou no seguinte sentido:

[...] a obrigatoriedade de exibição do título de eleitor e de documento de identificação com foto para o exercício do voto, inovação trazida pela Lei n. 12.034/99, impõe à Justiça Eleitoral a incumbência da adoção de providências para garantir, com maior alcance possível, a plenitude do gozo dos direitos políticos positivos ao eleitorado.

[...] Desse modo, considerado o disposto no art. 91-A da Lei das Eleições, tenho que assiste razão à Assessoria da Corregedoria-Geral quando conclui pela impossibilidade de se admitir o exercício do voto apenas pela apresentação de documentação comprobatória de identidade.

O fato é que a norma legal estabeleceu um comando que deverá ser observado, impondo-se ampla divulgação nas campanhas institucionais de esclarecimento aos cidadãos, como vem ocorrendo.

Válido destacar, também, as observações feitas pelo Min. Lewandowski nos debates realizados por ocasião da apreciação dessa consulta:

Temos feito várias reuniões com presidentes de Tribunais Regionais Eleitorais – já fizemos três, duas formais e uma informal – e essa dúvida surge de forma recorrente. **Assim, orientamos os Tribunais Regionais Eleitorais a cumprirem a lei de forma mais estrita possível**, porque agora há um comando legal, absolutamente taxativo, que torna obrigatória a exibição do título de eleitor e também de um documento com fotografia.

Quanto a isso, não pode haver dúvida, e toda parte substantiva da campanha institucional do Tribunal Superior Eleitoral é para esclarecer à população da necessidade de portar tais documentos no momento da votação.

O Congresso Nacional se manifestou quanto à matéria; é, portanto, vontade dos representantes da soberania popular. O escopo dessa nova disposição foi evitar enganos, fraudes e outros tipos de equívocos que possam, eventualmente, tisnar a eleição.

[...]

Mas tenho um temor inicial que eu gostaria, com toda franqueza, de expor aos eminentes pares. Se abrirmos para tolerar que eventualmente um desses documentos não seja trazido pelo eleitor no dia da votação, o que acontecerá com nosso querido Brasil? *As pessoas não irão com esses documentos porque dirão que o seu nome consta na lista, ou que esqueceram a carteira de identidade, ou vão levar a carteira de motorista ou a carteira do clube de que são sócios.*

Sobre casos excepcionais, o Min. Lewandowski complementou:

Reconheço haver casos excepcionalíssimos em que é possível não haver essa possibilidade [apresentação de dois documentos]. Temos dito aos presidentes dos Tribunais Regionais Eleitorais que as situações concretas que surgirem deverão ser resolvidas caso a caso, ou pelo mesário, ou, no limite, pelo juiz eleitoral, que estará a postos para resolver essas questões.

Direitos políticos fundamentais, partidos políticos e sistemas eleitorais **1315**

[...]

Minha preocupação neste momento, eminente Ministro Marco Aurélio, é de orientar a todos, ou emitir uma opinião, uma diretriz, de que temos de cumprir a lei com o mais rigor possível. E as questões omissas – sobrará um pequeno número, espero eu – serão resolvidas caso a caso, segundo prudente arbítrio do magistrado e daqueles que o assessoram no dia da eleição.

O Min. Lewandowski ainda lembrou a existência de centrais como "Poupa Tempo", no Estado de São Paulo, nas quais o eleitor pode retirar na hora a segunda via de sua carteira de identidade ou do título de eleitor. E complementou:

Não há, portanto, nenhuma justificativa para que não se apresentem esses dois documentos. Ou seja, está na lei, estamos a orientar os Tribunais Regionais Eleitorais e os juízes eleitorais e faremos uma campanha de esclarecimento. Não podemos, desde logo, flexibilizar a lei.

O Min. Marcelo Ribeiro observou ainda que, antigamente, todos votavam somente com documento de identidade e a lei determinou a apresentação do título de eleitor, ao que foi complementado pelo Min. Lewandowski: *"O Congresso Nacional se manifestou incisivamente quanto a esse aspecto"* (apresentação dos dois documentos).

Em suas observações, o Min. Marco Aurélio:

Penso que portar a identidade com fotografia para exercer o direito ao voto é mais importante do que deter o título naquele momento. Claro que o eleitor há de estar inscrito na seção, e havendo a documentação na própria seção.

[...]

As portas estão abertas aos brasileiros diligentes, visando à segunda via do título de eleitor.

[...]

A dificuldade está na relapsia de alguns.

A orientação mencionada pelo Min. Lewandowski nessa consulta vem efetivamente ocorrendo desde julho de 2010, quando o TSE passou a veicular campanha sobre a exigência de dois documentos para as próximas eleições. No *site* do Tribunal, é possível conferir os *SPOTS* atualmente veiculados em rádio e televisão, intitulados "Dois documentos" e "Dia, hora e documentos".

O valor total gasto com campanha foi estimado em R$ 3.800.000,00 (três milhões e oitocentos mil reais), podendo-se depreender que grande parte dessa quantia foi destinada à conscientização do eleitor quanto à nova obrigatoriedade.

A campanha do TSE foi – e ainda é – amplamente divulgada nos TREs. A exigência dos dois documentos encontra-se em destaque nos *sites* de esclarecimentos de dúvidas dos eleitores. Mera pesquisa em ferramentas de busca como Google também indica a existência de um elevado número de *home pages* nesse sentido, criadas não apenas por Tribunais, mas por meios de comunicação em geral, como jornais e revistas.

Importante ressaltar que o alerta para essa nova exigência não consta apenas em propagandas destinadas aos eleitores. No **"Manual do Mesário 2010"**, elaborado pelo TSE e voltado aos mesários para **"evitar dificuldades e resolver eventuais dúvidas"**, fornecendo **"orientações seguras e dicas importantes"**, consta, na página 6, essa nova exigência:

Identificação do eleitor: Novidade! Para votar, o eleitor deve apresentar dois documentos: o título eleitoral e um documento oficial com foto.

No *site* do TSE, também há uma listagem de possíveis dúvidas, destinada ao auxílio de mesários e dos próprios eleitores. Nessa listagem, encontram-se, por exemplo, as perguntas:

31. O eleitor pode votar sem título?

1316 Estado de Direito e Jurisdição Constitucional – Decisões relevantes em 15 anos de atuação no STF

Resposta: Não. O eleitor só votará se apresentar o título eleitoral e um documento oficial com foto (carteira de identidade ou identidade funcional, certificado de reservista, carteira de trabalho ou carteira nacional de habilitação).

[...]

37. O eleitor precisa trazer outro documento além do título no dia da eleição?

Resposta: Sim. Um documento oficial com foto (carteira de identidade ou identidade funcional, certificado de reservista, carteira de trabalho ou carteira nacional de habilitação).

Nos últimos dias, a Agência de Notícias do TSE, que veicula informações dos TREs, divulgou que o serviço Disque-Eleições, do TRE-RS, que teve início no dia 21.9.2010, atendeu 1.398 eleitores nos primeiros cinco dias de funcionamento. A maior dúvida dos eleitores é relativa à obrigatoriedade de dois documentos para votar: título de eleitor **e** documento oficial de identidade com foto.

A necessidade de informar o eleitor da nova exigência e a realização de campanhas que divulguem essa nova obrigatoriedade não ficaram restritas ao TSE. Os próprios candidatos, entendendo sua importância, passaram a divulgar essa questão em suas campanhas políticas.

Com esse objetivo, a página "Dilma na Rede", ligada à campanha da candidata Dilma Rousseff, postou na internet (no *Youtube*), em 3 de setembro de 2010, vídeo com o Presidente Lula explicando aos eleitores a exigência dos dois documentos. No vídeo, destinado a ser encaminhado a usuários do *Twitter* e de outras redes sociais da *internet*, o Presidente Lula, ao pedir votos para a candidata do PT, lembra que, para votar, é necessário levar título de eleitor e um documento oficial com foto.

Considerando essas informações, **é patente que uma nova alteração, a apenas três dias das eleições, poderá gerar muitos transtornos e situações de insegurança. A obrigatoriedade dos dois documentos e sua necessidade de divulgação não foram apenas referendadas pelo TSE, mas efetivamente levadas adiante por diversas campanhas publicitárias, elaboração de documentos informativos – inclusive aos mesários –, e por atendimentos como o "Disque Eleitor".**

Na hipótese de eventual afastamento do previsto no art. 91-A, da Lei n. 9.504/97, deve ser igualmente questionado como seria divulgada – em apenas três dias – uma decisão desta Corte contrária a uma informação que vem sendo constantemente veiculada há meses nos meios de comunicação. **Seria possível alterar toda a campanha já realizada, reescrever material informativo há meses divulgado, refazer consultas e esclarecimentos já prestados à população?**

3. A interpretação conforme proposta pela Ministra Relatora leva, inevitavelmente, a uma sentença com efeitos aditivos, cuja adoção em medida liminar, a 3 dias das eleições, é extremamente delicada

A interpretação conforme proposta pela Ministra Relatora leva, inevitavelmente, a uma decisão com efeitos aditivos. É uma interpretação conforme que tem o resultado de dar um novo conteúdo normativo ao art. 91-A da Lei das Eleições (Lei 9.504/99).

Como é sabido, a eliminação ou a fixação, pelo Tribunal, de determinados sentidos normativos do texto quase sempre tem o condão de alterar, ainda que minimamente, o sentido normativo original determinado pelo legislador. Por isso, muitas vezes a interpretação conforme levada a efeito pelo Tribunal pode transformar-se numa decisão modificativa dos sentidos originais do texto.

É certo que a decisão interpretativa com efeitos aditivos é extremamente necessária para a atuação de uma Corte Constitucional. O Supremo Tribunal Federal já possui jurisprudência nesse sentido (ADI 1351 – cláusula de barreira; MI 708 – direito de greve dos servidores públicos; MS 26602 – fidelidade partidária, entre outros). E a experiência das Cortes Constitu-

Direitos políticos fundamentais, partidos políticos e sistemas eleitorais **1317**

cionais europeias – destacando-se, nesse sentido, a *Corte Costituzionale* italiana[2] – bem demonstra que, em certos casos, o recurso às decisões interpretativas com efeitos modificativos ou corretivos da norma constitui a única solução viável para que a Corte Constitucional enfrente a inconstitucionalidade existente no caso concreto, sem ter que recorrer a subterfúgios indesejáveis e soluções simplistas, como a declaração de inconstitucionalidade total ou, no caso de esta trazer consequências drásticas para a segurança jurídica e o interesse social, a opção pelo mero não conhecimento da ação.

É extremamente temerário, porém, adotar esse tipo de técnica de decisão no presente contexto, em que estamos em juízo meramente liminar e a apenas 3 dias da eleição. A inserção de uma novidade normativa a essa altura pode ser um fator de desestabilização do processo eleitoral.

4. A alteração normativa levada a efeito por decisão judicial também deve considerar o vetor hermenêutico do art. 16 da Constituição

Nesse sentido, uma decisão judicial com efeitos normativos modificativos do processo eleitoral deve considerar o princípio da anterioridade como vetor hermenêutico. A própria jurisprudência desta Corte enfatiza que o processo eleitoral é composto pela denominada *fase eleitoral*, que compreende o início, a realização e o encerramento da votação (ADI 354, Rel. Min. Octavio Gallotti, *DJ* 22.6.2001; ADI 3.345, Rel. Min. Celso de Mello, julg. 25.8.2005; ADI 3.741, Rel. Min. Ricardo Lewandowski, *DJ* 23.2.2007; ADI 3.685, Rel. Min. Ellen Gracie, *DJ* 10.8.2006; ADI-MC 4.307, Rel. Min. Cármen Lúcia, *DJ* 5.3.2010).

Assim, se a lei que alterar o processo eleitoral deve respeitar o princípio da anterioridade, a decisão judicial com efeitos aditivos, isto é, a decisão que modifique ou crie novos sentidos normativos da lei, também deve observar o art. 16 da Constituição como guia hermenêutico, tendo em vista um imperativo de segurança jurídica.

5. Não está presente o requisito da conveniência para a concessão da medida cautelar

Assim, a apenas 3 dias das eleições, não é possível vislumbrar a presença do requisito da *conveniência* para a concessão da medida cautelar. A *conveniência* funciona, aqui, como um *topoi* interpretativo.

A jurisprudência do STF é pacífica no sentido de que, na ação direta de inconstitucionalidade, **além dos requisitos da plausibilidade jurídica do pedido e do** periculum in mora, **exige-se a presença do requisito da** conveniência **para a concessão da medida cautelar**. Esse requisito, em alguns casos, chega a substituir o *periculum in mora* como razão justificadora da concessão da liminar. Nesse sentido, citem-se, apenas a título ilustrativo, os seguintes precedentes: ADI MC 2.314, Rel. Min. Moreira Alves, *DJ* 8.6.2001; ADI 568, Rel. Min. Celso de Melo, *DJ* 27.9.1991; ADI 165, Rel. Min. Celso de Melo, *DJ* 26.9.1997; ADI 2.290. Rel. Min. Moreira Alves, *DJe* 31.5.2001; ADI 2.034, Rel. Min. Sydney Sanches, *DJ* 18.2.2000; ADI MC 2.028, Rel. Min. Moreira Alves, *DJ* 23.11.1999; ADI MC 1.942, Rel. Min. Moreira Alves, *DJ* 22.10.1999; ADI MC 1.921, Rel. Min. Marco Aurélio, *DJ* 12.3.1999; ADI MC 1.719, Rel. Min. Moreira Alves, *DJ* 27.2.1998; ADI MC 1.087, Rel. Min. Moreira Alves, *DJ* 7.4.1995.

---

[2]   Cf. MARTÍN DE LA VEGA, Augusto. *La sentencia constitucional en Italia*. Madrid: Centro de Estudios Políticos y Constitucionales, 2003.

6. Uma breve incursão sobre o mérito da ação: a aplicação do princípio da proporcionalidade

O principal argumento levantado pelo Partido Político requerente é o de que a exigência contida no art. 91-A da Lei n. 9.504/97 constituiria uma limitação desproporcional ao exercício da cidadania.

O princípio da proporcionalidade constitui um critério de aferição da constitucionalidade das restrições a direitos fundamentais. Trata-se de um parâmetro de identificação dos denominados *limites dos limites (Schranken-Schranken)* aos direitos fundamentais; um postulado de proteção de um *núcleo essencial* do direito, cujo conteúdo o legislador não pode atingir. Assegura-se uma *margem de ação* ao legislador, cujos limites, porém, não podem ser ultrapassados. O princípio da proporcionalidade permite aferir se tais limites foram transgredidos pelo legislador.

No caso, o direito fundamental em questão diz respeito, especificamente, ao direito de votar, como exercício da cidadania ativa.

A questão, portanto, está em saber se, de acordo com um critério de proporcionalidade, a exigência do porte obrigatório do título de eleitor restringe de forma excessiva o direito fundamental de voto.

O princípio da proporcionalidade funciona, aqui, como proibição de excesso do legislador (*Übermassverbot*).

Para a aferição da proporcionalidade da medida legislativa, deve-se averiguar se tal medida é *adequada* e *necessária* para atingir os objetivos perseguidos pelo legislador, e se ela é *proporcional (em sentido estrito)* ao grau de afetação do direito fundamental restringido.

No caso, o fim almejado pelo legislador é bastante claro: evitar fraudes e dar segurança ao processo de votação.

Assim, é preciso questionar se, com o intuito de evitar fraudes e dar segurança ao processo de votação, o legislador pode exigir do eleitor o porte obrigatório de dois documentos: o título de eleitor e o documento de identificação civil. Estaria o legislador atuando dentro de suas margens de ação, ou restringindo de forma indevida o direito fundamental do voto?

Tenho sérias dúvidas sobre o tema e pretendo me debruçar sobre ele por ocasião do julgamento do mérito da ação. Mas, hoje, tenho a impressão de que o legislador está atuando dentro de suas margens de ação e não há qualquer medida desproporcional.

Façamos uma analogia para verificar se tal impressão segue um caminho plausível.

O Código de Trânsito (Lei n. 9.503/1997), em seu art. 159, § 1º, estabelece que é obrigatório o porte da carteira nacional de habilitação pelo condutor de veículo.

Art. 159. A Carteira Nacional de Habilitação, expedida em modelo único e de acordo com as especificações do CONTRAN, atendidos os pré-requisitos estabelecidos neste Código, conterá fotografia, identificação e CPF do condutor, terá fé pública e equivalerá a documento de identidade em todo o território nacional.

§ 1º É obrigatório o porte da Permissão para Dirigir ou da Carteira Nacional de Habilitação quando o condutor estiver à direção do veículo.

Assim, apesar de constarem nos registros do DETRAN todos os dados referentes à habilitação do condutor do veículo, o que pode ser facilmente acessado pelo fiscal de trânsito, a lei exige o porte obrigatório da carteira. Nunca se cogitou que esse porte obrigatório – em princípio desnecessário, seguindo a lógica apresentada pelo requerente desta ação – fosse desproporcional e violasse a liberdade de locomoção do cidadão.

De toda forma, pretendo analisar com maior cuidado o tema no julgamento do mérito da ação.

Direitos políticos fundamentais, partidos políticos e sistemas eleitorais **1319**

7. A decisão interpretativa com efeitos aditivos deve ser adotada com prudência e reflexão por ocasião do julgamento do mérito da ação, e valerá apenas para as próximas eleições.

Na Sessão Plenária de ontem, o Ministro Cezar Peluso demonstrou uma importante preocupação com a clareza e a precisão da mensagem que a Corte deve passar com esta decisão. De fato, ao se adotar uma interpretação conforme e se estabelecer uma nova normatização do assunto em questão, o Tribunal tem o dever de fazê-lo de forma clara, o que significa deixar delimitadas, de maneira exaustiva, as hipóteses em que o título de eleitor não será obrigatório. Deve, inclusive, considerar a hipótese excepcional, aventada sabiamente pelo Ministro Lewandowski, de calamidade pública que torne inviável, em determinada localidade, a apresentação não apenas do título, mas também do documento de identificação com foto.

Lembro, neste ponto, a frase de Konrad Hesse: *"Not kennt kein Gebot"*, que significa "Necessidade não conhece princípio".

Situações excepcionais devem ser consideradas.

Vejam que aqui **não se trata apenas de alterar as regras para a apresentação do título de eleitor, mas também aquelas relativas ao documento de identificação.**

Tudo isso está a cobrar **uma reflexão mais profunda**, que não pode ser realizada de forma apressada, em sede de medida cautelar, a apenas poucos dias da eleição. **Trata-se de uma cautelar, ressalte-se, que tem um patente cunho satisfativo.** Uma vez concedida a medida cautelar, o que restará para analisarmos no mérito? E se, após muita reflexão, considerarmos que não há inconstitucionalidade?

Temos que estar atentos para o importante papel que esta Corte cumpre no processo democrático. Sua função é proporcionar segurança jurídica ao pleito, assegurar o pleno exercício dos direitos políticos em um ambiente de estabilidade institucional. Não podemos, por um mero juízo preliminar próprio de decisão cautelar, decidir de forma definitiva sobre uma questão que afeta o próprio exercício do direito fundamental de voto, essência de nosso regime democrático.

Portanto, a questão constitucional suscitada e o contexto político eleitoral atual sugerem que as soluções definitivas sejam deixadas para o julgamento do mérito da ação; soluções estas que, de acordo com o princípio da anterioridade e por um imperativo de segurança jurídica e estabilidade do processo eleitoral, devem ser válidas apenas para o próximo pleito.

8. Conclusão

Com base nesses argumentos, alinhavados em mero juízo sumário de delibação, voto no sentido de **indeferir o pedido de medida cautelar**, deixando **ressalvada a análise aprofundada da questão no momento do julgamento do mérito da ação**, ocasião em que se poderá considerar a adoção de uma interpretação conforme com efeitos aditivos.

RE 630.147[1]

Lei Complementar 135/2010 (Lei da Ficha Limpa) – Aplicabilidade às eleições de 2010 – Ofensa ao princípio da anualidade inscrito no art. 16 da Constituição da República – Desvirtuamento do processo eleitoral por ação da maioria contra a minoria – Empate e manutenção da decisão da Corte *a quo*.

O recurso extraordinário discutia a incidência do quanto disposto no art. 16 da Constituição sobre a Lei Complementar 135/2010, comumente denominada Lei da Ficha Limpa.

O recurso, interposto por Joaquim Domingos Roriz, tinha como objeto decisão do Tribunal Superior Eleitoral que manteve, em recurso ordinário, provimento do Tribunal Regional Eleitoral do Distrito Federal indeferitório de seu registro de candidatura ao Governo do Distrito Federal.

O indeferimento do registro baseou-se na ocorrência da causa de inelegibilidade prevista no art. 1º, inciso "k", da Lei Complementar 64/90 (Lei de Inelegibilidades), com a redação dada pela nova Lei Complementar 135/2010 (denominada Lei da Ficha Limpa), tendo em vista que o candidato renunciou, em 4 de julho de 2007, ao cargo de Senador da República, depois de oferecida representação para abertura do processo de cassação do mandato por suposta quebra de decoro parlamentar.

O julgamento do recurso não foi concluído por força da renúncia do Recorrente à candidatura ao Governo do Distrito Federal, tendo-se assentado sua extinção sem julgamento de mérito.

O julgado recebeu a seguinte ementa:

EMENTA: Acórdão – Redação – Óptica vencida – Proclamação. Ante proclamação do redator na assentada de julgamento, fica em plano secundário o fato de o designado haver ficado vencido em determinadas matérias, no que se tornaram prejudicadas em face da perda de objeto do recurso. Repercussão Geral – Configuração – Processo eleitoral – Lei – Retroação. Surge a repercutir, além dos muros subjetivos do processo, controvérsia sobre aplicar-se lei que, de alguma forma, altere o processo eleitoral a certame realizado antes de decorrido um ano da respectiva edição, presente ainda eficácia retroativa impugnada na origem. Considerações. Controle difuso de constitucionalidade – Recurso – Conhecimento e julgamento de fundo. Na dicção da ilustrada maioria, descabe, mesmo que na apreciação de fundo do recurso, adentrar a análise da harmonia, ou não, da lei – da qual se argui certo vício – com a Constituição Federal. Considerações. Registro – Candidatura – Lei de Regência – Controvérsia – Renúncia – Prejuízo do exame. Vindo o candidato a renunciar à candidatura, acaba prejudicado o exame do recurso voltado ao deferimento.

VOTO

O SENHOR MINISTRO GILMAR MENDES – Senhor Presidente, desde logo, já se disse que, na guerra e também nas grandes controvérsias públicas, em geral, a verdade é uma das primeiras vítimas. E, neste caso, se instaura uma grande confusão. Quando se faz reserva ou restrição a essa chamada "Lei da Ficha Limpa" não se está, obviamente, advogando qualquer tese em favor de ato de improbidade.

O SENHOR MINISTRO MARCO AURÉLIO – Defendendo-se o ficha suja!

O SENHOR MINISTRO GILMAR MENDES – Ou defendendo-se o ficha suja. Mas é claro, na guerra retórica que se estabelece, faz-se essa seleção de maneira absolutamente indevida. Quem está defendendo aplicação da Constituição, especialmente do artigo 16, ou mesmo da

---

[1] O processo foi extinto sem julgamento de mérito em face da renúncia do Recorrente à pretensão de se ver consagrado candidato ao Governo do Distrito Federal. Antes do fato extintivo, contudo, registre-se que o Tribunal se dividiu em exatos cinco votos, instaurando impasse que apenas foi solucionado com o julgamento do RE 631.102, ocasião em que a matéria debatida e o empate se repetiram (*DJ* de 5.12.2011).

concepção sobre ato jurídico perfeito, obviamente, não está defendendo ímprobos, está apenas defendendo a Constituição, o Estado de Direito, que é a missão desta Corte.

Em relação à matéria penal, lembro-me de que o Ministro Sepúlveda Pertence sempre citava uma frase de Frankfurter, célebre Juiz da Corte Suprema norte-americana, que dizia: "as garantias penais, em geral, eram asseguradas não a Madre Teresa de Calcutá, mas a pessoas que haviam cometido, em princípio, delitos". É esse o contexto que se coloca.

A SENHORA MINISTRA ELLEN GRACIE – E ele afirmou isso exatamente no "caso Miranda".

O SENHOR MINISTRO GILMAR MENDES – No "caso Miranda", que estabelece todas essas regras básicas sobre o processo penal constitucional americano.

Então, é preciso que essas coisas se estabeleçam, para que nós não sejamos vítimas dessa retórica fácil, desse populismo, que não pode ser populismo judicial.

Em relação à questão, vou fazer algumas considerações sobre o tema, pois o relatório já é amplamente conhecido.

No recurso extraordinário alega-se, fundamentalmente, que a Lei Complementar e a sua aplicabilidade imediata às eleições de 2010 violam os princípios constitucionais da irretroatividade da lei, da anterioridade eleitoral, da presunção de inocência e da intangibilidade do ato jurídico perfeito.

Já se falou muito, aqui e fora, por exemplo, que o fato de ser uma lei de iniciativa popular daria uma grande legitimidade, uma legitimidade diferenciada a esta norma. Não penso assim, Senhor Presidente, Senhores Ministros. Lei está submetida às regras constitucionais. Devemos estar muito atentos a este tipo de fenômeno.

O SENHOR MINISTRO MARCO AURÉLIO – Como o próprio povo também se submete à Constituição.

O SENHOR MINISTRO GILMAR MENDES – E isso é evidente, especialmente na democracia constitucional. É preciso que tenhamos bem essa dimensão. Fosse a lei aprovada por unanimidade do Congresso Nacional, ainda assim estaria submetida à Constituição. A missão da Corte Constitucional é uma missão contramajoritária. Por isso, ela tem as suas garantias. Sua função não é mimetizar decisões de palanques, decisões do Congresso. É uma função pura. Muitas vezes tem que se contrariar aquilo que a opinião pública entende como "a salvação" para, às vezes, salvar a própria opinião pública, porque esse tipo de violência começa com o nosso vizinho e depois chega a nós. É preciso que nós tenhamos, então, essa dimensão. É preciso sempre colocar essa questão, essa tensão existente entre jurisdição constitucional e democracia; jurisdição constitucional e política; pois toda ela se renova e se coloca aqui. Agora, é uma missão contramajoritária. Se fosse para mimetizar, para ser decalque da decisão do Congresso, podia fechar o Supremo Tribunal Federal. Se a iniciativa popular tornar inútil a nossa atividade, melhor fechar o Supremo Tribunal Federal.

Vamos, então, a esses casos. O tema agora trazido pelo Ministro Marco Aurélio, e que foi roçado na fala do Ministro Lewandowski: alínea "d", na antiga redação da LC 64/90. Se, de fato, se está a entender que, mesmo tendo ela sido aplicada considerando-se o anterior prazo de três anos de inelegibilidade, ela pode agora ser aplicada com o prazo de oito anos, nós estamos tendo aqui o caso de aplicação da lei nova na dimensão da retroatividade máxima, aquilo que nós sempre entendemos vedado, porque estamos estendendo-a a fatos anteriores. Então, é preciso que nós tenhamos exatamente essa dimensão.

A lei obviamente não diz isso, mas se estiver havendo esse tipo de aplicação, aplicada a inelegibilidade de três anos, agora ela está se convolando em oito, nós estamos muito próximos de um estado de barbárie. E só isso já suscita dúvidas, já suscita reflexões.

Eu li, depois da citação do Ministro Lewandowski, a manifestação do voto do Ministro Versiani. E obviamente o "espírito santo jurídico" lhe faltou naquele momento.

O SENHOR MINISTRO AYRES BRITTO (RELATOR) – Ele é um grande jurista, Excelência.

O SENHOR MINISTRO GILMAR MENDES – Sem dúvida, mas faltou. Por quê? Porque obviamente são situações incomparáveis, não se pode comparar a condição de parentesco, ou a chamada inelegibilidade inata, com essas situações que estão associadas ao artigo 14, § 9º. Não é de se subscrever essa comparação.

O SENHOR MINISTRO CELSO DE MELLO – São imprecisões conceituais que culminam por impor restrições gravíssimas a um direito fundamental, que é o direito fundamental de participação política. A partir precisamente dessas imprecisões conceituais...

O SENHOR MINISTRO GILMAR MENDES – Portanto, vejam a que ponto de imprecisão nós podemos chegar. Neste caso, evidentemente, a relação de parentesco, que está prevista no texto constitucional, inclusive com as limitações... Nós mesmos já tivemos a possibilidade de fazer essa limitação. Eu me lembro que a Ministra Ellen Gracie foi Relatora de um caso em que afastamos até a Súmula, e que agora está contemplado na lei, quanto à separação fraudada, o divórcio eventualmente simulado. Mas, mesmo diante do entendimento jurisprudencial pacífico entre nós, temos situações, e verificamos isso, acho que na Segunda Turma, em que de fato havia um dissídio tal entre ex-genro e ex-sogro que levava à necessidade de se contemplar, de se distinguir.

O SENHOR MINISTRO MARCO AURÉLIO – Temos um célebre caso, do passado, no Maranhão.

O SENHOR MINISTRO GILMAR MENDES – Sim, que são casos conhecidos.

A SENHORA MINISTRA ELLEN GRACIE – Esse caso era de Pernambuco, Excelência.

O SENHOR MINISTRO GILMAR MENDES – Sim, esse caso era de Pernambuco, mas o Ministro Marco Aurélio lembra que teve um caso no Maranhão.

O SENHOR MINISTRO RICARDO LEWANDOWSKI – Ministro Gilmar Mendes, apenas uma pequena observação: o TSE não está placitando a lei como um todo, está examinando todas as hipóteses. Não estou dizendo que a lei é inteiramente inconstitucional, eu mesmo manifestei restrições com relação a algumas alíneas. Isso precisa ficar bem claro, nós não estamos passando um carimbo, batendo um carimbo na lei.

O SENHOR MINISTRO GILMAR MENDES – Por isso fiquei preocupado.

O SENHOR MINISTRO RICARDO LEWANDOWSKI – Então Vossa Excelência não precisa ficar preocupado.

O SENHOR MINISTRO GILMAR MENDES – Em relação a essa argumentação de equiparação de situações, claro que a inelegibilidade não é pena, mas tem esse caráter, sim, pois assimila-se muitas vezes à sanção. Claro que isso diferencia-se da situação das chamadas condições de inelegibilidade inatas. Então nós não podemos comparar situações que não são comparáveis.

Mas vamos então, agora, ao artigo 16, que me parece, Presidente, elemento central dessa discussão. Depois podemos estender para outros aspectos.

O Supremo Tribunal Federal possui uma sólida jurisprudência a respeito da interpretação do art. 16 da Constituição de 1988 (ADI 733, Rel. Min. Sepúlveda Pertence, *DJ* 16.6.1995; ADI 718, Rel. Min. Sepúlveda Pertence, *DJ* 18.12.1998; ADI 354, Rel. Min. Octavio Gallotti, *DJ* 22.6.2001; ADI 3.345, Rel. Min. Celso de Mello, julg. 25.8.2005; ADI 3.741, Rel. Min. Ricardo Lewandowski, *DJ* 23.2.2007; ADI 3.685, Rel. Min. Ellen Gracie, *DJ* 10.8.2006; ADI-MC 4.307, Rel. Min. Cármen Lúcia, *DJ* 5.3.2010).

Muito se tem argumentado que em nenhum desses precedentes o Tribunal tratou especificamente da lei que cria novas causas de inelegibilidade. De fato, a única vez em que a Corte se

Direitos políticos fundamentais, partidos políticos e sistemas eleitorais **1323**

debruçou sobre esse tema específico ocorreu no conhecido julgamento do **RE 129.392**, Rel. Min. Sepúlveda Pertence (julg. em 17.6.1992), no qual se decidiu que o princípio da anterioridade eleitoral não veda a vigência imediata da LC 64/90 (Lei de Inelegibilidades), na medida em que esta define o regime constitucional de inelegibilidade exigido pelo art. 14, § 9º, da Constituição. Assim, com base nesse precedente específico, o Tribunal Superior Eleitoral, no julgamento das Consultas 114.709 e 112.026, entendeu que a LC 135/2010, diploma modificador da LC 64/90, também não estaria abrangida pela vedação do art. 16 da Constituição.

O exame minucioso do precedente firmado no RE 129.392 pode revelar que essa conclusão não é tão evidente como tem sido apresentada.

Em verdade, ela é equivocada.

A regra que se extrai do referido precedente não é a de que *lei que trate de inelegibilidade tem aplicabilidade imediata e não se submete ao art. 16 da Constituição*, como normalmente se tem entendido.

Naquele julgamento, o debate girou em torno da questão de saber se a LC 64/90 instaurava um novo e complementar sistema normativo de inelegibilidades exigido pela então recém-promulgada Constituição de 1988 (art. 14, § 9º) ou se, por outro lado, ela alterava o regime anterior de inelegibilidades definido pela LC 5/70 e recepcionado pela nova Constituição. Na primeira hipótese, estar-se-ia diante de uma legislação apenas complementar e integrativa do novo regime de inelegibilidades da Constituição de 1988 e que, dessa forma, não receberia a incidência do art. 16 da mesma Constituição; do contrário, ocorrida a segunda hipótese, ter-se-ia um caso de verdadeira alteração do processo eleitoral, a ser submetida à vedação de aplicabilidade imediata imposta pelo art. 16 da Constituição. O Ministro Sepúlveda Pertence, Relator, após assim delimitar a questão, entendeu que a LC 5/70 foi recepcionada pela Constituição de 1988, complementando, desde o momento da promulgação do texto constitucional, o sistema de inelegibilidades instituído pela nova ordem constitucional, de forma que o advento posterior da LC 64/90, que revogou a anterior LC 5/70, teve o condão de alterar o processo eleitoral e assim deveria vigorar apenas após um ano de sua publicação. Acompanharam o Relator, com base nos mesmos fundamentos, os Ministros Marco Aurélio, Carlos Velloso, Celso de Mello e Aldir Passarinho. Por outro lado, os votos vencedores, capitaneados pelo Ministro Paulo Brossard e pelos Ministros à época pertencentes ao Tribunal Superior Eleitoral (Célio Borja, Octavio Gallotti e Sydney Sanches) e acompanhados pelos Ministros Moreira Alves e Néri da Silveira, entenderam que o tema da inelegibilidade por improbidade administrativa é eminentemente constitucional, de forma que o art. 16 da Constituição não poderia ser aplicado para negar aplicabilidade imediata a outros preceitos da própria Constituição (art. 14, § 9º, e art. 37, § 4º). Assim, no entendimento da maioria, a LC 64/90 viria cumprir um mandamento constitucional e – tal como deixou consignado o Ministro Octavio Gallotti – "preencher um vazio" para permitir a moralização e a lisura do processo eleitoral então em curso. Se essa nova lei complementar não pudesse ser imediatamente aplicada, deixaria uma lacuna relativa a regras de inelegibilidade de caráter moralizador, o que não seria permitido pela própria Constituição.

Como é possível perceber, a regra que pode ser extraída desse precedente firmado no RE 129.392 é a de que o art. 16 da Constituição não pode obstar a aplicabilidade imediata de uma lei de inelegibilidade que, logo após o advento da nova ordem constitucional, vem instituir todo um sistema de inelegibilidades para cumprir preceitos constitucionais e preencher um vazio legislativo, sem cujo suprimento as eleições não poderiam se desenvolver de forma regular.

Portanto, a tentativa de aplicar-se o referido precedente ao contexto atual levaria à conclusão diametralmente oposta, isto é, a de que o fato de a LC 135/2010 apenas alterar preceitos existentes de um consolidado sistema de inelegibilidade instituído pela Constituição de 1988 e complementado pela LC 64/90 – vigente há vinte anos e aplicado em todas as eleições

desde então – tornaria obrigatório que a sua aplicabilidade fosse condicionada ao princípio da anterioridade previsto pelo art. 16 da Constituição.

O SENHOR MINISTRO AYRES BRITTO (RELATOR) – Não, não foi alterado. Ele trouxe também inovações. A alínea *k*, por exemplo, que estamos julgando é inteiramente nova.

O SENHOR MINISTRO GILMAR MENDES – Não, ele está alterando um instituto existente; é disso que estou falando.

O SENHOR MINISTRO AYRES BRITTO (RELATOR) – Não, é inteiramente nova.

O SENHOR MINISTRO GILMAR MENDES – Não, mas está alterando, não interessa. A premissa em que se louvou a maioria era de que o comando decorrente do artigo 14, § 9º, estava sendo cumprido.

A SENHORA MINISTRA ELLEN GRACIE – Era inaugural.

O SENHOR MINISTRO GILMAR MENDES – Inaugural. Agora, trata-se de uma alteração.

O SENHOR MINISTRO AYRES BRITTO (RELATOR) – Inaugural também.

O SENHOR MINISTRO GILMAR MENDES – Não, não inaugural.

O SENHOR MINISTRO AYRES BRITTO (RELATOR) – Porque não havia anteriormente. Há dezesseis anos que estávamos esperando pela alínea *k*; finalmente chegou.

O SENHOR MINISTRO GILMAR MENDES – Desculpe, Ministro, não é disso que se cuida. Estamos falando de inaugural; nós temos sentidos diversos. E a maioria que lá se formou também tinha um outro sentido. Apenas se dizia que era um comando quase que compulsório, sob pena de não se implantar um modelo de improbidade desejado pelo § 9º; não era uma reforma ao texto. Agora temos uma reforma ao texto.

O SENHOR MINISTRO DIAS TOFFOLI – Ministro Gilmar, eu já tive oportunidade de dialogar com o Ministro Sepúlveda Pertence sobre o referido julgamento. Levava-se em conta, ali, também, o fato de a Lei Complementar n. 5 ser da época do governo militar, com duvidosos dispositivos que teriam ou não sido recepcionados pela Constituição de 88. É evidente que eles também julgaram com esse substrato. A Lei Complementar n. 5 era extremamente restritiva ao espaço democrático da cidadania, diante das razões históricas do momento em que foi editada.

O SENHOR MINISTRO MARCO AURÉLIO – E mesmo assim, houve uma votação muito apertada, de seis votos a cinco. E a premissa daqueles que votaram no sentido da observância do artigo 16 da Constituição Federal foi única. É que a Lei Complementar, anterior, a de número 5/70, tinha sido recepcionada em parte pela Carta de 88. Quer dizer, levando em conta o artigo 14, § 9º, da Constituição Federal, não haveria um vácuo normativo.

O SENHOR MINISTRO AYRES BRITTO (RELATOR) – Que é depois da Lei Complementar n. 90.

O SENHOR MINISTRO MARCO AURÉLIO – Porque senão nós cinco teríamos acompanhado os seis colegas.

O SENHOR MINISTRO AYRES BRITTO (RELATOR) – O § 9º é posterior à Lei Complementar n. 90, porque a Lei Complementar n. 90 era insuficiente para proteger a moralidade e a probidade.

O SENHOR MINISTRO MARCO AURÉLIO – Ontem o Tribunal placitou a Lei Complementar n. 64/90, a pretexto de que atenderia à Carta da República no novo contexto de probidade pública. E hoje? Há espaço para adotar-se o mesmo entendimento? A resposta é desenganadamente negativa.

Direitos políticos fundamentais, partidos políticos e sistemas eleitorais **1325**

O SENHOR MINISTRO GILMAR MENDES – Esse é o ponto a que estou me referindo. Estou dizendo exatamente isso.

De toda forma, o certo é que **o julgamento do RE 129.392 foi realizado em um contexto muito específico**, sob a égide de uma Constituição recém-promulgada, que rompia com a ordem constitucional anterior e que necessitava da legislação complementar para implementar o novo sistema de inelegibilidade a ser aplicado nas primeiras eleições democráticas após longo período ditatorial. Os votos vencedores, numa maioria apertada de 6 votos a 5, com desempate pelo então Presidente da Corte (Ministro Neri da Silveira), foram conduzidos por Ministros que compunham o Tribunal Superior Eleitoral e fizeram prevalecer razões pragmáticas que tinham em vista o regular transcurso do pleito eleitoral.

Existem boas razões, portanto, para não se utilizar desse precedente como base de análise da questão sobre a necessidade de submissão da LC 135/2010 ao preceito do art. 16 da Constituição. A resposta a essa questão deve ser encontrada por meio de uma análise que, guiada por um critério de coerência, investigue a jurisprudência como um todo e dela extraia as regras que poderão servir de parâmetro para o caso.

A seguir serão analisados os principais precedentes sobre a interpretação do art. 16 da Constituição. A jurisprudência sobre o princípio da anterioridade eleitoral pode ser dividida em duas fases: a) a primeira é marcada pelos julgamentos das ADIs 733, 718 e 354; b) a segunda pelos julgamentos das ADI 3.345, ADI 3.685, ADI 3.741 e ADI-MC 4.307.

Na **ADI 733**, Rel. Min. Sepúlveda Pertence (julg. em 17.6.1992), o Tribunal firmou entendimento no sentido de que a *lei estadual que cria municípios em ano eleitoral não altera o processo eleitoral* e, portanto, não se submete ao princípio da anterioridade previsto no art. 16 da Constituição. Na ADI 718, Rel. Min. Sepúlveda Pertence (julg. em 5.11.1998), a Corte novamente enfatizou que o art. 16 da Constituição não repercute na criação de municípios por leis estaduais em ano eleitoral. Nas duas ações, considerou-se que o processo eleitoral é parte do sistema de normas do Direito Eleitoral, matéria da competência legislativa privativa da União, de modo que a lei estadual não tem efeitos sobre esse sistema normativo federal. O tema, porém, não voltou mais a figurar na jurisprudência do Tribunal, mesmo porque, a partir da EC 15/96, as leis estaduais criadoras de novos municípios passaram a ser declaradas inconstitucionais. Os precedentes contidos nas ADIs 718 e 733 apenas contribuem para esclarecer uma regra muito simples: a de que a lei de que trata o art. 16 da Constituição é a lei emanada do Congresso Nacional no exercício da competência privativa da União prevista no art. 22, I, do texto constitucional. Esses julgados, dessa forma, serão pouco relevantes nas análises seguintes.

Na **ADI 354**, Rel. Min. Octavio Gallotti (julg. em 24.9.1990), o Tribunal consignou o entendimento segundo o qual a vigência e a eficácia imediatas de *norma eleitoral que altera o sistema de votação e apuração de resultados*, seja no sistema proporcional, seja no sistema majoritário, não infringe o disposto no art. 16 da Constituição. Foi a primeira vez que a Corte analisou com maior profundidade o significado do princípio da anterioridade eleitoral na Constituição de 1988.

Os votos vencedores (Ministros Octavio Gallotti – Relator, Paulo Brossard, Célio Borja, Sydney Sanches, Moreira Alves e Néri da Silveira) basearam-se em fundamentos diversos, os quais podem ser agrupados em três vertentes:

1) a norma eleitoral que trata de um determinado modo de apuração de votos e, dessa forma, diz respeito apenas à interpretação da vontade do eleitor, pode ter eficácia imediata sem desrespeitar o princípio da anterioridade eleitoral (Octavio Gallotti e Célio Borja);

2) a expressão "processo eleitoral" contida no art. 16 da Constituição abrange apenas as normas eleitorais de caráter instrumental ou processual, e não aquelas que dizem res-

1326 Estado de Direito e Jurisdição Constitucional – Decisões relevantes em 15 anos de atuação no STF

peito ao direito eleitoral material ou substantivo (Paulo Brossard, Moreira Alves, Néri da Silveira);

3) o art. 16 visa impedir apenas alterações casuísticas e condenáveis do ponto de vista ético, e sua interpretação deve levar em conta as peculiaridades nacionais, o "Brasil real e não o Brasil teórico" (Sydney Sanches).

Os votos vencidos (Ministros Marco Aurélio, Carlos Velloso, Celso de Mello, Sepúlveda Pertence e Aldir Passarinho), vistos em seu conjunto, entenderam que a interpretação do art. 16 deve levar em conta dois aspectos fundamentais: o significado da expressão "processo eleitoral" e a teleologia da norma constitucional. Assim, tais votos procederam a uma interpretação mais ampla da expressão "processo eleitoral" e fixaram as seguintes balizas para a interpretação teleológica do art. 16:

1) o processo eleitoral consiste num complexo de atos que visam a receber e transmitir a vontade do povo e que pode ser subdividido em três fases: a *fase pré-eleitoral*, que vai desde a escolha e apresentação das candidaturas até a realização da propaganda eleitoral; a *fase eleitoral* propriamente dita, que compreende o início, a realização e o encerramento da votação; a *fase pós-eleitoral*, que se inicia com a apuração e a contagem de votos e finaliza com a diplomação dos candidatos;

2) a teleologia da norma constitucional do art. 16 é a de impedir a deformação do processo eleitoral mediante alterações nele inseridas de forma casuística e que interfiram na igualdade de participação dos partidos políticos e seus candidatos.

Após os referidos julgamentos, ocorridos no início da década de 1990, o Tribunal somente voltou a se pronunciar sobre o art. 16 da Constituição no ano de 2005, ao apreciar a ADI 3.345, Rel. Min. Celso de Mello. Com a composição da Corte modificada substancialmente, iniciou-se uma segunda fase na jurisprudência sobre o art. 16, na qual passaram a prevalecer os parâmetros de interpretação dessa norma constitucional anteriormente definidos pelos votos vencidos na ADI 354.

Na **ADI 3.345**, o Tribunal entendeu que *a Resolução do TSE 21.702/2004 – a qual normatizou as razões determinantes do julgamento do RE 197.917 pelo STF, que definiram critérios de proporcionalidade para fixação do número de vereadores nos municípios – não ofendeu o art. 16 da Constituição.* Os fundamentos da decisão foram delineados no voto do Relator, Ministro Celso de Mello, que, retomando as considerações antes proferidas no julgamento da ADI 354, fixaram a necessidade de interpretação do art. 16 levando-se em conta o significado da expressão "processo eleitoral" e a teleologia da norma constitucional. Está consignado na ementa do acórdão:

"PRINCÍPIO CONSTITUCIONAL DA ANTERIORIDADE ELEITORAL: SIGNIFICADO DA LOCUÇÃO 'PROCESSO ELEITORAL' (CF, ART. 16).

– A norma consubstanciada no art. 16 da Constituição da República, que consagra o postulado da anterioridade eleitoral (cujo precípuo destinatário é o Poder Legislativo), vincula-se, em seu sentido teleológico, à finalidade ético-jurídica de obstar a deformação do processo eleitoral mediante modificações que, casuisticamente introduzidas pelo Parlamento, culminem por romper a necessária igualdade de participação dos que nele atuam como protagonistas relevantes (partidos políticos e candidatos), vulnerando-lhes, com inovações abruptamente estabelecidas, a garantia básica de igual competitividade que deve sempre prevalecer nas disputas eleitorais. Precedentes.

– O processo eleitoral, que constitui sucessão ordenada de atos e estágios causalmente vinculados entre si, supõe, em função dos objetivos que lhe são inerentes, a sua integral submissão a uma disciplina jurídica que, ao discriminar os momentos que o compõem, indica as fases em que ele se desenvolve: (a) fase pré-eleitoral, que, iniciando-se com a realização das convenções partidárias e a escolha de candidaturas, estende-se até a propaganda eleitoral respectiva; (b) fase eleitoral propriamente dita, que compreende o início, a realização e o encerramento da votação e (c) fase pós-eleitoral, que principia com a apuração e contagem de votos e termina com a diplomação dos candidatos eleitos, bem assim dos seus respectivos suplentes. Magistério da doutrina (JOSÉ AFONSO DA SILVA e ANTONIO TITO COSTA).

Direitos políticos fundamentais, partidos políticos e sistemas eleitorais 1327

– A Resolução TSE n. 21.702/2004, que meramente explicitou interpretação constitucional anteriormente dada pelo Supremo Tribunal Federal, não ofendeu a cláusula constitucional da anterioridade eleitoral, seja porque não rompeu a essencial igualdade de participação, no processo eleitoral, das agremiações partidárias e respectivos candidatos, seja porque não transgrediu a igual competitividade que deve prevalecer entre esses protagonistas da disputa eleitoral, seja porque não produziu qualquer deformação descaracterizadora da normalidade das eleições municipais, seja porque não introduziu qualquer fator de perturbação nesse pleito eleitoral, seja, ainda, porque não foi editada nem motivada por qualquer propósito casuístico ou discriminatório."

E nós já lembramos, aqui, dessa resolução. À época, presidia o TSE o Ministro Sepúlveda Pertence, que, diga-se de passagem, ficou vencido naquela discussão sobre o critério de proporcionalidade. Todavia, foi Sua Excelência que encaminhou esta solução e que sugeriu que a Corte recomendasse ao Tribunal, em *obiter dictum*, que editasse uma norma para pacificar o tema, uma vez que nós teríamos um quadro, assim, de fato teratológico diante da desproporcionalidade, tendo em vista as diversas leis municipais que fixavam números diversos de vereadores para as diversas comunas. Portanto, foi nesse contexto que foi editada a resolução.

Assim, as razões antes vencidas na ADI 354 passaram a figurar como fundamentos determinantes da atual jurisprudência do STF sobre o art. 16. Todos os julgamentos posteriores nos quais esteve envolvida a interpretação do art. 16 reportaram-se à teleologia da norma constitucional e ao significado da expressão "processo eleitoral" nela contida. Nesse último aspecto, *perdeu relevância a distinção antes efetuada pelos Ministros Paulo Brossard e Moreira Alves entre direito eleitoral processual e direito eleitoral material.*

Importante observar que até o julgamento da ADI 3.345 – no qual se iniciou essa segunda fase na jurisprudência –, a construção de consistentes parâmetros de interpretação do princípio da anterioridade eleitoral ainda não havia resultado na declaração de inconstitucionalidade de normas com fundamento na aplicação do art. 16. Isso apenas veio ocorrer no julgamento da ADI 3.685.

O julgamento da **ADI 3.685**, Rel. Min. Ellen Gracie (julg. em 22.3.2006) representa um marco na evolução jurisprudencial sobre o art. 16 da Constituição. Foi a primeira vez que o STF aplicou a norma constitucional para impedir a vigência imediata de uma norma eleitoral. O objeto da ação foi a EC 52/2006, *que deu plena autonomia aos partidos para formarem coligações partidárias nos planos federal, estadual e municipal, revogando a legislação infraconstitucional que estabelecia a denominada "verticalização" das coligações.* Os fundamentos do julgado se basearam nas razões já fixadas na jurisprudência do STF sobre o art. 16 e avançaram em novas considerações sobre o significado do princípio da anterioridade na ordem constitucional de 1988.

Em primeiro lugar, entendeu-se que o conteúdo semântico do vocábulo "lei" contido no art. 16 é amplo o suficiente para abarcar a *lei ordinária* e a *lei complementar*, assim como a *emenda constitucional* ou qualquer espécie normativa de caráter autônomo, geral e abstrato. Assim, se na ADI 3.345 o Tribunal já havia aferido a constitucionalidade de uma Resolução do TSE em relação ao art. 16, agora o fazia tendo como objeto uma emenda constitucional. O entendimento vem complementar a interpretação da palavra "lei" já efetuada pelo Tribunal no julgamento das ADIs 718 e 733, em que se definiu que tal lei seria aquela emanada da União no exercício de sua competência privativa de legislar sobre direito eleitoral (art. 22, I, da Constituição).

Em segundo lugar, passou-se a identificar no art. 16 uma *garantia fundamental* do cidadão-eleitor, do cidadão-candidato e dos partidos políticos. Fez-se uma analogia com a garantia da anterioridade tributária fixada no art. 150, III, b, da Constituição. Assim, se o princípio da anterioridade tributária constitui uma garantia do cidadão-contribuinte, tal como afirmado pelo STF no julgamento da ADI 939 (Rel. Min. Sydney Sanches, *DJ* 17.12.1993), o princípio da anterioridade eleitoral é uma garantia do cidadão, não apenas do eleitor, mas também do candidato e dos partidos políticos. Nesse sentido, consolidou-se nesse julgamento a noção de que o art. 16

é garantia de um "devido processo legal eleitoral", expressão originada da interpretação das razões do voto do Ministro Sepúlveda Pertence no julgamento da ADI 354.

O SENHOR MINISTRO AYRES BRITTO (RELATOR) – Ministro, sem querer dificultar o raciocínio de Vossa Excelência, mas é preciso lembrar – e isso também me parece fundamental – que o § 9º do artigo 14 veio por efeito de uma emenda posterior ao artigo 16. E mais, veio por uma emenda de revisão, ao passo que o artigo 16, na sua atual redação, foi introduzido na Constituição por uma emenda singela. A outra de revisão teve um caráter muito mais sistêmico, para adaptar a Constituição ao resultado do plebiscito.

O SENHOR MINISTRO MARCO AURÉLIO – Por quê? Porque, antes, o artigo 16 projetava a vigência, a própria vigência da lei que alterasse o processo eleitoral.

O SENHOR MINISTRO AYRES BRITTO (RELATOR) – O artigo 16 tem que ser interpretado à luz do 14, § 9º, e não o contrário.

O SENHOR MINISTRO MARCO AURÉLIO – Houve a emenda para fazer a distinção: vigência imediata, não se aplicando às eleições que se realizarem até um ano após.

O SENHOR MINISTRO AYRES BRITTO (RELATOR) – Por isso que a nova emenda disse "vida pregressa". Vida pregressa é vida futura? Como é que se pode avaliar, no plano da probabilidade, se um candidato vai ser fiel ao princípio da moralidade e da probidade administrativa, senão a partir do exame da sua vida pregressa, da sua biografia, do seu histórico de vida. Por isso que a nova emenda, posterior à 16, pela primeira vez na história do Brasil, falou em vida pregressa, que é vida passada, vida pretérita.

O SENHOR MINISTRO MARCO AURÉLIO – É que Vossa Excelência aponta a renúncia como algo condenável, e nem sempre o é.

O SENHOR MINISTRO AYRES BRITTO (RELATOR) – Nós vamos segurar pela cauda a eficácia de uma lei concretizadora da moralidade?

O SENHOR MINISTRO CELSO DE MELLO – Na verdade, não tem caráter inédito a norma da Constituição que se refere à vida pregressa. Por quê? Porque, sob a égide da Carta anterior, na Carta Federal de 69 já havia a expressa referência à vida pregressa.

O SENHOR MINISTRO AYRES BRITTO (RELATOR) – Eu digo novidade na Carta de 1988. Não havia essa referência "vida pregressa".

O SENHOR MINISTRO CELSO DE MELLO – Na verdade, o artigo 151, inciso IV, da Carta outorgada pelo triunvirato militar, curiosamente estabelecia, para efeito de definição das hipóteses de inelegibilidade, a moralidade para o exercício de mandato, levando em consideração a vida pregressa do candidato. Isso em 69.

O SENHOR MINISTRO AYRES BRITTO (RELATOR) – É. Mas, na nossa Constituição, não havia isso – na originária. Veio por efeito da Emenda 14.

O SENHOR MINISTRO CELSO DE MELLO – É. Não é algo estranho ao constitucionalismo brasileiro.

O SENHOR MINISTRO GILMAR MENDES – Agora, eu só diria que Vossa Excelência tirou a conclusão exatamente contrária, a meu ver, com todas as vênias de estilo. É que o artigo 16, segundo as nossas premissas – e nós reafirmamos isso neste caso –, integra as cláusulas pétreas. É isso que já afirmamos. É esse precedente que estou a mencionar.

O SENHOR MINISTRO CELSO DE MELLO – Da Ministra Ellen Gracie.

O SENHOR MINISTRO AYRES BRITTO (RELATOR) – Eu também já disse isso. Eu já afirmei isso também. Já fiz os maiores elogios ao 16.

O SENHOR MINISTRO GILMAR MENDES – Exatamente. Então, na verdade, o art. 14, § 9º, tem que ser interpretado... E o meu querido e velho professor, da Alemanha, Hans-Uwe Erichsen, teve a oportunidade de escrever sobre isso, se era possível fazer interpretação conforme

Direitos políticos fundamentais, partidos políticos e sistemas eleitorais **1329**

de norma constitucional derivada, à luz do texto constitucional. Ele dizia, inclusive, que dever-se-ia ter muito cuidado com isso. Mas, claro, não é o artigo 14 que é o parâmetro que vai limitar o artigo 16. Estamos a afirmar é que o artigo 16 configura cláusula pétrea, que precisa ser respeitada.

O SENHOR MINISTRO AYRES BRITTO (RELATOR) – E o 14 também, porque fala do voto. Fala da eleição. E o voto é cláusula pétrea.

O SENHOR MINISTRO GILMAR MENDES – Não. Desculpe-me, estou lhe falando...

O SENHOR MINISTRO AYRES BRITTO (RELATOR) – Com a eleição sem voto.

O SENHOR MINISTRO GILMAR MENDES – Não podemos falar de cláusula pétrea, Ministro, de norma posta por emenda constitucional.

O SENHOR MINISTRO AYRES BRITTO (RELATOR) – Podemos.

O SENHOR MINISTRO RICARDO LEWANDOWSKI – O artigo 14 inaugura o capítulo dos direitos políticos.

O SENHOR MINISTRO GILMAR MENDES – Estou falando do § 9º.

O SENHOR MINISTRO AYRES BRITTO (RELATOR) – Todo o direito fundamental, ainda que por arrastamento, é cláusula pétrea.

O SENHOR MINISTRO GILMAR MENDES – Desculpe-me, Ministro, não é assim que a doutrina trata a cláusula pétrea. Não. Normas que são introduzidas por emenda constitucional não são cláusulas pétreas.

O SENHOR MINISTRO AYRES BRITTO (RELATOR) – Esse artigo 14, § 9º, na medida em que fala de legitimidade e regularidade das eleições, está se referindo a quê? Está protegendo o eleitor.

O SENHOR MINISTRO GILMAR MENDES – Vossa Excelência que falou que foi colocado por emenda. Por emenda constitucional, obviamente não é cláusula pétrea.

A SENHORA MINISTRA CÁRMEN LÚCIA – E acrescentar os direitos fundamentais nas cláusulas pétreas, não, Ministro?

O SENHOR MINISTRO RICARDO LEWANDOWSKI – Mas esses valores remontam ao próprio princípio republicano.

O SENHOR MINISTRO GILMAR MENDES – Eu só estou tentando ajudar a argumentação.

A SENHORA MINISTRA CÁRMEN LÚCIA – Mas o que for acrescentado como direito fundamental no artigo 5º não se torna cláusula pétrea?

O SENHOR MINISTRO GILMAR MENDES – Não. Também não.

A SENHORA MINISTRA CÁRMEN LÚCIA – Por emenda constitucional?

O SENHOR MINISTRO GILMAR MENDES – Também não. Há uma vasta doutrina em torno desse assunto e pode-se disputar. Mas, obviamente, não é esse o argumento. O artigo 16, obviamente, é a base. Foi isso o que dissemos, pelo menos na ADI 3.685, inclusive com o voto de Vossa Excelência.

O SENHOR MINISTRO AYRES BRITTO (RELATOR) – Não, eu reconheço a importância enorme do artigo 16, só que ele tem que ser interpretado à luz da regra mais nova do que ele, que é o § 9º do artigo 14.

O SENHOR MINISTRO RICARDO LEWANDOWSKI – Sim, para evitar o casuísmo.

O SENHOR MINISTRO GILMAR MENDES – Mas eu prossigo, presidente.

O SENHOR MINISTRO CEZAR PELUSO (PRESIDENTE) – Ministros, estamos aqui numa discussão com pontos de vista pétreos. Faça-me o favor, Ministro.

O SENHOR MINISTRO GILMAR MENDES – Eu lembrava, portanto, a passagem do voto da Ministra Ellen. E ela dizia claramente, na ADI 3.685, o seguinte:

"5. De qualquer modo, o que realmente merece examinar no julgamento da presente ação direta é a constitucionalidade da aplicação da nova regra eleitoral sobre coligações partidárias às eleições gerais que serão realizadas em menos de sete meses."

A Ministra faz referência ao artigo 16 da Constituição e então cita a doutrina de Fávila Ribeiro, nos seguintes termos:

"Fávila Ribeiro, ao dissertar sobre a essência do princípio em análise, preconiza que o tempo é um elemento marcante da dinâmica eleitoral, sendo necessário redobrar as cautelas para que não seja utilizada para os desvirtuamentos, 'fomentando situações alvissareiras para uns e prejudiciais para outros'. Adverte-se esse doutrinador que 'as instituições representativas não podem ficar expostas a flutuações nos seus disciplinamentos, dentre os quais sobrelevam os eleitorais, a que não fiquem ao sabor do dirigismo normativo das forças dominantes de cada período'."

Esse notável publicista estava preocupado com aquilo que é de sabença comum em sede de jurisdição constitucional: que as minorias sejam asfixiadas pela maioria, ao fazer as leis.

Continua a Ministra Ellen Gracie:

"Salienta, outrossim, a importância do pleno discernimento entre a necessidade do aperfeiçoamento legislativo advindo com as reformas e 'a noção do tempo inapropriado para empreendê-las, evitando a fase em que já estejam iniciados os entrechoques e personificados os figurantes com as suas siglas partidárias e mesmo com coligações já definidas, ainda que não formalizadas pelas respectivas convenções'."

E diz Sua Excelência, ainda:

"Este Supremo Tribunal Federal, em mais de uma oportunidade, realizou aprofundado exame a respeito da importância e da altivez do art. 16 da Constituição Federal e do princípio nele encerrado, ainda que o ponto central dos debates travados tenha sido a melhor interpretação a ser dada à locução 'processo eleitoral', mais restrita que o termo 'direito eleitoral' contido no art. 22, I, da mesma Carta. Na ADI 354, rel. Min. Octavio Gallotti, *DJ* 12.02.93, impugnou-se norma (art. 2º da Lei 8.037/90) cuja vigência imediata alterava, já para as eleições que ocorreriam no ano de 1990, o critério a ser adotado no cômputo de votos, no que diz respeito à prevalência do candidato ou do partido, quando houvesse dúvida sobre a real intenção do eleitor. Embora tenha prevalecido a tese de que não se tratava de norma relativa ao processo eleitoral, mas sim de direito material, destinada à interpretação da vontade já livremente manifestada pelo eleitor, relevantes manifestações sobre o princípio constitucional da anterioridade eleitoral vieram à tona, tanto nos votos que formaram a maioria, como nos vencidos."

Sua Excelência prossegue para dizer o seguinte:

"É norma que, conforme ressaltou o eminente Ministro Sepúlveda Pertence no julgamento da ADI 354, protege o mais importante e relevante dos processos estatais da democracia representativa, o processo eleitoral, que assim o é 'pela razão óbvia de que é ele a complexa disciplina normativa, nos Estados modernos, da dinâmica procedimental do exercício imediato da soberania popular, para a escolha de quem tomará, em nome do titular dessa soberania, as decisões políticas dela derivadas'. Nessa mesma linha de pensamento, assim asseverou a douta Procuradoria-Geral da República em seu parecer:

'A força dessa ideia é muito vigorosa: a aceitação pelos cidadãos de determinados agentes políticos, e com eles, de todas as decisões políticas tomadas em seu favor, tem o lastro basicamente no procedimento, ou seja, no caso, no processo eleitoral. O seu trabalho é assimilado pela sociedade em vista da seleção que o apoia.'

9. Além de o princípio constitucional da anterioridade eleitoral conter, em si mesmo, elementos que o caracterizam como uma garantia fundamental oponível até mesmo à atividade do legislador constituinte derivado, nos termos dos arts. 5º, § 2º, e 60, § 4º, IV, a burla ao que contido no art. 16 da Constituição ainda afronta os direitos individuais da segurança jurídica (CF, art. 5º, *caput*) e do devido processo legal (CF, art. 5º, LIV)."

E aí cita a evolução da jurisprudência neste sentido. Mas avança para dizer o seguinte:

Direitos políticos fundamentais, partidos políticos e sistemas eleitorais **1331**

"10. No tocante à garantia fundamental do devido processo legal, na sua ótica substancial, ressaltou o eminente Ministro Sepúlveda Pertence, na ADI 354, não ser o bastante, para o processo eleitoral, que o jogo possua regras, sendo, assim, necessário que estas sejam prévias 'à apresentação dos contendores e ao desenvolvimento da disputa e, portanto, imutáveis, até a sua decisão'. Assevera, ainda, S. Exa. que a anterioridade exigida pelo art. 16 'é essencial à aspiração de segurança e de isonomia, que estão subjacentes à ideia qualificada de processo, como do devido processo legal'. Trata-se, aqui também, de um devido processo legal qualificado, não bastando que o legislador, mesmo o constituinte derivado, respeite os preceitos que regem o processo legislativo, impondo-se, ainda, a observância da anterioridade.

11. Sobre o processo eleitoral e o impacto nele causado pela alteração temporalmente inadequada das normas que regem as coligações partidárias, além do que já foi asseverado, ressalto que tal correlação há de ser obtida até mesmo na visão mais restritiva do alcance da expressão processo eleitoral perfilhada pelo eminente Ministro Moreira Alves."

O Ministro Moreira Alves, nós sabemos, compôs a maioria, fazendo a distinção entre o processo...

O SENHOR MINISTRO MARCO AURÉLIO – Fazendo a distinção onde a Constituição não distingue.

O SENHOR MINISTRO AYRES BRITTO (RELATOR) – A Constituição distingue direito material e direito processual.

O SENHOR MINISTRO MARCO AURÉLIO – No artigo 16, não. Perdoe-me, Vossa Excelência. Então, Vossa Excelência deve ter um exemplar da Constituição que não tenho.

O SENHOR MINISTRO AYRES BRITTO (RELATOR) – Não, no 22. Por favor, leia o 22, que Vossa Excelência vai perceber a diferença.

O SENHOR MINISTRO MARCO AURÉLIO – Estou me referindo ao artigo 16. Nele estamos centrados.

O SENHOR MINISTRO RICARDO LEWANDOWSKI – A interpretação do 16, aí é que reside a controvérsia.

O SENHOR MINISTRO AYRES BRITTO (RELATOR) – Vamos interpretar em harmonia com o todo da Constituição, o princípio da unidade da Constituição, para os alemães, é o maior princípio da Constituição no plano instrumental.

O SENHOR MINISTRO MARCO AURÉLIO – Vossa Excelência está falando ao Ministro Gilmar Mendes, que foi aluno na Alemanha. Eu não fui!

O SENHOR MINISTRO AYRES BRITTO (RELATOR) – É. O Ministro Gilmar Mendes sabe disso, que, na Alemanha, na doutrina e na jurisprudência alemãs, o princípio da unidade da Constituição é o de maior estatura sistêmica.

O SENHOR MINISTRO CEZAR PELUSO (PRESIDENTE) – Vamos lá Ministro Gilmar Mendes, por favor.

O SENHOR MINISTRO GILMAR MENDES – Sobre o julgamento da ADI 354, dizia então a Ministra Ellen, referindo-se a Moreira Alves:

"(...) Que o processo eleitoral abrange as normas instrumentais diretamente ligadas às eleições desde a fase inicial, até a final. Ora, a coligação partidária nada mais é do que um dos instrumentos utilizados no processo eleitoral para composição de alianças com o objetivo de participação nas eleições em condições de maior competitividade. Diz respeito ao somatório de forças de um grupo de partidos políticos na apresentação de uma só candidatura para um determinado cargo eletivo."

Citava, então, Gallotti e dizia:

"Não vejo exemplo mais eloquente de influência a esse equilíbrio de força do que a mudança nas regras concernentes às coligações. Também nesta direção trilhou a Casa na ADI n. 1.407, medida cautelar, na qual o eminente Relator, Ministro Celso de Mello, afirmou em seu douto voto *'que o tema concernente às coligações partidárias, não obstante resultem essas da decisão exclusiva dos partidos políticos e de um juízo de conveniência que somente a eles pertence, projeta-se, por sua natureza mesma, no âmbito do processo eleitoral, não podendo ser invocado como fator de restrição à atividade normativa desenvolvida pelo Poder Legislativo em campo que se insere na esfera de sua privativa competência institucional'.".*

E concluía dizendo:

"Também não procede a afirmação de que este Supremo Tribunal teria considerado a aplicação da norma prevista no artigo 16 da Constituição Federal restrita à atividade do legislador ordinário, por ter entendido legítima a aplicação imediata da Lei Complementar n. 64, que veio a atender ao imperativo presente no artigo 14, § 9°, da Constituição Federal. No julgamento do RE n. 129.392, da relatoria do Ministro Sepúlveda Pertence, entendeu a maioria dos membros do Plenário que o citado artigo 14, § 9°, da Carta Magna, exigia a elaboração de um diploma inovador, que viesse complementar o novo regime constitucional de inelegibilidades."

É o que disse Sua Excelência.

O SENHOR MINISTRO AYRES BRITTO (RELATOR) – Está vendo Vossa Excelência dizendo inovador, inaugural.

O SENHOR MINISTRO GILMAR MENDES – Referindo-se ao caso da Lei Complementar n. 64.

O SENHOR MINISTRO AYRES BRITTO (RELATOR) – Então, a alínea "k" é inaugural, é inovadora.

O SENHOR MINISTRO MARCO AURÉLIO – Quanto à Lei Complementar n. 64/1990, não quanto à n. 135/2010, mesmo porque a ordem cronológica dos fatos não autoriza essa conclusão.

O SENHOR MINISTRO GILMAR MENDES – Quem diz isso é a Ministra Ellen Gracie em relação, portanto, à Lei Complementar n. 64/90:

"Trata-se, portanto, de uma exceção ou de uma conformação de vontades do próprio constituinte originário que não descaracteriza o princípio da anterioridade como garantia fundamental capaz de limitar o exercício do poder de revisão. A propósito, na ADI n. 939, medida cautelar, já analisada, nem mesmo as exceções previstas na própria Constituição à aplicação do princípio da anterioridade tributária impediram que essa Corte reconhecesse o caráter de garantia individual do contribuinte desse postulado. Conforme asseverou o Ministro Ilmar Galvão em seu voto, tal circunstância *'só reforça o princípio-garantia na medida em que serve para demonstrar que, para excepcioná-lo, se faz mister a iniciativa do próprio constituinte originário'.* Cabe por último advertir – dizia Sua Excelência, ainda –, que a modificação no texto do artigo 16 pela Emenda Constitucional n. 4/93, em nada alterou o seu conteúdo principiológico fundamental. Tratou-se de mero aperfeiçoamento técnico, já que a redação original (*A lei que alterar o processo eleitoral só entrará em vigor um ano após a sua promulgação*) provocava dificuldades na implementação das mudanças pretendidas, pois, conforme bem analisado por José Afonso da Silva, criava o dispositivo constitucional em debate verdadeira *vacatio legis*, que evitava casuísmo nas épocas eleitorais, *'mas dificultava a regulamentação no processo eleitoral'.*"

E cita, no mesmo sentido, também, Celso Ribeiro Bastos. Isso também foi objeto do meu voto nessa mesma ADI.

E, por isso, ela julgava procedente, como depois todos nós fizemos, o pedido na Ação Direta.

O SENHOR MINISTRO MARCO AURÉLIO – Relativamente a uma emenda constitucional...

O SENHOR MINISTRO GILMAR MENDES – Relativo a uma Emenda Constitucional.

O SENHOR MINISTRO MARCO AURÉLIO – ... que não chegava à inelegibilidade, versava apenas coligações: liberdade dos partidos políticos de unirem-se em certa eleição.

O SENHOR MINISTRO GILMAR MENDES – Assim, passou-se a identificar, no artigo 16, essa garantia fundamental do cidadão eleitor, do cidadão candidato e dos partidos políticos, e fez-se aquela analogia a que eu já me referi.

Ambos os entendimentos levaram à conclusão de que o art. 16 constitui cláusula pétrea e, dessa forma, é oponível inclusive em relação ao exercício do poder constituinte derivado.

Na **ADI 3.741**, Rel. Min. Ricardo Lewandowski (julg. em 6.8.2006), o Tribunal entendeu que *a Lei 11.300/2006, que operou a denominada "minirreforma eleitoral" para o pleito de 2006*, não violou o disposto no art. 16 da Constituição. Adotaram-se, naquele julgamento, os seguintes parâmetros de interpretação do princípio da anterioridade (condensados na ementa do acórdão):

1) inocorrência de rompimento da igualdade de participação dos partidos políticos e dos respectivos candidatos no processo eleitoral;

2) legislação que não introduz deformação de modo a afetar a normalidade das eleições;

3) dispositivos que não constituem fator de perturbação do pleito;

4) inexistência de alteração motivada por propósito casuístico.

Por fim, encerrando a análise da jurisprudência do STF sobre o art. 16, cite-se o recente julgamento da medida cautelar na **ADI 4.307**, Rel. Min. Cármen Lúcia (julg. em 11.11.2009). Na ocasião, o Tribunal, fundado nas razões que ficaram consignadas no julgamento da ADI 3.685, suspendeu a aplicação da EC 58/2009, *na parte em que determinava a retroação, para atingir pleito eleitoral já realizado em 2008, dos efeitos das novas regras constitucionais sobre limites máximos de vereadores nas Câmaras Municipais.*

A análise efetuada já permite extrair, da jurisprudência do STF, as regras-parâmetro para a interpretação do art. 16 da Constituição, que são as seguintes:

1) o vocábulo "lei" contido no texto do art. 16 da Constituição deve ser interpretado de forma ampla, para abranger a lei ordinária, a lei complementar, a emenda constitucional e qualquer espécie normativa de caráter autônomo, geral e abstrato, emanada do Congresso Nacional no exercício da competência privativa da União para legislar sobre direito eleitoral, prevista no art. 22, I, do texto constitucional;

2) a interpretação do art. 16 da Constituição deve levar em conta o significado da expressão "processo eleitoral" e a *teleologia* da norma constitucional:

   2.1) o processo eleitoral consiste num complexo de atos que visam a receber e transmitir a vontade do povo e que pode ser subdividido em três fases: a) a *fase pré-eleitoral*, que vai desde a escolha e apresentação das candidaturas até a realização da propaganda eleitoral; b) a *fase eleitoral* propriamente dita, que compreende o início, a realização e o encerramento da votação; c) *fase pós-eleitoral*, que se inicia com a apuração e a contagem de votos e finaliza com a diplomação dos candidatos;

   2.2) a teleologia da norma constitucional do art. 16 é a de impedir a *deformação* do processo eleitoral mediante alterações nele inseridas de forma *casuística* e que interfiram na *igualdade de participação* dos partidos políticos e seus candidatos.

3) o princípio da anterioridade eleitoral, positivado no art. 16 da Constituição, constitui uma *garantia fundamental* do cidadão-eleitor, do cidadão-candidato e dos partidos políticos, que, qualificada como *cláusula pétrea*, compõe o plexo de garantias do *devido processo legal eleitoral* e, dessa forma, é oponível ao exercício do poder constituinte derivado.

Fixados esses parâmetros, é possível analisar a LC 135/2010 em face do princípio da anterioridade eleitoral.

A LC 135/2010 foi editada para regulamentar o art. 14, § 9º, da Constituição e, dessa forma, fixou novas causas de inelegibilidade que levam em conta fatos da vida pregressa do candidato.

Tendo em vista os parâmetros fixados na jurisprudência do STF, trata-se de uma lei complementar que claramente está abrangida pelo significado do vocábulo "lei" contido no art. 16 da Constituição, isto é, é uma lei complementar que possui coeficiente de autonomia, generalidade e abstração e foi editada pelo Congresso Nacional no exercício da competência privativa da União para legislar sobre direito eleitoral.

Na medida em que legislou sobre causas de inelegibilidade, a LC 135/2010 interferiu numa fase específica do processo eleitoral, qualificada na jurisprudência do STF como a *fase pré-eleitoral*. Não há dúvida, portanto, que a alteração de regras de elegibilidade repercute de alguma forma no processo eleitoral.

Essas constatações, um tanto apodíticas, visam apenas superar a aplicação de alguns parâmetros extraídos da jurisprudência do STF, mas não prescindem de um exame mais profundo sobre a efetiva repercussão da LC 135/2010 no processo eleitoral, tendo em vista a teleologia do princípio da anterioridade eleitoral.

Em verdade, a questão não está tanto em saber se a LC 135/2010 interfere no processo eleitoral – o que resulta óbvio por meio das análises anteriores, baseadas em dois parâmetros jurisprudenciais –, mas se ela de alguma forma restringe direitos e garantias fundamentais do cidadão-eleitor, do cidadão-candidato e dos partidos políticos e, desse modo, atinge a igualdade de chances (*Chancengleichheit*) na competição eleitoral, com consequências diretas sobre a participação eleitoral das minorias. Se a resposta a essa questão for positiva, então deverá ser cumprido o mandamento constitucional extraído do princípio da anterioridade (art. 16) na qualidade de garantia fundamental componente do plexo de garantias do devido processo legal eleitoral.

Essa perspectiva de análise, que leva em conta a restrição de direitos e garantias fundamentais, é mais objetiva do que aquela que segue uma identificação subjetiva do *casuísmo* da alteração eleitoral. A experiência – inclusive da jurisprudência do STF – demonstra que a identificação do casuísmo acaba por levar à distinção subjetiva entre *casuísmos bons ou não condenáveis* (alterações ditas louváveis que visam à moralidade do pleito eleitoral) e *casuísmos ruins ou condenáveis*, com o intuito de submeter apenas estes últimos à vedação de vigência imediata imposta pelo art. 16 da Constituição (vide julgamento da ADI 354, especificamente o voto do Ministro Sydney Sanches).

Se o princípio da anterioridade eleitoral é identificado pela mais recente jurisprudência do STF como uma garantia fundamental do devido processo legal eleitoral, sua interpretação deve deixar de lado considerações pragmáticas que, no curso do pleito eleitoral, acabam por levar a apreciações subjetivas sobre a moralidade deste ou daquele candidato ou partido político.

Inclusive, no debate que se travou – e eu chamava a atenção para essa questão, embora nós tenhamos argumentos que se cruzam, às vezes que se chocam – inicialmente se disse: "é apenas uma questão de inelegibilidade e nada tem a ver com a questão criminal". Depois, se fez uma lista, uma catilinária contra o candidato, revelando, inclusive, um inquérito policial. Mas isso nada tem a ver com o processo.

O SENHOR MINISTRO MARCO AURÉLIO – Estaria a correr em segredo de Justiça.

O SENHOR MINISTRO AYRES BRITTO (RELATOR) – Isso não está em jogo aqui, só está em debate aqui a alínea "k". Vossa Excelência está falando sobre a lei toda, a Lei n. 135. É só a alínea "k".

O SENHOR MINISTRO GILMAR MENDES – Exatamente. Foi isso que eu trouxe agora. E aí até lembrava e perguntava ao Procurador-Geral. Vejam que esses fatos todos ocorreram. Vejam como isso é difícil. Agente tem vivenciado isso também na realidade do Tribunal. Esses fatos todos, nesse caso específico, ocorreram em 2006/2007, e até agora nós estamos em fase de investigação de inquérito criminal. Não há sequer denúncia, Senhor Presidente, nesse

Direitos políticos fundamentais, partidos políticos e sistemas eleitorais   **1335**

processo. Como nós temos inquéritos nos nossos gabinetes que tramitam – estamos tentando fazer essa correção –, por dez anos, como inquérito.

O SENHOR MINISTRO MARCO AURÉLIO – O Inquérito n. 650, caso Arruda, ainda não resultou em uma ação penal.

O SENHOR MINISTRO GILMAR MENDES – E vários casos dessa delinquência política continuam nesse quadro. Ainda há pouco eu me lembrava, estava vendo uma nota na Agência Estado, que o fenômeno do chamado "Caso dos Aloprados", que agora volta a ser rememorado por conta das eleições em São Paulo, continua ainda na fase de inquérito. O Caso Valdomiro Diniz, que, depois, leva ao Mensalão, parece que também não teve desdobramento. Quer dizer, é preciso que a máquina de investigação processual, criminal e penal prossiga, faça alguma coisa e não busque esse tipo de subterfúgio da legislação. Ou seja, é preciso que haja julgamento. Nós fizemos, Presidente, Vossa Excelência e eu, esse esforço grande no CNJ, de transformar o ano de 2010 no ano da Justiça Criminal. De dar uma dinâmica à Justiça Criminal. É preciso que haja consequência, mas essa é uma consideração *a latere*, só para mostrar a que ponto se pode chegar. Nós estamos há quatro anos desse episódio, que tem transparência, que foi dito aqui da gravidade desse fato. Veja, não temos sequer, ainda, a denúncia. Se tivesse sido oferecida a denúncia, muito provavelmente já teríamos, se fosse o caso, uma condenação de primeiro grau. Se fosse o caso, ou não, ou a absolvição, seja lá o que for. Mas, veja, ainda estamos na fase de inquérito. Só para fazer, portanto, esse reparo e chamar a atenção para as situações absurdas que podem se configurar.

Vou prosseguir.

Senhor Presidente, a alteração de regra sobre inelegibilidade certamente interfere no processo político de escolha de candidatos, processo esse que envolve os próprios candidatos. E aí não quero ficar fazendo esse tipo de subjetivação. É saber exatamente isto: Cabe ou não cabe o exame? Não é o bonzinho ou o mauzinho, não é aquele que está tisnado com tal mancha. Apenas este juízo: Interfere no processo de escolha dos candidatos? Processo esse que envolve os próprios candidatos, os partidos políticos e terceiros. Por exemplo, os parentes que sofreram causa possível de inelegibilidade prevista no § 7º do artigo 14.

Todos sabem que a escolha de candidatos para as eleições não é feita da noite para o dia; antes constitui o resultado de um longo e complexo processo em que se mesclam diversas forças políticas.

Uma vez que a situação jurídica dos candidatos se encontra caracterizada na forma das normas vigentes do processo eleitoral, eventual alteração significativa nas "regras do jogo" frustrar-lhes-ia ou prejudicar-lhes-ia as expectativas, estratégias e planos razoavelmente objetivos de suas campanhas.

Na medida em que os partidos políticos detêm o monopólio da apresentação de candidaturas, eles são também diretamente afetados pelas modificações nas regras sobre elegibilidade.

Apenas para que se tenha a dimensão da repercussão que a modificação do quadro normativo sobre elegibilidade de candidatos pode acarretar, é pertinente exemplificar como o desrespeito do prazo mínimo para a alteração da legislação de regência eleitoral afetaria o processo de escolha de candidatos, especialmente nas seguintes hipóteses:

1) se a alteração ocorrer em período inferior a um ano da data da eleição, compromete a própria possibilidade de escolha dos candidatos quanto à filiação partidária, uma vez que a modificação legislativa se dá em momento posterior aos prazos máximos fixados em lei (Lei n. 9.504/1997, art. 9º, *caput*) para que todos os candidatos a cargos eletivos (a) requeiram a respectiva inscrição eleitoral ou a transferência de seu domicílio para a circunscrição na qual pretendem concorrer; e (b) estejam com a filiação definitiva deferida pelo respectivo partido político;

2) se a alteração ocorrer em período inferior a seis meses da data da eleição, afeta a situação jurídica dos candidatos em momento posterior aos prazos máximos fixados em lei para desincompatibilização dos titulares de cargos públicos eletivos executivos, bem como eventualmente de seu cônjuge ou dos respectivos parentes (consanguíneos ou afins, até o segundo grau ou por adoção), que vierem a concorrer, no território de jurisdição do titular, para a mesma referida eleição subsequente (CF, art. 14, §§ 6º, 7º e 9º c/c Lei Complementar n. 64/1990, art. 1º, incisos II, III e IV e §§ 1º a 3º);

3) se a alteração ocorrer após 30 de junho do ano eleitoral, interfere na situação jurídica dos candidatos já escolhidos ou preteridos, uma vez que já expirado o prazo máximo fixado em lei para realização das convenções partidárias destinadas à escolha dos candidatos, assim como na deliberação sobre as coligações a serem eventualmente realizadas (Lei n. 9.504/1997, art. 8º, *caput*).

O SENHOR MINISTRO MARCO AURÉLIO – Há algo interessante, muito sintomático. A Lei é de 4 de junho. Em 10 de junho, tivemos o início das convenções para a escolha dos candidatos. Nesse dia, realizou-se a do Partido Verde.

O SENHOR MINISTRO GILMAR MENDES – Nesse sentido, com todas as vênias, não pode ser coerente o argumento, adotado no Tribunal Superior Eleitoral e agora encampado pelo voto do Ministro Carlos Britto, segundo o qual a LC 135/2010 é aplicável a esta eleição porque publicada antes das convenções partidárias, data na qual se iniciaria o processo eleitoral.

Esse sequer é o conceito de processo eleitoral presente na jurisprudência do STF, como já analisado.

O SENHOR MINISTRO AYRES BRITTO (RELATOR) – Eu citei tanta jurisprudência! E posso citar de novo.

O SENHOR MINISTRO GILMAR MENDES – E eu tentei, exatamente, fazer a análise para mostrar os precedentes tal como eles foram proferidos. **Se levarmos a sério a jurisprudência,** teremos que concluir que a LC 135/2010 interferiu numa fase específica do processo eleitoral, qualificada na jurisprudência como a fase pré-eleitoral, que, a meu ver, se inicia com a escolha e apresentação das candidaturas pelos partidos políticos e vai até o registro das candidaturas na Justiça Eleitoral. E, frise-se, essa fase não pode ser delimitada temporalmente entre os dias 10 e 30 de junho, no qual ocorrem as convenções partidárias, pois o processo político de escolha de candidaturas é muito mais complexo e tem início com a própria filiação partidária do candidato, em outubro do ano anterior.

A EC n. 52, que tratou da chamada "verticalização" das coligações, foi publicada em 8 de março de 2006, isto é, muito antes das convenções partidárias. E o STF, no julgamento da ADI 3.685, considerou que ela interferia no processo eleitoral e, portanto, deveria respeitar o princípio da anterioridade eleitoral. Isso porque o processo eleitoral, no entendimento do Tribunal, abarca o processo de definição das coligações e de articulação política de estratégias eleitorais, que não ocorre somente nas convenções partidárias.

Vossa Excelência, Ministro Ayres Britto, nesse caso, se manifestou de uma forma muito enfática. Dizia Vossa Excelência:

"(...) E o fato é que a opção constitucional pela estabilidade ânua do processo eleitoral é bem mais serviente desse conjunto de valores em que os grêmios partidários gravitam. É algo bem mais previsível – e portanto mais seguro e autêntico – para quem pretenda se filiar ou prosseguir partidariamente filiado. O mesmo acontecendo, claro, com todos aqueles que pretendam se candidatar ou se recandidatar a cargo eletivo."

Como se vê, a fase pré-eleitoral de que trata a jurisprudência desta Corte não coincide com as datas de realização das convenções partidárias. Ela começa muito antes, com a própria filiação partidária e fixação de domicílio eleitoral dos candidatos, assim como o registro dos partidos

Direitos políticos fundamentais, partidos políticos e sistemas eleitorais 1337

no Tribunal Superior Eleitoral. A competição eleitoral se inicia exatamente um ano antes da data das eleições e, nesse interregno, o art. 16 da Constituição exige que qualquer modificação nas regras do jogo não terá eficácia imediata para o pleito em curso.

A LC n. 135/2010 foi publicada nos modelos teóricos embasados na separação estanque entre as esferas dos direitos sociais, positivos ou prestacionais, e dos direitos de liberdade. Nós mesmos já dissemos isso aqui: direito à saúde como direito fundamental, direito ao salário mínimo como direito fundamental, direito à educação como direito fundamental, muitos deles como expressão da própria dignidade da pessoa humana.

O SENHOR MINISTRO AYRES BRITTO (RELATOR) – Mas ninguém discorda disso. Tudo é direito fundamental.

O SENHOR MINISTRO GILMAR MENDES – Afirma-se a aplicabilidade imediata de todas as normas constitucionais, a partir da unidade de sentido dos direitos fundamentais. A diferença entre direitos negativos e direitos positivos é meramente de grau, uma vez que em ambos há expectativas negativas e positivas.

Nesse contexto, os direitos políticos fundamentais apresenta dia 4 de junho de 2010, portanto, poucos dias antes da realização das convenções partidárias (10 a 30 de junho, art. 8º da Lei n. 9.504/97). Seria insensato considerar que no período entre o dia 4 de junho e o dia 5 de julho (data da formalização dos pedidos de registro de candidatura) se pudesse recomeçar e redefinir o processo político de escolha de candidaturas de acordo com as novas regras.

O SENHOR MINISTRO MARCO AURÉLIO – Antes das convenções.

O SENHOR MINISTRO GILMAR MENDES – Antes das convenções, do contrário, não se chega a elas.

O entendimento segundo o qual a verificação das condições de elegibilidade e das causas de inelegibilidade deve observar as regras vigentes no dia 5 de julho não significa, de forma alguma, que tais regras sejam aquelas que foram publicadas a poucas semanas dessa data de referência. O complexo processo político de escolha de candidaturas não se realiza em apenas algumas semanas, ainda mais se tiver que se adequar, de forma apressada, a novas regras que alteram causas de inelegibilidade. Entendimento contrário levaria à situação limite de aplicação imediata, no dia 5 de julho, de uma lei de inelegibilidade publicada no dia 4 de julho.

Em síntese, ao se efetuar um diagnóstico minimamente preocupado com as repercussões da admissibilidade, a qualquer tempo, de mudanças no processo eleitoral, constata-se que surgem complicações não apenas para a situação jurídica dos candidatos, mas também para a própria autonomia e liberdade dos partidos políticos, os quais ficariam totalmente à mercê da aleatoriedade de eventuais mudanças legislativas.

A questão, Presidente, dessa forma, gira em torno da restrição de direitos fundamentais de caráter político. Não há nenhuma dúvida de que nós estamos a falar aqui de direitos fundamentais, e consideramos que eles integram, portanto, o rol das cláusulas pétreas.

Nesse contexto, cumpre fundamental papel o princípio da anterioridade eleitoral como garantia constitucional do devido processo legal eleitoral. E neste ponto cabe ressaltar que são completamente infundados, com as vênias de estilo, os argumentos suscitados no sentido de que certas normas do capítulo Dos Direitos Políticos, na Constituição, não constituiriam direitos fundamentais de caráter individual. Modernamente, a *compreensão unitária dos direitos fundamentais* decorre do pluralismo da democracia material contemporânea (SCHAFER, Jairo Gilberto. *Classificação dos Direitos Fundamentais – do sistema geracional ao sistema unitário – uma proposta de compreensão.* Porto Alegre: do Advogado, 2005, p. 63).

A incindibilidade dos direitos fundamentais e a inexistência de diferenças estruturais entre os variados tipos de direitos determinam a superação dom uma estrutura jurídica complexa, pois exteriorizam características negativas (primeira geração) e, ao mesmo tempo, positivas (segunda e terceira gerações). São preponderantemente *direitos fundamentais individuais*, pois garantem esferas de não interferência do Estado no âmbito das autonomias decisórias individuais, mas são exercitáveis mediante a ação garantidora do Estado, o qual deve organizar procedimentos que têm por objetivo instrumentalizar a concreção do exercício dos direitos, como é o caso, por exemplo, das eleições periódicas. De Vergotini, ao reconhecer a importância do conteúdo do direito para a sua classificação, propõe que se considere a existência, no âmbito da liberdade negativa (direitos individuais), de dois fenômenos distintos, mas complementares, quais sejam, *liberdade do Estado e liberdade no Estado*. O primeiro, liberdade **do** Estado, consubstancia-se nos direitos exercitáveis contra o poder político, os quais têm por escopo impedir interferências indevidas nas esferas privadas dos cidadãos. O segundo, liberdade **no** Estado, refere-se à participação ativa da pessoa na atividade política, traduzindo os primados de uma sociedade democrática e participativa (DE VERGOTINI, Giuseppe. *Diritto Constituzionale*. 2. ed. Padova: Cedan, 2000, p. 293.). No mesmo sentido: MATO, Giuliano; BARBERA, Augusto (Org.). *Manuale di diritto pubblico*. 5. ed. Bologna: Il Mulino, 1997, v. I, p. 229.

O pleno exercício de direitos políticos por seus titulares (eleitores, candidatos e partidos) é assegurado pela Constituição por meio de um sistema de normas que conformam o que se poderia denominar de *devido processo legal eleitoral*. Na medida em que estabelecem as garantias fundamentais para a efetividade dos direitos políticos, essas regras também compõem o rol das normas denominadas cláusulas pétreas e, por isso, estão imunes a qualquer reforma que vise a aboli-las.

O art. 16 da Constituição, ao submeter a alteração legal do processo eleitoral à regra da anualidade, constitui uma garantia fundamental para o pleno exercício de direitos políticos.

Esse entendimento está consignado na jurisprudência desta Corte, especificamente no julgamento da **ADI 3.685**, Rel. Min. Ellen Gracie (julg. em 22.3.2006), o qual representa um marco na evolução jurisprudencial sobre o art. 16 da Constituição. Nesse julgamento, passou-se a **identificar no art. 16 uma** *garantia fundamental* do cidadão-eleitor, do cidadão-candidato e dos partidos políticos. Fez-se uma analogia com a garantia da anterioridade tributária fixada no art. 150, III, *b*, da Constituição, no sentido de que, se o princípio da anterioridade tributária constitui uma garantia do cidadão-contribuinte, tal como afirmado pelo STF no julgamento da ADI 939 (Rel. Min. Sydney Sanches, *DJ* 17.12.1993), o princípio da anterioridade eleitoral é uma garantia do cidadão, não apenas do eleitor, mas também do candidato e dos partidos políticos. Nesse sentido, consolidou-se a noção de que **o art. 16 é garantia de um** "devido processo legal eleitoral", *expressão originada da interpretação das razões do voto do Ministro Sepúlveda Pertence no julgamento da ADI 354.*

Um outro ponto importante aqui já referido: **o princípio da anterioridade eleitoral como garantia constitucional da igualdade de chances**. Em recente obra publicada pelo Centro de Estudios Políticos y Constitucionales da Espanha, Óscar Sánchez Muñoz bem esclarece que toda limitação legal ao direito de sufrágio passivo, isto é, qualquer restrição legal à elegibilidade do cidadão constitui uma limitação da igualdade de oportunidades na competição eleitoral. Estas são as palavras do autor:

> "En principio, la igualdad de oportunidades entre los competidores electorales parece jugar siempre en contra de las limitaciones del derecho de sufragio pasivo. En este sentido, cualquier limitación del derecho a ser elegible, al significar una limitación potencial del acceso a la competición electoral, constituiría al mismo tiempo una limitación de la igualdad de oportunidades, y es cierto que no puede concebirse una limitación mayor de la igualdad de oportunidades en la competición electoral que impedir el acceso a dicha competición de alguna de las alternativas políticas que lo pretenden." (SÁNCHEZ MUÑOZ, Óscar. *La igualdad de oportunidades en las competiciones electorales*. Madrid: Centro de Estudios Políticos y Constitucionales, 2007, p. 92).

De fato, **não há como conceber causa de inelegibilidade que não restrinja a liberdade de acesso aos cargos públicos, por parte dos candidatos, assim como a liberdade para esco-**

Direitos políticos fundamentais, partidos políticos e sistemas eleitorais **1339**

lher e apresentar candidaturas por parte dos partidos políticos. E um dos fundamentos teleológicos do art. 16 da Constituição é impedir alterações no sistema eleitoral que venham a atingir a igualdade de participação no prélio eleitoral.

O princípio da igualdade entre os partidos políticos é fundamental para a adequada atuação das instituições no complexo processo democrático. Impõe-se, por isso, uma neutralidade do Estado em face das instituições partidárias, exigência essa que se revela tão importante quanto difícil de ser implementada.

A importância do princípio da igualdade está em que, sem a sua observância, não haverá a possibilidade de estabelecer uma concorrência livre e equilibrada entre os partícipes da vida política, o que acabará por comprometer a essência do próprio processo democrático. A dificuldade está nos aspectos jurídicos e fáticos. Quanto aos aspectos jurídicos, eles residem na diferenciação acentuada do objeto envolvido como consequência das próprias diferenças de uma sociedade livre e aberta. Daí afirma Dieter Grimm, esse Juiz da Corte Constitucional alemã e notável doutrinador, que a neutralidade estatal deve ser entendida como não influência da desigualdade, o que lhe confere caráter de igualdade formal. Quanto aos aspectos fáticos, afigura-se inegável que o Estado, que há de conduzir-se com neutralidade em relação aos partidos, é também um Estado partidariamente ocupado (GRIMM, Dieter. Politische Parteien. In: BENDA, Ernst; MAIHOFER, Werner; VOGEL, Hans-Jochen (Hrsg). *Handbuch des Verfassungsrechts*. Band 1, cit., p. 599).

Sobre esse tema – essa questão da *Grundsatz der Gleichheit*, que começa na República de Weimar com as obras de *Herman Heller* e, depois, de Carl Schmitt –, cito trechos do trabalho de minha autoria (MENDES, Gilmar Ferreira. Propaganda eleitoral. Horário gratuito. Distribuição equitativa. *Revista de Direito Público*, v. 20, n. 82, p. 100-110, abr./jun. 1987), também referidos no voto que proferi na ADI 1.351 (cláusula de barreira):

> "O princípio da *Chancengleicheit* parece ter encontrado sua formulação inicial na República de Weimar, com as obras de Herman Heller (*Probleme der Demokratie*, I und II, 1931, e *Europa und der Faschismus*, 1929) e de Carl Schmitt" (*Der Hüter der Verfassung*, 1931, e *Legalität und Legitimität*, 1932).

Na concepção de Heller, "*o Estado de Direito Democrático atual encontra seu fundamento, principalmente, na liberdade e igualdade da propaganda política, devendo assegurar-se a todas as agremiações e partidos igual possibilidade jurídica de lutar pela prevalência de suas ideias e interesses*" (HELLER, 1929, p. 95). O notável publicista acrescentava que a fórmula técnica para preservar a unidade da formação democrática assenta-se na livre submissão da minoria à vontade majoritária, isto é, na renúncia das frações minoritárias a uma superação da maioria, mediante o uso da violência. Isto pressupõe a renúncia à opressão da minoria e exige a preservação das perspectivas dela vir a se tornar maioria (HELLER, 1929, p. 9).

Por seu turno, advertia Carl Schmitt que um procedimento neutro e indiferente da democracia parlamentar poderia dar ensejo à fixação de uma maioria por via da matemática ou da estatística, causando, dessa forma, o próprio esfacelamento do sistema de legalidade. Tal situação somente haveria de ser evitada com a adoção de um princípio consagrador de igualdade de chances para alcançar a maioria, aberto a todas as tendências e movimentos (SCHMITT, 1971, p. 43-44). E, enfaticamente, asseverava Carl Schmitt:

> "*Sin este principio, las matemáticas de las mayorías, con su indiferencia frente al contenido del resultado, no solo serían un juego grotesco y un insolente escarnio de toda justicia, sino que, a causa del concepto de legalidad derivado de dichas matemáticas, estas acabarían también con el sistema mismo, desde el instante en que se ganara la primera mayoría, pues esta primera mayoría se instituiría enseguida legalmente como poder permanente. La igualdad de chance abierta a todos no puede separarse mentalmente del Estado legislativo parlamentario. Dicha igualdad permanece como el principio de justicia y como una condición vital para la autoconservación*" (SCHMITT, 1971, p. 44).

Com impecável lógica, consignava o eminente publicista que a legalidade do poder estatal conduz à negação e à derrogação do direito de resistência enquanto Direito (SCHMITT, 1971, p. 44), uma vez que ao poder legal, conceitualmente, não é dado cometer injustiças, podendo, para isso, converter em "ilegalidade" toda resistência e revolta contra a injustiça e antijuridicidade (SCHMITT, 1971, p. 46). E o eminente mestre acrescentava que:

> *"Si la mayoría puede fijar a su arbitrio la legalidad y la ilegalidad, también puede declarar ilegales a sus adversarios políticos internos, es decir, puede declararlos hors-la-loi, excluyéndolos así de la homogeneidad democrática del pueblo. Quien domine el 51 por 100 podría ilegalizar, de modo legal, al 49 por 100 restante. Podría cerrar tras sí, de modo legal, la puerta de la legalidad por la que ha entrado y tratar como a un delincuente común al partido político contrario, que tal vez golpeaba con sus botas la puerta que se le tenía cerrada"* (SCHMITT, 1971, p. 46).

Destarte, a adoção do princípio de *igualdade de chances* constitui condição indispensável ao exercício legal do poder, uma vez que a minoria somente há de renunciar ao direito de resistência se ficar assegurada a possibilidade de vir a se tornar maioria (SCHMITT, 1971, p. 47). Vale registrar, ainda nesse particular, o seu magistério:

> *"El Estado legislativo parlamentario de hoy, basado en la dominación de las mayorías del momento, solo puede entregar el monopolio del ejercicio legal del poder al partido momentáneamente mayoritario, y solo puede exigir a la minoría que renuncie al derecho de resistencia mientras permanezca efectivamente abierta a todos la igualdad de chance para la obtención de la mayoría y mientras presente visos de verdad este presupuesto de su principio de justicia"* (SCHMITT, 1971, p. 47).

Na vigência da Lei Fundamental de Bonn (1949), a discussão sobre a "igualdade de chances" entre os partidos foi introduzida por Forsthoff, que assentou os seus fundamentos nas disposições que consagram a liberdade de criação das agremiações políticas (arts. 21, I, 2) e asseguram a igualdade de condições na disputa eleitoral (arts. 38 e 28) (FORSTHOFF, 1950, p. 6 e 12).

Também Gerhard Leibholz considerou inerente ao modelo constitucional o princípio de "igualdade de chances", derivando-o, porém, diretamente, do preceito que consagra a ordem liberal-democrática (*freiheitlich demokratischen Grundordnung*) (LEIBHOLZ, 1951, p. C 2).

Mais tarde, após os primeiros pronunciamentos do Tribunal Federal Constitucional, passou Leibholz a considerar que o postulado da igualdade de chances encontrava assento no princípio da liberdade e pluralidade partidárias (arts. 21, I, e 38, I) e no princípio geral de igualdade (art. 3º, l).

Tais elementos serviram de base para o desenvolvimento da construção jurisprudencial iniciada pelo *Bundesverfassungsgericht* em 1952. Observe-se que, nos primeiros tempos, a jurisprudência da Corte Constitucional parecia identificar o princípio de igualdade de chances com o direito de igualdade eleitoral — *Wahlrechtsgleicheit* — (Lei Fundamental, art. 38, l). As controvérsias sobre o financiamento dos partidos e a distribuição de horários para transmissões radiofônicas e televisivas ensejaram o estabelecimento da distinção entre o princípio da igualdade de chances, propriamente dito, e o direito de igualdade eleitoral. Os preceitos constitucionais atinentes à liberdade partidária (art. 21, l) e ao postulado geral da isonomia (art. 3º, I) passaram a ser invocados como fundamento do *direito de igualdade de chances* dos partidos políticos (BATTIS, 1981, p. 22-23).

Converteu-se, assim, a "igualdade de chances" em princípio constitucional autônomo, um autêntico *direito fundamental* dos partidos, assegurando-se às agremiações tratamento igualitário por parte do Poder Público e dos seus delegados (TSATSOS; MORLOK, 1981, p. 42).

Inicialmente, perfilhou o Tribunal Constitucional orientação que preconizava aplicação estritamente formal do princípio de "igualdade de chances". Todavia, ao apreciar controvérsia sobre a distribuição de horário para transmissão radiofônica, introduziu o 2º Senado da Corte Constitucional o conceito de "igualdade de chances gradual" — *abgestufte Chancengleicheit*, de acordo com a "significação do Partido" (*BVerfGE*, 14, 121) (cf. LIPPHARDT, *op. cit.*, p. 691-692).

Considerou-se, dentre outros aspectos, que o tratamento absolutamente igualitário levaria a uma completa distorção da concorrência, configurando a equiparação legal das diferentes possibilidades (*faktische Chancen*) manifesta afronta ao princípio da *neutralidade* que deveria ser observado pelo Poder Público em relação a todos os partidos políticos (LIPPHARDT, *op. cit.*, p. 442).

A Lei dos Partidos de 1967 veio consagrar, no § 5º, o princípio da igualdade de chances tal como concebido pela jurisprudência da Corte Constitucional, estabelecendo a seguinte disposição: "(1) Se um delegado do Poder Público coloca suas instalações ou serviços à disposição dos partidos, há de se dar igual tratamento às demais agremiações partidárias. A amplitude da garantia pode ser atribuída, gradualmente, de acordo com a "significação do partido", assegurando-se, porém, um mínimo razoável à consecução dos objetivos partidários. A significação do partido é aferida, em especial, pelos resultados obtidos nas últimas eleições para a Câmara de Representantes. Ao partido com representação no Parlamento há de se assegurar uma participação não inferior à metade daquela reconhecida a qualquer outro partido".

Como se constata, o § 5° da Lei dos Partidos consagrou a *gradação* da "igualdade de chances" (*abgestufte Chancengleicheit*), estabelecendo inequívoca "cláusula de diferenciação" (*Differenzierungsklausel*) (LIPPHARDT, *op. cit.*, p. 699). É evidente que uma interpretação literal do dispositivo poderia converter o postulado da "igualdade de chances" numa garantia do *status quo*, consolidando-se a posição dos *partidos estabelecidos* (*etablierte Parteien*) (LIPPHARDT, *op. cit.*, p. 700).

Tal possibilidade já havia sido enunciada por Carl Schmitt, ao reconhecer que os partidos no governo desfrutam de inevitável vantagem, configurando-se uma autêntica e supralegal "mais-valia política" decorrente do exercício do poder (SCHMITT, 1971, p. 49). Após asseverar que a detenção do poder outorga ao partido dominante a forma de poder político que supera de muito o simples valor das normas, observa Carl Schmitt:

> "*El partido dominante dispone de toda la preponderancia que lleva consigo, en un Estado donde impera esta clase de legalidad, la mera posesión de los medios legales del poder. La mayoría deja repentinamente de ser un partido; es el Estado mismo. Por mas estrictas y delimitadas que sean las normas a las que se sujeta el'Estado legislativo en la ejecución de la ley, resalta 'siempre lo ilimitado que está detrás', como dijo una vez Otto Mayer. En consecuencia, por encima de toda normatividad, la mera posesión del poder estatal produce una plusvalía política adicional, que viene a añadirse al poder puramente legal y normativista, una prima superlegal a la posesión legal del poder legal y al logro de la mayoría*" (SCHMITT, 1971, p. 49).

Não se pode negar, pois, que os *partidos estabelecidos* gozam de evidente primazia em relação aos *newcomers*, decorrente sobretudo de sua posição consolidada na ordem política (TSATSOS; MORLOK, 1981, p. 30) Por outro lado, a realização de eleições com o propósito de formar um Parlamento capaz de tomar decisões respaldado por uma nítida maioria enseja, não raras vezes, modificações legítimas nas *condições de igualdade*. Disso pode resultar, à evidência, um *congelamento* (*Erstarrung*) do sistema partidário (HESSE, 1982, p. 69).

Todavia, há de se observar que o direito de "igualdade de chances" não se compadece com a ampliação ou a consolidação dos *partidos estabelecidos*. Eventual supremacia há de ser obtida e renovada em processo eleitoral justo (*fairer Wettbewerb*) *e abrangente da totalidade da composição partidária* (LIPPHARDT, *op. cit.*, p. 700).

Como já ressaltado, a gradação da igualdade de chances, tal como desenvolvida pelo Tribunal Constitucional e assente na Lei dos Partidos (§ 5°), há de levar em conta a "significação do partido". Esta deve corresponder à sua participação na formação da vontade política (... *Anteil den sie an der politischen Willensbildung des Volkes hat*) (BVerfGE 24, 344; LIPPHARDT, *op. cit.*, p. 446). E o critério fundamental para aferição do grau de influência na vontade política é fornecido, basicamente, pelo desempenho eleitoral (LIPPHARDT, *op. cit.*, p. 446; TSATSOS; MORLOK, 1981, p. 25).

Não há dúvida de que a gradação da "igualdade de chances" *deve realizar-se cum grano salis*, de modo a assegurar razoável e adequada eficácia a todo e qualquer esforço partidário (LIPPHARDT, *op. cit.*, p. 438-439 e 700-701). Até porque o abandono da orientação que consagra a *igualdade formal* entre os partidos não pode ensejar, em hipótese alguma, a nulificação do tratamento igualitário que lhes deve ser assegurado pelo Poder Público. Eventual gradação do direito de igualdade de chances há de se efetivar com a observância de critério capaz de preservar a própria seriedade do sistema democrático e pluripartidário (BATTIS, 1981, p. 21-22; *BVerfGE* 24, 300).

Tal constatação mostra-se particularmente problemática no que concerne à distribuição dos horários para as transmissões radiofônicas e televisivas. Uma radical gradação do direito de igualdade de chances acabaria por converter-se em autêntica garantia do *status quo*. Daí ter-se consolidado na jurisprudência constitucional alemã orientação que assegura a todos os partícipes do prélio eleitoral, pelo menos, uma "adequada e eficaz propaganda" (*angemessene und wirksame Wahlpropaganda*) (LIPPHARDT, *op. cit.*, p. 438-439). Considera-se, assim, que um *Sendezeitminimum* ("tempo mínimo de transmissão") deve ser assegurado a todos os concorrentes, independentemente de sua "significação" (LIPPHARDT, *op. cit.*, p. 438-439).

Ainda assim, verificam-se na doutrina sérias reservas *à gradação do direito de igualdade de chances*, no tocante às "transmissões eleitorais". É que tal oportunidade assume relevância extraordinária para os pequenos partidos e as novas agremiações, que, diversamente dos *etablierten Parteien*, não dispõem de meios adequados para difundir a sua plataforma eleitoral (GRIMM. In BENDA; MAIHOFER; VOGEL, 1995, v. 1, p. 346-347). Também Tsatsos e Morlok sustentam, nesse particular, que a igualdade formal de todos os que participam do processo eleitoral deve ser decididamente afirmada. Entendem que, *"em uma democracia, não constitui tarefa de um Poder onisciente e interventivo tomar providências que indiquem aos eleitores a imagem 'correta' dos partidos. Ao revés, com a escolha prévia dos partidos, arroga-se o Estado um direito que apenas é de se reconhecer à cidadania na sua manifestação eleitoral"* (TSATSOS; MORLOK, 1981, p. 32).

Digna de relevo é a problemática relativa ao financiamento dos partidos. Em 1958, declarou o *Bundesverfassungsgericht* a inconstitucionalidade de lei que facultava a subvenção aos partidos mediante desconto de imposto, ao fundamento de que tal prática não era compatível com o princípio de "igualdade de chances" (*BVerfGE* 8, 51). Posteriormente, declarou-se a inconstitucionalidade de disposição contida na lei de orçamento, que assegurava aos partidos representados no Parlamento significativa soma de recursos, entendendo que o funcionamento permanente das organizações partidárias através de recursos públicos não era compatível com a liberdade e abertura do processo de formação da vontade popular (*BVerfGE* 20, 56; BATTIS, 1981, p. 27-288).

Calcado na orientação consagrada pelo Tribunal, que considerava legítima apenas a alocação de recursos públicos para fazer face aos elevados custos da campanha (*BVerfGE* 20, 56), estabeleceu o legislador disposição que concedia aos partidos políticos que obtivessem o mínimo de 2,5% dos votos válidos apurados em cada região eleitoral uma subvenção a título de "reembolso de despesas eleitorais" (*Erstattung vom Wahlkampfkosten*), (Lei dos Partidos, § 18).

A Corte Constitucional declarou, todavia, a nulidade do preceito, pelos fundamentos seguintes: *"No que concerne ao 'reembolso das despesas eleitorais', hão de ser contempladas todas as agremiações que participaram do prélio eleitoral, não sendo possível estabelecer uma votação mínima (Mindesstimmenanteil) com a justificativa de que as eleições devam criar um parlamento com poder de decisão. Ao revés, tal exigência somente pode ser estabelecida como pressuposto indispensável de aferição da seriedade das propostas e programas apresentados pelos partidos, isto é, a sua avaliação pelos eleitores traduzida pelo resultado das eleições. No tocante ao 'reembolso das despesas eleitorais', há de se reconhecer o perigo de alguns grupos fragmentários tomarem parte do pleito tão somente em virtude da subvenção pública.* A votação mínima que legitima a concessão do "reembolso das despesas eleitorais" somente há de ser fixada tendo em vista as relações concretas fornecidas pelas eleições parlamentares. O número de eleitores correspondia, naquelas eleições, a cerca de 38 milhões; o número de votantes, 33,4 milhões. Nessas condições, se se considerar a média de participação nas eleições, um partido deveria obter cerca de 835.000 votos para atingir o percentual de 2,5% legalmente exigido. Tal exigência, como prova de seriedade dos esforços eleitorais, não parece razoável. Uma votação mínima de 0,5% dos votos apurados significaria que um partido deveria somar cerca de 167.000 votos. Um partido que logrou tantos sufrágios não pode ter contestada a seriedade de seu esforço eleitoral" (*BVerfGE* 24, 300) (cf. BATTIS, 1981, p. 29-30). Em face da referida decisão, não restou ao legislador outra alternativa senão a de fixar em 0,5% o aludido *percentual mínimo* (Lei dos Partidos, § 18, 2).

Direitos políticos fundamentais, partidos políticos e sistemas eleitorais **1343**

Tais considerações estão a demonstrar que, não obstante eventuais percalços de ordem jurídica ou fática, a "igualdade de chances", concebida como princípio constitucional autônomo, constitui expressão jurídica da *neutralidade do Estado* em relação aos diversos concorrentes (GRIMM. In BENDA; MAIHOFER; VOGEL, 1995, v. 1, p. 344-345). O seu fundamento não se assenta única e exclusivamente no postulado geral da "igualdade de chances" (Lei Fundamental, art. 3º, I). Ao revés, a igualdade de chances é considerada como derivação direta dos preceitos constitucionais que consagram o regime democrático (art. 20, I) e pluripartidário (art. 21, I) (LIPPHARDT, *op. cit.*, p. 92-93; GRIMM. In BENDA; MAIHOFER; VOGEL, 1995, v. 1, p. 344).

Não tenho dúvida de que a "igualdade de chances" é princípio integrante da ordem constitucional brasileira.

Considere-se, de imediato, que o postulado geral de igualdade tem ampla aplicação entre nós, não se afigurando possível limitar o seu alcance, em princípio, às pessoas naturais, ou restringir a sua utilização a determinadas situações ou atividades. Nesse sentido, já observara Seabra Fagundes que "tão vital se afigura o princípio ao perfeito estruturamento do Estado democrático, e tal é a sua importância como uma das liberdades públicas, para usar a clássica terminologia de inspiração francesa, que, não obstante expresso como garantia conferida a 'brasileiros e estrangeiros residentes no País', o que denota, à primeira vista, ter tido em mira apenas as pessoas físicas, se tornou pacífico alcançar, também, as pessoas jurídicas" (FAGUNDES, *RF*161/78; CAMPOS, *RDA* 72/403).

Em virtude, a chamada "força irradiante do princípio da igualdade" parece espraiar-se por todo o ordenamento jurídico, contemplando, de forma ampla, todos os direitos e situações. Daí ter asseverado Francisco Campos:

"A cláusula relativa à igualdade diante da lei vem em primeiro lugar, na lista dos direitos e garantias que a Constituição assegura aos brasileiros e aos estrangeiros residentes no País. Não foi por acaso ou arbitrariamente que o legislador constituinte iniciou com o direito à igualdade a enumeração dos direitos individuais. Dando-lhe o primeiro lugar na enumeração, quis significar expressivamente, embora de maneira tácita, que o princípio de igualdade rege todos os direitos em seguida a ele enumerados. É como se o art. 141 da Constituição estivesse assim redigido: 'A Constituição assegura com 'igualdade os direitos concernentes à vida, à liberdade, à segurança individual e à propriedade, nos termos seguintes: ...'" (CAMPOS, *RF*116/396).

Explicitando esse pensamento, acrescenta o insigne jurista que o princípio de igualdade tem por escopo a proteção da livre concorrência entre os homens em todos os âmbitos de atividade. Registre-se o seu magistério:

"O alcance do princípio de igualdade perante a lei há de ser, portanto, interpretado na maior latitude dos seus termos, ou como envolvendo não só a hipótese de que, embora não havendo existido, venha, entretanto, a se criar no País o regime de classes, como toda e qualquer situação, a que, embora casualmente ou episodicamente, sem caráter sistemático, ou de modo puramente singular, se deixe de aplicar o critério ou a medida geral prevista para casos ou situações da mesma espécie, e se lhes aplique critério ou medida de exceção. O princípio não tem, portanto, como foco de incidência, um ponto preciso e definido. Ele se difunde por todo o tecido das relações humanas que possam constituir objeto de regulamentação jurídica ou sejam suscetíveis de configurar-se em conteúdo de um ato ou de um comando da autoridade pública. Não é princípio adstrito a um aspecto ou a uma forma de organização social; é um postulado de ordem geral, destinado a reger o comércio jurídico em todas as modalidades, de modo a assegurar, particularmente sob as constituições liberais e democráticas, o regime da concorrência, que é a categoria sob a qual elas concebem não somente a ordem social, como a ordem política, a ordem econômica e a ordem jurídica. O princípio de igualdade tem por principal função proteger e garantir a livre concorrência entre os homens, seja quando a sua atividade tem por objeto o poder, seja quando o polo de seu interesse são os bens materiais ou imateriais, cujo gozo exclusivo lhes é assegurado pelo direito de propriedade" (CAMPOS, *RF*116/396).

De resto, a concorrência é imanente ao regime liberal e democrático, tendo como pressuposto essencial e inafastável a neutralidade do Estado.

Estado de Direito e Jurisdição Constitucional – Decisões relevantes em 15 anos de atuação no STF

É o que se constata na seguinte passagem do preclaro magistério de Francisco Campos:

"O regime liberal e democrático postula a concorrência não apenas como categoria histórica, mas como a categoria ideal da convivência humana. Ora, a concorrência pressupõe, como condição essencial, necessária ou imprescindível, que o Estado não favoreça a qualquer dos concorrentes, devendo, ao contrário, assegurar a todos um tratamento absolutamente igual, a nenhum deles podendo atribuir prioridade ou privilégio, que possa colocá-lo em situação especialmente vantajosa em relação aos demais. Esta, no mundo moderno, a significação do princípio da igualdade perante a lei. Por ele, todos ficarão certos de que na concorrência, tomada esta expressão no seu sentido mais amplo, o Estado mantém-se neutro ou não procurará intervir senão para manter entre os concorrentes as liberdades ou as vantagens a que cada um deles já tinha direito ou que venha a adquirir, mediante os processos normais da concorrência. O princípio de igualdade tem hoje, como se vê, um campo mais vasto de aplicação do que nos tempos que se seguiram imediatamente às suas primeiras declarações" (CAMPOS, RF116/396).

Afigura-se, pois, dispensável ressaltar a importância do princípio da isonomia no âmbito das relações estatais.

Como a ninguém é dado recusar a integração a uma determinada ordem estatal, faz-se mister reconhecer o direito de participação igualitária como correlato necessário da inevitável submissão a esse poder de império. E o direito de participação igualitária na vida da comunidade estatal e na formação da vontade do Estado não se restringe à igualdade eleitoral, ao acesso aos cargos públicos, ao direito de informação e de manifestação de opinião, abrangendo a própria participação nos partidos políticos e associações como forma de exercer influência na formação da vontade política (LARENZ, 1979, p. 126-127).

Vê-se, pois, que o princípio de igualdade entre os partidos políticos constitui elementar exigência do modelo democrático e pluripartidário.

No entanto, não se pode ignorar que, tal como apontado, a aplicação do princípio de "igualdade de chances" encontra dificuldades de ordem jurídica e fática. Do prisma jurídico, não há dúvida de que o postulado da igualdade de chances incide sobre uma variedade significativa de *objetos*. E, do ponto de vista fático, impende constatar que o Estado, que deve conduzir-se de forma neutra, é, ao mesmo tempo, partidariamente ocupado (GRIMM. In BENDA; MAIHOFER; VOGEL, 1995, v. 1, p. 344; SCHMITT, 1971, p. 49).

Aludidas dificuldades não devem ensejar, à evidência, o estabelecimento de quaisquer discriminações entre os *partidos* estabelecidos e os *newcomers*, porquanto eventual distinção haveria de resultar, inevitavelmente, no próprio falseamento do processo de livre concorrência.

Não se afirme, outrossim, que ao legislador seria dado estabelecer distinções entre os concorrentes com base em critérios objetivos. Desde que tais distinções impliquem alteração das condições mínimas de concorrência, evidente se afigura sua incompatibilidade com a ordem constitucional calcada no postulado de isonomia.

Mais uma vez é de se invocar a lição de Francisco Campos:

"Se o princípio deve reger apenas a aplicação da lei, é claro que ao legislador ficaria devassada a imensidade de um arbítrio sem fronteiras, podendo alterar, à sua discrição, por via de medidas concretas ou individuais, as condições da concorrência, de maneira a favorecer, na corrida, a um dos concorrentes, em detrimento dos demais. O que garante, efetivamente, a concorrência não é tão só o princípio da legalidade, entendido como a exigência que os atos da justiça e da administração possam ser referidos ou imputados à lei. Desde que ficasse assegurada ao legislador a faculdade de alterar a posição de neutralidade do Estado em face dos concorrentes, tomando o partido de uns contra outros, a ordem da concorrência não poderia ter a posição central e dominante que lhe cabe, incontestavelmente, no ciclo histórico que se abriu com a revolução industrial do Século passado e que ainda não se pode dar como encerrado no mundo ocidental. O caráter de norma obrigatória para o legislador, para ele especialmente, resulta da natureza e da extensão do princípio de igualdade perante a lei. Seria, de outra maneira, um princípio supérfluo ou destituído de qualquer significação" (CAMPOS, RF116/396).

Não parece subsistir dúvida, portanto, de que o princípio da isonomia tem aplicação à atividade político-partidária, fixando os limites e contornos do poder de regular a concorrência entre os partidos.

Ademais, como já observado, faz-se mister notar que o princípio da igualdade de chances entre os partidos políticos parece encontrar fundamento, igualmente, nos preceitos constitucionais que instituem o regime democrático, representativo e pluripartidário (CF, artigos 1º, V e parágrafo único). Tal modelo realiza-se, efetivamente, através da atuação dos partidos, que são, por isso, elevados à condição de autênticos e peculiares *órgãos públicos ainda que não estatais*, com relevantes e indispensáveis funções atinentes à formação da vontade política, à criação de legitimidade e ao processo contínuo de *mediação* (*Vermittlung*) entre povo e Estado (Lei 5.682/71, art. 2º) (LEIBHOLZ, 1973, p. 81; DENNINGER, 1973, p. 71-74).

Esta *mediação* tem seu ponto de culminância na realização de eleições, com a livre concorrência das diversas agremiações partidárias.

E a disputa eleitoral é condição indispensável do próprio modelo representativo, como assinala Rezek:

"O regime representativo pressupõe disputa eleitoral cuja racionalidade deriva da livre concorrência entre os partidos, cada um deles empenhado na reunião da vontade popular em torno de seu programa político. Não merece o nome de partido político, visto que não lhe tem a essência, o chamado 'partido único': aqui se trata, antes, de um grande departamento político do Estado, fundado na presunção de que seu ideário representa a vontade geral a ponto de alcançar o foro da incontestabilidade. As eleições, no Estado unipartidário, não traduzem o confronto de teses programas, mas a mera expedição popular, em favor dos eleitos, de um atestado de habilitação ao cumprimento do programa que de antemão se erigira em dogma. A pluralidade de partidos não é, dessa forma, uma opção. Sem ela não há que falar, senão por abusiva metáfora, em partido político de espécie alguma" (REZEK, 1981, p. 34).

Portanto, não se afigura necessário despender maior esforço de argumentação para que se possa afirmar que a concorrência entre os partidos, inerente ao próprio modelo democrático e representativo, tem como pressuposto inarredável o princípio de "igualdade de chances".

O princípio da "igualdade de chances" entre os partidos políticos abrange todo o processo de concorrência entre os partidos, não estando, por isso, adstrito a um segmento específico. É fundamental, portanto, que a legislação que disciplina o sistema eleitoral, a atividade dos partidos políticos e dos candidatos, o seu financiamento, o acesso aos meios de comunicação, o uso de propaganda governamental, dentre outras, não negligencie a ideia de igualdade de chances sob pena de a concorrência entre agremiações e candidatos se tornar algo ficcional, com grave comprometimento do próprio processo democrático"

Com base nessas considerações, não tenho dúvidas de que o art. 16 da Constituição funciona também como uma proteção da igualdade de chances no processo eleitoral. Na medida em que a instituição de novas causas de inelegibilidade interfere no direito de acesso aos cargos públicos por parte dos candidatos e, dessa forma, na liberdade de escolha de candidaturas pelos partidos políticos, ela deve ser submetida ao princípio da anterioridade eleitoral, sob pena de violação clara à igualdade de chances no processo eleitoral.

Trato agora de um outro tema, Presidente, igualmente aqui mencionado, que é a questão da **anterioridade eleitoral como garantia constitucional das minorias e o papel da jurisdição constitucional numa democracia.** Esse é um tema importante que precisa ser tratado.

A faculdade confiada ao legislador de regular o complexo institucional do processo eleitoral obriga-o a considerar que as modificações das regras do jogo dentro do parâmetro temporal previsto pelo art. 16 da Constituição pode acarretar sérias consequências no próprio resultado do pleito.

Com efeito, a inclusão de novas causas de inelegibilidade diferentes das inicialmente previstas na legislação, além de afetar a segurança jurídica e a isonomia inerentes ao devido processo legal eleitoral, **influencia a própria possibilidade de que as minorias partidárias exerçam suas estratégias de articulação política em conformidade com os parâmetros inicialmente instituídos.**

O princípio da anterioridade eleitoral constitui uma garantia fundamental também destinada a assegurar o próprio exercício do direito de minoria parlamentar em situações nas quais, por razões de conveniência da maioria, o poder legislativo pretenda modificar, a qualquer tempo, as regras e os critérios que regerão o processo eleitoral.

Vamos imaginar, por hipótese, que daqui a pouco não se afigure mais suficiente, para satisfação desse chamado princípio da probidade ou da moralidade, a sentença de segundo grau condenatória. Bastará, então, a sentença de primeiro grau condenatória. Isso se faz pouco antes da convenção partidária. Mas, daqui a pouco, vai se descobrir que é insuficiente até mesmo a condenação. Diz-se: "Ah, agora basta a denúncia para atender ao princípio da probidade"!

O SENHOR MINISTRO AYRES BRITTO (RELATOR) – Se isso acontecer, Ministro, nós vamos examinar, aqui, caso a caso.

O SENHOR MINISTRO RICARDO LEWANDOWSKI – Nós estamos no plano da teratologia.

O SENHOR MINISTRO AYRES BRITTO (RELATOR) – Faremos a poda.

O SENHOR MINISTRO GILMAR MENDES – Aí, Presidente, se isso for insuficiente para determinar os desideratos, dir-se-á: "Ah, mas contra ele tem um inquérito, ou um inquérito civil"!

O SENHOR MINISTRO CELSO DE MELLO – E por que não uma inelegibilidade por mera suspeita?

O SENHOR MINISTRO AYRES BRITTO (RELATOR) – Nós não vamos concordar. É um argumento **ad terrorem.**

O SENHOR MINISTRO GILMAR MENDES – Pois é. Se o legislador tem essa possibilidade...

O SENHOR MINISTRO MARCO AURÉLIO – Com a Lei Complementar n. 5, bastava, quanto a certos crimes, o recebimento da denúncia.

O SENHOR MINISTRO GILMAR MENDES – Sim, naquele modelo da lei.

O SENHOR MINISTRO MARCO AURÉLIO – Exato. Por isso, dizia-se que esse preceito não se coadunava com a Carta da República, sob o ângulo do princípio da não culpabilidade.

O SENHOR MINISTRO GILMAR MENDES – E isso pode ser feito de modo obviamente casuístico, para atingir determinado tipo ou grupamento de pessoas.

O SENHOR MINISTRO AYRES BRITTO (RELATOR) – Isso é hipotetização, Excelência, não é positivação jurídica.

O SENHOR MINISTRO GILMAR MENDES – Não! É positivação.

O princípio da anterioridade eleitoral constitui uma garantia fundamental, portanto, destinado a assegurar o próprio exercício do direito de minoria parlamentar, em situações nas quais, por razão de conveniência da maioria, o Poder Legislativo pretenda modificar a qualquer tempo as regras e os critérios que regerão o processo eleitoral.

Se, hoje, admitirmos que uma nova lei pode ser publicada dentro do processo eleitoral para aumentar os prazos de inelegibilidade e atingir candidaturas em curso, amanhã teremos também de admitir que essa mesma lei possa ser novamente alterada para modificar os mesmos prazos da inelegibilidade com efeitos retroativos. E, assim, a cada pleito eleitoral, os requisitos de elegibilidade ficariam a mercê de vontades políticas majoritárias.

Presidente, não há princípio da probidade que possa justificar esse tipo de possibilidade. Não há. Essa regra é cláusula pétrea. E o fato de se ter que esperar um ano é uma segurança para todos. Não se trata de proteção ou desproteção para qualquer das partes eventualmente envolvidas; faz parte de um processo civilizatório, precisa ser respeitado.

Direitos políticos fundamentais, partidos políticos e sistemas eleitorais 1347

Nesse caminho, que pode seguir ao infinito, os direitos de participação política invariavelmente serão atingidos em seu núcleo essencial, que funciona como "limite dos limites" aos direitos fundamentais *(Schranken-Schranken)*, conforme já foi ressaltado, aqui, a partir do voto do Ministro Dias Toffoli. É um direito fundamental? Sim. É passível de limitação? Sim. Nenhuma dúvida. A Constituição já permite a disciplina. Agora, entre os "limites dos limites" está a cláusula do artigo 16. Não se pode fazer alteração afetando o processo eleitoral neste período.

E não se utilize também o argumento, Presidente, de que a lei tem fundamentos éticos evidentes. Porque amanhã essas bases morais poderão camuflar perigosos interesses políticos.

Não vou nem fazer análise do texto em muitos dos seus aspectos. Mas, por exemplo, quando considero que a exclusão – e isso está no texto – de uma entidade associativa corporativa acarreta inelegibilidade. Presidente, eu fico bastante preocupado. Só faço o registro para se ter em mente o CREA, a Ordem dos Advogados. Quer dizer, exclui um...

O SENHOR MINISTRO RICARDO LEWANDOWSKI – Depois do devido processo legal cumprido, excluir? É uma condição que me parece razoável.

O SENHOR MINISTRO GILMAR MENDES – Eu fico preocupado. Devemos estar em mundos diferentes, Presidente. Fico muito preocupado.

O SENHOR MINISTRO RICARDO LEWANDOWSKI – A Ordem dos Advogados tem tribunais de ética com o direito de recurso muito sofisticado.

O SENHOR MINISTRO GILMAR MENDES – Sim.

O SENHOR MINISTRO AYRES BRITTO (RELATOR) – O problema é que está em jogo apenas a alínea "k", e Vossa Excelência não fala da alínea "k".

O SENHOR MINISTRO GILMAR MENDES – Falei de tudo, Ministro. Estou falando de tudo, Ministro.

O SENHOR MINISTRO AYRES BRITTO (RELATOR) – É a alínea "k", exclusivamente.

O SENHOR MINISTRO GILMAR MENDES – Estou falando do artigo 16, com a sua integral aplicação.

O SENHOR MINISTRO AYRES BRITTO (RELATOR) – O artigo 16 é pétreo, mas não se aplica ao caso.

O SENHOR MINISTRO GILMAR MENDES – Como não se aplica?

O SENHOR MINISTRO AYRES BRITTO (RELATOR) – Porque a alínea "k" é diferente.

O SENHOR MINISTRO GILMAR MENDES – Presidente, mas eu prossigo.

A história mostra que em geral os totalitarismos se louvam nesse tipo de argumento ético. Não precisamos citar – Mussolini, Hitler – em geral, se inspiram nesses fundamentos éticos.

A aplicação do princípio da anterioridade não depende de consideração sobre a moralidade da legislação. O artigo 16 é uma barreira objetiva contra a maioria e, dessa forma, deve ser aplicado por essa Corte.

É isso que resulta do modelo.

Não se pode descartar, nesse contexto, a necessidade de proteção das minorias. E a proteção das minorias parlamentares exige reflexão acerca do papel da jurisdição constitucional nessa tarefa.

Nós podemos ter várias dúvidas sobre o papel da jurisdição constitucional. Mas, certamente, se perguntarmos um dos *ethos* básicos da jurisdição constitucional a um aluno de primeiro ano de Direito, ele vai dizer: "proteção da minoria".

A proposta de Hans Kelsen, que associava a jurisdição constitucional à democracia, assentava exatamente na situação em que a atividade jurisdicional atua na defesa ou na proteção das minorias representativas.

Como se sabe, devemos a Kelsen a associação sistemática da jurisdição constitucional a esse aspecto importante do conceito de democracia, que é, exatamente, a possibilidade de sobrevivência e de proteção das minorias (KELSEN, Hans. *Vom Wesen und Wert der Demokratie*. 2. ed. 1929, p. 101).

Na famosa conferência proferida perante a Associação dos Professores de Direito Público alemães, Kelsen deixou claro que a jurisdição constitucional haveria de ter papel central em um sistema democrático moderno:

"Ao lado dessa significação geral comum a todas as Constituições, a jurisdição constitucional também adquire uma importância especial, que varia de acordo com os traços característicos da Constituição considerada. Essa importância é de primeira ordem para a República democrática, com relação à qual as instituições de controle são condição de existência. Contra os diversos ataques, em parte justificados, atualmente dirigidos contra ela, essa forma de Estado não pode se defender melhor do que organizando todas as garantias possíveis da regularidade das funções estatais. Quanto mais elas se democratizam, mais o controle deve ser reforçado. A jurisdição constitucional também deve ser apreciada desse ponto de vista. Garantindo a elaboração constitucional das leis, e em particular sua constitucionalidade material, ela é um meio de proteção eficaz da minoria contra os atropelos da maioria. A dominação desta só é suportável se for exercida de modo regular. A forma constitucional especial, que consiste de ordinário em que a reforma da Constituição depende de uma maioria qualificada, significa que certas questões fundamentais só podem ser solucionadas em acordo com a minoria: a maioria simples não tem, pelo menos em certas matérias, o direito de impor sua vontade à minoria. Somente uma lei inconstitucional, aprovada por maioria simples, poderia então invadir, contra a vontade da minoria, a esfera de seus interesses constitucionais garantidos. Toda minoria – de classe, nacional ou religiosa – cujos interesses são protegidos de uma maneira qualquer pela Constituição, tem pois um interesse eminente na constitucionalidade das leis. Isso é verdade especialmente se supusermos uma mudança de maioria que deixe à antiga maioria, agora minoria, força ainda suficiente para impedir a reunião das condições necessárias à reforma da Constituição. Se virmos a essência da democracia não na onipotência da maioria, mas no compromisso constante entre os grupos representados no Parlamento pela maioria e pela minoria, e por conseguinte na paz social, a justiça constitucional aparecerá como um meio particularmente adequado à realização dessa ideia. A simples ameaça do pedido ao tribunal constitucional pode ser, nas mãos da minoria, um instrumento capaz de impedir que a maioria viole seus interesses constitucionalmente protegidos, e de se opor à ditadura da maioria, não menos perigosa para a paz social que a da minoria" (Kelsen, Hans. *Jurisdição Constitucional*. São Paulo: Martins Fontes, 2003, p. 181-182).

Nesse contexto, os entes de representação devem agir dentro de limites prescritos, estando os seus atos vinculados a determinados procedimentos. Essas constituições pretendem, portanto, que os atos praticados pelos órgãos representativos possam ser objeto de crítica e controle (GRIMM, Dieter. *Verfassungserichtsbarkeit – Funktion und Funktionsgrenzen in demokratischem Staat. In: Jus-Didaktik*, Heft 4, Munique, 1977, p. 83 (95)). Trata-se, em verdade, de um modelo de fiscalização democrática dos atos do Poder Público.

Essa colocação tem a virtude de ressaltar que a jurisdição constitucional não se mostra incompatível com um sistema democrático, que imponha limites aos ímpetos da maioria e discipline o exercício da vontade majoritária. Ao revés, esse órgão de controle cumpre uma função importante no sentido de reforçar as condições normativas da democracia.

Por isso que já disse, na introdução ao meu voto, Presidente, que não me impressiona o fato de ser uma lei de iniciativa popular. Ela também está submetida ao controle de constitucionalidade. E também, claro, nós não devemos ser ingênuos a ponto de imaginar que se colhem dois, três, cinco milhões de assinaturas sem a participação de organizações que podem ser ocupadas partidariamente.

O SENHOR MINISTRO AYRES BRITTO (RELATOR) – Foram quarenta associações da sociedade civil.

O SENHOR MINISTRO GILMAR MENDES – Veja, não estou discutindo o mérito da lei. Acredito que ela tem méritos. Agora é preciso que nós reparemos nesses aspectos. Então, imantar com a possibilidade de não mais se controlar, dar uma indenidade à lei, porque ela partiu de uma iniciativa popular?

O SENHOR MINISTRO AYRES BRITTO (RELATOR) – Mas quem disse isso?

O SENHOR MINISTRO MARCO AURÉLIO – Seria constitucional "goela abaixo"!

O SENHOR MINISTRO RICARDO LEWANDOWSKI – Alguém afirmou isso?

O SENHOR MINISTRO CEZAR PELUSO (PRESIDENTE) – Então não há motivo para contestar. Vamos continuar.

O SENHOR MINISTRO GILMAR MENDES – Ninguém afirmou. Eu estou afirmando, Senhor Presidente.

A jurisdição constitucional cumpre a sua função quando aplica rigorosamente, sem subterfúgios calcados em considerações subjetivas de moralidade, o princípio da anterioridade eleitoral previsto no artigo 16 da Constituição, pois essa norma constitui uma garantia da minoria, portanto, uma barreira contra a atuação sempre ameaçadora da maioria.

O argumento de que a lei é de iniciativa popular, por isso, não tem aqui peso suficiente para minimizar ou restringir o papel contramajoritário da jurisdição constitucional.

A jurisdição constitucional se afirma nesse momento. É por isso que se dá garantia para o juiz, porque ele não precisa buscar aplauso fácil das ruas. Ele pode arrostar. Senão as pessoas ficariam com medo de dar um *habeas corpus*, Presidente, como já ocorreu neste País em alguns momentos, porque o tipo de ação que se pretende tem apoio popular. Mas assim se constrói o fascismo, Presidente.

O SENHOR MINISTRO AYRES BRITTO (RELATOR) – Mas quem, aqui, busca apoio popular? Eu fico preocupado é com isso.

O SENHOR MINISTRO GILMAR MENDES – Eu é que estou afirmando.

O SENHOR MINISTRO AYRES BRITTO (RELATOR) – Todos nós fizemos uma análise rigorosamente jurídica.

O SENHOR MINISTRO GILMAR MENDES – É compreensível a ação das várias associações e das várias organizações sociais, tendo em vista a repercussão que esse tema tem na opinião pública. Sabemos que, para temas complexos em geral, há sempre uma solução simples e em geral errada. E para esse caso **a população passa a acreditar que a solução para a improbidade administrativa, para as mazelas da vida política é a Lei do Ficha Limpa**. A partir daí há, na verdade, a tentativa de aprisionar, o que nos dificulta enormemente a missão nesta Corte, como em outros casos, porque acabamos tendo de nos pronunciar de forma contramajoritária, claro, tendo em vista a opinião pública, segundo as pesquisas manifestadas de opinião. **Mas esta é a missão desta Corte: aplicar a Constituição, ainda que contra a opinião majoritária. Esse é o *ethos* de uma Corte Constitucional. É fundamental que tenhamos essa visão.**

Isso está, na verdade, já nas lições dos clássicos americanos desde Hamilton; isso está em Alexander Bickel e seu famoso *The least dangerous branch*; está também nos textos mais recentes, talvez um dos melhores, de Eugene Rostow sobre o caráter democrático da jurisdição constitucional – é um texto fascinante, cuja não tradução para o português eu sempre lamento –; e está na obra de Zagrebelsky, que versa um tema histórico e teológico fascinante: a crucificação e a democracia.

Diz Zagrebelsky:

> "Para a democracia crítica, nada é tão insensato como a divinização do povo que se expressa pela máxima *vox populi, vox dei*, autêntica forma de idolatria política. Esta grosseira teologia política democrática corresponde aos conceitos triunfalistas e acríticos do poder do povo que, como já vimos, não passam de adulações interesseiras.
>
> Na democracia crítica, a autoridade do povo não depende de suas supostas qualidades sobre-humanas, como a onipotência e a infalibilidade.
>
> Depende, ao contrário, de fator exatamente oposto, a saber, do fato de se assumir que todos os homens e o povo, em seu conjunto, são necessariamente limitados e falíveis.

Este ponto de vista parece conter uma contradição que é necessário aclarar. Como é possível confiar na decisão de alguém, como atribuir-lhe autoridade quando não se lhe reconhecem méritos e virtudes, e sim vícios e defeitos? A resposta está precisamente no caráter geral dos vícios e defeitos.

A democracia, em geral, e particularmente a democracia crítica, baseia-se em um fator essencial: em que os méritos e defeitos de um são também de todos. Se no valor político essa igualdade é negada, já não teríamos democracia, quer dizer, um governo de todos para todos; teríamos, ao contrário, alguma forma de autocracia, ou seja, o governo de uma parte (os melhores) sobre a outra (os piores).

Portanto, se todos são iguais nos vícios e nas virtudes políticas, ou, o que é a mesma coisa, se não existe nenhum critério geralmente aceito, através do qual possam ser estabelecidas hierarquias de mérito e demérito, não teremos outra possibilidade senão atribuir a autoridade a todos, em seu conjunto. Portanto, para a democracia crítica, a autoridade do povo não depende de suas virtudes, ao contrário, desprende-se – é necessário estar de acordo com isso – de uma insuperável falta de algo melhor." (ZAGREBELSKY, Gustavo. *La crucifixión y la democracia*, trad. espanhola, Ariel, 1996, p. 105 – Título original: Il Crucifige! e *la democracia*, Giulio Einaudi, Torino, 1995).

Zagrebelsky encerra essa passagem notável, esse texto notável, um pequeno texto de cento e vinte páginas, falando do julgamento de Cristo. Dizia: *Quem é democrático: Jesus ou Pilatos?*, retomando um debate que tinha sido colocado por Kelsen no trabalho sobre a democracia. E ele diz:

"Voltemos, uma vez mais, ao processo contra Jesus. A multidão gritava *Crucifica-lhe!* Era exatamente o contrário do que se pressupõe na democracia crítica. Tinha pressa, estava atomizada, mas era totalitária, não havia instituições nem procedimentos. Não era estável, era emotiva e, portanto, extremista e manipulável. Uma multidão terrivelmente parecida ao *povo*, esse *povo* a que a democracia poderia confiar sua sorte no futuro próximo. Essa turba condenava democraticamente Jesus, e terminava reforçando o dogma do *Sanedrim* e o poder de Pilatos.

Poderíamos então perguntar quem naquela cena exercia o papel de verdadeiro amigo da democracia. Hans Kelsen contestava: Pilatos. Coisa que equivaleria a dizer: o que obrava pelo poder desnudo. Ante essa repugnante visão da democracia, que a colocava nas mãos de grupos de negociantes sem escrúpulos e até de bandos de *gangsters* que apontam para o alto – como já ocorreu neste século entre as duas guerras e como pode ocorrer novamente com grandes organizações criminais de dimensões mundiais e potência ilimitada –, dariam vontade de contestar, contrapondo ao poder desnudo a força de uma verdade: o fanatismo do *Sanedrim*.

Ao concluir essa reconstrução, queremos dizer que o amigo da democracia – da democracia crítica – é Jesus: aquele que, calado, convida, até o final, ao diálogo e à reflexão retrospectiva. Jesus que cala, esperando até o final, é um modelo. Lamentavelmente para nós, sem embargo, nós, diferentemente dele, não estamos tão seguros de ressuscitar ao terceiro dia, e não podemos nos permitir aguardar em silêncio até o final.

Por isso, a democracia da possibilidade e da busca, a democracia crítica, tem que se mobilizar contra quem rechaça o diálogo, nega a tolerância, busca somente o poder e crê ter sempre razão. A mansidão – como atitude do espírito aberto ao diálogo, que não aspira a vencer, senão a convencer, e está disposto a deixar-se convencer – é certamente a virtude capital da democracia crítica. Porém só o filho de Deus pôde ser manso como o cordeiro. A mansidão, na política, a fim de não se expor à irrisão, como imbecilidade, há de ser uma virtude recíproca. Se não é, em determinado momento, antes do final, haverá de romper o silêncio e deixar de aguentar."

Tenho a impressão de que este é um caso exemplar que nós temos de tensão entre jurisdição constitucional e democracia. Evidente que a expectativa dessa chamada opinião pública era no sentido de que nós nos pronunciássemos pela aplicação imediata da Lei do Ficha Limpa, até que descobrissem que essa solução seria um atentado contra a própria democracia.

Por isso, acredito que nós devemos, hoje, cumprir bem a missão, o *ethos* para o qual esta Corte se destina.

O catálogo de direitos fundamentais não está à disposição; ao contrário, cabe a esta Corte fazer esse trabalho diuturno, exatamente porque ela não julga cada caso individualmente, mas, quando julga o caso, ela o faz nessa perspectiva de estar definindo temas. Cabe a esta Corte fazer, diuturnamente, essa pedagogia dos direitos fundamentais, contribuindo para um processo civilizatório elevado.

Não tenho a menor dúvida, Presidente – novamente volto a ressaltar –, **a Lei da Ficha Limpa representa um incomensurável avanço na nossa democracia. Em termos gerais, seu conteúdo é extremamente importante para o regular desenvolvimento dos processos eleitorais, segundo parâmetros de moralidade e probidade. Não há controvérsia sobre isso.** E nós temos avançado nesses processos. Eu lembrava que, inicialmente, esses casos de renúncia se faziam até praticamente o julgamento nas Casas do Congresso: Senado e Câmara. Depois, veio uma limitação, fruto de emenda constitucional, após os episódios da chamada "CPI do orçamento". E assim temos avançado também nos processos do Supremo Tribunal Federal, que passaram a tramitar sem necessidade de licença do Congresso, após aquele primeiro modelo de 88, modelo originário, que era compreensível, porque viemos de um modelo ditatorial que tinha cassado parlamentares.

Portanto, Presidente, **a aplicação do princípio da anterioridade, para postergar a vigência desta lei, não significa uma reprovação do seu conteúdo em termos gerais. Não é disso que se trata. A lei, com todas as suas virtudes, poderá ser normalmente aplicada nas próximas eleições.**

Temas específicos poderão ser, depois, discutidos, tendo em vista as suas peculiaridades. Eu não teria dúvida também, Presidente, em subscrever a tese do ato jurídico perfeito. Não vou me alongar, até porque os argumentos aqui também são suficientes. Parece-me que a questão central está posta, tendo em vista o artigo 16, que é uma norma que realmente preconiza um processo civilizatório constitucional. Isso precisa ser devidamente observado.

Quanto à questão que Vossa Excelência suscitou – e eu peço desculpas, porque eu acabei entrando no mérito da discussão antes –, eu já havia concordado quanto à necessidade ou possibilidade de que o Tribunal faça esse exame. A partir do conhecimento, como declarou o Ministro Marco Aurélio, do recurso, podemos examinar, tendo em vista outros fundamentos.

O SENHOR MINISTRO MARCO AURÉLIO – Ultrapassada a barreira do conhecimento, julgamos a causa.

O SENHOR MINISTRO GILMAR MENDES – Agora, por conta da minha própria argumentação, da argumentação aqui desenvolvida, e tendo em vista inclusive o debate que se deu no Congresso Nacional, por razões técnicas ou de adaptação, eu entendo que, no mérito, não é de se acolher a proposta. De modo que eu entenderia cabível sim, em tese, mas me parece que, aplicado o artigo 16, nós chegaríamos a bom porto, sem a necessidade de afirmarmos a inconstitucionalidade formal do texto.

E, claro, também não acolho a tese da presunção de inocência, até porque não me parece que o tema esteja em debate. Se se colocar a questão numa outra perspectiva – por exemplo, nós discutimos isso claramente na ADPF 144, da qual foi Relator o Ministro Celso de Mello –, poderemos examinar esse tema, mas aqui me parece que bastam os fundamentos expendidos.

Portanto, com essas considerações, eu dou provimento ao recurso, Presidente.

RE 631.102[1]

Lei Complementar 135/2010 (Lei da Ficha Limpa). Aplicabilidade às eleições de 2010 – Ofensa ao princípio da anualidade inscrito no art. 16 da Constituição da República – Desvirtuamento do processo eleitoral por ação da maioria contra a minoria. Empate e manutenção da decisão da Corte *a quo*.

O recurso extraordinário, a exemplo do caso Roriz, discutia a incidência do quanto disposto no art. 16 da Constituição sobre a Lei Complementar 135/2010, comumente denominada Lei da Ficha-Limpa.

No recurso, interposto por Jader Barbalho, a mesma questão estava posta. Estava revestida, contudo, de peculiaridades que bem destacavam a eficácia retroativa da Lei Complementar impugnada. Após a renúncia, ocorrida em 2001, o Impetrante havia sido eleito em duas eleições e, por força da Lei Complementar, tornara-se, por um fato ocorrido havia 9 anos, inelegível.

O Ministro Joaquim Barbosa, relator, em consonância com o voto proferido no julgamento do RE 630147/DF, desproveu o recurso. Acompanharam o relator os Ministros Cármen Lúcia, Ricardo Lewandowski, Ayres Britto e Ellen Gracie. Em divergência, os Ministros Dias Toffoli, Gilmar Mendes, Marco Aurélio, Celso de Mello e Cezar Peluso, Presidente, ao também reiterar posição firmada no julgamento do aludido RE 630147/DF, proveram o recurso. O Plenário, ante o empate na votação, manteve acórdão do Tribunal Superior Eleitoral – TSE que, ao enfatizar a aplicabilidade imediata das alterações introduzidas pela LC 135/2010, concluíra pela inelegibilidade de candidato a cargo de Senador da República.

O julgado foi assim ementado:

EMENTA: Recurso Extraordinário. Repercussão Geral reconhecida. Art. 14, § 9º da Constituição Federal. Moralidade, probidade administrativa e vida pregressa. Inelegibilidade. Registro de candidatura. Lei Complementar 135/2010. Ficha Limpa. Alínea k do § 1º do art. 1º da Lei Complementar 64/1990. Renúncia ao mandato. Empate. Manutenção do acórdão do Tribunal Superior Eleitoral. Recurso desprovido. O recurso extraordinário trata da aplicação, às eleições de 2010, da Lei Complementar 135/2010, que alterou a Lei Complementar 64/1990 e nela incluiu novas causas de inelegibilidade. Alega-se ofensa ao princípio da anterioridade ou da anualidade eleitoral, disposto no art. 16 da Constituição Federal. O Recurso Extraordinário objetiva, ainda, a declaração de inconstitucionalidade da alínea k do § 1º do art. 1º da LC 64/1990, incluída pela LC 135/2010, para que seja deferido o registro de candidatura do recorrente. Alega-se ofensa ao princípio da irretroatividade das leis, da segurança jurídica e da presunção de inocência, bem como contrariedade ao art. 14, § 9º da Constituição, em razão do alegado desrespeito aos pressupostos que autorizariam a criação de novas hipóteses de inelegibilidade. Verificado o empate no julgamento do recurso, a Corte decidiu aplicar, por analogia, o art. 205, parágrafo único, inciso II, do Regimento Interno do Supremo Tribunal Federal, para manter a decisão impugnada, proferida pelo Tribunal Superior Eleitoral. Recurso desprovido. Decisão por maioria.

VOTO

O SENHOR MINISTRO GILMAR MENDES – Senhor Presidente, a questão é de todos conhecida e foi objeto de intenso debate quando discutíamos o caso Roriz.

Mas, como eu tive oportunidade de destacar, este caso ainda é marcado por outras peculiaridades destacadas no voto trazido pelo Ministro Marco Aurélio: renúncia ocorrida em 2001,

---

[1] Em sessão de julgamento realizada em 27.10.2010, o Plenário do Supremo Tribunal Federal, ante o empate na votação, manteve o acórdão do TSE (*DJ* de 20.6.2011).

Direitos políticos fundamentais, partidos políticos e sistemas eleitorais **1353**

duas eleições e agora se decide que o então candidato não é elegível, porque uma lei aprovada em junho busca um fato ocorrido em 2001 – 9 anos passados – para lhe atribuir efeitos jurídicos.

Essa é a descrição crassa, pura, grotesca, grosseira dos fatos. E, aí, se diz: "Não, mas não se trata de eficácia retroativa; é apenas uma 'disciplina' para as próximas eleições".

Presidente, eu fico a pensar, que convite nós estamos fazendo para esse legislador, em termos de criatividade, quando nós lhe damos esta carta branca? Amanhã poderá imaginar fatos quaisquer, alguns nem conexos com qualquer ato de criminalidade – ter participado de uma estudantada, ter batido na esposa, ter batido numa criança; sei lá, qualquer desses fatos – e se diz: "Fica inelegível por 20 anos".

Aqui, no caso, nós percebemos inclusive um estratagema, que é o fato de que o legislador conseguiu multiplicar o tempo de inelegibilidade – porque 8 anos após o término do mandato a que renunciou! O que pode chegar a 16 anos.

Dificilmente, Presidente, vai-se encontrar um caso tão explícito, em tempos democráticos, de mais inequívoca retroatividade!

Dificilmente vai se encontrar um caso de mais escancarada, de mais escarrada – desculpem a expressão – retroatividade! E mais do que isso! Mais grave do que a lei é o convite que se faz para a irresponsabilidade do legislador, para a manipulação inclusive das eleições, porque vai se escolher candidato. No caso do Distrito Federal, é evidente. Falou-se muito em emenda ou projeto de iniciativa popular, mas o que se tinha em mente era atingir um dado candidato.

Não posso antever o tipo de imaginação que se vai ter para as próximas eleições, detendo maioria no Congresso – em nome de uma suposta "higidez" moral. E nós devemos ficar advertidos desses acessos de moralismos; em geral eles descambam em abusos, quando eles não são, notória e notavelmente, falsos. Preconiza-se para o outro o que não se faz para si mesmo. É preciso, portanto, que nós estejamos atentos a isso.

Não é o caso, como eu disse, em outra oportunidade, quando julgamos aquele primeiro mandado de segurança. Não é este caso apenas que está jogo, é o tema, é o convite que estamos fazendo para um Congresso em que a maioria pode asfixiar a minoria.

Se há um exemplo notório de lei casuística é esta alínea "k": fez-se recortando o corpo do candidato para atingir determinado objetivo. Só isso bastaria para um repúdio claro – o Tribunal não precisaria se pronunciar sobre isso, bastaria aplicar o artigo 16. É uma situação que enche de constrangimento todos quantos participaram deste processo. E aí se faz uma coisa enviesada, que eu já tive oportunidade de repudiar quando votei naquele outro mandado de segurança: traz-se para cá a discussão sobre o processo penal.

E aí fica a pergunta. Naquele caso anterior, eu perguntava ao Procurador-Geral: Mas por que até agora não se ofereceu a denúncia se os fatos são tão claros? E aqui me pergunto: por que o processo criminal não se encerrou passados 8 anos?

Aí nós vamos começar a pegar esses atalhos. Daqui a pouco podemos pensar – veja que é livre a imaginação! – um pai que tenha batido no filho, o espancado num tempo. Quer dizer, agora ele fica sem pátrio poder de forma definitiva, para sempre. E a gente poderia até aditar: "E será inclusive esterilizado para não ter mais filhos". Tudo isso seria legítimo nesse contexto! É livre a imaginação! É um convite para um salão de horrores! É preciso que estejamos atentos a isso.

Por isso, sabedor desse tipo de experiência, é que o constituinte de 88 quis poupar o Tribunal desse constrangimento. E colocou esta cláusula, que não trata do direito adquirido, uma cláusula específica de segurança jurídica ao processo eleitoral para evitar essas interveniências indevidas, essa tentação que existe por parte da maioria. E que pode existir também, Presidente, por parte de grupamentos determinados da sociedade.

Eu disse, naquela outra assentada, que sequer um milhão, sequer dois milhões, sequer três milhões de assinaturas me impressionavam. A gente sabe como elas são colhidas; a gente sabe que por trás estão organizações partidárias, e se consegue assinatura para isso e para aquilo. Isto é apenas um índice para um processamento de uma ação; isto não retira a lei do modelo de controle de constitucionalidade.

Mas, volto a repisar, porque é bom que o Tribunal saiba e assuma as suas responsabilidades históricas, no caso específico da renúncia, aproveitou-se a carona de um projeto de lei de iniciativa popular e se fez uma emenda parlamentar, com nome e sobrenome, vinculada ao PT e que tinha interesse determinado em obter a exclusão de um candidato. **Lei, portanto, de caráter inequivocamente casuístico.**

Não precisaríamos entrar neste debate se nós aceitássemos a aplicação do art. 16 da Constituição – e no recente julgamento do RE 630.147 (caso Roriz) eu repassei a jurisprudência deste Tribunal a propósito do artigo 16 – e há, Presidente, uma declaração solene desta Corte na ADI n. 3.685, uma decisão histórica, da Relatoria da Ministra Ellen Gracie, em que se afirma que o artigo 16 compõe o plexo de cláusulas pétreas.

Logo, Presidente, veja Vossa Excelência, nós avançamos para dizer que, naquele caso, não poderia o Congresso Nacional, por emenda constitucional, alterar o modelo de coligações. Mas agora estamos dizendo ou podemos dizer que a escolha de candidatos passa a ser feita por critérios adotados pelo legislador. Aí se pode invocar a cláusula do § 9º, objeto de tantas distorções, e se dizer que ela própria – a Constituição – previu a possibilidade de que se considerasse "a vida pregressa do candidato". E, logo assim, ela mandou que se considerassem fatos da vida passada do candidato, e por isso, a Constituição autorizaria esse desatino.

Presidente, veja a falácia que está embutida nessa afirmação. O que o texto manda fazer é levar-se em conta a experiência jurídica dos povos e considerar-se abstratamente fatos que no contexto dessa experiência comumente ocorrem; mas não aplicar retroativamente, porque isto seria realmente mandar violar o texto constitucional!

É aquilo que Geraldo Ataliba dizia: que a gente nem precisa identificar o fundamento da inconstitucionalidade, porque é aquele tipo de cláusula que viola a Constituição "de Deus a Melo Viana", dizia Geraldo Ataliba referindo-se à Constituição de 1946.

Veja, Vossa Excelência, Presidente: "vida pregressa" significa dizer "que o indivíduo tenha feito isto". Mas a lei tem que ser anterior! É a experiência jurídica dos povos que sinaliza, e não mandar aplicar retroativamente lei! É disso que se cuida! Não é aqui um cheque em branco para pegar fatos do passado, até porque isso leva a coisas horrendas – absurdas, horripilantes, casuísticas! – como estamos a ver. Certamente, constrangedoras, Presidente!

Imagino que o legislador, nesse contexto, poderia buscar uma renúncia ocorrida há cinquenta anos – não teria nenhum problema. Porque não há limites para o absurdo! Dizer que isso é "aplicação imediata da lei", é alguma coisa que faz corar frade de pedra, Presidente. É alguma coisa realmente constrangedora. Mas tudo isso pode ser evitado com uma simples aplicação – esta é a inteligência constitucional – do artigo 16. Tão somente esta aplicação já evitaria uma série desse quadro horrendo de barbáries.

Já tive oportunidade, num aparte ao Ministro Marco Aurélio, Presidente, de dizer que as consequências dessa decisão em relação à renúncia faz com que aqui haja um tratamento muito mais gravoso do que a aplicação de uma sentença transitada em julgado, com uma pena aplicada por um prazo longuíssimo – 12 anos que fossem – de privação de liberdade, com a suspensão dos direitos políticos. Aqui, veja, mediante um "trick", mediante uma esperteza legislativa, conseguiu-se um resultado que se vai para além dos 8 anos, com o objetivo específico.

Portanto, Presidente, se a aplicação da lei sem a observância do artigo 16 já se revelava, *in genere*, absurdo, este caso realmente tem especificidades.

O Ministro Marco Aurélio, nas suas incursões, fez uma consideração sobre o atual estágio do mandato do parlamentar, ora impetrante: está ele com os direitos políticos suspensos?

O SENHOR MINISTRO MARCO AURÉLIO – Alguém inelegível exercendo mandato!

O SENHOR MINISTRO GILMAR MENDES – Como se responde a essa pergunta? Mas veja que essa pergunta mostra que a lei, neste ponto, não passa em um elementar teste de razoabilidade, porque estamos inventando uma nova forma de cassar mandato!

O SENHOR MINISTRO MARCO AURÉLIO – Vossa Excelência me permite?

O SENHOR MINISTRO GILMAR MENDES – Por favor.

O SENHOR MINISTRO MARCO AURÉLIO – Vossa Excelência me permite? A lei passa. O que não passa é a interpretação que vem sendo dada a essa lei.

O SENHOR MINISTRO GILMAR MENDES – Mas se é esse o intuito, se é essa a interpretação, veja, Vossa Excelência, o resultado abstruso que se produz. Realmente, é algo que constrange, é algo que nos leva a pensar sobre uma falha sistemática. Eu nem vou entrar, Presidente, nessa análise *"naif"* – desculpe-me – de que: "Ah, houve um apelo popular" – iniciativa popular – e que "o Congresso aquiesceu com esse tipo de manifestação e que, por isso, o Judiciário pouco pode fazer".

Nem vou perscrutar as razões dos movimentos, mas quem acompanha a cena política, como fazemos já há muitos anos, sabemos bem – muito bem – em que estágio e em que situação o Congresso aprovou esta lei: sob uma pressão enorme, com o temor de ter que enfrentar a renovação dos mandatos no momento seguinte. Tanto é que as próprias emendas de redação eram amplamente discutidas e censuradas!

A fórmula adotada tinha que ser aceita – apresentada no Congresso, o Congresso tinha que votar – sob pena de estar cometendo um crime de lesa-"majestade"; no caso, o povo.

Em democracia constitucional, o povo não é soberano.

Mas há esse tipo de *insights* para justificar qualquer barbárie. Veja, Presidente, que nós já tivemos situações, já se pretendeu, que penas já aplicadas, de inelegibilidade, de 3 anos, se convolassem em penas de 8 anos, dizendo-se que isso não era aplicação retroativa!

Isso não faz mal, apenas, à biografia dos partícipes deste processo. Isso faz muito mal, Presidente, é para a democracia constitucional, porque mostra que os controles são extremamente falhos.

No recente julgamento do RE 630.147 (o caso Roriz), já falei sobre a *igualdade de chances*. Evidente que este é um princípio, hoje, referendado pela Corte como um princípio constitucional, e ele vai restar prejudicado, porque agora passamos a selecionar quem são os adversários, a partir deste modelo.

Aí se disse: "Ah, mas as condições foram estabelecidas em junho, quando já todos sabiam e os partidos escolheram, assim mesmo, os candidatos". Na discussão passada, nós vimos que o processo eleitoral é muito mais complexo. Não se constrói um candidato de uma hora para outra. A nulificação de um candidato, obviamente, tem efeitos definitórios de uma eleição, Presidente. Não sejamos ingênuos. É disso que se cuida quando se faz lei de teor casuístico. É disso que se cuida quando se afronta essa ideia – básica – da igualdade.

É fundamental, portanto, que estejamos atentos a essas consequências das decisões que tomamos: nós podemos estar comprometendo o modelo de democracia constitucional, estimulando essas aventuras, a feitura dessas leis de caráter casuístico e oportunístico. É preciso ter muito cuidado.

O Ministro Marco Aurélio já invocou aqui, Presidente, o precedente do Tribunal a propósito da irretroatividade, talvez uns dos patrimônios mais caros desta Corte, em que ela pode se colocar no cenário das Cortes mundiais, que diz respeito exatamente ao controle da aplicação da lei retroativa, a partir da riquíssima jurisprudência do Tribunal sobre ato jurídico perfeito, direito adquirido e a coisa julgada.

E nós todos já rememoramos as lições do nosso Mestre Moreira Alves a propósito desse tema. Veja que o Tribunal não cedeu às conveniências, de ordem econômica e financeira, em relação a planos econômicos – toda vez que havia intervenção em contratos –, e a pressão era enorme, e a racionalidade dos apelos era imensa. O Tribunal não cedeu a esses apelos e a esse tipo de pressão quando lidou com esses diplomas, que eram, muitas vezes, intervencionistas nas relações contratuais.

É, ainda hoje, multiplamente referida a lição de Moreira Alves (na ADI 493) citando José Carlos de Matos Peixoto, o Professor Matos Peixoto, no Curso de Direito Romano:

"Normalmente as leis dispõem para o futuro, não olham para o passado. Em consequência, os atos anteriores à vigência da lei nova, regulam-se não por ela, mas pela lei do tempo em que foram praticados – *tempus regit actum*. Entretanto, algumas leis afastam-se, excepcionalmente, dessa regra e retrocedem no tempo, alcançando fatos pretéritos ou os seus efeitos. Tais leis chamam-se retroativas. Mas a força retroativa da lei não tem sempre a mesma intensidade. Desse ponto de vista, distinguem-se, em direito civil – dizia Matos Peixoto, citado por Moreira Alves – três graus de retroatividade: máxima, média e mínima."

Isso já foi referido no voto do Ministro Marco Aurélio. E Matos Peixoto, então, dizia:

"Dá-se retroatividade máxima, também chamada restitutória, quando a lei nova abrange a coisa julgada (sentença irrecorrível) ou os fatos jurídicos consumados. Está nesse caso, por exemplo, a lei canônica que aboliu a usura e obrigava o credor solvável a restituir ao devedor, aos seus herdeiros ou, na falta destes, aos pobres, os juros já recebidos. Também o era a lei francesa de 12 de brumário, do ano II (3 de novembro de 1793), que admitiu esses naturais à sucessão paterna e materna em igualdade de condições com os filhos legítimos, desde 14 de julho de 1789, data em que, segundo as leis revolucionárias da época, *les droits de la nature ont repris leur empire*. A retroatividade operava radicalmente no passado, até a data referida, refazendo mesmo as partilhas definitivamente julgadas. A retroatividade é média, quando a lei nova atinge os direitos exigíveis, mas não realizados antes da sua vigência. Exemplo: uma lei que diminuísse a taxa de juros e se aplicasse aos já vencidos, mas não pagos.

Enfim, a retroatividade é mínima (também chamada temperada ou mitigada), quando a lei nova atinge apenas os efeitos dos fatos anteriores, verificados após a data em que ela entra em vigor. Tal é a Constituição de Justiniano que limitou a seis por cento, em geral, após sua vigência, a taxa de juros dos contratos anteriores. No mesmo caso está o Decreto n. 22.626, de 07 de abril de 1933, Lei de Usura, que reduziu a doze por cento, em geral, as taxas dos juros vencidos após a data da sua obrigatoriedade."

E prosseguia, então, o Ministro Moreira Alves:

"Como assinala Arnold Wald, 'a doutrina fez uma distinção fecunda entre a retroatividade máxima, que alcança o direito adquirido e afeta os negócios jurídicos findos; a retroatividade média, que alcança os direitos já existentes, mas ainda não integrados no patrimônio do titular e a retroatividade mínima, que confunde com o efeito imediato da lei e só implica sujeitar à lei novas consequências a ela posteriores de atos jurídicos praticados na vigência da lei anterior."

Nesse sentido, por igual, a lição de Caio Mário da Silva Pereira – dizia então Moreira Alves:

"Quando uma lei atinge os efeitos dos atos jurídicos praticados ou as situações jurídicas constituídas, ou os direitos subjetivos adquiridos sobre o império da lei caduca, diz-se que é retroativa. Os princípios de direito intertemporal têm por escopo indagar em que casos ocorre a retroatividade da lei, e formular as regras, segundo as quais o aplicador se informa de quando o efeito imediato da lei não envolve uma atuação retrooperante. Noutros termos, sob a rubrica Direito Intertemporal, a Ciência Jurídica formula os princípios que devem nortear o intérprete na conciliação daqueles dois cânones fundamentais do ordenamento jurídico, que são a lei do progresso e o conceito de estabilidade das relações humanas."

E ele dizia ainda mais – o Min. Moreira Alves –, citando agora um dos nossos clássicos do Direito Civil, nada mais, nada menos do que Serpa Lopes:

"Se esse fato foi inteiramente exaurido na lei pretérita, a nenhum conflito dará lugar, pois se trata de uma situação consumada, inteiramente indiferente à nova lei superveniente. Também nenhum conflito pode gerar os novos fatos supervenientes e surgidos e consumados inteiramente sob a vigência da nova lei, pois esta tem, necessariamente, sobre eles um império absoluto.

Direitos políticos fundamentais, partidos políticos e sistemas eleitorais **1357**

O grande problema assenta em relação àqueles fatos ou àquelas situações jurídicas que, nascidas no regime da lei ab-rogada, prosseguem em trânsito até serem apanhados pela nova lei revogadora."

E, mais adiante, – diz Moreira Alves – refutando a tese de que a aplicação imediata é inconfundível com o efeito retroativo, completa Serpa Lopes:

"O argumento em geral não nos parece procedente. A lei pretérita teve vigência num determinado espaço de tempo e os fatos jurídicos então ocorridos muitas vezes não se paralisam igualmente com a cessação da lei. Pelo contrário. Muitos deles se projetam durante largo tempo, em etapas continuadas, como num filme cinematográfico.

A controvérsia gira, precisamente, em torno de se saber até que ponto deve chegar o respeito aos efeitos da lei pretérita.

O argumento de que a lei pretérita só pode ser tomada em consideração, pelo juiz, tanto quanto lhe autorize ou lhe dê força a lei vigente e obrigatória, é possível em países onde a irretroatividade da lei não for princípio constitucional."

Vejam essa observação, portanto, de Serpa Lopes:

"Mas onde quer que, como acontece entre nós, a irretroatividade constituir um princípio constitucional, a lei pretérita tem força de aplicação em se cogitando de um direito adquirido, ou de uma situação jurídica definitivamente constituída, ou de um julgado de que não caiba mais recurso."

Presidente, são tantos os magistérios a propósito dessa questão que ela é, de fato, pacífica entre nós. O artigo 16, nesse sentido, é uma norma especial de reforço, tendo em vista a nossa experiência constitucional, a experiência do nosso constitucionalismo em relação aos abusos tradicionais. Há tentação majoritária de interferir no processo eleitoral. Por isso, o artigo 16 como norma especial neste quadro magno de segurança jurídica.

É isto que precisa ser ressaltado, Presidente. E é isto que precisa ser observado: o artigo 16 seria suficiente para encerrar essa controvérsia. Porque não há dúvida de que nós estamos tratando, sim, de processo eleitoral. Sobre essa questão, teci longas considerações no recente julgamento do RE 630.147 (o caso Roriz), as quais incorporo a este caso.

Eu fico a imaginar que, agora, o legislador será convidado, daqui a pouco não será mais suficiente a condenação em segundo grau. Aí bastará a condenação em primeiro grau. Depois, vai ocorrer um outro sentimento de necessidade de "depuração" do ambiente político. E é bom ver, Presidente, que esse tipo de mensagem começa a namorar com pensamentos autoritários, quando se começa a tentar tutelar a sociedade e o próprio eleitor; nós já temos um namoro com pensamentos que gravitam em torno do nazifascismo. Aí a gente pode pensar: "Ah, quem sabe apenas a denúncia recebida". O governo militar teve esse ímpeto, não é, Ministro Celso?

O SENHOR MINISTRO CELSO DE MELLO – CANCELADO.

O SENHOR MINISTRO GILMAR MENDES – Veja, Vossa Excelência, a que tipo de retrocesso e de sandice nós podemos estar submetidos. O regresso a uma lei odienta e hedionda foi proposto nessa iniciativa popular! Veja que tipo de sandice se pode propor ao Congresso Nacional em nome de iniciativa popular! Em nome dessa chamada "higidez" moral.

Mas aí se pode, também, fazer seleção nesta sequência de absurdos. Pode-se imaginar, por exemplo, a denúncia, por determinados crimes, para selecionar quem deve ser o adversário da maioria nas eleições; como ocorreu neste caso específico! É bom que se saiba que, aqui, se teve este desígnio! Lei casuística para ganhar eleição no tapetão! Esse tipo de covardia que faz a maioria contra a minoria! Isso não tem nada que ver com o princípio da moralidade! Ela, em si mesma, é uma imoralidade!!! É disso que nós estamos a falar!!!

E é preciso que nós assumamos as consequências dos nossos atos!

Mas vamos prosseguir no teatro dos absurdos. Vamos, agora, imaginar que já não é bastante a denúncia recebida. Inquérito. Inquérito determinado. Inquérito com determinados tipos processuais. Também pode impedir. Porque não há limite. É "vida pregressa", segundo esse critério. Ocorreu no passado. Não há freios para isto!!!

Qual o limite que se está estabelecendo? E aí se responde, num positivismo odiento também: estamos aplicando a lei que o Congresso aprovou.

Ora bolas! As cortes constitucionais e as cortes de justiça existem para controlar o que a maioria, num desatino, faz; e não para aplicar cegamente a lei!

É evidente que este argumento da "vida pregressa" serve para uma série de práticas subservientes.

O SENHOR MINISTRO MARCO AURÉLIO – Até aqui ele teria, pelo que sei, simples imputações contra si.

O SENHOR MINISTRO GILMAR MENDES – E há uma mescla, no caso da renúncia. Porque, quando se discute a renúncia, vem com um argumento de que: "Ah, mas havia, subjacente, fatos criminais". E aí passam-se os anos e o processo também não se conclui.

No outro caso, eu chamava a atenção para esse fato e repito: "Ah, há um inquérito". Mas e aí? Quatro anos não foram suficientes para o Ministério Público oferecer a denúncia?

Inclusive, Presidente – e isso já foi objeto de discussão, já conversei até mesmo com o Procurador-Geral, Gurgel –, é preciso encerrar esse ciclo do "ao ao" (ao PGR, à PF, ao STF...) dos inquéritos que tramitam aqui por doze anos sem definição. Porque fica o inquérito tramitando: vai à Procuradoria, vai à Polícia Federal, as diligências são inconclusas. O processo político, por definição, é um processo dialético. As pessoas estão em confrontação. E como que o adversário age em relação ao outro? Ele age contra o outro fazendo acusações. Hoje ele faz também denúncias ao Ministério Público; naturalmente, isso faz parte do processo.

Naturalmente, isso faz parte do processo. Aí, tem lá amanhã um inquérito civil.

O SENHOR MINISTRO DIAS TOFFOLI – E, muitas vezes, Ministro Gilmar, nas próximas eleições, eles estão juntos disputando uma eleição, mas o inquérito ainda está rodando os gabinetes.

O SENHOR MINISTRO GILMAR MENDES – É verdade, por conta das composições e coalizões; mas é natural. Na Câmara de Vereadores se dirige ao promotor; o promotor instaura um inquérito civil, daqui a pouco convola numa investigação criminal ou numa denúncia, e assim por diante. E aí nós começamos a valorar esses fatos retroativamente.

Presidente, veja Vossa Excelência, portanto, que, de fato, em termos de aplicação, nós podemos realmente estar vivendo um quadro de teatro dos absurdos. E este caso serviu para mostrar bem. Porque, se estamos diante de um caso específico em que não há direitos políticos suspensos, veja o que diz o artigo 15 da Constituição, voltando então ao argumento do Ministro Marco Aurélio:

"Art. 15. É vedada a cassação de direitos políticos, cuja perda ou suspensão só se dará nos casos de:

I – cancelamento da naturalização por sentença transitada em julgado;

II – incapacidade civil absoluta;

III – condenação criminal transitada em julgado, enquanto durarem seus efeitos;

IV – recusa de cumprir obrigação a todos imposta ou prestação alternativa, nos termos do art. 5º, VIII;

V – *improbidade administrativa, nos termos do art. 37, § 4º* – que tem previsão expressa no texto constitucional."

Agora, nós temos que acrescentar mais uma cláusula quando o Congresso aprovar uma lei de inelegibilidade e a Justiça Eleitoral decidir aplicá-la a um candidato que tenha mandato. Também haverá cassação do mandato político. Porque, senão, nós não vamos ser coerentes. Porque teremos alguém que não tem direito político exercendo mandato.

Só esta pergunta já constrange um aluno do primeiro ano de Direito: como aceitar esta premissa e não cassar o mandato?

Presidente, estamos, realmente, vivendo dias singulares, heterodoxos, em termos de Direito. Sem dúvida nenhuma, chancelar a aplicação da lei, neste caso, nove anos, oito anos decorridos, é, com as vênias de estilo, a barbárie da barbárie.

Inclusive eu tenho outras preocupações. Alguém poderá dizer: "Ah, por que está tão preocupado com as leis, se nós temos os tribunais para evitar os seus excessos, os excessos de sua aplicação?" Nós estamos a ver que não é assim, que, infelizmente, as coisas ocorrem, Presidente.

Mas eu temo, também, Presidente, inclusive pelo poder dos tribunais na aplicação desse tipo de lei. É melhor que eles não tenham o poder de aplicar esse tipo de lei, porque isso gera distorções muito sérias, como a experiência histórica recente está a assinalar.

Eu me lembro de que, creio, quando Presidente do TSE, participei de um seminário coordenado pelo TRE do Rio de Janeiro sobre essa questão – antes, portanto, desta lei – da aplicação desse ideário da ficha limpa. E havia, então, os mais diversos teóricos sobre este tema. O grande defensor da aplicação da ficha limpa era o desembargador Roberto Wider. Presidente do TRE, gozava de um enorme prestígio. Cheguei a perguntar aos juízes, alguns jovens juízes, que integravam a sua grei, como eles identificavam um candidato com ficha limpa, de outro, sem os critérios. Eles pareciam que percebiam pelo DNA, identificavam pelo "jeitão".

Eu até compreendi, à falta de outros critérios jurídicos, que aquela era uma tentativa desesperada de dar uma resposta à população do Rio de Janeiro, em relação à criminalidade na política. Mas manifestei, publicamente, a minha desconfiança em relação a tudo aquilo que eu via, porque esse tipo de poder subjetivo a gente não deve querer, nem para si mesmo!

Isso faz parte da *democracia crítica*. Sobre esse tema, lembro a fascinante passagem da obra de Zagrebelsky sobre a crucificação e a democracia. Diz Zagrebelsky:

"Para a democracia crítica, nada é tão insensato como a divinização do povo que se expressa pela máxima *vox populi, vox dei*, autêntica forma de idolatria política. Esta grosseira teologia política democrática corresponde aos conceitos triunfalistas e acríticos do poder do povo que, como já vimos, não passam de adulações interesseiras.

Na democracia crítica, a autoridade do povo não depende de suas supostas qualidades sobre-humanas, como a onipotência e a infalibilidade.

Depende, ao contrário, de fator exatamente oposto, a saber, do fato de se assumir que todos os homens e o povo, em seu conjunto, são necessariamente limitados e falíveis.

Este ponto de vista parece conter uma contradição que é necessário aclarar. Como é possível confiar na decisão de alguém, como atribuir-lhe autoridade quando não se lhe reconhecem méritos e virtudes, e sim vícios e defeitos? A resposta está precisamente no caráter geral dos vícios e defeitos.

A democracia, em geral, e particularmente a democracia crítica, baseia-se em um fator essencial: em que os méritos e defeitos de um são também de todos. Se no valor político essa igualdade é negada, já não teríamos democracia, quer dizer, um governo de todos para todos; teríamos, ao contrário, alguma forma de autocracia, ou seja, o governo de uma parte (os melhores) sobre a outra (os piores).

Portanto, se todos são iguais nos vícios e nas virtudes políticas, ou, o que é a mesma coisa, se não existe nenhum critério geralmente aceito, através do qual possam ser estabelecidas hierarquias de mérito e demérito, não teremos outra possibilidade senão atribuir a autoridade a todos, em seu conjunto. Portanto, para a democracia crítica, a autoridade do povo não depende de suas virtudes, ao contrário, desprende-se – é necessário estar de acordo com isso – de uma insuperável falta de algo melhor" (ZAGREBELSKY, Gustavo. *La crucifixión y la democracia*, trad. espanhola, Ariel, 1996, p. 105 – Título original: *Il Crucifige e la democracia*, Giulio Einaudi, Torino, 1995).

Zagrebelsky encerra essa passagem notável, esse texto notável, um pequeno texto de cento e vinte páginas, falando do julgamento de Cristo. Dizia: *Quem é democrático: Jesus ou Pilatos?*, retomando um debate que tinha sido colocado por Kelsen no trabalho sobre a democracia. E ele diz:

"Voltemos, uma vez mais, ao processo contra Jesus. A multidão gritava *Crucifica-lhe!* Era exatamente o contrário do que se pressupõe na democracia crítica. Tinha pressa, estava atomizada, mas era totalitária, não havia instituições nem procedimentos. Não era estável, era emotiva e, portanto, extremista e manipulável. Uma multidão terrivelmente parecida ao *povo*, esse *povo* a que a democracia poderia confiar sua sorte no futuro próximo. Essa turba condenava democraticamente Jesus, e terminava reforçando o dogma do *Sanedrim* e o poder de Pilatos.

Poderíamos então perguntar quem naquela cena exercia o papel de verdadeiro amigo da democracia. Hans Kelsen contestava: Pilatos. Coisa que equivaleria a dizer: o que obrava pelo poder desnudo. Ante essa repugnante visão da democracia, que a colocava nas mãos de grupos de negociantes sem escrúpulos e até de bandos de *gangsters* que apontam para o alto – como já ocorreu neste século entre as duas guerras e como pode ocorrer novamente com grandes organizações criminais de dimensões mundiais e potência ilimitada –, dariam vontade de contestar, contrapondo ao poder desnudo a força de uma verdade: o fanatismo do *Sanedrim*.

Ao concluir essa reconstrução, queremos dizer que o amigo da democracia – da democracia crítica – é Jesus: aquele que, calado, convida, até o final, ao diálogo e à reflexão retrospectiva. Jesus que cala, esperando até o final, é um modelo. Lamentavelmente para nós, sem embargo, nós, diferentemente dele, não estamos tão seguros de ressuscitar ao terceiro dia, e não podemos nos permitir aguardar em silêncio até o final.

Por isso, a democracia da possibilidade e da busca, a democracia crítica, tem que se mobilizar contra quem rechaça o diálogo, nega a tolerância, busca somente o poder e crê ter sempre razão. A mansidão – como atitude do espírito aberto ao diálogo, que não aspira a vencer, senão a convencer, e está disposto a deixar-se convencer – é certamente a virtude capital da democracia crítica. Porém só o filho de Deus pôde ser manso como o cordeiro. A mansidão, na política, a fim de não se expor à irrisão, como imbecilidade, há de ser uma virtude recíproca. Se não é, em determinado momento, antes do final, haverá de romper o silêncio e deixar de aguentar."

É preciso criar critérios gerais. E aqui o melhor é que a Justiça Eleitoral intervenha menos no processo, e não mais!!!

Quase que, por constrangimento, eu não contava o final dessa história. Mas vou contar onde isso foi parar.

Matéria de "O Globo", deste ano, sobre essas várias questões, diz o seguinte:

Enquanto o desembargador ocupava a presidência do TRE-RJ, em campanha contra os chamados candidatos de ficha suja, nas eleições de 2008, Raschdovsky" – um advogado ou lobista – *"atuou nos bastidores para oferecer blindagem aos políticos mais problemáticos. Um ano após as eleições, cinco deles e um advogado de candidato contaram, em caráter reservado, que o lobista pediu quantias variando de R$ 200 mil a R$ 10 milhões para limpar as fichas, livrando-os do risco de impugnação ou cassação do diploma."*

Presidente, nem o Judiciário deve desejar ter esse tipo de poder de fazer esse tipo de juízo, porque isso vai se prestar a artificialismo desta sorte.

Veja Vossa Excelência, Presidente, que não se trata, portanto, de ser a favor ou não da lei da ficha limpa; trata-se apenas de buscar uma aplicação adequada e de fazer as correções devidas.

Outro episódio sobre o julgamento de ontem a que me referi – o Ministro Marco Aurélio também se referiu –, que provocou a réplica da Ministra Cármen Lúcia, ressalta a distorção a não mais poder desta lei, o seu caráter casuístico. Quem renunciou no contexto de uma CPI não está inelegível, mas quem renunciou com uma representação numa comissão de ética está. Por quê? Porque a lei diz assim e não nos cabe perscrutar quais são as razões "soberanas" do legislador. Não há legislador soberano no estado constitucional.

E é este o problema: o tipo de poder que se está dando ao Congresso Nacional, os grupamentos de pressão. Porque, se nós, que temos diálogo com muitos parlamentares, conversarmos com os parlamentares, saberemos que, muito provavelmente, num quadro de normalidade, num

Direitos políticos fundamentais, partidos políticos e sistemas eleitorais **1361**

ambiente pós-eleitoral, o Congresso faria uma outra lei, com as devidas cautelas. É preciso, portanto, ter muito cuidado com todos esses "ismos".

A própria aplicação do princípio da moralidade, pelo Judiciário, precisa de ter respaldo em norma específica, sob pena de cair num subjetivismo e, por isso, em arbitrariedade. E excessivamente motivada, não às vezes, por razões escusas, abjetas; mas que seja apenas por uma vontade de punir, por um acerto de contas político – já será susceptível de repúdio.

Por isso, Presidente, pelas razões que eu já expendi, aqui, longamente, no meu voto proferido no Recurso Extraordinário sobre o mesmo tema (RE 630.147), considerando que esta lei apanha fato anterior – e, neste caso, como estamos vendo, muito anterior! – e veja, como nós não estamos julgando apenas o caso, mas estamos julgado a tese, é fundamental, nós vamos assentar que não há limites ao legislador; que o legislador poderá apanhar fatos de cem anos!

Como eu disse, isso é digno do mais veemente repúdio. Mais veemente repúdio do ponto de vista constitucional. Mais veemente repúdio do ponto de vista hermenêutico! Mais veemente repúdio do ponto de vista político!

Lembraram bem os Ministros Marco Aurélio e Celso de Mello que esta Corte repudiou claramente este "apanhar fato passado para atribuir-lhe consequência jurídica", na ADI referida. E lá nós estávamos a falar de consequências, talvez, até menores em relação à repercussão para o direito subjetivo do que ocorre aqui.

O SENHOR MINISTRO MARCO AURÉLIO – Direito inerente à cidadania é fundamental, de início é fundamental.

O SENHOR MINISTRO GILMAR MENDES – Nós estamos a falar da organização dos partidos políticos e de sua representação. Veja que isso ficou muito claro nos votos vencedores de então, por exemplo, o voto vencedor do Ministro Marco Aurélio:

> "Frise-se, por oportuno, que o inciso IV do artigo 17 da Carta em vigor, no que preceitua o funcionamento parlamentar de acordo com a lei não diz respeito, em si, à legitimidade para a indicação de candidatos a concorrerem a pleito eleitoral. Junge isto, sim, à atuação político-partidária no âmbito de cada Casa Legislativa ao que previsto em lei.
>
> O dispositivo não tem o condão de abrir ao legislador ordinário a possibilidade de limitar a participação nos certames eleitorais dos pequenos partidos, afastando, assim, a representação das minorias."

Vossa Excelência, Min. Marco Aurélio, falava exatamente sobre a função desta Corte na defesa das minorias.

> "Nítida é a diferença entre a atual Carta e a anterior. Na de 1969, dispôs-se mediante a regra do inciso II do § 2º do artigo 152, minimizando-se o princípio da autonomia partidária e o desempenho e igualdade de condições, que o funcionamento dos partidos políticos ficava jungido à filiação de pelo menos 10% (dez por cento) dos representantes da Câmara dos Deputados e do Senado Federal, que tivessem como fundadores, assinados os atos constitutivos, ou o apoio expresso em votos de 5% (cinco por cento) do eleitorado que participara da última eleição geral da Câmara dos Deputados, distribuídos pelo menos por nove Estados, com o mínimo de 3% (três por cento) em cada um deles. Nota-se, isto sim, que o legislador ordinário, em última análise, revelado pela atuação dos grandes partidos, considerado os dados fáticos já conhecidos, diante da extirpação das condições fixadas na Carta pretérita pelo legislador constituinte de 88, resolveu reeditá-las, colocando em segundo plano os pequenos partidos registrados definitivamente no Tribunal Superior Eleitoral, alguns deles tendo apresentando candidatos nas últimas eleições. Olvidara-se tratar-se de matéria incompatível com as novas regras constitucionais, e somente poderia estar compreendido e disciplinado na própria Carta, como ocorria com a anterior.
>
> O conflito com a Constituição Federal, em vigor, no que se mostra diversa da pretérita que previa a limitação, é conducente ao acolhimento do pedido inicial (...)."

E, por isso, o Min. Marco Aurélio declarava, então, a inconstitucionalidade. E, na mesma linha, o Ministro Sydney Sanches dizia:

"Senhor Presidente, a meu ver, os artigos 14 e 17 da Constituição, embora tratem de temas relacionados com os partidos políticos, não cuidam do âmbito de sua atuação, não fixam limites, mas, também, não os proíbem. Parece-me que a lei, portanto, poderia estabelecê-los, desde que o fizesse razoavelmente.

Não vejo no *caput* do artigo 5º, nas expressões que estão sendo consideradas inconstitucionais ('desde que, nesse último caso, conte com, pelo menos, um representante titular na Câmara dos Deputados, na data da publicação desta lei'), falta razoabilidade, nem mesmo ferido o princípio da isonomia. Vejo diferença, e muita, entre partido com registro provisório e partido com registro definitivo, porque só este último já demonstrou seu caráter nacional.

Estabelecer igualdade entre os iguais não me parece uma forma de bem interpretar o princípio da isonomia. Portanto, quanto a esse ponto, considero constitucional o artigo 5º, inclusive a cláusula final. Quanto aos parágrafos e incisos do artigo 5º, minha propensão, de início, era acompanhar os votos dos Ministros Francisco Rezek, Carlos Velloso e Sepúlveda Pertence, por considerar razoável a preocupação do legislador em estabelecer limites na atuação dos partidos, segundo sua maior ou menor expressão eleitoral, e até, eventualmente, em face de sua inexpressividade, sobretudo, diante da *pletora* de partidos no país.

O que me chocou, porém, durante todo o debate, foi o argumento de que não consigo superar, no sentido de que a lei está partindo de fatos já ocorridos (...)."

Presidente, chamo atenção para essa passagem do voto do Ministro Sydney Sanches:

"(...) O que me chocou, porém, durante todo o debate, foi o argumento, que não consigo superar, no sentido de que a lei está partindo de fatos, já ocorridos, para regular o futuro. Assim, no dia 30 de setembro de 1993, quando entrou em vigor a lei, já se sabia quais os partidos que não poderiam concorrer, quais os que ficaram por ela automaticamente excluídos."

O SENHOR MINISTRO CELSO DE MELLO: CANCELADO.

O SENHOR MINISTRO GILMAR MENDES – Vou até chegar lá, mas Vossa Excelência pode citar.

O SENHOR MINISTRO CELSO DE MELLO: CANCELADO.

O SENHOR MINISTRO GILMAR MENDES – Verdade. Vou chegar até esse ponto para tratar de um outro aspecto, que é da lei arbitrária.

"Considerei esse argumento" – dizia então o Ministro Sydney Sanches – "irrespondível, tanto mais porque, durante o debate, não o vi devidamente rebatido. Lamento ter de tomar essa posição, porque na verdade sou simpático à causa da limitação da atuação dos partidos políticos, para que não se chegue ao caos e aos notórios abusos da prática partidária e eleitoral, no Brasil, mas não vejo, nesta lei, a solução correta para o problema. A lei não é razoável, quando leva em conta o passado dizendo quais os partidos que não podem concorrer."

Agora estamos dizendo, valendo-nos do passado, quais os candidatos que não podem concorrer. Continua Sydney Sanches:

"Isso de certa forma é um casuísmo."

Presidente, repito, dizia Sydney Sanches: "*Isso, de certa forma, é um casuísmo*". Veja que tem jurisprudência na Corte sobre o tema, Presidente.

"Estaria disposto, com muito prazer, a acompanhar as posições dos Srs. Ministros FRANCISCO REZEK, CARLOS VELLOSO e SEPÚLVEDA PERTENCE fossem outros os critérios da lei, se voltada, apenas, para o futuro."

Daí ter declarado também inconstitucional o conjunto normativo.

Na mesma linha, o Ministro Néri da Silveira dizia:

Direitos políticos fundamentais, partidos políticos e sistemas eleitorais **1363**

"Compreendo que, em realidade, essa lei especial não poderia estabelecer exigências de caráter restritivo para o funcionamento do processo eleitoral, no que concerne à participação nesse processo de candidatos de partidos já organizados e registrados, neste rol também se podendo compreender partidos que já haviam participado do processo eleitoral presidencial anterior.

A mim bastante se faz esse fundamento, porque entendo que, se não cabe invocar o princípio da isonomia, em toda a extensão, no que concerne ao funcionamento partidário, de tal maneira que se desse por inviável uma disciplina nova, porque criaria eventuais dificuldades a partidos que já estão funcionando, não é menos exato que se há de compreender invocável a norma maior da isonomia sempre que a disciplina nova pretender discriminar, entre os partidos, num certo processo eleitoral.

A lei em exame dispõe a respeito do processo eleitoral, para as eleições de 1994, e estabelece restrições que afastam da participação, nas eleições majoritárias, para Presidente e Governador, muitos partidos políticos que já possuem sua história dentro do processo eleitoral brasileiro, pelos anos em que vêm funcionando, pela participação que têm logrado já em eleições anteriores e, particularmente, em eleições municipais.

Penso que não é de aceitar que essa legislação discrimine entre partidos, que já têm sua história no nosso processo partidário nacional, para estabelecer que uns podem participar, e outros não, das eleições majoritárias. A tanto equivalem as estipulações, as exigências aqui feitas."

Presidente, de novo, com palavras idênticas, o Ministro Néri da Silveira a apontar o casuísmo da legislação de então e a sua incompatibilidade, por isso, com a Constituição: adoção de critério existente no passado para vincular o futuro.

Mas isso já foi observado pelo Ministro Celso de Mello. O enquadramento em termos de dogmática constitucional se deu com a observação – um voto curtíssimo – do Ministro Moreira Alves, que mostrou, Presidente, que a questão se punha – de novo volto a repetir – a apanhar fatos passados para atribuir-lhes efeitos no processo eleitoral. Dizia ele:

"Sr. Presidente, a meu ver, o problema capital que se apresenta, em face desta lei, é que ela fere, com relação aos dispositivos que estão sendo impugnados, o princípio constitucional do devido processo legal, que, evidentemente, não é apenas o processo previsto em lei, mas abarca as hipóteses em que falta razoabilidade à lei. Ora, os dispositivos em causa partem de fatos passados e, portanto, já conhecidos do legislador quando da elaboração desta lei, para criar impedimentos futuros em relação a eles (...)."

Parece que estava falando hoje, Presidente, para este caso, para nos constranger, e constranger a todos que entendem que essa lei pode ser aplicada. E continuava o Min. Moreira Alves:

"(...) constituindo-se, assim, em verdadeiros preceitos *ad hoc*, por terem como destinatários não a generalidade dos partidos, mas apenas aqueles relacionados com esses fatos passados, e, por isso, lhes cerceiam a liberdade por esse procedimento legal que é de todo desarrazoado."

Como lembraram os Ministros Celso de Mello e Marco Aurélio, portanto, a Corte, Presidente, já enfrentou esse tipo de questão, especialmente na seara político-partidária, para dizer não a esse tipo de aplicação.

E, no caso específico, nós estamos a ver, não se trata de uma aplicação para o fato ocorrido na imediatidade da aprovação da lei. Não. Nós estamos a falar de algo que se deu há quase dez anos e, sem nenhum outro critério, nós não temos limite. O legislador poderá apanhar fatos de vinte e de trinta anos.

O SENHOR MINISTRO MARCO AURÉLIO – Uma surpresa terrível para aquele que exerceu um direito potestativo, sabendo à época as consequências jurídicas desse exercício.

O SENHOR MINISTRO GILMAR MENDES – E, sobretudo, um sobressalto para o futuro, porque quem detiver a maioria poderá definir critérios para...

O SENHOR MINISTRO MARCO AURÉLIO – Afastar este ou aquele candidato.

O SENHOR MINISTRO GILMAR MENDES – Afastar; cassar mandatos, Presidente. Nós não estamos falando apenas de inelegibilidade, porque, quando se estabelece esse tipo de critério, se está introduzindo uma nova cláusula de cassação de mandatos. Não estabelecer que a lei se aplica para o futuro gera esses absurdos constrangedores.

Veja, portanto, não é só essa a jurisprudência cautelosa do Tribunal nesta matéria eleitoral. Vossa Excelência mesmo, Ministro Marco Aurélio, foi Relator daquele histórico caso da ADI sobre a cláusula de barreira (ADI 1.351), em que também a maioria estabeleceu, e ainda que era para o futuro, restrições tão angustas que dizimavam a representação parlamentar. E nós, seguindo o voto de Vossa Excelência, declaramos a inconstitucionalidade em respeito à minoria.

Eu finalizo, Presidente, e peço desculpas por ter me estendido, mas não é por conta apenas deste caso, mas é da tese, Presidente. É que, na outra assentada, eu não tive tempo de preparar um voto mais completo e eu tive que fazer essas mal alinhavadas linhas – eu peço desculpas ao Tribunal –, não consegui fazer um voto mais articulado, porque sabem os senhores toda a azáfama, todo o trabalho que nós temos; mas, na outra assentada, eu me concentrei no artigo 16 porque achei que era suficiente para resolver a questão e dei uma palavra apenas de consideração sobre o tema da eficácia retroativa.

Mas, neste caso, o absurdo é tão gritante que salta aos olhos e reclama um posicionamento, não apenas para o caso, mas para um posicionamento histórico desta Corte; para que nós saibamos, no futuro, quais são as nossas responsabilidades, que porta nós estamos abrindo para abusos, para eventuais autocracias, para eventuais namoros e flertes, inclusive com propostas autoritárias ou totalitárias.

O Ministro Celso de Mello lembrava que a proposta de iniciativa parlamentar, de iniciativa popular, resgatava um odioso dispositivo da ditadura: inelegibilidade com denúncia recebida. Portanto, nós não estamos muito distantes de, daqui a pouco, uma *notitia criminis* ser causa de inelegibilidade, sobre um determinado crime, para atingir determinado candidato – a governador ou a senador – num Estado determinado!!!

É esse o constrangimento que nós temos que assumir perante o país! É essa a responsabilidade histórica que cai sobre o Supremo Tribunal Federal!!! Em nome de um moralismo, chancelar fórmulas que podem flertar com o nazifacismo!!!

É preciso ter muito cuidado, Presidente; é por isso que eu me estendi, porque não se trata de estar julgando este caso. Nós podemos estar abrindo as portas para abusos ilimitados!!!

Que é uma lei casuística, já não se precisa falar!!! Foi lei feita para resolver eleição no Distrito Federal!!! E atingiu, de resvalo, alguns candidatos que inclusive eram da base de governo! Não constava, inclusive, da iniciativa popular! Bastaria isso para termos um constrangimento histórico!

Mas, nós podemos abrir cancelas para abusos notórios nesta área! Passarmos a selecionar adversários a partir do critério de inelegibilidade!

Presidente, com todas essas razões e com toda essa ênfase, eu provejo o recurso!!!

MS 29.988[1]

Renúncia de mandato parlamentar e sucessão pelo suplente – Assunção do mandato pelo primeiro imediatamente colocado na lista do partido ou da coligação – Reafirmação da jurisprudência no sentido de que o mandato pertence ao partido.

A questão constitucional suscitada no presente mandado de segurança está em saber se a vaga decorrente de renúncia a mandato parlamentar deve ser preenchida com base na lista de suplentes pertencentes à coligação partidária ou apenas na ordem de suplentes do próprio partido político ao qual pertencia o parlamentar renunciante.

O partido impetrante sustenta que tem o direito à vaga deixada pela renúncia do ex--Deputado Federal Natan Donadon, que ocorreu no último dia 27 de outubro de 2010.

Em sessão de julgamento realizada em 9 de dezembro de 2010, o Plenário concluiu que o posicionamento mais consentâneo com essa jurisprudência seria o de dar posse ao suplente do próprio partido político detentor do mandato eletivo antes exercido pelo parlamentar que renunciara. Vencidos os Ministros Dias Toffoli, Ricardo Lewandowski e Ayres Britto, que indeferiam a liminar.

A decisão recebeu a seguinte ementa:

EMENTA: Liminar em Mandado de Segurança. Ato do Presidente da Câmara dos Deputados. Preenchimento de vaga decorrente de renúncia a mandato parlamentar. Partido político. Coligação partidária. Questão constitucional consistente em saber se a vaga decorrente de renúncia a mandato parlamentar deve ser preenchida com base na lista de suplentes pertencentes à coligação partidária ou apenas na ordem de suplentes do próprio partido político ao qual pertencia o parlamentar renunciante. 1. A jurisprudência, tanto do Tribunal Superior Eleitoral (Consulta 1.398), como do Supremo Tribunal Federal (Mandados de Segurança 26.602, 26.603 e 26.604), é firme no sentido de que o mandato parlamentar conquistado no sistema eleitoral proporcional também pertence ao partido político. 2. No que se refere às coligações partidárias, o TSE editou a Resolução n. 22.580 (Consulta 1.439), a qual dispõe que o mandato pertence ao partido e, em tese, estará sujeito à sua perda o parlamentar que mudar de agremiação partidária, ainda que para legenda integrante da mesma coligação pela qual foi eleito. 3. Aplicados para a solução da controvérsia posta no presente mandado de segurança, esses entendimentos também levam à conclusão de que a vaga deixada em razão de renúncia ao mandato pertence ao partido político, mesmo que tal partido a tenha conquistado num regime eleitoral de coligação partidária. Ocorrida a vacância, o direito de preenchimento da vaga é do partido político detentor do mandato, e não da coligação partidária, já não mais existente como pessoa jurídica. 4. Razões resultantes de um juízo sumário da controvérsia, mas que se apresentam suficientes para a concessão da medida liminar. A urgência da pretensão cautelar é evidente, tendo em vista a proximidade do término da legislatura, no dia 31 de janeiro de 2011. 5. Vencida, neste julgamento da liminar, a tese segundo a qual, de acordo com os artigos 112 e 215 do Código Eleitoral, a diplomação dos eleitos, que fixa a ordem dos suplentes levando em conta aqueles que são pertencentes à coligação partidária, constitui um ato jurídico perfeito e, a menos que seja desconstituído por decisão da Justiça Eleitoral, deve ser cumprido tal como inicialmente formatado. 6. Liminar deferida, por maioria de votos.

VOTO

---

[1] O Plenário, por maioria, deferiu medida liminar em mandado de segurança impetrado pela Comissão Executiva Nacional do Diretório Nacional do Partido do Movimento Democrático Brasileiro – PMDB, para que a Mesa Diretora da Câmara dos Deputados, por seu Presidente, proceda à imediata posse, no cargo de Deputado Federal deixado vago pela renúncia de ex-parlamentar, do 1º suplente ou sucessor do PMDB, na ordem obtida nas eleições gerais do ano de 2006 (*DJ* de 7.6.2011).

A tese do impetrante é extremamente plausível, por dois motivos fundamentais.

Em primeiro lugar, a jurisprudência, tanto do Tribunal Superior Eleitoral (Consulta 1.398, Rel. Min. Cesar Asfor Rocha) como do Supremo Tribunal Federal (Mandados de Segurança 26.602, 26.603 e 26.604), é firme no sentido de que o mandato parlamentar conquistado no sistema eleitoral proporcional pertence ao partido político.

Na Consulta 1.398, o TSE decidiu que, no sistema proporcional (com regras de quociente eleitoral e quociente partidário), o mandato é do partido, e a mudança de agremiação, após a diplomação, gera a perda do mandato pelo parlamentar. Posteriormente, o TSE voltou a decidir sobre a questão, reafirmando o posicionamento anterior, no sentido de que *o mandato é do partido e, em tese, o parlamentar o perde ao ingressar em novo partido* (Consulta 1.423, Rel. Min. José Delgado). Assim, e em atenção ao disposto no inciso XVIII do artigo 23 do Código Eleitoral e ao julgamento dos Mandados de Segurança 26.602, 26.603 e 26.604, do Supremo Tribunal Federal, o TSE editou a Resolução n. 22.610, disciplinando o processo de perda de cargo eletivo, bem como de justificação de desfiliação partidária.

No que se refere às coligações partidárias, o TSE editou a Resolução n. 22.580 (Consulta 1.439, Rel. Min. Caputo Bastos, de 30 de agosto de 2007), a qual dispõe o seguinte:

"Consulta. Detentor, Cargo Eletivo proporcional. Transferência. Partido integrante da coligação. Mandato. Perda.

1. A formação de coligação constitui faculdade atribuída aos partidos políticos para a disputa do pleito, conforme prevê o art. 6º, *caput*, da Lei n. 9.504/97, tendo sua existência caráter temporário e restrito ao processo eleitoral.

2. Conforme já assentado pelo Tribunal, o mandato pertence ao partido e, em tese, estará sujeito à sua perda o parlamentar que mudar de agremiação partidária, ainda que para legenda integrante da mesma coligação pela qual foi eleito.

Consulta respondida negativamente."

Com efeito, esse posicionamento do TSE leva em conta o fato de as coligações partidárias constituírem pessoas jurídicas *pro tempore*, cuja formação e existência ocorrem apenas em razão de determinada eleição, desfazendo-se logo que encerrado o pleito. Assim sendo, a pessoa jurídica da coligação partidária não se confunde com as pessoas jurídicas dos partidos que a compõem.

Tais entendimentos nada mais são do que a aplicação da tese jurisprudencial construída pelo Supremo Tribunal Federal no julgamento dos Mandados de Segurança 26.602, 26.603 e 26.604 (julgado em 4.10.2007), os famosos casos que versaram o tema da fidelidade partidária. Como é amplamente conhecido, nos referidos julgados o STF fixou a tese segundo a qual o mandato parlamentar conquistado no sistema eleitoral proporcional pertence ao partido político.

Destarte, como explanei em meu voto naquela ocasião, no sistema eleitoral proporcional adotado no Brasil os partidos políticos detêm um *monopólio absoluto* das candidaturas (DUVERGER, Maurice. *Os partidos políticos*. Rio de Janeiro: Zahar, 1970, p. 388). A filiação partidária, no sistema político delineado na Constituição, é uma condição de elegibilidade, como prescreve o art. 14, § 3º, inciso V. Nesse sentido, o art. 87 do Código Eleitoral é enfático ao determinar que *somente podem concorrer às eleições candidatos registrados por partidos*. E a Lei 9.096/1995, em seu art. 18, dispõe que, *para concorrer a cargo eletivo, o eleitor deverá estar filiado ao respectivo partido pelo menos 1 (um) ano antes da data fixada para as eleições, majoritárias ou proporcionais*.

Assim, se considerarmos a exigência de filiação partidária como condição de elegibilidade e a participação do voto de legenda na eleição do candidato, tendo em vista o modelo eleitoral proporcional adotado para as eleições parlamentares, parece certo que a permanência do parlamentar na legenda pela qual foi eleito torna-se condição imprescindível para a manutenção do próprio mandato. Ressalvadas situações específicas decorrentes de ruptura de compromissos programáticos por parte da agremiação, perseguição política ou outra situação de igual significado, o abandono da legenda deve dar ensejo à extinção do mandato.

Há, portanto, um direito fundamental dos partidos políticos à manutenção dos mandatos eletivos conquistados nas eleições proporcionais. Trata-se de um direito não expressamente consignado no texto constitucional, mas decorrente do regime de democracia representativa e partidária adotado pela Constituição (art. 5º, § 2º).

Ressalte-se, nesse contexto, que a presença dos partidos políticos num regime democrático modifica a própria concepção que se tem de democracia. Essas são as clássicas lições de Maurice Duverger:

"É a seguinte definição mais simples e mais realista de democracia: regime em que os governantes são escolhidos pelos governados, por intermédio de eleições honestas e livres. Sobre esse mecanismo de escolha, os juristas, após os filósofos do século XVIII, desenvolveram uma teoria de representação, o eleitor, dando ao eleito mandato para falar e agir em seu nome, dessa maneira, o Parlamento, mandatário da nação, exprime a soberania nacional. O fato da eleição, assim como a doutrina da representação, foram profundamente transformados pelo desenvolvimento dos partidos. Não se trata doravante de um diálogo entre eleitor e eleito, Nação e Parlamento: um terceiro se introduziu entre eles, que modifica, radicalmente, a natureza de suas relações. Antes de ser escolhido pelos eleitores, o deputado é escolhido pelo partido: os eleitores só fazem ratificar essa escolha. A coisa é visível nos regimes de partido único em que um só candidato se propõe à aceitação popular. Por ser mais dissimulada, não é menos real nos regimes pluralistas: eleitor pode escolher entre muitos candidatos, mas cada um destes é designado por um partido. Se se quer manter a teoria da representação jurídica, é necessário admitir que o eleito recebe um duplo mandato: do partido e dos eleitores. A importância de cada um varia segundo o país; no conjunto, o mandato partidário tende a sobrelevar o mandato eleitoral" (DUVERGER, Maurice. *Os partidos políticos*. Rio de Janeiro: Zahar, 1970, p. 387-388).

No regime de *democracia partidária*, portanto, os candidatos recebem os mandatos tanto dos eleitores como dos partidos políticos. A representação é ao mesmo tempo popular e partidária. E, como ensinou Duverger, *"o mandato partidário tende a sobrelevar o mandato eleitoral"*. Nesse contexto, o certo é que os candidatos, eles mesmos, não seriam os únicos detentores dos mandatos.

Os mandatos pertenceriam, assim, aos partidos políticos. As vagas conquistadas no sistema eleitoral proporcional pertenceriam às legendas. Esta é uma regra que parece decorrer da própria lógica do regime de democracia representativa e partidária vigente em nosso país.

Isso não implica a adoção de uma concepção de *mandato imperativo* ou de *mandato vinculado*. A democracia representativa no Brasil pressupõe a figura do *mandato representativo*, segundo o qual o representante não fica vinculado aos seus representados. O mandato representativo não pode ser revogado pelos eleitores, nem pelos partidos. O mandato representativo é mandato livre.

Mas a democracia partidária e o papel centralizador das candidaturas que detêm os partidos nesse regime são perfeitamente compatíveis com a ideia de mandato livre. Nos diversos modelos político-eleitorais, nunca se cogitou de que nos sistemas proporcionais o monopólio das candidaturas pertencente aos partidos políticos fosse inconciliável com a concepção genuína do mandato representativo.

Em verdade, nas modernas democracias representativas, tem-se uma nova concepção de mandato partidário, a partir de elementos dos modelos de mandato representativo e mandato imperativo.

A manutenção das vagas conquistadas no sistema proporcional, portanto, constitui um direito dos partidos políticos.

O Supremo Tribunal Federal tem mantido firmemente tais entendimentos. No recente julgamento do Mandado de Segurança 27.938, da relatoria do Ministro Joaquim Barbosa (julgado em 11.3.2010), o conhecido caso do ex-Deputado Federal Clodovil Hernandez, a Corte deixou consignado que o reconhecimento da justa causa, para que um determinado mandatário possa trocar de partido político, tem o condão de afastar apenas a pecha da infidelidade partidária e permitir a continuidade do exercício do mandato, mas não transfere ao novo partido o direito à manutenção da vaga. Naquele caso, o Deputado Federal Clodovil Hernandez havia modificado sua filiação do Partido Trabalhista Cristão (PTC) para o Partido da República (PR), com o reconhecimento da justa causa pelo Tribunal Superior Eleitoral, afastada, portanto, a infidelidade partidária. Na ocasião do falecimento de Clodovil Hernandez, o Partido da República requereu o direito à manutenção de sua vaga, o que foi indeferido pelo Presidente da Câmara dos Deputados, que acabou dando posse ao primeiro suplente do PTC. O PR então impetrou o referido mandado de segurança, o qual foi denegado pelo STF, com fundamento na jurisprudência fixada nos Mandados de Segurança 26.602, 26.603 e 26.604. Ficou consignado no voto do Ministro Relator que *a justa causa para a desfiliação permite que o mandato continue a ser exercido, mas não garante ao candidato, por mais famoso que ele seja, carregar ao novo partido relação que foi aferida no momento da eleição*.

Esta Corte, como se vê, tem mantido firme seu entendimento no sentido de que o mandato parlamentar pertence ao partido político. Aplicado para a solução da controvérsia posta no presente mandado de segurança, esse entendimento também leva à conclusão de que a vaga deixada em razão de renúncia ao mandato pertence ao partido político, mesmo que tal partido tenha conquistado essa vaga num regime eleitoral de coligação partidária. Ocorrida a vacância, o direito de preenchimento da vaga é do partido político detentor do mandato, e não da coligação partidária, já não mais existente como pessoa jurídica.

Portanto, esse parece ser o posicionamento mais consentâneo com a jurisprudência fixada por este Tribunal nos MS 26.602, 26.603 e 26.604.

Ademais, no caso, como informado pelo partido político impetrante, o Sr. Agnaldo Muniz não é mais filiado ao Partido Progressista (PP), partido pelo qual concorreu em 2006 e figura atualmente como suplente, mas, sim, ao PSC, do qual é o atual Presidente Regional no Estado de Rondônia e pelo qual concorreu ao cargo de Senador da República nas últimas eleições de 2010. Logo, não pertencendo mais a qualquer dos partidos que se uniram na coligação "Rondônia mais Humana" para o pleito de 2006, o Sr. Agnaldo Muniz não faria jus à suplência dessa coligação e, portanto, não poderia ser empossado no cargo de Deputado Federal deixado vago pelo ex-Deputado Natan Donadon.

Não se trata aqui de averiguar ou de atestar a hipótese de infidelidade partidária, o que seria competência da Justiça Eleitoral, mas apenas de constatar o simples fato de que o Sr. Agnaldo Muniz não pertence mais ao PP, o que foi comprovado pelos documentos juntados aos autos pelo partido impetrante.

Certamente, o Presidente da Câmara dos Deputados alegará que, no caso, apenas deu cumprimento à lista de suplência emanada da Justiça Eleitoral e que não tem competência ou poder para modificar essa lista. Porém, há que se estabelecer uma nítida diferença entre a hipótese de preenchimento de vaga oriunda de renúncia ao mandato parlamentar – o caso concreto versado no presente mandado de segurança – e a outra hipótese, diversa, do cumprimento de ordem da Justiça Eleitoral para o preenchimento de vaga originada de conduta parlamentar trânsfuga. Nesta última hipótese, de fato, caberá ao Presidente da Câmara dar cumprimento à ordem judicial da Justiça Eleitoral, tal como consta no ofício que lhe foi enviado, seguindo a lista de suplência ali verificada. Eventual impugnação ao ato de posse de suplentes deverá ser realizada mediante a contestação da própria lista de suplência perante a Justiça Eleitoral, em caso de infidelidade partidária. Na primeira hipótese, no entanto, é dever da autoridade máxima da Câmara dos Deputados averiguar a forma correta de preenchimento da vaga, podendo até mesmo fazer consultas, formais ou informais, à Justiça Eleitoral.

No presente caso, entendo que deveria o Presidente da Câmara dos Deputados ter dado posse ao suplente do próprio partido político detentor do mandato eletivo antes exercido por Natan Donadon. Essa é a solução consentânea com a jurisprudência do Supremo Tribunal Federal e do Tribunal Superior Eleitoral.

As razões aqui apresentadas, resultantes de um juízo sumário dos autos, são suficientes para a concessão da medida liminar.

A urgência da pretensão cautelar é evidente, em razão da proximidade do término da atual legislatura, a ocorrer no próximo dia 31 de janeiro de 2011.

Assim, com base nessas considerações, voto pelo **deferimento da medida liminar**, para que a Mesa Diretora da Câmara dos Deputados, por seu Presidente, proceda à imediata posse, no cargo de Deputado Federal deixado vago pela renúncia do ex-parlamentar Natan Donadon, do 1º suplente ou sucessores do Partido do Movimento Democrático Brasileiro (PMDB), na ordem obtida nas eleições gerais do ano de 2006.

15. Direito Tributário

RE 582.461[1]

Prisão – Repercussão geral – Taxa Selic – Incidência para atualização de débitos tributários – Legitimidade – Inexistência de violação aos princípios da legalidade e da anterioridade – Necessidade de adoção de critério isonômico – ICMS– Inclusão do montante do tributo em sua própria base de cálculo – Emenda Constitucional n. 33, de 2001 – Multa moratória – Patamar de 20% – Razoabilidade – Inexistência de efeito confiscatório – Precedentes.

Trata-se de recurso extraordinário, interposto com fundamento na alínea "a" do permissivo constitucional, contra acórdão do Tribunal de Justiça do Estado de São Paulo ementado nos seguintes termos:

"EMBARGOS À EXECUÇÃO FISCAL. A inclusão do montante de imposto na sua própria base de cálculo não se confunde com a dupla tributação, nem afronta o princípio da não cumulatividade – A regra do artigo 13, § 1º, da Lei Complementar n. 87/96, que já existia no artigo 2º, § 7º, Dec. Lei n. 406/68, no artigo 14 do Convênio n. 66/88, e constante do artigo 33 da Lei n. 6.374/89, não afronta a Constituição Federal que diz caber à lei complementar a definição dos fatos geradores, bases de cálculo e contribuinte dos impostos (CF, art. 146, III, 'a') – Legalidade da aplicação da taxa Selic – Multa moratória fixada nos termos da legislação vigente – Não ocorrência de afronta ao princípio constitucional da vedação ao confisco". (fl. 34)

A insurgência volta-se contra a legislação do ICMS no Estado de São Paulo, especificamente no que diz respeito ao art. 33 da Lei 6.374/1989, daquele ente federativo, cujo teor se transcreve:

"Art. 33. O montante do imposto integra sua própria base de cálculo, constituindo o respectivo destaque mera indicação para fins de controle".

A empresa recorrente – Jaguary Engenharia Mineração e Comércio Ltda. –, em suas razões recursais (fls. 16-30), alega, em síntese, que o acórdão recorrido viola os princípios do *ne bis in idem* (art. 155, II, da CF), da legalidade (art. 150, I, da CF), da anterioridade tributária (art. 150 III, "b"), da capacidade contributiva (art. 154, § 1º) e da vedação ao confisco (art. 150, IV, da CF).

Sustenta que a base de cálculo do ICMS deve corresponder, necessariamente, ao valor da operação mercantil realizada, de tal sorte que, no seu entender, a inclusão do valor do imposto na sua base de cálculo implica bitributação, ou seja, cobrança de imposto sobre imposto, hipótese não contemplada pela Constituição Federal.

---

[1] Acordam os Ministros do Supremo Tribunal Federal, em Sessão Plenária, sob a presidência do Senhor Ministro Cezar Peluso, na conformidade da ata do julgamento e das notas taquigráficas, por maioria de votos, conhecer do recurso extraordinário e, no mérito, também por maioria, negar provimento ao recurso, nos termos do voto do relator, Min. Gilmar Mendes (*DJ* de 18.8.2011).

Alega, ainda, que a Lei Complementar 87/1996 não legitima a prática do "cálculo por dentro" do imposto, porquanto todas as leis devem buscar seu fundamento de validade na Constituição Federal, e não o contrário. Idêntica observação é feita no que tange ao Convênio Interestadual n. 66/1988, previsto no art. 34, § 8º, do ADCT, que utiliza o mesmo critério de cálculo.

Em suma, conclui que a figura do cálculo "por dentro" do ICMS transborda os limites previstos na Constituição Federal, criando nova espécie tributária, não prevista pelo constituinte.

Relativamente à multa de 20% (vinte por cento) prevista na legislação estadual, afirma ser abusiva por violar os princípios da capacidade contributiva e da vedação ao confisco.

Nesse ponto, sustenta que a Fazenda já dispõe de juros moratórios maiores, bem como de correção monetária. Observa, ainda, que a legislação ordinária limita a cláusula penal dos contratos a 10% (dez por cento). Assim, a multa de 20% (vinte por cento), em seu ver, é desarrazoada e confiscatória, e o ônus pelo seu inadimplemento, ao fim, é transferido para o consumidor final.

No que diz respeito à utilização da Taxa Selic, a recorrente aduz que esta prática gera majoração do ICMS, sem autorização legal, tendo em vista que referida taxa está sujeita ao temperamento do mercado financeiro e às ingerências do Banco Central do Brasil. Ressalta a necessidade de autorização legal para a majoração de tributo, salvo exceções expressas na Constituição Federal, entre as quais não se insere o ICMS.

Conclui, então, que, em razão de a Taxa Selic oscilar ao sabor mercadológico, sua aplicação acarreta majoração do tributo a qualquer tempo, em afronta, também, ao princípio da anterioridade, além de conferir natureza remuneratória ao tributo, o que não se admite, na medida em que o art. 161, § 1º, do Código Tributário Nacional (CTN) permite a fixação de taxa de juros apenas em patamar igual ou inferior a 1% (um por cento).

Em contrarrazões de fls. 42/50, a Fazenda Pública do Estado de São Paulo alega, preliminarmente, que o recurso extraordinário não deve ser processado, por não ter sido demonstrada a repercussão geral da matéria debatida nos autos, bem como por falta de indicação expressa de violação a dispositivo constitucional.

No mérito, o Fisco ressalta que o cálculo conhecido como "método por dentro", pelo qual o imposto é "embutido" no valor da mercadoria, constitui destaque de valor para mero controle escritural, não resultando, portanto, bitributação, como já decidiu o Supremo Tribunal Federal no RE 254.202, Rel. Min. Marco Aurélio, *DJ* 4.8.2000.

Afirma também, em contrarrazões, que a multa pune o atraso no pagamento do tributo, não se confundindo, portanto, com os juros, que remuneram, nem com a correção monetária, que propicia mera atualização do dinheiro. Assim, aduz que referidos institutos são distintos, inexistindo, assim, violação ao princípio da não cumulatividade.

No que diz respeito à Taxa Selic, sustenta que vem sendo utilizada há alguns anos na esfera federal para atualização do débito tributário, com legalidade reconhecida, por ser uma taxa oficial, que se insere no âmbito do Direito Econômico, não se sujeitando, dessa forma, à reserva legal.

Argumenta, ainda, a inaplicabilidade do art. 192 da Constituição, que limita a taxa de juros a 12% (doze por cento) ao ano, em razão de referido dispositivo exigir lei complementar para regular a matéria.

Inicialmente, o presente recurso não foi admitido pelo Tribunal *a quo*, entretanto, nesta Suprema Corte, o Ministro Cezar Peluso, então relator, deu provimento ao agravo de instrumento interposto para convertê-lo neste recurso extraordinário (fl. 64).

Em 23.10.2009, a repercussão geral do tema foi reconhecida (*DJe* 5.2.2010) e, em 24.4.2010, o processo foi redistribuído a mim, em virtude da ocupação da Presidência deste Tribunal pelo então relator do feito, Min. Cezar Peluso.

Já como relator, deferi o ingresso da Fazenda Nacional na qualidade de *amicus curiae* e determinei a inclusão do processo em pauta, para trazê-lo a julgamento.

É o relatório.

A decisão foi nos seguintes termos ementada:

EMENTA: 1. Recurso extraordinário. Repercussão geral. 2. Taxa Selic. Incidência para atualização de débitos tributários. Legitimidade. Inexistência de violação aos princípios da legalidade e da anterioridade. Necessidade de adoção de critério isonômico. No julgamento da ADI 2.214, Rel. Min. Maurício Corrêa, Tribunal Pleno, DJ 19.4.2002, ao apreciar o tema, esta Corte assentou que a medida traduz rigorosa igualdade de tratamento entre contribuinte e fisco e que não se trata de imposição tributária. 3. ICMS. Inclusão do montante do tributo em sua própria base de cálculo. Constitucionalidade. Precedentes. A base de cálculo do ICMS, definida como o valor da operação da circulação de mercadorias (art. 155, II, da CF/1988, c/c arts. 2º, I, e 8º, I, da LC 87/1990), inclui o próprio montante do ICMS incidente, pois ele faz parte da importância paga pelo comprador e recebida pelo vendedor na operação. A Emenda Constitucional n. 33, de 2001, inseriu a alínea "i" no inciso XII do § 2º do art. 155 da Constituição Federal, para fazer constar que cabe à lei complementar "fixar a base de cálculo, de modo que o montante do imposto a integre, também na importação do exterior de bem, mercadoria ou serviço". Ora, se o texto dispõe que o ICMS deve ser calculado com o montante do imposto inserido em sua própria base de cálculo também na importação de bens, naturalmente a interpretação que há de ser feita é que o imposto já era calculado dessa forma em relação às operações internas. Com a alteração constitucional a Lei Complementar ficou autorizada a dar tratamento isonômico na determinação da base de cálculo entre as operações ou prestações internas com as importações do exterior, de modo que o ICMS será calculado "por dentro" em ambos os casos. 4. Multa moratória. Patamar de 20%. Razoabilidade. Inexistência de efeito confiscatório. Precedentes. A aplicação da multa moratória tem o objetivo de sancionar o contribuinte que não cumpre suas obrigações tributárias, prestigiando a conduta daqueles que pagam em dia seus tributos aos cofres públicos. Assim, para que a multa moratória cumpra sua função de desencorajar a elisão fiscal, de um lado não pode ser pífia, mas, de outro, não pode ter um importe que lhe confira característica confiscatória, inviabilizando inclusive o recolhimento de futuros tributos. O acórdão recorrido encontra amparo na jurisprudência desta Suprema Corte, segundo a qual não é confiscatória a multa moratória no importe de 20% (vinte por cento). 5. Recurso extraordinário a que se nega provimento.

VOTO

As preliminares suscitadas em contrarrazões não devem prosperar.

O recorrente destinou tópico específico de seu recurso extraordinário à demonstração da repercussão geral da matéria debatida nos autos. Sustentou, no item III, que a alegada superposição da legislação ordinária à Constituição Federal tem o condão de acarretar insegurança jurídica e que a sobrecarga tributária pode gerar atraso no processo econômico da nação (fl. 19).

Também não deve prosperar a tese do Fisco no sentido de que o recorrente não indicou expressamente o dispositivo constitucional que teria sido violado, uma vez que se alegou, com clareza, violação aos princípios do *ne bis in idem* (art. 155, II, da CF), da legalidade (art. 150, I, da CF), da anterioridade tributária (art. 150, III, "b"), da capacidade contributiva (art. 154, § 1º) e da vedação ao confisco (art. 150, IV, da CF).

Passo, então, à análise do mérito.

I – DA INCIDÊNCIA DA TAXA SELIC NA ATUALIZAÇÃO DO DÉBITO TRIBUTÁRIO

Inicialmente, registro precedentes nos quais esta Corte concluiu que a matéria relativa à utilização da taxa SELIC em débitos tributários restringe-se à matéria infraconstitucional.

Não obstante, diante da existência de precedente no qual o tema foi enfrentado à luz do princípio da isonomia, bem como do reconhecimento, pelo Plenário, da repercussão geral na

Direito Tributário 1373

matéria tratada no presente recurso-paradigma, manifesto-me pela legitimidade da incidência da taxa SELIC na atualização do débito tributário.

Trata-se de índice oficial e, por essa razão, sua incidência não implica violação ao princípio da anterioridade tributária, tampouco confere natureza remuneratória ao tributo.

No julgamento da ADI 2.214, Rel. Min. Maurício Corrêa, Tribunal Pleno, *DJ* 19.4.2002, ao apreciar o tema, esta Corte assentou que a medida traduz rigorosa igualdade de tratamento entre contribuinte e fisco e que não se trata de imposição tributária.

Entendimento diverso importaria tratamento anti-isonômico, porquanto a Fazenda restaria obrigada a reembolsar os contribuintes por esta taxa SELIC, ao passo que, no desembolso, os cidadãos seriam exonerados, gerando desequilíbrio nas receitas fazendárias.

Registro, ainda, o julgamento do Recurso Especial 879.844, Rel. Min. Luiz Fux, em que o Superior Tribunal de Justiça, ao apreciar processo-paradigma da sistemática dos recursos repetitivos, concluiu pela legalidade da aplicação da Taxa Selic na atualização de débitos tributários, em acórdão cuja ementa dispõe, na parte que interessa:

> "A Taxa SELIC é legítima como índice de correção monetária e de juros de mora, na atualização dos débitos tributários pagos em atraso, diante da existência de Lei Estadual que determina a adoção dos mesmos critérios adotados na correção dos débitos fiscais federais. (Precedentes: AgRg no Ag 1103085/SP, Rel. Ministro Luiz Fux, Primeira Turma, julgado em 4.8.2009, *DJe* 3.9.2009; REsp 803.059/MG, Rel. Ministro Teori Albino Zavascki, Primeira Turma, julgado em 16.6.2009, *DJe* 24.6.2009; REsp 1098029/SP, Rel. Ministra Eliana Calmon, Segunda Turma, julgado em 16.6.2009, *DJe* 29.6.2009; AgRg no Ag 1107556/SP, Rel. Ministro Mauro Campbell Marques, Segunda Turma, julgado em 16.6.2009, *DJe* 1.7.2009; AgRg no Ag 961.746/SP, Rel. Ministro Herman Benjamin, Segunda Turma, julgado em 19.5.2009, *DJe* 21.8.2009)
>
> 3. Raciocínio diverso importaria tratamento anti-isonômico, porquanto a Fazenda restaria obrigada a reembolsar os contribuintes por esta taxa SELIC, ao passo que, no desembolso, os cidadãos exonerar-se-iam desse critério, gerando desequilíbrio nas receitas fazendárias".

Assim, é legítima a utilização da taxa SELIC como índice de atualização dos débitos tributários pagos em atraso, diante da existência de lei que, legitimamente, determina a sua adoção.

II – DO MÉTODO DE CÁLCULO "POR DENTRO" DO ICMS

Discute-se, no presente recurso extraordinário, a possibilidade de o valor destacado do ICMS integrar a base de cálculo do referido imposto.

Em suma, o recorrente sustenta que deve figurar na base de cálculo do ICMS somente o "valor da mercadoria", argumentando que a incidência da alíquota sobre o valor do negócio acrescido do valor do ICMS caracteriza uma "tributação em cascata" ou tributação "por dentro", ao arrepio da Constituição Federal.

Em virtude da dinâmica da não cumulatividade do ICMS, a práxis mercantil destaca, nas notas fiscais relativas à circulação de mercadoria, o valor da venda do produto e o valor que o contribuinte direto deve pagar ao Fisco a título de ICMS. A soma das quantias corresponde à operação mercantil.

Primeiramente, observo que a inclusão do valor destacado do tributo em sua própria base de cálculo não é um fenômeno isolado no sistema tributário pátrio.

Sobre o tema, confira-se estudo de Everardo Maciel e José Antônio Schontag:

> "Nos regimes de tributação *ad valorem*, são admitidas diversas formas de incidência de alíquotas. Basicamente, elas podem ser grupadas em três categorias: proporcionais, "por dentro" e "por fora". A opção por uma delas decorrerá exclusivamente e sempre da legislação de regência, informada pela técnica de tributação mais adequada.

Na incidência proporcional, o tributo devido é calculado pela aplicação direta da alíquota sobre a base de cálculo. São exemplos dessa hipótese o IPI e o imposto de importação. No IPI, a base de cálculo definida no CTN é 'o valor da operação de que decorrer a saída da mercadoria', sem que se faça qualquer menção à inclusão do próprio imposto em sua base de cálculo. Por conseguinte, um aumento de 10% na alíquota implica aumento de 10% no imposto devido.

Na incidência 'por dentro', o tributo goza da peculiar condição de integrar sua própria base de cálculo. É o caso do ICMS, conforme preceituam o art. 155, § 2°, inciso XII, alínea *i*, da Constituição e o art. 13, § 1°, da Lei Complementar n. 87. Ainda que possa parecer estranho para leigos, aumento de 10% na alíquota do ICMS significa aumento de 11,11% no imposto devido.

A base de cálculo do ICMS, na conformidade com a Lei Complementar n. 87, é o valor da operação de que decorrer a saída da mercadoria. Portanto, no caso de saídas de um estabelecimento industrial o ICMS e o IPI têm a mesma base de cálculo, observadas as seguintes peculiaridades quanto à tributação reflexa: o IPI incide sobre o ICMS, pois de acordo com o texto constitucional esse imposto estadual é parte integrante do valor da operação; por sua vez, o ICMS, ressalvados as situações previstas no art. 155, § 2°, XI, da Constituição, também incide sobre o IPI.

Constituem outros exemplos da incidência 'por dentro': a contribuição social incidente sobre a folha de salário e a devida pelo empregado, previstas, respectivamente, no inciso I, *a*, e no inciso II do art. 195 da Constituição. No primeiro caso, a contribuição ao incidir sobre a folha de salário incide, em consequência, sobre a contribuição do empregado; no outro, a contribuição do empregado ao incidir sobre o valor bruto da remuneração incide, por conseguinte, sobre ela mesma.

Inclusões ou exclusões na incidência 'por dentro', tal como ocorre no imposto de renda, são as previstas na legislação aplicável, como é o caso da expressa exclusão da incidência do imposto sobre a contribuição do empregado.

Por fim, no tocante à incidência 'por fora', o tributo é excluído de sua base de cálculo previamente à determinação do montante devido. Era o que acontecia com a CSLL, desde sua instituição até o advento da Lei n. 9.316, de 1996. O mesmo aumento de 10% na alíquota, nessa hipótese, resultaria em aumento de 9,09% do tributo devido.

A ampla diversidade dos exemplos apontados serve apenas para demonstrar que não é inusitado, no modelo tributário brasileiro, um tributo incluir, em sua base de cálculo, ele próprio ou outro tributo. Houvesse algum impedimento de incidência reflexa, o ICMS e as contribuições sociais deveriam ser excluídos da base de cálculo do IPI, o imposto de importação e as contribuições sociais da base de cálculo do ICMS, as contribuições sociais da base de cálculo do ISS e delas mesmas, etc. Ao fim e ao cabo, haveria uma verdadeira subversão do sistema tributário brasileiro sem motivação razoável". (MACIEL, Everardo & SCHONTAG, José Antônio. "O ICMS E A BASE DE CÁLCULO DA COFINS", *Valor Econômico*, edição de 2.8.2002)

No que diz respeito ao cálculo "por dentro" do ICMS, o tema foi objeto de amplo debate nesta Corte, no julgamento do RE 212.209, Red. para o acórdão Min. Nelson Jobim, *DJ* 14.2.2003, ementado nos seguintes termos:

"Constitucional. Tributário. Base de cálculo do ICMS: inclusão no valor da operação ou da prestação de serviço somado ao próprio tributo. Constitucionalidade. Recurso desprovido".

Na sessão de 23.6.1999, o Plenário do STF, vencido apenas o Min. Marco Aurélio, pacificou o entendimento no sentido de que a quantia referente ao ICMS faz parte do <u>"conjunto que representa a viabilização jurídica da operação"</u> e, por isso, integra sua própria base de cálculo.

Em outras palavras, a base de cálculo do ICMS, definida como o valor da operação da circulação de mercadorias (art. 155, II, da CF/1988, c/c arts. 2°, I, e 8°, I, da LC 87/1996), inclui o próprio montante do ICMS incidente, pois ele faz parte da importância paga pelo comprador e recebida pelo vendedor na operação.

Por ocasião do julgamento do mencionado RE 212.209, acompanhando a divergência inaugurada pelo Ministro Nelson Jobim, o Ministro Moreira Alves ressaltou a necessidade de inclusão destacada do montante próprio do ICMS na sua base de cálculo, tendo em vista que a sistemática de compensações deste tributo lhe confere mecânica diversa de imposto sobre valor agregado. Oportunamente, transcrevo suas precisas considerações:

"Se o ICMS não for um imposto por dentro, jamais chegaremos ao que se deve chegar com a observância do princípio da não cumulatividade, com o seu jogo de compensações. Ademais, o fato gerador é que decorre da Constituição, mas é a lei complementar que impõe a base de cálculo, e ela só seria inconstitucional, nesse ponto, se estabelecer base de cálculo que não se coadune com o fato gerador, o que não ocorre aqui, em que a base de cálculo é a única que se compatibiliza com o próprio imposto, inclusive para a observância da não cumulatividade".

Merece destaque, ainda, o voto do Min. Ilmar Galvão, que, mais uma vez, foi bastante elucidativo quanto à possibilidade de incidência "por dentro" de tributos:

"Sr. Presidente, não é a primeira vez que esta questão é discutida no Supremo Tribunal Federal. Já tive ocasião de relatar casos análogos, não só aqui mas também no STJ. Esse, aliás, não poderia ser um assunto novo, se o DL n. 406 está em vigor há trinta anos. Não seria somente agora que o fenômeno da superposição do próprio ICMS haveria de ser identificado.

Vale dizer que, se a tese ora exposta neste recurso viesse a prevalecer, teríamos, a partir de agora, na prática, um novo imposto. Trinta anos de erro no cálculo do tributo.

Em votos anteriores, tenho assinalado que o sistema tributário brasileiro não repele a incidência de tributo sobre tributo. Não há norma constitucional ou legal que vede a presença, na formação da base de cálculo de qualquer imposto, de parcela resultante do mesmo ou de outro tributo, salvo a exceção, que é a única, do inciso XI do parágrafo 2º do art. 155 da Constituição, onde está disposto que o ICMS não compreenderá, em sua base de cálculo, o montante do imposto sobre produtos industrializados, quando a operação realizada entre contribuintes e relativa a produto destinado à industrialização ou à comercialização, configure fato gerador dos dois impostos.

(...)

Se, na verdade, não pudesse haver tributo embutido na base de cálculo de um outro tributo, então não teríamos que considerar apenas o ICMS, mas todos os outros. O problema se mostra relativamente à contribuição para o IAA e para o IBC, não havendo como afastar essas contribuições da base de cálculo do ICMS.

Por que, então, o problema em torno do ICMS sobre ICMS e não do ICMS sobre o IPI, sobre as contribuições (COFINS, PIS)? Na verdade, o preço da mercadoria, que serve de base de cálculo ao ICMS, é formado de uma série de fatores: o custo; as despesas com aluguel, empregados, energia elétrica; o lucro; e, obviamente, o imposto pago anteriormente. O problema, diria que é até de ordem pragmática, em face da dificuldade, quase incontornável, de eliminar-se da base de cálculo de um tributo tudo o que decorreu de tributação.

O inciso do art. 34 do ADCT, sobre energia elétrica, é a prova do afirmado, ao estabelecer que o imposto é cobrado sobre o valor da operação final. É assim que o ICMS incide.

Peço vênia, portanto, para não conhecer do recurso." (Voto do Min. Ilmar Galvão no RE 212.209/RS, Red. p/ o acórdão Min. Nelson Jobim, *DJ* 14.2.2003.)

Destarte, assentou-se de maneira inequívoca que a Constituição Federal não torna imune o montante referente ao ICMS recebido pelo contribuinte *de jure* e repassado pelo contribuinte *de facto*, pois constitui **_parte do valor final_** da operação de transferência de mercadoria. Nesse sentido colaciono os seguintes julgados desta Suprema Corte: AI-AgR 633.911, Rel. Min. Eros Grau, Segunda Turma, *DJe* 1.2.2008; RE-AgR 358.911, Rel. Min. Gilmar Mendes, Segunda Turma, *DJ* 4.7.2006; AI-AgR 522.777, Rel. Min. Carlos Velloso, Segunda Turma, *DJ* 16.12.2005; AI-AgR 397.743, Rel. Min. Ellen Gracie, Segunda Turma, *DJ* 18.2.2005; AI-AgR 413.753, Rel. Min. Eros Grau, Primeira Turma, *DJ* 15.10.2004, RE-AgR 236.409, Rel. Min. Maurício Corrêa, Segunda Turma, *DJ* 2.3.2001, RE 209.393, Rel. Min. Moreira Alves, Primeira Turma, *DJ* 9.6.2000.

Consigne-se, por fim, que a Emenda Constitucional n. 33, de 2001, inseriu a alínea "i" no inciso XII do § 2º do art. 155 da Constituição Federal, para fazer constar que cabe à lei complementar "*fixar a base de cálculo, de modo que o montante do imposto a integre, também na importação do exterior de bem, mercadoria ou serviço*".

Ora, se o texto dispõe que o ICMS deve ser calculado com o montante do imposto inserido em sua própria base de cálculo também na importação de bens, naturalmente a interpretação que há de ser feita é que o imposto já era calculado dessa forma em relação às operações internas.

Com a alteração constitucional a Lei Complementar ficou autorizada a dar tratamento isonômico na determinação da base de cálculo entre as operações ou prestações internas com as importações do exterior, de modo que o ICMS será calculado "por dentro" em ambos os casos.

Ademais, diz o § 1º do art. 13 da Lei Complementar 87, de 1996, que integra a base de cálculo do ICMS o montante do próprio imposto, constituindo o respectivo destaque mera indicação para fins de controle.

Enfim, a incidência da alíquota sob a forma denominada ICMS "por dentro" é compatível com a Constituição brasileira, motivo pelo qual julgo constitucional o art. 33 da Lei Estadual Paulista 6.374/89, tendo em vista a inexistência, na Lei Maior, de qualquer óbice à inclusão do montante do ICMS na sua própria base de cálculo.

III – DA MULTA MORATÓRIA DE 20% (VINTE POR CENTO)

Relativamente à multa moratória, o Tribunal *a quo* pronunciou-se nos seguintes termos:

"Revela notar, nesse passo, de que o § 3º, do art. 192, da Constituição Federal, que anteriormente previa o limite anual dos juros moratórios, foi revogado pela Ementa Constitucional n. 40, de 29 de maio 2003.

A multa moratória (arts. 87 e 98 da Lei n. 6.374/91) não tem caráter compensatório, mas punitivo. Há se distinguir aludida sanção tributária da correção monetária, que representa mera atualização do valor da moeda real.

(...)

Fixada em 20% (vinte por cento) sobre o valor do imposto corrigido, nos termos do artigo 87 da Lei n. 9.399, não há se falar em afronta ao princípio constitucional da vedação ao confisco." (fl. 36)

De fato, a aplicação da multa moratória tem o objetivo de sancionar o contribuinte que não cumpre suas obrigações tributárias, prestigiando a conduta daqueles que pagam em dia seus tributos aos cofres públicos. Assim, para que a multa moratória cumpra sua função de desencorajar a elisão fiscal, de um lado não pode ser pífia, mas, de outro, não pode ter um importe que lhe confira característica confiscatória, inviabilizando inclusive o recolhimento de futuros tributos.

A propósito, o Tribunal Pleno desta Suprema Corte, por ocasião do julgamento da ADI-MC 1075, Rel. Min. Celso de Mello, *DJ* 24.11.2006 e da ADI 551, Rel. Min. Ilmar Galvão, *DJ* 14.10.200, entendeu abusivas multas moratórias que superam o percentual de 100% (cem por cento), conforme ementas reproduzidas no que interessa:

"(...) É cabível, em sede de controle normativo abstrato, a possibilidade de o Supremo Tribunal Federal examinar se determinado tributo ofende, ou não, o princípio constitucional da não confiscatoriedade consagrado no art. 150, IV, da Constituição da República. **Hipótese que versa o exame de diploma legislativo (Lei 8.846/94, art. 3º e seu parágrafo único) que instituiu multa fiscal de 300% (trezentos por cento).** – A proibição constitucional do confisco em matéria tributária – ainda que se trate de multa fiscal resultante do inadimplemento, pelo contribuinte, de suas obrigações tributárias – nada mais representa senão a interdição, pela Carta Política, de qualquer pretensão governamental que possa conduzir, no campo da fiscalidade, à injusta apropriação estatal, no todo ou em parte, do patrimônio ou dos rendimentos dos contribuintes, comprometendo-lhes, pela insuportabilidade da carga

Direito Tributário **1377**

tributária, o exercício do direito a uma existência digna, ou a prática de atividade profissional lícita ou, ainda, a regular satisfação de suas necessidades **vitais básicas. – O Poder Público, especialmente em sede de tributação (mesmo tratando-se da definição do "quantum" pertinente ao valor das multas fiscais), não pode agir imoderadamente, pois a atividade governamental acha-se essencialmente condicionada pelo princípio da razoabilidade que se qualifica como verdadeiro parâmetro de aferição da constitucionalidade material dos atos estatais"** (grifei).

"AÇÃO DIRETA DE INCONSTITUCIONALIDADE. §§ 2.º E 3.º DO ART. 57 DO ATO DAS DISPOSIÇÕES CONSTITUCIONAIS TRANSITÓRIAS DA CONSTITUIÇÃO DO ESTADO DO RIO DE JANEIRO. FIXAÇÃO DE VALORES MÍNIMOS PARA MULTAS PELO NÃO RE-COLHIMENTO E SONEGAÇÃO DE TRIBUTOS ESTADUAIS. VIOLAÇÃO AO INCISO IV DO ART. 150 DA CARTA DA REPÚBLICA. A desproporção entre o desrespeito à norma tributária e sua consequência jurídica, a multa, evidencia o caráter confiscatório desta, atentando contra o patrimônio do contribuinte, em contrariedade ao mencionado dispositivo do texto constitucional federal. Ação julgada procedente."

"Portanto, a natureza punitiva da multa moratória não afasta, *per si*, o alegado caráter confiscatório, tendo em vista que, a depender do seu percentual, ela poderá bem cumprir sua função sancionatória ou, de forma desarrazoada, possuir perfil confiscatório em razão de seu vulto.

No caso concreto, a legislação prevê multa razoável de 20% (vinte por cento), quantia suficiente para compelir o contribuinte a cumprir sua obrigação tributária sem configurar esvaziamento patrimonial do contribuinte".

Destarte, o acórdão recorrido encontra amparo na jurisprudência desta Suprema Corte, segundo a qual não é confiscatória a multa moratória no importe de 20% (vinte por cento). Sobre o tema, confiram-se os acórdãos do AI-AgR 675.701, Rel. Min. Ricardo Lexandowski, *DJe* 3.4.2009 e do RE 239.964, Rel. Min. Ellen Gracie, *DJ* 9.5.2003, cujas ementas transcrevo, respectivamente:

"TRIBUTÁRIO. AUSÊNCIA DE PREQUESTIONAMENTO. SÚMULA 282 DO STF. INCIDÊN-CIA. MATÉRIA INFRACONSTITUCIONAL. MULTA CONFISCATÓRIA. INOCORRÊNCIA. AGRAVO IMPROVIDO. I – Inadmissível o recurso extraordinário se a questão constitucional suscitada não tiver sido apreciada no acórdão recorrido. II – A apreciação da questão relativa à incidência da Taxa SELIC sobre débitos tributários depende do prévio exame de normas infraconstitucionais. A afronta à Constituição, se ocorrente, seria indireta. Precedentes. III – O acórdão recorrido encontra-se em consonância com a jurisprudência desta Corte, no sentido de que não é confiscatória multa de 20% sobre o valor do tributo. IV – Agravo regimental improvido." (AI-AgR 675.701, Rel. Min. Ricardo Lewandowski, *DJe* 3.4.2009)

"IPI. MULTA MORATÓRIA. ART. 59. LEI 8.383/91. RAZOABILIDADE. A multa moratória de 20% (vinte por cento) do valor do imposto devido não se mostra abusiva ou desarrazoada, inexistindo ofensa aos princípios da capacidade contributiva e da vedação ao confisco. Recurso extraordinário não conhecido." (RE 239.964, Rel. Min. Ellen Gracie, *DJ* 9.5.2003)

Dessa forma, repilo a alegação de efeito confiscatório da multa fixada em 20% (vinte por cento) sobre o valor do imposto corrigido, nos termos do artigo 87 da Lei n. 9.399, pois não há que se falar em afronta ao princípio constitucional da vedação ao confisco.

IV – DISPOSITIVO

Ante o exposto, tendo em vista que o ICMS "por dentro", a multa moratória de 20% (vinte por cento) e a incidência da Taxa Selic na atualização do débito tributário não configuram violação à Constituição Federal, **nego provimento** ao recurso extraordinário.

RE 680.089[1]

Constitucional e Tributário – Interpretação do art. 155, § 2°, VII, "a" e "b", VIII, da Constituição Federal – Vendas realizadas de forma não presencial a consumidor final não contribuinte do imposto – Aplicação da alíquota interna no estado de origem – Protocolo CONFAZ n. 21/2011 – Inconstitucionalidade – Modulação dos efeitos – Repercussão gera – Recurso extraordinário não provido.

Trata-se de recurso extraordinário interposto pelo Estado de Sergipe contra acórdão do Tribunal de Justiça daquele Estado assim ementado:

"Constitucional e Tributário. Mandado de Segurança. Preliminar de carência de ação por ausência de interesse de agir Rejeitada. Ilegitimidade passiva do Secretário da Fazenda. Não acolhida. Ilegitimidade passiva do Gerente da Receita. Reconhecimento de ofício. Impetração de writ *contra lei em tese. Não verificada. ICMS. Protocolo CONFAZ n. 21/2011. Vendas realizadas de forma não presencial a consumidor final não contribuinte do imposto. Art. 155, § 2°, VII, b, da CF. Segurança concedida.*

I – Versando a hipótese dos autos sobre mandamus preventivo, em que resta suficientemente constatada a demonstração do justo receio de lesão ao direito invocado, consubstanciado pela aquiescência do Estado de Sergipe ao Protocolo CONFAZ 21/2011, não há que se falar em carência de ação, sendo manifesto na hipótese vertente o interesse de agir da impetrante na utilização desta via mandamental, que se revela necessário e adequado à proteção da tutela almejada em juízo, sobretudo por se tratar de questão de direito que prescinde da produção de outras provas, além daquelas já constantes dos autos, impondo-se, assim, a rejeição da aludida preliminar;

II – Considerando que a autoridade superior responsável pela atuação do fisco sergipano para a cobrança tributária é o Secretário Estadual da Fazenda, que inclusive foi o representante estadual na assinatura do Protocolo CONFAZ 21/2011, revela-se patente a legitimidade deste em figurar no polo passivo do presente mandamus, não devendo ser acolhida a referida preliminar;

III – Afigurando-se o gerente como agente hierarquicamente subordinado ao Secretário da Fazenda, atuando como mero executor, que faz cumprir as ordens emanadas da autoridade fazendária superior, não pode se responsabilizar por eventuais atos a serem praticados, com fulcro no Protocolo CONFAZ 21/2011, sob o comando do aludido Secretário, razão pela qual deve ser reconhecida de ofício a sua ilegitimidade para responder a presente ação mandamental;

IV – Considerando que a pretensão da impetrante não é a declaração de inconstitucionalidade de qualquer norma ou mesmo a concessão de medida com efeito indeterminado, não há que se falar em impetração contra lei em tese, porquanto o que almeja o suplicante é simplesmente obstar a cobrança do ICMS, pelo Estado de Sergipe, com base no Protocolo CONFAZ n. 21/2011, sob as suas mercadorias adquiridas de forma virtual, quando da entrada destas nesta unidade federada para a entrega ao consumidor final, estando, por bem delineado o ato que se impugna;

V – De acordo com o Protocolo CONFAZ n. 21/2011, em operações interestaduais de venda realizadas de forma não presencial que destinam mercadorias a consumidor final não contribuinte do imposto, os Estados subscritores deverão exigir, em favor da unidade federada de destino da mercadoria, o recolhimento de parcela do ICMS no momento do ingresso do bem no território do destinatário e inclusive quando a operação for precedente de ente não signatário do mencionado pacto;

---

[1] Acordam os ministros do Supremo Tribunal Federal, em sessão plenária, sob a presidência do ministro Ricardo Lewandowski, na conformidade da ata do julgamento e das notas taquigráficas, por unanimidade de votos, negar provimento ao recurso; por maioria, modular os efeitos da declaração de inconstitucionalidade a partir da concessão da liminar na ADI 4.628, nos termos do voto do Relator (*DJ de* 3.12.2014).

Direito Tributário 1379

VI – Todavia, o texto constitucional é bastante elucidativo ao preconizar que, uma vez ocorrida uma operação interestadual de venda direta de mercadoria a consumidor final do ICMS, que não seja contribuinte do tributo, aplicar-se-á, tão somente, a alíquota interna com o recolhimento do imposto ao ente federado do remetente da mercadoria, restando patente que o protocolo em apreço prevê a realização de repartição tributária do ICMS em manifesta contrariedade ao regramento previsto no art. 155, § 2º, VII, b, *da CF, o que revela o direito líquido e certo da impetrante à concessão da segurança vindicada; VII – Segurança concedida." (eDOC 3, p. 3-5)*

No recurso, interposto com fundamento no artigo 102, III, *a*, da Constituição Federal, defende-se a constitucionalidade das regras estabelecidas no Protocolo CONFAZ n. 21/2011 e, por conseguinte, a validade da cobrança do imposto (ICMS) pelo Estado destinatário da mercadoria.

Argumenta-se que o fato gerador do ICMS, nas operações em questão, na verdade, ocorre dentro do território do Estado de Sergipe, embora se enquadre no conceito de venda não presencial, levada a cabo por meio de internet, *telemarketing* ou *showroom*.

Afirma-se também que, de fato, o que se verifica é a *"a montagem de estabelecimentos comerciais, sob o disfarce de estandes, nos quais se viabiliza a venda para consumidor final, a fim de evitar a tributação da verdadeira operação, ou seja, a operação de venda dentro do território-sede do consumidor adquirente"* (eDOC 5, p. 6).

Postula-se, assim, uma nova interpretação para o conceito de "estabelecimento", para fins tributários, e das normas constitucionais de partilha de ICMS.

Não foram apresentadas contrarrazões. (eDOC 7)

O recurso extraordinário foi admitido na origem, nos seguintes termos:

"Mandado de Segurança – Constitucional e Tributário – Protocolo CONFAZ n. 21/2011– Venda realizada de forma não presencial a consumidor final não contribuinte do imposto – Recolhimento do ICMS em favor do Estado de destino da mercadoria – Declaração incidental de inconstitucionalidade – Matéria de Direito – Recurso Extraordinário Admitido." (eDOC 8)

O tema (tema 615) teve repercussão geral reconhecida por esta Corte, nos seguintes termos:

"Recurso Extraordinário. Constitucional e tributário. Protocolo CONFAZ n. 21/2011. Venda realizada de forma não presencial a consumidor final não contribuinte do imposto. Recolhimento do ICMS em favor do Estado de destino da mercadoria. Repercussão Geral. Artigo 155, § 2º, VII, *b*, da Constituição Federal. Questão de fundo similar à tratada na ADI 4.628. Relevância da matéria e transcendência de interesses. Manifestação pela existência de repercussão geral da questão constitucional." (*DJe* 10.12.2012)

O Ministério Público opina pelo não provimento do recurso extraordinário. Aduz que *"o Protocolo CONFAZ n. 21/2011, ao autorizar que os Estados e o Distrito Federal exijam o recolhimento de parte do ICMS ao Estado destinatário da mercadoria, alterou o sujeito ativo e o critério quantitativo do imposto já estabelecidos constitucionalmente".*

Sendo assim, nem mesmo a lei complementar poderia dispor de forma diversa sobre tal matéria, já que o art. 155, § 2º, VII, *b*, da CF definiu, expressamente, a incidência da alíquota interna do ICMS nas operações interestaduais de venda de mercadoria a consumidor final não contribuinte do imposto. (eDOC 15)

É o relatório.

A decisão recebeu a seguinte ementa:

EMENTA: Recurso extraordinário. 2. Constitucional e Tributário. 3. Interpretação do art. 155, § 2º, VII, "a" e "b", VIII, da Constituição Federal. Vendas realizadas de forma não presencial a consumidor final não contribuinte do imposto. Aplicação da alíquota interna no estado de origem. 4. Protocolo CONFAZ n. 21/2011. Inconstitucionalidade. 5. Modulação dos efeitos. 6. Repercussão geral. 7. Recurso extraordinário não provido.

VOTO

A controvérsia dos autos diz respeito à possibilidade de o Estado de destino efetuar a cobrança de ICMS, nos casos em que a mercadoria é adquirida de forma não presencial em outra unidade federativa por consumidor final não contribuinte do imposto.

Está em questão a constitucionalidade do Protocolo ICMS n. 21, de 1º de abril de 2011, firmado no âmbito do Conselho Nacional de Política Fazendária (CONFAZ), para disciplinar a *"exigência do ICMS nas operações interestaduais que destinem mercadoria ou bem a consumidor final, cuja aquisição ocorrer de forma não presencial no estabelecimento remetente".*

A mesma questão é discutida nas ADIs 4.628 e 4.713, ambas de relatoria do Ministro Fux, e neste recurso extraordinário, de minha relatoria.

O cerne e escopo do Protocolo ICMS n. 21/2011 é, em síntese, instituir fórmula de partilha – entre o Estado de origem e o de destino – das receitas do ICMS incidente nas aquisições não presenciais realizadas por consumidor final não contribuinte do imposto, celebradas por internet, *telemarketing* ou em *showroom*.

Em outras palavras, trata-se de impedir que apenas os Estados de origem, normalmente situados no Sul e no Sudeste do país, regiões que agregam a maior parte dos centros de produção e distribuição de produtos industrializados, fiquem com a totalidade do imposto devido nessa operação.

Destaco as cláusulas primeira, segunda e terceira do Protocolo ICMS n. 21/2011, que dispõem:

> **"Cláusula primeira.** Acordam as unidades federadas signatárias deste protocolo a <u>exigir</u>, nos termos nele previstos, a favor da unidade federada de destino da mercadoria ou bem, <u>a parcela do Imposto</u> sobre Operações Relativas à Circulação de Mercadorias e sobre Prestações de Serviços de Transporte Interestadual e Intermunicipal e de Comunicação – ICMS – <u>devida na operação interestadual</u> em que <u>o consumidor final</u> adquire mercadoria ou bem de forma <u>não presencial por meio de internet,</u> <u>telemarketing ou showroom</u>.

> Parágrafo único. A exigência do imposto pela unidade federada destinatária da mercadoria ou bem, <u>aplica-se, inclusive</u>, nas operações procedentes de <u>unidades da Federação não signatárias</u> deste protocolo.

> **Cláusula segunda.** Nas operações interestaduais entre as unidades federadas <u>signatárias</u> deste protocolo o estabelecimento remetente, na condição de <u>substituto tributário,</u> será responsável pela retenção e recolhimento do ICMS, em favor da unidade federada de destino, <u>relativo à parcela</u> de que trata a cláusula primeira.

> **Cláusula terceira.** A parcela do imposto devido à unidade federada <u>destinatária</u> será obtida pela aplicação da sua <u>alíquota interna</u>, sobre o valor da respectiva operação, <u>deduzindo-se o valor</u> equivalente aos seguintes percentuais aplicados sobre a base de cálculo utilizada para cobrança do imposto devido na origem:

> I – 7% (sete por cento) para as mercadorias ou bens oriundos das Regiões Sul e Sudeste, exceto do Estado do Espírito Santo;

> II – 12% (doze por cento) para as mercadorias ou bens procedentes das Regiões Norte, Nordeste e Centro-Oeste e do Estado do Espírito Santo.

> Parágrafo único. O ICMS devido à unidade federada de <u>origem</u> da mercadoria ou bem, relativo à obrigação própria do remetente, é calculado com a utilização da <u>alíquota interestadual</u>."

É fundamental entender o enunciado prescritivo em seu contexto econômico e jurídico.

O sistema constitucional em vigor, no art. 155, § 2º, VII, "b", determina que as vendas interestaduais destinadas a consumidor final **não** contribuinte sujeitam-se ao recolhimento do ICMS apenas no Estado de **origem**, mediante aplicação de **alíquota interna**.

Assim, se, por exemplo, um consumidor residente em Alagoas adquire um eletrodoméstico, por meio da internet, de empresa situada em São Paulo, apenas este Estado – e não aquele – faz jus à cobrança do imposto, mediante aplicação da alíquota interna. Ou seja, São Paulo aplicará a alíquota interna à operação, enquanto Alagoas não poderá efetuar qualquer cobrança.

Já quando se trata de operações e prestações interestaduais que destinem bens e serviços a consumidor final **contribuinte do imposto**, o art. 155, § 2º, VII, "a", determina que se aplique a alíquota **interestadual**, em lugar da alíquota interna, assegurando-se ao Estado da localização do destinatário o valor correspondente à diferença entre a alíquota interna e a interestadual. Partilha-se, portanto, a arrecadação do imposto entre origem e destino.

Por exemplo: em se tratando de venda interestadual destinada ao consumidor final contribuinte de ICMS, tendo como Estado de origem São Paulo e o de destino Alagoas, o primeiro aplicará a alíquota interestadual (7%) e o segundo ficará com a diferença entre a alíquota interna (digamos: 18%) e a interestadual (7%), que, no exemplo, resultaria em 11%. É o que determina o art. 155, § 2º, VII, "a", e VIII, da Constituição Federal.

É este o teor da norma constitucional mencionada:

"Art. 155. Compete aos Estados e ao Distrito Federal instituir impostos sobre: [...]

II – operações relativas à circulação de mercadorias e sobre prestações de serviços de transporte interestadual e intermunicipal e de comunicação, ainda que as operações e as prestações se iniciem no exterior [...]

§ 2º O imposto previsto no inciso II atenderá ao seguinte: [...]

VII – em relação às operações e prestações que destinem bens e serviços a **consumidor final localizado em outro Estado**, adotar-se-á:

a) a **alíquota interestadual**, quando o destinatário for **contribuinte** do imposto;

b) a **alíquota interna**, quando o destinatário **não for contribuinte** dele;

VIII – na hipótese da alínea "a" do inciso anterior, caberá ao Estado da localização do destinatário o imposto correspondente à **diferença entre a alíquota interna e a interestadual**;".

A prescrição constitucional tem, claramente, o objetivo de promover a divisão da arrecadação do imposto previsto no art. 155, II – o ICMS –, de sorte que as receitas tributárias não fiquem concentradas apenas nos Estados de origem, onde se localizam os estabelecimentos produtores ou distribuidores, mas sejam repartidas também com os Estados consumidores, ou melhor, os Estados em que se situem os consumidores finais.

Ocorre que, nos últimos anos, o expressivo crescimento das vendas por meio do comércio eletrônico modificou consideravelmente o perfil das transações tributadas, com repercussões importantes no quadro de partilha de receitas. Tornaram-se cada vez mais frequentes as transações celebradas de forma não presencial, por meio de internet, *telemarketing* ou em *showroom*, entre empresas situadas em um Estado (de origem) e consumidores finais não contribuintes de ICMS residentes em outros Estados (de destino).

E, segundo a regra do art. 155, § 2º, VII, "b", nessas situações, a venda faz-se diretamente ao consumidor situado em outro Estado, cabendo a cobrança do tributo exclusivamente à unidade federativa de origem, ou seja, aquela em que está situado o estabelecimento comercial responsável pelo envio da mercadoria, e nada é devido ao Estado de destino, que não faz jus a qualquer sorte de partilha da arrecadação nessa situação.

Essa mudança de contexto, imprevisível ao tempo da edição da Constituição Federal de 1988, repercute hoje negativamente na arrecadação dos Estados – especialmente os localizados nas Regiões Norte, Nordeste e Centro-Oeste –, que se viram completamente alijados da possibilidade de tributação dessas operações.

Daí a edição da norma cuja constitucionalidade ora se debate. De fato, com algum esforço de simplificação, pode-se afirmar que o Protocolo ICMS n. 21/2011 foi celebrado com o propósito de alterar esse quadro. Pretendeu-se, por meio das regras nele previstas, conferir às aquisições de mercadorias de forma não presencial destinadas a consumidores finais não contribuintes tratamento semelhante ao previsto na alínea "a" do art. 155, § 2º, VII, em vez do tratamento previsto na alínea "b", que é menos favorável aos Estados-membros destinatários, que nada recebem nessa operação.

Em outras palavras, trata-se de assegurar também aos Estados de destino parcela da arrecadação tributária incidente nessa operação.

Pois bem. A questão está em saber se tal disciplina, veiculada por meio desse veículo introdutor – um Protocolo firmado no âmbito do CONFAZ –, desrespeita o regime constitucional do ICMS ou se pode, sim, ser validamente aplicada. Seria este Protocolo inconstitucional?

Como é cediço, não é esta exatamente a primeira vez em que o STF enfrenta o tema. A controvérsia em deslinde já foi, ao menos em parte, examinada por este Tribunal na apreciação das medidas cautelares concedidas nas ADIs 4.565 e 4.705, em que se discutia a validade de legislação tributária estadual atinente à cobrança de ICMS, no destino, sobre operações interestaduais celebradas de forma não presencial, à semelhança do que dispõe o Protocolo ICMS n. 21/2011.

Transcrevo a ementa da ADI 4.705, de relatoria do Ministro Joaquim Barbosa, *DJe* 19.6.2012:

"TRIBUTÁRIO. IMPOSTO SOBRE OPERAÇÕES DE CIRCULAÇÃO DE MERCADORIAS E DE PRESTAÇÃO DE SERVIÇOS DE COMUNICAÇÃO E DE TRANSPORTE INTERESTADUAL E INTERMUNICIPAL. COBRANÇA NAS OPERAÇÕES INTERESTADUAIS PELO ESTADO DE DESTINO. EXTENSÃO ÀS REMESSAS PARA CONSUMIDORES FINAIS. COMÉRCIO ELETRÔNICO. "GUERRA FISCAL". DENSA PROBABILIDADE DE VIOLAÇÃO CONSTITUCIONAL. LEI 9.582/2011 DO ESTADO DA PARAÍBA. MEDIDA CAUTELAR REFERENDADA. 1. A Constituição define que o estado de origem será o sujeito ativo do ICMS nas operações interestaduais aos consumidores finais que não forem contribuintes desse imposto, mas a legislação atacada subverte essa ordem (art. 155, § 2º, II, *b*, da Constituição). 2. Os entes federados não podem utilizar sua competência legislativa privativa ou concorrente para retaliar outros entes federados, sob o pretexto de corrigir desequilíbrio econômico, pois tais tensões devem ser resolvidas no foro legítimo, que é o Congresso Nacional (arts. 150, V, e 152 da Constituição). 3. Compete ao Senado definir as alíquotas do tributo incidente sobre as operações interestaduais. 4. A tolerância à guerra fiscal tende a consolidar quadros de difícil reversão."

No caso, tratava-se de lei do Estado da Paraíba que permitia a cobrança de ICMS nas operações interestaduais que destinassem mercadorias a consumidor final localizado em seu território, nos casos em que a compra fosse realizada de forma não presencial – por meio de internet, *telemarketing* ou *showroom* – à maneira do que estabelece o Protocolo ICMS n. 21/2011.

Aduziu o relator, Ministro Joaquim Barbosa, para fundamentar a concessão de liminar na ADI 4.705:

"É impossível alcançar integração nacional sem harmonia tributária. Adequado ou não, o modelo escolhido pelo Constituinte de 1988 para prover essa harmonia e a indispensável segurança jurídica se fixou na regra da origem (art. 155, § 2º, II, *b*, da Constituição). **O Confaz ou cada um dos estados-membros singelamente considerados não podem substituir a legitimidade democrática da Assembleia Constituinte, nem do constituinte derivado, na fixação dessa regra.**

Por outro lado, além da segurança jurídica institucional, a retaliação unilateral prejudica o elemento mais fraco da cadeia de tributação, que é o consumidor."

A controvérsia jurídica então suscitada, nota-se, tem total pertinência com o caso em análise. Naquele julgamento, trata-se de coibir a adoção de medidas unilaterais por parte os Estados-membros; aqui, trata-se de discutir a constitucionalidade do acordo de vontades em si, o Protocolo ICMS n. 21/2011, celebrado com o mesmo propósito.

Na ocasião, acompanhei o relator e ponderei a necessidade de se considerar a profunda alteração no quadro fático e econômico pela qual temos passado – marcada pela evolução dos

Direito Tributário   **1383**

meios de comunicação e, consequentemente, pelo significativo incremento do comércio eletrônico – e também a maneira como isso repercutiu na arrecadação dos diversos estados-membros.

Dizia a propósito:

"Então, me parece que esse é um tema que está a sugerir uma reflexão do Tribunal, também eventualmente do legislador constituinte, porque nós podemos chegar numa situação extremada de absoluta concentração, de esvaziamento até das outras atividades, a concentração desse tipo de atividade."

De fato, embora tenha permanecido inalterado o texto constitucional, é certo que o contexto é agora outro, e o tratamento, em matéria de ICMS, conferido pela norma constitucional em vigor às transações não presenciais não parece perfeitamente condizente com os novos tempos.

Não se pode ignorar a alteração no quadro fático e econômico que justificou a elaboração da norma ora impugnada – Protocolo ICMS n. 21/2011 –, marcada pela expansão do comércio eletrônico, e a maneira como a manutenção da sistemática de cobrança e a repartição do ICMS nas vendas não presenciais prejudica os Estados de destino e favorece os Estados da origem, normalmente situados nas regiões mais industrializadas do país.

Há que se buscar estabelecer – também em relação às transações virtuais, cada vez mais frequentes – alguma fórmula de partilha capaz de evitar a concentração excessiva de recursos nas unidades federativas de origem e assegurar alguma forma de participação aos Estados de destino, onde se situam os consumidores.

Essa necessidade, no entanto, não é, por si só, razão para que se reconheça a validade da norma impugnada.

Não se pode superar o vício de inconstitucionalidade que decorre da evidente contradição entre o teor do art. 155, § 2º, VII, da Constituição Federal e o disposto Protocolo ICMS n. 21/2011. Sim, porque o Protocolo determina que se cobre a parcela devida na operação interestadual – a diferença de alíquota –, em operação que, nos termos do art. 155, § 2º, VII, "b", sujeita-se apenas à alíquota interna, visto que destinada a consumidor final não contribuinte.

A necessidade de adequação da sistemática de cobrança do ICMS ao significativo crescimento do comércio eletrônico não é suficiente para se reconhecer ao CONFAZ e a uma parcela dos Estados-membros a competência para alterar – revogar, diria –, por meio de instrumento infralegal, a disciplina constitucional de cobrança de partilha do ICMS.

Não desconheço a importância nacional do CONFAZ como instância de diálogo e cooperação entre os diferentes Estados-membros e o Distrito Federal, nem ignoro seu papel na uniformização e coordenação de esforços em matéria fiscal.

Na verdade, sou da opinião de que a solução de muitos dos conflitos e desafios federativos atuais passa, certamente, pela construção de espaços de deliberação e colaboração entre as unidades federadas.

É forçoso reconhecer, todavia, a existência de limites que não podem ser ultrapassados sem se pôr em xeque a própria supremacia do texto constitucional e a estrutura do pacto federativo que nele se arquitetou. E esses limites, segundo penso, foram transgredidos na edição do Protocolo ICMS n. 21/2011.

Ainda que os fins sejam meritórios, nem o CONFAZ, nem os Estados-membros individualmente detêm a competência de modificar o regramento constitucional do art. 155, § 2º, VII, como se pretendeu na espécie. Não dispõe o órgão dos meios necessários para tanto, nem está a tanto legitimado.

Nessa linha, acredito que meu pensamento vai ao encontro do que afirmou o Ministro Luiz Fux, quando da concessão da medida cautelar na ADI 4.628:

"No caso *sub examine*, o que se discute é exatamente saber se podem os Estados-membros, diante de um cenário que lhes seja desfavorável, instituir novas regras de cobrança de ICMS, a despeito da repartição estabelecida anteriormente pelo texto constitucional.

A resposta é, a meu juízo, desenganadamente negativa.[...]

Note-se que, segundo a Lei Fundamental de 1988 e diversamente do que fora estabelecido no Protocolo ICMS n. 21/2011, a aplicação da alíquota interestadual só tem lugar quando o consumidor final localizado em outro Estado for contribuinte do imposto, mercê do art. 155, § 2º, inciso VII, alínea g, da CRFB/88. Em outras palavras, outorga-se ao Estado de origem, via de regra, a cobrança da exação nas operações interestaduais, excetuando os casos em que as operações envolverem combustíveis e lubrificantes que ficarão a cargo do Estado de destino.

Para o bem ou para o mal, esta opção do constituinte originário deve ser observada. E há diversas razões para isso. A primeira delas é que, ante o tratamento constitucional dispensado à matéria, não se afigura legítimo admitir a fixação de novas regras para a cobrança de ICMS pelos Estados-membros para além destes parâmetros já esquadrinhados pelo constituinte. Isso subverteria a sistemática de repartição de competências tributárias, notadamente relativa ao ICMS, que tem na Constituição como sede própria para aglutinar tal regramento.

Por outro lado, a estrita observância dos imperativos constitucionais relativos aos ICMS se impõe como instrumento de preservação da higidez do pacto federativo. O fato de tratar-se de imposto estadual não confere aos Estados-membros a prerrogativa de instituir, *sponte sua*, novas regras para a cobrança do imposto, desconsiderando o altiplano constitucional. Em que pese a alegação do agravamento do cenário de desigualdades inter-regionais, em virtude da aplicação do art. 155, § 2º, VII, da Constituição, a correção destas distorções somente poderá emergir pela promulgação de emenda constitucional, operando uma reforma tributária, e não mediante a edição de qualquer outra espécie normativa. Precisamente por não ostentar legitimidade democrática da Assembleia Constituinte ou do constituinte derivado, descabe ao Confaz ou a qualquer das unidades da Federação de forma isolada estipular um novo modelo de cobrança de ICMS nos casos de operações interestaduais quando o destinatário final das mercadorias não for seu contribuinte habitual.

Justamente por isso, o afastamento dessa premissa, além de comprometer a integridade nacional ínsita à Federação, gera um ambiente de anarquia normativa, dentro da qual cada unidade federada irá se arvorar da competência de proceder aos ajustes que entenderem necessários para o melhor funcionamento da Federação. Daí por que a correção da engenharia constitucional de repartição de competências tributárias somente pode ocorrer legitimamente mediante manifestação do constituinte reformador, por meio da promulgação de emendas constitucionais, e não pela edição de outras espécies normativas (*e.g.*, Protocolos, Resoluções etc.).

Não bastasse isso, do ponto de vista sistêmico, não se pode transigir que os Estados-membros editem atos normativos para proceder a tais correções, de forma isolada ou em conjunto com outros Estados, a pretexto de amainar supostas desigualdades sociais e econômicas inter-regionais. E isso porque a adoção de tais práticas pelos Estados-membros comprometeria por completo a segurança e previsibilidade necessárias aos cidadãos, em geral, e aos contribuintes do tributo, em especial, em razão da multiplicidade de atos normativos que seriam editados relativos ao ICMS. Vale dizer, todos os indivíduos, residentes ou não do Estado instituidor da nova política tributária de ICMS, ficam prejudicados com a adoção de medidas unilaterais pretensamente voltadas a solver os reveses da Federação brasileira. Assim é que, no limite, em situações como as debatidas na espécie, os maiores prejudicados são os consumidores finais, que, verdadeiramente, terão de suportar o excessivo – e indevido aumento da carga tributária a eles repassado no preço da mercadoria."

A bem da verdade, nem mesmo seria dado ao CONFAZ deliberar sobre o estabelecimento de alíquotas internas ou interestaduais em matéria de ICMS, uma vez que essa atribuição está expressamente reservada ao Senado Federal pela norma do art. 155, § 2º, IV e V, da Constituição Federal:

"IV – resolução do Senado Federal, de iniciativa do Presidente da República ou de um terço dos Senadores, aprovada pela maioria absoluta de seus membros, estabelecerá as alíquotas aplicáveis às operações e prestações, interestaduais e de exportação;

V – é facultado ao Senado Federal:

a) estabelecer alíquotas mínimas nas operações internas, mediante resolução de iniciativa de um terço e aprovada pela maioria absoluta de seus membros;

b) fixar alíquotas máximas nas mesmas operações para resolver conflito específico que envolva interesse de Estados, mediante resolução de iniciativa da maioria absoluta e aprovada por dois terços de seus membros;"

Reconhecer a validade do Protocolo impugnado implicaria aceitar a possibilidade de que uma deliberação no âmbito do CONFAZ, que nem mesmo contou com a concordância de todos os 26 Estados-membros e do Distrito Federal, pudesse reformular a norma do art. 155, § 2º, VII, da Constituição Federal, conferindo-lhe outro comando, outro conteúdo. E isso, decerto, não se pode admitir sem subverter a ordem e a hierarquia do sistema jurídico em vigor.

Na mesma linha, a propósito da interpretação do art. 155, § 2º, VII, da Constituição Federal, a doutrina de Clélio Chiesa, que leciona:

"A regra constitucional é clara: a receita do ICMS somente é repartida entre o Estado da origem e o Estado do destino ma mercadoria ou bem nas hipóteses em que as operações interestaduais são realizadas entre contribuintes do imposto. Nas operações realizadas com adquirentes não contribuintes do imposto. Dito em outras palavras, aplica-se a alíquota cheia nas vendas realizadas a não contribuintes do ICMS e a alíquota interestadual nas vendas para contribuintes do ICMS, ficando o Estado de destino com a diferença de ICMS entre a alíquota interestadual e a alíquota interna. [...]

É incontestável que o critério adotado pelo constituinte de 1988 é inadequado à nova realidade de forma não presencial à época da edição da Constituição de 1988 era pífio. No ano de 2001, o faturamento anual das vendas por meio da internet era da ordem de R$ 0,54 bilhões. Em 2011, esse fundamento alcançou a cifra de R$ 18,70 bilhões. É evidente que um critério de repartição construído tendo em vista a realidade da época está em total descompasso com essa nova realidade. [...] (CHIESA, Clélio. ICMS – Aspectos Controversos do Comércio Eletrônico e o Protocolo 021/2011. In: **IX Congresso Nacional de Estudos Tributários**, 2012, São Paulo.)

Conclui, entretanto, o autor:

"Parece-nos indiscutível que as razões invocadas pelos Estados signatários do Protocolo n. 21/2011 para reivindicar uma alteração da repartição das receitas auferidas com operações interestaduais de compra e venda realizadas de forma não presencial são absolutamente legítimas, entretanto, não são suficientes, juridicamente, para afastar a regra expressamente estabelecida no art. 155, § 2º, VII e VIII, da Constituição Federal, pois nada é mais pernicioso a um sistema jurídico do que o desrespeito a preceitos constitucionais, instaurando-se a insegurança jurídica." (CHIESA, Clélio. ICMS – Aspectos Controversos do Comércio Eletrônico e o Protocolo 021/2011. In: **IX Congresso Nacional de Estudos Tributários**, 2012, São Paulo.)

Além disso, também não se pode deixar olvidar que a sistemática prevista no Protocolo traz um efeito perverso para o contribuinte. Refiro-me ao aumento de carga tributária provocado pela cobrança da diferença de alíquota nos casos em que a mercadoria é procedente de Estados não signatários do Protocolo 21/2011.

Como se sabe, não foram todas as unidades federativas que aderiram ao Protocolo 21/2011. Inicialmente, o Protocolo contou com a adesão dos seguintes Estados: Acre, Alagoas, Amapá, Bahia, Ceará, Espírito Santo, Goiás, Maranhão, Mato Grosso, Pará, Paraíba, Pernambuco, Piauí, Rio Grande do Norte, Roraima, Rondônia e Sergipe, além do Distrito Federal. Posteriormente, aderiram ao pacto também Mato Grosso do Sul (Protocolo n. 31/2011) e Tocantins (Protocolo 43/2011).

Pois bem. O fato é que, não sendo a mercadoria proveniente de alguma dessas unidades federativas, o Estado de origem (não signatário) exigirá o ICMS mediante aplicação de alíquota interna – e não da interestadual – e o Estado de destino (signatário) também cobrará o imposto mediante a aplicação de diferença de alíquota que, na verdade, não existe, porque o imposto já foi integralmente pago na origem.

Em tais hipóteses, não há propriamente repartição de receitas entre origem e destino, mas uma forma de sobreposição de competências e, portanto, dupla cobrança. Paga-se o ICMS integralmente na origem mais um acréscimo, a título de diferença de alíquota, no destino. Há, portanto, nova incidência tributária sem respaldo constitucional a onerar o consumidor final.

Essa é, aliás, decorrência inevitável da própria inadequação do instrumento legislativo em questão – Protocolo –, que, sendo veículo normativo de hierarquia inferior, não tem o condão de vincular as unidades federadas que a ele não aderiram.

O fato é que, estando a regra em questão expressamente prevista no art. 155, § 2º, VII, da Constituição Federal, uma alteração, nos moldes propostos pelo Protocolo em questão, somente poderia se processar pela via da reforma constitucional, observados os requisitos, o quórum e o procedimento exigido pelo art. 60 da Constituição Federal.

Aliás, vale lembrar que o tema já está atualmente em discussão no Congresso Nacional, onde tramitam propostas de emenda constitucional que pretendem modificar a sistemática de cobrança do ICMS nas operações e prestações realizadas de forma não presencial e que destinem bens e serviços a consumidor final localizado em outro Estado.

É o caso, por exemplo das PECs 31/2007 e 227/2008, na Câmara dos Deputados, e também da PEC 103/2011, em tramitação no Senado Federal, entre outras iniciativas de mesmo escopo.

Assim, minha conclusão é no sentido da inconstitucionalidade do Protocolo ICMS n. 21, de 1º de abril de 2011, pela afronta ao art. 155, § 2º, VII, "b", e VIII, da Constituição Federal de 1988.

Entretanto, reconheço a necessidade de modularem-se os efeitos de declaração de inconstitucionalidade, tomando como marco temporal data da concessão da liminar na ADI 4.628, de relatoria do Ministro Luiz Fux, ressalvadas as ações em curso.

Ante o exposto, nego provimento ao recurso extraordinário do Estado de Sergipe.

É como voto.

RE 540.829[1]

ICMS – Entrada de mercadoria importada do exterior – Art. 155, II, CF/88
– Operação de arrendamento mercantil internacional – Não incidência –
Recurso extraordinário a que se nega provimento.

Trata-se, originariamente, de mandado de segurança impetrado pela empresa HAYES WHELLS DO BRASIL LTDA. contra ato do CHEFE DO POSTO FISCAL DE FRONTEIRA II DA DELEGACIA REGIONAL TRIBUTÁRIA DE SANTOS, cujo pedido é o reconhecimento da não incidência de ICMS na entrada de bem importado por meio de arrendamento mercantil. A segurança foi concedida em primeira instância e mantida pela Quarta Câmara de Direito Público do Tribunal de Justiça do Estado de São Paulo, em acórdão assim ementado:

"ICMS – Importação de equipamento objeto de contrato de arrendamento mercantil – Hipótese que não caracteriza fato gerador do ICMS – Recursos improvidos". Ao negar provimento ao recurso de apelação interposto pela Fazenda do Estado, o Tribunal de Justiça de São Paulo asseverou o seguinte: 'a operação de importação do bem sob o regime de arrendamento mercantil, por si só, não enseja a tributação, que só poderá se dar quando esse mesmo bem arrendado se incorporar ao patrimônio de quem o importou (coisa que, aqui, e como dito, não se dará, à vista do clausulado no contrato), através de uma circulação mercantil, à qual, aí sim, poderá ser imposta a incidência do tributo.' (fls. 141-142) Contra essa decisão foram opostos embargos de declaração, os quais foram rejeitados pelo tribunal de origem. Inconformado, o Estado de São Paulo interpôs o presente recurso extraordinário, por meio do qual alega, em síntese, a constitucionalidade da incidência de ICMS sobre operações de importação de bens e mercadorias sob o regime de arrendamento mercantil internacional. O recorrente alega que o ICMS é devido nas operações de 'leasing' internacional, tendo em vista os seguintes fatores: 'a) o fato gerador do ICMS na importação é a entrada de qualquer bem no território nacional. Vale dizer, para a configuração da operação principal, relativamente aos tributos que gravam os bens provenientes do exterior (Imposto de Importação, IPI e ICMS), basta a materialidade do ingresso dos mesmos no País e a submissão desses aos desembaraços aduaneiros. Não são considerados relevantes os aspectos negociais da operação internacional que ensejaram a importação (se em virtude de compra, empréstimo, locação ou conferência do bem; a título oneroso ou não; com ou sem cobertura cambial), (também nos termos do artigo 2º, § 2º, da LC 87/96); b) a Lei Complementar n. 87/96 em seu artigo 3º, inciso VIII, está se referindo apenas ao contrato de 'leasing' firmado no território nacional e caso não exercida a opção de compra do bem pelo arrendatário; e c) estão sujeitas ao ISS apenas as operações com arrendamento mercantil firmadas no mercado interno, competindo ao Estado cobrar o ICMS sobre o 'leasing' internacional". (fls. 167) O Ministério Público apresentou parecer pelo provimento do recurso, tomando por base o que decidido por ocasião do julgamento do RE 206.069, Tribunal Pleno, Rel. Min. Ellen Gracie, DJe 1.9.2006. Ao verificar que a questão constitucional em debate (possibilidade de incidência de ICMS nas importações de bens e mercadorias por meio de arrendamento mercantil) não está pacificada no âmbito do Supremo Tribunal Federal, submeti a matéria ao plenário virtual, ocasião em que o Tribunal reconheceu a existência de repercussão geral do tema em exame. Deferi os pedidos de ingresso no feito, na qualidade de 'amici curiae', da Associação Brasileira das Secretarias de Finanças das Capitais Brasileiras (ABRASF), bem como da empresa TAM Linhas Aéreas S.A.

O julgado restou assim ementado:

EMENTA: Recurso Extraordinário. Constitucional e Tributário. ICMS. Entrada de mercadoria importada do exterior. Art. 155, II, CF/88. Operação de arrendamento mercantil internacional. Não incidência. Recurso extraordinário a que se nega provimento. 1. O ICMS tem fundamento no artigo 155, II, da CF/88, e incide

---

[1] Acordam os Ministros do Supremo Tribunal Federal, em Sessão Plenária, sob a Presidência do Senhor Ministro Ricardo Lewandowski, na conformidade da ata de julgamentos e das notas taquigráficas, decidindo o tema 297, por maioria, em negar provimento ao recurso extraordinário, vencidos os Ministros Gilmar Mendes (Relator) e Teori Zavascki (*DJ* de 18.11.2014).

Estado de Direito e Jurisdição Constitucional – Decisões relevantes em 15 anos de atuação no STF

sobre operações relativas à circulação de mercadorias e sobre prestações de serviços de transporte interestadual e intermunicipal e de comunicação, ainda que as operações e as prestações se iniciem no exterior. 2. A alínea "a" do inciso IX do § 2º do art. 155 da Constituição Federal, na redação da EC 33/2001, faz incidir o ICMS na entrada de bem ou mercadoria importados do exterior, somente se de fato houver circulação de mercadoria, caracterizada pela transferência do domínio (compra e venda). 3. Precedente: RE 461.968, Rel. Min. EROS GRAU, Tribunal Pleno, julgado em 30.05.2007, DJe 23.08.2007, onde restou assentado que o imposto não é sobre a entrada de bem ou mercadoria importada, senão sobre essas entradas desde que elas sejam atinentes a operações relativas à circulação desses mesmos bens ou mercadorias. 4. Deveras, não incide o ICMS na operação de arrendamento mercantil internacional, salvo na hipótese de antecipação da opção de compra, quando configurada a transferência da titularidade do bem. Consectariamente, se não houver aquisição de mercadoria, mas mera posse decorrente do arrendamento, não se pode cogitar de circulação econômica. 5. In casu, nos termos do acórdão recorrido, o contrato de arrendamento mercantil internacional trata de bem suscetível de devolução, sem opção de compra. 6. Os conceitos de direito privado não podem ser desnaturados pelo direito tributário, na forma do art. 110 do CTN, à luz da interpretação conjunta do art. 146, III, combinado com o art. 155, inciso II e § 2º, IX, "a", da CF/88. 8. Recurso extraordinário a que se nega provimento.

VOTO

A matéria debatida no presente recurso extraordinário não é estranha à Corte. O Tribunal já se pronunciou sobre o tema em algumas ocasiões e, mais recentemente, duas decisões importantes e divergentes foram adotadas acerca do assunto.

A **primeira** dessas decisões foi adotada por este Plenário no julgamento do RE 206.069, relatora a Min. Ellen Gracie, julgado em 1º.9.2005, DJ 1º.9.2006; a **segunda** consubstanciou-se em acórdão do Pleno do STF, que julgou o RE 461.968, relator o Min. Eros Grau, DJ 24.8.2007.

1. Precedente do STF que afirma a incidência de ICMS sobre a entrada de bem ou mercadoria importada do exterior: RE 206.069

No primeiro caso, o Supremo afirmou que incide o ICMS sobre importações de bens e mercadorias e que é desnecessária a verificação da natureza jurídica do negócio internacional do qual decorre a importação, de forma que o art. 3º, inciso VIII, da Lei Complementar 87/96, aplica-se exclusivamente às operações de *leasing* realizadas em âmbito interno.

A relatora do acórdão, Min. Ellen Gracie, ao examinar a matéria, ressaltou que duas questões deveriam ser enfrentadas pela Corte: (1) a necessidade de se estabelecer a natureza jurídica do contrato de arrendamento mercantil (*leasing*), para efeito de se conhecer sua influência nas operações de importação; e (2) a da efetiva ocorrência do fato gerador do ICMS, no momento da entrada de mercadoria ou bem importado, por força deste tipo de contrato.

Quanto ao primeiro ponto – relativo ao estabelecimento da natureza do contrato de arrendamento mercantil –, o acórdão prolatado no julgamento do RE 206.069 concluiu que a jurisprudência do Supremo apenas havia cuidado do tema do ponto de vista interno, isto é, o Tribunal apenas havia deliberado acerca da natureza jurídica do contrato de arrendamento mercantil, com o intuito de saber qual imposto (IOF, ISS, ou ICMS) deveria incidir sobre as operações de *leasing* financeiro no âmbito interno.

Nesse sentido, a Min. Ellen Gracie trouxe precedente julgado ainda na vigência da Constituição anterior, RE 106.047, de 19 de novembro de 1985, Primeira Turma, relatado pelo Min. Rafael Mayer, em que o Tribunal fixou a equivalência entre a operação de *leasing* e a locação de bem móvel, de modo a atrair a incidência do ISS.

Recentemente, o Supremo fixou seu entendimento sobre a matéria, adotando a sistemática da repercussão geral, no julgamento do RE 592.905, Rel. Min. Eros Grau, Tribunal Pleno, *DJe* 5.3.2010, cujo acórdão restou assim ementado:

"RECURSO EXTRAORDINÁRIO. DIREITO TRIBUTÁRIO. ISS. ARRENDAMENTO MERCANTIL. OPERAÇÃO DE *LEASING* FINANCEIRO. ARTIGO 156, III, DA CONSTITUIÇÃO DO BRASIL.

O arrendamento mercantil compreende três modalidades, [i] o *leasing* operacional, [ii] o *leasing* financeiro e [iii] o chamado *lease-back*. No primeiro caso há locação, **nos outros dois, serviço**.

A lei complementar não define o que é serviço, apenas o declara, para os fins do inciso III do artigo 156 da Constituição. Não o inventa, simplesmente descobre o que é serviço para os efeitos do inciso III do artigo 156 da Constituição. **No arrendamento mercantil (*leasing* financeiro), contrato autônomo que não é misto, o núcleo é o financiamento, não uma prestação de dar. E financiamento é serviço, sobre o qual o ISS pode incidir, resultando irrelevante a existência de uma compra nas hipóteses do *leasing* financeiro e do *lease-back*.**

Recurso extraordinário a que se nega provimento". (grifei)

Claro está, assim, que o Supremo assentou seu entendimento acerca da possibilidade de incidência do ISS sobre as operações de arrendamento mercantil (*leasing* financeiro) **realizadas em âmbito interno**. E, ao fazê-lo, o voto condutor do Min. Eros Grau deixou claro que a incidência do ISS sobre tais operações independe de posterior opção de compra do bem por parte do arrendatário, uma vez que isso não teria o condão de descaracterizar a prevalência da prestação de serviço, consubstanciada no financiamento.

Quanto ao segundo ponto – a efetiva ocorrência do fato gerador do ICMS, no momento da entrada de mercadoria ou bem importado, por força de operação de arrendamento mercantil (*leasing* financeiro) –, assim se pronunciou a Min. Ellen Gracie, relatora do RE 206.069, em seu voto condutor:

"Não se pode olvidar que o Constituinte de 1988, a exemplo do que já proclamado na Carta Pretérita, conferiu tratamento especialíssimo à incidência de ICMS sobre itens importados.

Com efeito, conquanto remanesça a circulação econômica como hipótese de incidência genérica do imposto, o legislador constitucional determinou a incidência específica do tributo sobre a entrada da mercadoria ou bem importados do exterior. Veja-se o dispositivo, na redação original, anterior à Emenda Constitucional n. 33/2001:

*'§ 2º O imposto previsto no inciso I, **b**, atenderá ao seguinte:*

IX – incidirá também:

a) sobre a entrada de mercadoria importada do exterior, ainda quando se tratar de bem destinado a consumo ou ativo fixo do estabelecimento, assim como sobre serviço prestado no exterior, cabendo o imposto ao Estado onde estiver situado o estabelecimento destinatário da mercadoria ou do serviço;'

O exame desse dispositivo revela que, nessa circunstância, a imposição de ICMS prescinde da verificação da natureza do negócio jurídico ensejador da importação. A Constituição Federal elegeu o elemento fático 'entrada' de mercadoria importada' como caracterizador da circulação jurídica da mercadoria ou do bem, e dispensou indagações acerca dos contornos do negócio jurídico realizado no exterior.

Veja-se que, a par de incidir sobre "operações relativas à circulação de mercadorias", fez o Constituinte de 1988 constar do Texto Constitucional a expressa ressalva da incidência sobre 'a entrada' do bem importado".

Esse julgado assentou, assim, que o inciso VIII do art. 3º da Lei Complementar 87/96 apenas se aplica às operações internas de *leasing* financeiro, tendo em vista que a opção de compra do bem, porventura constante do ajuste internacional, não está no âmbito de incidência do ICMS, além de o arrendador sediado no exterior não ser contribuinte desse imposto e, devo acrescentar, tampouco do ISS.

Confira-se o teor do dispositivo normativo:

"Art. 3º. O imposto não incide sobre: (...)

VIII – operações de arrendamento mercantil, não compreendida a venda do bem arrendado ao arrendatário".

Entender de modo distinto significaria isentar totalmente a operação de importação de bem, mediante contrato de *leasing* financeiro internacional, da incidência tanto do ICMS, quanto do ISS, em tratamento absolutamente desigual ao conferido aos bens negociados em território nacional.

2. Precedente que apenas admite a incidência do ICMS sobre a importação de bem por meio de arrendamento mercantil caso haja no contrato a opção de compra: RE 461.968

Nesse caso, o Tribunal, seguindo o voto do relator, Min. Eros Grau, entendeu necessário fazer uma distinção entre as hipóteses em que o bem, e a mercadoria, importado mediante operação de arrendamento mercantil é consumido pelo arrendatário, ingressa em seu ativo fixo ou, ainda, sofre transferência de domínio; e aqueles casos em que o *leasing* internacional apenas significa transferência temporária do uso de determinados bens por seus respectivos arrendatários, sem que, ao término do contrato, o arrendador estrangeiro deixe de ser proprietário do bem.

Nesse último caso, hipótese de que se cuida, o Tribunal acompanhou o voto do relator, Min. Eros Grau, no sentido de que, apesar de a alínea "*a*" do inciso IX do § 2º do art. 155 da Constituição Federal, na redação da EC 33/2001, afirmar que o ICMS incidirá na entrada de bem ou mercadoria importados do exterior, isto apenas ocorrerá se de fato houver circulação de mercadoria.

Dessa forma, ao concluir que nas importações decorrentes de operações de arrendamento mercantil, em que não haja a opção de compra, não ocorre a circulação econômica de mercadoria, mas apenas o seu uso temporário por parte da arrendatária, o voto condutor assentou a não incidência do ICMS na hipótese. Essa orientação vem sendo seguida por esta Corte.

Ao justificar seu voto no RE 206.069, em que acompanhou a relatora Min. Ellen Gracie, o Min. Eros Grau assim se pronunciou:

"E nem se alegue que se aplica ao caso o precedente do RE n. 206.069, Relatora a Ministra ELLEN GRACIE, no bojo do qual se verificava a circulação mercantil, pressuposto da incidência do ICMS. Nesse caso, aliás, acompanhei a relatora. Mas o precedente disse com a importação de equipamento destinado ao ativo fixo de empresa, situação na qual a opção do arrendatário pela compra do bem ao arrendador era mesmo necessária, como salientou a eminente relatora." (grifei)

Nota-se, portanto, que o Min. Eros Grau, no voto seguido pela Corte, fez a distinção entre a situação em que o bem importado é transferido ao patrimônio do arrendatário, daquelas situações em que a opção de compra não está inserida no contrato internacional.

Cumpre verificar, contudo, se a distinção feita pelo Min. Eros Grau está a emprestar a melhor interpretação ao art. 155, § 2º, IX, *a*, da Constituição, com a redação dada pela EC n. 33/2001.

3. Reexame do tema

A questão relativa à incidência de ICMS na entrada de mercadorias ou bens importados do exterior gera dificuldades há algum tempo. A redação original do art. 155, § 2º, IX, *a*, da Constituição Federal de 1988, assim dispunha:

Direito Tributário **1391**

"IX – (o ICMS) *incidirá também:*

a) sobre a entrada de mercadoria importada do exterior, ainda quando se tratar de bem destinado a consumo ou ativo fixo do estabelecimento, assim como sobre serviço prestado no exterior, cabendo o imposto ao Estado onde estiver situado o estabelecimento destinatário da mercadoria ou serviço".

Sob essa redação, a polêmica acerca da incidência do ICMS mantinha-se acesa. No que toca à incidência do imposto sobre importação de bem realizada por pessoa física para uso próprio, o Superior Tribunal de Justiça editou, em abril de 1996, a Súmula 155: *"O ICMS incide na importação de aeronave, por pessoa física, para uso próprio".*

Em outubro de 1997, o STJ editou a Súmula 198: *"Na importação de veículo por pessoa física, destinado a uso próprio, incide o ICMS".* No entanto, por ocasião do julgamento do RE 203.075, Red. para o acórdão Min. Maurício Corrêa, *DJ* 29.10.1999, o Supremo afirmou a não incidência do ICMS nas importações de bens realizadas por pessoa física para uso próprio.

Esta orientação culminou na edição da Súmula 660/STF: *"Não incide ICMS na importação de bens por pessoa física ou jurídica que não seja contribuinte do imposto".*

O Poder Constituinte Derivado reagiu a essa orientação jurisprudencial, assim como havia reagido anteriormente ao editar a EC n. 23/1983 à Constituição de 1967/69, que alterou a redação do § 11 do art. 23 da antiga Carta, com o intuito de permitir a incidência de ICM sobre a entrada de mercadoria importada, *"inclusive quando se tratar de bens destinados a consumo ou ativo fixo do estabelecimento".*

Desta feita, a EC n. 33/2001 alterou a redação do art. 155, § 2º, IX, *a*, da CF/88, para dispor o seguinte:

"Art. 155. Compete aos Estados e ao Distrito Federal instituir impostos sobre:

§ 2º O imposto previsto no inciso II [ICMS] atenderá ao seguinte:

IX– incidirá também:

a) sobre a entrada de bem ou mercadoria importados do exterior por pessoa física ou jurídica, ainda que não seja contribuinte habitual do imposto, qualquer que seja a sua finalidade, assim como sobre o serviço prestado no exterior, cabendo o imposto ao Estado onde estiver situado o domicílio ou o estabelecimento do destinatário da mercadoria, bem ou serviço;" (grifei).

Note-se, portanto, que a Emenda Constitucional reagiu à jurisprudência que vinha se consolidando e ampliou a base econômica do ICMS incidente nas importações, em típico movimento de diálogo institucional promovido, no caso, entre Poder Judiciário e Poder Legislativo.

Nas palavras de Leandro Paulsen:

*"A nova redação da alínea 'a' ampliou a base econômica do ICMS na importação. **Agora, alcança não apenas a entrada de mercadoria mas também de bem**. Assim, tem-se que passou a abranger todo e qualquer produto importado do exterior. Ficou claro que qualquer pessoa, física ou jurídica, pode ser contribuinte do ICMS na importação, ainda que não seja contribuinte habitual do imposto, ou seja, mesmo que não seja voltada à atividade industrial ou comercial. Nitidamente, o Constituinte Derivado procurou contornar a jurisprudência do STF, que sinalizava no sentido de que a importação de bem por pessoa física e também por sociedade civil não se sujeitava à incidência do ICMS. Com a ampliação da base econômica pela EC 33/01, a competência tributária passa a abranger a importação de bens por tais pessoas".* (grifei) (*Direito Tributário – Constituição e Código Tributário à luz da doutrina e da jurisprudência*, 12. ed., 2010, p. 360.)

Como salientado por Leandro Paulsen no trecho transcrito acima, o imposto previsto no art. 155, § 2º, IX, *a*, da CF/88, com a redação dada pela EC 33/2001, não pode ser tratado como o ICMS comum, senão como **ICMS que incide na importação.**

O ICMS não pode ser visto, atualmente, como um imposto incidente apenas sobre operações mercantis e alguns serviços, mas também como um imposto que incide sobre importações.

Poder-se-ia ter-lhe conferido nova denominação, mas o Constituinte Derivado optou por manter a tradicional nomenclatura.

Significa dizer, consoante asseverado por Marcelo Viana Salomão (ICMS na Importação, Ed. Atlas, 2001): *"o constituinte de 1988 outorgou competência aos estados e ao Distrito Federal para instituírem, também, um imposto sobre importações".*

Nesse sentido, **não** há como subsistir a orientação fixada pelo Supremo no RE 461.968 (Rel. Min. Eros Grau), no sentido de exigir-se que o bem ou mercadoria importados por meio de arrendamento mercantil internacional devam ter a propriedade transferida para o arrendatário para que se viabilize a incidência do ICMS.

Isso porque esse entendimento convolar-se-ia em obstáculo à própria teleologia da norma constitucional derivada, uma vez que não há como normas de direito interno tutelarem contratos internacionais desse tipo.

Ademais, o *leasing* financeiro é definido, em virtude de se abrirem, ao arrendatário, três hipóteses ao término do contrato: (1) a opção pela devolução do bem; (2) a opção pela compra do bem; e (3) a renovação do ajuste. Por essa razão, a Constituição previu a incidência do ICMS na importação na entrada do bem ou mercadoria, pois, de outra maneira, a incidência ou não do imposto fica à disposição do próprio particular, a depender apenas do tipo de avença que desejar celebrar.

O entendimento que esta Corte adotou, por ocasião do julgamento do RE 461.968, permite tal elisão à incidência tributária prevista no texto constitucional. Para tanto, basta que o arrendatário internacional, **em especial, de aeronaves ou peças e equipamentos** que as compõem, renove a avença por período suficientemente longo para que utilize o bem durante toda a respectiva vida útil.

Caso proceda dessa forma, estará livre da incidência do ICMS na importação, todavia, caso houvesse celebrado contrato de compra e venda, o imposto ser-lhe-ia cobrado.

Com efeito, não procede a alegação de que o entendimento proposto seria ofensivo ao princípio da isonomia, ao permitir a incidência do ICMS na importação mediante arrendamento mercantil internacional e vetá-lo nos contratos de *leasing* financeiro interno.

É que no âmbito interno, consoante assentou a jurisprudência deste Tribunal, incide ISS sobre as operações de *leasing* financeiro, ao passo que não há como tributar da mesma forma o arrendador externo.

Conclui-se, portanto, que o quadro que a jurisprudência da Corte estava a estabelecer sobre o tema apresenta 4 (quatro) hipóteses:

1) se determinado bem for adquirido por contrato de compra e venda internacional, incide o ICMS, pois haverá circulação de mercadoria, a qual será transferida ao patrimônio do adquirente;

2) se bem da mesma espécie for adquirido por contrato de compra e venda interno, incide o ICMS;

3) se o mesmo bem for objeto de operação de arrendamento mercantil (*leasing* financeiro) interno, incide o ISS, segundo a jurisprudência do STF (RE-RG 592.905);

4) **porém, se bem similar for objeto de importação, mediante arrendamento mercantil internacional, em que não seja feita a opção de compra, o entendimento que vem se formando no Supremo impedirá a incidência do ICMS na importação e tampouco incidirá o ISS.**

Diante desse elenco, especialmente da hipótese 4, resta claro que ofensivo ao princípio da isonomia é justamente o entendimento que impede a incidência do ICMS na importação, em razão de privilegiar essa forma de avença internacional, em detrimento de competidores internos.

Além disso, em se tratando de aeronaves, peças e equipamentos utilizados em suas composições, afigura-se evidente a dificuldade de devolução do bem ao arrendador sediado no exterior, por obstáculos econômicos, físicos e fáticos, consoante asseverou a Min. Ellen Gracie, no voto proferido por ocasião do julgamento do RE 206.069.

Ao apreciar o princípio da neutralidade tributária, por ocasião do julgamento do RE 429.306, Segunda Turma, *DJe* 16.3.2011, o relator, Min. Joaquim Barbosa, ressaltou passagem da exposição de motivos elaborada pelo Ministro Mário Henrique Simonsen, ao encaminhar o projeto que culminou na Lei 6.099/1974, que institui o tratamento tributário do arrendamento mercantil no Brasil:

"O projeto objetiva o estabelecimento da disciplina fiscal para as operações de arrendamento mercantil, de forma que as citadas operações se imponham por suas virtudes intrínsecas, e não por mercê de vantagens fiscais que as tornem mais atrativas que as operações de compra e venda financiada".

Impedir a incidência do ICMS na importação de bem mediante contrato de arrendamento mercantil internacional significa atribuir a essas operações vantagens não estendidas àquelas realizadas em âmbito interno, em clara ofensa ao princípio da isonomia, sem mencionar o fato de que o poder de tributar do Estado restaria à disposição do contribuinte, que, ao optar pela celebração do referido ajuste internacional, ver-se-ia livre da incidência do ICMS na importação.

Por essas razões, o Constituinte Originário (e o Derivado aperfeiçoou a sistemática) instituiu o ICMS na importação como espécie *sui generis*, que incide na entrada do bem ou mercadoria no país, quando as hipóteses *ordinárias* de incidência do ICMS ocorrem nas operações de saída das mercadorias.

Por fim, cumpre dizer, consoante afirma, entre outros, Paulo de Barros Carvalho, que os Impostos de Importação e de Exportação apresentam relevantes *"utilidades na tomada de iniciativas diretoras da política econômica. Haja vista a tributação dos automóveis importados do exterior, desestimulante ao extremo, para impulsionar a indústria automobilística nacional". (Curso de Direito Tributário*, Saraiva, 22. ed., 2010, p. 287.)

É o fenômeno da extrafiscalidade caracterizador desses impostos (II e IE), que faz com que eles sejam utilizados como instrumentos da política econômica, de forma a equilibrar a relação entre competidores estrangeiros e nacionais. O II incide sobre mercadorias estrangeiras, enquanto o ICMS na importação, ou o IPI, tributos internos que são, incidem na nacionalização do produto.

Por esse motivo, o Supremo fixou o entendimento no sentido de que deve ser comprovada a quitação dos tributos, inclusive do ICMS, para fins de desembaraço aduaneiro, reconhecendo a particularidade do ICMS na importação (RE 193.817, Plenário, Red. para o acórdão Min. Ilmar Galvão, precedente consolidado na **Súmula 661**: *"Na entrada de mercadoria importada do exterior, é legítima a cobrança do ICMS por ocasião do desembaraço aduaneiro").*

A incidência do ICMS na importação, prevista no art. 155, § 2º, IX, *a*, da Constituição, deve ter por base de cálculo, portanto, o valor do bem acrescido do Imposto de Importação, de modo a garantir a eficiência da política de comércio exterior porventura adotada pelo Governo brasileiro e, assim, o tratamento similar relativamente aos produtos nacionais equivalentes.

Diante do exposto, vislumbro a necessidade de o Supremo Tribunal Federal revisar seu entendimento e acolher o fundamento dos votos proferidos pela Min. Ellen Gracie por ocasião dos julgamentos do RE 206.069 e do RE 226.899, ao qual estendo o voto aqui proferido, de modo a garantir a incidência do ICMS na importação de bem e mercadoria do exterior, independentemente do contrato internacional celebrado.

Assim, conheço do recurso extraordinário interposto pelo Estado de São Paulo em face de decisão do Tribunal de Justiça daquele Estado, para, no mérito, dar-lhe provimento, reconhecendo a incidência do ICMS na importação de bens e mercadorias (em especial aeronaves e respectivas peças e equipamentos) mediante operações de *leasing* financeiro com o exterior.

AgR-RE 917.950[1]

ICMS-Importação – Emenda Constitucional n. 33/2002 – Lei Complementar n. 114/2002 – Leis estaduais anteriores à Lei Complementar e posteriores à Emenda Constitucional – Ausência de lei complementar federal após a emenda constitucional – ICMS-Importação – Alteração da competência tributária relativa ao ICMS, a fim de ampliar o sujeito passivo tributário do ICMS-Importação.

O caso em questão constava de lista de votação eletrônica do Ministro Teori Zavaski e cuida de questão atual e relevante, no que diz respeito à cobrança de ICMS-Importação após a edição da EC 33/2001.

Pedi destaque para julgamento presencial, porque a mim me parece que há um ponto que merece nossa atenção.

No caso dos autos, o Relator, Ministro Teori Zavaski, deu provimento ao recurso extraordinário do contribuinte para conceder a ordem requerida em sede de mandado de segurança, no sentido de afastar a cobrança do ICMS-Importação.

Destaco os fundamentos da decisão ora agravada:

"2. Não procedem as alegações do recorrido relativamente às preliminares de não conhecimento do recurso extraordinário, o qual preenche os requisitos constitucionais e legais exigidos para a sua admissão. Sobre os óbices suscitados, cumpre asseverar que (a) a repercussão geral da matéria em foco foi reconhecida, e já julgada no mérito, no RE 439.796; e (b) a controvérsia diz respeito, exclusivamente, à possibilidade de Lei Estadual publicada antes da LC 114/2002 permitir a incidência do ICMS sobre importação de veículo, para uso próprio, realizada pela recorrente, na condição de pessoa física. Afasta-se também a incidência do Enunciado 284 do STF, como será demonstrado nos tópicos seguintes.

3. O Supremo Tribunal Federal, ao julgar o RE 439.796 RG (Rel. Min. JOAQUIM BARBOSA, Tema 171), fixou a orientação de que o ICMS previsto no art. 155, § 2º, IX, 'a', da CF/88, com a redação dada pela EC 33/2001, alcança a pessoa natural ou física que importa bem ou mercadoria do exterior, ainda que o objeto do negócio jurídico não se destine à atividade comercial ou industrial. Ocorre que a exigência do mencionado tributo pelas Fazendas Públicas Estaduais (ou Distrital) somente se torna válida quando cumpridos os seguintes requisitos: (a) existência de legislação local estadual (ou distrital), editada após a LC 114/2002; e (b) ocorrência do fato gerador posterior ao cumprimento do pressuposto anterior. Nesse âmbito, as modificações da legislação federal ou local que tenham sido promovidas antes da EC 33/2001 não foram convalidadas, e as efetivadas anteriormente à LC 114/2002 não servem de fundamento de validade à tributação. Esse acórdão ficou assim ementado: [...]

A decisão combatida, confirmando a sentença, considerou válida a incidência do ICMS na operação de importação concluída em abril de 2011, quando vigente a Lei Estadual Paulista 11.001/2001, que é subsequente à EC 33/2001, porém, antecedente à LC 114/2002. No apelo extremo, sustenta-se ser o entendimento firmado pelo Tribunal *a quo* contrário à decisão prolatada por esta Corte no RE 439.796 RG.

Assiste razão à recorrente. Por estar em dissonância com o entendimento jurisprudencial acima demonstrado, o aresto impugnado merece ser reformado.

Registre-se que o requisito da repercussão geral está atendido em face do que prescreve o art. 543-A, § 3º, do CPC/1973: '*Haverá repercussão geral sempre que o recurso impugnar decisão contrária a súmula ou jurisprudência dominante do Tribunal.*'

Diante do exposto, com base no art. 557, § 1º-A, do CPC/1973, dou provimento ao recurso extraordinário para conceder a ordem. Custas pela impetrada. Sem honorários advocatícios".

---

[1] A Turma, por maioria, deu provimento ao agravo regimental do Estado de São Paulo para, em consequência, negar provimento ao recurso extraordinário, nos termos do voto do Ministro Gilmar Mendes, vencido o Ministro Teori Zavascki, Relator (*DJ* de 11.6.2018).

Direito Tributário **1395**

Vê-se, pois, que a Lei Estadual paulista 11.001, de 21 de dezembro de 2001 (*DOU* 22.12.2001), é subsequente à EC 33, de 11 de dezembro de 2001 (*DOU* 12.12.2001), porém, antecedente à LC 114, de 16 de dezembro de 2002 (*DOU* 17.12.2002).

Eis a particularidade do caso em tela.

A decisão restou assim ementada:

EMENTA: Direito Constitucional e Direito Tributário. 2. ICMS-Importação. Emenda Constitucional n. 33/2002. Lei Complementar n. 114/2002. 3. Leis estaduais anteriores à Lei Complementar e posteriores à Emenda Constitucional. Análise no plano da eficácia. Preservação da validade da legislação estadual. 4. Após a EC 33/2002, houve alteração da competência tributária relativa ao ICMS, a fim de ampliar o sujeito passivo tributário do ICMS-Importação. 5. A ausência de lei complementar federal não enseja a inconstitucionalidade de lei estadual editada por ente federativo após a EC 33/2002. Inibe apenas seus efeitos. 6. Ineficácia da legislação estadual até 17.12.2002 (data da vigência da Lei Complementar 114/2002). 7. Agravo regimental a que se dá provimento.

VOTO

Penso que há alguns aspectos neste caso que merecem atenção. A controvérsia dos autos guarda relação com o que se decidiu no RE 439.796 RG, Rel. Min. JOAQUIM BARBOSA (Tema 171). A tese fixada no referido julgamento foi a seguinte:

"Após a Emenda Constitucional 33/2001, é constitucional a incidência de ICMS sobre operações de importação efetuadas por pessoa, física ou jurídica, que não se dedica habitualmente ao comércio ou à prestação de serviços".

O julgado, por sua vez, está assim ementado:

"CONSTITUCIONAL. TRIBUTÁRIO. IMPOSTO SOBRE CIRCULAÇÃO DE MERCADORIAS E SERVIÇOS. ICMS. IMPORTAÇÃO. PESSOA QUE NÃO SE DEDICA AO COMÉRCIO OU À PRESTAÇÃO DE SERVIÇOS DE COMUNICAÇÃO OU DE TRANSPORTE INTERESTADUAL OU INTERMUNICIPAL. 'NÃO CONTRIBUINTE'. VIGÊNCIA DA EMENDA CONSTITUCIONAL 33/2002. POSSIBILIDADE. REQUISITO DE VALIDADE. FLUXO DE POSITIVAÇÃO. EXERCÍCIO DA COMPETÊNCIA TRIBUTÁRIA. CRITÉRIOS PARA AFERIÇÃO. 1. Há competência constitucional para estender a incidência do ICMS à operação de importação de bem destinado a pessoa que não se dedica habitualmente ao comércio ou à prestação de serviços, após a vigência da EC 33/2001. 2. A incidência do ICMS sobre operação de importação de bem não viola, em princípio, a regra da vedação à cumulatividade (art. 155, § 2º, I, da Constituição), pois se não houver acumulação da carga tributária, nada haveria a ser compensado. 3. Divergência entre as expressões 'bem' e 'mercadoria' (arts. 155, II e 155, § 2º, IX, *a*, da Constituição). É constitucional a tributação das operações de circulação jurídica de bens amparadas pela importação. A operação de importação não descaracteriza, tão somente por si, a classificação do bem importado como mercadoria. Em sentido semelhante, a circunstância de o destinatário do bem não ser contribuinte habitual do tributo também não afeta a caracterização da operação de circulação de mercadoria. Ademais, a exoneração das operações de importação pode desequilibrar as relações pertinentes às operações internas com o mesmo tipo de bem, de modo a afetar os princípios da isonomia e da livre concorrência. CONDIÇÕES CONSTITUCIONAIS PARA TRIBUTAÇÃO 4. Existência e suficiência de legislação infraconstitucional para instituição do tributo (violação dos arts. 146, II, e 155, XII, § 2º, 'i', da Constituição). **A validade da constituição do crédito tributário depende da existência de lei complementar de normas gerais (LC 114/2002) e de legislação local resultantes do exercício da competência tributária, contemporâneas à ocorrência do fato jurídico que se pretenda tributar.** 5. Modificações da legislação federal ou local anteriores à EC 33/2001 não foram convalidadas, na medida em que inexistente o fenômeno da 'constitucionalização superveniente' no sistema jurídico brasileiro. A ampliação da hipótese de incidência, da base de cálculo e da sujeição passiva da regra-matriz de incidência tributária realizada por lei anterior à EC 33/2001 e à LC 114/2002 não serve de fundamento de validade à tributação das operações de importação realizadas por empresas que não sejam comerciais ou prestadoras de serviços de comunicação ou de transporte intermunicipal ou interestadual. 6. A tributação somente será admissível se também respeitadas as regras da anterioridade e da anterioridade, cuja observância se afere com base em cada legislação local que tenha modificado adequadamente a regra-matriz e que seja posterior à LC 114/2002. Recurso extraordinário interposto pelo Estado do Rio Grande do Sul conhecido e ao qual se nega provimento. Recurso extraordinário interposto por FF. Claudino ao qual se dá provimento". (Grifei)

Penso que, nesse julgado, não ficou claro se a legislação superveniente à Emenda Constitucional 33/01, porém anterior à Lei Complementar Federal 114/02, padeceria de algum vício de inconstitucionalidade.

É certo que não poderiam ser objeto de cobrança válida em relação a fatos geradores anteriores à edição da Lei Complementar Federal 114/02, posição com a qual eu concordo.

A questão que merece reflexão por esta Corte é que entes federativos, no exercício de sua parcela de competência constitucional e após a Emenda Constitucional 33/01, editaram diplomas normativos de acordo com a alteração constitucional, mas antes da Lei Complementar Federal 114/02.

A Emenda Constitucional em questão foi clara ao estabelecer quem seriam os sujeitos passivos da exação estadual quando alterou a norma do art. 155, § 2º, IX, "a", da CF, a saber:

"IX (*omissis*).

[**redação original**]: a) sobre a entrada de mercadoria importada do exterior, ainda quando se tratar de bem destinado a consumo ou ativo fixo do estabelecimento, assim como sobre serviço prestado no exterior, cabendo o imposto ao Estado onde estiver situado o estabelecimento destinatário da mercadoria ou do serviço;

[**norma alterada**]: a) sobre a entrada de bem ou mercadoria importados do exterior por pessoa física ou jurídica, ainda que não seja contribuinte habitual do imposto, qualquer que seja a sua finalidade, assim como sobre o serviço prestado no exterior, cabendo o imposto ao Estado onde estiver situado o domicílio ou o estabelecimento do destinatário da mercadoria, bem ou serviço (…)".

É cediço que apenas lei complementar federal pode dispor sobre contribuintes de imposto estadual na forma do art. 146, III, "a", da CF. Contudo é de observar que, após a emenda constitucional, houve alteração da regra-matriz tributante para permitir o alargamento do sujeito passivo tributário do ICMS-Importação, norma constitucional que ofereceria todos os critérios necessários para a estruturação da lei estadual.

Não se pode punir com a pecha de inconstitucional o ato do ente federativo diligente que, amparado por autorização constitucional e no exercício de sua competência tributária, alterou seu arcabouço normativo estadual para expressar o exato contido naquela norma.

É bem verdade que a efetividade desse poder tributante dependeria de lei complementar federal, todavia não seria caso de inconstitucionalidade formal ou material, mas, tão somente, de condição de eficácia daquele exercício após a superveniência da legislação necessária.

Caso contrário, exemplificadamente no Estado de São Paulo, chegaríamos a situação na qual, em razão de até hoje não ter havido alteração normativa quanto ao contribuinte do ICMS-importação após a Lei Complementar Federal 114/02, o referido Ente Federativo estaria impedido de cobrar o aludido tributo.

Pensando consequencialmente, daríamos azo a incontáveis ações de repetição de indébitos, a promover desfalque ainda maior nas combalidas receitas estaduais.

Portanto, penso que, conjugando a linha do precedente da Corte, deve-se compreender que as leis anteriores à Lei Complementar 114/02 e posteriores à EC 33/01 não são inconstitucionais.

A questão resolve-se no plano da eficácia.

Vale dizer, no período após a EC e anterior à Lei Complementar Federal, não haveria inconstitucionalidade, mas tão só ineficácia da legislação estadual até 17.12.2002 (vigência da Lei Complementar 114/02), de sorte que seriam insubsistentes créditos tributários advindos de fatos geradores anteriores a tal marco.

Em outras palavras, apenas a partir da edição da Lei Complementar 114/02, observado o princípio da anteridade nonagesimal, é que estados estão autorizados a realizar a cobrança de ICMS-importação, nos termos da Emenda Constitucional 33/01. Preserva-se, portanto, a validade das leis estaduais editadas após a referida emenda.

Breves palavras sobre os sistemas normativos auxiliarão na compreensão da questão.

É importante frisar que os "sistemas normativos" são momentâneos. Segundo Carlos Alchourrón e Eugenio Bulygin, a integração da base de um sistema é condicionada pelos seguintes fatores: i) os critérios de identificação utilizados pelo jurista; ii) a matéria eleita; e iii) o momento cronológico com referência ao qual se identificam os enunciados válidos. Ressaltam eles que o fator temporal é muito importante. Dizem:

"Las distintas fuentes del derecho producen continuamente nuevos enunciados válidos, mientras que otros pierden su validez (por derogación, desuso, etcétera). Así, pues, la aplicación de los mismos criterios de identificació en momentos diferentes, da lugar a diferentes resultados. La identificación de los enunciados de la base es un problema empírico, precisamente porque los criterios de identificación y de selección se aplican a un material que el científico encuentra en la experiencia; el contenido de la experiencia varía con el transcurso del tiempo. En este sentido, los sistemas normativos son relativos a un momento cronológico dado: son sistemas momentáneos" (**Sistemas normativos: introducción a la metodología de las ciencias jurídicas.** 2. ed. rev. Buenos Aires: Astrea, 2012, p. 117-118).

Dessa forma, um sistema jurídico num dado momento "t1" será, de acordo com o critério por eles eleito, "... *el conjunto de todas las normas que llegaron a pertenecer al sistema con anterioridad a t1 o en el momento tt (conforme a algunos criterios de pertenencia) y no han sido derogadas hasta t*" (Tiempo y validez. In: **Análisis lógico y derecho**. Madrid: Centro de Estudios Constitucionales, 1991, p. 197).

Lembro, aqui, também, das lições de Joseph Raz:

"A esta altura, pode ser útil introduzir uma distinção importante: aquela entre um sistema jurídico (*legal system*) e um sistema jurídico vigente em determinado momento (*momentary legal system*). O sistema jurídico vigente em determinado momento contém todas as leis de um sistema que são válidas em determinado ponto do tempo. Uma lei inglesa promulgada em 1906 e revogada em 1927 e outra promulgada em 1948 pertencem ao mesmo sistema. Ainda assim, não há sistema jurídico vigente em determinado momento ao qual ambas pertençam, pois elas nunca foram válidas em um mesmo instante. A frase 'O sistema jurídico inglês no início do reinado de Elizabeth II' é ambígua. Ela pode se referir ao sistema vigente naquele momento em particular ou ao sistema jurídico ao qual pertence esse sistema vigente naquele momento. Com frequência, tais frases não se referem a nenhum deles, mas ao sistema do período: isto é, às leis válidas em um momento ou outro durante um espaço de tempo maior que um mero instante e menor que a duração total do sistema jurídico. O sistema jurídico vigente em determinado momento é uma subclasse de sistema jurídico: para cada sistema jurídico vigente em determinado momento há um sistema jurídico que contém todas as leis do sistema vigente naquele momento. Dois sistemas vigentes em determinado momento que são subclasses de um mesmo sistema jurídico podem ter áreas de sobreposição ou mesmo ser idênticos quanto a suas leis, ou podem não ter nenhuma lei em comum" – (**O conceito de sistema jurídico: uma introdução à teoria dos sistemas jurídicos.** Tradução de: ALMEIDA, Maria Cecília. São Paulo: WMF Martins Fontes, 2012, p. 46-47).

O caráter momentâneo dos sistemas jurídicos faz com que devamos analisar as noções de "tempo externo" e "tempo interno" (Tiempo y validez. In: *Análisis lógico y derecho*. Madrid: Centro de Estudios Constitucionales, 1991, p. 198-200). A não ser nos casos em que se adicione ao sistema jurídico uma norma redundante – que, a rigor, não se trata de norma nova –, o agregar de uma nova norma conduzira a um sistema diferente.

O mesmo ocorre nos casos de revogação – a não ser que se trate, evidentemente, da revogação de uma formulação normativa relativa a uma norma redundante –, os quais conduzem a um novo sistema. Nos casos em que há a substituição de uma norma há dois atos concomitantes: um ato de revogação e um ato de promulgação. Há a inclusão da nova norma no mesmo momento em que há a exclusão de outra norma. Denomina-se "tempo externo" de um sistema jurídico "... *el intervalo entre los dos momentos temporales en los cuales una norma es introducida y/o eliminada"*.

Assim, a cada intervalo do tempo externo corresponde um sistema jurídico. Disso, salta a conclusão de que dois sistemas jurídicos consecutivos não serão, jamais, idênticos, enquanto dois sistemas não consecutivos poderão ser idênticos. Isso não quer dizer que dois sistemas jurídicos consecutivos não possam ter muitos elementos comuns. Como também não quer dizer que a mesma norma não possa pertencer a vários sistemas jurídicos, consecutivos ou não.

Denomina-se "tempo externo" da norma o período de tempo durante o qual a norma existe em determinada ordem jurídica, considerada como sequência de sistemas jurídicos. Nas palavras de Carlos Alchourrón e Eugenio Bulygin:

> "La vida o existencia de una norma puede ser caracterizada como la secuencia de todos los momentos temporales externos en los cuales esa norma pertenece a algún sistema jurídico. Se sigue que la existencia de una norma no tiene porque ser continua: una norma puede existir durante el intervalo t_1-t_2 y reaparecer en t_3, etc. Esto muestra que debemos distinguir entre la existencia de una norma en un sistema, donde 'existencia' significa pertenencia al sistema en cuestión, y existencia de la norma en el orden jurídico; aquí 'existencia' significa pertenencia a algún sistema de ese orden" (Tiempo y validez. In: **Análisis lógico y derecho**. Madrid: Centro de Estudios Constitucionales, 1991, p. 199).

Diz, ainda, Eugenio Bulygin que o "tempo externo" e o "tempo interno" de uma norma não têm o porquê coincidir necessariamente. O "tempo interno" é a sequência de todos os momentos temporais no quais a norma é aplicável a algum caso. Com base nessas distinções, Eugenio Bulygin sustenta que uma norma pode existir em um sistema ou em vários sistemas sucessivos, sem ser aplicável e vice-e-versa, e pode ser aplicável no tempo "t1" sem pertencer ao sistema jurídico que corresponde a "t1". (Tiempo y validez. In: *Análisis lógico y derecho*. Madrid: Centro de Estudios Constitucionales, 1991, p. 199).

Pelo exposto, e aplicando as lições acima ao caso concreto, peço vênia ao relator para dar provimento ao agravo interno do Estado de São Paulo, desprovendo, portanto, o recurso extraordinário, no sentido de denegar a ordem requerida no mandado de segurança.

É como voto.

RE 648.245[1]

Tributário – Legalidade – IPTU – Majoração da base de cálculo – Necessidade de lei em sentido formal – Atualização monetária – Possibilidade – É inconstitucional a majoração do IPTU sem edição de lei em sentido formal, vedada a atualização, por ato do Executivo, em percentual superior aos índices oficiais.

Trata-se de recurso extraordinário contra acórdão do Tribunal de Justiça do Estado de Minas Gerais que negou provimento ao recurso de apelação interposto pela Fazenda Pública do Município de Belo Horizonte, com a pretensão de reformar sentença que julgou procedente ação de revisão de lançamento, a fim de reconhecer a inconstitucionalidade de majoração do IPTU, no exercício de 2006, acima do índice de inflação acumulado naquele período, sem a prévia aprovação de lei.

O acórdão recorrido está assim ementado:

"AÇÃO ORDINÁRIA – IPTU – MAJORAÇÃO DA BASE DE CÁLCULO – NECESSIDADE DE EDIÇÃO DE LEI. A majoração da base de cálculo do IPTU, por implicar aumento de tributo, está adstrita à existência de lei em sentido formal, consectário do princípio da legalidade preconizado no art. 150, I, da CR, e no art. 97, do CTN".

O recorrente alega, em síntese, que a lei municipal prevê os critérios gerais a serem aplicados quando da avaliação dos imóveis, e que estes teriam sido observados na cobrança do imposto em discussão.

Em contrarrazões, os recorridos aduzem que a matéria em questão já está pacificada nos Tribunais Superiores, requerendo que o recurso não seja conhecido e, no mérito, seja-lhe negado provimento.

O presente recurso não foi admitido pelo Tribunal *a quo*.

O Supremo Tribunal Federal reconheceu a existência de repercussão geral da questão constitucional suscitada (tema 211).

Dei provimento a agravo de instrumento para determinar a subida do recurso extraordinário (AI 764.518 MG).

Deferi o ingresso no feito, na condição de *amici curiae*, das entidades Confederação Nacional dos Municípios (CNM) e Associação Brasileira das Secretarias de Finanças das Capitais Brasileiras (ABRASF).

A Procuradoria-Geral da República opinou pelo não provimento do recurso.

A decisão prolatada recebeu a seguinte ementa:

EMENTA: Recurso extraordinário. 2. Tributário. 3. Legalidade. 4. IPTU. Majoração da base de cálculo. Necessidade de lei em sentido formal. 5. Atualização monetária. Possibilidade. 6. É inconstitucional a majoração do IPTU sem edição de lei em sentido formal, vedada a atualização, por ato do Executivo, em percentual superior aos índices oficiais. 7. Recurso extraordinário não provido.

VOTO

O acórdão recorrido está em conformidade com a orientação desta Corte. É firme o enten-

---

[1] Acordam os Ministros do Supremo Tribunal Federal, em Sessão Plenária, sob a presidência do Senhor Ministro Ricardo Lewandowski, na conformidade da ata do julgamento e das notas taquigráficas, por unanimidade de votos, negar provimento ao recurso, nos termos do voto do relator, Ministro Gilmar Mendes (*DJ* de 24.2.2014).

dimento deste Tribunal no sentido de que a majoração do valor venal dos imóveis para efeito da cobrança de IPTU não prescinde da edição de lei, em sentido formal, exigência que somente se pode afastar quando a atualização não excede os índices inflacionários anuais de correção monetária.

O princípio constitucional da reserva legal, previsto no inciso I do art. 150 da Constituição Federal, é claro ao vedar a exigência e o aumento de tributo sem lei que o estabeleça. Trata-se de prescrição fundamental do sistema tributário, que se coliga à própria ideia de democracia, aplicada aos tributos (*"no taxation without representation"*).

Afora as exceções expressamente previstas no texto constitucional, a definição dos critérios que compõem a regra tributária – e, entre eles, a base de cálculo – é matéria restrita à atuação do legislador. Não pode o Poder Executivo imiscuir-se nessa seara, seja para definir, seja para modificar qualquer dos elementos da relação tributária.

Nesse mesmo diapasão, é cediço que os Municípios não podem alterar ou majorar, por decreto, a base de cálculo do imposto predial. Podem tão somente atualizar, anualmente, o valor dos imóveis, com base nos índices oficiais de correção monetária, visto que a atualização não constitui aumento de tributo (art. 97, § 1º, do Código Tributário Nacional) e, portanto, não se submete à reserva legal imposta pelo art. 150, inciso I, da Constituição Federal.

São muitos os precedentes nesse sentido: RE 234.605, Rel. Min. Ilmar Galvão, julgamento em 8.8.2000, Primeira Turma, *DJ* 1º.12.2000; AI 534.150-AgR, Rel. Min. Joaquim Barbosa, Segunda Turma, *DJe* 30.4.2010; RE 114.078, Rel. Min. Moreira Alves, Plenário, *DJ* 1º.7.1988.

A propósito, veja-se o AI–AgR 450.666, de relatoria do Ministro Carlos Velloso:

"CONSTITUCIONAL. TRIBUTÁRIO. IPTU. VALOR VENAL DO IMÓVEL. ATUALIZAÇÃO. NECESSIDADE DE LEI EM SENTIDO FORMAL. I. – É vedado ao Poder Executivo Municipal, por simples decreto, alterar o valor venal dos imóveis para fins de base de cálculo do IPTU. Precedentes. II. – Agravo não provido."

Também, no mesmo sentido, vale mencionar o julgamento do RE 234.605, de relatoria do Ministro Ilmar Galvão:

*"**O Senhor Ministro Ilmar Galvão** – (Relator): Dispõe o art. 97 e seus inc. II e §§1º e 2º, do CTN, in verbis:*

'Art. 97. Somente a lei pode estabelecer:

....

II – a majoração de tributos...

1º Equipara-se à majoração do tributo a modificação da sua base de cálculo, que importe em torná-lo mais oneroso.

§ 2º Não constitui majoração de tributo, para os fins do disposto no inciso II deste artigo, a atualização do valor monetário da respectiva base de cálculo'.

Decorre dos trechos transcritos, obviamente, a possibilidade de os Municípios, para efeito de lançamento do IPTU, considerarem, anualmente, o valor do imóvel atualizado de conformidade com os índices oficiais de correção monetária.

Prevenindo abusos de parte das Administrações Municipais, os dispositivos em apreço foram interpretados pelo STF no sentido de que, salvo a hipótese acima exposta, somente por meio de lei, editada com observância ao princípio da anterioridade, poderá o Poder Público alterar a base de cálculo do tributo em bases superiores aos revelados pelos índices oficiais de correção monetária, mediante a publicação das chamadas 'Plantas de Valores', de ordinário, como se sabe, ditadas ser qualquer atenção aos mencionados índices." (RE 234.605, Rel. Min. Ilmar Galvão, julgamento em 8.8.2000, Primeira Turma, *DJ* de 1º.12.2000.)

Na mesma linha, cito os seguintes julgados:

"TRIBUTÁRIO. IPTU. REAJUSTE DO VALOR VENAL DOS IMÓVEIS. DECRETO MUNICIPAL. INVIABILIDADE. O acórdão impugnado mostra-se coerente com a jurisprudência deste Supremo Tribunal, ao decidir que a atualização do valor venal de imóveis, para efeito de cálculo do IPTU, deve ser feita somente mediante lei em sentido formal, sendo inviável por meio de decreto do prefeito. Precedentes: AGRAG 176.870 e RE 234.605. Agravo regimental a que se nega provimento." (AI 346.226 AgR, Rel. Min. Ellen Gracie, *DJ* 4.10.2002, Primeira Turma.)

"RECURSO EXTRAORDINÁRIO – PREQUESTIONAMENTO – AUMENTO DE TRIBUTO – DECRETO. Mostra-se objeto de debate e decisão prévios, tema alusivo ao aumento de tributo via decreto quando conste do acórdão proferido a exigibilidade de lei. TRIBUTO – REAJUSTE x AUMENTO – DECRETO x LEI. Se de um lado é certo assentar-se que simples atualização do tributo, tendo em conta a espiral inflacionaria, independe de lei, isto considerado o valor venal do imóvel (IPTU), de outro não menos correto é que, em se tratando de verdadeiro aumento, o decreto-lei não é o veículo próprio a implementá-lo. A teor do disposto no inciso I, do artigo 150 da Constituição Federal, a via própria ao aumento de tributo e a lei em sentido formal e material." (AI 176.870 AgR, Rel. Min. Marco Aurélio, *DJ* 26.4.1996, Segunda Turma).

Vê-se, assim, que a orientação assentada na jurisprudência do Supremo Tribunal Federal é firme no sentido de que o valor cobrado a título de imposto sobre propriedade predial e territorial urbana (IPTU) pode ser atualizado, anualmente, independentemente da edição da lei, desde que o percentual empregado não exceda a inflação acumulada nos doze meses anteriores.

No caso em tela, todavia, assentou a decisão recorrida que o incremento no valor cobrado, a título de imposto predial, excede consideravelmente o percentual cabível, em termos de atualização monetária. Em vez de aplicar o percentual de 5,88%, correspondente à variação do IPCA/IBGE entre os meses de janeiro a dezembro de 2006, a Fazenda Municipal de Belo Horizonte, por meio do Decreto 12.262/2005, majorou o valor venal dos imóveis em questão em mais de 58%, no ano de 2006.

A cobrança assim majorada representa, por via oblíqua, aumento de imposto sem amparo legal, o que justifica a revisão do lançamento tributário, como se procedeu na instância *a qua*. O acórdão, portanto, não destoa da jurisprudência desta Corte, razão pela qual não merece reforma.

Diante desses argumentos, concluo que é inconstitucional a majoração do IPTU sem edição de lei em sentido formal, tal como decidiu o acórdão recorrido.

Ante o exposto, nego provimento ao recurso extraordinário.

RE 574.706[1]

Exclusão do ICMS na base de cálculo do PIS e COFINS – Definição de faturamento – Apuração escritural do ICMS e regime de não cumulatividade.

I – Breve resumo do caso

Trata-se de recurso extraordinário interposto por Imcopa Importação, Exportação e Indústria de Óleos Ltda. contra acórdão do Tribunal Regional Federal da 4ª Região, assim ementado:

TRIBUTÁRIO – ICMS – INCLUSÃO NA BASE DE CÁLCULO DA CONTRIBUIÇÃO PARA O PIS E DA COFINS. O ICMS integra a base de cálculo da contribuição para o PIS e da COFINS.

Na origem, cuida-se de mandado de segurança preventivo, com pedido de liminar, contra ato da Delegacia da Receita Federal de Curitiba/PR, argumentando a existência de direito líquido e certo de excluir da base de cálculo do Programa de Integração Social (PIS) e da Contribuição para o Financiamento da Seguridade Social (COFINS) os valores correspondentes ao Imposto sobre Circulação de Mercadorias e Serviços (ICMS), impedindo que a autoridade coatora venha a lançar e exigir o presente tributo em relação à referida base de cálculo, bem como o reconhecimento do direito à compensação ou restituição dos valores pagos.

Em primeiro grau, o juiz julgou procedente o pedido e concedeu a segurança pleiteada para reconhecer o direito da impetrante de excluir da base de cálculo da COFINS e do PIS a parcela relativa ao ICMS destacado da nota fiscal, bem como para declarar seu direito de compensar os valores indevidamente recolhidos a esse título, observado o prazo prescricional.

Em segundo grau, o TRF-4 deu provimento à apelação da Fazenda Nacional e ao reexame necessário, considerando que o ICMS integra a base de cálculo do PIS e da COFINS. No voto vencedor, argumenta-se que o ICMS integra a sua própria base de cálculo. Portanto, também integra o faturamento, não sendo algo que se acrescenta ao preço, mas algo que incide sobre o preço. Com efeito, o consumidor não paga o preço mais o tributo, ele paga o preço e sobre o preço incide o tributo pago pelo vendedor. A mesma inteligência aplica-se à COFINS.

No recurso extraordinário, interposto pelo contribuinte, aponta-se violação ao art. 195, inciso I, alínea "b", do texto constitucional.

Nas razões recursais, sustenta-se a impossibilidade de parcela do ICMS compor a base de cálculo da contribuição ao PIS e da COFINS. Alega-se que a natureza do ICMS vai de encontro ao conceito de faturamento, logicamente nele não se enquadrando. Argui-se que a parcela relativa ao ICMS não constitui patrimônio ou riqueza da empresa, tratando-se, única e exclusivamente, do ônus fiscal ao qual está sujeita.

Esta Corte reconheceu a repercussão geral da questão constitucional da matéria (RE-RG 574.706, Rel. Min. Cármen Lúcia, Tribunal Pleno – meio eletrônico, *DJe* 16.5.2008).

A Procuradoria-Geral da República (PGR) manifestou-se, na última Sessão Plenária, no sentido do provimento do recurso, na linha do que foi decidido no RE 240.785, valendo-se do voto do Ministro Celso de Mello naquela assentada.

Feito esse breve relato, passo ao exame da questão constitucional suscitada neste caso.

O julgado recebeu a seguinte ementa:

---

[1] O Tribunal, por maioria e nos termos do voto da Relatora, Ministra Cármen Lúcia (Presidente), apreciando o tema 69 da repercussão geral, deu provimento ao recurso extraordinário e fixou a seguinte tese: "O ICMS não compõe a base de cálculo para a incidência do PIS e da Cofins" (*DJ* de 2.10.2017).

Direito Tributário 1403

EMENTA: RECURSO EXTRAORDINÁRIO COM REPERCUSSÃO GERAL. EXCLUSÃO DO ICMS NA BASE DE CÁLCULO DO PIS E COFINS. DEFINIÇÃO DE FATURAMENTO. APURAÇÃO ESCRITURAL DO ICMS E REGIME DE NÃO CUMULATIVIDADE. RECURSO PROVIDO. 1. Inviável a apuração do ICMS tomando-se cada mercadoria ou serviço e a correspondente cadeia, adota-se o sistema de apuração contábil. O montante de ICMS a recolher é apurado mês a mês, considerando-se o total de créditos decorrentes de aquisições e o total de débitos gerados nas saídas de mercadorias ou serviços: análise contábil ou escritural do ICMS. 2. A análise jurídica do princípio da não cumulatividade aplicado ao ICMS há de atentar ao disposto no art. 155, § 2º, inc. I, da Constituição da República, cumprindo-se o princípio da não cumulatividade a cada operação. 3. O regime da não cumulatividade impõe concluir, conquanto se tenha a escrituração da parcela ainda a se compensar do ICMS, não se incluir todo ele na definição de faturamento aproveitado por este Supremo Tribunal Federal. O ICMS não compõe a base de cálculo para incidência do PIS e da COFINS. 3. Se o art. 3º, § 2º, inc. I, in fine, da Lei n. 9.718/1998 excluiu da base de cálculo daquelas contribuições sociais o ICMS transferido integralmente para os Estados, deve ser enfatizado que não há como se excluir a transferência parcial decorrente do regime de não cumulatividade em determinado momento da dinâmica das operações. 4. Recurso provido para excluir o ICMS da base de cálculo da contribuição ao PIS e da COFINS.

VOTO

II – Questão constitucional

A questão constitucional que aqui se apresenta diz respeito à possibilidade de inclusão do ICMS na base de cálculo da contribuição ao PIS e da COFINS.

As referidas contribuições incidem sobre o **faturamento das pessoas jurídicas de direito privado**, definido como a receita bruta de que trata o art. 12 do Decreto-lei 1.598/1977, consoante os arts. 2º e 3º da Lei 9.718/98, com redação dada pela Lei 12.973/2014.

Portanto, um parâmetro importante para a solução da questão é o **conceito jurídico-constitucional de faturamento**, elencado como uma das possíveis bases tributáveis para as contribuições destinadas ao financiamento da seguridade social, nos termos do art. 195, inciso I, "b", da Constituição Federal, incluído pela Emenda Constitucional 20/1998,

verbis:

"Art. 195. A seguridade social será financiada por toda a sociedade, de forma direta e indireta, nos termos da lei, mediante recursos provenientes dos orçamentos da União, dos Estados, do Distrito Federal e dos Municípios, e das seguintes contribuições sociais:

I – do empregador, da empresa e da entidade a ela equiparada na forma da lei, incidentes sobre: (Redação dada pela Emenda Constitucional nº 20, de 1998)

(...)

b) a receita ou o **faturamento**; (Incluído pela Emenda Constitucional nº 20, de 1998)".

O problema reside, assim, em saber se o ICMS destacado nas notas fiscais de vendas de mercadorias ou serviços integra o conceito de faturamento, para fins de cobrança do PIS e da COFINS.

III – Histórico do enfrentamento da questão constitucional

A questão relativa à inclusão de tributos indiretos na base de cálculo de tributos sobre faturamento não é nova nos Tribunais pátrios.

Na ordem constitucional pretérita, o extinto Tribunal Federal de Recursos (TFR) editou a Súmula 191, assentando que "*é compatível a exigência da contribuição para o PIS com o imposto único sobre combustíveis e lubrificantes*" (Segunda Seção em 5.11.1985).

Ainda antes da Constituição de 1988, o TFR editou a Súmula 258, consignando que *"inclui-se na base de cálculo do PIS a parcela relativa ao ICM"*. Tal súmula, a propósito, influenciou o posicionamento dos Tribunais Regionais Federais e do próprio Superior Tribunal de Justiça durante anos.

Na edição da Súmula, o TFR tomou como referência o Incidente de Uniformização de Jurisprudência em Apelação Cível, assim ementado:

"TRIBUTÁRIO. ICM. PIS. BASE DE CÁLCULO.

I — O valor a ser recolhido a título de PIS incide sobre o faturamento da empresa. No conceito de faturamento está inserido o lucro operacional da empresa, pelo que não se pode excluir as parcelas do ICM, porquanto estas estão insertas no conceito de lucro operacional ou capacidade econômica da empresa.

II — O ICM integra, para todos os efeitos, o preço final da mercadoria, pelo que não se pode excluí-lo da base de cálculo para o PIS. Precedentes.

III — Jurisprudência uniformizada no sentido de incluir-se o ICM na base de Cálculo para o PIS". (AC 123.073-MG, da Segunda Seção do TFR, Rel. Min. Pedro Acioli, *DJ* 3.10.88)

O TFR resolveu a questão com base na legislação infraconstitucional, considerando o disposto no art. 2°, § 7°, do Decreto-lei 406/68, consoante o qual *"o montante do Imposto de circulação de mercadorias – ICM integra a base de cálculo do próprio imposto, constituindo o respectivo destaque mera indicação para fins de controle"*; e o previsto no art. 3°, "b", da Lei Complementar 7/70, segundo o qual o Fundo de Participação do PIS será constituído por recursos próprios da empresa, calculados com base no seu faturamento.

Após a Constituição de 1988, diversos foram os julgados dos Tribunais Regionais Federais que reconheceram a incidência do PIS sobre o ICM. Cito, a propósito, os seguintes precedentes das Cortes Regionais Federais: REO 8924/SP, TRF 3ª Região, 3ª Turma, Rel. Des. Américo Lacombe, *DOE* 10.12.90; AC 89.01.25229, TRF 1ª Região, 4ª Turma, Rel. Des. Fed. Eliana Calmon, *DJ* 19.3.90; e Proc. 8902007910/RJ, TRF 2ª Região, 2ª Turma, Rel. Des. Fed. Julieta Luiz.

O recém-criado Superior Tribunal de Justiça, por sua vez, em 15.12.1992, editou a Súmula 68, assentando que *"a parcela relativa ao ICM inclui-se na base de cálculo do PIS"*. A edição de tal Súmula teve como referência, dentre outros precedentes, os Recursos Especiais 8542/SP, 8.600/SP e 8.541/SP, este último assim ementado:

"TRIBUTÁRIO. PIS. PARCELA PREVISTA NO ART. 36 (sic), 'B', DA LEI COMPLEMENTAR N. 7/70. BASE DE CÁLCULO. ICM. O TRIBUTO EM REFERÊNCIA INTEGRA, PARA TODOS OS EFEITOS, O PREÇO FINAL DA MERCADORIA, RAZÃO PELA QUAL NÃO PODE SER EXCLUÍDO DA BASE DE CÁLCULO DO PIS. INTELIGÊNCIA DO DISPOSITIVO LEGAL SOB APRECIAÇÃO. RECURSO PROVIDO". (STJ, 2ª Turma, Resp. 8.541/SP, Rel. Min. Ilmar Galvão, *DJ* 25.11.1991)

Posteriormente, o STJ editou a Súmula 94, consignando que *"a parcela relativa ao ICMS inclui-se na base de cálculo do FINSOCIAL"*. O FINSOCIAL, a propósito, instituído pelo Decreto-lei 1.940/1982, era um tributo incidente sobre a receita bruta das pessoas jurídicas, sendo considerado predecessor da COFINS, cuja base de cálculo ora se discute.

Nos precedentes que deram origem à Súmula 94, destaca-se a aplicação analógica da antiga Súmula 258 do TFR ao Finsocial, o que evidencia a força dos precedentes do extinto Tribunal Federal. Confira-se, por exemplo, o Resp 16.521/DF, Rel. Min. Garcia Vieira, STJ, 1ª Turma, *DJ* 6.4.1992.

Mais recentemente, o STJ, em recursos representativos de controvérsia, assentou que *"é legítima a incidência de tributo sobre tributo ou imposto sobre imposto, salvo determinação constitucional ou legal expressa em sentido contrário, não havendo aí qualquer violação, a priori, ao princípio da capacidade contributiva"*. (Resp 1.144.469/PR, Redator para acórdão Ministro Mauro Campbell Marques, 1ª Seção, *DJe* 2.12.2016)

Direito Tributário **1405**

No caso da incidência da COFINS e do PIS sobre o ICMS, aquela Corte fixou a seguinte tese: "*O valor do ICMS, destacado na nota, devido e recolhido pela empresa compõe o seu faturamento, submetendo-se à tributação pelas contribuições ao PIS/PASEP e COFINS, sendo integrante também do conceito maior de receita bruta, base de cálculo das referidas exações*". (Resp 1.144.469/PR, Redator para acórdão Min. Mauro Campbell Marques, 1ª Seção, *DJe* 2.12.2016)

A mesma inteligência havia sido aplicada à incidência das contribuições sobre a parcela relativa ao ISSQN, consoante o Resp. 1.330.737/SP: "*valor suportado pelo beneficiário do serviço, nele incluindo a quantia referente ao ISS, compõe o conceito de faturamento para fins de adequação à hipótese de incidência do PIS e da COFINS*". (Resp 1.330.737/PR, Rel. Min. OG Fernandes, 1ª Seção, *DJe* 10.6.2015)

Pois bem. Nas primeiras oportunidades em que instada a manifestar-se acerca da inclusão do extinto ICM sobre a base de cálculo do PIS, **esta Corte negou provimento ao recurso do contribuinte, considerando que a questão tinha sido resolvida com base em normas infraconstitucionais e que a violação à Constituição, se existente, era indireta e/ou reflexa**. Trago, a propósito, os seguintes precedentes:

"EMENTA: AGRAVO REGIMENTAL EM RECURSO EXTRAORDINÁRIO. CONSTITUCIONAL TRIBUTÁRIO. ICM. CONTRIBUIÇÃO PARA O PIS. BASE DE CÁLCULO. INCLUSÃO. ACÓRDÃO PROFERIDO NA INSTÂNCIA ORDINÁRIA QUE DIRIMIU A CONTROVÉRSIA À LUZ DAS NORMAS INFRACONSTITUCIONAIS. RECURSO ESPECIAL INTERPOSTO, CONHECIDO E PROVIDO. RECURSO EXTRAORDINÁRIO DE DECISÃO DO SUPERIOR TRIBUNAL DE JUSTIÇA. CONTROVÉRSIA AFETA À NORMA INFRACONSTITUCIONAL. VIOLAÇÃO INDIRETA E REFLEXA. NÃO CONHECIMENTO. AGRAVO REGIMENTAL DESPROVIDO.

1. A controvérsia posta nos autos foi dirimida pela instância ordinária à luz da doutrina e em face da legislação infraconstitucional. Nenhuma exegese fora emprestada à norma constitucional atinente à matéria. Por isso, a única irresignação cabível contra aquela decisão era o Recurso Especial, não sendo de agitar-se a preclusão da matéria constitucional, em razão da não interposição de recurso extraordinário.

2. Para dissentir do aresto proferido pelo Superior Tribunal de Justiça, que entendeu pela inclusão na base de cálculo do PIS da parcela relativa ao ICM, necessária a apreciação do tema frente à legislação ordinária, o que é inadmissível nesta instância recursal.

3. Agravo regimental não provido". (RE 178.361 AgR, Rel. Min. Maurício Correa, Segunda Turma, *DJ* 25.10.1996)

"EMENTA: AGRAVO REGIMENTAL EM AGRAVO DE INSTRUMENTO. RECURSO EXTRAORDINÁRIO. OFENSA A PRINCÍPIOS CONSTITUCIONAIS. ALEGAÇÃO A SER AFERIDA A PARTIR DA INTERPRETAÇÃO DE NORMAS INFRACONSTITUCIONAIS. IMPOSSIBILIDADE.

A alegação de vulneração a preceito constitucional, capaz de viabilizar a instância extraordinária, há de ser direta e frontal, e não aquela que demandaria interpretação de normas ordinárias e reapreciação da matéria fática. Agravo regimental a que se nega provimento". (AI 141.487-AgR, Segunda Turma, Rel. Min. Maurício Correa, *DJ* 23.5.1997)

O RE 240.785, da relatoria do Ministro Marco Aurélio, foi o *leading case* no tocante à incidência da COFINS sobre o ICMS. <u>Seu julgamento</u> **começou em 1999**, foi suspenso em função de pedido de vista do Ministro Nelson Jobim, só tendo sido retomado anos mais tarde.

Antes do julgamento definitivo do RE 240.785, a Corte teve, ainda, que analisar outros dois processos versando sobre a mesma questão: um de controle concentrado e outro sob a sistemática da repercussão geral.

De fato, em 2007, o Presidente da República propôs a Ação Declaratória de Constitucionalidade 18, tendo por objeto o art. 3º, § 2º, I, da Lei 9.718/98, a fim de se legitimar a inclusão na base de cálculo da COFINS e do PIS/PASEP dos valores pagos a título de ICMS e repassados aos consumidores no preço dos produtos ou serviços.

Em 2008, o Tribunal reconheceu a repercussão da matéria constante do presente recurso (RE-RG 574.706, Rel. Min. Cármen Lúcia, Tribunal Pleno – meio eletrônico, *DJe* 16.5.2008).

Importante destacar, ainda, que, em agosto de 2008, o Tribunal, no julgamento da ADC 18-MC, deferiu medida cautelar para suspender o julgamento de todas as demandas que envolvam a aplicação do art. 3°, § 2°, inciso I, da Lei 9.718/98 (ADC 18 MC, Rel. Min. Menezes Direito, Tribunal Pleno, *DJe* 23.10.2008).

O RE 240.785 teve seu julgamento concluído apenas em 2014, no sentido de que o ICMS não compõe a base de cálculo da COFINS, uma vez que não faz parte do conceito de faturamento.

Dentre as razões de decidir, sustentou-se, em síntese, que o faturamento representa o produto de atos que incrementam a riqueza do contribuinte. Ademais, considerou-se a posição do contribuinte como um mero intermediário, recebendo do consumidor a quantia relativa ao ICMS e repassando-a ao Estado. E que, ao tributar-se a referida parcela, estar-se-ia violando o princípio da capacidade contributiva.

O julgado ficou assim ementado:

"TRIBUTO – BASE DE INCIDÊNCIA – CUMULAÇÃO – IMPROPRIEDADE. Não bastasse a ordem natural das coisas, o arcabouço jurídico constitucional inviabiliza a tomada de valor alusivo a certo tributo como base de incidência de outro. COFINS – BASE DE INCIDÊNCIA – FATURAMENTO – ICMS.

O que relativo a título de Imposto sobre a Circulação de Mercadorias e a Prestação de Serviços não compõe a base de incidência da COFINS, porque estranho ao conceito de faturamento". (RE 240.785, Rel. Min. Marco Aurélio, Tribunal Pleno, *DJe* 16.12.2014)

Naquela oportunidade, acompanhei a divergência inaugurada pelo Ministro Eros Grau, no sentido de que o ICMS ingressa no patrimônio do vendedor do produto, na medida em que compõe seu preço e integra seu faturamento, assim como os demais custos e gravames das operações comerciais.

Pois bem. Descrevo a evolução histórica, para chamar atenção que o RE 240.785 foi o primeiro precedente desta Corte, não submetido à sistemática da repercussão geral, **a reverter a posição consolidada durante décadas no sentido de que os tributos indiretos integram a base de cálculo de outros incidentes sobre o faturamento ou sobre a receita bruta das pessoas jurídicas.**

IV – Estado do debate

No julgamento iniciado no dia 9.3.2017, a Ministra Cármen Lúcia, relatora, votou pelo provimento ao recurso extraordinário para excluir o ICMS da base de cálculo das contribuições ao PIS e da COFINS. Seu voto se funda na sistemática da não cumulatividade do ICMS.

Sua Excelência sustentou que:

"(...) parte do valor do ICMS destacado na 'fatura' é aproveitado pelo contribuinte para compensar com o montante do ICMS gerado na operação anterior, em algum momento, ainda que não exatamente no mesmo, ele será recolhido e não constitui receita do contribuinte, logo ainda que contabilmente, seja escriturado, não guarda expressa a definição constitucional de faturamento para fins de apuração da base de cálculo das contribuições".

E sintetizou:

"o regime da não cumulatividade impõe concluir, conquanto se tenha a escrituração da parcela ainda a se compensar do ICMS, todo ele, não se inclui na definição de faturamento aproveitado por este Supremo Tribunal Federal, pelo que não pode ele compor a base de cálculo para fins de incidência do PIS e da COFINS".

O Ministro Edson Fachin inaugurou a divergência. Partiu da premissa de que o conceito jurídico-constitucional de faturamento se traduz na somatória de receitas resultantes das atividades empresariais, e não apenas da venda de bens e serviços correspondentes à emissão das faturas.

Sua Excelência asseverou que a receita bruta significa uma oscilação patrimonial nova e positiva, e não um incremento no patrimônio do contribuinte, uma vez que há receita também em casos de venda com prejuízo.

Dessa forma, concluiu que o valor do ICMS destacado e recolhido referente a uma operação integrará a receita efetiva do contribuinte, pois gerará oscilação patrimonial positiva, independentemente da motivação do surgimento da obrigação tributária ou da destinação final desse numerário ao Estado.

Diante disso, negou provimento ao recurso extraordinário, propondo a fixação da seguinte tese:

"O valor do ICMS, destacado na nota, devido e recolhido pela sociedade empresária, compõe seu faturamento, submetendo-se à tributação pelas contribuições ao PIS e à COFINS, por ser integrante do conceito de receita bruta, base de cálculo das referidas exações".

O Ministro Roberto Barroso acompanhou a divergência, destacando que o constituinte originário fez uma escolha, uma opção constitucional, ao eleger o faturamento como uma das bases de cálculo das contribuições sociais. Poderia ter escolhido, por exemplo, a receita líquida, mas não o fez.

Afirmou que, caso se extraia do faturamento tudo aquilo que for considerado despesa, estar-se-á tributando o lucro.

O recorrente teria pretendido fazer crer que é um mero arrecadador e repassador para o Erário, o que não seria verdade porque o ICMS, no caso, não é retido na fonte. Diversos poderiam ser os destinos para a verba recebida a título de ICMS, como, por exemplo, o investimento no mercado financeiro até o seu efetivo recolhimento.

Finalizou sustentando que o conceito constitucional de faturamento é aberto e que o fato de o ICMS compor a base de cálculo da COFINS não ofende o art. 195, inciso I, da Constituição.

A Ministra Rosa Weber acompanhou a relatora. Asseverou que a solução da questão envolve a compreensão dos conceitos de receita bruta, receita líquida e faturamento, em relação aos quais não há concordância na doutrina ou na jurisprudência.

Reiterou o posicionamento no RE 606.107/RS, de sua relatoria, relativo à incidência de PIS/COFINS não cumulativos sobre valores recebidos a título de transferência de ICMS (tema 283 da sistemática de repercussão geral).

Afirmou que o conceito de receita, tal como acolhido no art. 195, I, "b", da Constituição, não se confunde com o conceito contábil.

Nas suas palavras:

"Ainda que a contabilidade elaborada para fins de informação ao mercado, gestão e planejamento das empresas possa ser tomada pela lei como ponto de partida para a determinação das bases de cálculo de diversos tributos, de modo algum subordina a tributação. Trata-se, apenas, de um ponto de partida. Basta ver os ajustes (adições, deduções e compensações) determinados pela legislação tributária. A contabilidade constitui ferramenta utilizada também para fins tributários, mas moldada nesta seara pelos princípios e regras próprios do Direito Tributário".

E concluiu:

"Quanto ao conteúdo específico do conceito constitucional, a receita bruta pode ser definida como o ingresso financeiro que se integra no patrimônio na condição de elemento novo e positivo, sem reservas ou condições, na esteira da clássica definição que Aliomar Baleeiro cunhou acerca do conceito de receita pública".

O Ministro Luiz Fux acompanhou a relatora. Asseverou que o Direito Tributário, pela sua posição enciclopédica, vale-se de conceitos de outros ramos do Direito, havendo disposição no Código Tributário Nacional no sentido de que o Direito Tributário deve ser fiel aos conceitos existentes de direito privado e de direito público. **Buscou, assim, o conceito de faturamento no Direito Comercial, na Lei 6.404/1976 (Lei das S.A.), que regula o faturamento das empresas.**

Sustentou que é uma "meia-verdade" a afirmação de que, quando a Constituição pretende que se exclua de um imposto um determinado fator tributário, ela o deve fazer textualmente.

Dessa afirmação não se poderia deduzir que é possível incluir na base de cálculo de um tributo fatores tributários que não representam o fato gerador do tributo. Portanto, no caso concreto, a omissão da Constituição não significa que ela tenha autorizado a inclusão do ICMS no faturamento.

Concluiu, citando o voto do Ministro Celso de Mello no RE 240.785, que a integração do ICMS na base de cálculo do PIS/COFINS traria como inaceitável consequência o fato de os contribuintes passarem a calcular suas exações com base em receitas que não lhes pertencem, mas ao Estado-membro no qual se deu a operação.

O Ministro Dias Toffoli também acompanhou a divergência. Principiou o voto afastando o argumento de que o ICMS não é faturamento nem receita.

Asseverou que, embora o adquirente possa arcar com o ônus financeiro do ICMS e de outros gastos próprios da exploração da atividade econômica – como o custo da mão de obra e o da energia elétrica –, desembolsa importe que juridicamente não é tributo, mas sim preço, o qual decorre de uma relação contratual firmada com a vendedora ou com a prestadora de serviços.

As vendedoras ou prestadoras, por sua vez, não exercem nem fazem intermediação do exercício do *jus imperii* relativo ao imposto sobre o adquirente, mas sim auferem receita ou faturamento originários da aludida relação contratual.

E concluiu: *"o ônus financeiro do ICMS transferido, por meio do preço convencionado da mercadoria ou do serviço, para dentro da receita ou do faturamento está abrangido pela materialidade do PIS/COFINS".*

O Ministro Ricardo Lewandowski acompanhou a relatora. Destacou, na linha do voto do Ministro Marco Aurélio no RE 240.785, que o conceito de faturamento diz respeito à riqueza própria.

Acompanhou o Ministro Luiz Fux ao entender que o Direito Tributário não pode aurir os seus conceitos a partir de uma plataforma metafísica. Seria preciso compreender o conceito de faturamento tal como fazem os comerciantes e as empresas que precisam recolher os tributos correspondentes.

O faturamento sempre teria sido entendido como receita oriunda da venda de mercadorias e de prestação de serviços.

Concluiu que não se pode considerar como ingresso tributável uma verba recebida pelo contribuinte apenas com o propósito de pronto repasse a terceiro, que é o Estado. Tratar-se-ia de um fenômeno de "mero trânsito contábil", conforme ensinamentos do tributarista Roque Carrazza.

Adiantando voto, o Ministro Marco Aurélio manifestou-se no sentido de também acompanhar a relatora, reportando-se ao seu voto proferido no RE 240.785.

Sua Excelência destacou que o ICMS não é fato gerador da contribuição e, ainda, apontou que seja qual for a modalidade/método para recolher o ICMS, o valor respectivo não se converte em faturamento da empresa ou receita bruta, porque é devido ao Estado.

Direito Tributário **1409**

Eis o quadro com que nos deparamos até o momento. Temos cinco votos pelo provimento do recurso extraordinário, acolhendo a pretensão do contribuinte, e, por ora, três votos pelo desprovimento do apelo extremo.

Somarei meu voto aos que negam provimento ao recurso, na linha do que já assentei quando do julgamento do RE 240.785/MG.

V – Mérito

Com efeito, não vejo razão para alterar minha posição quanto ao tema em deslinde.

Reitero aqui todos os fundamentos que consignei no voto que formulei no RE 240.785/ MG e que me fizeram concluir pela constitucionalidade da incidência da Contribuição ao PIS e da COFINS sobre a parcela destacada de ICMS incidente nas vendas de mercadorias e serviços.

Enumero minhas razões de decidir e explico cada uma delas com vagar a seguir:

a) o ICMS integra a própria base de cálculo (o chamado cálculo por dentro), evidenciando que o imposto indireto compõe o valor da operação de compra e venda de mercadorias ou de prestação de serviços;

b) a hipótese de incidência e a base de cálculo das contribuições ao PIS e da COFINS, tributos reais, estão relacionadas à realidade econômica bruta, sendo irrelevante se as operações são superavitárias ou não;

c) a exclusão do ICMS da base de cálculo aproxima indevidamente a COFINS da Contribuição Social sobre o lucro líquido (CSLL);

d) a exclusão do ICMS da base de cálculo do PIS/COFINS gera consequências perversas ao sistema tributário e ao financiamento da seguridade social, tais como a busca por novas fontes de financiamento ou o aumento de alíquota para fazer face às perdas de receitas, as quais são necessárias para o cumprimento dos encargos do Estado Social, e o aumento de complexidade e do custo de administração do sistema tributário;

e) o ICMS destacado na nota fiscal não é automaticamente transferido ao Erário, nem o contribuinte é um mero intermediário entre o consumidor e a fazenda pública nessa transferência;

f) o expediente de reduzir a arrecadação por via oblíqua torna ainda mais complexo e oneroso nosso sistema tributário.

Passo a detalhar cada uma dessas razões.

a) O ICMS integra a sua própria base de cálculo

Este Tribunal apreciou a questão relativa à incidência do ICMS sobre o próprio montante do tributo. É o chamado cálculo do ICMS "por dentro".

Com efeito, na sessão de 23.6.1999, o Plenário do STF, vencido apenas o Min. Marco Aurélio, pacificou o entendimento no sentido de que a quantia referente ao ICMS faz parte do *"conjunto que representa a viabilização jurídica da operação"* e, por isso, integra sua própria base de cálculo. Trata-se do RE 212.209/RS, Redator para o acórdão Min. Nelson Jobim, *DJ* 14.2.2003, com a seguinte ementa:

"Constitucional. Tributário. Base de cálculo do ICMS: inclusão no valor da operação ou da prestação de serviço somado ao próprio tributo. Constitucionalidade. Recurso desprovido".

Em outras palavras, a base de cálculo do ICMS, definida como o valor da operação da circulação de mercadorias (art. 155, II, da CF/1988 c/c arts. 2º, I, e 8º, I, da LC 87/1996), inclui o próprio montante do ICMS incidente, pois ele faz parte da importância paga pelo comprador e recebida pelo vendedor na operação.

O voto do Min. Ilmar Galvão proferido na oportunidade foi, mais uma vez, bastante elucidativo quanto à possibilidade de incidência por dentro de tributos:

"Sr. Presidente, não é a primeira vez que esta questão é discutida no Supremo Tribunal Federal. Já tive ocasião de relatar casos análogos, não só aqui mas também no STJ. Esse, aliás, não poderia ser um assunto novo, se o DL n. 406 está em vigor há trinta anos. Não seria somente agora que o fenômeno da superposição do próprio ICMS haveria de ser identificado.

Vale dizer que, se a tese ora exposta neste recurso viesse a prevalecer, teríamos, a partir de agora, na prática, um novo imposto. Trinta anos de erro no cálculo do tributo.

Em votos anteriores, tenho assinalado que o sistema tributário brasileiro não repele a incidência de tributo sobre tributo. Não há norma constitucional ou legal que vede a presença, na formação da base de cálculo de qualquer imposto, de parcela resultante do mesmo ou de outro tributo, salvo a exceção, que é a única, do inciso XI do parágrafo 2º do art. 155 da Constituição, onde está disposto que o ICMS não compreenderá, em sua base de cálculo, o montante do imposto sobre produtos industrializados, quando a operação realizada entre contribuintes e relativa a produto destinado à industrialização ou à comercialização, configure fato gerador dos dois impostos.

(...)

Se, na verdade, não pudesse haver tributo embutido na base de cálculo de um outro tributo, então não teríamos que considerar apenas o ICMS, mas todos os outros. O problema se mostra relativamente à contribuição para o IAA e para o IBC, não havendo como afastar essas contribuições da base de cálculo do ICMS.

Por que, então, o problema em torno do ICMS sobre ICMS e não do ICMS sobre o IPI, sobre as contribuições (COFINS, PIS)? Na verdade, o preço da mercadoria, que serve de base de cálculo ao ICMS, é formado de uma série de fatores: o custo; as despesas com aluguel, empregados, energia elétrica; o lucro; e, obviamente, o imposto pago anteriormente. O problema, diria que é até de ordem pragmática, em face da dificuldade, quase incontornável, de eliminar-se da base de cálculo de um tributo tudo o que decorreu de tributação.

O inciso do art. 34 do ADCT, sobre energia elétrica, é a prova do afirmado, ao estabelecer que o imposto é cobrado sobre o valor da operação final. É assim que o ICMS incide.

Peço vênia, portanto, para não conhecer do recurso". (Voto do Min. Ilmar Galvão no RE 212.209/RS, Redator para o acórdão Min. Nelson Jobim, *DJ* 14.2.2003) (grifo nosso)

O tema foi novamente apreciado no julgamento do RE 582.461, de minha relatoria, *DJe* 18.8.2011, oportunidade em que o Tribunal reafirmou sua posição no sentido da constitucionalidade da inclusão do montante devido a título de ICMS em sua própria base de cálculo. A decisão está assim ementada:

"Recurso extraordinário. Repercussão geral. 2. Taxa Selic. Incidência para atualização de débitos tributários. Legitimidade. Inexistência de violação aos princípios da legalidade e da anterioridade. Necessidade de adoção de critério isonômico. No julgamento da ADI 2.214, Rel. Min. Maurício Corrêa, Tribunal Pleno, *DJ* 19.4.2002, ao apreciar o tema, esta Corte assentou que a medida traduz rigorosa igualdade de tratamento entre contribuinte e fisco e que não se trata de imposição tributária. 3. ICMS. Inclusão do montante do tributo em sua própria base de cálculo. Constitucionalidade. Precedentes. **A base de cálculo do ICMS, definida como o valor da operação da circulação de mercadorias (art. 155, II, da CF/1988, c/c arts. 2º, I, e 8º, I, da LC 87/1996), inclui o próprio montante do ICMS incidente, pois ele faz parte da importância paga pelo comprador e recebida pelo vendedor na operação. A Emenda Constitucional n. 33, de 2001, inseriu a alínea *i* no inciso XII do § 2º do art. 155 da Constituição Federal, para fazer constar que cabe à lei complementar fixar a base de cálculo, de modo que o montante do imposto a integre, também na importação do exterior de bem, mercadoria ou serviço. Ora, se o texto dispõe que o ICMS deve ser calculado com o montante do imposto inserido em sua própria base de cálculo também na importação de bens, naturalmente a interpretação que há de ser feita é que o imposto já era calculado dessa forma em relação às operações internas.** Com a alteração constitucional a Lei Complementar ficou autorizada a dar tratamen-

Direito Tributário

to isonômico na determinação da base de cálculo entre as operações ou prestações internas com as importações do exterior, de modo que o ICMS será calculado "por dentro" em ambos os casos. [...] 5. Recurso extraordinário a que se nega provimento". (grifo nosso)

Destarte, assentou-se, de maneira inequívoca, que o montante **referente ao ICMS** constitui parte do valor final da operação de compra e venda ou prestação de serviço.

A propósito, confira-se estudo dos doutos Everardo Maciel e José Antônio Schontag:

"Nos regimes de tributação *ad valorem*, são admitidas diversas formas de incidência de alíquotas. Basicamente, elas podem ser grupadas em três categorias: proporcionais, por dentro e por fora. A opção por uma delas decorrerá exclusivamente e sempre da legislação de regência, informada pela técnica de tributação mais adequada.

Na incidência proporcional, o tributo devido é calculado pela aplicação direta da alíquota sobre a base de cálculo. São exemplos dessa hipótese o IPI e o imposto de importação. No IPI, a base de cálculo definida no CTN é o valor da operação de que decorrer a saída da mercadoria, sem que se faça qualquer menção à inclusão do próprio imposto em sua base de cálculo. Por conseguinte, um aumento de 10% na alíquota implica aumento de 10% no imposto devido.

Na incidência por dentro, o tributo goza da peculiar condição de integrar sua própria base de cálculo. É o caso do ICMS, conforme preceituam o art. 155, § 2º, inciso XII, alínea *i*, da Constituição e o art. 13, § 1º, da Lei Complementar n. 87. Ainda que possa parecer estranho para leigos, aumento de 10% na alíquota do ICMS significa aumento de 11,11% no imposto devido.

A base de cálculo do ICMS, na conformidade com a Lei Complementar n. 87, é o valor da operação de que decorrer a saída da mercadoria. Portanto, no caso de saídas de um estabelecimento industrial o ICMS e o IPI têm a mesma base de cálculo, observadas as seguintes peculiaridades quanto à tributação reflexa: o IPI incide sobre o ICMS, pois de acordo com o texto constitucional esse imposto estadual é parte integrante do valor da operação; por sua vez, o ICMS, ressalvados as situações previstas no art. 155, § 2º, XI, da Constituição, também incide sobre o IPI.

Constituem outros exemplos da incidência por dentro: a contribuição social incidente sobre a folha de salário e a devida pelo empregado, previstas, respectivamente, no inciso I, *a*, e no inciso II do art. 195 da Constituição. No primeiro caso, a contribuição ao incidir sobre a folha de salário incide, em consequência, sobre a contribuição do empregado; no outro, a contribuição do empregado ao incidir sobre o valor bruto da remuneração incide, por conseguinte, sobre ela mesma.

Inclusões ou exclusões na incidência por dentro, tal como ocorre no imposto de renda, são as previstas na legislação aplicável, como é o caso da expressa exclusão da incidência do imposto sobre a contribuição do empregado.

Por fim, no tocante à incidência por fora, o tributo é excluído de sua base de cálculo previamente à determinação do montante devido. Era o que acontecia com a CSLL, desde sua instituição até o advento da Lei n. 9.316, de 1996. O mesmo aumento de 10% na alíquota, nessa hipótese, resultaria em aumento de 9,09% do tributo devido.

A ampla diversidade dos exemplos apontados serve apenas para demonstrar que não é inusitado, no modelo tributário brasileiro, um tributo incluir, em sua base de cálculo, ele próprio ou outro tributo. Houvesse algum impedimento de incidência reflexa, o ICMS e as contribuições sociais deveriam ser excluídos da base de cálculo do IPI, o imposto de importação e as contribuições sociais da base de cálculo do ICMS, as contribuições sociais da base de cálculo do ISS e delas mesmas, etc. Ao fim e ao cabo, haveria uma verdadeira subversão do sistema tributário brasileiro sem motivação razoável. (MACIEL, Everardo & SCHONTAG, José Antônio. O ICMS e a Base de Cálculo da COFINS, *Valor Econômico*, edição de 2.8.2002).

Em suma, o ICMS integra a própria base de cálculo e, portanto, compõe o valor da operação de compra e venda de mercadorias ou de prestação de serviços.

Hipótese de Incidência e Base de Cálculo da COFINS: realidade econômica bruta

A hipótese de incidência e a base de cálculo da COFINS circunscrevem realidade econômica bruta, qual seja: o *faturamento*, entendido como *receita bruta do contribuinte*, isto é, o produto da venda de mercadorias e da prestação de serviços (RE 150.755/PE, Redator para o acórdão Min. Sepúlveda Pertence, *DJ* 20.8.1993 e ADC 1/DF, Rel. Min. Moreira Alves, *DJ* 16.6.1995).

Ressalte-se que a EC 20/1998, ao alterar o art. 195 do texto constitucional, não modificou essa orientação, uma vez que apenas incluiu, ao lado das receitas de venda de mercadorias e prestação de serviços, outras formas de receitas (*v.g.* aluguéis, prêmios de seguros etc.). Isto é, a referida emenda constitucional apenas alargou a base de cálculo da COFINS, sem retirar ou substituir qualquer conteúdo preexistente.

Assim, inequivocamente, a COFINS não incide sobre a renda, sobre o incremento patrimonial líquido, que considera custos e demais gastos que viabilizaram a operação (como o Imposto de Renda e a Contribuição Social sobre o Lucro), mas sobre o *produto* das operações (antes da EC 20/1998: as operações restringiam-se a vendas e prestações de serviços), da mesma maneira que outros tributos como o ICMS e o ISS.

No clássico estudo dos professores Richard e Peggy Musgrave, destaca-se a diferença entre a *tributação sobre a renda* e a *tributação sobre as vendas*:

"Os impostos sobre as vendas são análogos aos impostos sobre a renda sob o aspecto de que eles são aplicados aos fluxos gerados na produção do produto corrente. Mas eles diferem em relação a outros aspectos. Enquanto os impostos sobre a renda são aplicados do lado dos vendedores nas transações dos fatores de produção (isto é, sobre a renda líquida recebida pelas famílias), os impostos sobre as vendas são aplicados do lado dos vendedores nas transações dos produtos (isto é, sobre as receitas brutas das firmas de negócios). [...]

Além do mais, os impostos sobre vendas aplicadas aos bens de consumo e, como veremos, a maioria dos impostos sobre vendas são deste tipo podem ser considerados equivalentes aos impostos aplicados nas compras dos correspondentes itens de consumo pelas famílias [...].

Finalmente, o aspecto mais importante é que os impostos sobre vendas diferem do imposto de renda na medida em que eles são impostos *in re* ao invés de impostos sobre pessoas. Como tais, eles não levam em conta as características pessoais dos consumidores em contraste com o que ocorre no caso do imposto sobre a renda das pessoas físicas com suas isenções, deduções e alíquotas progressivas".
(MUSGRAVE, Richard A. & MUSGRAVE, Peggy B. **Finanças Públicas**: teoria e prática. Trad. De Carlos Alberto Primo Braga. São Paulo: Universidade de São Paulo, 1980. p. 275-276). (grifo nosso)

Com efeito, **a imposição sobre o produto de vendas e prestação de serviços como ocorre com a COFINS, o ICMS e o ISS cuida de tributo real (*Objektsteuer*), que não exige a observação das circunstâncias pessoais do contribuinte** (*ohne Rücksicht auf die persönlichen Verhältnisse des Steuerpflichtigen*) [cf. TIPKE, Klaus & LANG, Joachim. **Steuerrecht**. 18ª ed. Köln: Otto Schmidt, 2005. p. 423, § 12 Rn. 1; e BIRK, Dieter. **Steuerrecht**. 7ª ed. Heidelberg: C.F. Muller, 2004. p. 21 Rn 83].

Daí que os professores Richard e Peggy Musgrave tenham indicado com muita propriedade a equivalência entre a tributação sobre o produto das vendas e aquela sobre o consumo (MUSGRAVE, Richard A. & MUSGRAVE, Peggy B. **Finanças Públicas: teoria e prática**. Trad. de Carlos Alberto Primo Braga. São Paulo: Universidade de São Paulo, 1980. p. 275 e ss.), pois ambas têm o mesmo objeto econômico, a mesma base de cálculo: o preço pago pelo comprador e recebido pelo vendedor nas operações.

Logo, a receita bruta (faturamento, produto das operações) em oposição à receita líquida compreende a importância total *recebida* pelo contribuinte sem exclusão *a priori* de quaisquer componentes independentemente de sua destinação ou natureza como margem de lucro, custos diretos, custos indiretos ou ônus tributário.

A rigor, nos tributos reais, é irrelevante se a operação é superavitária ou deficitária; se houve lucro ou prejuízo; ou se incidem outros tributos, sejam federais, estaduais, municipais ou estran-

Direito Tributário 1413

geiros. Somente o valor final da operação interessa à tributação sobre atividades negociais como a compra e venda e a prestação de serviços.

Ora, se a importância correspondente ao ICMS integra o valor da operação final, na linha do decidido pelo Plenário no RE 212.209/RS, constitui também produto da venda ou da prestação de serviço e faturamento do contribuinte, da mesma maneira que os outros fatores do preço das mercadorias e serviços.

Em outras palavras, o montante relativo ao ICMS incorpora-se ao preço, de forma que é pago pelo comprador e é recebido pelo vendedor ou pelo prestador de serviço, ingressando em seu domínio, em consequência da respectiva operação.

Em se tratando de tributos reais, como a COFINS, **a exclusão de qualquer fator que componha seu objeto na espécie, o produto da operação, deve ser expressamente prevista**, seja por meio de imunidade, como no art. 155, § 2º, XI, da Carta Magna, que retira o montante do IPI da base de cálculo do ICMS; seja por meio de isenção, como disposto no art. 2º, parágrafo único, da Lei Complementar 70/1991, que excepciona o valor correspondente ao IPI da base de cálculo da COFINS.

De fato, as expressões faturamento e receita bruta, por si sós, não distinguem quaisquer ingressos operacionais percebidos nem excluem de antemão qualquer elemento do resultado da operação.

Portanto, montante **subtraído** do resultado das operações, a qualquer título, é exceção à base de cálculo e depende de previsão legal. Interpretação diversa entenderia como inócuos os citados arts. 155, § 2º, XI, da Carta Magna e 2º, parágrafo único, da LC 70/1991, o que não é razoável.

b) Exclusão do ICMS da Base de Cálculo aproxima indevidamente a COFINS da Contribuição Social sobre o Lucro Líquido

A exclusão do montante do produto das operações, sem expressa determinação normativa, importa ruptura no sistema da COFINS e aproxima indevidamente a contribuição sobre o faturamento daquela sobre o lucro.

Com efeito, se excluída da base de cálculo da COFINS a importância correspondente ao ICMS, questiono: **por que não retirar o valor do ISS, do Imposto de Renda, do Imposto de Importação, do Imposto de Exportação, das taxas de fiscalização, da taxa do IBAMA, do PIS, além da própria COFINS?**

Obviamente, **o simples fato de fundar-se em ônus tributário não desqualifica a parte do preço como receita bruta.**

Além disso, também não impressiona o argumento de que o valor do ICMS seja destinado não ao contribuinte, mas ao estado federado. De fato, é necessário dissociar o preço das mercadorias e serviços, ou seja, o *quantum* entregue pelo comprador e recebido pelo vendedor, das obrigações decorrentes e atreladas à operação.

Caso contrário, também as comissões de intermediários, a participação dos empregados, *royalties*, licenças, direitos autorais, seguro, frete, despesas aduaneiras, além de tarifas de crédito, por exemplo, também deveriam ser subtraídas do resultado.

Na verdade, o acolhimento do entendimento da recorrente abrirá diversas fragilidades no sistema da COFINS, criando outro tributo pautado pelas circunstâncias pessoais do contribuinte e de cada parcela que integra o resultado das operações. **Indevidamente, passa-se a tratar a presente contribuição como tributo pessoal, aproximando-a de tributo sobre a renda ou sobre o lucro.**

Rigorosamente, os fundamentos aqui apresentados para excluir o ICMS da base de cálculo da COFINS poderiam também ser aplicados para afastar diversos custos que viabilizam as operações de compra e venda e de prestação de serviço, sejam de natureza tributária, sejam de natureza civil.

Ainda que transferido apenas temporariamente ao contribuinte, qualquer parcela do valor do preço das vendas e dos serviços (após a EC 20/1998, também outras operações) irrefutavelmente faz parte do faturamento. De fato, após a entrega do numerário, o contribuinte dispõe dela da forma que entender conveniente: utilizando para quitar outros débitos que vencem primeiro, movimentando como capital de giro até a apuração, investindo em aplicações financeiras, etc.

Repita-se que a COFINS cuida de tributação sobre o faturamento, a receita bruta, o produto das vendas, não de imposição sobre a renda ou o lucro. O fundamento ou a destinação final do *quantum* não é relevante para a base de cálculo da COFINS, apenas o recebimento pelo contribuinte no curso de suas atividades.

Na linha do voto do Ministro Roberto Barroso, o constituinte originário e derivado previu, no art. 195, um elenco de bases tributárias para o financiamento da seguridade social. Previu o lucro de forma separada do faturamento, o que significa que não se trata da mesma materialidade.

c) ICMS destacado não é transferido automaticamente ao Erário

É certo que, em notas fiscais, destaca-se o valor do ICMS do valor das mercadorias e serviços (art. 13, § 1º, I, da Lei Complementar 87/1996). No entanto, esta indicação para fins de controle e de aplicação da sistemática da não cumulatividade não significa que o ICMS deixe de compor o preço de venda das mercadorias.

Em primeiro lugar, conforme já destacado, esta Corte reconheceu no RE 212.209/RS, Redator para o acórdão Min. Nelson Jobim, *DJ* 14.2.2003, que o *quantum* **referente ao ICMS compõe o valor da operação e, por isso, também está incluído, como outros custos de viabilização, em sua própria base de cálculo**. Consequentemente, o destaque do ICMS é apenas para controle fiscal, não para diferenciar a natureza da parcela.

Em segundo lugar, frise-se que **o ICMS não funciona como imposto retido**. De fato, o ICMS não é recolhido automaticamente com a ocorrência da operação, mas é recebido pelo vendedor, que o integra ao seu caixa, ao seu patrimônio e, apenas ao término do período de apuração, repassa-o ao Estado federado, depois de considerada a compensação de créditos.

Em terceiro lugar, é importante destacar que **nem sempre a totalidade do valor correspondente ao ICMS recebido pelo contribuinte será repassado ao Estado**, seja porque em muitos casos há crédito de operações anteriores a serem considerados, consoante o princípio da não cumulatividade, seja porque o fenômeno da substituição tributária pode ter exigido antes o recolhimento do tributo.

Relativamente à substituição tributária, ressalte-se que o valor do tributo anteriormente recolhido e aquele apurado no momento da operação podem ser distintos (ADI 1851/AL, Rel. Min. Ilmar Galvão, Pleno, *DJ* 25.4.2003). Nesse caso, há disparidade entre o montante incluído no valor do preço e aquele efetivamente repassado ao Estado.

Por fim, o caráter indireto do ICMS tampouco permite afastar seu ingresso no patrimônio do vendedor como receita. Se, por um lado, qualquer contribuinte procura repassar qualquer gravame econômico do tributo quando possível (cf. MUSGRAVE, Richard A. & MUSGRAVE, Peggy B. **Finanças Públicas: teoria e prática**. Trad. Carlos Alberto Primo Braga. São Paulo: Universidade de São Paulo, 1980. p. 322), por outro, o contribuinte *de jure* não é obrigado a repassá-lo ao contribuinte *de facto*, como atestam o art. 166 do CTN e a Súmula 546/STF.

Ademais, é cediço em Economia do Setor Público que nem sempre o sujeito passivo da obrigação tributária será, também, aquele que efetivamente irá suportar o ônus tributário. Há, inclusive, um ramo específico da ciência econômica que estuda esse assunto. É a incidência tributária (tax incidence) ou *teoria da incidência fiscal*.

Merecem destaque as três regras de incidência tributária, constantes da obra de Jonathan Gruber, professor do *Massachusetts Institute of Technology* (**Finanças Públicas e Política Pública**, 2. ed., Rio de Janeiro: LTC, 2009, p. 317-323).

Direito Tributário **1415**

A primeira e mais importante regra de incidência tributária, segundo o professor, é que a "*carga legal de um imposto não descreve quem efetivamente sofre a carga do imposto*", fazendo sentido a distinção entre incidência legal e incidência econômica. A segunda regra diz que "*o lado do mercado sobre o qual o imposto é lançado é irrelevante para a distribuição das cargas do imposto*". Por fim, a terceira regra dispõe que "*participantes com oferta ou demanda inelástica assumem a carga do imposto; participante com oferta ou demanda elástica a evitam*".

Portanto, a estrutura do mercado irá determinar quem e em que medida irá suportar, de fato, o ônus tributário.

Outro ponto a ser considerado é que **a incidência das contribuições PIS/COFINS independe até mesmo do recebimento do preço acordado pelo contribuinte, tendo em vista o regime legal de competência**.

Com efeito, o fato gerador ocorre com o aperfeiçoamento do contrato de compra e venda ou de prestação de serviços, ou seja, com a entrega do produto ou a efetiva prestação dos serviços, e não com o recebimento do preço acordado. Eventual inadimplemento pelo consumidor é evento posterior que não compõe a hipótese de incidência das contribuições.

Tal foi o entendimento desta Corte no RE 586.482, Rel. Dias Toffoli, *DJe* 19.6.2012, sob a sistemática da repercussão geral, cuja ementa a seguir transcrevo:

"TRIBUTÁRIO. CONSTITUCIONAL. COFINS/PIS. VENDAS INADIMPLIDAS. ASPECTO TEMPORAL DA HIPÓTESE DE INCIDÊNCIA. REGIME DE COMPETÊNCIA. EXCLUSÃO DO CRÉDITO TRIBUTÁRIO. IMPOSSIBILIDADE DE EQUIPARAÇÃO COM AS HIPÓTESES DE CANCELAMENTO DA VENDA. 1. O Sistema Tributário Nacional fixou o regime de competência como regra geral para a apuração dos resultados da empresa, e não o regime de caixa (art. 177 da Lei n. 6.404/76). 2. <u>Quanto ao aspecto temporal da hipótese de incidência da COFINS e da contribuição para o PIS, portanto, temos que o fato gerador da obrigação ocorre com o aperfeiçoamento do contrato de compra e venda (entrega do produto), e não com o recebimento do preço acordado. O resultado da venda, na esteira da jurisprudência da Corte, apurado segundo o regime legal de competência, constitui o faturamento da pessoa jurídica, compondo o aspecto material da hipótese de incidência da contribuição ao PIS e da COFINS, consistindo situação hábil ao nascimento da obrigação tributária. O inadimplemento é evento posterior que não compõe o critério material da hipótese de incidência das referidas contribuições.</u> 3. No âmbito legislativo, não há disposição permitindo a exclusão das chamadas vendas inadimplidas da base de cálculo das contribuições em questão. As situações posteriores ao nascimento da obrigação tributária, que se constituem como excludentes do crédito tributário, contempladas na legislação do PIS e da COFINS, ocorrem apenas quando fato superveniente venha a anular o fato gerador do tributo, nunca quando o fato gerador subsista perfeito e acabado, como ocorre com as vendas inadimplidas. 4. Nas hipóteses de cancelamento da venda, a própria lei exclui da tributação valores que, por não constituírem efetivos ingressos de novas receitas para a pessoa jurídica, não são dotados de capacidade contributiva. 5. As vendas canceladas não podem ser equiparadas às vendas inadimplidas porque, diferentemente dos casos de cancelamento de vendas, em que o negócio jurídico é desfeito, extinguindo-se, assim, as obrigações do credor e do devedor, as vendas inadimplidas – a despeito de poderem resultar no cancelamento das vendas e na consequente devolução da mercadoria –, enquanto não sejam efetivamente canceladas, importam em crédito para o vendedor oponível ao comprador. 6. Recurso extraordinário a que se nega provimento". (grifo nosso)

Em síntese, o valor referente ao ICMS destacado em nota fiscal não é transferido automaticamente, nem é vinculado ao recolhimento do tributo como se permanecesse intangível no caixa do contribuinte de direito até sua entrega ao erário estadual.

Na realidade, ele constitui disponibilidade econômica que integra o preço e é empregado consoante o discernimento do vendedor, ainda que eventualmente seja contabilizado o ônus tributário, após consideração dos respectivos créditos no período de apuração.

Posto isso, **não se pode compreender o contribuinte de direito como um mero intermediário, recebendo o ICMS do contribuinte de fato e entregando-o, prontamente, ao Estado.**

1416 Estado de Direito e Jurisdição Constitucional – Decisões relevantes em 15 anos de atuação no STF

Não procede, portanto, a afirmação aqui aventada de que haveria um mero trânsito do ICMS na contabilidade da empresa.

d) Consequências para o financiamento da Seguridade Social

Destaque-se, ainda, que o esvaziamento da base de cálculo do PIS e da COFINS redundará em expressivas perdas de receitas para a manutenção da seguridade social.

Na Nota PGFN/CASTF/N. 1232/2014, destinada à elaboração do Anexo de Riscos Fiscais da Lei de Diretrizes Orçamentárias, a Coordenadoria de Atuação Judicial da PGFN perante o STF (CASTF) estimou a perda de arrecadação da União, caso confirmada a exclusão do ICMS sobre a base de cálculo das contribuições, em 27 bilhões de reais para exercício de 2015, *verbis*:

> "Conforme dados da Receita Federal do Brasil, impacto estimado de R$ 89,44 bilhões, no período de 2003 a 2008. Este valor foi atualizado pela Nota Cetad/Coest n. 146, de 7 de outubro de 2014, utilizando a SELIC como indexador e chegou-se ao seguinte valor: 2003 a 2008: R$ 133.620,37 milhões, ao qual adicionou-se o período de 2009 a 2014, no valor de R$ 116.673,68 milhões, **totalizando um valor de devolução aos contribuintes em caso de derrota da União de R$ 250.294,05 milhões e uma perda de arrecadação projetada para 2015 de R$ 27,12 bilhões"**. (grifo nosso)

O número já está totalmente superado hoje. O anexo de riscos fiscais da Lei de Diretrizes Orçamentárias relativas ao exercício de 2017 fala de um impacto de 250,3 bilhões de reais.

No entanto, mais do que a impressionante cifra como perda de arrecadação em virtude da exclusão do valor do ICMS da base de cálculo da COFINS, preocupa-me a ruptura do próprio sistema tributário.

Com efeito, inevitavelmente, o provimento do presente recurso extraordinário acarretará:

a) a discussão sobre o enquadramento como receita bruta, ou não, de vários fatores recebidos pelo contribuinte da COFINS no curso de operações de compra e venda, prestação de serviços e demais atividades; e

b) o aumento significativo da complexidade e do custo de administração do sistema, em virtude da consideração das peculiaridades de cada fator componente do faturamento.

Por um lado, reitere-se que a modificação da estrutura da incidência da COFINS, a fim de excluir o valor correspondente ao ICMS do conceito de receita bruta, implicará desnaturação do tributo, de modo a viabilizar a dedução de diversas parcelas do resultado recebido pelo contribuinte nas operações.

Por outro lado, tal esvaziamento da base de cálculo não necessariamente acarretará redução do custo Brasil, pois resultará em sensível fonte de insegurança jurídica, fundando inúmeras irresignações para exclusão de custos semelhantes ao ICMS da base de cálculo não só da COFINS, mas de outros tributos similares. **Em verdade, provocará a majoração do próprio custo, particular e público, da administração do sistema tributário.**

Em outras palavras, a ruptura do sistema das contribuições ao PIS/COFINS estimulará o dispêndio de recursos e o esforço na busca de novas exceções ao faturamento de cada contribuinte, além de mais recursos públicos para solucionar controvérsias administrativas e judiciais sobre a determinação do faturamento.

Inevitavelmente, a complexidade da determinação da base de cálculo da contribuição ensejará aumento no custo de arrecadação e fiscalização, além das declarações e prestações de contas dos próprios contribuintes (cf. POSNER, Richard A. **Economic Analysis of Law**. 7ª ed. New York: Aspen, 2007. p. 512-513).

A respeito, cite-se o estudo dos doutos Everardo Maciel e José Antônio Schontag:

> "O excesso de matéria tributária no texto constitucional brasileiro é explicação para as inúmeras e intermináveis contendas judiciais, que abalam a segurança jurídica que deveria permear as relações entre

Direito Tributário **1417**

fisco e contribuinte e findam por tornar ainda mais complexo o já assaz complexo sistema tributário brasileiro.

Não raro essas pelejas se movem no domínio do caricato. Não faz muito tempo travou-se uma disputa judicial em que se pretendia diferenciar receita operacional bruta de receita bruta operacional. Tal debate somente aproveita aos fabricantes das chamadas teses tributárias que muito frequentemente circulam nos departamentos fiscais das grandes empresas.

Encontra-se em julgamento no Supremo Tribunal Federal ação que questiona a existência do ICMS na base de cálculo da Cofins. Trata-se de matéria cuja relevância pode ser aferida pela repercussão nas receitas federais: não menos que R$ 10 bilhões anuais! Tal cifra pode assumir proporções dramáticas, se o julgamento for desfavorável à União, em virtude da extensão a outros tributos, inclusive os de titularidade de entidades subnacionais e do virtual efeito retroativo da decisão.

Os debates gravitam em torno de duas questões: a incidência de tributos sobre outros, de mesma espécie ou não, e o conceito de faturamento.

(...)

Para fins de definição da base de cálculo da Cofins, o conceito tributário de faturamento sempre esteve vinculado ao de receita bruta das vendas de mercadorias e da prestação de serviços. Alterações legislativas somente ocorreram para incluir ou excluir espécies de receitas integrantes da receita bruta.

Já o conceito de receita bruta é específico da legislação tributária. Na apuração do imposto de renda, surge como um contraponto ao conceito de receita líquida. Conforme o art. 12 do Decreto-lei n. 1.598, de 1977, a receita líquida é obtida deduzindo-se da receita bruta os impostos incidentes sobre vendas, os descontos incondicionais e as vendas canceladas. Portanto, na determinação da receita líquida deve-se proceder à dedução do ICMS.

Não parece razoável afirmar que o ICMS não integra o faturamento das empresas. Sua base de cálculo é o valor faturado contra os clientes. Como o ICMS incide sobre si mesmo, torna-se óbvio concluir que ele não pode ser desconsiderado do conceito de faturamento e, por consequência, da base de cálculo da Cofins.

Tampouco parece razoável entender-se que faturamento é a contrapartida econômica, auferida como riqueza própria do contribuinte, como argumento a fundamentar a exclusão do ICMS da base de cálculo da Cofins. Admitido esse entendimento, deveriam também ser excluídos os custos das mercadorias, os salários pagos, etc. Isto posto, sequer faturamento se aproximaria do conceito de receita líquida, para assemelhar-se, mais apropriadamente, ao conceito de lucro.

São frágeis os argumentos de que conceito tributário de faturamento desatende ao disposto no art. 110 do CTN, que impede a lei tributária de alterar a definição, o conteúdo e o alcance de institutos, conceitos e formas de direito privado, para definir ou limitar competências tributárias. De fato, não há vedação para que a lei tributária altere conceitos de direito privado, desde que seja exclusivamente para fins tributários e que não modifique competências tributárias. São exemplos dessas alterações: a extensão do conceito de exportação para vendas à Zona Franca de Manaus e os casos de equiparação de pessoas físicas a jurídicas, para efeitos do imposto de renda.

Não se pode, enfim, esquecer que tributo devido é produto de alíquota por base de cálculo. Reduzir a base de cálculo significa apenas demandar aumento de alíquota, para assegurar a mesma base arrecadatória, sem que haja nenhuma vantagem para o contribuinte ou para a qualidade do sistema. Muito barulho para nada". (MACIEL, Everardo & SCHONTAG, José Antônio. **O ICMS e a Base de Cálculo da COFINS**) (grifo nosso)

Assim, o acolhimento de vias oblíquas para amenizar a onerosidade da COFINS, como a pretensão da ora recorrente, só provocará a substituição por novas formas de financiamento da seguridade social, eis que o estado deve, por imposição constitucional, arcar com esses custos.

Como cediço, a Constituição Federal de 1988 expandiu substancialmente a seguridade social, estendendo de forma considerável as ações e obrigações do Poder Público destinadas a assegurar os direitos relativos à saúde, à previdência e à assistência social.

Nesse sentido, recorde-se a instituição do salário mínimo como piso dos benefícios da previdência (art. 201, § 2º, CF/1988) e da assistência social (art. 203, V, CF/1988), a equivalência de benefícios entre trabalhadores urbanos e rurais (art. 194, II, CF/1988), a consagração do seguro-desemprego (art. 201, III, CF/1988), da proteção à maternidade (art. 201, II, CF/1988), do salário-família e auxílio-reclusão (art. 201, IV, CF/88) e da pensão por morte (art. 201, V, CF/1988); além do acesso universal à saúde (art. 196, CF/1988).

Sem dúvida, a universalização do acesso à saúde; a absorção dos rurícolas à previdência a despeito da ausência de contribuição pertinente; a criação de provento mensal vitalício para idosos e deficientes sem renda; e a fixação do salário mínimo para os benefícios continuados acrescentaram muito aos gastos necessários para financiar a seguridade social, razão pela qual são necessárias outras fontes além da folha salarial.

A propósito, ressalta estudo elaborado para a *Comisión Econômica para América Latina e Caribe* (CEPAL):

> "O gasto público destinado à proteção social é normalmente financiado na maioria dos países por intermédio da cobrança de contribuições incidentes sobre a folha salarial. Nessa matéria, o Brasil apresenta um arranjo peculiar em torno do que se batizou seguridade social que, por definição constitucional, compreende a previdência, a saúde e a assistência social ao combinar a expansão e universalização dos benefícios e serviços públicos como a diminuição da dependência do financiamento sobre a base salarial.
>
> A Constituição de 1988 não apenas adotou o conceito de seguridade social como ampliou o acesso à previdência social e elevou seus benefícios, além de universalizar o acesso à saúde e à assistência social. Para financiar as consequentes pressões de gasto, a nova Carta diversificou as fontes de financiamento da seguridade: exigiu dos empregadores uma nova contribuição sobre seus lucros e redirecionou para o setor outra que já incidia sobre o faturamento deles; ainda destinou ao setor as rendas provenientes de loterias em geral e determinou a organização de um orçamento específico para a seguridade, separado do orçamento fiscal. (SERRA, José & AFONSO, José Roberto R. Tributação, Seguridade e Coesão Social no Brasil *in* CEPAL, **Serie Políticas Sociales** n. 133. Santiago: Nações Unidas, 2007. p. 7)

Por óbvio, esses consideráveis avanços da Carta Magna acarretam expressiva carga na comunidade, que necessita financiá-los (cf. COIMBRA, J. R. Feijó. **Direito Previdenciário Brasileiro**. 7ª ed. Rio de Janeiro: Edições Trabalhistas, 1997. p. 44-48).

Os recursos da seguridade são utilizados, atualmente, para programas expressivos como o "Bolsa Família", além do custeio das despesas federais com aposentadorias e pensões de seus servidores, que também foram bastante incrementadas pela Constituição Federal de 1988, *v.g.* a regra de paridade entre ativos e inativos; concessão de pensão por morte ao cônjuge varão; pensões integrais aos dependentes; aposentadoria proporcional às mulheres após 25 anos de trabalho; extensão às professoras da aposentadoria especial após 25 anos de magistério; e ampliação do período de licença gestante de 90 para 120 dias (cf. SERRA, José & AFONSO, José Roberto R. Tributação, Seguridade e Coesão Social no Brasil *in* CEPAL, **Serie Políticas Sociales** n. 133. Santiago: Nações Unidas, 2007. p. 26).

Na realidade, o financiamento desse extenso rol de deveres constitui o problema fundamental do próprio Estado Social.

Evidentemente, a abrangência das intervenções públicas em atenção à seguridade é diretamente proporcional à necessidade de buscar recursos para custear as ações demandadas pela Carta Magna.

Como bem colocou o Prof. Joachim Lang, quanto mais o Estado precisa de meios, mais o Estado torna-se um estado fiscal e mais o estado de direito encontra expressão essencial no estado fiscal (*Je mehr der Staat Mittel benötigt, desto mehr wird der Staat zum Steuerstaat, desto mehr findet der Rechtstaat im Steuerstaat wesentlichen Ausdruck*. TIPKE, Klaus & LANG, Joachim. **Steuerrecht**. 18ª ed. Köln: Otto Schmidt, 2005. p. 1, § 1 Rn. 4).

Portanto, **a consequência inevitável da exclusão do ICMS da base de cálculo das contribuições será o aumento de alíquota, ou a instituição/majoração de outras fontes de receita, sem que isso acarrete melhoria na eficiência ou equidade do sistema tributário.**

Direito Tributário   **1419**

e) Tentativas de reduzir a arrecadação por via oblíqua só tornam o sistema tributário mais complexo e oneroso

A elevada carga tributária não justifica o acolhimento de exceções na base de cálculo da COFINS, com fundamento em meras distinções artificiais de valores que a legislação e o sistema da COFINS não preveem.

Inequivocamente, a carga tributária existente hoje no Brasil é exagerada e disfuncional. A discussão é, porém, complexa e não se deixa resolver com meras restrições a um dos lados da balança. É indispensável que o problema seja solucionado, equilibrando cortes de receita e de despesa.

De fato, essa situação não ampara pretenso direito fundamental de buscar lacunas na legislação e de reduzir *per faz et nefas* a carga tributária. Não se verificando óbice constitucional ou legal à exigência do tributo, persiste o dever fundamental de contribuir com os custos do Estado, consoante o eminente professor português José Casalta Nabais expõe:

> "(...) Isto é, não há lugar a um qualquer (pretenso) direito fundamental de não pagar impostos, como o radicalismo das reivindicações de algumas organizações de contribuintes ou a postura teórica de alguns jusfiscalistas mais inebriados pelo liberalismo econômico e mais empenhados na luta contra a opressão fiscal, que vem atingindo a carga fiscal nos países mais desenvolvidos, parecem dar a entender.
>
> Há, isso sim, o dever de todos contribuírem, na medida da sua capacidade contributiva, para as despesas a realizar com as tarefas do estado. Como membros da comunidade, que constitui o estado, ainda que apenas em termos econômicos (e não políticos), incumbe-lhes, pois, o dever fundamental de suportar os custos financeiros da mesma, o que pressupõe a opção por um estado fiscal, que assim serve de justificação ao conjunto dos impostos, constituindo estes o preço (e, seguramente, um dos preços mais baratos) a pagar pela manutenção da liberdade ou de uma sociedade civilizada. O que, não constituindo uma opção absolutamente necessária, nem tendo o condão de, ao contrário do que afirmava J. BODIN, tornar essa necessidade uma solução justa, se apresenta, quer do ponto de vista histórico, quer do ponto de vista comparatístico, como a solução mais consentânea com a realização duma justiça relativa (como é toda justiça realizável) no nosso tempo". (NABAIS, José Casalta. **O Dever Fundamental de Pagar Impostos**. Coimbra: Almedina, 1998. p. 186-187)

A tentativa de reduzir a carga dos impostos por meio de engenharias jurídicas sofisticadas e preciosismos técnicos é inócua, justamente porque mantidos os custos com que o Estado deve arcar para a seguridade social. De alguma maneira, esses compromissos devem ser satisfeitos.

Em outras palavras, **não basta atacar o sintoma da elevada carga tributária, mantendo incólume o dever público de suprir extensas obrigações, pois este é a causa direta daquele**, como apontam SERRA & AFONSO:

> "A Constituinte terminou marcada, acima de tudo, pela ideia de que se poderia instalar um estado do bem-estar com a mera promulgação da nova Carta; mais do que isso, numa lógica extrema, bastaria sua vigência para o Brasil subir para o mesmo nível dos países nórdicos, na concessão dos benefícios e na execução de políticas fiscais. As mudanças constitucionais pressionaram fortemente o gasto público, particularmente com benefícios, por conta das decisões conscientes e anunciadas durante a Constituinte, ou seja, a literal explosão de gasto posterior não foi fruto do acaso. Respaldava ou justificava as deliberações para elevar gastos a ideia de que bastaria a aprovação da diversificação das fontes de financiamento, que permitiriam a busca do *funding* necessário ao equilíbrio das finanças da seguridade. Portanto, o aumento de carga tributária global que resultou, de fato, da consolidação do novo sistema tributário não foi uma obra do destino: ainda que politicamente fosse negado, a semente do crescimento da carga tinha sido plantada e germinada durante os trabalhos constituintes". (SERRA, José & AFONSO, José Roberto R. Tributação, Seguridade e Coesão Social no Brasil *in*: CEPAL, **Série Políticas Sociales**, n. 133. Santiago: Nações Unidas, 2007. p. 25)

Nesse sentido, a pretensão em apreço equivale ao combate da eficiência na arrecadação tributária, sob o pressuposto de que o aumento da arrecadação incentiva o dispêndio desnecessário do Estado. Em argumento que aproveita à espécie, o eminente juiz e professor americano Richard Posner assentou:

"Alguns economistas reclamam que a ênfase em tentar fazer o sistema tributário mais eficiente é perversa. Eles alegam que quanto mais eficiente o sistema é, maior será o dispêndio líquido do governo a diferença entre a arrecadação do governo e custo para obter esta arrecadação em qualquer nível de despesa. A demanda de grupos de interesse por liberalidades governamentais crescerá no tamanho da torta que será dividida e se os programas que os grupos de interesse influenciam geralmente diminuem ao invés de aumentar a prosperidade econômica, a diminuição será maior se existirem mais e maiores desses programas. Porém, a diminuição precisa ser compensada pela economia de custos sociais de ter um sistema tributário mais eficiente. E nem todos os programas governamentais são produtos ineficientes de pressões de grupos de interesse. Um sistema tributário mais eficiente facilita a arrecadação de recursos governamentais para a polícia, a defesa nacional, a proteção ambiental, educação, pesquisas científicas e outras atividades que podem ser insuficientemente financiadas no ponto de vista da prosperidade global". (POSNER, Richard A. **Economic Analysis of Law**. 7ª ed. New York: Aspen, 2007. p. 513).

Em suma, **incentivar engenharias jurídicas para identificar exceções e lacunas no sistema tributário só desonera o contribuinte no curto prazo, pois invariavelmente obriga o Estado a impor novos tributos.**

No entanto, tal incentivo torna o sistema mais complexo e, consequentemente, menos eficiente, aumentando não só o custo do Estado de arrecadar valores para financiar seus custos, como o do contribuinte para calcular e recolher suas obrigações tributárias.

Evidentemente, apenas a contenção da despesa estatal, para a qual todos têm o dever fundamental de contribuir, tem o condão de efetivamente reduzir o denominado custo Brasil. A propósito, consulte-se o Prof. NABAIS:

"Depois torna-se cada vez mais claro que o problema da atual dimensão do estado, mera decorrência do crescimento de sua atuação econômico-social, apenas pode solucionar-se (*rectius*, atenuar-se) através da moderação desse intervencionismo, moderação que implicará, quer o recuo na assunção das modernas tarefas sociais (realização dos direitos econômicos, sociais e culturais), quer mesmo o abandono de algumas tarefas tradicionais. Com efeito a crise do atual estado, diagnosticada e explicada sob as mais diversas teorias, passa sobretudo pela redefinição do papel das funções do estado, não com a pretensão de o fazer regredir ao estado mínimo do liberalismo oitocentista, atualmente de todo inviável, mas para compatibilizar com os princípios da liberdade dos indivíduos e da operacionalidade do sistema econômico, procurando evitar que o estado fiscal se agigante a ponto de não ser senão um invólucro de um estado dono (absoluto) da economia e da sociedade pela via (pretensamente) fiscal". (NABAIS, José Casalta. **O Dever Fundamental de Pagar Impostos**. Coimbra: Almedina, 1998. p. 186-187)

Posto isso, **o expediente de reduzir a arrecadação por via oblíqua, como o acolhimento de exceções imprecisas e sofisticadas, é apenas um paliativo que, muitas vezes, torna ainda mais complexo e oneroso nosso sistema tributário.**

VI – Do Conceito Jurídico de Faturamento e da Inviabilidade de interpretação da Constituição conforme as leis

A abrangência do conceito de faturamento, no âmbito do art. 195, I, da Constituição Federal, foi examinada, pela primeira vez, por esta Corte no julgamento do RE 150.755/PE, Redator para o acórdão Min. Sepúlveda Pertence, maioria, *DJ* 20.8.1993.

Na ocasião, o voto vencedor do Min. Sepúlveda Pertence assentou que a receita bruta, tal como prevista no DL 2.397/1987 ("*a receita bruta das vendas de mercadorias e de mercadorias e serviços, de qualquer natureza*"), corresponde ao conceito de faturamento, restando vencidos os Ministros Carlos Velloso e Marco Aurélio.

Posteriormente, no julgamento do RE 150.764/PE, Redator para o acórdão Min. Marco Aurélio, Pleno, maioria, *DJ* 2.4.1993, esse entendimento não foi alterado.

Na oportunidade, o STF declarou a inconstitucionalidade do art. 9º da Lei 7.689/1988, tão somente por entender que a mera remissão aos termos do FINSOCIAL não era suficiente para instituir a contribuição prevista no art. 195, I, da Constituição Federal.

No entanto, é pertinente ressaltar o voto do Min. Ilmar Galvão, que, apesar de vencido na conclusão juntamente aos Ministros Sepúlveda Pertence (relator originário), Francisco Rezek, Octávio Gallotti e Néri da Silveira, não divergiu quanto à definição de faturamento, detalhada nos seguintes termos:

> "(...) De outra parte, o DL 2.397/87, que alterou o DL 1.940/82, em seu art. 22, já havia conceituado a receita bruta do art. 1º, § 1º, do mencionado diploma legal como a receita bruta das vendas de mercadorias e de mercadorias e serviços, conceito esse que coincide com o de faturamento, que, para efeitos fiscais, foi sempre entendido como o produto de todas as vendas, e não apenas das vendas acompanhadas de faturas, formalidade exigida tão somente nas vendas mercantis a prazo (art. 1º da Lei n. 187/36)".

Nesse mesmo sentido, o Tribunal foi unânime ao declarar a constitucionalidade da LC 70/1991, inclusive quanto à base de cálculo da COFINS, no julgamento da ADC 1/DF, Rel. Min. Moreira Alves, *DJ* 16.6.1995. O art. 2º da LC 70/1991 previa a base de cálculo da COFINS nos seguintes termos:

> "Art. 2º A contribuição de que trata o artigo anterior será de dois por cento e incidirá sobre faturamento mensal, assim considerada a receita bruta das vendas de mercadorias, de mercadorias e serviços e de serviço qualquer natureza.
>
> Parágrafo único. Não integra a receita de que trata este artigo, para efeito de determinação da base de cálculo da contribuição, o valor:
>
> a) do imposto sobre produtos industrializados, quando destacado em separado no documento fiscal;
>
> b) das vendas canceladas, das devolvidas e dos descontos a qualquer título concedidos incondicionalmente".

Na oportunidade, o voto condutor da ADC 1/DF, da lavra do Min. Moreira Alves, aduziu a respeito do conceito constitucional de faturamento:

> "Note-se que a Lei Complementar n. 70/91, ao considerar o faturamento como a receita bruta das vendas de mercadorias, de mercadorias e serviços e de serviços de qualquer natureza nada mais fez do que lhe dar a conceituação de faturamento para efeitos fiscais, como bem assinalou o eminente Ministro ILMAR GALVÃO, no voto que proferiu no RE 150.764, ao acentuar que o conceito de receita bruta das vendas de mercadorias e de mercadorias e serviços coincide com o de faturamento, que, para efeitos fiscais, foi sempre entendido como o produto de todas as vendas, e não apenas das vendas acompanhadas de fatura, formalidade exigida tão somente nas vendas mercantis a prazo (art. 1º da Lei n. 187/36)".

A propósito, o voto do Min. Ilmar Galvão proferido na citada ADC 1/DF aprofundou ainda mais o conceito de faturamento previsto no art. 195, I, da Carta Magna, *in verbis*:

> "Por fim, assinale-se a ausência de incongruência do excogitado art. 2º da LC 70/91, com o disposto no art. 195, I, da CF/88, ao definir faturamento como a receita bruta das vendas de mercadorias, mercadorias, de mercadorias e serviços e de serviços de qualquer natureza.
>
> De efeito, o conceito de renda bruta não discrepa do faturamento, na acepção de que este termo é utilizado para efeitos fiscais, seja o que corresponde ao produto de todas as vendas, não havendo qualquer razão para que lhe seja restringida a compreensão, estreitando-o nos limites do significado que o termo possui em direito comercial, seja aquele que abrange tão somente as vendas a prazo (art. 1º da Lei n. 187/68), em que a emissão de uma fatura constitui formalidade indispensável ao saque da correspondente duplicata.
>
> Entendimento nesse sentido, aliás, ficou assentado pelo STF, no julgamento do RE 150.755".

Nesse contexto, editou-se a Lei 9.718, de 27.11.1998, que dispôs sobre o conceito de faturamento nos seguintes termos:

"Art. 3º O faturamento a que se refere o artigo anterior corresponde à receita bruta da pessoa jurídica.

§1º Entende-se por receita bruta a totalidade das receitas auferidas pela pessoa jurídica, sendo irrelevantes o tipo de atividade por ela exercida e a classificação contábil adotada para as receitas".

Em outras palavras, o art. 3º, § 1º, da Lei 9.718/1998, inclui no conceito de faturamento não só a receita bruta das *vendas de mercadorias e de mercadorias e serviços*, de qualquer natureza, como também *a totalidade das receitas auferidas pela pessoa jurídica*.

No entanto, esta Corte entendeu que, até a edição da Emenda Constitucional 20, em 15.12.1998 (EC 20/1998), somente as receitas provenientes da venda de mercadorias e prestação de serviços estavam incluídas no conceito de faturamento, consoante decidido nos julgamentos dos RE 346.084/PR, Redator para o acórdão Min. Marco Aurélio, *DJ* 1.9.2006; RE 357.950/RS; RE 358.273/RS; e RE 390.840/MG, todos da relatoria do Min. Marco Aurélio.

Na ocasião, o Plenário declarou a inconstitucionalidade do art. 3º, § 1º, da Lei 9.718/99, sob o fundamento de que, antes da EC 20/1998, a base de cálculo da COFINS limitava-se *ao conceito de receita bruta das vendas de mercadorias, de mercadorias e serviços e serviços*. Isto é, toda receita decorrente de outras fontes que não a venda de mercadorias e a prestação de serviços não estaria incluída na base de cálculo da COFINS, por exemplo, a locação de imóveis, prêmios de seguros etc.

Com a promulgação da EC 20/1998, alterou-se a redação do art. 195, I, da Carta Magna, incluindo-se a expressão receita na base de cálculo do mencionado tributo:

"Art. 195. A seguridade social será financiada por toda a sociedade, de forma direta e indireta, nos termos da lei, mediante recursos provenientes dos orçamentos da União, dos Estados, do Distrito Federal e dos Municípios, e das seguintes contribuições sociais:

I – do empregador, da empresa e da entidade a ela equiparada na forma da lei, incidentes sobre:

a) a folha de salários e demais rendimentos do trabalho pagos ou creditados, a qualquer título, à pessoa física que lhe preste serviço, mesmo sem vínculo empregatício;

b) a receita ou o faturamento;

c) o lucro;"

Dessa forma, o advento da EC 20/1998 superou qualquer polêmica quanto à incidência da COFINS sobre outras formas de receita, além daquelas provenientes da venda de mercadorias e da prestação de serviços, subsumidas no conceito de faturamento.

Assim, nos julgamentos concluídos em 9.11.2005, o Plenário confirmou o entendimento de que faturamento e receita bruta são sinônimos e que, até a edição da Emenda Constitucional 20/1998, limitavam-se ao produto da venda de mercadorias, de serviços ou de mercadorias e serviços. O último precedente possui a seguinte ementa:

"CONSTITUCIONALIDADE SUPERVENIENTE ARTIGO 3º, § 1º, DA LEI N. 9.718, DE 27 DE NOVEMBRO DE 1998. EMENDA CONSTITUCIONAL N. 20, DE 15 DE DEZEMBRO DE 1998. O sistema jurídico brasileiro não contempla a figura da constitucionalidade superveniente. TRIBUTÁRIO. INSTITUTOS. EXPRESSÕES E VOCÁBULOS. SENTIDO. A norma pedagógica do artigo 110 do Código Tributário Nacional ressalta a impossibilidade de a lei tributária alterar a definição, o conteúdo e o alcance de consagrados institutos, conceitos e formas de direito privado utilizados expressa ou implicitamente. Sobrepõe-se ao aspecto formal o princípio da realidade, considerados os elementos tributários.

CONTRIBUIÇÃO SOCIAL. PIS. RECEITA BRUTA. NOÇÃO. INCONSTITUCIONALIDADE DO § 1º DO ARTIGO 3º DA LEI N. 9.718/98. A jurisprudência do Supremo, ante a redação do artigo 195 da Carta Federal anterior à Emenda Constitucional n. 20/98, consolidou-se no sentido de tomar as expressões receita bruta e faturamento como sinônimas, jungindo-as à venda de mercadorias,

Direito Tributário **1423**

de serviços ou de mercadorias e serviços. É inconstitucional o § 1º do artigo 3º da Lei n. 9.718/98, no que ampliou o conceito de receita bruta para envolver a totalidade das receitas auferidas por pessoas jurídicas, independentemente da atividade por elas desenvolvida e da classificação contábil adotada. (RE 390.840/MG, Rel. Min. Marco Aurélio, Pleno, maioria, *DJ* 15.8.2006).

Portanto, o STF concluiu que a base de cálculo da COFINS foi ampliada pela Emenda Constitucional n. 20/1998 (art. 195, I, *b*, da CF/1988), para abranger não só o produto das vendas de mercadorias e serviços, como outras receitas provenientes das demais atividades desenvolvidas pelo contribuinte, por exemplo, a locação de bens imóveis (RE-AgR 371.258/SP, Rel. Min. Cezar Peluso, 2ª T., *DJ* 27.10.2006); os prêmios de seguro (RE-AgR 400.479/RJ, Rel. Min. Cezar Peluso, 2ª T., *DJ* 6.11.2006); e a gestão de previdência privada (RE-ED 444.601/RJ, Rel. Min. Cezar Peluso, 2ª T., *DJ* 15.12.2006)".

Esta é uma síntese do entendimento da Corte acerca do conceito de faturamento até o RE 240.785.

Pois bem. A questão constitucional ora em debate envolve a interpretação do conceito constitucional de faturamento, previsto no art. 195, I, "b", da Constituição Federal, como uma das materialidades do financiamento da seguridade social.

O que se deve afastar, de plano, é a tentativa de interpretar a norma constitucional conforme as leis (*gesetzeskonform Verfassungsinterpretation*), no caso, conforme a lei comercial ou tributária pré-constitucional, já mencionada pelos eminentes pares.

Tal procedimento interpretativo pode esvaziar a força normativa do texto constitucional e a busca de um modelo institucional coerente e harmônico.

Com vistas a conferir racionalidade ao processo de concretização das normas constitucionais, Konrad Hesse formula os chamados princípios da interpretação constitucional, aos quais incumbe a missão de orientar e conduzir o processo de relação, coordenação e valoração dos pontos de vista ou considerações que devem levar à solução do problema (**Escritos de Derecho Constitucional**. Madrid, Fundación Coloquio Jurídico Europeo, 2011):

a) unidade da Constituição;

b) concordância prática;

c) máxima efetividade;

d) força normativa da Constituição;

e) correção funcional.

Fazendo referência aos elementos suscitados por Konrad Hesse, e para efeitos de análise do presente caso, destaco a necessidade de observância do princípio da unidade e da força normativa da Constituição.

O princípio da unidade da Constituição postula que não se deve considerar uma norma constitucional fora do sistema em que se integra. Dessa forma, evitam-se contradições entre as normas constitucionais. As soluções dos problemas constitucionais devem estar em consonância com as deliberações elementares do constituinte. O princípio incita o intérprete a encontrar soluções que harmonizem tensões existentes entre as várias normas constitucionais, considerando a Constituição como um todo unitário (cf. MENDES, Gilmar Ferreira; BRANCO, Paulo Gustavo Gonet. **Curso de Direito Constitucional**. 12ª. ed. Saraiva: São Paulo, 2017, p. 92).

Ora, o caso que estamos a debater envolve, de um lado, os pesados encargos de um Estado Social – que sofreram expansão com a Constituição de 1988, conforme relatei – e, de outro, o seu financiamento, que também encontra assento constitucional. Os pratos da balança devem estar equilibrados, se pretendemos o mínimo de sustentabilidade no longo prazo. Logo, uma interpretação que considere a Constituição como um todo unitário não deve desequilibrar essa balança, não deve aumentar encargos, sem a respectiva fonte de custeio e, muito menos, retirar fontes de custeio, sem eliminar os encargos.

Conforme mencionei na Sessão Plenária anterior, estamos esvaziando por completo a possibilidade de interpretar esse Estado Social que desenvolvemos à luz de um modelo de Estado fiscal. Estamos criando um sistema em que ele tem de ser necessariamente deficitário; em que ele não deve ter suportabilidade. De fato, nossa filosofia tem de ser esta mesma: aprender inglês dormindo, emagrecer comendo e progredir não trabalhando.

O princípio da força normativa da Constituição, por sua vez, propõe que seja conferida prevalência aos pontos de vista que tornem a norma constitucional mais afeita aos condicionamentos históricos do momento, garantindo-se-lhe interesse atual, e, com isso, obtendo-se "máxima eficácia, sob as circunstâncias de cada caso". Esse esforço poderá ser de mais pertinência nos casos de normas que se valem de conceitos indeterminados, de textura literal mais flexível (cf. MENDES, Gilmar Ferreira; BRANCO, Paulo Gustavo Gonet. **Curso de Direito Constitucional**. 12. ed. Saraiva: São Paulo, 2017, p. 94).

Vale a advertência de Jorge Miranda, contudo, no sentido de que não é dado nem ao legislador nem ao intérprete "transfigurar o conceito, de modo a que cubra dimensões essenciais e qualitativamente distintas daquelas que caracterizam a sua intenção jurídico-normativa" (Jorge Miranda, **Teoria do Estado e da Constituição**. Rio de Janeiro: Forense, 2002, p. 452)

O mencionado constitucionalista português, ao discorrer sobre o postulado da supremacia da Constituição, ressalta que **não é a Constituição que deve ser interpretada conforme a lei, mas sim a lei e todo o direito infraconstitucional que deve ser interpretado conforme a Lei Maior**. Nas palavras do autor:

"O postulado da supremacia significa que não é a Constituição que deve ser interpretada de acordo com a lei, é a lei e é todo o Direito infraconstitucional que devem ser interpretados em conformidade com a Constituição; e entre duas ou mais interpretações plausíveis de certo preceito deve adotar-se o mais conforme com a Constituição.

(...)

Pode, não raro, ser conveniente procurar conhecer o modo como a lei regulamenta, complementa ou concretiza uma norma constitucional e pode vir até a encontrar-se um sentido (um sentido, não o sentido) adequado que patenteie ou clarifique, no contexto do sistema, o sentido daquela norma. Mas não é nunca o sentido de lei que se substituiu ao sentido da Constituição". (**Manual de Direito Constitucional**, Tomo II, 7. ed., Coimbra: Coimbra Editora, 2013, p. 325-326)

O procedimento interpretativo também suscita considerações de outro jurista português, J. J. Gomes Canotilho, segundo o qual:

"A interpretação da constituição conforme as leis tem merecido sérias reticências à doutrina. Começa por partir da ideia de que uma constituição entendida não só como espaço normativo aberto mas também como campo neutro, onde o legislador iria introduzindo subtilmente alterações. Em segundo lugar, não é a mesma coisa considerar como parâmetro as normas hierarquicamente superiores da constituição ou as leis infraconstitucionais. Em terceiro lugar, não deve afastar-se o perigo de a interpretação da constituição de acordo com as leis ser uma interpretação inconstitucional, quer porque o sentido das leis passadas ganhou um significado completamente diferente na constituição, quer porque as leis novas podem elas próprias ter introduzido alterações de sentido inconstitucionais. Teríamos, assim, a legalidade da constituição a sobrepor-se à constitucionalidade da lei". (**Direito Constitucional e Teoria da Constituição**, 7ª. ed., Coimbra: Almedina, p. 1234)

Entre nós, Paulo Gustavo Gonet Branco também sugere diversas cautelas na utilização deste procedimento de interpretação:

"Não se confunda, afinal, interpretação da lei conforme a Constituição, procedimento, como visto, sancionado pela jurisprudência e doutrina, com a interpretação da Constituição conforme a lei, prática que encontra reservas nessas mesmas instâncias. A admissibilidade sem a devida prudência de um tal exercício poderia levar à coonestação de inconstitucionalidades, deturpando-se o legítimo sentido da norma constitucional. Mas não é tampouco admissível desprezar a interpretação que o legislador efetua da norma da Carta ao editar a lei. **Toda a cautela deve estar em não tomar como de necessário acolhimento a interpretação feita pelo legislador, evitando-se o equívoco de tratar o legislador como o intérprete definitivo da Constituição ou como o seu intérprete autêntico.** À parte esse extremismo, não há por que não recolher da legislação sugestões de sentido das normas constitucionais. A propósito, não são poucas as ocasiões em que o constituinte eleva ao *status* constitucional conceitos e disposições pré-constitucionais, que foram desenvolvidos anteriormente pelo legislador infraconstitucional. Quando isso ocorre, cabe compreender esses conceitos como foram recebidos pelo constituinte e considerar que não mais estarão expostos à livre conformação do legislador. Assim, não se pode desprezar o conceito legal pré-constitucional do júri, para se deslindar o sentido da garantia do art. 5º, XXXVIII, da CF. Tampouco se há de prescindir do que o direito processual define como coisa julgada, para se delinear o significado do que assegura o art. 5º, XXXVI, da Carta. Não se perca de vista, porém, que as normas infraconstitucionais não hão de ter aplicação automática, devendo ter sempre o seu significado aferido pelo novo sistema constitucional, que pode ter lhe modificado o sentido atribuído anteriormente." (**Curso de Direito Constitucional**, 12. ed., São Paulo: Saraiva, 2017, p. 96)

Evidentemente, não ignoro o teor da regra do art. 111 do Código Tributário Nacional e a orientação consolidada de longa data na jurisprudência deste Tribunal, no sentido da impossibilidade de o legislador manipular livremente os conceitos de direito privado empregados pelo constituinte para demarcar as competências constitucionais tributárias e as materialidades sobre as quais incidem.

Digo isso porque, como bem se sabe, pudesse o legislador "ressignificar" livremente esses conceitos, estaria a manipular os lindes de sua própria competência.

Qualquer realidade econômica poderia ser colhida pelo legislador, restando, por conseguinte, desestruturada a própria repartição constitucional de competências tributárias.

Com esse fundamento e atenção ao disposto no art. 110 do Código Tributário Nacional esta Corte formulou, por exemplo, a Súmula Vinculante 31, que afasta a incidência de ISS sobre operações de locação de bens móveis, pelo singelo fundamento de que "locação" não é "serviço". São conceitos diversos.

Abro aqui um parêntese para destacar que os dilemas ora apresentados, no que concerne à interpretação da norma constitucional com vistas a se promover a incorporação da realidade à norma, foram problematizados por Friedrich Müller, ao analisar a estrutura das normas constitucionais (MENDES, Gilmar Ferreira. **Limite entre interpretação e mutação: análise sob a ótica da jurisdição constitucional brasileira.** In: MENDES, Gilmar Ferreira e MORAIS, Carlos Blanco. (Coord.). Linha Direito Comparado Mutações Constitucionais. São Paulo: Saraiva. 2016, p. 183).

Müller defende, em seu método de concretização da norma constitucional, a necessidade de o intérprete orientar-se sob a perspectiva da realidade do caso concreto. Nesse contexto, a metódica jurídica deve ser desenvolvida com fundamento nas diferentes funções concretizadoras das normas (instituição da norma, governo, administração pública, ciência). (MENDES, op. cit., p. 183).

Faz-se necessário, no método sustentado pelo autor em questão, portanto, o emprego, pelo jurista, de dados da sociologia, ciência política, da economia e outros, exigidos pelo âmbito normativo da prescrição a ser concretizada, no processo de aplicação do direito (MÜLLER, Friedrich. **Métodos de trabalho do direito constitucional.** 3ª ed. Rio de Janeiro: Renovar. 2005, p. 81).

Nesse sentido, ao se verificarem alterações no ambiente normativo – orientado pelas perspectivas propostas pelas funções concretizadoras, que, evidentemente, são dinâmicas – é possível identificar evoluções no próprio conteúdo da norma. Trata-se, assim, de um processo de concretização continuada, no dizer de Friedrich Müller, cujos resultados constituem o fundamento da teoria referida à norma.

No caso em tela, não existe, no texto constitucional, um conceito pronto e acabado de faturamento que permita afirmar, de modo categórico, que o legislador não pode determinar a incidência do PIS e da COFINS sobre o valor total do faturamento, incluído o valor do ICMS.

Não existe propriamente um conceito constitucional fechado de faturamento. Entendo que estamos diante do que a doutrina e a teoria do direito chamam de **garantia do perfil institucional**, como, aliás, já destaquei no meu voto no RE 346.084/PR, Redator para acórdão Min. Marco Aurélio, *DJ* 1.9.2006, em que se discutia a constitucionalidade da ampliação da base de cálculo da COFINS. Transcrevo, a seguir, um excerto:

"Do caráter institucional do critério 'faturamento'

O próprio recorrente reconhece, embora de modo confuso, a legitimidade da mediação legislativa para que a norma constitucional em comento seja concretizada.

De fato, imediatamente após afirmar que o conceito de faturamento 'há de ser extraído do próprio Texto Constitucional' (g.n. – fl. 139), invoca texto do saudoso professor Geraldo Ataliba acerca do termo faturamento, com o evidente intuito de tentar fazer crer que aquele conceito doutrinário estaria definitiva e exclusivamente incorporado na Carta. Ora, é evidente que não há uma definição constitucional de faturamento que explicite todo o alcance deste vocábulo. O dispositivo constitucional em comento utiliza o vocábulo faturamento sem qualquer complemento ou adjetivação. E tampouco se pode afirmar que o único conceito legítimo de faturamento seria aquele adotado por Geraldo Ataliba, por mais brilhante que seja no âmbito doutrinário. **Em verdade, tal como o próprio complexo normativo constitucional relativo à seguridade social, observa-se que o critério para tributação denominado faturamento, contido no art. 195, assume feição nitidamente institucional.** E isso não é novidade no Direito Constitucional, havendo uma pletora de normas constitucionais garantidoras de realidades institucionais que não encontram uma definição de seus limites no texto da Constituição (*e.g.* propriedade, liberdade, família, consumidor, etc.). Tal fenômeno também ocorre no âmbito das normas constitucionais tributárias, bastando lembrar dos conceitos de renda, confisco, grande fortuna, etc. Observo, ainda, que a própria seguridade social, em que se insere o parâmetro constitucional de controle do caso em exame, possui feição eminentemente institucional. E configura-se como tal antes e após a EC n. 20/98. Afigura-se pertinente, nesse ponto, algumas palavras acerca dessas instituições que encontram uma previsão no texto constitucional.

Conforme lição de J.J. Gomes Canotilho:

'As chamadas garantias institucionais (Einrichtungsgarantien) compreendiam as garantias jurídico-públicas (institutionnelle Garantien) e as garantias jurídico-privadas (Institutsgarantie). Embora muitas vezes estejam consagradas e protegidas pelas leis constitucionais, elas não seriam verdadeiros direitos atribuídos directamente a uma pessoa; as instituições, como tais, têm um sujeito e um objecto diferente dos direitos dos cidadãos. Assim, a maternidade, a família, a administração autônoma, a imprensa livre, o funcionalismo público, a autonomia acadêmica, são instituições protegidas directamente como realidades sociais objectivas e só, indirectamente, se expandem para a proteção dos direitos individuais.' (**Direito Constitucional e Teoria da Constituição**, 5ª ed., Coimbra, Portugal, Ed. Livraria Almedina, p. 395).

Ainda, sobre o tema, diz Canotilho:

'As garantias institucionais, constitucionalmente protegidas, visam não tanto 'firmar' 'manter', ou 'conservar' certas 'instituições naturais', mas impedir a sua submissão à completa discricionariedade dos órgãos estaduais, proteger a instituição e defender o cidadão contra ingerências desproporcionadas ou coactivas. Todavia, a partir do pensamento institucionalístico, inverte-se, por vezes, o sentido destas garantias. As instituições são consideradas com uma existência autônoma a se, preexistente à constituição, o que leva pressuposta uma ideia conservadora da instituição, conducente, em último termo, ao sacrifício dos próprios direitos individuais perante as exigências da instituição como tal. (...) Aqui apenas se volta a acentuar que as garantias institucionais contribuem, em primeiro lugar, para a efectividade óptima dos direitos fundamentais (garantias institucionais como meio) e, só depois, se deve transitar para a fixação e estabilização de entes institucionais. Cfr. Häberle, Die Wesensgehaltgarantie des art. 19 Abs. 2° Grundgesetz, 2ª ed., Karlshure, 1972, p. 70. Como informa P. Saladin, Grundrechte im Wandel, Bern, 1970, p. 296, o movimento institucionalístico actual encontra paralelo na teologia protestante que considera a 'instituição' como um medium entre o direito natural e o direito positivo. Sobre a noção (noções) de instituição cfr., por último, Baptista Machado, Introdução ao Direito, pp. 14 e ss; J.M. Bano Leon, 'La distinción entre derecho fundamental y garantia institucional em la Constitución española', REDC, 24 (1988), pp. 155 e ss.; Márcio Aranha, Interpretação Constitucional e as Garantias Institucionais dos Direitos Fundamentais, São Paulo, 1999, pp. 131 e ss.' (op. cit., p. 1155).

Direito Tributário **1427**

A seguridade social, autêntica realidade institucional disciplinada constitucionalmente entre nós, obriga o legislador a promulgar um complexo normativo que assegure sua existência, funcionalidade e utilidade pública e privada. A fonte de custeio da seguridade social, prevista no art. 195, I, da Constituição, que serve de parâmetro à alegação de inconstitucionalidade ora em exame, por certo não encontra no texto da Carta disciplina suficiente ou exaustiva. Ao contrário, assume feição típica das instituições.

Não há, ali, um conceito estático de folha de salários, de rendimentos, de receita, de faturamento ou de lucro. Como realidade institucional, aquela fonte de custeio assume feição dinâmica, em que a definição de seu conteúdo está aberta a múltiplas concretizações. As disposições legais a ela relativas têm, portanto, inconfundível caráter concretizador e interpretativo. E isto obviamente não significa a admissão de um poder legislativo ilimitado. Nesse processo de concretização ou realização, por certo serão admitidas tão somente normas que não desbordem os múltiplos significados admitidos pelas normas constitucionais concretizadas. Na perspectiva de proteção a direitos individuais, tais como as prerrogativas constitucionais dos contribuintes, deverá ser observado especialmente o princípio da proporcionalidade, que exige que as restrições ou ampliações legais sejam adequadas, necessárias e proporcionais. Enfim, a faculdade confiada ao legislador de regular o complexo institucional da seguridade, assim como suas fontes de custeio, obriga-o a compatibilizar o dever de contribuir do indivíduo com o interesse da comunidade. Essa necessidade de ponderação entre o interesse individual e o interesse da comunidade é, todavia, comum a todos os direitos fundamentais, não sendo uma especificidade da seguridade social. Neste passo, reconhece-se que a seguridade social, instituição que entre nós encontra disciplina constitucional, está submetida a um permanente e intenso processo de concretização. O fenômeno é o mesmo quando se discute especificamente a fonte de custeio da seguridade prevista no art. 195, I, da Constituição, ora concretizada por meio da Lei n. 9.718, de 1998. **Fixados tais pressupostos, não se afigura admissível qualquer leitura que pretenda incorporar ao vocábulo faturamento, contido no inciso I do art. 195 da Constituição, um sentido único e imutável. Tal perspectiva implicaria negar a realidade institucional do parâmetro definidor daquela fonte de custeio da seguridade social. Afasto, portanto, qualquer leitura da expressão faturamento que implique negar ao legislador ordinário o poder de c\onformação do vocábulo 'faturamento', contido no inciso I do art. 195. Não estou a dizer, obviamente, que tal poder legislativo é ilimitado, pois é certo que deverá respeitar todas as demais normas da Constituição, assim como não poderá ultrapassar os limites do marco fixado no referido art. 195".** (grifo nosso)

Nesse sentido, respeitado o núcleo essencial da noção de faturamento, o legislador dispõe de uma relativa liberdade para cuidar da matéria, fixando as margens do conceito em questão.

Em outras palavras, não vejo como extrair da própria norma constitucional que a inclusão do ICMS na base de cálculo do PIS e da COFINS viole a noção de faturamento.

É tarefa do legislador demarcar esse conceito!

Vejam, Senhores Ministros, o art. 12 do Decreto-Lei 1.598/1977, com redação dada pela Lei 12.973/2014, define o conceito de receita bruta nos seguintes termos:

"Art. 12. A receita bruta compreende:

I – o produto da venda de bens nas operações de conta própria;

II – o preço da prestação de serviços em geral;

III – o resultado auferido nas operações de conta alheia;

IV – as receitas da atividade ou objeto principal da pessoa jurídica não compreendidas nos incisos I a III.

[...]

§ 4º Na receita bruta não se incluem os tributos não cumulativos cobrados, destacadamente, do comprador ou contratante pelo vendedor dos bens ou pelo prestador dos serviços na condição de _mero depositário_".

Ou seja, estão expressamente excluídos da base de cálculo da contribuição os tributos não cumulativos devidos na condição de mero depositário, entre os quais não se inclui o ICMS. E não se inclui por uma razão muito simples: porque o contribuinte, na hipótese, não opera como mero depositário, conforme salientei anteriormente, diversamente do que se pretende fazer crer com a tese contrária defendida neste Plenário.

Com isso, quero dizer algo extremamente simples: **respeitado o núcleo essencial, o legislador pode regular a matéria determinando o que se inclui ou não no conceito.**

VII – Hipertrofia do controle judicial?

Na verdade, tenho para mim que, ao procurarmos extrair do texto constitucional um conceito pronto e acabado do que seja faturamento, estamos estendendo, a não mais poder, os limites da jurisdição constitucional e, por assim dizer, dos próprios termos adotados no texto da Constituição.

Lembro-me, a propósito, da conhecida passagem de Hamilton, nos escritos de *O Federalista*, quando afirma:

"Quem analisar atentamente os diferentes ramos do poder percebe desde logo que, em governo em que eles são separados uns dos outros, o **Judiciário, pela própria natureza de suas funções, será sempre o menos perigoso para os direitos políticos previstos na Constituição, pois será o de menor capacidade para ofendê-los ou violá-los.** O Executivo dispõe não apenas das honrarias, mas também da espada. O Legislativo, além de manter os cordões da bolsa, prescreve as normas pelas quais cada cidadão deve regular seus direitos e deveres. **O Judiciário, porém, não tem a menor influência sobre a espada nem sobre a bolsa; não participa da força nem da riqueza da sociedade e não toma resoluções de qualquer natureza. Na verdade, pode-se dizer que não tem 'força' nem 'poderio', limitando-se simplesmente a julgar, dependendo até do auxílio do ramo executivo para a eficácia de seus julgamentos**.

Esta simples análise do assunto sugere várias conclusões importantes. Ela prova, incontestavelmente, que o **Judiciário é, sem comparação, o mais fraco dos três poderes**; que nunca poderá enfrentar com êxito qualquer dos outros dois; e que deve tomar todas as precauções possíveis para defender-se dos ataques deles. Prova igualmente que – embora alguma opressão individual possa, de quando em vez, partir das cortes de justiça – a liberdade geral do povo será ameaçada por esse lado, isto é, enquanto o judiciário permanecer separado tanto do legislativo quanto do Executivo, pois aceito que 'não haverá liberdade se o poder de julgar não estiver separado dos poderes Legislativo e Executivo'. E prova, finalmente, que a liberdade nada tem a temer do Judiciário isoladamente, mas tem sobrados motivos para precaver-se contra a união desse poder com qualquer dos outros dois; que tal união deve dar margem a todos os efeitos negativos de uma dependência do primeiro em relação ao demais, apesar de uma separação nominal e aparente; que, em consequência de sua natural fraqueza, o Judiciário está continuamente ameaçado de ser dominado, intimidado ou influenciado pelos outros ramos; e que, como nada pode contribuir mais para sua firmeza e independência do que a estabilidade nos cargos, esta condição deve ser encarada como fator indispensável em sua constituição e, em grande parte, como a cidadela da justiça e da segurança pública". (HAMILTON, Alexander. et al. **O Federalista**: Introdução e Notas de Benjamin Fletcher Wright e Tradução de Heitor Almeida Herrera. Brasília: Editora Universidade de Brasília, 1984. p. 576-577)

Destaco essa passagem para lembrar-nos da necessária autocontenção que o exercício da jurisdição constitucional reclama.

O Judiciário não tem a bolsa nem a espada: seu poder repousa na autoridade e, por assim dizer, na eficácia da própria Constituição.

Preocupam-me, em suma, as consequências deste julgamento.

VIII – Consequências do julgamento

Assentadas essas premissas, quero chamar atenção também para outro aspecto que não pode passar despercebido – as consequências da decisão que se está a adotar.

Tudo leva a crer que as consequências deste julgamento serão desastrosas para o País. Não me refiro apenas ao impacto orçamentário imediato. Digo também das implicações para o sistema tributário brasileiro.

Explico.

Em primeiro lugar, há o evidente e vultoso impacto fiscal da decisão que se está a adotar. Diziam os jornais da semana passada que nós estaríamos a lidar com a maior questão tributária da última década.

Em 2014, a Fazenda Nacional nos informou que esta decisão custaria ao Erário federal algo em torno de **R$ 27 bilhões anuais**, em perda de arrecadação em 2015, sem levar em conta as ações de repetição de indébito (*vide* Nota PGFN/CASTF/N. 1232/2014).

Por sua vez, no Anexo de Riscos Fiscais da Lei de Diretrizes Orçamentárias para o exercício de 2017, consta a estimativa de impacto de R$ 250,3 bilhões de reais.

Faço o registro, embora reconheça que tal cifra não pareça ser exata.

Além disso, pelo que consta, há cerca de 10 mil processos suspensos nas instâncias de origem aguardando este julgamento.

Os números impressionam e, embora não possam ser nossa única razão de decidir, também não devem ser simplesmente ignorados.

Em segundo lugar, o precedente que ora abrimos entra em flagrante contradição com precedentes desta Corte. Cito dois exemplos à guisa de ilustração.

Dissemos, no julgamento do RE 212.209 e do RE 582.461, que o ICMS pode integrar sua própria base de cálculo, isto é, pode ser cobrado "por dentro". Agora, estamos a assentar coisa diversa, já que um tributo não pode recair sobre outro.

Assentamos, no julgamento do RE 586.482, Rel. Min. Dias Toffoli, relativo à incidência da COFINS sobre as vendas inadimplidas, que, ainda que os valores não tenham ingressado definitivamente no patrimônio da pessoa jurídica, essas vendas não poderiam ser excluídas da base de cálculo da contribuição, ante a inexistência de disposição legislativa permitindo tal exclusão.

Em terceiro lugar, há também os efeitos que a decisão deverá produzir em relação ao próprio sistema tributário nacional.

Sim, porque não me parece que o ICMS seja único tributo a repercutir nos preços dos produtos – *rectius*: das faturas – e, por conseguinte, no faturamento das empresas.

Daí a pergunta: e os demais tributos? Também deverão ser decotados do conceito de faturamento os valores eventualmente recolhidos a título de ISSQN?

O que dizer também de outros custos da empresa como, por exemplo, o valor da tarifa de energia elétrica paga?

É importante lembrar que não são apenas o PIS e a COFINS os tributos que incidem sobre o faturamento ou receita bruta das pessoas jurídicas e que, portanto, serão afetados pela decisão que vier a ser proferida por esta Corte.

Além do PIS/COFINS, a **Contribuição Previdenciária sobre a Receita Bruta (CPRB)**, instituída pela Lei 12.546/2011, no âmbito da chamada "Desoneração da Folha de Pagamento", como o próprio nome diz, também incide sobre a receita bruta (art. 8°) e, portanto, terá sua arrecadação impactada pela decisão no presente caso.

E não para por aí! A receita bruta consiste, ainda, na materialidade indireta do Imposto de Renda das Pessoas Jurídicas (IRPJ) e da Contribuição Social sobre o Lucro Líquido (CSLL) quando recolhidos com base no lucro presumido (art. 15 da Lei 9.429/1995 e art. 22 da Lei 10.684/2003).

Nesta linha, Andrei Pitten Velloso, Professor da Universidade Federal do Rio Grande do Sul (UFRGS), conclui que:

"**Se prevalecer a tese da inconstitucionalidade da inclusão do ICMS na base de cálculo da CO-FINS, teremos de reconhecer que o sistema tributário brasileiro é, em larga medida, inconstitucional há décadas**, porquanto os argumentos que a sustentam levam à conclusão de que:

o IPI não poderia incidir sobre o ICMS, o Imposto de Importação e as taxas relacionadas à atividade de importação;

o ICMS não poderia incidir sobre o ICMS, o IPI, o Imposto de Importação, a COFINS-Importação e o PIS/PASEP importação;

o PIS-Faturamento, o Finsocial, a COFINS, a contribuição ao PIS, a CPRB e o IRPJ e a CSLL, calculados pelo lucro presumido, não poderiam incidir sobre o ICMS e tampouco sobre o ISS.

Não só. Firmada a tese de que os tributos incidentes, de forma direta ou indireta, sobre a receita devem ser excluídos da base de cálculo dos tributos incidentes sobre a receita, chegaríamos à conclusão de que a COFINS, a CPRB, a contribuição ao PIS e o IRPJ e a CSLL, calculados sobre o lucro presumido, deveriam ser excluídos da sua base de cálculo, ou seja, da base de cálculo da COFINS, da CPRB, da contribuição ao PIS, bem como do IRPJ e da CSLL calculados pelo lucro presumido. Essas insólitas consequências jurídicas bastariam para evidenciar a incorreção dos argumentos que sustentam a tese da inconstitucionalidade da inclusão do ICMS na base de cálculo da COFINS". (ICMS na base de cálculo dos tributos sobre a receita: premissas e corolários lógicos da tese jurídica In: **R. Fórum de Dir. Tributário**, Belo Horizonte, ano 14, n. 83, p. 23-41, set./out. 2016)

Em artigo sob o título "**O Brasil não necessita de mais problemas**", publicado hoje no *blog* "Poder 360", do Jornalista Fernando Rodrigues, o ex-Secretário da Receita Federal Everardo Maciel sintetiza o que estou a falar:

"O STF está julgando tema cuja repercussão sobre o sistema tributário brasileiro pode ser catastrófica.

Trata-se da exclusão do ICMS da base de cálculo da Cofins e do PIS, que poderá ter um impacto de R$ 250 bilhões para o Tesouro, conforme consta no anexo 'Riscos Fiscais' da Lei de Diretrizes Orçamentárias (LDO).

A vítima imediata da decisão seria o Orçamento da Seguridade Social (previdência social, assistência social e saúde), do qual aquelas contribuições são importantes fontes de financiamento.

Essa discussão judicial se arrasta por décadas, como tem sido habitual nas grandes controvérsias tributárias, o que se explica pela opção, em 1988, por um sistema tributário excessivamente constitucionalizado, responsável por uma desnecessária complexidade processual.

A segurança jurídica é crucial para os investimentos privados. Afinal, quem vai investir em um país que leva décadas para esclarecer o que é faturamento ou que trava um teratológico embate judicial para proceder à distinção entre receita operacional bruta e receita bruta operacional?

Luís Eduardo Schoueri, titular de direito tributário na USP, em artigo recente ('Transação e Preço de Transferência', Valor, 07.03.2017), assinala, com muita propriedade, que os investidores internacionais reputam a certeza jurídica como o mais importante requisito tributário para investimento.

Somos prisioneiros de um formalismo estéril que em nada aproveita ao País e estimula a construção de 'teses' tributárias que fazem tão somente a fortuna dos que as exploram em intermináveis discussões judiciais.

A querela no STF encerra debates sobre a incidência de um tributo sobre ele mesmo ou outro tributo e a qualificação do ICMS como faturamento.

A participação de tributos em sua própria base de cálculo ou na de outro tributo não constitui novidade no sistema tributário brasileiro e, não raro, conta com expressa previsão constitucional.

O ICMS, como também o ICM que lhe antecedeu, sempre foi cobrado 'por dentro', isto é, como parte integrante de sua própria base de cálculo. A Emenda Constitucional n. 33, de 11.12.2001, ao introduzir a alínea *i* no art. 155, § 2º, XII, tornou essa regra inequívoca.

A contribuição devida pelo empregado (art. 195, II, da CF) integra a base de cálculo da contribuição previdenciária incidente sobre a folha de salário (art. 195, I, *a*, da CF) e, ao incidir sobre o valor bruto da remuneração, finda incidindo sobre si mesma.

A esses poderiam ser acrescentados inúmeros outros exemplos, como a inclusão do ICMS na base de cálculo do IPI, do imposto de importação na do ICMS, das contribuições sociais na do ISS, etc.

Tudo para concluir que essa forma de incidência não é recente, nem é estranha ao modelo tributário brasileiro e muito menos ofende, sequer indiretamente, nosso ordenamento constitucional.

Na outra vertente da controvérsia, não há como entender que o ICMS esteja excluído do conceito de faturamento e, por essa razão, da base de cálculo do PIS e da Cofins.

A base de cálculo do ICMS é o valor faturado contra o cliente. Como o ICMS incide sobre si mesmo não há como excluí-lo, portanto, do conceito de faturamento e, em consequência, da base de cálculo daquelas contribuições.

Admitir que faturamento é a "riqueza própria" do contribuinte implicaria também desconsiderar o pagamento de outros tributos, os custos das mercadorias e serviços, os salários pagos, etc. Afinal, não mais se falaria de faturamento, mas de lucro.

Caso houvesse a exclusão do ICMS da base de cálculo do PIS e da Cofins, é preciso lembrar que a recomposição do equilíbrio fiscal poderia ser feita mediante simples elevação das alíquotas, neutralizando os efeitos desse equivocado entendimento, malgrado gerar uma enorme perturbação e penalizar os pequenos contribuintes, que teriam menor parcela do ICMS a excluir.

De mais a mais, cabem as seguintes indagações: quando o ICMS for objeto de incentivo fiscal deveria ser excluída a carga tributária efetiva ou a nominal? O aproveitamento do crédito do ICMS nas operações de exportações (art. 155, § 2º, X, *a*, da CF), considerando-se que esse imposto seja receita de terceiros, deve ser entendido como apropriação indébita constitucionalmente autorizada? **Qual será o tamanho do desastre fiscal se a pretensão de excluir o ICMS da base de cálculo do PIS e da Cofins alcançar os tributos que integram a base de cálculo do próprio ICMS?".** (grifo nosso)

Ao que parece, essas e muitas outras questões tributárias haverão de emergir deste julgamento. Afinal, na prática, a decisão encadeia uma **reforma tributária judicial**, sem medir exatamente as consequências dessa iniciativa. Implode-se o sistema tributário brasileiro tal como hoje conhecemos.

Não tenho dúvidas em afirmar que esta decisão servirá de grande estímulo à criação das inúmeras outras teses tributárias a ocuparem a pauta dos Tribunais nos próximos anos.

Chamo a atenção para as consequências dos nossos julgados, porque a história está repleta de casos de julgados com consequências desastrosas.

A experiência da jurisdição norte-americana, notadamente no contexto político e jurídico do caso Dred Scott x Sanford, suscita relevantes reflexões acerca do papel do Judiciário *vis-à-vis* o efeito de suas decisões no âmbito de deliberações políticas a respeito de questões sensíveis.

Como é de conhecimento comum, o caso Dred Scott x Sanford decorreu do pleito de Dred e Harriet Scott, então submetidos ao regime de escravidão por parte da família Emerson, de obtenção do reconhecimento judicial do direito à liberdade. Para tanto, a pretensão, inicialmente, fundamentou-se na possibilidade de aplicação da legislação de Missouri, segundo a qual seria possível o reconhecimento do direito à liberdade na hipótese de demonstração de que a relação de escravidão teria sido extinta enquanto os requerentes fixaram residência, por determinado período, nos Estados de Illinois e Winsconsin, segundo as respectivas jurisdições (MALTZ, Earl M. **Dred Scott and the Politics of Slavery**. Lawrence, Kansas: University Press of Kansas. 2007, p. 64).

Após sofrer derrota no âmbito da Suprema Corte de Missouri, Dred Scott ingressou com nova ação, no âmbito da Corte Federal competente, pleiteando o reconhecimento do direito à liberdade em razão de ter fixado residência em estado livre ou em território no qual a escravidão seria proibida, em conformidade com o "Missouri Compromise" (op. cit., p. 71).

O caso em apreço chegou à Suprema Corte norte-americana, onde, em 1857, o pleito à liberdade foi rejeitado. Em seu voto condutor do posicionamento majoritário, *Chief Justice* Taney entendeu, em apertada síntese, que, considerando que os afro-americanos livres, quando da adoção da Constituição, não dispunham dos mesmos direitos fundamentais titularizados pelos americanos brancos, não poderia ser reconhecida a cidadania por parte dos "negros livres" (*free blacks* em livre tradução) (op. cit., p. 119). Em conclusão, *Chief Justice* Taney concluiu, assim, que, diante do não reconhecimento do *status* de cidadão, por parte de Dred Scott, o acesso à jurisdição federal, por conseguinte, deveria ser afastado.

Muito embora o pleito de Dred Scott tenha sido rejeitado, como se sabe, o caso teve relevante impacto nos rumos políticos que o sucederam. De fato, a legitimidade da decisão tomada pela Suprema Corte americana foi, à exaustão, explorada nos debates políticos imediatamente subsequentes. E há quem sustente tenha sido esta decisão uma das causas remotas da deflagração da Guerra Civil Americana entre 1861 e 1865.

IX – Um novo caso dos precatórios?

Faço todas essas considerações, com todo o respeito, por temer que o caso em julgamento venha a nos apresentar uma reedição do conhecido – e desastroso – caso dos precatórios judiciais, o nosso caso Dred Scott, que, felizmente, por aqui não gerou uma guerra civil.

Refiro-me, evidentemente, ao julgamento das ADIs 4.425 e 4357, ajuizadas pela Ordem dos Advogados do Brasil (OAB) contra a EC 62/2009.

Rememoro esse caso – que, aliás, ainda aguarda desfecho nesta Corte – para que não se repitam os erros ali cometidos.

Como é cediço, após a declaração de inconstitucionalidade proferida nos autos das ADIs 4.425 e 4357, o pedido de modulação de efeitos veio de uma das autoras da ação que postulava sua inconstitucionalidade, a Ordem dos Advogados do Brasil.

O fato é que, diante da suspensão de pagamento dos precatórios por parte de vários Tribunais de Justiça do País, determinada após o julgamento conjunto das Ações Diretas de Inconstitucionalidade 4.357 e 4.425, a entidade requereu ao relator *"a continuidade dos pagamentos até que o e. Plenário module os efeitos da v. decisão, com a consequente expedição de ofícios a todos os Tribunais de Justiça"*. Em outras palavras, postulou que se mantivesse temporariamente o regime de pagamento até então vigente e, por conseguinte, a aplicação das disposições declaradas inconstitucionais pelo Plenário da Corte.

O pedido foi deferido monocraticamente pelo relator nos seguintes termos:

"A decisão do Plenário do Supremo Tribunal Federal reconheceu a inconstitucionalidade parcial da Emenda Constitucional n. 62/09, assentando a invalidade de regras jurídicas que agravem a situação jurídica do credor do Poder Público além dos limites constitucionalmente aceitáveis. Sem embargo, até que a Suprema Corte se pronuncie sobre o preciso alcance da sua decisão, não se justifica que os Tribunais Locais retrocedam na proteção dos direitos já reconhecidos em juízo. Carece de fundamento, por isso, a paralisação de pagamentos noticiada no requerimento em apreço.

Destarte, determino, *ad cautelam*, que os Tribunais de Justiça de todos os Estados e do Distrito Federal deem imediata continuidade aos pagamentos de precatórios, na forma como já vinham realizando até a decisão proferida pelo Supremo Tribunal Federal em 14/03/2013, segundo a sistemática vigente à época, respeitando-se a vinculação de receitas para fins de quitação da dívida pública, sob pena de sequestro".

A cautelar foi referendada pelo Plenário, e, em seguida, o Tribunal resolveu a questão de ordem para o fim de modular os efeitos da decisão e, assim, conferir sobrevida ao regime especial de pagamento de precatórios, instituído pela Emenda Constitucional 62/2009, por cinco exercícios financeiros a contar de 1º de janeiro de 2016.

A questão ainda não encontrou solução definitiva na Corte, uma vez que, diante de todo esse quadro, em 9.12.2015, o Tribunal houve por bem converter o julgamento dos embargos de declaração em diligência para permitir a intervenção de todos os interessados na causa, tendo em vista a possível concessão de efeitos infringentes ao julgamento. A decisão foi por maioria.

Ficaram vencidos os Ministros Luiz Fux, Roberto Barroso, Rosa Weber, Cármen Lúcia e Marco Aurélio.

Pois bem. Naquela assentada, eu dizia do meu desassossego com aquela controvérsia e rogava à Corte prudência ao examinar os efeitos daquele julgamento.

Citei, como em diversas outras oportunidades, a doutrina de Victor Nunes Leal a propósito da delicadeza do afazer legislativo e dos inevitáveis riscos implicados na tarefa de legislar.

A passagem a que me refiro – e que tantas vezes já citei – é a seguinte:

"Tal é o poder da lei que a sua elaboração reclama precauções severíssimas. Quem faz a lei é como se estivesse acondicionando materiais explosivos. As consequências da imprevisão e da imperícia não serão tão espetaculares, e quase sempre só de modo indireto atingirão o manipulador, mas podem causar danos irreparáveis". (LEAL, Victor Nunes. Técnica Legislativa. In: **Estudos de direito público**. Rio de Janeiro, 1960. p. 7-8)

Com efeito, nunca é demasiado enfatizar a delicadeza da tarefa confiada ao legislador. A generalidade, a abstração e o efeito vinculante que caracterizam a lei revelam não só a importância, mas também a problemática que marcam a atividade legislativa.

Os riscos envolvidos no afazer legislativo exigem peculiar cautela de todos aqueles que se ocupam do difícil processo de elaboração normativa. A análise não se limita aos aspectos ditos "estritamente jurídicos", colhe também variada gama de informações sobre a matéria que deve ser regulada, no âmbito legislativo, doutrinário e jurisprudencial, e não pode nunca desconsiderar a repercussão econômica, social e política do ato legislativo.

As mesmas considerações valem para a jurisdição constitucional. Também não podemos deixar de lado os riscos das decisões judiciais dessa Corte Suprema, isto é, as consequências sociais, econômicas, financeiras e jurídicas dos nossos julgamentos. Devemos considerá-los com ainda mais razão em relação àquelas decisões cujos efeitos transcendem os limites subjetivos da causa (efeitos *erga omnes*).

Temo que o caso em análise venha a ter um desfecho similar ao que se viu no caso dos precatórios. Receio que estejamos a incorrer nos mesmo equívocos – repetindo os mesmos erros!

X – Conclusão

Ante todo o exposto, peço vênia à Ministra Cármen Lúcia, bem como aos que a acompanharam, para aderir à divergência inaugurada pelo Ministro Edson Fachin, e nego provimento ao recurso. Eventual modulação de efeitos deve ser apreciada em momento oportuno.

É como voto.

ADO 25[1]

Federalismo fiscal e partilha de recursos – Desoneração das exportações e
a Emenda Constitucional 42/2003 – Medidas compensatórias – Omissão
inconstitucional – Violação do art. 91 do Ato das Disposições Constitucionais Transitórias (ADCT) – Edição de lei complementar – Ação julgada
procedente para declarar a mora do Congresso Nacional quanto à edição
da Lei Complementar prevista no art. 91 do ADCT, fixando o prazo de 12
meses para que seja sanada a omissão.

Trata-se de ação direta de inconstitucionalidade por omissão proposta pelo Governador do
Estado do Pará contra alegada omissão legislativa do Congresso Nacional em regulamentar o
disposto no art. 91, *caput* e parágrafos, do Ato das Disposições Constitucionais Transitórias.

Eis o teor do dispositivo, incluído no texto constitucional pela Emenda Constitucional n.
42/2003:

"Art. 91. A União entregará aos Estados e ao Distrito Federal o montante definido **em lei complementar,** de acordo com critérios, prazos e condições nela determinados, podendo considerar as exportações
para o exterior de produtos primários e semielaborados, a relação entre as exportações e as importações, os créditos decorrentes de aquisições destinadas ao ativo permanente e a efetiva manutenção e
aproveitamento do crédito do imposto a que se refere o art. 155, § 2º, X, 'a'.

§ 1º Do montante de recursos que cabe a cada Estado, setenta e cinco por cento pertencem ao próprio
Estado, e vinte e cinco por cento, aos seus Municípios, distribuídos segundo os critérios a que se refere
o art. 158, parágrafo único, da Constituição.

§ 2º A entrega de recursos prevista neste artigo perdurará, conforme definido em **lei complementar**,
até que o imposto a que se refere o art. 155, II, tenha o produto de sua arrecadação destinado predominantemente, em proporção não inferior a oitenta por cento, ao Estado onde ocorrer o consumo das
mercadorias, bens ou serviços.

§ 3º Enquanto não for editada a **lei complementar** de que trata o *caput*, em substituição ao sistema de
entrega de recursos nele previsto, permanecerá vigente o sistema de entrega de recursos previsto no art.
31 e Anexo da Lei Complementar n. 87, de 13 de setembro de 1996, com a redação dada pela Lei
Complementar n. 115, de 26 de dezembro de 2002.

§ 4º Os Estados e o Distrito Federal deverão apresentar à União, nos termos das instruções baixadas
pelo Ministério da Fazenda, as informações relativas ao imposto de que trata o art. 155, II, declaradas
pelos contribuintes que realizarem operações ou prestações com destino ao exterior".

Narra o requerente que a redação originária do art. 155, § 2º, X, "a", da Constituição Federal
não previa a exoneração de ICMS nas operações que destinassem ao exterior produtos semielaborados, assim definidos em lei complementar. Ficavam livres da incidência do imposto apenas
os produtos industrializados, por expressa disposição constitucional:

"Art. 155. Compete aos Estados e ao Distrito Federal instituir impostos sobre:

(…)

§ 2º O imposto previsto no inciso II atenderá ao seguinte:

(…)

X – não incidirá:

---

[1] Acordam os Ministros do Supremo Tribunal Federal, em Sessão Plenária, sob a presidência do Senhora Ministra Cármen Lúcia, na conformidade da ata do julgamento e das notas taquigráficas, por unanimidade de votos,
julgar procedente a ação para declarar a mora do Congresso Nacional quanto à edição da Lei Complementar
prevista no art. 91 do ADCT, fixando o prazo de 12 meses para que seja sanada a omissão (*DJ* de 18.8.2017).

a) sobre operações que destinem ao exterior produtos industrializados, excluídos os semielaborados definidos em lei complementar; (...)".

A Lei Complementar 87/96, no entanto, ampliou a desoneração do imposto no art. 3º, II, para alcançar indiscriminadamente "*operações e prestações que destinem ao exterior mercadorias, inclusive produtos primários e produtos industrializados semielaborados, ou serviços*".

Determinou também, no art. 32, a manutenção dos créditos relativos aos insumos utilizados na produção das mercadorias industrializadas e semielaboradas destinadas ao exterior:

"Art. 32. A partir da data de publicação desta Lei Complementar:

I – o imposto não incidirá sobre operações que destinem ao exterior mercadorias, inclusive produtos primários e produtos industrializados semielaborados, bem como sobre prestações de serviços para o exterior;

II – <u>darão direito de crédito, que não será objeto de estorno</u>, **as mercadorias entradas no estabelecimento para integração ou consumo em processo de produção de mercadorias industrializadas, inclusive semielaboradas, destinadas ao exterior;**

III – entra em vigor o disposto no Anexo integrante desta Lei Complementar".

Em contrapartida, a fim de compensar a perda de arrecadação decorrente do disposto nos arts. 3º, II, e 32, a mesma lei complementar estabeleceu, no art. 31, o dever de a União realizar transferências obrigatórias mensais para os estados e municípios com base nos limites, critérios e condições fixadas na própria Lei Complementar 87.

A redação original do dispositivo – posteriormente modificada pelas Leis Complementares 102 e 115 – estabelecia o seguinte:

"Art. 31. Até o exercício financeiro de 2002, inclusive, a **União entregará mensalmente recursos aos Estados e seus Municípios**, obedecidos os limites, os critérios, os prazos e as demais condições fixados no Anexo desta Lei Complementar, com base no produto da arrecadação estadual efetivamente realizada do imposto sobre operações relativas à circulação de mercadorias e sobre prestações de serviços de transporte interestadual e intermunicipal e de comunicação no período julho de 1995 a junho de 1996, inclusive".

O requerente relata também que, em 2003, a Emenda Constitucional 42 deu nova redação à alínea "a" do inciso X do § 2º do artigo 155 da Constituição de 1988, para criar um amplo sistema de desoneração das exportações, ao estabelecer que não incide ICMS "*sobre operações que destinem mercadorias para o exterior, nem sobre serviços prestados a destinatários no exterior*".

A mesma Emenda, por outro lado, no seu art. 3º, acrescentou ao Ato das Disposições Constitucionais Transitórias o art. 91, de sorte a estabelecer mecanismo de compensação dos prejuízos sofridos pelos entes da federação decorrentes de tal desoneração.

Conclui, assim, o Governador requerente que, decorridos dez anos da promulgação da Emenda Constitucional 42/03, a não edição da lei complementar exigida pelo art. 91, *caput* e parágrafos, do ADCT caracteriza omissão legislativa inconstitucional, em flagrante prejuízo aos Estados exportadores, especialmente o Pará.

Com base nesses fundamentos, requer a declaração de inconstitucionalidade por omissão, a fim de que sejam tomadas as providências necessárias tendentes a conferir efetividade ao disposto no art. 91, *caput* e parágrafos, do ADCT, fixando-se prazo razoável para que o Congresso Nacional adote as providências legislativas cabíveis na espécie.

Apliquei ao feito o rito do art. 12, c/c 12-F da Lei 9.868, de 10 de novembro de 1999.

Prestou informações o Senado Federal, arguindo a inadequação da via processual adotada pelo requerente, tendo em vista que o texto constitucional, modificado pela EC 41, já trouxe solução provisória para a falta de lei.

Aduziu também não haver, no caso, mora legislativa, uma vez que existem atualmente projetos em tramitação em ambas as Casas do Congresso Nacional, como é o caso, por exemplo, do Projeto de Lei 272/2007, da Senadora Marisa Serrano.

Contesta também os argumentos econômicos perfilados pelo requerente a indicar o prejuízo decorrente da omissão legislativa, ao fundamento de que a desoneração de exportação conduzida pela EC traz benefícios para toda a Federação.

A Advocacia-Geral da União manifestou-se pela improcedência do pedido, ao argumento de que não haveria, na espécie, omissão inconstitucional atribuível ao Congresso Nacional. Para fundamentar essa posição, afirma que a norma do art. 91 do ADCT não possui eficácia limitada, haja vista que o próprio constituinte, no § 3º do art. 91, determinou a aplicação do art. 31 e Anexo da Lei Complementar 87/1996, enquanto não editada a lei complementar a que se refere.

Aduz também que há proposições em tramitação no Congresso Nacional sobre a matéria, razão suficiente para se afastar a omissão por parte do legislador. Cita, nessa linha, a ADI 2495, rel. Min. Ilmar Galvão, *DJ* 2.5.2002.

O Procurador-Geral da República opinou pela parcial procedência da ação. Fundamentou seu parecer no entendimento segundo o qual existe efetivamente um dever de legislar, em razão do art. 91 do ADCT, de sorte que a mora legislativa alegada não está suprida nem pela regra constitucional provisória do § 3º do art. 91, tampouco pela mera tramitação dos projetos sobre o tema no âmbito do Congresso Nacional.

Deferi o ingresso no feito, na qualidade de *amici curiae*, das seguintes entidades: Estado de São Paulo (SP), Estado do Pará (PA), Estado do Rio Grande do Sul (RS), Estado do Rio de Janeiro (RJ), Estado do Maranhão (MA), Estado da Bahia (BA), Estado do Paraná (PR), Estado de Sergipe (SE), Estado de Rondônia (RO), Estado de Santa Catarina (SC), Distrito Federal (DF), Estado do Mato Grosso (MT), Estado do Rio Grande do Norte (RN), Estado do Espírito Santo (ES), Estado de Goiás (GO), Estado de Minas Gerais (MG) e Ordem dos Advogados do Brasil – Seção do Pará (OAB-PA).

A ementa do julgado recebeu a seguinte redação:

EMENTA: Ação Direta de Inconstitucionalidade por Omissão. 2. Federalismo fiscal e partilha de recursos. 3. Desoneração das exportações e a Emenda Constitucional 42/2003. Medidas compensatórias. 4. Omissão inconstitucional. Violação do art. 91 do Ato das Disposições Constitucionais Transitórias (ADCT). Edição de lei complementar. 5. Ação julgada procedente para declarar a mora do Congresso Nacional quanto à edição da Lei Complementar prevista no art. 91 do ADCT, fixando o prazo de 12 meses para que seja sanada a omissão. Após esse prazo, caberá ao Tribunal de Contas da União, enquanto não for editada a lei complementar: a) fixar o valor do montante total a ser transferido anualmente aos Estados-membros e ao Distrito Federal, considerando os critérios dispostos no art. 91 do ADCT; b) calcular o valor das quotas a que cada um deles fará jus, considerando os entendimentos entre os Estados-membros e o Distrito Federal realizados no âmbito do Conselho Nacional de Política Fazendária – CONFAZ.

VOTO

Senhora Presidente, a questão constitucional trazida à baila neste julgamento diz respeito à omissão legislativa, por parte do Congresso Nacional, em relação à edição da lei complementar prevista no art. 91 do Ato das Disposições Constitucionais Transitórias (ADCT).

Dividi meu voto em quatro partes para facilitar a compreensão da matéria: (I) Legitimidade ativa e pertinência temática; (II) Federalismo fiscal e partilha de recursos; (III) Desoneração das exportações e a Emenda Constitucional 42/2003; (IV) Omissão inconstitucional e (V) Técnica de decisão.

I – Legitimidade ativa e pertinência temática

A presente ação direta foi proposta pelo Governador do Estado do Pará em face de alegada omissão inconstitucional que estaria consubstanciada no descumprimento do art. 91 do ADCT.

A legitimidade do requerente encontra fundamento na previsão do art. 103, V, da Constituição Federal, reforçada pelo art. 12-A da Lei 9.868/99.

Também entendo plenamente atendido o requisito de pertinência temática na espécie, haja vista a inegável repercussão da norma faltante no erário paraense.

Como é cediço, a jurisprudência deste Tribunal afirma a necessidade de pertinência entre o objeto da ação de inconstitucionalidade e a defesa do interesse em causa. No caso dos governadores, a legitimidade está condicionada à repercussão do ato normativo impugnado nas atividades de interesse dos estados (ADI 2656-SP, Min. Rel. Maurício Corrêa, *DJe* 1º.8.2003).

Na espécie, depreende-se o atendimento do requisito da pertinência temática em face dos alegados prejuízos que afirma ter sofrido a Fazenda Pública paraense, tendo em vista sua condição de estado exportador de produtos primários e semielaborados.

Atendidos, portanto, os requisitos de legitimidade e pertinência temática.

Passo ao exame do mérito.

II – Federalismo fiscal e partilha de recursos

Senhores Ministros, a questão constitucional examinada nesta ação relaciona-se com temas centrais do nosso federalismo, tais como a autonomia financeira e a partilha dos recursos tributários.

Não há dúvidas de que a partilha das receitas, especialmente de impostos, é uma questão fundamental do pacto federativo brasileiro, assim como de qualquer Estado fiscal que se estruture na forma de federação.

De nada adianta o zelo na partilha de competências constitucionais, entre os diferentes entes federativos, se essa repartição não é acompanhada da divisão de recursos próprios e suficientes para fazer frente às diversas tarefas que lhes foram conferidas pelo Poder Constituinte. As competências constitucionais esvaziam-se sem as condições materiais para o seu exercício.

Pois bem. Para enfrentar o objeto desta demanda, parece-me fundamental atentar para essas questões e, especialmente, para o arranjo federativo estruturado no texto constitucional de 1988 e na prática institucional levada a cabo nas décadas que se seguiram à sua promulgação.

O rearranjo político promovido pela Constituição Federal de 1988 foi impulsionado por duas grandes forças. De um lado, a luta por descentralização política e garantia de autonomia aos entes subnacionais, especialmente os municípios. De outro, o desejo de ampliação do elenco de direitos fundamentais constitucionalmente assegurados, especialmente os direitos sociais, e de torná-los universais para todos os brasileiros. Esses dois elementos foram componentes preponderantes para o desenho do quadro fiscal ainda hoje vigente na Constituição. (Fernando Rezende; Fabrício Oliveira; Erika Araújo, *O dilema fiscal*: remendar ou reformar? Rio de Janeiro: Editora FGV, 2007, p. 11, 12 *et passim*).

A luta por autonomia política por parte de estados e municípios iria necessariamente afetar a partilha de recursos públicos. A desejada autonomia política não poderia existir sem que estivesse aliada à autonomia financeira, e esta, no contexto de um Estado fiscal, depende, fundamentalmente, da divisão de competências tributárias e da partilha do produto da arrecadação tributária. Para os estados e municípios de maior potencial econômico, a autonomia poderia ser, em grande medida, assegurada por meio de suas próprias receitas tributárias, desde que a discriminação de suas competências fosse-lhes favorável. Cuidou-se, então, de ampliar as competências estaduais, incluindo no âmbito do ICMS fatos econômicos antes sujeitos exclusivamente à competência tributária federal: combustíveis, energia elétrica e telecomunicações.

A partilha do produto da arrecadação dos impostos federais, por sua vez, foi novamente ampliada com a Constituição de 1988, inclusive como forma de promover a autonomia financeira dos entes menos favorecidos economicamente. Estabeleceu-se, inicialmente, que 47% do produto da arrecadação do Imposto de Renda e Proventos de Qualquer Natureza, assim como do Imposto sobre Produtos Industrializados, seria destinado aos estados e municípios, por meio dos respectivos Fundos de Participação.

Aos estados-membros, por meio do FPE, coube 21,5% do IR e do IPI arrecadado pela União. Aos municípios, por meio do FPM, coube 22,5% do IR e do IPI arrecadados pela União. Em 2007, por força da Emenda Constitucional n. 55, esse percentual foi acrescido de mais 1% a ser entregue aos municípios no primeiro decêndio do mês de dezembro de cada ano.

Em 2014, o texto constitucional é alterado outra vez. A Emenda Constitucional n. 84/2014 acrescenta mais um ponto percentual ao FPM, devendo o respectivo montante ser entregue no primeiro decêndio do mês de julho de cada ano. Seriam ainda aplicados 3% em programas de financiamento ao setor produtivo das Regiões Norte, Nordeste e Centro-Oeste, por meio de instituições financeiras de caráter regional, na forma da lei.

Tivemos, portanto, nos últimos anos, três emendas constitucionais versando sobre a matéria. Refiro-me às Emendas Constitucionais 17/1997, 55/2007 e, por último, à EC 84/2014, que alteraram, em 1% cada, o percentual a ser partilhado por meio do FPM.

Entretanto, é cediço que, apesar dos esforços constitucionais, no sentido de promover descentralização de receitas na redação originária da Constituição Federal de 1988, nos anos seguintes, a União, por meio das contribuições – cuja receita não é partilhada com os demais entes –, conseguiu reverter o quadro constitucional de partilha de receitas, concentrando em seu poder a maior parte dos recursos tributários arrecadados.

Parece correto afirmar, nesse sentido, que as duas décadas que sucederam à promulgação da Carta de 1988 caracterizaram-se pela inversão do quadro de partilha de receitas traçado na Constituinte. Refiro-me, é claro, ao uso cada vez mais frequente das contribuições do art. 149 da Constituição Federal, sobretudo as federais, para o financiamento do Estado brasileiro.

Ao que tudo indica, a própria estrutura de partilha de receitas e atribuições firmada em 1988 parece ter sido a causa de sua inversão nos anos seguintes. A crescente necessidade de recursos públicos para o custeio dos direitos sociais, associada aos largos percentuais de partilha incidentes sobre os principais impostos federais, inclusive aqueles criados no uso da competência residual (art. 154, I), representou fator de grande estímulo ao emprego de contribuições.

A tabela e o gráfico a seguir ilustram que, a partir do Plano Real, houve um incremento do volume de receitas de contribuições **no total de receitas correntes da União**, participação que se estabilizou num patamar entre 50 e 55%. Por outro lado, a participação das receitas tributárias, na última década, permanece entre 30 e 33% do total de receitas correntes.

Ano	Receita de Contribuições	Receitas Tributárias
1994	29,18%	25,99%
1995	44,98%	37,60%
1996	50,57%	34,15%
1997	52,97%	33,44%
1998	46,77%	33,87%

(continua)

(continuação)

1999	52,16%	34,25%
2000	55,33%	31,16%
2001	55,67%	31,65%
2002	56,42%	31,44%
2003	58,80%	29,96%
2004	60,81%	28,55%
2005	58,76%	29,40%
2006	54,91%	29,02%
2007	55,35%	30,29%
2008	50,59%	33,60%
2009	51,64%	31,02%
2010	53,41%	31,65%
2011	52,97%	32,89%
2012	52,03%	30,64%
2013	52,69%	30,83%
2014	53,96%	32,21%
2015	53,67%	33,11%
2016	54,92%	33,00%

Tabela: Participação das Receitas de Contribuições e Tributárias no total de Receitas Correntes da União (Fonte: Secretaria do Tesouro Nacional – Ministério da Fazenda – Séries Históricas)

Observa-se, então, que, se, de um lado, o constituinte desenhou um quadro fiscal fortemente descentralizado quanto aos impostos; de outro, deixou nas mãos da União, livres de qualquer partilha de arrecadação, outra espécie tributária: as contribuições, especialmente as sociais.

Progressivamente, o governo federal viu-se induzido a lançar mão dessa espécie tributária, quer pelas facilidades de seu regime de instituição, livre da aplicação de boa parte dos princípios tributários, quer pela não obrigatoriedade de partilha das receitas geradas, ao contrário do que ocorre com os impostos.

Essa tendência, no entanto, trouxe efeitos perversos. No plano econômico e fiscal, a ampliação do financiamento do setor público brasileiro, por meio de contribuições, pode ter sido responsável por efeitos perversos, como o ganho de complexidade do sistema tributário, a centralização fiscal e a elevação da carga tributária.

Faço esse breve panorama da evolução do quadro de partilha dos recursos tributários no Brasil apenas para que possamos ampliar um pouco o espectro do problema ora examinado e ver a questão constitucional no contexto em que, de fato, se inclui.

Os estados, por sua vez, não podem lançar mão desses tributos – as contribuições –, dado que esta faculdade não lhes é conferida pelo art. 149 da Constituição, exceto aquelas destinadas ao custeio do regime próprio de previdência de seus servidores (art. 149, § 1º).

Viram-se, portanto, privados do recebimento de qualquer parcela deste bolo cada vez mais amplo de receitas de contribuições arrecadadas pela União. Daí a gravidade de temas como estes de que tratamos na presente ação, controvérsias constitucionais que afetam sensivelmente as receitas e a arrecadação dos estados.

1440 Estado de Direito e Jurisdição Constitucional – Decisões relevantes em 15 anos de atuação no STF

Dito isso, passo ao exame propriamente do contexto que deu ensejo à edição da EC 42/2003, do esforço de desoneração de exportações, que acabou dando lugar à controvérsia dos autos, e do impacto que essas medidas produziram nas finanças dos estados, que ora examinamos.

III – Desoneração das exportações e a Emenda Constitucional 42/2003

Para compreender o objeto desta ação direta, é preciso voltar um pouco no tempo e dar conta do processo de desoneração das exportações conduzido pelo Governo brasileiro nas últimas décadas, especialmente por meio da Lei Complementar 87/1996 e da Emenda Constitucional 42/2003.

A disposição indicada como parâmetro para a omissão impugnada – o art. 91 do ADCT – não constava da redação original da Constituição Federal de 1988. Foi incluída pela Emenda Constitucional 42/2003, que, entre outras alterações, modificou também o art. 155, § 2º, X, *a*, do texto constitucional, para excluir a incidência do ICMS nas operações de exportação.

A redação original do art. 155, § 2º, X, *a*, da Constituição Federal de 1988 não excluía a incidência do ICMS sobre as operações de exportação de produtos primários. Determinava apenas que o imposto não haveria de se aplicar sobre operações que destinassem ao exterior produtos industrializados e sobre os produtos semielaborados *"definidos em lei complementar"*.

Era este o teor do dispositivo:

"**Art. 155.** Compete aos Estados e ao Distrito Federal instituir:

I – impostos sobre:

a) transmissão *causa mortis* e doação, de quaisquer bens ou direitos;

b) operações relativas à circulação de mercadorias e sobre prestações de serviços de transporte interestadual e intermunicipal e de comunicação, ainda que as operações e as prestações se iniciem no exterior;

§ 2º O imposto previsto no inciso I, *b*, atenderá ao seguinte:

X – não incidirá:

a) sobre operações que destinem ao exterior produtos industrializados, excluídos os semielaborados definidos em lei complementar; (...)".

O conceito de produto "semielaborado" foi inicialmente estabelecido pelo Convênio 66/1988, do Conselho Nacional de Política Fazendária (Confaz), e, ao depois, pela Lei Complementar 65, de 1991.

Anos mais tarde, a edição da Lei Complementar 87/1996 veio ampliar a desoneração do ICMS em relação às exportações, a fim de alcançar também os produtos primários e semielaborados. O preceito do art. 3º, II, de modo irrestrito, afasta a incidência do imposto sobre *"operações e prestações que destinem ao exterior mercadorias, inclusive produtos primários e produtos industrializados semielaborados, ou serviços"*.

A mesma lei complementar, no art. 32, assegura também o aproveitamento do crédito relativo ao imposto pago nas etapas anteriores, quanto aos insumos utilizados na produção das mercadorias industrializadas e semielaboradas destinadas ao exterior.

Transcrevo os dispositivos citados:

"**Art. 3º** O imposto não incide sobre:

[...] II – operações e prestações que destinem ao exterior mercadorias, inclusive produtos primários e produtos industrializados semielaborados, ou serviços;"

"**Art. 32.** A partir da data de publicação desta Lei Complementar:

I – o imposto não incidirá sobre operações que destinem ao exterior mercadorias, inclusive produtos primários e produtos industrializados semielaborados, bem como sobre prestações de serviços para o exterior;

II – darão direito de crédito, que não será objeto de estorno, as mercadorias entradas no estabelecimento para integração ou consumo em processo de produção de mercadorias industrializadas, inclusive semielaboradas, destinadas ao exterior;

III – entra em vigor o disposto no Anexo integrante desta Lei Complementar".

A LC 87/1996, por outro lado, atribuiu à União o dever de entregar mensalmente aos estados e ao Distrito Federal recursos, nos moldes previstos no Anexo que a acompanha, levando-se em conta o produto da arrecadação no período de junho de 1995 a junho de 1996.

É a redação original do art. 31 da LC 87/1996:

"Art. 31. Até o exercício financeiro de 2.002, inclusive, a União entregará mensalmente recursos aos Estados e seus Municípios, obedecidos os limites, os critérios, os prazos e as demais condições fixados no Anexo desta Lei Complementar, com base no produto da arrecadação estadual efetivamente realizada do imposto sobre operações relativas à circulação de mercadorias e sobre prestações de serviços de transporte interestadual e intermunicipal e de comunicação no período julho de 1995 a junho de 1996, inclusive".

A regra, que deveria perdurar até 2002, foi prorrogada pelas Leis Complementares 102/2000 e 115/2002 até sua definitiva elevação ao plano constitucional por força da Emenda Constitucional 42/2003.

A redação dada pela Lei Complementar 115/2002 tem o seguinte teor:

"Art. 31. Nos exercícios financeiros de 2003 a 2006, a União entregará mensalmente recursos aos Estados e seus Municípios, obedecidos os montantes, os critérios, os prazos e as demais condições fixadas no Anexo desta Lei Complementar.

§ 1º Do montante de recursos que couber a cada Estado, a União entregará, diretamente:

I – setenta e cinco por cento ao próprio Estado; e

II – vinte e cinco por cento aos respectivos Municípios, de acordo com os critérios previstos no parágrafo único do art. 158 da Constituição Federal.

§ 2º Para atender ao disposto no **caput**, os recursos do Tesouro Nacional serão provenientes:

I – da emissão de títulos de sua responsabilidade, ficando autorizada, desde já, a inclusão nas leis orçamentárias anuais de estimativa de receita decorrente dessas emissões, bem como de dotação até os montantes anuais previstos no Anexo, não se aplicando neste caso, desde que atendidas as condições e os limites globais fixados pelo Senado Federal, quaisquer restrições ao acréscimo que acarretará no endividamento da União;

II – de outras fontes de recursos.

§ 3º A entrega dos recursos a cada unidade federada, na forma e condições detalhadas no Anexo, especialmente no seu item 3, será satisfeita, primeiro, para efeito de pagamento ou compensação da dívida da respectiva unidade, inclusive de sua administração indireta, vencida e não paga junto à União, bem como para o ressarcimento à União de despesas decorrentes de eventuais garantias honradas de operações de crédito externas. O saldo remanescente, se houver, será creditado em moeda corrente.

§ 4º A entrega dos recursos a cada unidade federada, na forma e condições detalhadas no Anexo, subordina-se à existência de disponibilidades orçamentárias consignadas a essa finalidade na respectiva Lei Orçamentária Anual da União, inclusive eventuais créditos adicionais.

§ 5º Para efeito da apuração de que trata o art. 4º da Lei Complementar n. 65, de 15 de abril de 1991, será considerado o valor das respectivas exportações de produtos industrializados, inclusive de semielaborados, não submetidas à incidência do imposto sobre operações relativas à circulação de mercadorias e sobre prestações de serviços de transporte interestadual e intermunicipal e de comunicação, em 31 de julho de 1996".

A Lei Complementar 115/2002 alterou também o teor do Anexo que acompanha a LC 87/1996 e, pode-se dizer, a própria natureza das transferências em questão.

É que, na redação original da LC 87/1996 e na redação dada pela 102/2000, o fundo tinha claro sentido de "seguro-receita" ou "seguro-garantia", na medida em que o cálculo dos valores

1442 Estado de Direito e Jurisdição Constitucional – Decisões relevantes em 15 anos de atuação no STF

que deveriam ser transferidos pela União tinha direta relação com o montante que os Estados deixaram de arrecadar em razão da desoneração das exportações.

A lógica da LC 115/2002 é um tanto diversa. Deixou-se de lado a correlação direta entre transferências federais e perda de arrecadação estadual, passando-se a discriminação dos montantes ao plano da discricionariedade política.

A mudança, aliás, fica clara quando se observa o teor do Anexo modificado pela LC 115/2002:

> "1. A entrega de recursos a que se refere o art. 31 da Lei Complementar no 87, de 13 de setembro de 1996, será realizada da seguinte forma:
>
> 1.1. a União entregará aos Estados e aos seus Municípios, no exercício financeiro de 2003, o valor de até R$ 3.900.000.000,00 (três bilhões e novecentos milhões de reais), desde que respeitada a dotação consignada da Lei Orçamentária Anual da União de 2003 e eventuais créditos adicionais;
>
> 1.2. nos exercícios financeiros de 2004 a 2006, a União entregará aos Estados e aos seus Municípios os montantes consignados a essa finalidade nas correspondentes Leis Orçamentárias Anuais da União; [...]".

Essa alteração de natureza e escopo dos recursos transferidos com base no art. 31 da LC 87/1996, em suas diferentes redações, é sintetizada por Fernando Facury Scaff, nos seguintes termos:

> "Como visto, a Lei Kandir atendia às reivindicações do setor produtivo exportador, pois acabava com a incidência tributária sobre as exportações, objeto de normas criadas pelos Secretários de Fazenda no âmbito do CONFAZ, e permitia que os créditos de ICMS decorrentes desta operação exportadora fossem mantidos.
>
> Porém os Estados usaram seu poder político para a obtenção de compensações – ainda mais porque a Lei Kandir previa queda na arrecadação do ICMS e a obrigação de respeitar o crédito decorrente das operações anteriores à exportação, duas medidas que impactariam negativamente a arrecadação estadual.
>
> Esta compensação pleiteada pelos Estados – e que passou a ser conhecida como o *Fundo da Lei Kandir* – aparece no art. 32, no qual se constata a reafirmação das duas normas acima transcritas – a exonerativa das exportações e a que mantinha os créditos referentes aos insumos anteriores à exportação —, ao lado da aprovação de um Anexo que estabelecia um repasse orçamentário de créditos da União aos Estados, calculado sobre as perdas que estes teriam com estas duas medidas.
>
> 7. Aqui se abre um espaço para análise dos repasses da Lei Kandir, suas finalidades, duração e mutações ao longo de sua existência.
>
> Para tanto, é necessário analisar as diversas alterações pelas quais esta norma passou e sua eficácia. Inicialmente tais créditos se constituíram em uma espécie de 'seguro garantia' ou 'seguro receita', considerado o período que se inicia na data de publicação da Lei Complementar n. 87, setembro de 1996, até 2002, no qual constava que a União entregaria aos Estados e seus Municípios, consoante critérios estabelecidos no referido Anexo, parcela correspondente à arrecadação efetivamente realizada no período entre julho de 1995 e junho de 1996, inclusive.
>
> [...] Diz-se ser uma espécie de 'seguro garantia' porque os cálculos realizados tinham por pertinência a correlação entre o que os Estados deixariam de receber de ICMS em decorrência da exportação de produtos semielaborados, pertinentes ao período acima mencionado, bem como os créditos de ICMS que seriam reconhecidos aos exportadores. Logo, havia correlação entre o que os Estados 'deixavam de arrecadar' e o que a União se comprometia a lhes transferir. [...]
>
> 10. A Lei Complementar n. 102, de 11 de julho de 2000, manteve a lógica de vincular estas transferências intergovernamentais às perdas que os Estados tiveram com a desoneração das exportações. Estas projeções deveriam ser feitas pelo CONFAZ. Caso não fossem feitas, deveria vigorar o que antes existia, corrigido monetariamente. [...]
>
> 11 Posteriormente esta sistemática de cálculo foi alterada. Passou de 'seguro garantia' para uma espécie de 'livre negociação política'. Isto ocorreu através da Lei Complementar n. 115, de 26 de dezembro de 2002, e permanece até os dias atuais.

Direito Tributário **1443**

Passou a ser transferido não mais um valor apurado de conformidade com as perdas nas exportações, mas um valor aleatório estabelecido pelo jogo de forças político, consignado como crédito orçamentário. Deixou de existir a correlação entre o que havia sido desonerado das exportações e compensado aos exportadores através do reconhecimento de créditos.

12 Estas disposições da Lei Complementar n. 115/02 deveriam vigorar até 2006. Porém, para evitar negociações periódicas no Parlamento, este Fundo Orçamentário foi constitucionalizado pela Emenda Constitucional n. 42, de 19 de dezembro de 2003, transformando-se no art. 91 do ADCT, até que o ICMS 'tenha o produto de sua arrecadação destinado predominantemente, em proporção não inferior a oitenta por cento, ao Estado onde ocorrer o consumo das mercadorias, bens ou serviços', **ou que venha a ser editada a Lei Complementar em que isso seja regulado**. Como não se tem o menor horizonte para que isso ocorra, na prática estas transferências foram perenizadas na forma da Lei Complementar n. 115/02, restando apenas ao jogo de pressão política a definição do valor anual a ser transferido". (SCAFF, Fernando Facury. A desoneração das exportações e o fundo da Lei Kandir: análise com foco no setor mineral. **Revista Fórum de Direito Financeiro e Econômico** – *RFDFE*, Belo Horizonte, ano 1, n. 1, p. 3956, mar./ago. 2012)

Pois bem. Traçar esse pano de fundo e apontar o histórico dessa sucessão de atos normativos é importante para entender o sentido e o contexto da edição da EC 42/2003, principal parâmetro da ação direta ora em julgamento.

Não parece exagero afirmar que a edição da Emenda acabou por *elevar* ao plano constitucional tanto o esforço de desoneração que já se via nos arts. 3º e 32 da Lei Complementar 87/1996 quanto a obrigatoriedade de repasses mensais a cargo da União constante da mesma lei.

Com a EC 42/2003, alterou-se a redação alínea "a" do inciso X do § 2º do art. 155 da Constituição Federal, para remover completamente as exportações brasileiras do campo de incidência do ICMS. Ficam livres do imposto quaisquer *"operações que destinem mercadorias para o exterior"*, e garantem-se também a *"a manutenção e o aproveitamento do montante do imposto cobrado nas operações e prestações anteriores"*.

O dispositivo passou a vigorar com a seguinte redação:

"Art. 155. Compete aos Estados e ao Distrito Federal instituir impostos sobre: [...]

II – operações relativas à circulação de mercadorias e sobre prestações de serviços de transporte interestadual e intermunicipal e de comunicação, ainda que as operações e as prestações se iniciem no exterior; [...]

X – não incidirá:

a) **sobre operações que destinem mercadorias para o exterior**, nem sobre serviços prestados a destinatários no exterior, assegurada **a manutenção e o aproveitamento do montante do imposto cobrado nas operações e prestações anteriores**; (...)".

É claro que introduzir no altiplano constitucional a previsão de não incidência do ICMS em relação às operações que destinem mercadorias ao exterior tem um sentido técnico específico, que é o de criar uma imunidade constitucional. Essa "não incidência constitucionalmente qualificada"– como diz José Souto Maior Borges – representa, a rigor, uma imunidade, uma redução do alcance da norma de competência do art. 155, II, da Constituição Federal. (BORGES, José Souto. **Teoria Geral da Isenção Tributária**. 3. ed. São Paulo: Malheiros, p. 183).

A respeito desse objetivo de "elevar" a desoneração das exportações ao patamar constitucional, não deixa dúvidas a Exposição de Motivos Interministerial n. 84/MF/C. Civil, que acompanhou a PEC 41/2003, apresentada pela Presidência da República, e que resultou, como é cediço, na EC 42/2003.

Consta do documento o seguinte:

"Submetemos à apreciação de Vossa Excelência a inclusa Proposta de Emenda Constitucional que altera o Sistema Tributário Nacional e dá outras providências.

O tema 'Reforma Tributária' tem sido recorrente nos debates nacionais, do ponto de vista do plano político, econômico ou social brasileiro, sem, entretanto, lograr-se êxito na efetivação das mudanças almejadas para a simplificação e a racionalização do Sistema Tributário Nacional.

Todavia, está claro que o Brasil necessita dessa reforma estrutural para elevação de sua eficiência econômica, estimulando a produção, o investimento produtivo e a geração de emprego e de renda.

Na busca da efetiva realização dessa reforma, foram desenvolvidos diversos debates sobre o tema, especialmente no âmbito do Conselho de Desenvolvimento Econômico e Social, que congrega cidadãos atuantes da sociedade civil organizada e, também, com representações dos governos municipais e estaduais. [...]

No tocante ao imposto de competência estadual sobre operações relativas à circulação de mercadorias e sobre prestações de serviços de transporte interestadual e intermunicipal e de comunicação (ICMS), tem-se, atualmente, um quadro de grande complexidade da legislação. Cada um dos Estados mantém a sua própria regulamentação, formando um complexo de 27 (vinte e sete) diferentes legislações a serem observadas pelos contribuintes. Agrava esse cenário a grande diversidade de alíquotas e de benefícios fiscais, o que caracteriza o quadro denominado de 'guerra fiscal'.

Tais circunstâncias trazem prejuízos ao cumprimento das obrigações tributárias pelos contribuintes, dificultam a administração, a arrecadação e a fiscalização do imposto e remetem, ainda, a graves problemas econômicos, pois os diferentes tratamentos estabelecidos provocam, muitas vezes, desequilíbrios concorrenciais e insegurança na definição de investimentos.

Para reversão desse quadro, atentando para a preservação da competência estadual desse tributo, propõe-se a uniformização das legislações, com regulação do imposto exclusivamente por normas de caráter nacional. Assim, o ICMS passará a ser regulado por lei complementar e por regulamento editado por órgão colegiado composto por representantes dos Estados e do Distrito Federal, sendo vedada adoção de norma estadual autônoma.[...]

Propõe-se, ainda, elevar-se à sede constitucional a desoneração das exportações, assegurando-se o aproveitamento ou a manutenção dos créditos relativos aos insumos dos produtos exportados, situação que atualmente está regulada em lei complementar".

As modificações – não é difícil perceber – fizeram-se em prejuízo da competência e da arrecadação tributária dos estados-membros. A nova disposição introduzida – *rectius*: modificada – pela EC 42/2003, ao afastar a possibilidade de cobrança do ICMS em relação às operações que destinem mercadorias para o exterior, redefiniu os limites da competência tributária estadual, reduzindo-a, com o evidente escopo de induzir, pela via da desoneração, as exportações brasileiras.

Quero dar ênfase a esse ponto. O esforço de desoneração das exportações, em termos técnicos, ocorreu mediante alteração (leia-se: redução) dos limites da competência tributária estadual. Ou seja, deu-se em prejuízo de uma fonte de receitas públicas estaduais.

Originariamente, os estados e o Distrito Federal *poderiam* cobrar ICMS em relação às operações que destinassem ao exterior produtos primários. Agora, não mais.

Então, se, de um lado, é certo que a modificação prestigia e incentiva as exportações, em prol de toda Federação, de outro, não é menos verdade que a nova regra afeta uma fonte de recursos dos estados e haveria de trazer consequências severas especialmente para aqueles que se dedicam à atividade de exportação de produtos primários.

Por isso, em contrapartida, para compensar a perda de arrecadação que naturalmente haveria de decorrer da desoneração das exportações imposta pela EC 42/2003, esta estabeleceu, no art. 91 do Ato das Disposições Constitucionais Transitórias (ADCT), uma fórmula de transferência constitucional obrigatória da União em favor dos estados e do Distrito Federal.

Eis a norma cujo descumprimento se alega na presente ação:

"Art. 91. A União **entregará** aos Estados e ao Distrito Federal o montante definido em lei complementar, de acordo com **critérios, prazos e condições** nela determinados, podendo considerar as exportações para o exterior de produtos primários e semielaborados, a relação entre as exportações e as importações, os créditos decorrentes de aquisições destinadas ao ativo permanente e a efetiva manutenção e aproveitamento do crédito do imposto a que se refere o art. 155, § 2º, X, 'a'.

§ 1º Do montante de recursos que cabe a cada Estado, setenta e cinco por cento pertencem ao próprio Estado, e vinte e cinco por cento, aos seus Municípios, distribuídos segundo os critérios a que se refere o art. 158, parágrafo único, da Constituição.

§ 2º A entrega de recursos prevista neste artigo perdurará, conforme definido em lei complementar, até que o imposto a que se refere o art. 155, II, tenha o produto de sua arrecadação destinado predominantemente, em proporção não inferior a oitenta por cento, ao Estado onde ocorrer o consumo das mercadorias, bens ou serviços.

§ 3º Enquanto não for editada a lei complementar de que trata o *caput*, em substituição ao sistema de entrega de recursos nele previsto, permanecerá vigente o sistema de entrega de recursos previsto no art. 31 e Anexo da Lei Complementar n. 87, de 13 de setembro de 1996, com a redação dada pela Lei Complementar n. 115, de 26 de dezembro de 2002.

§ 4º Os Estados e o Distrito Federal deverão apresentar à União, nos termos das instruções baixadas pelo Ministério da Fazenda, as informações relativas ao imposto de que trata o art. 155, II, declaradas pelos contribuintes que realizarem operações ou prestações com destino ao exterior".

O dispositivo não constava da redação original da Proposta de Emenda Constitucional enviada ao Congresso Nacional pelo Presidente da República (PEC 41/2003). A redação do art. 3º da proposição limitava-se a prever o seguinte:

"Art. 90. A lei complementar que disciplinar o imposto previsto no art. 155, II, da Constituição, com a redação dada por esta Emenda, disporá sobre o regime de transição, observado o seguinte:

I – para efeito de aplicação do disposto no art. 155, § 2º, VI, 'c', da Constituição, com a redação dada por esta Emenda, poderá prever a implantação gradual, por mercadoria, bem ou serviço, dessa exigência, no decurso do prazo de dois anos, contados do início da exigência do imposto na forma dada por esta Emenda;

II – fixará prazos máximos de vigência para incentivos e benefícios fiscais, definindo também as regras vigentes à época da concessão, que permanecerão aplicáveis;

III – poderá criar fundos ou outros mecanismos necessários à consecução da transição.

Parágrafo único. Na hipótese do inciso I, relativamente às operações e prestações interestaduais para as quais não se estabelecer a referida exigência, poderão ser mantidos os tratamentos previstos no art. 155, § 2º, VII, VIII e XI, da Constituição, com a redação anterior a esta Emenda".

Durante a tramitação da proposição no Congresso Nacional, no entanto, ficou evidente a necessidade de instituírem-se mecanismos de compensação para a perda de arrecadação suportada pelos estados exportadores à maneira do que já se havia estabelecido no art. 31 Lei Complementar n. 87 (atualmente com redação dada pela LC 115/2002).

A propósito, consta do parecer do Deputado Osmar Serraglio, relator da matéria na Comissão de Constituição e Justiça e de Redação da Câmara dos Deputados, hoje Comissão de Constituição e Justiça e de Cidadania (CCJC), o seguinte:

"A segunda dissimetria, que me parece inegável, foi claramente percebida e assumida ruidosamente por todos que reivindicam a previsão constitucional de **fundo de compensação** aos Estados exportadores, medida simétrica à constitucionalização da exoneração total das exportações, o que se afigura procedente, a meu ver, se não de um ponto de vista puramente teórico, pelo menos do ponto de vista da nossa prática constitucional positiva.

Assim, ainda que se possa alegar, especulativamente, que uma política de ressarcimento perene aos Estados exportadores seria inconsistente, contraditória, com uma adesão plena ao princípio da não exportação de impostos, materializado na exoneração total das exportações, temos a seguinte situação de fato, a saber, que a exoneração constitucional em vigor abrange apenas os produtos industrializados, e prevê compensação perene aos Estados exportadores de produtos industrializados, financiada com 10 % da arrecadação do IPI, não cabendo mais discutir se mal ou bem, pois que é uma correlação constitucional vigente, indiscutível porquanto santificada pelo Constituinte originário.

Ao propor a constitucionalização plena da exoneração das exportações, incorporando preceito da chamada Lei Kandir (Lei Complementar n. 87/96, alterada pela LC 102/00 e LC 115/02), não há como, simetricamente, deixar de cogitar da constitucionalização do fundo compensatório correlativo, dado o precedente indiscutível do art. 159, II, da CF em vigor. O precedente desautoriza o argumento de que o fundo compensatório da Lei Kandir tinha sido previsto para durar por prazo certo, na suposição de que, com o tempo, as perdas se diluiriam diante do aumento da atividade econômica e, junto a ela, do incremento dos ingressos tributários, decorrente do crescimento das exportações. O precedente do art. 159, II, pode ser um mal, numa avaliação puramente teórica, mas persiste, do ponto de vista da análise constitucional, como um molde constitucional irrecusável e indiscutível.

Isso posto, atendendo às reivindicações mais numerosas, parece conveniente sugerir à Comissão Especial a incorporação, na altura do art. 159, I, 'e', de previsão de fundo compensatório aos Estados exportadores, nos moldes do que consta hoje nas leis complementares mencionadas, para sanear possível assimetria no texto constitucional".

A inclusão da norma do art. 91 do ADCT veio, portanto, claramente no sentido de oferecer uma medida compensatória em face das perdas experimentadas de maneira especialmente gravosa pelos estados exportadores em prol de um objetivo nacional: o favorecimento das exportações.

De um lado, há razões para crer que a desoneração veio a bem do desenvolvimento nacional e pôs em prática o princípio que coíbe a exportação de impostos. De outro, não tenho dúvidas em afirmar que a supressão de competência tributária pode afetar, em certa medida, a autonomia financeira dos entes subnacionais, notadamente aqueles em cujo território se desenvolve com mais ênfase a atividade de exportação de produtos primários e semielaborados.

Por isso, o mecanismo de transferência de recursos, em tese, poderia representar um importante instrumento de federalismo cooperativo, de sorte a atenuar os impactos financeiros decorrentes da desoneração promovida pela EC 42/2003 nas contas estaduais.

O fato é que a necessária lei complementar, prevista no *caput* do art. 91, nunca foi editada e, até hoje, segue sendo aplicada a regra – que deveria ser temporária – prevista no § 3º do art. 91. Ou seja, permanece *"vigente o sistema de entrega de recursos previsto no art. 31 e Anexo da Lei Complementar n. 87, de 13 de setembro de 1996, com a redação dada pela Lei Complementar n. 115, de 26 de dezembro de 2002"*.

Posta a questão nesses termos, penso que já está bem claro o contexto da alteração constitucional promovida pela EC 42/2003 e a finalidade da regra prevista no art. 91 do ADCT.

Resta, então, definir, se considerado esse contexto, a falta da lei complementar prevista nessa norma configura omissão constitucional a ser tutelada pela via da ação direta.

IV – O problema da omissão inconstitucional

Tenho dito e repetido que a problemática da inconstitucionalidade por omissão está entre os mais tormentosos e, ao mesmo tempo, mais fascinantes temas do Direito Constitucional moderno. De um lado, envolve o problema da concretização da Constituição pelo legislador – e todas as questões de eficácia aí implicadas – e, de outro, desafia também a argúcia do jurista na solução do problema sob uma perspectiva estrita do processo constitucional.

Quando se pode afirmar a caracterização de uma lacuna inconstitucional? Quais as possibilidades de colmatação dessa lacuna? Qual a eficácia do pronunciamento da Corte Constitucional que afirma a inconstitucionalidade por omissão do legislador? Quais as consequências jurídicas da sentença que afirma a inconstitucionalidade por omissão?

Essas e outras indagações desafiam a dogmática jurídica aqui e alhures. É, todavia, salutar o esforço que se vem desenvolvendo, no Brasil, para descobrir o significado, o conteúdo e a natureza desses institutos.

Todos aqueles que, tópica ou sistematicamente, já se depararam com uma ou outra questão atinente à omissão inconstitucional, hão de ter percebido que a problemática é de transcendental importância não apenas para a realização de diferenciadas e legítimas pretensões individuais. Ela é fundamental, sobretudo, para a concretização da Constituição como um todo, isto é, para a realização do próprio Estado de Direito Democrático, fundado na soberania, na cidadania, na dignidade da pessoa humana, nos valores sociais do trabalho, da iniciativa privada e no pluralismo político, tal como estabelecido no art. 1º da Carta Magna. Assinale-se, outrossim, que o estudo da omissão inconstitucional é indissociável do estudo sobre a força normativa da Constituição.

Nos termos do art. 103, § 2º, da Constituição Federal, a ação direta de inconstitucionalidade por omissão visa a tornar efetiva norma constitucional, devendo ser dada ciência ao Poder competente para adoção das providências necessárias. Objeto desse controle abstrato da inconstitucionalidade é a mera inconstitucionalidade morosa dos órgãos competentes para a concretização da norma constitucional, sejam estes órgãos legislativos ou administrativos.

No caso em tela, a omissão inconstitucional diz respeito à edição da lei complementar prevista no art. 91 do ADCT. Há principalmente dois argumentos com os quais se pretende afastar a omissão legislativa e, por conseguinte, a inconstitucionalidade no caso em tela.

O **primeiro** é a existência de projetos de lei complementar tramitando no Congresso Nacional com o fito de regulamentar a entrega dos recursos prevista no art. 91 do ADCT.

O **segundo** é que a previsão do § 3º do art. 91 manda aplicar temporariamente a regra do art. 31 da LC 87/1996, o que afastaria o vácuo legislativo.

Penso que nenhuma das razões é suficiente para afastar o estado de inconstitucionalidade no caso em julgamento. Ambas inclusive já foram rechaçadas pela jurisprudência deste Tribunal em outras oportunidades, como passo a expor.

O **primeiro argumento** tem relação direta com o problema da *inertia deliberandi*, questão que, segundo penso, ainda está a merecer particular atenção de nossa doutrina e jurisprudência.

Arrola a Advocacia-Geral da União, em memorial apresentado a este Tribunal, diversas proposições já arquivadas ou ainda em tramitação sobre a matéria dos autos, a saber: Projeto de Lei do Senado n. 104/2004; Projeto de Lei do Senado n. 272/07; Projeto de Lei do Senado n. 312/2013; Projeto de Lei do Senado n. 288/2016 e inclusive a Proposta de Emenda à Constituição n. 68/20015.

Vejam, Senhores Ministros, enquanto a sanção e o veto estão disciplinados, de forma relativamente precisa, no texto constitucional, inclusive no que concerne a prazos (art. 66), a deliberação não mereceu do constituinte, no tocante a esse aspecto, uma disciplina mais minuciosa. Ressalvada a hipótese de utilização do procedimento abreviado previsto no art. 64, §§ 1º e 2º, da Constituição, não se estabeleceram prazos para a apreciação dos projetos de lei. Observe-se que, mesmo nos casos desse procedimento abreviado, não há garantia quanto à aprovação dentro de determinado prazo, uma vez que o modelo de processo legislativo estabelecido pela Constituição não contempla a aprovação por decurso de prazo.

Quid juris, então, se os órgãos legislativos não deliberarem dentro de um prazo razoável sobre projeto de lei em tramitação? Ter-se-ia aqui uma omissão passível de vir a ser considerada morosa no processo de controle abstrato da omissão?

É justamente disso que se trata no caso em tela.

O fato de existirem, em tramitação atualmente no Congresso Nacional, algumas proposições acerca do tema não é suficiente para afastar a inércia legislativa, passados dez anos da promulgação da EC 42/2003?

Penso que a resposta deve ser negativa.

Estado de Direito e Jurisdição Constitucional – Decisões relevantes em 15 anos de atuação no STF

É verdade que existem precedentes deste Tribunal no sentido de considerar que, desencadeado o processo legislativo, não haveria de se cogitar de omissão inconstitucional do legislador. Foi o que se decidiu, por exemplo, na ADI 2495, de relatoria do Ministro Ilmar Galvão, *DJ* 2.8.2002, assim ementada:

"AÇÃO DIRETA DE INCONSTITUCIONALIDADE POR OMISSÃO. ART. 37, X, DA CONSTI-TUIÇÃO FEDERAL (REDAÇÃO DA EC N. 19, DE 4 DE JUNHO DE 1998). ESTADO DE SAN-TA CATARINA. Mora inconstitucional que não se verifica, tendo o Chefe do Executivo estadual, em cumprimento ao dispositivo constitucional sob enfoque, enviado à Assembleia Legislativa projeto de lei sobre a revisão geral anual dos servidores catarinenses. Ação direta prejudicada".

Em julgados mais recentes, no entanto, a posição adotada pelo Tribunal foi outra. Deu-se à omissão inconstitucional sentido mais amplo, para admitir que também a *inertia deliberandi* das Casas Legislativas pode ser objeto da ação direta de inconstitucionalidade por omissão. Vale dizer, pode o Supremo Tribunal Federal reconhecer a mora do legislador em deliberar sobre questão, declarando, assim, a inconstitucionalidade por omissão.

Foi essa a posição que prevaleceu, por unanimidade, na ADI 3.682, de minha relatoria, *DJ* 6.9.2007. Tratava-se de ação ajuizada pela Assembleia Legislativa do Estado de Mato Grosso contra o Congresso Nacional, em razão da mora na elaboração da lei complementar federal a que se refere o art. 18, § 4º, da CF, na redação da EC n. 15/96 – *"A criação, a incorporação, a fusão e o desmembramento de Municípios far-se-ão por lei estadual, dentro do período determinado por lei complementar federal (...)"*.

Não obstante os vários projetos de lei complementar apresentados e discutidos no âmbito das duas Casas Legislativas, entendeu-se que a inércia legislativa também poderia configurar omissão passível de vir a ser reputada inconstitucional na hipótese de os órgãos legislativos não deliberarem dentro de prazo razoável sobre o projeto de lei em tramitação. No caso, o lapso temporal de mais de dez anos desde a data da publicação da EC 15/96 evidenciou a inatividade do legislador.

Ademais, a omissão legislativa produziu incontestáveis efeitos durante o longo tempo transcorrido, no qual vários estados-membros legislaram sobre o tema e diversos municípios foram efetivamente criados com base em requisitos definidos em antigas legislações estaduais, alguns, inclusive, declarados inconstitucionais pelo STF.

O julgamento está assim ementado:

"AÇÃO DIRETA DE INCONSTITUCIONALIDADE POR OMISSÃO. INATIVIDADE DO LE-GISLADOR QUANTO AO DEVER DE ELABORAR A LEI COMPLEMENTAR A QUE SE REFE-RE O § 4º DO ART. 18 DA CONSTITUIÇÃO FEDERAL, NA REDAÇÃO DADA PELA EMENDA CONSTITUCIONAL NO 15/1996. AÇÃO JULGADA PROCEDENTE. 1. A Emenda Constitucional nº 15, que alterou a redação do § 4º do art. 18 da Constituição, foi publicada no dia 13 de setembro de 1996. Passados mais de 10 (dez) anos, não foi editada a lei complementar federal definidora do período dentro do qual poderão tramitar os procedimentos tendentes à criação, incorporação, desmembramento e fusão de municípios. Existência de notório lapso temporal a demonstrar a inatividade do legislador em relação ao cumprimento de inequívoco dever constitucional de legislar, decorrente do comando do art. 18, § 4º, da Constituição. 2. Apesar de existirem no Congresso Nacional diversos projetos de lei apresentados visando à regulamentação do art. 18, § 4º, da Constituição, é possível constatar a omissão inconstitucional quanto à efetiva deliberação e aprovação da lei complementar em referência. As peculiaridades da atividade parlamentar que afetam, inexoravelmente, o processo legislativo, não justificam uma conduta manifestamente negligente ou desidiosa das Casas Legislativas, conduta esta que pode pôr em risco a própria ordem constitucional. A *inertia deliberandi* das Casas Legislativas pode ser objeto da ação direta de inconstitucionalidade por omissão. 3. A omissão legislativa em relação à regulamentação do art. 18, § 4º, da Constituição, acabou dando ensejo à conformação e à consolidação de estados de inconstitucionalidade que não podem ser ignorados pelo legislador na elaboração da lei

Direito Tributário **1449**

complementar federal. 4. Ação julgada procedente para declarar o estado de mora em que se encontra o Congresso Nacional, a fim de que, em prazo razoável de 18 (dezoito) meses, adote ele todas as providências legislativas necessárias ao cumprimento do dever constitucional imposto pelo art. 18, § 4°, da Constituição, devendo ser contempladas as situações imperfeitas decorrentes do estado de inconstitucionalidade gerado pela omissão. Não se trata de impor um prazo para a atuação legislativa do Congresso Nacional, mas apenas da fixação de um parâmetro temporal razoável, tendo em vista o prazo de 24 meses determinado pelo Tribunal nas ADI n°s 2.240, 3.316, 3.489 e 3.689 para que as leis estaduais que criam municípios ou alteram seus limites territoriais continuem vigendo, até que a lei complementar federal seja promulgada contemplando as realidades desses municípios".

A questão constitucional, vê-se, não é muito diferente da que se apresenta neste julgamento. Aqui, também existe um dever constitucional de legislar, previsto no art. 91 do ADCT, e uma omissão legislativa que já perdura por mais de dez anos e traz consequências econômicas relevantes, de forma, aliás, particularmente significativa em relação a certos estados da Federação, como parece ser o caso do Pará.

Afirma o Estado requerente que esses prejuízos chegariam a R$ 15 bilhões, no período de 1996 a 2012. Destaco a seguinte passagem:

"Se o Pará pudesse ter exigido o ICMS sobre os produtos exportados entre os anos de 1996 e 2012, teria arrecadado um total de R$ 20,5 BILHÕES de reais. A compensação para paga pela União foi de apenas R$ 5,5 BILHÕES no período [...], acarretando um real prejuízo de R$ 15 BILHÕES aos cofres públicos paraenses". (fl. 25)

O impacto não ficaria circunscrito ao Estado requerente. Minas Gerais, por exemplo, na mesma linha, alega ter perdas, no mesmo período, na ordem de R$ 46,786 bilhões.

Enfim, sejam ou não esses valores exatos, o fato é que a omissão constitucional existe e já perdura por mais de uma década. Neste caso, como naquele, não se há de afastar a mora legislativa simplesmente porque tramitam no Congresso Nacional projetos de lei complementar relativos à matéria em debate.

Há omissão, há estado de inconstitucionalidade.

O **segundo argumento**, como já adiantei, pretende afastar a omissão em face da aplicação das regras temporárias previstas nos § 2° e § 3° do art. 91 do ADCT, os quais dispõem:

"§ 2° A entrega de recursos prevista neste artigo perdurará, conforme definido em lei complementar, até que o imposto a que se refere o art. 155, II, tenha o produto de sua arrecadação destinado predominantemente, em proporção não inferior a oitenta por cento, ao Estado onde ocorrer o consumo das mercadorias, bens ou serviços.

§ 3° Enquanto não for editada a lei complementar de que trata o *caput*, em substituição ao sistema de entrega de recursos nele previsto, permanecerá vigente o sistema de entrega de recursos previsto no art. 31 e Anexo da Lei Complementar n. 87, de 13 de setembro de 1996, com a redação dada pela Lei Complementar n. 115, de 26 de dezembro de 2002".

Nesse ponto, *mutatis mutantis*, o caso em tela guarda certa semelhança com a questão constitucional julgada na ADI 875, de minha relatoria, *DJ* 30.4.2010.

Naquele julgamento, discutia-se a constitucionalidade dos critérios de partilha do Fundo de Participação dos Estados (FPE) fixados pela LC 62, ao argumento de que os coeficientes estabelecidos para vigorar de forma provisória não mais refletiam a realidade socioeconômica atual, tampouco estavam de acordo com o objetivo constitucional do Fundo, previsto no art. 161, II, da Constituição Federal.

A decisão está assim ementada:

"Ações Diretas de Inconstitucionalidade (ADI n. 875/DF, ADI n. 1.987/DF, ADI n. 2.727/DF e ADI n. 3.243/DF). Fungibilidade entre as ações diretas de inconstitucionalidade por ação e por omissão.

Fundo de Participação dos Estados – FPE (art. 161, inciso II, da Constituição). Lei Complementar n. 62/1989. Omissão inconstitucional de caráter parcial. Descumprimento do mandamento constitucional constante do art. 161, II, da Constituição, segundo o qual lei complementar deve estabelecer os critérios de rateio do Fundo de Participação dos Estados, com a finalidade de promover o equilíbrio socioeconômico entre os entes federativos. Ações julgadas procedentes para declarar a inconstitucionalidade, sem a pronúncia da nulidade, do art. 2º, incisos I e II, §§ 1º, 2º e 3º, e do Anexo Único, da Lei Complementar n. 62/1989, assegurada a sua aplicação até 31 de dezembro de 2012".

Aqui, como no julgamento da ADI 875, embora falte a lei complementar exigida pela Constituição, a legislação em vigor traz critérios provisórios para os repasses. Naquele caso, os critérios ou coeficientes eram os previstos no Anexo Único da Lei Complementar 61, que deveriam vigorar até 1991, mas permaneceram intocados até 2013.

No caso ora em julgamento, como já vimos, os critérios estão no art. 31 e Anexo da Lei Complementar 87/1996, de 13 de setembro de 1996, com a redação dada pela Lei Complementar 115, de 26 de dezembro de 2002.

Ora, o fato de a Emenda ter disposto critérios provisórios para o repasse não configura razão suficiente para afastar a omissão inconstitucional em questão. Ao contrário: o sentido de provisoriedade estampado no teor do § 2º do art. 91 só confirma a omissão do Congresso Nacional na matéria. Não tem o condão de convalidá-la.

Desse modo, penso que está, sim, configurado o estado de inconstitucionalidade por omissão, em razão da mora legislativa, consubstanciada na falta da lei complementar a que se refere o art. 91 do ADCT.

V – Técnica de Decisão

Os julgamentos em ação direta de inconstitucionalidade por omissão costumam trazer significativo desafio para o intérprete constitucional, não apenas quanto a definir se há, de fato, estado de inconstitucionalidade por omissão mas também para encontrar a solução que possa sanar de maneira mais eficiente a omissão aventada.

No caso em tela, a superação do estado de inconstitucionalidade combatido decerto não há de se fazer com a mera declaração da mora legislativa e da *inertia deliberandi* por parte do Congresso Nacional.

É fundamental que o Poder Legislativo seja, realmente, instado a legislar, editando, finalmente, a lei complementar prevista no art. 91 do ADCT.

Assim, como já adiantei, meu voto é no sentido de julgar procedente a presente ação direta de inconstitucionalidade por omissão e, por conseguinte, reconhecer a mora do Congresso Nacional quanto à edição da lei complementar prevista no art. 91 do ADCT, fixando o prazo de 12 (doze) meses para que seja sanada a omissão.

A grande questão reside na forma de dar efetividade à decisão de reconhecimento de inconstitucionalidade.

Um tribunal apenas terá efetivo poder caso possa, além de conceder a tutela requerida pelo jurisdicionado, garantir também que suas decisões sejam executadas. Com uma Corte Constitucional isso não é diferente. Seus acórdãos não devem servir apenas para declarar ou solucionar determinada situação jurídica, mas para serem efetivamente cumpridos.

Na realidade constitucional brasileira, atormenta-nos o risco de julgados do Supremo Tribunal Federal estarem se transformando em meros discursos lítero-poéticos. Isso porque, a despeito da força normativa de que dispõem, o efetivo cumprimento de importantes acórdãos tem se mostrado sonho cada vez mais distante.

As dificuldades de se garantir *enforcement* às decisões se mostram ainda dramáticas quando a decisão prescreve obrigações a serem cumpridas pelo Poder Público.

Na revisão judicial de políticas públicas, por exemplo, é pouco comum que se estabeleçam mecanismos eficientes de controle da implementação, por parte do Poder Executivo, das medidas necessárias à adequação da política em curso aos parâmetros constitucionais.

Vislumbra-se no Direito Comparado situações em que a Lei de Organização da própria Corte Constitucional prevê mecanismos que lhe permitem melhor velar pelo cumprimento das suas decisões.

A *Ley Orgánica* n. 15, de 2015, do Tribunal Constitucional espanhol prevê instrumentos de garantia da exequibilidade das decisões da Corte, tais como imposição de multas, afastamento de autoridades e até mesmo a solicitação de apoio do Governo.

Na Alemanha, a Lei Fundamental prevê, no artigo 94, II, que legislação regulará a organização e o processo do Tribunal Constitucional Federal, determinando os casos em que as suas decisões terão força de lei (*Gesetzeskraft*). Esta e o efeito vinculante (*Bindungswirkung*) das decisões da Corte Constitucional acabaram por ser regulados no § 31 da Lei do *Bundesverfassungsgericht*.

Além disso, ao tribunal também é conferida a competência para determinar o modo como suas decisões serão executadas. É o que dispõe o parágrafo 35 da Lei Orgânica do Tribunal. Esse dispositivo prevê que "O *Bundesverfassungsgericht* pode estabelecer, em suas decisões, quem deve executá-las; também pode, no caso específico, definir o modo como será a execução" (*Das Bundesverfassungsgericht kann in seiner Entscheidung bestimmen, wer sie vollstreckt; es kann auch im Einzelfall die Art und Weise der Vollstreckung regeln.*).

A corte é dotada de liberdade para definir o meio mais apropriado, eficaz, rápido e fácil de execução de suas decisões (BENDA, Ernst; KLEIN, Eckart. Verfassungsproze recht. Heidelberg: C.F. Müller, 2001, p. 555). Essa competência transforma o Tribunal Constitucional Federal em verdadeiro "Senhor da Execução" (Herr der Vollstreckung), já que, com esta, a corte não depende da atuação de outros órgãos para concretizar seus julgados. Trata-se de prerrogativa apontada como caracterizadora do real papel de "guardião da Constituição", por estabelecer os limites da supremacia constitucional (BENDA, op. cit., p. 556).

A previsão do parágrafo 35 da Lei do *Bundesverfassungsgericht* não significa, contudo, um mero poder de executar ou utilizar força contra as autoridades que não respeitem as decisões da corte. Em realidade, por meio dessa norma, o Tribunal tem a possibilidade de "gerir as consequências" que surgirão da decisão prolatada (*Bewältigung der Folgen der respektierten Entscheidung*) (Ibidem, p. 520), isto é, moldar o acórdão à realidade existente, indicando o que deve ser feito em determinada hipótese.

Essa questão fica evidente na necessidade de serem estabelecidas disposições transitórias (*Übergangsregelungen*) para uma dada situação, após a declaração de incompatibilidade dos dispositivos que a regulamentavam com a Lei Fundamental.

Portanto, o § 35 da Lei do *Bundesverfassungsgericht* dá à corte o poder de determinar quem será responsável pela execução de suas decisões, além de estabelecer o modo como esta será realizada.

O dispositivo concede, assim, ampla discricionariedade ao tribunal para definir como será a execução de determinada questão, que pode se dar de várias formas: desde o envio de aconselhamentos da corte a outros órgãos públicos até a determinação de regras transitórias que devem ser aplicadas enquanto o legislador não regulamentar alguma matéria.

O Tribunal Constitucional Federal pode revisar a qualquer tempo a forma de execução de sua decisão. Não há, com isso, direito subjetivo dos demandantes à observância de determinado rito executório (ROELLECKE, Gerd. Kommentar zum §35 Bundesverfassungsgerichts-

1452 Estado de Direito e Jurisdição Constitucional – Decisões relevantes em 15 anos de atuação no STF

gesetz. In: *Bundesverfassungsgerichtsgesetz. Mitarbeiterkommentar.* Heidelberg: C.F. Müller, 2004, p. 650).

A forma como será executada uma decisão é estabelecida de ofício pela Corte (BVerfGE 6,300 [303]). Pedidos ou sugestões específicas relacionadas à execução não precisam ser formulados pelas partes para que o Tribunal defina o procedimento executório que será adotado.

O § 35 da Lei do *Bundesverfassungsgericht* também autoriza o Tribunal a transferir a execução de suas decisões a outro órgão público. No caso de transferência da execução, os destinatários são pessoas, autoridades ou órgãos submetidos ao poder público alemão, escolhidos de acordo com a natureza da causa (ROELLECKE, op. cit., p. 653).

O Tribunal Constitucional Federal alemão pode, então, determinar a forma como outro órgão deve executar sua decisão, ou prescrever comando genérico, para que seja executada da forma que o destinatário melhor entender, respeitando os limites do julgado. Nesse sentido, mencione-se, por exemplo, o requerimento ao ministro de Interior, para que extinga partido político declarado inconstitucional, ou a determinação para que se tomem medidas necessárias para a realização de um plebiscito. O tribunal determina a medida, mas o ato será executado sob as regras do órgão competente (ROELLECKE, op. cit., p. 653).

Já as situações em que o órgão atua como mero instrumento do tribunal são difíceis de definir. Nos últimos exemplos – sobre partido político e plebiscito –, as instituições continuam vinculadas às suas competências. Elas são responsáveis pelo ato, em si, ainda que a determinação tenha sido feita pela corte.

Esses casos acabam por ser aqueles em que a utilização da força é necessária, situações em que o Tribunal utiliza-se de outras instituições como verdadeiros escudos contra ameaças. De acordo com a doutrina, na ocorrência dessa hipótese, o quadro apresentado já seria semelhante ao de uma guerra civil (ROELLECKE, op. cit., p. 653).

Como tais órgãos atuam como auxiliares do *Bundesverfassungsgericht*, seus atos não podem ser impugnados, uma vez que seriam, em realidade, atos do próprio tribunal, isto é, mera extensão da própria decisão. Entretanto, como é possível ocorrer algum erro de execução – e como é necessário que a Corte tome conhecimento de possíveis falhas do sistema –, o *Bundesverfassungsgericht* já admitiu a existência do "recurso de execução (BVerfGE 2, 139 [143]; 68, 132 [140])" ainda que nenhum tenha sido proposto.

A Suprema Corte norte-americana usou técnica semelhante para dar efetividade à decisão no caso *Brown v. Board of Education of Topeka*, em 1954, quando reiterou a inconstitucionalidade da discriminação racial nas escolas públicas e determinou que as leis federais, estaduais e municipais fossem ajustadas a essa orientação. Confiou a execução do julgado aos tribunais de distrito que deveriam guiar-se por princípios de equidade, tradicionalmente caracterizados *"pela flexibilidade prática na determinação de remédios e pela facilidade de ajustar e conciliar as necessidades públicas e privadas"*. Todavia, esses tribunais deveriam exigir das autoridades escolares *"um pronto e razoável"* início da execução, competindo-lhes verificar a necessidade de que se outorgasse um prazo adicional para a conclusão das reformas exigidas.

No Supremo Tribunal Federal também já adotamos decisões dessa ordem.

No julgamento de questões de ordem nas Ações Diretas 4.357 e 4.425, referentes à modulação de efeitos da declaração de inconstitucionalidade do regime de pagamentos de precatórios previsto pela Emenda Constitucional 62/2009, concluído em 25.3.2015, o Tribunal conferiu ao Conselho Nacional de Justiça (CNJ) poderes para fazer diagnóstico do sistema de pagamentos pelas diversas unidades da Federação e propor medidas, inclusive de caráter normativo, para assegurar a liquidação do estoque de precatórios, em prazo razoável.

Deliberou-se que as propostas do CNJ deveriam ser analisadas em sessão jurisdicional, prosseguindo o julgamento da questão de ordem na ação de controle concentrado pelo próprio STF.

De forma semelhante, no caso Raposa Serra do Sol, o Tribunal expediu várias determinações de ordem aberta, delegando ao Relator, em articulação com o Tribunal Regional Federal da 1ª Região, a supervisão de sua implementação – Pet 3.388, rel. min. Ayres Britto, julgado em 19.3.2009.

Na ADPF 347, rel. min. Marco Aurélio, o STF deferiu medidas de caráter liminar, voltadas à superação do caos do sistema carcerário (9.9.2015). O pedido daquela ação é justamente para que o Tribunal expeça determinações de caráter aberto e fiscalize seu cumprimento, retendo a jurisdição.

No RE 641.320, que tratava da progressão de regime prisional, no caso de falta de vagas em estabelecimento adequado, adotou-se mais uma vez a técnica de delegar ao CNJ a articulação de medidas para aumento do número e da eficácia das vagas.

Nesses precedentes, adotamos a técnica do *complex enforcement*. SARGENTICH, tido como o primeiro autor a empregar a locução, definiu o *"complex enforcement"* como o tipo de litígio *"no qual um segmento grande da realidade social é denunciado como ofensivo ao direito e transformado por ordens judiciais de fazer ou não fazer"* (*"in which a large segment of social reality is denounced as offensive to law and transformed through the judicial process of injunction"* – SARGENTICH, Lewis D. *Complex Enforcement*. Trabalho não publicado. Disponível em: <http://isites.harvard.edu/fs/docs/icb.topic1134127.files/March%2014%20Readings/SargentichComplexEnforcement.pdf>. Acesso em: 2 dez. 2015.).

No presente caso, tenho que é necessário adotar solução semelhante.

Na hipótese de transcorrer *in albis* o mencionado prazo, proponho a este Plenário que atribua ao Tribunal de Contas da União (TCU), enquanto não sobrevier a referida lei complementar, a competência para definir <u>anualmente</u> o montante a ser transferido, na forma do art. 91 do ADCT, considerando os critérios ali dispostos: as exportações para o exterior de produtos primários e semielaborados, a relação entre as exportações e as importações, os créditos decorrentes de aquisições destinadas ao ativo permanente e a efetiva manutenção e aproveitamento do crédito do imposto a que se refere o art. 155, § 2º, X, *a*. Os critérios são exatamente os previstos no *caput* do art. 91 do ADCT e evidentemente aqui não inovo.

Já quanto à repartição entre os diferentes entes federados – estados, Distrito Federal e inclusive os municípios, no que se refere à parcela prevista no § 1º do art. 91 do ADCT –, proponho que seja feita nas condições estabelecidas em entendimentos firmados no âmbito do Conselho Nacional de Política Fazendária (CONFAZ), de modo que a distribuição de recursos considere o ICMS desonerado nas exportações para o exterior de produtos primários e semielaborados e os créditos de ICMS decorrentes de aquisições destinadas ao ativo permanente.

Nessa proposta de repartição, também não inovo. Tais entendimentos já vêm sendo feitos no âmbito do Conselho *ex vi* do Protocolo ICMS nº 69, de 4 de julho de 2008, cuja cláusula primeira aqui transcrevo:

> **"Cláusula primeira** Acordam os Estados em adotar, nos termos deste protocolo, os critérios, os prazos e as condições para a partilha dos recursos de que trata o artigo 91 do Ato das Disposições Constitucionais Transitórias da Constituição Federal e das demais dotações previstas no orçamento geral da União para compensação ou fomento às exportações, exclusive a entrega de recursos prevista no art. 159, II, da Constituição Federal".

Além disso, tais entendimentos, materializados em memorandos do CONFAZ, têm sido utilizados para a definição dos critérios de distribuição do <u>**auxílio financeiro com objetivo de fomentar as exportações do país**</u>, objeto das Medidas Provisórias n. 749/2016, 720/2016, 629/2012, 585/2012, 546/2011, 501/2010, 469/2009, 368/2007 e 355/2007. Transcrevo, a propósito, excerto da Exposição de Motivos da Medida Provisória n. 749/2016:

"A distribuição dos montantes será realizada utilizando-se coeficientes individuais de participação de cada unidade federada definidos pelo Conselho Nacional de Política Fazendária – CONFAZ –, conforme entendimentos havidos entre os governos estaduais. Os coeficientes para 2016 encontram-se no memorando n° 1056/2016/CONFAZ/MF-DF, de 15 de agosto de 2016, repassado à Secretaria do Tesouro Nacional pelo secretário Executivo do CONFAZ, cuja cópia encontra-se anexada a esta Exposição de Motivos. O montante será entregue na forma fixada pela Secretaria do Tesouro Nacional do Ministério da Fazenda, sendo pago em parcela única a ser paga até o mês de dezembro de 2016 até o último dia útil do mês".

Quanto ao TCU, penso que este é o órgão mais adequado para cumprir temporariamente essa incumbência, na hipótese de permanecer o Congresso Nacional em estado de omissão, após o prazo aqui designado.

De fato, a mencionada atribuição não é de todo estranha ao órgão. O art. 161, parágrafo único, da Constituição Federal confere ao Tribunal de Contas da União o papel de efetuar o cálculo das quotas referentes aos fundos de participação dos Estados (FPE) e Municípios (FPM).

Na mesma linha, a Lei 8.443, de 16 de junho de 1992 – Lei Orgânica do Tribunal de Contas da União –, prevê, entre as competências do TCU, a de *"efetuar, observada a legislação pertinente, o cálculo das quotas referentes aos fundos de participação a que alude o parágrafo único do art. 161 da Constituição Federal, fiscalizando a entrega dos respectivos recursos"* (art. 1°, VI, da Lei 8.443/1992).

É certo que, no caso em tela, não se cuida de fundo de participação, como mencionado nos dispositivos, nem a tarefa da Corte de Contas limitar-se-á ao cálculo do valor das quotas a que farão jus os estados-membros beneficiados. Entretanto, penso que a aplicação analógica é cabível como solução mais plausível.

Da mesma forma, também é este o órgão eleito pelo legislador para o cálculo da participação de cada estado ou do Distrito Federal na repartição da receita tributária a que se refere o art. 159, II, da Constituição Federal (IPI-Exportação).

Por todas essas razões, vejo que é este o órgão mais habilitado, do ponto de vista técnico e institucional, a cumprir o encargo que ora se define.

Caberá, assim, aos estados e ao Distrito Federal proceder na forma do § 4° do art. 91 do ADCT, de modo a *"apresentar à União, nos termos das instruções baixadas pelo Ministério da Fazenda, as informações relativas ao imposto de que trata o art. 155, II, declaradas pelos contribuintes que realizarem operações ou prestações com destino ao exterior"*, a fim de subsidiar o TCU na fixação do montante a ser transferido, bem como das quotas a que farão jus os diferentes entes federados.

Advindo a lei complementar, naturalmente, cessa a competência da Corte de Contas para o caso, uma vez que conferida de forma precária e excepcional.

VOTO

Ante o exposto, julgo procedente a presente ação direta de inconstitucionalidade para declarar a mora do Congresso Nacional quanto à edição da lei complementar prevista no art. 91 do ADCT, fixando o prazo de 12 (doze) meses para que seja sanada a omissão.

Na hipótese de transcorrer *in albis* o mencionado prazo, caberá ao Tribunal de Contas da União:

a) **fixar o valor do montante total a ser transferido aos estados-membros e ao Distrito Federal**, considerando os critérios dispostos no art. 91 do ADCT para fixação do montante a ser transferido anualmente, a saber, as exportações para o exterior de produtos primários e semielaborados, a relação entre as exportações e as importações, os créditos decorrentes de aquisições destinadas ao ativo permanente e a efetiva manutenção e aproveitamento do crédito do imposto a que se refere o art. 155, § 2°, X, *a*, do texto constitucional;

b) **calcular o valor das quotas a que cada um deles fará jus**, considerando os entendimentos entre os estados-membros e o Distrito Federal realizados no âmbito do Conselho Nacional de Política Fazendária – CONFAZ.

Comunique-se ao Tribunal de Contas da União, ao Ministério da Fazenda, para os fins do disposto no § 4º do art. 91 do ADCT, e ao Ministério do Planejamento Desenvolvimento e Gestão, para adoção dos procedimentos orçamentários necessários para o cumprimento da presente decisão, notadamente no que se refere à oportuna inclusão dos montantes definidos pelo TCU na proposta de lei orçamentária anual da União.

É como voto.

ADI 2.548[1]

Leis n. 13.212/2001 e 13.214/2001, do Estado do Paraná – Concessão de benefícios fiscais de ICMS de várias espécies (isenção, redução de base de cálculo, créditos presumidos e dispensa de pagamento) – Observância de lei complementar federal e existência de convênio entre os Estados e o Distrito Federal – Art. 155, § 2º, XII, g, da Constituição Federal.

O parecer da lavra do então Procurador-Geral da República, Dr. Geraldo Brindeiro, assim relata a controvérsia (fls. 184-191):

> "Trata-se de ação direta, com pedido de medida liminar, proposta pelo Governador do Estado de São Paulo, visando à declaração de inconstitucionalidade dos arts. 2º, I, II, § 1º, e § 2º; e 4º, c/c 2º da Lei n. 13.212/02, bem como dos arts. 2º, I, II, e § 2º, 3º, I, II, e IV; 4º, a e b; e 5º da Lei n. 13.214/02, ambas do Estado do Paraná, por ofensa aos arts. 150, II; 152; e 155, XII, g, todos da Constituição Federal.
>
> 2. O Governador e o Presidente da Assembleia Legislativa do Estado do Paraná ofereceram informações conjuntas a fls. 95/123.
>
> 3. Conclusos os autos, Vossa Excelência determinou, a fim de propiciar o julgamento segundo o rito previsto no art. 12 da Lei n. 9.868/99, fossem requisitadas informações definitivas, as quais foram prestadas pelo Governador do Estado, a fls. 135/152, e pela Assembleia Legislativa, a fls. 155/156.
>
> (...)
>
> 5. Os dispositivos legais impugnados são os a seguir transcritos:
>
> (Lei n. 13.212, de 29 de junho de 2001)
>
> 'Art. 2º. O lançamento do imposto incidente nas sucessivas saídas de aves, fica diferido para o momento em que ocorrer:
>
> I – saída de aves vivas com destino:
>
> a) a outro Estado;
>
> b) ao exterior;
>
> c) a consumidor.
>
> II – a saída:
>
> a) de aves abatidas ou produtos comestíveis resultantes de sua matança, em estado natural, resfriados, congelados ou simplesmente temperados, do estabelecimento abatedor;
>
> b) de preparações ou conservas de carnes ou produtos comestíveis resultantes de sua matança, do estabelecimento industrializador;
>
> § 1º. Aplica-se o diferimento previsto neste artigo ao recebimento decorrente de importação do exterior de pintos de um dia e de avestruz.
>
> § 2º. Poderá o estabelecimento abatedor de aves, em substituição ao aproveitamento de quaisquer créditos, optar pelo crédito de importância equivalente à aplicação de 7% (sete por cento) sobre o valor de sua operação de saída dos produtos resultantes do abate, ainda que submetidos a outros processos industriais, opção esta que será declarada em termo no livro Registro de Utilização de Documentos Fiscais e Termos de Ocorrências, devendo a renúncia a ela ser objeto de novo termo.'
>
> 'Art. 4º. Poderá o estabelecimento de frigorífico que realizar o abate de gado bovino, bubalino ou suíno, ou aquele que tenha encomendado este abate, em substituição ao aproveitamento de quaisquer créditos, optar pelo crédito de importância equivalente à aplicação de 7% (sete por cento) sobre o valor de sua operação de saída de produtos resultantes do abate dessas espécies de gado, ainda que submetidos a outros processos industriais.

---

[1] O Tribunal, por unanimidade de votos, julgou procedente a ação direta de inconstitucionalidade, nos termos do voto do relator (*DJ* de 15.6.2007).

§ 1º. O crédito correspondente ao percentual referido no 'caput' deste artigo:

1 – será feito sem prejuízo daquele relativo à entrada, na proporção das saídas em operações interestaduais, de:

a) gado bovino, bubalino ou suíno em pé, originário de outro Estado, ou daquele recebido em transferência de estabelecimento rural de produtor;

b) produtos resultantes do abate de gado bovino, bubalino ou suíno, independentemente da origem;

c) energia elétrica ou óleo combustível utilizados no processo industrial.

2 – condiciona-se a que a operação de saída seja tributada ou, não o sendo, haja expressa autorização para que o crédito seja mantido.'
(Lei n. 13.214, de 29 de junho de 2001)

'Art. 2º. Ficam outorgados os seguintes créditos fiscais:

I – ao estabelecimento industrial que industrializar as matérias-primas classificadas nas posições a seguir relacionadas da Nomenclatura Brasileira de Mercadorias/Sistema Harmonizado NBM/SH, desde que recebidas diretamente da usina produtora ou de outro estabelecimento da mesma empresa da usina produtora ou de sua subsidiária, bem como de estabelecimento comercial não equiparado a industrial, nos termos da legislação do Imposto sobre Produtos Industrializados – IPI, em montante igual ao que resultar da aplicação sobre o valor da respectiva entrada, dos seguintes percentuais, observado o disposto no § 1º:

7210 Bobinas e chapas zincadas – 6,5%

7212 Tiras de chapas zincadas – 6,5%

7209 Bobinas e chapas finas a frio – 8,0%

7208 Bobinas e chapas finas a quente e chapas grossas – 12,2%

7211 Tiras de bobinas a quente e a frio – 12,2%

7219 Bobinas de aço inoxidável a quente e a frio – 12,2%

7220 Tiras de aço inoxidável a quente e a frio – 12,2%;

II – nas operações interestaduais com produtos de informática e automação que atendam às disposições do art. 4º da Lei n. 8.248, de 23 de outubro de 1991 – desde que relacionados em portaria conjunta dos Ministérios da Ciência e Tecnologia e da Fazenda, baixada por força do art. 6º do Decreto Federal n. 792, de 2 de abril de 1993 – ou do art. 2º da Lei n. 8.387, de 30 de dezembro de 1991, regulamentada pelo Decreto Federal n. 1.885, de 26 de abril de 1996, no percentual que resulte na carga tributária igual a 7%, observado o disposto nos §§ 2º e 3º.

. . . . omissis. . . . .

§ 2º. A concessão do crédito outorgado de que trata o inciso II fica condicionada à indicação, no documento fiscal correspondente à operação, dos dispositivos da legislação federal pertinente, estendendo-se também às operações interestaduais:

a) com produtos classificados nos códigos 8471.92.0401 (impressoras de impacto), 8471.92.0500 (terminais de vídeo), 8517.30.0199 (exclusivamente equipamento digital de correio viva voz), 8517.40.0100 (moduladores/demoduladores (modem) digitais – em banda base), e 8542.19.9900 da NBM/SH (exclusivamente circuito de memória de acesso aleatório, do tipo "RAM", dinâmico ou estático, circuito de memória permanente do tipo "EPROM", circuito microcontrolador para uso automotivo ou áudio, circuito codificador/decodificador de voz para telefonia, circuito regulador de tensão para uso em alternadores, circuito para terminal telefônico nas funções de discagem, ampliação de voz e sinalização de chamada);

b) com produtos de informática e automação promovidas por estabelecimento industrial que fabrique ao menos um produto que atenda aos requisitos das leis federais citadas no inciso II.'

'Art. 3º. Fica reduzida a base de cálculo nas operações internas com os seguintes produtos, de tal modo que a carga tributária seja equivalente a 7%:

I – fios e tecidos de seda, desde que promovidas por estabelecimento industrial-fabricante localizado neste Estado;

1458 Estado de Direito e Jurisdição Constitucional – Decisões relevantes em 15 anos de atuação no STF

II – embalagens metálicas com capacidade de 900 ml, cujos destinatários sejam estabelecimentos industriais que as utilizem no envase de óleos de soja, de milho ou de canola;

.... omissis. ....

IV – tijolo, telha, tubo e manilha que, na sua fabricação, tenha sido utilizado argila ou barro como matéria-prima;'

'Art. 4º. A base de cálculo é reduzida:

a) para 40,83%, nas operações internas de fornecimento de refeições industriais classificadas no código 2106.90.0500 da NBM/SH e demais refeições quando destinadas a vendas diretas a corporações, empresas e outras entidades, para consumo de seus funcionários, empregados ou dirigentes;

b) para 58,33%, nas operações interestaduais, sujeitas à alíquota de 12%, com farinha de trigo;'

'Art. 5º. Ficam isentos do ICMS as operações de saídas internas e interestaduais de 'software', personalizado ou não, exceto em relação ao valor dos suportes informáticos,'mouse', 'eprons', placas e materiais similares'."

Determinei a observância do rito do art. 12 da Lei n. 9.868/1999 (fls. 125).

A Advocacia-Geral da União, em manifestação subscrita pelo seu então titular, o Dr. José Bonifácio Borges, pronuncia-se no seguinte sentido (fls. 176-178), *verbis*:

"O Supremo Tribunal Federal, através de reiteradas decisões, tem reconhecido a eficácia do artigo 155, § 2º, inciso XII, alínea g, e do artigo 1º da Lei Complementar n. 24/75, dando-lhes plena aplicação, mesmo em face do princípio da autonomia financeira dos Estados (CF/88, art. 1º, caput, art. 150, § 6º), procurando, assim, coibir a chamada guerra fiscal entre os entes da Federação, cabendo citar, a título ilustrativo, os seguintes casos: ADI-MC 2.155/PR, DJ 1º.6.2001; ADI-MC 2.352/ES, DJ 9.3.2001; ADI-MC 2.439/MS, DJ 14.9.2001.

A nossa própria Corte Constitucional tem sido usada como instrumento dessa lamentável guerra.

No caso, o Estado do Paraná justifica a edição, por lei, dos novos benefícios fiscais sem o convênio elaborado nos termos da Lei Complementar n. 24/75, justamente, para dar um tratamento isonômico aos seus contribuintes, tendo em vista que acusa o Estado de São Paulo de editar normas semelhantes, independentemente de convênio celebrado no âmbito do Confaz, às que, por meio desta ação, critica, sem que, até agora, essas normas do Estado de São Paulo tenham sido, liminarmente, suspensas nas ADIs ajuizadas contra o Estado paulista.

Oportuno salientar que o Estado do Paraná, em março de 2002, requereu três ADIs contra o Estado de São Paulo, autuadas sob os n. 2.429, 2.431 e 2.430, Relator, em todos os casos, o Excelentíssimo Senhor Ministro GILMAR MENDES.

Do exposto, vislumbra-se que o Estado de São Paulo, ao representar contra a legislação do Estado do Paraná, está atacando seu próprio ordenamento jurídico, visto que o deslinde da presente ADI deverá ser o mesmo das ADIs propostas contra São Paulo, em face da identidade das questões discutidas, daí a conveniência da reunião dos processos, para julgamento conjunto.

Em defesa de sua legislação, o Estado do Paraná tem invocado a proteção dos princípios dos artigos 1º, caput, 3º, inciso III; 150, inciso II e § 6º; 151, I; e 170, VII, todos da Constituição Federal, advogando que os princípios da LC 24, e traz à colação o seguinte comentário de IVES GANDRA DA SILVA MARTINS (In: RDDT n. 55, pp. 132-136, jan./2000):

'Quase todos têm concedido estímulos, inclusive aqueles Estados que mais criticam as políticas de incentivos através do ICMS, como é o caso de São Paulo.

Recentemente, apesar da oposição do Estado de Minas Gerais e sem consultar a Confaz, o Estado de São Paulo reduziu a alíquota do ICMS, em plena crise do início do ano, para manter empregos e facilitar a retomada de vendas da paralisada indústria automobilística paulista.

(...)

Direito Tributário 1459

A longa lista de incentivos ofertados pelos Governos Federal, Estaduais e Municipais, desde a Constituição pretérita (1967) até a promulgação da atual (1988) e desta até o presente, (...) é uma demonstração inequívoca de que a política de estímulos é instrumento brasileiro e mundial fartamente usado para atração de investimentos (...). Assim é que, no concernente aos tributos federais, o próprio constituinte abriu campo para incentivos regionais (art. 151, inciso I), nada obstante as proibições de tratamento diferenciado (art. 150, inciso II). Por outro lado, é relevante lembrar que a característica fundamental do pacto federativo é a admissão de uma tríplice autonomia para as entidades que o compõem, ou seja, a autonomia política, administrativa e financeira, nesta incluída a tributária.

(...)

Ora, no que concerne à autonomia financeira, o pressuposto fundamental reside no fato de que cada comunidade possui o direito de fazer com os recursos públicos, mediante autorização legal de seus representantes, o que bem entender, pois outra forma não seria autonomia.

E quem pode mais, pode menos. Quem pode arrecadar e ficar com o produto da arrecadação, pode, à evidência, devolver ou abrir mão desse produto'." (Fls. 177-178).

O parecer da PGR é pela procedência da ação direta de inconstitucionalidade (fls. 184-191).

É o relatório, do qual a Secretaria distribuirá cópia aos Senhores Ministros desta Corte.

O julgado foi nestes termos ementado:

EMENTA: Ação direta de inconstitucionalidade. 2. Leis n. 13.212/2001 e 13.214/2001, do Estado do Paraná, que concederam benefícios fiscais de ICMS de várias espécies (isenção, redução de base de cálculo, créditos presumidos e dispensa de pagamento), sem a observância de lei complementar federal e sem a existência de convênio entre os Estados e o Distrito Federal. 3. Violação ao art. 155, § 2°, XII, g, da Constituição Federal. Inconstitucionalidade. Precedentes. 4. Ação direta julgada procedente.

VOTO

A propósito da presente ação direta, o parecer da Procuradoria-Geral da República anota (fls. 184-191):

"Aliás, como bem salientado pelo requerente, o art. 2°, I e II, e § 2°, da Lei n. 13.212/2001, assim como seu art. 4°, ora impugnados, contêm normas semelhantes às previstas no art. 51, XVII, par. 16, e art. 51, XV, par. 15, ambos do Decreto n. 2.736, do Estado do Paraná – os quais tiveram sua eficácia suspensa por força da medida cautelar concedida na ADI n. 2.155, justamente por contrariar o art. 155, § 2°, XII, g, da Constituição Federal (Relator Ministro SYDNEY SANCHES, julgado em 15.2.2001, unânime, DJ de 1°.6.2001, p. 76).

8. Do mesmo modo, o art. 3°, I, da Lei n. 13.214/2001, reitera a norma contida no art. 15, III, d, do Decreto n. 2.736, do Estado do Paraná, que teve sua eficácia suspensa no julgamento da cautelar na mencionada ação direta de inconstitucionalidade.

9. Por sua vez, quanto ao art. 2°, II e § 2°, da Lei n. 13.214/2001, que prevê um crédito presumido nas operações interestaduais com produtos de informática e automação, o próprio Governador do Estado do Paraná reconhece que idêntica previsão legal, inserida no Decreto n. 36.656, do Estado de São Paulo, foi suspensa por meio de liminar na ADI n. 902-8, tendo o acórdão sido ementado da seguinte forma:

'AÇÃO DIRETA DE INCONSTITUCIONALIDADE – PERTINÊNCIA. Tratando-se de impugnação de ato normativo de Estado diverso daquele governado pelo requerente, impõe-se a demonstração do requisito 'pertinência'. Isto ocorre quanto ao Decreto n. 33.656, de 16 de abril de 1993, do Estado de São Paulo, no que se previu o crédito de cinquenta por cento do valor do Imposto sobre Circulação de Mercadorias e Serviços devido em operações ligadas aos produtos finais do sistema eletrônico de processamento de dados. O interesse dos Estados mostrou-se conducente a reserva a lei complementar da disciplina da matéria e esta cogita da necessidade de convênio – Lei Complementar no 24, de 7 de janeiro de 1975, recepcionada pela Carta de 1988 – artigo 34, § 8°, do Ato

das Disposições Constitucionais Transitórias. Liminar concedida. (Relator Ministro MARCO AU-RÉLIO, julgada em 3.31994, DJ de 22.4.1994)" (fls. 188).

Também as outras normas impugnadas preveem isenções e reduções de base de cálculo de ICMS sem o necessário convênio entre os Estados.

Não se argumente, igualmente, o fato de o Estado de São Paulo conceder benefícios de ICMS semelhantes. Tal fato não se mostra apto a afastar o vício da inconstitucionalidade como bem anotado no parecer da Procuradoria-Geral da República (fls. 189). Trata-se de argumento que supõe uma "igualdade no ilícito", que não pode ser aceito pela ordem jurídica.

É certo que esta Corte tem se manifestado, em sede cautelar ou definitiva, quanto à inconstitucionalidade da concessão unilateral pelo Estado-membro ou pelo Distrito Federal de isenções, incentivos e benefícios fiscais relativos ao ICMS, sem a celebração de convênios intergovernamentais. São expressivos os precedentes mencionados pela própria Procuradoria-Geral da República:

"AÇÃO DIRETA DE INCONSTITUCIONALIDADE. GUERRA FISCAL. ISENÇÃO DE ICMS. NECESSIDADE DE LEI COMPLEMENTAR. CONVÊNIO CELEBRADO PELOS ESTADOS.

A liberação de isenções, incentivos e benefícios fiscais pelos Estados-membros e Distrito Federal depende de lei complementar (CF, artigo 155, § 2º, XII, g).

Ato governamental concessivo de desoneração de ICMS em operações internas sem que tenha sido objeto de convênio e que não levou em conta a Lei Complementar n. 24, de 7 de janeiro de 1975, recebida pela Constituição Federal de 1988, é o bastante para caracterizar por si só a sua inconstitucionalidade. Precedentes (ADI-MC2.736/PR, SYDNEY SANCHES, julgada em 15.2.2001, e ADI-MC 2.353/ES, SEPÚLVEDA PERTENCE, julgada em 19.12.2000, interplures).

Medida cautelar deferida.' (ADI-MC 2.376/RJ, Relator Min. MAURÍCIO CORRÊA, DJ 4.5.2001, p. 00003, EMENT VOL-02029-02, p. 00224, julgada em 15.3.2001; Tribunal Pleno)

'EMENTA: Ação direta de inconstitucionalidade. Alíneas a, b e c do inciso III do artigo 3º da Lei n. 7.508, de 22 de setembro de 1999; artigo 8º, incisos I, II e III, e §§ 1º e 2º, do Decreto n. 7.699, de 9 de novembro de 1999; e artigo 9º, incisos I e II, do mesmo Decreto, todos do Estado da Bahia. Pedido de medida liminar.

Inexistência de ilegitimidade ativa por falta de pertinência temática.

Não ocorrência de inépcia da inicial por não indicar esta, no pedido, inclusive de liminar, o artigo impugnado da Lei estadual n. 7.508/1999, mas apenas aludir às alíneas a, b e c do inciso III.

<u>*No mérito, é relevante a arguição de inconstitucionalidade em causa com base no disposto no artigo 155, § 2º, XII, g, da Constituição, que exige lei complementar – que evidentemente é federal – para, em se tratando de ICMS, regular a forma como, mediante deliberação dos Estados e do Distrito Federal, isenções, incentivos e benefícios fiscais serão concedidos e revogados.*</u>

No caso, não há sequer necessidade de confronto entre as normas da Lei ora impugnada e a Lei Complementar n. 24/75, mas apenas entre aquelas e o disposto no artigo 155, § 2º, XII, g, da Constituição, que pressupõe a deliberação dos Estados e do Distrito Federal para a concessão e revogação de benefícios fiscais concernentes ao ICMS.

– Conveniência da concessão da liminar. Liminar deferida para suspender, ex nunc, a eficácia das alíneas a, b e c do inciso III do artigo 3º da Lei n. 7.508, de 22 de setembro de 1999, e, por via de consequência, dos artigos 8º, I, II e III e §§ 1º e 2º, e 9º, I e II, do Decreto n. 7.699, de 9 de novembro de 1999, todos do Estado da Bahia.' (ADI-MC 2.157/BA, Relator. Min. MOREIRA ALVES, DJ de 7.12.2000, p. 00004, EMENT VOL-02015-02, p. 00232, julgada em 28.6.2000, Tribunal Pleno)

'EMENTA: ICMS: concessão unilateral de benefícios fiscais (incluída a outorga de crédito presumido) por Estado federado: 'guerra fiscal' repelida pelo STF: liminar deferida.

1. *A orientação do Tribunal é particularmente severa na repressão à guerra fiscal entre as unidades federadas, mediante a prodigalização de isenções e benefícios fiscais atinentes ao ICMS, com afronta da*

norma constitucional do art. 155, § 2°, II, g – que submete sua concessão à decisão consensual dos Estados, na forma de lei complementar (ADI 84/MG, 15.2.1996, Galvão, DJ 19.4.1996; ADI-MC 128/AL, 23.11.1989, Pertence, RTJ 145/707; ADI-MC 902, 3.3.1994, Marco Aurélio, RTJ 151/444; ADI-MC 1.296/PI, 14.6.1995, Celso; ADI-MC 1.247/PA, 17.8.1995, Celso, RTJ 168/754; ADI-MC 1.179/RJ, 29.2.1996, Marco Aurélio, RTJ 164/881; ADI-MC 2.021/SP, 25.8.1999, Corrêa; ADI 1.587, 19.10.2000, Gallotti, Informativo 207, DJ 15.8.1997; ADI-MC 1.999, 30.6.1999, Gallotti, DJ 31.3.2000).

2. As normas constitucionais, que impõem disciplina nacional ao ICMS, são preceitos contra os quais não se pode opor a autonomia do Estado, na medida em que são explícitas limitações dela.

3. A invocada exigência constitucional de convênio interestadual (CF, art. 155, 2°, II, g) alcança a concessão por lei estadual de crédito presumido de ICMS, como afirmado pelo Tribunal.

4. Concorrência do periculum in mora para a suspensão do ato normativo estadual que – posto inspirada na razoável preocupação de reagir contra o Convênio ICMS 58/99, que privilegia a importação de equipamentos de pesquisa e lavra de petróleo e gás natural contra os produtos nacionais e similares – acaba por agravar os prejuízos igualmente acarretados à economia e às finanças dos demais Estados-membros que sediam empresas do ramo.' (ADI-MC 2.352/ES, Relator Min. SEPÚLVEDA PERTENCE, DJ de 9.3.2001, p. 00102, EMENT VOL. 02022-01, p. 00060)" (fls. 190-191)

Nesses termos, meu voto é pela procedência da presente ação direta de inconstitucionalidade.

RE 635.688[1]

ICMS – Não cumulatividade – Interpretação do disposto art. 155, § 2º, II, da Constituição Federal – Redução de base de cálculo – Isenção parcial – Previsão em convênio (CONFAZ) – Ausência de determinação legal estadual para manutenção integral dos créditos – Anulação proporcional do crédito relativo às operações anteriores.

A controvérsia dos autos diz respeito à possibilidade de aproveitamento integral dos créditos relativos ao ICMS pago na operação antecedente, nas hipóteses em que a operação subsequente é beneficiada pela redução da base de cálculo.

Concretamente, no caso em tela, discute-se se o Estado do Rio Grande do Sul pode proceder à anulação proporcional do crédito fiscal relativo às operações de saída interna de mercadorias componentes da cesta básica, que são beneficiadas por redução de base de cálculo, nos termos da Lei gaúcha 8.820/89 e do Convênio ICMS 128/94.

A questão constitucional concerne essencialmente à interpretação do disposto art. 155, § 2º, II, da Constituição Federal, que determina que, em matéria de ICMS, os casos de isenção ou de não incidência não deverão implicar crédito para compensação com o montante devido nas operações ou prestações seguintes e acarretarão a anulação do crédito relativo às operações anteriores.

O julgado restou assim ementado:

EMENTA: Recurso Extraordinário. 2. Direito Tributário. ICMS. 3. Não cumulatividade. Interpretação do disposto art. 155, § 2º, II, da Constituição Federal. Redução de base de cálculo. Isenção parcial. Anulação proporcional dos créditos relativos às operações anteriores, salvo determinação legal em contrário na legislação estadual. 4. Previsão em convênio (CONFAZ). Natureza autorizativa. Ausência de determinação legal estadual para manutenção integral dos créditos. Anulação proporcional do crédito relativo às operações anteriores. 5. Repercussão geral. 6. Recurso extraordinário não provido.

VOTO

É este o teor da disposição mencionada:

"Art. 155. Compete aos Estados e ao Distrito Federal instituir impostos sobre:

[...]

II – operações relativas à circulação de mercadorias e sobre prestações de serviços de transporte interestadual e intermunicipal e de comunicação, ainda que as operações e as prestações se iniciem no exterior;

[...]

§ 2º O imposto previsto no inciso II atenderá ao seguinte:

I – será não cumulativo, compensando-se o que for devido em cada operação relativa à circulação de mercadorias ou prestação de serviços com o montante cobrado nas anteriores pelo mesmo ou outro Estado ou pelo Distrito Federal;

II – a isenção ou não incidência, **salvo determinação em contrário da legislação**:

a) não implicará crédito para compensação com o montante devido nas operações ou prestações seguintes;

b) acarretará a anulação do crédito relativo às operações anteriores".

---

[1]   O Tribunal, decidindo o tema 299, por maioria e nos termos do voto do Relator, negou provimento ao recurso extraordinário, vencido o Ministro Marco Aurélio, que lhe dava provimento (*DJ* de 13.2.2015).

Direito Tributário **1463**

    A situação é disciplinada, no plano infraconstitucional, pela Lei Complementar 87/96, onde se lê:

"Art. 19. O imposto é não cumulativo, compensando-se o que for devido em cada operação relativa à circulação de mercadorias ou prestação de serviços de transporte interestadual e intermunicipal e de comunicação com o montante cobrado nas anteriores pelo mesmo ou por outro Estado.

Art. 20. Para a compensação a que se refere o artigo anterior, é assegurado ao sujeito passivo o direito de creditar-se do imposto anteriormente cobrado em operações de que tenha resultado a entrada de mercadoria, real ou simbólica, no estabelecimento, inclusive a destinada ao seu uso ou consumo ou ao ativo permanente, ou o recebimento de serviços de transporte interestadual e intermunicipal ou de comunicação.

§ 1º Não dão direito a crédito as entradas de mercadorias ou utilização de serviços resultantes de operações ou prestações <u>isentas ou não tributadas</u>, ou que se refiram a mercadorias ou serviços alheios à atividade do estabelecimento.

§ 2º Salvo prova em contrário, presumem-se alheios à atividade do estabelecimento os veículos de transporte pessoal.

§ 3º É vedado o crédito relativo a mercadoria entrada no estabelecimento ou a prestação de serviços a ele feita:

I – para integração ou consumo em processo de industrialização ou produção rural, quando a saída do produto resultante não for tributada ou estiver isenta do imposto, exceto se tratar-se de saída para o exterior;

II – para comercialização ou prestação de serviço, quando a saída ou a prestação subsequente não forem tributadas ou estiverem isentas do imposto, exceto as destinadas ao exterior.

§ 4º Deliberação dos Estados, na forma do art. 28, poderá dispor que <u>não se aplique, no todo ou em parte, a vedação</u> prevista no parágrafo anterior.

[...]

§ 6º Operações tributadas, posteriores a saídas de que trata o § 3º, dão ao estabelecimento que as praticar direito a creditar-se do imposto cobrado nas operações anteriores às isentas ou não tributadas sempre que a saída isenta ou não tributada seja relativa a:

I – produtos agropecuários;

II – quando autorizado em lei estadual, outras mercadorias.

Art. 21. O sujeito passivo deverá efetuar o estorno do imposto de que se tiver creditado sempre que o serviço tomado ou a mercadoria entrada no estabelecimento:

I – for objeto de saída ou prestação de serviço não tributada ou isenta, sendo esta circunstância imprevisível na data da entrada da mercadoria ou da utilização do serviço;

II – for integrada ou consumida em processo de industrialização, quando a saída do produto resultante não for tributada ou estiver isenta do imposto;

III – vier a ser utilizada em fim alheio à atividade do estabelecimento;

IV – vier a perecer, deteriorar-se ou extraviar-se. [...]"

    Trata-se, então, de verificar, diante do texto constitucional, se os casos de redução de base de cálculo compreendem-se no conceito de "isenção", para efeito de aplicarem-se as restrições previstas nas alíneas "a" e "b" do inciso II do § 2º do art. 155 da Constituição Federal.

    Como é cediço, não é esta a primeira oportunidade em que o STF enfrenta o tema. A questão constitucional discutida já veio à baila em outros julgamentos da Corte.

    No RE 161.031, de relatoria do Ministro Marco Aurélio, julgado em 6.6.1998, acolheu esta Corte, por maioria, o entendimento no sentido de que o disposto nas alíneas "a" e "b" do inciso II do § 2º do art. 155 da Constituição Federal não haveria de se aplicar aos casos de mera redução de base de cálculo, visto que não estariam, segundo a orientação acolhida naquele julgado, enquadrados no conceito de isenção.

1464 Estado de Direito e Jurisdição Constitucional – Decisões relevantes em 15 anos de atuação no STF

A decisão está assim ementada:

"ICMS – PRINCÍPIO DA NÃO CUMULATIVIDADE – MERCADORIA USADA – BASE DE INCIDÊNCIA MENOR – PROIBIÇÃO DE CRÉDITO – INCONSTITUCIONALIDADE. Conflita com o princípio da não cumulatividade norma vedadora da compensação do valor recolhido na operação anterior. O fato de ter-se a diminuição valorativa da base de incidência não autoriza, sob o ângulo constitucional, tal proibição. Os preceitos das alíneas 'a' e 'b' do inciso II do § 2º do artigo 155 da Constituição Federal somente têm pertinência em caso de isenção ou não incidência, no que voltadas à totalidade do tributo, institutos inconfundíveis com o benefício fiscal em questão." (STF – RE 161031 – Relator Marco Aurélio – *DJ* 24.3.1997)

Posteriormente, a questão foi rediscutida no RE 174.478, também de relatoria do Ministro Marco Aurélio, redator p/acórdão Min. Cezar Peluso, *DJ* 30.9.2005. Desta feita, prevaleceu o entendimento contrário. Equiparou-se a redução de base de cálculo à noção de "isenção parcial", para efeito do que dispõe § 2º do art. 155 da Constituição Federal.

Eis a ementa do julgado:

"TRIBUTO. Imposto sobre Circulação de Mercadorias. ICMS. Créditos relativos à entrada de insumos usados em industrialização de produtos cujas saídas foram realizadas com redução da base de cálculo. Caso de isenção fiscal parcial. **Previsão de estorno proporcional.** Art. 41, inc. IV, da Lei estadual n. 6.374/89, e art. 32, inc. II, do Convênio ICMS n. 66/88. Constitucionalidade reconhecida. Segurança denegada. Improvimento ao recurso. Aplicação do art. 155, § 2º, inc. II, letra 'b', da CF. Voto vencido. São constitucionais o art. 41, inc. IV, da Lei n. 6.374/89, do Estado de São Paulo, e o art. 32, incs. I e II, do Convênio ICMS n. 66/88."

A mudança de posicionamento é explicada pelo Ministro Cezar Peluso, no julgamento dos embargos de declaração no RE 174.478, nos seguintes termos:

"O entendimento da Corte a respeito da natureza jurídica da redução da base de cálculo do ICMS, como reconhece a própria embargante, ao referir-se a uma *diametral alteração da firme orientação firmada por esta C. Corte Suprema* (fl. 712) sofreu, portanto, significativa modificação.

Durante muito tempo vigeu a leitura expressa na decisão do **RE n. 161.031**, que, considerando haver distinção substancial entre redução de base de cálculo e isenção/não incidência, deu pela inadmissibilidade, somente no primeiro caso, de qualquer de estorno de créditos de produtos que entraram no estabelecimento. Nas palavras do Relator daquele acórdão, *nem se diga que a hipótese tem enquadramento na alínea 'b' do inciso II do § 2º referido. Não se trata de isenção ou não incidência do tributo, mas de caso em que se dispôs (...) sobre base de incidência reduzida.*

Sobreveio, entretanto, inflexão na posição da Corte, que passou a aproximar as figuras da redução de base de cálculo e da isenção parcial, a ponto de equipará-las, após debates levados a efeito no julgamento deste **RE n. 174.478**, em que ficou vencido o Min. **MARCO AURÉLIO** (de cujo voto se lê: *a sinonímia não se faz presente. Uma coisa é isenção, outra a não incidência e um terceiro gênero se cogita da incidência com simples redução da base de cálculo*), por ter adotado, o Plenário, conclusão diametralmente oposta, que implicou alteração daquele outro entendimento, em razão de que, *na verdade, cuida-se de um favor fiscal que, mutilando o aspecto quantitativo da base de cálculo, corresponde à figura da isenção parcial, porque impede a incidência da regra matriz de incidência tributária na sua totalidade. Quer dizer, substancialmente é caso de isenção.*

A atual posição da Corte parece-me, portanto, bastante clara: a redução da base de cálculo do ICMS corresponde a isenção parcial e, não, como outrora se considerava, categoria autônoma em relação assim à da isenção, como à da não incidência. Observe-se que a interpretação dada pela Corte ao art. 155, § 2º, II, *b*, não representa ampliação do rol de restrições ao aproveitamento integral do crédito de ICMS, que remanesce circunscrito às hipóteses de não incidência e isenção; entendeu-se, simplesmente, que a redução de base de cálculo entra nesta última classe, como isenção parcial, que é em substância.

Avaliemos a lição de **PAULO DE BARROS CARVALHO**, citada às fls. 718, segundo a qual somente redução completa (*anulação*) da base de cálculo, ou de qualquer outro elemento, seria equivalente à isenção, por fazer **desaparecer** o objeto da relação.

Ora, se a redução total é isenção, por que o não seria a parcial? A questão é apenas de grau, e não, de diferença de mecanismo que, somente à vista da completa eliminação do critério da base de cálculo, tivesse o condão de transformar-lhe a redução em isenção. O raciocínio, formal e dualista, não resiste a exemplo extremo: redução de 99,9% na base de cálculo seria incapaz de acarretar anulação dos créditos, simplesmente porque a obrigação teria nascido, ainda que em expressão mínima, sofrendo mera redução quantitativa. Mas operação isenta ou sem incidência produziria a consequência anulatória, apenas por impedir de todo o nascimento da obrigação. A diferença de tratamento não se justifica. Substancialmente, está-se diante de mecanismos idênticos." (Grifei).

Com efeito, a orientação acolhida no RE 174.478 representa verdadeira mudança de entendimento da Corte quanto à interpretação do § 2º do art. 155 da Constituição Federal e sua aplicação às hipóteses de redução de base de cálculo.

No julgamento, assentou o Plenário desta Corte a tese de que a redução de base de cálculo deve ser tomada, para efeito do que dispõe o art. 155, § 2º, da Constituição Federal como forma de "isenção parcial".

Por isso, sua concessão, salvo previsão legal em contrário, traz as implicações jurídicas previstas nas alíneas "a" e "b" do § 2º do art. 155, da Constituição: *"não implicará crédito para compensação com o montante devido nas operações ou prestações seguintes"* e *"acarretará a anulação do crédito relativo às operações anteriores"*.

A mesma interpretação foi também acolhida por esta Corte no julgamento da ADI 2.320, de relatoria do Ministro Eros Grau, *DJ* 16.3.2007.

No caso, tratava-se de ação direta de inconstitucionalidade contra Lei estadual 11.362/2000, de Santa Catarina, que previa, no seu art. 1º, a manutenção integral do crédito fiscal de ICMS relativo à entrada de produtos beneficiados pela concessão de isenção e redução de base de cálculo, ambas devidamente amparadas em convênio (Convênio ICMS 36/92) e em decreto legislativo estadual (Decreto Legislativo 14.974/93).

A ação foi julgada improcedente, por unanimidade, nos termos do voto do relator, ficando assim ementada:

"AÇÃO DIRETA DE INCONSTITUCIONALIDADE. LEI N. 11.362, DO ESTADO DE SANTA CATARINA. CONCESSÃO DE REDUÇÃO DA BASE DE CÁLCULO OU DE ISENÇÃO. MANUTENÇÃO INTEGRAL DO CRÉDITO FISCAL RELATIVO À ENTRADA DE PRODUTOS VENDIDOS. ALEGAÇÃO DE VIOLAÇÃO DO DISPOSTO NO ARTIGO 155, § 2º, INCISO II, 'a' e 'b', DA CONSTITUIÇÃO DO BRASIL. INOCORRÊNCIA.

1. A norma impugnada, ao assegurar o direito à manutenção do crédito fiscal em casos em que há redução da base de cálculo ou isenção, não afronta o princípio da não cumulatividade. Ao contrário, viabiliza sua observância, em coerência com o disposto no artigo 32, II, do Convênio ICMS n. 36/92.

2. O artigo 155, § 2º, inciso II, 'b' da CB prevê que a isenção ou não incidência acarretará a anulação do crédito relativo às operações anteriores, salvo determinação em contrário. A redução de base de cálculo é, segundo o Plenário deste Tribunal, espécie de isenção parcial, o que implica benefício fiscal e aplicação do preceito constitucional mencionado. Precedentes.

3. A disciplina aplicada à isenção estende-se às hipóteses de redução da base de cálculo.

4. Visando à manutenção do equilíbrio econômico e a evitar a guerra fiscal, benefícios fiscais serão concedidos e revogados mediante deliberação dos Estados-membros e do Distrito Federal. O ato normativo estadual sujeita-se à lei complementar ou a convênio [artigo 155, § 2º, inciso XII, 'f'].

5. O Convênio ICMS n. 36/92 autoriza, na hipótese dos autos, a manutenção integral do crédito, ainda quando a saída seja sujeita a redução da base de cálculo ou isenção – § 7º da Cláusula 1ª do Convênio ICMS n. 36/92. 6. Ação Direta de Inconstitucionalidade julgada improcedente."

A tese acolhida em ambos os julgados, como se pode notar, aponta claramente no sentido de equiparação dos conceitos de redução de base de cálculo e de isenção, para efeito do que dispõe o art. 155, § 2º, II, da Constituição Federal.

Penso que a mesma orientação deve ser adotada no caso em tela, atribuindo-se lhe, agora, os efeitos próprios da sistemática da repercussão geral.

De fato, embora se valham de estrutura jurídica diversa, tanto a isenção total – que elimina o dever de pagamento do tributo, porque lhe ceifa a incidência – quanto a redução de base de cálculo ou de alíquota (isenções parciais) – que apenas restringe o critério quantitativo do consequente da regra matriz de incidência tributária – têm semelhante efeito prático: exoneram, no todo ou em parte, o contribuinte do pagamento do tributo.

É verdade que a maneira como o fazem, isto é, o modo como se processa essa exoneração tributária, em termos jurídicos, é diferente. Na isenção total, afasta-se a própria incidência ou, como prefere parte da doutrina, dispensa-se integralmente o pagamento do tributo, em relação aos sujeitos e às situações atingidos pelo benefício.

Nas isenções parciais, a situação é outra. Tem-se a incidência do tributo e, por conseguinte, o nascimento da obrigação tributária, mas o valor a ser pago é menor do que aquele que seria devido não fosse a mudança (redução) no critério quantitativo da norma tributária padrão, seja na alíquota, seja na base de cálculo.

Em outras palavras, a regra matriz de incidência tributária é alterada – "mutilada", no dizer de Paulo de Barros Carvalho (CARVALHO, Paulo de Barros. **Curso de Direito Tributário**. 22ª ed. São Paulo: Malheiros, 2010, p. 560-562) –, em algum dos seus critérios ou elementos, para reduzir o valor devido pelo contribuinte. E, para tanto, são muitos os expedientes normativos de que pode se utilizar o legislador, entre os quais a diminuição da base de cálculo, como no caso em tela.

A propósito do conceito de isenção parcial, cito obra clássica de José Souto Maior Borges, onde consta:

"As isenções podem, ainda, classificar-se em totais e parciais. As isenções totais excluem o nascimento da obrigação tributária, enquanto nas isenções parciais, surge o fato gerador da tributação, constituindo-se, portanto, a obrigação tributária, embora o *quantum* do débito seja inferior ao que normalmente seria devido se não tivesse sido estabelecido preceito isentivo. [...]

A isenção parcial consiste, mais propriamente, numa redução tributária.

Nas hipóteses da chamada isenção parcial, seria lícito falar-se com maior rigor terminológico e conceitual, em redução tributária, porque o fato gerador de obrigação tributária se produz.

Apenas, como acentua Sainz de Bujanda, o efeito liberatório consiste, em tais casos, na exigência de pagamento menor ao que, sem a isenção, esse fato geraria.

As isenções parciais podem revestir-se de diversas modalidades técnicas, segundo o elemento de quantificação da relação tributária que se utiliza para provocar o efeito liberatório desejado, podendo assim falar-se em bonificações na base de cálculo, nos tipos de gravame ou na alíquota." (BORGES, José Souto Maior. **Teoria Geral da Isenção Tributária**. 3ª ed. São Paulo: Malheiros, 2001, p. 279-280)

Com efeito, alterar a hipótese, a base de cálculo ou a alíquota pode significar apenas adotar um caminho diferente para alcançar o mesmo objetivo, que é o efeito de exonerar o contribuinte, no todo ou em parte, do pagamento do tributo – estruturas jurídicas diversas para um uma mesma função: reduzir a carga fiscal imposta.

Por isso, entendo que os casos de redução de base de cálculo estão compreendidos no conceito de isenção, para fins do disposto no art. 155, § 2º, II, da Constituição Federal, na linha do que já decidiu esta Corte no julgamento do RE 174.478 e da ADI 2.320. E disso decorre que, tanto quanto os demais casos de isenção, devem acarretar a anulação proporcional do crédito relativo às operações anteriores, a não ser que haja disposição legal em sentido contrário, no termos em que previsto no § 2º do art. 155 da Constituição Federal.

Cabe, no entanto, um esclarecimento. Em rigor, não é que a Constituição Federal obrigue, nos casos de isenção (total ou parcial), a anulação dos créditos. Não, apenas relega essa opção ao âmbito da discricionariedade política do legislador estadual – típica escolha de política fiscal.

Havendo previsão legislativa expressa, deve-se reconhecer o direito à manutenção do crédito; mas, à falta da previsão, a anulação do crédito relativo às operações anteriores é mandamento que se impõe. Assim, o que deve ficar claro é que, nos casos de isenção e não incidência, o princípio (ou técnica) constitucional da não cumulatividade não impõe à Fazenda estadual a manutenção integral do crédito.

No que se refere ao caso em tela, o Convênio ICMS 128/94, que dispõe sobre tratamento tributário para as operações com as mercadorias que compõem a cesta básica autoriza expressamente os Estados e o Distrito Federal a "não exigir a anulação proporcional do crédito" nas saídas internas de mercadorias que compõem a cesta básica, nos seguintes termos:

"CONVÊNIO

Cláusula primeira Ficam os Estados e o Distrito Federal autorizados a estabelecer carga tributária mínima de 7% (sete por cento) do ICMS nas saídas internas de mercadorias que compõem a cesta básica.

§ 1º Ficam os Estados e o Distrito Federal <u>autorizados a</u> não exigir a anulação proporcional do crédito prevista no inciso II do artigo 32 do Anexo Único do Convênio ICM 66/88, de 14 de dezembro de 1988, nas operações de que trata o *caput* desta cláusula.

§ 2º A fruição do benefício de que trata este Convênio fica condicionada ao cumprimento, pelos contribuintes, das obrigações instituídas pela legislação de cada unidade federada.

Cláusula segunda O disposto neste Convênio não se aplica às unidades federadas que tenham adotado, até a data deste Ato, para as operações internas, carga tributária inferior a 12% (doze por cento) e em relação, somente, ao produto beneficiado com a referida redução.

Cláusula terceira Fica convalidado o procedimento adotado pelas unidades da Federação, no tocante à redução da carga tributária dos produtos que compõem a cesta básica, até a data do início da vigência deste Convênio.

Cláusula quarta Este Convênio entra em vigor na data da publicação de sua ratificação nacional, ficando revogado o Convênio ICMS 139/93, de 9 de dezembro de 1993."

O art. 32 do Anexo Único do Convênio ICM 66/88, por sua vez, determina:

"Art. 32 Salvo determinação em contrário da legislação, acarretará a anulação do crédito:

I – a operação ou prestação subsequente, quando beneficiada por isenção ou não incidência;

II – a operação ou prestação subsequente com redução da base de cálculo, hipótese em que o estorno será proporcional à redução;

III – a inexistência, por qualquer motivo, de operação posterior."

A despeito da autorização prevista no § 1º da Cláusula Primeira do Convênio ICMS 128/94, não consta que a legislação estadual do Rio Grande do Sul tenha efetivamente previsto a possibilidade de manutenção integral dos créditos nas hipóteses de redução de base de cálculo. Ao contrário, determinou que seja exigida a anulação proporcional do crédito.

Poderia o legislador estadual ter adotado solução diversa, mas não o fez. Então, à falta da lei autorizando o aproveitamento integral do crédito, tem plena aplicação a regra do art. 155, § 2º, II, "b", da Constituição Federal.

Sim, porque, nos termos a jurisprudência desta Corte, o convênio, por si só, não assegura a concessão do benefício em questão. É condição necessária, mas não suficiente, porque tem sentido jurídico meramente autorizativo: permite a concessão do benefício fiscal por parte de cada um dos Estados e do Distrito Federal, mas não o cria *per se*.

É precisamente isso que se depreende da leitura do art. 150, § 6º, com redação dada pela Emenda Constitucional 3, de 1993, combinado com o art. 155, § 2º, XII, "g". O primeiro exige lei específica para a veiculação de isenção ou redução de base de cálculo; o segundo determina que a concessão de isenções, incentivos e benefícios fiscais, em matéria de ICMS, deve observar o procedimento de deliberação de previsto em lei complementar, atualmente a Lei Complementar 24/75.

Transcrevo abaixo ambas as disposições:

"Art. 150, § 6.º Qualquer subsídio ou isenção, redução de base de cálculo, concessão de crédito presumido, anistia ou remissão, relativos a impostos, taxas ou contribuições, só poderá ser concedido mediante lei específica, federal, estadual ou municipal, que regule exclusivamente as matérias acima enumeradas ou o correspondente tributo ou contribuição, sem prejuízo do disposto no art. 155, § 2.º, XII, *g*."

"Art. 155. Compete aos Estados e ao Distrito Federal instituir impostos sobre:

I – transmissão *causa mortis* e doação, de quaisquer bens ou direitos;

II – operações relativas à circulação de mercadorias e sobre prestações de serviços de transporte interestadual e intermunicipal e de comunicação, ainda que as operações e as prestações se iniciem no exterior; [...]

§ 2º O imposto previsto no inciso II atenderá ao seguinte:

[...]

XII – cabe à lei complementar: [...]

g) regular a forma como, mediante deliberação dos Estados e do Distrito Federal, isenções, incentivos e benefícios fiscais serão concedidos e revogados".

Com base nesses dispositivos, a orientação assentada na jurisprudência do Supremo Tribunal Federal é clara no sentido de que os convênios celebrados no âmbito do CONFAZ têm natureza meramente autorizativa, não impositiva. Cito, a propósito, o RE 630.705 AgR, de relatoria do Ministro Dias Toffoli, assim ementado:

"Agravo regimental no recurso extraordinário. ICMS. Benefício fiscal. Ausência de lei específica internalizando o convênio firmado pelo Confaz. Jurisprudência desta Corte reconhecendo a imprescindibilidade de lei em sentido formal para dispor sobre a matéria. 1. As razões deduzidas pela agravante equivocam-se quanto às razões de decidir do juízo monocrático. Não ficara assentada naquela decisão a impossibilidade de o convênio autorizar a manutenção dos créditos escriturais. O que se reconhecera fora a impossibilidade de o benefício fiscal ser implementado à margem da participação do Poder Legislativo. 2. Os convênios são autorizações para que o Estado possa implementar um benefício fiscal. Efetivar o beneplácito no ordenamento interno é mera faculdade, e não obrigação. A participação do Poder Legislativo legitima e confirma a intenção do Estado, além de manter hígido o postulado da separação de poderes concebido pelo constituinte originário. 3. Agravo regimental não provido."

No caso do benefício em questão, houve a devida celebração do convênio, nos termos do art. 155, § 2º, XII, "g", falta, no entanto, a lei referida no art. 155, § 2º, do texto constitucional, justificando-se a anulação proporcional dos créditos, de acordo com a norma constitucional aplicável à espécie.

Assim, para que fique clara a orientação aqui adotada, entendo que, na linha da jurisprudência desta Corte, os casos de redução de base de cálculo devem ser entendidos como isenções parciais, para efeito de aplicação do disposto no art. 155, § 2º, II.

Está, portanto, a Fazenda Estadual autorizada, nessas hipóteses, a proceder à anulação proporcional dos créditos, ressalvada a previsão em sentido contrário na legislação estadual, o que não se verificou no caso em tela.

Ante o exposto, voto no sentido de negar provimento ao recurso. É como voto.

RE 588.322[1]

Inconstitucionalidade da taxa de renovação de localização e de funcionamento do Município de Porto Velho – Comprovação do efetivo exercício do poder de polícia – Imprescindibilidade da regularidade do exercício do poder de polícia – Existência do órgão administrativo não é condição para o reconhecimento da constitucionalidade da cobrança da taxa de localização e fiscalização – Mas constitui um dos elementos admitidos para se inferir o efetivo exercício do poder de polícia, exigido constitucionalmente.

Trata-se de recurso extraordinário, interposto com fundamento nas alíneas *a* e *c* do permissivo constitucional, contra acórdão do Tribunal de Justiça do Estado de Rondônia, proferido em embargos infringentes, ementado nos seguintes termos (fl. 379):

"Processual civil. Tributário. Taxa de renovação de funcionamento e localização. Legalidade da Cobrança.

A exigibilidade da taxa de fiscalização de funcionamento e localização pelo Município prescinde de comprovação de atividade fiscalizadora, em face da notoriedade do exercício de poder de polícia da Municipalidade.

A base de cálculo do IPTU é o valor venal do imóvel e não coincide com a base de cálculo da Taxa de Renovação, que é a área utilizada".

A recorrente, Associação Comercial de Rondônia (ACR), em suas razões recursais (fls. 425/458), alega, em síntese, violação ao artigo 145, inciso II, da Constituição Federal. Sustenta que referido dispositivo constitucional traz a hipótese de incidência das taxas que, na qualidade de tributos vinculados, exigem atuação estatal.

Assim, afirma a inconstitucionalidade da taxa de renovação de localização e de funcionamento cobrada pelo Município de Porto Velho, ao argumento de ausência de exercício do poder de polícia.

Em contrarrazões (fls. 498/526), o Município de Porto Velho frisa que esta Suprema Corte já decidiu reiteradas vezes sobre a constitucionalidade da taxa em comento, de tal sorte que, em seu ver, a questão não merece maiores digressões.

O recorrido sustenta, ainda, que poder de polícia é a faculdade que a administração pública dispõe para condicionar e restringir o uso de gozo de bens, atividades e direitos individuais, em benefício de toda a coletividade e do próprio Estado. Também, afirma a inexigibilidade de comprovação de efetiva contraprestação estatal, por ser suficiente que o Município demonstre possuir o aparato necessário para o exercício de seu poder-dever, no âmbito da circunscrição territorial de sua competência.

Alega por fim que, no caso concreto, o poder de fiscalização é incumbido ao Departamento Fiscal da Secretaria Municipal da Fazenda. Ademais, ressalta entender que o exercício de referido poder de polícia é presumido, incumbindo ao contribuinte o ônus de comprovar o contrário.

Inicialmente, o presente recurso não foi admitido pelo Tribunal *a quo* (fls. 531/534). O Ministro Cezar Peluso, então relator, deu provimento ao agravo de instrumento interposto (fls. 02/18) para convertê-lo neste recurso extraordinário (fl. 552).

---

[1] Acordam os Ministros do Supremo Tribunal Federal, em Sessão Plenária, na conformidade da ata do julgamento e das notas taquigráficas, por maioria de votos, negar provimento ao recurso extraordinário nos termos do voto do relator (*DJ* de 3.9.2010).

A repercussão geral foi reconhecida pelo Plenário, nos termos do acórdão assim ementado, *in verbis* (fl. 575):

"**RECURSO. Extraordinário. Tributo. Taxa de Localização e Funcionamento. Comprovação do efetivo exercício do poder de polícia. Relevância da questão. Repercussão geral reconhecida.** Apresenta repercussão geral o recurso extraordinário que verse sobre a necessidade de comprovação do efetivo poder de polícia para legitimar a cobrança da Taxa de Localização e Funcionamento". (*DJe* 18.12.2009)

A Procuradoria-Geral da República, no parecer de fls. 579/582, manifestou-se pelo desprovimento do recurso.

Foi assim ementada a decisão:

EMENTA: Recurso Extraordinário 1. Repercussão geral reconhecida. 2. Alegação de inconstitucionalidade da taxa de renovação de localização e de funcionamento do Município de Porto Velho. 3. Suposta violação ao artigo 145, inciso II, da Constituição, ao fundamento de não existir comprovação do efetivo exercício do poder de polícia. 4. O texto constitucional diferencia as taxas decorrentes do exercício do poder de polícia daquelas de utilização de serviços específicos e divisíveis, facultando apenas a estas a prestação potencial do serviço público. 5. A regularidade do exercício do poder de polícia é imprescindível para a cobrança da taxa de localização e fiscalização. 6. À luz da jurisprudência deste Supremo Tribunal Federal, a existência do órgão administrativo não é condição para o reconhecimento da constitucionalidade da cobrança da taxa de localização e fiscalização, mas constitui um dos elementos admitidos para se inferir o efetivo exercício do poder de polícia, exigido constitucionalmente. Precedentes. 7. O Tribunal de Justiça de Rondônia assentou que o Município de Porto Velho, que criou a taxa objeto do litígio, é dotado de aparato fiscal necessário ao exercício do poder de polícia. 8. Configurada a existência de instrumentos necessários e do efetivo exercício do poder de polícia. 9. É constitucional taxa de renovação de funcionamento e localização municipal, desde que efetivo o exercício do poder de polícia, demonstrado pela existência de órgão e estrutura competentes para o respectivo exercício, tal como verificado na espécie quanto ao Município de Porto Velho/RO. 10. Recurso extraordinário ao qual se nega provimento.

VOTO

O acórdão do Tribunal *a quo*, proferido no recurso de apelação, foi fundamentado nos seguintes termos:

"Esta Corte vinha decidindo, acompanhando o entendimento do STJ, que a taxa de renovação de licença de funcionamento e localização somente era devida se ficasse comprovado o efetivo exercício do poder de polícia.

Ocorre que o STF afirmou a constitucionalidade da cobrança da taxa pela municipalidade:

Taxa de licença de localização e funcionamento instituída por lei municipal: constitucionalidade da exação, conforme entendimento firmado pelo Supremo Tribunal (CF. RE 220.316, Pleno, Galvão, 12/10/99, *DJ* 26.6.2001; RE 198.904, 1ª T., Galvão, 28.5.1996, *DJ* 27.9.1996; RE 222.252, 1ª T., Ellen, 17.4.2001, *DJ* 18.5.2001; RE 213.552, 2ª T., Marco Aurélio, 30.5.2000, *DJ* 18.8.2000). RE-AgR 188908/SP, relator Min. Sepúlveda Pertence, *DJ* 24.6.2003)".

Acompanhando esse entendimento, o STJ cancelou a Súmula n. 157, que tratava como inconstitucional a cobrança da taxa.

(...)

Assim, de acordo com o novo entendimento jurisprudencial, a cobrança da taxa de localização e funcionamento é legítima, **não havendo necessidade da comprovação do efetivo exercício do poder de polícia, por parte da municipalidade, bastando a demonstração de potencial atuação ante o aparato fiscal que está dotada.** (grifamos)

Em sede de embargos infringentes, o Tribunal de Justiça de Rondônia manteve essa orientação, aduzindo:

"Como se vê dos autos, o acórdão seguiu a orientação jurisprudencial do Supremo Tribunal Federal e afirmou que a cobrança de taxa de renovação de localização e funcionamento é legal, **independentemente de haver comprovação de efetiva fiscalização por parte do município**. Esta Corte vinha decidindo, acompanhando o entendimento do STJ, que a taxa de renovação de licença de funcionamento e localização somente era devida se ficasse comprovado o efetivo exercício do poder de polícia.

(...)

Evidencia-se o exercício deste poder de fiscalização na atividade do Município quando este, mediante prévia autorização legislativa, estabelece posturas a serem seguidas pelos contribuintes, limitando, inclusive, o exercício das liberdades individuais em benefício de toda a coletividade. Ou seja, **a atividade de fiscalização é latente, emanado da simples existência do ente municipal**, razão pela qual não se pode falar em legitimidade de cobrança por inexistência de contraprestação.

Nesse sentido é a jurisprudência, como se vê abaixo:

O Supremo Tribunal Federal tem sistematicamente reconhecido a legitimidade da exigência, anualmente renovável, pela Municipalidades, da taxa em referência, pelo exercício do poder de polícia, não podendo o contribuinte furtar-se à sua incidência sob a alegação de que o ente não exerce a fiscalização devida, não dispondo sequer de órgão incumbido desse mister" (RE 198.904-1, Rel. Min. Ilmar Galvão, já citado neste voto, 1ª Turma, *DJU* 27.9.1996).

No presente recurso, alega-se violação ao artigo 145, inciso II, da Constituição, ao fundamento de não existir comprovação do efetivo exercício do poder de polícia.

O artigo 145, inciso II, da Constituição aponta as hipóteses de incidência possíveis para a cobrança de taxas, nos seguintes termos:

"**Art. 145.** A União, os Estados, o Distrito Federal e os Municípios poderão instituir os seguintes tributos.

....

II – Taxas, em razão do exercício do poder de polícia ou pela utilização, efetiva ou potencial, de serviços públicos específicos e divisíveis, prestado ao contribuinte ou postos a sua disposição".

Verifica-se, portanto, que o texto constitucional diferencia as taxas em razão do exercício do poder de polícia daquelas decorrentes da utilização de serviços específicos e divisíveis, facultando apenas a estas a prestação potencial do serviço público.

Isto é, conforme assentado pelo Min. Moreira Alves, no julgamento do RE 80.441/ES, "não basta, porém, que a taxa se baseie no poder de polícia: é mister, ainda, que o Estado preste serviço relacionado a este poder" (RE 80.441/ES, Rel. Min. Moreira Alves, Pleno, *DJ* 28.4.1978).

Logo, a regularidade do exercício do poder de polícia é imprescindível para a cobrança da taxa de localização e fiscalização. A materialização da atividade fiscalizadora é necessária, sob pena de se esvaziar o comando constitucional, mediante indevida equiparação das duas subespécies tributárias.

Embora inegável sua essência de serviço público – o exercício do poder de polícia possui uma característica singular, relevante para o ramo do direito tributário: é exercido em benefício primordial da coletividade, não do fiscalizado.

Em outras palavras, a fiscalização incidente sobre qualquer atividade particular não se destina ao estabelecimento isoladamente considerado, mas a todos os administrados que serão indistintamente beneficiados pelo agir da administração pública, ou seja, o serviço do poder de polícia tem o objetivo precípuo de acautelar a coletividade.

Na lição de Ives Gandra da Silva, *in* O Sistema Tributário na Constituição, Saraiva, 6ª edição, p. 90:

"No exercício do poder de polícia, seu grande beneficiário não é o sujeito passivo, mas toda a coletividade, embora, indiretamente, o sujeito passivo também o seja. No serviço público de oferta de um bem material ou imaterial para utilização efetiva ou potencial pelo sujeito, este é o grande beneficiário, e apenas decorrencialmente, a comunidade".

Daí não ser justificável sua cobrança por mera natureza potencial, ao contrário dos serviços específicos e divisíveis. De fato, o exercício do poder de polícia deverá ser efetivo e concreto, em razão de sua natureza de serviço público profilático, exercido em prol da coletividade.

Assentada a indispensabilidade do exercício do poder de polícia, cabe perquirir se a existência de aparato administrativo pressupõe o efetivo exercício do poder de polícia.

No julgamento do RE 80441-2/ES, o Plenário desta Corte discutiu a constitucionalidade de taxa similar, que fora instituída pelo Município de Vitória.

Referido julgado foi prolatado ainda sob a égide da Carta de 1967 (EC n. 1/69), cujo artigo 18, inciso I, estabelecia hipóteses de incidência para criação de taxas nos mesmos moldes da atual Constituição. O precedente foi assim ementado:

"TAXA DE LICENÇA DE LOCALIZAÇÃO E AUTORIZAÇÃO ANUAL PARA FUNCIONAMEN-TO E PERMANÊNCIA DE ESTABELECIMENTO PRODUTORES, INDUSTRIAIS, COMER-CIAIS E SIMILARES. **DESDE QUE HAJA ÓRGÃO ADMINISTRATIVO QUE EXERCITE ESSA FACETA DO PODER DE POLÍCIA DO MUNICÍPIO,** E QUE A BASE DE CÁLCULO NÃO SEJA VEDADA, É ESSA TAXA CONSTITUCIONAL. RECURSO EXTRAORDINÁRIO NÃO CONHECIDO" (RE 80441-2/ES, Tribunal Pleno, Relator Min. Moreira Alves, *DJ* 28.4.1978)

Portanto, naquele caso, o STF assentou que a existência de órgão administrativo é um dos elementos aptos a demonstrar o exercício efetivo do poder de polícia, conforme se extrai dos fundamentos apresentados pelo Ministro Moreira Alves, reproduzidos a seguir, *in verbis*:

"Entre os exemplos, geralmente citados, de taxa municipal com base no exercício regular do poder de polícia, figura a taxa de licença para localização. Assim, Ribeiros de Morais (A taxa no sistema tributário brasileiro, pág. 94) cita, como taxa municipal, a taxa para localização: Lourenço dos Santos (Direito Tributário, 4. ed. Pág. 57) alude às taxas de licença para funcionamento, no município, de estabelecimentos comerciais, industriais ou de prestação de serviços.

Não basta, porém, que a taxa se baseie no poder de polícia: é mister, ainda, que o Estado preste serviço relacionado a este poder. Daí dizer HECTOR VLLGAS (Verdades e ficções em torno da taxa, in *Revista de Direito Público*, vol. 17, pág. 330):

'No exercício do poder de polícia o Estado deve necessariamente conceder, por exemplo, autorizações ou licenças, ou estabelecer proibições ou outorgar documentos probatórios dotados de fé pública, porém, ao mesmo tempo, estima equitativo que aqueles que recorrem concretamente pedindo tais atividades, contribuam de forma especial para cobrir os gastos do Estado.'

[...]

Anteriormente, ao julgar o RE 69.957 (RTJ 59/799 e segs.) o Plenário desta Corte considerou inconstitucional a taxa de licença de localização instituída pelo município de Vitória, por considerar que, então não havia órgão administrativo que exercitasse, efetivamente, esse poder de polícia, inexistido, portanto, o caráter contraprestacional característico de toda taxa, ainda que baseada no poder de polícia (...)

[...]

No caso sob julgamento, a taxa de licença para localização e autorização anual para funcionamento e permanência de estabelecimento produtores, industriais comerciais e similares se baseia, sem dúvida, no exercício regular do poder de polícia do município, ademais – o que afasta a invocação do precedente alegado (RE 69.957) – foi criado, como acentua o acórdão recorrido (fls. 224) órgão administrativo para o efetivo exercício desse poder de polícia (...)".

A mesma orientação foi seguida quando idêntica taxa, criada pelo Município de São Paulo, foi questionada nesta Corte. A propósito, confira-se:

"TAXA DE RENOVAÇÃO DE LICENÇA PARA LOCALIZAÇÃO, INSTALAÇÃO E FUNCIONA-MENTO. INSTITUIÇÃO FINANCEIRA. INEXISTÊNCIA DE OFENSA AO ARTIGO 18, INCI-SO I, DA CONSTITUIÇÃO FEDERAL (E/C N. 1/69). O Supremo Tribunal Federal tem admitido

Direito Tributário **1473**

a constitucionalidade da taxa de renovação anual de licença para localização, instalação e funcionamento de estabelecimentos comerciais e similares, **desde que haja órgão administrativo que exercite o poder de polícia do Município,** e que a base de cálculo não seja vedada. Recurso extraordinário não conhecido" (RE 115213/SP, Primeira Turma, Relator Min. Ilmar Galvão, *DJ* 06.9.1991, p. 12036)

As demandas provenientes daquela municipalidade se repetiram, de forma que se assentou, nesta Suprema Corte, a constitucionalidade da taxa cobrada pelo Município de São Paulo, por se fundar no poder de polícia <u>efetivamente exercitado pelos seus órgãos fiscalizadores</u>. Nesse sentido:

"TAXA DE LICENÇA DE LOCALIZAÇÃO, FUNCIONAMENTO E INSTALAÇÃO. COBRANÇA PELA MUNICIPALIDADE DE SÃO PAULO. LEGALIDADE: ART. 18, I, DA CF/69. O Supremo Tribunal Federal já se pronunciou pelo reconhecimento da legalidade da taxa cobrada pelo Município de São Paulo, **pois funda-se no poder de polícia efetivamente exercitado através de seus órgãos fiscalizadores.** Hipótese em que não ocorreu ofensa ao art. 18, I, da Carta precedente. Recurso extraordinário conhecido e provido" (RE 116518/SP, Primeira Turma, Relator Min. Ilmar Galvão, *DJ* 30.4.1993, p. 7565).

"TAXA DE LICENÇA PARA LOCALIZAÇÃO E FUNCIONAMENTO. EXERCÍCIO DO PODER DE POLÍCIA. ART. 145, II, DA CONSTITUIÇÃO. – Ausência de prequestionamento – fundamento suficiente, que não restou impugnado pela agravante. – A cobrança da taxa de localização e funcionamento, pelo Município de São Paulo, prescinde da efetiva comprovação da atividade fiscalizadora, **diante da notoriedade do exercício do poder de polícia pelo aparato administrativo dessa municipalidade.** Precedentes. – Agravo regimental a que se nega provimento" (RE 222252 AgR/SP, Primeira Turma, Relator Min. Ellen Gracie, *DJ* 18.5.2001, p. 80).

"**Taxa de licença de localização e funcionamento instituída por lei municipal: constitucionalidade da exação, conforme entendimento firmado pelo Supremo Tribunal** (cf. RE 220.316, Pleno, Galvão, 12.10.99, *DJ* 26.6.2001; RE 198.904, 1ª T., Galvão, 28.5.96, *DJ* 27.9.96; RE 222.252, 1ª T., Ellen, 17.04.01, *DJ* 18.05.01; RE 213.552, 2ª T., Marco Aurélio, 30.5.00, *DJ* 18.8.00)" (RE 188908 AgR/SP, Primeira Turma, Relator Min. Sepúlveda Pertence, *DJ* 17.10.2003, p. 20).

A jurisprudência deste Tribunal admitiu a existência de órgão administrativo como elemento demonstrador do efetivo exercício de poder de polícia, o que não se confunde com admitir o exercício potencial do poder de polícia.

É certo que há precedentes que afirmam a prescindibilidade da existência de órgão fiscalizador para a cobrança da taxa em comento, a exemplo do RE 198.904-1/RS, Rel. Min. Ilmar Galvão 1ª Turma, *DJU* 27/9/1996.

Na mesma linha se orientam os seguintes julgados:

"EMENTA: 1. RECURSO. Agravo regimental das empresas. Intempestividade. Não conhecimento. Não se conhece de recurso interposto fora de prazo. 2. RECURSO. Agravo. Regimental. Taxa de Fiscalização de Localização e Funcionamento. Cobrança. Legitimidade. Jurisprudência assentada sobre a matéria. Agravo regimental provido. **Não pode o contribuinte furtar-se à exigência tributária sob a alegação de o ente público não exercer a fiscalização devida, não dispondo sequer de órgão incumbido desse mister, sendo, pois, irrelevante a falta de prova do efetivo exercício do poder de polícia**" (RE 396846 AgR/MG, Segunda Turma, Relator Min. Cezar Peluso, *DJe* 29.8.2008)

"EMENTA: TRIBUTÁRIO. TAXA DE LICENÇA E FISCALIZAÇÃO PARA LOCALIZAÇÃO, INSTALAÇÃO E FUNCIONAMENTO. CONSTITUCIONALIDADE. EXERCÍCIO DO PODER DE POLÍCIA. CONTROLE. ELEMENTOS DA BASE DE CÁLCULO PRÓPRIA DE IMPOSTOS. AUSÊNCIA DE IDENTIDADE. RECURSO PROTELATÓRIO. MULTA. AGRAVO IMPROVIDO. I – Constitucionalidade de taxas cobradas em razão do serviço de fiscalização exercido pelos municípios quanto ao atendimento às regras de postura municipais. II – **Presunção a favor da administração pública do efetivo exercício do poder de polícia, que independe da existência ou não de órgão de controle.** Precedentes. III – Constitucionalidade de taxas que, na apuração do montante devido, adote um ou mais dos elementos que compõem a base de cálculo própria de determinado imposto, desde que não se verifique identidade integral entre uma base e a outra. IV – Recurso protelatório. Aplicação de multa. V – Agravo regimental improvido" (AI 654292 AgR/MG, Primeira

1474 Estado de Direito e Jurisdição Constitucional – Decisões relevantes em 15 anos de atuação no STF

Turma, Relator Min. Ricardo Lewandowski, *DJe* 30.6.2009)

Concluímos, portanto, que, à luz da jurisprudência deste Supremo Tribunal Federal, a existência do órgão administrativo não é condição para o reconhecimento da constitucionalidade da cobrança da taxa de localização e fiscalização, mas constitui um dos elementos admitidos para se inferir o efetivo exercício do poder de polícia, exigido constitucionalmente.

Na singularidade do caso concreto, o Tribunal de Justiça de Rondônia assentou que o Município de Porto Velho, que criou a taxa objeto do litígio, é dotado de aparato fiscal necessário ao exercício do poder de polícia.

Sem êxito, portanto, a tese do recorrente, na medida em que configurada a existência de instrumentos necessários e do efetivo exercício do poder de polícia.

Logo, é constitucional taxa renovação de funcionamento e localização municipal, desde que efetivo o exercício do poder de polícia, demonstrado pela existência de órgão e estrutura competente para o respectivo exercício, tal como verificado na espécie quanto ao Município de Porto Velho/RO.

Ante o exposto, **nego provimento** ao recurso extraordinário.

RE 626.706[1]

Tributário – Imposto Sobre Serviços (ISS) – Não incidência sobre locação de bens móveis – Filmes cinematográficos, videoteipes, cartuchos para *videogames* e assemelhados – Súmula Vinculante n. 31 – Art. 156, inciso III, da Constituição Federal.

Cuida-se de recurso extraordinário interposto de acórdão do Tribunal de Justiça de São Paulo que reconheceu a impossibilidade da incidência de ISS sobre locação de bens móveis, assim ementado:

"AÇÃO ANULATÓRIA COM PEDIDO DE TUTELA ANTECIPADA – ISS – Locação de bens móveis – Filmes cinematográficos, videoteipes, cartuchos para *videogames* e assemelhados – Atividades que não envolvem prestação de serviço. Tributação descabida – Sentença reformada – Sucumbência invertida – Apelo da contribuição provido. (fl. 234)"

O recurso extraordinário do Município de São Paulo funda-se no art. 102, III, *a*, da Constituição Federal. Sustenta a constitucionalidade do art. 78, § 1º, da Lei municipal n. 10.423/87, que previu a locação de bens móveis como hipótese de incidência de ISS. Alega que a Constituição, em seu art. 156, inciso III, usou da expressão "serviços de qualquer natureza", dando amplitude maior ao conceito jurídico de serviços, de modo a englobar operações de locação de bens móveis.

Negado seguimento na origem, a recorrente interpôs agravo de instrumento que foi levado ao Plenário Virtual para análise, oportunidade em que se reconheceu a existência de repercussão geral da questão constitucional suscitada; vencidos os Ministros Cezar Peluso, Eros Grau, Joaquim Barbosa e Celso de Mello:

"EMENTA: Tributo. Imposto Sobre Serviços – ISS. Incidência sobre locação de bens móveis. Relevância do ponto de vista econômico, político, social e jurídico. Repercussão geral reconhecida. Apresenta repercussão geral recurso que versa sobre a constitucionalidade, ou não, da incidência de ISS sobre locação de bens móveis." (AI 766.684, Rel. Min. Cezar Peluso, DJe 25.2.2010).

Em decisão de 14.5.2010, dei provimento ao agravo de instrumento para convertê-lo em recurso extraordinário (fl. 328).

O Ministério Público Federal, recordando a edição da Súmula Vinculante n. 31, manifestou-se pelo não provimento do presente recurso, em razão de estar o acórdão recorrido em sintonia com a jurisprudência deste Tribunal.

Trago o presente leading case para apreciação do Tribunal Pleno e julgamento do mérito da questão constitucional cuja repercussão geral foi reconhecida.

A decisão prolatada pelo Supremo Tribunal Federal recebeu a seguinte ementa:

EMENTA: Tributário. Imposto Sobre Serviços (ISS). Não incidência sobre locação de bens móveis. Filmes cinematográficos, videoteipes, cartuchos para videogames e assemelhados. Súmula Vinculante n. 31. Art. 156, inciso III, da Constituição Federal.

VOTO

Não assiste razão ao recorrente.

---

[1] Acordam os ministros do Supremo Tribunal Federal, em Sessão Plenária, na conformidade da ata do julgamento e das notas taquigráficas, por unanimidade, negar provimento ao recurso extraordinário, nos termos do voto do relator, Ministro Gilmar Mendes (*DJ* de 24.9.2010).

Em 4.2.2010 o Tribunal Pleno desta Corte julgou a PSV 35, culminando na edição da Súmula Vinculante n. 31, publicada no *DJe* e no *DOU* de 17.2.2010, a qual dispõe:

"É inconstitucional a incidência do Imposto sobre Serviços de Qualquer Natureza – ISS – sobre operações de locação de bens móveis."

Verifico, pois, que o acórdão recorrido está de acordo com esse entendimento.

Destaque-se apenas que a proposta inicialmente apresentada pelo Ministro Joaquim Barbosa era a seguinte: "É inconstitucional a incidência do Imposto sobre Serviços de Qualquer Natureza – ISS sobre operações de locação de bens móveis **dissociadas da prestação de serviços**" (grifo nosso).

Sobre a expressão "dissociadas de prestação de serviços" houve discussão encabeçada pelo Ministro Cezar Peluso, que assim se manifestou:

"O SENHOR MINISTRO CEZAR PELUSO – Senhor Presidente, se Vossa Excelência me permite, acho que o que o eminente advogado propôs tem certa razão de ser.

Veja bem: estamos afirmando que é inconstitucional quando incide sobre locação de móveis, mas só quando é dissociada da operação de serviço. Quando for associada, cabe imposto? Não. Então, a referência a 'dissociada' é desnecessária, porque, quando associada, também não incide. Quando há contrato de locação de móveis e, ao mesmo tempo, prestação de serviço, a locação de móveis continua não suportando o imposto; o serviço sim. Se não tiver nenhuma ligação com prestação de serviço, também continua não suportando; não há incidência. Noutras palavras, o 'dissociada' aí realmente é inútil e pode gerar dúvida. E, quando for associada, está sujeita ao imposto sobre prestação de serviço?

A meu ver, com o devido respeito, não há prejuízo algum ao sentido das inúmeras decisões, se for cortada a expressão final 'dissociada da prestação de serviço'. É inconstitucional a incidência sobre locação de móveis, só."

O Ministro Joaquim Barbosa demonstrou preocupação com "situações em que a prestação de serviço vem escamoteada sob a forma de locação. Por exemplo: locação de maquinário, e vem o seu operador. Nessa hipótese, muito comum".

Após os debates, o Tribunal, por unanimidade, acolheu a proposta, excluindo a expressão "dissociadas de prestação de serviços".

Como relatado, o caso em tela versa sobre locação de filmes cinematográficos, videoteipes, cartuchos para *videogames* e assemelhados, situação em que não está envolvida prestação de serviço.

Logo, quando da edição da súmula, para situações como a dos autos, em que está dissociada prestação de serviço, sequer houve debate. Incidiria a súmula vinculante inclusive na redação inicialmente proposta.

Assim, na esteira da jurisprudência vinculante desta Corte, nego provimento ao presente recurso.

É como voto.

16. Controle concentrado

ADI 2.182[1]

Ação Direta de Inconstitucionalidade – Natureza aberta da *causa petendi* no processo constitucional – Superação da questão pertinente à inconstitucionalidade formal da lei – Possibilidade de apreciação dos aspectos conducentes, ou não, à inconstitucionalidade material – Petição omissa quanto ao vício material – Possibilidade de aferição da inconstitucionalidade quanto aos aspectos materiais.

Trata-se de ação na qual o Partido Trabalhista Nacional – PTN questionou a constitucionalidade da Lei n. 8.429, de 2 de junho de 1992 (Lei de Improbidade Administrativa) que dispõe sobre as sanções aplicáveis aos agentes públicos nos casos de enriquecimento ilícito no exercício de mandato, cargo, emprego ou função na administração pública direta, indireta ou fundacional e dá outras providências, em face do artigo 65 da Constituição Federal. Alegou-se que a mencionada norma foi aprovada sem a devida observância do processo legislativo bicameral.

O Presidente da República, em preliminar, considerando a ausência de identificação específica e analítica da inconstitucionalidade formal, arguiu a inépcia da inicial por ofensa ao art. 3º, I, da Lei n. 9.868/1999.

O Min. Marco Aurélio, relator, em sessão realizada no dia 23.5.2007, julgou procedente o pedido para declarar a inconstitucionalidade formal da lei impugnada por entender que o diploma legal foi aprovado sem a devida observância do sistema bicameral. Afirmou *"que o projeto que dera origem à Lei 8.429/92, aprovado pela Câmara dos Deputados e enviado ao Senado Federal para revisão, fora objeto de substitutivo nesta Casa Legislativa, que adotara, portanto, postura própria à Casa iniciadora. Assim, a Câmara dos Deputados, ao receber o substitutivo e rejeitá-lo quase que integralmente, emendando-o, deveria tê-lo remetido ao Senado Federal, por força do disposto no art. 65, parágrafo único, da CF, e não à sanção presidencial"*[2].

O Min. Marco Aurélio, ainda, em questão de ordem, *"rejeitou a possibilidade de o Tribunal, superada a questão pertinente à inconstitucionalidade formal da lei, apreciar os aspectos conducentes ou não da inconstitucionalidade material, tendo em conta a petição inicial abordar somente o vício formal, não atendendo à exigência, feita pela Corte, de análise mínima quanto a vício material"*[3].

Em sessão realizada no dia 14.6.2007, o Tribunal, por maioria, entendeu que, no caso, não

---

[1] Em sessão plenária do dia 12 de maio de 2010, acordaram os Ministros do Supremo Tribunal Federal, em questão de ordem, por maioria, no sentido de não ser possível o exame de inconstitucionalidade material, no caso, da Lei n. 8.429/1992, e, no mérito, por maioria, pela improcedência da ação direta (*DJ* de 10.9.2010).

[2] *Informativo/STF* 468.

[3] Acompanharam o relator os Ministros Cármen Lúcia, Ricardo Lewandowski, Joaquim Barbosa e Carlos Britto. Os Ministros Eros Grau, Cezar Peluso e Celso de Mello, divergiram do relator, ao fundamento de que a função da Corte é examinar a inconstitucionalidade da norma impugnada em face de toda a Constituição. *Informativo/STF* 468.

1478 Estado de Direito e Jurisdição Constitucional – Decisões relevantes em 15 anos de atuação no STF

seria passível de exame a inconstitucionalidade material. Considerou-se *"o fato de a petição inicial abordar somente o vício formal, não atendendo à exigência, feita pela Corte, de análise mínima quanto a vício material e, ressaltando a singularidade do caso concreto, haja vista que a lei em questão constitui um verdadeiro subsistema, afirmou-se que a causa de pedir aberta do processo objetivo de constitucionalidade não poderia ser levada às últimas consequências, sob pena de comprometer-se o Tribunal a um exame que seria impossível em relação a determinadas leis. Vencidos, no ponto, os Ministros Eros Grau, Cezar Peluso, Celso de Mello, Gilmar Mendes e Ellen Gracie, presidente, que afirmavam que a norma impugnada deveria ser examinada em face de toda a Constituição"*[4].

O julgado restou assim ementado:

EMENTA: Ação direta de inconstitucionalidade. 1. Questão de Ordem: pedido único de declaração de inconstitucionalidade formal de lei. Impossibilidade de examinar a constitucionalidade material. 2. Mérito: art. 65 da Constituição da República. Inconstitucionalidade formal da Lei n. 8.429/1992 (Lei de Improbidade Administrativa): inexistência. 1. Questão de Ordem resolvida no sentido da impossibilidade de se examinar a constitucionalidade material dos dispositivos da Lei 8.429/1992 dada a circunstância de o pedido da ação direta de inconstitucionalidade se limitar única e exclusivamente à declaração de inconstitucionalidade formal da lei, sem qualquer argumentação relativa a eventuais vícios materiais de constitucionalidade da norma. 2. Iniciado o projeto de lei na Câmara de Deputados, cabia a esta o encaminhamento à sanção do Presidente da República depois de examinada a emenda apresentada pelo Senado da República. O substitutivo aprovado no Senado da República, atuando como Casa revisora, não caracterizou novo projeto de lei a exigir uma segunda revisão. 3. Ação direta de inconstitucionalidade improcedente.

VOTO-VISTA

Está em julgamento a ADI 2.182-6/DF, Rel. Min. Marco Aurélio, proposta pelo Partido Trabalhista Nacional contra a Lei n. 8.429, de 2 de junho de 1992 (Lei de Improbidade Administrativa).

Na presente ação direta, o requerente pede a declaração de inconstitucionalidade do inteiro teor da Lei de Improbidade Administrativa. A causa de pedir está assentada apenas na inconstitucionalidade formal dessa lei, por inobservância do processo legislativo bicameral.

Na última Sessão Plenária, o Relator, Ministro Marco Aurélio suscitou a seguinte questão de ordem: **se a causa de pedir, delimitada na petição inicial da ação direta de inconstitucionalidade, cinge-se à inconstitucionalidade formal da lei, poderia o Tribunal, superada essa argumentação quanto ao vício de forma, adentrar no exame da inconstitucionalidade material da norma impugnada?**

Responderam negativamente a essa questão o Ministro Marco Aurélio (Relator), a Ministra Cármen Lúcia, e os Ministros Ricardo Lewandowski, Joaquim Barbosa e Carlos Britto. Os Ministros Eros Grau, Cezar Peluso e Celso de Mello, divergiram.

Pedi vista dos autos, apenas quanto a esta questão de ordem, para esclarecer que **a resposta a essa questão encontra-se na própria história jurisprudencial deste Supremo Tribunal Federal.**

Como se sabe, a Constituição de 1946 atribuiu ao Procurador-Geral da República a titularidade da representação de inconstitucionalidade, para os efeitos de intervenção federal, nos casos de violação aos seguintes princípios: a) forma republicana representativa; b) independência e harmonia entre os poderes; c) temporariedade das funções eletivas, limitada a duração destas à das funções federais correspondentes; d) proibição da reeleição de governadores e prefeitos para o período imediato; e) autonomia municipal; f) prestação de contas da administração; g) garantias do Poder Judiciário (art. 8°, parágrafo único, c/c o art. 7°, VII). A intervenção federal

---

4 *Informativo/STF 471.*

Controle concentrado **1479**

subordinava-se, nesse caso, à declaração de inconstitucionalidade do ato pelo Supremo Tribunal Federal (art. 8º, parágrafo único).

Assim, a representação interventiva, sob a égide da Constituição de 1946, tinha *causa de pedir fechada*, tendo em vista o rol delimitado dos denominados *princípios sensíveis*.

A Emenda n. 16, de 26 de novembro de 1965, instituiu, ao lado da representação interventiva, e nos mesmos moldes, o controle abstrato de normas estaduais e federais. Consagrou-se um modelo abstrato de controle de constitucionalidade sob a forma de uma representação que haveria de ser proposta pelo Procurador-Geral da República. A implantação do sistema de controle de constitucionalidade, com o objetivo precípuo de "preservar o ordenamento jurídico da intromissão de leis com ele inconviventes"[5], veio somar aos mecanismos já existentes um instrumento destinado a defender diretamente o *sistema jurídico objetivo*.

Com o advento da EC n. 16/65, portanto, instituiu-se um modelo de controle objetivo de normas em face da totalidade do ordenamento constitucional. O parâmetro de controle não mais se restringia aos denominados princípios sensíveis, como na representação interventiva, mas abrangia a Constituição como um todo.

Interessante notar que, tal como concebida, a chamada representação de inconstitucionalidade tinha, em verdade, *caráter dúplice* ou *natureza ambivalente*, permitindo ao Procurador--Geral submeter a questão constitucional ao Supremo Tribunal quando estivesse convencido da inconstitucionalidade da norma ou, mesmo quando convencido da higidez da situação jurídica, surgissem controvérsias relevantes sobre sua legitimidade. Assim, a despeito da utilização do termo *representação de inconstitucionalidade*, o controle abstrato de normas foi concebido e desenvolvido como processo de *natureza dúplice ou ambivalente*. Daí ter Victor Nunes Leal observado em palestra proferida na Conferência Nacional da OAB de 1978 (Curitiba) que, "em caso de representação com parecer contrário, o que se tem, na realidade, sendo privativa a iniciativa do Procurador-Geral, é uma representação de constitucionalidade"[6].

Portanto, já na prática da representação de inconstitucionalidade, exigia-se do requerente da ação, o Procurador-Geral da República, quando do ajuizamento da ação, apenas a delimitação precisa do pedido, ou seja, do objeto da ação, das leis ou atos normativos que seriam apreciados pela Corte. A causa de pedir, por outro lado, constituía apenas um indicativo para o crivo do Tribunal. Os fundamentos da impugnação, se pela constitucionalidade ou inconstitucionalidade das normas atacadas, ficavam muitas vezes em aberto até o pronunciamento definitivo do Procurador-Geral, por ocasião de seu parecer.

A título de exemplo, cito o julgamento da RP n. 1.189-5/RJ, Rel. Min. Néri da Silveira (*DJ* 18.11.1988), no qual o Tribunal, não se atendo aos fundamentos utilizados pelo Procurador-Geral da República, que se restringiam à inconstitucionalidade formal (violação ao art. 57, IV e V, c/c os arts. 13, III e V, e 200, da Constituição de 1967/69) declarou a inconstitucionalidade material da lei impugnada, a Lei n. 703/1983, do Estado do Rio de Janeiro, em face dos arts. 208 e 8º, XVII, "e", da Constituição de 1967/69.

Com o advento da Constituição de 1988, essa prática não se modificou, com a criação da ação direta de inconstitucionalidade, e, posteriormente, da ação declaratória de constitucionalidade (EC n. 3/93), que possuem antecedentes na prática da representação de inconstitucionalidade e, remotamente, na representação interventiva. O *caráter dúplice ou ambivalente* também marca essas ações. Tanto é assim que as petições iniciais formuladas pelo Procurador-Geral da

---

[5] BASTOS, Celso Ribeiro. *Curso de direito constitucional*, cit., p. 413.
[6] LEAL, Victor Nunes. Representação de inconstitucionalidade perante o Supremo Tribunal Federal: um aspecto inexplorado. *RDP* 53-54:25 (33).

República, nas ações diretas de inconstitucionalidade, continuaram a delimitar apenas as leis ou atos normativos que seriam objeto de análise pelo Tribunal, deixando a definição dos fundamentos do pedido apenas para a ocasião do oferecimento de seu parecer[7].

Assim, no período pós-88, o Supremo Tribunal Federal continuou a ressaltar a sua não vinculação aos fundamentos expendidos na petição inicial, conforme se pode comprovar com os seguintes julgados, citados apenas como exemplo:

"É da jurisprudência do Plenário, o entendimento de que, na ação direta de inconstitucionalidade, seu julgamento independe da *causa petendi* formulada na inicial, ou seja, dos fundamentos jurídicos nela deduzidos, pois, havendo, nesse processo objetivo, arguição de inconstitucionalidade, a Corte deve considerá-la sob todos os aspectos em face da Constituição e não apenas diante daqueles focalizados pelo autor. É de se presumir, então, que, no precedente, ao menos implicitamente, hajam sido considerados quaisquer fundamentos para eventual arguição de inconstitucionalidade, inclusive os apresentados na inicial da presente ação." (*ADI 1.896-MC*, Rel. Min. Sydney Sanches, julgamento em 18-2-99, *DJ* de 28-5-99).

"O Supremo Tribunal Federal não está condicionado, no desempenho de sua atividade jurisdicional, pelas razões de ordem jurídica invocadas como suporte da pretensão de inconstitucionalidade deduzida pelo autor da ação direta. Tal circunstância, no entanto, não suprime à parte o dever processual de motivar o pedido e de identificar, na Constituição, em obséquio ao princípio da especificação das normas, os dispositivos alegadamente violados pelo ato normativo que pretende impugnar. Impõe-se ao autor, no processo de controle concentrado de constitucionalidade, sob pena de não conhecimento da ação direta, indicar as normas de referência – que são aquelas inerentes ao ordenamento constitucional e que se revestem, por isso mesmo, de parametricidade – em ordem a viabilizar a aferição da conformidade vertical dos atos normativos infraconstitucionais." (*ADI 561-MC*, Rel. Min. Celso de Mello, julgamento em 23-8-95, *DJ* de 23-3-01).

"A cognição do Tribunal em sede de ação direta de inconstitucionalidade é ampla. O Plenário não fica adstrito aos fundamentos e dispositivos constitucionais trazidos na petição inicial, realizando o cotejo da norma impugnada com todo o texto constitucional. Não há falar, portanto, em argumentos não analisados pelo Plenário desta Corte, que, no citado julgamento, esgotou a questão." (*AI 413.210-AgR-ED-ED*, Rel. Min. Ellen Gracie, julgamento em 24-11-04, *DJ* de 10-12-04).

Entende o Tribunal, portanto, que o parâmetro de controle, no processo objetivo de fiscalização da constitucionalidade de leis e atos normativos, abrange a Constituição como um todo. A Corte não fica adstrita aos fundamentos explicitados na petição inicial. A própria ideia do "bloco de constitucionalidade", criada pelos franceses, e tão bem desenvolvida em votos proferidos pelo Ministro Celso de Mello, representa esse entendimento:

"Ação direta de inconstitucionalidade. Instrumento de afirmação da supremacia da ordem constitucional. O papel do Supremo Tribunal Federal como legislador negativo. A noção de constitucionalidade/inconstitucionalidade como conceito de relação. A questão pertinente ao bloco de constitucionalidade. Posições doutrinárias divergentes em torno do seu conteúdo. O significado do bloco de constitucionalidade como fator determinante do caráter constitucional, ou não, dos atos estatais. Necessidade da vigência atual, em sede de controle abstrato, do paradigma constitucional alegadamente violado. Superveniente modificação/supressão do parâmetro de confronto. Prejudicialidade da ação direta. A definição do significado de bloco de constitucionalidade – independentemente da abrangência material que se lhe reconheça – reveste-se de fundamental importância no processo de fiscalização normativa abstrata, pois a exata qualificação conceitual dessa categoria jurídica projeta-se como fator determinante do caráter constitucional, ou não, dos atos estatais contestados em face da Carta Política. A superveniente alteração/supressão das normas, valores e princípios que se subsumem à noção conceitual de bloco de constitucionalidade, por importar em descaracterização do parâmetro constitucional de confronto, faz instaurar, em sede de controle abstrato, situação configuradora de prejudicialidade da ação

---

[7] Dentre outras: ADIN n. 80-2, ADIN n. 176-1, ADIN n. 47-1, ADIN n. 677-1, ADIN n. 613-4, ADIN n. 375-5, ADIN n. 390-9, ADIN 402-6, ADIN n. 314, ADIN n. 154, ADIN n. 306-2, ADIN n. 226-1, ADIN n. 222-8.

direta, legitimando, desse modo – ainda que mediante decisão monocrática do Relator da causa (*RTJ* 139/67) – a extinção anômala do processo de fiscalização concentrada de constitucionalidade." (*ADI 1.120*, Rel. Min. Celso de Mello, decisão monocrática, julgamento em 28-2-02, *DJ* de 7-3-02).

Importante ressaltar que esse entendimento decorre de um imperativo de segurança jurídica. A decisão pela constitucionalidade ou pela inconstitucionalidade de determinada norma constitui pronunciamento definitivo do Tribunal tendo em vista a ordem constitucional como um todo. Esse é o pressuposto da impossibilidade de revisão ou de nova submissão da questão constitucional ao crivo da Corte. Todos sabemos – e isso também advém da prática jurisprudencial do Tribunal – que não cabe recurso ou ação rescisória no processo objetivo de controle de constitucionalidade. Temos admitido apenas os embargos de declaração para sanar eventual omissão, obscuridade ou contradição da decisão. Se passarmos a admitir que a declaração de inconstitucionalidade, ou de constitucionalidade, está vinculada aos fundamentos utilizados pela petição inicial, estaremos a permitir a instauração da insegurança jurídica. Imagine-se, nessa hipótese, que a própria publicação da decisão no Diário Oficial teria que fazer expressa menção aos parâmetros constitucionais em que o Tribunal se baseou.

Assim, não custa repetir, na ação direta de inconstitucionalidade e na ação declaratória de constitucionalidade, a causa de pedir é aberta. O Tribunal fica vinculado apenas ao pedido formulado pelo requerente. E, ressalte-se também que até mesmo o princípio do pedido tem sido relativizado em alguns casos, nos quais o Tribunal declara a inconstitucionalidade de outras normas não constantes do pedido, por estarem elas imbricadas em um complexo normativo com as normas objeto da ação. Trata-se, nesses casos, da denominada declaração de *inconstitucionalidade consequencial* ou *por arrastamento*, que possui fundamento nas lições de Canotilho e Jorge Miranda. Eis alguns casos de declaração de inconstitucionalidade por arrastamento:

"Extensão da declaração de inconstitucionalidade a dispositivos não impugnados expressamente na inicial. Inconstitucionalidade por arrastamento." (*ADI 2.982-QO*, Rel. Min. Gilmar Mendes, julgamento em 17-6-04, *DJ* de 12-11-04).

"A declaração de inconstitucionalidade dos artigos 2º e 3º da lei atacada implica seu esvaziamento. A declaração de inconstitucionalidade dos seus demais preceitos dá-se por arrastamento." (*ADI 1.144*, Rel. Min. Eros Grau, *DJ* 08/09/06).

"Declaração de inconstitucionalidade consequencial ou por arrastamento de decreto regulamentar superveniente em razão da relação de dependência entre sua validade e a legitimidade constitucional da lei objeto da ação. Precedentes: ADI 437-QO, rel. Min. Celso de Mello, *DJ* 19.02.93 e ADI 173-MC, rel. Min. Moreira Alves, *DJ* 27.04.90." (*ADI 3.645*, Rel. Min. Ellen Gracie, julgamento em 31-5-06, *DJ* 1º-9-06).

Portanto, sendo este o entendimento consolidado na jurisprudência e na doutrina, não é difícil encontrar julgados em que a Corte, não se atendo ao pedido inicial fundado unicamente em inconstitucionalidade formal, adentrou na análise da inconstitucionalidade material.

Dentre outros casos, gostaria de citar um exemplo deveras interessante: o Governador do Estado do Rio de Janeiro ajuizou ação direta de inconstitucionalidade (ADI n. 247-3/RJ, Rel. Min. Ilmar Galvão) contra o § 3º do art. 82 da Constituição estadual[8], alegando apenas a inconstitucionalidade formal desse dispositivo, tendo em vista tratar-se de matéria relativa à organização e ao funcionamento da administração pública, cuja iniciativa é exclusiva do Chefe do Poder Executivo (exorbitância do poder constituinte decorrente). No julgamento da medida cautelar, o Tribunal considerou a plausibilidade desse argumento e suspendeu a vigência da norma constitucional estadual. **No julgamento do mérito da ação, porém, o Tribunal afastou o argumento**

---

[8] Art. 82, § 3º: "O pagamento dos servidores do Estado será feito, impreterivelmente, até o 10º (décimo) dia útil de cada mês."

1482 Estado de Direito e Jurisdição Constitucional – Decisões relevantes em 15 anos de atuação no STF

da inconstitucionalidade formal, e declarou a inconstitucionalidade material da referida norma, por violação ao princípio da razoabilidade.

Em outros julgados, o inverso também pode ser observado: analisando um pedido restrito à inconstitucionalidade material, o Tribunal verifica a presença da inconstitucionalidade formal (exemplo: ADI n. 89/MG, Rel. Min. Ilmar Galvão, *DJ* 20.8.1993).

O Tribunal tem procedido dessa forma num ambiente de plena normalidade, pois sempre foi pacífico o entendimento de que, na ação direta, a causa de pedir é aberta, de forma que o controle de constitucionalidade é realizado em face da ordem constitucional como um todo, inclusive de normas não inscritas textualmente, como o princípio da proporcionalidade ou razoabilidade, tal como se observa na prática do Tribunal.

Com essas breves considerações, baseadas na jurisprudência deste Supremo Tribunal Federal e na doutrina constitucional que se formou em torno dela, concluo meu voto nesta questão de ordem no sentido de que **a Corte deve analisar o objeto desta ação – delimitado pelo pedido do requerente como sendo o inteiro teor da Lei n. 8.429/92 (Lei de Improbidade Administrativa) – em face toda a Constituição, não se restringindo aos fundamentos da petição inicial.**

É como voto.

ADI 4.048[1]

Controle de constitucionalidade sobre atos de efeito concreto – Legitimidade da abertura de créditos extraordinários – Limites constitucionais à atividade legislativa excepcional do Executivo na edição de medidas provisórias.

O Partido da Social Democracia Brasileira – PSDB ajuizou ação direta de inconstitucionalidade, com pedido de medida cautelar, contra a Medida Provisória n. 405, de 18.12.2007, que abre crédito extraordinário, em favor da Justiça Eleitoral e de diversos órgãos do Poder Executivo. Alegou, o Partido, em síntese, que a MP n. 405/2007 violou o art. 62, § 1º, I, "d", c/c o art. 167, § 3º, da Constituição.

Criticou, ainda, o entendimento desta Corte quanto ao não cabimento de ação direta de inconstitucionalidade contra normas de caráter orçamentário. Argumentou que *"não se está, aqui, a discutir o conteúdo de um crédito extraordinário em si mesmo, mas, sim, o real enquadramento de um determinado crédito na categoria de 'extraordinário', a única que a Constituição de 1988 admite à medida provisória"*. Entendeu, dessa forma, que a ação é plenamente cabível. Em suas palavras: *"não admitir ação direta de inconstitucionalidade para declarar a inadequação de tais despesas como créditos extraordinários – que, certamente, não são – é criar espaço de ilegitimidade (de inconstitucionalidade) não passível de controle jurisdicional"*.

Em sessão realizada no dia 17.4.2008, o Tribunal, por maioria, conheceu da ação *"por entender estar-se diante de um tema ou de uma controvérsia constitucional suscitada em abstrato – independente do caráter geral ou específico, concreto ou abstrato de seu objeto – de inegável relevância jurídica e política, que deveria ser analisada a fundo. Asseverou-se que os atos do Poder Público sem caráter de generalidade não se prestam ao controle abstrato de normas, eis que a própria Constituição adotou como objeto desse processo os atos tipicamente normativos, ou seja, aqueles dotados de um mínimo de generalidade e abstração. Considerou-se, entretanto, que outra deveria ser a interpretação no caso de atos editados sob a forma de lei. Ressaltou-se que essas leis formais decorreriam ou da vontade do legislador ou do próprio constituinte, que exigiria que certos atos, mesmo que de efeito concreto, fossem editados sob a forma de lei. Assim, se a Constituição submeteu a lei ao processo de controle abstrato, meio próprio de inovação na ordem jurídica e instrumento adequado de concretização da ordem constitucional, não seria admissível que o intérprete debilitasse essa garantia constitucional, isentando um grande número de atos aprovados sob a forma de lei do controle abstrato de normas e, talvez, de qualquer forma de controle. Aduziu-se, ademais, não haver razões de índole lógica ou jurídica contra a aferição da legitimidade das leis formais no controle abstrato de normas, e que estudos e análises no plano da teoria do direito apontariam a possibilidade tanto de se formular uma lei de efeito concreto de forma genérica e abstrata quanto de se apresentar como lei de efeito concreto regulação abrangente de um complexo mais ou menos amplo de situações. Concluiu-se que, em razão disso, o Supremo não teria andado bem ao reputar as leis de efeito concreto como inidôneas para o controle abstrato de normas. Vencido, no ponto, o Min. Cezar Peluso que não conhecia da ação, por reputar não se tratar no caso de uma lei, sequer no aspecto formal"*[2].

Na mesma assentada, o Tribunal concedeu a cautelar, nos termos do voto do Ministro Gilmar Mendes, Presidente, para suspender a vigência da MP n. 405, de 18.12.2007, vencidos os Ministros Ricardo Lewandowski, Joaquim Barbosa, Cezar Peluso, Ellen Gracie e Menezes Direito.

A decisão da medida cautelar recebeu a seguinte ementa:

EMENTA: MEDIDA CAUTELAR EM AÇÃO DIRETA DE INCONSTITUCIONALIDADE. MEDIDA PROVISÓRIA N. 405, DE 18.12.2007. ABERTURA DE CRÉDITO EXTRAORDINÁRIO.

---

[1] O Tribunal, por maioria, concedeu a liminar, nos termos do voto do relator, Ministro Gilmar Mendes (Presidente), vencidos os Senhores Ministros Ricardo Lewandowski, Joaquim Barbosa, Cezar Peluso, Ellen Gracie e Menezes Direito. Plenário, 14.5.2008.

[2] *Informativo/STF* 502.

1484 Estado de Direito e Jurisdição Constitucional – Decisões relevantes em 15 anos de atuação no STF

LIMITES CONSTITUCIONAIS À ATIVIDADE LEGISLATIVA EXCEPCIONAL DO PODER EXECUTIVO NA EDIÇÃO DE MEDIDAS PROVISÓRIAS. I. MEDIDA PROVISÓRIA E SUA CONVERSÃO EM LEI. Conversão da medida provisória na Lei n. 11.658/2008, sem alteração substancial. Aditamento ao pedido inicial. Inexistência de obstáculo processual ao prosseguimento do julgamento. A lei de conversão não convalida os vícios existentes na medida provisória. Precedentes. II. CONTROLE ABSTRATO DE CONSTITUCIONALIDADE DE NORMAS ORÇAMENTÁRIAS. REVISÃO DE JURISPRUDÊNCIA. O Supremo Tribunal Federal deve exercer sua função precípua de fiscalização da constitucionalidade das leis e dos atos normativos quando houver um tema ou uma controvérsia constitucional suscitada em abstrato, independente do caráter geral ou específico, concreto ou abstrato de seu objeto. Possibilidade de submissão das normas orçamentárias ao controle abstrato de constitucionalidade. III. LIMITES CONSTITUCIONAIS À ATIVIDADE LEGISLATIVA EXCEPCIONAL DO PODER EXECUTIVO NA EDIÇÃO DE MEDIDAS PROVISÓRIAS PARA ABERTURA DE CRÉDITO EXTRAORDINÁRIO. Interpretação do art. 167, § 3º c/c o art. 62, § 1º, inciso I, alínea "d", da Constituição. Além dos requisitos de relevância e urgência (art. 62), a Constituição exige que a abertura do crédito extraordinário seja feita apenas para atender a despesas imprevisíveis e urgentes. Ao contrário do que ocorre em relação aos requisitos de relevância e urgência (art. 62), que se submetem a uma ampla margem de discricionariedade por parte do Presidente da República, os requisitos de imprevisibilidade e urgência (art. 167, § 3º) recebem densificação normativa da Constituição. Os conteúdos semânticos das expressões "guerra", "comoção interna" e "calamidade pública" constituem vetores para a interpretação/aplicação do art. 167, § 3º c/c o art. 62, § 1º, inciso I, alínea "d", da Constituição. "Guerra", "comoção interna" e "calamidade pública" são conceitos que representam realidades ou situações fáticas de extrema gravidade e de consequências imprevisíveis para a ordem pública e a paz social, e que dessa forma requerem, com a devida urgência, a adoção de medidas singulares e extraordinárias. A leitura atenta e a análise interpretativa do texto e da exposição de motivos da MP n. 405/2007 demonstram que os créditos abertos são destinados a prover despesas correntes, que não estão qualificadas pela imprevisibilidade ou pela urgência. A edição da MP n. 405/2007 configurou um patente desvirtuamento dos parâmetros constitucionais que permitem a edição de medidas provisórias para a abertura de créditos extraordinários. IV. MEDIDA CAUTELAR DEFERIDA. Suspensão da vigência da Lei n. 11.658/2008, desde a sua publicação, ocorrida em 22 de abril de 2008.

VOTO

O objeto da presente ação é constituído por medida provisória que abre crédito extraordinário, para os fins que especifica, em favor da Justiça Eleitoral e de diversos órgãos do Poder Executivo.

A Medida Provisória n. 405 foi publicada em 18 de dezembro de 2007 e teve sua vigência prorrogada por sessenta dias, a partir de 30 de março de 2008, tendo em vista que sua votação não foi encerrada no Congresso Nacional (Ato do presidente da Mesa do Congresso Nacional n. 7, de 2008).

Em primeiro lugar, ressalto que, na petição inicial, o requerente demonstrou não desconhecer a jurisprudência desta Corte sobre o controle de constitucionalidade de normas orçamentárias.

Como se sabe, a jurisprudência do Supremo Tribunal Federal tem considerado inadmissível a propositura de ação direta de inconstitucionalidade contra atos de efeito concreto. Assim, tem-se afirmado que a ação direta é o meio pelo qual se procede ao controle de constitucionalidade das normas jurídicas *in abstracto*, não se prestando ela "ao controle de atos administrativos que têm objeto determinado e destinatários certos, ainda que esses atos sejam editados sob a forma de lei – as leis meramente formais, porque têm forma de lei, mas seu conteúdo não encerra normas que disciplinam relações em abstrato"[3].

---

[3] ADIn 647, Rel. Min. Moreira Alves, *DJ*, 27 mar. 1992, p. 3801.

Controle concentrado **1485**

Na mesma linha de orientação, afirma-se que "atos estatais de efeitos concretos, ainda que veiculados em texto de lei formal, não se expõem, em sede de ação direta, à jurisdição constitucional abstrata do Supremo Tribunal Federal" (...), porquanto "a ausência de densidade normativa no conteúdo do preceito legal impugnado desqualifica-o – enquanto objeto juridicamente inidôneo – para o controle normativo abstrato"[4].

Assim, tem-se afirmado que disposição constante de lei orçamentária que fixa determinada dotação configura ato de efeito concreto, insuscetível de controle jurisdicional de constitucionalidade por via de ação ("Os atos estatais de efeitos concretos – porque, despojados de qualquer coeficiente de normatividade ou de generalidade abstrata – não são passíveis de fiscalização, em tese, quanto à sua legitimidade constitucional")[5].

Identifica-se esforço no sentido de precisar a distinção entre normas gerais e normas de efeito concreto na seguinte reflexão de Pertence:

"É expressiva dessa orientação jurisprudencial a decisão que não conheceu da ADIn n. 2100, 17.12.99, *JOBIM*, *DJ* 01.06.01:

'Constitucional. Lei de Diretrizes Orçamentárias. Vinculação de percentuais a programas. Previsão da inclusão obrigatória de investimentos não executados do orçamento anterior no novo. Efeitos concretos. Não se conhece de ação quanto a lei desta natureza. Salvo quando estabelecer norma geral e abstrata, ação não conhecida'.

A contraposição, no precedente, da disposição legal de efeitos concretos à regra geral e abstrata amolda-se à distinção, na obra póstuma de *Hans Kelsen*, entre a norma de caráter individual quando se torna individualmente obrigatória uma conduta única – e a norma de caráter geral – na qual 'uma certa conduta é universalmente posta como devida' (Hans Kelsen, Teoria Geral das Normas, trad. G. Florentino Duarte, Fabris Ed., 1986, p. 11). 'O caráter individual de uma norma' – explica o mestre da Escola de Viena – 'não depende de se a norma é dirigida a um ser humano individualmente determinado ou a várias pessoas individualmente certas ou a uma categoria de homens, ou seja, a uma maioria não individualmente, mas apenas de certas pessoas de modo geral. Também pode ter caráter geral uma norma que fixa como devida a conduta de uma pessoa individualmente designada; não apenas uma conduta única, individualmente determinada, é posta como devida, mas uma conduta dessa pessoa estabelecida em geral. Assim quando, p. ex., por uma norma moral válida – ordem dirigida a seus filhos – um pai autorizado ordena a seu filho Paul ir à igreja todos os domingos ou não mentir. Essas normas gerais são estabelecidas pela autoridade autorizada pela norma moral válida; para os destinatários das normas, são normas obrigatórias, se bem que elas apenas sejam dirigidas a uma pessoa individualmente determinada. Se pela autoridade para tanto autorizada por uma norma moral válida é dirigido um mandamento a uma maioria de sujeitos individualmente determinados e apenas é imposta uma certa conduta individualmente – como, porventura, no fato de um pai que ordenou a seus filhos Paul, Jugo e Friedrich felicitarem seu professor Mayer pelo 50° aniversário – então há tantas normas individuais quantos destinatários de norma. O que é devido numa norma – ou ordenado num imperativo – é uma conduta definida. Esta pode ser uma conduta única, individualmente certa, conduta de uma ou de várias pessoas individualmente; pode, por sua vez, de antemão, ser um número indeterminado de ações ou omissões de uma pessoa individualmente certa ou de uma determinada categoria de pessoas. Esta é a decisiva distinção'"[6].

A extensão da jurisprudência, desenvolvida para afastar do controle abstrato de normas os atos administrativos de efeito concreto, às chamadas leis formais suscita, sem dúvida, alguma insegurança, porque coloca a salvo do controle de constitucionalidade um sem-número de leis.

---

[4] ADIn 842, Rel. Min. Celso de Mello, *DJ*, 14 maio 1993, p. 9002; cf., também, ADIn 647, Rel. Min. Moreira Alves, *DJ*, 27 mar. 1992, p. 3801, e ADIn 767, Rel. Min. Carlos Velloso, *DJ*, 18 jun. 1993, p. 12110.
[5] ADIn 283, Rel. Min. Celso de Mello, *DJ*, 12 mar. 1990, p. 1691.
[6] ADIn 2.535, Rel. Min. Sepúlveda Pertence, *DJ*, de 21-11-2003.

1486 Estado de Direito e Jurisdição Constitucional – Decisões relevantes em 15 anos de atuação no STF

Não se discute que os atos do Poder Público sem caráter de generalidade não se prestam ao controle abstrato de normas, porquanto a própria Constituição elegeu como objeto desse processo os atos tipicamente normativos, entendidos como aqueles dotados de um mínimo de generalidade e abstração.

Ademais, não fosse assim, haveria uma superposição entre a típica jurisdição constitucional e a jurisdição ordinária.

Outra há de ser, todavia, a interpretação, se se cuida de atos editados *sob a forma de lei*. Nesse caso, houve por bem o constituinte não distinguir entre leis dotadas de generalidade e aqueloutras, conformadas sem o atributo da generalidade e abstração. Essas leis formais decorrem ou da vontade do legislador ou do desiderato do próprio constituinte, que exige que determinados atos, ainda que de efeito concreto, sejam editados sob a forma de lei (v.g., lei de orçamento, lei que institui empresa pública, sociedade de economia mista, autarquia e fundação pública).

Ora, se a Constituição submete a lei ao processo de controle abstrato, até por ser este o meio próprio de inovação na ordem jurídica e o instrumento adequado de concretização da ordem constitucional, não parece admissível que o intérprete debilite essa garantia da Constituição, isentando um número elevado de atos aprovados sob a forma de lei do controle abstrato de normas e, muito provavelmente, de qualquer forma de controle. É que muitos desses atos, por não envolverem situações subjetivas, dificilmente poderão ser submetidos a um controle de legitimidade no âmbito da jurisdição ordinária.

Ressalte-se que não se vislumbram razões de índole lógica ou jurídica contra a aferição da legitimidade das leis formais no controle abstrato de normas, até porque *abstrato* – isto é, não vinculado ao caso concreto – há de ser o processo e não o ato legislativo submetido ao controle de constitucionalidade.

Por derradeiro, cumpre observar que o entendimento acima referido do Supremo Tribunal acaba, em muitos casos, por emprestar significado substancial a elementos muitas vezes acidentais: a suposta generalidade, impessoalidade e abstração ou a pretensa concretude e singularidade do ato do Poder Público.

Os estudos e análises no plano da teoria do direito indicam que tanto se afigura possível formular uma lei de efeito concreto – *lei casuística* – de forma genérica e abstrata quanto seria admissível apresentar como lei de efeito concreto regulação abrangente de um complexo mais ou menos amplo de situações[7].

Todas essas considerações parecem demonstrar que a jurisprudência do Supremo Tribunal Federal não andou bem ao considerar as leis de efeito concreto como inidôneas para o controle abstrato de normas.

Sem embargo, é importante ressalvar que, recentemente, o Tribunal[8] reconheceu o caráter normativo de disposições de Lei Orçamentária Anual da União (Lei n. 10.640/2003, que disciplinou a destinação da receita da CIDE-Combustíveis)[9]. Na espécie, por maioria, acolheu-se a preliminar de cabimento de ação direta de inconstitucionalidade contra lei orçamentária, sob o argumento de que os dispositivos impugnados eram dotados de suficiente abstração e generalidade (ADIn 2.925-DF, Rel. Min. Ellen Gracie, Redator para o acórdão Ministro Marco Aurélio, j. 11-12-2003). O acórdão assim está ementado:

"PROCESSO OBJETIVO – AÇÃO DIRETA DE INCONSTITUCIONALIDADE – LEI ORÇAMENTÁRIA. *Mostra-se adequado o controle concentrado de constitucionalidade quando a lei*

---

[7] Cf. J. J. Gomes Canotilho, *Direito constitucional*, 5. ed., Coimbra, 1992, p. 625-6; Pieroth e Schlink, *Grundrechte – Staatsrecht II*, Heidelberg, 1988, p. 78.

[8] ADIn 2.925-DF (Rel. Min. Ellen Gracie), j. 11-12-2003.

[9] Contribuição de Intervenção no Domínio Econômico dos Combustíveis.

orçamentária revela contornos abstratos e autônomos, em abandono ao campo da eficácia concreta. LEI ORÇAMENTÁRIA – CONTRIBUIÇÃO DE INTERVENÇÃO NO DOMÍNIO ECONÔMICO – IMPORTAÇÃO E COMERCIALIZAÇÃO DE PETRÓLEO E DERIVADOS, GÁS NATURAL E DERIVADOS E ÁLCOOL COMBUSTÍVEL – CIDE – DESTINAÇÃO – ARTIGO 177, § 4º, DA CONSTITUIÇÃO FEDERAL. É inconstitucional interpretação da Lei Orçamentária n. 10.640, de 14 de janeiro de 2003, que implique abertura de crédito suplementar em rubrica estranha à destinação do que arrecadado a partir do disposto no § 4º do artigo 177 da Constituição Federal, ante a natureza exaustiva das alíneas "a", "b" e "c" do inciso II do citado parágrafo.

Cito também a decisão do Ministro Sepúlveda Pertence na ADPF n. 63/AP (*DJ* 11.2.2005), na qual o eminente Ministro afirmou o seguinte:

"(...) o entendimento desta Corte, ao contrário do que afirma a requerente, não é taxativo quanto à falta de abstração e generalidade das normas orçamentárias. No julgamento da ADI 2925 (Ellen Gracie, Inf. 333), acentuei:

'Na jurisprudência do Tribunal, creio, mesmo em norma de LDO – exemplo típico de norma concreta que se esgota com o ato que se destina a regrar, isto é, a elaboração do projeto do orçamento anual –, numa das poucas aberturas – pelo menos as minhas anotações consignam –, admitimos a ação direta, em parte. Refiro-me à ADIn 2.108, em que conhecemos com relação a uma norma da LDO, porque vinculava a execução orçamentária mensal à receita líquida. Era uma norma de vigência temporária, mas pareceu-nos geral e, portanto, susceptível do controle direto de constitucionalidade. Assim também parece no caso concreto, ainda sem me aventurar a anunciar critérios gerais de orientação da jurisprudência.'

Na mesma linha, o em. Min. Gilmar Mendes:

'Em se tratando de lei orçamentária, com maior razão, porque, se atentarmos para aquilo que está no texto, veremos que ele não guarda qualquer relação – como já destacado pelo Ministro Marco Aurélio – com as normas típicas de caráter orçamentário. Ao contrário, está dotado de generalidade e abstração, é claro que gravada pela temporalidade, como não poderia deixar de ser em matéria de lei orçamentária. Penso que é uma oportunidade para o Tribunal, talvez, rediscutir esse tema.'"

A meu ver, essa nova orientação é mais adequada porque, ao permitir o controle de legitimidade no âmbito da legislação ordinária, garante a efetiva concretização da ordem constitucional.

Na petição inicial desta ação direta, o partido político requerente defende essa nova orientação. Argumenta que "*não se está, aqui, a discutir o conteúdo de um crédito extraordinário em si mesmo, mas, sim, o real enquadramento de um determinado crédito na categoria de 'extraordinário', a única que a Constituição de 1988 admite à medida provisória*" (fl. 6).

O partido requerente, portanto, defende uma tese: a de que determinados créditos, por serem despidos da qualidade de extraordinário, conforme o parâmetro fixado na própria Constituição (art. 167, § 3º), não podem ser abertos por meio de medida provisória.

O Tribunal se vê diante, assim, de um tema ou de uma controvérsia constitucional suscitada em abstrato, independente do caráter geral ou específico, concreto ou abstrato de seu objeto.

A Corte não pode se furtar à análise do tema posto nesta ação direta. Há uma questão constitucional, de inegável relevância jurídica e política, que deve ser analisada a fundo.

Não vejo qualquer óbice, assim, ao conhecimento desta ação.

Passo então à análise da controvérsia.

A Medida Provisória n. 405, de 18.12.2007, "*abre crédito extraordinário, em favor da Justiça Eleitoral e de diversos órgãos do Poder Executivo, no valor global de R$ 5.455.677.660,00, para os fins que especifica*".

Como é sabido, a abertura de crédito extraordinário por meio de medida provisória não é vedada *a priori* pela Constituição.

O art. 62, § 1º, inciso I, alínea "d", da Constituição, dispõe o seguinte:

"Art. 62. (...)

§ 1º É vedada a edição de medidas provisórias sobre matéria:

I – relativa a:

(...)

d) planos plurianuais, diretrizes orçamentárias, orçamento e créditos adicionais e suplementares, **ressalvado o previsto no art. 167, § 3º.**

O art. 167, § 3º, por sua vez, estabelece o seguinte:

"Art. 167. (...)

§ 3º A abertura de crédito extraordinário somente será admitida para atender a despesas imprevisíveis e urgentes, como as decorrentes de guerra, comoção interna ou calamidade pública, **observado o disposto no art. 62."**

Como se pode perceber, o próprio art. 167, § 3º, ao prescrever a observância do art. 62, impõe seja a medida provisória o veículo legislativo adequado para a abertura de crédito extraordinário.

Nesse caso, porém, além dos requisitos de relevância e urgência (art. 62), a Constituição exige que a abertura do crédito extraordinário seja feita apenas para atender a despesas *imprevisíveis* e *urgentes.*

Sobre o que sejam despesas imprevisíveis e urgentes, a própria Constituição oferece exemplos elucidativos. Segundo a dicção do § 3 do art. 167, são imprevisíveis e urgentes as despesas decorrentes de **(1) guerra, (2) comoção interna** ou **(3) calamidade pública.**

Assim, ao mesmo tempo em que fixa conceitos normativos de caráter aberto e indeterminado, a Constituição oferece os parâmetros para a interpretação e aplicação desses conceitos. Ao contrário do que ocorre em relação aos requisitos de *relevância* e *urgência* (art. 62), que se submetem a uma ampla margem de discricionariedade por parte do Presidente da República, os requisitos de *imprevisibilidade* e *urgência* (art. 167, § 3º) recebem densificação normativa da Constituição. Em outras palavras, os termos *imprevisíveis* e *urgentes,* como signos linguísticos de natureza indeterminada, são delimitados semanticamente, ainda que parcialmente, pelo próprio texto constitucional.

Nesse sentido, os conteúdos semânticos das expressões "guerra", "comoção interna" e "calamidade pública" constituem vetores para a interpretação/aplicação do art. 167, § 3º c/c o art. 62, § 1º, inciso I, alínea "d", da Constituição.

Guerra, comoção interna e calamidade pública são conceitos há muito presentes nos textos das Constituições brasileiras, comumente associados aos temas do Estado de Defesa e do Estado de Sítio.

Talvez não seja necessário tecer explicações mais aprofundadas sobre o significado desses conceitos, pois, sem dúvida, eles representam realidades ou situações fáticas de extrema gravidade e de consequências imprevisíveis para a ordem pública e a paz social, e que dessa forma requerem, com a devida urgência, a adoção de medidas singulares e extraordinárias.

Sem embargo, colho da obra de João Barbalho, em seus comentários à Constituição de 1891, as diretrizes semânticas para a interpretação dos conceitos de guerra e comoção interna:

"Quanto aos casos em cabe declarar-se o sítio, resumem-se, segundo os termos dos artigos citados:

I – Na emergência de agressão por forças estrangeiras ou de comoção interna (art. 34 n. 21);

II – Nos casos de agressão estrangeira ou grave comoção intestina (art. 48 n. 15);

III – Em caso de agressão estrangeira ou comoção intestina (art. 80).

A agressão por forças estrangeiras de tal modo põe em perigo a segurança da República que, independentemente de autorização do Congresso, deve nesse caso o governo declarar imediatamente a guerra

Controle concentrado **1489**

(art. 48 n. 8). E de tamanha gravidade, e de arriscadas consequências é essa comoção intestina a que a Constituição se refere, que ela quis equipară-la aqui à própria guerra ou agressão estrangeira, estendendo a ambas a mesma extraordinária providência. Tanto ameaçam 'a segurança da República' e tão grande perigo fazem correr a pátria, que se consideram iguais e se irmanam quanto ao seu alcance e consequências e, também, quanto à urgência do emprego de meios prontos, enérgicos e suficientemente eficazes para pôr-lhes termo. E bem se vê daí que para admitir e justificar o emprego de uma providência dessa natureza, criada para uma situação de guerra (da qual se tirou o nome de estado de sítio), é preciso que a comoção intestina, a ela para esse efeito equiparada, assuma proporções tais que o perigo para a pátria tamanho seja como o que ela corre com a guerra, e que não possa ser destruído senão com os meios usados nesta"[10].

Em seguida, prossegue João Barbalho em citação às lições de Rui Barbosa:

"O intuito seguramente foi o mesmo e a providência consagrada não pode assimilar-se a mais largo âmbito aqui do que ali. Por isso, foi com toda razão que pôde um dos autores de nossa Constituição, com sua indisputável e não igualada competência, dizer o seguinte:

"A cláusula 'comoção intestina' sobressai, no texto, parede meia (permita-me a frase) com a cláusula 'invasão estrangeira', casadas, unidas, germinadas uma à outra. O perigo que se quer prevenir é esse perigo anômalo e supremo, de que nos dá medida a hipótese de invasão estrangeira. Com essa calamidade a lei associa e equipara a comoção intestina. A equivalência é manifesta e incontestável. O mal de que se quer precatar o país é o mesmo: o risco iminente da República. Esse risco pode nascer de uma destas duas origens: comoção intestina ou invasão estrangeira. Logo, para que, na acepção do texto, se dê a comoção intestina, é preciso que as perturbações que a caracterizam sejam análogas, pela gravidade, às que acompanham a presença do inimigo no território do país"[11].

É indubitável, assim, que os conceitos de guerra ou comoção interna – que estão intrinsecamente relacionados, de acordo com as lições acima citadas – representam situações anormais, cuja gravidade requeira medidas emergenciais e proporcionalmente adequadas e necessárias.

A previsão constitucional de abertura de créditos extraordinários (art. 167, § 3°) visa dar suporte financeiro à adoção de medidas urgentes à superação desses estados de crise criados por acontecimentos tais como ou semelhantes à guerra, à comoção interna ou à calamidade pública. Por isso, não é difícil constatar a adequação do instrumento legislativo excepcional da medida provisória para esse mister. Por meio da medida provisória o Poder Executivo pode dispor, com a necessária urgência, de créditos para fazer face às despesas imprevisíveis decorrentes dessas situações excepcionais.

Não é por outro motivo, também, que a Constituição permite à União instituir impostos extraordinários, compreendidos ou não em sua competência tributária, em caso de guerra externa ou em sua iminência (art. 154, II); assim como, por lei complementar, instituir empréstimos compulsórios para atender a despesas extraordinárias, decorrentes de calamidade pública, de guerra externa ou de sua iminência (art. 148, I).

São esses os mecanismos que permitem ao Poder Público, em situações de crise, atuar com a devida prontidão na percepção e alocação de receitas derivadas de caráter extraordinário para dar conta de despesas imprevisíveis e urgentes.

Esses são os parâmetros que emanam da Constituição para permitir a utilização de medidas provisórias, como mecanismo de legislação excepcional por parte do Poder Executivo, destinadas à criação de créditos extraordinários.

Passo a analisar, então, o conteúdo da Medida Provisória n. 405/2007 (EM n. 345/2007 MP) para tentar verificar se os pressupostos delineados estão presentes.

---

[10] BARBALHO, João. *Constituição Federal Brasileira, 1891: comentada*. Brasília: Senado Federal, 2002, p. 119.
[11] Rui Barbosa, *O Estado de Sítio, sua natureza, seus efeitos, seus limites*, p. 36.

1490 Estado de Direito e Jurisdição Constitucional – Decisões relevantes em 15 anos de atuação no STF

A exposição de motivos da Medida Provisória n. 405/2007 (EM n. 345/2007 MP) justifica a destinação do crédito extraordinário, da seguinte forma:

"2. Segundo a **Justiça Eleitoral**, *os recursos permitirão, ao Tribunal Regional Eleitoral de Minas Gerais – TRE-MG, adquirir imóvel para abrigar dezoito cartórios eleitorais da Capital e a Central de Atendimento ao Eleitor,* dos quais grande parte funcionando em imóveis em condições precárias, cedidos ou alugados, pulverizados em vários locais, comprometendo o atendimento ao público, em torno de 1.733.667 eleitores, partidos políticos e candidatos.

3. No caso da **Presidência da República**, *os recursos atenderão a despesas emergenciais, referentes ao contrato de gestão com a Associação de Comunicação Educativa Roquete Pinto – ACERP, de forma a promover as ações necessárias à implantação da TV Digital no Brasil;* na Secretaria Especial de Aquicultura e Pesca – SEAP, agente de desenvolvimento das políticas voltadas ao setor pesqueiro, à subvenção econômica ao preço do óleo diesel para embarcações pesqueiras nacionais, ou seja, a diferença entre o preço pago pelos armadores pelo combustível das embarcações pesqueiras e aquele praticado nos demais países, nos termos da Lei n. 9.445, de 14 de março de 1997; e na Secretaria Especial de Portos – SEPOR ao desenvolvimento de ações essenciais à prevenção, à preparação e ao enfrentamento de uma situação de emergência sanitária e epidemiológica, face à possível introdução, no País, do vírus responsável pela gripe aviária.

4. Além disso, o crédito permitirá, no âmbito do **Fundo Nacional para a Criança e o Adolescente – FNCA**, *a implementação de medida emergencial para solucionar a crise do atual modelo de atendimento socioeducativo de adolescentes em conflito com a lei,* no que se refere a unidades de internação, abrangendo iniciativas nos Estados da Bahia, de Minas Gerais, do Rio de Janeiro, de Santa Catarina, do Pará e do Rio Grande do Sul, que resultarão na criação de quatrocentas e oitenta vagas.

5. Quanto ao Ministério da Agricultura, Pecuária e Abastecimento, o crédito possibilitará:

a) a implementação do Plano de Preparação Brasileiro para o Enfrentamento da Pandemia de Influenza Aviária, mediante a adoção de ações emergenciais na implantação de infraestrutura adequada de biossegurança e serviços laboratoriais precisos, com vistas a diagnósticos eficazes e imediatos, a fim de evitar a infecção e proliferação da doença na cadeia avícola brasileira e reduzir os riscos de possíveis ocorrências de casos em humanos; e

b) a execução de projetos de investimentos com vistas ao aumento da produção, da produtividade e da qualidade dos produtos agropecuários, bem como melhoria na sua comercialização. E, ainda, o apoio para fortalecer a infraestrutura de Municípios no tocante à assistência técnica e extensão rural, à pesquisa agropecuária, à melhoria em centros de treinamento e laboratórios, à aquisição de máquinas, implementos e equipamentos para todas as etapas do processo produtivo agropecuário e do processamento agroindustrial, à eletrificação rural, às obras de irrigação, à produção de mudas e sementes e à mecanização agrícola, incluindo construções rurais (casa do produtor, centros comunitários, matadouros, parques de exposições, centrais de comercialização, estradas vicinais e agroindústrias).

6. No caso do **Ministério da Ciência e Tecnologia**, *o crédito permitirá o cumprimento do disposto no Decreto n. 1.968, de 30 de julho de 1996,* que promulga o Convênio de Sede de 4 de setembro de 1995, celebrado entre o Governo da República Federativa do Brasil e a Rede de Informação Tecnológica Latino-Americana – RITLA, cuja atribuição é de *contribuir, por meio da cooperação regional, para o desenvolvimento científico e tecnológico dos países da América Latina.* O Governo Federal é o responsável pela instalação e o funcionamento da sede do Núcleo Central desse Organismo no Rio de Janeiro. Possibilitará, ainda, atender despesas relacionadas com a implantação do Centro de Excelência em Tecnologia Eletrônica Avançada – CEITEC, empreendimento que visa fomentar a área de microeletrônica no País, especialmente o mercado de semicondutores.

7. No âmbito do **Ministério da Fazenda**, *viabilizará o pagamento de despesas com manutenção do Sistema Integrado de Administração Financeira – SIAFI, do Sistema Integrado de Comércio Exterior – SISCOMEX, dos Sistemas Informatizados da Receita Federal do Brasil e do Sistema Informatizado da Procuradoria-Geral da Fazenda Nacional,* com serviços de processamento de dados e com o desenvolvimento do cadastro positivo de crédito do sistema financeiro pelo Banco Central do Brasil.

8. No que se refere ao **Ministério da Educação**, *os recursos permitirão atender despesas com a complementação para o funcionamento das instituições federais de ensino superior,* a avaliação e acompanhamento

Controle concentrado **1491**

de programas de pós-graduação, a concessão e manutenção de bolsas de estudo no exterior, e o apoio ao desenvolvimento da educação básica.

9. No **Ministério da Justiça**, *o presente crédito possibilitará a manutenção dos serviços essenciais à operacionalização do órgão, na Administração direta*; a realização de reformas de bases operacionais, a continuidade das atividades de policiamento nas rodovias federais e a modernização dos sistemas de comunicação, no Departamento de Polícia Rodoviária Federal; o atendimento da manutenção da infraestrutura administrativa e operacional necessária à atuação do Departamento de Polícia Federal; a fiscalização de terras indígenas, o atendimento social aos povos indígenas e a manutenção de postos, na Fundação Nacional do Índio; a intensificação das ações de construção, reforma, ampliação, modernização e aparelhamento de estabelecimentos penais, de capacitação de agentes penitenciários e de reintegração social dos apenados e egressos do sistema penitenciário, como forma de combate à reincidência criminal, no Fundo Penitenciário Nacional; e a aquisição de cinco helicópteros para doação ao sistema de segurança pública de entes federados, no âmbito do Fundo Nacional de Segurança Pública.

10. Ao **Ministério da Previdência Social**, *permitirá atender despesas com a reformulação e o funcionamento das agências da previdência social*, principalmente com o reforço da segurança das unidades que realizam perícias médicas, a modernização da capacidade tecnológica do INSS, o processamento de dados dos benefícios previdenciários, bem como a atualização dos registros constantes do Cadastro Nacional de Informações Sociais – CNIS.

11. No **Ministério das Relações Exteriores**, *os recursos destinar-se-ão à participação brasileira, mediante a concessão de apoio financeiro, nos projetos humanitários e de cooperação em Territórios Palestinos Ocupados, a serem implementados pela Organização das Nações Unidas.*

12. O crédito em favor do **Ministério do Trabalho e Emprego** *viabilizará o pagamento de despesas com a manutenção e o funcionamento das Delegacias Regionais do Trabalho, o processamento da Relação Anual de Informações Sociais – RAIS, e a continuidade do convênio firmado entre a Fundação Jorge Duprat Figueiredo de Segurança e Medicina do Trabalho – FUNDACENTRO e o Serviço Brasileiro de Apoio às Micro e Pequenas Empresas – SEBRAE.*

13. No tocante ao **Ministério dos Transportes**, os recursos permitirão:

a) a liquidação de dívidas do extinto Departamento Nacional de Estradas de Rodagem – DNER, a cargo de sua Administração direta;

b) a execução de investimentos imprescindíveis ao desenvolvimento dos setores rodoviário e ferroviário, mediante a construção de pontes nos Municípios de Carinhanha, no Estado da Bahia, e entre Castilho, no Estado de São Paulo, e Três Lagoas, no Estado do Mato Grosso do Sul; a construção de passagem sobre linha férrea no Município de Campos Altos, no Estado de Minas Gerais; a construção de contornos rodoviários nos Municípios de Volta Redonda, no Estado do Rio de Janeiro, e de Boa Vista, no Estado de Roraima; a construção de trechos rodoviários entre a divisa dos Estados de Goiás e Mato Grosso do Sul e o Município de Corumbá, no Estado do Mato Grosso do Sul, entre Candelária e Cruz Alta, no Estado do Rio Grande do Sul, entre a divisa dos Estados de Santa Catarina e Rio Grande do Sul e São José do Norte, no Estado do Rio Grande do Sul, entre Jerumenha e Bertolínea, no Estado de Piauí, entre a divisa dos Estados do Tocantins e Maranhão e Aparecida do Rio Negro, no Estado do Tocantins; a construção de acesso rodoviário no Município de Blumenau, no Estado de Santa Catarina; a adequação de travessias urbanas nos Municípios de Patos de Minas, no Estado de Minas Gerais, de Nova Olinda do Maranhão e de Pio XII, no Estado do Maranhão, e de Presidente Figueiredo, no Estado do Amazonas; a adequação de trecho rodoviário entre Tibúrcio e Aeroporto, no Estado de Alagoas; além do custeio do controle de velocidade na malha rodoviária nacional, no Departamento Nacional de Infraestrutura de Transportes – DNIT;

c) a subvenção econômica à construção de navios à Petrobrás Transporte S.A. – Transpetro, que atua no transporte e armazenagem de granéis, por meio do Estaleiro Atlântico Sul S.A., com o fito de impulsionar a indústria de construção naval brasileira, no Fundo da Marinha Mercante – FMM; e

d) o atendimento de despesas com pessoal e encargos sociais da empresa em liquidação Companhia de Navegação do São Francisco – FRANAVE. Cabe ressaltar que, de acordo com o liquidante, os recursos destinam-se ao pagamento de rescisões contratuais, com vistas à otimização do quadro de pessoal, e desoneração do orçamento do próximo exercício, face à permanência de equipe com número mínimo de servidores contratados especificamente para a liquidação.

1492 Estado de Direito e Jurisdição Constitucional – Decisões relevantes em 15 anos de atuação no STF

14. No âmbito do **Ministério das Comunicações**, *o crédito permitirá a capitalização da Telecomunicações Brasileiras S.A. – TELEBRÁS*, empresa pública vinculada àquele Órgão, com vistas a investimentos no sistema de Operacionalização do Programa de Inclusão Digital e da Universalização da Banda Larga no Brasil.

15. No que tange ao **Ministério da Cultura**, *os recursos serão utilizados em um conjunto de ações articuladas, denominado "Programa Mais Cultura", cujo objetivo é possibilitar o acesso à cultura pelas populações menos favorecidas.* Nesse sentido, serão realizadas ações de capacitação e formação de profissionais e de implantação e modernização de espaços culturais, pontos de cultura e bibliotecas públicas, entre outras.

16. No **Ministério do Meio Ambiente**, *o crédito permitirá o desenvolvimento sustentável dos povos e comunidades tradicionais, com ênfase no reconhecimento, fortalecimento e garantia dos seus direitos territoriais, sociais, ambientais, econômicos e culturais;* e a efetivação de medidas para a prevenção, o controle e o combate da gripe aviária, tais como, o mapeamento das rotas e áreas de concentração de aves silvestres, em especial as de tráfico, o licenciamento, orientação e execução de ações de manejo em áreas de risco, o treinamento de técnicos, o monitoramento dos trabalhos desenvolvidos pelas Unidades de Conservação sobre o tema e expedições de vigilância ativa para coleta de material de aves de risco, em articulação com o Ministério da Saúde.

17. Em relação ao **Ministério do Planejamento, Orçamento e Gestão** *o crédito atenderá despesas com a integralização de cotas da Corporação Andina de Fomento – CAF*, da qual o Brasil participa desde 1995, na qualidade de país extrarregional, e pretende mudar para a categoria de membro especial, tendo em vista a negociação entre o Governo brasileiro e a mencionada instituição, e a aprovação de novo Convênio de Subscrição de Ações, em fase de assinatura.

18. O crédito ao **Ministério do Desenvolvimento Agrário** *possibilitará, no âmbito da Administração direta, a implantação de projetos e obras de infraestrutura em territórios rurais;* o apoio à constituição de cooperativas e associações de agricultores familiares; o pagamento do benefício Garantia-Safra aos agricultores familiares do semiárido que sofreram perdas na safra 2006/2007 em decorrência da estiagem; e a implementação do Plano de Preparação Brasileiro para o Enfrentamento da Pandemia de Influenza, mediante a aquisição de equipamentos e a capacitação de veterinários, de extensionistas e de agricultores familiares.

19. No âmbito do Instituto **Nacional de Colonização e Reforma Agrária**, *os recursos permitirão a obtenção de terras para assentamento de trabalhadores rurais;* a execução de ações auxiliares para a implantação de assentamentos rurais; a prestação de assistência técnica e capacitação aos assentados da reforma agrária; a doação de cestas de alimentos e de lonas a famílias acampadas enquanto aguardam o assentamento definitivo; a concessão de bolsas de estudo em escolas técnicas de nível médio a jovens oriundos de assentamentos rurais; e o reconhecimento, a demarcação e a titulação de comunidades remanescentes de quilombos, entre outras.

20. No âmbito do **Ministério do Esporte**, *o crédito possibilitará a implantação do centro de treinamento em canoagem "slalom"*, o qual beneficiará o País com uma instalação olímpica do mais alto padrão internacional, permitindo melhorar a performance dos nossos competidores; a concessão de cerca de 1.344 bolsas, ou seja, remuneração mensal a título de apoio aos atletas de alto rendimento; o atendimento de ações de captação do evento Internacional "Jogos Olímpicos de 2016"; e de demandas por infraestrutura esportiva de diversos Municípios, com o objetivo de amenizar essa carência em áreas de maior vulnerabilidade social, em consonância com o Plano Nacional de Desenvolvimento do Esporte, entre outras.

21. No caso do **Ministério da Defesa**, o crédito visará:

a) em relação ao Comando da Aeronáutica, dar condições de voo às aeronaves em operação; dar continuidade aos projetos de desenvolvimento de radar para as aeronaves AM-X e ao cumprimento de compromissos contratuais de aquisição e modernização de aeronaves celebrados com empresas nacionais e estrangeiras; honrar contratos com empresas prestadoras de serviços médico-hospitalares, especialmente na Amazônia; dar condições de uso de imóveis residenciais para distribuição a Oficiais e Graduados no início do próximo ano; reembolsar os custos com missões aéreas em apoio a outros Órgãos da Administração Pública; e adquirir e instalar uma câmara hiperbárica no Hospital da Força Aérea do Galeão, por meio de convênio com a PETROBRAS – Petróleo Brasileiro S.A.;

Controle concentrado **1493**

b) no Comando do Exército, adequar o estoque de material bélico, de intendência e de munições, devido à incorporação, em 2008, do efetivo variável de 70 mil recrutas, dar continuidade à construção da 3ª Companhia de Fuzileiros e do 18º Batalhão de Infantaria, iniciados em novembro de 2005; recuperar imóveis funcionais e adquirir equipamentos para os hospitais próprios;

c) no que se refere ao Comando da Marinha, atender despesas com o reboque da embarcação brasileira SABALA, apreendida por tráfico de drogas, desde a proximidade da costa da África do Sul até a costa da Paraíba; adquirir navio hidroceanográfico e catapulta do navio aeródromo São Paulo (Programa de Reaparelhamento da Marinha), bem como de sistemas operativos para lançamento de torpedos; realizar reparos emergenciais de instalações e de equipamentos hospitalares; e possibilitar a segurança da navegação aquaviária relacionada com a recuperação de faróis e a intensificação de ações de fiscalização e de capacitação do ensino profissional marítimo, por intermédio de formação profissional, modernização de simuladores de navegação e implementação de ensino à distância; e

d) no âmbito da Agência Nacional de Aviação Civil – ANAC, o incremento das atividades de fiscalização da aviação civil e correlatas.

22. No que tange ao **Ministério da Integração Nacional**, os recursos permitirão o apoio a projetos de infraestrutura e de desenvolvimento sustentável local integrado em diversos Municípios carentes do País, com o propósito de fomentar o desenvolvimento socioeconômico dessas localidades com vistas à geração de emprego e renda para a população.

23. Os recursos destinados ao Ministério do Turismo permitirão o atendimento de despesas relacionadas a projetos de infraestrutura turística e a promoção de eventos para divulgação do turismo interno.

24. O crédito para o **Ministério do Desenvolvimento Social e Combate à Fome** viabilizará o pagamento de despesas com o processamento de dados dos benefícios de prestação continuada e da renda mensal vitalícia.

25. No âmbito do **Ministério das Cidades**, os recursos serão utilizados:

a) em infraestrutura urbana destinada à revitalização e à despoluição de áreas de mananciais, em diversos Municípios brasileiros, que apresentam inúmeras irregularidades, com ligações clandestinas e materiais impróprios, instalados de forma precária sobre o solo, apresentando vazamentos e provocando a contaminação da água potável. As intervenções propostas permitirão a recuperação ambiental e propiciarão condições para a redução dos riscos iminentes à saúde, entre os quais, o da mortalidade infantil, minimizando o estado de precariedade e melhorando a condição social dos mais carentes;

b) na implementação do Corredor de Transporte Coletivo Urbano, no Município de Duque de Caxias, ligando a BR-040 à Linha Vermelha, no Município do Rio de Janeiro, com o objetivo de aprimorar o trânsito local, mediante a redução de engarrafamentos e a oferta de condições operacionais de tráfego seguras, tanto para pedestres quanto veículos. Possibilitará, ainda, a integração entre diversas modalidades de transportes, bem como a acessibilidade universal, de forma a garantir a mobilidade de idosos e de pessoas portadoras de deficiências ou com algum tipo de restrição;

c) na implantação da Linha 3 do Sistema de Trens Urbanos do Rio de Janeiro, que contribuirá de forma decisiva para a melhoria da mobilidade das populações residentes na região de Niterói e São Gonçalo, cuja característica é o adensamento e a carência de transporte de massa. Posteriormente, atenderá Itaboraí, localidade com previsão de construção de uma grande refinaria da Petrobrás, o que acarretará o aumento da demanda de transporte para aquela região;

d) na continuidade da implantação e do funcionamento dos Sistemas de Registro Nacional de Condutores Habilitados – RENACH, de Registro Nacional de Veículos Automotores – RENAVAM e de Registro Nacional de Infrações de Trânsito – RENAINF, de forma a promover, entre outras, a confiabilidade, a segurança e a atualização dos sistemas de informações sobre veículos, condutores e infrações da frota nacional, disponibilizando-os a diversos usuários; e

e) na realização de campanha educativa, visando aumentar a conscientização dos cidadãos e promover a redução de acidentes de trânsito, decorrentes do período de festas de final de ano e de férias escolares, do aumento do fluxo de veículos nas ruas e estradas e da distração e imprudência de motoristas e pedestres, principalmente os jovens.

26. No âmbito de Encargos Financeiros da União, viabilizará o atendimento de custos operacionais e o ressarcimento de gastos efetuados com terceiros, ao Gestor do Fundo Nacional de Desestatização,

necessários à execução do processo de desestatização resultante da inclusão, no Programa Nacional de Desestatização – PND, do Trem de Alta Velocidade – TAV, conforme dispõe o Decreto n. 6.256, de 13 de novembro de 2007, bem como de algumas empresas de energia elétrica incluídas no PND em 1997 e 1998.

27. Quanto às Transferências a Estados, Distrito Federal e Municípios, disponibilizará recursos ao Fundo de Manutenção e Desenvolvimento da Educação Básica e de Valorização dos Profissionais da Educação – FUNDEB, até o valor correspondente a seis pontos percentuais e sessenta e seis centésimos da parcela do produto da arrecadação do imposto sobre a propriedade territorial rural, prevista no inciso II do *caput* do art. 158 da Constituição, conforme dispõe o art. 60 do Ato das Disposições Constitucionais Transitórias – ADCT.

28. Em relação às Operações Oficiais de Crédito, o Decreto n. 6.201, de 28 de agosto de 2007, amparado na disposição do art. 1º da Lei n. 8.427, de 27 de maio de 1992, autorizou a concessão de rebate, de até quinze por cento, a ser calculado sobre o valor das parcelas dos financiamentos de investimento rural, com vencimento em 2007, bem como a prorrogação de parte dessas obrigações, sendo que o custo resultante da concessão dos rebates e das prorrogações das obrigações remanescentes caberá ao Tesouro Nacional, exceto nas operações ao amparo da linha de crédito Finame Agrícola Especial, que será assumido pelo Banco Nacional de Desenvolvimento Econômico e Social – BNDES.

29. Cabe ressaltar que, do montante desta Medida Provisória, R$ 1.930.000,00 (um milhão, novecentos e trinta mil reais) serão utilizados na transferência de recursos para empresas estatais, referentes a programações integrantes da Secretaria Especial de Portos, e visam ao aumento de capital das Companhias Docas, responsáveis pela execução dos projetos em portos, conforme detalhado no Anexo III."

A exposição de motivos (EM n. 345/2007 MP) justifica, ainda, a *relevância* e *urgência* para a edição da medida provisória, da seguinte maneira:

"30. Em relação à **Justiça Eleitoral**, o Órgão ressalta que *a relevância e urgência evidenciam-se pela possibilidade de compra de imóvel com a localização e condições necessárias para concentrar em um único espaço os dezoito cartórios eleitorais da Capital e a Central de Atendimento ao Eleitor,* o que permitirá a prestação de serviços ao público com qualidade e o atendimento aos padrões de acessibilidade exigidos para pessoas portadoras de deficiência.

31. Acrescenta, ainda, que poderão ser comprometidas as atividades preparatórias e a realização das eleições municipais de 2008, devido ao risco de que as zonas eleitorais fiquem desabrigadas a qualquer tempo, em virtude da devolução de imóveis ocupados e da dificuldade de encontrar edificação, no Município de Belo Horizonte, com as especificações exigidas. O crédito decorre de solicitação do órgão, encaminhada pelo Conselho Nacional de Justiça, nos termos do Parecer de Mérito n. 16, de 26 de outubro de 2007, de que tratam o § 17 do art. 63 da Lei n. 11.439, de 29 de dezembro de 2006, Lei de Diretrizes Orçamentárias de 2007, LDO – 2007, e a Resolução CNJ n. 31, de 10 de abril de 2007.

32. Quanto à **Presidência da República**, *a relevância e urgência da medida justificam-se pela necessidade premente de adquirir equipamentos imprescindíveis à transmissão do sinal digital do canal operado pela ACERP, no processo de digitalização da televisão brasileira;* e de garantir a plena atividade pesqueira no País, face aos sucessivos aumentos nos custos de produção do setor, que tem na exportação dos pescados a maior rentabilidade, de forma a evitar o aumento de preços, o que prejudicaria os consumidores internos, e a diminuição da competitividade do produto brasileiro no mercado internacional, com a queda na renda da indústria pesqueira.

33. Justificam-se, também, pela necessidade de adotar condições adequadas ao enfrentamento da Pandemia de Influenza Aviária, tendo em vista o risco iminente de sua ocorrência no País, com potencial para causar graves prejuízos à economia, notadamente ao setor avicultor e aos consumidores, pela redução da oferta de alimentos e aumento dos seus preços, além de alarmante ameaça à saúde pública. E, ainda, pela necessidade emergencial de adequado atendimento socioeducativo aos adolescentes em conflito com a lei, face ao risco de rebeliões e motins diante da atual superlotação das unidades existentes, o aumento do número de medidas de internação em estabelecimentos prisionais, o cumprimento de mandados de busca e apreensão, o que não vem ocorrendo devido à falta de vagas, e o agravamento das condições de internação dos adolescentes.

Controle concentrado 1495

34. No **Ministério da Agricultura, Pecuária e Abastecimento**, a relevância e urgência do crédito justificam-se pela necessidade de:

a) reduzir os riscos de introdução da gripe aviária e de outras doenças exóticas na cadeia avícola brasileira, mediante o monitoramento do trânsito de aves e o fortalecimento dos laboratórios para diagnóstico preciso e caracterização rápida das cepas virais, tanto em aves comerciais quanto em aves migratórias, silvestres e ornamentais, com vistas a impedir eventuais impactos nas exportações brasileiras de carne e de produtos derivados de frango; e

b) priorizar o atendimento de infraestrutura a regiões onde o atraso no plantio, em decorrência da demora da estação chuvosa, ameaça provocar sérios desdobramentos e comprometer a estrutura produtiva e de comercialização dos produtos agropecuários. Urge a execução das obras antes da intensificação do período chuvoso nessas regiões, de forma a não prejudicar ainda mais o setor produtivo rural, especialmente a pequena propriedade.

35. No tocante ao **Ministério da Ciência e Tecnologia**, *a relevância e urgência justificam-se pela necessidade de garantir o pleno funcionamento da Sede da RITLA, bem como de evitar o risco de repercussão negativa perante a comunidade internacional e prejuízo à política externa do Governo brasileiro pelo não cumprimento do compromisso assumido.* E, ainda, pelo aproveitamento da oportunidade para o Brasil inserir-se no mercado mundial de alta tecnologia, tendo em vista que a microeletrônica é um ramo em expansão no comércio internacional, o que tem gerado corrida por parte de diversos países, para dominar as tecnologias inerentes a essa área de conhecimento. A implantação do CEITEC assegurará ao País condições de deter a tecnologia eletrônica avançada e de obter os benefícios econômicos, comerciais e sociais decorrentes dessa tecnologia.

36. No **Ministério da Fazenda** o atendimento emergencial justifica-se pela necessidade de garantir a manutenção dos sistemas informatizados do Governo Federal, indispensáveis ao registro da arrecadação tributária, e o desenvolvimento do cadastro positivo de crédito do sistema financeiro.

37. No âmbito do **Ministério da Educação**, a relevância e urgência decorrem da implantação do Plano de Desenvolvimento da Educação e evidenciam-se pela impossibilidade de postergação das mesmas, sob pena de comprometimento da eficácia do referido Plano.

38. Em relação ao **Ministério da Justiça**, a relevância e urgência justificam-se pelo risco de interrupção de serviços essenciais ao funcionamento do órgão, de comprometimento das operações de policiamento nas rodovias federais e de investigação, repressão e combate ao crime organizado, programadas e em andamento, e de invasão de terras indígenas por ocupantes não índios; pela necessidade de prestar assistência aos povos indígenas em localidades isoladas; pela grave situação dos sistemas penitenciários locais com superpopulação carcerária e a necessidade de restabelecimento da ordem pública e social, e do fortalecimento institucional do Governo Federal perante o Sistema Penitenciário Brasileiro; e pela inexistência de meios aéreos de segurança pública em várias unidades da federação, altamente eficazes em ações de patrulhamento, de dissuasão de atividades ilícitas e de observação de cenários urbanos.

39. Quanto ao **Ministério da Previdência Social**, a relevância e a urgência justificam-se pela possibilidade de comprometimento das atividades do Instituto Nacional de Seguro Social, por questões de segurança, falta de condições das instalações físicas das agências, falhas na rede de comunicação das agências ou de interrupção do contrato de processamento de dados. É oportuno destacar os casos de agressão e de assassinatos de médicos peritos ocorridos no referido Instituto.

40. No tocante ao **Ministério das Relações Exteriores**, a relevância e urgência justificam-se pela situação dos Territórios Palestinos Ocupados, especialmente a Faixa de Gaza, que atravessa período de tensão, violência e dificuldades econômicas. A execução dos projetos humanitários evitará o agravamento da situação de fome e das condições sanitárias e o aumento de conflitos e mortes.

41. No âmbito do **Ministério do Trabalho e Emprego**, a relevância e urgência justificam-se pela possibilidade de:

a) suspensão do pagamento das despesas contratuais com as empresas prestadoras de serviços de telefonia, energia elétrica, água e esgoto, vigilância e limpeza, bem como da aquisição de materiais diversos, comprometendo o bom funcionamento das Delegacias Regionais do Trabalho;

b) interrupção no processamento da Relação Anual de Informações Sociais – RAIS, indispensável para a concessão do benefício abono salarial; e

1496 Estado de Direito e Jurisdição Constitucional – Decisões relevantes em 15 anos de atuação no STF

c) suspensão das transferências de recursos aprovados e disponibilizados pelo SEBRAE à FUNDA-CENTRO, com o cancelamento do referido convênio, prejudicando a parceria firmada para a promoção de práticas de Segurança e Saúde no Trabalho – SST nas pequenas empresas.

42. No **Ministério dos Transportes**, a relevância e urgência da matéria justificam-se devido à necessidade premente de:

a) quitar débitos de exercícios anteriores do extinto DNER, de forma a evitar o crescimento da dívida com juros, o aumento de decisões judiciais de pagamento a credores e, consequentemente, sérios prejuízos ao erário;

b) eliminar definitivamente os conflitos gerados com o tráfego rodoviário e com a falta de passagem superior de linha férrea em áreas urbanas, melhorar a circulação dos moradores das localidades e aumentar a capacidade de comportar um fluxo maior de tráfego de veículos;

c) diminuir o número de acidentes, inclusive com vítimas fatais, às margens de rodovias nacionais;

d) concluir obras e proporcionar condições permanentes de trafegabilidade de importantes rodovias federais e de escoamento da produção, com vistas a fomentar o desenvolvimento das regiões envolvidas;

e) evitar o risco de perdas de investimentos do Governo Federal e de prejuízos ao desenvolvimento regional;

f) dar continuidade ao programa de Segurança Pública nas Rodovias Federais, por meio da instalação de redutores eletrônicos de velocidade, proporcionando uma diminuição do número de acidentes nos locais com equipamentos em funcionamento;

g) dar condições às entidades construtoras do setor naval de edificar as embarcações, em conformidade com as exigências técnicas dos contratos de financiamentos para os empreendimentos, cujo descumprimento poderá acarretar sérios prejuízos à indústria naval e à economia nacional; e

h) no âmbito da FRANAVE, o pagamento aos servidores efetivos dos direitos rescisórios e do valor estabelecido para o Plano de Desligamento Incentivado – PDI, de forma a evitar questionamentos judiciais e possibilitar a dispensa dos servidores ainda neste exercício.

43. No âmbito do **Ministério das Comunicações**, a relevância e urgência justificam-se pela necessidade premente do aumento de capital, de modo a dotar a TELEBRÁS de condições adequadas à democratização ao acesso à *internet* de alta velocidade no País, uma vez que aproximadamente 80% do território brasileiro não é atendido pela tecnologia apresentada.

44. A relevância e urgência no tocante ao **Ministério da Cultura** justificam-se pela possibilidade da falta de que a falta de recursos inviabilize a implementação do conjunto de iniciativas destinadas a tornar a cultura acessível às camadas mais pobres da população, com claro prejuízo a essas comunidades e ao planejamento de uma política cultural de caráter popular, considerando os esforços já empreendidos no desenvolvimento das referidas iniciativas.

45. No **Ministério do Meio Ambiente**, a relevância e urgência justificam-se pela necessidade premente de garantir a subsistência das comunidades tradicionais em seus locais de origem e de promover a sustentabilidade e a produtividade dos recursos da biodiversidade, de forma a evitar o desmatamento e a degradação das áreas florestadas, com a migração da população para as periferias dos centros urbanos, onde encontrará dificuldades ainda maiores para sobreviver; e de desenvolver ações preventivas contra a pandemia de Influenza, que pode chegar ao País com grande poder de disseminação, principalmente em ambientes com desequilíbrios ambientais, tais como desmatamento, poluição e condições de vida inadequadas.

46. A relevância e urgência, no que tange ao **Ministério do Planejamento, Orçamento e Gestão**, justificam-se porque a elevação do Brasil a membro efetivo da Corporação Andina de Fomento – CAF sinaliza o fortalecimento da integração sul-americana e a possibilidade de alavancagem de novos recursos dessa instituição para financiamento de projetos, principalmente na área de infraestrutura regional. Ademais, o pagamento no corrente exercício de parte do aumento de cotas negociado pelo Governo brasileiro representará uma economia de US$ 32.0 milhões em relação ao valor total de US$ 467.0 milhões.

47. No tocante ao **Ministério do Desenvolvimento Agrário**, a urgência e relevância justificam-se pela necessidade de:

a) aporte imediato de recursos extras ao Fundo Garantia-Safra, em função do elevado nível de sinistralidade, para o pagamento de benefícios aos agricultores familiares do semiárido que tiveram perdas na safra 2006-2007 em decorrência da estiagem, com vistas a possibilitar condições de sobrevivência a esses agricultores e suas famílias;

b) redução dos riscos de introdução da influenza aviária na cadeia avícola da agricultura familiar, mediante a aquisição de equipamentos e a capacitação de veterinários, extensionistas e agricultores familiares para atuarem como multiplicadores das informações sobre a doença aos demais agricultores familiares;

c) continuidade na implantação de projetos e de obras de infraestrutura nos territórios rurais e no apoio à constituição de novas cooperativas e associações de agricultores familiares e assentados e à expansão de outras já existentes, como forma de promover o fortalecimento e dinamização da economia nos territórios rurais mais pobres; e

d) atuação imediata e incisiva do Governo Federal de forma a agilizar os processos de implantação e qualificação de assentamentos rurais com sustentabilidade, de regularização fundiária de imóveis rurais, de assistência social, técnica e jurídica às famílias acampadas, e de capacitação e formação de profissionais de nível médio adaptados à reforma agrária e à agricultura familiar, com a pronta atuação do Estado no provimento dos meios essenciais à manutenção da paz no campo.

48. A urgência e relevância em relação ao **Ministério do Esporte** decorrem do fato de que:

a) a não realização das obras impossibilitará a prática da canoagem nos períodos de seca e consequentemente a realização de eventos internacionais;

b) a falta de pagamento da bolsa-atleta prejudicará o desempenho do Brasil em competições internacionais;

c) se o pleito não for atendido, o Governo Brasileiro não cumprirá o compromisso firmado no Caderno de Obrigações da FIFA, relativo ao Campeonato Mundial de Futsal, o que prejudicará a candidatura do País para sediar outros eventos esportivos de caráter internacional;

d) em 14 de janeiro de 2008, o Brasil deverá apresentar ao Comitê Olímpico Internacional – COI um extenso trabalho relativo ao questionário para a candidatura à realização dos Jogos Olímpicos de 2016; e

e) devido às precárias condições de uso de instalações esportivas, como quadras e ginásios poliesportivos, são necessárias reformas urgentes, de forma a evitar acidentes e outros riscos à população local.

49. A relevância e urgência para o **Ministério da Defesa** justificam-se, segundo o Órgão, pela necessidade de adotar iniciativas para evitar a ocorrência de crise aérea, como a desencadeada recentemente, e que provocou atrasos nos voos em grandes aeroportos do Brasil, considerando, principalmente, o período de festas de final de ano e de férias, no caso da ANAC. Em relação ao Comando da Aeronáutica, para impedir o risco de acidentes com as aeronaves da Força Aérea Brasileira, a inadimplência contratual com risco de rescisão e consequências decorrentes, a indisponibilidade de atendimento médico-hospitalar aos militares e seus dependentes em regiões afastadas, em especial na região Amazônica, e para a urgente reforma de imóveis funcionais indisponíveis para utilização, e para viabilizar convênio com a Petrobrás, no âmbito do Comando da Aeronáutica.

50. Adicionalmente, no que se refere ao **Comando do Exército**, a urgência e relevância justificam-se pela possibilidade de suspensão dos serviços de vigilância territorial devido à falta de materiais para o exercício dessas atividades, e de interrupção da instalação de Organizações Militares em pontos estratégicos do território nacional e da prestação de serviços médico-hospitalares em hospitais cuja estrutura física está extremamente precária, e pela impossibilidade de alocação de militares transferidos em decorrência de imóveis sem condições de uso. Em relação ao Comando da Marinha, para impedir o risco de não resgatar a embarcação "Sabala" e de paralisação do programa de Reaparelhamento da Marinha, a interrupção dos serviços de fiscalização e vigilância da costa marítima brasileira e dos serviços médico-hospitalares aos militares da Marinha e seus dependentes, e o risco de descontinuidade na formação de profissionais para o setor marítimo.

51. Em relação ao **Ministério da Integração Nacional**, a relevância e urgência justificam-se pela necessidade de melhorar as condições socioeconômicas de Municípios extremamente carentes, por meio de investimentos que evitarão sérios prejuízos sociais e a estagnação das economias locais.

52. No **Ministério do Turismo**, a relevância e urgência justificam-se pela necessidade de adequação de ações relacionadas à infraestrutura turística, de modo a evitar que o aumento do número de turistas

ocasione transtornos aos usuários do setor, e de promoção de eventos de divulgação do turismo interno, consideradas de fundamental relevância para o desenvolvimento das atividades turísticas, reduzindo o risco de descontinuidade de projetos já apoiados e constantes do Plano Nacional do Turismo – PNT.

53. A urgência e relevância no âmbito do **Ministério do Desenvolvimento Social** justificam-se pela possibilidade de interrupção dos serviços de processamento de dados e de restrição de acesso aos direitos do cidadão, uma vez que os beneficiários dos programas poderão perder os benefícios por falta de informação.

54. A relevância e a urgência no âmbito do **Ministério das Cidades** justificam-se pela necessidade de:

a) assegurar os direitos humanos fundamentais de acesso aos serviços de saneamento básico e à vida, em ambiente salubre nas cidades e no campo, mediante a conservação dos lençóis e nascentes e a despoluição das bacias hidrográficas, trazendo a universalização do abastecimento de água, com seu uso racional, e reduzindo a situação de perigo em que vivem milhares de famílias carentes que, por não terem outra opção, encontram-se em condições precárias, expostas a doenças infecto-contagiosas e parasitárias;

b) proporcionar condições suficientes e seguras de mobilidade, a partir da priorização de projetos que promovam a eficiência dos fluxos de transportes coletivos urbanos de passageiros no Estado do Rio de Janeiro, os quais minimizarão os atuais prejuízos às populações usuárias desses serviços, especialmente aquelas de menor poder aquisitivo;

c) garantir a continuidade da implantação e do funcionamento dos sistemas RENACH, RENAVAM e RENAINF, gerenciadores de informações de veículos, condutores e infrações de trânsito, utilizadas por diversos usuários, inclusive pelos órgãos integrados ao Sistema Nacional de Trânsito – SNT, Poder Judiciário, segurança pública, órgãos de controle e fiscalização, entre outros, cuja paralisação ou perda de confiabilidade, seja por inoperância administrativa ou falhas técnicas, poderá comprometer parcela considerável da movimentação do Produto Interno Bruto – PIB, com reflexos negativos no abastecimento interno, no comércio internacional, nas atividades do setor governamental e das famílias brasileiras; e

d) conscientizar maciçamente a população sobre as causas e consequências dos acidentes de trânsito, em especial os que resultam em vítimas fatais.

55. Quanto a Encargos Financeiros da União, a questão reveste-se de relevância, tendo em vista a contribuição dessas inclusões no PND à reestruturação econômica do setor público, permitindo a retomada do investimento nas atividades a serem desestatizadas, e de urgência, uma vez que grande parte dos recursos será direcionada ao processo de desestatização do TAV, objetivando equacionar o sistema de transportes no eixo Rio-São Paulo, que vem sofrendo as consequências, não previstas, da atual crise aérea.

56. A relevância e urgência no âmbito das Transferências a Estados, Distrito Federal e Municípios, decorrem da importância da aplicação dos recursos direcionados ao FUNDEB no fomento da educação básica e da necessidade de assegurar ao fundo a fonte de receita prevista no art. 60 do ADCT.

57. Quanto às Operações Oficiais de Crédito a questão reveste-se de relevância tendo em vista que possibilitará a redução dos encargos financeiros e a prorrogação de parte dos compromissos com vencimento em 2007, referentes aos financiamentos feitos pelos produtores rurais abrangidos pelo Decreto n. 6.201, de 2007. Destaque-se que parte desses produtores obtêm sua renda principal das culturas de algodão, arroz, milho, soja, sorgo e trigo, e de alguma forma foram atingidos, nas safras anteriores, por dificuldades de comercialização ou adversidades climáticas, necessitando de amparo econômico."

Como se pode constatar, pela leitura atenta da exposição de motivos da MP n. 405/2007, os créditos abertos são destinados a prover despesas correntes, que não estão qualificadas pela imprevisibilidade ou pela urgência.

É bem verdade que, em alguns casos, é possível identificar situações específicas caracterizadas pela relevância dos temas.

São os casos, por exemplo, dos créditos destinados à redução dos riscos de introdução da gripe aviária e de outras doenças exóticas na cadeia avícola brasileira; aqueles destinados às operações de policiamento nas rodovias federais e de investigação, repressão e combate ao crime organizado e para evitar a invasão de terras indígenas, assim como para solver a grave situação dos sistemas penitenciários com superpopulação carcerária; os créditos destinados ao aporte imediato de recursos extras para o pagamento de benefícios aos agricultores familiares do semiárido que tiveram perdas na última safra; e, enfim, os créditos destinados a evitar a ocorrência de crise aérea, para impedir o risco de acidentes com as aeronaves da Força Aérea Brasileira, assim como para evitar a suspensão dos serviços de vigilância territorial.

Não é possível negar que, nesses casos, existem fatos relevantes que necessitam, impreterivelmente, de recursos suficientes para *evitar* o desencadeamento de uma situação de crise. É preciso bem observar, porém, que são aportes financeiros destinados à adoção de mecanismos de prevenção em relação a situações de risco *previsíveis*. A situação de crise ainda não está configurada, de modo que faltam os elementos da imprevisibilidade e da urgência para caracterizar a necessidade da abertura do crédito extraordinário.

Assim, por exemplo, se, por um lado, não se pode negar a relevância da abertura de créditos para a prevenção contra a denominada gripe aviária, por outro lado, pode-se constatar que, nessa hipótese, os recursos são destinados à *prevenção* de uma possível calamidade pública ainda não ocorrida. Não há calamidade pública configurada e oficialmente decretada, mas apenas uma situação de risco previamente conhecida.

Também as áreas de segurança, agricultura e aviação civil apresentam problemas que indubitavelmente carecem do aporte de recursos financeiros com certa urgência, mas todos são decorrentes de fatos plenamente previsíveis.

Nenhuma das hipóteses previstas pela medida provisória configuram situações de crise imprevisíveis e urgentes, suficientes para a abertura de créditos extraordinários.

Há, aqui, um patente desvirtuamento dos parâmetros constitucionais que permitem a edição de medidas provisórias para a abertura de créditos extraordinários.

E esse não é um caso raro.

Impressiona a quantidade elevada de medidas provisórias editadas, no último ano, pelo Presidente da República, para abertura de créditos suplementares ou especiais travestidos de créditos extraordinários. Desde o início do ano de 2007, já se podem contar mais de 20 medidas provisórias destinadas à abertura de créditos de duvidosa natureza extraordinária (MP ns. 343, 344, 346, 354, 356, 364, 365, 367, 370, 376, 381, 383, 395, 399, 400, 402, 405, 406, 408, 409, 420 e 423).

É papel desta Corte assegurar a força normativa da Constituição e estabelecer limites aos eventuais excessos legislativos dos demais Poderes.

Com essas considerações, voto pela concessão da medida cautelar, para suspender a vigência da Medida Provisória n. 405, de 18.12.2007.

RCL 4.432[1]

Normas constitucionais estaduais de reprodução obrigatória – Controle de constitucionalidade de normas estaduais de conteúdo idêntico à Constituição Federal – Controle das ações diretas de inconstitucionalidade perante o Tribunal de Justiça estadual – Normas constitucionais estaduais de caráter remissivo.

Trata-se de reclamação, com pedido de medida liminar, proposta pelo Município de Palmas, contra decisão proferida pelo Tribunal de Justiça do Estado do Tocantins na Ação Direta de Inconstitucionalidade n. 1.523, que suspendeu a vigência de dispositivos das Leis Complementares Municipais ns. 107/2004 e 79/2004 e do Decreto Executivo n. 353/2005, que tratam da taxa de coleta de lixo no município.

Alega o requerente que a decisão reclamada, ao suspender a vigência de atos normativos municipais com base em normas constitucionais estaduais que apenas reproduzem dispositivos da Constituição Federal, afronta a decisão proferida por esta Corte no julgamento da ADI n. 508, na qual firmou-se o entendimento segundo o qual o ordenamento constitucional não prevê a competência dos Tribunais de Justiça dos Estados para exercer o controle concentrado de constitucionalidade de leis municipais em face da Constituição Federal.

Afirma que a suspensão dos preceitos normativos mencionados tem causado "grave lesão à ordem, à saúde, à segurança e à economia pública" do Município de Palmas.

Assim, requer, em sede de medida liminar, a suspensão imediata dos efeitos da decisão impugnada, para que seja restaurada a eficácia dos dispositivos das Leis Complementares Municipais ns. 107/2004 e 79/2004 e do Decreto Executivo n. 353/2005, até o julgamento final desta reclamação.

DECISÃO

A questão versada na presente reclamação diz respeito ao problema dos limites impostos aos Tribunais de Justiça dos Estados para o exercício do controle abstrato de constitucionalidade das leis ou atos normativos estaduais e municipais em face da Constituição estadual, o que implica a interpretação do art. 125, § 2º da Constituição Federal. De forma mais específica, questiona-se, neste caso, se existiriam normas da Constituição do Estado-membro que, por sua natureza peculiar, estariam excluídas da apreciação do Tribunal de Justiça. A questão ganha relevo diante da constatação de que muitas normas presentes nas Constituições estaduais apenas reproduzem dispositivos da Constituição Federal, ou, em outros casos, a eles fazem remissão.

Alega o reclamante que tais normas não podem servir de parâmetro para a declaração de inconstitucionalidade de atos normativos municipais, pois dessa forma estar-se-ia conferindo ao Tribunal de Justiça a competência para exercer a fiscalização abstrata da constitucionalidade de leis ou atos normativos municipais em face da Constituição Federal, o que configuraria afronta à decisão deste Supremo Tribunal Federal na ADI n. 508/MG, Rel. Min. Sydney Sanches, *DJ* 23.5.2003, a qual possui a seguinte ementa:

"EMENTA: DIREITO CONSTITUCIONAL. AÇÃO DIRETA DE INCONSTITUCIONALIDADE DE LEI OU ATO NORMATIVO MUNICIPAL, EM FACE DA CONSTITUIÇÃO FEDERAL: CABIMENTO ADMITIDO PELA CONSTITUIÇÃO DO ESTADO DE MINAS GERAIS, QUE ATRIBUI COMPETÊNCIA AO TRIBUNAL DE JUSTIÇA PARA PROCESSÁ-LA E JULGÁ-LA. INADMISSIBILIDADE. 1. O ordenamento constitucional brasileiro admite Ações Diretas de Inconstitucionalidade de leis ou atos normativos municipais, em face da Constituição estadual, a serem

---

[1] *DJ* de 10.10.2006.

processadas e julgadas, originariamente, pelos Tribunais de Justiça dos Estados (artigo 125, parágrafo 2º da C.F.). 2. Não, porém, em face da Constituição Federal. 3. Aliás, nem mesmo o Supremo Tribunal Federal tem competência para Ações dessa espécie, pois o art. 102, I, 'a', da C.F. só a prevê para Ações Diretas de Inconstitucionalidade de lei ou ato normativo federal ou estadual. Não, assim, municipal. 4. De sorte que o controle de constitucionalidade de leis ou atos normativos municipais, diante da Constituição Federal, só se faz, no Brasil, pelo sistema difuso, ou seja, no julgamento de casos concretos, com eficácia, 'inter partes', não 'erga omnes'. 5. Precedentes. 6. Ação Direta julgada procedente, pelo S.T.F., para declarar a inconstitucionalidade das expressões 'e da Constituição da República' e 'em face da Constituição da República', constantes do art. 106, alínea 'h', e do parágrafo 1º do art. 118, todos da Constituição de Minas Gerais, por conferirem ao respectivo Tribunal de Justiça competência para o processo e julgamento de A.D.I. de lei ou ato normativo municipal, em face da Constituição Federal. 7. Plenário. Decisão unânime."

Ressalto, no entanto, que o Supremo Tribunal Federal já teve a oportunidade de analisar, em sede de reclamação, a questão relativa à competência de Tribunal de Justiça estadual para conhecer de ação direta de inconstitucionalidade formulada contra lei municipal em face de parâmetro constitucional estadual que, na sua essência, reproduz disposição constitucional federal.

Cuidava-se de controvérsia sobre a legitimidade do IPTU instituído por lei municipal de São Paulo, capital (Lei municipal n. 11.152, de 30.12.91). Concedida a liminar pelo Tribunal de Justiça de São Paulo, opôs a Prefeitura da capital daquele Estado reclamação perante o Supremo Tribunal Federal, sustentando que, embora fundada na inobservância de preceitos constitucionais estaduais, a ação direta acabava por submeter à apreciação do Tribunal de Justiça do Estado o contraste entre a lei municipal e normas da Constituição Federal[2].

Anteriormente, julgando a Reclamação n. 370, afirmara o Supremo Tribunal Federal que faleceria competência aos Tribunais de Justiça estaduais para conhecer de representação de inconstitucionalidade de lei estadual ou municipal em face de parâmetros formalmente estaduais, mas substancialmente integrantes da ordem constitucional federal. Considerou-se então que a reprodução na Constituição estadual de normas constitucionais obrigatórias em todos os níveis da federação *"em termos estritamente jurídicos"* seria *"ociosa"*[3]. Asseverou-se que o texto local de reprodução formal ou material, *"não obstante a forma de proposição normativa do seu enunciado, vale por simples explicitação da absorção compulsória do preceito federal, essa, a norma verdadeira, que extrai força de sua recepção pelo ordenamento local, exclusivamente, da supremacia hierárquica absoluta da Constituição Federal"*[4].

A tese concernente à ociosidade da reprodução de normas constitucionais federais obrigatórias no texto constitucional estadual esbarra já nos chamados princípios sensíveis, que impõem, inequivocamente, aos Estados-membros, a rigorosa observância daqueles estatutos mínimos (CF, art. 34, VII). Nenhuma dúvida subsiste de que a simples omissão da Constituição estadual, quanto à inadequada positivação de um desses postulados, no texto magno estadual, já configuraria ofensa suscetível de provocar a instauração da representação interventiva.

Não é menos certo, por outro lado, que o Estado-membro deve observar outras disposições constitucionais estaduais, de modo que, adotada a orientação esposada inicialmente pelo Supremo Tribunal Federal, ficaria o direito constitucional estadual – substancial – reduzido, talvez, ao preâmbulo e às cláusulas derrogatórias. Até porque, pelo modelo analítico de Constituição adotado entre nós, nem mesmo o direito tributário estadual pode ser considerado, segundo uma orientação ortodoxa, um direito substancialmente estadual, já que, além dos princípios gerais, aplicáveis à União, aos Estados e Municípios (arts. 145-149), das limitações ao poder de tributar (arts. 150-152), contempla o texto constitucional federal, em seções autônomas, os impostos dos Estados e do Distrito Federal (Seção IV – art. 155) e os impostos municipais (Seção V

---

[2]   Rcl. n. 383, Rel. Min. Moreira Alves, julgada em 11.06.1992, *DJ* de 21.05.1993.
[3]   Rcl. n. 370, Rel. Min. Octavio Gallotti, julgada em 09.04.1992, *DJ* de 29.06.2001.
[4]   Rcl. n. 370, Rel. Min. Octavio Gallotti, julgada em 09.04.1992, *DJ* de 29.06.2001.

1502 Estado de Direito e Jurisdição Constitucional – Decisões relevantes em 15 anos de atuação no STF

– art. 156). Como se vê, é por demais estreito o espaço efetivamente vago deixado ao alvedrio do constituinte estadual.

São elucidativas, a propósito, as seguintes passagens do voto do Ministro Moreira Alves na Rcl. n. 383:

"É petição de princípio dizer-se que as normas das Constituições estaduais que reproduzem, formal ou materialmente, princípios constitucionais federais obrigatórios para todos os níveis de governo na federação são inócuas, e, por isso mesmo, não são normas jurídicas estaduais, até por não serem jurídicas, já que jurídicas, e por isso eficazes, são as normas da Constituição Federal reproduzidas, razão por que não se pode julgar, com base nelas, no âmbito estadual, ação direta de inconstitucionalidade, inclusive, por identidade de razão, que tenha finalidade interventiva. (...)

Essas observações todas servem para mostrar, pela inadmissibilidade das consequências da tese que se examina, que não é exato pretender-se que as normas constitucionais estaduais que reproduzem as normas centrais da Constituição Federal (e o mesmo ocorre com as leis federais ou até estaduais que fazem a mesma reprodução) sejam inócuas e, por isso, não possam ser consideradas normas jurídicas. Essas normas são normas jurídicas, e têm eficácia no seu âmbito de atuação, até para permitir a utilização dos meios processuais de tutela desse âmbito (como o recurso especial, no tocante ao artigo 6º da Lei de Introdução ao Código Civil, e as ações diretas de inconstitucionalidade em face da Constituição Estadual). Elas não são normas secundárias que correm necessariamente a sorte das normas primárias, como sucede com o regulamento, que caduca quando a lei regulamentada é revogada. Em se tratando de norma ordinária de reprodução ou de norma constitucional estadual da mesma natureza, por terem eficácia no seu âmbito de atuação, se a norma constitucional federal reproduzida for revogada, elas, por terem eficácia no seu âmbito de atuação, persistem como normas jurídicas que nunca deixaram de ser. Os princípios reproduzidos, que, enquanto vigentes, se impunham obrigatoriamente por força apenas da Constituição Federal, quando revogados, permanecem, no âmbito de aplicação das leis ordinárias federais ou constitucionais estaduais, graças à eficácia delas resultante"[5].

A prevalecer a orientação advogada na Reclamação n. 370, restaria completamente esvaziada a cláusula contida no art. 125, § 2º, da Constituição, uma vez que, antes de qualquer decisão, deveria o Tribunal de Justiça verificar, como questão preliminar, se a norma constitucional estadual não era mera reprodução do direito constitucional federal.

De resto, não estaria afastada a possibilidade de que, em qualquer hipótese, fosse chamado o Supremo Tribunal Federal, em reclamação, para dirimir controvérsia sobre o caráter federal ou estadual do parâmetro de controle.

A propósito, anotou, ainda, o Ministro Moreira Alves:

"(...) em nosso sistema jurídico de controle constitucional, a ação direta de inconstitucionalidade tem como causa petendi, não a inconstitucionalidade em face dos dispositivos invocados na inicial como violados, mas a inconstitucionalidade em face de qualquer dispositivo do parâmetro adotado (a Constituição Federal ou a Constituição Estadual). Por isso é que não há necessidade, para a declaração de inconstitucionalidade do ato normativo impugnado, que se forme maioria absoluta quanto ao dispositivo constitucional que leve cada juiz da Corte a declarar a inconstitucionalidade do ato. Ora, para se concluir, em reclamação, que a inconstitucionalidade arguida em face da Constituição Estadual seria uma arguição só admissível em face de princípio de reprodução estadual que, em verdade, seria princípio constitucional federal, mister se faria que se examinasse a arguição formulada perante o Tribunal local não apenas – como o parecer da Procuradoria-Geral da República fez no caso presente, no que foi acompanhado pelo eminente Ministro Velloso no voto que proferiu – em face dos preceitos constitucionais indicados na inicial, mas também, de todos o da Constituição Estadual. E mais, julgada procedente a reclamação, estar-se-ia reconhecendo que a lei municipal ou estadual impugnada não feriria nenhum preceito constitucional estritamente estadual, o que impossibilitaria nova arguição de inconstitucionalidade em face de qualquer desses preceitos, se, na conversão feita por meio da reclamação, a ação direta

---

[5] Rcl. n. 383, Rel. Min. Moreira Alves, julgada em 11.06.1992, *DJ* de 21.05.1993.

Controle concentrado **1503**

estadual em face da Constituição Federal fosse julgada improcedente, por não violação de qualquer preceito constitucional federal que não apenas os invocados na inicial. E como, com essa transformação, o Supremo Tribunal Federal não estaria sujeito ao exame da inconstitucionalidade da lei estadual ou municipal em face dos preceitos constitucionais invocados na inicial perante o Tribunal de Justiça, e tidos, na reclamação, como preceitos verdadeiramente federais, mudar-se-ia a causa petendi da ação: de inconstitucionalidade em face da Constituição Estadual para inconstitucionalidade em face da Constituição Federal, sem limitação, evidentemente, aos preceitos invocados na inicial"[6].

A partir da decisão na Rcl. n. 383 assentou-se não configurada a usurpação de competência quando os Tribunais de Justiça analisam, em controle concentrado, a constitucionalidade de leis municipais ante normas constitucionais estaduais que reproduzem regra da Constituição de observância obrigatória. O acórdão possui a seguinte ementa:

"EMENTA: Reclamação com fundamento na preservação da competência do Supremo Tribunal Federal. Ação direta de inconstitucionalidade proposta perante Tribunal de Justiça na qual se impugna Lei municipal sob a alegação de ofensa a dispositivos constitucionais estaduais que reproduzem dispositivos constitucionais federais de observância obrigatória pelos Estados. Eficácia jurídica desses dispositivos constitucionais estaduais. Jurisdição constitucional dos Estados-membros. – Admissão da propositura da ação direta de inconstitucionalidade perante o Tribunal de Justiça local, com possibilidade de recurso extraordinário se a interpretação da norma constitucional estadual, que reproduz a norma constitucional federal de observância obrigatória pelos Estados, contrariar o sentido e o alcance desta. Reclamação conhecida, mas julgada improcedente."

No mesmo sentido, cito a decisão proferida na ADI-QO n. 1.529/MT, Rel. Min. Octávio Gallotti (*DJ* 28.2.1997), assim ementada:

"EMENTA: É competente o Tribunal de Justiça (e não o Supremo Tribunal), para processar e julgar ação direta contra lei estadual contrastada com a norma da Constituição local, mesmo quando venha esta a consubstanciar mera reprodução de regra da Carta Federal, cabendo, em tese, recurso extraordinário de decisão que vier a ser proferida sobre a questão."

A questão também é objeto de análise da doutrina especializada no tema, como se pode verificar nas precisas lições de Leo Ferreira Leoncy[7]:

"A despeito de ter outorgado aos Estados o poder de instituírem suas próprias Constituições, o legislador constituinte federal quase não deixou espaço para que os entes federativos inovassem nas matérias reservadas à sua competência.

Prova disso é o fato de a Constituição Federal ter previamente ordenado, em muitos aspectos, por meio das chamadas normas de observância obrigatória, a atividade do legislador constituinte decorrente, para o qual deixou como única saída, em inúmeras matérias, a mera repetição do discurso constitucional federal, por via da transposição de várias normas constitucionais federais para o texto da Constituição Estadual.

Por outro lado, em matérias nas quais a Constituição Federal outorgou ampla competência para que o constituinte estadual deliberasse a seu talante, com a possibilidade de edição das chamadas normas autônomas, este se limitou a imitar o disciplinamento eventualmente constante do modelo federal, mesmo quando a ele não se encontrava subordinado.

O resultado de tal fenômeno é a convivência, nos textos da Constituição da República e das Constituições Estaduais, de normas formal ou materialmente iguais, a configurar uma identidade normativa entre os parâmetros de controle federal e estadual.

Em vista disso, cabe indagar qual o Tribunal competente para apreciar a ação direta de inconstitucionalidade de norma local que afrontar tais normas constitucionais repetidas, se o guardião da Constituição Federal ou o defensor da Constituição do respectivo Estado-membro. (...)

---

6 Rcl. n. 383, Rel. Min. Moreira Alves, julgada em 11.06.1992, *DJ* de 21.05.1993.

7 LEONCY, Leo Ferreira. *Controle de constitucionalidade estadual.* São Paulo: Saraiva, 2006, no prelo.

1504 Estado de Direito e Jurisdição Constitucional – Decisões relevantes em 15 anos de atuação no STF

(...) Tal questão vem a debate na medida em que, à primeira vista, uma vez violada a norma constitucional estadual de repetição, também restaria violada, ipso facto, a norma constitucional federal repetida. Daí o interesse em saber sob que parâmetro de controle se há de questionar a legitimidade do ato inquinado de inconstitucional e, resolvido isto, perante que Tribunal propor a ação direta correspondente."

Delimitado o problema, Leo Leoncy, após analisar a jurisprudência do Supremo Tribunal Federal, assim conclui seu entendimento:

"Com o entendimento firmado na RCL 383, ficou assente que os parâmetros de controle federal e estadual guardam autonomia entre si, para fins de definir o Tribunal competente para se pronunciar acerca da inconstitucionalidade de uma lei ou ato normativo local. Assim, se a ilegitimidade da norma é arguida em face do parâmetro federal, de questão constitucional federal se trata, e o Supremo Tribunal Federal é competente para resolver a questão em sede de controle abstrato; por outro lado, se a ilegitimidade da norma é suscitada em face do parâmetro estadual, de questão constitucional estadual se trata, e o Tribunal de Justiça é que será competente para se pronunciar acerca da questão em sede de controle abstrato de normas.

Nesse sentido, desde que proposta a ação direta em face da Constituição Estadual, será competente o Tribunal de Justiça, que é o guardião do direito constitucional estadual. Com isso, o que parece definir a competência para julgamento de ação direta de inconstitucionalidade é o parâmetro de controle adotado (em outras palavras, a causa de pedir formulada na petição inicial de ação direta), sendo irrelevante se, no caso de controle abstrato em face da Constituição Estadual, o Tribunal de Justiça tiver que declarar a (i)legitimidade de norma perante dispositivos constitucionais estaduais que são mera reprodução de normas constitucionais federais de observância obrigatória para os Estados.

Essa orientação já foi diversas vezes reiterada pelo Tribunal, que tem ressaltado que "[o] § 2º do artigo 125 da Constituição Federal não contempla exceção: define a competência para a ação direta de inconstitucionalidade, a causa de pedir lançada na inicial; sendo esta o conflito da norma atacada com a Carta do Estado, impõe-se concluir pela competência do Tribunal de Justiça, pouco importando que ocorra repetição de preceito da Carta da República de adoção obrigatória" (RE 177.865, Rel. Min. Marco Aurélio, Ementário 1801-13, p. 2509. No mesmo sentido, cf. RCL 588, Rel. Min. Marco Aurélio, Ementário 1863-01, p. 136; RE 154.028, Rel. Min. Marco Aurélio, Ementário 1904-02, p. 415; RE 199293, Rel. Min. Marco Aurélio, Ementário 2158-3, p. 563).

Se assim é em relação às normas de reprodução (normas constitucionais federais de observância obrigatória reproduzidas na Carta local), com maior razão será para as normas de imitação (normas constitucionais federais não obrigatórias imitadas pelo constituinte estadual). Presentes na Constituição do Estado-membro por mera liberalidade do órgão constituinte decorrente, que o faz no exercício e dentro dos limites de sua autonomia constitucional, a impugnação de leis e atos normativos locais em face dessas normas de imitação não serve de pretexto para se deslocar a competência para processar e julgar a ação ao Supremo Tribunal Federal. É que tais normas "são frutos da autonomia do Estado-membro, da qual deriva a sua validade e, por isso, para todos os efeitos, são normas constitucionais estaduais" (RCL 370, Rel. Min. Octavio Gallotti, Ementário 2037-1, p. 56)."

Logo, a decisão de Tribunal de Justiça estadual que, em controle abstrato, declara a inconstitucionalidade de lei municipal em face de norma da Constituição do Estado que constitui mera repetição de dispositivo da Constituição Federal, não afronta o que decidido na ADI n. 508/MG, Rel. Min. Sydney Sanches (DJ 23.5.2003), na medida em que o parâmetro de controle, nesse caso, é a própria norma constitucional estadual.

Feitas essas digressões, é preciso deixar claro que, no caso em análise, como se pode aferir nas informações prestadas pelo Tribunal de Justiça do Estado do Tocantins, a ADI n. 1.523 tem como parâmetro de controle o art. 69, *caput*, da Constituição estadual, que assim dispõe:

"Art. 69. Sem prejuízo de outras garantias asseguradas ao contribuinte, aplicam-se ao Estado e aos Municípios as vedações ao poder de tributar, previstas no art. 150 da Constituição Federal."

O Plenário do Tribunal de Justiça de Tocantins, apreciando o pedido de medida cautelar, entendeu plausíveis as alegações do requerente de que o Decreto n. 353/2005, que trata da taxa de coleta de lixo no Município de Palmas, violaria o referido art. 69, *caput*, da Constituição do Estado, especificamente, o princípio da legalidade como limite ao poder de tributar.

Controle concentrado **1505**

Como se vê, o art. 69, *caput*, da Constituição do Estado do Tocantins, representa o que a doutrina denomina de *norma constitucional estadual de caráter remissivo*, na medida em que, para a disciplina dos limites ao poder de tributar, remete para as disposições constantes do art. 150 da Constituição Federal.

Sobre a problemática da aptidão das normas remissivas para compor o parâmetro de controle em abstrato de constitucionalidade no âmbito do Estado-membro, cito novamente as lições de Leo Leoncy[8]:

"A elevação da Constituição do Estado-membro a parâmetro único e exclusivo do controle abstrato de normas estaduais torna oportuna a discussão acerca das normas constitucionais estaduais que podem ser consideradas idôneas para efeito de se realizar esse controle. O que se quer saber é se tal controle pode ser realizado em face de todas as normas da Constituição Estadual ou se, ao contrário, haveria algum tipo de norma que, em razão da sua natureza, não pudesse servir de parâmetro normativo idôneo. Nesse sentido, assume especial relevo a discussão acerca das chamadas normas jurídicas remissivas presentes nas diversas Constituições Estaduais.

Em sua grande maioria, as normas jurídicas trazem elas próprias a regulamentação imediata da matéria a que concernem, merecendo, por isso, a denominação de normas de regulamentação direta ou, em fórmula mais sintética, normas materiais. Por outro lado, em contraposição a estas normas, há outras em que a técnica utilizada para a atribuição de efeitos jurídicos a determinado fato contido na hipótese normativa é indireta, "consistindo numa remissão para outras normas materiais que ao caso se consideram, por esta via, aplicáveis". Tais normas podem designar-se normas de regulamentação indireta ou normas per relationem, sendo mais apropriado, entretanto, denominá-las normas remissivas.

Essa classificação das normas jurídicas em geral aplica-se também às normas constitucionais em particular, sendo possível, portanto, proceder à distinção entre normas constitucionais materiais e normas constitucionais remissivas, "consoante encerram em si a regulamentação ou a devolvem para a regulamentação constante de outras normas". Como não poderia deixar de ser, fenômeno semelhante ocorre com as normas contidas nas diversas Constituições Estaduais.

É comum o poder constituinte decorrente fazer constar das Constituições Estaduais um significativo número de proposições jurídicas remissivas à Constituição Federal. O uso de tais fórmulas acaba por revelar muitas vezes a intenção daquele constituinte de transpor para o plano constitucional estadual a mesma disciplina normativa existente para uma determinada matéria no plano constitucional federal.

Diante dessa constatação, coloca-se o problema de saber se tais proposições jurídicas remissivas constantes das Constituições Estaduais configuram parâmetro normativo idôneo para o efeito de se proceder, em face delas, ao controle da legitimidade de leis ou atos normativos estaduais ou municipais perante os Tribunais de Justiça dos Estados.

Uma das dificuldades encontradas radica no fato de que, para se revelar o conteúdo normativo da norma estadual de remissão, em face da qual se impugna a lei ou ato normativo local, seria necessário valer-se antes do(s) dispositivo(s) da Constituição Federal mencionado(s) ou remetido(s). Nesses termos, a norma constitucional estadual não possuiria conteúdo próprio, por não revelar sentido normativo autônomo.

(...) Nesta hipótese, a questão que se coloca pode ser assim formulada: seria possível impugnar por meio de ação direta, perante Tribunal de Justiça, lei ou ato normativo local por violação ao princípio da isonomia previsto na Constituição Federal e ao qual, segundo aquela proposição remissiva genérica, a Constituição do Estado-membro faz referência?"

O Supremo Tribunal Federal enfrentou essa questão no julgamento do RE n. 213.120/BA, Re. Min. Maurício Corrêa, *DJ* 2.6.2000, diante de norma remissiva constante da Constituição do Estado da Bahia (art. 149), que possui o seguinte teor: *"O sistema tributário estadual obedecerá ao disposto na Constituição Federal, em leis complementares federais, em resoluções do Senado Federal, nesta Constituição e em leis ordinárias"*. Na ocasião, o Tribunal entendeu que tal norma não poderia figurar como parâmetro de controle de constitucionalidade perante o Tribunal de Justiça estadual. O julgado está assim ementado:

---

8   LEONCY, Leo Ferreira. *Controle de constitucionalidade estadual*. São Paulo: Saraiva, 2006, no prelo.

"EMENTA: *CONTROLE ABSTRATO DE CONSTITUCIONALIDADE DE LEI MUNICIPAL. PRESSUPOSTOS. HIPÓTESE DE NORMAS QUE FAZEM MERA REMISSÃO FORMAL AOS PRINCÍPIOS TRIBUTÁRIOS CONSTITUCIONAIS. IMPOSSIBILIDADE. 1. A simples referência aos princípios estabelecidos na Constituição Federal não autoriza o exercício do controle abstrato da constitucionalidade de lei municipal por este Tribunal. 2. O ajuizamento de ação direta de inconstitucionalidade perante esta Corte só é permitido se a causa de pedir consubstanciar norma da Constituição Estadual que reproduza princípios ou dispositivos da Carta da República. 3. A hipótese não se identifica com a jurisprudência desta Corte que admite o controle abstrato de constitucionalidade de ato normativo municipal quando a Constituição Estadual reproduz literalmente os preceitos da Carta Federal. 4. Recurso extraordinário conhecido e provido para declarar o autor carecedor do direito de ação.*"

Porém, esse posicionamento foi superado no julgamento da RCL n. 733/BA, na qual o Tribunal, por unanimidade de votos, seguiu o voto do Ministro Ilmar Galvão, relator, no sentido de que as normas pertencentes à Constituição estadual, que remetem à disciplina de determinada matéria na Constituição Federal, podem servir de parâmetro de controle abstrato de constitucionalidade no âmbito estadual. No caso, tratava-se do art. 5º, *caput*, da Constituição do Estado do Piauí, que possui o seguinte teor: "*O Estado assegura, no seu território e nos limites de sua competência, a inviolabilidade dos direitos e garantias fundamentais que a Constituição Federal confere aos brasileiros e aos estrangeiros residentes no país*".

Sobre o acerto desse novo posicionamento do Tribunal, Leo Leoncy tece os seguintes comentários, em análise crítica da decisão proferida anteriormente no RE n. 213.120:

"Em face de tal decisão (proferida no RE n. 213.120), convém perguntar se o uso de normas remissivas pelo constituinte estadual, para disciplinar determinada matéria que em outras normas elaboradas pelo constituinte federal já teve sua disciplina amplamente formulada, inviabiliza a defesa processual daquelas, em controle abstrato, perante o Tribunal de Justiça. Para resolver essa questão, é preciso desenvolver um pouco mais a noção de norma jurídica remissiva, para, ao final, tecerem-se algumas conclusões a respeito. Para isso, far-se-á uso dos conhecimentos disponíveis em teoria geral do direito.

A remissão por meio de proposições jurídicas é um recurso técnico-legislativo de que o legislador se vale para evitar repetições incômodas. Proposições jurídicas dessa natureza "remetem, tendo em vista um elemento da previsão normativa ou a consequência jurídica, para outra proposição jurídica". Daí porque tais proposições serem consideradas como proposições jurídicas incompletas.

Consideradas isoladamente, tais proposições carecem de maior significado, apenas o adquirindo em união com outras proposições jurídicas. Daí se afirmar que as proposições jurídicas incompletas são apenas partes de outras proposições normativas.

Para Larenz, "[t]odas as proposições deste género são frases gramaticalmente completas, mas são, enquanto proposições jurídicas, incompletas". Não obstante, tais normas são válidas, são tidas como direito vigente, recebendo sua força constitutiva, fundamentadora de consequências jurídicas, quando em conexão com outras proposições jurídico-normativas.

Esse caráter incompleto das proposições jurídicas remissivas remete ainda a uma outra classificação doutrinária. Nesse sentido, outra dicotomia que merece atenção é a relativa às normas autônomas e às normas não autônomas ou dependentes, "consoante valem por si, contêm todos os elementos de uma norma jurídica, ou somente valem integradas ou conjugadas com outras". Desse modo, normas autônomas "são as que têm por si um sentido [normativo] completo" e não autônomas ou dependentes as que "exigem a combinação com outras".

Uma proposição autônoma "basta-se a si própria, tem nos seus termos todos os elementos necessários para a definição do seu alcance normativo". Por outro lado, uma proposição não autônoma "não contém todos esses elementos", devendo ser conexionada com outra proposição jurídica "para que o comando que nela se contém fique completo".

Imbricando uma e outra classificação, é possível afirmar que apenas as normas materiais seriam normas autônomas, porquanto as normas remissivas, por carecerem dos elementos de uma outra norma jurídica com a qual ganhariam sentido se e quando conjugadas, constituem-se, em última análise, em normas não autônomas ou dependentes.

Controle concentrado 1507

A *norma constitucional estadual de remissão, na condição de norma dependente, toma de empréstimo, portanto, um determinado elemento da norma constitucional federal remetida, não se fazendo completa senão em combinação com este componente normativo externo ao texto da Constituição Estadual.*

Essa circunstância, todavia, não retira a força normativa das normas constitucionais estaduais de remissão, que, uma vez conjugadas com as normas às quais se referem, gozam de todos os atributos de uma norma jurídica. É o que se extrai da seguinte passagem de Karl Larenz:

> *"O serem proposições jurídicas, se bem que incompletas, significa que comungam do sentido de validade da lei, que não são proposições enunciativas, mas partes de ordenações de vigência. Todavia, a sua força constitutiva, fundamentadora de consequências jurídicas, recebem-na só em conexão com outras proposições jurídicas".*

Com isso, se uma norma estadual ou municipal viola ou não uma proposição constitucional estadual remissiva, é circunstância que apenas se saberá após a combinação entre norma remissiva e norma remetida, que é o que vai determinar o alcance normativo do parâmetro de controle a ser adotado. Entretanto, uma vez determinado esse alcance, a anulação da norma estadual ou municipal por violação a tal parâmetro nada mais é do que uma consequência da supremacia da Constituição Estadual no âmbito do Estado-membro. Em outras palavras, as consequências jurídicas decorrentes de eventual violação à proposição remissiva constante da Constituição Estadual derivam da própria posição hierárquico-normativa superior desta no âmbito do ordenamento jurídico do Estado-membro, e não da norma da Constituição Federal a que se faz referência.

Assim, se as proposições remissivas constantes das diversas Constituições Estaduais, apesar de seu caráter dependente e incompleto, mantêm sua condição de proposições jurídicas, não haveria razão para se lhes negar a condição de parâmetro normativo idôneo para se proceder, em face delas, ao controle abstrato de normas perante os Tribunais de Justiça.

Essa parece ser a tese subjacente ao entendimento adotado pelo Plenário do Supremo Tribunal Federal, que, no julgamento da RCL 733, por unanimidade de votos, seguiu a orientação do Min. Ilmar Galvão, no sentido de que as normas constitucionais estaduais remissivas à disciplina de determinada matéria prevista na Constituição Federal constituem parâmetro idôneo de controle no âmbito local (...)".

Portanto, tal qual o entendimento adotado na RCL n. 383 para as hipóteses de normas constitucionais estaduais que reproduzem dispositivos da Constituição Federal, também as normas constitucionais estaduais de caráter remissivo podem compor o parâmetro de controle das ações diretas de inconstitucionalidade perante o Tribunal de Justiça estadual. Dessa forma, também aqui não é possível vislumbrar qualquer afronta à ADI n. 508/MG, Rel. Min. Sydney Sanches (*DJ* 23.5.2003).

Com essas considerações, nego seguimento à presente reclamação, por ser manifestamente improcedente, ficando prejudicado o pedido de medida liminar (art. 21, § 1º, do RISTF).

Publique-se. Arquive-se.

Brasília, 27 de setembro de 2006.

Decisão publicada no *DJ* de 10.10.2006.

ADI 2.866[1]

Legitimidade ativa – Caráter nacional da entidade de classe – Critérios de definição – Art. 7º da Lei n. 9.096/95 – Inaplicabilidade – Relevância nacional da atividade dos associados.

A Associação Brasileira dos Extratores e Refinadores de Sal – Abersal ajuizou ação direta de inconstitucionalidade contra a Lei estadual n. 8.299, de 2003, do Estado do Rio Grande do Norte, que dispõe sobre formas de escoamento do sal marinho produzido no Rio Grande do Norte e dá outras providências.

Relatou a requerente que o ato impugnado teria sido objeto de veto por parte do governador do Estado, por razão de inconstitucionalidade, tendo por configurada usurpação da competência da União para legislar sobre comércio exterior e interestadual (art. 22, VIII, da Constituição), assim como violação ao disposto no inciso XIII do art. 5º (liberdade de ofício, trabalho ou profissão) e no parágrafo único do art. 170 (liberdade de exercício de atividade econômica). O veto, apresentado à Assembleia Legislativa em 14 de outubro de 1999, foi rejeitado mais de três anos depois, no final de janeiro do ano de 2003, e resultou assim na promulgação da Lei n. 8.299, de 29 de janeiro de 2003.

Em síntese, alegou-se na inicial:

a) *violação ao princípio federativo, tendo em vista que o ato impugnado cria distinção entre Estados-membros (art. 19, III, CF);*

b) *violação à competência legislativa da União relativa ao comércio interestadual e a recursos minerais;*

c) *violação ao art. 5º, XV, da Constituição (livre locomoção, no território nacional, de qualquer pessoa com seus respectivos bens);*

d) *violação à liberdade de exercício de qualquer trabalho, ofício ou profissão (art. 5º, XIII, da Constituição);*

e) *violação à liberdade de exercício das atividades econômicas (art. 170, parágrafo único, da Constituição).*

O Ministro Gilmar Mendes, Relator, determinou que a autora comprovasse possuir associados em um terço, ou mais, dos Estados da Federação, tendo em vista a aplicação analógica do art. 7º, § 1º, da Lei n. 9.096, de 1995, nos termos da jurisprudência da Corte.

A Abersal informou que congrega, em seus quadros associativos, dez empresas, das quais seis sediadas no Estado do Rio Grande do Norte; duas, no Estado do Rio de Janeiro; uma, no Estado do Paraná; e uma, no Estado do Rio Grande do Sul. Essas empresas, segundo noticiou a Abersal, respondem, em conjunto, pelo abastecimento de 80,72% do mercado nacional de produção de sal, destinado ao consumo humano.

Esclareceu, também, que a razão dessa concentrada distribuição geográfica explica-se pelo fato de que o Estado do Rio Grande do Norte responde por mais de 95% da produção de sal marinho do país, sendo que este Estado e o do Rio de Janeiro são responsáveis por 78% do sal destinado ao consumo humano, natural, portanto, que as mais representativas empresas produtoras de sal tenham optado por sediar-se nos Estados onde extraem a matéria-prima e, mormente, Rio Grande do Norte e Rio de Janeiro.

---

[1] Em sessão realizada no dia 25.9.2005, o Supremo Tribunal Federal, por unanimidade, reconheceu a legitimidade ativa da Associação Brasileira dos Extratores e Refinadores de Sal – ABERSAL, para propor ação e deferiu a liminar para suspender os arts. 6º, *caput* e § 4º; 7º e 9º da Lei estadual n. 8.299, de 29 de janeiro de 2003 (*DJ* de 17.10.2003).

Ademais, a Abersal, para justificar o reconhecimento de sua legitimidade, nos termos do art. 103, IX, da CF, ofereceu elementos estatísticos demonstrativos da sua participação no consumo humano de sal no Brasil, e argumentou que *"a representatividade da Autora não pode ser medida pelos critérios que a Lei n. 9.096/95, olhos voltados aos partidos políticos, instituiu e que foram tomados como parâmetros analógicos no julgamento das ADIs ns. 77(MC) e 79(QO)"* e que *"o emprego da analogia somente se justifica nos casos em que a semelhança entre a hipótese prevista, e a não prevista em lei, repousa no fato de ambas possuírem, como termo comum de referência, a denominada 'razão suficiente' da própria disposição normativa (ubi eadem ratio, ibi eadem juris dispositio)."*

Argumentou, ainda, que *"esta 'razão suficiente', com todo o acatamento, não se faz presente: o princípio da universalidade do voto, justificador da ampla representatividade federativa que os partidos políticos devem ostentar é, de todo, estranho ao processo de tomada de decisão quanto ao local onde empresas devam instalar-se, processo este que, por óbvio, leva em conta fatores peculiares, como facilidade do abastecimento de matéria-prima e de obtenção de mão de obra especializada e outros da mesma natureza".*

Solicitou, por fim, que sua representatividade fosse *"auferida por meio de critério consentâneo com a realidade do mercado, qual seja, o grau de participação de suas associadas no abastecimento nacional de sal de cozinha, o qual, como demonstrado, é superior a oitenta por cento."*

O julgado recebeu a seguinte ementa:

EMENTA: Ação Direta de Inconstitucionalidade ajuizada pela Associação Brasileira dos Extratores e Refinadores de Sal – Abersal contra a Lei Estadual n. 8.299, de 29 de janeiro de 2003, do Estado do Rio Grande do Norte, que "dispõe sobre formas de escoamento do sal marinho produzido no Rio Grande do Norte e dá outras providências". 2. Legitimidade ativa. 3. Inaplicabilidade, no caso, do critério adotado para a definição do caráter nacional dos partidos políticos (Lei n. 9.096, de 19.9.1995: art. 7º), haja vista a relevância nacional da atividade dos associados da Abersal, não obstante a produção de sal ocorrer em poucas unidades da federação. 4. Plausibilidade da arguição de inconstitucionalidade. 5. Competência da União para legislar sobre comércio (art. 22, VIII, da Constituição). Precedentes: ADI 280, Rel. Min. Rezek, DJ de 17.6.94; ADI(MC) 340, Rel. Min. Marco Aurélio, DJ de 26.10.1990; e ADI 2656, Rel. Min. Maurício Corrêa, DJ de 1º.8.2003. 6. Conveniência da suspensão do dispositivo, haja vista a expressiva participação do Estado do Rio Grande do Norte na produção nacional de sal marinho. 7. Concessão unilateral de incentivos fiscais. 8. Aparente ofensa à regra do art. 155, § 2º, XII, "g". 9. Liminar deferida para suspender o art. 6º, caput e § 4º, o art. 7º e o art. 9º da lei estadual impugnada.

VOTO

Na ausência de disciplina constitucional ou legal expressa acerca dos critérios definidores do caráter nacional das entidades de classe, esta Corte fixou, como critério geral para conferir a tais entidades o poder de ajuizar ações diretas de inconstitucionalidade, aquele fixado na Lei dos Partidos Políticos[2].

Salvo engano, tal critério restou proposto pelo Ministro Moreira Alves, quando da apreciação da liminar na ADI 386, da relatoria do Min. Sydney Sanches.

---

[2] Lei n. 9.096, de 19.9.1995: art. 7º *"O partido político, após adquirir personalidade jurídica na forma da lei civil, registra seu estatuto no Tribunal Superior Eleitoral. § 1º Só é admitido o registro do estatuto de partido político que tenha* **caráter nacional**, *considerando-se como tal aquele que comprove o apoiamento de eleitores correspondente a, pelo menos, meio por cento dos votos dados na última eleição geral para a Câmara dos Deputados, não computados os votos em branco e os nulos,* **distribuídos por um terço, ou mais, dos Estados,** *com um mínimo de um décimo por cento do eleitorado que haja votado em cada um deles."*

Mas foi nesse mesmo precedente que o Ministro Moreira Alves observou que *"esse critério cederá nos casos em que haja comprovação de que a categoria dos associados só existe em menos de nove estados"*.

Considero que a ABERSAL se enquadra nessa situação excepcional. Além de a produção de sal ocorrer em apenas alguns estados da Federação, resta evidente que cuida-se de uma atividade econômica de relevância nacional, haja vista ser notório que o consumo de sal ocorre em todas as unidades da federação. (cf. fl. 68)

Assim, considero legítima, no caso, a Abersal.

Quanto às razões apresentadas para a concessão da liminar, esta Corte, na ADI 280 (*DJ* 17.6.94), sob a relatoria do Ministro Rezek, declarou a inconstitucionalidade de norma da Constituição do Estado do Mato Grosso que vedava a saída do Estado de madeiras em toras. O fundamento da decisão foi precisamente a usurpação da competência da União para legislar sobre comércio interestadual e transporte. Na mesma linha o precedente firmado na ADI(MC) 349, da relatoria do Ministro Marco Aurélio (*DJ* 26.10.1990), e a recentíssima decisão, sob a relatoria do Ministro Maurício Corrêa, nos autos da ADI 2656 (*DJ* 1º.8.2003).

Resta evidente que a limitação ao comércio de sal marinho, tal como fixada no art. 6º, § 4º, da Lei estadual impugnada, representa usurpação daquela competência constitucional da União, relativa ao comércio interestadual e exterior (art. 22, VIII, da CF). Considero adequada, portanto, a suspensão de tal dispositivo. Cabe consignar, ainda, a conveniência da suspensão do dispositivo, uma vez que, tal como registra documento do Departamento Nacional de Produção Mineral (fl. 68), o Estado do Rio Grande do Norte responde a cerca de 95% da produção nacional de sal marinho.

Também considero adequada a suspensão do art. 7º, haja vista sua necessária vinculação ao art. 6º.

Quanto ao art. 9º, considero conveniente a suspensão. Não obstante tal dispositivo possuir relativa autonomia em relação à disciplina do art. 6º, resta evidente que os incentivos ali referidos recairão, sobretudo, sobre o ICMS. Tal fato, ressalvado melhor juízo quando do exame do mérito, demonstra uma aparente ofensa à regra do art. 155, § 2º, XII, g, uma vez que o art. 9º permite uma concessão unilateral de incentivos pelo Estado do Rio Grande do Norte.

Concluo, portanto, no sentido do deferimento da liminar para suspender o art. 6º, *caput* e § 4º, o art. 7º e o art. 9º da lei estadual impugnada.

ADI 2.618[1]

Partido político – Legitimidade para propositura de ADI – Perda superveniente de representação – Aferição no momento da propositura – Permanência no polo ativo da relação processual – Objetividade e indisponibilidade da ação.

O relatório elaborado pelo Ministro Carlos Velloso consignou: "Trata-se de agravo regimental, com pedido de reconsideração, fundado no art. 39 da Lei 8.038/90, c/c o art. 317 do R.I./S.T.F., interposto pelo Partido Social Liberal – PSL, da decisão que negou seguimento à ação direta de inconstitucionalidade, ao argumento de que *a perda superveniente da representação no Congresso Nacional implica perda da legitimidade ativa para a ação direta de inconstitucionalidade*".

Sustentou o agravante, *"em síntese, que a perda superveniente da bancada parlamentar no Congresso Nacional é corolário lógico da implementação da chamada 'cláusula de barreira' na atual legislatura (Lei 9.096/95, art. 57). Ademais, grandes temas constitucionais propostos pelo partido em comento ainda se encontram pendentes de julgamento (36 ADI's), certo que desqualificar a legitimidade ativa do partido político para prosseguir nas ações diretas já ajuizadas afrontaria os princípios do direito adquirido e da razoabilidade"*[2].

Ao final, o agravante requereu a reconsideração da decisão agravada ou, caso assim não entendido, fosse o presente agravo submetido a julgamento do Plenário. Subsidiariamente, pediu, em observância aos princípios da indisponibilidade e da economia processual, que fosse aplicado, em face da ausência de preceito legal específico, por analogia, o disposto no art. 9º da Lei n. 4.717/65.

A decisão prolatada pelo Supremo Tribunal Federal recebeu a seguinte ementa:

EMENTA: Agravo Regimental em Ação Direta de Inconstitucionalidade. 2. Partido político. 3. Legitimidade ativa. Aferição no momento da sua propositura. 4. Perda superveniente de representação parlamentar. Não desqualificação para permanecer no polo ativo da relação processual. 5. Objetividade e indisponibilidade da ação. 6. Agravo provido.

VOTO

Sr. Presidente, essa questão já foi objeto de discussão no precedente mencionado pelo eminente Ministro Carlos Velloso.

Naquela oportunidade, eu sustentava o desconforto com a solução e lembrava a necessidade de, talvez, discutirmos uma alternativa. Cheguei a aventar, por analogia, o disposto no artigo 5º, § 3º da Lei da Ação Civil Pública (Lei n. 7.347/1985,) e no artigo 9º da Lei da Ação Popular (Lei n. 4.717/1965), que preveem a possibilidade de o Ministério Público assumir o processo no caso de desistência ou abandono da ação.

Posteriormente, o Ministro Sepúlveda Pertence suscitou questão de ordem em outro caso no qual se discutia a perda superveniente de legitimidade do requerente da ação em hipótese de julgamento já iniciado[3].

---

[1] O Tribunal, por maioria, em sessão realizada no dia 12.8.2004, deu provimento ao agravo no sentido de reconhecer que a perda superveniente de representação parlamentar não desqualifica o partido político como legitimado ativo para a propositura da ação direta de inconstitucionalidade. Vencidos os Ministros Carlos Velloso, Relator e Celso de Mello. Redigiu o acórdão o Ministro Gilmar Mendes (*DJ* de 31.3.2006).

[2] Relatório do Ministro Carlos Velloso.

[3] QO-ADI n. 2.054, *DJ* de 28.3.2003, Relator Ministro Ilmar Galvão.

Desde então, pus-me a refletir sobre o assunto e tenho a forte impressão de que, tendo em vista a objetividade do processo, e mesmo a indisponibilidade que marca a Ação Direta de Inconstitucionalidade, a aferição da legitimidade há de se fazer tão somente no momento da propositura da ação.

Creio que o Tribunal avançaria muito se afastasse a preliminar de ilegitimidade e reconhecesse a necessidade de prosseguimento dessas ações.

Parece-me, assim, necessária a reanálise da controvérsia à luz dessas considerações.

ADPF 33[1]

Salário mínimo – Proibição de vinculação – Arguição de Descumprimento de Preceito Fundamental – ADPF – Cabimento – Controvérsia sobre legitimidade de lei ou de ato normativo federal, estadual ou municipal, inclusive anterior à Constituição (norma pré-constitucional).

Trata-se de arguição de descumprimento de preceito fundamental apresentada pelo Governador do Estado do Pará, com o objetivo de impugnar o art. 34 do Regulamento de Pessoal do Instituto de Desenvolvimento Econômico-Social do Pará (IDESP), para fazer cessar lesão ao princípio federativo e à vedação constitucional de vinculação do salário mínimo para qualquer fim (art. 7º, IV, CF/88).

Referido Instituto, autarquia estadual criada pela Lei n. 3.649, de 27 de janeiro de 1966, foi extinto pela Lei n. 6.211, de 28 de abril de 1999, que determinou ser o Estado do Pará sucessor do IDESP, para todos os fins de direito (art. 11).

O dispositivo impugnado trata da remuneração do pessoal da autarquia, vinculando o quadro de salários ao salário mínimo, o que estaria a configurar afronta ao princípio federativo (arts. 1º e 18 da Constituição), no entendimento de que o poder do Estado de estabelecer a remuneração de seus servidores ficaria vinculado a índice fixado pelo Governo Federal. A alegação do Governador do Estado era que o art. 7º, inciso IV, da Constituição de 1988, que expressamente proíbe tal vinculação, estaria sendo desrespeitado, principalmente no que se refere à sua finalidade, qual seja evitar efeitos inflacionários que acabariam por afetar o processo de elevação do valor do salário mínimo. Assim, estariam sendo lesados os preceitos fundamentais relativos ao princípio federativo e ao direito social fundamental ao salário mínimo digno.

O autor pretendia ver declarada, com eficácia *erga omnes*, a não recepção pela Constituição de 1988 da norma impugnada, além de ter solicitado, ainda, concessão de medida liminar para determinar a suspensão de todos os processos e dos efeitos de decisões judiciais que versassem sobre a aplicação do art. 34 do Regulamento de Pessoal do IDESP, considerando que a concretização de todas as decisões judiciais, destinadas à aplicação do art. 34 do referido regulamento, comprometeria a ordem jurídica, além de causar grave lesão à economia do Estado. Fundamentava sua solicitação, ao indicar o *periculum in mora*, o acréscimo de 345,35% à folha de pagamentos do Estado, o que significaria necessidade adicional da ordem de R$ 4,3 milhões mensais. Foi deferida a liminar, que restou referendada pela Corte.

O Procurador-Geral da República foi pela procedência da presente ação, com a declaração de inconstitucionalidade do art. 34 e §§ do Regulamento de Pessoal do IDESP, aprovado pelo Decreto Estadual n. 4.307, de 1986.

A decisão prolatada pelo Supremo Tribunal Federal recebeu a seguinte ementa:

EMENTA: 1. Arguição de descumprimento de preceito fundamental ajuizada com o objetivo de impugnar o art. 34 do Regulamento de Pessoal do Instituto de Desenvolvimento Econômico-Social do Pará (IDESP), sob o fundamento de ofensa ao princípio federativo, no que diz respeito à autonomia dos Estados e Municípios (art. 60, § 4º, CF/88) e à vedação constitucional de vinculação do salário mínimo para qualquer fim (art. 7º, IV, CF/88). 2. Existência de ADI contra a Lei n. 9.882/99 não constitui óbice à continuidade do julgamento de arguição de descumprimento de preceito fundamental ajuizada perante o Supremo Tribunal Federal.

---

[1] O Supremo Tribunal Federal, em sessão Plenária realizada em 7.12.2005, por maioria, conheceu da arguição e, no mérito, por unanimidade de votos, a julgou procedente, nos termos do voto do Relator, Ministro Gilmar Mendes, para declarar a ilegitimidade do decreto questionado, a partir da Constituição de 1988, sem se pronunciar sobre o período anterior (*DJ* de 27.10.2006).

3. Admissão de amicus curiae mesmo após terem sido prestadas as informações. 4. Norma impugnada que trata da remuneração do pessoal de autarquia estadual, vinculando o quadro de salários ao salário mínimo. 5. Cabimento da arguição de descumprimento de preceito fundamental (sob o prisma do art. 3°, V, da Lei n. 9.882/99) em virtude da existência de inúmeras decisões do Tribunal de Justiça do Pará em sentido manifestamente oposto à jurisprudência pacificada desta Corte quanto à vinculação de salários a múltiplos do salário mínimo. 6. Cabimento de arguição de descumprimento de preceito fundamental para solver controvérsia sobre legitimidade de lei ou ato normativo federal, estadual ou municipal, inclusive anterior à Constituição (norma pré-constitucional). 7. Requisito de admissibilidade implícito relativo à relevância do interesse público presente no caso. 8. Governador de Estado detém aptidão processual plena para propor ação direta (ADIMC 127/AL, Rel. Min. Celso de Mello, DJ 04.12.92), bem como arguição de descumprimento de preceito fundamental, constituindo-se verdadeira hipótese excepcional de jus postulandi. 9. ADPF configura modalidade de integração entre os modelos de perfil difuso e concentrado no Supremo Tribunal Federal. 10. Revogação da lei ou ato normativo não impede o exame da matéria em sede de ADPF, porque o que se postula nessa ação é a declaração de ilegitimidade ou de não recepção da norma pela ordem constitucional superveniente. 11. Eventual cogitação sobre a inconstitucionalidade da norma impugnada em face da Constituição anterior, sob cujo império ela foi editada, não constitui óbice ao conhecimento da arguição de descumprimento de preceito fundamental, uma vez que nessa ação o que se persegue é a verificação da compatibilidade, ou não, da norma pré-constitucional com a ordem constitucional superveniente. 12. Caracterizada controvérsia relevante sobre a legitimidade do Decreto Estadual n. 4.307/86, que aprovou o Regulamento de Pessoal do IDESP (Resolução do Conselho Administrativo n. 8/86), ambos anteriores à Constituição, em face de preceitos fundamentais da Constituição (art. 60, § 4°, I, c/c art. 7°, inciso IV, in fine, da Constituição Federal) revela-se cabível a ADPF. 13. Princípio da subsidiariedade (art. 4°, § 1°, da Lei n. 9.882/99): inexistência de outro meio eficaz de sanar a lesão, compreendido no contexto da ordem constitucional global, como aquele apto a solver a controvérsia constitucional relevante de forma ampla, geral e imediata. 14. A existência de processos ordinários e recursos extraordinários não deve excluir, a priori, a utilização da arguição de descumprimento de preceito fundamental, em virtude da feição marcadamente objetiva dessa ação. 15. Arguição de descumprimento de preceito fundamental julgada procedente para declarar a ilegitimidade (não recepção) do Regulamento de Pessoal do extinto IDESP em face do princípio federativo e da proibição de vinculação de salários a múltiplos do salário mínimo (art. 60, § 4°, I, c/c art. 7°, inciso IV, in fine, da Constituição Federal).

VOTO
Considerações preliminares

Nos termos da Lei n. 9.882, de 3 de dezembro de 1999, cabe a arguição de descumprimento de preceito fundamental para evitar ou reparar lesão a preceito fundamental, resultante de ato do Poder Público (art. 1°, *caput*).

O parágrafo único do art. 1° explicita que caberá também a arguição de descumprimento quando for relevante o fundamento da controvérsia constitucional sobre lei ou ato normativo federal, estadual ou municipal, inclusive anteriores à Constituição (leis pré-constitucionais).

Vê-se, assim, que a arguição de descumprimento poderá ser manejada para solver controvérsias sobre a constitucionalidade do direito federal, do direito estadual e também do direito municipal.

Na hipótese dos autos, não prevalece o argumento do *amicus curiae* no sentido de que a exigência de demonstração de controvérsia (art. 3°, V, da Lei n. 9.882/99) não restou atendida. A existência de inúmeras decisões do Tribunal de Justiça em sentido manifestamente oposto à jurisprudência pacificada desta Corte quanto à questão da vedação de vinculação de salários a múltiplos do salário mínimo já é suficiente para demonstrar a controvérsia sobre o tema.

Nesse sentido, o parecer do Dr. Cláudio Fonteles:

"Por questionar, justamente, toda uma linha jurisprudencial decisória de Colegiado estadual a consagrar parâmetro de remuneração em frontal desafio ao texto constitucional e à consolidada jurisprudência da Suprema Corte, tal quadro, por óbvio, impede o reclamo derradeiro dos amici curiae" (fls. 950-952).

Pode-se dizer que a arguição de descumprimento vem completar o sistema de controle de constitucionalidade, de perfil relativamente concentrado no Supremo Tribunal Federal, uma vez que as questões até então não apreciadas no âmbito do controle abstrato de normas – ação direta de inconstitucionalidade e ação declaratória de constitucionalidade, ao lado dos instrumentos de omissão, especialmente da ação direta por omissão –, poderão ser objeto de exame no âmbito desta nova ação.

Afigura-se, pois, atendida a exigência contida no art. 3º, V, da Lei n. 9.882/99.

Por fim, vale registrar que o fato de ainda estar pendente de julgamento a medida cautelar na ADI n. 2231-8/DF, ajuizada pelo Conselho Federal da Ordem dos Advogados do Brasil contra a íntegra da Lei n. 9.882/99, não prejudica a análise do presente feito, pois muito embora já tenha sido proclamado o voto do Min. Néri da Silveira, no sentido de se deferir em parte a medida cautelar com relação ao inciso I do parágrafo único do artigo 1º da Lei n. 9.882/99, para excluir de sua aplicação controvérsia constitucional concretamente já posta em juízo, bem como deferindo a liminar para suspender o § 3º do artigo 5º da mesma lei, com eficácia *ex nunc* e até julgamento final da ação direta de inconstitucionalidade, o julgamento está suspenso em virtude do pedido de vista do Min. Sepúlveda Pertence.

Vê-se, assim, que a Lei n. 9.882/99 está integralmente em vigor, não havendo óbice à continuidade do julgamento das arguições de descumprimento de preceito fundamental ajuizadas.

Se outro fosse o entendimento, ter-se-ia um esvaziamento da garantia constitucional inserida pelo legislador constituinte originário (e já regulamentada pelo legislador ordinário) provocada pela atividade do próprio Supremo Tribunal Federal.

Ademais, pelo menos em dois casos, esta Corte iniciou o julgamento de ADPFs, mesmo após a suspensão do julgamento da ADI 2331-8/DF:

1) ADPF 46, que teve o julgamento iniciado em 15/06/05, suspenso em virtude de vista do Min. Joaquim Barbosa; retomado em 17/11/05 e novamente suspenso em virtude do pedido de vista da Min. Ellen Gracie;

2) ADPF 54, cuja liminar foi deferida em 01/07/04, monocraticamente, pelo Min. Marco Aurélio, e o Plenário revogou em parte a decisão em 20/10/04.

Portanto, aqui também entendo que é de se rejeitar a pretensão de se suspender o julgamento.

Legitimidade do Governador de Estado para subscrever a petição inicial da ADPF

Alega-se, no memorial do *amicus curiae*, que ao Governador do Estado do Pará, subscritor da presente ação, falece de capacidade postulatória para subscrever sozinho a petição inicial, pois, nos termos do art. 12, I, do CPC, a referida peça deveria ter sido assinada por Procurador de Estado ou por procurador advogado habilitado por procuração (art. 36 do CPC).

Sucede que a jurisprudência do STF, segue no sentido de considerar o Governador de Estado detentor de capacidade postulatória para propor ação direta, segundo a definição prevista no artigo 103 da Constituição Federal, decorrente da própria lei.

Por essa razão, inclusive, reconhece-se à referida autoridade, independentemente de sua formação, aptidão processual plena ordinariamente destinada apenas aos advogados (ADIMC 127-AL, Celso de Mello, *DJ* 04.12.92), constituindo-se verdadeira hipótese excepcional de *jus postulandi*. Eis a ementa da referida decisão:

1516 Estado de Direito e Jurisdição Constitucional – Decisões relevantes em 15 anos de atuação no STF

"*AÇÃO DIRETA DE INCONSTITUCIONALIDADE. QUESTÃO DE ORDEM. GOVERNADOR DE ESTADO. CAPACIDADE POSTULATÓRIA RECONHECIDA. MEDIDA CAUTELAR. DEFERIMENTO PARCIAL. 1. O Governador do Estado e as demais autoridades e entidades referidas no art. 103, incisos I a VII, da Constituição Federal, além de ativamente legitimados a instauração do controle concentrado de constitucionalidade das leis e atos normativos, federais e estaduais, mediante ajuizamento da ação direta perante o Supremo Tribunal Federal, possuem capacidade processual plena e dispõem, ex vi da própria norma constitucional, de capacidade postulatória. Podem, em consequência, enquanto ostentarem aquela condição, praticar, no processo de ação direta de inconstitucionalidade, quaisquer atos ordinariamente privativos de advogado. 2. A suspensão liminar da eficácia e execução de leis e atos normativos, inclusive de preceitos consubstanciados em textos constitucionais estaduais, traduz medida cautelar cuja concretização deriva do grave exercício de um poder jurídico que a Constituição da República deferiu ao Supremo Tribunal Federal. A excepcionalidade dessa providência cautelar impõem, por isso mesmo, a constatação, hic et nunc, da cumulativa satisfação de determinados requisitos: a plausibilidade jurídica da tese exposta e a situação configuradora do periculum in mora. Precedente: ADIN n. 96-9 – RO (medida liminar, DJ de 10.11.89).*"

Assim sendo, não procede o argumento de que falece ao Governador de Estado capacidade postulatória na presente ação.

Parâmetro de controle

É muito difícil indicar, a *priori*, os preceitos fundamentais da Constituição passíveis de lesão tão grave que justifique o processo e o julgamento da arguição de descumprimento.

Não há dúvida de que alguns desses preceitos estão enunciados, de forma explícita, no texto constitucional.

Assim, ninguém poderá negar a qualidade de preceitos fundamentais da ordem constitucional aos direitos e garantias individuais (art. 5°, dentre outros). Da mesma forma, não se poderá deixar de atribuir essa qualificação aos demais princípios protegidos pela cláusula pétrea do art. 60, § 4°, da Constituição, quais sejam, a forma federativa de Estado, a separação de Poderes e o voto direto, secreto, universal e periódico.

Por outro lado, a própria Constituição explicita os chamados "princípios sensíveis", cuja violação pode dar ensejo à decretação de intervenção federal nos Estados-membros (art. 34, VII).

É fácil ver que a amplitude conferida às cláusulas pétreas e a ideia de unidade da Constituição (*Einheit der Verfassung*) acabam por colocar parte significativa da Constituição sob a proteção dessas garantias. Tal tendência não exclui a possibilidade de um 'engessamento' da ordem constitucional, obstando à introdução de qualquer mudança de maior significado[2].

Daí afirmar-se, correntemente, que tais cláusulas hão de ser interpretadas de forma restritiva. Mas essa afirmação simplista, ao invés de solver o problema, pode agravá-lo, pois a tendência detectada atua no sentido não de uma interpretação restritiva das cláusulas pétreas, mas de uma interpretação restritiva dos próprios princípios por elas protegidos.

Essa via, em lugar de permitir fortalecimento dos princípios constitucionais contemplados nas 'garantias de eternidade', como pretendido pelo constituinte, acarreta, efetivamente, seu enfraquecimento.

Assim, parece recomendável que eventual interpretação restritiva se refira à própria "garantia de eternidade" sem afetar os princípios por ela protegidos[3].

---

[2] Cf. Otto-Brun Bryde, *Verfassungsentwicklung, Stabilität und Dynamik im Verfassungsrecht der Bundesrepublik Deutschland*, Baden-Baden, 1982, p. 244.

[3] *Bryde*, cit., p. 244.

Por isso, após reconhecer a possibilidade de que se confira uma interpretação ao art. 79, III, da Lei Fundamental Alemã que não leve nem ao engessamento da ordem constitucional, nem à completa nulificação de sua força normativa, afirma Bryde que essa tarefa é prenhe de dificuldades: *"Essas dificuldades residem não apenas na natureza assaz aberta e dependente de concretização dos princípios constitucionais, mas também na relação desses princípios com as concretizações que eles acabaram por encontrar na Constituição. Se parece obrigatória a conclusão de que o art. 79, III, da Lei Fundamental não abarcou todas as possíveis concretizações no seu âmbito normativo, não se afigura menos certo que esses princípios seriam despidos de conteúdo se não se levassem em conta essas concretizações. Isso se aplica, sobretudo, porque o constituinte se esforçou por realizar, ele próprio, os princípios básicos de sua obra. O princípio da dignidade humana está protegido tão amplamente fora do âmbito do art. 1º, que o significado da disposição nele contida acabou reduzido a uma questão secundária (defesa da honra), que, obviamente, não é objeto da garantia de eternidade prevista no art. 79, III. Ainda que a referência ao 1º não se estenda, por força do disposto no art. 1º, III, a toda a ordem constitucional, tem-se de admitir que o postulado da dignidade humana protegido no art. 79, III, não se realiza sem contemplar outros direitos fundamentais. Idêntico raciocínio há de se desenvolver em relação a outros princípios referidos no art. 79, III. Para o Estado de Direito da República Federal da Alemanha afigura-se mais relevante o art. 19, IV (garantia da proteção judiciária), do que o princípio da proibição de lei retroativa que a Corte Constitucional extraiu do art. 20. E, fora do âmbito do direito eleitoral, dos direitos dos partidos políticos e dos chamados direitos fundamentais de índole política, não há limite para a revisão constitucional do princípio da democracia"*[4].

Essas assertivas têm a virtude de demonstrar que o efetivo conteúdo das 'garantias de eternidade' somente será obtido mediante esforço hermenêutico. Apenas essa atividade poderá revelar os princípios constitucionais que, ainda que não contemplados expressamente nas cláusulas pétreas, guardam estreita vinculação com os princípios por elas protegidos e estão, por isso, cobertos pela garantia de imutabilidade que delas dimana.

Os princípios merecedores de proteção, tal como enunciados normalmente nas chamadas "cláusulas pétreas", parecem despidos de conteúdo específico.

O que significa, efetivamente, "separação de Poderes" ou "forma federativa"? O que é um "Estado de Direito Democrático"? Qual o significado da "proteção da dignidade humana"? Qual a dimensão do "princípio federativo"?

Essas indagações somente podem ser respondidas, adequadamente, no contexto de determinado sistema constitucional. É o exame sistemático das disposições constitucionais integrantes do modelo constitucional que permitirá explicitar o conteúdo de determinado princípio.

Ao se deparar com alegação de afronta ao princípio da divisão de Poderes de Constituição estadual em face dos chamados "princípios sensíveis" (representação interventiva), assentou o notável Castro Nunes lição que, certamente, se aplica à interpretação das cláusulas pétreas: *"(...). Os casos de intervenção prefigurados nessa enumeração se enunciam por declarações de princípios, comportando o que possa comportar cada um desses princípios como dados doutrinários, que são conhecidos na exposição do direito público. E por isso mesmo ficou reservado o seu exame, do ponto de vista do conteúdo e da extensão e da sua correlação com outras disposições constitucionais, ao controle judicial a cargo do Supremo Tribunal Federal. Quero dizer com estas palavras que a enumeração é limitativa como enumeração. (...). A enumeração é taxativa, é limitativa, é restritiva, e não pode ser ampliada a outros casos pelo Supremo Tribunal. Mas cada um desses princípios é dado doutrinário que tem de ser examinado no seu conteúdo e delimitado na sua extensão. Daí*

---

[4] Bryde, cit., p. 245.

decorre que a interpretação é restritiva apenas no sentido de limitada aos princípios enumerados; não o exame de cada um, que não está nem poderá estar limitado, comportando necessariamente a exploração do conteúdo e fixação das características pelas quais se defina cada qual deles, nisso consistindo a delimitação do que possa ser consentido ou proibido aos Estados"[5].

Essa orientação, consagrada por esta Corte para os chamados "princípios sensíveis", há de se aplicar à concretização das "cláusulas pétreas" e, também, dos chamados "preceitos fundamentais".

É o estudo da ordem constitucional no seu contexto normativo e nas suas relações de interdependência que permite identificar as disposições essenciais para a preservação dos princípio basilares dos preceitos fundamentais em um determinado sistema. Tal como ensina J. J. Gomes Canotilho em relação à limitação do poder de revisão, a identificação do preceito fundamental não pode divorciar-se das conexões de sentido captadas do texto constitucional, fazendo-se mister que os limites materiais operem como verdadeiros 'limites textuais implícitos'[6].

Destarte, um juízo mais ou menos seguro sobre a lesão de preceito fundamental consistente nos princípios da divisão de Poderes, da forma federativa do Estado ou dos direitos e garantias individuais exige, preliminarmente, a identificação do conteúdo dessas categorias na ordem constitucional e, especialmente, das suas relações de interdependência.

Nessa linha de entendimento, a lesão a preceito fundamental não se configurará apenas quando se verificar possível afronta a um princípio fundamental, tal como assente na ordem constitucional, mas também a regras que confiram densidade normativa ou significado específico a esse princípio.

Tendo em vista as interconexões e interdependências dos princípios e regras, talvez não seja recomendável proceder-se a uma distinção entre essas duas categorias, fixando-se um conceito extensivo de preceito fundamental, abrangente das normas básicas contidas no texto constitucional.

Na espécie, cuida-se, além da alegação de afronta ao disposto no art. 7º, IV, da CF/88, e de ofensa à autonomia do Estado, base do princípio federativo amparado pela Constituição, inclusive como "cláusula pétrea" (art. 60, § 4º, inciso I).

Na forma da jurisprudência desta Corte, se a majoração da despesa pública estadual ou municipal, com a retribuição dos seus servidores, fica submetida a procedimentos, índices ou atos administrativos de natureza federal, a ofensa à autonomia do ente federado está configurada (RE 145018/RJ, Min. Moreira Alves; Rp 1426/RS, Rel. Min. Néri da Silveira; AO 258/SC, Rel. Min. Ilmar Galvão, dentre outros).

É inequívoca, pois, a relevância constitucional da controvérsia submetida a esta Corte, quanto à ofensa ao princípio federativo e à contrariedade ao disposto no art. 7º, IV, parte final, da CF/88.

Direito pré-constitucional

Passo a tratar da questão relativa à natureza pré-constitucional das normas impugnadas.

As Constituições brasileiras de 1891 (art. 83), de 1934 (art. 187) e de 1937 (art. 183) estabeleceram *cláusulas de recepção*, que, tal como as cláusulas de recepção da Constituição de Weimar e da Constituição de Bonn (respectivamente, art. 178, II, e art. 123, I), continham duas disposições: a) assegurava-se, de um lado, a vigência plena do direito pré-constitucional; b) estabelecia-se,

---

[5] Repr. n. 94, Rel. Min. Castro Nunes, *Archivo Judiciário* 85/31 (34-35), 1947.

[6] J. J. Gomes Canotilho, *Direito Constitucional e Teoria da Constituição*, Coimbra, 2002, p. 1.049.

de outro, que o direito pré-constitucional incompatível com a nova ordem perdia a vigência desde a entrada em vigor da nova Constituição[7].

O Supremo Tribunal Federal admitiu inicialmente a possibilidade de examinar, no processo do controle abstrato de normas, a questão da derrogação do direito pré-constitucional em virtude de colisão entre a Constituição superveniente e o direito pré-constitucional. Nesse caso, julgava-se improcedente a *representação*, mas reconhecia-se expressamente a existência da colisão e, portanto, a incompatibilidade entre o direito ordinário pré-constitucional e a nova Constituição *(Rp n. 946, Rel. Min. Xavier de Albuquerque, RTJ 82/44; Rp n. 969, Rel. Min. Antônio Neder, RTJ 99/544)*. O Tribunal tratava esse tema como uma questão preliminar, que haveria de ser decidida no processo de controle abstrato de normas.

Essa posição foi abandonada, todavia, em favor do entendimento segundo o qual o processo do controle abstrato de normas destina-se, fundamentalmente, à aferição da constitucionalidade de normas pós-constitucionais *(Rp n. 946, Rel. Min. Xavier de Albuquerque, RTJ 82/44; Rp n. 969, Rel. Min. Antônio Neder, RTJ 99/544)*.

Dessa forma, eventual colisão entre o direito pré-constitucional e a nova Constituição deveria ser simplesmente resolvida segundo os princípios de direito intertemporal *(Rp n. 1.012, Rel. Min. Moreira Alves, RTJ 95/990)*.

Assim, caberia à jurisdição ordinária, tanto quanto ao STF, examinar a vigência do direito pré-constitucional no âmbito do controle incidente de normas, uma vez que, nesse caso, cuidar-se-ia de simples aplicação do princípio *lex posterior derogat priori*, e não de um exame de constitucionalidade.

Esse problema, que já fora contemplado por Kelsen no famoso *Referat* sobre a natureza e o desenvolvimento da jurisdição constitucional, é tratado de forma diferenciada em cada sistema jurídico[8].

A práxis austríaca parte do princípio de que o objeto do controle abstrato de normas, nos termos do art. 140 da Lei Constitucional, não são apenas as leis federais e estaduais, mas também as antigas leis do *Reich* e dos Estados, desde que tenham sido recebidas em conformidade com o preceituado nas "Disposições Constitucionais Transitórias" de 1920[9]. A discussão sobre a constitucionalidade dessas leis antigas deve ser examinada, todavia, em face das disposições constitucionais vigentes à época[10].

Segundo esse entendimento, a colisão entre o direito pré-constitucional e a Constituição configura questão de direito intertemporal, não estando submetida à competência exclusiva da Corte Constitucional[11]. Tal questão pode ser apreciada tanto pelo Tribunal Constitucional como por outros tribunais como uma *questão preliminar*[12]. Por isso, Adamovich recomendava que se dotasse a Corte Constitucional Austríaca de competência para decidir com eficácia *erga omnes* as questões de derrogação[13].

---

[7] João Barbalho, *Constituição Federal Brasileira, Comentários*, p. 356; cf., sobre o assunto, no direito alemão: Jörn Ipsen, *Rechtsfolgen der Verfassungswidrigkeit von Norm und Einzelakt*, Baden-Baden, 1980, p. 161.

[8] Kelsen "*Wesen und Entwicklung der Staatsgerichts-barkeit*", VVDStRL 5/64, 1929.

[9] Cf., a propósito, L. Adamovich e Hans Spanner, *Handbuch des österreichischen Verfassungsrechts*, 6. ed., Viena/Nova York, 1971, p. 456.

[10] Cf. *Adamovich e Spanner*, cit., p. 456; BVerfGE 2/124 (130); 2/138, 218; 3/48; 4/339; 6/64; 7/335; 10/58, 127, 131, 159; 11/129; 12/353; 14/65; 15/183; 16/231; 17/162; 18/252. Crítico, a propósito, *Ipsen*, cit., p. 164.

[11] Cf. *Adamovich e Spanner*, cit., p. 456.

[12] *Adamovich e Spanner*, idem, ibidem.

[13] Cf. Adamovich e Spanner, Handbuch des österreichischen Verfassungsrechts, 5. ed., Viena/Nova York, 1957, p. 398.

A Corte Constitucional alemã desenvolveu uma espécie de *solução de compromisso*, assentando que tanto as leis pós-constitucionais quanto as pré-constitucionais podem ser objeto do controle abstrato de normas. Estão submetidas, porém, ao processo de controle concreto de normas apenas as leis pós-constitucionais, uma vez que, nesse caso, *a decisão sobre a colisão de normas não ameaça a autoridade do legislador constitucional*[14].

A Corte Constitucional italiana já na sua primeira decisão, em 5.6.56, reconheceu competência para examinar a constitucionalidade do direito pré-constitucional[15], porque tanto o art. 134 da Constituição quanto a Lei Constitucional, de 9.2.48, cuidavam apenas da *constitucionalidade da lei*, e entre a lei ordinária e a Constituição existe uma diferença de hierarquia, sendo, por isso, irrelevante a distinção entre direito pré-constitucional e pós-constitucional[16].

A marca de que esta não é uma opção meramente teórica resulta do próprio caso italiano. Todos os críticos e observadores dessa decisão hoje afirmam que não fosse ela tomada, a Corte Constitucional italiana não teria nada para fazer naquele momento inicial, nem poderia fazer a análise do direito fascista elaborado sob a Constituição anterior.

A Constituição portuguesa, de 1976, consagrou expressamente a chamada "inconstitucionalidade superveniente" (art. 282, § 2°), reconhecendo a competência da Corte Constitucional para examinar a compatibilidade do direito pré-constitucional em face da nova Constituição[17].

O Tribunal Constitucional Espanhol optou por uma linha intermediária, que lhe permite dividir a competência com a jurisdição ordinária em relação ao direito pré-constitucional, e outorga-lhe em relação ao direito pós-constitucional o monopólio da censura (*Cf. A. Weber, "Die Verfassungsgerichtsbarkeit in Spanien", JöR, NF 34/245 (257-258), 1985*). Configura-se, pois, competência concorrente para apreciar a compatibilidade entre o direito pré-constitucional e a nova Constituição (*A. Weber, "Die Verfassungsgerichtsbarkeit in Spanien", JöR, NF 34/245 (258), 1985*). A Lei Orgânica do Tribunal Constitucional Espanhol prevê, no art. 33, um prazo de três meses para a instauração do processo de controle abstrato de normas a contar da publicação da lei ou do ato normativo com força de lei. Nos termos do art. 2° das "Disposições Transitórias" dessa lei, aplica-se ao controle abstrato de normas, ao recurso constitucional e aos conflitos de competência o prazo previsto de três meses para os atos anteriormente editados, a contar da data de instituição do Tribunal (15.7.80) (*Cf., a propósito, A. Weber, "Die Verfassungsgerichtsbarkeit in Spanien", JöR, NF 34/245 (254), 1985*).

É certo, pois, que, com a exceção da Corte Constitucional austríaca, procuram os modernos Tribunais Constitucionais assegurar sua competência para aferir a constitucionalidade das leis pré-constitucionais em face da Constituição vigente. Ressalte-se que essa ideia não se aplica de forma irrestrita para a Corte Constitucional espanhola, uma vez que, após o decurso do prazo fixado, não dispõe mais de competência para conhecer da questão no juízo abstrato. No sistema italiano, que não conhece o controle abstrato de normas, impôs-se, desde o início, a ideia de uma inconstitucionalidade superveniente.

---

[14] *BVerfGE* 2/124 (130); 2/138, 218; 3/48; 4/339; 6/64; 7/335; 10/58, 127, 131, 159; 11/129; 12/353; 14/65; 15/183; 16/231; 17/162; 18/252. Crítico, a propósito, Jörn Ipsen, *Rechtsfolgen der Verfassungswidrigkeit von Norm und Einzelakt*, Baden-Baden, 1980, p. 164.

[15] Paolo Biscaretti di Ruffia, *Derecho Constitucional*, p. 268; Gustavo Zagrebelsky, *La Giustizia Costituzionale*, p. 42; Franco Pierandrei, "Corte Costituzionale", in *Enciclopedia del Diritto*, v. 10, Milão, 1962, p. 908. Cf., a propósito: T. Ritterspach, "*Probleme der italienischen Verfassungsgerichtsbarkeit: 20 Jahre Corte Costituzionale*", *AöR* 104/137 (1380, 1979); Aldo Sandulli, "*Die Verfassungsgerichtbarkeit in Italien*", in Mosler, *Verfassungsgerichtbarkeit in der Gegenwart*, p. 292 (306-307).

[16] Acórdão de 5.6.56, n. 1. Cf., a propósito, Gaetano Sciascia, "*Die Rechtsprechung des Verfassungsgerichtshofs der Italienischen Republik*", JöR, NF 6/1 (6), 1957.

[17] Cf., a propósito, J. J.Gomes Canotilho, *Direito Constitucional e Teoria da Constituição*, Coimbra, 2002, p. 1288-1289.

Controle concentrado **1521**

A Constituição brasileira de 1988 não tratou expressamente da questão relativa à constitucionalidade do direito pré-constitucional. A jurisprudência do STF, que se desenvolveu sob a vigência da Constituição de 1967/1969, tratava dessa colisão com base no princípio *lex posterior derogat priori.*

Já sob o império da nova Constituição, teve o STF oportunidade de discutir amplamente a questão na ADIn n. 2, da relatoria do eminente Min. Paulo Brossard. Embora o tema tenha suscitado controvérsia, provocada pela clara manifestação de Sepúlveda Pertence em favor da revisão da jurisprudência consolidada do Tribunal, prevaleceu a tese tradicional, esposada por Paulo Brossard. Em síntese, são os seguintes argumentos expendidos por Brossard:

"A ideia nuclear do raciocínio reside na superioridade da lei constitucional em relação às demais leis. A Constituição é superior às leis por ser obra do poder constituinte; ela indica os Poderes do Estado, através dos quais a nação se governa, e ainda marca e delimita as atribuições de cada um deles.

Do Legislativo, inclusive. Tendo este a sua existência e a extensão dos seus poderes definidos na Constituição, nesta há de encontrar, com a enumeração de suas atribuições, a extensão delas. E na medida em que as exceder estará praticando atos não autorizados por ela. Procede à semelhança do mandatário que ultrapassa os poderes conferidos no mandato.

Assim, uma lei é inconstitucional se e quando o legislador dispõe sobre o que não tinha poder para fazê-lo, ou seja, quando excede os poderes a ele assinados pela Constituição, à qual todos os Poderes estão sujeitos.

Disse-se que a Constituição é a Lei Maior, ou a Lei Suprema, ou a Lei Fundamental, e assim se diz porque ela é superior à lei elaborada pelo poder constituído. Não fora assim e a lei a ela contrária, obviamente posterior, revogaria a Constituição sem a observância dos preceitos constitucionais que regulam sua alteração.

Decorre daí que a lei só poderá ser inconstitucional se estiver em litígio com a Constituição sob cujo pálio agiu o legislador. A correção do ato legislativo, ou sua incompatibilidade com a lei maior, que o macula, há de ser conferida com a Constituição que delimita os poderes do Poder Legislativo que elabora a lei, e a cujo império o legislador será sujeito. E em relação a nenhuma outra.

O legislador não deve obediência à Constituição antiga, já revogada, pois ela não existe mais. Existiu, deixou de existir. Muito menos à Constituição futura, inexistente, por conseguinte, por não existir ainda. De resto, só por adivinhação poderia obedecê-la, uma vez que futura e, por conseguinte, ainda inexistente.

É por esta singelíssima razão que as leis anteriores à Constituição não podem ser inconstitucionais em relação a ela, que veio a ter existência mais tarde. Se entre ambas houver inconciliabilidade, ocorrerá revogação, dado que, por outro princípio elementar, a lei posterior revoga a lei anterior com ela incompatível, e a lei constitucional, como lei que é, revoga as leis anteriores que se lhe oponham"[18].

Sepúlveda Pertence sustentou, por seu turno, a aplicação do princípio da supremacia da Constituição também à lei pré-constitucional. A seguinte passagem contém uma boa síntese dos argumentos expendidos por Sepúlveda Pertence:

"Indaga, a propósito, o eminente Relator, com a eloquência que o singulariza, 'como poderia o legislador observar Constituição inexistente ao tempo em que elaborou a lei, como poderia quebrantar normas constitucionais que só mais tarde viriam a ser promulgadas'.

'Mesmo que o legislador fosse vidente' – responde S. Exa – ' e tivesse a antevisão do que iria acontecer, e de antemão soubesse que uma Constituição com tais e quais preceitos viria a ser promulgada, mesmo assim não lhe poderia obedecer, por estar sujeito aos preceitos e termos da Constituição vigente'.

Com todas as vênias, não me convenci de que o argumento, de fascinante cintilação retórica, tivesse maior peso jurídico.

A inconstitucionalidade é apenas o resultado de um juízo de incompatibilidade entre duas normas, ao qual é de todo alheia qualquer ideia de culpabilidade ou responsabilidade do autor da norma questionada pela ilicitude constitucional.

---

[18] A Constituição e as leis anteriores, *Arquivos do Ministério da Justiça* 180/125 (126-127), 1992.

A razão, por isso, cabe a Jorge Miranda (Manual, cit., II/250) quando anota que 'a inconstitucionalidade não é primitiva ou subsequente, originária ou derivada, inicial ou ulterior. A sua abstrata realidade jurídico-formal não depende do tempo de produção dos preceitos'.

Atemporal e impessoal, a inconstitucionalidade repele, pois, o que, embora a outro propósito, Calamandrei ("Ilegitimidade constitucional de las leyes", em Estudios, cit., III/89) chamou de 'concepção, por assim dizer, antropomórfica do que, na realidade, é somente um conflito objetivo de normas'.

Ao contrário, quando se cuida de inconstitucionalidade superveniente – que advém do cotejo de uma norma editada sob uma ordem constitucional com as normas e princípios de um outro ordenamento, futuro – a declaração da invalidade sucessiva da lei pode até significar o reconhecimento da lealdade do seu autor aos valores constitucionais da sua época.

Tanto assim é, já antes se observou, que o mesmo conteúdo normativo da regra legal fulminada de inconstitucionalidade superveniente poderá seguir regendo os fatos anteriores à nova Lei Fundamental, se assim o determinarem os cânones do direito intertemporal pertinente"[19].

As teses acima contrapostas contêm bons argumentos, aptos a legitimar qualquer uma das possíveis conclusões.

Não se deve olvidar, outrossim, tal como enfatizado por Sepúlveda Pertence, *(Ação direta de inconstitucionalidade e as normas anteriores: as razões dos vencidos, in Arquivos do Ministério da Justiça 180/148(170)),* que o debate sobre a *inconstitucionalidade* ou *revogação* do direito pré-constitucional em face do direito constitucional superveniente está imantado por uma opção político-constitucional e pragmática, que, diante da inequívoca razoabilidade das orientações, faz prevalecer uma das duas posições ou, ainda, permite desenvolver fórmulas de compromisso, com vistas à preservação de competência da jurisdição ordinária para conhecer de questões nos sistemas de controle concentrado.

Isso se vê claramente, por exemplo, no modelo alemão, que reserva, no controle concreto, para o exame das questões pós-constitucionais, a pretexto de preservar o legislador pós-constitucional. Todavia, quando há alterações significativas na legislação se diz que aquela legislação pré-constitucional foi incorporada no espírito do legislador pós-constitucional, e passa-se, então, a examinar também em sede de controle concreto.

É inegável, todavia, que a aplicação do princípio *lex posterior derogat priori* na relação lei/Constituição não é isenta de problemas, uma vez que esse postulado pressupõe idêntica *densidade normativa*[20]. Até porque, como expressamente contemplado no art. 2º da Lei de Introdução ao Código Civil Brasileiro, a derrogação do direito antigo não se verifica se a nova lei contiver apenas disposições gerais ou especiais sobre o assunto (*lex generalis* ou *lex specialis*).

Portanto, pode-se afirmar que o princípio *lex posterior derogat priori* pressupõe, fundamentalmente, a existência de *densidade normativa* idêntica ou semelhante[21], estando, primordialmente, orientado para a substituição do direito antigo pelo direito novo[22]. A Constituição não se destina, todavia, a substituir normas do direito ordinário[23].

Vale registrar, a propósito, o magistério de Ipsen sobre o tema:

"As regras de colisão da ordem jurídica não representam juízos lógicos a priori, mas normas que, juntamente com outras regras de interpretação e de aplicação, podem ser designadas como 'direito de aplicação'

---

[19] Cf. ADIn n. 2, Rel. Min. Paulo Brossard, *DJU* 12.2.92; v., também, José Paulo Sepúlveda Pertence, "Ação direta de inconstitucionalidade e as normas anteriores: as razões dos vencidos", in *Arquivos do Ministério da Justiça* 180/148 (170), julho-dezembro de 1992.

[20] Cf., a propósito: *Ipsen*, cit., p. 163; José de Castro Nunes, *Teoria e Prática do Poder Judiciário*, pp. 603-604.

[21] Cf., a propósito, *Ipsen*, cit., p. 164.

[22] Cf. *Ipsen*, cit., p. 165.

[23] Cf. *Ipsen*, cit., p. 165.

(Rechtsanwendungsrecht). Sua contingência histórica já foi ressaltada inúmeras vezes. O postulado da **lex superior** *é fruto do moderno pensamento constitucional, enquanto o princípio da* **lex posterior** *é consequência do pensamento jurídico racional. (...). A lei posterior pode ser, simultaneamente, uma lei geral, o que permite indagar se a lei especial ou a lei posterior há de ter a primazia. Esses problemas de aplicação do Direito não se deixam solver de forma abstrata; (...). Tem-se, assim, que a regra sobre a força derrogatória da* **lex posterior** *refere-se a uma constelação totalmente diferente daquela pertinente à supremacia do postulado da* **lex superior**.

Questão relativa à aplicação da **lex prior** *ou da* **lex posterior** *somente pode surgir no caso de normas de idêntica densidade normativa. Se duas leis, para situações idênticas, determinarem consequências diversas, estará o aplicador do Direito diante do problema sobre a aplicação da lei 'A' ou da lei 'B', se o conflito não puder ser solvido mediante interpretação (redução teleológica ou extensão). A decisão não fica ao seu alvedrio, devendo, segundo o postulado da* **lex posterior***, deixar de aplicar a lei anterior e decidir a questão segundo os parâmetros da lei posterior.*

Outra é a situação quando se tem um conflito entre lei e Constituição. A Constituição estabelece, frequentemente – seja nos direitos fundamentais, nos princípios constitucionais ou nas disposições programáticas –, apenas assertivas gerais que reclamam concretização para que possam desenvolver eficácia normativa. Se o juiz ou outro aplicador chegar à conclusão de que a lei contraria a Constituição, não poderá ele aplicar, indiscriminadamente, a Constituição em lugar da lei, uma vez que, a despeito de qualquer esforço, dificilmente se logra extrair da Constituição uma regulação positiva sobre situações específicas. (...). Enquanto a regra de colisão relativa à **lex posterior** *pressupõe duas leis contraditórias de idêntica densidade normativa, surge na contradição entre a lei e a Constituição um déficit normativo: a* **lex superior** *não logra colmatar diretamente as lacunas surgidas. (...). Pode-se avançar um passo: Quando se cuidar de colisão de normas de diferente hierarquia, o princípio da* **lex superior** *afasta outras regras de colisão. A utilização de uma ou de outra regra de colisão poderia levar ao absurdo de permitir que a lei ordinária – enquanto lei especial ou posterior – afastasse a incidência da Constituição enquanto lei geral ou* **lex prior***"[24].*

Conclusão bastante semelhante foi sustentada por Castro Nunes já nos idos de 1943:

"Não contesto que a incompatibilidade se resolve numa revogação, o que resulta da anterioridade da norma. Mas perde-se de vista o outro elemento, a diversidade hierárquica das normas.

A teoria da ab-rogação das leis supõe normas da mesma autoridade. Quando se diz que a lei posterior revoga, ainda que tacitamente, a anterior, supõem-se no cotejo leis do mesmo nível. Mas se a questão está em saber se uma norma pode continuar a viger em face das regras ou princípios de uma Constituição, a solução negativa só é revogação por efeito daquela anterioridade; mas tem uma designação peculiar a esse desnível das normas, chama-se declaração de inconstitucionalidade"[25].

Assim, há de se partir do princípio de que, em caso de colisão de normas de diferente hierarquia, o postulado da *lex superior* afasta outras regras de colisão[26]. Do contrário chegar-se-ia ao absurdo, destacado por Ipsen, de que a lei ordinária, enquanto lei especial ou *lex posterior*, pudesse afastar a norma constitucional enquanto *lex generalis* ou *lex prior*[27].

Um último argumento – não trazido à baila pelos defensores da tese que equipara, sob o prisma conceitual, a incompatibilidade originária ou superveniente da lei com a Constituição – extrai-se das regras disciplinadoras do recurso extraordinário no Direito Brasileiro.

Nos termos do art. 102, III, "a", "b", "c" e "d", da Constituição, o recurso extraordinário somente poderá ser admitido quando a decisão recorrida: a) contrariar dispositivo desta Constituição; b) declarar a inconstitucionalidade de tratado ou lei federal; c) julgar válida lei ou ato de governo local contestado em face desta Constituição; d) julgar válida lei local contestada em face de lei federal.

---

[24] *Ipsen*, cit., pp. 162-164.
[25] *Teoria e Prática do Poder Judiciário*, pp. 602-603.
[26] Cf. *Ipsen*, cit., p. 164.
[27] Cf., a propósito, *Ipsen*, cit., p. 164.

Embora a doutrina e a jurisprudência não tenham dúvida em afirmar o cabimento de recurso extraordinário, se se assevera a inconstitucionalidade da lei em face de Constituições anteriores, parece inequívoco que o constituinte concebeu esse instituto, fundamentalmente, para a defesa da Constituição atual. Tanto é que nos casos das alíneas "a" e "c" do art. 102, III, estabelece-se, expressamente, que o recurso será cabível quando *a decisão contrariar a Constituição* ou quando *julgar válida lei ou ato de governo local contestado em face desta Constituição*.

É fácil ver que o constituinte não concebeu *a contrariedade a esta Constituição*, em qualquer de suas formas, inclusive no que concerne à aplicação de leis pré-constitucionais, como simples questão de direito intertemporal, pois do contrário despiciendo seria o recurso extraordinário. Da mesma forma, afirmar a validade de lei ou ato de governo local contestado em face desta Constituição não parece traduzir juízo de mera compatibilidade entre o direito ordinário e a Constituição, tendo em vista também o postulado da *lex posterior*.

Essa conclusão parece resultar ainda mais evidente da cláusula contida no art. 102, III, "b", que admite o recurso extraordinário contra decisão que declarar a inconstitucionalidade de tratado ou de lei federal. Significa dizer que qualquer juízo sobre a incompatibilidade entre a lei federal ou o tratado pré-constitucional e a Constituição atual levado a efeito pela instância *a qual* é valorado pela Constituição como *declaração de inconstitucionalidade*, dando ensejo, por isso, ao recurso extraordinário.

Tais reflexões permitem afirmar que, para os fins de controle de constitucionalidade *incidenter tantum* no âmbito do recurso extraordinário, não assume qualquer relevância o momento da edição da lei, configurando eventual contrariedade à Constituição atual questão de constitucionalidade, e não de mero conflito de normas a se resolver com aplicação do princípio da *lex posterior*.

Diante de todos esses argumentos e considerando a razoabilidade e o significado para a segurança jurídica da tese que recomenda a extensão do controle abstrato de normas também ao direito pré-constitucional, não se afiguraria despropositado cogitar da revisão da jurisprudência do STF sobre a matéria.

A questão ganhou, porém, novos contornos com a aprovação da Lei n. 9.882, de 1999, que disciplina a arguição de descumprimento de preceito fundamental e estabelece, expressamente, a possibilidade de exame da compatibilidade do direito pré-constitucional com norma da Constituição Federal.

Assim, toda vez que se configurar controvérsia relevante sobre a legitimidade do direito federal, estadual ou municipal, anteriores à Constituição, em face de preceito fundamental da Constituição, poderá qualquer dos legitimados para a propositura de ação direta de inconstitucionalidade propor arguição de descumprimento.

Também essa solução vem colmatar uma lacuna importante no sistema constitucional brasileiro, permitindo que controvérsias relevantes afetas ao direito pré-constitucional sejam solvidas pelo STF com eficácia geral e efeito vinculante.

No caso presente, cuida-se de norma de direito estadual editada em 1986, anterior, portanto, à Constituição de 1988, e que com esta seria incompatível em virtude do princípio federativo e da vedação constitucional de vinculação do salário mínimo para qualquer fim (art. 7º, IV, da CF/88).

Afigura-se inequívoca, pois, a relevância do pedido formulado.

Cláusula da subsidiariedade

Cabem aqui, ademais, algumas considerações sob a perspectiva de subsidiariedade da ADPF.

O desenvolvimento do instituto relativo à inexistência de outro meio eficaz, ou o princípio da subsidiariedade, dependerá da interpretação que o STF venha a dar à lei. A esse respeito,

Controle concentrado **1525**

destaque-se que a Lei n. 9.882, de 1999, impõe que a arguição de descumprimento de preceito fundamental somente será admitida se não houver outro meio eficaz de sanar a lesividade (art. 4º, § 1º).

É interessante notar que, quando se discute a natureza desse instituto, nós temos uma certa disceptação e controvérsia na doutrina. O notável Professor José Afonso da Silva chegou a dizer que a arguição de descumprimento de preceito fundamental inspirava-se, de alguma forma, na *Verfassungsbeschwerde* alemã[28]. Nós vamos ver que *Verfassungsbeschwerde e outros* recursos constitucionais em geral vêm, na sua regulamentação, acompanhados dessa ideia de subsidiariedade, que se faz presente também na nossa ADPF.

À primeira vista poderia parecer que somente na hipótese de absoluta inexistência de qualquer outro meio eficaz para afastar a eventual lesão poder-se-ia manejar, de forma útil, a arguição de descumprimento de preceito fundamental. É fácil ver que uma leitura excessivamente literal dessa disposição, que tenta introduzir entre nós o princípio da subsidiariedade vigente no direito alemão (recurso constitucional) e no direito espanhol (recurso de amparo), acabaria por retirar desse instituto qualquer significado prático.

De uma perspectiva estritamente subjetiva, a ação somente poderia ser proposta se já se tivesse verificado a exaustão de todos os meios eficazes de afastar a lesão no âmbito judicial.

Uma leitura mais cuidadosa há de revelar, porém, que na análise sobre a eficácia da proteção de preceito fundamental nesse processo deve predominar um enfoque objetivo ou de proteção da ordem constitucional objetiva. Em outros termos, o princípio da subsidiariedade – inexistência de outro meio eficaz de sanar a lesão –, contido no § 1º do art. 4º da Lei n. 9.882, de 1999, há de ser compreendido no contexto da ordem constitucional global.

Nesse sentido, se se considera o caráter enfaticamente objetivo do instituto (o que resulta, inclusive, da legitimação ativa), meio eficaz de sanar a lesão parece ser aquele apto a solver a controvérsia constitucional relevante de forma ampla, geral e imediata.

No direito alemão a *Verfassungsbeschwerde* (recurso constitucional) está submetida ao dever de exaurimento das instâncias ordinárias. Todavia, a Corte Constitucional pode decidir de imediato um recurso constitucional se se mostrar que a questão é de interesse geral ou se demonstrado que o requerente poderia sofrer grave lesão caso recorresse à via ordinária (Lei Orgânica do Tribunal, § 90, II).

Como se vê, a ressalva constante da parte final do § 90, II, da Lei Orgânica da Corte Constitucional alemã confere ampla discricionariedade tanto para conhecer das questões fundadas no interesse geral (*allgemeine Bedeutung*), quanto daquelas controvérsias baseadas no perigo iminente de grave lesão (*schwerer Nachteil*).

Assim, tem o Tribunal Constitucional admitido o recurso constitucional, na forma antecipada, em matéria tributária, tendo em vista o reflexo direto da decisão sobre inúmeras situações homogêneas[29]. A Corte considerou igualmente relevante a apreciação de controvérsia sobre publicidade oficial, tendo em vista o seu significado para todos os partícipes, ativos e passivos, do processo eleitoral[30]. No que concerne ao controle de constitucionalidade de normas, a posição da Corte tem-se revelado enfática: *"apresenta-se, regularmente, como de interesse geral a verificação sobre se uma norma legal relevante para uma decisão judicial é inconstitucional"*[31].

---

[28] José Afonso da Silva, *Curso de Direito Constitucional positivo*. 19. ed. São Paulo: Malheiros, 2001, p. 562.

[29] Cf. *BVerfGE* 19/268 (273); *BVerfGE* 62/338 (342); v. também Klaus Schlaich, *Das Bundesverfassungsgericht*, 4. ed., 1997, p. 162.

[30] Cf. *BVerfGE* 62/230 (232); *BVerfGE* 62/117 (144); *Schlaich*, cit., p. 162.

[31] Cf. *BVerfGE* 91/93 (106).

No direito espanhol explicita-se que cabe o recurso de amparo contra ato judicial desde que *"se hayan agotado todos los recursos utilizables dentro de la vía recursal"* (Lei Orgânica do Tribunal Constitucional, art. 44, I). Não obstante, a jurisprudência e a doutrina têm entendido que, para os fins da exaustão das instâncias ordinárias, *"não é necessária a interposição de todos os recursos possíveis, senão de todos os recursos razoavelmente úteis"*[32].

Nessa linha de entendimento anotou o Tribunal Constitucional Espanhol: *"Al haberse manifestado en este caso la voluntad del órgano jurisdicional sobre el mismo fondo de la cuestión planteada, há de entenderse que la finalidad del requisito exigido en el art. 44, 1, 'a', de la LOTC se há cumplido, pues el recurso hubiera sido en cualquier caso ineficaz para reparar la supuesta vulneración del derecho constitucional conocido"* (auto de 11.2.81, n. 19)[33]. Anote-se que, na espécie, os recorrentes haviam interposto o recurso fora do prazo.

Vê-se, assim, que também no direito espanhol tem-se atenuado o significado literal do princípio da subsidiariedade ou do exaurimento das instâncias ordinárias, até porque, em muitos casos, o prosseguimento nas vias ordinárias não teria efeitos úteis para afastar a lesão a direitos fundamentais.

Observe-se, ainda, que a legitimação outorgada ao Ministério Público e ao Defensor do Povo para manejar o *recurso de amparo* reforça, no sistema espanhol, o caráter objetivo desse processo.

Tendo em vista o direito alemão, Schlaich transcreve observação de antigo Ministro da Justiça da Prússia segundo a qual *"o recurso de nulidade era proposto pelas partes, porém com objetivo de evitar o surgimento ou a aplicação de princípios jurídicos incorretos"*[34]. Em relação ao recurso constitucional moderno, movido contra decisões judiciais, anota Schlaich: *"essa deve ser também a tarefa principal da Corte Constitucional com referência aos direitos fundamentais, tendo em vista os numerosos e relevantes recursos constitucionais propostos contra decisões judiciais: contribuir para que outros tribunais logrem uma realização ótima dos direitos fundamentais"*[35].

Em verdade, o princípio da subsidiariedade, ou do exaurimento das instâncias, atua também nos sistemas que conferem ao indivíduo afetado o direito de impugnar a decisão judicial, como um pressuposto de admissibilidade de índole objetiva, destinado, fundamentalmente, a impedir a banalização da atividade de jurisdição constitucional[36].

No caso brasileiro, o pleito a ser formulado pelos órgãos ou entes legitimados dificilmente versará – pelo menos de forma direta – sobre a proteção judicial efetiva de posições específicas por eles defendidas. A exceção mais expressiva reside talvez na possibilidade de o Procurador-Geral da República, como previsto expressamente no texto legal, ou qualquer outro ente legitimado, propor a arguição de descumprimento a pedido de terceiro interessado, tendo em vista a proteção de situação específica.

Ainda assim, o ajuizamento da ação e a sua admissão estarão vinculados, muito provavelmente, ao significado da solução da controvérsia para o ordenamento constitucional objetivo, e não à proteção judicial efetiva de uma situação singular.

Assim, tendo em vista o caráter acentuadamente objetivo da arguição de descumprimento, o juízo de subsidiariedade há de ter em vista, especialmente, os demais processos objetivos já consolidados no sistema constitucional. Nesse caso, cabível a ação direta de inconstitucionalidade ou de constitucionalidade, não será admissível a arguição de descumprimento. Em sentido

---

[32] Cf. José Almagro, *Justicia Constitucional, Comentarios a la Ley Orgánica del Tribunal Constitucional*, 2. ed., Valência, 1989, p. 324.

[33] Cf. Almagro, *Justicia Constitucional, Comentarios a la Ley Orgánica del Tribunal Constitucional*, p. 325.

[34] *Schlaich*, cit., p. 184.

[35] Idem, ibidem.

[36] Cf., a propósito, Zuck, Rüdiger, *Das Recht der Verfassungsbeschwerde*, 2. ed., Munique,1988, pp. 13 e ss.

contrário, não sendo admitida a utilização de ações diretas de constitucionalidade ou de inconstitucionalidade – isto é, não se verificando a existência de meio apto para solver a controvérsia constitucional relevante de forma ampla, geral e imediata –, há de se entender possível a utilização da arguição de descumprimento de preceito fundamental.

É o que ocorre, fundamentalmente, nos casos relativos ao controle de legitimidade do direito pré-constitucional, do direito municipal em face da Constituição Federal e nas controvérsias sobre direito pós-constitucional já revogado ou cujos efeitos já se exauriram.

Esse é um outro problema concreto da ordem constitucional brasileira, porque diante da Constituição analítica e da pletora de reformas constitucionais – já estamos vivenciando esse problema na ADI – tem-se o direito legal pós-constitucional em relação às normas originárias da Constituição de 88, mas pré-constitucional em relação às Emendas Constitucionais, o que acaba por gerar dificuldades até mesmo para dar prosseguimento aos processos de controle abstrato.

Nesses casos, em face do não cabimento da ação direta de inconstitucionalidade, não há como deixar de reconhecer a admissibilidade da arguição de descumprimento de preceito fundamental.

Dessa forma, não merece guarida o argumento do *amicus curiae* no sentido de que deve ser declarada a perda de objeto do feito em exame, em face da revogação da norma impugnada.

É que a arguição de descumprimento de preceito fundamental tem como objetivo sanar lesões em processos em curso sobre o tema em debate, a despeito da revogação formal da norma.

Diz o Dr. Cláudio Fonteles na sua manifestação:

> "Não há perda do objeto do pleito pela revogação da norma impugnada, pela simples e definitiva razão que, a despeito disso, **demandas há, em curso e decididas**, motivadas pela sua existência no mundo jurídico, e que com sua revogação, por certo não se extinguiram."

Também é possível que se apresente a arguição de descumprimento, como já vimos, com pretensão de ver declarada a constitucionalidade de lei municipal que tenha sua legitimidade questionada nas instâncias inferiores.

Tendo em vista o objeto restrito da ação declaratória de constitucionalidade, da ação direta de inconstitucionalidade, não se vislumbra, aqui, meio eficaz para solver, de forma ampla, geral e imediata, eventual controvérsia instaurada.

A própria aplicação do princípio da subsidiariedade também está a indicar que a arguição de descumprimento há de ser aceita nos casos que envolvam a aplicação direta da Constituição – alegação de contrariedade à Constituição decorrente de decisão judicial ou controvérsia sobre interpretação adotada pelo Judiciário, ou seja, que não envolva a aplicação de lei ou normativo infraconstitucional.

Da mesma forma, controvérsias concretas fundadas na eventual inconstitucionalidade de lei ou ato normativo podem dar ensejo a uma pletora de demandas, insolúveis no âmbito dos processos objetivos.

Não se pode admitir que a existência de processos ordinários e recursos extraordinários deva excluir, *a priori*, a utilização da arguição de descumprimento de preceito fundamental. Até porque o instituto assume, entre nós, feição marcadamente objetiva.

Nessas hipóteses, ante a inexistência de processo de índole objetiva apto a solver, de uma vez por todas, a controvérsia constitucional, afigura-se integralmente aplicável a arguição de descumprimento de preceito fundamental. É que as ações originárias e o próprio recurso extraordinário não parecem, as mais das vezes, capazes de resolver a controvérsia constitucional de forma geral, definitiva e imediata. A necessidade de interposição de uma pletora de recursos extraordinários idênticos poderá, em verdade, constituir-se em ameaça ao livre funcionamento do STF e das próprias Cortes ordinárias.

A propósito, assinalou Sepúlveda Pertence, na ADC n. 1 (*ADC 1/DF, Rel. Min. Moreira Alves, j. 1.12.93, DJU 16.6.95*), que a convivência entre o sistema difuso e o sistema concentrado "*não se faz sem uma permanente tensão dialética na qual, a meu ver, a experiência tem demonstrado que será inevitável o reforço do sistema concentrado, sobretudo nos processos de massa; na multiplicidade de processos a que inevitavelmente, a cada ano, na dinâmica da legislação, sobretudo da legislação tributária e matérias próximas, levará se não se criam mecanismos eficazes de decisão relativamente rápida e uniforme; ao estrangulamento da máquina judiciária, acima de qualquer possibilidade de sua ampliação e, progressivamente, ao maior descrédito da Justiça, pela sua total incapacidade de responder à demanda de centenas de milhares de processos rigorosamente idênticos, porque reduzidos a uma só questão de direito*".

A possibilidade de incongruências hermenêuticas e confusões jurisprudenciais decorrentes dos pronunciamentos de múltiplos órgãos pode configurar uma ameaça a preceito fundamental (pelo menos, ao da segurança jurídica), o que também está a recomendar uma leitura compreensiva da exigência aposta à lei da arguição, de modo a admitir a propositura da ação especial toda vez que uma definição imediata da controvérsia mostrar-se necessária para afastar aplicações erráticas, tumultuárias ou incongruentes, que comprometam gravemente o princípio da segurança jurídica e a própria ideia de prestação judicial efetiva.

Ademais, a ausência de definição da controvérsia ou a própria decisão prolatada pelas instâncias judiciais poderá ser a concretização da lesão a preceito fundamental. Em um sistema dotado de órgão de cúpula, que tem a missão de guarda da Constituição, a multiplicidade ou a diversidade de soluções pode constituir-se, por si só, em uma ameaça ao princípio constitucional da segurança jurídica e, por conseguinte, em uma autêntica lesão a preceito fundamental.

Assim, tendo em vista o perfil objetivo da arguição de descumprimento, com legitimação diversa, dificilmente poder-se-á vislumbrar uma autêntica relação de subsidiariedade entre o novel instituto e as formas ordinárias ou convencionais de controle de constitucionalidade do sistema difuso, expressas, fundamentalmente, no uso do recurso extraordinário.

Como se vê, ainda que aparentemente pudesse ser o recurso extraordinário o meio eficaz de superar eventual lesão a preceito fundamental nessas situações, na prática, especialmente nos processos de massa, a utilização desse instituto do sistema difuso de controle de constitucionalidade não se revela plenamente eficaz, em razão do limitado efeito do julgado nele proferido (decisão com efeito entre as partes).

Assim sendo, é possível concluir que a simples existência de ações ou de outros recursos processuais – vias processuais ordinárias – não poderá servir de óbice à formulação da arguição de descumprimento. Ao contrário, tal como explicitado, a multiplicação de processos e decisões sobre um dado tema constitucional reclama, as mais das vezes, a utilização de um instrumento de feição concentrada, que permita a solução definitiva e abrangente da controvérsia.

É fácil ver também que a fórmula da relevância do interesse público para justificar a admissão da arguição de descumprimento (explícita no modelo alemão) está implícita no sistema criado pelo legislador brasileiro, tendo em vista, especialmente, o caráter marcadamente objetivo que se conferiu ao instituto.

Dessa forma, o Supremo Tribunal Federal sempre poderá, ao lado de outros requisitos de admissibilidade, emitir juízo sobre a relevância e o interesse público contido na controvérsia constitucional.

Essa leitura compreensiva da cláusula da subsidiariedade contida no art. 4º, § 1º, da Lei n. 9.882, de 1999, parece solver, com superioridade, a controvérsia em torno da aplicação do princípio do exaurimento das instâncias.

Assim, é plausível admitir que o Tribunal deverá conhecer da arguição de descumprimento toda vez que o princípio da segurança jurídica restar seriamente ameaçado, especialmente em razão de conflitos de interpretação ou de incongruências hermenêuticas causadas pelo modelo pluralista de jurisdição constitucional, desde que presentes os demais pressupostos de admissibilidade.

Refuta-se, com tais considerações, o argumento também trazido pelo *amicus curiae* de que a presente arguição de descumprimento de preceito fundamental não respeitou o contido no art. 4º, § 1º, da Lei n. 9.882/99.

Conclusão

No caso específico, o dispositivo impugnado, ao criar mecanismos de indexação salarial para cargos, utiliza o salário mínimo como fator de reajuste automático da remuneração dos servidores da autarquia estadual que, ressalte-se, foi extinta e, para todos os fins, sucedida pelo Estado do Pará. Com isso, retira-se do Estado a autonomia para decidir sobre o reajuste de seus servidores, matéria que diz respeito a seu peculiar interesse, mas que estará vinculada à variação de índices determinada pela União.

A jurisprudência desta Corte sobre o tema é claríssima, havendo vários precedentes (*RE 242.740/GO, Rel. Min. Moreira Alves, Pleno, DJ 18.5.2001; RE 229.631/GO, Rel. Min. Nelson Jobim, Pleno, DJ 1.7.1999; RE 140.499/GO, Rel. Min. Moreira Alves, 1ª Turma, DJ 9.9.1994*).

Outrossim, para responder a um questionamento do *amicus curiae* sobre a possibilidade de utilização da faculdade que compete a esta Corte, por força do art. 11 da Lei n. 9.882/99, verifica-se que não é o caso de conferir-se efeito *ex nunc* a esta decisão, pois não estão caracterizados os seus requisitos autorizadores: razões de segurança jurídica ou de excepcional interesse social.

Em verdade, a limitação de efeitos, no caso em apreço, acabaria por esvaziar qualquer significado jurídico de decisão a ser tomada pelo Tribunal.

Assim, pelas razões expostas, concluo meu voto no sentido da confirmação da cautelar, deferida em 02/12/02 e referendada pelo pleno em 06/11/03, julgando **PROCEDENTE O PEDIDO** da arguição de descumprimento de preceito fundamental para declarar a **ilegitimidade** (não recepção) do Regulamento de Pessoal do extinto IDESP, adotado pela Resolução n. 8/86 de seu Conselho de Administração e aprovado pelo Decreto estadual n. 4.307, de 12 de maio de 1986, em face do princípio federativo (art. 60, § 4º, I, c/c art. 7º, inciso IV, *in fine*, da Constituição de 1988).

ADPF 54[1]

ADPF – Adequação – Interrupção da gravidez – Feto anencéfalo – Política judiciária – Macroprocesso – Pedido de interpretação de normas penais para permitir a interrupção da gravidez em caso de anencefalia – Processo objetivo – Necessidade de pronunciamento urgente do Supremo Tribunal Federal – Possibilidade de prolação de decisão com perfil aditivo.

Cuida-se de arguição de descumprimento de preceito fundamental formalizado pela Confederação Nacional dos Trabalhadores na Saúde – CNTS, nos termos dos arts. 1º, IV; 5º, II; 6º, *caput*; e 196, todos da Constituição Federal.

Alegou lesão decorrente de ato do *Poder Público*, tendo em vista o conjunto normativo ensejado pelos arts. 124, 126, *caput*, e 128, incs. I e II, do Código Penal – Decreto-Lei n. 2.848, de 7 de dezembro de 1940.

Afirmou *"que diversos órgãos investidos do ofício judicante – juízes e tribunais – vêm extraindo do Código Penal, em detrimento da Constituição Federal, dos princípios contidos nos textos mencionados, a proibição de se efetuar a antecipação terapêutica do parto nos casos de fetos anencéfalos. Alegou ser a patologia daquelas que tornam inviável a vida extrauterina"*[2].

Buscou a concessão de medida liminar, *"dizendo sob o concurso do sinal do bom direito e do risco de se manter o quadro, sujeitando-se a mãe e todos aqueles que participem da antecipação terapêutica do parto a processo-crime, aspecto a evidenciar o risco. O pedido principal é de, ante os preceitos fundamentais, declarar-se que os artigos 124, 126, 128, I e II, do Código Penal, interpretados a ponto de alcançar tal antecipação terapêutica, são inconstitucionais"*[3].

O Ministro Marco Aurélio, Relator, durante as férias forenses da Corte, deferiu medida liminar, *ad referendum* do Plenário, *"para, diante da relevância do pedido e do risco de manter-se com plena eficácia o ambiente de desencontros em pronunciamentos judiciais até aqui notados, ter-se não só o sobrestamento dos processos e decisões não transitadas em julgado, como também o reconhecimento do direito constitucional da gestante de submeter-se à operação terapêutica de parto de fetos anencefálicos, a partir de laudo médico atestando a deformidade, a anomalia que atingiu o feto"*[4].

O Procurador-Geral da República, em questão de ordem, requereu a submissão do processo ao Plenário para definir-se, preliminarmente, a adequação da arguição de descumprimento de preceito fundamental.

Em sessão no dia 27.4.2005, o Tribunal, por maioria, referendou a primeira parte da liminar concedida, relativa ao sobrestamento dos processos e decisões não transitadas em julgado, vencido o ministro Cezar Peluso; revogou a segunda parte, em que se reconhecia o direito constitucional da gestante de submeter-se à operação terapêutica de parto de fetos anencéfalos, vencidos os ministros Marco Aurélio, relator, Carlos Britto, Celso de Mello e Sepúlveda Pertence; e, por maioria, entendeu admissível a ação, vencidos os ministros Eros Grau, Cezar Peluso, Ellen Gracie e Carlos Velloso, que não a admitiam (*DJ* de 31.8.2007).

---

[1] Em sessão plenária do dia 12 de abril de 2012, acordaram os Ministros do Supremo Tribunal Federal em julgar procedente a ação para declarar a inconstitucionalidade da interpretação segundo a qual a interrupção da gravidez de feto anencéfalo é conduta tipificada nos arts. 124, 126 e 128, incisos I e II, do Código Penal, nos termos do voto relator e por maioria (*DJ* de 30.4.2013).

[2] Relatório elaborado pelo Min. Marco Aurélio.

[3] Relatório elaborado pelo Min. Marco Aurélio.

[4] Relatório elaborado pelo Min. Marco Aurélio.

Controle concentrado **1531**

O Ministro Relator, considerando que a *"matéria em análise deságua em questionamentos múltiplos"* e que a *"repercussão do que decidido sob o ângulo precário e efêmero da medida liminar redundou na emissão de entendimentos diversos"*, designou, nos termos do art. 6º, § 1º, da Lei 9.882/99, audiência pública para ouvir pessoas com experiência e autoridade na matéria.

EMENTA: ADPF – Adequação – Interrupção da gravidez – Feto anencéfalo – Política judiciária – Macroprocesso. Tanto quanto possível, há de ser dada sequência a processo objetivo, chegando-se, de imediato, a pronunciamento do Supremo Tribunal Federal. Em jogo valores consagrados na Lei Fundamental – como o são os da dignidade da pessoa humana, da saúde, da liberdade e autonomia da manifestação da vontade e da legalidade –, considerados a interrupção da gravidez de feto anencéfalo e os enfoques diversificados sobre a configuração do crime de aborto, adequada surge a arguição de descumprimento de preceito fundamental. ADPF – Liminar – Anencefalia – Interrupção da gravidez – Glosa penal – Processos em curso – Suspensão. Pendente de julgamento a arguição de descumprimento de preceito fundamental, processos criminais em curso, em face da interrupção da gravidez no caso de anencefalia, devem ficar suspensos até o crivo final do Supremo Tribunal Federal. ADPF – Liminar – Anencefalia – Interrupção da gravidez – Glosa penal – Afastamento – Mitigação. Na dicção da ilustrada maioria, entendimento em relação ao qual guardo reserva, não prevalece, em arguição de descumprimento de preceito fundamental, liminar no sentido de afastar a glosa penal relativamente àqueles que venham a participar da interrupção da gravidez no caso de anencefalia.

VOTO

Introdução

O Ministro Marco Aurélio traz à análise deste Plenário questão de ordem levantada pelo Procurador-Geral da República "alusiva ao não cabimento da via eleita ao tratamento do tema, como apresentado."

A presente ADPF tem o seguinte pedido principal:

"(...) requer seja julgado procedente o presente pedido para o fim de que esta Eg. Corte, procedendo à interpretação conforme a Constituição dos arts. 125, 126 e 128, I e II, do Código Penal (Decreto-lei n. 2.848/40), declare inconstitucional, com eficácia *erga omnes* e efeito vinculante, a interpretação de tais dispositivos como impeditivos da antecipação terapêutica do parto em casos de gravidez de feto anencefálico, diagnosticados por médico habilitado, reconhecendo-se o direito subjetivo da gestante de se submeter a tal procedimento sem a necessidade de apresentação prévia de autorização judicial ou qualquer outra forma de permissão específica do Estado."

Requer-se ainda alternativamente, *verbis*:

"(...) caso V. Exa. entenda pelo descabimento da ADPF na hipótese, seja a presente recebida como ação direta de inconstitucionalidade, uma vez que o que se pretende é a interpretação conforme a Constituição dos artigos 124, 126 e 128 do Código Penal, sem redução de texto (...)."

Alega-se estarem preenchidos os pressupostos de cabimento da ADPF, pois estão vulnerados por aqueles artigos do Código Penal (ato do poder público) os seguintes preceitos fundamentais: "princípio da dignidade da pessoa humana (art. 1º, IV), um dos fundamentos da República brasileira; a cláusula geral da liberdade, extraída do princípio da legalidade (art. 5º, II), direito fundamental previsto no Capítulo dedicado aos direitos individuais e coletivos; e o direito à saúde (arts. 6º e 196), contemplado no Capítulo dos direitos sociais e reiterado no Título reservado à ordem social."

Quanto ao pressuposto da subsidiariedade sustenta-se que "as disposições questionadas encontram-se no Código Penal, materializado no Decreto-lei n. 2.848, de 7.12.40. Trata-se, como se percebe singelamente, de diploma legal pré-constitucional, não sendo seus dispositivos originais suscetíveis de controle mediante ação direta de inconstitucionalidade, consoante pacífica jurisprudência do Supremo Tribunal Federal. Não seria hipótese de ação declaratória de constitucionalidade nem de qualquer outro processo objetivo."

Passemos à análise do cabimento da presente arguição.

Considerações preliminares

Tal como já afirmei quando do julgamento da medida cautelar na ADPF 33, nos termos da Lei n. 9.882, de 3 de dezembro de 1999, cabe a arguição de descumprimento de preceito fundamental para evitar ou reparar lesão a preceito fundamental, resultante de ato do Poder Público (art. 1º, *caput*).

O parágrafo único do art. 1º explicita que caberá também a arguição de descumprimento quando for relevante o fundamento da controvérsia constitucional sobre lei ou ato normativo federal, estadual ou municipal, inclusive anteriores à Constituição (leis pré-constitucionais).

Vê-se, assim, que a arguição de descumprimento poderá ser manejada para solver controvérsias sobre a constitucionalidade do direito federal, do direito estadual e também do direito municipal.

Pode-se dizer que a arguição de descumprimento vem completar o sistema de controle de constitucionalidade de perfil relativamente concentrado no STF, uma vez que as questões até então não apreciadas no âmbito do controle abstrato de constitucionalidade (ação direta de inconstitucionalidade e ação declaratória de constitucionalidade) poderão ser objeto de exame no âmbito do novo procedimento.

Parâmetro de controle

É muito difícil indicar, a *priori*, os preceitos fundamentais da Constituição passíveis de lesão tão grave que justifique o processo e o julgamento da arguição de descumprimento.

Não há dúvida de que alguns desses preceitos estão enunciados, de forma explícita, no texto constitucional.

Assim, ninguém poderá negar a qualidade de preceitos fundamentais da ordem constitucional aos direitos e garantias individuais (art. 5º, dentre outros). Da mesma forma, não se poderá deixar de atribuir essa qualificação aos demais princípios protegidos pela cláusula pétrea do art. 60, § 4º, da Constituição, quais sejam, a forma federativa de Estado, a separação de Poderes e o voto direto, secreto, universal e periódico.

Por outro lado, a própria Constituição explicita os chamados "princípios sensíveis", cuja violação pode dar ensejo à decretação de intervenção federal nos Estados-membros (art. 34, VII).

É fácil ver que a amplitude conferida às cláusulas pétreas e a ideia de unidade da Constituição (*Einheit der Verfassung*) acabam por colocar parte significativa da Constituição sob a proteção dessas garantias. Tal tendência não exclui a possibilidade de um 'engessamento' da ordem constitucional, obstando à introdução de qualquer mudança de maior significado[5].

Daí afirmar-se, correntemente, que tais cláusulas hão de ser interpretadas de forma restritiva.

Essa afirmação simplista, ao invés de solver o problema, pode agravá-lo, pois a tendência detectada atua no sentido não de uma interpretação restritiva das cláusulas pétreas, mas de uma interpretação restritiva dos próprios princípios por elas protegidos.

Essa via, em lugar de permitir fortalecimento dos princípios constitucionais contemplados nas 'garantias de eternidade', como pretendido pelo constituinte, acarreta, efetivamente, seu enfraquecimento.

Assim, parece recomendável que eventual interpretação restritiva se refira à própria garantia de eternidade sem afetar os princípios por ela protegidos[6].

---

[5] Cf. Otto-Brun Bryde, *Verfassungsengsentwicklung, Stabilität und Dynamik im Verfassungsrecht der Bundesrepublik Deutschland*, Baden-Baden, 1982, p. 244.

[6] *Bryde*, cit., p. 244.

Por isso, após reconhecer a possibilidade de que se confira uma interpretação ao art. 79, III, da Lei Fundamental que não leve nem ao engessamento da ordem constitucional, nem à completa nulificação de sua força normativa, afirma Bryde que essa tarefa é prenhe de dificuldades: *"Essas dificuldades residem não apenas na natureza assaz aberta e dependente de concretização dos princípios constitucionais, mas também na relação desses princípios com as concretizações que eles acabaram por encontrar na Constituição. Se parece obrigatória a conclusão de que o art. 79, III, da Lei Fundamental não abarcou todas as possíveis concretizações no seu âmbito normativo, não se afigura menos certo que esses princípios seriam despidos de conteúdo se não se levassem em conta essas concretizações. Isso se aplica, sobretudo, porque o constituinte se esforçou por realizar, ele próprio, os princípios básicos de sua obra. O princípio da dignidade humana está protegido tão amplamente fora do âmbito do art. 1º, que o significado da disposição nele contida acabou reduzi-do a uma questão secundária (defesa da honra), que, obviamente, não é objeto da garantia de eternidade prevista no art. 79, III. Ainda que a referência ao 1º não se estenda, por força do dispos-to no art. 1º, III, a toda a ordem constitucional, tem-se de admitir que o postulado da dignidade humana protegido no art. 79, III, não se realiza sem contemplar outros direitos fundamentais. Idêntico raciocínio há de se desenvolver em relação a outros princípios referidos no art. 79, III. Para o Estado de Direito da República Federal da Alemanha afigura-se mais relevante o art. 19, IV (garantia da proteção judiciária), do que o princípio da proibição de lei retroativa que a Corte Constitucional extraiu do art. 20. E, fora do âmbito do direito eleitoral, dos direitos dos partidos políticos e dos chamados direitos fundamentais de índole política, não há limite para a revisão constitucional do princípio da democracia"*[7].

Essas assertivas têm a virtude de demonstrar que o efetivo conteúdo das 'garantias de eter-nidade' somente será obtido mediante esforço hermenêutico. Apenas essa atividade poderá reve-lar os princípios constitucionais que, ainda que não contemplados expressamente nas cláusulas pétreas, guardam estreita vinculação com os princípios por elas protegidos e estão, por isso, co-bertos pela garantia de imutabilidade que delas dimana.

Os princípios merecedores de proteção, tal como enunciados normalmente nas chamadas "cláusulas pétreas", parecem despidos de conteúdo específico.

O que significa, efetivamente, "separação de Poderes" ou "forma federativa"? O que é um "Estado de Direito Democrático"? Qual o significado da "proteção da dignidade humana"? Qual a dimensão do "princípio federativo"?

Essas indagações somente podem ser respondidas, adequadamente, no contexto de deter-minado sistema constitucional. É o exame sistemático das disposições constitucionais integran-tes do modelo constitucional que permitirá explicitar o conteúdo de determinado princípio.

Ao se deparar com alegação de afronta ao princípio da divisão de Poderes de Constituição estadual em face dos chamados "princípios sensíveis" (representação interventiva), assentou o notável Castro Nunes lição que, certamente, se aplica à interpretação das cláusulas pétreas: *"(...). Os casos de intervenção prefigurados nessa enumeração se enunciam por declarações de princípios, comportando o que possa comportar cada um desses princípios como dados doutrinários, que são conhecidos na exposição do direito público. E por isso mesmo ficou reservado o seu exame, do pon-to de vista do conteúdo e da extensão e da sua correlação com outras disposições constitucionais, ao controle judicial a cargo do Supremo Tribunal Federal. Quero dizer com estas palavras que a enumeração é limitativa como enumeração. (...). A enumeração é taxativa, é limitativa, é restritiva, e não pode ser ampliada a outros casos pelo Supremo Tribunal. Mas cada um desses princípios é dado doutrinário que tem de ser examinado no seu conteúdo e delimitado na sua extensão. Daí*

---

[7] Bryde, cit., p. 245.

decorre que a interpretação é restritiva apenas no sentido de limitada aos princípios enumerados; não o exame de cada um, que não está nem poderá estar limitado, comportando necessariamente a exploração do conteúdo e fixação das características pelas quais se defina cada qual deles, nisso consistindo a delimitação do que possa ser consentido ou proibido aos Estados" (Repr. n. 94, Rel. Min. Castro Nunes, Archivo Judiciário 85/31 (34-35), 1947).

Essa orientação, consagrada por esta Corte para os chamados "princípios sensíveis", há de se aplicar à concretização das cláusulas pétreas e, também, dos chamados "preceitos fundamentais".

É o estudo da ordem constitucional no seu contexto normativo e nas suas relações de inter-dependência que permite identificar as disposições essenciais para a preservação dos princípios basilares dos preceitos fundamentais em um determinado sistema. Tal como ensina J. J. Gomes Canotilho em relação à limitação do poder de revisão, a identificação do preceito fundamental não pode divorciar-se das conexões de sentido captadas do texto constitucional, fazendo-se mis-ter que os limites materiais operem como verdadeiros 'limites textuais implícitos'[8].

Destarte, um juízo mais ou menos seguro sobre a lesão de preceito fundamental consisten-te nos princípios da divisão de Poderes, da forma federativa do Estado ou dos direitos e garantias individuais exige, preliminarmente, a identificação do conteúdo dessas categorias na ordem cons-titucional e, especialmente, das suas relações de interdependência.

Nessa linha de entendimento, a lesão a preceito fundamental não se configurará apenas quando se verificar possível afronta a um princípio fundamental, tal como assente na ordem constitucional, mas também a disposições que confiram densidade normativa ou significado específico a esse princípio.

Tendo em vista as interconexões e interdependências dos princípios e regras, talvez não seja recomendável proceder-se a uma distinção entre essas duas categorias, fixando-se um conceito ex-tensivo de preceito fundamental, abrangente das normas básicas contidas no texto constitucional.

No caso em exame, o pedido funda-se no "princípio da dignidade da pessoa humana (art. 1º, IV), na cláusula geral da liberdade, extraída do princípio da legalidade (art. 5º, II), e no direito à saúde (arts. 6º e 196)." A existência ou não de violação a tais preceitos será objeto de exame quan-do do julgamento do mérito. Mas cabe enfatizar, nesse ponto, que este requisito legal para a ad-missibilidade da ADPF restou cumprido na inicial.

Direito pré-constitucional

As Constituições brasileiras de 1891 (art. 83), de 1934 (art. 187) e de 1937 (art. 183) estabele-ceram *cláusulas de recepção*, que, tal como as cláusulas de recepção da Constituição de Weimar e da Constituição de Bonn (respectivamente, art. 178, II, e art. 123, I), continham duas disposi-ções: a) assegurava-se, de um lado, a vigência plena do direito pré-constitucional; b) estabelecia--se, de outro, que o direito pré-constitucional incompatível com a nova ordem perdia a vigência desde a entrada em vigor da nova Constituição[9].

O Supremo Tribunal Federal admitiu inicialmente a possibilidade de examinar, no proces-so do controle abstrato de normas, a questão da derrogação do direito pré-constitucional em virtude de colisão entre a Constituição superveniente e o direito pré-constitucional. Nesse caso, julgava-se improcedente a *representação*, mas reconhecia-se expressamente a existência da coli-são e, portanto, a incompatibilidade entre o direito ordinário pré-constitucional e a nova Consti-tuição *(Rp n. 946, Rel. Min. Xavier de Albuquerque, RTJ 82/44; Rp n. 969, Rel. Min. Antônio Neder, RTJ 99/544).* O Tribunal tratava esse tema como uma questão preliminar, que haveria de ser decidida no processo de controle abstrato de normas.

---

[8] J. J. Gomes Canotilho, *Direito Constitucional e Teoria da Constituição*, Coimbra, 2002, p. 1.049.

[9] João Barbalho, *Constituição Federal Brasileira, Comentários*, p. 356; cf., sobre o assunto, no direito alemão: Jörn Ipsen, *Rechtsfolgen der Verfassungswidrigkeit von Norm und Einzelakt*, Baden-Baden, 1980, p. 161.

Essa posição foi abandonada, todavia, em favor do entendimento segundo o qual o processo do controle abstrato de normas destina-se, fundamentalmente, à aferição da constitucionalidade de normas pós-constitucionais *(Rp n. 946, Rel. Min. Xavier de Albuquerque, RTJ 82/44; Rp n. 969, Rel. Min. Antônio Neder, RTJ 99/544)*. Dessa forma, eventual colisão entre o direito pré-constitucional e a nova Constituição deveria ser simplesmente resolvida segundo os princípios de direito intertemporal *(Rp n. 1.012, Rel. Min. Moreira Alves, RTJ 95/990)*.

Assim, caberia à jurisdição ordinária, tanto quanto ao STF, examinar a vigência do direito pré-constitucional no âmbito do controle incidente de normas, uma vez que, nesse caso, cuidar-se-ia de simples aplicação do princípio *lex posterior derogat priori*, e não de um exame de constitucionalidade.

Esse problema, que já fora contemplado por Kelsen no famoso *Referat* sobre a natureza e o desenvolvimento da jurisdição constitucional, é tratado de forma diferenciada em cada sistema jurídico[10].

A práxis austríaca parte do princípio de que o objeto do controle abstrato de normas, nos termos do art. 140 da Lei Constitucional, não são apenas as leis federais e estaduais, mas também as antigas leis do *Reich* e dos Estados, desde que tenham sido recebidas em conformidade com o preceituado nas "Disposições Constitucionais Transitórias" de 1920[11]. A discussão sobre a constitucionalidade dessas leis antigas deve ser examinada, todavia, em face das disposições constitucionais vigentes à época[12].

Segundo esse entendimento, a colisão entre o direito pré-constitucional e a Constituição configura questão de direito intertemporal, não estando submetida à competência exclusiva da Corte Constitucional[13]. Tal questão pode ser apreciada tanto pelo Tribunal Constitucional como por outros tribunais como uma *questão preliminar*[14]. *Adamovich recomendou que se dotasse a Corte Constitucional Austríaca de competência para decidir com eficácia erga omnes as questões de derrogação*[15].

A Corte Constitucional alemã desenvolveu uma espécie de *solução de compromisso*, assentando que tanto as leis pós-constitucionais quanto as pré-constitucionais podem ser objeto do controle abstrato de normas. Estão submetidas, porém, ao processo de controle concreto de normas apenas as leis pós-constitucionais, uma vez que, nesse caso, *a decisão sobre a colisão de normas não ameaça a autoridade do legislador constitucional*[16].

A Corte Constitucional italiana já na sua primeira decisão, em 5.6.56, reconheceu competência para examinar a constitucionalidade do direito pré-constitucional[17], porque tanto o art. 134 da Constituição quanto a Lei Constitucional, de 9.2.48, cuidavam apenas da *constitucionalidade da lei*, e entre a lei ordinária e a Constituição existe uma diferença de hierarquia, sendo, por isso, irrelevante a distinção entre direito pré-constitucional e pós-constitucional[18].

---

[10] Kelsen, *"Wesen und Entwicklung der Staatsgerichts-barkeit"*, VVDStRL 5/64, 1929.

[11] Cf., a propósito, L. Adamovich e Hans Spanner, *Handbuch des österreichischen Verfassungsrechts*, 6. ed., Viena/Nova York, 1971, p. 456.

[12] Cf. Adamovich e Spanner, cit., p. 456; BVerfGE 2/124 (130); 2/138, 218; 3/48; 4/339; 6/64; 7/335; 10/58, 127, 131, 159; 11/129; 12/353; 14/65; 15/183; 16/231; 17/162; 18/252. Crítico, a propósito, *Ipsen*, cit., p. 164.

[13] Cf. *Adamovich e Spanner*, cit., p. 456.

[14] *Adamovich e Spanner*, idem, ibidem.

[15] Cf. Adamovich e Spanner, *Handbuch des österreichischen Verfassungsrechts*, 5. ed., Viena/Nova York, 1957, p. 398.

[16] BVerfGE 2/124 (130); 2/138, 218; 3/48; 4/339; 6/64; 7/335; 10/58, 127, 131, 159; 11/129; 12/353; 14/65; 15/183; 16/231; 17/162; 18/252. Crítico, a propósito, *Ipsen*, cit., p. 164.

[17] Paolo Biscaretti di Ruffia, *Derecho Constitucional*, p. 268; Gustavo Zagrebelsky, *La Giustizia Costituzionale*, p. 42; Franco Pierandrei, "Corte Costituzionale", in *Enciclopedia del Diritto*, v. 10, Milão, 1962, p. 908. Cf., a propósito: T. Ritterspach, *"Probleme der italienischen Verfassungsgerichtsbarkeit: 20 Jahre Corte Costituzionale"*, AöR 104/137 (1380, 1979); Aldo Sandulli, *"Die Verfassungsgerichtbarkeit in Italien"*, in Mosler, *Verfassungsgerichtbarkeit in der Gegenwart*, p. 292 (306-307).

[18] Acórdão de 5.6.56, n. 1. Cf., a propósito, Gaetano Sciascia, *"Die Rechtsprechung des Verfassungsgerichtshofs der Italienischen Republik"*, JöR, NF 6/1 (6), 1957.

A Constituição portuguesa, de 1976, consagrou expressamente a chamada "inconstitucionalidade superveniente" (art. 282, § 4º), reconhecendo a competência da Corte Constitucional para examinar a compatibilidade do direito pré-constitucional em face da nova Constituição[19].

O Tribunal Constitucional Espanhol optou por uma linha intermediária, que lhe permite dividir a competência com a jurisdição ordinária em relação ao direito pré-constitucional, e outorga-lhe em relação ao direito pós-constitucional o monopólio da censura[20]. Configura-se, pois, competência concorrente para apreciar a compatibilidade entre o direito pré-constitucional e a nova Constituição[21]. A Lei Orgânica do Tribunal Constitucional Espanhol prevê, no art. 33, um prazo de três meses para a instauração do processo de controle abstrato de normas a contar da publicação da lei ou do ato normativo com força de lei. Nos termos do art. 2º das "Disposições Transitórias" dessa lei, aplica-se ao controle abstrato de normas, ao recurso constitucional e aos conflitos de competência o prazo previsto de três meses para os atos anteriormente editados, a contar da data de instituição do Tribunal (15.7.80)[22].

É certo, pois, que, com a exceção da Corte Constitucional austríaca, procuram os modernos Tribunais Constitucionais assegurar sua competência para aferir a constitucionalidade das leis pré-constitucionais em face da Constituição vigente. Ressalte-se que essa ideia não se aplica de forma irrestrita para a Corte Constitucional espanhola, uma vez que, após o decurso do prazo fixado, não dispõe mais de competência para conhecer da questão no juízo abstrato. No sistema italiano, que não conhece o controle abstrato de normas, impôs-se, desde o início, a ideia de uma inconstitucionalidade superveniente.

A Constituição brasileira de 1988 não tratou expressamente da questão relativa à constitucionalidade do direito pré-constitucional. A jurisprudência do STF, que se desenvolveu sob a vigência da Constituição de 1967/1969, tratava dessa colisão com base no princípio *lex posterior derogat priori*.

Já sob o império da nova Constituição, teve o STF oportunidade de discutir amplamente a questão na ADIn n. 2, da relatoria do eminente Min. Paulo Brossard. Embora o tema tenha suscitado controvérsia, provocada pela clara manifestação de Sepúlveda Pertence em favor da revisão da jurisprudência consolidada do Tribunal, prevaleceu a tese tradicional, esposada por Paulo Brossard. Em síntese, são os seguintes argumentos expendidos por Brossard:

> *"A ideia nuclear do raciocínio reside na superioridade da lei constitucional em relação às demais leis. A Constituição é superior às leis por ser obra do poder constituinte; ela indica os Poderes do Estado, através dos quais a nação se governa, e ainda marca e delimita as atribuições de cada um deles.*
>
> *Do Legislativo, inclusive. Tendo este a sua existência e a extensão dos seus poderes definidos na Constituição, nesta há de encontrar, com a enumeração de suas atribuições, a extensão delas. E na medida em que as exceder estará praticando atos não autorizados por ela. Procede à semelhança do mandatário que ultrapassa os poderes conferidos no mandato.*
>
> *Assim, uma lei é inconstitucional se e quando o legislador dispõe sobre o que não tinha poder para fazê-lo, ou seja, quando excede os poderes a ele assinados pela Constituição, à qual todos os Poderes estão sujeitos.*
>
> *Disse-se que a Constituição é a Lei Maior, ou a Lei Suprema, ou a Lei Fundamental, e assim se diz porque ela é superior à lei elaborada pelo poder constituído. Não fora assim e a lei a ela contrária, obviamente posterior, revogaria a Constituição sem a observância dos preceitos constitucionais que regulam sua alteração.*
>
> *Decorre daí que a lei só poderá ser inconstitucional se estiver em litígio com a Constituição sob cujo pálio agiu o legislador. A correção do ato legislativo, ou sua incompatibilidade com a lei maior, que o macula,*

---

[19] Cf., a propósito, Canotilho, cit., p. 1288.

[20] Cf. A. Weber, "Die Verfassungsgerichtsbarkeit in Spanien", *JöR*, NF 34/245 (257-258), 1985.

[21] A. Weber, "Die Verfassungsgerichtsbarkeit in Spanien", *JöR*, NF 34/245 (258), 1985.

[22] Cf., a propósito, A. Weber, "Die Verfassungsgerichtsbarkeit in Spanien", *JöR*, NF 34/245 (254), 1985.

Controle concentrado **1537**

há de ser conferida com a Constituição que delimita os poderes do Poder Legislativo que elabora a lei, e a cujo império o legislador será sujeito. E em relação a nenhuma outra.

O legislador não deve obediência à Constituição antiga, já revogada, pois ela não existe mais. Existiu, deixou de existir. Muito menos à Constituição futura, inexistente, por conseguinte, por não existir ainda. De resto, só por adivinhação poderia obedecê-la, uma vez que futura e, por conseguinte, ainda inexistente.

É por esta singelíssima razão que as leis anteriores à Constituição não podem ser inconstitucionais em relação a ela, que veio a ter existência mais tarde. Se entre ambas houver inconciliabilidade, ocorrerá revogação, dado que, por outro princípio elementar, a lei posterior revoga a lei anterior com ela incompatível, e a lei constitucional, como lei que é, revoga as leis anteriores que se lhe oponham"[23].

Sepúlveda Pertence sustentou, por seu turno, a aplicação do princípio da supremacia da Constituição também à lei pré-constitucional. A seguinte passagem contém uma boa síntese dos argumentos expendidos por Sepúlveda Pertence:

"Indaga, a propósito, o eminente Relator, com a eloquência que o singulariza, 'como poderia o legislador observar Constituição inexistente ao tempo em que elaborou a lei, como poderia quebrantar normas constitucionais que só mais tarde viriam a ser promulgadas'.

'Mesmo que o legislador fosse vidente' – responde S. Exa – ' e tivesse a antevisão do que iria acontecer, e de antemão soubesse que uma Constituição com tais e quais preceitos viria a ser promulgada, mesmo assim não lhe poderia obedecer, por estar sujeito aos preceitos e termos da Constituição vigente'.

Com todas as vênias, não me convenci de que o argumento, de fascinante cintilação retórica, tivesse maior peso jurídico.

A inconstitucionalidade é apenas o resultado de um juízo de incompatibilidade entre duas normas, ao qual é de todo alheia qualquer ideia de culpabilidade ou responsabilidade do autor da norma questionada pela ilicitude constitucional.

A razão, por isso, cabe a Jorge Miranda (Manual, cit., II/250) quando anota que 'a inconstitucionalidade não é primitiva ou subsequente, originária ou derivada, inicial ou ulterior. A sua abstrata realidade jurídico-formal não depende do tempo de produção dos preceitos'.

Atemporal e impessoal, a inconstitucionalidade repele, pois, o que, embora a outro propósito, Calamandrei ("Ilegitimidade constitucional de las leyes", em Estudios, cit., III/89) chamou de 'concepção, por assim dizer, antropomórfica do que, na realidade, é somente um conflito objetivo de normas'.

Ao contrário, quando se cuida de inconstitucionalidade superveniente – que advém do cotejo de uma norma editada sob uma ordem constitucional com as normas e princípios de um outro ordenamento, futuro – a declaração da invalidade sucessiva da lei pode até significar o reconhecimento da lealdade do seu autor aos valores constitucionais da sua época.

Tanto assim é, já antes se observou, que o mesmo conteúdo normativo da regra legal fulminada de inconstitucionalidade superveniente poderá seguir regendo os fatos anteriores à nova Lei Fundamental, se assim o determinarem os cânones do direito intertemporal pertinente." (Cf. ADIn n. 2, Rel. Min. Paulo Brossard, DJU 12.2.92; v., também, José Paulo Sepúlveda Pertence, "Ação direta de inconstitucionalidade e as normas anteriores: as razões dos vencidos", in Arquivos do Ministério da Justiça 180/148 (170), julho-dezembro de 1992).

As teses acima contrapostas contêm bons argumentos, aptos a legitimar qualquer uma das possíveis conclusões.

Não se deve olvidar, outrossim, tal como enfatizado por Sepúlveda Pertence[24], que o debate sobre a *inconstitucionalidade* ou *revogação* do direito pré-constitucional em face do direito constitucional superveniente está imantado por uma opção político-constitucional e pragmática, que, diante da inequívoca razoabilidade das orientações, faz prevalecer uma das duas posições

---

[23] A Constituição e as leis anteriores, *Arquivos do Ministério da Justiça* 180/125 (126-127), 1992.

[24] Ação direta de inconstitucionalidade e as normas anteriores: as razões dos vencidos, in *Arquivos do Ministério da Justiça* 180/148(170).

1538 Estado de Direito e Jurisdição Constitucional – Decisões relevantes em 15 anos de atuação no STF

ou, ainda, permite desenvolver fórmulas de compromisso, com vistas à preservação de competência da jurisdição ordinária para conhecer de questões nos sistemas de controle concentrado.

É inegável, todavia, que a aplicação do princípio *lex posterior derogat priori* na relação lei/Constituição não é isenta de problemas, uma vez que esse postulado pressupõe idêntica *densidade normativa*[25]. Até porque, como expressamente contemplado no art. 2º da Lei de Introdução ao Código Civil Brasileiro, a derrogação do direito antigo não se verifica se a nova lei contiver apenas disposições gerais ou especiais sobre o assunto (*lex generalis* ou *lex specialis*).

Portanto, pode-se afirmar que o princípio *lex posterior derogat priori* pressupõe, fundamentalmente, a existência de *densidade normativa* idêntica ou semelhante[26], estando, primordialmente, orientado para a substituição do direito antigo pelo direito novo[27]. A Constituição não se destina, todavia, a substituir normas do direito ordinário[28].

Vale registrar, a propósito, o magistério de Ipsen sobre o tema:

"As regras de colisão da ordem jurídica não representam juízos lógicos a priori, mas normas que, juntamente com outras regras de interpretação e de aplicação, podem ser designadas como 'direito de aplicação' (Rechtsanwendungsrecht). Sua contingência histórica já foi ressaltada inúmeras vezes. O postulado da lex superior é fruto do moderno pensamento constitucional, enquanto o princípio da lex posterior é consequência do pensamento jurídico racional. (...). A lei posterior pode ser, simultaneamente, uma lei geral, o que permite indagar se a lei especial ou a lei posterior há de ter a primazia. Esses problemas de aplicação do Direito não se deixam solver de forma abstrata; (...). Tem-se, assim, que a regra sobre a força derrogatória da lex posterior refere-se a uma constelação totalmente diferente daquela pertinente à supremacia do postulado da lex superior.

Questão relativa à aplicação da lex prior ou da lex posterior somente pode surgir no caso de normas de idêntica densidade normativa. Se duas leis, para situações idênticas, determinarem consequências diversas, estará o aplicador do Direito diante do problema sobre a aplicação da lei 'A' ou da lei 'B', se o conflito não puder ser solvido mediante interpretação (redução teleológica ou extensão). A decisão não fica ao seu alvedrio, devendo, segundo o postulado da lex posterior, deixar de aplicar a lei anterior e decidir a questão segundo os parâmetros da lei posterior.

Outra é a situação quando se tem um conflito entre lei e Constituição. A Constituição estabelece, frequentemente – seja nos direitos fundamentais, nos princípios constitucionais ou nas disposições programáticas –, apenas assertivas gerais que reclamam concretização para que possam desenvolver eficácia normativa. Se o juiz ou outro aplicador chegar à conclusão de que a lei contraria a Constituição, não poderá ele aplicar, indiscriminadamente, a Constituição em lugar da lei, uma vez que, a despeito de qualquer esforço, dificilmente se logra extrair da Constituição uma regulação positiva sobre situações específicas. (...). Enquanto a regra de colisão relativa à lex posterior pressupõe duas leis contraditórias de idêntica densidade normativa, surge na contradição entre a lei e a Constituição um déficit normativo: a lex superior não logra colmatar diretamente as lacunas surgidas. (...). Pode-se avançar um passo: Quando se cuidar de colisão de normas de diferente hierarquia, o princípio da lex superior afasta outras regras de colisão. A utilização de uma ou de outra regra de colisão poderia levar ao absurdo de permitir que a lei ordinária – enquanto lei especial ou posterior – afastasse a incidência da Constituição enquanto lei geral ou lex prior"[29].

Conclusão bastante semelhante foi sustentada por Castro Nunes já nos idos de 1943:

"Não contesto que a incompatibilidade se resolve numa revogação, o que resulta da anterioridade da norma. Mas perde-se de vista o outro elemento, a diversidade hierárquica das normas.

A teoria da ab-rogação das leis supõe normas da mesma autoridade. Quando se diz que a lei posterior revoga, ainda que tacitamente, a anterior, supõem-se no cotejo leis do mesmo nível. Mas se a questão está

---

[25] Cf., a propósito: *Ipsen*, cit., p. 163; José de Castro Nunes, *Teoria e Prática do Poder Judiciário*, pp. 603-604.
[26] Cf., a propósito, *Ipsen*, cit., p. 164.
[27] Cf. *Ipsen*, cit., p. 165.
[28] Cf. *Ipsen*, cit., p. 165.
[29] *Ipsen*, cit., pp. 162-164.

Controle concentrado **1539**

em saber se uma norma pode continuar a viger em face das regras ou princípios de uma Constituição, a solução negativa só é revogação por efeito daquela anterioridade; mas tem uma designação peculiar a esse desnível das normas, chama-se declaração de inconstitucionalidade."[30]

Assim, há de se partir do princípio de que, em caso de colisão de normas de diferente hierarquia, o postulado da *lex superior* afasta outras regras de colisão[31]. Do contrário chegar-se-ia ao absurdo, destacado por Ipsen, de que a lei ordinária, enquanto lei especial ou *lex posterior*, pudesse afastar a norma constitucional enquanto *lex generalis* ou *lex prior*[32].

Um último argumento – não trazido à baila pelos defensores da tese que equipara, sob o prisma conceitual, a incompatibilidade originária ou superveniente da lei com a Constituição – extrai-se das regras disciplinadoras do recurso extraordinário no Direito Brasileiro.

Nos termos do art. 102, III, "a", "b" e "c", da Constituição, o recurso extraordinário somente poderá ser admitido quando a decisão recorrida: a) contrariar dispositivo desta Constituição; b) declarar a inconstitucionalidade de tratado ou lei federal; c) julgar válida lei ou ato de governo local contestado em face desta Constituição.

Embora a doutrina e a jurisprudência não tenham dúvida em afirmar o cabimento de recurso extraordinário, se se assevera a inconstitucionalidade da lei em face de Constituições anteriores, parece inequívoco que o constituinte concebeu esse instituto, fundamentalmente, para a defesa da Constituição atual. Tanto é que nos casos das alíneas "a" e "c" do art. 102, III, estabelece-se, expressamente, que o recurso será cabível quando *a decisão contrariar a Constituição* ou quando *julgar válida lei ou ato de governo local contestado em face desta Constituição*.

É fácil ver que o constituinte não concebeu *a contrariedade a esta Constituição*, em qualquer de suas formas, inclusive no que concerne à aplicação de leis pré-constitucionais, como simples questão de direito intertemporal, pois do contrário despiciendo seria o recurso extraordinário. Da mesma forma, afirmar a validade de lei ou ato de governo local contestado em face desta Constituição não parece traduzir juízo de mera compatibilidade entre o direito ordinário e a Constituição, tendo em vista também o postulado da *lex posterior*.

Essa conclusão resulta ainda mais evidente da cláusula contida no art. 102, III, "b", que admite o recurso extraordinário contra decisão que declarar a inconstitucionalidade de tratado ou de lei federal. Significa dizer que qualquer juízo sobre a incompatibilidade entre a lei federal ou o tratado pré-constitucional e a Constituição atual levado a efeito pela instância *a quo* é valorado pela Constituição como *declaração de inconstitucionalidade*, dando ensejo, por isso, ao recurso extraordinário.

Tais reflexões permitem afirmar que, para os fins de controle de constitucionalidade *incidenter tantum* no âmbito do recurso extraordinário, não assume qualquer relevância o momento da edição da lei, configurando eventual contrariedade à Constituição atual questão de constitucionalidade, e não de mero conflito de normas a se resolver com aplicação do princípio da *lex posterior*.

Diante de todos esses argumentos e considerando a razoabilidade e o significado para a segurança jurídica da tese que recomenda a extensão do controle abstrato de normas também ao direito pré-constitucional, não se afiguraria despropositado cogitar da revisão da jurisprudência do STF sobre a matéria.

A questão ganhou, porém, novos contornos com a aprovação da Lei n. 9.882, de 1999, que disciplina a arguição de descumprimento de preceito fundamental e estabelece, expressamente, a possibilidade de exame da compatibilidade do direito pré-constitucional com norma da Constituição Federal.

---

[30] *Teoria e Prática do Poder Judiciário*, pp. 602-603.
[31] Cf. *Ipsen*, cit., p. 164.
[32] Cf., a propósito, *Ipsen*, cit., p. 164.

Assim, toda vez que se configurar controvérsia relevante sobre a legitimidade do direito federal, estadual ou municipal, anteriores à Constituição, em face de preceito fundamental da Constituição, poderá qualquer dos legitimados para a propositura de ação direta de inconstitucionalidade propor arguição de descumprimento.

Também essa solução vem colmatar uma lacuna importante no sistema constitucional brasileiro, permitindo que controvérsias relevantes afetas ao direito pré-constitucional sejam solvidas pelo STF com eficácia geral e efeito vinculante.

No caso presente, cuida-se de norma de direito federal editada em 1940, anterior, portanto, à Constituição de 1988, e que com esta se teria tornado incompatível em virtude da ofensa aos seguintes preceitos fundamentais, conforme apontado pela entidade requerente: "princípio da dignidade da pessoa humana (art. 1º, IV), um dos fundamentos da República brasileira; a cláusula geral da liberdade, extraída do princípio da legalidade (art. 5º, II), direito fundamental previsto no Capítulo dedicado aos direitos individuais e coletivos; e o direito à saúde (arts. 6º e 196), contemplado no Capítulo dos direitos sociais e reiterado no Título reservado à ordem social."

Considerado fato da norma impugnada ser pré-constitucional, também é evidente, nesse ponto, a admissibilidade da ação.

Cláusula da subsidiariedade

O desenvolvimento do instituto da inexistência de outro meio eficaz, ou o princípio da subsidiariedade, dependerá da interpretação que o STF venha a dar à lei. A esse respeito, destaque-se que a Lei n. 9.882, de 1999, impõe que a arguição de descumprimento de preceito fundamental somente será admitida se não houver outro meio eficaz de sanar a lesividade (art. 4º, § 1º).

À primeira vista poderia parecer que somente na hipótese de absoluta inexistência de qualquer outro meio eficaz para afastar a eventual lesão poder-se-ia manejar, de forma útil, a arguição de descumprimento de preceito fundamental. É fácil ver que uma leitura excessivamente literal dessa disposição, que tenta introduzir entre nós o princípio da subsidiariedade vigente no direito alemão (recurso constitucional) e no direito espanhol (recurso de amparo), acabaria por retirar desse instituto qualquer significado prático.

De uma perspectiva estritamente subjetiva, a ação somente poderia ser proposta se já se tivesse verificado a exaustão de todos os meios eficazes de afastar a lesão no âmbito judicial. Uma leitura mais cuidadosa há de revelar, porém, que na análise sobre a eficácia da proteção de preceito fundamental nesse processo deve predominar um enfoque objetivo ou de proteção da ordem constitucional objetiva. Em outros termos, o princípio da subsidiariedade – inexistência de outro meio eficaz de sanar a lesão –, contido no § 1º do art. 4º da Lei n. 9.882, de 1999, há de ser compreendido no contexto da ordem constitucional global.

Nesse sentido, se se considera o caráter enfaticamente objetivo do instituto (o que resulta, inclusive, da legitimação ativa), meio eficaz de sanar a lesão parece ser aquele apto a solver a controvérsia constitucional relevante de forma ampla, geral e imediata.

No direito alemão a *Verfassungsbeschwerde* (recurso constitucional) está submetida ao dever de exaurimento das instâncias ordinárias. Todavia, a Corte Constitucional pode decidir de imediato um recurso constitucional se se mostrar que a questão é de interesse geral ou se demonstrado que o requerente poderia sofrer grave lesão caso recorresse à via ordinária (Lei Orgânica do Tribunal, § 90, II).

Como se vê, a ressalva constante da parte final do § 90, II, da Lei Orgânica da Corte Constitucional alemã confere ampla discricionariedade tanto para conhecer das questões fundadas no interesse geral (*allgemeine Bedeutung*), quanto daquelas controvérsias baseadas no perigo iminente de grave lesão (*schwerer Nachteil*).

Assim, tem o Tribunal Constitucional admitido o recurso constitucional, na forma antecipada, em matéria tributária, tendo em vista o reflexo direto da decisão sobre inúmeras situações homogêneas[33]. A Corte considerou igualmente relevante a apreciação de controvérsia sobre publicidade oficial, tendo em vista o seu significado para todos os partícipes, ativos e passivos, do processo eleitoral[34]. No que concerne ao controle de constitucionalidade de normas, a posição da Corte tem-se revelado enfática: *"apresenta-se, regularmente, como de interesse geral a verificação sobre se uma norma legal relevante para uma decisão judicial é inconstitucional"*[35].

No direito espanhol explicita-se que cabe o recurso de amparo contra ato judicial desde que *"se hayan agotado todos los recursos utilizables dentro de la vía recursal"* (Lei Orgânica do Tribunal Constitucional, art. 44, I). Não obstante, a jurisprudência e a doutrina têm entendido que, para os fins da exaustão das instâncias ordinárias, *"não é necessária a interposição de todos os recursos possíveis, senão de todos os recursos razoavelmente úteis"*[36].

Nessa linha de entendimento anotou o Tribunal Constitucional Espanhol: *"Al haberse manifestado en este caso la voluntad del órgano jurisdiccional sobre el mismo fondo de la cuestión planteada, há de entenderse que la finalidad del requisito exigido en el art. 44, 1, 'a', de la LOTC se há cumplido, pues el recurso hubiera sido en cualquier caso ineficaz para reparar la supuesta vulneración del derecho constitucional conocido" (auto de 11.2.81, n. 19)*[37]. Anote-se que, na espécie, os recorrentes haviam interposto o recurso fora do prazo.

Vê-se, assim, que também no direito espanhol tem-se atenuado o significado literal do princípio da subsidiariedade ou do exaurimento das instâncias ordinárias, até porque, em muitos casos, o prosseguimento nas vias ordinárias não teria efeitos úteis para afastar a lesão a direitos fundamentais.

Observe-se, ainda, que a legitimação outorgada ao Ministério Público e ao Defensor do Povo para manejar o *recurso de amparo* reforça, no sistema espanhol, o caráter objetivo desse processo.

Tendo em vista o direito alemão, Schlaich transcreve observação de antigo Ministro da Justiça da Prússia segundo a qual *"o recurso de nulidade era proposto pelas partes, porém com objetivo de evitar o surgimento ou a aplicação de princípios jurídicos incorretos"*[38]. Em relação ao recurso constitucional moderno, movido contra decisões judiciais, anota Schlaich: *"essa deve ser também a tarefa principal da Corte Constitucional com referência aos direitos fundamentais, tendo em vista os numerosos e relevantes recursos constitucionais propostos contra decisões judiciais: contribuir para que outros tribunais logrem uma realização ótima dos direitos fundamentais"*[39].

Em verdade, o princípio da subsidiariedade, ou do exaurimento das instâncias, atua também nos sistemas que conferem ao indivíduo afetado o direito de impugnar a decisão judicial, como um pressuposto de admissibilidade de índole objetiva, destinado, fundamentalmente, a impedir a banalização da atividade de jurisdição constitucional[40].

No caso brasileiro o pleito a ser formulado pelos órgãos ou entes legitimados dificilmente versará – pelo menos de forma direta – sobre a proteção judicial efetiva de posições específicas

---

[33] Cf. BVerfGE 19/268 (273); BVerfGE 62/338 (342); v. também Klaus Schlaich, *Das Bundesverfassungsgericht*, 4. ed., 1997, p. 162.

[34] Cf. BVerfGE 62/230 (232); BVerfGE 62/117 (144); *Schlaich*, cit., p. 162.

[35] Cf. BVerfGE 91/93 (106).

[36] Cf. José Almagro, *Justicia Constitucional, Comentarios a la Ley Orgánica del Tribunal Constitucional*, 2. ed., Valência, 1989, p. 324.

[37] Cf. Almagro, *Justicia Constitucional, Comentarios a la Ley Orgánica del Tribunal Constitucional*, p. 325.

[38] Schlaich, cit., p. 184.

[39] Idem, ibidem.

[40] Cf., a propósito, Zuck, Rüdiger, *Das Recht der Verfassungsbeschwerde*, 2. ed., Munique, 1988, pp. 13 e ss.

por eles defendidas. A exceção mais expressiva reside talvez na possibilidade de o Procurador-Geral da República, como previsto expressamente no texto legal, ou qualquer outro ente legitimado, propor a arguição de descumprimento a pedido de terceiro interessado, tendo em vista a proteção de situação específica. Ainda assim o ajuizamento da ação e a sua admissão estarão vinculados, muito provavelmente, ao significado da solução da controvérsia para o ordenamento constitucional objetivo, e não à proteção judicial efetiva de uma situação singular.

Assim, tendo em vista o caráter acentuadamente objetivo da arguição de descumprimento, o juízo de subsidiariedade há de ter em vista, especialmente, os demais processos objetivos já consolidados no sistema constitucional. Nesse caso, cabível a ação direta de inconstitucionalidade ou de constitucionalidade, não será admissível a arguição de descumprimento. Em sentido contrário, não sendo admitida a utilização de ações diretas de constitucionalidade ou de inconstitucionalidade – isto é, não se verificando a existência de meio apto para solver a controvérsia constitucional relevante de forma ampla, geral e imediata –, há de se entender possível a utilização da arguição de descumprimento de preceito fundamental.

É o que ocorre, fundamentalmente, nos casos relativos ao controle de legitimidade do direito pré-constitucional, do direito municipal em face da Constituição Federal e nas controvérsias sobre direito pós-constitucional já revogado ou cujos efeitos já se exauriram. Nesses casos, em face do não cabimento da ação direta de inconstitucionalidade, não há como deixar de reconhecer a admissibilidade da arguição de descumprimento.

Também é possível que se apresente arguição de descumprimento com pretensão de ver declarada a constitucionalidade de lei estadual ou municipal que tenha sua legitimidade questionada nas instâncias inferiores. Tendo em vista o objeto restrito da ação declaratória de constitucionalidade, não se vislumbra aqui meio eficaz para solver, de forma ampla, geral e imediata, eventual controvérsia instaurada.

A própria aplicação do princípio da subsidiariedade está a indicar que a arguição de descumprimento há de ser aceita nos casos que envolvam a aplicação direta da Constituição – alegação de contrariedade à Constituição decorrente de decisão judicial ou controvérsia sobre interpretação adotada pelo Judiciário – que não envolva a aplicação de lei ou normativo infraconstitucional.

Da mesma forma, controvérsias concretas fundadas na eventual inconstitucionalidade de lei ou ato normativo podem dar ensejo a uma pletora de demandas, insolúveis no âmbito dos processos objetivos.

Não se pode admitir que a existência de processos ordinários e recursos extraordinários deva excluir, *a priori*, a utilização da arguição de descumprimento de preceito fundamental. Até porque o instituto assume, entre nós, feição marcadamente objetiva.

Nessas hipóteses, ante a inexistência de processo de índole objetiva apto a solver, de uma vez por todas, a controvérsia constitucional, afigura-se integralmente aplicável a arguição de descumprimento de preceito fundamental. É que as ações originárias e o próprio recurso extraordinário não parecem, as mais das vezes, capazes de resolver a controvérsia constitucional de forma geral, definitiva e imediata. A necessidade de interposição de uma pletora de recursos extraordinários idênticos poderá, em verdade, constituir-se em ameaça ao livre funcionamento do STF e das próprias Cortes ordinárias.

A propósito, assinalou Sepúlveda Pertence, na ADC n. 1 (*ADC 1/DF, Rel. Min. Moreira Alves, j. 1.12.93, DJU 16.6.95*), que a convivência entre o sistema difuso e o sistema concentrado *"não se faz sem uma permanente tensão dialética na qual, a meu ver, a experiência tem demonstrado que será inevitável o reforço do sistema concentrado, sobretudo nos processos de massa; na multiplicidade de processos a que inevitavelmente, a cada ano, na dinâmica da legislação, sobretudo da legislação tributária e matérias próximas, levará se não se criam mecanismos eficazes de decisão relativamente rápida e uniforme, ao estrangulamento da máquina judiciária, acima de qualquer possibilidade de sua ampliação e, progressivamente, ao maior descrédito da Justiça, pela sua total incapacidade de responder à demanda de centenas de milhares de processos rigorosamente idênticos, porque reduzidos a uma só questão de direito".*

A possibilidade de incongruências hermenêuticas e confusões jurisprudenciais decorrentes dos pronunciamentos de múltiplos órgãos pode configurar uma ameaça a preceito fundamental (pelo menos, ao da segurança jurídica), o que também está a recomendar uma leitura compreensiva da exigência aposta à lei da arguição, de modo a admitir a propositura da ação especial toda vez que uma definição imediata da controvérsia mostrar-se necessária para afastar aplicações erráticas, tumultuárias ou incongruentes, que comprometam gravemente o princípio da segurança jurídica e a própria ideia de prestação judicial efetiva.

Ademais, a ausência de definição da controvérsia – ou a própria decisão prolatada pelas instâncias judiciais – poderá ser a concretização da lesão a preceito fundamental. Em um sistema dotado de órgão de cúpula, que tem a missão de guarda da Constituição, a multiplicidade ou a diversidade de soluções pode constituir-se, por si só, em uma ameaça ao princípio constitucional da segurança jurídica e, por conseguinte, em uma autêntica lesão a preceito fundamental.

Assim, tendo em vista o perfil objetivo da arguição de descumprimento, com legitimação diversa, dificilmente poder-se-á vislumbrar uma autêntica relação de subsidiariedade entre o novel instituto e as formas ordinárias ou convencionais de controle de constitucionalidade do sistema difuso, expressas, fundamentalmente, no uso do recurso extraordinário e de outros meios.

Como se vê, ainda que aparentemente pudesse ser o recurso extraordinário o meio eficaz de superar eventual lesão a preceito fundamental nessas situações, na prática, especialmente nos processos de massa, a utilização desse instituto do sistema difuso de controle de constitucionalidade não se revela plenamente eficaz, em razão do limitado efeito do julgado nele proferido (decisão com efeito entre as partes).

Assim sendo, é possível concluir que a simples existência de ações ou de outros recursos processuais – vias processuais ordinárias – não poderá servir de óbice à formulação da arguição de descumprimento. Ao contrário, tal como explicitado, a multiplicação de processos e decisões sobre um dado tema constitucional reclama, as mais das vezes, a utilização de um instrumento de feição concentrada, que permita a solução definitiva e abrangente da controvérsia.

Essa leitura compreensiva da cláusula da subsidiariedade contida no art. 4º, § 1º, da Lei n. 9.882, de 1999, parece solver, com superioridade, a controvérsia em torno da aplicação do princípio do exaurimento das instâncias.

É fácil ver também que a fórmula da relevância do interesse público para justificar a admissão da arguição de descumprimento (explícita no modelo alemão) está implícita no sistema criado pelo legislador brasileiro, tendo em vista especialmente o caráter marcadamente objetivo que se conferiu ao instituto.

Assim, o Tribunal poderá conhecer da arguição de descumprimento toda vez que o princípio da segurança jurídica restar seriamente ameaçado, especialmente em razão de conflitos de interpretação ou de incongruências hermenêuticas causadas pelo modelo pluralista de jurisdição constitucional.

Com essas considerações, o julgamento do Plenário na ADPF 33 restou assim ementado:

"Arguição de Descumprimento de Preceito Fundamental – ADPF. Medida Cautelar. 2. Ato regulamentar. Autarquia estadual. Instituto de Desenvolvimento Econômico-Social do Pará – IDESP. Remuneração de pessoal. Vinculação do quadro de salários ao salário mínimo. 3. Norma não recepcionada pela Constituição de 1988. Afronta ao princípio federativo e ao direito social fundamental ao salário mínimo digno (arts. 7º, inciso IV, 1º e 18 da Constituição). 4. Medida liminar para impedir o comprometimento da ordem jurídica e das finanças do Estado. 5. Preceito Fundamental: parâmetro de controle a indicar os preceitos fundamentais passíveis de lesão que justifiquem o processo e o julgamento da arguição de descumprimento. Direitos e garantias individuais, cláusulas pétreas, princípios sensíveis: sua interpretação, vinculação com outros princípios e garantia de eternidade. Densidade normativa ou significado específico dos princípios fundamentais. 6. Direito pré-constitucional. Cláusulas de recepção da Constituição. Derrogação do direito pré-constitucional em virtude de colisão entre este e a Constituição superveniente. Direito comparado: desenvolvimento da jurisdição constitucional e tratamento diferenciado em cada sistema jurídico. A Lei n. 9.882, de 1999, e a extensão do controle direto de normas ao direito pré-constitucional. 7. Cláusula da subsidiariedade ou do exaurimento das instâncias. Inexistência de outro meio eficaz para sanar lesão a preceito fundamental de forma ampla, geral e imediata. Caráter objetivo do instituto a revelar como meio eficaz aquele apto a solver a controvérsia constitucional relevante. Compreensão do princípio no contexto da ordem constitucional global. Atenuação do significado literal do princípio da subsidiariedade quando o prosseguimento de ações nas vias ordinárias não se mostra apto para afastar a lesão a preceito fundamental. 8. Plausibilidade da medida cautelar solicitada. 9. Cautelar confirmada."

No caso específico, é patente a relevância e a transcendência da discussão constitucional, que não pode ser transferida às vias processuais ordinárias.

Também não se vislumbra, no caso, outro mecanismo de controle concentrado apto a trazer a discussão a esta Corte.

Penso, portanto, que se faz presente o requisito da subsidiariedade.

Nesses termos, entendo estarem presentes os pressupostos de admissibilidade para que o Supremo Tribunal Federal conheça a presente ADPF.

Ainda algumas considerações

Para os que ainda não se convenceram do cabimento da ADPF na espécie, há de se indagar: como agiria o Supremo Tribunal Federal se se deparasse com um *habeas corpus* em um caso como o presente?

Essa situação já foi colocada perante esta Corte no HC 84.025, da relatoria do Min. Joaquim Barbosa, que, todavia, restou prejudicado, em razão do nascimento seguido de morte do bebê anencéfalo.

Isso só reforça que, ainda que cabível o *habeas corpus* proposto perante o Supremo Tribunal Federal, este não será a via mais adequada, pois até chegar a esta instância, em geral, a gravidez já estará num estágio tão avançado que não será recomendável a sua interrupção.

Mas continuemos a desenvolver o raciocínio!

Caso a criança não tivesse nascido, o Tribunal poderia escusar-se de julgar o *writ*?

Parece-me que não, por ser o *habeas corpus* admissível, no caso, como instrumento de proteção da liberdade individual.

Cabível o *habeas corpus*, teríamos duas situações possíveis: a autorização ou não da interrupção da gravidez.

Se o Tribunal autoriza, que norma permissiva ele estará a invocar para admitir a interrupção da gravidez?

Com certeza, estará reconhecendo, em sede de *habeas corpus*, ainda que não o faça expressamente, uma nova causa excludente da ilicitude implícita ao art. 128, ou a inaplicabilidade à espécie do art. 124, ambos do Código Penal.

Se o Tribunal proíbe a interrupção da gravidez na espécie, há de admitir a constitucionalidade da fórmula legislativa pela não inclusão do aborto de feto anencefálico.

Não teria essa decisão o efeito de generalização do entendimento perante o Poder Judiciário e, eventualmente, a Administração?

A resposta há que ser afirmativa.

Atualmente o Plenário está julgando o HC 82.959, sobre a vedação à progressão de regime nos crimes hediondos, cuja decisão, certamente, ultrapassará os limites daquele caso concreto.

Tal como afirmado no voto do Ministro Carlos Velloso, no HC 76.946, é perfeitamente admissível a arguição de inconstitucionalidade em *habeas corpus*. Naquela assentada apontou o Ministro vários *habeas corpus* em que se discutiu a constitucionalidade de norma legal: HC 71.713, Rel. Min. Sepúlveda Pertence, *DJ* 04.11.94, HC 72.930, Rel. Min. Ilmar Galvão, *DJ* 15.03.96; HC 69.921, Rel. Min. Celso de Mello, *RTJ* 147/235; HC 74.761, Rel. Min. Maurício Corrêa, *RTJ* 162/688; HC 72.582, Rel. Min. Ilmar Galvão, *DJ* 20.10.95 e HC 74.983, Rel. Min. Carlos Velloso, *RTJ* 163/1083.

O Plenário está julgando a RCL 2.391, sobre a exigência legal do recolhimento à prisão, cuja decisão igualmente terá efeitos além da situação específica.

Se tal é possível em *habeas corpus*, em reclamação ou em outras ações individuais, por que não o será em ADPF?

Não há, portanto, como negar a possibilidade de, via ADPF, aferir-se a legitimidade ou não da interrupção da gravidez em semelhantes casos.

Aqui pode-se afirmar, com segurança, que a admissibilidade de ações individuais, como o *habeas corpus*, na espécie, torna inquestionável o cabimento da ADPF no caso em apreço.

Com efeito, a própria Lei n. 9.882, de 1999, dispõe, no *caput* do art. 10:

> "Art. 10. Julgada a ação, far-se-á comunicação às autoridades ou órgãos responsáveis pela prática dos atos questionados, **fixando-se as condições e o modo de interpretação e aplicação do preceito fundamental**."

Nesses termos, o meu voto é pelo cabimento da presente arguição de descumprimento de preceito fundamental.

17. Controle de constitucionalidade de emenda constitucional

ADI 3.685[1]

Verticalização – Art. 2º da EC 52/2006 – Aplicação imediata da nova regra sobre coligações partidárias eleitorais, introduzida no texto do art. 17, § 1º, da CF – Violação ao princípio da anterioridade da lei eleitoral (CF, art. 16) e às garantias individuais da segurança jurídica e do devido processo legal (CF, art. 5º, *caput*, inciso LIV) – Limites materiais à atividade do legislador constituinte reformador.

Trata-se de ação direta de inconstitucionalidade, de relatoria da Ministra Ellen Gracie, que assim resumiu os fatos:

"O Conselho Federal da Ordem dos Advogados do Brasil propôs ação direta de inconstitucionalidade em face do art. 2º da Emenda Constitucional 52, de 08.03.06, que alterou a redação do art. 17, § 1º, da Constituição Federal, para inserir em seu texto, no que diz respeito à disciplina relativa às coligações partidárias eleitorais, a regra da não obrigatoriedade de vinculação entre as candidaturas em âmbito nacional, estadual, distrital ou municipal. O dispositivo impugnado determina a aplicação dos efeitos da referida Emenda "às eleições que ocorrerão no ano de 2002" (fl. 15).

Aponta o requerente ofensa à regra da anualidade estabelecida no art. 16 da Constituição Federal: "A lei que alterar o processo eleitoral entrará em vigor na data de sua publicação, não se aplicando à eleição que ocorra até um ano da data de sua vigência". Assevera que a emenda constitucional inclui-se no amplo conceito de lei previsto nessa norma constitucional, ou seja, lei é gênero, que abrange espécies como lei constitucional, lei complementar e lei ordinária.

Sustenta ainda que a infringência ao art. 16 da Constituição levada a efeito pelo dispositivo atacado traz consigo violência à garantia individual da segurança jurídica consagrada no art. 5º, caput, da Carta Magna. Esclarece que a regra da anualidade também deriva do princípio do Estado Democrático de Direito. Assim, por atingir cláusulas pétreas, intangíveis por força do art. 60, § 4º, da Lei Maior, o art. 2º da EC 52/2006 deve ser considerado inconstitucional."

O Advogado-Geral da União manifestou-se pela improcedência do pedido, enquanto que o Procurador-Geral da República opinou pela procedência da ação em parecer assim resumido:

"Ação direta de inconstitucionalidade. Rito do art. 12 da Lei 9.868/99. Emenda Constitucional n. 52, de 8 de março de 2006, em que se assegura aos partidos políticos a plena autonomia para adotar o regime de suas coligações eleitorais. Previsão de imediata aplicação. Confronto com o espírito da Constituição. Procedimento como item integrante da evolução do sistema político. Legitimação das deci-

---

[1] Em 22.3.2007, o Plenário do Supremo Tribunal Federal, por maioria de votos, julgou procedente a ação para fixar que o § 1º do artigo 17 da Constituição, com a redação dada pela Emenda Constitucional n. 52, de 8.3.2006, não se aplica às eleições de 2006, remanescendo aplicável a tal eleição a redação original do mesmo artigo, vencidos os Ministros Marco Aurélio e Sepúlveda Pertence, nessa parte, sendo que o Ministro Marco Aurélio entendeu prejudicada a ação, no que diz respeito à segunda parte do artigo 2º da referida emenda quanto à expressão "aplicando-se às eleições que ocorrerão no ano de 2002".

Controle de constitucionalidade de emenda constitucional   1547

sões políticas por intermédio do procedimento. Alterações dos códigos legais devem se pautar por regras previamente delineadas. Artigo 16 da Lei Fundamental como expressão máxima desse discurso. Abalo do regime democrático em face do enfraquecimento jurídico das instituições. Conflito que se resolve em favor do preceito marcado pelo artigo 16. Disposição que inova o processo eleitoral, rearrumando as formatações pelas quais se expressarão as tendências e os agentes participantes do pleito, que se avizinha. Segurança jurídica a ser prestigiada. Plausibilidade do pedido demonstrada. Patente risco de inflamação e dúvida social."

O respectivo acórdão foi publicado no *DJ* de 10.8.2007, e recebeu a seguinte ementa:

EMENTA: Ação direta de inconstitucionalidade. Art. 2º da EC 52, de 08.03.06. Aplicação imediata da nova regra sobre coligações partidárias eleitorais, introduzida no texto do art. 17, § 1º, da CF. Alegação de violação ao princípio da anterioridade da lei eleitoral (CF, art. 16) e às garantias individuais da segurança jurídica e do devido processo legal (CF, art. 5º, caput, e LIV). Limites materiais à atividade do legislador constituinte reformador. Arts. 60, § 4º, IV, e 5º, § 2º, da CF.

1. Preliminar quanto à deficiência na fundamentação do pedido formulado afastada, tendo em vista a sucinta, porém suficiente demonstração da tese de violação constitucional na inicial deduzida em juízo.

2. A inovação trazida pela EC 52/06 conferiu status constitucional à matéria até então integralmente regulamentada por legislação ordinária federal, provocando, assim, a perda da validade de qualquer restrição à plena autonomia das coligações partidárias no plano federal, estadual, distrital e municipal.

3. Todavia, a utilização da nova regra às eleições gerais que se realizarão a menos de sete meses colide com o princípio da anterioridade eleitoral, disposto no art. 16 da CF, que busca evitar a utilização abusiva ou casuística do processo legislativo como instrumento de manipulação e de deformação do processo eleitoral (ADI 354, rel. Min. Octavio Gallotti, DJ 12.02.93).

4. Enquanto o art. 150, III, "b", da CF encerra garantia individual do contribuinte (ADI 939, rel. Min. Sydney Sanches, DJ 18.03.94), o art. 16 representa garantia individual do cidadão-eleitor, detentor originário do poder exercido pelos representantes eleitos e "a quem assiste o direito de receber, do Estado, o necessário grau de segurança e de certeza jurídicas contra alterações abruptas das regras inerentes à disputa eleitoral" (ADI 3.345, rel. Min. Celso de Mello).

5. Além de o referido princípio conter, em si mesmo, elementos que o caracterizam como uma garantia fundamental oponível até mesmo à atividade do legislador constituinte derivado, nos termos dos arts. 5º, § 2º, e 60, § 4º, IV, a burla ao que contido no art. 16 ainda afronta os direitos individuais da segurança jurídica (CF, art. 5º, caput) e do devido processo legal (CF, art. 5º, LIV).

6. A modificação no texto do art. 16 pela EC 4/93 em nada alterou seu conteúdo principiológico fundamental. Tratou-se de mero aperfeiçoamento técnico levado a efeito para facilitar a regulamentação do processo eleitoral.

7. Pedido que se julga procedente para dar interpretação conforme no sentido de que a inovação trazida no art. 1º da EC 52/06 somente seja aplicada após decorrido um ano da data de sua vigência.

VOTO

1.   Do controle de constitucionalidade de emendas constitucionais: a problemática dos limites da reforma constitucional em face das cláusulas pétreas ou garantias de eternidade

As questões suscitadas na presente ação direta de inconstitucionalidade estão estritamente vinculadas à problemática dos limites da reforma constitucional em face das denominadas cláusulas pétras ou garantias de eternidade. O cerne da questão está em saber se a regra da anualidade do art. 16 da Constituição consubstancia uma das normas que o constituinte originário inseriu no chamado núcleo essencial e imodificável da ordem constitucional.

Se é certo que o constituinte de 1988, ao estabelecer a possibilidade de reforma constitucional, impôs limites formais rígidos para tal processo (CF, art. 60, I, II, III, §§ 1º, 2º e 3º e 5º), por outro lado, deixou a cargo do intérprete constitucional a tarefa de delimitar quais os princípios que conformariam a identidade material da Constituição, ao estabelecer, no art. 60, § 4º, um rol relativamente aberto de cláusulas de imutabilidade.

Tem sido intensa a discussão, entre nós, sobre a aplicação das chamadas *cláusulas pétreas*. Muitos afirmam que determinado princípio ou disposição não pode ser alterado sem afronta às cláusulas pétreas. Outros sustentam que determinada proposta afrontaria uma decisão fundamental do constituinte e não poderia, por isso, ser admitida.

Uma concepção decorrente da ideia de soberania popular deveria admitir que a Constituição pudesse ser alterada a qualquer tempo por decisão do povo ou de seus representantes[2]. Evidentemente, tal entendimento levaria a uma instabilidade da Constituição, a despeito das cautelas formais estabelecidas para uma eventual mudança. Fica evidenciada, nesse ponto, a permanente contradição entre o poder constituinte originário, que outorga ao povo o direito de alterar a Constituição, e a vocação de permanência desta, que repugna mudanças substanciais[3].

Do prisma teórico, a questão foi seriamente contemplada por Carl Schmitt, no seu *Verfassungslehre* (Teoria da Constituição). A problemática assentar-se-ia, segundo Schmitt, na distinção entre *constituinte (Verfassungsgeber = Schöpfer der Verfassung) e legislador constituinte (Verfassungsgezetzgeber = Gesetzgeber über die Verfassung)*. Schmitt enfatizava que a modificação de uma constituição não se confunde com sua abolição, acrescentando com base no exemplo colhido do art. 2° da Lei Constitucional francesa, de 14 de agosto de 1884 (*La forme républicaine du Gouvernement ne peut faire l'objet d "une proposition de revision"*):

> *"Se uma determinada modificação da Constituição é vedada por uma disposição constitucional, se trata apenas de uma confirmação da diferença entre revisão e abolição da Constituição"*[4].

Portanto, para Schmitt, não se fazia mister que a Constituição declarasse a imutabilidade de determinados princípios. É que a revisão não poderia, de modo algum, afetar a *continuidade* e a *identidade* da Constituição:

> *"Os limites da faculdade de reformar a Constituição resultam do bom entendimento do conceito de reforma constitucional. Uma faculdade de reformar a Constituição atribuída por uma normatização constitucional, significa que uma ou várias regulações constitucionais podem ser substituídas por outras regulações constitucionais, mas apenas sob o pressuposto de que permaneçam garantidas a identidade e a continuidade da Constituição considerada como um todo. A faculdade de reformar a Constituição contém, pois, tão somente a faculdade de praticar, nas disposições constitucionais, reformas, adições, refundições, supressões, etc.; porém mantendo a Constituição (...)"*[5].

Assim, para Carl Schmitt, "reforma constitucional não é, pois, destruição da Constituição", de forma que devem ser proibidas "expressamente as reformas que vulnerem o espírito e os princípios da Constituição"[6].

A alteração de elementos essenciais da Constituição configuraria, assim, não uma simples revisão, mas, verdadeiramente, a sua própria supressão[7].

A concepção de Schmitt relativiza um pouco o valor exclusivo da declaração do constituinte originário sobre a imutabilidade de determinados princípios ou disposições, atribuindo-lhe quase conteúdo declaratório.

Tais cláusulas devem impedir, todavia, não só a supressão da ordem constitucional [*BVerfGE*, 30:1(24), mas também qualquer reforma que altere os elementos fundamentais de

---

[2] MAUNZ-DÜRIG, *Kommentar zum Grundgesetz*, art. 79, III, n. 21.
[3] Cf., sobre o assunto, MIRANDA, Jorge, Manual de Direito Constitucional, vol. II, p. 151 s.
[4] *Teoría de la Constitución*, Trad. de Francisco Ayala. Madrid: Alianza, 1996, p. 121.
[5] *Teoría de la Constitución*, Trad. de Francisco Ayala. Madrid: Alianza, 1996, p. 121.
[6] *Teoría de la Constitución*, Trad. de Francisco Ayala. Madrid: Alianza, 1996, p. 119/121.
[7] Cf., também, BRYDE, Otto-Brun. *Verfassungsentwicklung, Stabilität und Dynamik im Verfassungsrecht der Bundesrepublik Deutschland*, Baden-Baden, 1982, p. 233.

Controle de constitucionalidade de emenda constitucional **1549**

sua identidade histórica[8]. É verdade que importantes autores consideram risíveis os resultados práticos de tais cláusulas, diante de sua falta de eficácia em face de eventos históricos como os golpes e as revoluções[9].

Isto não deve impedir, porém, que o constituinte e os órgãos constitucionais procurem evitar a ocorrência de tais golpes. Certo é que tais proibições dirigidas ao poder de revisão constituem um dos instrumentos de proteção da Constituição[10].

Otto-Brun Bryde destaca que as ideias de *limites materiais de revisão* e de *cláusulas pétreas* expressamente consagradas na Constituição podem estar muito próximas. Se o constituinte considerou determinados elementos de sua obra tão fundamentais que os gravou com cláusulas de imutabilidade, é legítimo supor que nelas foram contemplados os princípios fundamentais[11]. Nesse sentido, a disposição contida no art. 79, III, da Lei Fundamental de Bonn, poderia ser considerada, em grande parte, de caráter declaratório.

Em qualquer hipótese, os limites do poder de revisão não se restringem, necessariamente, aos casos expressamente elencados nas *garantias de eternidade*. Tal como observado por Bryde, a decisão sobre a imutabilidade de determinado princípio não significa que outros postulados fundamentais estejam submetidos ao poder de revisão[12].

O efetivo significado dessas cláusulas de imutabilidade na práxis constitucional não está imune a controvérsias. Caso se entenda que elas contêm uma *"proibição de ruptura de determinados princípios constitucionais" (Verfassungsprinzipiendurchbrechungsverbot)*, tem-se de admitir que o seu significado é bem mais amplo do que uma proibição de revolução ou de destruição da própria Constituição *(Revolutions – und Verfassungsbeseitigungsverbot)*.

É que, nesse caso, a proibição atinge emendas constitucionais que, sem suprimir princípios fundamentais, acabam por lesá-los topicamente, deflagrando um processo de erosão da própria Constituição[13].

A Corte constitucional alemã confrontou-se com esta questão na controvérsia sobre a constitucionalidade de emenda que introduzia restrição à inviolabilidade do sigilo da correspondência e das comunicações telefônicas e telegráficas, à revelia do eventual atingido, vedando, nesses casos, o recurso ao Poder Judiciário (Lei Fundamental, art. 10, II, c/c o art. 19, IV). A questão foi submetida ao *Bundesverfassungsgericht*, em processo de controle abstrato, pelo Governo do Estado de Hessen, e em *recurso constitucional (Verfassungsbeschwerde)*, formulado, dentre outros, por advogados e juízes, sob a alegação de que a restrição à garantia judicial (arts. 10, par. 2º, e 19, par. 4º) não se mostrava compatível com o princípio do Estado de Direito *(Rechtsstaatsprinzip)*.

Nessa decisão do *Bundesverfassungsgericht*, de 1970, sustentou-se que a disposição contida no art. 79, III, da Lei Fundamental, visa a impedir que "a ordem constitucional vigente seja destruída, na sua substância ou nos seus fundamentos, mediante a utilização de mecanismos formais, permitindo a posterior legalização de regime totalitário"[14].

Essa interpretação minimalista das garantias de eternidade foi amplamente criticada na doutrina, uma vez que, na prática, o Tribunal acabou por consagrar uma atitude demissionária, que retira quase toda a eficácia daquelas disposições. A propósito dessa decisão, vale registrar a observação de Bryde:

---

[8]   HESSE, Konrad. *Grundzüge des Verfassungsrechts der Bundesrepublik Deutschland, 1982, cit.*, p. 262.

[9]   Cf. LOEWENSTEIN, Karl, *Teoria de la Constitución*, tradução espanhola, 2. ed., Barcelona, 1976, p. 192.

[10] BRYDE, Otto-Brun, op. cit., 1982, p. 227.

[11] BRYDE, *Verfassungsentwicklung*, op. cit., 1982, p. 236.

[12] BRYDE, *Verfassungsentwicklung*, p. 237.

[13] BRYDE, *Verfassungsentwicklung*, op. cit., 1982, p. 242.

[14] *BVerfGE*, 30:1(24); *BVerJGE*, 34:9(19); HESSE, *Grundzüge des Verfassungsrechts*, cit., p. 262-4.

1550 Estado de Direito e Jurisdição Constitucional – Decisões relevantes em 15 anos de atuação no STF

"*Enquanto a ordem constitucional subsistir, não será necessário que o Bundesverfassungsgericht suspenda decisões dos órgãos de representação popular tomadas por 2/3 de votos. Já não terá relevância a opinião do Tribunal numa situação política em que princípios fundamentais contidos no art. 79, III sejam derrogados*"[15].

Não há dúvida, outrossim, de que a tese que vislumbra nas garantias de eternidade uma "proibição de ruptura de determinados princípios constitucionais" (*Verfassungsprinzipiendurchbrechungsverbot*) não parece merecer reparos do prisma estritamente teórico. Não se cuida de uma autovinculação (*Selbstbindung*) do constituinte, até porque esta somente poderia ser admitida no caso de identidade entre o constituinte e o legislador constituinte ou, em outros termos, entre o detentor do poder constituinte originário e o derivado. Ao revés, é a distinção entre os poderes constituintes originário e derivado que permite afirmar a legitimidade do estabelecimento dessa proibição[16].

2. Da violação à regra da anualidade (art. 16 da CRFB/88): uma garantia fundamental do pleno exercício da cidadania política

Diante do exposto, é possível considerar que, se a regra trazida pelo art. 2º da EC n. 52/2006 de alguma maneira vulnera o espírito ou a própria identidade da Constituição, o que poderia ser, à primeira vista, apenas uma reforma, convolar-se-ia na própria supressão da ordem constitucional, sendo tarefa precípua desta Corte a declaração de sua ilegitimidade.

Estou certo de que o constituinte de 1988, ao estabelecer que os direitos e garantias individuais constituem limites materiais à reforma constitucional, não se restringiu ao elenco do art. 5º. Todos os preceitos constitucionais que asseguram direitos e garantias e que, de alguma forma, conferem densidade à dignidade da pessoa humana – entendida esta como conteúdo essencial de todos e cada um dos direitos fundamentais, na concepção de Maunz-Dürig – estão abarcados pelo inciso IV do art. 60 da Constituição e consistem, portanto, em barreiras contra o poder de reforma constitucional.

Nesse sentido, não é preciso muito esforço hermenêutico para atestar que, nesse âmbito, estão incluídos os direitos políticos e suas garantias, expressos no Capítulo IV do Título II da Constituição. O Título II da Constituição condensa o que se poderia chamar de *núcleo constitucional da cidadania*, ao dispor os direitos fundamentais em sua tríplice configuração como direitos civis, sociais e políticos.

O conceito de cidadania de T. H. Marshall bem representa essa divisão. Assim descreve o sociólogo inglês a tríplice divisão do conceito de cidadania:

"(...) pretendo dividir o conceito de cidadania em três partes. Mas a análise é, neste caso, ditada mais pela história do que pela lógica. Chamarei estas três partes, ou elementos, de civil, política e social. O elemento civil é composto dos direitos necessários à liberdade individual – liberdade de ir e vir, liberdade de imprensa, pensamento e fé, o direito à propriedade e de concluir contratos válidos e o direito à justiça. (...) Por elemento político se deve entender o direito de participar no exercício do poder político, como um membro de um organismo investido da autoridade política ou como um eleitor dos membros de tal organismo. (...) O elemento social se refere a tudo o que vai desde o direito a um mínimo de bem-estar econômico e segurança ao direito de participar, por completo, na herança social e levar a vida de um ser civilizado de acordo com os padrões que prevalecem na sociedade"[17].

---

[15] BRYDE, *Verfassungsentwicklung*, op. cit., 1982, p. 240.
[16] BRYDE, *Verfassungsentwicklung*, op. cit., 1982, p. 242.
[17] MARSHAL, T. S. *Cidadania e Classe Social*. Brasília: Senado Federal, 2002, p. 9; no mesmo sentido, cf.: FARIÑAS DULCE, María José. Globalización, Ciudadanía y Derechos Humanos. Madrid: Dykinson, 2004, p. 37.

Controle de constitucionalidade de emenda constitucional **1551**

No presente caso, assume relevância a cidadania como direito de participar do poder político. É interessante notar que a Constituição de 1988, em seu Título II, ao dispor dos direitos e garantias fundamentais, incorporou a regulamentação constitucional dos partidos políticos, o que revela a intenção constituinte de concebê-los como garantias do pleno exercício dos direitos políticos. Nesse sentido, é possível conceber a vontade constituinte de que o exercício da cidadania política se desse não apenas por aqueles que votam (eleitores) ou podem ser votados (candidatos), mas também pelos partidos políticos.

Os direitos políticos, dessa forma, possuem como titulares os cidadãos que votam (eleitores), os cidadãos que podem ser votados (candidatos), assim como os partidos políticos.

O pleno exercício de direitos políticos por seus titulares (eleitores, candidatos e partidos) é assegurado pela Constituição por meio de um sistema de regras que conformam o que se poderia denominar de *devido processo legal eleitoral*. Na medida em que estabelecem as garantias fundamentais para a efetividade dos direitos políticos, essas regras também compõem o rol das normas denominadas cláusulas pétreas e, por isso, estão imunes a qualquer reforma que vise a restringi-las ou subtraí-las.

O art. 16 da Constituição, ao submeter a alteração legal do processo eleitoral à regra da anualidade, constitui uma garantia fundamental para o pleno exercício de direitos políticos. As restrições à essa regra trazidas no bojo de reforma constitucional apenas serão válidas na medida em que não afetem ou anulem o exercício dos direitos fundamentais que conformam a cidadania política.

Portanto, é preciso analisar em que medida a EC n. 52/2006, ao afastar a aplicação da regra da anualidade do art. 16, restringiu ou anulou o pleno exercício da cidadania política por parte de seus titulares: partidos políticos; cidadãos-candidatos; e cidadãos-eleitores.

2.1. Da afetação/restrição de direitos e garantias do partido político

O texto constante do art. 1º da EC n. 52/2006 envolve, inegavelmente, disposição ínsita à questão da autonomia dos partidos políticos no cenário nacional. À primeira vista, poder-se-ia afirmar inclusive que, em tese, dispositivo que proíbe a verticalização seria tendente à ampliação da autonomia partidária nas próximas eleições.

Uma afirmação apodítica como essa, porém, não pode ser afastada do contexto institucional a partir do qual o processo eleitoral se desenvolve no país. Por outro lado, deve-se ter em mente a importância constitucional que os partidos políticos desempenham para efetivar as garantias políticas de perfil institucional.

Nesse particular, é válido abordar a interessante relação entre os partidos e a constituição. Nos dizeres de Dieter Grimm:

> "Los partidos políticos son una consecuencia de la admisión por parte de la Constituición de la participación social en las decisiones del Estado. Responden al problema de mediar entre una diversidad no ordenada de opciones e intereses sociales sin regular y una unidad estatal de decisión y acción. Agregando opiniones e intereses afines y presentándolos para que se pueda decidir sobre ellos, constituyen un eslabón intermedio necesario en el proceso de formación de la voluntad política"[18].

Fixada essa premissa, o tema da autonomia partidária relaciona-se, não somente à liberdade de fundação ou criação estatal, mas também aos inúmeros elementos do sistema partidarista adotado. Aqui, entram em cena uma série de alternativas constitucionais abertas para a configuração

---

[18] GRIMM, Dieter. *Los partidos políticos*. In: BENDA, Ernst; MAIHOFER, Werner; VOGEL, Hans-Jochen; HESSE, Konrad; HEYDE, Wolfgang (Hrsg.), *Manual de Derecho Constitucional (Handbuch des Verfassungsrechts der Bundesrepublik Deutschland* – Tradução Espanhola). Madri: Marcial Pons Ediciones Jurídicas e Sociales, S.A., 1996, p. 389.

de determinada realidade política (tais como: o sistema uni, bi, ou pluripartidarista; a admissão de partidos ideológicos, de interesses de classe ou corporativos, ou ainda, de caráter popular; dentre outros).

É exatamente por esse motivo, afirma Grimm, que "el régimen electoral, en especial, puede influir de forma determinante en el sistema de partidos, si bien que no se da una relación monocausal como durante mucho tiempo se pensó"[19].

A tarefa de analisar as eventuais repercussões jurídico-políticas da aplicação da EC n. 52/2006 às próximas eleições é complexa. Por isso mesmo, o assunto não pode ser apartado da identificação de afetações/restrições da autonomia dos partidos políticos no âmbito dos direitos e garantias institucionais do sistema eleitoral vigente anteriormente à alteração imposta pela edição da referida emenda.

A esse respeito, reitero algumas palavras acerca que essa realidade institucional encontra no texto constitucional. Conforme lição de J. J. Gomes Canotilho:

"As chamadas **garantias institucionais** (*Einrichtungsgarantien*) compreendiam as garantias jurídico-públicas (*institutionnelle Garantien*) e as *garantias jurídico-privadas (Institutsgarantie)*. Embora muitas vezes estejam consagradas e protegidas pelas leis constitucionais, elas não seriam verdadeiros direitos atribuídos directamente a uma pessoa; as instituições, *como tais*, têm um sujeito e um objecto diferente dos direitos dos cidadãos. Assim, a maternidade, a família, a administração autônoma, a imprensa livre, o funcionalismo público, a autonomia acadêmica, são instituições protegidas directamente como realidades sociais objectivas e só, *indirectamente*, se expandem para a proteção dos direitos individuais"[20].

Ainda, sobre o assunto, assevera Canotilho:

"As garantias institucionais, constitucionalmente protegidas, visam não tanto 'firmar' 'manter' ou 'conservar' certas 'instituições naturais', mas impedir a sua submissão à completa discricionariedade dos órgãos estaduais, proteger a instituição e defender o cidadão contra ingerências desproporcionadas ou coactivas. Todavia, a partir do pensamento institucionalístico, inverte-se, por vezes, o sentido destas garantias. As instituições são consideradas com uma existência autônoma a se, pré-existente à constituição, o que leva pressuposta uma ideia conservadora da instituição, conducente, em último termo, ao sacrifício dos próprios direitos individuais perante as exigências da instituição como tal. (...) Aqui apenas se volta a acentuar que as garantias institucionais contribuem, em primeiro lugar, para a efectividade óptima dos direitos fundamentais (garantias institucionais como meio) e, só depois, se deve transitar para a fixação e estabilização de entes institucionais. Cfr. Häberle, Die Wesensgehaltgarantie des art. 19 Abs. 2º Grundgesetz, 2ª ed., Karlshure, 1972, p. 70. Como informa P. Saladin, Grundrechte im Wandel, Bern, 1970, p. 296, o movimento institucionalístico actual encontra paralelo na teologia protestante que considera a 'instituição' como um medium entre o direito natural e o direito positivo. Sobre a noção (noções) de instituição cfr., por último, Baptista Machado, Introdução ao Direito, pp. 14 e ss; J.M. Bano Leon, '*La distinctión entre derecho fundamental y garantia institucional em la Constitución española*', REDC, 24 (1988), pp. 155 e ss.; Márcio Aranha, Interpretação Constitucional e as Garantias Institucionais dos Direitos Fundamentais, São Paulo, 1999, pp. 131 e ss."[21].

De acordo com o próprio complexo normativo constitucional relativo aos direitos políticos e às facções partidárias (CF, arts. 14 a 17), constata-se que a conformação do sistema eleitoral brasileiro assume feição nitidamente institucional. Isso, vale enfatizar, não é inovação no Direito Constitucional. Há uma série de normas constitucionais garantidoras de realidades institucionais que não encontram uma definição expressa de seus limites no texto da Constituição (tais como: propriedade, liberdade, família, consumidor, renda, confisco, grande fortuna etc.).

---

[19] GRIM, Dieter, op. cit., 1996, p. 407.

[20] CANOTILHO, J. J. Gomes. *Direito Constitucional e Teoria da Constituição*, 7. ed., Coimbra, Portugal, Ed. Livraria Almedina, 2003 p. 397.

[21] CANOTILHO, J. J. Gomes, op. cit., 2003, p. 1171.

Controle de constitucionalidade de emenda constitucional **1553**

Observo, ainda, que a própria autonomia partidária, em que se insere o parâmetro constitucional de controle do caso em exame, possui feição eminentemente institucional.

Ao analisar a disposição do art. 16 da CF, observa-se que se trata de norma que assume como pressuposto o fato de que o constituinte derivado está vinculado à observância de um prazo mínimo. De outro lado, a promulgação de uma modificação do complexo normativo do processo eleitoral deve assegurar a existência, funcionalidade e utilidade dos direitos e garantias institucionais dos múltiplos sujeitos envolvidos.

Como realidade institucional, a apreciação de eventual alteração na autonomia partidária em desrespeito à regra constitucional da anualidade, portanto, deve assumir uma perspectiva dinâmica, em que a definição de seu conteúdo está aberta a múltiplas concretizações. As disposições legais e constitucionais referentes ao processo eleitoral possuem, por conseguinte, inconfundível caráter concretizador e interpretativo. E isto obviamente não significa a admissão de um poder legislativo ilimitado.

Nesse processo de concretização ou realização, somente podem ser admitidas normas que não desbordem os múltiplos significados admitidos pelas normas constitucionais concretizadas. Da perspectiva de proteção a direitos individuais, tais como as prerrogativas constitucionais dos partidos políticos, deverá ser observado especialmente o princípio da proporcionalidade, que exige que as restrições ou ampliações legais sejam adequadas, necessárias e proporcionais.

Em última análise, a faculdade confiada ao legislador de regular o complexo institucional do processo eleitoral, obriga-o a considerar que, a instituição de modificações no sistema eleitoral em momento posterior ao fixado no art. 16 da CF pode acarretar sérias consequências no próprio resultado do pleito.

A modificação das "regras do jogo", em momento posterior, aliada à ideia de que essa alteração deve ser aplicada às eleições de 2006, ainda que adequada e necessária para os fins de conveniência política da maioria parlamentar, não pode ser tida como proporcional em sentido estrito.

Com efeito, a inclusão de elementos ou procedimentos "estranhos" ou diferentes dos inicialmente previstos, além de afetarem a segurança jurídica das regras do devido processo legal eleitoral, influenciam a própria possibilidade de que as minorias partidárias exerçam suas estratégias de articulação política em conformidade com os parâmetros inicialmente instituídos.

Trata-se, portanto, de uma garantia destinada a também assegurar o próprio exercício do direito de minoria parlamentar em situações nas quais, por razões de conveniência da maioria – ainda que qualificada – dos parlamentares, o poder constituinte derivado pretenda modificar, a qualquer tempo, as regras e critérios que regerão o processo eleitoral.

Nesse particular, é pertinente mencionar, por exemplo, os efeitos drásticos que seriam impostos à própria autonomia dos partidos políticos, nos casos de introdução, a qualquer momento, de uma cláusula de barreira, ou ainda, da substituição do modelo de eleições proporcionais pela adoção da sistemática do voto distrital.

Trata-se, sem dúvida, de alterações que comprometem a segurança das leis eleitorais até então vigentes.

Entretanto, o que pretendo enfatizar é que, ao se reconhecer a legitimidade de uma imposição aleatória da conformação do processo eleitoral, coloca-se em risco uma dimensão indisponível dos direitos e garantias fundamentais dos partidos políticos, a saber: a própria autonomia partidária.

Assim, caso se entenda que a regra da anualidade (CF, art. 16) não deve ser respeitada, como se asseguraria o caráter autônomo das facções partidárias no caso em que a revogação da necessidade de verticalização ocorresse – ainda que por Emenda Constitucional – um dia antes do prazo final para apresentação das coligações ao TSE?

É dizer, a modificação irrestrita das regras que regulam o processo eleitoral compromete, sobremaneira, a igualdade dos partidos políticos. Segundo problematiza Dieter Grimm:

"Si el principio de concurrencia de los partidos debe operar como el instrumento más importante para la direccion democrática del Estado, ello presupone no sólo la garantía de la libre competencia sino, y por los mismos motivos, que el Estado observe neutralidad respecto de los competidores. La expresión jurídica de esta neutralidad es el principio de igualdad de los partidos. **El Estado en tal que objeto de la pugna partidaria no puede hacer diferencias entre los grupos políticos que concurren para hacerse con la dirección del Estado. Se trata de una condición tan elemental como difícil de realizar. Las dificultades se plantean tanto en aspectos jurídicos como fácticos.** Jurídicamente obedecen al hecho de que el mandato de igualdad afecta a un objeto por demás desigual. Los partidos cobran su sentido sobre la base de sus diferencias en personalidades y programa, que también desemboca en desigualdades en cuanto a militancia, votantes, capacidad económica, etc. Esta desigualdad viene impuesta al Estado en cuanto que producto de un proceso político libre y abierto. La neutralidad estatal sólo puede significar entonces que los poderes públicos no deben tratar de influir sobre tal desigualdad. En esta medida, la igualdad de los partidos aparece como igualdad formal. Por ello no encuentra su fundamento jurídico en el art. 3 GG sino en el mismo art. 21 GG. En una serie de casos, la igualdad formal de trato no es, sin embargo, identificable con neutralidad estatal. **Para ésta carecemos aún de fórmulas convincentes. Las dificultades fácticas consisten en que el Estado, que está obligado a la neutralidad frente a la competencia entre los partidos, es en sí mismo un Estado políticamente ocupado por los partidos. La neutralidad se exige por ello de una parte de los partidos representados en el parlamento frente a los que compitieron sin éxito o son de nueva fundación y, por otra, de los partidos en el gobierno frente a la oposición. Por este motivo la neutralidad estatal representa una pauta de conducta por demás difícil de alcanzar y, en su caso, siempre amenazada de nuevo**"[22].

Destarte, uma vez considerada a conformação fática e jurídica do sistema eleitoral brasileiro, a alteração promovida pela imposição de aplicação imediata da disposições contidas nos art. 1º da EC n. 52/2006, nos termos de seu art. 2º afeta o próprio contexto de possibilidades e estratégias que poderiam ser adotadas por todos e cada um dos partidos políticos.

Apesar da suposta invocação de igualdade formal dos partidos quanto às alterações implementadas, não é possível negar que, em âmbito nacional, cada uma das facções políticas possui condições materiais diferentes para lidar com a revogação ou não da regra da verticalização.

Com efeito, essa é uma realidade institucional que não pode ser desrespeitada pelo poder constituinte derivado ao arrepio dos direitos e garantias fundamentais ínsitos ao próprio exercício da autonomia partidária.

Em síntese, a revogação da necessidade de verticalização não é, por si só, inconstitucional. Trata-se, em princípio, de dispositivo que visa a ampliar a própria autonomia dos partidos políticos.

Entretanto, verifica-se que a aplicação imediata da EC n. 52/2006, nos termos de seu art. 2º, viola a garantia institucional da anualidade. É dizer, o art. 16 da CF deve ser considerado como cláusula pétrea na medida em que garante, de modo geral e irrestrito, o atendimento das condições jurídicas e materiais que realizam o princípio da igualdade partidária.

Conclusivamente, norma que contrarie esse preceito – ainda que introduzida por Emenda Constitucional – é, antes de tudo, passível de controle de constitucionalidade a partir desse parâmetro, qual seja: a regra da anualidade eleitoral (CF, art. 16).

Para uma aferição mais completa, porém, das repercussões que o dispositivo atacado nesta ação direta, é necessário agregar a esta análise a identificação de algumas das demais afetações/restrições ocasionadas pela aplicação, em momento indevido, de modificação no processo eleitoral.

---

[22] GRIMM, Dieter, op. cit., 1992, p. 415 – sem os grifos no original.

Controle de constitucionalidade de emenda constitucional **1555**

2.2. Da afetação/restrição de direitos e garantias do candidato

Como se sabe, a soberania popular (CF, art. 1º, inciso I e parágrafo único) é exercida fundamentalmente pelo sufrágio universal (CF, art. 14, *caput*, da CF). A filiação partidária, por sua vez, constitui-se como uma condição institucional necessária para a investidura em cargo público eletivo (CF, art. 14, § 3º, inciso V). Nesse contexto, não se pode negar que o exercício do poder popular republicano se realiza por intermédio de mandatários escolhidos, ou seja, por meio de candidatos (Lei n. 4.737/1965 – Código Eleitoral – art. 2º).

Consequentemente a esta indissociável relação entre meios e fins, a afetação das situações jurídicas subjetivas dos candidatos, pode importar também restrição dos direitos político-eleitorais fundamentais do cidadão, especialmente aquele caracterizado pelo exercício juridicamente seguro e estável da soberania por intermédio do sufrágio periódico e universal.

Uma vez que essa situação jurídica dos candidatos se encontra caracterizada na forma das normas vigentes do processo eleitoral, eventual alteração significativa nas "regras do jogo" frustrar-lhes-ia ou prejudicar-lhes-ia as expectativas, estratégias e planos razoavelmente objetivos de suas campanhas. Poder-se-ia, cogitar ainda, mesmo que indiretamente, de influências indevidas no próprio resultado do processo eleitoral.

A possibilidade de alteração das normas do processo eleitoral em descumprimento ao disposto no art. 16 da CF, importa em alterações imprevistas no período inferior a um ano antes da eleição subsequente. Apenas para que se tenha a dimensão da repercussão que o quadro normativo imposto pelo art. 2º da EC n. 52/2006 pode acarretar, é pertinente exemplificar como o desrespeito do prazo mínimo para a alteração da legislação de regência eleitoral afetaria o exercício, pela cidadania, na posição de eleitor passivo (candidato), especialmente nas seguintes hipóteses:

i) se a alteração ocorresse em período inferior a um ano da data da eleição, comprometer-se-ia a própria possibilidade de escolha dos candidatos quanto à filiação partidária, uma vez que a modificação legislativa se daria em momento posterior aos prazos máximos fixados em lei (Lei n. 9.504/1997, art. 9º, *caput*) para que todos os candidatos a cargos eletivos (a) requeiram a respectiva inscrição eleitoral ou a transferência de seu domicílio para a circunscrição na qual pretendem concorrer; e (b) estejam com a filiação definitiva deferida pelo respectivo partido político;

ii) se a alteração ocorresse em período inferior a seis meses da data da eleição, afetaria a situação jurídica dos cidadãos-candidatos em momento posterior aos prazos máximos fixados em lei para desincompatibilização dos titulares de cargos públicos eletivos executivos, bem como eventualmente de seu cônjuge ou dos respectivos parentes (consanguíneos ou afins, até o segundo grau ou por adoção), que viessem a concorrer, no território de jurisdição do titular, para a mesma referida eleição subsequente (CF, art. 14, §§ 6º, 7º e 9º c/c Lei Complementar n. 64/1990, art. 1º, incisos II, III e IV e §§ 1º a 3º);

iii) se a alteração ocorresse após 30 de junho do corrente ano, interferir-se-ia na situação jurídica dos candidatos já escolhidos ou preteridos, uma vez que já teria expirado o prazo máximo fixado em lei para realização das convenções partidárias destinadas à escolha dos candidatos, assim como na deliberação sobre as coligações a serem eventualmente realizadas (Lei n. 9.504/1997, art. 8º, *caput*); e

iv) por fim, se a alteração ocorresse após 05 de julho deste ano, influenciaria nas próprias possibilidades de atendimento do prazo máximo fixado em lei para a apresentação, à Justiça Eleitoral, dos requerimentos de registro das candidaturas aprovadas pelas convenções partidárias (Lei n. 9.504/1997, art. 11, *caput*).

Em síntese, ao se efetuar um diagnóstico minimamente preocupado com as repercussões da admissibilidade, a qualquer tempo, de mudanças no processo eleitoral, constata-se que surgem

1556 Estado de Direito e Jurisdição Constitucional – Decisões relevantes em 15 anos de atuação no STF

complicações não apenas para a autonomia dos partidos políticos, mas também para a situação jurídica dos cidadãos-candidatos – os quais ficariam totalmente à mercê da aleatoriedade de eventuais mudanças legislativas.

2.3. Da afetação/restrição de direitos e garantias do eleitor

Sob a perspectiva da afetação/restrição de direitos e garantias do eleitor, observa-se que os cidadãos-eleitores também podem ser atingidos, ainda que de forma reflexa, pelo art. 2º da EC n. 52/2006.

Se não é possível diagnosticar e registrar os prejuízos imediatos da mudança propugnada pela referida Emenda Constitucional ao direito ao voto dos eleitores brasileiros – tendo em vista o seu exercício em data futura – é possível, sim, cogitar, num juízo de prognose, dos riscos que ameaçam tal direito acaso seja afastado o preceito contido no art. 16 da Constituição de 1988.

Ao cidadão-eleitor é garantido pela Constituição de 1988 o devido processo eleitoral, ou seja, o direito a que o resultado das eleições seja consequência de um processo eleitoral incólume, protegido contra fraudes e casuísmos, regido por um sistema de regras que concretize, na sua máxima efetividade, o direito fundamental ao voto.

O devido processo eleitoral guarda íntima relação com o devido processo legal substantivo, sendo expressão anteriormente já utilizada pelo Min. Sepúlveda Pertence em seu voto vencido no julgamento da ADI 2628-3/PFL (*DJ* 05.03.2004). Na ocasião, o Ministro Sepúlveda pertence, referindo-se ao art. 16 da CF/88, colocou-o como uma expressão do devido processo eleitoral, nos seguintes termos:

> "(...) por força do art. 16 da Constituição, inovação salutar inspirada na preocupação da qualificada estabilidade e lealdade do devido processo eleitoral: nele a preocupação é especialmente de evitar que se mudem as regras do jogo que já começou, como era frequente, com os sucessivos "casuísmos", no regime autoritário.
>
> A norma constitucional – malgrado dirigida ao legislador – contém princípio que deve levar a Justiça Eleitoral a moderar eventuais impulsos de viradas jurisprudenciais súbitas, no ano eleitoral, acerca de regras legais de densas implicações na estratégia para o pleito das forças partidárias"[23].

Registre-se que o âmbito de proteção do devido processo legal vem ganhando, também no Brasil, significativa ampliação, ao ser reconhecido, tanto pela doutrina quanto pela jurisprudência, como o direito à proteção efetiva do próprio bem jurídico fundamental por ele tutelado. Conforme anota Maria Rosynete Lima: "É preciso que a atividade estatal restritiva de direitos fundamentais atue de forma a resguardar o núcleo essencial do direito tutelado, sendo norteada pelo devido processo legal substantivo, o qual se faz atuar por meio dos preceitos de razoabilidade e proporcionalidade"[24].

Conforme já tive oportunidade de sustentar:

> "Em qualquer hipótese, os limites do poder de revisão não se restringem, necessariamente, aos casos expressamente elencados nas *garantias de eternidade*. Tal como observado por Bryde, a decisão sobre a imutabilidade de determinado princípio não significa que outros postulados fundamentais estejam submetidos ao poder de revisão (Bryde, Verfassungsentwicklung, p. 237).
>
> (...)
>
> [E prossigo]
>
> Essa abordagem teórica permite introduzir reflexão sobre a adoção, no processo de revisão, de uma ressalva expressa às cláusulas pétreas, contemplando não só a eventual alteração dos princípios gravados

---

[23] ADI 2628/DF, Rel. Min. Sydney Sanches, *DJ* 05/03/04.

[24] LIMA, Maria Rosynete Oliveira. *Devido processo legal.* Porto Alegre: Sérgio Fabris, 1999, p. 218.

Controle de constitucionalidade de emenda constitucional **1557**

com as chamadas *garantias de eternidade*, mas também a possibilidade de transição ordenada da ordem vigente para outro sistema constitucional (revisão total).

Se se entendesse – o que pareceria bastante razoável – que a revisão total ou a revisão parcial das cláusulas pétreas está implícita na própria Constituição, poder-se-ia cogitar – mediante a utilização de um processo especial que contasse com a participação do Povo – até mesmo de alteração das disposições constitucionais referentes ao processo de emenda constitucional com o escopo de explicitar a ideia de revisão total ou de revisão específica das cláusulas pétreas, permitindo, assim, que se disciplinasse, juridicamente, a alteração das cláusulas pétreas ou mesmo a substituição ou a superação da ordem constitucional vigente por outra"[25].

Na discussão específica dos autos, a modificação implementada, pelo poder constituinte derivado, das regras do processo eleitoral com pretensão de aplicação imediata para eleições que ocorrerão ainda este ano, constitui-se como restrição inconstitucional ao devido processo eleitoral porque não observa a regra constitucionalmente estabelecida no art. 16 da CF.

O poder constituinte derivado exercido por meio da edição da Emenda Constitucional n. 04/93 apenas reforçou os princípios da segurança jurídica e previsibilidade das regras do processo eleitoral.

A alteração do texto constitucional não foi substancial. A EC n. 04/1993 tão somente explicitou a norma-garantia ínsita ao contexto institucional de nosso sistema eleitoral para o exercício dos direitos políticos. Manteve-se firme, portanto, a vedação de mudanças no processo eleitoral a menos de um ano das eleições – uma proibição que, ainda que não estivesse expressamente detalhada (e aqui, retomo o pensamento de Konrad Hesse), já deveria ser considerada como mecanismo jurídico adequado, necessário e proporcional para assegurar a *força normativa da constituição* quanto à preservação da efetividade fático-jurídica das expectativas exercitáveis em determinado contexto eleitoral.

Assim sendo, não há como deixar de reconhecer também em relação aos eleitores os riscos (e suas possíveis consequências nefastas) advindos de um eventual afastamento da regra do art. 16 da Constituição de 1988 para a situação em apreço. Mesmo que o direito fundamental diretamente envolvido seja a autonomia dos partidos políticos, não se pode negar que tal autonomia encontra limites no devido processo eleitoral, ou seja, na previsibilidade das regras que nortearão o exercício em concreto do direito fundamental de voto dos cidadãos brasileiros.

3. Conclusão

A partir do raciocínio exposto até aqui, a discussão das repercussões da aplicação da EC n. 52/2006 não pode ser limitada às afetações/restrições de direitos e garantias dos partidos políticos, dos cidadãos-candidatos e dos cidadãos-eleitores.

Cabe salientar ainda que, em patente descumprimento à garantia fundamental da anualidade eleitoral (CF, art. 16), a alteração das normas do processo eleitoral em período inferior a um ano antes da eleição subsequente também poderia afetar outros aspectos de nossa vivência institucional da Constituição. Nesse particular, é pertinente desenvolver as seguintes situações hipotéticas:

i) se a alteração ocorresse em período inferior a 180 (cento e oitenta dias) da data da eleição (aproximadamente, primeira semana de abril deste ano), ela interferiria no procedimento público instaurado a partir dos diversos prazos fixados em lei (e que se sucedem, cronologicamente, a partir desta data), os quais vedam ou limitam a atuação

---

[25] MENDES, Gilmar Ferreira. Limites da Revisão: Cláusulas pétreas ou garantias de Eternidade – Possibilidade jurídica de sua superação. In: Advocacia Dinâmica: Boletim Informativo semanal, vol. 14, n. 7, p. 82 a 80, fev. 94; *AJURIS* n. 60, vol. 21, mar. 1994, p. 249/254; *Cadernos de Direito Tributário e Finanças Públicas*, vol. 2, n. 6, p. 15 a 19, jan./mar. 1994.

da Administração Pública e de seus agentes – mesmo que estes não sejam candidatos ou filiados a partidos políticos [daí, por exemplo, a impossibilidade de (a) empreender revisão geral de remuneração de servidores públicos; (b) nomear, contratar, admitir, demitir, remover, transferir ou exonerar servidores públicos (salvo nos casos de expressas previsões legais); (c) realizar transferências voluntárias de recursos entre os entes da Federação (salvo as expressas exceções legais); (d) participar da inauguração de obras públicas ou de qualquer atividade que caracterize "publicidade institucional" (Lei n. 9.504/97, arts. 73, incisos V, VI e VIII, 75 e 77); (e) chegando até mesmo à possibilidade de que qualquer modificação normativa posterior à data referida possa definir que determinado agente público (ou mesmo a própria Administração) tenha empreendido situação que lhe estava legalmente vedada, embora o agente objetivamente desconhecesse o parâmetro temporal de seu transcurso; por fim, (f) o mesmo raciocínio se aplica às emissoras de rádio e televisão, face às vedações que lhe estão especificamente consignadas no art. 45, incisos I a VI, da Lei n. 9.504/97];

ii) se a alteração se efetivasse após 30 de junho do corrente ano – ou seja, após o prazo máximo fixado em lei para realização das convenções partidárias que escolherão os candidatos e deliberação sobre as coligações (art. 8°, *caput*, da Lei n. 9.504/97) – poderia afetar a própria imparcialidade da Justiça Eleitoral, porque (a) estando impedido de servir como juiz eleitoral (impedimento absoluto, para todo e qualquer processo), desde a homologação da respectiva convenção partidária até a apuração final da eleição, o cônjuge, o parente consanguíneo legítimo ou ilegítimo, ou afim, até o segundo grau, de candidato a cargo eletivo registrado na circunscrição (art. 14, §§ 3° e 4°, do Código Eleitoral, com a redação da Lei n. 4.961/66), qualquer modificação normativa que altere tal cenário eventualmente poderia caracterizar, ulteriormente, a atuação indevida de juiz eleitoral, em razão de situação que lhe estava legalmente vedada e por força de prazo que o magistrado objetivamente desconhecia o transcurso; e (b) o mesmo raciocínio se aplicaria às pessoas designadas para o exercício em escrivania de zona eleitoral, por força do art. 33, § 1°, do Código Eleitoral.

Por todas essas razões expostas em meu voto, não há como compatibilizar a aplicação imediata da alteração introduzida pelo art. 1° da EC n. 52/2006, com a norma do art. 16 da CF sem conformar a cláusula de vigência daquela inovação legislativa (art. 2° da EC n. 52) com este último dispositivo constitucional.

Assim, e nos termos do art. 12 da Lei n. 9.868/99, meu voto é no sentido de julgar **parcialmente procedente** a ação direta de inconstitucionalidade, **para que se confira interpretação conforme ao art. 2° da Emenda Constitucional n. 52/2006, no sentido de que se esclareça que a alteração normativa introduzida pelo art. 1° da referida Emenda somente pode ter aplicação às eleições que venham a ocorrer após um ano da data de sua vigência.**

Senhor Presidente, é como voto.

ADI 3.105[1]

Contribuição previdenciária dos inativos e pensionistas – Inconstitucionalidade – Seguridade social – Servidor público – Vencimentos – Proventos de aposentadoria e pensões – Sujeição à incidência de contribuição previdenciária – Não ocorrência de ofensa a direito adquirido no ato de aposentadoria – Contribuição social – Exigência patrimonial de natureza tributária – Inexistência de norma de imunidade tributária absoluta – Emenda Constitucional n. 41/2003 (art. 4º, *caput*) – Regra não retroativa – Incidência sobre fatos geradores surgidos após o início de vigência da norma – Possibilidade de isenção para pessoas acometidas de doenças graves.

Trata-se de Ação Direta de Inconstitucionalidade proposta pela Associação Nacional dos Membros do Ministério Público – CONAMP em face do artigo 4º da Emenda Constitucional n. 41, de 19.12.03, que possui o seguinte teor:

"Art. 4º Os servidores inativos e os pensionistas da União, dos Estados, do Distrito Federal e dos Municípios, incluídas suas autarquias e fundações, em gozo de benefícios na data de publicação desta Emenda, bem como os alcançados pelo disposto no seu art. 3º, contribuirão para o custeio do regime de que trata o art. 40 da Constituição Federal com percentual igual ao estabelecido para os servidores titulares de cargos efetivos.

Parágrafo único. A contribuição previdenciária a que se refere o caput incidirá apenas sobre a parcela dos proventos e das pensões que supere:

I – cinquenta por cento do limite máximo estabelecido para os benefícios do regime geral de previdência social de que trata o art. 201 da Constituição Federal, para os servidores inativos e os pensionistas dos Estados, do Distrito Federal e dos Municípios;

II – sessenta por cento do limite máximo estabelecido para os benefícios do regime geral de previdência social de que trata o art. 201 da Constituição Federal, para os servidores inativos e os pensionistas da União."

A Ministra Ellen Gracie, Relatora, assim se pronunciou:

"Alega a autora que "os servidores públicos aposentados e os que preenchiam as exigências de aposentação antes da vigência da nova norma constitucional estavam submetidos, quando das suas aposentadorias ou do momento em que poderiam se aposentar, a regime previdenciário que não tinha caráter contributivo ou solidário (antes da Emenda Constitucional n. 20, de 15 de dezembro de 1998), ou apenas tinha caráter contributivo (depois dessa mesma Emenda Constitucional n. 20, de 1998)." Assim, conclui, os referidos servidores, depois de aposentados conforme o sistema previdenciário então estabelecido pela Constituição, exerceram ou incorporaram ao seu patrimônio jurídico o direito de não mais pagarem contribuição previdenciária.

Afirma que tal ilação está em conformidade com o pacífico entendimento firmado nesta Corte (Enunciado n. 359 da Súmula do STF, alterado após o julgamento do RE n. 72.509 ED-EDv, *DJ* 30.03.73) segundo o qual o servidor público aposentado ou que já reuniu os requisitos para se aposentar tem o direito de que seja aplicada, ao período de sua inatividade, a lei vigente à época em que se aposentou ou que poderia se aposentar.

---

[1] Em 18.8.2004, o STF, por decisão majoritária, julgou improcedente a ação em relação ao *caput* do artigo 4º da Emenda Constitucional n. 41, de 19.12.2003, vencidos a Senhora Ministra Ellen Gracie, Relatora, e os Senhores Ministros Carlos Britto, Marco Aurélio e Celso de Mello e, por unanimidade, julgou inconstitucionais as expressões "cinquenta por cento do" e "sessenta por cento do", contidas, respectivamente, nos incisos I e II do parágrafo único do artigo 4º da Emenda Constitucional n. 41/2003, pelo que aplica-se, então, à hipótese do artigo 4º da EC n. 41/2003 o § 18 do artigo 40 do texto permanente da Constituição, introduzido pela mesma emenda constitucional (*DJ* de 18.2.2005).

1560 Estado de Direito e Jurisdição Constitucional – Decisões relevantes em 15 anos de atuação no STF

Assevera que se os servidores aposentados até 19.12.03, bem como os que detinham as condições para sê-lo, possuem o direito de não pagar contribuição previdenciária, a obrigação imposta pelo dispositivo impugnado prejudica este mesmo direito, impondo situação jurídica mais gravosa ao seu titular. Aponta, assim, violação à garantia individual do direito adquirido (o que não foi exercido, apesar de já estar incorporado ao patrimônio jurídico de seu titular) e do ato jurídico perfeito (direito subjetivo exercido que se torna, por ato do Poder Público, situação definitivamente constituída), prevista no artigo 5º, XXXVI, da CF. Afirma ter sido desrespeitada, por conseguinte, a cláusula pétrea insculpida no art. 60, § 4º, IV da Carta Magna, segundo a qual 'não será objeto de deliberação a proposta de emenda tendente a abolir os direitos e garantias individuais'.

Defende a requerente a tese de que o vocábulo "lei" constante do citado art. 5º, XXXVI, da CF ("*a lei não prejudicará o direito adquirido, o ato jurídico perfeito e a coisa julgada*") possui um significado amplo, a representar qualquer ato normativo editado ou expedido pelos Poderes e agentes estatais, incluindo, neste conceito, a espécie normativa emenda constitucional."

A requerente asseverou, ademais, que a norma atacada afrontou o princípio da isonomia tributária (CF, art. 150, II) e o princípio da irredutibilidade de vencimentos e proventos, bem assim ofendeu o princípio da irredutibilidade de vencimentos e proventos.

A Advocacia-Geral da União requereu a declaração da constitucionalidade do art. 4º da EC n. 41/03.

A Procuradoria-Geral da República opinou pela procedência do pedido formulado.

O julgado está assim ementado:

EMENTA: 1. Inconstitucionalidade. Seguridade social. Servidor público. Vencimentos. Proventos de aposentadoria e pensões. Sujeição à incidência de contribuição previdenciária. Ofensa a direito adquirido no ato de aposentadoria. Não ocorrência. Contribuição social. Exigência patrimonial de natureza tributária. Inexistência de norma de imunidade tributária absoluta. Emenda Constitucional n. 41/2003 (art. 4º, caput). Regra não retroativa. Incidência sobre fatos geradores ocorridos depois do início de sua vigência. Precedentes da Corte. Inteligência dos arts. 5º, XXXVI, 146, III, 149, 150, I e III, 194, 195, caput, II e § 6º, da CF, e art. 4º, caput, da EC n. 41/2003. No ordenamento jurídico vigente, não há norma, expressa nem sistemática, que atribua à condição jurídico-subjetiva da aposentadoria de servidor público o efeito de lhe gerar direito subjetivo como poder de subtrair ad aeternum a percepção dos respectivos proventos e pensões à incidência de lei tributária que, anterior ou ulterior, os submeta à incidência de contribuição previdencial. Noutras palavras, não há, em nosso ordenamento, nenhuma norma jurídica válida que, como efeito específico do fato jurídico da aposentadoria, lhe imunize os proventos e as pensões, de modo absoluto, à tributação de ordem constitucional, qualquer que seja a modalidade do tributo eleito, donde não haver, a respeito, direito adquirido com o aposentamento. 2. Inconstitucionalidade. Ação direta. Seguridade social. Servidor público. Vencimentos. Proventos de aposentadoria e pensões. Sujeição à incidência de contribuição previdenciária, por força de Emenda Constitucional. Ofensa a outros direitos e garantias individuais. Não ocorrência. Contribuição social. Exigência patrimonial de natureza tributária. Inexistência de norma de imunidade tributária absoluta. Regra não retroativa. Instrumento de atuação do Estado na área da previdência social. Obediência aos princípios da solidariedade e do equilíbrio financeiro e atuarial, bem como aos objetivos constitucionais de universalidade, equidade na forma de participação no custeio e diversidade da base de financiamento. Ação julgada improcedente em relação ao art. 4º, caput, da EC n. 41/2003. Votos vencidos. Aplicação dos arts. 149, caput, 150, I e III, 194, 195, caput, II e § 6º, e 201, caput, da CF. Não é inconstitucional o art. 4º, caput, da Emenda Constitucional n. 41, de 19 de dezembro de 2003, que instituiu contribuição previdenciária sobre os proventos de aposentadoria e as pensões dos servidores públicos da União, dos Estados, do Distrito Federal e dos Municípios, incluídas suas autarquias e fundações. 3. Inconstitucionalidade. Ação direta. Emenda Constitucional (EC n. 41/2003, art. 4º, § único, I e II). Servidor público. Vencimentos. Proventos de aposentadoria e pensões. Sujeição à incidência de contribuição previdenciária. Bases de cálculo diferenciadas. Arbitrariedade. Tratamento discriminatório entre servidores e pensionistas da União, de um lado, e servidores e pensionistas dos Estados, do Distrito Federal e dos Municípios, de outro. Ofensa ao princípio constitucional da isonomia tributária, que

Controle de constitucionalidade de emenda constitucional   1561

é particularização do princípio fundamental da igualdade. Ação julgada procedente para declarar inconstitucionais as expressões "cinquenta por cento do" e "sessenta por cento do", constante do art. 4º, § único, I e II, da EC n. 41/2003. Aplicação dos arts. 145, § 1º, e 150, II, cc. art. 5º, caput e § 1º, e 60, § 4º, IV, da CF, com restabelecimento do caráter geral da regra do art. 40, § 18. São inconstitucionais as expressões "cinquenta por cento do" e "sessenta por cento do", constantes do § único, incisos I e II, do art. 4º da Emenda Constitucional n. 41, de 19 de dezembro de 2003, e tal pronúncia restabelece o caráter geral da regra do art. 40, § 18, da Constituição da República, com a redação dada por essa mesma Emenda.

VOTO

1.   Introdução: Interpretação do texto constitucional anterior à Emenda 41

Com a instituição da contribuição dos inativos, pela Emenda Constitucional n. 41, de iniciativa do Governo Lula, e o ajuizamento da presente ação direta a impugnar a referida Emenda, na parte em que institui a contribuição dos inativos, esta Corte novamente está diante de questão bastante sensível e que tem gerado debates acalorados na sociedade brasileira.

As críticas à contribuição dos inativos são amplamente conhecidas. E obviamente não se pode menoscabar, além de uma questão jurídica relevante, a ser decidida por esta Corte, o impacto de tal medida no orçamento individual dos pensionistas e inativos. Mas, infelizmente, a nossa história eleitoral recente mostra um uso demagógico e irresponsável dessa perspectiva dos pensionistas e aposentados que, certamente, possuem interesse legítimo em contestar, pelas vias democráticas, tal como se verifica nas ações diretas em exame, esse novo ônus tributário. Faço tal observação apenas para registrar, nesse julgamento público, a par do papel desta Corte em proferir um julgamento a partir de critérios jurídico-constitucionais, uma expressa rejeição a uma utilização demagógica e "eleitoreira" de um pleito defendido por um setor expressivo da nossa sociedade.

Como já assinalei, o tema ora em discussão não é novo nesta Corte.

Este Tribunal, antes da reforma constitucional de 1998, já se havia pronunciado no sentido da legitimidade da cobrança de contribuição social dos inativos e pensionistas. Assim foi ementada a decisão cautelar proferida nos autos da ADI 1.441-DF:

> *"Extensão, aos proventos dos servidores públicos inativos, da incidência de contribuição para o custeio da previdência social.*
>
> *Insuficiente relevância, em juízo provisório e para fins de suspensão liminar, de arguição de sua incompatibilidade com os artigos 67; 195, II; 40, § 6º; 194, IV e 195, §§ 5º e 6º, todos da Constituição Federal. Medida cautelar indeferida, por maioria"[2].*

Esse entendimento foi ratificado na ADI 1.430 (Rel. Min. Moreira Alves, DJ 13.12.96).

Em ambas as decisões, asseverou o Tribunal que não só o art. 40, § 6º, que estabelecia a possibilidade de instituição de contribuição social sobre a remuneração, mas também o art. 40, § 4º, que determinava a revisão compulsória dos proventos dos inativos sempre que houvesse alteração dos vencimentos do pessoal ativo, tornavam legítima a instituição de contribuição social para os servidores inativos e pensionistas.

Sobre essas decisões, assim nos manifestamos juntamente com o Prof. Ives Gandra Martins: "Fica evidente que aqui o Tribunal atribuiu pouco significado à 'letra da lei', optando claramente por uma interpretação contextualizada e sistemática da letra constitucional"[3].

Penso que a mesma exegese era aplicável a partir da promulgação da Emenda Constitucional n. 20, de 1998. Com efeito, é insuficiente conjugar o disposto no art. 40, § 12 com o art. 195, II, numa incorporação mecânica e automática da disciplina do Regime Geral de Previdência

---

[2]   ADI 1.441/DF, Rel. Min. Octavio Gallotti, *DJ* 18.10.96.

[3]   Contribuição dos inativos. *Revista CONSULEX*, ano III, n. 36, dez. 1999, p. 41.

1562 Estado de Direito e Jurisdição Constitucional – Decisões relevantes em 15 anos de atuação no STF

Social, em tudo assimétrica, para afastar a possibilidade de cobrança de contribuição previdenciária dos inativos e pensionistas.

Asseveramos no mencionado texto:

"[...] Se considerarmos que o art. 40, caput, determina a instituição de um modelo contributivo de previdência do servidor público, que seu § 3º assegura o direito do servidor a se aposentar com base na última remuneração percebida na ativa (aposentadoria integral) e que o § 8º do aludido artigo, tal como o antigo § 4º da redação anterior, concede o direito de revisão dos proventos toda vez que houver alteração da remuneração do pessoal da ativa, temos de reconhecer que haveria elementos suficientes para manter a jurisprudência firmada em 1996. Até porque os regimes de aposentadoria dos servidores públicos e o regime geral de Previdência Social continuam antes e depois da revisão constitucional marcadamente distintos. Enquanto os servidores públicos gozam dos benefícios já referidos, com direito à aposentadoria integral e à elevação real do valor dos proventos, os beneficiários do regime da Previdência Social estão submetidos a um teto de R$ 1.200 e fazem jus a reajustes apenas a recompor o valor real, nos termos do art. 14 da Emenda Constitucional n. 20."

Sem dúvida, a redação dada ao *caput* do art. 40 pela Emenda 20 assegurou aos servidores regime de previdência de caráter contributivo, observados critérios que preservassem o equilíbrio financeiro e atuarial. Essa imposição é reproduzida no *caput* do art. 201 da Constituição.

O princípio do "equilíbrio financeiro e atuarial" contém basicamente duas exigências. A primeira impõe que as receitas sejam no mínimo equivalentes aos gastos, e aqui temos o denominado equilíbrio financeiro. A segunda exigência, relativa ao equilíbrio atuarial, determina a adoção de correlação entre os montantes com que contribuem os segurados e os valores que perceberão a título de proventos e pensões.

No que se refere ao equilíbrio atuarial, portanto, exige-se uma correlação entre os montantes relativos à contribuição e ao benefício. Ocorre que a Constituição já dispõe sobre o valor dos benefícios previdenciários dos servidores públicos. Assim, para se cumprir o mandamento constitucional de preservação do mencionado equilíbrio, reconhecido inclusive por este Supremo Tribunal Federal (ADIn's 2.110 e 2.111, Rel. Min. Sydney Sanches, Informativo n. 181), resta ao Estado tão somente disciplinar a questão da contribuição. Todavia, o valor da contribuição incidente sobre a remuneração dos servidores em atividade não poderia implicar confisco, nem assumir valores exorbitantes, tornando insustentável a vida financeira do indivíduo.

Com efeito, existem evidentes limites factuais e normativos para a elevação das alíquotas das contribuições previdenciárias dos servidores em atividade. Destarte, evidencia-se a importância de que todos os beneficiários do regime de previdência social do servidor público, inclusive os servidores inativos, concorram para a solidez e manutenção do sistema previdenciário, assegurando-lhe tanto o equilíbrio financeiro entre receitas e despesas quanto o equilíbrio atuarial entre contribuições e benefícios.

Ademais, a Constituição, anteriormente à Emenda 41, ao empregar o termo genérico "servidor", ao meu ver, já abrangia tanto os servidores ativos como os inativos, tanto que quando o constituinte intentou alguma diferenciação, a ofereceu expressamente, como de fato o fez no art. 40, § 8º, em sua redação anterior à Emenda 41, que se referia aos "servidores em atividade". Assim também o art. 20 do Ato das Disposições Constitucionais Transitórias, ao aludir explicitamente aos "servidores públicos inativos".

Nesse sentido, vale transcrever trecho do voto do Relator, Ministro Carlos Velloso no julgamento do RE 163.204-6:

"De fato. A aposentadoria encontra disciplina na Constituição e nas leis dos servidores públicos. A Constituição estabelece os casos de aposentadoria e o tempo de serviço necessário à sua obtenção (CF, art. 40), estabelecendo, mais, que 'os proventos da aposentadoria serão revistos, na mesma proporção e na mesma data, sempre que se modificar a remuneração dos servidores em atividade, sendo também estendidos aos inativos quaisquer benefícios ou vantagens posteriormente concedidos aos servidores em atividade, inclusive quando decorrentes da transformação ou reclassificação de cargo ou função em que se deu a aposentadoria, na forma da lei' (art. 40, § 4º [atual art. 40, § 8º, que, inclusive estendeu para aposentados e

Controle de constitucionalidade de emenda constitucional 1563

pensionistas]) [...] Os servidores públicos aposentados não deixam de ser servidores públicos: são como bem afirmou Haroldo Valadão, servidores públicos inativos. A proibição de acumulação de vencimentos com proventos decorre, na realidade, de uma regra simples: é que os vencimentos, que são percebidos pelos servidores públicos ativos, decorrem de um exercício atual do cargo, enquanto os proventos dos aposentados decorrem de um exercício passado. Ambos, entretanto, vencimentos e proventos, constituem remuneração decorrentes do exercício – atual ou passado – de cargos públicos, ou de empregos e funções em autarquias, empresas públicas, sociedades de economia mista e fundações mantidas pelo poder público (CF, art. 37, XVI e XVII, e art. 40). Por isso mesmo, essa acumulação de vencimentos e proventos incide na regra proibitiva, porque ambos – vencimentos e proventos – constituem remuneração decorrente do exercício de cargo público. E a Constituição, no artigo 37, XVI, ao estabelecer que 'é vedada a acumulação remunerada de cargos públicos', observadas as exceções por ela previstas, está justamente vedando a acumulação remunerada decorrente do exercício de cargos públicos"[4].

O § 1º do art. 149 da Constituição, na redação anterior à Emenda 41, também não diferenciava entre as espécies de servidores, razão pela qual também se sustentou, antes da Emenda 41, a inexistência de óbice a que os Estados, o Distrito Federal e os Municípios instituíssem contribuição previdenciária sobre os proventos dos seus servidores inativos. Tal entendimento, cabe lembrar, também não foi acolhido por esta Corte.

Outrossim, da leitura das normas inseridas pela Emenda Constitucional n. 20, de 1998, constatou-se que o constituinte derivado manteve a equiparação entre tratamento dispensado aos servidores em atividade e aquele dos servidores inativos e pensionistas. É o que se extrai do aludido § 8º do art. 40, bem como dos §§ 3º e 7º do mesmo dispositivo, em sua redação anterior à Emenda 41.

Igualado o tratamento entre servidores ativos e inativos e estabelecido um regime de caráter contributivo, não havia, ao meu ver, já no regime anterior à Emenda 41, obstáculo constitucional à instituição de contribuição previdenciária aos servidores aposentados, sob pena de violação ao princípio da isonomia, com repercussões imensuráveis ao equilíbrio do regime de previdência dos servidores públicos, como de fato tem-se verificado.

1.1. Da assimetria entre os regimes previdenciários constitucionalmente previstos

Poder-se-ia argumentar que a combinação do estabelecido no art. 40, § 12 com o art. 195, II, teria concedido imunidade à cobrança de contribuição previdenciária dos inativos. Esse, na verdade, é um argumento formulado antes da edição da Emenda 41 e que ora se renova. Ocorre que o regime de previdência dos servidores públicos não se confunde com regime geral de Previdência Social, regulado no art. 201, disciplinados em distintas passagens do texto constitucional.

Este Egrégio Tribunal já reconhecia a diversidade dos regimes quando do julgamento da mencionada ADIn 1.441-DF, na qual assim se manifestou o Ministro Relator:

"Ao contrário dos trabalhadores na iniciativa privada, que nenhum liame conservam com os seus empregadores após a rescisão do contrato de trabalho pela aposentadoria, preservam os servidores aposentados um remarcado vínculo de índole financeira, com a pessoa jurídica de direito público para que hajam trabalhado.

Não é por outro motivo que interdições, tais como a imposição do teto de remuneração e as proibições de vinculação ou equiparação de vencimentos do cômputo de acréscimos pecuniários percebidos ao mesmo título, bem como a de acumulação remunerada (incisos XI, XIII, XIV e XVI do art. 37 da Constituição [com a EC n. 20, de 1998, tais incisos mantiveram a mesma numeração, com algumas alterações de conteúdo]), são por igual aplicáveis tanto dos servidores ativos como aos inativos, no silêncio da Constituição.

---

4   Julg. 09.11.94, *DJ* 31.03.95, p. 07779.

1564 Estado de Direito e Jurisdição Constitucional – Decisões relevantes em 15 anos de atuação no STF

Essa perfeita simetria, entre vencimentos e proventos, é realçada pela disposição do § 4º do art. 40 da Constituição:

[transcreve a redação do art. 40 do § 4º, atual § 8º]

Contraste-se essa norma, concernente aos servidores públicos, com a do art. 201, § 2º, destinada aos segurados do regime geral da Previdência Social, e ver-se-á que, enquanto para estes últimos é somente estatuída a preservação do valor real do benefício original, são àqueles estendidos quaisquer benefícios ou vantagens posteriormente concedidos aos funcionários em atividade, e até mesmo decorrentes de transformação ou reclassificação do cargo ou função."

E arremata o eminente Ministro Octavio Gallotti:

"Dita correlação, capaz de assegurar aos inativos aumentos reais, até os motivados pela alteração das atribuições do cargo em atividade, compromete o argumento dos requerentes, no sentido de que não existiria causa eficiente para a cobrança de contribuições de aposentado, cujos proventos são susceptíveis, como se viu, de elevação do próprio valor intrínseco, não apenas da sua representação monetária, como sucede com os trabalhadores em geral." [sem grifos no original]

Essa é a interpretação que considero adequada, já a partir da EC n. 20, de 1998. O art. 40, § 12 dispõe que ao regime de previdência dos servidores públicos aplicam-se, no que couber, os requisitos e critérios fixados para o regime geral de previdência social. Essa aplicação subsidiária das regras deste regime, portanto, só é possível se compatível com as prescrições daquele. Ora, uma vez que as vantagens percebidas pelo servidor aposentado em muito se afastam das do beneficiário do regime geral de previdência social, pelas razões já expostas, não é minimamente razoável a tese da absoluta impossibilidade de cobrança de contribuição previdenciária dos servidores inativos, implicando uma ampliação ainda maior das desigualdades entre os beneficiários dos dois sistemas. Equiparam-se situações jurídicas manifestamente desiguais.

Na oportunidade daquele referido estudo, chegamos a propor, caso fosse reconhecida a aplicação do inciso II do art. 195, isentando-se os servidores inativos e pensionistas, haveria de se ressalvar que tal só se impõe até o limite vigente para os benefícios da Previdência Social. Caso contrário, conforme enfatizávamos, "o não estabelecimento dessa ressalva produz um resultado altamente insatisfatório, que não se compatibiliza com o princípio central da igualdade e com o postulado da justiça social constantes do texto constitucional", levando a uma "soma de felicidades".

2. A Emenda 41

A decisão cautelar proferida por esta Corte nos autos da ADI 2010, no sentido de suspender disposição legal que previa a contribuição de inativos por certo remeteu o Poder Executivo a conceber nova emenda à Constituição.

Assim, o Governo Lula logrou a aprovação da ora discutida Emenda à Constituição, com expressa previsão da contribuição previdenciária dos inativos.

Renovam-se, aqui, as impugnações relativas à constitucionalidade da contribuição. Tal como já expus, já não vislumbraria inconstitucionalidade caso a contribuição tivesse sido fixada em lei. Cabe, todavia, refutar os argumentos que se renovam, agora acrescidos da alegada violação a cláusulas pétreas.

Desde logo gostaria de assentar que, ainda que se considerasse que a Emenda 20 teria criado uma imunidade (antes certamente não havia), o tema não teria por isso *status* de cláusula pétrea, uma vez que foi introduzido por emenda constitucional.

Passo a análise das impugnações, sob a perspectiva de violação a cláusulas pétreas.

Controle de constitucionalidade de emenda constitucional   **1565**

3. Interpretação das cláusulas pétreas

3.1. Cláusulas Pétreas: natureza e significado

Uma concepção consequente da ideia de soberania popular deveria admitir que a Constituição pode ser alterada a qualquer tempo por decisão do povo ou de seus representantes. Evidentemente, tal entendimento levaria a uma instabilidade da Constituição, a despeito das cautelas formais estabelecidas para uma eventual mudança.

Tal como apontado por Jorge Miranda, são três as concepções básicas sobre as chamadas "Cláusulas Pétreas" ou limites materiais da revisão: *"a dos que os aceitam ou que os tomam mesmo como imprescindíveis e insuperáveis; a daqueles que impugnam a sua legitimidade ou a sua eficácia jurídica; e a daqueles que, admitindo-os, os tomam apenas como relativos, porventura suscetíveis de remoção através de dupla revisão ou de duplo processo de revisão"*[5].

Dentre os expoentes do ceticismo em relação às cláusulas pétreas – ou pelo menos, em relação à sua eficácia – há de ser mencionado Karl Loewenstein[6].

Outros, como Biscaretti de Ruffia, admitem que os limites explícitos podem ser superados mediante processo de emenda constitucional, em duas etapas: a primeira, destinada a derrogar a norma proibitiva; a segunda, levada a efeito com o propósito de instituir as reformas pretendidas[7].

Não se nega, como referido, que uma concepção radical da ideia de soberania popular deveria admitir que a Constituição poderia ser alterada a qualquer tempo por decisão do povo ou de seus representantes[8].

Tal entendimento permitiria questionar, porém, o próprio significado da Constituição enquanto ordem jurídica fundamental de toda a Comunidade (*rechtliche Grundordnung des Gemeinswesens*)[9]. A Constituição somente poderá desempenhar essa função – acentua Hesse – se puder estabelecer limites materiais e processuais[10].

Restam evidenciadas aqui a permanente contradição e a inevitável tensão entre o poder constituinte originário, que legitima a alteração da Constituição ou, até mesmo, a substituição de uma ordem constitucional por outra, e a vocação de permanência desta, que repugna mudanças substanciais[11].

Do prisma teórico, o problema dos limites materiais da revisão constitucional foi seriamente contemplado por Carl Schmitt, na sua *Verfassungslehre* (*Teoria da Constituição*, 1928).

A problemática assentar-se-ia, segundo Schmitt, na distinção entre *constituinte* (*Verfassungsgeber = Schöpfer der Verfassung*) e *legislador constituinte* (*Verfassungsgezetzgeber = Gesetzgeber über die Verfassung*).

Schmitt enfatizava que a modificação de uma Constituição não se confunde com sua abolição, acrescentando com base no exemplo colhido do art. 2º da Lei Constitucional francesa, de 14 de agosto de 1884 (*"La forme républicaine du Government ne peut faire l'objet d'une proposition de revision"*):

> *"Si por una expresa prescripción legal-constitucional se prohíbe una cierta reforma de la Constitución, esto no es más que confirmar tal diferencia entre revisión y supresión de la Constitución"*[12].

---

[5] MIRANDA, Jorge. *Manual de Direito Constitucional*. Tomo II, Coimbra: Coimbra, 1990, p. 190.

[6] LOEWENSTEIN, Karl. *Teoría de la Constitución*, Trad. esp., 2. ed., Barcelona: Ariel, 1976, p. 192.

[7] BISCARETTI DI RUFFIA, Paolo. *Derecho Constitucional*, Madrid: Technos, 1984, p. 282-283.

[8] Maunz-Dürig, *Kommentar zum Grundgesetz*, art. 79, III, n. 21.

[9] Cf. HESSE, Honrad. *Grundzüge des Verfassungsrechts der Bundesrepublik Deutschland*, 16. ed. Heidelberg: C. F. Müller, 1988, p. 263.

[10] Hesse, *Grundzüge des Verfassungsrechts*, cit., p. 263.

[11] Cf., sobre o assunto, Miranda, *Manual de Direito Constitucional*, cit., p. 175 s.

[12] SCHMITT, Carl. *Teoría de la Constitución*, trad. esp., Madrid: Alianza, 1982, p. 121.

Portanto, para Schmitt não se fazia mister que a Constituição declarasse a imutabilidade de determinados princípios.

É que a revisão não poderia, de modo algum, afetar a *continuidade* e a *identidade* da Constituição:

> *"Los límites de la facultad de reformar la Constitución resultan del bien entendido concepto de reforma constitucional. Una facultad de 'reformar la Constitución, atribuída por una normación legal-constitucional, significa que una o varias regulaciones legal-constitucionales pueden ser sustituidas por otras regulaciones legal-constitucionales, pero sólo bajo el supuesto de que queden garantizadas la identidad y continuidad de la Constitución considerada como un todo' (...)* [13]

Vê-se, assim, que não só os princípios gravados, eventualmente, com a *cláusula de imutabilidade*, mas também outras disposições – inclusive aquelas relativas ao processo de revisão constitucional – não poderiam ser alterados sem afetar a *identidade* e a *continuidade* da Constituição.

A concepção de Schmitt relativiza um pouco o valor exclusivo da declaração do constituinte originário sobre a imutabilidade de determinados princípios ou disposições, atribuindo-lhe quase conteúdo declaratório.

Tais cláusulas devem impedir, todavia, não só a supressão da ordem constitucional[14], mas também qualquer reforma que altere os elementos fundamentais de sua identidade histórica[15].

É verdade que importantes autores consideram risíveis os resultados práticos de tais cláusulas, diante de sua falta de eficácia em face de eventos históricos como os golpes e as revoluções[16].

Isto não deve impedir, porém, que o constituinte e os órgãos constitucionais procurem evitar a ocorrência de tais golpes. Certo é que tais proibições dirigidas ao poder de revisão constituem um dos instrumentos de proteção da Constituição[17].

Bryde destaca que as ideias de *limites materiais de revisão* e *cláusulas pétreas* expressamente consagrados na Constituição podem estar muito próximas. Se o constituinte considerou determinados elementos de sua obra tão fundamentais que os gravou com cláusulas de imutabilidade, é legítimo supor que nelas foram contemplados os princípios fundamentais[18]. Nesse sentido, a disposição contida no art. 79, III, da Lei Fundamental, poderia ser considerada, em grande parte, de caráter declaratório.

Em qualquer hipótese, os limites do poder de revisão não se restringem, necessariamente, aos casos expressamente elencados nas *garantias de eternidade*. Tal como observado por Bryde, a decisão sobre a imutabilidade de determinado princípio não significa que outros postulados fundamentais estejam submetidos ao poder de revisão[19].

O efetivo significado dessas cláusulas de imutabilidade na práxis constitucional não está imune a controvérsias. Se se entender que elas contêm uma *"proibição de ruptura de determinados princípios constitucionais"* (*Verfassungsprinzipiendurchbrechungsverbot*), tem-se de admitir que o seu significado é bem mais amplo do que uma proibição de revolução ou de destruição da própria Constituição (*Revolutions-und Verfassungsbeseitigungsverbot*). É que, nesse caso, a proibição

---

[13] Schmitt, *Teoría de la Constitución*, cit., p. 119.

[14] BVerfGE, 30:1(24).

[15] Hesse, *Grundzüge des Verfassungsrechts*, cit., p. 262.

[16] Cf. Loewenstein, *Teoría de la Constitución*, cit., p. 192.

[17] BRYDE, Otto-Brun. *Verfassungsentwicklung: Stabilität und Dynamik im Vergassungsrecht der Bundesrepublik Deutschland*, Baden-Baden, 1982, p. 227.

[18] Bryde, *Verfassungsentwicklung*, cit., p. 236.

[19] Bryde, *Verfassungsentwicklung*, cit., p. 237.

Controle de constitucionalidade de emenda constitucional **1567**

atinge emendas constitucionais que, sem suprimir princípios fundamentais, acabam por lesá-los topicamente, deflagrando um processo de *erosão* da própria Constituição[20].

A Corte constitucional alemã foi confrontada com esta questão na controvérsia sobre a constitucionalidade de emenda que introduzia restrição à inviolabilidade do sigilo da correspondência e das comunicações telefônicas e telegráficas, à revelia do eventual atingido, vedando, nesses casos, o recurso ao Poder Judiciário (Lei Fundamental, art. 10, II, c/c o art. 19, IV).

Nessa decisão do *Bundesverfassungsgericht*, de 1970, sustentou-se que a disposição contida no art. 79, III, da Lei Fundamental, visa a impedir que *"a ordem constitucional vigente seja destruída, na sua substância ou nos seus fundamentos, mediante a utilização de mecanismos formais, permitindo a posterior legalização de regime totalitário"*[21].

Essa *interpretação minimalista* das garantias de eternidade foi amplamente criticada na doutrina, uma vez que, na prática, o Tribunal acabou por consagrar uma atitude demissionária, que retira quase toda a eficácia daquelas disposições. A propósito dessa decisão, vale registrar a observação de Bryde:

> *"Enquanto a ordem constitucional subsistir, não será necessário que o Bundesverfassungsgericht suspenda decisões dos órgãos de representação popular tomadas por 2/3 de votos. Já não terá relevância a opinião do Tribunal numa situação política em que princípios fundamentais contidos no art. 79, III sejam derrogados"*[22].

Não há dúvida, outrossim, de que a tese que vislumbra nas *garantias de eternidade* uma *"proibição de ruptura de determinados princípios constitucionais"* (*Verfassungsprinzipiendurchbrechungverbot*) não parece merecer reparos do prisma estritamente teórico.

Não se cuida de uma autovinculação (*Selbstbindung*) do constituinte, até porque esta somente poderia ser admitida no caso de identidade entre o constituinte e o legislador constituinte ou, em outros termos, entre o detentor do poder constituinte originário e derivado. Ao revés, é a distinção entre os poderes constituintes originário e derivado que permite afirmar a legitimidade do estabelecimento dessa proibição[23].

Não se pode negar, porém, que a aplicação ortodoxa dessas cláusulas, ao invés de assegurar a continuidade do sistema constitucional, pode antecipar a sua ruptura, permitindo que o desenvolvimento constitucional se realize fora de eventual camisa de força do regime da imutabilidade.

Aí reside o grande desafio da jurisdição constitucional: não permitir a eliminação do núcleo essencial da Constituição, mediante decisão ou gradual processo de erosão, nem ensejar que uma interpretação ortodoxa ou atípica acabe por colocar a ruptura como alternativa à impossibilidade de um desenvolvimento constitucional legítimo.

As questões que envolvem as cláusulas pétreas, conforme expus, são objeto desse intenso debate doutrinário, a evidenciar sua marcante complexidade. Admiti-las, por certo, implica uma restrição significativa à atividade legislativa ordinária e mesmo ao Poder Constituinte Derivado. Mas tal como estão postas em nosso sistema as restrições à reforma constitucional, não vislumbro uma restrição insuperável ao exercício da democracia parlamentar. As possibilidades da atividade legislativa ordinária ou reformadora, ainda que dentro dos limites constitucionais à revisão, são muito amplas. O que há, por certo, ao nos atermos às restrições impostas pelo Constituinte Originário à reforma constitucional, é um dever de consistência nas formulações que procuram justificar a compatibilidade de determinada alteração constitucional com as cláusulas de imutabilidade.

---

[20] Bryde, *Verfassungsentwicklung*, cit., p. 242.

[21] BVerfGE, 30:1(24); BVerfGE, 34:9(19); Hesse, *Grundzüge des Verfassungsrechts*, cit., p. 262-4.

[22] Bryde, *Verfassungsentwicklung*, cit., p. 240.

[23] Bryde, *Verfassungsentwicklung*, cit., p. 242.

1568 Estado de Direito e Jurisdição Constitucional – Decisões relevantes em 15 anos de atuação no STF

4. Direito adquirido e irredutibilidade de vencimentos

Um dos argumentos recorrentes é o da suposta violação ao direito adquirido. Esse argumento agora vem reforçado com a perspectiva de cláusula pétrea.

A discussão sobre direito intertemporal assume delicadeza ímpar, entre nós, tendo em vista a disposição constante do art. 5º, inciso XXXVI, da Constituição, que reproduz norma tradicional do direito brasileiro. Desde 1934, e com a exceção da Carta de 1937, todos os textos constitucionais brasileiros têm consagrado cláusula semelhante.

Como se sabe, a definição de retroatividade foi objeto de duas doutrinas principais – direito adquirido e fato passado ou fato realizado – como ensina João Baptista Machado:

> *"a doutrina dos direitos adquiridos e doutrina do facto passado. Resumidamente, para a primeira doutrina seria retroactiva toda a lei que violasse direitos já constituídos (adquiridos); para a segunda seria retroactiva toda lei que se aplicasse a factos passados antes de seu início de vigência. Para a primeira a Lei nova deveria respeitar os direitos adquiridos, sob pena de retroatividade; para a segunda a lei nova não se aplicaria (sob pena de retroatividade) a fatos passados e aos seus efeitos (só se aplicaria a factos futuros)"[24].*

A doutrina do fato passado é também chamada teoria objetiva; a teoria do direito adquirido é chamada teoria subjetiva.

Na lição de Moreira Alves, domina, na nossa tradição, a teoria subjetiva do direito adquirido. É o que se lê na seguinte passagem do voto proferido na ADI 493, *verbis*:

> *"Por fim, há de salientar-se que as nossas Constituições, a partir de 1934, e com exceção de 1937, adotaram desenganadamente, em matéria de direito intertemporal, a teoria subjetiva dos direitos adquiridos e não a teoria objetiva da situação jurídica, que é a teoria de ROUBIER. Por isso mesmo, a Lei de Introdução ao Código Civil, de 1942, tendo em vista que a Constituição de 1937 não continha preceito da vedação da aplicação da lei nova em prejuízo do direito adquirido, do ato jurídico perfeito e da coisa julgada, modificando a anterior promulgada com o Código Civil, seguiu em parte a teoria de ROUBIER, e admitiu que a lei nova, desde que expressa nesse sentido, pudesse retroagir. Com efeito, o artigo 6º rezava: "A lei em vigor terá efeito imediato e geral. Não atingirá, entretanto, salvo disposição expressa em contrário, as situações jurídicas definitivamente constituídas e a execução do ato jurídico perfeito". Com o retorno, na Constituição de 1946, do princípio da irretroatividade no tocante ao direito adquirido, o texto da nova Lei de Introdução se tornou parcialmente incompatível com ela, razão por que a Lei n. 3.238/57 o alterou para reintroduzir nesse artigo 6º a regra tradicional em nosso direito de que "a lei em vigor terá efeito imediato e geral, respeitados o ato jurídico perfeito, o direito adquirido e a coisa julgada". Como as soluções, em matéria de direito intertemporal, nem sempre são coincidentes, conforme a teoria adotada, e não sendo, a que ora está vigente em nosso sistema jurídico a teoria objetiva de ROUBIER, é preciso ter cuidado com a utilização indiscriminada dos critérios por estes usados para resolver as diferentes questões de direito intertemporal"[25].*

É certo, outrossim, que a dimensão constitucional que se confere ao princípio do direito adquirido, entre nós, não permite que se excepcionem da aplicação do princípio as chamadas regras de ordem pública.

Como destacado por Moreira Alves, há muito Reynaldo Porchat questionava a correção desse entendimento, conforme se lê nas seguintes passagens de sua obra:

> *"Uma das doutrinas mais generalizadas e que de longo tempo vem conquistando foros de verdade, é a que sustenta que são retroativas as "leis de ordem pública" ou as "leis de direito público". Esse critério é, porém, inteiramente falso, tendo sido causa das maiores confusões na solução das questões de retroatividade. Antes de tudo, cumpre ponderar que é dificílimo discriminar nitidamente aquilo que é de ordem pública*

---

[24] Cf. MACHADO, João Baptista. *Introdução ao Direito e ao discurso legitimador*, Coimbra, 1983, p. 232.

[25] ADIN n. 493, Relator: Ministro Moreira Alves, *RTJ* 143, p. 724 (750).

Controle de constitucionalidade de emenda constitucional 1569

e aquilo que é de ordem privada. No parágrafo referente ao estudo do direito público e do direito privado, já salientamos essa dificuldade, recordando o aforismo de Bacon – "jus privatum sub tutela juris publici latet". O interesse público e o interesse privado se entrelaçam de tal forma, que as mais das vezes não é possível separá-los. E seria altamente perigoso proclamar como verdade que as leis de ordem pública ou de direito público têm efeito retroativo, porque mesmo diante dessas leis aparecem algumas vezes direitos adquiridos, que a justiça não permite que sejam desconhecidos e apagados. O que convém ao aplicador de uma nova lei de ordem pública ou de direito público, é verificar se, nas relações jurídicas já existentes, há ou não direitos adquiridos. No caso afirmativo a lei não deve retroagir, porque a simples invocação de um motivo de ordem pública não basta para justificar a ofensa ao direito adquirido, cuja inviolabilidade, no dizer de Gabba, também um forte motivo de interesse público"[26].

Na mesma linha, é a lição de Pontes de Miranda, ao afirmar:

"A regra jurídica de garantia é, todavia, comum ao direito privado e ao direito público. Quer se trate de direito público, quer se trate de direito privado, a lei nova não pode ter efeitos retroativos (critério objetivo), nem ferir direitos adquiridos (critério subjetivo), conforme seja o sistema adotado pelo legislador constituinte. Se não existe regra jurídica constitucional de garantia, e sim, tão só, regra dirigida aos juízes, só a cláusula de exclusão pode conferir efeitos retroativos, ou ofensivos dos direitos adquiridos, a qualquer lei"[27].

Não discrepa dessa orientação Oswaldo Aranha Bandeira de Mello, ao enfatizar que o problema da irretroatividade é comum ao direito público e ao direito privado[28].

Daí concluir Moreira Alves que o princípio do direito adquirido "se aplica a toda e qualquer lei infraconstitucional, sem qualquer distinção entre lei de direito público e lei de direito privado, ou entre lei de ordem pública e lei dispositiva"[29].

Nesse sentido é o voto por ele proferido na Representação de Inconstitucionalidade n. 1.451, *verbis*:

"Aliás, no Brasil, sendo o princípio do respeito ao direito adquirido, ao ato jurídico perfeito e à coisa julgada de natureza constitucional, sem qualquer exceção a qualquer espécie de legislação ordinária, não tem sentido a afirmação de muitos – apegados ao direito de países em que o preceito é de origem meramente legal – de que as leis de ordem pública se aplicam de imediato alcançando os efeitos futuros do ato jurídico perfeito ou da coisa julgada, e isso porque, se se alteram os efeitos, é óbvio que se está introduzindo modificação na causa, o que é vedado constitucionalmente"[30].

Fica evidente que a natureza constitucional do princípio não permite a distinção sobre eventual retroatividade das leis de ordem pública muito comum em países nos quais o princípio da não retroatividade é mera cláusula legal.

4.1. Direito adquirido a estatuto ou instituto jurídico

Mas há aqui uma questão que precisa ser considerada.

As duas principais teorias sobre aplicação da lei no tempo – a teoria do **direito adquirido** e a teoria do **fato realizado**, também chamada do **fato passado**[31] – rechaçam, de forma enfática, a

---

[26] PORCHAT, Reynaldo. *Curso Elementar de Direito Romano*, vol. I, 2. ed., n. 528, São Paulo: Melhoramentos, 1937, págs. 338/339; Cf. também, ADIN n. 493, Relator: Ministro Moreira Alves, *RTJ* 143, p. 724 (747).

[27] Pontes de Miranda. *Comentários à Constituição de 1967 com a Emenda n. 1 de 1969*, Tomo V, 2. ed., 2. tiragem, São Paulo: Revista dos Tribunais, 1974, p. 99.

[28] BANDEIRA DE MELLO, Oswaldo Aranha. *Princípios Gerais de Direito Administrativo*, vol. I, 2. ed., 1979, págs. 333 e segs.

[29] ADIn n. 493, Relator: Ministro Moreira Alves, *RTJ* 143, p. 724 (746).

[30] Cf. transcrição na *RTJ* 143, p. 746.

[31] Cf., sobre o assunto, MAXIMILIANO, Carlos. *Direito Intertemporal ou Teoria da Retroatividade das Leis*, 2. ed., Rio de Janeiro, 1955, p. 9-13; Bandeira de Mello, *Princípios Gerais de Direito Administrativo*, cit., p. 270 s.

possibilidade de subsistência de situação jurídica individual em face de uma alteração substancial do regime ou de um estatuto jurídico[32].

Assim, sustentava Savigny que as leis concernentes aos institutos jurídicos outorgam aos indivíduos apenas uma qualificação abstrata quanto ao exercício do direito e uma expectativa de direito quanto ao ser ou ao modo de ser do direito[33]. O notável jurisconsulto distinguia duas classes de leis: a primeira, concernente à aquisição de direito; a segunda, relativa à existência de direitos[34]. Afigura-se digna de registro a lição de Savigny a propósito, *verbis*:

"A primeira, concernente à aquisição de direitos, estava submetida ao princípio da irretroatividade, ou seja, à manutenção dos direitos adquiridos. A segunda classe de normas, que agora serão tratadas, relacionam-se à existência de direitos, onde o princípio da irretroatividade não se aplica. As normas sobre a existência de direitos são, primeiramente, aquelas relativas ao contraste entre a existência ou a não existência de um instituto de direito: assim, as leis que extinguem completamente uma instituição e, ainda, aquelas que, sem suprimir completamente um instituto modificam essencialmente sua natureza, levam, desde então, no contraste, dois modos de existência diferentes. Dizemos que todas essas leis não poderiam estar submetidas ao princípio da manutenção dos direitos adquiridos (a irretroatividade); pois, se assim fosse, as leis mais importantes dessa espécie perderiam todo o sentido"[35].

Deveriam ser, portanto, de imediata aplicação, as leis que abolissem a escravidão, redefinissem a propriedade privada, alterassem o estatuto da vida conjugal ou da situação dos filhos[36].

Essa orientação foi retomada e desenvolvida por Gabba, segundo o qual somente existia direito adquirido em razão dos institutos jurídicos com referência às relações deles decorrentes, jamais, entretanto, relativamente aos próprios institutos[37].

Nesse sentido, assinala o emérito teórico, *verbis*:

"Como dissemos inicialmente, nós temos direitos patrimoniais privados em relação aos quais o legislador tem liberdade de editar novas disposições de aplicação imediata, independentemente de qualquer obstáculo decorrente do princípio do direito adquirido. Esses são: 1º) direitos assegurados aos entes privados, graças exclusivamente à lei, como seriam a propriedade literária e a propriedade industrial; 2º) direitos, que não são criados pelo legislador, e aqueles direitos que, desenvolvidos por efeito da liberdade natural do trabalho e do comércio, têm uma vinculação especial e direta com o interesse geral e estão sujeitos a limites, condições e formas estabelecidas pelo legislador, como, v.g., o direito de caça, de pesca, o direito de propriedade sobre florestas e minas e o direito de exigir o pagamento em uma outra espécie de moeda. Não há dúvida de que, como já tivemos oportunidade de advertir (p. 48-50), a lei nova sobre propriedade literária e industrial aplica-se não só aos produtos literários e às invenções anteriormente descobertas, como àquelas outras desenvolvidas após a promulgação da lei; e assim aplica-se imediatamente toda lei nova sobre caça, pesca, propriedade florestal ou sobre o sistema monetário"[38].

O tema é contemplado, igualmente, por Roubier, que distingue, em relação às leis supressivas ou modificativas de institutos jurídicos, aquelas leis que suprimem uma situação jurídica para o futuro sem afetar as relações jurídicas perfeitas ou consolidadas daquelas outras que não só afetam a situação jurídica como também os seus efeitos[39].

---

[32] MAXIMILIANO, Carlos. *Direito Intertemporal*, cit., p. 9-13.

[33] Cf. SAVIGNY, M. F. C. *Traité de Droit Romain*, Paris, 1860, vol. 8, p. 375 s.; v., a propósito, Bandeira de Mello. *Princípios Gerais de Direito Administrativo*, cit., vol. I, p. 276.

[34] Savigny, *Traité de Droit Romain*, cit., p. 503 s.; 375 s.

[35] Savigny, *Traité de Droit Romain*, cit., p. 503-504.

[36] Cf., a propósito, Bandeira de Mello, *Princípios Gerais de Direito Administrativo*, cit., p. 276.

[37] Cf., Bandeira de Mello, *Princípios Gerais de Direito Administrativo*, cit., p. 281.

[38] Gabba, *Teoria della Retroattività delle Leggi*, vol. III, Torino, 1897, p. 208.

[39] ROUBIER, Paul. *Le Droit Transitoire*, 2. ed., Paris, 1960, p. 210-215.

"Ora, as regras que nos guiaram até aqui, nos conduzirão facilmente à solução: ou a lei é uma lei de dinâmica jurídica, que visa mais os meios de alcançar uma determinada situação do que a própria situação em si, nesse sentido, é uma lei de constituição – ela respeitará as situações já estabelecidas; ou a lei é uma lei de estática jurídica, que visa mais o estado ou a situação em si do que os meios pelos quais ela se constitui, assim, é uma lei relativa aos efeitos de uma situação jurídica, ela se aplica desde o dia da entrada em vigor, sem se aplicar retroativamente às situações já existentes"[40].

Adiante, ressalta o mestre de Lyon, *verbis*:

"As leis que aboliram a escravidão ou os direitos feudais puderam aplicar-se às situações existentes, sem que tenham sido retroativas. E, com efeito, pouco importava o modo de aquisição do direito: o que a lei censurava era o regime jurídico do escravo, o conteúdo do direito feudal: a lei era, então, relativa aos efeitos da situação jurídica, e não à sua constituição; sem retroagir, ela atingiu as situações já constituídas"[41].

Sistematizando esse entendimento, formula Roubier o seguinte resumo de sua tese, *verbis*:

"Em suma, diríamos que as leis que suprimem uma situação jurídica podem visar ou o meio de alcançar esta situação – e aí são assimiláveis pelas leis que governam a constituição de uma situação jurídica –, ou, ao contrário, podem visar os efeitos e o conteúdo dessa situação – logo, elas são assimiláveis pelas leis que regem os efeitos de uma situação jurídica; no primeiro caso, as leis não poderiam atingir sem retroatividade situações já constituídas; no segundo, elas se aplicam, de imediato, às situações existentes para pôr-lhes fim"[42].

O problema relativo à modificação das situações subjetivas em virtude da mudança de um instituto de direito não passou despercebido a Carlos Maximiliano, que assinala, a propósito, em seu clássico *O Direito Intertemporal*, *verbis*:

"Não há direito adquirido no tocante a instituições, ou institutos jurídicos. Aplica-se logo, não só a lei abolitiva, mas também a que, sem os eliminar, lhes modifica essencialmente a natureza. Em nenhuma hipótese granjeia acolhida qualquer alegação de retroatividade, posto que, às vezes, tais institutos envolvam certas vantagens patrimoniais que, por equidade, o diploma ressalve ou mande indenizar"[43].

Essa orientação básica, perfilhada por nomes de prol das diferentes correntes jurídicas sobre direito intertemporal, encontrou acolhida na jurisprudência do Supremo Tribunal Federal.

Mencione-se, a propósito, a controvérsia suscitada sobre a resgatabilidade das enfiteuses instituídas antes do advento do Código Civil e que estavam gravadas com cláusula de perpetuidade. Em sucessivos pronunciamentos, reconheceu o Supremo Tribunal Federal que a disposição constante do art. 693 do Código Civil aplicava-se às enfiteuses anteriormente constituídas, afirmando, igualmente, a legitimidade da redução do prazo de resgate, levada a efeito pela Lei n. 2.437, de março de 1955[44].

Rechaçou-se, expressamente, então, a alegação de ofensa ao ato jurídico perfeito e ao direito adquirido.[45] Esse entendimento acabou por ser consolidado na Súmula 170 do Supremo Tribunal Federal (*É resgatável a enfiteuse instituída anteriormente à vigência do Código Civil*).

---

[40] Roubier, *Le Droit Transitoire*, cit., p. 213.

[41] Roubier, *Le Droit Transitoire*, cit., p. 215.

[42] Roubier, *Le Droit Transitoire*, cit., p. 215.

[43] Maximiliano, *Direito Intertemporal*, cit., p. 62.

[44] ERE n. 47.931, de 08.08.1962, Relator: Ministro Ribeiro da Costa, in: Referências da Súmula do STF, v. 10, p. 24 s.; RE 50.325, de 24.07.1962, Relator: Ministro Villas Boas, in: Referências da Súmula do STF, v. 10, p. 28 s.; RE n. 51.606, de 30.04.1963, Relator: Ministro Ribeiro da Costa, in: Referências da Súmula do STF, v. 10, p. 30 s.; RE 52.060, de 30.04.1960, Relator: Ministro Ribeiro da Costa, in: Referências da Súmula do STF, v. 10, p. 34.

[45] ERE n. 47.931, de 08.08.1962, Relator: Ministro Ribeiro da Costa, in: Referências da Súmula do STF, v. 10, p. 24 s.; RE 50.325, de 24.07.1962, Relator: Ministro Villas Boas, in: Referências da Súmula do STF, v. 10, p. 28 s.; RE n. 51.606, de 30.04.1963, Relator: Ministro Ribeiro da Costa, in: Referências da Súmula do STF, v. 10, p. 30 s.; RE 52.060, de 30.04.1960, Relator: Ministro Ribeiro da Costa, in: Referências da Súmula do STF, v. 10, p. 34.

Assentou-se, pois, que a proteção ao direito adquirido e ao ato jurídico perfeito não obstava à modificação ou à supressão de determinado instituto jurídico.

Em acórdão mais recente, proferido no RE 94.020, de 4 de novembro de 1981, deixou assente a Corte, pela voz do eminente Ministro Moreira Alves, *verbis*:

"(...) em matéria de direito adquirido vigora o princípio – que este Tribunal tem assentado inúmeras vezes – de que não há direito adquirido a regime jurídico de um instituto de direito. Quer isso dizer que, se a lei nova modificar o regime jurídico de determinado instituto de direito (como é o direito de propriedade, seja ela de coisa móvel ou imóvel, ou de marca), essa modificação se aplica de imediato"[46].

Esse entendimento foi reiterado pelo Supremo Tribunal Federal em tempos mais recentes[47].

Em decisão proferida no RE n. 226.855, o Supremo Tribunal Federal afirmou a natureza institucional do FGTS, como se lê na ementa do acórdão, igualmente da relatoria do Ministro Moreira Alves:

"Fundo de Garantia por Tempo de Serviço – FGTS. Natureza jurídica e direito adquirido. Correções monetárias decorrentes dos planos econômicos conhecidos pela denominação Bresser, Verão, Collor I (no concernente aos meses de abril e de maio de 1990) e Collor II.

– O Fundo de Garantia por Tempo de Serviço (FGTS), ao contrário do que sucede com as cadernetas de poupança, não tem natureza contratual, mas, sim, estatutária, por decorrer da Lei e por ela ser disciplinado.

– Assim, é de aplicar-se a ele a firme jurisprudência desta Corte no sentido de que não há direito adquirido a regime jurídico.

– Quanto à atualização dos saldos do FGTS relativos aos Planos Verão e Collor I (este no que diz respeito ao mês de abril de 1990), não há questão de direito adquirido a ser examinada, situando-se a matéria exclusivamente no terreno legal infraconstitucional.

– No tocante, porém, aos Planos Bresser, Collor I (quanto ao mês de maio de 1990) e Collor II, em que a decisão recorrida se fundou na existência de direito adquirido aos índices de correção que mandou observar, é de aplicar-se o princípio de que não há direito adquirido a regime jurídico.

Recurso extraordinário conhecido em parte, e nela provido, para afastar da condenação as atualizações dos saldos do FGTS no tocante aos Planos Bresser, Collor I (apenas quanto à atualização no mês de maio de 1990) e Collor II"[48].

Diante dessas colocações, rigorosamente calcadas nos postulados fundamentais do direito adquirido, poder-se-ia afirmar que muitas soluções legislativas fixadas pela lei nova acabariam por causar prejuízos diretos aos titulares de direitos nos casos específicos.

Embora possa apresentar relevância jurídica, essa colocação já não mais se enquadra nos estritos lindes do direito intertemporal. A propósito, já assentara Savigny que, nesse caso, o problema se desloca do âmbito do direito intertemporal para o plano da política legislativa[49]. Como observado, o emérito jurisconsulto recomendava que, por razões de equidade, deveria o legislador conceder uma compensação ao atingido pela providência. "A política e a economia política estarão plenamente satisfeitas", sustentava Savigny, "se a liquidação desses direitos se efetivasse pela via da reparação, sem privilegiar uma parte às custas de outra"[50].

Savigny permitiu desenvolver esse raciocínio em passagem memorável do *"Traité de Droit Romain"*, *verbis*:

---

[46] RE n. 94.020, Relator: Ministro Moreira Alves, *RTJ* 104, p. 269 (272).
[47] RE n. 105.137, Relator: Ministro Cordeiro Guerra, *RTJ* 115, p. 379; ERE n. 105.137, Relator: Ministro Rafael Mayer, *RTJ* 119, p. 783; RE n. 105.322, Relator: Ministro Francisco Rezek, *RTJ* 118, p. 709.
[48] RE 226.855, cit., p. 916.
[49] Savigny, *Traité de Droit Romain*, cit., p. 525-526.
[50] Savigny, *Traité de Droit Romain*, cit., p. 526.

Controle de constitucionalidade de emenda constitucional 1573

"(...) a Inglaterra nos deu um grande exemplo de equidade, quando emancipou os escravos, indenizou, às custas do Estado, o prejuízo que seus proprietários tiveram. Esse objetivo é muito difícil de se alcançar, quando se trata de abolir os feudos e os fideicomissos; pois as pretensões e as expectativas, daqueles chamados à sucessão, são extremamente incertas. Pode-se tentar diminuir o prejuízo suspendendo por algum tempo a execução da lei (§ 399, o). Em diversos casos, uma indenização não é necessária; basta, no entanto, disciplinar a transição de forma a afastar ao máximo todo prejuízo possível. É o que foi feito em muitos casos onde o regime hipotecário prussiano substituiu o direito de garantia estabelecido pelo direito comum. Tratava-se unicamente de conservar para os antigos credores munidos de uma garantia seus direitos de preferência. Dessa forma, foram eles convocados publicamente a se apresentar em dentro de um determinado prazo para inscrever seus créditos nos novos registros hipotecários, na ordem estabelecida pela antiga lei"[51].

Vê-se, assim, que o princípio constitucional do direito adquirido não se mostra apto a proteger as posições jurídicas contra eventuais mudanças dos institutos jurídicos ou dos próprios estatutos jurídicos previamente fixados.

E parece inegável que esse princípio se aplica de forma inequívoca às Emendas Constitucionais.

Diante da inevitável pergunta sobre a forma adequada de proteção dessas pretensões, tem-se como resposta indicativa que a proteção a ser oferecida há de vir do próprio direito destinado a proteger a posição afetada. Assim, se se trata de direito de propriedade ou de outro direito real, há que se invocar a proteção ao direito de propriedade estabelecida no texto constitucional. Se se tratar de liberdade de associação ou de outro direito de perfil marcadamente institucional, também há se invocar a própria garantia eventualmente afetada e não o princípio do direito adquirido.

É bem verdade que, em face da insuficiência do princípio do direito adquirido para proteger tais situações, a própria ordem constitucional tem-se valido de uma ideia menos precisa e, por isso mesmo mais abrangente, que é o princípio da segurança jurídica enquanto postulado do Estado de Direito.

Embora de aplicação mais genérica, o princípio da segurança jurídica traduz a proteção da confiança que se deposita na subsistência de um dado modelo legal (*Schutz des Vertrauens*)[52]. A ideia de segurança jurídica tornaria imperativa a adoção de cláusulas de transição nos casos de mudança radical de um dado instituto ou estatuto jurídico. Daí porque se considera, em muitos sistemas jurídicos, que, em casos de mudança de regime jurídico, a ausência de cláusulas de transição configura uma omissão inconstitucional.

Nessa linha, afirma Canotilho que "o princípio da proteção da confiança justificará que o Tribunal Constitucional controle a conformidade constitucional de uma lei, analisando se era ou não necessária e indispensável uma disciplina transitória, ou se esta regulou, de forma justa, adequada e proporcionada, os problemas resultantes da conexão de efeitos jurídicos da lei nova a pressupostos – posições, relações, situações – anteriores e subsistentes no momento da sua entrada em vigor"[53].

É certo que não há, aqui, uma omissão quanto ao estabelecimento de cláusulas de transição, o que certamente não impede o exame da constitucionalidade dessas mesmas cláusulas sob uma outra perspectiva.

De qualquer sorte, não cabe no caso em exame o argumento baseado no direito adquirido.

Quanto ao argumento da irredutibilidade, também não vejo consistência alguma. Fosse correto o argumento, nenhuma espécie tributária poderia ser majorada ou instituída. Registro, ainda, a existência de precedente sobre o tema, da relatoria do Ministro Gallotti, firmado na ADI 1441 (*DJ* 18.10.96).

---

[51] Savigny, *Traité de Droit Romain*, cit., p. 526.

[52] Cf. DEGENHART, Christoph, *Staatsrecht I*, Heidelberg, 14. ed., 1998, p. 128 s.

[53] CANOTILHO, José Joaquim Gomes, *Direito Constitucional*, 5. ed., Coimbra: Almedina, 1991, p. 384.

5. Da alegada ausência de causa suficiente

Outro argumento que se coloca é da chamada "causa suficiente".

O Ministério Público Federal reproduz, em seu parecer, argumento no sentido de uma alegada ausência de causa suficiente para a instituição da contribuição dos inativos. Para tanto, arrima-se em trecho da decisão proferida por esta Corte na ADI 2010, em que se teria assentado que "sem causa suficiente, não se justifica a instituição (ou majoração) da contribuição da seguridade social, pois, no regime de previdência de caráter contributivo, deve haver, necessariamente, correlação entre custo e benefício".

Em primeiro lugar, não se afigura correta uma simples extensão desse entendimento firmado na ADI 2010, dirigido ao legislador infraconstitucional.

Não parece acertado pressupor, desde logo, que o legislador constituinte esteja vinculado, ao menos de um modo irrestrito, ao regime contributivo, ou ainda, a um modelo de completa correspondência entre contribuição e benefício. Não se nega, obviamente, que a Constituição almeja um sistema baseado especialmente na ideia do regime contributivo, em que os potenciais beneficiários, ao longo de sua vida profissional ativa, depositam recursos em um fundo que, no futuro, lhes devolverá tais recursos na forma de proventos de aposentadoria. Essa de fato é a ideia básica e o princípio de natureza atuarial concebido para viabilizar a existência e a eficiência do sistema previdenciário.

Mas daí não se pode chegar à conclusão de que qualquer obrigação tributária para fins previdenciários deva ter no futuro um benefício que corresponda de um modo exato àquele ônus. Além da evidente inviabilidade prática desse tipo de percepção, não há exigência constitucional nesse sentido, e muito menos uma cláusula pétrea a estabelecer tal limitação específica. Não estou, obviamente, endossando entendimento no sentido de que qualquer ônus a ser estabelecido para os beneficiários da Previdência podem ser livremente fixados pelo legislador, ainda que legislador constituinte. Os parâmetros constitucionais de controle existem, inclusive as cláusulas pétreas. O que quero afastar desde logo é um argumento que com a devida vênia não parece ter esse amparo constitucional.

Isto porque, a par do caráter contributivo, vigora o princípio da solidariedade. Nesse sentido o preciso ensinamento de Luís Roberto Barroso, em parecer juntado aos autos, *verbis*:

"Uma das principais características do direito constitucional contemporâneo é a ascensão normativa dos princípios, tanto como fundamento direto de direitos, como vetor de interpretação das regras do sistema. Dentre os princípios que vêm merecendo distinção na quadra mais recente está o princípio da solidariedade, cuja matriz constitucional se encontra no art. 3º, I. O termo já não está mais associado apenas ao direito civil obrigacional (pelo qual alguém tem direito ou obrigação à integralidade do crédito ou da dívida), mas também, e principalmente, à ideia de justiça distributiva. Traduz-se na divisão de ônus e bônus na busca de dignidade para todos. A solidariedade ultrapassa a dimensão puramente ética da fraternidade, para tornar-se uma norma jurídica: o dever de ajudar o próximo. Conceitos importantes da atualidade, em matéria de responsabilidade civil, de desenvolvimento sustentado e de proteção ambiental fundam-se sobre este princípio, inclusive no reconhecimento de obrigações com as gerações futuras.

Pois bem: o sistema de previdência social é fundado, essencialmente, na ideia de solidariedade, especialmente quando se trata do regime próprio dos servidores públicos. Em primeiro lugar, existe solidariedade entre aqueles que integram o sistema em um dado momento, como contribuintes e beneficiários contemporâneos entre si. Além disso, no entanto, existe solidariedade entre as gerações, um pacto de confiança entre elas. O modelo de repartição simples constitui um regime de financiamento solidário, no qual os servidores em atividade financiam os inativos e comungam da crença de que o mesmo será feito por eles em algum lugar do futuro, pela geração seguinte.

À vista de tais premissas, a contribuição previdenciária de ativos e inativos não está correlacionada a benefícios próprios de uns e de outros, mas à solvabilidade do sistema. Como bem captou o Ministro Sepúlveda Pertence:

'Assim como não aceito considerações puramente atuariais na discussão dos direitos previdenciários, também não as aceito para fundamentar o argumento básico contra a contribuição dos inativos, ou seja, a de que já cumpriram o quanto lhes competia para obter o benefício da aposentadoria.

Contribuição social é um tributo fundado na solidariedade social de todos para financiar uma atividade estatal complexa e universal, como é a Seguridade'."

Em suma, o compromisso do contribuinte inativo ou pensionista, ao pagar esse específico tributo, é com o sistema como um todo, e não apenas com a sua conta junto ao órgão previdenciário. Daí não haver qualquer incoerência na inclusão dos inativos e pensionistas entre os contribuintes do sistema. Tal fato obviamente sequer desnatura o que é peculiar à contribuição previdenciária, qual seja a vinculação dos seus recursos à manutenção do regime de previdência, com a solvabilidade do sistema e, em última instância, com a capacidade econômica do sistema em honrar os benefícios previdenciários. Tal situação, por certo, jamais poderia ser confundida com a do imposto de renda.

Não vejo, portanto, qualquer razão para que seja estabelecida uma restrição absoluta à instituição para a contribuição dos inativos, tendo em vista esta alegada inexistência de causa suficiente.

6. Isonomia

Penso, todavia, que há alguns aspectos, relacionados ao princípio da isonomia, que devem ser considerados na análise da Emenda 41.

Da leitura do art. 4º, parágrafo único, verifica-se um tratamento diferenciado entre aqueles que já recebem ou que já preenchem os requisitos para receber benefícios em relação àqueles que se enquadrarão no novo modelo. Para os beneficiários colhidos pela regra do art. 4º, será devida a contribuição sobre o valor dos proventos e das pensões que supere, no caso dos servidores inativos e pensionistas da União, 60% do limite máximo estabelecido para os benefícios do regime geral de previdência social de que trata o art. 201 da Constituição. E no caso dos servidores inativos e pensionistas dos Estados, do Distrito Federal e dos Municípios, será tributado o valor que supere 50% daquele limite.

Já para os que ficam sujeitos à regra permanente, está prevista, no § 18 do art. 40, a imunidade até o limite máximo do benefício do regime geral de previdência. Esse limite, nos termos da Constituição, parece ser um elemento de forte identificação entre os dois regimes. É como se houvesse uma presunção, por parte do constituinte, de que, até esse limite máximo do Regime Geral de Previdência Social, não poderia haver cobrança, por se estar ainda no âmbito de um mínimo suficiente para a própria subsistência digna.

Tal linha divisória tem um objetivo de cunho social evidente, ao desonerar a parcela da população que possui uma remuneração mais baixa. Considerado o tratamento diferenciado que a Emenda confere para diferentes grupos, precisamos indagar se há aqui, no dispositivo impugnado, uma discriminação arbitrária.

De plano, não vislumbro qualquer razão para que se estabeleça uma faixa diferenciada de imunidade entre servidores públicos e empregados da iniciativa privada.

Estamos aqui, diante de um caso de aplicação daquela dimensão do princípio da igualdade designada por Canotilho como "igualdade justa". Para além da exigência de igualdade material (tratamento igual para o que é igual e tratamento desigual para o que é desigual), o princípio da igualdade pressupõe um juízo quanto à própria relação de igualdade.

Nas palavras de Canotilho, "a fórmula 'o igual deve ser tratado igualmente e o desigual desigualmente' não contém o critério material de um juízo de valor sobre a relação de igualdade (ou desigualdade). A questão [continua Canotilho] pode colocar-se nestes termos: o que é que nos leva a afirmar que uma lei trata dois indivíduos de uma forma igualmente justa? Qual o critério de valoração para a relação de igualdade?"

A resposta a tal pergunta reconduz-se à proibição geral do arbítrio, de modo que haveria observância da igualdade quando indivíduos ou situações iguais não são arbitrariamente tratados como desiguais. Sobre o tema, ensina Canotilho:

"Uma possível resposta, sufragada em algumas sentenças do Tribunal Constitucional, reconduz-se à proibição geral do arbítrio: existe observância da igualdade quando indivíduos ou situações iguais não são arbitrariamente (*proibição do arbítrio*) tratados como desiguais. Por outras palavras: o princípio da igualdade é violado quando a desigualdade de tratamento surge como arbitrária. O arbítrio da desigualdade seria condição necessária e suficiente da violação do princípio da igualdade. Embora ainda hoje seja corrente a associação do princípio da igualdade com o princípio da proibição do arbítrio, este princípio, como simples princípio de limite, será também insuficiente se não transportar já, no seu enunciado normativo-material, critérios possibilitadores da valoração das relações de igualdade ou desigualdade. Esta a justificação de o princípio da proibição do arbítrio andar sempre ligado a um critério material objetivo. Este costuma ser sintetizado da forma seguinte: existe uma violação arbitrária da igualdade jurídica quando a disciplina não se basear num: (i) fundamento sério; (ii) não tiver um sentido legítimo; (iii) estabelecer diferenciação jurídica sem um fundamento razoável"[54].

Como bem percebe o próprio Canotilho, a própria qualificação desse referido "fundamento razoável" conduziria novamente a um problema de valoração. Penso que, nesse ponto, a resposta estaria em tratar a proibição do arbítrio como critério essencialmente negativo, com base no qual são consagrados apenas os casos de flagrante desigualdade.

No caso em exame, verifica-se uma dupla diferenciação arbitrária. A primeira, entre os beneficiários vinculados ao setor público que estão abrangidos pelo art. 4º e os beneficiários do regime geral. A segunda diferenciação é estabelecida entre servidores da União e dos Estados, do Distrito Federal e dos Municípios.

Não há, no caso, qualquer elemento consistente a justificar tais diferenciações. Ao contrário, no que toca à faixa de imunidade, diante das razões acima expostas – fixação de um critério que se relaciona a um valor pecuniário mínimo para a subsistência – encontramos uma justificativa séria para a equiparação entre futuros e atuais beneficiários.

Considero oportuno lembrar, ademais, que o estabelecimento de restrições ao poder de emenda, tendo em vista o princípio da igualdade, não é fato novo nesta Corte.

A propósito, recordo o precedente fixado na ADI 1946, da relatoria do Ministro Sydney Sanches (*DJ* 16.5.2003), em que se conferiu, ao art. 14 da Emenda Constitucional n. 20 interpretação conforme à Constituição, excluindo-se sua aplicação ao salário da licença gestante, a que se refere o art. 7º, inciso XVIII, da Constituição. Naquele caso, a aplicação do princípio da igualdade referia-se à garantia de tratamento isonômico entre homens e mulheres no contexto do mercado de trabalho, em face do art. 60, § 4º, IV, combinado com o princípio da igualdade, previsto no art. 5º, II, da Constituição.

No caso em exame, pelo exposto, considero que a violação ao princípio da igualdade afigura-se suficiente para a declaração da inconstitucionalidade do parágrafo único do art. 4º da Emenda 41. De qualquer sorte, tenho como oportuno formular algumas considerações sobre outros valores constitucionais, ao lado da igualdade, a serem considerados na análise da Emenda 41.

7. Segurança jurídica e dignidade humana

Refiro-me aos princípios da segurança jurídica e da dignidade humana. Certamente, entre aposentados e pensionistas colhidos pela Emenda há situações diferenciadas. Haverá entre eles

---

[54] Canotilho, *Direito Constitucional*, cit., p. 577.

Controle de constitucionalidade de emenda constitucional 1577

tanto pessoas na faixa de cinquenta anos com aposentadoria de valor elevado quanto pessoas de idade muito avançada e com aposentadorias de valores não muito expressivos. Haverá ainda aquelas situações de aposentadoria não voluntária, em razão de moléstias que eliminam por completo a capacidade laborativa. Tais situações não estão diferenciadas pela Emenda.

A instituição da contribuição de inativos pela via da emenda constitucional, se de um lado confere maior estabilidade e segurança jurídica, por outro impõe uma moldura normativa mais rígida ao sistema previdenciário.

Penso, todavia, que não há qualquer incompatibilidade para que mesmo o legislador ordinário venha a estabelecer fórmulas que atendam às diferentes situações desses novos contribuintes do sistema previdenciário. Com isto, estariam atendidas as perspectivas de (1) isonomia, com o tratamento desigual entre aqueles que de fato são desiguais, (2) de segurança jurídica, tendo em vista aqueles que sequer possuem alternativas viáveis para contornar a diminuição de renda imposta pela nova contribuição, e (3) de dignidade humana, ao não se impor um ônus que, para alguns indivíduos, poderá afetar diretamente a própria condição de vida digna. Restaria prestigiado, ademais, em concreto, o princípio da proporcionalidade.

Lembro-me aqui a disciplina legislativa do Imposto de Renda. Não obstante pautar-se pelos princípios da generalidade e da universalidade (art. 153, § 2º, I), há disciplina legal expressa a isentar daquele imposto pessoas em situações singulares, como por exemplo os portadores de determinadas moléstias.

Ter-se-ia, assim, uma autêntica aplicação do princípio da proporcionalidade em concreto.

Recordo que a Corte constitucional alemã entende que as decisões tomadas pela Administração ou pela Justiça com base na lei eventualmente aprovada pelo Parlamento submete-se, igualmente, ao controle de proporcionalidade. Significa dizer que qualquer medida concreta que afete os direitos fundamentais há de se mostrar compatível com o princípio da proporcionalidade[55].

Essa solução parece irrepreensível na maioria dos casos, especialmente naqueles que envolvem normas de conformação extremamente aberta (cláusulas gerais; fórmulas marcadamente abstratas)[56]. É que a solução ou fórmula legislativa não contém uma valoração definitiva de todos os aspectos e circunstâncias que compõem cada caso ou hipótese de aplicação.

Richter e Schuppert analisam essa questão, com base no chamado "caso Lebach", no qual se discutiu a legitimidade de repetição de notícias sobre fato delituoso ocorrido já há algum tempo e que, por isso, ameaçava afetar o processo de ressocialização de um dos envolvidos no crime. Abstratamente consideradas, as regras de proteção da liberdade de informação e do direito de personalidade não conteriam qualquer lesão ao princípio da proporcionalidade. Eventual dúvida ou controvérsia somente poderia surgir na aplicação "*in concreto*" das diversas normas[57].

No caso, após analisar a situação conflitiva, concluiu a Corte que "*a repetição de informações, não mais coberta pelo interesse de atualidade, sobre delitos graves ocorridos no passado, pode revelar-se inadmissível se ela coloca em risco o processo de ressocialização do autor do delito*"[58].

Essa distinção não passou despercebida ao nosso Supremo Tribunal Federal, quando apreciou pedido liminar contra a Medida Provisória n. 173, de 18 de março de 1990, que vedava a concessão de provimentos liminares ou cautelares contra as medidas provisórias constantes do Plano "Collor" (MPs n. 151, 154, 158, 160, 161, 162, 164, 165, 167 e 168).

O voto proferido pelo Ministro Sepúlveda Pertence, revela perfeitamente a necessidade de

---

[55] SCHNEIDER, Hans. *Zur Verhältnismässigkeits-Kontrolle insbesondere bei Gesetzen*, in: Starck, Christian (org.), Bundesverfassungsgericht und Grundgesetz, Tübingen, 1976, vol. 2, p. 403.

[56] JAKOBS, Michael. *Der Grundsatz der Verhältnismässigkeit*, Köln: Carl Heymanns, 1985, p. 150.

[57] RICHTER, Ingo; SCHUPPERT, Gunnar Falke. *Casebook Verfassungsrecht*, Bumke Verlag: CH.Beck, 1996, p. 29.

[58] BVerfGE 35, 202 (237).

1578 Estado de Direito e Jurisdição Constitucional – Decisões relevantes em 15 anos de atuação no STF

um duplo juízo de proporcionalidade, especialmente em face de normas restritivas abertas ou extremamente genéricas. Após enfatizar que o que chocava na Medida Provisória n. 173 eram a generalidade e a abstração, entendeu Sua Excelência que essas características dificultavam um juízo seguro em sede de cautelar na ação direta de inconstitucionalidade[59].

Vale transcrever expressiva passagem do aludido voto, *verbis*:

"(...) essa generalidade e essa imprecisão, que a meu ver, podem vir a condenar, no mérito, a validez desta medida provisória, dificultam, sobremaneira, agora, esse juízo sobre a suspensão liminar dos seus efeitos, nesta ação direta.

Para quem, como eu, acentuou que não aceita veto peremptório, vero a priori, a toda e qualquer restrição que se faça a concessão de liminar, é impossível, no cipoal de medidas provisórias que se subtraíram ao deferimento de tais cautelares, initio litis, distinguir, em tese, e só assim poderemos decidir neste processo – até onde as restrições são razoáveis, até onde são elas contenções, não ao uso regular, mas ao abuso de poder cautelar, e onde se inicia, inversamente, o abuso das limitações e a consequente afronta a jurisdição legítima do Poder Judiciário.

(...)

*Por isso, (...) depois de longa reflexão, a conclusão a que cheguei, **data venia** dos dois magníficos votos precedentes, é que a solução adequada às graves preocupações que manifestei – solidarizando-me nesse ponto com as ideias manifestadas pelos dois eminentes Pares – não está na suspensão cautelar da eficácia, em tese, da medida provisória.*

O caso, a meu ver, faz eloquente a extrema fertilidade desta inédita simbiose institucional que a evolução constitucional brasileira produziu, gradativamente, sem um plano preconcebido, que acaba, a partir da Emenda Constitucional 16, a acoplar o velho sistema difuso americano de controle de constitucionalidade ao novo sistema europeu de controle direto e concentrado.

(...)

O que vejo, aqui, embora entendendo não ser de bom aviso, naquela medida de discricionariedade que há na grave decisão a tomar, da suspensão cautelar, em tese, é que a simbiose constitucional a que me refiri, dos dois sistemas de controle de constitucionalidade da lei, permite não deixar ao desamparo ninguém que precise de medida liminar em caso onde – segundo as premissas que tentei desenvolver e melhor do que eu desenvolveram os Ministros Paulo Brossard e Celso de Mello – a vedação da liminar, porque desarrazoada, por que incompatível com o art. 5°, XXXV, por que ofensiva do âmbito de jurisdição do Poder Judiciário, se mostre inconstitucional.

Assim, creio que a solução estará no manejo do sistema difuso, porque nele, em cada caso concreto, nenhuma medida provisória pode subtrair ao juiz da causa um exame da constitucionalidade, inclusive sob o prisma da razoabilidade, das restrições impostas ao seu poder cautelar, para, se entender abusiva essa restrição, se a entender inconstitucional, conceder a liminar, deixando de dar aplicação, no caso concreto, à medida provisória, na medida em que, em relação àquele caso, a julgue inconstitucional, porque abusiva"[60].

No HC n. 76.060-4, no qual se discutia a legitimidade de decisão que obrigava o pai presumido a submeter-se ao exame de DNA, em ação de paternidade movida por terceiro, que pretendia ver reconhecido o seu *status* de pai de um menor, o Ministro Sepúlveda Pertence, que, na primeira decisão, manifestara-se em favor da obrigatoriedade do exame, tendo em vista o direito fundamental à própria e real identidade genética, conduziu o entendimento do Tribunal em favor da concessão da ordem, em precedente que acentua essa perspectiva de conformação de direitos fundamentais no caso concreto. A propósito, revela-se ilustrativa a seguinte passagem de seu voto:

"Na espécie, por certo, não estão presentes as circunstâncias – que, atinentes ao direito fundamental à própria e real identidade genética – me induzem a insistir na ressalva prudente.

Cuida-se aqui, como visto, de hipótese atípica, em que o processo tem por objeto a pretensão de um terceiro de ver-se declarado pai da criança gerada na constância do casamento do paciente, que assim tem

---

[59] ADIn n. 223, Relator para acórdão: Ministro Sepúlveda Pertence, *RTJ* 132, p. 571 s.
[60] ADIn n. 223, cit., p. 571 (589-590).

por si a presunção legal da paternidade e contra quem, por isso, se dirige a ação.

Não discuto aqui a questão civil da admissibilidade da demanda.

O que, entretanto, não parece resistir, que mais não seja, ao confronto do princípio da razoabilidade ou da proporcionalidade – de fundamental importância para o deslinde constitucional da colisão de direitos fundamentais – é que se pretenda constranger fisicamente o pai presumido ao fornecimento de uma prova de reforço contra a presunção de que é titular"[61].

A manifestação do eminente Relator deixa claro que a conformação do caso concreto pode-se revelar decisiva para o desfecho do processo de ponderação.

Feitas tais considerações, não vejo qualquer obstáculo a que seja estabelecido, no âmbito da contribuição previdenciária, uma disciplina legislativa assemelhada àquela prevista para o imposto de renda, com o estabelecimento de isenções a partir da identificação de situações singulares que justifiquem tal benefício.

Devo dizer – e aí reside uma das riquezas do sistema brasileiro de controle de constitucionalidade – que tais pretensões poderiam ser formuladas, ao meu ver, nos próprios processos subjetivos.

8. Conclusão

Concluo, portanto, meu voto, no sentido de – em razão de ofensa ao princípio da igualdade – declarar a inconstitucionalidade do art. 4º, parágrafo único, da Emenda Constitucional n. 41, garantindo-se aos servidores inativos e aos pensionistas da União, dos Estados, do Distrito Federal e dos Municípios, incluídas suas autarquias e fundações, em gozo de benefícios na data de publicação da Emenda 41, bem como os alcançados pelo art. 3º da Emenda, o pagamento da contribuição previdenciária com observância da regra de imunidade prevista no § 18 do art. 40, na redação da Emenda 41.

---

[61] HC n. 76.060-4, Relator: Ministro Sepúlveda Pertence, *Lex*-STF 237, p. 304 (309).

ADI 4.307[1]

Alteração da composição dos limites máximos do número de vereadores das câmaras municipais – Inconstitucionalidade da pretendida retroação de efeitos da EC 58/2009 para alcançar as eleições, já exauridas, do ano de 2008 – Disposição ofensiva ao art. 16 da Constituição de 1988, que veda a aplicação da regra à eleição que ocorra até um ano após o início de sua vigência.

Tratava-se de referendo plenário da medida cautelar deferida na ADI 4.307, ajuizada pelo Procurador-Geral da República contra o inc. I do art. 3º da EC 58/2009, que alterou o inciso IV do *caput* do art. 29 e do art. 29-A da Constituição brasileira, disposições relativas à recomposição das Câmaras Municipais, determinando que, em face do aumento de vagas dos vereadores, fossem empossados nas vagas surgidas após a eleição candidatos que obtiveram apenas a condição de suplentes. O aumento de cadeiras, após a eleição, não poderia transformar derrotados em vencedores.

O Autor reportou-se, na inicial da ação, ao julgamento do Recurso Extraordinário n. 197.917, no qual o Supremo Tribunal assentou, com fundamento no inc. IV do art. 29 da Constituição brasileira, a necessária observância da proporção entre o número de vereadores e a população dos Municípios para a composição de suas respectivas Câmaras, considerados os limites mínimos e máximos fixados pelas alíneas daquele dispositivo constitucional.

Aduziu, ainda, que o art. 16 da Carta da República, conjugado ao art. 5º, LIV, foi colocado pela jurisprudência da Suprema Corte em um regime diferenciado de tratamento constitucional, submetido ao art. 60, § 4º. Para fundamentar tal assertiva, mencionou-se o julgado proferido na ADI 3.685, no qual o Supremo Tribunal assentou que o art. 16 da Constituição da República representa garantia individual do cidadão-eleitor.

Por fim, afirmou que ao determinar o inc. I do art. 3º da EC 58/2009 a retroação dessas regras "[à] revelia dos resultados homologados pela Justiça Eleitoral [quanto ao pleito de 2008], não só o rol dos eleitos e dos suplentes, mas também a participação e o peso dos partidos será absolutamente modificado", definiu-se a "diplomação de candidatos que, pelas regras vigentes ao tempo da eleição, não foram realmente eleitos, existindo severo risco de degradação do próprio art. 1º, parágrafo único, como do art. 14, da Constituição" (fls. 8).

O Tribunal acolheu os argumentos que fundamentaram o deferimento da medida cautelar, por parte da Relatora, Ministra Cármen Lúcia, afirmando que, nas eleições de 2008, os suplentes não foram votados para as cadeiras criadas pela emenda à Constituição, pelo que estaria em jogo o direito inerente à cidadania, que é contar com o leque de candidatos para as cadeiras que devam ser realmente preenchidas.

A decisão então prolatada pelo Tribunal foi assim ementada:

EMENTA: AÇÃO DIRETA DE INCONSTITUCIONALIDADE. EMENDA CONSTITUCIONAL N. 58/2009. ALTERAÇÃO NA COMPOSIÇÃO DOS LIMITES MÁXIMOS DAS CÂMARAS MUNICIPAIS. ART. 29, INC. IV, DA CONSTITUIÇÃO DA REPÚBLICA. RETROAÇÃO DE EFEITOS À ELEIÇÃO DE 2008 (ART. 3º, INC. I). POSSE DE VEREADORES. VEDADA APLICAÇÃO DA REGRA À ELEIÇÃO QUE OCORRA ATÉ UM ANO APÓS O INÍCIO DE SUA VIGÊNCIA: ART. 16 DA CONSTITUIÇÃO DA REPÚBLICA. MEDIDA CAUTELAR REFERENDADA, COM EFEITOS 'EX TUNC', PARA SUSTAR OS EFEITOS DO INCISO I DO ART. 3º DA EMENDA CONSTITUCIONAL N. 58, DE 23.9.2009, ATÉ O JULGAMENTO DE MÉRITO DA PRESENTE AÇÃO. 1. *Cabimento de ação direta de inconstitucionalidade para questionar norma constante de Emenda Constitucional. Precedentes.* 2. *Norma que determina a retroação dos efeitos das*

---

[1] Em sessão realizada em 11.11.2009, o Tribunal, por maioria, referendou a medida cautelar concedida, com eficácia *ex tunc*, nos termos do voto da Relatora, vencido o Senhor Ministro Eros Grau.

Controle de constitucionalidade de emenda constitucional   **1581**

regras constitucionais de composição das Câmaras Municipais em pleito ocorrido e encerrado afronta a garantia do pleno exercício da cidadania popular (arts. 1º, parágrafo único e 14 da Constituição) e o princípio da segurança jurídica. 3. Os eleitos pelos cidadãos foram diplomados pela justiça eleitoral até 18.12.2009 e tomaram posse em 2009. Posse de suplentes para legislatura em curso, em relação a eleição finda e acabada, descumpre o princípio democrático da soberania popular. 4. Impossibilidade de compatibilizar a posse do suplente não eleito pelo sufrágio secreto e universal: ato que caracteriza verdadeira nomeação e não eleição. O voto é instrumento da democracia construída pelo cidadão: impossibilidade de afronta a essa expressão da liberdade de manifestação. 5. A aplicação da regra questionada importaria vereadores com mandatos diferentes o que afrontaria o processo político juridicamente perfeito. 6. Medida cautelar concedida referendada.

VOTO

Senhores Ministros, também peço vênia ao eminente Ministro Eros Grau para acompanhar o voto aqui proferido pela Ministra Cármen Lúcia e, depois, pelos demais Ministros que a seguiram.

Tenho voto escrito, com base no pronunciamento que fiz quando do julgamento da Ação Direta de Inconstitucionalidade 3.685, na questão da verticalização. Repasso toda essa questão sobre a teoria da norma inconstitucional com base na doutrina alemã e ressalto, também, que o próprio artigo 16 – nós o fizemos à época, no julgamento da referida ADI, do chamado "Caso da desverticalização" – contém elementos mínimos de segurança jurídica que balizam o processo eleitoral. Embora se tenha afirmado que o referido art. 16 poderia não ter aplicação, aqui, em toda a extensão, porque não se tratava propriamente do processo eleitoral, isto seria possível desde que tivesse havido aprovação da emenda antes da convenção. O fato é que nós temos elementos mínimos daquilo que inicialmente o Ministro Sepúlveda Pertence chamou de "devido processo legal eleitoral", e esse princípio há de ser respeitado. Mas haveria também outros elementos, já aqui mencionados, quanto ao direito do voto.

O próprio Ministro Celso de Mello, agora, traz outra consideração quanto ao princípio republicano que, hoje, não há nenhuma dúvida, integra também este rol como cláusula implícita.

O SENHOR MINISTRO CELSO DE MELLO – Trata-se de limitação implícita ao poder de reforma constitucional.

O SENHOR MINISTRO GILMAR MENDES (PRESIDENTE) – Sim, é uma limitação implícita, imanente do próprio sistema e que se impõe também aos estados-membros e municípios. De modo que eu não tenho nenhuma dúvida em relação a isso.

Da tribuna, o eminente Advogado Paulo Machado e outros Advogados tocaram em pontos extremamente importantes. Creio que nós tivemos, inclusive graças à atuação dos Advogados, hoje, uma sessão marcante, uma sessão histórica. Levantaram-se diversas observações importantes, como, por exemplo, ao se dizer que o texto constitucional veda emendas tendentes a abolir determinados princípios. E talvez da premissa de que partiram os arguentes, neste caso, resultaria uma tese positiva para eles de que, se a emenda é tendente a abolir, não haveria que se fazer restrição porque, no caso específico, esta faria apenas uma reserva tópica ou um recorte situado e específico, mas aí me parece que há um engano.

Creio que já tivemos a oportunidade – o Brasil é pioneiro nisso –, de nos debruçarmos sobre o tema. Como disse já o Ministro Ricardo Lewandowski, essa doutrina remonta a vários trabalhos do Direito alemão, a partir da reflexão dos últimos tempos, a partir dos anos cinquenta, de *Bahoff*. Há muitos doutrinadores e também não são poucas as cortes constitucionais que se debruçam sobre o tema numa perspectiva teórica; mas são poucas as cortes que, de fato, logram efetivar esse tipo de controle. E essa é uma singularidade do nosso modelo.

Mas ficando na expressão "tendente a abolir". Tal expressão não significa que nós podemos conviver com uma alteração tópica que não suprime, que não é supressiva. A doutrina que dimana do texto constitucional é a de que nós não devemos aceitar qualquer proposta que leve à erosão do sistema.

A SENHORA MINISTRA CÁRMEN LÚCIA (RELATORA) – Nem a que tente.

O SENHOR MINISTRO CARLOS BRITTO – À dessubstanciação do sistema.

O SENHOR MINISTRO GILMAR MENDES (PRESIDENTE) – À dessubstanciação. Portanto, trata-se de uma medida prévia. É disso que se cuida aqui. Quer dizer, se se identificar um processo erosivo que vá debilitar esse princípio, já deve a Corte antecipar.

É isso que dimana da doutrina que nós estamos a desenvolver, e com base na própria expressão que decorre do texto constitucional.

A SENHORA MINISTRA CÁRMEN LÚCIA (RELATORA) – Que aplicamos, não é Presidente? Eu até não li, eu saltei umas partes do meu voto, porque o que foi posto na tribuna o foi também em alguns memoriais. Só que eu disse que neste caso aboliria, não era só uma tendência, uma vez que já aconteceu a eleição e já aconteceu a manifestação da vontade do eleitor. Portanto não haveria. Mas, de todo jeito, eu até levantei exatamente por causa dessa questão.

O SENHOR MINISTRO DIAS TOFFOLI – O tendente aí é, na versão popular, onde há fumaça, há fogo.

O SENHOR MINISTRO GILMAR MENDES (PRESIDENTE) – Sim.

O SENHOR MINISTRO DIAS TOFFOLI – Então, se há uma fumaça, pode vir o fogo depois.

O SENHOR MINISTRO CARLOS BRITTO – O tendente é que tem inclinação, vocação, potencialidade para corroer a substância, como Vossa Excelência está dizendo.

O SENHOR MINISTRO GILMAR MENDES (PRESIDENTE) – Exatamente. É isso.

A SENHORA MINISTRA CÁRMEN LÚCIA (RELATORA) – É uma peculiaridade brasileira mesmo.

O SENHOR MINISTRO GILMAR MENDES (PRESIDENTE) – Quer dizer, se se identificar um processo que vai levar de fato, ou que pode levar a abolir, pode ser o início de um processo.

O SENHOR MINISTRO CARLOS BRITTO – Não precisa nem abolir, basta quebrantar a força.

O SENHOR MINISTRO GILMAR MENDES (PRESIDENTE) – É, quebrantar a força, a eficácia do sistema protetivo, isso já significa uma emenda, ou um projeto de emenda, inconstitucional. Tanto é que o Tribunal não admite, em termos dogmáticos, até mesmo em mandado de segurança, o controle preventivo de constitucionalidade dos projetos de emenda constitucional, tendo exatamente esse argumento.

Eu me lembro do Ministro Moreira Alves.

A SENHORA MINISTRA CÁRMEN LÚCIA (RELATORA) – Presidente, isso foi objeto de questionamento aqui, no caso de uma proposta de plebiscito, parece-me que feito para perguntar ao povo se aceitaria ou não pena de morte. Aquele senador do Rio, lembra? Eu me esqueci agora do nome.

O SENHOR MINISTRO CARLOS BRITTO – Plebiscito para realizar a pena de morte. Amaral Neto.

A SENHORA MINISTRA CÁRMEN LÚCIA (RELATORA) – Amaral Neto. E quando ele propôs isso lá, sugeriu-se que impetrasse um mandado de segurança – parece que a então deputada Sandra Starling – no Supremo, dizendo que o texto do § 4º do artigo 60 é:

"§ 4º Não será objeto de deliberação a proposta de emenda tendente a abolir:"

O SENHOR MINISTRO MARCO AURÉLIO – Não, de tramitação.

A SENHORA MINISTRA CÁRMEN LÚCIA (RELATORA) – Não, o texto constitucional é:

"§ 4º Não será objeto de deliberação a proposta de emenda tendente a abolir:"

O SENHOR MINISTRO CARLOS BRITTO – Basta que tenha tendência, inclinação.

Controle de constitucionalidade de emenda constitucional **1583**

A SENHORA MINISTRA CÁRMEN LÚCIA (RELATORA) – A meu ver, é este o texto:

"§ 4º Não será objeto de deliberação a proposta de emenda tendente a abolir:"

Por isso alguns deputados entraram aqui, porque eles disseram: nós, deputados, não podemos sequer deliberar sobre algo que tende a abolir.

O SENHOR MINISTRO GILMAR MENDES (PRESIDENTE) – É isso.

A SENHORA MINISTRA CÁRMEN LÚCIA (RELATORA) – E houve um mandado de segurança aqui da então Deputada Sandra Starling, exatamente na linha de Vossa Excelência. Este é um caso que nós já estudamos na doutrina, exatamente por conta disso.

O SENHOR MINISTRO CEZAR PELUSO – Presidente, eu acho até que nós podíamos descobrir essa inconstitucionalidade a despeito do 16 e a despeito do 60, § 4º.

A SENHORA MINISTRA CÁRMEN LÚCIA (RELATORA) – Exatamente.

O SENHOR MINISTRO CEZAR PELUSO – Ele já seria inconstitucional por outros motivos.

O SENHOR MINISTRO GILMAR MENDES (PRESIDENTE) – Sim.

A SENHORA MINISTRA CÁRMEN LÚCIA (RELATORA) – Por isso arrolei tantos princípios.

O SENHOR MINISTRO CEZAR PELUSO – Assim como a Câmara, assim como o Congresso pretendeu nomear os chamados suplentes, podia ter nomeado os varões mais antigos. Aconteceria a mesma coisa: nessas vagas criadas ficam eleitos fulanos de tal.

O SENHOR MINISTRO GILMAR MENDES (PRESIDENTE) – Sim.

A SENHORA MINISTRA CÁRMEN LÚCIA (RELATORA) – É, por isso eu disse que não houve eleição, haveria nomeação.

O SENHOR MINISTRO GILMAR MENDES (PRESIDENTE) – Até porque, se se fosse adotar realmente o critério, o resultado poderia ser outro, o critério do número de vagas previamente definido.

A SENHORA MINISTRA CÁRMEN LÚCIA (RELATORA) – E na nomeação o critério é sobre aqueles que tinham se candidatado e não tinham sido eleitos.

O SENHOR MINISTRO GILMAR MENDES (PRESIDENTE) – E essa preocupação é importante, porque quando esse debate se colocou, por exemplo, em 1969, na Alemanha, quando se fez uma emenda constitucional para permitir a escuta telefônica – era o combate ao terrorismo –, se disse, então, que, para esses casos, não haveria controle judicial, mas um controle parlamentar – houve uma polêmica enorme e essa matéria chegou à Corte constitucional. E a Corte, então, fez uma interpretação conforme, porque não queria fazer a declaração de inconstitucionalidade. Durig, que é um clássico do Direito constitucional alemão, escreveu vários livros dizendo que essa foi uma das decisões mais equivocadas proferidas pela Corte constitucional alemã. Era uma decisão realmente inconstitucional. E depois outros autores passaram a dizer que – por isso é importante – não se pode fazer uma interpretação conforme de um texto que já está inserido no texto constitucional, porque, de alguma forma, ele terá um efeito irradiador negativo. Por isso é fundamental que ela seja extirpada do ordenamento jurídico. Seria mais um argumento. É só para que a gente realmente pense.

O SENHOR MINISTRO CARLOS BRITTO – Interessante.

O SENHOR MINISTRO MARCO AURÉLIO – Interpretação conforme quando a norma é ambígua e permite conclusão em dois sentidos.

O SENHOR MINISTRO GILMAR MENDES (PRESIDENTE) – Sim. Ambígua. E, nesse caso, ela acaba tendo um efeito deletério porque ela acaba instilando no texto esse elemento de erosão ou de degradação.

Por isso, fazendo essas brevíssimas considerações, quero também acompanhar e saudar o magnífico voto proferido pela eminente Ministra Cármen Lúcia.

18. Controle da omissão inconstitucional

ADI 3.682[1]

Ação direta de inconstitucionalidade por omissão – Inércia do legislador quanto ao dever de elaborar a lei complementar a que se refere o § 4º do art. 18 da Constituição Federal, na redação dada pela Emenda Constitucional 15/96 – Criação de municípios – Existência de notório lapso temporal a demonstrar a mora legislativa.

Trata-se de ação direta de inconstitucionalidade por omissão, ajuizada pela Assembleia Legislativa do Estado de Mato Grosso, em face do Presidente da República e do Congresso Nacional, em virtude da não elaboração da Lei Complementar a que se refere o § 4º do art. 18 da Constituição Federal, na redação dada pela Emenda Constitucional n. 15/1996, que assim dispõe: *"Art. 18 (...) § 4º A criação, a incorporação, a fusão e o desmembramento de Municípios, far-se-ão por lei estadual, dentro do período determinado por Lei Complementar Federal, e dependerão de consulta prévia, mediante plebiscito, às populações dos Municípios envolvidos, após divulgação dos Estudos de Viabilidade Municipal, apresentados e publicados na forma da lei."*

Sustentou-se, em síntese, que vários Estados estariam sofrendo prejuízos decorrentes da falta da citada norma, uma vez que muitas de suas comunidades locais estariam impossibilitadas de emancipar-se e de constituir-se em novos municípios. Apenas no Estado do Mato Grosso, haveria mais de 40 comunidades nessa situação. Ressaltou-se, ainda, que já se haviam passado 10 anos desde a edição da EC n. 15/1996, e a Lei Complementar Federal ainda não havia sido elaborada.

Pediu-se, ao final, a procedência do pedido para se declarar a inconstitucionalidade por omissão relativamente à edição da Lei Complementar prevista no § 4º do art. 18 da Constituição, cientificando-se as autoridades requeridas para que suprissem a omissão declarada.

O Presidente da República prestou informações, e aduziu as seguintes preliminares: a) ilegitimidade ativa da requerente, pois apenas as Mesas das Assembleias Legislativas, e não propriamente as Assembleias Legislativas, estariam legitimadas para ajuizar ações diretas de inconstitucionalidade perante o STF; b) ilegitimidade passiva do Presidente da República, que não teria iniciativa legislativa para a matéria em questão; e c) que o Presidente da Assembleia Legislativa precisaria de autorização da Mesa para propor ADI. No mérito, limitou-se a alegar que a Constituição não teria fixado nenhum prazo dentro do qual deveria o Presidente apresentar projeto de lei.

O Congresso Nacional, também requerido, apresentou informações, nas quais suscitou a preli-

[1] Em 9.5.2007, o STF, "por unanimidade de votos, julgou procedente a ação para reconhecer a mora do Congresso Nacional e, por maioria, estabelecer o prazo de 18 (dezoito) meses para que este adote todas as providências legislativas ao cumprimento da norma constitucional imposta pelo artigo 18, § 4º, da Constituição Federal", nos termos do voto do Relator, Ministro Gilmar Mendes (*DJ* de 6.9.2007).

Controle da omissão inconstitucional **1585**

minar, já levantada pelo Presidente da República, de que o Presidente da Assembleia Legislativa do Estado de Mato Grosso não apresentou autorização da Mesa daquele órgão para propor a ADI. No mérito, sustentou a improcedência do pedido.

O Congresso Nacional também alegou que o ofício recebido do STF, para que prestasse informações, não veio acompanhado da página 11 (onze) da petição inicial, o que teria prejudicado o direito de manifestação, tendo em vista que não se poderia ter noção do que ali estaria escrito.

Ao tomar conhecimento da manifestação do Congresso Nacional, neste ponto, analisei os autos e verifiquei que a página 11 (onze) da peça inicial, contudo, contém apenas a continuação da transcrição da extensa ementa do acórdão da ADI 2.381/RS, Rel. Min. Sepúlveda Pertence, DJ 14.12.2001, o que poderia ser facilmente percebido pelo órgão legislativo, e, dessa forma, não justificaria abertura de novo prazo para a sua manifestação.

A Procuradoria-Geral da República se manifestou pela procedência do pedido.

A decisão recebeu a seguinte ementa:

EMENTA: Ação direta de inconstitucionalidade por omissão. Inatividade do legislador quanto ao dever de elaborar a lei complementar a que se refere o § 4º do art. 18 da Constituição Federal, na redação dada pela Emenda Constitucional n. 15/1996. Ação julgada procedente. 1. A Emenda Constitucional n. 15, que alterou a redação do § 4º do art. 18 da Constituição, foi publicada no dia 13 de setembro de 1996. Passados mais de 10 (dez) anos, não foi editada a lei complementar federal definidora do período dentro do qual poderão tramitar os procedimentos tendentes à criação, incorporação, desmembramento e fusão de municípios. Existência de notório lapso temporal a demonstrar a inatividade do legislador em relação ao cumprimento de inequívoco dever constitucional de legislar, decorrente do comando do art. 18, § 4º, da Constituição. 2. Apesar de existirem no Congresso Nacional diversos projetos de lei apresentados visando à regulamentação do art. 18, § 4º, da Constituição, é possível constatar a omissão inconstitucional quanto à efetiva deliberação e aprovação da lei complementar em referência. As peculiaridades da atividade parlamentar que afetam, inexoravelmente, o processo legislativo, não justificam uma conduta manifestamente negligente ou desidiosa das Casas Legislativas, conduta esta que pode pôr em risco a própria ordem constitucional. A inertia deliberandi das Casas Legislativas pode ser objeto da ação direta de inconstitucionalidade por omissão. 3. A omissão legislativa em relação à regulamentação do art. 18, § 4º, da Constituição, acabou dando ensejo à conformação e à consolidação de estados de inconstitucionalidade que não podem ser ignorados pelo legislador na elaboração da lei complementar federal. 4. Ação julgada procedente para declarar o estado de mora em que se encontra o Congresso Nacional, a fim de que, em prazo razoável de 18 (dezoito) meses, adote ele todas as providências legislativas necessárias ao cumprimento do dever constitucional imposto pelo art. 18, § 4º, da Constituição, devendo ser contempladas as situações imperfeitas decorrentes do estado de inconstitucionalidade gerado pela omissão. Não se trata de impor um prazo para a atuação legislativa do Congresso Nacional, mas apenas da fixação de um parâmetro temporal razoável, tendo em vista o prazo de 24 meses determinado pelo Tribunal nas ADI ns. 2.240, 3.316, 3.489 e 3.689 para que as leis estaduais que criam municípios ou alteram seus limites territoriais continuem vigendo, até que a lei complementar federal seja promulgada contemplando as realidades desses municípios.

VOTO

1. Legitimidade ativa para a propositura da ação direta de inconstitucionalidade por omissão

A presente ação direta de inconstitucionalidade por omissão foi proposta pela Assembleia Legislativa do Estado de Mato Grosso, em face da suposta inatividade do legislador quanto ao dever de elaborar a lei complementar federal a que alude o art. 18, § 4º, da Constituição da República.

A primeira questão que deve ser analisada diz respeito à legitimidade ativa da requerente para a propositura da ação, a qual foi contestada pelas informações prestadas pelo Presidente da República e pelo Congresso Nacional (fls. 81-89/91-112).

Todos hão de concordar que, no tocante à ação direta de inconstitucionalidade por omissão, a fórmula escolhida pelo constituinte, já do ponto de vista estritamente formal, não se afigura isenta de críticas. O art. 102 da Constituição, que contém o elenco das competências do Supremo Tribunal Federal, não contempla a ação direta por omissão, limitando-se a mencionar a ação direta de inconstitucionalidade de lei ou ato normativo federal ou estadual e a ação declaratória de constitucionalidade de lei ou ato normativo federal (art. 102, I, "a", com redação da Emenda Constitucional n. 03/93).

No artigo 103, *caput*, fixam-se os entes ou órgãos legitimados a propor a ação direta de inconstitucionalidade. Parece evidente que essa disposição refere-se à ação direta de inconstitucionalidade de lei ou ato normativo estadual ou federal, prevista no art. 102, I, "a", já mencionado.

Se tivermos o cuidado de investigar o direito comparado, haveremos de perceber que o constituinte português de 1976 tratou de forma diversa os processos de controle abstrato da ação e da omissão, também no que concerne ao direito de propositura. Enquanto o processo de controle abstrato de normas pode ser instaurado mediante requerimento do Presidente da República, do Presidente da Assembleia, do Primeiro-Ministro, do Provedor da República, de um décimo dos Deputados à Assembleia da República [art. 201, 1, (a)], o processo de controle abstrato de omissão, propriamente dito, somente pode ser instaurado a requerimento do Presidente da República e do Provedor de Justiça (art. 283).

Ressalte-se que a afirmação segundo a qual os órgãos e entes legitimados para propor a ação direta de inconstitucionalidade de lei ou ato normativo, nos termos do art. 103, *caput*, estariam igualmente legitimados a propor a ação direta de inconstitucionalidade por omissão prepara algumas dificuldades. Deve-se notar que, naquele elenco, dispõem de direito de iniciativa legislativa, no plano federal, tanto o Presidente da República como os integrantes da Mesa do Senado Federal e da Mesa da Câmara dos Deputados (CF art. 61).

Assim, salvo nos casos de iniciativa privativa de órgãos de outros poderes, como é o caso do Supremo Tribunal Federal em relação ao Estatuto da Magistratura (art. 93, *caput*, CF/88), esses órgãos constitucionais não poderiam propor ação de inconstitucionalidade, porque, como responsáveis ou corresponsáveis pelo eventual estado de inconstitucionalidade, seriam eles os destinatários primeiros da ordem judicial de fazer, em caso de procedência da ação.

Todavia, diante da indefinição existente, será inevitável, com base mesmo no princípio de hermenêutica que recomenda a adoção da interpretação que assegure maior eficácia possível à norma constitucional, que os entes ou órgãos legitimados a propor a ação direta contra ato normativo – desde que sejam contempladas as peculiaridades e restrições mencionadas – possam instaurar o controle abstrato da omissão.

Não há como deixar de reconhecer, portanto, a legitimidade ativa da Assembleia Legislativa do Estado de Mato Grosso para propor a presente ação direta de inconstitucionalidade por omissão.

Quanto às supostas irregularidades formais da representação da Assembleia apontadas pelas informações prestadas pelo Presidente da República e pelo Congresso Nacional, ressalto trecho do cuidadoso parecer elaborado pelo Procurador-Geral da República, Dr. Antônio Fernando Barros e Silva de Souza (fl. 119):

> "A *alegada ilegitimidade ativa do Presidente da Assembleia Legislativa do Estado do Mato Grosso, decorrente de não haver nos autos deliberação da Mesa daquele colegiado dando-lhe poder para ajuizar a presente ação direta, bate-se com a presunção de legitimidade que acompanha a iniciativa. Entre forma e substância, havemos de a esta preferir sempre que, na dúvida entre ambas, seja o meio adequado para atingir a finalidade do instituto jurídico. O princípio da supremacia da Constituição é o objetivo das ações de fiscalização abstrata de constitucionalidade, havendo de nortear a exegese.*"

De toda forma, a petição inicial está devidamente instruída com cópia do art. 24 da Constituição estadual, que, em seu § 1º, dispõe que "*o Presidente representará a Assembleia Legislativa em Juízo e fora dele e presidirá as sessões plenárias e as reuniões da Mesa do Colégio de Líderes*".

Assim, não há óbices de ordem formal ao pleno conhecimento da presente ação direta de inconstitucionalidade por omissão.

Controle da omissão inconstitucional 1587

2. O controle de constitucionalidade da omissão legislativa no direito brasileiro

O Supremo Tribunal Federal se depara neste julgamento com mais um interessante caso de inatividade do legislador quanto à regulamentação de norma constitucional, na espécie, do § 4º do art. 18 da Constituição de 1988, com a redação que lhe foi atribuída pela Emenda Constitucional n. 15/96.

É possível que a problemática atinente à inconstitucionalidade por omissão constitua um dos mais tormentosos e, ao mesmo tempo, um dos mais fascinantes temas do Direito Constitucional moderno. Ela envolve não só o problema concernente à concretização da Constituição pelo legislador e todas as questões atinentes à eficácia das normas constitucionais. Ela desafia também a argúcia do jurista na solução do problema sob uma perspectiva estrita do processo constitucional. Quando se pode afirmar a caracterização de uma lacuna inconstitucional? Quais as possibilidades de colmatação dessa lacuna? Qual a eficácia do pronunciamento da Corte Constitucional que afirma a inconstitucionalidade por omissão do legislador? Quais as consequências jurídicas da sentença que afirma a inconstitucionalidade por omissão? Essas e outras indagações desafiam a dogmática jurídica aqui e alhures.

O constituinte de 1988 emprestou significado ímpar ao controle de constitucionalidade da omissão com a instituição dos processos de mandado de injunção e da ação direta da inconstitucionalidade da omissão. Como essas inovações não foram precedidas de estudos criteriosos e de reflexões mais aprofundadas, afigura-se compreensível o clima de insegurança e perplexidade que elas acabaram por suscitar nos primeiros tempos.

É, todavia, salutar o esforço que se vem desenvolvendo, no Brasil, para descobrir o significado, o conteúdo e a natureza desses institutos. Todos os que, tópica ou sistematicamente, já se depararam com uma ou outra questão atinente à omissão inconstitucional, hão de ter percebido que a problemática é de transcendental importância não apenas para a realização de diferenciadas e legítimas pretensões individuais. Ela é fundamental, sobretudo, para a concretização da Constituição como um todo, isto é, para a realização do próprio Estado de Direito Democrático, fundado na soberania, na cidadania, na dignidade da pessoa humana, nos valores sociais do trabalho, da iniciativa privada, e no pluralismo político, tal como estabelecido no art. 1º da Carta Magna. Assinale-se, outrossim, que o estudo da omissão inconstitucional é indissociável do estudo sobre a força normativa da Constituição.

Não obstante o esforço da doutrina e da jurisprudência, muitas questões sobre a omissão inconstitucional continuam em aberto, ou parecem não ter encontrado, ainda, uma resposta adequada. Sem querer arriscar uma profecia, pode-se afirmar, com certa margem de segurança, que elas hão de continuar sem uma resposta satisfatória ainda por algum tempo!

Esse estado de incerteza decorre, em parte, do desenvolvimento relativamente recente de uma "Teoria da omissão inconstitucional". Aqueles que quiserem se aprofundar no exame do tema perceberão que o seu estudo sistemático constituía, até muito pouco tempo, monopólio da dogmática constitucional alemã. Esse aspecto contribuiu, sem dúvida, para que a questão fosse tratada, inicialmente, como quase uma excentricidade do modelo constitucional desenvolvido a partir da promulgação da Lei Fundamental de Bonn.

Observe-se, contudo, que o reconhecimento da inconstitucionalidade por omissão configura fenômeno relativamente recente, também na dogmática jurídica alemã.

Em 1911, ressaltava Kelsen que a configuração de um dever do Estado de editar determinada lei afigurava-se inadmissível[2]. Anteriormente, reconhecera Georg Jellinek que a impossibilidade de formular pretensão em face do legislador constituía *communis opinio*[3]. Sob o império da

---

[2]   KELSEN, Hans. *Hauptprobleme de Staatsrechtslehre*. Tübingen: JCB Mohr, 1911, p. 410.

[3]   JELLINEK, Georg. *System der subjektiven öffentlichen Rechte*. 2. Aufl. Tübingen, 1905, p. 80, nota 1.

Constituição de Weimar (1919) negava-se, igualmente, a possibilidade de se formular qualquer pretensão contra o legislador. Esse entendimento assentava-se, de um lado, na ideia de uma irrestrita liberdade legislativa e, de outro, na convicção de que o legislador somente atuava no interesse da coletividade[4].

Essa concepção sofreu significativa mudança com o advento da Lei Fundamental de 1949. A expressa vinculação do legislador aos direitos fundamentais (art. 1º par. 3º) e à Constituição como um todo (art. 20, III) estava a exigir o desenvolvimento de uma nova concepção. Já em 1951 passa a doutrina a admitir, pela voz eloquente de Bachof, a possibilidade de responsabilização do Estado em virtude de ato de índole normativa[5], caracterizando uma ruptura com o entendimento até então vigente, baseado na própria jurisprudência do *Reichsgericht*[6]. Bachof rejeitava, porém, uma pretensão à edição de uma lei por entender que isso seria incompatível com o princípio da divisão de poderes[7].

A Corte Constitucional alemã viu-se compelida a arrostar questão atinente à omissão do legislador logo no seu primeiro ano de atividade.

Na decisão de 19.12.1951, o Tribunal negou a admissibilidade de recurso constitucional contra a omissão do legislador, que, segundo alegado, *fixara a pensão previdenciária em valor insuficiente para a satisfação das necessidades básicas de uma família*. Segundo o entendimento então esposado pelo Tribunal, os postulados contidos na Lei Fundamental não asseguravam ao cidadão, em princípio, qualquer pretensão a uma atividade legislativa suscetível de ser perseguida mediante *recurso constitucional*[8].

As decisões proferidas em 20.2.1957 e em 11.6.1958 estavam a sinalizar a evolução jurisprudencial que haveria de ocorrer. Na primeira decisão, proferida em processo de recurso constitucional, a Corte Constitucional alemã admitiu, expressamente, o cabimento de medida judicial contra omissão parcial do legislador, reconhecendo que, ao contemplar determinado grupo ou segmento no âmbito de aplicação de uma norma, o legislador poderia atentar contra o princípio da isonomia, cumprindo, de forma defeituosa, dever constitucional de legislar[9]. Na decisão de 11.6.1958, também proferida em recurso constitucional (*Verfassungsbeschwerde*)[10] impetrado contra lei federal, que fixava a remuneração de funcionários públicos, a Corte declarou que, embora não estivesse legitimada a fixar os vencimentos de funcionários públicos, dispunha ela

---

[4] ANSCHÜTZ, Gerhard; THOMA, Richard (Hrsg.). *Handbuch des Deutschen Staatsrechts*. Tübingen: Mohr, 1932, t. II, p. 608; GENZMER, Felix. *Die Verwaltungsgerichtsbarkeit, Handbuch des Deutschen Staatsrechts*. 1932, t. II, p. 506 s.

[5] BACHOF, Otto. *Die verwaltungsgerichtliche Klage auf Vornahme einer Amtshandlung*. 2. Aufl. Tübingen: Mohr, 1968, p. 18.

[6] Cf. acórdão do Reichsgericht in: *RGZ* 125, 282, no qual se assentou, expressamente, a impossibilidade de responsabilização do Estado por ato legislativo.

[7] BACHOF, Otto. Op. cit., p. 18.

[8] *BVerfGE* 1, 97 (100).

[9] *BVerfGE* 6, 257.

[10] Acentue-se que o ordenamento alemão não dispõe de instrumentos especiais para o controle judicial da omissão. O recurso constitucional – *Verfassungsbeschwerde* – constitui, na esfera do *Bundesverfassungsgericht*, o único instrumento processual autônomo de que o cidadão dispõe para atacar diretamente a omissão do legislador, desde que logre demonstrar eventual ofensa a um dos direitos fundamentais. Na maioria dos casos, cuida-se de *Verfassungsbeschwerde* dirigida contra ato normativo, nos casos em que se admite que o legislador satisfez, de forma incompleta, o dever de proteção (*Schutzpflicht*) dimanado de um ou de outro direito fundamental. A maioria dos casos refere-se, porém, não às *Verfassungsbeschwerde* propostas diretamente contra a omissão legislativa, sejam elas parciais ou totais, mas àquelas dirigidas contra decisão da última instância da jurisdição ordinária (chamadas *Urteils-Verfassungsbeschwerde*). A *Urteil-Verfassungsbeschwerde* cumpre, em determinada medida, função semelhante à do nosso recurso extraordinário pertinente à ofensa constitucional, podendo ser interposta nos casos de lesão aos direitos fundamentais mediante erro do Juiz ou Tribunal na interpretação e aplicação do direito.

Controle da omissão inconstitucional **1589**

de elementos suficientes para constatar que, em virtude da alteração do custo de vida, os valores estabelecidos na referida lei não mais correspondiam aos parâmetros mínimos exigidos pelo art. 33 (5) da Lei Fundamental[11]. Não se declarou aqui a nulidade do ato normativo, *até porque uma cassação agravaria ainda mais o estado de inconstitucionalidade*. O Tribunal limitou-se a constatar a ofensa a direito constitucional dos impetrantes em virtude da omissão legislativa.

Portanto, a jurisprudência da Corte Constitucional alemã identificou, muito cedo, que configura a omissão inconstitucional não só o *inadimplemento absoluto* de um dever de legislar (*omissão total*), mas também a execução falha, defeituosa ou incompleta desse mesmo dever (*omissão parcial*) (*Teilunterlassung*). Assentou-se, igualmente, que a lacuna inconstitucional poderia decorrer de uma mudança nas relações fáticas, configurando para o legislador imediato dever de adequação.

A identificação da omissão inconstitucional do legislador, no juízo de constitucionalidade, tornava imperioso o desenvolvimento de novas técnicas de decisão, que se afigurassem adequadas a eliminar do ordenamento jurídico essa peculiar forma de afronta à Constituição, sem violentar a própria sistemática constitucional consagrada na Lei Fundamental. A Corte Constitucional recusou, de plano, a possibilidade de substituir-se ao legislador na colmatação das lacunas eventualmente identificadas, entendendo que a tarefa de concretização da Constituição foi confiada, primordialmente, ao legislador. Assim, tanto o princípio da divisão de poderes quanto o postulado da democracia obstavam a que os Tribunais se arrogassem ao direito de suprir lacunas eventualmente identificadas.

Essa orientação fez com que o Tribunal desenvolvesse, como técnica de decisão aplicável aos casos de lacuna inconstitucional, a declaração de inconstitucionalidade sem a pronúncia da nulidade (*Unvereinbarerklärung*). Trata-se de decisão de caráter mandamental, que obriga o legislador a suprimir, com a possível presteza, o estado de inconstitucionalidade decorrente da omissão[12]. Essa forma de decisão, construída pela jurisprudência, foi incorporada à Lei que disciplina o processo perante a Corte Constitucional.

Outra técnica de decisão, desenvolvida, sobretudo, para os casos de omissão inconstitucional, é o apelo ao legislador (*Appellentscheidung*), decisão na qual se afirma que a situação jurídica em apreço ainda se afigura constitucional, devendo o legislador empreender as medidas requeridas para evitar a consolidação de um estado de inconstitucionalidade. Essa técnica de decisão assumiu relevância ímpar nos casos da legislação pré-constitucional incompatível com a Lei Fundamental. A cassação dessas leis pré-constitucionais poderia levar, em muitos casos, a uma situação de autêntico caos jurídico. Daí ter a Corte Constitucional reconhecido que o legislador haveria de dispor de um prazo razoável para adaptar o direito ordinário à nova ordem constitucional, reconhecendo como "*ainda constitucional*" o direito anterior, que deveria ser aplicado nessa fase de transição. A doutrina constitucional mais moderna considera que o apelo ao legislador (*Appellentscheidung*) configura apenas uma decisão de rejeição de inconstitucionalidade, caracterizando-se essa recomendação dirigida ao legislador como simples *obiter dictum*[13]. Essa qualificação não retira a eficácia desse pronunciamento, não havendo, até agora, registro de qualquer caso de recalcitrância ou de recusa do legislador no cumprimento de dever constitucional de legislar.

---

[11] *BVerfGE* 8, 1 (28).

[12] IPSEN, Jörn. *Rechtsfolgen der Verfassungswidrigkeit von Norm und Einzelakt*. Baden-Baden, 1980, p. 268-269.

[13] Cf. a propósito, BRYDE, Brun-Otto. *Verfassungsentwicklung, Stabilität und Dynamik im Verfassungsrecht der Bundesrepublik Deutschland*. Baden-Baden, 1982, p. 397 s.; IPSEN, Jörn. *Rechtsfolgen der Verfassungswidrigkeit von Norm und Einzelakt*, cit. p. 125. Sobre a diferenciação entre *ratio decidendi* e *obiter dictum* "coisa dita de passagem" (acessoriamente, v. RÓNAI, Paulo. *Não perca o seu latim*. Rio de Janeiro: Nova Fronteira, 1984), isto é entre os fundamentos essenciais à prolação do julgado e aquelas considerações que integram os fundamentos da decisão, mas que são perfeitamente dispensáveis, v. SCHLÜTER, Wilfried. *Das Obiter Dictum*. Munique, 1973, p. 77 s.

Estado de Direito e Jurisdição Constitucional – Decisões relevantes em 15 anos de atuação no STF

No Brasil, a ação direta por omissão teve até agora uma aplicação restrita. Menos de uma centena de ações diretas de inconstitucionalidade por omissão foram propostas perante o Supremo Tribunal Federal[14], como se pode verificar no quadro adiante:

AÇÕES DIRETAS DE INCONSTITUCIONALIDADE POR OMISSÃO

	ADI n.	Objeto	Parâmetro de Controle
01	19/AL	Aplicação de teto de remuneração para servidor estadual.	CF, arts. 37, XI, XII; 39, § 1°.
02	0022/DF	Lei n. 4.215/63 (Estatuto da OAB).	
03	0023/SP	Isonomia de vencimentos dos Delegados de Polícia de carreira com outras carreiras jurídicas.	CF, art. 241.
04	0031/DF	Convênio ICM n. 66/88.	ADCT, art. 40.
05	0033/DF	Convênio ICM n. 66/88, art. 3°, § 1°, § 2° e § 3°.	CF, art. 155, X, a. ADCT, art. 34, § 8°.
06	0130/DF	Organização e funcionamento da Advocacia-Geral da União.	ADCT, art. 29, § 1°.
07	0206/DF	Organização da seguridade social e dos planos de custeio e benefício.	ADCT, art. 59.
08	0267/DF	Elevação da representação do Estado de São Paulo para 70 deputados.	CF, art. 45, § 1°.
09	0296/DF	Instituição do sistema de carreira do serviço civil da União.	CF, art. 39 e §§.
10	0297/DF	Revisão do cálculo de aposentadorias e pensões de servidores públicos.	ADCT, art. 20.
11	0336/SE	Vários dispositivos da Constituição do Estado de Sergipe. Intervenção do Estado nos municípios; Remunerações de servidores e magistrados.	CF, arts. 37, I, II, X, XIII; 39, § 1°; 41; 48, X; 61, II, a; 167, IV.
12	0343/DF	Erradicação do analfabetismo e incentivo ao ensino fundamental obrigatório e gratuito – Lei n. 7.999/90.	ADCT, art. 60.
13	0361/DF	Regulamentação da Lei n. 7.990/89.	CF, art. 20, § 1°.
14	0443/MG	Equiparação de índices de reajuste entre funcionários públicos civis e militares – Lei n. 10.364/90/MG.	CF, art. 37, X.
15	0477/DF	Fixação do salário mínimo – Lei n. 8.178/91.	CF, art. 7°, IV.
16	0480/DF	Vinculação dos benefícios da Previdência Social ao salário mínimo.	ADCT, art. 59.
17	0529/DF	Remuneração dos servidores públicos civis e militares da União – Medida Provisória n. 296, arts. 1°, 2°, 3°, 4°, 5°, 6°, 7°.	CF, arts. 37, X; 39, § 1°.
18	0535/DF	Erradicação do analfabetismo e incentivo ao ensino fundamental obrigatório e gratuito – Lei n. 8.175/91.	ADCT, art. 60.
19	0607/DF	Organização da Seguridade Social e instituição do Plano de Custeio e de Benefícios da Previdência Social – Leis n. 8.212/91 e 8.213/91.	ADCT, art. 59.
20	0635/RS	Isonomia de vencimentos entre os Auditores de Finanças Públicas e os Fiscais de Tributos Estaduais. Constituição/RS, art. 31.	CF, art. 39, § 1°.

(continua)

---

[14] Seção de Matéria Constitucional/Secretaria Judiciária/STF.

Controle da omissão inconstitucional **1591**

(continuação)

	ADI n.	Objeto	Parâmetro de Controle
21	0652/MA	Diversos dispositivos da Lei Complementar n. 010/91/MA.	CF, art. 18, § 4°.
22	0713/RJ	Omissão na sanção e intempestividade de veto aposto por Governador de Estado na Lei n. 1.057/86/RJ.	CF, arts. 34, VI, VII; 36, I, § 3°; 66, §§ 1°, 3°.
23	0720/RJ	Omissão na sanção e intempestiva de veto aposto por Governador de Estado na Lei n. 1.057/86/RJ.	CF, arts. 34, VI, VII; 36, I, § 3°; 66, §§ 1°, 3°.
24	0799/DF	Lei n. 7.719/89.	CF, art. 39, § 1°.
25	0823/DF	Demarcação de terras indígenas pela FUNAI, cujo o orçamento depende de lei orçamentária anual e créditos suplementares ou especiais.	CF, art. 231, *caput*, parte final. ADCT, art. 67.
26	0877/DF	Implantação da seguridade social e respectivos planos de custeio.	CF, arts. 203, V; 204. ADCT, art. 59.
27	0889/DF	Aproveitamento dos censores federais.	CF, art. 61, § 1°, II, *a, c, e.* ADCT, art. 23, parágrafo único.
28	0986/DF	Portaria n. 699/93 do Ministério da Fazenda.	CF, art. 150, VI, *d*.
29	0989/MT	Constituição/MT, art. 147, § 2°, § 3° e § 4°.	CF, arts. 5°, *caput*; 37, *caput*, XV.
30	1177/DF	Normas regulamentadoras do processamento de dados lotéricos.	CF, art. 21, XI.
31	1338/DF	Estruturação da polícia rodoviária federal.	CF, art. 144, § 2°.
32	1387/DF	Medida Provisória n. 1.184/95, art. 1°. Medida Provisória reeditada sob os ns. 1.547-30/97 e 1.547-31.	CF, art. 39, § 1°.
33	1458/DF	Medida Provisória n. 1.415/96, art. 1°. Medida Provisória reeditada sob o n. 1.463 e reeditada sob os ns. 1.463-2, 1.463-3 e 1.463-4, todas de 1996.	CF, art. 7°, IV.
34	1466/DF	Revisão geral de vencimentos, soldos e proventos de servidores públicos civis e militares e seus inativos e pensionistas.	CF, arts. 7°, VI; 37, X, XII, XV; 39, § 2°; 194, IV.
35	1468/DF	Medida Provisória n. 1.463/96, arts. 1°, 2°, 3°, 4°, 5°, 10. Medida provisória n. 1.440/96, art. 8°, § 1°, § 2°, § 3°. Medidas Provisórias reeditadas sob o n. 1.463-2/96, e ns. 1.488/96 e 1.488-13/96. Medidas Provisórias reeditadas sob o n. 1.463-3/96, e n. 1.488-14/96.	CF, arts. 5°, XXXVI; 7°, IV; 194, parágrafo único, IV; 195, § 6°; 201, § 2°; 202.
36	1484/DF	Lei n. 9.295/96.	CF, art. 21, XI; 173, § 4°; 220, § 5°.
37	1495/DF	Resolução n. 2.303/96.	CF, arts. 5°, XXXII; 170, V; 174.
38	1638/DF	Lacração de estação de serviço de radiodifusão sonora FM pela Delegacia Regional do Ministério das Comunicações do RJ.	CF, art. 215, § 1°, § 2°.
39	1698/DF	Erradicação do analfabetismo e incentivo ao ensino fundamental obrigatório e gratuito.	CF, arts. 6°; 23, V; 208, I; 214.
40	1810/DF	Norma regulamentadora para o transporte alternativo complementar por vans e congêneres.	CF, art. 193.

(continua)

1592 Estado de Direito e Jurisdição Constitucional – Decisões relevantes em 15 anos de atuação no STF

(continuação)

	ADI n.	Objeto	Parâmetro de Controle
41	1820/DF	Medida Provisória n. 1.652-42/98, art. 1°, parágrafo único. Medida Provisória reeditada sob o n. 1.652-43/98. Lei n. 9.641/98, conversão em lei da MP 1.652-43.	CF, art. 39, § 1°.
42	1830/DF	Medida Provisória n. 1.656/98, art. 1°, parágrafo único.	CF, arts. 7°, IV; 201, § 2°.
43	1836/SP	Isonomia de vencimentos entre as carreiras de Advogado do Estado, Defensores Públicos e Delegados de Polícia.	CF, art. 241.
44	1877/DF	Medida Provisória n. 1.663-12/98, arts. 7°, 8°, 9°, 10, 11, 12, 13, 14, 15, 16, 17, 28.	CF, arts. 7°, IV; 194, IV; 201, § 2°; 202.
45	1987/DF	Normas sobre o critério de rateio do Fundo de Participação dos Estados.	CF, art. 161, II.
46	1996/DF	Medida Provisória n. 1.824/99, arts. 1°, parágrafo único, 2°, 3°, 4°. Medidas Provisórias reeditada sob os ns. 1.824-01, 1.824-02, 1.824-03, 1.824-05, todas de 1999.	CF, arts. 7° IV; 14 (EC-20); 68, § 1°; 201, §§ 2°, 3°, 4°.
47	2017/DF	Competência do Poder Executivo para apresentar projeto de lei complementar ao Congresso Nacional (Finanças Públicas).	CF, art. 163. EC n. 19, art. 30.
48	2061/DF	Elaboração da lei anual de revisão geral da remuneração dos servidores da União.	CF, art. 37, X (EC-19).
49	2076/AC	Preâmbulo da Constituição/AC.	ADCT, art. 11.
50	2140/RO	Lei Complementar n. 096/99.	CF, arts. 37; 39; 48, X; 61, § 1°, II, *a*; 84, XXV; 169, § 3°, I, II, § 6°.
51	2154/DF	Lei n. 9.688/99, arts. 26, parte final, e 27.	CF, arts. 5°, I, II, XXXV; 102, *j*.
52	2162/DF	Medida Provisória n. 1.933-10/2000, arts. 1° ao 5°.	CF, arts. 5°, XXXVI; 6°; 7°, IV; 194, IV; 195, § 6°; 201, § 2°; 202.
53	2205/SP	Projeto de lei para a revisão anual da remuneração de servidores públicos estaduais.	CF, art. 37, X (EC-19).
54	2318/SE	Projeto de lei relativo a reajuste de vencimentos de servidores estaduais.	CF, art. 37, X, c/c art. 96, II, *b*.
55	2368/DF	Projeto de lei relativo à revisão anual da remuneração dos servidores da Justiça trabalhista.	CF, art. 37, *caput*, X.
56	2445/DF	Projeto de lei para revisão da remuneração dos servidores da União.	CF, art. 37, X (EC-19).
57	2481/RS	Elaboração da lei anual de revisão geral da remuneração dos servidores estaduais.	CF, art. 37, X.
58	2486/RJ	Elaboração da lei anual de revisão geral da remuneração dos servidores estaduais.	CF, arts. 22, parágrafo único, I; 25; 37, X; 169, § 1°.
59	2490/PE	Elaboração da lei anual de revisão geral da remuneração dos servidores estaduais.	CF, arts. 25; 37, X.
60	2491/GO	Elaboração da lei anual de revisão geral da remuneração dos servidores estaduais.	CF, arts. 25; 37, X.
61	2492/SP	Elaboração da lei anual de revisão geral da remuneração dos servidores estaduais.	CF, arts. 25; 37, X.

(continua)

Controle da omissão inconstitucional 1593

(continuação)

	ADI n.	Objeto	Parâmetro de Controle
62	2493/PR	Elaboração da lei anual de revisão geral da remuneração dos servidores estaduais.	CF, arts. 25; 37, X.
63	2495/SC	Projeto de lei sobre a revisão geral anual da remuneração dos servidores estaduais.	CF, arts. 25; 37, X.
64	2496/MS	Elaboração da lei anual de revisão geral da remuneração dos servidores estaduais.	CF, arts. 25; 37, X.
65	2497/RN	Elaboração da lei anual de revisão geral da remuneração dos servidores estaduais.	CF, arts. 25; 37, X.
66	2498/ES	Elaboração da lei anual de revisão geral da remuneração dos servidores estaduais.	CF, arts. 25; 37, X.
67	2503/MA	Elaboração da lei anual de revisão geral da remuneração dos servidores estaduais.	CF, arts. 25; 37, X.
68	2504/MG	Elaboração da lei anual de revisão geral da remuneração dos servidores estaduais.	CF, arts. 25; 37, X.
69	2505/BA	Projeto de lei para a revisão da remuneração dos servidores estaduais.	CF, arts. 25; 37, X.
70	2506/CE	Elaboração da lei anual de revisão geral da remuneração dos servidores estaduais.	CF, arts. 25; 37, X.
71	2507/AL	Elaboração da lei anual de revisão geral da remuneração dos servidores estaduais.	CF, arts. 25; 37, X.
72	2508/PA	Elaboração da lei anual de revisão geral da remuneração dos servidores estaduais.	CF, arts. 25; 37, X.
73	2509/AM	Elaboração da lei anual de revisão geral da remuneração dos servidores estaduais.	CF, arts. 25; 37, X.
74	2510/AP	Elaboração da lei anual de revisão geral da remuneração dos servidores estaduais.	CF, arts. 25; 37, X.
75	2511/PB	Elaboração da lei anual de revisão geral da remuneração dos servidores estaduais.	CF, arts. 25; 37, X.
76	2512/MT	Elaboração da lei anual de revisão geral da remuneração dos servidores estaduais.	CF, arts. 25; 37, X.
77	2516/AC	Elaboração da lei anual de revisão geral da remuneração dos servidores estaduais.	CF, arts. 25; 37, X.
78	2517/SE	Elaboração da lei anual de revisão geral da remuneração dos servidores estaduais.	CF, arts. 25; 37, X.
79	2518/RO	Elaboração da lei anual de revisão geral da remuneração dos servidores estaduais.	CF, arts. 25; 37, X.
80	2519/RR	Elaboração da lei anual de revisão geral da remuneração dos servidores estaduais.	CF, arts. 25; 37, X.
81	2520/PI	Elaboração da lei anual de revisão geral da remuneração dos servidores estaduais.	CF, arts. 25; 37, X.
82	2523/BA	Lei n. 6.677/94, art. 258.	CF, arts. 25; 37, X.
83	2524/TO	Elaboração da lei anual de revisão geral da remuneração dos servidores estaduais.	CF, arts. 25; 37, X.

(continua)

1594 Estado de Direito e Jurisdição Constitucional – Decisões relevantes em 15 anos de atuação no STF

(continuação)

	ADI n.	Objeto	Parâmetro de Controle
84	2525/DF	Elaboração da lei anual de revisão geral da remuneração dos servidores distritais.	CF, arts. 25; 37, X.
85	2537/SE	Elaboração da lei anual de revisão geral da remuneração dos servidores distritais.	CF, arts. 25; 37, X.
86	2557/MS	Projeto de lei de revisão geral anual da remuneração de servidores do Judiciário estadual.	CF, art. 37, X.
87	2563/DF	Fixação de subsídio de Ministro do STF e implantação de teto remuneratório estadual.	CF, art. 37, XI (EC-19).
88	2634/DF	Medida Provisória n. 1.911/99.	CF, art. 194, VII (EC-20).
89	2740/AM	Constituição/AM, art. 109, VIII.	CF, art. 37, X.
90	2778/MG	Constituição/MG, arts. 141 c/c 136, I; 139.	CF, art. 144, § 4º, § 6º.
91	3276/CE	Constituição/CE, arts. 71, § 2º, I, II; 79, § 2º, II, c (EC-54).	CF, arts. 73, § 2º, I; 75.
92	3302/MS	Revisão geral anual da remuneração dos servidores públicos.	CF, art. 37, X (EC-19).
93	3303/DF	Lei n. 10.331/01, art. 1º.	CF, arts. 37, X; 61, § 1º, II, *a*.
94	3364/RJ	Lei n. 3.893/02, art. 5º, § 1º, I, II.	CF, art. 39, § 1º.
95	3575/DF	Remuneração dos advogados federais, integrantes da Advocacia-Geral da União.	CF, art. 135.
96	3622/DF	Implantação da Defensoria Pública da União.	CF, arts. 5º, LXXXVI; 134.
97	3682/MT	Criação de município.	CF, art. 18, § 4º (EC-15).

Dados obtidos nas bases do STF. Atualizado em janeiro de 2007.

Tal como a ação direta de inconstitucionalidade (ADI), o processo de controle abstrato da omissão (ADIO) não tem outro escopo senão o da defesa da ordem fundamental contra condutas com ela incompatíveis. Não se destina, pela própria índole, à proteção de situações individuais ou de relações subjetivadas, mas visa precipuamente, à defesa da ordem jurídica. Não se pressupõe, portanto, a configuração de um interesse jurídico específico ou de um interesse de agir. Os órgãos ou entes incumbidos de instaurar esse processo de defesa da ordem jurídica agem não como autores, no sentido estritamente processual, mas como Advogados do Interesse Público ou, para usar a expressão de Kelsen, como advogados da Constituição[15]. O direito de instaurar o processo de controle não lhes foi outorgado tendo em vista a defesa de posições subjetivas. Afigura-se suficiente, portanto, a configuração de um interesse público de controle. Tem-se aqui, pois, para usarmos a denominação usada por Triepel[16] e adotada pela Corte Constitucional alemã, típico processo objetivo[17].

Ressalte-se que, a despeito do entendimento quanto à natureza diversa da ação direta de inconstitucionalidade e da ação direta por omissão, pelo menos quanto ao resultado, o Supremo

---

[15] Nesse sentido verificar: KELSEN, Hans. *Jurisdição Constitucional*. São Paulo: Martins Fontes, 2003, p. 175-176.

[16] O art. 13, § 2º da Constituição de Weimar previa, expressamente, a aferição abstrata da validade de uma norma na relação entre o direito federal (*Reichsrecht*) e o direito estadual (*Landesrecht*).

[17] Cf. também MENDES, Gilmar Ferreira. *Controle de Constitucionalidade, Aspectos jurídicos e políticos*. São Paulo: Saraiva, 1990, p. 249 s.

Controle da omissão inconstitucional **1595**

Tribunal Federal não distingue os institutos no que concerne à sua autonomia processual, contemplando a ação direta por omissão na mesma lista numérica das ações diretas em geral (cf. art. 102, I, "a", da CF/88 e Resolução n. 230/2002 do STF). Daí a dificuldade para o estudioso de identificar até mesmo o número de ações diretas por omissão já propostas. Ocorre aqui fenômeno assemelhado ao verificado com a representação interventiva e a representação por inconstitucionalidade (controle abstrato) sob a Constituição de 1967/69, que acabou por não distinguir a representação de inconstitucionalidade da representação interventiva.

3. A omissão legislativa inconstitucional quanto à elaboração da lei complementar federal prevista no § 4º do art. 18 da Constituição

O Supremo Tribunal Federal assentou entendimento segundo o qual o art. 18, § 4º, da Constituição da República, com a redação determinada pela EC n. 15/96, é *norma de eficácia limitada*[18], dependente, portanto, da atuação legislativa no sentido da feitura da lei complementar nele referida para produzir plenos efeitos. Ainda que despida de eficácia plena, consignou-se que tal norma constitucional teria o condão de inviabilizar a instauração de processos tendentes à criação de novas municipalidades até o advento da referida lei complementar federal. Assim, com base nessas premissas, o Tribunal, em diversos julgados, declarou a inconstitucionalidade de leis estaduais, posteriores à EC n. 15/96, instituidoras de novos municípios, por ausência da lei complementar federal prevista pelo art. 18, § 4º, da Constituição (ADI-MC n. 2.381/RS, Rel. Min. Sepúlveda Pertence, *DJ* 14.12.2001; ADI n. 3.149/SC, Rel. Min. Joaquim Barbosa, *DJ* 1.4.2005; ADI n. 2.702/PR, Rel. Min. Maurício Corrêa, *DJ* 6.2.2004; ADI n. 2.967/BA, Rel. Min. Sepúlveda Pertence, *DJ* 19.3.2004; ADI n. 2.632/BA, Rel. Min. Sepúlveda Pertence, *DJ* 12.3.2004).

A Emenda Constitucional n. 15, de 1996, como todos sabem, foi elaborada com o conhecido intuito de colocar um ponto final na crescente proliferação de municípios observada no período pós-88. A redação original do art. 18, § 4º, da Constituição, criava condições muito propícias para que os Estados desencadeassem o processo de criação, fusão, incorporação e desmembramento de municípios, por leis próprias, respeitados parâmetros mínimos definidos em lei complementar, também estadual.

A Justificação apresentada na Proposta de Emenda à Constituição n. 22, de 1996, no Senado Federal, esclarece os motivos da mudança constitucional (fl. 55):

> "*O aparecimento de um número elevado de municípios novos, no País, tem chamado atenção para o caráter essencialmente eleitoreiro que envolve suas criações, fato este lamentável. Ao determinar a responsabilidade da criação de municípios aos Estados, a Constituição Federal considerou corretamente as particularidades regionais a que devem obedecer os requisitos para a criação de municípios.*
>
> *Contudo, o texto do § 4º do art. 18 não apresentou as restrições necessárias ao consentimento dos abusos, hoje observado, e que não levam em conta os aspectos mais relevantes para a criação ou não de novos municípios.*
>
> *A determinação, no mesmo parágrafo, de que ficarão preservadas a continuidade e a unidade histórico-cultural do ambiente urbano deixa muito a desejar, por constituir uma condição nem precisa, nem objetiva.*
>
> *Aceitamos que, para dispor mais objetivamente sobre a questão, a Constituição Federal deveria ser mais incisiva na determinação de condições capazes de evitar, ao máximo, distorções que ameacem a transparência e o amadurecimento da decisão técnica e política.*
>
> *Assim, nesta proposta de emenda à Constituição, estamos incluindo dois elementos, a nosso ver, muito importantes. Primeiro, o período em que poderão ser criados os municípios, que deverá ser limitado com relação à época das eleições municipais. Este período será determinado por lei complementar federal.*
>
> *Segundo, a apresentação e publicação, na forma da lei, dos Estudos de Viabilidade Municipal, os quais deverão dar o necessário embasamento, sob diferentes perspectivas, à decisão da população, manifesta em plebiscito.*"

---

[18] Cfr.: SILVA, José Afonso da Silva. *Aplicabilidade das Normas Constitucionais*. 6. ed. São Paulo: Malheiros, 2003.

A Emenda Constitucional foi publicada no dia 13 de setembro de 1996. Passados mais de 10 (dez) anos, não foi editada a lei complementar federal definidora do período dentro do qual poderão tramitar os procedimentos tendentes à criação, incorporação, desmembramento e fusão de municípios.

Não se pode negar, portanto, a existência de notório lapso temporal a demonstrar, à primeira vista, a inatividade do legislador em relação ao cumprimento de inequívoco dever constitucional de legislar, decorrente do comando do art. 18, § 4º, da Constituição.

Em parecer rigoroso e analítico, o Procurador-Geral da República, Dr. Antonio Fernando Barros e Silva de Souza, após estudar as condições em que a inatividade do legislador configura a omissão inconstitucional, assim analisa o presente caso:

"23. No caso presente, o artigo 18, § 4º, com a redação dada pela Emenda Constituição n. 15/1996, está a exigir a edição da Lei Complementar Federal, que fixe o período determinado para a criação, a incorporação, a fusão e o desmembramento de Municípios. A inviabilidade de concretização do preceito diante da ausência do ato normativo, por longos dez anos, tempo mais do que suficiente para que o Congresso Nacional o aprovasse, fere a Constituição, em sua literalidade e espírito.

24. Observemos ainda que o silêncio do legislador federal termina por comprometer a autonomia das entidades federativas estaduais e municipais, incapacitadas que ficam de organizar adequada e convenientemente a distribuição do poder político-administrativo nos respectivos territórios.

25. O federalismo se diferencia das outras formas de estado exatamente por garantir, por meio da Constituição, esferas de autoconformação, inclusive territorial, aos entes federados. O Brasil, como sabemos, é um federalismo tripartite ou de três níveis, assim como a Bélgica, embora, evidentemente, sob outras razões, por ter destacado os municípios como partes disjuntivas da federação.

26. Pois bem, a lei complementar federal ainda por fazer-se é imprescindível para que se adotem *todas* as providências necessárias à criação de municipalidades que demonstrem viabilidade econômico-financeira e o desejo da população em emancipar-se.

27. A inicial, aliás, relata a paralisia dos Estados, por ausência da mencionada lei, para dar continuidade a processos de emancipação de diversos municípios, atendendo a anseios de seus moradores. É certo que o período pós 1988 foi pródigo em desmembramentos de unidades municipais incapazes do autossustento. Sem embargo, não se pode corrigir esse vício passado com outro vício, agora, de inanição constitucional. Até por que a EC n. 15/1996 criou garantias contra a inflação municipalizante, neutralizando surtos emancipacionistas como o vivido.

28. Em situações assim é mais do que recomendável a intervenção judiciária, como forma de chamar a atenção dos representantes do povo para o problema. São eles, os representantes do povo, que, no dizer de José Adércio L. Sampaio, têm primazia na *"função político-constitucional de densificação em normas do significado"* do federalismo, por obterem legitimidade nas urnas: "são eles que detêm o poder, conferido, é verdade, sob reservas, de fazer a maquinaria constitucional funcionar. E é exatamente essa reserva que permite a atuação do Judiciário nos excessos ou nas omissões, nos desvarios da política."

29. Adicionalmente, devemos lembrar que a inércia legislativa está a impedir que a soberania popular, base de todo poder (art. 1º, § único, CF), se expresse pelos canais plebiscitários num sentido ou noutro da reorganização municipal.

30. Soma-se, portanto, a ausência de lei constitucionalmente exigida para desenvolvimento jusnormativo por tempo mais do razoável para o adimplemento, com a desconsideração do princípio federativo e da soberania popular para definir a gravidade do quadro de inconstitucionalidade retratado nos autos.

Ante o exposto, o parecer é pela procedência do pedido formulado na inicial para que seja declarada a inconstitucionalidade por omissão."

Não obstante, ressalto que os dados fáticos da inexistência do ato normativo em referência e do extenso lapso temporal podem não ser suficientes para a configuração da omissão legislativa inconstitucional.

Desde a promulgação da EC n. 15/96, não se pode falar exatamente em uma total inércia legislativa, visto que vários projetos de lei complementar foram apresentados e discutidos no âmbito das casas legislativas. O primeiro deles, o Projeto de Lei Complementar n. 130, foi apresentado em 21 de novembro de 1996, portanto, apenas dois meses após a publicação da EC

Controle da omissão inconstitucional **1597**

n. 15/96, em 13 de setembro de 1996. Posteriormente, foram apresentados os seguintes projetos de lei complementar visando à regulamentação do art. 18, § 4º, da Constituição: PLP 138/1996, PLP 151/1997, PLP 39/1999, PLP 87/1999, PLP 170/2000, PLP 227/2001, PLP 273/2001, PLP 6/2003, PLP 78/2003, PLP 90/2003, PLP 286/2005[19].

O Projeto de Lei Complementar n. 41, de 2003, do Senado Federal, chegou a ser aprovado, porém foi posteriormente vetado pelo Presidente da República, por meio da Mensagem n. 289, de 30 de junho de 2003.

Desde então, o Congresso Nacional não voltou a apreciar o tema. Em setembro de 2006, completaram-se dez anos de vigência da EC n. 15/96, sem que a lei complementar federal nela referida tenha sido editada.

Assim, questão que ainda está a merecer melhor exame diz respeito à *inertia deliberandi* (discussão e votação) no âmbito das Casas Legislativas[20]. Enquanto a sanção e o veto estão disciplinados, de forma relativamente precisa, no texto constitucional, inclusive no que concerne a prazos (art. 66), a deliberação não mereceu do constituinte, no tocante a esse aspecto, uma disciplina mais minuciosa. Ressalvada a hipótese de utilização do procedimento abreviado previsto no art. 64, §§ 1º e 2º, da Constituição, não se estabeleceram prazos para a apreciação dos projetos de lei. Observe-se que, mesmo nos casos desse procedimento abreviado, não há garantia quanto à aprovação dentro de determinado prazo, uma vez que o modelo de processo legislativo estabelecido pela Constituição não contempla a aprovação por decurso de prazo.

Quid juris, então, se os órgãos legislativos não deliberarem dentro de um prazo razoável sobre projeto de lei em tramitação? Ter-se-ia aqui uma omissão passível de vir a ser considerada morosa no processo de controle abstrato da omissão?

O Supremo Tribunal Federal tem considerado que, desencadeado o processo legislativo, não há que se cogitar de omissão inconstitucional do legislador[21].

Essa orientação há de ser adotada com temperamento.

A complexidade de algumas obras legislativas não permite que elas sejam concluídas em prazo exíguo. O próprio constituinte houve por bem excluir do procedimento abreviado os projetos de código (CF, art. 64, § 4º), reconhecendo expressamente que obra dessa envergadura não poderia ser realizada de afogadilho. Haverá trabalhos legislativos de igual ou maior complexidade. Não se deve olvidar, outrossim, que as atividades parlamentares são caracterizadas por veementes discussões e difíceis negociações, que decorrem mesmo do processo democrático e do pluralismo político reconhecido e consagrado pela ordem constitucional (art. 1º, *caput*, e inciso I). Orlando Bitar, distinguindo os Poderes, dizia que o Legislativo é *intermitente*, o Executivo, *permanente* e o Judiciário só age *provocado*. Ou seja, o Legislativo pode parar por algum tempo, isto é, entrar em recesso.

Essas peculiaridades da atividade parlamentar, que afetam, inexoravelmente, o processo legislativo, não justificam, todavia, uma conduta manifestamente negligente ou desidiosa das Casas Legislativas, conduta esta que pode pôr em risco a própria ordem constitucional.

Não tenho dúvida, portanto, em admitir que também a *inertia deliberandi* das Casas Legislativas pode ser objeto da ação direta de inconstitucionalidade por omissão. Dessa forma, pode o Supremo Tribunal Federal reconhecer a mora do legislador em deliberar sobre a questão, declarando, assim, a inconstitucionalidade da omissão.

---

[19] Todos esses projetos encontram-se atualmente apensados ao PLP 130/1996, com exceção do PLP 170/2000, já arquivado.

[20] A referência aqui diz respeito às fases de discussão e deliberação do processo legislativo.

[21] Cfr. nesse sentido: ADI 2.495, Ilmar Galvão, julgada em 2.5.2002, *DJ* 2.8.2002.

No caso em questão, apesar de existirem no Congresso Nacional diversos projetos de lei apresentados visando à regulamentação do art. 18, § 4º, da Constituição, é possível, sim, constatar a omissão inconstitucional quanto à efetiva deliberação e aprovação da lei complementar federal em referência.

A omissão inconstitucional torna-se bastante clara se voltarmos os olhos para a pletora de municípios criados mesmo após o advento da EC n. 15/96 com base em requisitos definidos em antigas legislações estaduais, alguns declarados inconstitucionais por esta Corte (ADI-MC n. 2.381/RS, Rel. Min. Sepúlveda Pertence, *DJ* 14.12.2001; ADI n. 3.149/SC, Rel. Min. Joaquim Barbosa, *DJ* 1.4.2005; ADI n. 2.702/PR, Rel. Min. Maurício Corrêa, *DJ* 6.2.2004; ADI n. 2.967/BA, Rel. Min. Sepúlveda Pertence, *DJ* 19.3.2004; ADI n. 2.632/BA, Rel. Min. Sepúlveda Pertence, *DJ* 12.3.2004); uma realidade quase que imposta por um modelo que, adotado pela EC n. 15/96, ainda não foi implementado em toda sua plenitude, em razão inexistência da lei complementar federal a que alude o referido preceito constitucional.

A deficiência do modelo em razão da omissão inconstitucional do legislador foi bem demonstrada pelo Ministro Eros Grau em voto proferido na ADI 2.240/BA, do qual extraio os seguintes trechos:

"Aqui – repito – estamos diante de uma situação excepcional. A exceção manifesta-se inicialmente em razão de omissão do Poder Legislativo, omissão que impede, desde a promulgação da Emenda Constitucional n. 15, em 12 de setembro de 1996, a criação, incorporação, fusão e desmembramento de Municípios. Essa omissão consubstancia uma moléstia do sistema, um desvio do seu estado normal, como passo a demonstrar.

A República Federativa do Brasil é formada pela união indissolúvel dos Estados e Municípios e do Distrito Federal (art. 1º da Constituição do Brasil). Assim, observado o disposto no § 4º do artigo 18 da Constituição do Brasil e a lei complementar nele mencionada, a decisão política que envolva a criação de um Município poderia, se existente a lei complementar, ser tomada. A omissão do Congresso Nacional impede, no entanto, que essa decisão, de caráter político, seja afirmada.

Essa omissão opera no sentido de como que transferir parcela de função constituinte ao Poder Legislativo – o que é inadmissível – eis que inviabiliza o que a Constituição autoriza, a criação de um novo Município. A não edição da lei complementar dentro de um prazo razoável consubstancia autêntica violação da ordem constitucional."

Assim, não vejo como não reconhecer a omissão inconstitucional do legislador diante do dever de legislar imposto pelo art. 18, § 4º, da Constituição da República, com a redação conferida pela EC n. 15/96.

4. Decisão

O Supremo Tribunal Federal deixou assente, na decisão proferida no Mandado de Injunção n. 107, da relatoria do Ministro Moreira Alves, que a Corte deve limitar-se, nesses processos, a declarar a configuração da omissão inconstitucional, determinando, assim, que o legislador empreenda a colmatação da lacuna. Tal como a decisão proferida na ação direta por omissão, a decisão tem, para o legislador, caráter obrigatório. Ambos os instrumentos buscam a expedição de uma ordem judicial ao legislador, configurando o chamado *"Anordnungsklagerecht"* (*"ação mandamental"*)[22] de que falava Goldschmidt[23]. Assim, abstraídos os casos de construção jurisprudencial admissível[24] e de

---

[22] MI 107, Relator Moreira Alves, *DJ* 28.11.89.

[23] GOLDSCHMIDT, James. *Zivilprozessrecht*. 2. ed. Berlim, 1932, § 15a, p. 61.

[24] Cf., a propósito JÜLICHER, Friedrich. *Die Verfassungsbeschwerde gegen Urteile bei gesetzgeberischem Unterlassen*. Berlim, 1972, p. 22; SCHENKE, Wolf-Rüdiger. *Rechtsschutz bei normativem Unrecht*. Berlim, 1979, p. 178; PESTALOZZA, Christian. "Noch verfassungsmässige" und "bloss verfassungswidrige" Rechtslagen. In: *Bundesverfassungsgericht und Grundgesetz*. Tübingen, 1976, Vol. I, p. 519 (526).

Controle da omissão inconstitucional **1599**

pronúncia de nulidade parcial que amplie o âmbito de aplicação da norma[25], deveria o Tribunal limitar-se, por razões de ordem jurídico-funcional, a constatar a declaração de inconstitucionalidade da omissão do legislador[26].

No mesmo sentido, afirmou a Corte Constitucional alemã, já no começo de sua judicatura, que não estava autorizada a proferir, fora do âmbito da regra geral, uma decisão para o caso concreto, ou determinar qual norma geral haveria de ser editada pelo legislador[27]. Também o Supremo Tribunal Federal deixou assente, na decisão proferida no Mandado de Injunção n. 107, que a Corte não está autorizada a expedir uma norma para o caso concreto ou a editar norma geral e abstrata, uma vez que tal conduta não se compatibiliza com os princípios constitucionais da democracia e da divisão de poderes[28].

Como ressaltado, a ação direta de inconstitucionalidade por omissão – assim como o mandado de injunção – pode ter como objeto tanto a omissão total, absoluta, do legislador, quanto a omissão parcial, ou o cumprimento incompleto ou defeituoso de dever constitucional de legislar. Caso reconheça a existência de omissão morosa do legislador, o Tribunal haverá de declarar a inconstitucionalidade da omissão, devendo, nos termos da Constituição (art. 103, § 2º), dar ciência da decisão ao órgão ou aos órgãos cujo comportamento moroso se censura para que empreendam as medidas necessárias.

Nos casos de omissão dos órgãos administrativos que interfira na efetividade de norma constitucional, determinar-se-á que a Administração empreenda as medidas necessárias ao cumprimento da vontade constitucional, devendo verificar-se a execução da ordem judicial no prazo de 30 dias.

As formas expressas de decisão, seja no caso de omissão legislativa ou de omissão administrativa prevista no art. 103, § 2º, da Constituição, parecem insuficientes para abarcar o complexo fenômeno da omissão inconstitucional.

No que concerne à omissão administrativa, deverá o órgão administrativo ser cientificado para atuar em 30 dias. Considerando o quadro diferenciado que envolve a omissão de ato administrativo, afigura-se algo ilusório o prazo fixado.

Se se tratar de edição de ato administrativo de caráter regulamentar, muito provavelmente esse prazo há de revelar-se extremamente exíguo. Em outros casos, que demandem realização de medidas administrativas concretas (construção de escolas, hospitais, presídios, adoção de determinadas políticas complexas, etc.), esse prazo mostra-se ainda mais inadequado.

Um dos problemas relevantes da dogmática constitucional refere-se aos efeitos de eventual declaração de inconstitucionalidade da omissão.

Não se pode afirmar, simplesmente, que a decisão que constata a existência da omissão inconstitucional e determina ao legislador que empreenda as medidas necessárias à colmatação da lacuna inconstitucional não produz maiores alterações na ordem jurídica. Em verdade, tem-se aqui sentença de caráter nitidamente mandamental, que impõe ao legislador em mora o dever, dentro de um prazo razoável, de proceder à eliminação do estado de inconstitucionalidade.

O dever dos Poderes Constitucionais ou dos órgãos administrativos de proceder à imediata eliminação do estado de inconstitucionalidade parece ser uma das consequências menos controvertidas da decisão que porventura venha a declarar a inconstitucionalidade de uma omissão que afete a efetividade de norma constitucional[29].

---

[25] *BVerfGE* 8,1 (36); 22, 349 (360); 22, 156 (174).

[26] Cf., a propósito, MI 107, Moreira Alves, *DJ* 28.11.89.

[27] *BVerfGE* 6, 257 (264), 8, 1 (19); Dazu p. auch Herzog, in: Maunz-Dürig-Herzog-Scholz, Art. 20 III, RdNr. 13.

[28] MI 107, Relator Moreira Alves, *DJ* 28.11.89.

[29] Cf. *BVerfGE* 6, 257 (265 s.) *BVerfGE* 37, 217 (262); 51, 1 (28); *BVerfGE* 57, 361 (388); cf. também, IPSEN, Jörn. *Rechtsfolgen der Verfassungswidrigkeit von Norm und Einzelakt*, cit., p. 211-213; SCHLAICH, Klaus. *Das Bundesverfassungsgericht, Stellung, Verfahren, Entscheidungen*. Munique, 1985, p. 172; GUSY, Christoph. *Parlamentarischer Gesetzgeber und Bundesverfassungsgericht*, Berlim, 1985, p. 191; HEIN, Peter. *Die Unverein*

O princípio do Estado de Direito (art. 1º), a cláusula que assegura a imediata aplicação dos direitos fundamentais (art. 5º, § 1º) e o disposto no art. 5º, LXXI, que, ao conceder o mandado de injunção para garantir os direitos e liberdades constitucionais, impõe ao legislador o dever de agir para a concretização desses direitos, exigem ação imediata para eliminar o estado de inconstitucionalidade.

Considerando que o estado de inconstitucionalidade decorrente da omissão pode ter produzido efeitos no passado – sobretudo se se tratar de omissão legislativa –, faz-se mister, muitas vezes, que o ato destinado a corrigir a omissão inconstitucional tenha caráter retroativo.

Evidentemente, a amplitude dessa eventual retroatividade somente poderá ser aferida em cada caso. Parece certo, todavia, que, em regra, deve a lei retroagir, pelo menos até à data da decisão judicial em que restou caracterizada a omissão indevida do legislador.

No caso em questão, a omissão legislativa inconstitucional produziu evidentes efeitos durante esse longo período transcorrido desde o advento da EC n. 15/96. Diante da inexistência da lei complementar federal, vários Estados da federação legislaram sobre o tema e diversos municípios foram efetivamente criados ao longo de todo o país.

Municípios criados, eleições realizadas, poderes municipais devidamente estruturados, tributos municipais recolhidos, domicílios fixados para todos os efeitos da lei, etc.; enfim, toda uma realidade fática e jurídica criada sem qualquer base legal ou constitucional. É evidente que a omissão legislativa em relação à regulamentação do art. 18, § 4º, da Constituição, acabou dando ensejo à conformação e à consolidação de estados de inconstitucionalidade que não podem ser ignorados pelo legislador na elaboração da lei complementar federal.

Assim sendo, voto no sentido de declarar o estado de mora em que se encontra o Congresso Nacional, a fim de que, em prazo razoável de 18 (dezoito) meses, adote ele todas as providências legislativas necessárias ao cumprimento do dever constitucional imposto pelo art. 18, § 4º, da Constituição, devendo ser contempladas as situações imperfeitas decorrentes do estado de inconstitucionalidade gerado pela omissão.

Não se trata de impor um prazo para a atuação legislativa do Congresso Nacional, mas apenas da fixação de um parâmetro temporal razoável, tendo em vista o prazo de 24 meses determinado pelo Tribunal nas ADI ns. 2.240, 3.316, 3.489 e 3.689 para que as leis estaduais que criam municípios ou alteram seus limites territoriais continuem vigendo, até que a lei complementar federal seja promulgada contemplando as realidades desses municípios.

Adotando os mesmos fundamentos aqui delineados o Ministro Gilmar Mendes proferiu voto-vista na ADI n. 2.240, instaurada contra a lei baiana que criou o município de Luís Eduardo Magalhães.

---

barerklärung verfassungswidriger Gesetze durch das Bundesverfassungsgericht. Baden-Baden, 1988, p. 168 s.; HEYDE. Gesetzgeberische Konsequenzen aus der Verfassungswidrig-Erklärung von Normen. *FS Faller*, 1984, p. 53 (54 s.); GERONTAS, Apostolo. Die Appellentscheidungen, Sondervotumsappelle und die bloße unvereinbarkeitsfeststellung als Ausdruck der funktionellen Grenzen der Verfassungsgerichtsbarkeit. *DVBl.* 1982, p. 486 (488); HEUßNER, Hermann. *Folgen der Verfassungswidrigkeit eines Gesetzes ohne Nichtigerklärung.* NJW 1982, p. 257; MAURER, Hartmut. Zur Verfassungswidrigerklärung von Gesetzen. In: *FS W. Weber.* Berlim, 1974, p. 362; SCHNEIDER, Bernd Jürgen. *Die Funktion der Normenkontrolle und des richterlichen Prüfungsrechts im Rahmen der Rechtsfolgenbestimmung verfassungswidriger Gesetze.* Frankfurt am Main, 1988, p. 162.

ADI 2.240[1]

Ação direta de inconstitucionalidade por omissão – Inércia do legislador quanto ao dever de elaborar a lei complementar a que se refere o § 4º do art. 18 da Constituição Federal, na redação dada pela Emenda Constitucional 15/96 – Criação de municípios – Existência de notório lapso temporal a demonstrar a mora legislativa.

O Partido dos Trabalhadores – PT propôs a presente ação direta de inconstitucionalidade contra a Lei n. 7.619, de 30 de março de 2000, do Estado da Bahia, que criou o Município de Luís Eduardo Magalhães, decorrente do desmembramento do Município de Barreiras/BA.

O fundamento da impugnação, seguindo jurisprudência desta Corte, é, em síntese, a inexistência da lei complementar federal exigida pelo art. 18, § 4º, da Constituição, com a redação determinada pela EC n. 15/96, para definição do período em que os municípios poderão ser criados.

O Relator, Ministro Eros Grau, iniciou seu voto reafirmando o entendimento assentado em jurisprudência da Corte, nos seguintes termos:

"O § 4º do artigo 18 da Constituição do Brasil, na redação que lhe foi atribuída pela EC n. 15/96, estabelece que a criação de Município será feita por lei estadual, dentro do período determinado por lei complementar federal, dependendo de consulta prévia. Não foi, até esta data, produzida a lei complementar federal mencionada no preceito. Daí porque a interpretação literal do texto desse § 4º do artigo 18 da Constituição do Brasil conduziria, em simples exercício de subsunção, à automática declaração de inconstitucionalidade da Lei n. 7.619, de 30 de março de 2000, do Estado da Bahia, que criou o Município de Luís Eduardo Magalhães."

Em seguida, porém, o eminente Relator passou a proferir um profundo estudo sobre a realidade fática subjacente à questão constitucional posta ao crivo do Tribunal nesta ação direta, demonstrando as consequências drásticas de uma eventual declaração de inconstitucionalidade da lei impugnada, nos seguintes termos:

"Ocorre que o Município foi efetivamente criado, assumindo existência de fato como ente federativo dotado de autonomia. Como tal existe. Há mais de seis anos. Por isso esta Corte não pode limitar-se à prática de um mero exercício de subsunção. Cumpre considerarmos prudentemente a circunstância de estarmos diante de uma situação de exceção e as consequências perniciosas que adviriam de eventual declaração de inconstitucionalidade da lei estadual.

O Município – permito-me repeti-lo – o Município foi efetivamente criado, assumindo existência de fato. No seu território foram exercidos atos próprios ao ente federativo dotado de autonomia. No dia 19 de julho de 2001, foi promulgada a sua lei orgânica. O Município legisla sobre assuntos de interesse local; até maio de 2006, foram sancionadas mais de duzentas leis municipais. O Município elegeu seus Prefeito e Vice-Prefeito, bem assim seus Vereadores, em eleições realizadas pela Justiça Eleitoral. Instituiu e arrecadou tributos de sua competência. Prestou e está a prestar serviços públicos de interesse local. Exerce poder de polícia. Em seu território – isto é, no Município de Luís Eduardo Magalhães – foram celebrados casamentos e registrados nascimentos e óbitos. O Município recebe recursos federais e estaduais e participa da arrecadação de tributos federais e estaduais. Segundo dados obtidos no sítio do IBGE [www.ibge.gov. br], no ano de 2.000 foram realizadas eleições no Município de Luís Eduardo Magalhães, organizadas pelo TRE-BA, de que participaram 9.412 eleitores. Em 2.004, eram 20.942 os eleitores do Município. No ano de 2.001 o Município contava com 18.757 habitantes, que se movimentam numa frota de 2.921

---

[1] O Tribunal, à unanimidade, julgou procedente a ação direta, e, por maioria, ao não pronunciar a nulidade do ato impugnado, manteve sua vigência pelo prazo de 24 (vinte e quatro) meses até que o legislador estadual estabeleça novo regramento, nos termos do voto reajustado do Senhor Ministro Eros Grau (Relator) e do voto-vista do Senhor Ministro Gilmar Mendes, vencido, nesse ponto, o Senhor Ministro Marco Aurélio, que declarava a nulidade do ato questionado (*DJ* de 3.8.2007).

veículos. A população estimada pelo IBGE em 2.005 é de 22.081 habitantes. A frota, por sua vez, saltou para 3.928 veículos em 2.004. Em 2.002 foram assentados 469 nascimentos no cartório de registros públicos. Em 2.003 foram 383 registros. Também em 2.002, o Município recebeu quotas do Fundo de Participação dos Municípios no valor de R$ 4.011.364,34 e do FUNDEF da ordem de R$2.128.461,58. No ano seguinte, R$ 4.237.187,52 do FPM e, em 2.004, R$ 4.305.244,00 provenientes do FUNDEF. Em 2.003 contava com 8.174 alunos matriculados, 7.842 na rede municipal de ensino, composta por 14 escolas e 262 docentes. No sítio da Prefeitura Municipal [www.luiseduardomagalhaes.ba.gov.br], dá-se notícia de que a cidade possui 7.000 aparelhos de telefone instalados, com o maior consumo per capita em telefonia celular do Estado da Bahia. Em suma, o Município de Luís Eduardo Magalhães existe, de fato, como ente federativo dotado de autonomia municipal, a partir de uma decisão política. Esta realidade não pode ser ignorada. Em boa-fé, os cidadãos domiciliados no município supõem seja juridicamente regular a sua autonomia política.

Em boa-fé nutrida inclusive por este Tribunal, visto que a lei estadual é de 30 de março de 2.000 e a Corte poderia em julho do mesmo ano, quatro meses após, ter determinado a suspensão dos seus efeitos. Não o tendo feito, permitiu a consolidação da situação de exceção que a existência concreta do município caracteriza.

Embora de exceção, essa existência, existência de fato, decorrente da decisão política que importou a sua instalação como ente federativo dotado de autonomia municipal – repito – consubstancia uma situação consolidada. O nomos do seu território foi nele instalado. O Município legislou, de modo que uma parcela do ordenamento jurídico brasileiro é hoje composta pela legislação local emanada desse ente federativo cuja existência não pode ser negada."

Toda essa descrição da realidade fática fundada na lei impugnada foi utilizada pelo Ministro Eros Grau para, embasado em longa e detalhada análise do princípio da segurança jurídica, defender a necessidade da preservação do Município. Disse o Ministro Eros Grau:

"O Município de Luís Eduardo Magalhães existe, é verdade, em confronto com o disposto no § 4º do artigo 18 da Constituição do Brasil. Lembro, no entanto, conhecida observação de KONRAD HESSE: na vida da coletividade há realidades que se encontram em contradição com a Constituição, mas essas realidades não devem ser consideradas como insignificantes pelo intérprete da Constituição. O importante, em face delas, é fazer tudo aquilo que seja necessário para impedir o seu nascimento [da realidade inconstitucional] ou para pô-la, essa realidade, novamente em concordância com a Constituição. No caso, existe uma realidade material, um Município, um ente federativo dotado de autonomia política. Não é possível retornarmos ao passado, para anular esta realidade, que produziu efeitos e permanece a produzi-los. O Município de Luís Eduardo Magalhães, ente da federação brasileira, é titular de autonomia municipal desde a sua criação. Como, agora, anular essa autonomia? Pois é certo que a supressão dessa autonomia, afirmada por efeitos concretos produzidos, consubstanciaria franca agressão à estrutura federativa, ao princípio federativo. A decisão política da criação do Município violou a regra constitucional, mas foi afirmada, produzindo todos os efeitos dela decorrentes. O preceito veiculado pelo § 4º do artigo 18 da Constituição visa a impedir a criação, a incorporação, a fusão e o desmembramento de Municípios fora de período determinado por lei complementar federal. Como o Legislativo omitiu-se, deixando de produzir essa lei complementar, e o ente federativo surgiu, existindo como tal, a aplicação do preceito para que se declare a inconstitucionalidade do ato legislativo estadual e a inconstitucionalidade institucional do Município agravará a moléstia do sistema. Se da aplicação de uma norma resulta um desvio da finalidade a que ela se destina, ela finda por não cumprir o seu papel, ela deforma. Precisamente isso se daria no caso, se a autonomia do ente federativo viesse a ser anulada."

O Ministro Relator, enfim, concluiu pela improcedência da ação.

A decisão prolatada pelo Tribunal recebeu a seguinte ementa:

EMENTA: AÇÃO DIRETA DE INCONSTITUCIONALIDADE. LEI N. 7.619/00, DO ESTADO DA BAHIA, QUE CRIOU O MUNICÍPIO DE LUÍS EDUARDO MAGALHÃES. INCONSTITUCIONALIDADE DE LEI ESTADUAL POSTERIOR À EC 15/96. AUSÊNCIA DE LEI COMPLEMENTAR FEDERAL PREVISTA NO TEXTO CONSTITUCIONAL. AFRONTA AO DISPOSTO NO ARTIGO 18, § 4º, DA CONSTITUIÇÃO DO BRASIL. OMISSÃO DO PODER LEGISLATIVO. EXISTÊNCIA DE FATO. SITUAÇÃO CONSOLIDADA. PRINCÍPIO DA SEGURANÇA DA JURÍDICA. SITUAÇÃO DE EXCEÇÃO, ESTADO DE EXCEÇÃO. A EXCEÇÃO NÃO SE SUBTRAI À NORMA, MAS ESTA, SUSPENDENDO-SE, DÁ LUGAR À

Controle da omissão inconstitucional **1603**

EXCEÇÃO – APENAS ASSIM ELA SE CONSTITUI COMO REGRA, MANTENDO-SE EM RELAÇÃO COM A EXCEÇÃO. 1. O Município foi efetivamente criado e assumiu existência de fato, há mais de seis anos, como ente federativo. 2. Existência de fato do Município, decorrente da decisão política que importou na sua instalação como ente federativo dotado de autonomia. Situação excepcional consolidada, de caráter institucional, político. Hipótese que consubstancia reconhecimento e acolhimento da força normativa dos fatos. 3. Esta Corte não pode limitar-se à prática de mero exercício de subsunção. A situação de exceção, situação consolidada – embora ainda não jurídica – não pode ser desconsiderada. 4. A exceção resulta de omissão do Poder Legislativo, visto que o impedimento de criação, incorporação, fusão e desmembramento de Municípios, desde a promulgação da Emenda Constitucional n. 15, em 12 de setembro de 1.996, deve-se à ausência de lei complementar federal. 5. Omissão do Congresso Nacional que inviabiliza o que a Constituição autoriza: a criação de Município. A não edição da lei complementar dentro de um prazo razoável consubstancia autêntica violação da ordem constitucional. 6. A criação do Município de Luís Eduardo Magalhães importa, tal como se deu, uma situação excepcional não prevista pelo direito positivo. 7. O estado de exceção é uma zona de indiferença entre o caos e o estado da normalidade. Não é a exceção que se subtrai à norma, mas a norma que, suspendendo-se, dá lugar à exceção – apenas desse modo ela se constitui como regra, mantendo-se em relação com a exceção. 8. Ao Supremo Tribunal Federal incumbe decidir regulando também essas situações de exceção. Não se afasta do ordenamento, ao fazê-lo, eis que aplica a norma à exceção desaplicando-a, isto é, retirando-a da exceção. 9. Cumpre verificar o que menos compromete a força normativa futura da Constituição e sua função de estabilização. No aparente conflito de inconstitucionalidades impor-se-ia o reconhecimento da existência válida do Município, a fim de que se afaste a agressão à federação. 10. O princípio da segurança jurídica prospera em benefício da preservação do Município. 11. Princípio da continuidade do Estado. 12. Julgamento no qual foi considerada a decisão desta Corte no MI n. 725, quando determinado que o Congresso Nacional, no prazo de dezoito meses, ao editar a lei complementar federal referida no § 4º do artigo 18 da Constituição do Brasil, considere, reconhecendo-a, a existência consolidada do Município de Luís Eduardo Magalhães. Declaração de inconstitucionalidade da lei estadual sem pronúncia de sua nulidade 13. Ação direta julgada procedente para declarar a inconstitucionalidade, mas não pronunciar a nulidade pelo prazo de 24 meses, da Lei n. 7.619, de 30 de março de 2000, do Estado da Bahia.

VOTO-VISTA

Pedi vista dos autos para melhor analisar o problema. Impressionou-me a conclusão a que chegou o Ministro Eros Grau – votou pela improcedência da ação – após tecer percuciente análise sobre a realidade fática fundada na lei impugnada e o peso que possui, no caso, o princípio da segurança jurídica.

De fato, há toda uma situação consolidada que não pode ser ignorada pelo Tribunal. Com o surgimento, no plano das normas, de uma nova entidade federativa, emergiu, no plano dos fatos, uma gama de situações decorrentes da prática de atos próprios do exercício da autonomia municipal. A realidade concreta que se vincula à lei estadual impugnada já foi objeto de extensa descrição analítica no voto proferido pelo Ministro Relator, e não pretendo aqui retomá-la. Creio que o Tribunal já se encontra plenamente inteirado das graves repercussões de ordem política, econômica e social de uma eventual decisão de inconstitucionalidade.

A questão pendente neste julgamento está em definir quais os contornos que a inevitável decisão do Tribunal deve assumir para que seja, na maior medida possível, menos gravosa à realidade concreta fundada sobre a nova entidade federativa.

A solução para o problema, a meu ver, não pode advir da simples decisão de improcedência da ação. Seria como se o Tribunal, focando toda sua atenção na necessidade de se assegurar realidades concretas que não podem mais ser desfeitas e, portanto, reconhecendo plena aplicabilidade ao princípio da segurança jurídica, deixasse de contemplar, na devida medida, o princípio da nulidade da lei inconstitucional.

Não se pode negar a relevância do princípio da segurança jurídica neste caso. Porém, estou convicto de que é possível primar pela otimização de ambos os princípios, tentando aplicá-los, na maior medida possível, segundo as possibilidades fáticas e jurídicas que o caso concreto pode nos apresentar[2].

Não devemos nos esquecer de que esta Corte, em diversos julgados recentes, declarou a inconstitucionalidade – e, portanto, a nulidade – de leis estaduais, posteriores à EC n. 15/96, instituidoras de novos municípios, por ausência da lei complementar federal prevista pelo art. 18, § 4º, da Constituição (ADI-MC n. 2.381/RS, Rel. Min. Sepúlveda Pertence, *DJ* 14.12.2001; ADI n. 3.149/SC, Rel. Min. Joaquim Barbosa, *DJ* 1.4.2005; ADI n. 2.702/PR, Rel. Min. Maurício Corrêa, *DJ* 6.2.2004; ADI n. 2.967/BA, Rel. Min. Sepúlveda Pertence, *DJ* 19.3.2004; ADI n. 2.632/BA, Rel. Min. Sepúlveda Pertence, *DJ* 12.3.2004).

O Tribunal tem entendimento assentado no sentido de que o art. 18, § 4º, da Constituição da República, com a redação determinada pela EC n. 15/96, é *norma de eficácia limitada*[3], dependente, portanto, da atuação legislativa no sentido da feitura da lei complementar nele referida para produzir plenos efeitos. Ainda que despida de eficácia plena, entende-se que tal norma constitucional tem o condão de inviabilizar a instauração de processos tendentes à criação de novas municipalidades, até o advento da referida lei complementar federal.

Esse é um dado que deve ser devidamente equacionado. O princípio da nulidade da lei inconstitucional também tem um peso elevado no caso, o que torna inevitável o recurso à técnica da ponderação.

Essa necessidade de ponderação entre o princípio da nulidade da lei inconstitucional e o princípio da segurança jurídica constitui o *leitmotiv* para o desenvolvimento de técnicas alternativas de decisão no controle de constitucionalidade.

O recurso a técnicas inovadoras de controle da constitucionalidade das leis e dos atos normativos em geral tem sido cada vez mais comum na realidade do direito comparado, na qual os tribunais não estão mais afeitos às soluções ortodoxas da declaração de nulidade total ou de mera decisão de improcedência da ação com a consequente declaração de constitucionalidade.

Em estudo sobre a doutrina da declaração prospectiva da ineficácia das leis inconstitucionais, García de Enterría bem demonstra que essa modalidade de decisão no controle de constitucionalidade decorre de uma necessidade prática comum a qualquer jurisdição de perfil constitucional:

> *"La técnica de la anulación prospectiva se ha desarrollado en las jurisprudencias constitucionales de otros países y en la de los Tribunales supranacionales europeos en función de un problema específico del control judicial de las leyes. En palavras ya clásicas de Otto Bachof en su trabajo 'El juez constitucional entre el Derecho y la Política' (al que yo mismo me he referido detenidamente en el libro citado, La Constitución como Norma, pp. 179, y sigs.), porque* **las Sentencias anulatorias de una Ley** *'pueden* **ocasionar catástrofes,** *no solo para el caso concreto, sino para un invisible número de casos; cuando esas Sentencias son 'políticamente equivocadas' (en el sentido de que desbaratan las tareas políticas legítimas de la dirección del Estado), la decisión puede alcanzar a la comunidad política entera'. Así, pues, 'más que el juez de otros ámbitos de la justicia, puede y debe el juez constitucional no perder de vista las consecuencias – y tan frecuentemente consecuencias políticas – de sus sentencias. Pero – y ésta es la cuestión a plantearse – ¿Qué influencia le es permitido conceder a esas eventuales consecuencias sobre su sentencia? ¿Puede, le es permitido o debe declarar ineficaz la ejecución de una Ley aplicada incólumemente durante largos años declarando una nulidad que privara de soporte a innumerables actos jurídicos, o quizá derribar a sectores enteros administrativos o económicos a causa de una infracción constitucional tardíamente descubierta? ¿No se convertiría aquí de hecho el summum ius en summa*

---

[2] Cfr., ALEXY, Robert. *Teoría de los derechos fundamentales*. Madrid: Centro de Estudios Políticos y Constitucionales, 2001, p. 86 e ss.

[3] Cfr., SILVA, José Afonso da Silva. *Aplicabilidade das Normas Constitucionais*. 6. ed. São Paulo: Malheiros, 2003.

inuria, sin utilidad para nadie y daño para muchos o para la entera comunidad? ... Así, pues, ¿fiat justitiae pereat mundos?'."[4]

É interessante notar que, nos próprios Estados Unidos da América, onde a doutrina acentuara tão enfaticamente a ideia de que a expressão "lei inconstitucional" configurava uma *contradictio in terminis*, uma vez que *"the inconstitutional statute is not law at all"*[5], passou-se a admitir, após a Grande Depressão, a necessidade de se estabelecerem limites à declaração de inconstitucionalidade[6]. A Suprema Corte americana considerou o problema proposto pela eficácia retrotiva de juízos de inconstitucionalidade a propósito de decisões em processos criminais. Se as leis ou atos inconstitucionais nunca existiram enquanto tais, eventuais condenações nelas baseadas quedam ilegítimas, e, portanto, o juízo de inconstitucionalidade implicaria a possibilidade de impugnação imediata de todas as condenações efetuadas sob a vigência da norma inconstitucional. Por outro lado, se a declaração de inconstitucionalidade afeta tão somente a demanda em que foi levada a efeito, não se há que cogitar de alteração de julgados anteriores.

Sobre o tema, afirma Tribe:

> *"No caso Linkletter v. Walker, a Corte rejeitou ambos os extremos: 'a Constituição nem proíbe nem exige efeito retroativo.' Parafraseando o Justice Cardozo pela assertiva de que 'a constituição federal nada diz sobre o assunto', a Corte de Linkletter tratou da questão da retroatividade como um assunto puramente de política (política judiciária), a ser decidido novamente em cada caso. A Suprema Corte codificou a abordagem de Linkletter no caso Stovall v. Denno: 'Os critérios condutores da solução da questão implicam (a) o uso a ser servido pelos novos padrões, (b) a extensão da dependência das autoridades responsáveis pelo cumprimento da lei com relação aos antigos padrões, e (c) o efeito sobre a administração da justiça de uma aplicação retroativa dos novos padrões"*[7].

Segundo a doutrina, a jurisprudência americana evoluiu para admitir, ao lado da decisão de inconstitucionalidade com efeitos retroativos amplos ou limitados (*limited retrospectivity*), a *superação prospectiva (prospective overruling)*, que tanto pode ser limitada (*limited prospectivity*)[8], aplicável aos processos iniciados após a decisão, inclusive ao processo originário, como *ilimitada* (*pure prospectivity*), que sequer se aplica ao processo que lhe deu origem.[9]

Vê-se, pois, que o sistema difuso ou incidental mais tradicional do mundo passou a admitir a mitigação dos efeitos da declaração de inconstitucionalidade e, em casos determinados, acolheu até mesmo a pura declaração de inconstitucionalidade com efeito exclusivamente *pro futuro*[10].

No direito português, reconhece-se expressamente a possibilidade de o Tribunal Constitucional limitar os efeitos da declaração de inconstitucionalidade, nos termos no art. 282, (4), da Constituição:

> "Quando a segurança jurídica, razões de equidade ou interesse público de excepcional relevo, que deverá ser fundamentado, o exigirem, poderá o Tribunal Constitucional fixar os efeitos da inconstitucionalidade ou da ilegalidade com alcance mais restrito do que o previsto nos n. 1 e 2".

---

[4]   GARCÍA DE ENTERRÍA, Eduardo. Justicia Constitucional: la doctrina prospectiva en la declaración de ineficacia de las leyes inconstitucionales. In: *Revista de Direito Público* n. 92, out./dez. de 1989, p. 12-13.

[5]   WILLOUGHBY, Westel Woodbury. *The Constitutional Law of the United States*, New York, 1910, v. 1, p. 9-10; cf., COOLEY, Thomas M. *Treaties on the Constitutional Limitations*, 1878, p. 227.

[6]   TRIBE, Laurence. *The American Constitutional Law*. New York: The Foundation Press, 1988.

[7]   TRIBE, Laurence. *American Constitutional Law*, cit., p. 30.

[8]   Victoria Iturralde Sesma observa que a adoção da doutrina quase prospectiva tem como objetivos indicar que se trata de uma decisão, não de um mero *dictum* e oferecer algum inventivo aos litigantes na busca da revisão das normas existentes. (*El Precedente en el Common Law*. Madrid, 1995, p. 182).

[9]   PALU, Oswaldo Luiz. *Controle de constitucionalidade*. 2.. ed. São Paulo, 2001, p. 173. MEDEIROS, Rui. A *Decisão de Inconstitucionalidade*. Lisboa: Universidade Católica Editora, 1999.

[10]   Cf. a propósito, SESMA, Victoria Iturralde. *El Precedente en el Common Law*, cit., p. 174 s.

1606 Estado de Direito e Jurisdição Constitucional – Decisões relevantes em 15 anos de atuação no STF

Vale registrar, a propósito, a opinião abalizada de Jorge Miranda:

"A fixação dos efeitos da inconstitucionalidade destina-se a adequá-los às situações da vida, a ponderar o seu alcance e a mitigar uma excessiva rigidez que pudesse comportar; destina-se a evitar que, para fugir a consequências demasiado gravosas da declaração, o Tribunal Constitucional viesse a não decidir pela ocorrência de inconstitucionalidade; é uma válvula de segurança da própria finalidade e da efetividade do sistema de fiscalização.

Uma norma como a do art. 282, n. 4, aparece, portanto, em diversos países, senão nos textos, pelo menos na jurisprudência.

Como escreve Bachof, os tribunais constitucionais consideram-se não só autorizados mas inclusivamente obrigados a ponderar as suas decisões, a tomar em consideração as possíveis consequências destas. É assim que eles verificam se um possível resultado da decisão não seria manifestamente injusto, ou não acarretaria um dano para o bem público, ou não iria lesar interesses dignos de proteção de cidadãos singulares. Não pode entender-se isto, naturalmente, como se os tribunais tomassem como ponto de partida o presumível resultado da sua decisão e passassem por cima da Constituição e da lei em atenção a um resultado desejado. Mas a verdade é que um resultado injusto, ou por qualquer outra razão duvidoso, é também em regra – embora não sempre – um resultado juridicamente errado"[11].

Deve-se anotar que, além de razões estritamente jurídicas – segurança jurídica e equidade –, o constituinte português consagrou, aparentemente, uma cláusula justificadora da limitação de efeito também de caráter político – o interesse público de excepcional relevo[12].

Ressalte-se, ademais, que o instituto vem tendo ampla utilização desde a sua adoção. Segundo Rui Medeiros, entre 1983 e 1986, quase um terço das declarações de inconstitucionalidade com força obrigatória geral tiveram efeitos restritos. Essa tendência manteve-se também entre 1989 e 1997: das 50 declarações de inconstitucionalidade proferidas em processos de controle abstrato de normas pelo menos 18 teriam sido com limitação de efeitos[13].

A despeito do caráter de cláusula geral ou conceito jurídico indeterminado que marca o art. 282 (4), da Constituição portuguesa, a doutrina e a jurisprudência entendem que a margem de escolha conferida ao Tribunal para a fixação dos efeitos da decisão de inconstitucionalidade não legitima a adoção de decisões arbitrárias, estando condicionada pelo princípio de proporcionalidade.

A propósito, Rui Medeiros assinala que as três vertentes do princípio da proporcionalidade têm aplicação na espécie (adequação, necessidade e proporcionalidade em sentido estrito).

Peculiar relevo assume a proporcionalidade em sentido estrito na visão de Rui Medeiros:

"A proporcionalidade nesta terceira vertente tanto pode ser perspectivada pelo lado da limitação de efeitos como pelo lado da declaração de inconstitucionalidade. Tudo se reconduz, neste segundo caso, a saber se à luz do princípio da proporcionalidade as consequências gerais da declaração de inconstitucionalidade são ou não excessivas. Impõe-se, para o efeito, ponderação dos diferentes interesses em jogo, e, concretamente, o confronto entre interesses afectado pela lei inconstitucional e aqueles que hipoteticamente seriam sacrificados em consequência da declaração de inconstitucionalidade com eficácia retroactiva e repristinatória.

Todavia, ainda quanto a esta terceira vertente do princípio da proporcionalidade, não é constitucionalmente indiferente perspectivar o problema das consequências da declaração de inconstitucionalidade do lado da limitação de efeitos ou do lado da própria declaração de inconstitucionalidade. A declaração de inconstitucionalidade com eficácia **ex tunc** *tem, manifestamente prioridade de aplicação. Todo o sistema de fiscalização de constitucionalidade português está orientado para a expurgação de normas inconstitucionais. É, aliás, significativa a recusa de atribuição de força obrigatória geral às decisões de não inconstitucionalidade. Não basta, pois, afirmar que "o Tribunal Constitucional deve fazer um juízo de proporcionalidade, cotejando o interesse na reafirmação da ordem jurídica – que a eficácia ex tunc da declaração*

---

[11] MIRANDA, Jorge. *Manual de direito constitucional*, 3. ed. Coimbra, 1991, t. 2, p. 500-2.

[12] MEDEIROS, Rui. *A Decisão de Inconstitucionalidade*, cit., p. 704.

[13] MEDEIROS, Rui. *A Decisão de Inconstitucionalidade*, cit., p. 689.

plenamente potencia – com o interesse na eliminação do factor de incerteza e de insegurança – que a retroactividade, em princípio, acarreta (Acórdão do Tribunal Constitucional n. 308/93)". É preciso acrescentar que o Tribunal Constitucional deve declarar a inconstitucionalidade com força obrigatória geral e eficácia retroactiva e repristinatória, a menos que uma tal solução envolva o sacrifício excessivo da segurança jurídica, da equidade ou de interesse público de excepcional relevo"[14].

Acentue-se que, ao contrário do imaginado por alguns autores, também o conceito indeterminado relativo ao interesse público de excepcional relevo não é um mero conceito de índole política. Em verdade, tal como anota Rui Medeiros, a referência ao interesse público de excepcional relevo não contrariou qualquer intenção restritiva, nem teve o propósito de substituir a *constitucionalidade estrita* por uma *constitucionalidade política* ou de colocar a *razão de Estado* em lugar da *razão da lei*. Essa opção nasceu da constatação de que "a segurança jurídica e a equidade não esgotavam o universo dos valores últimos do direito que, em situações manifestamente excepcionais, podiam justificar uma limitação de efeitos".

Resta, assim, evidente que o art. 282 (4) da Constituição portuguesa adota, também em relação ao interesse público de excepcional relevo, um conceito jurídico indeterminado para abarcar os interesses constitucionalmente protegidos não subsumíveis nas noções de segurança jurídica e de equidade.

Essa orientação enfatiza que os conceitos de segurança jurídica, equidade e interesse público de excepcional relevo expressam valores constitucionais e não simples fórmulas de política judiciária[15].

Na Espanha, embora nem a Constituição nem a lei orgânica do Tribunal Constitucional tenham adotado expressamente uma declaração de inconstitucionalidade com efeitos restritos, a Corte Constitucional, marcadamente influenciada pela experiência constitucional alemã, passou a adotar, desde 1989, a técnica da *declaração de inconstitucionalidade sem a pronúncia da nulidade*, como reportado por García de Enterría:

"A recente publicação no Boletim Oficial do Estado de 2 de março último da já famosa Sentença 45/1989, de 20 de fevereiro, sobre inconstitucionalidade do sistema de liquidação conjunta do imposto sobre a renda da unidade familiar matrimonial, permite aos juristas uma reflexão pausada sobre esta importante decisão do Tribunal Constitucional, objeto já de múltiplos comentários periodísticos.

A decisão é importante, com efeito, por seu fundamento, a inconstitucionalidade que declara, tema no qual não haver sido produzido até agora, discrepância alguma. Mas parece-me bastante mais importante ainda pela inovação que se supõe na determinação dos efeitos dessa inconstitucionalidade, que a sentença remete ao que se indica no décimo-primeiro fundamento e este explica como uma eficácia para o futuro, que não permite reabrir as liquidações administrativas ou dos próprios contribuintes (autoliquidações) anteriores"[16].

Na mesma linha de entendimento, a Corte Constitucional tem declarado a inconstitucionalidade sem pronúncia da nulidade de dispositivos constantes de leis orçamentárias. Assim, na STC 13/92/17 assentou-se que *"a anulação dessas dotações orçamentárias poderia acarretar graves prejuízos e perturbações aos interesses gerais, também na Catalunha, afetando situações jurídicas consolidadas e particularmente a política econômica e financeira do Estado"[17].*

---

[14] MEDEIROS, Rui. *A Decisão de Inconstitucionalidade*, cit., p. 703-704.

[15] MEDEIROS, Rui. *A Decisão de Inconstitucionalidade*, cit., p. 705 a 715, que, por isso, sublinha a diferença, nesse ponto, entre o direito português e o direito austríaco.

[16] GARCÍA DE ENTERRÍA, Eduardo. Justicia Constitucional: la doctrina prospectiva en la declaración de ineficacia de las leyes inconstitucionales, cit., *RDP* n. 92, p. 5.

[17] JIMÉNEZ CAMPO, Javier. Qué hacer con la ley inconstitucional, in: *La sentencia sobre la constitucionalidad de la ley*. Madrid, 1997, p. 15 (64).

Essa sucinta análise do direito comparado demonstra uma forte tendência no sentido da universalização de alternativas normativas ou jurisprudenciais em relação à técnica de nulidade. Pode-se dizer que, independentemente do modelo de controle adotado, de perfil difuso ou concentrado, a criação de técnicas alternativas é comum aos mais diversos sistemas constitucionais. Também o Tribunal da Comunidade Europeia e o Tribunal Europeu de Direitos Humanos curvaram-se à necessidade de adoção de uma técnica alternativa de decisão. É certo, outrossim, que esse desenvolvimento se faz com base em previsões constitucionais ou legais expressas ou implícitas ou, ainda, com base em simples opção de política judiciária, como se reconhece nos Estados Unidos.

Em muitos casos, como visto, a adoção de uma declaração de inconstitucionalidade mitigada decorreu de construção pretoriana.

São os exemplos da Alemanha, na fase inicial, e da Espanha. Nesses dois sistemas, dominava a ideia do princípio da nulidade como princípio constitucional não escrito (§ 78 da Lei da Corte Constitucional alemã; art. 39 da Lei Orgânica da Corte Constitucional espanhola). Essa orientação, todavia, não impediu que, em casos determinados, ambas as Cortes constitucionais se afastassem da técnica da nulidade e passassem a desenvolver fórmulas alternativas de decisão. Em outras palavras, a admissão formal do princípio da nulidade não impediu a adoção de técnica alternativa de decisão naqueles casos em que a nulidade poderia revelar-se inadequada (*v.g.* casos de omissão parcial) ou trazer consequências intoleráveis para o sistema jurídico (ameaça de caos jurídico ou situação de insegurança jurídica).

Ressalte-se, ainda, que a evolução das técnicas de decisão em sede de controle judicial de constitucionalidade deu-se no sentido da quase integral superação do sistema que Canotilho denominou de "*silogismo tautológico*": (1) *uma lei inconstitucional é nula*; (2) *uma lei é nula porque inconstitucional*; (3) *a inconstitucionalidade reconduz-se à nulidade e a nulidade à inconstitucionalidade*)[18]. Tal como demonstrado, a técnica da nulidade revela-se adequada para solver as violações das normas constitucionais de conteúdo negativo ou proibitivo (*v.g.*, direitos fundamentais enquanto direitos negativos), mas mostra-se inepta para arrostar o quadro de imperfeição normativa, decorrente de omissão legislativa parcial ou da lesão ao princípio da isonomia. Assente, igualmente, que o princípio da segurança jurídica é um valor constitucional relevante tanto quanto a própria ideia de legitimidade. Resta evidente que a teoria da nulidade não poderia ser aplicada na linha do velho adágio "*fiat justitia, pereat mundus*".

Não se poderia declarar a nulidade de uma lei que pudesse importar na criação de um caos jurídico ou, em casos extremos, produzir aquilo que alguém chamou de um "suicídio democrático", cujo melhor exemplo seria a declaração de nulidade de uma lei eleitoral de aplicação nacional a regular a posse dos novos eleitos. Restou, assim, superada, por fundamentos diversos, a fórmula apodítica "*constitucionalidade/nulidade*" anteriormente dominante. Não se poderia negar que muitas situações imperfeitas de uma perspectiva constitucional dificilmente seriam superadas com a simples utilização da declaração de nulidade.

Essa tendência, no sentido da adoção cada vez maior de técnicas diferenciadas de decisão no controle de constitucionalidade, é também resultado da conhecida relativização do vetusto dogma kelseniano do "legislador negativo". Sobre o tema, é digno de nota o estudo de Joaquín Brage Camazano[19], do qual cito a seguir alguns trechos:

> "*La raíz esencialmente pragmática de estas modalidades atípicas de sentencias de la constitucionalidad hace suponer que su uso es prácticamente inevitable, con una u otra denominación y con unas u otras*

---

[18] CANOTILHO, J. J. Gomes. *Direito constitucional*. 4. ed. Coimbra: Almedina, 1986, p. 729.

[19] CAMAZANO, Joaquín Brage. Interpretación constitucional, declaraciones de inconstitucionalidad y arsenal sentenciador (un sucinto inventario de algunas sentencias "atípicas"). In Eduardo Ferrer Macgregor (ed.), *La interpretación constitucional*, Porrúa, México, 2005, en prensa.

Controle da omissão inconstitucional **1609**

particularidades, por cualquier órgano de la constitucionalidad consolidado que goce de una amplia jurisdicción, en especial si no seguimos condicionados inercialmente por la majestuosa, pero hoy ampliamente superada, concepción de Kelsen del TC como una suerte de 'legislador negativo'. Si alguna vez los tribunales constitucionales fueron legisladores negativos, sea como sea, hoy es obvio que ya no lo son; y justamente el rico 'arsenal' sentenciador de que disponen para fiscalizar la constitucionalidad de la Ley, más allá del planteamiento demasiado simple 'constitucionalidad/ inconstitucionalidad', es un elemento más, y de importancia, que viene a poner de relieve hasta qué punto es así. Y es que, como Fernández Segado destaca, 'la praxis de los tribunales constitucionales no ha hecho sino avanzar en esta dirección' de la superación de la idea de los mismos como legisladores negativos, 'certificando [así] la quiebra del modelo kelseniano del legislador negativo."

Assim, além das muito conhecidas técnicas de interpretação conforme a Constituição, declaração de nulidade parcial sem redução de texto, ou da declaração de inconstitucionalidade sem a pronúncia da nulidade, aferição da "lei ainda constitucional" e do apelo ao legislador, são também muito utilizadas as técnicas de limitação ou restrição de efeitos da decisão, o que possibilita a declaração de inconstitucionalidade com efeitos *pro futuro* a partir da decisão ou de outro momento que venha a ser determinado pelo tribunal.

No Brasil, há muito vem a doutrina ressaltando as limitações da simples pronúncia da nulidade ou da mera cassação da lei para solver todos os problemas relacionados à inconstitucionalidade da lei ou do ato normativo.

Não são poucos os que apontam a insuficiência ou a inadequação da declaração de nulidade da lei para superar algumas situações de inconstitucionalidade, sobretudo no âmbito do princípio da isonomia e da chamada inconstitucionalidade por omissão[20]. Esse problema revela-se tanto mais sério se se considera que, satisfeitas as principais exigências constitucionais dirigidas ao legislador, passará a assumir relevo a chamada *omissão parcial*, decorrente da execução defeituosa do dever constitucional de legislar.

É certo, outrossim, que, muitas vezes, a aplicação continuada de uma lei por diversos anos torna quase impossível a declaração de sua nulidade, recomendando a adoção de alguma técnica alternativa, com base no próprio princípio constitucional da segurança jurídica. Aqui, o princípio da nulidade deixaria de ser aplicado com fundamento no princípio da segurança jurídica.

Nesse contexto, a jurisprudência do Supremo Tribunal Federal tem evoluído significativamente nos últimos anos, sobretudo a partir do advento da Lei n. 9.868/99, cujo art. 27 abre ao Tribunal uma nova via para a mitigação de efeitos da decisão de inconstitucionalidade. A prática tem demonstrado que essas novas técnicas de decisão têm guarida também no âmbito do controle difuso de constitucionalidade[21].

O texto inscrito na Lei n. 9.868/99 é resultado da proposta constante do Projeto de Lei n. 2.960/97. Na Exposição de Motivos do aludido projeto, afirmava-se, a propósito:

"[...] Coerente com evolução constatada no Direito Constitucional comparado, a presente proposta permite que o próprio Supremo Tribunal Federal, por uma maioria diferenciada, decida sobre os efeitos da declaração de inconstitucionalidade, fazendo um juízo rigoroso de ponderação entre o princípio da nulidade da lei inconstitucional, de um lado, e os postulados da segurança jurídica e do interesse social, de outro (art. 27). Assim, o princípio da nulidade somente será afastado 'in concreto' se, a juízo do próprio Tribunal, se puder afirmar que a declaração de nulidade acabaria por distanciar-se ainda mais da vontade constitucional.

Entendeu, portanto, a Comissão que, ao lado da ortodoxa declaração de nulidade, há de se reconhecer a possibilidade de o Supremo Tribunal, em casos excepcionais, mediante decisão da maioria qualificada

---

[20] Cf., sobre o assunto, MAURER, Hartmut. Zur Verfassungswidrigerklärung von Gesetzen. In: *Festschrift für Werner Weber.* Berlim, 1974, p. 345 (368).

[21] RE 197.917/SP, Rel. Min. Maurício Corrêa, *DJ* 7.5.2004.

(dois terços dos votos), estabelecer limites aos efeitos da declaração de inconstitucionalidade, proferindo a inconstitucionalidade com eficácia ex nunc ou pro futuro, especialmente naqueles casos em que a declaração de nulidade se mostre inadequada (v.g.: lesão positiva ao princípio da isonomia) ou nas hipóteses em que a lacuna resultante da declaração de nulidade possa dar ensejo ao surgimento de uma situação ainda mais afastada da vontade constitucional.[...]"[22]

O art. 27 da Lei n. 9.868/99 veio preencher a lacuna – já detectada pelo Tribunal – existente no âmbito das técnicas de decisão no processo de controle de constitucionalidade. É que, como anotado com precisão pelo Sepúlveda Pertence, *"a alternativa radical da jurisdição constitucional ortodoxa entre constitucionalidade plena e a declaração de inconstitucionalidade ou revogação por inconstitucionalidade da lei com fulminante eficácia ex tunc faz abstração da evidência de que a implementação de uma nova ordem constitucional não é um fato instantâneo, mas um processo (...)"[23]*. Essa deficiência se mostrou notória já na decisão de 23.3.1994, na qual o Supremo Tribunal Federal teve oportunidade de ampliar a complexa tessitura das técnicas de decisão no controle de constitucionalidade, admitindo que lei que concedia prazo em dobro para a defensoria pública *era de ser considerada constitucional enquanto esses órgãos não estivessem devidamente habilitados ou estruturados*[24].

Promulgada a Lei n. 9.868, de 10.11.1999, a Confederação Nacional das Profissões Liberais – CNPL e a Ordem dos Advogados do Brasil propuseram ações diretas de inconstitucionalidade contra alguns dispositivos da referida lei, dentre eles o próprio artigo 27 (ADI n. 2.154 e 2.258, Rel. Min. Sepúlveda Pertence). O julgamento de ambas as ações foi iniciado no último dia 14 de fevereiro (2007), porém foi suspenso, por falta de quórum, relativamente ao art. 27 (vide *Informativo STF* n. 456/2007). De qualquer forma, o Tribunal já vem sinalizando seu entendimento a respeito da plena constitucionalidade desse dispositivo.

Com efeito, a falta de um instituto que permita estabelecer limites aos efeitos da declaração de inconstitucionalidade acaba por obrigar os Tribunais, muitas vezes, a se abster de emitir um juízo de censura, declarando a constitucionalidade de leis manifestamente inconstitucionais. Como ressalta García de Enterría, *"la jurisprudencia norteamericana y sus comentaristas han invocado derechamente un argumento evidente: si no se admitiese el pronunciamiento prospectivo no se declararía la inconstitucionalidad de un gran número de normas. La doctrina de la absoluta y retroactiva nulidad de las Leyes inconstitucionales conduce 'en la dirección de la greater restraint', del más fuerte freno a los pronunciamientos de inconstitucionalidad"[25].*

O perigo de uma tal atitude desmesurada de *self restraint* (ou **greater restraint**) pelas Cortes Constitucionais ocorre justamente nos casos em que, como o presente, a nulidade da lei inconstitucional pode causar uma verdadeira catástrofe – para utilizar a expressão de Otto Bachof – do ponto de vista político, econômico e social. Como assevera García de Enterría, *"es, justamente, la relación estrecha entre ambos conceptos (nulidad = catástrofe) la que le ha llevado a buscar en el ordenamiento constitucional otra solución y ha creído haberla encontrado en la adopción del criterio de la inconstitucionalidad prospectiva, hoy establecido y admitido por los más importantes sistemas de justicia constitucional e internacional del mundo entero"[26].*

Como admitir, para ficarmos no exemplo de Walter Jellinek, a declaração de inconstitucionalidade total, com efeitos retroativos, de uma lei eleitoral tempos depois da posse dos novos

---

[22] Exposição de Motivos n. 189, de 07.04.1997, ao Projeto de Lei n. 2960, de 1997.

[23] RE 147.776, Rel. Min. Sepúlveda Pertence, *DJ* 19.06.1998.

[24] HC n. 70.514, Rel. Min. Sydney Sanches, *DJ* 27.6.1997.

[25] GARCÍA DE ENTERRÍA, Eduardo. Justicia Constitucional: la doctrina prospectiva en la declaración de ineficacia de las leyes inconstitucionales. In: *Revista de Direito Público* n. 92, out./dez. de 1989, p. 13.

[26] GARCÍA DE ENTERRÍA, Eduardo. Justicia Constitucional: la doctrina prospectiva en la declaración de ineficacia de las leyes inconstitucionales. In: *Revista de Direito Público* n. 92, out./dez. de 1989, p. 14.

Controle da omissão inconstitucional **1611**

eleitos em um dado Estado? Nesse caso, adota-se a teoria da nulidade e declara-se inconstitucional e *ipso jure* a lei, com todas as consequências, ainda que dentre elas esteja a eventual acefalia do Estado? Questões semelhantes podem ser suscitadas em torno da inconstitucionalidade de normas orçamentárias. Há de se admitir, também aqui, a aplicação da teoria da nulidade *tout court?* Dúvida semelhante poderia suscitar o pedido de inconstitucionalidade, formulado anos após a promulgação da lei de organização judiciária que instituiu um número elevado de comarcas, como já se verificou entre nós[27]. Ou, ainda, o caso de declaração de inconstitucionalidade de regime de servidores aplicado por anos sem contestação.

Essas questões parecem suficientes para demonstrar que, sem abandonar a doutrina tradicional da nulidade da lei inconstitucional, é possível e, muitas vezes, inevitável, com base no princípio da segurança jurídica, afastar a incidência do princípio da nulidade em determinadas situações.

Vê-se, nesse passo, que o art. 27 da Lei 9.868/99 limita-se a explicitar orientação que decorre do próprio sistema de controle de constitucionalidade.

Não se nega, pois, o caráter de princípio constitucional ao princípio da nulidade da lei inconstitucional. Entende-se, porém, que tal princípio não poderá ser aplicado nos casos em que se revelar absolutamente inidôneo para a finalidade perseguida (casos de omissão; exclusão de benefício incompatível com o princípio da igualdade), bem como nas hipóteses em que, como ocorre no presente caso, a sua aplicação pudesse trazer danos para o próprio sistema jurídico constitucional (grave ameaça à segurança jurídica).

Assim, configurado eventual conflito entre o princípio da nulidade e o princípio da segurança jurídica, que, entre nós, tem *status* constitucional, a solução da questão há de ser, igualmente, levada a efeito em um processo de complexa ponderação.

Em muitos casos, então, há de se preferir a declaração de inconstitucionalidade com efeitos restritos à insegurança jurídica de uma declaração de nulidade, como demonstram os múltiplos exemplos do direito comparado e do nosso direito.

Nesses termos, fica evidente que a norma contida no art. 27 da Lei n. 9.868/99 tem caráter fundamentalmente interpretativo, desde que se entenda que os conceitos jurídicos indeterminados utilizados – segurança jurídica e excepcional interesse social – se revestem de base constitucional. No que diz respeito à segurança jurídica, parece não haver dúvida de que encontra expressão no próprio princípio do Estado de Direito consoante, amplamente aceito pela doutrina pátria e alienígena. Excepcional interesse social pode encontrar fundamento em diversas normas constitucionais.

O que importa assinalar é que, segundo a interpretação aqui preconizada, o princípio da nulidade somente há de ser afastado se se puder demonstrar, com base numa ponderação concreta, que a declaração de inconstitucionalidade ortodoxa envolveria o sacrifício da segurança jurídica ou de outro valor constitucional materializável sob a forma de interesse social[28].

Portanto, o princípio da nulidade continua a ser a regra também no direito brasileiro. O afastamento de sua incidência dependerá de um severo juízo de ponderação que, tendo em vista análise fundada no princípio da proporcionalidade, faça prevalecer a ideia de segurança jurídica ou outro princípio constitucional manifestado sob a forma de interesse social relevante. Assim, aqui, como no direito português, a não aplicação do princípio da nulidade não se há de basear em consideração de política judiciária, mas em fundamento constitucional próprio.

Entre nós, cuidou o legislador de conceber um modelo restritivo também no aspecto procedimental, consagrando a necessidade de um *quorum* especial (dois terços dos votos) para a declaração de inconstitucionalidade com efeitos limitados. Terá significado especial o princípio da proporcionalidade, especialmente a proporcionalidade em sentido estrito, como instrumento

---

[27] Cf. RE 104.393/GO, Rel. Min. Moreira Alves, 2a Turma, *DJ* de 24.5.1985.

[28] Cf., a propósito do direito português, MEDEIROS, Rui. A *Decisão de Inconstitucionalidade*, cit., p. 716.

de aferição da justeza da declaração de inconstitucionalidade (com efeito da nulidade), tendo em vista o confronto entre os interesses afetados pela lei inconstitucional e aqueles que seriam eventualmente sacrificados em consequência da declaração de inconstitucionalidade[29].

Não parecem procedentes, pois, as impugnações à constitucionalidade do art. 27 da Lei n. 9.868/99. É certo que Supremo Tribunal Federal ainda não se pronunciou, definitivamente, sobre a constitucionalidade do art. 27 da Lei n. 9.868/99. É notório, porém, que o Tribunal já está a aplicar o art. 27 aos casos de controle incidental[30] e controle abstrato[31]. Desse modo, parece superado o debate sobre a legitimidade da fórmula positivada no referido artigo.

No presente caso, o Tribunal tem a oportunidade de aplicar o art. 27 da Lei n. 9.868/99 em sua versão mais ampla. A declaração de inconstitucionalidade e, portanto, da nulidade da lei instituidora de uma nova entidade federativa, o Município, constitui mais um dentre os casos – como os anteriormente citados, retirados de exemplos do direito comparado – em que as consequências da decisão tomada pela Corte podem gerar um verdadeiro caos jurídico.

Não há dúvida, portanto, – e todos os Ministros que aqui se encontram parecem ter plena consciência disso – de que o Tribunal deve adotar uma fórmula que, reconhecendo a inconstitucionalidade da lei impugnada – diante da vasta e consolidada jurisprudência sobre o tema –, resguarde na maior medida possível os efeitos por ela produzidos.

Assim sendo, voto no sentido de, aplicando o art. 27 da Lei n. 9.868/99, declarar a inconstitucionalidade sem a pronúncia da nulidade da lei impugnada, mantendo sua vigência pelo prazo de 24 (vinte e quatro) meses, lapso temporal razoável dentro do qual poderá o legislador estadual reapreciar o tema, tendo como base os parâmetros que deverão ser fixados na lei complementar federal, conforme decisão desta Corte na ADI 3.682.

---

[29] Cf. MEDEIROS, Rui. *A Decisão de Inconstitucionalidade*, cit., p. 703-704.

[30] Cf. RE 197.917, Rel. Min. Maurício Corrêa, *DJ* de 07.05.2004.

[31] Cf. ADI 3.022/RS, Rel. Min. Joaquim Barbosa, *DJ* de 18.08.2004.

MI 708[1]

Mandado de injunção – Direito de greve do servidor público – Garantia fundamental (CF, art. 5º, inciso LXXI) – Direito de greve dos servidores públicos civis (CF, art. 37, inciso VII) – Evolução do tema na jurisprudência do STF – Definição dos parâmetros de competência constitucional para apreciação no âmbito da justiça federal e da justiça estadual até a edição da legislação específica pertinente, nos termos do art. 37, VII, da CF – Fixação do prazo de 60 dias para que o Congresso Nacional legisle sobre a matéria – Mandado de injunção deferido para determinar a aplicação das Leis ns. 7.701/88 e 7.783/89 até o advento de disciplina legal adequada sobre a matéria.

Trata-se de mandado de injunção impetrado pelo Sindicato dos Trabalhadores em Educação do Município de João Pessoa (SINTEM) em face do Congresso Nacional, com o objetivo de dar efetividade à norma inscrita no artigo 37, inciso VII, da atual Constituição Federal, com a redação conferida pela Emenda Constitucional n. 19, de 4 de junho de 1998.

As reivindicações da categoria não foram atendidas pela Secretaria de Educação do Município de João Pessoa, segundo alega a impetração, daí a deflagração do movimento grevista.

O Presidente do Tribunal de Justiça da Paraíba declarou a greve ilegal, autorizando o desconto no salário dos dias não trabalhados.

O Congresso Nacional, nas informações prestadas ao STF, asseverou que aquela casa não se encontra em estado de mora na elaboração da lei que regulamenta o direito de greve dos servidores públicos, vez que:

"encontra-se em tramitação no Congresso Nacional o Projeto de Lei Complementar n. 4.497/01 da então Deputada Rita Camata – PMDB/ES, o qual, visando regulamentar a questão, dispõe sobre os termos e limites do exercício do direito de greve pelos servidores públicos (...).

Como se vê, não está caracterizada a inércia do Congresso Nacional, não se podendo argumentar que o mesmo se encontra em estado de mora (...).

Isto posto, é de se esperar o não conhecimento da ação; ou, no mérito, a sua improcedência".

O Procurador-Geral da República opinou pelo conhecimento parcial do pedido tão somente para declarar a mora legislativa do Congresso Nacional no tocante à regulamentação do inciso VII do artigo 37 da Constituição Federal.

Em sessão de 25.10.2007, o Plenário, por maioria, conheceu do mandado de injunção para, com a aplicação da Lei n. 7.783, de 28 de junho de 1989, sanar a omissão legislativa:

EMENTA: Mandado de injunção. Garantia fundamental (CF, art. 5º, inciso LXXI). Direito de greve dos servidores públicos civis (CF, art. 37, inciso VII). Evolução do tema na jurisprudência do Supremo Tribunal Federal (STF). Definição dos parâmetros de competência constitucional para apreciação no âmbito da justiça federal e da justiça estadual até a edição da legislação específica pertinente, nos termos do art. 37, VII, da CF. Em observância aos ditames da segurança jurídica e à evolução jurisprudencial na interpretação da omissão legislativa sobre o direito de greve dos servidores públicos civis, fixação do prazo de 60 (sessenta) dias para que o Congresso Nacional legisle sobre a matéria. Mandado de injunção deferido para determinar a aplicação das Leis ns. 7.701/1988 e 7.783/1989. 1. Sinais de evolução da garantia fundamental do mandado de injunção na jurisprudência do Su-

---

[1] O Tribunal, por maioria, nos termos do voto do Relator, Ministro Gilmar Mendes, conheceu do mandado de injunção e propôs solucionar a omissão legislativa com a aplicação da Lei n. 7.783, de 28.6.1989, no que couber, vencidos, parcialmente, os Senhores Ministros Ricardo Lewandowski, Joaquim Barbosa e Marco Aurélio, que limitavam a decisão à categoria representada pelo sindicato e estabeleciam condições específicas para o exercício das paralisações (*DJ* de 31.10.2008).

1614 Estado de Direito e Jurisdição Constitucional – Decisões relevantes em 15 anos de atuação no STF

premo Tribunal Federal (STF). 1.1. No julgamento do MI n. 107/DF, Rel. Min. Moreira Alves, DJ 21.9.1990, o Plenário do STF consolidou entendimento que conferiu ao mandado de injunção os seguintes elementos operacionais: i) os direitos constitucionalmente garantidos por meio de mandado de injunção apresentam-se como direitos à expedição de um ato normativo, os quais, via de regra, não poderiam ser diretamente satisfeitos por meio de provimento jurisdicional do STF; ii) a decisão judicial que declara a existência de uma omissão inconstitucional constata, igualmente, a mora do órgão ou poder legiferante, insta-o a editar a norma requerida; iii) a omissão inconstitucional tanto pode referir-se a uma omissão total do legislador quanto a uma omissão parcial; iv) a decisão proferida em sede do controle abstrato de normas acerca da existência, ou não, de omissão é dotada de eficácia erga omnes, e não apresenta diferença significativa em relação a atos decisórios proferidos no contexto de mandado de injunção; iv) o STF possui competência constitucional para, na ação de mandado de injunção, determinar a suspensão de processos administrativos ou judiciais, com o intuito de assegurar ao interessado a possibilidade de ser contemplado por norma mais benéfica, ou que lhe assegure o direito constitucional invocado; v) por fim, esse plexo de poderes institucionais legitima que o STF determine a edição de outras medidas que garantam a posição do impetrante até a oportuna expedição de normas pelo legislador. 1.2. Apesar dos avanços proporcionados por essa construção jurisprudencial inicial, o STF flexibilizou a interpretação constitucional primeiramente fixada para conferir uma compreensão mais abrangente à garantia fundamental do mandado de injunção. A partir de uma série de precedentes, o Tribunal passou a admitir soluções "normativas" para a decisão judicial como alternativa legítima de tornar a proteção judicial efetiva (CF, art. 5º, XXXV). Precedentes: MI n. 283, Rel. Min. Sepúlveda Pertence, DJ 14.11.1991; MI n. 232/RJ, Rel. Min. Moreira Alves, DJ 27.3.1992; MI n. 284, Rel. Min. Marco Aurélio, Red. para o acórdão Min. Celso de Mello, DJ 26.6.1992; MI n. 543/DF, Rel. Min. Octavio Gallotti, DJ 24.5.2002; MI n. 679/DF, Rel. Min. Celso de Mello, DJ 17.12.2002; e MI n. 562/DF, Rel. Min. Ellen Gracie, DJ 20.6.2003. 2. O Mandado de injunção e o direito de greve dos servidores públicos civis na jurisprudência do STF. 2.1. O tema da existência, ou não, de omissão legislativa quanto à definição das possibilidades, condições e limites para o exercício do direito de greve por servidores públicos civis já foi, por diversas vezes, apreciado pelo STF. Em todas as oportunidades, esta Corte firmou o entendimento de que o objeto do mandado de injunção cingir-se-ia à declaração da existência, ou não, de mora legislativa para a edição de norma regulamentadora específica. Precedentes: MI n. 20/DF, Rel. Min. Celso de Mello, DJ 22.11.1996; MI n. 585/TO, Rel. Min. Ilmar Galvão, DJ 2.8.2002; e MI n. 485/MT, Rel. Min. Maurício Corrêa, DJ 23.8.2002. 2.2. Em alguns precedentes(em especial, no voto do Min. Carlos Velloso, proferido no julgamento do MI n. 631/MS, Rel. Min. Ilmar Galvão, DJ 2.8.2002), aventou-se a possibilidade de aplicação aos servidores públicos civis da lei que disciplina os movimentos grevistas no âmbito do setor privado (Lei n. 7.783/1989). 3. Direito de greve dos servidores públicos civis. Hipótese de omissão legislativa inconstitucional. Mora judicial, por diversas vezes, declarada pelo plenário do STF. Riscos de consolidação de típica omissão judicial quanto à matéria. A experiência do direito comparado. Legitimidade de adoção de alternativas normativas e institucionais de superação da situação de omissão. 3.1. A permanência da situação de não regulamentação do direito de greve dos servidores públicos civis contribui para a ampliação da regularidade das instituições de um Estado democrático de Direito (CF, art. 1º). Além de o tema envolver uma série de questões estratégicas e orçamentárias diretamente relacionadas aos serviços públicos, a ausência de parâmetros jurídicos de controle dos abusos cometidos na deflagração desse tipo específico de movimento grevista tem favorecido que o legítimo exercício de direitos constitucionais seja afastado por uma verdadeira "lei da selva". 3.2. Apesar das modificações implementadas pela Emenda Constitucional n. 19/1998 quanto à modificação da reserva legal de lei complementar para a de lei ordinária específica (CF, art. 37, VII), observa-se que o direito de greve dos servidores públicos civis continua sem receber tratamento legislativo minimamente satisfatório para garantir o exercício dessa prerrogativa em consonância com imperativos constitucionais. 3.3. Tendo em vista as imperiosas balizas jurídico-políticas que demandam a concretização do direito de greve a todos os trabalhadores, o STF não pode se abster de reconhecer que, assim como o controle judicial deve incidir sobre a atividade do legislador, é possível que a Corte Constitucional atue também nos casos de inatividade ou omissão do Legislativo. 3.4. A mora legislativa em questão já foi, por diversas vezes, declarada na ordem constitucional brasileira. Por esse motivo, a permanência dessa situação de ausência de regulamentação do direito de greve dos servidores públicos civis passa a invocar, para si, os riscos de consolidação de uma típica omissão judicial. 3.5. Na experiência do direito comparado (em especial, na Alemanha e na Itália), admite-se que o Poder Judiciário adote medidas normativas como alternativa legítima de superação de omissões inconstitucionais, sem que a proteção judicial efetiva a direitos fundamentais se configure como ofensa ao modelo de separação de poderes (CF, art. 2º).

Controle da omissão inconstitucional 1615

4. Direito de greve dos servidores públicos civis. Regulamentação da lei de greve dos trabalhadores em geral Lei n. 7.783/1989). Fixação de parâmetros de controle judicial do exercício do direito de greve pelo legislador infraconstitucional. 4.1. A disciplina do direito de greve para os trabalhadores em geral, quanto às "atividades essenciais", é especificamente delineada nos arts. 9º a 11 da Lei n. 7.783/1989. Na hipótese de aplicação dessa legislação geral ao caso específico do direito de greve dos servidores públicos, antes de tudo, afigura-se inegável o conflito existente entre as necessidades mínimas de legislação para o exercício do direito de greve dos servidores públicos civis (CF, art. 9º, caput, c/c art. 37, VII), de um lado, e o direito a serviços públicos adequados e prestados de forma contínua a todos os cidadãos (CF, art. 9º, § 1º), de outro. Evidentemente, não se outorgaria ao legislador qualquer poder discricionário quanto à edição, ou não, da lei disciplinadora do direito de greve. O legislador poderia adotar um modelo mais ou menos rígido, mais ou menos restritivo do direito de greve no âmbito do serviço público, mas não poderia deixar de reconhecer direito previamente definido pelo texto da Constituição. Considerada a evolução jurisprudencial do tema perante o STF, em sede do mandado de injunção, não se pode atribuir amplamente ao legislador a última palavra acerca da concessão, ou não, do direito de greve dos servidores públicos civis, sob pena de se esvaziar direito fundamental positivado. Tal premissa, contudo, não impede que, futuramente, o legislador infraconstitucional confira novos contornos acerca da adequada configuração da disciplina desse direito constitucional. 4.2 Considerada a omissão legislativa alegada na espécie, seria o caso de se acolher a pretensão, tão somente no sentido de que se aplique a Lei n. 7.783/1989 enquanto a omissão não for devidamente regulamentada por lei específica para os servidores públicos civis (CF, art. 37, VII). 4.3 Em razão dos imperativos da continuidade dos serviços públicos, contudo, não se pode afastar que, de acordo com as peculiaridades de cada caso concreto e mediante solicitação de entidade ou órgão legítimo, seja facultado ao tribunal competente impor a observância a regime de greve mais severo em razão de tratar-se de "serviços ou atividades essenciais", nos termos do regime fixado pelos arts. 9º a 11 da Lei n. 7.783/1989. Isso ocorre porque não se pode deixar de cogitar dos riscos decorrentes das possibilidades de que a regulação dos serviços públicos que tenham características afins a esses "serviços ou atividades essenciais" seja menos severa que a disciplina dispensada aos serviços privados ditos "essenciais". 4.4. O sistema de judicialização do direito de greve dos servidores públicos civis está aberto para que outras atividades sejam submetidas a idêntico regime. Pela complexidade e variedade dos serviços públicos e atividades estratégicas típicas do Estado, há outros serviços públicos, cuja essencialidade não está contemplada pelo rol dos arts. 9º a 11 da Lei n. 7.783/1989. Para os fins desta decisão, a enunciação do regime fixado pelos arts. 9º a 11 da Lei n. 7.783/1989 é apenas exemplificativa (numerus apertus). 5. O processamento e o julgamento de eventuais dissídios de greve que envolvam servidores públicos civis devem obedecer ao modelo de competências e atribuições aplicável aos trabalhadores em geral (celetistas), nos termos da regulamentação da Lei n. 7.783/1989. A aplicação complementar da Lei n. 7.701/1988 visa à judicialização dos conflitos que envolvam os servidores públicos civis no contexto do atendimento de atividades relacionadas a necessidades inadiáveis da comunidade que, se não atendidas, coloquem "em perigo iminente a sobrevivência, a saúde ou a segurança da população" (Lei n. 7.783/1989, parágrafo único, art. 11). 5.1. Pendência do julgamento de mérito da ADI n. 3.395/DF, Rel. Min. Cezar Peluso, na qual se discute a competência constitucional para a apreciação das "ações oriundas da relação de trabalho, abrangidos os entes de direito público externo e da administração pública direta e indireta da União, dos Estados, do Distrito Federal e dos Municípios" (CF, art. 114, I, na redação conferida pela EC n. 45/2004). 5.2. Diante da singularidade do debate constitucional do direito de greve dos servidores públicos civis, sob pena de injustificada e inadmissível negativa de prestação jurisdicional nos âmbitos federal, estadual e municipal, devem-se fixar também os parâmetros institucionais e constitucionais de definição de competência, provisória e ampliativa, para a apreciação de dissídios de greve instaurados entre o Poder Público e os servidores públicos civis. 5.3. No plano procedimental, afigura-se recomendável aplicar ao caso concreto a disciplina da Lei n. 7.701/1988 (que versa sobre especialização das turmas dos Tribunais do Trabalho em processos coletivos), no que tange à competência para apreciar e julgar eventuais conflitos judiciais referentes à greve de servidores públicos que sejam suscitados até o momento de colmatação legislativa específica da lacuna ora declarada, nos termos do inciso VII do art. 37 da CF. 5.4. A adequação e a necessidade da definição dessas questões de organização e procedimento dizem respeito a elementos de fixação de competência constitucional de modo a assegurar, a um só tempo, a possibilidade e, sobretudo, os limites ao exercício do direito

1616 Estado de Direito e Jurisdição Constitucional – Decisões relevantes em 15 anos de atuação no STF

constitucional de greve dos servidores públicos, e a continuidade na prestação dos serviços públicos. Ao adotar essa medida, este Tribunal passa a assegurar o direito de greve constitucionalmente garantido no art. 37, VII, da Constituição Federal, sem desconsiderar a garantia da continuidade de prestação de serviços públicos – um elemento fundamental para a preservação do interesse público em áreas que são extremamente demandadas pela sociedade. 6. Definição dos parâmetros de competência constitucional para apreciação do tema no âmbito da justiça federal e da justiça estadual até a edição da legislação específica pertinente, nos termos do art. 37, VII, da CF. Fixação do prazo de 60 (sessenta) dias para que o Congresso Nacional legisle sobre a matéria. Mandado de injunção deferido para determinar a aplicação das Leis ns. 7.701/1988 e 7.783/1989. 6.1. Aplicabilidade aos servidores públicos civis da Lei n. 7.783/1989, sem prejuízo de que, diante do caso concreto e mediante solicitação de entidade ou órgão legítimo, seja facultado ao juízo competente a fixação de regime de greve mais severo, em razão de tratarem de "serviços ou atividades essenciais" (Lei n. 7.783/1989, arts. 9º a 11). 6.2. Nessa extensão do deferimento do mandado de injunção, aplicação da Lei n. 7.701/1988, no que tange à competência para apreciar e julgar eventuais conflitos judiciais referentes à greve de servidores públicos que sejam suscitados até o momento de colmatação legislativa específica da lacuna ora declarada, nos termos do inciso VII do art. 37 da CF. 6.3. Até a devida disciplina legislativa, devem-se definir as situações provisórias de competência constitucional para a apreciação desses dissídios no contexto nacional, regional, estadual e municipal. Assim, nas condições acima especificadas, se a paralisação for de âmbito nacional, ou abranger mais de uma região da justiça federal, ou ainda, compreender mais de uma unidade da federação, a competência para o dissídio de greve será do Superior Tribunal de Justiça (por aplicação analógica do art. 2º, I, "a", da Lei n. 7.701/1988). Ainda no âmbito federal, se a controvérsia estiver adstrita a uma única região da justiça federal, a competência será dos Tribunais Regionais Federais (aplicação analógica do art. 6º da Lei n. 7.701/1988). Para o caso da jurisdição no contexto estadual ou municipal, se a controvérsia estiver adstrita a uma unidade da federação, a competência será do respectivo Tribunal de Justiça (também por aplicação analógica do art. 6º da Lei n. 7.701/1988). As greves de âmbito local ou municipal serão dirimidas pelo Tribunal de Justiça ou Tribunal Regional Federal com jurisdição sobre o local da paralisação, conforme se trate de greve de servidores municipais, estaduais ou federais. 6.4. Considerados os parâmetros acima delineados, a par da competência para o dissídio de greve em si, no qual se discuta a abusividade, ou não, da greve, os referidos tribunais, nos âmbitos de sua jurisdição, serão competentes para decidir acerca do mérito do pagamento, ou não, dos dias de paralisação em consonância com a excepcionalidade de que esse juízo se reveste. Nesse contexto, nos termos do art. 7º da Lei n. 7.783/1989, a deflagração da greve, em princípio, corresponde à suspensão do contrato de trabalho. Como regra geral, portanto, os salários dos dias de paralisação não deverão ser pagos, salvo no caso em que a greve tenha sido provocada justamente por atraso no pagamento aos servidores públicos civis, ou por outras situações excepcionais que justifiquem o afastamento da premissa da suspensão do contrato de trabalho (art. 7º da Lei n. 7.783/1989, in fine). 6.5. Os tribunais mencionados também serão competentes para apreciar e julgar medidas cautelares eventualmente incidentes relacionadas ao exercício do direito de greve dos servidores públicos civis, tais como: i) aquelas nas quais se postule a preservação do objeto da querela judicial, qual seja, o percentual mínimo de servidores públicos que deve continuar trabalhando durante o movimento paredista, ou mesmo a proibição de qualquer tipo de paralisação; ii) os interditos possessórios para a desocupação de dependências dos órgãos públicos eventualmente tomados por grevistas; e iii) as demais medidas cautelares que apresentem conexão direta com o dissídio coletivo de greve. 6.6. Em razão da evolução jurisprudencial sobre o tema da interpretação da omissão legislativa do direito de greve dos servidores públicos civis e em respeito aos ditames de segurança jurídica, fixa-se o prazo de 60 (sessenta) dias para que o Congresso Nacional legisle sobre a matéria. 6.7. Mandado de injunção conhecido e, no mérito, deferido para, nos termos acima especificados, determinar a aplicação das Leis ns. 7.701/1988 e 7.783/1989 aos conflitos e às ações judiciais que envolvam a interpretação do direito de greve dos servidores públicos civis.

VOTO

O Ministério Público Federal, pelo então Procurador-Geral da República, Dr. Cláudio Lemos Fonteles, após arrolar alguns precedentes desta Corte (MI n. 485/MT, Rel. Min. Maurício

Corrêa, Pleno, maioria, *DJ* 23.8.2002, MI n. 585/TO, Rel. Min. Ilmar Galvão, Pleno, maioria, *DJ* 2.8.2002, e MI n. 20/DF, Rel. Min. Celso de Mello, Pleno, maioria, *DJ* 22.11.1996), manifestou-se nos seguintes termos (fls. 78-81):

"7. (...) a pretensão final do impetrante se mostra descabida. Impossível de ser alcançado na via desse *writ* o imediato preenchimento da lacuna, visto que colmatar é tarefa típica do Poder Legislativo, consoante jurisprudência desse Colendo Pretório, consolidada a partir do julgamento do mandado de injunção n. 107 (Ministro Relator MOREIRA ALVES, julgado em 21.11.1990, *DJ* de 2.8.1991), que adotou a denominada 'posição não concretista' no tocante ao mandado de injunção (*cf.* sobre o assunto, Alexandre de Moraes. *Constituição do Brasil Interpretada e Legislação Constitucional*. 2. ed. São Paulo: Malheiros, 2003, pp. 421 a 427).

8. Não socorrem ao impetrado, outrossim, as alegações de existência de projetos de lei tramitando nas casas legislativas sobre o assunto, consoante já restou decidido por essa Colenda Corte. Confira-se:

'MANDADO DE INJUNÇÃO. JUROS REAIS. PARÁGRAFO 3º DO ARTIGO 192 DA CONSTITUIÇÃO FEDERAL.

Esta Corte, ao julgar a ADIN n. 4, entendeu, por maioria de votos, que o disposto no § 3º do artigo 192 da Constituição Federal não era autoaplicável, razão por que necessita de regulamentação.

Passados mais de doze anos da promulgação da Constituição, sem que o Congresso Nacional haja regulamentado o referido dispositivo constitucional, e sendo certo que a simples tramitação de projetos nesse sentido não é capaz de elidir a mora legislativa, não há dúvida de que esta, no caso, ocorre.

Mandado de injunção deferido em parte, para que se comunique ao Poder Legislativo a mora em que se encontra, a fim de que adote as providências necessárias para suprir a omissão, deixando-se de fixar prazo para o suprimento dessa omissão constitucional em face da orientação firmada por esta Corte (MI 361)' (MI 584 – SP – TP – Rel. Min. Moreira Alves – *DJU* 22.02.2002 – p. 00036 – sem ênfase no original).

9. Destarte, o parecer é pelo conhecimento em parte do pedido para declarar a mora legislativa do Congresso Nacional no tocante à regulamentação do inciso VII do artigo 37 da Constituição Federal" – (fls. 78-81).

Como se vê, trata-se de pedido de mandado de injunção no qual o impetrante postula o reconhecimento do direito de greve dos servidores públicos civis (CF, art. 37, VII).

Preliminarmente, a questão da conformação constitucional do mandado de injunção no Direito Brasileiro e a evolução da interpretação que sobre este Supremo Tribunal Federal lhe tem conferido merece algumas considerações.

Na sede do direito comparado, cabe salientar que, se alguns sistemas constitucionais, como aquele fundado pela Lei Fundamental de Bonn, comportam discussão sobre a existência ou não de direitos fundamentais de caráter social (*soziale Grundrechte*), é certo que tal controvérsia não assume maior relevo entre nós, uma vez que o constituinte, embora em capítulos destacados, houve por bem consagrar os direitos sociais, que também vinculam o Poder Público, por força inclusive da eficácia vinculante que se extrai da garantia processual-constitucional do mandado de injunção e da ação direta de inconstitucionalidade por omissão.

Assinale-se que a Constituição de 1988 abriu possibilidades para o desenvolvimento sistemático da *declaração de inconstitucionalidade sem a pronúncia da nulidade*, na medida em que atribuiu particular significado ao controle de constitucionalidade da chamada *"omissão do legislador"*. O art. 5º, LXXI, da Constituição, previu expressamente a concessão do mandado de injunção sempre que a falta de norma regulamentadora tornar inviável o exercício dos direitos e liberdades constitucionais e das prerrogativas inerentes à nacionalidade, à soberania e à cidadania. Ao lado desse instrumento, destinado, fundamentalmente, à defesa de direitos individuais contra a omissão do ente legiferante, introduziu o constituinte, no art. 103, § 2º, um sistema de controle abstrato da omissão.

1618 Estado de Direito e Jurisdição Constitucional – Decisões relevantes em 15 anos de atuação no STF

Desse modo, reconhecida a procedência da ação direta de inconstitucionalidade por omissão, deve o órgão legislativo competente ser informado da decisão, para as providências cabíveis.

Se se tratar de órgão administrativo, está ele obrigado a colmatar a lacuna dentro de um prazo de 30 dias.

Deve-se admitir, portanto, que, com a adoção desses peculiares mecanismos de controle da omissão do legislador, criou-se a possibilidade de se desenvolver nova modalidade de decisão no processo constitucional brasileiro. Se se partir do princípio de que a decisão proferida pelo Supremo Tribunal Federal, no processo de mandado de injunção e no controle abstrato da omissão, tem conteúdo obrigatório ou mandamental para o legislador e que a decisão que reconhece a subsistência de uma omissão parcial, contém, ainda que implicitamente, a declaração de inconstitucionalidade da regra defeituosa, há de se concluir, inevitavelmente, que a superação da situação inconstitucional, mesmo nesses casos, deve ocorrer em duas etapas (*Zweiaktverfahren*).

Tecidas essas breves considerações, passemos à análise da jurisprudência desta Suprema Corte quanto ao *writ of mandamus*.

A) O mandado de injunção na jurisprudência do STF.

O Supremo Tribunal Federal, em questão de ordem no Mandado de Injunção n. 107-DF (Rel. Min. Moreira Alves), manifestou o seguinte entendimento:

> "**EMENTA**: Mandado de injunção. Questão de ordem sobre sua autoaplicabilidade, ou não. – Em face dos textos da Constituição Federal relativos ao mandado de injunção, é ele ação outorgada ao titular de direito, garantia ou prerrogativa a que alude o artigo 5º, LXXI, dos quais o exercício está inviabilizado pela falta de norma regulamentadora, e ação que visa a obter do Poder Judiciário a declaração de inconstitucionalidade dessa omissão se estiver caracterizada a mora em regulamentar por parte do Poder, órgão, entidade ou autoridade de que ela dependa, com a finalidade de que se lhe dê ciência dessa declaração, para que adote as providências necessárias, à semelhança do que ocorre com a ação direta de inconstitucionalidade por omissão (artigo 103, § 2º, da Carta Magna), e de que se determine, se se tratar de direito constitucional oponível contra o Estado, a suspensão dos processos judiciais ou administrativos de que possa advir para o impetrante dano que não ocorreria se não houvesse a omissão inconstitucional. – Assim fixada a natureza jurídica desse mandado, é ele, no âmbito da competência desta Corte – que está devidamente definida pelo artigo 102, I, autoexecutável, uma vez que, para ser utilizado, não depende de norma jurídica que o regulamente, inclusive quanto ao procedimento, aplicável que lhe é analogicamente o procedimento do mandado de segurança, no que couber. Questão de ordem que se resolve no sentido da auto-aplicabilidade do mandado de injunção, nos termos do voto do relator"[2].

Portanto, deixou assente o Supremo Tribunal Federal que, consoante a sua própria natureza, o mandado de injunção destinava-se a garantir os direitos constitucionalmente assegurados, inclusive aqueles derivados da soberania popular, como o direito ao plebiscito, o direito ao sufrágio, a iniciativa legislativa popular (art. 14, I e III), bem como os chamados direitos sociais (Constituição, art. 6º), desde que o impetrante estivesse impedido de exercê-los em virtude da omissão do órgão legiferante.

Como *omissão* deveria ser entendida não só a chamada *omissão absoluta* do legislador, isto é, a total ausência de normas, como também a *omissão parcial*, na hipótese de cumprimento imperfeito ou insatisfatório de *dever constitucional de legislar*[3].

Ao contrário da orientação sustentada por uma das correntes doutrinárias, o mandado de injunção afigurava-se adequado à realização de direitos constitucionais que dependiam da edição de normas de organização, pois, do contrário, esses direitos não ganhariam qualquer significado[4].

---

[2] MI n. 107, Rel. Min. Moreira Alves, *DJ* de 21.09.1990.
[3] Cf. MI n. 107-DF, Rel. Min. Moreira Alves, *RTJ* n. 133, p. 11(31).
[4] Cf. MI n. 107-DF, Rel. Min. Moreira Alves, *RTJ* n. 133, p. 33.

Controle da omissão inconstitucional **1619**

Todavia, o Tribunal deveria limitar-se a constatar a inconstitucionalidade da omissão e a determinar que o legislador empreendesse as providências requeridas. Tanto quanto a decisão a ser proferida no processo de controle abstrato da omissão, a decisão que reconhece a inconstitucionalidade da omissão no mandado de injunção tem caráter *obrigatório* ou *mandamental*. As duas ações são destinadas a obter uma ordem judicial dirigida a um outro órgão do Estado. Ter-se-ia aqui um exemplo daquela ação que Goldschmidt (GOLDSCHMIDT, James. *Zivilprozessrecht*, § 15ª, p. 61) houve por bem denominar *Anordnungsklagenrecht (ação mandamental)*[5].

Essa *ação mandamental* exige a edição de ato normativo por parte do Poder Público. O processo de controle da omissão, previsto no art. 103, § 2º, da Constituição, é abstrato, e, consoante a sua própria natureza, deve a decisão nele proferida ser dotada de eficácia *erga omnes*[6]. Segundo a orientação do Supremo Tribunal Federal, o constituinte pretendeu conferir aos dois institutos significado processual semelhante, assegurando às decisões proferidas nesses processos idênticas consequências jurídicas. A garantia do exercício de direitos prevista no art. 5º, LXXVI, da Constituição, pertinente ao mandado de injunção, não se diferencia, fundamentalmente, da garantia destinada a tornar efetiva uma norma constitucional referida no art. 103, § 2º, da Constituição, concernente ao controle abstrato da omissão[7].

As decisões proferidas nesses processos declaram a mora do órgão legiferante em cumprir dever constitucional de legislar, compelindo-o a editar a providência requerida. Dessarte, a diferença fundamental entre o mandado de injunção e a ação direta de controle da omissão residiria no fato de que, enquanto o primeiro destina-se à proteção de direitos subjetivos e pressupõe, por isso, a configuração de um interesse jurídico, o processo de controle abstrato da omissão, enquanto processo objetivo, pode ser instaurado independentemente da existência de um interesse jurídico específico[8].

O Tribunal deixou assente que de sua competência para apreciar a omissão do legislador, no mandado de injunção, decorria, igualmente, a faculdade de determinar a suspensão dos processos administrativos ou judiciais e de suspender determinadas medidas ou atos administrativos. Poder-se-ia assegurar, assim, ao impetrante a possibilidade de ser beneficiado pela norma que viesse a ser editada.

A equiparação dos efeitos das decisões proferidas no mandado de injunção e no controle abstrato da omissão configura um elemento essencial da construção desenvolvida pelo Tribunal. Até porque a simples constatação de que a decisão proferida nesse processo tem caráter obrigatório para os órgãos legiferantes não legitima, necessariamente, outras consequências jurídicas consideradas pelo acórdão como simples consectário desse caráter obrigatório, tais como a obrigação de suspender os processos que tramitam perante autoridades administrativas ou Tribunais. Esses efeitos somente se mostram compreensíveis em face da suposição de que a decisão proferida no controle abstrato da omissão, por se tratar de um processo objetivo, deve ser dotada de eficácia *erga omnes*.

O Tribunal parte da ideia de que o constituinte pretendeu atribuir aos processos de controle da omissão idênticas consequências jurídicas. Isso está a indicar que, segundo seu entendimento, também a decisão proferida no mandado de injunção é dotada de eficácia *erga omnes*. Dessa forma, pôde o Tribunal fundamentar a ampliação dos efeitos da decisão proferida no mandado de injunção.

Essa construção permitiu ao Tribunal afirmar a imediata aplicação do mandado de injunção, independentemente da edição das normas processuais específicas. A natureza jurídica semelhante do mandado de injunção e do mandado de segurança, enquanto ações destinadas a obrigar os agentes públicos a empreenderem determinadas providências, autorizava, segundo o

---

5 Cf. MI n. 107-DF, Rel. Min. Moreira Alves, *RTJ* n. 133, p. 11(35).
6 Cf. MI n. 107-DF, Rel. Min. Moreira Alves, *RTJ* n. 133, p. 11(38-9).
7 Cf. MI n. 107-DF, Rel. Min. Moreira Alves, *RTJ* n. 133, p. 11(38-9).
8 Cf. MI n. 107-DF, Rel. Min. Moreira Alves, *RTJ* n. 133, p. 11(38-9).

Tribunal, que, na ausência de regras processuais próprias, fossem aplicadas aquelas pertinentes ao mandado de segurança[9].

Em resumo, pode-se afirmar que:

i) os direitos constitucionalmente garantidos apresentam-se como direitos à expedição de um ato normativo e não podem ser satisfeitos através de eventual execução direta por parte do Tribunal; a decisão judicial que declara a existência de uma omissão inconstitucional constata, igualmente, a mora do órgão ou poder legiferante, condenando-o a editar a norma requerida;

ii) a omissão inconstitucional tanto pode referir-se a uma omissão total do legislador quanto a uma omissão parcial;

iii) a decisão proferida no controle abstrato da omissão tem eficácia *erga omnes*, não tendo diferença fundamental da decisão prolatada no mandado de injunção;

iv) é possível que o Supremo Tribunal Federal determine, na ação de mandado de injunção, a suspensão de processos administrativos ou judiciais, com vistas a assegurar ao interessado a possibilidade de ser contemplado pela norma mais benéfica. Essa faculdade legitima, igualmente, a edição de outras medidas que garantam a posição do impetrante até a expedição das normas pelo legislador.

Após esse *leading case*, todavia, esta Corte passou a promover alterações significativas no instituto do mandado de injunção, conferindo-lhe, por conseguinte, conformação mais ampla do que a até então admitida.

No Mandado de Injunção n. 283 (*DJ* de 14.11.1991), de relatoria do Ministro Sepúlveda Pertence, o Tribunal, pela primeira vez, estipulou prazo para que fosse colmatada a lacuna relativa à mora legislativa, sob pena de assegurar ao prejudicado a satisfação dos direitos negligenciados. Explicita a ementa do acórdão:

"Mandado de injunção: mora legislativa na edição da lei necessária ao gozo do direito à reparação econômica contra a União, outorgado pelo art. 8º, § 3º, ADCT: deferimento parcial, com estabelecimento de prazo para a purgação da mora e, caso subsista a lacuna, facultando o titular do direito obstado a obter, em juízo, contra a União, sentença líquida de indenização por perdas e danos.

1. O STF admite – não obstante a natureza mandamental do mandado de injunção (MI 107–QO) – que, no pedido constitutivo ou condenatório, formulado pelo impetrante, mas, de atendimento impossível, se contém o pedido, de atendimento possível, de declaração de inconstitucionalidade da omissão normativa, com ciência ao órgão competente para que a supra (cf.Mandados de Injunção 168, 107 e 232).

2. A norma constitucional invocada (ADCT, art. 8º,§ 3º – 'Aos cidadãos que foram impedidos de exercer, na vida civil, atividade profissional específica, em decorrência das Portarias Reservados do Ministério da Aeronáutica n. S-50-GM5, de 19 de junho de 1964, e n. S-285-GM5 será concedida reparação econômica, na forma que dispuser lei de iniciativa do Congresso Nacional e a entrar em vigor no prazo de doze meses a contar da promulgação da Constituição' – vencido o prazo nela previsto, legitima o beneficiário da reparação mandada conceder a impetrar mandado de injunção, dada a existência, no caso, de um direito subjetivo constitucional de exercício obstado pela omissão legislativa denunciada.

3. Se o sujeito passivo do direito constitucional obstado é a entidade estatal à qual igualmente se deva imputar a mora legislativa que obsta ao seu exercício, é dado ao Judiciário, ao deferir a injunção, somar, aos seus efeitos mandamentais típicos, o provimento necessário a acautelar o interessado contra a eventualidade de não se ultimar o processo legislativo, no prazo razoável que fixar, de modo a facultar-lhe, quanto possível, a satisfação provisória do seu direito.

4. Premissas, de que resultam, na espécie, o deferimento do mandado de injunção para:

a) declarar em mora o legislador com relação à ordem de legislar contida no art. 8º, § 3º, ADCT, comunicando-o ao Congresso Nacional e à Presidência da República;

---

[9] Cf. MI n. 107-DF, Rel. Min. Moreira Alves, *RTJ* n. 133, p. 11(39).

Controle da omissão inconstitucional   1621

b) assinar o prazo de 45 dias, mais 15 dias para a sanção presidencial, a fim de que se ultime o processo legislativo da lei reclamada;

c) se ultrapassado o prazo acima, sem que esteja promulgada a lei, reconhecer ao impetrante a faculdade de obter, contra a União, pela via processual adequada, sentença líquida de condenação à reparação constitucional devida, pelas perdas e danos que se arbitrem;

d) declarar que, prolatada a condenação, a superveniência de lei não prejudicará a coisa julgada, que, entretanto, não impedirá o impetrante de obter os benefícios da lei posterior, nos pontos em que lhe for mais favorável."[10]

No Mandado de Injunção n. 232-RJ, da relatoria do Ministro Moreira Alves (*DJ* de 27.03.1992), o Tribunal reconheceu que, passados seis meses sem que o Congresso Nacional editasse a Lei referida no art. 195, § 7°, da Constituição Federal, o requerente passaria a gozar a imunidade requerida. Consta da ementa desse julgado:

"Mandado de injunção. – Legitimidade ativa da requerente para impetrar mandado de injunção por falta de regulamentação do disposto no § 7° do artigo 195 da Constituição Federal. – Ocorrência, no caso, em face do disposto no artigo 59 do ADCT, de mora, por parte do Congresso, na regulamentação daquele preceito constitucional. **Mandado de injunção conhecido, em parte, e, nessa parte, deferido para declarar-se o estado de mora em que se encontra o Congresso Nacional, a fim de que, no prazo de seis meses, adote ele as providências legislativas que se impõem para o cumprimento da obrigação de legislar decorrente do artigo 195, § 7°, da Constituição, sob pena de, vencido esse prazo sem que essa obrigação se cumpra, passar o requerente a gozar da imunidade requerida**"[11].

Ainda com essa mesma orientação, registre-se a ementa do acórdão proferido no Mandado de Injunção n. 284, de relatoria do Ministro Marco Aurélio, redator para o acórdão Ministro Celso de Mello (*DJ* de 26.06.1992):

"MANDADO DE INJUNÇÃO – NATUREZA JURÍDICA FUNÇÃO PROCESSUAL – ADCT, ART. 8°, (PORTARIAS RESERVADAS DO MINISTÉRIO DA AERONÁUTICA) – A QUESTÃO DO SIGILO – MORA INCONSTITUCIONAL DO PODER LEGISLATIVO – EXCLUSÃO DA UNIAO FEDERAL DA RELAÇÃO PROCESSUAL – ILEGITIMIDADE PASSIVA 'AD CAUSAM' – 'WRIT' DEFERIDO.

– O caráter essencialmente mandamental da ação injuncional – consoante tem proclamado a jurisprudência do Supremo Tribunal Federal – impõe que se defina, como passivamente legitimado 'ad causam', na relação processual instaurada, o órgão público inadimplente, em situação de inércia inconstitucional, ao qual é imputável a omissão causalmente inviabilizadora do exercício de direito, liberdade e prerrogativa de índole constitucional.

– No caso, 'ex vi' do § 3° do art. 8° do Ato das Disposições Constitucionais Transitórias, a inatividade inconstitucional é somente atribuível ao Congresso Nacional, a cuja iniciativa se reservou, com exclusividade, o poder de instaurar o processo legislativo, reclamado pela norma constitucional transitória.

– Alguns dos muitos abusos cometidos pelo regime de exceção instituído no Brasil em 1964 traduziram-se, dentre os vários atos de arbítrio puro que o caracterizaram, na concepção e formulação teórica de um sistema claramente inconveniente com a prática das liberdades públicas. Esse sistema, fortemente estimulado pelo 'perigoso fascínio do absoluto' (Pe. JOSEPH COMBLIN, A Ideologia da Segurança Nacional – O Poder Militar na América Latina, p. 225, 3. ed., 1980; trad. de A. Veiga Fialho, Civilização Brasileira), ao privilegiar e cultivar o sigilo, transformando-o em 'práxis' governamental institucionalizada, frontalmente ofendeu o princípio democrático, pois, consoante adverte NORBERTO BOBBIO, em lição magistral sobre o tema ('O Futuro da Democracia', 1986, Paz e Terra), não há, nos modelos políticos que consagram a democracia, espaço possível reservado ao mistério.

O novo estatuto político brasileiro – que rejeita o poder que oculta e não tolera o poder que se oculta – consagrou a publicidade dos atos e das atividades estatais como valor constitucionalmente assegurado,

---

[10] MI n. 283, Rel. Min. Sepúlveda Pertence, *DJ* de 14.11.1991.

[11] MI n. 232-RJ, Rel. Min. Moreira Alves, *DJ* de 27.03.1992.

1622 Estado de Direito e Jurisdição Constitucional – Decisões relevantes em 15 anos de atuação no STF

disciplinando-o, com expressa ressalva para as situações de interesse público, entre os direitos e garantias fundamentais.

A Carta Federal, ao proclamar os direitos e deveres individuais e coletivos (art. 5º), enunciou preceitos básicos, cuja compreensão é essencial à caracterização da ordem democrática como um regime do poder visível, ou, na lição expressiva de BOBBIO, como 'um modelo ideal do governo público em público'.

– O novo 'writ' constitucional, consagrado pelo art. 5º, LXXI, da Carta Federal, não se destina a constituir direito novo, nem a ensejar ao Poder Judiciário o anômalo desempenho de funções normativas que lhe são institucionalmente estranhas. O mandado de injunção não é o sucedâneo constitucional das funções político-jurídicas atribuídas aos órgãos estatais inadimplentes. A própria excepcionalidade desse novo instrumento jurídico *impõe* ao Judiciário o dever de estrita observância do princípio constitucional da divisão funcional do Poder.

– Reconhecido o estado de mora inconstitucional do Congresso Nacional – único destinatário do comando para satisfazer, no caso, a prestação legislativa reclamada – e considerando que, embora previamente cientificado no Mandado de Injunção n. 283, rel. Min. SEPÚLVEDA PERTENCE, absteve-se de adimplir a obrigação que lhe foi constitucionalmente imposta, torna-se *prescindível* nova comunicação à instituição parlamentar, assegurando-se aos impetrantes, *desde logo*, a possibilidade de ajuizarem, *imediatamente*, nos termos do direito comum ou ordinário, a ação de reparação de natureza econômica instituída em seu favor pelo preceito transitório"[12].

Percebe-se que, sem assumir compromisso com o exercício de uma típica função legislativa, o Supremo Tribunal Federal afastou-se da orientação inicialmente perfilhada, no que diz respeito ao mandado de injunção.

As decisões proferidas nos Mandados de Injunção 283 (Relator: Sepúlveda Pertence), 232 (Relator: Moreira Alves) e 284 (Relator: Celso de Mello) sinalizam para uma nova compreensão do instituto e a admissão de uma solução "normativa" para a decisão judicial.

Assim, no caso relativo à omissão legislativa quanto aos critérios de indenização devida aos anisitiados (art. 8º do ADCT), o Tribunal entendeu que, em face da omissão, os eventuais afetados poderiam dirigir-se diretamente ao juiz competente que haveria de fixar o montante na forma do direito comum[13]. Em outro precedente relevante, considerou-se que a falta de lei não impedia que a entidade beneficente gozasse da imunidade constitucional expressamente reconhecida[14].

As decisões acima referidas indicam que o Supremo Tribunal Federal aceitou a possibilidade de uma regulação provisória pelo próprio Judiciário, uma espécie de sentença aditiva, se se utilizar a denominação do direito italiano.

B) O Mandado de Injunção e o direito de greve na jurisprudência do STF.

Na espécie, discute-se o direito de greve de servidores públicos civis.

Nesse particular, deve-se observar que, diferentemente das relativizações realizadas quanto ao decidido no Mandado de Injunção n. 107-DF (*DJ* de 02.08.1991), nos casos em que se apreciaram as possibilidades e condições para o exercício do direito de greve por servidores públicos civis, esta Corte ficou adstrita tão somente à declaração da existência da mora legislativa para a edição de norma reguladora específica.

Como casos exemplificativos desse entendimento, enuncio os seguintes julgados: MI n. 20-DF, Rel. Min. Celso de Mello, Pleno, maioria, *DJ* 22.11.1996; MI n. 485-MT, Rel. Min. Maurício Corrêa, Pleno, maioria, *DJ* 23.8.2002; e MI n. 585-TO, Rel. Min. Ilmar Galvão, Pleno, maioria, *DJ* 2.8.2002.

---

[12] MI n. 284, Rel. Min. Marco Aurelio, Red. para o acórdão Ministro Celso de Mello, *DJ* de 26.06.1992.

[13] Cf., nesse sentido, MI n. 562-DF, Rel. Min. Ellen Gracie, *DJ* de 20.06.2003; e MI n. 543-DF, Rel. Min. Octavio Gallotiti, *DJ* de 24.05.2002.

[14] Cf. MI n. 679, Rel. Min. Celso de Mello, *DJ* de 17.12.2002.

Controle da omissão inconstitucional 1623

Conforme exposto, este Tribunal, nas diversas oportunidades em que se manifestou sobre a matéria, tem reconhecido unicamente a necessidade de se editar a reclamada legislação.

Nessas ocasiões, entretanto, o Ministro Carlos Velloso destacava a necessidade de que, em hipóteses como a dos autos, se aplicasse, provisoriamente, aos servidores públicos a lei de greve relativa aos trabalhadores em geral.

Registre-se, a propósito, trecho de seu voto no MI n. 631-MS (Rel. Min. Ilmar Galvão, *DJ* de 02.08.2002):

> "Assim, Sr. Presidente, passo a fazer aquilo que a Constituição determina que eu faça, como juiz: elaborar a norma para o caso concreto, a norma que viabilizará, na forma do disposto no art. 5º, LXXI, da Lei Maior, o exercício do direito de greve do servidor público.
>
> A norma para o caso concreto será a lei de greve dos trabalhadores, a Lei 7.783, de 28.6.89. É dizer, determino que seja aplicada, no caso concreto, a lei que dispõe sobre o exercício do direito de greve dos trabalhadores em geral, que define as atividades essenciais e que regula o atendimento das necessidades inadiáveis da comunidade.
>
> Sei que na Lei 7.783 está disposto que ela não se aplicará aos servidores públicos. Todavia, como devo fixar a norma para o caso concreto, penso que devo e posso estender aos servidores públicos a norma já existente, que dispõe a respeito do direito de greve"[15].

Vê-se, assim, que, observados os parâmetros constitucionais quanto à atuação da Corte como eventual legislador positivo, o Ministro Carlos Velloso entendia ser o caso de determinar a aplicação aos servidores públicos da lei que disciplina os movimentos grevistas no âmbito do setor privado.

Assim como na interessante solução sugerida pelo Ministro Velloso, creio parecer justo fundar uma intervenção mais decisiva desta Corte para o caso da regulamentação do direito de greve dos servidores públicos (CF, art. 37, VII).

Entretanto, avento essa possibilidade por fundamentos diversos, os quais passarei a desenvolver em breve exposição sobre o direito de greve no Brasil e no direito comparado.

C) Direito de greve dos servidores públicos, omissão inconstitucional e alternativas de superação.

O direito de greve dos servidores públicos tem sido objeto de sucessivas dilações desde 1988. A Emenda Constitucional n. 19/1998 retirou o caráter complementar da Lei regulamentadora, a qual passou a demandar, unicamente, leis ordinária e específica para a matéria. Não obstante subsistam as resistências, é bem possível que as partes envolvidas na questão partam de premissas que favoreçam ao estado de omissão ou de inércia legislativa.

A representação de servidores não vê com bons olhos a regulamentação do tema, porque visa a disciplinar uma seara que hoje está submetida a um tipo de lei da selva. Os representantes governamentais entendem que a regulamentação acabaria por *criar* o direito de greve dos servidores públicos. Essas visões parcialmente coincidentes têm contribuído para que as greves no âmbito do serviço público se realizem sem qualquer controle jurídico, dando ensejo a negociações heterodoxas, ou a ausências que comprometem a própria prestação do serviço público, sem qualquer base legal.

Mencionem-se, a propósito, episódios mais recentes relativos à paralisação dos controladores de voo do país; ou ainda, no caso da greve dos servidores do judiciário do Estado de São Paulo, ou dos peritos do Instituto Nacional de Seguridade Social (INSS), que trouxeram prejuízos irreparáveis à parcela significativa da população dependente desses serviços públicos.

A não regulação do direito de greve acabou por propiciar um quadro de selvageria com sérias consequências para o Estado de Direito. Estou a relembrar que Estado de Direito é aquele no qual não existem soberanos.

---

[15] MI n. 631-MS, Rel. Min. Ilmar Galvão, *DJ* de 02.08.2002.

Nesse quadro, não vejo mais como justificar a inércia legislativa e a inoperância das decisões desta Corte.

Comungo das preocupações quanto à não assunção pelo Tribunal de um *protagonismo legislativo*. Entretanto, parece-me que a não atuação no presente momento já se configuraria quase como uma espécie de "omissão judicial".

Assim, tanto quanto no caso da anistia, essa situação parece exigir uma intervenção mais decisiva desta Corte.

Ademais, assevero que, apesar da persistência da omissão quanto à matéria, são recorrentes os debates legislativos sobre os requisitos para o exercício do direito de greve.

A esse respeito, em apêndice ao meu voto, elaborei documento comparativo da Lei n. 7.783/1989 e o texto substitutivo ao Projeto de Lei n. 4.497/2001 (que "Dispõe sobre os termos e limites do exercício do direito de greve pelos servidores públicos"), de autoria da então Deputada Federal Rita Camata, para disciplinar o exercício do direito de greve dos servidores públicos dos Poderes da União, dos Estados, do Distrito Federal e a dos Municípios, previsto no art. 37, inciso VII da Constituição Federal.

Na oportunidade de apresentação do referido Projeto de Lei, o Relator da matéria, o Deputado Federal Isaías Silvestre realizou uma síntese geral acerca do processo legislativo de apreciação dessa matéria, *verbis*:

"O Projeto de Lei n. 4.497, de 2001, objetiva disciplinar o exercício do direito de greve dos servidores públicos, previsto no art. 37, inciso VII, da Constituição Federal.

Conforme relatado em sua justificativa, a proposição tem por base, quando pertinentes, os dispositivos da Lei n. 7.783, de 1989, que regula o direito de greve para os trabalhadores em geral, observando, porém, os aspectos próprios do serviço público, que exigem o estabelecimento de dispositivos específicos.

O art. 1º do projeto prevê que o direito de greve será exercido pelos servidores públicos nos termos e limites da lei, competindo-lhes decidir sobre a oportunidade de exercê-lo e sobre os interesses que devam por meio dele defender.

O art. 2º apresenta os conceitos pertinentes à matéria, entre outros, o de órgão ou entidade pública, assim definido: 'órgão da administração direta e indireta de qualquer dos Poderes da União, dos Estados, do Distrito Federal e dos Municípios, e suas respectivas autarquias e fundações públicas'.

O art. 3º confere às entidades sindicais a prerrogativa de convocar, na forma de seus estatutos, assembleia geral para deliberar sobre as reivindicações das respectivas categorias e sobre a deflagração da greve, prevendo ainda os procedimentos cabíveis no caso de inexistência de entidade sindical representativa dos servidores.

O art. 4º exige, quando da deflagração da greve, a comunicação da data do seu início pelo menos com 72 horas de antecedência.

Os arts. 5º e 6º fixam os direitos e deveres dos servidores grevistas e da Administração Pública.

O art. 7º relaciona os serviços considerados essenciais. O art. 8º disciplina a realização da greve nos órgãos que executem tais serviços, prevendo que, no caso de inobservância das garantias estabelecidas pela lei, a Administração poderá proceder à contratação de pessoal por tempo determinado ou de serviços de terceiros.

O art. 9º determina que os dias de greve sejam contados como de efetivo exercício, inclusive remuneratório, desde que, encerrada a greve, as horas não trabalhadas sejam repostas de acordo com cronograma estabelecido conjuntamente pela Administração e pelos servidores.

Os arts. 10 e 11 indicam as condutas consideradas como abuso do direito de greve, nelas incluindo a recusa à prestação de serviços inadiáveis e a manutenção da greve após celebração de acordo ou decisão judicial, bem como as sanções correspondentes.

O art. 12 trata da responsabilidade nas esferas administrativa, civil e penal.

Encontram-se apensadas ao projeto seis proposições, que passaremos a comentar.

O Projeto de Lei n. 5.662, de 2001, de autoria do Deputado Airton Cascavel, busca regulamentar o exercício do direito de greve pelos servidores civis, fazendo-o em termos bastante próximos aos do projeto principal.

Controle da omissão inconstitucional **1625**

O Projeto de Lei n. 6.032, de 2002, foi enviado pelo Poder Executivo com o mesmo escopo. Difere, no entanto, dos anteriores em alguns aspectos, tais como: determina a obrigatoriedade de manutenção de percentual mínimo de 50% de servidores em atividade, podendo o Poder Público postular liminarmente a fixação de percentual superior; prevê que a 'ameaça concreta de deflagração de greve autoriza o Poder Público a ingressar em juízo postulando a declaração de ilegalidade do movimento, inclusive liminarmente'; e introduz regras processuais específicas sobre a matéria.

O Projeto de Lei n. 6.141, de 2002, da Deputada Iara Bernardi, também apresenta dispositivos semelhantes aos da proposição principal, inovando, contudo, em alguns pontos, como: obrigatoriedade de instalação de processo de negociação, sob pena de crime de responsabilidade da autoridade pública responsável, no prazo de dez dias após a apresentação da pauta de reivindicações dos servidores, podendo o Poder Judiciário fixar multa diária pelo descumprimento dessa obrigação; previsão de instituição de um Comitê de Negociação, no âmbito dos Poderes Executivo, Legislativo e Judiciário, em cada esfera político-administrativa; e autorização para que uma Comissão de Intermediação e Arbitragem, composta por representantes da sociedade civil, possa auxiliar na obtenção de uma solução para o conflito, podendo, por consenso entre as partes, arbitrar as cláusulas aplicáveis a ambas.

O Projeto de Lei n. 6.668, de 2002, da Deputada Elcione Barbalho, tal como os demais, estabelece direitos e obrigações para os servidores grevistas e para a Administração, cabendo destacar, entre seus aspectos particulares, a possibilidade de composição dos conflitos por meio de arbitragem, cabendo às partes, em comum acordo, a escolha do árbitro. O projeto também se distingue em relação ao campo de aplicação de suas normas, que se destinam aos servidores da administração pública federal.

O Projeto de Lei n. 6.775, de 2002, oriundo da Comissão de Legislação Participativa, busca regulamentar o direito constitucional de greve dos servidores públicos civis com algumas disposições semelhantes às da proposição principal, cabendo destacar, entre os dispositivos particulares que apresenta, os seguintes: previsão de que a Justiça do Trabalho, por iniciativa de qualquer das partes ou do Ministério Público do Trabalho, decida sobre a procedência das reivindicações dos servidores; e obrigatoriedade de constituição, no âmbito de cada Poder, nas três esferas de governo, de uma comissão permanente de assuntos sindicais e associativos, com a finalidade de intermediar as relações entre as entidades sindicais e a Administração Pública.

O Projeto de Lei n. 1.950, de 2003, do Deputado Eduardo Paes, pretende disciplinar a matéria no âmbito da administração pública federal.

Além de disposições similares às da proposição principal e das demais apensadas, o projeto estabelece que, frustrada a negociação, é facultada a cessação coletiva do trabalho, e que o Judiciário, por iniciativa de qualquer das partes ou do Ministério Público Federal, decidirá sobre a procedência, total ou parcial, das reivindicações.

No prazo regimental, foram apresentadas três emendas ao PL n. 4.497/01, pelo Deputado Francisco Rodrigues, com os seguintes objetivos: acrescentar às atividades consideradas essenciais os serviços que visam possibilitar o atendimento direto das atribuições legais das Forças Armadas; atribuir competência à Justiça do Trabalho para decidir sobre a procedência das reivindicações dos servidores grevistas; e permitir à Administração a cobrança judicial de indenização por prejuízos derivados do abuso do direito de greve, motivado por decisão de entidade sindical.

Segundo informações obtidas na página oficial da Câmara dos Deputados (www.camara. gov.br), o Projeto de Lei n. 4.497/2001 encontra-se na Mesa Diretora da Câmara dos Deputados, na pendência de apreciação de pedido de desarquivamento da proposição, formulado pelo Presidente da Comissão de Legislação Participativa, o Deputado Federal Eduardo Amorim em 13 de março de 2007.

Nesse contexto, é de se concluir que não se pode considerar simplesmente que a satisfação do exercício do direito de greve pelos servidores públicos civis deva ficar submetido absoluta e exclusivamente a juízo de oportunidade e conveniência do Poder Legislativo.

Estamos diante de uma situação jurídica que, desde a promulgação da Carta Federal de 1988 (ou seja, há mais de 18 anos), remanesce sem qualquer alteração. Isto é, mesmo com as modificações implementadas pela Emenda n. 19/1998 quanto à exigência de lei ordinária específica, o direito de greve dos servidores públicos ainda não recebeu o tratamento legislativo minimamente satisfatório para garantir o exercício dessa prerrogativa em consonância com imperativos constitucionais.

Por essa razão, não estou a defender aqui a assunção do papel de legislador positivo pelo Supremo Tribunal Federal.

Pelo contrário, enfatizo tão somente que, tendo em vista as imperiosas balizas constitucionais que demandam a concretização do direito de greve a todos os trabalhadores, este Tribunal não pode se abster de reconhecer que, assim como se estabelece o controle judicial sobre a atividade do legislador, é possível atuar também nos casos de inatividade ou omissão do Legislativo.

Uma boa síntese dessa questão no direito comparado é trazida por Rui Medeiros:

"Qualquer referência ao **Direito Comparado** neste domínio não pode perder de vista que as diferentes concepções defendidas, mesmo quando apresentadas como solução para um problema identificado sob o mesmo *nomen iuris*, têm, por vezes, subjacentes diferentes modos de delimitação do próprio fenômeno em apreciação. Seja como for, feita a advertência, é possível verificar que os direitos italiano, alemão e austríaco apresentam três modos diferentes de solucionar o problema das sanções aplicáveis às leis que conferem direitos em violação do princípio da igualdade. As especificidades não residem, propriamente, na resposta à questão da admissibilidade, com carácter mais ou menos excepcional, das decisões modificativas, pois, em qualquer dos países, não se exclui liminarmente uma tal solução. O mesmo se passa, aliás, em Espanha, em França e nos Estados Unidos. As divergências situam-se a outro nível.

[**Esclarece Rui Medeiros que**] A diferença entre a *lição alemã* e o *ensinamento italiano* prende-se, antes de mais, com a delimitação dos casos em que são constitucionalmente admissíveis as decisões modificativas. Na verdade, além de o *Bundesverfassungsgericht*, ao contrário *da Corte Costituzionale*, rejeitar decisões modificativas quando a discriminação resulta do silêncio da lei, o Tribunal Constitucional italiano admite mais facilmente do que o Tribunal Constitucional Federal alemão a existência de valores constitucionais que postulem a modificação da lei. Mesmo um Autor, como VEZIO CRISAFULLI, que não se cansa de sublinhar que a legislação positiva criada pela *Corte Costituzionale é* uma legislação a *rime obbligate* [isto é, **trata-se de atividade legislativa vinculada ao poder de conformação limitado pelo gizamento constitucional estabelecido para a matéria**], alude ao contraste entre a solução italiana e a solução alemã: o *Bundesverfassungsgericht* alemão, perante uma violação do princípio da igualdade resultante de um tratamento de favor concedido apenas a algumas das pessoas que se encontram num plano essencialmente igual, lança geralmente mão da simples declaração de incompatibilidade, pois entende que o poder legislativo dispõe de várias possibilidades de eliminação do vício e, entre outras opções, tanto pode estender a norma de favor aos até aí excluídos como revogá-la para todos; pelo contrário, em situações deste género, a *Corte* italiana adopta uma sentença *manipulativa*, anulando a disposição *nella parte in cui* (ainda que implicitamente) *esclude* do benefício a categoria preterida, estendendo assim o tratamento mais favorável"[16].

A propósito do papel das Cortes Constitucionais, anota Rui Medeiros:

"A atribuição de uma função positiva ao juiz constitucional harmoniza-se, desde logo, com a tendência hodierna para a acentuação da importância e da criatividade da função jurisdicional: as decisões modificativas integram-se, coerentemente, no movimento de valorização do momento jurisprudencial do direito.

O alargamento dos poderes normativos do Tribunal Constitucional constitui, outrossim, uma resposta à crise das instituições democráticas.

Enfim, e este terceiro aspecto é particularmente importante, a reivindicação de um papel positivo para o Tribunal Constitucional é um corolário da falência do Estado Liberal. Se na época liberal bastava cassar a lei, no período do Estado Social, em que se reconhece que a própria omissão de medidas soberanas pode pôr em causa o ordenamento constitucional, torna-se necessário a intervenção activa do Tribunal Constitucional. Efectivamente, enquanto para eliminar um limite normativo (v.g. uma proibição ou um ônus) e restabelecer plenamente uma liberdade, basta invalidar a norma em causa, o mesmo não se pode dizer quando se trata de afastar uma omissão legislativa inconstitucional. Neste

---

[16] MEDEIROS, Rui. *A Decisão de Inconstitucionalidade*, p. 461.

Controle da omissão inconstitucional **1627**

segundo caso, se seguir o modelo clássico de justiça constitucional, a capacidade de intervenção do juiz das leis será muito reduzida. Urge, por isso, criar um sistema de justiça constitucional adequado ao moderno Estado Social. Numa palavra: 'a configuração actual das constituições não permite qualquer veleidade aos tribunais constitucionais em actuarem de forma meramente negativa, antes lhes exige uma esforçada actividade que muitas vezes se pode confundir com um *indirizzo* político na efectiva concretização e desenvolvimento do programa constitucional. Daí o falhanço de todas as teses que pretendiam arrumar os tribunais constitucionais numa atitude meramente contemplativa perante as tarefas constitucionais' e o esbatimento, claro em Itália, dos limites à admissibilidade de decisões modificativas"[17].

Esclarece ainda Rui Medeiros:

"As considerações anteriores apontam no sentido da inadmissibilidade das decisões modificativas. Mas isso não significa que não possa haver excepções. Efectivamente, embora parte da doutrina admita que as decisões modificativas são proferidas no exercício de um poder discricionário do Tribunal Constitucional e se contente em pedir aos juízes constitucionais que usem a sua liberdade de escolha com parcimônia, **numerosos autores esforçam-se por sublinhar que não está em causa o exercício de uma função substancialmente criativa *ex nihil*, verificando-se tão somente a extração de um *quid iuris* já presente – de modo cogente e vinculativo para o próprio legislador – no ordenamento**. Nesta perspectiva, o órgão de controlo, ao modificar a lei, não actua como se fosse legislador, já que 'não possui aquele grau de liberdade de opção para definir o escopo legal que é atributo do legislador'. 'O *quid iuris adiectum*, ainda que não explicitado formalmente na disposição ou no texto (*verba legis*), está já presente, e *in modo obbligante*, no próprio sistema'.

[Destaca Rui Medeiros que] Dois critérios são normalmente trazidos à colação para fundamentar este entendimento: o critério da vontade hipotética do legislador e o critério da solução constitucionalmente obrigatória. O campo de aplicação das decisões modificativas restringe-se, nesta perspectiva, aos domínios em que a liberdade de conformação do legislador se reduz quase ao zero ou em que se pode afirmar que o legislador, caso tivesse previsto a inconstitucionalidade, teria alargado o âmbito de aplicação da lei. É certo que numerosos autores se socorrem ainda de um princípio geral de tratamento mais favorável. Mas, uma vez que um tal princípio se funda em normas ou princípios constitucionais (v.g. no princípio do Estado Social, no princípio da igualdade, na proibição de retrocesso social), o apelo ao princípio geral de tratamento mais favorável constitui no fundo uma simples modalidade do segundo critério referido"[18].

Por fim, Rui Medeiros assevera que:

"– É frequente a aceitação das decisões modificativas nos casos em que o Tribunal completa um regime basicamente escolhido pelo legislador e de um modo que em princípio o legislador não desdenharia. Diz-se, para o efeito, que não há, aí, substituição da vontade ou da opção do legislador por outras substancialmente diversas. (p. 502)

– A admissibilidade das decisões modificativas impõe-se segundo outro critério, quando a modificação da lei operada pelo Tribunal Constitucional incorpora unicamente uma 'solução constitucionalmente obrigatória', pois nestes casos, o Tribunal Constitucional não exerce manifestamente uma função substancialmente criativa *ex nihil*"[19].

Especialmente no que concerne à aceitação das sentenças aditivas ou modificativas, esclarece Rui Medeiros que elas são em geral aceitas quando integram ou completam um regime previamente adotado pelo legislador ou ainda quando a solução adotada pelo Tribunal incorpora "solução constitucionalmente obrigatória" (MEDEIROS, Rui, A *Decisão de Inconstitucionalidade*, cit., p. 504).

A disciplina do direito de greve para os trabalhadores em geral no que concerne às denominadas "atividades essenciais" é especificamente delineada nos arts. 9 a 11 da Lei n. 7.783/1989.

---

17 MEDEIROS, Rui. A *Decisão de Inconstitucionalidade*, p. 493-494.
18 MEDEIROS, Rui. A *Decisão de Inconstitucionalidade*, p. 501.
19 MEDEIROS, Rui, A *Decisão de Inconstitucionalidade*, cit., p. 504.

Estado de Direito e Jurisdição Constitucional – Decisões relevantes em 15 anos de atuação no STF

O artigo 9º desse diploma normativo dispõe que o sindicato ou comissão de negociação deve manter um número de empregados em atividade para que seja garantida a manutenção dos serviços que, se paralisados, podem acarretar prejuízo irreparável. Para isso, deve haver acordo entre o sindicato ou comissão de negociação e a entidade patronal ou o empregador. Se não se chegar a esse acordo, o empregador pode contratar diretamente esses serviços, enquanto a greve durar.

O artigo 10 da Lei Geral de Greve, por sua vez, elenca atividades e serviços que devem ser considerados como essenciais, *verbis*:

"I – tratamento e abastecimento de água; produção e distribuição de energia elétrica, gás e combustíveis;

II – assistência médica e hospitalar;

III – distribuição e comercialização de medicamentos e alimentos;

IV – funerários;

V – transporte coletivo;

VI – captação e tratamento de esgoto e lixo;

VII – telecomunicações;

VIII – guarda, uso e controle de substâncias radiativas, equipamentos e materiais nucleares;

IX – processamento de dados ligados a serviços essenciais;

X – controle de tráfego aéreo;

XI – compensação bancária".

O artigo 11 da referida Lei dispõe sobre a obrigatoriedade de se garantir, durante a greve, os serviços indispensáveis ao atendimento das necessidades inadiáveis da comunidade. Tal obrigação se dirige tanto aos sindicatos quanto aos empregadores e trabalhadores. O parágrafo único desse artigo estipula o conceito da expressão "necessidades inadiáveis" como "aquelas que, não atendidas, coloquem em perigo iminente a sobrevivência, a saúde ou a segurança da população".

O artigo 12 da Lei n. 7.783/1989, por sua vez, dispõe que, frustrada a obrigação prevista no artigo anterior, cabe ao Poder Público assegurar a prestação dos serviços indispensáveis.

No caso de aplicação dessa legislação geral ao caso específico do direito de greve dos servidores públicos, antes de tudo, afigura-se inegável o conflito existente entre as necessidades mínimas de legislação para o exercício do direito de greve dos servidores públicos (CF, art. 9º, *caput* c/c art. 37, VII), de um lado, com o direito a serviços públicos adequados e prestados de forma contínua (CF, art. 9º, § 1º), de outro. Evidentemente, não se outorga ao legislador qualquer poder discricionário quanto à edição ou não da lei disciplinadora do direito de greve. O legislador poderá adotar um modelo mais ou menos rígido, mais ou menos restritivo do direito de greve no âmbito do serviço público, mas não poderá deixar de reconhecer o direito previamente definido na Constituição.

Identifica-se, pois, aqui a necessidade de uma solução obrigatória da perspectiva constitucional, uma vez que ao legislador não é dado escolher se concede ou não o direito de greve, podendo tão somente dispor sobre a adequada configuração da sua disciplina.

A partir da experiência do direito alemão sobre a declaração de inconstitucionalidade sem pronúncia da nulidade, tendo em vista especialmente as omissões legislativas parciais, e das sentenças aditivas no direito italiano, denota-se que se está, no caso do direito de greve dos servidores, diante de hipótese em que a omissão constitucional reclama uma solução diferenciada.

De resto, uma sistêmica conduta omissiva do Legislativo pode e deve ser submetida à apreciação do Judiciário (e por ele deve ser censurada) de forma a garantir, minimamente, direitos constitucionais reconhecidos (CF, art. 5º, XXXV). Trata-se de uma garantia de proteção judicial efetiva que não pode ser negligenciada na vivência democrática de um Estado de Direito (CF, art. 1º).

Essa consideração traz repercussões acerca do papel institucional a ser desempenhado por esta Corte no processo de fiscalização de constitucionalidade das omissões legislativas. A esse respeito, Joaquín Brage Camazano esclarece as dificuldades normativas que se impõem para a realização de direitos fundamentais e propõe uma superação da formulação kelseniana segun-

Controle da omissão inconstitucional **1629**

do a qual a função da Corte Constitucional deveria se limitar à de um "legislador negativo". Segundo Camazano:

> "La raíz esencialmente pragmática de estas modalidades atípicas de sentencias de la constitucionalidad hace suponer que su uso es prácticamente inevitable, con una u otra denominación y con unas u otras particularidades, por cualquier órgano de la constitucionalidad consolidado que goce de una amplia jurisdicción, en especial si no seguimos condicionados inercialmente por la majestuosa, pero hoy ampliamente superada, concepción de Kelsen del TC como una suerte de 'legislador negativo'. Si alguna vez los tribunales constitucionales fueron legisladores negativos, sea como sea, hoy es obvio que ya no lo son; y justamente el rico 'arsenal' sentenciador de que disponen para fiscalizar la constitucionalidad de la Ley, más allá del planteamiento demasiado simple 'constitucionalidad/inconstitucionalidad', es un elemento más, y de importancia, que viene a poner de relieve hasta qué punto es así. Y es que, como Fernández Segado destaca, 'la praxis de los tribunales constitucionales no ha hecho sino avanzar en esta dirección' de la superación de la idea de los mismos como legisladores negativos, 'certificando [así] la quiebra del modelo kelseniano del legislador negativo"[20].

Sobre a necessidade de decisões adequadas para esse estado de inconstitucionalidade omissiva afiguram-se pertinentnes as lições de Augusto Martin de La Vega na seguinte passagem de sua obra:

> "Partiendo de que cada sistema de justicia constitucional tiende a configurarse como un modelo particular en función de sus relaciones con el ordenamiento constitucional en el que opera, es difícil entender la proliferación de las sentencias manipulativas sin tener en cuenta la combinación de tres factores determinantes en el caso italiano: la existencia de una Constituición con una fuerte carga programática y 'avocada' a un desarrollo progresivo, la continuidad básica de un ordenamiento legal con fuertes resquicios no sólo protoliberales sino incluso autoritarios, y la simultánea ineficacia del Parlamento para dar una resposta en el tiempo socialmente requerido tanto a las demandas de actuación de la Constituición, como a la necesaria adecuación del preexistente ordenamiento legal al orden constitucional"[21].

A meu ver, tais condicionamentos político-institucionais permitem uma aproximação ao caso brasileiro da omissão legislativa quanto ao direito de greve dos servidores públicos.

O que se propõe, portanto, é uma mudança de perspectiva quanto às possibilidades jurisdicionais de controle de constitucionalidade das omissões legislativas.

É certo, igualmente, que a solução alvitrada por essa posição não desborda do critério da vontade hipotética do legislador, uma vez que se cuida de adotar, provisoriamente, para o âmbito da greve no serviço público, as regras aplicáveis às greves no âmbito privado.

D) CONCLUSÃO

Em síntese, considerada a omissão legislativa alegada na espécie, voto, preliminarmente, pelo conhecimento do Mandado de Injunção.

No mérito, acolho a pretensão tão somente no sentido de que se aplique a Lei n. 7.783/1989 enquanto a omissão não seja devidamente regulamentada por Lei específica para os servidores públicos.

Nesse particular, ressalto ainda que, em razão dos imperativos da continuidade dos serviços públicos, não estou a afastar que, de acordo com as peculiaridades de cada caso concreto e mediante solicitação de órgão competente, seja facultado ao juízo competente impor a observância a regime de greve mais severo em razão de se tratarem de "serviços ou atividades essenciais", nos termos dos já mencionados arts. 9º a 11 da Lei n. 7.783/1989.

Creio que essa complementação na parte dispositiva de meu voto é indispensável porque,

---

[20] CAMAZANO, Joaquín Brage. Interpretación Constitucional, declaraciones de inconstitucionalidad y arsenal sentenciador (un sucinto inventario de algunas sentencias "atípica").

[21] LA VEGA, Augusto Martín. *La sentencia constitucional en Italia*, p. 229-230.

na linha do raciocínio desenvolvido, **não se pode deixar de cogitar dos riscos decorrentes das possibilidades de que a regulação dos** *serviços públicos* **que tenham características afins a esses "serviços ou atividades essenciais" seja menos severa que a disciplina dispensada aos** *serviços privados* **ditos "essenciais".**

Isto é, mesmo provisoriamente, há de se considerar, ao menos, idêntica conformação legislativa quanto ao atendimento das necessidades inadiáveis da comunidade que, se não atendidas, coloquem "em perigo iminente a sobrevivência, a saúde ou a segurança da população" (Lei n. 7.783/1989, Parágrafo único, art. 11).

Nessa extensão do acolhimento, porém, creio serem necessárias outras considerações com relação à recente decisão tomada por esta Corte no julgamento da medida liminar na ADI n. 3.395-DF, Rel. Min. Cezar Peluso. Eis o teor da ementa do julgado.

> "EMENTA: INCONSTITUCIONALIDADE. Ação direta. Competência. Justiça do Trabalho. Incompetência reconhecida. Causas entre o Poder Público e seus servidores estatutários. Ações que não se reputam oriundas de relação de trabalho. Conceito estrito desta relação. Feitos da competência da Justiça Comum. Interpretação do art. 114, inc. I, da CF, introduzido pela EC 45/2004. Precedentes. Liminar deferida para excluir outra interpretação. O disposto no art. 114, I, da Constituição da República, não abrange as causas instauradas entre o Poder Público e servidor que lhe seja vinculado por relação jurídico-estatutária"[22].

Assim, sob pena de injustificada e inadmissível negativa de prestação jurisdicional nos âmbitos federal, estadual e municipal, é necessário que, na decisão deste MI, fixemos os parâmetros institucionais e constitucionais de definição de competência, provisória e ampliativa, para a apreciação de dissídios de greve instaurados entre o Poder Público e os servidores com vínculo estatutário.

Nesse particular, assim como argumentei com relação à Lei Geral de Greve, creio ser necessário e adequado que fixemos balizas procedimentais mínimas para a apreciação e julgamento dessas demandas coletivas.

A esse respeito, no plano procedimental, vislumbro a possibilidade de aplicação da Lei n. 7.701/1988 (que cuida da especialização das turmas dos Tribunais do Trabalho em processos coletivos), no que tange à competência para apreciar e julgar eventuais conflitos judiciais referentes à greve de servidores públicos que sejam suscitados até o momento de colmatação legislativa da lacuna ora declarada.

Ao desenvolver mecanismos para a apreciação dessa proposta constitucional para a omissão legislativa, creio não ser possível argumentar pela impossibilidade de se proceder a uma interpretação ampliativa do texto constitucional nesta seara, pois é certo que, antes de se cogitar de uma interpretação restritiva ou ampliativa da Constituição, é dever do intérprete verificar se, mediante fórmulas pretensamente alternativas, não se está a violar a própria decisão fundamental do constituinte. No caso em questão, estou convencido de que não se está a afrontar qualquer opção constituinte, mas, muito pelo contrário, se está a engendrar esforços em busca de uma maior efetividade da Constituição como um todo.

Relembro a afirmação de Pertence, no voto proferido na Questão de Ordem no Inquérito n. 687/SP, Rel. Sydney Sanches, *DJ* de 09.11.2001, ocasião em que se discutia a competência desta Corte no contexto da prerrogativa de foro por exercício de função, Sua Excelência afirmou que: "Se nossa função é realizar a Constituição e nela a largueza do campo do foro por prerrogativa de função mal permite caracterizá-lo como excepcional, nem cabe restringi-lo nem cabe negar-lhe a expansão sistemática necessária a dar efetividade às inspirações da Lei Fundamental".

Sobre essa questão também nos ensina Canotilho:

> "A força normativa da Constituição é incompatível com a existência de competências não escritas salvo nos casos de a própria Constituição autorizar o legislador a alargar o leque de competências normativo-constitucionalmente especificado. No plano metódico, deve também afastar-se a invocação

---

[22] ADI n. 3.395-DF, Pleno, maioria, Rel. Min. Cezar Peluso, vencido o Min. Marco Aurélio, *DJ* 10.11.2006.

de 'poderes implícitos', de 'poderes resultantes' ou de 'poderes inerentes' como formas autônomas de competência. É admissível, porém, uma complementação de competências constitucionais através do manejo de instrumentos metódicos de interpretação (sobretudo de interpretação sistemática ou teleológica). Por esta via, chegar-se-á a duas hipóteses de competência complementares implícitas: (1) competências implícitas complementares, enquadráveis no programa normativo-constitucional de uma competência explícita e justificáveis porque não se trata tanto de alargar competências mas de aprofundar competências (ex.: quem tem competência para tomar uma decisão deve, em princípio, ter competência para a preparação e formação de decisão); (2) competências implícitas complementares, necessárias para preencher lacunas constitucionais patentes através da leitura sistemática e analógica de preceitos constitucionais"[23].

Nesse contexto, conforme já tive oportunidade de sustentar algumas vezes, não há como, em Constituição tão detalhada como a nossa, deixar de fazer uma interpretação compreensiva do texto constitucional. Principalmente levando em consideração a questão ora sob análise (exercício do direito de greve por servidores públicos), resulta impossível não empreender esse tipo de compreensão.

Vê-se, pois, que o sistema constitucional não repudia a ideia de competências implícitas complementares, desde que necessárias para colmatar lacunas constitucionais evidentes. Por isso, considero viável a possibilidade de aplicação das regras de competência insculpidas na Lei n. 7.701/88 para garantir efetividade a uma prestação jurisdicional efetiva na área de conflitos paredistas instaurados entre o Poder Público e os servidores públicos estatutários (CF, arts. 5º, XXXV e 93, IX).

Nesse contexto, é imprescindível que este Plenário densifique as situações provisórias de competência constitucional para a apreciação desses dissídios no contexto nacional, regional, estadual e municipal.

Assim, nas condições acima especificadas, se a paralisação for de âmbito nacional, ou abranger mais de uma Região da Justiça Federal, ou ainda, abranger mais de uma unidade da federação, entendo que a competência para o dissídio de greve será do Superior Tribunal de Justiça (por aplicação analógica do art. 2º, I, "a", da Lei n. 7.701/1988).

Ainda no âmbito federal, se a controvérsia estiver adstrita a uma única Região da Justiça Federal, a competência será dos Tribunais Regionais Federais (aplicação analógica do art. 6º, da Lei n. 7.701/1988).

Para o caso da jurisdição no contexto estadual ou municipal, se a controvérsia estiver adstrita a uma Unidade da Federação, a competência será do respectivo Tribunal de Justiça (também, por aplicação analógica, do art. 6º, da Lei n. 7.701/1988).

Revela-se importante, nesse particular, ressaltar que a par da competência para o dissídio de greve em si – discutindo a abusividade, ou não, da greve – também os referidos tribunais, nos seus respectivos âmbitos, serão competentes para decidir acerca do mérito do pagamento, ou não, dos dias de paralisação, assim como das medidas cautelares eventualmente incidentes, tais como:

i) aquelas nas quais se postule a preservação do objeto da querela judicial, qual seja, o percentual mínimo de servidores públicos que devem continuar trabalhando durante o movimento paredista, ou mesmo a proibição de qualquer tipo de paralisação;

ii) os interditos possessórios para a desocupação de dependências dos órgãos públicos eventualmente tomados por grevistas; e

iii) demais medidas cautelares que apresentem conexão direta com o dissídio coletivo de greve.

Em última instância, a adequação e necessidade da definição dessas questões de organização e procedimento dizem respeito a questões de fixação de competência constitucional de modo a assegurar, a um só tempo, a possibilidade e, sobretudo, os limites ao exercício do direito constitucional de greve dos servidores públicos; e a continuidade na prestação dos serviços públicos.

Ao adotar essa medida, este Tribunal estaria a assegurar o direito de greve constitucionalmente garantido no art. 37, VII, da Constituição Federal, sem desconsiderar a garantia da continuidade

---

[23] CANOTILHO, J. J. Gomes. *Direito Constitucional e Teoria da Constituição*. 5. ed. Coimbra: Almedina, p. 543.

1632 Estado de Direito e Jurisdição Constitucional – Decisões relevantes em 15 anos de atuação no STF

de prestação de serviços públicos – um elemento fundamental para a preservação do interesse público em áreas que são extremamente demandadas para o benefício da sociedade brasileira.

É como voto.

APÊNDICE

Comparativo entre a Lei de Greve dos servidores em geral (Lei n. 7.783/1989) e o substitutivo ao Projeto de Lei acerca da regulamentação do direito de greve dos servidores públicos n. 4.497/2001

Lei n. 7.783/1989	Substitutivo ao Projeto de Lei n. 4.497/2001
Dispõe sobre o exercício do direito de greve, define as atividades essenciais, regula o atendimento das necessidades inadiáveis da comunidade, e dá outras providências. **O PRESIDENTE DA REPÚBLICA**, faço saber que o Congresso Nacional decreta e eu sanciono a seguinte Lei:	Dispõe sobre os termos e limites do exercício do direito de greve pelos servidores públicos. O Congresso Nacional decreta:
Art. 1° É assegurado o direito de greve, competindo aos trabalhadores decidir sobre a oportunidade de exercê-lo e sobre os interesses que devam por meio dele defender. Parágrafo único. O direito de greve será exercido na forma estabelecida nesta Lei.	Art. 1° O direito de greve será exercido pelos servidores públicos nos termos e limites estabelecidos por esta lei, competindo-lhes decidir sobre a oportunidade de exercê-lo e sobre os interesses que devam por meio dele defender.
Art. 2° Para os fins desta Lei, considera-se legítimo exercício do direito de greve a suspensão coletiva, temporária e pacífica, total ou parcial, de prestação pessoal de serviços a empregador.	Art. 2° Para os fins desta lei considera-se: I – Administração: órgão da administração direta de qualquer dos Poderes da União, dos Estados, do Distrito Federal e dos Municípios, bem como respectivas autarquias e fundações públicas; II – servidor: pessoa legalmente investida em cargo público; III – legítimo exercício do direito de greve: suspensão coletiva, temporária e pacífica, total ou parcial, da prestação de serviços públicos.
Art. 3° Frustrada a negociação ou verificada a impossibilidade de recursos via arbitral, é facultada a cessação coletiva do trabalho. Parágrafo único. A entidade patronal correspondente ou os empregadores diretamente interessados serão notificados, com antecedência mínima de 48 (quarenta e oito) horas, da paralisação.	Art. 3° Caberá à entidade sindical dos servidores convocar, na forma de seu estatuto, assembleia geral para deliberar sobre as reivindicações da categoria e sobre a deflagração e a cessação da greve. § 1° O estatuto da entidade sindical deverá prever as formalidades para convocação da assembleia geral e o *quorum* específico exigido para deliberação quanto à greve. § 2° Se inexistir entidade sindical representativa dos servidores públicos, assembleia geral convocada com pelo menos 24 (vinte e quatro) horas de antecedência, desde que conte com a presença de pelo menos 50% (cinquenta por cento) dos integrantes da categoria, poderá deliberar sobre a greve por maioria absoluta dos presentes, devendo, obrigatoriamente, caso a greve seja aprovada, constituir comissão de negociação. § 3° A entidade sindical ou a comissão de negociação a que se refere o § 2° representará os interesses dos servidores em greve nas negociações com a Administração e, caso seja necessário, junto ao Poder Judiciário.

(continua)

(continuação)

Lei n. 7.783/1989	Substitutivo ao Projeto de Lei n. 4.497/2001
Art. 4° Caberá à entidade sindical correspondente convocar, na forma do seu estatuto, assembleia geral que definirá as reivindicações da categoria e deliberará sobre a paralisação coletiva da prestação de serviços. § 1° O estatuto da entidade sindical deverá prever as formalidades de convocação e o quorum para a deliberação, tanto da deflagração quanto da cessação da greve.	Art. 4° Apresentada a pauta de reivindicações nos termos do art. 3°, a Administração adotará os seguintes procedimentos: I – instalará processo de negociação; II – no prazo de 30 (trinta) dias contados do recebimento das reivindicações, deverá manifestar-se, acolhendo-as, apresentando proposta conciliatória ou fundamentando a impossibilidade de seu atendimento.
Art. 5° A entidade sindical ou comissão especialmente eleita representará os interesses dos trabalhadores nas negociações ou na Justiça do Trabalho.	Art. 5° Transcorrido o prazo previsto no inciso II do art. 4° e tendo a assembleia geral deliberado pela deflagração da greve, caberá à entidade sindical ou à comissão de negociação comunicar tal fato à Administração, com antecedência mínima de 72 (setenta e duas) horas do início da greve.
Art. 6° São assegurados aos grevistas, dentre outros direitos: I – o emprego de meios pacíficos tendentes a persuadir ou aliciar os trabalhadores a aderirem à greve; II – a arrecadação de fundos e a livre divulgação do movimento. § 1° Em nenhuma hipótese, os meios adotados por empregados e empregadores poderão violar ou constranger os direitos e garantias fundamentais de outrem. § 2° É vedado às empresas adotar meios para constranger o empregado ao comparecimento ao trabalho, bem como capazes de frustrar a divulgação do movimento. § 3° As manifestações e atos de persuasão utilizados pelos grevistas não poderão impedir o acesso ao trabalho nem causar ameaça ou dano à propriedade ou pessoa.	Art. 6° São assegurados aos servidores em greve, sem prejuízo de outros direitos: I – a livre divulgação do movimento grevista entre os servidores; II – a persuasão e o aliciamento dos servidores visando sua adesão à greve, mediante o emprego de meios pacíficos; III – a arrecadação de fundos para o movimento grevista; IV – a prestação de esclarecimentos à população sobre os motivos e objetivos da greve. § 1° Em nenhuma hipótese, o legítimo exercício do direito de greve poderá servir de justificativa ou atenuante para quaisquer ações de servidores ou da Administração que constituam violação, ameaça ou constrangimento ao exercício dos direitos e garantias fundamentais. § 2° É vedado à Administração, sob pena de responsabilidade das autoridades, por qualquer forma constranger servidor a comparecer ao trabalho, bem como procurar frustrar o exercício dos direitos previstos neste artigo.
Art. 7° Observadas as condições previstas nesta Lei, a participação em greve suspende o contrato de trabalho, devendo as relações obrigacionais, durante o período, ser regidas pelo acordo, convenção, laudo arbitral ou decisão da Justiça do Trabalho. Parágrafo único. É vedada a rescisão de contrato de trabalho durante a greve, bem como a contratação de trabalhadores substitutos, exceto na ocorrência das hipóteses previstas nos arts. 9° e 14.	Art. 7° Durante o período de greve são vedados, nos órgãos ou entidades públicas cujas atividades estejam interrompidas ou prejudicadas, os atos de:

(continua)

1634 Estado de Direito e Jurisdição Constitucional – Decisões relevantes em 15 anos de atuação no STF

(continuação)

Lei n. 7.783/1989	Substitutivo ao Projeto de Lei n. 4.497/2001
	I – demissão de servidor, exceto nos casos previstos no art. 12 ou quando se tratar de demissão fundada em fatos não relacionados à paralisação; II – exoneração de servidor, exceto em se tratando de cargos em comissão de livre provimento e exoneração, ou, sendo cargo efetivo, se a pedido do servidor; III – nomeação de novos servidores para exercício de cargo efetivo; IV – contratação por tempo determinado prevista no art. 37, IX, da Constituição Federal; V – contratação de terceiros para a execução de serviços prestados usualmente por servidor. § 1º As vedações constantes nos incisos IV e V não se aplicam aos casos previstos no § 2º do art. 9º. § 2º A inobservância do disposto neste artigo implicará a nulidade do ato respectivo e a responsabilização da autoridade que o praticou ou determinou.
Art. 8º A Justiça do Trabalho, por iniciativa de qualquer das partes ou do Ministério Público do Trabalho, decidirá sobre a procedência, total ou parcial, ou improcedência das reivindicações, cumprindo ao Tribunal publicar, de imediato, o competente acórdão.	Art. 8º São considerados serviços ou atividades essenciais, além daqueles especificados na lei de que trata o § 1º do art. 9º da Constituição Federal: I – a representação diplomática do país no exterior e a recepção a representantes de governos estrangeiros ou de organismos internacionais, em visita oficial ao país; II – o exercício de poder de polícia; III – os serviços de carceragem e vigilância de presos e de segurança dos estabelecimentos do sistema penitenciário; IV – os serviços de assistência à saúde e previdência; V – os serviços do Poder Judiciário diretamente vinculados ao exercício de suas funções; VI – os serviços que visam possibilitar o atendimento direto das atribuições legais das Forças Armadas.
Art. 9º Durante a greve, o sindicato ou a comissão de negociação, mediante acordo com a entidade patronal ou diretamente com o empregador, manterá em atividade equipes de empregados com o propósito de assegurar os serviços cuja paralisação resultem em prejuízo irreparável, pela deterioração irreversível de bens, máquinas e equipamentos, bem como a manutenção daqueles essenciais à retomada das atividades da empresa quando da cessação do movimento. Parágrafo único. Não havendo acordo, é assegurado ao empregador, enquanto perdurar a greve, o direito de contratar diretamente os serviços necessários a que se refere este artigo.	Art. 9º Durante a greve em órgãos e entidades públicas que executem serviços ou atividades essenciais, os servidores, sob a coordenação de entidade sindical ou da comissão de negociação a que se refere o § 2º do art. 3º, ficam obrigados a garantir a prestação dos serviços indispensáveis ao atendimento das necessidades inadiáveis de interesse público. § 1º São necessidades inadiáveis de interesse público aquelas que, se não atendidas, coloquem em risco iminente a segurança do Estado, a sobrevivência, a saúde ou a segurança da população, o exercício dos direitos e garantias fundamentais e a preservação do patrimônio público. § 2º No caso de inobservância do disposto neste artigo pelos servidores, fica a Administração autorizada a proceder à:

(continua)

Controle da omissão inconstitucional 1635

(continuação)

Lei n. 7.783/1989	Substitutivo ao Projeto de Lei n. 4.497/2001
	I – contratação de pessoal por tempo determinado, prevista no art. 37, IX, da Constituição Federal; II – contratação de serviços de terceiros para a execução de serviços prestados usualmente por servidor, admitida a dispensa de licitação; § 3º Os contratos previstos no § 2º restringir-se-ão à efetiva prestação dos serviços a que se refere o *caput* e serão rescindidos em prazo não superior a 15 (quinze) dias após o encerramento da greve.
Art. 10. São considerados serviços ou atividades essenciais:	Art. 10. Os dias de greve serão contados como de efetivo exercício para todos os efeitos, inclusive remuneratórios, desde que, após o encerramento da greve, sejam repostas as horas não trabalhadas, de acordo com cronograma estabelecido pela Administração, com a participação da entidade sindical ou da comissão de negociação a que se refere o § 2º do art. 3º.
I – tratamento e abastecimento de água; produção e distribuição de energia elétrica, gás e combustíveis; II – assistência médica e hospitalar; III – distribuição e comercialização de medicamentos e alimentos; IV – funerários; V – transporte coletivo; VI – captação e tratamento de esgoto e lixo; VII – telecomunicações; VIII – guarda, uso e controle de substâncias radioativas, equipamentos e materiais nucleares; IX – processamento de dados ligados a serviços essenciais; X – controle de tráfego aéreo; XI – compensação bancária.	
Art. 11. Nos serviços ou atividades essenciais, os sindicatos, os empregadores e os trabalhadores ficam obrigados, de comum acordo, a garantir, durante a greve, a prestação dos serviços indispensáveis ao atendimento das necessidades inadiáveis da comunidade. Parágrafo único. São necessidades inadiáveis da comunidade aquelas que, não atendidas, coloquem em perigo iminente a sobrevivência, a saúde ou a segurança da população.	Art. 11. Constitui abuso do direito de greve: I – a paralisação que não atenda às formalidades para convocação da assembleia geral dos servidores e o quorum específico para deliberação; II – a paralisação de serviços sem a devida comunicação à Administração, com a antecedência mínima prevista no art. 5º; III – a recusa à prestação dos serviços indispensáveis ao atendimento das necessidades de interesse público previstas no art. 9º; IV – a manutenção da greve após a celebração de acordo ou decisão judicial sobre a legalidade das reivindicações que a tenham motivado.
Art. 12. No caso de inobservância do disposto no artigo anterior, o Poder Público assegurará a prestação dos serviços indispensáveis.	Art. 12. O abuso do direito de greve, devidamente apurado em processo administrativo, assegurada ao acusado ampla defesa, acarretará as penalidades de: I – suspensão de até 90 (noventa) dias, que poderá, a critério da Administração, ser convertida em multa, na base de 30%, por dia, da remuneração, ficando o servidor, neste caso, obrigado a permanecer no trabalho; II – demissão, em caso de reincidência.

(continua)

(continuação)

Lei n. 7.783/1989	Substitutivo ao Projeto de Lei n. 4.497/2001
	Parágrafo Único. A penalidade de suspensão terá seu registro cancelado, sem qualquer efeito retroativo, decorridos 3 (três) anos de efetivo exercício, se o servidor, durante esse período, não incorrer em nova infração disciplinar.
Art. 13. Na greve, em serviços ou atividades essenciais, ficam as entidades sindicais ou os trabalhadores, conforme o caso, obrigados a comunicar a decisão aos empregadores e aos usuários com antecedência mínima de 72 (setenta e duas) horas da paralisação.	Art. 13. A responsabilidade pelos atos praticados durante a greve será apurada, no que couber, nas esfera administrativa, civil e penal. § 1º As sanções administrativas, civis e penais poderão cumular-se, sendo independentes entre si. § 2º A responsabilidade administrativa do servidor será afastada no caso de absolvição criminal que negue a existência do fato ou sua autoria.
Art. 14. Constitui abuso do direito de greve a inobservância das normas contidas na presente Lei, bem como a manutenção da paralisação após a celebração de acordo, convenção ou decisão da Justiça do Trabalho. Parágrafo único. Na vigência de acordo, convenção ou sentença normativa não constitui abuso do exercício do direito de greve a paralisação que: I – tenha por objetivo exigir o cumprimento de cláusula ou condição; II – seja motivada pela superveniência de fato novo ou acontecimento imprevisto que modifique substancialmente a relação de trabalho.	Art. 14. Esta lei entra em vigor na data de sua publicação.
Art. 15. A responsabilidade pelos atos praticados, ilícitos ou crimes cometidos, no curso da greve, será apurada, conforme o caso, segundo a legislação trabalhista, civil ou penal. Parágrafo único. Deverá o Ministério Público, de ofício, requisitar a abertura do competente inquérito e oferecer denúncia quando houver indício da prática de delito.	
Art. 16. Para os fins previstos no art. 37, inciso VII, da Constituição, lei complementar definirá os termos e os limites em que o direito de greve poderá ser exercido.	
Art. 17. Fica vedada a paralisação das atividades, por iniciativa do empregador, com o objetivo de frustrar negociação ou dificultar o atendimento de reivindicações dos respectivos empregados ("lockout"). Parágrafo único. A prática referida no "caput" assegura aos trabalhadores o direito à percepção dos salários durante o período de paralisação.	
Art. 18. Ficam revogados a **Lei n. 4.330, de 1º de junho de 1964**, o **Decreto-Lei n. 1.632, de 4 de agosto de 1978**, e demais disposições em contrário.	
Art. 19. Esta Lei entra em vigor na data de sua publicação.	
Brasília, 28 de junho de 1989; 168º da Independência e 101º da República. JOSÉ SARNEY *Oscar Dias Corrêa* *Dorothea Werneck*	

Controle da omissão inconstitucional   1637

APÊNDICE

Comparativo entre a Lei de Greve dos servidores em geral (Lei n. 7.783/1989) e o Projeto de Lei acerca da regulamentação do direito de greve dos servidores públicos n. 6.032/2002

Lei n. 7.783/1989	Projeto de Lei n. 6.032/2002
Dispõe sobre o exercício do direito de greve, define as atividades essenciais, regula o atendimento das necessidades inadiáveis da comunidade, e dá outras providências.	Disciplina o exercício do direito de greve dos servidores públicos dos Poderes da União, dos Estados, do Distrito Federal a dos Municípios, previsto no art. 37, inciso VII da Constituição Federal e dá outras providências. (Apense-se ao PL n. 4.497/2001.)
O PRESIDENTE DA REPÚBLICA, faço saber que o Congresso Nacional decreta e eu sanciono a seguinte Lei:	O Congresso Nacional decreta:
Art. 1º É assegurado o direito de greve, competindo aos trabalhadores decidir sobre a oportunidade de exercê-lo e sobre os interesses que devam por meio dele defender.	Art. 1º Esta lei disciplina o exercício do direito de greve dos servidores públicos da Administração Pública direta, autárquica ou fundacional, de qualquer dos Poderes da União, dos Estados, do Distrito Federal e dos Municípios, e estabelece os termos e os limites para o seu exercício.
Parágrafo único. O direito de greve será exercido na forma estabelecida nesta Lei.	
Art. 2º Para os fins desta Lei, considera-se legítimo exercício do direito de greve a suspensão coletiva, temporária e pacífica, total ou parcial, de prestação pessoal de serviços a empregador.	Art. 2º Considera-se exercício regular do direito de greve a suspensão coletiva, temporária e pacífica de serviço ou atividade estatal dos Poderes da União, dos Estados, do Distrito Federal e dos Municípios.
Art. 3º Frustrada a negociação ou verificada a impossibilidade de recursos via arbitral, é facultada a cessação coletiva do trabalho.	Art. 3º Será suspenso de ofício, pela autoridade competente, o pagamento da remuneração do servidor em greve, relativamente aos dias não trabalhados.
Parágrafo único. A entidade patronal correspondente ou os empregadores diretamente interessados serão notificados, com antecedência mínima de 48 (quarenta e oito) horas, da paralisação.	§ 1º Declarada a legalidade da greve, será restabelecido o pagamento da remuneração, com efeitos retroativos à data de sua suspensão, ficando o servidor obrigado a repor os dias não trabalhados, mediante jornada diária acrescida de duas horas.
	§ 2º Declarada a ilegalidade da greve, é vedada a reposição do pagamento dos dias paralisados.
Art. 4º Caberá à entidade sindical correspondente convocar, na forma do seu estatuto, assembleia geral que definirá as reivindicações da categoria e deliberará sobre a paralisação coletiva da prestação de serviços.	Art. 4º Cabe à entidade representativa dos servidores públicos convocar assembleia-geral específica para deliberar sobre suas reivindicações perante o Poder Público.
§ 1º O estatuto da entidade sindical deverá prever as formalidades de convocação e o quorum para a deliberação, tanto da deflagração quanto da cessação da greve.	Parágrafo único. Inexistindo entidade representativa dos servidores públicos, estes se farão representar por comissão de liderança do movimento grevista que, para os fins desta lei, terá capacidade processual.
§ 2º Na falta de entidade sindical, a assembleia geral dos trabalhadores interessados deliberará para os fins previstos no "caput", constituindo comissão de negociação.	
Art. 5º A entidade sindical ou comissão especialmente eleita representará os interesses dos trabalhadores nas negociações ou na Justiça do Trabalho.	Art. 5º As decisões da assembleia-geral somente poderão ser tomadas com a presença mínima comprovada de dois terços do total dos servidores da categoria, considerando-se aprovadas se obtiverem a maioria absoluta dos votos dos membros presentes.

(continua)

(continuação)

Lei n. 7.783/1989	Projeto de Lei n. 6.032/2002
Art. 6° São assegurados aos grevistas, dentre outros direitos:	Art. 6° As deliberações aprovadas em assembleia-geral, com indicativo de greve, serão notificadas ao Poder Público para que se manifeste no prazo de trinta dias, acolhendo as reivindicações, apresentando proposta conciliatória ou fundamentando a impossibilidade de seu atendimento.
I – o emprego de meios pacíficos tendentes a persuadir ou aliciar os trabalhadores a aderirem à greve; II – a arrecadação de fundos e a livre divulgação do movimento.	
§ 1° Em nenhuma hipótese, os meios adotados por empregados e empregadores poderão violar ou constranger os direitos e garantias fundamentais de outrem.	§ 1° A omissão do Poder Público ou a frustração da tentativa conciliatória no prazo previsto neste artigo permitirá aos servidores decidir pela paralisação dos serviços, em assembleia-geral específica.
§ 2° É vedado às empresas adotar meios para constranger o empregado ao comparecimento ao trabalho, bem como capazes de frustrar a divulgação do movimento.	§ 2° Decidindo a assembleia-geral pela paralisação de serviço ou atividade pública, caberá à entidade representativa dos servidores comunicar tal fato ao Poder Público, com antecedência mínima de dez dias.
§ 3° As manifestações e atos de persuasão utilizados pelos grevistas não poderão impedir o acesso ao trabalho nem causar ameaça ou dano à propriedade ou pessoa.	§ 3° No prazo estabelecido no § 2° deste artigo, a entidade representativa deverá informar à comunidade sobre as reivindicações apresentadas ao Poder Público.
Art. 7° Observadas as condições previstas nesta Lei, a participação em greve suspende o contrato de trabalho, devendo as relações obrigacionais, durante o período, ser regidas pelo acordo, convenção, laudo arbitral ou decisão da Justiça do Trabalho. Parágrafo único. É vedada a rescisão de contrato de trabalho durante a greve, bem como a contratação de trabalhadores substitutos, exceto na ocorrência das hipóteses previstas nos arts. 9° e 14.	Art. 7° Durante a greve deverá ser mantido percentual mínimo de cinquenta por cento de servidores em atividade, de forma a garantir a continuidade dos serviços ou das atividades públicas.
Art. 8° A Justiça do Trabalho, por iniciativa de qualquer das partes ou do Ministério Público do Trabalho, decidirá sobre a procedência, total ou parcial, ou improcedência das reivindicações, cumprindo ao Tribunal publicar, de imediato, o competente acórdão.	Art. 8° São assegurados aos servidores em greve:
	I – a livre divulgação do movimento grevista; e II – atos de convencimento dos servidores para adesão à greve, fora do local de serviço, e mediante o emprego de meios pacíficos. Parágrafo único. As manifestações e atos de convencimento utilizados pelos servidores em greve não poderão impedir o regular funcionamento do serviço ou da atividade pública, a liberdade de locomoção, o acesso ao trabalho, aos logradouros e prédios públicos, nem causar ameaça ou dano à pessoa ou ao patrimônio público ou privado.
Art. 9° Durante a greve, o sindicato ou a comissão de negociação, mediante acordo com a entidade patronal ou diretamente com o empregador, manterá em atividade equipes de empregados com o propósito de assegurar os serviços cuja paralisação resultem em prejuízo irreparável, pela deterioração irreversível de bens, máquinas e equipamentos, bem como a manutenção daqueles essenciais à retomada das atividades da empresa quando da cessação do movimento.	Art. 9° A ameaça concreta de deflagração de greve autoriza o Poder Público a ingressar em juízo postulando a declaração de ilegalidade do movimento, inclusive liminarmente.

(continua)

Controle da omissão inconstitucional **1639**

(continuação)

Lei n. 7.783/1989	Projeto de Lei n. 6.032/2002
Parágrafo único. Não havendo acordo, é assegurado ao empregador, enquanto perdurar a greve, o direito de contratar diretamente os serviços necessários a que se refere este artigo.	§ 1° Sob pena de indeferimento, a petição inicial da ação a que se refere o "caput" será obrigatoriamente instruída com os documentos necessários ao pronto julgamento da causa, requisito também exigido da contestação, sendo vedada dilação probatória a pedido das partes. § 2° As manifestações do Ministério Público serão proferidas no prazo improrrogável de dez dias. § 3° O Poder Público poderá postular liminarmente a fixação de percentual de servidores em atividade, superior ao definido no art. 7°, quando, por sua natureza, a atividade assim o exigir. § 4° Da decisão que julgar o pedido de liminar caberá agravo de instrumento, a ser julgado na sessão seguinte à sua interposição, independentemente da concessão de efeito suspensivo ao recurso. § 5° Da decisão que julgar o agravo de que trata o § 4° caberá pedido de suspensão ao Presidente do Tribunal competente para julgar eventual recurso especial ou extraordinário, ainda que pendente de juízo de admissibilidade no tribunal de origem. § 6° Da decisão que indeferir o pedido de que trata o § 5° caberá agravo no prazo de cinco dias, a ser julgado na sessão seguinte à sua interposição. § 7° O processo prosseguirá até decisão final sobre a legalidade ou ilegalidade da greve, independentemente do encerramento do movimento de paralisação. § 8° Os processos referidos nesta lei terão prioridade sobre todos os atos judiciais, salvo *habeas corpus* e mandado de segurança.
Art. 10. São considerados serviços ou atividades essenciais: I – tratamento e abastecimento de água; produção e distribuição de energia elétrica, gás e combustíveis; II – assistência médica e hospitalar; III – distribuição e comercialização de medicamentos e alimentos; IV – funerários; V – transporte coletivo; VI – captação e tratamento de esgoto e lixo; VII – telecomunicações; VIII – guarda, uso e controle de substâncias radioativas, equipamentos e materiais nucleares; IX – processamento de dados ligados a serviços essenciais; X – controle de tráfego aéreo; XI compensação bancária.	Art. 10. A participação em greve, após declarada sua ilegalidade, produzirá os efeitos de falta não justificada, a partir da data de início do respectivo movimento grevista.

(continua)

(continuação)

Lei n. 7.783/1989	Projeto de Lei n. 6.032/2002
Art. 11. Nos serviços ou atividades essenciais, os sindicatos, os empregadores e os trabalhadores ficam obrigados, de comum acordo, a garantir, durante a greve, a prestação dos serviços indispensáveis ao atendimento das necessidades inadiáveis da comunidade. Parágrafo único. São necessidades inadiáveis da comunidade aquelas que, não atendidas, coloquem em perigo iminente a sobrevivência, a saúde ou a segurança da população.	Art. 11. Enquanto não declarada ilegal é vedada a demissão de servidor, exceto na hipótese de conclusão de processo administrativo disciplinar que tenha por objeto fato não relacionado com a participação na greve.
Art. 12. No caso de inobservância do disposto no artigo anterior, o Poder Público assegurará a prestação dos serviços indispensáveis.	Art. 12. Em caso de manutenção da greve após a declaração de ilegalidade do movimento, a Justiça imporá à entidade representativa dos servidores pena cominatória em valor não superior a R$ 50.000,00 (cinquenta mil reais) por dia de paralisação, até a cessação completa do movimento.
Art. 13. Na greve, em serviços ou atividades essenciais, ficam as entidades sindicais ou os trabalhadores, conforme o caso, obrigados a comunicar a decisão aos empregadores e aos usuários com antecedência mínima de 72 (setenta e duas) horas da paralisação.	Art. 13. Será declarada ilegal a greve deflagrada em desacordo com o disposto nesta lei.
Art. 14. Constitui abuso do direito de greve a inobservância das normas contidas na presente Lei, bem como a manutenção da paralisação após a celebração de acordo, convenção ou decisão da Justiça do Trabalho. Parágrafo único. Na vigência de acordo, convenção ou sentença normativa não constitui abuso do exercício do direito de greve a paralisação que: I – tenha por objetivo exigir o cumprimento de cláusula ou condição; II – seja motivada pela superveniência de fatos novo ou acontecimento imprevisto que modifique substancialmente a relação de trabalho.	Art. 14. O art. 132 da Lei n. 8.112, de 11 de dezembro de 1990, passa a vigorar acrescido dos seguinte inciso XIV: "XIV – prática, durante a greve, de qualquer ato que viole os direitos e garantias fundamentais de outrem, impedindo o acesso ao trabalho, perturbando o regular funcionamento do serviço ou atividade pública ou causando ameaça ou dano a propriedade ou a pessoa". (NR).
Art. 15. A responsabilidade pelos atos praticados, ilícitos ou crimes cometidos, no curso da greve, será apurada, conforme o caso, segundo a legislação trabalhista, civil ou penal. Parágrafo único. Deverá o Ministério Público, de ofício, requisitar a abertura do competente inquérito e oferecer denúncia quando houver indício da prática de delito.	Art. 15. Esta lei entra em vigor na data de sua publicação.
Art. 16. Para os fins previstos no art. 37, inciso VII, da Constituição, lei complementar definirá os termos e os limites em que o direito de greve poderá ser exercido.	

(continua)

Controle da omissão inconstitucional **1641**

(continuação)

Lei n. 7.783/1989	Projeto de Lei n. 6.032/2002
Art. 17. Fica vedada a paralisação das atividades, por iniciativa do empregador, com o objetivo de frustrar negociação ou dificultar o atendimento de reivindicações dos respectivos empregados ("lockout"). Parágrafo único. A prática referida no "caput" assegura aos trabalhadores o direito à percepção dos salários durante o período de paralisação.	
Art. 18. Ficam revogados a *Lei n. 4.330, de 1° de junho de 1964*, o *Decreto-Lei n. 1.632, de 4 de agosto de 1978*, e demais disposições em contrário.	
Art. 19. Esta Lei entra em vigor na data de sua publicação.	
Brasília, 28 de junho de 1989; 168° da Independência e 101° da República. JOSÉ SARNEY *Oscar Dias Corrêa* *Dorothea Werneck*	

ADIs 875, 1.987, 2.727 e 3.243[1]

Fundo de Participação dos Estados – Federalismo – Omissão legislativa parcial – Identidade de pedidos e causas de pedir em ações diretas de inconstitucionalidade e ações diretas de inconstitucionalidade por omissão – Inconstitucionalidade – Reconhecimento da fungibilidade entre ações diretas de inconstitucionalidade e ações diretas de inconstitucionalidade por omissão.

Tratava-se de quatro ações diretas de inconstitucionalidade que tinham como objeto dispositivos da Lei Complementar n. 62, de 28 de dezembro de 1989, a qual estabelece normas sobre o cálculo, a entrega e o controle das liberações dos recursos dos Fundos de Participação e dá outras providências.

A **Ação Direta de Inconstitucionalidade n. 1.987/DF** foi proposta pelos Estados de Mato Grosso e Goiás em face da suposta **omissão** do Congresso Nacional em regulamentar o art. 161, inciso II, da Constituição Federal.

Assim dispõe o art. 161, inciso II, da Constituição:

"Art. 161. Cabe à lei complementar:

(...)

II – estabelecer normas sobre a entrega dos recursos de que trata o art. 159, especialmente sobre os critérios de rateio dos fundos previstos em seu inciso I, objetivando promover o equilíbrio socioeconômico entre Estados e entre Municípios."

O art. 159, inciso I, por sua vez, dispõe desta forma:

"Art. 159. A União entregará:

I – do produto da arrecadação dos impostos sobre renda e proventos de qualquer natureza e sobre produtos industrializados, quarenta e oito por cento na seguinte forma:

a) vinte e um inteiros e cinco décimos por cento ao Fundo de Participação dos Estados e do Distrito Federal;

b) vinte e dois inteiros e cinco décimos por cento ao Fundo de Participação dos Municípios."

Os requerentes afirmavam que o critério estabelecido pela Lei Complementar n. 62/1989 não traduzia a vontade do legislador constituinte, uma vez que o artigo 161 da Constituição dispõe que o estabelecimento dos critérios de rateio dos fundos deve promover "o equilíbrio socioeconômico entre Estados e entre Municípios" (fls. 02-13). Sustentavam a arbitrariedade da fixação dos índices destinados aos Estados, sobretudo os da Região Centro-Oeste, o que estaria a ofender a ideia de redistribuição de recursos que inspirou a criação dos fundos.

Em sua análise, os requerentes descreviam que a Lei Complementar n. 62 teria um aspecto indiscutivelmente positivo no tocante à definição de 85% (oitenta e cinco por cento) para as Regiões mais pobres do país (Norte, Nordeste e Centro-Oeste), restando os outros 15% (quinze por cento) para os Estados mais ricos do Sul e Sudeste, o que estaria de acordo com a ideia redistributiva dos fundos.

O problema, no entanto, estaria na fixação, pela lei complementar impugnada, dos coeficientes individuais de cada Estado, dentro de cada bloco regional. Esses coeficientes, segundo os

---

[1] Em 24.2.2010, acordaram os Ministros do Supremo Tribunal Federal em julgar procedentes as Ações Diretas de Inconstitucionalidade 875, 2.727, 3.243 e 1.987, para, aplicando o art. 27 da Lei n. 9.868/99, declarar a inconstitucionalidade, sem a pronúncia da nulidade, do art. 2º, incisos I e II, §§ 1º, 2º e 3º, e do Anexo Único, da Lei Complementar n. 62/1989, assegurada a sua aplicação até 31.12.2012, nos termos do voto do relator. Vencido parcialmente o Ministro Marco Aurélio, que julgou procedente apenas a Ação Direta de Inconstitucionalidade 1.987 e, no caso, não aplicou o art. 27 da Lei n. 9.868/99.

Controle da omissão inconstitucional **1643**

requerentes, foram estabelecidos de maneira arbitrária, por meio de acordo político. Assim, o que deveria ter sido elaborado com base em dados objetivos apurados pelo Instituto Brasileiro de Geografia e Estatística (IBGE) foi feito, às vésperas do Censo previsto para o ano de 1990, por meio de acordo político entre Governo Federal e Governos Estaduais, resultando na aprovação da Lei Complementar n. 62/1989.

Os coeficientes de participação dos Estados e do Distrito Federal, estabelecidos por acordo político e inseridos na LC n. 62/89, deveriam ter vigência provisória, até o exercício financeiro do ano de 1991 (§ 1º do art. 2º). Os critérios de rateio do Fundo de Participação dos Estados e do Distrito Federal, a vigorarem a partir de 1992, seriam fixados em lei específica, com base na apuração do Censo de 1990 (§ 2º do art. 2º). No entanto, sucessivas lei complementares (LC ns. 71/92, 72/93 e 74/94) prorrogaram as regras previstas pela LC n. 62/89.

Em suma, os critérios que, segundo o comando do art. 161, inciso II, da Constituição, deveriam ser estipulados por lei complementar visando a promover o equilíbrio socioeconômico entre Estados e entre Municípios, e que, de acordo com o art. 2º da LC n. 62/89, vigorariam a partir de 1992, com base em dados apurados no Censo realizado pelo IBGE em 1990, nunca foram, segundo os requerentes, devidamente fixados, e até hoje vigoram os coeficientes definidos temporariamente pela Lei n. 62/89.

Os Estados requerentes ressaltavam, ainda, a tramitação, no Congresso Nacional, de duas propostas de alteração da Lei Complementar n. 62/1989: o projeto de lei do Deputado Gilney Viana e o projeto de lei do Senador Íris Rezende. Destacavam que esses projetos visam à fixação de novos coeficientes individuais de participação dos Estados e do Distrito Federal no FPE, com o objetivo de, finalmente, promover o equilíbrio socioeconômico entre estes entes federativos.

Os seguintes argumentos encerravam a petição inicial:

"A fim de que haja equidade na distribuição dos recursos do FPE, é imprescindível que se estabeleçam critérios técnicos, objetivos e permanentes de rateio, baseados em dados econômicos e sociais objetivos, não sujeitos a acordos políticos de maiorias eventuais no Congresso Nacional. Os coeficientes aleatoriamente fixados a partir de uma média dos repasses efetuados em determinada série histórica só têm agravado as desigualdades entre os Estados das regiões Norte, Nordeste e Centro-Oeste, não cumprindo o objetivo precípuo inserido na norma do art. 161, inciso II, da Lei Maior. A perpetuação dessas injustiças contraria frontalmente o referido comando constitucional, na medida em que se viola o princípio segundo o qual os Estados maiores, mais populosos e mais pobres devem receber proporcionalmente mais" (fls. 12-13).

Por fim, os autores requeriam a declaração do alegado vício de inconstitucionalidade por omissão, com a consequente intimação do Presidente do Congresso Nacional para a adoção das providências necessárias "tendentes a conferir efetividade ao disposto no inciso II do art. 161 da Constituição da República, especificamente no que concerne ao imediato estabelecimento de critérios de rateio justos e objetivos do Fundo de Participação dos Estados, com vistas à efetiva promoção do equilíbrio socioeconômico entre Estados da Federação (...)" (fl. 13).

A **Ação Direta de Inconstitucionalidade n. 875/DF** foi proposta pelos Governadores dos Estados do Rio Grande do Sul, Paraná e Santa Catarina **contra** o art. 2º, incisos I e II, e §§ 1º, 2º e 3º, e o Anexo Único, da Lei Complementar n. 62, de 28 de dezembro de 1989.

Eis o teor dos dispositivos normativos impugnados:

"Art. 2º Os recursos do Fundo de Participação dos Estados e do Distrito Federal – FPE serão distribuídos da seguinte forma:

I – 85% (oitenta e cinco por cento) às Unidades da Federação integrantes das regiões Norte, Nordeste e Centro-Oeste;

II – 15% (quinze por cento) às Unidades da Federação integrantes das regiões Sul e Sudeste.

§ 1º Os coeficientes individuais de participação dos Estados e do Distrito Federal no Fundo de Participação dos Estados e do Distrito Federal – FPE a serem aplicados até o exercício de 1991, inclusive, são os constantes do Anexo Único, que é parte integrante desta Lei Complementar.

Estado de Direito e Jurisdição Constitucional – Decisões relevantes em 15 anos de atuação no STF

§ 2° Os critérios de rateio do Fundo de Participação dos Estados e do Distrito Federal, a vigorarem a partir de 1992, serão fixados em lei específica, com base na apuração do censo de 1990.

§ 3° Até que sejam definidos os critérios a que se refere o parágrafo anterior, continuarão em vigor os coeficientes estabelecidos nesta Lei Complementar."

ANEXO ÚNICO À LEI COMPLEMENTAR N. 62, DE 28 DE DEZEMBRO DE 1989

Acre	3,4210
Amapá	3,4120
Amazonas	2,7904
Pará	6,1120
Rondônia	2,8156
Roraima	2,4807
Tocantins	4,3400
Alagoas	4,1601
Bahia	9,3962
Ceará	7,3369
Maranhão	7,2182
Paraíba	4,7889
Pernambuco	6,9002
Piauí	4,3214
Rio Grande do Norte	4,1779
Sergipe	4,1553
Distrito Federal	0,6902
Goiás	2,8431
Mato Grosso	2,3079
Mato Grosso do Sul	1,3320
Espírito Santo	1,5000
Minas Gerais	4,4545
Rio de Janeiro	1,5277
São Paulo	1,0000
Paraná	2,8832
Rio Grande do Sul	2,3548
Santa Catarina	1,2798

Os requerentes afirmavam que a LC n. 62/89, contrariando o comando do art. 161, inciso II, da Constituição Federal, não dispõe sobre critérios de rateio do Fundo de Participação dos Estados e do Distrito Federal (FPE) e do Fundo de Participação dos Municípios (FPM). Ao contrário – asseveram os requerentes –, essa lei "busca, numa flagrante agressão ao texto da Constituição, elidir ou diferir a regulamentação desses critérios, dispondo que os a vigorar 'a partir de 1992' seriam fixados em 'lei específica' com base no Censo de 1990 (art. 2°, § 2°). E mais: determina que, até a fixação dos critérios, continuariam em vigor os coeficientes fixados na mesma Lei Complementar n. 62/89 (art. 2°, § 3°). Situação essa que, como é de se imaginar, permanece até hoje (...). Assim – diziam os requerentes –, em lugar de fixar os critérios ou estabelecer, em nível de lei complementar, como manda a Constituição (CF/88, art. 161, *caput*), regras básicas sobre os ditos critérios, que essa, e só essa pode ser a correta leitura das disposições constitucionais pertinentes, e citadas, a lei ora inquinada, elide, afasta e protela a criterização, para ir diretamente aos coeficientes (art. 2°, § 1° e Anexo Único)" (fl. 7).

Alegavam os requerentes, ainda, que a LC n. 62/89, ao definir apenas quotas e coeficientes para distribuição dos recursos do FPE e do FPM, minimizou a competência que a Constituição, no art. 161, parágrafo único, atribui ao Tribunal de Contas da União. Isso porque, em seu entender, o que a Constituição determina é que a lei complementar fixe ou disponha efetivamente sobre os critérios, a partir dos quais o Tribunal de Contas da União poderá estabelecer as quotas e os coeficientes, e não simplesmente efetuar um cálculo matemático, como resulta atualmente da LC n. 62/89.

Assim, segundo os requerentes, "na medida em que faz uma partilha dos recursos pertinentes aos fundos de que trata o art. 159, I, 'a' e 'b', sem estabelecer ou partir de qualquer critério, sem atender, pois, ao requisito essencial da razoabilidade, a Lei Complementar n. 62/89, de instrumento equalizador das desigualdades regionais, converte-se num instrumento agressivo da igualdade entre os Estados, princípio constitucional explícito, essencial à forma federativa" (fl. 14).

Constavam dos autos das ADIs 1.987/DF e 875/DF Relatórios (fls. 65-70/99-100, respectivamente) elaborados por meu antecessor, o Ministro Néri da Silveira.

Em Sessão Plenária de 22 de abril de 2002, ambas as ações foram apresentadas em mesa pelo Ministro Néri da Silveira. O julgamento, porém, foi adiado, em virtude do adiantado da hora (fl. 73/107, respectivamente). Em 8 de maio de 2002, o processo foi retirado de pauta, em razão da aposentadoria do Ministro Néri da Silveira (fl. 75/109, respectivamente).

Posteriormente, foram-me distribuídas, por prevenção em relação às referidas ADIs 1.987 e 875, as ADIs 2.727/DF (em 18 de setembro de 2002) e 3.243/MT (em 29 de junho de 2004), as quais também possuem como objeto dispositivos da Lei Complementar n. 62/89.

A **Ação Direta de Inconstitucionalidade n. 2.727/DF** foi proposta pelo Governador do Estado de Mato Grosso do Sul, **em face** dos parágrafos 1º, 2º e 3º, todos do art. 2º, e do Anexo Único, da Lei Complementar n. 62, de 28 de dezembro de 1989, e de parte da Decisão Normativa n. 44, de 12 de dezembro de 2001, editada pelo Tribunal de Contas da União.

Alegava o requerente, conforme preciso relato do Parecer da Procuradoria-Geral da República (fls. 147-148), *"que, em vez de estabelecer normas sobre os critérios de rateio dos fundos previstos no art. 159, I, da Constituição, consoante a previsão do art. 161, inciso II, também do Estatuto Fundamental, a Lei Complementar n. 62, de 28-12-1989, teria, desde logo, fixado coeficientes individuais de participação dos Estados e do Distrito Federal, até o ano de 1991, remetendo à lei específica a definição de critérios de rateio do Fundo de Participação correspondente, a vigorarem a partir de 1992 – no caso de omissão legislativa, continuariam em vigor aqueles coeficientes nela estabelecidos, até a edição de lei específica antes referida. Afora o próprio art. 161, inciso II, semelhante proceder do legislador estaria a violar, no texto constitucional, o art. 2º (independência e harmonia dos Poderes); os objetivos fundamentais da República enumerados no art. 3º, e a vedação à delegação de matéria reservada a lei complementar".*

A **Ação Direta de Inconstitucionalidade n. 3.243/DF** foi ajuizada pelo Governador do Estado de Mato Grosso **em face** da Lei Complementar n. 62, de 28 de dezembro de 1989, especificamente, contra o § 3º do art. 2º dessa lei, que tem o seguinte teor:

"Art. 2º, § 3º – Até que sejam definidos os critérios a que se refere o parágrafo anterior, continuarão em vigor os coeficientes estabelecidos nesta Lei Complementar."

Afirmava o requerente que a impugnação da totalidade da lei justificar-se-ia em razão de a declaração de inconstitucionalidade apenas do § 3º do art. 2º deixar o restante da lei sem significado normativo.

Os argumentos são semelhantes aos levantados na ADI n. 1.987/DF, também de autoria do Estado de Mato Grosso, distinguindo-se as ações apenas pelo fato de que, na ADI n. 1.987/DF, o pedido é de declaração de inconstitucionalidade por omissão, e, na ADI n. 3.243/DF, o pedido é de declaração de inconstitucionalidade por ação do inteiro teor da Lei Complementar n. 62, de 1989.

1646 Estado de Direito e Jurisdição Constitucional – Decisões relevantes em 15 anos de atuação no STF

Ambas as ações estão submetidas ao rito do art. 12 da Lei n. 9.868/99, conforme despachos por mim proferidos à fl. 90, na ADI n. 2.727/DF, e à fl. 46, na ADI n. 3.243/DF.

Instadas a prestar informações, as autoridades requeridas enfatizaram, de modo geral, afora os argumentos pelo não conhecimento da ação, que não haveria nenhum vício de inconstitucionalidade na LC n. 62/89, pois, quando o § 2º do art. 2º da referida lei complementar trata do termo "lei específica", não significa que teria reservado o tratamento da matéria da lei ordinária. Ademais, aduzem que os critérios fixados pela lei complementar impugnada objetivaram promover o equilíbrio socioeconômico entre os Estados e entre os Municípios, em conformidade com o disposto no art. 161, II, da Constituição, e não caberia a este Tribunal fixar novos critérios, transformando-se em legislador positivo.

A Advocacia-Geral da União alegou que a matéria não seria passível de ser apreciada em ação direta, pois a LC n. 62/89 tem efeitos concretos, e, caso fosse declarada sua inconstitucionalidade, não haveria outro título normativo para realizar o rateio do Fundo de Participação.

O Procurador-Geral da República, ao proferir parecer nas ADIs em questão, sustentou, em síntese, que não cabe a este Tribunal apreciar, em ação direta de inconstitucionalidade, a alegação de má distribuição dos recursos dos fundos de participação dos Estados e dos Municípios e de sua inaptidão para promover o equilíbrio socioeconômico entre os entes federados.

Em 24 de fevereiro de 2010, o Tribunal assentou a fungibilidade das ações referidas, julgando-lhes conjuntamente o mérito. A decisão foi nestes termos ementada:

EMENTA: Ações Diretas de Inconstitucionalidade (ADI n. 875/DF, ADI n. 1.987/DF, ADI n. 2.727/DF e ADI n. 3.243/DF). Fungibilidade entre as ações diretas de inconstitucionalidade por ação e por omissão. Fundo de Participação dos Estados – FPE (art. 161, inciso II, da Constituição). Lei Complementar n. 62/1989. Omissão inconstitucional de caráter parcial. Descumprimento do mandamento constitucional constante do art. 161, II, da Constituição, segundo o qual lei complementar deve estabelecer os critérios de rateio do Fundo de Participação dos Estados, com a finalidade de promover o equilíbrio socioeconômico entre os entes federativos. Ações julgadas procedentes para declarar a inconstitucionalidade, sem a pronúncia da nulidade, do art. 2º, incisos I e II, §§ 1º, 2º e 3º, e do Anexo Único, da Lei Complementar n. 62/1989, assegurada a sua aplicação até 31 de dezembro de 2012.

EMENTA: Ações Diretas de Inconstitucionalidade (ADI n. 875/DF, ADI n. 1.987/DF, ADI n. 2.727/DF e ADI n. 3.243/DF). Fungibilidade entre as ações diretas de inconstitucionalidade por ação e por omissão. Fundo de Participação dos Estados – FPE (art. 161, inciso II, da Constituição). Lei Complementar n. 62/1989. Omissão inconstitucional de caráter parcial. Descumprimento do mandamento constitucional constante do art. 161, II, da Constituição, segundo o qual lei complementar deve estabelecer os critérios de rateio do Fundo de Participação dos Estados, com a finalidade de promover o equilíbrio socioeconômico entre os entes federativos. Ações julgadas procedentes para declarar a inconstitucionalidade, sem a pronúncia da nulidade, do art. 2º, incisos I e II, §§ 1º, 2º e 3º, e do Anexo Único, da Lei Complementar n. 62/1989, assegurada a sua aplicação até 31 de dezembro de 2012.

VOTO

1. Fungibilidade entre as ações diretas de inconstitucionalidade por ação e por omissão

Senhores Ministros, Senhoras Ministras. Estamos diante de um caso deveras interessante. Temos quatro ações diretas de inconstitucionalidade (ADI n. 1.987/DF, ADI n. 875/DF, ADI n. 2.727/DF e ADI n. 3.243/DF) imbricadas por uma evidente relação de conexão, fenômeno que

Controle da omissão inconstitucional **1647**

determina o seu julgamento conjunto, conforme a jurisprudência desta Corte (ADI-MC n. 150, Rel. Min. Moreira Alves, *DJ* 9.3.1990).

Por outro lado, é possível observar a intenção dos requerentes de estabelecer uma nítida distinção de pedidos: uns pela declaração da inconstitucionalidade por omissão e outros pela declaração da inconstitucionalidade (por ação), da Lei Complementar n. 62, de 1989, a qual estabelece normas sobre o cálculo, a entrega e o controle das liberações dos recursos do Fundo de Participação dos Estados e do Distrito Federal (FPE), previstos no artigo 159, inciso I, alíneas "a" e "b", em conformidade com o art. 161, incisos II e III, da Constituição Federal.

Em verdade, essa diferenciação de pedidos e causas de pedir, no presente caso, torna-se praticamente impossível, diante de suas próprias características.

Vejamos o exemplo das ADIs ns. 1.987/DF e 3.243/DF, ambas de autoria do Estado de Mato Grosso.

A Ação Direta de Inconstitucionalidade n. 1.987/DF possui pedido de declaração de inconstitucionalidade por omissão, em face de suposta inatividade do Congresso Nacional em regulamentar o art. 161, inciso II, da Constituição. Os fundamentos que alicerçam esse pedido, porém, revelam uma ação cuja pretensão principal é ver declarada inconstitucional a Lei Complementar n. 62, de 1989, cujas normas, segundo o autor, não cumprem com rigor o comando constitucional do art. 161, inciso II, da Constituição.

Em parecer nessa ação direta, o Procurador-Geral da República constatou esse pedido "oculto" ou "camuflado", afirmando que *"o caso não é de ação direta de inconstitucionalidade por omissão, pois omissão não há, face à edição da LC n. 62/89. Logo, caso os requerentes achem a Lei Complementar injusta, ou ainda que ela não está promovendo o equilíbrio socioeconômico entre os Estados da Federação, como determinado pela Constituição da República, é de ser requerida a inconstitucionalidade da presente lei, e não a declaração de omissão do Congresso Nacional"* (fl. 61).

O conselho do Procurador-Geral da República parece ter sido seguido pelo Estado de Mato Grosso, que, posteriormente, agora na ADI n. 3.243/DF, formulou pedido de declaração de inconstitucionalidade da totalidade da LC n. 62/89, baseando-se nos mesmos argumentos – alguns descritos em textos simplesmente idênticos – utilizados na ADI n. 1.987/DF.

Nas ADI ns. 875/DF e 2.727/DF, também há uma certa confusão de pedidos e causas de pedir.

Na ADI n. 875, o pedido é de declaração de inconstitucionalidade do art. 2º, incisos I e II e §§ 1º, 2º e 3º, e o Anexo Único, da Lei Complementar n. 62, de 28 de dezembro de 1989. O fundamento do pedido, porém, é o fato de a referida lei não ter disposto sobre os critérios para distribuição dos recursos dos fundos de participação. Segundo trechos da peça inicial, *"a Lei Complementar n. 62/89 simplesmente não dispõe sobre critérios"*. Trata-se, conforme a própria petição inicial, de um *"descumprimento"* por *"não cumprimento"* do mandamento contido na norma constitucional do art. 161, inciso II, da Constituição Federal. Assim, nas informações prestadas pela Advocacia-Geral da União, consignou-se o seguinte (fl. 61):

> "Verifica-se, ainda, que a suposta inconstitucionalidade da Lei Complementar n. 62/89, estaria não naquilo que ela contém, mas nos pontos em que, segundo os requerentes, seria ela omissa.
>
> Como se vê, pretendem os requerentes que, depois de se reconhecer a omissão da Lei Complementar n. 62/89, seja ela declarada inconstitucional."

A Ação Direta de Inconstitucionalidade n. 2.727/DF, por seu turno, foi proposta pelo Governador do Estado de Mato Grosso do Sul contra os parágrafos 1º, 2º e 3º, todos do art. 2º, e do Anexo Único, da Lei Complementar n. 62, de 28 de dezembro de 1989, e contra parte da Decisão Normativa n. 44, de 12 de dezembro de 2001, editada pelo Tribunal de Contas da União. Porém, parecer da Procuradoria-Geral da Fazenda, contido nos autos, esclarece que, ao fim e ao cabo, a questão posta poderia ser de inconstitucionalidade por omissão, em razão da ausência de legislação específica para fixação dos critérios de rateio dos fundos de participação (fl. 107).

O quadro aqui revelado, portanto, está a demonstrar uma clara imbricação de pedidos e causas de pedir e, dessa forma, a evidenciar **a patente fungibilidade que pode existir entre a ação direta de inconstitucionalidade e a ação direta de inconstitucionalidade por omissão.**

É certo que as ações diretas de inconstitucionalidade por ação e por omissão não se confundem. Tanto a introdução de uma especial garantia processual para a proteção de direitos subjetivos constitucionalmente assegurados quanto a adoção de um processo abstrato para o controle da inconstitucionalidade por omissão legislativa estão a demonstrar que o constituinte brasileiro partiu de uma nítida diferenciação entre a inconstitucionalidade por ação e a inconstitucionalidade por omissão.

Não obstante, a tentativa de proceder-se a uma clara diferenciação não se afigura isenta de dificuldades[2]; se considerada atendida a maioria das exigências constitucionais de legislar, não restarão senão os casos de omissão parcial (*Teilunterlassung*), seja porque o legislador promulgou norma que não corresponde, plenamente, ao dever constitucional de legislar, seja porque uma mudança das relações jurídicas ou fáticas impõe-lhe um dever de adequação do complexo existente (*Nachbesserungspflicht*)[3].

Destarte, decorrido algum tempo da promulgação da Constituição, não se logrará identificar, com a ressalva de uma ou de outra exceção, uma omissão pura do legislador. O atendimento insatisfatório ou incompleto de exigência constitucional de legislar configura, sem dúvida, afronta à Constituição[4]. A afirmação de que o legislador não cumpriu, integralmente, dever constitucional de legislar[5] contém, implícita, uma censura da própria normação positiva.

A declaração de inconstitucionalidade da omissão parcial do legislador – mesmo nesses mecanismos especiais, como o mandado de injunção e a ação direta de inconstitucionalidade da omissão – contém, portanto, a declaração da inconstitucionalidade da lei[6].

A imprecisa distinção entre ofensa constitucional por ação ou por omissão[7] leva a uma relativização do significado processual-constitucional desses instrumentos especiais destinados à defesa da ordem constitucional ou de direitos individuais contra a omissão legislativa. De uma perspectiva processual, a principal problemática assenta-se, portanto, menos na necessidade de instituição de determinados processos destinados a controlar essa forma de ofensa constitucional do que na superação do estado de inconstitucionalidade decorrente da omissão legislativa.

Embora a omissão do legislador não possa ser, enquanto tal, objeto do controle abstrato de normas[8], não se deve excluir a possibilidade de que, como já mencionado, essa omissão venha a ser examinada no controle de normas.

---

[2]   ERICHSEN, Hans-Uwe. *Staatsrecht und Verfassungsgerichtsbarkeit*. 2. ed. Munique, 1979, v. II, p. 169-170.

[3]   JÜLICHER, Friedrich. *Die Verfassungsbeschwerde gegen Urteile bei gesetzgeberischem Unterlassen*, cit., p. 33.

[4]   SCHENKE, Wolf-Rüdiger. *Rechtsschutz bei normativem Unrecht*. Berlim, 1979, p. 169; GUSY, Christoph. *Parlamentarischer Gesetzgeber und Bundesverfassungsgericht*. Berlim, 1985, p. 152; SCHNEIDER, Bernd Jürgen. *Die Funktion der Normenkontrolle und des richterlichen Prüfungsrechts im Rahmen der Rechtsfolgenbestimmung verfassungswidriger Gesetze*. Frankfurt am Main, 1988, p. 148.

[5]   Cf. MENDES, Gilmar Ferreira. *Die abstrakte Normenkontrolle vor dem Bundesverfassungsgerichts und vor dem brasilianischen Supremo Tribunal Federal*. Berlim, 1991.

[6]   *BVerfGE* 8, 1 (10); 22, 349 (360).

[7]   ERICHSEN, Hans-Uwe. *Staatsrecht und Verfassungsgerichtsbarkeit*, cit., p. 129-170; PESTALOZZA, Christian. "Noch verfassungsmässige" und "bloss verfassungswidrige" Rechtslagen. In: *Bundesverfassungsgericht und Grundgesetz*, cit., p. 519 (526, 530).

[8]   FRIESENHAHN, Ernst. *Die Verfassungsgerichtsbarkeit in der Bundesrepublik Deutschland*. Köln-Berlim-Bonn-Munique, 1963, p. 65.

Dado que, no caso de uma omissão parcial, existe uma conduta positiva, não há como deixar de se reconhecer a admissibilidade, em princípio, da aferição da legitimidade do ato defeituoso ou incompleto no processo de controle de normas, ainda que abstrato[9].

Tem-se, pois, aqui, uma relativa, mas inequívoca, fungibilidade entre a ação direta de inconstitucionalidade (da lei ou ato normativo) e o processo de controle abstrato da omissão, uma vez que os dois processos – o de controle de normas e o de controle da omissão – acabam por ter o mesmo objeto, formal e substancialmente, isto é, a inconstitucionalidade da norma em razão de sua incompletude[10].

É certo que a declaração de nulidade não configura técnica adequada para a eliminação da situação inconstitucional nesses casos de omissão inconstitucional. Uma cassação aprofundaria o estado de inconstitucionalidade, tal como já admitido pela Corte Constitucional alemã em algumas decisões. A soma de duas omissões não gera uma ação ou afirmação, mas uma "omissão ao quadrado".

O Supremo Tribunal Federal, em julgado relativo à suposta exclusão de benefício incompatível com o princípio da igualdade, afirmou que não caberia à Corte converter a ação direta de inconstitucionalidade em ação de inconstitucionalidade por omissão. Tratava-se de arguição na qual se sustentava que o ato da Receita Federal, *"ao não reconhecer a não incidência do imposto (IPMF) apenas quanto à movimentação bancária ocorrida nas aquisições de papel destinado à impressão de livros, jornais e periódicos promovidas pelas empresas jornalísticas"*, estaria *"impondo a exigência do imposto relativamente às demais operações financeiras de movimentação e transferência praticadas por essas empresas, em operações vinculadas à feitura do jornal, livros e periódicos, tais como pagamentos a fornecedores de outros insumos, pagamentos de mão de obra e serviços necessários à confecção do jornal (....)"*[11]. Fundamentou a Corte que:

> "'Configurada hipótese de ação de inconstitucionalidade por omissão, em face dos termos do pedido, com base no § 2º do art. 103 da Lei Magna, o que incumbe ao Tribunal — afirma o Relator, Ministro Néri da Silveira — é negar curso à ação direta de inconstitucionalidade 'ut' art. 102, I, letra 'a', do Estatuto Supremo'. Na mesma linha de argumentação, concluiu o Ministro Sepúlveda Pertence que 'o pedido da ação direta de inconstitucionalidade de norma é de todo diverso do pedido da ação de inconstitucionalidade por omissão', o que tornaria 'inadmissível a conversão da ação de inconstitucionalidade positiva, que se propôs, em ação de inconstitucionalidade por omissão de normas[12].'"

Esse entendimento foi mantido em julgados posteriores, como na ADI n. 1.442/DF, Rel. Min. Celso de Mello, *DJ* 24.4.2005, na qual se alegava a insuficiência do salário mínimo para atender às necessidades vitais básicas do trabalhador e de sua família, uma questão de omissão parcial do legislador. Na ocasião, assim se manifestou o Ministro Celso de Mello, após tecer considerações analíticas sobre as distinções entre a ADI e a ADO:

> "Tenho para mim – consideradas as razões que venho de expor e que evidenciam a **especificidade** desses meios de controle abstrato de constitucionalidade – que não se revela possível converter, em ação de inconstitucionalidade por omissão, a ação direta de inconstitucionalidade, que, ajuizada – **como a presente** – com a **única** finalidade de, após suspensão cautelar de eficácia da norma impugnada (norma que transgrediria, **por omissão parcial**, texto da Constituição), promover, mediante decisão plenária desta Corte, 'a exclusão dos dispositivos retromencionados do arcabouço jurídico pátrio' (**fls. 8**).
>
> Torna-se necessário acentuar, neste ponto, que o Pleno do Supremo Tribunal Federal – defrontando-se

---

[9]   GUSY, Christoph. *Parlamentarischer Gesetzgeber und Bundesverfassungsgericht*, cit., p. 152.

[10] Cfr.: MENDES, Gilmar Ferreira; COELHO, Inocêncio Mártires; BRANCO, Paulo Gustavo Gonet. *Curso de direito constitucional*. São Paulo: Saraiva, 2008. Sobre o tema, *vide* voto do Ministro Sepúlveda Pertence, no julgamento do pedido de concessão de medida cautelar na ADI 526, contra a Medida Provisória n. 296, de 1991.

[11] ADI 986, Relator Néri da Silveira, *DJ* 8.4.1994.

[12] ADI 986, Relator Néri da Silveira, *DJ* 8.4.1994.

com situação semelhante à que emerge da presente causa – pronunciou-se no sentido de que, configurada hipótese de inconstitucionalidade por omissão estatal de providência reputada necessária à efetivação de norma constitucional, **torna-se inviável a conversão** da ação direta de inconstitucionalidade, prevista no art. 102, I, **a**, da Carta Política, em ação de inconstitucionalidade por omissão, a que se refere o art. 103, § 2º, da Constituição" (**ADI 986/DF**, Rel. Min. NÉRI DA SILVEIRA).

O eminente Ministro NÉRI DA SILVEIRA, Relator, em seu douto voto, assim se pronunciou sobre a matéria:

> "A **quaestio juris**, que então se propõe como preliminar, respeita à possibilidade, ou não, de converter-se a ação direta de inconstitucionalidade em ação de inconstitucionalidade por omissão, tendo em conta o que efetivamente pretende a requerente.
>
> Penso, no particular, que não cabe à Corte converter a ação direta de inconstitucionalidade em ação de inconstitucionalidade por omissão. Configurada hipótese de ação de inconstitucionalidade por omissão, em face dos termos do pedido, com base no § 2º do art. 103 da Lei Magna, o que incumbe ao Tribunal é negar curso à ação direta de inconstitucionalidade, **ut** art. 102, I, letra 'a', do Estatuto Supremo. À parte ficará reservado aforar, então, a ação de inconstitucionalidade por omissão, ou não, adotando-se, para tanto, o procedimento cabível, não coincidente com o da demanda aforada, não sendo, desde logo, cabível cautelar.
>
> É a questão de ordem que, como preliminar, submeto ao Tribunal. Adianto, desde logo, na linha do antes referido, que não conheço, desde logo, da ação direta de inconstitucionalidade ajuizada (...)."

Também o eminente Ministro SEPÚLVEDA PERTENCE, ao apreciar essa questão no julgamento da **ADI 986-QO/DF**, expendeu as seguintes considerações:

> "Ora, o pedido da ação direta de inconstitucionalidade de norma é de todo diverso do pedido da ação de inconstitucionalidade por omissão. Por isso, creio, de fato, inadmissível a conversão da ação de inconstitucionalidade positiva, que se propôs, em ação de inconstitucionalidade por omissão de normas.
>
> Acompanho, portanto, o eminente Relator e não conheço da ação."

Desse modo, Senhor Presidente, e tendo em consideração as razões expostas, não conheço da presente ação direta quanto ao art. 1º e seu parágrafo único da Medida Provisória n. 1.415/96.

Ao contrário do afirmado nas referidas decisões que fixaram a jurisprudência da Corte, o problema não decorre propriamente do pedido, até porque, em um ou em outro caso (ADI ou ADO), tem-se sempre um pedido de declaração de inconstitucionalidade. Em se tratando de omissão, a própria norma incompleta ou defeituosa há de ser suscetível de impugnação na ação direta de inconstitucionalidade, porque é de uma norma alegadamente inconstitucional que se cuida, ainda que a causa da inconstitucionalidade possa residir na sua incompletude.

Evidentemente, a cassação da norma inconstitucional (declaração de nulidade) não se mostra apta, ao mais das vezes, a solver os problemas decorrentes da omissão parcial, mormente da chamada exclusão de benefício incompatível com o princípio da igualdade. É que ela haveria de suprimir o benefício concedido, em princípio licitamente, a certos setores, sem permitir a extensão da vantagem aos segmentos discriminados.

A técnica da declaração de nulidade, concebida para eliminar a inconstitucionalidade causada pela intervenção indevida no âmbito de proteção dos direitos individuais, mostra-se insuficiente como meio de superação da inconstitucionalidade decorrente da omissão legislativa.

A questão fundamental reside menos na escolha de um processo especial do que na adoção de uma técnica de decisão apropriada para superar as situações inconstitucionais propiciadas pela chamada omissão legislativa.

E, nesse sentido, a jurisprudência do Tribunal tem avançado substancialmente nos últimos anos, principalmente a partir do advento da Lei n. 9.868/99, cujo art. 27 abre um leque extenso de possibilidades de soluções diferenciadas para os mais variados casos.

Controle da omissão inconstitucional **1651**

É certo que, inicialmente, o Supremo Tribunal Federal adotou o entendimento segundo o qual a decisão que declara a inconstitucionalidade por omissão autorizaria o Tribunal apenas a cientificar o órgão inadimplente para que este adotasse as providências necessárias à superação do estado de omissão inconstitucional. Assim, reconhecida a procedência da ação, deveria o órgão legislativo competente ser informado da decisão, para as providências cabíveis.

Em julgado recente (do ano de 2007), porém, o Tribunal passou a considerar a possibilidade de, em alguns casos específicos, indicar um prazo razoável para a atuação legislativa, ressaltando as consequências desastrosas para a ordem jurídica da inatividade do legislador no caso concreto (ADI n. 3.682, Rel. Min. Gilmar Mendes, *DJ* 6.9.2007). O caso referia-se à omissão inconstitucional quanto à edição da lei complementar de que trata o art. 18, § 4º, da Constituição, definidora do período dentro do qual poderão tramitar os procedimentos tendentes à criação, incorporação, desmembramento e fusão de municípios. Na ocasião, a Corte declarou o estado de mora em que se encontrava o Congresso Nacional e determinou que, no prazo de 18 (dezoito) meses, adotasse ele todas as providências legislativas necessárias ao cumprimento do dever constitucional imposto pelo art. 18, § 4º, da Constituição, devendo ser contempladas as situações imperfeitas decorrentes do estado de inconstitucionalidade gerado pela omissão.

Na mesma ocasião, o Tribunal avançou no tema da declaração de inconstitucionalidade sem a pronúncia da nulidade. No julgamento do conhecido caso do Município de Luís Eduardo Magalhães (ADI n. 2.240, Rel. Min. Gilmar Mendes, *DJ* 3.8.2007), o Tribunal, aplicando o art. 27 da Lei n. 9.868/99, declarou a inconstitucionalidade sem a pronúncia da nulidade da lei impugnada (Lei n. 7.619, de 30 de março de 2000, do Estado da Bahia), mantendo sua vigência pelo prazo de 24 (vinte e quatro) meses, lapso temporal razoável dentro do qual pode o legislador estadual reapreciar o tema, tendo como base os parâmetros que devem ser fixados na lei complementar federal, conforme decisão da Corte na ADI 3.682.

Em tema de omissão inconstitucional, o Tribunal já vem adotando, inclusive, típicas sentenças de perfil aditivo, tal como ocorreu no conhecido caso do direito de greve dos servidores públicos. Como se sabe, no Mandado de Injunção n. 20 (Rel. Celso de Mello, *DJ* de 22-11-1996), firmou-se entendimento no sentido de que o direito de greve dos servidores públicos não poderia ser exercido antes da edição da lei complementar respectiva, com o argumento de que o preceito constitucional que reconheceu o direito de greve constituía *norma de eficácia limitada*, desprovida de autoaplicabilidade. Na mesma linha, foram as decisões proferidas nos MI 485 (Rel. Maurício Corrêa, *DJ* de 23-8-2002) e MI 585/TO (Rel. Ilmar Galvão, *DJ* de 2-8-2002). Assim, nas diversas oportunidades em que o Tribunal se manifestou sobre a matéria, reconheceu-se unicamente a necessidade de se editar a reclamada legislação, sem admitir uma concretização direta da norma constitucional.

Em 25 de outubro de 2007, o Supremo Tribunal Federal, em mudança radical de sua jurisprudência, reconheceu a necessidade de uma solução obrigatória da perspectiva constitucional e decidiu no sentido de declarar a inconstitucionalidade da omissão legislativa, com a aplicação, por analogia, da Lei 7.783/89, que dispõe sobre o exercício do direito de greve na iniciativa privada. Afastando-se da orientação inicialmente perfilhada no sentido de estar limitada à declaração da existência da mora legislativa para a edição de norma regulamentadora específica, o Tribunal, sem assumir compromisso com o exercício de uma típica função legislativa, passou a aceitar a possibilidade de uma *regulação provisória do tema pelo próprio Judiciário*. O Tribunal adotou, portanto, uma moderada *sentença de perfil aditivo*, introduzindo modificação substancial na técnica de decisão do mandado de injunção (MI 670, Rel. para o acórdão Min. Gilmar Mendes; MI 708, Rel. Min. Gilmar Mendes e MI 712, Rel. Min. Eros Grau).

A opção por uma técnica diferenciada de decisão pode trazer soluções viáveis para as presentes ações diretas de inconstitucionalidade. Aqui, não se trata mais de saber se as ações são de

1652 Estado de Direito e Jurisdição Constitucional – Decisões relevantes em 15 anos de atuação no STF

inconstitucionalidade por ação ou por omissão (parcial), mas de encontrar uma técnica de decisão para superar o alegado estado de inconstitucionalidade decorrente de omissão parcial.

Assim, não obstante o brilhantismo da tese e daqueles que a defenderam nesta Corte, parece que a distinção rígida entre as ações diretas de inconstitucionalidade por ação e por omissão, como pressuposto de sua infungibilidade, não se coaduna mais com a própria jurisprudência do Tribunal no tocante ao controle abstrato de normas e às novas técnicas de decisão.

É preciso reconhecer que, em nosso sistema abstrato de controle de constitucionalidade, deve existir uma natural fungibilidade entre os diversos tipos de ação. A ação direta de inconstitucionalidade (ADI) e a ação declaratória de constitucionalidade (ADC) já possuem um claro caráter dúplice ou ambivalente, que as tornam, praticamente, uma mesma ação com sinal trocado. Quanto à arguição de descumprimento de preceito fundamental (ADPF), o Tribunal tem reconhecido sua fungibilidade com a ação direta de inconstitucionalidade, até mesmo tendo em vista a relação de subsidiariedade entre essas ações (ADPF-QO n. 72, Rel. Min. Ellen Gracie, *DJ* 2.12.2005).

Isso não significa negar a natureza distinta, o rito próprio e as especificidades de cada ação. A Lei n. 9.868/99 possui capítulos específicos para a ação direta de inconstitucionalidade (Capítulo II) e para a ação declaratória de constitucionalidade (Capítulo III). **Com a nova Lei n. 12.063, de 22 de outubro de 2009, a Lei n. 9.868/99 passa a contar com o Capítulo II-A, que estabelece rito procedimental e medidas cautelares específicas para a ação direta de inconstitucionalidade por omissão.** A Lei n. 9.882/99, por seu turno, trata da arguição de descumprimento de preceito fundamental. No Supremo Tribunal Federal, atualmente, todas as ações possuem uma classe específica de autuação: Ação Direta de Inconstitucionalidade (ADI); Ação Declaratória de Constitucionalidade (ADC); Ação Direta de Inconstitucionalidade por Omissão (ADO) e Arguição de Descumprimento de Preceito Fundamental (ADPF).

Portanto, ante a aparente confusão inicialmente verificada nos diversos pedidos, como demonstrado, e tendo em vista a patente defasagem da jurisprudência até então adotada pelo Tribunal, temos aqui uma valiosa oportunidade para superarmos o antigo entendimento e reconhecermos o caráter fungível entre as ações.

Dessa forma, conheço das presentes ações (ADIs ns. 875, 1.987, 2.727 e 3.243).

2. Objeto das ações

Em razão da reunião das ações para julgamento em conjunto, necessária se faz a delimitação de seu objeto.

À exceção da Ação Direta de Inconstitucionalidade n. 1.987/DF, a qual tem objeto distinto – foi proposta em face da suposta omissão do Congresso Nacional em regulamentar o art. 161, inciso II, da Constituição – **as Ações Diretas de Inconstitucionalidade n. 875, n. 2.727 e n. 3.243 são dirigidas, no seu conjunto, contra o art. 2º, incisos I e II e §§ 1º, 2º e 3º, e o Anexo Único da Lei Complementar n. 62, de 28 de dezembro de 1989.** Na primeira, impugna-se todo o dispositivo (*caput*, incisos e parágrafos) e o mencionado Anexo Único; na segunda, apenas os §§ 1º, 2º e 3º. Na terceira, somente o § 3º, apesar de o requerente ter delimitado o objeto como sendo toda a lei, com base no fato de que a declaração de inconstitucionalidade apenas do § 3º do art. 2º deixaria o restante da lei sem significado normativo.

Na Ação Direta de Inconstitucionalidade n. 2.727/DF, impugna-se, ainda, parte da Decisão Normativa n. 44, de 12 de dezembro de 2001, editada pelo Tribunal de Contas da União. No entanto, a referida decisão normativa apenas "aprova, para o exercício de 2002", os coeficientes para o cálculo das quotas de distribuição dos recursos do FPE e do FPM. Sua eficácia temporária, já exaurida naquele ano de 2002 – atualmente está vigente a Decisão Normativa n. 92, de 19

Controle da omissão inconstitucional **1653**

de novembro de 2008 –, retira-lhe requisito essencial para figurar como objeto de ação direta de inconstitucionalidade.

Em relação aos critérios de rateio do Fundo de Participação dos Municípios, constantes do art. 3º da lei, sua fixação é hoje regulada pela Lei Complementar n. 91, de 22 de dezembro de 1997, que revogou expressamente as Leis n. 71 e n. 74, as quais promoveram mudanças substanciais no art. 3º da Lei Complementar n. 62/1989. Poder-se-ia argumentar que a Lei Complementar n. 91/1997, ao, expressamente, revogar apenas as Leis Complementares n. 71 e n. 74, teria provocado a repristinação das disposições originárias do mencionado art. 3º. Todavia, considerando que a Lei Complementar n. 91 disciplinou, de forma diversa, toda a matéria tratada pelo art. 3º, não há dúvida de que a mencionada Lei Complementar revogou, ainda que tacitamente, o referido art. 3º.

Este Tribunal, em algumas ocasiões, deparou-se com a aplicação dessa lei (cf. MS 23.632, Rel. Carlos Britto, *DJ* 14.11.2008), a ela não opondo qualquer óbice de natureza constitucional.

Ademais, embora esse argumento, isoladamente, não pudesse preponderar, em virtude da causa de pedir aberta que caracteriza as ações de controle abstrato de constitucionalidade, registre-se que toda a argumentação desenvolvida pelo autor dirige-se contra a suposta omissão (parcial) na regulamentação dos critérios de rateio do Fundo de Participação dos Estados, não o dos Municípios.

No tocante aos demais dispositivos da Lei Complementar n. 62/1989 – os artigos 4º, 5º, 6º e 7º –, eles possuem natureza eminentemente instrumental – definição de prazos e formas para a entrega dos recursos – em relação não apenas ao FPE, mas também ao FPM, de modo que formam um sistema normativo também com a Lei Complementar n. 91/1997, a qual, como já afirmado, hoje disciplina o FPM. Portanto, eventual declaração de inconstitucionalidade da totalidade do art. 2º, e tendo em vista a mencionada revogação do art. 3º, não teria o condão de retirar a importância normativa dos referidos dispositivos (artigos 4º, 5º, 6º e 7º).

Por conseguinte, o objeto posto a julgamento é constituído apenas pelo art. 2º, incisos I e II, §§ 1º, 2º e 3º, e pelo Anexo Único, da Lei Complementar n. 62/1989.

Passo, então, à análise da questão constitucional.

3. Omissão parcial: a insuficiência da Lei Complementar n. 62, de 1989, para a manutenção do equilíbrio socioeconômico entre os Estados

Sabe-se que a omissão legislativa inconstitucional pressupõe a inobservância de um dever constitucional de legislar, que resulta tanto de comandos explícitos como de decisões fundamentais da Constituição identificadas no processo de interpretação.

Tem-se omissão absoluta ou total quando o legislador não empreende a providência legislativa reclamada. Já a omissão parcial ocorre quando um ato normativo atende apenas parcialmente, ou de modo insuficiente, à vontade constitucional.

Portanto, em se tratando de omissão parcial, há lei editada a pretexto de dar cumprimento às determinações constitucionais. O legislador, no entanto, ao editá-la, não se desincumbe de forma satisfatória do dever que a Constituição lhe impusera, inviabilizando, com o seu ato, a plena efetividade da norma constitucional.

Trata-se, conforme salientado, de figura fronteiriça entre a ação e a omissão inconstitucional, pois a afirmação de que o legislador não cumpriu integralmente o dever de legislar contém, implícita, uma censura da própria normação positiva.

A declaração de inconstitucionalidade da omissão parcial do legislador – mesmo nos mecanismos especiais como o mandado de injunção e a ação direta de inconstitucionalidade por omissão – contém, portanto, a declaração da inconstitucionalidade da lei.

1654 Estado de Direito e Jurisdição Constitucional – Decisões relevantes em 15 anos de atuação no STF

Cumpre salientar, todavia, que a aferição do atendimento, pelo legislador, da vontade constitucional não deve partir de juízos ou valorações de caráter subjetivo, mas do cotejo da lei que fora editada com a norma construída a partir da interpretação do dispositivo constitucional.

Dessarte, somente restará configurada a omissão parcial se presentes os seguintes requisitos: (i) norma constitucional que imponha o dever de legislar de conteúdo definido e (ii) edição de lei que confira à matéria tratamento aquém daquele pretendido pela Constituição.

No caso, portanto, deve-se buscar, no texto constitucional, dispositivo que imponha ao legislador o dever de conferir ao Fundo de Participação dos Estados e do Distrito Federal tratamento diverso daquele que lhe fora conferido pela Lei Complementar n. 62, de 28 de dezembro de 1989.

Sabe-se que a mencionada lei foi editada a pretexto de cumprir determinação constante do art. 161, inciso II, da Constituição, que possui a seguinte redação:

"Art. 161. Cabe à lei complementar:

(...)

II – estabelecer normas sobre a entrega dos recursos de que trata o art. 159, *especialmente sobre os critérios de rateio dos fundos previstos em seu inciso I, objetivando promover o equilíbrio socioeconômico entre Estados e entre Municípios.*"

Por sua vez, o art. 159, I, na redação vigente à época da edição da lei, dispunha da seguinte forma:

"Art. 159. A União entregará:

I – do produto da arrecadação dos impostos sobre renda e proventos de qualquer natureza e sobre produtos industrializados, quarenta e sete por cento na seguinte forma:

a) vinte e um inteiros e cinco décimos por cento ao Fundo de Participação dos Estados e do Distrito Federal;

b) vinte e dois inteiros e cinco décimos por cento ao Fundo de Participação dos Municípios;

c) três por cento, para programas de financiamento ao setor produtivo das Regiões Norte, Nordeste e Centro-Oeste, através de suas instituições financeiras de caráter regional, de acordo com os planos regionais de desenvolvimento, ficando assegurada ao semiárido a metade dos recursos destinados à Região, na forma que a lei estabelecer."

Com a edição da Emenda Constitucional n. 55/2007, a fração destinada aos fundos de participação passou a ser de 48% (quarenta e oito por cento). O referido acréscimo favoreceu exclusivamente o Fundo de Participação dos Municípios, que, além dos vinte e dois inteiros e cinco décimos por cento anteriormente previstos, passou a receber, anualmente e no mês de dezembro, mais um por cento da arrecadação dos impostos sobre renda e proventos de qualquer natureza (IR) e sobre produtos industrializados (IPI).

Não se trata, pois, de mudança substancial do parâmetro de controle, apta a impedir o conhecimento das ações diretas de inconstitucionalidade ajuizadas em virtude da suposta insuficiência (omissão parcial) da Lei Complementar n. 62/1989 no cumprimento das exigências impostas pelo art. 161, II, da Constituição da República.

Cumpre ressaltar que o art. 39, parágrafo único, do Ato das Disposições Constitucionais Transitórias determinou que o Congresso Nacional, no prazo de doze meses, contados da promulgação do texto constitucional, votasse a lei complementar prevista no art. 161, II.

Por conseguinte, no tocante aos Fundos de Participação dos Estados e do Distrito Federal e dos Municípios, o Congresso Nacional possuía o dever constitucional de elaborar, em até doze meses, lei complementar que estabelecesse os critérios de rateio. Na definição desses critérios, o legislador teria como parâmetro a promoção do equilíbrio socioeconômico entre os entes federativos.

Nesse contexto, foi editada, em 1989, a Lei Complementar n. 62, que definiu a forma de distribuição dos recursos dos Fundos de Participação dos Estados e do Distrito Federal e dos Municípios.

Quanto ao Fundo de Participação dos Estados e do Distrito Federal, o art. 2º da referida Lei Complementar estabeleceu a destinação de 85% (oitenta e cinco por cento) dos recursos às Unidades da Federação integrantes das regiões Norte, Nordeste e Centro-Oeste e de 15% (quinze por cento) para as regiões Sul e Sudeste.

O referido diploma legal também definiu, em seu anexo, os coeficientes de participação dos Estados, os quais **deveriam vigorar apenas nos exercícios de 1990 e 1991. Os critérios de rateio que seriam aplicados a partir do ano de 1992 deveriam ser fixados por lei específica, com base no censo de 1990** (art. 2º, § 2º).

Por fim, o art. 2º, § 3º, da mencionada Lei Complementar dispôs que os coeficientes de participação definidos no anexo continuariam a ser aplicados, caso a lei prevista no parágrafo anterior não fosse editada.

Passados quase vinte anos da edição da lei, ela continua a reger a distribuição dos recursos do Fundo de Participação dos Estados e do Distrito Federal, ou seja, até hoje são aplicados os índices previstos, inicialmente, apenas para os exercícios de 1990 e 1991.

Também chama a atenção o fato de os índices adotados na referida lei não decorrerem da análise de dados e informações que efetivamente retratavam a realidade socioeconômica dos Estados brasileiros à época. Extrai-se, dos autos, que **os índices foram definidos, mediante acordo entre os entes federativos, formalizado no âmbito do CONFAZ, com base na média histórica dos coeficientes aplicados anteriormente à Constituição de 1988**, quando a apuração se dava tendo como parâmetro os artigos 88 e seguintes do Código Tributário Nacional.

A natureza provisória e o caráter eminentemente político dos índices fixados pela Lei Complementar n. 62 foram expressamente reconhecidos pelo relator do projeto, Deputado Firmo de Castro, que, nas razões que embasaram a referida proposta, deixou consignado o seguinte:

> "(...) Optou-se através deste projeto, **de acordo com a sugestão unânime das Secretarias de Fazenda e de Finanças dos Estados, fixar-se,** *provisoriamente,* **os coeficientes individuais de participação de cada unidade da Federação no FPE.** Isso porque os parâmetros básicos, população e inverso da renda *per capita,* hoje desatualizados, não proporcionariam o grau de distributividade que todos desejam. Em razão das transformações significativas ocorridas na presente década, as quais estão afetando os perfis especiais de renda e população, **será prudente e benéfico para todos que os critérios de distribuição do FPE sejam revistos em profundidade depois da apuração do censo de 1990, com dados atualizados e melhor avaliados após os dois de vigência do novo sistema tributário, o que também se propõe ocorra com o FPM."**

Tudo indica, portanto, que se trata de lei editada em virtude do decurso do prazo previsto pelo art. 39, parágrafo único, do ADCT, para viger por período determinado.

O fato de a lei ter sido editada nessas circunstâncias, por si só, não a macula com a pecha da inconstitucionalidade. Até mesmo porque o § 3º do art. 2º da Lei Complementar n. 62, consoante salientado, previu a ultra-atividade dos coeficientes de participação então definidos, caso não fosse editada a lei que definiria novos coeficientes de participação com base no censo de 1990.

Vício de inconstitucionalidade parece haver, contudo, no atendimento inadequado da exigência contida no final do art. 160, II, da Constituição, segundo o qual os critérios de rateio dos fundos de participação deveriam **promover o equilíbrio socioeconômico entre Estado e entre Municípios.**

Da leitura do referido dispositivo constitucional, extrai-se que os critérios escolhidos pelo legislador para o rateio dos fundos de participação somente serão constitucionais se aptos a promoverem a redução das desigualdades regionais e a equalização da situação econômico-financeira dos entes federativos. Trata-se de um comando constitucional de cumprimento obrigatório pelo legislador.

E não poderia ser de outra forma, tendo em vista que o próprio fim almejado pelo Constituinte, com a criação dos fundos de participação, foi o de dotar o federalismo cooperativo brasileiro de mais um instrumento apto a promover o desenvolvimento equilibrado e harmônico do país.

Os fundos de participação viabilizam a transferência, aos Estados e aos Municípios, de parte do que é arrecadado pela União. Dessa forma, garante-se – ou, pelo menos, dever-se-ia garantir – a autonomia financeira dos entes federativos, que, para o exercício de suas competências constitucionais, contam não apenas com os recursos advindos da arrecadação de seus próprios tributos, mas também com os decorrentes de transferências intergovernamentais.

Aliomar Baleeiro, em sua clássica obra *Direito Tributário Brasileiro* (11. ed. Rio de Janeiro: Forense, 2002, p. 600), afirma que **a distribuição de receitas por meio de fundos encontra precedente histórico no art. 15, § 4º, da Constituição de 1946**, segundo o qual os Municípios, excluídos os das Capitais, participariam de 10% do total arrecadado pela União, a título de imposto de renda. A Emenda Constitucional n. 5, de 21 de novembro de 1961, elevou para 15% a parcela a ser rateada e ordenou ainda que 10% da arrecadação do imposto sobre consumo tivesse o mesmo destino. No entanto, **fundos similares aos atuais somente foram estabelecidos pela Emenda Constitucional n. 18**, de 1º de dezembro de 1965, com a destinação de 10% do valor arrecadado a título de imposto de renda e de imposto sobre produtos industrializados para o Fundo de Participação dos Estados e do Distrito Federal e outros 10% para o Fundo de Participação dos Municípios. **A Constituição de 1967 manteve essa sistemática de distribuição de recursos financeiros**, modificando apenas o percentual da arrecadação a ser rateado. Tal percentual foi alterado inúmeras vezes na vigência da Constituição pretérita.

O modelo de distribuição das receitas tributárias adotado pela Constituição de 1988 – partilha por meio de fundos (art. 159, I) e participação direta no produto da arrecadação (arts. 157, 158 e 159, II) – possibilita a redução ou a atenuação das disparidades existentes entre as Unidades da Federação. Isso porque os Estados e Municípios mais pobres, não obstante as inúmeras demandas sociais, possuem, em regra, menor arrecadação tributária direta, o que é compensado pelas transferências intergovernamentais. Se mantido, em nosso país, modelo próprio do federalismo clássico (*dual federalism*), segundo o qual as unidades federadas deveriam se manter, exclusivamente, com o produto da arrecadação dos tributos de sua própria competência, o fosso socioeconômico entre os entes federativos apenas se aprofundaria, e não restaria atendida a exigência contida na parte final do art. 160, II, da Constituição.

A tabela a seguir demonstra a **importância relativa do FPE para as finanças estaduais**, revelando a relação existente entre o valor transferido para cada unidade federativa e a sua receita corrente (dados IBGE):

Região/UF	FPE/Receita Corrente
NORTE	**28,48%**
Rondônia	26,24%
Acre	47,38%
Amazonas	12,69%
Roraima	49,32%
Pará	23,40%
Amapá	47,60%
Tocantins	40,09%
NORDESTE	**25,22%**
Maranhão	35,32%

(continua)

Controle da omissão inconstitucional **1657**

(continuação)

Região/UF	FPE/Receita Corrente
Piauí	38,50%
Ceará	25,53%
Rio Grande do Norte	25,68%
Paraíba	30,21%
Pernambuco	19,59%
Alagoas	32,42%
Sergipe	32,86%
Bahia	17,15%
SUDESTE	**1,59%**
Minas Gerais	4,11%
Espírito Santo	4,96%
Rio de Janeiro	1,41%
São Paulo	0,35%
SUL	**4,37%**
Paraná	5,30%
Santa Catarina	4,20%
Rio Grande do Sul	3,66%
CENTRO-OESTE	**7,15%**
Mato Grosso do Sul	7,63%
Mato Grosso	10,52%
Goiás	8,95%
Distrito Federal	2,36%
BRASIL	**9,24%**

Percebe-se que, não obstante essa proporção entre a receita corrente das unidades federativas e os valores que lhes são repassados levar em consideração a tabela fixa estabelecida na Lei Complementar n. 62/1989, que, como visto, é fruto de um acordo político selado no CONFAZ ao final dos anos oitenta, a distribuição do FPE acaba tendo um caráter nitidamente *redistributivo*, ou seja, a transferência dos recursos pesa proporcionalmente mais naqueles Estados menos desenvolvidos. Se, no Estado de São Paulo, o FPE corresponde somente a 0,35% da receita corrente estadual, em Roraima, a mesma proporção superou os 49% em 2007. Para o conjunto dos orçamentos estaduais, o índice fica pouco abaixo de 10%. Nas regiões Norte e Nordeste são observadas as maiores dependências do FPE.

Acerca do modelo de partilhas e transferências intergovernamentais adotado pela Constituição de 1988, merecem registro as seguintes reflexões do economista Luiz Arruda Villela:

"O Sistema Tributário Nacional é composto de impostos de competência de cada um dos níveis de governo, federal, estadual e municipal, e de um sistema de partilhas e transferências intergovernamentais, de recursos de origem tributária. Isso decorre da constatação de que, para vários Estados e a quase totalidade dos Municípios, a exploração da base tributária própria, conforme discriminada na Constituição, não proporcionaria recursos suficientes para o financiamento dos respectivos governos.

Em uma federação, é inaceitável que a distribuição desproporcional de recursos públicos inviabilize o atendimento de necessidades básicas das populações localizadas em Estados ou Municípios com escassa capacidade de arrecadação própria de tributos. Os sistemas de partilha e de transferências são, portanto, fundamentais para as finanças estaduais e municipais, devendo operar de forma redistributiva como 'variáveis de fecho' no processo de distribuição de recursos públicos entre os entes federados.

Por esse motivo, o inciso II do artigo 161 da Constituição Federal estabelece que os Fundos de Participação (FPE e FPM) têm como objetivo 'promover o equilíbrio socioeconômico entre estados e entre municípios'". (VILLELA, Luiz Arruda. Revisão dos Critérios dos Fundos de Participação. In: *Reforma Fiscal: Coletânea de Estudos Técnicos*. Relatório da Comissão Executiva de Reforma Fiscal. Volume II. MATTOS FILHO, Ary Oswaldo (Coord.) São Paulo: DBA, 1993, p. 621-634).

Cumpre ressaltar que a exigência de promoção do equilíbrio socioeconômico entre os entes federados foi consagrada pela Constituição não apenas como parâmetro para a aferição da constitucionalidade dos critérios de rateio dos fundos de participação, mas como princípio da ordem econômica (art. 170, VII – *redução das desigualdades regionais e sociais*) e como objetivo fundamental da República Federativa do Brasil (art. 3°, III – *erradicar a pobreza e a marginalidade e reduzir as desigualdades sociais e regionais*).

Sabe-se que as normas-tarefa ou normas-fim, embora muitas vezes condicionadas às circunstâncias fáticas e financeiras, são dotadas, pelo menos, de eficácia mínima, segundo a qual o legislador não pode atuar de forma diversa ao disposto na Constituição e, muito menos, dificultar a efetivação da vontade constitucional. Nesse sentido, Georg Jellinek (*Teoría General del Estado*. 2 ed. México: Continental, 1958, p. 190-195 e 215) afirma que os fins do Estado não servem para determinar o que acontecerá, mas para determinar o que não deve ser feito.

Desse modo, o legislador, ao disciplinar o funcionamento dos fundos de participação, deve ser obsequioso à finalidade constitucionalmente prevista de redução das desigualdades regionais, sem criar qualquer obstáculo à promoção desse desiderato. Até mesmo porque, conforme salientado, a própria razão de ser dos fundos é conferir efetividade à exigência constitucional.

Acerca da relação entre os fundos de participação, federalismo cooperativo e o "princípio" da redução das desigualdades regionais, o magistério de Gilberto Bercovici assim se desenvolve:

"O Federalismo Cooperativo está em estreita relação com o Estado intervencionista (o chamado Estado Social), que tem por objetivos, entre outros, a igualação das condições sociais de vida e a redução das desigualdades regionais em todo o território nacional. É justamente a exigência de solidariedade do Estado Social que fez com que fosse formulado um princípio de fidelidade federal que vincula a União e os entes federados, condicionando e orientando suas políticas na direção da diminuição das desigualdades sociais. Não é possível, porém, a uniformização das condições de vida entre os vários entes federados se estes não tiverem capacidade suficiente (não apenas econômica, mas também política) para satisfazer plenamente as suas funções. Assim, a forma cooperativa de Federalismo tem por objetivo fundamental a igualação da capacidade dos membros da Federação.

A autonomia dos entes federados frente à União pode se transformar em farsa quando faltam os recursos financeiros necessários à sua manutenção. Consequentemente, num Estado Federal, a decorrência direta da repartição de competências é a distribuição das fontes de recursos financeiros para equilibrar os encargos e as rendas das unidades federadas. Além da discriminação rígida e tradicional das rendas por fontes, o Federalismo Cooperativo caracteriza-se por realizar a distribuição do produto arrecadado, ou seja, a participação de entes federativos na receita de outros entes. Desta maneira, para compensar a fragilidade econômico-financeira dos Estados e Municípios em relação à União, instituiu-se o mecanismo das transferências intergovernamentais das receitas tributárias, através da partilha de parcela das receitas arrecadadas pela União e Estados.

Controle da omissão inconstitucional 1659

No tocante à destinação das verbas para a diminuição dos desequilíbrios regionais, a técnica utilizada na Constituição de 1988 é a da participação por expectativa, ou participação em fundos. A vinculação de rendas tributárias e a partilha de recursos através de fundos públicos caracterizam-se pelo fato de as receitas ingressarem originariamente nos fundos e serem distribuídas de acordo com critérios estabelecidos em lei (número de habitantes, produto interno bruto, etc.)" (BERCOVICI, Gilberto. Constituição e Superação das Desigualdades Regionais. In: *Direito Constitucional*. Estudos em homenagem a Paulo Bonavides. GRAU, Eros Roberto; GUERRA FILHO, Willis Santiago (Org.). São Paulo: Malheiros, 2001, p. 79-81).

Por uma questão de lógica, é possível concluir que os únicos critérios de rateio aptos ao atendimento da exigência constitucional são aqueles que assimilem e retratem a realidade socioeconômica dos destinatários das transferências, pois, se esses critérios têm por escopo a atenuação das desigualdades regionais, com a consequente promoção do equilíbrio socioeconômico entre os entes federados, **revela-se primordial que eles permitam que dados fáticos, apurados periodicamente por órgãos ou entidades públicas (o IBGE, por exemplo), possam influir na definição dos coeficientes de participação**. Não se pode pretender a modificação de um determinado *status quo*, sem que se conheçam e se considerem as suas peculiaridades.

Ademais, **deve haver a possibilidade de revisões periódicas dos coeficientes**, de modo a se avaliar criticamente se os até então adotados ainda estão em consonância com a realidade econômica dos entes federativos e se a política empregada na distribuição dos recursos produziu o efeito desejado.

Todavia, está claro que não é essa a situação com a qual nos deparamos no tocante à atual disciplina legislativa dos Fundos de Participação dos Estados e do Distrito Federal. Conforme salientado, há lei destinada a viger apenas por dois exercícios (1990 e 1991) e que, por **inércia legislativa**, continua a produzir efeitos e a determinar o montante de recursos a ser repassado aos Estados e ao Distrito Federal.

Viola o bom-senso imaginar que lei editada em 1989 – apenas com base em médias históricas apuradas à época – ainda possa retratar a realidade socioeconômica dos entes estaduais.

A manutenção de coeficientes de distribuição que não mais encontram amparo na realidade socioeconômica dos entes federativos produz severas distorções no modelo inicialmente delineado pela Constituição de 1988, com repercussões gravosas à economia dos Estados, consoante atestam os economistas Sérgio Prado, Waldemir Quadros e Carlos Eduardo Cavalcanti:

> "O aspecto que mais se destaca, contudo, já apontado, é o enorme aumento das desigualdades horizontais, isto é, entre Estados da mesma região, como resultado da distribuição do FPE.
>
> (...) Os atuais critérios de rateio, além de serem fixos, isto é, além de não incorporarem nenhum componente dinâmico, foram estabelecidos a partir de ajustes feitos no percentual que, pelos critérios anteriores, caberia a cada Estado. (...) Aqui, o problema da má distribuição do FPE não se restringe ao fato de alguns Estados pobres receberem, em termos *per capita*, muito mais do que os Estados ricos; estados igualmente pobres também recebem transferências desiguais" (PRADO, Sérgio; QUADROS, Waldemir; CAVALCANTI, Carlos Eduardo. *Partilha de recurso na federação brasileira*. São Paulo: Fapesp, 2003, p. 96-97).

Verifica-se, ademais, que, apesar de dispor que oitenta e cinco por cento dos recursos serão destinados às regiões Norte, Nordeste e Centro-Oeste, **a Lei Complementar n. 62/1989 não estabelece os critérios de rateio exigidos constitucionalmente; ela apenas define, diretamente, os coeficientes de participação dos Estados e do Distrito Federal.**

Não parece ser esse o comando constitucional do art. 161, II. Não há dúvida de que o vocábulo "critérios" refere-se a parâmetros, balizas, diretrizes para a definição dos coeficientes de participação. Não competiria, portanto, à lei complementar estabelecer diretamente esses coeficientes. Até mesmo porque, conforme salientado, a participação dos entes estaduais no fundo deve ser lastreada em informações que retratem a realidade, exigência que não se coaduna com a morosidade do processo legislativo.

A fixação de coeficientes de participação mediante a edição de lei complementar, além de não atender à exigência constitucional do art. 161, II, somente se justificaria se aceitável a absurda hipótese segundo a qual os dados atinentes à população, à produção, à renda *per capita*, à receita e à despesa dos entes estaduais se mantivessem constantes com o passar dos anos.

Não por outro motivo, a Lei Complementar n. 91, de 22 de dezembro de 1997, diploma que dispõe sobre a fixação dos coeficientes do Fundo de Participação dos Municípios, estabelece o número de habitantes como critério de rateio (art. 1º) e fixa que as cotas serão anualmente revistas com base nos dados oficiais de população produzidos pela Fundação Instituto Brasileiro de Geografia e Estatística (IBGE) (art. 2º).

Anteriormente à edição da Lei Complementar n. 62, a distribuição dos recursos do Fundo de Participação dos Estados era regida pelos arts. 88 e seguintes do Código Tributário Nacional, segundo os quais cinco por cento do fundo seriam distribuídos proporcionalmente à superfície de cada ente estadual, e noventa e cinco por cento proporcionalmente ao denominado coeficiente individual de participação, resultante do produto do fator representativo da população pelo fator representativo do inverso da renda *per capita* de cada entidade participante. No tocante à superfície territorial e à população estimada, os dados deveriam ser fornecidos pelo IBGE, e no que concerne à renda *per capita*, pela Fundação Getulio Vargas. Havia, ainda, limites máximos e mínimos de participação.

Tal modelo baseava-se em uma lógica mista: enquanto parcela dos recursos era distribuída em virtude das necessidades das unidades federativas – quanto mais extenso e populoso o ente estadual, maior o volume de recursos lhe seria destinado –, o restante era repassado aos entes atendendo-se a uma lógica de justiça distributiva – quanto mais pobre a unidade federativa (considerando a renda *per capita* nacional), maior volume de recursos ela receberia. A existência de um piso de participação aumentava o peso relativo das unidades federativas menos populosas, assim como a previsão de um teto de participação reduzia o peso relativo das unidades mais populosas.

Constata-se, pois, que, em ambas as regulamentações, os critérios adotados permitiam que os dados da realidade contribuíssem para a definição dos coeficientes de participação. Em outras palavras, com base nessas informações é que deveria ser definida a participação de cada ente no rateio dos fundos.

Não há dúvida, pois, de que **a manutenção de coeficientes de participação fixos há mais de vinte anos revela-se em descompasso com o que determina o art. 161, II, da Constituição**, uma vez que tais coeficientes – fixados com base na média histórica dos coeficientes aplicados anteriormente à Constituição de 1988, quando a apuração se dava tendo como parâmetro os artigos 88 e seguintes do Código Tributário Nacional – não mais retratam a realidade socioeconômica dos entes federativos.

Apenas para fins exemplificativos, convém **comparar a situação socioeconômica dos Estados e do Distrito Federal em 1985 e em 2007, com base em estatísticas oficiais divulgadas pelo IBGE**. Embora não se defenda aqui a adoção deste ou daquele critério, mas apenas que o parâmetro adotado retrate a realidade, de modo a fazer cumprir o dispositivo constitucional que determina a promoção do equilíbrio socioeconômico entre os entes federativos, é possível entender que os dados utilizados pelos arts. 88 e seguintes do CTN para a aferição dos coeficientes de participação são capazes de ilustrar a dinâmica social e econômica que a Lei Complementar n. 62 não é capaz de acompanhar.

Controle da omissão inconstitucional **1661**

Um dos parâmetros da fórmula adotada pelo CTN envolvia a população. Tal dado é extraído do Censo e de recontagens periódicas realizadas pelo IBGE. Todavia, a existência de piso (2%) e de teto (10%) de participação impedia que os coeficientes retratassem, por completo, a distribuição regional do número de habitantes. Dessarte, não obstante São Paulo deter 21,6% da população brasileira, somente 10% contavam na antiga fórmula de rateio do FPE (o Estado de Minas Gerais também era afetado por esse critério). No outro extremo, embora viva em Roraima apenas 0,1% da população brasileira, considera-se, para fins de rateio, 2% (aplicado hoje, o piso elevaria a participação relativa e beneficiaria 15 dos Estados brasileiros – em geral, das regiões menos desenvolvidas).

A tabela a seguir mostra como seriam os fatores representativos da população em 1985 e em 2007 (dados IBGE). É curioso notar que o Pará seria o único Estado a aumentar (em um quarto) o seu fator no cálculo nacional, enquanto cinco outros Estados perderiam (PB, RJ, PR, RS e GO).

Região/UF	1985		2007		2007/1985
	% total	Fator FPE	% total	Fator FPE	Fator
Região Norte	5,6%	–	7,9%	–	–
Rondônia	0,6%	2,0	0,8%	2,0	0%
Acre	0,3%	2,0	0,4%	2,0	0%
Amazonas	1,3%	2,0	1,8%	2,0	0%
Roraima	0,1%	2,0	0,2%	2,0	0%
Pará	3,1%	3,2	3,8%	3,8	19%
Amapá	0,2%	2,0	0,3%	2,0	0%
Tocantins	–	–	0,7%	2,0	–
Região Nordeste	29,1%	–	28,0%	–	–
Maranhão	3,4%	3,5	3,3%	3,5	0%
Piauí	1,8%	2,0	1,6%	2,0	0%
Ceará	4,4%	4,4	4,4%	4,4	0%
Rio Grande do Norte	1,6%	2,0	1,6%	2,0	0%
Paraíba	2,3%	2,3	2,0%	2,0	-13%
Pernambuco	5,0%	5,0	4,6%	4,7	-6%
Alagoas	1,7%	2,0	1,7%	2,0	0%
Sergipe	1,0%	2,0	1,1%	2,0	0%
Bahia	8,0%	8,0	7,7%	8,0	0%
Região Sudeste	43,1%	–	42,3%	–	
Minas Gerais	11,0%	10,0	10,5%	10,0	0%
Espírito Santo	1,7%	2,0	1,8%	2,0	0%
Rio de Janeiro	9,1%	9,5	8,4%	8,5	-11%
São Paulo	21,3%	10,0	21,6%	10,0	0%
Região Sul	15,5%	–	14,5%	–	

Região/UF	1985		2007		2007/1985
Paraná	6,1%	6,5	5,6%	6,0	-8%
Santa Catarina	3,1%	3,2	3,2%	3,2	0%
Rio Grande do Sul	6,4%	6,5	5,8%	6,0	-8%
Região Centro-Oeste	6,7%	–	7,2%	–	
Mato Grosso do Sul	1,2%	2,0	1,2%	2,0	0%
Mato Grosso	1,2%	2,0	1,6%	2,0	0%
Goiás	3,3%	3,5	3,1%	3,2	-9%
Distrito Federal	1,0%	2,0	1,3%	2,0	0%
Brasil	100,0%	–	100,0%	–	

O parâmetro "inverso da renda *per capita*", utilizado pelo CTN, foi o que sofreu maiores mudanças nas últimas décadas – seja pelo dinamismo regional bastante diferenciado (compreendendo expansão da fronteira agrícola e desconcentração industrial), seja por mudanças na metodologia de cálculo das contas nacionais –, fato que corrobora ainda mais a afirmação de descompasso dos coeficientes trazidos pelo anexo único da Lei Complementar n. 62/1989 com a realidade econômica brasileira atual. A tabela a seguir mostra a evolução do índice no período 1985-2007 (dados IBGE):

Região/UF	Renda *per capita* 1985			Renda *per capita* 2007			2007/1985
	Índice	Inverso	Fator FPE	Índice	Inverso	Fator FPE	Fator
NORTE	68,78	0,0145	–	63,15	0,0158	–	
Rondônia	79,91	0,0125	1,2	71,35	0,0140	1,4	17%
Acre	48,47	0,0206	2,0	60,76	0,0165	1,6	-20%
Amazonas	115,47	0,0087	0,9	90,17	0,0111	1,2	33%
Roraima	62,86	0,0159	1,6	72,83	0,0137	1,4	-13%
Pará	48,82	0,0205	2,0	48,44	0,0206	2,0	0%
Amapá	69,92	0,0143	1,4	70,89	0,0141	1,4	0%
Tocantins	–	–	–	61,67	0,0162	1,6	
NORDESTE	**48,47**	0,0206	–	**46,66**	0,0214	–	
Maranhão	22,11	0,0452	2,5	35,71	0,0280	2,5	0%
Piauí	22,16	0,0451	2,5	32,23	0,0310	2,5	0%
Ceará	39,23	0,0255	2,5	42,51	0,0235	2,5	0%
Rio Grande do Norte	48,16	0,0208	2,0	52,59	0,0190	1,8	-10%
Paraíba	31,86	0,0314	2,5	42,15	0,0237	2,5	0%

(continua)

(continuação)

Região/UF	Renda *per capita* 1985			Renda *per capita* 2007			2007/1985
Pernambuco	52,34	0,0191	**2,0**	50,72	0,0197	**2,0**	0%
Alagoas	50,72	0,0197	**2,0**	40,50	0,0247	**2,5**	25%
Sergipe	93,10	0,0107	**1,0**	60,23	0,0166	**1,6**	60%
Bahia	66,75	0,0150	**1,4**	53,84	0,0186	**1,8**	29%
SUDESTE	**139,57**	0,0072	–	**133,27**	0,0075	–	
Minas Gerais	87,57	0,0114	**1,2**	86,55	0,0116	**1,2**	0%
Espírito Santo	98,87	0,0101	**1,0**	124,46	0,0080	**0,8**	-20%
Rio de Janeiro	139,51	0,0072	**0,7**	133,05	0,0075	**0,7**	0%
São Paulo	169,74	0,0059	**0,6**	156,71	0,0064	**0,6**	0%
	Índice	Inverso	Fator FPE	Índice	Inverso	Fator FPE	Fator
SUL	**110,14**	0,0091	–	**114,51**	0,0087	–	
Paraná	97,37	0,0103	**1,0**	108,62	0,0092	**0,9**	-10%
Santa Catarina	107,60	0,0093	**0,9**	123,30	0,0081	**0,8**	-11%
Rio Grande do Sul	123,53	0,0081	**0,8**	115,38	0,0087	**0,9**	13%
CENTRO-OESTE	**71,75**	0,0139	–	**123,37**	0,0081	–	
Mato Grosso do Sul	80,26	0,0125	**1,2**	85,82	0,0117	**1,2**	0%
Mato Grosso	58,64	0,0171	**1,8**	103,38	0,0097	**1,0**	-44%
Goiás	54,61	0,0183	**1,8**	79,83	0,0125	**1,2**	-33%
Distrito Federal	131,29	0,0076	**0,8**	281,35	0,0036	**0,4**	-50%
BRASIL	**100,0%**	0,0100	–	**100,00**	0,0100	–	

Verifica-se que, se os mesmos critérios de rateio fossem aplicados em 1985 e em 2007, seriam constatadas acentuadas mudanças na dinâmica de produção de riquezas em nosso país. Caso emblemático seria o do Distrito Federal, que perderia a metade de seu fator representativo, haja vista que a sua renda *per capita* cresceu bem mais que a brasileira: em 1985, superava em apenas 31% a nacional; em 2007, revela-se 81% mais elevada. Sergipe, por sua vez, seria o Estado que mais teria elevado o seu fator representativo (aumento de 60%), porque sua renda *per capita*, que equivalia a 93% da renda nacional em 1985, recuou para 60%.

Em termos regionais, as regiões Centro-Oeste e Sul cresceram mais rapidamente que o país e, portanto, deveriam receber menos recursos do Fundo, enquanto o Nordeste deveria ser aquinhoado com mais verbas, haja vista ter apresentado evolução em sentido inverso.

A tabela seguinte demonstra, em números absolutos, a evolução dos dados relativos à população, ao produto interno bruto e à renda *per capita* dos entes federativos entre os anos de 1985 e 2007 (dados IBGE):

POPULAÇÃO, PIB, PIB PER CAPITA E ÁREA TERRITORIAL POR UF – 1985 E 2007

Região/UF	População		R$ Milhões de 2007				Km²
	1985	2007	PIB		PIB *per capita*		Área Territorial
			1985	2007	1985	2007	
NORTE	**7.347.465**	**14.623.316**	**48.483**	**133.578**	**6.599**	**9.135**	**3.853.327**
Rondônia	782.482	1.453.756	5.998	15.003	7.666	10.320	237.576
Acre	354.176	655.385	1.647	5.761	4.650	8.789	152.581
Amazonas	1.735.823	3.221.939	19.229	42.023	11.078	13.043	1.570.746
Roraima	142.029	395.725	856	4.169	6.030	10.534	224.299
Pará	4.105.858	7.065.573	19.229	49.507	4.683	7.007	1.247.690
Amapá	227.097	587.311	1.523	6.022	6.707	10.254	142.815
Tocantins	–	1.243.627	–	11.094	–	8.921	277.621
NORDESTE	**38.302.819**	**51.534.406**	**178.103**	**347.797**	**4.650**	**6.749**	**1.554.257**
Maranhão	4.420.540	6.118.995	9.374	31.606	2.121	5.165	331.983
Piauí	2.340.276	3.032.421	4.976	14.136	2.126	4.662	251.529
Ceará	5.778.039	8.185.286	21.747	50.331	3.764	6.149	148.826
Rio Grande do Norte	2.133.163	3.013.740	9.856	22.926	4.621	7.607	52.797
Paraíba	2.965.900	3.641.395	9.066	22.202	3.057	6.097	56.440
Pernambuco	6.590.451	8.485.386	33.089	62.256	5.021	7.337	98.312
Alagoas	2.223.992	3.037.103	10.821	17.793	4.866	5.859	27.768
Sergipe	1.299.881	1.939.426	11.609	16.896	8.931	8.712	21.910
Bahia	10.550.577	14.080.654	67.565	109.652	6.404	7.787	564.693
SUDESTE	**56.732.963**	**77.873.120**	**759.614**	**1.501.185**	**13.389**	**19.277**	**924.511**
Minas Gerais	14.452.508	19.273.506	121.409	241.293	8.401	12.519	586.528
Espírito Santo	2.285.529	3.351.669	21.677	60.340	9.484	18.003	46.078
Rio de Janeiro	11.980.142	15.420.375	160.337	296.768	13.384	19.245	43.696
São Paulo	28.014.784	39.827.570	456.191	902.784	16.284	22.667	248.209
SUL	**20.438.312**	**26.733.595**	**215.946**	**442.820**	**10.566**	**16.564**	**576.410**
Paraná	8.001.512	10.284.503	74.745	161.582	9.341	15.711	199.315
Santa Catarina	4.043.082	5.866.252	41.735	104.623	10.323	17.835	95.346
Rio Grande do Sul	8.393.718	10.582.840	99.466	176.615	11.850	16.689	281.749
CENTRO-OESTE	**8.817.713**	**13.222.854**	**60.693**	**235.964**	**6.883**	**17.845**	**1.606.372**
Mato Grosso do Sul	1.556.147	2.265.274	11.981	28.121	7.699	12.414	357.125

(continua)

(continuação)

Região/UF	População		R$ Milhões de 2007				Km²
			PIB		PIB *per capita*		Área
	1985	2007	1985	2007	1985	2007	Territorial
Mato Grosso	1.542.249	2.854.642	8.676	42.687	5.625	14.954	903.358
Goiás	4.349.737	5.647.035	22.787	65.210	5.239	11.548	340.087
Distrito Federal	1.369.580	2.455.903	17.249	99.946	12.595	40.696	5.802
BRASIL	**131.639.272**	**183.987.291**	**1.262.839**	**2.661.345**	**9.593**	**14.465**	**8.514.877**

Não há dúvida, pois, acerca da impropriedade dos coeficientes adotados pela Lei Complementar n. 62 para o atendimento das exigências constitucionais.

Por derradeiro, cumpre consignar que, embora a destinação de um maior volume de recursos às regiões Norte, Nordeste e Centro-Oeste não viole, *a priori*, a Constituição, tendo em vista que essas Regiões são notadamente mais pobres e menos desenvolvidas social e economicamente do que as Regiões Sudeste e Sul, revela-se necessária – em razão do decurso de quase vinte anos desde a edição da Lei Complementar n. 62 – uma revisão crítica dos percentuais fixados em seu art. 2°, de modo que se possa aferir, por meio da análise de dados fornecidos por instituições oficiais, se a disparidade socioeconômica entre as referidas Regiões ainda é tão grande a ponto de justificar a considerável diferença no tratamento. Trata-se da necessidade de adequação do complexo normativo existente (*Nachbesserungsplflicht*), em virtude de provável mudança nas relações fáticas.

Ademais, cumpre registrar que a fixação dos percentuais da LC n. 62 deveu-se mais a contingências históricas do que a estudos efetivamente realizados à época com a finalidade de apurar a disparidade socioeconômica entre as regiões brasileiras. Segundo os relatos da Assembleia Nacional Constituinte, o projeto inicialmente apresentado limitava o rateio do FPE aos entes estaduais que apresentassem renda *per capita* inferior à média nacional (basicamente, as regiões Norte, Nordeste e Centro-Oeste). Tal projeto foi, no entanto, alterado, com a exclusão, do texto final, da destinação dos recursos do FPE apenas aos Estados mais pobres, mas com a ampliação do percentual do Imposto de IR e do IPI afetados ao Fundo. A Lei Complementar n. 62, ao definir a destinação de 85% dos recursos do Fundo aos Estados das Regiões Norte, Nordeste e Centro-Oeste, apenas revigorou as disposições do projeto originário, pois 85% do FPE, considerados os novos percentuais do IR e do IPI afetados, representariam o que os Estados das Regiões Norte, Nordeste e Centro-Oeste receberiam se aprovado o projeto original.

Ante o exposto, outra não pode ser a conclusão senão a de que o art. 2°, incisos I e II, §§ 1°, 2° e 3°, e o Anexo Único da Lei Complementar n. 62, de 28 de dezembro de 1989, passados vinte anos de sua edição, não atendem satisfatoriamente à exigência constante do art. 161, II, da Constituição, segundo o qual lei complementar deve estabelecer os **critérios de rateio** do Fundo de Participação dos Estados, com a finalidade de promover o equilíbrio socioeconômico entre os entes federativos.

4. Decisão

Por fim, é preciso reconhecer que, apesar de a Lei Complementar n. 62, de 28 de dezembro de 1989, não satisfazer integralmente à exigência contida na parte final do art. 161, II, da Constituição, sua imediata supressão da ordem jurídica representaria incomensurável prejuízo ao interesse público e à economia dos Estados, uma vez que o vácuo legislativo poderia inviabilizar, por completo, as transferências de recursos.

Aceita a ideia geral de que a declaração de inconstitucionalidade da omissão parcial exige a *suspensão de aplicação* dos dispositivos impugnados, não se deve perder de vista que, em determinados casos, a aplicação excepcional da lei inconstitucional traduz exigência do próprio ordenamento constitucional.

Isso poderia ser demonstrado com base no exame de algumas normas constitucionais que requerem, expressamente, a promulgação de leis. Um exemplo clássico há de explicitar esse entendimento. Nos termos do art. 7º, IV, da Constituição, o trabalhador faz jus a "salário mínimo, fixado em lei, nacionalmente unificado, capaz de atender a suas necessidades vitais básicas e às de sua família, com moradia, alimentação, educação, saúde, vestuário, higiene, transporte e previdência social, com reajustes periódicos que lhe preservem o poder aquisitivo (...)". Essa norma contém expresso dever constitucional de legislar, obrigando o legislador a fixar salário mínimo que corresponda às necessidades básicas dos trabalhadores.

Se o Supremo Tribunal Federal chegasse à conclusão, em processo de controle abstrato da omissão ou mesmo em processo de controle abstrato de normas — tal como ocorreu com o *Bundesverfassungsgericht*, a propósito da lei de retribuição dos funcionários públicos, em processo de *recurso constitucional* (*Verfassungsbeschwerde*)[13] —, de que a lei que fixa o salário mínimo não corresponde às exigências estabelecidas pelo constituinte, configurando-se, assim, típica inconstitucionalidade em virtude de omissão parcial, a *suspensão de aplicação* da lei inconstitucional — bem como sua eventual cassação — acabaria por agravar o estado de inconstitucionalidade. É que, nesse caso, não haveria lei aplicável à espécie.

Portanto, a *suspensão de aplicação* da norma constitui consequência fundamental da decisão que, em processo de controle abstrato da inconstitucionalidade por omissão e no mandado de injunção, reconhece a existência de omissão parcial. Todavia, **ter-se-á de reconhecer, inevitavelmente, que a *aplicação da lei*, mesmo após a pronúncia de sua inconstitucionalidade, pode ser exigida pela própria Constituição. Trata-se daqueles casos em que a aplicação da lei mostra-se, do prisma constitucional, indispensável no período de transição, até a promulgação da nova lei.**

Deve-se admitir, assim, que, com a adoção de peculiares mecanismos de controle da omissão do legislador, criou-se a possibilidade de se desenvolver nova modalidade de decisão no processo constitucional brasileiro. Se partirmos do princípio de que a decisão proferida pelo Supremo Tribunal Federal, no processo de mandado de injunção e no controle abstrato da omissão, tem conteúdo obrigatório ou mandamental para o legislador e que a decisão que reconhece a subsistência de uma omissão parcial contém, ainda que implicitamente, a declaração de inconstitucionalidade da regra defeituosa, há de se concluir, inevitavelmente, que a superação da situação inconstitucional deve ocorrer em duas etapas (*Zweiaktverfahren*)[14].

Questões como essa (cf. ADI n. 2.240, Rel. Eros Grau, *DJ* 3.8.2007) parecem suficientes para demonstrar que, sem abandonar a doutrina tradicional da nulidade da lei inconstitucional, é possível e, muitas vezes, inevitável, com base no princípio da segurança jurídica, afastar a incidência do princípio da nulidade em determinadas situações.

Não se nega, pois, o caráter de princípio constitucional ao princípio da nulidade da lei inconstitucional. Entende-se, porém, que esse princípio não poderá ser aplicado nos casos em que se revelar absolutamente inidôneo para a finalidade perseguida (casos de omissão; exclusão de benefício incompatível com o princípio da igualdade), bem como nas hipóteses em que, como

---

[13] *BVerfGE*, 8, 1 (19).

[14] Sobre esse conceito, cf. Wolfgang Hoffmann-Riem, Die Beseitigung verfassungswidriger Rechtslagen im Zweiaktenverfahren, *DVBl*, 1971, p. 842.

Controle da omissão inconstitucional **1667**

ocorre no presente caso, a sua aplicação pudesse trazer danos para o próprio sistema jurídico constitucional.

Assim, configurada eventual tensão entre o princípio da nulidade e o princípio da segurança jurídica, que, entre nós, tem *status* constitucional, a solução da questão há de ser, igualmente, levada a efeito em um processo de complexa ponderação.

Em muitos casos, então, há de se preferir a declaração de inconstitucionalidade com efeitos restritos à insegurança jurídica de uma declaração de nulidade, como demonstram os múltiplos exemplos do direito comparado e do nosso direito.

Nesses termos, fica evidente que a norma contida no art. 27 da Lei n. 9.868/99 tem caráter fundamentalmente interpretativo, desde que se entenda que os conceitos jurídicos indeterminados utilizados – segurança jurídica e excepcional interesse social – revestem-se de base constitucional. No que diz respeito à segurança jurídica, parece não haver dúvida de que ela encontra expressão no próprio princípio do Estado de Direito, consoante amplamente aceito pela doutrina pátria e alienígena. Excepcional interesse social pode encontrar fundamento em diversas normas constitucionais.

O que importa assinalar é que, segundo a interpretação aqui preconizada, o princípio da nulidade somente há de ser afastado se for possível demonstrar, com base numa ponderação concreta, que a declaração de inconstitucionalidade ortodoxa envolveria o sacrifício da segurança jurídica ou de outro valor constitucional materializável sob a forma de interesse social[15].

Portanto, o princípio da nulidade continua a ser a regra também no direito brasileiro. O afastamento de sua incidência dependerá de um severo juízo de ponderação que, tendo em vista análise fundada no princípio da proporcionalidade, faça prevalecer a ideia de segurança jurídica ou outro princípio constitucional manifestado sob a forma de interesse social relevante. Assim, aqui, como no direito português, a não aplicação do princípio da nulidade não se há de basear em consideração de política judiciária, mas em fundamento constitucional próprio.

Entre nós, cuidou o legislador de conceber um modelo restritivo também no aspecto procedimental, consagrando a necessidade de um *quorum* especial (dois terços dos votos) para a declaração de inconstitucionalidade com efeitos limitados. Terá significado especial o princípio da proporcionalidade, especialmente em sentido estrito, como instrumento de aferição da justeza da declaração de inconstitucionalidade (com efeito da nulidade), em virtude do confronto entre os interesses afetados pela lei inconstitucional e aqueles que seriam eventualmente sacrificados em consequência da declaração de inconstitucionalidade[16].

No presente caso, o Tribunal tem a oportunidade de aplicar o art. 27 da Lei n. 9.868/99 em sua versão mais ampla. A declaração de inconstitucionalidade e, portanto, da nulidade da lei definidora de critérios para o rateio dos Fundos de Participação dos Estados e do Distrito Federal, constitui mais um entre os casos em que as consequências da decisão tomada pela Corte podem gerar um verdadeiro caos jurídico.

Assim, **julgo procedentes** as Ações Diretas de Inconstitucionalidade (ADI n. 1.987/DF, ADI n. 875/DF, ADI n. 2.727/DF e ADI n. 3.243/DF), para, aplicando o art. 27 da Lei n. 9.868/99, **declarar a inconstitucionalidade, sem a pronúncia da nulidade**, do art. 2º, incisos I e II, §§ 1º, 2º e 3º, e do Anexo Único, da Lei Complementar n. 62/1989, **assegurada a sua aplicação até 31 de dezembro de 2012.**

---

[15] Cf., a propósito do direito português, MEDEIROS, Rui. *A Decisão de inconstitucionalidade*. Lisboa: UCL, p. 716.

[16] Cf. MEDEIROS, Rui. *A decisão de inconstitucionalidade*, cit., p. 703-704.

19. Controle incidental

RCL 4.335[1]

Controle de constitucionalidade – Papel do Senado Federal – Eficácia *erga omnes* da decisão proferida no sistema difuso de controle de constitucionalidade – Mutação constitucional: suspensão de execução da lei.

Trata-se de reclamação, ajuizada pela Defensoria Pública do Estado do Acre, em face de decisão do Juiz de Direito da Vara de Execuções Penais da Comarca de Rio Branco, que indeferiu o pedido de progressão de regime em favor de diversos réus.

Alegou-se que os condenados apontados pelo reclamante cumpriam penas de reclusão em regime integralmente fechado, em decorrência da prática de crimes hediondos.

O reclamante alegou descumprimento da decisão do Supremo Tribunal Federal no HC 82.959, da relatoria do Ministro Marco Aurélio, quando a Corte afastou a vedação de progressão de regime aos condenados pela prática de crimes hediondos, ao considerar inconstitucional o artigo 2º, § 1º, da Lei n. 8.072/1990 (Lei dos Crimes Hediondos).

Com base no referido julgamento, solicitou o reclamante fosse concedida progressão a diversos apenados, indeferida pelo Juiz de Direito da Vara de Execuções Penais da Comarca de Rio Branco/AC, sob a alegação de vedação legal para admiti-la e o seguinte argumento:

> "(...)conquanto o Plenário do Supremo Tribunal, em maioria apertada (6 votos x 5 votos), tenha declarado 'incidenter tantum' a inconstitucionalidade do art. 2º, § 1º da Lei 8.072/90 (Crimes Hediondos), por via do Habeas Corpus n. 82.959, isto após dezesseis anos dizendo que a norma era constitucional, perfilho-me a melhor doutrina constitucional pátria que entende que no controle difuso de constitucionalidade a decisão produz efeitos 'inter partes'."

Da denegação do pedido de progressão por parte do juízo *a quo*, o reclamante impetrou *habeas corpus* perante o Tribunal de Justiça do Estado do Acre.

A Procuradoria-Geral da República opinou pelo não conhecimento do pedido, em virtude de inexistir decisão proferida pelo Supremo Tribunal Federal cuja autoridade deva ser preservada, e, portanto, ser manifestamente descabida a reclamação.

O Ministro Gilmar Mendes, Relator, julgou procedente a Reclamação para cassar as decisões impugnadas, assentando que caberá ao juízo reclamado proferir nova decisão para avaliar se, no caso, os interessados atendem ou não os requisitos para gozar do referido benefício, podendo determinar, para esse fim, e desde que de modo fundamentado, a realização de exame criminológico (julgamento realizado em 1º.2.2007. *Informativo STF 454*, no que foi acompanhado pelo Ministro Eros Grau).

---

[1] Em sessão de 20.3.2014, o Plenário do Supremo Tribunal Federal votou, por maioria, pelo conhecimento e julgou procedente a reclamação, nos termos do voto do Relator. Vencidos os Ministros Sepúlveda Pertence, Joaquim Barbosa, Ricardo Lewandowski e Marco Aurélio, que não conheceram da reclamação, mas concederam *habeas corpus* de ofício (*DJ* de 22.10.2014).

Controle incidental **1669**

A decisão foi nestes termos ementada:

EMENTA: Reclamação. 2. Progressão de regime. Crimes hediondos. 3. Decisão reclamada aplicou o art. 2º, § 2º, da Lei n. 8.072/90, declarado inconstitucional pelo Plenário do STF no HC 82.959/SP, Rel. Min. Marco Aurélio, DJ 1.9.2006. 4. Superveniência da Súmula Vinculante n. 26. 5. Efeito ultra partes da declaração de inconstitucionalidade em controle difuso. Caráter expansivo da decisão. 6. Reclamação julgada procedente.

VOTO

No HC 82.959-SP, Rel. Min. Marco Aurélio, julgado em sessão plenária de 23.2.2006, DJ de 1º.9.2006, o Supremo Tribunal Federal declarou a inconstitucionalidade do artigo 2º, § 1º, da Lei n. 8.072/90 ("Lei dos Crimes Hediondos"), que vedava a progressão de regime em casos de crimes hediondos, em acórdão assim ementado:

"PENA – REGIME DE CUMPRIMENTO – PROGRESSÃO – RAZÃO DE SER. *A progressão no regime de cumprimento da pena, nas espécies fechado, semiaberto e aberto, tem como razão maior a ressocialização do preso que, mais dia ou menos dia, voltará ao convívio social.*

PENA – CRIMES HEDIONDOS – REGIME DE CUMPRIMENTO – PROGRESSÃO – ÓBICE – ARTIGO 2º, § 1º, DA LEI n. 8.072/90 – INCONSTITUCIONALIDADE – EVOLUÇÃO JURIS-PRUDENCIAL. *Conflita com a garantia da individualização da pena – artigo 5º, inciso XLVI, da Constituição Federal – a imposição, mediante norma, do cumprimento da pena em regime integralmente fechado. Nova inteligência do princípio da individualização da pena, em evolução jurisprudencial, assentada a inconstitucionalidade do artigo 2º, § 1º, da Lei n. 8.072/90.*"

Alega o reclamante que, em 2.3.2006, o reclamado fez afixar comunicado em vários pontos das dependências do Fórum de Rio Branco-Acre, nos seguintes termos:

"*Comunico aos senhores reeducandos, familiares, advogados e comunidade em geral, que* A RECENTE DECISÃO PLENÁRIA DO SUPREMO TRIBUNAL FEDERAL *proferida nos autos do 'habeas corpus' n.* 82.959, A QUAL DECLAROU A INCONSTITUCIONALIDADE DO DISPOSITIVO DA LEI DOS CRIMES HEDIONDOS QUE VEDAVA A PROGRESSÃO DE REGIME PRISIONAL (ART. 2º, § 1º, DA Lei 8.072/90), SOMENTE TERÁ EFICÁCIA A FAVOR DE TODOS OS CONDENADOS POR CRIMES HEDIONDOS OU A ELES EQUIPARADOS QUE ESTEJAM CUMPRINDO PENA, *a partir da expedição,* PELO SENADO FEDERAL, DE RESOLUÇÃO SUSPENDENDO A EFICÁCIA DO DISPOSITIVO DE LEI *declarado inconstitucional pelo Supremo Tribunal Federal, nos termos do art. 52, inciso X, da Constituição Federal. Rio Branco, 02 de março de 2006. Marcelo Coelho de Carvalho Juiz de Direito.*" (fl. 05-06).

Preliminarmente, anote-se que não se trata, na espécie, de reclamação incabível, sob o argumento de inexistência de decisão proferida pelo Supremo Tribunal Federal cuja autoridade deva ser preservada, conforme aponta o parecer do Ministério Público Federal:

"*3. A reclamação é o instrumento processual constitucionalmente instituído para a finalidade específica de preservar a competência dos tribunais e garantir a autoridade dos seus julgados.*

4. Ao Supremo Tribunal Federal compete processar e julgar as reclamações que visem a preservar a competência do próprio Supremo Tribunal Federal e a autoridade de suas decisões, proferidas em feitos de sua competência originária ou recursal.

5. De acordo com pesquisa feita no site dessa Corte, não consta o registro de 'habeas corpus' impetrado pelo Reclamante em favor das pessoas relacionadas no documento de fls. 4 destes autos, sendo certo que o Reclamante não instruiu o seu pedido com um único documento que comprovasse a sua afirmação de que o Juiz de Direito da Vara de Execução Penais de Rio Branco estaria se negando a cumprir decisão proferida em favor de presos condenados por crimes hediondos.

6. Esse fato foi confirmado pela ilustre autoridade impetrada, em suas informações, quando afirmou que "não é do conhecimento deste Juízo, até o momento, que o STF tenha expedido ordem em favor de um dos interessados na reclamação e, portanto, não é hipótese de garantir a autoridade de decisão da Corte" (fl. 20).

7. Assim, não existindo decisão proferida por essa Corte cuja autoridade deva ser preservada, a reclamação é manifestamente descabida." (fl. 30-31)

A jurisprudência do Supremo Tribunal Federal deu sinais de grande evolução no que se refere à utilização do instituto da reclamação em sede de controle concentrado de normas. No julgamento da questão de ordem em agravo regimental na Rcl 1.880, em 23 de maio de 2002, o Tribunal restou assente o cabimento da reclamação para todos aqueles que comprovarem prejuízo resultante de decisões contrárias às teses do STF, em reconhecimento à eficácia vinculante erga omnes das decisões de mérito proferidas em sede de controle concentrado.

Tal decisão restou assim ementada:

"QUESTÃO DE ORDEM. AÇÃO DIRETA DE INCONSTITUCIONALIDADE. JULGAMENTO DE MÉRITO. PARÁGRAFO ÚNICO DO ARTIGO 28 DA LEI n. 9.868/99: CONSTITUCIONALIDADE. EFICÁCIA VINCULANTE DA DECISÃO. REFLEXOS. RECLAMAÇÃO. LEGITIMIDADE ATIVA.

[...]

4. Reclamação. Reconhecimento de legitimidade ativa 'ad causam' de todos que comprovem prejuízo oriundo de decisões dos órgãos do Poder Judiciário, bem como da Administração Pública de todos os níveis, contrárias ao julgado do Tribunal. Ampliação do conceito de parte interessada (Lei n. 8.038/90, artigo 13). Reflexos processuais da eficácia vinculante do acórdão a ser preservado.

[...]"[2]

Entendo que, para analisar o tema, é necessário investigar se o instrumento da reclamação foi, no presente caso, utilizado em consonância com a sua destinação constitucional: a garantia da autoridade das decisões do Supremo Tribunal Federal (art. 102, I, l, da CF/88), no caso, a do HC 82.959/SP, Rel. Min. Marco Aurélio, *DJ* de 1º.9.2006.

Superada essa questão, caberá analisar a afirmação do Juiz de Direito da Vara de Execuções Penais da Comarca de Rio Branco – Acre de que a referida decisão no HC 82.959/SP "somente terá eficácia a favor de todos os condenados por crimes hediondos ou a eles equiparados que estejam cumprindo pena, a partir da expedição, pelo Senado Federal, de resolução suspendendo a eficácia do dispositivo de lei declarado inconstitucional pelo Supremo Tribunal Federal, nos termos do art. 52, inciso X, da Constituição Federal".

Para apreciar a dimensão constitucional do tema, gostaria de tecer alguns comentários sobre o papel do Senado Federal no controle de constitucionalidade.

Introdução

A suspensão da execução pelo Senado Federal do ato declarado inconstitucional pelo Supremo Tribunal Federal foi a forma definida pelo constituinte para emprestar eficácia *erga omnes* às decisões definitivas sobre inconstitucionalidade.

A aparente originalidade da fórmula tem dificultado o seu enquadramento dogmático. Discute-se, assim, sobre os efeitos e a natureza da resolução do Senado Federal que declare suspensa a execução da lei ou ato normativo. Questiona-se, igualmente, sobre o caráter vinculado ou discricionário do ato praticado pelo Senado e sobre a abrangência das leis estaduais e municipais. Indaga-se, ainda, sobre a pertinência da suspensão ao pronunciamento de inconstitucionalidade *incidenter tantum*, ou sobre a sua aplicação às decisões proferidas em ação direta.

Embora a doutrina pátria reiterasse os ensinamentos teóricos e jurisprudenciais americanos, no sentido da inexistência jurídica ou da ampla ineficácia da lei declarada inconstitucional, não se indicava a razão ou o fundamento desse efeito amplo. Diversamente, a não aplicação da lei, no Direito norte-americano, constitui expressão do *stare decisis*, que empresta

---

[2] Rcl-AgR 1.880, Rel. Min. Maurício Corrêa, *DJ* de 19.3.2004.

Controle incidental **1671**

efeitos vinculantes às decisões das Cortes Superiores. Daí, ter-se adotado, em 1934, a suspensão de execução pelo Senado como mecanismo destinado a outorgar generalidade à declaração de inconstitucionalidade. A engenhosa fórmula mereceu reparos na própria Assembleia Constituinte. O Deputado Godofredo Vianna pretendeu que se reconhecesse, v.g., a inexistência jurídica da lei, após o segundo pronunciamento do Supremo Tribunal Federal sobre a inconstitucionalidade do diploma[3].

Mas que efeitos haveriam de se reconhecer ao ato do Senado que suspende a execução da lei inconstitucional?

Lúcio Bittencourt afirmava que "o objetivo do art. 45, n. IV – a referência diz respeito à Constituição de 1967 – é apenas tornar pública a decisão do tribunal, levando-a ao conhecimento de todos os cidadãos"[4]. Outros reconhecem que o Senado Federal pratica ato político que "confere efeito geral ao que era particular (...), generaliza os efeitos da decisão"[5].

O Supremo Tribunal Federal parece ter admitido, inicialmente, que o ato do Senado emprestava eficácia genérica à decisão definitiva. Assim, a suspensão tinha o condão de dar alcance normativo ao julgado do Supremo Tribunal Federal[6].

Mas qual era a dimensão dessa eficácia ampla? Seria a de reconhecer efeito retroativo ao ato do Senado Federal?

Também aqui não se logravam sufrágios unânimes.

Themístocles Cavalcanti responde negativamente, sustentando que a "única solução que atende aos interesses de ordem pública é que a suspensão produzirá os seus efeitos desde a sua efetivação, não atingindo as situações jurídicas criadas sob a sua vigência"[7]. Da mesma forma, Bandeira de Mello ensina que "a suspensão da lei corresponde à revogação da lei", devendo "ser respeitadas as situações anteriores definitivamente constituídas, porquanto a revogação tem efeito *ex nunc*"[8]. Enfatiza que a suspensão "não alcança os atos jurídicos formalmente perfeitos, praticados no passado, e os fatos consumados, ante sua irretroatividade, e mesmo os efeitos futuros dos direitos regularmente adquiridos". "O Senado Federal – assevera Bandeira de Mello – apenas cassa a lei, que deixa de obrigar, e, assim, perde a sua executoriedade porque, dessa data em diante, a revoga simplesmente"[9].

Não obstante a autoridade dos seus sectários, essa doutrina parecia confrontar com as premissas basilares da declaração de inconstitucionalidade no Direito brasileiro.

Afirmava-se quase incontestadamente, entre nós, que a pronúncia da inconstitucionalidade tinha efeito *ex tunc*, contendo a decisão judicial caráter eminentemente declaratório[10]. Se assim

---

3 ARAÚJO, Castro. *A nova Constituição brasileira*. Rio de Janeiro: Freitas Bastos, 1935, p. 247; Cf. ainda ALEN-CAR, Ana Valderez Ayres Neves de. A competência do Senado Federal para suspender a execução dos atos declarados inconstitucionais. *Revista de Informação Legislativa*, 15(57): 234-7 jan./mar. 1978.

4 BITTENCOURT, C. A. Lúcio. *O controle jurisdicional de constitucionalidade das leis*. Série "Arquivos do Ministério da Justiça". Brasília: Ministério da Justiça, 1997, p. 145.

5 BROSSARD, Paulo. O Senado e as leis inconstitucionais. *Revista de Informação Legislativa*, 13(50): 61; cf. MARINHO, Josaphat. O art. 64 da Constituição e o papel do Senado. *Revista de Informação Legislativa*, 1(2); BUZAID, Alfredo. *Da ação direta de constitucionalidade no Direito brasileiro*. São Paulo: Saraiva, 1958, p. 89-90; CAVALCANTI, Themístocles Brandão. *Do controle de constitucionalidade*. Rio de Janeiro: Forense, 1966, p. 162-6; MELLO, Oswaldo Aranha Bandeira de. *A Teoria das Constituições Rígidas*. 2. ed. São Paulo: J. Bushasky Editor, 1980, p. 210; BASTOS, Celso Ribeiro. *Curso de Direito Constitucional*. São Paulo: Celso Bastos, 2002, p. 84.

6 MS 16.512, Rel. Min. Oswaldo Trigueiro, *RTJ* 38, n. 1, p. 20, 21, 23 e 28.

7 CAVALCANTI. *Do controle da constitucionalidade*, cit., p. 164.

8 MELLO. *A Teoria das Constituições Rígidas*, cit., p. 211.

9 MELLO. *A Teoria das Constituições Rígidas*, cit., p. 211.

10 BARBOSA, Ruy. Os atos inconstitucionais do Congresso e do Executivo perante a Justiça Federal. In: *Trabalhos*

fora, afigurava-se inconcebível cogitar de "situações juridicamente criadas", de "atos jurídicos formalmente perfeitos" ou de "efeitos futuros dos direitos regularmente adquiridos", com fundamento em lei inconstitucional. De resto, é fácil de ver que a constitucionalidade da lei parece constituir pressuposto inarredável de categorias como as do direito adquirido e do ato jurídico perfeito.

É verdade que a expressão utilizada pelo constituinte de 1934 (art. 91, IV) e reiterada nos textos de 1946 (art. 64), de 1967/1969 (art. 42, VII) e de 1988 (art. 52, X) – suspender a execução de lei ou decreto – não é isenta de dúvida[11]. Originariamente, o substitutivo da Comissão Constitucional que produziu o modelo da Constituição de 1934 chegou a referir-se à "revogação ou suspensão da lei ou ato"[12]. Mas a própria ratio do dispositivo não autorizava a equiparação do ato do Senado a uma declaração de ineficácia de caráter prospectivo. A proposta de Godofredo Vianna reconhecia a inexistência jurídica da lei, desde que fosse declarada a sua inconstitucionalidade "em mais de um aresto" do Supremo Tribunal Federal. Nos debates realizados preponderou, porém, a ideia de se outorgar ao Senado, erigido, então, ao papel de coordenador dos poderes, a suspensão da lei declarada inconstitucional pelo Supremo Tribunal Federal.

Na discussão travada no Plenário da Constituinte, destacaram-se as objeções de Levi Carneiro, contrário à incorporação do instituto ao Texto Magno. Prevaleceu a tese perfilhada, dentre outras, por Prado Kelly, tal como resumida na seguinte passagem:

> *"Na sistemática preferida pelo nobre Deputado, Sr. Levi Carneiro, o Supremo Tribunal decretaria a inconstitucionalidade de uma lei, e os efeitos dessa decisão se limitariam às partes em litígio. Todos os demais cidadãos, que estivessem na mesma situação da que foi tutelada num processo próprio, estariam ao desamparo da lei. Ocorreria, assim, que a Constituição teria sido defendida na hipótese que permitiu o exame do Judiciário, e esquecida, anulada, postergada em todos os outros casos (...)".*

> *"Certas constituições modernas têm criado cortes jurisdicionais para defesa da Constituição. Nós continuamos a atribuir à Suprema Corte a palavra definitiva da defesa e guarda da Constituição da República. Entretanto permitimos a um órgão de supremacia política estender os efeitos dessa decisão, e estendê-los para o fim de suspender a execução, no todo ou em parte, de qualquer lei ou ato, deliberação ou regulamento, quando o Poder Judiciário os declara inconstitucionais"[13].*

Na Assembleia Constituinte de 1946, reencetou-se o debate, tendo-se destacado, uma vez mais, na defesa do instituto, a voz de Prado Kelly:

> *"O Poder Judiciário só decide em espécie. É necessário, porém, estender os efeitos do julgado, e esta é atribuição do Senado.*

> *Quanto ao primeiro ponto, quero lembrar que na Constituição de 34 existe idêntico dispositivo.*

> *Participei da elaboração da Constituição de 34. De fato, tentou-se a criação de um quarto poder; entretanto já há muito o Senado exercia a função controladora, fiscalizadora do Poder Executivo.*

> *O regime democrático é um regime de legalidade. No momento em que o Poder Executivo pratica uma ilegalidade, a pretexto de regulamentar uma lei votada pelo Congresso, exorbita nas suas funções. Há a*

---

jurídicos. Rio de Janeiro: Ministério da Educação e Cultura, 1958, v. 20, t. 5, p. 49, e O direito do Amazonas ao Acre Septentrional. Rio de Janeiro: Jornal do Commercio, 1910, v. 2, p. 51-2; NUNES, José de Castro. Teoria e prática do Poder Judiciário. Rio de Janeiro: Revista Forense, 1943, p. 588; BUZAID, Alfredo. Da ação direta no Direito brasileiro, cit. p. 128; CAMPOS, Francisco Luiz da Silva. Direito constitucional. Rio de Janeiro: Freitas Bastos, 1956, v. 1, p. 460-1.

[11] A Constituição de 1937 não contemplou o instituto da suspensão da execução pelo Senado Federal.

[12] ALENCAR. A competência do Senado Federal para suspender a execução dos atos declarados inconstitucionais, cit., p. 247.

[13] ALENCAR. A competência do Senado Federal para suspender a execução dos atos declarados inconstitucionais, cit., p. 260.

esfera do Judiciário, e este não está impedido, desde que é violado o direito patrimonial do indivíduo, de apreciar o direito ferido.

Se, entretanto, se reserva ao órgão do Poder Legislativo, no caso o Senado, a atribuição fiscalizadora da lei, não estamos diante de uma função judicante, mas de fiscal do arbítrio do Poder Executivo. O dispositivo já constava da Constituição de 34 e não foi impugnado por nenhum autor ou comentador que seja do meu conhecimento. Ao contrário, foi um dos dispositivos mas festejados pela crítica, porque atendia, de fato, às solicitações do meio político brasileiro"[14].

Ante as críticas tecidas por Gustavo Capanema, ressaltou Nereu Ramos que:

"A lei ou regulamentos declarados inconstitucionais são juridicamente inexistentes entre os litigantes. Uma vez declarados, pelo Poder Judiciário, inconstitucionais ou ilegais, a decisão apenas produz efeito entre as partes. Para evitar que os outros interessados, amanhã, tenham de recorrer também ao Judiciário, para obter a mesma coisa, atribui-se ao Senado a faculdade de suspender o ato no todo ou em parte, quando o Judiciário haja declarado inconstitucional, porque desde que o Judiciário declara inconstitucional, o Presidente da República não pode declarar constitucional"[15].

Parecia evidente aos constituintes que a suspensão da execução da lei, tal como adotada em 1934, importava na extensão dos efeitos do aresto declaratório da inconstitucionalidade, configurando, inclusive, instrumento de economia processual. Atribuía-se, pois, ao ato do Senado, caráter ampliativo e não apenas paralisante ou derrogatório do diploma viciado. E, não fosse assim, inócuo seria o instituto com referência à maioria das situações formadas na vigência da lei declarada inconstitucional.

Percebeu essa realidade o Senador Accioly Filho, que defendeu a seguinte orientação:

"Posto em face de uma decisão do STF, que declara a inconstitucionalidade de lei ou decreto, ao Senado não cabe tão só a tarefa de promulgador desse decisório.

A declaração é do Supremo, mas a suspensão é do Senado. Sem a declaração, o Senado não se movimenta, pois não lhe é dado suspender a execução de lei ou decreto não declarado inconstitucional. Essa suspensão é mais do que a revogação da lei ou decreto, tanto pelas suas consequências quanto por desnecessitar da concordância da outra Casa do Congresso e da sanção do Poder Executivo. Em suas consequências, a suspensão vai muito além da revogação. Esta opera 'ex nunc', alcança a lei ou ato revogado só a partir da vigência do ato revogador, não tem olhos para trás e, assim, não desconstitui as situações constituídas enquanto vigorou o ato derrogado. Já quando de suspensão se trate, o efeito é 'ex tunc', pois aquilo que é inconstitucional é natimorto, não teve vida (cf. Alfredo Buzaid e Francisco Campos), e, por isso, não produz efeitos, e aqueles que porventura ocorreram ficam desconstituídos desde as suas raízes, como se não tivessem existido.

Integra-se, assim, o Senado numa tarefa comum com o STF, equivalente àquela da alta Corte Constitucional da Áustria, do Tribunal Constitucional alemão e da Corte Constitucional italiana. Ambos, Supremo e Senado, realizam, na Federação brasileira, a atribuição que é dada a essas Cortes europeias.

Ao Supremo cabe julgar da inconstitucionalidade das leis ou atos, emitindo a decisão declaratória quando consegue atingir o 'quorum' qualificado.

Todavia, aí não se exaure o episódio se aquilo que se deseja é dar efeitos 'erga omnes' à decisão.

A declaração de inconstitucionalidade, só por ela, não tem a virtude de produzir o desaparecimento da lei ou ato, não o apaga, eis que fica a produzir efeitos fora da relação processual em que se proferiu a decisão.

Do mesmo modo, a revogação da lei ou decreto não tem o alcance e a profundidade da suspensão. Consoante já se mostrou, e é tendência no direito brasileiro, só a suspensão por declaração de inconstitucionali-

---

[14] ALENCAR. *A competência do Senado Federal para suspender a execução dos atos declarados inconstitucionais,* cit., p. 267-8.

[15] ALENCAR. *A competência do Senado Federal para suspender a execução dos atos declarados inconstitucionais,* cit., p. 268.

dade opera efeito 'ex tunc', ao passo que a revogação tem eficácia só a partir da data de sua vigência. Assim, é diferente a revogação de uma lei da suspensão de sua vigência por inconstitucionalidade"[16].

Adiante, o insigne parlamentar concluía:

"Revogada uma lei, ela continua sendo aplicada, no entanto, às situações constituídas antes da revogação (art. 153, § 3º, da Constituição). Os juízes e a administração aplicam-na aos atos que se realizaram sob o império de sua vigência, porque então ela era a norma jurídica eficaz. Ainda continua a viver a lei revogada para essa aplicação, continua a ter existência para ser utilizada nas relações jurídicas pretéritas (...)

A suspensão por declaração de inconstitucionalidade, ao contrário, vale por fulminar, desde o instante do nascimento, a lei ou decreto inconstitucional, importa manifestar que essa lei ou decreto não existiu, não produziu efeitos válidos.

A revogação, ao contrário disso, importa proclamar que, a partir dela, o revogado não tem mais eficácia.

A suspensão por declaração de inconstitucionalidade diz que a lei ou decreto suspenso nunca existiu, nem antes nem depois da suspensão.

Há, pois, distância a separar o conceito de revogação daquele da suspensão de execução de lei ou decreto declarado inconstitucional. O ato de revogação, pois, não supre o de suspensão, não o impede, porque não produz os mesmos efeitos"[17].

Essa colocação parecia explicitar a natureza singular da atribuição deferida ao Senado Federal sob as Constituições de 1946 e de 1967/69. A suspensão constituía ato político que retira a lei do ordenamento jurídico, de forma definitiva e com efeitos retroativos. É o que ressaltava, igualmente, o Supremo Tribunal Federal ao enfatizar que "a suspensão da vigência da lei por inconstitucionalidade torna sem efeito todos os atos praticados sob o império da lei inconstitucional"[18].

Vale recordar, a propósito, que, no MS 16.512[19], o Supremo Tribunal Federal teve a oportunidade de discutir largamente a natureza do instituto, infirmando a possibilidade de o Senado Federal revogar o ato de suspensão anteriormente editado, ou de restringir o alcance da decisão proferida pelo Supremo Tribunal Federal. Cuidava-se de Mandado de Segurança impetrado por "Engenharia Souza e Barker Ltda. e outros" contra a Resolução n. 93, de 14 de outubro de 1965, que revogou a Resolução anterior (n. 32, de 25.3.1965), pela qual o Senado suspendera a execução de preceito do Código Paulista de Impostos e Taxas.

O Supremo Tribunal Federal pronunciou a inconstitucionalidade da resolução revogadora, contra os votos dos Ministros Aliomar Baleeiro e Hermes Lima, conhecendo do mandado de

---

[16] BRASIL. Congresso, Senado Federal. Parecer n. 154, de 1971, Rel. Senador Accioly Filho, *Revista de Informação Legislativa*, 12(48):266-8.

[17] BRASIL. Congresso, Senado Federal. *Parecer n. 154*, de 1971, cit., p. 268.

[18] RMS 17.976, Rel. Min. Amaral Santos, *RDA*, 105:111(113). Evidentemente, esta eficácia ampla há de ser entendida com temperamentos. A pronúncia de inconstitucionalidade não retira do mundo jurídico, automaticamente, os atos praticados com base na lei inconstitucional, criando apenas as condições para eventual desfazimento ou regulação dessas situações. Tanto a coisa julgada quanto outras fórmulas de preclusão podem tornar irreversíveis as decisões ou atos fundados na lei censurada. Assim, operada a decadência ou a prescrição, ou decorrido in albis o prazo para a propositura da ação rescisória, não há mais que se cogitar da revisão do ato viciado. Alguns sistemas jurídicos, como o alemão, reconhecem a subsistência dos atos e decisões praticados com base na lei declarada inconstitucional, desde que tais atos já não se afigurem suscetíveis de impugnação. A execução desses atos é, todavia, inadmissível. Exclui-se, igualmente, qualquer pretensão de enriquecimento sem causa. Admite-se, porém, a revisão, a qualquer tempo, de sentença penal condenatória baseada em lei declarada inconstitucional (Lei do Bundesverfassungsgericht, § 79). A limitação da retroatividade expressa, nesses casos, a tentativa de compatibilizar princípios de segurança jurídica e critérios de justiça. Acentue-se que tais limitações ressaltam, outrossim, a necessária autonomia jurídica desses atos.

[19] MS 16.512, Rel. Min. Oswaldo Trigueiro, *DJ* de 25.5.1966.

segurança como representação de inconstitucionalidade, tal como proposto pelo Procurador-Geral da República, Dr. Alcino Salazar[20].

Ademais, reconheceu que o Senado não estava obrigado a proceder à suspensão do ato declarado inconstitucional. Nessa linha de entendimento, ensinava o Ministro Victor Nunes:

> *"(...) o Senado terá seu próprio critério de conveniência e oportunidade para praticar o ato de suspensão. Se uma questão foi aqui decidida por maioria escassa e novos Ministros são nomeados, como há pouco aconteceu, é de todo razoável que o Senado aguarde novo pronunciamento antes de suspender a lei. Mesmo porque não há sanção específica nem prazo certo para o Senado se manifestar"[21].*

Todavia, ao suspender o ato que teve a inconstitucionalidade pronunciada pelo Supremo Tribunal Federal, não poderia aquela Alta Casa do Congresso revogar o ato anterior[22]. Da mesma forma, o ato do Senado haveria de se ater à "extensão do julgado do Supremo Tribunal"[23], não tendo "competência para examinar o mérito da decisão (...), para interpretá-la, para ampliá-la ou restringi-la"[24].

Vê-se, pois, que, tal como assentado no preclaro acórdão do Supremo Tribunal Federal, o ato do Senado tem o condão de outorgar eficácia ampla à decisão judicial, vinculativa, inicialmente, apenas para os litigantes.

Ressalte-se que a inércia do Senado não afeta a relação entre os Poderes, não se podendo vislumbrar qualquer violação constitucional na eventual recusa à pretendida extensão de efeitos. Evidentemente, se pretendesse outorgar efeito genérico à decisão do Supremo Tribunal, não precisaria o constituinte valer-se dessa fórmula complexa.

As conclusões assentadas acima parecem consentâneas com a natureza do instituto. O Senado Federal não revoga o ato declarado inconstitucional, até porque lhe falece competência para tanto[25]. Cuida-se de ato político que empresta eficácia *erga omnes* à decisão do Supremo Tribunal proferida em caso concreto. Não se obriga o Senado Federal a expedir o ato de suspensão, não configurando eventual omissão ou qualquer infringência a princípio de ordem constitucional. Não pode a Alta Casa do Congresso, todavia, restringir ou ampliar a extensão do julgado proferido pelo Supremo Tribunal Federal.

Apenas por amor à completude, observe-se que o Projeto que resultou na Emenda n. 16/65 pretendeu conferir nova disciplina ao instituto da suspensão pelo Senado. Dizia-se na Exposição de Motivos:

> *"Ao direito italiano pedimos, todavia, uma formulação mais singela e mais eficiente do que a do art. 64 da nossa Constituição, para tornar explícito, a partir da declaração de ilegitimidade, o efeito 'erga omnes' de decisões definitivas do Supremo Tribunal, poupando ao Senado o dever correlato de suspensão da lei ou do decreto – expediente consentâneo com as teorias de direito público em 1934, quando ingressou em nossa legislação, mas presentemente suplantada pela formulação contida no art. 136 do estatuto de 1948: 'Quando la Corte dichiara l'illegittimità costituzionale di una norma di legge o di atto avente forza di legge, la norma cessa di avere efficacia dal giorno sucessivo alla publicazione della decisione' "[26].*

O art. 64 da Constituição passava a ter a seguinte redação:

---

[20] *RTJ* 38, n. 1, p. 8-9.

[21] Voto do Ministro Victor Nunes Leal, MS 16.512, *RTJ* 38, n.1, p. 23.

[22] Nesse sentido, v. votos proferidos pelos Ministros Gonçalves de Oliveira e Cândido Motta Filho, *RTJ* 38, n. 1, p. 26.

[23] Voto do Ministro Victor Nunes Leal, MS 16.512, *RTJ* 38, n. 1, p. 23.

[24] Voto do Ministro Pedro Chaves, MS 16.512, *RTJ* 38, n. 1, p. 12.

[25] Voto do Ministro Prado Kelly, MS 16.512, *RTJ* 38, n. 1, p. 16.

[26] BRASIL. Constituição (1946): Emendas. Emendas à Constituição de 1946, n. 16: *Reforma do Poder Judiciário*. Brasília: Câmara dos Deputados, 1968, p. 24.

1676 Estado de Direito e Jurisdição Constitucional – Decisões relevantes em 15 anos de atuação no STF

"Art. 64. Incumbe ao Presidente do Senado Federal, perdida a eficácia de lei ou ato de natureza norma-tiva (art. 101, § 3°), fazer publicar no Diário Oficial e na Coleção das leis a conclusão do julgado que lhe for comunicado".

A proposta de alteração do disposto no art. 64 da Constituição, com a atribuição de eficácia *erga omnes* à declaração de inconstitucionalidade proferida pelo Supremo Tribunal Federal, foi, porém, rejeitada[27].

A ausência de disciplina sobre a matéria contribuiu para que o Supremo Tribunal se ocupasse do tema, especialmente no que dizia respeito aos efeitos da declaração de inconstitucionalidade em sede de controle abstrato (representação de inconstitucionalidade). Nessa hipótese, o Tribunal deveria ou não comunicar a declaração de inconstitucionalidade ao Senado, para os fins do art. 64 da Constituição de 1946 (modificado pela Emenda n. 16/65)?

Em 1970, o Tribunal começou a debater o tema[28], tendo firmado posição, em 1977, quanto à dispensabilidade de intervenção do Senado Federal nos casos de declaração de inconstitucionalidade de lei proferida na representação de inconstitucionalidade (controle abstrato)[29]. Passou-se, assim, a atribuir eficácia geral à decisão de inconstitucionalidade proferida em sede de controle abstrato, procedendo-se à redução teleológica do disposto no art. 42, VII, da Constituição de 1967/69[30].

– A suspensão pelo Senado Federal da execução de lei declarada inconstitucional pelo Supremo Tribunal Federal sob a Constituição de 1988

A amplitude conferida ao controle abstrato de normas e a possibilidade de que se suspenda, liminarmente, a eficácia de leis ou atos normativos, com eficácia geral, contribuíram, certamente, para que se quebrantasse a crença na própria justificativa desse instituto, que se inspirava diretamente numa concepção de separação de Poderes – hoje inevitavelmente ultrapassada. Se o Supremo Tribunal pode, em ação direta de inconstitucionalidade, suspender, liminarmente, a eficácia de uma lei, até mesmo de uma Emenda Constitucional, por que haveria a declaração de inconstitucionalidade, proferida no controle incidental, valer tão somente para as partes?

A única resposta plausível nos leva a crer que o instituto da suspensão pelo Senado assenta-se hoje em razão de índole exclusivamente histórica.

Deve-se observar, outrossim, que o instituto da suspensão da execução da lei pelo Senado mostra-se inadequado para assegurar eficácia geral ou efeito vinculante às decisões do Supremo Tribunal que não declaram a inconstitucionalidade de uma lei, limitando-se a fixar a orientação constitucionalmente adequada ou correta.

Isto se verifica quando o Supremo Tribunal afirma que dada disposição há de ser interpretada desta ou daquela forma, superando, assim, entendimento adotado pelos tribunais ordinários ou pela própria Administração. A decisão do Supremo Tribunal não tem efeito vinculante, valendo nos estritos limites da relação processual subjetiva. Como não se cuida de declaração de inconstitucionalidade de lei, não há que se cogitar aqui de qualquer intervenção do Senado, restando o tema aberto para inúmeras controvérsias.

Situação semelhante ocorre quando o Supremo Tribunal Federal adota uma interpretação conforme à Constituição, restringindo o significado de certa expressão literal ou colmatando uma lacuna contida no regramento ordinário. Aqui o Supremo Tribunal não afirma propriamente a ilegitimidade da lei, limitando-se a ressaltar que uma dada interpretação é compatível com a Constituição, ou, ainda, que, para ser considerada constitucional, determi-

---

[27] BRASIL. *Constituição (1946)*, cit., p. 88-90.

[28] Cf. Parecer do Min. Rodrigues Alckmin, de 19.6.1975, *DJ* de 16.5.1977, p. 3124; cf. também, ALENCAR. A *competência do Senado Federal para suspender a execução dos atos inconstitucionais*, cit., p. 260 (292-293).

[29] Cf. Parecer do Min. Moreira Alves no Processo Administrativo 4.477-72, *DJ* de 16.5.1977, p. 3123.

[30] Cf. Parecer do Min. Moreira Alves no Processo Administrativo 4.477-72, cit., p. 3123-3124.

nada norma necessita de um complemento (lacuna aberta) ou restrição (lacuna oculta – redução teleológica). Todos esses casos de decisão com base em uma interpretação conforme a Constituição não podem ter a sua eficácia ampliada com o recurso ao instituto da suspensão de execução da lei pelo Senado Federal.

Mencionem-se, ainda, os casos de declaração de inconstitucionalidade parcial sem redução de texto, nos quais se explicita que um significado normativo é inconstitucional sem que a expressão literal sofra qualquer alteração.

Também nessas hipóteses, a suspensão de execução da lei ou do ato normativo pelo Senado revela-se problemática, porque não se cuida de afastar a incidência de disposições do ato impugnado, mas tão somente de um de seus significados normativos.

Não é preciso dizer que a suspensão de execução pelo Senado não tem qualquer aplicação naqueles casos nos quais o Tribunal limita-se a rejeitar a arguição de inconstitucionalidade. Nessas hipóteses, a decisão vale per se. Da mesma forma, o vetusto instituto não tem qualquer serventia para reforçar ou ampliar os efeitos da decisão do Tribunal naquelas matérias nas quais a Corte, ao prover ou não um dado recurso, fixa uma interpretação da Constituição.

Da mesma forma, a suspensão da execução da lei inconstitucional não se aplica à declaração de não recepção da lei pré-constitucional levada a efeito pelo Supremo Tribunal. Portanto, das decisões possíveis em sede de controle, a suspensão de execução pelo Senado está restrita aos casos de declaração de inconstitucionalidade da lei ou do ato normativo.

É certo, outrossim, que a admissão da pronúncia de inconstitucionalidade com efeito limitado no controle incidental ou difuso (declaração de inconstitucionalidade com efeito *ex nunc*), cuja necessidade já vem sendo reconhecida no âmbito do STF, parece debilitar, fortemente, a intervenção do Senado Federal – pelo menos aquela de conotação substantiva[31]. É que a "decisão de calibragem" tomada pelo Tribunal parece avançar também sobre a atividade inicial da Alta Casa do Congresso. Pelo menos, não resta dúvida de que o Tribunal assume aqui uma posição que parte da doutrina atribuía, anteriormente, ao Senado Federal.

Todas essas razões demonstram o novo significado do instituto de suspensão de execução pelo Senado no contexto normativo da Constituição de 1988.

– A repercussão da declaração de inconstitucionalidade proferida pelo Supremo Tribunal sobre as decisões de outros tribunais

Questão interessante agitada pela jurisprudência do Supremo Tribunal Federal diz respeito à necessidade de se utilizar o procedimento previsto no art. 97 da Constituição na hipótese de existir pronunciamento da Suprema Corte que afirme a inconstitucionalidade da lei ou do ato normativo.

Em acórdão proferido no RE 190.728, teve a 1ª Turma do Supremo Tribunal Federal a oportunidade de, por maioria de votos, vencido o Ministro Celso de Mello, afirmar a dispensabilidade de se encaminhar o tema constitucional ao Plenário do Tribunal, desde que o Supremo Tribunal já se tenha pronunciado sobre a constitucionalidade ou a inconstitucionalidade da lei questionada[32].

É o que se pode depreender do voto proferido pelo Ministro Ilmar Galvão, designado Relator para o acórdão, *verbis*:

"Esta nova e salutar rotina que aos poucos vai tomando corpo – de par com aquela anteriormente assinalada, fundamentada na esteira da orientação consagrada no art. 101 do RI/STF, onde está prescrito que

---

[31] Cf. RE 197.917 (ação civil pública contra lei municipal que fixa o número de vereadores), Rel. Min. Maurício Corrêa, *DJ* de 31.3.2004.

[32] RE 190.728, Relator para o Acórdão Min. Ilmar Galvão, *DJ* de 30.5.1997.

'*a declaração de constitucionalidade ou inconstitucionalidade de lei ou ato normativo, pronunciada por maioria qualificada, aplica-se aos novos feitos submetidos às Turmas ou ao Plenário', além de, por igual, não merecer a censura de ser afrontosa ao princípio insculpido no art. 97 da CF, está em perfeita consonância não apenas com o princípio da economia processual, mas também com o da segurança jurídica, merecendo, por isso, todo encômio, como procedimento que vem ao encontro da tão desejada racionalização orgânica da instituição judiciária brasileira.*

Tudo, portanto, está a indicar que se está diante de norma que não deve ser aplicada com rigor literal, mas, ao revés, tendo-se em mira a finalidade objetivada, o que permite a elasticidade do seu ajustamento às variações da realidade circunstancial"[33].

Na ocasião, acentuou-se que referido entendimento fora igualmente adotado pela 2ª Turma, como consta da ementa do acórdão proferido no AI-AgR 168.149, da relatoria do eminente Ministro Marco Aurélio:

"Versando a controvérsia sobre o ato normativo já declarado inconstitucional pelo guardião maior da Carta Política da República – o Supremo Tribunal Federal –, descabe o deslocamento previsto no artigo 97 do referido Diploma maior. O julgamento de plano pelo órgão fracionado homenageia não só a racionalidade, como também implica interpretação teleológica do artigo 97 em comento, evitando a burocratização dos atos judiciais no que nefasta ao princípio da economia e da celeridade. A razão de ser do preceito está na necessidade de evitar-se que órgãos fracionados apreciem, pela vez primeira, a pecha de inconstitucionalidade arguida em relação a um certo ato normativo"[34].

Orientação semelhante foi reiterada, em decisão de 15.9.1995, na qual se explicitou que "o acórdão recorrido deu aplicação ao decidido pelo STF nos RREE 150.755/PE e 150.764/PE", não havendo necessidade, por isso, de a questão ser submetida ao Plenário do Tribunal[35].

Em acórdão de 22 de agosto de 1997, houve por bem o Tribunal ressaltar, uma vez mais, que a reserva de plenário da declaração de inconstitucionalidade de lei ou ato normativo funda-se na presunção de constitucionalidade que os protege, somada a razões de segurança jurídica. Assim sendo, "a decisão plenária do Supremo Tribunal declaratória de inconstitucionalidade de norma, posto que incidente, sendo pressuposto necessário e suficiente a que o Senado lhe confira efeitos 'erga omnes', elide a presunção de sua constitucionalidade; a partir daí, podem os órgãos parciais dos outros tribunais acolhê-la para fundar a decisão de casos concretos ulteriores, prescindindo de submeter a questão de constitucionalidade ao seu próprio plenário"[36].

Esse entendimento marca uma evolução no sistema de controle de constitucionalidade brasileiro, que passa a equiparar, praticamente, os efeitos das decisões proferidas nos processos de controle abstrato e concreto. A decisão do Supremo Tribunal Federal, tal como colocada, antecipa o efeito vinculante de seus julgados em matéria de controle de constitucionalidade incidental, permitindo que o órgão fracionário se desvincule do dever de observância da decisão do Pleno ou do Órgão Especial do Tribunal a que se encontra vinculado. Decide-se autonomamente com fundamento na declaração de inconstitucionalidade (ou de constitucionalidade) do Supremo Tribunal Federal proferida *incidenter tantum*.

– A suspensão de execução da lei pelo Senado e mutação constitucional

Todas essas reflexões e práticas parecem recomendar uma releitura do papel do Senado no processo de controle de constitucionalidade.

Quando o instituto foi concebido no Brasil, em 1934, dominava uma determinada concepção da divisão de poderes, há muito superada. Em verdade, quando da promulgação do texto de 1934, outros países já atribuíam eficácia geral às decisões proferidas em sede de con-

---

[33] RE 190.728, cit. *DJ* de 30.5.1997.
[34] AI-AgR 168.149, Rel. Min. Marco Aurélio, *DJ* de 4.8.1995, p. 22520.
[35] Ag.RegAI n. 167.444, Rel. Min. Carlos Velloso, *DJ* de 15.9.1995, p. 29537.
[36] RE 191.898, Rel. Min. Sepúlveda Pertence, *DJ* de 22.8.1997, p. 38781.

trole abstrato de normas, tais como o previsto na Constituição de Weimar de 1919 e no modelo austríaco de 1920.

A exigência de que a eficácia geral da declaração de inconstitucionalidade proferida pelo Supremo Tribunal Federal fique a depender de uma decisão do Senado Federal, introduzida entre nós com a Constituição de 1934 e preservada na Constituição de 1988, perdeu grande parte do seu significado com a introdução do controle abstrato de normas.

Se a intensa discussão sobre o monopólio da ação por parte do Procurador-Geral da República não levou a uma mudança na jurisprudência consolidada sobre o assunto, é fácil constatar que ela foi decisiva para a alteração introduzida pelo constituinte de 1988, com a significativa ampliação do direito de propositura da ação direta.

O constituinte assegurou o direito do Procurador-Geral da República de propor a ação de inconstitucionalidade. Esse é, todavia, apenas um dentre os diversos órgãos ou entes legitimados a propor a ação direta de inconstitucionalidade.

Nos termos do art. 103 da Constituição de 1988, dispõem de legitimidade para propor a ação de inconstitucionalidade: o Presidente da República, a Mesa do Senado Federal, a Mesa da Câmara dos Deputados, a Mesa de uma Assembleia Legislativa, o Governador do Estado, o Procurador-Geral da República, o Conselho Federal da Ordem dos Advogados do Brasil, os partidos políticos com representação no Congresso Nacional e as confederações sindicais ou entidades de classe de âmbito nacional.

Com isso satisfez o constituinte apenas parcialmente a exigência daqueles que solicitavam fosse assegurado o direito de propositura da ação a um grupo de, v.g., dez mil cidadãos ou que defendiam até mesmo a introdução de uma ação popular de inconstitucionalidade.

Tal fato fortalece a impressão de que, com a introdução desse sistema de controle abstrato de normas, com ampla legitimação e, particularmente, a outorga do direito de propositura a diferentes órgãos da sociedade, pretendeu o constituinte reforçar o controle abstrato de normas no ordenamento jurídico brasileiro como peculiar instrumento de correção do sistema geral incidente.

Não é menos certo, por outro lado, que a ampla legitimação conferida ao controle abstrato, com a inevitável possibilidade de se submeter qualquer questão constitucional ao Supremo Tribunal Federal, operou uma mudança substancial — ainda que não desejada — no modelo de controle de constitucionalidade até então vigente no Brasil.

O monopólio de ação outorgado ao Procurador-Geral da República no sistema de 1967/69 não provocou uma alteração profunda no modelo incidente ou difuso. Esse continuou predominante, integrando-se a representação de inconstitucionalidade a ele como um elemento ancilar, que contribuía muito pouco para diferençá-lo dos demais sistemas "difusos" ou "incidentes" de controle de constitucionalidade.

A Constituição de 1988 reduziu o significado do controle de constitucionalidade incidental ou difuso ao ampliar, de forma marcante, a legitimação para propositura da ação direta de inconstitucionalidade (CF, art. 103), permitindo que, praticamente, todas as controvérsias constitucionais relevantes sejam submetidas ao Supremo Tribunal Federal mediante processo de controle abstrato de normas.

Convém assinalar que, tal como já observado por Anschütz[37] ainda no regime de Weimar, toda vez que se outorga a um Tribunal especial atribuição para decidir questões constitucionais, limita-se, explícita ou implicitamente, a competência da jurisdição ordinária para apreciar tais controvérsias.

---

[37] ANSCHÜTZ, Gerhard. *Die Verfassung des deutschen Reichs*. 2. ed. Berlim, 1930.

Portanto, parece quase intuitivo que, ao ampliar, de forma significativa, o círculo de entes e órgãos legitimados a provocar o Supremo Tribunal Federal, no processo de controle abstrato de normas, acabou o constituinte por restringir, de maneira radical, a amplitude do controle difuso de constitucionalidade.

Assim, se se cogitava, no período anterior a 1988, de um modelo misto de controle de constitucionalidade, é certo que o forte acento residia, ainda, no amplo e dominante sistema difuso de controle. O controle direto continuava a ser algo acidental e episódico dentro do sistema difuso.

A Constituição de 1988 alterou, de maneira radical, essa situação, conferindo ênfase não mais ao sistema difuso ou incidental, mas ao modelo concentrado, uma vez que as questões constitucionais passaram a ser veiculadas, fundamentalmente, mediante ação direta de inconstitucionalidade perante o Supremo Tribunal Federal.

Ressalte-se que essa alteração não se operou de forma ainda profunda porque o Supremo Tribunal manteve a orientação anterior, que considerava inadmissível o ajuizamento de ação direta contra direito pré-constitucional em face da nova Constituição.

A ampla legitimação, a presteza e a celeridade desse modelo processual, dotado inclusive da possibilidade de se suspender imediatamente a eficácia do ato normativo questionado, mediante pedido de cautelar, fazem com que as grandes questões constitucionais sejam solvidas, na sua maioria, mediante a utilização da ação direta, típico instrumento do controle concentrado. Assim, se continuamos a ter um modelo misto de controle de constitucionalidade, a ênfase passou a residir não mais no sistema difuso, mas no de perfil concentrado.

Essa peculiaridade foi destacada por Sepúlveda Pertence no voto que proferiu na ADC 1, verbis:

> "(...) Esta ação é um momento inevitável na prática da consolidação desse audacioso ensaio do constitucionalismo brasileiro — não, apenas como nota Cappelletti, de aproximar o controle difuso e o controle concentrado, como se observa em todo o mundo — mas, sim, de convivência dos dois sistemas na integralidade das suas características.
>
> Esta convivência não se faz sem uma permanente tensão dialética na qual, a meu ver, a experiência tem demonstrado que será inevitável o reforço do sistema concentrado, sobretudo nos processos de massa; na multiplicidade de processos que inevitavelmente, a cada ano, na dinâmica da legislação, sobretudo da legislação tributária e matérias próximas, levará, se não se criam mecanismos eficazes de decisão relativamente rápida e uniforme, ao estrangulamento da máquina judiciária, acima de qualquer possibilidade de sua ampliação e, progressivamente, ao maior descrédito da Justiça, pela sua total incapacidade de responder à demanda de centenas de milhares de processos rigorosamente idênticos, porque reduzidos a uma só questão de direito.
>
> Por outro lado, (...), o ensaio difícil de convivência integral dos dois métodos de controle de constitucionalidade do Brasil só se torna possível na medida em que se acumularam, no Supremo Tribunal Federal, os dois papéis, o de órgão exclusivo do sistema concentrado e o de órgão de cúpula do sistema difuso.
>
> De tal modo, o peso do Supremo Tribunal, em relação aos outros órgãos de jurisdição, que a ação declaratória de constitucionalidade traz, é relativo porque, já no sistema de convivência dos dois métodos, a palavra final é sempre reservada ao Supremo Tribunal Federal, se bem que, declarada a inconstitucionalidade no sistema difuso, ainda convivamos com o anacronismo em que se transformou, especialmente após a criação da ação direta, a necessidade da deliberação do Senado para dar eficácia 'erga omnes' à declaração incidente"[38].

Assinale-se, outrossim, que a interpretação que se deu à suspensão de execução da lei pela doutrina majoritária e pela própria jurisprudência do Supremo Tribunal Federal contribuiu decisivamente para que a afirmação sobre a teoria da nulidade da lei inconstitucional restasse sem concretização entre nós.

---

[38] RTJ 159, p. 389-90.

Nesse sentido, constatou Lúcio Bittencourt que os constitucionalistas brasileiros não lograram fundamentar nem a eficácia *erga omnes*, nem a chamada retroatividade *ex tunc* da declaração de inconstitucionalidade proferida pelo Supremo Tribunal Federal.

É o que se lê na seguinte passagem de seu magno trabalho:

"(...) as dificuldades e problemas surgem, precisamente, no que tange à eficácia indireta ou colateral da sentença declaratória da inconstitucionalidade, pois, embora procurem os autores estendê-la a situações jurídicas idênticas, considerando indiretamente anulada a lei, porque a 'sua aplicação não obteria nunca mais o concurso da justiça', não têm, todavia, conseguido apresentar fundamento técnico, razoavelmente aceitável, para justificar essa extensão.

Não o apontam os tratadistas americanos — infensos à sistematização, que caracteriza os países onde se adota a codificação do direito positivo — limitando-se a enunciar o princípio, em termos categóricos: a lei declarada inconstitucional deve ser considerada, para todos os efeitos, como se jamais, em qualquer tempo, houvesse possuído eficácia jurídica — 'is to be regarded as having never, at any time, been possessed of any legal force.'

Os nossos tratadistas também não indicam a razão jurídica determinante desse efeito amplo. Repetem a doutrina dos escritores americanos e as afirmações dos tribunais, sem buscar-lhes o motivo, a causa ou o fundamento. Nem o grande Rui, com o seu gênio estelar, nem os que subsequentemente, na sua trilha luminosa, versaram o assunto com a proficiência de um Castro Nunes.

É que em face dos princípios que orientam a doutrina de coisa julgada e que são comumente aceitos entre nós, é difícil, senão impossível, justificar aqueles efeitos, que aliás, se verificam em outras sentenças como, por exemplo, as que decidem matéria de estado civil, as quais, segundo entendimento geral prevalecem 'erga omnes'"[39].

Em verdade, ainda que não pertencente ao universo específico da *judicial review*, o instituto do *stare decisis* desonerava os constitucionalistas americanos, pelo menos em parte, de um dever mais aprofundado de fundamentação na espécie. Como esse mecanismo assegura efeito vinculante às decisões das Cortes Superiores, em caso de declaração de inconstitucionalidade pela Suprema Corte, tinha-se a segurança de que, em princípio, nenhum tribunal haveria de conferir eficácia à norma objeto de censura. Assim, a ausência de mecanismo processual assemelhado à *"força de lei"* (*Gesetzeskraft*) do direito alemão não impediu que os autores americanos sustentassem a nulidade da lei inconstitucional[40].

---

[39] BITTENCOURT. *O controle jurisdicional de constitucionalidade das leis*, cit., p. 140-1.

[40] A doutrina constitucional alemã há muito vinha desenvolvendo esforços para ampliar os limites objetivos e subjetivos da coisa julgada no âmbito da jurisdição estatal (*Staatsgerichtsbarkeit*). Importantes autores sustentaram, sob o império da Constituição de Weimar, que a força de lei não se limitava à questão julgada, contendo, igualmente, uma proibição de reiteração (*Wiederholungsverbot*) e uma imposição para que normas de teor idêntico, que não foram objeto da decisão judicial, também deixassem de ser aplicadas por força da eficácia geral. Essa concepção refletia, certamente, a ideia dominante à época de que a decisão proferida pela Corte teria não as qualidades de lei (*Gesetzeseigenschaften*), mas, efetivamente, a força de lei (*Gesetzeskraft*). Afirmava-se inclusive que o Tribunal assumia, nesse caso, as atribuições do Parlamento ou, ainda, que se cuidava de uma interpretação autêntica, tarefa típica do legislador. Em se tratando de interpretação autêntica da Constituição, não se cuidaria de simples legislação ordinária, mas, propriamente, de legislação ou reforma constitucional (*Verfassungsgesetzgebung*; *Verfassungsänderung*) ou de decisão com hierarquia constitucional (*Entscheidung mit Verfassungsrang*). A força de lei está prevista no art. 9º da Lei Fundamental e no § 31(2) da Lei Orgânica da Corte Constitucional, aplicando-se às decisões proferidas nos processos de controle de constitucionalidade. A convicção de que a força de lei significava apenas que a decisão produziria efeitos semelhantes aos de uma lei (*gesetzähnlich*) (mas não poderia ser considerada ela própria como uma lei em sentido formal e material), parece ter levado a doutrina a desenvolver instituto processual destinado a dotar as decisões da Corte Constitucional de qualidades outras não contidas nos conceitos de coisa julgada e de força de lei. Observe-se que o instituto do efeito vinculante, contemplado no § 31, I, da Lei do *Bundesverfassungsgericht* não configura novidade absoluta no direito alemão do pós-guerra. Antes mesmo da promulgação da Lei Orgânica da Corte Constitucional

1682 Estado de Direito e Jurisdição Constitucional – Decisões relevantes em 15 anos de atuação no STF

Sem dispor de um mecanismo que emprestasse força de lei ou que, pelo menos, conferisse caráter vinculante às decisões do Supremo Tribunal Federal para os demais Tribunais tal como o *stare decisis* americano[41], contentava-se a doutrina brasileira em ressaltar a evidência da nulidade da lei inconstitucional[42] e a obrigação dos órgãos estatais de se absterem de aplicar disposição que teve a sua inconstitucionalidade declarada pelo Supremo Tribunal Federal[43]. A suspensão da execução pelo Senado não se mostrou apta a superar essa incongruência, especialmente porque se emprestou a ela um sentido substantivo que talvez não devesse ter. Segundo entendimento amplamente aceito[44], esse ato do Senado Federal conferia eficácia *erga omnes* à declaração de inconstitucionalidade proferida no caso concreto.[45]

Ainda que se aceite, em princípio, que a suspensão da execução da lei pelo Senado retira a lei do ordenamento jurídico com eficácia *ex tunc*, esse instituto, tal como foi interpretado e praticado, entre nós, configura antes a negação do que a afirmação da teoria da nulidade da lei inconstitucional. A não aplicação geral da lei depende exclusivamente da vontade de um órgão eminentemente político e não dos órgãos judiciais incumbidos da aplicação cotidiana do direito. Tal fato reforça a ideia de que, embora tecêssemos loas à teoria da nulidade da lei inconstitucional, consolidávamos institutos que iam de encontro à sua implementação.

Assinale-se que se a doutrina e a jurisprudência entendiam que lei inconstitucional era *ipso jure* nula, deveriam ter defendido, de forma coerente, que o ato de suspensão a ser praticado pelo Senado destinava-se exclusivamente a conferir publicidade à decisão do STF.

Essa foi a posição sustentada, isoladamente, por Lúcio Bittencourt:

> "Se o Senado não agir, nem por isso ficará afetada a eficácia da decisão, a qual continuará a produzir todos os seus efeitos regulares que, de fato, independem de qualquer dos poderes. O objetivo do art. 45, IV da Constituição – a referência é ao texto de 1967 – é apenas tornar pública a decisão do tribunal, levando-a ao conhecimento de todos os cidadãos. Dizer que o Senado 'suspende a execução' da lei inconstitucional é, positivamente, impropriedade técnica, uma vez que o ato, sendo 'inexistente' ou 'ineficaz', não pode ter suspensa a sua execução"[46].

---

e, portanto, da instituição do *Bundesverfassungsgericht*, algumas leis que disciplinavam o funcionamento de Cortes Constitucionais estaduais já consagravam expressamente o efeito vinculante das decisões proferidas por esses órgãos. Embora o conceito de *Bindungswirkung* (efeito vinculante) corresponda a uma tradição do direito alemão, tendo sido também adotado por diversas leis de organização de tribunais constitucionais estaduais aprovadas após a promulgação da Lei Fundamental, não se pode afirmar que se trate de um instituto de compreensão unívoca pela doutrina. Não são poucas as questões que se suscitam a propósito desse instituto, seja no que concerne aos seus limites objetivos, seja no que respeita aos seus limites subjetivos e temporais (MENDES, Gilmar Ferreira. O efeito vinculante das decisões do Supremo Tribunal Federal nos processos de controle abstrato de normas. Revista Jurídica Virtual, vol. 1, n. 4, agosto de 1999, http://geocities.yahoo.com.br/profpito/oefeitovinculantegilmar.html).

[41] Cf., sobre o assunto, a observação de Rui Barbosa a propósito do direito americano: "(...) se o julgamento foi pronunciado pelos mais altos tribunais de recurso, a todos os cidadãos se estende, imperativo e sem apelo, no tocante aos princípios constitucionais sobre o que versa". Nem a legislação "tentará contrariá-lo, porquanto a regra 'stare decisis' exige que todos os tribunais daí em diante o respeitem como 'res judicata' (...)" (Cf. *Comentários à Constituição Federal Brasileira*, coligidos por Homero Pires, vol. IV, p. 268). A propósito, anotou Lúcio Bittencourt que a regra *stare decisis* não tinha o poder que lhe atribuíra Rui, muito menos de eliminar a lei do ordenamento jurídico (BITTENCOURT. *O controle jurisdicional de constitucionalidade das leis*, cit., p. 143, nota 17).

[42] Cf., a propósito, BITTENCOURT. *O controle jurisdicional constitucionalidade das leis*, cit., p. 140-1.

[43] BITTENCOURT. *O controle jurisdicional constitucionalidade das leis*, cit., p. 144; NUNES. *Teoria e prática do Poder Judiciário*, cit., p. 592.

[44] Cf. item Considerações Preliminares, supra.

[45] FERREIRA FILHO. Manoel Gonçalves. *Curso de direito constitucional*. 30. ed. rev. e atual. São Paulo: Malheiros, 2003, p. 35; SILVA, José Afonso da. *Curso de direito constitucional positivo*. São Paulo: Malheiros, 2003, p. 52.

[46] BITTENCOURT. *O controle jurisdicional constitucionalidade das leis*, cit., p. 145-6.

Controle incidental **1683**

Tal concepção afigurava-se absolutamente coerente com o fundamento da nulidade da lei inconstitucional. Uma orientação dogmática minimamente consistente haveria de encaminhar-se nesse sentido, até porque a atribuição de funções substantivas ao Senado Federal era a própria negação da ideia de nulidade da lei devidamente declarada pelo órgão máximo do Poder Judiciário.

Não foi o que se viu inicialmente. Como apontado, a jurisprudência e a doutrina acabaram por conferir significado *substancial* à decisão do Senado, entendendo que somente o ato de suspensão do Senado mostrava-se apto a conferir efeitos gerais à declaração de inconstitucionalidade proferida pelo Supremo Tribunal Federal, cuja eficácia estaria limitada às partes envolvidas no processo.

De qualquer sorte, a ampliação do controle abstrato de normas, inicialmente realizada nos termos do art. 103 e, posteriormente, com o advento da ADC, alterou significativamente a relação entre o modelo difuso e o modelo concentrado. Assim, passou a dominar a eficácia geral das decisões proferidas em sede de controle abstrato (ADI e ADC).

A disciplina processual conferida à Arguição de Descumprimento de Preceito Fundamental – ADPF, que constitui instrumento subsidiário para solver questões não contempladas pelo modelo concentrado – ADI e ADC –, revela, igualmente, a inconsistência do atual modelo. A decisão do caso concreto proferida em ADPF, por se tratar de processo objetivo, será dotada de eficácia *erga omnes*; a mesma questão resolvida no processo de controle incidental terá eficácia *inter partes*.

No que se refere aos recursos especial e extraordinário, a Lei n. 8.038, de 1990, havia concedido ao relator a faculdade de negar seguimento a recurso manifestamente intempestivo, incabível, improcedente ou prejudicado, ou ainda, que contrariasse Súmula do Supremo Tribunal Federal ou do Superior Tribunal de Justiça. O Código de Processo Civil, por sua vez, em caráter ampliativo, incorporou disposição que autoriza o relator a dar provimento ao recurso se a decisão recorrida estiver em manifesto confronto com súmula ou com a jurisprudência dominante do respectivo tribunal, do Supremo Tribunal Federal ou de Tribunal Superior (art. 557, § 1º-A, acrescentado pela Lei n. 9.756, de 1998).

Com o advento dessa nova fórmula, passou-se a admitir não só a negativa de seguimento de recurso extraordinário, nas hipóteses referidas, mas também o provimento do aludido recurso nos casos de manifesto confronto com a jurisprudência do Supremo Tribunal, mediante decisão unipessoal do relator.

Também aqui parece evidente que o legislador entendeu possível estender de forma geral os efeitos da decisão adotada pelo Tribunal, tanto nas hipóteses de declaração de inconstitucionalidade incidental de determinada lei federal, estadual ou municipal – hipótese que estaria submetida à intervenção do Senado – quanto nos casos de fixação de uma dada interpretação constitucional pelo Tribunal.

Ainda que a questão pudesse comportar outras leituras, é certo que o legislador ordinário, com base na jurisprudência do Supremo Tribunal Federal, considerou legítima a atribuição de efeitos ampliados à decisão proferida pelo Tribunal, até mesmo em sede de controle de constitucionalidade incidental.

Observe-se, ainda, que, nas hipóteses de declaração de inconstitucionalidade de leis municipais, o Supremo Tribunal Federal tem adotado uma postura significativamente ousada, conferindo efeito vinculante não só à parte dispositiva da decisão de inconstitucionalidade, mas também aos próprios fundamentos determinantes. É que são numericamente expressivos os casos em que o Supremo Tribunal tem estendido, com base no art. 557, *caput* e § 1º-A, do Código de Processo Civil, a decisão do plenário que declara a inconstitucionalidade de norma municipal a outras situações idênticas, oriundas de municípios diversos. Em suma, tem-se considerado dispensável, no caso de modelos legais idênticos, a submissão da questão ao Plenário.

Nesse sentido, Maurício Corrêa, ao julgar o RE 228.844/SP[47], no qual se discutia a ilegitimidade do IPTU progressivo cobrado pelo Município de São José do Rio Preto, no Estado de São

---

[47] RE 228.844.SP, Rel. Min. Maurício Corrêa, *DJ* de 16.6.1999.

Paulo, valeu-se de fundamento fixado pelo Plenário deste Tribunal, em precedente oriundo do Estado de Minas Gerais, no sentido da inconstitucionalidade de lei do Município de Belo Horizonte, que instituiu alíquota progressiva do IPTU.

Também Nelson Jobim, no exame da mesma matéria (progressividade do IPTU), em recurso extraordinário interposto contra lei do Município de São Bernardo do Campo, aplicou tese fixada em julgamentos que apreciaram a inconstitucionalidade de lei do Município de São Paulo[48].

Ellen Gracie utilizou-se de precedente oriundo do Município de Niterói, Estado do Rio de Janeiro, para dar provimento a recurso extraordinário no qual se discutia a ilegitimidade de taxa de iluminação pública instituída pelo Município de Cabo Verde, no Estado de Minas Gerais[49].

Carlos Velloso aplicou jurisprudência de recurso proveniente do Estado de São Paulo para fundamentar sua decisão no AI 423.252[50], onde se discutia a inconstitucionalidade de taxa de coleta e limpeza pública do Município do Rio de Janeiro, convertendo-o em recurso extraordinário (art. 544, §§ 3º e 4º, do CPC) e dando-lhe provimento.

Sepúlveda Pertence lançou mão de precedentes originários do Estado de São Paulo para dar provimento ao RE 345.048[51], no qual se arguia a inconstitucionalidade de taxa de limpeza pública do Município de Belo Horizonte.

Celso de Mello, ao apreciar matéria relativa à progressividade do IPTU do Município de Belo Horizonte, conheceu e deu provimento a recurso extraordinário tendo em conta diversos precedentes oriundos do Estado de São Paulo[52].

Tal procedimento evidencia, ainda que de forma tímida, o efeito vinculante dos fundamentos determinantes da decisão exarada pelo Supremo Tribunal Federal no controle de constitucionalidade do direito municipal. Evidentemente, semelhante orientação somente pode vicejar caso se admita que a decisão tomada pelo Plenário seja dotada de eficácia transcendente, sendo, por isso, dispensável a manifestação do Senado Federal.

Um outro argumento, igualmente relevante, diz respeito ao controle de constitucionalidade nas ações coletivas. Aqui, somente por força de uma compreensão ampliada ou do uso de uma figura de linguagem, pode-se falar em decisão com eficácia *inter partes*.

Como sustentar que uma decisão proferida numa ação coletiva, numa ação civil pública ou em um mandado de segurança coletivo, que declare a inconstitucionalidade de uma lei determinada, terá eficácia apenas entre as partes?

Nesses casos, a suspensão de execução da lei pelo Senado, tal como vinha sendo entendida até aqui, revela-se, para dizer o mínimo, completamente inútil, caso se entenda que ela tem uma outra função que não a de atribuir publicidade à decisão declaratória de ilegitimidade.

Recorde-se, a propósito, que o Supremo Tribunal Federal, em decisão unânime de 7 de abril de 2003, julgou prejudicada a Ação Direta de Inconstitucionalidade 1.919 (Relatora Min. Ellen Gracie), proposta contra o Provimento n. 556/97, editado pelo Conselho Superior da Magistratura Paulista. A referida resolução previa a destruição física dos autos transitados em julgado e arquivados há mais de cinco anos em primeira instância. A decisão pela prejudicialidade decorreu do fato de o Superior Tribunal de Justiça, em mandado de segurança coletivo[53], impetrado pela Associação dos Advogados de São Paulo (AASP), ter declarado a nulidade daquele ato.

---

[48] RE 221.795, Rel. Min. Nelson Jobim, *DJ* de 16.11.2000.
[49] RE 364.160, Rel. Min. Ellen Gracie, *DJ* de 7.2.2003.
[50] AI 423.252, Rel. Min. Carlos Velloso, *DJ* de 15.4.2003.
[51] RE 345.048, Rel. Min. Sepúlveda Pertence, *DJ* de 8.4.2003.
[52] RE 384.521, Rel. Min. Celso de Mello, *DJ* de 30.5.2003.
[53] RMS 11.824, Rel. Min. Francisco Peçanha Martins, *DJ* 27.5.2002.

Em outros termos, o Supremo Tribunal Federal acabou por reconhecer eficácia *erga omnes* à declaração de ilegitimidade do ato normativo proferida em mandado de segurança pelo STJ. *Quid juris*, então, se a declaração de inconstitucionalidade for proferida pelo próprio Supremo Tribunal Federal em sede de ação civil pública?

Se a decisão proferida nesses processos tem eficácia *erga omnes* (Lei n. 7.347, de 24.7.1985 – art. 16), afigura-se difícil justificar a necessidade de comunicação ao Senado Federal. A propósito, convém recordar que, em alguns casos, há uma quase confusão entre o objeto da ação civil pública e o pedido de declaração de inconstitucionalidade. Nessa hipótese, não há como cogitar de uma típica decisão com eficácia *inter partes*[54].

Ressalte-se, ainda, que as decisões do STF, com efeitos limitados, no julgamento do RE 197.971 (caso vereadores[55]) e no próprio caso da progressão de regime (HC 82.959[56]), são casos notórios a demonstrar que a Corte, ao prolatar referidas decisões, já lhes estava atribuindo efeito *erga omnes*.

No caso do RE 197.917, trata-se de caso típico de decisão que, se dotada de efeito retroativo, provocaria enorme instabilidade jurídica, colocando em xeque as decisões tomadas pela Câmara de Vereadores nos períodos anteriores, com consequências não de todo divisáveis no que concerne às leis aprovadas, às decisões de aprovação de contas e outras deliberações da Casa Legislativa.

Eis o teor da ementa do referido julgado:

"RECURSO EXTRAORDINÁRIO. MUNICÍPIOS. CÂMARA DE VEREADORES. COMPOSI-ÇÃO. AUTONOMIA MUNICIPAL. LIMITES CONSTITUCIONAIS. NÚMERO DE VEREADO-RES PROPORCIONAL À POPULAÇÃO. CF, ARTIGO 29, IV. APLICAÇÃO DE CRITÉRIO ARIT-MÉTICO RÍGIDO. INVOCAÇÃO DOS PRINCÍPIOS DA ISONOMIA E DA RAZOABILIDADE. INCOMPATIBILIDADE ENTRE A POPULAÇÃO E O NÚMERO DE VEREADORES. INCONS-TITUCIONALIDADE, INCIDENTER TANTUM, DA NORMA MUNICIPAL. EFEITOS PARA O FUTURO. SITUAÇÃO EXCEPCIONAL.*

1. O artigo 29, inciso IV, da Constituição Federal, exige que o número de Vereadores seja proporcional à população dos Municípios, observados os limites mínimos e máximos fixados pelas alíneas 'a', 'b' e 'c'.

2. Deixar a critério do legislador municipal o estabelecimento da composição das Câmaras Municipais, com observância apenas dos limites máximos e mínimos do preceito (CF, artigo 29), é tornar sem sentido a previsão constitucional expressa da proporcionalidade.

3. Situação real e contemporânea em que Municípios menos populosos têm mais Vereadores do que outros com um número de habitantes várias vezes maior. Casos em que a falta de um parâmetro matemático rígido que delimite a ação dos legislativos municipais implica evidente afronta ao postulado da isonomia.

4. Princípio da razoabilidade. Restrição legislativa. A aprovação de norma municipal que estabelece a composição da Câmara de Vereadores sem observância da relação cogente de proporção com a respectiva população configura excesso do poder de legislar, não encontrando eco no sistema constitucional vigente.

5. Parâmetro aritmético que atende ao comando expresso na Constituição Federal, sem que a proporcionalidade reclamada traduza qualquer afronta aos demais princípios constitucionais e nem resulte formas estranhas e distantes da realidade dos Municípios brasileiros. Atendimento aos postulados da moralidade, impessoalidade e economicidade dos atos administrativos (CF, artigo 37).

6. Fronteiras da autonomia municipal impostas pela própria Carta da República, que admite a proporcionalidade da representação política em face do número de habitantes. Orientação que se confirma e se reitera segundo o modelo de composição da Câmara dos Deputados e das Assembleias Legislativas (CF, artigos 27 e 45, § 1º).

---

[54] Cf. RE 197.917, Rel. Min. Maurício Corrêa, *DJ* de 31.3.2004 (inconstitucionalidade de lei municipal que fixa número de vereadores) e Rcl-MC 2.537, Rel. Min. Cezar Peluso, *DJ* de 29.12.2003, a propósito da legitimidade de lei estadual sobre loterias, atacada, simultaneamente, mediante ação civil pública, nas instâncias ordinárias, e ADI, perante o STF.

[55] Cf. RE 197.917, Rel. Min. Maurício Corrêa, *DJ* de 7.5.2004.

[56] HC 82.959, Rel. Min. Marco Aurélio, *DJ* de 1.9.2006.

7. Inconstitucionalidade, 'incidenter tantum', da lei local que fixou em 11 (onze) o número de Vereadores, dado que sua população de pouco mais de 2600 habitantes somente comporta 9 representantes.

8. Efeitos. Princípio da segurança jurídica. Situação excepcional em que a declaração de nulidade, com seus normais efeitos ex tunc, resultaria grave ameaça a todo o sistema legislativo vigente. Prevalência do interesse público para assegurar, em caráter de exceção, efeitos pro futuro à declaração incidental de inconstitucionalidade.

Recurso extraordinário conhecido e em parte."

Eis a transcrição do acórdão de julgamento do HC 82.959, já mencionado acima, que confere efeitos limitativos à decisão:

"Vistos, relatados e discutidos estes autos, acordam os Ministros do Supremo Tribunal Federal, em sessão plenária, sob a presidência do Ministro Nelson Jobim, na conformidade da ata do julgamento e das notas taquigráficas, por maioria, em deferir o pedido de 'habeas corpus' e declarar, 'incidenter tantum', a inconstitucionalidade do § 1º do artigo 2º da Lei n. 8.072, de 25 de julho de 1990, nos termos do voto do Relator, vencidos os Ministros Carlos Velloso, Joaquim Barbosa, Ellen Gracie, Celso de Mello e Nelson Jobim, Presidente. O Tribunal, por votação unânime, explicitou que a declaração incidental de inconstitucionalidade do preceito legal em questão não gerará consequências jurídicas com relação às penas já extintas nesta data, pois esta decisão plenária envolve, unicamente, o afastamento do óbice representado pela norma ora declarada inconstitucional, sem prejuízo da apreciação, caso a caso, pelo magistrado competente, dos demais requisitos pertinentes ao reconhecimento da possibilidade de progressão."

Essas colocações têm a virtude de demonstrar que a declaração de inconstitucionalidade in concreto também se mostra passível de limitação de efeitos. A base constitucional dessa limitação – necessidade de um outro princípio que justifique a não aplicação do princípio da nulidade – parece sugerir que, se aplicável, a declaração de inconstitucionalidade restrita revela-se abrangente do modelo de controle de constitucionalidade como um todo.

É que, nesses casos, o afastamento do princípio da nulidade da lei assenta-se em fundamentos constitucionais e não em razões de conveniência. Se o sistema constitucional legitima a declaração de inconstitucionalidade restrita no controle abstrato, essa decisão poderá afetar, igualmente, os processos do modelo concreto ou incidental de normas. Do contrário, poder-se-ia ter inclusive um esvaziamento ou uma perda de significado da própria declaração de inconstitucionalidade restrita ou limitada.

Conclusão

Conforme destacado, a ampliação do sistema concentrado, com a multiplicação de decisões dotadas de eficácia geral, acabou por modificar radicalmente a concepção que dominava entre nós sobre a divisão de poderes, tornando comum no sistema a decisão com eficácia geral, que era excepcional sob a Emenda Constitucional n 16/65 e sob a Carta de 1967/69.

No sistema constitucional de 1967/69, a ação direta era apenas uma idiossincrasia no contexto de um amplo e dominante modelo difuso. A adoção da ADI, posteriormente, conferiu perfil diverso ao nosso sistema de controle de constitucionalidade, que continuou a ser um modelo misto. A ênfase passou a residir, porém, não mais no modelo difuso, mas nas ações diretas. O advento da Lei 9.882/99 conferiu conformação à ADPF, admitindo a impugnação ou a discussão direta de decisões judiciais das instâncias ordinárias perante o Supremo Tribunal Federal. Tal como estabelecido na referida lei (art. 10, § 3º), a decisão proferida nesse processo há de ser dotada de eficácia *erga omnes* e de efeito vinculante. Ora, resta evidente que a ADPF estabeleceu uma ponte entre os dois modelos de controle, atribuindo eficácia geral a decisões de perfil incidental.

Vê-se, assim, que a Constituição de 1988 modificou de forma ampla o sistema de controle de constitucionalidade, sendo inevitáveis as reinterpretações ou releituras dos institutos vinculados ao controle incidental de inconstitucionalidade, especialmente da exigência da maioria absoluta para declaração de inconstitucionalidade e da suspensão de execução da lei pelo Senado Federal.

Controle incidental **1687**

O Supremo Tribunal Federal percebeu que não poderia deixar de atribuir significado jurídico à declaração de inconstitucionalidade proferida em sede de controle incidental, ficando o órgão fracionário de outras Cortes exonerado do dever de submeter a declaração de inconstitucionalidade ao plenário ou ao órgão especial, na forma do art. 97 da Constituição. Não há dúvida de que o Tribunal, nessa hipótese, acabou por reconhecer efeito jurídico transcendente à sua decisão. Embora na fundamentação desse entendimento fale-se em quebra da presunção de constitucionalidade, é certo que, em verdade, a orientação do Supremo acabou por conferir à sua decisão algo assemelhado a um efeito vinculante, independentemente da intervenção do Senado. Esse entendimento está hoje consagrado na própria legislação processual civil (CPC, art. 481, parágrafo único, parte final, na redação da Lei n. 9.756, de 17.12.1998).

Essa é a orientação que parece presidir o entendimento que julga dispensável a aplicação do art. 97 da Constituição por parte dos Tribunais ordinários, se o Supremo já tiver declarado a inconstitucionalidade da lei, ainda que no modelo incidental. Na oportunidade, ressaltou o Relator para o acórdão, Ilmar Galvão, no já mencionado RE 190.728, que o novo entendimento estava "em perfeita consonância não apenas com o princípio da economia processual, mas também com o da segurança jurídica, merecendo, por isso, todo encômio, como procedimento que vem ao encontro da tão desejada racionalização orgânica da instituição judiciária brasileira, ressaltando que se cuidava "de norma que não deve ser aplicada com rigor literal, mas, ao revés, tendo-se em mira a finalidade objetivada, o que permite a elasticidade do seu ajustamento às variações da realidade circunstancial"[57].

E ela também demonstra que, por razões de ordem pragmática, a jurisprudência e a legislação têm consolidado fórmulas que retiram do instituto da "suspensão da execução da lei pelo Senado Federal" significado substancial ou de especial atribuição de efeitos gerais à decisão proferida no caso concreto.

Como se vê, as decisões proferidas pelo Supremo Tribunal Federal, em sede de controle incidental, acabam por ter eficácia que transcende o âmbito da decisão, o que indica que a própria Corte vem fazendo uma releitura do texto constante do art. 52, X, da Constituição de 1988, que, como já observado, reproduz disposição estabelecida, inicialmente, na Constituição de 1934 (art. 91, IV) e repetida nos textos de 1946 (art. 64) e de 1967/69 (art. 42, VIII).

Portanto, é outro o contexto normativo que se coloca para a suspensão da execução pelo Senado Federal no âmbito da Constituição de 1988.

Ao se entender que a eficácia ampliada da decisão está ligada ao papel especial da jurisdição constitucional, e, especialmente, se considerarmos que o texto constitucional de 1988 alterou substancialmente o papel desta Corte, que passou a ter uma função preeminente na guarda da Constituição a partir do controle direto exercido na ADI, na ADC e na ADPF, não há como deixar de reconhecer a necessidade de uma nova compreensão do tema.

A aceitação das ações coletivas como instrumento de controle de constitucionalidade relativiza enormemente a diferença entre os processos de índole objetiva e os processos de caráter estritamente subjetivo. É que a decisão proferida na ação civil pública, no mandado de segurança coletivo e em outras ações de caráter coletivo não mais poderá ser considerada uma decisão *inter partes*.

De qualquer sorte, a natureza idêntica do controle de constitucionalidade, quanto às suas finalidades e aos procedimentos comuns dominantes para os modelos difuso e concentrado, não mais parece legitimar a distinção quanto aos efeitos das decisões proferidas no controle direto e no controle incidental.

Somente essa nova compreensão parece apta a explicar o fato de o Tribunal ter passado a reconhecer efeitos gerais à decisão proferida em sede de controle incidental, independentemente

---

[57] RE 190.728, Relator para o acórdão Min. Ilmar Galvão, *DJ* de 30.5.1997.

da intervenção do Senado. O mesmo há de se dizer das várias decisões legislativas que reconhecem *efeito transcendente* às decisões do STF tomadas em sede de controle difuso.

Esse conjunto de decisões judiciais e legislativas revela, em verdade, uma nova compreensão do texto constitucional no âmbito da Constituição de 1988.

É possível, sem qualquer exagero, falar-se aqui de uma autêntica *mutação constitucional* em razão da completa reformulação do sistema jurídico e, por conseguinte, da nova compreensão que se conferiu à regra do art. 52, X, da Constituição de 1988. Valendo-nos dos subsídios da doutrina constitucional, a propósito da mutação constitucional, poder-se-ia cogitar aqui de uma autêntica reforma da Constituição sem expressa modificação do texto[58].

Em verdade, a aplicação que o Supremo Tribunal Federal vem conferindo ao disposto no art. 52, X, da CF indica que o referido instituto mereceu uma significativa reinterpretação a partir da Constituição de 1988.

É possível que a configuração emprestada ao controle abstrato pela nova Constituição, com ênfase no modelo abstrato, tenha sido decisiva para a mudança verificada, uma vez que as decisões com eficácia *erga omnes* passaram a se generalizar.

A multiplicação de processos idênticos no sistema difuso – notória após 1988 – deve ter contribuído, igualmente, para que a Corte percebesse a necessidade de atualização do aludido instituto. Nesse contexto, assume relevo a decisão que afirmou a dispensabilidade de se submeter a questão constitucional ao Plenário de qualquer Tribunal se o Supremo Tribunal já se tiver manifestado pela inconstitucionalidade do diploma. Tal como observado, essa decisão acaba por conferir uma eficácia mais ampla – talvez até mesmo um certo efeito vinculante – à decisão do Plenário do Supremo Tribunal no controle incidental. Essa orientação está devidamente incorporada ao direito positivo (CPC, art. 481, parágrafo único, parte final, na redação da Lei n. 9756, de 1998). No mesmo contexto situa-se a decisão que outorgou ao relator a possibilidade de decidir, monocraticamente, os recursos extraordinários vinculados às questões já resolvidas pelo Plenário do Tribunal (CPC, art. 557, § 1º-A).

De fato, é difícil admitir que a decisão proferida em ADI ou ADC e na ADPF possa ser dotada de eficácia geral e a decisão proferida no âmbito do controle incidental – esta muito mais morosa porque em geral tomada após tramitação da questão por todas as instâncias – continue a ter eficácia restrita entre as partes.

Explica-se, assim, o desenvolvimento da nova orientação a propósito da decisão do Senado Federal no processo de controle de constitucionalidade, no contexto normativo da Constituição de 1988.

A prática dos últimos anos, especialmente após o advento da Constituição de 1988, parece dar razão, pelo menos agora, a Lúcio Bittencourt, para quem a finalidade da decisão do Senado era, desde sempre, "apenas tornar pública a decisão do tribunal, levando-a ao conhecimento de todos os cidadãos"[59].

Sem adentrar o debate sobre a correção desse entendimento no passado, não parece haver dúvida de que todas as construções que se vêm fazendo em torno do efeito transcendente das decisões pelo Supremo Tribunal Federal e pelo Congresso Nacional, com o apoio, em muitos

---

[58] JELLINEK, Georg. *Reforma y Mutación de la Constitución.* Tradução espanhola de Christian Förster, Madri: Centro de Estudios Constitucionales, 1991, p. 15-35; DAU-LIN, Hsü. *Mutación de La Constitución.* Tradução espanhola de Christian Förster e Pablo Lucas Verdú. Bilbao: IVAP, 1998, p. 68 e s.; FERRAZ, Anna Cândida da Cunha. *Processos Informais de Mudança da Constituição.* São Paulo: Max Limonad, 1986, p. 64 e s. e p. 102 e s.

[59] BITTENCOURT. *O controle jurisdicional de constitucionalidade das leis,* cit., p. 145.

Controle incidental **1689**

casos, da jurisprudência da Corte[60], estão a indicar a necessidade de revisão da orientação dominante antes do advento da Constituição de 1988.

Assim, parece legítimo entender que, hodiernamente, a fórmula relativa à suspensão de execução da lei pelo Senado Federal há de ter simples efeito de publicidade. Desta forma, se o Supremo Tribunal Federal, em sede de controle incidental, chegar à conclusão, de modo definitivo, de que a lei é inconstitucional, essa decisão terá efeitos gerais, fazendo-se a comunicação ao Senado Federal para que este publique a decisão no Diário do Congresso. Tal como assente, não é (mais) a decisão do Senado que confere eficácia geral ao julgamento do Supremo. A própria decisão da Corte contém essa força normativa. Parece evidente ser essa a orientação implícita nas diversas decisões judiciais e legislativas acima referidas. Assim, o Senado não terá a faculdade de publicar ou não a decisão, *uma vez que não se cuida de uma decisão substantiva, mas de simples dever de publicação*, tal como reconhecido a outros órgãos políticos em alguns sistemas constitucionais (Constituição austríaca, art. 140,5 – *publicação a cargo do Chanceler Federal*, e Lei Orgânica da Corte Constitucional Alemã, art.31, (2), *publicação a cargo do Ministro da Justiça*). Tais decisões proferidas em processo de controle de normas são publicadas no Diário Oficial e têm força de lei (Gesetzeskraft) [Lei do Bundesverfassungsgericht, § 31, (2)]. Segundo Klaus Vogel, o § 31, II, da Lei Orgânica da Corte Constitucional alemã faz com que a força de lei alcance também as decisões confirmatórias de constitucionalidade. Essa ampliação somente se aplicaria, porém, ao dever de publicação, porque a lei não pode conferir efeito que a Constituição não prevê[61].

Portanto, a não publicação, pelo Senado Federal, de Resolução que, nos termos do art. 52, X, da Constituição, suspenderia a execução da lei declarada inconstitucional pelo STF, não terá o condão de impedir que a decisão do Supremo assuma a sua real eficácia jurídica.

Esta solução resolve de forma superior uma das tormentosas questões da nossa jurisdição constitucional. Superam-se, assim, também, as incongruências cada vez mais marcantes entre a jurisprudência do Supremo Tribunal Federal e a orientação dominante na legislação processual, de um lado, e, de outro, a visão doutrinária ortodoxa e – permita-nos dizer – ultrapassada do disposto no art. 52, X, da Constituição de 1988.

Ressalte-se ainda o fato de a adoção da súmula vinculante ter reforçado a ideia de superação do referido art. 52, X, da CF na medida em que permite aferir a inconstitucionalidade de determinada orientação pelo próprio Tribunal, sem qualquer interferência do Senado Federal.

Por último, observe-se que a adoção da técnica da declaração de inconstitucionalidade com limitação de efeitos[62] parece sinalizar que o Tribunal entende estar desvinculado de qualquer ato do Senado Federal, cabendo tão somente a ele – Tribunal – definir os efeitos da decisão.

No caso em apreço, concedi medida liminar em *habeas corpus* de ofício, em decisão de 21.8.2006, para que, mantido o regime fechado de cumprimento de pena por crime hediondo, fosse afastada a vedação legal de progressão de regime, nos seguintes termos, na parte em que interessa:

> "*A possibilidade de progressão de regime em crimes hediondos foi decidida pelo Plenário do Supremo Tribunal Federal no julgamento HC 82.959-SP, Rel. Min. Marco Aurélio, (acórdão pendente de publi-*

---

[60] MS 16.512 (Rel. Min. Oswaldo Trigueiro), *RTJ* 38, n. 1, p 23; RMS 17.976 (Rel. Min. Amaral Santos) *RDA*, 105:111(113); AI-AgR 168.149 (Rel. Ministro Marco Aurélio), *DJ* de 4.8.1995; AI-AgR 167.444, (Rel. Min. Carlos Velloso), *DJ* de 15.9.1995; RE 190.728 (Rel. Min. Celso de Mello), *DJ* 30.5.1997; RE 191.898 (Rel. Min. Sepúlveda Pertence), *DJ* de 22.8.1997; RE 228.844/SP (Rel. Min. Maurício Corrêa), *DJ* 16.6.1999; RE 221.795 (Rel. Min. Nelson Jobim), *DJ* 16.11.2000; RE 364.160 (Rel. Min. Ellen Gracie), *DJ* 7.2.2003; AI 423.252 (Rel. Min. Carlos Velloso), *DJ* 15.4.2003; RE 345.048 (Rel. Min. Sepúlveda Pertence), *DJ* 8.4.2003; RE 384.521 (Celso de Mello), *DJ* 30.5.2003); ADI 1.919 (Rel. Min. Ellen Gracie), *DJ* 1º.8.2003.

[61] VOGEL, Klaus. Rechtskraft und Gesetzeskraft der Entscheidungen des Bundesverfassungsgerichts. In: STARCK, Christian (Org.). *Bundesverfassungsgericht und Grundgesetz*. 1. ed. Tübingen: Mohr, 1976, v. 1, p. 568-613.

[62] Cf. MENDES, Gilmar. *Jurisdição Constitucional*. 5. ed. São Paulo: Saraiva, 2005, p. 387-413.

1690 Estado de Direito e Jurisdição Constitucional – Decisões relevantes em 15 anos de atuação no STF

cação). Nessa assentada, ocorrida na sessão de 23.2.2006, esta Corte, por seis votos a cinco, reconheceu a inconstitucionalidade do § 1º do artigo 2º da Lei n. 8.072/1990 (Lei dos Crimes Hediondos), que proibia a progressão de regime de cumprimento de pena nos crimes hediondos.

(...)

Segundo salientei na decisão que deferiu a medida liminar, o modelo adotado na Lei n. 8.072/1990 faz tábula rasa do direito à individualização no que concerne aos chamados crimes hediondos. Em outras palavras, o dispositivo declarado inconstitucional pelo Plenário no julgamento definitivo do HC 82.959/ SP não permite que se levem em conta as particularidades de cada indivíduo, a capacidade de reintegração social do condenado e os esforços envidados com vistas à ressocialização.

Em síntese, o § 1º do art. 2º da Lei n. 8.072/1990 retira qualquer possibilidade de garantia do caráter substancial da individualização da pena. Parece inequívoco, ademais, que essa vedação à progressão não passa pelo juízo de proporcionalidade.

Entretanto, apenas para que se tenha a dimensão das reais repercussões que o julgamento do HC 82.959-SP conferiu ao tema da progressão, é válido transcrever as seguintes considerações do Min. Celso de Mello, proferidas em sede de medida liminar, no HC 88.231/SP, DJ de 20.3.2006, 'verbis':

"Como se sabe, o Plenário do Supremo Tribunal Federal, ao julgar o HC 82.959/SP, Rel. Min. MARCO AURÉLIO, declarou, 'incidenter tantum', a inconstitucionalidade do § 1º do art. 2º da Lei 8.072, de 25.7.1990, afastando, em consequência, para efeito de progressão de regime, o obstáculo representado pela norma legal em referência.

Impende assinalar, no entanto, que esta Suprema Corte, nesse mesmo julgamento plenário, explicitou que a declaração incidental em questão não se reveste de efeitos jurídicos, inclusive de natureza civil, quando se tratar de penas já extintas, advertindo, ainda, que a proclamação de inconstitucionalidade em causa – embora afastando a restrição fundada no § 1º do art. 2º da Lei n. 8.072/90 – não afeta nem impede o exercício, pelo magistrado de primeira instância, da competência que lhe é inerente em sede de execução penal (LEP, art. 66, III, 'b'), a significar, portanto, que caberá ao próprio Juízo da Execução avaliar, criteriosamente, caso a caso, o preenchimento dos demais requisitos necessários ao ingresso, ou não, do sentenciado em regime penal menos gravoso.

Na realidade, o Supremo Tribunal Federal, ao assim proceder, e tendo presente o que dispõe o art. 66, III, 'b', da LEP, nada mais fez senão respeitar a competência do magistrado de primeiro grau para examinar os requisitos autorizadores da progressão, eis que não assiste a esta Suprema Corte, mediante atuação 'per saltum' – o que representaria inadmissível substituição do Juízo da Execução –, o poder de antecipar provimento jurisdicional que consubstancie, desde logo, a outorga, ao sentenciado, do benefício legal em referência.

Tal observação põe em relevo orientação jurisprudencial que esta Suprema Corte firmou em torno da inadequação do processo de 'habeas corpus', quando utilizado com o objetivo de provocar, na via sumaríssima do remédio constitucional, o exame dos critérios de índole subjetiva subjacentes à determinação do regime prisional inicial ou condicionadores da progressão para regime penal mais favorável (RTJ 119/668 – RTJ 125/578 – RTJ 158/866 – RT 721/550, v.g.).

Não constitui demasia assinalar, neste ponto, não obstante o advento da Lei n. 10.792/2003 – que alterou o art. 112 da LEP, para dele excluir a referência ao exame criminológico –, que nada impede que os magistrados determinem a realização de mencionado exame, quando o entenderem necessário, consideradas as eventuais peculiaridades do caso, desde que o façam, contudo, mediante decisão adequadamente motivada, tal como tem sido expressamente reconhecido pelo E. Superior Tribunal de Justiça (HC 38.719/SP, Rel. Min. HÉLIO QUAGLIA BARBOSA – HC 39.364/PR, Rel. Min. LAURITA VAZ – HC 40.278/PR, Rel. Min. FELIX FISCHER – HC 42.513/PR, Rel. Min. LAURITA VAZ) e, também, dentre outros, pelo E. Tribunal de Justiça do Estado de São Paulo (RT 832/676 – RT 837/568):

'(...). II – A nova redação do art. 112 da LEP, conferida pela Lei 10.792/03, deixou de exigir a realização dos exames periciais, anteriormente imprescindíveis, não importando, no entanto, em qualquer vedação à sua utilização, sempre que o juiz julgar necessário.

III – Não há qualquer ilegalidade nas decisões que requisitaria a produção dos laudos técnicos para a comprovação dos requisitos subjetivos necessários à concessão da progressão de regime prisional ao apenado.

(...).'

(HC 37.440/RS, Rel. Min. GILSON DIPP – grifei)

'A *lei 10.792/2003 (que deu nova redação ao art. 112 da Lei de Execução Penal) não revogou o Código Penal; destarte, nos casos de pedido de benefício em que seja mister aferir mérito, poderá o juiz determinar a realização de exame criminológico no sentenciado, se autor de crime doloso cometido mediante violência ou grave ameaça, pela presunção de periculosidade (art. 83, parágrafo único, do CP).'*

(RT 836/535, Rel. Des. CARLOS BIASOTTI – grifei)

A *razão desse entendimento apoia-se na circunstância de que, embora não mais indispensável, o exame criminológico – cuja realização está sujeita à avaliação discricionária do magistrado competente – reveste-se de utilidade inquestionável, pois propicia 'ao juiz, com base em parecer técnico, uma decisão mais consciente a respeito do benefício a ser concedido ao condenado' (RT 613/278).*

As *considerações ora referidas, tornadas indispensáveis em consequência do julgamento plenário do HC 82.959/SP, Rel. Min. MARCO AURÉLIO, evidenciam a impossibilidade de se garantir, notadamente em sede cautelar, o ingresso imediato do ora sentenciado em regime penal mais favorável.*

Cabe registrar, neste ponto, que o entendimento que venho de expor encontra apoio em recentíssimo julgamento da colenda Segunda Turma do Supremo Tribunal Federal, que, ao apreciar o RHC 86.951/RJ, Rel. Min. ELLEN GRACIE, deixou assentado que, em tema de progressão de regime nos crimes hediondos (ou nos delitos a estes equiparados), cabe ao magistrado de primeira instância proceder ao exame dos demais requisitos, inclusive aqueles de ordem subjetiva, para decidir, então, sobre a possibilidade, ou não, de o condenado vir a ser beneficiado com a progressão do regime de cumprimento de pena." (HC 88.231/SP, Rel. Min. Celso de Mello, decisão liminar, DJ de 20.3.2006)

Em conclusão, a decisão do Plenário buscou tão somente conferir máxima efetividade ao princípio da individualização das penas (CF, art. 5°, LXVI) e ao dever constitucional-jurisdicional de fundamentação das decisões judiciais (CF, art. 93, IX).

Em sessão do dia 7.3.2006, a 1ª Turma, ao apreciar a Questão de Ordem no HC 86.224/DF, Rel. Min. Carlos Britto, admitiu a possibilidade de julgamento monocrático de todos os 'habeas corpus' que versem exclusivamente sobre o tema da progressão de regime em crimes hediondos.

Em idêntico sentido, a 2ª Turma, ao apreciar a Questão de Ordem no HC 85.677/SP, de minha relatoria, em sessão do dia 21.3.2006, reconheceu também a possibilidade de julgamento monocrático de todos os 'habeas corpus' que se encontrem na mesma situação específica.

Tendo em vista que a situação em análise envolve direito de ir e vir, vislumbro, na espécie, o atendimento dos requisitos do art. 647 do CPP, que autorizam a concessão de 'habeas corpus' de ofício, "sempre que alguém sofrer ou se achar na iminência de sofrer violência ou coação ilegal na sua liberdade de ir e vir (...)."

Nesses termos, concedo medida liminar, de ofício, para que, mantido o regime fechado de cumprimento de pena por crime hediondo, seja afastada a vedação legal de progressão de regime, até o julgamento final desta reclamação.

(...)." *(fl. 33-44).*

Com efeito, verifica-se que a recusa do Juiz de Direito da Vara de Execuções da Comarca de Rio Branco, no Estado do Acre, em conceder o benefício da progressão de regime, nos casos de crimes hediondos, desrespeita a eficácia *erga omnes* que deve ser atribuída à decisão deste Supremo Tribunal Federal, no HC 82.959, que declarou a inconstitucionalidade do artigo 2°, § 1°, da Lei n. 8.072/1990.

Diante do exposto, JULGO PROCEDENTE a presente reclamação, para cassar decisões proferidas pelo Juiz de Direito da Vara de Execuções Penais da Comarca de Rio Branco, no Estado do Acre, que negaram a possibilidade de progressão de regime relativamente a cada um dos interessados acima mencionados.

Nesta extensão da procedência da reclamação, caberá ao juízo reclamado proferir nova decisão para avaliar se, no caso concreto, os interessados (pacientes) atendem ou não os requisitos para gozar do referido benefício, podendo determinar, para esse fim, e desde que de modo fundamentado, a realização de exame criminológico.

RE-ED 328.812[1]

Ação rescisória – Cabimento para assegurar interpretação constitucional do Supremo Tribunal Federal – Conhecimento – Inaplicabilidade da Súmula 343/STF – Cabimento da ação por ofensa à literal disposição constitucional, ainda que a decisão rescindenda tenha se baseado em interpretação controvertida ou anterior à orientação fixada pelo STF.

Cuidava-se de embargos de declaração opostos contra acórdão da 2ª Turma que, por unanimidade, decidiu ser inaplicável à hipótese a Súmula 343[2] do STF, por se tratar de matéria constitucional.

Este o teor da ementa:

"EMENTA: Recurso Extraordinário. Agravo Regimental. 2. Ação Rescisória. Matéria constitucional. Inaplicabilidade da Súmula 343. 3. A manutenção de decisões das instâncias ordinárias divergentes da interpretação constitucional revela-se afrontosa à força normativa da Constituição e ao princípio da máxima efetividade da norma constitucional. 4. Ação Rescisória fundamentada no art. 5º, XXXVI, da Constituição Federal. A indicação expressa do dispositivo constitucional é de todo dispensável, diante da clara invocação do princípio constitucional do direito adquirido. 5. Agravo regimental provido. Recurso extraordinário conhecido e provido para que o Tribunal a quo aprecie a ação rescisória.".

Em suas razões, a embargante sustentou:

"2.4. A questão central, de cunho meramente processual, é apenas esta: está ou não o autor da rescisória obrigado a indicar com precisão o dispositivo dado como violado, quando a ação tem suporte no art. 485, V, do CPC. Seja positiva ou negativa a resposta, não resta dúvida de que nenhuma delas envolve violação direta de qualquer texto da Constituição da República Federativa do Brasil.

(...)

2.5. Este processo não revela qualquer singularidade capaz de ensejar a quebra repentina da jurisprudência consolidada do Pretório Excelso a respeito da impossibilidade do recurso extraordinário para rediscutir questões infraconstitucionais, como é, inegavelmente, a relativa aos requisitos formais da inicial da ação rescisória, especialíssimas, que não se confunde com qualquer reclamatória trabalhista ou ação ordinária.

Ante o exposto, a Embargante espera o recebimento dos seus declaratórios, com a eficácia modificativa do julgado, *ex vi* do art. 330 do Regimento Interno do Pretório Excelso, a fim de: a) seja analisado o acórdão recorrido, partindo-se da premissa de que nele não se adotou a tese da impossibilidade da rescisória, por ser controvertida a matéria constitucional nele versada, mas a da existência de controvérsia sobre a indicação, na inicial, como violado o artigo 5º, XXXVI, da Lei Magna. Como consequência necessária não se conhecer do apelo extremo; b) ou, se mantido o conhecimento do recurso, declinar-se qual foi o dispositivo constitucional violado diretamente pela decisão do TST, quando entende deficitária a inicial da ação rescisória, com arrimo no artigo 485, V, do CPC, pela ausência de indicação expressa do dispositivo constitucional violado."

A Segunda Turma acolheu proposta no sentido de submeter a matéria ao Pleno. A decisão que este prolatou está assim ementada:

EMENTA: Embargos de Declaração em Recurso Extraordinário. 2. Julgamento remetido ao Plenário pela Segunda Turma. Conhecimento. 3. É possível ao Plenário apreciar embargos de declaração opostos contra acórdão prolatado por órgão fracionário, quando o processo foi remetido pela Turma originalmente competente.

---

[1] Em sessão de 6.3.2008, o Plenário do Supremo Tribunal Federal, preliminarmente, por maioria de votos, vencido o Min. Marco Aurélio, conheceu dos embargos. No mérito, por unanimidade de votos, rejeitou os embargos de declaração, nos termos do voto do Relator, Ministro Gilmar Mendes (*DJ* de 2.5.2008).

[2] Súmula 343/STF: "não cabe ação rescisória por ofensa a literal disposição de lei, quando a decisão rescindenda se tiver baseado em texto legal de interpretação controvertida nos tribunais".

Maioria. 4. Ação Rescisória. Matéria constitucional. Inaplicabilidade da Súmula 343/STF. 5. A manutenção de decisões das instâncias ordinárias divergentes da interpretação adotada pelo STF revela-se afrontosa à força normativa da Constituição e ao princípio da máxima efetividade da norma constitucional. 6. Cabe ação rescisória por ofensa à literal disposição constitucional, ainda que a decisão rescindenda tenha se baseado em interpretação controvertida ou seja anterior à orientação fixada pelo Supremo Tribunal Federal. 7. Embargos de Declaração rejeitados, mantida a conclusão da Segunda Turma para que o Tribunal a quo aprecie a ação rescisória.

VOTO

Cuida-se de embargos de declaração opostos contra acórdão unânime da 2ª Turma, que deu provimento ao recurso extraordinário do INSS, afastando a aplicação da Súmula n. 343/STF em controvérsia constitucional e determinando o retorno dos autos ao Tribunal *a quo*, para que aprecie a ação rescisória como entender de direito.

No caso, o Tribunal Regional do Trabalho da 11ª Região, julgou improcedente ação rescisória proposta pelo INSS, com fundamento na Súmula n. 343 deste STF, apesar de verificada controvérsia constitucional quanto ao direito adquirido (art. 5º, XXXVI, CF), em ação rescindenda que cuidava de planos econômicos.

Por sua vez, o Tribunal Superior do Trabalho negou provimento ao recurso ordinário e à remessa *ex-officio*, mantendo a decisão do regional

Interposto recurso extraordinário, o Min. Néri da Silveira negou seguimento ao recurso, ao fundamento de que a natureza processual da questão não possibilitava o processamento do recurso.

Contra esta decisão, o INSS interpôs agravo regimental, o qual apresentei em mesa junto à 2ª Turma desta Corte. Na oportunidade, proferi voto no sentido de que não se aplica o verbete da Súmula n. 343/STF quando a interpretação controvertida for de texto constitucional, reportando-me ao precedente relatado pelo Min. Cunha Peixoto (RE 89.108/GO, *DJ* 19.12.1980).

Ao dar provimento ao agravo regimental que então se julgava, lembrei que a inicial da rescisória fundamenta-se na ofensa ao princípio do direito adquirido. Embora constasse da inicial a referência ao art. 5º, XXXVI, ressaltou-se que a providência era dispensável, diante da clara invocação do aludido princípio constitucional.

De tal modo, votei pelo provimento ao agravo regimental, para conhecer e dar provimento ao recurso extraordinário, determinando que o Tribunal de origem apreciasse a ação rescisória, na qual se invoca, exatamente, a inexistência de direito adquirido.

Após o pedido de vista do Min. Carlos Velloso, na assentada de 10 de dezembro de 2002, a 2ª Turma deu provimento ao agravo regimental, por unanimidade, para conhecer e, desde logo, dar provimento ao recurso extraordinário, para que o Tribunal *a quo* apreciasse a ação rescisória de que se cuidava.

É este o acórdão embargado.

Do pedido, colhe-se que o embargante pretende que:

a) "seja analisado o acórdão recorrido, partindo-se da premissa de que nele não se adotou a tese da impossibilidade da rescisória, por ser controvertida a matéria constitucional nele versada, mas a da existência de controvérsia sobre a indicação, na inicial, como violado o art. 5º, XXXVI, da Lei Magna (...)";

b) "ou, se mantido o conhecimento do recurso, declinar-se qual foi o dispositivo constitucional violado diretamente pela decisão do TST, quando entende deficitária a inicial de ação rescisória com arrimo no artigo 485, V, do CPC, pela ausência de indicação expressa do dispositivo constitucional violado" (fls. 180 e 181).

Inicialmente, afasto a preliminar de intempestividade suscitada pelo embargado (fls. 191/192), uma vez que o acórdão embargado foi publicado em 11.4.2003, sexta-feira (fl. 172), iniciando-se o prazo no dia 14.4.2003, segunda-feira. Considerando os feriados de 18.4.2003 (sexta-feira da paixão) e 21.4.2003 (Tiradentes), o prazo da embargante findou-se em 22.4.2003, terça-feira, data em que protocolados os presentes embargos (fl. 173).

Quanto às alegações do embargante, os limites dos embargos declaratórios encontram-se desenhados adequadamente no art. 535 do CPC. Cabem quando a decisão embargada contenha obscuridade ou contradição, ou quando for omitido o ponto sobre o qual devia pronunciar-se o juiz ou tribunal.

Não há no modelo brasileiro embargos de declaração com o objetivo de se determinar à autoridade judicial a *análise de qualquer decisão, a partir de premissa adotada pelo embargante.*

Nesse sentido, inadequados os embargos, ao menos no que se refere ao primeiro dos pedidos, porquanto a pretensão não se subsume as hipóteses do art. 535 do CPC.

No que tange à suscitada omissão quanto aos requisitos para conhecimento do recurso extraordinário, tampouco merece prosperar o inconformismo.

Com efeito, o acórdão embargado afastou os contornos da Súmula 343/STF, com fundamento na força normativa e concretizadora da Constituição, assentando tanto a admissibilidade do apelo extremo quanto da ação rescisória em apreço.

Ademais, destaque-se que a discussão sobre os limites de conhecimento do recurso extraordinário quanto à alínea "a" do permissivo constitucional é irrelevante na espécie.

De fato, este Plenário assentou – no julgamento do RE 298.694/SP, Rel. Min. Sepúlveda Pertence, *DJ* 23.4.2004 – que este STF não está restrito ao exame dos dispositivos alegados pelo recorrente, ao apreciar recurso extraordinário:

"I. Recurso extraordinário: letra a: possibilidade de confirmação da decisão recorrida por fundamento constitucional diverso daquele em que se alicerçou o acórdão recorrido e em cuja inaplicabilidade ao caso se baseia o recurso extraordinário: manutenção, lastreada na garantia da irredutibilidade de vencimentos, da conclusão do acórdão recorrido, não obstante fundamentado este na violação do direito adquirido.

II. Recurso extraordinário: letra a: alteração da tradicional orientação jurisprudencial do STF, segundo a qual só se conhece do RE, a, se for para dar-lhe provimento: distinção necessária entre o juízo de admissibilidade do RE, a – para o qual é suficiente que o recorrente alegue adequadamente a contrariedade pelo acórdão recorrido de dispositivos da Constituição nele prequestionados – e o juízo de mérito, que envolve a verificação da compatibilidade ou não entre a decisão recorrida e a Constituição, ainda que sob prisma diverso daquele em que se hajam baseado o Tribunal a quo e o recurso extraordinário.

(...)." (RE 298.694/SP, Rel. Min. Sepúlveda Pertence, Pleno, *DJ* 23.4.2004)

No que tange à inaplicabilidade da Súmula 343/STF, tenho reiteradamente observado nesta Corte que este verbete precisa ser revisto. Refiro-me, especificamente, aos processos que identificam matéria contraditória à época da discussão originária, questão constitucional, bem como jurisprudência supervenientemente fixada, em favor da tese do interessado.

Não vejo como não afastarmos a Súmula 343, nestas hipóteses, como medida de instrumentalização da força normativa da Constituição.

Trata-se de posição que sustentei em voto-vista que proferi no AI-AgR 460.439, quando discutíamos questão atinente à correção de contas do FGTS.

Mais uma vez, é necessário ponderar acerca do papel da ação rescisória em nosso sistema jurídico.

O instituto da rescisória representa, sobretudo, uma conciliação entre os extremos do respeito incondicional à coisa julgada e a possibilidade de reforma permanente das decisões judiciais[3].

Sob uma perspectiva constitucional, ao analisar o instituto da rescisória temos dois valores em confronto. De um lado, a segurança jurídica. Do outro, temos uma manifestação do devido processo legal, qual seja o compromisso do sistema com a prestação judicial correta, não viciada.

---

[3] Cf. PONTES DE MIRANDA. *Comentários ao Código de Processo Civil*, Rio de Janeiro, Forense, 3. ed. revista e aumentada.

Na realidade, o instituto da rescisória atende à efetiva realização da ideia de Justiça.

Isso pode ser extraído das hipóteses de admissibilidade da rescisória descritas no art. 485 do CPC. Sem dúvida, de uma leitura "positiva" dos incisos que compõem o art. 485, depreende-se que o sistema busca, entre outros aspectos, sentenças proferidas por juízes honestos (incisos I e II), que sejam harmônicas em relação a outros pronunciamentos judiciais (inc. IV), que tenham substrato probatório consistente (VI, VII e VIII), e que respeitem a ordem legal objetiva (V), etc. Não observados tais objetivos, o sistema estabelece uma via processual de correção, nas hipóteses específicas do art. 485 do CPC.

Ou seja, a partir da rescisória, constrói o legislador uma espécie de válvula de segurança, uma última via de correção para o sistema judicial. Uma via restrita, certamente, sujeita a prazo e a hipóteses específicas, tendo em vista aquela perspectiva de resguardo da segurança jurídica.

No âmbito específico do inciso V, o propósito imediato é o de garantir a máxima eficácia da ordem legislativa em sentido amplo. Para isto, permite-se a excepcional rescisão daqueles julgados em que o magistrado violou, nos termos do CPC, "literal disposição de lei".

A violação à literal disposição de lei obviamente contempla a violação às normas constitucionais, o que poderia ser considerado como um tipo de violação "qualificada".

Indaga-se: nas hipóteses em que esta Corte fixa a correta interpretação de uma norma infraconstitucional, para o fim de ajustá-la à ordem constitucional, a contrariedade a esta interpretação do Supremo Tribunal, ou melhor, a contrariedade à lei definitivamente interpretada pelo STF em face da Constituição ensejaria a utilização da ação rescisória?

Penso que sim. Penso que aqui há uma razão muito clara e definitiva para a admissão das ações rescisórias.

Quando uma decisão desta Corte fixa uma interpretação constitucional, entre outros aspectos está o Judiciário explicitando os conteúdos possíveis da ordem normativa infraconstitucional em face daquele parâmetro maior, que é a Constituição.

Isso obviamente não se confunde com a solução de divergência relativa à interpretação de normas no plano infraconstitucional. Não é por acaso que uma decisão definitiva do STJ, pacificando a interpretação de uma lei, não possui o mesmo alcance de uma decisão definitiva desta Corte em matéria constitucional. Controvérsia na interpretação de lei e controvérsia constitucional são coisas absolutamente distintas e para cada uma delas o nosso sistema constitucional estabeleceu mecanismos de solução diferenciados com resultados também diferenciados.

Não é a mesma coisa vedar a rescisória para rever uma interpretação razoável de lei ordinária que tenha sido formulada por um juiz em confronto com outras interpretações de outros juízes, e vedar a rescisória para rever uma interpretação da lei que é contrária àquela fixada pelo Supremo Tribunal Federal em questão constitucional.

Nesse ponto, penso que é fundamental lembrar que nas decisões proferidas por esta Corte temos um tipo especialíssimo de concretização da Carta Constitucional. E isto certamente não equivale à aplicação da legislação infraconstitucional.

A violação à norma constitucional, para fins de admissibilidade de rescisória, é sem dúvida algo mais grave que a violação à lei. Isto já havia sido intuído por Pontes de Miranda ao discorrer especificamente sobre a hipótese de rescisória hoje descrita no art. 485, inciso V, do CPC. Sobre a violação à Constituição como pressuposto para a rescisória, dizia Pontes que "*o direito constitucional é direito, como os outros ramos; não o é menos;* **em certo sentido, é ainda mais.** *Rescindíveis são as sentenças que o violam, quer se trate de sentenças das Justiças locais, quer de sentenças dos tribunais federais, inclusive as decisões unânimes do Supremo Tribunal Federal*"[4].

---

[4]   Op. cit., p. 222.

De fato, negar a via da ação rescisória para fins de fazer valer a interpretação constitucional do Supremo importa, a rigor, em admitir uma violação muito mais grave à ordem normativa. Sim, pois aqui a afronta se dirige a uma interpretação que pode ser tomada como a própria interpretação constitucional realizada.

Nesse ponto, penso, também, que a rescisória adquire uma feição que melhor realiza o princípio da isonomia.

Se por um lado a rescisão de uma sentença representa certo fator de instabilidade, por outro não se pode negar que uma aplicação assimétrica de uma decisão desta Corte em matéria constitucional oferece instabilidade maior, pois representa uma violação a um referencial normativo que dá sustentação a todo o sistema. Isso não é, certamente, algo equiparável a uma aplicação divergente da legislação infraconstitucional.

Certamente já não é fácil explicar a um cidadão porque ele teve um tratamento judicial desfavorável enquanto seu colega de trabalho alcançou uma decisão favorável, considerado o mesmo quadro normativo infraconstitucional. Mas aqui, por uma opção do sistema, tendo em vista a perspectiva de segurança jurídica, admite-se a solução restritiva à rescisória que está plasmada na Súmula 343.

Mas essa perspectiva não parece admissível quando falamos de controvérsia constitucional. Isto porque aqui o referencial normativo é outro, é a Constituição, é o próprio pressuposto que dá autoridade a qualquer ato legislativo, administrativo ou judicial!

Considerada tal distinção, tenho que aqui a melhor linha de interpretação do instituto da rescisória é aquela que privilegia a decisão desta Corte em matéria constitucional. Estamos aqui falando de decisões do órgão máximo do Judiciário, estamos falando de decisões definitivas e, sobretudo, estamos falando de decisões que, repito, concretizam diretamente o texto da Constituição.

Assim, considerado o escopo da ação rescisória, especialmente aquele descrito no inciso V do art. 485 do CPC, a partir de uma leitura constitucional deste dispositivo do Código de Processo, já não teria dificuldades em admitir a rescisória no caso em exame, ou seja, nos casos em que o pedido de revisão da coisa julgada funda-se em violação às decisões definitivas desta Corte em matéria constitucional.

Considero, de qualquer modo, necessário avançar nessa linha de argumento, e enfatizar uma perspectiva específica, relacionada à posição de supremacia das normas constitucionais.

Ora, se ao Supremo Tribunal Federal compete, precipuamente, a guarda da Constituição Federal, é certo que a sua interpretação do texto constitucional deve ser acompanhada pelos demais Tribunais, em decorrência do efeito definitivo absoluto outorgado à sua decisão. Não estou afastando, obviamente, o prazo das rescisórias, que deverá ser observado. Há um limite, portanto, associado à segurança jurídica.

Mas não parece admissível que esta Corte aceite diminuir a eficácia de suas decisões com a manutenção de decisões diretamente divergentes à interpretação constitucional aqui formulada. Assim, se somente por meio do controle difuso de constitucionalidade, portanto, anos após as questões terem sido decididas pelos Tribunais ordinários, é que o Supremo Tribunal Federal veio a apreciá-las, é a ação rescisória, com fundamento em violação de literal disposição de lei, instrumento adequado para a superação de decisão divergente.

Contrariamente, a manutenção de soluções divergentes, em instâncias inferiores, sobre o mesmo tema, provocaria, além da desconsideração do próprio conteúdo da decisão desta Corte, última intérprete do texto constitucional, uma fragilização da força normativa da Constituição.

Lembro-me aqui da lição de Konrad Hesse:

"(...) Um ótimo desenvolvimento da força normativa da Constituição depende não apenas do seu conteúdo, mas também de sua práxis. De todos os partícipes da vida constitucional, exige-se partilhar aquela concepção anteriormente por mim denominada vontade de Constituição (*Wille zur Verfassung*). Ela é fundamental, considerada global ou singularmente.

Todos os interesses momentâneos – ainda quando realizados – não logram compensar ganho resultante do comprovado respeito à Constituição, sobretudo naquelas situações em que a sua observância revela-se incômoda. Como anotado por Walter Burckhardt, aquilo que é identificado como vontade da Constituição 'deve ser honestamente preservado, mesmo que, para isso, tenhamos de renunciar a alguns benefícios, ou até a algumas vantagens justas. Quem se mostra disposto a sacrificar um interesse em favor da preservação de um princípio constitucional fortalece o respeito à Constituição e garante um bem da vida indispensável à essência do Estado, mormente ao Estado democrático'. Aquele que, ao contrário, não se dispõe a esse sacrifício, 'malbarata, pouco a pouco, um capital que significa muito mais do que todas as vantagens angariadas, e que, desperdiçado, não mais será recuperado"[5].

A aplicação da Súmula 343 em matéria constitucional revela-se afrontosa não só à força normativa da Constituição, mas também ao princípio da máxima efetividade da norma constitucional.

Admitir a aplicação da orientação contida no aludido verbete em matéria de interpretação constitucional significa fortalecer as decisões das instâncias ordinárias em detrimento das decisões do Supremo Tribunal Federal.

Tal prática afigura-se tanto mais grave se se considerar que no nosso sistema geral de controle de constitucionalidade a voz do STF somente será ouvida após anos de tramitação das questões em três instâncias ordinárias.

De fato, penso que não podemos desconsiderar o atual contexto da demora na tramitação das questões que chegam ao STF em recurso extraordinário, o que, aliás, é uma decorrência de uma perspectiva que entendo equivocada.

A interpretação restritiva, considerado esse modelo em que as questões constitucionais chegam ao Supremo tardiamente, cria uma inversão no exercício da interpretação constitucional. A interpretação dos demais tribunais e dos juízes de primeira instância acaba por assumir um significado muito mais relevante que o pronunciamento desta Corte. Não posso aceitar isso. Isto não é, por evidente, uma rejeição ao modelo difuso. O que quero enfatizar é que estamos aqui diante de uma distorção do modelo que merece ser corrigida. A rescisória, tal como se coloca no presente caso, serve justamente para permitir essa correção.

A exegese restritiva, que na verdade assume um caráter excessivamente defensivo, acaba por privilegiar a interpretação controvertida, para a mantença de julgado desenvolvido contra a orientação desta Corte, significa afrontar a efetividade da Constituição. Isso não me parece aceitável, com a devida vênia.

Sobre o tema específico que se coloca nos autos, lembro aqui de um estudo de 2003, da autoria do eminente Ministro do Superior Tribunal de Justiça, Teori Albino Zavascki[6]. Diz Teori, tratando expressamente da aplicação da Súmula 343 em matéria constitucional:

"O exame desta orientação em face das súmulas revela duas preocupações fundamentais da Corte Suprema: a primeira, a de preservar em qualquer circunstância, a supremacia da Constituição e a sua aplicação uniforme a todos os destinatários; a segunda, a de preservar a sua autoridade de guardião da Constituição, de órgão com legitimidade constitucional para dar palavra definitiva em temas relacionados com a interpretação e a aplicação da Carta Magna. Supremacia da Constituição e autoridade do STF são, na verdade, valores associados e que têm sentido transcendental quando associados. Há,

---

[5] A Força Normativa da Constituição, Porto Alegre: Sergio Antonio Fabris Editor, 1991, p. 21-22.
[6] Ação Rescisória em Matéria Constitucional, *Revista de Direito Renovar*, n. 27, set./dez. 2003, Ed. Renovar, p. 153-174.

entre eles, relação de meio e fim. E é justamente essa associação o referencial básico de que se lança mão para solucionar os diversos problemas, adiante expostos, atinentes à rescisão de julgados em matéria constitucional. Com efeito, a tese da inaplicabilidade da súmula 343, isoladamente considerada, não representa panaceia universal e nem tem, por si só, a propriedade de justificar e resolver todas as questões teóricas e práticas decorrentes da coisa julgada em seara constitucional. Imagine-se a hipótese de ação rescisória envolvendo tema constitucional controvertido nos tribunais, sem que a respeito dele tenha havido pronunciamento do STF. Permitir, em casos tais, que um tribunal local possa, sem mais e em qualquer circunstância, rescindir a sentença, significaria transformar a ação rescisória em simples recurso ordinário, com prazo de dois anos, sem qualquer segurança de ganho para a guarda da Constituição. Seria, simplesmente, alimentar ainda mais a controvérsia, com a desvantagem adicional de ensejar sentenças em rescisória incompatíveis com futuro pronunciamento da Corte Suprema. Bem se vê, portanto, que em situações desse jaez fica difícil contestar, ainda que se trate de questão constitucional, o sentido lógico e prático da súmula 343. O que se quer afirmar, por isso mesmo, é que, em se tratando de ação rescisória em matéria constitucional, concorre decisivamente para um tratamento diferenciado do que seja 'literal violação' a existência de precedente do STF, guardião da Constituição. Ele, associado ao princípio da supremacia, é que justifica, nas ações rescisórias, a substituição do parâmetro negativo da súmula 343 (negativo porque indica que, sendo controvertida a matéria nos tribunais, não há violação literal a preceito normativo a ensejar rescisão), por um parâmetro positivo, segundo o qual há violação à Constituição na sentença que, em matéria constitucional, é contrária a pronunciamento do STF."

Estas as conclusões de Teori:

"(a) a coisa julgada não é um valor absoluto, mas relativo, estando sujeita a modificação mediante ação rescisória, nos casos previstos no art. 485 do Código de Processo Civil;

(b) admite-se rescisão, entre outras hipóteses, quando a sentença transitada em julgado tenha violado 'literal disposição de lei' (art. 485, V, do CPC);

(c) 'lei', no texto referido, tem o significado de norma jurídica, compreendendo também a norma constitucional;

(d) relativamente às normas infraconstitucionais, entende-se como 'violação literal' a que se mostrar de modo evidente, flagrante, manifesto, não se compreendendo como tal a interpretação razoável da norma, embora não a melhor;

(e) quando a norma for de interpretação controvertida nos tribunais, considera-se como interpretação razoável a que adota uma das correntes da divergência, caso em que não será cabível a ação rescisória (súmula 343 do STF);

(f) relativamente às normas constitucionais, que têm supremacia sobre todo o sistema e cuja guarda é função precípua do Supremo Tribunal Federal, não se admite a doutrina da 'interpretação razoável' (mas apenas a melhor interpretação), não se lhes aplicando, por isso mesmo, o enunciado da súmula 343;

(g) considera-se a melhor interpretação, para efeitos institucionais, a que provém do Supremo Tribunal Federal, guardião da Constituição, razão pela qual sujeitam-se a ação rescisória, independentemente da existência de controvérsia sobre a matéria nos tribunais, as sentenças contrárias a precedentes do STF, seja ele anterior ou posterior ao julgado rescindindo, tenha ele origem em controle concentrado de constitucionalidade, ou em controle difuso, ou em matéria constitucional não sujeita aos mecanismos de fiscalização de constitucionalidade dos preceitos normativos;

(h) não havendo precedente do STF sobre a matéria, o princípio da supremacia da Constituição e a indispensabilidade da aplicação uniforme de suas normas impõe que se admita ação rescisória, mesmo que se trate de questão controvertida nos tribunais;

(i) todavia, a decisão de mérito que nela for tomada terá de dar ensejo a recurso extraordinário, com ataque não apenas aos pressupostos da ação rescisória, mas também aos seus fundamentos, único modo de viabilizar que o Supremo Tribunal Federal, com sua palavra autorizada e definitiva, encerre a controvérsia sobre a alegada violação à Constituição."

Penso que o Ministro Teori bem compreendeu o papel desta Corte em nosso sistema.

Esse pensamento, em verdade, também corresponde a manifestações desta Corte em alguns julgados.

Controle incidental **1699**

No julgamento do RE n. 89.108/GO, Plenário, Min. Cunha Peixoto, *DJ* de 19.12.80, o Tribunal decidiu que não se aplica o verbete da Súmula 343/STF quando a interpretação for de texto constitucional. A ementa desse julgado está assim redigida:

"– AÇÃO RESCISÓRIA – PRESSUPOSTOS.

– Decisão que admite a constitucionalidade de lei estadual (Lei n. 7.250, de 21.11.68 – art. 67 –, do Estado de Goiás, que estabeleceu a feitura de lista tríplice, dentre os aprovados no concurso público, para provimento de serventias da Justiça), ofende preceito constitucional (art. 97, § 1º, da CF), sendo passível, em consequência, de revisão através de ação rescisória, proposta com fulcro no art. 485, V, do CPC.

– Inaplicabilidade, à espécie, do enunciado n. 343 da Súmula do STF, seja pela inexistência de dissídio de julgados até o pronunciamento da inconstitucionalidade do dispositivo de lei estadual sob exame, quer porque o aresto discrepante, proferido pela Primeira Turma do Supremo Tribunal Federal (RE n. 71.983), foi posteriormente absorvido por decisão contrária do Plenário desse mesmo Tribunal (RE n. 73.709).

Recurso extraordinário conhecido e provido." (RE n. 89.108/GO, Plenário, Min. Cunha Peixoto, *DJ* de 19.12.80).

Nesse sentido, ainda:

"*Ação rescisória. Acidente do trabalho. Trabalhador rural. Ofensa ao art. 165, pár. único da Constituição. Súmula 343 (inaplicação).* A atribuição ou extensão de benefício previdenciário a categoria não contemplada no sistema próprio implica ofensa ao art. 165, § único da CF, dada a inexistência do pressuposto da correspondente fonte de custeio total. A Súmula 343 tem aplicação quando se trata de texto legal de interpretação controvertida nos tribunais, não, porém, de texto constitucional. Recurso Extraordinário conhecido e provido." (RE n. 101.114/SP, 1ª Turma, Min. Rafael Mayer, *DJ* de 10.2.84).

"Ação rescisória. Acidente do trabalho. Trabalhador rural. Ofensa ao art. 165, parágrafo único, da Constituição Federal. Súmula 343 (inaplicabilidade). A atribuição ou extensão de benefício previdenciário a categoria não contemplada no sistema próprio implica ofensa ao art. 165, parágrafo único, da Constituição Federal, dada a inexistência da correspondente fonte de custeio.

A Súmula 343 tem aplicação quando se trata de texto legal de interpretação controvertida nos tribunais, não, porém, de texto constitucional.

Recurso extraordinário conhecido e provido." (RE n. 103.880/SP, 1ª Turma, Min. Sydney Sanches, *DJ* de 22.2.85).

Recentemente, no julgamento da Ação Rescisória n. 1572/RJ, Rel. Min. Ellen Gracie, *DJ* 21.9.2007, o Plenário afastou, por unanimidade, a Súmula 343/STF em tema constitucional, inclusive citando o acórdão ora embargado. Na oportunidade, a eminente relatora destacou:

"No que concerne ao argumento de descabimento do pedido rescisório e incidência da Súmula 343 deste STF ('Não cabe ação rescisória por ofensa a literal disposição de lei, quando a decisão rescindenda se tiver baseado em texto legal de interpretação controvertida nos tribunais'), recordo que esta Corte já deixou assinalado a inexistência de tal óbice quando em jogo interpretação de matéria de cunho constitucional. Destaco, nesse sentido, precedente da 2ª Turma (RE 328.812-AgR, rel. Min. Gilmar Mendes, unânime, *DJ* de 11.04.2003) assim ementado:

'Recurso Extraordinário. Agravo Regimental. 2. Ação Rescisória. Matéria constitucional. Inaplicabilidade da Súmula 343. 3. A manutenção de decisões das instâncias ordinárias divergentes da interpretação constitucional revela-se afrontosa à força normativa da Constituição e ao princípio da máxima efetividade da norma constitucional. 4. Ação Rescisória fundamentada no art. 5º, XXXVI, da Constituição Federal. A indicação expressa do dispositivo constitucional é de todo dispensável, diante da clara invocação do princípio constitucional do direito adquirido. 5. Agravo regimental provido. Recurso extraordinário conhecido e provido para que o Tribunal a quo aprecie a ação rescisória.'

Anoto que, nesse julgamento, fez-se referência a julgado oriundo do Plenário desta Casa que já proclamara não invocável o verbete da Súmula 343 no debate de matéria constitucional (RE 89.108, rel. Min. Cunha Peixoto, Plenário, maioria, *DJ* de 19.12.1980).

Nem se diga que tais precedentes somente apreciaram a questão em sede recursal, como decorrência da busca da coerência entre julgados dos demais tribunais e os paradigmas constitucionais fixados pelo Supremo Tribunal. A razão de ser do afastamento da Súmula em matéria constitucional, como explicitado nos precedentes, diz com a própria realização da força normativa da Constituição. Não presta homenagem à eficácia do texto constitucional uma interpretação que coíba o dissenso entre os demais tribunais e esta Corte, mas o admita no âmbito interno desta Casa.

Rejeito, portanto, a pretensão de incidência da Súmula STF n. 343, para impedir a apreciação deste pedido rescisório." (voto da Min. Ellen Gracie, AR 1572/RJ, Pleno, *DJ* 21.9.2007).

Tais precedentes, penso, correspondem à melhor exegese, tanto do texto constitucional quanto do instituto da ação rescisória, em sua específica previsão no art. 485, V, do CPC.

Não vejo, com a devida vênia, que a opção restritiva que se tem colocado seja a mais adequada. Não vejo, sobretudo, uma razão constitucional consistente para a opção de caráter restritivo.

Ante o exposto, conheço dos embargos de declaração, para rejeitá-los, dado que o acórdão embargado não contém obscuridade ou contradição, bem como não se encontra omisso em relação a ponto sobre o qual devia ter-se pronunciado.

É como voto.

RE-QO 556.664[1]

Repercussão geral – Questão de Ordem – Inconstitucionalidade dos arts. 45 e 46 da Lei n. 8.212/91 e do art. 5°, parágrafo único, do Decreto-lei n. 1.569/77 declarada pelo Plenário do TRF da 4ª Região – Suspensão da remessa ao STF dos recursos extraordinários e dos agravos de instrumentos que versem sobre a constitucionalidade dos referidos dispositivos.

Questão de ordem suscitada nos recursos extraordinários ns. 556.664-1/RS, 559.882-9/RS e 560.626-1/RS, interpostos em face de decisões proferidas pelo Tribunal Regional Federal da 4ª Região, que negaram provimento às apelações da União, por entender que, diante da inconstitucionalidade dos arts. 45 e 46 da Lei n. 8.212/91, bem como do art. 5°, parágrafo único, do Decreto-lei n. 1.569/77, deveria ser reconhecida a prescrição da execução fiscal.

Apesar de os referidos recursos extraordinários discutirem a constitucionalidade de dispositivos normativos distintos, quais sejam, o art. 45 da Lei n. 8.212/91, que trata do prazo decadencial de 10 anos para a constituição do crédito das contribuições previdenciárias (RE n. 559.882-9/RS); o art. 46 da Lei n. 8.212/91, que trata do prazo prescricional de 10 anos para a cobrança das contribuições previdenciárias (RE n. 556.664-1/RS) e o art. 5°, parágrafo único, do Decreto-lei n. 1.569/77, que cuida da suspensão da contagem do prazo prescricional para as causas de pequeno valor (RE 560.626-1/RS), em todos eles a discussão constitucional de fundo é a mesma, uma vez que tais dispositivos (arts. 45 e 46 da Lei n. 8.212/91 e art. 5°, parágrafo único, do Decreto-lei n. 1.569/77) foram declarados inconstitucionais pelo plenário do Tribunal Regional Federal da 4ª Região pelo mesmo argumento: a obrigatoriedade de lei complementar para cuidar de decadência e prescrição de contribuições previdenciárias, nos termos do art. 146, III, *b*, da Constituição Federal de 1988 e art. 18, § 1°, da CF 67/69.

Postulou-se o provimento dos recursos extraordinários, a fim de que fossem declarados constitucionais os arts. 45 e 46 da Lei n. 8.212/91 e o art. 5°, parágrafo único, do Decreto-lei n. 1.569/77, determinando-se, consequentemente, fossem retomadas as respectivas execuções fiscais, em virtude da não ocorrência de prescrição.

Para os fins a que se refere o art. 21, IV, do RISTF, o Relator, Ministro Gilmar Mendes, submeteu à apreciação do Plenário a questão de ordem (art. 328 do RISTF).

Em 12. 9.2007, o STF, por unanimidade, resolveu a questão de ordem no sentido de comunicar aos tribunais e turmas de juizados especiais respectivos a determinação de sobrestamento dos recursos extraordinários e agravos de instrumento que versem sobre a constitucionalidade dos artigos 45 e 46 da Lei n. 8.212/91 em face do artigo 146, III, "b", da Constituição Federal, e do artigo 5°, parágrafo único, do Decreto-lei n. 1.569/77 em face do artigo 18, § 1°, da Constituição de 1967, com redação dada pela Emenda n. 01/69 (artigo 328, *caput*, do RISTF), como também no sentido de devolver aos respectivos tribunais de origem os recursos extraordinários e agravos de instrumento, ainda não distribuídos no Supremo Tribunal Federal, que versem sobre o tema (artigo 328, parágrafo único, do RISTF), sem prejuízo da eventual devolução, se assim entenderem os relatores, daqueles feitos que já estão a eles distribuídos. Diante disto, deliberar o Tribunal que se comunique, com urgência, aos Presidentes do Superior Tribunal de Justiça, dos Tribunais Regionais Federais e aos coordenadores das Turmas Recursais, bem como ao Presidente da Turma Nacional de Uniformização da Jurisprudência dos Juizados Especiais Federais, para que suspendam o envio ao Supremo Tribunal Federal dos recursos extraordinários e agravos de instrumento que tratem da referida matéria, até que este Supremo Tribunal Federal aprecie a questão (*DJ* de 9.5.2008).

---

[1] O Tribunal, por unanimidade e nos termos do voto do relator, Ministro Gilmar Mendes (Presidente), conheceu do recurso extraordinário e a ele negou provimento, declarando a inconstitucionalidade dos artigos 45 e 46 da Lei n. 8.212/1991, e do parágrafo único do artigo 5° do Decreto-Lei n. 1.569/1977 (*DJ* de 9.5.2008).

EMENTA: Questão de Ordem. 2. Inconstitucionalidade dos arts. 45 e 46 da Lei n. 8.212/91, e do art. 5º, parágrafo único, do Decreto-Lei n. 1.569/77 declarada pelo Plenário do TRF – 4ª Região. 3. Determinação de suspensão do envio ao STF dos RE's e AI's que versem sobre a constitucionalidade dos referidos dispositivos.

VOTO

Os recursos extraordinários sob análise encontram-se submetidos ao regime inaugurado pela Lei n. 11.418/06 e Emenda Regimental n. 21/07 do STF, atendendo ao marco temporal que ficou estabelecido por ocasião do julgamento do STF-AI n. 664567 QO/RS, Rel. Min. Sepúlveda Pertence, *DJ* de 26/06/07 (qual seja, que o acórdão recorrido tenha sido publicado após 03/05/07, data de entrada em vigor da Emenda Regimental n. 21/07 ao RISTF).

A Lei n. 11.418/06 incluiu o art. 543-B no Código de Processo Civil, o qual estabeleceu as seguintes regras para o processamento dos recursos extraordinários:

"Art. 543-B. Quando houver multiplicidade de recursos com fundamento em idêntica controvérsia, a análise da repercussão geral será processada nos termos do Regimento Interno do Supremo Tribunal Federal, observado o disposto neste artigo.

§ 1º Caberá ao Tribunal de origem selecionar um ou mais recursos representativos da controvérsia e encaminhá-los ao Supremo Tribunal Federal, sobrestando os demais até o pronunciamento definitivo da Corte.

§ 2º Negada a existência de repercussão geral, os recursos sobrestados considerar-se-ão automaticamente não admitidos.

§ 3º Julgado o mérito do recurso extraordinário, os recursos sobrestados serão apreciados pelos Tribunais, Turmas de Uniformização ou Turmas Recursais, que poderão declará-los prejudicados ou retratar-se.

§ 4º Mantida a decisão e admitido o recurso, poderá o Supremo Tribunal Federal, nos termos do Regimento Interno, cassar ou reformar, liminarmente, o acórdão contrário à orientação firmada.

§ 5º O Regimento Interno do Supremo Tribunal Federal disporá sobre as atribuições dos Ministros, das Turmas e de outros órgãos, na análise da repercussão geral."

A regulamentação do referido dispositivo ocorreu por meio da Emenda Regimental n. 21/07 do STF, a qual, especificamente em relação ao procedimento que deveria ser adotado em processos múltiplos, conferiu nova redação ao art. 328 do RISTF, passando a assim dispor:

"Art. 328 Protocolado ou distribuído recurso cuja questão for suscetível de reproduzir-se em múltiplos feitos, a Presidência do Tribunal ou o(a) Relator(a), de ofício ou a requerimento da parte interessada, comunicará o fato aos tribunais ou turmas de juizado especial, a fim de que observem o disposto no art. 543-B do Código de Processo Civil, podendo perdir-lhes informações, que deverão ser prestadas em 5(cinco) dias, e sobrestar todas as demais causas com questão idêntica.

Parágrafo único. Quando se verificar subida ou distribuição de múltiplos recursos com fundamento em idêntica controvérsia, a Presidência do Tribunal ou o(a) Relator(a) selecionará um ou mais representativos da questão e determinará a devolução dos demais aos tribunais ou turmas de juizado especial de origem, para aplicação dos parágrafos do art. 543-B do Código de Processo Civil."

Esse novo modelo legal traduz, sem dúvida, um avanço na concepção vetusta que caracteriza o recurso extraordinário entre nós. Esse instrumento deixa de ter caráter marcadamente subjetivo ou de defesa de interesse das partes, para assumir, de forma decisiva, a função de defesa da ordem constitucional objetiva. Trata-se de orientação que os modernos sistemas de Corte Constitucional vêm conferindo ao recurso de amparo e ao recurso constitucional (*Verfassungsbeschwerde*). Nesse sentido, destaca-se a observação de Häberle segundo a qual *"a função da Constituição na proteção dos direitos individuais (subjectivos) é apenas uma faceta do recurso de amparo"*, dotado de uma *"dupla função"*, subjetiva e objetiva, *"consistindo esta última em assegurar o Direito Constitucional objetivo"*[2].

---

[2]   HÄBERLE, Peter. O recurso de amparo no sistema germânico, *Sub Judice* 20/21, 2001, p. 33 (49).

Controle incidental **1703**

Essa orientação há muito mostra-se dominante também no direito americano.

Já no primeiro quartel do século passado, afirmava Triepel que os processos de controle de normas deveriam ser concebidos como *processos objetivos*. Assim, sustentava ele, no conhecido ***Referat*** sobre *"a natureza e desenvolvimento da jurisdição constitucional"*, que, quanto mais políticas fossem as questões submetidas à jurisdição constitucional, tanto mais adequada pareceria a adoção de um processo judicial totalmente diferenciado dos processos ordinários. *"Quanto menos se cogitar, nesse processo, de ação (...), de condenação, de cassação de atos estatais* – dizia Triepel – *mais facilmente poderão ser resolvidas, sob a forma judicial, as questões políticas, que são, igualmente, questões jurídicas"*[3]. Triepel acrescentava, então, que *"os americanos haviam desenvolvido o mais objetivo dos processos que se poderia imaginar (Die Amerikaner haben für Verfassungsstreitigkeiten das objektivste Verfahren eingeführt, das sich denken lässt)*[4].

Portanto, há muito resta evidente que a Corte Suprema americana não se ocupa da correção de eventuais interpretações divergentes das Cortes ordinárias. Em verdade, com o *Judiciary Act* de 1925 a Corte passou a exercer um pleno domínio sobre as matérias que deve ou não apreciar[5]. Ou, nas palavras do Chief Justice Vinson, "para permanecer efetiva, a Suprema Corte deve continuar a decidir apenas os casos que contenham questões cuja resolução haverá de ter importância imediata para além das situações particulares e das partes envolvidas" (*"To remain effective, the Supreme Court must continue to decide only those cases which present questions whose resolutions will have immediate importance far beyond the particular facts and parties involved"*)[6].

De forma análoga, essa é a orientação que a Lei n. 10.259/2001 buscou dar ao regime dos recursos extraordinários (porém de forma restrita, pois somente incidia naqueles recursos interpostos contra as decisões dos juizados especiais federais). Indubitavelmente, a Lei n. 11.418, de 19 de dezembro de 2006, busca imprimir idêntico modelo aos recursos extraordinários convencionais, que se reproduzam em múltiplos feitos.

Ora, a questão de ordem que submeto ao Plenário desta Corte não é, portanto, nova. A Lei n. 11.418/06 apenas estendeu o que era previsto de forma restritiva pela Lei n. 10.259/01. Assim sendo, muito embora a discussão encetada nestes autos seja inédita – por se tratar de recurso extraordinário com exigência de submissão à análise da preliminar de repercussão geral, tratando de questão ainda não decidida pela Corte, dois precedentes podem ser mencionados para justificar o que ora se propõe: a Medida Cautelar na Ação Cautelar n. 272-RJ, Rel. Min. Ellen Gracie, DJ 25/02/04, em que o Supremo Tribunal Federal aplicou o instituto da suspensão de tramitação de processos nos tribunais de origem, nos termos da Lei n. 10.259/01, e a Medida Cautelar no RE n. 519394-2, de minha relatoria, DJ 08/03/07, em que deferi parcialmente a liminar requerida pelo INSS para *"determinar, ad referendum do Pleno, o sobrestamento, na origem, dos recursos extraordinários nos quais se discuta majoração de pensão por morte em face da aplicação da Lei n. 9.032/95, em relação a benefícios concedidos antes de sua edição."*

O respaldo da Lei n. 11.418/06, que incluiu o art. 543-B no Código de Processo Civil, bem como a minuciosa regulamentação implementada pela Emenda Regimental n. 21/07, que deu nova redação ao art. 328 do RISTF, são indicações seguras de que há mudanças importantes para o processamento do recurso extraordinário perante esta Corte, as quais devem ser imediatamente implementadas.

---

[3] TRIEPEL, Heinrich, Wesen und Entwicklung der Staatsgerichtsbarkeit, VVDStRL, Vol. 5 (1929), p. 26.

[4] Triepel, op. cit., p. 26.

[5] Cf., a propósito, GRIFFIN, Stephen M., The Age of Marbury, Theories of Judicial Review vs. Theories of Constitutional Interpretation, 1962-2002. Paper apresentado na reunião anual da American Political Science Association, 2002, p. 34.

[6] Griffin, op. cit., p. 34.

Não tenho dúvidas de que a questão discutida nestes autos – constitucionalidade da regulação de prazos decadencial e prescricional para cobrança das contribuições previdenciárias, bem como de suspensão de prazo prescricional em execuções fiscais de pequeno valor por lei ordinária – está entre aquelas suscetíveis de reproduzirem-se em múltiplos feitos (o que, inclusive, se pode inferir de dados que foram enviados pela Assessoria de Gestão Estratégica deste Tribunal no sentido de que, dos recursos extraordinários distribuídos até 31/08/07, aproximadamente um terço daqueles que já estão submetidos ao regime da Lei n. 11.418/06, são sobre o tema dos recursos ora sob análise), de forma que se apresenta indubitavelmente pertinente a invocação da disciplina do art. 328 do RISTF.

A referida regulamentação tem como objetivo principal frear a avalanche de processos que chega ao Supremo Tribunal, determinando que os Tribunais de origem selecionem um ou mais recursos representativos da controvérsia e encaminhem tais recursos – e somente eles – ao STF, sobrestando os demais. Não se pode perder isso de vista.

Uma vez sobrestados os recursos e negada a existência de repercussão geral, os recursos sobrestados considerar-se-ão automaticamente não admitidos. Por outro lado, declarada a existência da repercussão geral e, assim, julgado o mérito do recurso extraordinário, os recursos sobrestados serão apreciados pelos Tribunais de origem, que poderão declará-los prejudicados ou retratar-se (art. 543-B, §§ 2° e 3°, do CPC).

Assim sendo, proponho deliberação nesta questão de ordem no sentido de:

a) comunicar aos tribunais e turmas de juizados especiais respectivos a determinação de sobrestamento dos recursos extraordinários e agravos de instrumento que versem sobre a constitucionalidade dos arts. 45 e 46 da Lei n. 8.212/91 em face do art. 146, III, *b*, da Constituição Federal e do art. 5°, parágrafo único, do Decreto-Lei n. 1.569/77 em face do art. 18, § 1°, da Constituição de 1967, com redação dada pela Emenda n. 01/69 (art. 328, *caput*, do RISTF); e

b) devolver aos respectivos tribunais de origem os recursos extraordinários e agravos de instrumento, ainda não distribuídos nesta Suprema Corte, e que versem sobre a constitucionalidade dos arts. 45 e 46 da Lei n. 8.212/91, em face do art. 146, III, *b*, da Constituição Federal e do art. 5°, parágrafo único, do Decreto-Lei n. 1.569/77 em face do art. 18, § 1°, da Constituição de 1967, com redação dada pela Emenda n. 01/69, sem prejuízo da eventual devolução, se assim entenderem os relatores, daqueles feitos que já estão a eles distribuídos (art. 328, parágrafo único, do RISTF).

Diante do exposto, comunique-se, com urgência, aos Presidentes do Superior Tribunal de Justiça, dos Tribunais Regionais Federais e aos coordenadores da Turmas Recursais, bem como ao Presidente da Turma Nacional de Uniformização da Jurisprudência dos Juizados Especiais Federais, para que suspendam o envio ao Supremo Tribunal Federal dos recursos extraordinários e agravos de instrumento que versem sobre a constitucionalidade do arts. 45 e 46 da Lei n. 8.212/91 em face do art. 146, III, b, da Constituição Federal e do art. 5°, parágrafo único, do Decreto-Lei n. 1.569/77 em face do art. 18, § 1°, da Constituição de 1967, com redação dada pela Emenda n. 01/69, até que este Supremo Tribunal Federal aprecie a questão.

É como voto.

AI-QO 760.358[1]

Sobrestamento pelo juízo de admissibilidade de recursos extraordinários que tratem de matéria com repercussão geral – Descabimento de agravo de instrumento dirigido ao Supremo – Admissibilidade de agravo regimental a fim de que o próprio Tribunal de origem corrija equívoco na interpretação da jurisprudência do Supremo.

Trago à apreciação deste Plenário, em questão de ordem, o Agravo de Instrumento n. 760.358, interposto pela União, em face de decisão proferida pela Presidência da Turma Recursal do Juizado Especial Federal de Sergipe, que declarou prejudicado o recurso extraordinário interposto, tendo em vista o julgamento da matéria pelo Supremo Tribunal Federal na QO-RE 597.154, de minha relatoria, sessão de 19.2.2009, conforme autoriza o regime da repercussão geral (art. 543-B, § 3º, do CPC).

No citado julgamento, esta Corte reafirmou a jurisprudência consolidada no Tribunal no sentido de que é devida a extensão de gratificação de caráter genérico aos inativos e que os critérios de pontuação da GDATA e da GDASST, em relação aos servidores públicos inativos, serão os mesmos aplicáveis aos servidores em atividade, estabelecidos nas sucessivas leis de regência.

A União sustenta, no presente agravo de instrumento, que a matéria debatida nestes autos diz respeito à Gratificação de Desempenho Técnico-Administrativa – GDPGTAS, gratificação que não pode ser equiparada à GDATA, já que criada em quadro jurídico-constitucional diverso, após a promulgação da Emenda Constitucional n. 41, de 2003. Desta forma, afirma que a decisão do Supremo Tribunal aplica-se somente aos casos de GDATA e GDASST, não podendo ser estendida aos casos de GDPGTAS, em face da ausência de identidade entre as matérias.

Trago à consideração questão de ordem para que se fixe, em Plenário, o entendimento de que agravo de instrumento dirigido a esta Corte não é o meio adequado para que a parte questione decisão de tribunal *a quo* que aplica a sistemática da repercussão geral, nos termos do arts. 543-A e 543-B e parágrafos, do Código de Processo Civil.

A decisão prolatada recebeu a seguinte ementa:

EMENTA: Questão de Ordem. Repercussão Geral. Inadmissibilidade de agravo de instrumento ou reclamação da decisão que aplica entendimento desta Corte aos processos múltiplos. Competência do Tribunal de origem. Conversão do agravo de instrumento em agravo regimental. 1. Não é cabível agravo de instrumento da decisão do tribunal de origem que, em cumprimento do disposto no § 3º do art. 543-B, do CPC, aplica decisão de mérito do STF em questão de repercussão geral. 2. Ao decretar o prejuízo de recurso ou exercer o juízo de retratação no processo em que interposto o recurso extraordinário, o tribunal de origem não está exercendo competência do STF, mas atribuição própria, de forma que a remessa dos autos individualmente ao STF apenas se justificará, nos termos da lei, na hipótese em que houver expressa negativa de retratação. 3. A maior ou menor aplicabilidade aos processos múltiplos do quanto assentado pela Suprema Corte ao julgar o mérito das matérias com repercussão geral dependerá da abrangência da questão constitucional decidida. 4. Agravo de instrumento que se converte em agravo regimental, a ser decidido pelo tribunal de origem.

VOTO

A situação que ora se examina sinaliza o início da segunda fase da aplicação da reforma constitucional que instituiu a repercussão geral, dando origem a um novo modelo de controle difuso de constitucionalidade no âmbito do Poder Judiciário.

---

[1] Em 19.11.2009, o Tribunal resolveu questão de ordem no sentido de não conhecer o agravo de instrumento e de devolvê-lo ao tribunal de origem para que o julgue como agravo regimental.

Este novo modelo já produziu efeitos expressivos na sua primeira fase de implantação, mediante os mecanismos de seleção dos processos representativos da controvérsia, nesta Corte e nos Tribunais de origem, de sobrestamento de processos múltiplos e de análise da repercussão geral de 186 questões constitucionais. A comparar a distribuição de processos nos seis primeiros meses do ano de 2007 com a distribuição no mesmo período, deste ano, percebemos uma redução na ordem de 63,6%. Reduziu-se, também, o número de processos em tramitação em aproximadamente 29%, neste período.

Iniciamos o julgamento de mérito nos temas com repercussão geral reconhecida. Atualmente, 33% das questões constitucionais já foram definitivamente decididas.

A segunda etapa da reforma, em que agora ingressamos, é a que decorre da aplicação aos processos múltiplos, sobrestados ou não, das decisões de mérito pacificadas pelo STF.

Trata-se da utilização dos *leading cases* para a solução de processos que versam sobre idênticas questões constitucionais e que, segundo o regime legal, não devem ser remetidos a esta Corte, e sim, nos termos do § 3º, do art. 543-B, solucionados no âmbito dos tribunais e turmas recursais de origem, mediante juízo de retratação ou declaração de prejuízo (§ 3º *"Julgado o mérito do recurso extraordinário, os recursos sobrestados serão apreciados pelos Tribunais, Turmas de Uniformização ou Turmas Recursais, que poderão declará-los prejudicados ou retratar-se."*)

Esta a situação em que se insere a hipótese dos autos. A Turma Recursal do Juizado Especial Federal de Sergipe declarou prejudicado o recurso extraordinário interposto, conforme autoriza o regime da repercussão geral (art. 543-B, § 3º, do CPC) tendo em vista o julgamento da questão constitucional nele trazida pelo Supremo Tribunal Federal, no julgamento da QO-RE 597.154, de minha relatoria, sessão de 19.2.2009.

No citado julgamento, esta Corte reafirmou a jurisprudência consolidada no Tribunal no sentido da extensão do direito à gratificação de caráter genérico aos servidores inativos e assentou que os critérios de pontuação da GDATA são os mesmos dos servidores em atividade, não fazendo distinção entre o regime do período anterior ou posterior à Emenda Constitucional 41.

Posteriormente, quanto à discussão travada especificamente em torno da extensão da Gratificação de Desempenho de Atividade Técnico-Administrativa e de Suporte – GDPGTAS – aos servidores inativos, esta Corte, em decisões monocráticas de Ministros de ambas as Turmas e em decisão da 2ª Turma, fixou o entendimento de que "aplicam-se, 'mutatis mutandis', os mesmos fundamentos, uma vez que é manifesta a semelhança do disposto no § 7º do art. 7º da Lei 11.357/2006, que trata desta gratificação, com o disposto no art. 6º da Lei 10.404/2002 e no art. 1º da Lei 10.971/2004, que tratam da GDATA" (AI n. 717.134, Relator o Ministro Ricardo Lewandowski, AI 710.350/SE, Rel. Min. Ricardo Lewandowski, AI 717.067/SE, Rel. Min. Cármen Lúcia, RE 591.303/SE, Rel. Min. Eros Grau, RE 585.230/PE, Relator Min. Celso de Mello).

Deste reconhecimento de que o recurso estava prejudicado, a parte que restou vencida no processo interpõe o presente agravo de instrumento.

Cabe indagar da compatibilidade da forma de impugnação utilizada ao novo regime de controle difuso de constitucionalidade.

Neste caminho, desde logo chamo a atenção para a necessidade de se interpretar a questão jurídica que aqui trago à apreciação, à luz da Constituição e do novo sistema que pretende racionalizar o uso do recurso extraordinário.

Foi com o foco na Constituição que, já no início da utilização deste novo instrumento, o STF decidiu, na sessão plenária de 19.12.2007, que eram necessárias regras específicas para os agravos de instrumento. Se os recursos extraordinários estavam submetidos a filtros de admissibilidade, os agravos, que se qualificam como recursos acessórios, teriam que seguir sistemática compatível com o novo regime.

Tais regras foram consagradas nas Emendas Regimentais ns. 23/2008 e 27/2008, que autorizaram os tribunais de origem a sobrestar os recursos extraordinários múltiplos antes de realizar qualquer juízo de admissibilidade.

Além disso, essas emendas regimentais aplicaram o regime da repercussão geral para os agravos de instrumento, que são recursos que só existem como acessórios e em razão dos recursos extraordinários. Cuidou-se de evidente compatibilização das normas regulamentadoras para não privilegiar o acessório em detrimento do principal.

A Lei 11.418/2006, ao regulamentar a repercussão geral e promover alterações substanciais no Código de Processo Civil, em seis dispositivos diferentes, atribuiu ao STF, mediante alterações em seu Regimento Interno, a tarefa de definir os procedimentos no caso de recursos múltiplos, bem como as atribuições dos Ministros, das Turmas e de outros órgãos, na análise da repercussão geral:

CPC, art. 543-A, § 5º Negada a existência da repercussão geral, a decisão valerá para todos os recursos sobre matéria idêntica, que serão indeferidos liminarmente, salvo revisão da tese, tudo nos termos do Regimento Interno do Supremo Tribunal Federal.

CPC, art. 543-A, § 6º O Relator poderá admitir, na análise da repercussão geral, a manifestação de terceiros, subscrita por procurador habilitado, nos termos do Regimento Interno do Supremo Tribunal Federal.

CPC, art. 543-B. Quando houver multiplicidade de recursos com fundamento em idêntica controvérsia, a análise da repercussão geral será processada nos termos do Regimento Interno do Supremo Tribunal Federal, observado o disposto neste artigo.

CPC, art. 543-B, § 4º Mantida a decisão e admitido o recurso, poderá o Supremo Tribunal Federal, nos termos do Regimento Interno, cassar ou reformar, liminarmente, o acórdão contrário à orientação firmada.

CPC, art. 543-B, § 5º O Regimento Interno do Supremo Tribunal Federal disporá sobre as atribuições dos Ministros, das Turmas e de outros órgãos, na análise da repercussão geral.

Lei 11.418/2006, art. 3º Caberá ao Supremo Tribunal Federal, em seu Regimento Interno, estabelecer as normas necessárias à execução desta Lei.

Assim o fez a Corte, editando emendas ao regimento interno e regulando os procedimentos relacionados à tramitação dos recursos de sua competência (extraordinários e agravos), no seu próprio âmbito e no âmbito dos tribunais de origem.

E pela primeira vez, os Tribunais de origem tiveram a atribuição de sobrestar e de pôr termo aos agravos de instrumento.

Bem sabemos que nossa jurisprudência, no regime anterior, não admitia semelhante competência. Mas tal atribuição é inevitável, principalmente considerando que toda a reforma constitucional foi concebida tendo por objetivo evitar julgamentos repetidos e sucessivos de uma mesma questão constitucional.

Agora, uma vez submetida a questão constitucional à análise da repercussão geral, cabe aos tribunais dar cumprimento ao que foi estabelecido, sem a necessidade da remessa dos recursos individuais.

Caso contrário, se o STF continuar tendo que decidir caso a caso, em sede de agravo de instrumento, mesmo que os Ministros da Corte apliquem monocraticamente o entendimento firmado no julgamento do caso paradigma, a racionalização objetivada pelo instituto da repercussão geral de maneira alguma será alcançada.

Assim, a competência para a aplicação do entendimento firmado pelo STF é dos tribunais e turmas recursais de origem. Não se trata de delegação para que examinem o recurso extraordinário e também não se trata de inadmissibilidade ou de julgamento de recursos extraordinários ou agravos pelos tribunais e turmas recursais de origem. Trata-se, sim, de competência para os órgãos de origem adequarem os casos individuais ao decidido no *leading case*, mediante:

a) registro da automática inadmissibilidade (§ 5° do art. 543-A) ou do indeferimento liminar dos recursos sobrestados (§ 2° do art. 543-B), cujas matérias se identifiquem como aquelas em que se tenha negado repercussão geral;

b) registro do prejuízo dos recursos contra decisões conformes à jurisprudência da corte em matéria cuja repercussão geral já foi assentada e que já teve o mérito julgado; e

c) juízo de retratação, nos casos em que a repercussão geral fora assentada e cujo julgamento posterior de mérito, pelo STF, resulte contrário ao entendimento a que chegou a Corte de origem, na decisão objeto de recurso extraordinário.

O instrumento para esta adequação de entendimentos será a retratação, o registro de prejuízo ou a automática inadmissibilidade, aos casos que envolvam a mesma matéria constitucional, conforme prevê o supracitado art. 543-B, § 3°, do CPC.

O cabimento de agravo de instrumento dirigido a esta Corte resume-se aos casos elencados nos arts. 544 do CPC e 313 do RISTF. A presente hipótese não é contemplada em nenhum destes dispositivos.

É de se destacar que não ocorreu o juízo de admissibilidade do recurso extraordinário pelo tribunal *a quo*, mas registro da prejudicialidade, com base nas regras previstas pelo regime da repercussão geral (art. 543-B, § 3°, do CPC).

A prejudicialidade, aqui, decorre diretamente da lei processual e do mecanismo de racionalização nela estabelecido. É a lei que presume a inexistência de interesse no julgamento de recurso interposto de decisão já conformada ao entendimento desta Corte ao examinar questão constitucional de repercussão geral.

Admitir-se o agravo de instrumento em situações tais, e retomar-se a remessa individual de processos ao STF, significa confrontar a lógica do sistema e restabelecer o modelo da análise casuística, quando toda a reforma processual foi concebida de forma a permitir que a Suprema Corte se debruce uma única vez sobre cada questão constitucional.

O mesmo raciocínio se aplica a uma eventual tentativa de interpor recurso extraordinário da decisão proferida pelo tribunal ou turma recursal de origem no exercício do juízo de retratação. Evidentemente, não há interesse recursal em submeter ao STF questão constitucional que já foi decidida no mesmo sentido da jurisprudência da Corte em matéria de repercussão geral. O eventual recurso será alcançado pela mesma norma de prejudicialidade (a exceção seria apenas nos casos de retratação de questão preliminar ou prejudicial, com consequente necessidade de julgamento de nova questão constitucional. E aqui estaríamos diante de nova questão constitucional, não necessariamente múltipla ou relevante, e que teria que ser submetida, de qualquer forma, ao regime dos arts. 543-A e 543-B).

A única hipótese, admitida pela lei, de remessa do recurso múltiplo ao STF, é a da recusa de retratação da tese de mérito pelo tribunal de origem. A lei criou a exceção (art. 543-B, § 4°, do CPC) e como exceção se interpreta restritivamente, não seria o caso de alargá-la.

Ressalte-se, por oportuno, que todas as decisões contrárias ao entendimento do Tribunal devem ser submetidas ao juízo de retratação, ainda que posteriores a este entendimento. É evidente que para retratar-se será suficiente que o Tribunal de origem adote, como razões de decidir, as do julgamento-paradigma deste STF. Por outro lado, para manter decisão contrária a esta Corte, na mesma questão constitucional, ou seja, quando for negar-se a retratação será indispensável enfrentar cada um dos fundamentos aqui adotados, de forma a demonstrar a necessidade de revisão do quanto decidido no *leading case*.

Houve uma opção política na reforma constitucional. Temos que assumir definitivamente a função de Corte Constitucional e abandonar a função de Corte de Revisão. Temos que confiar na racionalidade do sistema e na aplicação de nossas decisões pelas Cortes de Origem.

Ademais, há mecanismos para a identificação e a reparação de situações teratológicas. O sistema processual as admite. A coisa julgada inconstitucional é inexigível e enseja ação rescisória. Contamos com ações constitucionais, contamos com diversos mecanismos de controle concentrado de constitucionalidade. Temos instrumentos fortes e largos o suficiente para abrir mão deste papel revisional individual que por tantos anos restringiu as condições desta Corte de debruçar-se sobre um maior número de questões constitucionalmente relevantes.

Desde que demos aplicação a este novo modelo, tivemos a oportunidade de julgar, em Plenário, questões constitucionais de relevância ímpar, porque se alargou nosso tempo de dedicação aos aspectos de grande complexidade e de alta indagação que as cercavam e que as distanciavam da pauta.

Trago à lembrança, ainda, decisão recente desta Corte, no julgamento da Ação Cautelar 2.177, da relatoria da Ministra Ellen Gracie, em que decidimos ser dos tribunais e turmas recursais de origem a competência para análise dos pedidos de efeito suspensivo nos recursos extraordinários sobrestados, tivessem ou não sido eles submetidos previamente a juízo de admissibilidade. Esta também foi uma decisão que tomou por pressuposto a racionalidade do novo sistema.

A decisão, que foi do legislador e não nossa, de não mais submeter ao STF, individualmente, os recursos múltiplos, precisa estar cercada de mecanismos que a tornem efetiva, especialmente nestas primeiras decisões sobre procedimento.

No voto da Ministra Ellen Gracie na Ação Cautelar n. 2.177, que conduziu o acórdão, fica expressa a premissa em que me fundamento e que defendo estar na base de todo o novo sistema:

"A jurisdição do Supremo Tribunal Federal somente se inicia com a manutenção, pela instância ordinária, de decisão contrária ao entendimento firmado nesta Corte, em face do disposto no § 4º do art. 543-B, do CPC."

O que estou defendendo, portanto, é que os tribunais e turmas recursais de origem têm competência para dar encaminhamento definitivo aos processos múltiplos nos temas levados à análise de repercussão geral. Não há, nesta hipótese, delegação de competência. O Tribunal *a quo* a exerce por força direta da nova sistemática legal.

Apenas os casos de negativa de retratação podem subir, se os recursos extraordinários cumprirem os pressupostos para o seu recebimento e aí sim falaremos em juízo de admissibilidade tradicional (Art. 543-B, § 4º *Mantida a decisão e admitido o recurso*, poderá o Supremo Tribunal Federal, nos termos do Regimento Interno, cassar ou reformar, liminarmente, o acórdão contrário à orientação firmada).

Sob pena de subverter toda a lógica do sistema, não cabe agravo de instrumento de cada decisão que aplica a jurisprudência desta Corte em cumprimento ao disposto no § 3º do art. 543-B, do Código de Processo Civil.

E quanto à abrangência da decisão desta Corte, cabe registrar que temos assentado constantemente nos julgamentos de repercussão geral que a relevância social, política, jurídica ou econômica não é do recurso, mas da questão constitucional que nele se contenha.

Cabe a esta Corte decidir se determinados temas devem ser trazidos à sua apreciação, definindo se têm ou não repercussão geral. Esta decisão poderá ser tomada em um único recurso. Uma vez resolvido que há repercussão geral do tema, este ou outro recurso extraordinário sobre a mesma questão constitucional será levado a julgamento e a decisão que sobrevier será aplicada, nos tribunais e turmas recursais de origem, a todos os processos com recursos extraordinários sobrestados ou que venham a ser interpostos.

A possibilidade ou não da aplicação do quanto decidido pela Corte aos diversos outros recursos, sobrestados ou que venham a ser interpostos, está vinculada à abrangência da própria questão constitucional submetida a julgamento e à possibilidade desta questão constitucional definir o futuro dos processos.

Quando dizemos que a lei municipal X é inconstitucional, ao instituir o IPTU progressivo, temos que admitir que esta decisão seja válida, como *leading case*, para solucionar todos os processos em que se questione a constitucionalidade do IPTU progressivo, ainda que originada de leis de outros municípios. Se a questão constitucional for a mesma, a decisão se aplica, não importando os múltiplos argumentos laterais que se possa agregar à discussão, na tentativa de reabri-la indefinidamente.

E trago um exemplo recente: Ao decidir o RE 565.714, Rel. Min. Cármen Lúcia, esta Corte decidiu que "*o aproveitamento do salário mínimo para formação da base de cálculo de qualquer parcela remuneratória ou com qualquer outro objetivo pecuniário (indenizações, pensões, etc.) esbarra na vinculação vedada pela Constituição do Brasil.*"

Tratava-se de recurso extraordinário interposto de decisão que negara aos recorrentes a pretensão de ver vinculado o adicional de insalubridade que percebiam à variação do salário mínimo, seja para fins de base de cálculo, seja para fins de indexação. Os recorrentes de então eram policiais militares do Estado de São Paulo.

A decisão foi no sentido de que a vinculação era inconstitucional, seja para os policiais militares, seja para os demais servidores, de todas as esferas de poder e entes da federação e para qualquer parcela remuneratória ou objetivo pecuniário. Decidiu-se, ainda, na mesma ocasião, que embora inconstitucional a vinculação, esta se manteria até que sobreviesse norma definindo fator substitutivo, já que o Poder Judiciário não poderia substituir-se ao legislador e definir novo indexador.

Não há dúvidas de que esta decisão se aplica a reclamatórias trabalhistas e a ações relacionadas a direitos remuneratórios de servidores públicos e militares, ainda que o recurso tivesse um âmbito restrito (o do caso concreto). A decisão, que inclusive veio a ensejar edição de súmula vinculante, resultou em tese jurídica que ganhou abstração frente ao próprio caso concreto.

É plenamente consentânea, portanto, com o novo modelo, a possibilidade de se aplicar o decidido quanto a uma questão constitucional a todos os múltiplos casos em que a mesma questão se apresente como determinante do destino da demanda, ainda que revestida de circunstâncias acidentais diversas.

Se houver diferenças ontológicas entre as questões constitucionais, obviamente, caberá pronunciamento específico desta Corte.

No caso dos autos, porém, por tudo que já foi exposto, a possibilidade de reexame do que ficou assentado no decreto de prejudicialidade, insere-se no âmbito da competência do Tribunal de origem, não cabendo agravo dessa decisão.

Tampouco será cabível a conversão do agravo em reclamação, o que implicaria, da mesma forma, a remessa individual de processos, em total desconformidade com o novo sistema de controle difuso de constitucionalidade.

Assim, suscito a presente questão de ordem para rejeitar o presente agravo de instrumento, tendo em vista a sua manifesta inadmissibilidade.

E, incorporando a este voto as considerações e conclusões trazidas no voto-vista da Ministra Ellen Gracie, converto o presente agravo de instrumento em agravo regimental e determino a sua remessa à origem.

É como voto.

RE 388.830[1]

Recurso Extraordinário – *Causa petendi* aberta – Não ocorrência de ofensa ao art. 239 da Constituição – Possibilidade de análise da matéria com base em fundamento diverso daquele sustentado – Objetivação do recurso extraordinário – Afastamento do caráter marcadamente subjetivo ou de defesa de interesse das partes – Importância da defesa da ordem constitucional objetiva.

Trata-se de recurso extraordinário interposto com fundamento no art. 102, III, "a", da Constituição Federal, em face de acórdão do seguinte teor:

"Tributário. Programa de Integração Social (PIS). Alterações introduzidas pela Lei n. 9.718/98. Proclamada a constitucionalidade do art. 3º da Lei n. 9.718/98, pelo Emérito Plenário desta Colenda Corte de Justiça, é de se homenagear a posição consolidada pelo Egrégio Tribunal Regional Federal da 2ª Região. Assim, rejeitam-se os argumentos em prol da inconstitucionalidade da ampliação da base de cálculo do PIS, nos moldes da legislação em comento, para concluir pela denegação da ordem. Ressalva do entendimento pessoal do Relator. Apelo e Remessa necessária providos."

Alegou-se violação aos arts. 59 e 239 da Constituição Federal. Sustentou-se, também, que *"ainda que possível fosse a alteração dos elementos essenciais do PIS recepcionado pelo artigo 239 da CF/88, decerto não seria uma lei ordinária que poderia fazê-lo, pois, sua regulação é reservada à lei complementar. [...] Outrossim, enquanto norma hierarquicamente inferior, as alterações impostas ao PIS, pela lei ordinária n. 9.718/98, à toda evidência, não podem sobrepor-se à lei complementar 7/70 que, vale dizer, é a adequada para tanto."*

A decisão, que deu provimento ao recurso extraordinário, foi nestes termos ementada:

EMENTA: Recurso extraordinário. 2. PIS – Programa de Integração Social. Alteração da base de cálculo. Conceito de faturamento. Lei n. 9.718/98 e Lei Complementar n. 07/70. 3. Inconstitucionalidade do § 1º do artigo 3º da Lei n. 9.718/98. 4. Recurso extraordinário conhecido e provido.

VOTO

Trata-se de discussão quanto à aplicação da Lei n. 9.718, de 1998 ou da Lei Complementar n. 07, de 1970, como base para o pagamento da contribuição para o Programa de Integração Social – PIS.

O acórdão recorrido decidiu pela constitucionalidade da Lei n. 9.718, de 1998, entendendo que: *"[...] o texto constitucional deixou a cargo do legislador ordinário a tarefa de conceituar o faturamento e que não houve criação de nova fonte de custeio e sim mero redimensionamento da base de cálculo da contribuição"* (fl. 95).

No recurso extraordinário, alega-se violação aos arts. 59 e 239 da Constituição Federal. Sustenta-se que o recolhimento do PIS deve ser feito na forma da Lei Complementar n. 07, de 1970 (faturamento do sexto mês anterior à ocorrência do fato gerador) e não pela Lei n. 9.718, de 1998, a qual trouxe uma base de cálculo mais ampla do que corresponde o faturamento. Sustenta, ainda, a impossibilidade de alteração da base de cálculo por lei ordinária.

Ocorre, porém, que não se verificou a violação ao art. 239 da Carta Magna, tendo em vista que o STF, em diversas oportunidades, declarou a constitucionalidade de alterações do PIS por legislação infraconstitucional, após a promulgação da Constituição Federal de 1988, *v.g.*, a ADI 1.417, Pleno, Rel. Octávio Gallotti, *DJ* de 23.03.01.

---

[1] A Segunda Turma, em 14.2.2006, deu provimento, por unanimidade, ao recurso, nos termos do voto do Ministro Gilmar Mendes, Relator (*DJ* de 10.3.2006).

Entretanto, o acórdão recorrido divergiu da orientação firmada no julgamento do RE 357.950, Pleno, sessão de 09 de novembro de 2005, em que ficou assentada a inconstitucionalidade do § 1º do artigo 3º da Lei n. 9.718, 1998.

Assim, apesar de não se vislumbrar no presente caso a violação ao art. 239 da Constituição, diante dos diversos aspectos envolvidos na questão, é possível que o Tribunal analise a matéria com base em fundamento diverso daquele sustentado.

A proposta aqui desenvolvida parece consultar a tendência de não estrita subjetivação ou de maior objetivação do recurso extraordinário, que deixa de ter caráter marcadamente subjetivo ou de defesa de interesse das partes, para assumir, de forma decisiva, a função de defesa da ordem constitucional objetiva.

Esse posicionamento foi adotado pelo Plenário no julgamento do AgRSE 5.206, voto proferido em 08.05.97, quando o Relator Sepúlveda Pertence afirmou:

"E a experiência demonstra, a cada dia, que a tendência dominante – especialmente na prática deste Tribunal – é no sentido da crescente contaminação da pureza dos dogmas do controle difuso pelos princípios reitores do método concentrado.

Detentor do monopólio do controle direto e, também, como órgão de cúpula do Judiciário, titular da palavra definitiva sobre a validade das normas no controle incidente, em ambos os papéis, o Supremo Tribunal há de ter em vista o melhor cumprimento da missão precípua de 'guarda da Constituição', que a Lei Fundamental explicitamente lhe confiou.

Ainda que a controvérsia lhe chegue pelas vias recursais do controle difuso, expurgar da ordem jurídica a lei inconstitucional ou consagrar-lhe definitivamente a constitucionalidade contestada são tarefas essenciais da Corte, no interesse maior da efetividade da Constituição, cuja realização não se deve subordinar à estrita necessidade, para o julgamento de uma determinada causa, de solver a questão constitucional nela adequadamente contida.

*Afinal, não é novidade dizer – como, a respeito da **cassação**, Calamandrei observou em páginas definitivas (**Casación Civil**, trad., EJEA, BsAs, 1959, 12 ss.) – que no recurso extraordinário – via por excelência da solução definitiva das questões incidentes de inconstitucionalidade da lei –, a realização da função jurisdicional, para o Supremo Tribunal, é um meio mais que um fim: no sistema de controle **incidenter** em especial no recurso extraordinário, o interesse particular dos litigantes, como na cassação, é usado "**como elemento propulsor posto a serviço de interesse público**", que aqui é a guarda da Constituição, para a qual o Tribunal existe."*

Da mesma forma, no julgamento do RE 172.058, na sessão de 30.06.95, quando o Relator Marco Aurélio assentou:

"Esclareço que a razão de ser deste voto abrangente, embora a lide envolva tão somente a situação jurídica de sociedade por quota de responsabilidade limitada, está na circunstância de a Corte de origem haver declarado a inconstitucionalidade do artigo 35, tantas vezes referido, como um todo, ou seja, no que nele residem três normas diversas sobre a disciplina – é certo, sob a mesma inspiração – do desconto na fonte relativamente ao sócio cotista, ao acionista e ao titular da empresa individual. Assim, os limites da lide não revelam os parâmetros da atuação desta Corte, porque foram excedidos na prolação do acórdão atacado. Cabe, ultrapassada a barreira do conhecimento do extraordinário, avançar, em atuação condizente com a atividade precípua que a Constituição Federal impõe ao Supremo – de Guarda Maior dela própria. Indaga-se: o que ocorrerá a não se entender dessa forma? Limitada a apreciação à parte envolvida na lide – desconto na fonte quanto aos cotistas – permanecerá sem o crivo do Supremo Tribunal Federal o provimento do Tribunal Regional Federal no que declarada, também, a inconstitucionalidade do artigo quanto ao acionista e ao titular da empresa individual. Cumpre, na espécie, construir, atento o Plenário ao princípio da razoabilidade."

Observe-se, ainda, a decisão proferida no RE 298.694, na sessão de 06.08.03, quando o Relator Sepúlveda Pertence, na confirmação de seu voto consignou:

*"Seja como fôr – no ponto nuclear da dissonância do voto do Ministro **Moreira Alves** –, ouso manter minha posição de que, mesmo no RE, a, ao Supremo Tribunal é dado manter o dispositivo do acórdão recorrido, ainda que por fundamento diverso daquele que o tenha lastreado."*

Se não se entender assim, ter-se-á um excessivo formalismo do processo constitucional, com sérios prejuízos para a eficácia de decisões desta Corte, e, por que não dizer, para o próprio sistema jurídico, que, dependente da forma aleatória de provocação, produzirá decisões incongruentes, dando ensejo à interminável sequência de demandas a propósito de casos já resolvidos por esta Corte.

Assim, conheço e dou provimento ao recurso extraordinário para afastar a aplicação do § 1º do artigo 3º da Lei n. 9.718, de 1998. Sem honorários (Súmula 512 – STF).

RE-QO 415.454[1]

Amicus curiae em recurso extraordinário – Admissibilidade – Amplo reconhecimento da figura do *amicus curiae* – Número expressivo de casos existentes – Possível efeito multiplicador da decisão.

O RE 415.454 foi julgado conjuntamente com o RE 416.827, ambos da relatoria do Min. Gilmar Mendes, e versam sobre o benefício previdenciário da pensão por morte. Nos dois processos o Relator levantou questão de ordem quanto à possibilidade de sustentação oral por *amicus curiae* em sede de recurso extraordinário, deferindo o pedido das requerentes para admiti-las nos feitos na condição de *amici curiae* e para realizarem sustentação oral.

Acompanharam o Relator os Ministros Carlos Britto, Carlos Velloso, Eros Grau, Ellen Gracie e Sepúlveda Pertence, que ressaltou a necessidade de exame caso a caso. Divergiram os Ministros Marco Aurélio, Eros Grau e Cezar Peluso (julgamento realizado em 21.9.2005).

O voto relativo ao mérito dos mencionados recursos acha-se inserido nesta obra, no ponto *Ordem Social* (RE 416.827).

VOTO NA QUESTÃO DE ORDEM

Da Possibilidade de sustentação oral por *amicus curiae* em sede de Recurso Extraordinário proveniente de Juizados Especiais

Senhor Presidente, antes de analisar o caso, apresento a este Plenário questão de ordem.

A Petição n. 105215/2005 (da Confederação Brasileira de Aposentados, Pensionistas e Idosos – COBAP) e a de n. 110260/2005 (da União dos Ferroviários do Brasil, da Associação dos Ferroviários do Nordeste, Associação dos Aposentados e Pensionistas de Brasília, Federação das Associações e Departamento Sindicais de Aposentadorias e Pensionistas e Inativos em Geral do Distrito Federal – FAP/DF, Associação Brasileira de Revisão de Aposentadoria e Pensão – ASBRAPE, e Associação dos Aposentados e Pensionistas da Companhia Energética de Brasília – ASAPEC), apresentam pedido de admissão nos autos na condição de *amici curiae*.

Ambas as petições postulam, ademais, que seja reconhecido o direito de sustentação oral no presente julgamento.

Na Petição n. 105215/2005, a COBAP fundamenta o seu pedido nos seguintes argumentos:

"Tendo em vista a enorme relevância da matéria posta em discussão no julgamento referido, que deverá atingir milhares de ações judiciais em curso, pleiteando a integralização das pensões, entende a Confederação Brasileira dos Aposentados, Pensionistas e Idosos que há evidente utilidade em subsidiar o julgamento a ser proferido pelo Plenário desta Augusta Corte Suprema.

Conforme já assentado na jurisprudência do Plenário desta Corte Suprema, a *intervenção do amicus curiae no processo de fiscalização normativa abstrata, tem por objetivo essencial pluralizar o debate constitucional, permitindo, desse modo, que o Supremo Tribunal Federal venha a dispor de todos os elementos informativos possíveis e necessários à resolução da controvérsia, visando-se, ainda, com tal abertura procedimental, superar a grave questão pertinente à legitimidade democrática das decisões emanadas desta Supremo Corte, quando no desempenho de seu extraordinário poder de efetuar, em abstrato o controle concentrado de constitucionalidade.*

Se tais razões prestam-se a legitimar a intervenção do *amicus curiae* em sede de controle concentrado, não é razoável imaginar que não sirvam, também, para legitimar idêntica intervenção quando se está em sede de controle difuso, mas formando *leading case*, que terá efeitos práticos não muito diversos do que os alcançados naquele controle.

---

[1] O Tribunal, em sessão realizada em 8.2.2007, por unanimidade, conheceu do recurso, e, por maioria, deu-lhe provimento, vencidos os Ministros Eros Grau, Carlos Britto, Cezar Peluso e Sepúlveda Pertence.

Controle incidental **1715**

Diante de todo o exposto, a parte interveniente vem provocar a sensibilidade social de Vossa Excelência, sempre notável, e requerer sua admissão na condição de *amicus curiae* e, consequentemente permitir que apresente sustentação oral das razões por que entende deva ser negada provimento ao recurso autárquico."

Na Petição n. 110260/2005, os demais requerentes assim fundamentam o pedido, *verbis*:

"As requerentes são entidades de classe, que têm como essência a defesa dos direitos dos aposentados e pensionistas do Regime Geral da Previdência Social e nessa qualidade possuem interesse direto no desfecho final do Recurso Extraordinário que será julgado na sessão plenária do próximo dia 21 de setembro, pois é a primeira vez que o Pleno do Supremo Tribunal Federal irá decidir sobre a aplicação imediata do art. 75, da Lei 8.213/91, com a redação que lhe foi dada pela Lei 9.032/95, circunstância que reajusta sobremaneira as aposentadorias e pensões de segurados aposentados por invalidez, auxílio-acidente e pensionistas anteriores à edição da Lei 9.032, de 28/04/1995. Por ser seus objetivos estatutários o combate às injustiças praticadas pela Administração Pública, preenchem dessa maneira os requisitos para serem admitidas como **AMICUS CURIAE** nos termos da Lei n. 9.868, de 10.11.1999.

Outrossim, as manifestantes ainda requerem a *prerrogativa de promoverem a sustentação oral de suas razões em Plenário, que será efetivada pelo Advogado Jeovam Lemos Cavalcante.*"

Tendo em vista a relevância da questão e a originalidade da discussão do assunto perante esta Corte, suscito questão de ordem para que se decida, em primeiro lugar, sobre a pertinência ou não da admissão dos referidos requerentes na condição de *amicus curiae*, para que possam realizar sustentação oral na presente sessão de julgamento.

Passo a me manifestar sobre a referida questão de ordem.

Conforme tenho sustentado em sede doutrinária, a Lei dos Juizados Especiais (Lei n. 10.259/2001), afasta-se de uma perspectiva estritamente subjetiva do recurso extraordinário. Assim, o seu art. 14, § 7º, autorizou o relator, se assim entender necessário, a pedir informações adicionais ao Presidente da Turma Recursal ou ao Coordenador da Turma de Uniformização, podendo também ouvir o Ministério Público no prazo de 5 (cinco) dias.

Na mesma linha, a aludida disposição permitiu que eventuais interessados, ainda que não sejam partes, se manifestem no processo submetido no prazo de 30 dias (art. 14 § 7º, *in fine*).

Trata-se, portanto, de um amplo reconhecimento da figura do *amicus curiae*, que, como se sabe, foi prevista na Lei da ADI e da ADC (Lei n. 9.868/1999, arts. 7º, § 1º e 20, § 1º); no art. 482, do CPC (relativo ao incidente de inconstitucionalidade); e na Lei da ADPF (Lei n. 9.882/1999, art. 6º, § 1º).

Ressalte-se que a participação de *amicus curiae* em RE interposto de decisão de juizados especiais poderia justificar-se em razão da singular conformação desse processo perante o Supremo Tribunal Federal.

Observe-se que esse modelo, que se desvincula de uma postura estritamente subjetiva, já foi implementado, algumas vezes, no âmbito do Supremo Tribunal Federal.

No RE n. 376.852-SC, de minha relatoria (*DJ* de 24.10.2003), o STF, por maioria, deferiu medida liminar para emprestar efeito suspensivo ao recurso extraordinário interposto pelo INSS contra acórdão da Turma Recursal da Seção Judiciária de Santa Catarina que, por violação ao § 4º do art. 201 da CF – cláusula de preservação do valor real dos benefícios previdenciários –, declarara a inconstitucionalidade de diversos dispositivos legais pertinentes à fixação de valores que reajustaram os benefícios (arts. 12 e 13 da Lei 9.711/98; art. 4º, §§ 2º e 3º, da Lei 9.971/2000; art. 17 da MP 2.187-13/2001; art. 1º do Decreto 3.826/2001).

Considerou-se, na espécie, caracterizada a plausibilidade jurídica dos argumentos em favor da legitimidade das normas em questão, tendo em conta, ainda, o número expressivo de casos existentes e um possível efeito multiplicador da referida decisão.

Em decisão mais recente, de 06 de outubro de 2004, o Tribunal referendou, por maioria, decisão concessiva de liminar na Ação Cautelar n. 272 MC/RJ, rel. Min. Ellen Gracie, *DJ* de 14.10.2004, para, desta vez, determinar a suspensão de todos os processos em tramitação perante os Juizados Especiais e Turmas Recursais da Seção Judiciária Federal do Estado do Rio de Janeiro, nos quais se discutisse a desconsideração, como ato jurídico perfeito, de acordos comprovadamente firmados, decorrentes do termo de adesão previsto na LC n. 110/2001, que trata de correção monetária dos saldos em conta do FGTS. Foi o primeiro caso em que se aplicou a regra do § 5º do art. 14 da Lei n. 10.259/2001.

Na espécie, entendeu-se que estavam presentes os requisitos viabilizadores da concessão da liminar, pois, enquanto o *periculum in mora* decorreria do efeito multiplicador de demandas similares com considerável sobrecarga da máquina judiciária, tendo em conta o fato de que cerca de 32 (trinta e dois) milhões de correntistas do FGTS tinham aderido ao acordo nos termos da LC n. 110/2001, o *fumus boni iuris*, por sua vez, restaria configurado com a conjugação dos pressupostos de existência de juízo positivo de admissibilidade do recurso extraordinário, de viabilidade deste e da plausibilidade jurídica do pedido.

Baseado nesses fundamentos, entendo ser o caso de se decidir a questão de ordem no sentido de reconhecer a admissão das requerentes sob a condição de *amicus curie* no RE em apreço.

No caso da ADI e da ADC, compete ao Relator, por meio de despacho irrecorrível, acolher ou não pedido de interessados para que atuem na situação de *amici curiae* – hipótese diversa da figura processual da intervenção de terceiros. Nesse caso, em princípio, a eventual manifestação deveria ocorrer no prazo das informações (arts. 6º e 7º, § 2º, da Lei n. 9.868/1999).

Em recente julgamento, porém, o Supremo Tribunal Federal, por maioria, resolveu questão de ordem no julgamento das ADIn's ns. 2.675-PE (Rel. Min. Carlos Velloso) e 2.777-SP (Rel. Min. Cezar Peluso), ambas julgadas em 27.11.2003, para reconhecer, excepcionalmente, a possibilidade de realização de sustentação oral por terceiros admitidos no processo de fiscalização abstrata de normas, sob a condição de *amicus curiae*.

Essa nova orientação, apesar de ter contrariado os precedentes existentes [ADIn (MC) n. 2.321-DF, Rel. Min. Celso de Mello, *DJ* de 31.10.2000; ADIn (MC) n. 2.130-SC, Rel. Min. Celso de Mello, *DJ* de 02.02.2001; ADIn (QO) n. 2.223-DF, Rel. Min. Marco Aurélio, *DJ* de 26.10.2001], garante a possibilidade de que o procedimento de instrução da ação direta de inconstitucionalidade seja subsidiado por novos argumentos e diferentes alternativas de interpretação da Constituição.

Esse parece ser, pelo menos, o espírito da norma constante da parte final do art. 7º, § 2º, da Lei n. 9.868/1999. É verdade que essa disposição remete ao parágrafo anterior – § 1º –, que restou vetado pelo Presidente da República (O § 1º do art. 7º da Lei n. 9.868/1999 dispunha que: "Os demais titulares referidos no art. 2º poderão manifestar-se, por escrito, sobre o objeto da ação e pedir a juntada de documentos reputados úteis para o exame da matéria, no prazo das informações, bem como apresentar memoriais.")

No entanto, especialmente diante da relevância do caso ou, ainda, em face da notória contribuição que a manifestação possa trazer para o julgamento da causa, é possível cogitar de hipóteses de admissão de *amicus curiae* fora desse prazo.

É necessário ressaltar, contudo, que essa possibilidade ainda não é consolidada na jurisprudência do STF. A esse respeito, vale mencionar a ADIn n. 2.238-DF, Rel. Min. Ilmar Galvão. Nesse caso, o relator considerou ser impossível a admissão de *amicus curiae* quando já em andamento o julgamento do feito, por considerar tal manifestação destinada unicamente a instruir a ADIn.

Na ADIn n. 2.690-RN, de minha relatoria, tendo em vista a conversão da ação para o rito do art. 12 da Lei n. 9.868/1999, admiti a participação do Distrito Federal, dos Estados de Goiás, Pernambuco, Rio de Janeiro, da Associação Brasileira de Loterias Estaduais (ABLE) e, ainda, determinei nova audiência da Procuradoria Geral da República.

Em síntese, creio que o instrumento da admissão de *amici curiae* confere ao processo de fiscalização de constitucionalidade um colorido diferenciado, emprestando-lhe caráter pluralista e aberto que, a meu ver, não pode ficar restrito ao controle concentrado. Pelo contrário, penso que, justamente por se tratar de matéria ínsita ao modelo dos juizados especiais, a jurisdição constitucional exercida por este Tribunal deve se afastar de uma perspectiva estritamente subjetiva do recurso extraordinário.

Com relação à questão de ordem por mim suscitada, meu voto, Senhor Presidente, é no sentido de deferir o pedido das requerentes para que possam ser admitidas no feito na condição de *amici curiae* e para que possam realizar sustentação oral no julgamento do recurso.

RE 405.579[1]

Extensão de benefício fiscal – Inteligência do princípio da isonomia – Livre competição entre empresas – Decisão manipulativa de efeitos aditivos – Equiparação judicial de situações discriminadas pela norma objeto de controle – Admissibilidade.

Trata-se de recurso extraordinário interposto contra acórdão do TRF da 4ª Região que, com base no princípio da isonomia, estendera a empresa que opera no mercado de reposição de pneumáticos os efeitos do inciso X do § 1º do art. 5º da Lei 10.182/2001[2].

O relator, Min. Joaquim Barbosa, acompanhado pelos Ministros Eros Grau e Cezar Peluso, deu provimento ao recurso por considerar que o incentivo fiscal conferido pela lei citada não alcança a importação de pneumáticos para reposição, mas, apenas, aquela destinada a processo produtivo.

O Min. Marco Aurélio, em divergência, desproveu o recurso, ao fundamento de que o inciso X do art. 5º da referida lei encerrou discrímen que possibilita a importação pelas montadoras e fabricantes para simples reposição, o que faz incidir a proibição do inciso II do art. 150 da CF, no que foi acompanhado pelo Min. Carlos Britto.

O Min. Gilmar Mendes, em voto-vista, negou provimento ao recurso, acompanhando a divergência, por entender que a extensão do benefício fiscal à recorrida, por meio da interpretação conforme à Constituição, em decisão de efeitos aditivos, seria a solução mais adequada ao ordenamento constitucional (Plenário, 17.10.2007. *Informativo* 484).

Foi assim ementada a decisão:

EMENTA: Constitucional. Tributário. Imposto de importação. Pneus. Benefício fiscal. Redução de 40% do valor devido nas operações realizadas por montadoras. Pedido de extensão a empresa da área de reposição de pneumáticos por quebra da isonomia. Impossibilidade. Lei Federal 10.182/2001. Constituição Federal (arts. 37 e 150, II). Código Tributário Nacional (art. 111). Sob o pretexto de tornar efetivo o princípio da isonomia tributária, não pode o Poder Judiciário estender benefício fiscal sem que haja previsão legal específica. No caso em exame, a eventual conclusão pela inconstitucionalidade do critério que se entende indevidamente restritivo conduziria à inaplicabilidade integral do benefício fiscal. A extensão do benefício àqueles que não foram expressamente contemplados não poderia ser utilizada para restaurar a igualdade de condições tida por desequilibrada. Precedentes. Recurso extraordinário provido.

VOTO-VISTA

Cuida-se de recurso extraordinário interposto pela União Federal (fls. 304-310), com fundamento no art. 102, III, "a" e "c", da Constituição Federal, contra acórdão do Tribunal Regional Federal da 4ª Região.

No caso, o acórdão recorrido deu provimento à apelação de GINAP – Grande Importadora Nacional de Pneus Ltda., para conceder mandado de segurança e estender à impetrante – com fundamento na isonomia tributária, art. 150, II, da Constituição Federal – benefício

---

[1] Em sessão de julgamento realizada em 1º-12-2010 a questão foi definida. Os Ministros Joaquim Barbosa, Eros Grau, Cezar Peluso, Dias Toffoli e Cármen Lúcia deram provimento ao recurso, vencidos os Ministros Marco Aurélio, Ayres Britto, Gilmar Mendes e Ricardo Lewandowski que negavam provimento ao recurso.

[2] Art. 5º "Fica reduzido em quarenta por cento o imposto de importação incidente na importação de partes, peças, componentes, conjuntos e subconjuntos, acabados e semiacabados, e pneumáticos. § 1º O disposto no *caput* aplica-se exclusivamente às importações destinadas aos processos produtivos das empresas montadores e dos fabricantes de: ... X – autopeças, componentes, conjuntos e subconjuntos necessários à produção dos veículos listados nos incisos I a IX, incluídos os destinados ao mercado de reposição."

fiscal reservado a montadoras e fabricantes de veículos, nos termos do art. 5º, § 1º, X, da Lei n. 10.182/2001:

"Art. 5º Fica reduzido em quarenta por cento o imposto de importação incidente na importação de partes, peças, componentes, conjuntos e subconjuntos, acabados e semiacabados, e pneumáticos.

§ 1º O disposto no caput *aplica-se exclusivamente às importações destinadas aos processos produtivos das empresas montadoras e dos fabricantes de*:

X – autopeças, componentes, conjuntos e subconjuntos necessários à produção dos veículos listados nos incisos I a IX, *incluídos os destinados ao mercado de reposição*.

O acórdão recorrido possui a seguinte ementa:

"TRIBUTÁRIO. IMPOSTO DE IMPORTAÇÃO. LEI 10.182/2001, ART. 5º, § 1º, INCISO X. REDUÇÃO DE ALÍQUOTA. MONTADORAS E FABRICANTES DE VEÍCULOS. SUPRIMENTOS DESTINADOS AO MERCADO DE REPOSIÇÃO. PRINCÍPIO DA ISONOMIA. OFENSA AO PRINCÍPIO DA ISONOMIA RESIDENTE NA REDUÇÃO DA ALÍQUOTA DO IMPOSTO DE IMPORTAÇÃO SOMENTE DIRECIONADA ÀS EMPRESAS MONTADORAS E FABRICANTES DE VEÍCULOS, QUANDO ATUANTES NO MERCADO DE REPOSIÇÃO, EM DETRIMENTO DAS DEMAIS EMPRESAS IMPORTADORAS DOS MESMOS PRODUTOS. PROVIMENTO DA APELAÇÃO." (fl. 295).

A União Federal alega que o aresto impugnado violou o princípio da isonomia (art. 150, II, da CF/1988) e o princípio da legalidade (art. 37 da CF/1988). Nas razões deduzidas, a União Federal afirma:

"A empresa recorrida não está na atividade de fabricação de veículos, mas sua atuação mercadológica restringe-se à comercialização de peças de reposição para veículos, no caso pneus. Essa precisão deixa claro que a recorrida não se encontra em situação equivalente às indústrias de automóveis" (fl. 306).

A recorrente refuta, ainda, a configuração de ofensa à isonomia tributária na restrição do citado benefício às montadoras e fabricantes de veículos:

"A importação de um produto para comercialização, por si só, não cria direito à isenção tributária ao importador, posto que tal benesse deve ter um retorno social evidente, do contrário ensejaria favorecimento indevido e, portanto, ilícito. Considerando que o bem maior envolvido, nesses casos, é o interesse público (e não o particular), a motivação da isenção e intervenção do Estado na economia deve se dar em defesa desse valor transcendental. A política nacional de incentivos à indústria nacional está motivada pelo comprovado efeito multiplicador dessa atividade econômica a nível interno, além do retorno em tributos e geração de empregos. A empresa recorrida é um comércio apenas, portanto não há concorrência direta entre uma e outra." (fl. 308).

Em sede de contrarrazões, a recorrida sustenta que "inversamente ao que argumenta a Recorrente, o E. Tribunal a quo assegurou o princípio constitucional da isonomia à Recorrida, eis que a Lei 10.182/2001 trata empresas que se encontram em situação equivalente, mas que recebem tratamento tributário especial." (fl. 355).

Para a recorrida, "não existe qualquer diferença entre aqueles contribuintes que fabricam automóveis, mas importam para o mercado de reposição, daqueles que importam a mesma mercadoria, mesmo não sendo fabricante, e a coloca também no mercado de reposição, pois que nenhuma lei poderá ferir os princípios nem tampouco as normas constitucionais, já que estas devem sempre ser vistas ocupando o mais alto escalão do ordenamento jurídico positivo" (fls. 360-361).

Em decisão de fls. 142-145, nos autos da conexa AC 102/PR, o Relator, Min. Joaquim Barbosa, concedeu efeito suspensivo ao recurso extraordinário.

A Subprocuradora-Geral da República Drª Ela Wiecko V. de Castilho, em parecer de fls. 396/403, opinou pelo conhecimento e provimento do recurso pela alínea "a" do inciso III do art. 102 da Constituição, por entender que "o que se poderá destinar ao mercado de reposição não são os insumos importados com redução de impostos (pneus, por ex.), mas os itens fabricados a partir de tais insumos, ou seja, esses itens tanto poderão ser destinados à incorporação no processo produtivo das indústrias, quanto serem comercializados no mercado de reposição" (fls. 401-402).

Controle incidental **1719**

Superada a questão pertinente ao conhecimento, o Relator votou pelo provimento do recurso, asseverando:

"O presente feito merece ser conhecido em virtude do princípio da separação de poderes (arts. 2º e 48, I, da Constituição), e não propriamente do princípio da isonomia.

Nesse sentido, não vejo razão para alterar o entendimento que esposei por ocasião do deferimento do efeito suspensivo na AC 102.

Com efeito, é pacífica a jurisprudência deste Tribunal, em recurso extraordinário, no que se refere à impossibilidade de o Poder Judiciário acrescentar privilégios fiscais àqueles expressamente previstos em lei.

(...)

Ora, isso dá a perfeita dimensão de que o acréscimo de isenções pelo tribunal violaria o regime de competências tributárias estabelecido pela Constituição Federal.

O pleito da Fazenda Nacional, portanto, merece ser acolhido. A manutenção do acórdão recorrido, ou seja, da decisão que concedeu o benefício fiscal à recorrida, implicaria a violação da jurisprudência deste Tribunal, que se assenta na premissa de que não é dado acrescentar exemplos à lei sob o argumento do princípio da isonomia. Como bem acentuado pelo ministro Sepúlveda Pertence, no trecho citado, a conclusão pela inconstitucionalidade da lei levaria à sua não aplicação àqueles que recebem o benefício, e não à extensão do benefício àqueles que não o recebem.

O argumento da recorrida – de que a Lei 10.182/2001 versaria sobre desconto do Imposto de Importação, e não propriamente sobre isenção – é irrelevante do ponto de vista prático. Sendo desconto ou isenção, o privilégio foi concedido pelo acórdão recorrido de modo a acrescentar exemplos não dispostos na lei.

Dessa forma, e constatando a violação do princípio da separação de poderes por parte do acórdão recorrido (arts. 2º e 48, I, da CF/88), conheço do recurso, para dar-lhe provimento.

Julgo prejudicada a AC 102 e, por consequência, o agravo regimental interposto da decisão que concedera efeito suspensivo ao presente recurso."

Na oportunidade, os Ministros Eros Grau e Cezar Peluso acompanharam o Relator. Por outro lado, os Ministros Carlos Britto e Marco Aurélio abriram divergência para negar provimento ao apelo extremo. Pedi vista para melhor examinar a questão.

Em primeiro lugar, divirjo do voto do Relator, Min. Joaquim Barbosa, que conheceu do recurso pela violação dos arts. 2º e 48, I, da Constituição Federal, pois a recorrente não impugnou o acórdão com esses parâmetros.

De fato, relativamente à alínea "a" do permissivo constitucional, o recorrente apontou violação apenas dos arts. 150, II, e 37 da Constituição Federal. Em que pese a discussão quanto à *causa petendi* aberta no recurso extraordinário (RE 388.830/RJ, de minha relatoria, *DJ* 10.3.2006 e RE 298.694/SP, Rel. Min. Sepúlveda Pertence, *DJ* 23.4.2004), no caso não me parece necessário avaliar a questão fora do aspecto da isonomia tributária e da legalidade estrita.

Dessa forma, passo a analisar a questão à luz dos fundamentos suscitados no apelo extremo.

O acórdão recorrido concedeu a segurança à recorrida nos seguintes termos:

"Como visto a pretensão da impetrante reside na extensão do benefício concedido pelo art. 5º, § 1º, da Lei n. 10.182/2001, que reduz em 40% o imposto de importação incidente na importação de partes, peças, componentes, conjuntos e subconjuntos acabados e semiacabados, e *pneumáticos*, exclusivamente às importações destinadas aos processos produtivos das empresas montadoras e dos fabricantes de veículos, incluídos os destinados ao mercado de reposição (inciso X).

Creio estar com razão a requerente.

Deveras, é ela obrigada a atuar em mercado altamente competitivo, em desigualdade com as montadoras e fabricantes de veículos que, a par de importarem, com a redução do imposto, as mercadorias destinadas à produção, ainda são agraciadas com o mesmo direito ao atuarem no mercado de reposição, atividade secundária e não exclusiva das empresas beneficiadas, evidenciando, assim o discrímen nefasto.

Não há afastar a conclusão de que, atuando as montadoras e fabricantes de veículos no mercado de reposição, estarão recebendo tratamento diferenciado em face das empresas meramente importadoras dos mesmos bens destinados ao consumo interno, que sofrerão, sobre tais produtos, a incidência do imposto na sua alíquota integral, donde o malferimento ao art. 150, II, da Constituição Federal.

Por bem enfocar a matéria trazida a debate, e por amor a brevidade, sirvo-me do bem lançado parecer ministerial aduzido em primeiro grau e encampado, por inteiro, nesta instância, *verbis*:

'*Como bem destaca a doutrina, a norma jurídica tributária, ao passar pela verificação do princípio da igualdade, merece observar uma série de requisitos, constituindo uma verdadeira prova de constitucionalidade, cujos principais passos são a seguir destacados.*

'*Detectar a existência de discriminação implementada pela regra matriz de incidência analisada... identificar qual é o elemento de discriminação utilizado pela norma analisada... aferir a existência de correlação lógica entre o elemento de discriminação e o tratamento diferenciado... perquirir a efetiva ocorrência da relação de subordinação e pertinência lógica entre a discriminação procedida e os valores positivados no texto constitucional.*' (Gonçalves, J. Lima, in *Isonomia da Norma Tributária*, São Paulo: Malheiros, 1993, p. 69).

Por sua vez, a norma questionada prevê que 'fica reduzido em quarenta por cento o imposto de importação incidente na importação de partes, peças, componentes e conjuntos e subconjuntos, acabados e semi-acabados, e pneumático... (aplicando-se) exclusivamente às importações destinadas aos processos produtivos das empresas montadoras e dos fabricantes... incluídos os (equipamentos pneumáticos) destinados ao mercado de reposição' (Lei 10.182/2001, artigo 5º, § 1º e inciso X).

Ora, o critério de discriminação ressurge cristalino da norma questionada. O privilégio em comento apenas atinge as empresas montadoras e fabricantes de automóveis. Porém, o benefício fiscal de 40% de redução do II alcança não só os suprimentos destinados ao mercado de reposição.

Neste ponto exsurge a inadequação da norma com o texto constitucional. Enquanto limitado o benefício à produção de veículos, era evidente a correlação lógica entre o 'elemento de discriminação e o tratamento diferenciado', até porque as montadoras de veículos, enquanto produtoras exclusivas dos mesmos, encontrar-se-iam em situação diferenciada a justificar plenamente a liberdade fiscal.

Porém, quando a redução também atinge a importação destinada ao mercado de reposição de peças e acessórios, dentre os quais os pneumáticos, criou a norma ora impugnada, de forma odiosa, critério de distinção injustificável, beneficiando uma determinada categoria econômica... Falta, portanto, a necessária pertinência lógica'

Calha ainda sinalar que a atuação das empresas beneficiadas no mercado de reposição implica, à toda evidência, em maltrato ao princípio da livre concorrência.

Por todo o exposto, dou provimento à apelação para conceder a segurança" (fls. 293-294).

No presente caso, o benefício fiscal em discussão refere-se ao imposto de importação (II), modalidade tributária em que a extrafiscalidade é elemento definidor.

À época da vinda da Família Real Portuguesa para o Brasil, em 1808, o imposto de importação tratava-se da mais expressiva fonte de receitas para o poder público. E, de igual modo, ao longo de todo o século XIX.

A modalidade começou a perder importância como fonte de receita durante a República Velha, em razão dos recolhimentos decorrentes de impostos de exportação, alavancados com nossas vendas de café no mercado internacional.

A partir de então, o imposto de importação consolidou-se como ferramenta de política econômica e fiscal, sobretudo para proteção dos produtores nacionais, do câmbio e do balanço de pagamentos[3].

---

[3] Cf. BALEEIRO, Aliomar. *Direito Tributário Brasileiro*. 11. ed. atualizado por Misabel Abreu Machado Derzi. Rio de Janeiro: Forense, 2007, p. 212.

Sob a égide da Constituição de 1946, a União administrou regime de alíquotas e, por exemplo, fomentou a indústria automobilística nacional, a partir de dificuldades criadas para a importação de veículos automotores. Protegeu-se essa indústria ao longo das décadas de 1960, 1970 e 1980.

Atualmente, em razão da economia globalizada, o imposto de importação resiste com elementos extrafiscais da mais alta relevância para a política econômica. Por isso, o art. 153, § 1º, da Constituição Federal de 1988 faculta a alteração de sua alíquota diretamente pelo Poder Executivo.

No entanto, a espécie não cuida da relação entre importadores e produtores nacionais, mas de concessão de benefício fiscal exclusivo a determinada parcela dos contribuintes do imposto de importação.

Nesse contexto, a limitação do benefício fiscal às importações *das empresas montadoras e dos fabricantes*" (art. 5º, § 1º, da Lei n. 10.182/2001), combinada com a parte final do inciso X, que inclui os componentes, autopeças conjuntos e subconjuntos *destinados ao mercado de reposição*", não se justifica na extrafiscalidade do imposto de importação, nem se compatibiliza com a isonomia tributária.

Com efeito, o mencionado dispositivo cria posição privilegiada para determinado grupo de importadores em relação aos demais, no exercício das mesmas atividades.

Nos termos da norma questionada, montadoras e fabricantes gozam de 40% de redução do imposto de importação, por exemplo, na aquisição de pneus estrangeiros, tanto para o mercado originário, isto é, a produção de veículos novos, quanto para o mercado de reposição.

Assim, caso prevaleça o entendimento da recorrente, montadoras e fabricantes poderiam se privilegiar do benefício para competir no mercado de reposição com larga vantagem em relação aos demais concorrentes.

É o caso da recorrida. Por atuar tão somente no ramo de reposição de pneus, a União lhe nega o benefício previsto na lei questionada. Dessa forma, sofre com concorrência que pode oferecer preços melhores, em virtude da redução da carga fiscal.

Na hipótese, o tratamento diferenciado, no exercício da mesma atividade, entre montadoras/fabricantes e demais importadores que atuam somente no ramo de reposição de pneus não se sustenta perante a Carta Magna.

À primeira vista, a complexa questão seria facilmente resolvida com a declaração de inconstitucionalidade da expressão *incluídos os destinados ao mercado de reposição*", de modo que nem as montadoras e as fabricantes, nem as demais importadoras, tenham direito ao benefício fiscal. No entanto, tal conclusão é tão simples quanto equivocada.

A mencionada solução me preocupa porque retira completamente o benefício do imposto de importação no mercado de reposição de peças e pneus, que influi substancialmente no mercado originário de produção de veículos, daí porque previsto no inciso X, do § 1º, do art. 5º, da Lei n. 10.182/2001.

A declaração de nulidade total da referida expressão, com eficácia *ex tunc*, resultará, invariavelmente, em distorção do sistema do imposto de importação concebido para a produção de veículos e do estímulo pretendido à indústria automobilística.

Ademais, tal distorção repercute na oferta dos produtos no mercado de reposição, com impacto relevante no equilíbrio do mercado, no consumo interno e na inflação[4].

Ressalte-se que a inconstitucionalidade não reside no benefício em si, mas na exclusão dos demais contribuintes não contemplados no dispositivo, nada obstante realizarem as mesmas atividades dos expressamente beneficiados.

---

4   Cf. COOTER & ULEN. *Law and Economics*. 5. ed. Boston: Pearson, 2007, p. 32 e ss.

Por isso, o Tribunal deve encontrar solução que, ao enfrentar a inconstitucionalidade da regra do art. 5º, § 1º, X, da Lei n. 10.182/2001 e do sistema normativo dele decorrente, preserve os estímulos aos investimentos e à produção, pelo menos até que o legislador elabore novas regras para disciplinar a matéria.

Nesse sentido, as técnicas da declaração de inconstitucionalidade sem pronúncia da nulidade e da interpretação conforme a Constituição podem oferecer alternativa viável.

Há muito se vale o Supremo Tribunal Federal da interpretação conforme a Constituição (Rp. 948/SE, Rel. Min. Moreira Alves, Pleno, *DJ* 18.3.1977, *RTJ* 82:55-6; Rp. 1.100/AM, Rel. Min. Francisco Rezek, Pleno, 18.10.1985, *RTJ* 115:993).

Consoante a prática vigente, limita-se o Tribunal a declarar a legitimidade do ato questionado desde que interpretado em conformidade com a Constituição[5].

O resultado da interpretação, normalmente, é incorporado, de forma resumida, na parte dispositiva da decisão[6].

Segundo a jurisprudência do Supremo Tribunal Federal, porém, a interpretação conforme a Constituição conhece limites. Eles resultam tanto da expressão literal da lei quanto da chamada *vontade do legislador*. A interpretação conforme a Constituição é, por isso, apenas admissível se não configurar violência contra a expressão literal do texto[7] e não alterar o significado do texto normativo, com mudança radical da própria concepção original do legislador (ADI 2405/RS, Rel. Min. Carlos Britto, *DJ* 17.02.2006; ADI 1344/ES, Rel. Min. Joaquim Barbosa, *DJ* 19.04.2006; RP 1417/DF, Rel. Min. Moreira Alves, *DJ* 15.04.1988; ADI 3046/SP, Rel. Min. Sepúlveda Pertence, *DJ* 28.05.2004).

Assim, a prática demonstra que o Tribunal não confere maior significado à chamada *intenção do legislador*, ou evita investigá-la, se a interpretação conforme a Constituição se mostra possível dentro dos limites da expressão literal do texto[8].

Muitas vezes, porém, esses limites não se apresentam claros e são difíceis de definir. Como todo tipo de linguagem, os textos normativos normalmente padecem de certa indeterminação semântica, sendo passíveis de múltiplas interpretações. Assim, é possível entender, como o faz Rui Medeiros, que "a problemática dos limites da interpretação conforme a Constituição está indissociavelmente ligada ao tema dos limites da interpretação em geral"[9].

Destaque-se, ainda, que, gradual e positivamente, o Supremo Tribunal afasta-se da posição inicialmente fixada, que equiparava simplesmente a interpretação conforme à Constituição à declaração de inconstitucionalidade sem redução de texto.

Com efeito, a interpretação conforme a Constituição levava sempre, no direito brasileiro, à declaração de constitucionalidade da lei[10]. Porém, há hipóteses em que esse tipo de interpretação pode levar a uma declaração de inconstitucionalidade sem redução do texto. Tais casos foram levantados pela primeira vez por ocasião da propositura cumulativa de uma *representação interpretativa* e de uma representação de inconstitucionalidade, suscitando-se a indagação sobre

---

[5] Cf. Rp. 1.454/DF, Rel. Min. Octavio Gallotti, Pleno, *DJ* 20.5.1988, *RTJ* 125:997.

[6] Cf Rp. 1.389/RJ, Rel. Min. Oscar Corrêa, Pleno, *DJ* 12.8.1988, *RTJ* 126:514; Rp. 1.454/DF, Rel. Min. Octavio Gallotti, *RTJ* 125:997; Rp. 1.399/RJ, Rel. Min. Aldir Passarinho, Pleno, *DJ* 9.9.1988.

[7] BITTENCOURT, C. A. Lúcio. *O controle jurisdicional da constitucionalidade das leis*. 2. ed. Rio de Janeiro: Forense, 1968. p. 95.

[8] Cf., a propósito, Rp. 1.389/RJ, Rel. Min. Oscar Corrêa, Pleno, *DJ* 12.8.1988, *RTJ* 126:514; Rp. 1.454/DF, Rel. Min. Octavio Gallotti, *RTJ* 125:997; Rp. 1.399/RJ, Rel. Min. Aldir Passarinho, Pleno, *DJ* 9.9.1988.

[9] MEDEIROS, Rui. A *decisão de inconstitucionalidade*. Lisboa: Universidade Católica, 1999, p. 301.

[10] BITTENCOURT, Carlos Alberto Lúcio. *O controle jurisdicional da constitucionalidade das leis*. 2. ed. Rio de Janeiro: Forense, 1986, p. 95.

Controle incidental **1723**

o significado dogmático da interpretação conforme à Constituição (Rp 1.417/DF, Rel. Min. Moreira Alves, Pleno, *DJ* 15.4.1988).

No caso, o Supremo Tribunal, seguindo orientação formulada por Moreira Alves, reconheceu que a *interpretação conforme à Constituição*, quando fixada no juízo abstrato de normas, corresponde a uma pronúncia de inconstitucionalidade. Daí entender incabível a sua aplicação no âmbito da *representação interpretativa*.

Não se pode afirmar com segurança se, na jurisprudência do Supremo Tribunal, a interpretação conforme à Constituição há de ser, sempre, equiparada a uma declaração de nulidade sem redução de texto.

Deve-se acentuar, porém, que, na decisão da Rp 1.417/DF, Rel. Min. Moreira Alves, Pleno, *DJ* 15.4.1988, deixou assente o Supremo Tribunal Federal que a interpretação conforme à Constituição não deve ser vista como simples princípio de interpretação, mas sim como modalidade de decisão do controle de normas, equiparável a uma *declaração de inconstitucionalidade sem redução de texto*. Assinale-se, porém, que o Tribunal não procedeu, inicialmente, a qualquer alteração na parte dispositiva da decisão, que continua a afirmar a *improcedência* da arguição, *desde que* adotada determinada interpretação.

As decisões proferidas nas ADIs 491-MC e 319, Rel. Min. Moreira Alves, *DJ* 25.10.1991 e 30.4.1993, parecem sinalizar que, pelo menos no controle abstrato de normas, o Tribunal tem procurado, nos casos de exclusão de determinadas hipóteses de aplicação ou hipóteses de interpretação do âmbito normativo, acentuar a equivalência dessas categorias.

Particularmente, entendo que a equiparação pura e simples da declaração de inconstitucionalidade sem redução de texto à interpretação conforme à Constituição encontra dificuldades significativas.

A primeira delas diz respeito à conversão de uma modalidade de interpretação sistemática, utilizada por todos os tribunais e juízes, em técnica de declaração de inconstitucionalidade. Isso já exigiria especial qualificação da interpretação conforme à Constituição, para afirmar que somente teria a característica de uma declaração de inconstitucionalidade sem redução de texto aquela interpretação conforme à Constituição desenvolvida pela Corte Constitucional, ou, em nosso caso, pelo Supremo Tribunal Federal. Até porque, do contrário, também as questões que envolvessem interpretação conforme à Constituição teriam de ser submetidas ao Pleno dos Tribunais ou ao seu órgão especial (CF, art. 97).

Portanto, se essa equiparação parece possível no controle abstrato de normas, já não se afigura isenta de dificuldades a sua extensão ao chamado controle incidental ou concreto, uma vez que, nesse caso, ter-se-ia de conferir, também no âmbito dos tribunais ordinários, tratamento especial à interpretação conforme à Constituição.

Maior dificuldade ainda adviria do fato de que, ao fixar como constitucional dada interpretação e, expressa ou implicitamente, excluir determinada possibilidade de interpretação, por inconstitucionalidade, o Tribunal não declara – até porque seria materialmente impossível fazê-lo – a inconstitucionalidade de todas as possíveis interpretações de certo texto normativo.

Por outro lado, a afirmação de que a interpretação conforme à Constituição e a declaração de inconstitucionalidade são uma e mesma categoria, se parcialmente correta no plano das Cortes Constitucionais e do Supremo Tribunal Federal, é de todo inadequada na esfera da jurisdição ordinária, cujas decisões não são dotadas de força vinculante geral[11].

Ainda que se não possa negar a semelhança dessas categorias e a proximidade do resultado prático de sua utilização, é certo que, enquanto na interpretação conforme à Constituição se tem, dogmaticamente, a declaração de que uma lei é constitucional com a interpretação que lhe

---

[11] Cf. SCHLAICH, Klaus. *Das Bundesverfassungsgericht, Stellung, Verfahren, Entscheidungen*. München: C. H. Beck, 1985, p. 187.

1724 Estado de Direito e Jurisdição Constitucional – Decisões relevantes em 15 anos de atuação no STF

é conferida pelo órgão judicial, constata-se, na *declaração de nulidade sem redução de texto*, a expressa exclusão, por inconstitucionalidade, de determinadas *hipóteses de aplicação* do *programa normativo* sem que se produza alteração expressa do texto legal.

Assim, caso se pretenda realçar que determinada aplicação do texto normativo é inconstitucional, dispõe o Tribunal da *declaração de inconstitucionalidade sem redução de texto*, que, além de mostrar-se tecnicamente adequada para essas situações, tem a virtude de ser dotada de maior clareza e segurança jurídica, expressas na parte dispositiva da decisão (*a lei X é inconstitucional se aplicável a tal hipótese; a lei Y é inconstitucional se autorizativa da cobrança do tributo em determinado exercício financeiro*).

A decisão proferida na ADI-MC 491, Rel. Min. Moreira Alves, *DJ* 25.10.1991 parece indicar que o Supremo Tribunal Federal está disposto a afastar-se da orientação anterior, que equiparava a interpretação conforme à Constituição à *declaração de nulidade parcial sem redução de texto*, passando a deixar explícito, no caso de declaração de nulidade sem redução de texto, que determinadas *hipóteses de aplicação*, constantes de programa normativo da lei, são inconstitucionais e, por isso, nulas.

Na oportunidade, o Supremo Tribunal, após reconhecer que a inconstitucionalidade arguida visava apenas à extensão de vantagens ao Ministério Público, contida implicitamente na referência aos incisos "IV a XIII" do art. 64, optou por suspender – *sem redução de texto* – a aplicação do parágrafo único do art. 86 da Constituição do Estado do Amazonas no que concerne à remissão ao inciso V do art. 64 dela constante.

Também na ADI 939, Rel. Min. Sydney Sanches, *DJ* 18.3.1994, na qual se questionava a cobrança do IPMF, declarou o Tribunal a inconstitucionalidade sem redução do texto dos arts. 3º, 4º e 8º da Lei Complementar n. 77/93, nos pontos em que determinou a incidência da exação sobre as pessoas jurídicas de Direito Público e as demais entidades ou empresas referidas nas alíneas *a, b, c* e *d* do inciso VI do art. 150 da Constituição.

Mais recentemente, reconheceu-se a possibilidade de "explicitação, no campo da liminar, do alcance de dispositivos de uma certa lei, sem afastamento da eficácia no que se mostre consentânea com a Constituição Federal" (ADI 1.045, Relator Marco Aurélio, *DJ* 6.5.1994).

Esses precedentes denotam que a declaração parcial de inconstitucionalidade sem redução de texto parece ter ganho autonomia como técnica de decisão no âmbito da jurisprudência do Supremo Tribunal Federal.

Neste tema, parece que o legislador fez, pelo que se depreende do art. 28, parágrafo único, da Lei n. 9.868, uma clara opção pela separação das figuras da declaração de inconstitucionalidade sem redução do texto e a interpretação conforme à Constituição.

A eliminação ou fixação, pelo Tribunal, de determinados sentidos normativos do texto, quase sempre tem o condão de alterar, ainda que minimamente, o sentido normativo original determinado pelo legislador. Por isso, muitas vezes a interpretação, conforme levada a efeito pelo Tribunal, pode transformar-se numa decisão modificativa dos sentidos originais do texto.

A experiência das Cortes Constitucionais europeias – destacando-se, nesse sentido, a *Corte Costituzionale* italiana[12] – bem demonstra que, em certos casos, o recurso às decisões interpretativas com efeitos modificativos ou corretivos da norma constitui a única solução viável para que a Corte Constitucional enfrente a inconstitucionalidade existente no caso concreto, sem ter que recorrer a subterfúgios indesejáveis e soluções simplistas como a declaração de inconstitucionalidade total ou, no caso de esta trazer consequências drásticas para a segurança jurídica e o interesse social, a opção pelo mero não conhecimento da ação.

---

[12] Cf. MARTÍN DE LA VEGA, Augusto. *La sentencia constitucional en Italia*. Madrid: Centro de Estudios Políticos y Constitucionales, 2003.

Sobre o tema, é digno de nota o estudo de Joaquín Brage Camazano:

"La raíz esencialmente pragmática de estas modalidades atípicas de sentencias de la constitucionalidad hace suponer que su uso es prácticamente inevitable, con una u otra denominación y con unas u otras particularidades, por cualquier órgano de la constitucionalidad consolidado que goce de una amplia jurisdicción, en especial si no seguimos condicionados inercialmente por la majestuosa, pero hoy ampliamente superada, concepción de Kelsen del TC como una suerte de 'legislador negativo'. Si alguna vez los tribunales constitucionales fueron legisladores negativos, sea como sea, hoy es obvio que ya no lo son; y justamente el rico 'arsenal' sentenciador de que disponen para fiscalizar la constitucionalidad de la Ley, más allá del planteamiento demasiado simple 'constitucionalidad/ inconstitucionalidad', es un elemento más, y de importancia, que viene a poner de relieve hasta qué punto es así. Y es que, como Fernández Segado destaca, 'la praxis de los tribunales constitucionales no ha hecho sino avanzar en esta dirección' de la superación de la idea de los mismos como legisladores negativos, 'certificando [así] la quiebra del modelo kelseniano del legislador negativo"[13].

Certas modalidades atípicas de decisão no controle de constitucionalidade decorrem, portanto, de uma necessidade prática comum a qualquer jurisdição constitucional.

Nesse sentido, Rui Medeiros expõe que "as sentenças manipulativas, recorda CRISAFULLI, nasceram de uma exigência prática e não de abstractas lucubrações teóricas. Foi a preocupação em evitar que das decisões de inconstitucionalidade derivassem *vazios* no ordenamento – aliada à inércia do legislador em preenchê-los – que levou a *Corte Costituzionale* a adoptar, sempre que possível, sentenças *autoaplicativas*"[14].

Assim, o recurso a técnicas inovadoras de controle da constitucionalidade das leis e dos atos normativos em geral tem sido cada vez mais comum na realidade do direito comparado, na qual os tribunais não estão mais afeitos às soluções ortodoxas da declaração de nulidade total ou de mera decisão de improcedência da ação com a consequente declaração de constitucionalidade.

Além das muito conhecidas técnicas de interpretação conforme a Constituição, declaração de nulidade parcial sem redução de texto ou da declaração de inconstitucionalidade sem a pronúncia da nulidade, aferição da "lei ainda constitucional" e do apelo ao legislador, são também muito utilizadas as técnicas de limitação ou restrição de efeitos da decisão, o que possibilita a declaração de inconstitucionalidade com efeitos *pro futuro* a partir da decisão ou de outro momento que venha a ser determinado pelo tribunal.

Nesse contexto, a jurisprudência do Supremo Tribunal Federal tem evoluído significativamente nos últimos anos, sobretudo a partir do advento da Lei n. 9.868/99, cujo art. 27 abre ao Tribunal uma nova via para a mitigação de efeitos da decisão de inconstitucionalidade. A prática tem demonstrado que essas novas técnicas de decisão têm guarida também no âmbito do controle difuso de constitucionalidade (RE 197.917/SP, Rel. Min. Maurício Corrêa, Pleno, *DJ* 7.5.2004).

Breve análise retrospectiva da prática dos Tribunais Constitucionais e de nosso Supremo Tribunal Federal bem demonstra que a ampla utilização converteu essas decisões, comumente denominadas "atípicas", em modalidades "típicas" no controle de constitucionalidade, de forma que o debate atual não deve mais estar centrado em sua admissibilidade, mas nos limites que elas devem respeitar.

O Supremo Tribunal Federal, quase sempre imbuído do dogma kelseniano do legislador negativo, costuma adotar uma posição de *self-restraint* ao se deparar com situações em que a interpretação conforme possa descambar para uma decisão interpretativa corretiva da lei (ADI 2405/RS, Rel. Min. Carlos Britto, *DJ* 17.02.2006; ADI 1344/ES, Rel. Min. Moreira Alves, *DJ* 19.04.1996; RP 1417/DF, Rel. Min. Moreira Alves, *DJ* 15.04.1988).

---

[13] CAMAZANO, Joaquín Brage. "Interpretación constitucional, declaraciones de inconstitucionalidad y arsenal sentenciador". *in* MACGREGOR, Eduardo Ferrer (ed.), *La interpretación constitucional*. Porrúa, México, 2005, en prensa.

[14] MEDEIROS, Rui. *A decisão de inconstitucionalidade*. Lisboa: Universidade Católica, 1999, p. 499.

Ao se analisar detidamente a jurisprudência do Tribunal, no entanto, é possível verificar que, em muitos casos, a Corte não se atenta para os limites, sempre imprecisos, entre a interpretação conforme delimitada negativamente pelos sentidos literais do texto e a decisão interpretativa modificativa desses sentidos originais postos pelo legislador (ADI 3324, ADI 3046, ADI 2652, ADI 1946, ADI 2209, ADI 2596, ADI 2332, ADI 2084, ADI 1797, ADI 2087, ADI 1668, ADI 1344, ADI 2405, ADI 1105, ADI 1127).

No recente julgamento conjunto das ADIs 1.105 e 1.127, ambas de relatoria do Min. Marco Aurélio, o Tribunal, ao conferir interpretação conforme a Constituição a vários dispositivos do Estatuto da Advocacia (Lei n. 8.906/94), acabou adicionando-lhes novo conteúdo normativo, convolando a decisão em verdadeira interpretação corretiva da lei (ADI 1105/DF e ADI 1127/DF, Red. p/ o acórdão Min. Ricardo Lewandowski, julgado em 17.5.2006, *Informativo* n. 427/STF).

No julgamento das ADIs 1351 e 1354 (Rel. Min. Marco Aurélio, *DJ* 30.3.2007), o Plenário do STF deu interpretação conforme a Constituição aos arts. 56 e 57 da Lei n. 9.096/1995, para eliminar as limitações temporais neles constantes, até que sobrevenha disposição legislativa a respeito.

Em diversos casos mais antigos (ADI 3324, ADI 3046, ADI 2652, ADI 1946, ADI 2209, ADI 2596, ADI 2332, ADI 2084, ADI 1797, ADI 2087, ADI 1668, ADI 1344, ADI 2405, ADI 1105, ADI 1127), também é possível verificar que, a pretexto de dar interpretação conforme a Constituição a determinados dispositivos, o Tribunal acabou proferindo o que a doutrina constitucional, amparada na prática da Corte Constitucional italiana, tem denominado de *decisões manipulativas de efeitos aditivos*. Sobre a difusa terminologia utilizada, vide: MORAIS, Carlos Blanco de. *Justiça Constitucional. Tomo II. O contencioso constitucional português entre o modelo misto e a tentação do sistema de reenvio*. Coimbra: Coimbra Editora, 2005; MARTÍN DE LA VEGA, Augusto. *La sentencia constitucional en Italia*. Madrid: Centro de Estudios Políticos y Constitucionales, 2003; DÍAZ REVORIO, Francisco Javier. *Las sentencias interpretativas del Tribunal Constitucional*. Valladolid: Lex Nova, 2001; LÓPEZ BOFILL, Héctor. *Decisiones interpretativas en el control de constitucionalidad de la ley*. Valencia: Tirant lo Blanch, 2004.

A respeito da evolução da Jurisdição Constitucional brasileira em tema de decisões manipulativas, o constitucionalista português Blanco de Morais fez a seguinte consideração:

"(...) o fato é que a Justiça Constitucional brasileira deu, onze anos volvidos sobre a aprovação da Constituição de 1988, um importante passo no plano da suavização do regime típico da nulidade com efeitos absolutos, através do alargamento dos efeitos manipulativos das decisões de inconstitucionalidade.

Sensivelmente, desde 2004 parecem também ter começado a emergir com maior pragnância decisões jurisdicionais com efeitos aditivos.

Tal parece ter sido o caso de uma acção directa de inconstitucionalidade, a ADIn 3105, a qual se afigura como uma sentença demolitória com efeitos aditivos. Esta eliminou, com fundamento na violação do princípio da igualdade, uma norma restritiva que, de acordo com o entendimento do Relator, reduziria arbitrariamente para algumas pessoas pertencentes à classe dos servidores públicos, o alcance de um regime de imunidade tributária que a todos aproveitaria. Dessa eliminação resultou automaticamente a aplicação, aos referidos trabalhadores inactivos, de um regime de imunidade contributiva que abrangia as demais categorias de servidores públicos"[15].

Em futuro próximo, o Tribunal voltará a se deparar com o problema no julgamento da ADPF n. 54, Rel. Min. Marco Aurélio, que discute a constitucionalidade da criminalização dos abortos de fetos anencéfalos. Caso o Tribunal decida pela procedência da ação, dando interpretação conforme aos arts. 124 a 128 do Código Penal, invariavelmente proferirá uma típica decisão manipulativa com eficácia aditiva.

---

[15] MORAIS, Carlos Blanco de. *Justiça Constitucional*. Tomo II. O contencioso constitucional português entre o modelo misto e a tentação do sistema de reenvio. Coimbra: Coimbra Editora, 2005, p. 238 e ss.

Ao rejeitar a questão de ordem levantada pelo Procurador-Geral da República, o Tribunal admitiu a possibilidade de, ao julgar o mérito da ADPF n. 54, atuar como verdadeiro legislador positivo, acrescentando mais uma excludente de punibilidade – no caso do feto padecer de anencefalia – ao crime de aborto.

Portanto, é possível antever que o Supremo Tribunal Federal acabe por se livrar do vetusto dogma do legislador negativo e se alie à mais progressiva linha jurisprudencial das decisões interpretativas com eficácia aditiva, já adotadas pelas principais Cortes Constitucionais europeias.

Nesse contexto, a assunção de atuação criativa pelo Tribunal poderá ser determinante para a solução de antigos problemas relacionados à inconstitucionalidade por omissão, que muitas vezes causa entraves para a efetivação de direitos e garantias fundamentais assegurados pelo texto constitucional.

O presente caso oferece uma oportunidade para que o Tribunal avance nesse sentido.

De fato, principalmente nos casos de ofensa ao princípio de isonomia, manifestam-se problemas que não podem ser resolvidos mediante simples declaração de nulidade.

De maneira recorrente, tenho insistido que a isonomia é conceito relacional. O postulado da igualdade pressupõe a existência de, pelo menos, duas situações que se encontram numa *relação de comparação*[16]. Essa *relatividade* do postulado da isonomia leva, segundo Maurer, à *inconstitucionalidade relativa* (*relative Verfassungswidrigkeit*), não no sentido de inconstitucionalidade menos grave. É que inconstitucional não se afigura a norma "A" ou "B", mas a disciplina diferenciada das situações (*die Unterschiedlichkeit der Regelung*).

No caso, a completa nulidade do benefício fiscal a ser produzido por decisão simples de declaração de inconstitucionalidade do art. 5º, § 1º, X, da Lei n. 10.182/2001 não alcança os objetivos pretendidos e extingue estímulos extrafiscais da política econômica.

Assim, torna-se necessária solução diferenciada, isto é, decisão que exerça "função reparadora" ou, como esclarece Blanco de Morais, "de restauração corretiva da ordem jurídica afetada pela decisão de inconstitucionalidade". Acrescenta Blanco de Morais:

> "às clássicas funções de valoração (declaração do valor negativo do acto inconstitucional), pacificação (força de caso julgado da decisão de inconstitucionalidade) e ordenação (força *erga omnes* da decisão de inconstitucionalidade) juntar-se-ia, também, a *função de reparação*, ou de restauração corretiva da ordem jurídica afectada pela decisão de inconstitucionalidade"[17].

Na espécie, entendo que o benefício previsto no art. 5º, § 1º, X, da Lei n. 10.182/2001 coaduna-se com o caráter extrafiscal do imposto de importação e deve continuar em vigor sem, no entanto, excluir os demais contribuintes.

Repita-se que a incompatibilidade com o texto constitucional não advém da redução da alíquota do imposto de importação, mas tão somente da exclusão de contribuintes em situação equivalente.

O atentado à isonomia consiste exatamente em se tratar desigualmente situações iguais, ou em se tratar uniformemente situações diferenciadas, de forma arbitrária e não fundamentada.

Em precedente que aproveita à espécie, no julgamento da ADI 1600/DF, o Pleno deste STF declarou a inconstitucionalidade da incidência de ICMS na prestação de serviços de transporte aéreo internacional de cargas sobre as empresas nacionais, em razão da isonomia tributária, tendo em vista a existência de tratados internacionais concedendo isenção às empresas estrangeiras. O citado acórdão tem a seguinte ementa, no pertinente:

---

[16] MAURER, Hartmut. *"Zur Verfassungswidrigerklärung von Gesetzen" in Festschrift für Werner Weber*, Berlin: 1974, p. 345 (354).

[17] MORAIS, Carlos Blanco de. *Justiça Constitucional*. Tomo II. O contencioso constitucional português entre o modelo misto e a tentação do sistema de reenvio. Coimbra: Coimbra Editora, 2005, p. 262-263.

"EMENTA: CONSTITUCIONAL. TRIBUTÁRIO. LEI COMPLEMENTAR 87/96. ICMS E SUA INSTITUIÇÃO. ARTS. 150, II; 155, § 2º, VII 'A', E INCISO VIII, CF. (...) INCONSTITUCIONALIDADE DA EXIGÊNCIA DO ICMS NA PRESTAÇÃO DE SERVIÇOS DE TRANSPORTE AÉREO INTERNACIONAL DE CARGAS PELAS EMPRESAS AÉREAS NACIONAIS, ENQUANTO PERSISTIREM OS CONVÊNIOS DE ISENÇÃO DE EMPRESAS ESTRANGEIRAS. AÇÃO JULGADA, PARCIALMENTE PROCEDENTE"[18].

Trata-se de claro caso em que a isonomia tributária foi aplicada para estender benefícios fiscais concedidos de forma restrita.

Na espécie, não há dúvida que há *exclusão de benefício incompatível com o princípio da igualdade*, em virtude de o art. 5º, § 1º, X, da Lei n. 10.182/2001 conceder vantagens ou benefícios a determinados segmentos ou grupos sem contemplar outros que se encontram em condições idênticas.

A exclusão pode verificar-se de forma concludente ou explícita. Ela é concludente se a lei concede benefícios apenas a determinado grupo[19]; e explícita[20], se a lei geral que outorga determinados benefícios a certo grupo exclui sua aplicação a outros segmentos[21].

Abstraídos os casos de exigência constitucional inequívoca[22], a lesão ao princípio da isonomia pode ser afastada de diversas maneiras: pela supressão do próprio benefício; pela inclusão dos grupos eventualmente discriminados ou até mediante a edição de nova regra, que condicione a outorga de benefícios à observância de determinados requisitos decorrentes do princípio da igualdade[23].

Assim, poderia ser objeto da declaração de nulidade, em sentido técnico, tanto a disposição que outorga o benefício como eventual cláusula de exclusão, desde que estabelecida expressamente por uma norma[24].

A Corte Constitucional alemã abstém-se de pronunciar a nulidade da norma. Nesses casos, sob a alegação de que o legislador disporia de diferentes possibilidades para afastar a ofensa ao princípio da isonomia[25], a cassação acabaria por suprimir o próprio fundamento em que se assenta a pretensão do impetrante[26].

---

[18] ADI 1.600/DF, Red. p/ o acórdão Min. Nelson Jobim, *DJ* 20.6.2003.

[19] Cf. *BVerfGE* 18, 288 (301); 22, 349 (360).

[20] Cf. *BVerfGE* 25, 101.

[21] Cf., a propósito, MAURER, Hartmut. Zur Verfassungswidrigerklärung von Gesetzen, in *Festschrift für Werner Weber*, Berlin: (s.n.), 1974. p. 345 (349); IPSEN, Jörn. *Rechtsfolgen der Verfassungswidrigkeit von Norm und Einzelakt*, Baden-Baden: Nomos, 1980. p. 109; JÜLICHER, Friedrich. *Die Verfassungsbeschwerde gegen Urteile bei gesetzgeberischem Unterlassen*, Berlin: (s.n.), 1972. p. 51 e s.

[22] Cf., também, *BVerfGE* 21, 329 (338, 343, 353); 22, 163 (174 e s.); 27, 220 (230); 27, 364 (374); 27, 391 (399); 29, 283 (303); 39, 196 (204).

[23] MAURER, Hartmut. Zur Verfassungswidrigerklärung von Gesetzen, in *Festschrift für Werner Weber*, Berlin: (s.n.), 1974.p. 345 (348); IPSEN, Jörn. *Rechtsfolgen der Verfassungswidrigkeit von Norm und Einzelakt*, Baden-Baden: Nomos, 1980, p. 109.

[24] Maurer, Zur Verfassungswidrigerklärung von Gesetzen, in *Festschrift für Werner Weber*, Berlin: (s.n.), 1974. p. 345 (349); SCHNEIDER, Bernd Jürgen. *Funktion der Normenkontrolle und des rechtlichen Prüfungsrechts im Rahmen der Rechtsfolgenbestimmung verfassungswidriger Gesetze*. Frankfurt am Main: (s.n.), 1988, p. 174.

[25] Cf. *BVerfGE* 8, 28 (36 e s.); 14, 308 (311 e s.); 15, 46 (59 f.; 75 e s.); 15, 121 (125 e s.); 17, 122 (134 e s.); 18, 257 (273); 18, 288 (301 e s.); 21, 329 (337 e s.; 353 e s.); 22, 163 (174 e s.); *BVerfGE* 22, 349 (359 e s.); 26, 100 (110, 115); 26, 163 (171 e s.); 27, 220 (230 e s.); 27, 364 (374 e s.); 28, 324 (361 e s.); 29, 1 (10); 29, 57 (70 e s.); 29, 71 (83); 29, 283 (303 e s.); 31, 187 e s.; 32, 362 (362 e s.); 37, 154; 37, 217; 38, 1 (22); 38, 41; 38, 61; 38, 213; 42, 176; 42, 369; 43, 58; 45, 104; 45, 376; 46, 97; 47, 1; 48, 227; 56, 192; 62, 256; 63, 119; 67, 348; 71, 1; 71, 146; 71, 224.

[26] *BVerfGE* 13, 248 (260); 18, 288 (301 e s.).

Isso implicaria, nos casos em que a disposição se mostrasse aplicável apenas a determinado grupo, que, após a declaração de nulidade, nenhuma pretensão poderia ser dela derivada. Todavia, a cassação da norma que não contempla determinado grupo no seu âmbito de aplicação não assegura, por si só, o gozo do direito pretendido ao eventual postulante.

O Tribunal alemão não está autorizado, salvo em situações excepcionais, a proferir a declaração de inconstitucionalidade de eventual cláusula de exclusão, em virtude das repercussões orçamentárias que resultariam, inevitavelmente, da concessão do benefício[27]. Por outro lado, a declaração de nulidade de todo o complexo normativo revelaria, como assentado por Ipsen, "uma esquisita compreensão do princípio de justiça, que daria ao postulante pedra ao invés de pão" (*Steine statt Brot*)[28].

Vê-se assim que, nos casos de ofensa ao princípio de isonomia, manifestam-se problemas que não podem ser resolvidos mediante simples declaração de nulidade.

Como já enfatizado, o postulado da igualdade pressupõe a existência de, pelo menos, duas situações que se encontram numa *relação de comparação*[29].

Em princípio, essa *relação normativa inconstitucional* (*verfassungswidrige Normrelation*)[30] não pode ser superada mediante decisão de índole cassatória, pois esta ou não atingiria os objetivos pretendidos ou acabaria por suprimir algo mais do que a ofensa constitucional que se pretende eliminar[31].

Essa concepção foi contestada por Sachs. A suposição de que a ofensa ao princípio da isonomia não pode ser aferida em face de uma regra determinada, configurando sempre a inconstitucionalidade de uma "relação normativa", afigurar-se-ia desde já equivocada, porque, na sua opinião, o direito de igualdade deve ser entendido, exclusivamente, como pretensão a uma abstenção ou pretensão à supressão de um tratamento discriminatório[32].

A argumentação desenvolvida por Sachs mostra-se problemática, porque ela vislumbra a inconstitucionalidade, exclusivamente, no favorecimento. Não se esclarece porque o benefício e não a exclusão há de ser considerado inconstitucional[33].

A simples incompatibilidade dos direitos de igualdade com a concessão de privilégios não logra fundamentar satisfatoriamente essa posição, uma vez que não se pode distinguir, de forma geral, entre a concessão de benefícios ao arrepio do princípio da igualdade ou a imposição de ônus em contrariedade ao mesmo princípio[34].

Essa orientação vislumbra no princípio da isonomia apenas um direito de proteção contra favorecimento de terceiros, revelando-se problemática, uma vez que, com fundamento no princípio da igualdade, permitir-se-ia intervenção em *esfera jurídica alheia* (*fremde Rechtssphäre*). Essa ideia importaria inversão do significado do princípio da isonomia, pois geralmente pode-se

---

[27] Cf. Starck, Die Bindung des Richters an Gesetz und Verfassung, *VVDStRL* 34 (1976), p. 43 (83).

[28] IPSEN, Jörn. *Rechtsfolgen der Verfassungswidrigkeit von Norm und Einzelakt*, Baden-Baden: Nomos, 1980, p. 110. Ver, também, Jülicher, *Die Verfassungsbeschwerde gegen Urteile bei gesetzgeberischem Unterlassen*, p. 52. Cf. também BVerfGE 22, 349 (359); 25, 236 (246, 252); 32, 157 (163); 52, 369 (379); 56, 196 (215).

[29] Maurer, Zur Verfassungswidrigerklärung von Gesetzen, in *Festschrift für Werner Weber*, Berlin: (s.n.), 1974. p. 345 (354).

[30] IPSEN, Jörn. *Rechtsfolgen der Verfassungswidrigkeit von Norm und Einzelakt*, Baden-Baden: Nomos, 1980. p. 214.

[31] STERN, Klaus. *Staatsrecht der Bundesrepublik*, v. 2, p. 960.

[32] SACHS, Zur dogmatischen Struktur der Gleicheitsrechte als Abwehrrechte, *DöV* 1984, p. 411 (418).

[33] Cf. HEIN, Peter. *Die Unvereinbarerklärung verfassungswidriger Gesetze durch das Bundesverfassungsgericht*. Baden-Baden, (s.n.), 1988, p. 104.

[34] Cf. HEIN, Peter. *Die Unvereinbarerklärung verfassungswidriger Gesetze durch das Bundesverfassungsgericht*. Baden-Baden: 1988, p. 104.

derivar do princípio da igualdade apenas pretensão à eliminação de intervenção no âmbito da própria esfera jurídica[35].

Também em relação às leis que consagram obrigações de forma incompatível com o princípio da igualdade houve por bem a Corte Constitucional alemã abandonar a orientação que recomendava a simples pronúncia da nulidade[36].

Em inúmeros casos, atinentes às leis tributárias e a diplomas concessivos de benefícios sociais, tem-se valido o Tribunal Constitucional alemão do *topos* "liberdade de conformação do legislador" (*Gesetzgeberische Gestaltungsfreiheit*) para declarar a inconstitucionalidade sem a pronúncia da nulidade[37].

Entretanto, na espécie, a mera declaração de inconstitucionalidade sem pronúncia de nulidade não parece representar solução adequada, uma vez que ensejaria a suspensão das relações jurídicas configuradas de forma indefinida, até a atuação do legislador.

In casu, afigura-se de bom alvitre a utilização da técnica das decisões manipulativas de efeitos aditivos, estendendo o benefício contemplado aos contribuintes em situação equivalente às fabricantes e montadoras, como a recorrida.

No presente caso, a ponderação da solução para a evidente quebra do princípio da isonomia deve ser solucionada, no ponto, pela extensão do benefício tributário aos demais contribuintes em situação equivalente, pois sua completa eliminação repercutiria de forma bem mais ampla no consumo, na inflação e no próprio equilíbrio do mercado de reposição.

Isto é, em juízo de ponderação interna, a solução de estender o referido benefício tributário satisfaz com maior intensidade os mandamentos constitucionais que a extinção total do benefício.

Ressalte-se que tal decisão não afronta o princípio da separação de poderes, eis que não se retira do Poder Legislativo a possibilidade de superar a violação ao princípio da isonomia, regulando novamente a questão. Da mesma forma, o Poder Executivo pode a qualquer momento alterar a alíquota do imposto de importação, por meio de decreto, de sorte a superar eventuais impactos da decisão aditiva.

Dessa forma, ao conceder a segurança, o Tribunal *a quo* não violou a Carta Magna, mas a aplicou corretamente, pois enquanto perdurar o benefício fiscal às montadoras e fabricantes, a cobrança da alíquota integral de imposto de importação sobre a Recorrida é inconstitucional.

Nesse contexto, a extensão do benefício fiscal à Recorrida – por meio de decisão manipulativa de efeitos aditivos – revela-se como solução mais adequada ao ordenamento constitucional.

Portanto, também entendo correta a interpretação adotada pelo Tribunal *a quo* para estender o benefício de redução de 40% do imposto de importação, previsto no art. 5º, § 1º, X, da Lei n. 10.182/2001, também aos contribuintes, diversos dos fabricantes e montadoras, que atuem no mercado de reposição.

Nesses termos, peço *venia* ao Relator para acompanhar a divergência, negando provimento ao recurso extraordinário e cassando a liminar concedida às fls. 142-145 da AC 102/PR.

É como voto.

---

[35] DÜRIG, in MAUNZ & DÜRIG, *Kommentar Zum Grundgesetz*, art. 3, § 1, n. 471; ERICHSEN, Hans-Uwe. *Staatsrecht und Verfassungsgerichtsbarkeit*, v. 1, p. 64; DAX, *Das Gleichbehandlungsgebot*, p. 127; GÖTZ, Die Zuständigkeiten für normative Entscheidung über schicksalbestimmende Fragen in der BRD, *NJW* 1979, p. 1478 (1480); HENKE, *Das Recht der Wirtschaftssubventionen als öffentliches Vertragsrecht*, p. 118.

[36] *BVerfGE* 8, 28 (37); 8, 51 (70 e s.); 6, 273 (281); 9, 291 (301). Cf., também, SCHNEIDER, Bernd Jürgen. *Funktion der Normenkontrolle und des rechtlichen Prüfungsrechts im Rahmen der Rechtsfolgenbestimmung verfassungswidriger Gesetze*. Frankfurt am Main: (s.n.), 1988. p. 188; PESTALOZZA, Christian. "'Noch verfassungsmässige' und 'bloss verfassungswidrige' Rechtslagen", in *Bundesverfassungsgericht und Grundgesetz*, v. 1, p. 520 (535).

[37] *BVerfGE* 23, 1 (10); 25, 101 (110); 28, 227 (242 e s.); 33, 90 (105 e s.); 33, 106 (114 e s.); 45, 104 (114); 51, 1 (9 e s.); 61, 319 (320, 356 e s.); 62, 256 (288 e s.).

SS-AgR-AgR-AgR-QO 1.945[1]

Suspensão de segurança – Decisão denegatória – Cabimento de agravo regimental – Aplicação da disciplina prevista na Lei n. 8.437/92 – Superação do entendimento jurisprudencial anterior – Cancelamento da Súmula 506 do STF.

Cuidava-se de agravo regimental interposto contra decisão que negou seguimento a agravo regimental que atacava decisão do Relator, Ministro Marco Aurélio, de 30 de abril de 2002, mediante a qual Sua Excelência indeferiu pleito de suspensão de segurança, formulado pelo Estado de Alagoas.

Valho-me do Relatório da lavra do Ministro Marco Aurélio:

Sustenta que "o presente caso não pode ser tipificado como mero indeferimento de suspensão de sentença mandamental" (folha 276), o que estaria a justificar a reforma da decisão. Relata que a suspensão da segurança fora deferida pelo ministro Carlos Velloso, Presidente da Corte à época, tendo o ato jurisdicional transitado em julgado. Afirma que se insurgiu contra o fato de haver ocorrido o desarquivamento do processo, bem como a reconsideração da decisão anteriormente proferida, o que ensejou o agravo de folha 216 a 242, ao qual neguei seguimento às folhas 265 e 266. Salienta que o ato alusivo à suspensão restou veiculado no Diário de 27 de março de 2001, e o atinente à cassação, em 14 de maio de 2002. Dessa forma, alega que, "por mais de um ano, a sentença mandamental permanecera com sua eficácia suspensa. Daí não se poder enquadrar tais circunstâncias na singeleza de um indeferimento de pedido de suspensão de sentença mandamental, porquanto o que se apresenta em tais circunstâncias é um reexame, um novo julgamento de feito já extinto e arquivado desde 10/04/2001" (folha 277).

Aduz haver o novo julgamento causado gravame ao Estado, uma vez que, além de restabelecida "a suspensão da exigibilidade do crédito tributário já constituído", foi tolhida "a atividade legal dos agentes do FISCO ESTADUAL por força de decisão judicial restaurada, que expressamente determina tornar sem efeito todo e qualquer auto de infração emitido pelo Impetrado contra as Impetrantes, consubstanciado no fato gerador que nesta oportunidade reconhecemos como ilegal, diante da inconstitucionalidade do mencionado Convênio 15/91" (folhas 277 e 278). Requer a submissão do recurso ao Plenário.

À luz do princípio do contraditório, determinei, em 17 de julho de 2002, fosse dada vista às agravadas para, querendo, manifestarem-se (folha 289). À folha 291, encontra-se certificado o decurso do prazo sem qualquer pronunciamento das partes.

O Procurador-Geral da República, no parecer de folha 292 a 294, preconiza o não conhecimento do agravo.

Em 19 de dezembro de 2002, o Plenário do Supremo Tribunal Federal proferiu decisão nestes termos ementada:

EMENTA: Suspensão de Segurança. Agravo Regimental. 2. Completa reformulação da legislação, quanto à suspensão das liminares nos diversos processos, até mesmo na ação civil pública e na ação popular. 3. Disciplina assimétrica na legislação do mandado de segurança. Recorribilidade, tão somente, da decisão que nega o pedido de suspensão em mandado de segurança. Súmula 506. 4. Configuração de lacuna de regulação superveniente. Necessidade de sua colmatação. Extensão da disciplina prevista na Lei n. 8.437, de 1992, à hipótese de indeferimento do pedido de suspensão em mandado de segurança. 5. Admissibilidade do agravo nas decisões que deferem ou indeferem a suspensão de segurança. Questão de ordem resolvida no sentido do conhecimento do agravo. Revogação da Súmula 506. 6. No mérito, em face da grave lesão causada à economia pública, o agravo foi provido, para deferir a suspensão de segurança.

---

[1] O Tribunal conheceu do agravo, vencidos os Senhores Ministros Relator, Marco Aurélio e Sepúlveda Pertence. E, no mérito, por maioria, vencido o Relator, proveu-o para deferir a suspensão de segurança. Redigiu o acórdão o Senhor Ministro Gilmar Mendes (*DJ* de 1º.8.2003).

VOTO-VISTA NA QUESTÃO DE ORDEM

Senhor Presidente, antes de entrar na discussão sobre o próprio mérito, acho que relevante é a questão de ordem sobre o cabimento, ou não, do agravo nesta hipótese.

O art. 4º da Lei n. 4.348, de 26 de junho de 1964, que regulamenta o regime de suspensão de segurança, previa o cabimento do recurso de agravo regimental em face da decisão concessiva do pedido de suspensão.

Considerada a disciplina legal existente, firmaram-se os enunciados da Súmula 506, do Supremo Tribunal Federal – "O agravo a que se refere o art. 4º da Lei n. 4.348/64, de 1964, cabe, somente, do despacho do presidente do Supremo Tribunal Federal que defere a suspensão da liminar, em mandado de segurança; não do que denega" – e da Súmula 217, do Superior Tribunal de Justiça – "Não cabe agravo de decisão que indefere o pedido de suspensão da execução da liminar, ou da sentença em mandado de segurança".

O Código de Processo Civil, de 1973, ao disciplinar o processo cautelar, deu novo impulso às decisões provisórias contra o Poder Público.

Daí ter a Lei n. 7.969, de 22 de dezembro de 1989, possibilitado a aplicação do disposto nos arts. 5º, *caput* e parágrafo único, e 7º da Lei n. 4.348, de 1964, às medidas cautelares.

Tal como anotado pelo Ministro Sepúlveda Pertence, essa lei *"traduziu a resposta à manifestação daquele entusiasmado e bem intencionado abuso da cautelar inominada, (...) que vinha provocando um fenômeno inusitado na prática brasileira, a fuga do mandado de segurança para a ação cautelar inominada, porque, em relação a esta, não vigoravam as vedações e limitações antecedentes do mandado de segurança, nem mesmo a da suspensão da liminar ou de sentença pelo Presidente do Tribunal competente para o recurso"* (ADI n. 233-DF, redator para o acórdão Min. Sepúlveda Pertence, *DJ* de 29.6.1990).

A Lei n. 8.437, de 30 de junho de 1992, procurou sistematizar o regime geral de contracautela contra atos do Poder Público. Em seu art. 4º, § 3º, previu a interposição de agravo regimental de decisão que conceder ou negar a suspensão, *verbis*:

> *"Art. 4º Compete ao presidente do tribunal, ao qual couber o conhecimento do respectivo recurso, suspender, em despacho fundamentado, a execução da liminar nas ações movidas contra o Poder Público ou seus agentes, a requerimento do Ministério Público ou da pessoa jurídica de direito público interessada, em caso de manifesto interesse público ou de flagrante ilegitimidade, e para evitar grave lesão à ordem, à saúde, à segurança e à economia públicas.*
>
> *(...)*
>
> *§ 3º Do despacho que conceder ou negar a suspensão, caberá agravo, no prazo de cinco dias."*

Tempos depois, a Lei n. 8.952, de 13 de dezembro de 1994, introduziu alteração no Código de Processo Civil, disciplinando o instituto da tutela antecipada, nos arts. 273 e 461. Esses dispositivos foram, posteriormente, modificados pela Lei n. 10.444, de 07 de maio de 2002.

Como clara reação a essa nova situação jurídica, a Lei n. 9.494, de 10 de setembro de 1997, veio determinar a aplicação do art. 4º da Lei n. 8.437, de 1992 (pedido de suspensão da tutela antecipada contra o Poder Público).

O art. 4º da Lei n. 8.437/92 foi alterado pela Medida Provisória n. 2.180-35, de 24 de agosto de 2001, que, dentre outras alterações, acrescentou a parte final ao § 3º do aludido dispositivo:

> *"§ 3º Do despacho que conceder ou negar a suspensão, caberá agravo, no prazo de cinco dias, que será levado a julgamento na sessão seguinte a sua interposição".*

Observe-se que o art. 4º, da Lei n. 8.437, de 1992, na sua nova versão, trouxe inovações relativas às ações cautelares, liminares e antecipações de tutela em face do Poder Público, inclusive em ações populares e civis públicas. Tais dispositivos foram, cautelarmente, considerados constitucionais, por maioria, pelo Plenário do Supremo Tribunal Federal, na Ação Direta de Inconstitucionalidade n. 2.251, proposta pelo Partido dos Trabalhadores (rel. Min. Sydney Sanches, sessão de 23.8.2000).

Não há dúvida, pois, de que a partir da Lei n. 8.437, de 1992, deu-se a completa reformulação da legislação quanto à suspensão de liminares, nos diversos processos, até mesmo na ação civil pública e na ação popular. Em todos os casos, da decisão que deferisse ou indeferisse a suspensão, caberia agravo (art. 4º, §§ 1º e 3º, da Lei n. 8.437, de 1992).

A legislação sobre o mandado de segurança quedou, porém, nesse ponto, inalterada.

Afigura-se difícil justificar, de qualquer sorte, a disciplina assimétrica da matéria, afetando, tão somente, a recorribilidade da decisão que nega o pedido de suspensão em mandado de segurança. É inequívoco, igualmente, que isto pode levar a resultados diversos em questões absolutamente idênticas: sobre a mesma matéria, o plenário do Tribunal pode conhecer e prover agravo interposto contra decisão indeferitória de pedido de suspensão em qualquer processo, e estaria impedido de fazê-lo no mandado de segurança.

É o bastante para justificar a revisão da jurisprudência concernente ao tema, especialmente a Súmula 506 desta Corte.

Como se pretende demonstrar, tem-se aqui um curioso caso de *"lacuna de regulação"*.

Sobre o tema, observa Karl Larenz:

"Na maioria dos casos em que falamos de uma lacuna da lei não está incompleta uma norma jurídica particular, mas uma determinada regulação em conjunto, quer dizer: esta não contém nenhuma regra para uma certa questão que, segundo a intenção reguladora subjacente, precisa de regulação. A estas lacunas – trata-se quase sempre das denominadas por ZITELMANN de lacunas 'inautênticas' – qualificamo-las de 'lacunas de regulação'. Não se trata de que aqui a lei, se se quiser aplicar sem uma complementação, não possibilite uma resposta em absoluto; a resposta teria de ser que justamente a questão não está regulada e que, por isso, a situação de facto correspondente fica sem consequência jurídica. Mas, uma tal resposta, dada pelo juiz, haveria de significar uma denegação de justiça, se se tratar de uma questão que caia no âmbito da regulação intentada pela lei e não seja de atribuir, por exemplo, ao espaço livre do Direito. Por isso, para chegar a uma resolução juridicamente satisfatória, o juiz precisa de preencher a lacuna da resolução legal e, por certo, em concordância com a intenção reguladora a ela subjacente e com a teleologia da lei." (p. 528).

(...)

"Tanto as lacunas normativas como as lacunas de regulação são lacunas dentro da conexão reguladora da própria lei. Se existe ou não uma tal lacuna, há de aferir-se do ponto de vista da própria lei, da intenção reguladora que lhe serve de base, dos fins com ela prosseguidos e do 'plano' legislativo. Uma lacuna da lei é uma 'interpretação contrária ao plano' da lei." (Metodologia da Ciência do Direito, 1997, 3. ed., tradução de José Lamego, Lisboa, Fundação Calouste Gulbenkian, p. 529-530).

Segundo Larenz, que distingue as lacunas em patentes e ocultas, esse seria um caso de lacuna patente, porque, *"a lei não contém regra alguma para um determinado grupo de casos, que lhes seja aplicável – se bem que, segundo a sua própria teleologia, devesse conter tal regra"* (cf. Larenz, op. cit., p. 535).

Larenz ensina, ainda, que em relação ao fator tempo, distinguem-se as lacunas em iniciais e subsequentes ou supervenientes. As supervenientes *"podem surgir pelo facto de em consequência da evolução técnica ou económica emergirem novas questões, que agora carecem de ser reguladas no quadro do escopo da regulação e do sector de regulação compreendido pela intenção fundamental da lei, mas que o legislador ainda não viu."* (cf. Larenz, op. cit., p. 537). Também Claus-Wilhelm Canaris admite as *lacunas supervenientes* como aquelas decorrentes de mudanças nas circunstâncias fáticas ou nas valorações imanentes à ordem jurídica (Die Feststellung von Lücken im Gesetz, Berlim, 1964, p. 135).

Ora, se no nosso ordenamento é expressa e pacífica a possibilidade da interposição do recurso de agravo regimental pelo particular, acaso sofra prejuízo com a concessão da suspensão, não se vislumbra razão para se negar ao Poder Público a mesma possibilidade, quando denegatória a decisão do pedido de suspensão. Essa orientação afigura-se tanto mais consistente se se considerar que, nas amplíssimas hipóteses previstas na Lei n. 8.437/92 (liminar e sentença em cautelar, tutela antecipada, ação popular e ação civil pública), *admite-se o agravo, tanto na hipótese de deferimento quanto na do indeferimento da suspensão (art. 4º, § 3º).*

Nesse sentido, refiro-me novamente a Larenz:

"A 'teleologia imanente' da lei não deve, certamente, ser entendida, neste contexto, em sentido demasiado estrito. Não só se hão-de considerar os propósitos e as decisões conscientemente tomadas pelo legislador, mas também aqueles fins objectivos do Direito e princípios jurídicos gerais que acharam isenção na lei. Um princípio que é inerente a toda a lei porque e na medida em que pretende ser 'Direito', é o do tratamento igual daquilo que é igual. Se uma lei regula uma determinada situação de facto A de uma maneira determinada, mas não contém nenhuma regra para o caso B, que é semelhante àquele no sentido da valoração achada, a falta de uma tal regulação deve considerar-se uma lacuna da lei." (Op. cit., p. 531).

Na espécie, não tenho dúvida de que se cuida de um inequívoco caso de lacuna superveniente de regulação.

Quanto à competência do Presidente do Tribunal para suspensão da segurança, tem-se que, em face da regra inscrita no art. 25 da Lei n. 8.038, de 1990, assiste ao Presidente do Supremo Tribunal Federal o poder de suspender a eficácia da liminar ou, até mesmo, de paralisar as consequências decorrentes da concessão do mandado de segurança, sempre que o exame da causa mandamental evidenciar que esta se apoia em fundamento jurídico de natureza constitucional (AgRgSS n. 1.329, Rel. Min. Marco Aurélio, Plenário, *DJ* 31.10.02).

Sobre o assunto leciona Pertence, com proverbial proficiência:

"Na suspensão de segurança, susta-se apenas a execução provisória da decisão recorrível: assim como a liminar ou a execução provisória de decisão concessiva de mandado de segurança, quando recorrível, são modalidades, criadas por lei, de tutela cautelar do direito provável – mas ainda não definitivamente acertado – do impetrante, a suspensão dos seus efeitos, nas hipóteses excepcionais igualmente previstas em lei, é medida de contracautela com vistas a salvaguardar, contra o risco de grave lesão a interesses públicos privilegiados, o efeito útil do êxito provável do recurso da entidade estatal" (AgRg SS n. 1.149, Rel. Min. Sepúlveda Pertence, Plenário, *DJ* 09.05.97).

Assim, deve o Presidente do Tribunal ater-se, no exame do pedido de suspensão, às disposições do art. 4º da Lei n. 4.348, de 1964. Todavia, um mínimo de delibação do mérito da questão deve ser observado na apreciação da contracautela. Além disso, é preciso que se demonstre estar caracterizada potencialidade de grave lesão à ordem e à economia públicas (cf. nesse sentido, também, o AgRgPet n. 2.066, Rel. Min. Carlos Velloso, Plenário, *DJ* 05.09.00).

Com efeito, tal medida processual excepcional investe o Presidente do Tribunal competente de poder extraordinário, que tem o condão de afastar a execução de uma medida urgente anteriormente concedida. Nesse sentido, o ensinamento de Celso de Mello, *verbis:*

"Impende destacar que a providência postulada nesta sede processual reveste-se de excepcionalidade absoluta, eis que os efeitos inibitórios da concessão de liminar em mandado de segurança, autorizados pelo art. 4º da Lei n. 4.348/64 e pelo art. 25 da Lei n. 8.038/90, assumem particular gravidade, especialmente se considerada a magnitude da ação mandamental, que configura instrumento destinado a viabilizar, na esfera do Poder Judiciário, a tutela de direitos líquidos e certos.

Impõe-se, em consequência, ao Presidente do Tribunal, no exercício da atribuição monocrática que lhe foi legalmente deferida, que proceda, sempre, a uma exegese estrita dos poderes que lhe assistem até mesmo em respeito à estatura superior que ostenta, em nosso sistema jurídico, o writ mandamental.

A índole constitucional do mandado de segurança determina ao seu intérprete que valorize esse remédio processual, a fim de evitar que uma simples lei ordinária (Lei n. 4.348/64, art. 4º) venha a permitir a adoção de medidas judiciais que contenham, inibam e paralisem os efeitos jurídicos desse relevantíssimo instrumento de proteção consagrado pela própria Constituição.

Essa norma de competência, que atribui poder extraordinário ao Presidente do Tribunal para suspender a eficácia da liminar mandamental ou a execução do próprio mandado de segurança concedido, pode gerar consequências radicais, na medida em que se revela apta a neutralizar as virtualidades jurídicas do remédio constitucional e a frustrar a vontade objetiva positivada na Constituição da República, consistente na pronta e eficaz defesa das pessoas em face da ação eventualmente arbitrária do Estado (...)" (PetMC n. 1.343, Rel. Min. Celso de Mello, DJ de 28.08.97).

Esses mesmos pressupostos devem estar presentes na análise do pedido de suspensão da cautelar ou da liminar, inclusive das sentenças proferidas no processo de ação cautelar inominada, na ação popular e na ação civil pública (Lei n. 8.437, de 1992, art. 4º).

Afigura-se decisivo compreender, todavia, que a competência que se defere ao Presidente do STF, no âmbito de suspensão de segurança – e das suspensões de liminares em geral –, parece decorrer de um fenômeno de *metonímia processual*.

Outorga-se essa atribuição ao Presidente em lugar de atribuí-la ao Tribunal. Logo, em caso de indeferimento da suspensão de segurança, não faz sentido que o Tribunal fique impossibilitado de apreciar a matéria, quando, como amplamente demonstrado, poderá conhecer de matéria idêntica se o agravo for interposto em processo submetido ao regime geral de contracautela da Lei n. 8.437, de 1992.

Por isso, assinale-se que, ao perceber a possibilidade de teratologia ou de configuração de grave dano ao interesse público, esta Corte vem concedendo mandado de segurança contra decisão do Presidente que indefere o pedido de suspensão. Foi o que ocorreu no MS n. 24.159/RJ (rel. Min. Ellen Gracie, sessão de 26.6.02), no qual o Plenário, por maioria, conheceu do *writ* impetrado pela União Federal contra ato do Presidente desta Corte, Ministro Marco Aurélio, que havia indeferido pedido de suspensão de segurança por não vislumbrar, na espécie, grave lesão à economia e à ordem públicas. Em hipótese semelhante, decidiu-se, no mesmo sentido, no Mandado de Segurança n. 24.329/DF (rel. Min. Maurício Corrêa, DJ de 28.8.02), em que se deferiu liminar para suspender a segurança requerida ao Presidente Marco Aurélio e por este indeferida.

Como demonstrado, não se vislumbra qualquer razão para um tratamento assimétrico na espécie. Indeferido o pedido de suspensão nos processos referidos na Lei n. 8.437, de 1992, caberá agravo. Não há razão para não admiti-lo nos casos de indeferimento de suspensão de segurança.

Assim, a inovadora disciplina para a suspensão da execução das decisões contempladas na Lei n. 8.437, de 1992, relativa ao cabimento do agravo contra despacho indeferitório de suspensão liminar ou de sentença, pode e deve, a meu ver, ser aplicada à suspensão em mandado de segurança.

Conheço, portanto, do agravo regimental em suspensão de segurança.

É o meu voto na questão de ordem.

VOTO MÉRITO

Senhor Presidente, leio o despacho do então Presidente Ministro Carlos Velloso:

"O ESTADO DE ALAGOAS, com fundamento no art. 4º da Lei 4.348/64, redação da MP 2.102-27/2001, requer a suspensão da **sentença** concedida nos autos do **Mandado de Segurança Preventivo 273/94** (fls. 13/17), impetrado por **USINA SERRA GRANDE S/A E OUTRAS** perante a 1ª Vara da Fazenda Estadual, sentença essa **mantida** pelo eminente Presidente do Eg. Tribunal de Justiça do Estado de Alagoas, por força de **indeferimento** do pedido de **Suspensão de Segurança 00.001654-3** (fl. 22), que assegurou '*às Impetrantes o direito de livremente promover as exportações de açúcar demerara, para o exterior, sem recolher o ICMS inconstitucionalmente exigido pelo Convênio 15/91, celebrado pelo CONFAZ, bem como tornar sem efeito todo e qualquer auto de infração, emitido pelo Impetrado, contra as Impetrantes, consubstanciado no fato gerador que nesta oportunidade reconhecemos como ilegal, diante da inconstitucionalidade do mencionado Convênio 15/91*' (fl. 16).

Diz o requerente que interpôs apelação da sentença impugnada, tendo sido oferecidas as contrarrazões. Todavia, o recurso não subiu ao Eg. Tribunal de Justiça de Alagoas por não terem sido devolvidos, até hoje, os autos retirados pelos advogados das impetrantes, conforme atestam as certidões de fls. 18/20. O Estado de Alagoas requereu, ainda, a busca e apreensão dos autos, bem como ajuizou ação de restauração dos autos. Também informa que o MM. Juiz plantonista, em 24.01.2000, determinou à autoridade impetrada que fizesse cumprir a decisão impugnada, sob pena de crime de desobediência.

Sustenta, mais, em síntese, o seguinte:

a) **cabimento do pedido de suspensão de segurança**, a teor do art. 4°, § 1°, da Lei 4.348/64, redação da MP 2.102-27/2001, dado que o *'fundamento da sentença mandamental ora atacada seria a inconstitucionalidade dos dispositivos normativos que fundamentam a cobrança do imposto estadual'* (fl. 6);

b) **ocorrência de lesão à ordem pública**, porquanto a 'ADIn n. 600-2 já declarara a constitucionalidade das normas que fundamentavam a cobrança do ICMS sobre exportação de açúcar demerara, à época em que foi proferida a sentença mandamental'. Ademais, 'até mesmo a competência dessa Corte Suprema é violada, haja vista sua atribuição de zelar pela observância das normas constitucionais, o que tem como consequência o efeito vinculante da decisão proferida em sede de controle abstrato' (fl. 8);

c) **risco de grave lesão à economia pública estadual**, mormente porque são desastrosas as consequências ocasionadas 'por uma determinação judicial que torna sem efeito todo e qualquer auto de infração, vedando, destarte, a constituição do crédito tributário de ICMS referente à exportação de açúcar demerara, o que teria, como consequência mais gravosa, a caracterização da decadência do direito de lançar, quando a decisão mandamental vier a ser reformada posteriormente' (fl. 9). Ademais, conforme certidão de fl. 23, o prejuízo para o erário já atingiu o montante de R$ 18.837.095,55 (dezoito milhões, oitocentos e trinta e sete mil e noventa e cinco reais e cinquenta e cinco centavos)."

Foi requerida a liminar.

O Ministro Carlos Velloso, no despacho, destaca o parecer do eminente Procurador-Geral da República, Professor Geraldo Brindeiro:

"(...)

10. Quanto ao mérito, verifica-se que merece prosperar o pleito de contracautela requerido pelo Estado de Alagoas, em face do aspecto da potencialidade lesiva da economia pública com o cumprimento da decisão que ora se ataca.

11. No caso, a decisão prolatada pelo Desembargador do Tribunal de Justiça de Alagoas manteve a segurança concedida para que as empresas impetrantes não se submetam ao recolhimento do ICMS, por ocasião da exportação de açúcar demerara, impossibilitando, por conseguinte, que a Fazenda Pública estadual receba os valores desse tributo por um período indeterminado.

12. O entendimento exposto na decisão impugnada, entretanto, contrapõe-se à orientação recentemente firmada pelo Pleno do colendo Supremo Tribunal Federal. Com efeito, decidiu essa Excelsa Corte:

> *'O Tribunal, por maioria, deu provimento a recurso extraordinário para, reformando acórdão do STJ, declarar a constitucionalidade do art. 2° da LC 65/91, bem como do Convênio 15/91, que nele se apoia, o qual atribui ao CONFAZ a elaboração da lista de produtos industrializados semi-elaborados a serem tributados quando exportados, conforme o disposto no art. 155, § 2°, X, a, da CF.' (Informativo STF, 26 a 30 de julho de 2000, n. 195).*

13. Vê-se, assim, que o recolhimento do referido imposto estadual é constitucional, podendo o Estado-membro, portanto, exigir o ICMS nos casos de exportação do açúcar demerara pelas empresas/impetrantes.

14. Por outro lado, firmou-se a jurisprudência do colendo Supremo Tribunal Federal no sentido de que, em se tratando de suspensão de segurança, o requerente deve, necessariamente, demonstrar efetivamente a potencialidade danosa do ato decisório, comprovando-o de forma inequívoca e segura, face ao caráter excepcional da medida.

Controle incidental 1737

15. *Na hipótese dos autos, o Estado requerente juntou documentação, destacando-se a certidão elaborada pela Coordenadoria Geral de Administração Tributária da Secretaria da Fazenda Estadual (fls. 23), que registra perdas significativas de arrecadação com a manutenção da decisão ora atacada.*

16. *Presente, pois, o **fumus boni juris**, consubstanciado na constitucionalidade, já declarada por esse colendo Supremo Tribunal Federal, da exigência do ICMS, e o **periculum in mora**, consistente na grave lesão aos cofres estaduais de Alagoas com o não recolhimento do citado tributo, forçosa a conclusão de que o pedido de suspensão ora examinado merece ser deferido.*

(...)" (fls. 33/35).

O Procurador-Geral da República, depois da reabertura desse regime de litigiosidade limitada, instaurada pelo Ministro Marco Aurélio, na suspensão, manifestou-se novamente no mesmo sentido.

O Ministro Carlos Velloso conclui:

"Está correto o parecer.

A decisão impugnada, além de afrontar entendimento do Supremo Tribunal Federal, adotado pelo Plenário, pode causar grave lesão à economia pública, conforme demonstrado pela Fazenda do Estado de Alagoas (fl. 23)."

Por isso, o Ministro Carlos Velloso deferiu o pedido.

Entendo que essas razões são suficientes para justificar o provimento do agravo e o deferimento da suspensão na espécie. Poderia fazer outras considerações sobre a repercussão que a questão alcança sobre a pobre economia do Estado de Alagoas.

Dispenso-me, no entanto, de fazê-lo.

Entendo, também, porque o Estado demorou tanto para fazer esse pedido ou, pelo menos, consigo antever ou ler as razões.

Provavelmente, isso fala muito mais da influência política na atividade de advocacia pública. Não houve, na verdade, qualquer motivo mais relevante. Certamente, um modelo de Estado, pautado pela ideia de responsabilidade fiscal, não poderia ficar indiferente a essa decisão, que tão grave lesão causava aos cofres públicos de Alagoas: dezoito milhões de reais, como aferido, inicialmente, é algo de significativo para a economia daquele pequeno e sofrido Estado.

A apelação ainda não foi julgada devido ao desaparecimento dos autos, que foram furtados do cartório. A restauração ainda resta inconclusa. Como o Tribunal pode ver, é um caso grave, verdadeiramente tenebroso!

Provejo o agravo e defiro a suspensão de segurança.

20. Decisões no controle de constitucionalidade e seus efeitos

RE 197.917[1]

Modulação de efeitos da decisão do STF no controle incidental – Câmara de Vereadores – Composição – Autonomia municipal – Limites constitucionais – Número de vereadores proporcional à população – CF, art. 29, inciso IV – Aplicação de critério aritmético rígido – Incompatibilidade entre a população e o número de vereadores – Inconstitucionalidade, *incidenter tantum*, da norma municipal – Situação excepcional – Efeitos para o futuro.

O Município de Mira Estrela/SP e a Câmara de Vereadores apelaram de decisão do Tribunal de Justiça do Estado de São Paulo, que invalidou a decisão do juiz de primeiro grau proferida em ação civil pública, a qual reduziu o número de vereadores de 11 para 9, e reconheceu a inconstitucionalidade do parágrafo único do artigo 6º da Lei Orgânica do Município, por afronta à proporção estabelecida no artigo 29, inciso IV, alínea *a*, da Constituição Federal.

O Ministério Público estadual interpôs recurso extraordinário (RE 197.917) com fundamento nas alíneas *a* e *c* do artigo 102 da Constituição. Alegou ofensa ao artigo 29, inciso IV, e argumentou que o artigo 6º, parágrafo único, da Lei Orgânica local, em contraste com a proporcionalidade exigida pela Carta Federal, fixou número excessivo de vereadores, dado que o Município possuía, à época, somente 2.651 habitantes.

O Ministério Público Federal opinou pelo conhecimento e provimento do recurso, em parecer resumido na seguinte ementa:

"...

1. Nulidade de norma estabelecida em Lei Orgânica Municipal que fixou o número de vereadores em desconformidade com o art. 29, IV, 'a', da atual Constituição Federal.

2. Clara antijuridicidade de ato normativo que fixa em onze (11) o número de vereadores para município que detém menos de três mil (3.000) habitantes.

3. Incontroverso dano ao patrimônio público municipal.

4. Autonomia municipal que deve ser exercida com observância dos parâmetros analíticos estabelecidos no texto constitucional vigente.

...".

Esta a ementa que o julgado recebeu:

EMENTA: Recurso extraordinário. Municípios. Câmara de vereadores. Composição. Autonomia municipal. Limites constitucionais. Número de vereadores proporcional à população. CF, artigo 29, IV. Aplicação de

---

[1] Em sessão realizada em 24.3.2004, o Plenário, por maioria, vencidos os Ministros Sepúlveda Pertence, Marco Aurélio e Celso de Mello, declarou a inconstitucionalidade, com efeitos *pro futuro*, da norma questionada, e determinou à Câmara de Vereadores que, após o trânsito em julgado, adotasse as medidas cabíveis para adequar sua composição aos parâmetros fixados no acórdão, respeitados os mandatos dos vereadores da época. O acórdão foi publicado no *DJ* de 7.5.2004.

critério aritmético rígido. Invocação dos princípios da isonomia e da razoabilidade. Incompatibilidade entre a população e o número de vereadores. Inconstitucionalidade, incidenter tantum, da norma municipal. Efeitos para o futuro. Situação excepcional.

1. O artigo 29, inciso IV da Constituição Federal, exige que o número de Vereadores seja proporcional à população dos Municípios, observados os limites mínimos e máximos fixados pelas alíneas a, b e c. 2. Deixar a critério do legislador municipal o estabelecimento da composição das Câmaras Municipais, com observância apenas dos limites máximos e mínimos do preceito (CF, artigo 29) é tornar sem sentido a previsão constitucional expressa da proporcionalidade. 3. Situação real e contemporânea em que Municípios menos populosos têm mais Vereadores do que outros com um número de habitantes várias vezes maior. Casos em que a falta de um parâmetro matemático rígido que delimite a ação dos legislativos municipais implica evidente afronta ao postulado da isonomia. 4. Princípio da razoabilidade. Restrição legislativa. A aprovação de norma municipal que estabelece a composição da Câmara de Vereadores sem observância da relação cogente de proporção com a respectiva população configura excesso do poder de legislar, não encontrando eco no sistema constitucional vigente. 5. Parâmetro aritmético que atende ao comando expresso na Constituição Federal, sem que a proporcionalidade reclamada traduza qualquer afronta aos demais princípios constitucionais e nem resulte formas estranhas e distantes da realidade dos Municípios brasileiros. Atendimento aos postulados da moralidade, impessoalidade e economicidade dos atos administrativos (CF, artigo 37). 6. Fronteiras da autonomia municipal impostas pela própria Carta da República, que admite a proporcionalidade da representação política em face do número de habitantes. Orientação que se confirma e se reitera segundo o modelo de composição da Câmara dos Deputados e das Assembleias Legislativas (CF, artigos 27 e 45, § 1º). 7. Inconstitucionalidade, incidenter tantum, da lei local que fixou em 11 (onze) o número de Vereadores, dado que sua população de pouco mais de 2600 habitantes somente comporta 09 representantes. 8. Efeitos. Princípio da segurança jurídica. Situação excepcional em que a declaração de nulidade, com seus normais efeitos ex tunc, resultaria grave ameaça a todo o sistema legislativo vigente. Prevalência do interesse público para assegurar, em caráter de exceção, efeitos pro futuro à declaração incidental de inconstitucionalidade. Recurso extraordinário conhecido e em parte provido.

VOTO-VISTA

O voto do eminente Relator pode ser assim resumido:

a) as disposições do art. 29, IV, da Constituição possuem conteúdo normativo, de modo a concretizar os princípios constitucionais da razoabilidade e da proporcionalidade da representação política;

b) propõe adoção de regra de três simples para a realização do mandamento constitucional (*v.g.* 1.000.0000 dividido por 21, etc.) o que resulta:

I – quanto à alínea "a" do inciso IV: a cada grupo de 47.619 habitantes há de se acrescentar um vereador, observado o referencial mínimo de 9 (nove);

II – quanto à alínea "b" do inciso IV: a partir de 1.000.001 habitantes, a cada grupo de 121.951, soma-se mais um vereador, observado o referencial mínimo de 33 (trinta e três);

III – quanto à alínea "c" do inciso IV: a cada grupo de 119.047 munícipes a representação será acrescida de um vereador, até o limite máximo de 55.

Tal como sintetizado no ilustrado voto, a questão está restrita ao significado normativo da expressão "proporcional" no art. 29, IV, da CF. E as opções são radicais e inconciliáveis: ou ela tem algum sentido normativo ou ela quase ou nada significa do ponto de vista jurídico-normativo.

Nessa linha também entendo, como o nobre Relator, que a consideração segundo a qual "... *a proporcionalidade está mitigada pela determinação de observância de limites (MS 1.949) não pode mais prosperar, pois sua aplicação prática provoca, conforme já dito, resultados que violam de maneira frontal a Constituição, tornando inócua a relação População/Vereadores, além de situar-se em descompasso com a isonomia e o devido processo legal substantivo".*

Parecem igualmente irretocáveis as seguintes passagens do aludido voto:

"Da mesma forma, a afirmação de que '*da própria Constituição não é possível extrair outro critério aritmético de que resultasse a predeterminação de um número certo de Vereadores para cada Município*' (MS 1.945) não pode mais subsistir, uma vez que, como se viu, o anseio expresso na Carta Federal encontra forma de realizar-se e compor-se por equação aritmética determinável, de sorte a concretizar os princípios constitucionais da razoabilidade e da proporcionalidade da representação política.

53. Nem se diga possa haver qualquer ofensa à autonomia municipal (CF, artigos 1º, 18 e 29), já que na espécie fala mais alto o princípio maior resultante da própria Constituição, que submeteu os Municípios à regra da proporcionalidade entre o número de Vereadores e o de seus habitantes.

54. Se assim admito, claro está que o acórdão recorrido discrepou da Constituição ao afirmar que seu artigo 29, IV, *'não estabeleceu de forma explícita nenhum critério rígido e pertinente sobre essa proporcionalidade; muito menos adotou, de modo claro e induvidoso, a exata fórmula matemática que, com puro subjetivismo, veio preconizada na inicial e resultou acolhida pelo MM. Juiz'* (fl. 187). Com efeito, conforme ficou demonstrado, a inicial e a sentença de primeiro grau apoiaram-se em dados objetivos e demonstraram, à saciedade, que o número de Vereadores fixados pelo Município de Mira Estrela ofende os parâmetros definidores da proporção exigida pela Carta de 1988.

55. Correta, portanto, a sentença do juiz de primeiro grau no ponto em que considerou inconstitucional o parágrafo único do artigo 6º da Lei Orgânica do Município de Mira Estrela, por ofensa ao artigo 29, inciso IV, alínea 'a', da Constituição Federal. Com apenas 2.651 habitantes, referido Município somente poderia ter 9 representantes e não 11 como fixado pela norma legal *sub examine*."

É verdade que o Relator percebeu, com peculiar argúcia, que a declaração de inconstitucionalidade a ser proferida nos presentes autos haveria de ter limitação de efeitos.

É o que se lê nos seguintes parágrafos do douto voto:

"57. Assim sendo, repito, bem agiu o magistrado de primeiro grau ao declarar, *incidenter tantum*, a inconstitucionalidade do parágrafo único do artigo 6º da Lei Orgânica em causa. Não poderia, entretanto, alterar o seu conteúdo, fixando de pronto o número de Vereadores, usurpando, por isso mesmo, competência constitucional específica outorgada tão só ao Poder Legislativo do Município (CF, artigo 29, *caput*, IV). Agindo dessa forma, o Poder Judiciário estaria assumindo atribuição de legislador positivo, que não lhe foi reservada pela Carta Federal para a hipótese.

58. Oficiado à Câmara Legislativa local acerca da inconstitucionalidade do preceito impugnado, cumpre a ela tomar as providências cabíveis para tornar efetiva a decisão judicial transitada em julgado.

59. Registro que, nas razões do extraordinário, o recorrente impugnou tão só a inconstitucionalidade da Lei Orgânica Municipal, ratificando a pretensão de reduzir o número de Vereadores de 11 para 9, nada aduzindo, porém, quanto aos demais consectários requeridos na inicial, como o afastamento dos Vereadores excedentes e a devolução dos subsídios por eles recebidos, questões, por esse motivo, aqui não enfrentadas.

60. Assinale-se que, a despeito de a legislatura a que se refere a decisão de primeiro grau – quadriênio 1993/97 – já ter se exaurido, o presente recurso não se acha prejudicado. Com efeito, a ação promovida pelo *Parquet* questionou a composição da Câmara Legislativa do Município por entendê-la contrária à Carta da República, em face do excesso de representantes. Tal situação persiste, porquanto os eleitores de Mira Estrela elegeram para o quadriênio 2001/2004 o mesmo quantitativo de 11 (onze) Vereadores. Remanesce, portanto, o interesse em reduzir esse número e a consequente declaração incidental de inconstitucionalidade da norma municipal.

(...)

62. Observo, por fim, *obiter dictum*, que a declaração de cassação dos mandatos, em situação como a presente, deveria ser precedida de reavaliação do quociente eleitoral, tendo em vista os partidos políticos que participaram das respectivas eleições, o que demandaria prévio exame da Justiça Eleitoral."

Essas considerações demonstram que, de forma hábil, o eminente Relator tentou limitar os efeitos da declaração de inconstitucionalidade, que, como se percebe, não poderá ser dotada de eficácia *ex tunc*.

A observação, ainda que à guisa de *obiter dictum*, sobre a repercussão que a declaração de cassação de mandatos haveria de produzir, traz à lembrança uma velha fórmula atribuída a Walter Jellinek sobre a aporia envolvida na declaração de nulidade de lei eleitoral. Sustentava Walter Jellinek que o conteúdo normativo do artigo 13, II, da Constituição de Weimar deveria ser limitado, de modo que o *Reichsgericht* somente deveria decidir com base nesse preceito se a pronúncia da nulidade da lei se mostrasse apta a resolver a questão. Essa seria a hipótese se, em lugar da

Decisões no controle de constitucionalidade e seus efeitos **1741**

lei declarada inconstitucional ou nula, surgisse uma norma apta a preencher eventual lacuna do ordenamento jurídico. Do contrário, deveria o Tribunal abster-se de pronunciar a nulidade. Assim, não poderia o Tribunal declarar a nulidade de uma lei que contrariasse o art. 17 da Constituição de Weimar (princípio da eleição proporcional), uma vez que *"a consequência seria caos, o Estado-membro não teria uma lei eleitoral"* (Jellinek, Walter. *Verfassung und Verwaltung des Reichs und der Länder*, 3 ed. Leipzig und Berlim, 1927, p. 27).

Como se pode ver, se se entende inconstitucional a lei municipal em apreço, impõe-se que se limitem os efeitos dessa declaração (*pro futuro*).

Embora a Lei n. 9.868, de 10 de novembro de 1999, tenha autorizado o Supremo Tribunal Federal a declarar a inconstitucionalidade com efeitos limitados, é lícito indagar sobre a admissibilidade do uso dessa técnica de decisão no âmbito do controle difuso.

Ressalte-se que não estou a discutir a constitucionalidade do art. 27 da Lei n. 9.868, de 1999. Cuida-se aqui tão somente de examinar a possibilidade de aplicação da orientação nele contida no controle incidental de constitucionalidade.

Para tanto, faz-se necessária, inicialmente, uma análise da questão no direito americano, que é a matriz do sistema brasileiro de controle.

É interessante notar que, nos próprios Estados Unidos da América, onde a doutrina acentuara tão enfaticamente a ideia de que a expressão "lei inconstitucional" configurava uma *contradictio in terminis*, uma vez que *"the inconstitucional statute is not law at all"* (Willoughby, Westel Woodbury. *The Constitutional Law of the United States*, New York, 1910, v. 1, p. 9/10; *cf.* Cooley, Thomas M., *Treaties on the Constitutional Limitations*, 1878, p. 227), passou-se a admitir, após a Grande Depressão, a necessidade de se estabelecerem limites à declaração de inconstitucionalidade (Tribe, Laurence. *The American Constitutional Law*, The Foundation Press, Mineola, New York, 1988). A Suprema Corte americana vem considerando o problema proposto pela eficácia retroativa de juízos de inconstitucionalidade a propósito de decisões em processos criminais. Se as leis ou atos inconstitucionais nunca existiram enquanto tais, eventuais condenações nelas baseadas quedam ilegítimas, e, portanto, o juízo de inconstitucionalidade implicaria a possibilidade de impugnação imediata de todas as condenações efetuadas sob a vigência da norma inconstitucional. Por outro lado, se a declaração de inconstitucionalidade afeta tão somente a demanda em que foi levada a efeito, não se há que cogitar de alteração de julgados anteriores.

Sobre o tema, afirma Tribe:

"No caso Linkletter v. Walker, a Corte rejeitou ambos os extremos: 'a Constituição nem proíbe nem exige efeito retroativo.' Parafraseando o Justice Cardozo pela assertiva de que 'a constituição federal nada diz sobre o assunto', a Corte de Linkletter tratou da questão da retroatividade como um assunto puramente de política (política judiciária), a ser decidido novamente em cada caso. A Suprema Corte codificou a abordagem de Linkletter no caso Stovall v. Denno: 'Os critérios condutores da solução da questão implicam (a) o uso a ser servido pelos novos padrões, (b) a extensão da dependência das autoridades responsáveis pelo cumprimento da lei com relação aos antigos padrões, e (c) o efeito sobre a administração da justiça de uma aplicação retroativa dos novos padrões". (Tribe, *American Constitutional Law*, cit., p. 30)

Ressalte-se que *Linkletter* havia sido condenado com base em sistema de provas que, posteriormente, a Suprema Corte veio a considerar contrário ao princípio do *due process of law*. Com base nessa orientação, *Linkletter* pediu a revisão do seu caso, o que lhe foi negado pela Suprema Corte, forte no argumento de que a pretensão formulada não tinha fundamento constitucional (a questão dos efeitos não tinha definição constitucional) (García de Enterría, *Justicia Constitucional*, cit., *RDP* 92, p. 5).

Em verdade, toda a polêmica surgiu com o caso *Mapp v. Ohio* 367 US 643 (1961), no qual a Suprema Corte reconheceu que, em consonância com a 4ª Emenda, a prova obtida ilegalmente não seria admissível em um juízo penal. Restou, assim, superada a doutrina estabelecida em *Wolf v. Colorado*, 338 US 25 (1949). Como era de se esperar, inúmeras petições de *habeas corpus* foram apresentadas com o objetivo de assegurar a aplicação retroativa do precedente *Mapp* nos casos já julgados (Cf. Sesma, Victoria Iturralde, *El Precedente en el Common Law*, Madri, 1995, p. 173). Daí ter afirmado o juiz Clark que as regras fixadas em *Mapp* tinham como objetivo desestimular as ações ilegais da polícia, proteger a privacidade das vítimas e ensejar que os órgãos federais e estaduais operassem com base nos mesmos padrões jurídicos. Conferir a *Mapp* efeitos retroativos, na opinião de Clark, acabaria por quebrantar a confiança que órgãos do Estado depositaram em *Wolf v. Colorado* e imporia uma desmedida carga de trabalho para administração da Justiça (Sesma, *El Precedente*, cit., p. 173).

A jurisprudência americana evoluiu para admitir, ao lado da decisão de inconstitucionalidade com efeitos retroativos amplos ou limitados (*limited retrospectivity*), a superação prospectiva (*prospective overruling*), que tanto pode ser limitada (*limited prospectivity*), aplicável aos processos iniciados após a decisão, inclusive ao processo originário, como ilimitada (*pure prospectivity*), que sequer se aplica ao processo que lhe deu origem (Palu, Oswaldo Luiz. *Controle de constitucionalidade*, São Paulo 2. ed., 2001, p. 173; Medeiros, Rui. *A Decisão de Inconstitucionalidade*, Universidade Católica Editora, Lisboa, 1999).

Vê-se, pois, que o sistema difuso ou incidental mais tradicional do mundo passou a admitir a mitigação dos efeitos da declaração de inconstitucionalidade e, em casos determinados, acolheu até mesmo a pura declaração de inconstitucionalidade com efeito exclusivamente *pro futuro* (cf. a propósito, Sesma, *El Precedente, cit.*, p. 174 s). De resto, assinale-se que, antes do advento da Lei n. 9.868, de 1999, talvez fosse o STF, muito provavelmente, o único órgão importante de jurisdição constitucional a não fazer uso, de modo expresso, da limitação de efeitos na declaração de inconstitucionalidade. Não só a Suprema Corte americana (caso *Linkletter v. Walker*), mas também uma série expressiva de Cortes Constitucionais e Cortes Supremas adotam a técnica da limitação de efeitos (cf. *v.g.* Corte Constitucional austríaca (Constituição, art. 140), a Corte Constitucional alemã (Lei Orgânica, § 31, 2 e 79, 1), a Corte Constitucional espanhola (embora não expressa na Constituição, adotou, desde 1989, a técnica da *declaração de inconstitucionalidade sem a pronúncia da nulidade*. Cf. García de Enterría, *Justicia Constitucional*, cit., p. 5), a Corte Constitucional portuguesa (Constituição, art. 282, n. 4), o Tribunal de Justiça da Comunidade Europeia (art. 174, 2, do Tratado de Roma), o Tribunal Europeu de Direitos Humanos (caso *Markx*, de 13 de junho de 1979. Cf. Siqueira Castro, Carlos Roberto. *Da Declaração de Inconstitucionalidade e seus efeitos em face das Leis n. 9.868 e 9882/99*, in: Sarmento, Daniel, O Controle de Constitucionalidade e a Lei 9.868/99 (organizador), Rio de Janeiro, 2001).

No que interessa para a discussão da questão em apreço, ressalte-se que o modelo difuso não se mostra incompatível com a doutrina da limitação dos efeitos.

Sem dúvida, afigura-se relevante no sistema misto brasileiro o significado da decisão limitadora tomada pelo Supremo Tribunal Federal no controle abstrato de normas sobre os julgados proferidos pelos demais juízes e tribunais no sistema difuso.

O tema relativo à compatibilização de decisões nos modelos concreto e abstrato não é exatamente novo e foi suscitado, inicialmente, na Áustria, tendo em vista os reflexos da decisão da Corte Constitucional sobre os casos concretos que deram origem ao incidente de inconstitucionalidade (1920-1929). Optou-se ali por atribuir efeito *ex tunc* excepcional à repercussão da decisão de inconstitucionalidade sobre o caso concreto (Constituição austríaca, art. 140, n. 7, 2ª parte).

No direito americano, o tema poderia assumir feição delicada tendo em vista o caráter incidental ou difuso do sistema, isto é, modelo marcadamente voltado para a defesa de posições subjetivas. Todavia, ao contrário do que se poderia imaginar, não é rara a pronúncia de inconstitucionalidade sem atribuição de eficácia retroativa, especialmente nas decisões judiciais que introduzem alteração de jurisprudência (*prospective overruling*). Em alguns casos, a nova regra afirmada para decisão aplica-se aos processos pendentes (*limited prospectivity*); em outros, a eficácia *ex tunc* exclui-se de forma absoluta (*pure prospectivity*). Embora tenham surgido no contexto

Decisões no controle de constitucionalidade e seus efeitos **1743**

das alterações jurisprudenciais de precedentes, as *prospectivity* têm integral aplicação às hipóteses de mudança de orientação que leve à declaração de inconstitucionalidade de uma lei antes considerada constitucional (cf. Medeiros, A *Decisão de Inconstitucionalidade*, cit., p. 743).

A prática da *prospectivity*, em qualquer de suas versões, no sistema de controle americano, demonstra, pelo menos, que o controle incidental não é incompatível com a ideia da limitação de efeitos na decisão de inconstitucionalidade.

Há de se reconhecer que o tema assume entre nós peculiar complexidade tendo em vista a inevitável convivência entre os modelos difuso e direto. Quais serão, assim, os efeitos da decisão *ex nunc* do Supremo Tribunal Federal, proferida *in abstracto*, sobre as decisões já proferidas pelas instâncias afirmadoras da inconstitucionalidade com eficácia *ex tunc*?

Um argumento que pode ser suscitado diz respeito ao direito fundamental de acesso à justiça, tal como já arguido no direito português, afirmando-se que haveria a frustração da expectativa daqueles que obtiveram o reconhecimento jurisdicional do fundamento de sua pretensão (cf. Medeiros, A *Decisão de Inconstitucionalidade*, cit., p. 746).

A propósito dessa objeção, Rui Medeiros apresenta as seguintes respostas:

"– É sabido, desde logo, que existem domínios em que a restrição do alcance do julgamento de inconstitucionalidade não é, por definição, susceptível de pôr em causa esse direito fundamental (v.g., invocação do n. 4 do art. 282 para justificar a aplicação da norma penal inconstitucional mais favorável ao arguido do que a norma repristinada);

– Além disso, mostra-se claramente claudicante a representação do direito de acção judicial como um direito a uma sentença de mérito favorável, tudo apontando antes no sentido de que o artigo 20 da Constituição não vincula os tribunais a 'uma obrigação-resultado (procedência do pedido) mas a uma mera obrigação-meio, isto é, a encontrar uma solução justa e legal para o conflito de interesse entre as partes';

– Acresce que, mesmo que a limitação de efeitos contrariasse o direito de acesso aos tribunais, ela seria imposta por razões jurídico-constitucionais e, por isso, a solução não poderia passar pela absoluta prevalência do interesse tutelado pelo art. 20 da Constituição, postulando ao invés uma tarefa de harmonização entre os diferentes interesses em conflito;

– Finalmente, a admissibilidade de uma limitação de efeitos na fiscalização concreta não significa que um tribunal possa desatender, com base numa decisão puramente discricionária, a expectativa daquele que iniciou um processo jurisdicional com a consciência da inconstitucionalidade da lei que se opunha ao reconhecimento da sua pretensão. A delimitação da eficácia da decisão de inconstitucionalidade não é fruto de 'mero decisionismo' do órgão de controlo. O que se verifica é tão somente que, à luz do ordenamento constitucional no seu todo, a pretensão do autor à não aplicação da lei desconforme com a Constituição não tem, no caso concreto, fundamento." (Cf. Medeiros, A *Decisão de Inconstitucionalidade*, cit., p. 746-747)

Essas colocações têm a virtude de demonstrar que a declaração de inconstitucionalidade *in concreto* também se mostra passível de limitação de efeitos. A base constitucional dessa limitação – necessidade de um outro princípio que justifique a não aplicação do princípio da nulidade – parece sugerir que, se aplicável, a declaração de inconstitucionalidade restrita revela-se abrangente do modelo de controle de constitucionalidade como um todo. É que, nesses casos, tal como já argumentado, o afastamento do princípio da nulidade da lei assenta-se em fundamentos constitucionais e não em razões de conveniência. Se o sistema constitucional legitima a declaração de inconstitucionalidade restrita no controle abstrato, esta decisão poderá afetar, igualmente, os processos do modelo concreto ou incidental de normas. Do contrário, poder-se-ia ter inclusive um esvaziamento ou uma perda de significado da própria declaração de inconstitucionalidade restrita ou limitada.

A questão tem relevância especial no direito português, porque, ao lado do modelo abstrato de controle, de perfil concentrado, adota a Constituição um modelo concreto de perfil incidental à semelhança do sistema americano ou brasileiro. Trata-se de herança do sistema adotado pela Constituição portuguesa de 1911.

É claro que, nesse contexto, tendo em vista os próprios fundamentos legitimadores da restrição de efeitos, poderá o Tribunal declarar a inconstitucionalidade com efeitos limitados, fazendo, porém, a ressalva dos casos já decididos ou dos casos pendentes até um determinado momento (v.g., até a decisão *in abstracto*). É o que ocorre no sistema português, onde o Tribunal Constitucional ressalva, frequentemente, os efeitos produzidos até à data da publicação da declaração de inconstitucionalidade no Diário da República ou, ainda, acrescenta no dispositivo que são excetuadas aquelas situações que estejam pendentes de impugnação contenciosa (Cf. Medeiros, *A Decisão de Inconstitucionalidade, cit.*, p. 748).

Essa orientação afigura-se integralmente aplicável ao sistema brasileiro.

Assim, pode-se entender que se o STF declarar a inconstitucionalidade restrita, sem qualquer ressalva, essa decisão afeta os demais processos com pedidos idênticos pendentes de decisão nas diversas instâncias. Os próprios fundamentos constitucionais legitimadores da restrição embasam a declaração de inconstitucionalidade com eficácia *ex nunc* nos casos concretos. A inconstitucionalidade da lei há de ser reconhecida a partir do trânsito em julgado. Os casos concretos ainda não transitados em julgado hão de ter o mesmo tratamento (decisões com eficácia *ex nunc*) se e quando submetidos ao STF.

É verdade que, tendo em vista a autonomia dos processos de controle incidental ou concreto e de controle abstrato, entre nós, mostra-se possível um distanciamento temporal entre as decisões proferidas nos dois sistemas (decisões anteriores, no sistema incidental, com eficácia *ex tunc* e decisão posterior, no sistema abstrato, com eficácia *ex nunc*). Esse fato poderá ensejar uma grande insegurança jurídica. Daí parecer razoável que o próprio STF declare, nesses casos, a inconstitucionalidade com eficácia *ex nunc* na ação direta, ressalvando, porém, os casos concretos já julgados ou, em determinadas situações, até mesmo os casos *sub judice*, até a data de ajuizamento da ação direta de inconstitucionalidade. Essa ressalva assenta-se em razões de índole constitucional, especialmente no princípio da segurança jurídica. Ressalte-se aqui que, além da ponderação central entre o princípio da nulidade e outro princípio constitucional, com a finalidade de definir a dimensão básica da limitação, deverá a Corte fazer outras ponderações, tendo em vista a repercussão da decisão tomada no processo de controle *in abstracto* nos diversos processos de controle concreto.

Dessa forma, tem-se, a nosso ver, uma adequada solução para o difícil problema da convivência entre os dois modelos de controle de constitucionalidade existentes no direito brasileiro, também no que diz respeito à técnica de decisão.

Aludida abordagem responde a uma outra questão intimamente vinculada a esta. Trata-se de saber se o STF poderia, ao apreciar recurso extraordinário, declarar a inconstitucionalidade com efeitos limitados.

Não parece haver dúvida de que, tal como já exposto, a limitação de efeito é um apanágio do controle judicial de constitucionalidade, podendo ser aplicado tanto no controle direto quanto no controle incidental.

Observe-se ainda que, na jurisprudência do STF, pode-se identificar uma tímida tentativa, levada a efeito em 1977, no sentido de, com base na doutrina de Kelsen e em concepções desenvolvidas no direito americano, abandonar a teoria da nulidade em favor da chamada teoria da anulabilidade para o caso concreto.

Em verdade, no caso específico, considerou o Relator, Leitão de Abreu, que a matéria não comportava a aplicação da doutrina restritiva, pois, ao celebrar o negócio jurídico, o recorrido não tomara em consideração a regra posta no ato legislativo declarado inconstitucional (*RTJ* 82, p. 795/6). Assim, parece claro que toda argumentação desenvolvida por Leitão de Abreu, na espécie, não passa de *obiter dictum*.

Segundo essa concepção, a lei inconstitucional não poderia ser considerada nula, porque, tendo sido editada regularmente, gozaria de presunção de constitucionalidade, e sua aplicação

Decisões no controle de constitucionalidade e seus efeitos **1745**

continuada produziria consequências que não poderiam ser olvidadas. A lei inconstitucional não seria, portanto, nula *ipso jure*, mas apenas anulável. A declaração de inconstitucionalidade teria, assim, caráter constitutivo. Da mesma forma que o legislador poderia dispor sobre os efeitos da lei inconstitucional, seria facultado ao Tribunal reconhecer que a lei aplicada por longo período haveria de ser considerada como fato eficaz, apto a produzir consequências pelo menos nas relações jurídicas entre pessoas privadas e o Poder Público. Esse seria também o caso se, com a cassação de um ato administrativo, se configurasse uma quebra da segurança jurídica e do princípio da boa-fé (RE 79.343, Rel. Min. Leitão de Abreu, *RTJ* n. 82, p. 795).

É interessante registrar a síntese da argumentação desenvolvida por Leitão de Abreu:

> *"Hans Kelsen, enfrentando o problema, na sua General Theory of Law and State, inclina-se pela opinião que dá pela anulabilidade, não pela nulidade da lei inconstitucional. Consigna ele, em nota que figura à p. 160, desse livro: The void ab initio theory is not generally accepted.(Cf. for instance Chief Justice Hughes in Chicot County Drainage District v. Baxter State Bank, 308, U. S. 371 (1940)). The best formulation of the problem is to be found in Wellington et al. Petitioners, 16 Piock. 87 (Mass., 1834), at 96: 'Perhaps, however, it may be well doubted whether a formal act of legislation can ever with strict legal propriety be said to be void; It seems more consistent with the nature of the subject, and the principles apliccable to analogous cases, to treat it as voidable'. Com base nessa orientação jurisprudencial, escreve o famoso teórico do direito: 'A decisão tomada pela autoridade competente de que algo que se apresenta como norma é nulo ab initio, porque preenche os requisitos da nulidade determinados pela ordem jurídica, é um ato constitutivo; possui um efeito legal definido; sem esse ato e antes dele o fenômeno em questão não pode ser considerado 'nulo'. Donde não se tratar de decisão 'declaratória', não constituindo, como se afigura, declaração de nulidade: é uma verdadeira anulação, uma anulação com força retroativa, pois se faz mister haver legalmente existente a que a decisão se refira. Logo o fenômeno em questão não pode ser algo nulo ab initio, isto é, o não ser legal. É preciso que esse algo seja considerado como uma força anulada com força retroativa pela decisão que a declarou nula ab initio' (Ob. cit., p. 161). Acertado se me afigura, também, o entendimento de que se não deve ter como nulo ab initio ato legislativo que entrou no mundo jurídico munido de presunção de validade, impondo-se, em razão disso, enquanto não declarado inconstitucional, à obediência pelos destinatários dos seus comandos. Razoável é a inteligência, a meu ver, de que se cuida, em verdade, de ato anulável, possuindo caráter constitutivo a decisão que decreta nulidade. Como, entretanto, em princípio, os efeitos dessa decisão operam retroativamente, não se resolve, com isso, de modo pleno, a questão de saber se é mister haver como delitos do orbe jurídico atos ou fatos verificados em conformidade com a norma que haja sido pronunciada como inconsistente com a ordem constitucional. Tenho que procede a tese, consagrada pela corrente discrepante, a que se refere o Corpus Juris Secundum, de que a lei inconstitucional é um fato eficaz, ao menos antes da determinação de inconstitucionalidade, podendo ter consequências que não é lícito ignorar. A tutela da boa-fé exige que, em determinadas circunstâncias, notadamente quando, sob a lei ainda não declarada inconstitucional, se estabeleceram relações entre o particular e o poder público, se apure, prudencialmente, até que ponto a retroatividade da decisão, que decreta a inconstitucionalidade, pode atingir, prejudicando-o, o agente que teve por legítimo o ato e, fundado nele, operou na presunção de que estava procedendo sob o amparo do direito objetivo"* (RE 79.343, Rel. Min. Leitão de Abreu, *RTJ* n. 82, p. 791/795).

Essa posição não provocou qualquer mudança no entendimento anterior relativo à nulidade *ipso jure* (RE 93.356, Rel. Min. Leitão de Abreu, *RTJ* 97, p. 1.369). E, em verdade, é possível até que não fosse apta a provocar qualquer mudança. É que o próprio relator, Leitão de Abreu, ao julgar o RE 93.356, em 24 de março de 1981, destacou, *verbis*:

> *"Nos dois casos, a tese por mim sustentada pressupunha a existência de situação jurídica formalmente constituída, com base em ato praticado, de boa-fé, sob a lei que só posteriormente veio a ser declarada inconstitucional. Ora, como assinala, com precisão, o parecer da Procuradoria-Geral da República, não é esse o caso dos autos, pois que o poder público não chegou a reconhecer ao recorrente o direito ao cômputo do tempo de serviço, a que reporta".*

Orientação semelhante já havia sido adotada no caso mais famoso, tendo realçado que não havia falar-se de proteção de boa-fé, pois restara claro que, ao concluir o negócio jurídico, não tomara o recorrido em consideração a regra posta no ato legislativo posteriormente declarado inconstitucional (RE 79.343, Rel. Min. Leitão de Abreu, *RTJ* 82, p. 791 (795/796)).

Assim, talvez seja lícito dizer que Leitão de Abreu limitou-se a propor uma reflexão sobre o tema da limitação dos efeitos, no caso concreto, a ser aplicada em alguma questão apropriada. Nessa parte, as considerações por ele trazidas equivalem a simples *obiter dicta*. Ressalte-se, porém, que, se aceita a tese esposada por Leitão, ter-se-ia a possibilidade de limitação de efeitos da decisão no próprio controle incidental ou da decisão *in concreto*. Em outras palavras, o tribunal poderia declarar a inconstitucionalidade, incidentalmente, com eficácia restrita, o que daria ensejo à aplicação da norma inconstitucional no caso concreto. Tanto quanto é possível depreender da argumentação desenvolvida por Leitão de Abreu, a opção por uma declaração de inconstitucionalidade com efeito limitado decorreria de critérios de conveniência ou de política judiciária, tal como admitido no direito americano.

Diferentemente da posição externada por Leitão de Abreu, entendo que o princípio da nulidade enquanto cláusula não escrita continua a ter plena aplicação entre nós.

Não se nega, pois, o caráter de princípio constitucional ao princípio da nulidade da lei inconstitucional. Entende-se, porém, que tal princípio não poderá ser aplicado nos casos em que se revelar absolutamente inidôneo para a finalidade perseguida (casos de omissão; exclusão de benefício incompatível com o princípio da igualdade), bem como nas hipóteses em que a sua aplicação pudesse trazer danos para o próprio sistema jurídico constitucional (grave ameaça à segurança jurídica).

Assim, configurado eventual conflito entre o princípio da nulidade e o princípio da segurança jurídica, que, entre nós, tem *status* constitucional, a solução da questão há de ser, igualmente, levada a efeito em um processo de complexa ponderação.

Desse modo, em muitos casos, há de se preferir a declaração de inconstitucionalidade com efeitos restritos à insegurança jurídica de uma declaração de nulidade, como demonstram os múltiplos exemplos do direito comparado e do nosso direito.

A aceitação do princípio da nulidade da lei inconstitucional não impede, porém, que se reconheça a possibilidade de adoção, entre nós, de uma declaração de inconstitucionalidade alternativa. É o que demonstra a experiência do direito comparado, acima referida. Ao revés, a adoção de uma decisão alternativa é inerente ao modelo de controle de constitucionalidade amplo, que exige, ao lado da tradicional decisão de perfil cassatório com eficácia retroativa, também decisões de conteúdo outro, que não importem, necessariamente, na eliminação direta e imediata da lei do ordenamento jurídico.

Acentue-se, desde logo, que, no direito brasileiro, jamais se aceitou a ideia de que a nulidade da lei importaria na eventual nulidade de todos os atos que com base nela viessem a ser praticados. Embora a ordem jurídica brasileira não disponha de preceitos semelhantes aos constantes do § 79 da Lei do *Bundesverfassungsgericht*, que prescreve a intangibilidade dos atos não mais suscetíveis de impugnação, não se deve supor que a declaração de nulidade afete, entre nós, todos os atos praticados com fundamento na lei inconstitucional. É verdade que o nosso ordenamento não contém regra expressa sobre o assunto, aceitando-se, genericamente, a ideia de que o ato fundado em lei inconstitucional está eivado, igualmente, de iliceidade (cf., a propósito, RMS 17.976, Rel. Min. Amaral Santos, *RTJ* 55, p. 744). Concede-se, porém, proteção ao ato singular, em homenagem ao princípio da segurança jurídica, procedendo-se à diferenciação entre o efeito da decisão no plano normativo (*Normebene*) e no plano do ato singular (*Einzelaktebene*) mediante a utilização das chamadas fórmulas de preclusão (cf. Ipsen, Jörn, *Rechtsfolgen der Verfassungswidrigkeit von Norm und Einzelakt*, Baden-Baden, 1980, p. 266 e s. Ver, também, Mendes, Gilmar, *Jurisdição Constitucional*, São Paulo, 1999, p. 271).

Assim, os atos praticados com base na lei inconstitucional que não mais se afigurem suscetíveis de revisão não são afetados pela declaração de inconstitucionalidade.

Vislumbra-se uma exceção expressa a esse entendimento na sentença condenatória penal, uma vez que aqui inexiste prazo, fixado pela legislação ordinária, para a propositura da revisão. Nos termos do art. 621 do Código de Processo Penal, a revisão pode ser proposta a qualquer tempo se a sentença condenatória for contrária a texto expresso da lei penal. Esse fundamento abrange, inequivocamente, a sentença penal condenatória proferida com base na lei inconstitucional (HC 45.232, Rel. Min. Themístocles Cavalcanti, *RTJ* 44, p. 322 e s).

Essa constatação mostra também que a preservação dos efeitos dos atos praticados com base na lei inconstitucional passa por uma decisão do legislador ordinário. É ele quem define, em última instância, a existência e os limites das fórmulas de preclusão, fixando *ipso jure* os próprios limites da ideia de retroatividade contemplada no princípio da nulidade.

Como ressaltado, a jurisprudência do Supremo Tribunal Federal procede à diferenciação entre o plano da norma (*Normebene*) e o plano do ato concreto (*Einzelaktebene*) também para excluir a possibilidade de anulação deste em virtude da inconstitucionalidade do ato normativo que lhe dá respaldo.

Admite-se que uma das causas que pode dar ensejo à instauração da ação rescisória no âmbito do processo civil – violação à literal disposição de lei (art. 485, V, do CPC) – contempla, também, a inconstitucionalidade de uma lei na qual se fundou o juiz para proferir a decisão transitada em julgado (RMS 17.976, Rel. Min. Amaral Santos, *RTJ* 55, p. 744 e s.; RE 86.056, Rel. Min. Rodrigues Alckmin, *DJ* 01.07.77).

Todavia, a rescisão de sentença proferida com base em uma lei considerada inconstitucional somente pode ser instaurada dentro do prazo de dois anos, a contar do trânsito em julgado da decisão (CPC, arts. 485 e 495).

No modelo consagrado pelo § 79, (3), da Lei do *Bundesverfassungsgericht*, admite-se a possibilidade de que a execução de sentença calcada em lei inconstitucional seja impugnada mediante embargos à execução (CPC alemão, § 767).

Inicialmente, a impugnação de sentença trânsita em julgado, no sistema brasileiro, somente haveria de se verificar por via de ação rescisória.

Em julgado de 13 de setembro de 1968, explicitou-se essa orientação:

"*A suspensão da vigência da lei por inconstitucionalidade torna sem efeito todos os atos praticados sob o império da lei inconstitucional. Contudo, a nulidade da decisão judicial transitada em julgado só pode ser declarada por via de ação rescisória, sendo impróprio o mandado de segurança (...)*" (RMS 17.076, Rel. Min. Amaral Santos, *RTJ* n. 55, p. 744).

Esse entendimento foi reiterado posteriormente, enfatizando-se que a execução judicial de uma decisão transitada em julgado não pode ser obstada com a oposição de embargos, uma vez que a nulidade dessa decisão deve ser aferida do âmbito da ação rescisória (RE 86.056, Rel. Min. Rodrigues Alckmin, *DJ* 01.01.77). Em acórdão mais recente, ressaltou-se que "*a execução (...) está amparada no respeito à coisa julgada, que se impõe ao Juízo executante, e que impede que, sobre ela (e até que venha a ser regularmente desconstituída a sentença que lhe deu margem), tenha eficácia o acórdão posterior desta Corte*" (RCL 148, Rel. Min. Moreira Alves, *RTJ* 109, p. 463).

A Medida Provisória n. 2.180-35, de 24 de agosto de 2001, introduziu regra segundo a qual, para os fins de execução judicial, "considera-se inexigível o título judicial fundado em lei ou ato normativo declarados inconstitucionais pelo Supremo Tribunal Federal ou em aplicação ou interpretação tidas por incompatíveis com a Constituição Federal" (art. 741, parágrafo único, do CPC; art. 836, parágrafo único, CLT).

Assim sendo, ressalvada a hipótese de uma declaração de inconstitucionalidade com limitação de efeitos (art. 27, Lei n. 9.868, de 1999), a declaração de inconstitucionalidade (com eficácia *ex tunc*) em relação a sentenças já transitadas em julgado poderá ser invocada, eficazmente, tanto em ação rescisória como nos embargos à execução.

Às vezes, invoca-se diretamente fundamento de segurança jurídica para impedir a repercussão da decisão de inconstitucionalidade sobre as situações jurídicas concretas.

Nessa linha tem-se asseverado a legitimidade dos atos praticados por oficiais de justiça investidos na função pública por força de lei posteriormente declarada inconstitucional. No RE 79.620, da relatoria de Aliomar Baleeiro, declarou-se ser *"válida a penhora feita por agentes do Executivo, sob as ordens dos juízes, nos termos da lei estadual de São Paulo s/n., de 3.12.71, mormente se nenhum prejuízo disso adveio para o executado"* (DJ 13.12.74; Cf., também, RE 78.809, Rel. Min. Aliomar Baleeiro, DJ 11.10.74). Orientação semelhante foi firmada no RE 78.594, da relatoria de Bilac Pinto, assentando-se que, *"apesar de proclamada a ilegalidade da investidura do funcionário público na função de oficial de justiça, em razão da declaração de inconstitucionalidade da lei estadual que autorizou tal designação, o ato por ele praticado é válido"* (DJ 04.11.74).

Em outros termos, razões de segurança jurídica podem obstar à revisão do ato praticado com base na lei declarada inconstitucional.

Registre-se ainda, por amor à completude, que a jurisprudência do STF contempla, ainda, uma peculiaridade no que se refere aos efeitos da decisão que declara a inconstitucionalidade da lei concessiva de vantagens a segmentos do funcionalismo, especialmente aos magistrados. Anteriormente já havia o STF afirmado que *"a irredutibilidade dos vencimentos dos magistrados garante, sobretudo, o direito que já nasceu e que não pode ser suprimido sem que sejam diminuídas as prerrogativas que suportam o seu cargo"* (RE 105.789, Rel. Min. Carlos Madeira, RTJ 118, p. 301).

Por essa razão, tal garantia superaria o próprio efeito *ex tunc* da declaração de inconstitucionalidade da norma (RE 105.789, Rel. Min. Carlos Madeira, RTJ 118, p. 301). Decisão publicada em 08.04.1994, também relativa à remuneração de magistrados, retrata entendimento no sentido de que a *"retribuição declarada inconstitucional não é de ser devolvida no período de validade inquestionada da lei declarada inconstitucional – mas tampouco paga após a declaração de inconstitucionalidade"* (RE 122.202, Rel. Min. Francisco Rezek, DJ 08.04.94).

Essa tentativa, um tanto quanto heterodoxa, de preservar as vantagens pecuniárias já pagas a servidores públicos, com base numa lei posteriormente declarada inconstitucional, parece carecer de fundamentação jurídica consistente em face da doutrina da nulidade da lei inconstitucional. Ela demonstra, ademais, que o Tribunal, na hipótese, acabou por produzir uma mitigação de efeitos com base em artifícios quase que exclusivamente retóricos. Mais apropriado seria reconhecer que, nos casos referidos, a retroatividade plena haveria de ser afastada com fundamento no princípio da segurança jurídica, que, como se sabe, também entre nós é dotado de hierarquia constitucional.

Não se afirme que, sob a Constituição de 1988, o STF teria rejeitado a possibilidade de adotar a técnica de decisão com efeitos limitados.

De forma direta, a questão da limitação dos efeitos foi colocada perante o STF, inicialmente na ADI 513, proposta contra dispositivo da Lei n. 8.134, de 1990, que instituía índice de correção aplicável a imposições tributárias anteriormente fixadas (art. 11, parágrafo único). Célio Borja cuidou, fundamentalmente, de indagar acerca da eventual ocorrência de "excepcional interesse social" que legitimasse o afastamento do princípio da nulidade da lei inconstitucional, *verbis*:

"Alegação de só poder ter efeito ex nunc a decisão que nulifica lei que instituiu ou aumentou tributo auferido pelo tesouro e já aplicado em serviços ou obras públicas. Sua inaplicabilidade à hipótese dos autos que não cogita, exclusivamente, de tributo já integrado ao patrimônio público, mas, de ingresso futuro a ser apurado na declaração anual do contribuinte e recolhido posteriormente. Também não é ela atinente a eventual restituição de imposto pago a maior, porque está prevista em lei e terá seu valor reduzido pela aplicação de coeficiente menos gravoso.

Não existe ameaça iminente à solvência do tesouro, à continuidade dos serviços públicos ou a algum bem política ou socialmente relevante, que justifique a supressão, in casu, do efeito próprio, no Brasil, do juízo de inconstitucionalidade da norma, que é a sua nulidade. É de repelir-se, portanto, a alegada ameaça de lacuna jurídica ameaçadora (bedrohliche Rechtslucke)" (ADI 513, Rel. Min. Célio Borja, RTJ 141, p. 739).

Decisões no controle de constitucionalidade e seus efeitos 1749

Nesses termos, ainda que Célio Borja tenha, no caso concreto sob exame, negado a ocorrência dos pressupostos aptos a afastar a incidência do princípio da nulidade da lei inconstitucional, não negou ele a legitimidade de proceder-se a uma tal ponderação.

É verdade, na ADI 1.102, julgada em 5 de outubro de 1995, Maurício Corrêa tornou manifesta sua preocupação com o problema:

"Creio não constituir-se afronta ao ordenamento constitucional exercer a Corte política judicial de conveniência, se viesse a adotar sistemática, caso por caso, para a aplicação de quais os efeitos que deveriam ser impostos, quando, como nesta hipótese, defluísse situação tal a recomendar, na salvaguarda dos superiores interesses do Estado e em razão da calamidade dos cofres da Previdência Social, se buscasse o dies a quo, para a eficácia dos efeitos da declaração de inconstitucionalidade, a data do deferimento da cautelar.
(...)
Ressalvada a minha posição pessoal quanto aos efeitos para a eficácia da decisão que, em nome da conveniência e da relevância da segurança social, seriam a partir da concessão da cautelar deferida em 9 de setembro de 1994, e acolhendo a manifestação do Procurador-Geral da República, julgo procedentes as Ações Diretas de Inconstitucionalidade ns. 1.102-2, 1.108-1 e 1.116-2, para, confirmando a liminar concedida pela maioria, declarar a inconstitucionalidade das expressões 'empresários' e 'autônomos' contidas no inciso I do artigo 22 da Lei n. 8.212, de 25 de julho de 1991." (ADI 1.102, Rel. Min. Maurício Corrêa, *DJ* 17.11.95)

É expressivo, a propósito da limitação dos efeitos, o voto de Sepúlveda Pertence, *verbis*:

"De logo – a observação é de García de Enterría – a consequente eficácia ex tunc da pronúncia de inconstitucionalidade gera, no cotidiano da Justiça Constitucional, um sério inconveniente, que é o de levar os tribunais competentes, até inconscientemente, a evitar o mais possível a declaração de invalidade da norma, à vista dos efeitos radicais sobre o passado.

O caso presente, entretanto, não é adequado para suscitar a discussão.

O problema dramático da eficácia ex tunc da declaração de inconstitucionalidade surge, quando ela vem surpreender uma lei cuja validade, pelo menos, era 'dada de barato', e de repente, passados tempos, vem a Suprema Corte a declarar-lhe a invalidez de origem. Não é este o caso: a incidência da contribuição social sobre a remuneração de administradores, autônomos e avulsos vem sendo questionada desde a vigência da Lei 7.787, e creio que, nas vias do controle difuso, poucas terão sido as decisões favoráveis à Previdência Social. (...)

Sou em tese favorável a que, com todos os temperamentos e contrafortes possíveis e para situações absolutamente excepcionais, se permita a ruptura do dogma da nulidade ex radice da lei inconstitucional, facultando-se ao Tribunal protrair o início da eficácia erga omnes da declaração. Mas, como aqui já se advertiu, essa solução, se generalizada, traz também o grande perigo de estimular a inconstitucionalidade" (ADI 1.102, Rel. Min. Maurício Corrêa, *DJ* 17.11.95).

Entendeu-se, portanto, quando do julgamento da ADI 1.102, que, embora aceitável em tese a discussão sobre a restrição de efeitos, o caso não se mostrava adequado, tendo em vista que modelo legal adotado vinha sendo sistematicamente impugnado no Judiciário, inclusive no âmbito do próprio Supremo Tribunal Federal.

Observe-se que, em decisão de 23 de março de 1994, no julgamento do HC 70.514 (Rel. Sydney Sanches, *DJ* 27.06.97), teve o STF oportunidade de ampliar a já complexa tessitura das técnicas de decisão no controle de constitucionalidade, admitindo que lei que concedia prazo em dobro para a Defensoria Pública era de ser considerada constitucional enquanto esses órgãos não estivessem devidamente habilitados ou estruturados.

Assim, o Relator, Sydney Sanches, ressaltou que a inconstitucionalidade do § 5º do art. 5º da Lei n. 1.060, de 5 de fevereiro de 1950, acrescentado pela Lei n. 7.871, de 8 de novembro de 1989, não haveria de ser reconhecida, no ponto em que confere prazo em dobro, para recurso, às Defensorias Públicas, "ao menos até que sua organização, nos Estados, alcance o nível da organização do respectivo Ministério Público" (HC 70.514, Rel. Min. Sydney Sanches, *DJ* 27.06.97).

Da mesma forma pronunciou-se Moreira Alves, como se pode depreender da seguinte passagem de seu voto, no julgamento do HC 70.514:

"A única justificativa, Sr. Presidente, que encontro para esse tratamento desigual em favor da Defensoria Pública em face do Ministério Público é a de caráter temporário: a circunstância de as Defensorias Públicas ainda não estarem, por sua recente implantação, devidamente aparelhadas como se acha o Ministério Público.

Por isso, para casos como este, parece-me deva adotar-se a construção da Corte Constitucional alemã no sentido de considerar que uma lei, em virtude das circunstâncias de fato, pode vir a ser inconstitucional, não o sendo, porém, enquanto essas circunstâncias de fato não se apresentarem com a intensidade necessária para que se tornem inconstitucionais.

Assim, a lei em causa será constitucional enquanto a Defensoria Pública, concretamente, não estiver organizada com a estrutura que lhe possibilite atuar em posição de igualdade com o Ministério Público, tornando-se inconstitucional, porém, quando essa circunstância de fato não mais se verificar".

Afigura-se, igualmente, relevante destacar o voto de Sepúlveda Pertence, que assim feriu a questão no mesmo *Habeas Corpus*:

"No Habeas Corpus 67.930, quando o Tribunal afirmou a subsistência, sob a Constituição de 88, da legitimação de qualquer do povo, independentemente de qualificação profissional e capacidade postulatória, para a impetração de habeas corpus, tive a oportunidade de realçar essa situação de fato da Defensoria Pública.

E, por isso, ao acompanhar o eminente Relator acentuei que, dada essa pobreza dos serviços da Assistência Judiciária, e até que ela venha a ser superada, a afirmação da indispensabilidade do advogado, para requerer habeas corpus, que seria o ideal, viria, na verdade, a ser um entrave de fato à salvaguarda imediata da liberdade.

Agora, em situação inversa, também esse mesmo estado de fato me leva, na linha dos votos até aqui proferidos, com exceção do voto do Ministro Marco Aurélio – a quem peço vênia –, a acompanhar o eminente Relator e rejeitar a prejudicial de inconstitucionalidade rebus sic stantibus".

Ressalvou-se, portanto, de forma expressa, a possibilidade de que o Tribunal pudesse vir a declarar a inconstitucionalidade da disposição em apreço, uma vez que a afirmação sobre a legitimidade da norma assentava-se em uma circunstância de fato que se modifica no tempo.

Posteriormente, em 19 de maio de 1998, no Recurso Extraordinário Criminal n. 147.776, da relatoria de Sepúlveda Pertence, o tema voltou a ser agitado de forma pertinente. A ementa do acórdão revela, por si só, o significado da decisão para atual evolução das técnicas de controle de constitucionalidade:

"Ministério Público: Legitimação para promoção, no juízo cível, do ressarcimento do dano resultante de crime, pobre o titular do direito à reparação: C. Pr. Pen. art. 68, ainda constitucional (cf. RE 135.328): processo de inconstitucionalização das leis.

1. A alternativa radical da jurisdição constitucional ortodoxa entre a constitucionalidade plena e a declaração de inconstitucionalidade ou revogação por inconstitucionalidade da lei com fulminante eficácia ex tunc faz abstração da evidência de que a implementação de uma nova ordem constitucional não é um fato instantâneo, mas um processo, no qual a possibilidade de realização da norma da Constituição – ainda quanto teoricamente não se cuide de preceito de eficácia limitada – subordina-se muitas vezes a alterações da realidade fáctica que a viabilizem.

2. No contexto da Constituição de 1988, a atribuição anteriormente dada ao Ministério Público pelo art. 68 C. Pr. Penal – constituindo modalidade de assistência judiciária – deve reputar-se transferida para a Defensoria Pública: essa, porém, para esse fim, só se pode considerar existente, onde e quando organizada, de direito e de fato, nos moldes do art. 134 da própria Constituição e da lei complementar por ela ordenada: até que – na União ou em cada Estado considerado –, se implemente essa condição de viabilização da cogitada transferência constitucional de atribuições, o art. 68 C. Pr. Pen. será considerado ainda vigente: é o caso do Estado de São Paulo, como decidiu o plenário no RE 135.328" (DJ 19.06.98).

Revela-se expressiva, para a análise do tema em discussão nestes autos, a seguinte passagem do voto de Pertence:

"O caso mostra, com efeito, a inflexível estreiteza da alternativa da jurisdição constitucional ortodoxa, com a qual ainda jogamos no Brasil: consideramo-nos presos ao dilema entre a constitucionalidade plena e definitiva da lei ou a declaração de sua inconstitucionalidade com fulminante eficácia ex tunc; ou ainda, na hipótese de lei ordinária pré-constitucional, entre o reconhecimento da recepção incondicional e a da perda de vigência desde a data da Constituição.

Essas alternativas radicais – além dos notórios inconvenientes que gera – faz abstração da evidência de que a implementação de uma nova ordem constitucional não é um fato instantâneo, mas um processo, no qual a possibilidade da realização da norma da Constituição – ainda quando teoricamente não se cuide de um preceito de eficácia limitada –, subordina-se muitas vezes a alterações da realidade fáctica que a viabilizem.

É tipicamente o que sucede com as normas constitucionais que transferem poderes e atribuições de uma instituição preexistente para outra criada pela Constituição, mas cuja implantação real pende não apenas de legislação infraconstitucional, que lhe dê organização normativa, mas também de fatos materiais que lhe possibilitem atuação efetiva.

Isso o que se passa com a Defensoria Pública, no âmbito da União e no da maioria das Unidades da Federação.

Certo, enquanto garantia individual do pobre e correspondente dever do Poder Público, a assistência judiciária alçou-se ao plano constitucional desde o art. 141, § 35, da Constituição de 1946 e subsistiu nas cartas subsequentes (1967, art. 150, § 32; 1969, art. 153, § 32) e na Constituição em vigor, sob a forma ampliada de 'assistência jurídica integral' (art. 5º, LXXIV).

Entretanto, é inovação substancial do texto de 1988 a imposição à União e aos Estados da instituição da Defensoria Pública, organizada em carreira própria, com membros dotados da garantia constitucional da inamovibilidade e impedidos do exercício privado da advocacia.

O esboço constitucional da Defensoria Pública vem de ser desenvolvido em cores fortes pela LC 80, de 12.1.94, que, em cumprimento do art. 134 da Constituição, 'organiza a Defensoria Pública da União, do Distrito Federal e dos Territórios e prescreve normas gerais para sua organização nos Estados'. Do diploma se infere a preocupação de assimilar, quanto possível, o estatuto da Defensoria e o dos seus agentes aos do Ministério Público: assim, a enumeração dos mesmos princípios institucionais de unidade, indivisibilidade e independência funcional (art. 3º); a nomeação a termo, por dois anos, permitida uma recondução, do Defensor Público Geral da União (art. 6º) e do Distrito Federal (art. 54); a amplitude das garantias e prerrogativas outorgadas aos Defensores Públicos, entre as quais, de particular importância, a de 'requisitar de autoridade pública e de seus agentes exames, certidões, perícias, vistorias, diligências, processos, documentos, informações, esclarecimentos e providências necessárias ao exercício de suas atribuições' (arts. 43, X; 89, X e 128, X).

A Defensoria Pública ganhou, assim, da Constituição e da lei complementar, um equipamento institucional incomparável – em termos de adequação às suas funções típicas –, ao dos agentes de outros organismos públicos – a exemplo da Procuradoria de diversos Estados –, aos quais se vinha entregando individualmente, sem que constituíssem um corpo com identidade própria, a atribuição atípica da prestação de assistência judiciária aos necessitados.

Ora, no direito pré-constitucional, o art. 68 C. Pr. Pen. – ao confiá-lo ao Ministério Público –, erigiu em modalidade específica e qualificada de assistência judiciária o patrocínio em juízo da pretensão reparatória do lesado pelo crime.

Estou em que, no contexto da Constituição de 1988, essa atribuição deva efetivamente reputar-se transferida do Ministério Público para a Defensoria Pública: essa, porém, para esse fim, só se pode considerar existente, onde e quando organizada, de direito e de fato, nos moldes do art. 134 da própria Constituição e da lei complementar por ela ordenada: até que – na União ou em cada Estado considerado –, se implemente essa condição de viabilização da cogitada transferência constitucional de atribuições, o art. 68 C. Pr. Pen. será considerado ainda vigente.

O caso concreto é de São Paulo, onde, notoriamente, não existe Defensoria Pública, persistindo a assistência jurídica como tarefa atípica de Procuradores do Estado.

O acórdão – ainda não publicado – acabou por ser tomado nesse sentido por unanimidade, na sessão plenária de 1.6.94, com a reconsideração dos votos antes proferidos em contrário.

Ora, é notório, no Estado de São Paulo a situação permanece a mesma considerada no precedente: à falta de Defensoria Pública instituída e implementada segundo os moldes da Constituição, a assistência judiciária continua a ser prestada pela Procuradoria-Geral do Estado ou, na sua falta, por advogado".

Fica evidente, pois, que o STF deu um passo significativo rumo à flexibilização das técnicas de decisão no juízo de controle de constitucionalidade, introduzindo, ao lado da fórmula apodítica da declaração de inconstitucionalidade com equivalência de nulidade, o reconhecimento de um estado imperfeito, insuficiente para justificar a declaração de ilegitimidade da lei ou bastante para justificar a sua aplicação provisória. Expressiva nesse sentido é a observação de Pertence, ao destacar que *"o caso mostra, com efeito, a inflexível estreiteza da alternativa da jurisdição constitucional ortodoxa, com a qual ainda jogamos no Brasil: consideramo-nos presos ao dilema entre a constitucionalidade plena e definitiva da lei ou a declaração de sua inconstitucionalidade com fulminante eficácia ex tunc; ou ainda, na hipótese de lei ordinária pré-constitucional, entre o reconhecimento da recepção incondicional e a da perda de vigência desde a data da Constituição."* Daí observar, ainda, os reflexos dessa orientação no plano da segurança jurídica, ao enfatizar que essas *"alternativas radicais – além dos notórios inconvenientes que gera – faz abstração da evidência de que a implementação de uma nova ordem constitucional não é um fato instantâneo, mas um processo, no qual a possibilidade da realização da norma da Constituição – ainda quando teoricamente não se cuide de um preceito de eficácia limitada –, subordina-se muitas vezes a alterações da realidade fáctica que a viabilizem"* (RECrim 147.776, Rel. Min. Sepúlveda Pertence, DJ 19.06.98).

É inegável que a opção desenvolvida pelo STF inspira-se diretamente no uso que a Corte Constitucional alemã faz do "apelo ao legislador", especialmente nas situações imperfeitas ou no "processo de inconstitucionalização". Nessas hipóteses, avalia-se, igualmente, que, tendo em vista razões de segurança jurídica, a supressão da norma poderá ser mais danosa para o sistema do que a sua preservação temporária.

Não há negar, ademais, que aceita a ideia da situação "ainda constitucional", deverá o Tribunal, se tiver que declarar a inconstitucionalidade da norma, em outro momento, fazê-lo com eficácia restritiva ou limitada. Em outros termos, o "apelo ao legislador" e a declaração de inconstitucionalidade com efeitos limitados ou restritos estão muito próximos do prisma conceitual ou ontológico.

Essas considerações demonstram que razões de segurança jurídica podem revelar-se aptas a justificar a não aplicação do princípio da nulidade da lei inconstitucional.

Nesses termos, resta evidente que a norma contida no art. 27 da Lei 9.868, de 1999, tem caráter fundamentalmente interpretativo, desde que se entenda que os conceitos jurídicos indeterminados utilizados – segurança jurídica e excepcional interesse social – se revestem de base constitucional. No que diz respeito à segurança jurídica, parece não haver dúvida de que encontra expressão no próprio princípio do Estado de Direito consoante, amplamente aceito pela doutrina pátria e alienígena. Excepcional interesse social pode encontrar fundamento em diversas normas constitucionais. O que importa assinalar é que, consoante a interpretação aqui preconizada, o princípio da nulidade somente há de ser afastado se se puder demonstrar, com base numa ponderação concreta, que a declaração de inconstitucionalidade ortodoxa envolveria o sacrifício da segurança jurídica ou de outro valor constitucional materializável sob a forma de interesse social (cf., a propósito do direito português, Medeiros, *A Decisão de Inconstitucionalidade*, cit., p. 716).

Observe-se que sequer o argumento de que a existência de uma decisão alternativa acabaria por debilitar a aplicação da norma constitucional há de ter acolhida aqui. Como observa García de Enterría, se não se aceita o pronunciamento prospectivo, não se declara a inconstitucionalidade de um número elevado de leis, permitindo que se crie um estado de *greater restraint* (cf., García de Enterría, *Justicia Constitucional*, cit., p. 13). Tudo indica, pois, que é a ausência de uma técnica alternativa à simples declaração de nulidade que pode enfraquecer a aplicação da norma constitucional.

Portanto, o princípio da nulidade continua a ser a regra também no direito brasileiro. O afastamento de sua incidência dependerá de um severo juízo de ponderação que, tendo em vista análise fundada no princípio da proporcionalidade, faça prevalecer a ideia de segurança jurídica ou outro princípio constitucionalmente relevante manifestado sob a forma de interesse social relevante. Assim, aqui, como no direito português, a não aplicação do princípio da nulidade não se há de basear em consideração de política judiciária, mas em fundamento constitucional próprio.

No caso em tela, observa-se que eventual declaração de inconstitucionalidade com efeito *ex tunc* ocasionaria repercussões em todo o sistema vigente, atingindo decisões que foram tomadas em momento anterior ao pleito que resultou na atual composição da Câmara Municipal: fixação do número de vereadores, fixação do número de candidatos, definição do quociente eleitoral. Igualmente, as decisões tomadas posteriormente ao pleito também seriam atingidas, tal como a validade da deliberação da Câmara Municipal nos diversos projetos e leis aprovados.

Anoto que, a despeito do caráter de cláusula geral ou conceito jurídico indeterminado que marca o art. 282 (4), da Constituição portuguesa, a doutrina e jurisprudência entendem que a margem de escolha conferida ao Tribunal para a fixação dos efeitos da decisão de inconstitucionalidade não legitima a adoção de decisões arbitrárias, estando condicionada pelo princípio de proporcionalidade.

A propósito, Rui Medeiros assinala que as três vertentes do princípio da proporcionalidade têm aplicação na espécie (adequação, necessidade e proporcionalidade em sentido estrito).

Peculiar relevo assume a proporcionalidade em sentido estrito na visão de Rui Medeiros:

> *"A proporcionalidade nesta terceira vertente tanto pode ser perspectivada pelo lado da limitação de efeitos como pelo lado da declaração de inconstitucionalidade. Tudo se reconduz, neste segundo caso, a saber se à luz do princípio da proporcionalidade as consequências gerais da declaração de inconstitucionalidade são ou não excessivas. Impõe-se, para o efeito, ponderação dos diferentes interesses em jogo, e, concretamente, o confronto entre interesses afectado pela lei inconstitucional e aqueles que hipoteticamente seriam sacrificados em consequência da declaração de inconstitucionalidade com eficácia retroactiva e repristinatória.*
>
> *Todavia, ainda quanto a esta terceira vertente do princípio da proporcionalidade, não é constitucionalmente indiferente perspectivar o problema das consequências da declaração de inconstitucionalidade do lado da limitação de efeitos ou do lado da própria declaração de inconstitucionalidade. A declaração de inconstitucionalidade com eficácia **ex tunc** tem, manifestamente prioridade de aplicação. Todo o sistema de fiscalização de constitucionalidade português está orientado para a expurgação de normas inconstitucionais. É, aliás, significativa a recusa de atribuição de força obrigatória geral às decisões de não inconstitucionalidade. Não basta, pois, afirmar que "o Tribunal Constitucional deve fazer um juízo de proporcionalidade, cotejando o interesse na reafirmação da ordem jurídica – que a eficácia ex tunc da declaração plenamente potencia – com o interesse na eliminação do factor de incerteza e de insegurança – que a retroactividade, em princípio, acarreta (Acórdão do Tribunal Constitucional n. 308/93)". É preciso acrescentar que o Tribunal Constitucional deve declarar a inconstitucionalidade com força obrigatória geral e eficácia retroactiva e repristinatória, a menos que uma tal solução envolva o sacrifício excessivo da segurança jurídica, da equidade ou de interesse público de excepcional relevo"* (Medeiros, A Decisão de Inconstitucionalidade, cit., p. 703/704).

Na espécie, não parece haver dúvida de que um juízo rigoroso de proporcionalidade recomenda a preservação do modelo legal existente na atual legislatura. É um daqueles casos notórios, em que a eventual decisão de caráter cassatório acabaria por distanciar-se ainda mais da vontade constitucional.

A propósito, recorde-se a decisão do *Bundesverfassungsgericht* de 22 de maio de 1963, que revela exemplo clássico do *processo de inconstitucionalização* (*Verfassungswidrigwerden*) em virtude de uma mudança nas relações fáticas. Ressaltou-se, nesse acórdão, que, em virtude da significativa alteração na estrutura demográfica das diferentes unidades federadas, a divisão dos distritos eleitorais, realizada em 1949 e preservada nas sucessivas leis eleitorais, não mais atendia às exigências demandadas do princípio de igualdade eleitoral (BVerfGE 16, 130 s.) (Lei Fundamental, art. 38). O Tribunal absteve-se, porém, de pronunciar a inconstitucionalidade sob a alegação de que tal situação não podia ser constatada na data da promulgação da lei (setembro de 1961) (BVerfGE 16, 130 (141/142)). O *Bundesverfassungsgericht* logrou infirmar, assim, a ofensa ao art. 38 da Lei Fundamental. Conclamou-se, porém, o legislador *"a empreender as medidas necessárias à modificação dos distritos eleitorais, com a redução da discrepância existente para patamares toleráveis".*

Essa exortação do Tribunal foi atendida com a promulgação da Lei de 14 de fevereiro de 1964 (*Gesetz zur Änderung des Bundeswahlgesetzes*).

Assinale-se que esse caso estava marcado por peculiar dilema. Caso o *Bundesverfassungsgericht* tivesse declarado a inconstitucionalidade da lei que disciplinava a divisão dos distritos eleitorais, ter-se-ia de reconhecer a invalidade das últimas eleições parlamentares e, por conseguinte, a ilegitimidade do Parlamento e do próprio Governo. Nessa hipótese, inexistiria órgão com legitimidade para promulgar uma nova lei eleitoral, uma vez que a legislatura anterior já se havia encerrado (Lei Fundamental, art. 39, parágrafo 1º, 2º período) e a disposição sobre o *estado de necessidade legislativa* (*Gesetzgebungsnotstand*) não se mostrava aplicável à situação em apreço (Lei Fundamental, art. 81) (Rupp v. Brüneck, *Darf das Bundesverfassungsgericht an den Gesetzgeber appellieren?*, 1970, p. 372; Schlaich, *Klaus, Das Bundesverfassungsgericht*, 1985, p. 182; Gusy, Christoph, *Parlamentarischer Gesetzgeber und Bundesverfassungsgericht*, Berlin, 1985, p. 211).

Não há dúvida, portanto, de que no presente caso e diante das considerações antes esposadas, acompanho o voto do Relator, para conhecer do recurso extraordinário e lhe dar parcial provimento, no sentido de se declarar a inconstitucionalidade do parágrafo único do art. 6º da Lei Orgânica 222, de 31 de março de 1990, do Município de Mira Estrela/SP. Faço-o, todavia, explicitando que a declaração da inconstitucionalidade da lei não afeta a composição da atual legislatura da Câmara Municipal, cabendo ao legislativo municipal estabelecer nova disciplina sobre a matéria, em tempo hábil para que se regule o próximo pleito eleitoral (declaração de inconstitucionalidade *pro futuro*).

É como voto.

AI-AgR 582.280[1]

Modulação de efeitos: não recepção de norma pré-constitucional – Técnica da modulação dos efeitos temporais da declaração de inconstitucionalidade – Impossibilidade – Técnica inaplicável quando se tratar de juízo negativo de recepção de atos pré-constitucionais.

O Ministro Celso de Mello, Relator do AI-AgR 582.280, proferiu decisão negando provimento a *"agravo de instrumento deduzido pelo Município do Rio de Janeiro, apoiando-se, para tanto, (a) na Súmula 668/STF (impossibilidade constitucional de instituição, antes da EC n. 29/2000, de alíquotas progressivas para o IPTU), (b) na inconstitucionalidade da remuneração do serviço de iluminação pública mediante taxa (Súmula 670/STF) e, ainda, (c) na inviabilidade da criação e cobrança da taxa de coleta de lixo e limpeza pública."*

O Município do Rio de Janeiro, inconformado com a decisão, interpôs agravo regimental – não obstante a decisão do Relator apoiar-se em farta jurisprudência do STF –, no qual pleiteou a legitimidade da progressividade do IPTU e, caso não reconhecida, a atribuição de efeito *ex nunc* à declaração de invalidade da norma municipal.

A decisão da Turma recebeu a seguinte ementa:

EMENTA: Recurso extraordinário interposto pelo Município do Rio de Janeiro/RJ – pleito recursal que busca a aplicação, no caso, da técnica da modulação dos efeitos temporais da declaração de inconstitucionalidade – impossibilidade, pelo fato de o Supremo Tribunal Federal não haver proferido decisão de inconstitucionalidade pertinente ao ato estatal questionado – julgamento da Suprema Corte que se limitou a formular, na espécie, mero juízo negativo de recepção – não recepção e inconstitucionalidade: noções conceituais que não se confundem – recurso improvido. 1. Considerações sobre o valor do ato inconstitucional – os diversos graus de invalidade do ato em conflito com a constituição: ato inexistente? Ato nulo? Ato anulável (com eficácia "ex tunc" ou com eficácia "ex nunc")? – formulações teóricas – o "status quaestionis" na jurisprudência do Supremo Tribunal Federal. 2. Modulação temporal dos efeitos da decisão de inconstitucionalidade: técnica inaplicável quando se tratar de juízo negativo de recepção de atos pré-constitucionais.

A declaração de inconstitucionalidade reveste-se, ordinariamente, de eficácia "ex tunc" (RTJ 146/461-462 – RTJ 164/506-509), retroagindo ao momento em que editado o ato estatal reconhecido inconstitucional pelo Supremo Tribunal Federal. – O Supremo Tribunal Federal tem reconhecido, excepcionalmente, a possibilidade de proceder à modulação ou limitação temporal dos efeitos da declaração de inconstitucionalidade, mesmo quando proferida, por esta Corte, em sede de controle difuso. Precedente: RE 107.917/SP, Rel. Min. MAURÍCIO CORRÊA (Pleno). – Revela-se inaplicável, no entanto, a teoria da limitação temporal dos efeitos, se e quando o Supremo Tribunal Federal, ao julgar determinada causa, nesta formular juízo negativo de recepção, por entender que certa lei pré-constitucional mostra-se materialmente incompatível com normas constitucionais a ela supervenientes. – A não recepção de ato estatal pré-constitucional, por não implicar a declaração de sua inconstitucionalidade – mas o reconhecimento de sua pura e simples revogação (RTJ 143/355 – RTJ 145/339) –, descaracteriza um dos pressupostos indispensáveis à utilização da técnica da modulação temporal, que supõe, para incidir, dentre outros elementos, a necessária existência de um juízo de inconstitucionalidade. – Inaplicabilidade, ao caso em exame, da técnica da modulação dos efeitos, por tratar-se de diploma legislativo, que, editado em 1984, não foi recepcionado, no ponto concernente à norma questionada, pelo vigente ordenamento constitucional.

Divergindo da Turma, quanto à modulação de efeitos, o Ministro Gilmar Mendes proferiu o seguinte voto.

---

[1] A Segunda Turma, em 12.9.2006, negou seguimento ao agravo nos termos do voto do Relator, Ministro Celso de Mello (*DJ* de 6.11.2006).

VOTO

Trata-se de agravo de instrumento contra decisão que negou processamento a recurso extraordinário fundado no art. 102, III, "a", da Constituição Federal, interposto contra acórdão que entendeu não ter sido recepcionado pela Carta Magna o art. 67 da Lei n. 691, de 1984, do Município do Rio de Janeiro, o qual estabeleceu a progressividade do IPTU.

O agravante postula a legitimidade da progressividade da exação e, caso não seja reconhecida, que a declaração de invalidade da norma municipal tenha efeitos *ex nunc*, o que levaria à improcedência do pedido de repetição do indébito.

Esta Corte firmou entendimento no sentido de que a Constituição Federal de 1988 não recepcionou o art. 67 da Lei Municipal n. 691, de 1984, que estabelecia a cobrança do IPTU progressivo no Município do Rio de Janeiro[2].

Afasto, assim, e com bases nesses precedentes, a legitimidade da progressividade do IPTU, como postulado pelo agravante; a regra discutida não foi recepcionada pelo texto constitucional de 1988. Resta, então, que se indiquem os efeitos e o alcance do entendimento desta Corte, quando prescreveu-se a não recepção do art. 67 da Lei n. 691/1.984, do Município do Rio de Janeiro.

Neste recurso, decidiu-se que o caso seria de não recepção de norma pré-constitucional, e que consequentemente não se aplicaria a regra do art. 27 da Lei n. 9.868/99.

Determinou-se que "(...) **Inaplicabilidade**, *ao caso em exame*, **da técnica de modulação dos efeitos**, *por tratar-se de diploma legislativo, que editado em 1984*, **não foi recepcionado**, *no ponto* **concernente** *à norma questionada*, **pelo vigente** *ordenamento constitucional*" (grifos e ênfases no original).

Acompanho Celso de Mello, porém quero deixar consignado que, no meu entender, a técnica de modulação dos efeitos pode ser aplicada em âmbito de não recepção.

O dogma da nulidade da lei inconstitucional pertence à tradição do direito brasileiro. A teoria da nulidade tem sido sustentada por importantes constitucionalistas. Fundada na antiga doutrina americana, segundo a qual *"the inconstitutional statute is not law at all"*, significativa parcela da doutrina brasileira posicionou-se pela equiparação entre *inconstitucionalidade* e *nulidade*. Afirmava-se, em favor dessa tese, que o reconhecimento de qualquer efeito a uma lei inconstitucional importaria na suspensão provisória ou parcial da Constituição.

Razões de segurança jurídica podem revelar-se, no entanto, aptas a justificar a não aplicação do princípio da nulidade da lei inconstitucional.

Não há negar, ademais, que aceita a ideia da situação "ainda constitucional", deverá o Tribunal, se tiver que declarar a inconstitucionalidade da norma, em outro momento fazê-lo com eficácia restritiva ou limitada. Em outros termos, o "apelo ao legislador" e a declaração de inconstitucionalidade com efeitos limitados ou restritos estão intimamente ligados.

Afinal, como admitir, para ficarmos no exemplo de Walter Jellinek, a declaração de inconstitucionalidade total com efeitos retroativos de uma lei eleitoral tempos depois da posse dos novos eleitos em um dado Estado? Nesse caso, adota-se a teoria da nulidade e declara-se inconstitucional e *ipso jure* a lei, com todas as consequências, ainda que dentre elas esteja a eventual acefalia do Estado?

Questões semelhantes podem ser suscitadas em torno da inconstitucionalidade de normas orçamentárias. Há de se admitir, também aqui, a aplicação da teoria da nulidade *tout court*? Dúvida semelhante poderia suscitar o pedido de inconstitucionalidade, formulado anos após a

---

[2] V.g., o RE 248.892, 2ª T., Rel. Maurício Corrêa, *DJ* de 31.3.2000; e o RE 265.907, 1ª T., rel. Ilmar Galvão, *DJ* de 7.12.2000.

Decisões no controle de constitucionalidade e seus efeitos **1757**

promulgação da lei de organização judiciária que instituiu um número elevado de comarcas, como já se verificou entre nós[3]. Ou, ainda, o caso de declaração de inconstitucionalidade de regime de servidores aplicado por anos sem contestação.

Essas questões – e haveria outras igualmente relevantes – parecem suficientes para demonstrar que, sem abandonar a doutrina tradicional da nulidade da lei inconstitucional, é possível e, muitas vezes, inevitável, com base no princípio da segurança jurídica, afastar a incidência do princípio da nulidade em determinadas situações.

Não se nega o caráter de princípio constitucional ao princípio da nulidade da lei inconstitucional. Entende-se, porém, que tal princípio não poderá ser aplicado nos casos em que se revelar absolutamente inidôneo para a finalidade perseguida (casos de omissão ou de exclusão de benefício incompatível com o princípio da igualdade), bem como nas hipóteses em que a sua aplicação pudesse trazer danos para o próprio sistema jurídico constitucional (grave ameaça à segurança jurídica).

Configurado eventual conflito entre os princípios da nulidade e da segurança jurídica, que, entre nós, tem *status* constitucional, a solução da questão há de ser, igualmente, levada a efeito em processo de complexa ponderação.

O princípio da nulidade continua a ser a regra também. O afastamento de sua incidência dependerá de severo juízo de ponderação que, tendo em vista análise fundada no princípio da proporcionalidade, faça prevalecer a ideia de segurança jurídica ou outro princípio constitucionalmente relevante manifestado sob a forma de interesse social preponderante. Assim, aqui, a não aplicação do princípio da nulidade não se há de basear em consideração de política judiciária, mas em fundamento constitucional próprio.

No caso presente, não se cuida de inconstitucionalidade originária decorrente do confronto entre a Constituição e norma superveniente, mas de contraste entre lei anterior e norma constitucional posterior, circunstância que a jurisprudência do STF classifica como de não recepção. É o que possibilita que se indague se poderia haver modulação de efeitos também na declaração de não recepção, por parte do STF.

Transita-se no terreno de situações imperfeitas e da "lei ainda constitucional", com fundamento na segurança jurídica.

Em decisão de 23 de março de 1994, teve o Supremo Tribunal Federal oportunidade de ampliar a já complexa tessitura das técnicas de decisão no controle de constitucionalidade, admitindo que lei que concedia prazo em dobro para a Defensoria Pública era de ser considerada constitucional enquanto esses órgãos não estivessem devidamente habilitados ou estruturados[4].

Assim, o Relator, Sydney Sanches, ressaltou que a inconstitucionalidade do § 5º do art. 5º da Lei n. 1.060, de 5 de fevereiro de 1950, acrescentado pela Lei n. 7.871, de 8 de novembro de 1989, não haveria de ser reconhecida, no ponto em que confere prazo em dobro, para recurso, às Defensorias Públicas, "ao menos até que sua organização, nos Estados, alcance o nível da organização do respectivo Ministério Público".

Da mesma forma pronunciou-se Moreira Alves, como se pode depreender da seguinte passagem de seu voto:

> *"A única justificativa que encontro para esse tratamento desigual em favor da Defensoria Pública em face do Ministério Público é a de caráter temporário: a circunstância de as Defensorias Públicas ainda não estarem, por sua recente implantação, devidamente aparelhadas como se acha o Ministério Público.*
>
> *Por isso, para casos como este, parece-me deva adotar-se a construção da Corte Constitucional alemã no sentido de considerar que uma lei, em virtude das circunstâncias de fato, pode vir a ser inconstitucional,*

---

[3]   Cf., RE n. 104.393/GO, Rel. Min. Moreira Alves, *DJ* de 24.05.85.

[4]   HC 70.514, julgamento em 23-3-1994.

não o sendo, porém, enquanto essas circunstâncias de fato não se apresentarem com a intensidade necessária para que se tornem inconstitucionais.

Assim, a lei em causa será constitucional enquanto a Defensoria Pública, concretamente, não estiver organizada com a estrutura que lhe possibilite atuar em posição de igualdade com o Ministério Público, tornando-se inconstitucional, porém, quando essa circunstância de fato não mais se verificar".

Afigura-se, igualmente, relevante destacar o voto de Sepúlveda Pertence, que assim feriu a questão:

"No Habeas Corpus 67.930, quando o Tribunal afirmou a subsistência, sob a Constituição de 88, da legitimação de qualquer do povo, independentemente de qualificação profissional e capacidade postulatória, para a impetração de habeas corpus, tive oportunidade de realçar essa situação de fato da Defensoria Pública.

E, por isso, ao acompanhar o eminente Relator acentuei que, dada essa pobreza dos serviços da Assistência Judiciária, e até que ela venha a ser superada, a afirmação da indispensabilidade do advogado, para requerer habeas corpus, que seria o ideal, viria, na verdade, a ser um entrave de fato, à salvaguarda imediata da liberdade.

Agora, em situação inversa, também esse mesmo estado de fato me leva, na linha dos votos até aqui proferidos, com exceção do voto do Ministro Marco Aurélio — a quem peço vênia —, a acompanhar o eminente Relator e rejeitar a prejudicial de inconstitucionalidade rebus sic stantibus"[5].

Ressalvou-se, portanto, de forma expressa, a possibilidade de que o Tribunal pudesse vir a declarar a inconstitucionalidade da disposição em apreço, uma vez de que a afirmação sobre a legitimidade da norma assentava-se em circunstância de fato que se modifica no tempo.

Posteriormente, no Recurso Extraordinário Criminal n. 147.776, da relatoria de Sepúlveda Pertence, o tema voltou a ser agitado de forma pertinente. A ementa do acórdão revela, por si só, o significado da decisão para atual evolução das técnicas de controle de constitucionalidade:

"Ministério Público: Legitimação para promoção, no juízo cível, do ressarcimento do dano resultante de crime, pobre o titular do direito à reparação: C. Pr. Pen., art. 68, ainda constitucional (cf. RE 135.328): processo de inconstitucionalização das leis.

1. A alternativa radical da jurisdição constitucional ortodoxa entre a constitucionalidade plena e a declaração de inconstitucionalidade ou revogação por inconstitucionalidade da lei com fulminante eficácia ex tunc faz abstração da evidência de que a implementação de uma nova ordem constitucional não é um fato instantâneo, mas um processo, no qual a possibilidade de realização da norma da constituição — ainda quanto teoricamente não se cuide de preceito de eficácia limitada — subordina-se muitas vezes a alterações da realidade fáctica que a viabilizem.

2. No contexto da Constituição de 1988, a atribuição anteriormente dada ao Ministério Público pelo art. 68, C. Pr. Penal — constituindo modalidade de assistência judiciária — deve reputar-se transferida para a Defensoria Pública: essa, porém, para esse fim, só se pode considerar existente, onde e quando organizada, de direito e de fato, nos moldes do art. 134 da própria Constituição e da lei complementar por ela ordenada: até que — na União ou em cada Estado considerado —, se implemente essa condição de viabilização da cogitada transferência constitucional de atribuições, o art. 68, C. Pr. Pen. Será considerado ainda vigente: é o caso do Estado de São Paulo, como decidiu o plenário no RE 135.328"[6].

Como mencionado, fica evidente o expressivo passo dado pelo Supremo Tribunal com relação à flexibilização das técnicas de decisão no juízo de controle de constitucionalidade, ao reconhecer um estado insuficiente para justificar a declaração de ilegitimidade da lei ou bastante para justificar a sua aplicação provisória.

É inegável que a opção desenvolvida pelo Supremo Tribunal inspira-se diretamente no uso que a Corte Constitucional alemã faz do "apelo ao legislador", especialmente nas situações

---

[5] HC 70.514, Relator: Ministro Sydney Sanches, *DJ* 27.6.1997.
[6] REcrim 147.776-8, Rel Min. Sepúlveda Pertence, *Lex-JSTF* 238, p. 390.

Decisões no controle de constitucionalidade e seus efeitos **1759**

imperfeitas ou no "processo de inconstitucionalização". Nessas hipóteses, avalia-se, igualmente, que, tendo em vista razões de segurança jurídica, a supressão da norma poderá ser mais danosa para o sistema do que a sua aplicação temporária.

Não há negar, ademais, que aceita a ideia da situação "ainda constitucional", deverá o Tribunal, se tiver que declarar a inconstitucionalidade da norma, em outro momento, fazê-lo com eficácia restritiva ou limitada. Em outros termos, o "apelo ao legislador" e a declaração de inconstitucionalidade com efeitos limitados ou restritos estão intimamente ligados.

Assim, razões de segurança jurídica podem revelar-se, igualmente, aptas a justificar a adoção da modulação de efeitos também em sede de declaração de não recepção da lei pré-constitucional pela norma constitucional superveniente. Mas não as vejo no caso presente, e adiante justifico.

Entendo que o alcance no tempo de decisão judicial determinante de não recepção de direito pré-constitucional pode ser objeto de discussão. E os precedentes citados comprovam a assertiva.

Como demonstrado, há possibilidade de se modularem os efeitos da não recepção de norma pela Constituição de 1988, conquanto que o juízo de ponderação justifique o uso de tal recurso de hermenêutica constitucional.

Não obstante, não vislumbro justificativa que ampare a pretensão do agravante, do ponto de vista substancial, e no caso presente, bem entendido. Na discussão travada nos autos, apontou-se a não recepção de norma tributária, que suscitou lançamento e cobrança de exação, indevidamente exigida.

Alguns elementos fáticos devem informar a decisão. Entendo que a arguição deduzida pelo agravante se fez a destempo. É que o interessado poderia ter manejado embargos de declaração, quando do julgamento originário em 18 de novembro de 2003, postulando a modulação agora pretendida. E não o fez.

Não há indicação objetiva de repercussão financeira eventualmente sofrida pela municipalidade. O acórdão do Tribunal de Justiça do Rio de Janeiro é de 18 de novembro de 2003. O recurso extraordinário foi protocolado em 18 de maio de 2004. O agravo foi protocolado pelo interessado por volta de 1º de setembro do mesmo ano de 2004; é de se presumir que a distância temporal não qualifica aspecto fático que justifique modulação dos efeitos de não recepção, como pretendido pelo agravante.

E o que é mais importante, as decisões do STF contrárias à forma como o Município do Rio de Janeiro lançava e cobrava o IPTU são de 31 de março e de 7 de dezembro de 2000 (RR EE 248.892 e 265.907).

Assim, declaro a não recepção das normas de IPTU do Município do Rio de Janeiro, aqui questionadas, com base nos precedentes citados, e não outorgo efeitos meramente prospectivos à referida não recepção, porque não tenho como demonstrada a repercussão econômica, a gravíssima lesão à ordem pública ou à segurança jurídica, bem como a qualquer outro princípio constitucional relevante para o caso.

Reitero, porém, que diferentemente do que restou assentado pelo eminente Ministro Relator Celso de Mello, no presente caso, o meu entendimento é no sentido da *plena compatibilidade técnica para modulação de efeitos com a declaração de não recepção de direito ordinário pré-constitucional pelo Supremo Tribunal Federal*.

Nesses termos, com essas considerações adicionais, nego provimento ao agravo.

RE 560.626[1]

Modulação de efeitos para delimitar a possibilidade de repetição de indébito tributário – Inconstitucionalidade dos arts. 45 e 46 da Lei 8.212/91 e do art. 5º, parágrafo único, do Decreto-lei 1.569/77 declarada pelo Plenário do Tribunal Regional Federal da 4ª Região.

Trata-se de recursos extraordinários interpostos pela Fazenda Nacional contra acórdãos do Tribunal Regional Federal da 4ª Região que, no julgamento de apelações cíveis, declararam a inconstitucionalidade dos artigos 45 e 46 da Lei 8.212/91 e do parágrafo único do artigo 5º do Decreto-lei 1.569/77, reconhecendo a prescrição dos créditos tributários em execução fiscal.

Os acórdãos recorridos tiveram como fundamento o decidido nos incidentes de inconstitucionalidade pela Corte Especial do Tribunal Regional Federal da 4ª Região, cujas ementas assim dispõem:

> "ARGUIÇÃO DE INCONSTITUCIONALIDADE – *CAPUT DO ART. 45 DA LEI N. 8.212/91*. É inconstitucional o *caput* do artigo 45 da Lei n. 8.212/91 que prevê o prazo de 10 anos para que a Seguridade Social apure e constitua seus créditos, por invadir área reservada à lei complementar, vulnerando, dessa forma, o art. 146, III, *b*, da Constituição Federal" (TRF4, INAG 2000.04.01.092228-3, Corte Especial, Relator Desembargador Federal Amir José Finocchiaro Sarti, *DJ* 05/09/2001).

> "TRIBUTÁRIO. CONTRIBUIÇÕES PREVIDENCIÁRIAS. NATUREZA TRIBUTÁRIA. PRAZO PRESCRICIONAL. ART. 174 DO CTN. LEI 8.212/91, ART. 46. INCOMPATIBILIDADE VERTICAL COM O ART. 146, III, 'B', DA CONSTITUIÇÃO FEDERAL. 1. As contribuições de Seguridade Social, instituídas com suporte legitimador nos arts. 149 e 195 da Carta Política, revelam índole tributária, sobressaindo, por conseguinte, sua submissão aos ditames que disciplinam o Sistema Tributário Nacional talhado pelo Constituinte de 1988. 2. Assentando o art. 146, III, da Lei Maior que cumpre à lei complementar a tarefa de estabelecer normas gerais em matéria de legislação tributária, especialmente sobre prescrição e decadência (alínea 'b'), e não havendo qualquer questionamento quanto à natureza jurídica de tributo envergada pelas contribuições previdenciárias, diante da ordem constitucional inaugurada em 1988, resulta vedado ao legislador ordinário imiscuir-se nesse mister. O art. 46 da Lei 8.212/91, portanto, assumindo feição de lei ordinária, não poderia dispor a respeito do prazo de prescrição para a cobrança das contribuições devidas à Seguridade Social. Tendo invadido campo temático reservado à lei complementar, mostra-se incompatível com os ditames constitucionais. 3. Não se pode aceitar o argumento segundo o qual apenas o tratamento geral em torno da prescrição adstringir-se-ia à lei complementar, não existindo veto constitucional a que o legislador ordinário disponha, especificamente, sobre o prazo que se lhe deve emprestar. Deveras, a se enveredar por esta senda, estar-se-ia reconhecendo que a matéria em destaque não se conforma às normas gerais de direito tributário (CF, art. 146, inciso III). Noutras palavras, não exigiria tratamento uniforme em todos entes políticos da Federação, permitindo que cada Estado, cada Município, disponha, por intermédio de seus Poderes Legislativos, a respeito de qual o lapso inercial que corresponderá à extinção do crédito tributário pela ocorrência da prescrição. Este raciocínio, por certo, não se coaduna com a ratio que animou o Constituinte ao fazer inserir, de maneira expressa, o vocábulo "prescrição" na alínea 'b' do inciso III do art. 146, dentre os temas que devem sujeitar-se à disciplina uniformizante traduzida pela lei complementar federal. 4. A circunstância de haver disposição contida no Código Tributário Nacional (Lei 5.172/66, art. 174) – que, sabidamente, fora recepcionado pela Carta de 1988 com estatura de lei complementar –, prevendo prazo diverso daquele agasalhado no art. 46 da Lei de Custeio, não transporta a questão para o plano da legalidade. Com efeito, é o legislador constituinte quem demarca o campo temático a ser preenchido pela referida espécie legislativa, incidindo na pecha de inconstitucionalidade o legislador

---

[1] Em 11.6.2008, o Tribunal, por unanimidade e nos termos do voto do relator, Ministro Gilmar Mendes (Presidente), conheceu do recurso extraordinário e a ele negou provimento, declarando a inconstitucionalidade dos artigos 45 e 46 da Lei n. 8.212/1991, e do parágrafo único do artigo 5º do Decreto-lei n. 1.569/1977. Em seguida, deliberou quanto aos efeitos da modulação e concedendo-a, vencido o Senhor Ministro Marco Aurélio.

ordinário que se proponha a fazê-lo. É dizer, lei ordinária que verse sobre tema reservado, por expressa previsão constitucional, à lei complementar, desvela-se inconstitucional. Eventual descompasso com lei complementar já em vigor configura situação meramente secundária, decorrente lógico da incompatibilidade com o ditame da Constituição, não conjurando, mas, ao revés, confirmando, a tisna de inconstitucionalidade. 5. Reconhecimento da inconstitucionalidade do art. 46 da Lei 8.212/91" (TRF4, INAG 2004.04.01.026097-8, Corte Especial, Relator Desembargador Federal Wellington Mendes de Almeida, *DJ* 01/02/2006).

"CONSTITUCIONAL. TRIBUTÁRIO. SUSPENSÃO DA PRESCRIÇÃO. ART. 5º, PARÁGRAFO ÚNICO, DO DL N. 1569/77. INCONSTITUCIONALIDADE PERANTE A CARTA DE 1967 (EC 01/69) – MATÉRIA RESERVADA À LEI COMPLEMENTAR. 1 – A Constituição de 1967, em sua redação original e naquela da EC 01/69, atribuiu à lei complementar dispor sobre normas gerais de direito tributário. A Lei n. 5.172, de 25/10/66, denominada "Código Tributário Nacional", foi recepcionada como lei complementar e cuidou exaustivamente da prescrição dos créditos tributários em seu artigo 174, fixando-lhes prazo de cinco anos e prevendo exaustivamente as hipóteses de sua interrupção. 3 – Não poderia o parágrafo único do art. 5º do D.L. n. 1.569/77, diploma de inferior nível hierárquico, instituir hipótese de suspensão do prazo prescricional, tornando o crédito praticamente imprescritível, invadindo espaço reservado pela Constituição à lei complementar" (TRF4, INAC 2002.71.11.002402-4, Corte Especial, Relator Desembargador Federal Antonio Albino Ramos de Oliveira, *D.E.* 07/03/2007).

Os recursos extraordinários foram interpostos com fundamento no art. 102, III, b, da Constituição Federal, sustentando a presença de repercussão geral da questão constitucional suscitada.

A recorrente pretende a aplicação dos dispositivos legais declarados inconstitucionais pelo TRF da 4ª Região para (i) reconhecer o arquivamento das execuções fiscais de créditos tributários de pequeno valor como causa de suspensão do curso do prazo prescricional e (ii) considerar como de 10 anos o prazo prescricional das contribuições de Seguridade Social.

A recorrente argumenta que os preceitos legais, cuja inconstitucionalidade foi reconhecida pelo tribunal de origem, não se qualificariam como normas gerais de direito tributário, mas como normas de cunho específico, não sujeitas à edição ou alteração pela via da lei complementar. Nesse sentido, defende-se a ausência de inconstitucionalidade formal e a conformidade dos artigos mencionados com a Constituição Federal.

Especificamente quanto ao parágrafo único do art. 5º, do Decreto-lei 1.569/77, a recorrente sustenta que *"está equivocada a ideia de que pelo simples fato de ter a Lei 5.172/66 incluído uma série de matérias em seu Segundo Livro, intitulado 'Normas Gerais de Direito Tributário', automaticamente todas elas tenham passado a ser efetivamente assim consideradas"*.

A recorrente defende que a exata extensão das normas gerais de Direito Tributário ainda não teria sido bem definida pela doutrina, seja à luz da Constituição pretérita, seja à luz da atual.

Com a lição de Humberto Teodoro Júnior, argumenta ser de natureza processual a norma que estabelece as situações de interrupção da prescrição na pendência do processo, ainda que a prescrição propriamente seja mais uma figura de direito material que de direito processual.

Sustenta que apenas com a Constituição Federal de 1988 que as normas tributárias sobre prescrição e decadência passaram a ser consideradas, por força do art. 146, III, b, como normas gerais de Direito Tributário, pois *"antes, não eram assim consideradas. E, se não o eram, podiam ser objeto de legislação em nível de lei ordinária"*.

Além disso, a recorrente acrescenta a efetividade ao princípio da economicidade, pois a possibilidade de arquivamento, como o não ajuizamento de execuções fiscais de pequeno valor, não configuraria remissão da dívida.

Finaliza invocando a teoria da *actio nata*, entendendo que só se poderia admitir o curso do prazo prescricional nas situações em que o credor possa efetivamente cobrar seu crédito. No caso dos créditos fiscais de pequeno valor, a Fazenda Nacional não poderia cobrar seu crédito, em razão do princípio da economicidade.

No que tange aos artigos 45 e 46 da Lei 8.212/91, a Fazenda Nacional sustenta que os dispositivos declarados inconstitucionais deveriam ser aplicados em nome do princípio da presunção de constitucionalidade das leis, considerando que o STF ainda não decidiu sobre a questão.

Aduz que não há hierarquia entre lei complementar e lei ordinária. Sobre o art. 45, que trata do prazo decadencial para a constituição do crédito, no caso de contribuições de Seguridade Social, afirma a recorrente que o próprio Código Tributário Nacional, no § 4º do art. 150, previra a possibilidade de fixação, por lei, de prazo superior a 5 anos para a homologação do lançamento feito pelo contribuinte.

Ainda, invoca a doutrina de Roque Antônio Carrazza e de Marcelo Leonardo Tavares para sustentar que os prazos de decadência e prescrição não estão contidos no conceito de norma geral. Ao contrário, o conceito de norma geral ficaria restrito ao apontamento de diretrizes, daí a conclusão de que é possível a fixação de prazos decadenciais e prescricionais diversos daqueles estabelecidos no Código Tributário Nacional.

A recorrente discorre que a Carta Magna reserva à lei complementar a função de servir de guia para normas gerais, ditando princípios que devem orientar as normas tributárias, tornando clara a intenção do constituinte e dando estrutura básica ao ordenamento.

A lei ordinária, por sua vez, tornaria materiais e concretos os princípios e diretrizes previstos na lei complementar.

Segundo a Fazenda Nacional, a norma geral de tributação, sujeita à lei complementar, regularia o método pelo qual os prazos de decadência e prescrição seriam contados, disporia sobre as hipóteses de interrupção de prescrição e fixaria regras a respeito do reinício de seu curso.

Consoante a recorrente, as contribuições de Seguridade Social possuem matriz constitucional no art. 195. Como neste dispositivo se encontram estabelecidas suas limitações, e não em outro local do texto constitucional, não se justificaria a exigência de lei complementar na regulamentação de prescrição e decadência quanto a tais espécies tributárias.

Em síntese, alega que os artigos 45 e 46 da Lei 8.212/91 não configurariam normas gerais de Direito Tributário.

Nas sessões de 12.9.2007 e 21.9.2007, o Plenário do Supremo reconheceu a repercussão geral da questão constitucional suscitada nos presentes recursos, qual seja a possibilidade do uso de lei ordinária para regular matéria concernente à prescrição ou decadência do crédito tributário, seja para instituir hipóteses de suspensão do prazo, seja para dilatar seu prazo.

A decisão do recurso extraordinário recebeu a seguinte ementa:

EMENTA: PRESCRIÇÃO E DECADÊNCIA TRIBUTÁRIAS. MATÉRIAS RESERVADAS A LEI COMPLEMENTAR. DISCIPLINA NO CÓDIGO TRIBUTÁRIO NACIONAL. NATUREZA TRIBUTÁRIA DAS CONTRIBUIÇÕES PARA A SEGURIDADE SOCIAL. INCONSTITUCIONALIDADE DOS ARTS. 45 E 46 DA LEI 8.212/91 E DO PARÁGRAFO ÚNICO DO ART. 5º DO DECRETO-LEI 1.569/77. RECURSO EXTRAORDINÁRIO NÃO PROVIDO. MODULAÇÃO DOS EFEITOS DA DECLARAÇÃO DE INCONSTITUCIONALIDADE.

I. PRESCRIÇÃO E DECADÊNCIA TRIBUTÁRIAS. RESERVA DE LEI COMPLEMENTAR. As normas relativas à prescrição e à decadência tributárias têm natureza de normas gerais de direito tributário, cuja disciplina é reservada à lei complementar, tanto sob a Constituição pretérita (art. 18, § 1º, da CF de 1967/69) quanto sob a Constituição atual (art. 146, III, b, da CF de 1988). Interpretação que preserva a força normativa da Constituição, que prevê disciplina homogênea, em âmbito nacional, da prescrição, decadência, obrigação e crédito tributários. Permitir regulação distinta sobre esses temas, pelos diversos entes da federação, implicaria prejuízo à vedação de tratamento desigual entre contribuintes em situação equivalente e à segurança jurídica. II. DISCIPLINA PREVISTA NO CÓDIGO TRIBUTÁRIO NACIONAL. O Código Tributário Nacional (Lei 5.172/1966), promulgado como lei ordinária e recebido como lei complementar pelas Constituições de 1967/69

Decisões no controle de constitucionalidade e seus efeitos **1763**

e 1988, disciplina a prescrição e a decadência tributárias. III. NATUREZA TRIBUTÁRIA DAS CONTRI-BUIÇÕES. As contribuições, inclusive as previdenciárias, têm natureza tributária e se submetem ao regime jurídico-tributário previsto na Constituição. Interpretação do art. 149 da CF de 1988. Precedentes. IV. RECURSO EXTRAORDINÁRIO NÃO PROVIDO. Inconstitucionalidade dos arts. 45 e 46 da Lei 8.212/91, por violação do art. 146, III, b, da Constituição de 1988, e do parágrafo único do art. 5º do Decreto-lei 1.569/77, em face do § 1º do art. 18 da Constituição de 1967/69. V. MODULAÇÃO DOS EFEITOS DA DECISÃO. SEGURANÇA JURÍDICA. São legítimos os recolhimentos efetuados nos prazos previstos nos arts. 45 e 46 da Lei 8.212/91 e não impugnados antes da data de conclusão deste julgamento.

VOTO

De início, conheço dos recursos extraordinários interpostos com fundamento no art. 102, III, *b*, da Constituição Federal, ressaltando o reconhecimento da repercussão geral da questão constitucional neles suscitada: a necessidade do uso de lei complementar para regular matéria relativa à prescrição e à decadência tributárias.

Nos presentes casos, a discussão restringe-se à constitucionalidade formal, seja perante a Constituição de 1967/1969, seja perante a Constituição de 1988, de regras pertinentes à prescrição e à decadência de contribuições sociais por meio de decreto-lei e lei ordinária.

As normas legais declaradas inconstitucionais na origem dispõem:

"Art. 5º Sem prejuízo da incidência da atualização monetária e dos juros de mora, bem como da exigência da prova de quitação para com a Fazenda Nacional, o Ministro da Fazenda poderá determinar a não inscrição como Dívida Ativa da União ou a sustação da cobrança judicial dos débitos de comprovada inexequibilidade e de reduzido valor.

Parágrafo único. A aplicação do disposto neste artigo suspende a prescrição dos créditos a que se refere"(Decreto-lei n. 1.569/77);

"Art. 45. O direito da Seguridade Social apurar e constituir seus créditos extingue-se após 10 (dez) anos contados: (...)

Art. 46. O direito de cobrar os créditos da Seguridade Social, constituídos na forma do artigo anterior, prescreve em 10 (dez) anos" (Lei n. 8.212/91).

No que se refere ao parágrafo único do art. 5º do Decreto-lei 1.569/77, o Tribunal de origem declarou sua inconstitucionalidade tendo em vista o art. 18, § 1º, da Constituição de 1967, na redação da EC 01/69:

"Art. 18. Além dos impostos previstos nesta Constituição, compete à União, aos Estados, ao Distrito Federal e aos Municípios instituir:

(...)

1º Lei complementar estabelecerá normas gerais de direito tributário, disporá sobre os conflitos de competência nesta matéria entre a União, os Estados, o Distrito Federal e os Municípios, e regulará as limitações constitucionais do poder de tributar."

Quanto aos arts. 45 e 46 da Lei 8.212/91, o Tribunal Regional Federal da 4ª Região fundamentou a conclusão das arguições de inconstitucionalidade com base no art. 146, III, da Constituição Federal:

"Art. 146. Cabe à lei complementar:

III – estabelecer normas gerais em matéria de legislação tributária, especialmente sobre:

(...)

b) obrigação, lançamento, crédito, prescrição e decadência tributários;"

Atualmente, as normas gerais de direito tributário são reguladas pelo Código Tributário Nacional (CTN), promulgado como lei ordinária – a Lei n. 5.172/1966 – e recebido como lei complementar tanto pela Constituição pretérita como pela atual.

De fato, à época em que o CTN foi editado, estava em vigor a Constituição de 1946 e não havia no ordenamento jurídico a figura da lei complementar.

Na oportunidade, o texto do CTN veio dividido em dois livros: o primeiro sobre "Sistema Tributário Nacional" e o segundo sobre "Normas Gerais de Direito Tributário".

Ressalte-se que tais expressões foram logo em seguida incorporadas pelo Texto Constitucional de 1967, que tratou expressamente das leis complementares, reservando-lhes matérias específicas.

Dentre as chamadas "Normas Gerais de Direito Tributário", o CTN tratou da prescrição e da decadência, dispondo sobre seus prazos, termos iniciais de fluência e sobre as causas de interrupção, no caso da prescrição.

Assim, quando sobreveio a exigência na Constituição de 1967 do uso deste instrumento legal para regular as normas gerais em matéria tributária, o CTN foi assim recepcionado, tendo recebido a denominação de código e *status de* lei complementar pelo Ato Complementar n. 36/67.

Igualmente, não há dúvida de que o CTN foi recepcionado com o mesmo *status* legislativo sob a égide da Constituição Federal de 1988, que manteve a exigência de lei complementar para as normas gerais de Direito Tributário.

No ponto, a recorrente argumenta que cabe à lei complementar apenas a função de traçar diretrizes gerais quanto à prescrição e à decadência tributárias, com apoio no magistério de Roque Carrazza (*in Curso de Direito Constitucional Tributário*, 19. ed. Malheiros, 2003, páginas 816/817).

Isto é, nem todas as normas pertinentes à prescrição e decadência seriam normas gerais, mas tão somente aquelas que regulam o método pelo qual os prazos de decadência e prescrição são contados, que dispõem sobre as hipóteses de interrupção de prescrição e que fixam regras a respeito do reinício de seu curso.

Nesse sentido, a fixação dos prazos prescricionais e decadenciais dependeriam de lei da própria entidade tributante, já que seriam assuntos de peculiar interesse das pessoas políticas, não de lei complementar.

Esta conclusão, entretanto, retira da norma geral seu âmbito e força de atuação.

Com efeito, retirar do âmbito da lei complementar a definição dos prazos e a possibilidade de definir as hipóteses de suspensão e interrupção da prescrição e da decadência é subtrair a própria efetividade da reserva constitucional.

Ora, o núcleo das normas sobre extinção temporal do crédito tributário reside precisamente nos prazos para o exercício do direito e nos fatores que possam interferir na sua fluência.

A professora Mizabel Derzi, em nota à clássica obra Direito Tributário Brasileiro do saudoso Min. Aliomar Baleeiro, discorre sobre o papel da lei complementar na Constituição e as normas gerais sobre decadência e prescrição:

> "A matéria tornou-se indelegável às leis ordinárias das pessoas competentes, inclusive o prazo nela fixado (arts. 173 e 174) e o rol das causas suspensivas e interruptivas da prescrição", registrando ser da essência desses institutos a perda do direito, pela inércia de seu titular durante o decurso de certo prazo, fixado em lei complementar (in "Direito Tributário Brasileiro" (BALEEIRO, Aliomar. *Direito tributário brasileiro*. 11. ed. complementada à luz da Constituição de 1988 por Misabel Abreu Machado Derzi, Rio de Janeiro: Forense, 2005, p. 910).

A Constituição não definiu normas gerais de Direito Tributário, porém adotou expressão utilizada no próprio Código Tributário Nacional, lei em vigor quando da sua edição.

Nesse contexto, é razoável presumir que o constituinte acolheu a disciplina do CTN, inclusive referindo-se expressamente à prescrição e à decadência: *"especialmente sobre (...) prescrição e decadência tributários".*

Decisões no controle de constitucionalidade e seus efeitos   1765

Na realidade, a restrição do alcance da norma constitucional expressa defendida pela Fazenda Nacional fragiliza a própria força normativa e concretizadora da Constituição, que claramente pretendeu a disciplina homogênea e estável da prescrição, da decadência, da obrigação e do crédito tributário.

A propósito, Konrad Hesse afirmou:

"(...) Um ótimo desenvolvimento da força normativa da Constituição depende não apenas do seu conteúdo, mas também de sua práxis. De todos os partícipes da vida constitucional, exige-se partilhar aquela concepção anteriormente por mim denominada vontade de Constituição (*Wille zur Verfassung*). Ela é fundamental, considerada global ou singularmente.

Todos os interesses momentâneos – ainda quando realizados – não logram compensar ganho resultante do comprovado respeito à Constituição, sobretudo naquelas situações em que a sua observância revela-se incômoda. Como anotado por Walter Burckhardt, aquilo que é identificado como vontade da Constituição 'deve ser honestamente preservado, mesmo que, para isso, tenhamos de renunciar a alguns benefícios, ou até a algumas vantagens justas. Quem se mostra disposto a sacrificar um interesse em favor da preservação de um princípio constitucional fortalece o respeito à Constituição e garante um bem da vida indispensável à essência do Estado, mormente ao Estado democrático'. Aquele que, ao contrário, não se dispõe a esse sacrifício, 'malbarata, pouco a pouco, um capital que significa muito mais do que todas as vantagens angariadas, e que, desperdiçado, não mais será recuperado'" (in "A Força Normativa da Constituição", Porto Alegre: Sergio Antonio Fabris Editor, 1991, p. 21-22).

Embora pouco se tenha avançado na doutrina no sentido da busca da adequada definição para "normas gerais", é possível extrair na interpretação dos diversos dispositivos constitucionais que estabeleceram reserva de matéria à disciplina da lei complementar que a esta espécie legislativa foi atribuída a missão de fixar normas com âmbito de eficácia nacional, e não apenas federal.

Na realidade, quando a Constituição atribuiu à lei complementar a função de disciplinar apenas em âmbito federal, o fez expressamente.

Ricardo Lobo Torres leciona que normas gerais "*são aquelas que estampam os princípios jurídicos de dimensão nacional, constituindo-se objeto de codificação tributária*" (in "Tratado de Direito Constitucional Financeiro e Tributário" – Vol. II – Valores e Princípios Constitucionais Tributários. Rio de Janeiro: Renovar, 2005, p. 430).

A propósito, o mestre Geraldo Ataliba assentou:

"As normas gerais de direito financeiro e tributário são, por definição e pela sistemática constitucional, leis nacionais; leis que não se circunscrevem ao âmbito de qualquer pessoa política, mas os transcendem aos três. Não se confundem com a lei federal, estadual ou municipal e têm seu campo próprio e específico, excludente das outras três e reciprocamente" ("Normas Gerais na Constituição – Leis Nacionais, Leis Federais e seu Regime Jurídico". In Estudos e Pareceres de Direito Tributário – Vol. 3. São Paulo. Revista dos Tribunais, 1980, p. 15-16).

Se a Constituição não determinou o conceito da norma geral de Direito Tributário, no mínimo fixou-lhe a função: estabelecer preceitos que devam ser seguidos em âmbito nacional, que ultrapassem a competência do Congresso Nacional para ditar o direito positivo federal.

Trata-se de normas com maior espectro, a serem seguidas por todas as esferas políticas com competência tributária de maneira uniforme, seja por direta incidência sobre as relações jurídico-tributárias, seja como fator delimitador da edição da legislação ordinária em matéria fiscal.

E a fixação de prazos decadenciais e prescricionais e a definição da sua forma de fluência são questões que exigem tratamento uniforme em âmbito nacional.

Não se justifica, ao menos por meio de legislação ordinária, a criação de hipóteses de suspensão ou interrupção, nem o incremento ou redução de prazos, sob pena de admitirem-se diferenciações em cada um dos Estados e Municípios e para cada espécie tributária, mesmo dentro de uma mesma esfera política, com evidente prejuízo à vedação constitucional de tratamento

1766 Estado de Direito e Jurisdição Constitucional – Decisões relevantes em 15 anos de atuação no STF

desigual entre contribuintes que se encontrem em situação equivalente e à segurança jurídica, valor jurídico maior, que fundamenta os institutos examinados.

Nos autos do RE 138.284/CE, *DJ* 28.8.1992, de que foi Relator o Ministro Carlos Velloso, este Plenário examinou, sob vários ângulos, a constitucionalidade da Lei 7.689/88, que instituiu a contribuição social sobre o lucro das pessoas jurídicas.

Na ocasião, definiu-se o regime jurídico-constitucional das contribuições, classificando-as, assentando a sua natureza tributária e estabelecendo, entre outros aspectos, as circunstâncias em que exigível lei complementar para a sua regulação.

O voto do eminente Relator, determinante para a formação da jurisprudência que se consolidou neste Tribunal, assentou quanto ao regime jurídico das contribuições:

> "Todas as contribuições, sem exceção, sujeitam-se à lei complementar de normas gerais, assim ao C.T.N. (art. 146, III, *ex vi* do disposto no art. 149). Isto não quer dizer que a instituição dessas contribuições exige lei complementar: porque não são impostos, não há exigência no sentido de que os seus fatos geradores, bases de cálculo e contribuintes estejam definidos na lei complementar (art. 146, III, a) *A questão da prescrição e da decadência, entretanto, parece-me pacificada. É que tais institutos são próprios da lei complementar de normas gerais (art. 146, III, b). Quer dizer, os prazos de decadência e de prescrição inscritos na lei complementar de normas gerais (CTN) são aplicáveis, agora, por expressa previsão constitucional, às contribuições parafiscais (C.F., art. 146, III, b; art. 149)"* (destacamos).

Nessa linha, no RE 396.266-3/SC, Rel. Min. Carlos Velloso, *DJ* 27.2.2004, o Plenário reafirmou o entendimento quanto às contribuições, no sentido de que "por não serem impostos, não há necessidade de que a lei complementar defina o seu fato gerador, base de cálculo e contribuintes (C.F., art. 146, III, *a*). *No mais, estão sujeitas às regras das alíneas b e c do inciso III do art. 146, C.F."* (destacamos).

A partir de tais julgamentos, seguiram-se diversos outros, solucionando questões relacionadas à exigência lei complementar para regular decadência e prescrição em matéria tributária.

Dentre as decisões que trataram de forma direta da validade dos arts. 45 e 46 da Lei 8.212/91, que ampliaram os prazos de decadência e de prescrição no caso de contribuições de Seguridade Social, registro as decisões monocráticas proferidas nos Recursos Extraordinários 456.750, 534.856 e 544.361, 548.785, 552.824, Rel. Min. Eros Grau; 552.757, Rel. Min. Carlos Britto; 559.991, 560.115, Rel. Min. Celso de Mello; 537.657, 552.710, 546.046, 540.704, Rel. Min. Marco Aurélio, ao pressuposto de que a disciplina dos institutos pressupõe lei complementar.

Especificamente quanto à impossibilidade de legislação ordinária definir hipótese de suspensão do curso do prazo prescricional, esta Corte, por sua 1ª Turma, já decidiu, em 8.8.1986, no RE 106.217, da relatoria do Ministro Octávio Gallotti.

Na oportunidade, examinava-se a validade da norma constante do art. 40 da Lei de Execuções Fiscais, frente ao disposto no art. 174, parágrafo único, do Código Tributário Nacional. O julgado resultou na seguinte ementa:

> "Execução fiscal. A Interpretação dada, pelo acórdão recorrido, ao art. 40 da Lei 6.830-80, recusando a suspensão da prescrição por tempo indefinido, e a única susceptível de torná-lo compatível com a norma do art. 174, parágrafo único, do Código Tributário Nacional, a cujas disposições é reconhecida a hierarquia de lei complementar." (RE 106.217/SP, Rel. Min. Octávio Gallotti, 1ª Turma, 12.09.1986).

Logo, há jurisprudência dominante nesta Corte sobre a exigência de lei complementar para a disciplina dos institutos da prescrição e da decadência tributárias, inclusive sob os aspectos questionados nos recursos em apreciação – definição de prazos e de hipótese de suspensão da correspondente fluência.

Não há mais dúvida de que as contribuições, inclusive as destinadas à Seguridade Social, têm natureza tributária e sujeitam-se ao regime jurídico-tributário.

Há muito, esta Corte pacificou este entendimento a partir da interpretação do art. 149 da atual Constituição, regra matriz das contribuições, que determina a *"observância do disposto nos arts. 146, III, e 150, I e III, e sem prejuízo do previsto no art. 195, § 6º, relativamente às contribuições a que alude o dispositivo".*

Assim, todas as contribuições são alcançadas pelas normas gerais de Direito Tributário, previstas no art. 146, III, "b", da Constituição Federal de 1988, normas que também eram referidas na Carta de 1967, em sua redação original (§ 1º do art. 19) e na redação da EC 01/69, (§ 1º do art. 18).

O art. 146, III, *b*, estabelece a obrigatoriedade do uso de via legislativa própria – a da lei complementar, para dispor sobre normas gerais de Direito Tributário, ficando expresso que esta exigência dirige-se especialmente à obrigação, lançamento, crédito, prescrição e decadência tributários.

Dessa forma, não merece prosperar o fundamento da recorrente de que as contribuições de Seguridade Social estariam excluídas dessa obrigatoriedade, em razão de se sujeitarem ao disposto no art. 195 da Constituição Federal.

Com efeito, a norma matriz das diversas espécies de contribuição é o art. 149 da Constituição Federal, que estabelece que as contribuições de Seguridade Social estão sujeitas, **também – e não exclusivamente –**, às regras definidas no art. 195.

Não há incompatibilidade entre os dispositivos, que não são excludentes, mas complementares.

Nos pontos em que tais contribuições exigiram tratamento específico, o art. 195 o estabeleceu e deverá prevalecer. Quanto ao mais, as contribuições de Seguridade Social estão sujeitas ao regime geral, que é expresso ao submeter todas as contribuições às normas gerais de Direito Tributário.

Nesse sentido, entendeu também o Superior Tribunal de Justiça no julgamento da Arguição de Inconstitucionalidade no Recurso Especial 616348/MG, em 15/08/2007, em que proclamou a inconstitucionalidade formal do art. 45 da Lei 8.212/91.

No voto condutor do acórdão, da lavra do eminente Ministro Teori Albino Zavascki, foi afastado o argumento de que o dispositivo, por apenas estabelecer prazo, não teria tratado de norma geral sobre decadência:

> *"Acolher este argumento, todavia, importa, na prática, retirar a própria substância do preceito constitucional. É que estabelecer "normas gerais (...) sobre (...) prescrição e decadência" significa, necessariamente, dispor sobre prazos, nada mais. Se, conforme se reconhece, a abolição desses institutos não é viável nem mesmo por lei complementar, outra matéria não poderia estar contida nessa cláusula constitucional que não a relativa a prazos (seu período e suas causas suspensivas e interruptivas)."*

Sob a égide da Constituição anterior, instalou-se grande discussão na doutrina, quanto ao papel da lei complementar, na definição de normas gerais de Direito Tributário.

Duas correntes procuraram definir seu alcance e função.

Uma adotou visão dicotômica, partindo da leitura do § 1º do art. 18 da CF/67, para atribuir às normas gerais a função de emitir diretrizes sobre conflitos de competência entre os entes federativos e limitações ao poder de tributar. Os seus defensores não reconheceram às normas gerais a possibilidade de regular mais que tais matérias, o que encontraria fundamento no federalismo e na autonomia dos entes estatais. Nessa linha, seguiram Roque Carraza e Geraldo Ataliba, entre outros.

Tal interpretação conduz à conclusão de que fora do âmbito material dos conflitos de competência e das limitações ao poder de tributar, o uso da legislação ordinária é livre, em matéria tributária.

A outra corrente preconiza que a Constituição reservou três funções independentes para a lei complementar: (i) a de ditar as normas gerais, (ii) a de dispor sobre conflitos de competência entre os entes federativos e (iii) a de regular as limitações ao poder de tributar.

Esta corrente atribui às normas gerais papel maior que o de delimitar conflitos e limitações. Dentre os seus defensores, figuram Werther Botelho Spagnol e, já sob a vigência da nova Constituição, Paulo de Barros Carvalho.

Se o texto do § 1º do art. 18 da CF/67 ensejava algum questionamento acerca da função da lei complementar sobre normas gerais, a Constituição atual eliminou qualquer possibilidade de acolher-se a teoria dicotômica, ao elencar, em incisos diferentes, normas gerais, conflitos de competência e limitações ao poder de tributar, e ao esclarecer que, dentre as normas gerais, a lei complementar teria que tratar especialmente de obrigação, crédito tributário, prescrição e decadência.

Segundo o atual texto constitucional, as normas gerais têm papel próprio e função concretizadora do Direito Tributário.

Daí decorre que não se pode admitir o uso de outra via normativa na disciplina da prescrição e da decadência em matéria tributária.

São institutos que, por garantirem segurança jurídica na relação de tributação, exigem tratamento uniforme em âmbito nacional, como, de resto, ocorre com os prazos de prescrição e decadência definidos no Código Civil. As normas sobre estes temas serão sempre normas gerais.

Sacha Calmon Navarro Coelho, ao analisar o papel da lei complementar enquanto agente normativo ordenador do Sistema Tributário, leciona:

> "(...) O seu âmbito de validade espacial, o seu conteúdo, está sempre ligado ao desenvolvimento e à integração do texto constitucional. Noutras palavras, a lei complementar está a serviço da Constituição e não da União Federal. Esta apenas empresta o órgão emissor para a edição das leis complementares (da Constituição). Por isso mesmo, por estar ligada à expansão do texto constitucional, a lei complementar se diferencia da lei ordinária federal, que, embora possua também âmbito de validade espacial nacional, cuida só de matérias de interesse ordinário da União Federal, cuja ordem jurídica é parcial, tanto quanto são parciais as ordens jurídicas dos Estados-Membros e dos Municípios. A lei complementar é, por excelência, um instrumento constitucional utilizado para integrar e fazer atuar a própria Constituição, sendo tal, a lei complementar jamais pode delegar matéria que lhe pertine, por determinação constitucional; tornaria flexível nossa Constituição" (in Curso de Direito Tributário Brasileiro, 9. ed. Rio de Janeiro: Forense, 2007, p. 105).

A lei ordinária não se destina a agir como norma supletiva da lei complementar. Ela atua nas áreas não demarcadas pelo constituinte a esta última espécie normativa, ficando excluída a possibilidade de ambas tratarem do mesmo tema.

Assim, se a Constituição Federal reservou à lei complementar a regulação da prescrição e da decadência tributárias, considerando-as de forma expressa normas gerais de Direito Tributário, não há espaço para que a lei ordinária atue e discipline a mesma matéria. O que é geral não pode ser específico.

Nesse sentido, não convence o argumento da Fazenda Nacional de que o Código Tributário Nacional teria previsto a possibilidade de lei ordinária fixar prazo superior a 5 anos para a homologação, pelo fisco, do lançamento feito pelo contribuinte (§ 4º do art. 150).

Como sabido, o CTN foi promulgado anteriormente à exigência de lei complementar para dispor sobre decadência e demais normas gerais de Direito Tributário.

Não por outra razão é que foi recepcionado como tal, quando sobreveio a Constituição de 1967 e, sucessivamente, quando vieram a EC 01/69 e a Constituição de 1988.

Neste contexto, evidentemente que não poderia estabelecer que uma lei complementar seria necessária para definir prazo diverso à ação fiscal na constituição do crédito. A interpretação que daí se segue é a de que a "lei", a que se refere o § 4º do art. 150 do CTN, hoje não pode ser outra, senão uma lei complementar.

Por outro lado, também deve ser afastada a alegação de que a norma que estabelece as situações de interrupção ou suspensão da prescrição na pendência do processo é de natureza processual e que

Decisões no controle de constitucionalidade e seus efeitos **1769**

por isso não poderia ter sido reconhecida a prescrição, já que a matéria não estaria sob a reserva da lei complementar.

Normas que disponham sobre prescrição ou decadência sempre são de direito substantivo, porque esta é a natureza de tais institutos. Segundo Ives Gandra da Silva Martins, eles *"anulam de forma definitiva um direito substantivo e a dimensão de seu exercício"* (in *Revista Dialética de Direito Processual*, v. 2, p. 118).

Em consequência, quando fixam prazos decadenciais e prescricionais, quando estabelecem seus critérios de fluência, tais normas alcançam o próprio direito material que é discutido, seja para estabelecer situações de extinção, seja para definir casos de inexigibilidade, sendo certo que, em Direito Tributário, ambos os institutos levam à extinção de direitos para a Fazenda Pública.

A decadência extingue o direito de constituição do crédito; a prescrição, o direito de cobrar o crédito já constituído.

Não se pode atribuir às normas correspondentes, portanto, a natureza de leis processuais, confundindo-as, *v.g.*, com a norma que trata da possibilidade de reconhecimento de ofício da prescrição. Esta sim, de natureza instrumental, a definir os limites de atuação do magistrado no processo.

Além disso, a suspensão do curso do prazo prescricional, ainda que tivesse sido expressamente contemplada em lei complementar, não poderia conduzir à imprescritibilidade do crédito fiscal, como reconhecido nesta Corte, ao examinar a constitucionalidade do art. 40 da Lei de Execuções Fiscais (RE 106.217/SP, Rel. Min. Octávio Gallotti, *DJ* 12.9.1986).

Apenas a Constituição poderia fazê-lo.

No entanto, assim como o art. 40 da Lei 6.830/80 previu a suspensão da prescrição enquanto não encontrados o devedor ou bens penhoráveis, o § 5º do Decreto-lei 1.569/77, previu a suspensão do prazo enquanto o crédito não alcançar valor suficiente, a justificar os ônus financeiros do prosseguimento da execução.

Trata-se de suspensão indefinida do fluxo prescricional, em um e outro caso, podendo levar, sim, à imprescritibilidade.

Considerando que os limites legais para o prosseguimento da execução são sempre reajustados, o que se justifica, diante da constante necessidade de readequação dos custos do processamento, dificilmente o valor da dívida superará tais limites, ensejando o prosseguimento do executivo.

Logo, não prospera o argumento da recorrente no sentido de que a prescrição não poderia correr durante o período de arquivamento, já que estaria impedida de perseguir seu crédito, que se enquadra dentre os de pequeno valor.

O princípio da economicidade não abriga tamanho efeito. Se não é oportuna nem conveniente a busca do crédito pela Fazenda Pública em juízo, pela sua mínima significância frente ao custo da cobrança, daí não decorre a suspensão da fluência do prazo prescricional, o que criaria regra absolutamente contraditória frente aos créditos de maior valor.

A situação sequer é de suspensão da exigibilidade do crédito, porque não impede a Fazenda nacional de empreender outros esforços, menos onerosos, na busca do respectivo pagamento.

Nada há de inconstitucional no arquivamento sem baixa dos autos, nestes casos.

Na verdade, o vício situa-se no parágrafo, que invade a seara reservada à lei complementar ao prever hipótese de suspensão da prescrição e cria situação de imprescritibilidade, que também não encontra fundamento na Lei Maior.

Resultam inconstitucionais, portanto, os artigos 45 e 46 da Lei n. 8.212/91 e o parágrafo único do art. 5º do Decreto-lei n. 1.569/77, que, versando sobre normas gerais de Direito Tributário, invadiram conteúdo material sob a reserva constitucional de lei complementar.

Sendo inconstitucionais os dispositivos, mantém-se hígida a legislação anterior, com seus prazos quinquenais de prescrição e decadência e regras de fluência, que não acolhem a hipótese de suspensão da prescrição durante o arquivamento administrativo das execuções de pequeno valor, o que equivale a assentar que, como os demais tributos, as contribuições de Seguridade Social sujeitam-se, entre outros, aos arts. 150, § 4º, 173 e 174 do CTN.

Diante do exposto, conheço dos Recursos Extraordinários e lhes nego provimento, para confirmar a proclamada inconstitucionalidade dos arts. 45 e 46 da Lei n. 8.212/91, por violação do art. 146, III, *b*, da Constituição, e do parágrafo único do art. 5º do Decreto-lei n. 1.569/77, frente ao § 1º do art. 18 da Constituição de 1967, com a redação dada pela Emenda Constitucional 01/69.

É como voto.

VOTO NA QUESTÃO DA MODULAÇÃO

Senhores Ministros, como viram foi suscitado da tribuna questão relativa à modulação de efeitos, mas nós não temos sequer *quorum* para deliberação sobre a matéria.

O SENHOR MINISTRO MARCO AURÉLIO – Presidente, há precedente do Tribunal no sentido de concluir-se que, nesses casos, não ocorre simplesmente a votação, porque se verificou *quorum* para enfrentar a questão de fundo, considerados os colegas que votaram e já deixaram o recinto.

Agora, num passo subsequente, vemos que não há o *quorum*, e, na lei, exigem-se oito votos – dois terços – para a modulação. Então, não temos campo propício sequer para examiná-la.

O SENHOR MINISTRO GILMAR MENDES (PRESIDENTE) – Eu mesmo não me pronunciei sobre isso porque entendo ser um modelo bifásico. Primeiro, nos pronunciamos sobre a questão constitucional e, em seguida, sobre essa questão da modulação de efeitos, só que agora não temos sequer *quorum* para deliberar sobre este tema, uma vez que muitos Ministros já se manifestaram e, em seguida, saíram. Portanto, eu proporia ao Tribunal que deixássemos a questão em suspenso, para amanhã eventualmente prosseguirmos no julgamento.

O SENHOR MINISTRO MARCO AURÉLIO – Registro, Presidente – e vejo que minha sina é realmente divergir –, que simplesmente, ante o quadro, ante a composição do Plenário, no encerramento da votação, não cabe acionar a modulação.

O SENHOR MINISTRO GILMAR MENDES (PRESIDENTE) – Eu ouço os Colegas sobre o assunto.

O SENHOR MINISTRO CEZAR PELUSO – Senhor Presidente, como o julgamento é por degraus, apreciada a primeira questão, entendo que o Tribunal pode suspender o julgamento, para continuar amanhã, até porque há terceira questão, que proporei amanhã: trata-se do problema da súmula vinculante sobre a matéria.

O EXCELENTÍSSIMO SENHOR MINISTRO MENEZES DIREITO – Proclamar o resultado quanto à declaração de inconstitucionalidade e aguardar para as duas questões subsequentes.

O SENHOR MINISTRO GILMAR MENDES (PRESIDENTE) – Eu gostaria só de lembrar, a propósito, na linha do que acaba de falar o Ministro Celso de Mello, que no caso da progressão de regime, por exemplo, nós tivemos um resultado extremamente apertado quanto ao mérito, seis a cinco. E, depois, tivemos um julgamento unânime quanto à modulação de efeitos. Só para que se perceba claramente que há, aqui, um modelo bifásico bastante evidente, bastante claro.

CONFIRMAÇÃO DE VOTO

O SENHOR MINISTRO GILMAR MENDES (PRESIDENTE E RELATOR) – Ministros, nas questões que julgávamos ontem a propósito da prescrição em matéria da contribuição à Seguridade Social, havia um pedido quanto à modulação de efeitos.

Ficamos de nos pronunciar na sessão de hoje sobre este tema. Há um pedido do advogado, no caso da ação do Recurso Extraordinário 556.664, NOVOQUIM INDÚSTRIA QUÍMICAS LTDA., quanto ao eventual pronunciamento, sustentação oral, concernente a este tema.

Entendo que não é necessário, porque, quando se coloca a questão constitucional, já está implícita essa possibilidade.

O SENHOR MINISTRO CEZAR PELUSO – Só que já devia ter sido objeto de sustentação oral oportuna.

O EXCELENTÍSSIMO SENHOR MINISTRO MENEZES DIREITO – Um dos advogados, ontem, fez referência ao pedido de modulação expressamente; se o outro advogado não quis fazer...

O SENHOR MINISTRO GILMAR MENDES (PRESIDENTE E RELATOR) – O recorrente, inclusive, fez expressa menção.

De modo que vou encaminhar, então, o meu pronunciamento nesse sentido e, depois, ouço também a Ministra Cármen Lúcia.

Diante da repercussão que o assunto envolve, eu fiz outras considerações, mas vou poupar o Tribunal dessas considerações sobre o assunto.

Estou acolhendo parcialmente o pedido de modulação de efeitos, tendo em vista a repercussão e a insegurança jurídica que se pode ter na hipótese; mas estou tentando delimitar esse quadro de modo a afastar a possibilidade de repetição de indébito de valores recolhidos nestas condições, com exceção das ações propostas antes da conclusão do julgamento.

Nesse sentido, eu diria que o Fisco está impedido, fora dos prazos de decadência e prescrição previstos no CTN, de exigir as contribuições da seguridade social. No entanto, os valores já recolhidos nestas condições, seja administrativamente, seja por execução fiscal, não devem ser devolvidos ao contribuinte, salvo se ajuizada a ação antes da conclusão do presente julgamento.

Em outras palavras, são legítimos os recolhimentos efetuados nos prazos previstos nos arts. 45 e 46 e não impugnados antes da conclusão deste julgamento.

Portanto, reitero o voto pelo desprovimento do recurso extraordinário, declarando a inconstitucionalidade do parágrafo único do art. 5º do Decreto-lei n. 1.569 e dos arts. 45 e 46 da Lei n. 8.212, porém, com a modulação dos efeitos, *ex nunc*, apenas em relação às eventuais repetições de indébito ajuizadas após a presente data, a data do julgamento.

ADI 2.791[1]

Modulação de efeitos via embargos de declaração – Art. 34, § 1º, da Lei n. 12.398/98, do Estado do Paraná – Serventuários da Justiça – Eficácia em relação às aposentadorias e pensões concedidas e aos serventuários que já preenchiam os requisitos legais para os benefícios.

Em Sessão Plenária de 16 de agosto de 2006, o Tribunal, por unanimidade, julgou procedente esta ação direta para declarar a inconstitucionalidade da expressão "bem como os não remunerados", contida na parte final do § 1º do art. 34 da Lei n. 12.398/98, na redação dada pela Lei n. 12.607/99, ambas do Estado do Paraná. O acórdão está assim ementado:

"EMENTA: Ação direta de inconstitucionalidade. 2. Art. 34, § 1º, da Lei Estadual do Paraná n. 12.398/98, com redação dada pela Lei Estadual n. 12.607/99. 3. Preliminar de impossibilidade jurídica do pedido rejeitada, por ser evidente que o parâmetro de controle da Constituição Estadual invocado referia-se à norma idêntica da Constituição Federal. 4. Inexistência de ofensa reflexa, tendo em vista que a discussão dos autos enceta análise de ofensa direta aos arts. 40, *caput*, e 63, I, c/c 61, § 1º, II, "c", da Constituição Federal. 5. Não configuração do vício de iniciativa, porquanto os âmbitos de proteção da Lei Federal n. 8.935/94 e Leis Estaduais ns. 12.398/98 e 12.607/99 são distintos. Inespecificidade dos precedentes invocados em virtude da não coincidência das matérias reguladas. 6. Inconstitucionalidade formal caracterizada. Emenda parlamentar a projeto de iniciativa exclusiva do Chefe do Executivo que resulta em aumento de despesa afronta os arts. 63, I, c/c 61, § 1º, II, "c", da Constituição Federal. 7. Inconstitucionalidade material que também se verifica em face do entendimento já pacificado nesta Corte no sentido de que o Estado-membro não pode conceder aos serventuários da Justiça aposentadoria em regime idêntico ao dos servidores públicos (art. 40, *caput*, da Constituição Federal). 8. Ação direta de inconstitucionalidade julgada procedente."

Em face dessa decisão, o Governador do Estado do Paraná opôs embargos de declaração (fls. 214-218), alegando a omissão do Tribunal quanto à explicitação dos efeitos, se *ex tunc* ou *ex nunc*, da declaração de inconstitucionalidade. Em sua fundamentação, alega o seguinte:

" (...) Cumpre destacar que a norma em questão estava em vigor desde 1999, há mais de sete anos, portanto. Muitos serventuários já adquiriram o direito à aposentadoria ou mesmo já se aposentaram sob o regime da norma declarada inconstitucional, o que traz consigo consequências que comprometem a segurança jurídica das relações ocorridas durante o lapso temporal que a norma vigorou.

Há efetiva possibilidade de reversão dos aposentados sob o regime do PARANÁPREVIDÊNCIA, bem como dos que já adquiriram o direito a se aposentar sob esse regime, contribuindo, de boa-fé, durante os diversos anos que a norma impugnada regia a matéria dada a presunção de constitucionalidade das normas.

Justamente o critério da segurança jurídica autoriza que a Suprema Corte limite a declaração de inconstitucionalidade *pro futuro*, preservando as situações concretizadas sob a égide da lei inconstitucional, conforme dicção do artigo 27, da Lei 9.868/99. (...)

(...) Havendo situações jurídicas concretizadas sob a égide da lei declarada inconstitucional que comprometem a segurança jurídica e a própria ordem administrativa paranaense, é recomendável que, no caso, a declaração de inconstitucionalidade tenha efeitos *ex nunc*."

Assim, com base nesses fundamentos, o Governador do Estado do Paraná requer sejam conhecidos e providos os presentes embargos de declaração para que sejam limitados, *pro futuro*, os efeitos da declaração de inconstitucionalidade.

A decisão foi assim ementada:

EMENTA: Embargos de declaração. Ação direta de inconstitucionalidade procedente. Inscrição na Paranáprevidência. Impossibilidade quanto aos serventuários da justiça não remunerados pelos cofres públicos.

---

[1] O Tribunal, por maioria, rejeitou os embargos, vencidos o Relator, Ministro Gilmar Mendes (Presidente), a Senhora Ministra Ellen Gracie e os Senhores Ministros Eros Grau e Cezar Peluso (*DJ* de 4.9.2009).

Decisões no controle de constitucionalidade e seus efeitos **1773**

Modulação. Eficácia em relação às aposentadorias e pensões já asseguradas e aos serventuários que já preencham os requisitos legais para os benefícios. 1. A ausência, na ação direta de inconstitucionalidade, de pedido de restrição dos efeitos da declaração no tocante a determinados serventuários ou situações afasta, especificamente no caso presente, a apontada omissão sobre o ponto. 2. Embargos de declaração rejeitados, por maioria.

VOTO

O recurso de embargos de declaração é cabível para demonstrar a ocorrência de omissão, contradição ou obscuridade na decisão embargada (art. 535 do Código de Processo Civil).

Antes de tudo, cabe realçar o debate acerca do cabimento de embargos de declaração para explicitar que, em determinadas hipóteses, a decisão de inconstitucionalidade haveria de ter efeitos limitados ou restritos e não eficácia retroativa ou *"ex tunc"*.

No julgamento dos embargos de declaração na ADI 1.498, discutiu-se a admissibilidade dos embargos de declaração para fixar que a declaração de inconstitucionalidade de lei estadual do Rio Grande do Sul, que dispunha sobre o regime de cartórios, teria eficácia a partir da decisão concessiva da cautelar. Por seis votos a cinco, o Tribunal não conheceu dos embargos, julgamento em que fiquei vencido, acompanhando os votos vencidos dos Ministros Ilmar Galvão (Relator), Maurício Corrêa, Nelson Jobim e Ellen Gracie, que acolhiam os embargos (ADI-ED 1498, Rel. Min. Ilmar Galvão, *DJ* 5.12.2003).

Posteriormente, o Tribunal voltou a discutir a questão do cabimento dos embargos de declaração para a modulação dos efeitos da declaração de inconstitucionalidade. No julgamento da ADI-ED 2.728, Rel. Min. Marco Aurélio, em 19.10.2006 (*DJ* 5.10.2007), o Tribunal, aplicando o entendimento anterior, consignou que *"inexistindo pleito de fixação de termo inicial diverso, não se pode alegar omissão relativamente ao acórdão por meio do qual se concluiu pelo conflito do ato normativo autônomo abstrato com a Carta da República, fulminando-o desde a vigência".* Também nessa ocasião fiquei vencido, na companhia do Ministro Carlos Britto e da Ministra Ellen Gracie.

No julgamento da ADI-ED 3.522, também de relatoria do Min. Marco Aurélio (*DJ* 7.12.2006), o Tribunal chegou a admitir os embargos de declaração, mas, de forma diversa, apenas para "prestar esclarecimentos, conferindo interpretação conforme aos textos legais conforme a Constituição", como se pode depreender da leitura atenta do acórdão.

A questão, no entanto, deve ser rediscutida.

A matéria em breve retornará a este Plenário no julgamento de dois embargos de declaração, um oposto pelo Procurador-Geral da República e outro pelo Presidente da República, por meio da Advocacia-Geral da União, na ADI n. 2.797, na qual o Tribunal declarou a inconstitucionalidade da Lei n. 10.628/2002, que acrescentou os §§ 1º e 2º ao Código de Processo Penal. O caso está sob a relatoria do Ministro Menezes Direito.

Caso se entenda que o fundamento para a limitação dos efeitos é de índole constitucional e que, presentes os requisitos para a declaração de inconstitucionalidade com efeitos restritos, não poderá o Tribunal fazê-lo com eficácia *"ex tunc"*, afigura-se inevitável o acolhimento dos embargos de declaração nas hipóteses em que de fato se configura uma omissão do Tribunal na apreciação dessas circunstâncias.

A propósito, assinala Rui Medeiros, tendo em vista a experiência portuguesa:

> A solução neste tipo de situações decorre, quanto a nós, dos próprios limites da força obrigatória geral da declaração de inconstitucionalidade. O puro silêncio do Tribunal Constitucional não contém um julgamento implícito sobre a admissibilidade ou não da limitação dos efeitos da declaração. Como escreve Miguel Galvão Teles, quando os juízes constitucionais não limitam os efeitos da declaração de inconstitucionalidade, não estão de forma alguma a fixar implicitamente os efeitos da inconstitucionalidade. Tais efeitos resultam tão só e unicamente da Constituição. Ora, em nossa opinião, a declaração de inconstitucionalidade com eficácia *erga omnes* vale nos precisos limites e termos em que julgada.

1774 Estado de Direito e Jurisdição Constitucional – Decisões relevantes em 15 anos de atuação no STF

É certo que, se a questão fosse equacionada nos estritos quadros da teoria processual civil sobre o caso julgado, o chamado efeito preclusivo da sentença e, mais concretamente, a regra de que o caso julgado civil cobre o deduzido e o dedutível poderiam eventualmente pôr em causa uma tal conclusão.

Mas, em face da singularidade do processo de fiscalização abstracta da constitucionalidade, o que importa é sublinhar que não se vislumbram quaisquer razões jurídico-constitucionais imperiosas que imponham a rejeição da possibilidade de, em momento ulterior à declaração de inconstitucionalidade, se reconhecer a existência de fundamento para uma limitação do alcance da declaração de inconstitucionalidade. Pelo contrário, perante a verificação *a posteriori* de que uma declaração de inconstitucionalidade com eficácia retroactiva e repristinatória envolveria um sacrifício intolerável de outros interesses constitucionalmente protegidos, manda o princípio da proporcionalidade que se admita a superveniente limitação de efeitos. (Cf. MEDEIROS, Rui. *A Decisão de Inconstitucionalidade.* Lisboa: Universidade Católica, 1999, p. 738-739).

Assim, nas hipóteses em que se reconheça que a declaração de inconstitucionalidade com efeitos limitados ou restritos seria uma imposição da própria Constituição, não se atribuiria valor definitivo a uma eventual omissão por parte do Tribunal. Daí a possibilidade, em tese, de que se reconheça a omissão no âmbito nos embargos de declaração para os fins de explicitar a necessária limitação de efeitos da decisão de inconstitucionalidade.

Entendo, portanto, que é o caso de se conhecer dos presentes embargos. Passo à análise do mérito da pretensão da embargante.

Como regra geral, as decisões proferidas em sede de ação direta de inconstitucionalidade possuem eficácia "*ex tunc*", sendo nulo o ato impugnado, desde a sua origem. Excepcionalmente, a declaração de inconstitucionalidade poderá ter eficácia "*ex nunc*", quando, por razões de segurança jurídica ou de relevante interesse social, se mostrar oportuno que seja fixado outro momento de eficácia, nos termos do art. 27, da Lei n. 9.868/1999.

No caso em questão, declarou-se a inconstitucionalidade da expressão "*bem como os não-remunerados*", contida na parte final do § 1º do art. 34 da Lei n. 12.398/98, na redação dada pela Lei n. 12.607/99, ambas do Estado do Paraná.

Art. 34. Serão obrigatoriamente inscritos na PARANÁPREVIDÊNCIA os servidores públicos estaduais ativos, com vínculo funcional permanente de todos os Poderes, inclusive os Membros do Poder Judiciário, o Ministério Público, o Tribunal de Contas e as Instituições de Ensino Superior, bem como das respectivas administrações públicas, direta, autárquica e fundacional, os servidores inativos e os militares estaduais da ativa, na reserva remunerada e os reformados.

*§ 1º Enquadram-se no conjunto de servidores públicos, abrangidos pelo caput deste artigo, aqueles que se encontrem à disposição, cedidos ou em disponibilidade e os serventuários de justiça remunerados pelos cofres públicos, **bem como os não remunerados**, admitidos anteriormente a vigência da Lei Federal n. 8.935, de 18 de novembro de 1994.*

Com essa decisão, ficaram excluídos do sistema de seguridade funcional do Estado do Paraná todos os serventuários de justiça ditos "não remunerados" pelos cofres públicos, ou seja, os que oficiam perante os cartórios extrajudiciais.

O Sistema de Seguridade Funcional do Estado do Paraná foi instituído pela Lei Estadual n. 12.398/1998 e estava em vigor, portanto, há mais de 8 (oito) anos. Nesse ínterim, situações jurídicas foram consolidadas. Muitos serventuários obtiveram a aposentadoria de acordo com as normas desse sistema e outros muitos já preenchem todos os requisitos da lei para se aposentarem.

Os documentos apresentados pela Procuradoria do Estado do Paraná e juntados às fls. 225--230 dos autos demonstram que existem mais de 90 (noventa) serventuários da justiça não remunerados pelos cofres públicos que, durante a vigência da Lei n. 12.398/1998, se aposentaram ou geraram pensões. Nessa relação certamente não constam aqueles que já haviam adquirido o direito aos benefícios previdenciários.

Com a decisão desta Corte, todas essas pessoas, algumas já com mais de 70 anos, terão – ou já tiveram – suas aposentadorias simplesmente canceladas, tendo que retornar à labuta nos cartórios, como informa o embargante.

Parece evidente que o princípio da segurança jurídica tem aqui um peso incontestável, capaz de sobrepujar o próprio postulado da nulidade absoluta da lei inconstitucional.

Como se sabe, o princípio da nulidade continua a ser a regra. O afastamento de sua incidência dependerá de um severo juízo de ponderação que, tendo em vista a análise fundada no princípio da proporcionalidade, faça prevalecer a ideia de segurança jurídica ou outro princípio constitucionalmente relevante, manifestado sob a forma de interesse social relevante. Assim, a não aplicação do princípio da nulidade não se há de basear em consideração de política judiciária, mas em fundamento constitucional próprio.

O princípio da nulidade somente há de ser afastado se se puder demonstrar, com base numa ponderação concreta, que a declaração de inconstitucionalidade ortodoxa envolveria o sacrifício da segurança jurídica ou de outro valor constitucional materializável sob a forma de interesse social[2].

Vê-se, pois, que terá significado especial o princípio da proporcionalidade, especialmente a proporcionalidade em sentido estrito, como instrumento de aferição da justeza da declaração de inconstitucionalidade (com efeito da nulidade), tendo em vista o confronto entre os interesses afetados pela lei inconstitucional e aqueles que seriam eventualmente sacrificados em consequência da declaração de inconstitucionalidade[3].

Nos termos do art. 27 da Lei n. 9.868/99, o STF poderá proferir, em tese, uma das seguintes decisões:

a) declarar a inconstitucionalidade apenas a partir do trânsito em julgado da decisão (declaração de inconstitucionalidade *ex nunc*), com ou sem repristinação da lei anterior;

b) declarar a inconstitucionalidade com a suspensão dos efeitos por algum tempo a ser fixado na sentença (declaração de inconstitucionalidade com efeito *pro futuro*), com ou sem repristinação da lei anterior;

c) declarar a inconstitucionalidade sem a pronúncia da nulidade, permitindo que se opere a suspensão de aplicação da lei e dos processos em curso até que o legislador, dentro de prazo razoável, venha a se manifestar sobre a situação inconstitucional (declaração de inconstitucionalidade sem pronúncia da nulidade = restrição de efeitos); e, eventualmente,

d) declarar a inconstitucionalidade dotada de efeito retroativo, com a preservação de determinadas situações.

Portanto, como parece exigir o presente caso, poderá ser declarada a inconstitucionalidade com efeito retroativo (hipótese "d"), desde que sejam preservadas as situações singulares (v.g., razões de segurança jurídica) que, segundo entendimento do Tribunal, devam ser mantidas incólumes.

No caso em exame, entendo que, tendo em vista a necessidade de preservação de situações jurídicas formadas legitimamente e com inteira boa-fé, a declaração de inconstitucionalidade deva ser retroativa, porém ressalvados os benefícios previdenciários (aposentadorias e pensões) já assegurados, assim como as hipóteses em que o serventuário já preencheu todos os requisitos legais para a obtenção desses benefícios.

Ante o exposto, conheço dos embargos e os provejo para esclarecer que a declaração de inconstitucionalidade não afeta os casos de benefícios previdenciários (aposentadorias e pensões) já assegurados, assim como as hipóteses em que o serventuário já preencheu todos os requisitos legais para a obtenção desses benefícios, até a data da publicação, no *Diário da Justiça* e no *Diário Oficial da União*, da decisão de declaração de inconstitucionalidade, ocorrida em 23 de agosto de 2006.

É como voto.

---

2   Cf., a propósito do direito português, MEDEIROS, Rui. A *decisão de inconstitucionalidade*. Lisboa: Universidade Católica, 1999, p. 716.

3   Cf., sobre o assunto, Rui Medeiros, A *decisão de inconstitucionalidade*, cit., p. 703-4.

ADI 3.660[1]

Modulação de efeitos no controle concentrado – Efeito repristinatório da declaração de inconstitucionalidade – Custas judiciais – Destinação a entidades privadas – Inconstitucionalidade – Razões de segurança jurídica e de excepcional interesse social – Aplicação do art. 27 da Lei n. 9.868/99, para atribuir à declaração de inconstitucionalidade efeitos a partir da Emenda Constitucional 45/2004.

O Procurador-Geral da República requereu a declaração de inconstitucionalidade da Tabela J do anexo da Lei n. 1.936, de 21 de dezembro de 1998, do Estado de Mato Grosso do Sul, tanto em sua redação vigente, dada pela Lei n. 3.002, de 7 de junho de 2005, quanto em sua redação original.

O Procurador-Geral da República sustentou, em síntese, que os dispositivos impugnados violavam os artigos 5°, *caput*, 98, § 2°, e 145, inciso II, da Constituição da República. Alegou que as custas judiciais possuem natureza tributária, e são qualificadas como taxas. Estas, por determinação constitucional (CF, art. 145, II), *"têm como fato gerador o exercício do poder de polícia ou a utilização, efetiva ou potencial, de serviços públicos específicos e divisíveis, prestados ao contribuinte ou postos a sua disposição".* Desse modo, entende que *"a destinação de custas judiciais às pessoas jurídicas de direito privado mencionadas na 'Tabela J' desvirtua a função constitucional da taxa, na medida em que tem por finalidade o custeio de atividades diversas daquelas cujo exercício justificaria a sua instituição".*

A Procuradoria-Geral da República ressaltou, ainda, que tomou a precaução de impugnar nesta ação tanto a redação vigente da Tabela J do anexo da Lei n. 1.936/1998, dada pela Lei n. 3.002/2005, quanto a redação original, por ela revogada. Ademais, afirmou que a impugnação da tabela revogada tem caráter subsidiário, com a finalidade única de impedir o chamado efeito repristinatório indesejado. Para o caso de se entender que o efeito repristinatório da Lei n. 1.135/1991 se impõe, requereu o aditamento ao pedido inicial, para que fosse declarada também a inconstitucionalidade do art. 53 e da Tabela V da Lei n. 1.135, de 15 de abril de 1991, do Estado de Mato Grosso do Sul.

A decisão prolatada pelo Tribunal recebeu a seguinte ementa:

EMENTA: Ação direta de inconstitucionalidade. 2. Efeito repristinatório da declaração de inconstitucionalidade. 3. Custas judiciais. Destinação a entidades privadas. Inconstitucionalidade. O Supremo Tribunal Federal já manifestou, por diversas vezes, o entendimento de que é vedada a destinação dos valores recolhidos a título de custas e emolumentos a pessoas jurídicas de direito privado. Precedentes. 4. Ação julgada procedente. Tendo em vista razões de segurança jurídica e de excepcional interesse social, aplica-se o art. 27 da Lei n. 9.868/99, para atribuir à declaração de inconstitucionalidade efeitos a partir da Emenda Constitucional n. 45, de 31.12.2004.

VOTO

I – Preliminar de não conhecimento: o efeito repristinatório das decisões em controle abstrato de constitucionalidade

A presente ação direta de inconstitucionalidade foi proposta, inicialmente, contra a "Tabela J" do anexo da Lei n. 1.936, de 21 de dezembro de 1998, do Estado de Mato Grosso do Sul, tanto

---

[1] Em sessão de 13.3.2008, o Supremo Tribunal Federal, por unanimidade, julgou procedente a ação, nos termos do voto do relator, Ministro Gilmar Mendes, e, por maioria, deliberou atribuir à declaração de inconstitucionalidade da Tabela J do anexo da Lei 1.936/98, na sua redação vigente, dada pela Lei 3.002/2005, e na sua redação original, e do art. 53 e da Tabela V da Lei 1.135/91, todas do Estado de Mato Grosso do Sul, efeitos a partir da Emenda Constitucional n. 45/2004 (*DJ* de 9.5.2008).

Decisões no controle de constitucionalidade e seus efeitos **1777**

em sua redação vigente, dada pela Lei n. 3.002, de 7 de junho de 2005, quanto em sua redação original.

As entidades que ingressaram no feito na qualidade de *amicus curiae* – a Associação dos Magistrados de Mato Grosso do Sul (AMANSUL) e a Associação Sul-Mato-Grossense do Ministério Público (ASMMP) – manifestaram-se pelo não conhecimento da ação, tendo em vista que não teriam sido impugnadas as Leis ns. 340/1982 (Tabela V) e 1.135/1991 (Tabela V), que tratam da mesma matéria e, portanto, se procedentes as alegações do requerente, também padeceriam de inconstitucionalidade.

Como se sabe, este Tribunal, no âmbito do controle em abstrato da constitucionalidade das leis e dos atos normativos, tem exigido que o requerente, no pedido inicial, delimite de forma precisa o objeto da ação, impugnando todo o complexo normativo supostamente inconstitucional, inclusive as normas revogadas que teriam sua vigência e eficácia revigoradas em virtude da declaração de inconstitucionalidade das normas revogadoras (ADI n. 2.574/AP, Rel. Carlos Velloso, *DJ* 29.8.2003; ADI n. 2.224/DF, Rel. Nelson Jobim, *DJ* 13.6.2003).

Esse entendimento está bem representado em trechos da decisão proferida pelo Ministro Celso de Mello no julgamento da ADI-MC n. 2.621/DF, *verbis*:

> *"(...) Não se pode deixar de ter em consideração, neste ponto, a relevantíssima circunstância de que a eventual ocorrência da suspensão cautelar e da declaração final de inconstitucionalidade, in abstracto, do diploma normativo superveniente (a MP n. 2.187-13, de 24/08/2001, ora impugnada na presente ação direta), importará em restauração da eficácia dos atos normativos que por ela foram revogados ou modificados. Com efeito, a declaração de inconstitucionalidade in abstracto, de um lado, e a suspensão cautelar de eficácia do ato reputado inconstitucional, de outro, importam – considerado o efeito repristinatório que lhes é inerente – em restauração das normas estatais revogadas pelo diploma objeto do processo de controle normativo abstrato. Esse entendimento – hoje expressamente consagrado em nosso sistema de direito positivo (Lei n. 9.868/99, art. 11, § 2º) –, além de refletir-se no magistério da doutrina (ALEXANDRE DE MORAES, "Jurisdição Constitucional e Tribunais Constitucionais", p. 272, item n. 6.2.1, 2000, Atlas; CLÈMERSON MERLIN CLÈVE, "A Fiscalização Abstrata da Constitucionalidade no Direito Brasileiro", p. 249, 2ª ed., 2000, RT; CELSO RIBEIRO BASTOS e IVES GANDRA MARTINS, "Comentários à Constituição do Brasil", vol. 4, tomo III/87, 1997, Saraiva; ZENO VELOSO, "Controle Jurisdicional de Constitucionalidade", p. 213/214, item n. 212, 1999, Cejup), também encontra apoio na própria jurisprudência do Supremo Tribunal Federal, que, desde o regime constitucional anterior (RTJ 101/499, 503, Rel. Min. MOREIRA ALVES – RTJ 120/64, Rel. Min. FRANCISCO REZEK), vem reconhecendo a existência de efeito repristinatório nas decisões desta Corte Suprema, que, em sede de fiscalização normativa abstrata, declaram a inconstitucionalidade ou deferem medida cautelar de suspensão de eficácia dos atos estatais questionados em ação direta (RTJ 146/461-462, Rel. Min. CELSO DE MELLO – ADI 2.028-DF, Rel. Min. MOREIRA ALVES – ADI 2.036-DF, Rel. Min. MOREIRA ALVES – ADI 2.215-PE, Rel. Min. CELSO DE MELLO). O sentido e o alcance do efeito repristinatório foram claramente definidos, em texto preciso, por CLÈMERSON MERLIN CLÈVE ("A Fiscalização Abstrata da Constitucionalidade no Direito Brasileiro", p. 249/250, 2ª ed., 2000, RT), cuja autorizada lição assim expôs o tema pertinente à restauração de eficácia do ato declarado inconstitucional, em sede de controle abstrato, ou objeto de suspensão cautelar de aplicabilidade, deferida em igual sede processual: "Porque o ato inconstitucional, no Brasil, é nulo (e não, simplesmente, anulável), a decisão judicial que assim o declara produz efeitos repristinatórios. Sendo nulo, do ato inconstitucional não decorre eficácia derrogatória das leis anteriores. A decisão judicial que decreta (rectius, que declara) a inconstitucionalidade atinge todos os 'possíveis efeitos que uma lei constitucional é capaz de gerar', inclusive a cláusula expressa ou implícita de revogação. Sendo nula a lei declarada inconstitucional, diz o Ministro Moreira Alves, 'permanece vigente a legislação anterior a ela e que teria sido revogada não houvesse a nulidade'. A reentrada em vigor da norma revogada nem sempre é vantajosa. O efeito repristinatório produzido pela decisão do Supremo, em via de ação direta, pode dar origem ao problema da legitimidade da norma revivida. De fato, a norma reentrante pode padecer de inconstitucionalidade ainda mais grave que a do ato nulificado. Previne-se o problema com o estudo apurado das eventuais consequências que a decisão judicial haverá de produzir. O estudo deve ser levado a termo por ocasião da propositura, pelos legitimados ativos, de ação direta de inconstitucionalidade. Detectada a manifestação de eventual eficácia repristinatória indesejada, cumpre requerer, igualmente, já na inicial da ação direta,*

a declaração da inconstitucionalidade, e, desde que possível, a do ato normativo ressuscitado." Essa orientação, fundada no reconhecimento do efeito repristinatório, culminou no estabelecimento dos precedentes consubstanciados no julgamento da ADI 2.132-RJ e na ADI 2.242-DF, Rel. Min. MOREIRA ALVES, de tal modo que, não deduzida, em caráter subsidiário, qualquer impugnação contra a norma, que, alegadamente eivada do vício de inconstitucionalidade, foi revogada pelas regras expressamente atacadas em sede de fiscalização concentrada, torna-se inviável conhecer da própria ação direta, precisamente em face de tal omissão processual (...)". (ADI 2.621/DF, Rel. Min. Celso de Mello, DJ 08.08.2002, sem grifos no original)

Assim, na delimitação inicial do sistema normativo, o requerente deve verificar a existência de normas revogadas que poderão ser eventualmente repristinadas pela declaração de inconstitucionalidade das normas revogadoras. Isso implica, inclusive, a impugnação de toda a cadeia normativa de normas revogadoras e normas revogadas, sucessivamente.

Por outro lado, é preciso levar em conta que o processo do controle abstrato de normas destina-se, fundamentalmente, à aferição da constitucionalidade de normas pós-constitucionais (ADI n. 2, Rel. Paulo Brossard, DJ 2.2.1992). Dessa forma, eventual colisão entre o direito pré--constitucional e a nova Constituição deve ser simplesmente resolvida segundo princípios de direito intertemporal (*lex posterior derogat priori*).

Assim, conjugando ambos os entendimentos professados pela jurisprudência do Tribunal, a conclusão não pode ser outra senão a de que a impugnação deve abranger apenas a cadeia de normas revogadoras e revogadas até o advento da Constituição de 1988.

Em petição de agravo regimental na ADI n. 3.111/RJ, Rel. Cezar Peluso, o Procurador--Geral da República bem esclareceu esse entendimento:

"(...) Portanto, em análise total e não apenas parcial da jurisprudência da Corte, a ilação a que se chega é de que somente devem fazer parte do pedido de declaração de inconstitucionalidade as leis ou os atos normativos posteriores à Constituição de 1988. As leis ou os atos normativos anteriores à Constituição, se padecem do mesmo vício de inconstitucionalidade, são considerados pelo Supremo Tribunal Federal como estando revogados pela nova ordem constitucional.

Dessa forma, o efeito repristinatório das decisões no controle abstrato de constitucionalidade não atinge as normas anteriores à Constituição e com ela incompatíveis. A vigência e a eficácia das normas anteriores à Constituição não são restauradas pela declaração de inconstitucionalidade das normas revogadoras posteriores à Constituição de 1988.

Assim, ao formular o pedido inicial na ação direta de inconstitucionalidade, o requerente deve impugnar todo o sistema normativo inconstitucional, incluindo tanto as normas revogadoras como as normas revogadas, porém a cadeia normativa objeto do pedido deve possuir como limite a data da promulgação da Constituição de 1988.

Entendimento diverso traria como consequência a impossibilidade prática de impugnação de um elevado número de leis e atos normativos, pois em muitos casos existe revogação expressa de legislação anterior à Constituição de 1988. Isso permitiria a subsistência de normas inconstitucionais no ordenamento jurídico, que não poderiam sofrer a fiscalização da Corte Suprema pelo simples fato de que revogam normas anteriores à Constituição e que padecem do mesmo vício de inconstitucionalidade.

Obviamente, o efeito repristinatório das decisões do Supremo Tribunal Federal em sede de controle abstrato de constitucionalidade não pode ir tão longe, a ponto de inviabilizar a própria eficácia desse controle. O princípio da supremacia da Constituição e a necessidade de se proteger o ordenamento jurídico contra qualquer ato normativo incompatível com a ordem constitucional cobram uma interpretação jurisprudencial que possibilite a máxima eficácia da fiscalização da constitucionalidade das leis realizada pela Corte Suprema."

Tal entendimento acabou prevalecendo neste Tribunal, por ocasião do julgamento de uma série de ações diretas de inconstitucionalidade propostas pelo Procurador-Geral da República contra leis e atos normativos estaduais que tratavam do tema de loterias e jogos de bingo (ADI n. 2.995/PE, Rel. Celso de Mello, julgado em 13.12.2006; ADI n. 3.148/TO, Rel. Celso de Mello, julgado em 13.12.2006; ADI n. 3.189/AL, Rel. Celso de Mello, julgado em 13.12.2006; ADI n. 3.293/MS, Rel. Celso de Mello, julgado em 13.12.2006; ADI n. 3.063/MA, Rel. Cezar Peluso, julgado em 13.12.2006). O Tribunal rejeitou questão preliminar de não conhecimento das ações, levantada com fundamento no fato da não impugnação, pelo Procurador-Geral da República, de diplomas anteriores à Constituição de 1988. Entendeu-se que tais diplomas, por constituírem normas pré--constitucionais, não seriam repristinados pela declaração de inconstitucionalidade dos diplomas revogadores e, portanto, não deveriam ter sido impugnados pelo autor da ação, apesar de tratarem do mesmo tema das demais leis e atos normativos impugnados: loterias e jogos de bingo.

Não se pode deixar de considerar, ademais, que, nos casos em que o requerente, por excesso de cuidado, impugnou toda a cadeia normativa, mesmo as normas anteriores ao texto constitucional de 1988, poderá o Tribunal conhecer da ação e declarar a inconstitucionalidade das normas posteriores a 5 de outubro de 1988 e, na mesma decisão, declarar a revogação das normas anteriores a essa data.

Em aditamento aos argumentos expendidos na mencionada petição de agravo regimental na ADI n. 3.111/RJ, Rel. Cezar Peluso, o Procurador-Geral da República defendeu tese semelhante, da seguinte forma:

> "O **Procurador-Geral da República**, em aditamento às razões expendidas na petição de agravo regimental, vem expor e requerer o que segue.
>
> O Supremo Tribunal Federal encontra-se, no presente caso, diante de uma situação de conflito entre dois entendimentos jurisprudenciais: a) por um lado, tendo em vista o possível efeito repristinatório da decisão que declara a inconstitucionalidade de lei ou ato normativo, exige o Tribunal que o pedido da ação direta de inconstitucionalidade abarque todo o sistema normativo, incluídas as normas revogadas que padecem do mesmo vício de inconstitucionalidade encontrado nas normas revogadoras; b) por outro lado, a jurisprudência do Tribunal está assentada no sentido de que o conflito entre o direito pré-constitucional e a nova Constituição resume-se a um problema de direito intertemporal, regido pelo princípio da lex posterior derogat priori, cujo exame não pode ser realizado em sede de controle concentrado de constitucionalidade.
>
> A aplicação irrestrita desses dois entendimentos jurisprudenciais pode criar um grande obstáculo ao exercício da fiscalização da constitucionalidade das leis, pois estarão excluídas desse controle todas as normas viciadas por inconstitucionalidade originária que revogam expressamente direto pré-constitucional que padece do mesmo vício. Assim, por exemplo, se uma lei do ano de 2005 revoga outra lei anterior à Constituição de 1988, não poderá ela ser submetida ao controle abstrato de constitucionalidade.
>
> É necessário, portanto, encontrar interpretações para essa jurisprudência que concedam a máxima eficácia ao princípio da supremacia da Constituição e à fiscalização da constitucionalidade das leis ou atos normativos exercido pelo Supremo Tribunal Federal.
>
> Nesse sentido, por meio da interposição de agravo regimental contra decisão de Vossa Excelência que declarou a inépcia da petição inicial na ADIN n. 3.111/RJ, sustentei que o efeito repristinatório das decisões declaratórias de inconstitucionalidade não atinge as leis ou atos normativos anteriores à Constituição de 1988. A vigência e a eficácia das normas anteriores à Constituição não são restauradas pela declaração de inconstitucionalidade das normas revogadoras posteriores à Constituição de 1988. Assim, ao formular o pedido inicial na ação direta de inconstitucionalidade, o requerente deve impugnar todo o sistema normativo inconstitucional, incluindo tanto as normas revogadoras como as normas revogadas, porém a cadeia normativa objeto do pedido deve possuir como limite a data da promulgação da Constituição de 1988.
>
> Esta é uma solução possível.
>
> Nada obstante, também pode o Supremo Tribunal Federal passar a admitir que, no caso de lei que revoga expressamente direito pré-constitucional, continuaria o requerente obrigado a impugnar toda a cadeia normativa inconstitucional, inclusive as normas anteriores à Constituição. Assim, **o entendimento seria no sentido de que o efeito repristinatório atingiria as normas anteriores à Constituição de 1988. Nesse caso, a decisão do Tribunal deve declarar a inconstitucionalidade das normas posteriores à Constituição e, ao mesmo tempo, declarar a revogação das normas anteriores.**

*No presente caso, a adoção desta solução levaria à **declaração de inconstitucionalidade** do art. 1º da Lei 3.761, de 7 de janeiro de 2002, na parte em que altera o parágrafo primeiro do art. 10 do Decreto-Lei n. 122, de 13 de agosto de 1969, e à **declaração de revogação** da Lei n. 590, de 16 de outubro de 1982, da Lei n. 489, de 19 de novembro de 1981 e da Lei n. 290, de 8 de dezembro de 1979, todas do Estado do Rio de Janeiro, pois violam o art. 5º, caput e o art. 145, II, da Constituição.*

*Ante o exposto, requeiro o **aditamento ao pedido inicial** para incluir no objeto da presente ação direta as seguintes leis, que padecem do mesmo vício de inconstitucionalidade (violação ao art. 5º, caput e ao art. 145, II, da Constituição) observado no art. 1º da Lei 3.761, de 7 de janeiro de 2002, do Estado do Rio de Janeiro: Lei n. 590, de 16 de outubro de 1982; Lei n. 489, de 19 de novembro de 1981 e Lei n. 290, de 8 de dezembro de 1979, todas do Estado do Rio de Janeiro, cujas cópias seguem em anexo, em obediência ao parágrafo único do art. 3º da Lei n. 9.868/99."*

A via para a adoção dessa solução parece ter sido aberta no recente julgamento da ADI-MC n. 3.833/DF, Rel. orig. Carlos Britto, Red. p/ o acórdão Marco Aurélio, em 19.12.2006, no qual o Tribunal, ao não conhecer da ação, deixou assentado, na parte dispositiva do acórdão, que a norma impugnada – o Decreto-Legislativo n. 444/2002 – estaria revogada por emenda constitucional (EC n. 41/2003) a ela posterior.

Ademais, a exigência de impugnação de toda a cadeia normativa supostamente inconstitucional, com o objetivo de se evitar o indesejado efeito respristinatório da legislação anterior eivada dos mesmos vícios, pode até mesmo ser relativizada, tendo em vista que o Tribunal sempre poderá deliberar a respeito da modulação do próprio efeito repristinatório da declaração de inconstitucionalidade. O art. 27 da Lei n. 9.868/1999 deixa aberta essa possibilidade, e o § 2º do art. 11 dessa lei, na hipótese de medida cautelar, permite, de forma expressa, que o Tribunal mitigue o efeito repristinatório da decisão.

No julgamento das ações diretas contra a Lei n. 9.868/1999 (ADI n. 2.154/DF e ADI n. 2.258/DF, Rel. Sepúlveda Pertence, 14.2.2007), ainda não encerrado, o Tribunal julgou improcedentes as alegações quanto à inconstitucionalidade do § 2º do art. 11 dessa lei. Retiro do *Informativo STF* n. 456, 12 a 23 de fevereiro de 2007, a notícia desse julgamento:

"No que se refere à norma final do § 2º do art. 11 da Lei 9.868/99 que prevê que a 'concessão da medida cautelar torna aplicável a legislação anterior, salvo expressa manifestação em sentido contrário', o Tribunal, por maioria, julgou improcedente o pedido formulado. Salientou-se, inicialmente, que a ação direta foi instituída como instrumento de salvaguarda da higidez da ordem jurídica e não para a tutela de pretensões de direito dos sujeitos legitimados para propô-la e que, em razão disso, a recepção do princípio do pedido no processo objetivo da jurisdição constitucional há de ser dimensionada a partir dessa perspectiva institucional do sistema de controle abstrato de normas. Tendo isso em conta, entendeu-se, na linha adotada pela doutrina portuguesa e pequena parte da brasileira, que o Tribunal pode sobrepor apreciar incidentemente a constitucionalidade da lei precedente à impugnada para, julgando-a igualmente inválida, impedir sua revivescência decorrente da declaração de inconstitucionalidade da que a tenha revogado. Ressaltou-se que a recusa da repristinação se baseará em juízo similar ao da declaração incidente de inconstitucionalidade de norma cuja validade seja prejudicial da decisão principal a tomar, a qual sempre se pode dar de ofício e que nada exclui possa ocorrer no julgamento de uma ADI, onde um mesmo tribunal, como o STF, cumule as funções de órgão exclusivo do controle abstrato com o de órgão de cúpula do sistema difuso. Vencido, nessa parte, o Min. Marco Aurélio que declarava a inconstitucionalidade da expressão impugnada por considerar que a possibilidade de o Tribunal extravasar os limites objetivos da própria ADI, declarando restabelecida ou não a legislação anterior, contrariaria os princípios da segurança jurídica e o de que o Judiciário atua apenas mediante provocação. ADI 2154/DF e ADI 2258/DF, rel. Min. Sepúlveda Pertence, 14.2.2007. (ADI-2154) (ADI-2258)."

Assim, fixadas essas premissas, pode-se concluir que, quanto à Lei n. 340/1982, do Estado de Mato Grosso do Sul, não se pode exigir a sua impugnação por parte do Procurador-Geral da República, por ser norma anterior à Constituição de 1988. Quanto à Lei estadual n. 1.135/1991, o próprio Procurador-Geral da República, no parecer de fls. 183-186, requereu o aditamento do

Decisões no controle de constitucionalidade e seus efeitos **1781**

pedido inicial para incluí-la no objeto da presente ação. Assim se pronunciou o Procurador-Geral da República:

> "(...) Para o caso de se entender que o efeito repristinatório da Lei sul-mato-grossense 1.135/91 se impõe, requer o Procurador-Geral da República o recebimento do presente parecer como aditamento à inicial, a fim de que seja declarada também a inconstitucionalidade do art. 53 e da Tabela V da Lei n. 1.135, de 15 de abril de 1991, do Estado do Mato Grosso do Sul, cuja cópia consta dos autos, a fls. 25-33."

Tal como decidido no julgamento da Questão de Ordem na ADI n. 2.982/CE, de minha relatoria, *DJ* 12.11.2004, o Tribunal permite o aditamento ao pedido inicial formulado pelo Procurador-Geral da República por ocasião de seu parecer, em casos em que tal aditamento tenha o objetivo de incluir normas que fazem parte do mesmo complexo normativo em que estão inseridas as normas objeto do pedido inicial. Nessa hipótese, dispensam-se novas informações dos órgãos e autoridades dos quais emanaram as normas impugnadas e novos pronunciamentos da Advocacia-Geral da União e da Procuradoria-Geral da República.

Portanto, com base nesses fundamentos, rejeito a preliminar de não conhecimento desta ação direta de inconstitucionalidade e passo à análise de seu mérito.

II – Da inconstitucionalidade material dos dispositivos impugnados

Discute-se nesta ação direta a constitucionalidade da destinação a certas entidades privadas, no âmbito do Estado de Mato Grosso do Sul, do produto da arrecadação das custas cobradas pela prestação dos serviços judiciários pelo Poder Judiciário estadual.

Em sua manifestação, a Advocacia-Geral da União (fls. 68-70) consignou que:

> "As custas judiciais possuem, inequivocamente, natureza tributária. Pertencendo ao gênero tributo, classificam-se como taxas, visto que são a contraprestação devida pela utilização, efetiva ou potencial, de um serviço público específico e divisível, prestado ao contribuinte ou posto à sua disposição (art. 145, II, CR/88), que, no caso, é a prestação jurisdicional.
>
> (...)
>
> Sendo a taxa um tributo vinculado a uma atuação estatal específica em relação ao contribuinte, conforme clássica lição de Geraldo Ataliba, o produto de sua arrecadação deve ser direcionado para o custeio dessa atividade prestada pelo Poder Público.
>
> (...)
>
> Além disso, torna-se impossível harmonizar o princípio da igualdade com a concessão de privilégios a algumas entidades em detrimento de outras, sem que esteja em causa um critério razoável apto a legitimar a discriminação." (68-70).

Tal como assentado na manifestação da Advocacia-Geral da União, afigura-se patente, de um lado, a afronta ao princípio da isonomia (CF, art. 5º, *caput*) e, de outro, o desvirtuamento da destinação constitucionalmente prevista para as taxas, que deve ser o custeio de serviços públicos aos quais estejam vinculadas (CF, art. 145, II).

Sobre o tema, o Supremo Tribunal Federal já manifestou, por diversas vezes, o entendimento de que é vedada a destinação dos valores recolhidos a título de custas e emolumentos a pessoas jurídicas de direito privado.

Confira-se, a propósito, a ementa da ADI n. 2.982/CE, de minha relatoria (*DJ* 12.11.2004):

> "Ação direta de inconstitucionalidade em face dos arts. 5º, 22, 25, parágrafo único, e 28, todos da Lei n. 12.381, de 9 de dezembro de 1994, do Estado do Ceará, que destinam percentual da arrecadação da taxa judiciária, emolumentos e custas à Associação Cearense dos Magistrados, à Associação Cearense do Ministério Público e à Caixa de Assistência dos Advogados. 2. Alegada ofensa ao art. 145, II, da Constituição. **3. Impossibilidade da destinação do produto da arrecadação, ou de partes deste, a instituições privadas, entidades de classe e Caixa de Assistência dos Advogados. 4. Matéria pacificada na jurisprudência do Supremo Tribunal Federal.** Precedentes: RP n. 1139, Rel. Alfredo Buzaid,

DJ 30.10.92; ADI n. 1378, Rel. Min. Celso de Mello, *DJ* 30.05.97; ADI n. 1.145-PB, Rel. Min. Carlos Velloso. 6. Ação Direta de Inconstitucionalidade julgada procedente." (grifei – ADI n. 2.982/CE, Rel. Min. Gilmar Mendes, Pleno, unânime, *DJ* de 12.11.2004).

No mesmo sentido, cito os seguintes precedentes:

[ADI n. 1.378-MC/ES, Rel. Celso de Mello, *DJ* 30.5.1997]:

"AÇÃO DIRETA DE INCONSTITUCIONALIDADE – CUSTAS JUDICIAIS E EMOLUMEN-TOS EXTRAJUDICIAIS – NATUREZA TRIBUTÁRIA (TAXA) – DESTINAÇÃO PARCIAL DOS RECURSOS ORIUNDOS DA ARRECADAÇÃO DESSES VALORES A INSTITUIÇÕES PRIVA-DAS – INADMISSIBILIDADE – VINCULAÇÃO DESSES MESMOS RECURSOS AO CUS-TEIO DE ATIVIDADES DIVERSAS DAQUELAS CUJO EXERCÍCIO JUSTIFICOU A INSTI-TUIÇÃO DAS ESPÉCIES TRIBUTÁRIAS EM REFERÊNCIA – DESCARACTERIZAÇÃO DA FUNÇÃO CONSTITUCIONAL DA TAXA – RELEVÂNCIA JURÍDICA DO PEDIDO – MEDI-DA LIMINAR DEFERIDA.

(...)

– DESTINAÇÃO DE CUSTAS E EMOLUMENTOS A FINALIDADES *INCOMPATÍVEIS* COM A SUA NATUREZA TRIBUTÁRIA.

– Qualificando-se as custas judiciais e os emolumentos extrajudiciais como taxas (*RTJ* 141/430), nada pode justificar seja o produto de sua arrecadação afetado ao custeio de serviços públicos diversos da-queles a cuja remuneração tais valores se destinam especificamente (pois, nessa hipótese, a função constitucional da taxa – que é tributo vinculado – restaria descaracterizada) ou, então, à satisfação das necessidades financeiras ou à realização dos objetivos sociais de entidades meramente privadas. É que, em tal situação, subverter-se-ia a própria finalidade institucional do tributo, sem se mencionar o fato de que esse privilegiado (e inaceitável) tratamento dispensado a simples instituições particulares (Asso-ciação de Magistrados e Caixa de Assistência dos Advogados) importaria em evidente transgressão es-tatal ao postulado constitucional da igualdade. Precedentes." (ADI n. 1.378-MC/ES, Rel. Min. Celso de Mello, Pleno, unânime, *DJ* de 30.5.1997).

[ADI n. 1.145/PB, Rel. Carlos Velloso, *DJ* 8.11.2002]:

"CONSTITUCIONAL. TRIBUTÁRIO. CUSTAS E EMOLUMENTOS: NATUREZA JURÍDICA: TAXA. DESTINAÇÃO DE PARTE DO PRODUTO DE SUA ARRECADAÇÃO A ENTIDADE DE CLASSE: CAIXA DE ASSISTÊNCIA DOS ADVOGADOS: INCONSTITUCIONALIDADE. Lei 5.672, de 1992, do Estado da Paraíba. I. – As custas, a taxa judiciária e os emolumentos constituem espécie tributária, são taxas, segundo a jurisprudência iterativa do Supremo Tribunal Federal. Precedentes do STF. II. – A Constituição, art. 167, IV, não se refere a tributos, mas a impostos. Sua inaplicabilidade às taxas. III. – Impossibilidade da destinação do produto da arrecadação, ou de partes deste, a instituições privadas, enti-dades de classe e Caixa de Assistência dos Advogados. Permiti-lo, importaria ofensa ao princípio da igualda-de. Precedentes do Supremo Tribunal Federal. IV. – Ação Direta de Inconstitucionalidade julgada proce-dente." (grifei – ADI n. 1.145/PB, Rel. Min. Carlos Velloso, Pleno, unânime, *DJ* de 8.11.2002).

Nota-se, assim, que a matéria está pacificada na jurisprudência desta Corte.

Ressalte-se, ainda, que a Emenda Constitucional n. 45, de 2004, acrescentou o § 2º ao art. 98 da Constituição, com a seguinte redação: "*As custas e emolumentos serão destinados exclusi-vamente ao custeio dos serviços afetos às atividades específicas da Justiça*".

Nesses termos, meu voto é pela procedência do pedido formulado nesta ação direta, para declarar a inconstitucionalidade da "Tabela J" constante do anexo da Lei n. 1.936/1998, do Esta-do do Mato Grosso do Sul, tanto em sua redação vigente, dada pela Lei n. 3.002/2005, quanto em sua redação original, bem como do art. 53 e da Tabela V da Lei n. 1.135, de 15 de abril de 1991, do Estado de Mato Grosso do Sul.

Tendo em vista razões de segurança jurídica e de excepcional interesse social, aplico o art. 27 da Lei n. 9.868/99, para atribuir à declaração de inconstitucionalidade efeitos a partir da Emenda Constitucional n. 45, de 31.12.2004.

RCL 3.014[1]

Efeito vinculante dos fundamentos determinantes e lei de teor idêntico – Admissibilidade de reclamação – Alegação de desrespeito à autoridade da decisão do Supremo na ADI 2.868/PI (*DJ* de 11.12.2004): possibilidade de fixação, pelos Estados-membros, de valor referencial inferior ao estabelecido no art. 87 do Ato das Disposições Constitucionais Transitórias – ADCT – Possibilidade de declaração de inconstitucionalidade incidental em julgamento de reclamação.

Trata-se de reclamação manejada pelo Município de Indaiatuba contra acórdão do Tribunal Regional do Trabalho da 15ª Região, que mantivera a expedição de requisição de pequeno valor em patamar superior ao fixado pela Lei municipal n. 4.233/2002, por considerá-la inconstitucional, ante a ausência de fixação da quantia em número de salários mínimos.

Alegou-se desrespeito à autoridade da decisão do Supremo na ADI 2.868/PI (*DJ* de 11.12.2004), na qual se teria reconhecido a possibilidade de fixação, pelos Estados-membros, de valor referencial inferior ao do art. 87 do ADCT.

Sustentou, ainda, o Município-reclamante que, ao julgar improcedente a ADI 2.868, este Supremo Tribunal Federal firmou o entendimento de que "*o legislador infraconstitucional, ao legislar acerca da definição de pequeno valor para fins de pagamento de precatório judicial, tem ampla liberdade de compatibilizar o respectivo valor com a sua disponibilidade orçamentária, sem que, para tanto, haja qualquer limitação material dos valores fixados, razão pela qual, plenamente possível a fixação de pequeno valor no montante de R$ 3.000,00 (três mil reais), conforme lei municipal deste ente Recorrente (fls 25)."*

O Min. Carlos Britto, relator, julgou improcedente a reclamação, em sessão de 13.12.2006. Para ele, no julgamento da ADI 2.868/PI, o Tribunal examinara a constitucionalidade da Lei piauiense n. 5.250/2002, que fixou, no âmbito da Fazenda Estadual, o *quantum* da obrigação de pequeno valor. Salientou que o acolhimento da pretensão deduzida nesta Reclamação passaria pelo exame da possibilidade de se atribuir efeitos transcendentes aos motivos determinantes da decisão tomada no controle abstrato de normas. Considerando o fato de que, no julgamento da Rcl 4.219 QO/SP em que retomada a discussão do tema da aplicabilidade da chamada "transcendência dos fundamentos determinantes" —, quatro ministros já teriam votado em sentido contrário à respectiva adoção, votou, preliminarmente, pelo não conhecimento da reclamação.

O Ministro Gilmar Mendes votou pelo conhecimento e procedência da ação. Os Ministros Sepúlveda Pertence e Cármen Lúcia acompanharam o voto do relator[2].

VOTO-VISTA

O Ministro Carlos Britto submeteu à apreciação deste Plenário a Reclamação n. 3.014/SP, proposta pelo Município de Indaiatuba-SP contra decisão proferida no Mandado de Segurança n. 0300/2004-000-15-00-9, em trâmite no Tribunal Regional do Trabalho da 15ª Região.

Trata-se de reclamação proposta com base no art. 102, inciso I, alínea "l", da Constituição, para assegurar a autoridade da decisão proferida pelo Supremo Tribunal Federal na Ação Direta de Inconstitucionalidade n. 2.868/PI, Rel. Min. Carlos Britto, Red. para o acórdão Min. Joaquim Barbosa, *DJ* 12.11.2004, cuja ementa possui o seguinte teor:

---

[1] Em sessão de 10.3.2010, o Tribunal, por maioria e nos termos do voto do Relator, julgou improcedente a reclamação, vencidos os Senhores Ministros Gilmar Mendes (Presidente), Ricardo Lewandowski, Eros Grau, Cezar Peluso e Celso de Mello.

[2] *Informativo/STF* 475.

"EMENTA: AÇÃO DIRETA DE INCONSTITUCIONALIDADE. LEI 5.250/2002 DO ESTADO DO PIAUÍ. PRECATÓRIOS. OBRIGAÇÕES DE PEQUENO VALOR. CF, ART. 100, § 3º. ADCT, ART. 87. Possibilidade de fixação, pelos estados-membros, de valor referencial inferior ao do art. 87 do ADCT, com a redação dada pela Emenda Constitucional 37/2002. Ação direta julgada improcedente."

O Município reclamante possui legislação própria – a Lei Municipal n. 4.233/2002 – que consigna como de "pequeno valor", para fins afastamento do sistema de pagamento de precatório judicial, a quantia igual ou inferior a R$ 3.000,00 (três mil reais).

O Tribunal Regional do Trabalho da 15ª Região, no entanto, afastou a aplicabilidade dessa lei municipal, determinando que o Município adotasse as providências necessárias para a quitação de débito no valor de R$ 4.847,54 (quatro mil, oitocentos e quarenta e sete reais e cinquenta e quatro centavos), considerado como sendo de "pequeno valor" de acordo com o disposto no art. 87, inciso II, do Ato das Disposições Constitucionais Transitórias da Constituição de 1988 (valor inferior ou igual a trinta salários mínimos).

Iniciado o julgamento deste caso, o Relator, Ministro Carlos Britto, aventou a possibilidade de discussão sobre o tema da "transcendência dos fundamentos determinantes" da decisão em controle abstrato de constitucionalidade. Isso porque, nesta reclamação, alega-se que decisão judicial que afastou a aplicação de Lei do Município de Indaiatuba-SP afronta a decisão desta Corte que declarou a constitucionalidade de Lei do Estado do Piauí (Lei Estadual n. 5.250/2002).

No entanto, vislumbrando a ausência de identidade entre o caso dos autos e o objeto da ADI n. 2.868, o Ministro Carlos Britto terminou proferindo seu voto no sentido da improcedência da reclamação. Eis o teor do referido voto:

"De saída, anoto que, no julgamento da precitada ADI 2.868, este Supremo Tribunal examinou a validade constitucional da Lei piauiense n. 5.250/02. Diploma legislativo, esse, que fixa, no âmbito da Fazenda Estadual, o quantum da obrigação de pequeno valor. Logo, o acolhimento da pretensão aqui deduzida (e, porque não dizer, até o próprio cabimento desta reclamação) passa pelo exame da possibilidade de se atribuir efeitos irradiantes aos motivos determinantes da decisão tomada no controle abstrato de normas. E o fato é que, recentemente (21.09.2006), no bojo da Rcl 4.219-QO, este colendo Tribunal retomou a discussão do tema da aplicabilidade da chamada "transcendência dos fundamentos determinantes" para externar, pelo voto de quatro dos seus ministros, entendimento contrário à respectiva adoção.

8. Esse o quadro, voto preliminarmente pelo não conhecimento da reclamação. Vencido que seja esse óbice processual, relembro que, no julgamento da ADI 2.868, esta nossa Corte Suprema deu pela constitucionalidade da fixação das obrigações de pequeno valor em patamar inferior àquele previsto no art. 87 da ADCT (com redação dada pela Emenda Constitucional n. 37/02). Deixou, porém, de debater a questão da obrigatoriedade, ou não, de referência a um determinado número de salários mínimos como critério de definição das obrigações de pequeno valor.

10. Pois bem, conforme anotou a Min. Ellen Gracie às fls. 302/303, a decisão reclamada reconheceu a inconstitucionalidade da Lei municipal n. 4.233/2002, "por ausência de vinculação da quantia considerada como de pequeno valor a um determinado número de salários mínimos, como fizera a norma constitucional provisória (art. 87 do ADCT)". Sendo que este Supremo Tribunal Federal, no referido julgamento da ADI 2.868, limitou-se "a proclamar a possibilidade de que o valor estabelecido na norma estadual fosse inferior ao parâmetro constitucional". Não mais que isso.

11. Assim divisada a falta de identidade entre o caso dos autos e o objeto da ADI 2.868, voto pela improcedência da reclamação."

Pedi vista dos autos para melhor examinar o caso. Creio que **a controvérsia reside não na concessão de efeito vinculante aos motivos determinantes das decisões em controle abstrato de constitucionalidade, mas na possibilidade de se analisar, em sede de reclamação, a constitucionalidade de lei de teor idêntico ou semelhante à lei que já foi objeto da fiscalização abstrata de constitucionalidade perante o Supremo Tribunal Federal**.

Após refletir sobre essa questão, e baseando-me em estudos doutrinários que elaborei sobre o tema, não tenho nenhuma dúvida de que, ainda que não se empreste *eficácia transcendente*

Decisões no controle de constitucionalidade e seus efeitos **1785**

(efeito vinculante dos fundamentos determinantes) à decisão[3], **o Tribunal, em sede de reclamação contra aplicação de lei idêntica àquela declarada inconstitucional, poderá declarar, incidentalmente, a inconstitucionalidade da lei ainda não atingida pelo juízo de inconstitucionalidade.**

Ressalto que essa tese não é estranha à Corte. No julgamento da Rcl n. 595 (Rel. Min. Sydney Sanches), o Tribunal declarou a inconstitucionalidade de expressão contida na alínea "c" do inciso I do art. 106 da Constituição do Estado de Sergipe, que outorgava competência ao respectivo Tribunal de Justiça para processar e julgar ação direta de inconstitucionalidade de normas municipais em face da Constituição Federal.

Esse entendimento segue a tendência da evolução da reclamação como ação constitucional voltada à garantia da autoridade das decisões e da competência do Supremo Tribunal Federal.

Desde o seu advento, fruto de criação jurisprudencial[4], a reclamação tem-se firmado como importante mecanismo de tutela da ordem constitucional.

Como é sabido, a reclamação, para preservar a competência do Supremo Tribunal Federal ou garantir a autoridade de suas decisões, é fruto de criação pretoriana. Afirmava-se que ela decorreria da ideia dos *implied powers* deferidos ao Tribunal. O Supremo Tribunal Federal passou a adotar essa doutrina para a solução de problemas operacionais diversos. A falta de contornos definidos sobre o instituto da reclamação fez, portanto, com que a sua constituição inicial repousasse sobre a teoria dos poderes implícitos[5].

Em 1957, aprovou-se a incorporação da Reclamação no Regimento Interno do Supremo Tribunal Federal.

A Constituição Federal de 1967[6], que autorizou o STF a estabelecer a disciplina processual dos feitos sob sua competência, conferindo força de lei federal às disposições do Regimento Interno sobre seus processos, acabou por legitimar definitivamente o instituto da reclamação, agora fundamentada em dispositivo constitucional.

Com o advento da Carta de 1988, o instituto adquiriu, finalmente, status de competência constitucional (art. 102, I, l). A Constituição consignou, ainda, o cabimento da reclamação perante o Superior Tribunal de Justiça (art. 105, I, f), igualmente destinada à preservação da competência da Corte e à garantia da autoridade das decisões por ela exaradas.

Com o desenvolvimento dos processos de índole objetiva em sede de controle de constitucionalidade nos planos federal e estadual (inicialmente representação de inconstitucionalidade e, posteriormente, ADI, ADIO, ADC e ADPF), a reclamação, na qualidade de ação especial, acabou por adquirir contornos diferenciados na garantia da autoridade das decisões do Supremo Tribunal Federal ou na preservação de sua competência.

A jurisprudência do Supremo Tribunal, no tocante à utilização do instituto da reclamação em sede de controle concentrado de normas, também deu sinais de grande evolução no julgamento da questão de ordem em agravo regimental na Rcl n. 1.880, em 23 de maio de 2002, quando no Tribunal restou assente o cabimento da reclamação para todos aqueles que comprovarem prejuízo resultante de decisões contrárias às teses do STF, em reconhecimento à eficácia vinculante *erga omnes* das decisões de mérito proferidas em sede de controle concentrado.

---

[3] Rcl n. 1.987, Rel. Min. Maurício Corrêa, *DJ* de 21.05.2004.
[4] Cf. Rcl n. 141, Rel. Min. Rocha Lagoa, *DJ* de 25.01.1952.
[5] Cf. Rcl n. 141, Rel. Min. Rocha Lagoa, *DJ* de 25.01.1952.
[6] Cf. CF de 1967, art. 115, parágrafo único, "c", e EC 1/69, art. 120, parágrafo único, "c". Posteriormente, a EC n. 7, de 13.04.77, em seu art. 119, I, "o", sobre a avocatória, e no § 3º, "c", do mesmo dispositivo, que autorizou o RISTF estabelecer "o processo e o julgamento dos feitos de sua competência originária ou recursal e da arguição de relevância da questão federal".

Estado de Direito e Jurisdição Constitucional – Decisões relevantes em 15 anos de atuação no STF

A análise do quadro abaixo transcrito, sobre o número de reclamações propostas nos anos de 1990 a 2007, parece indicar que o referido instituto ganhou significativo relevo no âmbito da competência do STF[7].

RECLAMAÇÕES CONSTITUCIONAIS NO SUPREMO TRIBUNAL FEDERAL
PROCESSOS DISTRIBUÍDOS NO PERÍODO DE 1990 A 2007

Ano	N. de Processos	Ano	N. de Processos
1990	20	1999	200
1991	30	2000	522
1992	44	2001	228
1993	36	2002	202
1994	45	2003	275
1995	49	2004	491
1996	49	2005	933
1997	62	2006	837
1998	275	2007	6*

* Atualizada até 31.1.2007

Fonte: BNDPJ/STF.

Ressalte-se, ainda, que a EC n. 45/2004 consagrou a súmula vinculante, no âmbito da competência do Supremo Tribunal, e previu que a sua observância seria assegurada pela reclamação (art. 103-A, § 3º – *"Do ato administrativo ou decisão judicial que contrariar a súmula aplicável ou que indevidamente a aplicar, caberá reclamação ao Supremo Tribunal Federal que, julgando-a procedente, anulará o ato administrativo ou cassará a decisão judicial reclamada, e determinará que outra seja proferida com ou sem aplicação da súmula, conforme o caso"*).

A tendência hodierna, portanto, é que a reclamação assuma cada vez mais o papel de ação constitucional voltada à proteção da ordem constitucional como um todo. Os vários óbices à aceitação da reclamação em sede de controle concentrado já foram superados, estando agora o Supremo Tribunal Federal em condições de ampliar o uso desse importante e singular instrumento da jurisdição constitucional brasileira.

Nessa perspectiva, parece bastante lógica a possibilidade de que, em sede de reclamação, o Tribunal analise a constitucionalidade de leis cujo teor é idêntico, ou mesmo semelhante, a outras leis que já foram objeto do controle concentrado de constitucionalidade perante o Supremo Tribunal Federal.

Como explicado, não se está a falar, nessa hipótese, de aplicação da teoria da "transcendência dos motivos determinantes" da decisão tomada no controle abstrato de constitucionalidade.

---

[7] Quanto ao critério de numeração das Reclamações no STF, vale ressaltar que a Secretaria do Tribunal registrava, até a entrada em vigor do RISTF de 1970, em 15.10.1970, as Reclamações e as Representações em um mesmo "Livro de Andamento Processual de Representações e Reclamações", e na mesma sequência numérica (tal sequência atingiu o n. 854, em processo distribuído em 02.10.1970). A partir do novo Regimento, a Secretaria passou a registrar somente as Representações no referido livro, iniciando novo registro para as Reclamações. Assim, em 04.11.1970, o novo "Livro de Andamento Processual de Reclamações" registrou, mais uma vez, a Reclamação de n. 1.

Trata-se, isso sim, de um poder ínsito à própria competência do Tribunal de fiscalizar incidentalmente a constitucionalidade das leis e dos atos normativos. E esse poder é realçado quando a Corte se depara com leis de teor idêntico àquelas já submetidas ao seu crivo no âmbito do controle abstrato de constitucionalidade.

Assim, em relação à lei de teor idêntico àquela que já foi objeto de controle de constitucionalidade no STF – ainda que se afirme o não cabimento de reclamação – poder-se-á impugnar a sua aplicação por parte da Administração ou do Judiciário, requerendo-se a declaração incidental de sua inconstitucionalidade, ou de sua constitucionalidade, conforme o caso.

Na hipótese em exame, como já acentuado, não estamos a falar em "transcendência dos motivos determinantes" da decisão na ADI n. 2.868/PI. Não podemos olvidar, no entanto, que há uma controvérsia constitucional posta ao crivo do Tribunal: a compatibilidade ou não da Lei Municipal n. 4.233/2002 com o art. 87 do ADCT. E, por se tratar de uma questão constitucional idêntica àquela que foi objeto da ADI n. 2.868/PI, estou certo de que o Tribunal não pode se furtar à sua análise.

Na ADI n. 2.868/PI, relator para o acórdão o Ministro Joaquim Barbosa, o Tribunal fixou o entendimento de que é constitucional a lei da entidade federativa que fixa valores diferenciados àquele estipulado, em caráter transitório, pelo art. 87, inciso II, do ADCT. Entendeu-se, assim, que o art. 100, § 5º, da Constituição, permite que a lei fixe valores distintos como referencial de "pequeno valor" apto a afastar a incidência do sistema de pagamento, por meio de precatórios, dos débitos da Fazenda Pública.

A teleologia das normas constitucionais é a de assegurar a autonomia das entidades federativas, de forma que Estados e Municípios possam adequar o sistema de pagamento de seus débitos às peculiaridades financeiras locais. O referencial de "pequeno valor", para afastamento da aplicação do sistema de precatórios, deverá ser fixado conforme as especificidades orçamentárias de cada ente da Federação.

Parece claro, da mesma forma, que essa autonomia do ente federativo deverá respeitar o princípio da proporcionalidade. É dizer: não poderá o Estado ou o Município estabelecer um valor demasiado além, ou aquém, do que seria o valor razoável de "pequeno valor" conforme as suas disponibilidades financeiras. Cada caso é um caso, cujo juízo de proporcionalidade pressupõe a análise dos orçamentos de cada ente federativo.

A Lei do Município de Indaiatuba-SP, no entanto, fixou um valor de R$ 3.000,00 (três mil reais), que me parece bastante razoável, mesmo se comparado com os parâmetros do art. 87 do ADCT. Recordo, neste ponto, que, no julgamento da ADI n. 2.868/PI, o Tribunal considerou razoável valor inferior a esse, no montante de 5 (cinco) salários mínimos.

Ademais, ainda que o Tribunal não tenha se pronunciado expressamente sobre este tópico, **a autonomia conferida aos entes federativos pelo art. 100, § 5º, da Constituição, e pelo art. 87 do ADCT, abrange, inclusive, a possibilidade de que o referencial de pequeno valor não seja necessariamente fixado em quantidade de salários mínimos.** O art. 87 do ADCT deixa claro que os valores nele estabelecidos têm vigência *"até que se dê a publicação oficial das respectivas leis definidoras pelos entes da Federação".* A lei de cada ente da federação poderá fixar outros valores não vinculados ao salário mínimo.

Entendo, portanto, que, diante do que já foi decidido pelo Tribunal na ADI n. 2.868/PI, deve-se conhecer desta reclamação para afirmar a constitucionalidade da Lei Municipal n. 4.233/2002, do Município de Indaiatuba-SP.

Essa solução tem um inegável efeito prático, na medida em que dispensa a utilização da via específica do processo objetivo para (re)afirmar a constitucionalidade de norma de teor idêntico ou semelhante àquela que já foi objeto de controle por parte desta Corte.

De fato, não faria muito sentido se o Tribunal tergiversasse, não conhecendo da reclamação por questões meramente formais, e exigisse do reclamante, dessa forma, a propositura da arguição de descumprimento de preceito fundamental para atestar a constitucionalidade de lei municipal ou estadual de teor idêntico a outra que, frise-se, já teve a legitimidade constitucional reconhecida pela própria Corte.

A ordem constitucional necessita de proteção por mecanismos processuais céleres e eficazes. Esse é o mandamento constitucional, que fica bastante claro quando se observa o elenco de ações constitucionais voltadas a esse mister, como o *habeas corpus*, o mandado de segurança, a ação popular, o *habeas data*, o mandado de injunção, a ação civil pública, a ação direta de inconstitucionalidade, a ação declaratória de constitucionalidade e a arguição de descumprimento de preceito fundamental.

A reclamação constitucional – sua própria evolução o demonstra – não mais se destina apenas a assegurar a competência e a autoridade de decisões específicas e bem delimitadas do Supremo Tribunal Federal, mas também constitui-se como ação voltada à proteção da ordem constitucional como um todo. A tese da eficácia vinculante dos motivos determinantes da decisão no controle abstrato de constitucionalidade, já adotada pelo Tribunal, confirma esse papel renovado da reclamação como ação destinada a resguardar não apenas a autoridade de uma dada decisão, com seus contornos específicos (objeto e parâmetro de controle), mas a própria interpretação da Constituição levada a efeito pela Corte.

A ampla legitimação e o rito simples e célere, como características da reclamação, podem consagrá-la, portanto, como mecanismo processual de eficaz proteção da ordem constitucional, tal como interpretada pelo Supremo Tribunal Federal.

No presente caso, como já afirmado, entendo que o Tribunal deve conhecer da reclamação para declarar a constitucionalidade da Lei Municipal n. 4.233/2002, do Município de Indaiatuba-SP, e, com isso, cassar a decisão reclamada.

Com essas considerações, voto pelo **conhecimento** e **procedência da reclamação**, para, **afirmando a constitucionalidade da Lei Municipal n. 4.233/2002**, do Município de Indaiatuba-SP, **cassar a decisão reclamada** proferida no Mandado de Segurança n. 0300/2004-000-15-00-9, em trâmite no Tribunal Regional do Trabalho da 15ª Região.

MS 26.739[1]

Ato do Conselho Nacional de Justiça – CNJ – Anulação da fixação de férias em 60 dias para servidores de segunda instância da Justiça estadual mineira – Competência constitucional do Conselho para controle de legalidade dos atos administrativos de tribunal local – Ato de caráter geral – Desnecessidade de notificação pessoal – Violação do contraditório e da ampla defesa – Férias de sessenta dias.

O Sindicato dos Servidores da Justiça de Segunda Instância de Minas Gerais (SINJUS/MG) impetrou mandado de segurança coletivo, com pedido de liminar, contra ato praticado pelo Conselho Nacional de Justiça, consistente na declaração de ilegalidade da fixação de férias de 60 dias para os servidores da Segunda Instância do Tribunal de Justiça mineiro, o que foi feito durante o julgamento do Pedido de Providências n. 885.

Asseverou o impetrante que o direito ao gozo anual desse período de férias decorre do disposto, há mais de 60 anos, na legislação estadual mineira que disciplina o assunto, acrescentando que tal decisão foi tomada sem que os servidores interessados e atingidos pela ordem – ou seu órgão de representação tivesse sido previamente ouvido. Portanto, entende que foram violados os princípios do devido processo legal, da ampla defesa e do contraditório, o que acarretaria a anulação desse ato.

Atacou, ademais, a competência do impetrado para a prolação de tal decisão, asseverando, ainda, ter ocorrido usurpação da competência deste Supremo Tribunal Federal para a análise da compatibilidade entre a norma que assegura esse direito aos servidores mineiros e o disposto na vigente Constituição Federal sobre o tema, tendo ocorrido, ainda, violação do pacto federativo e ofensa ao direito adquirido e à irredutibilidade dos vencimentos.

Por isso e ressaltando a existência de direito líquido e certo de seus associados, postulou a concessão de medida liminar para a suspensão de tal ordem, a qual, ao final, pede seja definitivamente anulada. Trouxe os documentos de fls. 28 a 618.

Pelo despacho de fls. 622 a 624, foi deferida a pretensão liminar.

As informações pertinentes foram prestadas às fls. 647/648 e instruídas com os documentos de fls. 649 a 662.

Por fim, o parecer da douta Procuradoria-Geral da República foi pela denegação da ordem (fls. 666 a 670) e restou assim ementado:

"MANDADO DE SEGURANÇA CONTRA ATO DO CONSELHO NACIONAL DE JUSTIÇA, QUE JULGOU ILEGAL A FIXAÇÃO DE FÉRIAS DE 60 DIAS PARA OS SERVIDORES DA 2ª INSTÂNCIA DO TRIBUNAL DE JUSTIÇA DO ESTADO DE MINAS GERAIS. MATÉRIA DE DIREITO. SERVIDORES REPRESENTADOS POR SEU SINDICATO. AUSÊNCIA DE PREJUÍZO À AMPLA DEFESA. COMPETÊNCIA DO CNJ PARA EXAMINAR A LEGALIDADE DE ATOS ADMINISTRATIVOS DOS TRIBUNAIS. INEXISTÊNCIA, NO CASO, DE CONTROLE OBJETIVO DE CONSTITUCIONALIDADE OU OFENSA AO PACTO FEDERATIVO. SOLUÇÃO RAZOÁVEL DADA PELO COLEGIADO COATOR O CASO POSTO À SUA APRECIAÇÃO QUE AFASTA A LIQUIDEZ E CERTEZA DO DIREITO INVOCADO. ILEGITIMIDADE DA PREVISÃO DE FÉRIAS PELO PERÍODO REFERIDO POR ATO ADMINISTRATIVO, EM DESRESPEITO À LEGISLAÇÃO ESTADUAL APLICÁVEL E À EC N. 45/04 QUE VEDOU A CONCESSÃO DE FÉRIAS COLETIVAS. PARECER PELA DENEGAÇÃO DA SEGURANÇA".

---

[1] A Turma, por votação unânime, denegou a ordem e, por consequência, cassou a liminar anteriormente deferida, nos termos do voto do Relator (*DJ* de 14.6.2016).

É o relatório.

A decisão do *writ* recebeu a seguinte ementa:

EMENTA: Mandado de segurança. Ato do Conselho Nacional de Justiça. Anulação da fixação de férias em 60 dias para servidores de segunda instância da Justiça estadual mineira. Competência constitucional do Conselho para controle de legalidade dos atos administrativos de tribunal local. Ato de caráter geral. Desnecessidade de notificação pessoal. Inexistência de violação do contraditório e da ampla defesa. Férias de sessenta dias. Ausência de previsão legal. 1. Compete ao Conselho Nacional de Justiça "o controle da atuação administrativa e financeira do Poder Judiciário" (§ 4°), "zelando pela observância do art. 37 e apreciando, de ofício ou mediante provocação, a legalidade dos atos administrativos praticados por membros ou órgãos do Poder Judiciário" (inciso II, § 4°, art. 103-B). 2. No caso, a deliberação do CNJ se pautou essencialmente na ilegalidade do ato do Tribunal local (por dissonância entre os 60 dias de férias e o Estatuto dos Servidores do Estado de Minas Gerais). Quanto à fundamentação adicional de inconstitucionalidade, o Supremo tem admitido sua utilização pelo Conselho quando a matéria já se encontra pacificada na Corte, como é o caso das férias coletivas. 3. Sendo o ato administrativo controlado de caráter normativo geral, resta afastada a necessidade de notificação, pelo CNJ, dos servidores interessados no processo. 4. A conclusão do Supremo Tribunal pela inconstitucionalidade, a partir da Emenda Constitucional n. 45/04, das férias coletivas nos tribunais, se aplica aos servidores do TJMG, cujo direito às férias de 60 dias se estabeleceu em normativos fundamentados nas férias forenses coletivas. 5. Ordem denegada.

VOTO

Presidente, Vossa Excelência traz uma questão importante, especialmente esse último aspecto relacionado com a atividade censória de controle do CNJ. A mim, parece-me que Vossa Excelência deu adequado encaminhamento ao tema, no que concerne à questão do direito de defesa, ao contraditório, especialmente quando estamos a lidar com tema dessa generalidade, que de fato vai afetar situações consolidadas, especialmente se houver manifestação no sentido da revogação ou da superação do ato.

Mas aqui se discute – e há algum tempo tenho dedicado algum esforço a refletir sobre essa temática – tendo como pano de fundo a possibilidade de que subsista ou não a jurisprudência – antes, pacífica – do Supremo Tribunal Federal, relativa à admissibilidade da declaração ou afastamento da inconstitucionalidade por órgãos, por exemplo, do Executivo, ou por conselhos, ou por tribunal de contas.

Essa é uma temática que se agita, e eu mesmo tenho, acho que todos temos mandados de segurança discutindo essa temática a propósito daquele decreto que flexibilizava o modelo de licitação e que vinha sendo declarado inconstitucional pelo Tribunal de Contas da União, ou vinha tendo sua legitimidade afetada pelo Tribunal de Contas.

Se repararmos a sequência de julgamentos que tivemos, talvez antes mesmo do advento da Constituição de 88, vamos verificar, primeiro, que o Supremo Tribunal Federal, em princípio, invariavelmente legitimava a ideia de que o poder Executivo, por exemplo – temos vários pareceres da Consultoria-Geral da República –, poderia afastar a lei sob o argumento de inconstitucionalidade. Há várias manifestações nesse sentido e o Supremo referendava esse entendimento. Até um caso clássico, salvo engano, da relatoria do ministro Moreira Alves, em que o Governador de São Paulo, num dado momento, diante das vicissitudes que enfrentava perante a Assembleia Legislativa com a rejeição dos vetos naquelas matérias típicas de iniciativa privativa do Executivo, fez um tipo de orientação geral, calcado num decreto de orientação à Administração Pública do Estado de São Paulo, dizendo que, naqueles casos em que houvesse um veto com fundamento na inconstitucionalidade, ficava a Administração orientada no sentido de não cumprir a lei que porventura viesse a ser promulgada com a derrubada do veto.

Decisões no controle de constitucionalidade e seus efeitos **1791**

E essa questão veio ao Plenário numa representação de inconstitucionalidade trazida pelo Procurador-Geral da República. E o Supremo entendeu, à época – é uma decisão muito significativa –, que subsistia a jurisprudência do Tribunal que dava ao Poder Executivo esse poder excepcional, porque ele não detinha a capacidade postulatória de trazer o tema a juízo em sede de controle abstrato. Portanto, no próprio acórdão se diz que o Executivo arcaria também com a responsabilidade, com o ônus de fazer sua opção política grave.

A *contrario sensu*, o Supremo acabou, naquele momento, por dizer que, se o Executivo passasse a ter uma legitimação, não poderia mais lançar mão, vamos chamar assim, desta medida de desforço institucional – é um pouco que deflui desse acórdão do Supremo Tribunal Federal naquele momento –, tanto é que escrevi um artigo – e vou até trazê-lo para voto – tratando desse tema já sob a Constituição de 1988, numa palestra que fiz na Escola de Administração Fazendária. Por quê? Porque, naquele momento, na Escola de Administração Fazendária, discutia-se se os conselhos de contribuintes poderiam afastar a aplicação de uma lei, alegando sua inconstitucionalidade, já sob a Constituição de 1988. E havia uma nítida divisão nos conselhos, entre as câmaras que compunham o Conselho de Contribuintes. Algumas sustentavam a tese de que era possível, sim, fazer-se o controle, entendendo que, como órgão judicialiforme que eles são, eles teriam também esse poder – se eles poderiam dizer da legalidade de uma cobrança de tributo ou fazer uma interpretação da lei, poderiam também fazer o controle de constitucionalidade –, e outros que diziam que não.

Salvo engano, isso teve tantas escaramuças, que o próprio ministro Malan acabou por editar uma portaria proibindo o Conselho de emitir juízos sobre controle de constitucionalidade. E em algum momento, salvo engano, houve até mandado de segurança impetrado pela Procuradoria da Fazenda contra decisão do Conselho de Contribuintes, que insistia nessa competência.

Portanto, o que eu estou a dizer? Com a criação desses órgãos autônomos – o Conselho de Contribuintes, as novas agências reguladoras, o Banco Central, claro, com esse novo perfil, o CNJ, o CNMP –, esse problema se agravou sob a Constituição de 1988, porque, se nós podemos dizer, a partir, talvez, da decisão do Supremo naquele caso, que a questão relativa ao Poder Executivo, Administração em geral, em princípio, ficou resolvida – o Presidente da República, em princípio, poderá lançar mão, e hoje lança mão, de uma ADI; o Governador de Estado também poderá fazê-lo; e esse argumento muitas vezes já não se estende ao Prefeito, que terá que enfrentar esse tipo de questão –, a realidade desses órgãos autônomos torna o tema realmente muito delicado. E o que dizer, então, do Tribunal de Contas da União?

O SENHOR MINISTRO DIAS TOFFOLI (PRESIDENTE E RELATOR): Uma peculiaridade: as normas são anteriores a 1988.

O SENHOR MINISTRO GILMAR MENDES – Sim, mas dizer também que ela não foi recebida, não é? Haveria a compatibilidade? Seria também uma função que muitos diriam de caráter jurisdicional, porque o órgão acaba por fazê-lo. Aqui, o Conselho certamente ou diria que a norma é inconstitucional, ou diria que a norma não foi recepcionada. Acabou dizendo que a norma não foi recepcionada.

O caso, por exemplo, do Tribunal de Contas da União, a que me referi, nós temos vários mandados de segurança, o TCU vinha dizendo que a norma, o decreto que flexibilizava a licitação, era inconstitucional.

Bom, então, nesse contexto, é de se refletir sobre o tema. Eu pergunto: devemos simplesmente dizer que esses órgãos autônomos não têm competência para fazer esse controle? Mas chegaríamos, veja, a uma situação aporética, estranha, porque, por exemplo, neste caso específico poderíamos dizer: "ah, é verdade, o Conselho não dispõe de competência para fazer esse juízo censório em relação à recepção, ao juízo de legitimidade ou ilegitimidade dessa norma do

Estado de Minas Gerais". Mas é verdade também que essa norma é incompatível com a Constituição porque o Supremo já assim o disse e por isso nós indeferiríamos o mandato de segurança.

O SENHOR MINISTRO DIAS TOFFOLI (PRESIDENTE E RELATOR): Só teve um caso, aqui, julgado dessa forma.

O SENHOR MINISTRO GILMAR MENDES – Não é? Porque julgaríamos de ofício a não recepção da norma – estou propondo, inclusive, essa solução no caso do Tribunal de Contas da União –, mas penso que poderíamos fazer uma outra abordagem, Presidente, para dizer o seguinte – e Vossa Excelência, de alguma forma, já o fez sem enfatizá-lo: é que, tendo uma jurisprudência clara... Por exemplo, imaginemos que um tribunal de contas faça uma glosa em relação à admissão de servidores, dizendo "não pode o município, ou não pode o estado, ou não pode mesmo a União e suas empresas públicas admitir servidores sem concurso público". Nós vamos dizer que o Tribunal de Contas não pode dizer que essa norma é inconstitucional? Mas há enxurradas de precedentes a propósito do tema! Vamos exigir que esse tema seja judicializado? Então diria, com base naquilo que Vossa Excelência trouxe, que a decisão do CNJ, na verdade, espelha o entendimento já adotado pelo Supremo Tribunal Federal. Em casos que tais, por exemplo, órgãos com essa autonomia estão apenas aplicando uma jurisprudência, um entendimento já pacífico. Por isso eu subscreveria integralmente o voto de Vossa Excelência.

O SENHOR MINISTRO DIAS TOFFOLI (PRESIDENTE E RELATOR): Com essas achegas de Vossa Excelência.

O SENHOR MINISTRO GILMAR MENDES – Sim. Então eu entendo que é preciso que nós realmente...

O SENHOR MINISTRO DIAS TOFFOLI (PRESIDENTE E RELATOR): No meu voto, Vossa Excelência percebeu, eu não estou dizendo que esses conselhos tenham o direito de declarar a inconstitucionalidade.

O SENHOR MINISTRO GILMAR MENDES – Não.

O SENHOR MINISTRO DIAS TOFFOLI (PRESIDENTE E RELATOR): Eu passei *a latere* desse debate.

O SENHOR MINISTRO GILMAR MENDES – Sim, mas estou dizendo que, quando se tratar de aplicar normas nesse sentido, quero dizer, esses órgãos poderão fazê-lo.

O SENHOR MINISTRO DIAS TOFFOLI (PRESIDENTE E RELATOR): Muitas vezes, eles estão dando efetividade a decisões já pretéritas da Corte.

O SENHOR MINISTRO GILMAR MENDES – Já tomadas, não é? E nós temos várias decisões. Vossa Excelência trouxe uma, mas há outros casos em que o Supremo Tribunal Federal afirmou a inexistência de direito adquirido a férias de sessenta dias ou a regularidade das férias não mais de 30 dias para todos os servidores públicos.

Então, a mim, parece-me que esse há de ser o encaminhamento. Esse é um tema realmente muito difícil.

Eu até confesso que, num primeiro momento, quando lidei com o tema do Tribunal de Contas da União, a minha tendência era ser peremptório no sentido de que falecia ao Tribunal de Contas da União a competência para declarar a ilegitimidade do ato, propondo então a revogação na superação da nossa Súmula. No caso do Tribunal de Contas da União – e, portanto, dos tribunais de contas –, na verdade temos uma súmula do Tribunal, do Supremo, que autoriza a não aplicar a lei que considera inconstitucional. A mim, parece-me que talvez agora possamos já fazer uma interpretação, um adendo, para dizer toda vez que estiver simplesmente aplicando, desenvolvendo a jurisprudência já pacífica sobre uma dada temática constitucional.

RCL 4.374[1]

Benefício assistencial de prestação continuada ao idoso e ao deficiente – Art. 203, V, da Constituição – Reclamação como instrumento de (re)interpretação da decisão proferida em controle de constitucionalidade abstrato – Decisões judiciais contrárias aos critérios objetivos preestabelecidos e processo de inconstitucionalização dos critérios definidos pela Lei 8.742/93.

Trata-se de reclamação ajuizada pelo Instituto Nacional do Seguro Social (INSS) contra decisão proferida pela Turma Recursal dos Juizados Especiais Federais do Estado de Pernambuco, nos autos do Processo 2005.83.20.009801-7, que concedeu ao interessado o benefício assistencial previsto no art. 203, inciso V, da Constituição. Transcrevo a ementa da decisão reclamada (fls. 68-69):

"BENEFÍCIO ASSISTENCIAL. ANÁLISE DAS CONDIÇÕES SÓCIO-ECONÔMICAS DO AUTOR. REQUISITOS DO ART. 20 DA LEI 8.742/93. RENDA *PER CAPITA*. MEIOS DE PROVA. SÚMULA 11 DA TUN. LEI 9.533/97. COMPROVAÇÃO. RECURSO IMPROVIDO.

1. O artigo 20 da Lei 8.742/93 destaca a garantia de um salário mínimo mensal às pessoas portadoras de deficiência e ao idoso com 65 anos ou mais, que comprovem, em ambas as hipóteses, não possuir meios de prover a própria manutenção e nem de tê-la provida por sua família.

2. Já o § 3o do mencionado artigo reza que, 'considera-se incapaz de prover a manutenção da pessoa portadora de deficiência ou idosa a família cuja renda mensal *per capita* seja inferior a ¼ (um quarto) do salário mínimo'.

3. Na hipótese em exame, o laudo pericial concluiu que o autor é incapaz para as atividades laborativas que necessitem de grandes ou médios esforços físicos ou que envolvam estresse emocional para a sua realização.

4. Em atenção ao laudo pericial e considerando que a verificação da incapacidade para o trabalho deve ser feita analisando-se as peculiaridades do caso concreto, percebe-se pelas informações constantes nos autos que o autor além da idade avançada, desempenha a profissão de trabalhador rural, o qual não está mais apto a exercer. Ademais, não possui instrução educacional, o que dificulta o exercício de atividades intelectuais, de modo que resta improvável sua absorção pelo mercado de trabalho, o que demonstra a sua incapacidade para a vida independente diante da sujeição à ajuda financeira de terceiros para manter sua subsistência.

5. Apesar de ter sido comprovado em audiência que a renda auferida pelo recorrido é inferior a um salário mínimo, a comprovação de renda *per capita* inferior a ¼ do salário mínimo é dispensável quando a situação de hipossuficiência econômica é comprovada de outro modo e, no caso dos autos, ela restou demonstrada.

6. A comprovação da renda mensal não está limitada ao disposto no art. 13 do Decreto 1.744/95, não lhe sendo possível obstar o reconhecimento de outros meios probatórios em face do princípio da liberdade objetiva dos meios de demonstração em juízo, desde que idôneos e moralmente legítimos, além de sujeitos ao contraditório e à persuasão racional do juiz na sua apreciação.

7. Assim, as provas produzidas em juízo constataram que a renda familiar do autor é inferior ao limite estabelecido na Lei, sendo idônea a fazer prova neste sentido. A partir dos depoimentos colhidos em audiência, constatou-se que o recorrido não trabalha, vivendo da ajuda de parentes e amigos.

8. Diante de tais circunstâncias, pode-se concluir pela veracidade de tal declaração de modo relativo, cuja contraprova caberia ao INSS, que se limitou à impugnação genérica.

---

[1] Acordam os ministros do Supremo Tribunal Federal, em Sessão Plenária, sob a presidência do Senhor Ministro Joaquim Barbosa, na conformidade da ata do julgamento e das notas taquigráficas, por maioria: conhecer da reclamação, vencidos os ministros Dias Toffoli, Ricardo Lewandowski e Joaquim Barbosa; no mérito, julgar improcedente, vencido o ministro Teori Zavascki, nos termos do voto do Relator (*DJ* de 4.9.2013).

9. Quanto à inconstitucionalidade do limite legal de renda *per capita* inferior a ¼ do salário mínimo, a sua fixação estabelece apenas um critério objetivo para julgamento, mas que não impede o deferimento do benefício quando demonstrada a situação de hipossuficiência.

10. Se a renda familiar é inferior a ¼ do salário mínimo, a presunção de miserabilidade é absoluta, sem que isso afaste a possibilidade de tal circunstância ser provada de outro modo.

11. Ademais, a Súmula 11 da TUN dispõe que mesmo quando a renda *per capita* for superior àquele limite legal, não há óbices à concessão do benefício assistencial quando a miserabilidade é configurada por outros meios de prova.

12. O próprio legislador já reconheceu a hipossuficiência na hipótese de renda superior ao referido limite ao editar a Lei 9.533/97, que autoriza o Poder Executivo a conceder apoio financeiro aos Municípios que instituam programas de garantia de renda mínima associados a ações socioeducativas, estabelecendo critério mais vantajoso para a análise da miserabilidade, qual seja, renda familiar *per capita* inferior a ½ salário mínimo.

13. A parte sucumbente deve arcar com o pagamento das custas e dos honorários advocatícios, ora arbitrados à razão de 10% sobre o valor da condenação.

14. Sentença mantida. Recurso a que se nega provimento". (fls. 68-69)

O reclamante alega que houve violação à decisão proferida por esta Corte na ADI 1.232/DF (Pleno, maioria; rel. Min. Ilmar Galvão, redator do acórdão Min. Nelson Jobim; *DJ* de 1º.6.2001). Na oportunidade, o Supremo Tribunal Federal declarou a constitucionalidade do § 3º do art. 20 da Lei 8.742/1993, que estabelece critérios para concessão do benefício assistencial previsto no art. 203, inciso V, da Constituição. A petição inicial sustenta que a decisão reclamada afastou o requisito legal expresso no mencionado dispositivo, o qual, segundo o acórdão tomado como parâmetro da reclamação, representa critério objetivo a ser observado para prestação assistencial do Estado.

Assim, o reclamante requer a cassação da decisão reclamada, afastando-se a exigência do pagamento do benefício assistencial, que estaria em descompasso com o § 3º do art. 20 da Lei 8.742/1993, tendo em vista a inobservância do requisito **renda familiar** *per capita* inferior a 1/4 (um quarto) do salário mínimo.

Em decisão de 1º de fevereiro de 2007, modificando posicionamento anterior que acolhia pedidos idênticos ao desta reclamação, indeferi o pedido de medida liminar, acenando com a necessidade de que o tema fosse novamente levado à apreciação do Plenário.

O parecer do Procurador-Geral da República é pela improcedência da reclamação (fls. 136-140).

A decisão foi nestes termos ementada:

EMENTA: Benefício assistencial de prestação continuada ao idoso e ao deficiente. Art. 203, V, da Constituição. A Lei de Organização da Assistência Social (LOAS), ao regulamentar o art. 203, V, da Constituição da República, estabeleceu critérios para que o benefício mensal de um salário mínimo fosse concedido aos portadores de deficiência e aos idosos que comprovassem não possuir meios de prover a própria manutenção ou de tê-la provida por sua família. 2. Art. 20, § 3º da Lei 8.742/1993 e a declaração de constitucionalidade da norma pelo Supremo Tribunal Federal na ADI 1.232. Dispõe o art. 20, § 3º, da Lei 8.742/93 que "considera-se incapaz de prover a manutenção da pessoa portadora de deficiência ou idosa a família cuja renda mensal per capita seja inferior a 1/4 (um quarto) do salário mínimo". O requisito financeiro estabelecido pela lei teve sua constitucionalidade contestada, ao fundamento de que permitiria que situações de patente miserabilidade social fossem consideradas fora do alcance do benefício assistencial previsto constitucionalmente. Ao apreciar a Ação Direta de Inconstitucionalidade 1.232-1/DF, o Supremo Tribunal Federal declarou a constitucionalidade do art. 20, § 3º, da LOAS. 3. Reclamação como instrumento de (re)interpretação da decisão proferida em controle de constitucionalidade abstrato. Preliminarmente, arguido o prejuízo da reclamação, em virtude do prévio julgamento dos recursos extraordinários 580.963 e 567.985, o Tribunal, por maioria de votos, conheceu da reclamação. O STF, no exercício da competência geral de fiscalizar a compatibilidade formal e material de

Decisões no controle de constitucionalidade e seus efeitos **1795**

qualquer ato normativo com a Constituição, pode declarar a inconstitucionalidade, incidentalmente, de normas tidas como fundamento da decisão ou do ato que é impugnado na reclamação. Isso decorre da própria competência atribuída ao STF para exercer o denominado controle difuso da constitucionalidade das leis e dos atos normativos. A oportunidade de reapreciação das decisões tomadas em sede de controle abstrato de normas tende a surgir com mais naturalidade e de forma mais recorrente no âmbito das reclamações. É no juízo hermenêutico típico da reclamação – no "balançar de olhos" entre objeto e parâmetro da reclamação – que surgirá com maior nitidez a oportunidade para evolução interpretativa no controle de constitucionalidade. Com base na alegação de afronta a determinada decisão do STF, o Tribunal poderá reapreciar e redefinir o conteúdo e o alcance de sua própria decisão. E, inclusive, poderá ir além, superando total ou parcialmente a decisão-parâmetro da reclamação, se entender que, em virtude de evolução hermenêutica, tal decisão não se coaduna mais com a interpretação atual da Constituição. 4. Decisões judiciais contrárias aos critérios objetivos preestabelecidos e Processo de inconstitucionalização dos critérios definidos pela Lei 8.742/1993. A decisão do Supremo Tribunal Federal, entretanto, não pôs termo à controvérsia quanto à aplicação em concreto do critério da renda familiar per capita estabelecido pela LOAS. Como a lei permaneceu inalterada, elaboraram-se maneiras de contornar o critério objetivo e único estipulado pela LOAS e avaliar o real estado de miserabilidade social das famílias com entes idosos ou deficientes. Paralelamente, foram editadas leis que estabeleceram critérios mais elásticos para concessão de outros benefícios assistenciais, tais como: a Lei 10.836/2004, que criou o Bolsa Família; a Lei 10.689/2003, que instituiu o Programa Nacional de Acesso à Alimentação; a Lei 10.219/01, que criou o Bolsa Escola; a Lei 9.533/97, que autoriza o Poder Executivo a conceder apoio financeiro a municípios que instituírem programas de garantia de renda mínima associados a ações socioeducativas. O Supremo Tribunal Federal, em decisões monocráticas, passou a rever anteriores posicionamentos acerca da intransponibilidade dos critérios objetivos. Verificou-se a ocorrência do processo de inconstitucionalização decorrente de notórias mudanças fáticas (políticas, econômicas e sociais) e jurídicas (sucessivas modificações legislativas dos patamares econômicos utilizados como critérios de concessão de outros benefícios assistenciais por parte do Estado brasileiro). 5. Declaração de inconstitucionalidade parcial, sem pronúncia de nulidade, do art. 20, § 3º, da Lei 8.742/1993. 6. Reclamação constitucional julgada improcedente.

VOTO

1. Considerações iniciais: o histórico da concessão judicial do benefício assistencial e sua repercussão na jurisprudência do STF

Senhores Ministros, Senhoras Ministras. O caso concreto subjacente aos autos traduz um problema que é de todos nós conhecido. Há alguns anos temos recebido impressionante quantidade de processos, em sua maioria recursos extraordinários e reclamações, cujo tema principal é a concessão judicial do benefício assistencial previsto no art. 203, inciso V, da Constituição de 1988. Uma difícil questão constitucional, que vem sendo resolvida pela atuação corajosa da magistratura de primeira instância, na tentativa de remediar um gravíssimo problema social que se notabiliza como uma soma de injustiças, decorrente de uma desencontrada relação entre a letra objetiva da lei e a vontade da Constituição.

O exame dos diversos casos revela um comportamento judicial peculiar, porém muito comum. A análise histórica dos modos de raciocínio judiciário demonstra que os juízes, quando se deparam com uma situação de incompatibilidade entre o que prescreve a lei e o que se lhes apresenta como a solução mais justa para o caso, não tergiversam na procura das melhores técnicas hermenêuticas para reconstruir os sentidos possíveis do texto legal e viabilizar a adoção da justa solução.

Esse é o tom da recente história da concessão judicial do benefício assistencial, que vale a pena retomar em uma rápida análise descritiva.

1796 Estado de Direito e Jurisdição Constitucional – Decisões relevantes em 15 anos de atuação no STF

A Lei 8.742, de 7 de dezembro de 1993 (Lei de Organização da Assistência Social – LOAS), ao regulamentar o art. 203, inciso V, da Constituição da República, estabeleceu os critérios para que o benefício mensal de um salário mínimo seja concedido aos portadores de deficiência e aos idosos que comprovem não possuir meios de prover a própria manutenção ou de tê-la provida por sua família.

O primeiro critério diz respeito aos requisitos objetivos para que a pessoa seja considerada idosa ou portadora de deficiência. Define a lei como idoso o indivíduo com 70 (setenta) anos ou mais, e como deficiente a pessoa incapacitada para a vida independente e para o trabalho (art. 20, *caput* e § 2º). Com o advento do Estatuto do Idoso, a Lei 10.741, em outubro de 2003, passou a ser considerada idosa a pessoa com idade igual ou superior a 60 (sessenta) anos.

O segundo critério diz respeito à comprovação da incapacidade da família para prover a manutenção do deficiente ou idoso. Dispõe o art. 20, § 3º, da Lei 8.742/93: *"considera-se incapaz de prover a manutenção da pessoa portadora de deficiência ou idosa a família cuja renda mensal per capita seja inferior a 1/4 (um quarto) do salário mínimo".*

A aplicação dos referidos critérios encontrou sérios obstáculos na complexidade e na heterogeneidade dos casos concretos. Se, antes da edição da Lei 8.742/93, o art. 203, inciso V, da Constituição era despido de qualquer eficácia – o que a doutrina especializada costuma denominar de *norma constitucional de eficácia limitada* –, o advento da legislação regulamentadora não foi suficiente para dotá-lo de plena eficácia. Questionamentos importantes foram suscitados logo no início da aplicação da lei. E, sem dúvida, o mais importante dizia respeito ao critério de mensuração da renda familiar *per capita*. O requisito financeiro estabelecido pela lei começou a ter sua constitucionalidade contestada, pois, na prática, permitia que situações de patente miserabilidade social fossem consideradas fora do alcance do benefício assistencial previsto constitucionalmente.

A questão chegou ao Supremo Tribunal Federal. O Procurador-Geral da República, acolhendo representação do Ministério Público Federal no Estado de São Paulo, ajuizou no STF ação direta de inconstitucionalidade (ADI 1.232/DF) que tinha por objeto o § 3º do art. 20 da Lei 8.742/93. Em parecer da então Subprocuradora-Geral da República, Dra. Anadyr de Mendonça Rodrigues, o MPF manifestou-se por uma interpretação conforme a Constituição. A tese era a de que o § 3º do art. 20 da LOAS nada mais fazia do que estabelecer uma presunção *juris et de jure*, a qual dispensava qualquer tipo de comprovação da necessidade assistencial para as hipóteses de renda familiar *per capita* inferior a ¼ do salário mínimo, mas que não excluía a possibilidade de comprovação, em concreto e caso a caso, da efetiva falta de meios para que o deficiente ou o idoso possa prover a própria manutenção ou tê-la provida por sua família.

O Ministro Ilmar Galvão, então Relator dessa ação, trouxe voto acolhendo a proposta do Ministério Público. A maioria, porém, dele divergiu. A tese vencedora, proferida pelo Ministro Nelson Jobim, considerou que o § 3º do art. 20 da LOAS traz um critério objetivo que não é, por si só, incompatível com a Constituição, e que a eventual necessidade de criação de outros requisitos para a concessão do benefício assistencial seria uma questão a ser avaliada pelo legislador. Assim, a Ação Direta de Inconstitucionalidade 1.232-1/DF foi julgada improcedente, com a consequente declaração de constitucionalidade do art. 20, § 3º, da LOAS, ficando a ementa do acórdão redigida da seguinte maneira (Rel. p/ o acórdão Min. Nelson Jobim, *DJ* 1º.6.2001):

> "CONSTITUCIONAL. IMPUGNA DISPOSITIVO DE LEI FEDERAL QUE ESTABELECE O CRITÉRIO PARA RECEBER O BENEFÍCIO DO INCISO V DO ART. 203, DA CF. INEXISTE A RESTRIÇÃO ALEGADA EM FACE AO PRÓPRIO DISPOSITIVO CONSTITUCIONAL QUE REPORTA À LEI PARA FIXAR OS CRITÉRIOS DE GARANTIA DO BENEFÍCIO DE SALÁRIO MÍNIMO À PESSOA PORTADORA DE DEFICIÊNCIA FÍSICA E AO IDOSO. ESTA LEI TRAZ HIPÓTESE OBJETIVA DE PRESTAÇÃO ASSISTENCIAL DO ESTADO. AÇÃO JULGADA IMPROCEDENTE".

Decisões no controle de constitucionalidade e seus efeitos **1797**

A decisão do Tribunal, porém, não pôs termo à controvérsia quanto à aplicação em concreto do critério da renda familiar *per capita* estabelecido pela LOAS. O voto do Ministro Sepúlveda Pertence, que já avaliava a presença de uma possível inconstitucionalidade por omissão parcial, parecia anunciar que o problema relativo à aplicação da LOAS tenderia a permanecer até que o legislador se pronunciasse sobre o tema. Como a lei permaneceu inalterada, apesar do latente *apelo* realizado pelo Tribunal, por juízes e tribunais – principalmente os então recém--criados Juizados Especiais – continuaram a elaborar maneiras de contornar o critério objetivo e único estipulado pela LOAS e avaliar o real estado de miserabilidade social das famílias com entes idosos ou deficientes. E isso passava a significar, cada vez mais, que a interpretação da LOAS pleiteada pelo Ministério Público na ADI 1.232 não era apenas uma opção hermenêutica, mas uma imposição que se fazia presente nas situações reais multifacetárias apresentadas aos juízes de primeira instância. Entre aplicar friamente o critério objetivo da lei e adotar a solução condizente com a realidade social da família brasileira, os juízes permaneceram abraçando a segunda opção, mesmo que isso significasse a criação judicial de outros critérios não estabelecidos em lei e, dessa forma, uma possível afronta à decisão do STF.

A Turma Nacional de Uniformização de Jurisprudência dos Juizados Especiais Federais chegou a consolidar, em súmula (Súmula 11, hoje cancelada), o entendimento segundo o qual *"a renda mensal per capita familiar, superior a ¼ (um quarto) do salário mínimo, não impede a concessão do benefício assistencial previsto no art. 20, § 3º da Lei n. 8.742 de 1993, desde que comprovada, por outros meios, a miserabilidade do postulante".*

A situação foi extremamente propícia para que começasse a aportar no Supremo Tribunal Federal uma verdadeira enxurrada de reclamações movidas pelo Instituto Nacional do Seguro Social (INSS). O Tribunal então passou a julgar procedentes tais reclamações para cassar decisões, proferidas pelas instâncias jurisdicionais inferiores, que concediam o benefício assistencial entendendo que o requisito definido pelo § 3º do art. 20 da Lei 8.742/93 não é exaustivo e que, portanto, o estado de miserabilidade poderia ser comprovado por outros meios de prova.

A questão foi amplamente debatida no julgamento da Rcl – AgR 2.303/RS, Rel. Min. Ellen Gracie (*DJ* 1.4.2005). Na ocasião, o Ministro Ayres Britto, em voto-vista, chegou a defender a higidez constitucional e a compatibilidade com a decisão na ADI 1.232 dos comportamentos judiciais que, levando em conta as circunstâncias específicas do caso concreto, encontram outros critérios para aferir o estado de miserabilidade social do indivíduo. A maioria, no entanto, firmou-se no sentido de que, na decisão proferida na ADI 1.232, o Tribunal definiu que o critério de ¼ do salário mínimo é objetivo e não pode ser conjugado com outros fatores indicativos da miserabilidade do indivíduo e de seu grupo familiar, cabendo ao legislador, e não ao juiz na solução do caso concreto, a criação de outros requisitos para a aferição do estado de pobreza daquele que pleiteia o benefício assistencial.

Nesse meio tempo, observou-se certa proliferação de leis que estabeleceram critérios mais elásticos para a concessão de outros benefícios assistenciais, tais como: a Lei 10.836/2004, que criou o Bolsa Família; a Lei 10.689/2003, que instituiu o Programa Nacional de Acesso à Alimentação; a Lei 10.219/01, que criou o Bolsa Escola; a Lei 9.533/97, que autoriza o Poder Executivo a conceder apoio financeiro a Municípios que instituírem programas de garantia de renda mínima associados a ações socioeducativas; e o Estatuto do Idoso (Lei 10.741/03). Isso foi visto pelos aplicadores da LOAS como um fato revelador de que o próprio legislador estaria reinterpretando o art. 203 da Constituição da República. Abria-se, com isso, mais uma porta para a concessão do benefício assistencial fora dos parâmetros objetivos fixados pelo art. 20 da LOAS. Juízes e tribunais passaram a estabelecer o valor de ½ salário mínimo como referência para a aferição da renda familiar *per capita*, o que culminou, no âmbito do Tribunal Regional Federal da 4ª Região, na aprovação da Súmula 6, de 16 de novembro de 2004, cujo teor é o seguinte:

"O critério de verificação objetiva da miserabilidade correspondente a ¼ (um quarto) do salário mínimo, previsto no art. 20, § 3º, da Lei n. 8.742/93, restou modificado para ½ (meio) salário mínimo, a teor do disposto no art. 5º, I, da Lei n. 9.533/97, que autorizava o Poder Executivo a conceder apoio financeiro aos Municípios que instituíssem programas de garantia de renda mínima associados a ações socioeducativas, e art. 2º, § 2º, da Lei n. 10.689/2003, que instituiu o Programa Nacional de Acesso à Alimentação – PNAA".

Não obstante, o STF manteve seu entendimento, mesmo nas reclamações ajuizadas contra decisões que, procedendo a uma interpretação sistemática das leis sobre a matéria, concediam o benefício assistencial com base em outros critérios estabelecidos por alterações legislativas posteriores (Lei 10.836/2004 – Bolsa Família; Lei 10.689/2003 – Programa Nacional de Acesso à Alimentação; Lei 9.533/97 – autoriza o Poder Executivo a conceder apoio financeiro a Municípios que instituírem programas de garantia de renda mínima associados a ações socioeducativas). Assim decidiu o Tribunal na Rcl 2.323/PR, Rel. Min. Eros Grau, *DJ* 20.5.2005.

Mas as reiteradas decisões do STF não foram suficientes para coibir as decisões das instâncias inferiores na solução dos casos concretos. A inventividade hermenêutica passou a ficar cada vez mais apurada, tendo em vista a necessidade de se escapar dos comandos impostos pela jurisprudência do STF. A diversidade e a complexidade dos casos levaram a uma variedade de critérios para concessão do benefício assistencial, tais como os descritos a seguir:

a) O benefício previdenciário de valor mínimo, ou outro benefício assistencial percebido por idoso, é excluído da composição da renda familiar (Súmula 20 das Turmas Recursais de Santa Catarina e Precedentes da Turma Regional de Uniformização);

b) Indivíduos maiores de 21 (vinte e um) anos são excluídos do grupo familiar para o cálculo da renda *per capita*;

c) O benefício assistencial percebido por qualquer outro membro da família não é considerado para fins da apuração da renda familiar;

d) Consideram-se componentes do grupo familiar, para fins de cálculo da renda *per capita*, apenas os que estão arrolados expressamente no art. 16 da Lei 8.213/91;

e) Os gastos inerentes à condição do beneficiário (remédios etc.) são excluídos do cálculo da renda familiar.

E as reclamações ajuizadas pelo INSS, além dos milhares de recursos extraordinários também interpostos pela autarquia previdenciária, continuaram aportando na Corte.

A partir do ano de 2006, decisões monocráticas de eminentes Ministros deste Tribunal passaram a rever anteriores posicionamentos. Ante a impossibilidade imediata de modificação do entendimento fixado na ADI 1.232 e nas RCL 2.303 e 2.323, acima comentadas, a solução muitas vezes encontrada fundava-se em subterfúgios processuais para o não conhecimento das reclamações.

Os Ministros Celso de Mello, Ayres Britto e Ricardo Lewandowski passaram a negar seguimento às reclamações ajuizadas pelo INSS, com o fundamento de que esta via processual, como já assentado pela jurisprudência do Tribunal, não é adequada para se reexaminar o conjunto fático-probatório em que se baseou a decisão reclamada para atestar o estado de miserabilidade do indivíduo e conceder-lhe o benefício assistencial sem seguir os parâmetros do § 3º do art. 20 da Lei 8.742/93 (Rcl 4.422/RS, Rel. Min. Celso de Mello, *DJ* 30.6.2006; Rcl 4.133/RS, Rel. Min. Carlos Britto, *DJ* 30.6.2006; Rcl 4.366/PE, Rel. Min. Ricardo Lewandowski, *DJ* 1.6.2006).

O Ministro Sepúlveda Pertence enfatizava, em análise de decisões que concederam o benefício com base em legislação superveniente à Lei 8.742/93, que as decisões reclamadas não declararam a inconstitucionalidade do § 3º do art. 20 dessa lei, mas apenas interpretaram tal

Decisões no controle de constitucionalidade e seus efeitos **1799**

dispositivo em conjunto com a legislação posterior, a qual não foi objeto da ADI 1.232 (Rcl 4.280/RS, Rel. Min. Sepúlveda Pertence, *DJ* 30.6.2006).

Somem-se a essas as decisões do Ministro Marco Aurélio, que sempre deixou claro seu posicionamento no sentido da insuficiência dos critérios definidos pelo § 3º do art. 20 da Lei 8.742/93 para fiel cumprimento do art. 203, inciso V, da Constituição (Rcl 4.164/RS, Rel. Min. Marco Aurélio).

A Ministra Cármen Lúcia também se posicionou sobre o assunto, em decisão permeada por trechos dignos de nota (Rcl 3.805/SP, *DJ* 18.10.2006), como transcrito a seguir:

"(...) O que se põe em foco nesta Reclamação é se seria possível valer-se o Reclamante deste instituto para questionar a autoridade de decisão do Supremo Tribunal, que, ao menos em princípio, não teria sido observada pelo Reclamado. A única fundamentação da Reclamação é esta: nos termos do art. 102, inc. I, alínea l, da Constituição da República, haverá de conhecer este Tribunal da reclamação 'para a preservação de sua competência e garantia da autoridade de suas decisões.' Na presente Reclamação, expõe-se que teria havido afronta à autoridade da decisão que se põe no acórdão proferido na Ação Direta de Inconstitucionalidade 1.232, na qual afirmou este Tribunal Supremo que 'inexiste a restrição alegada em face do próprio dispositivo constitucional (art. 203, inc. V, da Constituição da República) que reporta à lei para fixar os critérios de garantia do benefício de salário mínimo à pessoa portadora de deficiência física e ao idoso. Esta lei traz hipótese objetiva de prestação assistencial do Estado' (Rel. Ministro Ilmar Galvão, *DJ* 1º.6.2001). O exame dos votos proferidos no julgamento revela que o Supremo Tribunal apenas declarou que a norma do art. 20 e seu § 3º da Lei n. 8.742/93 não apresentava inconstitucionalidade ao definir limites gerais para o pagamento do benefício a ser assumido pelo INSS, ora Reclamante. Mas não afirmou que, no exame do caso concreto, o juiz não poderia fixar o que se fizesse mister para que a norma constitucional do art. 203, inc. V, e demais direitos fundamentais e princípios constitucionais se cumprissem rigorosa, prioritária e inescusavelmente. Como afirmado pelo Ministro Sepúlveda Pertence no voto proferido naquele julgamento, 'considero perfeita a inteligência dada ao dispositivo constitucional (...) no sentido de que o legislador deve estabelecer outras situações caracterizadoras da absoluta incapacidade de manter-se o idoso ou o deficiente físico, a fim de completar a efetivação do programa normativo de assistência contido no art. 203 da Constituição. A meu ver, isso não a faz inconstitucional. (...) Haverá aí inconstitucionalidade por omissão de outras hipóteses? A meu ver, certamente sim, mas isso não encontrará remédio nesta ação direta.' De se concluir, portanto, que o Supremo Tribunal teve por constitucional, em tese (cuidava-se de controle abstrato), a norma do art. 20 da Lei n. 8.742/93, mas não afirmou inexistirem outras situações concretas que impusessem atendimento constitucional e não subsunção àquela norma. Taxativa, nesse sentido, é a inteligência do acórdão nos termos clareados no voto do Ministro Sepúlveda Pertence, transcrito parcialmente acima. A constitucionalidade da norma legal, assim, não significa a inconstitucionalidade dos comportamentos judiciais que, para atender, nos casos concretos, à Constituição, garantidora do princípio da dignidade humana e do direito à saúde, e à obrigação estatal de prestar assistência social 'a quem dela necessitar, independentemente da contribuição à seguridade social', tenham de definir aquele pagamento diante da constatação da necessidade da pessoa portadora de deficiência ou do idoso que não possa prover a própria manutenção ou de tê-la provida por sua família. No caso que ora se apresenta, não parece ter havido qualquer afronta, portanto, ao julgado. Como afirma o Reclamado em suas informações (e, aliás, já se contém na decisão proferida), foram '...analisadas as condições fáticas demonstradas durante a instrução probatória...' (fl. 48). Na sentença proferida nos autos daquela ação, o juízo reclamado esclareceu que: 'No caso vertente, o estudo social realizado pela equipe técnica desta Comarca constatou (...) [que] a autora faz uso contínuo de medicamentos, e quando estes não se encontram, por qualquer motivo, disponíveis na rede pública, tem que adquiri-los... Além disso, comprovou-se (...) que a mãe da autora, com que recebe da pensão de 1 salário mínimo deixada pelo marido, também tem que ajudar um dos filhos que também não tem boa saúde mental (...)' (fl. 82). Explica, ainda, aquela autoridade que: 'Diante deste quadro, vê-se que os rendimentos da família, face aos encargos decorrentes de medicamentos que devem ser constantemente adquiridos para o tratamento da autora, são insuficientes para esta viver condignamente.' (fl. 82). A pobreza extrema vem sendo definida, juridicamente, como 'la marque d'une infériorité par rapport à un état considéré comme normal et d'une dépendance par rapport aux autres. Elle est um état

1800 Estado de Direito e Jurisdição Constitucional – Decisões relevantes em 15 anos de atuação no STF

d'exclusion qui implique l'aide d'autrui pour s'en sortir. Elle est surtout relative et faite d'humiliation et de privation.' (TOURETTE, Florence. *Extrême pauvreté et droits de l'homme*. Paris: LGDJ, 2001, p. 4). Quer o INSS, ora Reclamante, se considere ser a definição do benefício concedido pela sentença reclamada incompatível com o quanto decidido na Ação Direta de Inconstitucionalidade 1.232. Não é o que se tem no caso. Também afirma que haveria incompatibilidade entre aquela decisão e a norma do § 3º do art. 20 da Lei n. 8.742/93. Afirmo: e a miséria constatada pelo juiz é incompatível com a dignidade da pessoa humana, princípio garantido no art. 1º, inc. III, da Constituição da República; e a política definida a ignorar a miserabilidade de brasileiros é incompatível com os princípios postos no art. 3º e seus incisos da Constituição; e a negativa do Poder Judiciário em reconhecer, no caso concreto, a situação comprovada e as alternativas que a Constituição oferece para não deixar morrer à mingua algum brasileiro é incompatível com a garantia da jurisdição, a todos assegurada como direito fundamental (art. 5º, inc. XXXV, da Constituição da República). Portanto, não apenas não se comprova afronta à autoridade de decisão do Supremo Tribunal na sentença proferida, como, ainda, foi exatamente para dar cumprimento à Constituição da República, de que é guarda este Tribunal, que se exarou a sentença na forma que se pode verificar até aqui. Ademais, a Reclamação não é espécie adequada para se questionar sentença na forma indicada na petição, o que haverá de ser feito, se assim entender conveniente ou necessário o Reclamante, pelas vias recursais ordinárias e não se valendo desta via excepcional para pôr em questão o que haverá de ser suprido, judicialmente, pelas instâncias recursais regularmente chamadas, se for o caso. 9. Por essas razões, casso a liminar deferida anteriormente, em sede de exame prévio, e nego seguimento à Reclamação por inexistir, na espécie, a alegada afronta à autoridade de julgado deste Supremo Tribunal Federal que pudesse ser questionada e decidida por esta via especial e acanhada, como é a da espécie eleita pelo Reclamante. (...)".

O exame atento de todo esse contexto me levou a muito refletir sobre o tema, o que culminou em decisão proferida nesta Reclamação, em 1º de fevereiro de 2007, na qual revi muitos posicionamentos antes adotados e passei a indeferir as pretensões cautelares do INSS, mantendo as decisões de primeira instância que concediam o benefício assistencial em situações de patente miserabilidade social. Eis alguns trechos elucidativos da referida decisão:

"A análise dessas decisões me leva a crer que, paulatinamente, a interpretação da Lei nº 8.742/93 em face da Constituição vem sofrendo câmbios substanciais neste Tribunal.

De fato, não se pode negar que a superveniência de legislação que estabeleceu novos critérios mais elásticos para a concessão de outros benefícios assistenciais – como a Lei n.º 10.836/2004, que criou o Bolsa Família; a Lei n.º 10.689/2003, que instituiu o Programa Nacional de Acesso à Alimentação; a Lei n.º 10.219/01, que criou o Bolsa Escola; a Lei n.º 9.533/97, que autoriza o Poder Executivo a conceder apoio financeiro a Municípios que instituírem programas de garantia de renda mínima associados a ações socioeducativas; assim como o Estatuto do Idoso (Lei n.º 10.741/03) – está a revelar que o próprio legislador tem reinterpretado o art. 203 da Constituição da República.

Os inúmeros casos concretos que são objeto do conhecimento dos juízes e tribunais por todo o país, e chegam a este Tribunal pela via da reclamação ou do recurso extraordinário, têm demonstrado que os critérios objetivos estabelecidos pela Lei nº 8.742/93 são insuficientes para atestar que o idoso ou o deficiente não possuem meios de prover à própria manutenção ou de tê-la provida por sua família. Constatada tal insuficiência, os juízes e tribunais nada mais têm feito do que comprovar a condição de miserabilidade do indivíduo que pleiteia o benefício por outros meios de prova. Não se declara a inconstitucionalidade do art. 20, § 3º, da Lei nº 8.742/93, mas apenas se reconhece a possibilidade de que esse parâmetro objetivo seja conjugado, no caso concreto, com outros fatores indicativos do estado de penúria do cidadão. Em alguns casos, procede-se à interpretação sistemática da legislação superveniente que estabelece critérios mais elásticos para a concessão de outros benefícios assistenciais.

Tudo indica que – como parecem ter anunciado as recentes decisões proferidas neste Tribunal (acima citadas) – tais julgados poderiam perfeitamente se compatibilizar com o conteúdo decisório da ADI n.º 1.232.

Em verdade, como ressaltou a Ministra Cármen Lúcia, 'a constitucionalidade da norma legal, assim, não significa a inconstitucionalidade dos comportamentos judiciais que, para atender, nos casos con-

Decisões no controle de constitucionalidade e seus efeitos **1801**

cretos, à Constituição, garantidora do princípio da dignidade humana e do direito à saúde, e à obrigação estatal de prestar a assistência social 'a quem dela necessitar, independentemente da contribuição à seguridade social', tenham de definir aquele pagamento diante da constatação da necessidade da pessoa portadora de deficiência ou do idoso que não possa prover a própria manutenção ou de tê-la provida por sua família.' (Rcl n.° 3.805/SP, *DJ* 18.10.2006).

Portanto, mantendo-se firme o posicionamento do Tribunal em relação à constitucionalidade do § 3° do art. 20 da Lei n° 8.742/93, tal como esposado no julgamento da ADI 1.232, o mesmo não se poderia afirmar em relação ao que decidido na Rcl – AgR 2.303/RS, Rel. Min. Ellen Gracie (*DJ* 1.4.2005).

O Tribunal parece caminhar no sentido de se admitir que o critério de 1/4 do salário mínimo pode ser conjugado com outros fatores indicativos do estado de miserabilidade do indivíduo e de sua família para concessão do benefício assistencial de que trata o art. 203, inciso V, da Constituição.

Entendimento contrário, ou seja, no sentido da manutenção da decisão proferida na Rcl 2.303/RS, ressaltaria ao menos a **inconstitucionalidade por omissão do § 3° do art. 20 da Lei n.° 8.742/93**, diante da insuficiência de critérios para se aferir se o deficiente ou o idoso não possuem meios de prover a própria manutenção ou de tê-la provida por sua família, como exige o art. 203, inciso V, da Constituição.

A meu ver, toda essa reinterpretação do art. 203 da Constituição, que vem sendo realizada tanto pelo legislador como por esta Corte, pode ser reveladora de um **processo de inconstitucionalização do § 3° do art. 20 da Lei n.° 8.742/93**.

Diante de todas essas perplexidades sobre o tema, é certo que o Plenário do Tribunal terá que enfrentá-lo novamente.

Ademais, o próprio caráter alimentar do benefício em referência torna injustificada a alegada urgência da pretensão cautelar em casos como este.

Ante o exposto, indefiro o pedido de medida liminar".

Após essa decisão, o número de reclamações ajuizadas pelo INSS no STF caiu abruptamente, chegando a observar-se, tempos depois, a quase inexistência de novos pedidos no protocolo do Tribunal. Mas o trânsito dos recursos extraordinários permaneceu inalterado.

Em 9 de fevereiro de 2008, o Tribunal reconheceu, no âmbito do RE 567.985 (Rel. Min. Marco Aurélio), a existência de repercussão geral da questão constitucional relativa à concessão do benefício assistencial previsto no art. 203, V, da Constituição, decisão cuja ementa possui o seguinte teor (*DJe* 10.4.2008):

"REPERCUSSÃO GERAL – BENEFÍCIO ASSISTENCIAL DE PRESTAÇÃO CONTINUADA – IDOSO – RENDA PER CAPITA FAMILIAR INFERIOR A MEIO SALÁRIO MÍNIMO – ARTIGO 203, INCISO V, DA CONSTITUIÇÃO FEDERAL. Admissão pelo Colegiado Maior".

Em 6 de julho de 2011, foi promulgada a Lei 12.435, a qual altera diversos dispositivos da Lei 8.742/93 (LOAS). Observe-se, não obstante, que, quanto ao § 3° do art. 20 da Lei 8.742/93, não houve qualquer alteração, mantendo-se exatamente a mesma redação do referido dispositivo.

O momento, portanto, é oportuno para continuar as reflexões que venho tecendo sobre o tema desde a citada decisão monocrática proferida nesta RCL 4.374.

Sigo a mesma linha de análise da questão constitucional, antes aventada na naquela decisão, dividindo-a em dois ramos argumentativos:

a)   a omissão inconstitucional parcial em relação ao dever constitucional de efetivar a norma do art. 203, V, da Constituição;

b)   o processo de inconstitucionalização do § 3° do art. 20 da Lei 8.742/93.

Antes disso, não obstante, destino um tópico à análise da possibilidade de que, no julgamento desta reclamação, o Tribunal possa rever seu posicionamento quanto à decisão tida por violada, especificamente, a decisão proferida na ADI 1.232.

Passo então às razões substanciais de meu voto.

1802 Estado de Direito e Jurisdição Constitucional – Decisões relevantes em 15 anos de atuação no STF

2. A revisão da decisão na ADI 1.232 em sede de reclamação

A primeira questão a ser enfrentada diz respeito à possibilidade de se revisar, no julgamento da reclamação, a decisão que figura como parâmetro da própria reclamação.

Toda reclamação possui uma *causa de pedir*, que pode assumir formas distintas: pode-se alegar a afronta a determinada decisão ou súmula vinculante do Supremo Tribunal Federal; ou se pode utilizar como fundamento a usurpação da competência do STF.

Quando a causa de pedir é a violação de uma decisão ou de súmula vinculante do STF, é inevitável que a reclamação se convole em uma típica ação constitucional que visa à proteção da ordem constitucional como um todo. Isso se deve a vários motivos, dentre os quais se podem destacar dois mais relevantes.

Em primeiro lugar, parece óbvio que o STF, no exercício de sua competência geral de fiscalizar a compatibilidade formal e material de qualquer ato normativo com a Constituição, possa declarar a inconstitucionalidade, incidentalmente, de normas tidas como fundamento da decisão ou do ato que é impugnado na reclamação. Isso decorre, portanto, da própria competência atribuída ao STF para exercer o denominado controle difuso da constitucionalidade das leis e dos atos normativos.

Essa hipótese poderá ocorrer, inclusive, quando a reclamação for ajuizada para preservar a competência do STF, na hipótese de que o ato usurpador da jurisdição constitucional do STF esteja fundado em norma inconstitucional. Nesse sentido, recorde-se o julgamento da Rcl n. 595 (Rel. Min. Sydney Sanches), no qual a Corte declarou a inconstitucionalidade de expressão contida na alínea "c" do inciso I do art. 106 da Constituição do Estado de Sergipe, que outorgava competência ao respectivo Tribunal de Justiça para processar e julgar ação direta de inconstitucionalidade de normas municipais em face da Constituição Federal.

Ressalte-se, ainda, que o exercício do controle incidental de constitucionalidade em tais hipóteses decorre de um dever imposto à Corte. A jurisprudência do Supremo Tribunal Federal se firmou no sentido de que, posta uma questão de inconstitucionalidade de lei ou ato normativo da qual dependa o julgamento da causa, a Corte não pode se furtar ao exame dessa questão (MS 20.505/DF, Rel. Min. Néri da Silveira, *DJ* 8.11.1991). Ainda que se declare prejudicado o julgamento da ação, deve o Tribunal se pronunciar sobre a questão de inconstitucionalidade suscitada *incidenter tantum*.

Em segundo lugar, é natural que o Tribunal, ao realizar o exercício – típico do julgamento de qualquer reclamação – de confronto e comparação entre o ato impugnado (o *objeto* da reclamação) e a decisão ou súmula tida por violada (o *parâmetro* da reclamação), sinta a necessidade de reavaliar o próprio parâmetro e redefinir seus contornos fundamentais. A jurisprudência do STF está repleta de casos em que o Tribunal, ao julgar a reclamação, definiu ou redefiniu os lindes de sua própria decisão apontada como o parâmetro da reclamação. Apenas a título de exemplo, citem-se os seguintes casos.

Após o julgamento da ADI 1.662, Rel. Min. Maurício Corrêa, o Tribunal passou a apreciar uma relevante quantidade e diversidade de reclamações que acabaram definindo o real alcance daquela decisão sobre o regime de pagamento de precatórios. Isso ocorreu, por exemplo: na RCL-AgR 2009, Rel. Min. Marco Aurélio, *DJ* 10.12.2004, na qual o Tribunal fixou os contornos das decisões proferidas nas ADI 1.098 e 1.662, atestando que nelas não se tratou sobre do conceito de precatórios pendentes para efeito de incidência da norma do art. 78 do ADCT (em sentido semelhante, confira-se também o julgamento da RCL-AgR 3.293, Rel. Min. Marco Aurélio, *DJ* 13.4.2007); e RCL 1.525, Rel. Min. Marco Aurélio, *DJ* 3.2.2006, na qual o Tribunal delimitou o alcance da decisão proferida na ADI 1.662, especificamente sobre a amplitude do significado de "preterição" de precatórios para fins de sequestro de verbas públicas.

Decisões no controle de constitucionalidade e seus efeitos **1803**

A decisão cautelar na ADI 3.395, Rel. Min. Cezar Peluso, *DJ* 10.11.2006, deu interpretação ao art. 114, I, da Constituição, assentando o entendimento no sentido de que a competência da Justiça do Trabalho nele prevista não abrange o julgamento das causas instauradas entre o Poder Público e seus servidores, que lhes sejam vinculados por relação jurídico-estatutária. Desde então, diversos questionamentos sobre a abrangência dessa decisão chegam ao Tribunal pela via da reclamação. Nesses casos, o STF passou a definir a extensão dessa decisão para as hipóteses de contratos temporários firmados pelo Poder Público e para os casos em que estejam envolvidos cargos em comissão (RCL 4.904, Rel. Min. Cármen Lúcia, *DJ* 17.10.2008; RCL-AgR 4.489, Rel. p/ acórdão Min. Cármen Lúcia, *DJe* 21.11.2008; RCL-AgR 4.054, Rel. p/ acórdão Min. Cármen Lúcia, *DJ* 21.11.2008; RCL-MC-AgR 4.990, Rel. Min. Gilmar Mendes, *DJe* 14.3.2008; RCL- -MC-AgR 4.785, Rel. Min. Gilmar Mendes, *DJe* 14.3.2008; RCL-AgR 7.633, Rel. Min. Dias To- ffoli, *DJe* 17.9.2010; RCL-AgR 8.110, Rel. p/ acórdão Min. Cármen Lúcia, *DJe* 12.2.2010).

No julgamento da ADI 3.460, Rel. Min. Carlos Britto, *DJ* 15.6.2007, o Tribunal estabeleceu o conceito de atividade jurídica e fixou os requisitos para a sua comprovação nos concursos de ingresso na carreira do Ministério Público, novidade trazida pela EC 45/2004. Não obstante, o efetivo alcance desse conceito e dos requisitos para sua comprovação apenas ficaram assentados mediante o julgamento de diversas reclamações, dentre as quais sobressaem a RCL 4.906, Rel. Min. Joaquim Barbosa, *DJe* 11.4.2008, e a RCL 4.939, Rel. Min. Joaquim Barbosa, *DJ* 11.4.2008. O alcance da decisão na ADI 3.460 foi também definido, inclusive, em julgamento de mandados de segurança, com especial importância o referente ao MS 26.682, Rel. Min. Cezar Peluso, *DJ* 27.6.2008.

Outros exemplos também se encontram nas reclamações que delimitaram (ainda que por decisão monocrática) o conteúdo da decisão na ADI 3.324, Rel. Min. Marco Aurélio, *DJ* 5.8.2005, a qual tratou da observância da regra da congeneridade das instituições no processo de transferência obrigatória de alunos (servidores militares ou seus dependentes) do ensino superior. Em alguns casos, questionava-se sobre a hipótese de transferência obrigatória entre instituições públicas, quando o ingresso primário tivesse ocorrido em instituição privada, hipótese esta que, em princípio, não teria sido abarcada pela decisão na ADI 3.324 (RCL 3.665, Rel. Min. Gilmar Mendes, *DJ* 19.12.2005; RCL 3.480, Rel. Min. Carlos Velloso, *DJ* 26.8.2005; RCL 3.664, Rel. Min. Sepúlveda Pertence, *DJ* 10.11.2005; RCL 3.277, Rel. Min. Marco Aurélio, *DJ* 2.6.2005; RCL 3.653, Rel. Min. Joaquim Barbosa, *DJ* 18.8.2005; RCL 3.469, Rel. Min. Ellen Gracie, *DJ* 1°.8.2005).

Existem outros casos importantes e esses apresentados servem apenas como um exemplo desta atividade que é típica do julgamento da reclamação: a reinterpretação e, portanto, a redefinição do conteúdo e do alcance da decisão apontada como violada (decisão-parâmetro ou decisão-paradigma).

O "balançar de olhos" (expressão cunhada por Karl Engisch) entre a norma e o fato, que permeia o processo hermenêutico em torno do direito, fornece uma boa metáfora para a compreensão do raciocínio desenvolvido no julgamento de uma reclamação. Assim como no processo hermenêutico o juízo de comparação e subsunção entre norma e fato leva, invariavelmente, à constante reinterpretação da norma, na reclamação o juízo de confronto e de adequação entre objeto (ato impugnado) e parâmetro (decisão do STF tida por violada) implica a redefinição do conteúdo e do alcance do parâmetro.

É por meio da reclamação, portanto, que as decisões do Supremo Tribunal Federal permanecem abertas a esse constante processo hermenêutico de reinterpretação levado a cabo pelo próprio Tribunal. A reclamação, dessa forma, constitui o *locus* de apreciação, pela Corte Suprema, dos processos de *mutação constitucional* e de *inconstitucionalização de normas* (*des Prozess des Verfassungswidrigwerdens*), que muitas vezes podem levar à redefinição do conteúdo e do alcance, e até mesmo à superação, total ou parcial, de uma antiga decisão.

Como é sabido, a evolução interpretativa no âmbito do controle de constitucionalidade pode resultar na declaração de inconstitucionalidade de lei anteriormente declarada constitucional. Analisando especificamente o problema da admissibilidade de uma nova aferição de constitucionalidade de norma declarada constitucional pelo *Bundesverfassungsgericht*, Hans Brox a considera possível desde que satisfeitos alguns pressupostos. É o que anota na seguinte passagem de seu ensaio sobre o tema: "Se se declarou, na parte dispositiva da decisão, a constitucionalidade da norma, então se admite a instauração de um novo processo para aferição de sua constitucionalidade se o requerente, o tribunal suscitante (controle concreto) ou o recorrente (recurso constitucional = *Verfassungsbeschwerde*) demonstrar que se cuida de uma nova questão. Tem-se tal situação se, após a publicação da decisão, se verificar uma *mudança do conteúdo da Constituição* ou da *norma objeto do controle*, de modo a permitir supor que outra poderá ser a conclusão do processo de subsunção. Uma *mudança substancial das relações fáticas* ou da *concepção jurídica geral* pode levar a essa alteração" (ênfases acrescidas) [Hans Brox, Zur Zulässigkeit der erneuten Überprüfung einer Norm durch das Bundesverfassungsgericht, in *Festschrift für Willi Geiger*, cit., p. 809 (826)].

Na mesma linha de entendimento, Bryde assim se manifesta:

"Se se considera que o Direito e a própria Constituição estão sujeitos a mutação e, portanto, que uma lei declarada constitucional pode vir a tornar-se inconstitucional, tem-se de admitir a possibilidade da questão já decidida poder ser submetida novamente à Corte Constitucional. Se se pretendesse excluir tal possibilidade, ter-se-ia a exclusão dessas situações, sobretudo das leis que tiveram sua constitucionalidade reconhecida pela Corte Constitucional, do processo de desenvolvimento constitucional, ficando elas congeladas no estágio do parâmetro de controle à época da aferição. O objetivo deve ser uma ordem jurídica que corresponda ao respectivo estágio do Direito Constitucional, e não uma ordem formada por diferentes níveis de desenvolvimento, de acordo com o momento da eventual aferição de legitimidade da norma a parâmetros constitucionais diversos. Embora tais situações não possam ser eliminadas faticamente, é certo que a ordem processual-constitucional deve procurar evitar o surgimento dessas distorções.

A aferição da constitucionalidade de uma lei que teve a sua legitimidade reconhecida deve ser admitida com base no argumento de que a lei pode ter-se tornado inconstitucional após a decisão da Corte. (...). Embora não se compatibilize com a doutrina geral da coisa julgada, essa orientação sobre os limites da coisa julgada no âmbito das decisões da Corte Constitucional é amplamente reconhecida pela doutrina e pela jurisprudência. Não se controverte, pois, sobre a necessidade de que se considere eventual mudança das 'relações fáticas'. Nossos conhecimentos sobre o processo de mutação constitucional exigem, igualmente, que se admita nova aferição da constitucionalidade da lei no caso de mudança da concepção constitucional" (Brun-Otto Bryde, *Verfassungsengsentwicklung, Stabilität und Dynamik im Verfassungsrechf der Bundesrepublik Deutschland*, cit., p. 412-413).

Em síntese, declarada a constitucionalidade de uma lei, ter-se-á de concluir pela inadmissibilidade de que o Tribunal se ocupe uma vez mais da aferição de sua legitimidade, <u>salvo no caso de significativa mudança das circunstâncias fáticas ou de relevante alteração das concepções jurídicas dominantes</u> [*BVerfGE* 33/199 e 39/169; Brun-Otto Bryde, *Verfassungsengsentwicklung, Stabilität und Dynamik im Verfassungsrechf der Bundesrepublik Deutschland*, cit., p. 409; Hans Brox, Zur Zulässigkeit der erneuten Überprüfung einer Norm durch das Bundesverfassungsgericht, in *Festschrift für Willi Geiger*, cit., p. 809 (818); Stern, *Bonner Kommentar*, 2. tir., art. 100, n. 139; Christoph Gusy, *Parlamentarischer Gesetzgeber und Bundesverfassungsgericht*, cit., p. 228].

Como ensinado por Liebman, com arrimo em Savigny (Enrico Tullio Liebman, *Eficácia e autoridade da sentença e outros escritos sobre a coisa julgada*, Rio de Janeiro: Forense, 1984, p. 25-26), as sentenças contêm implicitamente a cláusula *rebus sic stantibus*, de modo que as alterações posteriores que alterem a realidade normativa, bem como eventual modificação da orientação jurídica sobre a matéria, podem tornar inconstitucional norma anteriormente considerada legítima (*inconstitucionalidade superveniente*) [Cf., também, entre outros, Adolf Schönke, *Derecho procesal civil*, tradução da 5. ed. alemã. Barcelona, 1950, p. 273 e s].

Decisões no controle de constitucionalidade e seus efeitos **1805**

Daí parecer plenamente legítimo que se suscite perante o STF a inconstitucionalidade de norma já declarada constitucional. Há muito a jurisprudência constitucional reconhece expressamente a possibilidade de alteração da coisa julgada provocada por mudança nas circunstâncias fáticas (cf., a propósito, RE 105.012, Rel. Min. Néri da Silveira, *DJ* de 1º.7.1988).

Assim, tem-se admitido a possibilidade de que o Tribunal, em virtude de evolução hermenêutica, modifique jurisprudência consolidada, podendo censurar preceitos normativos antes considerados hígidos em face da Constituição.

No âmbito do controle incidental ou difuso de constitucionalidade, essa hipótese não é incomum, e acaba sendo facilitada pela constante possibilidade de reapreciação do tema nos diversos processos que envolvem controvérsias de índole subjetiva. A jurisprudência do STF é repleta de casos como este. Dentre outros, citem-se os seguintes: INQ 687, Rel. Min. Sydney Sanches, *DJ* 9.11.2001; CC n. 7.204/MG, Rel. Min. Carlos Britto, julg. em 29.6.2005; HC n. 82.959, Rel. Min. Marco Aurélio, *DJ* 1º.9.2006; RE 466.343, Rel. Min. Cezar Peluso, *DJe* 5.6.2009; RE 349.703, Rel. p. acórdão Min. Gilmar Mendes, *DJ* 5.6.2009).

No controle abstrato de constitucionalidade, por outro lado, a oportunidade de reapreciação ou de superação de jurisprudência fica a depender da propositura de nova ação direta contra o preceito anteriormente declarado constitucional. Parece evidente, porém, que essa hipótese de nova ação é de difícil concretização, levando-se em conta o delimitado rol de legitimados (art. 103 da Constituição) e o improvável ressurgimento da questão constitucional, em searas externas aos processos subjetivos, com força suficiente para ser levada novamente ao crivo do STF no controle abstrato de constitucionalidade.

A oportunidade de reapreciação das decisões tomadas em sede de controle abstrato de normas tende a surgir com mais naturalidade e de forma mais recorrente no âmbito das reclamações. É no juízo hermenêutico típico da reclamação – no "balançar de olhos" entre objeto e parâmetro da reclamação – que surgirá com maior nitidez a oportunidade para a evolução interpretativa no controle de constitucionalidade.

Assim, ajuizada a reclamação com base na alegação de afronta a determinada decisão do STF, o Tribunal poderá reapreciar e redefinir o conteúdo e o alcance de sua própria decisão. E, inclusive, poderá ir além, superando total ou parcialmente a decisão-parâmetro da reclamação, se entender que, em virtude de evolução hermenêutica, tal decisão não se coaduna mais com a interpretação atual da Constituição.

Parece óbvio que a diferença entre a redefinição do conteúdo e a completa superação de uma decisão resume-se a uma simples questão de grau.

No juízo hermenêutico próprio da reclamação, a possibilidade constante de reinterpretação da Constituição não fica restrita às hipóteses em que uma nova interpretação leve apenas à delimitação do alcance de uma decisão prévia da própria Corte. A jurisdição constitucional exercida no âmbito da reclamação não é distinta; como qualquer jurisdição de perfil constitucional, ela visa a proteger a ordem jurídica como um todo, de modo que a eventual superação total, pelo STF, de uma decisão sua, específica, será apenas o resultado do pleno exercício de sua incumbência de guardião da Constituição.

Esses entendimentos seguem a tendência da evolução da reclamação como ação constitucional voltada à garantia da autoridade das decisões e da competência do Supremo Tribunal Federal. Desde o seu advento, fruto de criação jurisprudencial, a reclamação tem-se firmado como importante mecanismo de tutela da ordem constitucional. (Cf.: Rcl 41, Rel. Min. Rocha Lagoa, *DJ* de 25.01.1952)

Como é sabido, a reclamação para preservar a competência do Supremo Tribunal Federal ou garantir a autoridade de suas decisões é fruto de criação pretoriana. Afirmava-se que ela decorreria da ideia dos *implied powers* deferidos ao Tribunal. O Supremo Tribunal Federal passou a adotar essa doutrina para a solução de problemas operacionais diversos. A falta de contornos definidos sobre o instituto da reclamação fez, portanto, com que a sua constituição inicial repousasse sobre a teoria dos poderes implícitos. (Cf.: Rcl. n. 141, Rel. Min. Rocha Lagoa, *DJ* de 25.1.1952.)

Em 1957 aprovou-se a incorporação da Reclamação no Regimento Interno do Supremo Tribunal Federal.

A Constituição Federal de 1967, que autorizou o STF a estabelecer a disciplina processual dos feitos sob sua competência, conferindo força de lei federal às disposições do Regimento Interno sobre seus processos, acabou por legitimar definitivamente o instituto da reclamação, agora fundamentado em dispositivo constitucional. (Cf.: CF de 1967, art. 115, parágrafo único, "c", e EC 1/69, art. 120, parágrafo único, "c". Posteriormente, a EC n. 7, de 13.04.1977, em seu art. 119, I, "o", sobre a avocatória, e no § 3º, "c", do mesmo dispositivo, que autorizou o RISTF estabelecer "o processo e o julgamento dos feitos de sua competência originária ou recursal e da arguição de relevância da questão federal").

Com o advento da Carta de 1988, o instituto adquiriu, finalmente, *status* de competência constitucional (art. 102, I, "l"). A Constituição consignou, ainda, o cabimento da reclamação perante o Superior Tribunal de Justiça (art. 105, I, "f"), igualmente destinada à preservação da competência da Corte e à garantia da autoridade das decisões por ela exaradas.

Com o desenvolvimento dos processos de índole objetiva em sede de controle de constitucionalidade no plano federal e estadual (inicialmente representação de inconstitucionalidade e, posteriormente, ADI, ADIO, ADC e ADPF), a reclamação, na qualidade de ação especial, acabou por adquirir contornos diferenciados na garantia da autoridade das decisões do Supremo Tribunal Federal ou na preservação de sua competência.

A jurisprudência do Supremo Tribunal, no tocante à utilização do instituto da reclamação em sede de controle concentrado de normas, também deu sinais de grande evolução no julgamento da questão de ordem em agravo regimental na Rcl. n. 1.880, em 23 de maio de 2002, quando, no Tribunal, restou assente o cabimento da reclamação para todos aqueles que comprovarem prejuízo resultante de decisões contrárias às teses do STF, em reconhecimento à eficácia vinculante *erga omnes* das decisões de mérito proferidas em sede de controle concentrado.

Ressalte-se, ainda, que a EC n. 45/2004 consagrou a súmula vinculante, no âmbito da competência do Supremo Tribunal, e previu que a sua observância seria assegurada pela reclamação (art. 103-A, § 3º – "Do ato administrativo ou decisão judicial que contrariar a súmula aplicável ou que indevidamente a aplicar, caberá reclamação ao Supremo Tribunal Federal que, julgando-a procedente, anulará o ato administrativo ou cassará a decisão judicial reclamada, e determinará que outra seja proferida com ou sem aplicação da súmula, conforme o caso").

A tendência hodierna, portanto, é de que a reclamação assuma cada vez mais o papel de ação constitucional voltada à proteção da ordem constitucional como um todo. Os vários óbices à aceitação da reclamação em sede de controle concentrado já foram superados, estando agora o Supremo Tribunal Federal em condições de ampliar o uso desse importante e singular instrumento da jurisdição constitucional brasileira.

Assim, é plenamente possível entender que o Tribunal, por meio do julgamento desta reclamação, possa revisar a decisão na ADI 1.232 e exercer novo juízo sobre a constitucionalidade do § 3º do art. 20 da Lei 8.742/1993 (Lei de Organização da Assistência Social – LOAS). Ressalte-se, nesse aspecto, que a recente Lei 12.435/2011 não alterou a redação do § 3º do art. 20 da Lei 8.742/1993.

A seguir, apresento as razões que, reveladoras de um processo de evolução interpretativa no controle de constitucionalidade, podem justificar a completa superação da decisão na ADI 1.232: a) a possível omissão inconstitucional parcial em relação ao dever constitucional de efetivar a norma do art. 203, V, da Constituição; b) o processo de inconstitucionalização do § 3º do art. 20 da Lei 8.742/93.

Decisões no controle de constitucionalidade e seus efeitos   **1807**

3. O julgamento da ADI 1.232 e a possível constatação da omissão inconstitucional parcial em relação ao dever constitucional de efetivar o comando do art. 203, V, da Constituição

O julgamento da Ação Direta de Inconstitucionalidade 1.232 é representativo daqueles momentos em que uma Corte Constitucional decide impregnada do sentimento de que em algum momento sua decisão certamente será revista. Uma atitude de *self restraint* que, ante uma questão social tão complexa e importante, deixou no ar a impressão de que algo não estava bem. Naquela ocasião, o Tribunal proferiu decisão pela improcedência da ação direta, mas não deixou de constatar que o dispositivo questionado – o art. 20 da Lei 8.742/93 – era insuficiente para cumprir integralmente o comando constitucional do art. 203, V, da Constituição da República.

O Ministro Ilmar Galvão, Relator da ação, seguindo o parecer do Procurador-Geral da República, entendeu que, de fato, não haveria nenhuma inconstitucionalidade no estabelecimento de um critério objetivo – a renda *per capita* inferior a ¼ do salário mínimo – para aferição da incapacidade econômica da família do portador de deficiência ou do idoso. Ponderou, no entanto, que o único critério – de caráter objetivo e econômico – estabelecido pela lei não poderia limitar outros meios de prova sobre a situação de miserabilidade da família do portador de deficiência ou do idoso. Em seu entender, esse critério seria muito restrito e o entendimento segundo o qual ele seria o único possível afastaria grande parte dos destinatários do benefício assistencial protegido pelo art. 203, V, da Constituição.

O Ministro Nelson Jobim trouxe então a solução lógica: se a Constituição dispõe que cabe à lei definir os critérios para concessão do benefício assistencial, e se a lei definiu um único critério, de caráter objetivo, que considera o valor certo de ¼ do salário mínimo como patamar máximo da renda *per capita*; logo, esse é o único critério aplicável à concessão do benefício, cabendo apenas ao legislador a criação de outros critérios. Portanto, segundo o Ministro Jobim, o Tribunal não poderia nem declarar a inconstitucionalidade do art. 20 da LOAS nem interpretá-lo para permitir outros critérios não estabelecidos em lei.

O raciocínio lógico do Ministro Jobim exerceu forte influência naquele julgamento e acabou levando o Tribunal a adotar uma posição de autocontenção ante a constatação da insuficiência da legislação definidora dos critérios para a concessão do benefício assistencial. Como afirmou o Min. Jobim na ocasião, *"compete à lei dispor a forma de comprovação; se a legislação resolver criar outros mecanismos de comprovação, é problema da lei"*.

A prevalência da solução lógica não foi capaz de dar uma resposta satisfatória para o problema – por todos reconhecido – da insuficiência da legislação. A atitude de *self restraint* acabou deixando aberta a questão quanto à omissão legislativa no cumprimento do inciso V do art. 203 da Constituição. A Corte proferiu uma decisão consistente, bem fundamentada do ponto de vista lógico, mas não resolveu o problema constitucional (substancial) que lhe foi posto naquela ADI 1.232.

A omissão legislativa quanto ao cumprimento do art. 203, V, da Constituição, foi constatada pelo Ministro Sepúlveda Pertence em seu voto. O Ministro Pertence, no entanto, deixou claro que, naquela ocasião, o problema da omissão legislativa não poderia ser resolvido por meio da ação direta de inconstitucionalidade. Transcrevo o voto do Ministro Sepúlveda Pertence proferido na ADI 1.232:

> "Senhor Presidente, considero perfeita a inteligência dada ao dispositivo constitucional, no parecer acolhido pelo Relator, no sentido de que o legislador deve estabelecer outras situações caracterizadoras da absoluta incapacidade de manter-se o idoso ou o deficiente físico, a fim de completar a efetivação do programa normativo de assistência contido no art. 203 da Constituição. A meu ver, isso não a faz inconstitucional nem é preciso dar interpretação conforme à lei que estabeleceu uma hipótese objetiva de direito à prestação assistencial do Estado. Haverá, aí, inconstitucionalidade por omissão de outras hipóteses? A meu ver, certamente sim, mas isso não encontrará remédio nesta ação direta".

Como se vê, o voto do Ministro Pertence já enfatizava a insuficiência e, portanto, a *omissão inconstitucional parcial* presente do art. 20 da Lei 8.742/1993 (Lei de Organização da Assistência Social – LOAS). As considerações do Min. Pertence naquela ocasião revelam a posição adotada pelo Tribunal no julgamento da ADI 1.232. Já se fazia claro, no entendimento de todos os Ministros que participaram daquele julgamento e igualmente do Procurador-Geral da República, que o critério objetivo previsto na LOAS não era por si só inconstitucional, mas, por outro lado, era visivelmente insuficiente para possibilitar a efetividade do benefício assistencial assegurado pelo art. 203, V, da Constituição. A Corte, seguindo a proposta do Ministro Jobim, acabou entendendo que esse problema da omissão inconstitucional não poderia ser resolvido por meio da ação direta de inconstitucionalidade, bastando, portanto, julgar improcedente a ação. Recorde-se que, **naquele momento, o Tribunal mantinha firme posicionamento no sentido da *infungibilidade* entre as ações diretas de inconstitucionalidade por ação e por omissão (ADI 986, Relator Néri da Silveira, *DJ* 8.4.1994), assim como entendia que a constatação da omissão inconstitucional apenas deveria ser comunicada ao legislador.**

A decisão do Tribunal, de simplesmente julgar improcedente a ação, deixou em aberto o problema da omissão inconstitucional presente na LOAS, criando condições propícias para as reações dos mais diversos juízes e tribunais (principalmente dos Juizados Especiais) ao longo de todo o país, os quais, ao se depararem com complexas situações de miserabilidade social, tiveram que adotar interpretações criativas do art. 20 da LOAS para tentar dar maior efetividade ao art. 203, V, da Constituição da República. Esse fenômeno já foi descrito acima. O importante a enfatizar aqui é que a atitude desses juízes e tribunais – cujas decisões muitas vezes foram cassadas por decisões desta Corte que, em sede de reclamação, visavam proteger a autoridade da decisão proferida na ADI 1.232 – nada mais foi do que a consequência desse estado de insuficiência legislativa não enfrentado pelo Tribunal por ocasião do julgamento da ADI 1.232. Ante um quadro de insuficiência normativa, não se podia exigir outra postura desses juízes. Os critérios criados e posteriormente sumulados pelos Juizados Especiais visavam apenas a preencher a patente lacuna normativa em tema de assistência social do idoso e do deficiente.

A norma constitucional do art. 203, V, da Constituição foi introduzida no constitucionalismo brasileiro no bojo de uma **ambiciosa agenda social** instituída pela Constituição de 1988, a chamada "Constituição Cidadã". A ênfase em uma agenda social está estampada logo no início da Carta Constitucional. No artigo 3º, a Constituição declara que constituem objetivos fundamentais da República Federativa do Brasil construir uma sociedade livre, justa e solidária, garantir o desenvolvimento nacional, erradicar a pobreza e a marginalização, reduzir desigualdades sociais e regionais e promover o bem de todos. Tem-se uma Carta que, ao lado das disposições tradicionais sobre o modelo democrático, consagra um amplo catálogo garantidor dos direitos individuais, e incorpora um número elevado de direitos sociais. A Constituição consagra, entre direitos de perfil fortemente programático, o direito a um salário mínimo capaz de atender às necessidades vitais básicas do trabalhador urbano e rural (art. 7º, IV), e à assistência social para todos aqueles que dela necessitarem (art. 203).

Assim, a assistência social (art. 203) compõe o extenso rol de **promessas de democracia substantiva proclamadas na Carta de 1988.** Como se sabe, a Constituição de 1988, aprovada num contexto econômico e social difícil (a inflação acumulada do ano de 1988 foi de 1.037,56%), faz uma clara opção pela democracia e uma sonora declaração em favor da superação das desigualdades sociais. O novo modelo constitucional claramente buscou superar, institucionalmente, o modelo de democracia meramente formal ao qual nós estávamos acostumados no passado. Tentava-se, também pela via da **constitucionalização de direitos sociais**, e da criação de instrumentos de judicialização dessas pretensões de caráter positivo, superar o quadro de imensas desigualdades acumuladas ao longo dos anos. O "milagre econômico" da década de 1970 não tinha

Decisões no controle de constitucionalidade e seus efeitos **1809**

sido capaz de eliminar a pobreza e a miséria. Também não houve redução da desigualdade na distribuição da renda e da riqueza. E não foram poucos os grupos sociais que permaneceram à margem de qualquer benefício. A chamada "década perdida" de 1980 contribuiu certamente para agravar os problemas sociais, com o aumento do contingente de pobres e miseráveis e da própria desigualdade.

Assim, há que se levar em conta que a institucionalização da democracia em 1988 veio acompanhada de uma agenda social que, em muito, transcende os aspectos meramente formais. Optou-se por um **modelo constitucional fortemente dirigente**, que, de forma extremamente analítica, disciplinou uma série de questões da vida nacional. Em um país como o Brasil, em que o acesso a direitos sociais básicos ainda não é garantido a milhões de pessoas, não surpreende a generosidade do Poder Constituinte que, em síntese, traduziu essa perspectiva de que o **Estado constitucional também é um espaço de síntese e de proclamação de esperanças** que, historicamente, foram esquecidas. Recorde-se, aqui, a lição de Peter Häberle, no sentido de que o tema do **Estado constitucional toca, ao mesmo tempo, a *ratio* e a *emotio* e traz consigo o princípio--esperança**. Na visão de Häberle, **tanto a teoria da Constituição como o tipo de Estado constitucional devem conceder ao ser humano um espaço para um *"quantum* de utopia"**, não só na forma de ampliação dos limites das liberdades, mas, também, de uma maneira mais intensa, na medida em que os textos constitucionais disponham sobre esperanças (HÄBERLE, Peter. *El Estado Constitucional*. México: Universidad Nacional Autónoma de México, 2001, p. 7.)

Em momentos de reflexão sobre o problema posto neste processo, li com atenção as atas das sessões constituintes realizadas no Congresso Nacional em abril de 1987 (Câmara dos Deputados, Diário da Assembleia Nacional Constituinte, 21 de maio de 1987). Não posso reproduzir aqui todos os trechos interessantes. Posso confirmar, não obstante, que neles se torna visível o sentimento de esperança que pairou no conjunto das sessões constituintes nas quais se discutiu a respeito da garantia do benefício de um salário mínimo aos portadores de deficiência. Uma vez positivadas no texto constitucional, essas esperanças deixaram de ser meramente promessas e se converterem em um verdadeiro **projeto de ação**.

Não se pode olvidar, nessa perspectiva, o papel positivo cumprido por este constitucionalismo por alguns denominado de "simbólico" (NEVES, Marcelo. *A Constitucionalização Simbólica*. São Paulo: Acadêmica, 1994), ao impor ao Estado uma incessante busca pela efetiva implementação de anseios sociais básicos. A Constituição de 1988 proclama **a assistência social como um programa de ação positiva do Estado brasileiro**. Não há mais espaço para considerações de tipo político e econômico sobre a conveniência da concessão do benefício assistencial ou sobre o valor desse benefício (um salário mínimo). **O benefício e seu correspondente valor estão consagrados na Constituição e assim ficam protegidos contra qualquer tentativa de reforma.**

Assim, ao contrário de outras ordens jurídicas, que preferiram não estampar no texto constitucional promessas sociais mais ambiciosas, **a ordem constitucional brasileira protege a assistência social e, especificamente o benefício assistencial previsto no art. 203, V, da Constituição de 1988, como um verdadeiro direito fundamental exigível perante o Estado.** Esse direito ao benefício assistencial de um salário mínimo possui uma *dimensão subjetiva*, que o torna um típico *direito público subjetivo* de caráter *positivo*, o qual impõe ao Estado obrigações de ordem normativa e fática. Trata-se, nesse sentido, de um **direito à prestação em face do Estado**, o qual fica obrigado a assegurar as condições *normativas* (edição de normas e conformação de órgãos e procedimentos) e *fáticas* (manutenção de um estado de coisas favorável, tais como recursos humanos e financeiros) necessárias à efetividade do direito fundamental.

Além de uma dimensão subjetiva, portanto, esse direito fundamental também possui uma complementar *dimensão objetiva*. Nessa dimensão objetiva, o direito fundamental à assistência social assume o importante papel de **norma constitucional vinculante** para o Estado, especificamente, para os Poderes Legislativo, Executivo e Judiciário. Ela assim impõe ao Legislador um

dever constitucional de legislar, o qual deve ser cumprido de forma adequada, segundo os termos do comando normativo previsto no inciso V do art. 203 da Constituição. O não cumprimento *total* ou *parcial* desse dever constitucional de legislar gera, impreterivelmente, um **estado de proteção insuficiente do direito fundamental.** Destarte, como tenho analisado em estudos doutrinários, os direitos fundamentais não contêm apenas uma proibição de intervenção (*Eingriffsverbote*), expressando também um **postulado de proteção (*Schutzgebote*).** Haveria, assim, para utilizar uma expressão de Canaris, não apenas uma proibição de excesso (*Übermassverbot*), mas também uma **proibição de proteção insuficiente (*Untermassverbot*)** (Claus-Wilhelm Canaris, *Grundrechtswirkungen um Verhältnismässigkeitsprinzip in der richterlichen Anwendung und Fortbildung des Privatsrechts*, JuS, 1989, p. 161).

A violação, pelo legislador, dessa proibição de proteção insuficiente decorrente do direito fundamental gera um **estado de omissão inconstitucional** submetido ao controle do Supremo Tribunal Federal. Isso ocorre não exatamente em razão da ausência de legislação, ou tendo em vista eventual mora do legislador em regulamentar determinada norma constitucional, mas quando **o legislador atua de forma insuficiente**, isto é, edita uma **lei que cumpre apenas de forma parcial o comando constitucional**.

Tendo em vista o direito fundamental ao benefício assistencial previsto no inciso V do art. 203 da Constituição, parece sensato considerar a omissão legislativa parcial no tocante ao § 3º do art. 20 da LOAS. O próprio histórico da concessão judicial desse benefício, tal como acima apresentado, demonstra cabalmente a insuficiência da LOAS em definir critérios para a efetividade desse direito fundamental. E, como já demonstrado, **a omissão legislativa foi verificada pelo próprio Tribunal no julgamento da ADI 1.232.**

O fato é que, hoje, o Supremo Tribunal Federal, muito provavelmente, não tomaria a mesma decisão que foi proferida, em 1998, na ADI 1.232. A jurisprudência atual supera, em diversos aspectos, os entendimentos naquela época adotados pelo Tribunal quanto ao tratamento da omissão inconstitucional. A Corte tem avançado substancialmente nos últimos anos, principalmente a partir do advento da Lei 9.868/99, cujo art. 27 abre um leque extenso de possibilidades de soluções diferenciadas para os mais variados casos de omissão inconstitucional.

É certo que, inicialmente, o Supremo Tribunal Federal adotou o entendimento segundo o qual a decisão que declara a inconstitucionalidade por omissão autorizaria o Tribunal apenas a cientificar o órgão inadimplente para que este adotasse as providências necessárias à superação do estado de omissão inconstitucional. Assim, reconhecida a procedência da ação, deveria o órgão legislativo competente ser informado da decisão, para as providências cabíveis.

Em julgado recente (do ano de 2007), porém, o Tribunal passou a considerar a possibilidade de, em alguns casos específicos, indicar um prazo razoável para a atuação legislativa, ressaltando as consequências desastrosas para a ordem jurídica da inatividade do legislador no caso concreto (ADI 3.682, Rel. Min. Gilmar Mendes, *DJ* 6.9.2007). O caso referia-se à omissão inconstitucional quanto à edição da lei complementar de que trata o art. 18, § 4º, da Constituição, definidora do período dentro do qual poderão tramitar os procedimentos tendentes à criação, incorporação, desmembramento e fusão de municípios. Na ocasião, a Corte declarou o estado de mora em que se encontrava o Congresso Nacional e determinou que, no prazo de 18 (dezoito) meses, adotasse ele todas as providências legislativas necessárias ao cumprimento do dever constitucional imposto pelo art. 18, § 4º, da Constituição, devendo ser contempladas as situações imperfeitas decorrentes do estado de inconstitucionalidade gerado pela omissão.

Na mesma ocasião, o Tribunal avançou no tema da declaração de **inconstitucionalidade sem a pronúncia da nulidade**. No julgamento do conhecido caso do Município de Luís Eduardo Magalhães (ADI 2.240, Rel. Min. Gilmar Mendes, *DJ* 3.8.2007), o Tribunal, aplicando o art. 27 da Lei 9.868/99, declarou a inconstitucionalidade sem a pronúncia da nulidade da lei impugnada (Lei 7.619, de 30 de março de 2000, do Estado da Bahia), mantendo sua vigência

Decisões no controle de constitucionalidade e seus efeitos **1811**

pelo prazo de 24 (vinte e quatro) meses, lapso temporal razoável dentro do qual pode o legislador estadual reapreciar o tema, tendo como base os parâmetros que devem ser fixados na lei complementar federal, conforme decisão da Corte na ADI 3.682.

Em tema de omissão inconstitucional, o Tribunal já vem adotando, inclusive, típicas **sentenças de perfil aditivo**, tal como ocorreu no conhecido caso do direito de greve dos servidores públicos. Como se sabe, no Mandado de Injunção n. 20 (Rel. Celso de Mello, *DJ* de 22.11.1996), firmou-se entendimento no sentido de que o direito de greve dos servidores públicos não poderia ser exercido antes da edição da lei complementar respectiva, com o argumento de que o preceito constitucional que reconheceu o direito de greve constituía *norma de eficácia limitada*, desprovida de autoaplicabilidade. Na mesma linha, foram as decisões proferidas nos MI 485 (Rel. Maurício Corrêa, *DJ* de 23.8.2002) e MI 585/TO (Rel. Ilmar Galvão, *DJ* de 2.8.2002). Assim, nas diversas oportunidades em que o Tribunal se manifestou sobre a matéria, reconheceu-se unicamente a necessidade de se editar a reclamada legislação, sem admitir uma concretização direta da norma constitucional.

Em 25 de outubro de 2007, o Supremo Tribunal Federal, em mudança radical de sua jurisprudência, reconheceu a necessidade de uma solução obrigatória da perspectiva constitucional e declarou a inconstitucionalidade da omissão legislativa, com a aplicação, por analogia, da Lei 7.783/89, que dispõe sobre o exercício do direito de greve na iniciativa privada. Afastando-se da orientação inicialmente perfilhada no sentido de estar limitada à declaração da existência da mora legislativa para a edição de norma regulamentadora específica, o Tribunal, sem assumir compromisso com o exercício de uma típica função legislativa, passou a aceitar a possibilidade de uma *regulação provisória do tema pelo próprio Judiciário*. O Tribunal adotou, portanto, uma moderada *sentença de perfil aditivo*, introduzindo modificação substancial na técnica de decisão do mandado de injunção (MI 670, Rel. para o acórdão Min. Gilmar Mendes; MI 708, Rel. Min. Gilmar Mendes e MI 712, Rel. Min. Eros Grau).

Ressalte-se, ainda, que recentemente o Supremo Tribunal Federal reviu sua antiga jurisprudência e passou a adotar o entendimento segundo o qual existe uma **fungibilidade entre as ações diretas de inconstitucionalidade por ação e por omissão** (ADI 875, 1987, 2727, 3243, Rel. Min. Gilmar Mendes, *DJ* 29.4.2010). Na ocasião, o Tribunal reconheceu a omissão parcial quanto à regulamentação do art. 161, II, da Constituição, segundo o qual lei complementar deve estabelecer os critérios de rateio do Fundo de Participação dos Estados, com a finalidade de promover o equilíbrio socioeconômico entre os entes federativos. A Corte então adotou **técnica diferenciada de decisão**, aplicando o art. 27 da Lei 9.868/99, para declarar a inconstitucionalidade, sem a pronúncia da nulidade, do art. 2º, incisos I e II, §§ 1º, 2º e 3º, e do Anexo Único, da Lei Complementar 62/1989 (Lei dos Fundos de Participação dos Estados), assegurando a sua aplicação até 31 de dezembro de 2012.

Portanto, o Supremo Tribunal Federal já dispõe de um arsenal diversificado de técnicas de decisão para enfrentar os problemas de omissão inconstitucional. Hoje, a ADI 1.232 poderia ter sido decidida de forma completamente diferente, sem a necessidade da adoção de posturas de autocontenção por parte da Corte, como ocorreu naquele caso.

Após muito refletir sobre o problema posto no presente processo, creio que seria o caso de se adotar uma decisão parecida com a que o Tribunal Constitucional Federal alemão proferiu no **caso Hartz IV**, em nove de fevereiro de 2010, declarando a inconstitucionalidade da lei que instituiu novos benefícios sociais, mas mantendo-a válida até o final do ano seguinte, tempo suficiente para que os Poderes Executivo e Legislativo refizessem os cálculos orçamentários e construíssem novos critérios.

A Lei do Hartz IV fez alterações no sistema de assistência social da Alemanha e unificou os benefícios de auxílio-desemprego (*Arbeitslosenhilfe*) e da assistência social (*Sozialhilfe*), criando um novo "auxílio desemprego II" (*Arbeitslosenhilfe II*). Este é destinado a pessoas que, ainda que aptas ao mercado de trabalho, estejam desempregadas.

1812 Estado de Direito e Jurisdição Constitucional – Decisões relevantes em 15 anos de atuação no STF

Um novo direito à assistência social foi regulado e destinado aos dependentes dos beneficiários do auxílio-desemprego II, desde que juntos formem a chamada "comunidade de necessidade" (*Bedarfsgemeinschaft*), denominação utilizada para designar grupos de pessoas que precisam custear em conjunto suas despesas e não possuem condições para tanto.

O benefício-padrão (*Regelleistung*) do auxílio-desemprego instituído pela Lei do Hartz IV é um montante fixo que abrange necessidades consideradas básicas de sobrevivência, como roupa, alimentação, higiene pessoal. Já o montante do benefício social pago aos dependentes dos beneficiários do auxílio desemprego II é auferido com base em porcentagens do benefício-padrão, considerando a idade do destinatário. Previa-se, por exemplo, que crianças receberiam, até o final de seus 14 anos, o valor de 60% do benefício-padrão e, a partir dos 15 anos, 80%.

Para definir os critérios de qual porcentagem deveria ser atribuída a determinada faixa etária, o legislador alemão baseou-se em procedimento de cálculo que levava em consideração um modelo estatístico elaborado a partir das necessidades da sociedade alemã.

Já em vigor, tais porcentagens sofreram diversas críticas, que resultaram em regras complementares, com a finalidade de compensar certas discrepâncias. Entretanto, o argumento de que o valor destinado às crianças seria muito baixo e não estaria de acordo com a garantia do mínimo existencial foi o principal fundamento de três casos submetidos ao Tribunal Constitucional Federal alemão.

Para formar seu entendimento, a Corte constitucional ouviu o Governo, os requerentes e entidades interessadas na causa. Ao decidir, indicou que o benefício deve ser suficiente para garantir o mínimo existencial dos seus destinatários. Essa assertiva está fundamentada no art. 1, I, da Lei Fundamental, que considera a dignidade da pessoa humana como inviolável e obriga todos os poderes do Estado a observá-la e protegê-la.

Entretanto, o Tribunal alemão deixou claro que a extensão da pretensão ao direito assistencial não encontra definição na Lei Fundamental, mas depende de quantificação e aferições fáticas que a Carta Constitucional não teria como prever. Dessa forma, cabe ao legislador concretizar o montante que garantiria esse mínimo existencial, com base em um padrão adequado às necessidades reais da sociedade a qual está relacionado. Ao Tribunal, compete verificar a adequabilidade dos princípios e métodos adotados quando da criação do benefício.

Para tanto, a Corte utilizou-se de informações fornecidas pelos interessados e de estudos sobre o tema. Após criteriosa análise, concluiu que o modelo estatístico, que embasou o valor do benefício-padrão, seria constitucionalmente aceitável, uma vez que se fundamenta em estudo empírico da população. Entretanto, as bases deste método teriam sido alterados sem nenhuma justificativa aceitável, resultando em um valor final que não estava calcado em nenhuma tese formal.

Mesma apreciação foi feita em relação às porcentagens atribuídas às faixas etárias. A Corte manifestou-se no sentido de que o legislador não considerou as necessidades específicas das crianças, ignorando que, dependendo de sua idade, há despesas diferenciadas. Foram indicados estudos que comprovam que deveria haver várias faixas de classificação, e não apenas duas, como previsto na lei.

Com isso, esses aspectos da Lei do Hartz IV foram declarados inconstitucionais pelo Tribunal, que entendeu, entretanto, que sua pronúncia de nulidade poderia gerar uma situação pior da que a já vigente. Ao seguir o princípio de que o estabelecimento do benefício é atribuição do legislador, a quem compete defini-lo, com base em critérios e estimativas próprias, desde que bem fundamentadas, o Tribunal decidiu que estes dispositivos, ainda que inconstitucionais, deveriam permanecer aplicáveis até que nova legislação fosse elaborada. Para isso, foi fixado um prazo ao legislador estabelecer um novo procedimento, compatível com a Lei Fundamental – no caso, 31 de dezembro de 2010, final do ano seguinte à decisão.

A decisão do Tribunal Constitucional alemão no caso Hartz IV traz novas luzes para a decisão no presente caso.

Decisões no controle de constitucionalidade e seus efeitos **1813**

4. O processo de inconstitucionalização do § 3º do art. 20 da Lei 8.742/93 (LOAS)

Na ADI 1.232, como visto, o Tribunal decidiu que o critério definido pelo § 3º do art. 2º da LOAS não padecia, por si só, de qualquer inconstitucionalidade. Haveria omissão legislativa quanto a outros critérios, mas aquele único critério já definido pela lei não continha qualquer tipo de violação à norma constitucional do art. 203, V, da Constituição.

A decisão do Tribunal foi proferida no ano de 1998, poucos anos após a edição da LOAS (de 1993), num contexto econômico e social específico. Na década de 1990, a renda familiar *per capita* no valor de ¼ do salário mínimo foi adotada como um critério objetivo de caráter econômico-social, resultado de uma equação econômico-financeira levada a efeito pelo legislador tendo em vista o estágio de desenvolvimento econômico do país no início da década de 1990.

É fácil perceber que a economia brasileira mudou completamente nos últimos 20 anos. Desde a promulgação da Constituição foram realizadas significativas reformas constitucionais e administrativas, com repercussão no âmbito econômico, financeiro e administrativo. A inflação galopante foi controlada, o que tem permitido uma significativa melhoria da distribuição de renda. Os gastos públicos estão hoje disciplinados por Lei de Responsabilidade Fiscal, que prenuncia certo equilíbrio e transparência nas contas públicas federais, estaduais e municipais. Esse processo de reforma prosseguiu com a aprovação de uma reforma mais ampla do sistema de previdência social (Emenda 41, de 2003) e uma parcial reforma do sistema tributário nacional (Emenda 42, de 2003).

Nesse contexto de significativas mudanças econômico-sociais, as legislações em matéria de benefícios previdenciários e assistenciais trouxeram critérios econômicos mais generosos, aumentando para ½ do salário mínimo o *valor padrão* da renda familiar *per capita*. Por exemplo, citem-se os seguintes.

O Programa Nacional de Acesso à Alimentação – Cartão Alimentação foi criado por meio da Medida Provisória 108, de 27 de fevereiro de 2003, convertida posteriormente na Lei 10.689, de 13 de junho de 2003. A regulamentação se deu por meio do Decreto 4.675, de 16 de abril de 2003. O Programa Bolsa Família – PBF foi criado por meio da Medida Provisória 132, de 20 de outubro de 2003, convertida na Lei 10.836, de 9 de janeiro de 2004. Sua regulamentação ocorreu em 17 de setembro de 2004, por meio do Decreto 5.209.

Com a criação do Bolsa Família, outros programas e ações de transferência de renda do Governo Federal foram unificados: Programa Nacional de Renda Mínima Vinculado à Educação – Bolsa Escola (Lei 10.219/2001); Programa Nacional de Acesso à Alimentação – PNAA (Lei 10.689 de 2003); Programa Nacional de Renda Mínima Vinculado à Saúde – Bolsa Alimentação (MP 2.206-1/2001) Programa Auxílio-Gás (Decreto 4.102/2002); Cadastramento Único do Governo Federal (Decreto 3.811/2001).

Portanto, os programas de assistência social no Brasil utilizam, atualmente, o valor de ½ salário mínimo como referencial econômico para a concessão dos respectivos benefícios. Tal fato representa, em primeiro lugar, um indicador bastante razoável de que o critério de ¼ do salário mínimo utilizado pela LOAS está completamente defasado e mostra-se atualmente inadequado para aferir a miserabilidade das famílias que, de acordo com o art. 203, V, da Constituição, possuem o direito ao benefício assistencial. Em segundo lugar, constitui um fato revelador de que o próprio legislador vem reinterpretando o art. 203 da Constituição da República segundo parâmetros econômico-sociais distintos daqueles que serviram de base para a edição da LOAS no início da década de 1990. Esses são fatores que razoavelmente indicam que, ao longo dos vários anos desde a sua promulgação, o § 3º do art. 20 da LOAS passou por um *processo de inconstitucionalização*.

Portanto, além do já constatado estado de omissão inconstitucional, estado este que é *originário* em relação à edição da LOAS em 1993 (uma *inconstitucionalidade originária*,

portanto), hoje se pode verificar também a inconstitucionalidade (*superveniente*) do próprio critério definido pelo § 3º do art. 20 da LOAS. Trata-se de uma inconstitucionalidade que é resultado de um *processo de inconstitucionalização* decorrente de notórias *mudanças fáticas* (políticas, econômicas e sociais) e *jurídicas* (sucessivas modificações legislativas dos patamares econômicos utilizados como critérios de concessão de outros benefícios assistenciais por parte do Estado brasileiro).

É certo que não cabe ao Supremo Tribunal Federal avaliar a conveniência política e econômica de valores que podem ou devem servir de base para a aferição de pobreza. Tais valores devem ser o resultado de complexas equações econômico-financeiras que levem em conta, sobretudo, seus reflexos orçamentários e macroeconômicos e que, por isso, devem ficar a cargo dos setores competentes dos Poderes Executivo e Legislativo na implementação das políticas de assistencialismo definidas na Constituição.

No processo de reflexão e construção da presente decisão, realizei diversas reuniões com as autoridades competentes do Ministério do Desenvolvimento Social (Secretaria Nacional de Assistência Social, Departamento de Benefícios Assistenciais), do Instituto Nacional do Seguro Social e da Advocacia-Geral da União (inclusive a Procuradoria-Geral Federal). **Há uma constante preocupação com o impacto orçamentário de uma eventual elevação do atual critério de ¼ do salário mínimo para ½ salário mínimo.** Estudos realizados pelo IPEA e pelo MDS, em janeiro de 2010, demonstram que, **se viesse a vigorar o critério de renda *per capita* no valor de ½ salário mínimo, os recursos necessários para investimento no BPC em 2010 chegariam a R$ 46,39 bilhões, ou seja, 129,72% a mais do que a projeção do ano (R$ 20,06 bilhões).** As análises são demonstradas no quadro abaixo:

Demonstrativo das projeções para 2010 de beneficiários e recursos necessários para a manutenção do BPC em cenários com distintos valores *per capita* e segundo o conceito de família atual e comparação com a projeção referente aos critérios atuais.

Projeções	Pessoa com Deficiência		Pessoa Idosa		Total		Diferença da Projeção atual (%)
	Quantidade[1]	Valor[2]	Quantidade	Valor	Quantidade	Valor	
Projeção com critérios atuais	1.770.939	10.402.737.892	1.656.643	9.795.801.612	3.427.582	20.198.539.503	–
25% do SM	1.861.549	10.933.411.401	1.962.665	11.603.753.368	3.824.214	22.537.164.769	11,57%
30% do SM	2.250.620	13.218.537.018	2.084.320	12.323.006.547	4.334.940	25.541.543.565	26,47%
33% do SM	2.562.798	15.052.047.984	2.171.968	12.841.206.121	4.734.766	27.893.254.105	38,14%
35% do SM	2.774.066	16.292.885.566	2.237.838	13.230.646.758	5.011.904	29.523.532.324	46,22%
40% do SM	3.181.567	18.686.255.861	2.413.989	14.272.095.309	5.595.556	32.958.351.169	63,25%
45% do SM	3.642.792	21.395.162.623	2.896.624	17.125.545.766	6.539.416	38.520.708.388	90,79%
50% do SM	4.081.634	23.972.607.603	3.792.270	22.420.827.253	7.873.904	46.393.434.856	129,72%

FONTE: [1]*Projeções de quantitativo de beneficiários potenciais do BPC na população brasileira conforme estudos do IPEA/2010.*
[2]*Projeções de valores conforme estudos do DBA/SNAS/MDS – 2010.*

De fato, a análise sobre a adequação do critério de ¼ do salário mínimo não pode desconsiderar o fato de que, num quadro de crescente desenvolvimento econômico e social, também houve um vertiginoso crescimento da quantidade de benefícios assistenciais concedidos pelo

Estado brasileiro. **De aproximadamente 500.000 (quinhentos mil) benefícios concedidos em 1996, a quantidade de idosos e deficientes beneficiários passou para atuais 3.644.591 (três milhões, seiscentos e quarenta e quatro mil, quinhentos e noventa e um)** (Fonte: Ministério do Desenvolvimento Social e Combate à Fome – MDS). Em média, é gasto mensalmente 2 (dois) milhões de reais com esse benefício. **Em valores acumulados até o último mês de abril de 2012, o custo total desses benefícios neste ano foi de 8.997.587.360** (oito bilhões, novecentos e noventa e sete milhões, quinhentos e oitenta e sete mil, trezentos e sessenta). Assim, **tudo indica que, até o final deste ano de 2012, o custo anual do benefício assistencial será superior a 24 bilhões de reais.**

Não se pode perder de vista nesse contexto que, no mesmo período avaliado, o salário mínimo sofreu significativos aumentos. A atual perspectiva econômica é de que o valor real do salário mínimo continue aumentando constantemente ao longo dos anos. Isso certamente terá um relevante impacto, nos próximos anos, sobre o custo total do benefício assistencial previsto no art. 203, V, da Constituição.

O certo é que são vários os componentes socioeconômicos a serem levados em conta na complexa equação necessária para a definição de uma eficiente política de assistência social, tal como determina a Constituição de 1988. Seria o caso de se pensar, inclusive, em critérios de miserabilidade que levassem em conta as disparidades socioeconômicas nas diversas regiões do país. Isso porque, como parece sensato considerar, critérios objetivos de pobreza, válidos em âmbito nacional, terão diferentes efeitos em cada região do país, conforme as peculiaridades sociais e econômicas locais.

Em todo caso, o legislador deve tratar a matéria de forma sistemática. Isso significa dizer que todos os benefícios da seguridade social (assistenciais e previdenciários) devem compor um **sistema consistente e coerente.** Com isso, podem-se evitar incongruências na concessão de benefícios, cuja consequência mais óbvia é o tratamento anti-isonômico entre os diversos beneficiários das políticas governamentais de assistência social. Apenas para citar um exemplo, refira-se ao Estatuto do Idoso, que em seu art. 34 dispõe que *"o benefício já concedido a qualquer membro da família nos termos do caput não será computado para os fins do cálculo da renda familiar per capita a que se refere a Loas".* Não se vislumbra qualquer justificativa plausível para a discriminação dos portadores de deficiência em relação aos idosos. Imagine-se a situação hipotética de dois casais, ambos pobres, sendo o primeiro composto por dois idosos e o segundo por um portador de deficiência e um idoso. Conforme a dicção literal do referido art. 34, quanto ao primeiro casal, ambos os idosos têm direito ao benefício assistencial de prestação continuada; entretanto, no segundo caso, o idoso casado com o deficiente não pode ser beneficiário do direito, se o seu parceiro portador de deficiência já recebe o benefício. Isso claramente revela a falta de coerência do sistema, tendo em vista que a própria Constituição elegeu os portadores de deficiência e os idosos, em igualdade de condições, como beneficiários desse direito assistencial.

Registre-se, ainda, que, conforme esse mesmo art. 34 do Estatuto do Idoso, o benefício previdenciário de aposentadoria, ainda que no valor de um salário mínimo, recebido por um idoso, também obstaculiza a percepção de benefício assistencial pelo idoso consorte, pois o valor da renda familiar *per capita* superaria ¼ do salário mínimo definido pela Lei 8.742/1993 como critério para aferir a hipossuficiência econômica, já que benefícios previdenciários recebidos por idosos não são excluídos do cálculo da renda familiar.

Em consequência, o sistema acaba por desestimular a contribuição à previdência social, gerando ainda mais informalidade, o que atesta a sua incongruência. Pessoas com idade superior a 50 anos, com baixa qualificação e reduzidas chances no mercado de trabalho são candidatos a receber benefícios assistenciais. Portanto, parece ser bastante racional não contribuir para a previdência, nessas condições, até porque o custo das contribuições para o trabalhador é elevado.

1816 Estado de Direito e Jurisdição Constitucional – Decisões relevantes em 15 anos de atuação no STF

Atentos a essas situações, diversos Juízos passaram a decidir que o benefício previdenciário de valor mínimo, ou outro benefício assistencial percebido por idoso, é excluído da composição da renda familiar (Súmula 20 das Turmas Recursais de Santa Catarina e Precedentes da Turma Regional de Uniformização); e também que o benefício assistencial percebido por qualquer outro membro da família não é considerado para fins da apuração da renda familiar.

Assim, a patente falha na técnica legislativa instaurou intensa discussão em torno da interpretação desse dispositivo, a qual também será objeto de julgamento por esta Corte. A questão reside em saber se o referido art. 34 comporta somente interpretação restritiva – no sentido de que o benefício de que trata é apenas o benefício assistencial previsto na LOAS para os idosos – ou se pode se ele abarca outros casos, como o benefício assistencial para o deficiente físico e o benefício previdenciário em valor mínimo recebido por idoso.

De toda forma, isso não é fator impeditivo para que esta Corte, ante todos os fundamentos já delineados, constate a inconstitucionalidade (originária e superveniente) do § 3º do art. 20 da LOAS. E ressalte-se, mais uma vez, que a recente Lei 12.435/2011 não alterou a redação original do § 3º do art. 20 da Lei 8.742/1993, não impedindo, portanto, que o Tribunal declare a inconstitucionalidade desse dispositivo.

Uma vez declarada essa inconstitucionalidade, ante todas as convincentes razões até aqui apresentadas, poderão os Poderes Executivo e Legislativo atuar no sentido da criação de novos critérios econômicos e sociais para a implementação do benefício assistencial previsto no art. 203, V, da Constituição. **Assim, será necessário que esta Corte defina um prazo razoável dentro do qual o § 3º do art. 20 da LOAS poderá continuar plenamente em vigor. O prazo de dois exercícios financeiros, a vigorar até o dia 31 de dezembro de 2014, apresenta-se como um parâmetro razoável para a atuação dos órgãos técnicos e legislativos na implementação de novos critérios para a concessão do benefício assistencial.**

Proponho, dessa forma, que o Supremo Tribunal Federal, no bojo da presente reclamação, revise a decisão anteriormente proferida na ADI 1.232 e declare a *inconstitucionalidade* do § 3º do art. 20 da Lei 8.742/93 (LOAS), *sem pronúncia da nulidade*, de forma a manter-se a sua vigência até o dia 31 de dezembro de 2014. Nesse ponto, ressalte-se, novamente, que a recente Lei 12.435/2011 não alterou a redação original do § 3º do art. 20 da Lei 8.742/1993.

5. Decisão

Ante o exposto, voto no sentido de (1) **julgar improcedente a reclamação** e (2) **declarar a inconstitucionalidade do art. 20, § 3º, da LOAS, sem pronúncia da nulidade,** (3) **mantendo sua vigência até 31 de dezembro de 2014.**

21. Limites do poder regulamentar

ADIs 3.090 e 3.100[1]

Limites do poder regulamentar – Setor elétrico – Medida Provisória convertida na Lei n. 10.848/2004 – Questão de ordem – Possibilidade de se analisar o alegado vício formal da medida provisória após a conversão em lei – Vícios formais – Possibilidade de convalidação – Questão de ordem rejeitada, por maioria de votos – Vencida a tese de que a promulgação da lei de conversão prejudica a análise dos eventuais vícios formais da medida provisória.

Trata-se das Ações Diretas de Inconstitucionalidade 3.090 e 3.100, relatadas pelo Ministro Gilmar Mendes e julgadas conjuntamente.

O Partido da Social Democracia Brasileira – PSDB e o Partido da Frente Liberal – PFL ajuizaram, respectivamente, ações diretas de inconstitucionalidade contra a íntegra da Medida Provisória n. 144, de 10 de dezembro de 2003, que *"Dispõe sobre a comercialização de energia elétrica, altera as Leis ns. 5.655, de 20 de maio de 1971, 8.631, de 4 de março de 1993, 9.074, de 7 de julho de 1995, 9.427, de 26 de dezembro de 1996, 9.478, de 6 de agosto de 1997, 9.648, de 27 de maio de 1998, 9.991, de 24 de julho de 2000, 10.438, de 26 de abril de 2002, e dá outras providências"*.

Na ADI ajuizada pelo PSDB, buscou o autor demonstrar a relação entre o modelo de setor elétrico e o quadro constitucional existente antes e após a Emenda Constitucional n. 6. A ideia básica, defendida pelos autores, era que o arcabouço normativo do setor elétrico nacional constitui uma decorrência da Emenda Constitucional n. 6, que teria viabilizado *"o novo ambiente institucional e regulatório do setor elétrico brasileiro, baseado no investimento privado"*.

A partir de tal argumentação, concluiu o autor da ADI 3.090 que qualquer alteração normativa na referida legislação configuraria regulamentação da matéria, objeto do § 1º do art. 176 da Constituição, conforme teria assentado o STF na ADI 2.005. A reforçar tal conclusão, apontou o seguinte excerto do voto do Ministro Pertence na ADI 2.005:

> "A conexão entre si de todas as alterações trazidas ao sistema de eletricidade, antes fechado a empresas estatais, faz evidente a imbricação de todas as normas da medida provisória com a efetivação da abertura do setor ao capital privado, só autorizada pela alteração do art. 176, § 1º, da Constituição".

Tal conclusão serviu ao argumento seguinte, em que o autor apontou a incidência do art. 246 da Constituição, a restringir a regulamentação da matéria via medida provisória.

Assim, afirmou o autor que *"a edição da Medida Provisória n. 144/03 colide com o fundamento determinante da decisão tomada no julgamento da ADI 2005-6"*, uma vez que *"naquela assentada, o fundamento determinante fixado pelo Supremo Tribunal Federal foi o de que a legislação do setor elétrico estava amparada no § 1º do artigo 176 da Constituição Federal e, por essa razão, não poderia ser objeto de medida provisória, a teor do disposto no artigo 246 da Constituição Federal"*.

---

[1] O Tribunal, por maioria, indeferiu a medida cautelar, vencidos os Senhores Ministros Gilmar Mendes (Relator), Sepúlveda Pertence, Marco Aurélio e Celso de Mello (*DJ* de 26.10.2007).

Asseverou, ainda, que *"desprezando tal decisão, a Medida Provisória n. 144/03 promove alterações nos mesmos diplomas legais que haviam sido alterados pela medida provisória impugnada na ADI 2.005-6."*

Alegou-se, ainda, a ausência de relevância e a urgência para a edição da Medida Provisória impugnada.

A par da alegada violação ao art. 246, há impugnações específicas quanto à violação ao princípio federativo, ao princípio da defesa do consumidor, ao princípio do ato jurídico perfeito, e ao princípio da reserva legal.

O pedido de cautelar está assim fundamentado:

"A concessão de medida cautelar à presente ação direta de inconstitucionalidade, consoante autorizado pelo artigo 10 da Lei 9.868/99, é medida que se impõe.

Com efeito, a par do *fumus boni iuris* evidenciado nas razões acima ventiladas, acentuado pelo desrespeito, de forma manifesta, à decisão proferida na Ação Direta de Inconstitucionalidade n. 2.005-6/DF, verifica-se, na espécie, patente perigo na demora da prestação jurisdicional ora pleiteada, com a postergação da vigência da medida provisória sob comento.

Isso porque a medida provisória, intitulada na mídia como "Novo Modelo para o Setor Elétrico", dada a profundidade e abrangência das mudanças, demandará extensos estudos e muitas alterações nas rotinas contábeis, fiscais, comerciais e societárias das empresas do setor elétrico brasileiro, bem como no **dispêndio de valores para a criação e custeio das novas entidades que menciona e na nova destinação e forma de arrecadação de encargos próprios do setor.**

Destarte, a sua não extirpação imediata do mundo jurídico implicará graves prejuízos e outros efeitos danosos absolutamente irreversíveis, quando no futuro tiver a sua vigência suspensa em virtude do reconhecimento, no mérito da presente ação, dos vícios apontados.

De fato, diversas implicações da medida são imediatas, independentemente de sua regulamentação. É o caso da determinação da separação da atividade de distribuição das atividades de geração e transmissão pelo artigo 8º da medida provisória que conferiu nova redação ao art. 4º da Lei n. 9.074, de 1995.

A medida provisória em tela, em seu artigo 14, determina que a separação das atividades deve ser concluída no prazo de 12 meses da publicação da medida provisória. A determinação, considerando seu prazo, já demanda imediatas providências por diversas distribuidoras como a Companhia Energética de Minas Gerais – CEMIG, Light Serviços S/A – LIGHT, Companhia Paulista de Força e Luz – CPFL, entre outras. A medida exige a cisão empresarial para o seu cumprimento, a qual, por sua vez, demanda, necessariamente, o processo de desincorporação de ativos e capital, a aprovação da criação de nova empresa no caso de estatais.

Dessa feita, iniciados ou finalizados tais procedimentos para a cisão das empresas, **com relevantes custos e repercussões comerciais** associados, o superveniente julgamento do mérito da presente ação – no qual associa certamente se concluirá pelo desrespeito do ato do Presidente da República à Constituição Federal e à precedente decisão proferida em sede de controle concentrado de constitucionalidade – implicará a necessidade de reversão de todos os procedimentos aludidos, cujos enormes custos – prejuízos acarretados às empresas do setor – senão irreversíveis, serão ao menos de árdua reversão e provocarão implicações gravosas para todo o setor elétrico.

Ademais, a medida provisória **autoriza a criação de nova empresa para exercer importante papel institucional em um novo modelo** para o setor – a Câmara de Comercialização de Energia, CCEE. No ponto, igualmente, uma vez constituída referida empresa, a ulterior suspensão da vigência da Medida Provisória n. 144/2003 acarretará significativos prejuízos aos agentes setoriais.

A medida provisória também prevê, no § 1º de seu artigo 5º, o prazo máximo de noventa dias para a constituição e efetiva operação da CCEE, com a consequente extinção do MAE, o que será de difícil ou impossível reversão.

Ainda quanto ao *periculum in mora*, impende salientar que a medida provisória em apreço gera a imediata paralisia do setor. O anterior anúncio de um novo modelo para o setor já vinha produzindo efeitos nesta direção. Com a edição da medida provisória veiculadora do novo modelo, entretanto, constatou-se que muito mais do que definir novas diretrizes e regras para o setor elétrico, a medida transfere competências para o Executivo.

Limites do poder regulamentar   1819

Notoriamente, transfere, em frontal desrespeito aos artigos 22 e 48 da Carta Magna, competências do Congresso Nacional, as quais passam a ser exercidos pelo Poder Executivo, o qual passa a deter todo o poder de estabelecer regras e diretrizes, mediante a regulamentação da medida provisória.

Dessa feita, a medida provisória sob comento concretiza a total paralisia da comercialização de energia e inibe fortemente o ingresso de novos investimentos no setor. O próprio caráter provisório da medida inibe tais investimentos, com forte característica de longo prazo de retorno, superior a dez anos.

No tocante a este último efeito, relevante apontar, ainda, a existência de uma lacuna quanto ao exercício das atribuições ínsitas ao Poder Concedente. Antes delegado à ANEEL, por meio de um conjunto de regras já estabelecidos e em funcionamento, a medida provisória, ao retirar aludidas atribuições da agência reguladora do setor, coloca todo o mercado no aguardo de regulamentação que permita a operacionalização do exercício das atividades do Poder Concedente, retardando investimentos.

Presentes os requisitos do *fumus boni iuris* e do *periculum in mora*, exsurge imperiosa a concessão da medida cautelar ora pleiteada, para suspender a vigência da Medida Provisória n. 144/03 até o julgamento final da presente ação, a fim de evitar graves danos aos agentes do setor elétrico, bem como aos cidadãos brasileiros que exigem uma retomada imediata do crescimento da economia do País, com uma confiável e maior oferta de energia." (fls. 34-38)

Postulou-se a concessão de cautelar e, no mérito, a declaração de inconstitucionalidade dos arts. 1º a 21 da Medida Provisória n. 144, de 10 de dezembro de 2003.

Na ADI 3.100, ajuizada pelo PFL, que também tem por objeto a integralidade da MP 144, a par de argumentos que se aproximam das impugnações trazidas na ADI 3.090, alegou-se a inconstitucionalidade do ato 1) na parte em que promove alterações na disciplina do ONS, 2) na parte em que extingue o MAE, e 3) na parte em que impõe o uso da arbitragem para a solução de conflitos. Alegou-se, ainda, o efeito vinculante da decisão proferida na ADI 2.005.

O Procurador-Geral da República opinou pelo indeferimento da cautelar.

Em sessão realizada em 11.10.2006, o Tribunal rejeitou a questão de ordem suscitada pelo Relator, Ministro Gilmar Mendes, no sentido de julgar prejudicado o pedido de cautelar e examinar de imediato o mérito das ADIs. A Corte rejeitou, também, por maioria, a cautelar, vencidos os Ministros Sepúlveda Pertence (Relator), Marco Aurélio e Celso de Mello (*DJ* de 26.10.2007).

A decisão prolatada, então, foi nestes termos ementada:

EMENTA: Medida cautelar em ação direta de inconstitucionalidade. Medida Provisória n. 144, de 10 de dezembro de 2003, que dispõe sobre a comercialização de energia elétrica, altera as Leis ns. 5.655, de 1971, 8.631, de 1993, 9.074, de 1995, 9.427, de 1996, 9.478, de 1997, 9.648, de 1998, 9.991, de 2000, 10.438, de 2002, e dá outras providências. 2. Medida Provisória convertida na Lei n. 10.848, de 2004. Questão de ordem quanto à possibilidade de se analisar o alegado vício formal da medida provisória após a sua conversão em lei. A lei de conversão não convalida os vícios formais porventura existentes na medida provisória, que poderão ser objeto de análise do Tribunal, no âmbito do controle de constitucionalidade. Questão de ordem rejeitada, por maioria de votos. Vencida a tese de que a promulgação da lei de conversão prejudica a análise dos eventuais vícios formais da medida provisória. 3. Prosseguimento do julgamento quanto à análise das alegações de vícios formais presentes na Medida Provisória n. 144/2003, por violação ao art. 246 da Constituição: "É vedada a adoção de medida provisória na regulamentação de artigo da Constituição cuja redação tenha sido alterada por meio de emenda promulgada entre 1º de janeiro de 1995 até a promulgação desta emenda, inclusive". Em princípio, a medida provisória impugnada não viola o art. 246 da Constituição, tendo em vista que a Emenda Constitucional n. 6/95 não promoveu alteração substancial na disciplina constitucional do setor elétrico, mas restringiu-se, em razão da revogação do art. 171 da Constituição, a substituir a expressão "empresa brasileira de capital nacional" pela expressão "empresa constituída sob as leis brasileiras e que tenha sua sede e administração no país", incluída no § 1º do art. 176 da Constituição. Em verdade, a Medida Provisória n. 144/2003 não está destinada a dar eficácia às modificações introduzidas pela EC n. 6/95, eis que versa sobre a matéria tratada no art. 175 da Constituição, ou seja, sobre o regime de prestação de serviços públicos no setor elétrico. Vencida a tese que vislumbrava a afronta ao art. 246 da Constituição, propugnando pela interpretação conforme a Constituição para afastar a aplicação da medida provisória, assim como da lei de conversão, a qualquer atividade relacionada à exploração do potencial hidráulico para fins de produção de energia. 4. Medida cautelar indeferida, por maioria de votos.

VOTO

Inicialmente, afasto a preliminar suscitada nas informações, no sentido de que a inicial não estaria devidamente fundamentada. Da leitura da inicial verifica-se que o autor da ação cumpriu o dever básico de oferecer razões para as impugnações.

Relevância e urgência

Quanto aos requisitos de relevância e urgência, não vejo plausibilidade na alegação de inconstitucionalidade.

Registro, especialmente, que o setor elétrico possui uma singularidade que não pode ser ignorada em eventual juízo quanto à urgência de sua regulamentação via medida provisória. É notório que, via de regra, a implementação de empreendimentos no setor elétrico envolve elevados custos, grande planejamento e, sobretudo, uma execução demorada. Assim, quando o Poder Público vislumbra qualquer perspectiva de pane no sistema nos anos futuros, alternativa outra não há senão a de agir imediatamente. Ou seja, no que toca à disciplina do setor elétrico, não são cabíveis os critérios ordinários para a aferição de urgência.

Violação ao art. 246

No que toca à impugnação baseada na restrição imposta pelo art. 246 da Constituição à edição de medidas provisórias, o autor invoca o precedente firmado por esta Corte, em sede de cautelar, na ADI 2005. O objeto da ADI 2005 era a Medida Provisória n. 1.819, de 30 de abril de 1999, que alterava dispositivos legais relacionados à regulamentação do setor elétrico. O precedente da ADI 2005 é de maio de 1999.

Quanto à alegada violação ao art. 246, o contra-argumento que consta nas informações inicia-se com a invocação do precedente de abril de 1997, firmado em cautelar na ADI 1518, da relatoria do Ministro Octávio Gallotti. Salvo engano, trata-se do primeiro julgado em que esta Corte enfrentou a aplicação do art. 246.

Ao apreciar o pedido de liminar na ADI 1518, a Corte, na linha do Ministro Relator, Octávio Gallotti, afastou-se da exegese literal do art. 246. Consta do voto de Galloti:

> "Não penso, além disso – e também a um primeiro exame – que se deva encarar, com a estreiteza literal que lhe empresta a bem lançada petição inicial, a restrição erigida, ao uso de medidas provisórias com força de lei, pelo art. 2º da Emenda n. 7, reproduzida na de n. 8, ambas acrescentando o art. 246 nas Disposições Constitucionais Gerais.
>
> Comporta esse dispositivo, segundo penso, o sentido e a finalidade lógica de excluir, do campo de atuação das medidas provisórias, a regulamentação destinada a dar eficácia às inovações constitucionais porventura introduzidas, não a estratificar a disciplina anteriormente existente para determinada instituição, impedindo a sua atualização e aprimoramento nos limites que já autorizava, originariamente, a Constituição, hipótese que aparenta ser, no caso, a configurada pelas normas impugnadas na presente ação." (g.n.)

Embora tendo ressalvado tratar-se de um *primeiro exame* da matéria, a passagem transcrita demonstra que o eminente Ministro teria optado por interpretação que atenua o rigor literal do art. 246 da CF/88.

De qualquer sorte, é necessário registrar que no julgamento da liminar na ADIn n. 1.518, outro aspecto, de índole formal, parece ter sido significativo: A Emenda Constitucional n. 14, que alterava o § 5º do art. 212 da Constituição, só entraria em vigor em primeiro de janeiro de 1997. Ou seja, o dispositivo impugnado teria regulamentado o texto do § 5º em sua redação anterior à Emenda n. 14/96. Nesse sentido, cabe transcrever o início do voto vencedor do Ministro Octávio Gallotti:

"De acordo com o que estabelece o seu art. 6°, está destinada, a Emenda Constitucional n. 14, de 1996, a vigorar a 1° de janeiro do ano subsequente ao da promulgação, ou seja, somente a partir de 1997.

Não pode, portanto, ser tida, essa Emenda, como objeto de regulamentação de uma Medida Provisória publicada, para vigência imediata, em 20 de setembro de 1996, como sucede com a de n. 1.518, ora atacada."

Tal aspecto, que também constitui fundamento determinante para a conclusão a que chegou o Tribunal em sede de cautelar, demonstra que a ADI 1518 não constitui um precedente definitivo, e tampouco exaustivo, quanto à interpretação do art. 246.

Considero, todavia, relevante a ideia contida no voto do relator, a afastar uma interpretação por demais literal daquele dispositivo de exceção.

Mas há outros precedentes relacionados ao tema, alguns deles especificamente pertinentes à presente discussão, qual seja a regulamentação do setor elétrico por meio de medidas provisórias.

Após o precedente da ADI 1.518, esta Corte teve outras oportunidades para aplicar a norma do art. 246. Em duas delas cuidou especificamente de atos relacionados ao setor elétrico.

Na ADI 1597, ajuizada pelo PT, PSB e PDT, impugnava-se o art. 1° da Medida Provisória 1481-48, de 1997, na parte em que alterava o art. 13 da Lei 8.031, de 1990 (que criou o Programa Nacional de Desestatização). A redação trazida pela MP era a seguinte:

"Art. 13. A alienação de ações de pessoas físicas ou jurídicas poderá atingir cem por cento do capital votante, salvo disposição legal ou manifestação expressa do Poder Executivo, que determine percentual inferior."

Alegavam os partidos autores da ação direta violação aos arts. 176, § 1°, e 246, ambos da Constituição. No julgamento da cautelar, após intenso debate, a Corte conferiu interpretação conforme ao dispositivo impugnado para afastar do seu campo de incidência a alienação de sociedades de economia mista dedicadas às atividades enquadradas no § 1° do art. 176 da Constituição (ADIMC 1597, Rel. Min. Néri da Silveira, Redator para o Acórdão: Min. Maurício Corrêa, Julgamento em 19.11.1997, *DJ* 19.12.2002).

Posteriormente, na ADI (MC) 2005, adotou o Tribunal interpretação bastante rigorosa do art. 246. Cuidava-se de Ação Direta ajuizada contra a Medida Provisória 1.819-1, de 1999.

No exame da cautelar na ADI 2005, o Tribunal acabou por concluir que toda a matéria disciplinada pela MP 1.819 estaria relacionada ao art. 176, § 1°, e que portanto estaria a violar a restrição imposta pelo art. 246. A propósito, registre-se a conclusão do voto complementar do Ministro Néri:

"Com efeito, toda a disciplina deles resultante concerne a matéria que se enquadra como as demais analisadas em meu voto inicialmente proferido, no âmbito do art. 176, § 1°, da Constituição, com a disciplina da Emenda Constitucional n. 6, de 1995."

Na mesma linha a posição do Ministro Jobim, *verbis*:

"Os artigos e a legislação toda mencionada na medida provisória em exame dizem respeito, de uma forma direta ou indireta, ao conjunto do sistema elétrico brasileiro no que diz respeito não só a sua exploração como também a todos os mecanismos internos do sistema elétrico.

Parece-me evidente que tem razão o relator no sentido de que essa matéria está toda compreendida na regra do § 1° do art. 176 e, portanto, sofre a incidência do art. 246. Não pode ser tratada por medida provisória."

Por fim, asseverou o Ministro Pertence:

"A conexão entre si de todas as alterações trazidas ao sistema de eletricidade, antes fechado a empresas estatais, faz evidente a imbricação de todas as normas da medida provisória com a efetivação da abertura do setor ao capital privado, só autorizada pela alteração do art. 176, § 1°, da Constituição."

1822 Estado de Direito e Jurisdição Constitucional – Decisões relevantes em 15 anos de atuação no STF

Mas há, ainda, outro precedente significativo sobre o tema.

Refiro-me à ADI(MC) 2473, da Relatoria do Ministro Néri da Silveira. Nesse julgado, de setembro de 2001, eram impugnadas disposições da MP 2152-2, de 1º de junho de 2001, ato editado para fazer frente à crise de energia. A par do exame da constitucionalidade de vários outros dispositivos, a Corte entendeu por conferir interpretação conforme à Constituição para excluir do âmbito normativo do art. 26 da MP os potenciais de energia hidráulica.

Cabe aqui registrar o teor do referido art. 26:

"Art. 26. Não se aplicam as Leis ns. 8.987, de 13 de fevereiro de 1995, e 9.427, de 26 de dezembro de 1996, no que conflitarem com esta Medida Provisória e com as decisões da GCE".

Analisando tal preceito, asseverou o Ministro Néri da Silveira:

"Quanto ao art. 26, da Medida Provisória n. 2152, em determinando a não aplicação das Leis ns. 8.987, de 1995 e 9.427, de 1996, no que conflitarem com essa Medida Provisória e com as decisões da GCE, dou interpretação conforme para deferir, em parte, a cautelar.

De fato, não podem a Medida Provisória ou a GCE, por via de delegação, dispor normativamente, de molde a afastar, pura e simplesmente, a aplicação de leis que se destinam à disciplina da regra maior do art. 176, § 1º, da Constituição, no que concerne a potencial hidráulico. De fato, esse dispositivo resultante da Emenda Constitucional n. 6, de 15.8.1995, não pode ser objeto da disciplina por medida provisória, a teor do art. 246 da Constituição. Nesse sentido, o Plenário decidiu múltiplas vezes, a partir da decisão na ADI 2005."

Feitos tais registros, a demonstrar a evolução da jurisprudência da Corte sobre o tema, e dentro dos lindes deste exame de cautelar, considero que há plausibilidade do direito invocado quanto à ofensa ao art. 246 da Constituição.

Penso que o entendimento firmado na ADI(MC) 2473 possui uma precisão e uma clareza maior que a exegese firmada na ADI 2005, uma vez que na ADI 2005 não houve ressalva quanto à geração de energia decorrente da exploração de potenciais não hidráulicos. De fato, em um primeiro exame do disposto no art. 176, § 1º, da Constituição, no que toca às fontes de energia, vê-se apenas uma referência expressa aos potenciais de energia hidráulica, e não às demais fontes.

Nesse exame de cautelar, não me parece cabível, portanto, uma interpretação tão restritiva como aquela da ADI 2005. Tenho como aplicável ao caso, todavia, o precedente da ADI 2473, uma vez que o considero mais consentâneo com a regra do art. 176, § 1º, da Constituição, na redação da Emenda n. 6, em sua conjugação com o art. 246. Houve, com a Emenda Constitucional n. 6, uma alteração substancial na moldura do setor elétrico brasileiro. De um sistema baseado na ampla intervenção estatal passamos a um novo paradigma, voltado ao investimento privado e às regras de mercado, com uma atuação do Estado em posição outra, especialmente como agente regulador. E na tarefa de concretizar a nova decisão constituinte foram editadas inúmeras normas, que acabaram por conformar um ambiente legislativo inconfundível com o anterior. É evidente, nessa evolução constitucional e legislativa, uma correlação necessária e inafastável entre as normas legais do setor elétrico e a inovação da Emenda n. 6. Lembre-se, sobretudo, que a regra do art. 246 surge justamente na Emenda n. 6, tendo sido reproduzida na Emenda n. 7, também de 1995.

Assim, considerando os precedentes firmados pela Corte nas ADIs 2005 e 2473, e considerando que o art. 176, § 1º, da Constituição, foi objeto de substantiva alteração pela Emenda Constitucional n. 6, de 15 de agosto de 1995, tenho como aplicável ao caso a restrição do art. 246.

Todavia, na linha do referido precedente da ADI 2473, tendo em vista a possibilidade de aplicação de preceitos da Medida Provisória às fontes outras de produção de energia, considero adequada a adoção de interpretação conforme a Constituição para afastar a incidência da Medida Provisória no que concerne a qualquer atividade relacionada à exploração do potencial hidráulico para fins de produção de energia.

Limites do poder regulamentar 1823

Sobre o alegado excesso no exercício do poder regulamentar

Há um outro aspecto que chama a atenção nesta Medida Provisória, relativo às disposições que conferem poder regulamentar ao Executivo.

Não há dúvida de que a questão relativa aos limites do poder regulamentar assume extraordinária relevância em sistemas que, como o nosso, restringem a delegação de poderes.

A Constituição Federal erigiu o princípio da independência e harmonia entre os poderes como pedra de toque do ordenamento constitucional (art. 2º) definindo as diversas funções e impondo a sua estrita observância pelos Estados-membros (CF, art. 34, IV, art. 44 e ss., art. 76 e ss., e art. 92 e ss.). E, além de dispor explicitamente sobre as atribuições dos diferentes poderes, instituiu o constituinte no art. 5º, II, o regime da "necessidade de lei", segundo o qual "nenhuma manifestação estatal, judiciária ou administrativa lhe pode suprir a ausência, seja nos casos constitucionalmente explícitos, que se requer, seja para criar obrigação dever, encargo ou ônus para os súditos do Estado"[2]. Não há, pois, que se cogitar, entre nós, de amplo poder residual que possa ser reconhecido ao Executivo, não se compatibilizando o nosso ordenamento com cláusula semelhante à adotada pelo art. 37 da Constituição Francesa de 1958 ("Revestem-se de caráter regulamentar todas as matérias que não sejam do domínio da lei").

Cumpre ressaltar, outrossim, que, no sistema constitucional brasileiro, o poder regulamentar reconhecido ao Chefe do Poder Executivo (CF, art. 84, IV) limita-se à expedição de decretos e regulamentos para a fiel execução da lei, não sendo, como regra geral, admissível a edição dos chamados regulamentos autônomos ou independentes. A exceção foi estabelecida com a Emenda 32, que alterou o referido art. 84, IV, permitindo que o Presidente edite decretos autônomos em hipóteses restritas.

E a fórmula geral, constante do art. 84, IV, da Constituição, reflete a tradição constitucional brasileira. De forma idêntica dispuseram a Constituição de 1891 (art. 48, 1º), a Constituição de 1934 (art. 56, 1º), a Carta de 1937 (art. 74, **a**) e a Constituição de 1946 (art. 87, I), e 1967/69 (art. 81, III). A Carta do Império, por seu turno, não estabeleceu orientação diversa, ao consagrar a atribuição do Imperador, para, através dos Ministros de Estado, "expedir os decretos, instruções e regulamentos adequados à boa execução das leis" (art. 102, XII). A propósito, continua inexcedível o magistério de Pimenta Bueno, também referido por João Barbalho[3], **verbis**:

> "Do que temos exposto, e do princípio também incontestável, que o poder executivo tem por atribuição executar, e não fazer a lei, nem de maneira alguma alterá-la, segue-se evidentemente que ele cometeria grave abuso em qualquer das hipóteses seguintes:
>
> 1º) Em criar direitos, ou obrigações novas não estabelecidos pela lei, porquanto seria uma inovação exorbitante de suas atribuições, uma usurpação do poder legislativo, que só poderá ser tolerada por câmaras desmoralizadas. Se assim não fora, poderia o governo criar impostos, penas ou deveres, que a lei não estabeleceu, teríamos dois legisladores e o sistema constitucional seria uma verdadeira ilusão.
>
> 2º) Em ampliar, restringir ou modificar direitos ou obrigações porquanto a faculdade lhe foi dada para que fizesse observar fielmente a lei, e não para introduzir mudança ou alteração alguma nela, para manter os direitos e obrigações como foram estabelecidos, e não para acrescentá-los ou diminuí-los, para obedecer ao legislador, e não para sobrepor-se a ele.
>
> 3º) Em ordenar, ou proibir o que ela não ordena, ou não proíbe, porquanto dar-se-ia abuso igual ao que já notamos no antecedente número primeiro. E demais, o governo não tem autoridade alguma para suprir, por meio regulamentar, as lacunas da lei e mormente do direito privado, pois que estas entidades não

---

[2] Ruy Cirne Lima, *Princípios de Direito Administrativo*, 1982, p. 37; Geraldo Ataliba, Liberdade e Poder Regulamentar, *Revista de Informação Legislativa* n. 66, p. 46; Celso Antônio Bandeira de Mello, *Ato Administrativo e Direito dos Administrados*, 1981, pp. 86/87; Pontes de Miranda, *Comentários à Constituição de 1967*, com a Emenda n. 1 de 1969, 1974, tomo V, p. 2.

[3] Constituição Federal Brasileira, 1924, p. 250.

são simples detalhes, ou meios de execução. Se a matéria como princípio é objeto de lei deve ser reservada ao legislador; se não é, então não há lacuna na lei, sim objeto de detalhe de execução.

4°) Em facultar, ou proibir, diversamente do que a lei estabelece, porquanto deixaria esta de ser diferente, quando a obrigação do governo é de ser em tudo e por tudo fiel e submisso à lei.

5°) Finalmente, em extinguir ou anular direitos ou obrigações, pois que um tal ato equivaleria à revogação da lei que os estabelecera ou reconhecera; seria um ato verdadeiramente atentatório.

O governo não deve por título algum falsear a divisão dos poderes políticos, exceder suas próprias atribuições, ou usurpar o poder legislativo.

Toda e qualquer irrupção fora destes limites é fatal, tanto às liberdades públicas, como ao próprio poder"[4].

É da nossa tradição constitucional, portanto, admitir o regulamento apenas como ato normativo secundário, subordinado à lei, não podendo expedir comandos "contra", "extra", **praeter** ou **ultra legem**, mas tão somente **secundum legem**. A diferença entre a lei e o regulamento, no Direito brasileiro, não se limita, pois, à origem ou à supremacia daquela sobre este. A distinção substancial reside no fato de que a lei pode inovar originariamente no ordenamento jurídico, enquanto o regulamento não o altera, mas tão somente fixa as "regras orgânicas e processuais destinadas a pôr em execução os princípios institucionais estabelecidos por lei, ou para desenvolver os preceitos constantes da lei, expressos ou implícitos, dentro da órbita por ele circunscrita, isto é, as diretrizes, em pormenor, por ela determinada"[5].

Não há negar que, como observa Celso Antônio Bandeira de Mello, a generalidade e o caráter abstrato da lei permitem particularizações gradativas quando não objetivam a especificidade de situações insuscetíveis de redução a um padrão qualquer[6]. Disso resulta, não raras vezes, margem de discrição administrativa a ser exercida na aplicação da lei. Não se há de confundir, porém, a discricionariedade administrativa atinente ao exercício do poder regulamentar com delegação disfarçada de poder. Na discricionariedade, a lei estabelece previamente o direito ou dever, a obrigação ou a restrição, fixando os requisitos de seu surgimento e os elementos de identificação dos destinatários. Na delegação, ao revés, não se identificam, na norma regulamentada, o direito, a obrigação ou a limitação. Estes são estabelecidos apenas no regulamento[7].

Não há dúvida de que seriam inócuas as disposições constantes da Constituição, especialmente nos arts. 5°, II e 84, IV, se fosse admissível a ampliação, por ato legislativo, dos limites prescritos ao poder regulamentar. Nesse sentido, preleciona Pontes de Miranda, **verbis**:

"O poder de regulamentar não deriva de delegação legislativa; não é o Poder Legislativo que o dá ao Poder Executivo. Legislar e regulamentar leis são funções que a Constituição pôs em regras de competência de

---

[4]   *Direito Público Brasileiro e Análise da Constituição do Império*, 1978, pp. 234/235.

[5]   O. A. Bandeira de Mello, *Princípios Gerais de Direito Administrativo*, vol. I, 1969, pp. 314 e 316; Pimenta Bueno, *Direito Público Brasileiro e Análise da Constituição do Império*, 1978, 233/236; João Barbalho, *Constituição Federal Brasileira*, cit., p. 250; Pontes de Miranda, *Comentários à Constituição de 1967*, com Emenda n. I, de 1969, tomo III, 1973, pp. 314 e 316; Vicente Rao, *O Direito e a Vida dos Direitos*, Vol. I, tomo II, 1976, p. 269; Francisco Campos, Parecer, *RDA* 72, pp. 398-399; Geraldo Ataliba, *Poder Regulamentar do Executivo*, *RDP* 57, pp. 58-196; Celso Antônio Bandeira de Mello, *Ato Administrativo e Direitos dos Administrados*, 1981, p. 90; Fernando Henrique Mendes de Almeida, Observações sobre o Poder Regulamentar e seus Abusos, *RT* 279, pp. 28-29; Manoel Gonçalves Ferreira Filho, *Comentários à Constituição Brasileira*, 1983, p. 372; Michel Temer, *Elementos de Direito Constitucional*, 1982, p. 178; José Afonso da Silva, *Curso de Direito Constitucional Positivo*, 1984, p. 571; Carlos Mário Velloso, Do Poder Regulamentar, *RDP* 65, p. 41; Roque Antônio Carraza, *O Regulamento do Direito Tributário Brasileiro*, 1981, pp. 12/13; Hely Lopes Meirelles, *Direito Administrativo Brasileiro*, 1984, pp. 138/139.

[6]   Op. cit., p. 93.

[7]   Celso Antônio Bandeira de Mello, op. cit. pp. 98/99; Carlos Mário Velloso, art. cit., *RDP* 65, p. 46; Pontes de Miranda, op. cit., p. 312.

Limites do poder regulamentar **1825**

um e outro poder. A delegação legislativa em princípio é proibida. Se o Poder Legislativo deixa ao Poder Executivo fazer lei, delega; o poder regulamentar é o que se exerce sem criação de regras jurídicas que alteram as leis existentes e sem alteração da própria lei regulamentada. Fora daí, espíritos contaminados pelo totalitarismo de fonte italiano-alemã pretenderam fazer legítimas, de novo, as delegações legislativas, que a Constituição de 1946, no art. 36, § 2º, explicitamente proibiu. Na Constituição de 1967, o art. 6º, parágrafo único, 1ª parte, também as veda, mas admite a lei delegada (arts. 52 e parágrafo único, 53 e 54)".

Nem o Poder Executivo pode alterar regras jurídicas constantes de lei, a pretexto de editar decretos para a sua fiel execução, ou regulamentos concernentes a elas, nem tal atribuição pode provir de permissão ou imposição legal de alterar regras legais, ou estendê-las, ou limitá-las. Somente se admite que o Poder Executivo aplique a lei, se a incidência não é automática, ou proceda à verificação e cálculos em que nenhum arbítrio lhe fique. Onde o Poder Executivo poderia dizer 2, ou dizer 3, há delegação de poder. Onde o Poder Executivo poderia conferir ou não conferir direitos, ou só os conferir segundo critério seu ou parcialmente seu, há delegação de poder." (Op. cit. pp. 312-313).

Esclarece ainda o insigne Mestre que o regulamento "vale dentro da lei; fora da lei, a que se reporta, ou das outras leis, não vale. Em se tratando de regra jurídica de direito formal, o regulamento não pode ir além da edição de regras que indiquem a maneira de ser observada a regra jurídica. Se a lei fixou prazo, ou estabeleceu condição, não pode alterá-la o regulamento"[8].

Dentro desse raciocínio, há delegação indevida, quando se permite ao regulamento inovar inicialmente na ordem jurídica, atribuindo-lhe a definição de requisitos necessários ao surgimento de direito, dever, obrigação ou restrição. Explicitando este entendimento, sustenta Celso Antônio Bandeira de Mello que "inovar quer dizer introduzir algo cuja preexistência não se pode conclusivamente deduzir da lei regulamentada", verificando-se inovação proibida toda vez que não seja possível "afirmar-se que aquele específico direito, dever, obrigação, limitação ou restrição incidentes sobre alguém não estavam estatuídos e identificados na lei regulamentada"[9].

Faz-se mister reconhecer que, nos modelos constitucionais que vedam ou restringem a delegação de poderes, desenvolvem-se normalmente fórmulas atenuadoras do rigorismo, seja através do exercício ampliado do poder regulamentar, seja por via das chamadas autorizações legislativas. A propósito, assevera Bernard Schwartz que, no Direito Constitucional americano, mostra-se acentuada a prática da delegação mediante autorização legislativa, exigindo-se, porém, o estabelecimento de limites e padrões ("standards") atinentes à faculdade a ser exercida[10].

Nesse sentido, observa Schwartz, que:

"a menos que o ato de delegação de poderes contenha um padrão – limite ou orientação com respeito ao poder conferido que se possa exercer – ele será inválido ou nulo. Isso tem impedido delegações indiscriminadas de poderes, do tipo que tem originado violentas críticas na Inglaterra; mas não tem evitado as necessárias concessões de autoridade legislativa ao Executivo"[11].

E, mais adiante, o insigne publicista explicita a orientação predominante na jurisprudência americana, afirmando que:

"os tribunais americanos hoje se recusam a invalidar a legislação simplesmente porque ela formalmente delega poder legislativo às autoridades administrativas. A sua concepção a respeito do problema da delegação mudou da posição da aplicação formal de uma máxima inflexível contra delegações de poder legislativo para uma posição de determinar se a outorga legislativa de poder é de fato excessiva. E, com isso, o foco do exame judiciário se tem centralizado na adequação dos padrões contidos na legislação autorizada. Segundo a atual teoria americana, o poder legislativo pode ser conferido ao ramo

---

[8] Op. cit., p. 316.
[9] Op. cit., p. 98.
[10] *Direito Constitucional Americano*, trad. bras., pp. 34 e 349/354.
[11] Op. cit., p. 34.

1826 Estado de Direito e Jurisdição Constitucional – Decisões relevantes em 15 anos de atuação no STF

executivo, desde que a outorga de autoridade seja limitada por determinados padrões. "O Congresso não pode delegar qualquer parte de seu poder estabelecido". O arbítrio conferido não pode ser tão amplo que se torne impossível discernir os seus limites.

Outrossim, precisa haver certa intenção legislativa com a qual se deve harmonizar o exercício do poder delegado.

Princípio semelhante foi expresso pela Comissão de Poderes dos Ministros, da Inglaterra. "Os limites precisos do poder legislativo que o Parlamento pretende conferir a um ministro devem sempre ser expressamente definidos em linguagem clara pelo estatuto que o confere; quando se confere o arbítrio, devem-se definir os seus limites com igual clareza"[12].

No Direito alemão, a matéria está disciplinada, expressamente, no texto constitucional, dispondo o art. 80, 1, da Lei fundamental de Bonn (1949), que:

"O Governo Federal, um Ministro de Estado ou os governos estaduais podem ser autorizados por lei a editarem decretos. Nesse caso, deve a lei prescrever o conteúdo, o objetivo e os limites da autorização. O fundamento jurídico deve constar do decreto.

Se a lei estabelecer que a autorização pode ser delegada a outro órgão, é indispensável que a delegação seja formalizada por decreto"[13].

Pretendeu-se, com a disposição em apreço, evitar a derrogação tácita do princípio da legalidade e do postulado democrático através de uma "transferência silenciosa" ("eine geräuschlose Verschiebung") do poder de legislar ao Executivo. Ao mesmo tempo, estabeleceu-se restrição a uma eventual "fuga da responsabilidade" ("Flucht aus der Verantwortung") por parte do legislador, compelindo-o a fixar as linhas fundamentais da legislação ("Grundlinien"), e obviando as autorizações gerais e abstratas ("Globalermächtigungen"), utilizadas abusivamente na República de Weimar[14].

Não há negar que, a despeito da exigência expressa constante do aludido preceito, tem o *Bundesverfassungsgericht* entendido que as questões atinentes aos **limites da autorização** devem ser apreciadas em cada caso (Hesse, op. cit., p. 200). Considera-se, porém, que uma **autorização** ampla e indefinida é incompatível com o ordenamento constitucional, porquanto, nessa hipótese, já não se mostra possível identificar o seu efetivo conteúdo, assim como os casos em que pode ser aplicada[15].

E é por isso que se afirma que as questões relativas ao **conteúdo**, ao **objetivo** aos **limites** da autorização constituem sempre questões de interpretação, não podendo a jurisprudência emprestar-lhes inteligência que implique deserção do legislador do dever de tomar decisões concretas (So richtig ist es, dass die Frage nach Inhalt, Zweck und Ausmass der Ermächtigung stets eine Interpretationsfrage ist, so sehr trägt diese Recht – sprechung doch die Gefahr in sich, den gesetzgeber von seiner Pflicht zur Konkretisierung der Ermächtigung zu entbinden")[16].

A controvérsia sobre a extensão e os limites do regulamento autorizado **intra legem** não assumiu relevância extraordinária, entre nós, sob a vigência da Constituição de 1891.

---

[12] Op. cit., pp. 350-351.

[13] Durch Gesetz Können die Bundesregierung, ein Bundesminister oder die Landesregierungen ermächtigt werden, Rechtsverordnungen zu erlassen. Dabei müssen Inhalt, Zweck und Ausmass der erteilten Ermächtigung im Gesetze bestimmt werden. Die Rechtsgrundlage ist in der Verordnung anzugeben. Ist durch Gesetz vorgesehen, dass eine Ermächtigung weiter übertragen werden Kann, so bedarf es zur Übertragung der Ermächtigung einer Rechtsverordnung.

[14] Fritz Ossenbühl, "Die Quellen des Verwaltungsrechts", in Allgemeines Verwaltungsrecht, Berlim-New-York, 1983, pp. 79/81; Konrad Hesse, Grundzüge des Verfassungsrechts der Bundesrepublik Deutschland, Heidelberg, 1982, pp. 199/201; Karl-Heinz Seifert e Dieter Hömig (Hrsg), *Grundgesetz für die Bundesrepublik Deutschland* (Taschen-Kommentar), Baden-Baden, 1985, pp. 368/370.

[15] Hesse, op. cit., p. 200; Ossenbühl, op. cit., pp. 80/81.

[16] Hesse, op. cit., p. 200; v. também Ossenbühl, op. cit., pp. 80/81.

Limites do poder regulamentar 1827

É possível que a inexistência de vedação expressa às delegações legislativas tenha propiciado o surgimento de uma orientação mais flexível quanto ao exercício do poder regulamentar. É o que se pode constatar, *v. g.*, na seguinte passagem da obra clássica de Anníbal Freire da Fonseca sobre o Poder Executivo, **verbis**:

> "As necessidades modernas deram incontestavelmente outro aspecto ao poder executivo, poder de funções permanentes, exercendo a sua vigilância constante e ininterrupta sobre a marcha e desenvolvimento do país e por isso mais propenso a uma intervenção eficiente em todas as manifestações da vida coletiva. A extensão crescente do poder regulamentar tem determinado nos escritores de direito público uma corrente de reação contra o caráter formalístico da lei, procurando irmanar a esta o regulamento, por derivarem ambos do mesmo princípio, se subordinarem à mesma forma, tenderem a fins idênticos, vincularem todos os jurisdicionados às suas disposições, obrigatórias e gerais. E se o regulamento não pode contrariar a lei, que vem completar, esta por sua vez não pode contrariar a Constituição nos países em que o poder constituinte não reside no legislativo ordinário.

> "Pode, porém, o regulamento conter disposições, que embora não afetem o espírito da lei, tratem de matéria de que esta não cuidou? Em outras palavras, o regulamento pode legiferar?

> É possível que, por omissão, o legislador tivesse esquecido na lei disposições capitais, que reforcem a sua execução e concorram melhor para o objetivo visado. Não havendo antinomia entre os dispositivos, o regulamento, que tem de completar a lei, pode tratar de matéria de que o legislador não cogitou, mas somente com o fim de ampliar o espírito da deliberação legislativa"[17].

No império da Constituição de 1946, que vedava expressamente a delegação de poderes (art. 36, § 2º), deixou assente o Supremo Tribunal Federal que o princípio da indelegabilidade não excluía "certas medidas a serem adotadas pelo órgão executor no tocante a fatos ou operações de natureza técnica, dos quais dependerá a iniciativa ou aplicação mesma da lei" (*Habeas Corpus* n. 30.555, Rel. Min. Castro Nunes, *RDA* 21, p. 136). Asseverou, na oportunidade, Castro Nunes, que se a Constituição

> "implicitamente declara que o Poder Legislativo não pode delegar suas atribuições, lança uma proibição a ser observada em linha de princípio, sem excluir, todavia, certas medidas a serem adotadas pelo órgão executor no tocante a fatos ou apurações de natureza técnica das quais dependerá a incidência ou aplicação mesma da lei.

> É nesses termos razoáveis que tem sido entendida a proibição das delegações legislativas nos Estados Unidos, onde proliferam as Comissões ou Conselhos administrativos que as leis, instituindo ou dispondo sobre certos serviços, estabelecem com certa porção de autonomia indispensável à execução mesma da lei.

> O Congresso, dizem **Finlay and Sanderson**, não pode delegar o poder para fazer a lei; mas pode fazer uma lei com delegação do poder para determinar fatos ou um estado de coisas de que dependa, nos termos que ela mesma estatuir, a sua própria execução ou eficácia [...]. (**The American Executive and Executive Methods, pág. 322)**"[18].

É que, embora considerasse nulas as autorizações legislativas incondicionadas ou de caráter **demissório**, esta Corte sempre entendeu legítimas as autorizações fundadas no enunciado da lei formal, desde que do ato legislativo constassem os "**standards**", isto é "os princípios jurídicos inerentes à espécie legislativa" (MS n. 17.145, Rel. Min. Gonçalves de Oliveira, *RTJ* 50, p. 472, RE n. 76.729, Rel. Min. Aliomar Baleeiro, *RTJ* 71, p. 477; Cf., a propósito, Carlos Maximiliano, Comentários à Constituição de 1946, Rio, 1948, vol. I, p. 410; Bonifácio Fortes, Delegação Legislativa, *RDA* 62, pp. 365-366; Carlos Mário Velloso, art. cit., *RDP* 65, p. 47-48; v. também Victor Nunes Leal, Delegações Legislativas, Arquivos do M. J. 20, pp. 7-8). Daí observar Carlos Maximiliano que o Supremo Tribunal Federal sempre considerou inadmissíveis leis cujo conteúdo

---

[17] *O Poder Executivo na República Brasileira*, UnB, 1981, pp. 61/62.

[18] *RDA* 21, p. 136.

se cingisse ao seguinte enunciado: "O Poder Executivo é autorizado a reorganizar o Tribunal de Contas", aceitando, porém, como legítimas, fórmulas que, v.g., enunciassem: "Fica o Poder Executivo autorizado a reorganizar o Ensino Superior, sobre as seguintes bases: 1) só obtém matrícula os bacharéis em letras diplomados por ginásios oficiais; 2) ..." (Op. cit., p. 410).

Ilustrativo desse entendimento é o julgado proferido pelo Supremo Tribunal Federal no RE n. 13.357, de 9.1.1950, Rel. Min. Ribeiro Costa, no qual ficou assente que:

> "O regulamento obriga enquanto não fira princípios substanciais da lei regulada. Se o regulamento exorbita da autorização concedida em lei ao Executivo, cumpre ao Judiciário negar-lhe aplicação" (RF 130, p. 150).

Em julgado mais recente, na ADI 2.387, tal entendimento restou reafirmado. Veja-se o seguinte excerto do voto da Ministra Ellen Gracie, redatora do acórdão, **verbis**:

> "Verifico que, aqui, pelo menos assim me parece, não temos uma delegação proibida de atribuições, mas apenas uma flexibilidade na fixação de 'standards' jurídicos de caráter técnico, como dizia, em voto referido por V. Exa., em ocasião anterior, o Ministro Aliomar Baleeiro."

Afigura-se, pois, despiciendo qualquer esforço de argumentação para demonstrar que o regulamento autorizado **intra legem** é plenamente compatível com o ordenamento jurídico brasileiro, podendo constituir relevante instrumento de realização de política legislativa, tendo em vista considerações de ordem técnica, econômica, administrativa, etc.

Diversamente, a nossa ordem constitucional não se compadece, como já demonstrado, com as autorizações legislativas puras ou incondicionadas, de nítido e inconfundível conteúdo renunciativo. Tais medidas representam inequívoca deserção do compromisso de deliberar politicamente, configurando manifesta fraude ao princípio da reserva legal e à vedação à delegação de poderes. (Cf. Carlos Roberto de Siqueira Castro, O Congresso e as Delegações legislativas, pp. 181/189; v. também, Hesse, op. cit., pp. 199/201).

Cuida-se, em verdade, de autêntica delegação, ou de uma **delegação abdicatória** (*a way of evading responsibility*), tal como concebida pela doutrina americana. É o que se depreende do preciso magistério de Siqueira Castro, **verbis**:

> "Pode-se afirmar que quando se trata de delegação **abdicatória** a única indicação que verdadeiramente é feita pelo legislador delegante é a nomeação do agente delegado e da atividade humana a ser por essa via disciplinada. Em virtude dessa omissão quanto à fixação de limites objetivos que condicionem a atuação normativa do legislador delegado, esse recebe em verdade uma potencialidade legiferante utilizável segundo o seu livre arbítrio. A autoridade receptora da competência normativa investe-se, nesse caso, no mesmo patamar de liberdade e discrição política de que o Poder Legislativo acha-se constitucionalmente investido para editar as regras de direito, subordinando-se somente às normas da Constituição, eis que essas vinculam indistintamente a atuação de todo e qualquer agente do Poder Público. A rigor, em tal ocorrendo, a única forma de controle que o Legislativo pode exercer sobre o seu delegado é mediante a revogação pura e simples da delegação. E enquanto não revogada por inteiro a transferência da função normativa, o agente delegado tem condições de legislar livre de toda sorte de critérios e condições de nível infraconstitucional. Por força dessa ilimitação, o Poder Judiciário também fica destituído de paradigma para aferir da legalidade da legislação delegada em face do ato de delegação que é silente e omisso quanto às condições para o seu exercício. Nesse caso, as decisões da autoridade executiva, embora de caráter normativo, seriam incontrastáveis por lei de base anterior, fazendo letra morta o princípio da legalidade e inviabilizando qualquer perspectiva de controle judicial, (...)"[19]

Sobre a distinção entre delegação legislativa e poder regulamentar, precisa é a doutrina do Ministro Carlos Velloso, **verbis**:

---

[19] Op. cit., p. 183.

"Delegação legislativa não deve ser confundida, no sistema constitucional brasileiro, com poder regulamentar. A delegação legislativa propicia a prática de ato normativo primário, de ato com força de lei, enquanto poder regulamentar, na Constituição brasileira, é ato administrativo, assim ato secundário, porque, na ordem jurídica brasileira, o regulamento é puramente de execução (CF, art. 84, IV). Quer dizer: o regulamento brasileiro não inova na ordem jurídica. Quando muito, pode-se falar, no nosso sistema constitucional, no regulamento delegado ou autorizado, *intra legem*, que não pode, entretanto, ser elaborado *praeter legem*. Se a lei fixa, por exemplo, exigências taxativas, é exorbitante o regulamento que estabelece outras, como é exorbitante o regulamento que faz exigência que não se contém nas condições da lei, podendo esta estabelecer que o regulamento poderá fixar condições além das que ela estatuir. Aí, teríamos uma flexibilização na fixação de padrões jurídicos, o que seria possível, tal como lecionou, no Supremo Tribunal, o Ministro *Aliomar Baleeiro*"[20].

Fixados tais pressupostos, cabe analisar a constitucionalidade das disposições da Medida Provisória que transferem sua regulamentação ao Poder Executivo.

Dispõe o art. 1º da MP que "a comercialização de energia elétrica entre concessionários, permissionários e autorizados de serviços e instalações de energia elétrica, bem como destes com seus consumidores, no Sistema Interligado Nacional – SIN, dar-se-á mediante contratação regulada ou livre, nos termos desta Medida Provisória e do seu regulamento, o qual, dentre outras matérias, deverá dispor sobre:". E aí o dispositivo relaciona os temas que serão objeto de regulamento.

Da leitura do *caput* do art. 1º, caberia de imediato a seguinte indagação: O que o legislador entende por contratação regulada ou livre? Ou ainda, quais os parâmetros e diretrizes legislativas que permitem identificar tais modalidades de contratação, ou ainda, que permitem diferenciar uma modalidade da outra? O fato é que, apesar do uso da expressão "nos termos desta Medida Provisória e do seu regulamento", da leitura da integralidade da MP não se vê qualquer balizamento que ofereça resposta a tais perguntas. Ou seja, em verdade, contratação regulada e contratação livre serão instituições definidas meramente nos termos do regulamento executivo!

Tal percepção confirma-se da leitura dos dois primeiros incisos do art. 1º, que expressamente transfere ao regulamento a disciplina das "condições gerais e processos de contratação regulada", e "condições de contratação livre". "Condições gerais", chega a dizer o texto. E, repito, não há qualquer baliza para a compreensão do que virão a ser tais modalidades de contratação. A rigor poderão ser qualquer coisa, e não haverá nenhum parâmetro legal de controle. Seja qual for a opção adotada pelo Executivo, ficarão o Poder Legislativo e o Judiciário impossibilitados de dizer "esta disciplina exorbitou o comando da lei", simplesmente porque não há comando legal algum!

O mesmo ocorre com os demais incisos do art. 1º.

Diz o inciso III que o regulamento disciplinará "processos de definição de preços e condições de contabilização e liquidação das operações realizadas no mercado de curto prazo". Mas não há qualquer elemento que permita ao intérprete identificar uma decisão do legislador, ainda que ampla, sobre o tema ali disciplinado.

O inciso IV prevê que o regulamento disciplinará a "instituição da convenção de comercialização". O que é esta convenção? Ela obedecerá a que parâmetros? Nada disto está dito na MP. Além da delegação do inciso IV só há uma outra referência à tal convenção no art. 4º, § 4º, da MP, que prevê que "as regras para a resolução das eventuais divergências entre os agentes integrantes da CCEE (Câmara de Comercialização de Energia Elétrica) serão estabelecidas na convenção de comercialização e em seu estatuto social, que deverão tratar do mecanismo e da convenção de arbitragem, nos termos da Lei n. 9.307, de 23 de setembro de 1996".

Ora, na mesma linha dos incisos anteriores, vê-se a ausência de qualquer decisão legislativa que ofereça limites ou diretrizes ao exercício do poder regulamentar. Em suma: também aqui

---

[20] *Temas de Direito Público*, 1. ed., 2. tiragem, Belo Horizonte, Del Rey, 1997, p. 431/432.

poderá o Executivo decidir o que bem entenda, ficando o Legislativo e o Judiciário impossibilitados de proceder a qualquer juízo que envolva uma análise de compatibilidade entre regulamento e lei!

Cabe anotar, ainda, que o "caput" do art. 1º transfere ao Executivo a possibilidade de editar regulamento não só em relação às matérias ali expressamente descritas, mas também em relação a "outras matérias" ("dentre outras matérias", diz o "caput"). Quais são as outras matérias? Isto obviamente não está dito, sendo tal cláusula apenas mais uma manifestação de delegação em aberto.

O mesmo ocorre em relação aos demais incisos do art. 1º.

Tenho, portanto, nesse juízo cautelar, que a integralidade do art. 1º é ofensiva ao princípio constitucional da legalidade, expresso nos arts. 5º, II, 84, IV, e à reserva legal especificamente prevista no art. 175 da Constituição.

A mesma questão coloca-se no art. 2º. Prevê o seu *caput* que "as concessionárias, as permissionárias e as autorizadas de serviço público de distribuição de energia elétrica deverão garantir o atendimento à totalidade de seu mercado, mediante contratação regulada, por meio de licitação, conforme regulamento que disporá, dentre outras matérias, sobre:". E aí o dispositivo relaciona em seis incisos os temas que serão objeto de regulamento.

São cabíveis aqui indagações semelhantes àquelas formuladas para o art. 1º. Em todos os incisos do art. 2º verifica-se uma ampla delegação ao Poder Executivo, sem que o legislador tenha fixado em lei qualquer decisão que permita controle quanto a eventuais excessos no exercício do poder regulamentar. Veja-se, por exemplo, o que dispõe o inciso V, que remete ao regulamento nada mais nada menos que a disciplina sobre "condições e limites para repasse do custo de aquisição de energia elétrica para os consumidores finais".

Não é difícil perceber que tal inciso V incide sobre um dos temas mais sensíveis na relação que se inicia entre os geradores de energia e termina nos consumidores. Ora, a partir da delegação ali contida, qualquer disciplina infralegal para tais repasses estará necessariamente em conformidade com a lei! Não é possível, em face da ampla delegação desse inciso, dizer que uma condição X ou Y para o repasse seja contrária à lei! Nesse esquema, se o regulamento determinar o repasse integral aos consumidores, não haverá ilegalidade alguma. E também não será ilegal se simplesmente proibir o repasse! Esse me parece um exemplo claro de delegação aberta e ilimitada.

O mesmo se dá em relação a qualquer outro inciso do art. 2º, e em relação aos seus parágrafos.

O § 1º do art. 2º prevê que "na contratação regulada, os riscos associados à geração de energia elétrica serão assumidos ou pelos geradores ou pelos distribuidores, conforme modalidade contratual prevista nos procedimentos licitatórios". Em tal preceito, a par da referência à contratação regulada, é deferido ao Executivo a definição, via regulamento, da distribuição de riscos entre o gerador e o distribuidor. Mas não é estabelecido qualquer parâmetro legal para balizar as possíveis opções normativas do Executivo. Em termos simples: sob o manto desse dispositivo o Executivo pode estabelecer qualquer regime de distribuição de riscos e mesmo assim estará infenso a um controle de legitimidade de seus atos.

Esse é o teste, Senhores Ministros, que estamos obrigados a fazer na análise de delegações legislativas como estas. Quando não for possível vislumbrar qualquer parâmetro legal para controle da atividade regulamentar, permitindo uma liberdade absoluta nas opções do Executivo, restará evidente um quadro de delegação em branco!

O § 2º do art. 2º está contaminado pela potencial inconstitucionalidade do "caput". Limita-se a determinar que a contratação regulada será formalizada por meio de contratos bilaterais celebrados entre cada concessionária ou autorizada de geração e todas as concessionárias, permissionárias e autorizadas do serviço público de distribuição. Ou seja, no lugar de fixar "standards" para a contratação regulada, prevê a MP a celebração de um contrato que não terá que obedecer a padrão legal algum.

O § 3º, relativo ao processo licitatório que deverá anteceder à contratação regulada, também merece ser suspenso em decorrência da potencial inconstitucionalidade das disposições que lhe servem de pressuposto.

Assentada a plausibilidade da alegação de inconstitucionalidade do *caput* do art. 2º, esta também atinge o § 4º do art. 2º, ao dispor sobre o que se deve entender como energia elétrica para os fins da obrigação prevista no *caput*. Observe-se que no § 4º, II, "c", há uma disciplina da comercialização da energia de Itaipu, o que foi especificamente objeto de suspensão no julgamento da ADI 2005, por ofensa ao art. 246.

Assim, em relação aos arts. 1º e 2º, cabe concluir que tais disposições transferem ao Executivo, sem qualquer limite, a possibilidade de tomada de decisões políticas fundamentais em tema que a Carta Constitucional reservou expressamente à reserva de lei.

Por óbvio, não estou a defender um modelo inflexível ou demasiado restritivo de reserva legal. O que parece evidente é que, presente uma reserva de lei, cabe ao legislador a tomada das decisões políticas fundamentais, e a fixação dos "standards" que pautarão a atividade regulamentar. Admite-se, sim, eventual margem de discricionariedade por parte do Executivo quando no exercício do poder regulamentar.

Retomando a lição de Celso Antonio Bandeira de Mello, não se há de confundir, porém, a discricionariedade administrativa atinente ao exercício do poder regulamentar com delegação disfarçada de poder. Na discricionariedade, a lei estabelece previamente o direito ou dever, a obrigação ou a restrição, fixando os requisitos de seu surgimento e os elementos de identificação dos destinatários.

Na delegação, ao revés, não se identificam, na norma regulamentada, o direito, a obrigação ou a limitação. Estes são estabelecidos apenas no regulamento[21]. Daí a precisa lição de Velloso, no sentido de que a delegação legislativa propicia a prática de ato normativo primário, com força de lei.

É este justamente o caso dos dispositivos em tela. A eventual disciplina quanto a direitos e obrigações, no âmbito dos arts. 1º e 2º da MP, estará integralmente definida no regulamento.

A questão tem sido tratada no Direito alemão sob a epígrafe da jurisprudência da essencialidade (*Wesentlichkeitsrechtsprechung*), segundo a qual resta o legislador obrigado a disciplinar as matérias fundamentais, especialmente no âmbito dos direitos fundamentais[22]. Se isto não significa que todos os atos, em seus mais precisos detalhes, devam ser regulados pelo legislador, sinaliza, pelo menos, que as definições quanto ao conteúdo ou modelo a ser definido é de sua estrita competência.

O princípio da reserva legal assume, aqui, uma evidente tarefa de concretização dos princípios da democracia e da separação de poderes, como em diversas oportunidades vem sendo destacado aqui pelo eminente Ministro Celso de Mello.

Veja-se, a propósito, a lição de Manuel Afonso Vaz, ilustre jurista português:

"É, assim, que se aponta a *publicidade de questões importantes* como critério de racionalidade para a necessária intervenção parlamentar. Como nota KISKER, a reserva do Parlamento desempenha uma função de publicidade, com o sentido de uma garantia de que todo o equacionar normativo das questões mais importantes da vida da comunidade será objecto de debate público cognoscível pelo eleitorado, no qual poderão participar as diversas correntes de opinião partidariamente institucionalizadas. A atribuição ao Parlamento do monopólio da actividade legislativa sobre certas matérias encontraria, pois, fundamento no facto de ser aquele a sede institucional dos debates públicos, uma caixa de resso-

---

[21] Celso Antônio Bandeira de Mello, op. cit., pp. 98/99; Carlos Mário Velloso, art. cit., *RDP* 65, p. 46; Pontes de Miranda, op. cit., p. 312.

[22] Degenhart, Christoph, Staatsrecht I, p. 120.

Estado de Direito e Jurisdição Constitucional – Decisões relevantes em 15 anos de atuação no STF

nância para efeito de informação e mobilização da opinião pública, o local por excelência de conformação dos interesses pluralistas; em suma, o órgão que, devido à sua composição e ao seu processo de funcionamento, logra fazer da lei não uma simples expressão dos sentimentos deste ou daquele sector da sociedade, mas a síntese de posições e de compromissos de interesses"[23].

No caso em exame, vê-se justamente uma subtração ao debate público, parlamentar, da conformação de um setor essencial para a vida do País, e cuja disciplina primária a Constituição reservou à lei. De fato, a partir dos arts. 1º e 2º, será possível ao Executivo a conformação de qualquer tipo de modelo para o setor elétrico, ficando infenso a qualquer controle por parte do Parlamento.

Considerações específicas sobre o art. 7º da MP – proporcionalidade

Por fim, considero ainda adequada a análise de uma alteração procedida pelo art. 7º da Medida Provisória sob a perspectiva do princípio da proporcionalidade. Refiro-me à parte daquele artigo que dá nova redação ao art. 10 da Lei n. 8.631, de 4 de março de 1993. A nova redação é a seguinte:

"Art. 10. inadimplemento, pelas concessionárias, pelas permissionárias e pelas autorizadas, no recolhimento das parcelas das quotas anuais de Reserva Global de Reversão – RGR, Programa de Incentivo às Fontes Alternativas de Energia Elétrica – PROINFA, Conta de Desenvolvimento Energético – CDE, Conta de Consumo de Combustíveis – CCC, compensação financeira pela utilização de recursos hídricos e outros encargos tarifários criados por lei, bem como no pagamento pela aquisição de energia elétrica contratada de forma regulada e da Itaipu Binacional, acarretará a impossibilidade de revisão e reajuste de seus níveis de tarifas, independentemente do que dispuser o respectivo contrato, e de recebimento de recursos provenientes da RGR, CDE e CCC." (NR)

A leitura de tal dispositivo evidencia potenciais inconstitucionalidades, sob o prisma material, que merecem uma análise imediata neste juízo cautelar.

De início, impressiona a expressão "independentemente do que dispuser o contrato". A flagrante possibilidade de violação a contratos já firmados afigura-se suficiente para suspender o dispositivo.

Também é duvidosa a constitucionalidade do dispositivo sob a perspectiva do princípio da proporcionalidade, tendo em vista suas três máximas parciais, a saber, a adequação, a necessidade e a proporcionalidade em sentido estrito.

Há, em tal dispositivo, uma aparente inconsistência entre meios e fins. Busca-se, com a disposição, o combate à inadimplência. Mas é duvidoso que a ampla proibição ali contida para a revisão e o reajuste tarifários, seja efetivamente um meio apto para combater a inadimplência. Isto porque tal restrição ampla e irrestrita, ao desconsiderar, por exemplo, uma inadimplência pontual e conjuntural em relação a apenas um tipo de custo do concessionário, pode em verdade agravar e fomentar uma situação de desequilíbrio econômico-financeiro que somente perpetua a inadimplência.

Também é plausível que a disposição não atenda à proporcionalidade em sentido estrito. Isto porque, ante a ampla proibição ali contida, pode-se imaginar que um pequeno adiamento de pagamento de pequena parcela pode representar o desequilíbrio global da concessão sem o reajuste e a revisão. E também há um potencial desvio de finalidade: a revisão e o reajuste destinam-se a recompor o equilíbrio e não a impor pena ao concessionário. Há, potencialmente, dupla penalização do concessionário, que já está sujeito a não receber financiamentos e a outras sanções do regulador.

---

[23] *Lei e reserva da lei*: a causa da lei na Constituição Portuguesa de 1976, Porto, 1992, pp. 405 e 406.

Limites do poder regulamentar 1833

Extinção do MAE

Opõe-se o PFL à dissolução do Mercado Atacadista de Energia Elétrica – MAE por determinação legal. Sustenta que "constituindo o MAE pessoa jurídica de direito privado (a) constituída regularmente sob a forma de associação civil sem fins lucrativos e (b) composta por agente e entidades privados vinculados à prestação de serviços de energia elétrica, descabe à lei impor sua dissolução, bem como ao Poder Executivo interferir no seu funcionamento com o objetivo de encerrar as suas atividades."

Invocando o inciso XIX, do art. 5º, da Constituição, sustentam que a dissolução de associação somente pode ser efetivada por decisão judicial com trânsito em julgado.

Não me parece plausível essa argumentação, pelo menos nesse juízo cautelar.

Com efeito, a Lei n. 10.433, de 24 de abril de 2002, autorizou a criação do MAE, como pessoa jurídica de direito privado, sem fins lucrativos, mas no mesmo dispositivo (art. 1º) determinou quais os seus integrantes (titulares de concessão, permissão ou autorização e outros agentes, na forma da regulamentação, vinculados aos serviços e às instalações de energia elétrica), bem como a sua finalidade (viabilizar as transações de compra e venda de energia elétrica nos sistemas interligados).

A mesma Lei no art. 2º estabeleceu expressamente que são órgãos do MAE a Assembleia-Geral, o Conselho de Administração e a Superintendência.

Logo, evidencia-se que o MAE caracteriza-se como uma pessoa jurídica de direito privado "atípica", com forte coloração pública. É uma instituição peculiar que desempenha uma função de eminente interesse público.

Ressalvado um melhor exame da matéria, entendo que, no momento em que se está remodelando o setor elétrico, e o MAE é dele integrante, não há como se afastar a possibilidade de o poder público estabelecer a sucessão do MAE pela Câmara de Comercialização de Energia Elétrica – CCEE.

Indefiro neste ponto a cautelar requerida.

Interferência no funcionamento do ONS

Alega-se, quanto às disposições relativas ao ONS, violação ao art. 5º, XVIII. Tal como o MAE, cuida-se o ONS de entidade associativa que não se enquadra no modelo tradicional de uma associação privada. Assim, ressalvado melhor exame quando do julgamento do mérito, não vejo plausibilidade da impugnação na parte da MP que promove alterações no Operador Nacional do Sistema Elétrico – ONS.

Uso da arbitragem

A alegação de inconstitucionalidade do art. 4º, § 4º, também não me parece plausível.

Note-se que a análise de tal dispositivo, na parte em que transfere à convenção de comercialização as regras para a solução de controvérsias, fica prejudicada em face da suspensão do art. 1º, IV.

Todavia, ainda que desconsiderada a convenção de comercialização, remanesce no dispositivo comando útil, a permitir que tais regras venham definidas no estatuto da Câmara de Comercialização de Energia Elétrica – CCEE.

Nessa parte, não vejo plausibilidade na alegada inconstitucionalidade. Há três fundamentos para a impugnação.

O primeiro é baseado no art. 5º, XXXV (que veda que a lei exclua da apreciação do Judiciário quanto à lesão ou ameaça a direito). Alega-se que a MP estaria impondo o uso da arbitragem para a resolução de conflitos entre os membros da CCEE, "sem que eles manifestem previamente sua concordância".

Não vejo plausibilidade em tal argumento, sobretudo a partir da remissão, existente no final do dispositivo, à Lei n. 9.307. Diz a disposição que "as regras para a resolução das eventuais divergências entre os agentes integrantes da CCEE serão estabelecidas na convenção de comercialização e em seu estatuto social, que deverão tratar do mecanismo e da convenção de arbitragem, *nos termos da Lei n. 9.307, de 23 de setembro de 1996*".

Ora, nesse primeiro exame, vê-se que a disciplina da arbitragem deverá ter como paradigma os termos da Lei 9.307. Ao menos nesse juízo cautelar, não vislumbro tal inconstitucionalidade.

O segundo argumento tem por base o art. 5º, XVIII, da Constituição. Alega-se que o dispositivo promove intervenção indevida do Poder Público em associação de caráter privado. Não vejo plausibilidade em tal argumento pelas mesmas razões que apontei quanto às normas relativas ao MAE e ao ONS.

O terceiro argumento é no sentido de que a MP teria disciplinado matéria relativa a processo civil. Não vejo consistência no argumento. Ainda que se considere a arbitragem como tema afeto ao processo civil, não se vê na disposição impugnada uma disciplina para a arbitragem, mas apenas uma previsão no sentido de que tal mecanismo de solução de controvérsias será adotado nos termos da Lei 9.307.

Conclusão

Concluo, portanto, meu voto, no sentido de conferir, à íntegra dos dispositivos da Medida Provisória n. 144, interpretação conforme à Constituição para afastar sua incidência em relação a qualquer atividade relacionada à exploração do potencial hidráulico para fins de produção de energia, tendo em vista a restrição imposta pelo art. 246 da Constituição.

E ainda, voto no sentido da suspensão da vigência dos arts. 1º, 2º, e do art. 7º da Medida Provisória 144, na parte em que este último dá nova redação ao art. 10 da Lei n. 8.631, de 4 de março de 1993. E, com a ressalva da interpretação conforme, indefiro a cautelar quanto aos demais dispositivos.

22. Moralidade administrativa

ADC-MC 12[24]

Nepotismo – Resolução n. 07/2005 do CNJ – Provimento de cargos em comissão e funções de confiança – Observância aos princípios da impessoalidade, da eficiência, da igualdade e da moralidade – CNJ: Órgão que integra a estrutura administrativa do Poder Judiciário (CF, art. 92).

Cuidava-se de ação declaratória de constitucionalidade, proposta pela Associação dos Magistrados do Brasil (AMB), buscando a declaração da constitucionalidade da Resolução n. 07/2005, do Conselho Nacional de Justiça (CNJ), Ato Normativo que tinha como escopo disciplinar "o exercício de cargos, empregos e funções por parentes, cônjuges e companheiros de magistrados e de servidores investidos em cargos de direção e assessoramento, no âmbito dos órgãos do Poder Judiciário e dá outras providências".

Em síntese, aduz-se que a Resolução n. 07/2005 não prejudica o necessário equilíbrio entre os poderes do Estado, nem vulnera o princípio federativo, dado que também não estabelece vínculo de sujeição entre as pessoas estatais de base territorial.

As razões aduzidas pelo parecer da Procuradoria-Geral da República podem ser resumidas na seguinte ementa:

> *"Ação declaratória de constitucionalidade. Resolução 7/2005, do Conselho Nacional de Justiça. Disciplina do exercício de cargos, empregos e funções por parentes de magistrados no âmbito do poder judiciário. Competência do CNJ regularmente exercida. Direta vinculação dos juízes e tribunais aos princípios prestigiados pelo art. 37, da CF/88. Concretização, pelas regras ordenadas, do conteúdo normativo da lei maior. Parecer pela procedência da ação".*

O Supremo Tribunal Federal, em julgamento ocorrido em 20 de agosto de 2008, prolatou decisão assim ementada:

EMENTA: AÇÃO DECLARATÓRIA DE CONSTITUCIONALIDADE, AJUIZADA EM PROL DA RESOLUÇÃO N. 07, DE 18.10.05, DO CONSELHO NACIONAL DE JUSTIÇA. ATO NORMATIVO QUE "DISCIPLINA O EXERCÍCIO DE CARGOS, EMPREGOS E FUNÇÕES POR PARENTES, CÔNJUGES E COMPANHEIROS DE MAGISTRADOS E DE SERVIDO-RES INVESTIDOS EM CARGOS DE DIREÇÃO E ASSESSORAMENTO, NO ÂMBITO DOS ÓRGÃOS DO PODER JUDICIÁRIO E DÁ OUTRAS PROVIDÊNCIAS". PROCEDÊNCIA DO PEDIDO. 1. Os condicionamentos impostos pela Resolução n. 07/05, do CNJ, não atentam contra a liberdade de prover e desprover cargos em comissão e funções de confiança. As restrições constantes do ato resolutivo são,

---

[24] O Tribunal, por unanimidade, julgou procedente a ação declaratória de constitucionalidade e, por maioria, emprestou interpretação conforme à Constituição para deduzir a função de chefia do substantivo "direção", constante dos incisos II, III, IV e V do artigo 2º da Resolução n. 07, de 18.10.2005, do Conselho Nacional de Justiça, nos termos do voto do Relator, vencidos os Senhores Ministros Menezes Direito e Marco Aurélio (*DJ* de 18.12.2009).

no rigor dos termos, as mesmas já impostas pela Constituição de 1988, dedutíveis dos republicanos princípios da impessoalidade, da eficiência, da igualdade e da moralidade. 2. Improcedência das alegações de desrespeito ao princípio da separação dos Poderes e ao princípio federativo. O CNJ não é órgão estranho ao Poder Judiciário (art. 92, CF) e não está a submeter esse Poder à autoridade de nenhum dos outros dois. O Poder Judiciário tem uma singular compostura de âmbito nacional, perfeitamente compatibilizada com o caráter estadualizado de uma parte dele. Ademais, o art. 125 da Lei Magna defere aos Estados a competência de organizar a sua própria Justiça, mas não é menos certo que esse mesmo art. 125, caput, junge essa organização aos princípios "estabelecidos" por ela, Carta Maior, neles incluídos os constantes do art. 37, cabeça. 3. Ação julgada procedente para: a) emprestar interpretação conforme à Constituição para deduzir a função de chefia do substantivo "direção" nos incisos II, III, IV, V do artigo 2° do ato normativo em foco; b) declarar a constitucionalidade da Resolução n. 07/2005, do Conselho Nacional de Justiça.

VOTO

1. Preliminares

1.1. Ironia do destino: A AMB e a ADI n. 913 (contra a Emenda Constitucional n. 03 que criou a ADC) e ADI 3.367 (contra a Emenda Constitucional n. 45 que criou o CNJ)

Quando instituída a ação declaratória de constitucionalidade pela EC n. 03/03, a AMB ajuizou ação direta de inconstitucionalidade afirmando a inconstitucionalidade da Emenda no que tange à referida ação (ADI 913).

As principais críticas feitas à época à ação declaratória de constitucionalidade diziam respeito à impossibilidade de este novo instrumento processual compatibilizar-se com o princípio do devido processo legal e seus corolários: ampla defesa e contraditório. Afirmava-se também que ela acabou por reconhecer à cúpula do Poder Judiciário o papel de legislador positivo, usurpando tal função do Poder Legislativo e, ferindo, desse modo, o princípio da separação de poderes.

A ADI 913 não foi conhecida: "O STF não conheceu da ação, por ilegitimidade ativa ad causam, ficando, em consequência, prejudicado o requerimento de medida cautelar, vencidos os mins. Marco Aurélio, Carlos Velloso e Sepúlveda Pertence, que dela conheciam. Votou o presidente."

Recentemente, a mesma AMB ajuizou a ADI n. 3367 contra a Emenda Constitucional n. 45 que criou o CNJ, alegando que este CNJ afrontava a separação de poderes e o princípio federativo. Neste assunto, a referida ação foi julgada improcedente.

Hoje, a mesma AMB se utiliza da ação declaratória de constitucionalidade, instituto que impugnou, para defender uma resolução do órgão também por ela tachado de inconstitucional. Ironia do destino!!!!

1.2. Existência de controvérsia

A controvérsia exigida para fins do art. 14, III, da Lei n. 9.868/99 está intimamente relacionada com a finalidade da ação declaratória de constitucionalidade no ordenamento jurídico constitucional brasileiro. Trata-se, na verdade, do requisito da legitimidade para agir em concreto.

A finalidade da Ação Declaratória de Constitucionalidade é a preservação da ordem jurídica constitucional, com vista a afastar a insegurança jurídica ou estado de incerteza sobre a validade da lei ou ato normativo federal.

Buscando, no direito comparado alemão, instituto similar, venho defendendo doutrinariamente que:

"Ao lado do direito de propositura, há de se cogitar aqui, também, de uma legitimação para agir in concreto, tal como consagrada no direito alemão, que se relaciona com a existência de um estado de incerteza, gerado por dúvidas ou controvérsias sobre a legitimidade da lei. Há de se configurar, portanto, situação hábil a afetar a presunção de constitucionalidade, que é apanágio da lei" (MARTINS, Ives Gandra da Silva; MENDES, Gilmar Ferreira. **Controle concentrado de constitucionalidade – comentários à Lei n. 9.868/99.** São Paulo: Saraiva, 2001, p. 265).

Moralidade administrativa 1837

A principal função da ação declaratória de constitucionalidade é transformar a presunção relativa de constitucionalidade (que milita a favor dos atos normativos) em presunção absoluta. Serve, portanto, para afastar o controle difuso e a controvérsia sobre a aplicação de determinada norma no âmbito do Executivo e do Judiciário.

Assim sendo, é evidente que o manejo da referida ação somente se faz necessário quando houver controvérsia ou dúvidas relevantes sobre a constitucionalidade de um determinado preceito, pois de outra forma, não há razão para movimentar a jurisdição constitucional.

A garantia processual oferecida pela ação declaratória de constitucionalidade atua contra a insegurança gerada por aplicações e interpretações contraditórias de um mesmo preceito normativo.

No caso concreto, muito embora não estejam suficientemente registrados, na petição inicial, os dados relativos à repercussão prática do ato normativo em questão (havendo apenas uma notícia de que no Tribunal de Justiça do Rio de Janeiro esse número seria aproximadamente 90 casos de nepotismo), há que se afirmar uma inequívoca controvérsia gerada pela aplicação da Resolução n. 7/2005 do CNJ no âmbito administrativo dos Tribunais pátrios.

A recusa de aplicação da referida Resolução, sob o argumento de que seria necessário que tal questão viesse disciplinada em lei, bem como a generalização de medidas judiciais contra os atos que a fazem valer, poderia nulificar completamente a sua força normativa, colocando em xeque a presunção, que milita a favor de todos os atos administrativos, de sua constitucionalidade e legalidade.

Nesse particular, é preciso ressaltar que a ação declaratória revela-se o instrumento adequado para a solução desse impasse jurídico-político, permitindo que o Supremo Tribunal Federal possa manifestar-se sobre questão de relevante interesse nacional, como é o caso do nepotismo, preservando e potencializando princípios constitucionais como a segurança jurídica e moralidade.

1.3. Competência do Conselho Nacional de Justiça

O Conselho Nacional de Justiça, criado pela Emenda Constitucional n. 45/04, tem sua competência disciplinada pela Constituição Federal:

Art. 103-B. O Conselho Nacional de Justiça compõe-se de quinze membros com mais de trinta e cinco e menos de sessenta e seis anos de idade, com mandato de dois anos, admitida uma recondução, sendo:

(...)

§ 4º Compete ao Conselho o controle da atuação administrativa e financeira do Poder Judiciário e do cumprimento dos deveres funcionais dos juízes, cabendo-lhe, além de outras atribuições que lhe forem conferidas pelo Estatuto da Magistratura:

I – zelar pela autonomia do Poder Judiciário e pelo cumprimento do Estatuto da Magistratura, podendo expedir atos regulamentares, no âmbito de sua competência, ou recomendar providências;

II – zelar pela observância do art. 37 e apreciar, de ofício ou mediante provocação, a legalidade dos atos administrativos praticados por membros ou órgãos do Poder Judiciário, podendo desconstituí-los, revê-los ou fixar prazo para que se adotem as providências necessárias ao exato cumprimento da lei, sem prejuízo da competência do Tribunal de Contas da União;

III – receber e conhecer das reclamações contra membros ou órgãos do Poder Judiciário, inclusive contra seus serviços auxiliares, serventias e órgãos prestadores de serviços notariais e de registro que atuem por delegação do poder público ou oficializados, sem prejuízo da competência disciplinar e correicional dos tribunais, podendo avocar processos disciplinares em curso e determinar a remoção, a disponibilidade ou a aposentadoria com subsídios ou proventos proporcionais ao tempo de serviço e aplicar outras sanções administrativas, assegurada ampla defesa;

IV – representar ao Ministério Público, no caso de crime contra a administração pública ou de abuso de autoridade;

V – rever, de ofício ou mediante provocação, os processos disciplinares de juízes e membros de tribunais julgados há menos de um ano;

VI – elaborar semestralmente relatório estatístico sobre processos e sentenças prolatadas, por unidade da Federação, nos diferentes órgãos do Poder Judiciário;

VII – elaborar relatório anual, propondo as providências que julgar necessárias, sobre a situação do Poder Judiciário no País e as atividades do Conselho, o qual deve integrar mensagem do Presidente do Supremo Tribunal Federal a ser remetida ao Congresso Nacional, por ocasião da abertura da sessão legislativa."

O referido dispositivo, conforme se vê, autoriza expressamente a expedição de atos regulamentares no âmbito de sua atuação, estando entre as suas atribuições o dever de observância aos princípios e disposições contidas no art. 37 da Constituição Federal (art. 103-B, § 4º, II, da CF/88).

Considerando que a Resolução n. 07/05 foi editada para *"disciplinar o exercício de cargos, empregos e funções por parentes, cônjuges e companheiros de magistrados e de servidores investidos em cargos de direção e assessoramento, no âmbito dos órgãos do Poder Judiciário"*, sendo dirigida a estes órgãos, não há que se falar em extrapolação da competência.

O Conselho Nacional de Justiça disciplinou e regulamentou a prática administrativa de contratação de parentes (proibindo o nepotismo) para os órgãos sob "jurisdição administrativa", utilizando-se da prerrogativa constitucional para tanto.

2. Separação de Poderes e ato administrativo – limites do ato administrativo que concretiza a Constituição

No preâmbulo da Resolução n. 7, de 18 de outubro de 2005, do Conselho Nacional de Justiça, está expresso que, "nos termos do disposto no art. 103-B, § 4º, II, da Constituição Federal, compete ao Conselho zelar pela observância do art. 37 e apreciar, de ofício ou mediante provocação, a legalidade dos atos administrativos praticados por membros ou órgãos do Poder Judiciário, podendo desconstituí-los, revê-los ou fixar prazo para que se adotem as providência ao exato cumprimento da lei".

O cerne da questão, a meu ver, encontra-se nessas considerações preliminares da Resolução, pois nelas está explícito que se trata de um ato administrativo, emanado de órgão constitucional competente, e que busca seu fundamento de validade diretamente na Constituição. Não há, portanto, qualquer ofensa ao princípio da legalidade.

A ideia da submissão da Administração à lei é, hoje, quase óbvia. No entanto, como ensina GARCÍA DE ENTERRÍA[25], é preciso ter cuidado para não entender como lei apenas a lei em sentido formal. O conceito de legalidade não faz referência a um tipo de norma específica, mas ao ordenamento jurídico superior como um todo (Constituição, leis e decretos autônomos), o que HAURIOU chamava de "bloco de legalidade"[26].

Portanto, quando a Constituição, em seu art. 5º, II, prescreve que "ninguém será obrigado a fazer ou deixar de fazer alguma coisa senão em virtude de lei", por "lei" deve-se entender o conjunto do ordenamento jurídico, como acima referido, cujo fundamento de validade formal e material encontra-se precisamente na própria Constituição. Traduzindo em outros termos, a Constituição diz que ninguém será obrigado a fazer ou deixar de fazer alguma coisa que não esteja previamente estabelecido na própria Constituição e nas normas dela derivadas.

---

[25] GARCÍA DE ENTERRÍA, Eduardo; FERNÁNDEZ, Tomás-Ramón. *Curso de Derecho Administrativo*. 12. ed. Madrid: Civitas, 2004, p. 441 e ss.

[26] *Apud* GARCÍA DE ENTERRÍA, Eduardo; FERNÁNDEZ, Tomás-Ramón. *Curso de Derecho Administrativo*. 12. ed. Madrid: Civitas, 2004, p. 441 e ss. Seria possível falar em bloco de "juridicidade" para englobar tanto a lei como a Constituição. Porém, como explica GARCÍA DE ENTERRÍA, esse tipo de "complicação terminológica" torna-se desnecessária uma vez aclarado que o princípio da legalidade faz referência ao ordenamento jurídico como um todo, constituído por leis e princípios gerais da Constituição.

Assim, é certo que não apenas a lei em sentido formal, mas também a Constituição emite comandos normativos direcionados à atividade administrativa. Esses comandos normativos podem possuir a estrutura de regras ou de princípios. No primeiro caso, a prescrição detalhada e fechada da conduta deontologicamente determinada estabelece uma estrita vinculação da Administração Pública. Por exemplo, a regra da anterioridade tributária descrita pelo enunciado normativo do art. 150, III, da Constituição. No caso dos princípios, a estrutura normativa aberta deixa certas margens de "livre apreciação" (*freie Ermessen*) ao Poder Administrativo. Assim ocorre quando a Constituição, em seu art. 37, determina a obediência, pela Administração Pública, à moralidade e à impessoalidade.

A competência do Conselho Nacional de Justiça está delimitada constitucionalmente pelas regras descritas no art. 103-B e pelos princípios do art. 37 da Constituição. De acordo com o § 4º do art. 103-B, compete ao Conselho o controle da atuação administrativa e financeira do Poder Judiciário e do cumprimento dos deveres funcionais dos juízes, cabendo-lhe zelar pela observância do art. 37 e apreciar, de ofício ou mediante provocação, a legalidade dos atos administrativos praticados por membros ou órgãos do Poder Judiciário.

Como se vê, a Constituição concede ao CNJ poderes discricionários delimitados pelas regras de competência do art. 103-B e pelos princípios do art. 37. Desses poderes discricionários decorrem poderes administrativos "inerentes" ou "implícitos" (*inherent powers, implied powers*)[27]. Com efeito, quando a Constituição confere ao CNJ a competência de fiscalizar a atuação administrativa do Poder Judiciário e fazer cumprir o art. 37, implicitamente concede os poderes necessários para o exercício eficaz dessa competência. Como ensina GARCÍA DE ENTERRÍA, "todo poder é conferido pela lei como instrumento para a obtenção de uma finalidade específica (pública), que está normalmente implícita"[28]. A Constituição, ao atuar por meio de princípios, determina os fins sem indicar explicitamente os meios.

Se cabe ao CNJ zelar pelo cumprimento dos princípios da moralidade e da impessoalidade, é da sua competência fiscalizar os atos administrativos do Poder Judiciário que violem tais princípios. E não há dúvida de que os atos que impliquem a prática do nepotismo ofendem diretamente os princípios da moralidade e da impessoalidade. Desde seu primeiro incurso na doutrina administrativista de Maurice HAURIOU (*Précis de Droit Administratif et de Droit Public*. Paris: Société Anonyme du Recueil Sirey, 1927), o princípio da moralidade traduz a ideia de que sob o ato jurídico-administrativo deve existir um substrato moral, que se torna essência de sua legitimidade e, em certa medida, condição de sua validade. Essa moralidade não é elemento do ato administrativo, como ressalta GORDILLO[29], mas compõe-se dos valores éticos compartilhados culturalmente pela comunidade e que fazem parte, por isso, da ordem jurídica vigente.

A indeterminação semântica dos princípios da moralidade e da impessoalidade não pode ser um obstáculo à determinação da regra da proibição do nepotismo. Como bem anota GARCÍA DE ENTERRÍA, na estrutura de todo conceito indeterminado é identificável um "núcleo fixo" (*Begriffkern*) ou "zona de certeza", que é configurada por dados prévios e seguros, dos quais pode ser extraída uma regra aplicável ao caso[30]. *A vedação do nepotismo é regra constitucional que está na zona de certeza dos princípios da moralidade e da impessoalidade.*

---

[27] GARCÍA DE ENTERRÍA, Eduardo; FERNÁNDEZ, Tomás-Ramón. *Curso de Derecho Administrativo*. 12. ed. Madrid: Civitas, 2004, p. 456.

[28] GARCÍA DE ENTERRÍA, Eduardo; FERNÁNDEZ, Tomás-Ramón. *Curso de Derecho Administrativo*. 12. ed. Madrid: Civitas, 2004, p. 462.

[29] GORDILLO, Augustín. *Tratado de Derecho Administrativo*. Tomo 3. El Acto Administrativo. 6. ed. Belo Horizonte: Del Rey, 2003, II-27.

[30] GARCÍA DE ENTERRÍA, Eduardo; FERNÁNDEZ, Tomás-Ramón. *Curso de Derecho Administrativo*. 12. ed. Madrid: Civitas, 2004, p. 468.

Não é de hoje que o nepotismo é uma prática condenável pela sociedade brasileira. A regra da vedação do nepotismo está no Regimento Interno desta Corte, precisamente no art. 357, assim como na Lei Federal n. 9.241/96 (art. 10), na Lei n. 8.112/90 (art. 117, VIII), e em várias unidades da federação já existem normas específicas de proibição das práticas de nepotismo.

Dessa forma, o ato administrativo que implique esse tipo de prática imoral é ilegítimo, não apenas por violação a uma determinada lei, mas por ofensa direta à moralidade que atua como substrato ético da ordem constitucional. Nesse sentido, é possível afirmar que não seria necessária uma lei em sentido formal para instituir a proibição do nepotismo, pois ela já decorre do conjunto de princípios constitucionais, dentre os quais têm relevo os princípios da moralidade e da impessoalidade. Cabe às autoridades administrativas e, nesse caso, ao CNJ, no cumprimento de seus deveres constitucionais, fazer cumprir os comandos normativos veiculados pelos princípios do art. 37.

Portanto, tenho como acertado o argumento exposto na petição inicial segundo o qual "a Resolução limitou-se a explicitar, de modo declarativo, o que já resultava da normatividade da Constituição". "A Resolução n. 7/05 do CNJ limitou-se a declarar uma obrigação que decorre diretamente do texto constitucional".

Ademais, o CNJ fê-lo em estrita observância com as decisões legislativas fundamentais já externadas pelo Poder Legislativo, federal ou estadual, no que diz tanto com o repúdio ao "nepotismo" quanto às situações que lhe caracterizam (ou possam caracterizar). Isto pode ser conferido, mesmo que apenas a título referencial, nas Leis federais n. 9.241/96 (art. 10) e 8.112/90 (art. 117, VIII), já antes referidas. Portanto, no que diz com a essencialidade da tomada de posição normativa, inderrogável aos Órgãos Políticos constitucionais – mormente o Poder Legislativo – como elemento indissociável a qualquer legislação em um Estado Democrático de Direito, em nada inovou ou avançou o CNJ na Resolução n. 7/05: não lhe coube, pois, decidir originariamente se naquelas situações, genericamente consideradas, havia ou não infração aos princípios da moralidade ou da impessoalidade, mas apenas, face a uma definição pressuposta pelo Poder Legislativo, modulá-la às situações concretamente existentes e identificadas na prática do Poder Judiciário de todo o país.

Dessa forma, é forçoso concluir que, estando a Administração Pública e, nesse caso, o CNJ, vinculado diretamente aos comandos constitucionais, e sendo a norma respeitante às questões fundamentais ou essenciais predefinidas pelo legislador na matéria, não há violação ao princípio da legalidade.

Ademais, a Resolução n. 7/05 veda a prática do nepotismo no âmbito do Poder Judiciário, ou seja, seus efeitos são limitados aos atos administrativos praticados por membros ou órgãos do Poder Judiciário. Trata-se, segundo a doutrina administrativista, de um ato administrativo de efeitos "interorgânicos" ou "interadministrativos" (MARIENHOFF, CASSAGNE, LINARES), que decorre da competência constitucionalmente conferida ao CNJ para fiscalizar a atividade administrativa dos órgãos do Poder Judiciário. Portanto, não cria obrigações para particulares e, nesse sentido, não está submetido à reserva de lei. Mais uma vez, não viola o art. 5º, inciso II, da Constituição.

3. Ato administrativo ilegal (?)

Tem sido articulado, em diversas das impugnações judiciais contra a Resolução CNJ n. 7/05, que o ato (i) adota conceito de "nepotismo" (para vedá-lo) diverso àquele que haveria sido anteriormente adotado por leis (em sentido formal) federal ou estaduais (por exemplo, a Lei Federal n. 9.421/96, que dispôs sobre a estrutura de cargos e remuneração do Poder Judiciário da União e do Distrito Federal e Territórios, art. 10: "No âmbito da jurisdição de cada Tribunal ou Juízo é vedada a nomeação ou designação, para os Cargos em Comissão e para as Funções Comissionadas de que trata o art. 9º, de cônjuge, companheiro ou parente até o terceiro grau, inclusive, dos respectivos membros ou juízes vinculados, salvo a de servidor ocupante de cargo de

Moralidade administrativa 1841

provimento efetivo das Carreiras Judiciárias, caso em que a vedação é restrita à nomeação ou designação para servir junto ao Magistrado determinante da incompatibilidade" – *as diferenças fundamentais aqui da Resolução para com a Lei estariam nas inclusões, dentre as vedações, do parentesco "por afinidade" e do "nepotismo cruzado"*), e (ii) adota conceito de "parentesco" (para tomá-lo como premissa de caracterização às situações de "nepotismo") diverso àquele contemplado na legislação civil (Código Civil, Lei n. 10.406/02, especialmente arts. 1.591 a 1.595: – *a diferença fundamental aqui da Resolução para com a Lei estaria na consideração como "parentes" do parentesco por afinidade até o terceiro grau*).

Sobre estes argumentos cabe observar:

I. Em termos de considerações gerais

Como já decidiu esta Corte na ADIN n. 3.367 (Rel. Min. Cezar Peluso), o Poder Judiciário tem caráter nacional e regime orgânico unitário, sendo esta precisamente a premissa maior pela qual não ofende a sua autonomia a instituição de um órgão próprio (interno) à sua estrutura e harmônico à sua composição para o controle administrativo, financeiro e disciplinar de sua atuação *administrativa*. Este órgão, de natureza igualmente administrativa mas de *status* político--constitucional, é o Conselho Nacional de Justiça.

Precisamente à vista destas características pode-se afirmar, primeiro, que, no seu escopo constitucional de competências, a atuação do CNJ dar-se-á "sem prejuízo da competência disciplinar e correcional dos tribunais" (art. 103-B, § 4º, inciso III) – ou seja, não substitui, por eliminação, a competência própria às diversas Cortes de Justiça –, mas também sem que, em outro extremo, esteja ela limitada a alguma função recursal ou revisora desta atuação local: o CNJ, na matéria que lhe é própria, é funcionalmente *primus inter pares*, pois atua nacionalmente e em caráter vinculativo para os Tribunais do país, podendo (e devendo) estes atuar, no exercício daquela competência disciplinar e correcional, sempre que assim autorizado pelo CNJ ou que não seja incompatível com as suas normas, orientações, decisões e determinações.

Ademais, também se pode afirmar, por aquelas mesmas premissas, e especialmente se adicionalmente considerarmos a ausência de competência legislativa geral, de sede constitucional, para a disciplina dos temas próprios ao funcionalismo público (é um dos exemplos clássicos, no nosso modelo, de competência legislativa comum), que a criação do CNJ pela EC n. 45 instituiu no sistema constitucional brasileiro autoridade administrativa – normativa e executória – cuja parametração, repita-se: exclusivamente na matéria que lhe é própria, é nacional e unitariamente impositiva às autoridades judiciárias (em caráter direto) e às demais autoridades do Estado brasileiro (em caráter indireto).

Em outras palavras, no âmbito de sua competência o CNJ atua sobrepondo-se inclusive à legislação não nacional (ou seja, federal – em sentido estrito –, estadual ou, se for o caso, municipal), e isto:

(a) porque é inerente ao modelo federativo brasileiro que nos temas constitucionalmente reservados à atuação (exclusiva ou concorrente) em âmbito nacional uniforme as normas, orientações, decisões e determinações assim caracterizadas se sobreponham àquelas de âmbito meramente "local" (ou seja, reitere-se, federal – em sentido estrito –, estadual ou municipal), obviamente sem prejuízo que estas últimas validamente existam porém desde que assim o seja em compatibilidade com o parâmetro nacional (ou na sua inexistência, enquanto esta situação perdurar) e para atender a peculiaridades locais; e

(b) porque a preservação do caráter nacional e do regime orgânico unitário do Poder Judiciário (retorno, aqui, aos conceitos já assentados na ADIN n. 3.367) não permite, ou não deve mais permitir, a existência de disparidades jurídicas locais ou regionais que não se possam justificar pela estrita necessidade de adaptação a peculiaridades locais legítimas e acordes com o interesse público.

Estado de Direito e Jurisdição Constitucional – Decisões relevantes em 15 anos de atuação no STF

Contudo, é igualmente óbvio que o CNJ, na sua atuação, está vinculado, ademais das normas constitucionais e (procedimentalmente) às suas próprias regras de funcionamento, aos conceitos jurídicos previamente estabelecidos na legislação (em sentido formal e estrito) de âmbito nacional, como ocorre, primeiramente, com a Lei Orgânica da Magistratura (art. 93 da CF, ou até o seu advento a Lei Complementar n. 35), e ainda, exemplificativamente e tendo em vista a singularidade da controvérsia aqui analisada, com as regras do Código Civil (Lei n. 10.406/02) relativas à caracterização do parentesco (sanguíneo ou civil) – exemplos similares, no âmbito das competências constitucionais do CNJ, poderia ocorrer com a Lei de Licitações (Lei n. 8.666/93) ou com a Lei de Responsabilidade Fiscal (Lei Complementar n. 101/2000).

II. O conceito de parentesco na Resolução CNJ n. 7/05 frente ao Código Civil

Como disse acima os atos do CNJ sim estão necessariamente vinculados, por hierarquia normativa dentro do plano das leis de âmbito nacional, dentre outras à Lei n. 10.406/02, que institui o vigente Código Civil. Isto não significa dizer que esteja impedido, para determinadas finalidades específicas (por exemplo, em direito administrativo, ou em direito processual), utilizar-se de conceito de relacionamento familiar ou civil distinto (por supressão ou ampliação) àquele do Código Civil, mas desde que esta reconceituação se faça – aqui sim, precisamente pela inovação que representa – por lei (em sentido formal e estrito).

O Código Civil, especialmente em seus arts. 1.591 a 1.595, define os conceitos próprios à caracterização do parentesco, e não vislumbro aqui qualquer incompatibilidade destas normas com aquelas que compõem a Resolução CNJ n. 7/05. E mais, precisamente à luz das premissas antes referidas, as normas desta Resolução devem ser interpretadas à luz das regras do Código Civil.

QUESTÃO: A LETRA "A" DO ENUNCIADO ADMINISTRATIVO N. 1 DO CNJ, EDITADO PARA ESCLARECER A INTERPRETAÇÃO DO PRÓPRIO CNJ SOBRE ALGUNS PONTOS DA RESOLUÇÃO N. 7, É, A RIGOR, INCOMPATÍVEL COM O CCB, PELO CONCEITO DE "PARENTESCO POR AFINIDADE" QUE ADOTA!!!

III. O conceito de "nepotismo" da Lei Federal n. 9.421/96 e em leis estaduais similares

As razões que apresentei no item 3.I supra são suficientes para esclarecer a relação entre a Resolução do CNJ (de âmbito nacional, por previsão constitucional e natureza do caráter e do regime orgânico da administração do Poder Judiciário especialmente após a Emenda Constitucional n. 45), de um lado, e a Lei Federal n. 9.421 e leis estaduais similares (em qualquer dos casos, normas não nacionais), de outro.

Ademais, especificamente no que diz com a Lei Federal n. 9.421/96 não vislumbro, a partir da adoção como premissa de interpretação da Resolução CNJ n. 7 dos conceitos de parentesco consagrados no Código Civil (*vide* item 3.II supra), as eventualmente alegadas incompatibilidades:

(a) o "parentesco" referido naquela lei deve ser compreendido como também considerando aquele "por afinidade"; e

(b) o "nepotismo cruzado", a que se refere o inciso II do art. 2º da Resolução, é apenas a explicitação de uma situação de eventual burla às suas próprias regras, não configurando uma previsão autônoma; e

QUESTÃO: A RESOLUÇÃO DO CNJ INCLUIU OS "ASSESSORES" NO ROL DOS SERVIDORES CUJA PRESENÇA EM UM TRIBUNAL ENSEJA IMPEDIMENTO DE NOMEAÇÃO "NO ÂMBITO DA JURISDIÇÃO" DO MESMO TRIBUNAL, POR CARACTERIZAÇÃO DE "NEPOTISMO", DE UM SEU PARENTE (ART. 2º, INCISO III).

Moralidade administrativa 1843

NÃO HAVIA PREVISÃO NESTE SENTIDO EM QUALQUER DISCIPLINA ANTERIOR SOBRE A MATÉRIA: A VEDAÇÃO, NESTES CASOS DE "ASSESSORES", LIMITAVA--SE AO IMPEDIMENTO DE "CHEFIA DIRETA" A PARENTE, SITUAÇÃO TAMBÉM MANTIDA PELA RESOLUÇÃO AO LADO DAQUELA PRIMEIRA (ART. 2º, § 1º). AQUI PARECE HAVER UM *EXCESSO*, POR TRANSBORDAMENTO DO CONCEITO DE *AUTORIDADE*, QUANTO ÀQUELA PRIMEIRA REGRA (INCISO III DO ART. 2º)!!!

4. Princípio federativo

Igualmente não prospera o argumento de que a regulamentação afronta o princípio federativo. Essa discussão já foi encetada nesta Corte, por ocasião do julgamento da ADI n. 3.367, da relatoria do Min. César Peluso, na qual ficou consignado que o Conselho Nacional de Justiça não anula o pacto federativo, mas o reafirma:

> *"Por outro lado, a competência do Conselho para expedir atos regulamentares destina-se, por definição mesma de regulamento heterônomo, a fixar diretrizes para execução dos seus próprios atos, praticados nos limites de seus poderes constitucionais, como consta, aliás, do art. 103-B, § 4º, I, onde se lê: "no âmbito de sua competência". A mesma coisa é de dizer-se a respeito do poder de iniciativa de propostas ao Congresso Nacional (art. 103-B, § 4º, inc. VII).*
>
> *Como consectário do princípio da unidade do Judiciário como Poder nacional, o Conselho recebeu ainda competência de reexame dos atos administrativos dos órgãos judiciais inferiores, ou seja, o poder de controle interno da constitucionalidade e legitimidade desses atos. Ora, tal competência em nada conflita com as competências de controle exterior e posterior, atribuídas ao Legislativo e aos tribunais de contas. E o argumento vale para todos os atos de autogoverno, cujo poder não é subtraído, mas cujo exercício é submetido a processo de aperfeiçoamento mediante revisão eventual de órgão superior.*
>
> *(...)*
>
> *A esse paradigma pode também reconduzir-se a instituição do Conselho, que, sob a rubrica das atribuições inerentes ao poder de controle da atuação administrativa e financeira do Judiciário (art. 103-B, § 4º), assume o dever jurídico de diagnosticar problemas, planejar políticas e formular projetos, com vistas ao aprimoramento da organização judiciária e da prestação jurisdicional, em todos os níveis, como exigência da própria feição difusa da estrutura do Poder nas teias do pacto federativo. Como já acentuamos, somente um órgão de dimensão nacional e de competências centralizadas pode, sob tais aspectos, responder aos desafios da modernidade e às deficiências oriundas de visões e práticas fragmentárias na administração do Poder.*
>
> *O Conselho não anula, antes reafirma o princípio federativo" (voto do Min. Peluso na ADI 3367 – pendente de revisão).*

5. Efeitos da decisão cautelar em ADC

A medida cautelar em ação declaratória de constitucionalidade objetiva paralisar o julgamento, em instâncias inferiores, dos processos que envolvem a aplicação da lei ou do ato normativo objeto da ação, até o seu julgamento definitivo.

Na presente ação declaratória de constitucionalidade o pedido foi formulado nos seguintes termos:

> *"Assim, por tais razões, e com fundamento no art. 21 da Lei n. 9.868/99, a requerente pede que essa Eg. Corte* **defira de imediato medida cautelar com eficácia erga omnes e efeitos vinculantes** *para o fim de:*
>
> *(i) determinar que os juízes e os Tribunais suspendam o julgamento dos processos que envolvam a aplicação da Resolução n. 7/05 do CNJ até o julgamento definitivo da presente ação, ficando impedidos de proferir qualquer nova decisão, a qualquer título, que impeça ou afaste a eficácia da Resolução em questão; e*
>
> *(ii) suspender, com eficácia ex tunc, os efeitos de quaisquer decisões, proferidas a qualquer título, que tenham afastado a aplicação da Resolução n. 7/05 do CNJ."*

No caso dos autos, não basta a suspensão do julgamento dos processos que envolvam a aplicação da Resolução n. 07/05. Para que a presente cautelar alcance os efeitos necessários ao asseguramento de sua autoridade, torna-se imperioso suspender, com eficácia *ex tunc*, e com efeito vinculante, **os efeitos de quaisquer decisões que tenham afastado ou deixado de cumprir a Resolução n. 07/05.**

O art. 11, § 1º, da Lei n. 9.868/99, cuja aplicação também pode se dar em ADC, tendo em vista constituírem ações de mesma natureza, apenas com o sinal trocado – como tenho defendido – permite a concessão da liminar com eficácia retroativa.

Na ADC n. 09, nos termos em que assentada a decisão, seguindo o voto da Min. Ellen Gracie, como relatora designada para o acórdão, a medida liminar foi concedida para *"suspender, com eficácia ex tunc, e com efeito vinculante, até final julgamento da ação, a prolação de qualquer decisão que tenha por pressuposto a constitucionalidade ou inconstitucionalidade dos arts. 14 a 18 da MP 2152-2/2001.".*

Diante do exposto, **DEFIRO O PEDIDO CAUTELAR** tal qual formulado na inicial da ADC.

MS 34.070-MC[1]

Cabimento de mandado de segurança coletivo por partidos políticos para defesa de direitos difusos violados por atos administrativos – Desvio de poder em ato administrativo: afastamento de Ministro de Estado nomeado para garantir foro privilegiado – Deferimento da medida liminar – Suspensão da eficácia da nomeação de Luiz Inácio Lula da Silva para o cargo de Ministro da Casa Civil – Manutenção da competência da justiça em Primeira Instância para os procedimentos criminais em seu desfavor.

Trata-se de mandados de segurança impetrados em caráter coletivo por partidos políticos voltados contra o ato de nomeação de Luiz Inácio Lula da Silva para o cargo de Ministro Chefe da Casa Civil.

O PARTIDO POPULAR SOCIALISTA – PPS impetrou o Mandado de Segurança Coletivo 34.070.

Quanto ao cabimento da ação, sustentou que os partidos políticos têm ampla legitimidade para impetrar mandado de segurança em caráter coletivo.

Relatou que a autoridade impetrada nomeou Luiz Inácio Lula da Silva para o cargo de Chefe da Casa Civil, com *status* de Ministro de Estado. Argumentou que o ato foi praticado em desvio de finalidade, tendo em vista os seguintes fatos:

"Primeiro: a operação 'Lava Jato', cujo Juízo competente é exercido pelo magistrado Sérgio Moro, tem revelado que diversas pessoas, sabidamente aliadas do Ex-Presidente Luiz Inácio Lula da Silva, seriam autoras da prática de crimes (diversos deles contra a Administração Pública), inclusive com sentenças condenações já proferidas. (doc. 2); Segundo: em 29 de fevereiro de 2016, foi proferida decisão pelo Juiz Sérgio Moro, determinando a condução coercitiva do Ex-Presidente Luiz Inácio Lula da Silva para prestar depoimento no bojo de investigações relacionadas com a operação 'Lava Jato' (doc. 3); Terceiro: em 14 de março de 2016, a Juíza da 4ª Vara Criminal de São Paulo, ao apreciar o pedido de prisão preventiva do Ex-Presidente Luiz Inácio Lula da Silva, no bojo do processo 0017018-25.2016.8.26.0050, declinou de sua competência, por entender que o Juízo responsável pela 'operação lava jato' é o competente para apreciar os pedidos formulados pelo Ministério Público (doc. 4); Quarto: todos os setores da sociedade brasileira começam a especular a possibilidade de prisão do ex-Presidente Luiz Inácio Lula da Silva, o que é fato público e notório; Quinto: dois dias após (16.03.2016), a autoridade coatora anuncia e decide nomear o Ex-Presidente Luiz Inácio Lula da Silva como Ministro Chefe da Casa Civil, a deslocar todas as investigações contra o Ex-Presidente Luiz Inácio Lula da Silva para o STF (doc. 1); e, Sexto: nesse mesmo dia, interceptação telefônica da Polícia Federal revelou diálogo entre a Excelentíssima Presidente da República e o ex-Presidente Luiz Inácio Lula da Silva. Na referida gravação, a autoridade coatora informa que 'BESSIAS' irá entregar o documento ao ex-presidente Lula. Na verdade, 'BESSIAS' se trata do procurador da Fazenda Jorge Messias, atualmente na subchefia de assuntos jurídicos da Casa Civil. Na gravação, a autoridade coatora é clara ao falar para o ex-Presidente Luiz Inácio Lula da Silva: 'só usa em caso de necessidade, que é o TERMO DE POSSE, tá?!' (doc. 5)".

Afirmou que a Presidente da República tem competência para, a seu juízo, escolher os Ministros de Estado. No entanto, a nomeação em tela teria sido praticada em desvio de finalidade, na medida em que buscou finalidade não pública – conferir prerrogativa de foro ao nomeado, impedindo o curso das investigações. Requereu medida liminar para sustar os efeitos da nomeação. Pediu provimento que desconstitua a nomeação.

---

[1] Decisão monocrática proferida pelo Ministro Gilmar Mendes, que, ao deferir medida liminar, suspendeu a eficácia da nomeação de Luiz Inácio Lula da Silva para o cargo de Ministro Chefe da Casa Civil e manteve a competência da justiça em Primeira Instância para os procedimentos criminais em seu desfavor (*DJ* de 28.3.2016).

O PARTIDO DA SOCIAL DEMOCRACIA BRASILEIRA – PSDB impetrou o Mandado de Segurança Coletivo 34.071. Quanto ao cabimento da ação, sustentou que os partidos políticos têm ampla legitimidade para impetrar mandado de segurança em caráter coletivo. Relatou que a autoridade impetrada nomeou Luiz Inácio Lula da Silva para o cargo de Chefe da Casa Civil, com *status* de Ministro de Estado. Afirmou que a Presidente da República tem competência para, a seu juízo, escolher os Ministros de Estado. No entanto, a nomeação em tela teria sido praticada em desvio de finalidade, na medida em que buscou finalidade não pública – conferir prerrogativa de foro ao nomeado, impedindo o curso das investigações. Alegou que o ato da Presidente da República violou o princípio da moralidade estampado no art. 37, *caput*, da Constituição Federal, bem como outros princípios fundamentais, que devem reger toda e qualquer atividade da Administração Pública. Sustentou ainda que a referida nomeação ofende os preceitos do juiz natural e do devido processo legal. Aduz que a Presidente da República, por meio do ato impugnado, praticou crime de responsabilidade por violar o art. 85, *caput* e os incisos II, IV e VII, da Constituição Federal. Sustentou, em síntese, que o ato impetrado "atentou contra a Constituição Federal e, especialmente, contra o livre exercício do Poder Judiciário, a probidade na administração e o cumprimento das decisões judiciais do juízo da 13ª Vara Criminal Federal de Curitiba". Requereu medida liminar para sustar os efeitos da nomeação. Pediu provimento que desconstitua a nomeação e que mantenha a competência do Juízo da 13ª Vara Criminal de Curitiba. Decido. O inciso LXIX, do art. 5º, trata do mandado de segurança e o inciso LXX, de sua impetração em caráter coletivo:

"LXIX – conceder-se-á mandado de segurança para proteger direito líquido e certo, não amparado por *habeas corpus* ou *habeas data*, quando o responsável pela ilegalidade ou abuso de poder for autoridade pública ou agente de pessoa jurídica no exercício de atribuições do Poder Público;

LXX – o mandado de segurança coletivo pode ser impetrado por:

a) partido político com representação no Congresso Nacional;

b) organização sindical, entidade de classe ou associação legalmente constituída e em funcionamento há pelo menos um ano, em defesa dos interesses de seus membros ou associados;"

Ambos os partidos políticos impetrantes comprovam que têm representação no Congresso Nacional.

A presente ação testa os limites do mandado de segurança coletivo impetrado por partido político.

O que se tem é o manejo, por partidos políticos de oposição, de mandado de segurança contra ato da Chefia do Poder Executivo que, em tese, viola a separação dos poderes (art. 2º) e princípios constitucionais da administração pública (art. 37).

O interesse tutelado é de caráter difuso, na definição do art. 81, parágrafo único, I, do CDC, por ser transindividual, indivisível e de titularidade indeterminada:

"I – interesses ou direitos difusos, assim entendidos, para efeitos deste código, os transindividuais, de natureza indivisível, de que sejam titulares pessoas indeterminadas e ligadas por circunstâncias de fato (...)".

Há dois pontos nada triviais, intimamente conectados, a serem apreciados quanto à adequação da via eleita. Primeiro, se o mandado de segurança coletivo pode ser usado para a tutela de direitos difusos.

Segundo, se os partidos políticos são legitimados para usar a ação com tal finalidade.

O emprego do mandado de segurança coletivo para a tutela de interesses difusos não é aceito de forma tranquila. A Lei 12.016/09, que "disciplina o mandado de segurança individual

Moralidade administrativa 1847

e coletivo", indica em sentido contrário. O parágrafo único do art. 21, específico da impetração em caráter coletivo, afirma que a ação pode ser manejada para tutela de direitos coletivos e individuais homogêneos, não mencionando os direitos difusos:

> "Art. 21. O mandado de segurança coletivo pode ser impetrado por partido político com representação no Congresso Nacional, na defesa de seus interesses legítimos relativos a seus integrantes ou à finalidade partidária, ou por organização sindical, entidade de classe ou associação legalmente constituída e em funcionamento há, pelo menos, 1 (um) ano, em defesa de direitos líquidos e certos da totalidade, ou de parte, dos seus membros ou associados, na forma dos seus estatutos e desde que pertinentes às suas finalidades, dispensada, para tanto, autorização especial.
>
> Parágrafo único. Os direitos protegidos pelo mandado de segurança coletivo podem ser:
>
> I – coletivos, assim entendidos, para efeito desta Lei, os transindividuais, de natureza indivisível, de que seja titular grupo ou categoria de pessoas ligadas entre si ou com a parte contrária por uma relação jurídica básica;
>
> II – individuais homogêneos, assim entendidos, para efeito desta Lei, os decorrentes de origem comum e da atividade ou situação específica da totalidade ou de parte dos associados ou membros do impetrante".

De forma paralela, surge a questão da possibilidade de o partido político usar a ação em defesa de interesses que não são peculiares a seus filiados.

Foi essa a *ratio* que guiou o Tribunal no julgamento do RE 196.184, Rel. Min. Ellen Gracie, julgado em 27.10.2004. O caso tratava da possibilidade de utilização da ação com o objetivo de tutelar o interesse individual homogêneo disponível – interesse dos contribuintes em não se submeter a aumento no IPTU. Concluiu-se que a tutela do interesse individual homogêneo disponível deveria ser feita pelos próprios contribuintes, individual ou coletivamente, não sendo viável a tutela pela ação de mandado de segurança coletivo manejada por partido político. Daquele feita, eu mesmo registrei discordância quanto à possibilidade do partido político impetrar segurança em favor de "interesses outros que não os de seus eventuais filiados".

Percebo que a análise que fiz daquela feita foi excessivamente restritiva. Os partidos políticos têm finalidades institucionais bem diferentes das associações e sindicatos. Representam interesses da sociedade, não apenas dos seus membros. Representam até mesmo aqueles que não lhes destinam voto.

A ideia de "representação" pelos partidos é da essência da própria definição legal incorporada ao direito brasileiro. Veja-se, a propósito, o que dispõe o art. 1º da Lei n. 9.096/1995:

> "Art. 1º O partido político, pessoa jurídica de direito privado, destina-se a assegurar, no interesse do regime democrático, a autenticidade do sistema representativo e a defender os direitos fundamentais definidos na Constituição Federal".

Assim, não parece correto conferir-lhes o mesmo tratamento dado às associações e indicados. E não foi isso que fez o texto constitucional em vigor.

Como já anotei, a exigência de que o mandado de segurança coletivo seja impetrado "em defesa dos interesses de seus membros ou associados" consta apenas da alínea "b" do inciso LXXII do art. 5º. Não consta da alínea "a", tampouco do próprio inciso. Aliás, essa diferença não parece ter sido nunca ignorada por esta Corte em sede de controle abstrato. Veja-se a maneira como este Tribunal interpreta o art. 103 da Constituição Federal, que cuida dos legitimados para ADI e ADC. Exige-se pertinência temática para as entidades previstas no inciso IX ("confederação sindical ou entidade de classe de âmbito nacional"), mas não para os partidos políticos. Deles exige-se apenas que contem com representante no Congresso Nacional, quando da propositura da ação direta. Nessa linha, no já mencionado RE 196.184, a fundamentação da relatora afirmou que os partidos políticos poderiam manejar a ação em defesa de quaisquer interesses difusos. O fato é que o precedente reduziu a importância da impetração da ordem de mandado de segurança coletivo por partido político, ao impedir o uso da ação para a defesa de interesses individuais homogêneos não peculiares aos filiados, sem que estivessem claros os limites de emprego do remédio na tutela de interesses coletivos e difusos. No cenário atual, os casos de mandado de segurança coletivo são raros. A superveniente Lei 12.016/09 parece adotar a linha restritiva, limitando o objeto da ação do partido à "defesa de seus interesses legítimos relativos a seus integrantes ou à finalidade partidária". A leitura restritiva vem sendo criticada com excelentes argumentos. Teori Zavascki, em obra doutrinária, defende que os partidos políticos têm legitimidade ampla para manejar a ação, independentemente de vinculação com interesse de seus filiados. E vai além, sustentando que a ação pode ser manejada para a tutela de interesses difusos, ligados às finalidades do partido. Assim, um partido com programa voltado para a área ambiental poderá requerer a segurança contra ato ofensivo ao meio ambiente. Transcrevo:

> "É de se reconhecer, todavia, que, pelo menos no que diz respeito aos partidos políticos (CF, art. 5º, LXX, *a*), o texto constitucional não estabeleceu limites quanto à natureza dos direitos tuteláveis por conta da legitimação que lhes foi conferida. Assim, numa interpretação compreensiva e abrangente, não se podem considerar excluídos dessa tutela os direitos transindividuais, desde que, obviamente, se trate de direitos líquidos e certos e que estejam presentes os pressupostos de legitimação, adiante referidos, nomeadamente o que diz respeito ao indispensável elo de pertinência entre o direito tutelado e os fins institucionais do partido político impetrante. É de se considerar adequado, sob esse aspecto, que um partido político cuja bandeira seja a proteção do meio ambiente natural impetre mandado de segurança contra ato de autoridade lesivo ao equilíbrio ecológico. Tem-se aí, sem dúvida, hipótese de mandado de segurança para tutelar direito de natureza transindividual, sem titular certo, pertencente a todos, como assegura o art. 225 da CF". (ZAVASCKI, Teori. *Processo coletivo*. 6. ed. São Paulo: RT, 2014. p. 193-194.)

Segundo defende Teori Zavascki, o "elo de relação e de compatibilidade" entre o interesse defendido e os "fins institucionais ou programáticos do partido político" seria o limite para a aferição do cabimento da ação.

Leonardo José Carneiro também aponta no sentido do cabimento da impetração para a tutela de interesses difusos:

> "Contrariamente ao que sugere o texto legal e não obstante a opinião de tais importantes doutrinadores, não deve haver limitações ou restrições ao uso de ações coletivas. Havendo um direito transindividual que mereça ser protegido, tutelado, prevenido, reparado, será cabível a ação coletiva, aí incluído o mandado de segurança.
>
> Como manifestação dessa garantia de acesso à justiça, é forçoso admitir todas as espécies de demandas e provimentos capazes de propiciar a adequada e efetiva tutela dos direitos transindividuais. E é decorrência do acesso à justiça a efetividade da tutela preventiva e repressiva de quaisquer danos provocados a direitos transindividuais mediante o uso de todos os meios adequados. Em razão do acesso à justiça, não deve haver limitações ou restrições ao uso de ações coletivas. Sempre que um direito transindividual for ameaçado ou lesado será cabível a ação coletiva. A garantia de acesso à justiça marca o processo coletivo, valendo dizer que o mandado de segurança coletivo afigura-se cabível para a defesa de qualquer direito coletivo, seja ele difuso, coletivo ou individual homogêneo. Impõe-se, enfim, conferir ao parágrafo único do art. 21 da Lei n. 12.016/2009 uma interpretação conforme a Constituição para entender que o mandado de segurança coletivo também se destina à proteção dos direito difusos. O art. 5º, LXX, da Constituição Federal não faz qualquer limitação, devendo extrair-se da norma sua máxima efetividade, de sorte a admitir que o mandado de segurança coletivo sirva não somente à proteção dos direitos coletivos e individuais homogêneos, mas igualmente aos difusos". (DA CUNHA, Leonardo José Carneiro. *A fazenda pública em juízo*. 8. ed. São Paulo: Dialética, 2010. pp. 469-470.)

Na mesma linha, José Afonso da Silva afirma o seguinte:

> "Pensamos que a regra geral prevalece em todos os casos em que se reclama o direito subjetivo individual dos associados. [...] Não se indicaram, porém, interesses de quem os partidos políticos podem defender pelo mandado de segurança coletivo. Questão aberta. Logo, entendemos que eles podem

Moralidade administrativa **1849**

defender direito subjetivo individual de seus membros, desde que se admita, como se está admitindo, que o mandado de segurança coletivo também é meio hábil para a defesa de direito subjetivo individual de integrantes da parte institucional legitimada.

[...] interesses legítimos, difusos ou coletivos [...] Fica o mandado de segurança coletivo sujeito ao requisito do direito líquido e certo? Não consta essa exigência do dispositivo constitucional que o institui. O requisito constava da proposta inicial do remédio, mas foi logo eliminado nas sucessivas redações do texto. A alínea *b* do inc. LXX do art. 5° fala em 'interesses' e não em 'direitos'. Será isso suficiente para afastar o requisito, sabido que também na primeira proposta do instituto se destinava ele a 'proteger direito líquido e certo', mas na defesa de interesses de membros e associados das entidades referidas? Se o requisito do direito líquido e certo for eliminado, não se correrá o risco de perder-se a principal característica do instituto, que é a celeridade? [...] quando os partidos políticos impetrarem-no na defesa de interesse coletivo difuso exigem-se ao menos a ilegalidade e a lesão do interesse que o fundamenta". (DA SILVA, José Afonso. *Curso de direito constitucional positivo*. 22. ed. São Paulo: Malheiros, 2003. pp. 458-459).

Alexandre de Moraes também é enfático na mesma linha:

"Os partidos políticos, desde que representados no Congresso Nacional, têm legitimação ampla, podendo proteger quaisquer interesses coletivos ou difusos ligados à sociedade. [...] Anote-se, porém, que não foi esse o entendimento do legislador, ao estabelecer no art. 21 da Lei n. 12.016/09, que o mandado de segurança coletivo poderá ser impetrado por partido político com representação no Congresso Nacional, na defesa de seus interesses legítimos relativos a (1) seus integrantes ou (2) à finalidade partidária. Não nos parece a melhor solução refutamo-as, inclusive, inconstitucional. Ora, se todo o poder emana do povo, que o exerce por meio de representantes eleitos ou diretamente, nos termos da Constituição (CF, art. 1°, parágrafo único), sendo indispensável para o exercício da capacidade eleitoral passiva (elegibilidade) o alistamento eleitoral (CF, art. 14, 3°, III), a razão da existência dos partidos políticos é a própria subsistência do Estado Democrático de Direito e da preservação dos direitos e garantias fundamentais (CF, art. 1°, V – consagra o pluralismo político como um dos fundamentos da República Federativa do Brasil). Nesta esteira de raciocínio, o legislador constituinte pretende fortalecê-los concedendo-lhes legitimação para o mandado de segurança coletivo, para a defesa da própria sociedade contra atos ilegais ou abusivos por parte da autoridade pública. Cercear essa legitimação somente para seus próprios interesses ou de seus filiados é retirar dos partidos políticos a característica de essencialidade em um Estado Democrático de Direito e transformá-lo em mera associação privada, o que, certamente, não foi a intenção do legislador constituinte". (MORAES, Alexandre de. *Direito Constitucional*. 31. ed. São Paulo: Atlas S.A., 2015. pp. 177)

A concretização do dispositivo constitucional que prevê a legitimidade do uso do mandado de segurança coletivo por partido político ainda é uma obra em andamento. Os limites do art. 21 da Lei 12.016/09 servem como indicativo, mas certamente não como limite das hipóteses de cabimento da ação. Tratando-se de garantia constitucional, não poderia o legislador restringir seus contornos para além de seu significado. Nesse sentido, leciona Alexandre de Moraes:

"A supremacia absoluta das normas constitucionais e a prevalência dos princípios que regem a República, entre eles, a cidadania e o pluralismo político como seus fundamentos basilares, obrigam o intérprete, em especial o Poder Judiciário, no exercício de sua função interpretativa, aplicar não só a norma mais favorável à proteção aos direitos humanos, inclusive aos direitos políticos, mas também eleger, em seu processo hermenêutico, a interpretação que lhes garanta a maior e mais ampla proteção; e, consequentemente, exigem a inconstitucionalidade, com a respectiva declaração de nulidade parcial, do *caput* do artigo 21 da Lei 12.016/09, no sentido de se excluir a restrição ao objeto do mandado de segurança coletivo ajuizado por partidos políticos tão somente à defesa de seus interesses legítimos relativos a seus integrantes ou à finalidade partidária". (MORAES, Alexandre de. Lei transformou partidos em meras associações. Disponível em: http://www.conjur.com.br/2009-nov-23/lei-ms-coletivotransformou-partidos-meras-associacoes-classe. Acesso em: 17.3.2016.)

Uma solução que exclua a tutela de interesses difusos ou relacione necessariamente a vinculação da ação a interesse de seus integrantes é excessivamente restritiva. Como bem anotado por Teori Zavascki, "tal limitação implicaria não apenas o desvirtuamento da natureza da agremiação partidária – que não foi criada para satisfazer interesses dos filiados –, como também a eliminação, na prática, da faculdade de impetrar mandado de segurança coletivo" – op. cit., p. 196.

Por outro lado, é preciso ter cuidado para evitar que a ação confira uma legitimidade universal aos partidos políticos. O critério da finalidade partidária é uma limitação segura e correta. Mas creio que a melhor interpretação ainda precisa ir um passo além. Aqui deve ser feito um paralelo com o mandado de segurança impetrado contra desvios no processo legislativo. Ainda sob a Constituição de 1967/69, o Supremo Tribunal Federal, no MS 20.257 (MS 20.257, Rel. Min. Moreira Alves, *RTJ*, 99(3)/1040), entendeu admissível a impetração de mandado de segurança contra ato da Mesa da Câmara ou do Senado Federal, asseverando que, quando "a vedação constitucional se dirige ao próprio processamento da lei ou da emenda (...), a inconstitucionalidade (...) já existe antes de o projeto ou de a proposta se transformarem em lei ou em emenda constitucional, porque o próprio processamento já desrespeita, frontalmente, a Constituição" (MS 20.257, Rel. Min. Moreira Alves, *RTJ*, 99(3)/1040).

Atualmente, a jurisprudência do Tribunal está pacificada no sentido de que "o parlamentar tem legitimidade ativa para impetrar mandado de segurança com a finalidade de coibir atos praticados no processo de aprovação de leis e emendas constitucionais que não se compatibilizam com o processo legislativo constitucional" (MS 24.642, Rel. Min. Carlos Velloso, *DJ* de 18.6.2004; MS 20.452/DF, Rel. Min. Aldir Passarinho, *RTJ*, 116 (1)/47; MS 21.642/DF, Rel. Min. Celso de Mello, *RDA*, 191/200; MS 24.645/DF, Rel. Min. Celso de Mello, *DJ* de 15.9.2003; MS 24.593/DF, Rel. Min. Maurício Corrêa, *DJ* de 8.8.2003; MS 24.576/DF, Rel. Min. Ellen Gracie, *DJ* de 12.9.2003; MS 24.356/DF, Rel. Min. Carlos Velloso, *DJ* de 12.9.2003).

Também aqui se afigura evidente que se cuida de uma utilização especial do mandado de segurança, não exatamente para assegurar direito líquido e certo de parlamentar, mas para resolver peculiar conflito de atribuições ou "conflito entre órgãos".

Em ambos os casos de violação à premissa de validade do processo legislativo, é cabível o mandado de segurança para resguardar a regularidade jurídico-constitucional do processo político de deliberação e aprovação de leis (MS 20.257, Rel. Min. Décio Miranda, *DJ* de 27.2.1981; MS 24.642, Rel. Min. Carlos Velloso, *DJ* de 18.6.2004).

Em 24.4.2013, foi concedida liminar no MS 32.033, Rel. Min. Gilmar Mendes, para suspender a tramitação de projeto de lei que se considerava violador de cláusulas pétreas, uma vez que, entre outros vícios de inconstitucionalidade que apresentava, implicava o tratamento não isonômico entre partidos e parlamentares que se encontravam em situação idêntica. O Plenário do Supremo Tribunal, por maioria de votos, conheceu do mandado de segurança, confirmando a tradicional jurisprudência da Corte acerca do cabimento da impetração preventiva em defesa do direito público subjetivo do parlamentar de não se submeter a processo legislativo eivado de inconstitucionalidade (vício formal) ou cuja proposição apresentada traga proposta tendente a abolir cláusulas pétreas da Constituição Federal. No mérito, todavia, por maioria de votos, a Corte não referendou a posição do relator (julgamento finalizado em 20.6.2013).

Esse tipo de ação é um mecanismo de defesa institucional, uma salvaguarda das prerrogativas das minorias parlamentares contra abusos cometidos pela maioria.

Aqui pode ser construída solução paralela. É bem verdade que não se está cuidando de processo legislativo, mas de ato administrativo de efeitos concretos do Poder Executivo.

Mas, pela inexistência de lesão imediata a direitos individuais, a oposição não dispõe de ação que possa atacar imediatamente o ato alegadamente contrário ao direito. Existe a possibilidade de tutela via ação popular, mas essa via não é aberta aos partidos políticos. Além disso, o

Moralidade administrativa   **1851**

mandado de segurança é uma ação que, ao menos em regra, tutela interesses também passíveis de salvaguarda em vias ordinárias.

A oposição tem claro interesse em levar ao Judiciário atos administrativos de efeitos concretos lesivos a direitos difusos. E nosso sistema consagra a tutela de violações a direitos difusos como um valor a ser buscado, na perspectiva do acesso à jurisdição. No presente caso, estão em apreciação vários mandados de segurança em caráter coletivo impetrados por partidos políticos com representação no Congresso Nacional, não integrantes da base aliada, contra ato da Presidente da República. Logo, trata-se de uma via de defesa da ordem institucional que pode ser validamente desenvolvida e aceita. Feitas essas considerações, tenho por cabíveis as ações de mandado de segurança.

Passo a apreciar os pedidos liminares propriamente ditos. A partir do caso Natan Donadon, o STF consolidou jurisprudência no sentido de que a renúncia a cargos públicos que conferem prerrogativa de foro, com o velado objetivo de escapar ao julgamento em iminência, configura desvio de finalidade, inapto a afastar a competência para o julgamento da causa – AP 396, Rel. Min. Cármen Lúcia, Tribunal Pleno, julgada em 28.10.2010. A situação aqui envolve o contrário. A alegação é de que pessoa foi nomeada para o cargo de Ministro de Estado para deslocar o foro para o STF e salvaguardar-se contra eventual ação penal sem a autorização parlamentar prevista no art. 51, I, da CF. Em estudo pioneiro sobre o tema, Vladimir Passos de Freitas defende que o ato de nomear pessoa para lhe atribuir foro privilegiado é nulo:

> "Porém, pode suceder o oposto, ou seja, alguém acusado da prática de um delito é convidado a ocupar um cargo que lhe dê foro especial, isto é, dê-lhe a possibilidade de livrar-se da Justiça de primeira instância e de responder em um tribunal.
>
> Isso pode ocorrer no Poder Executivo e no Legislativo, onde há uma grande quantidade de cargos em comissão. Por exemplo, um vereador está sendo investigado por crime de pedofilia e consegue nomeação para o cargo de secretário de Estado, subtraindo-se da ação do promotor da comarca e sujeitando-se a uma ação no Tribunal de Justiça, onde o processo andará mais lentamente. Em caso como o do exemplo citado, é preciso verificar se a finalidade do ato administrativo de nomeação foi deturpada, a fim de atingir objetivo diverso do simulado. Odete Medauar é clara ao dizer que 'o fim de interesse público vincula a atuação do agente, impedindo a intenção pessoal' (MEDAUAR, Odete. *Direito Administrativo Moderno*. 17. ed. São Paulo: RT, 2013, p. 157). Se os motivos forem apenas aparentes, porque o fim desejado é outro, ocorrerá desvio de finalidade. É o caso, por exemplo, da remoção de um policial sob o argumento de que dele se necessita em outro município, quando, na verdade, o objetivo é afastá-lo da investigação de determinado caso. Hely Lopes Meirelles, com a clareza que marcou suas obras, ensina que 'o desvio de finalidade ou de poder se verifica quando a autoridade, embora atuando nos limites de sua competência, pratica o ato por motivos ou com fins diversos dos objetivados pela lei ou exigidos pelo interesse público' (MEIRELLES, Hely Lopes. *Direito Administrativo Brasileiro*. 14. ed. São Paulo: RT, 1989, p. 92. Celso Antônio Bandeira de Mello enfatiza que, 'a propósito do uso de um ato para alcançar finalidade diversa da que lhe é própria, costuma se falar em 'desvio de poder' ou 'desvio de finalidade'" (BANDEIRA DE MELLO, Celso Antônio. *Elementos de Direito Administrativo*. São Paulo: RT, 1987, p. 47).
>
> A consequência dessa deturpação do objetivo, que na realidade administrativa brasileira não é rara, é a nulidade do ato. Lucas Rocha Furtado, de forma objetiva, observa que, 'independentemente de qualquer outro vício, se o ato foi praticado contrariando a finalidade legal que justificou a outorga de competência para a prática do ato, ele é nulo' (FURTADO, Lucas Rocha. *Curso de Direito Administrativo*. Belo Horizonte: Fórum, 2007, p. 303).
>
> Para arrematar, a Lei da Ação Popular, 4.717, de 1965, afirma que é nulo o ato administrativo praticado com desvio de finalidade e no artigo 2º, parágrafo único, alínea "e" explicita que:
>
> *e)* o desvio de finalidade se verifica quando o agente pratica o ato visando a fim diverso daquele previsto, explícita ou implicitamente, na regra de competência. Se assim é, conforme ensinamento uniforme da melhor doutrina, resta apenas saber como, no caso concreto, se concluirá pela existência ou não de dissimulação. Evidentemente, o ato sempre será editado com base em premissas falsas, aparentemente verdadeiras. A resposta está na análise das circunstâncias. Por exemplo, imagine-se que um médico renoma-

do, portador de títulos acadêmicos, seja convidado para assumir a Secretaria de Saúde do Estado e que responda, no Juizado Especial Criminal, pelo crime de lesões corporais leves, em virtude de um soco desferido em seu vizinho em meio a uma acalorada discussão em assembleia de condomínio. Seria ridículo imaginar que a indicação de seu nome visava subtrair do JEC a competência para processá-lo, passando-a ao Tribunal de Justiça.

No entanto, diversa será a situação se a indicação for feita a um dentista envolvido em graves acusações de estupro de pacientes para ocupar o cargo de ministro dos Transportes, no momento exato em que o Tribunal de Justiça julgará apelação contra sentença que o condenou a 20 anos de reclusão. Aí o objetivo será flagrantemente o de evitar o julgamento pelo TJ e a manutenção da sentença condenatória e a sua execução imediata, transferindo o caso para o Supremo Tribunal Federal. O ato administrativo será nulo por evidente desvio de finalidade. A ocorrência desse tipo de desvio de conduta sujeitará a autoridade administrativa, seja ela membro do Poder Legislativo, prefeito, governador, presidente da República ou outra do segundo escalão do Executivo, a ação popular e, ainda, ação ordinária de nulidade do ato, junto com a União, que poderá ser proposta no foro federal do domicílio do autor. Na verdade, as práticas administrativas passam, no Brasil, por um flagrante processo de mudança. Basta ver a obrigatoriedade atual da transparência dos atos administrativos, inimaginável há duas ou três décadas. Assim, os administradores, seja qual for o nível ou o Poder de Estado a que pertençam, devem se acautelar na condução de seus atos, pois, em boa hora, ficou para trás o tempo do 'manda quem pode, obedece quem tem juízo'. (FREITAS, Vladimir Passos de. Nomeação para dar foro privilegiado a réu é ato administrativo nulo. Disponível em: http://www.conjur.com.br/2016-mar-13/segunda-leiturano-meacao-dar-foro-privilegiado-reu-ato-administrativonulo#ednref5. Acesso em: 18.3.2016.)

Nenhum Chefe do Poder Executivo, em qualquer de suas esferas, é dono da condução dos destinos do país; na verdade, ostenta papel de simples mandatário da vontade popular, a qual deve ser seguida em consonância com os princípios constitucionais explícitos e implícitos, entre eles a probidade e a moralidade no trato do interesse público "lato sensu".

O princípio da moralidade pauta qualquer ato administrativo, inclusive a nomeação de Ministro de Estado, de maneira a impedir que sejam conspurcados os predicados da honestidade, da probidade e da boa-fé no trato da "res publica". Não por outra razão que o *caput* do art. 37 da CF indica como diretriz administrativa:

"Art. 37. A administração pública direta e indireta de qualquer dos Poderes da União, dos Estados, do Distrito Federal e dos Municípios obedecerá aos princípios de legalidade, impessoalidade, moralidade, publicidade e eficiência e, também, ao seguinte:

(...)

II – a investidura em cargo ou emprego público depende de aprovação prévia em concurso público de provas ou de provas e títulos, de acordo com a natureza e a complexidade do cargo ou emprego, na forma prevista em lei, ressalvadas as nomeações para cargo em comissão declarado em lei de livre nomeação e exoneração (...)".

Por sua vez, o art. 87 da Lei Maior enuncia:

"Art. 87. Os Ministros de Estado serão escolhidos dentre brasileiros maiores de vinte e um anos e no exercício dos direitos políticos.

Parágrafo único. Compete ao Ministro de Estado, além de outras atribuições estabelecidas nesta Constituição e na lei:

I – exercer a orientação, coordenação e supervisão dos órgãos e entidades da administração federal na área de sua competência e referendar os atos e decretos assinados pelo Presidente da República;

II – expedir instruções para a execução das leis, decretos e regulamentos;

III – apresentar ao Presidente da República relatório anual de sua gestão no Ministério;

IV – praticar os atos pertinentes às atribuições que lhe forem outorgadas ou delegadas pelo Presidente da República".

Apesar de ser atribuição privativa do Presidente da República a nomeação de Ministro de Estado (art. 84, inciso I, da CF), o ato que visa o preenchimento de tal cargo deve passar pelo crivo dos princípios constitucionais, mais notadamente os da moralidade e da impessoalidade (interpretação sistemática do art. 87 c/c art. 37, II, da CF).

A propósito, parece especialmente ilustrativa a lição de Manuel Atienza e Juan Ruiz Manero, na obra *Ilícitos Atípicos*. Dizem os autores, a propósito dessa categoria: "Os ilícitos atípicos são ações que, *prima facie*, estão permitidas por uma regra, mas que, uma vez consideradas todas as circunstâncias, devem considerar-se proibidas". (ATIENZA, Manuel; MANERO, Juan Rui. *Ilícitos Atípicos*. 2. ed. Madrid: Editoral Trotta, 2006, p. 12).

E por que devem ser consideradas proibidas? Porque, a despeito de sua aparência de legalidade, porque, a despeito de estarem, à primeira vista, em conformidade com uma regra, destoam da razão que a justifica, escapam ao princípio e ao interesse que lhe é subjacente. Trata-se simplesmente de garantir coerência valorativa ou justificativa ao sistema jurídico e de apartar, com clareza, discricionariedade de arbitrariedade. O mesmo raciocínio abarca os três institutos bem conhecidos da nossa doutrina: abuso de direito, fraude à lei e desvio de finalidade/poder. Todos são ilícitos atípicos e têm em comum os seguintes elementos: 1) a existência de ação que, *prima facie*, estaria em conformidade com uma regra jurídica; 2) a produção de um resultado danoso como consequência, intencional ou não, da ação; 3) o caráter injustificado do resultado danoso, à luz dos princípios jurídicos aplicáveis ao caso e 4) o estabelecimento de uma segunda regra que limita o alcance da primeira para qualificar como proibidos os comportamentos que antes se apresentavam travestidos de legalidade.

Especificamente nos casos de desvio de finalidade, o que se tem é a adoção de uma conduta que aparenta estar em conformidade com uma certa regra que confere poder à autoridade (regra de competência), mas que, ao fim, conduz a resultados absolutamente incompatíveis com o escopo constitucional desse mandamento e, por isso, é tida como ilícita.

Aplicando essas noções ao caso em tela, tem-se que a Presidente da República praticou conduta que, *a priori*, estaria em conformidade com a atribuição que lhe confere o art. 84, inciso I, da Constituição – nomear Ministros de Estado. Mas, ao fazê-lo, produziu resultado concreto de todo incompatível com a ordem constitucional em vigor: conferir ao investigado foro no Supremo Tribunal Federal.

Não importam os motivos subjetivos de quem pratica o ato ilícito. O vício, o ilícito, tem natureza objetiva. A bem dizer, a comprovação dos motivos subjetivos que impeliram a mandatária à prática, no caso em tela, configura elemento a mais a indicar a presença do vício em questão, isto é, do desvio de finalidade.

A rigor, não cabe investigar aqui o dolo, a intenção de fraudar a lei. Não está em questão saber se a Presidente praticou crime, comum ou de responsabilidade. Não é disso que se cuida. É exatamente esse pano de fundo que deve nortear a análise de eventual desvio de finalidade na nomeação de Ministro de Estado. Nesse contexto, o argumento do desvio de finalidade é perfeitamente aplicável para demonstrar a nulidade da nomeação de pessoa criminalmente implicada, quando prepondera a finalidade de conferir-lhe foro privilegiado.

No caso concreto, a alegação é de que o ex-Presidente Luiz Inácio Lula da Silva teria sido empossado justamente para deslocar o foro para o STF e salvaguardar contra eventual ação penal sem a autorização parlamentar prevista no art. 51, I, da CF. Havia investigações em andamento, que ficariam paralisadas pela mudança de foro, uma delas que ensejou medidas de busca e apreensão contra Luiz Inácio Lula da Silva – Operação Aletheia, desdobramento da Lava Jato. Havia uma denúncia pendente de apreciação, acompanhada de um pedido de decretação de prisão preventiva – caso Bancoop.

É muito claro o tumulto causado ao progresso das investigações, pela mudança de foro. E "autoevidente" que o deslocamento da competência é forma de obstrução ao progresso das medidas judiciais. Não se nega que as investigações e as medidas judiciais poderiam ser retomadas perante o STF. Mas a retomada, no entanto, não seria sem atraso e desassossego. O tempo de trâmite para o STF, análise pela PGR, seguida da análise pelo relator e, eventualmente, pela respectiva Turma, poderia ser fatal para a colheita de provas, além de adiar medidas cautelares.

Logo, só por esses dados objetivos, seria possível concluir que a posse em cargo público, nas narradas circunstâncias, poderia configurar fraude à Constituição.

A rigor, assim como nos precedentes acerca da manutenção da competência do Tribunal em caso de renúncia em fase de julgamento, não seria necessário verificar os motivos íntimos que levaram à prática do ato. A simples nomeação, assim como a renúncia, demonstram suficientemente a fraude à Constituição. Mas, neste caso, o elemento subjetivo é revelado por riqueza probatória que não merece passar despercebida. As impetrações são amparadas em provas produzidas no Processo 50062059820164047000, da 13ª Vara Federal de Curitiba, no qual foi determinada a interceptação de vários telefones, entre eles terminais utilizados por Luiz Inácio Lula da Silva.

Em decisão datada de 16.3, o juiz da causa levantou o sigilo das gravações, pelo que não há óbice em utilização como prova neste procedimento – e. 135. Antes de progredir, é indispensável avaliar a possibilidade de o diálogo entre a Presidente da República e Luiz Inácio Lula da Silva travado na tarde do dia 16.3, 13h32, poder ser invocado para demonstração dos fatos. A validade da interceptação é publicamente contestada, por ter sido realizada após ordem judicial para a suspensão dos procedimentos.

De fato, houve decisão determinando a interrupção das interceptações em 16.3.2016, às 11h13. A ordem não foi imediatamente cumprida, o que levou ao desvio e gravação do áudio mencionado. No momento, não é necessário emitir juízo sobre a licitude da gravação em tela. Há confissão sobre a existência e conteúdo da conversa, suficiente para comprovar o fato. Em pelo menos duas oportunidades, a Presidente da República admitiu a conversa, fazendo referências ao seu conteúdo. Uma delas, uma nota oficial, datada de quarta-feira, 16 de março de 2016, às 23h58, com o seguinte teor:

> "Para conhecimento público, divulgamos cópia do termo de posse assinado hoje à tarde pelo ex-presidente Lula e que se encontra em poder da Casa Civil. Esse termo foi objeto do telefonema mantido entre o ex-presidente Lula e a presidenta Dilma Rousseff, sendo, no dia de hoje, divulgado, ilegalmente, por decisão da Justiça Federal do Paraná. A presidenta assinará o documento amanhã (17), em solenidade pública de posse, estando presente ou não o ex-presidente Lula. A transmissão de cargo entre o ministro Jaques Wagner e o ex-presidente Lula foi marcada para a próxima terça feira (22). Trata-se de momento distinto da posse. Finalmente, cabe esclarecer que no diálogo entre o ex-presidente Lula e a presidente Dilma a expressão 'pra gente ter ele' significa 'o governo ter o termo de posse', assinado pelo presidente Lula, para em caso de sua ausência já podermos utilizá-lo na cerimônia de amanhã. Por isso, o verbo não é 'usa' mas sim o governo usar o referido termo de posse. Assim, o diálogo foi realizado com base nos princípios republicanos e dentro da estrita legalidade.
>
> Secretaria de Imprensa
> Secretaria de Comunicação Social da Presidência da República".

Outra, discurso proferido pela Presidente da República por ocasião da posse do mencionado ministro, na manhã de 17.3. Ou seja, há uma admissão pessoal da existência da conversa e da autenticidade do conteúdo da gravação. Estamos diante de um caso de confissão extrajudicial, com força para provar a conversa e seu conteúdo, de forma independente da interceptação telefônica. Aplicam-se, aqui, o art. 212, I, do Código Civil combinado com o art. 353 do Código de Processo Civil, vigente por ocasião das declarações:

> "Art. 212. Salvo o negócio a que se impõe forma especial, o fato jurídico pode ser provado mediante:
> I – confissão;

Art. 353. A confissão extrajudicial, feita por escrito à parte ou a quem a represente, tem a mesma eficácia probatória da judicial; feita a terceiro, ou contida em testamento, será livremente apreciada pelo juiz".

A confissão não mereceria invalidação pelo nexo com a prova ilícita – gravação sem autorização. A admissão foi espontânea, na medida em que sobre ela não houve indagação por autoridade. A iniciativa de comentar a conversa, admitindo seu conteúdo, mas contestando sua interpretação, foi da própria autoridade impetrada. Ela não estava sob interrogatório. Tomou a iniciativa de se pronunciar. Assim, salvo hipótese de anulação da confissão – erro de fato ou coação – houve uma admissão irrevogável dos fatos, que torna irrelevante qualquer debate acerca da validade das gravações, na forma do art. 214 do CC:

"Art. 214. A confissão é irrevogável, mas pode ser anulada se decorreu de erro de fato ou de coação".

Ultrapassado esse ponto, passo a avaliar a prova. É notório que o ex-Presidente Luiz Inácio Lula da Silva era pessoa de interesse em duas grandes investigações relativas a fatos ocorridos no seu governo: Operação Zelotes e Operação Lava Jato.

Em 4.3.2016, medidas ostensivas no âmbito da Operação Lava Jato revelaram que o ex-Presidente estava sob investigação. De forma paralela, o ex-Presidente era investigado num esquema de fraudes, desvio de recursos e lavagem de dinheiro no âmbito da cooperativa Bancoop. Em 10.3.2016, foi ele denunciado pelo Ministério Público de São Paulo. Na peça, foi postulada a decretação da prisão preventiva. Em 14.3.2016, fundada na conexão com as investigações da Operação Lava Jato, a juíza da 4ª Vara Criminal de São Paulo declinou da competência da respectiva ação penal para o Juízo responsável por aquela Operação, a 13ª Vara Federal de Curitiba. Ou seja, pairava cenário que indicava que, nos próximos desdobramentos, o ex-Presidente poderia ser implicado em ulteriores investigações, preso preventivamente e processado criminalmente. A assunção de cargo de Ministro de Estado seria uma forma concreta de obstar essas consequências. As conversas interceptadas com autorização da 13ª Vara Federal de Curitiba apontam no sentido de que foi esse o propósito da nomeação. Em 8.3.2016, às 18h11, Luiz Inácio Lula da Silva mantém conversa com o cientista político Alberto Carlos. Este diz que analisou seu caso e que a única chance de escapar da prisão seria a assunção de um Ministério. Transcrevo:

"ALBERTO CARLOS: Eles te condenaram efetivamente, tá?! Não tem defesa jurídica que salve, tá?! eu tô falando assim...

LILS: "uhumm"

ALBERTO CARLOS: eu tô falando é com alarmismo mesmo, tá?

LILS: "uhumm"

ALBERTO CARLOS: É uma decisão individual daquele cara lá de Curitiba. Ele pega e toma a decisão, tá tomada, acabou!

LILS: "uhumm"

ALBERTO CARLOS: No meu entender, ele faz um balão de ensaio na sexta-feira. Como é que seria se ele tomasse essa decisão? Tá, "ele" fez um "testezinho", "vamo" quebrar o gelo e ver como é que seria, tá?! Eu acho, tá, tem uma coisa que tá na mão de vocês, é MINISTÉRIO, acabou, porra!

LILS: "uhumm"

ALBERTO CARLOS: Sabe, eu acho que a vacilação da parte de vocês, tô falando genericamente, de um modo geral, é uma guerra política, é uma disputa política, o cara lá é juiz, mas é um tucano, formação OPUS DEI e o cacete à quatro, entendeu? Ele tá ali, depende da cabeça dele, só na cabeça dele, entendeu? Vai que esse cara é maluco e ousado suficiente pra tomar uma decisão nessa direção?! Você uma coisa na tua mão hoje! Usa caralho!

LILS: "uhumm"

ALBERTO CARLOS: Você entendeu?! É alarmista mesmo, entendeu? Porra, vai incendiar o país se esse cara fizer, ele não é um homem na política.

LILS: Então, deixa eu te falar uma coisa, eu até, até acho que ele deve fazer pra ver o que acontece... Porque veja, eu quero, eu tô vivendo uma situação de anormalidade, ou seja, esses caras podem investigar minha conta na casa do caralho, que não vão encontrar um centavo. Esses caras sabem que eu não tenho apartamento, esses caras sabem que eu não tenho a chácara, esses caras sabem que não só eu fiz muita palestra, como eu fui o mais bem pago conferencista do começo século 21. Só eu e o Clinton... Eu não sei se o Stiglitz depois, sabe? Agora se o cidadão começa a levantar suspeita de tudo isso, eu quero ver como é que eles vão provar que eu tenho uma chácara, como é eles vão provar que eu tenho um apartamento. Porque alguém vai ter que pagar "pra mim ter". Porque eu não posso ter, sem pagar...

ALBERTO CARLOS: É, mas dado a forma com o processo é constituído, eles já fizeram isso, entendeu? Você vai botar a defesa, e eles vão dizer, dane-se! Ele acabou de dizer aí o negócio do MARCELO que é DOMÍNIO DO FATO e acabou, você entendeu?

LILS: "uhumm"

ALBERTO CARLOS: É autoritária, a Justiça Brasileira é a última peça de autoritarismo da sociedade brasileira, e você tá embaixo dela agora, "fodeu!" O cara montou isso. Entendeu? No meu entender é isso, ele tem a faca e o queijo na mão, infelizmente dói dizer isso, tá? Agora, você tem uma coisa na tua mão porra: você, o PT, a DILMA... Faz isso e foda-se! Vai ter porrada? Vão criticar? E daí? Né, porra... Numa boa, você resolve outro problema, que é o problema da governabilidade, Porra, você e DILMA, um depende do outro, cacete!

LILS: "uhumm"

ALBERTO CARLOS: Eu mandei, eu fiz o balão de ensaio com os meus clientes. Mandei um informativo trabalhando com a seguinte hipótese. Joguei, é uma hipótese, da minha cabeça mesmo. Você: MINISTRO; e o PALOCCI na FAZENDA. Cara, nego começou a me ligar, "vai acontecer isso?!" Não, eu falei, é só uma hipótese. Acaba a crise, acaba! Põe o mercado no bolso, e faz o que tem que ser feito, acabou! Porra, só o PT tem isso, tem os dois quadros que acabam com a crise, caralho! Pô, tá esperando o que?! Que arranjo vocês estão esperando?!

LILS: Não, não tô esperando nenhum arranjo não. Pra mim é muito difícil essa hipótese. Na verdade, ELA JÁ OFERECEU, sabe?! Mas eu vou ter uma conversa hoje, que, depois eu te ligo.

ALBERTO CARLOS: Porra, não tem... olha só, o articulador é você. Você tentou lá o PMDB, você tem total credibilidade na frente do PMDB, você tem total credibilidade na frente do PT, total credibilidade na frente de todos os partidos. Acabou, sentou lá, tá resolvido o problema de credibilidade. Tá resolvido. Botou nosso "amigo" lá na Fazenda, tá resolvido a economia, a expectativa pura! Expectativa pura! Eu tô fora aqui, eu tô vendo o que é isso.

LILS: É, mas na hora que esse meu "amigo" faz um papel disso, e a imprensa cai de cacete nele, quem é que defende?!

ALBERTO CARLOS: Foda-se, tá todo mundo fodido, entendeu?

LILS: Porque ele já foi. Eu vou conversar e depois a gente volta a conversar. Eu te ligo amanhã.

ALBERTO CARLOS: Vocês têm a faca e o queijo na mão. Só vocês têm isso no Brasil hoje, mais ninguém. Porra, não vai aproveitar isso?! A sua ousadia, você sempre foi ousado, caralho!

LILS: "uhumm"

ALBERTO CARLOS: Você entende? Ousadia, vai levar porrada, a GLOBO vai bater, "ahh lá, confissão de culpa". Foda-se, o que que é melhor?! Isso daí, ganhar o jogo ou perder o jogo?!

LILS: "uhumm"

ALBERTO CARLOS: Eu acho que não pode ser vacilante, eu acho que o partido tá vacilando nesse momento. É vacilação pura.

LILS: Tá bom.

ALBERTO CARLOS: Vocês têm os quadros, e a faca e o queijo pra reencaminhar a discussão, politicamente falando, tá?! E é você e "nosso amigo" lá. Foda-se, tá todo mundo queimado. A Lava Jato queimou todo mundo, a Câmara, o Senado, porra antes era só ele que tava queimado, agora é todo mundo. E daí?

LILS: "uhumm". Tá bom, meu irmão, obrigado pelo conselho. Tá bom.

ALBERTO CARLOS: Mete pau, é duro falar isso pra você, mas, porra, eu tô alarmado com tudo que tá acontecendo. Eles vão foder o país, e você pode reverter isso, você e DILMA podem reverter isso.

LILS: Tá bom, meu irmão, tá bom, querido.

ALBERTO CARLOS: Vai lá, tamo do lado tá. Do lado tá Tchau".

A hipótese da assunção do cargo público partiu do interlocutor, não de Luiz Inácio Lula da Silva. Além disso, mesmo que, do ponto de vista de Luiz Inácio Lula da Silva, houvesse o objetivo de obstruir as investigações, não seria o suficiente para configurar o desvio de finalidade. Seria indispensável o concurso do agente público responsável pelo ato, no caso, da Presidente da República. Elementos subsequentes indicam esse concurso.

Em uma conversa no dia 10.3, Rui Falcão, Presidente do Partido dos Trabalhadores, propõe ao então Ministro Chefe da Casa Civil, Jaques Wagner, a nomeação de Luiz Inácio Lula da Silva para cargo de Ministro de Estado, para impedir sua prisão:

"RUI FALCÃO: Alô, seu ministro, você tá no celular, é?

ASSESSOR DE JAQUES WAGNER: É.

RUI FALCÃO: Ele sabe as condições que tão o celular dele né?

ASSESSOR DE JAQUES WAGNER: O presidente Rui Falcão quer falar com o senhor rapidinho.

JAQUES WAGNER: Alô.

RUI FALCÃO: Alô.

JAQUES WAGNER: Oi.

RUI FALCÃO: Oi, Jaques. O louco do Conserino aqui pediu a preventiva do Lula.

JAQUES WAGNER: É, eu vi, porra.

RUI FALCÃO: Sim, e eles vão deslocar alguém pra cá, como é que é?

JAQUES WAGNER: Deslocar em que sentido?

RUI FALCÃO: Não, acho que tem que vim (sic) alguém pra cá, porra, pra se mexer aqui também.

JAQUES WAGNER: Mas alguém quem? Só pra eu entender. Não, que eu não tô raciocinando.

RUI FALCÃO: Não tem ministro da Justiça, não tem.

JAQUES WAGNER: Não, tem ministro da Justiça. Ele tá no ministério. Claro. Ele tá no posto.

RUI FALCÃO: Alguma iniciativa vocês precisam tomar.

Porque tá na mão de uma juíza da Quarta Vara que não sabe quando toma decisão, mas pode tomar decisão hoje. Nós...

JAQUES WAGNER: Ah, ele pediu a preventiva do cara em cima do quê?

RUI FALCÃO: Não... não tem... em cima do triplex, da denúncia, ele é louco. Os três promotores aqui, Jaques.

JAQUES WAGNER: Tá bom. Deixa eu fazer alguma coisa aqui.

RUI FALCÃO: É, porque eles podem, a juíza pode despachar agora, tá? Tem os advogados tá lá (sic), "tamo" chamando deputado...

JAQUES WAGNER: Falou, ok.

RUI FALCÃO: A outra coisa é o seguinte: se nomear ele hoje, o que que acontece?

JAQUES WAGNER: Aí não sei, eu tô por fora.

RUI FALCÃO: Então, consulta isso também...

JAQUES WAGNER: Mas ele já decidiu?

RUI FALCÃO: Não, mas nós "tamo" todo mundo pressionou ele aqui. Fernando Haddad, todo movimento sindical, todo mundo.

JAQUES WAGNER: Tá bom.

RUI FALCÃO: Tá.

JAQUES WAGNER: Eu acho que tem que ficar cercado em torno do prédio dele e sair na porrada, Rui.

RUI FALCÃO: Tem nada.

JAQUES WAGNER: Não, tudo bem, ué? Mas tem que cercar tudo.

RUI FALCÃO: Não, eu sei, mas enquanto isso...

JAQUES WAGNER: Tudo bem, deixa eu falar aqui.

RUI FALCÃO: Alerta a presidente. Toma a decisão de Estado-Maior aí.

JAQUES WAGNER: Falou, ok...

RUI FALCÃO: E mantém a gente informado. Ele, tá?

JAQUES WAGNER: Tá bom".

Até então, temos uma sugestão formulada ao membro do primeiro escalão governamental, sem indicação de acolhida por parte da Chefe de Governo.

Mas duas conversas entre Luiz Inácio Lula da Silva e a Presidente da República parecem demonstrar que esta assumiu o propósito como seu. No dia 4.3, às 13h02, Luiz Inácio Lula da Silva se diz assustado com a "República de Curitiba" e afirma que a Suprema Corte está acovardada:

"LILS: É um espetáculo de pirotecnia sem precedentes, querida. Eles estão convencidos de que com a imprensa chefiando qualquer processo investigatório eles conseguem refundar a República.

DILMA: É isso aí!!

LILS: Nós temos uma SUPREMA CORTE totalmente acovardada, nós temos um SUPERIOR TRIBUNAL DE JUSTIÇA totalmente acovardado, um PARLAMENTO totalmente acovardado, somente nos últimos tempos é que o PT e o PC do B é que acordaram e começaram a brigar. Nós temos um PRESIDENTE DA CÂMARA fodido, um PRESIDENTE do SENADO fodido, não sei quantos parlamentares ameaçados, e fica todo mundo no compasso de que vai acontecer um milagre e que vai todo mundo se salvar.

Eu, sinceramente, tô assustado com a "REPÚBLICA DE CURITIBA". Porque a partir de um juiz de 1ª Instância, tudo pode acontecer nesse país.

DILMA: Então era tudo igual o que sempre foi, é?".

Não há aqui pedido de nomeação para o cargo, mas há uma clara indicação da crença de que seria conveniente retirar a acusação da 13ª Vara Federal de Curitiba – a "República de Curitiba" –, transferindo o caso para uma "Suprema Corte acovardada". Além do tumulto processual causado pela declinação, há a crença de que o foro no STF seria leniente com o ex-Presidente.

O objetivo da Presidente da República de nomear Luiz Inácio Lula da Silva para impedir sua prisão é revelado pela conversa seguinte, em 16.3, 13h32. Trata-se de diálogo sobre o termo de posse, com o seguinte conteúdo:

"DILMA: Alô.

LILS: Alô.

DILMA: LULA, deixa eu te falar uma coisa.

LILS: Fala querida. "Ahn"

DILMA: Seguinte, eu tô mandando o "BESSIAS" junto com o PAPEL pra gente ter ele, e só usa em caso de necessidade, que é o TERMO DE POSSE, tá?!

LILS: "Uhum". Tá bom, tá bom.

DILMA: Só isso, você espera aí que ele tá indo aí.

LILS: Tá bom, eu tô aqui, eu fico aguardando.

DILMA: Tá?!

LILS: Tá bom.

DILMA: Tchau.

LILS: Tchau, querida".

A Presidente diz que enviará o termo de posse "para gente ter ele", mas orienta: "só usa em caso de necessidade".

Em suas manifestações sobre o diálogo, a Presidente sustentou que estava mandando uma versão do termo de posse. A justificativa é de que o novo ministro não saberia se poderia ir à cerimônia, marcada para a manhã do dia 17.3. Assim, a Presidente teria mandado o emissário não para entregar o termo, mas para colher a assinatura do empossando, para que o documento ficasse arquivado na Presidência. Transcrevo a nota oficial da Presidência nesse sentido:

> "Finalmente, cabe esclarecer que no diálogo entre o ex-presidente Lula e a presidente Dilma a expressão 'pra gente ter ele' significa 'o governo ter o termo de posse', assinado pelo presidente Lula, para em caso de sua ausência já podermos utilizá-lo na cerimônia de amanhã. Por isso, o verbo não é 'usa' mas sim o governo usar o referido termo de posse".

Essa explicação não corresponde ao que foi dito, nem é compatível com a legislação de regência. A Presidente claramente orienta Luiz Inácio Lula da Silva quanto à utilização do documento: "só usa em caso de necessidade". A tese de que a Presidência ficaria com o documento e só usaria se o empossando não fosse à cerimônia não se coaduna com o dito na conversa. Tampouco a versão oficial é compatível com a legislação de regência do ato de posse.

A lei diz que a posse se dá "pela assinatura do respectivo termo", no prazo de trinta dias "contados da publicação do ato de provimento" – Lei 8.112/89, art. 13, § 1º. Em regra pessoal, a posse pode se dar mediante procuração específica – § 3º do mesmo artigo. Parece indisputável que, no momento da conversa, Luiz Inácio Lula da Silva não poderia tomar posse, por duas razões. Primeiro, porque o cargo de Ministro Chefe da Casa Civil estava ocupado por Jaques Wagner. Segundo, porque ainda não fora nomeado. A exoneração de Wagner e nomeação de Luiz Inácio Lula da Silva aconteceram pela publicação de edição extraordinária do *Diário Oficial da União*, na noite daquele dia 16.3.

A versão oficial está atenta a essa impossibilidade. Não cogita de que a posse estaria ocorrendo no momento da entrega do termo. O documento seria uma reserva, para ser assinada pela Presidente da República, e portanto tornar-se um documento público, no dia seguinte, 17.3, na qual ocorreria a cerimônia. Ocorre que a legislação de regência veda essa hipótese. Se Luiz Inácio Lula da Silva não estivesse presente na cerimônia de posse, duas consequências poderiam ocorrer: ou ele não tomaria posse – podendo fazê-lo a qualquer momento, no intervalo de trinta dias contados da publicação da nomeação – ou tomaria posse por procuração – caso enviasse mandatário com poderes específicos. Em nenhuma hipótese, a posse poderia ocorrer pela aposição, pela Presidente, de sua assinatura, em termo adredemente assinado pelo nomeado. A despeito disso, a Presidente da República emitiu nota, acompanhada de documento intitulado "termo de posse", assinado pela autoridade empossada, mas não pela autoridade que dá a posse, sem data preenchida. O mesmo documento foi exibido na cerimônia de posse, como sendo o objeto da conversa em questão. O texto do documento dá conta de que a suposta posse teria ocorrido "perante a Excelentíssima Senhora Presidenta da República".

Se Luiz Inácio Lula da Silva não houvesse comparecido à cerimônia, isso seria uma clara contrafação. Se havia dúvida quanto à possibilidade de comparecimento pessoal, bastaria deixar procuração assinada com poderes para o ato. Uma explicação plausível para o documento objeto da conversa é que foi produzido um termo de posse, assinado de forma antecipada pela Presidente da República, com a finalidade de comprovar fato não verídico – que Luiz Inácio Lula da Silva já ocupava o cargo de Ministro de Estado. O objetivo da falsidade é claro: impedir o cumprimento de ordem de prisão de juiz de primeira instância. Uma espécie de salvo conduto emitido pela Presidente da República. Ou seja, a conduta demonstra não apenas os elementos objetivos do desvio de finalidade, mas também a intenção de fraudar. Assim, é relevante o fundamento da impetração. É urgente tutelar o interesse defendido.

Como mencionado, há investigações em andamento, para apuração de crimes graves, que podem ser tumultuadas pelo ato questionado. Há, inclusive, pedido de prisão preventiva e de admissibilidade de ação penal, que necessitam de definição de foro para prosseguimento. Por fim, registro que os presentes mandados de segurança coletivos impetrados no Supremo Tribunal Federal não têm o condão de suspender o trâmite de ações populares já em curso em outras instâncias ou mesmo de obstar a propositura de nova demanda. Tratando-se de feitos de competência de instâncias distintas, impossível sua reunião. Tampouco a presente ação impede a análise de tutela de urgência em ações populares, conforme dispõe o art. 1º, § 2º, da Lei 8.437/92.

Ante o exposto, defiro a medida liminar, para suspender a eficácia da nomeação de Luiz Inácio Lula da Silva para o cargo de Ministro Chefe da Casa Civil, determinando a manutenção da competência da justiça em Primeira Instância dos procedimentos criminais em seu desfavor.

ADPF 388[1]

Membros do Ministério Público – Ocupação de cargos públicos fora da instituição – Ressalvado o cargo de professor e funções de magistério – Declaração de inconstitucionalidade da Resolução n. 72/2011 do CNMP – Determinada a exoneração dos ocupantes de cargos em desconformidade com a interpretação fixada.

O Partido Popular Socialista (PPS) propôs arguição de descumprimento de preceito fundamental contra o Decreto de 2 de março de 2016, da Presidente da República. O ato nomeou o procurador de Justiça do Ministério Público do Estado da Bahia, Wellington César Lima e Silva, ao cargo de Ministro de Estado da Justiça.

Sustentou que a nomeação de membro do Ministério Público ao cargo de Ministro de Estado violaria os preceitos fundamentais da independência dos poderes – art. 2º – e da independência funcional do Ministério Público – art. 127, § 1º. Argumentou que o Ministério Público é uma instituição independente em relação ao Poder Executivo incumbida, dentre outras tarefas, da fiscalização do Poder. Alegou que, para assegurar a separação entre Ministério Público e Poder Executivo e afirmar a independência institucional do *Parquet*, a Constituição Federal vedou a promotores de Justiça e procuradores da República o exercício de *"qualquer outra função pública, salvo uma de magistério"* (art. 128, § 5º, II, "d"). Acrescentou haver violação à forma federativa de estado – art. 60, § 4º, I – na medida em que membro de poder de unidade da federação passaria a ocupar cargo diretamente subordinado à Presidência da República. Aduziu que, com a nomeação, os preceitos invocados foram vulnerados, sendo urgente fazer cessar a violação à Constituição Federal.

Requereu medida cautelar para suspender os efeitos da nomeação do procurador de Justiça Wellington César Lima e Silva ao cargo de Ministro de Estado da Justiça ou, se já empossado, para afastá-lo do exercício. No mérito, pediu a desconstituição da nomeação do Procurador de Justiça para o cargo de Ministro de Estado da Justiça.

Em aditamento à petição inicial, o **PPS** ampliou o objeto da demanda (eDOC 7). Narrou que a Resolução 5/2006, do Conselho Nacional do Ministério Público – CNMP, que *"disciplina o exercício de atividade político-partidária e de cargos públicos por membros do Ministério Público Nacional"*, continha disposições que reiteravam a proibição de exercício de *"qualquer outra função pública, salvo uma de magistério"* (art. 2º), vedavam o afastamento para exercício *"de outra função pública, senão o exercício da própria função institucional"* (art. 3º), e afirmavam a inconstitucionalidade de disposições em contrário em leis orgânicas locais (arts. 4º). No entanto, o Conselho teria passado a entender que a vedação constitucional não alcançava cargos de secre-

---

[1] Acordam os ministros do Supremo Tribunal Federal, em sessão plenária, sob a presidência do Ministro Ricardo Lewandowski, na conformidade da ata do julgamento e das notas taquigráficas: (a) por maioria, deliberar pelo início da votação após a leitura integral do voto do Relator, vencido Marco Aurélio que se manifestou pelo julgamento das preliminares antes do mérito; (b) por unanimidade, apreciar diretamente o mérito da ação, superando o pedido de medida liminar (ausente, justificadamente, na ocasião, Marco Aurélio, que havia, em voto antecipado, indeferido a liminar por questão instrumental); (c) por maioria, conhecer da arguição, vencidos Marco Aurélio e, em menor extensão, Edson Fachin; e, (d) no mérito, por unanimidade e nos termos do voto do Relator, julgar procedente, em parte, a ação para estabelecer a interpretação de que membros do Ministério Público não podem ocupar cargos públicos fora do âmbito da Instituição, salvo o de professor e funções de magistério, e declarar a inconstitucionalidade da Resolução 72/2011 do Conselho Nacional do Ministério Público – CNMP –, bem assim determinar a exoneração dos ocupantes de cargos em desconformidade com a interpretação fixada (*DJ* de 1º.8.2016).

1862 Estado de Direito e Jurisdição Constitucional – Decisões relevantes em 15 anos de atuação no STF

tário em administrações estaduais e municipais e de ministro de estado. Narrou que, em razão da mudança de interpretação, o CNMP editou a Resolução 72/2011, que revogou os mencionados artigos 2º a 4º da Resolução 5/2006. Sustentou que a revogação das vedações pela Resolução 72/2011 ofende os preceitos fundamentais que dão causa ao pedido inicial.

Pediu a pronúncia da inconstitucionalidade da Resolução 72/2011, declarando-se que membros do Ministério Público não podem exercer cargos na Administração Pública. Requereu medida liminar para suspender os efeitos da Resolução 72/2011, até o julgamento da demanda.

Os ministérios públicos dos estados de São Paulo (eDOC 13), Mato Grosso (eDOC 27) e Espírito Santo (eDOC 29), a Associação Nacional dos Membros do Ministério Público – CONAMP – e a Associação Nacional dos Procuradores da República – ANPR – (eDOC 15) requerem ingresso no feito na qualidade de *amicus curiae*.

O Procurador-Geral da República pugnou pelo não conhecimento da ADPF ou, subsidiariamente, por sua improcedência (eDOC 29).

O ingresso dos *amici curiae* foi deferido.

É o relatório.

A decisão recebeu a seguinte ementa:

EMENTA: Constitucional. Arguição de descumprimento de preceito fundamental. Membros do Ministério Público. Vedação: art. 128, § 5º, II, "d". 2. ADPF: Parâmetro de controle. Inegável qualidade de preceitos fundamentais da ordem constitucional dos direitos e garantias fundamentais (art. 5º, dentre outros), dos princípios protegidos por cláusula pétrea (art. 60, § 4º, da CF) e dos "princípios sensíveis" (art. 34, VII). A lesão a preceito fundamental configurar-se-á, também, com ofensa a disposições que confiram densidade normativa ou significado específico a um desses princípios. Caso concreto: alegação de violação a uma regra constitucional – vedação a promotores e procuradores da República do exercício de "qualquer outra função pública, salvo uma de magistério" (art. 128, § 5º, II, "d") –, reputada amparada nos preceitos fundamentais da independência dos poderes – art. 2º, art. 60, § 4º, III – e da independência funcional do Ministério Público – art. 127, § 1º. Configuração de potencial lesão a preceito fundamental. Ação admissível. 3. Subsidiariedade – art. 4º, § 1º, da Lei 9.882/99. Meio eficaz de sanar a lesão é aquele apto a solver a controvérsia constitucional relevante de forma ampla, geral e imediata. No juízo de subsidiariedade há de se ter em vista, especialmente, os demais processos objetivos já consolidados no sistema constitucional. Relevância do interesse público como critério para justificar a admissão da arguição de descumprimento. Caso concreto: Institucionalização de prática aparentemente contrária à Constituição. Arguição contra a norma e a prática com base nela institucionalizada, além de atos concretos já praticados. Controle objetivo e subjetivo em uma mesma ação. Cabimento da ADPF. Precedentes. 4. Resolução 5/2006, do Conselho Nacional do Ministério Público – CNMP, que disciplina o exercício de "cargos públicos por membros do Ministério Público Nacional". Derrogação de disposições que reiteravam a proibição de exercício de "qualquer outra função pública, salvo uma de magistério" (art. 2º), vedavam o afastamento para exercício de "de outra função pública, senão o exercício da própria função institucional" (art. 3º), e afirmavam a inconstitucionalidade de disposições em contrário em leis orgânicas locais (art. 4º), pela Resolução 72/2011. Ato fundado em suposta "grande controvérsia" doutrinária sobre a questão, a qual colocaria "em dúvida a conveniência da regulamentação da matéria pelo" CNMP. Norma derrogadora que inaugurou processo que culminou na institucionalização da autorização para o exercício de funções no Poder Executivo por membros do MP. Flagrante contrariedade à Constituição Federal. Vedação a promotores de Justiça e procuradores da República do exercício de "qualquer outra função pública, salvo uma de magistério" (art. 128, § 5º, II, "d"). Regra com uma única exceção, expressamente enunciada – "salvo uma de magistério". Os ocupantes de cargos na Administração Pública Federal, estadual, municipal e distrital, aí incluídos os ministros de estado e os secretários, exercem funções públicas. Os titulares de cargos públicos exercem funções públicas. Doutrina: "Todo cargo tem função". Como não há cargo sem função, promotores de Justiça e procuradores da República não podem exercer cargos na Administração Pública, fora da Instituição. 5. Art. 129, IX, da CF – compete ao MP "exercer outras funções que lhe forem conferidas, desde que compatíveis com sua finalidade, sendo-lhe

Moralidade administrativa 1863

vedada a representação judicial e a consultoria jurídica de entidades públicas". Disposição relativa às funções da instituição Ministério Público, não de seus membros. 6. Licença para exercício de cargo. A vedação ao exercício de outra função pública vige "ainda que em disponibilidade". Ou seja, enquanto não rompido o vínculo com a Instituição, a vedação persiste. 7. Comparação com as vedações aplicáveis a juízes. Ao menos do ponto de vista das funções públicas, a extensão das vedações é idêntica. 8. Cargo versus função pública. O que é central ao regime de vedações dos membros do MP é o impedimento ao exercício de cargos fora do âmbito da Instituição, não de funções. 9. Entendimento do CNMP afrontoso à Constituição Federal e à jurisprudência do STF. O Conselho não agiu em conformidade com sua missão de interpretar a Constituição e, por meio de seus próprios atos normativos, atribuir-lhes densidade. Pelo contrário, se propôs a mudar a Constituição, com base em seus próprios atos. 10. Art. 128, § 5º, II, "d". Vedação que não constitui uma regra isolada no ordenamento jurídico. Concretização da independência funcional do Ministério Público – art. 127, § 1º. A independência do Parquet é uma decorrência da independência dos poderes – art. 2º, art. 60, § 4º, II. Ação julgada procedente em parte, para estabelecer a interpretação de que membros do Ministério Público não podem ocupar cargos públicos, fora do âmbito da Instituição, salvo cargo de professor e funções de magistério, e declarar a inconstitucionalidade da Resolução 72/2011, do CNMP. Outrossim, determinada a exoneração dos ocupantes de cargos em desconformidade com a interpretação fixada, no prazo de até vinte dias após a publicação da ata deste julgamento.

VOTO

A presente arguição de descumprimento de preceito fundamental é cabível.

No que se refere ao **parâmetro de controle**, é muito difícil indicar, a *priori*, os preceitos fundamentais da Constituição passíveis de lesão tão grave que justifiquem o processo e julgamento da arguição de descumprimento.

Não há dúvida de que alguns desses preceitos estão enunciados, de forma explícita, no texto constitucional.

Assim, ninguém poderá negar a qualidade de preceitos fundamentais da ordem constitucional aos direitos e garantias fundamentais (art. 5º, dentre outros). Da mesma forma, não se poderá deixar de atribuir essa qualificação aos demais princípios protegidos pela cláusula pétrea do art. 60, § 4º, da CF: o princípio federativo, a separação de poderes e o voto direto, secreto, universal e periódico.

Por outro lado, a própria Constituição explicita os chamados "princípios sensíveis" cuja violação pode dar ensejo à decretação de intervenção federal nos estados-membros (art. 34, VII).

É fácil de ver que a amplitude conferida às cláusulas pétreas e a ideia de *unidade da Constituição* (*Einheit der Verfassung*) acabam por colocar parte significativa da Constituição sob a proteção dessas garantias. Tal tendência não exclui a possibilidade de um *engessamento* da ordem constitucional, obstando a introdução de qualquer mudança de maior significado. (Brun-Otto Bryde, Verfassungsentwicklung, Stabilität und Dynamik im Verfassungsrecht der Bundesrepublik Deutschland, cit., p. 244)

Daí afirmar-se, correntemente, que tais cláusulas hão de ser interpretadas de forma restritiva.

Essa afirmação simplista, ao invés de solver o problema, pode agravá-lo, pois a tendência detectada atua no sentido não de uma interpretação restritiva das cláusulas pétreas, mas de uma interpretação restritiva dos próprios princípios por elas protegidos.

Essa via, ao invés de permitir um fortalecimento dos princípios constitucionais contemplados nas *garantias de eternidade*, como pretendido pelo constituinte, acarreta, efetivamente, seu enfraquecimento.

Assim, parece recomendável que eventual interpretação restritiva se refira à própria garantia de eternidade sem afetar os princípios por ela protegidos. (Brun-Otto Bryde, Verfassungsentwicklung, Stabilität und Dynamik im Verfassungsrecht der Bundesrepublik Deutschland, cit., p. 244)

Por isso, após reconhecer a possibilidade de que se confira uma interpretação ao art. 79, III, da Lei Fundamental alemã que não leve nem ao engessamento da ordem constitucional, nem à completa nulificação de sua força normativa, afirma Bryde que essa tarefa é prenhe de dificuldades:

"Essas dificuldades residem não apenas na natureza assaz aberta e dependente de concretização dos princípios constitucionais, mas também na relação desses princípios com as concretizações que eles acabaram por encontrar na Constituição. Se parece obrigatória a conclusão de que o art. 79, III, da Lei Fundamental não abarcou todas as possíveis concretizações no seu âmbito normativo, não se afigura menos certo que esses princípios seriam despidos de conteúdo se não levassem em conta essas concretizações. Isso se aplica sobretudo porque o constituinte se esforçou por realizar, ele próprio, os princípios básicos de sua obra. O princípio da dignidade humana está protegido tão amplamente fora do âmbito do art. 1º, que o significado da disposição nele contida acabou reduzido a uma questão secundária (defesa da honra), que, obviamente, não é objeto da garantia de eternidade prevista no art. 79, III. Ainda que a referência ao 1º não se estenda, por força do disposto no art. 1º, III, a toda a ordem constitucional, tem-se de admitir que o postulado da dignidade humana protegido no art. 79, III, não se realiza sem contemplar outros direitos fundamentais. Idêntico raciocínio há de se desenvolver em relação a outros princípios referidos no art. 79, III. Para o Estado de Direito da República Federal da Alemanha afigura-se mais relevante o art. 19, IV (garantia da proteção judiciária), do que o princípio da proibição de lei retroativa que a Corte Constitucional extraiu do art. 20. E, fora do âmbito do direito eleitoral, dos direitos dos partidos políticos e dos chamados direitos fundamentais de índole política, não há limite para a revisão constitucional do princípio da democracia". (Brun-Otto Bryde, Verfassungsentwicklung, Stabilität und Dynamik im Verfassungsrecht der Bundesrepublik Deutschland, cit., p. 245)

Essas assertivas têm a virtude de demonstrar que o efetivo conteúdo das *garantias de eternidade* só será obtido mediante esforço hermenêutico. Somente essa atividade poderá revelar os princípios constitucionais que, ainda que não contemplados expressamente nas cláusulas pétreas, guardam estreita vinculação com os princípios por elas protegidos e estão, por isso, cobertos pela garantia de imutabilidade que delas dimana.

Tal como enunciado normalmente nas chamadas "cláusulas pétreas", os princípios merecedores de proteção parecem despidos de conteúdo específico.

Que significa, efetivamente, "separação de Poderes" ou "forma federativa"? Que é um "Estado Democrático de Direito"? Que significa "proteção da dignidade humana"?

Essas indagações somente podem ser respondidas, adequadamente, no contexto de determinado sistema constitucional. É o exame sistemático das disposições constitucionais integrantes do modelo constitucional que permitirá explicitar o conteúdo de determinado princípio e sempre à luz de um caso concreto.

Ao se deparar com alegação de afronta ao princípio da divisão de poderes de constituição estadual em face dos chamados "princípios sensíveis" (representação interventiva), assentou o notável Castro Nunes em lição que, certamente, se aplica à interpretação das cláusulas pétreas:

"Os casos de intervenção prefigurados nessa enumeração se enunciam por declarações de princípios, comportando o que possa comportar cada um desses princípios como dados doutrinários, que são conhecidos na exposição do direito público. E por isso mesmo ficou reservado o seu exame, do ponto de vista do conteúdo e da extensão e da sua correlação com outras disposições constitucionais, ao controle judicial a cargo do Supremo Tribunal Federal. Quero dizer com estas palavras que a enumeração é limitativa como enumeração (...). A enumeração é taxativa, é limitativa, é restritiva, e não pode ser ampliada a outros casos pelo Supremo Tribunal. Mas cada um desses princípios é dado doutrinário que tem de ser examinado no seu conteúdo e delimitado na sua extensão. Daí decorre que a interpretação é restritiva apenas no sentido de limitada aos princípios enumerados; não o exame de cada um, que não está nem poderá estar limitado, comportando necessariamente a exploração do conteúdo e

Moralidade administrativa **1865**

fixação das características pelas quais se defina cada qual deles, nisso consistindo a delimitação do que possa ser consentido ou proibido aos Estados". (Rp. 94, Rel. Min. Castro Nunes, Archivo Judiciario, 85/31 (34-35), 1947.)

Essa orientação, consagrada pelo STF para os chamados "princípios sensíveis", há de se aplicar à concretização das cláusulas pétreas e, também, dos chamados "preceitos fundamentais".

É o estudo da ordem constitucional no seu contexto normativo e nas suas relações de interdependência que permite identificar as disposições essenciais à preservação dos princípios basilares e aos preceitos fundamentais em um determinado sistema. Tal como ensina J. J. Gomes Canotilho em relação à limitação do poder de revisão, a identificação do preceito fundamental não pode divorciar-se das conexões de sentido captadas do texto constitucional, fazendo-se mister que os limites materiais operem como verdadeiros *limites textuais implícitos* (José Joaquim Gomes Canotilho, *Direito constitucional*, 4. ed., Coimbra: Almedina, 1986, p. 1136).

Dessarte, um juízo mais ou menos seguro sobre a lesão de preceito fundamental consistente nos princípios da divisão de poderes, da forma federativa do Estado ou dos direitos e garantias fundamentais exige, preliminarmente, a identificação do conteúdo dessas categorias na ordem constitucional e, especialmente, de suas relações de interdependência.

Nessa linha de entendimento, a lesão a preceito fundamental não se configurará apenas quando se verificar possível afronta a um princípio fundamental, tal como assente na ordem constitucional, mas também a disposições que confiram densidade normativa ou significado específico a esse princípio.

Tendo em vista as interconexões e interdependências dos princípios e regras, talvez não seja recomendável proceder a uma distinção entre essas duas categorias, fixando um conceito extensivo de preceito fundamental, abrangente das normas básicas contidas no texto constitucional.

No presente caso, o requerente parte da violação a uma regra constitucional – vedação aos promotores de Justiça e procuradores da República do exercício de "*qualquer outra função pública, salvo uma de magistério*" (art. 128, § 5º, II, "d") –, a qual reputa amparada nos preceitos fundamentais da independência dos poderes – art. 2º, art. 60, § 4º, III – e da independência funcional do Ministério Público – art. 127, § 1º – para ancorar o pedido. Em outra linha de raciocínio, defende que a convocação de membro do MP de unidade da federação para ocupar cargo diretamente subordinado à Presidência da República ofenderia a forma federativa de Estado – art. 60, § 4º, I.

Sem adentrar ainda o mérito do acerto das teses, percebe-se que a ação é amparada na suposta violação a preceitos fundamentais da Constituição Federal.

Assim, sob esse aspecto, a ação é admissível.

No que se refere à **subsidiariedade**, a Lei 9.882/99 impõe que a arguição de descumprimento de preceito fundamental somente será admitida se não houver outro meio eficaz de sanar a lesividade (art. 4º, § 1º).

À primeira vista, poderia parecer que somente na hipótese de absoluta inexistência de qualquer outro meio eficaz a afastar a eventual lesão poder-se-ia manejar, de forma útil, a arguição de descumprimento de preceito fundamental. É fácil ver que uma leitura excessivamente literal dessa disposição, que tenta introduzir entre nós o princípio da subsidiariedade vigente no Direito alemão (recurso constitucional) e no Direito espanhol (recurso de amparo), acabaria por retirar desse instituto qualquer significado prático.

De uma perspectiva estritamente subjetiva, a ação somente poderia ser proposta se já se tivesse verificado a exaustão de todos os meios eficazes de afastar a lesão no âmbito judicial. Uma leitura mais cuidadosa há de revelar, porém, que na análise sobre a eficácia da proteção de preceito fundamental nesse processo deve predominar um enfoque objetivo ou de proteção da ordem constitucional objetiva. Em outros termos, o princípio da subsidiariedade – inexistência de outro meio eficaz de sanar a lesão – há de ser compreendido no contexto da ordem constitucional global.

Nesse sentido, se se considera o caráter enfaticamente objetivo do instituto (o que resulta, inclusive, da legitimação ativa), **meio eficaz de sanar a lesão parece ser aquele apto a solver a controvérsia constitucional relevante de forma ampla, geral e imediata**.

No direito alemão, a *Verfassungsbeschwerde* (recurso constitucional) está submetida ao dever de exaurimento das instâncias ordinárias. Todavia, a Corte constitucional pode decidir de imediato um recurso constitucional se se mostrar que a questão é de interesse geral ou se demonstrado que o requerente poderia sofrer grave lesão caso recorresse à via ordinária (Lei Orgânica do Tribunal, § 90, II).

Como se vê, a ressalva constante da parte final do § 90, II, da Lei Orgânica da Corte Constitucional alemã confere ampla discricionariedade para conhecer tanto das questões fundadas no interesse geral (*allgemeine Bedeutung*) quanto daquelas controvérsias baseadas no perigo iminente de grave lesão (*schwerer Nachteil*).

Assim, tem o Tribunal constitucional admitido o recurso constitucional, na forma antecipada, em matéria tributária, tendo em vista o reflexo direto da decisão sobre inúmeras situações homogêneas. (Cf. BVerfGE, 19/268 (273); BVerfGE, 62/338 (342); v. também Klaus Schlaich, *Das Bundesverfassungsgericht*, 4. ed., München, 1997, p. 162).

A Corte considerou igualmente relevante a apreciação de controvérsia sobre publicidade oficial, tendo em vista seu significado para todos os partícipes, ativos e passivos, do processo eleitoral. (Cf. BVerfGE, 62/230 (232); BVerfGE, 62/117 (144); Klaus Schlaich, Das Bundesverfassungsgericht, cit., p. 162.)

No que concerne ao controle de constitucionalidade de normas, a posição da Corte tem-se revelado enfática: *"apresenta-se, regularmente, como de interesse geral a verificação sobre se uma norma legal relevante para uma decisão judicial é inconstitucional"*. (Cf. BVerfGE, 91/93 (106))

No Direito espanhol, explicita-se que cabe o recurso de amparo contra ato judicial desde que *"tenham sido esgotados todos os recursos utilizáveis dentro da via recursal"* (Lei Orgânica do Tribunal Constitucional, art. 44, I). Não obstante, a jurisprudência e a doutrina têm entendido que, para os fins da exaustão das instâncias ordinárias, "não é necessária a interposição de todos os recursos possíveis, senão de todos os recursos razoavelmente úteis". (Cf. José Almagro, *Justicia constitucional*: comentarios a la Ley Orgánica del Tribunal Constitucional, 2. ed., Valencia, 1989, p. 324.)

Nessa linha de entendimento, anotou o Tribunal Constitucional espanhol:

> "(...) ao se manifestar neste caso a vontade do órgão jurisdicional sobre o fundo da questão controvertida, deve-se entender que a finalidade do requisito exigido no art. 44, 1, 'a', da LOTC foi observado, pois o recurso seria, em qualquer caso, ineficaz para reparar a suposta vulneração do direito constitucional em tela" (auto de 11.2.81, n. 19). (Cf. José Almagro, *Justicia constitucional*: comentarios a la Ley Orgánica del Tribunal Constitucional, cit., p. 325. Anote-se que, na espécie, os recorrentes haviam interposto o recurso fora do prazo.)

Vê-se, assim, que também no Direito espanhol tem-se atenuado o significado literal do princípio da subsidiariedade ou do exaurimento das instâncias ordinárias, até porque, em muitos casos, o prosseguimento nas vias ordinárias não teria efeitos úteis para afastar a lesão a direitos fundamentais.

Observe-se, ainda, que a legitimação outorgada ao Ministério Público e ao Defensor do Povo para manejar o recurso de amparo reforça, no sistema espanhol, o caráter objetivo desse processo.

Tendo em vista o Direito alemão, Schlaich transcreve observação de antigo Ministro da Justiça da Prússia segundo o qual "o recurso de nulidade era proposto pelas partes, porém com objetivo de evitar o surgimento ou a aplicação de princípios jurídicos incorretos". (Klaus Schlaich, *Das Bundesverfassungsgericht*, cit., p. 184.)

Em relação ao recurso constitucional moderno, movido contra decisões judiciais, anota Schlaich: "essa deve ser também a tarefa principal da Corte Constitucional com referência aos direitos fundamentais, tendo em vista os numerosos e relevantes recursos constitucionais propostos contra decisões judiciais: contribuir para que outros tribunais logrem uma realização ótima dos direitos fundamentais". (Klaus Schlaich, *Das Bundesverfassungsgericht*, cit., p. 184.)

Em verdade, o princípio da subsidiariedade, ou do exaurimento das instâncias, atua também nos sistemas que conferem ao indivíduo afetado o direito de impugnar a decisão judicial, como um pressuposto de admissibilidade de índole objetiva, destinado, fundamentalmente, a impedir a banalização da atividade de jurisdição constitucional. (Cf., a propósito, Rudiger Zuck, *Das Recht der Verfassungsbeschwerde*, 2. ed., München, 1988, p. 13 e s.)

No caso brasileiro, o pleito a ser formulado pelos órgãos ou entes legitimados dificilmente versará – pelo menos de forma direta – a proteção judicial efetiva de posições específicas por eles defendidas. A exceção mais expressiva reside, talvez, na possibilidade de o Procurador-Geral da República, como previsto expressamente no texto legal, ou qualquer outro ente legitimado, propor a arguição de descumprimento a pedido de terceiro interessado, tendo em vista a proteção de situação específica. Ainda assim o ajuizamento da ação e sua admissão estarão vinculados, muito provavelmente, ao significado da solução da controvérsia para o ordenamento constitucional objetivo, e não à proteção judicial efetiva de uma situação singular.

Assim, tendo em vista o caráter acentuadamente objetivo da arguição de descumprimento, o juízo de subsidiariedade **há de ter em vista, especialmente, os demais processos objetivos já consolidados no sistema constitucional**. Nesse sentido, destaco decisão monocrática do Min. Celso de Mello, na ADPF 126-MC, datada de 19.12.2007:

> "O diploma legislativo em questão – tal como tem sido reconhecido por esta Suprema Corte (*RTJ*, 189/395-397, *v.g.*) – consagra o princípio da subsidiariedade, que rege a instauração do processo objetivo de arguição de descumprimento de preceito fundamental, condicionando o ajuizamento dessa especial ação de índole constitucional à ausência de qualquer outro meio processual apto a sanar, de modo eficaz, a situação de lesividade indicada pelo autor: (...) O exame do precedente que venho de referir (*RTJ* 184/373-374, rel. min. Celso de Mello) revela que o princípio da subsidiariedade não pode – nem deve – ser invocado para impedir o exercício da ação constitucional de arguição de descumprimento de preceito fundamental, eis que esse instrumento está vocacionado a viabilizar, numa dimensão estritamente objetiva, a realização jurisdicional de direitos básicos, de valores essenciais e de preceitos fundamentais contemplados no texto da Constituição da República. (...) Daí a prudência com que o Supremo Tribunal Federal deve interpretar a regra inscrita no art. 4º, § 1º, da Lei n. 9.882/99, em ordem a permitir que a utilização dessa nova ação constitucional possa efetivamente prevenir ou reparar lesão a preceito fundamental causada por ato do Poder Público. Não é por outra razão que esta Suprema Corte vem entendendo que a invocação do princípio da subsidiariedade, para não conflitar com o caráter objetivo de que se reveste a arguição de descumprimento de preceito fundamental, supõe a impossibilidade de utilização, em cada caso, dos demais instrumentos de controle normativo abstrato: (...) A pretensão ora deduzida nesta sede processual, que tem por objeto normas legais de caráter pré-constitucional, exatamente por se revelar insuscetível de conhecimento em sede de ação direta de inconstitucionalidade (*RTJ* 145/339, Rel. Min. Celso de Mello – *RTJ*, 169/763, Rel. Min. Paulo Brossard – ADI 129/SP, Rel. p/ o acórdão Min. Celso de Mello, *v.g.*), não encontra obstáculo na regra inscrita no art. 4º, § 1º, da Lei n. 9.882/99, o que permite – satisfeita a exigência imposta pelo postulado da subsidiariedade – a instauração deste processo objetivo de controle normativo concentrado. Reconheço admissível, pois, sob a perspectiva do postulado da subsidiariedade, a utilização do instrumento processual da arguição de descumprimento de preceito fundamental".

Nesse caso, cabível a ação direta de inconstitucionalidade ou de constitucionalidade, não será admissível a arguição de descumprimento. Em sentido contrário, não sendo admitida a utilização de ações diretas de constitucionalidade ou de inconstitucionalidade – isto é, não se verificando a existência de meio apto a solver a controvérsia constitucional relevante de forma ampla, geral e imediata – há de se entender possível a utilização da arguição de descumprimento de preceito fundamental.

É o que ocorre, fundamentalmente, nas hipóteses relativas ao controle de legitimidade do direito pré-constitucional, do direito municipal em face da Constituição Federal e nas controvérsias sobre direito pós-constitucional já revogado ou cujos efeitos já se exauriram. Nesses casos, em face do não cabimento da ação direta de inconstitucionalidade, não há como deixar de reconhecer a admissibilidade da arguição de descumprimento.

Também, é possível que se apresente arguição de descumprimento com pretensão de ver declarada a constitucionalidade de lei estadual ou municipal que tenha a legitimidade questionada nas instâncias inferiores. Tendo em vista o objeto restrito da ação declaratória de constitucionalidade, não se vislumbra aqui meio eficaz para solver, de forma ampla, geral e imediata, eventual controvérsia instaurada.

Afigura-se igualmente legítimo cogitar de utilização da arguição de descumprimento nas controvérsias relacionadas com o princípio da legalidade (lei e regulamento), uma vez que, assim como assente na jurisprudência, tal hipótese não pode ser veiculada em sede de controle direto de constitucionalidade.

A própria aplicação do princípio da subsidiariedade está a indicar que a arguição de descumprimento há de ser aceita nos casos que envolvam a aplicação direta da Constituição – alegação de contrariedade à Constituição decorrente de decisão judicial ou controvérsia sobre interpretação adotada pelo Judiciário que não cuide de simples aplicação de lei ou normativo infraconstitucional.

Da mesma forma, controvérsias concretas fundadas na eventual inconstitucionalidade de lei ou ato normativo podem dar ensejo a uma pletora de demandas, insolúveis no âmbito dos processos objetivos.

Lembro-me do caso da importação de pneus usados – ADPF 101, rel. Min. Cármen Lúcia, julgada em 11.3.2009. Ali, o objeto da arguição eram as múltiplas decisões judiciais que autorizavam a importação de pneus, contra as normas ambientais. Daí, ter-se admitido a ADPF, em face das decisões judiciais, tendo em vista a necessidade de imediata pacificação do tema. Poder-se-ia ter argumentado que haveria a possibilidade de recursos, que a questão acabaria resolvida pela uniformização da jurisprudência. Isso foi superado pela Corte, exatamente, por entender que havia relevância maior no tema.

Outro caso célebre é o do aborto de fetos anencéfalos – ADPF 54, rel. Min. Marco Aurélio, julgada em 12.4.2012. Pululavam pelas várias instâncias *habeas corpus* tratando do tema. Em geral, ações que sequer eram julgadas definitivamente. Se o juiz concedia a liminar, julgava-se a ação prejudicada. Se não, normalmente os processos judiciais levavam mais de nove meses, pelo que o Tribunal não tinha oportunidade de analisar essa questão constitucional.

Não se pode admitir que a existência de processos ordinários e recursos extraordinários deva excluir, *a priori*, a utilização da arguição de descumprimento de preceito fundamental. Até porque, tal como assinalado, o instituto assume, entre nós, feição marcadamente objetiva.

A propósito, assinalou o Ministro Sepúlveda Pertence, na ADC 1, que a convivência entre o sistema difuso e o sistema concentrado "não se faz sem uma permanente tensão dialética na qual, a meu ver, a experiência tem demonstrado que será inevitável o reforço do sistema

Moralidade administrativa **1869**

concentrado, sobretudo nos processos de massa; na multiplicidade de processos a que inevitavelmente, a cada ano, na dinâmica da legislação, sobretudo da legislação tributária e matérias próximas, levará se não se criam mecanismos eficazes de decisão relativamente rápida e uniforme; ao estrangulamento da máquina judiciária, acima de qualquer possibilidade de sua ampliação e, progressivamente, ao maior descrédito da Justiça, pela sua total incapacidade de responder à demanda de centenas de milhares de processos rigorosamente idênticos, porque reduzidos a uma só questão de direito". (ADC 1, rel. Min. Moreira Alves, julgada em 1º.12.1993, *DJ* de 16.6.1995).

A possibilidade de incongruências hermenêuticas e confusões jurisprudenciais decorrentes dos pronunciamentos de múltiplos órgãos pode configurar ameaça a preceito fundamental (pelo menos, ao da segurança jurídica), o que também está a recomendar uma leitura compreensiva da exigência aposta à lei da arguição, de modo a admitir a propositura da ação especial toda vez que uma definição imediata da controvérsia mostrar-se necessária para afastar aplicações erráticas, tumultuárias ou incongruentes, que comprometam gravemente o princípio da segurança jurídica e a própria ideia de prestação judicial efetiva.

Ademais, a ausência de definição da controvérsia – ou a própria decisão prolatada pelas instâncias judiciais – poderá ser a concretização da lesão a preceito fundamental. Em um sistema dotado de órgão de cúpula que tem missão de guarda da Constituição, a multiplicidade ou a diversidade de soluções pode constituir-se, por si só, em ameaça ao princípio constitucional da segurança jurídica e, por conseguinte, em autêntica lesão a preceito fundamental.

Assim, tendo em vista o perfil objetivo da arguição de descumprimento, com legitimação diversa, dificilmente poder-se-á vislumbrar uma autêntica relação de subsidiariedade entre o novel instituto e as formas ordinárias ou convencionais de controle de constitucionalidade do sistema difuso, expressas, fundamentalmente, no uso do recurso extraordinário.

Como se vê, ainda que aparentemente pudesse ser o recurso extraordinário o meio hábil a superar eventual lesão a preceito fundamental nessas situações, na prática, especialmente nos processos de massa, a utilização desse instituto do sistema difuso de controle de constitucionalidade não se revela plenamente eficaz, em razão do limitado efeito do julgado nele proferido (decisão com efeito entre partes).

Assim sendo, é possível concluir que a simples existência de ações ou de outros recursos processuais – vias processuais ordinárias – não poderá servir de óbice à formulação da arguição de descumprimento. Ao contrário, tal como explicitado, a multiplicação de processos e decisões sobre um dado tema constitucional reclama, as mais das vezes, a utilização de um instrumento de feição concentrada, que permita a solução definitiva e abrangente da controvérsia.

No julgamento da medida cautelar na ADPF 33, o Tribunal acolheu, em linhas gerais, a orientação acima sustentada, tendo considerado cabível, em princípio, ADPF movida em relação à lei estadual pré-constitucional, que indexava o reajuste dos vencimentos de determinado grupo de funcionários ao valor do salário mínimo. Essa orientação foi reafirmada na decisão de mérito, proferida em 7.12.2005. (ADPF 33, rel. Min. Gilmar Mendes, julgada em 7.12.2005; cf. também ADPF 46, rel. Min. Marco Aurélio, red. do acórdão Min. Eros Grau, julgado em 5.8.2009, julgamento não concluído, e ADPF 54 (QO), rel. Min. Marco Aurélio, julgada em 20.10.2004).

Nessas hipóteses, ante a inexistência de processo de índole objetiva apto a solver, de uma vez por todas, a controvérsia constitucional, afigura-se integralmente aplicável a arguição de descumprimento de preceito fundamental. É que as ações originárias e o próprio recurso extraordinário não parecem, as mais das vezes, capazes de resolver a controvérsia constitucional de forma geral, definitiva e imediata.

Estado de Direito e Jurisdição Constitucional – Decisões relevantes em 15 anos de atuação no STF

A necessidade de interposição de uma pletora de recursos extraordinários idênticos poderá, em verdade, constituir-se em ameaça ao livre funcionamento do Supremo Tribunal Federal e das próprias cortes ordinárias.

Dessa forma, o Tribunal poderá conhecer da arguição de descumprimento toda vez que o princípio da segurança jurídica restar seriamente ameaçado, especialmente em razão de conflitos de interpretação ou de incongruências hermenêuticas causadas pelo modelo pluralista de jurisdição constitucional, desde que presentes os demais pressupostos de admissibilidade.

É fácil ver também que a fórmula da **relevância do interesse público** para justificar a admissão da arguição de descumprimento (explícita no modelo alemão) está implícita no sistema criado pelo legislador brasileiro, tendo em vista especialmente o caráter marcadamente objetivo que se conferiu ao instituto.

Assim, o Supremo Tribunal Federal poderá, ao lado de outros requisitos de admissibilidade, emitir juízo sobre a relevância e o interesse público contido na controvérsia constitucional, podendo recusar a admissibilidade da ADPF sempre que não vislumbrar relevância jurídica na sua propositura.

Essa leitura compreensiva da cláusula da subsidiariedade contida no art. 4º, § 1º, da Lei 9.882/99 parece solver, com superioridade, a controvérsia sobre a aplicação do princípio do exaurimento das instâncias.

No presente caso, arguiu-se o descumprimento de preceitos fundamentais por atos normativos e atos concretos. No plano normativo, está o ato do Conselho Nacional do Ministério Público – CNMP, que derrogou resolução que tratava das vedações ao exercício de cargo ou função pública por membro do Ministério Público. No plano concreto, há atos de nomeação de membros do Ministério Público para ocupar cargos fora da Instituição. O caso mais rumoroso, que acabou ensejando a propositura desta ação, foi a nomeação, em 2.3.2016, de Procurador de Justiça do Estado da Bahia para o cargo de Ministro de Estado da Justiça.

Poderíamos cogitar do cabimento de uma ação direta de inconstitucionalidade no caso concreto.

O ato normativo atacado seria a Resolução 72/2011, do CNMP, que derrogou a Resolução 5/2006, a qual disciplinava o exercício de *"cargos públicos por membros do Ministério Público Nacional"*. Os dispositivos revogados continham disposições que reiteravam a proibição constitucional ao exercício de *"qualquer outra função pública, salvo uma de magistério"* (art. 2º), vedavam o afastamento para exercício *"de outra função pública, senão o exercício da própria função institucional"* (art. 3º) e afirmavam a inconstitucionalidade de disposições em contrário em leis orgânicas locais (art. 4º).

Os dispositivos revogados regulamentavam diretamente a vedação constitucional aos promotores e procuradores do exercício de *"qualquer outra função pública, salvo uma de magistério"* (art. 128, § 5º, II, "d"). A revogação decorre de mudança no entendimento do Conselho, que passou a decidir no sentido de que a vedação não abrange claramente o exercício de cargos de ministro e secretário em governos.

Esta Corte tem reconhecido, sem resistências, a natureza normativa dos atos emanados do Conselho Nacional de Justiça e do Conselho Nacional do Ministério Público, como verificado, por exemplo, no julgamento da ADI 3.831-MC, rel. Min. Cármen Lúcia, julgada em 15.12.2006, da ADI 3.823-MC, rel. Min. Cármen Lúcia, julgada em 6.12.2006, e da ADC 12, rel. Min. Carlos Britto, julgada em 20.8.2008.

Moralidade administrativa **1871**

O Tribunal vem afirmando a fungibilidade entre ADPF e ADI. Na ADPF 72, por exemplo, entendeu que, como se cuidava de impugnação de preceito autônomo por ofensa a dispositivos constitucionais, cabível seria a ADI. Daí, ter convertido a ADPF em ação direta – ADPF QO 72, rel. Min. Ellen Gracie, julgada em 1º.6.2005.

Na pior das hipóteses, estamos diante de uma dúvida objetiva quanto à ação cabível.

Se o Tribunal entender em sentido contrário ao cabimento da ADPF, não haveria óbice em converter esta ação em ação direta de inconstitucionalidade.

Mas o caso envolve mais do que a inconstitucionalidade de uma norma do CNMP.

Em verdade, nem ao menos se tem uma norma do CNMP que autorize que os promotores exerçam cargos na Administração. O que ocorreu foi a derrogação da Resolução que portava a vedação. Em seguida, vieram atos de diversos ramos do Ministério Público deferindo afastamento, em suposta desconformidade com a vedação. Por fim, provocado, o CNMP pacificou entendimento que manteve as decisões dos ministérios públicos locais.

Com isso, houve a institucionalização da prática contestada na presente ação, mesmo sem uma resolução que a autorizasse de forma clara.

Ou seja, o ponto central não está na edição de norma incompatível com a Constituição, mas na institucionalização de uma prática contrária à Constituição.

Em verdade, no presente caso, a ação não mira apenas uma norma objetiva. Ataca também o ato da Presidente da República que nomeou o Ministro de Estado da Justiça e, em geral, atos semelhantes em todas as esferas da Administração Pública.

O que está em jogo é a interpretação a ser dada à vedação constante do art. 128, § 5º, II, "d", da Constituição Federal. Essa norma deve ser aplicada, independentemente de regulamentação. Aliás, como será demonstrado na fundamentação, o STF já rejeitou, em diversas oportunidades, leis que, a pretexto de regulamentar, restringiam a vedação constitucional.

Sob esse aspecto, o presente caso guarda semelhanças com a ADPF dos pneus usados – ADPF 101, rel. Min. Cármen Lúcia, julgada em 11.3.2009. Aquela ação não se dirigia contra lei ou ato normativo, tendo como objeto *"decisões judiciais que autorizam a importação de pneus usados"*, ao argumento de que violavam os preceitos fundamentais inscritos nos arts. 196 e 225 da Constituição da República. Sustentava-se que numerosas decisões judiciais estavam sendo proferidas em desconformidade com portarias e decretos de órgãos do Executivo Federal que expressamente vedavam a importação de pneus usados.

O Tribunal afastou a alegação de que a arguição não poderia ser admitida por não cumprir a exigência do art. 4º, § 1º, da Lei 9.882/99: *"tendo em conta a pendência de múltiplas ações judiciais, nos diversos graus de jurisdição, inclusive no Supremo, nas quais há interpretações e decisões divergentes sobre a matéria (...), não havendo outro meio hábil a solucionar a polêmica sob exame"* – ADPF 101, Min. Cármen Lúcia, julgada em 11.3.2009.

A dificuldade em utilizar eficazmente os meios difusos de controle de constitucionalidade também se reflete na hipótese presente.

O tipo de nomeação aqui debatida não afeta diretamente direito subjetivo, sendo restritas as possibilidades de impugnação em ações individuais.

No caso específico da nomeação de Procurador de Justiça do Estado da Bahia para o cargo de Ministro da Justiça, foi proposta a Ação Popular 0013178-74.2016.4.01.3400, buscando a desconstituição do ato.

Muito embora a ação popular de fato pareça uma via processual adequada a atacar as nomeações, seu cabimento não prejudica o uso da ADPF, por se tratar de ação voltada aos casos concretos, conforme já explanado.

O mais relevante, no entanto, é que a questão não se esgota em um episódio de nomeação de Ministro da Justiça. Como mencionado, há uma prática institucionalizada a ser apreciada. O memorial oferecido pela União lista 22 (vinte e dois) membros do Ministério Público exercendo, atualmente, cargos no Poder Executivo Federal, estadual e municipal.

Muitas dessas nomeações não foram sequer levadas ao controle do CNMP. Provavelmente, o número de casos judicializados é ainda menor.

A provocação do CNMP ou da jurisdição demanda do cidadão a disposição para enfrentar o Governo e o Ministério Público, sem a perspectiva de benefício individual em contrapartida.

Talvez por isso, desde de 2011, quando o CNMP resolveu alterar seu entendimento, a questão não foi novamente trazida ao STF em casos concretos.

Ou seja, negando trânsito à ADPF, não haverá outro **meio eficaz de sanar a suposta lesão constitucional relevante de forma ampla, geral e imediata**.

Acrescento que a utilização da ADPF para, simultaneamente, controlar atos normativos e concretos já foi admitida pelo STF no julgamento da arguição relativa ao rito do *impeachment*. O Tribunal, numa única ação, avaliou a recepção da lei de regência do processo de acusação ao Presidente da República – Lei 1.079/50 – e, simultaneamente, apreciou atos concretos adotados com base naquela lei – notadamente, a formação da comissão especial para processamento da acusação contra a Presidente Dilma Rousseff – ADPF 378, rel. Min. Edson Fachin, red. do acórdão Min. Roberto Barroso, julgada em 16.3.2016.

Por essas razões, tenho que a arguição de descumprimento de preceito fundamento é via processual adequada a provocar o controle da constitucionalidade da normatização do CNMP, da interpretação adotada pelos ramos do Ministério Público e dos atos concretos de nomeação de membros do MP a cargos na Administração Pública. Como se verá com mais vagar no curso da fundamentação, essa é uma questão constitucional da maior relevância, que merece a pronta atenção da Corte.

Em memorial, a União arguiu **defeito na representação processual** do Partido requerente, consistente na falta de menção à Resolução 72/2011 do CNMP na procuração. No entanto, como já adiantado, a questão aqui não se resume à invalidade da mencionada Resolução. A procuração confere poderes para postular a declaração da inconstitucionalidade de exercício de cargos por membro do MP. Tenho que esses poderes são suficientes. Mesmo que assim não se entenda, seria possível conferir prazo para correção do defeito. Ou seja, ainda assim, não haveria impedimento ao prosseguimento deste julgamento.

Antes de ingressar propriamente na apreciação da medida liminar, registro que não está em julgamento a questão do exercício de cargos eletivos por promotores e procuradores. Esse é um tema sujeito a regramento próprio – art. 128, § 5º, II, "e" –, não se conformando à vedação que aqui serve de parâmetro – art. 128, § 5º, II, "d". Tampouco, se ingressará na questão da possibilidade de membros do MP submetidos a regime anterior à Constituição Federal de 1988 ocuparem cargos na Administração Pública. Em relação a estes, também há regramento próprio – art. 29, § 3º, do ADCT.

A questão aqui, portanto, se resume ao exercício de cargos não eletivos, por promotores que estão sujeitos ao regime da Constituição vigente.

Feitas essas ponderações, passo à análise **do mérito**.

Moralidade administrativa **1873**

A Resolução 5/2006, do Conselho Nacional do Ministério Público – CNMP, disciplina o exercício de *"cargos públicos por membros do Ministério Público Nacional"*.

Em sua redação original, o texto continha disposições que reiteravam a proibição de exercício de *"qualquer outra função pública, salvo uma de magistério"* (art. 2º), vedavam o afastamento para exercício *"de outra função pública, senão o exercício da própria função institucional"* (art. 3º) e afirmavam a inconstitucionalidade de disposições em contrário em leis orgânicas locais (art. 4º). Transcrevo:

"Art. 2º Os membros do Ministério Público estão proibidos de exercer qualquer outra função pública, salvo uma de magistério.

Parágrafo único. A vedação não alcança os que integravam o *Parquet* em 5 de outubro de 1988 e que tenham manifestado a opção pelo regime anterior.

Art. 3º O inciso IX do artigo 129 da Constituição não autoriza o afastamento de membros do Ministério Público para exercício de outra função pública, senão o exercício da própria função institucional, e nessa perspectiva devem ser interpretados os artigos 10, inciso IX, *c*, da Lei n. 8.625/93, e 6.º, §§ 1º e 2º, da Lei Complementar n. 75/93.

Art. 4º O artigo 44, parágrafo único, da Lei n. 8.625/93 não autoriza o afastamento para o exercício de outra função, vedado constitucionalmente.

Parágrafo único. As leis orgânicas estaduais que autorizam o afastamento de membros do Ministério Público para ocuparem cargos, empregos ou funções públicas contrariam expressa disposição constitucional, o que desautoriza sua aplicação, conforme reiteradas decisões do Supremo Tribunal Federal".

No entanto, o CNMP editou a Resolução 72/2011, que revogou os mencionados arts. 2º a 4º da Resolução 5/2006:

"Art. 1º Ficam revogados os artigos 2º, 3º e 4º da Resolução CNMP n. 05/2006, de 20 de março de 2006.

Art. 2º Esta Resolução entra em vigor na data de sua publicação".

A Resolução 72/2011 é fruto da Proposta de Resolução 295/2011-85, da relatoria da conselheira Cláudia Chagas. De acordo com o voto condutor da mudança, deve ser feita uma interpretação conjunta do art. 128, § 5º, II, "d", com o art. 129, IX, da CF, podendo o MP exercer outras funções, na forma da lei. A vedação impediria ao membro o exercício de outras funções de forma concomitante à atuação de promotor, sendo viável a licença temporária para ocupar outros cargos na Administração Pública.

O voto condutor do projeto de resolução ressaltou que haveria *"grande controvérsia"* doutrinária sobre a questão, a qual colocaria *"em dúvida a conveniência da regulamentação da matéria pelo"* CNMP. Com isso, entendeu-se que os afastamentos deveriam ser apreciados em processos de controle administrativo, caso a caso.

O entendimento da Relatora foi acolhido, por maioria, pelo Conselho, resultando em Resolução com os seguintes *consideranda*:

"**CONSIDERANDO** que a interpretação sistemática dos arts. 128, § 5º, II, 'd', e 129, IX, da Constituição Federal tem gerado interpretações diversas, dentre as quais a que entende ser possível o afastamento do membro do Ministério Público para o exercício de outro cargo público;

CONSIDERANDO que não é conveniente a expedição de ato regulamentar restritivo de direito em matéria controvertida, merecendo a matéria uma discussão mais aprofundada;

CONSIDERANDO a possibilidade de alteração do entendimento jurisprudencial bem como deste CNMP diante da análise de novos argumentos;"

O resultado, no entanto, foi que a norma derrogadora inaugurou processo que culminou na institucionalização da autorização para exercício de funções no Poder Executivo.

A consulta à jurisprudência do Conselho demonstra que, desde a adoção da Resolução 72/2011, o CNMP vem chancelando o afastamento de membros para exercício de cargos no Poder Executivo.

Em relação a membros sujeitos ao regime anterior a 1988, no Processo 43/2011-56, mante-ve-se ato do Ministério Público do Estado do Paraná que autorizou Procuradora de Justiça a exercer cargo de Secretária de Justiça, Cidadania e Direitos Humanos.

Em relação a membros submetidos ao regime da Constituição atual, no Processo 116/2011-18, manteve-se ato do Ministério Público do Estado de São Paulo que autorizou afastamento para exercício de cargo de Diretor-Geral de Departamento Penitenciário. No Processo 149/2011-50, manteve-se decisão do Ministério Público do Estado da Bahia, que autorizou afastamento para ocupar o cargo de Secretário de Justiça, Cidadania e Direitos Humanos.

Após a alteração da norma, apenas em um caso o CNMP contrariou decisão que deferiu afastamento. Tratou-se de promotor de justiça do Estado de Minas Gerais que, a pedido do Go-vernador daquele Estado, foi licenciado para exercer funções na diretoria de empresa privada com sede no Rio de Janeiro.

A diretriz decisória que sobreveio à derrogação da Resolução 5/2006 culminou no despacho que indeferiu medida liminar para impedir a posse de Procurador de Justiça do Estado da Bahia no cargo de Ministro da Justiça. Conforme destacou o relator: *"uma interpretação conjugada do art. 128, § 5º, II, 'd', e 129, IX, da Constituição Federal"* leva à conclusão de que *"inexiste óbice para que o membro do* parquet *se afaste temporariamente de suas funções e ocupe cargo junto ao Poder Executivo, ressalvada a apreciação de cada situação pelo chefe da unidade ministerial e o respectivo Conselho Superior"* (decisão do relator que indeferiu a medida liminar nos Procedi-mentos de Controle Administrativo 1.00093-2016-47 e 1.00094/2016-09).

Segundo informações fornecidas no memorial da União, são, atualmente, 22 (vinte e dois) membros do Ministério Público, em seus diversos ramos, exercendo cargos no Poder Executivo.

Ocorre que a autorização criada pela Resolução 72/2011 é flagrantemente contrária à Constituição Federal.

O texto constitucional vedou a promotores e procuradores o exercício de *"qualquer outra função pública, salvo uma de magistério"* (art. 128, § 5º, II, "d").

Note-se a ênfase do constituinte, ao especificar que a vedação não é simplesmente ao exer-cício de *"outra função pública"*, mas ao exercício de *"**qualquer** outra função pública"*.

O que se extrai daí é o claro objetivo de explicitar que se trata de uma regra sem exceções. Ou, mais propriamente, uma regra com uma única exceção, expressamente enunciada – *"salvo uma de magistério"*.

Os ocupantes de cargos na Administração Pública Federal, estadual, municipal e distrital, aí incluídos os ministros de Estado e os secretários, exercem funções públicas.

Na dicção da própria Constituição Federal, Ministro de Estado é um cargo público – *"art. 12. § 3º São privativos de brasileiro nato os **cargos**: VII – de **Ministro de Estado** da Defesa; art. 56. Não perderá o mandato o Deputado ou Senador: I – investido no **cargo de Ministro de Esta-do"**.* No âmbito das administrações estaduais e municipais, são congêneres ao cargo de ministro de Estado os cargos de secretário.

Os titulares de **cargos públicos** exercem **funções públicas**, como bem explanado por José dos Santos Carvalho Filho:

> "Cargo público é o lugar dentro da organização funcional da Administração Direta e de suas autar-quias e fundações que, ocupado por servidor público, tem funções específicas e remuneração fixadas em lei ou diploma a ela equivalente.

Moralidade administrativa **1875**

A função pública é a atividade em si mesma, ou seja, função é sinônimo de atribuição e corresponde às inúmeras tarefas que constituem o objeto dos serviços prestados pelos servidores públicos.

(...)

Todo cargo tem função, porque não se pode admitir um lugar na Administração que não tenha a predeterminação das tarefas do servidor". (CARVALHO FILHO, José dos Santos. **Manual de Direito Administrativo.** 17. ed. Rio de Janeiro: Lumen Juris, 2007. p. 528-529.)

O exercício de funções fora do âmbito do MP é vedado aos promotores e justiça e procuradores da República. Como não há cargo sem função, promotores e procuradores não podem exercer cargos na Administração Pública, fora da Instituição. Os cargos de ministro de Estado e secretário não são exceções. A exceção única está expressamente enunciada e recai sobre funções de magistério.

O argumento de que o art. 129, IX, da CF deveria ser lido em conjunto com a vedação, como uma espécie de cláusula de exceção, não é preciso. Este último dispositivo é o inciso final da lista de funções institucionais do *Parquet* enumerada no texto constitucional. De acordo com sua redação, compete ao MP *"exercer outras funções que lhe forem conferidas, desde que compatíveis com sua finalidade, sendo-lhe vedada a representação judicial e a consultoria jurídica de entidades públicas".*

Essa disposição é relativa às funções da **Instituição Ministério Público, não de seus membros**. Trata-se de norma com dupla função. Uma primeira, de abertura do rol das atribuições ministeriais. Deixa-se claro que a lista do art. 129 é *numerus apertus*, podendo ser ampliada. Uma segunda, reforça a completa separação, inaugurada pela Constituição de 1.988, do Ministério Público com a Advocacia Pública, ao afastar o *Parquet* de realizar *"a representação judicial e a consultoria jurídica de entidades públicas".*

Assim, por força do art. 129, IX, o rol de atribuições do MP não é exaustivo. A Instituição pode receber atribuições legais não especificadas nos incisos I a VIII do art. 129, mas compatíveis com suas incumbências constitucionais, ou seja, *"a defesa da ordem jurídica, do regime democrático e dos interesses sociais e individuais indisponíveis"* – art. 127, *caput.*

A própria atuação como fiscal da ordem jurídica em processos judiciais que envolvam *"interesse público ou social, interesse de incapaz, ou litígios coletivos pela posse de terra rural ou urbana",* é uma atribuição não especificada no rol, mas prevista em lei – art. 178 da Lei 13.105/15, o novo CPC. Trata-se de atribuição perfeitamente compatível com as funções institucionais do MP – art. 127. No entanto, se não houvesse a cláusula de abertura do art. 129, IX, haveria dificuldade de compatibilizá-la com a Constituição.

Da mesma forma, o dispositivo abre a possibilidade da atuação do Ministério Público perante diversos órgãos da Administração. Por exemplo, há previsão de atuação do Ministério Público perante o Cade – art. 20 da Lei 12.529/11. Mas, nessas hipóteses, o membro atua perante a administração como órgão do MP, observada sua independência funcional, o que não se confunde com o afastamento do membro de suas funções no MP para atuar como ocupante de cargo na Administração Pública de forma subordinada.

Em suma, a disposição simplesmente não trata dos membros da Instituição e, portanto, não os autoriza a exercer funções em outros órgãos da Administração Pública.

O entendimento de que a vedação é quanto ao exercício **concomitante** de funções de promotor e outras funções fora da instituição não passa pela leitura do texto da Constituição. A vedação ao exercício de outra função pública vige *"ainda que em disponibilidade".* Ou seja, enquanto não rompido o vínculo com a Instituição, a vedação persiste. Não se compreende que se possa criar uma licença que suspenda a vedação.

Tampouco, a comparação com as vedações aplicáveis aos juízes parece socorrer a tese.

Transcrevo a redação original da Constituição quanto às vedações de ambas as carreiras para uma melhor visualização:

Juízes:

"Art. 95. (...)

Parágrafo único. Aos juízes é vedado:

I – exercer, ainda que em disponibilidade, outro cargo ou função, salvo uma de magistério;

II – receber, a qualquer título ou pretexto, custas ou participação em processo;

III – dedicar-se à atividade político-partidária."

Membros do MP:

"Art. 128. (...) § 5º (...):

II – as seguintes vedações:

a) receber, a qualquer título e sob qualquer pretexto, honorários, percentagens ou custas processuais;

b) exercer a advocacia;

c) participar de sociedade comercial, na forma da lei;

d) exercer, ainda que em disponibilidade, qualquer outra função pública, salvo uma de magistério;

e) exercer atividade político-partidária, salvo exceções previstas na lei."

O texto constitucional trata, com redação diversa, as vedações análogas aos membros das carreiras. Veda aos juízes exercer *"outro cargo ou função"* – art. 95, parágrafo único, I. Aos promotores, exercer *"qualquer outra função pública"*.

A menção a *"cargo"* no regime jurídico dos juízes decorre da falta de referência ao caráter público das funções vedadas. No caso dos juízes, a vedação mencionada engloba, em alguma medida, **atividades privadas**, notadamente a advocacia e a atuação empresarial. Note-se que a amplitude semântica do art. 95, parágrafo único, I, dispensou inclusive a enunciação expressa da vedação a magistrados do exercício da advocacia.

Já em relação aos membros do MP, a vedação é enunciada como direcionada funções **públicas**. Daí, a necessidade de acrescentar outras alíneas, especificando as mais relevantes funções privadas incompatíveis – advocacia, alínea "b", atividade empresarial, alínea "c".

Não se pode esquecer que a Constituição de 1988 alterou o regime jurídico dos membros do Ministério Público de forma substancial. Talvez, também por isso, o constituinte tenha percebido a necessidade de ser mais específico com as vedações, não confiando apenas na vedação genérica utilizada para magistrados.

Ou seja, há uma lógica na diferença de redação entre as vedações dos juízes e promotores. Mas ela não se projeta na direção de permitir o exercício de cargos públicos pelos promotores.

Ao menos do ponto de vista das funções públicas, a extensão das vedações é idêntica. A lição de que não há cargo sem função permanece aplicável.

Em verdade, **é central ao regime de vedações dos membros do MP o impedimento ao exercício de *cargos* fora do âmbito da Instituição**.

Ao exercer cargo no Poder Executivo, o membro do Ministério Público passa a atuar como subordinado do Chefe da Administração. Isso fragiliza a instituição Ministério Público, que pode ser potencial alvo de captação por interesses políticos e de submissão dos interesses institucionais a projetos pessoais de seus próprios membros. Por outro lado, a independência em relação aos demais ramos da Administração Pública é uma garantia dos membros do MP, que podem exercer suas funções de fiscalização do exercício do Poder Público sem receio de reveses por

Moralidade administrativa 1877

fiscalizarem outros membros que, eventualmente, estão atuando no órgão fiscalizado e, em um momento futuro, retornarão à direção da Instituição.

Ou seja, ao vedar o exercício de funções públicas, a Constituição claramente proibiu a ocupação de cargos públicos.

Nas vezes em que o STF foi chamado a se manifestar sobre a viabilidade de, sob a égide de Constituição de 1988, membro do MP ocupar cargo no Poder Executivo, o julgamento foi em sentido negativo.

O *leading case* foi a cautelar na Ação Direta de Inconstitucionalidade 2.084, rel. Min. Ilmar Galvão, julgada em 16.2.2000, na qual se impugnava, dentre outros dispositivos, o art. 170, parágrafo único, da Lei Complementar estadual 734, de 26.11.1993, que instituiu a Lei Orgânica do Ministério Público do Estado de São Paulo.

O referido preceito enunciava que, não obstante fosse vedado aos membros do Ministério Público o exercício, ainda que em disponibilidade, de qualquer outra função pública, salvo uma de magistério, não constituíam acumulação *"as atividades exercidas em organismos estatais afetos à área de atuação do Ministério Público, em Centro de Estudos e Aperfeiçoamento do Ministério Público, em entidades de representação de classe e o exercício de cargo ou função de confiança da Administração Superior e junto aos Órgãos de Administração ou Auxiliares do Ministério Público"*.

O relator, Ministro Ilmar Galvão, asseverou que o questionado art. 170, parágrafo único, da LC 734/93 deveria ser entendido como mera reprodução explícita do que contido no art. 44, parágrafo único, da Lei Federal 8.625/93 (Lei Orgânica Nacional do Ministério Público), que exclui do rol de atividades vedadas aos membros do Ministério Público *"o exercício de cargos de confiança na sua administração e nos órgãos auxiliares"*. Assim, concluiu o relator que ao dispositivo sob análise deveria ser dada interpretação conforme à Constituição, *"no sentido de somente ser permitido aos promotores e procuradores de Justiça de São Paulo o exercício de cargo ou função de confiança na Administração Superior do próprio Ministério Público"*. A solução proposta naquela assentada, seguida à unanimidade, veio depois a ser confirmada *in totum* no julgamento de mérito da mesma ADI 2.084, ocorrido da sessão plenária de 2.8.2001.

Em oportunidade seguinte, o Supremo Tribunal Federal pronunciou-se de maneira mais veemente quanto à impossibilidade do exercício, por membros do Ministério Público, de cargos em comissão no primeiro escalão da estrutura administrativa do Poder Executivo, tanto no âmbito federal como no estadual. No julgamento do pedido de medida cautelar formulado na Ação Direta de Inconstitucionalidade 2.534, impugnavam-se as alterações introduzidas pela Lei Complementar estadual 61, de 12.7.2001, à Lei Orgânica do Ministério Público do Estado de Minas Gerais (Lei Complementar estadual 34, de 12.9.1994). A redação combatida do art. 142 deste último diploma proclamava a possibilidade do afastamento do membro do Ministério Público, mediante aprovação do Conselho Superior, para o exercício do cargo de ministro, secretário de Estado ou seu substituto imediato. Na linha do precedente já citado, assim consignou em seu voto o relator, Ministro Maurício Corrêa, na sessão plenária de 15.8.2002, acompanhado, quanto a este ponto, por unanimidade:

> "De fato, a Carta de 1988 veda ao membro do *Parquet* o exercício de qualquer outra função pública, ainda que em disponibilidade, salvo uma de magistério. A abrangência da vedação torna induvidosa sua aplicação a todo e qualquer cargo público, por mais relevantes que se afigurem os de Ministro e Secretário de Estado.
>
> De registrar-se que, em face das sensíveis alterações na função institucional reservada ao *Parquet*, a partir da Constituição vigente foram conferidas inúmeras prerrogativas aos seus membros e ao mesmo passo impostas várias vedações, tudo com o objetivo de garantir isenção e independência à sua atuação, tal como ocorre com a magistratura. Tão profundas foram as modificações que o § 3° do artigo 29 do

ADCT-CF/88 facultou aos então procuradores e promotores a possibilidade de optar pelo regime anterior ou o que estava se implantando.

Este Tribunal, ainda na ADI 2.084, analisando questão análoga, decidiu que o 'exercício de cargo ou função de confiança na Administração Superior' pelos membros do MP deve ser entendido como exercício na administração superior do próprio Ministério Público apenas, e não na administração pública como um todo, o que exclui a possibilidade de ocupação dos cargos em apreço.

Dessa forma, impõe-se o deferimento do pedido cautelar quanto ao preceito do inciso II do artigo 142 em causa, pois os cargos ali enumerados não dizem respeito à administração superior do próprio Ministério Público e sim do Poder Executivo federal e estadual, daí decorrendo clara violação aos artigos 128, § 5°, inciso II, letra *d*, e 127, § 2°, *in fine*, c/c o parágrafo único do artigo 44 da Lei 8.625/93."

Já depois da Criação do Conselho Nacional do Ministério Público pela Emenda Constitucional 45, de 8.12.2004, esta Corte deparou-se mais uma vez com o tema em debate no julgamento da Ação Direta de Inconstitucionalidade 2.836, rel. Min. Eros Grau, que tinha como objeto os arts. 9°, § 1°, *c*, e 165 da Lei Orgânica do Ministério Público do Estado do Rio de Janeiro (Lei Complementar 106, de 3.1.2003). Sustentou o autor da ação que o primeiro dispositivo citado, ao enunciar a inelegibilidade, para o cargo de Procurador-Geral de Justiça, dos procuradores e promotores que *"ocuparem qualquer outro cargo ou função de confiança"*, estaria a permitir o exercício, por membros do Ministério Público, de atividades vedadas pelo art. 128, § 5°, II, "d", da Constituição Federal.

Quanto a esse tópico, relevante destacar a manifestação da Procuradoria-Geral da República, transcrita no voto do relator, Ministro Eros Grau:

"Como se pode perceber, o dispositivo normativo atacado não permite, como afirma o requerente, que o membro do Ministério Público exerça qualquer outro cargo ou função de confiança no âmbito da Administração Pública, como as de Secretário de Estado. A norma prescreve que, para os casos em que os membros do Ministério Público estejam ocupando qualquer outro cargo ou função de confiança e desejem se eleger ao cargo de Procurador-Geral de Justiça, é obrigatória a desincompatibilização, mediante afastamento, pelo menos sessenta dias antes da data da eleição. Essa norma é aplicável àqueles membros que já ocupem cargo ou função de confiança, no caso, aqueles que estão ocupando cargos ou funções de confiança na administração do próprio Ministério Público e em seus órgãos auxiliares ou em órgãos estatais afetos à área de atuação da Instituição".

Concluiu, assim, o Tribunal naquela assentada, ocorrida em 17.11.2005, que o comando impugnado, ao tratar de requisito para disputa do cargo eletivo de Procurador-Geral de Justiça, não permitia o exercício de cargos ou funções de confiança fora do âmbito do Ministério Público fluminense, sendo expressa, na própria Lei Orgânica estadual, a vedação ao exercício, ainda que em disponibilidade, de qualquer outra função pública, salvo a de magistério (LC 106/2003, art. 119, IV).

Ainda, em processos objetivos, julgou-se inconstitucional a lei do Estado do Espírito Santo – que permitia o *"exercício de cargo comissionado estadual ou federal fora da instituição por membros do Ministério Público"* – na ADI 3.298, rel. Min. Gilmar Mendes, julgada em 10.5.2007.

Fundamentos semelhantes levaram a Corte a declarar a inconstitucionalidade da lei orgânica de Sergipe. Novamente, afirmou-se que o *"afastamento de membro do Parquet para exercer outra função pública viabiliza-se apenas nas hipóteses de ocupação de cargos na administração superior do próprio Ministério Público"*. Assim, os *"cargos de Ministro, Secretário de Estado ou do Distrito Federal, Secretário de Município da Capital ou Chefe de Missão Diplomática não dizem respeito à administração do Ministério Público, ensejando, inclusive, se efetivamente exercidos, indesejável vínculo de subordinação de seus ocupantes com o Executivo"* – ADI 3.574, rel. Min. Ricardo Lewandowski, julgado em 16.5.2007.

Também, em processos subjetivos a Corte já produziu manifestações na mesma linha.

O Tribunal Pleno denegou a ordem pleiteada em mandado de segurança, por meio do qual fora impugnado ato do CNMP que, com base na Resolução 5/2006, impediu promotor de Justiça de ocupar cargo na diretoria do IBAMA. Daquela feita, afirmou-se a *"impossibilidade de membro do Ministério Público que ingressou na instituição após a promulgação da Constituição de 1988 exercer cargo ou função pública em órgão diverso da organização do Ministério Público"* – MS 26.595, rel. Min. Cármen Lúcia, Tribunal Pleno, julgado em 7.4.2010.

Em outro caso, afastou-se a possibilidade do exercício, por promotores do Paraná, de função no Conselho Estadual da Polícia Civil – RE 742.055, Agravo Regimental, Segunda Turma, rel. Min. Celso de Mello, julgado em 6.8.2013.

A própria Resolução 5/2006, do Conselho Nacional do Ministério Público – CNMP, foi contestada, sem sucesso, nas ADI 3.838 e 3.839. Indeferi as respectivas liminares, em janeiro de 2007, no exercício da Presidência. Os processos pendem de julgamento.

Ou seja, há uma jurisprudência consolidada. Sete ministros da composição atual já votaram acompanhando o entendimento contrário ao afastamento para exercício de cargos – Celso de Mello, Marco Aurélio, Gilmar Mendes, Ricardo Lewandowski, Cármen Lúcia e Dias Toffoli no MS 26.595, além de Teori Zavascki no Agravo Regimental no Recurso Extraordinário 676.733. Não houve qualquer alteração fática ou normativa que possa levar a crer em mudança. Não se tem notícia de qualquer sinalização de câmbio na jurisprudência.

O CNMP adotou entendimento afrontoso à Constituição Federal e à jurisprudência do STF. Criou uma exceção à vedação constitucional, que textualmente não admitia exceções. O Conselho não agiu em conformidade com sua missão de interpretar a Constituição e, por meio de seus próprios atos normativos, atribuir-lhe densidade. Pelo contrário, se propôs a mudar a Constituição, com base em seus próprios atos.

Lembro-me aqui da lição de Konrad Hesse:

> "Um ótimo desenvolvimento da força normativa da Constituição depende não apenas do seu conteúdo, mas também de sua práxis. De todos os partícipes da vida constitucional, exige-se partilhar aquela concepção anteriormente por mim denominada vontade de Constituição (*Wille zur Verfassung*). Ela é fundamental, considerada global ou singularmente.

> Todos os interesses momentâneos – ainda quando realizados – não logram compensar ganho resultante do comprovado respeito à Constituição, sobretudo naquelas situações em que a sua observância revela-se incômoda. Como anotado por Walter Burckhardt, aquilo que é identificado como vontade da Constituição 'deve ser honestamente preservado, mesmo que, para isso, tenhamos de renunciar a alguns benefícios, ou até a algumas vantagens justas. Quem se mostra disposto a sacrificar um interesse em favor da preservação de um princípio constitucional fortalece o respeito à Constituição e garante um bem da vida indispensável à essência do Estado, mormente ao Estado democrático'. Aquele que, ao contrário, não se dispõe a esse sacrifício, 'malbarata, pouco a pouco, um capital que significa muito mais do que todas as vantagens angariadas, e que, desperdiçado, não mais será recuperado". (*A Força Normativa da Constituição*, Porto Alegre: Sergio Antonio Fabris Editor, 1991, p. 21-22).

Em suma, somente mudando o conteúdo da Constituição é possível tolerar o exercício, por membro do MP, de cargo na Administração Pública, fora da Instituição, que não seja de professor.

Assim, a Resolução 72/2011, e a prática instaurada na sua sequência, são, sob o pretexto de interpretar, uma tentativa de emendar Constituição.

Com isso não se quer dizer que o Conselho não poderia mudar sua resolução. Nada impediria que o texto normativo fosse alterado para, por exemplo, regulamentar situações específicas, como a definição de função pública em casos limítrofes, a aplicabilidade da vedação a membros sob o regime constitucional anterior ou outros pontos periféricos. Mas a criação do vácuo normativo, para dar ensejo ao descumprimento claro da Constituição, está além do poder do CNMP.

A vedação em questão não é uma regra isolada no ordenamento jurídico. Ela se presta a concretizar a independência funcional do Ministério Público – art. 127, § 1º. Por sua vez, a independência do *Parquet* é uma decorrência da independência dos poderes – art. 2º, art. 60, § 4º, III.

Nesse sentido, leciona Paulo Gonet que as vedações aos membros do Ministério Público listadas na Constituição são *"sempre orientadas ao propósito de fortificar a própria Instituição"*. Vedam-se *"situações capazes de pôr em risco a autonomia planejada"* (GONET BRANCO, Paulo Gustavo. Ministério Público, advocacia e defensoria pública – Funções essenciais à Justiça. In: **Curso de Direito Constitucional**. MENDES, Gilmar; GONET BRANCO, Paulo Gustavo. 11. ed. São Paulo: Saraiva, 2016. p. 1062).

De forma semelhante, José Adércio lembra que as vedações são *"destinadas a assegurar uma atuação livre de coações e de influência sobranceira de interesses privados sobre a finalidade institucional"* (SAMPAIO, José Adércio Leite. Comentários ao art. 128. In: **Comentários à Constituição do Brasil**. J. J. Gomes Canotilho et. al. São Paulo: Saraiva/Almedina, 2013. p. 1529).

Na mesma linha, bem pontuou o hoje Procurador-Geral da República, Rodrigo Janot Monteiro de Barros, ao se manifestar em sentido contrário à participação de promotores em conselho consultivo ou deliberativo, no já mencionado caso do Paraná: *"As vedações constitucionais incidentes sobre as atividades dos Membros do Ministério Público constituem verdadeiros mandamentos de ordem ético-jurídica, destinados a tornar efetivos os princípios da autonomia e da independência funcional do* Parquet*"* – parecer no RE 742.055, rel. Min. Celso de Mello, 9.5.2013.

A vedação é, em primeiro lugar, uma defesa da Instituição Ministério Público, que não fica subordinada aos interesses políticos, e mesmo a projetos pessoais de seus próprios membros. Em segundo lugar, é uma garantia de seus membros, que podem exercer suas funções de tutela da Administração Pública sem receio de reveses por fiscalizarem outros membros que, em um momento futuro, retornarão à direção da Instituição.

Portanto, é relevante o fundamento do pedido, quanto à alegação de violação à independência dos poderes – art. 2º, art. 60, § 4º, III – e à independência funcional do Ministério Público – art. 127, § 1º. Estamos diante de uma inconstitucionalidade, ofensiva a preceitos constitucionais fundamentais.

Ressalto, no entanto, que a forma federativa de Estado – art. 60, § 4º, I, da CF – não é violada pela nomeação de membro de poder de unidade da federação para ocupar cargo no Governo Federal. Se fosse viável a ocupação do cargo na Administração Federal, seria ela mediante afastamento do cargo na origem. Assim, esse argumento é de todo improcedente.

Entretanto, o fundamento aceito é suficiente para que o pedido seja acolhido.

A princípio, o caso foi trazido a julgamento para análise da medida liminar. O Min. Dias Toffoli formulou proposta de converter o exame da tutela de urgência em julgamento definitivo, acolhida pelo Plenário. Assim, a ação deve ser julgada procedente em parte.

O pleito não está sendo acolhido em sua integralidade porque não se está anulando a nomeação do Ministro da Justiça. Isso não quer dizer que o Tribunal considerou que o Procurador de Justiça pode seguir no cargo.

Está sendo fixado prazo para que todos os membros do Ministério Público que atualmente ocupam cargos na Administração Pública se desincompatibilizem, exonerando-se de um dos cargos. Na inércia, deverão ser exonerados do cargo na Administração Pública.

Improbidade administrativa 1881

Por fim, tenho que não é conveniente suspender a mencionada ação popular, ou outras em tramitação com fundamento semelhante. No entanto, enquanto vigorar a liminar ora proposta, o exercício do cargo ficará impedido, ainda que a ação individual venha a ser julgada improcedente.

Ante o exposto, **julgo procedente em parte o pedido**, para estabelecer a interpretação de que membros do Ministério Público não podem ocupar cargos públicos, fora do âmbito da Instituição, salvo cargo de professor e funções de magistério, e declarar a inconstitucionalidade da Resolução 72/2011, do CNMP.

Ademais, determino a exoneração dos ocupantes de cargos em desconformidade com a interpretação fixada, no prazo de vinte dias após a publicação da ata deste julgamento.

É o voto.

23. Improbidade administrativa

ADI 2.797[1]

Foro especial por prerrogativa de função – Manutenção após o mandato – Extensão, no tempo, ao momento posterior à cessação da investidura – Súmula 394/STF (cancelamento pelo Supremo) – Lei n. 10.628/2002, que acrescentou o § 1º e o § 2º ao art. 84 do CPP – Inadmissibilidade de interpretação autêntica da Constituição por lei ordinária – Usurpação da competência do STF.

Cuidava-se de ação direta de inconstitucionalidade que contestava a legitimidade constitucional das alterações operadas no art. 84 do Código de Processo Penal, mediante a edição da Lei n. 10.628/2002.

Mais especificamente, o objeto da ação direta eram os parágrafos incluídos no mencionado dispositivo legal:

Art. 84. A competência pela prerrogativa de função é do Supremo Tribunal Federal, do Superior Tribunal de Justiça, dos Tribunais Regionais Federais e Tribunais de Justiça dos Estados e do Distrito Federal, relativamente às pessoas que devam responder perante eles por crimes comuns e de responsabilidade.

§ 1º A competência especial por prerrogativa de função, relativa a atos administrativos do agente, prevalece ainda que o inquérito ou a ação judicial sejam iniciados após a cessação do exercício da função pública.

§ 2º A ação de improbidade, de que trata a Lei n. 8.429, de 2 de junho de 1992, será proposta perante o tribunal competente para processar e julgar criminalmente o funcionário ou autoridade na hipótese de prerrogativa de foro em razão do exercício de função pública, observado o disposto no § 1º.

A Procuradoria-Geral opinou pela procedência parcial da ADI 2.797.

A ementa do julgado foi redigida nos seguintes termos:

EMENTA: I. ADIn: legitimidade ativa: "entidade de classe de âmbito nacional" (art. 103, IX, CF): Associação Nacional dos Membros do Ministério Público – CONAMP 1. Ao julgar, a ADIn 3153-AgR, 12.08.04, Pertence, Inf STF 356, o plenário do Supremo Tribunal abandonou o entendimento que excluía as entidades de classe de segundo grau – as chamadas "associações de associações" – do rol dos legitimados à ação direta. 2. De qualquer sorte, no novo estatuto da CONAMP – agora Associação Nacional dos Membros do Ministério Público – a qualidade de "associados efetivos" ficou adstrita às pessoas físicas integrantes da categoria, – o que basta a satisfazer a jurisprudência restritiva –, ainda que o estatuto reserve às associações afiliadas papel relevante na gestão da entidade nacional. II. ADIn: pertinência temática. Presença da relação de pertinência te-

---

[1] O Tribunal, por maioria, julgou procedente a ação, nos termos do voto do relator, Ministro Sepúlveda Pertence, para declarar a inconstitucionalidade da Lei n. 10.628, de 24.12.2002, que acresceu os §§ 1º e 2º ao artigo 84 do Código de Processo Penal vencidos os Senhores Ministros Eros Grau, Gilmar Mendes e a Presidente, Min. Ellen Gracie (*DJ* de 19.12.2006).

mática entre a finalidade institucional das duas entidades requerentes e os dispositivos legais impugnados: as normas legais questionadas se refletem na distribuição vertical de competência funcional entre os órgãos do Poder Judiciário – e, em consequência, entre os do Ministério Público. III. Foro especial por prerrogativa de função: extensão, no tempo, ao momento posterior à cessação da investidura na função dele determinante. Súmula 394/STF (cancelamento pelo Supremo Tribunal Federal). Lei 10.628/2002, que acrescentou os §§ 1º e 2º ao artigo 84 do C. Processo Penal: pretensão inadmissível de interpretação autêntica da Constituição por lei ordinária e usurpação da competência do Supremo Tribunal para interpretar a Constituição: inconstitucionalidade declarada. 1. O novo § 1º do art. 84 CPrPen constitui evidente reação legislativa ao cancelamento da Súmula 394 por decisão tomada pelo Supremo Tribunal no Inq 687-QO, 25.8.97, rel. o em. Ministro Sydney Sanches (RTJ 179/912), cujos fundamentos a lei nova contraria inequivocamente. 2. Tanto a Súmula 394 como a decisão do Supremo Tribunal, que a cancelou, derivaram de interpretação direta e exclusiva da Constituição Federal. 3. Não pode a lei ordinária pretender impor, como seu objeto imediato, uma interpretação da Constituição: a questão é de inconstitucionalidade formal, ínsita a toda norma de gradação inferior que se proponha a ditar interpretação da norma de hierarquia superior. 4. Quando, ao vício de inconstitucionalidade formal, a lei interpretativa da Constituição acresça o de opor-se ao entendimento da jurisprudência constitucional do Supremo Tribunal – guarda da Constituição –, às razões dogmáticas acentuadas se impõem ao Tribunal razões de alta política institucional para repelir a usurpação pelo legislador de sua missão de intérprete final da Lei Fundamental: admitir pudesse a lei ordinária inverter a leitura pelo Supremo Tribunal da Constituição seria dizer que a interpretação constitucional da Corte estaria sujeita ao referendo do legislador, ou seja, que a Constituição – como entendida pelo órgão que ela própria erigiu em guarda da sua supremacia –, só constituiria o correto entendimento da Lei Suprema na medida da inteligência que lhe desse outro órgão constituído, o legislador ordinário, ao contrário, submetido aos seus ditames. 5. Inconstitucionalidade do § 1º do art. 84 C.Pr.Penal, acrescido pela lei questionada e, por arrastamento, da regra final do § 2º do mesmo artigo, que manda estender a regra à ação de improbidade administrativa. IV. Ação de improbidade administrativa: extensão da competência especial por prerrogativa de função estabelecida para o processo penal condenatório contra o mesmo dignitário (§ 2º do art. 84 do C.Pr.Penal introduzido pela L. 10.628/2002): declaração, por lei, de competência originária não prevista na Constituição: inconstitucionalidade. 1. No plano federal, as hipóteses de competência cível ou criminal dos tribunais da União são as previstas na Constituição da República ou dela implicitamente decorrentes, salvo quando esta mesma remeta à lei a sua fixação. 2. Essa exclusividade constitucional da fonte das competências dos tribunais federais resulta, de logo, de ser a Justiça da União especial em relação às dos Estados, detentores de toda a jurisdição residual. 3. Acresce que a competência originária dos Tribunais é, por definição, derrogação da competência ordinária dos juízos de primeiro grau, do que decorre que, demarcada a última pela Constituição, só a própria Constituição a pode excetuar. 4. Como mera explicitação de competências originárias implícitas na Lei Fundamental, à disposição legal em causa seriam oponíveis as razões já aventadas contra a pretensão de imposição por lei ordinária de uma dada interpretação constitucional. 5. De outro lado, pretende a lei questionada equiparar a ação de improbidade administrativa, de natureza civil (CF, art. 37, § 4º), à ação penal contra os mais altos dignitários da República, para o fim de estabelecer competência originária do Supremo Tribunal, em relação à qual a jurisprudência do Tribunal sempre estabeleceu nítida distinção entre as duas espécies. 6. Quanto aos Tribunais locais, a Constituição Federal – salvo as hipóteses dos seus arts. 29, X e 96, III –, reservou explicitamente às Constituições dos Estados-membros a definição da competência dos seus tribunais, o que afasta a possibilidade de ser ela alterada por lei federal ordinária. V. Ação de improbidade administrativa e competência constitucional para o julgamento dos crimes de responsabilidade. 1. O eventual acolhimento da tese de que a competência constitucional para julgar os crimes de responsabilidade haveria de estender-se ao processo e julgamento da ação de improbidade, agitada na Rcl 2138, ora pendente de julgamento no Supremo Tribunal, não prejudica nem é prejudicada pela inconstitucionalidade do novo § 2º do art. 84 do C.Pr.Penal. 2. A competência originária dos tribunais para julgar crimes de responsabilidade é bem mais restrita que a de julgar autoridades por crimes comuns: afora o caso dos chefes do Poder Executivo – cujo impeachment é da competência dos órgãos políticos – a cogitada competência dos tribunais não alcançaria, sequer por integração analógica, os membros do Congresso Nacional e das outras casas legislativas, aos quais, segundo a Constituição, não se pode atribuir a prática de crimes de

1884 Estado de Direito e Jurisdição Constitucional – Decisões relevantes em 15 anos de atuação no STF

responsabilidade. 3. Por outro lado, ao contrário do que sucede com os crimes comuns, a regra é que cessa a imputabilidade por crimes de responsabilidade com o termo da investidura do dignitário acusado.

VOTO

PARTE I) DA DIMENSÃO SUBJETIVA DO EFEITO VINCULANTE DAS DECLARAÇÕES DE CONSTITUCIONALIDADE OU INCONSTITUCIONALIDADE PELO SUPREMO TRIBUNAL FEDERAL

Senhora Presidente, antes de tecer maiores considerações sobre o objeto da presente ação direta de inconstitucionalidade, gostaria de frisar o papel institucional exercido por este Supremo Tribunal Federal no contexto da jurisdição constitucional brasileira (CF, art. 102).

A partir dos problemas apontados pelo ilustre Relator, Min. Sepúlveda Pertence, poder-se-ia cogitar que na discussão da presente ADI – embora Sua Excelência já tenha retrocedido – só falta o registro histórico, a esta altura, da posição da inconstitucionalidade formal. Sua Excelência, então, sustentou que a discussão deveria ser balizada pela opção jurisprudencial assumida pelo Tribunal na ocasião da revogação da Súmula n. 394/STF.

Em voto datado de 22 de setembro de 2004, o Min. Pertence foi enfático no sentido de que:

> "Admitir pudesse a lei ordinária inverter a leitura pelo Supremo Tribunal da Constituição seria dizer que a interpretação constitucional da Corte estaria sujeita ao referendo do legislador, ou seja, que a Constituição – como entendida pelo órgão que ela própria erigiu em guarda da sua supremacia – só constituiria a Lei Suprema na medida da inteligência que lhe desse outro órgão constituído, o legislador ordinário, ao contrário, submetido aos seus ditames."

Considerados esses argumentos, é interessante mencionar ainda a manifestação, em sentido diametralmente oposto, do próprio Min. Sepúlveda Pertence em recente sessão plenária.

No julgamento do Agravo Regimental na Reclamação n. 2.617/MG, Rel. Min. Cezar Peluso, ocorrido em 23 de fevereiro do corrente ano, esta Corte se pronunciou sobre a dimensão subjetiva do efeito vinculante nas hipóteses de declaração de constitucionalidade ou inconstitucionalidade de ato legislativo estadual – esse é o caso de Minas Gerais.

No caso concreto, discutia-se se o legislador estadual de Minas Gerais poderia editar lei com teor substancialmente idêntico a outro ato normativo anteriormente declarado inconstitucional por esta Corte Suprema – a hipótese é idêntica. Na espécie, o caso ainda contava com a peculiaridade de que a decisão tida por descumprida (ADI n. 2.224/DF) referia-se à legislação de outra unidade da federação, o Estado do Ceará.

Ao se defrontar diretamente com esse problema, o Min. Pertence assim se manifestou, *verbis*:

> "Na verdade, a revisão da declaração de inconstitucionalização, à vista de normas infraconstitucionais posteriores que substancialmente nela reincidem, é positiva porque se distingue dos descaminhos do simples desaforo contra a declaração assentada e permite reabrir a discussão, à vista de normas posteriores que traduzem outro contexto, histórico ou político, e que podem induzir à mutação informal da Constituição."

[E prosseguiu o Min. Pertence]

> "Considero salutar que o efeito vinculante não alcance o legislador de modo a impedir-lhe a reedição de norma similar ou de conteúdo idêntico. É que, quando o Supremo Tribunal conclui pela constitucionalidade, não estando o próprio Supremo vinculado, a questão pode ser reaberta."

Por que esta hipótese? O Tribunal não está vinculado à lei e, no nosso caso, ainda de maneira mais flagrante do que no modelo americano, que está adstrito à possibilidade de uma provocação a partir da manifestação de partes eventualmente interessadas. Portanto, totalmente diferente – não é Ministro Joaquim? – do que acontece no sistema alemão, no sistema brasileiro da ADI, com a possibilidade de que os tradicionais partidos políticos com um representante – das famosas "unorias", as "minorias de um só" – possam fazer a provocação no Supremo Tribunal Federal.

Mais ainda dizia Sua Excelência, o Min. Pertence:

"Mas não, assim, quando o Supremo declara inconstitucional a lei: aí, a única forma de o tema constitucional, em atenção, às vezes, às mutações constitucionais que a própria História impõe, voltar ao Tribunal é que o legislador edite norma similar."

Parece-me que essa colocação é absolutamente perfeita, coerente com o modelo de jurisdição constitucional que se lastreia na ideia de efeito vinculante das decisões, mas não abrangente da posição do legislador.

Verificado o antagonismo dessas duas posições sustentadas, passo a discutir o tema da liberdade da conformação do legislador no direito alemão.

Conforme tenho defendido em sede doutrinária (cf. MARTINS, Ives Gandra da Silva; MENDES, Gilmar Ferreira. *Controle Concentrado de Constitucionalidade. Comentários à Lei n. 9.868, de 10.11.1999.* São Paulo: Saraiva, 2001, pp. 312-325), não raro justificou-se a renúncia à declaração de nulidade em virtude de uma intolerável intervenção no poder ou na *liberdade de conformação do legislador* (POHLE, Albrecht Peter. *Die Verfassungswidrigerklärung von Gesetzen*, p. 78 e s; MOENCH, Christoph. *Verfassungswidriges Gesetz und Normenkontrolle*, p. 47).

Faço uma série de considerações sobre essa questão, porque é comum, portanto, na doutrina constitucional, esse tipo de reflexão. Como já tive oportunidade de suscitar nos debates, entendo que a edição de lei é sim uma forma de interpretar a Constituição e não há nenhuma ofensa, desaforo, ato injurioso para esta Corte quando o Legislativo edita uma lei, eventualmente, de teor idêntico. No caso, não é supremacia parlamentar, é supremacia da Constituição, tanto é que cabe depois o controle efetivo – basta ver, nesse ponto, o modelo alemão.

Portanto, Senhora Presidente, não se pode duvidar que a tarefa de interpretar a Constituição seja inafastável desse papel do próprio legislador. Isso é uma coisa óbvia, quer dizer, elementar no âmbito da Corte Constitucional, que obviamente aplica o modelo alemão. A rigor, esse é um modelo vinculante de aplicação da Constituição e não adere a nenhuma ideia de supremacia ou soberania de parlamento. Neste caso, o legislador cumpre função importante no entrechoque dos Poderes de, eventualmente, superar o entendimento anterior ou provocar um novo pronunciamento da Corte via nova proposta.

Certamente, se fôssemos perscrutar os elementos que aqui temos, na própria experiência do Supremo Tribunal Federal, nós iríamos conhecer casos idênticos, semelhantes.

Viria um exemplo claro, o art. 27 da Lei 9.868, que vem, a partir do espaço suscitado, provocando a revisão de um entendimento anterior desta Corte quanto à possibilidade de declarar a inconstitucionalidade com eficácia *ex nunc*, com eficácia limitada. É um acicate que o legislador coloca e a Corte aceita ou não. Certamente vamos encontrar vários exemplos em sede de atuação do Poder Legislativo, mas seria repudiável, de imediato, a ideia da inconstitucionalidade formal. Se houvesse inconstitucionalidade, seria material.

Este fundamento — *a liberdade ou o poder de conformação do legislador* — tem sua origem na jurisprudência do Tribunal Alemão, nos julgados relativos à ofensa ao princípio da igualdade, nos quais esse *topos* é sempre referido [*BVerfGE* 8, 28 (36 e s.); 14, 308 (311); 15, 121 (125); 17, 148 (152 e s.); 18, 288 (302); 21, 329 (337); 23, 1 (10); 28, 227 (247)].

No desenvolvimento de sua jurisprudência, houve por bem o *Bundesverfassungsgericht* estender a utilização desse *topos* a outros casos, justificando, assim, a escolha de uma determinada variante de decisão (HEIN, Peter. *Die Unvereinbarerklärung verfassungswidriger Gesetze durch das Bundesverfassungsgericht*, p. 79).

Dessarte, *a liberdade de conformação do legislador* tornou-se quase uma espécie de *cláusula geral* para justificar a aplicação da *declaração de inconstitucionalidade sem a pronúncia da nulidade* [*BVerfGE* 61, 43 (68); 61, 358; 62, 117 (153); 62, 256 (257, 288 e s.); 62, 374 (391); 64, 323 (366); 64, 367 (388); 65, 325 (357); cf., também, STERN. *Bonner Kommentar.* Art. 93 n. 282;

SCHLAICH, Klaus. *Das Bundesverfassungsgericht, Stellung, Verfahren, Entscheidungen*, p. 171; HEIN, Peter. *Die Unvereinbarerklärung verfassungswidriger Gesetze durch das Bundesverfassungsgericht*, cit. p. 79 e s].

O argumento sobre a existência de várias alternativas para a eliminação da inconstitucionalidade já foi utilizado, inclusive, para justificar a *declaração da inconstitucionalidade sem a pronúncia da nulidade* em casos de flagrante intervenção nos direitos de liberdade (*BVerfGE* 21, 173; 31, 275; 34, 71).

A invocação desse poder de conformação do legislador tem merecido sérias críticas na doutrina [cf., a propósito, SKOURIS, Wassilios. *Teilnichtigkeit von Gesetzen*, p. 52; MAURER, Hartmunt. *Zur Verfassungswidrigerklärung von Gesetzen*, p. 345 (357); IPSEN, Jörn. *JZ* 1983, p. 41 (44); SACHS, Michael. *Tenorierung bei Normenkontrollentscheidungen des Bundesverfassungsgerichts*. DöV 1982, p. 23 (27)]. Segundo alguns autores, a *liberdade de conformação do legislador* não seria afetada na maioria dos casos, uma vez que este poderia editar as novas regras exigidas tanto após uma declaração de nulidade quanto depois da *declaração de inconstitucionalidade sem a pronúncia da nulidade*. Acentue-se, por outro lado, que a discricionariedade do legislador não legitima a conservação parcial de norma inconstitucional, assim como a discricionariedade administrativa não obsta à cassação do ato administrativo eivado de ilegalidade (SKOURIS, Wassilios. *Teilnichtigkeit von Gesetzen*, cit. p. 52).

Colocado o problema nesses termos, penso que não é possível admitir que o legislador ordinário tenha a sua liberdade totalmente tolhida pelas declarações de constitucionalidade ou inconstitucionalidade do Tribunal. É adequado e prudente, inclusive, que tais atos legislativos sejam novamente apreciados a partir de um dado contexto institucional.

É de se ressaltar que, se de um lado, a Constituição atribui a este Supremo Tribunal Federal a tarefa da guarda da integridade da ordem jurídico-constitucional, de outro, é assente que o seu texto está sujeito a uma *sociedade aberta de intérpretes* (HÄBERLE, Peter. *Hermenêutica Constitucional. A sociedade aberta dos intérpretes da constituição: contribuição para a interpretação pluralista e "procedimental" da Constituição*. Trad. Gilmar Ferreira Mendes. Porto Alegre: Sergio Antonio Fabris, 1997), os quais podem, de acordo com as alterações histórico-culturais, exercer alternativas plurais de interpretação.

Tenho sustentado na obra *Direitos Fundamentais e controle de constitucionalidade* que:

"Embora as modernas Constituições dos países que adotam a jurisdição constitucional consagrem a democracia e o princípio da soberania popular como princípios básicos, dispõem elas em geral sobre a forma de manifestação da vontade popular e sobre a atuação dos órgãos representativos dessa vontade. Estes devem agir dentro de limites prescritos, estando os seus atos vinculados a determinados procedimentos.

Essas Constituições pretendem, portanto, que os atos praticados por esses órgãos de representação possam ser objeto de crítica e controle.

Tal como observado por Grimm, um sistema que admite o conflito de opinião e a pluralidade de interesses como legítimo somente poderá subsistir se houver consenso sobre a forma de resolução de conflitos e sobre os próprios limites desses conflitos. Se a controvérsia tiver por objeto o próprio método de solução dos conflitos, então não está o sistema democrático livre da ameaça de instabilidades e de tumultos no seu funcionamento.

Tal colocação tem a virtude de ressaltar que a jurisdição constitucional não se mostra incompatível com um sistema democrático que imponha limites aos ímpetos da maioria e discipline o exercício da vontade majoritária. Ao revés, esse órgão de controle cumpre uma função importante no sentido de reforçar as condições normativas da democracia e atenuar a possibilidade de conflitos básicos que afetem o próprio sistema.

É interessante notar que as colocações de Grimm coincidem, fundamentalmente, com a opinião de Dworkin sobre o sentido do controle de constitucionalidade naquilo que ele denomina de '*constitutional democracy*' em contraposição à democracia majoritária. É o que se pode ler na seguinte passagem:

'Democracy means government subject to conditions — we might call these 'the democratic' conditions — of equal status for all citizens. When majoritarion institutions provide and respect the democratic conditions, then the verdicts of these institutions should be accepted by everyone for that reason. But when they do not, or when their provision or respect is defective, there can be no objection, in the name of democracy, to other procedures that protect and respect them better. The democratic conditions plainly include, for example, a requirement that public offices must in principle be open to members of all races and groups on equal terms. If some law provided that only members of one race were eligible for public office, then there would be no moral cost — no matter for moral regret at all — if a court enjoyed the power to do so under a valid constitution struck down that law as unconstitutional. That would presumably be an occasion on which the majoritarian premise was flouted, but though this is a matter of regret according to the majoritarian conception of democracy, it is not according to the constitutional conception'.*

É fácil ver, pois, que, nos modelos não dotados de um sistema especial de controle de constitucionalidade, eventuais conflitos de índole constitucional resolvem-se pela interpretação da maioria, o que pode acabar por eliminar a possibilidade de qualquer consenso entre as forças políticas. Conflitos dentro do contexto constitucional convertem-se facilmente em confrontos que extrapolam esse âmbito.

Nessas condições, tem-se de reconhecer que a simples existência de uma Corte Constitucional permite o tratamento relativamente imparcial e ordenado da constitucionalidade dos projetos políticos.

Em verdade, a existência dessa instância tem, muitas vezes, uma *eficácia prévia* ou inibidora, evitando decisões que afetem o consenso constitucional. Mesmo em caso de impossibilidade de configuração imediata desse consenso, a pronta atuação da Corte Constitucional logra limitar e reduzir o âmbito do conflito, afastando a insegurança existente, decidindo o conflito e emprestando novo fundamento à controvérsia" (MENDES, Gilmar Ferreira. *Direitos Fundamentais e Controle de Constitucionalidade. Estudos de Direito Constitucional*. 3. ed. São Paulo: Saraiva, 2004, p. 463-471).

(...)

[E continuo]

"É por isso que Häberle defende a necessidade de que os instrumentos de informação dos juízes constitucionais sejam ampliados, especialmente no que se refere às audiências públicas e às 'intervenções de eventuais interessados', assegurando-se novas formas de participação das potências públicas pluralistas enquanto intérpretes em sentido amplo da Constituição.

É certo, por outro lado, que o Tribunal que exerce as funções de Corte Constitucional não pode deixar de exercer a sua competência, especialmente no que se refere à defesa dos direitos fundamentais em face de uma decisão legislativa, sob a alegação de que não dispõe dos mecanismos probatórios adequados para examinar a matéria.

Em verdade, (...), a competência do Tribunal para examinar os fatos e prognoses legislativos advém da própria competência que lhe é constitucionalmente reconhecida para proceder à aferição de leis ou atos normativos em face do parâmetro constitucional.

Uma vinculação estrita do órgão judicial aos fatos e prognoses legislativos fixados pelo legislador acabaria, em muitos casos, por nulificar o significado do controle de constitucionalidade.

Não é preciso ressaltar também que a negativa do Tribunal de examinar, com todos os elementos disponíveis, a correção dos fatos e prognoses estabelecidos pelo legislador pode corresponder a uma vinculação, ainda que não estritamente consciente, aos fatos legislativos pressupostos ou fixados pelo legislador.

Em outras palavras, tal postura poderá significar, em verdade, uma renúncia à possibilidade de controle de legitimidade da lei propriamente dita. Ou, o que se revela igualmente inadequado e grave, a não adoção de processos racionais de apreciação dos fatos e prognoses legislativos poderá ensejar decisões lastreadas apenas em bases intuitivas.

Por outro lado, não há dúvida de que a complexidade das relações envolvidas nas questões constitucionais exige que o órgão que exerce as funções de controle disponha de mecanismos procedimentais que lhe permitam uma atuação consciente e, tanto quanto possível, integradora no sistema constitucional.

Em verdade, a substituição de uma decisão *intuitiva* do legislador por uma decisão igualmente *intuitiva* da Corte coloca em xeque a própria legitimação do sistema de controle de constitucionalidade.

Se já se tem dificuldade de aceitar uma decisão tipicamente voluntarista ou intuitiva do órgão de representação popular, certamente não se pode sequer cogitar de uma eventual substituição de um voluntarismo do legislador pelo voluntarismo do juiz.

É por isso que se afigura essencial o desenvolvimento de técnicas que possibilitem decisões racionalmente fundadas por parte do órgão judicial de controle." (MENDES, Gilmar Ferreira. *Direitos Fundamentais e Controle de Constitucionalidade. Estudos de Direito Constitucional.* 3. ed. São Paulo: Saraiva, 2004, p. 480-482).

Esta Corte, portanto, jamais pode olvidar que a tarefa de interpretar a constituição é inafastável da abertura procedimental. Essa constatação (presente somente na segunda manifestação do Min. Pertence e não no voto proferido neste caso), ao meu entender, é crucial para que o papel institucional do Supremo Tribunal Federal esteja aberto não somente às mudanças legislativas, mas sobretudo, ao modo pelo qual essa legislação deve ser interpretada à luz de inovações ou alterações sociais, históricas e culturais.

Ao aferir essa tensão quanto ao tema da criação legislativa do predicamento de foro para a ação de improbidade, ou ainda, da (re)edição da prerrogativa de foro após a cessação de exercício da função pública, creio que não é possível desconsiderar os abusos e atrocidades que foram cometidos em detrimento do regular funcionamento das instituições públicas deste país. Nesse aspecto particular, o qual pretendo fazer nova menção em meu voto, entendo estarem presentes situações e contingências que, por si sós, não obstam a apreciação ou, até mesmo, uma eventual mutação constitucional quanto ao tema.

Em síntese, creio que o Tribunal, no estrito exercício de suas funções institucionais, deve averiguar mais detidamente qual o sentido que as normas impugnadas assumem no contexto contemporâneo em que se inserem. Nesse diapasão, a Corte deve apreciar o ato normativo impugnado no âmbito de nossa Constituição.

Não é possível presumir, portanto, a inconstitucionalidade dos dispositivos atacados simplesmente porque eles contrariam a "última palavra" conferida pelo Supremo Tribunal Federal sobre o tema. O que pretendo ressaltar, pelo contrário, é o fato de que se o legislador federal (re) incide, cria ou regula essa matéria constitucional de modo inteiramente diverso, o "diálogo", o debate institucional deve continuar.

Senhora Presidente, firmada essa premissa de meu voto, passo à análise do caso.

PARTE II) O CASO SOB ANÁLISE

Dois são os comandos impugnados na presente ação direta. O primeiro deles refere-se à manutenção da prerrogativa de foro após a cessação do exercício da função pública. O segundo refere-se à prerrogativa de foro no âmbito das ações de improbidade.

Não obstante a autonomia das normas contidas nos parágrafos 1º e 2º do art. 84 do Código de Processo Penal, dispositivos introduzidos pela Lei n. 10.628, de 2002, penso que há uma íntima relação entre os dois preceitos, razão pela qual passo a formular algumas considerações gerais relativas ao contexto institucional em que a presente discussão se coloca.

a) Do tratamento diferenciado entre agentes políticos e demais agentes públicos

A análise da discussão constitucional em exame recomenda, de plano, uma correta compreensão da posição institucional dos agentes políticos.

É justamente a peculiar posição desses agentes que justifica o tratamento constitucional diferenciado em relação aos demais agentes públicos. O desconhecimento de tal diferenciação, cabe enfatizar, é que tem justificado equivocadas afirmações no sentido de que a prerrogativa de foro representaria ofensa ao princípio da isonomia. A tentativa de estabelecer tratamento idêntico entre agentes que se encontram em situação de desigualdade é que, isto sim, implicaria inadmissível ofensa ao princípio da isonomia.

Não chega a ser uma novidade a constatação de que os agentes políticos encontram-se numa posição institucional absolutamente inconfundível com a dos demais agentes públicos.

De fato, tal como ensina Hely Lopes Meirelles, os agentes políticos, dentro de sua área, são as autoridades supremas da Administração Pública. Possuem plena liberdade funcional e estão a salvo de responsabilização civil por seus eventuais erros de atuação, a menos que tenham agido com culpa grosseira, má-fé ou abuso de poder (*Direito Administrativo Brasileiro*. 27. ed., 2002, p. 76).

Observa ainda Hely Lopes, que tais prerrogativas têm por escopo garantir o livre exercício da função política. Percebeu o ilustre administrativista, sobretudo, a peculiaridade da situação dos que governam e decidem, em comparação àqueles que apenas administram e executam encargos técnicos e profissionais. Nas palavras de Hely:

"Realmente, a situação dos que governam e decidem é bem diversa da dos que simplesmente administram e executam encargos técnicos e profissionais, sem responsabilidade de decisão e opções políticas. Daí por que os agentes políticos precisam de ampla liberdade funcional e maior resguardo para o desempenho de suas funções. As prerrogativas que se concedem aos agentes políticos não são privilégios pessoais; são garantias necessárias ao pleno exercício de suas altas e complexas funções governamentais e decisórias. Sem essas prerrogativas funcionais os agentes políticos ficariam tolhidos na sua liberdade de opção e decisão, ante o temor de responsabilização pelos padrões comuns da culpa civil e do erro técnico a que ficam sujeitos os funcionários profissionalizados" (*Direito administrativo*, cit. p. 77).

Não é outro o *ethos* da prerrogativa de foro entre nós, conforme se extrai da lição de Victor Nunes Leal:

"A jurisdição especial, como prerrogativa de certas funções públicas, é, realmente, instituída **não no interesse da pessoa do ocupante do cargo, mas no interesse público do seu bom exercício, isto é, do seu exercício com o alto grau de independência que resulta da certeza de que seus atos venham a ser julgados com plenas garantias e completa imparcialidade.**"

Independentemente do tempo em que a prerrogativa de foro por exercício de função pública, se deu, e o saudoso Victor Nunes tinha exata noção disso, é evidente que essa posição está em flagrante contraste com aquela argumentação desenvolvida pelo Ministro Ayres Britto, dizendo que, desapeado do cargo, não há razão para a prerrogativa de foro quando, na verdade, o ethos é este: **dar garantia quando já não se exerce mais a função, porque todos nós sabemos, e a história da improbidade, como já disse aqui, mostra isso, muito bem!**

Infelizmente, **a história da ação de improbidade** – nós sabemos bem e a história vai registrar – **é uma história de improbidade e de improbidades!**

Tanto é que muitos desses cidadãos que hoje têm que dar explicações, tanto no campo parlamentar quanto no âmbito do Ministério Público, eram agentes que manejavam e atuavam com as ações de improbidade como instrumento de fazer política, como instrumento de atuação política e, não raro, como mecanismo de perseguição e até de extorsão.

Alguns exemplos podem bem demonstrar a matéria aqui tratada:

a) Caso Walquíria Quixadá e o Presidente do Banco Central;

[Nesse particular, a título meramente exemplificativo, a análise das ações de improbidade propostas na seção judiciária do Distrito Federal demonstra que a grande maioria delas refere-se a matérias tipicamente administrativas ou econômicas, sem nenhuma relevância no campo da probidade administrativa propriamente dita. Às vezes, cuida-se de simples controle de legitimidade, que se vale, impropriamente, da ação de improbidade. Muitas vezes, esses casos aparecem como simples implementação de uma ação político-partidária. O parlamentar-amigo faz uma representação ao procurador-amigo e este instaura um inquérito civil ou uma ação de improbidade. O exame desses casos há de demonstrar

Estado de Direito e Jurisdição Constitucional – Decisões relevantes em 15 anos de atuação no STF

que se cuida de um deprimente espetáculo de judicialização da política. Parlamentares utilizam-se dos procuradores ligados a suas organizações para obterem ações contra seus inimigos políticos.

Às vezes, a motivação chega a ser tipicamente pessoal. É o que aparentemente se viu nas ações movidas pela Procuradora Walquíria Quixadá contra o Presidente do Banco Central e instituições a propósito dos reajustes dos fundos de investimento. Segundo notícias da imprensa, a aludida Procuradora teria usado os procedimentos investigatórios e as próprias ações de improbidade como ação de cobrança de caráter particular. É elucidativa leitura de e-mail que a nobre Procuradora, que ostenta também a destacada posição de Vice-Presidente da Associação Nacional dos Procuradores da República, passou a seus colegas, conforme publicado no Consultor Jurídico de 4 de novembro de 2002:

> *"Comunicando-lhes a instauração da ICP para apuração de responsabilidade dos gerentes de fundos de investimentos pelos prejuízos causados aos investidores de fundos de investimento DI, convido os Colegas Procuradores para realizarmos reunião amanhã, às 16 hs, em meu gabinete, sala 601 (fone 317-4677 e 4676), eventualmente lesado nessas aplicações, pelo Banespa e Brasil, para formarmos um grupo definindo estratégias para recuperação desse prejuízo indevido sem a necessidade de ajuizamento de ação. Já estão confirmados para a reunião os Colegas Aurélio, Maria Soares e Andréa Lyrio"*

Segundo a mesma publicação "em resposta ao chamamento, os procuradores Rodrigo Janot Monteiro de Barros e Aldenor Moreira de Sousa responderam prontamente. Barros disse que viajaria, mas manifestou 'todo interesse no assunto' e era voluntário para qualquer trabalho sobre a questão. 'Também perdi uma graninha nesta estória', explicou-se. Aldenor de Souza, o procurador que mandou prender o Secretário da Receita Federal, foi direto: 'Conte comigo'."

É algo de peculiar, como se pode ver. O Presidente do Banco Central responde a uma ação de improbidade pela simples razão de ter supostamente afetado, com alguma decisão administrativa de sua competência, a rica poupança da Dra. Walquíria e seus ilustres colegas... (Ação de Improbidade Administrativa n. 2002.34.00.033092-7, 8ª Vara da Justiça Federal no Distrito Federal)].

b) Luís Francisco e as ações de improbidade (Revista *Exame*);

É interessante notar ainda que um dos maiores usuários da ação de improbidade no Ministério Público é o conhecido Procurador Luiz Francisco de Souza.

Em célebre matéria da Revista *Exame*, em 25 de setembro de 2004, assinada por Vicente Dianezi e intitulada "Uma homem de mil estilos", apresenta-se "O jeito pouco usual de escrever do Procurador Luiz Francisco", *verbis*:

> *'Ao apresentar no início deste mês uma denúncia redigida no arquivo de computador de uma empresa interessada na causa, o procurador da República Luiz Francisco de Souza suscitou a curiosidade de estudiosos do mundo jurídico. Afinal, qual é o grau de ajuda externa que um integrante do Ministério Público pode aceitar no curso da formulação de uma denúncia? O caso se referia a uma ação movida por Luiz Francisco contra o grupo Opportunity, em cuja formulação se detectou o dedo de um desafeto e adversário do grupo, o empresário Luís Roberto Demarco. O autor do arquivo de onde saiu a denúncia, assinada por Luiz Francisco, era o advogado de Demarco, Marcelo Ellias. E o arquivo fora gerado num computador da Nexxy Capital Ltda., pertencente ao empresário. Confrontado com a descoberta, o próprio procurador sugeriu, na ocasião, que se conferisse a ação sob suspeita com as demais assinadas por ele. "Vejam o texto, é o meu estilo', afamou. Foi o que fez EXAME.*
>
> *Depois de exaustiva análise de 61 peças do procurador – entre ações, pareceres, pedidos de quebra de sigilo e de inquéritos policiais –, chega-se a duas conclusões: a primeira é que Luiz Francisco costuma aceitar ajuda de pessoas interessadas nas denúncias que faz. Em pelo menos 19 ações, constata-se a participação de terceiros com interesses na crucificação dos alvos das acusações. No aspecto formal, quando se analisa o conteúdo de seus textos do ponto de vista estilístico, vê-se que o procurador é um homem de mil estilos. Num texto, o procurador Luiz Francisco pode oferecer parágrafos concisos, gramaticalmente corretíssimos. Noutro, pode praticar graves atentados à língua pátria. Ou, às vezes, simplesmente trocar a concisão por elucubrações, como recentemente definiu um juiz federal. Poucas vezes se viu na Procuradoria alguém tão versátil do ponto de vista da linguagem e da gramática.*

Improbidade administrativa **1891**

A linguagem jurídica é impessoal e formalista. "É difícil peritar um estilo que não seja literário", diz a professora Lucia Garcez, doutora em linguística. Pode-se, no entanto, afirmar que não é comum verificar na Procuradoria mudanças de estilo como as que Luiz Francisco adota Nos textos de sua autoria analisados por EXAME, ele se dirige ao juiz para apresentar uma ação "contra alguém". Já na ação contra o Opportunity, o procurador troca o costumeiro 'contra" por "em desfavor de". Os operadores do direito gostam de gravar marcas pessoais em seus textos. O ministro do Supremo Tribunal Federal, Carlos Britto, por exemplo, faz citações poéticas. Recentemente, ao votar numa questão sobre racismo, ele transcreveu três estrofes de O Navio Negreiro, de Castro Alves. Luiz Francisco já abriu seus textos citando o padre Antônio Vieira, mas esta característica desapareceu de suas ações. Outra "impressão digital" dos operadores do direito é o formato dos textos. Toda manifestação oficial que sai do gabinete do presidente do Supremo, Ministro Nelson Jobim, é digitada na fonte courier new, corpo 12, com espaçamento duplo. A marca dos votos da ministra Ellen Gracie é a fonte times new roman, corpo 14. Os votos do ministro Celso de Mello são caracterizados pela utilização exagerada de palavras, frases e períodos em negrito. Nesse ponto, não se veem predileções em Luiz Francisco. Alguns dos textos assinados por ele compõem mosaicos com diversos tipos e tamanhos de letra. Outros são impecáveis (confira no quadro).

Há ainda outras explicações para as súbitas mudanças de estilo do procurador. Ele não hesita em admitir que aceita a colaboração de terceiros. É o caso, por exemplo, de José Elias Cardoso, que assessorou o ex-ministro do Esporte e Turismo, Rafael Greca. Luiz Francisco requisitou o servidor para trabalhar em seu gabinete e o dedo do desafeto aparece em 17 ações contra Greca. Outro episódio é lembrado pelo ex-secretário da Receita Federal Everardo Maciel. Em meados de 2000, ele se espantou com o conhecimento técnico do procurador numa ação sobre a incidência de IPI sobre as cervejas. "Essa ação não é de sua autoria, arriscou, ao que o procurador retrucou: "E que importância tem isso?"

Luiz Francisco informou em seguida, recorda Maciel, que estava fazendo um favor a um colega paulista que lhe havia ajudado numa ação contra o ex-governador do Acre Orleir Cameli. De fato, o arquivo da ação sobre o IPI foi gerado na Procuradoria da República de São Paulo. E o colega de São Paulo, suspeita Maciel, seria o procurador João Francisco da Rocha, que advogava para a Schincariol, uma das empresas interessadas na ação. Para o advogado Ives Gandra Martins, em tese, a Lei Orgânica do MP estabelece que as investigações devem ser realizadas em sigilo, com os meios que a instituição tem, internamente, à disposição. "Se houver desmandos, cabe a correição, e a parte que se sentir lesada pode ir à Justiça por danos morais." Três ministros do STF opinaram sobre o assunto. O primeiro acha que atitudes como essa colocam em xeque o pressuposto da atuação equidistante e desapaixonada, segundo a qual o agente público não deve servir como instrumento de vendetas. Outro ministro preferiu analisar o caso do ângulo da imparcialidade que, se contrariada, coloca o servidor próximo da prevaricação. O terceiro ministro, menos diplomático, afirmou de maneira mais dura: "Fosse um juiz flagrado com uma sentença produzida por um advogado, ele já estaria fora da carreira".

Esses fatos demonstram o abuso na utilização da ação de improbidade para fins diversos dos quais ela estaria destinada.]

c) Caso Guilherme Schelb (Revista *Época*).

[Destacou-se no uso da ação de improbidade também o notório Procurador Guilherme Schelb. Veja-se, nesse sentido, a seguinte reportagem da Revista *Época*, *verbis*: "Na quarta-feira, o procurador da República Guilherme Schelb foi uma das estrelas na solenidade de encerramento da CPI da Pirataria. Recebeu do presidente da Câmara, João Paulo Cunha, uma insígnia e um diploma por sua atuação em investigações que desmantelaram quadrilhas de contrabando e falsificação de cigarros e de adulteração de combustíveis. A cerimônia teve um duplo significado para ele. O primeiro foi o de mais um reconhecimento de seu trabalho como servidor público, sempre na linha de frente do combate à corrupção. O outro foi a presença na plateia de representantes das maiores empresas brasileiras de combustíveis, cigarros e bebidas – clientes potenciais para a nova atividade do procurador. Ele é dono de 98% das ações da empresa GS Centro de Educação e Prevenção da Violência Infanto-Juvenil Ltda. – os demais 2% são de sua mãe, Alzira. A GS foi criada em maio. A partir de junho, vem encaminhando a grandes empresas pedidos de financiamento de um projeto que consiste num livro escrito pelo próprio Schelb ainda em fase de revisão e um site em construção. O problema é que o empresário Schelb pediu patrocínio a algumas empresas que podem ter interesses em investigações promovidas pelo procurador Schelb.

O procurador confirma que enviou pedidos de patrocínio no valor de R$ 70 mil cada um a Souza Cruz, Fiat, Coca-Cola, Volkswagem e ao Sindicato de Empresas Distribuidoras de Combustíveis (Sindicom). Gerou constrangimentos. Schelb participou da força-tarefa formada pelo Ministério Público, pela Polícia Federal e pela Receita Federal que investigou o contrabando e a falsificação de cigarros. Com a quebra dos sigilos fiscal e telefônico de Ari Natalino e Roberto Eleutério, foi desmantelada a maior quadrilha de cigarros do país. A diretoria da Souza Cruz, que se livrou de uma concorrência desleal, recebeu há duas semanas um pedido de patrocínio da empresa de Schelb.

A apuração do procurador também atingiu em cheio a Petroforte Brasileiro Petróleo Ltda., uma grande distribuidora que foi fechada pela Agência Nacional de Petróleo após a descoberta de que fraudava combustíveis e sonegava impostos. O resultado foi comemorado pelos gigantes da distribuição de petróleo no país que têm um programa de combate à fraude tocado pelo Sindicom. No dia 18 de junho, a estagiária Miriam Brunet, do gabinete de Schelb no Ministério Público, enviou um e-mail ao Sindicom com o pedido de patrocínio para o projeto do empresário Schelb. 'Não vejo nenhum conflito de interesses nisso. A sociedade brasileira toda foi beneficiada com as minhas investigações', diz Schelb.

De acordo com o procurador, até agora ele só recebeu patrocínio da Brasil Telecom, do banqueiro Daniel Dantas. Schelb alega que não há conflito de interesse porque não investigou e nem assinou nenhuma ação contra a empresa. 'Eu não faço propostas a empresas que investiguei.' Confrontado com a informação de que teria trabalhado ao lado do procurador Luiz Francisco de Souza na apuração da privatização das empresas de telefonia, ele voltou a negar. 'Perguntem ao Luiz Francisco. Ele vai confirmar que não tive participação neste caso', sugeriu Schelb. A versão de Luiz Francisco é outra: 'O escândalo das teles foi um trabalho que eu e Schelb fizemos juntos, ele só não assinou'].

Como se vê, essa enumeração, meramente exemplificativa, indica que o uso da ação de improbidade, no Brasil, tem uma história de improbidade e de improbidades.

Voltando ao tema jurídico central do debate, vale enfatizar a argumentação do saudoso Victor Nunes:

"Presume o legislador que os tribunais de maior categoria tenham mais isenção para julgar os ocupantes de determinadas funções públicas, por sua capacidade de resistir, seja à eventual influência do próprio acusado, seja às influências que atuarem contra ele. A presumida independência do tribunal de superior hierarquia bilateral, garantia contra e a favor do acusado".

No mesmo sentido, forte na lição de Frederico Marques, é o entendimento do eminente Márcio Bonilha, Desembargador aposentado do Tribunal de Justiça do Estado de São Paulo, em recente artigo, *verbis*:

"No mundo jurídico, a precisão conceitual constitui exigência essencial indeclinável, para evitar distorções e equívocos na interpretação e valoração de fatos e normas. Esse requisito hermenêutico é lembrado a propósito da controvérsia instaurada sobre a jurisdição competente, em relação ao julgamento de infrações relativas à improbidade administrativa, no tocante a certos agentes públicos.

Desde logo se assinala que prerrogativa de foro não se confunde com foro privilegiado, pois a prerrogativa de função é distinta de privilégio de pessoa. A imprecisão terminológica pode gerar na opinião pública uma falsa ideia de favorecimento pessoal, no tratamento da matéria, em relação a certas autoridades, na aferição da responsabilidade funcional, pondo em dúvida a igualdade na distribuição da justiça.

Compete ao Supremo Tribunal Federal (STF) processar e julgar, originariamente, nas infrações penais comuns, o presidente da República e os demais integrantes dos órgãos de cúpula dos Poderes e, nas infrações penais comuns e nos crimes de responsabilidade, outras altas autoridades nacionais.

A instituição da prerrogativa de foro, relativamente a esses agentes, não traduz favorecimento pessoal, pois contempla as exigências de garantia constitucional pertinentes aos respectivos cargos e funções, pela relevância que representam nos Poderes correspondentes e nos escalões hierárquicos, cuja dignidade funcional cumpre resguardar.

Assim é, no interesse nacional, pouco importando as inferências no plano político e o subjetivismo de opiniões contrárias.

Bem por isso, a discussão sobre o tema deve ser travada à luz objetiva dos princípios e normas constitucionais, sem especulações ideológicas, muito menos as infundadas suspeitas de solução personalista.

O foro especial, que decorre da prerrogativa da função, é instituído para melhor permitir o livre desempenho de certas atividades públicas. É garantia da função, que não pode ficar à mercê de paixões locais" (Prerrogativa de foro. *O Estado de S. Paulo*, 10 de dezembro de 2002).

A aceitar a ideia de que desapeado do cargo a pessoa deva responder perante qualquer instância, certamente haverá a possibilidade, exatamente, das perseguições de que cogitava Victor Nunes e, certamente, isso terá implicações sobre o próprio exercício do cargo. Pode até ser que o desiderato seja esse de criar constrangimento, ou pode ser até que o intuito seja o de provocar um tipo de administração temerosa desse tipo de perseguição. Nesse particular, Márcio Bonilha assevera:

"Não é honraria pessoal nem representa privilégio. É proteção que nasce com o exercício do cargo ou função, pelo reconhecimento da elevada hierarquia funcional e dos poderes que emanam de seu exercício, visando à segurança e à isenção na distribuição da justiça. Resguarda-se dessa forma o prestígio das instituições.

No Direito brasileiro, vigoram os princípios do juiz natural e da igualdade de todos perante a lei, sendo proibido o juízo ou tribunal de exceção, mas são legítimos os foros por prerrogativa de função.

Segundo Frederico Marques, 'é errôneo o entendimento' de que 'os casos de competência originária dos tribunais superiores para o processo e julgamento de determinadas pessoas constituem exceções de direito estrito, porque a competência *ratione personae* dos tribunais superiores não constitui 'foro privilegiado', nem se regula pelos preceitos pertinentes aos juízos especiais. Não mais existe o foro privilegiado, como o disse o desembargador Márcio Munhoz, e sim competência destinada a melhor amparar o exercício de certas funções públicas. Não se trata de privilégio de foro, porque a competência, no caso, não se estabelece por amor dos indivíduos, e sim em razão do caráter, cargo ou funções que eles exercem'" (Prerrogativa de foro. *O Estado de S. Paulo*, 10 de dezembro de 2002).

Por isso, é evidente, que se justifica a prorrogação do foro nos atos funcionais e nos atos oficiais. Nesse sentido, prossegue, Márcio Bonilha:

"Quanto à competência relativa às infrações penais comuns e aos crimes de responsabilidade, a regra constitucional não comporta tergiversação, mas, no que se refere às infrações descritas na Lei 8.429/92, ante o silêncio normativo, pela mesma razão de direito e pela mesma motivação lógico-racional, vige o mesmo critério, para permitir tratamento uniforme da matéria de competência ratione personae, de peculiaridade especial.

Há que se concluir que, 'se a competência originária dos tribunais superiores é antes garantia que privilégio, nada impede que as lacunas ou omissões sobre o assunto sejam cobertas pela analogia ou pelos princípios gerais de direito' (JFM).

Daí aplicar-se aos infratores da lei de improbidade o regime da prerrogativa de foro" (Prerrogativa de foro. *O Estado de S. Paulo*, 10 de dezembro de 2002).

Essa diferenciação, de matriz constitucional, já foi bem percebida por esta Corte. Nesse sentido, o precedente firmado no RE n. 228.977/SP (*DJ* de 12.04.2002), da relatoria do Ministro Néri da Silveira, em que se assentou que os magistrados não teriam responsabilidade pelos atos jurisdicionais uma vez que tais autoridades estariam enquadradas na espécie agente político. Eis o inteiro teor da ementa desse julgado, *verbis*:

"**EMENTA**: – Recurso extraordinário. Responsabilidade objetiva. Ação reparatória de dano por ato ilícito. Ilegitimidade de parte passiva. 2. Responsabilidade exclusiva do Estado. A autoridade judiciária não tem responsabilidade civil pelos atos jurisdicionais praticados. Os magistrados enquadram-se na espécie *agente político*, investidos para o exercício de *atribuições constitucionais*, sendo dotados de plena liberdade funcional no desempenho de suas funções, com prerrogativas próprias e legislação específica. 3. Ação que deveria ter sido ajuizada contra a Fazenda Estadual – responsável eventual pelos alegados danos causados pela autoridade judicial ao exercer suas atribuições –, a qual, posteriormente, terá assegurado o direito de regresso contra o magistrado responsável, nas hipóteses de dolo ou culpa. 4. Legitimidade passiva reservada ao Estado. Ausência de responsabilidade concorrente em face dos eventuais prejuízos causados a terceiros pela autoridade julgadora no exercício de suas funções, a teor do art. 37, § 6º, da CF/88. 5. Recurso extraordinário conhecido e provido" (RE n. 228.977/SP, Rel. Min. Néri da Silveira, *DJ* de 12.04.2002, 2ª Turma, unânime).

Imagine, Senhora Presidente, se amanhã, por conta de qualquer decisão cautelar, liminar ou de mérito, algum desses valorosos procuradores entenda de perseguir um dos Magistrados desta Corte, simplesmente imputando-lhe um ato de improbidade. E não se diga que estou laborando com a exceção, porque sabemos que isso já foi largamente praticado e era sistematicamente praticado até dentro do jogo político que conhecemos. Daí o exemplo aqui, historicamente infeliz, da perseguição contra o então Procurador-Geral Geraldo Brindeiro, com intuito nitidamente político. As facções em conflito, naquela instituição, estimulavam aqueles procuradores que estavam naquela faixa chamada de inimputabilidade para fazer as ações contra o Dr. Geraldo Brindeiro.

É equivocada, enfim, qualquer interpretação que parta da equiparação absoluta entre agentes políticos e demais agentes públicos.

b) Sobre o argumento no sentido de que a prerrogativa de foro deve ser interpretada de modo restritivo

Aqui, também, parece-me que o argumento não pode ser recebido, e nós, todos os dias, desmentimos isso.

Há outros dois argumentos correlatos que têm sido recorrentes nas eventuais críticas à lei impugnada.

O primeiro deles é o de que a prerrogativa de foro haveria de ser entendida de forma restritiva. O segundo argumento é no sentido de que as competências constitucionais dos órgãos do Poder Judiciário estão definidas em *numerus clausus*. Decorrência imediata de tais argumentos é a suposta exigência de norma constitucional para a disciplina do tema.

Quem, hoje, labuta com o mínimo de honestidade e decência em torno do Direito Constitucional sabe que, a toda hora, estamos a fazer colmatação de lacunas constitucionais.

Há muito a jurisprudência do Supremo Tribunal admite a possibilidade de extensão ou ampliação de sua competência expressa quando esta resulte implícita no próprio sistema constitucional. Nesse sentido o precedente da relatoria do eminente e saudoso Ministro Luiz Gallotti, nos autos da Denúncia n. 103, julgada em 5 de setembro de 1951.

Na Rcl n. 2.138/DF, Rel. Nelson Jobim, cujo julgamento foi suspenso, em 20.11.2002, em face do pedido de vista de Carlos Velloso, iniciou-se no Plenário a discussão sobre a competência plena e exclusiva do STF para processar e julgar, nas infrações penais comuns e nos crimes de responsabilidade, os Ministros de Estado, conforme a hipótese do art. 102, I, "c", da Constituição. Do voto de Nelson Jobim, destaco:

> "*Não impressiona o argumento concernente à competência estrita ou da inextensibilidade da competência deste Tribunal ou de outros Tribunais Federais para conhecer de determinadas ações.*
>
> *A interpretação extensiva do texto constitucional, também em matéria de competência, tem sido uma constante na jurisprudência do STF e do judiciário nacional em geral.*

Improbidade administrativa **1895**

(...)

Recentemente, o STF reconheceu a sua competência para processar todo mandado de segurança, qualquer que fosse a autoridade coatora, impetrado por quem teve a sua extradição deferida pelo Tribunal (Rcl 2.069, VELLOSO, sessão de 27.06.2003)."

É certo, igualmente, que antes de se cogitar de uma interpretação restritiva ou ampliativa, compete ao intérprete verificar se, mediante fórmulas pretensamente alternativas, não se está a violar a própria decisão fundamental do constituinte ou, na afirmação de Pertence, *"Se nossa função é realizar a Constituição e nela a largueza do campo do foro prerrogativo de função mal permite caracterizá-lo como excepcional, nem cabe restringi-lo nem cabe negar-lhe a expansão sistemática necessária a dar efetividade às inspirações da Lei Fundamental"* (voto proferido por Sepúlveda Pertence na questão de ordem no Inquérito n. 687/SP, Rel. Sydney Sanches, DJ de 09.11.2001).

Sobre essa questão, diz Canotilho:

"A força normativa da Constituição é incompatível com a existência de competências não escritas salvo nos casos de a própria Constituição autorizar o legislador a alargar o leque de competências normativo- -constitucionalmente especificado. No plano metódico, deve também afastar-se a invocação de 'poderes implícitos', de 'poderes resultantes' ou de 'poderes inerentes' como formas autônomas de competência. É admissível, porém, uma complementação de competências constitucionais através do manejo de instrumentos metódicos de interpretação (sobretudo de interpretação sistemática ou teleológica). Por esta via, chegar-se-á a duas hipóteses de competência complementares implícitas: (1) competências implícitas complementares, enquadráveis no programa normativo-constitucional de uma competência explícita e justificáveis porque não se trata tanto de alargar competências mas de aprofundar competências (ex.: quem tem competência para tomar uma decisão deve, em princípio, ter competência para a preparação e formação de decisão); (2) competências implícitas complementares, necessárias para preencher lacunas constitucionais patentes através da leitura sistemática e analógica de preceitos constitucionais." (CANOTILHO, J.J. Gomes. *Direito Constitucional e Teoria da Constituição.* 5. ed. Coimbra: Almedina, p. 543).

De igual modo, no que se refere à competência do STF – **aqui, é quase que inesgotável a pletora de exemplos** –, adotou-se a interpretação extensiva ou compreensiva do texto constitucional, nas seguintes hipóteses:

a) Mandado de Segurança contra ato de Comissão Parlamentar de Inquérito. Precedentes: MS n. 23.619/DF, Rel. Octavio Gallotti, Plenário, DJ 7.12.2000; MS n. 23.851/ DF, MS n. 23.868/DF e MS n. 23.964/DF, Rel. Celso de Mello, Plenário, DJ 21.06.2002;

b) *Habeas Corpus* contra a INTERPOL, em face do recebimento de mandado de prisão expedido por magistrado estrangeiro, tendo em vista a competência do STF para processar e julgar, originariamente, a extradição solicitada por Estado estrangeiro (art. 102, I, g, CF). Precedentes: HC n. 80.923/SC, Rel. Néri da Silveira, Plenário, DJ 21.06.2002; HC n. 82.686/RS, Rel. Sepúlveda Pertence, Plenário, DJ 28.03.2003 e HC n. 82.677/PR, por mim relatado, Plenário, DJ 13.06.2003;

c) Mandado de Segurança contra atos que tenham relação com o pedido de extradição (art. 102, I, g, CF). A propósito, Rcl n. 2.069/DF, Rel. Carlos Velloso, Plenário, DJ 1°.08.2003 e Rcl n. 2.040/DF, Plenário, DJ 27.06.2003;

d) No julgamento do AgR no MS n. 24.099/DF, Rel. Maurício Corrêa, Plenário, DJ 02.08.2002, firmou-se o entendimento de que a competência do STF para julgar mandado de segurança contra atos da Mesa da Câmara dos Deputados (art. 102, I, d, 2ª parte) alcança os atos individuais praticados por parlamentar que profere decisão em nome desta;

e) O Tribunal, ao examinar a Questão de Ordem no HC n. 78.897/RJ, Plenário, em sessão de 09.06.1999, Rel. Nelson Jobim, *"entendeu que o STF é competente para exami-*

nar pedido de habeas corpus contra acórdão do STJ que indeferiu recurso ordinário de habeas corpus. Considerou-se que o STF é a última instância de defesa da liberdade de ir e vir do cidadão, podendo qualquer decisão do STJ, desde que configurado o constrangimento ilegal, ser levada ao STF." (*Informativo* n. 152/STF).

Vejam, portanto, em Constituição tão detalhada como a nossa, não há como deixar de fazer uma interpretação compreensiva do texto constitucional. Resulta impossível não empreender esse tipo de compreensão.

Vê-se, pois, que o sistema constitucional não repudia a ideia de competências implícitas complementares, desde que necessárias para colmatar lacunas constitucionais evidentes. **Parece-me que este argumento está fortemente batido.** Por isso considero incorreta e contrária à jurisprudência pacífica a afirmação segundo a qual a competência desta Corte há de ser interpretada de forma restritiva.

Não é verdade, igualmente, que a prerrogativa de foro seja uma idiossincrasia brasileira.

Esse argumento não apareceu no debate de hoje, mas se faz muito presente em algumas considerações e já em algumas manifestações desta Casa.

Nessa linha, é o que se depreende do voto proferido por Sepúlveda Pertence no Inq n. 687/SP, *verbis*:

"

De início, não posso concordar ... em que no Direito Comparado o foro especial por prerrogativa de função seja desconhecido: são numerosas as Constituições e leis que o preveem em hipóteses mais ou menos numerosas, a começar das velhas cartas constitucionais dos Estados Unidos (art. III, Seção 2) e da Argentina (atual art. 100) – que o limitam ao julgamento dos embaixadores e membros das representações estrangeiras (a título de exemplo, na Espanha, Const., arts. 71, 4 e 102, 1 e Ley Orgánica del Poder Judicial, art. 57, 2º e 3º; na França, Const., art. 67; na Itália, Const., arts. 96 e 134; em Portugal, art. 133, 4 e também o C.Pr.Pen., arts. 11, 1 *a* e 2 *a* e 12.1, *a*; na Venezuela, art. 215, 1º e 2º).

Certo, poucos ordenamentos são tão pródigos quanto a vigente Constituição brasileira na outorga da prerrogativa de foro (*v.g.*, CF 88, art. 102, I, *b* e *c*; 105, I, *a*; 109, I, *a*; 96, III; 27, § 1º e 29, X, sendo certo ainda ser consolidada na jurisprudência que tanto a lei processual federal quanto as constituições estaduais e a lei orgânica da Justiça Eleitoral podem criar outras hipóteses, de cujo âmbito se tem ressalvado apenas a competência do Júri).

É certo também que o maior número das ações penais de competência originária do Supremo Tribunal cresceu significativamente, como seria fatal, quando a prerrogativa de foro se estendeu aos membros do Congresso Nacional (que só a haviam tido na Constituição do Império, onde, o art. 47, 3º, confiava ao Senado o julgamento dos delitos individuais de Senadores e Deputados): hoje, nesse ponto, só pude encontrar regra semelhante na Constituição da Espanha (art. 71, 4); na Venezuela (Const., art. 215, 1º e 2º), com relação a parlamentares e outras autoridades – salvo o Presidente da República e os crimes políticos, em que é total (Const., art. 215, 1º), a competência da Suprema Corte é restrita a 'declarar se há procedência ou não para o julgamento' e, em caso afirmativo, remeter o caso ao tribunal comum competente, onde, no entanto, a instauração do processo contra membro do Congresso dependerá da licença da sua Câmara (Const., art. 144).

Mas, é preciso enfatizar de logo e definitivamente que não está em discussão o instituto constitucional da prerrogativa de foro.

De lege ferenda, participo mesmo em grande parte das preocupações republicanas daqueles ... que se têm proclamado seus radicais adversários.

O juiz, contudo, especialmente se titular de suprema jurisdição constitucional – se não pode mais fingir ignorar o peso sobre as próprias decisões da sua mundividência – também não se pode deixar arrastar às tentações do voluntarismo arbitrário ou do inconsciente **wishfull thinking**, que lhe permitissem enxergar na Constituição o que lá não está, embora a seu ver devesse estar ou insistir em não ver o que nela claramente se inscreveu: o arbítrio judicial não é menos odioso que os demais." (Inq n. 687/SP, voto do Min. Sepúlveda Pertence).

Improbidade administrativa 1897

É certo, igualmente, que antes de se cogitar de uma interpretação restritiva ou ampliativa, compete ao intérprete verificar se, mediante fórmulas pretensamente alternativas, não está sendo desrespeitada a própria decisão fundamental do constituinte ou, na afirmação de Pertence, *"se nossa função é realizar a Constituição e nela a largueza do campo do foro por prerrogativa de função mal permite caracterizá-lo como excepcional, nem cabe restringi-lo nem cabe negar-lhe a expansão sistemática necessária a dar efetividade às inspirações da Lei Fundamental"* (AP n. 315/ DF, Rel. Min. Moreira Alves, voto do Min. Sepúlveda Pertence).

Em outras palavras, se a Constituição estabelece que os agentes políticos respondem, por crime comum ou de responsabilidade, perante esta Corte, entender que tais agentes devem responder a processo assemelhado, ou de consequência assemelhada, perante o juiz de primeiro grau, afigurar-se-ia desde logo algo esdrúxulo.

Por derradeiro, tenho como pertinente registrar algumas considerações sobre eventuais objeções no que toca à prerrogativa de foro a partir de um pretenso argumento republicano. Essa equivocada apropriação do princípio republicano não impressiona. Em verdade, nações de prática republicana – veja-se que o conceito hoje tem uma significativa transcendência – adotam o regime de prerrogativa por razões de política constitucional. Há pouco, o notável Professor Jorge Miranda registrou a necessidade de ampliação da prerrogativa de foro em Portugal, tendo em vista o uso dos processos judiciais para fins políticos.

Cuidando especificamente da questão no plano das Constituições estaduais, anotou Pertence na ADI n. 2.553/MA, *verbis*:

"Além de explicitar, no *caput*, que aos Estados incumbe organizar sua Justiça, observados os princípios nela estabelecidos, a Constituição da República, no art. 125, § 1º, reservou expressamente às constituições estaduais definir a competência dos respectivos tribunais.

Em princípio, esse poder compreende o de outorgar-lhes competências penais originárias por prerrogativa de função.

Certo, a própria Constituição Federal, nessa área, já impôs, implícita ou explicitamente, determinadas competências ao Tribunal de Justiça dos Estados (cf. arts. 29, X; 96, III, e 27, § 1º, c/c 53, IV).

Dessa inclusão compulsória de determinadas hipóteses na competência penal originária do Tribunal de Justiça não se tem extraído, porém, a *contrario sensu*, que outras não possam ser aditadas pela Constituição do Estado.

Por isso — na trilha do que incidentemente fora afirmado no HC 76.168, Pleno, 18.11.98, Néri da Silveira (*Informativo STF* 132) — declaramos constitucional, no art. 104, XIII, b, da Constituição da Paraíba, o foro por prerrogativa de função atribuído aos Procuradores do Estado e aos Defensores Públicos, embora, mediante interpretação conforme, tenhamos reduzido o alcance do dispositivo à Justiça ordinária local, ainda aí, com exceção dos casos de competência do Tribunal do Júri (ADI 469/PB, 05.04.2001, Marco Aurélio, *Informativo STF* 223).

Quanto às categorias funcionais nele compreendidas, o precedente basta a elidir a plausibilidade da presente arguição, de modo a inviabilizar o deferimento da cautelar.

No preceito ora questionado — na linha da tendência de banalização do foro privilegiado, denunciado pelo requerente —, a elas acresceram a dos Procuradores da Assembleia Legislativa e a dos Delegados de Polícia.

A legitimidade da inclusão dos primeiros — os membros da Procuradoria da Assembleia Legislativa — não gera perplexidade, pois exercem funções de advocacia de Estado, perfeitamente assimiláveis às dos Procuradores do Estado.

(...)".

Ao pedir vista, nos autos de outra Ação Direta (ADI n. 2.587/GO), em que se discutiu a constitucionalidade de norma do Estado de Goiás que conferia prerrogativa de foro a Procuradores do Estado e a Delegados de Polícia, deixei assente minha preocupação com a falta de um critério mais ou menos seguro. Anotei, então, *verbis*:

"Sr. Presidente, compartilho, em parte, das preocupações já declaradas por Vossa Excelência e, agora, manifestadas pelo Ministro Cezar Peluso quanto à possibilidade dessa extensão, não pelos fundamentos externados no que diz respeito à eventual lesão ao princípio da isonomia, ou eventual ofensa ao princípio republicano. Sabemos que a República não deixa de existir por causa da prerrogativa de foro. Lembro até de uma passagem, extremamente feliz, do Ministro Sepúlveda Pertence, na discussão do Inquérito n. 656, ao dizer que aqui não se deve esquecer que pode haver arbítrio. E sabemos que existem arbítrios no contexto da instauração abusiva de inquéritos e na condução de processos. Por isso existe a prerrogativa de função. O Ministro, inclusive, dizia que o arbítrio judicial não é menos odioso do que os demais. Portanto, é preciso levar isso em conta.

Fazer também uma ontologia, a partir da perspectiva da Constituição, é muito difícil, porque, de fato, há, aqui, um quadro quase que caótico em termos de opção. Se formos levar em conta as várias considerações possíveis – aí não compartilho da consideração de Vossa Excelência nem do Ministro Cezar Peluso –, uma das atividades arriscadas, hoje, no Brasil é a da advocacia pública.

Há algum tempo, uma eminente colega, Procuradora da República que atuou com grande vigor na defesa da União, dizia que sempre sofreu perseguição e ameaça na condição de Procuradora da República na defesa da União, não atuando como membro do Ministério Público. Isso é um dado curioso!

O que temos, hoje, de episódios na advocacia pública, inclusive de inquéritos policiais abertos contra advogados públicos que evitam os estelionatos pela via judicial – como bem conhecemos –, é um número expressivo. Já dizia isso quando Advogado-Geral da União e reitero agora: comparar a atividade do advogado público com a atividade do advogado privado, *data venia*, não tem cabimento. Quem acompanha, minimamente, essas questões, sabe-o muito bem. Não é por acaso que todo advogado público que atua com denodo na defesa sofre uma perseguição enorme, por causa da organização do estelionato pela via judicial. Realmente, os exemplos estão aí.

Só gostaria de deixar isso de forma muito clara, porque não se equipara. Agora, obviamente há o risco já colocado de deixar ao Constituinte estadual uma opção livre e que pode levar, de fato, à falta de um parâmetro. Se formos buscar uma racionalização a partir do texto constitucional, diria que temos aí enormes perplexidades, porque, certamente, há atividades de nenhum risco, de importância política relativíssima, que estão contempladas com a prerrogativa de foro; outras, não.

Mas gostaria de fazer uma análise mais cuidadosa e, por isso, peço vista dos autos." (ADI n. 2.587/GO).

De fato, mesmo no texto da Constituição Federal, pode-se encontrar essa falta de critérios seguros para a definição da prerrogativa de foro.

Penso que uma questão central, no caso em exame, é saber se estão presentes aqueles pressupostos que justificam a diferenciação de tratamento entre agentes públicos.

A justificativa para o foro diferenciado parte, em primeiro lugar, da perspectiva do interesse público.

Nessa linha, gostaria aqui de deixar registrada outra observação. Penso que a garantia constitucional da prerrogativa de foro passa a ser tanto mais importante se se considera que vivemos hoje numa sociedade extremamente complexa e pluralista, na qual a possibilidade de contestação às escolhas públicas é amplíssima. Refiro-me ao problema da complexidade de que fala Canotilho em relação à Teoria da Constituição. Vivemos em uma sociedade organizada sob bases plurais assentadas em inevitáveis diferenciações funcionais – sistema político, econômico, científico (CANOTILHO, J. J. Gomes. *Direito Constitucional e Teoria da Constituição*. 4. ed. Coimbra, 2000, p. 1303). "Isto conduz – diz Canotilho – a crescentes graus de especialização, impessoalidade e abstração no conjunto do sistema".

Por isso, ensina o mestre português, não se vislumbra a possibilidade de um código unitarizante dos vários sistemas sociais. Não é por acaso também que, em nome dessa hipercomplexidade social, se justifica a oposição a qualquer escolha pública e, sobretudo, às deliberações políticas democráticas (CANOTILHO, J. J. Gomes. *Direito Constitucional e Teoria da Constituição*, cit. p. 1303).

Se esse é um dado da nossa sociedade democrática e pluralista, também não deixa de ser um fator de instabilidade. Também é certo que é o próprio sistema democrático que oferece as correções.

De fato, as decisões tecnocráticas ou políticas podem e devem ser contestadas. A sua juridicidade deve ser aferida. É a própria Constituição que cria os mecanismos para aferição da legitimidade dos atos do Poder Público.

Mas é o próprio sistema que exige, em relação a certos agentes, um tratamento diferenciado, no que toca à impugnação judicial de atos praticados no exercício da função, tendo em vista uma perspectiva de estabilidade que interessa às próprias instituições públicas.

A questão que se coloca, portanto, é a de se saber se a lei ora impugnada contém em suas normas uma disciplina concretizadora de preceitos da Constituição, ou ainda, se estamos diante de um desenvolvimento legítimo daqueles preceitos maiores.

Estabelecidas tais premissas, no sentido de se afastar aquela equivocada concepção de que haveria um rol de competências exaustivamente definido na Constituição, passo à análise específica dos dispositivos impugnados.

c) Da manutenção da prerrogativa de foro após a cessação do exercício do cargo – § 1º do art. 84

Assim determinava o texto originalmente apresentado ao Congresso Nacional, no Projeto de Lei n. 6.295, de 2002, alterando a redação do art. 84 do Código de Processo Penal:

"Art. 84. A competência pela prerrogativa de função é do Supremo Tribunal Federal, do Superior Tribunal de Justiça e dos Tribunais de apelação, relativamente às pessoas que devam responder perante eles por crimes comuns e de responsabilidade.

Parágrafo único. **Praticado o ato no exercício do cargo ou a pretexto de exercê-lo**, prevalece a competência por prerrogativa de função, ainda que o inquérito ou ação penal sejam iniciados após a cessação daquele exercício funcional." [grifo nosso]

Na verdade, a redação adotada nesta proposta de Bonifácio de Andrada reproduziu a discussão que o Ministro Pertence submeteu à Corte quando da proposta da superação da Súmula n. 394/STF. É o projeto de Bonifácio de Andrada que, na verdade, Vossa Excelência, naquela proposição, sugeria que só os atos funcionais fossem agora tratados em sede da prerrogativa de foro. Essa redação sugerida por Vossa Excelência, Ministro Pertence, foi incorporada a esse projeto e Bonifácio, então, citava a discussão do Supremo Tribunal Federal e justificava o projeto apresentado.

Extraio os seguintes excertos da justificação apresentada pelo Deputado Bonifácio Andrada:

"(...)

Na prática o que se procura, é promover a quantos que exercem cargos e funções de especial relevância para o Estado, uma vez processados após o término do mandato ou do exercício funcional, a garantia de ter o foro especial que lhe era proporcionado ao tempo da titularidade.

(...)

Na hipótese, esta determinação processual é um desdobramento lógico e de bom senso em favor do cidadão que atuou na função pública e que precisa garantir-se de tudo que fez durante o exercício dela, tratado e julgado como se nela estivesse. Se isso não ocorrer, os riscos de qualquer cidadão serão enormes, colocando-os numa situação de desigualdade e de dificuldades o que prejudicará aqueles que por dever disputarem mandatos populares ou exercerem cargos governamentais.

As providências do projeto acima constituem portanto garantias e não privilégios, pois a capacidade que se espera das autoridades amparadas pelo foro especial por prerrogativa de função ficará comprometida se houver receio de que, cessado o mandato ou a investidura, o seu julgamento não será mais realizado pela autoridade judiciária que a própria Constituição considerou mais isenta, e sim por outra que, presumidamente, não teria o mesmo grau de independência. (...)

(...)

A proposição ora apresentada, não é, pelo visto, a de restabelecer o inteiro teor do enunciado na Súmula n. 394, mas apenas e tão somente o de recobrar seu o princípio basilar, sem dúvida já enraizado no constitucionalismo brasileiro, assegurando, para garantir a tranquilidade do exercício do cargo ou do mandato, a prerrogativa de foro para além da cessação do exercício funcional, apenas quando se tratar de crime cometido no exercício do cargo ou a pretexto de exercê-lo.

(...)

O interesse social do bom exercício da função pública recomenda que o foro especial por prerrogativa de função seja prorrogado mesmo depois de cessado o mandato ou a investidora em relação aos atos praticados no exercício do cargo ou a pretexto de exercê-lo."

Observa-se que a ideia original era se privilegiar a redação para Súmula n. 394 sugerida pelo Ministro Sepúlveda Pertence no julgamento da Questão de Ordem no Inq n. 687/SP, Rel. Min. Sydney Sanches, *DJ* de 09.11.2001. Propôs o Ministro Pertence Súmula "que declare que cometido o crime no exercício do cargo ou a pretexto de exercê-lo, prevalece a competência por prerrogativa de função, ainda que o inquérito ou a ação penal sejam iniciados após a cessação daquele exercício funcional."

Essa questão, depois, sofreu alteração pelo Relator na Comissão de Constituição e Justiça, Deputado André Benassi, que veio, então, a dar a redação atual ao texto, aprovado pela Câmara e pelo Senado.

Em voto proferido na Comissão de Constituição e Justiça e Redação, ao sugerir alteração de redação ao art. 84 do Código de Processo Penal, assim se manifestou o Deputado André Benassi:

"Entendemos, porém, que a presente alteração não deve conter eventuais dúvidas no que tange à extensão da competência especial. É necessário esclarecer que o que se deseja é manter a prerrogativa de foro especial unicamente para o julgamento dos atos compreendidos nas atribuições administrativas do agente público, não interferindo de tal forma no julgamento dos crimes comuns.

(...)

É que a competência especial por prerrogativa de função é determinada pela relevância e gravidade das consequências do ato público praticado pelo agente, em razão da dignidade do cargo que exerce, ou seja, não se examina o indivíduo, mas sim, o ato praticado no exercício das funções públicas, ademais, o fato de se romper o vínculo funcional não retira a essência do ato que continua sendo público, sendo aconselhável o julgamento de tais atos por foros especiais.

(...)

Por essas razões, proponho seja alterado o **caput** do art. 84 apenas para expurgar do dispositivo referência a Tribunais de Apelação ora desatualizadas. O parágrafo único transforma-se em § 1º esclarecendo que a competência especial por prerrogativa de função prevalece apenas para os atos administrativos do agente. Por fim, acrescento um § 2º ao art. 84 para estender as alterações à ação de improbidade administrativa."

Em consequência, foi apresentado substitutivo à redação do art. 84 do Código Penal, que restou aprovado com os seguintes termos:

"Art. 84. A competência pela prerrogativa de função é do Supremo Tribunal Federal, do Superior Tribunal de Justiça, dos Tribunais Regionais Federais e Tribunais de Justiça dos Estados e do Distrito Federal, relativamente às pessoas que devam responder perante eles por crimes comuns e de responsabilidade.

§ 1º A competência especial por prerrogativa de função, relativa a atos administrativos do agente, prevalece ainda que o inquérito ou a ação judicial sejam iniciados após a cessação do exercício da função pública.

§ 2º A ação de improbidade, de que trata a Lei n. 8.429, de 2 de junho de 1992, será proposta perante o tribunal competente para processar e julgar criminalmente o funcionário ou autoridade na hipótese de prerrogativa de foro em razão do exercício de função pública, observado o disposto no § 1º.'"

Contudo, observe-se pelas próprias razões apresentadas a esta redação final que, em nenhum momento, a intenção original do Projeto foi abandonada. Em outras palavras: a prerroga-

Improbidade administrativa **1901**

tiva de função prevalece quando os atos foram cometidos pelo agente ou a pretexto de exercê-lo, ficando apenas afastados o que o Deputado denominou "crimes comuns", ou seja, aqueles que não têm qualquer relação com exercício do cargo.

A interpretação restritiva, tal como a pretendida pela Procuradoria-Geral da República, acaba por retirar qualquer efeito útil da norma, visto que os parlamentares, raramente, praticam atos administrativos em sentido estrito. Tal como foi formulado impropriamente no próprio texto, essa não era de fato a discussão colocada perante a Câmara dos Deputados. Com certeza, não foi essa a intenção do legislador. E, para essa finalidade – prática de ato administrativo –, a norma não teria qualquer sentido.

Assim, a despeito da redação final imprecisa, parece inequívoco que o texto continua a abranger "os atos praticados no exercício do cargo ou a pretexto de exercê-lo".

Sobre esse aspecto, destaquem-se as percucientes considerações de Pertence no Inq 687:

"O argumento é, no mínimo, ambivalente. Aqui, é impossível negar relevo à antiguidade e a firmeza da jurisprudência sesquicentenária que a Súm. 394 testemunha. Não ignoro que – suposta uma mudança na 'ideia de Direito' que inspire uma nova Constituição – preceitos típicos da ordem antiga, embora mantidos com o mesmo teor podem receber interpretação diversa, quando a imponha a inserção deles no contexto do novo sistema. O que, porém, não creio ser o caso. E, por isso, se não introduziu restrição aos textos anteriores a respeito, é mais que razoável extrair daí que a nova Constituição os quis manter com o mesmo significado e a mesma compreensão teleológica que a respeito se sedimentara nos sucessivos regimes constitucionais, não apenas nos de viés autoritário – quando a Súmula veio a ser excetuada pelos atos institucionais – mas também nos de indiscutível colorido democrático.

Em outras palavras: no constitucionalismo brasileiro, a doutrina da Súm. 394 de tal modo se enraizara que a sua abolição é que reclamaria texto expresso da Constituição: não a sua preservação, que a tanto bastaria mantê-lo inalterado, como ocorreu."

Portanto, o entendimento é esse sustentado pelo legislador. De fato, essa compreensão da Súmula n. 349/STF estava, na verdade, a revelar o conteúdo da própria norma da prerrogativa.

Dizia Sua Excelência Min. Sepúlveda Pertence ainda:

"Não contesto que a prerrogativa de foro só se explica como proteção do exercício do cargo e não como privilégio do seu titular e, menos ainda, do seu ex-ocupante.

Mas, data venia, é fugir ao senso das realidades evidentes negar que, para a tranquilidade no exercício do cargo – na verdade, Sua Excelência, aqui, estava a reproduzir aquele pensamento de Victor Nunes – ou do mandato – se para essa tranquilidade contribui, como pressupõe a Constituição, a prerrogativa de foro – ao seu titular mais importa tê-lo assegurado para o julgamento futuro dos seus atos funcionais do que no curso da investidura, quando outras salvaguardas o protegem.

Assim é patente que ao titular do Poder Executivo, enquanto no exercício do mandato, antes que o foro especial, o que lhe dá imunidade contra processos temerários é a exigência de ser a acusação previamente admitida por dois terços da Câmara dos Deputados (CF, art. 86).

Do mesmo modo, aos congressistas, a imunidade formal é que verdadeiramente os protege no curso da legislatura.

Por conseguinte, mais que apanágio do poder atual, a prerrogativa de foro serve a libertar o dignitário dos medos do ostracismo futuro."

E acrescentou o eminente Ministro Pertence:

"Aí é preciso lembrar haver entre os detentores do foro por prerrogativa de função ocupantes de cargos dos quais são demissíveis ad nutum: é o caso, no plano federal, dos Ministros de Estados.

Parece repugnante aos princípios, especialmente à garantia do juiz natural, que a competência originária do Supremo Tribunal para julgá-los seja precária e fique à mercê da vontade unilateral do Chefe do Poder Executivo, que a possa elidir a qualquer tempo, tanto para prejudicar quanto para favorecer o ministro processado.

(...)

E quando não interessar ao acusado o julgamento pelo tribunal que a Constituição a tanto reservou, mais precária será a competência desse, pois aí, para subtrair-se dela – cancelada a Súm. 394 –, bastaria a vontade exclusiva do próprio réu, já pela exoneração, já pela renúncia, já pela aposentadoria.

Dispensa demonstração, porém, que, segundo os princípios, assim como ao acusado se dá a garantia de não ser subtraído do seu juiz natural, também é certo que a ele não é dado o poder de subtrair-se da sua competência por ato unilateral de vontade."

Os argumentos do Ministro Pertence são contundentes e evidenciam, no meu entendimento, a via correta para a concretização do instituto constitucional da prerrogativa de foro. Se um dos objetivos básicos da disciplina constitucional da prerrogativa de foro é o de conferir a tranquilidade necessária ao exercício de determinados cargos públicos, não faz sentido algum admitir um cenário em que um atual Ministro de Estado tome decisões, em razão do exercício do cargo, que possam vir a ser contestadas no foro ordinário. Parece intuitivo, conforme bem expõe Pertence, que "mais que apanágio do poder atual, a prerrogativa de foro serve a libertar o dignitário dos medos do ostracismo futuro".

Ademais, sendo a prerrogativa de foro uma proteção ao cargo e não do seu titular, parece que esta proteção resta afastada se se deixasse ao alvedrio do próprio titular do cargo a guarida ou não do cargo público ao sistema diferenciado dessa prerrogativa. Configurando o juiz natural uma garantia constitucional, essa arbitrariedade configuraria, no mínimo, uma fraude à Constituição.

Tais considerações afastam, ao meu ver, qualquer impugnação no sentido da exigência de disciplina constitucional expressa sobre o tema. O legislador ordinário, no caso em exame, tão somente optou por uma disciplina que melhor concretiza a instituição da prerrogativa de foro constitucionalmente prevista.

A rigor, só faz sentido falar em prerrogativa de foro se se estende para além do exercício das funções, até porque, como já largamente demonstrado, é nesse momento que ela presta alguma utilidade ao ocupante do cargo. Por outro lado, todos nós sabemos que, no mundo complexo de hoje, os exercentes dessas funções – os exemplos estão aí – só serão, em geral, perseguidos processualmente, inclusive, depois de abandonar o cargo.

Agora, duas palavras, Senhora Presidente, sobre a prerrogativa de foro em relação às ações de improbidade. É que tenho uma posição já histórica a respeito. Escrevi artigos, há muito, mostrando a incongruência desse modelo do art. 37, § 4º, antes mesmo da ação civil pública, a chamada Ação da Improbidade se tornar, na verdade, instrumento de perseguição política e instrumento de ação política, instrumento desse conúbio espúrio entre agentes políticos e membros do Ministério Público para obter algum tipo de vantagem política, ou caso, como já demonstrei aqui em um outro episódio, usar a ação civil pública até para obter vantagens financeiras como se tem naquele exemplo já referido da Procuradora Walquiria Quixadá, que propusera quatro ações civis públicas contra o Presidente do Banco Central para resolver as suas pendências financeiras com aquela instituição.

d) Da prerrogativa de foro em relação às ações de improbidade – Assimilação da ação de improbidade aos crimes de responsabilidade – § 2º do art. 84 do CPP

Passo a analisar a fixação da prerrogativa de foro em relação às ações de improbidade. Nesse ponto, precisamos considerar inicialmente as premissas já expostas, no sentido de afastar qualquer perspectiva de que as competências dos tribunais estariam constitucionalmente definidas em rol taxativo.

No caso das ações de improbidade, se a Constituição estabelece que os agentes políticos respondem, por crime comum ou de responsabilidade, perante esta Corte, entender que tais agentes devem responder a processo assemelhado, ou de consequência assemelhada, perante o juiz de primeiro grau, parece algo esdrúxulo.

Discute-se, aqui, acerca da assimilação entre os atos de improbidade e os assim chamados crimes de responsabilidade no sistema jurídico brasileiro.

Se a Constituição estabelece que os agentes políticos responderão por crime comum ou de responsabilidade perante esta Corte, afigura-se estranho que eles tenham de responder a processos de índole idêntica ou assemelhada perante o juiz de primeiro grau.

A Constituição prevê no art. 37, § 4º, que "os atos de improbidade administrativa importarão a suspensão dos direitos políticos, a perda da função pública, a indisponibilidade dos bens e o ressarcimento ao erário, na forma e gradação previstas em lei, sem prejuízo da ação penal cabível".

No seu art. 85, V, estabelece o texto constitucional que são crimes de responsabilidade os atos do Presidente da República que atentem contra a probidade da administração.

Parece difícil distinguir, na espécie, entre os crimes de responsabilidade que atentem contra a probidade da administração de que fala o art. 85, V, da Constituição Federal e os atos de improbidade de que trata o art. 37, § 4º, da Constituição. Eu, pelo menos, talvez por deficiência de inteligência, não alcanço essa distinção.

Se o Presidente submete-se ao processo de responsabilidade, nessa hipótese, perante o Senado Federal, como poderá responder, em primeiro grau de jurisdição, nas mesmas hipóteses, pela prática de supostos atos de improbidade?

Quem quiser sustentar tese semelhante não poderá contentar-se com fórmula reveladora de uma simples petição de princípio. Não se poderá limitar a afirmar o óbvio! Terá que demonstrar que, entre os crimes comuns, assim chamados, e os delitos de responsabilidade, há de existir um espaço normativo para os delitos de improbidade regulados na Lei n. 8.429, de 1992.

Significa dizer, estão onerados com o dever de demonstrar que existe um espaço normativo útil para o manejo da ação de improbidade em relação aos agentes que já respondem por crime de responsabilidade.

É essa a questão! Há um espaço normativo autônomo para os delitos de improbidade? Podem conviver os delitos comuns, de responsabilidade e um terceiro tipo, os delitos de improbidade no sistema constitucional? E aqui não faço consideração de política legislativa, que me parece relevante.

A leitura do texto constitucional parece indicar que isto não é admissível, tendo em vista a notória coincidência do objeto do crime de responsabilidade do Presidente da República, naquilo que atente contra a probidade administrativa (art. 85, V), com o objeto da ação de improbidade (art. 37, § 4º). Do contrário, a ação de improbidade tornaria inócuas todas as disposições da Constituição que disciplinam o processo e julgamento do crime de responsabilidade (cf., arts. 52, I e II; 102, I, "c"; 105, I, "a"; 108, I, "a"). Trata-se de uma interpretação, portanto, de caráter derrogatório.

Nem seria preciso avançar sobre outras implicações. Nos termos da Constituição, a acusação contra o Presidente da República, no caso de crime comum ou de responsabilidade, há de ser admitida por dois terços da Câmara dos Deputados (CF, art. 86).

No caso de recebimento da denúncia ou queixa-crime ou da instauração do processo de crime de responsabilidade pelo Senado Federal, ficará o Presidente da República suspenso de suas funções pelo prazo de até cento e oitenta dias (CF, art. 86, §§ 1º e 2º).

A despeito da clareza dessas disposições e dessa orientação, que, salvo melhor juízo, não deixam dúvida sobre a impossibilidade de submeter o Presidente da República – e aí, obviamente, todos aqueles que estão submetidos ao crime de responsabilidade perante o Senado Federal – à ação de improbidade perante a jurisdição ordinária de 1º grau. Há ação dessa natureza contra o atual Chefe da Nação por atos praticados no exercício de suas funções, segundo informa documento fornecido pelo núcleo de Acompanhamento das Ações Civis de Improbidade do Ministério Público Federal.

Certamente existem outras tantas movidas contra Governadores de Estado. Segundo os informes apresentados pelo Ministério Público Federal, haveria 10 ações de improbidade tramitando contra governadores de Estado, não obstante esta Corte ter percebido que esses agentes políticos não podem sequer responder a processo-crime sem a autorização de dois terços da Assembleia Legislativa.

É o que se pode ver no HC n. 80.511/MG, da relatoria do Ministro Celso de Mello:

> "... Funda-se na circunstância de que, recebida a denúncia ou a queixa-crime pelo Superior Tribunal de Justiça, dar-se-á a suspensão funcional do Chefe do Poder Executivo estadual, que ficará afastado, temporariamente do exercício do mandato que lhe foi conferido por voto popular, daí resultando verdadeira 'destituição indireta de suas funções" (*DJ* de 14.09.2001).

Em nome do princípio democrático, veda-se a possibilidade de afastamento temporário do Chefe do Poder Executivo sem que haja a decisão qualificada da Casa Legislativa competente. Veja-se que esta decisão só se daria depois de o Superior Tribunal de Justiça receber a denúncia contra o Governador do Estado.

Ora, a ação de improbidade, se aplicável ao Presidente da República e ao Governador do Estado, contemplaria a possibilidade de destituição do Chefe do Poder Executivo da União ou dos Estados pela simples decisão monocrática de um juiz de primeiro grau, sempre que esse afastamento se fizesse necessário à instrução processual (Lei n. 8.429, art. 20, parágrafo único).

Certamente, no exercício do cargo, sempre haveria essa necessidade. E, é claro, se se cuida de ação contra Prefeito, contra Governador de Estado, contra o Presidente da República, certamente pode prejudicar a instrução processual. Então, a ação quase que impõe seu afastamento.

Vê-se, pois, que uma interpretação que sustente a aplicação da Lei de Improbidade aos titulares do Poder Executivo na União e nos Estados, com todas as suas consequências, acabaria por comprometer todo o sistema de responsabilização política vigente entre nós desde de a 1ª Constituição republicana (art. 59 da Constituição de 1891).

O absurdo salta aos olhos, Senhora Presidente. Não se trata de uma mudança tão pequena!

Restariam comprometidas competências básicas da Câmara dos Deputados e do Senado Federal e, no plano estadual, as próprias competências da Assembleia Legislativa. Tanto é que, se se quiser aplicar a lei de improbidade a esses agentes, ter-se-á que fazer um torcicolo na lei.

Se não há como justificar a aplicação da Lei de improbidade aos titulares do Poder Executivo da União e dos Estados, afigura-se difícil legitimar essas ações em relação aos Ministros de Estado. É que, enquanto auxiliares do Presidente da República, respondem eles, nos delitos comuns e de responsabilidade, perante o Supremo Tribunal Federal (CF, art. 102, I, "b" e "c").

Nessa linha, ensina Aristides Junqueira Alvarenga, *verbis*:

> "*Ora, se os atos de improbidade administrativa do Presidente da República são crimes de responsabilidade, a fortiori, as condutas funcionais de improbidade administrativa, definidas na Lei n. 8.429, de 1992, têm a mesma natureza jurídica, ou seja, são crimes de responsabilidade*". (Ato de Improbidade Administrativa: crime de responsabilidade. Correio Braziliense. Caderno Direito e Justiça, ed. de 30.09.2002)

Poder-se-ia argumentar que haveria um resíduo não abrangido pelas ações por crime de responsabilidade, que seria o elemento reparatório. É o que sustentam os membros do Ministério Público em um de seus memoriais.

Tal como já observado por Jobim na Rcl n. 2.138/DF:

> "*Não impressiona, também, a consideração segundo a qual a ação de improbidade seria dotada de caráter reparatório e por isso inafastável a submissão aos juízes de primeiro grau.*
>
> *O sistema brasileiro é rico em ações destinadas à defesa do patrimônio público.*

Improbidade administrativa 1905

Para essa finalidade específica, existem as ações populares, as ações civis públicas, todos os procedimentos ordinários e cautelares.

E elas poderão ser ajuizadas na sede própria, conforme a jurisprudência assente desta Corte."

[Nesse particular, CELSO DE MELLO, no despacho na Rcl 1.110-1, fls. 87, arrola casos: Ações Populares (*RTJ* 121/17, MOREIRA ALVES; *RTJ* 141/344, CELSO DE MELLO; Pet 325-DF, SYDNEY SANCHES; Pet 431-SP, NÉRI DA SILVEIRA; Pet 487-DF, MARCO AURÉLIO; Pet 1.641-DF, CELSO DE MELLO); Ações Civis Públicas (*RTJ* 159/28, ILMAR GALVÃO; Pet 240-DF, NÉRI DA SILVEIRA); Ação Cautelares, Ações Ordinárias, Ações Declaratórias e Medidas Cautelares (*RTJ* 94/471, DJACI FALCÃO; Pet 240-DF, NÉRI DA SILVEIRA)].

Nunca se teve dúvida de que a ação popular pode ser ajuizada em primeiro grau e deve continuar assim. Por isso que eu disse, quando do debate com o Ministro Pertence, ao se fazer a ablação, certamente já não é de ação de improbidade. Aqui, cuida-se mais de uma simples ação civil pública.

É evidente que caso se trate de mover ação de conteúdo meramente reparatório, não precisa o Ministério Público valer-se da ação de improbidade. Há uma pletora de procedimentos e providências previstos na ordem jurídica com essa finalidade. A própria Constituição outorga ao Ministério Público a atribuição para *"promover o inquérito civil e a ação civil pública, para a proteção do patrimônio público e social, do meio ambiente e outros interesses difusos coletivos"* (art. 129, III).

Em outra perspectiva, coloca-se aqui, tal como mencionou o Ministro Nelson Jobim nos autos da Rcl n. 2.138/DF, a questão básica acerca da possibilidade de concorrência de dois regimes de responsabilidade político-administrativa para os agentes políticos:

(1) o regime previsto no § 4º do art. 37 da Constituição, e regulado pela Lei n. 8.429, de 1992; e

(2) o regime de crime de responsabilidade referido no art. 102, I, "c" da Constituição e disciplinado pela Lei n. 1.079, de 1950.

Tal convivência, ou mais precisamente, superposição de regimes, não parece admissível.

A comparação entre a Lei n. 1.079, de 1950, e a Lei n. 8.429, de 1992, reforça o entendimento segundo o qual, em ambos os casos, há a fixação dos chamados crimes de responsabilidade em sentido genérico. A formulação ampla e a concepção de tipos abertos dá a exata noção de que é disto que se trata.

A Lei n. 1.079, de 1950, contempla no capítulo V, os crimes contra a probidade da administração. Talvez até deva ser densificado, analiticamente desenvolvido, mas está previsto expressamente a partir da consecução do modelo constitucional. Tal como observado no parecer da Procuradoria-Geral da República, a pena é extremamente severa: perda do cargo e inabilitação para o exercício de função pública pelo prazo de cinco anos (art. 2º). Também, nos termos do art. 3º da Lei n. 1.079, de 1950, a imposição da penalidade não exclui o processo e julgamento do acusado por crime comum.

A Lei n. 8.429, de 1992, elenca, por seu turno, os atos de improbidade (arts. 9º, 10 e 11) e prevê as sanções de suspensão dos direitos políticos, da perda do cargo, além da obrigação de ressarcimento.

Não é difícil encontrar a descrição de condutas análogas nas Leis ns. 1.079 e 8.429. A conduta incompatível com a dignidade, a honra e o decoro do cargo, prevista como ato de improbidade no art. 9º, item 7, da Lei n. 1.079, por exemplo, possui evidente proximidade aos atos de improbidade descritos nos arts. 9º e 10 da Lei 8.429.

A análise das condutas tipificadas em ambas as leis, assim como das penalidades ali previstas, evidencia que tais diplomas estão a disciplinar o mesmo setor do direito punitivo, os chamados crimes de responsabilidade. Em síntese, cabe concluir que a disciplina punitiva das Leis ns. 8.429 e 1.079 opera no mesmo espaço normativo definido pela Constituição, ou seja, no âmbito dos chamados crimes de responsabilidade.

Também aqui considero afastadas as impugnações no sentido da exigência de disciplina constitucional expressa sobre o tema, uma vez que a disciplina legal impugnada tão somente explicitou o que já restava implícito na Carta Constitucional. Tanto é que, naquela reclamação a que me referi e, também, nas posições que desenvolvi anteriormente, considerava que a lei, a disciplina hoje constante dessa lei, seria totalmente dispensável. A partir da própria leitura sistêmica e sistemática da Constituição era possível sim chegar-se ao resultado de, naqueles casos em que estão previstos os crimes de responsabilidade, não se adotar a lei de improbidade, sob pena, na verdade, de onerar-se brutalmente aqueles que exercem essas funções.

Não é novidade, todos nós sabemos que vivemos em um contexto no qual as decisões políticas administrativas, numa sociedade complexa, e nós vivemos numa sociedade hipercomplexa, são, a toda hora, contestadas, colocando o governante em risco. Eu mesmo sou Relator, aqui, de uma ação em que, por medidas tomadas no âmbito do Ministério da Fazenda, os agentes econômicos e financeiros foram condenados, em primeiro grau, a eventualmente ressarcir os cofres públicos de alguma quantia em torno de alguns bilhões de reais, correspondente ao valor do famoso PROER. Dizia o juiz que não via, naquele caso, razão para impor a pena da improbidade, suspensão dos direitos políticos. Limitar-se-ia a impor apenas a obrigação de ressarcimento de alguns bilhões.

Na época, até cheguei a fazer a divisão *per capita*, isto chegava a uma responsabilização de R$ 300.000.000,00 (trezentos milhões de reais) para o Ministro Malan, para o Ministro Serra, para o Ministro Parente. Tenho dito, e vale ressaltar, que é preciso pensar nesses casos.

e) Sobre as posições contrárias – O entendimento prevalecente no âmbito do STJ

Conforme já exposto, os atos de improbidade constituem ilícito situado no âmbito constitucional dos crimes de responsabilidade.

O argumento contrário resume-se a uma petição de princípio, uma vez que dá por demonstrado justamente aquilo que deveria demonstrar, qual seja, que as ações de improbidade encontram-se em um espaço normativo próprio, inconfundível com a ordem normativa pertinente aos crimes comuns e aos crimes de responsabilidade. Ignora-se, por exemplo, a evidente similitude entre as condutas tipificadas e as penalidades previstas nas Leis ns. 8.429 e 1.079. Não se demonstra, ademais, a viabilidade constitucional de tal superposição de regimes.

[E aqui, Senhora Presidente, permito-me abrir um parênteses sobre a idoneidade dogmática dessa tese.

Inicialmente, isso não surpreende, haja vista a ausência de compromisso do professor Dallari com a dogmática jurídica. De fato, é este mesmo Dalmo Dallari que, após o julgamento da Ação Declaratória de Constitucional n. 9, proclamou publicamente a ausência de efeito vinculante daquela decisão. Disse Dallari, à época que *"A decisão do STF quanto à "MP do Apagão" não tem força vinculante e não impede novas ações de inconstitucionalidade"*. Afirmou, que o STF teria tomado uma "não decisão" jurídica, deixando de cumprir a sua principal atribuição constitucional, que é justamente "guardar a Constituição". Especulou que a referida "não decisão" do STF teria sido praticada por *"uma solicitação do governo federal, feita sob a forma de uma ação direta de declaração de constitucionalidade, proposta para impedir a discussão jurídica da chamada "MP do Apagão"*. Em defesa de sua tese, invocou o fato de que se tratava de uma decisão liminar, ignorando a jurisprudência desta Corte no sentido do efeito vinculante da cautelar em ação declaratória. Ademais, disse que *"não foi feito o exame jurídico do mérito e não foram esclarecidos os pontos controvertidos quanto à constitucionalidade da medida provisória"*, e que *"esses pontos foram referidos e expressamente analisados com argumentos jurídicos pelos dois ministros que sustentaram a incons-*

ticionalidade da medida". Na visão de Dallari, *"a maioria dos integrantes do Supremo fugiu ao exame jurídico das controvérsias e se limitou a considerações de fato para concluir conveniente que o governo federal praticasse as inconstitucionalidades previstas na "MP do Apagão".*

E mais, após absurdas afirmações no sentido de qualificar o entendimento da maioria, concluiu o Professor Dallari, em tom professoral: *"a decisão tomada pela maioria dos membros do Supremo Tribunal Federal não tem força vinculante, não impede a propositura de novas ações sustentando a inconstitucionalidade da 'MP do Apagão' e não impede os juízes de concederem liminares contra ela, se estiverem convencidos de sua inconstitucionalidade. A Constituição estabelece, com absoluta clareza, no artigo 102, que 'as decisões definitivas de mérito proferidas pelo STF nas ações declaratórias de constitucionalidade de lei ou ato normativo federal produzirão efeito vinculante'. Como esclarece o eminente jurista italiano Franco Cordero, no 'Novíssimo Digesto Italiano', no verbete 'Mérito', a decisão de mérito é o juízo em torno de uma situação cujo modelo é oferecido por uma norma de direito substancial, como as normas da Constituição, acima referidas. Com a decisão de mérito se afirma ou se nega a existência de uma situação jurídica, devendo ser considerados sob o ângulo jurídico todos os fatos e todas as circunstâncias ligados às consequências jurídicas que envolvam o objeto do processo. No presente caso, pode-se afirmar com toda segurança que não houve decisão definitiva nem de mérito, porque se trata de decisão provisória por sua própria natureza e porque não se fez a análise jurídica, não tendo sido levadas em conta circunstâncias fundamentais na consideração jurídica do objeto do processo, que era um julgamento sobre a constitucionalidade. Por isso a decisão foi uma 'não decisão', pois nada foi decidido em definitivo quanto ao mérito, que continua uma questão em aberto. Assim, pois, novas ações e novas decisões poderão e deverão ocorrer, até que, por via de recursos, o assunto chegue novamente ao STF. Quando este tomar por base as normas constitucionais, aí sim, seja qual for a sua decisão, ela será respeitável."*

Registro que esse não foi o primeiro exercício de pseudologia do professor Dallari. Anteriormente, atribuiu à minha pessoa e ao então Ministro da Justiça, Nelson Jobim, suposta tentativa de anular a demarcação de terras indígenas. Em suas palavras: *"Alegando inconstitucionalidade, duas vezes negada pelo STF, 'inventaram' uma tese jurídica que serviu de base para um decreto do presidente Fernando Henrique revogando o decreto em que se baseavam as demarcações"* (*Folha de S.Paulo* de 8.5.2002). O equívoco de tais acusações são esclarecidos pelo Dr. Júlio Gaiger, Consultor Legislativo da Câmara dos Deputados e ex-presidente da FUNAI, *verbis*:

"A verdade é que ninguém queria 'anular a demarcação de áreas indígenas'. O decreto n. 22/91 estava sendo questionado no STF, através de mandado de segurança, porque não previa a audiência de terceiros prejudicados pelas demarcações, razão pela qual elas sofriam grande oposição inclusive no Congresso Nacional. Se o STF acatasse a tese dos impetrantes, então sim as demarcações realizadas com base naquele decreto poderiam ser anuladas. Para evitar a hipótese, que seria desastrosa, o Ministro da Justiça resolveu elaborar um novo decreto que permitisse a manifestação de terceiros, e neste momento convidou-me para ajudá-lo juntamente com o Dr. Gilmar Mendes. A maior preocupação de ambos dizia respeito a incidência das novas regras sobre o procedimento ainda não consumados: desejavam reduzir ao máximo o universo que o novo regulamento atingiria. Coube a mim, depois de pesquisar sobre a natureza jurídica dos decretos procedimentais, redigir a cláusula que figura no art. 9º do novo regulamento.

Não é verdade que o STF teria negado a inconstitucionalidade do decreto anterior, simplesmente porque a Corte nunca chegou a apreciar o mérito das ações que o questionavam. Certo é que aquele mandado de segurança que ensejou a iniciativa do ministro Nelson Jobim, por força do qual o STF determinara a suspensão da demarcação de uma área indígena no Mato Grosso do Sul, foi julgado prejudicado após a edição do decreto n. 1.775/96. Este decreto, embora tenha sido alvo de críticas absolutamente infundadas, serviu a que o governo atingisse índices inéditos na demarcação de terras indígenas, seja quanto ao numero de áreas demarcadas, seja quanto à superfície total. Os dados encontram-se na página que o Instituto Socioambiental mantém na internet. Por consequência, também calaram as vozes que reclamavam do autoritarismo com que eram executadas as demarcações.

A postura do Dr. Gilmar Mendes, quando discutíamos o novo decreto e desde sempre, era coerente com a defesa intransigente que fez, ainda no Ministério Público Federal, da inviolabilidade do Parque Indígena do Xingu. Jurídica, histórica e etnograficamente perfeita, mereceu ser publicada pela Procuradoria-Geral da República, sob a chefia do agora ministro Sepúlveda Pertence (O domínio da União sobre as terras indígenas: O Parque Nacional do

Xingu. Brasília, 1988). Ele saberá manter esta postura no Supremo."

As lições de Direito Constitucional a que o professor Dallari pretende submeter esta Corte me fazem lembrar daquilo que Kelsen designou por *"mundividência subjetivista"*, quando da análise das posições monista e dualista no que toca ao Direito Internacional. Referindo-se ao monismo nacionalista, afirmava Kelsen que, do mesmo modo que a concepção subjetivista parte do próprio *"Eu soberano"* para compreender o mundo – de modo que não é capaz de compreender este como *"mundo exterior"*, mas apenas como *"mundo interior"*, como representação e vontade do Eu – a construção que postula o primado da ordem jurídica estatal parte do próprio Estado *"para apreender o mundo exterior do direito, o direito internacional e as outras ordens jurídicas estatais"*. Tal subjetivismo, dizia Kelsen, só poderia levar à concepção do direito externo como direito interno, integrante da ordem jurídica do Estado soberano. (KELSEN, Hans. *Teoria pura do direito*. Tradução: João Baptista Machado. 6. ed. São Paulo: Martins Fontes, 1998, p. 383/384).

Pois bem. Parece pertinente afirmar que o professor Dallari possui uma autêntica *"mundividência constitucional egocentrista"*.

De fato, além de não ter qualquer compromisso com a ordem constitucional que legitima as decisões do Supremo Tribunal – quer se goste ou não delas –, acredita aquele professor que possuem efeito vinculante não as decisões proferidas pelo STF em ações declaratórias, mas sim as decisões proferidas pelo STF que estejam de acordo com o pretenso pensamento constitucional do próprio Dallari.

Esse relato permite alguma compreensão para as injúrias formuladas pelo Senhor Dallari contra esta Corte. Sobre Dallari já houve quem dissesse que a sua maior contribuição para o direito e para ética decorreu de sua participação em obscuro episódio ocorrido em 1980, quando da primeira visita do Papa ao Brasil.]

Tal entendimento divergente encontrou espaço na jurisprudência do Superior Tribunal de Justiça. De fato, em Reclamações ajuizadas por agentes políticos que pretendiam ver assegurada prerrogativa de foro em ações de improbidade, concluiu o STJ por afirmar a competência da primeira instância do Poder Judiciário.

O argumento prevalecente no STJ, com a devida vênia, não me parece o mais correto.

Indago: se a ação de improbidade nada mais é do que uma ação por crime de responsabilidade, até porque, como demonstrado, não existe outro objeto possível, como poderia aquela Corte exercer a sua competência para processar, por crime de responsabilidade, os desembargadores dos Tribunais de Justiça dos Estados e do Distrito Federal, os membros dos Tribunais de Contas dos Estados e do Distrito Federal, os membros dos Tribunais Regionais Federais, dos Tribunais Regionais Eleitorais e do Trabalho, os membros dos Conselhos ou Tribunais de Contas dos Municípios e os do Ministério Público da União que oficiem perante os tribunais (CF, art. 105, I, "a")?

Fica evidente, à luz do direito positivo brasileiro, que aquela Corte está renunciando a sua competência para processar e julgar os crimes de responsabilidade nas hipóteses acima descritas, em grave prejuízo ao papel conferido pela Constituição ao STJ.

Esse equívoco resta mais evidente caso se considere que o *leading case* firmado por aquela Corte dizia respeito a um juiz de Tribunal Regional do Trabalho (Rcl n. 591/SP, Rel. Min. Nilson Naves, Corte Especial do Superior Tribunal de Justiça).

Essa circunstância choca e pasma por si mesma.

Mais do que isso, fere o próprio sistema constitucional, que, até por coerência lógica interna, não se compatibiliza com essa inversão do escalonamento dos órgãos jurisdicionais que instituiu.

Não é preciso elaborar excessivamente esse ponto. É óbvio que o sistema constitucional foi concebido para que os atos do juiz de primeiro grau sejam apreciados e eventualmente censurados pelos magistrados que compõem as jurisdições que lhe são superiores.

A ação de improbidade ajuizada em primeira instância subverte essa ordem constitucional. Permite que o juiz de primeiro grau seja o julgador dos atos e comportamentos de juiz de tribunal intermediário ou superior.

Outras distorções podem ainda ser apontadas, a se admitir o absurdo da ação de improbidade contra integrante de tribunal, proposta perante juiz singular. Veja-se que o juiz de primeiro grau poderá ter em mãos para julgamento justo aqueles magistrados que deverão apurar as suas condições para ser vitaliciado.

Esse mesmo juiz julgará e poderá até decidir pedidos cautelares, punições a serem impostas aos magistrados que aferirão o seu merecimento para fins de promoção. Tal magistrado julgará os magistrados que podem recusá-lo na promoção por antiguidade. As consequências perniciosas e absurdas daí advindas mostram que os arts. 93, II e art. 95, I, da Constituição Federal, impedem que se aceite que um integrante de Tribunal seja processado por improbidade por juízo inferior.

Veja-se, a propósito, que o art. 93, VIII, da CF, estabelece que atos de remoção, disponibilidade e aposentadoria do magistrado por interesse público – atos que podem assumir coloração punitiva – são da competência do Tribunal a que o magistrado pertence. E o *quorum* para tais medidas é o mais elevado: dois terços do Tribunal.

Também da lei complementar especial, conjugada com os atuais termos da Constituição, na parte em que cuida da vitaliciedade dos juízes, se colhe que o magistrado somente perde o seu cargo em ação por crime comum ou de responsabilidade, ou em decorrência de ação a ser proposta com esse fim, depois de vencido procedimento administrativo próprio. Esse procedimento, diz o art. 27 da LOMAN, tem "início por determinação do tribunal, ou do seu órgão especial, a que pertença ou esteja subordinado o magistrado (...)".

Fica evidente, assim, que o Superior Tribunal de Justiça equivocou-se por completo ao admitir que ação de improbidade pudesse ser proposta contra magistrado submetido a sua jurisdição em matéria de crime de responsabilidade e de crime comum.

Tem-se aqui um daqueles casos em que se pode dizer que o resultado hermenêutico inexecutável ou incongruente contamina todo o processo e demonstra a existência de uma interpretação errônea.

Por isso, continua insuperável, a meu ver, a posição sustentada pela minoria, liderada por Eduardo Ribeiro, *verbis*:

'Se partíssemos do princípio de que todas as normas jurídicas que atribuem competência hão de ser interpretadas estritamente, não se podendo sequer ter como por elas abrangidas outras hipóteses que, por força de compreensão, houvessem de sê-lo, a questão seria de facílimo deslinde, pois induvidoso não existir, no texto constitucional, disposição que, expressamente, estabeleça ser este Tribunal competente para a matéria.

Não me parece, entretanto, que a tradição do nosso direito e a jurisprudência do País placitem tal entendimento. Alguns exemplos podem ser citados e o ilustre advogado o fez da tribuna. Permito-me acrescentar outros dois.

O Tribunal Federal de Recursos, com aprovação do Supremo Tribunal, se bem me recordo, entendeu que era de sua competência julgar, originariamente, os deputados estaduais nos crimes ditos federais. Não havia na Constituição, entretanto, norma que assim dispusesse. Competente seria, por certo, a Justiça Federal, em razão do contido no artigo 125, IV, do texto constitucional então vigente. E como o artigo 122 disso não cogitava, a competência não seria do Tribunal Federal de Recursos, mas do juiz de primeiro grau. Decidiu-se, entretanto, do modo indicado.

A atual Constituição determina, expressamente, que cabe aos Tribunais de Justiça o julgamento dos prefeitos. O Supremo Tribunal Federal, entretanto, estabeleceu distinções. Tratando-se de crime eleitoral, será o prefeito julgado pelo Tribunal Regional Eleitoral; se acusação referir-se a crime federal, o julgamento far-se-á por Tribunal Regional Federal. Nenhuma disposição, entretanto, atribui, para isso, competência a tais Cortes. Vê-se que se admitiu fosse ampliado o que está explícito no texto, para fazer compreender outras hipóteses que, logicamente, tendo em vista o sistema, nele se haveriam de ter como contidas.

No caso, solução análoga se impõe.

A ação de improbidade tende a impor sanções gravíssimas: perda do cargo e inabilitação, para o exercício de função pública, por prazo que pode chegar a dez anos. Ora, se um magistrado houver de responder pela prática da mais insignificante das contravenções, a que não seja cominada pena maior que multa, assegura-se-lhe foro próprio, por prerrogativa de função. Será julgado pelo Tribunal de Justiça, por este Tribunal ou mesmo, conforme o caso, pelo Supremo. Entretanto, a admitir-se a tese que ora rejeito, um juiz de primeiro grau poderá destituir do cargo um Ministro do Supremo Tribunal Federal e impor-lhe pena de inabilitação para outra função por até dez anos. Vê-se que se está diante de solução que é incompatível com o sistema." (Rcl n. 591/SP, Rel. Min. Nilson Naves, Corte Especial do Superior Tribunal de Justiça).

Tampouco é válida a fórmula proposta, também no âmbito do STJ, no sentido de afirmar a competência da primeira instância para apreciar tão somente o aspecto reparatório da ação de improbidade. Essa posição foi defendida pelo eminente Ministro Sálvio de Figueiredo Teixeira, nos autos da Reclamação n. 580/GO.

Com a máxima vênia, tal entendimento não se afigura correto. Conforme já exposto, é evidente que se se trata de mover ação de conteúdo meramente reparatório, não precisa o Ministério Público valer-se da ação de improbidade. O *Parquet* pode, nesses casos, utilizar-se da ação civil pública.

E mais, caso fosse garantida a competência da primeira instância para julgar as ações de improbidade apenas quanto ao elemento reparatório, parece evidente que esta deveria observar o parâmetro definido no art. 37, § 6°, da Constituição.

Também se afigura equivocado o entendimento no sentido de que as ações de improbidade poderiam ser ajuizadas em primeira instância nas hipóteses em que a Lei n. 8.429/1992 não estivesse abrangida pela Lei n. 1.079/1950.

Não é difícil vislumbrar a fragilidade de tal entendimento.

Ignora-se, de início, o caráter de delito de responsabilidade das condutas tipificadas na Lei n. 8.429/1992. Por outro lado, ignora-se o fato de que a Lei n. 1.079/1950, no capítulo que cuida dos crimes contra a probidade na administração, possui tipos amplíssimos, que obviamente abrangem todos aqueles que se encontram na Lei n. 8.429/1992. Veja-se, por exemplo, o teor do item 7 do art. 9°, da Lei n. 1.079/1950, que descreve como crime de responsabilidade *"proceder de modo incompatível com a dignidade, a honra e o decoro do cargo".*

É difícil imaginar uma conduta descrita na Lei n. 8.429/1992 que não corresponda a um ato incompatível com a dignidade, a honra e o decoro do cargo.

Não procedem, portanto, tais entendimentos.

f) Da contestação às decisões político-administrativas no contexto de uma sociedade complexa – Da conversão de discussões sobre legalidade em discussões sobre improbidade

Conforme já mencionado, se as decisões tomadas pelo setor político-burocrático já são contestáveis e contestadas nesse sistema hipercomplexo, não se pode conceber que, além das contestações e críticas normais, devam as autoridades suportar o risco de perder o seu cargo ou a sua função porque determinado procurador ou juiz entende que aquela decisão de rotina afronta a probidade da administração.

Admitir, porém, que a impugnação administrativa e política se converta, rotineiramente, numa discussão sobre a probidade do próprio agente é um flagrante absurdo, que atenta contra a independência das instâncias decisórias. Quem há de aceitar cargo público, com altas responsabilidades, se, além dos riscos normais da própria atividade, tem de enfrentar ações proposta por agentes que não têm qualquer responsabilidade no sentido amplíssimo do termo?

Nesse sentido, afigura-se elucidativa a observação de Jobim na Rcl n. 2.138/DF:

"Como se pode aceitar que, à cada decisão de grande repercussão do MINISTRO DA FAZENDA, por exemplo, se encete uma nova ação de improbidade?

É caso de improbidade o acordo com FMI; a decisão sobre intervenção em um banco ou a decisão sobre transferência de depósito?

Ou, ainda, que o MINISTRO DA AGRICULTURA e o MINISTRO DE PLANEJAMENTO sejam processados por suposta improbidade, por terem simplesmente determinado que se fizesse contratação temporária de fiscais agropecuários?

As decisões podem estar até equivocadas do prisma econômico, administrativo ou jurídico.

O sistema, como se sabe, dispõe de mecanismos adequados para sua correção eventual.

O que é abusivo é colocar esses atos sob a epígrafe dos atos de improbidade.

E, praticamente, nos dias de hoje todos os Ministros têm suas ações contestadas no âmbito da lei de improbidade." (Voto do Min. Nelson Jobim, Rcl n. 2.138/DF).

Observo, ademais, que a análise sumária de algumas ações de improbidade, especialmente das que me têm chegado pela via da Reclamação, demonstra exatamente a tentativa de transformar toda e qualquer contestação às decisões administrativas em razão para imputar a um agente político a pecha de ímprobo, bem como de execrá-lo publicamente, por meio da radical condenação à perda de seu cargo e de seus direitos políticos.

Na aparente lógica defendida em alguns casos que tramitam em primeira instância, a cada mandado de segurança provido estará atestada a prática de um ato de improbidade pelo administrador. E, em certos casos, a suposta existência do ato de improbidade parte do mero nexo objetivo entre a conduta dos agentes políticos e o resultado considerado ilegítimo. Não se exige sequer a culpa, o que configura um modelo de autêntica responsabilização objetiva!

Lembre-se, ainda, na linha de Canotilho, que um dos problemas fundamentais da sociedade de risco é a assinalagmaticidade do risco.

Tal observação é bastante pertinente para uma correta compreensão da atividade desempenhada pelos Ministros de Estado, bem como do diferenciado regime de responsabilização de tais agentes. De fato, o risco presente nas decisões de um Ministro de Estado jamais poderia ser equiparado ao risco de uma decisão de um agente público comum. Daí o equívoco das abordagens que pretendem ver a prerrogativa de foro como ofensiva ao princípio da isonomia.

Também não é difícil imaginar que a opção adotada pelos reclamantes à época possa ser objeto de disputas no âmbito da Ciência Econômica. Tal opção poderia, outrossim, ensejar alguma disputa no plano jurídico. Poder-se-ia alegar, como se alegou, que aquelas autoridades não tinham competência para a prática de tais atos, ou mesmo que a prática de tais atos não teria base legal ou constitucional.

Isso é absolutamente normal e, como já exposto, ocorre todos os dias. Esse é um ônus da atividade de quem tem obrigatoriamente que decidir. O que parece absurdo é tentar estabelecer uma equação no sentido de que todo e qualquer ato ilegal imputável à administração pública implica um ato de improbidade de um agente público.

Essa confusão inaceitável é coirmã da concepção que tenta vislumbrar as ações de improbidade como um simples mecanismo de responsabilização civil.

De fato, não é correto tomar as sanções por improbidade como sanções de índole meramente civil.

Ao contrário, as sanções de suspensão de direitos políticos e de perda da função pública demonstram, de modo inequívoco, que as ações de improbidade possuem, sobretudo, natureza penal.

Não é difícil perceber a gravidade de tais sanções e a sua implicação na esfera de liberdade daqueles agentes políticos.

No âmbito da ação de improbidade, em verdade, verifica-se que os efeitos da condenação podem superar aqueles atribuídos à sentença penal condenatória, podendo conter, também, efeitos mais gravosos para o equilíbrio jurídico-institucional do que eventual sentença condenatória de caráter penal.

Mais precisamente, a par dessa natureza eminentemente penal, as ações de improbidade assumem a feição de autêntico mecanismo de responsabilização política, conforme já exposto.

g) Do uso abusivo das ações de improbidade

Cabe asseverar que esses equívocos perpetrados nas ações de improbidade ora em comento não constituem algo isolado, bastando lembrar da ação de improbidade ajuizada contra os Ministros Martus Tavares e Pratini de Moraes.

Essas autoridades, legitimadas por norma contida em Lei, determinaram a contratação de fiscais agropecuários em regime de serviço temporário. Buscava-se preservar o Brasil das ameaças relacionadas ao fenômeno fitossanitário. A autorização legislativa era clara.

Baseavam-se aqueles Ministros no art. 1º da Lei n. 8.745, de 1993, alterada pela Lei n. 9.849, de 1999, que preceitua que *"para atender a necessidade temporária de excepcional interesse público, os órgãos da Administração Federal direta, as autarquias e as fundações públicas poderão efetuar contratação de pessoal por tempo determinado, nas condições e prazos previstos nesta lei"*. E mais, baseavam-se no art. 2º da referida Lei, que considera como necessidade temporária de excepcional interesse público as atividades de *"vigilância e inspeção relacionadas à defesa agropecuária no âmbito do Ministério da Agricultura e do Abastecimento, para atendimento de situações emergenciais ligadas ao comércio internacional de produtos de origem animal ou vegetal ou de iminente risco à saúde animal, vegetal ou humana"*.

Poder-se-ia até discutir a medida em sede judicial. Mas, haveria algum fundamento para justificar a propositura da ação de improbidade em casos como este? Não é preciso dizer que os Ministros foram absolvidos em sentença de mérito (Proc. n. 2000.34.00.005339-0 – 9ª Vara Federal da Seção Judiciária do DF – sentença de 26 de junho de 2001).

Diante de um quadro de notório abuso, é de indagar a razão pela qual se demorou tanto para arrostar a questão na sua dimensão adequada. É possível que haja inúmeras explicações. Uma delas certamente diz respeito ao papel que se atribuiu ao próprio Ministério Público no momento pós-*impeachment*. Não eram poucos os que entendiam ser o sistema de controle débil e, por isso, carente de reformas, até mesmo daquelas a serem realizadas de modo heterodoxo.

Alguns segmentos do Ministério Público, da mídia e da própria oposição parlamentar viram no Ministério Público, e no uso indiscriminado da ação de improbidade, a forma de exercer, cada um a seu modo, o controle ou influência sobre o sistema.

É nesse contexto que se explica a intensa cooperação entre membros do Ministério Público, jornalistas e parlamentares. Certo segmento da oposição passou a ter um braço judicial, composto por membros engajados do Ministério Público. E um bom instrumento para essa atuação era a própria ação de improbidade.

Inicialmente não se viu o que havia de abusivo e kafkiano na atuação do Ministério Público. Com certa dose de ingenuidade, tolerava-se o que se apresentava tão somente como um típico movimento contestatório, ou mais precisamente, como uma autêntica "festa dos loucos". Tal atividade partidária passou a causar espécie no momento em que, surpreendentemente, algumas ações de improbidade conseguiram obter resultados (seja a partir de condenações, seja a partir da desmoralização pública ocasionada apenas pelo ajuizamento da ação, fato muitas vezes acompanhado de uma verdadeira campanha publicitária por parte de alguns Procuradores).

É necessário registrar, assim, que as açodadas e abusivas ações de improbidade que motivaram reclamações como a presente constituem expressão de uma indevida utilização político-partidária do Ministério Público.

Tal praxe se consolida com o ajuizamento de ação de improbidade contra o próprio Chefe do Ministério Público, em 1999 (Proc. n. 1999.34.00.016569-0, 17ª Vara Federal/DF). A tentativa, por parte de Procuradores da República, de destituir o Chefe daquela instituição já demonstrava o desiderato de se construir um quadro de evidente irracionalidade. A tentativa de desmoralizar o Procurador-Geral tinha, dentre outros, o escopo de retirar-lhe qualquer capacidade de coordenação do Ministério Público. Buscava-se não a defesa da ordem jurídica, mas tão somente a desmoralização e a obliteração da autoridade do Procurador-Geral, em notória usurpação das competências constitucionais do Senado e deste Supremo Tribunal Federal.

Essa inaceitável partidarização do Ministério Público, todavia, apresenta características próximas daquelas atribuídas aos movimentos contestatários da década de 1960. Aponta Duverger a eventual associação entre os movimentos contestatários e as Saturnais romanas ou as Festas dos loucos da Idade Média.

Tal aproximação tem em vista a função de psicodrama ou de catarse daqueles festejos. Obviamente não estou a negar a importância social dos movimentos contestatários ou mesmo da "festa dos loucos". É o próprio Duverger que assinala a contribuição dos movimentos contestatórios para a regulação do sistema ocidental, servindo-lhes de "válvula de segurança". O que me parece evidente é que o papel constitucional dos Procuradores da República não é o exercício de uma catarse ou de um psicodrama. Para isto há o teatro ou mesmo o divã do analista.

As distorções ora apontadas evidenciam a necessidade da prerrogativa de foro, na linha preconizada pelo saudoso Victor Nunes Leal. Tais absurdos dificilmente seriam chancelados por órgãos judiciais colegiados. Não se afigura crível que um Tribunal admitisse a utilização das ações de improbidade para fins partidários ou a construção de um modelo de responsabilidade civil em que não se exige culpa do agente público ou sequer a existência de dano!

Conclusão

Feitas tais considerações, concluo meu voto.

Tenho como evidente a legitimidade das disposições ora impugnadas. Ante as razões expostas, tanto a manutenção do foro especial após a cessação do exercício do cargo, tal como prevê o § 1º, quanto a regra de prerrogativa de foro para as ações de improbidade, nos termos do § 2º, oferecem a mais adequada concretização legislativa do texto constitucional.

Concluo, portanto, meu voto, no sentido da improcedência da ação direta, por não vislumbrar qualquer inconstitucionalidade nas normas impugnadas.

RCL 2.186[1]

Agente político – Prerrogativa de foro por crime de responsabilidade – Determinação liminar de suspensão imediata de todos os atos decisórios praticados – Reconhecimento da incompetência absoluta dos juízos reclamados.

Cuida-se de reclamação ajuizada por Pedro Sampaio Malan, Ministro de Estado da Fazenda, Pedro Pullen Parente, Ministro de Estado Chefe da Casa Civil da Presidência da República e José Serra, Senador da República, tendo em vista ações de improbidade administrativa ajuizadas perante a 20ª e 22ª Varas Federais da Seção Judiciária do Distrito Federal.

A ação ajuizada na 20ª Vara foi julgada parcialmente procedente, ficando os ora reclamantes condenados a ressarcimento do erário quanto às "verbas alocadas para o pagamentos [sic] dos correntistas dos bancos sob intervenção (art. 12, II, da Lei n. 8.429/92)". Por outro lado, o magistrado de primeira instância deixou de "acolher o pedido de perda da função pública, suspensão dos direitos políticos, bem como o pagamento de multa civil e de proibição de contratar com o Poder Público ou receber benefícios ou incentivos fiscais ou creditícios, direta ou indiretamente, por não ter sido provado de que réus, por estes atos, acresceram os valores atacados, ou parte deles, a seus patrimônios [sic]".

Ademais, o reclamante apontou a usurpação da competência do STF para processar e julgar, originariamente, "nas infrações penais comuns e nos crimes de responsabilidade, os Ministros de Estado" (art. 102, I, "c"). Aduzia a inicial o caráter penal das sanções contidas na Lei de Improbidade (Lei n. 8.429, de 1992). Argumentou-se, em sequência, no sentido de que os atos de improbidade administrativa de agentes políticos qualificam-se como crimes de responsabilidade. Concluíram, assim, que tais crimes, tendo em vista a prerrogativa de foro daqueles agentes políticos, devem ser julgados originariamente perante o STF, nos termos do art. 102, I, "c", da Constituição.

Em conclusão, postulou o reclamante: "a) a determinação liminar de suspensão imediata de todos os atos decisórios praticados nos Processos ns. 96.00.01079-0 e 95.00.20884-9, em trâmite junto à 20ª e à 22ª Varas Federais da Seção Judiciária do Distrito Federal, respectivamente, bem como de quaisquer outros atos processuais a eles relacionados; b) a determinação liminar de remessa a este Supremo Tribunal Federal dos Processos ns. 96.00.01079-0 e 95.00.20884-9, em trâmite junto à 20ª e à 22ª Varas Federais da Seção Judiciária do Distrito Federal, respectivamente; c) a requisição de informações das autoridades reclamadas; d) a oitiva da Procuradoria-Geral da República, na forma regimental; e) a procedência da ação para: i) avocar em definitivo o conhecimento do processo (RISTF, art. 160, I); ii) reconhecendo a incompetência absoluta dos juízos reclamados, cassar os atos decisórios praticados pelas autoridades que se arvoraram da competência do STF, em especial, a sentença proferida na ação n. 96.00.01079-0; iii) determinar medida adequada à observância de sua jurisdição, qual seja: a intimação do Procurador-Geral da República para indagar acerca de seu interesse no processamento em conjunto ou em separado das ações reclamadas, nessa Corte, sob a forma de Ação Originária Especial – AO, na forma da Resolução/STF n. 230, de 23 de maio de 2002; e) a produção de prova por todos os meios admitidos em direito, em especial, a documental."

O Ministro Relator, Gilmar Mendes, deferiu a liminar para suspender todos os atos decisórios praticados nos Processos ns. 96.00.01079-0 e 95.00.20884-9, em curso, respectivamente, na 20ª e 22ª Varas Federais da Seção Judiciária do Distrito Federal.

---

[1] Decisão do dia 22.4.2008.

Decisão

(1) Cuida-se de reclamação ajuizada por Pedro Sampaio Malan, Ministro de Estado da Fazenda, Pedro Pullen Parente, Ministro de Estado Chefe da Casa Civil da Presidência da República e José Serra, Senador da República, tendo em vista ações de improbidade administrativa ajuizadas perante a 20ª e 22ª Varas Federais da Seção Judiciária do Distrito Federal. Na ação proposta junto à 22ª Vara figura como requerido (dentre outros) o Ministro Pedro Sampaio Malan. Esta ação, registra a inicial, ainda não foi julgada. Na ação proposta perante a 20ª Vara figuram como requeridos (dentre outros) o Ministro Pedro Sampaio Malan, o então Ministro de Estado do Planejamento e Orçamento, José Serra, e o então Ministro interino da Fazenda, Pedro Pullen Parente.

A ação ajuizada na 20ª Vara foi julgada parcialmente procedente, ficando os ora reclamantes condenados a ressarcimento do erário quanto às "verbas alocadas para o pagamentos [sic] dos correntistas dos bancos sob intervenção (art. 12, II, da Lei n. 8.429/92)". Por outro lado, o magistrado de primeira instância deixou de "acolher o pedido de perda da função pública, suspensão dos direitos políticos, bem como o pagamento de multa civil e de proibição de contratar com o Poder Público ou receber benefícios ou incentivos fiscais ou creditícios, direta ou indiretamente, por não ter sido provado de que réus, por estes atos, acresceram os valores atacados, ou parte deles, a seus patrimônios [sic]".

Aponta-se a usurpação da competência desta Corte para processar e julgar, originariamente, "nas infrações penais comuns e nos crimes de responsabilidade, os Ministros de Estado" (art. 102, I, "c"). Aduz a inicial o caráter penal das sanções contidas na Lei de Improbidade (Lei n. 8.429, de 1992). Argumenta-se, em sequência, no sentido de que os atos de improbidade administrativa de agentes políticos qualificam-se como crimes de responsabilidade. Concluem, assim, que tais crimes, tendo em vista a prerrogativa de foro daqueles agentes políticos, devem ser julgados originariamente perante o STF, nos termos do art. 102, I, "c", da Constituição.

Invoca-se, a reforçar a tese esposada na inicial, a decisão proferida pelo eminente Ministro Nelson nos autos da Reclamação n. 2.138.

Em conclusão, postula-se: "a) a determinação liminar de suspensão imediata de todos os atos decisórios praticados nos Processos ns. 96.00.01079-0 e 95.00.20884-9, em trâmite junto à 20ª e à 22ª Varas Federais da Seção Judiciária do Distrito Federal, respectivamente, bem como de quaisquer outros atos processuais a eles relacionados; b) a determinação liminar de remessa a este Supremo Tribunal Federal dos Processos ns. 96.00.01079-0 e 95.00.20884-9, em trâmite junto à 20ª e à 22ª Varas Federais da Seção Judiciária do Distrito Federal, respectivamente; c) a requisição de informações das autoridades reclamadas; d) a oitiva da Procuradoria-Geral da República, na forma regimental; e) a procedência da ação para: i) avocar em definitivo o conhecimento do processo (RISTF, art. 160, I); ii) reconhecendo a incompetência absoluta dos juízos reclamados, cassar os atos decisórios praticados pelas autoridades que se arvoraram da competência do STF, em especial, a sentença proferida na ação n. 96.00.01079-0; iii) determinar medida adequada à observância de sua jurisdição, qual seja: a intimação do Procurador-Geral da República para indagar acerca de seu interesse no processamento em conjunto ou em separado das ações reclamadas, nessa Corte, sob a forma de Ação Originária Especial – AO, na forma da Resolução/STF n. 230, de 23 de maio de 2002; e) a produção de prova por todos os meios admitidos em direito, em especial, a documental."

(2) Considero aplicáveis ao caso as razões adotadas pelo Ministro Nelson Jobim em decisão liminar proferida nos autos da RCL n. 2.138, *verbis*:

"O tema da ação de improbidade contra agentes políticos tem sido objeto de controvérsia.

Não são poucas as vozes que defendem hoje a limitação da prerrogativa de foro e saúdam o uso da ação de improbidade contra toda e qualquer autoridade.

Outros observam que, no sistema constitucional vigente, não há espaço para o manejo indiscriminado da ação de improbidade contra agentes políticos.

Estariam estes submetidos a um regime próprio de responsabilidade previsto na Constituição e em leis específicas.

A questão assume relevo peculiar tendo em vista a disciplina da Lei de improbidade.

A Lei 8.429/92, a partir de tipos extremamente genéricos arts. 10 e 11, autoriza o afastamento cautelar e condenação à perda do cargo e dos próprios direitos políticos dos agentes públicos em geral, art. 12.

A propósito da controvérsia, leio em GILMAR MENDES e ARNOLDO WALD:

"A instituição de uma 'ação civil' para perseguir os casos de improbidade administrativa coloca, inevitavelmente, a questão a respeito da competência para o seu processo e julgamento, tendo em vista especialmente as consequências de eventual sentença condenatória, que nos expressos termos da Constituição, além da indisponibilidade dos bens e o ressarcimento do erário, poderá acarretar a perda da função pública e a suspensão dos direitos políticos do réu em caso de eventual sentença condenatória (CF, art. 37, § 4º). Não há dúvida aqui, pois, sobre o realce político-institucional desse instituto.

A simples possibilidade de suspensão de direitos políticos, ou a perda da função pública, isoladamente consideradas, seria suficiente para demonstrar que não se trata de uma ação qualquer, mas de uma "ação civil" de forte conteúdo penal, com incontestáveis aspectos políticos.

Essa colocação serve pelo menos para alertar-nos sobre a necessidade de que não se torne pacífica a competência dos juízes de primeira instância para processar e julgar, com base na Lei n. 8.429/92, as autoridades que estão submetidas, em matéria penal, à competência originária de cortes superiores ou até mesmo do Supremo Tribunal Federal.

De observar que, enquanto na esfera penal são raras as penas que implicam a perda da função ou a restrição temporária de direitos (Código Penal, arts. 47, I, e 92, I), na "ação civil" de que trata a Lei n. 8.429/92, todas as condenações implicam suspensão de direitos políticos por até 10 anos, além da perda da função pública (Lei cit., art. 12).

As implicações da sentença condenatória em "ação civil de improbidade" são destacadas por Cláudio Ari Mello, ao anotar que "o condenado por improbidade administrativa ver-se-á na indigna posição de não cidadão, em face da perda dos direitos políticos", (Improbidade Administrativa – Considerações sobre a Lei n. 8.429/92, in RT – Cadernos de Direito Constitucional e Ciência Política, 3ª, n. 11, p. 58, abr./jun. 95).

É evidente, pois, que, tal como anotado pela doutrina, a sentença condenatória proferida nessa peculiar "ação civil" é dotada de efeitos que, em alguns aspectos, superam aqueles atribuídos à sentença penal condenatória, é certo, pois, que a condenação proferida na ação civil de que trata o art. 37, § 4º, da Constituição, poderá conter, também, efeitos mais gravosos para o equilíbrio jurídico-institucional do que eventual sentença condenatória de caráter penal.

Não é preciso dizer, também, que muitos dos ilícitos descritos na Lei de Improbidade configuram, igualmente, ilícitos penais, que podem dar ensejo à perda do cargo ou da função pública, com efeito da condenação, como fica evidenciado pelo simples confronto entre o elenco de "atos de improbidade", constante do art. 9º da Lei n. 8.429/92, com os delitos contra a Administração praticados por funcionário público (Código Penal, art. 312 e seguintes, especialmente os crimes de peculato, art. 312, concussão, art. 316, corrupção passiva, art. 317, prevaricação, art. 319, e advocacia administrativa, art. 321).

Tal coincidência ressalta a possibilidade de incongruências entre as decisões na esfera criminal e na 'ação civil', com sérias consequências para todo o sistema jurídico" (Competência para julgar a improbidade administrativa, in: Revista de Informação Legislativa n. 138, abril/junho 1998, p. 213/214).

Sobre a eventual confusão ou interpolação entre os conceitos de improbidade administrativa e crime de responsabilidade, leio, ainda, em ARNOLDO WALD e GILMAR MENDES:

"Em verdade, a análise das consequências da eventual condenação de um ocupante de funções ministeriais, de funções parlamentares ou de funções judicantes, numa "ação civil de improbidade" somente serve para ressaltar que, como já assinalado, se está diante de uma medida judicial de forte conteúdo penal.

Improbidade administrativa **1917**

Essa observação parece dar razão àqueles que entendem que, sob a roupagem da "ação civil de improbidade", o legislador acabou por elencar, na Lei n. 8.429/92, uma série de delitos que, "teoricamente, seriam crimes de responsabilidade e não crimes comuns". (Ives Gandra da Silva Martins, Aspectos procedimentais do instituto jurídico do "impeachment" e conformação da figura da improbidade administrativa, in *Revista dos Tribunais*, v. 81, n. 685, 1992, p. 286/87).

Se os delitos de que trata a Lei n. 8.429/92 são, efetivamente, "crimes de responsabilidade", então é imperioso o reconhecimento da competência do Supremo Tribunal Federal toda vez que se tratar de ação movida contra ministros de Estado ou contra integrantes de tribunais superiores (CF, art. 102, I, "c")" (Cf. Competência para julgar ação de improbidade administrativa, cit., p. 213/215).

Poder-se-ia sustentar, é verdade, como já fez o STJ, com o voto de desempate de seu então Presidente PÁDUA RIBEIRO, que, ante a ausência de disposição legal definidora da competência, não poderia aquela Corte processar e julgar as ações por ato de improbidade administrativa (Rcl 591, Relator: Min. Nilson Naves, DJ 15.05.2000).

Houve dissenso.

Enfatizou-se que a controvérsia não é no plano da lei, mas no da Constituição.

Leio em EDUARDO RIBEIRO:

"Se partíssemos do princípio de que todas as normas jurídicas que atribuem competência hão de ser interpretadas estritamente, não se podendo sequer ter como por elas abrangidas outras hipóteses que, por força de compreensão, houvessem de sê-lo, a questão seria de facílimo deslinde, pois induvidoso não existir, no texto constitucional, disposição que, expressamente, estabeleça ser este Tribunal competente para a matéria.

Não me parece, entretanto, que a tradição do nosso direito e a jurisprudência do País placitem tal entendimento. Alguns exemplos podem ser citados e o ilustre advogado o fez da tribuna. Permito-me acrescentar outros dois.

O Tribunal Federal de Recursos, com aprovação do Supremo Tribunal, se bem me recordo, entendeu que era de sua competência julgar, originariamente, os deputados estaduais nos crimes ditos federais. Não havia na Constituição, entretanto, norma que assim dispusesse. Competente seria, por certo, a Justiça Federal, em razão do contido no artigo 125, IV, do texto constitucional então vigente. E como o artigo 122 disso não cogitava, a competência não seria do Tribunal Federal de Recursos, mas do juiz de primeiro grau. Decidiu-se, entretanto, do modo indicado.

A atual Constituição determina, expressamente, que cabe aos Tribunais de Justiça o julgamento dos prefeitos. O Supremo Tribunal Federal, entretanto, estabeleceu distinções. Tratando-se de crime eleitoral, será o prefeito julgado pelo Tribunal Regional Eleitoral; se acusação referir-se a crime federal, o julgamento far-se-á por Tribunal Regional Federal. Nenhuma disposição, entretanto, atribui, para isso, competência a tais Cortes. Vê-se que se admitiu fosse ampliado o que está explícito no texto, para fazer compreender outras hipóteses que, logicamente, tendo em vista o sistema, nele se haveriam de ter como contidas.

No caso, solução análoga se impõe.

A ação de improbidade tende a impor sanções gravíssimas: perda do cargo e inabilitação, para o exercício de função pública, por prazo que pode chegar a dez anos. Ora, se um magistrado houver de responder pela prática da mais insignificante das contravenções, a que não seja cominada pena maior que multa, assegura-se-lhe o foro próprio, por prerrogativa de função. Será julgado pelo Tribunal de Justiça, por este Tribunal ou mesmo, conforme o caso, pelo Supremo. Entretanto, a admitir-se a tese que ora rejeito, um juiz de primeiro grau poderá destituir do cargo um Ministro do Supremo Tribunal Federal e impor-lhe pena de inabilitação para outra função por até dez anos. Vê-se que se está diante de solução que é incompatível com o sistema." (RCL 591)

Na mesma linha, o MINISTRO HUMBERTO GOMES DE BARROS:

"Ouvi com grande atenção as brilhantes considerações aqui desenvolvidas pelos Srs. Ministros Demócrito Reinaldo e Fontes de Alencar. Parece-me, contudo, Sr. Presidente, que a ação tem como origem atos de improbidade que geram responsabilidade de natureza civil, qual seja, aquela de ressarcir o erário, relativo à indisponibilidade de bens. No entanto, a sanção traduzida na suspensão

dos direitos políticos tem natureza, evidentemente, punitiva. É uma sanção, como aquela da perda de função pública, que transcende a seara do Direito Civil. A circunstância de a lei denominá-la civil em nada impressiona. Em verdade, no nosso ordenamento jurídico, não existe qualquer separação estanque entre as leis civis e as leis penais. É muito comum existir o dispositivo de natureza em leis penais e vice-versa. Por isso, Sr. Presidente, enxergando nessas sanções natureza eminentemente punitiva, acompanho o Sr. Ministro Eduardo Ribeiro e aqueles que o seguiram." (RCL 591).

Não impressiona o argumento concernente à competência estrita ou da inextensibilidade da competência deste Tribunal ou de outros Tribunais Federais para conhecer de determinadas ações.

A interpretação compreensiva do texto constitucional, também em matéria de competência, tem sido uma constante na jurisprudência do STF e do judiciário nacional em geral.

Recentemente, o STF reconheceu a sua competência para processar todo mandado de segurança, qualquer que fosse a autoridade coatora, impetrado por quem teve a sua extradição deferida pelo Tribunal – RCL 2069, VELLOSO, sessão de 27.06.2002).

No caso não se afigura decisiva essa discussão, que poderá, todavia, ter aplicação em outras hipóteses.

Também não se afigura relevante discutir se ação de improbidade, em eventual hipótese de desvio de poder, estaria sendo utilizada em lugar da adequada ação criminal.

É verdade, porém, que este Tribunal, por decisão de seu Presidente – MARCO AURÉLIO – deferiu liminar, em reclamação, em situação assemelhada:

"O fato é de molde a atrair, conforme precedentes citados na inicial (Habeas Corpus n. 42.108, Relator: Ministro Evandro Lins, Revista Trimestral de Jurisprudência 33/791 e Inquérito n. 1504, Relator Ministro Celso de Mello, Diário da Justiça de 17 de junho de 1999), a competência desta Corte para o inquérito, pouco importando haja sido rotulado de civil público. Sobrepõe-se ao aspecto formal a realidade, o tema de fundo, objetivo colimado" (RCL. 1110).

Diversa é a situação que se coloca no presente feito.

Cuida-se, aqui, de Ministro de Estado que teve decretada a suspensão de seus direitos políticos pelo prazo de 08 anos e a perda da função pública (cargo efetivo de MINISTRO DE 1ª CLASSE do Ministério das Relações Exteriores) mediante sentença proferida pelo Juiz da 14ª Vara Federal por fatos ligados ao exercício de sua função ministerial.

Daí alegar-se na presente RECLAMAÇÃO que, diante dos termos do art. 102, I, "c", da Constituição, compete ao Supremo Tribunal Federal, processar e julgar, nas infrações penais comuns e nos crimes de responsabilidade, os ministros de Estado, dentre outras altas autoridades.

Poder-se-ia configurar, assim, – é o que se afirma na presente reclamação – a usurpação de competência deste Tribunal para processar e julgar ministros de Estado por crime de responsabilidade.

A questão é relevante.

Não parece haver alternativas:

(a) ou os agentes submetidos ao regime de responsabilidade especial da Constituição submetem-se igualmente ao regime da Lei da improbidade;

(b) ou os agentes políticos, por estarem regidos por normas especiais de responsabilidade, não se submetem ao modelo de competência previsto do regime comum da Lei de improbidade.

O sistema constitucional brasileiro distingue o regime de responsabilidade dos agentes políticos dos demais agentes públicos.

O próprio texto constitucional refere-se especialmente aos agentes políticos, conferindo-lhes tratamento distinto dos demais agentes públicos.

Está em HELY LOPES MEIRELLES:

"Os agentes políticos exercem funções governamentais, judiciais e quase-judiciais, elaborando normas legais, conduzindo os negócios públicos, decidindo e atuando com independência nos assuntos de sua competência. São as autoridades públicas supremas do Governo e da Administração, na área de sua atuação, pois não são hierarquizadas, sujeitando-se apenas aos graus e limites constitucionais e legais da jurisdição. Em doutrina, os agentes políticos têm plena liberdade funcional, equiparável à independência dos juízes nos seus julgamentos, e, para tanto, ficam a salvo de responsabilização civil por seus eventuais erros de atuação, a menos que tenham agido com culpa grosseira, má-fé ou abuso de poder" (Direito Administrativo Brasileiro, 27. edição, 2002, p. 76).

Improbidade administrativa **1919**

Na mesma linha observa que essas prerrogativas são outorgadas com objetivo de garantir o livre exercício da função política.

Transcrevo:

"Realmente, a situação dos que governam e decidem é bem diversa da dos que simplesmente administram e executam encargos técnicos e profissionais, sem responsabilidade de decisão e opções políticas. Daí por que os agentes políticos precisam de ampla liberdade funcional e maior resguardo para o desempenho de suas funções. As prerrogativas que se concedem aos agentes políticos não são privilégios pessoais; são garantias necessárias ao pleno exercício de suas altas e complexas funções governamentais e decisórias. Sem essas prerrogativas funcionais os agentes políticos ficariam tolhidos na sua liberdade de opção e decisão, ante o temor de responsabilização pelos padrões comuns da culpa civil e do erro técnico a que ficam sujeitos os funcionários profissionalizados" (Direito Administrativo, cit., p. 77).

Não parece haver dúvida de que esses agentes políticos estão regidos por normas próprias, tendo em vista a peculiaridade do seu afazer político.

Não é por acaso que a Constituição define, claramente, os agentes que estão submetidos a um regime especial de responsabilidade, como é o caso dos Ministros de Estado.

É verdade, também, que o STF tem conferido realce a essa distinção e dela extraído consequências relevantes.

No RE 228.977-SP (NÉRI DA SILVEIRA) assentou-se que

"a autoridade judiciária não tem responsabilidade civil pelos atos jurisdicionais praticados [uma vez que] os magistrados enquadram-se na espécie agente político, investidos para o exercício de atribuições constitucionais, sendo dotados de plena liberdade funcional no desempenho de duas funções, com prerrogativas próprias e legislação específica" (Informativo 259).

Este Tribunal, em homenagem ao caráter eminentemente político da função, recusou a possibilidade de que se pudesse instaurar processo-crime contra o Governador sem a autorização de dois terços da Assembleia Legislativa.

Trata-se de requisito de procedibilidade desenvolvido pela jurisprudência do STF a partir da ponderação sobre o próprio significado no princípio democrático no texto constitucional.

Destaco em CELSO DE MELLO, no HC 80.511-6,:

"... Funda-se na circunstância de que, recebida a denúncia ou a queixa-crime pelo Superior Tribunal de Justiça, dar-se-á a suspensão funcional do Chefe do Poder Executivo estadual, que ficará afastado, temporariamente, do exercício do mandato que lhe foi conferido por voto popular, daí resultando verdadeira 'destituição indireta de suas funções'" (DJ 14.09.01).

Essa exigência traduz uma dimensão do princípio democrático.

Não se admite a destituição indireta de autoridade sufragada pelo voto popular sem o consentimento expresso dos representantes do povo.

Não parece haver outra interpretação possível.

Do contrário, seria muito fácil comprometer o livre exercício do mandato popular, com a propositura de ações destinadas a afastar, temporariamente, o titular do cargo.

Diferentemente, a Lei de Improbidade Administrativa admite o afastamento do agente público do exercício do cargo, emprego ou função, sempre que a medida se fizer necessária à instrução processual, art. 20, parágrafo único.

Assim, a aplicação dessa Lei aos agentes políticos pode propiciar situações extremamente curiosas:

(a) o afastamento cautelar do PRESIDENTE DA REPÚBLICA (art. 20, parágrafo único, da Lei n. 8.429/92) mediante iniciativa de membro do Ministério Público, a despeito das normas constitucionais que fazem o próprio processo penal a ser movido perante esta Corte depender da autorização por dois terços da Câmara dos Deputados (CF, art. 102, I, "b" c/c art. 86, caput); ou ainda o seu afastamento definitivo, se transitar em julgado a sentença de primeiro grau na ação de improbidade que venha a determinar a cassação de seus direitos políticos e a perda do cargo;

(b) o afastamento cautelar ou definitivo do PRESIDENTE DO CONGRESSO NACIONAL *e do* PRESIDENTE DA CÂMARA DOS DEPUTADOS *nas mesmas condições do item anterior, a despeito de o texto constitucional assegurar-lhes ampla imunidade material, foro por prerrogativa de função em matéria criminal perante o Supremo Tribunal Federal (CF, art. 102, I "b") e regime próprio de responsabilidade parlamentar (CF, art. 55, II);*

(c) o afastamento cautelar ou definitivo do PRESIDENTE DO SUPREMO TRIBUNAL FEDE-RAL, *de qualquer de seus membros ou de membros de qualquer Corte Superior, em razão de decisão de juiz de primeiro grau;*

(d) o afastamento cautelar ou definitivo de MINISTRO DE ESTADO, *dos* COMANDANTES DAS FORÇAS ARMADAS, *de* GOVERNADOR DE ESTADO, *nas mesmas condições dos itens anteriores;*

(e) o afastamento cautelar ou definitivo do PROCURADOR-GERAL *em razão de ação de improbidade movida por membro do Ministério Público e recebida pelo juiz de primeiro grau nas condições dos itens anteriores.*

Essas hipóteses demonstram deixar ser um argumento ad absurdum *o exemplo referido por* REZEK *no Conflito de Atribuições n. 35:*

"Figuro a situação seguinte: amanhã o Curador de Interesses Difusos, no Rio de Janeiro, dirige-se a uma das Varas Cíveis da Capital, com toda a forma exterior de quem pede a prestação jurisdicional, e requer ao juiz que, em nome do bem coletivo, exonere o ministro da Fazenda e designe em seu lugar outro cidadão, cujo luminoso currículo viria anexo." (RT 650/201).

Assim, a admissão do convívio dos dois sistemas de responsabilidade para os agentes políticos propicia que um juiz substituto de primeiro grau suspenda, em caráter provisório, a pedido de um diligente membro do Ministério Público prestes a encerrar o estágio probatório, do exercício de suas funções,

O PRESIDENTE DA REPÚBLICA,

ALGUNS MINISTROS DE ESTADO,

O PRESIDENTE DO SUPREMO TRIBUNAL FEDERAL,

O PROCURADOR-GERAL DA REPÚBLICA, OU

O COMANDANTE DO EXÉRCITO.

O que se indaga é se o texto constitucional admite a concorrência entre dois regimes de responsabilidade política-administrativa para os agentes políticos:

(a) o previsto no art. 37, § 4°, e regulado pela Lei n. 8.429, de 1992, e

(b) o regime de crime de responsabilidade fixado no art. 102, I, "c" da, Constituição e disciplinado pela Lei n. 1.079, de 1950.

Os atos de improbidade, enquanto crimes de responsabilidade, estão amplamente contemplados no Capítulo V da L. 1.079, de 10.04.1950.

Ela disciplina os crimes de responsabilidade (Dos crimes contra a probidade na administração – art. 9°).

A pena prevista também é severa (art. 2° – perda do cargo e inabilitação para o exercício de função pública pelo prazo de até cinco anos).

Por outro lado, a teor do art. 3° da L. 1079/1950, a imposição da pena referida no art. 2° não exclui o processo e julgamento do acusado por crime comum, na justiça ordinária, nos termos das leis processuais penais.

Assim, em análise preliminar, não parece haver dúvida de que os delitos previstos da L. 1.079/1950, tais como os arrolados na L. 8.429/92, são delitos político-administrativos.

É certo que se a competência para processar e julgar a ação de improbidade (CF, art. 37, § 4°) abranger também atos praticados pelos agentes políticos, submetidos a regime de responsabilidade especial, ter-se-á uma interpretação ab-rogante do disposto no art. 102, I, "c", da Constituição.

Se, ao contrário, se entender que aos agentes políticos, como os Ministros de Estado, por estarem submetidos a um regime especial de responsabilidade, não se aplicam as regras comuns da lei de improbidade, há que se afirmar a plena e exclusiva competência do STF para processar e julgar os delitos político--administrativos, na hipótese do art. 102, I, "c", da Constituição.

Conclui-se também, num juízo preliminar, que, na segunda hipótese, não se cuida de assegurar ao agente político um regime de imunidade em face dos atos de improbidade.

Improbidade administrativa 1921

O agente político há de responder pelos delitos de responsabilidade perante os órgãos competentes para processá-lo e julgá-lo.

Também não impressiona, nesta fase inicial de análise, a consideração segundo a qual a ação de improbidade seria dotada de caráter reparatório.

A simples possibilidade de superposição ou concorrência de regimes de responsabilidade e, por conseguinte, de possíveis decisões colidentes exige uma clara definição na espécie.

Os conflitos entre poderes e desinteligências institucionais decorrentes dessa indefinição de competência também parecem recomendar um preciso esclarecimento da matéria.

Dos elementos aduzidos sugerem a plausibilidade jurídica do pedido e a notória relevância jurídico-política do tema.

De outro lado, há o risco pela mora, consistente na possibilidade de julgamento das ações por órgãos judiciais absolutamente incompetentes.

Defiro a liminar.

Suspendo a eficácia da sentença reclamada.

Susto a tramitação do processo até posterior deliberação."

De fato, conforme tenho sustentado, a simples possibilidade de suspensão de direitos políticos, ou a perda da função pública, isoladamente consideradas, afigura-se suficiente para demonstrar que as ações de improbidade possuem forte conteúdo penal, com incontestáveis aspectos políticos. No caso em exame, verifica-se que o pedido formulado pelo Ministério Público em ambas as ações alcançam não só o ressarcimento ao erário quanto aos alegados danos, mas também a perda dos direitos políticos, com a consequente proibição de exercer qualquer função pública. Não é difícil perceber a gravidade de tais sanções e a sua implicação na esfera de liberdade daqueles agentes políticos.

Quanto às implicações da sentença condenatória na ação de improbidade, registra Cláudio Ari Mello, que "o condenado por improbidade administrativa ver-se-á na indigna posição de não cidadão, em face da perda dos direitos políticos" (Improbidade Administrativa – Considerações sobre a Lei n. 8.429/92, in *RT* – Cadernos de Direito Constitucional e Ciência Política, 3ª, n. 11, p. 58, abr./jun. 95).

No âmbito da ação de improbidade, portanto, verifica-se que os efeitos da condenação podem superar aqueles atribuídos à sentença penal condenatória, podendo conter, também, efeitos mais gravosos para o equilíbrio jurídico-institucional do que eventual sentença condenatória de caráter penal.

Considerado o caráter eminente penal das sanções impostas pela Lei n. 8.429, resta evidente a ilegitimidade dos juízes de primeira instância para processar e julgar, com base na Lei n. 8.429/92, as autoridades que estão submetidas, em matéria penal, à competência originária de cortes superiores ou até mesmo do Supremo Tribunal Federal.

Verifica-se, ademais, que muitos dos ilícitos descritos na Lei de Improbidade configuram, igualmente, ilícitos penais, que podem dar ensejo à perda do cargo ou da função pública, com efeito da condenação, como fica evidenciado pelo simples confronto entre o elenco de "atos de improbidade", constante do art. 9º da Lei n. 8.429/92, com os delitos contra a Administração praticados por funcionário público (Código Penal, art. 312 e seguintes, especialmente os crimes de peculato, art. 312, concussão, art. 316, corrupção passiva, art. 317, prevaricação, art. 319, e advocacia administrativa, art. 321).

Em verdade, a análise das consequências da eventual condenação de um ocupante de funções ministeriais, de funções parlamentares ou de funções judicantes, numa "ação civil de improbidade" somente serve para ressaltar que, como já assinalado, se está diante de uma medida judicial de forte conteúdo penal.

1922 Estado de Direito e Jurisdição Constitucional – Decisões relevantes em 15 anos de atuação no STF

De modo mais preciso, pode-se afirmar que, sob a roupagem da "ação civil de improbidade", o legislador acabou por elencar, na Lei n. 8.429/92, uma série de delitos que, "teoricamente, seriam crimes de responsabilidade e não crimes comuns"[2].

Assim, na linha adotada pelo eminente Ministro Nelson Jobim, ao concluir que os delitos de que trata a Lei n. 8.429/92 são, efetivamente, "crimes de responsabilidade", afigura-se imperioso o reconhecimento da competência do Supremo Tribunal Federal toda vez que se tratar de ação movida contra ministros de Estado ou contra integrantes de tribunais superiores (CF, art. 102, I, "c").

No mesmo sentido, a doutrina de Sebastião Botto de Barros Tojal e Flávio Crocce Caetano[3]. Na mesma linha, em recente artigo, Aristides Junqueira Alvarenga[4].

Pelas razões expostas, e na linha adotada pelo Ministro Nelson Jobim nos autos da RCL 2138, defiro a liminar para suspender todos os atos decisórios praticados nos Processos ns. 96.00.01079-0 e 95.00.20884-9, em curso, respectivamente, na 20ª e 22ª Varas Federais da Seção Judiciária do Distrito Federal. Intime-se. Publique-se. Requisitem-se informações. Brasília, 3 de outubro de 2002 (*DJ* de 28.10.2002).

---

[2] Ives Gandra da Silva Martins, Aspectos procedimentais do instituto jurídico do "impeachment" e conformação da figura da improbidade administrativa, in *Revista dos Tribunais*, v. 81, n. 685, 1992, p. 286/87.

[3] *Competência e Prerrogativa de Foro em Ação Civil de Improbidade Administrativa*, in *Improbidade Administrativa, Questões Polêmicas e Atuais*, coordenadores: Cassio S. Bueno e Pedro Paulo R. Porto Filho, São Paulo, Malheiros, 2001, fl. 359.

[4] Ato de Improbidade Administrativa: crime de responsabilidade, Correio Braziliense, *Caderno Direito e Justiça*, ed. de 30.09.2002.

RCL 2.138[1]

Uso de aeronaves da Força Aérea como fato configurador de improbidade administrativa – Reclamação interposta pela União contra condenação de Ministro de Estado.

Tratava-se de Reclamação, com pedido liminar, proposta pela União, pretendendo a suspensão da eficácia de sentença que condenou Ronaldo Mota Sardenberg, à época dos fatos que originaram a ação ao Ministério da Secretaria de Assuntos Estratégicos – SAE, da Presidência da República.

Na sentença, provocada por ação de improbidade administrativa proposta pelo Ministério Público Federal, o réu foi condenado pela "solicitação e utilização indevidas de aeronaves da FAB para transporte particular seu e de terceiros, sem vinculação às suas atividades funcionais".

A decisão, prolatada pelo Supremo Tribunal Federal está assim ementada:

RECLAMAÇÃO. USURPAÇÃO DA COMPETÊNCIA DO SUPREMO TRIBUNAL FEDERAL. IMPROBIDADE ADMINISTRATIVA. CRIME DE RESPONSABILIDADE. AGENTES POLÍTICOS. I. PRELIMINARES. QUESTÕES DE ORDEM. I.1. Questão de ordem quanto à manutenção da competência da Corte que justificou, no primeiro momento do julgamento, o conhecimento da reclamação, diante do fato novo da cessação do exercício da função pública pelo interessado. Ministro de Estado que posteriormente assumiu cargo de Chefe de Missão Diplomática Permanente do Brasil perante a Organização das Nações Unidas. Manutenção da prerrogativa de foro perante o STF, conforme o art. 102, I, "c", da Constituição. Questão de ordem rejeitada. I.2. Questão de ordem quanto ao sobrestamento do julgamento até que seja possível realizá-lo em conjunto com outros processos sobre o mesmo tema, com participação de todos os Ministros que integram o Tribunal, tendo em vista a possibilidade de que o pronunciamento da Corte não reflita o entendimento de seus atuais membros, dentre os quais quatro não têm direito a voto, pois seus antecessores já se pronunciaram. Julgamento que já se estende por cinco anos. Celeridade processual. Existência de outro processo com matéria idêntica na sequência da pauta de julgamentos do dia. Inutilidade do sobrestamento. Questão de ordem rejeitada. II. MÉRITO. II.1. Improbidade administrativa. Crimes de responsabilidade. Os atos de improbidade administrativa são tipificados como crime de responsabilidade na Lei n. 1.079/1950, delito de caráter político-administrativo. II.2. Distinção entre os regimes de responsabilização político-administrativa. O sistema constitucional brasileiro distingue o regime de responsabilidade dos agentes políticos dos demais agentes públicos. A Constituição não admite a concorrência entre dois regimes de responsabilidade político-administrativa para os agentes políticos: o previsto no art. 37, § 4º (regulado pela Lei n. 8.429/1992) e o regime fixado no art. 102, I, "c", (disciplinado pela Lei n. 1.079/1950). Se a competência para processar e julgar a ação de improbidade (CF, art. 37, § 4º) pudesse abranger também atos praticados pelos agentes políticos, submetidos a regime de responsabilidade especial, ter-se-ia uma interpretação ab-rogante do disposto no art. 102, I, "c", da Constituição. II.3. Regime especial. Ministros de Estado. Os Ministros de Estado, por estarem regidos por normas especiais de responsabilidade (CF, art. 102, I, "c"; Lei n. 1.079/1950), não se submetem ao modelo de competência previsto no regime comum da Lei de Improbidade Administrativa (Lei n. 8.429/1992). II.4. Crimes de responsabilidade. Competência do Supremo Tribunal Federal. Compete exclusivamente ao Supremo Tribunal Federal processar e julgar os delitos político-administrativos, na hipótese do art. 102, I, "c", da Constituição. Somente o STF pode processar e julgar Ministro de Estado no caso de crime de responsabilidade e, assim, eventualmente, determinar a perda do cargo ou a suspensão de direitos políticos. II.5. Ação de improbidade administrativa. Ministro de Estado que teve decretada a suspensão de seus direitos políticos pelo prazo de 8 anos e a perda da função pública por sentença do Juízo da 14ª Vara da Justiça Federal – Seção Judiciária do Distrito Federal. Incompetência dos juízes de primeira instância para processar e julgar ação civil de improbidade administrativa ajuizada contra agente político que

---

[1] O Tribunal, por maioria, julgou procedente a reclamação, vencidos os Senhores Ministros Carlos Velloso, Joaquim Barbosa, Celso de Mello e Sepúlveda Pertence, que a julgavam improcedente (*DJ* de 18.4.2008).

possui prerrogativa de foro perante o Supremo Tribunal Federal, por crime de responsabilidade, conforme o art. 102, I, "c", da Constituição. III. RECLAMAÇÃO JULGADA PROCEDENTE.

VOTO

Sr. Presidente, não vejo com dificuldade a questão relativa à competência da Corte no caso em exame.

Em verdade, manifestei-me há muito sobre o tema, cujo estudo, em coautoria com o professor Arnoldo Wald, publicado em março de 1997 no jornal Correio Braziliense – "Competência para julgar improbidade administrativa" –, foi citado no voto do eminente Ministro Jobim. Referido estudo voltava-se, exatamente, à competência para julgamento das ações de improbidade.

Naquela ocasião, a par de externar algumas perplexidades, foram firmados alguns posicionamentos sobre o tema. De plano, apontou-se *"a incompetência dos juízes de primeira instância para processar e julgar causas de improbidade administrativa em que sejam réus ministros de Estado ou membros de tribunais superiores, (...)"* tendo em vista, sobretudo, *"a natureza das sanções aplicáveis".*

Nesse ponto asseverou-se que, *"Admitir a competência funcional dos juízes de primeira instância" implicaria "(...) subverter todo o sistema jurídico nacional de repartição de competências."* Isso porque a Lei n. 8.429/92 haveria *"de ser entendida como seguindo as regras constitucionais da competência hierárquica. A não ser assim, também a ação de improbidade"* ajuizada *"(...) contra o Presidente da República, que não encontra expressa previsão no texto do artigo 102 da Constituição Federal, poderia ser aforada perante o juiz de primeiro grau de jurisdição, que, por sua vez, seria competente para impor-lhe a sanção de perda de perda do cargo",* o que configuraria patente absurdo como já demonstrado pelo Ministro Nelson Jobim.

Assim, naquele estudo de 1997, firmou-se posicionamento no sentido de que as ações de improbidade ajuizadas contra as referidas autoridades deveriam observar a regra de competência fixada no art. 102, I, *c*, da Constituição. Registrou-se, ainda, que tal prerrogativa constitucional de foro decorreria *"não em razão de qualquer suspeição contra o juiz de primeiro grau, mas, fundamentalmente, em decorrência do significado da decisão no quadro político-institucional".*

Afirmou-se, ademais, que *"a simples possibilidade de suspensão de direitos políticos, ou a perda de função pública, isoladamente consideradas, seria suficiente para demonstrar (...) o forte conteúdo penal, com incontestáveis aspectos políticos"* da ação de improbidade. Nesse ponto, seguindo a doutrina, observou-se que *"a sentença condenatória proferida nessa peculiar 'ação civil' é dotada de efeitos que, em alguns aspectos, superam aqueles atribuídos à sentença penal condenatória,"* sobretudo na perspectiva do equilíbrio jurídico-institucional. Tal observação, registrou-se, daria razão àqueles que entendem que, sob a roupagem da ação civil de improbidade, o legislador acabou por elencar, na Lei n. 8.429/92, uma série de delitos que, teoricamente, seriam crimes de responsabilidade, e não crimes comuns.

Lembrou-se, também, de *"que muitos dos ilícitos descritos na Lei de Improbidade configuraram, igualmente, ilícitos penais, que podem dar ensejo à perda do cargo ou da função pública, como efeito da condenação, como fica evidenciado pelo simples confronto entre o elenco de "atos de improbidade", constante do art. 9º da Lei 8.429/92, com os delitos contra a Administração".* "Tal coincidência", afirmou-se, *"(...) evidenciaria a possibilidade de incongruências entre as decisões na esfera criminal e na 'ação civil' com sérias consequências para todo o sistema jurídico."*

Decorridos mais de cinco anos da publicação do referido estudo, podemos verificar hoje que as reflexões ali colocadas jamais poderiam ser consideradas meras especulações abstratas. Multiplicam-se as ações de improbidade ajuizadas em Primeira Instância, com o propósito de afastar de suas funções autoridades que gozam de prerrogativa constitucional de foro. Hoje, tenho a firme convicção de que os atos de improbidade descritos na Lei n. 8.429/92 constituem autênticos crimes de responsabilidade.

Haveria outras considerações a fazer, mas me parece suficiente essa linha de observação.

Acompanho o eminente Ministro-Relator na sua primeira referência. Considerando que se trata de crime de responsabilidade; portanto, também, decreto a extinção do feito na linha primeira do parecer do Ministério Público Federal.

DEBATES

O SENHOR MINISTRO GILMAR MENDES – Sr. Presidente, faço uma observação em relação ao voto do eminente Ministro Carlos Velloso, sempre brilhante. É que com essa formulação, na verdade, ele está – tenho observado em outra discussão, em outra assentada – a retirar qualquer significado da referida ação. E é por isso que não se deveria propor, nestes casos – a se adotarem as premissas postas pelo Ministro Carlos Velloso – a ação de improbidade, mas simplesmente a ação civil que tem objeto semelhante e permite o ressarcimento. Porque não se pode aplicar a pena de perda do cargo e de inabilitação, exatamente, por se tratar de agentes políticos...

O SENHOR MINISTRO SEPÚLVEDA PERTENCE – Mas isso onde a Constituição prevê crime de responsabilidade.

O SENHOR MINISTRO GILMAR MENDES – Sim, mas é no caso que estamos a examinar.

O SENHOR MINISTRO SEPÚLVEDA PERTENCE – Com relação ao Prefeito, por exemplo, não há essa previsão.

O SENHOR MINISTRO GILMAR MENDES – Sim. Estamos a falar nos exemplos dados por S. Exa., as hipóteses de Ministro de Estado, de Presidente da República e Governador.

O Sr. Ministro **CARLOS VELLOSO** – Em **obiter dictum**, não é verdade?

O SENHOR MINISTRO GILMAR MENDES – Exatamente. É isso o que estou dizendo. Por isso que, nestes casos, feita a ablação de que falava o Ministro Sepúlveda Pertence, na última assentada em que discutimos o tema, na verdade, esta ação civil de improbidade seria uma simples ação civil que hoje já se pode manejar na defesa do poder público e do patrimônio público, daí não me parecer que os argumentos sustentados por S. Exa. – e falo isso com todo o respeito e com as vênias de estilo sempre devidas – levariam ao julgamento da procedência da reclamação, e não da sua improcedência.

O Sr. Ministro **CARLOS VELLOSO** – Excelência, as tipificações postas na ação civil pública, que é objeto desta reclamação, não se enquadram, segundo a lei especial que a Constituição manda observar, como crime de responsabilidade.

O SENHOR MINISTRO GILMAR MENDES – Mas aí nós entramos numa...

O Sr. Ministro **CARLOS VELLOSO** – A Constituição é expressa no mandar observar a lei especial, que tipificará os crimes de responsabilidade (CF, art. 85, parágrafo único).

O SENHOR MINISTRO GILMAR MENDES – Sim, mas o Ministro Sardenberg está condenado à perda do cargo.

O Sr. Ministro **CARLOS VELLOSO** – Por isso é que lanço este **obiter dictum.**

O SENHOR MINISTRO GILMAR MENDES – Sim, então, V. Exa. tem de julgar procedente a reclamação.

O Sr. Ministro **CARLOS VELLOSO** – Com relação à perda de cargo, digo o seguinte: *"no que concerne à pena de perda do cargo e à suspensão dos direitos políticos ¾ Lei 8.429/92, art. 12, incisos I, II e III ¾, reporto-me ao que foi dito linhas atrás, relativamente ao Presidente da República, Senadores, Deputados Federais e Estaduais. E no que concerne aos demais agentes políticos, estou em que a interpretação sistemática da Constituição, arts. 15, 51, inciso I, 86 e 87, bem assim o disposto nos arts. 47, I, e 92, I, do Código Penal, não autoriza a sua aplicação senão em sentença transitada em julgado. Se a sentença transitou em julgado, aí não há dúvida".*

Faço esta interpretação sistemática.

O SENHOR MINISTRO GILMAR MENDES – Senhora Presidente, gostaria de lembrar que este julgamento – como já foi destacado – começou em 2002. Estamos em 2007. É um daqueles casos em que o pedido de vista se eterniza. Iniciou com o Ministro Carlos Velloso, depois com o Ministro Joaquim Barbosa, já conta com seis votos. É preciso concluir.

O SENHOR MINISTRO JOAQUIM BARBOSA – O problema é a pauta do Tribunal, Ministro Gilmar Mendes. Eu, por exemplo, estou pronto para julgar esse processo há mais de seis meses, só agora tivemos oportunidade.

O SENHOR MINISTRO GILMAR MENDES – Há todas as explicações, mas estou a dizer que se trata de direito subjetivo, já há seis votos nesse sentido, com todas as mudanças apontadas agora pelo Procurador-Geral, que são supervenientes em razão dessa demora. Então, agora, vamos a inventar prejudicialidades.

O SENHOR MINISTRO MARCO AURÉLIO – Não seria a prejudicialidade dos votos já proferidos, mas apenas a busca da participação do atual Colégio.

O SENHOR MINISTRO GILMAR MENDES – Penso que depois o Tribunal poderá julgar outros casos como os que há na pauta, mas recomenda-se encerrar este julgamento.

Incomoda tremendamente esse pedido de vista que rima com perdido de vista. Na verdade, estamos a demorar demais em definição de casos que são extremamente relevantes e já com uma definição, porque, neste caso, o pedido de vista ocorreu quando havia seis votos.

O SENHOR MINISTRO JOAQUIM BARBOSA – Definição só ocorre quando o julgamento se encerra. Qualquer um que já votou poderá mudar o seu voto.

O SENHOR MINISTRO MARCO AURÉLIO – Com a peculiaridade de que três ou quatro Ministros, como apontado, já não podem mais – diante dos votos a serem proferidos por aqueles que ainda não emitiram entendimento – exercer o juízo de retratação.

Agora, há inúmeras reclamações versando sobre a mesma matéria e, pelo que é do meu conhecimento, no caso concreto, já ocorreu julgamento em primeira instância e se tem a pendência de apelação a ser apreciada por Corte diversa.

Vejo a necessidade de o Tribunal sinalizar a concepção sobre o tema, principalmente porque versa competência, ou seja, considerados aqueles que o integram na data de hoje.

VOTO

O SENHOR MINISTRO GILMAR MENDES – Senhora Presidente, só mais uma questão: a rigor, a ação foi proposta – essa é a premissa do voto do Ministro Nelson Jobim, seguida por cinco outras manifestações – no sentido de que o foro competente para esta ação era o Supremo Tribunal Federal; premissa básica. Portanto, a ação teria sido proposta indevidamente, os agentes políticos não se submeteriam à ação de improbidade, mas ao crime de responsabilidade. Logo, não há prejuízo na ação, pelo contrário, o Tribunal teria de prosseguir no julgamento.

O SENHOR MINISTRO SEPÚLVEDA PERTENCE – Mas não foi esse o voto do Ministro Nelson Jobim: ele extinguiu a ação.

O SENHOR MINISTRO GILMAR MENDES – Não. Teria de prosseguir neste julgamento, por quê? Porque, na verdade, o que se colocava era a questão da competência, se, ao tempo, o Supremo era competente, a ação não poderia ter sido proposta. Essa é a questão básica colocada e que precisa ser decidida.

O SENHOR MINISTRO MARCO AURÉLIO – Haveria, então, competência superveniente?

O SENHOR MINISTRO GILMAR MENDES – Não há incompetência superveniente porque, neste caso, a ação não poderia ter sido proposta **ab initio,** foi proposta perante o juízo incompetente.

O SENHOR MINISTRO JOAQUIM BARBOSA – Ministro Gilmar Mendes, há uma dificuldade insuperável.

O SENHOR MINISTRO SEPÚLVEDA PERTENCE – A complexidade é que o voto do Ministro Nelson Jobim parece mais fundo do que isso. Começa pela ilegitimidade: fosse processo por crime de responsabilidade, a legitimação privativa seria do Procurador-Geral da República. Mas, o fundamento da ação – embora aí se pudesse dizer ser mero fundamento jurídico – está na imputação de um ato de improbidade que constituiria crime de responsabilidade. E à legitimação o voto do Ministro Jobim vai mais fundo para sustentar que agente político não pode ser chamado a responder com fundamento na Lei de Improbidade Administrativa, mas apenas com base na Lei n. 1.079.

Então é uma ação que não foi proposta. Segundo o voto do Ministro Nelson Jobim, esta ação existente não poderia ter sido proposta nem aqui e nem em lugar nenhum.

O SENHOR MINISTRO GILMAR MENDES – Não, poderia ter sido na forma de ação de responsabilidade, logo, não há prejuízo.

O SENHOR MINISTRO JOAQUIM BARBOSA – Há prejuízo porque não há ação de responsabilidade em relação a pessoas que não estão mais no exercício do cargo.

O SENHOR MINISTRO GILMAR MENDES – Seria outra questão.

O SENHOR MINISTRO JOAQUIM BARBOSA – Não! Esta é a questão.

O SENHOR MINISTRO CEZAR PELUSO – Estou tentando restabelecer a lógica do voto do Ministro Nelson Jobim. Não podemos esquecer que o Tribunal está diante de uma reclamação que só pode ser conhecida, aqui, na hipótese de usurpação da competência. Se o Tribunal não tivesse previamente reconhecido – vamos ficar com a hipótese de que já tenha reconhecido – a usurpação de competência, não poderia manifestar-se sobre nada; ele simplesmente diria: não conheço da reclamação. Portanto, os votos do Ministro Nelson Jobim e dos demais Ministros que se manifestaram reconheceram a competência da Corte, porque haveria usurpação de competência. Então, foi reconhecido que a Corte, na oportunidade, tinha competência, a qual foi usurpada, e no exercício dessa competência é que, avançando sobre o tema da reclamação, ou, melhor, sobre o objeto último da reclamação, se entendeu que a ação deveria ser extinta, sem julgamento de mérito. Ou seja, só é possível conceber a admissibilidade do pronunciamento do Ministro Nelson Jobim partindo-se do pressuposto de que o Tribunal reconheceu previamente sua competência sob fundamento de que o reclamante tinha foro especial. Agora estamos com outro problema: cessou ou terá cessado, por fato superveniente – a rigor nem terá cessado, já era inexistente, a menos que se modulasse o efeito da inconstitucionalidade. O que se põe agora é que o Supremo ou nunca teve, ou, a partir do reconhecimento da ação de inconstitucionalidade, deixou de ter uma competência que é de natureza absoluta e que, portanto, não se prorroga e não se aproveita a nenhum ato.

O SENHOR MINISTRO SEPÚLVEDA PERTENCE – Quer dizer, o Supremo era competente, na lógica do Ministro Nelson Jobim, para julgar a única ação cabível para a causa de pedir veiculada: a prática de um ato de improbidade administrativo: a ação por crime de responsabilidade. Essa nunca foi proposta, mas, de qualquer maneira, em tese, usurparia a competência do Supremo para processar o ministro por crime de responsabilidade que em outra ação se imputasse crime de responsabilidade a um ministro, nem se fosse proposta a ação única que o Ministro Nelson Jobim reconhece que poderia ter sido proposta, um processo por crime de responsabilidade. Hoje, não é apenas que cessou a nossa competência; hoje, processo por crime de responsabilidade já não pode ser proposto contra o Embaixador interessado.

O SENHOR MINISTRO JOAQUIM BARBOSA – É a dificuldade insuperável que acabo de mencionar.

O SENHOR MINISTRO GILMAR MENDES – Mas, na época, pela premissa do Ministro Nelson Jobim, à qual emprestamos adesão, não poderia ser proposta ação de improbidade contra o agente político por conta desse fundamento.

O SENHOR MINISTRO SEPÚLVEDA PERTENCE – Nem a ação foi proposta, nem a única que Sua Excelência admitiria, que é o processo por crime de responsabilidade.

O SENHOR MINISTRO GILMAR MENDES – Porque não havia sido; logo, continua a questão da competência. O Tribunal deve prosseguir no julgamento da reclamação, porque a ação fora mal proposta, segundo essas premissas. No caso, inclusive, salvo engano, a competência de foro subsiste por aquelas premissas, porque de Ministro de Estado continuou o embaixador como chefe de missão diplomática da ONU.

O SENHOR MINISTRO GILMAR MENDES – Está indicado, salvo engano, mas não terá deixado.

O SENHOR MINISTRO SEPÚLVEDA PERTENCE – Mas não por crime de responsabilidade, que, acaso, lhe fosse atribuído no exercício do cargo de Ministro de Estado, que já não é.

O SENHOR MINISTRO MARCO AURÉLIO – Se está indicado e há pendência, é mais um motivo para sobrestarmos.

O SENHOR MINISTRO SEPÚLVEDA PERTENCE – Não por crime de responsabilidade de Ministro de Estado.

O SENHOR MINISTRO MARCO AURÉLIO – Mais um motivo.

O SENHOR MINISTRO GILMAR MENDES – No crime de responsabilidade também.

O SENHOR MINISTRO SEPÚLVEDA PERTENCE – Não por crime de responsabilidade. Crime de responsabilidade de Ministro de Estado cessa, deixa de ser perseguível no dia da sua exoneração. Ainda que ele se torne Presidente da República. Aí poderá ser alvo de "impeachment", se praticar, na Presidência da República, um crime de responsabilidade. Não pelo que antes tivesse cometido, ao tempo em que Ministro de Estado.

O SENHOR MINISTRO GILMAR MENDES – Essa é outra questão.

O SENHOR MINISTRO JOAQUIM BARBOSA – Essa é a questão.

O SENHOR MINISTRO GILMAR MENDES – Não, o que estamos a discutir é o seguinte: se a ação de improbidade não poderia ter sido proposta a seu tempo, porque ela envolve crime de responsabilidade, a matéria era da competência do Supremo Tribunal Federal – essa é a premissa básica do voto do Ministro Nelson Jobim, daí ele ter proposto a extinção do processo. Ora, essa era matéria da competência do Supremo Tribunal Federal à época e os fatos imputados são atos de Ministro de Estado, obviamente não cabe ação de improbidade.

O SENHOR MINISTRO JOAQUIM BARBOSA – Essa é a discussão de mérito.

O SENHOR MINISTRO GILMAR MENDES – Não é de mérito.

O SENHOR MINISTRO CEZAR PELUSO – É de mérito. Vossa Excelência só pode afirmar tudo isso se previamente reconhecer a competência da Corte, porque, se reconhecemos que não temos competência, não precisamos dizer mais nada. Se somos incompetentes, temos apenas de reconhecer essa incompetência.

O SENHOR MINISTRO GILMAR MENDES – A premissa do voto do Ministro Nelson Jobim é que isto era crime de responsabilidade.

O SENHOR MINISTRO CEZAR PELUSO – Ministro, isso no tempo em que o reclamante era Ministro de Estado.

O SENHOR MINISTRO GILMAR MENDES – Sim, mas a ação proposta foi como Ministro de Estado. É isso que estamos discutindo.

O SENHOR MINISTRO SEPÚLVEDA PERTENCE – Voltemos às primeiras lições do primeiro ano de Direito.

O SENHOR MINISTRO CEZAR PELUSO – A cessação de competência absoluta.

O SENHOR MINISTRO SEPÚLVEDA PERTENCE – Dado o fato "prática de ato de improbidade por Ministro de Estado", segue-se – estou seguindo a lógica do Ministro Nelson Jobim – uma única possível consequência jurídica: a propositura de uma ação por crime de responsabilidade; nenhuma outra. Esse é o fato. Para o Ministro Nelson Jobim, então, a única ação que não foi proposta, mas que poderia ser proposta com aquela imputação, era da competência do Supremo; como não foi proposta, ele extingue a ação. Não estou assumindo nenhum compromisso com as premissas do Ministro Nelson Jobim.

O SENHOR MINISTRO CEZAR PELUSO – A meu ver, com o devido respeito, a questão, embora realmente tenha aspectos muito complexos, se reduz a um exemplo até quase didático. Fixada uma competência – e a causa está em andamento perante o juiz competente, que o era por razões ou por critérios de competência absoluta – ao início do processo, se vem lei nova e retira do órgão essa competência, a pergunta é: o órgão que perdeu a competência absoluta pode continuar julgando?

O SENHOR MINISTRO GILMAR MENDES – Qual é a Lei?

O SENHOR MINISTRO GILMAR MENDES – Não é essa questão, de novo estamos misturando instâncias.

O SENHOR MINISTRO JOAQUIM BARBOSA – Lei n. 10.628.

O SENHOR MINISTRO CEZAR PELUSO – Não. Só podemos continuar no julgamento da reclamação se reconhecermos que continuamos competentes.

O SENHOR MINISTRO GILMAR MENDES – Mas as questões são inextrincáveis.

O SENHOR MINISTRO CEZAR PELUSO – Vossa Excelência já está ultrapassando a questão preliminar da competência, está conhecendo de questões que supõem o reconhecimento de competência.

O SENHOR MINISTRO GILMAR MENDES – O Tribunal pôde processar as reclamações.

O SENHOR MINISTRO CEZAR PELUSO – Porque, na época, o Tribunal era competente.

O SENHOR MINISTRO CARLOS BRITTO – Havia até a Súmula n. 394. Mas, depois, a cancelamos.

O SENHOR MINISTRO GILMAR MENDES – Não. Um pouco de lealdade na argumentação.

O SENHOR MINISTRO CARLOS BRITTO – Nós cancelamos a súmula por ocasião do julgamento da ADI n. 2.797. Não foi?

O SENHOR MINISTRO GILMAR MENDES – Não, a súmula foi cancelada lá atrás.

O SENHOR MINISTRO SEPÚLVEDA PERTENCE – É um dado de fato, Ministro Gilmar Mendes, não é uma questão de lealdade. Obviamente, se o Ministro Carlos Britto disse que a súmula vigia, foi um equívoco de fato.

O SENHOR MINISTRO GILMAR MENDES – Sim, a Súmula n. 394 foi revogada há dez anos.

O SENHOR MINISTRO CARLOS BRITTO – Quando a revogamos?

O SENHOR MINISTRO GILMAR MENDES – Não a revogamos porque não estávamos aqui.

O SENHOR MINISTRO SEPÚLVEDA PERTENCE – Nós somos o Tribunal, o Tribunal é um só, tanto que não é súmula para os que chegaram depois à Casa.

O SENHOR MINISTRO GILMAR MENDES – A premissa básica era que a ação de improbidade proposta, na verdade, misturava-se com uma imputação de crime de responsabilidade, logo, contra Ministro de Estado, só poderia ser proposta na Corte Suprema. Essa era a ideia básica de que partia o Ministro Nelson Jobim, portanto, só o Supremo Tribunal Federal era competente. Daí ter sido aceita a reclamação. Isso não guarda qualquer relação com a lei ou coisa que o valha, assim, se a ação foi proposta em primeiro grau e não poderia sê-lo, ela teria de ser extinta, ainda que a pessoa deixe, depois, de ter o cargo de Ministro de Estado.

O SENHOR MINISTRO CEZAR PELUSO – Isso quem vai decretar é o juízo competente.

O SENHOR MINISTRO GILMAR MENDES – Não.

O SENHOR MINISTRO CEZAR PELUSO – Quem vai extinguir o processo é o juízo competente.

O SENHOR MINISTRO GILMAR MENDES – Não, é esta decisão daqui, por isso veio a reclamação. Se se equipara a ação de improbidade ao crime de responsabilidade – o que foi feito nesta discussão –, o juízo de primeiro grau é incompetente.

O SENHOR MINISTRO RICARDO LEWANDOWSKI – Este julgamento não se completou ainda. Prosseguimos formalmente com relação a essa questão.

O SENHOR MINISTRO GILMAR MENDES – Não, estou dizendo para esse efeito. Agora, falar em fato superveniente porque deixou de ser Ministro de Estado? Deixou de ser Ministro de Estado, mas não pode responder por esse tipo de ato.

O SENHOR MINISTRO SEPÚLVEDA PERTENCE – Se não estou enganado, é um dos pedidos da reclamação. Este, não há dúvida, está prejudicado: é que o Supremo avocasse o processo. Esse pedido não tem mais objeto. Nesse sentido, sim, a ADI n. 2.797 foi decisiva: a competência penal para o crime comum não legitima a competência para a ação de improbidade administrativa. Então, se fosse para avocar o processo, realmente, mais do que a nossa competência, restaria considerar que a persecução do fato como crime de responsabilidade já se tornou impossível. O Embaixador não é mais Ministro de Estado. No entanto, o Ministro Nelson Jobim foi além e extinguiu o processo.

O SENHOR MINISTRO GILMAR MENDES – Extinguiu o processo nessa premissa.

O SENHOR MINISTRO CEZAR PELUSO – A grande indagação, com base na questão suscitada pelo eminente Procurador, é: qual o fundamento normativo para o reconhecimento de competência atual da Corte? Qual o fundamento legal para dizer que continuamos competentes para esta reclamação?

O SENHOR MINISTRO GILMAR MENDES – Por isso as questões são inseparáveis. Se se entende que a ação de improbidade se convola ou confunde com o crime de responsabilidade – porque este é o contexto da discussão: o problema do regime de responsabilidade dos agentes políticos – e que o correto era a ação de improbidade, a competência da Corte subsiste para decidir que, de fato, o processo tem de ser extinto. Essa é a questão. Por isso, não há como separar.

Do contrário, seria muito fácil burlar essa competência, porque diríamos o seguinte: a competência para propor ação de responsabilidade será perante o Supremo Tribunal Federal. Não o fazendo, a autoridade deixa o cargo e responderá, agora, perante as instâncias ordinárias, a uma ação de improbidade. Nesse sentido, é equívoco o entendimento. Não me parece que seja essa a possibilidade. A questão da competência está posta e tem de ser definida.

O SENHOR MINISTRO CEZAR PELUSO – E qual o fundamento legal da nossa competência atual?

O SENHOR MINISTRO GILMAR MENDES – O mesmo: o artigo 102, I, alínea "c".

O SENHOR MINISTRO CEZAR PELUSO – E o que diz o artigo?

Improbidade administrativa **1931**

O SENHOR MINISTRO GILMAR MENDES – Refere-se aos crimes de responsabilidade.

O SENHOR MINISTRO CEZAR PELUSO – Ministro, a ação é de improbidade.

O SENHOR MINISTRO CARLOS BRITTO – A ação é de improbidade.

O SENHOR MINISTRO GILMAR MENDES – A questão é se o agente público, político, responde à ação de improbidade.

O SENHOR MINISTRO JOAQUIM BARBOSA – Essa é a tese de mérito da reclamação.

O SENHOR MINISTRO CEZAR PELUSO – Em termos dogmáticos, o juízo de primeiro grau deve extinguir o processo. Ele é o competente para uma ação de improbidade que não pode ser proposta.

O SENHOR MINISTRO GILMAR MENDES – Não, de forma alguma.

À revisão de apartes do Sr. Ministro Joaquim Barbosa.

DEBATE

O SENHOR MINISTRO GILMAR MENDES – Senhora Presidente, tenho a impressão de que, na verdade, tudo isso já é voto de mérito.

O SENHOR MINISTRO JOAQUIM BARBOSA – Não é voto de mérito. O voto de mérito é muito mais substancial.

O SENHOR MINISTRO GILMAR MENDES – Vossa Excelência vai escutar o que estou a dizer.

O SENHOR MINISTRO JOAQUIM BARBOSA – Com todo o prazer.

O SENHOR MINISTRO GILMAR MENDES – Basta ler a parte final do voto do Ministro Nelson Jobim, em que ele diz:

"É certo que se a competência para processar e julgar a ação de improbidade (CF, art. 37, § 4º) pudesse abranger também atos praticados pelos agentes políticos, submetidos a regime de responsabilidade especial, ter-se-ia uma interpretação ab-rogante do disposto no art. 102, I, "c", da Constituição."

Se, ao contrário, entender *"que aos agentes políticos, como os* **MINISTROS DE ESTADO,** *por estarem submetidos a um regime especial de responsabilidade, não se aplicam as regras comuns da lei de improbidade. Assim sendo, configura-se a plena e exclusiva competência desse Supremo Tribunal Federal para processar e julgar os delitos político-administrativos, na hipótese do art. 102, I, c, da Constituição Federal."*

Conclui-se, também, num juízo preliminar, que, na segunda hipótese, *"não se cuida de assegurar ao agente político um regime de imunidade em face dos atos de improbidade."*

Em suma, trabalhava com as duas hipóteses: se se trata de ação de improbidade, dizia ele, por conta das consequências da repercussão no sistema político, teria que ser processada perante o Supremo Tribunal Federal, logo, o Ministério Público poderia propor a ação de improbidade perante o foro competente; ou, então, não se tratava de ação de improbidade, o agente público era indene a esta ação, caberia, portanto, a ação de crime de responsabilidade.

Nas duas hipóteses, dizia o Ministro Jobim, acolhia-se a reclamação.

Essa foi toda a discussão de mérito.

O SENHOR MINISTRO JOAQUIM BARBOSA – Tenho vista e não proferi voto de mérito ainda.

O SENHOR MINISTRO GILMAR MENDES – O que Vossa Excelência está chamando de preliminar, na verdade, é o mérito da reclamação.

O SENHOR MINISTRO JOAQUIM BARBOSA – Não, não. A minha preliminar é muito séria. Sustentei que, como a Corte tem uma jurisprudência que diz que crimes de responsabilidade têm o rito de ação penal, e devem ser processados mediante denúncia do chefe do Ministério

Público, tem de haver uma tipificação legal. E não há essa tipificação legal; e, muito menos, denúncia do Procurador-Geral.

O SENHOR MINISTRO GILMAR MENDES – O argumento de Vossa Excelência, **data venia**, na verdade, tem uma petição de princípio: não havendo tipificação legal, há um quadro de anomia, não se pode processar. É outra discussão.

O SR. ADVOGADO – Senhora Presidente, gostaria de fazer uma manifestação sobre questão de fato.

Há seis votos proferidos, de mérito, pela procedência do pedido. Evidente que há Ministros que podem reformar, mas são votos de mérito; e votos de mérito que discutiram a aplicação da Lei n. 8.429 – é fato, é dado, está nos autos, então é matéria de fato, não é matéria de direito –, que discutiram o tema relativo à aplicação ou não da Lei n. 8.429 a agentes políticos.

Em razão de já haver votos de mérito proferidos sobre o tema, entende o reclamante que a questão colocada não é preliminar; ela é questão de mérito que prejudicaria, num rejulgamento, o reclamante.

O SENHOR MINISTRO JOAQUIM BARBOSA – Senhora Presidente, há um dado novo que ninguém há de negar. Quando a questão foi debatida aqui, a pessoa interessada ocupava o cargo de Ministro de Estado; ela deixou esse cargo. O prosseguimento da reclamação há de se dar à luz da nova situação. Por isso que levantei essa preliminar, porque já havia sido ventilada, na outra assentada, essa nova situação, embora não formalizada. A documentação só veio a ser trazida a público hoje.

VOTO S/ PRELIMINAR DE PREJUDICIALIDADE

O SENHOR MINISTRO GILMAR MENDES – Também, Senhora Presidente, já me manifestei no sentido do voto do eminente Ministro Eros Grau.

EXPLICAÇÃO

O SENHOR MINISTRO GILMAR MENDES – Senhora Presidente, duas observações, à guisa de esclarecimento – isso já foi objeto de outros debates na sequência da nossa discussão em torno desta reclamação.

Em relação à questão da perda dos direitos, após deixar o exercício do cargo, este Tribunal fez uma variante, no caso Collor, entendendo que, mesmo após a renúncia, era possível aplicar-se a sanção política, como é de todos conhecido.

Quanto à questão do agente político municipal – aqui estamos a falar de prefeito, até por conta do regime hipercomplexo em que essas autoridades estão envolvidas –, não me parece que se possa fazer qualquer analogia de aplicação imediata. Já sabemos que o próprio Decreto-lei n. 201 tem um regime de responsabilidade penal. Também admite-se, aqui, um regime de responsabilidade política. Matéria, portanto, que não está em jogo.

O SENHOR MINISTRO SEPÚLVEDA PERTENCE – No qual não há foro privilegiado.

O SENHOR MINISTRO GILMAR MENDES – Não há foro privilegiado. Na verdade, a Constituição só cuidou desse aspecto no que diz respeito aos crimes comuns praticados pelos agentes políticos municipais – no caso, os prefeitos.

A última referência do Ministro Joaquim Barbosa, a meu ver, acaba por levar-me a aceitar a premissa inicial do voto do Ministro Nelson Jobim. Por quê? Esse é o debate que temos travado aqui ao longo do tempo, e certamente teremos a oportunidade de discutir, depois, a própria constitucionalidade da lei de improbidade, tendo em vista esses argumentos, essa fórmula ampla, a vagueza de suas disposições. Mas, se a ação tem outros desideratos, outros objetos, quais seriam eles? Fundamentalmente, o de ressarcimento, o de reparação de dano, porque a outra pena que se impõe é esta do art. 20. Sua Excelência agora faz uma ressalva, mas entende que ela não se aplica exatamente por estarem eles submetidos a esse regime de responsabilidade política especial.

Debatíamos a questão há algum tempo, e eu citava o exemplo do Presidente da República – em relação ao qual, até então, não havia sequer exemplos práticos. Creio que o Presidente Fernando Henrique respondia a inúmeras ações – populares, civis públicas, etc. –, especialmente no contexto da privatização, mas não havia questão quanto à ação de probidade. O Ministro Carlos Velloso, no debate referido, dizia não haver nenhum exemplo. Colho, agora, sim, de uma hora para outra, três ações recentes propostas contra o Presidente Luiz Inácio Lula da Silva de improbidade administrativa, com o pedido, claro, da perda do cargo e a suspensão dos direitos políticos. Faz sentido assim, por razões ligadas. Há uma ação contra Fernando Henrique Cardoso pela mesma razão. Dizia-se que ambos não teriam cuidado com a liberação do Fundo de Segurança, ou algo do tipo.

Essa é a questão colocada. Assim, parece-me que esse bifrontismo da ação de improbidade perde o seu sentido essencial, pois poderá sempre ser proposta, sempre, a ação civil pública, regulada na Lei n. 7.347, no que concerne a ressarcimento de bens, a bloqueio de bens, a toda a responsabilidade material, com medidas de sequestro.

A meu ver, então, o avanço proposto pelo Ministro Joaquim Barbosa – e eu o saúdo –, na verdade, acaba por revolver a própria premissa do voto de Sua Excelência no concernente a essa questão central.

Claro, o artigo 20 da Lei n. 8.429, em seu parágrafo único, ainda traz esta outra pérola, objeto de discussão:

> "Artigo 20 (...)
> Parágrafo único. A autoridade judicial administrativa competente poderá determinar o afastamento do agente público do exercício do cargo, emprego ou função, sem prejuízo da remuneração, quando a medida se fizer necessária à instrução processual."

Bastaria, portanto, que um juiz concedesse uma cautelar para o Presidente da República ser afastado do seu cargo, até que se resolvesse a questão de outra maneira, num regime em que a Constituição exige, para o Presidente da República ser processado criminalmente ou por responsabilidade, a autorização do processo pela Câmara dos Deputados, com dois terços dos votos.

Como compatibilizar esses regimes? Em relação ao Governador do Estado, lembro-me de um precedente do Ministro Celso de Mello – não saberei citá-lo de memória. Conforme Sua Excelência, esse dispositivo haveria de se aplicar também ao processo crime contra o Governador do Estado, independentemente de qualquer disposição na Constituição estadual decorrente desse modelo de homogeneidade; o que poderia também ocorrer no plano do Executivo estadual.

Trata-se de questões sobre as quais temos de meditar; não têm relevância necessariamente para o debate travado neste momento em relação a este processo, mas para a questão geral que estamos a suscitar.

Digo, para encerrar – e peço desculpas –, apenas o seguinte: a rigor, essa ablação, referida pelo Ministro Sepúlveda Pertence em outra assentada, leva a dizer que essa ação civil de improbidade é tão somente uma ação civil pública. Se não se pode impor a sanção de suspensão de direitos políticos, nesses casos que estamos a discutir, a rigor é uma ação civil pública. Nunca se negou, no Brasil, a possibilidade de se propor ação civil pública contra o Presidente da República, contra Governador do Estado, contra prefeito. É apenas isso.

O SENHOR MINISTRO JOAQUIM BARBOSA (RELATOR) – Nessa reclamação, o pedido não é apenas esse. Pede-se simplesmente que a lei não seja aplicada, e que ele seja processado por crime de responsabilidade. Chegaremos ao impasse que suscitei na preliminar: se se afasta a Lei de Improbidade, ele terá de ser processado por crime de responsabilidade. Ora, não há tipificação; o resultado, então, é a impunidade absoluta. Ele não responderá por nada.

O SENHOR MINISTRO GILMAR MENDES – Se houver crime, ele poderá responder por ação civil pública, conforme Vossa Excelência mesmo anunciou. Portanto, não se trata de nenhum regime de impunidade. É só o que digo, coerente com as premissas do voto de Vossa Excelência: se o agente político não está submetido às sanções previstas a partir dos artigos 18 e 20 da Lei de Improbidade. Referentemente a isso, não há impunidade.

Lembro-me de que, no debate travado com o Ministro Carlos Velloso, Sua Excelência estava muito impressionado com esse *ranking*. Recentemente, o Ministério da Justiça até produziu um novo *ranking*, dizendo que quarenta bilhões são perdidos com corrupção. Se alguém sabe fazer essa conta é extremamente competente e deveria logo combater o crime. É um tipo de cálculo que já chama, por si, à responsabilidade: quem sabe fazer essa conta, deveria evitar que esses crimes ocorressem. Mas esses *rankings* são altamente duvidosos. Na discussão, o Ministro Carlos Velloso dizia que há esse risco. Podemos ter uma interpretação conforme que Sua Excelência não logrou fazer, mas que Vossa Excelência agora o faz, com essa distinção. Esta, no entanto, leva exatamente ao resultado almejado na tese central de se propor a ação civil pública para ressarcimento de danos, com todos os seus consectários.

É apenas isso. Obrigado!

24. Administração pública e ordem federativa

ADI 3.324[2]

Universidade – Transferência obrigatória de aluno – Constitucionalidade do art. 1º da Lei n. 9.536/97 – Pressuposto – Observância da natureza jurídica do estabelecimento educacional de origem – Congeneridade das instituições envolvidas: de privada para privada, de pública para pública – Inconstitucionalidade da interpretação que resulte na transferência de instituição privada para pública.

Cuida-se de ação direta de inconstitucionalidade oferecida contra o art. 1º da Lei n. 9.536/97: "*Art. 1º A transferência ex officio a que se refere o parágrafo único do art. 49 da Lei n. 9.394, de 20 de dezembro de 1996, será efetivada, entre instituições vinculadas a qualquer sistema de ensino, em qualquer época do ano e independente da existência de vaga, quando se tratar de servidor público federal civil ou militar estudante, ou seu dependente estudante, se requerida em razão de comprovada remoção ou transferência de ofício, que acarrete mudança de domicílio para o município onde se situa a instituição recebedora ou para a localidade mais próxima desta.*"

Eis o teor do art. 49 da Lei n. 9.394/1996, que estabeleceu as diretrizes e bases da educação nacional: "*Art. 49. As instituições de educação superior aceitarão a transferência de alunos regulares, para cursos afins, na hipótese de existência de vagas, e mediante processo seletivo. Parágrafo único. As transferências ex officio dar-se-ão na forma da lei.*"

Alegou-se que o preceito encerra a possibilidade de egressos de instituições privadas virem a ser transferidos para instituições públicas, com ofensa ao disposto nos arts. 5º, *caput* e inc. I; 37, *caput*; 206, inc. I a VII; 207, *caput*; 208, *inc. V, da Constituição Federal*.

O requerente, Procurador-Geral da República, fundamentou suas razões nos seguintes princípios: 1) Princípio da isonomia e da proporcionalidade – igualdade de acesso aos níveis mais elevados de ensino – art. 5º, *caput* e I; 37, *caput*; 206, I a VII; 208, inciso V, da CF. 2) Princípio constitucional da autonomia universitária – violação ao artigo 207 da CF.

Relatou o Ministro Marco Aurélio: "*Alude-se ao exemplo verificado na Universidade de Brasília-UnB, no que suspenso o vestibular para o curso de Direito e sinalizada a adoção de idêntica medida relativamente aos cursos de Administração e Medicina. Afirma-se que no curso de Direito, apenas em 2004, setenta e nove alunos ingressaram por transferência obrigatória, cinquenta deles*

---

[2] Em sessão de 16.12.2004, a ação foi julgada procedente, em parte, nos termos do voto do Relator, Ministro Marco Aurélio, para, "sem redução do texto do art. 1º da Lei n. 9.536/1997, assentar a inconstitucionalidade no que se lhe empreste o alcance de permitir a mudança, nele disciplinada, de instituição particular para pública, encerrando a cláusula 'entre instituições vinculadas a qualquer sistema de ensino' a observância da natureza privada ou pública daquela de origem, viabilizada a matrícula na congênere. Em síntese, dar-se-á a matrícula, segundo o artigo 1º da Lei n. 9.536/97, em instituição privada se assim o for a de origem e em pública se o servidor ou o dependente for egresso de instituição pública" (*DJ* de 5.8.2005).

originários de instituições particulares. Em 2003, o saldo fora de cento e onze estudantes militares transferidos, conforme notícia do Decanato de Ensino de Graduação da UnB, havendo sido oferecidas apenas cinquenta vagas para cada vestibular, configurando-se, como regra, o ingresso de estudantes por transferência e, como exceção, a entrada mediante vestibular; o privilégio tornara-se regra e o mérito, a exceção. Alega-se que as universidades públicas estão compelidas a observar o parecer da Advocacia-Geral da União, por força do artigo 40, § 1º, da Lei Complementar n. 73/93."

O referido parecer da Advocacia-Geral da União – AGU/RA – 02/2004 – ficou assim sintetizado: *"I – O servidor militar transferido ex officio, bem como seus dependentes, têm direito à matrícula em estabelecimento de ensino superior público, mesmo na hipótese de ter ingressado originariamente em faculdade particular, ainda que no novo domicílio exista instituição de ensino privado. II – O servidor militar e seus dependentes estão sujeitos exclusivamente à disciplina da Lei n. 9.536, de 11 de dezembro de 1997, a qual não faz referência ao termo "congênere". III – O termo "congênere", previsto no art. 99 da Lei n. 8.112, de 11 de dezembro de 1990, não deve ser aplicado nas hipóteses em que o servidor militar é transferido, consoante a jurisprudência pacífica do Superior Tribunal de Justiça."*

O Procurador-Geral da República opinou pela procedência do pedido nos seguintes termos:

"Ação direta de inconstitucionalidade contra o art. 1º da Lei n. 9.536/97, que dispõe sobre transferências de estudantes entre instituições de ensino superior. Preliminar. Possibilidade jurídica do pedido. Interpretação conforme à Constituição. Mérito. Princípios da igualdade, proporcionalidade e autonomia universitária. A realidade do processo de transferências nas universidades. Cláusula da reserva do possível. Necessidade de se dar à norma impugnada interpretação conforme à Constituição para que as transferências obedeçam à regra da congeneridade dos estabelecimentos de ensino."

A decisão da ação direta recebeu a seguinte ementa:

EMENTA: Ação direta de inconstitucionalidade – Interpretação conforme à Constituição – Possibilidade jurídica. É possível, juridicamente, formular-se, em inicial de ação direta de inconstitucionalidade, pedido de interpretação conforme, ante enfoque diverso que se mostre conflitante com a Carta Federal. Envolvimento, no caso, de reconhecimento de inconstitucionalidade. Universidade – Transferência obrigatória de aluno – Lei n. 9.536/97. A constitucionalidade do artigo 1º da Lei n. 9.536/97, viabilizador da transferência de alunos, pressupõe a observância da natureza jurídica do estabelecimento educacional de origem, a congeneridade das instituições envolvidas – de privada para privada, de pública para pública –, mostrando-se inconstitucional interpretação que resulte na mesclagem – de privada para pública.

VOTO

Sr. Presidente, eu tinha feito algumas notas a propósito da questão, que já restou superada, do cabimento da ação direta na espécie. Mas acho que já não vou registrá-las, tendo em vista o consenso que se forma no Tribunal.

Passo à análise do mérito.

1. A autonomia universitária e a igualdade de acesso ao Ensino Superior Público na Constituição Federal de 1988

A educação, nos termos do art. 205 da Constituição Federal, é "direito de todos e dever do Estado e da família, será promovida e incentivada com a colaboração da sociedade, visando ao pleno desenvolvimento da pessoa, seu preparo para o exercício da cidadania e sua qualificação para o trabalho."

Trata-se de assunto cuja relevância pública é inegável. O art. 206, por sua vez, traz diversos princípios dos quais é pertinente destacar os seguintes:

I – igualdade de condições para o acesso e permanência na escola;

(...)

III – pluralismo de ideias e de concepções pedagógicas, e coexistência de instituições públicas e privadas de ensino;

Administração pública e ordem federativa **1937**

IV – gratuidade do ensino público em estabelecimentos oficiais;

(...)

VI – gestão democrática do ensino público, na forma da lei;

VII – garantia de padrão de qualidade.

Nesse contexto, as Universidades assumem importante papel na estrutura institucional do Estado Democrático de Direito Brasileiro segundo o disposto nos arts. 207 e 208, V, da CF:

Art. 207. As universidades gozam de autonomia didático-científica, administrativa e de gestão financeira e patrimonial, e obedecerão ao princípio de indissociabilidade entre ensino, pesquisa e extensão.

Art. 208. O dever do Estado com a educação será efetivado mediante a garantia de:

(...)

V – acesso aos níveis mais elevados do ensino, da pesquisa e da criação artística, segundo a capacidade de cada um;

A Constituição garante igualdade de acesso e permanência ao ensino público de qualidade conforme a capacidade de cada um. Impõe, ainda, que o acesso ao ensino seja realizado de modo isonômico.

Nesse contexto, a questão principal que se coloca é a seguinte: o quê garantiria o acesso diferenciado de servidores públicos às Universidades Públicas em relação aos demais cidadãos?

Conforme largamente assentado na doutrina, o fundamento jurídico para a transferência *ex officio* de servidores públicos consiste na necessidade de assegurar-lhes condições mínimas ou, pelo menos equivalentes, para que seja viabilizada a continuidade da prestação dos serviços públicos em consonância com o princípio constitucional da eficiência da Administração (CF, art. 37).

No caso, o ato normativo impugnado dispensa tratamento diferenciado aos servidores públicos que, por ser irrestrito, viola o princípio da isonomia e, por conseguinte, afigura arbitrariedade incompatível com os ideais republicanos do Estado Democrático de Direito Brasileiro.

Não estou a questionar aqui a justificativa legislativa para a adoção desse tratamento diferenciado. Deseja-se verificar, unicamente, se a aplicação absoluta da disposição legal que demanda a transferência obrigatória independente do número de vagas disponíveis é compatível com a satisfação alguns dos demais princípios constitucionais envolvidos.

2. O princípio da isonomia

Uma das questões básicas, a merecer um exame por esta Corte, portanto, refere-se à observância do princípio da isonomia.

A regra impugnada, por certo, parte de um pressuposto no sentido de que servidores civis e militares seriam categorias diferenciadas, o que justificaria também um tratamento diferenciado no que toca às transferências, inclusive em relação a seus dependentes.

Além de garantir tal transferência, conforme a interpretação que se adote para o art. 1º, tais categorias estariam beneficiadas por um direito de escolha que praticamente não reconheceria limites. Essa seria a interpretação da Advocacia-Geral. Em contraposição, a Procuradoria-Geral da República, sob a perspectiva de realização de direitos fundamentais contrapostos, pretende estabelecer regra restritiva a esse exercício de escolha.

No que toca ao tema da isonomia, recordo a síntese oferecida por Robert Alexy, em sua célebre teoria dos direitos fundamentais.

Na perspectiva de Alexy, a máxima segundo a qual se deve "tratar igualmente os iguais e desigualmente os desiguais" daria origem a duas normas: "Se não há nenhuma razão suficiente para a permissão de um tratamento desigual, então está ordenado um tratamento igual" (norma de tratamento igual) e "Se há uma razão suficiente para ordenar um tratamento desigual, então está ordenado um tratamento desigual" (norma de tratamento desigual)[3].

Ainda na perspectiva de Alexy, a observância do princípio da isonomia estaria vinculada ao oferecimento de *razões suficientes*, aptas a *autorizar* um tratamento desigual ou mesmo *exigi-lo*. A identificação de uma não identidade permitiria apenas a avaliação da medida em que as razões potencialmente justificadoras do tratamento diferenciado poderiam vir a ser consideradas suficientes ou normativamente relevantes para sustentar a compatibilidade de determinada não identidade com o princípio da isonomia.

Com isso, a aplicação do princípio da isonomia converte-se em um discurso prático acerca da eventual existência e suficiência de razões legitimadoras de não identidades em face do princípio da isonomia.

Não vejo, em princípio, como refutar a existência de uma posição diferenciada dos servidores públicos e dos militares, a justificar a disciplina específica.

De qualquer sorte, o fato é que a existência de razões para um tratamento diferenciado não leva necessariamente a regime de direito absoluto, em que aqueles agentes públicos e seus dependentes seriam detentores de um irrestrito poder de escolha.

Vejo aqui, portanto, a possibilidade de avaliar a existência ou não de razões suficientes para o tipo de discriminação que está implícita naquela interpretação defendida pela Advocacia-Geral.

Há, evidentemente, interesses e direitos constitucionais que potencialmente estão contrapostos a esse direito que se quer conferir aos beneficiados pela regra impugnada.

Esse é um típico caso em que se faz necessária uma avaliação de proporcionalidade, no sentido de se investigar se houve ou não um excesso legislativo.

O princípio da proporcionalidade, também denominado princípio do devido processo legal em sentido substantivo, ou ainda, princípio da proibição do excesso, constitui uma exigência positiva e material relacionada ao conteúdo de atos restritivos de direitos fundamentais, de modo a estabelecer um "limite do limite" ou uma "proibição de excesso" na restrição de tais direitos.

A máxima da proporcionalidade, na expressão de Alexy, coincide igualmente com o chamado núcleo essencial dos direitos fundamentais concebido de modo relativo – tal como o defende o próprio Alexy. Nesse sentido, o princípio ou máxima da proporcionalidade determina o limite último da possibilidade de restrição legítima de determinado direito fundamental.

A par dessa vinculação aos direitos fundamentais, o princípio da proporcionalidade alcança as denominadas colisões de bens, valores ou princípios constitucionais. Nesse contexto, as exigências do princípio da proporcionalidade representam um método geral para a solução de conflitos entre princípios, isto é, um conflito entre normas que, ao contrário do conflito entre regras, é resolvido não pela revogação ou redução teleológica de uma das normas conflitantes nem pela explicitação de distinto campo de aplicação entre as normas, mas antes e tão somente pela ponderação do peso relativo de cada uma das normas em tese aplicáveis e aptas a fundamentar decisões em sentidos opostos. Nessa última hipótese, aplica-se o princípio da proporcionalidade para estabelecer ponderações entre distintos bens constitucionais.

Em síntese, a aplicação do princípio da proporcionalidade se dá quando verificada restrição a determinado direito fundamental ou um conflito entre distintos princípios constitucionais de modo a exigir que se estabeleça o peso relativo de cada um dos direitos por meio da aplicação das máximas que integram o mencionado princípio da proporcionalidade. São três as máximas parciais do princípio da proporcionalidade: a adequação, a necessidade e a proporcionalidade em sentido estrito.

---

[3] ALEXY, Robert, *Teoría de los Derechos Fundamentales*, Madrid, Centro de Estudios Constitucionales, 1993, p. 408.

Administração pública e ordem federativa | 1939

Tal como já sustentei em estudo sobre a proporcionalidade na jurisprudência do Supremo Tribunal Federal[4], há de perquirir-se, na aplicação do princípio da proporcionalidade, se em face do conflito entre dois bens constitucionais contrapostos, o ato impugnado afigura-se adequado (isto é, apto para produzir o resultado desejado), necessário (isto é, insubstituível por outro meio menos gravoso e igualmente eficaz) e proporcional em sentido estrito (ou seja, se estabelece uma relação ponderada entre o grau de restrição de um princípio e o grau de realização do princípio contraposto).

Os interesses contrapostos, no caso em exame, são relativamente claros. O primeiro deles está baseado no próprio princípio da isonomia. De fato, em primeiro lugar, temos como potencialmente afetado o interesse de todos os demais cidadãos não beneficiados pela norma impugnada. Mais especificamente, temos os cidadãos que acabam por ser diretamente afetados pela norma, haja vista que dados da realidade evidenciam que sua aplicação potencialmente restringe o número de vagas nas universidades públicas federais.

Outro interesse potencialmente violado refere-se às próprias universidades. E aqui estamos diante de instituições que se inserem em uma moldura constitucional específica. Nesse ponto, penso que é necessário desenvolver algumas considerações sob a perspectiva das normas constitucionais relativas à educação e ao ensino universitário.

3. O princípio da autonomia universitária

Outro princípio constitucional envolvido é o da autonomia universitária. Conforme elucida Anita Lapa Borges de Sampaio em dissertação de mestrado por mim orientada e intitulada *"Autonomia Universitária: um modelo de interpretação do artigo 207 da Constituição Federal"*, essa garantia constitucional pode ser desmembrada em: a) didático-científica; b) administrativa; e c) financeira e patrimonial.

3.1. A autonomia didático-científica

Relativamente à autonomia didático-científica, o próprio texto constitucional determina, expressamente, a observância ao parâmetro da qualidade de ensino. Assim, caberia indagar: é possível conciliar o atendimento a metas mínimas de qualidade (as quais no Brasil, infelizmente, passam por um caso de sofrível negligência) e a transferência obrigatória independentemente do número de vagas suportado e do sistema de origem do transferido?

Creio não ser possível sustentar essa hipótese nos termos em que formulada. Apesar de se reconhecer a validade e a necessidade de tais transferências elas não podem ocorrer de maneira a comprometer o próprio gizamento qualitativo que o texto constitucional exige (CF, art. 206, VII).

3.2. A autonomia administrativa

Já no que concerne à autonomia administrativa, é inegável que as Universidades Públicas, enquanto entes da Administração Indireta, devem se submeter ao princípio constitucional da legalidade estrita (CF, art. 37, *caput*).

No que respeita às transferências no ensino superior, a Lei de Diretrizes e Bases da Educação (Lei n. 9.394/1996) assim dispõe:

> **Art. 49.** As instituições de educação superior aceitarão a transferência de alunos regulares, para cursos afins, na hipótese de existência de vagas e mediante processo seletivo.
>
> **Parágrafo único.** As transferências *ex officio* dar-se-ão na forma da lei.

---

[4] A Proporcionalidade na Jurisprudência do Supremo Tribunal Federal, in *Direitos Fundamentais e Controle de Constitucionalidade: Estudos de Direito Constitucional*, 2. ed., Celso Bastos Editor: IBDC, São Paulo, 1999, p. 72.

Estado de Direito e Jurisdição Constitucional – Decisões relevantes em 15 anos de atuação no STF

A norma ora impugnada, Lei n. 9.536/97, regulamentou essa matéria da seguinte forma:

Art. 1º A transferência *ex officio* a que se refere o parágrafo único do art. 49 da Lei n. 9.394/96, de 20 de dezembro de 1996, será efetivada, entre instituições vinculadas a qualquer sistema de ensino, em qualquer época do ano e independente de existência de vaga, quando se tratar de servidor público federal civil ou militar estudante, ou se dependente estudante, se requerida em razão de comprovada **remoção ou transferência de ofício**, que acarrete mudança de domicílio para o município onde se situe a instituição recebedora, ou para localidade mais próxima desta.

Verifica-se ao exame deste dispositivo legal que só cabe a transferência *ex officio* quando comprovada a transferência ou remoção de ofício do servidor, ou seja, por imperativos da Administração Pública.

A questão que se coloca é a seguinte: é possível assumir esse entendimento como requisito suficiente a justificar a transferência sem quaisquer limitações?

Creio que o caso reclame o resgate de algumas das reflexões expendidas em meu voto no julgamento dos Embargos Infringentes na Ação Direta de Inconstitucionalidade n. 1289-DF (*DJ* de 27/02/2004) em que este Supremo Tribunal apreciou a questão do quinto constitucional para a composição do TRT de São Paulo.

Para o exame dessa matéria, torna-se interessante retomar o pensamento de Gustavo Zagrebelsky sobre o *ethos* da Constituição na sociedade moderna. Em seu celebrado trabalho sobre o direito dúctil – il diritto mitte –, o jurista italiano preconiza:

"As sociedades pluralistas atuais – isto é, as sociedades marcadas pela presença de uma diversidade de grupos sociais com interesses, ideologias e projetos diferentes, mas sem que nenhum tenha força suficiente para fazer-se exclusivo ou dominante e, portanto, estabelecer a base material da soberania estatal no sentido do passado – isto é, as sociedades dotadas em seu conjunto de um certo grau de relativismo, conferem à Constituição não a tarefa de estabelecer diretamente um projeto predeterminado de vida em comum, senão a de realizar as condições de possibilidade da mesma"[5].

Adiante, observa Zagrebelsky:

*"No tempo presente, parece dominar a aspiração a algo que é conceitualmente impossível, porém altamente desejável na prática: a não prevalência de um só valor e de um só princípio, senão a salvaguarda de vários simultaneamente. O imperativo teórico da não contradição – válido para a **scientia juris** – não deveria obstaculizar a atividade própria da jurisprudentia de intentar realizar positivamente a 'concordância prática' das diversidades, e inclusive das contradições que, ainda que assim se apresentem na teoria, nem por isso deixam de ser desejáveis na prática. 'Positivamente': não, portanto mediante a simples amputação de potencialidades constitucionais, senão principalmente mediante prudentes soluções acumulativas, combinatórias, compensatórias, que conduzam os princípios constitucionais a um desenvolvimento conjunto e não a um declínio conjunto"[6].*

Por isso, o professor italiano conclui que o raciocínio a ser preponderantemente adotado em sede constitucional é o "pensamento do possível". Leio, ainda, o seguinte excerto desse notável trabalho:

*"Da revisão do conceito clássico de soberania (interna e externa), que é o preço a pagar pela integração do pluralismo em uma única unidade possível – uma unidade dúctil, como se afirmou – deriva também a exigência de abandonar a soberania de um único princípio político dominante do que pode extrair-se dedutivamente todas as execuções concretas sobre a base do princípio da exclusão do diferente, segundo a lógica do **aut-aut**, do "ou dentro ou fora". A coerência "simples" que se obteria deste modo não poderia ser a lei fundamental intrínseca do direito constitucional atual, que é, precipuamente, a lógica do **et-et** e que contém por isso múltiplas promessas para o futuro. Neste sentido, fala-se com acerto de um "modo de pensar do possível"*

---

[5] Zagrebelsky, *El Derecho Dúctil. Ley, derechos, justicia.* Trad. de Marina Gascón. 3. ed. Edt. Trotta S.A., Madrid, 1999. p. 13.

[6] Zagrebelsky, *El Derecho Dúctil*, cit., p. 16.

Administração pública e ordem federativa **1941**

(Möglichkeitsdenken), como algo particularmente adequado ao direito do nosso tempo. Esta atitude mental "possibilista" representa para o pensamento o que a "concordância prática" representa para a ação[7].

De fato, talvez seja Peter Häberle o mais expressivo defensor dessa forma de compreender o direito constitucional nos tempos hodiernos. Nesse contexto, o *"pensamento jurídico do possível"* configura-se em pressuposto, expressão, consequência e limite para uma interpretação constitucional aberta[8].

Nessa medida, e essa parece ser uma das importantes consequências da orientação assumida por Häberle, *"uma teoria constitucional das alternativas"* pode se converter numa *"teoria constitucional da tolerância"*[9]. Ademais, percebe-se que a *"alternativa enquanto pensamento possível afigura-se relevante, especialmente no evento interpretativo: na escolha do método, tal como verificado na controvérsia sobre a tópica enquanto força produtiva de interpretação"*[10].

A propósito, anota Häberle:

"O pensamento do possível é o pensamento em alternativas. Deve estar aberto para terceiras ou quartas possibilidades, assim como para compromissos. Pensamento do possível é pensamento indagativo (fragendes Denken). Na **res publica** *existe um* **ethos** *jurídico específico do pensamento em alternativa, que contempla a realidade e a necessidade, sem se deixar dominar por elas. O pensamento do possível ou o pensamento pluralista de alternativas abre suas perspectivas para "novas" realidades, para o fato de que a realidade de hoje poder corrigir a de ontem, especialmente a adaptação às necessidades do tempo de uma visão normativa, sem que se considere o novo como o melhor"*[11].

Destarte, observa Häberle, *"para o estado de liberdade da* **res publica** *afigura-se decisivo que a liberdade de alternativa seja reconhecida por aqueles que defendem determinadas alternativas".* Daí ensinar que *"não existem apenas alternativas em relação à realidade, existem também alternativas em relação a essas alternativas"*[12].

O *pensamento do possível* tem uma dupla relação com a realidade. A primeira é de caráter negativo: o pensamento do possível indaga sobre o também possível, sobre alternativas em relação à realidade, sobre aquilo que ainda não é real. De outro lado, esse *pensamento do possível* depende também da realidade no sentido de que possível é apenas aquilo que pode ser real no futuro (*Möglich ist nur was in Zukunft wirklich sein kann*). É a perspectiva da realidade (futura) que permite separar o impossível do possível[13].

No caso apreciado nesta ADI, portanto, a imposição legislativa impugnada descura a necessidade de atendimento aos diversos interesses e direitos conflitantes sem o sacrifício absoluto de quaisquer deles.

Conclusivamente, devo enfatizar, que não estamos diante de uma regra de tudo ou nada! É necessário harmonizar a disciplina jurídica das transferências obrigatórias com os limites orçamentários das Universidades Públicas brasileiras.

3.3. A autonomia financeira e patrimonial

A Constituição proíbe a realização de despesas, ou assunção de obrigações, que excedam os créditos orçamentários (CF art. 167, I). O ensino superior público, embora intitulado "gratuito", é custeado por créditos orçamentários da União.

---

7 Zagrebelsky, *El Derecho Dúctil*, cit., p. 17.

8 Häberle, P. Demokratische Verfassungstheorie im Lichte des Möglichkeitsdenken, in: *Die Verfassung des Pluralismus*, Königstein/TS, 1980, p. 9.

9 Häberle, *Die Verfassung des Pluralismus*, cit., p. 6.

10 Häberle, *Die Verfassung des Pluralismus*, cit., p. 7.

11 Häberle, *Die Verfassung des Pluralismus*, cit., p. 3.

12 Häberle, *Die Verfassung des Pluralismus*, cit., p. 6.

13 Häberle, *Die Verfassung des Pluralismus*, cit., p. 10.

Nestes termos, pergunto: Qual a origem dos recursos para cobrir as despesas decorrentes do ingresso irrestrito de mais e mais alunos em uma universidade pública? Quais os créditos cobrirão a despesa?

Não podemos olvidar que o orçamento das universidades públicas possui receita suficiente apenas para cobrir certo número de vagas. Os próprios memoriais e documentos acostados aos autos indicam que, em média, considerando apenas os pedidos efetuados no ano de 2004, o ingresso ilimitado de estudantes por transferência obrigatória comprometeria significativamente a oferta de vagas pelas Universidades.

Relativamente a determinados casos extremos, como por exemplo o dos Cursos de Direito e Medicina da Universidade de Brasília (UnB), as solicitações ultrapassam em muito a capacidade de oferta de vagas por mais de um semestre. A ponto de se ter cogitado o próprio cancelamento do processo seletivo vestibular.

Lembremo-nos dos princípios orçamentários e financeiros da Constituição que levaram o Supremo Tribunal Federal a incluir até mesmo os créditos de natureza alimentícia nos precatórios. Valho-me aqui das razões expendidas em meu voto proferido no julgamento da Intervenção Federal n. 2915 (*DJ* 28/11/2003):

> "Diante desse conflito de princípios constitucionais, considero adequada a análise da legitimidade da intervenção a partir de sua conformidade ao princípio constitucional da proporcionalidade.
>
> [...]
>
> Registre-se, por oportuno, que o princípio da proporcionalidade aplica-se a todas as espécies de atos dos poderes públicos, de modo que vincula o legislador, a administração e o judiciário, tal como lembra Canotilho (*Direito Constitucional e Teoria da Constituição*, Coimbra, Almedina, 2. ed., p. 264).
>
> Cumpre assinalar, ademais, que a aplicação do princípio da proporcionalidade em casos como o presente, em que há a pretensão de atuação da União no âmbito da autonomia de unidades federativas, é admitida no direito alemão. Nesse sentido, registram Bruno Schmidt-Bleibtreu e Franz Klein, em comentário ao art. 37 da Lei Fundamental, que "os meios da execução federal ("Bundeszwang") são estabelecidos pela Constituição, pelas leis federais e pelo princípio da proporcionalidade" ("Die Mittel des Bundeszwanges werden durch das Grundgesetz, die Bundesgesetze und das Prinzip der **Verhältnismäßigkeit** bestimmt", *Kommentar zum Grundgesetz*, 9. ed., Luchterhand, p. 765).
>
> O exame da proporcionalidade, no caso em apreço, exige algumas considerações sobre o contexto factual e normativo em que se insere a presente discussão."

Desse modo, não podem ser desconsideradas as limitações econômicas que subordinam a atuação das Universidades Públicas quanto ao atendimento incondicional dos pedidos de transferência *ex officio*.

Como sabemos, no Brasil, cada sistema de ensino é constituído por entes privados e públicos (artigos 16, 17, 18 da LBD). Assim, a interpretação que permite a transferência independente do sistema de origem pode acabar por promover, de forma indireta, o repasse de verbas públicas para o atendimento de interesses privados – uma atividade que, além de imoral, é ilegal e patentemente inconstitucional.

4. Conclusão

No entanto, como conformar a interpretação constitucional do preceito normativo impugnado sem comprometer a satisfação dos princípios e interesses relacionados à questão?

Creio ter pertinência, nesse específico, a regra inscrita no art. 99 da Lei n. 8.112/1990 (e, obviamente, não estou a propor qualquer interpretação da constituição conforme a lei):

> Art. 99. Ao servidor estudante que mudar de sede no interesse da Administração, é assegurada, na localidade da nova residência ou na mais próxima, matrícula em instituição **congênere**, em qualquer época, e independentemente de vaga.

Parágrafo único. – O disposto neste artigo estende-se ao cônjuge ou companheiro, aos filhos, ou enteados do servidor que vivam na sua companhia, bem como aos menores sob sua guarda, com autorização judicial.

Em um caso como este, o critério da congeneridade é estritamente proporcional ao caso porque tanto possibilita o ingresso no caso de transferências *ex officio*, como garante a integridade da autonomia universitária, além de preservar minimamente o interesse daqueles que não são servidores públicos civis e militares ou seus dependentes, ou seja, a grande maioria da população brasileira.

Conclui-se, pelo exposto, que a remoção de ofício é condição necessária, mas não pode ser simplesmente admitida como requisito suficiente para determinar, de modo irrestrito, a transferência.

Voto, portanto, no sentido de julgar parcialmente procedente a ação direta, emprestando ao dispositivo impugnado interpretação conforme de modo a autorizar a transferência obrigatória desde que a instituição de destino seja congênere à de origem.

RE 500.171[14]

Taxa de matrícula e gratuidade do serviço público – Ensino superior – Estabelecimento oficial – Cobrança de taxa de matrícula – Inconstitucionalidade.

Trata-se de recurso extraordinário interposto pela Universidade Federal de Goiás contra acórdão da 5ª Turma do Tribunal Regional Federal da 1ª Região que, com base no art. 206, IV, da Constituição Federal, entendeu ser inconstitucional a cobrança, mediante resolução, de uma *"taxa de matrícula"* de seus estudantes, cujos recursos seriam destinados a programa de assistência para *"alunos de baixa condição socioeconômica-cultural"*.

Neste RE, fundado no art. 102, III, **a**, da Constituição Federal, a recorrente alega violação ao art. 206, IV, da mesma Carta.

Sustentou, em apertada síntese, que a decisão recorrida baseou-se, unicamente, no inc. IV do art. 206 da Carta Magna, deixando de levar em conta os demais dispositivos constitucionais aplicáveis à espécie.

Alegou, ainda, que cabe à sociedade contribuir para que se concretize a gratuidade do ensino – restrita, segundo entende, ao ensino fundamental –, de modo a criar condições para a sua extensão aos demais níveis de ensino.

Consignou, por fim, que a exação contestada não consubstancia uma taxa em sentido estrito, configurando, na realidade, um preço público, razão pela qual não se sujeita às limitações constitucionais relativas aos tributos.

Não foram apresentadas contrarrazões (fl. 100), tendo o Ministério Público Federal opinado, em parecer de fls. 108-112, pelo desprovimento do recurso.

Em 15/2/2008, o Ministro Menezes Direito, no RE 567.801/MG, submeteu à Corte manifestação no sentido da existência de repercussão geral do tema constitucional debatido no processo, idêntico ao tratado no presente RE, a qual foi por ela acolhida.

Os Ministros do Supremo Tribunal Federal acordaram, em julgamento realizado no dia 13.08.2008, em Sessão Plenária, sob a Presidência do Senhor Ministro Gilmar Mendes por maioria e nos termos do voto do Relator, negar provimento ao recurso.

EMENTA: ADMINISTRATIVO. ENSINO SUPERIOR. ESTABELECIMENTO OFICIAL. COBRANÇA DE TAXA DE MATRÍCULA. INADMISSIBILIDADE. EXAÇÃO JULGADA INCONSTITUCIONAL. I – A cobrança de matrícula como requisito para que o estudante possa cursar universidade federal viola o art. 206, IV, da Constituição. II – Embora configure ato burocrático, a matrícula constitui formalidade essencial para que o aluno tenha acesso à educação superior. III – As disposições normativas que integram a Seção I, do Capítulo III, do Título VIII, da Carta Magna devem ser interpretadas à dos princípios explicitados no art. 205, que configuram o núcleo axiológico que norteia o sistema de ensino brasileiro.

VOTO

Nós já temos seis votos no sentido, portanto, do desprovimento dos recursos. Todavia, também tenho voto na matéria.

Confesso, inicialmente, ter ficado em grande dificuldade diante do texto Constitucional, tal como posto no voto do eminente Ministro Lewandowski e também enfatizados nos votos dos

---

[14] O Tribunal, por maioria e nos termos do voto do relator, Ministro Ricardo Lewandowski, negou provimento ao recurso, vencidos a Senhora Ministra Cármen Lúcia, os Senhores Ministros Eros Grau, Celso de Mello e o Presidente, Ministro Gilmar Mendes (*DJ* de 14.10.2008).

Ministros Carlos Alberto Direito e Carlos Britto matéria que foi objeto de polêmica já no próprio processo. Todavia, os Ministros Cármen Lúcia, Eros Grau e, agora, o Ministro Celso de Mello trouxeram importantes considerações para demonstrar que a exigência da gratuidade do ensino não se mostra incompatível com a cobrança, ou a imposição de determinadas exações – o nome aqui pouco importa – que subsidiem a universidade na ampliação, inclusive na universalização, tanto quanto possível, na generalização do ensino superior, conhecedores eles que são das dificuldades por que passam essas instituições diante a insuficiência de recursos.

Se tivéssemos que julgar o caso isoladamente, não estivéssemos aqui neste contexto já de um recurso extraordinário objetivado, talvez fizesse outras considerações para desprover o recurso, considerando aspectos ligados ao princípio da legalidade, a dificuldades outras quanto à implementação do modelo de cobrança de exação – o Ministro Ricardo Lewandowski demonstrou isso muito bem em seu voto, a dificuldade mesma de tipificar essas ações. Qual seria a natureza jurídica, como ela seria imposta, qual seria a disciplina? Isso cria um estado de perplexidade. Mas como nós, na verdade, já estamos a discutir o tema em tese, deixo de fazer esse tipo de consideração para entender também, com a minoria já formada, que há, sim, espaço constitucional para compatibilizar a ideia de gratuidade do ensino público com essas imposições que permitem às instituições universitárias subsidiar os mais carentes. Podíamos até eventualmente, se essa posição pudesse ou viesse a tornar-se majoritária, indicar as destinações eventuais desses recursos. Sabemos das dificuldades por que passam as instituições de ensino, por razões várias. O Ministro Cezar Peluso feriu esse tópico dizendo inclusive que não há segurança quanto a essa afirmação, por conta do sucesso arrecadatório existente atualmente. Mas o fato é que, no que concerne à distribuição dos recursos orçamentários, as universidades são extremamente carentes. E se nós que militamos na universidade pública levarmos em conta as condições hoje existentes, sabemos que a universidade pública é altamente excludente. Para tomar como exemplo, a minha faculdade de Direito da Universidade de Brasília recebe 50 alunos por semestre do curso de Direito; não mais do que 100 alunos por ano, portanto. Se considerarmos as vagas desse sistema seriado e as vagas do sistema vestibular, talvez no concurso universal vestibular haja um número de 30 ou 40 vagas – talvez não cheguemos a isso. Portanto, trata-se de um modelo altamente restritivo e excludente, que demanda, na verdade, uma rediscussão. É um pouco o que as universidades vêm tentando fazer com a busca de recursos. A própria universidade busca recursos através dos órgãos de pesquisas, cooperação, convênios e tudo o mais.

Parece-me que teremos que realmente discutir o ensino gratuito porque ele se torna fortemente excludente. Fundamentalmente é uma ironia do nosso modelo. Somente aqueles que eventualmente passaram por todas as escolas privadas é que lograrão, depois, acesso via vestibular e poderão, então, chegar à escola pública, essas dotadas de conceito de excelência.

De modo que estou colocando isso – sei que é posição vencida na assentada – apenas para que nós estabeleçamos esse diálogo importante para nossa reflexão, tendo em vista os múltiplos passos que temos que dar na construção do constitucionalismo brasileiro. É importante, sem dúvida. E se estivéssemos a discutir aqui não na posição minoritária, mas na majoritária, teríamos que estabelecer lindes, limites. Certamente permitir-se o estabelecimento de uma exação não significaria necessariamente permitir-se transformar a taxa de matrícula em mensalidade.

Sabemos das tensões hoje existentes nas universidades europeias, algumas delas inclusive submetidas a esse regime da gratuidade, e Portugal, com uma regra específica. Lembro-me de que há algum tempo visitava a Universidade de Coimbra e lá não pude realizar a palestra programada, uma vez que os estudantes haviam cerrado o portão da escola, estavam a fazer a chamada "greve das propinas" – assim chamada a contribuição que se cobra dos estudantes em Portugal. O texto em Portugal fala num alargamento progressivo de gratuidade de todos os graus de ensino. Canotilho, então, esgrime, aqui, com a maestria de sempre, a necessidade de uma concordância prática. Sabemos que essa tensão também existe em outras nações europeias.

É fundamental, então, que nós pensemos um pouco sobre esse assunto. Também confesso inicialmente a minha dificuldade de vencer essa expressão constante do artigo 206, IV. Mas subsidiado, estimulado com os argumentos aqui trazidos nos votos da Ministra Cármen Lúcia e dos Ministros Eros Grau e Celso de Mello, eu me animei a participar desse debate, colocando, porém, esta ressalva: fôssemos nós não vencidos, mas vencedores, certamente essa nossa sentença talvez merecesse algo de aditivo, porque há outros limites que precisariam ser observados. Mas eu também gostaria de participar do reconhecimento do belíssimo voto aqui proferido pelo Ministro Ricardo Lewandowski, que visitou toda a jurisprudência e a doutrina relevante sobre o tema de forma articulada e coordenada.

ADPF 101[1]

Importação de pneus usados – ADPF – Controle de decisões judiciais – Ofensa ao direito à saúde e ao meio ambiente equilibrado – Obrigação intergeracional.

A controvérsia submetida ao Supremo Tribunal referia-se à legitimidade e à constitucionalidade de importação de pneus usados de qualquer espécie (inservíveis ou reformáveis), para uso como matéria-prima ou como bem final de consumo no mercado nacional, em face de expressa vedação por determinados atos normativos federais, que consubstanciariam as garantias constitucionais do direito à saúde (art. 196) e do direito ao meio ambiente ecologicamente equilibrado (art. 225), indicados na petição inicial da ADPF como representativos do preceito fundamental violado.

Segundo o arguente, há controvérsia judicial sobre a aplicação do preceito fundamental indicado. A prova da lesão ao referido preceito se materializaria em inúmeras decisões judiciais que têm sido proferidas, sobretudo no âmbito da Justiça Federal comum, em contrariedade a Portarias do Departamento de Operações de Comércio Exterior (DECEX) e da Secretaria de Comércio Exterior (SECEX), a Resoluções do Conselho Nacional do Meio Ambiente (CONAMA), a Decretos Federais e à Convenção de Basileia (Decreto n. 875/1993), que concretizariam o direito à saúde (art. 196, CF/88) e o direito ao meio ambiente ecologicamente equilibrado (art. 225, CF/88).

Ao permitirem a importação de pneus usados de qualquer espécie, tais decisões contrariariam atos normativos federais do Poder Público e a Constituição e configurariam grande risco ao meio ambiente e à saúde pública.

Em relação ao meio ambiente, o arguente destaca que um enorme passivo ambiental é gerado pelo acúmulo de pneus usados de qualquer espécie no país, na medida em que não existe destinação ambientalmente adequada dos resíduos decorrentes do descarte dos pneumáticos, de difícil eliminação e conhecida toxicidade, com graves riscos ao meio ambiente.

Em relação à saúde pública, o arguente destaca que a importação de pneus usados de qualquer espécie está relacionada à formação de vetores de diversas doenças e que a inadequada eliminação desses bens no meio ambiente libera gases tóxicos e cancerígenos, de notória nocividade aos seres humanos.

Os principais argumentos para a não proibição de importação de pneus usados, trazidos pelos *amici curiae* que defendem tal posicionamento, referem-se, em síntese, ao seguinte: ofensa à liberdade de iniciativa e de livre comércio, ofensa à isonomia, ofensa ao princípio da legalidade, inexistência de dano ambiental e compatibilidade da atividade com a preservação ambiental e com a saúde pública (desenvolvimento sustentável).

Além disso, a petição inicial destaca a relevância da controvérsia em âmbito internacional, alçada sua discussão tanto no Tribunal Arbitral do Mercosul (que permitiu ao Uruguai exportar tais bens ao Brasil) quanto na Organização Mundial do Comércio (em que o Brasil não sofreu reprimenda exigida pela Comunidade Europeia, sob a condição de demonstrar, em um determinado tempo, a adoção de normas brasileiras uniformes e eficazes neste setor comercial).

A presente Arguição de Descumprimento de Preceito Fundamental pleiteia o reconhecimento de lesão ao preceito fundamental consubstanciado no direito à saúde e no direito ao meio

---

[1] O Tribunal, por maioria, julgou parcialmente procedente pedido formulado em arguição de descumprimento de preceito fundamental, ajuizada pelo Presidente da República, e declarou inconstitucionais, com efeitos *ex tunc*, as interpretações, incluídas as judicialmente acolhidas, que permitiram ou permitem a importação de pneus usados de qualquer espécie, aí insertos os remoldados. Ficaram ressalvados os provimentos judiciais transitados em julgado, com teor já executado e objeto completamente exaurido, vencido o Min. Marco Aurélio que julgava o pleito improcedente (*DJ* de 4.6.2012).

1948 Estado de Direito e Jurisdição Constitucional – Decisões relevantes em 15 anos de atuação no STF

ambiente ecologicamente equilibrado (arts. 196 e 225 da Constituição) com base em três grupos de pedidos:

1) declaração de inconstitucionalidade das decisões judiciais que autorizam a importação de pneus usados de qualquer espécie, inclusive daquelas já transitadas em julgado;

2) declaração de inconstitucionalidade da interpretação judicial utilizada para viabilizar a importação de pneus usados de qualquer espécie, com efeito *ex tunc*, a incidir inclusive sobre ações judiciais transitadas em julgado;

3) declaração de constitucionalidade e legalidade do art. 27 da Portaria DECEX n. 08, de 14/05/1991, do Decreto n. 875, de 19/07/1993, que ratificou a Convenção da Basileia, do art. 4° da Resolução n. 23, de 12/12/1996, do art. 1° da Resolução CONAMA n. 235, de 07/01/1998, do art. 1° da Portaria SECEX n. 08, de 25/09/2000, do art. 1° da Portaria SECEX n. 02, de 08 de março de 2002, do art. 47-A no Decreto n. 3.179, de 21/09/1999, e seu § 2°, incluído pelo Decreto n. 4.592, de 11/02/2003, do art. 39 da Portaria SECEX n. 17, de 01/12/2003 e do art. 40 da Portaria SECEX n. 14, de 17/11/2004, com efeito *ex tunc*.

Em 27.6.2008, realizou-se audiência pública nesta Corte, para permitir que se manifestassem a sociedade civil, as partes e os especialistas previamente indicados, nos termos do § 1° do art. 6° da Lei n. 9.882/99.

Na condição de Presidente desta Corte, prestei informações à relatora do presente processo, em 27.08.2008, acerca de diversos precedentes relacionados ao tema da legitimidade e constitucionalidade da importação de pneus usados de quaisquer espécies registrados no Supremo Tribunal Federal.

À época, ressaltei dois grandes grupos de precedentes. O primeiro se relacionava aos processos que tratavam do tema, mas que já teriam trânsito em julgado (RE n. 411.318/CE, AI n. 245.552/CE, RE n. 219.426/CE, RE n. 203.954/CE), inclusive no sentido de ser ilegítima a proibição da importação de bem de consumo usado prevista pela Portaria DECEX n. 08/1991. O segundo grupo se relacionava aos processos que tratavam do tema, mas que não teriam trânsito em julgado (ADPF 101, ADI n. 3.939-3/DF, ADI n. 3.801-0/RS, ADI n. 3.947-4/PR, RE n. 569.223/RJ, RE n. 194.666/PE, STA n. 214-0/PA, SS n. 697-9/PE, STA n. 118-6/RJ, STA n. 171-6/RJ).

Na forma da jurisprudência da Corte, que se apreende inclusive a partir dos precedentes acima evidenciados, vê-se que a importação de pneus usados de qualquer espécie, a despeito de estar expressamente materializada em diversos atos normativos federais, consubstancia questão constitucional relevante, por envolver a interpretação sistêmica do conteúdo normativo do direito à saúde (art. 196), do direito ao meio ambiente ecologicamente equilibrado (art. 225) e do direito à liberdade de iniciativa (art. 170).

O contexto da referida discussão evidencia a complexidade do sistema constitucional de proteção dos direitos fundamentais, que são, num só tempo, direitos subjetivos e elementos fundamentais da ordem constitucional objetiva.

Contrapõem-se no presente processo distintos direitos fundamentais. De um lado, a invocação de típicos direitos fundamentais de defesa, que asseguram a liberdade individual de livre-iniciativa e comércio (art. 170), para imposição de um dever de abstenção do Estado na esfera de liberdade individual do indivíduo, contendo disposições definidoras de uma competência negativa do Poder Público (*negative Kompetenzbestimmung*).

De outro lado, aponta-se uma dupla fundamentação. Em primeiro lugar, destacam-se direitos fundamentais, na condição de prestações positivas, para a execução de medidas que garantam a saúde pública (art. 196) e que exigem que o Estado aja, estabelecendo moldes para o futuro da sociedade e para a redução dos riscos de doenças e de outros agravos, mediante políticas sociais e econômicas. Nesse sentido, trata-se não de uma liberdade em face do Estado, mas de desfrutar essa liberdade mediante a atuação do Estado (*Freiheit durch...*).

Invoca-se, ainda, o direito ao meio ambiente ecologicamente equilibrado, para a consecução de uma sadia qualidade de vida, que se concretiza a partir de um dever de proteção incumbido tanto à coletividade, quanto ao Poder Público. O meio ambiente, na condição de um bem ou valor constitucionalmente relevante, é assegurado de forma expressa no artigo 225 da Constituição.

O julgado foi nestes termos ementado:

EMENTA: Arguição de descumprimento de preceito fundamental: adequação. Observância do princípio da subsidiariedade. Arts. 170, 196 e 225 da Constituição da República. Constitucionalidade de atos normativos proibitivos da importação de pneus usados. Reciclagem de pneus usados: ausência de eliminação total de seus efeitos nocivos à saúde e ao meio ambiente equilibrado. Afronta aos princípios constitucionais da saúde e do meio ambiente ecologicamente equilibrado. Coisa julgada com conteúdo executado ou exaurido: impossibilidade de alteração. Decisões judiciais com conteúdo indeterminado no tempo: proibição de novos efeitos a partir do julgamento. Arguição julgada parcialmente procedente. 1. Adequação da arguição pela correta indicação de preceitos fundamentais atingidos, a saber, o direito à saúde, direito ao meio ambiente ecologicamente equilibrado (arts. 196 e 225 da Constituição Brasileira) e a busca de desenvolvimento econômico sustentável: princípios constitucionais da livre iniciativa e da liberdade de comércio interpretados e aplicados em harmonia com o do desenvolvimento social saudável. Multiplicidade de ações judiciais, nos diversos graus de jurisdição, nas quais se têm interpretações e decisões divergentes sobre a matéria: situação de insegurança jurídica acrescida da ausência de outro meio processual hábil para solucionar a polêmica pendente: observância do princípio da subsidiariedade. Cabimento da presente ação. 2. Arguição de descumprimento dos preceitos fundamentais constitucionalmente estabelecidos: decisões judiciais nacionais permitindo a importação de pneus usados de Países que não compõem o Mercosul: objeto de contencioso na Organização Mundial do Comércio – OMC, a partir de 20.6.2005, pela Solicitação de Consulta da União Europeia ao Brasil. 3. Crescente aumento da frota de veículos no mundo a acarretar também aumento de pneus novos e, consequentemente, necessidade de sua substituição em decorrência do seu desgaste. Necessidade de destinação ecologicamente correta dos pneus usados para submissão dos procedimentos às normas constitucionais e legais vigentes. Ausência de eliminação total dos efeitos nocivos da destinação dos pneus usados, com malefícios ao meio ambiente: demonstração pelos dados. 4. Princípios constitucionais (art. 225) a) do desenvolvimento sustentável e b) da equidade e responsabilidade intergeracional. Meio ambiente ecologicamente equilibrado: preservação para a geração atual e para as gerações futuras. Desenvolvimento sustentável: crescimento econômico com garantia paralela e superiormente respeitada da saúde da população, cujos direitos devem ser observados em face das necessidades atuais e daquelas previsíveis e a serem prevenidas para garantia e respeito às gerações futuras. Atendimento ao princípio da precaução, acolhido constitucionalmente, harmonizado com os demais princípios da ordem social e econômica. 5. Direito à saúde: o depósito de pneus ao ar livre, inexorável com a falta de utilização dos pneus inservíveis, fomentado pela importação é fator de disseminação de doenças tropicais. Legitimidade e razoabilidade da atuação estatal preventiva, prudente e precavida, na adoção de políticas públicas que evitem causas do aumento de doenças graves ou contagiosas. Direito à saúde: bem não patrimonial, cuja tutela se impõe de forma inibitória, preventiva, impedindo-se atos de importação de pneus usados, idêntico procedimento adotado pelos Estados desenvolvidos, que deles se livram. 6. Recurso Extraordinário n. 202.313, Relator o Ministro Carlos Velloso, Plenário, DJ 19.12.1996, e Recurso Extraordinário n. 203.954, Relator o Ministro Ilmar Galvão, Plenário, DJ 7.2.1997: Portarias emitidas pelo Departamento de Comércio Exterior do Ministério do Desenvolvimento, Indústria e Comércio Exterior – Decex harmonizadas com o princípio da legalidade; fundamento direto no art. 237 da Constituição da República. 7. Autorização para importação de remoldados provenientes de Estados integrantes do Mercosul limitadas ao produto final, pneu, e não às carcaças: determinação do Tribunal ad hoc, à qual teve de se submeter o Brasil em decorrência dos acordos firmados pelo bloco econômico: ausência de tratamento discriminatório nas relações comerciais firmadas pelo Brasil. 8. Demonstração de que: a) os elementos que compõem o pneu, dando-lhe durabilidade, é responsável pela demora na sua decomposição quando descartado em aterros; b) a dificuldade de seu armazenamento impele a sua queima, o que libera substâncias tóxicas e cancerígenas no ar; c) quando compactados inteiros, os pneus tendem a voltar à sua forma original e retornam à superfície, ocupando espaços que são escassos e de grande valia, em especial nas grandes cidades;

1950 Estado de Direito e Jurisdição Constitucional – Decisões relevantes em 15 anos de atuação no STF

d) pneus inservíveis e descartados a céu aberto são criadouros de insetos e outros transmissores de doenças; e) o alto índice calorífico dos pneus, interessante para as indústrias cimenteiras, quando queimados a céu aberto se tornam focos de incêndio difíceis de extinguir, podendo durar dias, meses e até anos; f) o Brasil produz pneus usados em quantitativo suficiente para abastecer as fábricas de remoldagem de pneus, do que decorre não faltar matéria-prima a impedir a atividade econômica. Ponderação dos princípios constitucionais: demonstração de que a importação de pneus usados ou remoldados afronta os preceitos constitucionais de saúde e do meio ambiente ecologicamente equilibrado (arts. 170, inc. I e VI e seu parágrafo único, 196 e 225 da Constituição do Brasil). 9. Decisões judiciais com trânsito em julgado, cujo conteúdo já tenha sido executado e exaurido o seu objeto não são desfeitas: efeitos acabados. Efeitos cessados de decisões judiciais pretéritas, com indeterminação temporal quanto à autorização concedida para importação de pneus: proibição a partir deste julgamento por submissão ao que decidido nesta arguição. 10. Arguição de Descumprimento de Preceito Fundamental julgada parcialmente procedente.

VOTO

É inequívoca, pois, a relevância constitucional da controvérsia submetida a esta Corte, quanto à ofensa aos artigos 196 e 225 da Constituição, que, inevitavelmente, envolve também a consideração do artigo 170. Dessa forma, há implicação de preceitos fundamentais de enunciação expressa na Constituição, bem como uma repercussão jurídica evidente na sociedade quanto às distintas posições interpretativas adotadas em atos judiciais e atos normativos federais.

A questão transcende ao interesse das autoridades nacionais aduaneiras e ao do setor econômico responsável pela importação de pneus usados de qualquer espécie, afetando de forma difusa e irrestrita toda a sociedade, seja em relação à fruição de um meio ambiente ecologicamente equilibrado e de uma sadia qualidade de vida, seja em relação à definição de uma política externa comercial brasileira pautada em normas jurídicas eficazes.

Assim, evidencia-se a utilidade da solução da controvérsia por meio da presente arguição de descumprimento de preceito fundamental. Como ressaltei na discussão preliminar deste julgamento, a ADPF – conforme já foi observado certa feita pelo Ministro Pertence – é uma esfinge que pouco a pouco vai sendo desvelada, desvendada pelo Tribunal na sua construtiva jurisprudência.

Já firmamos o entendimento de que os direitos fundamentais rimam com a ideia de preceitos fundamentais e de que outros direitos fundamentais compõem a nossa ordem constitucional, sem necessariamente estarem topograficamente estabelecidos no art. 5º da Constituição.

Da constitucionalidade da proibição de importação de pneus usados de qualquer espécie

Passo a tratar, inicialmente, da questão relativa à constitucionalidade dos atos normativos que determinam a proibição de importação de pneus usados de qualquer espécie.

É certo que a referida controvérsia envolve a interpretação das determinações constitucionais relacionadas à preservação do meio ambiente, à saúde pública e à liberdade de iniciativa e de livre comércio. A simples leitura dos dispositivos constitucionais destacados já demonstra a necessidade de sua consideração. Eis o teor dos dispositivos constitucionais invocados, no que aqui interessa:

> Art. 225. Todos têm direito ao meio ambiente ecologicamente equilibrado, bem de uso comum do povo e essencial à sadia qualidade de vida, impondo-se ao Poder Público e à coletividade o dever de defendê-lo e preservá-lo para as presentes e futuras gerações.
>
> § 1º Para assegurar a efetividade desse direito, incumbe ao Poder Público:
>
> [...]

Administração pública e ordem federativa **1951**

V – controlar a produção, a comercialização e o emprego de técnicas, métodos e substâncias que comportem risco para a vida, a qualidade de vida e o meio ambiente; (Regulamento)

[...]

3º As condutas e atividades consideradas lesivas ao meio ambiente sujeitarão os infratores, pessoas físicas ou jurídicas, a sanções penais e administrativas, independentemente da obrigação de reparar os danos causados.

Art. 196. A saúde é direito de todos e dever do Estado, garantido mediante políticas sociais e econômicas que visem à redução do risco de doença e de outros agravos e ao acesso universal e igualitário às ações e serviços para sua promoção, proteção e recuperação.

Art. 170. A ordem econômica, fundada na valorização do trabalho humano e na livre-iniciativa, tem por fim assegurar a todos existência digna, conforme os ditames da justiça social, observados os seguintes princípios:

I – soberania nacional;

[...]

IV – livre concorrência;

[...]

VI – defesa do meio ambiente, inclusive mediante tratamento diferenciado conforme o impacto ambiental dos produtos e serviços e de seus processos de elaboração e prestação; (Redação dada pela Emenda Constitucional n. 42, de 19.12.2003)

[...]

Parágrafo único. É assegurado a todos o livre exercício de qualquer atividade econômica, independentemente de autorização de órgãos públicos, salvo nos casos previstos em lei.

O tema da garantia da preservação ambiental e da saúde pública é tratado pela Constituição com especial atenção. Como se pode perceber, no *caput* do art. 225 e nos incisos do seu parágrafo único, afirma-se o direito dos cidadãos ao meio ambiente ecologicamente equilibrado, como meio de fruição de uma sadia qualidade de vida, bem como se destaca o dever do Poder Público de efetivar meios objetivos para consecução de tal fim. Entre os variados meios, aponta-se o controle da produção, da comercialização e do emprego de métodos, técnicas e substâncias que comportem risco para a vida, para a qualidade de vida e para o meio ambiente.

Na inicial, alega-se que a comercialização de pneus usados de qualquer espécie envolve riscos para o meio ambiente e para a sadia qualidade de vida, na medida em que o grande volume importado desses bens para produção gera um passivo ambiental extremamente preocupante e não há método eficaz de eliminação completa dos resíduos apresentados pelos pneumáticos usados de qualquer espécie. Assim, diante do risco conhecido de nocividade dos resíduos desses bens, que não recebem adequado descarte no meio ambiente, o controle da produção, em termos de proibição de importação, seria medida conforme à determinação constitucional.

Ao mesmo tempo, o artigo 196 da Constituição trata a saúde como um direito de todos e um dever do Estado, garantido mediante políticas sociais e econômicas que visem à redução do risco de doença e de outros agravos. Nos termos da inicial, a proibição de importação de pneus usados de qualquer espécie se enquadraria como política socioeconômica voltada à redução de risco de doença e outros agravos, na medida em que o número excessivo de pneus consubstancia um aumento efetivo de vetores de doenças e sua eliminação inadequada no meio ambiente gera a liberação de diversas substâncias tóxicas e cancerígenas.

Sabe-se que o direito à saúde é considerado um direito fundamental na Constituição brasileira. Esse sentido também é apreendido, por exemplo, no Pacto Internacional sobre Direitos Econômicos, Sociais e Culturais, do qual o Brasil se tornou signatário e que entrou em vigor no ordenamento jurídico brasileiro em 24 de abril de 1992. Segundo o art. 12, 2(b), do referido Pacto, entre as medidas que os Estados-partes do Pacto deverão adotar, com o fim de assegurar o pleno exercício desse direito, incluem-se as que se façam necessárias para **assegurar a melhoria de todos os aspectos** de higiene do trabalho e **do meio ambiente**.

Nesses termos, apreende-se que a preservação do meio ambiente ecologicamente equilibrado constitui um cofator ou dimensão que potencializa a fruição do direito à saúde e a execução de políticas públicas sanitárias. A efetividade de um direito é dependente, em certa medida, da efetividade do outro direito.

Além disso, a interpretação do artigo 170 da Constituição evidencia que o direito fundamental à livre-iniciativa e ao livre comércio não é absoluto, mas deve guardar compatibilidade com a defesa do meio ambiente. Tal como outras Constituições brasileiras anteriores, a Constituição de 1988 consagra a técnica de estabelecimento de restrição a diferentes direitos individuais.

Em relação à garantia de liberdade de livre-iniciativa e livre comércio, o texto constitucional impõe, diretamente, na própria definição dos princípios da ordem econômica, um limite expresso de defesa do meio ambiente ao exercício daquela liberdade. Ressalte-se que a Emenda Constitucional n. 42/2003 buscou explicitar melhor a questão, ao dar nova redação ao inciso VI do artigo 170, que passou a ter o seguinte teor: *"defesa do meio ambiente, inclusive, mediante tratamento diferenciado conforme o impacto ambiental dos produtos e serviços e de seus processos de elaboração e prestação."*

Também o parágrafo único do artigo 170 da Constituição aponta para a possibilidade de restrições legais ao livre exercício de qualquer atividade econômica. Consideram-se restrições legais aquelas limitações que o legislador impõe a determinados direitos individuais, respaldado em expressa autorização constitucional. Os diversos sistemas constitucionais preveem diferentes modalidades de limitação ou restrição dos direitos individuais, levando em conta a experiência histórica e tendo em vista considerações de índole sociológica ou cultural.

Tem relevância, na espécie, a dimensão objetiva dos direitos fundamentais à saúde e ao meio ambiente ecologicamente equilibrado, bem como a explicitação de um limite constitucionalmente expresso ao exercício do direito individual assegurado de livre-iniciativa e livre comércio.

Segundo o aspecto objetivo dos direitos fundamentais, o Estado está obrigado a criar os pressupostos fáticos necessários ao exercício efetivo de determinados direitos.

A concepção que identifica os direitos fundamentais como princípios objetivos legitima a ideia de que o Estado se obriga não apenas a observar os direitos de qualquer indivíduo em face das investidas do Poder Público (direito fundamental enquanto direito de proteção ou de defesa – *Abwehrrecht*), mas também a garantir os direitos fundamentais contra agressão propiciada por terceiros (*Schutzpflicht des Staats*).

A forma como esse dever será satisfeito constitui tarefa dos órgãos estatais, que dispõem de ampla liberdade de conformação, dentro dos limites constitucionais.

A jurisprudência da Corte Constitucional alemã acabou por consolidar entendimento no sentido de que do significado objetivo dos direitos fundamentais resulta o dever do Estado não apenas de se abster de intervir no âmbito de proteção desses direitos, mas também de proteger esses direitos contra agressão ensejada por atos de terceiros.

Tal interpretação do *Bundesverfassungsgericht* empresta uma nova dimensão aos direitos fundamentais, fazendo com que o Estado evolua da posição de adversário (*Gegner*) para uma função de guardião desses direitos (*Grundrechtsfreund oder Grundrechtsgarant*).

É fácil ver que a ideia de um dever genérico de proteção alicerçado nos direitos fundamentais relativiza sobremaneira a separação entre a ordem constitucional e a ordem legal, permitindo que se reconheça uma irradiação dos efeitos desses direitos (*Austrahlungswirkung*) sobre toda a ordem jurídica.

Assim, ainda que não reconheça, em todos os casos, uma pretensão subjetiva contra o Estado, tem-se, inequivocamente, a identificação de um dever deste de tomar todas as providências necessárias para a realização ou concretização dos direitos fundamentais.

Como tenho analisado em estudos doutrinários, os direitos fundamentais não contêm apenas uma proibição de intervenção (*Eingriffsverbote*), expressando também um postulado de proteção (*Schutzgebote*). Haveria, assim, para utilizar uma expressão de Canaris, não apenas uma proibição de excesso (*Übermassverbot*), mas também uma proibição de proteção insuficiente (*Untermassverbot*)(Claus-Wilhelm Canaris, *Grundrechtswirkungen um Verhältnismässigkeitsprinzip in der richterlichen Anwendung und Fortbildung des Privatsrechts*, JuS, 1989, p. 161).

Nessa dimensão objetiva, também assume relevo a perspectiva dos direitos à organização e ao procedimento (*Recht auf Organization und auf Verfahren*), que são aqueles direitos fundamentais que dependem, na sua realização, de providências estatais com vistas à criação e à conformação de órgãos e procedimentos indispensáveis à sua efetivação.

Nos termos da doutrina, e com base na jurisprudência da Corte Constitucional alemã, pode-se estabelecer a seguinte classificação do dever de proteção:

a) Dever de proibição (*Verbotspflicht*), consistente no dever de se proibir determinada conduta;

b) Dever de segurança (*Sicherheitspflicht*), que impõe ao Estado o dever de proteger o indivíduo contra ataques de terceiros mediante a adoção de medidas diversas;

c) **Dever de evitar riscos (*Risikopflicht*)**, que autoriza o Estado a atuar com objetivo de evitar riscos para o cidadão em geral mediante a adoção de medidas de proteção ou de prevenção especialmente em relação ao desenvolvimento técnico ou tecnológico.

Nesse sentido de consideração conjunta de deveres de proibição, de segurança jurídica e de se evitar riscos é que deve ser analisada a presente controvérsia, em relação ao dever de proteção da saúde e do meio ambiente ecologicamente equilibrado.

Subjacente a esses deveres constitucionais expressos está a ideia de um Estado ambientalmente sustentado. Segundo J. J. Gomes Canotilho, a ideia do Estado Democrático de Direito está fundada num conjunto de dimensões ou qualidades (Estado de Direito, Estado Constitucional, Estado Democrático, Estado Social), dentre as quais se destaca a de um **Estado Ambiental**.

Na Alemanha, por exemplo, evidencia-se a concepção de um Estado de direito do ambiente (*Umweltrechtstaat*), para ressaltar a responsabilidade das *"exigências de os Estados e as comunidades políticas conformarem as suas políticas e estruturas organizatórias de forma ecologicamente auto-sustentada"* e o *"dever de adopção de comportamentos públicos e privados amigos do ambiente de forma a dar expressão concreta à assumpção da responsabilidade dos poderes públicos perante as gerações futuras."* (CANOTILHO, J. J. Gomes. *Estado de direito*. Lisboa-Portugal: Gradiva, 1999, Cadernos Democráticos, v. 7, p. 44).

Nesse sentido, Canotilho assevera a configuração contemporânea de um *Estado Constitucional Ecológico e de Democracia Sustentada*, que explicita horizontes de releitura e competição de perspectivas individualistas, publicistas, associativas e globalistas de consideração do meio ambiente de forma concorrente e aponta para uma percepção integrativa do ambiente e para um agir integrativo da administração (CANOTILHO, José Joaquim Gomes. Estado Constitucional Ecológico e Democracia Sustentada. In: GRAU, Eros Roberto; CUNHA, Sérgio Sérvulo da (Orgs.). *Estudos de Direito Constitucional: em homenagem a José Afonso da Silva*. São Paulo: Malheiros Editores, 2003, p. 102).

A Constituição da República Portuguesa, por exemplo, dispõe em seu artigo 66 sobre o meio ambiente, de forma semelhante ao artigo 225 da Constituição Brasileira, ao impor tarefas à coletividade e ao Poder Público para a efetividade daquele direito, inclusive para prevenir e controlar a poluição e os seus efeitos. Ao analisar o referido artigo, Canotilho afirma que "*a defesa do ambiente pode justificar restrições a outros direitos constitucionalmente protegidos. Assim, por exemplo, a liberdade de livre-iniciativa econômica (art. 61) tem no direito ao ambiente um factor de numerosas restrições (localização de estabelecimentos, proibição ou limitação de efluentes e gases, requisitos quanto à composição de produtos, limitações ao uso da terra, etc.).*" (CANOTILHO, J. J. Gomes; MOREIRA, Vital. *Constituição da República Portuguesa anotada.* São Paulo: Revista dos Tribunais; Coimbra, PT: Coimbra Editora, 2007, p. 846).

O artigo 225 da Constituição, ao impor à coletividade e ao Poder Público o dever de defender e preservar o meio ambiente para as presentes e futuras gerações, apresenta um dever geral de prevenção dos riscos ambientais, na condição de uma ordem normativa objetiva de antecipação de futuros danos ambientais, que são apreendidos juridicamente pelos princípios da prevenção (riscos concretos) e da precaução (riscos abstratos).

Também o artigo 196 da Constituição, ao impor expressa determinação de execução de políticas socioeconômicas que visem à redução do risco de doença e de outros agravos, aponta para um dever geral de garantia da saúde.

Esse dever geral de prevenção ainda evidencia, conforme a doutrina de Rafaelle De Giorgi (GIORGI, Raffaele de. *Direito, Democracia e Risco vínculos com o futuro.* Porto Alegre: Sergio Antonio Fabris Editor, 1998, p. 191-192), uma característica marcante da sociedade moderna, relacionada à sua paradoxal capacidade tanto de controlar quanto de produzir indeterminações. Mas como antes mencionado, a forma como esse dever será satisfeito constitui tarefa dos órgãos estatais, que dispõem de ampla liberdade de conformação, dentro dos limites constitucionais.

As referidas **determinações constitucionais de evitar riscos (*Risikopflicht*)** são explicitadas no texto da Constituição (art. 196 e art. 225), o que autoriza **o Estado a atuar com objetivo de evitar riscos para o cidadão** em geral, mediante a adoção de medidas de proteção ou de prevenção da saúde e do meio ambiente, especialmente em relação ao desenvolvimento técnico ou tecnológico, que resulta também da utilização de pneus usados de qualquer espécie.

Trago à tona as lições de Hans Jonas para afirmar que o Estado deve atuar, nessa dimensão de proteção, segundo **o princípio-responsabilidade**.

As novas tecnologias ensejaram uma mudança radical na capacidade do homem de transformar seu próprio mundo e, nessa perspectiva, por em risco sua própria existência. E o homem tornou-se objeto da própria técnica. Como assevera Hans Jonas, "*o homo faber aplica sua arte sobre si mesmo e se habilita a refabricar inventivamente o inventor e confeccionador de todo o resto*" (JONAS, Hans. O princípio-responsabilidade. *Ensaio de uma ética para a civilização tecnológica.* Trad. Marijane Lisboa, Luis Barros Montez. Rio de Janeiro: Contraponto, 2006, p. 57).

O *homo faber* ergue-se diante do *homo sapiens*. "*O princípio responsabilidade – ensina Hans Jonas – contrapõe a tarefa mais modesta que obriga ao temor e ao respeito: conservar incólume para o homem, na persistente dubiedade de sua liberdade que nenhuma mudança das circunstâncias poderá suprimir, seu mundo e sua essência contra os abusos de seu poder*" (JONAS, op. cit., p. 23).

É indubitável que existe consenso a respeito da necessidade de que os avanços tecnológicos e científicos, em que se incluem a utilização de pneus e o seu posterior descarte, sejam regulados pelo Estado com base no princípio-responsabilidade, traduzido explicitamente pela Constituição nas noções de redução de riscos ambientais e sanitários.

Não se trata de criar obstáculos aos avanços do desenvolvimento econômico, cujos benefícios para a humanidade são patentes. Os depoimentos de renomados debatedores na audiência pública realizada nesta ADPF n. 101 nos apresentam um futuro que se preocupa, de forma efetiva, com a concretização de um meio ambiente ecologicamente equilibrado e de uma sadia qualidade de vida, atrelada a um desenvolvimento econômico sustentável.

A história nos ensinou que é toda a humanidade que sai perdendo diante de tentativas, sempre frustradas, de barrar o progresso científico e tecnológico. Nas felizes palavras de Hans Jonas: "*O que vale a pena reter no caso da ciência e da técnica, em especial depois da sua simbiose, é que se há uma história de êxito, essa é a história de ambas; um êxito contínuo, condicionado por uma lógica interna, e, portanto, prometendo seguir assim no futuro. Não creio que se possa dizer o mesmo de nenhum outro esforço humano que se alongue pelo tempo*" (JONAS, op. cit., p. 271-272).

À utopia do progresso científico, não obstante, deve-se contrapor o princípio-responsabilidade, não como obstáculo ou retrocesso, mas como exigência de uma nova ética para o agir humano, uma ética de responsabilidade proporcional à amplitude do poder do homem e de sua técnica. Essa ética de responsabilidade implica, assim, uma espécie de humildade, não no sentido de pequenez, mas em decorrência da excessiva grandeza do poder do homem. Como bem assevera Hans Jonas, "*em vista do potencial quase escatológico dos nossos processos técnicos, o próprio desconhecimento das consequências últimas é motivo para uma contenção responsável*" (JONAS, op. cit., p. 63-64).

Ao princípio-esperança (*Prinzip Hoffnung*, de Ernst Bloch – BLOCH, Ernst. O princípio esperança. Trad. Nélio Schneider. Rio de Janeiro: Contraponto, 2005), portanto, contrapõe-se o princípio-responsabilidade (*Prinzip Verantwortung*, de Hans Jonas – JONAS, op. cit.).

Como tenho afirmado em outras ocasiões, com base nas lições do Professor Peter Häberle, a Constituição de 1988, ao incorporar tanto o "princípio-responsabilidade" (Hans Jonas) como o "princípio-esperança" (Ernst Bloch), permite que nossa evolução constitucional ocorra entre a *ratio* e a *emotio* (HÄBERLE, Peter. *El Estado Constitucional*. Trad. Héctor Fix-Fierro. México D.F: Universidad Autónoma de México, 2001, p. 7).

Essa ideia do princípio-responsabilidade, por vezes, pode ser compreendida nos termos do princípio do desenvolvimento sustentável, reafirmado no julgamento da ADI 3.540-MC (rel. Celso de Mello, *DJ* 3.2.2006), em que se asseverou que a preservação do meio ambiente encontra um regime de proteção especial na Constituição, decorrente da própria relevância do bem jurídico protegido, consagrado no direito ao meio ambiente ecologicamente equilibrado e que deve ser harmonizado com os princípios da ordem econômica.

Assim, atos normativos estatais que exijam a destinação ambientalmente adequada no descarte de determinado número de pneus usados, como condição à importação de pneus novos, a exemplo da Resolução CONAMA n. 258/99, estão em conformidade com a Política Nacional de Meio Ambiente (Lei n. 6.938/81) e estão inseridos no âmbito normativo dos arts. 170, VI, art. 196 e art. 225 da Constituição.

Em sentido semelhante, o Conselho Nacional do Meio Ambiente – CONAMA (Resoluções n. 267/2000 e n. 364/2003), por exemplo, vem gradativamente regulando a comercialização da substância clorofluorcarbono (CFC) – gás usado no sistema de refrigeração de geladeiras e freezers antigos – e da substância herbicida brometo de metila, duas das principais substâncias que destroem a camada de ozônio, em cumprimento aos deveres do Brasil no Protocolo de Montreal (1987) e em conformidade com a Política Nacional de Meio Ambiente (Lei n. 6.938/81).

Ao mesmo tempo, o inciso V do § 1º do artigo 225 da Constituição determina, de forma expressa, a possibilidade de o Poder Público controlar a produção, a comercialização e o emprego de técnicas, métodos e substâncias nocivas à vida, à saúde (qualidade de vida) e ao meio ambiente. A noção de controle de produção e de comercialização é integrada pela possibilidade ou não de importação de um determinado bem, como os pneus usados de qualquer espécie.

No julgamento da Ação Direta de Inconstitucionalidade n. 2.656/SP (rel. Maurício Corrêa, *DJ*, 01.08.2003), por exemplo, ainda que a discussão se referisse a vício de iniciativa legislativa, fixou-se o entendimento no sentido de que a questão do uso do amianto, que evidencia nítida controvérsia de interesse nacional (a exemplo da presente questão), tinha legítima e cogente possibilidade de regulamentação geral federal, por se tratar de tema de proteção e defesa da saúde pública e meio ambiente. Nesse sentido, a legislação federal existente restringia a extração, a industrialização, a utilização, a comercialização e o transporte de determinadas espécies de amianto.

Além disso, o Plenário do Supremo Tribunal Federal, ao julgar a STA 118-AgR (Rel. Ellen Gracie, *DJe* 29.02.2008), negou provimento a agravo regimental da empresa recorrente, que buscava obter licenças de importação de carcaças de pneumáticos usados (matéria-prima utilizada em processo de industrialização de pneus reformados). Fixou-se o entendimento, naquele caso, de que o debate ali travado transcendia os interesses econômicos do setor, adquirindo dimensão maior em face do problema global de gestão de tratamento dos pneumáticos usados (resíduos sólidos), ressaltando-se, no ponto, que o exercício da atividade empresarial deve ser compatível com os demais princípios constitucionais, diante do manifesto interesse público à saúde e ao meio ambiente ecologicamente equilibrado. Semelhante entendimento foi perfilhado no julgamento da STA 171-AgR (rel. Ellen Gracie, *DJe* 29.2.2008).

O grau de nocividade, a falta de método atualmente eficiente de controle da eliminação das substâncias nocivas à saúde e ao meio ambiente (constatação de descumprimento reiterado da Resolução CONAMA n. 258/99), a proliferação potencial de vetores de doenças e outros agravos e o aumento do passivo ambiental de material inservível de difícil decomposição são elementos que constituem a formação do convencimento jurídico acerca do conhecimento científico existente sobre a potencialidade dos danos ambientais decorrentes do descarte irregular dos pneus usados.

Segundo estudo realizado no âmbito do Banco Nacional de Desenvolvimento Econômico e Social (BNDES), que *"os pneus são resíduos de difícil eliminação. Não são biodegradáveis e seu volume torna o transporte e o armazenamento complicados. Apesar de não serem considerados perigosos, sua queima libera substâncias tóxicas e cancerígenas, como dioxinas e furanos. Quando jogados em rios e arroios e até nas cidades, os pneus obstruem a passagem da água e podem causar alagamentos e transtornos à população. Além disso, servem de criatório para mosquitos transmissores de doenças tropicais. As milhares de carcaças abandonadas no Brasil são uma das principais causas da proliferação da dengue"* (GOLDENSTEIN, Marcelo et. al. Panorama da Indústria de Pneus no Brasil, BNDES Setorial, Rio de Janeiro, n. 25, 2007, p. 107-130).

Numa análise macroestrutural, a dificuldade de destinação ambientalmente adequada dos pneus usados de qualquer espécie tem incentivado os países desenvolvidos a exportá-los para países em desenvolvimento, por preços de venda muito baixos em relação aos custos de descarte adequado nos seus territórios. De acordo com a Secretaria de Comércio Exterior (SECEX), o preço médio praticado nas operações de importação de pneus usados foi de US$ 0,76 por unidade em 2004, US$ 1,04 em 2005, US$ 1,68 em 2006 (GOLDENSTEIN, Marcelo *et al.*, *op. cit.*, p. 121). Isso fez acirrar no Brasil uma competição entre o mercado de produtores de pneus novos e o de produtores de pneus reformados.

Nesse sentido, também se podem apreender os interesses comerciais contidos na controvérsia ocorrida no âmbito da Organização Mundial do Comércio (OMC), em que a Comunidade Europeia exigia a reprimenda e eventual liberação do mercado brasileiro para a destinação de um grande número de pneus usados de qualquer espécie, tendo em vista que esta opção comercial era autorizada somente ao Uruguai (por decisão arbitral no âmbito do Mercosul), quase como uma barreira não tarifária.

Entretanto, o que se revela aí é a possibilidade de o Brasil vir a ser compelido, contra seu interesse público nacional na esfera comercial mundial (art. 170, I, CF/88), a receber um grande passivo ambiental de pneus usados de qualquer espécie, a que certamente terá que providenciar destinação ambientalmente adequada em curto espaço de tempo, método este que hoje se revela de difícil implantação, conforme afirmações do Instituto Brasileiro do Meio Ambiente e dos Recursos Naturais Renováveis (IBAMA) e do Ministério Público Federal.

Ressalte-se, ainda, a enorme controvérsia judicial existente em relação à proporção numérica de recolhimento e destinação ambientalmente adequada de pneus inservíveis em razão da importação de pneumáticos, prevista na Resolução CONAMA n. 258/99, instaurada por fabricantes multinacionais. Tramita na Justiça Federal do Distrito Federal, desde 2005, uma ação ajuizada por fabricantes multinacionais (ação n. 2005.34.00.0022604-1 – JF/DF), com liminar vigente, que desautoriza as referidas empresas fabricantes de pneumáticos novos ao cumprimento das metas estipuladas e compromete de forma concreta o meio ambiente e a saúde pública.

Dessa forma, constata-se que a possibilidade de importação aumentará, de forma concreta, o número de pneus usados de qualquer espécie no país. Por outro lado, há sérias dúvidas quanto à capacidade do Poder Público e das empresas do ramo de pneus usados de qualquer espécie em conferir destinação ambientalmente adequada àqueles, em curto, médio e longo prazos.

Os atos normativos federais aqui discutidos não proíbem, contudo, a comercialização dos pneus usados de qualquer espécie, oriundos do mercado nacional. A principal alegação econômica dos interessados no processo de importação seria a baixa qualidade dos pneus usados de origem nacional em relação aos pneus usados importados.

Contudo, apreende-se que, em tese, não se inviabiliza a atividade comercial das empresas de reforma de pneus usados, mas restringe-se sua liberdade de livre-iniciativa de importação ilimitada daqueles bens, em razão da proteção e da defesa da saúde, do meio ambiente e, em última instância, da soberania nacional junto à OMC. Nesse sentido, inclusive, é o entendimento manifestado pela Procuradoria-Geral da República.

De qualquer forma, entendo que a edição das Resoluções do CONAMA tem respaldo legal e constitucional. O artigo 225, *caput*, parágrafo primeiro e inciso V, da Constituição, densifica um dever geral de proteção, fundado em possíveis deveres de proibição (*Verbotspflicht*), de segurança jurídica (*Sicherheitspflicht*) e de evitar riscos (*Risikopflicht*).

A Lei n. 6.938/81 prevê como princípio da Política Nacional do Meio Ambiente a ação governamental na manutenção do equilíbrio ecológico, considerando o meio ambiente como um patrimônio público a ser necessariamente assegurado e protegido, tendo em vista o uso coletivo (art. 2º, I). Prevê-se, ainda, como objetivo daquela política, a busca da compatibilização do desenvolvimento econômico-social com a preservação da qualidade do meio ambiente e do equilíbrio ecológico (art. 4º, I).

Ao CONAMA competem funções de ordem consultiva e deliberativa, como órgão integrante do Sistema Nacional do Meio Ambiente (SISNAMA). Em sua função deliberativa, cumpre-lhe dispor, no âmbito de sua competência, sobre normas e padrões compatíveis com o meio ambiente ecologicamente equilibrado e essencial à sadia qualidade de vida (art. 6º, II). Compete-lhe, ainda, estabelecer, mediante proposta do IBAMA, normas e critérios para o licenciamento de atividades efetiva ou potencialmente poluidoras (art. 8º, I); estabelecer normas, critérios e padrões relativos ao controle e à manutenção da qualidade do meio ambiente com vistas ao uso racional dos recursos ambientais, principalmente os hídricos (art. 8º, VII).

Dessa forma, a Lei n. 6.938/81 autoriza a competência deliberativa e regulamentar de edição das Resoluções do CONAMA em discussão, para fixação de normas e critérios relativos ao licenciamento, ao controle de atividades econômicas e à manutenção da qualidade do meio ambiente.

Ao mesmo tempo, a Convenção de Basileia sobre o Controle de Movimentos Transfronteiriços de Resíduos Perigosos e seu Depósito foi internalizada no ordenamento jurídico brasileiro pelo Decreto Presidencial n. 875, de 19 de julho de 1993, anteriormente aprovado pelo Decreto Legislativo n. 34, de 16 de junho de 1992.

O Decreto n. 875/93 refere-se ao controle de resíduos perigosos e outros resíduos, conforme se apreende do preâmbulo e dos dispositivos da Convenção como um todo. A Resolução CONAMA n. 23/96 regulamentou o referido Decreto e, em seu artigo 4º, dispõe sobre a classificação dos pneumáticos usados como Resíduos Inertes (Classe III) e sobre a sua restrição à importação, a despeito de não ser classificado como resíduo perigoso. A Resolução CONAMA n. 235/98, ao alterar a Resolução n. 23/96, manteve a classificação e a proibição contidas no art. 4º, em relação aos pneumáticos usados.

Entretanto, a própria Convenção evidencia em seus diversos dispositivos que ela se aplica tanto a resíduos Perigosos **como a outros resíduos**. Assim, entende-se que a restrição imposta na Resolução CONAMA n. 23/1996 (art. 4º) está em consonância com a referida Convenção, inclusive quanto à possibilidade de se exercer o direito de proibição de importação de resíduos perigosos e outros resíduos (art. 4, 1, (a) e preâmbulo).

É interessante notar que o preâmbulo da Convenção de Basileia apresenta, expressamente, as premissas sobre as quais as resoluções do CONAMA se materializam, seja em relação à necessidade de redução máxima de resíduos perigosos e outros resíduos no território nacional, seja em relação ao direito soberano dos países de proibição de importação de resíduos perigosos ou outros resíduos, ou, ainda, em relação à possibilidade de importação condicionada à comprovação prévia de possibilidade de destinação ambientalmente adequada de resíduos.

Também nesse sentido, entendo que as denominadas Portarias SECEX e DECEX, a despeito de eventual inconsistência de nomenclatura destes atos normativos federais, regulamentam a Convenção de Basileia no âmbito do Ministério do Desenvolvimento, Indústria e Comércio Exterior e estão em conformidade com os preceitos constitucionais invocados na ADPF n. 101, para restringir a importação de pneus usados de qualquer espécie.

O artigo 27 da Portaria DECEX n. 8/91 determinava a proibição de importação de bens de consumo usados. A Portaria SECEX n. 08, de 25/09/2000, determinava a proibição de licença para importação de pneumáticos recauchutados e usados, seja como bem de consumo, seja como matéria-prima, classificados na posição 4012 da NCM.

A Portaria SECEX n. 2, de 08 de março de 2002 (art. 1º) ajustou o ordenamento jurídico ao resultado da decisão do Tribunal Arbitral *Ad Hoc* na controvérsia entre a República Oriental do Uruguai e a República Federativa do Brasil sobre a proibição de importação de pneumáticos remoldados procedentes do Uruguai, proferida em conformidade com o Protocolo de Brasília para a Solução de Controvérsias no Mercosul, a fim de permitir importações oriundas daquele país.

A Portaria SECEX n. 08/2000 foi revogada pela Portaria SECEX 17, de 01/12/2003 (Art. 39), mantendo a proibição, à exceção dos pneumáticos remoldados, classificados nas NCM 4012.11.00, 4012.12.00, 4012.13.00 e 4012.19.00, originários e procedentes dos Estados-partes do Mercosul, ao amparo do Acordo de Complementação Econômica n. 18. A Portaria SECEX n. 14, de 17/11/2004 (art. 40) manteve a proibição, *ipsis litteris*, contida na Portaria SECEX n. 17/2003.

De forma geral, as referidas Portarias dispuseram sobre a proibição de licença para importação de pneus usados de qualquer espécie, em conformidade com a Convenção de Basileia, com a Lei de Política Nacional do Meio Ambiente e com a Constituição Federal.

Por fim, o Decreto n. 3.179, de 21/09/1999 (art. 47-A) acresceu à lei de crimes ambientais (Lei n. 9.605/98) a penalidade de multa à importação de pneu usado ou reformado. O Decreto n. 4.592, de 11/02/2003, acresceu um parágrafo ao Decreto n. 3.179/99 apenas para ajustá-los à decisão arbitral no âmbito do Mercosul. Os referidos decretos são constitucionais, pois, ao regulamentarem a lei de crimes ambientais (Lei n. 9.605/98), apenas implementaram sanção para o cumprimento da proibição de importação de pneus usados de qualquer espécie, ressalvados os oriundos do Uruguai.

Portanto, constata-se a constitucionalidade do conjunto de atos normativos federais que regulamentaram a proibição de importação de pneus usados de qualquer espécie, inexistindo ofensa ao princípio da livre-iniciativa e do livre comércio (art. 170, IV, CF/88).

Administração pública e ordem federativa 1959

Da inconstitucionalidade das decisões judiciais que autorizaram a importação de pneus usados e da interpretação judicial utilizada para viabilizar a importação

A confirmação da constitucionalidade dos atos normativos federais que regulamentam a proibição de importação de pneus usados de qualquer espécie, como legítima restrição ao princípio da livre-iniciativa e do livre comércio, para se conformar ao princípio constitucional da proteção ao meio ambiente ecologicamente equilibrado e à saúde pública, implica a análise da constitucionalidade das decisões judiciais que tecem interpretações em sentido oposto.

A decisão ora proferida por esta Corte permite o fortalecimento, pelos órgãos federais, de uma política pública integrativa da Administração, no sentido de adoção de níveis adequados de proteção da saúde pública e do meio ambiente ecologicamente equilibrado. Permite, ainda, a confirmação, perante os organismos internacionais, de compromisso do país com os princípios de boa convivência política e socioeconômica com outros países.

Consta no pedido da ADPF a declaração de constitucionalidade dos atos normativos federais, com eficácia *ex tunc*, para alcançar, inclusive, decisões transitadas em julgado.

Diviso aqui minha análise em dois momentos.

Primeiramente, em razão do efeito vinculante e da eficácia *erga omnes* das decisões em controle concentrado de constitucionalidade, como é o caso da presente arguição de descumprimento de preceito fundamental, deve prevalecer a interpretação constitucional de proibição de importação de pneus usados de qualquer espécie, sob pena de violação aos preceitos fundamentais consubstanciados no direito à saúde e no direito ao meio ambiente ecologicamente equilibrado.

Assim, as decisões judiciais não transitadas em julgado, que tenham dado interpretação divergente ao aqui exposto, deverão se conformar com a decisão aqui proferida, nos termos do artigo 102, § 1º e § 2º, da Constituição, e do artigo 10, *caput* e § 3º, da Lei n. 9.882/99.

Em segundo lugar, passo a analisar a possibilidade de os efeitos desta decisão alcançarem decisões que eventualmente já estejam sob os efeitos da coisa julgada, no sentido de permitir a importação de pneus usados de qualquer espécie num determinado momento.

A declaração de constitucionalidade no presente caso tem efeitos *ex tunc*, pois reforça a presunção de constitucionalidade e de legitimidade dos atos normativos estatais analisados, desde que criados e que, considerados à luz da Constituição, proíbem a importação de pneus usados.

Isto não implica, contudo, o deferimento de parte do pedido da presente ADPF, referente ao pleito de que se retroaja no tempo para reformar decisões judiciais já transitadas em julgado, com fundamento de relativização da coisa julgada derivada de uma possível interpretação judicial inconstitucional.

Não se trata nem de abolir a garantia constitucional da coisa julgada, nem de torná-la absoluta temporalmente. Por um imperativo de segurança jurídica e de máxima efetividade constitucional, deve-se prestigiar, no presente caso, uma interpretação balizada pelos vetores hermenêuticos da *concordância prática* e da *eficácia integradora* da Constituição. Isto porque o problema a ser aqui enfrentado não se refere à existência de uma coisa julgada, mas ao alcance de seus efeitos, para que se preserve a eficácia circunscrita ao âmbito específico de um caso já transitado em julgado.

Assim, a solução desta questão perpassa a consideração de que os efeitos da coisa julgada, quanto à autorização judicial de operações de importação de pneus em um determinado processo judicial transitado em julgado, prevalecem tão somente para aquela determinada operação de importação relacionada a determinados bens e realizada num determinado momento.

Dessa forma, aplica-se ao caso, de forma analógica, o entendimento jurisprudencial firmado por esta Corte na Súmula 239, também considerado na doutrina que trata da peculiaridade do alcance da coisa julgada em matéria tributária, de que se preserva a coisa julgada em relação à determinada operação temporalmente identificada, mas não necessariamente a todas as outras possíveis operações futuras de importação de pneus, que podem vir a ser reguladas de forma distinta, diante de eventual modificação da orientação jurídica segura sobre a matéria, em que se assenta a legitimidade e conformidade de uma exclusiva interpretação constitucional como adequada.

Mutatis mutandis, a resolução da questão assemelha-se também à discussão de inexistência de direito adquirido a determinado regime jurídico (*v.g.* RE 540819 AgR/PR, Rel. Min. Ellen Gracie, DJ 22.5.2009; RE 593711 AgR/PE, Rel. Min. Eros Grau, *DJ* 17.3.2009; RE 563965/RN, Rel. Min. Carmen Lúcia, *DJ* 20.3.2009; AI 609997 AgR/DF, Rel. Min. César Peluso, *DJ* 12.3.2009), ante o entendimento de que não se pode alegar, eternamente, direito adquirido a uma determinada forma de regulação estatal de operações de importação (de pneus), que podem mudar conforme as diretrizes político-jurídicas do Estado brasileiro.

Assim, ressaltam-se no presente caso apenas os limites objetivos da coisa julgada em casos judiciais transitados em julgado, referentes à autorização de importação de pneus, de forma a compatibilizá-los com a declaração de constitucionalidade *ex tunc* proferida na presente ADPF.

Sobre a possibilidade de importação de pneus remoldados oriundos do Uruguai e dos países integrantes do Mercosul

Na petição inicial desta ADPF (fls. 38-40), a Advocacia-Geral da União afirma não haver qualquer óbice jurídico ou político em âmbito internacional, em relação à continuidade do cumprimento do Laudo Arbitral proferido pelo Tribunal *ad hoc* do Mercosul, que permitiu ao Uruguai a exportação ao Brasil de pneus usados classificados como remoldados.

A AGU alega que, embora discorde do resultado do litígio havido entre o Brasil e o Uruguai à época, o Estado brasileiro deve cumprir a referida decisão, por estar submetido à jurisdição dos órgãos decisórios do Mercosul. Afirma, ainda, que a exceção permitida aos países integrantes do Mercosul para exportação ao Brasil, em suposto detrimento da relação comercial com outros países, não se afiguraria como uma barreira não tarifária (como pretendia a União Europeia), pois o Mercosul seria considerado uma União Aduaneira, em conformidade com as normas de direito internacional (artigo XXIV do GATT). Ademais, o fluxo de importação de pneus usados já remoldados daquele país (Uruguai) não seria significativo, em termos de impactos ambientais e sanitários, em comparação com a possibilidade de importação de todos os demais países não integrantes do Mercosul.

A Advocacia-Geral da União ressalta, ainda, que "*o fato de o Brasil – por força de decisão do tribunal arbitral, ao qual aderiu, submetendo-se à sua jurisdição –, ter sido obrigado a permitir a importação de pneus remoldados dos países do Mercosul não pode conferir aos importadores o direito de importar [sic] pneus usados de outros países para serem utilizados como matéria-prima, sob a alegação de isonomia.*"

Não consta, assim, item algum do pedido desta ADPF para manifestação acerca da constitucionalidade do referido Laudo Arbitral, em relação aos preceitos fundamentais tidos por violados.

Contudo, diante da controvérsia em âmbito internacional, ocorrida perante a Organização Mundial do Comércio (em que o Brasil não sofreu reprimenda exigida pela Comunidade Europeia, sob a condição de demonstrar, em um determinado tempo, a adoção de normas brasileiras uniformes e eficazes neste setor comercial), cumpre esclarecer aqui algumas questões.

No relatório do referido Laudo Arbitral consta que o objeto da controvérsia com o Uruguai referiu-se tão somente à importação de pneus remoldados à época (Proibição de Importação de Pneumáticos Remoldados – *Remolded* – Procedentes do Uruguai). Quer dizer, a decisão permitiu a importação apenas de pneus que já passaram por processo de reforma em território uruguaio e que ingressariam em território nacional como produto reciclado.

Por conseguinte, a referida decisão, ao que se apreende, em nada obstaria a determinação brasileira de proibição de importação de pneus reformados por processos de recauchutagem ou recapagem, ou de pneus usados (carcaças).

Ademais, da análise da fundamentação do Laudo Arbitral proferido pelo Tribunal *ad hoc* do Mercosul à época, apreende-se, de um lado, que os fundamentos decisivos consistiram no princípio de *estoppel* (teoria do ato próprio) e na proibição do *venire contra factum proprium*. De outro lado, constata-se a inexistência de debate acerca de fundamentos relacionados à defesa do meio ambiente e da saúde pública (fundamentos decisivos na presente ADPF).

Assim, como se esperava, tanto a controvérsia havida no âmbito do Mercosul como a da Organização Mundial do Comércio tratam da questão da possibilidade de importação de pneus usados sob a ótica das relações comerciais em âmbito internacional.

Não há dúvida sobre a legitimidade de submissão do Brasil às decisões do Tribunal *ad hoc* do Mercosul à época, diante da adesão firmada pelo Estado brasileiro ao Tratado que o criou, em consonância com a previsão constitucional de busca de integração econômica, política, social e cultural dos povos da América Latina, visando à formação de uma comunidade latino-americana de nações (art. 4º, parágrafo único, CF/88).

A assimilação do Tratado do Mercosul pelo ordenamento jurídico brasileiro implica o fato de que as disposições apontadas pelo Mercosul são diretrizes para políticas e legislações no âmbito nacional, sobretudo em termos de política econômica e comercial.

Todavia, no caso da República Federativa do Brasil, o filtro interpretativo central de assimilação das diretrizes do Mercosul é a Constituição Federal. Assim, só se podem compreender as diretrizes do Mercosul e as decisões impositivas por ele declaradas à luz da Constituição.

O que se quer ressaltar com isso é que também as decisões do âmbito do Mercosul, a despeito de se valerem, como no presente caso, demasiadamente de fundamentos de ordem econômica e comercial, não podem descurar dos preceitos fundamentais da Constituição consubstanciados no direito à saúde e ao meio ambiente ecologicamente equilibrado.

A atividade de importação há que se compatibilizar, no seio da ordem econômica, ao princípio da defesa do meio ambiente, inclusive mediante tratamento diferenciado conforme o impacto ambiental dos produtos e serviços e de seus processos de elaboração e prestação (art. 170, inciso VI, CF/88).

Assim, se, à época da controvérsia no âmbito do Mercosul, pairavam dúvidas quanto à eficácia da política pública governamental declarada e regulamentada em âmbito infraconstitucional, no sentido de reduzir ao máximo o passivo ambiental decorrente do acúmulo de resíduos de pneus usados no território nacional, a presente decisão consolida e esclarece, de forma efetiva, a constituição atual da questão controvertida, em relação também à garantia do direito à saúde e ao meio ambiente ecologicamente equilibrado.

O que se está aqui a afirmar hoje é a incompatibilidade da importação livre de pneus usados de qualquer espécie, em descompasso com os preceitos fundamentais consubstanciados no direito à saúde e ao meio ambiente ecologicamente equilibrado.

A decisão desta Corte esclarece a necessária compatibilização daquela política econômica e comercial com as políticas ambientais e sanitárias que fundamentam a presente ADPF.

Nesses termos, entendo que se estabelecem fundamentos constitucionais consistentes de proibição de importação de pneus usados de qualquer espécie, com demonstração inconteste, no âmbito internacional, da eficácia plena desta decisão, da força normativa da Constituição brasileira e da efetividade jurídica dos atos normativos federais que regulamentam a matéria.

Conclusão

Assim, pelas razões expostas, concluo meu voto no sentido da **PROCEDÊNCIA PARCIAL DO PEDIDO** da arguição de descumprimento dos preceitos fundamentais consubstanciados no direito à saúde (art. 196) e no direito ao meio ambiente ecologicamente equilibrado (art. 225), para, acompanhando os termos do voto da ministra relatora, **declarar a constitucionalidade (1) de todo o conjunto de normas federais invocadas** (art. 27, da Portaria DECEX n. 8, de 14.05.1991; do Decreto n. 875, de 19.7.1993, que ratificou a Convenção da Basileia; do art. 4º, da Resolução n. 23, de 12.12.1996; do art. 1º, da Resolução CONAMA n. 235. de 7.1.1998; do art. 1º, da Portaria SECEX n. 8. de 25.9.2000; do art. 1º da Portaria SECEX n. 2, de 8.3.2002; do art. 47-A do Decreto n. 3.179, de 21.9.1999, e seu § 2º, incluído pelo Decreto n. 4.592, de 11.2.2003; do art. 39, da Portaria SECEX n. 17, de 1.12.2003; e do art. 40, da Portaria SECEX n. 14, de 17.11.2004) e (2) da interpretação que proíbe a importação de pneus usados de qualquer espécie**, com efeitos *ex tunc*, preservando-se os efeitos da coisa julgada aos seus limites objetivos, conforme destacado na fundamentação deste voto.

ADI 1.842[1]

Saneamento básico – Regiões metropolitanas – Discussão acerca da inconstitucionalidade da transferência, ao Estado, de funções e serviços da competência municipal, especialmente o saneamento básico.

Cuida-se de Ação Direta de Inconstitucionalidade, com pedido de medida liminar, proposta pelo Partido Democrático Trabalhista – PDT, com fundamento no art. 102, I, "a" e "p", da Carta Magna, em face da Lei Complementar n. 87, de 16 de dezembro de 1997, (LC n. 87/1997/RJ) e da Lei n. 2.869, de 18 de dezembro de 1997, (Lei n. 2.869/1997/RJ), ambas editadas no Estado do Rio de Janeiro.

Em virtude de conexão, continência e identidade de objeto, apreciam-se conjuntamente as ADI 1826, 1843 e 1906, que impugnam as mesmas normas da presente ação, porém de forma menos ampla (fl. 1.146). Ressalve-se que a ADI 1906 infirma, ainda, o Decreto n. 24.631, de 3 de setembro de 1998, do Estado do Rio de Janeiro (Dec. n. 24.631/1998/RJ).

Desde logo, o Relator, Min. Maurício Corrêa, remeteu o mérito das presentes ADI ao Plenário, dada a relevância do tema para os estados e municípios da Federação (fl. 1.148).

Assim pode ser exposta a controvérsia:

No caso, as normas estaduais impugnadas referem-se à instituição da Região Metropolitana do Rio de Janeiro (art. 1º da LC 87/1997/RJ) e da Microrregião dos Lagos (art. 2º da LC 87/1997/RJ).

Nesse contexto, as citadas normas estaduais definem o respectivo interesse metropolitano ou comum como "as funções públicas e os serviços que atendam a mais de um município, assim como os que, restritos ao território de um deles, sejam de algum modo dependentes, concorrentes, confluentes ou integrados de funções públicas, bem como os serviços supramunicipais" (art. 3º da LC n. 87/1997/RJ). Ademais, atribuem ao Estado do Rio de Janeiro a qualidade de Poder Concedente para prestação de serviços públicos relativos ao estabelecido interesse metropolitano (arts. 5º, parágrafo único, e 7º da LC n. 87/1997/RJ; e 3º e 12 da Lei n. 2.869/1997/RJ).

Os requerentes sustentam que os arts. 1º a 11 da LC 87/1997/RJ e 8º a 21 da Lei n. 2.869/1997/RJ violam a Constituição Federal ao transferir ao Estado do Rio de Janeiro funções e serviços de competência municipal, especialmente quanto ao serviço público de saneamento básico.

Arguiu-se afronta ao princípio democrático e ao equilíbrio federativo (art. 1º; 23, I; e 60, § 4º, I, da Constituição Federal); à autonomia municipal (arts. 18 e 29 da Constituição Federal); ao princípio da não intervenção dos estados nos municípios (art. 35 da Constituição Federal), bem como o rol de competências municipais, discriminadas no texto constitucional vigente (arts. 30, I, V e VIII, e 182, § 1º, da Constituição Federal).

Sustenta-se, ainda, a inaplicabilidade do art. 25, § 3º, da Carta Magna à espécie, uma vez que as leis estaduais não integraram a organização, planejamento e execução de funções públicas de interesse comum, mas usurparam a execução de políticas públicas exclusivas dos municípios que integram Região Metropolitana e Microrregião.

A Assembleia Legislativa e o Governador do Estado do Rio de Janeiro, por sua vez, aduzem que o fenômeno da conurbação deve ser considerado na solução de problemas de organização, planejamento e execução de funções públicas de interesse comum, defendendo que "a declaração da existência de interesse comum ficou reservada constitucionalmente ao Estado que con-

---

[1] Em sessão plenária de 6.3.2013, acordaram os Ministros do Supremo Tribunal Federal, por maioria, em julgar parcialmente procedente a ação e acolher a proposta do Ministro Gilmar Mendes quanto à modulação dos efeitos da decisão, nos termos do voto do redator do acórdão (*DJ* de 16.9.2013).

1964 Estado de Direito e Jurisdição Constitucional – Decisões relevantes em 15 anos de atuação no STF

gregue os Municípios que foram politicamente considerados como submetidos a tratamento unificado de certas funções (art. 25, § 3°, CF/88)" (fl. 352).

A Advocacia-Geral da União suscitou preliminares de inépcia da inicial e de perda de objeto, além de ressaltar que a legislação impugnada considera "um uso eficiente dos recursos públicos e a limitação da capacidade financeira municipal", assegurando representação política local no Conselho Deliberativo da Região Metropolitana (fl. 1.165).

Por fim, a Procuradoria-Geral da República opinou pela improcedência da presente ação, "vez que a transposição total ou parcial de certas atividades ou serviços, antes considerados de exclusivo interesse do município, para além de sua própria órbita, tendo em vista seu tratamento em nível regional, por razões de ordem dimensional, social, institucional, geográfico, natural, econômico ou técnica, não pode ser considerada inconstitucional, visto não haver ofensa à autonomia municipal, restrita, tão somente, ao interesse local." (fl. 1.186).

O Relator, Min. Maurício Corrêa, rejeitou inicialmente a preliminar de inépcia da inicial e entendeu que as ADI estariam prejudicadas quanto ao Dec. n. 24.631/1998/RJ, porquanto revogado pelo Dec. n. 24.804/1998/RJ, bem como quanto aos arts. 1°, 2°, 4° e 11 da LC n. 87/1997/RJ, em virtude de alterações legislativas supervenientes que modificaram sua redação.

Quanto aos demais dispositivos impugnados, o Relator julgou improcedentes as ações, aduzindo que a instituição de conglomerados urbanos por atuação legislativa do Estado não afronta à autonomia municipal, minimizada pelo art. 25, § 3°, da Constituição Federal.

Nessa linha, o Relator afirma que o agrupamento de municípios ocorre "para cometer ao Estado a responsabilidade pela implantação de políticas unificadas de prestação de serviços públicos, objetivando ganhar em eficiência e economicidade, considerados os interesses coletivos e não individuais". Ainda complementa:

> "Sob outra perspectiva, a demanda por serviços públicos agiganta-se de tal modo que as autoridades executivas não conseguem, isoladamente, atender às necessidades da sociedade, impondo-se uma ação conjunta e unificada dos entes envolvidos, especialmente da unidade federada, a quem incumbe a coordenação, até porque o número de habitantes de cada Município desses conglomerados compõe a própria população do Estado-membro.
>
> Indaga-se, no caso desses aglomerados, o que se pretende com a delimitação de uma área de serviços unificados. Busca-se a personificação de um ente para fins de administração centralizada, que planeje a atuação pública sobre território definido e que coordene e execute obras e serviços de interesse comum de toda a área, de sorte que a população seja atendida com eficiência. Por outro lado, a complexidade das obras e dos serviços metropolitanos, invariavelmente de altíssimo custo, não permite que os poderes executivos municipais, de forma isolada, os satisfaçam. Como o interesse da sociedade, aliás direito público oponível contra o Estado, é de âmbito regional e não apenas local, a Constituição autorizou a instituição desses aglomerados, sempre por lei complementar pela relevância que se revestem."

Especificamente quanto ao serviço de saneamento básico, o voto do Min. Maurício Corrêa assenta:

> "Os incisos I a VII [do art. 3° da LC n. 87/1997/RJ] não fogem à finalidade e aos limites da permissão constitucional. Tratam do *planejamento integrado do desenvolvimento econômico e social* da região como um todo; da questão do saneamento básico, aí incluído o abastecimento de água, tema de manifesto interesse regional, dado que, em geral, os mananciais são comuns a diversos Municípios, afigurando-se conveniente que sua exploração ocorra de forma racional e compartilhada (...).
>
> (...)
>
> Por tudo o que foi dito anteriormente, parece-me claro que as questões de saneamento básico extrapolam os limites de interesse exclusivo dos Municípios, justificando-se a participação do Estado-membro.
>
> Com efeito, as águas superficiais ou subterrâneas, fluentes, emergentes e em depósito, nos limites do território do Estado-membro, são bens deste (CF, artigo 26, I), sendo evidente sua competência supletiva para legislar sobre o tema, observadas as normas gerais fixadas pela União (CF, artigo 22, IV c/c artigo 25, § 1°). A Lei federal 9.433/97, que regulamentou o inciso XIX do artigo 21 da Carta da Repú-

Administração pública e ordem federativa **1965**

blica e criou o Sistema Nacional de Gerenciamento de Recursos Hídricos, definiu a água como bem de domínio público, dependendo seu uso de outorga do Poder Público federal ou estadual, conforme sejam águas federais ou estaduais.

Por outro lado, é da competência comum a responsabilidade com saúde pública, proteção ao meio ambiente, promoção de programas de saneamento básico e fiscalização da exploração dos recursos hídricos (CF, artigo 23, II, VI, IX e XI). É ainda de competência concorrente a faculdade de legislar sobre conservação da natureza, defesa do solo e dos recursos naturais, proteção do meio ambiente e controle da poluição (CF, artigo 24, VI).

Verificado o interesse regional predominante na utilização racional das águas, pertencentes formalmente ao Estado, o que o torna gestor natural de seu uso coletivo, assim como da política de saneamento básico cujo elemento primário é também a água, resta claro competir ao Estado-membro, com prioridade sobre o Município, legislar acerca da política tarifária aplicável ao serviço público de interesse comum."

De outra sorte, os Ministros Joaquim Barbosa e Nelson Jobim abriram divergência para (i) declarar como não prejudicado o exame da constitucionalidade dos §§ 1º e 2º do art. 4º e 1º e 2º do art. 11 da LC 87/1997/RJ; e (ii) julgar procedente a ação quanto (a) à expressão "a ser submetido à assembleia legislativa" do inciso I do art. 5º, (b) ao parágrafo único do art. 5º; (c) aos incisos I, II, IV e V do art. 6º; (d) ao art. 7º; (e) ao art. 10, todos da LC 87/1997/RJ; além dos (f) arts. 11 a 21 da Lei n. 2.869/1997/RJ.

A divergência, em resumo, sustenta que o estabelecimento de região metropolitana não significa simples transferência de competências para o Estado.

Nesse sentido, o voto do Min. Joaquim Barbosa assenta que a restrição à autonomia dos municípios metropolitanos não decorre da criação individual de cada região metropolitana, mas da configuração normativa constitucional, devendo ser preservada sua capacidade de decidir efetivamente sobre os destinos da região. E conclui o Min. Joaquim Barbosa:

"Assim, a criação de uma região metropolitana não pode, em hipótese alguma, significar o amesquinhamento da autonomia política dos municípios dela integrantes, materializando no controle e na gestão solitária pelo estado das funções públicas de interesse comum. Vale dizer, a titularidade do exercício das funções públicas de interesse comum passa para a nova entidade público-territorial-administrativa, de caráter intergovernamental, que nasce em consequência da criação da região metropolitana."

Por sua vez, o voto do Min. Nelson Jobim aduziu:

"Considerando o contexto da prestação de serviço de saneamento básico no Brasil, as características de indivisibilidade do serviço, na maioria das situações concretas, as realidades práticas de municípios ditos 'deficitários' e outros considerados 'superavitários', e ainda os dispositivos da Constituição Federal que claramente preveem uma competência compartilhada entre União, Estados e Municípios nessa temática, proferi voto no sentido de reconhecer a competência executória do serviço de saneamento básico, não aos Estados ou aos Municípios, mas a um agrupamento de municípios."

Nessa linha, concluiu o Min. Nelson Jobim:

"(1.1) As REGIÕES METROPOLITANAS, AGLOMERADOS URBANOS e MICRORREGIÕES não são entidades políticas autônomas de nosso sistema federativo, mas, sim, entes com função administrativa e executória;

(1.2) Tais entes não detêm competência político-legislativa própria;

(1.3) Sua competência, bem como suas atribuições, são, na verdade, o somatório integrado das competências e atribuições dos MUNICÍPIOS formadores;

(1.4) O INTERESSE METROPOLITANO é o conjunto dos interesses dos MUNICÍPIOS sob uma perspectiva intermunicipal;

(1.5) As funções administrativas e executivas da REGIÃO METROPOLITANA somente podem ser exercidas por órgão próprio ou por outro órgão (público ou privado) a partir da autorização ou concessão dos MUNICÍPIOS formadores;

(...)

(1.10) Caberá aos MUNICÍPIOS integrantes da região decidir, no âmbito do CONSELHO DELIBE-RATIVO, a forma como prestarão os serviços de natureza metropolitana, especialmente aqueles referentes ao SANEAMENTO BÁSICO;

(...)

(1.13) O SANEAMENTO BÁSICO, por se constituir em típico interesse intermunicipal, não pode ser atribuído ao âmbito estadual, sob pena de violação grave à federação e à autonomia dos Municípios.

(...)

(1.16) Qualquer legislação que atribua a competência executória de REGIÕES METROPOLITA-NAS ao ESTADO ou, de alguma forma, subordine as deliberações da AGLUTINAÇÃO a um aceite ou autorização da Assembleia Legislativa Estadual é inconstitucional.

(1.17) Na mesma linha, é inconstitucional a legislação complementar estadual que, ao criar a estrutura de funcionamento da REGIÃO METROPOLITANA, vincule a indicação dos representantes municipais à autorização do GOVERNADOR DO ESTADO ou de qualquer autoridade estadual."

Segundo os votos divergentes, o parâmetro para aferição da constitucionalidade das normas que estipulassem a região metropolitana residiria no "respeito à divisão de responsabilidade entre municípios e estado".

Por esse motivo, a posição divergente entendeu como inconstitucional os dispositivos da LC 87/1997/RJ e da Lei n. 2.869/1997/RJ que regulam a tarifa, inclusive reajuste e revisão, e o serviço de saneamento básico.

Dessa forma, duas orientações despontam quanto à possibilidade de transferência aos estados dos serviços de interesse metropolitano, em especial dos serviços de saneamento básico: (i) a posição do Ministro Maurício Corrêa, que permite a alteração da titularidade para os Estados, inclusive atuando como poder concedente desses serviços; e (ii) o entendimento dos Ministros Joaquim Barbosa e Nelson Jobim, que não a admitem.

Destaque-se, no entanto, que os votos divergentes dos Ministros Joaquim Barbosa e Nelson Jobim não coincidem quanto à titularidade das funções públicas de interesse metropolitano.

Enquanto o r. voto do Min. Nelson Jobim ressalta que "as funções administrativas e executivas da REGIÃO METROPOLITANA somente podem ser exercidas por órgão próprio ou por órgão (público ou privado) a partir da autorização ou concessão dos municípios formadores", o entendimento do Min. Joaquim Barbosa assenta que "a titularidade do exercício das funções públicas de interesse comum passa para a nova entidade político-territorial-administrativa, de caráter intergovernamental, que nasce em consequência da criação da região metropolitana".

Ademais, ressalte-se que, concomitantemente ao presente julgamento, o Plenário aprecia a ADI-MC 2077/BA, Rel. Min. Ilmar Galvão, a qual cuida de questão semelhante.

Na ADI-MC 2077/BA, discute-se a constitucionalidade dos arts. 59, V; 228; 230, § 1º; e 238 da Constituição do Estado da Bahia, com redação dada pela Emenda Constitucional n. 7/1999, que, em termos gerais, definiam restritivamente o interesse local e outorgavam ao Estado da Bahia a titularidade dos serviços de saneamento básico.

Nesse caso, o Relator, Min. Ilmar Galvão, votou pela concessão da medida cautelar, entendendo pela inconstitucionalidade das disposições da Constituição do Estado da Bahia que afastam a possibilidade de os municípios organizarem e prestarem serviços públicos de interesse local, além de utilizarem de instrumentos como convênios para serviços públicos gerados ou concluídos fora de seu território.

Na ocasião, o Min. Nelson Jobim reiterou seu entendimento, reconhecendo "a competência executória do serviço de saneamento básico, não aos Estados ou aos Municípios, mas a um agrupamento de municípios".

Administração pública e ordem federativa **1967**

No mesmo sentido, manifestou-se o Min. Eros Grau, defendendo que "a competência para a prestação dos chamados serviços comuns permanece sob a titularidade dos Municípios; a eles incumbe a delegação à entidade da Administração Indireta ou a outorga de concessão a empresa privada, quando a sua prestação for empreendida não diretamente por eles".

Frise-se que no âmbito da ADI-MC 2077/BA, não se cuidava de regiões metropolitanas, aglomerações urbanas e microrregiões. No entanto, também nesse caso, o entendimento de que a titularidade do serviço de saneamento básico permaneceria com os municípios despontou nos três primeiros votos colhidos, restringindo os Estados ao papel de instituir os agrupamentos de municípios, sem participar efetivamente na execução ou prestação dos serviços comuns.

Para melhor examinar a controvérsia, pedi vista de ambos os casos. Passo a examiná-los separadamente.

O julgado foi nestes termos ementado:

EMENTA: Ação direta de inconstitucionalidade. Instituição de região metropolitana e competência para saneamento básico. Ação direta de inconstitucionalidade contra Lei Complementar n. 87/1997, Lei n. 2.869/1997 e Decreto n. 24.631/1998, todos do Estado do Rio de Janeiro, que instituem a Região Metropolitana do Rio de Janeiro e a Microrregião dos Lagos e transferem a titularidade do poder concedente para prestação de serviços públicos de interesse metropolitano ao Estado do Rio de Janeiro. 2. Preliminares de inépcia da inicial e prejuízo. Rejeitada a preliminar de inépcia da inicial e acolhido parcialmente o prejuízo em relação aos arts. 1º, caput e § 1º; 2º, caput; 4º, caput e incisos I a VII; 11, caput e incisos I a VI; e 12 da LC 87/1997/RJ, porquanto alterados substancialmente. 3. Autonomia municipal e integração metropolitana. A Constituição Federal conferiu ênfase à autonomia municipal ao mencionar os municípios como integrantes do sistema federativo (art. 1º da CF/1988) e ao fixá-la junto com os estados e o Distrito Federal (art. 18 da CF/1988). A essência da autonomia municipal contém primordialmente (i) autoadministração, que implica capacidade decisória quanto aos interesses locais, sem delegação ou aprovação hierárquica; e (ii) autogoverno, que determina a eleição do chefe do Poder Executivo e dos representantes no Legislativo. O interesse comum e a compulsoriedade da integração metropolitana não são incompatíveis com a autonomia municipal. O mencionado interesse comum não é comum apenas aos municípios envolvidos, mas ao Estado e aos municípios do agrupamento urbano. O caráter compulsório da participação deles em regiões metropolitanas, microrregiões e aglomerações urbanas já foi acolhido pelo Pleno do STF (ADI 1841/RJ, Rel. Min. Carlos Velloso, DJ 20.9.2002; ADI 796/ES, Rel. Min. Néri da Silveira, DJ 17.12.1999). O interesse comum inclui funções públicas e serviços que atendam a mais de um município, assim como os que, restritos ao território de um deles, sejam de algum modo dependentes, concorrentes, confluentes ou integrados de funções públicas, bem como serviços supramunicipais. 4. Aglomerações urbanas e saneamento básico. O art. 23, IX, da Constituição Federal conferiu competência comum à União, aos estados e aos municípios para promover a melhoria das condições de saneamento básico. Nada obstante a competência municipal do poder concedente do serviço público de saneamento básico, o alto custo e o monopólio natural do serviço, além da existência de várias etapas – como captação, tratamento, adução, reserva, distribuição de água e o recolhimento, condução e disposição final de esgoto – que comumente ultrapassam os limites territoriais de um município, indicam a existência de interesse comum do serviço de saneamento básico. A função pública do saneamento básico frequentemente extrapola o interesse local e passa a ter natureza de interesse comum no caso de instituição de regiões metropolitanas, aglomerações urbanas e microrregiões, nos termos do art. 25, § 3º, da Constituição Federal. Para o adequado atendimento do interesse comum, a integração municipal do serviço de saneamento básico pode ocorrer tanto voluntariamente, por meio de gestão associada, empregando convênios de cooperação ou consórcios públicos, consoante os arts. 3º, II, e 24 da Lei Federal 11.445/2007 e o art. 241 da Constituição Federal, como compulsoriamente, nos termos em que prevista na lei complementar estadual que institui as aglomerações urbanas. A instituição de regiões metropolitanas, aglomerações urbanas ou microrregiões pode vincular a participação de municípios limítrofes, com o objetivo de executar e planejar a função pública do saneamento

1968 Estado de Direito e Jurisdição Constitucional – Decisões relevantes em 15 anos de atuação no STF

básico, seja para atender adequadamente às exigências de higiene e saúde pública, seja para dar viabilidade econômica e técnica aos municípios menos favorecidos. Repita-se que este caráter compulsório da integração metropolitana não esvazia a autonomia municipal. 5. Inconstitucionalidade da transferência ao estado--membro do poder concedente de funções e serviços públicos de interesse comum. O estabelecimento de região metropolitana não significa simples transferência de competências para o estado. O interesse comum é muito mais que a soma de cada interesse local envolvido, pois a má condução da função de saneamento básico por apenas um município pode colocar em risco todo o esforço do conjunto, além das consequências para a saúde pública de toda a região. O parâmetro para aferição da constitucionalidade reside no respeito à divisão de responsabilidades entre municípios e estado. É necessário evitar que o poder decisório e o poder concedente se concentrem nas mãos de um único ente para preservação do autogoverno e da autoadministração dos municípios. Reconhecimento do poder concedente e da titularidade do serviço ao colegiado formado pelos municípios e pelo estado federado. A participação dos entes nesse colegiado não necessita de ser paritária, desde que apta a prevenir a concentração do poder decisório no âmbito de um único ente. A participação de cada Município e do Estado deve ser estipulada em cada região metropolitana de acordo com suas particularidades, sem que se permita que um ente tenha predomínio absoluto. Ação julgada parcialmente procedente para declarar a inconstitucionalidade da expressão "a ser submetido à Assembleia Legislativa" constante do art. 5º, I; e do § 2º do art. 4º; do parágrafo único do art. 5º; dos incisos I, II, IV e V do art. 6º; do art. 7º; do art. 10; e do § 2º do art. 11 da Lei Complementar n. 87/1997 do Estado do Rio de Janeiro, bem como dos arts. 11 a 21 da Lei n. 2.869/1997 do Estado do Rio de Janeiro. 6. Modulação de efeitos da declaração de inconstitucionalidade. Em razão da necessidade de continuidade da prestação da função de saneamento básico, há excepcional interesse social para vigência excepcional das leis impugnadas, nos termos do art. 27 da Lei n. 9.868/1998, pelo prazo de 24 meses, a contar da data de conclusão do julgamento, lapso temporal razoável dentro do qual o legislador estadual deverá reapreciar o tema, constituindo modelo de prestação de saneamento básico nas áreas de integração metropolitana, dirigido por órgão colegiado com participação dos municípios pertinentes e do próprio Estado do Rio de Janeiro, sem que haja concentração do poder decisório nas mãos de qualquer ente.

VOTO-VISTA

1. Análise das preliminares

No que tange às preliminares arguidas na ADI 1842/RJ, acompanho os votos que me precederam para afastar a alegação de inépcia da inicial, uma vez que os requisitos pertinentes foram plenamente atendidos na espécie. Com efeito, verifica-se que os autores das ADI cumpriram o dever básico de oferecer razões para as impugnações.

No que tange à perda de objeto, verifico que o Dec. 24.631/1998/RJ foi revogado pelo Dec. 24.804/1998/RJ (fl. 1.188) e que a LC 87/1997/RJ teve sua redação alterada pelas Leis Complementares 89/1998; 97/2001; e 105/2002, todas do Estado do Rio de Janeiro.

Destaco que restaram alterados de forma superveniente os arts. 1º, *caput* e § 1º; 2º, *caput*; 4º, *caput* e incisos I a VII; 11, *caput* e incisos I a VI; e 12 da LC 87/1997/RJ. Consequentemente, as presentes ADI somente mantêm seu objeto quanto ao art. 3º; §§ 1º e 2º do art. 4º; arts. 5º a 10; e §§ 1º e 2º do art. 11 da LC 87/1997/RJ, além dos arts. 8º a 21, da Lei 2.869/1997/RJ.

Nesse particular, acompanho a divergência para julgar prejudicada a ação quanto aos arts. 1º, *caput* e § 1º; 2º, *caput*; 4º, *caput* e incisos I a VII; 11, *caput* e incisos I a VI; e 12 da LC 87/1997/RJ.

2. Autonomia municipal e integração metropolitana

Na espécie, a questão centra-se na preservação de dois importantes valores constitucionais: a autonomia municipal e a integração por meio das regiões metropolitanas, aglomerações urbanas e microrregiões.

Relativamente à autonomia municipal, a Constituição Federal conferiu ênfase ao mencionar os municípios como integrantes do sistema federativo (art. 1º da CF/1988) e ao fixar sua autonomia junto com os Estados e Distrito Federal (art. 18 da CF/1988).

Observe-se que o texto constitucional de 1988, na linha da tradição brasileira (CF de 1946, art. 7º, VII, "e"; CF de 1967/1969, art. 10, VII, "e"), manteve a autonomia municipal como princípio sensível (CF, art. 34, VII, "c").

Alguns contornos institucionais permitem fornecer alguma densidade para o parâmetro de controle da *autonomia municipal*. Por exemplo, reconheceu-se ao município competência para legislar sobre assuntos de interesse local, suplementar a legislação federal e estadual no que couber, instituir e arrecadar os tributos de sua competência (taxas, imposto predial e territorial urbano, transmissão *inter vivos*, por ato oneroso, de bens imóveis, serviços de qualquer natureza) (arts. 30 e 156).

Previu-se, ainda, a aprovação de uma lei orgânica municipal, com a observância dos princípios estabelecidos na Constituição (eleição de prefeito, vice-prefeito e vereadores, número de vereadores, sistema remuneratório dos agentes políticos, iniciativa popular, inviolabilidade dos vereadores por suas opiniões, palavras e votos no exercício do mandato e na circunscrição do Município, limites de gastos do Poder Legislativo Municipal, sistema de prestação de contas e de controle externo), a teor dos arts. 28 e 29 da Carta Magna.

Em reforço à autonomia municipal, estabelece a Constituição sistema de transferência de recursos do Estado-membro e da União para os Municípios (arts. 158, IV, e 159, I, "a").

Tradicionalmente, a autonomia municipal tem importante relevo na história brasileira, sendo inclusive anterior à autonomia estadual e à própria instituição do Federalismo no País [cf. GARCIA, Maria. "O Modelo Político Brasileiro: Pacto Federativo ou Estado Unitário" in MARTINS, MENDES & TAVARES (coord.). *Lições de Direito Constitucional em Homenagem ao Jurista Celso Bastos*. São Paulo: Saraiva, 2005. pp. 778 (791-792)].

Nada obstante a extensa discussão doutrinária acerca da natureza, ou não, dos municípios como entes federados (a propósito, cf. MENDES, COELHO & BRANCO. *Curso de Direito Constitucional*. São Paulo: Saraiva, 2007, pp. 769-770; CASTRO, José Nilo de. *Direito Municipal Positivo*. 4. ed. Belo Horizonte: Del Rey, 1999. pp. 53 e ss.), é possível caracterizar o núcleo essencial da autonomia municipal consoante as diretrizes constitucionais supracitadas.

De forma geral, a autonomia demanda a pluralidade de ordenamentos e a repartição de competências. Em seu clássico estudo, o Prof. Baracho bem assentou que a autonomia pressupõe "poder de direito público não soberano, que pode, em virtude de direito próprio e não em virtude de delegação, estabelecer regras de direito obrigatórias" (cf. BARACHO, José Alfredo de Oliveira. *Teoria Geral do Federalismo*. Rio de Janeiro: Forense, 1986. p. 85).

Especificamente quanto à autonomia dos municípios, a doutrina destaca quatro atribuições ou capacidades essenciais: "a) *poder de auto-organização* (elaboração de lei orgânica própria); b) *poder de autogoverno*, pela eletividade do prefeito, do vice-prefeito e dos vereadores; c) *poder normativo próprio*, ou de autolegislação, mediante a elaboração de leis municipais na área de sua competência exclusiva e suplementar; e d) *poder de autoadministração*: administração própria para criar, manter e prestar os serviços de interesse local, bem como legislar sobre seus tributos e aplicar suas rendas" (MEIRELLES, Hely Lopes. *Direito Municipal Brasileiro*. 14. ed. São Paulo: Malheiros, 2006, p. 93).

Dessas atribuições, caracterizam-se os elementos da autonomia municipal, quais sejam, "*autonomia política* (capacidade de auto-organização e autogoverno), a *autonomia normativa* (capacidade de fazer leis próprias sobre matéria de sua competência), a *autonomia administrativa* (administração própria e organização de serviços locais) e a *autonomia financeira* (capacidade de decretação de seus tributos e aplicação de suas rendas, que é uma característica da autoadministração)." (SILVA, José Afonso da Silva. *O Município na Constituição de 1988*. São Paulo: Revista dos Tribunais, 1989. pp. 8-9).

Em sentido semelhante, o art. 28 (2) 1 da Constituição Alemã garante a autonomia municipal nos seguintes termos: "Aos Municípios deve ser garantido o direito de regular todos os interesses da comunidade local, nos moldes das leis, com responsabilidade própria." (*Den Gemeinden muß das Recht gewährleistet sein, alle Angelegenheiten der örtlichen Gemeinschaft im Rahmen der Gesetze in eigener Verantwortung zu regeln*).

A propósito dessa garantia, o Prof. Otto Gönnenwein ensina:

"El derecho a la autonomía administrativa no es ningún derecho fundamental en el sentido de un derecho público subjetivo de los Municipios, ninguna 'libertad del Municipio' fundamental como aquella de que hablaba la Constitución de 1848. A la autonomía administrativa se le concede más bien una *garantía institucional*. Está protegida contra qualquier posible supresión por parte del legislador. Pero el todavía discutido artículo 91 de la Ley del Tribunal de Constitucionalidad concede a los Municipios una protección jurídica inmediata en la figura de la queja constitucional por la cual, en caso necessario, pude declararse nula una norma legal que contravenga el artículo 28.

En la pratica, la garantía institucional se aproxima así, nuevamente, a una concesión de una esfera de libertad fundamental. De modo indirecto se reconoce también con ello el derecho del individuo a desarrollar en la comunidad local, juntamente con los demás ciudadanos, una administración independiente del Estado. Al Municipio se le conceden derechos de defensa contra el Estado, cuando el poder legislativo o el ejecutivo violan el derecho a la autonomía administrativa, institucionalmente garantizado. (...).

En cuanto al alcance de la garantía institucional, la sentencia del 10-11 de diciembre de 1929 del Tribunal del Estado del Imperio Aleman ha perdurado como modelo. No sólo es inadimisible la supresión total de la competencia del Municipio, sino que el legislador tampoco debe coartala de tal forma que su autonomía administrativa quede interiormente vacía, pierda la posibilidad de actuar firmemente y sólo pueda llevar una existencia ficticia; es decir, que se realice lo que se ha llamado um 'bloqueo de esencia'. Las tareas del Municipio no deben contraerse a los 'retazos de asuntos públicos no reclamados por el Estado'. Al juzgar el problema de si existe una intromisión contra la esencia de la autonomía, hay que atender a lo que queda de esa autonomía después de esa intromisión. En la determinación del concepto de autonomía administrativa no es la historia lo menos importante.

Habría que considerar ficticia la existencia de los Municipios si el legislador del Estado separara la administración comunal partes de su núcleo y de su centro, por ejemplo, si al igual que los Estados principescos absolutos, quisiera arrebatar a los Municipios la administración de su patrimonio, e hiciera nombrar los órganos y los funcionarios de los Municipios por las autoridades del Estado, y también cuando quisiera configurar la inspección del Estado según las líneas históricas de la tutela y, por ejemplo, declarara ejecutables las decisiones de los Municipios únicamente cuando, despúes de ser sometidas a las autoridades de inspección, no suscitaran objeciones. Tambien existiría una falta de contenido em la autonomía administrativa cuando el Estado convirtiera gran parte de las tareas de la comunidad local em tareas del Estado, y confiara su desempeño a los Municipios sólo en carácter delegado. Las tareas importantes de la comunidad local no pueden sustraerse al desempeño por los Municipios, bajo su propria responsabilidad, cosa que ocurriría si existiera una administración delegada."(GÖNNENWEIN, Otto. *Derecho Municipal* Alemán. Trad. Miguel Saenz-Sagaseta. Madrid: Instituto de Estudios de Administracion Local, 1967. pp. 46/50).

Dessas considerações, depreende-se que a essência da autonomia municipal contém primordialmente (i) *autoadministração*, que implica capacidade de decisória quanto aos interesses locais, sem delegação ou aprovação hierárquica; e (ii) *autogoverno*, que determina a eleição do chefe do Poder Executivo e dos representantes no Poder Legislativo (cf. BARACHO, José Alfredo de Oliveira. *Teoria Geral do Federalismo*. Rio de Janeiro: Forense, 1986. p. 93).

Com efeito, a característica do *autogoverno* traduz (a) independência da administração municipal em relação a outras estruturas organizacionais e (b) o direito reflexo dos administrados de participarem no processo decisório quanto aos interesses locais, como bem apontou o Prof. Gönnenwein, elegendo o poder executivo (prefeito e vice-prefeito) e poder legislativo (vereadores) locais. Por sua natureza, o autogoverno compreende a autonomia política e normativa.

De outra sorte, a *autoadministração* demanda (a) mínimo de competências materiais – incluindo a gestão de seus servidores, patrimônio e tributos – (b) executadas por autoridade, isto é sem delegação, e com responsabilidade próprias.

Evidentemente, o mínimo de competências materiais municipais depende do contexto histórico e circunscreve-se ao interesse predominantemente local, ou seja, aquele interesse que não afeta substancialmente as demais comunidades.

Como bem apontado pelo Prof. Alaôr Caffé Alves, razões de ordem técnica, econômica, ambiental, social, geográfica etc. podem transpor certas atividades e serviços do interesse eminentemente local para o regional e vice-versa, sem constituir qualquer violação à autonomia municipal [ALVES, Alaôr Caffé. "Regiões Metropolitanas, Aglomerações Urbanas e Microrregiões: novas dimensões constitucionais da organização do Estado brasileiro" in *Revista de Direito Ambiental* Vol. 21. Ano 6. jan-mar 2001. p. 57 (77)].

Ademais, o controle da estrutura e do financiamento na gerência de interesses locais é indispensável para que o município possa implementar suas decisões sem necessidade de autorização ou referendo dos estados e da União.

Logo, a autoadministração engloba a autonomia administrativa e financeira.

Em resumo, assegura-se a autonomia municipal desde que preservados o autogoverno e a autoadministração dos municípios.

No que se refere à integração metropolitana, por sua vez, a Constituição Federal acolheu expressamente a possibilidade de criação de regiões metropolitanas, aglomerações urbanas e microrregiões, nos termos do art. 25, § 3º, *verbis*:

"§ 3º Os Estados poderão, mediante lei complementar, instituir regiões metropolitanas, aglomerações urbanas e microrregiões, constituídas por agrupamentos de Municípios limítrofes, para integrar a organização, o planejamento e a execução de funções públicas de interesse comum".

Assim, a Carta Magna não ignorou os fenômenos da concentração urbana e da conurbação, ou seus desafios, que extravasam interesses locais de modo a atingir diversas comunidades e a situar-se sob diferentes autoridades municipais. O próprio crescimento das estruturas urbanas conecta municípios limítrofes de forma tão acentuada que, por vezes, não é possível discernir e precisar responsabilidades e interesses locais.

Em especial, duas dificuldades agravam-se nessa nova estrutura urbana: (i) a inviabilidade econômica e técnica de os municípios implementarem isoladamente determinadas funções públicas e (ii) a possibilidade de um único município obstar o adequado atendimento dos interesses de várias comunidades.

Desde a Constituição de 1937, dispõe-se sobre o agrupamento de municípios "para instalação, exploração e administração dos serviços públicos comuns", inclusive atribuindo-o "personalidade jurídica limitada a seus fins". (art. 29, CF/1937). A constituição e administração de tais agrupamentos deveriam ser reguladas pelo Estado, nos termos do parágrafo único do art. 29, CF/1937.

Relativamente à Constituição de 1946, permitiu-se ao Estado tão somente a criação de "órgão de assistência técnica aos Municípios" (art. 24, CF/1946) para auxiliar no fenômeno metropolitano.

No tocante à Constituição de 1967 (art. 157, § 10º), inclusive com a Emenda Constitucional n. 1/1969 (art. 164), o tema foi tratado no âmbito da Ordem Econômica, dispondo que "a União, mediante lei complementar, poderá, para a realização de serviços comuns, estabelecer

1972 Estado de Direito e Jurisdição Constitucional – Decisões relevantes em 15 anos de atuação no STF

regiões metropolitanas, constituídas por municípios que, independentemente de sua vinculação administrativa, façam parte da mesma comunidade socioeconômica".

Com amparo nessa disposição, a Lei Complementar federal n. 14/1973 criou as regiões metropolitanas de São Paulo, Belo Horizonte, Porto Alegre, Recife, Salvador, Curitiba, Belém e Fortaleza.

De outra sorte, a atual Carta Magna não só devolve a competência da instituição das regiões metropolitanas aos Estados federados, como inaugura outros institutos similares, quais sejam, as aglomerações urbanas e microrregiões. O Prof. José Afonso da Silva diferencia os referidos agrupamentos municipais:

> *"Região Metropolitana constitui-se de um conjunto de Municípios cujas sedes se unem com certa continuidade urbana em torno de um Município polo. Microrregiões formam-se de grupos de Municípios limítrofes com certa homogeneidade e problemas administrativos comuns, cujas sedes não sejam unidas por continuidade. Aglomerados urbanos carecem de conceituação, mas, de logo, se percebe que se trata de áreas urbanas, sem um polo de atração urbana, quer tais áreas sejam cidades sedes dos Municípios, como na baixada santista (em São Paulo), ou não."* (SILVA, José Afonso. *Curso de Direito Constitucional Positivo*. 19. ed. São Paulo: Malheiros, 2001. p. 649).

Para estas formas de integração, a Constituição Federal de 1998 estabelece como requisitos: (i) lei complementar estadual; (ii) agrupamento de municípios limítrofes; (iii) o objetivo de integrar a organização, o planejamento e a execução; (iv) no âmbito de funções públicas; e (v) de interesse comum.

Evidentemente, a integração metropolitana passa necessariamente pela autonomia municipal para dar soluções que vão além do que cada município pode realizar (cf. BARACHO, José Alfredo de Oliveira. *Teoria Geral do Federalismo*. Rio de Janeiro: Forense, 1986. p. 141).

De forma geral, o saudoso Hely Lopes Meirelles assim equaciona o equilíbrio entre autonomia municipal e integração metropolitana:

> *"O essencial é que a lei complementar estadual contenha normas flexíveis para a implantação da Região Metropolitana, sem obstaculizar a atuação estadual e municipal; ofereça a possibilidade de escolha, pelo Estado, do tipo de Região Metropolitana a ser instituída; torne obrigatória a participação do Estado e dos Municípios interessados na direção e nos recursos financeiros da Região Metropolitana; conceitue corretamente as obras e serviços de caráter metropolitano, para que não se aniquile a autonomia dos Municípios pela absorção das atividades de seu interesse local; e, finalmente, se atribuam à Região Metropolitana poderes administrativos e recursos financeiros aptos a permitir o planejamento e a execução das obras e serviços de sua competência sem os entraves da burocracia estatal. Sem estas características a Região metropolitana não atingirá plenamente suas finalidades"* (MEIRELLES, Hely Lopes. *Direito Municipal Brasileiro*. 14. ed. São Paulo: Malheiros, 2006. p. 83).

Em sentido semelhante, o Prof. Alaôr Caffé Alves ensina:

> *"Pela função da referida lei complementar [que institui agrupamento de municípios], deduz-se que tais regiões deverão ter tratamento constitucional a nível do Estado, perfazendo as bases institucionais de sua criação e funcionamento em face da existência de municípios delas integrantes. Quer dizer também que, uma vez constituídas por lei complementar, a integração dos municípios será compulsória para o efeito de realização das funções públicas de interesse comum, não podendo o ente local subtrair-se à figura regional, ficando sujeito às condições estabelecidas a nível regional para realizar aquelas funções públicas de interesse comum. Esta peculiaridade, singular em nosso direito, define os limites da autonomia municipal no âmbito urbano-regional metropolitano."* [ALVES, Allaôr Caffé. "Regiões Metropolitanas, Aglomerações Urbanas e Microrregiões: novas dimensões constitucionais da organização do Estado brasileiro". *in Revista de Direito Ambiental*. Ano 6. Jan-Mar 2001. p. 57 (61-62)].

Destaque-se que ponto fundamental na constituição da integração metropolitana é o *interesse comum*, que não se confunde com o simples somatório de interesses locais.

Administração pública e ordem federativa **1973**

Com efeito, a partir de fenômenos como a conurbação, o desatendimento de determinadas funções públicas pode afetar não só aquela comunidade, mas pode atingir situações além de suas fronteiras, principalmente considerando os municípios limítrofes. Ou seja, a falta de determinado serviço ou atividade que normalmente só diz respeito a uma única comunidade, pode eventualmente neutralizar o esforço de vários municípios ao redor.

Daí que a integração metropolitana surja não só como condição de viabilidade para determinadas políticas públicas, mas como forma de exigir a execução das decisões tomadas coletivamente.

Nesse ponto, destaque-se que o mencionado *interesse comum* não é comum apenas aos municípios envolvidos, mas ao Estado e aos Municípios do agrupamento urbano (cf. SILVA, José Afonso da. *Direito Urbanístico Brasileiro*. 4. ed. São Paulo: Malheiros, 2006. p. 164).

Ressalte-se que o caráter compulsório da participação dos municípios em regiões metropolitanas, microrregiões e aglomerações urbanas já foi acolhido pelo Pleno deste STF, ao julgar inconstitucional tanto a necessidade de aprovação prévia pelas Câmaras Municipais (ADI 1.841/RJ, Rel. Min. Carlos Velloso, *DJ* 20.9.2002) quanto a exigência de plebiscito nas comunidades interessadas (ADI 796/ES, Rel. Min. Néri da Silveira, *DJ* 17.12.1999).

Na verdade, tais aspectos da integração metropolitana (interesse comum e compulsoriedade) não são incompatíveis, em tese, com o núcleo essencial da autonomia dos municípios participantes.

Com efeito, a decisão e a execução colegiadas são aptas a, por um lado, garantir o adequado atendimento do interesse comum e vincular cada comunidade e, por outro lado, preservar o autogoverno e a autoadministração dos municípios.

Assim, determinados os elementos essenciais da autonomia municipal e da integração metropolitana, passo a analisar sua relação com a função pública de interesse comum em discussão, qual seja, o saneamento básico.

3. Agrupamentos municipais e saneamento básico

Como bem apontado pelo Min. Maurício Corrêa, a competência para promover a melhoria das condições de saneamento básico é comum da União, dos Estados e Municípios (art. 23, IX, CF/1988).

Recentemente, a Lei Federal n. 11.445/2007 – em atendimento ao comando do art. 21, XX, da Carta Magna – fixou diretrizes sobre o saneamento básico, definindo-o nos seguintes termos:

"Art. 3º Para os efeitos desta Lei, considera-se:

I – saneamento básico: conjunto de serviços, infraestruturas e instalações operacionais de:

a) abastecimento de água potável: constituído pelas atividades, infraestruturas e instalações necessárias ao abastecimento público de água potável, desde a captação até as ligações prediais e respectivos instrumentos de medição;

b) esgotamento sanitário: constituído pelas atividades, infraestruturas e instalações operacionais de coleta, transporte, tratamento e disposição final adequados dos esgotos sanitários, desde as ligações prediais até o seu lançamento final no meio ambiente;

c) limpeza urbana e manejo de resíduos sólidos: conjunto de atividades, infraestruturas e instalações operacionais de coleta, transporte, transbordo, tratamento e destino final do lixo doméstico e do lixo originário da varrição e limpeza de logradouros e vias públicas;

d) drenagem e manejo das águas pluviais urbanas: conjunto de atividades, infraestruturas e instalações operacionais de drenagem urbana de águas pluviais, de transporte, detenção ou retenção para o amortecimento de vazões de cheias, tratamento e disposição final das águas pluviais drenadas nas áreas urbanas;"

Por outro lado, o art. 3º, II, da LC 87/1997/RJ, inclui no conceito de saneamento básico "o abastecimento e produção de água desde sua captação bruta dos mananciais existentes no Estado, inclusive subsolo, sua adução, tratamento e reservação, a distribuição de água de forma adequada ao consumidor final, o esgotamento sanitário e a coleta de resíduos sólidos e líquidos por meio de canais, tubos ou outros tipos de condutos e o transporte das águas servidas e denominadas esgotamento, envolvendo seu tratamento, decantação em lagoas para posterior devolução ao meio ambiente em cursos d'água, lagos, baías e mar, bem como as soluções alternativas para os sistemas de esgotamento sanitário".

Não há dúvida quanto à complexidade e à importância da prestação de serviços de saneamento básico.

Por um lado, as próprias circunstâncias naturais e o elevado custo para a adequada prestação do serviço público e, principalmente, para instalação e manutenção da infraestrutura necessária – como canais e tubos em paralelo para amplo abastecimento de água e recolhimento de esgoto, estruturas de drenagem de águas pluviais, estações de tratamento etc. – demandam expressivos aportes financeiros, além de condições técnicas, que nem sempre estão ao alcance da grande maioria dos municípios brasileiros.

Além disso, o serviço de saneamento básico constitui monopólio natural, pois os custos fixos de implantação e manutenção do sistema são tão elevados que uma única fornecedora pode atender a toda demanda com custo menor que múltiplas fornecedoras (cf. COOTER & ULEN. *Law and Economics*. 5. ed. Boston: Pearson, 2007. p. 35 e ss. POSNER, Richard A. *Economic Analysis of Law*. 7. ed. New York: Aspen, 2007. p. 367 e ss.).

Assim, a configuração de monopólio natural revela não só ser inexequível o estabelecimento de concorrência na prestação de serviço de saneamento básico, como também indica que a reunião da demanda de municípios limítrofes pode reduzir custos e tornar o serviço mais atrativo para concessionários privados.

Notoriamente, poucos são os municípios que por si sós têm condições de atender adequadamente à função pública de saneamento básico. Normalmente, o próprio acesso aos recursos hídricos depende da integração das redes de abastecimento entre diversos municípios.

Captação, tratamento, adução, reserva, distribuição e, posteriormente, recolhimento e condução do esgoto, bem como sua disposição final indicam várias etapas que usualmente ultrapassam os limites territoriais de um dado município.

Ademais, raras comunidades compreenderiam isoladamente poder aquisitivo suficiente para atrair o interesse de concessionários privados ou para custear diretamente a prestação dos serviços inerentes ao saneamento básico.

Por outro lado, a inadequação na prestação da função pública de saneamento básico enseja problemas ambientais e de saúde pública que afetam comunidades próximas, principalmente nos casos em que se verifica o fenômeno da conurbação.

O vínculo entre saneamento básico e saúde pública é tão estreito que a própria Constituição Federal atribuiu competência ao SUS para participar na formulação da política e da execução das ações de saneamento básico (art. 200, IV, CF/1988).

Dessa forma, a função pública do saneamento básico frequentemente extrapola o interesse local e passa a ter natureza de interesse comum, apta a ensejar a instituição de regiões metropolitanas, aglomerações urbanas e microrregiões, nos termos do art. 25, § 3º, da Constituição Federal.

Com efeito, a integração do planejamento e execução do saneamento básico de agrupamento de municípios não só privilegia a economicidade e eficiência de recursos naturais e financeiros – por exemplo, aproveitando estação de tratamento e redes de distribuição e coleta para diversas comunidades – como permite subsídios cruzados, isto é, a compensação de *deficit* na prestação de serviço em determinadas áreas com o *superavit* verificado nas áreas de maior poder aquisitivo.

Registre-se que esta integração pode ocorrer tanto voluntariamente, por meio de gestão associada, empregando convênios de cooperação ou consórcios públicos, consoante os arts. 3º, II, e 24 da Lei Federal n. 11.445/2007 e 241 da Constituição Federal, como compulsoriamente, nos termos em que prevista na lei complementar estadual que institui as aglomerações urbanas.

No direito comparado, discutem-se vários modelos que permitam a integração de comunidades locais para a prestação da função de saneamento básico.

Por exemplo, na área metropolitana de Nova Iorque (NYC) ocorreu verdadeira incorporação de diferentes municípios (Bronx, Brooklin, Manhattan, Queens e Staten Island) para concentrar a execução dos serviços de saneamento básico sob a autoridade do prefeito do município polo. Assim, o *New York City Departament of Environmental Protection* controla todo o serviço de abastecimento de água e recolhimento de esgoto.

A anexação de municípios menores pelos municípios polos foi a primeira solução promovida para atender interesses comuns (MARTIN MATEO, Ramon. *Problematica Metropolitana*. Madrid: Montecorvo, 1974. p. 233).

Tal modelo ainda é empregado atualmente, como demonstra o caso da Cidade de Toronto, em que foram incorporados 6 municípios de seu entorno (cf. BURNS, Daniel. "A recente reforma municipal do Canadá com atenção particular ao caso de Toronto" in *O Desafio da Gestão das Regiões Metropolitanas em Países Federativos*. Brasília, Câmara dos Deputados, 2004. p. 27-29).

Na Alemanha, destaca-se o modelo dos *Kreise*, que institui associação distrital, com regime de competências de interesse comum. A propósito, Andreas J. Krell explicita a natureza e características das circunscrições municipais:

"Nesse ponto, cabe fazer um excurso para uma instituição famosa da administração pública na Alemanha, o 'Kreis', cuja tradução adequada é 'círculo' ou 'circunscrição' municipal. A competência dos Kreise é baseada no princípio da subsidiariedade, quer dizer: somente aquelas funções que os próprios municípios não conseguem exercer sozinhos de maneira satisfatória, devem ser cumpridos pelo respectivo Kreis, que, na média, integra de 20 a 30 municípios menores e rurais.

O Kreis exerce funções genuinamente supramunicipais como a construção e a manutenção de estradas regionais, a gestão de parques naturais, o controle de qualidade do ar ou o transporte coletivo regional. Ao lado dessas, ele desenvolve também medidas de compensação para reduzir as diferenças de capacidade administrativa dos seus membros e cumpre a função de complementação, oferecendo serviços que os municípios não seriam capazes de resolver sozinhos, como por exemplo, o abastecimento de água, o tratamento de esgotos ou a manutenção de escolas secundárias. A execução da maioria das tarefas obrigatórias dos municípios são de responsabilidade dos Kreise (autorização de construções, porte de armas, licenciamento de automóveis, serviços de estrangeiros, defesa civil).

Ao lado dessas atividades, o Kreis exerce também funções da esfera governamental superior, isto é, dos governos dos estados federados. Verificamos, portanto, uma 'função dupla' do Kreis, como comunidade territorial supralocal e grêmio ou microrregião municipal e, por outro lado, como direito administrativo estadual". (KRELL, Andreas Joachim. "Perspectivas dos Municípios", *in Livro de Teses da XVI Conferência Nacional de Advogados*, Brasília: OAB, s.d., p. 44).

Ainda a respeito dos *Kreise*, Aspásia Camargo asseverou em estudo comparativo entre os federalismos alemão e brasileiro:

"Os mecanismos de cooperação horizontal entre municípios [alemães] são muito mais eficazes, em torno do Kreis, e correspondem a unidades microrregionais de planejamento, e as ações estratégicas de conjunto, a mecanismos de controle e execução nas quais se aplica o princípio da subsidiariedade em favor dos mais fracos, sempre de maneira complementar e respeitando o espaço de autonomia das comunas". (CAMARGO, Aspásia. "Federalismo Cooperativo e o Princípio da Subsidiariedade: Notas sobre a Experiência Recente do Brasil e da Alemanha", *in* HOFMEISTER & CARNEIRO, *Federalismo na Alemanha e no Brasil*. São Paulo: Fundação Konrad Adenauer, 2001. p. 82).

Na Espanha, aplicou-se modelo na região metropolitana de Bilbao em que havia um conselho geral, com representantes dos municípios periféricos, e uma comissão executiva, presidida pelo prefeito do Município polo. Todavia, não se estabeleceram competências claras que diferenciassem o papel da organização metropolitana e dos municípios que a compunham (cf. MARTIN MATEO, Ramon. *Problemática Metropolitana*. Madrid: Montecorvo, 1974. p. 234/235).

Ressalte-se que, após a nova Constituição espanhola de 1978, os modelos regionais foram reformulados de acordo com cada *Comunidad Autonoma*. Assim, enquanto na região metropolitana de Madri os serviços de saneamento básico são executados exclusivamente por meio da empresa pública *Canal de Isabel II*, na região de Barcelona a adesão à Entidade de Meio Ambiente da Área Metropolitana não é compulsória.

Na Índia, a responsabilidade pelas áreas metropolitanas não é dos governos locais ou da União, mas dos governos estaduais, que em geral criam instituições especializadas.

A exceção é a região metropolitana de Nova Delhi, pois na qualidade de capital da Índia, constitui território da União, com Poder Legislativo próprio. Formada em 1957, a Grande Delhi amalgamou 11 municípios ao Município de Delhi, que só abrange 10% da área metropolitana.

A partir de então, a responsabilidade pelos serviços básicos de "construção, manutenção e limpeza de drenos e trabalhos de drenagem; limpeza, remoção e disposição do lixo e outros materiais poluidores; (...) melhorias de bueiros (...); serviço de água; limpeza de vias públicas"; entre outros restou transferida dos municípios anexados para a *Municipal Corporation of Delhi* (cf. MARTHUR, Om Prakash. "Índia: arranjos financeiros e estruturas de gestão da região metropolitana de Nova Delhi". in *O Desafio da Gestão das Regiões Metropolitanas em Países Federativos*. Brasília, Câmara dos Deputados, 2004. p. 29-31).

Na França, criaram-se comunidades urbanas, atribuindo ao âmbito metropolitano os serviços sanitários e de saneamento. Também na Inglaterra definiram-se competências semelhantes entre a Autoridade Metropolitana e os Conselhos de Distrito Metropolitano (cf. BARACHO, José Alfredo de Oliveira. *Teoria Geral do Federalismo*. Rio de Janeiro: Forense, 1986. p. 133).

Por óbvio, modelo funcional de saneamento básico não deve ignorar as indispensáveis fontes de recursos hídricos [cf. BARROSO, Luís Roberto. "Saneamento Básico: Competências Constitucionais da União, Estados e Municípios" in *Revista Diálogo Jurídico* n. 13 – abr./maio 2002, Salvador. Disponível em: www.direitopublico.com.br. Acesso em: 5.12.2007, p. 5].

No Brasil, a Lei federal n. 9.433/1997 estipulou como fundamento da Política Nacional a administração dos recursos hídricos em função das bacias hidrográficas (art. 1º, V, da Lei n. 9.433/1997).

Com efeito, a bacia hidrográfica deve ser o núcleo da unidade de planejamento e o referencial para toda ação de aproveitamento de recursos hídricos, inclusive de saneamento básico, uma vez que consiste no elemento determinante para viabilidade e racionalidade do sistema.

Ressalte-se que o art. 1º, VI, da Lei n. 9.433/1997 também prevê como fundamento a gestão descentralizada dos recursos hídricos "com a participação do Poder Público, dos usuários e das comunidades".

Dessa forma, a integração metropolitana em função de saneamento básico surge como imperativo da própria Política Nacional dos Recursos Hídricos e deve pautar-se no uso racional dos recursos hídricos, além de promover o adequado atendimento do interesse comum e resguardar a autonomia dos municípios.

De acordo com o relatório do Seminário "Desafio da Gestão das Regiões Metropolitanas nos Países Federativos" promovido pela Câmara dos Deputados, ao menos 26 áreas metropolitanas, que agregam cerca de 439 municípios, já foram instituídas no País (cf. MOURA, Rosa. "A

Administração pública e ordem federativa **1977**

situação socioeconômica das Regiões Metropolitanas: desigualdades e diversidade regional" in *O Desafio da Gestão das Regiões Metropolitanas em Países Federativos*. Brasília, Câmara dos Deputados, 2004. p. 34).

Nesse contexto, é preciso garantir, por um lado, que um município isoladamente não obstrua todo o esforço comum para viabilidade e adequação da função de saneamento básico em toda região metropolitana, microrregião e aglomerado urbano.

Por outro lado, também deve se evitar que o poder decisório e o poder concedente concentrem-se nas mãos de um único ente, quer o estado federado, quer o município polo.

Nesse sentido, a instituição de regiões metropolitanas, aglomerações urbanas ou microrregiões pode vincular a participação de municípios limítrofes, com o objetivo de executar e planejar a função pública do saneamento básico, seja para atender adequadamente às exigências de higiene e saúde pública, seja para dar viabilidade econômica e técnica aos municípios menos favorecidos. Repita-se que este caráter compulsório da integração metropolitana não esvazia a autonomia municipal [cf. ALVES, Alaôr Caffé. "Regiões Metropolitanas, Aglomerações Urbanas e Microrregiões: novas dimensões constitucionais da organização do Estado brasileiro" in *Revista de Direito Ambiental*, Vol. 21, Ano 6, jan.-mar. 2001. p. 57 (77); e VASQUES, Denise. "Instituição de Regiões Metropolitanas e Competências Constitucionais à Luz do Supremo", *Boletim de Direito Municipal*, n. 05, Ano XXI, maio 2005, p. 368 (373)].

Além disso, a integração da função pública de saneamento básico implica necessariamente a concentração da regulação, do controle, do planejamento e da supervisão do serviço do saneamento básico, de forma a uniformizar sua execução. No entanto, tal concentração não viola a autonomia municipal nos casos em que a titularidade do interesse comum seja de órgão em que os representantes eleitos das comunidades locais (autogoverno) participem de decisão colegiada (autoadministração).

Na verdade, o problema surge no momento em que deve se arbitrar, de acordo com os atuais padrões constitucionais, que ente tem a responsabilidade de atender ao saneamento básico nos casos de aglutinações urbanas. Em outras palavras, quem detém o poder concedente quanto ao serviço de saneamento básico: os municípios, o estado, o município polo? a própria entidade metropolitana?

Conforme exposto, o voto do Relator, Min. Maurício Corrêa, admite a possibilidade de o Estado-membro "regular e executar funções e serviços públicos de interesse comum", cometendo-lhe a "responsabilidade pela implantação de políticas unificadas de prestação de serviços públicos".

Esse entendimento tem amplo suporte doutrinário [cf. BARROSO, Luis Roberto. "Saneamento Básico: Competências Constitucionais da União, Estados e Municípios" in *Revista Diálogo Jurídico* n. 13 – abr./maio 2002, Salvador, disponível em www.direitopublico.com.br. Acesso em 5.12.2007. p. 21; TANAKA, Sônia Yuriko Kanashiro. "O Poder Concedente dos Serviços Públicos de Saneamento Básico, sobretudo na Região Metropolitana de São Paulo: Estado ou Município?" in *Boletim de Direito Municipal* n. 6, Ano XXI, jun 2005. p. 466 (474); FIGUEIREDO, Marcelo. "O Saneamento Básico e o Direito – uma visão dos principais problemas jurídicos" in WAGNER JUNIOR, Luiz Guilherme da Costa (coord.). *Direito Público: Estudos em homenagem ao Professor Adilson Abreu Dallari*. Belo Horizonte: Del Rey, 2004. p. 511 (520)].

No entanto, *data venia*, entendo que tal conclusão não merece prosperar, pois não é compatível com a Constituição Federal a transferência *integral* do poder concedente seja ao estado federado, seja ao município polo, uma vez que eliminaria, neste aspecto, a capacidade de autoadministração dos municípios envolvidos e, consequentemente, núcleo essencial da autonomia municipal.

De outra sorte, os votos divergentes dos Ministros Joaquim Barbosa e Nelson Jobim compreendem que deve ser respeitada "a divisão de responsabilidades entre município e estados", porém não coincidem quanto à titularidade das funções públicas de interesse comum.

Por um lado, o r. voto do Min. Nelson Jobim, amparado pelos votos dos Ministros Ilmar Galvão e Eros Grau na ADI-MC 2077/BA, ressalta que "as funções administrativas e executivas da REGIÃO METROPOLITANA somente podem ser exercidas por órgão próprio ou por órgão (público ou privado) a partir da autorização ou concessão dos municípios formadores".

Por outro lado, o entendimento do Min. Joaquim Barbosa assenta que "a titularidade do exercício das funções públicas de interesse comum passa para a nova entidade político-territorial--administrativa, de caráter intergovernamental, que nasce em consequência da criação da região metropolitana".

De acordo com o ordenamento constitucional, não é razoável a manutenção do poder concedente em cada município participante, sob pena de esvaziar o conteúdo do art. 25, § 3º, da Constituição Federal e a própria instituição de região metropolitana, microrregião ou aglomeração urbana, além de inviabilizar a prestação integrada e o adequado atendimento do interesse comum.

Na realidade, ao contrário da posição sustentada pelo Min. Jobim, o interesse comum tutelado pelas aglomerações municipais não constitui apenas "o somatório integrado das competências e atribuições dos municípios formadores".

A inadequação da prestação da função de saneamento básico em um único município pode inviabilizar todo o esforço coletivo e afetar vários municípios próximos.

Assim, o interesse comum é muito mais que a soma de cada interesse local envolvido, pois a má condução da função de saneamento básico por apenas um Município pode colocar em risco todo o esforço do conjunto, além das consequências para a saúde pública de toda a região.

A solução parece residir no reconhecimento de sistema semelhante aos *Kreise* alemães, em que o *Agrupamento de municípios junto com o estado federado* detenha a titularidade e o poder concedente, ou seja, o colegiado formado pelos municípios mais o estado federado decida como integrar e atender adequadamente à função de saneamento básico.

Nesse sentido, o magistério de Alaôr Caffé é pertinente:

"A criação por lei complementar da Constituição do estado, conforme o dispositivo da Carta Federal, das referidas figuras regionais, induz ao entendimento de que aquelas funções públicas de interesse comum não são de exclusiva competência local. E mais, não são também de competência exclusiva do Estado. (...) Se o entendimento fosse de ordem tradicional, unilinear e sem interpretação sistemática, ao Estado simplesmente seria adjudicada a titularidade daqueles serviços cujo controle e execução demandassem ação administrativa supralocal. Neste caso, não haveria necessidade de participação dos municípios na gestão e controle de tais funções públicas, uma vez que, sendo de caráter regional, não seria, na forma da perspectiva tradicional, de sua pertinência normativa e executiva. Seria inteira e privativamente de competência do Estado, com exclusão dos municípios.

Porém, por já não estarmos sob a égide do federalismo dual, estanque e centralizador, a interpretação não pode ser essa, sob pena de admitir a inutilidade jurídica das referidas figuras regionais, no plano da Constituição. Como essa linha seria um despautério hermenêutico, não há como deixar de interpretar que aquelas funções públicas de interesse comum são de competência conjunta (comum) dos municípios metropolitanos e do Estado que os integra. Por isso é que são chamadas 'funções públicas de interesse comum'. Seu exercício, entretanto é peculiar, visto que **os municípios não poderão exercê--las de modo isolado, senão conjuntamente, numa espécie de cogestão entre eles e o Estado que tem a responsabilidade de organizá-las originariamente, mediante lei complementar.**

(...)

Aqui, o poder originário concedente de serviços ou funções comuns são municípios e o Estado, vez que somente estes entes possuem corpos legislativos para regrar sobre os serviços públicos de interesse regional. Entretanto, mediante um condomínio legislativo (obtido mediante o exercício de competências comuns e concorrentes complementares e supletivas), aqueles entes políticos poderão e deverão, por exigência constitucional, criar as condições para a organização intergovernamental administrativa pública (uma espécie de autarquia territorial plurifuncional) para ser titular (derivado) do exercício de competências relativas às funções públicas de interesse comum. Vale dizer que o Estado cria e organi-

Administração pública e ordem federativa **1979**

za tal entidade administrativa, mediante lei complementar, mas não pode deixar, sob pena de inconstitucionalidade da medida, de admitir a participação dos municípios metropolitanos (ou integrantes das aglomerações urbanas ou microrregiões) para decidirem sobre assuntos regionais que, em última instância, são também de seu interesse (local).

Neste sentido, não poderá o Estado, ao criar a figura regional em apreço, gerenciar solitária e exclusivamente as funções públicas de interesse comum (incluindo serviços correspondentes) é, pois, da entidade pública administrativa (autarquia) organizada a nível regional, de caráter intergovernamental, onde representantes do Estado e dos municípios envolvidos deverão, de forma paritária, participar das funções normativas, diretivas e administrativas correspondentes" [ALVES, Alaôr Caffé. "Regiões Metropolitanas, Aglomerações Urbanas e Microrregiões: novas dimensões constitucionais da organização do Estado brasileiro" in *Revista de Direito Ambiental*, Vol. 21, Ano 6, jan.-mar. 2001. p. 57 (77)].

Tendo em vista os termos da Constituição de 1988, José Afonso da Silva concorda que "a titularidade [dos serviços comuns] não pode ser imputada a qualquer das entidades em si, mas ao Estado e aos Municípios envolvidos". E o autor ressalta:

"Não nos parece, em princípio, que [a participação dos municípios em agrupamentos urbanos] se trate de cooperação, porque a lei complementar estadual, ao instituir a região metropolitana, implica a definição das funções públicas de interesse comum. Comum a quem? *Funções públicas de interesse comum a Estado e a Município na região metropolitana* – e essa parece-nos a fundamental alteração que a atual formulação constitucional implica. E cabe à lei complementar estadual definir estas funções públicas de interesse comum. Mas essa definição tem limites, pois entre elas, evidentemente, não podem estar as de estrito interesse local, as que não têm dimensão metropolitana, que continuam integradas à autonomia dos municípios integrantes; nem as do Estado que não sejam também de estrito interesse metropolitano" (SILVA, José Afonso da. *Direito Urbanístico Brasileiro*. 4. ed. São Paulo: Malheiros, 2006. p. 164).

Nada obstante a discussão doutrinária quanto à possibilidade de a região metropolitana, a microrregião e o aglomerado urbano deterem personalidade jurídica própria [a propósito cf. ALOCHIO, Luiz Henrique Antunes. "O Problema da Concessão de Serviços Públicos em Regiões Metropolitanas: (Re)Pensando um tema relevante". *Interesse Público* n. 24, Ano 5, mar./abr. 2004, Porto Alegre: Notadez, p. 187 (191 e ss.)], o importante é a existência de estrutura (convênio, agência reguladora, conselho deliberativo etc.) com alguma forma de participação de todos os entes envolvidos, capaz de concentrar em um órgão uniformizador e técnico, responsável pela regulação e controle do serviço de saneamento básico.

Assim, cabe a este órgão colegiado regular e fiscalizar a execução de suas decisões, definindo inclusive as formas de concessão do serviço de saneamento básico, política tarifária, instalação de subsídios cruzados etc.

Ressalte-se, porém, que a participação dos entes nessa decisão colegiada não necessita ser paritária, desde que apta a prevenir a concentração do poder decisório no âmbito de um único ente. A participação de cada Município e do Estado deve ser estipulada em cada região metropolitana de acordo com suas particularidades, sem que se permita que um ente tenha predomínio absoluto.

Isto é, ainda que a participação do Estado federado nessa organização seja imprescindível [BARACHO, José Alfredo de Oliveira. *Teoria Geral do Federalismo*. Rio de Janeiro: Forense, 1986. p. 133; ALVES, Alaôr Caffé. "Regime Jurídico do Planejamento Metropolitano e Autonomia Municipal" in *Vox Legis* Vol. 137. Ano XII. mai 1980. p. 1 (6); SILVA, José Afonso da. *Direito Urbanístico Brasileiro*. 4. ed. São Paulo: Malheiros, 2006. p. 164; e ALOCHIO, Luiz Henrique Antunes. "O Problema da Concessão de Serviços Públicos em Regiões Metropolitanas: (Re) Pensando um tema relevante". *Interesse Público* n. 24, Ano 5, mar/abr 2004, Porto Alegre: Notadez, p. 187 (191 e ss.)], inclusive para assegurar os interesses de outras comunidades não abrangi-

1980 Estado de Direito e Jurisdição Constitucional – Decisões relevantes em 15 anos de atuação no STF

das pela aglomeração de municípios, seu voto isolado não pode ser suficiente para fixar todo planejamento e a execução da função pública de saneamento básico.

Obviamente, não se exige que o Estado ou o Município polo tenham peso idêntico a comunidades menos expressivas, seja em termos populacionais, seja em termos financeiros. A preservação da autonomia municipal impede apenas a concentração do poder decisório e regulatório nesses entes.

Em conclusão, na hipótese de integração metropolitana, o poder decisório e o eventual poder concedente não devem ser transferidos integralmente para o estado federado, como entendia o Min. Maurício Corrêa; nem permanecer em cada município individualmente considerado, como sustentava mais enfaticamente o Min. Nelson Jobim.

Antes, a região metropolitana deve, como ente colegiado, planejar, executar e funcionar como poder concedente dos serviços de saneamento básico, inclusive por meio de agência reguladora, de sorte a atender o interesse comum e à autonomia municipal.

4. Exame das normas questionadas

À luz das considerações acima expostas, todos os dispositivos que condicionam a execução da integração metropolitana ao exclusivo crivo de autoridade estadual são inconstitucionais.

Assim, a expressão "a ser submetido à Assembleia Legislativa" do inciso I do art. 5º, além do parágrafo único do art. 5º; dos incisos I, II, IV e V do art. 6º; do art. 7º; do art. 10, todos da LC 87/1997/RJ são efetivamente inconstitucionais por não pressuporem o poder decisório da integração metropolitana no âmbito do colegiado de municípios integrantes e do Estado federado, como os Conselhos Deliberativos criados nos arts. 4º e 11 da LC 87/1997/RJ.

Ao contrário, tais dispositivos delegam diretamente ao Estado do Rio de Janeiro, ou alguma de suas autoridades, a palavra final a respeito da execução e funcionamento da organização metropolitana e das funções de interesse comum.

Quanto aos arts. 11 a 21 da Lei n. 2.869/1997/RJ, a estrutura de saneamento básico para o atendimento de região metropolitana retira dos municípios qualquer poder de decidir, concentrando no Estado do Rio de Janeiro todos os elementos executivos, inclusive a condução da específica Agência Reguladora e a fixação das tarifas dos serviços das concessionárias.

A titularidade do serviço de saneamento básico, relativamente à distribuição de água e coleta de esgoto, é qualificada por interesse comum e deve ser concentrada na Região Metropolitana e na Microrregião, nos moldes do art. 25, § 3º, da Carta Magna, respeitando a condução de seu planejamento e execução por decisões colegiadas dos municípios envolvidos e do Estado do Rio de Janeiro.

Frise-se que não se veda a concessão do serviço por meio de lei estadual ou o controle de sua execução por meio de agência reguladora no âmbito estadual, mas estas providências devem ser dirigidas a partir de decisão em que os municípios e o Estado federado tenham participado conjuntamente.

Dessa forma, os arts. 11 a 21 da Lei n. 2.869/1997/RJ, porquanto decorrentes da decisão singular do Estado do Rio de Janeiro, são inconstitucionais.

Acrescento, ainda, a manifesta inconstitucionalidade dos parágrafos 2º tanto do art. 4º, quanto do art. 11 da LC 87/1997/RJ, que condiciona a execução dos respectivos Conselhos Deliberativos "à ratificação pelo Governador do Estado", que não restou apontada pelos votos divergentes.

Em suma, declaro a inconstitucionalidade da expressão "a ser submetido à Assembleia Legislativa" do inciso I do art. 5º, além do parágrafo 2º do art. 4º; do parágrafo único do art. 5º; dos incisos I, II, IV e V do art. 6º; do art. 7º; do art. 10, e do parágrafo 2º do art. 11 todos da LC 87/1997/RJ, bem como dos 11 a 21 da Lei n. 2.869/1997/RJ.

Administração pública e ordem federativa **1981**

5. Modulação dos efeitos da declaração de inconstitucionalidade

A aprovação da Lei n. 9.868/1999 introduziu significativa alteração na técnica de decisão de controle de constitucionalidade brasileiro. Em seu art. 27, a lei consagra a fórmula segundo a qual, "ao declarar a inconstitucionalidade de lei ou ato normativo, e tendo em vista razões de segurança jurídica ou de excepcional interesse social, poderá o Supremo Tribunal Federal, por maioria de dois terços de seus membros, restringir os efeitos daquela declaração ou decidir que ela só tenha eficácia a partir de seu trânsito em julgado ou de outro momento que venha a ser fixado".

Resta notório que o legislador optou conscientemente pela adoção de uma fórmula alternativa à pura e simples declaração de nulidade, que corresponde à tradição brasileira.

O dogma da nulidade da lei inconstitucional pertence à tradição do Direito brasileiro. A teoria da nulidade tem sido sustentada por praticamente todos os nossos importantes constitucionalistas (BARBOSA, Rui. *Os atos inconstitucionais do Congresso e do Executivo*. In: *Trabalhos jurídicos*. Rio de Janeiro: Casa de Rui Barbosa, 1962, p. 70-1; e *O direito do Amazonas ao Acre Septentrional*. Rio de Janeiro: Jornal do Commercio, 1910, v. 1, p. 103; CAMPOS, Francisco Luiz da Silva. *Direito constitucional*. Rio de Janeiro: Freitas Bastos, 1956, v. 1, p. 430-1; BUZAID, Alfredo. *Da ação direta de declaração de inconstitucionalidade no direito brasileiro*. São Paulo: Saraiva, 1958, p. 130-2; NUNES, José de Castro. *Teoria e prática do Poder Judiciário*. Rio de janeiro: Revista forense, 1943. p. 589).

Fundada na antiga doutrina americana, segundo a qual "the inconstitutional statute is not law at all" (Cf. WILLOUGHBY, Westel Woodbury. *The Constitutional law of the United States*. New York, 1910, v. 1, p. 9-10. Cf. também COOLEY, Thomas M. *A treatise on the constitutional limitations*. 4. ed. Boston, 1878, p. 227), significativa parcela da doutrina brasileira posicionou-se em favor da equiparação entre *inconstitucionalidade* e *nulidade*. Afirmava-se, em favor dessa tese, que o reconhecimento de qualquer efeito a uma lei inconstitucional importaria na suspensão provisória ou parcial da Constituição (Cf. BUZAID, Alfredo. *Da ação direta de declaração de inconstitucionalidade no direito brasileiro*, cit., p. 128-32).

No entanto, não se deve perder de vista que, em determinados casos, a aplicação excepcional da lei inconstitucional traduz exigência do próprio ordenamento constitucional. De fato, há situações em que a aplicação da lei mostra-se, do prisma constitucional, indispensável no período de transição, até a promulgação da nova lei.

Em razão destes casos, a disposição contida no art. 27 da Lei n. 9.868/1999 prevê modalidade de decisão no direito brasileiro semelhante ao modelo consagrado no direito português, que, no art. 282 (4), da Constituição, estabelece fórmula que autoriza o Tribunal Constitucional a limitar os efeitos das decisões de inconstitucionalidade com fundamento no princípio da segurança jurídica e no interesse público de excepcional relevo.

A propósito do modelo português, registre-se a opinião abalizada de Jorge Miranda:

"A fixação dos efeitos da inconstitucionalidade destina-se a adequá-los às situações da vida, a ponderar o seu alcance e a mitigar uma excessiva rigidez que pudesse comportar; destina-se a evitar que, para fugir a consequências demasiado gravosas da declaração, o Tribunal Constitucional viesse a não decidir pela ocorrência de inconstitucionalidade; é uma válvula de segurança da própria finalidade e da efetividade do sistema de fiscalização.

Uma norma como a do art. 282, n. 4, aparece, portanto, em diversos países, senão nos textos, pelo menos na jurisprudência.

Como escreve Bachof, os tribunais constitucionais consideram-se não só autorizados mas inclusivamente obrigados a ponderar as suas decisões, a tomar em consideração as possíveis consequências destas. É assim que eles verificam se um possível resultado da decisão não seria manifestamente injusto, ou não acarretaria um dano para o bem público, ou não iria lesar interesses dignos de proteção de cidadãos singulares. Não pode entender-se isto, naturalmente, como se os tribunais tomassem como ponto de partida o presumível resultado da sua decisão e passassem por cima da Constituição e da lei em atenção a um resultado desejado. Mas a verdade é que um resultado injusto, ou por qualquer outra razão duvidoso, é também em regra – embora não sempre – um resultado juridicamente errado." (MIRANDA, Jorge. *Manual de direito constitucional*, 3. ed. Coimbra: 1991, t. 2, p. 500-502).

Ressalte-se, ademais, que o instituto vem tendo ampla utilização desde a sua adoção. Segundo Rui Medeiros, entre 1983 e 1986, quase um terço das declarações de inconstitucionalidade com força obrigatória geral tiveram efeitos restritos. Essa tendência manteve-se também entre 1989 e 1997: das 50 declarações de inconstitucionalidade proferidas em processos de controle abstrato de normas pelo menos 18 teriam sido com limitação de efeitos (MEDEIROS, Rui. *A Decisão de Inconstitucionalidade*. Lisboa: Universidade Católica Editora, 1999. p. 689).

Acentue-se que, ao contrário do imaginado por alguns autores, também o conceito indeterminado relativo ao interesse público de excepcional relevo não é mero conceito de índole política. Em verdade, tal como anota Rui Medeiros, a referência ao interesse público de excepcional relevo não contrariou qualquer intenção restritiva, nem teve o propósito de substituir a *constitucionalidade estrita* por uma *constitucionalidade política* ou de colocar a *razão de Estado* em lugar da *razão da lei*. Essa opção nasceu da constatação de que "a segurança jurídica e a equidade não esgotavam o universo dos valores últimos do direito que, em situações manifestamente excepcionais, podiam justificar uma limitação de efeitos".

Resta, assim, evidente que o art. 282 (4) da Constituição portuguesa adota, também em relação ao interesse público de excepcional relevo, um conceito jurídico indeterminado para abarcar os interesses constitucionalmente protegidos não subsumíveis nas noções de segurança jurídica e de equidade.

Essa orientação enfatiza que os conceitos de segurança jurídica, equidade e interesse público de excepcional relevo expressam valores constitucionais e não simples fórmulas de política judiciária (MEDEIROS, Rui. *A Decisão de Inconstitucionalidade*. Lisboa: Universidade Católica Editora, 1999. p. 705-715).

A fórmula consagrada na Constituição portuguesa e agora reproduzida parcialmente no art. 27 da Lei n. 9.868/1999 não constitui modelo isolado. Ao revés, trata-se de sistema que, positiva ou jurisprudencialmente, vem sendo adotado pelos vários sistemas de controle de constitucionalidade.

Provavelmente, antes do advento da Lei n. 9.868/1999, talvez o STF fosse o único órgão importante de jurisdição constitucional a não fazer uso, de modo expresso, da limitação de efeitos na declaração de inconstitucionalidade.

De fato, série expressiva de Cortes Constitucionais e Cortes Supremas adota a técnica da limitação de efeitos, *v.g.*, a Corte Constitucional austríaca (Constituição, art. 140), a Corte Constitucional alemã (Lei Orgânica, § 31, 2 e 79, 1), a Corte Constitucional espanhola (embora não expressa na Constituição, adotou, desde 1989, a técnica da *declaração de inconstitucionalidade sem a pronúncia da nulidade*), a Corte Constitucional portuguesa (Constituição, art. 282, n. 4), o Tribunal de Justiça da Comunidade Europeia (art.174, 2 do Tratado de Roma), o Tribunal Europeu de Direitos Humanos (caso *Markx*, de 13 de junho de 1979), entre outras [Cf. CASTRO, Carlos Roberto Siqueira. "Da Declaração de Inconstitucionalidade e seus efeitos em face das Leis n. 9.868 e 9.882/99". In: SARMENTO, Daniel (org.). *O Controle de Constitucionalidade e a Lei 9.868/99*. Rio de Janeiro: Lumen Juris, 2001].

É interessante notar que mesmo nos Estados Unidos da América passou-se a admitir, após a Grande Depressão, o estabelecimento de limites à declaração de inconstitucionalidade (TRIBE, Laurence. *The American Constitutional Law*. New York: The Foundation Press, 1988).

A Suprema Corte americana considerou o problema proposto pela eficácia retroativa de juízos de inconstitucionalidade a propósito de decisões em processos criminais. Se as leis ou atos

Administração pública e ordem federativa **1983**

inconstitucionais nunca existiram enquanto tais, eventuais condenações nelas baseadas quedam ilegítimas, e, portanto, o juízo de inconstitucionalidade implicaria a possibilidade de impugnação imediata de todas as condenações efetuadas sob a vigência da norma inconstitucional. Sobre o tema, afirma Tribe:

> "No caso Linkletter v. Walker, a Corte rejeitou ambos os extremos: 'a Constituição nem proíbe nem exige efeito retroativo.' Parafraseando o Justice Cardozo pela assertiva de que 'a constituição federal nada diz sobre o assunto', a Corte de Linkletter tratou da questão da retroatividade como um assunto puramente de política (política judiciária), a ser decidido novamente em cada caso. A Suprema Corte codificou a abordagem de Linkletter no caso Stovall v. Denno: 'Os critérios condutores da solução da questão implicam (a) o uso a ser servido pelos novos padrões, (b) a extensão da dependência das autoridades responsáveis pelo cumprimento da lei com relação aos antigos padrões, e (c) o efeito sobre a administração da justiça de uma aplicação retroativa dos novos padrões". (TRIBE, Laurence. *The American Constitutional Law*. New York: The Foundation Press, 1988).

Segundo a doutrina, a jurisprudência americana evoluiu para admitir, ao lado da decisão de inconstitucionalidade com efeitos retroativos amplos ou limitados (*limited retrospectivity*), a *superação prospectiva (prospective overruling)*, que tanto pode ser *limitada (limited prospectivity)*, aplicável aos processos iniciados após a decisão, inclusive ao processo originário, como *ilimitada (pure prospectivity)*, que sequer se aplica ao processo que lhe deu origem (cf. PALU, Oswaldo Luiz. *Controle de constitucionalidade*. 2. ed. São Paulo: Revista dos Tribunais, 2001, p. 173; e MEDEIROS, Rui. A *Decisão de Inconstitucionalidade*. Lisboa: Universidade Católica, 1999. p. 743).

Destarte, o sistema difuso ou incidental mais tradicional do mundo admitiu a mitigação dos efeitos da declaração de inconstitucionalidade e, em casos determinados, acolheu até mesmo a pura declaração de inconstitucionalidade com efeito exclusivamente *pro futuro* (Cf. SESMA, Victoria Iturralde. *El Precedente en el Common Law*, Madrid: 1995. p. 174 e ss.).

Em diversos casos, a adoção de declaração de inconstitucionalidade mitigada decorreu de construção pretoriana.

São os exemplos da Alemanha, na fase inicial, e da Espanha. Nesses dois sistemas, dominava a ideia do princípio da nulidade como princípio constitucional não escrito (§ 78 da Lei da Corte Constitucional alemã; art. 39 da Lei Orgânica da Corte Constitucional espanhola). Essa orientação, todavia, não impediu que, em casos determinados, ambas as Cortes constitucionais se afastassem da técnica da nulidade e passassem a desenvolver fórmulas alternativas de decisão.

Em outras palavras, a admissão formal do princípio da nulidade não impediu a adoção de técnica alternativa de decisão naqueles casos em que a nulidade poderia revelar-se inadequada (*v.g.* casos de omissão parcial) ou trazer consequências intoleráveis para o sistema jurídico (ameaça de caos jurídico ou situação de insegurança jurídica).

Na Espanha, embora nem a Constituição nem a Lei Orgânica do Tribunal Constitucional tenham adotado expressamente uma declaração de inconstitucionalidade com efeitos restritos, a Corte Constitucional, marcadamente influenciada pela experiência constitucional alemã, passou a adotar, desde 1989, a técnica da *declaração de inconstitucionalidade sem a pronúncia da nulidade*, como reportado por García de Enterría:

> "A recente publicação no Boletim Oficial do Estado de 2 de março último da já famosa Sentença 45/1989, de 20 de fevereiro, sobre inconstitucionalidade do sistema de liquidação conjunta do imposto sobre a renda da unidade familiar matrimonial, permite aos juristas uma reflexão pausada sobre esta importante decisão do Tribunal Constitucional, objeto já de múltiplos comentários periodísticos.
>
> A decisão é importante, com efeito, por seu fundamento, a inconstitucionalidade que declara, tema no qual não haver sido produzido até agora, discrepância alguma. Mas parece-me bastante mais importante ainda pela inovação que se supõe na determinação dos efeitos dessa inconstitucionalidade, que a sentença remete ao que se indica no décimo primeiro fundamento e este explica como uma eficácia para o futuro, que não permite reabrir as liquidações administrativas ou dos próprios contribuintes

(autoliquidações) anteriores" (GARCÍA DE ENTERRÍA, Eduardo. "Justicia Constitucional: la doctrina prospectiva en la declaración de ineficacia de las leyes inconstitucionales". In: Revista de Direito Público n. 92; out./dez. de 1989. p. 5).

Na mesma linha, a Corte Constitucional espanhola tem declarado a inconstitucionalidade sem pronúncia da nulidade de dispositivos constantes de leis orçamentárias. Assim, na STC 13/92/17 assentou-se que "a anulação dessas dotações orçamentárias poderia acarretar graves prejuízos e perturbações aos interesses gerais, também na Catalunha, afetando situações jurídicas consolidadas e particularmente a política econômica e financeira do Estado" [JIMÉNEZ CAMPO, Javier. "Qué hacer con la ley inconstitucional", in: *La sentencia sobre la constitucionalidad de la ley*. Madrid: 1997. p. 15 (64)].

Essa sucinta análise do direito comparado demonstra forte tendência no sentido da universalização de alternativas normativas ou jurisprudenciais em relação à técnica de nulidade. Pode-se dizer que, independentemente do modelo de controle adotado, de perfil difuso ou concentrado, a criação de técnicas alternativas é comum aos mais diversos sistemas constitucionais. Também o Tribunal da Comunidade Europeia e o Tribunal Europeu de Direitos Humanos curvaram-se à necessidade de adoção de uma técnica alternativa de decisão.

Assim, as técnicas inovadoras de controle da constitucionalidade das leis e dos atos normativos em geral têm sido cada vez mais comuns na realidade do direito comparado, na qual os tribunais não estão mais afeitos às soluções ortodoxas da declaração de nulidade total ou de mera decisão de improcedência da ação com a consequente declaração de constitucionalidade.

Em estudo sobre a doutrina da declaração prospectiva da ineficácia das leis inconstitucionais, García de Enterría bem demonstra que essa modalidade de decisão no controle de constitucionalidade decorre de uma necessidade prática comum a qualquer jurisdição de perfil constitucional:

> "La técnica de la anulación prospectiva se ha desarollado en las jurisprudencias constitucionales de otros países y en la de los Tribunales supranacionales europeos en función de un problema específico del control judicial de las leyes. En palabras ya clásicas de Otto Bachof en su trabajo 'El juez constitucional entre el Derecho y la Política' (al que yo mismo me he referido detenidamente en el libro citado, La Constitución como Norma, pp. 179, y sigs.), porque *las Sentencias anulatorias de una Ley 'pueden ocasionar catástrofes*, no solo para el caso concreto, sino para un invisible número de casos; cuando esas Sentencias son 'politicamente equivocadas' (en el sentido de que desbaratan las tareas políticas legítimas de la dirección del Estado), la decisión puede alcanzar a la comunidad política entera'. Así, pues, 'más que el juez de otros ámbitos de la justicia, puede y debe el juez constitucional no perder de vista las consecuencias – y tan frecuentemente consecuencias políticas – de sus sentencias. Pero – y ésta es la cuestión a plantearse – ¿Qué influencia le es permitido conceder a esas eventuales consecuencias sobre su sentencia? ¿Puede, le es permitido o debe declarar ineficaz la ejecución de una Ley aplicada incólumemente durante largos años declarando una nulidad que privara de soporte a innumerables actos jurídicos, o quizá derribar a sectores enteros administrativos o económicos a causa de una infracción constitucional tardíamente descubierta? ¿No se convertiría aquí de hecho el summum ius en summa inuria, sin utilidad para nadie y daño para muchos o para la entera comunidad? ... Así, pues, ¿fiat justitiae pereat mundos?'" (GARCÍA DE ENTERRÍA, Eduardo. "Justicia Constitucional: la doctrina prospectiva en la declaración de ineficacia de las leyes inconstitucionales". In: Revista de Direito Público n. 92; out./dez. de 1989. p. 12-13).

Ressalte-se, ainda, que a evolução das técnicas de decisão em sede de controle judicial de constitucionalidade deu-se no sentido da quase integral superação do sistema que Canotilho denominou de *'silogismo tautológico'*: (1) uma lei inconstitucional é nula; (2) uma lei é nula porque inconstitucional; (3) a inconstitucionalidade reconduz-se à nulidade e a nulidade à inconstitucionalidade (CANOTILHO, J. J. Gomes. *Direito Constitucional*. 7. ed. Coimbra: Almedina, 2003. p. 948).

Na realidade, a técnica da nulidade revela-se adequada para solver as violações das normas constitucionais de conteúdo negativo ou proibitivo (*v.g.*, direitos fundamentais enquanto direitos negativos), mas mostra-se inepta para arrostar o quadro de imperfeição normativa, decorrente de omissão legislativa parcial ou da lesão ao princípio da isonomia. Igualmente, o princípio da segurança jurídica é um valor constitucional relevante tanto quanto a própria ideia de legitimidade. Resta evidente que a teoria da nulidade não poderia ser aplicada na linha do velho adágio *fiat justitia, pereat mundus*.

A toda evidência, deve se evitar a declaração de nulidade de lei que pudesse importar caos jurídico ou, em casos extremos, verdadeiro "suicídio democrático", cujo melhor exemplo seria a declaração de nulidade de lei eleitoral de aplicação nacional a regular a posse dos novos eleitos.

Restou, assim, superada, por fundamentos diversos, a fórmula apodítica "*constitucionalidade/nulidade*" anteriormente dominante. Não se pode negar que muitas situações imperfeitas, sob a perspectiva constitucional, dificilmente seriam superadas com a simples utilização da declaração de nulidade.

Essa tendência de adoção de técnicas diferenciadas de decisão no controle de constitucionalidade é também resultado da conhecida relativização do vetusto dogma kelseniano do "legislador negativo". Sobre o tema, é digno de nota o estudo de Joaquín Brage Camazano, do qual cito a seguir alguns trechos:

"La raíz esencialmente pragmática de estas modalidades atípicas de sentencias de la constitucionalidad hace suponer que su uso es prácticamente inevitable, con una u otra denominación y con unas u otras particularidades, por cualquier órgano de la constitucionalidad consolidado que goce de una amplia jurisdicción, en especial si no seguimos condicionados inercialmente por la majestuosa, pero hoy ampliamente superada, concepción de Kelsen del TC como una suerte de 'legislador negativo'. Si alguna vez los tribunales constitucionales fueron legisladores negativos, sea como sea, hoy es obvio que ya no lo son; y justamente el rico 'arsenal' sentenciador de que disponen para fiscalizar la constitucionalidad de la Ley, más allá del planteamiento demasiado simple 'constitucionalidad/ inconstitucionalidad', es un elemento más, y de importancia, que viene a poner de relieve hasta qué punto es así. Y es que, como Fernández Segado destaca, 'la praxis de los tribunales constitucionales no ha hecho sino avanzar en esta dirección' de la superación de la idea de los mismos como legisladores negativos, 'certificando [así] la quiebra del modelo kelseniano del legislador negativo." [CAMAZANO, Joaquín Brage. "Interpretación constitucional, declaraciones de inconstitucionalidad y arsenal sentenciador (un sucinto inventario de algunas sentencias 'atípicas')" in MACGREGOR, Eduardo Ferrer (ed.), *La interpretación constitucional*, Porrúa, México, 2005, en prensa].

Assim, além das muito conhecidas técnicas de interpretação conforme a Constituição, declaração de nulidade parcial sem redução de texto, ou da declaração de inconstitucionalidade sem a pronúncia da nulidade, aferição da "lei ainda constitucional" e do apelo ao legislador, são também muito utilizadas as técnicas de limitação ou restrição de efeitos da decisão, o que possibilita a declaração de inconstitucionalidade com efeitos *pro futuro* a partir da decisão ou de outro momento que venha a ser determinado pelo tribunal.

No Brasil, há muito a doutrina ressalta as limitações da simples pronúncia da nulidade ou da mera cassação da lei para resolver todos os problemas relacionados à inconstitucionalidade da lei ou do ato normativo.

Não são poucos os que apontam a insuficiência ou a inadequação da declaração de nulidade da lei para superar algumas situações de inconstitucionalidade, sobretudo no âmbito do princípio da isonomia e da chamada inconstitucionalidade por omissão [cf. MAURER, Hartmut. Zur Verfassungswidrigerklärung von Gesetzen. In: *Festschrift für Werner Weber*. Berlim, 1974, p. 345 (368)].

Muitas vezes, a aplicação continuada de uma lei por diversos anos torna quase impossível a declaração de sua nulidade, recomendando a adoção de alguma técnica alternativa, com base no próprio princípio constitucional da segurança jurídica.

Nesse contexto, a jurisprudência do Supremo Tribunal Federal tem evoluído significativamente nos últimos anos, sobretudo a partir do advento da Lei n. 9.868/99, cujo art. 27 abre ao Tribunal uma nova via para a mitigação de efeitos da decisão de inconstitucionalidade.

O texto inscrito na Lei n. 9.868/99 é resultado da proposta constante do Projeto de Lei n. 2.960/97. Na Exposição de Motivos do aludido projeto, afirmava-se, a propósito:

"[...] Coerente com evolução constatada no Direito Constitucional comparado, a presente proposta permite que o próprio Supremo Tribunal Federal, por uma maioria diferenciada, decida sobre os efeitos da declaração de inconstitucionalidade, fazendo um juízo rigoroso de ponderação entre o princípio da nulidade da lei inconstitucional, de um lado, e os postulados da segurança jurídica e do interesse social, de outro (art. 27). Assim, o princípio da nulidade somente será afastado "in concreto" se, a juízo do próprio Tribunal, se puder afirmar que a declaração de nulidade acabaria por distanciar-se ainda mais da vontade constitucional.

Entendeu, portanto, a Comissão que, ao lado da ortodoxa declaração de nulidade, há de se reconhecer a possibilidade de o Supremo Tribunal, em casos excepcionais, mediante decisão da maioria qualificada (dois terços dos votos), estabelecer limites aos efeitos da declaração de inconstitucionalidade, proferindo a inconstitucionalidade com eficácia ex nunc ou pro futuro, especialmente naqueles casos em que a declaração de nulidade se mostre inadequada (v.g.: lesão positiva ao princípio da isonomia) ou nas hipóteses em que a lacuna resultante da declaração de nulidade possa dar ensejo ao surgimento de uma situação ainda mais afastada da vontade constitucional.[...]" (Exposição de Motivos n. 189, de 07.04.1997, ao Projeto de Lei n. 2.960, de 1997).

O art. 27 da Lei n. 9.868/99 veio preencher a lacuna – já detectada pelo Tribunal – existente no âmbito das técnicas de decisão no processo de controle de constitucionalidade.

Com efeito, em decisão de 23 de março de 1994, teve o STF oportunidade de ampliar a já complexa tessitura das técnicas de decisão no controle de constitucionalidade, admitindo que lei que concedia prazo em dobro para a Defensoria Pública era de ser considerada constitucional enquanto esses órgãos não estivessem devidamente habilitados ou estruturados (HC 70.514/RS, Rel. Min. Sydney Sanches, Pleno, maioria, *DJ* 27.6.1997).

Na oportunidade, o Relator, Min. Sydney Sanches, ressaltou que a inconstitucionalidade do § 5º do art. 5º da Lei n. 1.060, de 5 de fevereiro de 1950, acrescentado pela Lei n. 7.871, de 8 de novembro de 1989, não haveria de ser reconhecida, no ponto em que confere prazo em dobro, para recurso, às Defensorias Públicas, "ao menos até que sua organização, nos Estados, alcance o nível da organização do respectivo Ministério Público".

Ressalvou-se, portanto, de forma expressa, a possibilidade de o Tribunal declarar a inconstitucionalidade da disposição em apreço, uma vez que a afirmação sobre a legitimidade da norma assentava-se em circunstância de fato que se modifica no tempo.

Posteriormente, no Recurso Extraordinário Criminal n. 147.776, da relatoria do Ministro Sepúlveda Pertence, o tema voltou a ser agitado. A ementa do acórdão revela, por si só, o significado da decisão para a evolução das técnicas de controle de constitucionalidade:

"2. No contexto da Constituição de 1988, a atribuição anteriormente dada ao Ministério Público pelo art. 68, C. Pr. Penal – constituindo modalidade de assistência judiciária – deve reputar-se transferida para a Defensoria Pública: essa, porém, para esse fim, só se pode considerar existente, onde e quando organizada, de direito e de fato, nos moldes do art. 134 da própria Constituição e da lei complementar por ela ordenada: até que – na União ou em cada Estado considerado –, se implemente essa condição de viabilização da cogitada transferência constitucional de atribuições, o art. 68, C. Pr. Pen. será considerado ainda vigente: é o caso do Estado de São Paulo, como decidiu o plenário no RE 135.328." (RE 147.776/SP, Rel. Min. Sepúlveda Pertence, 1ª T., *DJ* 19.6.1998).

Fica evidente, pois, que o Supremo Tribunal deu um passo significativo rumo à flexibilização das técnicas de decisão no juízo de controle de constitucionalidade, introduzindo, ao lado da declaração de inconstitucionalidade, o reconhecimento de um estado imperfeito, insuficiente para justificar a declaração de ilegitimidade da lei.

É que, como anotado com precisão pelo Sepúlveda Pertence, "a alternativa radical da jurisdição constitucional ortodoxa entre constitucionalidade plena e a declaração de inconstitucionalidade ou revogação por inconstitucionalidade da lei com fulminante eficácia ex tunc faz abstração da evidência de que a implementação de uma nova ordem constitucional não é um fato instantâneo, mas um processo (...)" (RE 147.776/SP, Rel. Min. Sepúlveda Pertence, 1ª T., *DJ* 19.6.1998).

Promulgada a Lei n. 9.868, de 10.11.1999, a Confederação Nacional das Profissões Liberais – CNPL e a Ordem dos Advogados do Brasil propuseram ações diretas de inconstitucionalidade contra alguns dispositivos da referida lei, dentre eles o próprio artigo 27 (ADI n. 2.154 e 2.258, Rel. Min. Sepúlveda Pertence). O julgamento de ambas as ações foi iniciado, com voto do Relator pela inconstitucionalidade do art. 27, porém foi suspenso, ante o pedido de vista da Min. Cármen Lúcia (Vide *Informativo STF* n. 476/2007). De qualquer forma, o Tribunal já vem sinalizando seu entendimento a respeito da plena constitucionalidade desse dispositivo.

Com efeito, a falta de um instituto que permita estabelecer limites aos efeitos da declaração de inconstitucionalidade acaba por obrigar os Tribunais, muitas vezes, a se abster de emitir um juízo de censura, declarando a constitucionalidade de leis manifestamente inconstitucionais. Como ressalta García de Enterría, *"la jurisprudencia norteamericana y sus comentaristas han invocado derechamente un argumento evidente: si no se admitiese el pronunciamiento prospectivo no se declararía la inconstitucionalidad de un gran número de normas. La doctrina de la absoluta y retroactiva nulidad de las Leyes inconstitucionales conduce 'en la dirección de la* greater restraint', *del más fuerte freno a los pronunciamientos de inconstitucionalidad"* (GARCÍA DE ENTERRÍA, Eduardo. "Justicia Constitucional: la doctrina prospectiva en la declaración de ineficacia de las leyes inconstitucionales" In: *Revista de Direito Público* n. 92; out./dez. de 1989, p. 13).

O perigo de tal atitude desmesurada de *self restraint* (ou **greater restraint**) pelas Cortes Constitucionais ocorre justamente nos casos em que, como o presente, a nulidade da lei inconstitucional pode causar uma verdadeira catástrofe – para utilizar a expressão de Otto Bachof – do ponto de vista político, econômico e social. Como assevera García de Enterría, *"es, justamente, la relación estrecha entre ambos conceptos (nulidad = catástrofe) la que le ha llevado a buscar en el ordenamiento constitucional otra solución y ha creído haberla encontrado en la adopción del criterio de la inconstitucionalidad prospectiva, hoy establecido y admitido por los más importantes sistemas de justicia constitucional e internacional del mundo entero"* (GARCÍA DE ENTERRÍA, Eduardo. "Justicia Constitucional: la doctrina prospectiva en la declaración de ineficacia de las leyes inconstitucionales" In: *Revista de Direito Público* n. 92; out./dez. de 1989, p. 14).

Como admitir, para ficarmos no exemplo de Walter Jellinek, a declaração de inconstitucionalidade total, com efeitos retroativos, de lei eleitoral tempos depois da posse dos novos eleitos em dado Estado? Nesse caso, adota-se a teoria da nulidade e declara-se inconstitucional e *ipso jure* a lei, com todas as consequências, ainda que dentre elas esteja a eventual acefalia do Estado?

Questões semelhantes podem ser suscitadas em torno da inconstitucionalidade de normas orçamentárias. Há de se admitir, também aqui, a aplicação da teoria da nulidade *tout court*? Dúvida semelhante poderia suscitar o pedido de inconstitucionalidade, formulado anos após a promulgação da lei de organização judiciária que instituiu número elevado de comarcas, como já se verificou entre nós (RE 104.393/GO, Rel. Min. Moreira Alves, 2ª Turma, *DJ* de 24.5.1985). Ou, ainda, o caso de declaração de inconstitucionalidade de regime de servidores aplicado por anos sem contestação.

Essas questões parecem suficientes para demonstrar que, sem abandonar a doutrina tradicional da nulidade da lei inconstitucional, é possível e, muitas vezes, inevitável, com base no princípio da segurança jurídica, afastar a incidência do princípio da nulidade em determinadas situações.

Nesse passo, o art. 27 da Lei n. 9.868/99 limita-se a explicitar orientação que decorre do próprio sistema de controle de constitucionalidade.

Não se nega, pois, o caráter de princípio constitucional ao princípio da nulidade da lei inconstitucional. Entende-se, porém, que tal princípio não poderá ser aplicado nos casos em que se revelar absolutamente inidôneo para a finalidade perseguida (casos de omissão; exclusão de benefício incompatível com o princípio da igualdade), bem como nas hipóteses em que sua aplicação pudesse trazer danos para o próprio sistema jurídico constitucional.

Assim, configurado eventual conflito entre o princípio da nulidade e o princípio da segurança jurídica, que, entre nós, tem *status* constitucional, a solução da questão há de ser, igualmente, levada a efeito em um processo de complexa ponderação.

Em muitos casos, então, há de se preferir a declaração de inconstitucionalidade com efeitos restritos à insegurança jurídica decorrente da declaração de nulidade, como demonstram os múltiplos exemplos do direito comparado e do nosso direito.

Nesses termos, fica evidente que a norma contida no art. 27 da Lei n. 9.868/99 tem caráter fundamentalmente interpretativo, desde que se entenda que os conceitos jurídicos indeterminados utilizados – segurança jurídica e excepcional interesse social – se revestem de base constitucional. No que diz respeito à segurança jurídica, parece não haver dúvida de que encontra expressão no próprio princípio do Estado de Direito consoante, amplamente aceito pela doutrina pátria e estrangeira. Excepcional interesse social pode encontrar fundamento em diversas normas constitucionais.

Importante assinalar é que, segundo a interpretação ora preconizada, o princípio da nulidade somente há de ser afastado se demonstrado, com base numa ponderação concreta, que a declaração de inconstitucionalidade ortodoxa envolveria o sacrifício da segurança jurídica ou de outro valor constitucional materializável sob a forma de interesse social.

Portanto, o princípio da nulidade continua a ser a regra também no direito brasileiro. O afastamento de sua incidência dependerá de um severo juízo de ponderação que, tendo em vista análise fundada no princípio da proporcionalidade, faça prevalecer a ideia de segurança jurídica ou outro princípio constitucional manifestado sob a forma de interesse social relevante. Assim, aqui, como no direito português, a não aplicação do princípio da nulidade não se há de basear em consideração de política judiciária, mas em fundamento constitucional próprio.

Entre nós, cuidou o legislador de conceber um modelo restritivo também no aspecto procedimental, consagrando a necessidade de um *quorum* especial (dois terços dos votos) para a declaração de inconstitucionalidade com efeitos limitados.

Não parecem procedentes, pois, as impugnações à constitucionalidade do art. 27 da Lei n. 9.868/99.

É certo que Supremo Tribunal Federal ainda não se pronunciou, definitivamente, sobre a constitucionalidade do art. 27 da Lei n. 9.868/99. É notório, porém, que o Tribunal aplica o art. 27 tanto no controle incidental (RE 197.917, Rel. Min. Maurício Corrêa, *DJ* de 07.05.2004) como no controle abstrato (ADI 3.022/RS, Rel. Min. Joaquim Barbosa, *DJ* de 18.08.2004; ADI 2.240/BA, Rel. Min Eros Grau, *DJ* 9.8.2007).

No presente caso, o Tribunal tem a oportunidade de aplicar o art. 27 da Lei n. 9.868/99 em sua versão mais ampla. A declaração de inconstitucionalidade e, portanto, da nulidade das leis que regulam atualmente a prestação do serviço de saneamento básico constitui mais um dentre os casos em que as consequências da decisão tomada pela Corte podem gerar um verdadeiro caos jurídico.

Não há dúvida, portanto, – e todos os Ministros que aqui se encontram parecem ter plena consciência disso – de que o Tribunal deve adotar uma fórmula que, reconhecendo a inconstitu-

Administração pública e ordem federativa **1989**

cionalidade das normas impugnadas, resguarde na maior medida possível os efeitos negativos à população por ela produzidos.

Com efeito, é necessário ponderar que os serviços de saneamento básicos estão sendo atualmente prestados tanto na Região Metropolitana do Rio de Janeiro como na Microrregião dos Lagos com fundamento nos dispositivos questionados.

Logo, a declaração de inconstitucionalidade sem efeitos modulados acarretaria a imediata interrupção da prestação dessa função pública, por absoluto vício nos instrumentos de concessão e na regulação que dispõe sobre as formas e tarifas da prestação da mencionada função pública.

A toda evidência, a continuidade da prestação da função de saneamento básico consiste em excepcional interesse social que não pode ser prejudicado, sob pena de ensejar grandes danos à população.

Diante do excepcional interesse social na continuidade da prestação do serviço de saneamento básico, suscito a aplicação do art. 27 da Lei n. 9.868/1998, de modo que o Estado do Rio de Janeiro tenha 24 meses, a contar da data de conclusão deste julgamento, para implementar novo modelo de planejamento e execução da função de interesse comum no âmbito das regiões metropolitanas, microrregiões e aglomerados urbanos que (i) acolha a participação dos municípios integrantes; e (ii) sem que haja concentração de poder decisório nas mãos de qualquer ente.

6. Conclusão

Nesses termos, entendo que o serviço de saneamento básico – no âmbito de regiões metropolitanas, microrregiões e aglomerados urbanos – constitui interesse coletivo que não pode estar subordinado à direção de único ente, mas deve ser planejado e executado de acordo com decisões colegiadas em que participem tanto os municípios compreendidos como o estado federado.

Portanto, nesses casos, o poder concedente do serviço de saneamento básico nem permanece fracionado entre os municípios, nem é transferido para o Estado federado, mas deve ser dirigido por estrutura colegiada – instituída por meio da lei complementar estadual que cria o agrupamento de comunidades locais – em que a vontade de um único ente não seja imposta a todos os demais entes políticos participantes.

Esta estrutura colegiada deve regular o serviço de saneamento básico de forma a dar viabilidade técnica e econômica ao adequado atendimento do interesse coletivo.

Ressalte-se que a mencionada estrutura colegiada pode ser implementada tanto por acordo, mediante convênios quanto de forma vinculada, na instituição dos agrupamentos de municípios. Ademais, a instituição de agências reguladoras pode se provar como forma bastante eficiente de estabelecer padrão técnico na prestação e concessão coletivas do serviço de saneamento básico.

Ante o exposto, julgo prejudicada a ação quanto ao Dec. n. 24.631/1998/RJ e aos arts. 1º, *caput* e § 1º; 2º, *caput*; 4º, *caput* e incisos I a VII; 11, *caput* e incisos I a VI; e 12 da LC 87/1997/RJ, isto é, em menor extensão que o voto do Relator, Min. Maurício Corrêa, que entendeu prejudicados adicionalmente os parágrafos 1º e 2º do art. 4º; e 1º e 2º do art. 11 da LC 87/1997/RJ.

Ademais, julgo procedente a ação direta, para declarar a inconstitucionalidade da expressão "a ser submetido à Assembleia Legislativa" do inciso I do art. 5º, além do parágrafo 2º do art. 4º; do parágrafo único do art. 5º; dos incisos I, II, IV e V do art. 6º; do art. 7º; do art. 10, e do parágrafo 2º do art. 11, todos da LC 87/1997/RJ, bem como dos 11 a 21 da Lei n. 2.869/1997/RJ, modulando os efeitos da declaração para que só tenha eficácia a partir de 24 meses após a conclusão do presente julgamento.

Assim sendo, voto no sentido de, aplicando o art. 27 da Lei n. 9.868/99, declarar a inconstitucionalidade sem a pronúncia da nulidade das leis impugnadas, mantendo sua

vigência excepcional pelo prazo de 24 (vinte e quatro) meses, lapso temporal razoável dentro do qual poderá o legislador estadual reapreciar o tema, constituindo modelo de prestação de saneamento básico, nas áreas de integração metropolitana, dirigido por órgão colegiado, com participação dos municípios pertinentes e do próprio Estado do Rio de Janeiro.

É como voto.

ADI-MC 1.923[1]

Organizações sociais – Pessoas jurídicas de direito privado, sem fins lucrativos, direcionadas ao exercício de atividades referentes a ensino, pesquisa científica, desenvolvimento tecnológico, proteção e preservação do meio ambiente, cultura e saúde – Reforma gerencial do Estado.

A presente ação direta de inconstitucionalidade foi proposta pelo Partido dos Trabalhadores – PT e pelo Partido Democrático Trabalhista – PDT, contra a Lei n. 9.637, de 15 de maio de 1998, e também contra o inciso XXIV do art. 24 da Lei n. 8.666, de 21 de junho de 1993, com a redação conferida pela Lei n. 9.648, de 27 de maio de 1998.

A Lei n. 9.637/1998 dispõe sobre a qualificação de entidades como organizações sociais, a criação do Programa Nacional de Publicização, a extinção dos órgãos e entidades que menciona e a absorção de suas atividades por organizações sociais, e dá outras providências.

O art. 24, inciso XXIV, da Lei n. 8.666/93 trata da dispensa de licitação para a celebração de contratos de prestação de serviços com as organizações sociais qualificadas, no âmbito das respectivas esferas de governo, para atividades contempladas no contrato de gestão.

O Relator, Ministro Ilmar Galvão, votou pelo indeferimento da medida cautelar, no que foi acompanhado pelo Ministro Nelson Jobim, em voto-vista. Também votaram pelo indeferimento da liminar os Ministros Moreira Alves, Néri da Silveira e Sepúlveda Pertence, ainda que apenas em relação ao art. 1º da lei, quanto à possibilidade de o Estado firmar contratos de gestão com as denominadas organizações sociais para prestação de serviços públicos na área de saúde.

O Ministro Eros Grau abriu a divergência. Em voto-vista, proferido em 2 de fevereiro deste ano (2007), Eros Grau entendeu que a lei impugnada padece de "inconstitucionalidade chapada", acentuando a violação à regra da licitação e ao princípio da igualdade. Está consignado, em seu voto, o seguinte:

"Os quatro primeiros artigos prestam-se a identificar as 'organizações sociais', pessoas jurídicas de direito privado que celebrarão contratos de gestão com o 'Poder Público'. A definição de contrato de gestão como 'instrumento firmado entre o Poder Público e a entidade qualificada como organização social' causa espanto. Pois a de número 9.637 é uma lei que sem sombra de dúvida muito inova a ciência do direito: seu artigo 5º define como contrato não o vínculo, mas seu instrumento... Seja como for, a celebração desse contrato de gestão com o Poder Público habilitará a organização ao desfrute de certas vantagens. Mais do que vantagens, favores desmedidos, visto que essa contratação não é antecedida de licitação.

Uma das inovações ao ordenamento jurídico aportada pela lei está em que às organizações sociais poderão ser destinados recursos orçamentários e bens públicos móveis e imóveis com dispensa de licitação (art. 12 e parágrafos). Para recebê-los, a organização social, como observa Celso Antônio Bandeira de Mello, 'não necessita demonstrar habilitação técnica ou econômico-financeira de qualquer espécie. Basta a concordância do Ministro da área (ou mesmo do titular do órgão que a supervisione)...'.

Mas não é só. É facultada ainda ao Poder Executivo a 'cessão especial de servidor para as organizações sociais, com ônus para a origem' (arts. 13 a 15). Uma coisa nunca vista."

Prossegue o Ministro Eros Grau em seu voto:

"Dir-se-á, pois, que uma discriminação será arbitrária quando 'não seja possível encontrar, para a diferenciação legal, alguma razão adequada que surja da natureza das coisas ou que, de alguma forma, seja concretamente compreensível'.

Pois exatamente isso se dá na hipótese da Lei n. 9.637/98: não há razão nenhuma a justificar a celebração de contrato de gestão com as organizações sociais, bem assim a destinação de recursos orçamentários e de bens públicos móveis e imóveis a elas, tudo com dispensa de licitação. Mais grave ainda a

---

[1] O Tribunal, por maioria de votos, indeferiu a cautelar, vencidos os Senhores Ministros Joaquim Barbosa, Marco Aurélio e Ricardo Lewandowski (*DJ* de 21.9.2007).

1992 Estado de Direito e Jurisdição Constitucional – Decisões relevantes em 15 anos de atuação no STF

afrontosa agressão ao princípio da licitação quando se considere que é facultada ao Poder Executivo a 'cessão especial de servidor para as organizações sociais, com ônus para a origem'. Inconstitucionalidade chapada, como diria o Ministro Pertence, inconstitucionalidade que se manifesta também no preceito veiculado pelo inciso XXIV do artigo 24 da Lei n. 8.666/93 com a redação que lhe foi conferida pelo artigo 1º da Lei n. 9.648, de 27 de maio de 1998.

Mas não apenas esses preceitos – o artigo 1º da Lei n. 9.648/98 e os artigos 11 a 15 da Lei n. 9.637/98 – são inconstitucionais. Também o são o artigo 5º – na medida em que coloca sob um indefinido e difuso regime de 'parceria' o cumprimento de função (= dever-poder) do Estado – e o artigo 20, que prevê a criação de um 'Programa Nacional de Publicização – PNP', cujo objetivo, bem ao contrário do que o nome (com sarcasmo?) pretenderia indicar, é a privatização de funções estatais. Dessas funções não se pode demitir o Estado sem agressão ao disposto nos artigos 1º, 3º, 215, 218 e 225 da Constituição do Brasil."

Eros Grau então concluiu pela concessão da liminar para suspender a vigência do art. 1º da Lei n. 9.648/98, e dos arts. 5º, 11 a 15 e 20 da Lei n. 9.637/98.

O Ministro Joaquim Barbosa acompanhou o voto de Eros Grau, com exceção dos fundamentos atinentes ao art. 1º da lei, objeto de voto de seu antecessor, o Ministro Moreira Alves.

O Ministro Ricardo Lewandowski votou no sentido de se deferir a medida cautelar apenas em relação ao art. 1º da Lei n. 9.648/98.

Pedi vista dos autos para analisar melhor o tema que, neste momento, circunscreve-se à medida cautelar. Ressalto que tal análise não abrange o art. 1º da Lei n. 9.637/98, objeto de voto proferido por meu antecessor, o Ministro Néri da Silveira.

Em 1º de agosto de 2007, o Plenário do Supremo Tribunal Federal indeferiu a cautelar em decisão assim ementada:

EMENTA: MEDIDA CAUTELAR EM AÇÃO DIRETA DE INCONSTITUCIONALIDADE. LEI N. 9.637, DE 15 DE MAIO DE 1998. QUALIFICAÇÃO DE ENTIDADES COMO ORGANIZAÇÕES SOCIAIS. INCISO XXIV DO ARTIGO 24 DA LEI N. 8.666, DE 21 DE JUNHO DE 1.993, COM A REDAÇÃO CONFERIDA PELA LEI N. 9.648, DE 27 DE MAIO DE 1998. DISPENSA DE LICITAÇÃO. ALEGAÇÃO DE AFRONTA AO DISPOSTO NOS ARTIGOS 5º; 22; 23; 37; 40; 49; 70; 71; 74, § 1º E 2º; 129; 169, § 1º; 175, CAPUT; 194; 196; 197; 199, § 1º; 205; 206; 208, § 1º E 2º; 211, § 1º; 213; 215, CAPUT; 216; 218, §§ 1º, 2º, 3º E 5º; 225, § 1º, E 209. INDEFERIMENTO DA MEDIDA CAUTELAR EM RAZÃO DE DESCARACTERIZAÇÃO DO PERICULUM IN MORA. 1. Organizações Sociais – pessoas jurídicas de direito privado, sem fins lucrativos, direcionadas ao exercício de atividades referentes a ensino, pesquisa científica, desenvolvimento tecnológico, proteção e preservação do meio ambiente, cultura e saúde. 2. Afastamento, no caso, em sede de medida cautelar, do exame das razões atinentes ao fumus boni iuris. O periculum in mora não resulta no caso caracterizado, seja mercê do transcurso do tempo – os atos normativos impugnados foram publicados em 1998 – seja porque no exame do mérito poder-se-á modular efeitos do que vier a ser decidido, inclusive com a definição de sentença aditiva. 3. Circunstâncias que não justificariam a concessão do pedido liminar. 4. Medida cautelar indeferida.

VOTO-VISTA

Passo a essa análise, mas não posso deixar de lembrar, antes disso, que o julgamento desta medida cautelar iniciou-se em 24 de junho de 1999. Estamos, portanto, há exatos 8 anos imersos nesse juízo que, há muito, deixou de ser meramente cautelar. A densidade dos votos aqui proferidos o comprova.

As normas questionadas datam do ano de 1998, estando em vigor, portanto, há quase 10 anos. Estamos, como se vê, diante de um típico caso de *periculum in mora* inverso.

Ademais, não consigo vislumbrar a presença das inconstitucionalidades apontadas pelo requerente, pois tenho em mente as razões que demonstrarei a seguir.

I. As Organizações Sociais no contexto da Reforma do Estado no Brasil

As Organizações Sociais inserem-se num contexto de Reforma do Estado brasileiro, iniciada na década de noventa e que ainda está sendo implementada.

A Declaração de Madrid, aprovada em 14 de outubro de 1998, pelo Conselho Diretor do Centro Latino Americano de Administração para o Desenvolvimento – CLAD, composto pelas máximas autoridades governamentais responsáveis pela modernização da Administração Pública e da Reforma do Estado em 25 países-membros, descreve o contexto em que se insere a Reforma do Estado brasileiro, ou seja, a Reforma Gerencial dos Estados latino-americanos.

A Reforma do Estado, segundo essa declaração, tornou-se o tema central da agenda política mundial. Não se trata de uma resposta neoliberal à crise do Estado intervencionista; ou seja, a reforma não visa à redução drástica do tamanho do Estado e não prima pela predominância do mercado. Ao contrário, ela parte da constatação de que a solução para a crise do Estado não estaria no desmantelamento do aparelho estatal, mas em sua reconstrução. A Reforma Gerencial do Estado pressupõe uma modificação estrutural do aparelho estatal, não podendo ser confundida com mera implementação de novas formas de gestão. Como consta da declaração, "trata-se de construir um Estado para enfrentar os novos desafios da sociedade pós-industrial, um Estado para o século XXI, que, além de garantir o cumprimento dos contratos econômicos, deve ser forte o suficiente para assegurar os direitos sociais e a competitividade de cada país no cenário internacional. Busca-se, desse modo, uma terceira via entre o *laissez faire* neoliberal e o antigo modelo social-burocrático de intervenção estatal".

A Reforma Gerencial do Estado não faz parte apenas da pauta político-administrativa brasileira, mas tem sido implementada em diversos países, principalmente no contexto latino-americano, com vistas a tornar a gestão pública mais ágil e flexível frente aos novos desafios de nossa sociedade complexa. Conforme a declaração de Madrid, "o modelo gerencial – de Reforma do Estado – tem como inspiração as transformações organizacionais ocorridas no setor privado, as quais têm alterado a forma burocrática-piramidal de administração, flexibilizando a gestão, diminuindo os níveis hierárquicos e, por conseguinte, aumentando a autonomia de decisão dos gerentes – daí o nome gerencial. Com estas mudanças, saiu-se de uma estrutura baseada em normas centralizadas para outra ancorada na responsabilização dos administradores, avaliados pelos resultados efetivamente produzidos. Este novo modelo busca responder mais rapidamente às grandes mudanças ambientais que acontecem na economia e na sociedade contemporâneas. (...) Em suma – afirma a declaração – 'o governo não pode ser uma empresa, mas pode se tornar mais empresarial', isto é, pode ser mais ágil e flexível frente às gigantescas mudanças ambientais que atingem a todas as organizações."

No Brasil, a redefinição do papel do Estado e sua reconstrução têm importância decisiva em razão de sua incapacidade para absorver e administrar com eficiência todo o imenso peso das demandas que lhe são dirigidas, sobretudo na área social. O esgotamento do modelo estatal intervencionista, a patente ineficácia e ineficiência de uma administração pública burocrática baseada em um vetusto modelo weberiano, assim como a crise fiscal, todos observados em grande escala na segunda metade da década de oitenta, tornaram imperiosa a reconstrução do Estado brasileiro nos moldes já referidos de um Estado gerencial, capaz de resgatar sua autonomia financeira e sua capacidade de implementar políticas públicas[2].

---

[2] Cfr.: Presidência da República. Ministério da Administração Federal e Reforma do Estado. Plano Diretor da Reforma do Aparelho do Estado. Brasília, novembro de 1995.

Trata-se, portanto, de uma redefinição do papel do Estado, que deixa de ser agente interventor e produtor direto de bens e serviços para se concentrar na função de promotor e regulador do desenvolvimento econômico e social.

Assim, a Reforma do Estado brasileiro envolveu, num primeiro momento ou numa primeira geração de reformas, alguns programas e metas, voltados primordialmente para o mercado, tais como a abertura comercial, o ajuste fiscal, a estabilização econômica, a reforma da previdência social e a privatização de empresas estatais, criação de agências reguladoras, quase todas já implementadas, ainda que parcialmente, na década de noventa.

Uma vez eliminado o perigo hiperinflacionário e efetivada a estabilização da economia, o desafio atual está na formulação e efetivação de políticas públicas voltadas para o social, primordialmente nas áreas de saúde, moradia e educação. Constatada, no entanto, a incapacidade do aparato estatal para dar conta de todas as demandas sociais, o foco passou a ser a Reforma do Aparelho do Estado[3].

O Plano Diretor da Reforma do Aparelho do Estado[4] – elaborado pelo Ministério da Administração Federal e da Reforma do Estado, do Governo do Presidente Fernando Henrique Cardoso (1995)– contém os programas e metas para uma reforma destinada à transição de "um tipo de administração pública burocrática, rígida e ineficiente, voltada para si própria e para o controle interno, para uma administração pública gerencial, flexível e eficiente, voltada para o atendimento do cidadão".

Dentre esses programas e metas, assume especial importância o programa de *publicização*, que constitui a "descentralização para o setor público não estatal da execução de serviços que não envolvem o exercício do poder de Estado, mas devem ser subsidiados pelo Estado, como é o caso dos serviços de educação, saúde, cultura e pesquisa científica". Assim consta do Plano Diretor da Reforma do Aparelho do Estado:

"A reforma do Estado envolve múltiplos aspectos. O *ajuste fiscal* devolve ao Estado a capacidade de definir e implementar políticas públicas. Através da *liberalização comercial*, o Estado abandona a estratégia protecionista da substituição de importações. O *programa de privatizações* reflete a conscientização da gravidade da crise fiscal e da correlata limitação da capacidade do Estado de promover poupança forçada através das empresas estatais. Através desse programa transfere-se para o setor privado a tarefa da produção que, em princípio, este realiza de forma mais eficiente. Finalmente, *através de um **programa de publicização**, transfere-se para o setor público não estatal a produção dos serviços competitivos ou não exclusivos de Estado, estabelecendo-se um sistema de parceria entre Estado e sociedade para seu financiamento e controle*. Deste modo o Estado reduz seu papel de executor ou prestador direto de serviços, mantendo-se entretanto no papel de regulador e provedor ou promotor destes, principalmente dos serviços sociais como educação e saúde, que são essenciais para o desenvolvimento, na medida em que envolvem investimento em capital humano; para a democracia, na medida em que promovem cidadãos; e para uma distribuição de renda mais justa, que o mercado é incapaz de garantir, dada a oferta muito superior à demanda de mão de obra não especializada. Como promotor desses serviços o Estado continuará a subsidiá-los, buscando, ao mesmo tempo, o controle social direto e a participação da sociedade."

O programa de publicização, portanto, permite ao Estado compartilhar com a comunidade, as empresas e o Terceiro Setor a responsabilidade pela prestação de serviços públicos como

---

[3] É preciso distinguir a reforma do Estado da reforma do aparelho do Estado. A reforma do Estado é um projeto mais amplo que diz respeito às várias áreas do governo e, ainda, ao conjunto da sociedade brasileira, enquanto que a reforma do aparelho do Estado tem um escopo mais restrito: está orientada para tornar a administração pública mais eficiente e mais voltada para a cidadania. Cfr.: Presidência da República. Ministério da Administração Federal e Reforma do Estado. Plano Diretor da Reforma do Aparelho do Estado. Brasília, novembro de 1995.

[4] Presidência da República. Ministério da Administração Federal e Reforma do Estado. Plano Diretor da Reforma do Aparelho do Estado. Brasília, novembro de 1995.

os de saúde e educação. Trata-se, em outros termos, de uma parceria entre Estado e sociedade na consecução de objetivos de interesse público, com maior agilidade, eficiência.

As Organizações Sociais correspondem à implementação do Programa Nacional de Publicização – PNP e, dessa forma, constituem estratégia central da Reforma do Estado brasileiro.

II. As Organizações Sociais no contexto do Programa Nacional de Publicização – PNP da Reforma do Aparelho do Estado: a transferência ao setor público não estatal da prestação de serviços não exclusivos do Estado

O Projeto das Organizações Sociais, no âmbito do Programa Nacional de Publicização-PNP, foi traçado inicialmente pelo Plano Diretor da Reforma do Aparelho do Estado[5], que previu a elaboração de um de projeto de lei que permitisse "a 'publicização' dos serviços não exclusivos do Estado, ou seja, sua transferência do setor estatal para o público não estatal".

Assim, segundo o Plano Diretor, "o Projeto das Organizações Sociais tem como objetivo permitir a descentralização de atividades no setor de prestação de serviços não exclusivos, nos quais não existe o exercício do Poder de Estado, a partir do pressuposto de que esses serviços serão mais eficientemente realizados se, mantendo o financiamento do Estado, forem realizados pelo setor público não estatal".

Os contornos jurídicos das Organizações Sociais foram delimitados no referido Plano Diretor[6], da seguinte forma:

> "Entende-se por 'organizações sociais' as entidades de direito privado que, por iniciativa do Poder Executivo, obtêm autorização legislativa para celebrar contrato de gestão com esse poder, e assim ter direito à dotação orçamentária. As organizações sociais terão autonomia financeira e administrativa, respeitadas as condições descritas em lei específica como, por exemplo, a forma de composição de seus conselhos de administração, prevenindo-se, deste modo, a privatização ou a feudalização dessas entidades. Elas receberão recursos orçamentários, podendo obter outros ingressos através da prestação de serviços, doações, legados, financiamentos, etc. As entidades que obtenham a qualidade de organizações sociais gozarão de maior autonomia administrativa, e, em compensação, seus dirigentes terão maior responsabilidade pelo seu destino. Por outro lado, busca-se através das organizações sociais uma maior participação social, na medida em que elas são objeto de um controle direto da sociedade através de seus conselhos de administração recrutado no nível da comunidade à qual a organização serve. Adicionalmente se busca uma maior parceria com a sociedade, que deverá financiar uma parte menor mas significativa dos custos dos serviços prestados. A transformação dos serviços não exclusivos estatais em organizações sociais se dará de forma voluntária, a partir da iniciativa dos respectivos ministros, através de um Programa Nacional de Publicização. Terão prioridade os hospitais, as universidades e escolas técnicas, os centros de pesquisa, as bibliotecas e os museus. A operacionalização do programa será feita por um Conselho Nacional de Publicização, de caráter ministerial."

As Organizações Sociais, portanto, traduzem um modelo de parceria entre o Estado e a sociedade para a consecução de interesses públicos comuns, com ampla participação da comunidade. De produtor direto de bens e serviços públicos, o Estado passa a constituir o fomentador das atividades publicizadas, exercendo, ainda, um controle estratégico de resultados dessas atividades. O contrato de gestão constitui o instrumento de fixação e controle de metas de desempenho que assegurem a qualidade e a efetividade dos serviços prestados à sociedade. Ademais, as Organizações Sociais podem assimilar características de gestão "cada vez mais próximas das praticadas no setor privado, o que deverá representar, entre outras vantagens: a contratação de pessoal

---

[5] Presidência da República. Ministério da Administração Federal e Reforma do Estado. Plano Diretor da Reforma do Aparelho do Estado. Brasília, novembro de 1995, p. 60.

[6] Presidência da República. Ministério da Administração Federal e Reforma do Estado. Plano Diretor da Reforma do Aparelho do Estado. Brasília, novembro de 1995, p. 60.

nas condições de mercado; a adoção de normas próprias para compras e contratos; e ampla flexibilidade na execução do seu orçamento"[7].

Decorrente do projeto traçado no Plano Diretor da Reforma do Aparelho do Estado (1995), o Programa Nacional de Publicização – PNP foi então criado pela Lei n. 9.637/1998.

III. A Lei das Organizações Sociais (Lei n. 9.637/1998)

A Lei n. 9.637, de 15 de maio de 1998, questionada na presente ação direta, cria o Programa Nacional de Publicização e prescreve as normas para a qualificação de entidades como organizações sociais.

Em seu primeiro artigo, a referida lei dispõe que o "Poder Executivo poderá qualificar como organizações sociais pessoas jurídicas de direito privado, sem fins lucrativos, cujas atividades sejam dirigidas ao ensino, à pesquisa científica, ao desenvolvimento tecnológico, à proteção e preservação do meio ambiente, à cultura e à saúde".

A implementação de uma organização social pressupõe duas ações complementares: a) a publicização de atividades executadas por entidades estatais, as quais serão extintas; e b) a absorção dessas atividades por entidades privadas, que serão qualificadas como Organização Social (OS), por meio de contrato de gestão[8].

III.1. O processo de publicização

A Lei n. 9.637/98, em seu art. 20, dispõe sobre a criação do Programa Nacional de Publicização – PNP, com o objetivo de estabelecer diretrizes e critérios para a qualificação de organizações sociais, a fim de assegurar a absorção de atividades desenvolvidas por entidades ou órgãos públicos da União, que atuem nas atividades referidas em seu art. 1º, por organizações sociais, qualificadas na forma desta Lei, observadas as seguintes diretrizes: I – ênfase no atendimento do cidadão-cliente; II – ênfase nos resultados qualitativos e quantitativos nos prazos pactuados; III – controle social das ações de forma transparente.

Assim, a publicização se refere às atividades (não exclusivas de Estado) e não às entidades. No processo de publicização, determinadas entidades estatais são extintas e suas atividades são publicizadas, ou seja, são absorvidas por entidades privadas qualificadas como OS, de acordo com os critérios especificados na lei e mediante contrato de gestão[9].

A própria Lei n. 9.637/98 tratou de extinguir entidades estatais, autorizando o Poder Executivo a qualificar como organizações sociais as pessoas jurídicas de direito privado indicadas em seu Anexo I, permitindo, ainda, a absorção das atividades desempenhadas pelas entidades extintas por essas novas entidades qualificadas como OS:

"Art. 21. São extintos o Laboratório Nacional de Luz Síncrotron, integrante da estrutura do Conselho Nacional de Desenvolvimento Científico e Tecnológico – CNPq, e a Fundação Roquette Pinto, entidade vinculada à Presidência da República.

§ 1º Competirá ao Ministério da Administração Federal e Reforma do Estado supervisionar o processo de inventário do Laboratório Nacional de Luz Síncrotron, a cargo do Conselho Nacional de Desenvolvimento Científico e Tecnológico – CNPq, cabendo-lhe realizá-lo para a Fundação Roquette Pinto.

---

[7] Cfr.: Ministério da Administração Federal e Reforma do Estado. Cadernos MARE. *Organizações Sociais*. 5. ed. Brasília, 1998, p. 13.

[8] Cfr.: Ministério da Administração Federal e Reforma do Estado. Cadernos MARE. *Organizações Sociais*. 5. ed. Brasília, 1998, p. 17.

[9] Cfr.: Ministério da Administração Federal e Reforma do Estado. Cadernos MARE. *Organizações Sociais*. 5. ed. Brasília, 1998, p. 17.

Administração pública e ordem federativa **1997**

§ 2º No curso do processo de inventário da Fundação Roquette Pinto e até a assinatura do contrato de gestão, a continuidade das atividades sociais ficará sob a supervisão da Secretaria de Comunicação Social da Presidência da República."

§ 3º É o Poder Executivo autorizado a qualificar como organizações sociais, nos termos desta Lei, as pessoas jurídicas de direito privado indicadas no Anexo I, bem assim a permitir a absorção de atividades desempenhadas pelas entidades extintas por este artigo.

§ 4º Os processos judiciais em que a Fundação Roquette Pinto seja parte, ativa ou passivamente, serão transferidos para a União, na qualidade de sucessora, sendo representada pela Advocacia-Geral da União."

ANEXO I
(Lei n. 9.637, de 15 de maio de 1998)

Órgão e Entidade Extintos	Entidade Autorizada a ser Qualificada	Registro Cartorial
Laboratório Nacional de Luz Síncrotron	Associação Brasileira de Tecnologia de Luz Síncrotron – ABTLus	Primeiro Ofício de Registro de Títulos e Documentos da Cidade de Campinas-SP, n. de ordem 169367, averbado na inscrição n. 10.814, Livro A-36, Fls 01.
Fundação Roquette Pinto	Associação de Comunicação Educativa Roquette Pinto – ACERP	Registro Civil das Pessoas Jurídicas, Av. Pres. Roosevelt, 126, Rio de Janeiro-RJ, apontado sob o n. de ordem 624205 do protocolo do Livro A n. 54, registrado sob o n. de ordem 161374 do Livro A n. 39 do Registro Civil das Pessoas Jurídicas.

A Lei n. 9.637/98 estabelece, ainda, que as extinções e a absorção de atividades e serviços por organizações sociais devem observar os seguintes preceitos (art. 22):

I – os servidores integrantes dos quadros permanentes dos órgãos e das entidades extintos terão garantidos todos os direitos e vantagens decorrentes do respectivo cargo ou emprego e integrarão quadro em extinção nos órgãos ou nas entidades indicados no Anexo II, sendo facultada aos órgãos e entidades supervisoras, ao seu critério exclusivo, a cessão de servidor, irrecusável para este, com ônus para a origem, à organização social que vier a absorver as correspondentes atividades, observados os §§ 1º e 2º do art. 14;

II – a desativação das unidades extintas será realizada mediante inventário de seus bens imóveis e de seu acervo físico, documental e material, bem como dos contratos e convênios, com a adoção de providências dirigidas à manutenção e ao prosseguimento das atividades sociais a cargo dessas unidades, nos termos da legislação aplicável em cada caso;

III – os recursos e as receitas orçamentárias de qualquer natureza, destinados às unidades extintas, serão utilizados no processo de inventário e para a manutenção e o financiamento das atividades sociais até a assinatura do contrato de gestão;

IV – quando necessário, parcela dos recursos orçamentários poderá ser reprogramada, mediante crédito especial a ser enviado ao Congresso Nacional, para o órgão ou entidade supervisora dos contratos de gestão, para o fomento das atividades sociais, assegurada a liberação periódica do respectivo desembolso financeiro para a organização social;

V – encerrados os processos de inventário, os cargos efetivos vagos e os em comissão serão considerados extintos;

VI – a organização social que tiver absorvido as atribuições das unidades extintas poderá adotar os símbolos designativos destes, seguidos da identificação "OS".

Cabe ao Poder Executivo qualificar pessoas jurídicas de direito privado, sem fins lucrativos, como Organizações Sociais, para o exercício de atividades dirigidas ao ensino, à pesquisa científica, ao desenvolvimento tecnológico, à proteção e preservação do meio ambiente, à cultura e à saúde. O art. 2º da Lei n. 9.637/98 estabelece os requisitos específicos para que as entidades privadas habilitem-se à qualificação como organização social:

1998 Estado de Direito e Jurisdição Constitucional – Decisões relevantes em 15 anos de atuação no STF

"I – comprovar o registro de seu ato constitutivo, dispondo sobre:

a) natureza social de seus objetivos relativos à respectiva área de atuação;

b) finalidade não lucrativa, com a obrigatoriedade de investimento de seus excedentes financeiros no desenvolvimento das próprias atividades;

c) previsão expressa de a entidade ter, como órgãos de deliberação superior e de direção, um conselho de administração e uma diretoria definidos nos termos do estatuto, asseguradas àquele composição e atribuições normativas e de controle básicas previstas nesta Lei;

d) previsão de participação, no órgão colegiado de deliberação superior, de representantes do Poder Público e de membros da comunidade, de notória capacidade profissional e idoneidade moral;

e) composição e atribuições da diretoria;

f) obrigatoriedade de publicação anual, no *Diário Oficial da União*, dos relatórios financeiros e do relatório de execução do contrato de gestão;

g) no caso de associação civil, a aceitação de novos associados, na forma do estatuto;

h) proibição de distribuição de bens ou de parcela do patrimônio líquido em qualquer hipótese, inclusive em razão de desligamento, retirada ou falecimento de associado ou membro da entidade;

i) previsão de incorporação integral do patrimônio, dos legados ou das doações que lhe foram destinados, bem como dos excedentes financeiros decorrentes de suas atividades, em caso de extinção ou desqualificação, ao patrimônio de outra organização social qualificada no âmbito da União, da mesma área de atuação, ou ao patrimônio da União, dos Estados, do Distrito Federal ou dos Municípios, na proporção dos recursos e bens por estes alocados;

II – haver aprovação, quanto à conveniência e oportunidade de sua qualificação como organização social, do Ministro ou titular de órgão supervisor ou regulador da área de atividade correspondente ao seu objeto social e do Ministro de Estado da Administração Federal e Reforma do Estado."

Segundo a lei, as entidades qualificadas como organizações sociais são declaradas como entidades de interesse social e utilidade pública, para todos os efeitos legais (art. 11).

De acordo com o art. 22, § 1º, a absorção, pelas organizações sociais, das atividades das entidades extintas, efetivar-se-á mediante celebração de contrato de gestão.

III.2. O contrato de gestão

No conceito estabelecido pela Lei n. 9.637/98 (art. 5º), o contrato de gestão é o instrumento firmado entre o Poder Público (por intermédio de seus Ministérios) e a entidade qualificada como organização social, com vistas à formação de parceria entre as partes para fomento e execução de atividades publicizadas.

O contrato de gestão, dessa forma, discriminará as atribuições, responsabilidades e obrigações do Poder Público e da organização social (art. 6º).

A principal função do contrato de gestão é a fixação de metas, assim como a definição dos mecanismos de avaliação de desempenho e controle de resultados das atividades da organização social. Assim, deverá o contrato de gestão conter: I – especificação do programa de trabalho proposto pela organização social, a estipulação das metas a serem atingidas e os respectivos prazos de execução, bem como previsão expressa dos critérios objetivos de avaliação de desempenho a serem utilizados, mediante indicadores de qualidade e produtividade; II – a estipulação dos limites e critérios para despesa com remuneração e vantagens de qualquer natureza a serem percebidas pelos dirigentes e empregados das organizações sociais, no exercício de suas funções (art. 7º).

Assim, dispõe a lei que a organização social apresentará ao órgão ou entidade do Poder Público supervisora signatária do contrato, ao término de cada exercício ou a qualquer momento, conforme recomende o interesse público, relatório pertinente à execução do contrato de gestão, contendo comparativo específico das metas propostas com os resultados alcançados, acompanhado da prestação de contas correspondente ao exercício financeiro (art. 8°, § 1°). Os resultados atingidos com a execução do contrato de gestão devem ser analisados, periodicamente, por comissão de avaliação, indicada pela autoridade supervisora da área correspondente, composta por especialistas de notória capacidade e adequada qualificação (art. 8°, § 2°).

Dispõe a lei, ainda, que às organizações sociais poderão ser destinados recursos orçamentários e bens públicos necessários ao cumprimento do contrato de gestão.

Quanto aos mecanismos de controle sobre a utilização desses recursos e bens públicos pela organização social, a lei prescreve o seguinte:

"Art. 9° Os responsáveis pela fiscalização da execução do contrato de gestão, ao tomarem conhecimento de qualquer irregularidade ou ilegalidade na utilização de recursos ou bens de origem pública por organização social, dela darão ciência ao Tribunal de Contas da União, sob pena de responsabilidade solidária.

Art. 10. Sem prejuízo da medida a que se refere o artigo anterior, quando assim exigir a gravidade dos fatos ou o interesse público, havendo indícios fundados de malversação de bens ou recursos de origem pública, os responsáveis pela fiscalização representarão ao Ministério Público, à Advocacia-Geral da União ou à Procuradoria da entidade para que requeira ao juízo competente a decretação da indisponibilidade dos bens da entidade e o sequestro dos bens dos seus dirigentes, bem como de agente público ou terceiro, que possam ter enriquecido ilicitamente ou causado dano ao patrimônio público.

§ 1° O pedido de sequestro será processado de acordo com o disposto nos arts. 822 e 825 do Código de Processo Civil.

§ 2° Quando for o caso, o pedido incluirá a investigação, o exame e o bloqueio de bens, contas bancárias e aplicações mantidas pelo demandado no País e no exterior, nos termos da lei e dos tratados internacionais.

§ 3° Até o término da ação, o Poder Público permanecerá como depositário e gestor dos bens e valores sequestrados ou indisponíveis e velará pela continuidade das atividades sociais da entidade."

Como se vê, a lei, ao contrário do que afirmam os requerentes, submete as Organizações Sociais a amplos mecanismos de controle interno e externo, este exercido pelo Tribunal de Contas. Ademais, não subtrai, como alegam os requerentes, qualquer função constitucional atribuída ao Ministério Público; ao contrário, a redação do art. 10 é clara ao prever que, havendo indícios fundados de malversação de bens ou recursos de origem pública, os responsáveis pela fiscalização deverão representar ao Ministério Público, à Advocacia-Geral da União ou à Procuradoria da entidade para que requeiram ao juízo competente a decretação da indisponibilidade dos bens da entidade e o sequestro dos bens dos seus dirigentes, bem como de agente público ou terceiro, que possam ter enriquecido ilicitamente ou causado dano ao patrimônio público.

Não se pode descartar, outrossim, na hipótese de enriquecimento ilícito ou outros atos que impliquem danos ao erário e violação a princípios da administração pública, a responsabilização político-administrativa dos executores do contrato de gestão, com base na Lei de Improbidade Administrativa (Lei n. 8.429/92).

A lei também prevê que o Poder Executivo poderá proceder à desqualificação da entidade como organização social, quando constatado o descumprimento das disposições contidas no contrato de gestão (art. 16). A desqualificação importará reversão dos bens permitidos e dos valores entregues à utilização da organização social, sem prejuízo de outras sanções cabíveis (art. 16, § 2°).

Ademais, deve-se enfatizar que o contrato de gestão constitui um instrumento de fixação e controle de metas de desempenho na prestação dos serviços. E, assim sendo, baseia-se em regras mais flexíveis quanto aos atos e processos, dando ênfase ao controle dos resultados. Por isso, compras e alienações submetem-se a outros procedimentos que não os de licitação com base na Lei n. 8.666/93, voltada para as entidades de direito público. Lembre-se, nesse ponto, que a própria Constituição autoriza a lei a criar exceções à regra da licitação (art. 37, inciso XXI). Nesse sentido, por exemplo, a Petrobrás, por ser empresa pública que realiza atividade econômica de risco, num âmbito

2000 Estado de Direito e Jurisdição Constitucional – Decisões relevantes em 15 anos de atuação no STF

de competição com outras empresas privadas do setor, não se submete à Lei n. 8.666/93, mas a um Regulamento de Procedimento Licitatório Simplificado aprovado pelo Decreto n. 2.745/98, do Presidente da República, o qual possui lastro legal no art. 67 da Lei n. 9.478/97.

Não vislumbro, portanto, qualquer das inconstitucionalidades apontadas pelos requerentes.

IV. A implementação do modelo de Organizações Sociais pelos Estados-membros

Desde o advento da Lei n. 9.637/98, que estabelece o modelo de Organizações Sociais a ser adotado no plano federal, diversos Estados da Federação implementaram seus próprios sistemas de gestão pública por meio de organizações sociais.

No Estado de São Paulo, por exemplo, foi editado o Decreto n. 43.493, de 29 de setembro de 1998, que dispõe sobre a qualificação das organizações sociais da área da cultura. É sabido que, hoje, o Museu da Pinacoteca de São Paulo funciona segundo o sistema das Organizações Sociais, mediante contrato de gestão firmado com a Secretaria de Estado da Cultura. Há notícia também de que, atualmente, seguem esse modelo o Memorial da Imigração, o Conservatório Musical de Tatuí, o MIS, o Museu de Arte Sacra, o Museu da Casa Brasileira e o Paço das Artes.

Também no Estado de São Paulo, a Lei Complementar n. 846, de 1998, regulamentou a parceria do Estado com entidades filantrópicas, qualificadas como Organizações Sociais, para prestação de serviços na área de saúde, mediante contrato de gestão firmado com a Secretaria de Estado da Saúde. Até o ano de 2005, já existiam 16 (dezesseis) serviços de saúde sob contrato de gestão, abrangendo atividades de internação, de atendimento ambulatorial, de atendimento de urgência e emergência, e a realização de atividades de apoio diagnóstico e terapêutico para pacientes externos aos hospitais. Entre o ano de 1999 e 2003, o número de internações cresceu significativamente, de 29.167 para 166.399 (número de saídas); assim também o volume de atividade ambulatorial, de 225.291, para 1.110.547 (número de consultas); e de atividade de urgência/emergência, de 1.001.773 para 1.459.793(número de pessoas atendidas)[10]; o que comprova o sucesso desse novo sistema de gestão.

Em Goiás, a Lei n. 15.503, de 28 de dezembro de 2005, dispõe sobre a qualificação de entidades como organizações sociais.

Em Minas Gerais, tem-se conhecimento do programa "Choque de Gestão Pública", implementado pelo atual governo, o qual possui como uma de suas principais metas a publicização de atividades e serviços não exclusivos do Estado, que ficarão a cargo de entidades privadas qualificadas como Organizações Sociais.

Em Santa Catarina, a Lei n. 12.929, de 4 de fevereiro de 2004, instituiu o Programa Estadual de Incentivo às Organizações Sociais, regulamentado pelo Decreto n. 3.294, de 15 de julho de 2005.

Na Bahia, instituiu-se o Programa Estadual de Organizações Sociais, por meio da Lei n. 8.647, de 29 de julho de 2003, regulamentada pelo Decreto n. 8.890, de 21 de janeiro de 2004.

Cito também as Leis de Sergipe (Lei n. 5.217/2003), Pernambuco (Lei n. 11.743/2000), Distrito Federal (Lei n. 2.415/1999), Espírito Santo (Lei Complementar n. 158/1999).

V. A experiência da Associação das Pioneiras Sociais (APS) – A Rede Sarah de Hospitais do Aparelho Locomotor

Além da vasta legislação estadual atualmente existente sobre o tema das Organizações Sociais, o que comprova a larga aceitação e o sucesso desse novo modelo de gestão de serviços

---

[10] Cfr.: GOMES, Márcio Cidade. Organizações Sociais: a experiência da Secretaria de Estado da Saúde de São Paulo. *In* Levy & Drago (orgs.), *Gestão Pública no Brasil Contemporâneo*. São Paulo: FUNDAP, pp. 164-84.

Administração pública e ordem federativa **2001**

públicos, talvez um dos argumentos mais contundentes para afastar a alegada necessidade de concessão de medida cautelar nesta ação esteja na exemplar experiência da Associação das Pioneiras Sociais (APS), instituição gestora da Rede Sarah de Hospitais do Aparelho Locomotor.

Como todos sabem, a Rede Sarah de Hospitais localizados nas cidades de Brasília, Salvador, São Luís e Belo Horizonte tem prestado serviços à população, na área de saúde do aparelho locomotor, de incomensurável valia. É de conhecimento geral que, hoje, a Rede Sarah de Hospitais constitui um exemplo, e uma referência nacional e internacional, de administração moderna e eficiente de serviços públicos na área de saúde, prestados à população de forma democrática e transparente.

A Associação das Pioneiras Sociais (APS) foi instituída, como Serviço Social Autônomo, de interesse coletivo e de utilidade pública, pela Lei n. 8.246, de 1991, com o objetivo de prestar assistência médica qualificada e gratuita a todos os níveis da população e de desenvolver atividades educacionais e de pesquisa no campo da saúde, em cooperação com o Poder Público (art. 1º).

Como ressalta Sabo Paes[11], a referida lei teve expresso propósito de testar um modelo novo de organização da assistência médico-hospitalar. Para tanto, utilizou-se, como parâmetro e referência, a experiência da Fundação das Pioneiras Sociais, fundação de direito privado, instituída em 1960, sediada no Distrito Federal e mantida pelo Poder Público para o atendimento à saúde. A lei extinguiu a Fundação das Pioneiras Sociais, cujo patrimônio foi incorporado ao da União pelo Ministério da Saúde e logo posto à administração do então criado Serviço Social Autônomo Associação das Pioneiras Sociais.

O contrato de gestão foi assinado no final do ano de 1991 entre os Ministérios da Saúde, Fazenda e Administração Federal, de um lado, e a Associação das Pioneiras Sociais (APS), de outro. Desde então, como ressalta Sabo Paes[12], a APS tem perseguido com determinação a implantação de elevados padrões éticos de comportamento funcional e administrativo instituídos pela Lei n. 8.246/91, de acordo com as decisões do Tribunal de Contas da União. A APS tem conseguido implementar as metas operacionais explicitadas no contrato de gestão após todos esses anos de existência.

Assim, como afirma Sabo Paes, "o caráter autônomo da gestão desse serviço de saúde, que oferece a todas as camadas da população a assistência médica gratuita e de qualidade, fez da APS a primeira instituição pública não estatal brasileira atuando como uma rede de hospitais públicos que prestam serviços de ortopedia e de reabilitação por meio de quatro unidades hospitalares localizadas em Brasília, Salvador, São Luís e Belo Horizonte, e tem o seu programa de trabalho plurianual calcado nos seguintes objetivos gerais: 1) prestar serviço médico qualificado e público na área da medicina do aparelho locomotor; 2) formar recursos humanos e promover a produção de conhecimento científico; 3) gerar informações nas áreas de epidemiologia, gestão hospitalar, controle de qualidade e de custos dos serviços prestados; 4) exercer ação educacional e preventiva visando à redução das causas das patologias atendidas pela Rede; 5) construir e implantar novas unidades hospitalares, expandindo o modelo gerencial e os serviços da Rede para outras regiões do país; e desenvolver tecnologia nas áreas de construção hospitalar, de equipamentos hospitalares e de reabilitação"[13].

O modelo de contrato de gestão estabelecido pela lei impugnada – Lei n. 9.637/98 – baseou-se amplamente nesse sistema de gestão instituído pela Lei n. 8.246/91.

---

[11] PAES, José Eduardo Sabo. *Fundações e Entidades de Interesse Social*: aspectos jurídicos, administrativos, contábeis e tributários. 3. ed. Brasília: Brasília Jurídica, 2001, p. 88.

[12] PAES, José Eduardo Sabo. *Fundações e Entidades de Interesse Social*: aspectos jurídicos, administrativos, contábeis e tributários. 3. ed. Brasília: Brasília Jurídica, 2001, p. 91-92.

[13] PAES, José Eduardo Sabo. *Fundações e Entidades de Interesse Social*: aspectos jurídicos, administrativos, contábeis e tributários. 3. ed. Brasília: Brasília Jurídica, 2001, p. 92-93.

VI. Considerações finais

Enfim, o modelo de gestão pública por meio de Organizações Sociais, instituído pela Lei n. 9.637/98, tem sido implementado ao longo de todo o país e as experiências bem demonstram que a Reforma da Administração Pública no Brasil tem avançado numa perspectiva promissora. Após uma história de burocracias, de ênfases nos atos e nos processos – que, reconheça-se, ainda não foi totalmente superada –, a Administração Pública no Brasil adentrou o século XXI com vistas aos resultados, à eficiência e, acima de tudo, à satisfação do cidadão.

A Lei n. 9.637/98 institui um programa de publicização de atividades e serviços não exclusivos do Estado – como o ensino, a pesquisa científica, o desenvolvimento tecnológico, a proteção e preservação do meio ambiente, a cultura e a saúde –, transferindo-os para a gestão desburocratizada a cargo de entidades de caráter privado e, portanto, submetendo-os a um regime mais flexível, mais dinâmico, enfim, mais eficiente.

Esse novo modelo de administração gerencial realizado por entidades públicas, ainda que não estatais, está voltado mais para o alcance de metas do que para a estrita observância de procedimentos. A busca da eficiência dos resultados, por meio da flexibilização de procedimentos, justifica a implementação de um regime todo especial, regido por regras que respondem a racionalidades próprias do direito público e do direito privado.

O fato é que o Direito Administrativo tem passado por câmbios substanciais e a mudança de paradigmas não tem sido compreendida por muitas pessoas. Hoje, não há mais como compreender esse ramo do direito desde a perspectiva de uma rígida dicotomia entre o público e o privado. O Estado tem se valido cada vez mais de mecanismos de gestão inovadores, muitas vezes baseados em princípios próprios do direito privado.

Nesse sentido, extraio das lições de Günther Teubner as premissas para se analisar o direito a partir de novos enfoques superadores da velha dicotomia público/privado:

"Não gostaria de sugerir apenas a rejeição da separação entre setor público e privado como uma simplificação grosseira demais da atual estrutura social, mas também proporia o abandono de todas as ideias de uma fusão de aspectos públicos e privados. Ao invés disso, a simples dicotomia público/privado significa que as atividades da sociedade não podem mais ser analisadas com ajuda de uma única classificação binária; ao contrário, a atual fragmentação da sociedade numa multiplicidade de setores sociais exige uma multiplicidade de perspectivas de autodescrição. Analogamente, o singelo dualismo Estado/sociedade, refletido na divisão do direito em público e privado, deve ser substituído por uma pluralidade de setores sociais reproduzindo-se, por sua vez, no direito"[14].

E, adiante, prossegue Teubner, agora tratando especificamente dos regimes de transferência de serviços públicos para entidades do âmbito privado:

"A própria onda de privatizações revela-se sob um aspecto completamente diferente, quando se abre mão da simples dicotomia público/privado em favor de uma policontextualidade mais sofisticada da sociedade, quando se reconhece que a autonomia privada única do indivíduo livre transforma-se nas diversas autonomias privadas de criações normativas espontâneas. Nesse sentido, privatização não se trata mais, como normalmente se entende, de redefinir a fronteira entre o agir público e o privado, mas de alterar a autonomia de esferas sociais parciais por meio da substituição de seus mecanismos de acoplamento estrutural com outros sistemas sociais. Não se trata mais simplesmente de um processo em que atividades genuinamente políticas, antes dirigidas aos interesses públicos, transformam-se em transações de mercado economicamente voltadas ao lucro. Antes, o que se altera pela privatização de atividades sociais autônomas – pesquisa, educação ou saúde, por exemplo –, que apresentam seus próprios princípios de racionalidade e normatividade, é o seu regime institucional. Em lugar de uma relação bipolar entre economia e política, deve-se apresentar a privatização como uma relação triangular entre esses dois setores e o de atividades sociais. Torna-se, assim, diretamente compreensível que a privatização leva, de fato, a uma impressionante liberação de todas as energias até então bloqueadas

---

[14] TEUBNER, Günther. Após a privatização: conflitos de discurso no Direito Privado. In: *Direito, sistema e policontextualidade*. Trad. de Jürgen Volker Dittberner. Piracicaba: Unimep, 2005, p. 237.

Administração pública e ordem federativa **2003**

pelo antigo regime público. Paralelamente, no entanto, novos bloqueios desencadeados pelo novo regime tornam-se visíveis. Um antigo *mismatch*, um antigo desequilíbrio entre atividade e regime, é substituído por um novo *mismatch*."

Nesse contexto é que se insere o instrumento do contrato de gestão firmado entre o Poder Público e entidades privadas, que passam a ser qualificadas como públicas, ainda que não estatais, para a prestação de serviços públicos por meio de um regime especial em que se mesclam princípios de direito público e de direito privado.

Sobre o instrumento do contrato de gestão, o Ministro Eros Grau assim se manifestou em seu voto:

> "A definição de contrato de gestão como 'instrumento firmado entre o Poder Público e a entidade qualificada como organização social' causa espanto. Pois a de número 9.637 é uma lei que sem sombra de dúvida muito inova a ciência do direito: seu artigo 5° define como contrato não o vínculo, mas seu instrumento..."

Nesse ponto, gostaria de lembrar, também com base nas lições de Günther Teubner, que a lei inova sim, mas inova em consonância com o direito privado moderno, no qual o contrato deve ser compreendido não como uma relação entre pessoas, mas entre textos, entre discursos jurídicos, econômicos, tecnológicos etc. Eis as palavras do mestre alemão:

> "Quiçá devêssemos ouvir o conselho do talvez maior especialista da reconstrução do direito privado, Jacques Derrida, que nos oferece a seguinte fórmula epigramática: 'o laço da obrigação ou a relação de obrigação não existe entre aquele que dá e aquele que recebe, mas entre dois textos (entre dois 'produtos' ou 'criações'). Essas *ipsissima verba* são uma nova versão da teoria do contrato relacional (*relational contracting*), que entende o contrato não mais como um mero consenso entre duas partes, mas sim como uma relação social complexa. De fato, gostaria de defender a tese de que o direito contratual deve ser reconstruído de forma relacional, mas não apenas no sentido comunitário, hoje predominante, da palavra, como uma relação cooperativa, simpática, calorosa de inter-humanismo no mercado, mas sim como uma relação fria e impessoal de intertextualidade. Gostaria de desenvolver um argumento estritamente anti-individualista, estritamente antieconômico para as muitas autonomias do direito privado, pelo qual o contrato não aparece mais como transação meramente econômica entre dois agentes, mas como espaço da compatibilidade entre vários projetos discursivos – entre dois mundos contratuais. Ao mesmo tempo, gostaria de desenvolver o argumento normativo de que os direitos de discursos que aparecem nesses contratos como meros fenômenos sociais, apenas de forma rudimentar e sem contornos fixos, necessitam de institucionalização jurídica. Dito de forma mais genérica: gostaria de colocar esses argumentos no contexto maior de um direito privado contemporâneo, que necessita de transformação em um direito constitucional de sistemas de regulação global"[15]

Esses são os novos pressupostos de análise de um direito privado publicizado e constitucionalizado, e de um direito público submetido a racionalidades próprias dos discursos do direito privado.

Essas razões já me são suficientes para indeferir a medida cautelar. Não vislumbro nenhuma das inconstitucionalidades apontadas pelos requerentes.

Assim, não tenho dúvida de que, neste momento, o Tribunal não deve adotar outra solução senão a de negar o pedido de medida liminar para então requisitar informações definitivas e, após, abrir vista dos autos ao Advogado-Geral da União e ao Procurador-Geral da República para que se manifestem sobre o mérito da ação. Após o devido trâmite procedimental, então poderemos discutir a fundo todas as questões nesta ação suscitadas.

Relembro, por fim, que meu voto não abrange o artigo 1° da Lei n. 9.637/98, objeto de voto proferido por meu antecessor, o Ministro Néri da Silveira.

Assim sendo, voto pelo **indeferimento** da medida cautelar nesta ação direta de inconstitucionalidade.

---

[15] TEUBNER, Günther. Mundos contratuais: o Direito na fragmentação de regimes de *private governance*. In: *Direito, sistema e policontextualidade*. Trad. de Jürgen Volker Dittberner. Piracicaba: Unimep, 2005, p. 271-272.

SL 235[1]

Encarceramento de adolescentes – Inadequação das instituições – Proximidade com presos adultos – Inadmissibilidade – Afastamento indevido dos menores do local de residência – Falta de unidade especializada – Descumprimento de dever do Estado – Concretização do Estatuto da Criança e do Adolescente.

Trata-se de pedido de suspensão de liminar (fls. 02-22), formulado pelo Estado do Tocantins, contra o acórdão do Tribunal de Justiça do Estado do Tocantins, que indeferiu pedido de suspensão de liminar ajuizado naquele Tribunal de Justiça.

A decisão impugnada manteve liminar concedida na ação civil pública n. 2007.0000.2658-0/0, em curso perante o Juizado da Infância e Juventude da Comarca de Araguaína/TO, que determinou o seguinte:

"[...]

Concedo a liminar e determino ao Estado de Tocantins que implante na cidade de Araguaína/TO, no prazo de 12 meses, unidade especializada para cumprimento das medidas socioeducativas de internação e semiliberdade aplicadas a adolescentes infratores, a fim de propiciar o atendimento do disposto nos artigos 94, 120, § 2º, e 124 do Estatuto da Criança e do Adolescente.

Determino ainda que o requerido se abstenha de manter adolescentes apreendidos, após o decurso do prazo de doze meses, em outra unidade que não a acima referida.

Fixo multa diária no valor de R$ 3.000,00 (três mil reais), a ser paga pelo requerido, em caso de descumprimento ou de atraso no cumprimento da presente decisão, a qual deverá ser revertida em favor do Fundo Municipal dos Direitos da Criança e do Adolescente, nos termos dos artigos 213 e 214 da lei n. 8.069/90." (fl. 94)

Na ação civil pública, argumentou-se que o Poder Executivo local, ante a inexistência de unidade especializada naquela comarca, estaria encaminhando os adolescentes infratores para o município de Ananás/TO, distante 160 quilômetros daquela localidade, o que dificultaria o contato daqueles com seus familiares (fl. 62).

Além disso, os adolescentes infratores estariam alojados em cadeia local, em celas adjacentes a de presos adultos, a permitir contato visual e verbal entre eles, em ambiente inóspito, fato este que teria sido atestado pelo Conselho Tutelar de Araguaína e pelo Diretor do estabelecimento prisional (fl. 65).

Arguiu-se, ainda, o descumprimento do compromisso firmado entre o Governo do Tocantins e o Ministério Público Estadual, mediante Termo de Ajustamento de Conduta – TAC, para que até 15 de janeiro de 2007 houvesse a alocação de recursos para a criação do regime de semiliberdade naquela Comarca, em Palmas e em Gurupi (fl. 62).

A ação civil pública defendeu ser incabível a alegação do óbice da reserva do possível no presente caso, ante a necessidade de garantia do mínimo necessário à existência condigna dos adolescentes infratores, conforme informariam precedentes do Tribunal de Justiça de São Paulo e do Rio Grande do Sul (fls. 68-71).

Por fim, consignou o Ministério Público Estadual que a medida liminar deveria ser concedida, em face das disposições do Estatuto da Criança e do Adolescente – ECA (art. 123, art. 185, art. 94, art. 120 e art. 124), bem como em face do que dispõe a Constituição Federal (art. 1º, III; art. 5º, III, XXXIX, XLIX; art.37, *caput*; art. 227, *caput* e § 3º, todos da CF/88) e Pactos Internacionais (fls. 71-88).

---

[1] Decisão de 8.7.2008.

Administração pública e ordem federativa **2005**

O juízo de primeiro grau concedeu a medida liminar, conforme transcrição acima, ressaltando que as normas contidas no art. 227, *caput*, e § 3º, da Constituição e reproduzidas no ECA possuem plena eficácia (fls. 90-95).

Ademais, a medida liminar consignou, a despeito dos adolescentes não estarem mais internados na Cadeia Pública de Ananás/TO no momento da decisão, que: a inexistência de unidade especializada em Araguaína/TO obrigaria o encaminhamento de adolescentes infratores ao CASE de Palmas/TO, distante 375 quilômetros daquela comarca, inviabilizando o contato familiar e o próprio sucesso do processo socioeducativo.

Contra tal decisão, o Estado do Tocantins ajuizou pedido de suspensão de liminar junto à Presidência do Tribunal de Justiça do Tocantins (fls. 33-54), que indeferiu o pedido, ante o entendimento de inocorrência de grave lesão à ordem e economia públicas e inexistência de efeito multiplicador da decisão (fls. 97-100). Contra tal decisão, o Estado do Tocantins interpôs recurso de Agravo Regimental.

O Tribunal Pleno do Tribunal de Justiça do Estado do Tocantins negou provimento ao agravo regimental em suspensão de liminar (fls. 127-130), pois entendeu inexistente efeito multiplicador e ausentes razões que infirmassem a decisão recorrida.

O pedido de suspensão de liminar contra o acórdão do Tribunal de Justiça do Estado do Tocantins é baseado em argumentos de lesão à ordem e economia públicas do Estado do Tocantins. Enfatiza o requerente que a liminar deferida, para construção de unidade especializada em prazo determinado, importaria ato de interferência do Poder Judiciário no âmbito de atuação do Poder Executivo, em afronta ao princípio da independência dos Poderes, previsto no art. 2º da Constituição (fls. 08-09).

Ademais, o requerente alega lesão à economia pública estadual, por ausência de previsão orçamentária, exiguidade de prazo para efetivação das medidas, ofensa ao princípio da reserva do possível e vedação legal e constitucional expressas de ordenação de despesas sem autorização legal (fls. 08-19).

Em complementação, o Estado do Tocantins afirma que a liminar deferida esgotou, por completo, o objeto da ação civil pública, violando o art. 1º, § 3º, da Lei n. 8.437/92, que veda a concessão de liminar contra atos do poder público que esgote, no todo ou em parte, o objeto da ação (fls. 19-21).

DECISÃO

A base normativa que fundamenta o instituto da suspensão (Leis 4.348/64, 8.437/92, 9.494/97 e art. 297 do RI/STF) permite que a Presidência do Supremo Tribunal Federal, para evitar grave lesão à ordem, à saúde, à segurança e à economia públicas, suspenda a execução de decisões concessivas de segurança, de liminar ou de tutela antecipada, proferidas em única ou última instância, pelos tribunais locais ou federais, quando a discussão travada na origem for de índole constitucional.

Assim, é a natureza constitucional da controvérsia que justifica a competência do Supremo Tribunal Federal para apreciar o pedido de contracautela, conforme a pacificada jurisprudência desta Corte, destacando-se os seguintes julgados: Rcl 497-AgR/RS, rel. Min. Carlos Velloso, Plenário, *DJ* 6.4.2001; SS 2.187-AgR/SC, rel. Min. Maurício Corrêa, *DJ* 21.10.2003; e SS 2.465/SC, rel. Min. Nelson Jobim, *DJ* 20.10.2004.

A ação civil pública pleiteia condenação do Estado de Tocantins em obrigação de fazer, para implantação de programa de internação e semiliberdade de adolescentes infratores, em unidade especializada, na Comarca de Araguaína/TO, no prazo de 12 meses. Nesse sentido, aponta-se: violação aos direitos dos adolescentes e à política básica de atendimento a adolescentes, previstos no art. 227, *caput*, e § 3º da Constituição e concretizados nas determinações do ECA (art. 94, art. 120, § 2º, e art. 124).

Por outro lado, a suspensão de liminar aponta: violação ao art. 2º, CF/88, consistente em interferência direta nas atividades do Poder Executivo; ausência de previsão orçamentária (art. 163, I; art. 165; art. 166, §§ 3º e 4º; art. 167, III, todos da CF/88); violação ao princípio da reserva do possível, exiguidade do prazo e possibilidade de efeito multiplicador do presente caso. Não há dúvida, portanto, de que a matéria discutida na origem reveste-se de índole constitucional.

Feitas essas considerações preliminares, passo à análise do pedido, o que faço apenas e tão somente com base nas diretrizes normativas que disciplinam as medidas de contracautela. Ressalte-se, não obstante, que, na análise do pedido de suspensão de decisão judicial, não é vedado ao Presidente do Supremo Tribunal Federal proferir um juízo mínimo de delibação a respeito das questões jurídicas presentes na ação principal, conforme tem entendido a jurisprudência desta Corte, da qual se destacam os seguintes julgados: SS 846-AgR/DF, rel. Ministro Sepúlveda Pertence, *DJ* 29.5.96; SS 1.272-AgR/RJ, rel. Ministro Carlos Velloso, *DJ* 18.5.2001.

No presente caso, discute-se possível colisão entre (1) o princípio da separação dos Poderes, concretizado pelo direito do Estado do Tocantins definir discricionariamente a formulação de políticas públicas voltadas a adolescentes infratores e (2) a proteção constitucional dos direitos dos adolescentes infratores e de uma política básica de seu atendimento. Eis o que dispõe o artigo 227 da Constituição:

> *"Art. 227. É dever da família, da sociedade e do Estado assegurar à criança e ao adolescente, com absoluta prioridade, o direito à vida, à saúde, à alimentação, à educação, ao lazer, à profissionalização, à cultura, à dignidade, ao respeito, à liberdade e à convivência familiar e comunitária, além de colocá-los a salvo de toda forma de negligência, discriminação, exploração, violência, crueldade e opressão.*
>
> *§ 1º O Estado promoverá programas de assistência integral à saúde da criança e do adolescente, admitida a participação de entidades não governamentais e obedecendo os seguintes preceitos:*
>
> *[...]*
>
> *V – obediência aos princípios de brevidade, excepcionalidade e respeito à condição peculiar de pessoa em desenvolvimento, quando da aplicação de qualquer medida privativa da liberdade; [...]"*

É certo que o tema da proteção da criança e do adolescente e, especificamente, dos adolescentes infratores é tratado pela Constituição com especial atenção. Como se pode perceber, tanto o *caput* do art. 227 como seu parágrafo primeiro e incisos possuem comandos normativos voltados para o Estado, conforme destacado acima.

Nesse sentido, destaca-se a determinação constitucional de **absoluta prioridade** na concretização desses comandos normativos, em razão da alta significação de proteção aos direitos da criança e do adolescente. Tem relevância, na espécie, a dimensão objetiva do direito fundamental à proteção da criança e do adolescente.

Segundo esse aspecto objetivo, o Estado está obrigado a criar os pressupostos fáticos necessários ao exercício efetivo deste direito.

Como tenho analisado em estudos doutrinários, os direitos fundamentais não contêm apenas uma proibição de intervenção (*Eingriffsverbote*), expressando também um postulado de proteção (*Schutzgebote*). Haveria, assim, para utilizar uma expressão de Canaris, não apenas uma proibição de excesso (*Übermassverbot*), mas também uma proibição de proteção insuficiente (*Untermassverbot*) (Claus-Wilhelm Canaris, *Grundrechtswirkungen um Verhältnismässigkeitsprinzip in der richterlichen Anwendung und Fortbildung des Privatsrechts*, JuS, 1989, p. 161).

Nessa dimensão objetiva, também assume relevo a perspectiva dos direitos à organização e ao procedimento (*Recht auf Organization und auf Verfahren*), que são aqueles direitos fundamentais que dependem, na sua realização, de providências estatais com vistas à criação e conformação de órgãos e procedimentos indispensáveis à sua efetivação.

Parece lógico, portanto, que a efetividade desse direito fundamental à proteção da criança e do adolescente não prescinde da ação estatal positiva no sentido da criação de certas condições fáticas, sempre dependentes dos recursos financeiros de que dispõe o Estado, e de sistemas de órgãos e procedimentos voltados a essa finalidade.

De outro modo, estar-se-ia a blindar, por meio de um espaço amplo de discricionariedade estatal, situação fática indiscutivelmente repugnada pela sociedade, caracterizando-se típica hipótese de proteção insuficiente por parte do Estado, num plano mais geral, e do Judiciário, num plano mais específico.

Por outro lado, alega-se, nesta suspensão de segurança, possível lesão à ordem e economia públicas, diante de determinação judicial para implantação de programa de internação e regime de semiliberdade, em unidade especializada (a ser construída), com prazo determinado de 12 meses.

Nesse sentido, o argumento central apontado pelo Estado do Tocantins reside na violação ao princípio da separação de poderes (art. 2º, CF/88), formulado em sentido forte, que veda intromissão do Poder Judiciário no âmbito de discricionariedade do Poder Executivo estadual.

Contudo, nos dias atuais, tal princípio, para ser compreendido de modo constitucionalmente adequado, exige temperamentos e ajustes à luz da realidade constitucional brasileira, num círculo em que a teoria da constituição e a experiência constitucional mutuamente se completam.

Nesse sentido, entendo inexistente a ocorrência de grave lesão à ordem pública, por violação ao art. 2º da Constituição. A alegação de violação à separação dos Poderes não justifica a inércia do Poder Executivo estadual do Tocantins, em cumprir seu dever constitucional de garantia dos direitos da criança e do adolescente, com a absoluta prioridade reclamada no texto constitucional (art. 227).

Da mesma forma, não vislumbro a ocorrência de grave lesão à economia pública. Cumpre ressaltar que o Estatuto da Criança e do Adolescente, em razão da absoluta prioridade determinada na Constituição, deixa expresso o dever do Poder Executivo dar primazia na consecução daquelas políticas públicas, como se apreende do seu art. 4º:

> "Art. 4º É dever da família, da comunidade, da sociedade em geral e do Poder Público assegurar, com absoluta prioridade, a efetivação dos direitos referentes à vida, à saúde, à alimentação, à educação, ao esporte, ao lazer, à profissionalização, à cultura, à dignidade, ao respeito, à liberdade e à convivência familiar e comunitária.
>
> *Parágrafo único.* A garantia de primazia compreende:
>
> a) primazia de receber proteção e socorro em quaisquer circunstâncias;
>
> b) precedência de atendimento nos serviços públicos ou de relevância pública;
>
> c) *preferência na formulação e na execução de políticas sociais públicas;*
>
> d) *destinação privilegiada de recursos públicos nas áreas relacionadas com a proteção à infância e à juventude.*"

Não se pode conceber grave lesão à economia do Estado do Tocantins, diante de determinação constitucional expressa de primazia clara na formulação de políticas sociais nesta área, bem como na alta prioridade de destinação orçamentária respectiva, concretamente delineada pelo ECA.

A Constituição indica de forma clara os valores a serem priorizados, corroborada pelo disposto no ECA. As determinações acima devem ser seriamente consideradas quando da formulação orçamentária estadual, pois se tratam de comandos vinculativos.

Ressalte-se que no próximo dia 13 de julho se comemorarão os 18 (dezoito) anos de promulgação do Estatuto da Criança e do Adolescente, que tem se cristalizado como um importante avanço na delimitação das políticas públicas voltadas à criança e ao adolescente.

Ademais, a decisão impugnada está em consonância com a jurisprudência dessa Corte, a qual firmou entendimento, em casos como o presente, de que se impõe ao Estado a obrigação constitucional de criar condições objetivas que possibilitem, de maneira concreta, a efetiva proteção de direitos constitucionalmente assegurados, com alta prioridade, tais como: o direito à

2008 Estado de Direito e Jurisdição Constitucional – Decisões relevantes em 15 anos de atuação no STF

educação infantil e os direitos da criança e do adolescente. Nesse sentido, destacam-se os seguintes julgados: RE-AgR 410.715/SP, 2ª T. Rel. Celso de Mello, *DJ* 3.2.2006; RE 431.773/SP, rel. Marco Aurélio, *DJ* 22.10.2004.

Do julgamento do RE-AgR 410.715/SP, 2ª T., Rel. Celso de Mello, *DJ* 3.2.2006, destaca-se o seguinte trecho:

> *"[...]*
>
> *A educação infantil, por qualificar-se como direito fundamental de toda criança, não se expõe, em seu processo de concretização, a avaliações meramente discricionárias da Administração Pública, nem se subordina a razões de puro pragmatismo governamental.* **Os Municípios** *– que atuarão, prioritariamente, no ensino fundamental e na educação infantil (CF, art. 211, § 2º) –* **não poderão demitir-se do mandato constitucional, juridicamente vinculante, que lhes foi outorgado pelo art. 208, IV, da Lei Fundamental da República, e que representa fator de limitação da discricionariedade político-administrativa dos entes municipais,** *cujas opções, tratando-se do atendimento das crianças em creche (CF, art. 208, IV), não podem ser exercidas de modo a comprometer, com apoio em juízo de simples conveniência ou de mera oportunidade, a eficácia desse direito básico de índole social. –* **Embora resida, primariamente, nos Poderes Legislativo e Executivo, a prerrogativa de formular e executar políticas públicas, revela-se possível, no entanto, ao Poder Judiciário, determinar, ainda que em bases excepcionais, especialmente nas hipóteses de políticas públicas definidas pela própria Constituição, sejam estas implementadas pelos órgãos estatais inadimplentes, cuja omissão – por importar em descumprimento dos encargos político--jurídicos que sobre eles incidem em caráter mandatório – mostra-se apta a comprometer a eficácia e a integridade de direitos sociais e culturais impregnados de estatura constitucional.**
>
> *[...]"*

Não há dúvida quanto à possibilidade jurídica de determinação judicial para o Poder Executivo concretizar políticas públicas constitucionalmente definidas, como no presente caso, em que o comando constitucional exige, **com absoluta prioridade**, a proteção dos direitos das crianças e dos adolescentes, claramente definida no Estatuto da Criança e do Adolescente. Assim também já decidiu o Superior Tribunal de Justiça (STJ-Resp 630.765/SP, 1ª Turma, relator Luiz Fux, *DJ* 12.9.2005).

No presente caso, vislumbra-se possível proteção insuficiente dos direitos da criança e do adolescente pelo Estado, que deve ser coibida, conforme já destacado. O Poder Judiciário não está a criar políticas públicas, nem usurpa a iniciativa do Poder Executivo.

A decisão impugnada apenas determina o cumprimento de política pública constitucionalmente definida (art. 227, *caput*, e § 3º) e especificada de maneira clara e concreta no ECA, inclusive quanto à forma de executá-la. Nesse sentido é a lição de Christian Courtis e Victor Abramovich (ABRAMOVICH, Victor; COURTS, Christian, *Los derechos sociales como derechos exigibles*, Trotta, 2004, p. 251):

> *"Por ello, el Poder Judicial no tiene la tarea de diseñar políticas públicas, sino la de confrontar el diseño de políticas asumidas con los estándares jurídicos aplicables y – en caso de hallar divergencias – reenviar la cuestión a los poderes pertinentes para que ellos reaccionen ajustando su actividad en consecuencia.* **Cuando las normas constitucionales o legales fijen pautas para el diseño de políticas públicas y los poderes respectivos no hayan adoptado ninguna medida, corresponderá al Poder Judicial reprochar esa omisión y reenviarles la cuestión para que elaboren alguna medida.** *Esta dimensión de la actuación judicial puede ser conceptualizada como la participación en un 'diálogo' entre los distintos poderes del Estado para la concreción del programa jurídico-político establecido por la constitución o por los pactos de derechos humanos."* (sem grifo no original)

Contudo, conforme informação contida nas razões do Estado do Tocantins, este foi intimado da decisão de primeiro grau em 19 de outubro de 2007 (fl. 115). Assim, o prazo de 12 meses se extinguirá em 19 de outubro de 2008.

A partir desta data, conforme a decisão impugnada, caso o Estado de Tocantins não tenha construído unidade especializada, ou venha a abrigar adolescentes infratores em outra localidade, que não uma unidade especializada, arcará com multa diária de R$ 3.000,00 (três mil reais), por prazo indeterminado.

Entendo que tão somente neste ponto a decisão impugnada gera grave lesão à economia pública, ou seja, **apenas quanto à fixação de multa por não construção, em 12 meses, de unidade especializada para abrigo dos menores na comarca de Araguaína**. Para se chegar a essa constatação, basta observar que a fixação de multa em valor elevado e sem limitação máxima constitui ônus excessivo ao Poder Público e à coletividade, pois impõe remanejamento financeiro das contas estaduais, em detrimento de outras políticas públicas estaduais de alta prioridade. Dessa forma, remanesce íntegra a decisão, quanto à possibilidade de multa por abrigar adolescentes infratores em cadeias comuns, em detrimento de abrigá-los em outras unidades especializadas existentes no Estado.

Destaco, contudo, que não se impede a fixação de multa por descumprimento de decisão judicial. O que não se pode perder de vista é a possibilidade de vultoso prejuízo à coletividade, por multa fixada em decisão liminar baseada em juízo cognitivo sumário.

Portanto, a determinação constitucional de **absoluta prioridade** na proteção dos direitos da criança e do adolescente (art. 227, CF/88) evidencia tanto a dimensão objetiva de proteção destes direitos fundamentais quanto a proibição de sua proteção insuficiente pelo Estado de Tocantins, por impossibilitar condições fáticas e concretas de implantação de programa de internação e semiliberdade na Comarca de Araguaína/TO.

Não há violação ao princípio da separação dos Poderes quando o Poder Judiciário determina ao Poder Executivo estadual o cumprimento do dever constitucional específico de proteção adequada dos adolescentes infratores, em unidade especializada, pois a determinação é da própria Constituição, em razão da condição peculiar de pessoa em desenvolvimento (art. 227, § 1º, V, CF/88).

A proibição da proteção insuficiente exige do Estado a proibição de inércia e omissão na proteção aos adolescentes infratores, com primazia, com preferencial formulação e execução de políticas públicas de valores que a própria Constituição define como de absoluta prioridade.

Essa política prioritária e constitucionalmente definida deve ser levada em conta pelas previsões orçamentárias, como forma de aproximar a atuação administrativa e legislativa (*Annäherungstheorie*) às determinações constitucionais que concretizam o direito fundamental de proteção da criança e do adolescente.

Assim, não vislumbro grave lesão à ordem e economia públicas, com exceção da fixação de multa por não construção, em doze meses, de unidade especializada para abrigar adolescentes infratores na Comarca de Araguaína/TO.

Diante o exposto, defiro parcialmente o pedido de suspensão, **tão somente quanto à fixação de multa diária por descumprimento da ordem judicial de construção de unidade especializada, em doze meses, na comarca de Araguaína/TO**.

Dessa forma, diante da determinação da Constituição e do Estatuto da Criança e do Adolescente, mantenho os efeitos da decisão impugnada quanto à (1) implantação, em doze meses, de programa de internação e semiliberdade de adolescentes infratores, na comarca de Araguaína/TO e (2) de proibição, sob pena de multa diária, de abrigar adolescentes infratores em outra unidade que não seja uma unidade especializada (nos termos do ECA).

Publique-se.

Comunique-se com urgência.

Brasília, 8 de julho de 2008.

Ministro **GILMAR MENDES**

Presidente

ADIs 4.357 e 4.425[1]

Regime de execução da Fazenda Pública mediante precatório – Emenda
Constitucional n. 62/2009 – Exame de constitucionalidade formal – Interstício constitucional mínimo entre os dois turnos de votação de emendas à Lei Maior (CF, art. 60, § 2°) – Índice de remuneração da caderneta
de poupança como critério de correção monetária – Utilização do rendimento da caderneta de poupança como índice definidor dos juros moratórios dos créditos inscritos em precatórios, quando oriundos de relações
jurídico-tributárias.

Trata-se de ação direta de inconstitucionalidade, aparelhada com pedido de medida liminar,
proposta pelo Conselho Federal da Ordem dos Advogados do Brasil (OAB), Associação dos Magistrados Brasileiros (AMB), Associação Nacional dos Membros do Ministério Público (CONAMP),
Associação Nacional dos Servidores do Poder Judiciário (ANSJ), Confederação Nacional dos Servidores Públicos (CNSP) e Associação Nacional dos Procuradores do Trabalho (ANPT). Ação que
se volta contra a Emenda Constitucional n. 62, de 09 de dezembro de 2009, que alterou o art. 100
da Constituição Federal e acrescentou o art. 97 ao Ato das Disposições Constitucionais Transitórias, *"instituindo regime especial de pagamento de precatórios pelos Estados, Distrito Federal e Municípios"*. Eis o inteiro teor das normas impugnadas:

"Art. 1°. O art. 100 da Constituição Federal passa a vigorar com a seguinte redação:

'Art. 100. Os pagamentos devidos pelas Fazendas Públicas Federal, Estaduais, Distrital e Municipais,
em virtude de sentença judiciária, far-se-ão exclusivamente na ordem cronológica de apresentação dos
precatórios e à conta dos créditos respectivos, proibida a designação de casos ou de pessoas nas dotações orçamentárias e nos créditos adicionais abertos para este fim.

§ 1°. Os débitos de natureza alimentícia compreendem aqueles decorrentes de salários, vencimentos,
proventos, pensões e suas complementações, benefícios previdenciários e indenizações por morte ou
por invalidez, fundadas em responsabilidade civil, em virtude de sentença judicial transitada em julgado, e serão pagos com preferência sobre todos os demais débitos, exceto sobre aqueles referidos no § 2°
deste artigo.

§ 2°. Os débitos de natureza alimentícia cujos titulares tenham 60 (sessenta) anos de idade ou mais na
data de expedição do precatório, ou sejam portadores de doença grave, definidos na forma da lei, serão
pagos com preferência sobre todos os demais débitos, até o valor equivalente ao triplo do fixado em lei
para os fins do disposto no § 3° deste artigo, admitido o fracionamento para essa finalidade, sendo que
o restante será pago na ordem cronológica de apresentação do precatório.

§ 3°. O disposto no *caput* deste artigo relativamente à expedição de precatórios não se aplica aos pagamentos de obrigações definidas em leis como de pequeno valor que as Fazendas referidas devam fazer
em virtude de sentença judicial transitada em julgado.

§ 4°. Para os fins do disposto no § 3°, poderão ser fixados, por leis próprias, valores distintos às entidades
de direito público, segundo as diferentes capacidades econômicas, sendo o mínimo igual ao valor do
maior benefício do regime geral de previdência social.

§ 5°. É obrigatória a inclusão, no orçamento das entidades de direito público, de verba necessária ao
pagamento de seus débitos, oriundos de sentenças transitadas em julgado, constantes de precatórios
judiciários apresentados até 1° de julho, fazendo-se o pagamento até o final do exercício seguinte,
quando terão seus valores atualizados monetariamente.

---

[1] O Tribunal, por maioria e nos termos do voto do Ministro Ayres Britto (Relator), julgou parcialmente procedente a ação direta, vencidos os Ministros Gilmar Mendes, Teori Zavascki e Dias Toffoli, que a julgavam totalmente
improcedente, e os Ministros Marco Aurélio e Ricardo Lewandowski, que a julgavam procedente em menor
extensão (*DJ* de 26.9.2014).

Administração pública e ordem federativa **2011**

§ 6º. As dotações orçamentárias e os créditos abertos serão consignados diretamente ao Poder Judiciário, cabendo ao Presidente do Tribunal que proferir a decisão exequenda determinar o pagamento integral e autorizar, a requerimento do credor e exclusivamente para os casos de preterimento de seu direito de precedência ou de não alocação orçamentária do valor necessário à satisfação do seu débito, o sequestro da quantia respectiva.

§ 7º. O Presidente do Tribunal competente que, por ato comissivo ou omissivo, retardar ou tentar frustrar a liquidação regular de precatórios incorrerá em crime de responsabilidade e responderá, também, perante o Conselho Nacional de Justiça.

§ 8º. É vedada a expedição de precatórios complementares ou suplementares de valor pago, bem como o fracionamento, repartição ou quebra do valor da execução para fins de enquadramento de parcela do total ao que dispõe o § 3º deste artigo.

§ 9º. No momento da expedição dos precatórios, independentemente de regulamentação, deles deverá ser abatido, a título de compensação, valor correspondente aos débitos líquidos e certos, inscritos ou não em dívida ativa e constituídos contra o credor original pela Fazenda Pública devedora, incluídas parcelas vincendas de parcelamentos, ressalvados aqueles cuja execução esteja suspensa em virtude de contestação administrativa ou judicial.

§ 10. Antes da expedição dos precatórios, o Tribunal solicitará à Fazenda Pública devedora, para resposta em até 30 (trinta) dias, sob pena de perda do direito de abatimento, informação sobre os débitos que preencham as condições estabelecidas no § 9º, para os fins nele previstos.

§ 11. É facultada ao credor, conforme estabelecido em lei da entidade federativa devedora, a entrega de créditos em precatórios para compra de imóveis públicos do respectivo ente federado.

§ 12. A partir da promulgação desta Emenda Constitucional, a atualização de valores de requisitórios, após sua expedição, até o efetivo pagamento, independentemente de sua natureza, será feita pelo índice oficial de remuneração básica da caderneta de poupança, e, para fins de compensação da mora, incidirão juros simples no mesmo percentual de juros incidentes sobre a caderneta de poupança, ficando excluída a incidência de juros compensatórios.

§ 13. O credor poderá ceder, total ou parcialmente, seus créditos em precatórios a terceiros, independentemente da concordância do devedor, não se aplicando ao cessionário o disposto nos §§ 2º e 3º.

§ 14. A cessão de precatórios somente produzirá efeitos após comunicação, por meio de petição protocolizada, ao tribunal de origem e à entidade devedora.

§ 15. Sem prejuízo do disposto neste artigo, lei complementar a esta Constituição Federal poderá estabelecer regime especial para pagamento de crédito de precatórios de Estados, Distrito Federal e Municípios, dispondo sobre vinculações à receita corrente líquida e forma e prazo de liquidação.

§ 16. A seu critério exclusivo e na forma de lei, a União poderá assumir débitos, oriundos de precatórios, de Estados, Distrito Federal e Municípios, refinanciando-os diretamente.' (NR)

Art. 2º O Ato das Disposições Constitucionais Transitórias passa a vigorar acrescido do seguinte art. 97:

'Art. 97. Até que seja editada a lei complementar de que trata o § 15 do art. 100 da Constituição Federal, os Estados, o Distrito Federal e os Municípios que, na data de publicação desta Emenda Constitucional, estejam em mora na quitação de precatórios vencidos, relativos às suas administrações direta e indireta, inclusive os emitidos durante o período de vigência do regime especial instituído por este artigo, farão esses pagamentos de acordo com as normas a seguir estabelecidas, sendo inaplicável o disposto no art. 100 desta Constituição Federal, exceto em seus §§ 2º, 3º, 9º, 10, 11, 12, 13 e 14, e sem prejuízo dos acordos de juízos conciliatórios já formalizados na data de promulgação desta Emenda Constitucional.

§ 1º. Os Estados, o Distrito Federal e os Municípios sujeitos ao regime especial de que trata este artigo optarão, por meio de ato do Poder Executivo:

– pelo depósito em conta especial do valor referido pelo § 2º deste artigo; ou

– pela adoção do regime especial pelo prazo de até 15 (quinze) anos, caso em que o percentual a ser depositado na conta especial a que se refere o § 2º deste artigo corresponderá, anualmente, ao saldo total dos precatórios devidos, acrescido do índice oficial de remuneração básica da caderneta de poupança e de juros simples no mesmo percentual de juros incidentes sobre a caderneta de poupança para fins de compensação da mora, excluída a incidência de juros compensatórios, diminuído das amortizações e dividido pelo número de anos restantes no regime especial de pagamento.

§ 2º. Para saldar os precatórios, vencidos e a vencer, pelo regime especial, os Estados, o Distrito Federal e os Municípios devedores depositarão mensalmente, em conta especial criada para tal fim, 1/12 (um doze avos) do valor calculado percentualmente sobre as respectivas receitas correntes líquidas, apuradas no segundo mês anterior ao mês de pagamento, sendo que esse percentual, calculado no momento de opção pelo regime e mantido fixo até o final do prazo a que se refere o § 14 deste artigo, será:

– para os Estados e para o Distrito Federal:

de, no mínimo, 1,5% (um inteiro e cinco décimos por cento), para os Estados das regiões Norte, Nordeste e Centro-Oeste, além do Distrito Federal, ou cujo estoque de precatórios pendentes das suas administrações direta e indireta corresponder a até 35% (trinta e cinco por cento) do total da receita corrente líquida;

de, no mínimo, 2% (dois por cento), para os Estados das regiões Sul e Sudeste, cujo estoque de precatórios pendentes das suas administrações direta e indireta corresponder a mais de 35% (trinta e cinco por cento) da receita corrente líquida;

– para Municípios:

de, no mínimo, 1% (um por cento), para Municípios das regiões Norte, Nordeste e Centro-Oeste, ou cujo estoque de precatórios pendentes das suas administrações direta e indireta corresponder a até 35% (trinta e cinco por cento) da receita corrente líquida;

de, no mínimo, 1,5% (um inteiro e cinco décimos por cento), para Municípios das regiões Sul e Sudeste, cujo estoque de precatórios pendentes das suas administrações direta e indireta corresponder a mais de 35 % (trinta e cinco por cento) da receita corrente líquida.

§ 3º. Entende-se como receita corrente líquida, para os fins de que trata este artigo, o somatório das receitas tributárias, patrimoniais, industriais, agropecuárias, de contribuições e de serviços, transferências correntes e outras receitas correntes, incluindo as oriundas do § 1º do art. 20 da Constituição Federal, verificado no período compreendido pelo mês de referência e os 11 (onze) meses anteriores, excluídas as duplicidades, e deduzidas:

– nos Estados, as parcelas entregues aos Municípios por determinação constitucional;

– nos Estados, no Distrito Federal e nos Municípios, a contribuição dos servidores para custeio do seu sistema de previdência e assistência social e as receitas provenientes da compensação financeira referida no § 9º do art. 201 da Constituição Federal.

§ 4º. As contas especiais de que tratam os §§ 1º e 2º serão administradas pelo Tribunal de Justiça local, para pagamento de precatórios expedidos pelos tribunais.

§ 5º. Os recursos depositados nas contas especiais de que tratam os §§ 1º e 2º deste artigo não poderão retornar para Estados, Distrito Federal e Municípios devedores.

§ 6º. Pelo menos 50% (cinquenta por cento) dos recursos de que tratam os §§ 1º e 2º deste artigo serão utilizados para pagamento de precatórios em ordem cronológica de apresentação, respeitadas as preferências definidas no § 1º, para os requisitórios do mesmo ano e no § 2º do art. 100, para requisitórios de todos os anos.

§ 7º. Nos casos em que não se possa estabelecer a precedência cronológica entre 2 (dois) precatórios, pagar-se-á primeiramente o precatório de menor valor.

§ 8º. A aplicação dos recursos restantes dependerá de opção a ser exercida por Estados, Distrito Federal e Municípios devedores, por ato do Poder Executivo, obedecendo à seguinte forma, que poderá ser aplicada isoladamente ou simultaneamente:

– destinados ao pagamento dos precatórios por meio do leilão;

– destinados a pagamento a vista de precatórios não quitados na forma do § 6º e do inciso I, em ordem única e crescente de valor por precatório;

– destinados a pagamento por acordo direto com os credores, na forma estabelecida por lei própria da entidade devedora, que poderá prever criação e forma de funcionamento de câmara de conciliação.

§ 9º. Os leilões de que trata o inciso I do § 8º deste artigo:

Administração pública e ordem federativa **2013**

– serão realizados por meio de sistema eletrônico administrado por entidade autorizada pela Comissão de Valores Mobiliários ou pelo Banco Central do Brasil;

– admitirão a habilitação de precatórios, ou parcela de cada precatório indicada pelo seu detentor, em relação aos quais não esteja pendente, no âmbito do Poder Judiciário, recurso ou impugnação de qualquer natureza, permitida por iniciativa do Poder Executivo a compensação com débitos líquidos e certos, inscritos ou não em dívida ativa e constituídos contra devedor originário pela Fazenda Pública devedora até a data da expedição do precatório, ressalvados aqueles cuja exigibilidade esteja suspensa nos termos da legislação, ou que já tenham sido objeto de abatimento nos termos do § 9º do art. 100 da Constituição Federal;

– ocorrerão por meio de oferta pública a todos os credores habilitados pelo respectivo ente federativo devedor;

– considerarão automaticamente habilitado o credor que satisfaça o que consta no inciso II;

– serão realizados tantas vezes quanto necessário em função do valor disponível;

– a competição por parcela do valor total ocorrerá a critério do credor, com deságio sobre o valor desta;

– ocorrerão na modalidade deságio, associado ao maior volume ofertado cumulado ou não com o maior percentual de deságio, pelo maior percentual de deságio, podendo ser fixado valor máximo por credor, ou por outro critério a ser definido em edital;

– o mecanismo de formação de preço constará nos editais publicados para cada leilão;

– a quitação parcial dos precatórios será homologada pelo respectivo Tribunal que o expediu.

§ 10. No caso de não liberação tempestiva dos recursos de que tratam o inciso II do § 1º e os §§ 2º e 6º deste artigo:

– haverá o sequestro de quantia nas contas de Estados, Distrito Federal e Municípios devedores, por ordem do Presidente do Tribunal referido no § 4º, até o limite do valor não liberado;

– constituir-se-á, alternativamente, por ordem do Presidente do Tribunal requerido, em favor dos credores de precatórios, contra Estados, Distrito Federal e Municípios devedores, direito líquido e certo, autoaplicável e independentemente de regulamentação, à compensação automática com débitos líquidos lançados por esta contra aqueles, e, havendo saldo em favor do credor, o valor terá automaticamente poder liberatório do pagamento de tributos de Estados, Distrito Federal e Municípios devedores, até onde se compensarem;

– o chefe do Poder Executivo responderá na forma da legislação de responsabilidade fiscal e de improbidade administrativa;

– enquanto perdurar a omissão, a entidade devedora:

não poderá contrair empréstimo externo ou interno;

ficará impedida de receber transferências voluntárias;

– a União reterá os repasses relativos ao Fundo de Participação dos Estados e do Distrito Federal e ao Fundo de Participação dos Municípios, e os depositará nas contas especiais referidas no § 1º, devendo sua utilização obedecer ao que prescreve o § 5º, ambos deste artigo.

§ 11. No caso de precatórios relativos a diversos credores, em litisconsórcio, admite-se o desmembramento do valor, realizado pelo Tribunal de origem do precatório, por credor, e, por este, a habilitação do valor total a que tem direito, não se aplicando, neste caso, a regra do § 3º do art. 100 da Constituição Federal.

§ 12. Se a lei a que se refere o § 4º do art. 100 não estiver publicada em até 180 (cento e oitenta) dias, contados da data de publicação desta Emenda Constitucional, será considerado, para os fins referidos, em relação a Estados, Distrito Federal e Municípios devedores, omissos na regulamentação, o valor de:

– 40 (quarenta) salários mínimos para Estados e para o Distrito Federal;

– 30 (trinta) salários mínimos para Municípios.

§ 13. Enquanto Estados, Distrito Federal e Municípios devedores estiverem realizando pagamentos de precatórios pelo regime especial, não poderão sofrer sequestro de valores, exceto no caso de não liberação tempestiva dos recursos de que tratam o inciso II do § 1º e o § 2º deste artigo.

§ 14. O regime especial de pagamento de precatório previsto no inciso I do § 1º vigorará enquanto o valor dos precatórios devidos for superior ao valor dos recursos vinculados, nos termos do § 2º, ambos deste artigo, ou pelo prazo fixo de até 15 (quinze) anos, no caso da opção prevista no inciso II do § 1º.

§ 15. Os precatórios parcelados na forma do art. 33 ou do art. 78 deste Ato das Disposições Constitucionais Transitórias e ainda pendentes de pagamento ingressarão no regime especial com o valor atualizado das parcelas não pagas relativas a cada precatório, bem como o saldo dos acordos judiciais e extrajudiciais.

§ 16. A partir da promulgação desta Emenda Constitucional, a atualização de valores de requisitórios, até o efetivo pagamento, independentemente de sua natureza, será feita pelo índice oficial de remuneração básica da caderneta de poupança, e, para fins de compensação da mora, incidirão juros simples no mesmo percentual de juros incidentes sobre a caderneta de poupança, ficando excluída a incidência de juros compensatórios.

§ 17. O valor que exceder o limite previsto no § 2º do art. 100 da Constituição Federal será pago, durante a vigência do regime especial, na forma prevista nos §§ 6º e 7º ou nos incisos I, II e III do § 8º deste artigo, devendo os valores dispendidos para o atendimento do disposto no § 2º do art. 100 da Constituição Federal serem computados para efeito do § 6º deste artigo.

§ 18. Durante a vigência do regime especial a que se refere este artigo, gozarão também da preferência a que se refere o § 6º os titulares originais de precatórios que tenham completado 60 (sessenta) anos de idade até a data da promulgação desta Emenda Constitucional.'

Art. 3º. A implantação do regime de pagamento criado pelo art. 97 do Ato das Disposições Constitucionais Transitórias deverá ocorrer no prazo de até 90 (noventa dias), contados da data da publicação desta Emenda Constitucional.

Art. 4º. A entidade federativa voltará a observar somente o disposto no art. 100 da Constituição Federal:

– no caso de opção pelo sistema previsto no inciso I do § 1º do art. 97 do Ato das Disposições Constitucionais Transitórias, quando o valor dos precatórios devidos for inferior ao dos recursos destinados ao seu pagamento;

– no caso de opção pelo sistema previsto no inciso II do § 1º do art. 97 do Ato das Disposições Constitucionais Transitórias, ao final do prazo.

Art. 5º. Ficam convalidadas todas as cessões de precatórios efetuadas antes da promulgação desta Emenda Constitucional, independentemente da concordância da entidade devedora.

Art. 6º. Ficam também convalidadas todas as compensações de precatórios com tributos vencidos até 31 de outubro de 2009 da entidade devedora, efetuadas na forma do disposto no § 2º do art. 78 do ADCT, realizadas antes da promulgação desta Emenda Constitucional.

Art. 7º. Esta Emenda Constitucional entra em vigor na data de sua publicação".

2. Pois bem, arguem os requerentes, em primeiro lugar, a inconstitucionalidade formal de toda a Emenda Constitucional n. 62/2009, por violação ao inciso LIV do art. 5º e ao § 2º do art. 60, ambos da Constituição da República. É que a aprovação da emenda em causa, no Senado Federal, ocorrera numa única noite, o que desrespeita o interstício mínimo de 5 (cinco) dias úteis *"entre a discussão e votação em 1º turno e a* [discussão e votação] *em 2º turno"*. Alegam também numerosos vícios de inconstitucionalidade material, assim resumidos:

I – § 2º do art. 100 da CF: a expressão *"na data de expedição do precatório"* ofenderia os princípios da igualdade, da razoabilidade e da proporcionalidade (*caput* do art. 5º da CF), por não considerar preferenciais os créditos de pessoas que venham a completar 60 (sessenta) anos de idade após a expedição do precatório. O fraseado *"até o valor equivalente ao triplo do fixado em lei para os fins do § 3º deste artigo, admitido o fracionamento para essa finalidade, sendo que o restante será pago na ordem cronológica de apresentação do precatório"* seria inconstitucional por vulnerar os princípios da dignidade da pessoa humana (inciso III do art. 1º da CF), da razoabilidade, da proporcionalidade (*caput* do art. 5º da CF) e da separação dos Poderes (art. 2º da CF), devido a que *"o texto só* [possibilitaria] *receber o crédito, de natureza alimentar, até o valor equivalente ao triplo do fixado em lei como obrigação de pequeno valor, desnaturando, assim, a natureza alimentar que admite o pagamento integral"* e retirando *"a eficácia e a autoridade da decisão judicial condenatória transitada em julgado"*;

II – §§ 9º e 10 do art. 100 da CF: ao tornar obrigatória a compensação do crédito a ser inscrito em precatório com *"débitos líquidos e certos, inscritos ou não em dívida ativa e constituídos contra o credor original pela Fazenda Pública devedora"*, os novos dispositivos constitucionais violariam os direitos de liberdade e propriedade dos indivíduos (*caput* e inciso XXII do art. 5º da CF), além da garantia de razoável duração do processo (inciso LXXVIII do art. 5º da CF). É que os credores perderiam *"a plena liberdade de disposição de seus bens e patrimônio"*, sem falar na demora da inscrição do crédito em precatório, uma vez que *"o Presidente do Tribunal [teria] que lidar com impugnação do precatorista prejudicado para, por exemplo, dirimir acerca da prescrição do débito imputado pela Fazenda Pública como passível de compensação"*. Ademais, o fato de a compensação referir-se a anteriores débitos do credor **original** do precatório ofenderia o direito de propriedade (inciso XXII do art. 5º da CF), os princípios da segurança jurídica e da proporcionalidade (*caput* do art. 5º da CF) e a garantia do devido processo legal substantivo (inciso LIV do art. 5º da CF). Isso porque, no caso de cessão do crédito inscrito em precatório, a compensação acabaria por se operar com débito de terceiro, inviabilizando *"qualquer previsibilidade do cessionário quanto ao risco de redução do seu direito em virtude de débitos que o cedente venha a incorrer após a cessão do direito"*;

III – § 12 do art. 100 da CF, inciso II do § 1º e § 16, ambos do art. 97 do ADCT: esses dispositivos, acrescentados pela Emenda Constitucional 62/2009, violariam o direito de propriedade (inciso XXII do art. 5º da CF), os princípios da igualdade (*caput* do art. 5º da CF), da moralidade, da eficiência (*caput* do art. 37 da CF) e da separação dos Poderes (art. 2º da CF), além da garantia constitucional da coisa julgada (inciso XXXVI do art. 5º da CF). É que: a) o índice de remuneração básica da caderneta de poupança, segundo já reconheceu este próprio Supremo Tribunal Federal, não reflete a real corrosão do poder aquisitivo da moeda; b) adotou-se *"critério de discriminação, sem motivo razoável, entre a forma de correção monetária e aplicação de juros acessórios dos débitos do Estado e a forma de correção monetária e aplicação de juros acessórios dos débitos do contribuinte"*; c) *"ao ter suas dívidas atualizadas por índice inferior ao que atualiza seus créditos, o incentivo econômico do Estado será o de prolongar indefinidamente as discussões judiciais em que figura no polo passivo"*; d) os membros do Poder Judiciário perderão a autonomia para fixar o critério que considerem adequado para atualização do débito, atingindo, de igual forma, a autoridade da coisa julgada;

IV – art. 97 do ADCT (acrescentado pelo art. 2º da EC 62/2009): a possibilidade de o Poder Público dilatar por quinze anos a completa execução das sentenças judiciais transitadas em julgado significaria desrespeito às garantias do livre e eficaz acesso ao Poder Judiciário (inciso XXXV do art. 5º da CF), do devido processo legal (inciso LIV do art. 5º da CF) e da razoável duração do processo (inciso LXXVIII do art. 5º do CF), além de afrontar a autoridade das decisões judiciais já insuscetíveis de recurso. A *"Emenda [haveria ferido] a própria divisão dos Poderes, posto que partir em até 15 (quinze) anos a indenização significa, antes de tudo, fracionar o pagamento das execuções contra o Estado, tornando a Administração (função executiva) praticamente imune aos comandos do Poder Judiciário, além de transformar o adimplemento de precatórios em mera escolha política dos governantes"*. Na mesma violação (ao princípio da separação dos Poderes) haveria incorrido a EC 62/2009 ao limitar os valores orçamentários para pagamento de precatórios (§ 2º do art. 97 do ADCT), *"haja vista que o contingenciamento de recursos tem por escopo o descumprimento das decisões judiciais"*. Quanto aos leilões instituídos pelos §§ 8º e 9º do art. 97 do ADCT, também eles violariam o princípio da separação dos Poderes e a garantia da coisa julgada, porque *"a nova sistemática"* imporia, de fato, aos credores a aceitação de deságios cada vez maiores, sob pena de *"morrer[em] sem nada receber[em], deixando seus direitos para usufruto dos netos (porque os filhos certamente nada receber[iam])"*. O que acabaria por transformar a sentença judicial transitada em julgado em *"mercadoria e de ativo podre"*. Não é só: o § 7º do art. 97 do ADCT também seria inconstitucional por ofender o princípio da igualdade, dado que "*o constituinte derivado elegeu o critério do valor da dívida como divisor de águas entre os credores em idêntica situação, não havendo nenhuma relação de pertinência lógica entre a grave discriminação estabelecida entre os valores dos créditos a receber*". O vício de inconstitucionalidade também estaria presente no § 14 do art. 97 do ADCT (assim como no art. 4º da EC 62/2009), pois culmina por "*transformar o que a princípio* [era] *transitório em permanente*", pois o fato é que nunca se esgotaria o estoque de precatórios. O mesmo se diga do § 15, que prolongou "*ainda mais o direito do cidadão/contribuinte em receber seus créditos, em patente ofensa à coisa julgada*";

V – **art. 6º da EC 62/2009**: cassou-se o poder liberatório do pagamento de tributos da entidade devedora, referido no § 2º do art. 78 do ADTC, o que maltrata a garantia constitucional do direito adquirido (inciso XXXVI do art. 5º da CF).

3. Ao fim da petição inicial, os requerentes defendem a necessidade de concessão da medida cautelar. Como também pleiteiam "*que seja declarada a inconstitucionalidade dos dispositivos acima impugnados*", a saber:

a) toda a Emenda Constitucional n. 62/2009, por vício formal; **b)** as expressões "*na data da expedição do precatório*" e "*até o valor equivalente ao triplo do fixado em lei para os fins do § 3º deste artigo, admitido o fracionamento para essa finalidade, sendo que o restante será pago na ordem cronológica de apresentação do precatório*", do § 2º do art. 100 da CF; **c)** os §§ 9º e 10 do art. 100 da CF ou que se lhes dê a interpretação contida às fls. 38[2]; **d)** § 12 do art. 100 da CF, inciso II do § 1º e § 16, ambos do art. 97 do ADCT, ou que se lhes confira a interpretação de fls. 49[3]; **e)** todo o art. 97 do ADCT, acrescentado pelo art. 2º da EC 62/2009; **f)** art. 6º da EC 62/2009.

4. Continuo neste reavivar das coisas para dizer que, em decisão de fls. 559/560, adotei o procedimento abreviado de que trata o art. 12 da Lei 9.868/99 e solicitei informações aos requeridos. Solicitei também, com fundamento no § 1º do art. 9º da mesma Lei 9.868/99, informações aos Tribunais de Justiça dos Estados e ao do Distrito Federal e Territórios, aos Tribunais Regionais do Trabalho, às Secretarias de Fazenda dos Estados e do Distrito Federal e às Secretarias Municipais de Fazenda das capitais.

5. Em petições protocoladas neste Supremo Tribunal Federal sob os n. 142.754/2009 e 143.151/2009, o Conselho Federal da Ordem dos Advogados do Brasil, ao tempo em que noticia a edição, pelo Prefeito do Município de São Paulo, do Decreto 51.105, de 11 de dezembro de 2009, adotando o regime especial de pagamento de precatórios, requer "*imediata apreciação da medida cautelar*". Pedido que é reiterado na petição 28.723/2010, no bojo da qual o Conselho Federal da OAB afirma que "*os Tribunais de Justiça Estaduais não conseguem operacionalizar, no plano fático-material, os mecanismos necessários à implementação das regras descritas na Emenda Constitucional*" impugnada. Já as informações da Câmara dos Deputados e do Senado Federal, foram elas encaminhadas a esta nossa Corte mediante as petições 4.405/2010 e 11.786/2010, respectivamente.

6. Dei, então, vista dos autos ao Advogado-Geral da União. Advogado que defendeu a constitucionalidade das normas impugnadas, em manifestação que dá pela improcedência desta

---

[2] "Caso não acolhida a tese acima ventilada, o que se admite apenas por argumentação, e considerando o exposto, espera o Conselho Federal da OAB que este E. STF dê interpretação conforme à Constituição, no sentido de fixar o entendimento que a compensação 'poderá', e não 'deverá', ser procedida, retirando do texto, por redução, a expressão 'original'."

[3] "Caso assim não se entenda, que seja dada interpretação conforme à Constituição Federal, no sentido de fixar o entendimento que a atualização da condenação judicial ocorrerá de acordo com os critérios fixados na coisa julgada."

ação direta de inconstitucionalidade. Já o Procurador-Geral da República, este opinou pela *"procedência do pedido, em face da inconstitucionalidade formal relativa ao modo como se deu a votação da proposta que veio a resultar na EC 62, e acaso superada essa questão, pela procedência parcial, a fim seja declarada a inconstitucionalidade do art. 97 do ADCT, introduzido pela EC 62/2009".*

7. À derradeira, registro que o Conselho Federal da OAB, em petição de fls. 3.190/3.197, pleiteou o *"reconhecimento da inconstitucionalidade consequencial ou por arrastamento do artigo 5º da Lei nº 11.960/2009".* Anoto também que admiti o ingresso nos autos, na condição de *amici curiae,* do Sindicato dos Especialistas de Educação do Ensino Público Municipal, da Frente Nacional de Prefeitos, do Sindicato dos Professores e Funcionários Municipais de São Paulo, da Associação dos Credores de Precatórios do Estado de Santa Catarina, da Associação Brasileira das Secretarias de Finanças das Capitais Brasileiras, do Fórum de Professores das Instituições Federais de Ensino Superior, do Sindicato Nacional dos Docentes das Instituições de Ensino Superior, da Confederação Nacional dos Trabalhadores em Educação e da Associação dos Advogados de São Paulo.

8. É o relatório.

A decisão prolatada recebeu a seguinte Ementa:

EMENTA: DIREITO CONSTITUCIONAL. REGIME DE EXECUÇÃO DA FAZENDA PÚBLICA MEDIANTE PRECATÓRIO. EMENDA CONSTITUCIONAL N. 62/2009. INCONSTITUCIONALIDADE FORMAL NÃO CONFIGURADA. INEXISTÊNCIA DE INTERSTÍCIO CONSTITUCIONAL MÍNIMO ENTRE OS DOIS TURNOS DE VOTAÇÃO DE EMENDAS À LEI MAIOR (CF, ART. 60, § 2º). CONSTITUCIONALIDADE DA SISTEMÁTICA DE "SUPERPREFERÊNCIA" A CREDORES DE VERBAS ALIMENTÍCIAS QUANDO IDOSOS OU PORTADORES DE DOENÇA GRAVE. RESPEITO À DIGNIDADE DA PESSOA HUMANA E À PROPORCIONALIDADE. INVALIDADE JURÍDICO-CONSTITUCIONAL DA LIMITAÇÃO DA PREFERÊNCIA A IDOSOS QUE COMPLETEM 60 (SESSENTA) ANOS ATÉ A EXPEDIÇÃO DO PRECATÓRIO. DISCRIMINAÇÃO ARBITRÁRIA E VIOLAÇÃO À ISONOMIA (CF, ART. 5º). INCONSTITUCIONALIDADE DA SISTEMÁTICA DE COMPENSAÇÃO DE DÉBITOS INSCRITOS EM PRECATÓRIOS EM PROVEITO EXCLUSIVO DA FAZENDA PÚBLICA. EMBARAÇO À EFETIVIDADE DA JURISDIÇÃO (CF, ART. 5º, XXXV), DESRESPEITO À COISA JULGADA MATERIAL (CF, ART. 5º XXXVI), OFENSA À SEPARAÇÃO DOS PODERES (CF, ART. 2º) E ULTRAJE À ISONOMIA ENTRE O ESTADO E O PARTICULAR (CF, ART. 1º, CAPUT, C/C ART. 5º, CAPUT). IMPOSSIBILIDADE JURÍDICA DA UTILIZAÇÃO DO ÍNDICE DE REMUNERAÇÃO DA CADERNETA DE POUPANÇA COMO CRITÉRIO DE CORREÇÃO MONETÁRIA. VIOLAÇÃO AO DIREITO FUNDAMENTAL DE PROPRIEDADE (CF, ART. 5º, XXII). INADEQUAÇÃO MANIFESTA ENTRE MEIOS E FINS. INCONSTITUCIONALIDADE DA UTILIZAÇÃO DO RENDIMENTO DA CADERNETA DE POUPANÇA COMO ÍNDICE DEFINIDOR DOS JUROS MORATÓRIOS DOS CRÉDITOS INSCRITOS EM PRECATÓRIOS, QUANDO ORIUNDOS DE RELAÇÕES JURÍDICO-TRIBUTÁRIAS. DISCRIMINAÇÃO ARBITRÁRIA E VIOLAÇÃO À ISONOMIA ENTRE DEVEDOR PÚBLICO E DEVEDOR PRIVADO (CF, ART. 5º, CAPUT). INCONSTITUCIONALIDADE DO REGIME ESPECIAL DE PAGAMENTO. OFENSA À CLÁUSULA CONSTITUCIONAL DO ESTADO DE DIREITO (CF, ART. 1º, CAPUT), AO PRINCÍPIO DA SEPARAÇÃO DE PODERES (CF, ART. 2º), AO POSTULADO DA ISONOMIA (CF, ART. 5º, CAPUT), À GARANTIA DO ACESSO À JUSTIÇA E A EFETIVIDADE DA TUTELA JURISDICIONAL (CF, ART. 5º, XXXV) E AO DIREITO ADQUIRIDO E À COISA JULGADA (CF, ART. 5º, XXXVI). PEDIDO JULGADO PROCEDENTE EM PARTE. 1. A aprovação de emendas à Constituição não recebeu da Carta de 1988 tratamento específico quanto ao intervalo temporal mínimo entre os dois turnos de votação (CF, art. 62, § 2º), de sorte que inexiste parâmetro objetivo que oriente o exame judicial do grau de solidez da vontade política de reformar a Lei Maior. A interferência judicial no âmago do processo político, verdadeiro locus da atuação típica dos agentes do Poder Legislativo, tem de gozar de lastro forte e categórico no que prevê o texto da Constituição Federal. Inexistência de ofensa formal à Constituição brasileira. 2. Os precatórios devidos a titulares idosos ou que sejam portadores de doença grave devem submeter-se ao pagamento prioritário, até certo limite, posto metodologia que promove, com razoabilidade, a dignidade da pessoa humana (CF, art. 1°, III) e a proporcionalidade (CF, art. 5°, LIV), situando-se dentro da margem de conformação do legislador constituinte para operacionalização da novel preferência subjetiva criada pela Emenda Constitucional n° 62/2009. 3. A expressão "na data de expedição do precatório", contida no art. 100, § 2°, da CF, com redação dada pela EC n° 62/09, enquanto baliza temporal para a aplicação da preferência no pagamento de idosos, ultraja a isonomia (CF, art. 5°, caput) entre os cidadãos credores da Fazenda Pública, na medida em que discrimina, sem qualquer fundamento, aqueles que venham a alcançar a idade de sessenta anos não na data da expedição do precatório, mas sim posteriormente, enquanto pendente este e ainda não ocorrido o pagamento. 4. A compensação dos débitos da Fazenda Pública inscritos em precatórios, previsto nos §§ 9° e 10 do art. 100 da Constituição Federal, incluídos pela EC n° 62/09, embaraça a efetividade da jurisdição (CF, art. 5°, XXXV), desrespeita a coisa julgada material (CF, art. 5°, XXXVI), vulnera a Separação dos Poderes (CF, art. 2°) e ofende a isonomia entre o Poder Público e o particular (CF, art. 5°, caput), cânone essencial do Estado Democrático de Direito (CF, art. 1°, caput). 5. O direito fundamental de propriedade (CF, art. 5°, XXII) resta violado nas hipóteses em que a atualização monetária dos débitos fazendários inscritos em precatórios perfaz-se segundo o índice oficial de remuneração da caderneta de poupança, na medida em que este referencial é manifestamente incapaz de preservar o valor real do crédito de que é titular o cidadão. É que a inflação, fenômeno tipicamente econômico-monetário, mostra-se insuscetível de captação apriorística (ex ante), de modo que o meio escolhido pelo legislador constituinte (remuneração da caderneta de poupança) é inidôneo a promover o fim a que se destina (traduzir a inflação do período). 6. A quantificação dos juros moratórios relativos a débitos fazendários inscritos em precatórios segundo o índice de remuneração da caderneta de poupança vulnera o princípio constitucional da isonomia (CF, art. 5°, caput) ao incidir sobre débitos estatais de natureza tributária, pela discriminação em detrimento da parte processual privada que, salvo expressa determinação em contrário, responde pelos juros da mora tributária à taxa de 1% ao mês em favor do Estado (ex vi do art. 161, § 1°, CTN). Declaração de inconstitucionalidade parcial sem redução da expressão "independentemente de sua natureza", contida no art. 100, § 12, da CF, incluído pela EC n. 62/09, para determinar que, quanto aos precatórios de natureza tributária, sejam aplicados os mesmos juros de mora incidentes sobre todo e qualquer crédito tributário. 7. O art. 1°-F da Lei n. 9.494/97, com redação dada pela Lei n. 11.960/09, ao reproduzir as regras da EC n. 62/09 quanto à atualização monetária e à fixação de juros moratórios de créditos inscritos em precatórios incorre nos mesmos vícios de juridicidade que inquinam o art. 100, § 12, da CF, razão pela qual se revela inconstitucional por arrastamento, na mesma extensão dos itens 5 e 6 supra. 8. O regime "especial" de pagamento de precatórios para Estados e Municípios criado pela EC n. 62/09, ao veicular nova moratória na quitação dos débitos judiciais da Fazenda Pública e ao impor o contingenciamento de recursos para esse fim, viola a cláusula constitucional do Estado de Direito (CF, art. 1°, caput), o princípio da Separação de Poderes (CF, art. 2°), o postulado da isonomia (CF, art. 5°), a garantia do acesso à justiça e a efetividade da tutela jurisdicional (CF, art. 5°, XXXV), o direito adquirido e à coisa julgada (CF, art. 5°, XXXVI). 9. Pedido de declaração de inconstitucionalidade julgado procedente em parte.

VOTO

Senhor Presidente, já me manifestei a propósito deste tema. É importante que nós rememoremos todo esse quadro, porque, dependendo do discurso que resolvamos adotar – eu brincava aqui com o Ministro Celso –, deveríamos, talvez, declarar originalmente a inconstitucionalidade do próprio artigo 100, porque ele já nasceu com parcelamento, ele já nasceu com a previsão daquele modelo da complementação do artigo 33, porque não há norma, a rigor, capaz de dar efetividade a esse sistema. O artigo 33 é aquele famigerado artigo que deu ensejo ao famoso "Caso dos Precatórios", a CPI do precatórios, de triste memória.

Depois tivemos, então, o esforço do parcelamento, o artigo 78, a discussão que veio, inclusive, até o Supremo Tribunal Federal e que, afinal, teve o deferimento da liminar já no final do parcelamento para aqueles Estados que haviam cumprido e aderido ao modelo de forma integral.

Como é óbvio aqui, houve uma pane no próprio modelo da Emenda n. 30, que, entendendo valorar os créditos de natureza alimentícia, deixou-os fora do parcelamento e fez com que, numa visão estratégica, a Fazenda, então, priorizasse o pagamento dos créditos não alimentícios, assim chamados.

Então, vejam todas as peripécias. Óbvio que a Emenda n. 62 não vem aqui para anular direitos; não vem aqui para comprometer a coisa julgada, muito menos para desmerecer o Judiciário. Pelo contrário, trata-se de uma fórmula de transição para superar um estado, de fato, inequivocamente inconstitucional. Mas não é inconstitucional desde a Emenda n. 62. Na verdade, nós estamos a falar de débitos que se acumularam ao longo do tempo. E ontem o Ministro Lewandowski chamava a atenção para todos os problemas associados a isso, que estavam associados à miséria da inflação, que faz, então, a riqueza (...)

O SENHOR MINISTRO MARCO AURÉLIO – Vossa Excelência me permite?

Quando cheguei ao Tribunal, encontrei jurisprudência no sentido de que não podia haver a atualização do precatório, isso com a inflação a pleno galope, levando a um círculo vicioso e ao crescimento do que aponto como bola de neve.

Então, passo a passo, estamos avançando. Não há a menor dúvida.

O SENHOR MINISTRO GILMAR MENDES – E daí a expedição dos chamados precatórios complementares.

O SENHOR MINISTRO MARCO AURÉLIO – Complementares, que agora estão proibidos.

O SENHOR MINISTRO GILMAR MENDES – Sim, mas o que significava que havia um tipo de pensão vitalícia em relação a essas grandes dívidas. Eu me lembro disso, em relação à União. Então, esse era o quadro de desorganização.

O SENHOR MINISTRO RICARDO LEWANDOWSKI – Ministro, Vossa Excelência me permite?

Imagine Vossa Excelência que, no caso dos juros compensatórios, porque à correção monetária somavam-se os juros moratórios e compensatórios. Os compensatórios chegavam até 24% ao ano. Hoje, a taxa Selic representa 7,5%. Então, é possível imaginar o quanto as Fazendas Públicas ficaram endividadas.

O SENHOR MINISTRO GILMAR MENDES – Vossa Excelência se referia ontem a determinados casos de desapropriação, em que o montante chegava a valores que superava, de muito, a base territorial de um Estado. Vossa Excelência fez a comparação com o que ocorria lá na Serra do Mar em relação ao valor da terra em Ribeirão Preto. Veja, portanto, o que isso significa. Por quê? Porque há um fenômeno de correção monetária infindável.

Eu me lembro de que, quando estava na União, discutia-se, na Advocacia-Geral da União, em algum momento, ainda, o pagamento da desapropriação, salvo engano, da Fazenda Sarandi, no Rio Grande do Sul, onde teria começado o movimento dos Sem-Terra. Desapropriação por interesse social para reforma agrária, inicialmente. Depois, caiu a desapropriação para reforma agrária, entendendo-se que a propriedade era produtiva. A rigor, em algum momento, disse-se que o dinheiro que se destinava a pagar a Fazenda Sarandi dava para comprar todas as fazendas do Rio Grande do Sul.

É esse o modelo de cálculo que leva a essa crise. Claro que já se fez muito, mas há assimetrias. Nós sabemos, por exemplo, que a Justiça do Trabalho é muito mais generosa do que a Justiça comum em matéria, por exemplo, de cálculo de juros e de modelo de correção.

O SENHOR MINISTRO MARCO AURÉLIO – Protecionista não é Justiça do Trabalho, mas sim a legislação trabalhista.

O SENHOR MINISTRO GILMAR MENDES – Não, pois é. Mas veja os descompassos e as incongruências, que depois se traduzem em precatórios, se houver.

Veja, então, o que diz, Presidente, o Movimento dos Advogados em Defesa dos Credores Alimentares do Poder Público. O que eles dizem? E esse é o quadro efetivo: como se sabe, dizem eles, antes da promulgação da Emenda n. 62, o Texto Constitucional era peremptoriamente desrespeitado – eles estão falando da versão original e da versão emendada – pelos governantes, especialmente no que diz respeito aos precatórios alimentícios – é a situação dessa Associação; nada ou quase nada lhes era pago, apesar da suposta preferência constante da Constituição cidadã.

O SENHOR MINISTRO MARCO AURÉLIO – Porque antes o Judiciário estava manietado: apenas podia determinar o sequestro no caso de preterição. Hoje, não. A ausência de inclusão de verba no orçamento para liquidação da dívida, satisfação do crédito, é conducente ao sequestro. Então, avançamos muito com a Emenda Constitucional n. 62/09.

O SENHOR MINISTRO GILMAR MENDES – Claro. Só que nós sabemos hoje que, diante dos dados constantes da própria Emenda, dos trabalhos parlamentares, que a simples inclusão no orçamento – e isso vai satisfazer – não vai resolver, porque uma coisa é a inclusão no orçamento, outra coisa é a efetiva disponibilidade. Então, o que eles dizem?

Como a Emenda n. 30 previu o parcelamento apenas para os precatórios não alimentares, com expressa previsão de sanção, em caso de inadimplemento dos décimos, a eles foi dada absoluta paridade, em nítida inversão de valores, chegando-se ao ponto de que, na edição da Emenda n. 62, já haviam sido pagos nove décimos, neles incluídos os juros compensatórios de doze por cento, além dos estabelecidos nos títulos judiciais.

Aos credores alimentares restavam migalhas, quando muito, o único remédio então possível era a intervenção federal, cujo julgamento e deslinde é conhecido por todos.

É isso que diz essa Associação.

Após as hesitações iniciais quanto à forma de implementar os preceitos estabelecidos na Emenda n. 62, regime especial, fundamental para a esperança desses mesmos credores alimentares, passados mais de três anos da sua promulgação, a situação dos credores alimentares melhorou – é isso que diz a Associação – significativamente em diversos aspectos, apesar de alguns de seus dispositivos representarem uma enorme covardia contra aqueles que já se encontram na pior posição jurídica possível, a de credores do Poder Público.

Depois eles repassam, para apontar pontos, apontar núcleos que já foram discutidos no artigo 100, a questão dos idosos, da doença, dos portadores de doença grave, da atualização monetária e dos juros.

E aí diz o seguinte:

"Muito embora a Emenda Constitucional contenha as disposições que precisam ser urgentemente afastadas no ordenamento jurídico, a possibilidade de adoção de um regime especial para o pagamento de precatórios, em até quinze anos, é medida que – frise-se – paradoxalmente, reconheça-se, é motivo de celebração por parte dos credores alimentares do Poder Público".

E aí dizem:

"Afinal, foram tantas as frustrações dessa verdadeira *via crucis* que, ao recebimento dos créditos alimentares, atualmente não se tem mais qualquer ilusão de que seja cumprido o disposto no § 5º do artigo 100, que impõe o pagamento até o final do exercício seguinte à apresentação dos precatórios".

Veja, portanto, a análise que fazem pessoas que têm a experiência concreta, que estão a postular o recebimento desses créditos.

E dizem mais:

"Avanços como vinculação de receita – que é o dado importante da Emenda n. 62 –, e prazo máximo de pagamento, não podem ser perdidos".

Veja que isso é categoricamente um outro quadro em relação ao que existia, é uma constante. Cria-se um mecanismo de *enforcement* do modelo de decisão. Vossa Excelência já destacava isso ontem quando postulava a separação do julgamento em relação ao artigo 100 e ao artigo 97, Ministro Marco Aurélio.

Então, veja esse ponto importante. Os dados também trazidos pelo Colégio Nacional dos Procuradores-Gerais do Estado mostram que, exatamente, em razão do novo modelo institucional, nós temos um quadro diferente. Vários Estados estão pagando a dívida; eles estão conseguindo pagar antes do prazo estabelecido, por exemplo, em relação a Mato Grosso do Sul. Projeção indica que, no prazo de 6 anos, o Estado quitará a sua dívida judicial, em função exatamente desse equacionamento, da determinação de que haja vinculação da receita ou desses mecanismos estabelecidos.

Outros Estados aumentaram substancialmente o pagamento. O Rio de Janeiro, que, em 2003, pagava R$ 55 milhões, está pagando, em 2012, R$ 365 milhões; o Rio Grande do Sul também aumentou substancialmente: em 2003, pagou R$ 2.700 milhões; em 2011, R$ 796 milhões.

Veja, portanto, que algo de diferente implementou essa Emenda, que é obviamente uma emenda transitória; quer dizer, é uma regulação transitória. Eu mesmo disse: se se trata de fazer uma emenda para depois fazer outra, obviamente que não podemos mais conviver com isso. Daí a importância inclusive desse monitoramento que hoje vem sendo exercido pelo CNJ para que os próprios tribunais cumpram adequadamente aquilo que está estabelecido na Emenda.

O SENHOR MINISTRO MARCO AURÉLIO – O Conselho Nacional de Justiça deu uma pincelada muito interessante. No tocante ao prazo de quinze anos, tem-se, no preceito, disjuntiva "ou", que viabiliza a indeterminação desse mesmo prazo de quinze anos, projetando, para as calendas gregas, a liquidação dos débitos. Apontou que, no regime especial, ter-se-á a liquidação daqueles precatórios vencidos, pendentes à época da Emenda Constitucional n. 62, em quinze anos, com o fechamento da equação.

O SENHOR MINISTRO GILMAR MENDES – Em quinze anos.

Estabelecendo, portanto, um monitoramento anual desse pagamento com essa regulamentação. Em relação a outros Estados, o quadro é também alvissareiro. Veja que o Estado de Santa Catarina pagava de precatórios R$ 4.397 milhões em 2007; em 2011, passou a pagar R$ 42 milhões. Portanto, o quadro é de mudança. O Estado de São Paulo, a locomotiva do Brasil, tinha um valor passivo em precatórios, em 12/2009, de R$ 19.198 bilhões. Esse passivo caiu, em 12/2012, para R$ 15 bilhões. Veja, portanto, que os números indicam exatamente essa transição positiva, por quê? Porque, diferentemente de um mero parcelamento, criou-se modelo de *constraints*, no sistema da Emenda n. 62, reforçada agora pela própria disciplina ocorrida, levada a efeito pelo próprio CNJ.

Também o Estado do Sergipe avançou significativamente. No Estado de Alagoas, os valores repassados até julho/2012 aumentaram em 57%, comparados com 2011; o Estado de Goiás, que praticamente não pagava, em 2007, repasse de R$ 700 mil em 2007, repasse já, em 2009, de R$ 5,6 milhões e, em 2013, o valor mensal será de R$ 6,8 milhões. Portanto, esse quadro é muito expressivo.

Outros Estados também têm essa situação hoje. Mato Grosso zerou os estoques. O Estado do Pará efetuou o depósito referente ao pagamento da parcela anual de 2010, 2011 e 2012, estando regular no pagamento dos precatórios.

Portanto, a medida vem cumprindo essa função. Qual é o sentido agora de declarar a inconstitucionalidade e retornar ao texto original? Porque uma vez que vamos superar também a Emenda n. 30, uma vez que ela está com a sua vigência suspensa, qual é o sentido? Para dizer que o caos é melhor do que a ordem? De que a desorganização se recomenda? Em nome do *fiat justitia et pereat mundus?*

Ora, fizemos recentemente modulação de efeitos em relação à questão do art. 62, a exigência da Comissão Mista, para não causar uma desordem no sistema das medidas provisórias. E não aceitamos uma regra de transição que permite, exatamente, que os fatos sejam adequados ao modelo institucional.

Em suma, Presidente, é muito difícil entender que essa deva ser a opção da jurisdição constitucional, que obviamente tem responsabilidade em face do Texto Constitucional, mas que tem responsabilidade em face da própria realidade. Não irei falar sobre teorias aqui. Evidente que os elementos fáticos compõem, integram o próprio elemento normativo; já o disse bem Ministro Lewandowski. Há teoria sobre isso. Friedrich Müller trabalha com o programa normativo e o âmbito normativo.

Agora, o que essa Emenda fez de extravagante? Descumpriu coisa julgada? Atingiu direito adquirido? Não. A rigor, já tínhamos um estado de não cumprimento das decisões. E já tivemos aqui pedidos de intervenção federal, que resultavam inócuos, até porque o ônus de sua implementação e a dificuldade, inclusive, de sua implementação levavam o Tribunal a não encampar essa ideia. E, no passado, isso já ocorreu; tanto é que, quando julgamos esse caso aqui, lembrávamos, salvo engano, de precedente de Nelson Hungria, em que dizia que (...)

O SENHOR MINISTRO CELSO DE MELLO: CANCELADO.

O SENHOR MINISTRO GILMAR MENDES – Por outro lado, não podemos também esquecer que, voltando ao modelo originário do Texto de 1988, vai restar para o Tribunal apenas a intervenção. E aí poderá escolher: faz intervenção, eventualmente, em São Paulo, decreta a intervenção em outros Estados, para implementar, garantir, a coisa julgada e o direito adquirido. Porque essa é a alternativa que se coloca fora desse modelo. É disso que estamos a falar? Direito é um instrumento de vida, instrumento de paz social. É disso que estamos a falar.

A SENHORA MINISTRA ROSA WEBER – Permite-me, Ministro? Colho dados da minha experiência, a que já aludi, na Presidência do Tribunal Regional do Trabalho, biênio 2001 a 2003, no Estado do Rio Grande do Sul. Verificava que a União cumpria absolutamente as normas de pagamentos, observando os prazos. E a grande maioria dos Municípios gaúchos também. Havia descumprimento apenas por parte de alguns Municípios e uma grande dificuldade do Estado do Rio Grande do Sul em pagar, como os próprios dados que Vossa Excelência trouxe demonstram.

Em termos de Brasil, ainda hoje, há Estados – pelo menos, foi dito da tribuna, parece-me que ouvi uma referência ao Estado do Ceará – que estão em situação de adimplência absoluta, ou seja, cumprindo os precatórios. Então, de fato, a dificuldade é uma situação que existe, mas não com relação a todos, ainda que sejam muitos Brasis dentro de um mesmo Brasil. Por isso trouxe a realidade do Rio Grande do Sul, nas diferentes esferas.

De qualquer sorte, do ponto de vista do pragmatismo – e é preocupação de todos nós, sem dúvida alguma –, não há como deixar de concordar com as colocações de Vossa Excelência nessa linha.

O SENHOR MINISTRO GILMAR MENDES – Obrigado pela intervenção, mas o que eu quero dizer que são muitos os Estados, portanto, nessa situação de inadimplência.

A SENHORA MINISTRA ROSA WEBER – Mas não são todos.

O SENHOR MINISTRO GILMAR MENDES – Claro que não são todos, mas são muitos os Estados, a começar por pequenos Estados, como o Estado de São Paulo, o Estado do Rio de Janeiro, o Estado do Rio Grande do Sul, o Estado do Paraná. Portanto, uma boa parte da federação, se nós formos considerar o PIB, certamente mais de sessenta por cento do PIB estão nessa situação de desconforto. E se nós formos olhar a proporção de débito acumulado em relação à receita líquida corrente, vamos verificar que a opção pelo pagamento, ainda que houvesse vontade política, que Madre Teresa de Calcutá assumisse as chefias executivas desses Estados, não haveria essa abertura, por quê? Porque, a rigor, nós sabemos que da receita líquida corrente sobra muito pouco; há as receitas vinculadas à educação, à saúde, aos débitos para com a União. O próprio exemplo que Vossa Excelência acaba de citar – e eu tenho conforto para falar sobre isso, porque trabalhei na Advocacia-Geral da União de 2000 a 2002 – foi muito claro. Hoje os Estados e os municípios perderam importância, em termos financeiros, em face da União. Essa é a crise que está aí instalada. Se nós olharmos a situação efetiva em 88 e a situação hoje, em termos de arrecadação, vamos ver que a União avançou sobre a receita dos Estados e dos municípios. Esse é o quadro efetivo. Daí essa crise, a briga dos *royalties*, a briga do FPE, a discussão sobre guerra fiscal, em suma, que está instalada.

A União não tem essa dificuldade, até porque resolveu o problema da partilha via crescimento de tributação com as contribuições; aumenta a sua participação enquanto decresce a dos Estados; e não aumenta nem IPI nem imposto de renda, porque isso faz parte da partilha. Tanto é que a União se deu ao luxo – isso foi na minha época de Advogado-Geral da União – de adotar o modelo do pagamento direto sem precatórios. Vejam, falo com a tranquila autoridade de quem fez isso, de quem é responsável também pela criação dos Juizados Especiais Federais, cujo teto de pagamento é de sessenta salários mínimos, e hoje um terço do que a União gasta nessa área é no âmbito dos Juizados Especiais; dos doze bilhões, quatro bilhões vão por aí. Então o quadro é outro.

Agora, é importante que se tenha uma ponte para atravessar esse momento difícil, e a Emenda n. 62 faz exatamente essa proposta.

Eu aqui encerro, Presidente, lembrando uma frase do notável Professor alemão Konrad Hesse, que dizia, na célebre palestra que fez nos anos 50, como professor titular, agora assumindo a titularidade da Universidade de Freiburg, escreveu o texto que se tornou célebre, depois tornou-se capítulo de seu livro *Die normative Kraft der Verfassung*, A força normativa da Constituição. E Hesse, então, naquele momento em que a Alemanha estava submetida ainda ao julgo dos aliados, dizia: "é preciso que haja um modelo de exceção na própria Constituição, os regimes de emergências, o regime excepcional". Por quê? Porque todos os Estados passam por momentos difíceis. É preciso que isso esteja previsto no próprio Texto Constitucional. Com isso, claro, Hesse advogava que, no modelo da Constituição Alemã de 1949, poder-se-ia dispensar a tutelados aliados. E Hesse diz: "é fundamental que haja uma disciplina normativa do estado de necessidade". Por quê? Porque *not kennt kein gebot*, necessidade não conhece princípio; quer dizer, se se instala o caos, o caos passa a reger (ininteligível). É isso que a Emenda Constitucional n. 62 tenta evitar; regrar uma travessia para que nós, de fato, cheguemos a um padrão civilizatório digno do Século XXI. Eu voto pela improcedência deste ponto, Presidente.

25. Concurso público e servidores

RE 635.739[1]

Recurso Extraordinário – Repercussão geral – Cláusula de barreira – Concurso público – Critérios objetivos relacionados ao desempenho meritório do candidato – Ausência de violação ao princípio da isonomia – Existência de amparo constitucional.

Trata-se de recurso extraordinário, interposto com fundamento na alínea *a* do inciso III do art. 102 da Constituição, contra acórdão do Tribunal de Justiça de Alagoas que, em sede de apelação em mandado de segurança, reconheceu a inconstitucionalidade da denominada "cláusula de barreira" prevista em edital de concurso público, ao fundamento de que tal regra, ao delimitar o número de participantes de uma fase do certame, confere tratamento não isonômico aos candidatos.

No caso dos autos, o Juízo de primeiro grau concedeu medida liminar *inaudita altera pars* (fls. 59-60) reconhecendo o direito de o impetrante participar de etapa do concurso para o cargo de Agente da Polícia Civil do Estado de Alagoas, da qual fora excluído por regra editalícia (a denominada "cláusula de barreira") – item 10.2.2 do edital (fl. 38) – que determinava a convocação para o exame psicotécnico apenas dos *"primeiros melhores classificados, em número igual ou até 2 (dois) por total de vaga oferecida por cargo"*.

Posteriormente, a sentença manteve a medida cautelar concedida e invalidou o ato administrativo que havia eliminado o impetrante do concurso.

Irresignado, o Estado de Alagoas apelou à segunda instância, que negou provimento ao recurso e determinou que fosse promovida *"a nomeação e posse do impetrante para o cargo no qual foi aprovado, observada a ordem de classificação por ele obtida"* (fl. 181).

Contra referido acórdão foi interposto o presente recurso extraordinário, no qual se alega que a Corte estadual violou o art. 5º, *caput*, e o art. 37, inciso I, da Constituição Federal, por conferir incorreta exegese ao princípio da isonomia neles contemplado.

O Estado de Alagoas, ora recorrente, sustenta, em síntese, que o Tribunal *a quo* partiu da falsa premissa de que todos os candidatos aprovados em uma determinada etapa de concurso público ostentam situação de igualdade, equiparando, equivocadamente, quem obteve nota mínima de aprovação com quem alcançou a nota máxima.

Afirma, ainda, que os diversos critérios de restrição de convocação de candidatos de uma fase para outra são absolutamente necessários, em virtude das dificuldades que a Administração encontra em selecionar os melhores candidatos em um universo cada vez maior de inscritos nos certames.

---

[1] Acordam os Ministros do Supremo Tribunal Federal, em Sessão Plenária, sob a presidência do Senhor Ministro Joaquim Barbosa, por unanimidade de votos, dar provimento ao recurso extraordinário, nos termos do voto do relator, Ministro Gilmar Mendes (*DJ* de 3.10.2014).

Assim, o Estado de Alagoas pleiteia a reforma do acórdão impugnado, para que seja denegada a ordem ao recorrido.

Em contrarrazões, o impetrante, ora recorrido, alega que o edital apresentava inúmeras falhas e ressalta que ninguém pode ser eliminado de certame por exame psicotécnico, salvo se for doente mental, o que não é o caso dos autos (fls. 324-326).

Às fls. 408/412, a Presidência do Tribunal alagoano não admitiu o presente recurso extraordinário, ao argumento de que a análise da controvérsia demandaria necessariamente o exame de normas infraconstitucionais, configurando, assim, violação meramente reflexa à Constituição Federal.

Contra a decisão de inadmissibilidade do apelo extremo, o Estado de Alagoas interpôs agravo de instrumento, ao qual dei provimento (*DJe* 14.10.2010 – fls. 422-423), determinando a subida do presente recurso extraordinário.

A repercussão geral da questão constitucional suscitada foi reconhecida por esta Suprema Corte em decisão sintetizada nos seguintes termos (fl. 433):

> "Recurso extraordinário. 2. Administrativo. 3. Concurso Público. Edital. Cláusula de barreira. Estabelecimento de condições de afunilamento para que apenas os candidatos melhores classificados continuem no certame. 4. Configurada a relevância social e jurídica da questão. 5. Repercussão geral reconhecida".

A decisão prolatada recebeu a seguinte ementa:

EMENTA: Recurso Extraordinário. Repercussão Geral. 2. Concurso Público. Edital. Cláusulas de Barreira. Alegação de violação aos arts. 5º, caput, e 37, inciso I, da Constituição Federal. 3. Regras restritivas em editais de concurso público, quando fundadas em critérios objetivos relacionados ao desempenho meritório do candidato, não ferem o princípio da isonomia. 4. As cláusulas de barreira em concurso público, para seleção dos candidatos mais bem classificados, têm amparo constitucional. 5. Recurso extraordinário provido.

VOTO

A questão ora controvertida trata da legitimidade constitucional de regra que limita o número de candidatos participantes de cada fase de certame público, a denominada "cláusula de barreira" dos editais de concurso.

No caso, o edital do concurso público para o cargo de Agente da Polícia Civil do Estado de Alagoas limita o número de candidatos para a etapa do exame psicotécnico até a posição de classificação correspondente ao dobro do número de vagas.

O Tribunal de Justiça de Alagoas entendeu ser inconstitucional essa previsão editalícia de cláusula de barreira, ao fundamento de que confere tratamento não igualitário aos candidatos. É o que se extrai dos seguintes trechos do acórdão recorrido, a seguir transcritos:

> "O ato administrativo objurgado consiste na eliminação do Impetrante/Apelado do certame em apreço, sob o argumento de que não obtivera classificação suficiente, o que, nos termos do edital, corresponderia a até o dobro do número de vagas oferecidas.
>
> Resta comprovado que o Apelado, apesar de classificado na segunda etapa da primeira fase do certame em comento – prova de aptidão física – não foi convocado para submeter-se à etapa seguinte dessa primeira fase – o exame psicotécnico, que tantas discussões doutrinárias e jurisprudenciais tem causado, sendo logo excluído do concurso, por conta de disposições editalícias flagrantemente inconstitucionais; afinal, **o Impetrante/Apelado teve subtraído seu direito de concorrer conforme as regras do próprio edital, em pé de igualdade com os demais candidatos,** sendo alijado antes de se submeter à segunda fase do certame, mesmo tendo sido classificado na segunda etapa da primeira fase.
>
> (...)

Este Tribunal de Justiça de Alagoas, durante quase todos os meses do ano que ora se finda, teve a oportunidade de decidir diversos mandados de segurança sobre questões de concursos públicos, e **a posição majoritária desta Corte é no sentido de que não se pode permitir, em qualquer certame, a imposição de quaisquer exigências editalícias que desigualem os iguais, ferindo de morte o texto constitucional**". (fls. 179-180)

O Estado de Alagoas, ora recorrente, insurge-se contra o acórdão do Tribunal de Justiça de Alagoas, pugnando pela constitucionalidade e legitimidade da regra editalícia.

Suscitou-se, em contrarrazões, a impossibilidade de eliminação de candidato em exame psicotécnico. Contudo, no presente recurso, não se discute a viabilidade de exame psicológico excluir candidato do certame, mas sim questão prévia, ou seja, o critério previsto no edital para convocar à realização de exame psicotécnico. Frise-se que a questão objeto do presente recurso não diz respeito à legalidade ou à legitimidade específicas de exame psicotécnico, tema que já tanto ocupou esta Corte em outras ocasiões.

É fato que, em vista do crescente número de candidatos ao ingresso nas carreiras públicas, é cada vez mais usual que os editais dos concursos públicos estipulem critérios que restrinjam a convocação de candidatos de uma fase para outra dos certames. As regras editalícias que impedem o candidato de prosseguir no certame, denominadas *regras restritivas*, subdividem-se em *eliminatórias* e *cláusulas de barreira*.

As regras eliminatórias preveem, por exemplo, a exclusão dos candidatos que não acertarem, pelo menos, 50% (cinquenta por cento) das questões objetivas de cada matéria. Outro bom exemplo de regra eliminatória é o exame de aptidão física. Esse tipo de regra editalícia, como se vê, prevê como resultado de sua aplicação a eliminação do candidato do certame público por insuficiência em algum aspecto de seu desempenho.

Além disso, é comum que se conjugue, ainda, outra regra que restringe o número de candidatos para a fase seguinte do concurso, determinando-se que, no universo de candidatos que não foram excluídos pela regra eliminatória, participará da etapa subsequente apenas número predeterminado de candidatos, contemplando-se somente os mais bem classificados. Essas são as denominadas "cláusulas de barreira", que não produzem a eliminação por insuficiência de desempenho nas provas do certame, mas apenas estipulam um corte deliberado no número de candidatos que poderão participar de fase posterior, comumente as fases dos exames psicotécnicos ou dos cursos de formação.

Assim, pode-se definir a cláusula de barreira como espécie de regra editalícia restritiva que, embora não elimine o candidato pelo desempenho inferior ao exigido (*v.g.*: mínimo de acertos, tempo mínimo de prova), obstaculiza sua participação na etapa seguinte do concurso em razão de não se encontrar entre os melhores classificados, de acordo com previsão numérica preestabelecida no edital.

Como visto, o edital do concurso em referência previu uma regra restritiva para convocar apenas um número determinado de candidatos à realização do exame psicotécnico. Muitos candidatos que foram classificados por terem obtido as notas mínimas nas fases anteriores foram excluídos da fase posterior do exame psicotécnico, pela aplicação dessa "cláusula de barreira", baseada no critério da melhor classificação.

O acórdão recorrido assentou que esse corte premeditado de classificados viola o princípio da isonomia, afirmando que todos os candidatos que obtiveram as notas mínimas nas fases anteriores e, dessa forma, foram classificados, não podem ser tratados de forma diferenciada, uns podendo participar do exame psicotécnico, outros não.

Como se sabe, nem todas as distinções implicam quebra de isonomia. Desde Aristóteles, compreendemos muito bem que o postulado da igualdade subentende o dever de tratamento igual aos iguais e desigual aos desiguais. Segundo Alexy, essa fórmula clássica implica um *mandado de tratamento desigual*, isto é, o princípio da igualdade deve ser interpretado no sentido de uma norma que, *prima facie*, exige um tratamento igual e só permite um tratamento desigual se esse tratamento desigual puder ser justificado com razões suficientes. Assim, o enunciado sobre o mandado de tratamento desigual adquire a seguinte estrutura: *Se há uma razão suficiente para ordenar um tratamento desigual, então está ordenado um tratamento desigual* (ALEXY, Robert. *Teoría de los derechos fundamentales*. Madrid: Centro de Estudios Políticos y Constitucionales, 2001).

A exigência de razões suficientes para o tratamento desigual impõe uma *carga de argumentação* ao legislador ou àquele que emite a norma que implica tratamento desigual. Há diversas formas de fundamentação dos juízos de valor sobre igualdade e desigualdade que podem justificar um tratamento desigual. De toda forma, há que se levar em conta que a igualdade é, em termos gerais, um tipo de relação que se pode estabelecer entre dois ou mais seres ou objetos, tendo em vista uma ou várias características ou circunstâncias.

Por isso, o conceito de isonomia é relacional por definição. O postulado da igualdade pressupõe pelo menos duas situações, que se encontram numa relação de comparação. (Maurer, Zur Verfassungswidrigerklärung, W. Weber, p. 345 (354).

Essa *relatividade* do postulado da isonomia leva, segundo Maurer, a uma *inconstitucionalidade relativa* (*relative Verfassungswidrigkeit*). Inconstitucional não se afigura a norma A ou B, mas a disciplina diferenciada conferida pela norma (*die Unterschiedlichkeit der Regelung*) (Maurer, Zur Verfassungswidrigerklärung, W. Weber, p. 345 (354).

A diferenciação estabelecida pela norma deve ser fundada em razões suficientes para o tratamento desigual. Assim, tem-se como relevante o que a doutrina tem chamado de *razoabilidade qualitativa*, que exige que a antecedentes iguais sejam imputadas, pela norma, consequências iguais, sem que haja exceções arbitrárias. Isso significa que a lei, para ser razoável, deve tratar igualmente os iguais em circunstâncias iguais. Nas palavras do constitucionalista argentino Ricardo Haro, *"é inegável que o ordenamento jurídico deve estabelecer lógicas e razoáveis distinções e classificações em categorias que a discricionariedade e a sabedoria o inspirem, e que se baseiem em objetivas razões de diferenciação"*. (HARO, Ricardo. La razonabilidad y las funciones de control. In: *El control de constitucionalidad*. Buenos Aires: Ed. Zavalia, 2003, p. 209.)

No presente caso, não se pode perder de vista a especial importância do princípio da isonomia, em razão do contexto das regras de um concurso público.

A propósito, a jurisprudência do Supremo Tribunal Federal está repleta de casos em que o tratamento desigual entre candidatos de concursos públicos estava plenamente justificado e, portanto, em vez de violar, concretizava o postulado fundamental da igualdade.

Nessa perspectiva de análise, deve-se levar em conta a intrínseca relação entre isonomia e impessoalidade que rege o tema dos concursos públicos. A impessoalidade, que é atributo indissociável de qualquer certame público, guarda estreita relação com o princípio da igualdade. O tratamento impessoal e igualitário é condição imprescindível à realização de um concurso público, que pode ser definido como um conjunto de atos administrativos concatenados, com prazo preestabelecido para sua conclusão, destinado a selecionar, entre vários candidatos, os que melhor atendam ao interesse público, levando-se em consideração a qualificação técnica dos concorrentes.

Portanto, não se pode perder de vista que, ontologicamente, o concurso público, por critério de impessoalidade, visa a selecionar os mais preparados para o desempenho das funções exercidas pela carreira na qual se pretende ingressar. A impessoalidade implica, entre outros vários fatores, o **critério meritório**, que não distingue os atributos meramente subjetivos, mas aqueles relacionados ao preparo técnico do candidato para o exercício da função pública. Distinções fundadas em caracteres objetivos relacionados ao desempenho do candidato, como a diferenciação de notas conquistadas nas provas do certame, tornam-se essenciais para qualquer concurso, na medida em que tornam possível à Administração a aferição, qualificação e seleção dos cidadãos mais capazes para exercer as funções públicas. Não é incomum, portanto, que a maioria dos certames utilize de critérios como esse, baseados nas notas conquistadas pelo candidato ou na sua melhor classificação entre os demais candidatos.

Regras diferenciadoras de candidatos em concursos públicos, que igualmente utilizem fatores de discrímen relacionados ao desempenho meritório do candidato ou à sua classificação no certame, também podem estar justificadas em razão da necessidade da Administração Pública de realização eficiente e eficaz do concurso. Muitas vezes, como parece óbvio, a delimitação de um número específico de candidatos para participação em fases mais avançadas de um concurso torna-se fator imprescindível para sua concretização com base na exigência constitucional de eficiência. Parece sensato considerar, nessa linha, que essa delimitação numérica de candidatos deva guardar pertinência lógica com o número de vagas oferecido no edital, além de outros fatores, como a disponibilidade de recursos humanos e financeiros para a realização do certame.

São critérios que, portanto, não violam o princípio da isonomia, ao contrário, são exigidos por ele em matéria de concursos públicos. Por isso, e justamente por isso, **as regras restritivas em editais de concurso público, como as regras eliminatórias e as denominadas cláusulas de barreira, quando estão fundadas (e assim justificadas) em critérios objetivos relacionados ao desempenho meritório do candidato, concretizam o princípio da igualdade (e também o princípio da impessoalidade) no âmbito do concurso público.**

No caso concreto, a participação na fase do exame psicotécnico, uma das etapas do concurso, foi restrita aos *primeiros mais bem classificados, em número igual ou até 2 (dois) por total de vaga oferecida por cargo.* Verifica-se, portanto, que o discrímen utilizado para escolher os candidatos que participariam do exame psicotécnico foi o desempenho meritório de cada um nas etapas anteriores do concurso.

Destarte, é fácil observar que, no início do certame, todos se encontravam em pé de igualdade, situação que foi se diferenciando ao longo do procedimento administrativo, porque a cada etapa, com a atribuição de notas em cada prova, os melhores se destacaram pelo mérito.

Constata-se, assim, que o elemento tomado como desigualação foi o mérito, revelado nas etapas anteriores. Não há dúvida de que o fato erigido como critério de discrímen foi absolutamente adequado aos propósitos constitucionais.

A "cláusula de barreira", que possibilita a realização de uma etapa de concurso somente aos melhores classificados – conforme notas obtidas em provas técnicas – elege critério diferenciador de candidatos em perfeita consonância com os interesses protegidos pela Constituição Federal. Em outros termos, o denominado "afunilamento" de candidatos no decorrer das fases do concurso viabiliza a investidura em cargo público com aprovação em concurso de provas ou de provas e títulos, obedecendo aos princípios da legalidade, impessoalidade, moralidade, publicidade e eficiência (art. 37, *caput* e inciso II, da CF).

Na petição inicial do mandado de segurança, o impetrante pondera que *"a não participação do candidato em alguma etapa ou fase do certame impossibilita sua nomeação e lhe nega o direito de obter 'título' que poderia ser aproveitado em outro concurso que venha a participar"* (fl. 23). Entretanto, cabe frisar que, embora a aprovação em concurso público possa ser aceita como título em alguns editais, o objetivo precípuo do concurso não é o fornecimento de titulação aos seus participantes, mas o preenchimento de vagas existentes no serviço público pelos candidatos mais bem qualificados, atendendo, assim, às necessidades da Administração.

Nesse ponto, observo, ainda, que as "cláusulas de barreira", desde que fundadas em critérios de discrímen adequados, como analisado, além de não infringirem o princípio da igualdade, são imprescindíveis para a viabilização do custo operacional de cada concurso.

Observamos que, comumente, o exame psicotécnico e o curso de formação constituem etapas dispendiosas e, por isso, a Administração costuma estabelecer "cláusula de barreira" antes dessas fases. Dentro dessa perspectiva financeira e de eficiência administrativa, seria desarrazoado permitir que um número imprevisível de candidatos, ainda que classificados, realizasse o referido exame, considerando a limitação de vagas previstas no edital. Desde que fundadas em critérios de discrímen adequados, as cláusulas de barreira podem justificar-se com base na consecução desses fins por parte da Administração Pública, isto é, com fundamento na realização eficiente e eficaz dos certames públicos.

Outra situação comum de previsão de "cláusula de barreira" em editais são as notas de corte da prova objetiva, que estabelecem que – entre os não eliminados – terá sua prova discursiva avaliada apenas número predeterminado de candidatos, considerando-se o custo operacional do concurso.

Nesse ponto, destacamos que o expediente não constitui apenas uma medida operacional fundada em questões financeiras, mas também na limitação de recursos humanos presente na maioria dos concursos. A restrição de participantes da etapa discursiva é medida muitas vezes necessária à adequada correção das provas pela comissão avaliadora do concurso, dentro dos prazos estabelecidos pelo edital para a publicação dos resultados de cada fase. Trata-se de um imperativo determinado pela limitação de tempo e de recursos humanos e administrativos.

O tema não é estranho na jurisprudência deste Tribunal. Confiram-se o RE-AgR 478136, *DJ* 7.12.2006, e o AI-AgR 608639, *DJ* 13.4.2007, ambos relatados pelo Min. Sepúlveda Pertence e julgados pela Primeira Turma, cujas ementas transcrevo, respectivamente:

"Concurso público. Limitação do número de candidatos aprovados em uma etapa para ter acesso à segunda. Possibilidade. O art. 37, II, da Constituição, ao dispor que a investidura em cargo público depende de aprovação em concurso público de provas ou de provas e títulos, não impede a Administração de estabelecer, como condição para a realização das etapas sucessivas de um concurso, que o candidato, além de alcançar determinada pontuação mínima na fase precedente, esteja, como ocorre na espécie, entre os 400 melhor classificados. Não cabe ao Poder Judiciário, que não é árbitro da conveniência e oportunidade administrativas, ampliar, sob o fundamento da isonomia, o número de convocações".

"I. Concurso público: limitação do número de candidatos habilitados à segunda fase. 1. O art. 37, II, da Constituição, ao dispor que a investidura em cargo público depende de aprovação em concurso público de provas ou de provas e títulos, não impede a Administração de estabelecer, como condição para a realização das etapas sucessivas de um concurso, que o candidato, além de alcançar determinada pontuação mínima na fase precedente, esteja, como ocorreu na espécie, entre os 100 melhor classificados na primeira fase. 2. Ausência, ademais, de ofensa ao princípio da isonomia: não são idênticas as situações dos candidatos que se habilitaram nas primeiras colocações e os que se habilitaram nas últimas. II. Concurso público: recurso extraordinário: inviabilidade. Já decidiu o Supremo Tribunal que não compete ao Poder Judiciário, no controle jurisdicional da legalidade, examinar o conteúdo de questões de concurso público para aferir a avaliação ou correção dos gabaritos. Precedentes".

Assim, como considerado pela própria jurisprudência desta Corte, o estabelecimento do número de candidatos que devem participar de determinada etapa de concurso público também passa pelo critério de conveniência e oportunidade da Administração, considerando o custo operacional do concurso público, e não infringe o princípio constitucional da isonomia quando o critério de convocação cinge-se ao desempenho do candidato em etapas precedentes.

Ademais, decisões judiciais que, no afã de atender ao princípio da isonomia, ampliam o rol de participantes em etapa de concurso, no mais das vezes acabam por desrespeitar referido princípio, porque dão ensejo a possível preterição de candidatos mais bem classificados. Nesses casos, sim, tem-se violação ao princípio da isonomia, mediante tratamento privilegiado desarrazoado a candidatos.

No caso concreto, foi concedida a ordem em mandado de segurança individual, permitindo-se, ao arrepio das regras do edital, que o impetrante realizasse o exame psicotécnico, sem se atentar para o fato de que outros candidatos, em melhor posição no certame, mas que também não obtiveram classificação dentro do dobro do número de vagas, não tiveram a mesma oportunidade.

Portanto, as considerações aqui expendidas sobre o tema são suficientes para se atestar a necessidade de reforma da decisão recorrida.

Ante o exposto, dou provimento ao recurso extraordinário, para reconhecer a legitimidade constitucional da regra inserida no edital do concurso público com o intuito de selecionar apenas os candidatos mais bem classificados para prosseguir no certame e, em consequência, denego a ordem pleiteada no mandado de segurança originário.

RE 598.099[1]

Recurso Extraordinário – Repercussão geral. Concurso público – Previsão de vagas em edital – Direito à nomeação dos candidatos aprovados.

Trata-se de recurso extraordinário contra acórdão do Superior Tribunal de Justiça que, reconhecendo o direito subjetivo à nomeação de candidato aprovado em concurso público, deu provimento a recurso ordinário em mandado de segurança, para determinar a nomeação do candidato, com a seguinte ementa:

"RECURSO EM MANDADO DE SEGURANÇA. ADMINISTRATIVO. CONCURSO PÚBLICO. DIREITO À NOMEAÇÃO. CANDIDATO APROVADO ENTRE AS VAGAS PREVISTAS NO EDITAL. DIREITO LÍQUIDO E CERTO. RECURSO PROVIDO.

1. A aprovação do candidato no limite do número de vagas definido no Edital do concurso gera em seu favor o direito subjetivo à nomeação para o cargo.

2. As disposições contidas no Edital vinculam as atividades da Administração, que está obrigada a prover os cargos com os candidatos aprovados no limite das vagas previstas. A discricionariedade na nomeação de candidatos só incide em relação aos classificados nas vagas remanescentes.

3. Não é lícito à Administração, no prazo de validade do concurso público, simplesmente omitir-se na prática dos atos de nomeação dos aprovados no limite das vagas ofertadas, em respeito aos investimentos realizados pelos concursantes, em termos financeiros, de tempo e emocionais, bem com às suas legítimas expectativas quanto à assunção do cargo público.

4. Precedentes desta Corte Superior: RMS 15.034/RS e RMS 10.817/MG.

5. Recurso Ordinário provido" (fl. 126).

No caso, cuida-se de concurso público de provas para o cargo de Agente Auxiliar de Perícia do Estado do Mato Grosso do Sul, de acordo com o Edital de Publicação n. 001/2004 – SEGES/SEJUSP/PC. O certame foi homologado em 27 de dezembro de 2006 e tinha prazo de validade de 01 (um) ano, prorrogável por igual período.

O recorrido foi aprovado dentro do número de vagas estabelecido no edital, mas não foi nomeado pelo ora recorrente.

Sustenta-se, em síntese, que o acórdão recorrido viola o art. 37, inciso IV, da Constituição Federal, bem como o princípio da eficiência previsto no *caput* desse artigo.

Alega-se, também, que a nomeação do candidato por decisão judicial gera preterição na ordem de classificação dos demais aprovados.

Defende-se, ainda, o não cabimento de mandado de segurança, por ausência de direito líquido e certo.

Esses autos foram levados ao Plenário Virtual, pelo então Relator Min. Menezes Direito, oportunidade em que o Tribunal reconheceu a existência de repercussão geral da questão constitucional suscitada.

Em parecer de fls. 264 a 266, a Procuradoria-Geral da República manifestou-se pelo não provimento do recurso, afirmando que há direito subjetivo à nomeação do candidato aprovado dentro do número de vagas especificadas no edital.

O processo recebeu decisão nestes termos ementada:

---

[1] Acordam os Ministros do Supremo Tribunal Federal, em Sessão Plenária, sob a presidência do Senhor Ministro Cezar Peluso, por unanimidade de votos, negar provimento ao recurso extraordinário, nos termos do voto do relator, Ministro Gilmar Mendes (*DJ* de 3.10.2011).

EMENTA: Recurso extraordinário. Repercussão geral. Concurso público. Previsão de vagas em edital. Direito à nomeação dos candidatos aprovados. I. Direito à nomeação. Candidato aprovado dentro do número de vagas previstas no edital. Dentro do prazo de validade do concurso, a Administração poderá escolher o momento no qual se realizará a nomeação, mas não poderá dispor sobre a própria nomeação, a qual, de acordo com o edital, passa a constituir um direito do concursando aprovado e, dessa forma, um dever imposto ao poder público. Uma vez publicado o edital do concurso com número específico de vagas, o ato da Administração que declara os candidatos aprovados no certame cria um dever de nomeação para a própria Administração e, portanto, um direito à nomeação titularizado pelo candidato aprovado dentro desse número de vagas. II. Administração pública. Princípio da segurança jurídica. Boa-fé. Proteção à confiança. O dever de boa-fé da Administração Pública exige o respeito incondicional às regras do edital, inclusive quanto à previsão das vagas do concurso público. Isso igualmente decorre de um necessário e incondicional respeito à segurança jurídica como princípio do Estado de Direito. Tem-se, aqui, o princípio da segurança jurídica como princípio de proteção à confiança. Quando a Administração torna público um edital de concurso, convocando todos os cidadãos a participarem de seleção para o preenchimento de determinadas vagas no serviço público, ela impreterivelmente gera uma expectativa quanto ao seu comportamento segundo as regras previstas nesse edital. Aqueles cidadãos que decidem se inscrever e participar do certame público depositam sua confiança no Estado administrador, que deve atuar de forma responsável quanto às normas do edital e observar o princípio da segurança jurídica como guia de comportamento. Isso quer dizer, em outros termos, que o comportamento da Administração Pública no decorrer do concurso público deve se pautar pela boa-fé, tanto no sentido objetivo quanto no aspecto subjetivo de respeito à confiança nela depositada por todos os cidadãos. III. Situações excepcionais. Necessidade de motivação. Controle pelo poder judiciário. Quando se afirma que a Administração Pública tem a obrigação de nomear os aprovados dentro do número de vagas previsto no edital, deve-se levar em consideração a possibilidade de situações excepcionalíssimas que justifiquem soluções diferenciadas, devidamente motivadas de acordo com o interesse público. Não se pode ignorar que determinadas situações excepcionais podem exigir a recusa da Administração Pública de nomear novos servidores. Para justificar o excepcionalíssimo não cumprimento do dever de nomeação por parte da Administração Pública, é necessário que a situação justificadora seja dotada das seguintes características: a) Superveniência: os eventuais fatos ensejadores de uma situação excepcional devem ser necessariamente posteriores à publicação do edital do certame público; b) Imprevisibilidade: a situação deve ser determinada por circunstâncias extraordinárias, imprevisíveis à época da publicação do edital; c) Gravidade: os acontecimentos extraordinários e imprevisíveis devem ser extremamente graves, implicando onerosidade excessiva, dificuldade ou mesmo impossibilidade de cumprimento efetivo das regras do edital; d) Necessidade: a solução drástica e excepcional de não cumprimento do dever de nomeação deve ser extremamente necessária, de forma que a Administração somente pode adotar tal medida quando absolutamente não existirem outros meios menos gravosos para lidar com a situação excepcional e imprevisível. De toda forma, a recusa de nomear candidato aprovado dentro do número de vagas deve ser devidamente motivada e, dessa forma, passível de controle pelo Poder Judiciário. IV. Força normativa do princípio do concurso público. Esse entendimento, na medida em que atesta a existência de um direito subjetivo à nomeação, reconhece e preserva da melhor forma a força normativa do princípio do concurso público, que vincula diretamente a Administração. É preciso reconhecer que a efetividade da exigência constitucional do concurso público, como uma incomensurável conquista da cidadania no Brasil, permanece condicionada à observância, pelo Poder Público, de normas de organização e procedimento e, principalmente, de garantias fundamentais que possibilitem o seu pleno exercício pelos cidadãos. O reconhecimento de um direito subjetivo à nomeação deve passar a impor limites à atuação da Administração Pública e dela exigir o estrito cumprimento das normas que regem os certames, com especial observância dos deveres de boa-fé e incondicional respeito à confiança dos cidadãos. O princípio constitucional do concurso público é fortalecido quando o Poder Público assegura e observa as garantias fundamentais que viabilizam a efetividade desse princípio. Ao lado das garantias de publicidade, isonomia, transparência, impessoalidade, entre outras, o direito à nomeação representa também uma garantia fundamental da plena efetividade do princípio do concurso público. V. Negado provimento ao recurso extraordinário.

Concurso público e servidores   **2033**

VOTO

A questão central a ser discutida nestes autos é se o candidato aprovado em concurso público dentro do número de vagas possui direito subjetivo, ou apenas expectativa de direito, à nomeação.

Não é de hoje que esta Corte debate acerca do direito à nomeação de candidato aprovado em concurso público.

Na Sessão Plenária de 13.12.1963, foi aprovada a Súmula 15, cuja redação é a seguinte:

"Dentro prazo de validade do concurso, o candidato aprovado tem o direito à nomeação, quando o cargo for preenchido sem observância da classificação".

Dos precedentes que originaram essa Súmula (ACi-embargos 7387, Rel. Min. Orosimbo Nonato, *DJ* 5.10.1954; RMS 8724, Rel. Min. Cândido Motta Filho, *DJ* 8.9.1961; RMS 8578, Rel. Min. Pedro Chaves, *DJ* 12.4.1962) extrai-se que a aprovação em concurso dentro das vagas não confere, por si só, direito à nomeação no cargo.

Assim, pelo menos desde 1954, a Corte já afirmava a mera expectativa de direito à nomeação do candidato aprovado em concurso público, transformando essa expectativa em direito subjetivo apenas quando houvesse preterição na ordem de classificação.

Daí em diante, a jurisprudência tem sido no sentido de que a aprovação em concurso público não gera, em princípio, direito à nomeação, constituindo-se em mera expectativa de direito. Nesse sentido cito: RE-AgR 306.938, Rel. Min. Cezar Peluso, 2ª Turma, *DJe* 11.10.2007; RE-AgR 421.938, Rel. Min. Sepúlveda Pertence, 1ª Turma, *DJ* 2.6.2006, este último assim ementado:

"Concurso público: direito à nomeação: Súmula 15-STF. Firmou-se o entendimento do STF no sentido de que o candidato aprovado em concurso público, ainda que dentro do número de vagas, torna-se detentor de mera expectativa de direito, não de direito à nomeação: precedentes. O termo dos períodos de suspensão das nomeações na esfera da Administração Federal, ainda quando determinado por decretos editados no prazo de validade do concurso, não implica, por si só, a prorrogação desse mesmo prazo de validade pelo tempo correspondente à suspensão".

A orientação predominante desta Corte, não obstante, reconhece o direito à nomeação no caso de preterição da ordem de classificação, inclusive quando provocada por contratação precária.

No recente julgamento da SS-AgR 4.196, Rel. Min. Cezar Peluso, *DJe* 27.8.2010, o Plenário desta Corte, por decisão unânime, entendeu que não causa grave lesão à ordem pública a decisão judicial que determina a observância da ordem classificatória em concurso público, a fim de evitar preterição de concursados pela contratação de temporários, quando comprovada a necessidade do serviço. O acórdão restou assim ementado:

"SERVIDOR PÚBLICO. CONCURSO PÚBLICO. Cargo. Nomeação. Preterição da ordem de classificação e contratação precária. Fatos não demonstrados. Segurança concedida em parte. Suspensão. Indeferimento. Inexistência de lesão à ordem pública. Agravo regimental improvido. Não há risco de grave lesão à ordem pública na decisão judicial que determina seja observada a ordem classificatória em concurso público, a fim de evitar preterição de concursados pela contratação de temporários, quando comprovada a necessidade do serviço".

Cito também julgados com votações unânimes das duas Turmas da Corte: AI-AgR 777.644, Rel. Min. Eros Grau, Segunda Turma, decisão unânime, *DJe* 14.5.2010; e AI-AgR 440.895, Rel. Min. Sepúlveda Pertence, Primeira Turma, decisão unânime, *DJ* 20.10.2006, este último assim ementado:

"Concurso público: terceirização da vaga: preterição de candidatos aprovados: direito à nomeação: uma vez comprovada a existência da vaga, sendo esta preenchida, ainda que precariamente, fica caracterizada a preterição do candidato aprovado em concurso. 2. Recurso extraordinário: não se presta para o reexame das provas e fatos em que se fundamentou o acórdão recorrido: incidência da Súmula 279".

Nesse sentido, de acordo com a jurisprudência do STF, a nomeação de pessoa não aprovada em concurso configura preterição na ordem de classificação, em detrimento de candidato regularmente aprovado.

A jurisprudência do STF, portanto, tem reconhecido o direito subjetivo à nomeação apenas nas referidas hipóteses: preterição na ordem de classificação e nomeação de outras pessoas que não aquelas que constam da lista classificatória de aprovados no certame público.

Divergindo da antiga jurisprudência do Supremo Tribunal Federal, a 1ª Turma desta Corte teve a oportunidade de afirmar que candidatos aprovados em concurso público têm direito subjetivo à nomeação para posse que vier a ser dada nos cargos vagos existentes ou nos que vierem a existir no prazo de validade do concurso. Assim foi o julgamento do RE 227.480, Relatora para o acórdão Min. Cármen Lúcia, *DJe* 21.8.2009, do qual se extrai a seguinte ementa:

"DIREITOS CONSTITUCIONAL E ADMINISTRATIVO. NOMEAÇÃO DE APROVADOS EM CONCURSO PÚBLICO. EXISTÊNCIA DE VAGAS PARA CARGO PÚBLICO COM LISTA DE APROVADOS EM CONCURSO VIGENTE: DIREITO ADQUIRIDO E EXPECTATIVA DE DIREITO. DIREITO SUBJETIVO À NOMEAÇÃO. RECUSA DA ADMINISTRAÇÃO EM PROVER CARGOS VAGOS: NECESSIDADE DE MOTIVAÇÃO. ARTIGOS 37, INCISOS II E IV, DA CONSTITUIÇÃO DA REPÚBLICA. RECURSO EXTRAORDINÁRIO AO QUAL SE NEGA PROVIMENTO. 1. Os candidatos aprovados em concurso público têm direito subjetivo à nomeação para a posse que vier a ser dada nos cargos vagos existentes ou nos que vierem a vagar no prazo de validade do concurso. 2. A recusa da Administração Pública em prover cargos vagos quando existentes candidatos aprovados em concurso público deve ser motivada, e esta motivação é suscetível de apreciação pelo Poder Judiciário. 3. Recurso extraordinário ao qual se nega provimento".

Na oportunidade, a eminente Min. Cármen Lúcia sustentou que *"há o direito subjetivo à nomeação, salvo se sobrevier interesse público que determine que, por uma nova circunstância, o que acontecer na hora da convocação ponha abaixo o edital"*.

Alegou, ainda, que não se trata de direito adquirido, mas de direito líquido e certo, porquanto *"o direito subjetivo pode ser afrontado por uma nova circunstância da Administração que o impeça e, então, não haveria um ilícito da Administração"*. Afirmou também que, caso não haja recursos, e ainda assim a Administração lance um edital de concurso, haveria de se responsabilizar o administrador, e não o candidato.

Importante destacar que ficou consignado nesse voto que *"a Administração não fica obrigada a nomear, a não ser que não haja nada de novo entre o concurso e a realidade e as condições administrativas"*.

Apesar de não encampar a tese do direito líquido e certo à nomeação do candidato aprovado dentro do número de vagas, o Min. Ricardo Lewandowski fez consignar que não pode a Administração simplesmente deixar de nomear candidato aprovado sem nenhuma motivação.

O Min. Ayres Britto, acompanhando a divergência inaugurada pela Min. Cármen Lúcia, defendeu que *"os candidatos não podem ficar reféns de conduta que, deliberadamente, deixa escoar o prazo de validade do concurso, para, em seguida, prover os cargos mediante nomeação de novos concursados, ou o que é muito pior, por meio de inconstitucional provimento derivado"*.

Afirmou, também, que alterações fáticas podem ensejar mudança de planos, mas esta deve vir acompanhada de uma justa causa. O que descaracterizaria o direito adquirido à nomeação.

Na ocasião, o Min. Marco Aurélio também votou no sentido de que há direito subjetivo à nomeação.

Já há, inclusive, decisão monocrática afirmando esse entendimento. Cito o RE 633.008, Rel. Min. Cármen Lúcia, *DJe* 17.12.2010, do qual se extrai o seguinte trecho:

"RECURSO EXTRAORDINÁRIO. ADMINISTRATIVO. APROVAÇÃO EM CONCURSO NO NÚMERO DE VAGAS. DIREITO SUBJETIVO À NOMEAÇÃO PARA CARGO. ACÓRDÃO RECORRIDO EM HARMONIA COM A JURISPRUDÊNCIA DESTE SUPREMO TRIBUNAL. RECURSO AO QUAL SE NEGA SEGUIMENTO".

Recentemente, no RE 581.113, Rel. Min. Dias Toffoli, julgado em 5.4.2011 e noticiado no Informativo n. 622, a 1ª Turma desta Corte reiterou esse entendimento.

Nesse último caso, o Min. Relator consignou que os recorrentes foram aprovados fora do número de vagas previstas no edital.

Contudo, por ocasião do surgimento de novas vagas pela Lei 10.842/2004, o TRE de Santa Catarina utilizava-se de servidores cedidos por outros órgãos da Administração.

Assim, nota-se que, nesse caso, o direito subjetivo surgiu em decorrência da preterição, uma vez que havia candidatos aprovados em concurso válido. O que não se tem admitido é a obrigação da Administração Pública de nomear candidato aprovado fora do número de vagas previstas no edital, simplesmente pelo surgimento de vaga, seja por nova lei, seja em decorrência de vacância. Com efeito, proceder dessa forma seria engessar a Administração Pública, que perderia sua discricionariedade quanto à melhor alocação das vagas, inclusive quanto a eventual necessidade de transformação ou extinção dos cargos vagos.

Na Sessão Plenária de 3.2.2011, ao julgar o MS 24.660, o Tribunal, por maioria, nos termos do voto condutor da Min. Cármen Lúcia, concedeu a segurança em caso em que se discutia o direito à nomeação da impetrante no cargo de Promotora da Justiça Militar, em razão da improcedência da fundamentação apresentada pela Administração.

Nesse julgamento, a Min. Cármen Lúcia, ao tratar do art. 37, inciso IV, da Constituição Federal, ressaltou que, *"nos termos constitucionalmente postos, não inibe a abertura de novo concurso a existência de candidatos classificados em evento ocorrido antes. O que não se permite, no entanto, no sistema vigente, é que, durante o prazo de validade do primeiro, os candidatos classificados para os cargos na seleção anterior sejam preteridos por aprovados em novo certame".*

Citou, ainda, o magistério do Professor Celso Antônio Bandeira de Mello:

"Como o texto (constitucional) correlacionou tal prioridade ao mero fato de estar em vigor o prazo de validade, segue-se que, a partir da Constituição, em qualquer concurso os candidatos estarão disputando tanto as vagas existentes quando de sua abertura, quanto as que venham a ocorrer ao longo do seu período de validade, pois, durante esta dilação, novos concursados não poderiam ocupá-los com postergação dos aprovados em concurso anterior". (grifei)

Nessa linha de raciocínio, que segue o caminho dessa nítida evolução da jurisprudência desta Corte, entendo que o dever de *boa-fé* da Administração Pública exige o respeito incondicional às regras do edital, inclusive quanto à previsão das vagas do concurso público. Isso igualmente decorre de um necessário e incondicional respeito à *segurança jurídica* como princípio do Estado de Direito. Tem-se, aqui, o princípio da segurança jurídica como *princípio de proteção à confiança*.

Como esta Corte tem afirmado em vários casos, o tema da segurança jurídica é pedra angular do **Estado de Direito** sob a forma de proteção à confiança. É o que destaca Karl Larenz, que tem na consecução da paz jurídica um elemento nuclear do Estado de Direito material e também vê o princípio da confiança como aspecto do princípio da segurança:

"O ordenamento jurídico protege a confiança suscitada pelo comportamento do outro e não tem mais remédio que protegê-la, porque poder confiar (...) é condição fundamental para uma pacífica vida coletiva e uma conduta de cooperação entre os homens e, portanto, da paz jurídica." (*Derecho Justo* – Fundamentos de Ética Jurídica. Madrid: Civitas, 1985, p. 91)

O autor tedesco prossegue afirmando que o princípio da confiança tem um componente de ética jurídica, que se expressa no princípio da boa-fé. Diz:

"Dito princípio consagra que uma confiança despertada de um modo imputável deve ser mantida quando efetivamente se creu nela. A suscitação da confiança é imputável, quando o que a suscita sabia ou tinha que saber que o outro ia confiar. Nesta medida é idêntico ao princípio da confiança. (...) Segundo a opinião atual, [este princípio da boa-fé] se aplica nas relações jurídicas de direito público". (*Derecho Justo* – Fundamentos de Ética Jurídica. Madrid: Civitas, 1985, p. 95 e 96)

Quando a Administração Pública torna público um edital de concurso, convocando todos os cidadãos a participarem de seleção para o preenchimento de determinadas vagas no serviço público, ela impreterivelmente gera uma expectativa quanto ao seu comportamento segundo as regras previstas nesse edital. Aqueles cidadãos que decidem se inscrever e participar do certame público depositam sua confiança no Estado administrador, que deve atuar de forma responsável quanto às normas do edital e observar o princípio da segurança jurídica como guia de comportamento. Isso quer dizer, em outros termos, que o comportamento da Administração Pública no decorrer do concurso público deve-se pautar pela boa-fé, tanto no sentido objetivo quanto no aspecto subjetivo de respeito à confiança nela depositada por todos os cidadãos.

Ressalte-se, no tocante ao tema, que a própria Constituição, no art. 37, IV, garante prioridade aos candidatos aprovados em concurso, nos seguintes termos:

"(...) durante o prazo improrrogável previsto no edital de convocação, aquele aprovado em concurso público de provas ou de provas e títulos será convocado com prioridade sobre novos concursados para assumir cargo ou emprego, na carreira".

Assim, é possível concluir que, dentro do prazo de validade do concurso, a Administração poderá escolher o *momento* no qual se realizará a nomeação, mas não poderá dispor sobre a própria nomeação, a qual, de acordo com o edital, passa a constituir um *direito* do concursando aprovado e, dessa forma, um *dever* imposto ao poder público.

De fato, se o edital prevê determinado número de vagas, a Administração vincula-se a essas vagas, uma vez que, tal como já afirmado pelo Min. Marco Aurélio em outro caso, "*o edital de concurso, desde que consentâneo com a lei de regência em sentido formal e material, obriga candidatos e Administração Pública*" (RE 480.129/DF, Rel. Min. Marco Aurélio, 1ª Turma, *DJ* 23.10.2009). Nesse sentido, é possível afirmar que, uma vez publicado o edital do concurso com número específico de vagas, o ato da Administração que declara os candidatos aprovados no certame cria um *dever de nomeação* para a própria Administração e, portanto, um *direito à nomeação* titularizado pelo candidato aprovado dentro desse número de vagas.

Esse direito à nomeação surge, portanto, quando se realizam as seguintes condições fáticas e jurídicas:

a) previsão em edital de número específico de vagas a serem preenchidas pelos candidatos aprovados no concurso público;

b) realização do certame conforme as regras do edital;

c) homologação do concurso e proclamação dos aprovados dentro do número de vagas previsto no edital, em ordem de classificação, por ato inequívoco e público da autoridade administrativa competente.

O **direito à nomeação** constitui um típico *direito público subjetivo* em face do Estado, decorrente do princípio que a Ministra Cármen Lúcia, em obra doutrinária, cunhou de **princípio da acessibilidade aos cargos públicos** (ROCHA, Cármen Lúcia Antunes. *Princípios Constitucionais dos Servidores Públicos*. São Paulo: Saraiva, 1999, p. 143). Na ordem constitucional brasileira, esse princípio está fundado em alguns princípios informadores da organização do Poder Público no Estado Democrático de Direito, tais como:

a) o *princípio democrático de participação política*, que impõe a participação plural e universal dos cidadãos na estrutura do Poder Público, na qualidade de servidores públicos;

b) o *princípio republicano*, que exige a participação efetiva do cidadão na gestão da coisa pública;

c) o *princípio da igualdade*, que prescreve a igualdade de oportunidades no acesso ao serviço público.

Nesses termos, a acessibilidade aos cargos públicos constitui um **direito fundamental expressivo da cidadania**, como bem observou a Ministra Cármen Lúcia na referida obra.

Esse direito representa, dessa forma, uma das faces mais importantes do *status activus* dos cidadãos, conforme a conhecida "teoria dos *status*" de Jellinek.

A existência de um direito à nomeação, nesse sentido, limita a discricionariedade do Poder Público quanto à realização e gestão dos concursos públicos. Respeitada a ordem de classificação, a discricionariedade da Administração resume-se ao **momento** da nomeação, nos limites do prazo de validade do concurso.

Não obstante, quando se diz que a Administração Pública tem a obrigação de nomear os aprovados dentro do número de vagas previsto no edital, deve-se levar em consideração a possibilidade de *situações excepcionalíssimas* que justifiquem *soluções diferenciadas*, devidamente motivadas de acordo com o interesse público.

Não se pode ignorar que determinadas situações excepcionais podem exigir a recusa da Administração Pública de nomear novos servidores. Para justificar o **excepcionalíssimo** não cumprimento do dever de nomeação por parte da Administração Pública, uma vez já preenchidas as condições acima delineadas, **é** necessário que a situação justificadora seja **dotada das seguintes características:**

a) *Superveniência*: os eventuais fatos ensejadores de uma situação excepcional devem ser necessariamente *posteriores* à publicação do edital do certame público. Pressupõe-se com isso que, ao tempo da publicação do edital, a Administração Pública conhece suficientemente a realidade fática e jurídica que lhe permite oferecer publicamente as vagas para preenchimento via concurso.

b) *Imprevisibilidade*: a situação deve ser determinada por circunstâncias extraordinárias, imprevisíveis à época da publicação do edital. Situações corriqueiras ou mudanças normais das circunstâncias sociais, econômicas e políticas não podem servir de justificativa para que a Administração Pública descumpra o dever de nomeação dos aprovados no concurso público conforme as regras do edital.

c) *Gravidade*: os acontecimentos extraordinários e imprevisíveis devem ser extremamente graves, implicando onerosidade excessiva, dificuldade ou mesmo impossibilidade de cumprimento efetivo das regras do edital. Crises econômicas de grandes proporções, guerras, fenômenos naturais que causem calamidade pública ou comoção interna podem justificar a atuação excepcional por parte da Administração Pública.

d) *Necessidade*: a solução drástica e excepcional de não cumprimento do dever de nomeação deve ser extremamente necessária. Isso quer dizer que a Administração somente pode adotar tal medida quando absolutamente não existirem outros meios menos gravosos para lidar com a situação excepcional e imprevisível. Em outros termos, pode-se dizer que essa medida deve ser sempre a *ultima ratio* da Administração Pública.

Tais características podem assim servir de **vetores hermenêuticos** para o administrador avaliar, com a devida cautela, a real necessidade de não cumprimento do dever de nomeação.

De toda forma, o importante é que essa recusa de nomear candidato aprovado dentro do número de vagas seja **devidamente motivada** e, dessa forma, seja **passível de controle pelo Poder Judiciário**.

Ressalte-se que o dever da Administração e, em consequência, o direito dos aprovados, não se estende a todas as vagas existentes, nem sequer àquelas surgidas posteriormente, mas **apenas àquelas expressamente previstas no edital de concurso**. Isso porque cabe à Administração dispor dessas vagas da forma mais adequada, inclusive transformando ou extinguindo, eventualmente, os respectivos cargos.

Se a Administração, porém, decide preencher aquelas vagas por meio do necessário concurso, o princípio da boa-fé impõe-se: as vagas devem ser preenchidas pelos aprovados no certame.

Quanto à alegação de que a nomeação por determinação judicial implica preterição na ordem de classificação dos demais aprovados, o recorrente tampouco tem razão. É pacífica a jurisprudência desta Corte no sentido de que não se configura preterição quando a Administração realiza nomeações em observação a decisão judicial. Nesse sentido, cito os seguintes precedentes: RE-AgR 594.917, Rel. Min. Ricardo Lewandowski, 1ª Turma, *DJe* 25.11.2010; AI-AgR 620.992, Rel. Min. Cármen Lúcia, 1ª Turma, decisão unânime, *DJe* 29.6.2007; RE-AgR 437.403, de minha relatoria, 2ª Turma, decisão unânime, *DJ* 5.5.2006.

No que se refere à alegação de indisponibilidade financeira para nomeação de aprovados em concurso, o Pleno afirmou a presunção de existência de disponibilidade orçamentária quando há preterição na ordem de classificação, inclusive decorrente de contratação temporária. Nesse sentido, cito a ementa da SS-AgR 4189, Rel. Min. Cezar Peluso, *DJe* 13.8.2010:

"SERVIDOR PÚBLICO. Cargo. Nomeação. Concurso público. Observância da ordem de classificação. Alegação de lesão à ordem pública. Efeito multiplicador. Necessidade de comprovação. Contratação de temporários. Presunção de existência de disponibilidade orçamentária. Violação ao art. 37, II, da Constituição Federal. Suspensão de Segurança indeferida. Agravo regimental improvido. Não há risco de grave lesão à ordem pública na decisão judicial que determina seja observada a ordem classificatória em concurso público, a fim de evitar a preterição de concursados pela contratação de temporários, quando comprovada a necessidade do serviço".

Destaque-se que as vagas previstas em edital já pressupõem a existência de cargos e a previsão na Lei Orçamentária, razão pela qual a simples alegação de indisponibilidade financeira, desacompanhada de elementos concretos, tampouco retira a obrigação da administração de nomear os candidatos aprovados.

Também não incide, na espécie, o óbice do § 2º do art. 7º da Lei 12.016/2009. Assim é a jurisprudência desta Corte, no sentido de que o pedido de nomeação e posse em cargo público para o qual o candidato fora aprovado em concurso público, dentro do número de vagas, não se confunde com o pagamento de vencimentos, que é mera consequência lógica da investidura no cargo para o qual concorreu. Nessa toada, cito Rcl 6138, Rel. Min. Cármen Lúcia, decisão unânime deste Plenário, *DJe* 18.6.2010, assim ementado:

"RECLAMAÇÃO. TUTELA ANTECIPADA EM MANDADO DE SEGURANÇA. NOMEAÇÃO DE CANDIDATA APROVADA EM CONCURSO PÚBLICO DENTRO DO NÚMERO DE VAGAS. DESCUMPRIMENTO DA DECISÃO PROFERIDA NA MEDIDA CAUTELAR NA AÇÃO DECLARATÓRIA DE CONSTITUCIONALIDADE N. 4/DF. INOCORRÊNCIA. RECLAMAÇÃO IMPROCEDENTE. 1. O pedido de nomeação e posse em cargo público para o qual a candidata fora aprovada em concurso público, dentro do número de vagas, não se confunde com o pagamento de vencimentos, que é mera consequência lógica da investidura no cargo para o qual concorreu. 2. As consequências decorrentes do ato de nomeação não evidenciam desrespeito à decisão proferida nos autos da Ação Declaratória de Constitucionalidade n. 4/DF. Precedentes. 3. Reclamação julgada improcedente, prejudicado o exame do agravo regimental".

Em síntese, entendo que a Administração Pública está vinculada às normas do edital, ficando inclusive obrigada a preencher as vagas previstas para o certame dentro do prazo de validade do concurso. Essa obrigação só pode ser afastada diante de excepcional justificativa, o que, no caso, não ocorreu.

Por fim, deixo consignado que esse entendimento, na medida em que atesta a existência de um direito subjetivo à nomeação, reconhece e preserva da melhor forma a **força normativa do princípio do concurso público**, que vincula diretamente a Administração. É preciso reconhecer que a efetividade da exigência constitucional do concurso público, como uma incomensurável conquista da cidadania no Brasil, permanece condicionada à observância, pelo Poder Público, de normas de organização e procedimento e, principalmente, de garantias fundamentais que possibilitem o seu pleno exercício pelos cidadãos.

O reconhecimento de um direito subjetivo à nomeação deve passar a impor limites à atuação da Administração Pública e dela exigir o estrito cumprimento das normas que regem os certames, com especial observância dos deveres de boa-fé e incondicional respeito à confiança dos cidadãos.

O princípio constitucional do concurso público é fortalecido quando o Poder Público assegura e observa as garantias fundamentais que viabilizam a efetividade desse princípio. Ao lado das garantias de publicidade, isonomia, transparência, impessoalidade, entre outras, o direito à nomeação representa também uma garantia fundamental da plena efetividade do princípio do concurso público.

Ante o exposto, nego provimento ao recurso extraordinário para manter o acórdão recorrido.

RE 632.853[1]

Concurso público – Correção de prova – Não compete ao Poder Judiciário substituir banca examinadora para avaliar respostas dadas pelos candidatos e notas a elas atribuídas – Permissão excepcional para realizar juízo de compatibilidade do conteúdo das questões do concurso com o previsto no edital do certame.

Trata-se de recurso extraordinário interposto pelo Estado do Ceará, com fundamento no artigo 102, inciso III, alínea "a", da Constituição Federal, contra acórdão do Tribunal de Justiça do Estado do Ceará ementado nos seguintes termos:

"APELAÇÃO CÍVEL. AÇÃO ORDINÁRIA. CONCURSO PÚBLICO. EXAME DAS QUESTÕES OBJETIVAS DO CERTAME. QUESITOS QUE ADMITEM MAIS DE UMA RESPOSTA COMO CORRETA. NULIDADE. EDITAL COM INDICAÇÃO DE LITERATURA. RESPOSTAS QUE NÃO SE REGEM PELAS REGRAS EDITALÍCIAS. IMPOSSIBILIDADE. APELAÇÕES CONHECIDAS E IMPROVIDAS. I – O concurso público, de provas e títulos, rege-se pelos princípios da legalidade, da moralidade e da razoabilidade. II – Destarte, não se mostram razoáveis os quesitos da prova objetiva que apresentam mais de uma resposta como correta. III – Neste sentir, tal situação malfere o princípio da moralidade pública. IV – Igualmente, com aplicação do princípio da legalidade, não pode o concurso público deixar de dar observância estrita ao Edital. V – Neste caso, muito embora o Edital do Certame indicasse literatura própria às matérias a serem submetidas aos certamistas, desconsiderou a doutrina indicada em prol de pesquisadores diversos, o que lhe é defeso. VI – Apelação desprovida. VII – Remessa oficial desacolhida. VIII – Sentença hostilizada inalterada". (Fls. 67-68).

Opostos embargos de declaração, estes foram rejeitados.

Inicialmente, o presente recurso não foi admitido pelo Tribunal de origem. Dei provimento ao agravo de instrumento para convertê-lo neste recurso extraordinário.

Na espécie, o Tribunal de origem, por maioria, confirmou a sentença que anulou as questões objetivas 23, 25, 26, 27, 29, 39, 42, e 48 do *1º Concurso Público Unificado de Base Local no Estado/Programa Saúde da Família de Provas e Títulos para o Cargo de Enfermeiro,* por dois motivos:

Primeiro, por entender que possuem mais de uma resposta; segundo, por depreender que o examinador desconsiderou a literatura indicada no edital, optando por outros doutrinadores.

A controvérsia constitucional a ser analisada refere-se à possibilidade de o Poder Judiciário realizar o controle jurisdicional sobre o ato administrativo que profere avaliação de questões em concurso público.

Em 7.10.2011, a repercussão geral do tema foi reconhecida, conforme ementa a seguir:

"REPERCUSSÃO GERAL EM RECURSO EXTRAORDINÁRIO. DIREITO ADMINISTRATIVO. CONCURSO PÚBLICO. CONTROLE JUDICIAL DE QUESTÕES E CRITÉRIOS DE CORREÇÃO DE PROVAS. A questão referente à possibilidade de o Poder Judiciário realizar o controle jurisdicional sobre o mérito das questões em concurso público possui relevância social e jurídica, ultrapassando os interesses subjetivos das partes. Repercussão geral reconhecida".

No recurso extraordinário, alega-se violação aos artigos 2º e 5º, *caput*, da Constituição Federal.

---

[1] Acordam os ministros do Supremo Tribunal Federal, em sessão plenária, sob a presidência do Ministro Ricardo Lewandowski, apreciando o Tema 485 da repercussão geral, por maioria, conhecer e dar provimento ao recurso extraordinário, nos termos do voto do Relator, Ministro Gilmar Mendes (*DJ* de 29.6.2015).

Nas razões recursais, o ente federado defende, em síntese, violação ao princípio da separação dos poderes, ao fundamento de que é vedado ao Poder Judiciário adentrar o mérito do ato administrativo e rever critérios de correção e de avaliação impostos pela banca examinadora.

Ademais, sustenta violação aos princípios da isonomia e da moralidade, uma vez que atribuiu pontos a determinado candidato em detrimento dos demais.

Em contrarrazões ao recurso extraordinário, a recorrida defende, em suma, que a controvérsia não ofende a Constituição Federal e não ultrapassa os limites objetivos da causa. Ademais, aduz que o Juízo *a quo* apenas aplicou, conforme requerido, o Enunciado 684 da Súmula desta Corte, *in verbis*: "*É inconstitucional o veto não motivado à participação de candidato a concurso público.*", uma vez que a banca examinadora não motivou o veto dos recursos administrativos.

A Procuradoria-Geral da República manifestou-se pelo parcial provimento do recurso extraordinário, em síntese, com base nas seguintes razões:

"Verifica-se, compulsando os autos, sobretudo na sentença de 1º grau (fls. 649/719), que as instâncias ordinárias extrapolaram a análise da legalidade das questões, porquanto competia tão somente analisar lesão ou ameaça a direito decorrente de ilegalidade do edital ou da não observância pela Comissão Examinadora das regras do edital, no entanto acabou por substituir à banca examinadora do concurso público no reexame dos critérios de correção das provas e do conteúdo das questões formuladas.

Destarte, deveriam *in casu*, as instâncias ordinárias ter se restringido apenas à análise da (des)conformidade da questão com o conteúdo da doutrina recomendada prevista no edital, o que não ocorreu". (Fl. 844).

Deferi o ingresso da União, do Estado do Rio Grande do Sul e do Conselho Federal da Ordem dos Advogados do Brasil na qualidade de *amici curiae*.

Posteriormente, determinei a inclusão do processo em pauta para trazê-lo a julgamento.

A decisão foi nestes termos ementada:

EMENTA: Recurso extraordinário. Repercussão geral. Concurso público. Previsão de vagas em edital. Direito à nomeação dos candidatos aprovados. I. Direito à nomeação. Candidato aprovado dentro do número de vagas previstas no edital. Dentro do prazo de validade do concurso, a Administração poderá escolher o momento no qual se realizará a nomeação, mas não poderá dispor sobre a própria nomeação, a qual, de acordo com o edital, passa a constituir um direito do concursando aprovado e, dessa forma, um dever imposto ao poder público. Uma vez publicado o edital do concurso com número específico de vagas, o ato da Administração que declara os candidatos aprovados no certame cria um dever de nomeação para a própria Administração e, portanto, um direito à nomeação titularizado pelo candidato aprovado dentro desse número de vagas. II. Administração pública. Princípio da segurança jurídica. Boa-fé. Proteção à confiança. O dever de boa-fé da Administração Pública exige o respeito incondicional às regras do edital, inclusive quanto à previsão das vagas do concurso público. Isso igualmente decorre de um necessário e incondicional respeito à segurança jurídica como princípio do Estado de Direito. Tem-se, aqui, o princípio da segurança jurídica como princípio de proteção à confiança. Quando a Administração torna público um edital de concurso, convocando todos os cidadãos a participarem de seleção para o preenchimento de determinadas vagas no serviço público, ela impreterivelmente gera uma expectativa quanto ao seu comportamento segundo as regras previstas nesse edital. Aqueles cidadãos que decidem se inscrever e participar do certame público depositam sua confiança no Estado administrador, que deve atuar de forma responsável quanto às normas do edital e observar o princípio da segurança jurídica como guia de comportamento. Isso quer dizer, em outros termos, que o comportamento da Administração Pública no decorrer do concurso público deve se pautar pela boa-fé, tanto no sentido objetivo quanto no aspecto subjetivo de respeito à confiança nela depositada por todos os cidadãos. III. Situações excepcionais. Necessidade de motivação. Controle pelo poder judiciário. Quando se afirma que a Administração Pública tem a obrigação de nomear os aprovados dentro do número de vagas previsto no edital, deve-se levar em consideração a possibilidade de situações excepcionalíssimas que justifiquem soluções diferenciadas, devidamente motivadas de acordo com o interesse público. Não se pode ignorar que determinadas situações excepcionais podem exigir a recusa da Adminis-

tração Pública de nomear novos servidores. Para justificar o excepcionalíssimo não cumprimento do dever de nomeação por parte da Administração Pública, é necessário que a situação justificadora seja dotada das seguintes características: a) Superveniência: os eventuais fatos ensejadores de uma situação excepcional devem ser necessariamente posteriores à publicação do edital do certame público; b) Imprevisibilidade: a situação deve ser determinada por circunstâncias extraordinárias, imprevisíveis à época da publicação do edital; c) Gravidade: os acontecimentos extraordinários e imprevisíveis devem ser extremamente graves, implicando onerosidade excessiva, dificuldade ou mesmo impossibilidade de cumprimento efetivo das regras do edital; d) Necessidade: a solução drástica e excepcional de não cumprimento do dever de nomeação deve ser extremamente necessária, de forma que a Administração somente pode adotar tal medida quando absolutamente não existirem outros meios menos gravosos para lidar com a situação excepcional e imprevisível. De toda forma, a recusa de nomear candidato aprovado dentro do número de vagas deve ser devidamente motivada e, dessa forma, passível de controle pelo Poder Judiciário. IV. Força normativa do princípio do concurso público. Esse entendimento, na medida em que atesta a existência de um direito subjetivo à nomeação, reconhece e preserva da melhor forma a força normativa do princípio do concurso público, que vincula diretamente a Administração. É preciso reconhecer que a efetividade da exigência constitucional do concurso público, como uma incomensurável conquista da cidadania no Brasil, permanece condicionada à observância, pelo Poder Público, de normas de organização e procedimento e, principalmente, de garantias fundamentais que possibilitem o seu pleno exercício pelos cidadãos. O reconhecimento de um direito subjetivo à nomeação deve passar a impor limites à atuação da Administração Pública e dela exigir o estrito cumprimento das normas que regem os certames, com especial observância dos deveres de boa-fé e incondicional respeito à confiança dos cidadãos. O princípio constitucional do concurso público é fortalecido quando o Poder Público assegura e observa as garantias fundamentais que viabilizam a efetividade desse princípio. Ao lado das garantias de publicidade, isonomia, transparência, impessoalidade, entre outras, o direito à nomeação representa também uma garantia fundamental da plena efetividade do princípio do concurso público. V. Negado provimento ao recurso extraordinário.

VOTO

Discute-se nestes autos a possibilidade de o Poder Judiciário realizar o controle jurisdicional sobre o ato administrativo que corrige questões de concurso público.

No caso dos autos, as recorridas ajuizaram ação ordinária com pedido de tutela antecipada com o objetivo de declarar a nulidade de dez questões do concurso público para provimento do cargo de enfermeiro da Secretaria da Saúde do Estado do Ceará, ao fundamento de que não houve respostas ao indeferimento dos recursos administrativos.

Requereram, ainda, a aplicação do Enunciado 684 da Súmula desta Corte, cujo teor é o seguinte: "É inconstitucional o veto não motivado à participação de candidato a concurso público".

Ademais, defendem que as questões impugnadas possuem mais de uma assertiva correta, uma vez que o gabarito divulgado contraria leis federais, conceitos oficiais do Ministério da Saúde, da ANVISA, dos manuais técnicos de enfermagem e da própria doutrina recomendada pelo edital do concurso.

O acórdão recorrido confirmou a sentença que declarou nulas as questões objetivas 23, 25, 26, 27, 29, 39, 42 e 48 do concurso, por entender que elas possuem mais de uma alternativa correta, conforme a doutrina indicada no edital do certame.

É antiga a jurisprudência desta Corte no sentido de que não compete ao Poder Judiciário substituir a banca examinadora para reexaminar o conteúdo das questões e os critérios de correção utilizados, salvo ocorrência de ilegalidade e inconstitucionalidade.

Quando do julgamento do MS 21.176, ainda em 19.12.1990, o Min. Aldir Passarinho assim se pronunciou sobre o tema:

Concurso público e servidores **2043**

"(...) incabível que se possa pretender que o Judiciário – mormente em tema de mandado de segurança – possa substituir-se à Banca Examinadora para dizer se tal ou qual questão foi bem respondida, que tal ou qual questão poderia ter mais de uma resposta.

Os critérios adotados pela Banca Examinadora de um concurso não podem ser revistos pelo Judiciário, salvo se houver ilegalidade ou inconstitucionalidade, o que no caso não ocorre.

E nem se torna possível que a Justiça possa fazer revisões de provas para dizer do maior ou menor acerto das respostas aos quesitos formulados".

Nessa mesma oportunidade, o Min. Carlos Velloso teceu as seguintes considerações em seu voto:

"Na verdade, não é possível ao Tribunal substituir-se à banca examinadora. O que se exige é que se dê tratamento igual a todos os candidatos. Isso parece que foi dado, nenhum candidato argumentou em sentido contrário.

Em direito, nem sempre há uniformidade. De modo que, adotando a banca uma certa opção e exigindo de todos e a todos aplicando o mesmo tratamento, isto é o bastante".

Nesse sentido, confira-se a ementa do MS 21.408, rel. Min. Moreira Alves, *DJ* 29.5.1992, julgado pelo Plenário desta Corte:

"Mandado de Segurança. Concurso para procurador da república. – Estando o arredondamento de notas expressamente vedado no regulamento do concurso – e essa norma não foi sequer atacada na inicial –, não pode ele ser pleiteado com base em lei que não é federal, mas, ao que tudo indica estadual (a Lei 4.264/84 do Estado da Bahia), que é inaplicável a concurso para o ingresso no quadro do Ministério Público Federal. – No mandado de segurança 21.176, não só se teve como constitucional e legal o critério de penalização, com o cancelamento de respostas certas, nas provas de múltipla escolha, como também se considerou não caber ao Poder Judiciário substituir-se a Banca Examinadora para decidir se a resposta dada a uma questão foi, ou não, correta, ou se determinada questão teria, ou não, mais de uma resposta dentre as oferecidas a escolha do candidato. Mandado de segurança que se indefere, cassando-se a liminar anteriormente concedida".

No mesmo sentido, também julgado em Plenário, o MS 27.260, redatora do acórdão Min. Cármen Lúcia, *DJe* 26.3.2010:

"CONCURSO PÚBLICO. PROCURADOR DA REPÚBLICA. PROVA OBJETIVA: MODIFICAÇÃO DO GABARITO PRELIMINAR. REPROVAÇÃO DE CANDIDATA DECORRENTE DA MODIFICAÇÃO DO GABARITO. ATRIBUIÇÕES DA BANCA EXAMINADORA. MÉRITO DAS QUESTÕES: IMPOSSIBILIDADE DE REVISÃO JUDICIAL. PRINCÍPIOS DO CONTRADITÓRIO E DA AMPLA DEFESA. RECURSO AO QUAL SE NEGA PROVIMENTO. 1. A modificação de gabarito preliminar, anulando questões ou alterando a alternativa correta, em decorrência do julgamento de recursos apresentados por candidatos não importa em nulidade do concurso público se houver previsão no edital dessa modificação. 2. A ausência de previsão no edital do certame de interposição de novos recursos por candidatos prejudicados pela modificação do gabarito preliminar não contraria os princípios constitucionais do contraditório e da ampla defesa. 3. Não cabe ao Poder Judiciário, no controle jurisdicional da legalidade, substituir-se à banca examinadora do concurso público para reexaminar os critérios de correção das provas e o conteúdo das questões formuladas (RE 268.244, relator o Ministro Moreira Alves, Primeira Turma, *DJ* 30.6.2000; MS 21.176, relator o Ministro Aldir Passarinho, Plenário, *DJ* 20.3.1992; RE 434.708, relator o Ministro Sepúlveda Pertence, Primeira Turma, *DJ* 9.9.2005)".

Ainda, no mesmo sentido, confira-se a ementa da AO-ED 1.395, rel. Min. Dias Toffoli, *DJe* 22.10.2010:

"EMBARGOS DECLARATÓRIOS EM DECISÃO MONOCRÁTICA. CONVERSÃO EM AGRAVO REGIMENTAL. MATÉRIA PACÍFICA. CONCURSO PÚBLICO. AUSÊNCIA DE NULIDADE. OBSERVÂNCIA DOS PRINCÍPIOS DA ISONOMIA E DA PUBLICIDADE. AGRAVO RE-

GIMENTAL NÃO PROVIDO. 1. A jurisprudência desta Suprema Corte não admite embargos declaratórios contra decisão monocrática. Embargos recebidos como agravo regimental apresentados no prazo recursal desse. 2. Não há violação aos princípios da isonomia e da publicidade quando a divulgação das notas dos candidatos em concurso público ocorre em sessão pública, mesmo que em momento anterior ao previsto no edital, ainda mais quando, como no caso, todos forem informados de sua ocorrência. 3. A inobservância de regra procedimental de divulgação de notas não acarreta a nulidade de concurso público quando não demonstrado prejuízo aos concorrentes. 4. Não cabe ao Poder Judiciário rever os critérios de correção das provas e as notas a elas atribuídas, a não ser quando seja exigido conhecimento de matéria não prevista no edital. 5. Agravo regimental não provido".

Há, também, decisões de ambas as turmas desta Corte no mesmo sentido: AO-ED 1.604, rel. Min. Cármen Lúcia, Segunda Turma, *DJe* 31.3.2014; MS 31.067, rel. Min. Dias Tofolli, Primeira Turma, *DJe* 5.11.2013; MS 30.859, rel. Min. Luiz Fux, Primeira Turma, *DJe* 23.10.2012; AI-AgR 827.001, rel. Min. Joaquim Barbosa, Segunda Turma, *DJe* 30.3.2011; AI-AgR 500.416, de minha relatoria, Segunda Turma, *DJ* 10.9.2004.

Na espécie, o acórdão recorrido divergiu desse entendimento ao entrar no mérito do ato administrativo e substituir a banca examinadora para renovar a correção de questões de concurso público, violando o princípio da separação dos poderes e a própria reserva de administração (*Verwaltungsvorbehalt*).

Não se trata de controle de conteúdo das provas ante os limites expressos no edital, admitido pela jurisprudência do STF nas controvérsias judiciais sobre concurso público. Ao contrário, o acórdão recorrido, expressamente, substituiu a banca do certame, de forma a proceder à nova correção das questões.

Tanto a sentença quanto o aresto recorrido reavaliaram as respostas apresentadas pelos candidatos para determinar quais seriam os itens corretos e falsos de acordo com a doutrina e a literatura técnica em enfermagem. Com base nessa literatura especializada, o acórdão recorrido infirmou o entendimento da banca e identificou mais de um item correto em determinadas questões do certame, extrapolando o controle de legalidade e constitucionalidade, para realizar análise doutrinária das respostas.

Em outras palavras, os juízos ordinários não se limitaram a controlar a pertinência do exame aplicado ao conteúdo discriminado no edital, mas foram além para apreciar os critérios de avaliação e a própria correção técnica do gabarito oficial.

Assim, houve indevido ingresso do Poder Judiciário na correção de provas de concurso público, em flagrante violação à jurisprudência do Supremo Tribunal Federal.

Nesse sentido, entre vários precedentes, confira-se a ementa do RE-AgR 440.335, rel. Min. Eros Grau, Segunda Turma:

"AGRAVO REGIMENTAL NO RECURSO EXTRAORDINÁRIO. CONSTITUCIONAL. CONCURSO PÚBLICO. ANULAÇÃO DE QUESTÃO. 1. Anulação de questão não prevista no edital do concurso. 2. O Supremo Tribunal Federal entende admissível o controle jurisdicional em concurso público quando 'não se cuida de aferir da correção dos critérios da banca examinadora, na formulação das questões ou na avaliação das respostas, mas apenas de verificar que as questões formuladas não se continham no programa do certame, dado que o edital – nele incluído o programa – é a lei do concurso'. Precedente. Agravo regimental a que se nega provimento".

Logo, tendo em vista que o acórdão recorrido conflita com firme jurisprudência do Supremo Tribunal Federal sobre o tema, dou provimento ao recurso extraordinário para julgar improcedentes os pedidos formulados na inicial, invertidos os ônus sucumbenciais.

RE 638.115[1]

Administrativo – Servidor público – Incorporação de quintos decorrente do exercício de funções comissionadas no período compreendido entre a edição da Lei 9.624/1998 e a MP 2.225-48/2001 – Impossibilidade.

Trata-se de recurso extraordinário, interposto com fundamento no art. 102, III, "a", da Constituição Federal, contra acórdão do Superior Tribunal de Justiça ementado nos seguintes termos:

"AGRAVO REGIMENTAL. RECURSO ESPECIAL. ADMINISTRATIVO E PROCESSO CIVIL. SERVIDOR PÚBLICO. EXERCÍCIO DE FUNÇÃO DE DIREÇÃO, CHEFIA OU ASSESSORA-MENTO. GRATIFICAÇÃO. INCORPORAÇÃO DE QUINTOS. TRANSFORMAÇÃO EM VAN-TAGEM PESSOAL NOMINALMENTE IDENTIFICADA – VPNI. ARTIGOS 62-A DA LEI 8.112/90, 3º E 10 DA LEI 8.911/94, 3º DA LEI 9.624/98, E 3º DA MEDIDA PROVISÓRIA 2.225-45/2001. PERÍODO DE 8.4.1998 A 5.9.2001. DIREITO RECONHECIDO. PRECEDENTES. 1. O Superior Tribunal de Justiça firmou entendimento, no âmbito da Terceira Seção, no sentido de que é possível a incorporação de quintos, em relação ao exercício da função comissionada, no período de 08 de abril de 1998 – data do início da vigência da Lei 9.624/98 – até 05 de setembro de 2001 – data referente ao início da vigência da MP 2.225-45/01. 2. Agravo regimental improvido".

Houve oposição de embargos declaratórios, que foram rejeitados.

Na espécie, o Superior Tribunal de Justiça confirmou o acórdão da Corte regional que manteve o entendimento do juízo de primeiro grau no sentido de ser possível a incorporação de quintos referentes ao período de 8.4.1998 até 4.9.2001.

No caso, cuida-se da constitucionalidade da incorporação de quintos supostamente adquiridos por servidores públicos em razão do exercício de funções gratificadas/comissionadas no período compreendido entre a edição da Lei 9.624/98 e a MP 2.225-45/2001.

Inicialmente, o presente recurso não foi admitido pelo Tribunal de origem. Dei provimento ao agravo de instrumento interposto para convertê-lo neste recurso extraordinário.

Em 27.4.2011, a repercussão geral do tema foi reconhecida, conforme ementa:

"Recurso extraordinário. Administrativo. Servidor Público. Incorporação de quintos decorrente do exercício de funções comissionadas no período compreendido entre a edição da Lei 9.624/1998 e a MP 2.225-48/2001. Repercussão geral reconhecida".

No recurso extraordinário, a União alega violação aos artigos 2º; 37, *caput*; 5º, XXXVI; 40, § 4º; 62; 63 e 105 da Constituição Federal. Defende que não é permitido criar vantagem não prevista em lei. Sustenta ofensa ao princípio da legalidade, uma vez que está sendo concedida vantagem extinta por lei.

Além disso, aduz que a MP 831 extinguiu a possibilidade de incorporação de quintos e determinou que os valores incorporados fossem convertidos em vantagem pessoal nominalmente identificada – VPNI. Assevera que a "*Lei n. 9.624/98, que é apenas uma lei de medida provisória, e que portanto não tem vigência autônoma, mas atrelada aos atos que a precederam, violaria o disposto no artigo 62 da Constituição*".

Ademais, afirma que o acórdão recorrido fundamentou-se na premissa equivocada de que:

---

[1] Acordam os ministros do Supremo Tribunal Federal, em sessão plenária, sob a presidência do Ministro Ricardo Lewandowski: preliminarmente, apreciando do Tema 395 da repercussão geral, por maioria, conhecer do recurso; em seguida, dar-lhe provimento; por maioria, modular os efeitos da decisão, nos termos do voto do Relator, Ministro Gilmar Mendes (*DJ* de 3.8.2015).

2046 Estado de Direito e Jurisdição Constitucional – Decisões relevantes em 15 anos de atuação no STF

"(...) a Lei n. 9.624/98 revogou o disposto no artigo 15 da Lei n. 9.527/97 e que, assim, a Lei n. 9.624/98 teria reinstituído a possibilidade de incorporação de novos quintos o que, conforme se explicitou até aqui, não se deu (...). Fundamentam ainda que, se prevalecesse o entendimento de que referida extinção já se teria aperfeiçoado com a Lei n. 9.527/97 (conversão da MP n. 1.595-14, não teria sentido a nova norma acrescentada à Lei n. 8.112/90 pela MP n. 2.225-45/2001, que transformou as parcelas incorporadas em VPNI, pois essa mesma transformação já teria havido com a própria Lei n. 9.527/97, e o novo artigo 62-A da Lei n. 8.112/90 seria inútil".

Por fim, sustenta que a MP 2.225-45/2001 possui dois objetivos:

"(...) um interpretativo, pois o artigo 15 da Lei n. 9.527/97, em seu § 1°, transforma as parcelas já incorporadas em VPNI, mas, em seu § 2°, autoriza que se façam novas concessões para os servidores que, até 11.11.97, tenham cumprido todos os requisitos, ainda que esse reconhecimento somente se dê após essa data, sendo que a redação do novo artigo 62-A da Lei n. 8.112/90 esclarece que mesmo essas incorporações tardias, lastreadas nos artigos 3° e 10 da Lei n. 8.911/94 e no artigo 3° da Lei n. 9.624/98, mas que têm seu período aquisitivo limitado, de qualquer forma, a 11.11.97, também são transformadas em VPNI; o outro topográfico, para manter consolidada na Lei n. 8.112/90 as regras permanentes referentes aos servidores estatutários federais, considerando que as rubricas de VPNI continuarão sendo pagas no futuro a todos os servidores que adquiriram quintos e décimos até 11.11.97".

Em contrarrazões ao recurso extraordinário, o recorrido defende, em síntese, que não existe ofensa à Constituição Federal.

Em parecer, a Procuradoria-Geral da República manifestou-se pelo não conhecimento do recurso, ao fundamento de que não houve prequestionamento. Além disso, aduz que o momento de interpor o recurso extraordinário precluiu, uma vez que, no julgamento do recurso especial, não houve nenhum debate de envergadura constitucional. Em razão disso, recomendou a indicação de outro recurso extraordinário que represente a controvérsia.

No mérito, opinou pelo provimento do recurso extraordinário, ao fundamento de que *"o artigo 15 da Lei n. 9.527/97 extinguiu o direito à incorporação dos quintos/décimos, transformando-os, já incorporados em Vantagem Pessoal Nominalmente Identificada – VPNI, e o art. 18, da mesma norma, revogou expressamente os arts. 3° e 10 da Lei n. 8.911/97, que regulamentavam a forma de incorporação de quintos.*

Sustenta, ainda, que a MP 2.225-45/2001 não restituiu o direito à incorporação de quintos/décimos, mas somente transformou-os em VPNI e que a MP possui como objetivo aparente a sistematização da matéria na Lei 8.112/1990. O parecer da PGR está assim ementado:

"RECURSO EXTRAORDINÁRIO. DIREITO ADMINISTRATIVO. INCORPORAÇÃO DE QUINTOS NO PERÍODO ENTRE A EDIÇÃO DA LEI N. 9.624/1998 E A MP 2.225-48/2001. REPERCUSSÃO GERAL RECONHECIDA NOS AUTOS. LEIS NO TEMPO. PRINCÍPIO DA SEGURANÇA JURÍDICA. REPRISTINAÇÃO: AUSÊNCIA DE PREVISÃO LEGAL EXPRESSA.

1. O art. 62, § 2°, da Lei n. 8.112/90, em sua redação original, concedia aos servidores o direito à incorporação da gratificação por exercício de cargo de direção, chefia ou assessoramento à razão de 1/5 (um quinto) por ano, até o limite de 5 (cinco) quintos.

2. O art. 15 da Lei n. 9.527/97 extinguiu o direito à incorporação dos quintos/décimos, transformando-os, quando já incorporados, em Vantagem Pessoal Nominalmente Identificada – VPNI, e o art. 18 da mesma norma revogou, expressamente, os arts. 3° e 10 da Lei n. 8.911/94, que regulamentavam a forma de incorporação dos quintos.

3. A Lei n. 9.624/98 não reinstituiu os quintos/décimos, mas limitou temporalmente a incorporação da referida vantagem entre 19 de janeiro de 1995 até a data da sua publicação em 08.04.1998.

4. Em nenhum momento a MP n. 2.225-45/01 estabeleceu novo marco temporal à aquisição dos quintos/décimos, apenas transformou-os em VPNI, deixando transparecer o objetivo de sistematizar a matéria no âmbito da Lei n. 8.112/90, a fim de eliminar a profusão de regras sobre o mesmo tema.

5. A simples menção, no texto da MP n. 2.225-45/01, aos arts. 3° e 10 da Lei n. 8.911/94, e do art. 3°

da Lei n. 9.624/98, não tem o efeito de repristiná-los, ressuscitando vantagem extinta desde 08.04.1998 (data de publicação da Lei n. 9.624/98).

6. A repristinação da norma revogada somente é admissível em nosso ordenamento jurídico quando houver previsão legal expressa contida na norma repristinadora (art. 2°, § 3°, da Lei n. 12.376/10 – antiga LICC).

7. Parecer pelo provimento do recurso extraordinário".

Deferi o ingresso dos seguintes entes, na qualidade de *amicus curiae*: Associação dos Servidores do Tribunal Superior Eleitoral (ASSERTSE); Sindicato dos Servidores do Poder Legislativo Federal e do Tribunal de Contas da União (Sindilegis/DF); Sindicato dos Servidores das Justiças Federais no Estado do Rio de Janeiro (Sisejufe/RJ); Federação Nacional dos Trabalhadores do Judiciário Federal e Ministério Público da União (Fenajufe); Sindicato dos Trabalhadores do Poder Judiciário e do Ministério Público da União no Distrito Federal (Sindijus/DF); Associação dos Servidores da Fundação Coordenação de Aperfeiçoamento de Ensino Superior (Ascapes); Sindicato dos Trabalhadores no Poder Judiciário Federal em Santa Catarina (Sintrajusc) e Sindicato dos Servidores do Poder Judiciário Federal no Estado do Espírito Santo (Sinpojufes).

O julgado recebeu a seguinte ementa:

EMENTA: Recurso extraordinário. 2. Administrativo. 3. Servidor público. 4. Incorporação de quintos decorrente do exercício de funções comissionadas no período compreendido entre a edição da Lei 9.624/1998 e a MP 2.225-48/2001. 5. Impossibilidade. 6. Recurso extraordinário provido.

VOTO

Em primeiro lugar, atesto a presença dos requisitos de admissibilidade do recurso extraordinário e ressalto que a questão nele discutida teve repercussão geral reconhecida por esta Corte (decisão de 27.4.2011).

O parecer da Procuradoria-Geral da República sugere que o presente recurso extraordinário não seria cabível contra a decisão do Superior Tribunal de Justiça que, mantendo o entendimento fixado pelo Tribunal Regional, não debateu questão constitucional nova. Dessa forma, não havendo prequestionamento, a oportunidade para invocar matéria constitucional estaria preclusa, pois não teria sido interposto o recurso extraordinário contra a decisão da Corte regional. Para tanto, cita a consolidada jurisprudência desta Corte sobre o tema (AI-AgR 145.589, rel. Min. Sepúlveda Pertence, *DJ* 24.6.1994).

De fato, a jurisprudência desta Corte é no sentido de ser inadmissível o recurso extraordinário interposto contra decisão do STJ que, em recurso especial, fundamenta-se em matéria constitucional já apreciada e decidida na instância inferior e não impugnada diretamente no STF mediante recurso extraordinário. Assim, não interposto o recurso extraordinário contra a decisão de segunda instância dotada de duplo fundamento (legal e constitucional), fica preclusa a oportunidade processual de questionar a matéria constitucional. Novo recurso extraordinário somente é admissível para suscitar a questão constitucional surgida originariamente no julgamento do recurso especial pelo STJ (AI-AgR 155.502, rel. Min. Carlos Velloso, *DJ* 27.5.1994; RE-AgR 365.989, rel. Min. Celso de Mello, *DJ* 10.02.2006).

Ocorre, porém, que o caso apresentado nos presentes autos é deveras peculiar. O tema referente à incorporação de quintos, por suscitar a interpretação da legislação aplicável a essa matéria (Leis 8.112/90, 8.911/94, 9.624/98 e MP 2.225-45/2001), costuma ser tratado como de índole estritamente infraconstitucional. Assim, ele tem sido enfrentado pelos tribunais e também pelo Superior Tribunal de Justiça. No entanto, essa forma de abordar a matéria representa apenas um dos enfoques possíveis quanto à questão da *legalidade*. Nada impede que a questão debatida em todas as instâncias inferiores, inclusive no âmbito do STJ, seja abordada desde outra perspectiva no Supremo Tribunal Federal, mesmo porque a *causa de pedir* do recurso extraordinário é *aberta* (RE 298.695, rel. Min. Sepúlveda Pertence, julgamento em 6.8.2003, Plenário, *DJ* de 24.10.2003). A mesma questão debatida, devidamente prequestionada, pode ser apreciada desde outro enfoque pelo Supremo Tribunal Federal, o qual poderá enfrentar o tema desde o enfoque constitucional, inegavelmente presente nesta matéria. Nessa hipótese, é cabível o recurso extraordinário, tendo em vista que, apreciada a questão novamente pelo STJ, apenas resta a via do recurso extraordinário para que o STF possa analisá-la sob outra perspectiva, a constitucional. E, no caso, a matéria, apreciada de forma adequada, é visivelmente constitucional.

Destarte, não há, aqui, mera questão de ilegalidade, por ofensa ao direito ordinário, mas típica *questão constitucional* consistente na afronta ao postulado fundamental da legalidade.

Embora a doutrina ainda não tenha contemplado a questão com a necessária atenção, é certo que, se de um lado, a transferência para o Superior Tribunal de Justiça da atribuição para conhecer das questões relativas à observância do direito federal acabou por reduzir a competência do Supremo Tribunal Federal às controvérsias de índole constitucional, não subsiste dúvida de que, por outro, essa alteração deu ensejo à Excelsa Corte de **redimensionar o conceito de *questão constitucional***.

O próprio significado do princípio da legalidade, positivado no art. 5º, II, da Constituição, deve ser efetivamente explicitado, para que dele se extraiam relevantes consequências jurídicas já admitidas pela dogmática constitucional.

O princípio da legalidade, entendido aqui tanto como princípio da supremacia ou da preeminência da lei (*Vorrang des Gesetzes*) quanto como princípio da reserva legal (*Vorbehalt des Gesetzes*), contém limites não só para o Legislativo, mas também para o Poder Executivo e para o Poder Judiciário.

A ideia de supremacia da Constituição, por outro lado, impõe que os órgãos aplicadores do direito não façam *tabula rasa* das normas constitucionais, ainda quando estiverem ocupados com a aplicação do direito ordinário. Daí por que se cogita, muitas vezes, sobre a necessidade de utilização da interpretação sistemática sob a modalidade da interpretação conforme à Constituição.

É de se perguntar se, nesses casos, tem-se simples *questão legal*, insuscetível de ser apreciada na via excepcional do recurso extraordinário, ou se o tema pode ter contornos constitucionais e merece, por isso, ser examinado pelo Supremo Tribunal Federal.

Ainda, nessa linha de reflexão, deve-se questionar se a decisão judicial que se ressente de falta de fundamento legal poderia ser considerada contrária à Constituição, suscitando uma legítima *questão constitucional*.

Na mesma linha de raciocínio seria, igualmente, lícito perguntar se a aplicação errônea ou equivocada do direito ordinário poderia dar ensejo a uma *questão constitucional*.

Tal como outras ordens constitucionais, a Constituição brasileira consagra como princípio básico o postulado da legalidade segundo o qual *"ninguém está obrigado a fazer ou deixar de fazer alguma coisa senão em virtude de lei"* (CF, art. 5º, II).

O princípio da legalidade contempla, entre nós, tanto a ideia de *supremacia da lei* (*Vorrang des Gesetzes*) quanto a de *reserva legal* (*Vorbehalt des Gesetzes*).

O princípio da reserva legal explicita as matérias que devem ser disciplinadas diretamente pela lei. Este princípio, em sua dimensão negativa, afirma a inadmissibilidade de utilização de qualquer outra fonte de direito diferente da lei. Na dimensão positiva, admite que apenas a lei pode estabelecer eventuais limitações ou restrições (CANOTILHO, J. J. Gomes. *Direito Constitucional*. 5. ed., Coimbra, 1992, p. 799).

Por seu turno, o princípio da supremacia ou da preeminência da lei submete a Administração e os tribunais ao regime da lei, impondo tanto a exigência de aplicação da lei (*dimensão positiva*) quanto a proibição de desrespeito ou de violação da lei (*dimensão negativa*) (CANOTILHO. *Direito Constitucional*, op. cit., p. 796-795).

A propósito, são elucidativas as lições de Canotilho:

"Em termos práticos, a articulação de suas dimensões aponta: (I) para a exigência da aplicação da lei pela administração e pelos tribunais (cf. CRP arts. 206, 266/2), pois o cumprimento concretizador das normas legais não fica à disposição do juiz (a não ser que as 'julgue' inconstitucionais) ou dos órgãos e agentes da administração (mesmo na hipótese de serem inconstitucionais); (II) a proibição de a administração e os tribunais actuarem ou decidirem contra lei, dado que esta constitui um limite ('função limite', 'princípio da legalidade negativa') que impede não só as violações ostensivas das normas legais, mas também os 'desvios' ou 'fraudes' à lei através da via interpretativa; (III) nulidade ou anulabilidade dos actos da administração e das medidas judiciais ilegais; (VI) inadmissibilidade da 'rejeição' por parte dos órgãos e agentes da administração (mas já não por parte dos juízes), de leis por motivo de inconstitucionalidade. Neste sentido pôde um autor afirmar recentemente que o princípio da legalidade era um 'verdadeiro polícia na ordem jurídica' (J. Chevallier)."

Problema igualmente relevante coloca-se em relação às decisões de única ou de última instância que, por falta de fundamento legal, acabam por lesar relevantes princípios da ordem constitucional.

Uma decisão judicial que, sem fundamento legal, afete situação individual revela-se igualmente contrária à ordem constitucional, pelo menos ao direito subsidiário da liberdade de ação (*Auffanggrundrecht*) (SCHLAICH, Klaus. *Das Bundesverfassungsgericht*, Munique, 1985, p. 108).

Se se admite, como expressamente estabelecido na Constituição, que os direitos fundamentais vinculam todos os poderes e que a decisão judicial deve observar a Constituição e a lei, não é difícil compreender que **a decisão judicial que se revele desprovida de base legal afronta algum direito individual específico, pelo menos o princípio da legalidade**.

A propósito, assinalou a Corte Constitucional alemã:

"Na interpretação do direito ordinário, especialmente dos conceitos gerais indeterminados (*Generalklausel*) devem os tribunais levar em conta os parâmetros fixados na Lei Fundamental. Se o tribunal não observa esses parâmetros, então ele acaba por ferir a norma fundamental que deixou de observar; nesse caso, o julgado deve ser cassado no processo de recurso constitucional" (*Verfassungsbeschwerde*) (BverfGE 7, 198 (207); 12, 113 (124); 13, 318 (325) (BverfGE 18, 85 (92 s.); cf., também, ZUCK, Rüdiger. *Das Recht der Verfassungsbeschwerde*. 2. ed., Munique, 1988, p. 220).

Não há dúvida de que essa orientação prepara algumas dificuldades, podendo converter a Corte Constitucional em autêntico Tribunal de revisão. É que, se a lei deve ser aferida em face de toda a Constituição, as decisões hão de ter sua legitimidade verificada em face da Constituição e de toda a ordem jurídica. Se se admitisse que toda decisão contrária ao direito ordinário é uma decisão inconstitucional, ter-se-ia de acolher, igualmente, todo e qualquer recurso constitucional interposto contra decisão judicial ilegal (SCHLAICH. *Das Bundesverfassungsgericht*, op. cit., p. 109).

Enquanto essa orientação prevalece em relação a leis inconstitucionais, não se adota o mesmo entendimento no que concerne às decisões judiciais.

Por essas razões, procura o Tribunal formular um critério que limita a impugnação das decisões judiciais mediante recurso constitucional. Sua admissibilidade dependeria, fundamentalmente, da demonstração de que, na interpretação e aplicação do direito, o juiz desconsiderou por completo ou essencialmente a influência dos direitos fundamentais, que a decisão se revela grosseira e manifestamente arbitrária na interpretação e aplicação do direito ordinário ou, ainda, que se ultrapassaram os limites da construção jurisprudencial (Cf., sobre o assunto, SCHLAICH. *Das Bundesverfassungsgericht*, op. cit., p. 109). Não raras vezes, observa a Corte Constitucional que determinada decisão judicial afigura-se insustentável, porque assente numa interpretação objetivamente arbitrária da norma legal (*Sie beruth vielmehr auf schlechthin unhaltbarer und damit objektiv willkürlicher Auslegung der angewenderen Norm*) [BverfGE 64, 389 (394)].

Assim, uma decisão que, *v.g.*, amplia o sentido de um texto normativo penal para abranger uma dada conduta é considerada inconstitucional, por afronta ao princípio do *nullum crimen nulla poena sine lege* (LF, art. 103, II).

Essa concepção da Corte Constitucional levou à formulação de uma teoria sobre os graus ou sobre a intensidade da restrição imposta aos direitos fundamentais (*Stufentheorie*), que admite uma aferição de constitucionalidade tanto mais intensa quanto maior for o grau de intervenção no âmbito de proteção dos direitos fundamentais (ZUCK, Rüdiger. *Das Recht der Verfassungsbeschwerd*. 2. ed., Munique, 1968, p. 221).

Embora o modelo de controle de constitucionalidade exercido pelo *Bundesverfassungsgericht* revele especificidades decorrentes sobretudo do sistema concentrado, **é certo que a ideia de que a não observância do direito ordinário pode configurar uma afronta ao próprio direito constitucional tem aplicação também entre nós.**

Essa conclusão revela-se tanto mais plausível se se considera que, tal como a Administração, o Poder Judiciário está vinculado à Constituição e às leis (CF, art. 5º, § 1.º).

Enfim, é possível aferir uma questão constitucional na violação da lei pela decisão ou ato dos poderes Executivo, Legislativo ou Judiciário. **A decisão ou ato sem fundamento legal ou contrário ao direito ordinário viola, dessa forma, o princípio da legalidade.**

No caso, a decisão judicial que determina a incorporação dos quintos carece de fundamento legal e, portanto, viola o princípio da legalidade.

A decisão recorrida baseou-se no entendimento segundo o qual a Medida Provisória 2.225-45, de 2001, especificamente o seu art. 3º, permitiu a incorporação dos quintos no período de 8.4.1998 (edição da Lei 9.624/98) até 4.9.2001, data de sua edição.

O art. 3º da MP 2.225-45/2001 tem a seguinte redação:

"Art. 3º. Fica acrescido à Lei 8.112, de 1990, o art. 62-A, com a seguinte redação:

'Art. 62-A. Fica transformada em Vantagem Pessoal Nominalmente Identificada – VPNI a incorporação da retribuição pelo exercício de função de direção, chefia ou assessoramento, cargo de provimento em comissão ou de Natureza Especial a que se referem os arts. 3º e 10 da Lei 8.911, de 11 de julho de 1994, e o art. 3º da Lei 9.624, de 2 de abril de 1998.

Parágrafo único. A VPNI de que trata o *caput* deste artigo somente estará sujeita às revisões gerais de remuneração dos servidores públicos federais'."

Como se pode perceber, o art. 3º da MP 2.225-45, de 2001, apenas transformou em Vantagem Pessoal Nominalmente Identificada – VPNI – a incorporação das parcelas a que se referem os arts. 3º e 10 da Lei 8.911, de 11 de julho de 1994, e o art. 3º da Lei 9.624, de 2 de abril de 1998. O texto é claro.

Não há como considerar, a menos que se queira ir de encontro à expressa determinação legal, que o citado artigo tenha restabelecido ou reinstituído a possibilidade de incorporação das parcelas de quintos ou décimos.

A incorporação de parcelas remuneratórias remonta à Lei 8.112, de 1990. O art. 62, § 2º, da Lei 8.112/90, em sua redação original, concedeu aos servidores públicos o direito à incorporação da gratificação por exercício de cargo de direção, chefia ou assessoramento à razão de 1/5 (um quinto) por ano, até o limite de 5 (cinco) <u>quintos</u>. A Lei 8.911/94 (arts. 3º e 10) disciplinou a referida incorporação. A Medida Provisória 1.195/95 alterou a redação da Lei 8.112/90 e da Lei 8.911/94 para instituir a mesma incorporação na proporção de 1/10, até o limite de dez décimos.

Em 1997, a Medida Provisória 1.595-14, convertida na Lei 9.527/97, extinguiu a incorporação de qualquer parcela remuneratória (quintos/décimos).

A Advocacia-Geral da União bem explica que a Lei 9.527/1997 (art. 15) – resultado da conversão da MP 1.595-14, de 11.11.1997) – extinguiu a incorporação de quintos com base na Lei 8.911/1994, proibiu futuras incorporações e transformou as respectivas parcelas em vantagens pessoais nominalmente identificadas.

A Procuradoria-Geral da República também afirma que "*o art. 15 da Lei 9.527/97 extinguiu o direito à incorporação dos quintos/décimos, transformando-os, quando já incorporados, em Vantagem Pessoal Nominalmente Identificada – VPNI, e o art. 18, da mesma norma, revogou expressamente os arts. 3º e 10 da Lei 8.911/94, que tão somente regulamentavam a forma de incorporação dos quintos*".

A Lei 9.527/97 não foi revogada pela Lei 9.624/98 pela simples razão de que esta é apenas a conversão de uma cadeia distinta de medidas provisórias (reeditadas validamente) iniciada anteriormente à própria Lei 9.527/97.

Desde 11.11.1997, portanto, é indevida qualquer concessão de parcelas remuneratórias referentes a quintos ou décimos.

Em suma, como esclarecido pela AGU, "*a concessão de quintos somente é possível até 28.02.95 (Lei 9.624/98, art. 3º, I), enquanto que, de 1º.03.95 a 11.11.97, a incorporação devida é a de décimos (Lei 9.624/98, art. 3º, II e parágrafo único), sendo indevida qualquer concessão após 11.11.97 (MP 1.595-14 – data de publicação – e Lei 9.527/97, art. 15)*".

Nesse quadro normativo, a MP 2.225/2001 não veio para extinguir definitivamente o direito à incorporação que teria sido revigorado pela Lei 9.624/98, como equivocadamente entenderam alguns órgãos públicos, mas apenas e tão somente para transformar em Vantagem Pessoal Nominalmente Identificada – VPNI – a incorporação das parcelas a que se referem os arts. 3º e 10 da Lei 8.911, de 11 de julho de 1994, e o art. 3º da Lei 9.624, de 2 de abril de 1998.

Como bem explicou a Advocacia-Geral da União, "*em verdade, esta (a MP 2.225-45/2001) possui dois objetivos: um, interpretativo, pois o art. 15 da Lei 9.527/97, em seu § 1º, transforma as parcelas já incorporadas em VPNI, mas, em seu § 2º, autoriza que se façam novas concessões para os servidores que, até 11.11.97, tenham cumprido todos os requisitos, ainda que esse reconhecimento somente se dê após essa data, sendo que a redação do novo artigo 62-A da Lei 8.112/90 esclarece que mesmo essas incorporações tardias, lastreadas nos artigos 3º e 10 da Lei 8.911/94 e no artigo 3º da Lei 9.624/98, mas que têm seu período aquisitivo limitado, de qualquer forma, a 11.11.97, também são transformadas em VPNI; o outro, topográfico, para manter consolidadas na Lei 8.112/90 as regras permanentes referentes aos servidores estatutários federais, considerando que as rubricas de VPNI continuarão sendo pagas no futuro a todos os servidores que adquiriram quintos e décimos até 11.11.97*".

Assim, como afirmado, o direito à incorporação de qualquer parcela remuneratória, sejam quintos ou décimos, já estava extinto desde a Lei 9.527/97.

O restabelecimento de dispositivos normativos anteriormente revogados, os quais permitiam a incorporação dos quintos ou décimos, somente seria possível por determinação expressa na lei. Em outros termos, a repristinação de normas, no ordenamento jurídico brasileiro, depende de expressa determinação legal, como dispõe o § 3º do art. 3º da Lei de Introdução do Código Civil.

Sobre esse ponto, assim se manifestou a Procuradoria-Geral da República:

"*Emerge daí o ponto nodal da controvérsia: averiguar os efeitos da MP 2.225-45/01 no tempo, ou seja, se teve por efeito restaurar o direito à incorporação de quintos/décimos em momento posterior à edição da*

Lei 9.624/98, que o limitou à data de sua publicação (08.04.98).

Pois bem. A irretroatividade das leis é princípio geral do ordenamento jurídico pátrio, cuja finalidade é preservar o direito adquirido e o ato jurídico perfeito, em homenagem ao princípio da segurança jurídica. Na hipótese vertente, em nenhum momento a MP 2.225-45/01 estabeleceu novo marco temporal à aquisição dos quintos/décimos, apenas transformou-os em VPNI, deixando transparecer o objetivo de sistematizar a matéria no âmbito da Lei 8.112/90, a fim de eliminar a profusão de regras sobre o mesmo tema.

A simples menção, no texto da MP 2.225-45/01, dos arts. 3º e 10 da Lei 8.911/94, e do art. 3º da Lei 9.624/98, não tem o efeito de repristiná-los, ressuscitando vantagem extinta desde 08.04.1998 (data de publicação da Lei 9.624/98). Repita-se: embora a MP tenha se apropriado do conteúdo das normas revogadas, mencionando-as expressamente, não teve por efeito revigorá-las, reinserindo-as no ordenamento jurídico.

O fenômeno da repristinação, não presumível, impõe suporte em cláusula normativa expressa, o que não ocorreu na espécie. Quer dizer, a repristinação da norma revogada somente é admissível em nosso ordenamento jurídico quando houver previsão legal expressa contida na norma repristinadora (art. 2º, § 3º, da Lei 12.376/10 – Lei de Introdução às Normas do Direito Brasileiro – antiga LICC)".

Assim, se a MP 2.225-45/2001 não repristinou expressamente as normas que previam a incorporação de quintos, não se poderia considerar como devida uma vantagem remuneratória pessoal não prevista no ordenamento jurídico.

É princípio comezinho o que determina que a concessão de vantagens a servidores públicos somente pode ocorrer mediante lei. Logo, se não há lei, não é devida a incorporação dos denominados quintos/décimos.

Em conclusão, não há no ordenamento jurídico norma que permita essa "ressurreição" dos quintos/décimos levada a efeito pela decisão recorrida.

Não se pode revigorar algo que já estava extinto por lei, salvo mediante outra lei e de forma expressa, o que, como demonstrado, não ocorreu.

Essas considerações são suficientes para atestar a violação ao princípio da legalidade por parte da decisão recorrida.

Ante o exposto, dou provimento ao recurso extraordinário, fixando a tese de que ofende o princípio da legalidade a decisão que concede a incorporação de quintos pelo exercício de função comissionada no período entre 8.4.1998 até 4.9.2001, ante a carência de fundamento legal.

Além disso, em razão da segurança jurídica, modulam-se os efeitos da presente decisão para obstar a repetição de indébito em relação os servidores que receberam de boa-fé os quintos pagos até a data do presente julgamento, cessada a ultra-atividade das incorporações em qualquer hipótese.

26. Processo administrativo de demarcação de terras indígenas

PET 3.388[1]

Demarcação de terras indígenas – Caso "Raposa Serra do Sol" – Especificação judicial do usufruto das populações indígenas sobre as terras que lhes são constitucionalmente asseguradas – Demarcação contínua – Admissibilidade – Fixação de regras do processo demarcatório – Observância ao princípio federativo – Decisão de perfil aditivo.

Trata-se de ação popular ajuizada em 20 de maio de 2005, com o fulcro de impugnar o modelo contínuo de demarcação da Terra Indígena Raposa Serra do Sol. Pede-se, no mérito, que seja declarada nula a Portaria n. 534/2005, do Ministério de Estado da Justiça, bem como o Decreto Homologatório do Presidente da República, de 15 de abril de 2005, e, em liminar, a suspensão da eficácia dos diplomas impugnados.

Aduz-se que o processo administrativo de demarcação contém vícios consubstanciados, principalmente, no fato de que não foram ouvidas todas as pessoas e entidades afetadas pela controvérsia. Ademais, afirma-se que o laudo antropológico sobre a área em questão foi assinado por apenas um profissional.

Foi arguido, igualmente, que a reserva em área contínua traria consequências comerciais, econômicas e sociais extremamente danosas ao Estado de Roraima, haja vista que, ao passar para o domínio da União, área significativa do território do Estado lhe seria extraída, o que configuraria patente desequilíbrio entre os Entes e ofensa ao princípio federativo.

O processo foi remetido à Procuradoria-Geral da República, que opinou pela improcedência da ação.

Em 19 de março de 2009, o Plenário do Supremo Tribunal Federal julgou o processo e exarou acórdão assim ementado:

EMENTA: AÇÃO POPULAR. DEMARCAÇÃO DA TERRA INDÍGENA RAPOSA SERRA DO SOL. INEXISTÊNCIA DE VÍCIOS NO PROCESSO ADMINISTRATIVO – DEMARCATÓRIO. OBSERVÂNCIA DOS ARTS. 231 E 232 DA CONSTITUIÇÃO FEDERAL, BEM COMO DA LEI N. 6.001/73 E SEUS DECRETOS REGULAMENTARES. CONSTITUCIONALIDADE E LEGALIDADE DA PORTARIA N. 534/2005, DO MINISTRO DA JUSTIÇA, ASSIM COMO DO DECRETO PRESIDENCIAL HOMOLOGATÓRIO. RECONHECIMENTO DA CONDIÇÃO INDÍGENA DA ÁREA DEMARCADA, EM SUA TOTALIDADE. MODELO CONTÍNUO DE DEMARCAÇÃO. CONSTITUCIONALIDADE. REVELAÇÃO DO REGIME CONSTITUCIONAL

---

[1] O Tribunal, vencidos os Senhores Ministros Joaquim Barbosa, que julgava totalmente improcedente a ação, e Marco Aurélio, que suscitara preliminar de nulidade do processo e, no mérito, declarava a ação popular inteiramente procedente, julgou-a o Tribunal parcialmente procedente, nos termos do voto do Relator, Ministro Carlos Britto, reajustado segundo as observações constantes do voto do Senhor Ministro Menezes Direito, declarando constitucional a demarcação contínua da Terra Indígena Raposa Serra do Sol (DJ de 25.9.2009).

*DE DEMARCAÇÃO DAS TERRAS INDÍGENAS. A CONSTITUIÇÃO FEDERAL COMO ES-
TATUTO JURÍDICO DA CAUSA INDÍGENA. A DEMARCAÇÃO DAS TERRAS INDÍGENAS
COMO CAPÍTULO AVANÇADO DO CONSTITUCIONALISMO FRATERNAL. INCLUSÃO
COMUNITÁRIA PELA VIA DA IDENTIDADE ÉTNICA. VOTO DO RELATOR QUE FAZ
AGREGAR AOS RESPECTIVOS FUNDAMENTOS SALVAGUARDAS INSTITUCIONAIS DI-
TADAS PELA SUPERLATIVA IMPORTÂNCIA HISTÓRICO-CULTURAL DA CAUSA. SAL-
VAGUARDAS AMPLIADAS A PARTIR DE VOTO-VISTA DO MINISTRO MENEZES DIREI-
TO E DESLOCADAS PARA A PARTE DISPOSITIVA DA DECISÃO. 1. AÇÃO NÃO
CONHECIDA EM PARTE. Ação não conhecida quanto à pretensão autoral de excluir da área demarcada o
que dela já fora excluída: o 6º Pelotão Especial de Fronteira, os núcleos urbanos dos Municípios de Uiramutã e
Normandia, os equipamentos e instalações públicos federais e estaduais atualmente existentes, as linhas de transmissão de energia elétrica e os leitos das rodovias federais e estaduais também já existentes. Ausência de interesse
jurídico. Pedidos já contemplados na Portaria n. 534/2005 do Ministro da Justiça. Quanto à sede do Município
de Pacaraima, cuida-se de território encravado na "Terra Indígena São Marcos", matéria estranha à presente demanda. Pleito, por igual, não conhecido. 2. INEXISTÊNCIA DE VÍCIOS PROCESSUAIS NA AÇÃO
POPULAR. 2.1. Nulidade dos atos, ainda que formais, tendo por objeto a ocupação, o domínio e a posse das
terras situadas na área indígena Raposa Serra do Sol. Pretensos titulares privados que não são partes na presente ação popular. Ação que se destina à proteção do patrimônio público ou de entidade de que o Estado participe
(inciso LXXIII do artigo 5º da Constituição Federal), e não à defesa de interesses particulares. 2.2. Ilegitimidade
passiva do Estado de Roraima, que não foi acusado de praticar ato lesivo ao tipo de bem jurídico para cuja proteção
se preordena a ação popular. Impossibilidade de ingresso do Estado-membro na condição de autor, tendo em vista
que a legitimidade ativa da ação popular é tão somente do cidadão. 2.3. Ingresso do Estado de Roraima e de outros
interessados, inclusive de representantes das comunidades indígenas, exclusivamente como assistentes simples.
2.4. Regular atuação do Ministério Público. 3. INEXISTÊNCIA DE VÍCIOS NO PROCESSO ADMI-
NISTRATIVO DEMARCATÓRIO. 3.1. Processo que observou as regras do Decreto n. 1.775/96, já declaradas constitucionais pelo Supremo Tribunal Federal no Mandado de Segurança n. 24.045, da relatoria do ministro Joaquim Barbosa. Os interessados tiveram a oportunidade de se habilitar no processo administrativo de
demarcação das terras indígenas, como de fato assim procederam o Estado de Roraima, o Município de Normandia, os pretensos posseiros e comunidades indígenas, estas por meio de petições, cartas e prestação de informações.
Observância das garantias constitucionais do contraditório e da ampla defesa. 3.2. Os dados e peças de caráter
antropológico foram revelados e subscritos por profissionais de reconhecidas qualificação científica e se dotaram de
todos os elementos exigidos pela Constituição e pelo Direito infraconstitucional para a demarcação de terras indígenas, não sendo obrigatória a subscrição do laudo por todos os integrantes do grupo técnico (Decretos ns. 22/91
e 1.775/96). 3.3. A demarcação administrativa, homologada pelo Presidente da República, é "ato estatal que se
reveste da presunção juris tantum de legitimidade e de veracidade" (RE 183.188, da relatoria do ministro Celso
de Mello), além de se revestir de natureza declaratória e força autoexecutória. Não comprovação das fraudes alegadas pelo autor popular e seu originário assistente. 4. O SIGNIFICADO DO SUBSTANTIVO "ÍNDIOS"
NA CONSTITUIÇÃO FEDERAL. O substantivo "índios" é usado pela Constituição Federal de 1988 por
um modo invariavelmente plural, para exprimir a diferenciação dos aborígenes por numerosas etnias. Propósito
constitucional de retratar uma diversidade indígena tanto interétnica quanto intraétnica. Índios em processo de
aculturação permanecem índios para o fim de proteção constitucional. Proteção constitucional que não se limita aos
silvícolas, estes, sim, índios ainda em primitivo estádio de habitantes da selva. 5. AS TERRAS INDÍGENAS
COMO PARTE ESSENCIAL DO TERRITÓRIO BRASILEIRO. 5.1. As "terras indígenas" versadas
pela Constituição Federal de 1988 fazem parte de um território estatal-brasileiro sobre o qual incide, com exclusividade, o Direito nacional. E, como tudo o mais que faz parte do domínio de qualquer das pessoas federadas brasileiras, são terras que se submetem unicamente ao primeiro dos princípios regentes das relações internacionais da
República Federativa do Brasil: a soberania ou "independência nacional" (inciso I do art. 1º da CF). 5.2. Todas
as "terras indígenas" são um bem público federal (inciso XI do art. 20 da CF), o que não significa dizer que o ato
em si da demarcação extinga ou amesquinhe qualquer unidade federada. Primeiro, porque as unidades federadas
pós-Constituição de 1988 já nascem com seu território jungido ao regime constitucional de preexistência dos direitos originários dos índios sobre as terras por eles "tradicionalmente ocupadas". Segundo, porque a titularidade de
bens não se confunde com o senhorio de um território político. Nenhuma terra indígena se eleva ao patamar de*

território político, assim como nenhuma etnia ou comunidade indígena se constitui em unidade federada. Cuida-se, cada etnia indígena, de realidade sociocultural, e não de natureza político-territorial. 6. NECESSÁRIA LIDERANÇA INSTITUCIONAL DA UNIÃO, SEMPRE QUE OS ESTADOS E MUNICÍPIOS ATUAREM NO PRÓPRIO INTERIOR DAS TERRAS JÁ DEMARCADAS COMO DE AFETAÇÃO INDÍGENA. A vontade objetiva da Constituição obriga a efetiva presença de todas as pessoas federadas em terras indígenas, desde que em sintonia com o modelo de ocupação por ela concebido, que é de centralidade da União. Modelo de ocupação que tanto preserva a identidade de cada etnia quanto sua abertura para um relacionamento de mútuo proveito com outras etnias indígenas e grupamentos de não índios. A atuação complementar de Estados e Municípios em terras já demarcadas como indígenas há de se fazer, contudo, em regime de concerto com a União e sob a liderança desta. Papel de centralidade institucional desempenhado pela União, que não pode deixar de ser imediatamente coadjuvado pelos próprios índios, suas comunidades e organizações, além da protagonização de tutela e fiscalização do Ministério Público (inciso V do art. 129 e art. 232, ambos da CF). 7. AS TERRAS INDÍGENAS COMO CATEGORIA JURÍDICA DISTINTA DE TERRITÓRIOS INDÍGENAS. O DESABONO CONSTITUCIONAL AOS VOCÁBULOS "POVO", "PAÍS", "TERRITÓRIO", "PÁTRIA" OU "NAÇÃO" INDÍGENA. Somente o "território" enquanto categoria jurídico-política é que se põe como o preciso âmbito espacial de incidência de uma dada Ordem Jurídica soberana, ou autônoma. O substantivo "terras" é termo que assume compostura nitidamente sociocultural, e não política. A Constituição teve o cuidado de não falar em territórios indígenas, mas, tão só, em "terras indígenas". A traduzir que os "grupos", "organizações", "populações" ou "comunidades" indígenas não constituem pessoa federada. Não formam circunscrição ou instância espacial que se orne de dimensão política. Daí não se reconhecer a qualquer das organizações sociais indígenas, ao conjunto delas, ou à sua base peculiarmente antropológica a dimensão de instância transnacional. Pelo que nenhuma das comunidades indígenas brasileiras detém estatura normativa para comparecer perante a Ordem Jurídica Internacional como "Nação", "País", "Pátria", "território nacional" ou "povo" independente. Sendo de fácil percepção que todas as vezes em que a Constituição de 1988 tratou de "nacionalidade" e dos demais vocábulos aspeados (País, Pátria, território nacional e povo) foi para se referir ao Brasil por inteiro. 8. A DEMARCAÇÃO COMO COMPETÊNCIA DO PODER EXECUTIVO DA UNIÃO. Somente à União, por atos situados na esfera de atuação do Poder Executivo, compete instaurar, sequenciar e concluir formalmente o processo demarcatório das terras indígenas, tanto quanto efetivá-lo materialmente, nada impedindo que o Presidente da República venha a consultar o Conselho de Defesa Nacional (inciso III do § 1º do art. 91 da CF), especialmente se as terras indígenas a demarcar coincidirem com faixa de fronteira. As competências deferidas ao Congresso Nacional, com efeito concreto ou sem densidade normativa, exaurem-se nos fazeres a que se referem o inciso XVI do art. 49 e o § 5º do art. 231, ambos da Constituição Federal. 9. A DEMARCAÇÃO DE TERRAS INDÍGENAS COMO CAPÍTULO AVANÇADO DO CONSTITUCIONALISMO FRATERNAL. Os arts. 231 e 232 da Constituição Federal são de finalidade nitidamente fraternal ou solidária, própria de uma quadra constitucional que se volta para a efetivação de um novo tipo de igualdade: a igualdade civil-moral de minorias, tendo em vista o proto-valor da integração comunitária. Era constitucional compensatória de desvantagens historicamente acumuladas, a se viabilizar por mecanismos oficiais de ações afirmativas. No caso, os índios a desfrutar de um espaço fundiário que lhes assegure meios dignos de subsistência econômica para mais eficazmente poderem preservar sua identidade somática, linguística e cultural. Processo de uma aculturação que não se dilui no convívio com os não índios, pois a aculturação de que trata a Constituição não é perda de identidade étnica, mas somatório de mundividências. Uma soma, e não uma subtração. Ganho, e não perda. Relações interétnicas de mútuo proveito, a caracterizar ganhos culturais incessantemente cumulativos. Concretização constitucional do valor da inclusão comunitária pela via da identidade étnica. 10. O FALSO ANTAGONISMO ENTRE A QUESTÃO INDÍGENA E O DESENVOLVIMENTO. Ao Poder Público de todas as dimensões federativas o que incumbe não é subestimar, e muito menos hostilizar comunidades indígenas brasileiras, mas tirar proveito delas para diversificar o potencial econômico-cultural dos seus territórios (dos entes federativos). O desenvolvimento que se fizer sem ou contra os índios, ali onde eles se encontrarem instalados por modo tradicional, à data da Constituição de 1988, desrespeita o objetivo fundamental do inciso II do art. 3º da Constituição Federal, assecuratório de um tipo de "desenvolvimento nacional" tão ecologicamente equilibrado quanto humanizado e culturalmente diversificado, de modo a incorporar a realidade indígena. 11. O CONTEÚDO POSITIVO DO ATO DE DEMARCAÇÃO DAS TERRAS INDÍGENAS. 11.1. O marco temporal de ocupação. A Constituição

Federal trabalhou com data certa – a data da promulgação dela própria (5 de outubro de 1988) – como insubstituível referencial para o dado da ocupação de um determinado espaço geográfico por essa ou aquela etnia aborígene; ou seja, para o reconhecimento, aos índios, dos direitos originários sobre as terras que tradicionalmente ocupam. 11.2. O marco da tradicionalidade da ocupação. É preciso que esse estar coletivamente situado em certo espaço fundiário também ostente o caráter da perdurabilidade, no sentido anímico e psíquico de continuidade etnográfica. A tradicionalidade da posse nativa, no entanto, não se perde onde, ao tempo da promulgação da Lei Maior de 1988, a reocupação apenas não ocorreu por efeito de renitente esbulho por parte de não índios. Caso das "fazendas" situadas na Terra Indígena Raposa Serra do Sol, cuja ocupação não arrefeceu nos índios sua capacidade de resistência e de afirmação da sua peculiar presença em todo o complexo geográfico da "Raposa Serra do Sol". 11.3. O marco da concreta abrangência fundiária e da finalidade prática da ocupação tradicional. Áreas indígenas são demarcadas para servir concretamente de habitação permanente dos índios de uma determinada etnia, de par com as terras utilizadas para suas atividades produtivas, mais as "imprescindíveis à preservação dos recursos ambientais necessários a seu bem-estar" e ainda aquelas que se revelarem "necessárias à reprodução física e cultural" de cada qual das comunidades étnico-indígenas, "segundo seus usos, costumes e tradições" (usos, costumes e tradições deles, indígenas, e não usos, costumes e tradições dos não índios). Terra indígena, no imaginário coletivo aborígine, não é um simples objeto de direito, mas ganha a dimensão de verdadeiro ente ou ser que resume em si toda ancestralidade, toda coetaneidade e toda posteridade de uma etnia. Donde a proibição constitucional de se remover os índios das terras por eles tradicionalmente ocupadas, assim como o reconhecimento do direito a uma posse permanente e usufruto exclusivo, de parelha com a regra de que todas essas terras "são inalienáveis e indisponíveis, e os direitos sobre elas, imprescritíveis" (§ 4º do art. 231 da Constituição Federal). O que termina por fazer desse tipo tradicional de posse um heterodoxo instituto de Direito Constitucional, e não uma ortodoxa figura de Direito Civil. Donde a clara intelecção de que OS ARTIGOS 231 E 232 DA CONSTITUIÇÃO FEDERAL CONSTITUEM UM COMPLETO ESTATUTO JURÍDICO DA CAUSA INDÍGENA. 11.4. O marco do conceito fundiariamente extensivo do chamado "princípio da proporcionalidade". A Constituição de 1988 faz dos usos, costumes e tradições indígenas o engate lógico para a compreensão, entre outras, das semânticas da posse, da permanência, da habitação, da produção econômica e da reprodução física e cultural das etnias nativas. O próprio conceito do chamado "princípio da proporcionalidade", quando aplicado ao tema da demarcação das terras indígenas, ganha um conteúdo peculiarmente extensivo. 12. DIREITOS "ORIGINÁRIOS". Os direitos dos índios sobre as terras que tradicionalmente ocupam foram constitucionalmente "reconhecidos", e não simplesmente outorgados, com o que o ato de demarcação se orna de natureza declaratória, e não propriamente constitutiva. Ato declaratório de uma situação jurídica ativa preexistente. Essa a razão de a Carta Magna havê-los chamado de "originários", a traduzir um direito mais antigo do que qualquer outro, de maneira a preponderar sobre pretensos direitos adquiridos, mesmo os materializados em escrituras públicas ou títulos de legitimação de posse em favor de não índios. Atos, estes, que a própria Constituição declarou como "nulos e extintos" (§ 6º do art. 231 da CF). 13. O MODELO PECULIARMENTE CONTÍNUO DE DEMARCAÇÃO DAS TERRAS INDÍGENAS. O modelo de demarcação das terras indígenas é orientado pela ideia de continuidade. Demarcação por fronteiras vivas ou abertas em seu interior, para que se forme um perfil coletivo e se afirme a autossuficiência econômica de toda uma comunidade usufrutuária. Modelo bem mais serviente da ideia cultural e econômica de abertura de horizontes do que de fechamento em "bolsões", "ilhas", "blocos" ou "clusters", a evitar que se dizime o espírito pela eliminação progressiva dos elementos de uma dada cultura (etnocídio). 14. A CONCILIAÇÃO ENTRE TERRAS INDÍGENAS E A VISITA DE NÃO ÍNDIOS, TANTO QUANTO COM A ABERTURA DE VIAS DE COMUNICAÇÃO E A MONTAGEM DE BASES FÍSICAS PARA A PRESTAÇÃO DE SERVIÇOS PÚBLICOS OU DE RELEVÂNCIA PÚBLICA. A exclusividade de usufruto das riquezas do solo, dos rios e dos lagos nas terras indígenas é conciliável com a eventual presença de não índios, bem assim com a instalação de equipamentos públicos, a abertura de estradas e outras vias de comunicação, a montagem ou construção de bases físicas para a prestação de serviços públicos ou de relevância pública, desde que tudo se processe sob a liderança institucional da União, controle do Ministério Público e atuação coadjuvante de entidades tanto da Administração Federal quanto representativas dos próprios indígenas. O que já impede os próprios índios e suas comunidades, por exemplo, de interditar ou bloquear estradas, cobrar pedágio pelo uso delas e inibir o regular funcionamento das repartições públicas. 15. A RELAÇÃO DE PERTINÊNCIA ENTRE

TERRAS INDÍGENAS E MEIO AMBIENTE. *Há perfeita compatibilidade entre meio ambiente e terras indígenas, ainda que estas envolvam áreas de "conservação" e "preservação" ambiental. Essa compatibilidade é que autoriza a dupla afetação, sob a administração do competente órgão de defesa ambiental. 16. A DEMARCAÇÃO NECESSARIAMENTE ENDÓGENA OU INTRAÉTNICA. Cada etnia autóctone tem para si, com exclusividade, uma porção de terra compatível com sua peculiar forma de organização social. Daí o modelo contínuo de demarcação, que é monoétnico, excluindo-se os intervalados espaços fundiários entre uma etnia e outra. Modelo intraétnico que subsiste mesmo nos casos de etnias lindeiras, salvo se as prolongadas relações amistosas entre etnias aborígines venham a gerar, como no caso da Raposa Serra do Sol, uma condivisão empírica de espaços que impossibilite uma precisa fixação de fronteiras interétnicas. Sendo assim, se essa mais entranhada aproximação física ocorrer no plano dos fatos, como efetivamente se deu na Terra Indígena Raposa Serra do Sol, não há como falar de demarcação intraétnica, menos ainda de espaços intervalados para legítima ocupação por não índios, caracterização de terras estaduais devolutas, ou implantação de Municípios. 17. COMPATIBILIDADE ENTRE FAIXA DE FRONTEIRA E TERRAS INDÍGENAS. Há compatibilidade entre o usufruto de terras indígenas e faixa de fronteira. Longe de se pôr como um ponto de fragilidade estrutural das faixas de fronteira, a permanente alocação indígena nesses estratégicos espaços em muito facilita e até obriga que as instituições de Estado (Forças Armadas e Polícia Federal, principalmente) se façam também presentes com seus postos de vigilância, equipamentos, batalhões, companhias e agentes. Sem precisar de licença de quem quer que seja para fazê-lo. Mecanismos, esses, a serem aproveitados como oportunidade ímpar para conscientizar ainda mais os nossos indígenas, instruí-los (a partir dos conscritos), alertá-los contra a influência eventualmente malsã de certas organizações não governamentais estrangeiras, mobilizá-los em defesa da soberania nacional e reforçar neles o inato sentimento de brasilidade. Missão favorecida pelo fato de serem os nossos índios as primeiras pessoas a revelar devoção pelo nosso País (eles, os índios, que em toda nossa história contribuíram decisivamente para a defesa e integridade do território nacional) e até hoje dar mostras de conhecerem o seu interior e as suas bordas mais que ninguém. 18. FUNDAMENTOS JURÍDICOS E SALVAGUARDAS INSTITUCIONAIS QUE SE COMPLEMENTAM. Voto do relator que faz agregar aos respectivos fundamentos salvaguardas institucionais ditadas pela superlativa importância histórico-cultural da causa. Salvaguardas ampliadas a partir de voto-vista do Ministro Menezes Direito e deslocadas, por iniciativa deste, para a parte dispositiva da decisão. Técnica de decidibilidade que se adota para conferir maior teor de operacionalidade ao acórdão.*

VOTO

O caso Raposa Serra do Sol é, certamente, um dos mais difíceis e complexos já enfrentados por esta Corte em toda a sua história. Os múltiplos e diversificados fatores sociais envolvidos numa imbricada teia de questões antropológicas, políticas e federativas faz desse julgamento um marco em nossa jurisprudência constitucional.

Não há respostas precisas e diretas para o problema apresentado ao Tribunal. Soluções de improcedência ou procedência, total ou parcial, dos pedidos apresentados, não abarcam a totalidade das questões suscitadas em toda a sua complexidade e diversidade.

A decisão que tomamos hoje, portanto, deve também estar voltada para o futuro. Não devemos apenas mirar nossa atenção retrospectiva para quase três décadas de conflitos nesse difícil processo de demarcação da terra indígena Raposa Serra do Sol. Devemos, isso sim, deixar fundadas as bases jurídicas para o contínuo reconhecimento aos povos indígenas das terras que tradicionalmente ocupam.

Essa é a lição que temos a oportunidade de deixar assentada no julgamento de hoje. Temos o dever de, em nome da Constituição e de sua força normativa, fixar os parâmetros para que o Estado brasileiro – não apenas a União, mas a federação em seu conjunto – efetive os direitos fundamentais indígenas por meio dos processos de demarcação.

A decisão de hoje, dessa forma, tem um inegável cunho pedagógico que não podemos menosprezar. As considerações que fiz após muito refletir sobre o problema – inclusive por meio de verificação *in loco* de suas reais dimensões –, levam em conta esse conteúdo propedêutico que nossa decisão pode assumir em relação a outros processos de demarcação.

Assim, não pretendo, de maneira alguma, impor soluções definitivas e exatas para os problemas enfrentados. Analiso todas as questões que no processo foram suscitadas e aceno, com isso, para o futuro, numa hermenêutica que leva em conta um *"pensamento de possibilidades"* (Häberle).

Passo então à análise do caso.

Senhores Ministros, Senhoras Ministras. Esta é uma questão que me toca de maneira bastante profunda. Eu fui aluno externo do Seminário Jesus Maria José, de Diamantino, dos padres jesuítas, e nós convivíamos lá com os índios. Na época, os jesuítas estavam incumbidos daquilo que eles chamavam Missão de Pacificação. Eu conheci, por exemplo, o Padre austríaco Johann Dornstauder, que é tido como o pacificador dos canoeiros *rikbatksa*. Era um padre que atuava na prelazia de Diamantino, na época, uma das maiores prelazias do mundo, e, por isso, tive a oportunidade de conviver com essa realidade. Tive amigos índios e lembro-me, na minha classe, de Daniel Cabixi. Portanto, eu conheço um pouco essa realidade aqui exposta.

Em 1987, por uma dessas contingências da vida, tive a oportunidade de discutir, na Procuradoria-Geral da República, a questão das terras indígenas. Vivíamos, naquele momento, um quadro bastante desfavorável para a União e para as populações indígenas. O Supremo Tribunal Federal, sob a relatoria do Ministro Soarez Munhoz, nos autos da Ação Civil Originária n. 278, entendera que a posse indígena haveria de coincidir com o conceito de posse do Direito Civil, rompendo com uma antiga jurisprudência pacífica, sustentada em votos de Victor Nunes Leal, Hermes Lima e outros.

Em razão disso, alguns advogados se animaram a propor ações de anulação ou de reivindicação, as chamadas desapropriações indiretas. Uma delas, a mais ousada, me coube contestar na condição de Procurador da República.

Tratava-se da Ação Cível Originária n. 362, inicialmente da relatoria do Ministro Djaci Falcão, em que se reivindicava a anulação de toda a demarcação do Parque Indígena do Xingu ou a correspondente indenização para o Estado do Mato Grosso.

Jovem Procurador, à época, fiquei preocupado com esse debate, com o conceito de posse indígena estreito firmado pelo Supremo Tribunal Federal. Não vislumbrava quase solução diante da pré-compreensão dominante naquele momento. Até que um dia, num lampejo, ao elaborar a contestação, de mais de cento e oitenta páginas, que discutia os vários assuntos e conceitos relacionados à posse indígena, propomos um conceito dessa posse nas suas múltiplas dimensões, representando um regresso à noção de que ela envolvia a ideia de um *habitat* de valores culturais.

No entanto, parecia que esse conceito era de difícil aceitação pela Corte naquele momento histórico. E, de fato, o que impressionou os Ministros foi a prova de que, muito provavelmente, os laudos periciais que haviam embasado a demarcação já imune à ação rescisória eram falsos.

Essa falsificação havia se dado de forma muito grave porque os vários peritos sustentavam que na área onde hoje se situa o Parque Indígena Xingu não havia índios. A tese básica consistia em afirmar que os índios se situavam entre o paralelo 12 e o paralelo 13, latitude sul, tendo sido levados posteriormente para o Parque Indígena Xingu.

Essa tese, acolhida inicialmente pelo Supremo Tribunal Federal, foi objeto de uma reflexão mais profunda pela Corte ao deparar-se com as demonstrações de laudos periciais falsos. Em 14 de outubro de 1993, ao julgar a Ação Cível Originária n. 323/MG, de relatoria do Ministro Francisco Rezek, que tratava da área dos índios Krenak de Minas Gerais, o Supremo Tribunal Federal entendeu por não mais aplicar a jurisprudência firmada na Ação Cível Originária n. 278. A Corte voltou a reconhecer que o conceito de posse indígena não coincidia com a posse de Direito Civil, que não podia haver essa equivalência ou essa equiparação.

Processo administrativo de demarcação de terras indígenas **2059**

O fato é que, apesar da Ação Cível Originária n. 362 ainda não ter sido julgada, a tese ali sustentada restou amplamente aceita.

Tenho a impressão, também, de que o estudo desenvolvido naquela contestação, publicado à época pela Procuradoria-Geral da República, teve alguma influência no debate que se seguiu durante o processo constituinte. Creio que nesse sentido o estudo também teve os seus méritos, alargando esse conceito. Todavia, ainda hoje eu me deparo até com transcrições literais desse trabalho, às vezes em trabalhos da própria Procuradoria, e eu não vejo sequer referência à autoria do estudo. Isso não tem a menor relevância. Eu, de vez em quando, até me lembro do apólogo em que Machado dizia: eu tenho servido de agulha para linhas ordinárias.

E a questão, agora, é retomada nesse debate belíssimo que nós estamos desenvolvendo ao longo das diversas sessões de julgamento desta Pet 3.388.

O procedimento administrativo de demarcação de terras indígenas

Um dos pontos relevantes desse debate circunscreve-se à averiguação da legalidade e da constitucionalidade do procedimento administrativo demarcatório da Terra Indígena Raposa Serra do Sol.

Sabemos que compete à União, nos termos do art. 231, *caput*, da Constituição, a demarcação das terras tradicionalmente ocupadas pelos índios. O art. 19 da Lei n. 6.001/1973 (Estatuto do Índio) estabelece que as terras indígenas, por iniciativa e sob a orientação do órgão federal de assistência ao índio (FUNAI), serão administrativamente demarcadas de acordo com o procedimento estabelecido em decreto do Poder Executivo.

Quando se iniciou o procedimento de demarcação da terra indígena Raposa Serra do Sol, estava em vigor o Decreto n. 22, de 4 de fevereiro de 1991. No curso dos trabalhos, o referido ato normativo foi revogado e substituído pelo Decreto n. 1.775, de 8 de janeiro de 1996.

Aqui também tive a oportunidade, quando no Governo, de discutir o processo demarcatório. No Governo Fernando Henrique Cardoso, estando o Ministro Nelson Jobim na gestão do Ministério da Justiça, se desenhou no Supremo Tribunal Federal a possibilidade de se declarar a inconstitucionalidade do Decreto n. 22, que regulamentava o procedimento demarcatório, porque ele não assegurava o contraditório e a ampla defesa.

Isso repercutiria sobre os casos já homologados, as demarcações já efetuadas, como também afetaria as demarcações em curso. Tendo em vista esse contexto, o Ministro Nelson Jobim pensou numa solução que veio a se materializar no Decreto n. 1.765 de 1996. O objetivo era assegurar o direito ao contraditório e à ampla defesa àqueles que seriam ou poderiam ser afetados por um ato drástico, o ato de demarcação que, com a configuração administrativa da declaração de área indígena, afirma a inexistência da propriedade.

Esse decreto foi objeto de muitas discussões. Participei, com o Ministro Nelson Jobim, de um debate na *Folha de São Paulo* sobre esse decreto, e se afirmava, na época, que o decreto tenderia a eliminar os direitos indígenas quando, na verdade, o que se buscava era regularizar o procedimento do contraditório neste âmbito, o procedimento administrativo com o devido processo legal.

Faço um parêntese para lembrar que, na época, o Professor Dalmo de Abreu Dallari sustentou a tese contrária. Dizia ele que não havia de ter contraditório nesta área, que se estava apenas a inventar uma fórmula para retirar o direito dos indígenas, quando o Governo inclusive tinha a preocupação de reabrir o prazo para as demarcações em curso, para tornar prejudicados até os mandados de segurança que estavam em curso no Supremo Tribunal Federal, porque se sabia que a jurisprudência do Tribunal, não só nessa matéria, mas em outras idênticas, como nós vimos depois nos casos de anulação de atos pelo Tribunal de Contas da União, que a tendência do Tribunal era afirmar o contraditório e a ampla defesa nas mais diversas relações.

Quando da minha indicação para esta Casa, o Doutor Abreu Dallari afirmou num artigo publicado na *Folha de São Paulo*, de 08 de maio de 2002:

"Já no governo Fernando Henrique, o mesmo Dr. Gilmar Mendes, que pertence ao Ministério Público da União, aparece assessorando o ministro da Justiça Nelson Jobim, na tentativa de anular a demarcação de áreas indígenas. Alegando inconstitucionalidade, duas vezes negada pelo STF, 'inventaram' uma tese jurídica, que serviu de base para um decreto do presidente Fernando Henrique revogando o decreto em que se baseavam as demarcações."

O decreto a que se refere Sua Senhoria é esse Decreto n. 1.775, que tinha como objetivo apenas estabelecer o contraditório e a ampla defesa e que, agora, estamos dizendo que tem regulamentação insuficiente, e precisa, inclusive, ser devidamente adensado.

Vejam os Senhores que o Professor, aqui, também falseou dados, faltou com a verdade. Hoje o decreto está aí como tábua de salvação, reconhecem todos. Vejo o esforço do Doutor Paulo Machado no sentido de preservá-lo, embora ele tenha sido objeto de impugnação numa ADI que foi rejeitada, pois não estabelecia nada mais do que o devido processo legal, o contraditório e a ampla defesa, tal como preconiza a jurisprudência do Tribunal. Portanto, essas questões, creio, estão bem equacionadas.

O Decreto n. 22/91, no art. 2º, § 3º, dispunha apenas que os órgãos públicos federais, estaduais e municipais deveriam, e as entidades civis poderiam prestar, perante o grupo técnico, informações sobre a área objeto de estudo, no prazo de 30 dias, contados da publicação do ato de constituição do referido grupo. Não havia, pois, a possibilidade de que os interessados se manifestassem sobre a existência de vícios ou irregularidades no procedimento ou no relatório produzido.

A principal inovação trazida pelo novo decreto (art. 2º, § 8º) foi a possibilidade de os Estados, Municípios e demais interessados, desde o início do procedimento demarcatório até noventa dias após a publicação do resumo do relatório circunstanciado produzido pelo grupo técnico, apresentarem as suas razões, instruídas com todas as provas pertinentes, com a finalidade de pleitear indenização ou de demonstrar a existência de vícios, totais ou parciais, no relatório produzido pelo grupo de trabalho.

Encerrado o referido prazo, deve a FUNAI (art. 2º, § 9º) encaminhar o procedimento administrativo, com parecer a respeito das razões e provas apresentadas pelos interessados, ao Ministro da Justiça, que poderá adotar as seguintes providências (art. 2º, § 10): (i) declarar, mediante portaria, os limites da terra indígena e determinar a sua demarcação; (ii) determinar diligências complementares; (iii) desaprovar a identificação e determinar o retorno dos autos à FUNAI.

O Decreto 1.765 ressalvou a validade dos trabalhos de identificação e delimitação de terras indígenas realizados anteriormente à sua edição, desde que compatíveis com os princípios nele estabelecidos (art. 3º). Com relação aos procedimentos iniciados anteriormente à vigência do Decreto 1.775/96, foi assinalado o prazo de 90 dias, contados da publicação do decreto, para que os interessados se manifestassem, com a apresentação dos arrazoados e das provas pertinentes (art. 9º).

O Supremo Tribunal Federal, ao julgar o MS 24.045-8/DF, Rel. Joaquim Barbosa, *DJ* 05.08.2005, entendeu não violar o direito ao contraditório e à ampla defesa o estabelecimento de procedimento contraditório diferenciado para os processos de demarcação que se iniciaram anteriormente à vigência do Decreto n. 1.775/1996 (possibilidade de manifestação no prazo de 90 dias após a publicação do referido decreto). Eis o teor da ementa desse julgado:

"MANDADO DE SEGURANÇA. DEMARCAÇÃO DE TERRAS INDÍGENAS. RESPEITO AO CONTRADITÓRIO E À AMPLA DEFESA. SEGURANÇA INDEFERIDA. Imprescindibilidade de citação da FUNAI como litisconsorte passiva necessária e ausência de direito líquido e certo, por tratar a questão de matéria fática. Preliminares rejeitadas. Ao estabelecer um procedimento diferenciado para a contestação de processos demarcatórios que se iniciaram antes de sua vigência, o Decreto 1.775/1996 não fere o direito ao contraditório e à ampla defesa. Proporcionalidade das normas impugnadas. Precedentes. Segurança indeferida".

Registre-se que o Min. Marco Aurélio, em voto isolado, suscitou a impossibilidade de se convalidar os atos praticados anteriormente à edição do Decreto n. 1.775/96. Segundo ele, se desde o início do procedimento não foi observado o contraditório, como exige a Constituição, a posterior previsão de um prazo para que os interessados se manifestem não é suficiente para a convalidação dos atos anteriormente praticados.

No MS 25.483-1/DF, Rel. Carlos Britto, *DJ* 14.9.2007, em que se impugnava o decreto presidencial de homologação da portaria de demarcação da terra indígena Raposa Serra do Sol, esta Corte afirmou o seguinte: *"(...) Não há que se falar em supressão das garantias do contraditório e da ampla defesa se aos impetrantes foi dada a oportunidade de que trata o art. 9º do Decreto 1.775 (MS 24.045, Rel. Min. Joaquim Barbosa)"*. A ementa do acórdão consigna o seguinte:

"MANDADO DE SEGURANÇA. HOMOLOGAÇÃO DO PROCEDIMENTO ADMINISTRATIVO DE DEMARCAÇÃO DAS TERRAS INDÍGENAS RAPOSA SERRA DO SOL. IMPRESTABILIDADE DO LAUDO ANTROPOLÓGICO. TERRAS TRADICIONALMENTE OCUPADAS POR ÍNDIOS. DIREITO ADQUIRIDO À POSSE E AO DOMÍNIO DAS TERRAS OCUPADAS IMEMORIALMENTE PELOS IMPETRANTES. COMPETÊNCIA PARA A HOMOLOGAÇÃO. GARANTIA DO DEVIDO PROCESSO LEGAL ADMINISTRATIVO. BOA-FÉ ADMINISTRATIVA. ACESSO À JUSTIÇA. INADEQUAÇÃO DA VIA PROCESSUALMENTE ESTREITA DO MANDADO DE SEGURANÇA. AUSÊNCIA DE DIREITO LÍQUIDO E CERTO. A apreciação de questões como o tamanho das fazendas dos impetrantes, a data do ingresso deles nas terras em causa, a ocupação pelos índios e o laudo antropológico (realizado no bojo do processo administrativo de demarcação), tudo isso é próprio das vias ordinárias e de seus amplos espaços probatórios. Mandado de segurança não conhecido, no ponto. Cabe à União demarcar as terras tradicionalmente ocupadas pelos índios (*caput* do artigo 231 da Constituição Federal). Donde competir ao Presidente da República homologar tal demarcação administrativa. A manifestação do Conselho de Defesa Nacional não é requisito de validade da demarcação de terras indígenas, mesmo daquelas situadas em região de fronteira. Não há que se falar em supressão das garantias do contraditório e da ampla defesa se aos impetrantes foi dada a oportunidade de que trata o artigo 9º do Decreto 1.775/96 (MS 24.045, Rel. Min. Joaquim Barbosa). Na ausência de ordem judicial, a impedir a realização ou execução de atos, a Administração Pública segue no seu dinâmico existir, baseada nas determinações constitucionais e legais. O procedimento administrativo de demarcação das terras indígenas Raposa Serra do Sol não é mais do que o proceder conforme a natureza jurídica da Administração Pública, timbrada pelo autoimpulso e pela autoexecutoriedade. Mandado de Segurança parcialmente conhecido para se denegar a segurança".

Cumpre destacar que, naquela ocasião, o Tribunal também deixou consignado que a manifestação do Conselho de Defesa Nacional não é requisito de validade da demarcação de terras indígenas, mesmo daquelas situadas em região de fronteira.

Neste ponto, é preciso fazer um parêntese para deixar claro que não se pode dizer que esse julgamento expresse entendimento pacificado no âmbito da Corte, não passível de revisão. Consoante explicitado nas reflexões seguintes que faço sobre o tema, para as demarcações (futuras) que envolvam áreas de fronteira, a manifestação do Conselho de Segurança Nacional deve ser colhida, tendo em vista a relevância geopolítica da questão e as implicações sobre a segurança e a soberania nacionais.

No referido mandado de segurança, em virtude das próprias limitações desse instrumento processual, que não admite dilação probatória, não foram apreciadas as questões atinentes à existência de vícios formais e à higidez do laudo antropológico no qual se embasou a demarcação.

No tocante às fases e exigências procedimentais, há poucas diferenças entre o procedimento previsto pelo Decreto n. 22/91 e o veiculado pelo Decreto n. 1.775/96.

Na vigência do Decreto n. 22/91, o procedimento demarcatório deveria se iniciar com a designação de grupo técnico, composto por técnicos especializados da FUNAI e coordenado por antropólogo. Esse grupo procederia à identificação da área a ser demarcada e teria a incumbência de realizar todos os estudos etno-históricos, sociológicos, cartográficos e fundiários necessários.

O referido ato normativo previa também a possibilidade de que, caso necessário, o levantamento fundiário fosse realizado conjuntamente com o órgão federal ou estadual específico. O grupo técnico também tinha a faculdade de convidar outros órgãos públicos, membros da comunidade científica ou especialistas no grupo indígena envolvido na demarcação.

Verifica-se, portanto, que a convocação de tais entidades, órgãos ou indivíduos configurava mera faculdade do grupo técnico. Ao revés, a participação do grupo indígena era obrigatória em todas as fases do procedimento.

Concluídos os trabalhos, o grupo técnico deveria apresentar relatório circunstanciado à FUNAI, que, aprovado, seria publicado no *Diário Oficial da União*. Após, o processo seria encaminhado ao Ministro da Justiça, que, entendendo pela sua aprovação, deveria expedir portaria, sujeita a posterior homologação do Presidente da República, na qual seriam definidos os limites da terra indígena e determinada a sua demarcação.

Com o advento do Decreto n. 1.775/96, além das alterações já apontadas, relativas ao exercício do contraditório e da ampla defesa pelos interessados, também se verificam algumas outras alterações pontuais.

O procedimento não mais deve se iniciar com a designação do grupo técnico, mas com a nomeação de um antropólogo de qualificação reconhecida, que deverá, em prazo fixado na portaria de nomeação, elaborar estudo antropológico de identificação.

Somente após será designado grupo técnico especializado, composto preferencialmente por servidores da própria FUNAI e coordenado por antropólogo, com a finalidade de realizar estudos complementares.

A solicitação de colaboração de outros órgãos públicos e de membros da comunidade científica continua a ser uma faculdade do grupo técnico. A participação da comunidade indígena, por outro lado, é obrigatória em todas as fases.

O relatório circunstanciado produzido pelo grupo técnico deve ser publicado, de forma resumida, não apenas no *Diário Oficial da União*, mas também no da unidade federativa. Tal publicação deverá ser acompanhada de memorial descritivo e mapa da área a ser demarcada e será afixada na sede da Prefeitura Municipal da situação do imóvel.

As considerações realizadas já permitem adentrar a análise dos alegados vícios ou irregularidades no procedimento de demarcação da terra indígena Raposa Serra do Sol.

Inicialmente, registre-se que o debate público sobre a demarcação da terra indígena Raposa Serra do Sol vem se acentuando desde meados da década de 1970. Desde então, vários estudos foram realizados e, por diversas vezes, se esboçou a demarcação da área. Todavia, será objeto desta análise apenas o procedimento administrativo que culminou na edição, pelo Ministro da Justiça, da Portaria n. 820/98, posteriormente substituída pela Portaria n. 534/2005.

Por intermédio da Portaria n. 1.141, de 6.8.1992, foi criado Grupo Técnico Interinstitucional constituído por 5 servidores da FUNAI, 1 servidor do INCRA, 7 representantes do Estado de Roraima, inclusive um Secretário de Estado, 2 pesquisadores da USP, 1 membro do CIMI (Conselho Indígena Missionário), 1 membro da Diocese de Roraima, 10 lideranças indígenas indicadas pelo CIR (Conselho Indígena de Roraima).

O relatório produzido pelo mencionado grupo técnico, no qual se basearam todos os atos posteriores de demarcação, foi assinado apenas pela antropóloga Maria Guiomar de Melo, representante da FUNAI.

Por outro lado, o Relatório da Comissão de Peritos apresentado à 1ª Vara da Justiça Federal da Seção Judiciária de Roraima informa que vários dos indicados para compor a comissão não chegaram a ser cientificados desse fato. Outros componentes, embora comunicados da participação, não puderam participar ou não participaram efetivamente dos trabalhos, caso dos representantes do Estado de Roraima.

Nesse ponto, quanto à necessidade de participação, no grupo técnico, de representantes de outras entidades ou órgãos públicos ou de especialistas pertencentes às instituições universitárias ou de pesquisa, vale relembrar que, nos termos do Decreto n. 22/1991 (vigente no início do procedimento) e do Decreto n. 1.775/1996 (vigente quando de sua conclusão), é facultado ao órgão federal de assistência aos índios (FUNAI) solicitar a contribuição dessas entidades ou órgãos. Não se afigura, pois, uma exigência inafastável, apta a inquinar o procedimento administrativo, caso não venha a ser atendida.

Registre-se que a assinatura do relatório por apenas um componente do grupo atende à exigência formal do art. 2º, § 6º, do Decreto n. 22/91 e do art. 2º, § 6º, do Decreto n. 1.775/96, tendo em vista possuir a antropóloga que presidiu os trabalhos a atribuição de representar todo o grupo.

Nesse sentido, o Ministro Carlos Britto supera a alegação dos autores da ação popular – e essa parece ser a solução mais consentânea com as peculiaridades e complexidades que envolvem o caso concreto –, ao asseverar que a subscritora do relatório seria profissional de qualificação reconhecida (membro da Associação Brasileira de Antropologia) e que ela estaria autorizada a assinar o laudo "solitariamente", da mesma forma que o subscritor do laudo ou parecer antropológico.

O tratamento conferido à questão pelos Decretos n. 22/91 e n. 1775/96 parece, todavia, não ser o mais adequado ao atendimento das exigências constitucionais constantes dos arts. 5º, LIV, LV, e 231 da Constituição, devendo, pois, ser reformulado, de modo a reduzir a margem de subjetividade inerente ao procedimento de demarcação de terras indígenas.

Isso porque, não obstante a demarcação se destine à efetivação (estabelecimento de limites) do direito originário dos índios à posse permanente das terras por eles tradicionalmente ocupadas, é indubitável que essa atividade confere a quem a realiza certa margem de discricionariedade (mesmo que limitada) na interpretação dos dados apurados e na definição de critérios que nortearão o trabalho. Não obstante a Constituição (art. 231, § 1º) preveja as balizas para definição do que se deva entender por terra indígena, a demarcação da área envolve um mínimo de apreciação subjetiva.

Desse modo, com a finalidade de reduzir a parcialidade e a subjetividade dos trabalhos, necessária se faz a sua elaboração por mais de um profissional de qualificação reconhecida, de modo a possibilitar a *junção de perspectivas ou de horizontes*, mitigando, assim, a possibilidade de que convicções pessoais ou ideológicas possam determinar o rumo dos trabalhos.

Questão de tal magnitude, que envolve tantos e tão variados interesses, não poderia estar sujeita à apreciação de apenas um indivíduo, por melhor que seja a sua qualificação. Entendo, portanto, ser falaciosa a alegação de que se trataria de mera atividade declaratória ou concretizadora, haja vista não ser a antropologia uma "ciência exata", o que se infere, inclusive, das manifestações discrepantes juntadas aos autos, todas – ou quase todas – formuladas por especialistas de qualificação reconhecida.

No tocante à participação dos grupos indígenas envolvidos no procedimento, não se pode olvidar que a legislação de regência do procedimento demarcatório dispõe ser essa participação um requisito obrigatório.

O mencionado Relatório da Comissão de Peritos informa que a única organização a ter participado do grupo de trabalho (CIR) representava apenas 47% dos índios envolvidos e que, por conseguinte, a referida exigência formal de oitiva de toda a população indígena não teria sido atendida.

A FUNAI, por sua vez, infirma tal alegação, asseverando existir uma carta de compromisso entre as organizações indígenas do Estado de Roraima e o Governo Federal, em que as referidas organizações concordariam com a demarcação da terra indígena Raposa Serra do Sol.

Sobre esse ponto, também acompanho o voto proferido pelo Ministro Carlos Britto, do qual transcrevo o seguinte trecho:

2064 Estado de Direito e Jurisdição Constitucional – Decisões relevantes em 15 anos de atuação no STF

"109. O mesmo é de se dizer quanto à participação de qualquer das etnias indígenas da área: Ingarikó, Macuxi, Patamona, Wapichana e Taurepang. Sendo que somente se apresentaram para contribuir com os trabalhos demarcatórios os Makuxi, filiados ao Conselho Indígena de Roraima – CIR. Os demais indígenas, tirante os Ingarikó, atuaram diversas vezes nos autos com cartas e petições. Todos forneciam informações e nenhum deles subscreveu o relatório nem o parecer antropológico, elaborados pela antropóloga Maria Guiomar Melo, servidora da FUNAI, e pelo Prof. Paulo Santilli, respectivamente".

Quanto ao relatório, afirmam os mencionados peritos que ele constituiria reprodução simplificada de documento semelhante produzido pela mesma antropóloga, oito anos antes, no qual ela teria defendido a demarcação "em ilhas", com um total de 1.577.850 ha. No relatório, posteriormente produzido, ela, no entanto, teria sustentado a tese contrária (demarcação contínua), bem como a demarcação de uma área maior.

Ademais, o relatório seria composto por partes desconexas, das quais se destacam manifestações da CIR e da CIMI, representantes dos índios.

O Ministro Carlos Britto afirma, no entanto, que o relatório teria atendido a todos os requisitos da legislação e o aumento da área demarcada (em relação aos levantamentos realizados na década de 1990) seria comum em demarcações. Segundo ele, *"o que importa para o deslinde da questão é que toda a metodologia propriamente antropológica foi observada pelos profissionais que detinham competência para fazê-lo".*

Cumpre asseverar, também, que o Decreto 1.775/96 – considerado constitucional por este Supremo Tribunal Federal (MS 24.045, Rel. Min. Joaquim Barbosa) – foi editado com a finalidade de possibilitar a efetiva manifestação dos interessados no procedimento demarcatório, prevendo, inclusive, a abertura de novo prazo para o pronunciamento dos interessados nos procedimentos iniciados ainda sob a vigência do ato normativo anterior (Decreto n. 22/91).

Impossibilidade de revisão do procedimento demarcatório: a coisa julgada administrativa

Terminado o procedimento demarcatório, com o registro da área demarcada no Cartório de Imóveis, resta configurada a denominada coisa julgada administrativa, que veda à União nova análise da questão. No entanto, caso se faça necessária a revisão do procedimento, tendo em vista a existência de graves vícios ou erros em sua condução, será imprescindível a instauração de novo procedimento administrativo, em que sejam adotadas as mesmas cautelas empregadas anteriormente e seja garantido aos interessados o direito de manifestação. Não se revela admissível, contudo, a revisão fundada apenas na conveniência e oportunidade do administrador público, como bem salientado no percuciente voto do Ministro Menezes Direito.

Não obstante parte considerável da jurisprudência e da doutrina entenda de forma diversa, afirmando a inexistência de coisa julga ou preclusão no procedimento administrativo demarcatório, o entendimento aqui defendido se revela coerente com o *princípio da segurança jurídica*, haja vista a necessidade de se resguardar a previsibilidade das relações jurídicas e a tranquilidade social nas áreas contíguas à demarcada.

Contrariamente a essa tese, argumenta-se que a existência de coisa julgada ou preclusão administrativa nos procedimentos demarcatórios estaria em descompasso com princípio da autotutela, previsto na Súmula n. 473 desta Corte e no art. 53 da Lei 9.784/99.

"É interessante seguir os passos dessa evolução. O ponto inicial da trajetória está na opinião amplamente divulgada na literatura jurídica de expressão alemã do início do século de que, embora inexistente, na órbita da Administração Pública, o princípio da *res judicata*, a faculdade que tem o Poder Público de anular seus próprios atos tem limite não apenas nos direitos subjetivos

Processo administrativo de demarcação de terras indígenas 2065

regularmente gerados, mas também no interesse em proteger a boa-fé e a confiança (*Treue und Glauben*) dos administrados.

(...)

Esclarece OTTO BACHOF que nenhum outro tema despertou maior interesse do que este, nos anos 50 na doutrina e na jurisprudência, para concluir que o princípio da possibilidade de anulamento foi substituído pelo da impossibilidade de anulamento, em homenagem à boa-fé e à segurança jurídica. Informa ainda que a prevalência do princípio da legalidade sobre o da proteção da confiança só se dá quando a vantagem é obtida pelo destinatário por meios ilícitos por ele utilizados, com culpa sua, ou resulta de procedimento que gera sua responsabilidade. Nesses casos não se pode falar em proteção à confiança do favorecido (*Verfassungsrecht, Verwaltungsrecht, Verfahrensrecht in der Rechtssprechung des Bundesverwaltungsgerichts*, Tübingen 1966, 3. Auflage, vol. I, p. 257 e segs.; vol. II, 1967, p. 339 e segs.).

Embora do confronto entre os princípios da legalidade da Administração Pública e o da segurança jurídica resulte que, fora dos casos de dolo, culpa etc., o anulamento com eficácia *ex tunc* é sempre inaceitável e o com eficácia *ex nunc* é admitido quando predominante o interesse público no restabelecimento da ordem jurídica ferida, é absolutamente defeso o anulamento quando se trate de atos administrativos que concedam prestações em dinheiro, que se exauram de uma só vez ou que apresentem caráter duradouro, como os de índole social, subvenções, pensões ou proventos de aposentadoria" (SILVA, Almiro do Couto e. *Os princípios da legalidade da administração pública e da segurança jurídica no estado de direito contemporâneo*. Revista da Procuradoria-Geral do Estado. Publicação do Instituto de Informática Jurídica do Estado do Rio Grande do Sul, v. 18, n. 46, 1988, p. 11-29).

Depois de incursionar pelo direito alemão, refere-se o mestre gaúcho ao direito francês, rememorando o clássico "affaire Dame Cachet":

"Bem mais simples apresenta-se a solução dos conflitos entre os princípios da legalidade da Administração Pública e o da segurança jurídica no Direito francês. Desde o famoso affaire Dame Cachet, de 1923, fixou o Conselho de Estado o entendimento, logo reafirmado pelos affaires Vallois e Gros de Beler, ambos também de 1923 e pelo affaire Dame Inglis, de 1935, de que, de uma parte, a revogação dos atos administrativos não cabia quando existissem direitos subjetivos deles provenientes e, de outra, de que os atos maculados de nulidade só poderiam ter seu anulamento decretado pela Administração Pública no prazo de dois meses, que era o mesmo prazo concedido aos particulares para postular, em recurso contencioso de anulação, a invalidade dos atos administrativos.

HAURIOU, comentando essas decisões, as aplaude entusiasticamente, indagando: 'Mas será que o poder de desfazimento ou de anulação da Administração poderá exercer-se indefinidamente e em qualquer época? Será que jamais as situações criadas por decisões desse gênero não se tornarão estáveis? Quantos perigos para a segurança das relações sociais encerram essas possibilidades indefinidas de revogação e, de outra parte, que incoerência, numa construção jurídica que abre aos terceiros interessados, para os recursos contenciosos de anulação, um breve prazo de dois meses e que deixaria à Administração a possibilidade de decretar a anulação de ofício da mesma decisão, sem lhe impor nenhum prazo'. E conclui: 'Assim, todas as nulidades jurídicas das decisões administrativas se acharão rapidamente cobertas, seja com relação aos recursos contenciosos, seja com relação às anulações administrativas; uma atmosfera de estabilidade estender-se-á sobre as situações criadas administrativamente' (La Jurisprudence Administrative de 1892 a 1929, Paris, 1929, vol. II, p. 105-106.)" (COUTO E SILVA, Almiro do. *Os princípios da legalidade da administração pública e da segurança jurídica no estado de direito contemporâneo*. Revista da Procuradoria-Geral do Estado. Publicação do Instituto de Informática Jurídica do Estado do Rio Grande do Sul, v. 18, n. 46, 1988, p. 11-29).

Na mesma linha, observa Couto e Silva em relação ao direito brasileiro:

2066 Estado de Direito e Jurisdição Constitucional – Decisões relevantes em 15 anos de atuação no STF

"MIGUEL REALE é o único dos nossos autores que analisa com profundidade o tema, no seu mencionado 'Revogação e Anulamento do Ato Administrativo' em capítulo que tem por título 'Nulidade e Temporalidade'. Depois de salientar que 'o tempo transcorrido pode gerar situações de fato equiparáveis a situações jurídicas, não obstante a nulidade que originariamente as comprometia', diz ele que 'é mister distinguir duas hipóteses: (a) a de convalidação ou sanatória do ato nulo e anulável; (b) a perda pela Administração do benefício da declaração unilateral de nulidade (le bénéfice du préalable)'" (COUTO E SILVA, Almiro do. *Os princípios da legalidade da administração pública e da segurança jurídica no estado de direito contemporâneo.* Revista da Procuradoria-Geral do Estado. Publicação do Instituto de Informática Jurídica do Estado do Rio Grande do Sul, v. 18, n. 46, 1988, p. 11-29).

"O ordenamento jurídico protege a confiança suscitada pelo comportamento do outro e não tem mais remédio que protegê-la, porque poder confiar (...) é condição fundamental para uma pacífica vida coletiva e uma conduta de cooperação entre os homens e, portanto, da paz jurídica" (*Derecho Justo – Fundamentos de Ética Jurídica.* Madri: Civitas, 1985, p. 91).

"Dito princípio consagra que uma confiança despertada de um modo imputável deve ser mantida quando efetivamente se creu nela. A suscitação da confiança é imputável, quando o que a suscita sabia ou tinha que saber que o outro ia confiar. Nesta medida é idêntico ao princípio da confiança. (...) Segundo a opinião atual, [este princípio da boa fé] se aplica nas relações jurídicas de direito público" (*Derecho Justo – Fundamentos de Ética Jurídica.* Madri: Civitas, 1985, p. 95 e 96).

Na Alemanha, contribuiu decisivamente para a superação da regra da livre revogação dos atos administrativos ilícitos uma decisão do Tribunal Administrativo de Berlim, proferida em 14.11.1956, posteriormente confirmada pelo Tribunal Administrativo Federal. Cuidava-se de ação proposta por viúva de funcionário público que vivia na Alemanha Oriental. Informada pelo responsável pela Administração de Berlim de que teria direito a uma pensão, desde que tivesse o seu domicílio fixado em Berlim ocidental, a interessada mudou-se para a cidade. A pensão foi-lhe concedida. Tempos após, constatou-se que ela não preenchia os requisitos legais para a percepção do benefício, tendo a Administração determinado a suspensão de seu pagamento e solicitado a devolução do que teria sido pago indevidamente. Hoje a matéria integra a complexa regulação contida no § 48 da Lei sobre processo administrativo federal e estadual, em vigor desde 1977 (Cf. Erichsen, Hans-Uwe, in: Erichsen, Hans-Uwe/Martens, Wolfgang, Allgemeines Verwaltungsrecht, 9. edição, Berlim/Nova York, 1992, p. 289).

Considera-se, hodiernamente, que o tema tem, entre nós, assento constitucional (princípio do Estado de Direito) e está disciplinado, parcialmente, no plano federal, na Lei n. 9.784, de 29 de janeiro de 1999, (v.g. art. 2º).

Como se vê, em verdade, a segurança jurídica, como subprincípio do Estado de Direito, assume valor ímpar no sistema jurídico, cabendo-lhe papel diferenciado na realização da própria ideia de justiça material.

Nesse sentido, vale trazer passagem de estudo do professor Miguel Reale sobre a revisão dos atos administrativos:

"Não é admissível, por exemplo, que, nomeado irregularmente um servidor público, visto carecer, na época, de um dos requisitos complementares exigidos por lei, possa a Administração anular seu ato, anos e anos volvidos, quando já constituída uma situação merecedora de amparo e, mais do que isso, quando a prática e a experiência podem ter compensado a lacuna originária. Não me refiro, é claro, a requisitos essenciais, que o tempo não logra por si só convalescer, como seria, por exemplo, a falta de diploma para ocupar cargo reservado a médico, mas a exigências outras que, tomadas no seu rigorismo formal, determinariam a nulidade do ato.

Escreve com acerto José Frederico Marques que a subordinação do exercício do poder anulatório a um prazo razoável pode ser considerado requisito implícito no princípio do *due process of law*. Tal princípio, em verdade, não é válido apenas no sistema do direito norte-americano, do qual é

Processo administrativo de demarcação de terras indígenas **2067**

uma das peças basilares, mas é extensível a todos os ordenamentos jurídicos, visto como corresponde a uma tripla exigência, de regularidade normativa, de economia de meios e forma e de adequação à tipicidade fática. Não obstante a falta de termo que em nossa linguagem rigorosamente lhe corresponda, poderíamos traduzir *due process of law* por devida atualização do direito, ficando entendido que haverá infração desse ditame fundamental toda vez que, na prática do ato administrativo, por preterido algum dos momentos essenciais à sua ocorrência; porém destruídas, sem motivo plausível, situações de fato, cuja continuidade seja economicamente aconselhável, ou se a decisão não corresponder ao complexo de notas distintivas da realidade social tipicamente configurada em lei" (Miguel Reale. *Revogação e anulamento do ato administrativo*. 2. ed. Rio de Janeiro: Forense, 1980).

Ressalte-se que não se está a defender a total impossibilidade de revisão do procedimento administrativo demarcatório. Disso não se trata. A revisão deve estar restrita às hipóteses excepcionais, ante a constatação de *grave* e *insanável* erro na condução do procedimento administrativo e na definição dos limites da terra indígena.

Sobre o tema da coisa julgada administrativa, cito as seguintes lições:

"Pode-se e deve-se falar, sim, em coisa julgada administrativa. Não infirma a sua existência a possibilidade de reexame jurisdicional do ato. O que a expressão traduz é a impossibilidade de se rever, de ofício ou por provocação, o ato (ou a decisão no processo administrativo), em sede administrativa, após o percurso traçado no ordenamento jurídico. Trata-se de um imperativo dos princípios da Administração Pública em geral, dos da boa-fé, moralidade e segurança jurídica (dentre outros), em particular.

Também não infirmam as verdades abstratas, genéricas, em tese, da revogação e anulação do ato administrativo, por iniciativa até da própria Administração. Quanto à revogação, é pacífico que não deve ela se dar quando de sua prática possam decorrer lesões (ou ameaças) a direitos de terceiros, direitos, esses, que inquestionavelmente emergem de uma decisão em um processo administrativo, em benefício do administrado. Quanto à anulação, propomos a mesma sorte de considerações.

A Administração não pode ser volúvel, errática em suas opiniões. La dona è móbile – canta a ópera; a Administração não se confere, porém, o atributo da leviandade. A estabilidade da decisão administrativa é uma qualidade do agir administrativo, que os princípios da Administração Pública, mais acima referidos, impõem. Ao decidir o processo administrativo a administração manifesta um entendimento sobre o padrão de legalidade (e, quando cabível de conveniência) que baliza a matéria em exame ou o interesse em disputa. E seria inadmissível que mudança unilateral de opinião pudesse desconstituir o que definido sob o crivo do contraditório e observância do devido processo legal (nesse sentido, aliás, expressamente dita a Lei Federal 9.784, de 1999, no parágrafo único, XIII, de seu art. 2º). A consideração superveniente da ocorrência de ilegalidade na decisão processual só poderá autorizar o se desfazimento pela via, também processual, também abalizada pelo contraditório e ampla defesa, da revisão do processo administrativo. Ou seja, o que no processo administrativo se afirmou só em outro poderá ser desfeito. A processualização incontestável da Administração, imposta pela Constituição de 1988, dita inexoravelmente a submissão da matéria aos parâmetros aqui enunciados" (FERRAZ, Sérgio; DALLARI, Adilson Abreu. *Processo Administrativo*. 1. ed. São Paulo: Malheiros Editores, 2002, p. 44-45).

Como bem salientado pelo Ministro Menezes Direito, o procedimento demarcatório que redundou na demarcação da terra indígena Raposa Serra do Sol não poderá ser revisto, considerando que a sua correção formal e material foi atestada por este Supremo Tribunal Federal, neste julgamento.

A variedade e a complexidade de interesses envolvidos na demarcação da terra indígena e a consolidação de situações e expectativas individuais constituem limites ao exercício do poder-dever de autotutela pela Administração Pública.

Não se pode olvidar, também, que o art. 67 do ADCT estabeleceu o prazo máximo de cinco anos para a conclusão de todas as demarcações de terras indígenas. Embora o prazo já tenha se esgotado, revela-se patente a finalidade do dispositivo de evitar delongas ou tergiversações no cumprimento, pelo ente público, do dever que lhe fora constitucionalmente imposto.

Nesse sentido, revela-se premente a adoção de critérios objetivos e de limites temporais claros para a resolução das questões fundiária, ambiental e indígena em nosso país, a fim de que o quadro de insegurança jurídica que hoje presenciamos possa ser, enfim, debelado ou, pelo menos, atenuado. Não se pode admitir a possibilidade de que, a qualquer momento, sejam ampliados os limites das terras indígenas já demarcadas, sob a alegação de que as necessidades dos grupos autóctones não foram corretamente aquilatadas à época da demarcação ou de que novos interesses teriam surgido após a sua conclusão.

A adoção da tese oposta daria azo a ampliações desmedidas e infundadas das dimensões das terras indígenas.

Tal possibilidade revela-se, de fato, preocupante. Principalmente em um contexto como o nosso, em que parcela considerável do território nacional encontra-se afetada – ou a ser afetada – a um sem-número de finalidades públicas (proteção do meio ambiente, dos povos indígenas e quilombolas, promoção da reforma agrária, por exemplo).

De fato, segundo informações prestadas pela Embrapa, 26,95% do território nacional estaria ocupado por unidades federais e estaduais de conservação ambiental e terras indígenas. Desse modo, o Brasil figuraria como o país com a maior extensão de áreas afetadas a uma finalidade pública, quase o dobro dos Estados Unidos, país que, não se pode olvidar, possui território mais extenso do que o nosso.

Ademais, 31,54% do território seria constituído por reservas legais (art. 1º, § 2º, III, da Medida Provisória n. 2.166-67, de 24 de agosto de 2001) e 16,94%, áreas de proteção permanente (APPs), mapeadas ou estimadas pelo Governo Federal. Assim, quase 76% do território nacional estaria afetado a uma finalidade pública, excluída, portanto, de qualquer atividade produtiva.

O estudo da Embrapa revela dados ainda mais preocupantes: para a satisfação das demandas futuras (ambientais, indígenas, fundiárias, quilombolas), o território remanescente – excluídas as referidas áreas já afetadas a determinada finalidade pública – não seria suficiente.

Ante o exposto, conclui-se que, demarcada a terra indígena, o procedimento não é passível de revisão, salvo hipóteses excepcionais, em que verificada a existência de vícios insanáveis. Alterações dos limites da área demarcada fundadas apenas no juízo de conveniência e oportunidade da Administração Pública são, sob qualquer pretexto, vedadas.

No caso sob análise (demarcação da terra indígena Raposa Serra do Sol), não se vislumbra a possibilidade de revisão do procedimento demarcatório, tendo em vista já ter sido atestada, por esta Corte, a sua correção.

Violação da soberania e da defesa nacionais

Dentre os diversos argumentos contrários à validade da Portaria n. 534/2005, de 13 de abril de 2005, o autor popular destaca suposta violação da soberania e da defesa nacionais (fls. 11, 15, 21-22 da inicial desta Pet n. 3.388-4).

Os fundamentos desta alegação se sustentariam em três fontes: (a) Aviso n. 03157/SC-2/ENFA do Ministro Chefe do Estado Maior das Forças Armadas à época, (b) Relatório de Peritos resultante da perícia determinada pela 1ª Vara Federal da Seção Judiciária de Roraima (p. 17-18 e p. 48-49) e (c) Relatório Parcial n. 003/2004 da Comissão Temporária Externa do Senado Federal sobre a demarcação de terras indígenas da área indígena Raposa Serra do Sol de 2004 (p. 46-50).

Em síntese, o que se alega é o seguinte:

(a) risco de controle e proteção de áreas demarcadas de enorme riqueza mineral, ocupadas por minorias pouco expressivas da população brasileira e sujeitas a pressões nacionais e internacionais, tais como: garimpagem ilegal, contrabando, narcotráfico, refúgio para criminosos do Brasil, Guiana e Venezuela, surgimento de movimentos separatistas e outros conflitos;

(b) especificamente no tocante à área da Raposa Serra do Sol, a pretensão da Venezuela de estender a sua fronteira até o rio Essequibo em território guianense, por se tratar de região de grande interesse geopolítico;

(c) intenção da Organização das Nações Unidas – ONU de restringir a atuação das forças armadas em território indígena, demonstrada na Declaração das Nações Unidas sobre os Direitos dos Povos Indígenas (arts. 3º, 26 e 34), a ensejar processos de secessão ou integração;

(d) esvaziamento da segurança, da integridade territorial e da defesa nacional, pois a área demarcada situa-se inclusive em faixa de fronteira e haverá diminuição de seu controle pelo Estado brasileiro;

(e) ausência de consideração prévia e consistente no processo de demarcação, quanto à soberania e à defesa nacional, por meio da oitiva do Conselho de Defesa Nacional (art. 91, § 1º, III, CF/88), para análise militar estratégica.

Conforme memoriais distribuídos à Presidência do STF, nesse ponto, a Fundação Nacional do Índio – FUNAI, o Ministério Público Federal – MPF e a União Federal defendem a inexistência de qualquer violação da soberania ou da defesa nacional, pela demarcação da área nos termos em que homologada, em razão de que todo o procedimento adotado estaria conforme a Constituição e a legislação de regência. Em sentido contrário, manifestam-se o autor popular e o Estado de Roraima.

A questão da soberania e da defesa nacional a ser aqui considerada se remete, em suma, às seguintes questões:

(a) possível limitação do ingresso, permanência e locomoção da Polícia Federal e das Forças Armadas na área demarcada, para proteção e fiscalização das fronteiras brasileiras;

(b) possibilidade jurídica de ocupação indígena em terras consideradas como faixa de fronteira e unidades de conservação ambiental e o consequente enfraquecimento do controle e fiscalização das fronteiras brasileiras (com a Venezuela e a Guiana);

(c) possível mitigação da autonomia do Estado brasileiro, após a definição da demarcação das terras indígenas, em face de interesses internacionais, como o que ressaltaria a Declaração das Nações Unidas sobre os Direitos dos Povos Indígenas.

A Constituição Federal, em seu art. 1º, inciso I, aponta a soberania como um dos fundamentos da República Federativa do Brasil.

Topograficamente, essa determinação está contida no Título I da Constituição, em que se enunciam os princípios fundamentais. Tal fundamento constitui vetor de interpretação de todas as demais disposições constitucionais, inclusive aquelas relacionadas à demarcação e posse permanente de terras indígenas.

Ao mesmo tempo, sabe-se que a representação da República Federativa Brasileira, no âmbito internacional, está incumbida à União Federal, a qual dispõe de bens e competências para o exercício da soberania e da defesa nacional. Nesse sentido, destaca-se o art. 20 da Constituição:

"Art. 20. São bens da União:

[...]

II – as terras devolutas indispensáveis à defesa das fronteiras, das fortificações e construções militares, das vias federais de comunicação e à preservação ambiental, definidas em lei;

[...]

XI – as terras tradicionalmente ocupadas pelos índios.

[...]

§ 2º A faixa de até cento e cinquenta quilômetros de largura, ao longo das fronteiras terrestres, designada como faixa de fronteira, é considerada fundamental para defesa do território nacional, e sua ocupação e utilização serão reguladas em lei."

Apreende-se que a Constituição determina como bens de propriedade exclusiva da União Federal não só as terras indispensáveis à garantia da soberania e da defesa nacionais, mas também aquelas destinadas à ocupação tradicional dos índios. A estes, portanto, resguarda-se exclusivamente a posse permanente e o usufruto das riquezas do solo, dos rios e dos lagos nelas existentes.

Aos índios não se concede a propriedade das terras ocupadas, que é exclusiva da União Federal. O que a Constituição determina é uma afetação pública específica às terras habitadas pelos índios, em razão da proteção constitucional a eles conferida. Nesse sentido, destaca-se o art. 231 da CF/88:

"Art. 231. São reconhecidos aos índios sua organização social, costumes, línguas, crenças e tradições, e os direitos originários sobre as terras que tradicionalmente ocupam, competindo à União demarcá-las, proteger e fazer respeitar todos os seus bens.

§ 1º São terras tradicionalmente ocupadas pelos índios as por eles habitadas em caráter permanente, as utilizadas para suas atividades produtivas, as imprescindíveis à preservação dos recursos ambientais necessários a seu bem-estar e as necessárias a sua reprodução física e cultural, segundo seus usos, costumes e tradições.

§ 2º As terras tradicionalmente ocupadas pelos índios destinam-se a sua posse permanente, cabendo-lhes o usufruto exclusivo das riquezas do solo, dos rios e dos lagos nelas existentes.

[...]

§ 5º É vedada a remoção dos grupos indígenas de suas terras, salvo, "ad referendum" do Congresso Nacional, em caso de catástrofe ou epidemia que ponha em risco sua população, ou no interesse da soberania do País, após deliberação do Congresso Nacional, garantido, em qualquer hipótese, o retorno imediato logo que cesse o risco."

A interpretação do art. 231, § 5º, da Constituição, evidencia que mesmo toda a proteção constitucional conferida aos índios é condicionada ao interesse da soberania do País, ora em grau maior, como nas excepcionais hipóteses do artigo mencionado, ora em grau menor, em que outras soluções jurídicas são possíveis para a harmonia e concordância prática desses valores constitucionais.

É dessa segunda hipótese que se trata no presente caso, em que se busca harmonizar a ocupação indígena em terras consideradas indispensáveis à garantia da soberania e da defesa nacionais, seja por se tratar de ocupação de faixa de fronteira ou de áreas geopoliticamente estratégicas.

Nesse caminho, ressalto inicialmente que não se vislumbra conflito entre a possível ocupação daquelas áreas pelos índios e a garantia da soberania e defesa nacionais. Para se chegar a tal constatação, cumpre esclarecer melhor alguns pontos.

Fixada a premissa de que se trata de discussão a respeito da adequada afetação constitucionalmente determinada de bens de propriedade da União Federal, cuja utilização é expressamente condicionada ao respeito da soberania e defesa nacionais, o caminho para a concretização de tal condicionamento perpassa a análise da competência da União Federal para, no que aqui interessa:

"Art. 21. [...]:

[...]

III – assegurar a defesa nacional;

[...]

XXII – executar os serviços de polícia marítima, aeroportuária e de fronteiras; (Redação dada pela Emenda Constitucional n. 19, de 1998)."

Para cumprir esse duplo aspecto, de defesa nacional e de salvaguarda das fronteiras, que concretiza a soberania nacional, a União Federal se vale tanto das Forças Armadas quanto da Polícia Federal, que também têm suas competências fixadas pela Constituição Federal, a saber:

"CAPÍTULO II

DAS FORÇAS ARMADAS

Art. 142. As Forças Armadas, constituídas pela Marinha, pelo Exército e pela Aeronáutica, são instituições nacionais permanentes e regulares, organizadas com base na hierarquia e na disciplina, sob a autoridade suprema do Presidente da República, e destinam-se à defesa da Pátria, à garantia dos poderes constitucionais e, por iniciativa de qualquer destes, da lei e da ordem.

§ 1º Lei complementar estabelecerá as normas gerais a serem adotadas na organização, no preparo e no emprego das Forças Armadas.

CAPÍTULO III

DA SEGURANÇA PÚBLICA

Art. 144. A segurança pública, dever do Estado, direito e responsabilidade de todos, é exercida para a preservação da ordem pública e da incolumidade das pessoas e do patrimônio, através dos seguintes órgãos:

I – polícia federal;

II – polícia rodoviária federal;

III – polícia ferroviária federal;

[...]

§ 1º A polícia federal, instituída por lei como órgão permanente, organizado e mantido pela União e estruturado em carreira, destina-se a:" (Redação dada pela Emenda Constitucional n. 19, de 1998)

I – apurar infrações penais contra a ordem política e social ou em detrimento de bens, serviços e interesses da União ou de suas entidades autárquicas e empresas públicas, assim como outras infrações cuja prática tenha repercussão interestadual ou internacional e exija repressão uniforme, segundo se dispuser em lei;

II – prevenir e reprimir o tráfico ilícito de entorpecentes e drogas afins, o contrabando e o descaminho, sem prejuízo da ação fazendária e de outros órgãos públicos nas respectivas áreas de competência;

III – exercer as funções de polícia marítima, aeroportuária e de fronteiras; (Redação dada pela Emenda Constitucional n. 19, de 1998)

[...]."

A análise dos pontos destacados quanto à soberania e defesa nacional deve ser feita em consonância com as referidas disposições constitucionais e com a legislação de regência.

Feitas essas considerações, ressalte-se o conteúdo das disposições da Portaria n. 534/2005, que define os limites da Terra Indígena Raposa Serra do Sol, no que interessa à questão da soberania e da defesa nacionais. São três referências que merecem destaque (uma consideração e dois artigos), a saber:

"[...]

Considerando que o Decreto n. 4.412, de 7 de outubro de 2002, assegura a ação das Forças Armadas, para defesa do território e da soberania nacionais, e do Departamento de Polícia Federal, para garantir a segurança, a ordem pública e a proteção dos direitos constitucionais dos índios, na faixa de fronteira, onde se situa a Terra Indígena Raposa Serra do Sol;

[...]

Art. 3º A terra indígena de que trata esta Portaria, situada na faixa de fronteira, submete-se ao disposto no art. 20, § 2º, da Constituição.

Art. 4º Ficam excluídos da área da Terra Indígena Raposa Serra do Sol:

I – a área do 6º Pelotão Especial de Fronteira (6º PEF) no Município de Uiramutã, Estado de Roraima;

II – os equipamentos e instalações públicos federais e estaduais atualmente existentes;

2072 Estado de Direito e Jurisdição Constitucional – Decisões relevantes em 15 anos de atuação no STF

III – o núcleo urbano atualmente existente da sede do Município de Uiramutã, no Estado de Roraima;

IV – as linhas de transmissão de energia elétrica; e

V – os leitos das rodovias públicas federais e estaduais atualmente existentes.

[...]."

A Portaria n. 534/3005 ressalva a possibilidade de ingresso, permanência e locomoção da Polícia Federal e das Forças Armadas, nos termos do Decreto outubro de 2002, alterado recentemente pelo Decreto n. 6.513, de 22 de julho de 2008, que assim dispõe:

"DECRETO N. 4.412, DE 7 DE OUTUBRO DE 2002.

Dispõe sobre a atuação das Forças Armadas e da Polícia Federal nas terras indígenas e dá outras providências.

O PRESIDENTE DA REPÚBLICA, no uso da atribuição que lhe confere o art. 84, inciso IV, da Constituição, e tendo em vista o disposto na Lei no 6.001, de 19 de dezembro de 1973, no art. 15 da Lei Complementar n. 97, de 9 de junho de 1999, e nos arts. 142 e 144, § 1º, inciso III, da Constituição, DECRETA:

Art. 1º No exercício das atribuições constitucionais e legais das Forças Armadas e da Polícia Federal nas terras tradicionalmente ocupadas por indígenas estão compreendidas:

I – a liberdade de trânsito e acesso, por via aquática, aérea ou terrestre, de militares e policiais para a realização de deslocamentos, estacionamentos, patrulhamento, policiamento e demais operações ou atividades relacionadas à segurança e integridade do território nacional, à garantia da lei e da ordem e à segurança pública;

II – a instalação e manutenção de unidades militares e policiais, de equipamentos para fiscalização e apoio à navegação aérea e marítima, bem como das vias de acesso e demais medidas de infraestrutura e logística necessárias;

III – a implantação de programas e projetos de controle e proteção da fronteira.

Art. 2º As Forças Armadas, por meio do Ministério da Defesa, e a Polícia Federal, por meio do Ministério da Justiça, ressalvada a hipótese prevista no art. 3º-A deste Decreto, deverão encaminhar previamente à Secretaria-Executiva do Conselho de Defesa Nacional plano de trabalho relativo à instalação de unidades militares e policiais, referidas no inciso II do art. 1º, com as especificações seguintes: (*Redação dada pelo Decreto n. 6.513, de 2008*).

I – localização;

II – justificativa;

III – construções, com indicação da área a ser edificada;

IV – período, em se tratando de instalações temporárias;

V – contingente ou efetivo.

Parágrafo único. A Secretaria-Executiva do Conselho de Defesa Nacional poderá solicitar manifestação da Fundação Nacional do Índio – FUNAI acerca de eventuais impactos em relação às comunidades indígenas das localidades objeto das instalações militares ou policiais.

Art. 3º-A. O Comando do Exército deverá instalar unidades militares permanentes, além das já existentes, nas terras indígenas situadas em faixa de fronteira, conforme plano de trabalho elaborado pelo Comando do Exército e submetido pelo Ministério da Defesa à aprovação do Presidente da República. (*Incluído pelo Decreto n. 6.513, de 2008*).

Parágrafo único. Não se aplicam a este artigo as disposições contidas no art. 2º deste Decreto. (*Incluído pelo Decreto n. 6.513, de 2008*).

Art. 4º Este Decreto entra em vigor na data de sua publicação."

Ao interpretar todo o arcabouço normativo mencionado, apreende-se definitivamente não haver óbice jurídico para o ingresso, permanência e locomoção da Polícia Federal e das Forças Armadas na área demarcada, atendidas as exigências legais.

Possibilidade de ingresso e locomoção das Forças Armadas e da Polícia Federal

É bastante claro o art. 3º-A do Decreto n. 4.412/2002, em consonância com as disposições constitucionais, ao determinar a instalação de unidades militares permanentes em áreas integrantes da faixa de fronteira, como meio de cumprir as determinações constitucionais de defesa das fronteiras e do território nacional.

Além disso, o art. 4º da Portaria n. 534/2005 exclui da área de demarcação a área militar do 6º Pelotão Especial de Fronteira, equipamentos e instalações públicas, linhas de transmissão de energia, leitos de rodovias públicas; tudo a viabilizar um fortalecimento e controle da defesa das fronteiras e do território nacional.

A proteção das fronteiras e do território nacional conta, ainda, com a atuação de outras 3 bases avançadas na Região, a saber: 1º Pelotão de Fronteira – Bonfim, 2º Pelotão de Fronteira – Normandia, 3º Pelotão de Fronteira – Pacaraima; todos integrantes do 7º Batalhão de Infantaria da Selva (7º BIS) e do Projeto Calha Norte. E isso não prejudica a instalação de outros pelotões, conforme art. 3º-A do Decreto n. 4.412/2002.

Ademais, cumpre ressaltar que as Forças Armadas estão engajadas no Projeto Calha Norte, que é formado por 14 bases avançadas do Exército, com apoio da Aeronáutica e da Marinha e abrange 70 municípios brasileiros, 38 dos quais ao longo dos 5.993 km da faixa de fronteira (mais de 1/3 das fronteiras terrestres do país), nos Estados do Amazonas, Roraima, Pará e Amapá.

Segundo informações obtidas em página da *internet* que publica dados da Amazônia Legal, constam as seguintes informações sobre o referido projeto:

"Sua área de atuação corresponde a 14% do território nacional, praticamente inexplorado, esparsamente demarcado, fracamente povoado e praticamente sem vigilância terrestre, onde habitam cerca de 2.300.000 pessoas (apenas 1,2% da população brasileira), incluindo 25% da população indígena do país. Além das 14 bases avançadas, existem quatro Comandos de Fronteira, reunindo aproximadamente 1000 homens cada, com armamento padrão e moderno do Exército Brasileiro e dois veículos de guerra, um Cascavel e um Urutu, em Boa Vista. Já as bases avançadas são constituídas pelos Pelotões Especiais de Fronteira, cujo lema é Vida, Combate e Trabalho. Um pelotão comum reúne 35 homens, mas estes, por serem especiais, reúnem 65 a 70, armados com metralhadoras e fuzis FAL 7.62 mais metralhadoras de mão e pistolas 9 mm.

Fazem a pé o patrulhamento intensivo e ostensivo da floresta inóspita ou a bordo de embarcações rápidas, de alumínio, pelos inúmeros rios da região.

A maioria dos soldados dos Comandos e dos Pelotões são índios pertencentes às etnias locais. Acostumados às dificuldades da floresta, incorporaram ao armamento militar seus armamentos rústicos, porém leves, como a zarabatana, cujo dardo pode atingir um alvo a 200 metros, e o arco e a flecha. Uma flecha disparada num homem a 10 metros de distância pode transpor seu corpo. (Disponível em http://www.amazonialegal.com.br/textos/Calha_Norte.htm. Acesso em: 26.8.2008)"

No mesmo sentido, as Forças Armadas contam com o apoio da estrutura existente do Projeto SIVAM e SIPAM, para controle e fiscalização das fronteiras brasileiras na região da Amazônia Legal.

A ocupação indígena em regiões inóspitas pode contribuir para um melhor controle das fronteiras. Não há, *a priori*, qualquer informação concreta na petição inicial e nos autos em sentido contrário.

Ressalte-se, ainda, que a atuação da Polícia Federal nas regiões indígenas e, inclusive, nas regiões de faixa de fronteira, resta assegurada, após o cumprimento dos procedimentos especificados nos arts. 1º e 2º do Decreto n. 4.412/2002.

Portanto, neste ponto, não vislumbro qualquer plausibilidade na alegação de violação à soberania e à defesa nacionais, pois **não há qualquer óbice jurídico para a ocupação indígena em áreas consideradas como faixa de fronteira.**

Isso não significa que a ocupação indígena deva deixar de observar, de acordo com o Decreto n. 4.412/2002 e no interesse da soberania nacional, as restrições de ocupação inerentes às áreas de defesa das fronteiras nacionais em faixa de fronteira brasileira, ou seja, respeitar o especial regime de administração ali existente.

Do mesmo modo, é proibido aos índios, por exemplo, o exercício impróprio de qualquer poder de polícia na área demarcada, seja em rodovias, seja incidente sobre bens públicos, que não aqueles sob os quais detêm a posse permanente e usufruto.

Também se proíbe a garimpagem e a faiscação nas terras demarcadas como indígenas, não integrando o usufruto dos índios, por expressa vedação da Lei n. 7.805, de 18 de julho de 1989:

Art. 23. A permissão de lavra garimpeira de que trata esta Lei:

a) não se aplica a terras indígenas;

b) quando na faixa de fronteira, além do disposto nesta Lei, fica ainda sujeita aos critérios e condições que venham a ser estabelecidos, nos termos do inciso III, do § 1°, do art. 91, da Constituição Federal.

Diante da constatada superposição de terra indígena em área integrante de faixa de fronteira, na qual se permite excepcionalmente a garimpagem, ressalto que eventualmente seja possível, tão somente em razão dessa peculiaridade, a garimpagem e faiscação a ser realizada com autorização do Estado, mas nunca pelas comunidades indígenas, desde que haja aprovação do Conselho de Defesa Nacional, nos termos do artigo 23, alínea "b", da Lei n. 7.805/93.

Os índios não podem limitar o tráfego de pessoas em rodovias públicas, com barricadas ou com a imposição de quaisquer condições de acesso. Também não se pode restringir a utilização e funcionamento de equipamentos e instalações públicas, em detrimento do interesse público concretizado na defesa da integridade soberana do patrimônio público e da adequada prestação de serviços públicos porventura vinculados a tais bens.

Tais restrições são condicionantes à ocupação indígena na área, no interesse da soberania nacional, seja para instalação e movimentação militar, seja para livre locomoção e atuação da Polícia Federal, mas sempre de forma justificada e controlada, em harmonia com o usufruto e posse permanente dos índios nas áreas demarcadas.

Assim, não subsiste o argumento quanto ao impedimento da fiscalização de infrações de repercussão nacional ou internacional, relacionadas ao narcotráfico, ao contrabando e ao refúgio de criminosos, por exemplo.

Nesse ponto, registre-se a relevância da manifestação do Conselho de Defesa Nacional em casos de demarcação de terras indígenas, nos termos do art. 91, *caput* e § 1°, inciso III, da Constituição, sobretudo para os casos futuros.

Não se olvida aqui que no julgamento do mandado de segurança n. 25.483-1/DF (Rel. Carlos Britto, *DJ* 14.9.2007), também relacionado à discussão de demarcação da terra indígena Raposa Serra do Sol, fixou-se a premissa de que a manifestação daquele Conselho não seria requisito de vaidade do procedimento demarcatório, ainda que em áreas situadas em região de fronteira. Eis o trecho I do voto do Ministro Carlos Britto naquele julgado:

"[...]

20. Também assim, não assiste razão aos impetrantes quanto ao argumento de que a ausência de manifestação do Conselho de Defesa nacional nulifica o processo demarcatório em causa. Como foi ressaltado pela Procuradoria-Geral da República, *"seria inimaginável a obtenção de manifestações do referido órgão de consulta sobre todos os eventuais ocupantes da faixa de fronteira. Dada a abrangência dessa área, se exigiria do conselho atividade permanente e extremamente volumosa, incompatíveis com a natureza do órgão"* (fls. 1.159) [grifo nosso].

Dessa forma, adianto que no presente caso não há vício em razão da falta de manifestação do Conselho de Defesa Nacional.

Entretanto, entendo que a premissa fixada naquele voto não pode ser aceita de forma absoluta, nem sequer adotada como entendimento pacificado. O argumento vencedor daquele julgado, que reputo coerente, remete-se tão somente à possibilidade do referido Conselho vir a se manifestar sobre todo e qualquer procedimento de ocupação em faixa de fronteira.

Diferentemente disso, é notória a complexidade da análise de todos os elementos de soberania e defesa nacionais envolvidos em eventual demarcação de terra indígena sobreposta em faixa de fronteira e em regiões geopoliticamente estratégicas.

Assim, como reforço concreto à harmonia entre os valores constitucionais concernentes à soberania e à defesa nacionais e à proteção constitucional dos índios, entendo que para casos futuros, de semelhante repercussão, a manifestação do Conselho de Defesa Nacional certamente proporciona essenciais ganhos objetivos numa avaliação completa do procedimento demarcatório. A ausência de manifestação, nesses casos, poderá significar uma contrariedade à Constituição.

Restrições constitucionais à posse e ao usufruto das comunidades indígenas em áreas de unidade de conservação ambiental e a sua participação nos processos decisórios

Ultrapassado este ponto, destaco que o exercício interpretativo relativo à atuação das Forças Armadas e da Polícia Federal, em razão do interesse da soberania e defesa nacional, aponta para outro fato de relevância constitucional. Havendo demarcação de terra indígena em área administrada pelo Sistema Nacional de Unidades de Conservação – SNUC (Lei n. 9.985, de 18 de julho de 2000), a ocupação indígena deve observar as restrições e o especial regime de administração daquela área, no que eventualmente for incompatível com o usufruto e posse permanente dos índios.

Ou seja, respeita-se aquela específica afetação pública em prol das presentes e futuras gerações brasileiras indígenas e não indígenas, em harmonia com a garantia de outro bem constitucionalmente relevante, que é a concretização de um meio ambiente ecologicamente equilibrado, assegurado no art. 225 da Constituição.

A harmonia desses interesses constitucionalmente relevantes, sobretudo em casos futuros de demarcação de terras indígenas, deve obrigatoriamente ser observada pela Administração Pública Federal, sob pena de descumprimento ao disposto no art. 225 da Constituição, que neste aspecto específico recebe regulamentação infraconstitucional no art. 5º, inciso X, da Lei n. 9.985/2000:

> "Art. 5º O SNUC será regido por diretrizes que:
>
> [...]
>
> X – garantam às populações tradicionais, cuja subsistência dependa da utilização de recursos naturais existentes no interior das unidades de conservação, meios de subsistência alternativos ou a justa indenização pelos recursos perdidos;"

Nesse ponto, acompanho o voto já proferido pelo eminente Ministro Menezes Direito, ao afirmar que no que se refere à proteção do meio ambiente e à faixa de fronteira, a limitação do direito indígena de posse e usufruto daquelas terras decorre das próprias disposições constitucionais, a gerar uma superposição de afetações, que se resolve a partir de uma interpretação que prestigie a unidade da Constituição.

Dentro da demarcação da terra Raposa Serra do Sol encontra-se a unidade de conservação Parque Nacional do Monte Roraima, criada pelo Decreto n. 97.887, de 28 de junho de 1989, hoje regulado pelo art. 11 da Lei n. 9.985/90.

Assim, as comunidades indígenas devem respeitar as restrições ambientais inerentes à conservação daquela Unidade de Conservação, bem como de outras que porventura venham a surgir.

Para concretizar essa tarefa, faz-se necessário um esforço conjunto, em que os órgãos ambientais (Instituto Chico Mendes de Conservação da Biodiversidade e, eventualmente, órgãos estaduais ou municipais) delimitem as restrições ambientais próprias da unidade de conservação e comuniquem às comunidades indígenas, com auxílio da Fundação Nacional do Índio – FUNAI, para que aquelas tomem conhecimento e participem do processo de conservação ambiental, que é exigido constitucionalmente a todos os brasileiros (índios e não índios).

Isto se dá de acordo com o disposto na Convenção n. 169 da Organização Internacional do Trabalho – OIT sobre Povos Indígenas e Tribais (recepcionada pelo nosso ordenamento jurídico pelo Decreto Legislativo n. 143/2002 e promulgada pelo Decreto n. 5.051, de 19 de abril de 2004), ao ressaltar no seu artigo 7º, item 4, que: *"Os governos deverão adotar medidas em cooperação com os povos interessados para proteger e preservar o meio ambiente dos territórios que eles habitam"*.

É preciso deixar claro que a consulta e comunicação, com o auxílio da FUNAI, às comunidades indígenas é fundamental, inclusive para que elas manifestem sua opinião e contribuam para a construção conjunta de metas e restrições de uso das terras, a garantir a proteção ambiental das áreas de unidades de conservação.

Isso não significa que as decisões dependam formalmente da aceitação das comunidades indígenas como requisito de validade, mas que a sua participação na construção de uma decisão potencializa a eficácia da conservação ambiental.

Nesse sentido, destaco as informações do Memorial Complementar conjunto distribuído à Presidência desta Corte pela AGU e pela FUNAI, neste ano de 2009, em que se afirma que as comunidades indígenas devem participar da administração e conservação dos recursos naturais, como forma de proteção dos direitos sobre as terras que tradicionalmente ocupam, pois:

> "Há experiências de sucesso quanto à gestão ambiental compartilhada de unidades de conservação entre a FUNAI, o Instituto Chico Mendes de Conservação da Biodiversidade e as comunidades indígenas.
>
> Dessa feita, é importante dar continuidade a esse modelo de gestão compartilhada, permitindo-se que os órgãos ambientalistas (Instituto Chico Mendes de Conservação da Biodiversidade) e indigenistas (FUNAI) conjuguem esforços na administração e conservação dos recursos naturais, sem deixar de lado a fundamental participação das comunidades indígenas interessadas." (fls. 9-10 do Memorial)

Portanto, acompanho o voto do Ministro Menezes Direito neste ponto, ressaltando a necessidade de participação, por meio de consulta e manifestação das comunidades indígenas, não como requisito de validade, mas como elemento adicional fundamental ao êxito do processo decisório de administração ambiental de unidades de conservação que se sobreponham às áreas de demarcação indígena. A concretização desta tarefa deve ser dar pela atuação conjunta e integrativa dos órgãos ambientais e indigenistas.

A Declaração das Nações Unidas sobre os Direitos dos Povos Indígenas

Ultrapassada a análise das duas primeiras questões referentes à soberania e defesa nacionais, analiso a última questão enumerada, referente ao seguinte:

(c) possível mitigação da autonomia do Estado brasileiro, após a definição da demarcação das terras indígenas, em face de interesses internacionais, como o que ressaltaria a Declaração das Nações Unidas sobre os Direitos dos Povos Indígenas.

Como bem destacado nos itens 64 a 69 do voto do Ministro Carlos Britto, ao tratar da distinção inconfundível entre as categorias jurídicas de "terras indígenas" e de "territórios indígenas", é inconstitucional qualquer interpretação que indique a condescendência do Estado Brasileiro com o incentivo de movimentos separatistas indígenas.

Da mesma forma, o Ministro Menezes Direito deixou claro em seu voto que a referida Declaração dos Povos Indígenas não pode negar vigência às normas de hierarquia constitucional e topografia pétrea, como a unidade nacional, a indissolubilidade do território e o princípio federativo.

Em primeiro lugar, a proteção constitucional do art. 231 e do art. 232 da Constituição são para brasileiros indígenas. É esse o sentido constitucional, preservando-lhes a cultura, o modo de vida e opção de seu desenvolvimento (pela aculturação ou não), mediante a concessão da posse permanente e usufruto de bens públicos especialmente afetados para tal fim. Mas a proteção constitucional, como visto no art. 231, § 5º, CF/88, deve ser condicionada ao interesse da soberania nacional.

Essa referência, aliada a uma interpretação sistemática da Constituição em relação aos conceitos de território, ente federativo, soberania e povo, já demonstra inequivocamente a impossibilidade de se entender que a demarcação ora analisada seja incentivadora de um movimento separatista indígena ou da consideração político-jurídica de povo distinto do povo brasileiro.

Ao mesmo tempo, o voto favorável da República Federativa do Brasil à adoção da Declaração das Nações Unidas sobre os Direitos dos Povos Indígenas, em 13 de setembro de 2007 (107ª Sessão Plenária da ONU), não significa de forma alguma o alegado receio de incentivo ou de condescendência estatal à segregação ou à independência política no âmbito internacional.

Ao analisar o conteúdo da referida Declaração, destaco os seus artigos 3º, 4º 26 e 34, que poderiam ensejar tal pensamento, como se apreende a seguir:

Artigo 3
Os povos indígenas têm direito à autodeterminação. Em virtude desse direito determinam livremente sua condição política e buscam livremente seu desenvolvimento econômico, social e cultural.

Artigo 4
Os povos indígenas, no exercício do seu direito à autodeterminação, têm direito à autonomia ou ao autogoverno nas questões relacionadas a seus assuntos internos e locais, assim como a disporem dos meios para financiar suas funções autônomas.

Artigo 26
1. Os povos indígenas têm direito às terras, territórios e recursos que possuem e ocupam tradicionalmente ou que tenham de outra forma utilizado ou adquirido.

2. Os povos indígenas têm o direito de possuir, utilizar, desenvolver e controlar as terras, territórios e recursos que possuem em razão da propriedade tradicional ou de outra forma tradicional de ocupação ou de utilização, assim como aqueles que de outra forma tenham adquirido.

3. Os Estados assegurarão reconhecimento e proteção jurídicos a essas terras, territórios e recursos. Tal reconhecimento respeitará adequadamente os costumes, as tradições e os regimes de posse da terra dos povos indígenas a que se refiram.

Artigo 36
1. Os povos indígenas, em particular os que estão divididos por fronteiras internacionais, têm o direito de manter e desenvolver contatos, relações e cooperação, incluindo atividades de caráter espiritual, cultural, político, econômico e social, com seus próprios membros, assim como com outros povos através das fronteiras.

2. Os Estados, em consulta e cooperação com os povos indígenas, adotarão medidas eficazes para facilitar o exercício e garantir a aplicação desse direito.

Independentemente da forma de assimilação formal da Declaração no ordenamento jurídico brasileiro, as disposições apontadas são diretrizes para as políticas e legislações no âmbito nacional, que tratam da proteção dos povos indígenas. Isto significa que cabe a cada país soberano definir a forma de sua incorporação.

No caso da República Federativa do Brasil, o filtro interpretativo central é a Constituição Federal. Assim, só se pode compreender a referida Declaração à luz da Constituição, que felizmente já alberga de maneira exemplar a proteção almejada na referida Declaração, em comparação a vários outros países.

Desse modo, apreende-se que a própria Declaração (arts. 3º e 4º) esclarece que o direito de autodeterminação refere-se às decisões inerentes ao sistema de vida indígena, quanto ao seu meio de vida e de desenvolvimento econômico, social e cultural, em âmbito exclusivamente interno e local. Ou seja, não se trata de autodeterminação em âmbito jurídico-político como ente estatal independente em âmbito internacional. A própria declaração, em sua integralidade, demonstra esse aspecto, ante a contínua necessidade de diálogo e convivência entre os índios e o Estado soberano que os alberga quanto à implementação dos diversos direitos a eles assegurados.

2078 Estado de Direito e Jurisdição Constitucional – Decisões relevantes em 15 anos de atuação no STF

Da mesma forma, a Constituição assegura aos índios brasileiros, nos artigos 231 e 232, a posse permanente e o usufruto das terras que ocupem tradicionalmente. É essa a opção constitucional brasileira, que aponta total sintonia com o disposto no art. 26 da referida Declaração.

A possibilidade de contato cultural de povos indígenas que ocupem áreas de fronteiras internacionais com outros povos não é expressamente vedada, mas cabe, conforme item 2 do art. 36 da referida Declaração, a regulamentação dessa possibilidade, diante do interesse soberano brasileiro em controlar a segurança de suas fronteiras.

A comprovação inequívoca de inexistência de violação à soberania e à defesa nacionais, por meio da adoção da referida Declaração pelo Estado brasileiro, está presente no disposto em seu art. 46, a saber:

"Artigo 46

1. Nada do disposto na presente Declaração será interpretado no sentido de conferir a um Estado, povo, grupo ou pessoa qualquer direito de participar de uma atividade ou de realizar um ato contrário à Carta das Nações Unidas ou será entendido no sentido de autorizar ou de fomentar qualquer ação direcionada a desmembrar ou a reduzir, total ou parcialmente, a integridade territorial ou a unidade política de Estados soberanos e independentes.

2. No exercício dos direitos enunciados na presente Declaração, serão respeitados os diretos humanos e as liberdades fundamentais de todos. O exercício dos direitos estabelecidos na presente Declaração estará sujeito exclusivamente às limitações previstas em lei e em conformidade com as obrigações internacionais em matéria de direitos humanos. Essas limitações não serão discriminatórias e serão somente aquelas estritamente necessárias para garantir o reconhecimento e o respeito devidos aos direitos e às liberdades dos demais e para satisfazer as justas e mais urgentes necessidades de uma sociedade democrática".

Assim, extrair do conteúdo da Declaração a possibilidade de segregação ou incentivo à autodeterminação jurídica e política dos índios, como ente autônomo em âmbito internacional, não só é expressamente vedado pela referida Declaração, mas também afronta a Carta das Nações Unidas (da qual o Estado Brasileiro é integrante) e a Constituição Federal.

Desse modo, a concretização, no plano interno brasileiro, da Declaração, passa, necessariamente, segundo o art. 46, pelas limitações previstas em lei, as quais só podem ser entendidas, no presente caso, como aquelas oriundas da Constituição Federal.

Nesse ponto, destaco, inclusive, que a interpretação oficial contida em documento da Organização das Nações Unidas para a Educação, a Ciência e a Cultura – UNESCO no Brasil, publicada em setembro de 2008, por meio de documento em forma de perguntas e respostas acerca da interpretação do conteúdo da referida Declaração, parece seguir este caminho (Disponível em: http://unesdoc.unesco.org/images/0016/001627/162708POR.pdf. Acesso em: 1º.12.2008).

Portanto, não vislumbro, no presente caso, violação à soberania e à defesa nacionais, desde que observadas as condicionantes estabelecidas neste voto.

Ressalto, novamente, que as comunidades indígenas devem observar os regimes de administração especial das unidades de conservação e de faixa de fronteira nos termos da legislação federal, por serem interesses constitucionalmente estabelecidos, permitida a sua participação, ao menos por meio de consulta e manifestação, o que não importa em requisito de validade para as decisões estatais tomadas, nos termos do artigo 34 da Convenção n. 169 da OIT (*A natureza e o alcance das medidas que sejam adotadas para por em efeito a presente Convenção deverão ser determinadas com flexibilidade, levando em conta as condições próprias de cada país*).

Deixo claro que a Declaração dos Povos Indígenas deve se submeter ao filtro interpretativo da Constituição Federal, não pode servir de parâmetro para fomentar direitos de secessão ou autonomia política no âmbito internacional e se refere exclusivamente ao direito de autodeterminação cultural interna de seus costumes e tradições.

Processo administrativo de demarcação de terras indígenas **2079**

Destaco, ainda, que é fundamental, para casos futuros de semelhante complexidade decisória, a necessidade de maior firmeza na exigência de manifestação do Conselho de Defesa Nacional.

Diante da constatada superposição de terra indígena em área integrante de faixa de fronteira, na qual se permite excepcionalmente a garimpagem, ressalto que eventualmente seja possível, tão somente em razão dessa peculiaridade, a garimpagem e faiscação a ser realizada com autorização do Estado, mas nunca pelas comunidades indígenas, desde que haja aprovação do Conselho de Defesa Nacional, nos termos do artigo 23, alínea "b", da Lei n. 7.805/93.

A natureza das terras indígenas na Federação brasileira

Para melhor compreensão do alegado conflito federativo relacionado à demarcação da Terra Indígena Raposa Serra do Sol, é necessário tecer algumas considerações relativas ao território envolvido no litígio.

Como já mencionado nos votos dos ilustres Ministros que me antecederam, a área da Terra Indígena Raposa Serra do Sol está situada nos Municípios de Normandia, Pacaraima e Uiramutã, Estado de Roraima, compreendendo a área descrita no artigo 2º da Portaria n. 534, de 13.4.2005, situando-se no Norte do Estado, na trijunção das fronteiras Brasil/Venezuela/Guiana.

A demarcação da Terra Indígena Raposa Serra do Sol, competência da União nos termos do art. 231 da Constituição, envolve, portanto, interesses do Estado de Roraima e dos Municípios de Normandia, Pacaraima e Uiramutã, todos autônomos, nos termos do art. 18 da Constituição Federal.

A origem do Estado de Roraima remonta à criação da capital, Boa Vista, em 1830. Em 1858, Boa Vista foi transformada em sede da então criada Freguesia de Nossa Senhora do Carmo do Rio Branco. Em 1890, foi criado o Município de Boa Vista do Rio Branco, pertencente ao Estado do Amazonas. Em 1943, o Presidente Getúlio Vargas transformou o Município de Boa Vista e parte do Município de Moura em Território Federal do Rio Branco, que passou a se chamar Roraima em 1962. A Constituição Federal de 1988 transformou o Território de Roraima em Estado da Federação (art. 14 do ADCT).

A transformação do Território de Roraima em Estado da Federação seguiu as normas e os critérios adotados quando da criação do Estado de Rondônia (Lei Complementar n. 41/1981).

A Lei n. 10.304, de 5 de novembro de 2001, dispôs sobre a transferência das terras pertencentes à União ao Estado de Roraima. No entanto, a Medida Provisória n. 454, de 28 de janeiro de 2009, alterou a redação dos arts. 2º, 3º e 4º da referida lei.

Pela nova redação dada ao art. 2º, ficam excluídas da transferência de que trata a lei, além das áreas relacionadas nos incisos II a XI do art. 20 da Constituição Federal, as terras destinadas ou em processo de destinação, pela União, a projetos de assentamentos; as áreas de unidades de conservação; as áreas afetadas, de modo expresso ou tácito, a uso público comum ou especial; as áreas destinadas a uso especial do Ministério da Defesa e as áreas objeto de títulos expedidos pela União que não tenham sido extintos por descumprimento de cláusula resolutória. A nova redação do art. 3º determina que as terras transferidas ao domínio do Estado de Roraima sejam utilizadas, preferencialmente, em atividades de conservação ambiental e desenvolvimento sustentável, de assentamento, colonização e de regularização fundiária. A aplicabilidade do diploma legal está condicionada à regulamentação pelo Poder Executivo.

O atual Estado de Roraima possui 15 Municípios, todos fazendo fronteira com a Venezuela ou com a Guiana ou, ao menos, abrangendo parte da faixa de fronteira.

A maior parte da população, 200.568 (duzentos mil quinhentos e sessenta e oito) pessoas, se concentra na capital Boa Vista. O Município de Normandia possui população urbana de 1.453 (um mil quatrocentos e cinquenta e três) e rural de 4.639 (quatro mil seiscentos e trinta e nove), sendo do total 4.422 (quatro mil quatrocentos e vinte e dois) indígenas. O Município de Pacaraima possui população urbana de 2.758 (dois mil setecentos e cinquenta e oito) pessoas e rural de 4.231 (quatro mil duzentos e trinta e um), sendo do total 3.761 (três mil setecentos e sessenta e um) índios. O Município de Uiramutã possui população urbana de 525 (quinhentos e vinte e cinco) pessoas e rural de 5.258 (cinco mil duzentos e cinquenta e oito), sendo a população indígena de 5.138 (cinco mil cento e trinta e oito) pessoas.

O Município de Normandia, cuja sede se encontra fora da Terra Indígena Raposa Serra do Sol, foi criado por meio da Lei n. 7.009/82, ao ser emancipado do Município de Boa Vista.

Os Municípios de Pacaraima e Uiramutã foram criados pelas Leis Estaduais n. 096/95 e n. 098/95, que foram objeto de impugnação pelo Procurador-Geral da República na ADI 1.512, relatada pelo Ministro Maurício Corrêa, como registrado pelo Relator em seu voto. O Procurador-Geral questionou, especificamente, os artigos das referidas leis que determinavam que as sedes dos dois municípios seriam instaladas nas vilas com os mesmos nomes, que localizavam-se nas terras indígenas "São Marcos" e "Raposa Serra do Sol". A ADI não foi conhecida pelo Tribunal, por demandar o exame de "um estado de fato concreto e contraditório".

Segundo informações, 46% do território do Estado de Roraima já é Terra Indígena demarcada, sendo 7,79% correspondente à Terra Indígena Raposa Serra do Sol. As atividades agrícola e pecuária representam 3,8% do produto interno bruto do Estado, a Administração Pública representa 58,2%, a construção civil 6% e o comércio representa 9,3% do PIB.

A preservação dos Municípios de Normandia, Pacaraima e Uiramutã parece ser uma preocupação de todos os envolvidos na demarcação.

Nas audiências públicas realizadas na Assembleia Legislativa do Estado de Roraima, a Comissão Temporária Externa do Senado ouviu os representantes das Associações Indígenas SODIURR, ARIDOM e ALIDCIR que expuseram o entendimento pacífico de que "a criação do Município de Uiramutã se constitui em conquista indígena, na medida em que, tendo obedecido à previsão constitucional de realização de plebiscito, revela o anseio da maioria esmagadora da população local de ter uma estrutura estatal que propicie os serviços públicos básicos" (fl. 19 do Relatório Parcial n. 003/2004).

Em audiência realizada na Maloca Ingarikó, em 7.02.2004, a Comissão Temporária Externa ouviu as lideranças indígenas da Comunidade Mapaé, o Líder Religioso Ingarikó e a representante das mulheres. A etnia Ingarikó manifestou desejo pela manutenção dos municípios e das rodovias, necessários para o escoamento de sua produção (fls. 19-20 do Relatório Parcial n. 003/2004).

O Governo do Estado de Roraima e as Prefeituras Municipais de Normandia, Uiramutã e Pacaraima colocam como principal argumento contrário à homologação contínua da Terra Indígena Raposa Serra do Sol a possibilidade de extinção dos Municípios. Aventam, inclusive, a possibilidade de extinção do próprio Estado de Roraima. Sustentam que a demarcação da área representará diminuição do território dos entes federados em questão, acarretando diminuição das atividades econômicas e governamentais na região e possibilitando, inclusive, o êxodo rural de índios e não índios para a Capital já inchada.

A alegação de possível extinção dos Municípios foi rechaçada pelo Ministro Relator ao consignar as características específicas das terras demarcadas, nos seguintes termos:

"É como dizer: sinto-me desobrigado de entrar na discussão sobre a possibilidade de um decreto federal extinguir Municípios, pois o fato é que nenhum deles foi extinto por ato do Presidente da República. Sem falar que o ato em si de demarcação de terras indígenas não significa varrer do mapa qualquer unidade municipal, já que não se pode confundir (veremos isso) titularidade de bens com senhorio de um território político. Ademais, é de todo natural que o município de Uiramutã seja ocupado por índios em quase sua totalidade, porquanto, ali, mesmo no censo anterior à reclamada extrusão, os índios somavam 90% da população local. E quanto à sede do município de Pacaraima, cuida-se de território encravado na 'Terra Indígena São Marcos', nada tendo a ver, portanto, com a presente demanda."

Como bem salientou o Ministro Carlos Britto, não há que se falar em extinção de Municípios, uma vez verificado, inclusive, que as sedes dos Municípios de Uiramutã, Pacaraima e Normandia não se situam na área demarcada da Terra Indígena Raposa Serra do Sol.

Em relação à alegação de diminuição do território do Estado de Roraima, ressalte-se que a área do território nacional que compõe o Estado de Roraima já previa as terras indígenas situadas em seu território como bens da União no tempo de sua criação.

Quanto à transformação do Território Federal de Roraima em Estado, assim dispôs o art. 14 do ADCT:

"Os Territórios Federais de Roraima e do Amapá são transformados em Estados Federados, mantidos seus atuais limites geográficos.

§ 1º A instalação dos Estados dar-se-á com a posse dos governadores eleitos em 1990.

§ 2º Aplicam-se à transformação e instalação dos Estados de Roraima e Amapá as normas e critérios seguidos na criação do Estado de Rondônia, respeitado o disposto na Constituição e neste Ato.

§ 3º O Presidente da República, até quarenta e cinco dias após a promulgação da Constituição, encaminhará à apreciação do Senado Federal os nomes dos governadores dos Estados de Roraima e do Amapá que exercerão o Poder Executivo até a instalação dos novos Estados com a posse dos governadores eleitos."

Frise-se, pois, que as Terras Indígenas são bens da União e não Território Federal. Tais terras são território dos Estados e Municípios em que estão situadas. Logo, a demarcação da Terra Indígena Raposa Serra do Sol não representa diminuição do Território do Estado de Roraima, pois não altera seus limites geográficos.

Registre-se que, atualmente, a República Federativa do Brasil não possui nenhum Território Federal. Os territórios poderão vir a ser criados em conformidade com as disposições dos arts. 18, § 2º, e art. 33 da Constituição.

Em relação especificamente às terras da Raposa Serra do Sol, o art. 4º da Portaria 534/2005 excluiu da área da Terra Indígena Raposa Serra do Sol o 6º Pelotão Especial de Fronteira (6º PEF), o núcleo urbano da sede do Município de Uiramutã, a sede do Município de Normandia (que já havia sido excluída pela Portaria n. 820/98), os equipamentos e instalações públicos federais e estaduais atualmente existentes, as linhas de transmissão de energia elétrica e os leitos das rodovias federais e estaduais, afastando o conhecimento da ação quanto à pretensão autoral de vê-los excluídos da área demarcada. Assim, tal como consignou o Relator, essa questão não deve ser objeto de análise.

Restam, portanto, as áreas correspondentes às Vilas "Água Fria", "Socó", "Vila Pereira" e "Mutum", às titulações conferidas pelo INCRA, à Fazenda Guanabara e às propriedades dos pequenos rizicultores privados que passaram a ocupar as terras a partir de 1992.

Com relação a essas áreas, cumpre ressaltar que as ocupações e domínios anteriores à demarcação, como consignado pelo Ministro Menezes Direito em seu voto-vista, não prevalecem sobre o direito do índio à demarcação de suas terras, nos termos do § 6º do art. 231 da Constituição Federal. Nas palavras do Ministro Menezes Direito:

"O tema das terras indígenas sempre despertou a discussão quanto à prevalência dos direitos dos índios em face de situações anteriormente constituídas. Nessa discussão, já se lançou mão de inúmeros argumentos e algumas teorias, em especial a do indigenato, trazendo-se a lume os sistemas vigentes sob as nossas Constituições de outrora.

Toda essa discussão está se não superada, pelo menos destituída da relevância antes merecida, pelo regime da Constituição de 1988.

Nos termos do § 6º do art. 231:

§ 6º São nulos e extintos, não produzindo efeitos jurídicos, os atos que tenham por objeto a ocupação, o domínio e a posse das terras a que se refere este artigo, ou a exploração das riquezas

Estado de Direito e Jurisdição Constitucional – Decisões relevantes em 15 anos de atuação no STF

naturais do solo, dos rios e dos lagos nelas existentes, ressalvado interesse público da União, segundo o que dispuser lei complementar, não gerando a nulidade e a extinção direito a indenização ou a ações contra a União, salvo, na forma da lei, quanto às benfeitorias derivadas da ocupação de boa-fé.

O constituinte quis suplantar todas as pretensões e os supostos direitos sobre as terras indígenas identificadas a partir de 1988.

(...)

Conclui-se que uma vez demonstrada a presença dos índios em determinada área na data da promulgação da Constituição (5.10.1988) e estabelecida a extensão geográfica dessa presença, constatado o fato indígena por detrás das demais expressões de ocupação tradicional da terra, nenhum direito de cunho privado poderá prevalecer sobre os direitos dos índios. Com isso, pouco importa a situação fática anterior (posses, ocupações, etc.). O fato indígena a suplantará, como decidido pelo constituinte dos oitenta.

No caso concreto, segundo o autor e seus assistentes, a demarcação violou direitos particulares que se constituíram antes mesmo da vigência da política de atribuição aos índios das terras por eles ocupadas tradicionalmente.

Seria o caso dos imóveis com posse ou propriedade anteriores ao ano de 1934, quando foi promulgada a primeira Constituição que assegurou o direito dos índios à posse da terra que tradicionalmente ocupavam. Antes disso, sustentam, não havia proteção quanto às terras indígenas.

Mas essa argumentação não pode prosperar nos termos do art. 231 da Constituição de 1988, que reconhece um direito insuscetível de prescrição aquisitiva no que se refere à posse das terras indígenas como assentado em precedente deste Supremo Tribunal Federal, de que Relator o Ministro Celso de Mello (RE n. 183.188/MS, *DJ* de 14.2.1997). Ademais, não há direitos adquiridos diante da Constituição, como também já definiu esta Suprema Corte no julgamento do RE n. 94.414, Relator o Ministro Moreira Alves (*DJ* 19.4.1985)."

Assim, ainda que algumas áreas abrangidas pela demarcação sejam ocupadas por não índios há muitas décadas, estando situadas em terras de posse indígena, o direito de seus ocupantes não poderá prevalecer sobre o direito dos índios.

A posse indígena e a posse civil

Cumpre notar que a posse a que se refere a Constituição não pode ser reduzida ao conceito de posse do Direito Civil. A posse dos silvícolas abrange todo o território indígena propriamente dito, isto é, toda a área habitada para seu sustento e necessária à preservação de sua identidade cultural. Tal peculiaridade não passou despercebida ao saudoso Ministro Victor Nunes, que, em pronunciamento verdadeiramente luminoso no RE n. 44.585, fixou o efetivo alcance da proteção constitucional à posse dos silvícolas, como se constata:

"Aqui não se trata do direito de propriedade comum: o que se reservou foi o território dos índios. Essa área foi transformada num parque indígena sob guarda e administração do Serviço de Proteção aos Índios, pois estes não têm a disponibilidade das terras.

O objetivo da Constituição Federal é que ali permaneçam os traços culturais dos antigos habitantes, não só para sobrevivência dessa tribo, como para estudos dos etnólogos e para outros efeitos de natureza cultural ou intelectual.

Não está em jogo, propriamente, um conceito de posse, num de domínio, no sentido civilista dos vocábulos; trata-se do *habitat* de um povo.

Se os índios, na data da Constituição Federal, ocupavam determinado território, porque desse território tiravam seus recursos alimentícios, embora sem terem construções ou obras permanentes que testemunhas sem posse de acordo com o nosso conceito, essa área, na qual e da qual viviam, era necessária à sua subsistência. Essa área, existente na data da Constituição Federal, é que se mandou respeitar.

Se ela foi reduzida por lei posterior; se o Estado a diminuiu de dez mil hectares, amanhã a reduziria em outros dez, depois, mais dez, e poderia acabar confinando os índios a um pequeno trato, até ao terreiro da aldeia, porque ali é que a 'posse' estaria materializada nas malocas. (g.n.)

Não foi isso que a Constituição quis. O que ela determinou foi que, num verdadeiro parque indígena, com todas as características culturais primitivas, pudessem permanecer os índios, vivendo naquele território, porque a tanto equivale dizer que continuariam na posse do mesmo.

Entendo, portanto, que, embora a demarcação desse território resultasse, originariamente, de uma lei do Estado, a Constituição Federal dispôs sobre o assunto e retirou ao Estado qualquer possibilidade de reduzir área que, na época da Constituição, era ocupada pelos índios, ocupada no sentido de utilizada por eles como seu ambiente ecológico" (RE n. 44.585, Rel. Min. Victor Nunes, Referências da Súmula do STF, 1970, v. 25, pp. 360/361).

Trata-se, sem dúvida, de manifestação fulgurante do saudoso magistrado e humanista. É interessante notar que a tese, brilhantemente desenvolvida pelo eminente juiz, em 1961, veio a ser adotada, integralmente, pela Constituição de 1988, como se pode depreender da leitura de seu art. 231, § 1º:

"São terras tradicionalmente ocupadas pelos índios as por eles habitadas em caráter permanente, as utilizadas para as suas atividades produtivas, as imprescindíveis à preservação dos recursos ambientais necessários ao seu bem-estar e as necessárias à sua preservação física e cultural, segundo seus usos, costumes e tradições".

Portanto, não se pode, conceitualmente, atribuir à posse de Direito Civil a mesma dimensão da posse indígena. Enquanto aquela é caracterizada como poder de fato, que se exerce sobre uma coisa (cf. José Carlos Moreira Alves, *Direito Romano*, v. 1, 1978, p. 357), a ocupação efetiva da terra pelo silvícola deve ser definida tendo em vista os usos, costumes, tradições culturais e religiosas.

Nesse sentido, irretocáveis as considerações desenvolvidas pelo Ministro Menezes Direito em seu percuciente voto, segundo as quais a teoria do indigenato, comumente utilizada na definição dos contornos da posse indígena, deve ser substituída pela teoria do fato indígena. Desse modo, indagações acerca da *"imemorialidade"* da ocupação devem ser suplantadas pela verificação dos requisitos ou pressupostos trazidos pelo texto constitucional. A expressão *"terras tradicionalmente ocupadas pelos índios"* não é revestida de qualquer conotação temporal, mas se refere apenas ao modo da ocupação (segundo os *"usos, costumes e tradições"* indígenas).

Por conseguinte, nos termos do art. 231, § 1º, da CF/88, os seguintes fatores devem ser verificados na definição de uma determinada área como terra indígena: a) fator temporal (*"habitadas em caráter permente"*); b) fator econômico (*"utilizadas para as suas atividades produtivas"*); c) fator ecológico (*"imprescindíveis à preservação dos recurso ambientais necessários ao seu bem-estar"*); d) fator cultural ou demográfico (*"necessárias a sua reprodução física e cultural"*).

No caso em exame, a grande área demarcada, superior ao território de países como Portugal e Bélgica, suscitam algumas preocupações.

Há algum tempo tenho certa perplexidade quanto à justa, à adequada interpretação dessa norma, tendo em vista esses parâmetros estabelecidos. Sem dúvida nenhuma, é um tema que nos preocupa, tendo em vista a dimensão das áreas eventualmente demarcadas e os pressupostos que lastreiam a opção por essa demarcação, levando em conta, sempre, um dado paradigma, o do índio isolado. A própria fórmula do texto constitucional, do § 1º do art. 231, talvez suscite uma reflexão.

Sem embargo da relevância de eventuais objeções que possam ser levantadas contra a posse indígena e a eventual imprecisão de seus contornos, não se deve perder de vista que a proteção, que constitucionalmente se lhe empresta, vem da Carta Magna de 1934 (art. 129), configurando, sem dúvida, princípio já tradicional do Direito Público brasileiro (Carta de 1937, art. 154; Constituição de 1946, art. 216; Constituição de 1967, art. 186; Constituição de 1969, EC 1, art. 198).

Antes de assumir uma posição atenuadora do preceito constitucional em apreço, cumpre ao intérprete assegurar-lhe a plena força ou eficácia normativa (*normative Kraft*). Estará atuando, assim, de forma compatível com o princípio de hermenêutica constitucional que recomenda a

2084 Estado de Direito e Jurisdição Constitucional – Decisões relevantes em 15 anos de atuação no STF

adoção de exegese que preserve a integral eficácia da norma constitucional (Princípio da força normativa da Constituição) (Konrad Hesse, *Grudzüge des Verfassungsrechts der Bundesrepublik Deutschland, Heidelberg*, 1984, p. 28).

De resto, as razões inspiradoras do legislador constituinte não parecem assentar-se em mero sentimento de culpa, nem constituem expressão de um sentimentalismo *naif*. Ao revés, considerou o Texto Magno que a preservação dos silvícolas com as suas características, culturas e crenças, constituía, em verdade, imperativo de uma sociedade que se pretende aberta. Vê-se, pois, que o preceito constitucional traduz o próprio reconhecimento de que existem valores e concepções, diversos dos nossos, e de que o nosso modelo de desenvolvimento não é único. E, sobretudo, a regra constitucional revela a crença na adequada coexistência dessas diversidades como corolário de uma sociedade pluralista e justa.

A correta aplicação da norma do § 1º do art. 231 da Constituição deverá levar em consideração o grau de aculturação de cada etnia. Assim, o nível de aculturamento de um determinado grupo indígena determinará a adoção de diferentes critérios para a identificação dos fatores temporal, econômico, ecológico e cultural que nortearão a demarcação de uma área como terra indígena.

Por certo que grupos indígenas pouco integrados praticam suas atividades produtivas de forma mais rudimentar, necessitando de maior espaço físico para desempenhá-las, ao contrário de etnias mais sedentarizadas. Nesse sentido, o relatório elaborado pela Comissão de Peritos, ao responder à questão n. 6 apresentada pelos Senhores Silvino Lopes da Silva e Alcides da Conceição Lima Filho, analisa os diferentes resultados possíveis para a determinação da área necessária à demarcação a partir das características específicas de cada etnia. Segundo consta do relatório:

> "*Questão 6:*
>
> Considerando que existem 09 (nove) adensamentos com 91 (noventa e uma) malocas, totalizando uma população por volta de 10.500 (dez mil e quinhentas) pessoas, sendo Ingarikó, Saraó, Vale do Rio Quinó, Carapur-Canãa, Maturca, Raposa-Surumu, Cutia, Xuriunuatemu, Cedro, Patativa e que vivem salutarmente integrados com os não índios até os dias de hoje. Pergunta-se: uma área de 450.000 hectares é suficiente para uma população de 10.500 pessoas?
>
> *Resposta 6:*
>
> A área de 450.000 ha em questão precisa ser contextualizada. Que área seria essa? Em blocos conforme a proposta do Estado de Roraima, ou continua?
>
> Pode-se questionar o aspecto 'salutarmente' integrados, já que existem alguns grupos em estado de não integração total ou parcial com os não índios e até entre outras etnias na TI em questão (caso dos Ingarikós).
>
> Apenas como exercício, os 450.000 ha podem representar área mais que suficiente para garantir a subsistência material e cultural dos povos indígenas aí residentes, devem ser realizados levantamentos detalhados dos recursos de solos e etnobotânicos do entorno de cada adensamento, em escala adequada (1:20.000 ou mais detalhada), de modo a avaliar tecnicamente a capacidade de suporte da subsistência e extrativismo dos entornos e a população sedentarizada ideal para cada caso, nos moldes vigentes.
>
> Em tese, uma área de 450.000 ha para o equivalente a 12.874 índios se traduziria numa relação de aproximadamente 34,9 ha por habitante, suficiente para grupos sedentarizados. Considerando que cerca de 70-75% da área do NE de Roraima possui solos não aptos à exploração agrícola itinerante (Schaefer, 1994; Furley, 1994), teríamos então cerca de 100.000 ha de terras efetivamente aptas (em maior ou menor grau) ao cultivo. Considerando os períodos de pousios típicos adotados na região, de cerca de 10-15 anos de abandono para 2 anos de cultivo, poder-se-ia estimar uma área de aproximadamente 5.000 – 10.000 ha, que seria suficiente para prover a subsistência da população total da região, mediante técnicas rudimentares de cultivo. Grande parte dos restantes 350.000 ha de área de relevo muito desfavorável, poderia ser utilizada para pastoreio extensivo e extrativismo vegetal, nos moldes existentes há mais de 250 anos na região. (...)
>
> **A vida social das comunidades indígenas hoje existentes no Norte/Nordeste de Roraima é indissociável da estrutura social-econômica trazida pelos colonos brasileiros de origens diversas que desde**

meados do século XVIII, e mesmo na vizinha Guyana (Hills, 1961) implantaram a cultura do gado na área de Savanas e Campos de Roraima. (...)."

Tais considerações são suficientes para demonstrar a importância das particularidades de cada etnia, especialmente no que diz respeito à sua integração com as comunidades vizinhas, para a identificação do fato indígena e a definição da área a ser demarcada.

No caso da Raposa Serra do Sol, fiquei mais ou menos seguro ao ler o laudo elaborado pelo Professor Carlos Schaefer para a Justiça Federal e constatar que houve a preocupação com os níveis de aculturação.

Não é razoável, simplesmente, fazer esse resgate histórico memorialista de um espaço em que se desenvolveram as culturas. É preciso que o procedimento seja devidamente ajustado, tendo em vista os três outros círculos referidos no § 1º do artigo 231.

O debate se enveredou para uma discussão que já tinha sido posta quando do processo de demarcação: se deveria haver demarcação contínua ou não. E, talvez, essa seja até uma falsa questão, ou uma questão inadequada, porque, diz Schaefer, por exemplo: pode-se fazer uma área contínua de culturas totalmente diversas, como sói acontecer aqui, com um milhão e sete-centos mil hectares, ou com um milhão de hectares. Como poderia haver áreas descontínuas?

A rigor, são opções que, talvez, lances opiniáticos tenham decidido, e esse é um problema. Não se trata, no entanto, de haver áreas descontínuas, e sim, do tamanho da área demarcada. Justamente por isso, Schaefer expõe uma série de exercícios de diferentes formas de demarcar a mesma área, inclusive de múltiplas possibilidades de áreas descontínuas.

Por isso, o debate quanto ao texto constitucional, que decidiu por um modelo de área con-tínua, parece-me uma colocação inexata. Se fosse assim, por que não juntar todas as áreas indí-genas de Roraima?

Então, essa questão, com as vênias de estilo, precisa ser devidamente matizada. Poderá ser feita a opção entre demarcação contínua e descontínua? Isso dependerá das características espe-cíficas das áreas e das etnias envolvidas no procedimento demarcatório. Far-se-á um todo se houver um conjunto. Por exemplo, em relação ao Parque Nacional do Xingu, nas palavras de Karl von den Steinen, não havia nenhuma dúvida de que isso era um todo mais ou menos inte-grado culturalmente. O Quarup é uma festa comum, de certa forma. A ideia de que as tribos trocavam embaixadores confirmava essa teoria constatada por Karl von den Steinen no século XIX. Portanto, imaginar um modelo de *cluster*, de separação, aqui, seria terrível, porque estaría-mos a segmentar culturas que, realmente, tinham uma base de integração, inclusive territorial.

Mas a questão não está pré-decidida a partir do texto constitucional, porque, realmente, ele preconiza aquilo que, expressamente, vimos a partir do artigo 231, § 1º:

"Art. 231. (...)

§ 1º São terras tradicionalmente ocupadas pelos índios as por eles habitadas em caráter permanente, as utilizadas para suas atividades produtivas, as imprescindíveis à preservação dos recursos ambientais necessários a seu bem-estar e as necessárias a sua reprodução física e cultural, segundo seus usos, cos-tumes e tradições."

Esses dados são suscetíveis de certa plasticidade, tendo em vista essas variações culturais. Não estamos diante de uma ciência matemática aqui, felizmente a antropologia não tem essa pretensão.

Daí, também, a necessidade aqui multirreferida de haver um grupo técnico plural, com múltiplas visões, tendo em vista a complexidade da interpretação que o texto constitucional está a reclamar, para que haja, de fato, uma adequada garantia de proteção constitucional aos índios, sem prejuízo de outros valores. É fundamental essa compatibilização, essa "concordância práti-ca" no sentido utilizado por Konrad Hesse.

Terra indígena como bem da União

Ainda quanto às áreas demarcadas, cumpre ressaltar a natureza das terras indígenas no contexto da forma do Estado Brasileiro. Como bem esclarecido pelo Ministro Relator, e já referido acima, as Terras Indígenas são bens da União e não Território Federal.

Os Territórios Federais, como dispõe o art. 33 da Constituição, integram o território da União e serão organizados, quando criados, nos termos de lei específica, podendo ser divididos em municípios e contar com órgãos judiciários de primeira e segunda instância, Ministério Público e Defensores Públicos Federais, além do Governador nomeado na forma da Constituição e da Câmara Territorial.

As Terras Indígenas são bens da União e território dos Municípios e Estados em que estão situadas, afetadas à ocupação dos índios brasileiros.

Importante registrar que o Estatuto do Índio tratava das Terras dos Índios no Título III, permitindo que as áreas reservadas fossem organizadas em "reserva indígena", "parque indígena", "colônia agrícola indígena" e "território federal indígena". Essas normas não foram recepcionadas pela Constituição de 1988, que passou a prever apenas a forma de organização em "Terra Indígena".

Como bem esclareceu o Ministro Menezes Direito, "*Ainda que a Constituição não tenha se utilizado do termo na sua exatidão, o tratamento detalhado que dedicou à questão dos índios e de suas terras suplanta o modelo do Estatuto e faz dela a sede por excelência do estatuto jurídico das terras indígenas, praticamente dispensando outros regramentos*".

A participação dos Estados e Municípios no processo demarcatório: aplicação do Princípio da Fidelidade à Federação (*Bundestreue*)

Ponto importante diz respeito à questão federativa.

Estamos diante de um texto constitucional que, na linha da nossa tradição, galvaniza com cláusula pétrea o princípio federativo, e o texto de 1988 é ainda muito mais radical ao referir-se também ao município. E isso tem algum sentido, não pode se fazer *tabula rasa* dessas unidades políticas.

Não se pode simplesmente desaparecer unidades políticas por se entender que elas são indevidas ou foram criadas com uma má intenção.

Peço vênia ao Ministro Carlos Britto para, neste ponto, discordar de seu voto, na parte em que entende que a competência da União deve ser exercida *contra* os Estados e Municípios.

A afetação do território de uma unidade federada precisa ter realmente um referencial jurídico sério. É preciso que, mais do que o direito de participação, de ser ouvido, se assegure lugar neste grupo aos Estados e Municípios afetados pela demarcação.

Entendo que a competência da União deve ser exercida com a participação efetiva dos Estados e Municípios abrangidos pela área a ser demarcada. Participação que, como consignado pelo Ministro Menezes Direito, é obrigatória, devendo ocorrer "sobre o estudo de identificação, sobre a conclusão da comissão de antropólogos e sobre o relatório circunstanciado do grupo técnico (art. 2º, § 6º), sem prejuízo do disposto no § 8º do art. 2º do Decreto n. 1.775/96".

A previsão do art. 2º, § 8º, do Decreto n. 1.775/96 não é suficiente para abarcar todo o arcabouço constitucional que envolve a matéria.

O Decreto apenas refere o direito de manifestação e de apresentação de provas durante o procedimento demarcatório, não consignando expressamente o direito dos Estados e Municípios participarem da tomada de decisão do ato administrativo, ou de terem, pelo menos, seus argumentos analisados de forma fundamentada.

O Decreto n. 1.775/96, neste ponto, não pode deixar de ser interpretado em conformidade com a Constituição Federal. Assim, à luz do princípio federativo, há que se garantir o direito dos Estados e dos Municípios envolvidos de participar efetivamente do processo administrativo demarcatório, devendo integrar o Grupo Técnico especializado designado pelo Órgão Federal para realizar o levantamento fundiário de que trata o decreto.

Ressalte-se que a participação dos Estados e Municípios na demarcação de Terras Indígenas não poderá ser meramente burocrática. Sua atuação deve ser garantida pelos princípios constitucionais do direito ao contraditório e à ampla defesa.

Como há muito enfatiza a doutrina constitucional, o direito de defesa não se resume a um simples direito de manifestação no processo, mas a uma *pretensão à tutela jurídica*", como bem anotava Pontes de Miranda.

Essa pretensão à tutela jurídica, consagrada no art. 5º, LV, da Constituição, contém o **direito de informação** (*Recht auf Information*), que obriga o órgão julgador a informar à parte contrária os atos praticados no processo e sobre os elementos dele constantes; **o direito de manifestação** (*Recht auf Äusserung*), que assegura ao defendente a possibilidade de manifestar-se oralmente ou por escrito sobre os elementos fáticos e jurídicos constantes do processo; e o **direito de ver seus argumentos considerados** (*Recht auf Berücksichtigung*), que exige do julgador capacidade de apreensão e isenção de ânimo (*Aufnahmefähigkeit und Aufnahmebereitschaft*) para contemplar as razões apresentadas.

Dessa forma, o direito dos Estados e Municípios de participar do processo demarcatório abrange o direito de ver seus argumentos contemplados pelo órgão federal responsável pela demarcação, órgão que tem o dever de lhes conferir atenção, considerando, séria e detidamente, as razões apresentadas ao fundamentar sua decisão.

Além disso, faz-se necessário uma reformulação do procedimento administrativo de demarcação de terras indígenas, com a elaboração de novas normas que incluam os Estados e Municípios nesse procedimento, em todas as suas fases.

Isso porque, toda competência estabelecida pela Constituição, seja da União, dos Estados ou dos Municípios, tem que ser exercida em conformidade com o princípio da fidelidade à federação, decorrência lógica do princípio federativo.

Com efeito, o procedimento administrativo de demarcação das terras dos índios destaca a preocupação com os fundamentos antropológicos, étno-históricos, sociológicos, jurídicos, cartográficos e fundiários. Não podemos esquecer, todavia, dos aspectos políticos, econômicos e militares também envolvidos, que repercutem diretamente na própria estrutura da Federação.

Em razão disso, podemos afirmar que, no exercício de suas competências constitucionalmente determinadas, deve a União preservar a autonomia dos Estados-membros e dos Municípios, dever que decorre do próprio Princípio Federativo. De igual modo, a ação dos Estados e Municípios é orientada pelo dever de fidelidade para com a União e de cooperação para com a realização dos objetivos da República.

Destarte, cabe aos Entes da Federação se comportarem, no exercício de suas competências, com lealdade aos demais Entes. É o que a doutrina alemã chama de *"Bundestreue"* (Princípio da lealdade à Federação) ou *"Prinzip des bundesfreundlichen Verhaltens"* (Princípio do comportamento federativo amistoso) ou, de acordo com Peter Häberle, *"Bundesfreundlich"* (Conduta favorável à organização federativa) (HÄBERLE, Peter. *El Estado Constitucional*, Universidad Nacional Autónoma de México: México, 2001, p. 264).

O Princípio da lealdade à Federação, extraído da própria existência do Estado Federal, do próprio princípio Federativo, foi construído pela doutrina e jurisprudência constitucional alemã, podendo ser hoje identificado no art. 23 da Constituição de Bonn, especialmente nos números

Estado de Direito e Jurisdição Constitucional – Decisões relevantes em 15 anos de atuação no STF

2 e 7, com a redação dada pela Reforma Constitucional de 1992 (GRIMM, Dieter. *El federalismo alemán: desarrollo histórico y problemas actuales*, In: El federalismo en Europa. Barcelona: Hacer Editorial, 1993, p. 60).

O Tribunal Constitucional Federal alemão conceituou o princípio da lealdade à Federação como a obrigação de todas as partes integrantes do pacto federal de atuar de acordo com o espírito do referido pacto e de colaborar com a sua consolidação, protegendo os interesses comuns do conjunto [*BverfGE* 1,299 (315)].

Para o Tribunal Constitucional alemão, a simples existência de um sistema federal implica um dever de lealdade ao princípio federativo. Isso significa que os entes, no exercício de suas competências, são obrigados a respeitar os interesses uns dos outros (CURRIE, David. *The Constitution of the Federal Republic of Germany*, The University of Chicago Press: Chicago and London, 1994, p. 77).

Assim, o princípio da lealdade à Federação atua como um dos mecanismos de correção, de alívio das tensões inerentes ao Estado Federal, junto aos que já se encontram expressamente previstos na própria Constituição. Sua presença silenciosa, não escrita, obriga cada parte a considerar o interesse das demais e o do conjunto. Transcende o mero respeito formal das regras constitucionais sobre a federação, porque fomenta uma relação construtiva, amistosa e de colaboração. Torna-se, assim, o espírito informador das relações entre os entes da federação, dando lugar a uma ética institucional objetiva, de caráter jurídico, não apenas político e moral (ROVIRA, Ennoch Alberti. *Federalismo y cooperacion en la Republica Federal Alemana*, Centro de Estudios Constitucionales: Madrid, 1986, p. 247).

Este princípio não implica, nunca, obrigações principais, mas, sim, complementares. Consubstancia-se num filtro à liberdade da União e dos Estados no exercício de suas competências, de modo a evitar o abuso.

No caso das demarcações de terras indígenas, competência privativa da União, a aplicação do princípio da fidelidade à federação determina o direito de participação (direito de voz e voto) no procedimento demarcatório de terras indígenas, visando à efetivação dos direitos constitucionais dos índios brasileiros, mas garantindo que, diante de alternativas igualmente válidas de concretização desses direitos, seja escolhida a que melhor preserve o princípio federativo.

A execução de políticas públicas em terras indígenas

Estivemos o Ministro Carlos Britto, a Ministra Cármen Lúcia e eu – este é outro ponto que também gostaria de abordar – no território da Raposa Serra do Sol. É um vastíssimo território. Sobrevoa-se uma aldeia e, depois de trinta minutos de voo, se vê uma outra aldeia.

Na aldeia Ingaricó percebe-se a presença indígena, a angústia e a falta de presença do Estado. Os índios estão entregues um pouco à própria sorte. Precisam, para se deslocar à Boa Vista, para as coisas mais prosaicas da vida como obter uma pensão do INSS, de caminhar dois dias até a Vila Água Fria e, depois, tomar um ônibus para Boa Vista, viagem que dura 10 horas.

É este o quadro preocupante: abandono completo do Poder Público. Faz-se a demarcação e nada mais. Essa responsabilidade precisa ser examinada.

Lá os índios falam com muita naturalidade na presença das ONGs. Perguntamos ao tuxaua Gerson o que ele faria ali naquela aldeia muito próxima ao Monte Roraima. Estamos a falar de uma tríplice fronteira, em que índios inclusive migram para o outro lado. Portanto, há uma questão de segurança nacional. E ele dizia: "Ah, nós gostaríamos de explorar os valores, o ecoturismo nesta região, afinal o monte Roraima é lendário, é algo místico".

E nós perguntávamos, então, por que ele não fazia. Ele disse: "a ONG que nos dava suporte até há pouco era contra esta exploração. Mas nós nos desavençamos, agora estamos livres para essa exploração". "E onde está essa ONG?", perguntei eu. "Bem ali, muito próximo", foi a resposta.

A ONG que tinha sido expulsa por eles continuava lá porque trouxeram um outro grupo indígena para perto. Portanto, há um fenômeno também de atomização, graças exatamente à falta de presença do Estado.

São questões delicadas que precisam ser registradas quando estamos discutindo este tema, porque isso não é para ser manipulado. Essa é uma realidade que nós vimos: a falta de presença do Estado. Falta um professor, um agente do SUS, que possa dizer: está havendo um abuso, um narcotraficante está entrando aqui, as FARC podem estar chegando, ou seja lá o que for.

Como ressaltou o Ministro Relator, as terras indígenas, embora bens da União, não deixam de manter vínculos jurídicos com os Estados e os Municípios em que se situam:

> "Assente, pois, que terras indígenas se inscrevem entre os bens da União, e, nessa medida, são constitutivas de um patrimônio cuja titularidade não é partilhada com nenhum outro sujeito jurídico, seja de direito público interno, seja de direito público externo, nem por isso os índios nelas permanentemente situados deixam de manter vínculos jurídicos com os Estados e Municípios que as envolvam. Como sucede, aliás, com toda população radicada no território brasileiro, a entretecer com a União e os nossos Estados e Municípios (além do Distrito Federal, conforme o caso) relações jurídicas tanto de proteção como de controle, notadamente nos setores da saúde, educação, meio ambiente e segurança pública, aqui embutidas as atividades de defesa civil. (...)
>
> Sem que esse especialíssimo regime constitucional de proteção indígena, contudo, venha a significar recusa a cada qual dos entes federados brasileiros da adoção de políticas públicas de integração dos nossos índios a padrões mais atualizados de convivência com o todo nacional. Políticas públicas de mais facilitado acesso à educação, lazer, saúde, ciência, tecnologia e profissionalização, de permeio e desfrute dos direitos políticos de votar e até de ser votado."

Importante registrar que a elaboração das políticas públicas direcionadas especificamente às comunidades indígenas são de competência da União, executadas e fiscalizadas pela Fundação Nacional do Índio, podendo contar com a participação dos Estados e Municípios, bem como instituições governamentais e não governamentais, nos termos definidos pela União, conforme as legislações específicas.

Isso não invalida, porém, o direito de acesso universal e igualitário às políticas públicas desenvolvidas pela União, Estados e Municípios para todos os cidadãos brasileiros. Como bem ressaltado pelo eminente relator, os índios brasileiros são cidadãos brasileiros e, como todo brasileiro, têm garantido o acesso, sem discriminação, às políticas sociais e econômicas disponíveis.

Assim, por exemplo, quanto às políticas de assistência à saúde, dispõe a Lei n. 8.080/90, com os acréscimos dados pela Lei n. 9.836/99, caber à União o financiamento do Subsistema de Atenção à Saúde Indígena de que tratam os artigos 19-A a 19-H da referida lei, garantido o acesso das populações indígenas ao Sistema Único de Saúde como um todo, de acordo com suas necessidades:

> "Art. 19-C. Caberá à União, com seus recursos próprios, financiar o Subsistema de Atenção à Saúde Indígena.
>
> Art. 19-D. O SUS promoverá a articulação do Subsistema instituído por esta Lei com os órgãos responsáveis pela Política Indígena do País.
>
> Art. 19-E. Os Estados, Municípios, outras instituições governamentais e não governamentais poderão atuar complementando o custeio e execução das ações.
> (...)
> Art. 19-G. O Subsistema de Atenção à Saúde Indígena deverá ser, como o SUS, descentralizado, hierarquizado e regionalizado.
>
> § 1º O Subsistema de que trata o caput deste artigo terá como base os Distritos Sanitários Especiais Indígenas.
>
> § 2º O SUS servirá de retaguarda e referência ao Subsistema de Atenção à Saúde Indígena, devendo, para isso, ocorrer adaptações na estrutura e organização do SUS nas regiões onde residem as popula-

ções indígenas, para propiciar essa integração e o atendimento necessário em todos os níveis, sem discriminações.

§ 3º As populações indígenas devem ter acesso garantido ao SUS, em âmbito local, regional e de centros especializados, de acordo com suas necessidades, compreendendo a atenção primária, secundária e terciária à saúde.

Art. 19-H. As populações indígenas terão direito a participar dos organismos colegiados de formulação, acompanhamento e avaliação das políticas de saúde, tais como o Conselho Nacional de Saúde e os Conselhos Estaduais e Municipais de Saúde, quando for o caso."

O Decreto n. 3.156, de 27 de agosto de 1999, que dispõe sobre as condições para a prestação de assistência à saúde dos povos indígenas, no âmbito do Sistema Único de Saúde, pelo Ministério da Saúde, ressalta:

"Art. 1º A atenção à saúde indígena é dever da União e será prestada de acordo com a Constituição e com a Lei n. 8.080, de 19 de setembro de 1990, objetivando a universalidade, a integralidade e a equanimidade dos serviços de saúde.

Parágrafo único. As ações e serviços de saúde prestados aos índios pela União não prejudicam as desenvolvidas pelos Municípios e Estados, no âmbito do Sistema Único de Saúde.

(...)

Art. 3º O Ministério da Saúde estabelecerá as políticas e diretrizes para promoção, prevenção e recuperação da saúde do índio, cujas ações serão executadas pela Fundação Nacional de Saúde – FUNASA.

Parágrafo único. A FUNAI comunicará à FUNASA a existência de grupos indígenas isolados, com vistas ao atendimento de saúde específico."

Registre-se que a Portaria do Ministério da Saúde n. 1.163, de 14 de setembro de 1999, dispõe sobre as responsabilidades na prestação de assistência à saúde dos povos indígenas, e estabelece que as ações de assistência à saúde dar-se-ão por intermédio da FUNASA, em estreita ligação com a Secretaria de Assistência à Saúde/SAS do Ministério da Saúde.

Em relação à educação, a Lei 10.172, de 9 de janeiro de 2001, determina a responsabilidade pela formulação das políticas ao Ministério da Educação, cabendo a execução das políticas aos Estados e Municípios, com o apoio financeiro do Ministério da Educação. O Decreto n. 26, de 4 de fevereiro de 1991, que dispõe sobre a educação indígena no Brasil, assim determina:

"Art. 1º Fica atribuída ao Ministério da Educação a competência para coordenar as ações referentes à educação indígena, em todos os níveis e modalidades de ensino, ouvida a Funai.

Art. 2º As ações previstas no Art. 1º serão desenvolvidas pelas Secretarias de Educação dos Estados e Municípios em consonância com as Secretarias Nacionais de Educação do Ministério da Educação."

Portanto, as legislações pertinentes disciplinam as responsabilidades dos entes da federação quanto às políticas devidas aos povos indígenas, não sendo necessário maior aprofundamento na matéria.

Chego, então, a essas conclusões, nas linhas básicas daquilo que foi defendido no voto do Ministro Ayres Britto, com os aditamentos do voto do Ministro Menezes Direito, inclusive para **explicitar que a competência da União para a demarcação das terras indígenas tem que ser exercida em conformidade com o princípio da fidelidade à federação, sendo obrigatória a efetiva participação dos Estados e Municípios, em todas as fases do procedimento, observadas as garantias constitucionais do contraditório e da ampla defesa.**

Ao finalizar, gostaria apenas de recomendar que a execução do julgado, tal como nós fixarmos, seja confiada ao Tribunal Regional Federal da 1ª Região, na pessoa do seu Presidente, com a supervisão do Relator desta ação, Ministro Carlos Britto.

A decisão que hoje tomamos incidirá sobre uma realidade fática cuja alta complexidade já é bastante conhecida e, por isso, sua execução será extremamente dificultosa.

Em casos como este, em que há resistências ou potenciais oposições ao efetivo e célere cumprimento da decisão judicial, não tem sido estranho a Cortes Constitucionais a prática da delegação da jurisdição sobre os atos executórios a Tribunais ou juízes locais, os quais, por sua maior proximidade aos fatos e capacidade operativa para rápida resposta às lides, podem realizar a execução com maior rapidez e eficiência.

Lembro, a título de exemplo, o famoso caso *Brown v. Board of Education*, decidido pela Suprema Corte norte-americana. Como todos sabemos, esse conhecido caso marcou a história da luta contra as práticas racistas nos Estados Unidos na década de 1950, quando a Corte Suprema, superando o precedente do caso *Plessy v. Fergunson* – em que fixara a fórmula *"separate but equal"* (separados mas iguais) –, determinou que as escolas públicas admitissem e assim procedessem à matrícula de negros e brancos em igualdade de condições.

O cumprimento da decisão do *caso Brown* recebeu intensa resistência das entidades educacionais, o que levou a nova demanda na Suprema Corte, resultando na decisão do também famoso caso *Brown II* (349 U.S. 294), em que aquele Tribunal delegou aos Tribunais locais a execução da decisão e a apreciação de todos os incidentes de execução.

Assim, **proponho ao Plenário que a execução desta decisão seja delegada, com supervisão do Ministro Relator desta ação, ao Tribunal Regional Federal da 1ª Região, cuja jurisdição, em seu aspecto territorial e material, abrange os fatos decorrentes da demarcação da terra indígena Raposa Serra do Sol.**

Ante o exposto, voto pela parcial procedência da ação, na linha do voto proferido pelo Ministro Carlos Britto, com as observações constantes do voto do Ministro Menezes Direito, **acrescentando às condições estabelecidas a obrigatoriedade de participação efetiva dos Estados e Municípios no procedimento administrativo de demarcação das terras indígenas.**

É como voto.

27. Responsabilidade civil do Estado

RE 313.915[1]

Responsabilidade civil do Estado – Perseguição política durante a ditadura militar – *Quantum* da indenização por desaparecimento de ativista político – Juízo de razoabilidade positiva à evidente distorção ao se fixar o valor da indenização a ser paga.

O recurso havia sido interposto pela União contra acórdão do TRF 5ª Região que negou provimento à apelação cível, mantendo decisão que havia condenado a Recorrente a indenizar viúva por suposta morte de seu cônjuge, ocorrida na época das perseguições políticas levadas a cabo pelo regime de exceção iniciado nos anos sessenta.

Constava dos autos – nos termos do Relatório do Ministro Joaquim Barbosa – que "em 1974 a recorrida enviou cartas ao presidente Geisel (fls. 33), ao cardeal-arcebispo de São Paulo, D. Evaristo Arns (fls. 34), e aos líderes do MDB na Câmara, os senhores Thales Ramalho e Laerte Vieira (fls. 29), cobrando resposta do Estado brasileiro sobre a integridade física de seu marido".

Embora outros argumentos houvessem sido aduzidos pela Recorrente, considerou-se que apenas a suposta violação do art. 37, § 6º, era significativa. De fato, os elementos constantes dos autos e as características do desaparecimento da vítima não permitiam afastar a responsabilidade da União na espécie.

Assentou-se, quanto ao possível excesso na fixação do valor da indenização, que o STJ tem entendido cabível sua revisão em sede de recurso especial quando ultrapassados os limites da razoabilidade do arbitramento[2]. Daí ter-se aduzido que o Supremo Tribunal Federal, verificada flagrante irrazoabilidade, poderia também fazê-lo em sede de recurso extraordinário.

Estava em jogo, a aferição da razoabilidade da indenização, fixada em CR\$ 100.000.000,00 (cem milhões de cruzeiros reais em 7.1.94, correspondente a R\$ 485.061,56, em 23.4.98).

A União limitava-se a sustentar no RE que a sentença fugiria "aos parâmetros a partir dos quais são normalmente calculadas as indenizações em casos análogos. Qual o parâmetro básico? Que salário? Como chegar, racionalmente, a tal *quantum*?". Aduzia, ainda, que o "estado brasileiro está mais para a Índia do que para os Estados Unidos da América do Norte" e que "o padrão não deve ser aquele da nação mais abastada do mundo". Por fim, argumentava que "não se deve esquecer que a responsabilidade do Estado funda-se no rateio entre os cidadãos, pelo risco da atividade estatal".

---

[1] Em 14.12.2004, a Turma, por votação unânime, não conheceu do recurso extraordinário.

[2] Cf., exemplificativamente, RESP 2003/60374, Rel. Min. Antônio de Pádua Ribeiro, 3ª Turma, *DJ* de 14.6.2004; AG 552310 (AgRg), Rel. Min. Carlos Alberto Direito, 3ª Turma, *DJ* de 17.5.2004; RESP 550912 (AgRg), Rel. Min. Carlos Alberto Direito, 3ª Turma, *DJ* de 3.5.2004; Ag 538045 (AgRg), Rel. Min. Nancy Andrighi, 3ª Turma, *DJ* de 16.12.2003.

Responsabilidade civil do Estado **2093**

Considerou-se, contudo, que essa linha de argumentação não oferecia elementos para infirmar a conclusão das instâncias ordinárias, em decisão que recebeu a seguinte ementa:

EMENTA: RESPONSABILIDADE CIVIL DO ESTADO. PROFESSOR LUIZ IGNÁCIO MARANHÃO FILHO. DESAPARECIMENTO DURANTE REGIME DE EXCEÇÃO. RECURSO DA UNIÃO FEDERAL NÃO CONHECIDO. Impossibilidade de reexame de conjunto probatório. Recurso não conhecido.

VOTO-VISTA

Diz o Relator, Min. Joaquim Barbosa, em seu voto:

"Consta dos autos que em 1974 a recorrida enviou cartas ao presidente Geisel (fls. 33), ao cardeal-arcebispo de São Paulo, D. Evaristo Arns (fls. 34), e aos líderes do MDB na Câmara, os senhores Thales Ramalho e Laerte Vieira (fls. 29), cobrando resposta do Estado brasileiro sobre a integridade física de seu marido.

Na primeira semana de março de 2004, minha assessoria recebeu cartas dela, pedindo o julgamento deste recurso, que versa sobre seu pedido de indenização pelo desaparecimento do marido. Determinei a juntada aos autos de mais essa correspondência.

Das questões apresentadas pela União, apenas a suposta violação do art. 37, § 6º, é significativa. Isso porque as alegações de prescrição e de ausência de provas – prova diabólica, aliás, pois exige a demonstração do desaparecimento do marido da autora da ação durante regime de exceção – envolvem exame de normas infraconstitucionais ou de alegações de fato devidamente resolvidas nas instâncias inferiores, até mesmo para se possibilitar a fixação do marco inicial da contagem da prescrição, uma vez que o falecimento nunca foi confirmado pela autora. Além disso, o pedido de redução do valor de indenização, por sua vez, praticamente não é justificado, fundado apenas na má situação financeira do Estado brasileiro.

Quanto à verificação do nexo de causalidade, para verificação da correta aplicação da responsabilidade objetiva do Estado, tal como definida na Constituição, para mim basta o registro da sentença e da apelação sobre os indícios das razões políticas do desaparecimento do professor LUÍZ IGNÁCIO MARANHÃO FILHO. A esse respeito, destaco trecho da sentença (fls. 71):

'É fato que a pessoa de LUIZ IGNÁCIO MARANHÃO FILHO, mais conhecido como LUIZ MARANHÃO, chegou a ser preso no ano de 1974, pelos órgãos de repressão do Governo de Exceção, sem que até o momento se tenha notícia do seu paradeiro, havendo forte presunção de que o mesmo veio a ser morto, como noticia com frequência a imprensa nacional.'

Também nesse ponto seria necessário proceder-se ao reexame do conjunto probatório nos autos".

Esta Corte tem entendido que a discussão sobre o nexo de causalidade no contexto da responsabilidade do Estado pode ser objeto de sede de recurso extraordinário (RE 220.999, Rel. Marco Aurélio, Red. p/ o Acórdão Nelson Jobim, julgado na 2ª Turma em 9.3.99 – caso Franave).

Todavia, os elementos constantes dos autos e as características do desaparecimento da vítima não permitem afastar a responsabilidade da União na espécie.

Quanto ao possível excesso na fixação do valor da indenização, o STJ tem entendido cabível sua revisão em sede de recurso especial quando ultrapassados os limites da razoabilidade do arbitramento (Cf. RESP 2003/60374, Rel. Min. Antônio de Pádua Ribeiro, 3ª Turma, *DJ* de 14.6.2004; AG 552310 (AgRg), Rel. Min. Carlos Alberto Direito, 3ª Turma, *DJ* de 17.5.2004; RESP 550912 (AgRg), Rel. Min. Carlos Alberto Direito, 3ª Turma, *DJ* de 3.5.2004; Ag 538045 (AgRg), Rel. Min. Nancy Andrighi, 3ª Turma, *DJ* de 16.12.2003), entre outros.

Estado de Direito e Jurisdição Constitucional – Decisões relevantes em 15 anos de atuação no STF

A meu ver, verificada flagrante irrazoabilidade, poderia esta Corte também fazê-lo em sede de recurso extraordinário.

Todavia, tendo por base o RE interposto, não vejo como isso seria possível, especialmente por se tratar de condenação a pagamento em razão do desaparecimento de um profissional de nível superior, pai de família nos idos de 1974.

A indenização, fixada em CR$ 100.000.000,00 (cem milhões de cruzeiros reais em 7.1.94, correspondente a R$ 485.061,56, em 23.4.98), ainda que significativa, foi fundamentada pelo magistrado *a quo* nos seguintes termos:

> "Na hipótese, deve ser levado em consideração que a vítima LUIZ MARANHÃO era advogado, com rendimento razoável para o sustento da família, tinha 53 anos de idade ao desaparecer, restando-lhe, no mínimo, 17 anos de uma vida economicamente ativa, o sofrimento da família, a dor irreparável que os seus entes passaram, justifica uma indenização razoável, porém nunca nos moldes sugeridos na inicial, pois a se comparar a situação brasileira com a dos Estados Unidos, uma pequena indenização naquele País pode se transformar em enriquecimento no Brasil.

> Por tais considerações, JULGO PROCEDENTE o pedido para reconhecer a responsabilidade da União Federal em reparar o dano moral causado com o desaparecimento e presumível morte de LUIZ IGNÁCIO MARANHÃO FILHO, ocorrida em, data incerta, porém tendo início a sua ausência em 1974, fixando o valor da indenização em CR$ 100.000.000,00 (cem milhões de cruzeiros reais), reajustável monetariamente daqui por diante de acordo com os índices oficiais atuais e os que vierem a substituí-los mais honorários advocatícios na base de 15% (quinze por cento) sobre o valor da condenação devidamente atualizado" (fls. 77).

A União limita-se a sustentar no RE:

> "A sentença recorrida condenou a União Federal ao pagamento de CR$ 100.000.000,00 (cem milhões de cruzeiros reais) (...) foge aos parâmetros a partir dos quais são normalmente calculadas as indenizações em casos análogos. Qual o parâmetro básico? Que salário? Como chegar, racionalmente, a tal *quantum*?

> A situação do estado brasileiro está mais para a Índia do que para os Estados Unidos da América do Norte, o padrão não deve ser aquele da nação mais abastada do mundo. Não se deve esquecer que a responsabilidade do Estado funda-se no rateio entre os cidadãos, pelo risco da atividade estatal" (fls. 165/166).

Evidente, na espécie, a ausência de elementos para infirmar a conclusão das instâncias ordinárias.

A propósito, ressalte-se que a imprensa tem-se referido, com alguma insistência, a dois casos, nos quais a concessão de indenização avaliada em milhões de reais constitui, certamente, uma inversão absoluta entre o interesse público e o privilégio privado.

No primeiro, o ex-piloto da VARIG, José Caetano Lavorato Alves, por anos presidente do Sindicato Nacional dos Aeronautas, conseguiu obter pensão da ordem de R$ 19,0 mil mensais, além da parcela retroativa da indenização de R$ 2,54 milhões.

No segundo, o jornalista Carlos Heitor Cony obteve, igualmente, indenização de cerca de R$ 1,5 milhão.

Em ambos os casos, em nome da reparação por atos praticados nos tempos da ditadura militar, imputa-se ao Estado uma responsabilidade que se concretiza em indenizações milionárias a serem arcadas pelos cofres públicos.

Diante do absurdo aqui relatado, a indenização assegurada à recorrida não se afigura desarrazoada. É verdade que, nos dois casos aqui referidos, tem-se exemplo de verdadeira distorção ou patologia, que muito se aproxima de um *estelionato* (contra os cofres públicos) *pela via administrativa*.

Nestes termos, não conheço do recurso extraordinário, nos termos do voto do Relator.

28. Funções essenciais à justiça

ADI 3.026[1]

OAB – Quadro funcional – Voto vencido no sentido da exigência de concurso público – Imposição inerente à administração pública direta e indireta – Entendimento majoritário pela inexigibilidade de concurso público.

Trata-se de ação direta de inconstitucionalidade, relatada pelo Ministro Eros Grau, interposta contra a parte final do § 1º do artigo 79 da Lei n. 8.906, de 4 de julho de 1994, cujo teor é o seguinte:

"Art. 79. Aos servidores da OAB,(sic) aplica-se o regime trabalhista.

§ 1º Aos servidores da OAB, sujeitos ao regime da Lei n. 8.112, de 11 de dezembro de 1990, é concedido o direito de opção pelo regime trabalhista, no prazo de noventa dias a partir da vigência desta lei, **sendo assegurado aos optantes o pagamento de indenização, quando da aposentadoria, correspondente a cinco vezes o valor da última remuneração.**"

O Tribunal, decidindo a ação direta, prolatou aresto assim ementado:

EMENTA: Ação direta de inconstitucionalidade. § 1º do artigo 79 da Lei n. 8.906, 2ª parte. "Servidores" da Ordem dos Advogados do Brasil. Preceito que possibilita a opção pelo regime celestista. Compensação pela escolha do regime jurídico no momento da aposentadoria. Indenização. Imposição dos ditames inerentes à administração pública direta e indireta. Concurso público (art. 37 II da Constituição do Brasil). Inexigência de concurso público para a admissão dos contratados pela OAB. Autarquias especiais e agências. Caráter jurídico da OAB. Entidade prestadora de serviço público independente. Categoria ímpar no elenco das personalidades jurídicas existentes no Direito brasileiro. Autonomia e independência da entidade. Princípio da moralidade. Violação do artigo 37, caput, da Constituição do Brasil. Não ocorrência.
1. A Lei n. 8.906, artigo 79, § 1º, possibilitou aos "servidores" da OAB, cujo regime outrora era estatutário, a opção pelo regime celetista. Compensação pela escolha: indenização a ser paga à época da aposentadoria. 2. Não procede a alegação de que a OAB sujeita-se aos ditames impostos à Administração Pública Direta e Indireta. 3. A OAB não é uma entidade da Administração Indireta da União. A Ordem é um serviço público independente, categoria ímpar no elenco das personalidades jurídicas existentes no direito brasileiro. 4. A OAB não está incluída na categoria na qual se inserem essas que se tem referido como "autarquias especiais" para pretender-se afirmar equivocada independência das hoje chamadas "agências". 5. Por não consubstanciar uma entidade da Administração Indireta, a OAB não está sujeita a controle da Administração, nem a qualquer das suas partes está vinculada. Essa não vinculação é formal e materialmente necessária. 6. A OAB ocupa-se de atividades atinentes aos advogados, que exercem função constitucionalmente privilegiada, na medida em que são indispensáveis à administração da Justiça [artigo 133 da CB/88]. É entidade cuja finalidade é afeita a

---

[1] Em 8.6.2006, o Tribunal julgou improcedente o pedido. Vencidos parcialmente os Ministros Joaquim Barbosa e Gilmar Mendes, que o julgavam procedente com relação ao *caput* do art. 79, ao qual davam interpretação conforme de modo apenas a excetuarem-se, da regra do concurso público, cargos de chefia e assessoramento, isso com efeito *ex nunc* (DJ de 29.9.2006).

Estado de Direito e Jurisdição Constitucional – Decisões relevantes em 15 anos de atuação no STF

atribuições, interesses e seleção de advogados. Não há ordem de relação ou dependência entre a OAB e qualquer órgão público. 7. A Ordem dos Advogados do Brasil, cujas características são autonomia e independência, não pode ser tida como congênere dos demais órgãos de fiscalização profissional. A OAB não está voltada exclusivamente a finalidades corporativas. Possui finalidade institucional. 8. Embora decorra de determinação legal, o regime estatutário imposto aos empregados da OAB não é compatível com a entidade, que é autônoma e independente. 9. Improcede o pedido do requerente no sentido de que se dê interpretação conforme o artigo 37, inciso II, da Constituição do Brasil ao caput do artigo 79 da Lei n. 8.906, que determina a aplicação do regime trabalhista aos servidores da OAB. 10. Incabível a exigência de concurso público para admissão dos contratados sob o regime trabalhista pela OAB. 11. Princípio da moralidade. Ética da legalidade e moralidade. Confinamento do princípio da moralidade ao âmbito da ética da legalidade, que não pode ser ultrapassada, sob pena de dissolução do próprio sistema. Desvio de poder ou de finalidade. 12. Julgo improcedente o pedido.

VOTO-VISTA

Trata-se de ação direta de inconstitucionalidade, proposta pelo então Procurador-Geral da República, Dr. Cláudio Lemos Fonteles, com fundamento no inciso VI do art. 103 da Constituição Federal.

O objeto desta impugnação corresponde ao art. 79, *caput* e § 1º, da Lei n. 8.906, de 4 de julho de 1994 ("Estatuto da Advocacia e da Ordem dos Advogados do Brasil").

Eis o teor dos dispositivos impugnados nesta ação direta:

"Art. 79. *Aos servidores da OAB, aplica-se o regime trabalhista.*

§ 1º Aos servidores da OAB, sujeitos ao regime da Lei n. 8.112, de 11 de dezembro de 1990, é concedido o direito de opção pelo regime trabalhista, no prazo de noventa dias a partir da vigência desta lei, sendo **assegurado aos optantes o pagamento de indenização, quando da aposentadoria, correspondente a cinco vezes o valor da última remuneração.**"

Ao final, o requerente postula, *verbis*:

"(...) julgue-se procedente o pedido, para que seja declarada a inconstitucionalidade da expressão 'sendo assegurado aos optantes o pagamento de indenização quando da aposentadoria, correspondente a cinco vezes o valor da última remuneração' do § 1º do art. 79 da Lei n. 8.906/94, bem como para que seja dada interpretação conforme o art. 37, II, da Constituição Federal ao caput do art. 79 da Lei n. 8.906/94, de modo que fique explícito que os servidores da OAB, mesmo que contratados sob o regime trabalhista, devem ser submetidos, para a admissão, a prévio concurso público." (fl. 07).

Em sessão de 23 de fevereiro de 2005, por ocasião da apresentação do voto do Relator, Ministro Eros Grau, proclamou-se que:

"O TRIBUNAL, POR MAIORIA, VENCIDOS OS SENHORES MINISTROS EROS GRAU (RELATOR), CARLOS BRITTO, CELSO DE MELLO, SEPÚLVEDA PERTENCE E O PRESIDENTE, CONHECEU DO PEDIDO RELATIVAMENTE AO CAPUT DO ARTIGO 79 DA LEI N. 8.906/94. PROSSEGUINDO NO JULGAMENTO, APÓS OS VOTOS DOS SENHORES MINISTROS RELATOR, CARLOS BRITTO E CEZAR PELUSO, QUE NEGAVAM A INTERPRETAÇÃO CONFORME A CONSTITUIÇÃO, NO ARTIGO 79, POR ENTENDER NÃO EXIGÍVEL O CONCURSO PÚBLICO, E DO VOTO DO SENHOR MINISTRO JOAQUIM BARBOSA, QUE ENTENDIA EXIGIR CONCURSO PÚBLICO, PEDIU VISTA DOS AUTOS O SENHOR MINISTRO GILMAR MENDES."

Tendo em vista o surgimento da questão da limitação dos efeitos de eventual declaração de inconstitucionalidade, bem como em razão do fato de que a discussão da matéria envolveria a conformação constitucional e legal atribuída à Ordem dos Advogados do Brasil – OAB –, pedi vista dos autos para melhor análise desses temas.

O voto que ora profiro será apresentado em duas partes:

a) inicialmente, uma vez que já foi superada a possibilidade de conhecimento da ação quanto a este ponto na última assentada, analisarei o tema da aplicabilidade ao *caput* do art. 79 do Estatuto da OAB de interpretação conforme o art. 37, II, da CF; e

b) em seguida, apreciarei o disposto no § 1° do art. 79 da Lei n. 8.906/1994, em especial na sua parte final "sendo assegurado aos optantes o pagamento de indenização, quando da aposentadoria, correspondente a cinco vezes o valor da última remuneração".

A) Da interpretação conforme à Constituição do art. 79, *caput*, da Lei n. 8.906/1994 de (CF, art. 37, II)

Com relação ao pedido de interpretação conforme do *caput* do art. 79 da Lei n. 8.906/1994 ("Aos servidores da OAB, aplica-se o regime trabalhista"), vislumbro, nesse dispositivo, duas possibilidades.

Tem-se, portanto, uma disposição e duas possíveis normas: a primeira, que admite a contratação livre num regime tipicamente privado, e, a segunda, que submete essa contratação a um regime público, por meio da imposição de realização de concurso público.

Nesse contexto, a questão está intimamente vinculada à conformação jurídica da atuação da Ordem dos Advogados do Brasil na regulamentação da atividade da Advocacia no atual sistema constitucional.

Ao fixar essa premissa, porém, destaco que não pretendo discutir a taxonomia rígida dos conceitos ou classificações que devam ser imputados à OAB.

Com efeito, para os fins de reflexão acerca do regime trabalhista dos servidores da entidade, parece-me irrelevante o "rótulo jurídico" a que se chegue porque, seja sob a denominação de *autarquia pública*, ou ainda, sob a nomenclatura *autarquia pública especial*, o *nomen iuris* aplicável é insuficiente para que, por si só, se tenha a dimensão das garantias constitucionais envolvidas, assim como da função institucional desempenhada pela entidade.

Preliminarmente, gostaria de enfatizar que, a rigor, pode-se dizer que não há pronunciamento definitivo do Plenário acerca da natureza jurídica da Ordem dos Advogados do Brasil, mas tão somente pronunciamento em sede liminar, ocorrido na ADI n. 1.707-MC/MT, Pleno, unânime, Rel. Moreira Alves, *DJ* de 16.10.1998.

Nesse julgamento, o Supremo Tribunal Federal, por votação unânime, indeferiu o pedido de medida liminar pleiteado, nos termos do voto do então Relator, Ministro Moreira Alves. No caso, a ementa alude brevemente a suposto *caráter autárquico* da Ordem dos Advogados do Brasil, em razão da fundamental relevância do serviço público prestado, *verbis*:

> "EMENTA: *Ação direta de inconstitucionalidade. Lei n. 5.607, de 31 de maio de 1990, do Estado de Mato Grosso, que atribui em favor da OAB, Seção daquele Estado, parcela de custas processuais.*
>
> – *Exercendo a OAB, federal ou estadual, serviço público, por se tratar de pessoa jurídica de direito público (autarquia), e serviço esse que está ligado à prestação jurisdicional pela fiscalização da profissão de advogado que, segundo a parte inicial do artigo 133 da Constituição, é indispensável à administração da justiça, não tem relevância, de plano, a fundamentação jurídica da arguição de inconstitucionalidade da lei em causa no sentido de que o serviço por ela prestado não se vincula à prestação jurisdicional, desvirtuando-se, assim, a finalidade das custas judiciais, como taxa que são.* (Sem grifo no original.)
>
> – *Ausência, também, do periculum in mora ou da conveniência em suspender-se, liminarmente, a eficácia dessa Lei estadual. Pedido de liminar indeferido.*"[2]

Dada a especificidade e a pertinência desse caso com a discussão desta ação direta, é válido transcrever o inteiro teor do voto do Ministro Moreira Alves, *verbis*:

> "1. *O fundamento jurídico da presente ação é o de que a Lei n. 5.607, de 31 de maio de 1990, do Estado de Mato Grosso, ao atribuir que uma parcela do recolhimento de custas processuais cabe à Ordem dos Advogados do Brasil, Seção daquele Estado, teria ofendido o disposto no artigo 145, II, da Constituição de que decorre que o pagamento de taxa está intimamente vinculado à prestação do serviço público ou à colocação deste à disposição do contribuinte, não podendo o Estado pretender custear, com cobrança dessa espécie de tributo serviços outros que não os utilizados pelo contribuinte ou colocados à disposição deste.*

---

2   ADI 1707-MC/MT, Pleno, unânime, Rel. Moreira Alves, *DJ* de 16.10.1998.

Ora, a Ordem dos Advogados do Brasil, em face do disposto na Lei m. 8.906/94, é expressamente declarada como serviço público, dotada de personalidade jurídica e forma federativa, tendo por finalidade, dentre outras 'defender a Constituição, a ordem jurídica do Estado democrático de direito, os direitos humanos, a justiça social, e pugnar pela boa aplicação das leis, pela rápida administração da justiça e pelo aperfeiçoamento da cultura e das instituições jurídicas, bem como a de promover com exclusividade, entre outras, a seleção e a disciplina dos advogados' (artigo 44). Portanto, por essa Lei, é, em última análise, a OAB uma federação de pessoas jurídicas de direito público (autarquias) que têm atribuições que estão intimamente ligadas à prestação jurisdicional por parte do Estado, certo como é, inclusive, que o advogado, segundo o preceituado na parte inicial do artigo 133 da Constituição, "é indispensável à administração da justiça". Por isso, pelo menos neste exame para a verificação, de plano, da relevância, ou não, da fundamentação jurídica dessa arguição de inconstitucionalidade para a concessão, ou não, da medida liminar requerida, não se me afigura ela com a relevância necessária para que se suspenda cautelarmente a eficácia da Lei estadual em causa.

De outra parte, tratando-se de Lei em vigor há mais de oito anos, não demonstrou a inicial a ocorrência do periculum in mora, nem há conveniência em suspender-se a eficácia desse diploma legislativo por não estar caracterizado, prima facie, o fumus boni iuris.

2. Pelo exposto, indefiro o presente pedido de concessão de liminar"[3].

Da leitura de toda a argumentação expendida pelo Ministro Moreira Alves, portanto, constata-se a dificuldade de sustentar, de modo absoluto, a efetiva configuração do *caráter autárquico* da OAB.

Para fundamentar essa afirmação, valho-me de três singelos argumentos.

Em primeiro lugar, a manifestação do Tribunal ocorreu apenas em caráter liminar, ou seja, em sede de superficial cognição acerca da plausibilidade jurídica do pedido (*fumus boni iuris*) e da urgência da pretensão cautelar (*periculum in mora*).

Em segundo lugar, a própria literalidade dos fundamentos desenvolvidos pelo então Relator, Ministro Moreira Alves, denota que, embora a ementa do julgado indevidamente faça pressupor a caracterização da OAB como autarquia, em nenhum momento pode-se dizer que esse fundamento tenha sido decisivo para o indeferimento da liminar.

É dizer, além do peso que a ausência do *periculum in mora* assumiu no caso para o indeferimento da medida liminar (uma vez que se tratava de lei estadual cuja vigência já se estendia por mais de oito anos), o argumento básico para afirmar a falta de plausibilidade do pedido consistiu na afetação legal da Ordem dos Advogados do Brasil a um serviço público de inegável relevância, nos termos da Lei n. 8.906/1994.

Por fim – e aqui me abstenho de tecer maiores considerações sobre o reconhecimento jurisprudencial desta Corte acerca dos fundamentos determinantes de declarações proferidas em sede cautelar –, não é possível invocar vinculação, por si só, da matéria em análise com o decidido na ADI n. 1.707-MT justamente pela carência de definitividade e profundidade do pronunciamento realizado naquela assentada.

Fixada a premissa de que o tema ainda não recebeu as devidas considerações por este Supremo Tribunal, caberia indagar: sob quais condições a disciplina legal do regime de contratação dos empregados da OAB deve ser harmonizada à conformação institucional que a entidade assume na Constituição Federal de 1988 e na Lei n. 8.906/1994?

Inicialmente, cabe esclarecer que, independente da discussão sobre a natureza jurídica da OAB, a questão deve ser desenvolvida a partir da perspectiva de que não é possível extrair, de modo apodíctico, qual o regime trabalhista aplicável.

Considerada a aparente lacuna quanto à regulamentação do tema, assumo como pressuposto o fato de que estamos diante de possibilidade de reconhecimento de um regime trabalhista flexível, consoante às disposições constitucionais e legais existentes, ou que venham a ser instituídas no futuro.

---

[3] ADI 1707-MC/MT, Pleno, unânime, Rel. Moreira Alves, *DJ* de 16.10.1998.

Deve-se ter em mente que a Ordem dos Advogados do Brasil constitui "serviço público" *stricto sensu* (Lei n. 8.906/1994, arts. 44 e 45, § 5º). É dizer, trata-se, antes de tudo, de organização pública que, seja sob a nomenclatura de autarquia ou não, desempenha papel institucional com forte caráter estatal e público.

A OAB, ainda que não esteja diretamente submetida a *vínculo funcional ou hierárquico* quanto aos órgãos da Administração Pública (Lei n. 8.906/1994, art. 44, § 1º), é responsável por atividades de inegável relevância pública, tais como, a título meramente exemplificativo:

a) "defender a Constituição, a ordem jurídica do Estado democrático de direito, os direitos humanos, a justiça social, e pugnar pela boa aplicação das leis, pela rápida administração da justiça e pelo aperfeiçoamento da cultura e das instituições jurídicas;" (Lei n. 8.906/1994, art. 44, I);

b) "promover, com exclusividade, a representação, a defesa, a seleção e a disciplina dos advogados em toda a República Federativa do Brasil." (Lei n. 8.906/1994, art. 44, II);

c) a competência da OAB para "fixar e cobrar de seus inscritos, contribuições, preços de serviços e multas", cujos créditos, uma vez reconhecidos por "certidão passada pela diretoria do Conselho competente", "constitui título executivo extrajudicial" (Lei n. 8.906/1994, art. 46, *caput* e parágrafo único);

d) a titularidade para o recolhimento de pagamento da contribuição anual à OAB, o qual "isenta os inscritos nos seus quadros do pagamento obrigatório da contribuição sindical" (Lei n. 8.906/1994, art. 47 – dispositivo *sub judice*, impugnado na ADI n. 2.522/DF, Rel. Eros Grau);

e) "por constituir serviço público, [a OAB] goza de imunidade tributária total em relação a seus bens, rendas e serviços" (Lei n. 8.906/1994, art. 45, § 5º);

f) "Os atos conclusivos dos órgãos da OAB, salvo quando reservados ou de administração interna, devem ser publicados na imprensa oficial ou afixados no fórum, na íntegra ou em resumo." (Lei n. 8.906/1994, art. 45, § 6º);

g) o Conselho Federal da OAB possui competência para "representar, com exclusividade, os advogados brasileiros nos órgãos e eventos internacionais da advocacia;" (Lei n. 8.906/1994, art. 54, IV); e

h) a vinculação dos advogados públicos à OAB e a consequente possibilidade de aplicação de sanções.

Como se observa, em linhas gerais, a OAB é responsável não somente pelo cadastramento de habilitados no mercado profissional da advocacia (Lei n. 8.906/1994, art. 3º), mas também pela fixação de critérios avaliativos para o ingresso na profissão (Lei n. 8.906/1994, art. 8º, V), assim como pela fiscalização da qualidade dos serviços prestados pelos advogados e tem competência para apuração das infrações e aplicação das sanções disciplinares pertinentes ao exercício indevido da advocacia (Lei n. 8.906/1994, arts. 34 a 43, e 70 a 77).

Antes mesmo da tentativa de esgotamento desse rol de atividades fortemente impregnadas por espécie de "caráter estatal" (ou paraestatal), constata-se que a função institucional da Ordem dos Advogados do Brasil envolve a necessidade de definição das condições para o legítimo exercício do poder de polícia que lhe é legal e constitucionalmente atribuído.

Assim, conforme disposto no inciso XIII do art. 5º da CF "é livre o exercício de qualquer trabalho, ofício ou profissão, atendidas as qualificações profissionais que a lei estabelecer", é forçoso considerar que as atribuições previstas na Lei n. 8.906/1994 devem ser interpretadas como delegação com contornos fortemente estatais.

Conforme enfatizou o Eminente Relator desta Ação Direta, Ministro Eros Grau, a titularidade da execução desse *serviço público independente* confere à entidade, por conseguinte, competências para o exercício de poder de polícia inerente a esse plexo de atividades institucionais, as quais envolvem, não somente a categoria dos advogados, mas também diversas esferas de atuação jurídica do Estado (como, por exemplo, no caso da participação na indicação de membros para a composição dos Tribunais pátrios, em obediência à regra do quinto constitucional).

Para maior aprofundamento desse debate, proponho argumentação constitucional que se paute por três aspectos.

Em primeiro lugar, devemos afastar, logo de início, quaisquer preferências ou predileções de caráter corporativo porque, se de um lado, não se pode negar a importância do papel institucional da Ordem dos Advogados do Brasil, de outro, a atuação dessa entidade deve ser desempenhada em conformidade com o nosso contexto republicano de Estado Democrático de Direito – frise-se Estado que se pauta pelo império da lei e da Constituição e não por um regime de privilégios.

Aqui, deve-se preconizar a história institucional de vivência constitucional do princípio republicano (CF, art. 1º), consubstanciado nos princípios da isonomia e da impessoalidade, os quais constituem, a meu entender, a base do sistema republicano de acesso aos cargos públicos, e que torna possível uma participação plural e universal dos cidadãos na prestação dos serviços públicos.

Assevero, portanto, a ideia de que todo e qualquer agente investido em função pública (e aqui, não confundo o público com o estatal), ao desempenhar suas atividades e atribuições, tem o dever constitucional de respeitar os postulados ético-jurídicos condicionantes do exercício legítimo da atividade pública.

Essa constatação decorre, sem sombra de dúvida, da própria configuração democrática de nosso regime republicano, a qual não é compatível com a existência de exercício de poder político-administrativo, sem a adequada fiscalização e responsabilidade.

Dentro da perspectiva republicana, e por se tratar de entidade que exerce poder de polícia, a legitimação dessa atuação institucional de cunho fortemente estatal pressupõe uma burocracia estável escolhida por métodos objetivos.

Exatamente por fazer jus a esse regime peculiar, a OAB goza de prerrogativas indispensáveis para o próprio exercício institucional das atividades que lhe competem. Desse modo, da mesma maneira que a imunidade tributária, por exemplo, é seguidamente invocada como suposto *benefício* (matéria que não constitui o objeto desta ação direta), a aplicação do concurso público aos quadros funcionais da OAB não pode ser reduzida à mentalidade, amiúde sustentada por alguns seguimentos sociais, como indevida *intervenção*, ou ainda como *ônus desproporcional* imputado à entidade.

A aplicação do princípio republicano a esse caso envolve a premissa de que todo e qualquer agente, ao atuar para a realização de interesse eminentemente público-estatal, não se pode furtar obediência à Constituição, nem pretender eximir seus atos e omissões da pertinente fiscalização exercida pelas instâncias críticas da sociedade.

Em segundo lugar, não é possível assumir a postura de que a necessidade de realização de concurso público seja concebida, unicamente, como desvantagem. Ao contrário do que poderia parecer à primeira vista, há elementos normativos que a declaram como verdadeira garantia institucional.

Nesse contexto, em que pesem as recentes alterações ocorridas com a criação dos juizados especiais (Leis n. 9.099/1995 e 10.259/2001) e apesar dos casos excepcionais do *habeas corpus* e o da justiça do trabalho – na qual, nas instâncias ordinárias, ainda prevalece o princípio do *jus postulandi* –, não se pode negar que nosso modelo de prestação jurisdicional assume como regra geral a necessidade de que os particulares atuem por meio de profissional dotado de capacidade postulatória.

Nota-se, portanto, que essa sistemática assume a representação processual dos particulares por advogado como a via convencional para a proteção judicial efetiva (CF, art. 5º, XXXVI). Com efeito, o reconhecimento de direitos constitucionais está intimamente ligado, por pressuposição lógica, à representação, por advogado, para a defesa dos interesses das partes (Lei n. 8.906/1994, arts. 1º a 5º).

Destaco, neste ponto, que não estou a cogitar da necessidade fática de assegurar a qualidade técnica, *in concreto*, do profissional da advocacia. É dizer, independentemente de se tratar de excelente advogado ou não, nosso modelo jurisdicional exige, antes de tudo, a representação por advogado devidamente habilitado (Lei n. 8.906/1994, art. 1º, I e II).

Em última análise, trata-se de medida de defesa dos interesses, não apenas dos advogados, mas de toda a sociedade, que precisa lançar mão de instrumentos e procedimentos de controle e fiscalização da advocacia. Essa atividade, por sua própria conformação constitucional, envolve segurança, transparência e legitimidade quanto à gestão do serviço público desempenhado pela Ordem dos Advogados do Brasil (Lei n. 8.906/1994, art. 44).

Quanto a esse aspecto, é curioso observar paradoxalmente que, apesar de se opor à aplicação da regra constitucional do concurso público para preenchimento de seus quadros funcionais, a OAB participa de bancas nos concursos para as carreiras jurídicas da magistratura, do Ministério Público e da própria advocacia pública, por exemplo.

Por fim, encerro minha argumentação com breve abordagem sobre a aplicabilidade do princípio constitucional do concurso público à Ordem dos Advogados.

Conforme salientei, independentemente do rótulo jurídico que se lhe queira imputar, a OAB corresponde a instituição civil que, por disposição legal e constitucional, exerce atividade pública de extrema relevância: a habilitação, o controle, a fiscalização e a aplicação de penalidades na área profissional da advocacia.

A rigor, portanto, a OAB exerce *serviço público independente* e é preciso reconhecer que, consideradas as peculiaridades do modelo judicial recrutados por meio de procedimento público, objetivo e que permita, não somente a participação efetiva, mas a fiscalização por todos os cidadãos e entidades democráticas.

Trata-se, porém, de serviço público que, exatamente por seu caráter de autonomia com relação à estrutura hierárquica do Estado (Lei n. 8.906/1994, art. 44, § 1º), não pode ser enquadrado especificamente na disciplina típica do art. 175 da CF.

De outro lado, deve-se considerar a dimensão da disciplina normativa aplicável à Ordem dos Advogados do Brasil, a qual lhe confere a titularidade e a competência específica para o exercício da fiscalização dos atos da Advocacia, os quais constituem *munus* público permanente (Lei n. 8.906/1994, art. 2º, § 2º).

Nesse ponto, é válido fazer breve referência à experiência das *state actions*, nos denominados *the public function cases*, nos quais a Suprema Corte dos Estados Unidos da América reconheceu, por diversas vezes, o exercício de função pública por entes privados (*the public function cases*).

Nesses casos, a Suprema Corte norte-americana buscou definir circunstâncias nas quais atores privados exerceriam funções típicas dos poderes públicos, ou paraestatais. Frise-se que se tratava de situações nas quais tais atores poderiam ser equiparados ao aparato estatal, inclusive para os fins de responder por violações a direitos constitucionais.

Segundo Lawrence Tribe[4], embora seja difícil sistematizar e esgotar o desenvolvimento jurisprudencial americano quanto ao problema da *state action*, há inúmeros julgados que acenam para o entendimento de que atores aparentemente privados (*seemingly private actors*) poderiam exercer funções tipicamente públicas (*powers or functions governmental in nature*).

Destarte, a partir da caracterização do *status* público da atuação institucional de ator privado, seria possível que o próprio exercício dessa função fosse diretamente submetido aos limites da Constituição. No *case Evans v. Newton*, por exemplo, a Corte americana decidiu que: *"where private individuals or groups endowed by State with powers or functios governmental in nature, they become agencies or instrumentalities of the State and subject to its constitutional limitation"*[5].

---

4   TRIBE, Laurence H. *American Constitutional Law*. New York: The Foundation Press, Inc, 1988, p. 1691.
5   TRIBE, Laurence H. *American Constitutional Law*. New York: The Foundation Press, Inc, 1988, p. 1705/1706.

Sem o compromisso de detalhar e desenvolver toda a discussão teórica envolvida nos *public function cases*, deve-se enfatizar que a jurisprudência da Suprema Corte pauta-se pela tentativa, ainda não realizada em sua plenitude, de distinguir funções essencialmente públicas daquelas meramente privadas.

A partir dessa perspectiva da experiência estadunidense da *state action*, é possível cogitar da aplicação de princípios constitucionais da Administração a entidades que, embora não componham a estrutura funcional de órgãos e pessoas estatais, exerçam atividades dotadas desse caráter que denominei aqui como típico *munus* público.

Trata-se do desempenho de plexo institucional de competências administrativas cuja importância é expressa por diversas vezes no texto constitucional (*cf.*, por exemplo, os arts. 93; 129, § 3º; 132 e 133, da CF).

Esse exercício de pensamento constitucional pode ser articulado porque a tarefa de gestão e controle social dos inúmeros aspectos relacionados à prestação de serviços da advocacia envolve não somente o tema da atribuição à OAB de serviço público independente (seja por disposição do texto da Constituição, ou da Lei n. 8.906/1994).

Em última análise, conforme pude demonstrar, o desempenho do *munus* público atribuído à Ordem dos Advogados deve ser compreendido de modo que o seu exercício esteja diretamente relacionado à realização e à garantia judicial efetiva de direitos individuais, coletivos e difusos constitucionalmente reconhecidos (CF, art. 5º, XIII e XXXVI).

Nestes termos, a abertura ao controle social consiste justamente em medida republicana indisponível que busca garantir a legitimidade ao desempenho da atividade pela OAB.

Nesse particular, é claro o caráter normativo dos princípios da isonomia (CF, art. 5º), da impessoalidade, da publicidade e da eficiência no caso específico de aplicação da regra constitucional do concurso público à OAB (CF, art. 37, *caput*, e inciso II).

Trata-se, portanto, de atividade administrativa e institucional que, diante de sua característica paraestatal, enseja subordinação aos princípios da Administração descritos no art. 37, *caput*, da CF/88.

O modelo de contratação pressuposto pelo instrumento do concurso público indica: a isonomia com relação aos cidadãos eventualmente interessados em se habilitarem por meio de concurso; a impessoalidade quanto aos critérios de seleção a serem adotados; a publicidade quanto às condições de acesso para o preenchimento das vagas eventualmente oferecidas; e a eficiência na seleção dos mais bem qualificados para o exercício da atividade proposta.

Ante o exposto, o *regime trabalhista*, a que se refere o *caput* do art. 79 da Lei n. 8.906/1994, pressupõe um modelo de contratação que, independente do regime eventualmente adotado em dado contexto legislativo (conforme exporei a seguir), deve sujeitar-se à regra constitucional do concurso público.

Nesse particular, devo alertar ainda que essa experiência não é de todo estranha em nossa ordem constitucional, nem tampouco na jurisprudência deste Tribunal. Além do típico caso das serventias extrajudiciais, por exemplo, veja-se a hipótese prevista de aplicação da regra constitucional do concurso público (CF, art. 37, II) às sociedades de economia mista e às empresas públicas prestadoras de serviços públicos.

Não obstante, no caso específico referido, as denominadas empresas estatais (sociedades de economia mista e empresas públicas) constituam-se como pessoas jurídicas de direito privado, o fato de estarem imbuídas da prestação de determinado serviço público, conforme sustenta a doutrina de Celso Antônio Bandeira de Mello, demanda a adoção de regime mais próximo ao de direito público[6].

---

6   MELLO, Celso Antônio Bandeira de. *Curso de Direito Administrativo*, pp. 184-206.

Funções essenciais à justiça · 2103

Nesse sentido, vale referir o clássico precedente firmado pelo Plenário deste Tribunal no julgamento do MS n. 21.322/DF, Rel. Min. Paulo Brossard, *DJ* de 23.04.1993, no qual se proclamou, por maioria, *verbis*:

> "EMENTA: CARGOS e EMPREGOS PÚBLICOS. ADMINISTRAÇÃO PÚBLICA DIRETA, INDIRETA e FUNDACIONAL. ACESSIBILIDADE. CONCURSO PÚBLICO. *A acessibilidade aos cargos públicos a todos os brasileiros, nos termos da Lei e mediante concurso público e princípio constitucional explícito, desde 1934, art. 168. Embora cronicamente sofismado, mercê de expedientes destinados a iludir a regra, não só foi reafirmado pela Constituição, como ampliado, para alcançar os empregos públicos, art. 37, I e II. Pela vigente ordem constitucional, em regra, o acesso aos empregos públicos opera-se mediante concurso público, que pode não ser de igual conteúdo, mas há de ser público. As autarquias, empresas públicas ou sociedades de economia mista estão sujeitas a regra, que envolve a administração direta, indireta ou fundacional, de qualquer dos poderes da União, dos Estados, do Distrito Federal e dos Municípios. Sociedade de economia mista destinada a explorar atividade econômica esta igualmente sujeita a esse princípio, que não colide com o expresso no art. 173, § 1°. Exceções ao princípio, se existem, estão na própria Constituição"[7].*

Nota-se aqui que a tendência do reconhecimento de aplicação do regime de direito público para o caso dessas empresas estatais (em especial, das prestadoras de serviço público) não decorre da mera participação econômica dos poderes públicos na constituição do capital dessas empresas estatais, nem apenas pela caracterização de tais entidades como integrantes da Administração Pública Indireta, mas também em razão da relevância constitucional que a prestação de serviços públicos envolve.

Nesse ponto, a meu ver, não vislumbro possibilidades jurídicas de estabelecer disciplina diferente para o caso do serviço público atribuído à Ordem dos Advogados do Brasil. O poder de polícia delegado à OAB, assim como no caso das empresas estatais prestadoras de serviços públicos em geral, corresponde a serviço público de sede constitucional e legal, e que poderia até mesmo, caso assim entendesse o constituinte originário, ter sido diretamente atribuído a algum dos poderes constituídos.

Logo, para o caso em apreço, a imposição da aplicação do princípio do concurso público não decorre necessariamente da natureza jurídica da entidade em questão. É preciso levar em conta, ademais, a premissa normativa de que o serviço público delegado à OAB apresenta dimensão de relevância não apenas pública, mas também estatal (ou paraestatal).

A necessidade de aplicação desse princípio, porém, não significa que todos os empregados da Ordem do Advogados do Brasil somente poderão ingressar nos quadros funcionais da entidade por meio de concurso público. Assim como preconizado pelo nosso modelo constitucional da Administração Pública, para os cargos de chefia, direção e assessoramento (assim caracterizados por eventual norma competente) não haveria sentido em falar na aplicação do princípio do concurso público.

Conforme argumenta Celso Antônio Bandeira de Mello, e aqui entendo que o raciocínio aplicado às empresas estatais, em especial às prestadoras de serviços públicos, estender-se-ia, de igual modo, à OAB, *verbis*:

> "*Em decorrência do art. 37, II, da Constituição, de acordo com o qual 'a investidura em cargo ou emprego público depende de aprovação prévia em concurso público de provas ou de provas e títulos, ressalvadas as nomeações para cargo em comissão (...)', o ingresso nas empresas estatais está subordinado ao aludido requisito. Esta regra há de sofre certa atenuação, embora não elisão, tratando-se de empresa estatal exploradora de atividade econômica. Para tanto concorre não apenas sua natureza industrial ou comercial, mas, sobretudo, o referido art. 173, § 1°, II, da Constituição, que refere a submissão destas pessoas ao mesmo regime das empresas privadas, inclusive quanto às obrigações trabalhistas.*

---

7   MS n. 21.322/DF, Rel. Paulo Brossard, *DJ* de 23.4.1993, *RTJ* 146/01, pp. 139.

Compreende-se que a empresa estatal pode, legitimamente, prescindir da realização de concurso público nas situações em que sua realização obstaria a alguma necessidade de imediata admissão de pessoal ou quando se trate de contratar profissionais de maior qualificação, que não teriam o interesse em se submeter a prestá-lo, por serem absorvidos avidamente pelo mercado"[8].

Com efeito, o exercício de posições de chefia, direção e assessoria está bastante vinculado à postura institucional da OAB que deva ser adotada, sob o ponto de vista de seus dirigentes, para a realização de sua função constitucional.

Consequentemente, a ocupação e provimento desses *cargos de direção* (que assim venham a ser definidos em eventual lei específica) é atividade ínsita à própria autonomia institucional da entidade. Daí não haver razão para a aplicação do inciso II do art. 37 da CF.

Entretanto, em análise mais acurada do caso, penso que estamos diante de hipótese na qual seria pertinente limitar os efeitos da declaração a partir deste julgamento (eficácia *ex nunc*).

Assim, seja pelos motivos de segurança jurídica e de proteção da boa-fé dos atuais empregados dos Conselhos da OAB que, embora não exerçam atividade de chefia, assessoramento ou direção, tenham ingressado sem prévio concurso público, creio ser o caso de interpretação conforme, ora proposta, declarada com eficácia *ex nunc*.

Diante do exposto e com a vênia, sempre devida, ao Eminente Relator, reconheço a necessidade de aplicação do princípio do concurso público (CF, art. 37, II) aos quadros funcionais da instituição para as futuras contratações de empregados, cujas atividades, nos termos de lei específica, não envolvam chefia, direção ou assessoramento (CF, art. 37, V).

Nestes termos, meu voto é pela procedência do pedido de interpretação conforme do *caput* do art. 79, com eficácia *ex nunc*, e em consonância com o disposto no art. 37, II e V, da CF. Ressalvo, portanto, os casos de cargos que envolvam chefia, direção e assessoramento, assim definidos em conformidade com regulação específica pela norma competente.

B) Da inconstitucionalidade do art. 79, § 1º (*in fine*), da Lei n. 8.906/1994

Quanto à alegada inconstitucionalidade do § 1º do art. 79, *in fine*, da Lei n. 8.906, de 04 de julho de 1994 ("... sendo assegurado aos optantes o pagamento de indenização, quando da aposentadoria, correspondente a cinco vezes o valor da última remuneração"), poderia surgir o argumento formal de que não se trataria de dispositivo normativo passível de controle concentrado, por envolver efeitos concretos.

Para fins de sistematizar a questão em outro nível, é válido invocar a conhecida sistematização proposta por Hans Kelsen entre normas individuais e normas concretas.

Normas individuais, grosso modo, seriam aquelas relativas a situações individualizáveis que se configuram a partir do tipo estabelecido pela norma. As normas concretas, por sua vez, corresponderiam àqueloutras atinentes a um caso singular.

No caso em apreço, parece-me que estamos diante de norma individual. Trata-se de preceito normativo que, a título de regulamentar o regime jurídico dos empregados da Ordem dos Advogados do Brasil, condicionou a sua aplicação a uma opção individualizada, de cada empregado, ao regime celetista ou ao regime estatutário.

Destarte, trata-se de norma suscetível de controle em sede de ADI, uma vez que correspondente a "ato normativo de alcance individual" conforme fixado no julgamento de Questão de Ordem na ADI n. 1.673/AL, Rel. Sepúlveda Pertence, *DJ* de 31.10.1997, *verbis*:

"*EMENTA: Ação direta de inconstitucionalidade: descabimento: ato concreto de Assembleia Legislativa que concede licença ao Governador do Estado por motivos que, segundo a Constituição, não a autorizariam.*

---

[8] MELLO, Celso Antônio Bandeira de. *Curso de Direito Administrativo*, p. 205.

Sem que se desconheça a densidade da tese kelseniana da existência de atos normativos de alcance individual, correta e orientação do STF que os exclui do controle direto e abstrato da constitucionalidade de normas, cujo alcance reduz aos atos normativos gerais"[9].

Superada essa questão preliminar, passo a abordar o tema da alegada agressão ao princípio da moralidade (CF, art. 37, *caput*).

Antes de maiores considerações sobre a disposição normativa em apreço (Lei n. 8.906/1994, art. 79, § 1º, *in fine*), é pertinente abordar o regime jurídico conferido aos empregados da OAB no contexto constitucional anterior.

O art. 148 da Lei n. 4.215/1963 (antigo Estatuto da OAB), assim disciplinava a questão:

"Art. 148. Aplica-se aos funcionários da Ordem dos Advogados do Brasil o regime legal do Estatuto dos Funcionários Públicos Civis da União e leis complementares."

Com o advento do Decreto n. 968/1969, a matéria foi alterada nos seguintes termos:

"Art. 1º As entidades criadas por lei com atribuições de fiscalização do exercício de profissões liberais que sejam mantidas com recursos próprios e não recebam subvenções ou transferências à conta do orçamento da União, regular-se-ão pela respectiva legislação específica, não se lhes aplicando as normas legais sobre pessoal e demais disposições de caráter-geral, relativas à administração interna das autarquias federais." (Sem o grifo no original.)

Anteriormente à promulgação da Constituição Federal de 1988, poder-se-ia dizer que havia funcionários da OAB submetidos tanto ao regime celetista (a partir do modelo estatuído pelo Decreto n. 968/1969) quanto ao regime estatutário (em virtude do disposto no art. 148 do antigo Estatuto da OAB).

Com o surgimento da Lei n. 8.906/1994, portanto, verificava-se essa composição mista dos regimes trabalhistas nos quadros da entidade.

Consequentemente, considerados os ajustamentos impostos pelo texto constitucional acerca da necessidade de opção por um dos dois regimes, a previsão de indenização pelo § 1º do art. 79 seria, em princípio, razoável porque se destinaria a compensar, aos optantes pelo regime celetista, a perda de eventuais direitos e vantagens até então integrados ao patrimônio dos funcionários optantes pelo regime estatutário.

Além disso, pode-se considerar que o dispositivo estatui disciplina proporcional e consoante ao princípio da igualdade e da isonomia (**CF, art. 5º, *caput* e inciso II**).

É de se frisar, inclusive, que o montante da indenização prevista pelo § 1º consiste em parâmetro destinado a fixar regra de transição, à época, do regime estatutário para o celetista.

Outro aspecto relevante, conforme afirmado da tribuna na última sessão de julgamento (23.02.2005), é o de que o dispositivo impugnado (Lei n. 8.906/1994, art. 79, § 1º) já produziu efeitos com relação a servidores da Ordem dos Advogados do Brasil.

Segundo alertado pelo Relator, Ministro Eros Grau, haveria 19 (dezenove) empregados da OAB nessa situação. Trata-se de trabalhadores que, ao tempo do advento da lei, fizeram a opção por outro regime.

É dizer, diante da existência de empregados da OAB já aposentados e cujos proventos são oriundos, conforme o caso, do regime celetista ou do regime estatutário, até mesmo por uma questão de segurança jurídica e de proteção da boa-fé dos servidores optantes, creio que não deveria ser modificada a situação jurídica daqueles que, até este momento, tenham cumprido todos os requisitos de aposentação segundo o regime pelo qual optaram.

Conforme já afirmei, o *regime trabalhista* a que se refere o *caput* do art. 79 da Lei n. 8.906/1994, pressupõe um modelo de contratação que, independentemente do regime eventual-

---

[9] ADI-QO 1.673-QO/AL, Rel. Sepúlveda Pertence, *DJ* de 31.10.1997.

mente adotado em dado contexto legislativo, deve sujeitar-se à regra constitucional do concurso público.

Note-se, aqui, que não estou a definir minha posição quanto ao mérito da obrigatoriedade ou não da aplicação do regime estatutário aos empregados da OAB. Essa, aliás, parece-me inclusive questão de estratégia institucional que a entidade deveria buscar discutir e definir a partir dos meios constitucionais e legais aplicáveis.

Trata-se de questão que, principalmente após a edição da Emenda Constitucional n. 19/1998, deveria ser definida de *lege ferenda*.

Ademais, considerando-se que o tema da dissolução do Regime Jurídico Único ainda está *sub judice* perante esta Suprema Corte (*cf.* ADI n. 2.135/DF, Rel. Néri da Silveira, que está com julgamento suspenso em razão do pedido de vista do Ministro Ricardo Lewandowski), parece-me que o enfrentamento detalhado desse tema específico não seria fundamental para a resolução da controvérsia constitucional em apreço.

Nestes termos, quanto ao § 1º do art. 79, meu voto é pelo conhecimento da ação direta. No mérito, oriento-me pela improcedência da ADI.

Conclusivamente, Senhora Presidente, voto pela parcial procedência desta ação direta:

a) para que, com eficácia *ex nunc*, seja conferida, ao *caput* do art. 79 do referido diploma legal, interpretação conforme o art. 37, II e V, da Constituição Federal, no sentido de que o "regime de trabalho" a que o dispositivo se refere pressupõe ingresso mediante prévio concurso público, ressalvados os cargos que, em consonância com regulação específica pela norma competente, envolvam chefia, direção e assessoramento; e

b) para que esta ação seja julgada improcedente quanto à expressão "sendo assegurado aos optantes o pagamento de indenização quando da aposentadoria, correspondente a cinco vezes o valor da última remuneração", constante da redação do § 1º do art. 79 da Lei n. 8.906/1994.

É como voto.

ADI 1.194[1]

Estatuto da Ordem dos Advogados do Brasil – Obrigatoriedade do visto de advogado para o registro de atos e contratos constitutivos de pessoas jurídicas (art. 1º, § 2º, da Lei n. 8.906/94) – Inconstitucionalidade não reconhecida pela maioria dos membros do STF – Voto vencido: conclusão pela ofensa aos princípios da proporcionalidade e da proteção insuficiente.

A Confederação Nacional da Indústria propôs ação direta contra o § 2º do art. 1º, os arts. 21 e seu parágrafo único, 22, 23, o § 3º do art. 24 e o art. 78, da Lei n. 8.906, de 04/07/94, que dispõe sobre o Estatuto da Advocacia e a Ordem dos Advogados do Brasil – OAB.

O Ministério Público Federal opinou pela procedência parcial da ação em parecer assim resumido:

> "1. *Princípio da* **IGUALDADE**: *não pode ser levado tão longe, a ponto de impedir o legislador de impor requisitos de validade aos* '**atos constitutivos e os estatutos das sociedades civis e comerciais**', *visto como, em verdade, a* ISONOMIA *só estaria sendo afetada, se tais requisitos fossem exigidos de* **apenas um ou alguns** *de tais atos e, não, de* **TODOS**.
>
> 2. *Honorários advocatícios: estando no campo dos bens* **DISPONÍVEIS**, *não há razoabilidade jurídica em se pretender impedir que o titular do direito a tais honorários faça deles uso, como lhe aprouver, mediante ajuste contratual.*
>
> 3. *Cerceamento, pela* **LEI**, *ao titular do direito sobre os honorários advocatícios, da* **LIBERDADE DE DISPOR** *de tais bens: inconstitucionalidade, frente à garantia constitucional do direito de propriedade.*
>
> *Ação direta de inconstitucionalidade suscetível de ser julgada procedente apenas em parte".*

A ação direta foi julgada parcialmente procedente em decisão que recebeu a seguinte ementa:

EMENTA: ESTATUTO DA ORDEM DOS ADVOGADOS DO BRASIL – OAB. ARTIGOS 1º, § 2º; 21, PARÁGRAFO ÚNICO; 22; 23; 24, § 3º; E 78 DA LEI N. 8.906/1994. INTERVENÇÃO COMO LITISCONSÓRCIO PASSIVO DE SUBSECÇÕES DA OAB: INADMISSIBILIDADE. PERTINÊNCIA TEMÁTICA. ARTIGOS 22, 23 E 78: NÃO CONHECIMENTO DA AÇÃO. ART. 1º, § 2º: AUSÊNCIA DE OFENSA À CONSTITUIÇÃO DA REPÚBLICA. ART. 21 E SEU PARÁGRAFO ÚNICO: INTERPRETAÇÃO CONFORME À CONSTITUIÇÃO. ART. 24, § 3º: OFENSA À LIBERDADE CONTRATUAL. AÇÃO DIRETA DE INCONSTITUCIONALIDADE PARCIALMENTE PROCEDENTE. 1. A intervenção de terceiros em ação direta de inconstitucionalidade tem características distintas deste instituto nos processos subjetivos. Inadmissibilidade da intervenção de subsecções paulistas da Ordem dos Advogados do Brasil. Precedentes. 2. Ilegitimidade ativa da Confederação Nacional da Indústria – CNI, por ausência de pertinência temática, relativamente aos artigos 22, 23 e 78 da Lei n. 8.906/1994. Ausência de relação entre os objetivos institucionais da Autora e do conteúdo normativo dos dispositivos legais questionados. 3. A obrigatoriedade do visto de advogado para o registro de atos e contratos constitutivos de pessoas jurídicas (artigo 1º, § 2º, da Lei n. 8.906/1994) não ofende os princípios constitucionais da isonomia e da liberdade associativa. 4. O art. 21 e seu parágrafo único da Lei n. 8.906/1994 deve ser interpretado no sentido da preservação da liberdade contratual quanto à destinação dos honorários de sucumbência fixados judicialmente. 5. Pela interpretação conforme conferida ao art. 21 e seu parágrafo único, declara-se inconstitucional o § 3º do art. 24 da Lei n. 8.906/1994, segundo o qual

---

[1] Em 20.5.2009, o Tribunal, por maioria, julgou parcialmente procedente a ação direta para dar interpretação conforme ao artigo 21 e seu parágrafo único da Lei n. 8.906/94, nos termos do voto do Relator, vencidos os Senhores Ministros Joaquim Barbosa, Marco Aurélio, Cezar Peluso, Ricardo Lewandowski e Gilmar Mendes (Presidente), que a julgavam totalmente procedente (*DJ* de 11.9.2009).

"é nula qualquer disposição, cláusula, regulamento ou convenção individual ou coletiva que retire do advogado o direito ao recebimento dos honorários de sucumbência". 6. *Ação direta de inconstitucionalidade conhecida em parte e, nessa parte, julgada parcialmente procedente para dar interpretação conforme ao art. 21 e seu parágrafo único e declarar a inconstitucionalidade do § 3º do art. 24, todos da Lei n. 8.906/1994.*

VOTO-VISTA

Cuida-se de ação direta de inconstitucionalidade contra dispositivos do Estatuto da Advocacia (Lei n. 8.906, de 1994). São as seguintes as normas submetidas à análise desta Corte na presente ADI:

"Art. 1º (...)

§ 2º Os atos e contratos constitutivos de pessoas jurídicas, sob pena de nulidade, só podem ser admitidos a registro, nos órgãos competentes, quando visados por advogados.

Art. 21. Nas causas em que for parte o empregador, ou pessoa por este representada, os honorários de sucumbência são devidos aos advogados empregados.

Parágrafo único. Os honorários de sucumbência, percebidos por advogado empregado de sociedade de advogados são partilhados entre ele e a empregadora, na forma estabelecida em acordo.

Art. 22. A prestação de serviço profissional assegura aos inscritos na OAB o direito aos honorários convencionados, aos fixados por arbitramento judicial e aos de sucumbência.

Art. 23. Os honorários incluídos na condenação, por arbitramento ou sucumbência, pertencem ao advogado, tendo este direito autônomo para executar a sentença nesta parte, podendo requerer que o precatório, quando necessário, seja expedido em seu favor.

Art. 24. (...)

§ 3º É nula qualquer disposição, cláusula, regulamento ou convenção individual ou coletiva que retire do advogado o direito ao recebimento dos honorários de sucumbência.

Art. 78. Cabe ao Conselho Federal da OAB, por deliberação de dois terços, pelo menos, das delegações, editar o Regulamento Geral deste Estatuto, no prazo de seis meses, contados da publicação desta Lei."

Registro, por oportuno, que após ter recebido os autos em meu gabinete, houve dois pedidos de ingresso no feito na condição de *amicus curiae*, um deles formulado pelo Conselho Federal da ordem dos Advogados do Brasil e outro pelo Sr. Cláudio Dantas de Araújo, um economista que considerou adequado trazer a esta Corte um estudo de sua autoria. Em ambos os casos indeferi o pedido, considerando sobretudo o estágio do julgamento do feito, em que vários ministros já haviam votado. Admiti, todavia, a juntada por linha, para sua eventual apreciação. Não foram desconsideradas, sobretudo, as alegações da OAB, tendo em vista sua inegável representatividade, alegações que em verdade não destoam do que já foi dito nos autos em favor da constitucionalidade dos dispositivos impugnados.

Passo a proferir meu voto.

Quanto aos arts. 22, 23 e 78, acompanho o relator que, na linha do que foi decidido na cautelar, nesta parte não conheceu da ação, tendo em vista a ilegitimidade ativa do Requerente por impertinência temática.

1. Art. 1º, § 2º

O eminente Relator rejeitou a arguição de inconstitucionalidade da norma prevista no art. 1º, § 2º, pelas razões seguintes:

"11. Com efeito, a norma é endereçada às pessoas jurídicas e visa proteger os atos essenciais à sua constituição, afastando futuros prejuízos que possam advir às partes com elas envolvidas, em decorrência de irregularidades cometidas por profissionais estranhos à área jurídica. A ofensa ao princípio da isonomia supõe sempre tratamento desigual a situações idênticas, ou tratamento igual a situações

Funções essenciais à justiça **2109**

diferentes. Não é o que ocorre na hipótese dos autos, em que **todas as pessoas jurídicas** são destinatárias do preceito atacado. Pouco importa que não se exija a presença de advogado para outros tipos de atos, pois nesse caso, também sem exceção, estão elas desobrigadas da incumbência.

12. O Professor José Afonso da Silva, em parecer dado para instruir ação similar, manifestou-se sobre o tema, *verbis*:

'2 Pois bem, a norma impugnada confronta pessoas jurídicas, todas na mesma situação jurídica, sem qualquer distinção. Os aspectos que a lei tomou como essenciais e relevantes 'atos e contratos constitutivos de pessoas jurídicas' a 'ser admitidos a registro'. Todas essas pessoas em igual situação ficam sujeitas ao mesmo (igual) ônus, estabelecido pelas normas. Não há discriminação alguma entre elas em relação ao aspecto que a lei considerou relevante. Portanto, não há ofensa ao 'caput' do art. 5º e muito menos a seu inc. I". (Parecer oferecido à OAB, relativamente à ADI 1127-8/97. Apud Informações da AGU, fl. 78)'.*

13. Noto, a título de ilustração, que se assim não fosse, chegar-se-ia ao absurdo de que a desigualdade das condições temporais vedaria à Administração Pública conceder vantagens a seus servidores com fundamento no tempo de serviço. É claro que nesse caso não se poderia alegar violação ao princípio da isonomia, uma vez que a concessão de anuênio ou quinquênio a uns e não a outros se deve à diversidade do tempo de permanência de cada um no exercício de cargos ou funções públicas.

14. Da mesma forma, não cabe alegar que *"partes de atos jurídicos e contratos da mesma significação jurídica daqueles* [atos e contratos constitutivos de pessoas jurídicas], *ou de maior abrangência, ficam dispensados da observância de semelhantes requisitos"* (inicial – fl. 14). É que, se por um lado, a importância do registro das pessoas jurídicas advém da segurança dos que com elas tratam, por outro, a interferência do advogado exsurge com indiscutível relevância da minimização da possibilidade de enganos e fraudes, *"o que é resultado de alto sentido social"*, conforme salientou a Comissão de Constituição e Justiça do Senado, no parecer elaborado durante a tramitação do projeto que se transformou no Estatuto do Advogado (*apud* parecer do MJ, fl. 88).

15. Quanto à alegada violação ao **inciso I do artigo 5º da Carta Federal**, creio tratar-se de evidente equívoco, visto que o preceito constitucional invocado confere igualdade de direitos e obrigações a homens e mulheres, o que nada tem a ver com a questão.

16. A inicial aponta também contrariedade aos **incisos XVII e XVIII do dispositivo em apreço**, que dispõem:

'*Art. 5º (...)*

XVII é plena a liberdade de associação para fins lícitos, vedada a de caráter paramilitar;

XVIII – a criação de associações e, na forma da lei, a de cooperativas independem de autorização, sendo vedada a interferência estatal em seu funcionamento.'

17. A interpretação dada pela requerente aos **incisos XVII e XVIII do artigo 5º da Constituição** peca pelo falso suposto de que a plena liberdade de associação e a não interferência estatal em seu funcionamento importam a proibição de qualquer dispositivo infraconstitucional que verse sobre requisitos de sua constituição. Não é necessário lembrar que a liberdade no regime democrático somente pode ser entendida como a faculdade de agir sob o império da lei e, por isso, a de reunir-se em associação implica a obediência aos pressupostos de sua criação. Negar ao Estado competência para legislar sobre essa matéria é defender o regime anárquico, com a destruição de tudo o que há nos Códigos Civil e Comercial acerca do registro e extinção das pessoas jurídicas (...).

Por essas razões, não vejo inconstitucionalidade no **artigo 1º, § 2º, da Lei 8.906/94."**

O Ministro Marco Aurélio, em antecipação do voto, assim se manifesta:

"É sintomático – e devo votar com desassombro – que a regra se faça inserida no Estatuto da Ordem dos Advogados do Brasil, em vez de ter-se – e se poderia, talvez, ter – a alteração da lei respectiva, de Registros Públicos, Lei n. 6.015, de 31 de dezembro de 1973.

Por isso mesmo vejo o dispositivo como a encerrar uma reserva de mercado e a imprimir um tratamento diferenciado, considerados aqueles que desejem de alguma forma, até mesmo com os olhos voltados ao desenvolvimento nacional, constituir uma pessoa jurídica, devendo, portanto, apresentar e submeter os autos de constituição a um profissional da advocacia.

Tenho, no caso, inclusive como sustentado pela Associação dos Magistrados Brasileiros na ADI n. 1.127 –, como seu sentido maior de associação, já que se passa a ter com o dispositivo, para chegar-se à constituição de uma pessoa jurídica, um ônus que, talvez, até mesmo possa inviabilizar a constituição dessa mesma pessoa jurídica.

Até aqui conviveu a ordem jurídica com o sistema desburocratizado na apresentação desses atos ao registro competente.

Sr. Presidente, não vejo razoabilidade em impor-se essa formalidade como essencial para ter-se o registro. Peço vênia para declarar inconstitucional o dispositivo."

Ao pedir vista, assim me manifestei:

"Tenho muitas dúvidas em relação a esse dispositivo e estava a acalentar um eventual pedido de vista quanto a este tema.

Em relação ao dispositivo, não estou certo de se cuidar de uma lesão ao princípio da isonomia, mas que se trata de algo explicitamente corporativo, não se tem dúvida alguma.

Talvez, aqui, tenhamos um daqueles casos de uma norma destinada – como o da chapada violação do devido processo legal – a prover recursos para advogados, um desvio legislativo escandaloso; isso me parece explícito, flagrante – como outras manifestações dessa lei, a qual, de fato, não é exemplar em toda extensão e tem a marca indelével do corporativismo."

Peço vênia ao eminente Relator para divergir.

Embora não haja dúvida de que os direitos são suscetíveis de limitação – isto é quase um truísmo –, também afigura-se pacífico que essas limitações ou restrições hão de ser veiculadas por lei (princípio de reserva legal).

Por seu turno, é igualmente inequívoco que, no sistema do Estado de Direito, não há reserva legal senão *reserva legal proporcional.*

É certo que a lei exerce um papel deveras relevante na ordem jurídica do Estado de Direito. Assinale-se, porém, que os espaços não ocupados pelo legislador não são dominados pelo caos ou pelo arbítrio.

Embora a competência para editar normas, no tocante à matéria, quase não conheça limites (*universalidade da atividade legislativa*), a atividade legislativa é, e deve continuar sendo, uma *atividade subsidiária.* Significa dizer que o exercício da atividade legislativa está submetido ao *princípio da necessidade,* isto é, que a promulgação de leis supérfluas ou iterativas configura abuso do poder de legislar[2]. É que a *presunção de liberdade,* que lastreia o Estado de Direito democrático, pressupõe um *regime legal mínimo,* que não reduza ou restrinja, imotivada ou desnecessariamente, a liberdade de ação no âmbito social. As leis hão de ter, pois, um *fundamento objetivo*[3], devendo mesmo ser reconhecida a inconstitucionalidade das normas que estabelecem restrições dispensáveis[4]. É possível que o vício de inconstitucionalidade substancial decorrente do excesso de poder legislativo constitua um dos mais tormentosos temas do controle de constitucionalidade hodierno. Cuida-se de aferir a compatibilidade da lei com os fins constitucionalmente previstos ou de constatar a observância do princípio da proporcionalidade (*Verhältnismässigkeitsprinzip*), isto é, de se proceder à censura sobre a adequação (*Geeignetheit*) e a necessidade (*Erforderlichkeit*) do ato legislativo[5].

---

[2] Sobre o assunto, cf. Christian Pestalozza, Gesetzgebung in Rechtsstaat, Neue Juristiche Wochenschrift, 1981, p. 2082 (2083).

[3] Ibid. p. 2082 (2083).

[4] Sobre o assunto, cf. as decisões da Corte Constitucional Alemã [BVerfGE,17, 306 (313); 55, 159 (165)].

[5] CANOTILHO, *Direito Constitucional,* cit., p. 617-618; SCHNEIDER, Hans. Zur Verhältnismässigkeits-Kontrolle insbesondere bei Gesetzen, **in** STARCK, Christian (org.), *Bundesverfassungsgericht und Grundgesetz,* Tübingen, 1976, vol. 2, p. 392.

O excesso de poder como manifestação de inconstitucionalidade configura afirmação da censura judicial no âmbito da discricionariedade legislativa ou, como assente na doutrina alemã, na esfera de liberdade de conformação do legislador (*gesetzgeberische Gestaltungsfreiheit*)[6].

Como se vê, a inconstitucionalidade por excesso de poder legislativo introduz delicada questão relativa aos limites funcionais da jurisdição constitucional. Não se trata, propriamente, de sindicar os *motivi interiori della volzione legislativa*[7]. Também não se cuida de investigar, exclusivamente, a finalidade da lei, invadindo seara reservada ao Poder Legislativo. Isto envolveria o próprio mérito do ato legislativo[8].

Na Alemanha, o *Bundesverfassungsgericht* assentou, em uma de suas primeiras decisões (23-10-1951), que a sua competência cingia-se à apreciação de legitimidade de uma norma, sendo-lhe defeso cogitar de sua conveniência (*Zweckmässigkeit*). Todavia, "a questão sobre a liberdade discricionária outorgada ao legislador, bem como sobre os limites dessa liberdade, é uma questão jurídica suscetível de aferição judicial"[9].

O conceito de discricionariedade no âmbito da legislação traduz, a um só tempo, ideia de liberdade e de limitação. Reconhece-se ao legislador o *poder de conformação* dentro de limites estabelecidos pela Constituição. E, dentro desses limites, diferentes condutas podem ser consideradas legítimas[10]. Veda-se, porém, o excesso de poder, em qualquer de suas formas (*Verbot der Ermessensmissbrauchs; Verbot der Ermessensüberschreitung*). Por outro lado, o poder discricionário de legislar contempla, igualmente, o dever de legislar. A omissão legislativa (*Ermessensunterschreitung; der Ermessensmangel*) parece equiparável, nesse passo, ao excesso de poder legislativo[11].

A doutrina identifica como típica manifestação do excesso de poder legislativo a violação ao princípio da proporcionalidade ou da proibição de excesso (*Verhältnismässigkeitsprinzip; Übermassverbot*), que se revela mediante contraditoriedade, incongruência, e irrazoabilidade ou inadequação entre meios e fins[12]. No Direito Constitucional alemão, outorga-se ao princípio da proporcionalidade (*Verhältnismässigkeit*) ou ao princípio da proibição de excesso (*Übermassverbot*) qualidade de norma constitucional não escrita, derivada do Estado de Direito[13].

A utilização do princípio da proporcionalidade ou da proibição de excesso no Direito constitucional envolve, como observado, a apreciação da necessidade (*Erforderlichkeit*) e adequação (*Geeignetheit*) da providência legislativa.

Assim, em decisão proferida em março de 1971, o *Bundesverfassungsgericht* assentou que o princípio do Estado de Direito proíbe leis restritivas inadequadas à consecução de seus fins[14],

---

6 CANOTILHO, *Direito Constitucional*, cit., p. 617.

7 Cf., sobre o assunto, BITTENCOURT, Lúcio, (O controle jurisdicional, cit., p. 121-3), que afirma a incensurabilidade dos motivos do legislador, invocando os precedentes da Suprema Corte americana e do Supremo Tribunal Federal; MAXIMILIANO, Carlos. Comentários à Constituição brasileira, 5. ed., Rio de Janeiro, Freitas Bastos, 1954, v. 1, p. 157. V. também PIERANDREI, Corte costituzionale, in Enciclopedia del Diritto, cit., p. 906-7.

8 PIERANDREI, Corte costituzionale, in Enciclopedia del Diritto, cit., p. 906; cf., também, art. 28 da Lei n. 87, de 1953, que organiza a Corte Constitucional italiana, verbis: "il controllo di legittimità della Corte Costituzionale su una legge esclude ogni valutazione di natura politica ed ogni sindacato sull'uso del potere discrezionale".

9 BVerfGE, 1:15.

10 ERICHSEN, Hans-Uwe & MARTENS, Wolfgang (org.). *Allgemeines Verwaltungsrecht*, 9. ed., Berlim-Nova York, 1992, p. 186.

11 Cf., sobre o assunto, em Direito Administrativo, Erichsen & Martens, *Allgemeines Verwaltungsrecht*, cit., p. 188.

12 SCHNEIDER, Zur Verhältnismässigkeitskontrolle..., in STARCK, *Bundesverfassungsgericht*, cit., v. 2, p. 390 e s.; CANOTILHO, *Direito constitucional*, cit., p. 487.

13 SCHNEIDER, Zur Verhältnismässigkeitskontrolle..., in STARCK, *Bundesverfassungsgericht*, cit., p. 391; HESSE, *Grundzüge des Verfassungsrecht*, cit., p. 28, 142 e s.

14 BVerfGE, 30:250.

acrescentando que *"uma providência legislativa não deve ser já considerada inconstitucional por basear-se em um erro de prognóstico"* – BVerfGE, 25:1(12).

O Tribunal Constitucional explicitou, posteriormente, que:

"os meios utilizados pelo legislador devem ser adequados e necessários à consecução dos fins visados. O meio é adequado se, com a sua utilização, o evento pretendido pode ser alcançado; é necessário se o legislador não dispõe de outro meio eficaz, menos restritivo aos direitos fundamentais"[15].

A aferição da constitucionalidade da lei em face do princípio da proporcionalidade ou da proibição de excesso contempla os próprios limites do poder de conformação outorgado ao legislador. É o que se constata em decisão do *Bundesverfassungsgericht*, na qual, após discutir aspectos relativos à eficácia e adequação de medidas econômicas consagradas em ato legislativo, concluiu-se que o legislador não havia ultrapassado os limites da discricionariedade que lhe fora outorgada[16].

O Tribunal reconhece que o estabelecimento de objetivos e a definição dos meios adequados pressupõem uma decisão de índole política, econômica, social, ou político-jurídica[17]. Esse juízo inerente à atividade política parece ter determinado uma postura cautelosa do Tribunal no exame relativo à adequação das medidas legislativas[18]. A inconstitucionalidade de uma providência legal por objetiva desconformidade ou inadequação aos fins (*Zwecktauglichkeit*) somente pode ser constatada em casos raros e especiais (*gelagert*) (*Bei Anwendung dieser in der Rechtsprechung des Bundesverfassungsgerichts entwickelten Grundsätze wird die Verfassungswidrigkeit einer gesetzlichen Massnahme aus dem Gesichtspunkt der objektiven Zweckuntauglichkeit nur selten und in ganz besonders gelagerten Fällen festgestellt werden können*)[19].

Embora reflita a delicadeza da aplicação desse princípio no juízo de constitucionalidade, tal orientação não parece traduzir uma atitude demissionária quanto ao controle da adequação das medidas legislativas aos fins constitucionalmente perseguidos.

Uma lei será inconstitucional, por infringente ao princípio da proporcionalidade ou da proibição de excesso, diz o *Bundesverfassungsgericht*, "se se puder constatar, inequivocamente, a existência de outras medidas menos lesivas"[20].

No Direito português, o princípio da proporcionalidade em sentido amplo, também conhecido como princípio da proibição de excesso (*Übermassverbot*), foi erigido à dignidade de princípio constitucional[21], consagrando-se, no art. 18, 2, do Texto Magno, que *"a lei só pode restringir os direitos, liberdades e garantias nos casos expressamente previstos na Constituição, devendo as restrições limitar-se ao necessário para salvaguardar outros direitos ou interesses constitucionalmente protegidos"*.

O princípio da proibição de excesso, tal como concebido pelo legislador português, afirma Canotilho, "constitui um limite constitucional à liberdade de conformação do legislador"[22].

Portanto, a doutrina constitucional mais moderna enfatiza que, em se tratando de imposição de restrições a determinados direitos, deve-se indagar não apenas sobre a admissibilidade constitucional da restrição eventualmente fixada (reserva legal), mas também sobre a compatibilidade das restrições estabelecidas com o *princípio da proporcionalidade*.

---

[15] BVerfGE, 30:292(316), 39:210(230-1).
[16] BVerfGE, 30:250(265); SCHNEIDER, Zur Verhältnismässigkeitskontrolle..., **in** STARCK, *Bundesverfassungsgericht*, cit., p. 398.
[17] SCHNEIDER, Zur Verhältnismässigkeitskontrolle..., **in** STARCK, *Bundesverfassungsgericht*, cit., p. 398.
[18] SCHNEIDER, Zur Verhältnismässigkeitskontrolle..., **in** STARCK, *Bundesverfassungsgericht*, cit., p. 398.
[19] BVerfGE, 39:210(230-1).
[20] BVerfGE, 39:210(230-1); SCHNEIDER, Zur Verhältnismässigkeitskontrolle..., **in** STARCK, *Bundesverfassungsgericht*, cit., p. 399-400.
[21] CANOTILHO, *Direito constitucional*, cit., p. 617.
[22] CANOTILHO, *Direito constitucional*, cit., p. 617.

Essa orientação, que permitiu converter o princípio da reserva legal (*Gesetzesvorbehalt*) no *princípio da reserva legal proporcional* (*Vorbehalt des verhältnismässigen Gesetzes*)[23], pressupõe não só a legitimidade dos meios utilizados e dos fins perseguidos pelo legislador, mas também a *adequação* desses meios para consecução dos objetivos pretendidos (*Geeignetheit*) e a *necessidade* de sua utilização (*Notwendigkeit oder Erforderlichkeit*)[24].

O subprincípio da *adequação* (*Geeignetheit*) exige que as medidas interventivas adotadas mostrem-se aptas a atingir os objetivos pretendidos. O subprincípio da *necessidade* (*Notwendigkeit oder Erforderlichkeit*) significa que nenhum meio menos gravoso para o indivíduo revelar--se-ia igualmente eficaz na consecução dos objetivos pretendidos[25].

Em outros termos, o meio não será necessário se o objetivo almejado puder ser alcançado com a adoção de medida que se revele a um só tempo adequada e menos onerosa[26]. Ressalte-se que, na prática, adequação e necessidade não têm o mesmo *peso* ou relevância no juízo de ponderação. Assim, apenas o que é *adequado* pode ser *necessário*, mas o que é *necessário* não pode ser *inadequado*[27]. Pieroth e Schlink ressaltam que a prova da necessidade tem maior relevância do que o teste da adequação. Positivo o teste da necessidade, não há de ser negativo o teste da adequação. Por outro lado, se o teste quanto à necessidade revelar-se negativo, o resultado positivo do teste de adequação não mais poderá afetar o resultado definitivo ou final.

Um juízo definitivo sobre a proporcionalidade da medida há de resultar da rigorosa ponderação e do possível equilíbrio entre o significado da intervenção para o atingido e os objetivos perseguidos pelo legislador (*proporcionalidade em sentido estrito*)[28]. É possível que a própria ordem constitucional forneça um indicador sobre os critérios de avaliação ou de ponderação que devem ser adotados. Pieroth e Schlink advertem, porém, que, nem sempre, a doutrina e a jurisprudência se contentam com essas indicações fornecidas pela Lei Fundamental, incorrendo no risco ou na tentação de substituir a decisão legislativa pela avaliação subjetiva do juiz[29].

Tendo em vista esses riscos, procura-se solver a questão com base nos outros elementos do princípio da proporcionalidade, enfatizando-se, especialmente, o significado do subprincípio da necessidade. A proporcionalidade em sentido estrito assumiria, assim, o papel de um "controle de sintonia fina" (*Stimmigkeitskontrolle*), indicando a justeza da solução encontrada ou a necessidade de sua revisão[30].

No caso em exame, quanto ao § 2º do art. 1º, discute-se restrição ou conformação que se vincula ao direito de associação, a partir de uma exigência adicional para instituição das sociedades – (vista de advogados nos atos e contratos constitutivos de pessoas jurídicas).

Que não se trata de medida pensada para solver os possíveis erros constantes dos atos constitutivos das pessoas jurídicas, parece algo evidente.

Fosse esse o desiderato, disporia o legislador de alternativas várias, sem a imposição de ônus aos envolvidos. Chama atenção, a propósito, como observado por Marco Aurélio, a inclusão de semelhante dispositivo no Estatuto dos Advogados e não em Lei que trata dos registros públicos.

De qualquer sorte, afigura-se manifesta a inadequação da providência dada a inexistência de qualquer relação plausível, ainda que no plano espiritual entre meios e fins.

[23] PIEROTH/SCHLINK, Grundrechte – Staatsrecht II, p. 63.
[24] PIEROTH/SCHLINK, Grundrechte – Staatsrecht II, p. 66.
[25] PIEROTH/SCHLINK, Grundrechte – Staatsrecht II, p. 67.
[26] PIEROTH/SCHLINK, Grundrechte – Staatsrecht II, p. 66.
[27] PIEROTH/SCHLINK, Grundrechte – Staatsecht II, p. 67.
[28] PIEROTH/SCHLINK, Grundrechte – Staatsrecht II, p. 67.
[29] PIEROTH/SCHLINK, Grundrechte – Staatsrecht II, p. 67-68.
[30] PIEROTH/SCHLINK, Grundrechte – Staatsrecht II, p. 68.

Estado de Direito e Jurisdição Constitucional – Decisões relevantes em 15 anos de atuação no STF

É evidente, também, a sua desnecessidade, uma vez existirem inúmeras alternativas menos gravosas para os interessados, se se tem em vista, enquanto obra de interesse público, a boa elaboração desses atos.

Se há algum interesse que sobreleva na presente problemática, é o interesse privado de advogados.

Lembro-me aqui, ademais, de um clássico exemplo de controle do prognóstico do legislador pela Corte Constitucional alemã. Refiro-me ao chamado *"Apotheken-Urteil"*, no qual se discutiu a legitimidade de lei do Estado da Baviera que condicionava a instalação de novas farmácias a uma especial permissão da autoridade administrativa[31].

Arguiu-se, no processo, que a Corte Constitucional não estaria legitimada a proceder ao exame sobre a adequação de uma dada medida legislativa, porquanto ela não estaria em condições de verificar a existência de outro meio igualmente eficaz e, ainda que isto fosse possível, de confirmar se esse exame seria realizável por parte do legislador[32].

A Corte recusou o argumento formal quanto à sua incompetência para proceder à aferição dos fatos legislativos, observando que a Constituição confiou-lhe a guarda dos direitos fundamentais em face do legislador e que, portanto, se da interpretação desses direitos decorre limitação para o legislador, deve o Tribunal dispor de condições para exercer essa fiscalização[33].

Também a questão relativa à *"liberdade de utilização de meios igualmente adequados"* (*Wahl zwischen mehreren gleichgeeigneten Mitteln*) por parte do legislador haveria de levar em conta os planos ou níveis (*Stufen*) de exigência de proteção dimanados dos próprios direitos fundamentais.

Após rigoroso exame sobre o prognóstico do legislador, concluiu a Corte:

a) *que a liberdade de instalação de farmácias, em outros países com o mesmo standard civilizatório da Alemanha, não levou a uma efetiva ameaça da saúde pública (examinou-se em particular a situação existente na Suíça com base nos laudos apresentados pelos peritos designados)[34];*

b) *que a liberdade de instalação de farmácias não levaria, necessariamente, a uma multiplicação ilimitada desses estabelecimentos, porquanto a decisão sobre a sua instalação ou não, tendo em vista os elevados custos financeiros, passa por inevitáveis considerações de ordem econômica e análise de mercado[35];*

c) *que o temor revelado pelo legislador quanto à eventual impossibilidade de os farmacêuticos cumprirem seus deveres legais em razão da queda de sua capacidade financeira revelava-se igualmente infundada, uma vez que uma decisão pessoal economicamente equivocada não poderia servir de base para a decisão legislativa em apreço. Ademais, a tendência revelada no sentido da superação do modelo de farmácia de fabricação pelo de simples entrega de produtos acabados reduz a responsabilidade do farmacêutico e aumenta o seu tempo livre[36];*

d) *que a maior procura de medicamentos decorreria, segundo a opinião dos experts, fundamentalmente, das mudanças ocorridas nas condições de vida durante a guerra – subnutrição, estresses físico-emocionais –, não estando relacionada com a existência de múltiplos locais de venda de produtos farmacêuticos[37].*

---

[31] BVerfGE 7, 377 (415 s.).
[32] BVerfGE 7, 377 (408).
[33] BVerfGE 7, 377 (410).
[34] BVerfGE 7, 377 (415).
[35] BVerfGE 7, 377 (419 s.).
[36] BVerfGE 7, 377 (427).
[37] BVerfGE 7, 377 (435).

Assim, embora ressaltando que não poderia decidir sobre o sistema jurídico mais adequado para regular a matéria, concluiu o Tribunal que o modelo adotado pelo Estado da Baviera revelava-se incompatível com a liberdade de exercício profissional estabelecida na Lei Fundamental.

Resta evidente que, para afirmar a inconstitucionalidade do modelo legislativo consagrado, teve o Tribunal que infirmar a prognose estabelecida pelo legislador, quanto à possibilidade de uma multiplicação dos estabelecimentos farmacêuticos em razão da ausência de uma regulação restritiva. A manifesta inconsistência do prognóstico estabelecido pelo legislador ressaltava que a decisão adotada não protegia o interesse público, contendo, portanto, restrição incompatível com o livre exercício de atividade profissional.

Em outro caso, a Corte alemã declarou a inconstitucionalidade de lei sobre proteção de animais que proibia o transporte de animais sob o sistema de reembolso, sob o fundamento de que essa forma de remessa ensejava, não raras vezes, a recusa por parte do destinatário, o que ocasionaria um tratamento inadequado dos animais e um tempo de transporte acima do tolerável.

Após verificar que grande parte do transporte de animais se operava sob o regime de reembolso, tanto pelos correios como pela empresa ferroviária, a Corte Constitucional constatou que os registros fornecidos pelo Ministério da Agricultura indicavam um número quase inexpressivo de devolução ou de qualquer outro obstáculo na entrega dos animais a seus destinatários[38].

O pressuposto aqui foi análogo àquele que motivou a decisão no caso das farmácias, qual seja, a verificação de que a prognose legislativa motivadora da lei restritiva de direitos foi incorreta.

Penso que, no caso em exame, também estamos diante de um evidente erro de prognóstico do legislador, pois não há qualquer demonstração convincente no sentido de que a restrição imposta implicará efetivamente maior correção dos atos e contratos constitutivos de pessoas jurídicas. A lesão ao princípio da proporcionalidade é flagrante.

Em verdade, tem-se aqui um caso antológico de lei arbitrária, especialmente no sentido de ausência de razões formais ou materiais que sustentem a decisão legislativa, tal como desenvolve a jurisprudência espanhola. Nesse sentido, sintetiza Tomaz-Ramon Fernandez, a partir de dois precedentes do Tribunal Constitucional espanhol sobre o tema, *verbis*:

"A arbitrariedade é, pois, aqui, algo distinto e mais preciso em relação àquilo que está na sentença de 20 de julho de 1981. Já não se trata de uma injustiça material no sentido genérico, isto é, de uma atuação contrária à ideia de justiça que se supõe conter a Constituição e à finalidade de promover a igualdade substancial dos indivíduos e dos grupos em que se integram, e onde essa ideia material de justiça se concretiza, mas de um vício intrínseco da própria norma, que resulta, sem necessidade de contrastá-la com referências valorativas situadas fora dela, de sua falta de suporte em razões materiais ou formais, cuja existência se considera, em todo caso, imprescindível, pois, de outro modo, suas normas privadas de tais razões se apresentariam como a expressão pura e simples de um poder desnudo, de mera vontade ou capricho de seu autor, o que, com toda a certeza, a Constituição não permite, e nem pode permitir"[39].

Conforme já exposto, a partir do exame de proporcionalidade, cabe concluir que não há razões substanciais que demonstrem a adequação ou necessidade da norma impugnada.

Ao contrário, em manifesto abuso do poder de legislar, tal norma estabelece regra que restringe a liberdade de associação em favor da garantia de um interesse meramente privado da classe dos advogados.

---

[38] BVerfGE 36, 47: "*Embora inexista um levantamento estatístico confiável, um levantamento relativo ao mês de setembro de 1972 indica, no transporte ferroviário, que, das 13.204 remessas de animais levadas a efeito, verificaram-se 22 casos de obstáculos na entrega. Superados esses obstáculos, somente 10 remessas foram devolvidas ao remetente*".

[39] FERNANDEZ, Tomas-Ramon. *De la arbitrariedad del legislador* – una crítica de la jurisprudencia constitucional, Madrid: Civitas, 1998, p. 52.

É flagrante a lesão ao princípio da proporcionalidade (devido processo legal – art. 5º, LIV). Considero, portanto, inconstitucional o § 2º do art. 1º.

2. Art. 21, parágrafo único

Quanto ao art. 21 e seu parágrafo único, assim se manifesta o Min. Maurício Corrêa:

"21. Quando da apreciação do pedido cautelar decidiu-se que a verba de sucumbência pertence, em regra, ao advogado da parte vencedora. Tratando-se, porém, de direito disponível, poderá o advogado negociá-lo com seu constituinte. Relembro parte do voto:

'O exagero é evidente, porque os honorários advocatícios se constituem em direito disponível e, assim, podem ser objeto da mais ampla liberdade de contratar, o que a Constituição permite e estimula.

Entendo que os honorários da sucumbência, em princípio, pertencem ao advogado da parte vencedora, inclusive no caso de silêncio do contrato de prestação de serviços, tratando a lei de disposições supletivas da vontade das partes contratantes.

Entre as questões propostas, a única possível de ser objeto de exame em ação direta de inconstitucionalidade é a interpretação que supõe ser o direito aos honorários da sucumbência um direito indisponível do advogado.

Posta a questão nestes termos, concluo que os honorários, no caso de sucumbência, são um direito do advogado, mas que pode haver estipulação em contrário pelos contratantes.

Assim entendendo, vejo a constitucionalidade da disposição impugnada, ressalvando que a expressão 'os honorários da sucumbência são devidos aos advogados dos empregados', no art. 21, caput, da Lei n. 8.906, de 04.07.1994, deve ser entendida com a ressalva de que é possível haver disposição contratual em contrário, ou seguida da expressão salvo disposição contratual em sentido contrário.

Nesta sequência, defiro em parte a liminar para dar à disposição impugnada a interpretação de que a abrangência da expressão 'os honorários de sucumbência são devidos aos advogados dos empregados', contida no caput do art. 21, está condicionada e limitada à estipulação em contrário entre a parte e o seu patrono, por se tratar de direito disponível.'" (fls. 52/4)

Prosseguiu Maurício Corrêa, agora neste julgamento de mérito:

"22. Toda a argumentação da requerente cai por terra ante o disposto nos **artigos 22 e 23 do Estatuto da Advocacia**, que, encerrando a discussão acerca da titularidade da verba em face da redação do artigo 20 do CPC, assegurou expressamente que o advogado tem direito aos honorários de sucumbência. Em que pese a constitucionalidade de tais preceitos ter sido objeto também desta ação direta, a questão não pôde ser apreciada em virtude da ilegitimidade ativa da requerente por impertinência temática. Pertencendo a verba honorária ao advogado, não se há de falar em recomposição do conteúdo econômico-patrimonial da parte, criação de obstáculo para o acesso à justiça e, muito menos, em ofensa a direito adquirido da litigante.

23. Ainda que se entenda que os honorários se destinavam a ressarcir a parte vencedora pelas despesas havidas com a contratação de profissional da advocacia e nessa perspectiva pertencessem ao litigante, segundo uma das exegeses admitidas do artigo 20 do CPC, restaria clara sua revogação pelos artigos 22 e 23 do superveniente estatuto da OAB (LICC, artigo 2º, § 1º).

24. Assim sendo, mantenho o entendimento **assentado** na decisão cautelar, para julgar a ação procedente em parte quanto ao dispositivo impugnado, a fim de que, dando-lhe interpretação conforme, possa haver estipulação em contrário no que toca aos honorários da sucumbência."

O Min. Marco Aurélio apresentou divergência também em relação a essa disposição nos termos seguintes:

"Longe de mim imaginar – penso que nem mesmo os autores intelectuais da iniciativa dessa lei o fizeram – a natureza imperativa desse preceito. É uma norma dispositiva que apenas atua na hipótese de lacuna no contrato, ao prever que:

'Art. 21. Nas causas em que for parte o empregador, ou pessoa por este representada, os honorários de sucumbência são devidos aos advogados empregados.

Funções essenciais à justiça **2117**

Parágrafo único. Os honorários de sucumbência, percebidos por advogado empregado de sociedade de advogados são partilhados entre ele e a empregadora, na forma estabelecida em acordo.'

Mas, aqui sim, ganha o preceito natureza imperativa, há de haver esse rateio.

Aprendi, ainda nos bancos da Faculdade Nacional de Direito, que a distribuição das despesas visa evitar que aquele compelido a vir a juízo defender um direito próprio, vencedor, sofra uma diminuição patrimonial.

A realidade me conduz a afirmar que dificilmente teremos uma hipótese em que não haja a contratação dos honorários advocatícios, cliente/advogado, independentemente da sucumbência.

Verifica-se, na maioria das vezes, que, além dos honorários contratados, acaba o advogado ficando com os honorários que o Código de Processo Civil, no artigo 20, revela devidos ao vencedor. E o advogado não é vencido nem vencedor. Ele atua contratado pelo constituinte que o remunera para tanto.

Se é assim, se tenho como premissa que não deve aquele compelido a vir ao Judiciário sofrer diminuição patrimonial, se alcançado na propriedade, se vencedor na demanda, não posso conceber que os honorários da sucumbência fiquem com o profissional da advocacia, como se estivesse a advogar **ad exitum,** considerados apenas esses honorários a serem satisfeitos pela parte contrária, firmada a premissa de que essa satisfação visa um reembolso daquele que contratou o advogado.''

Na mesma linha anotou o Ministro Peluso:

''(...) penso que tal norma também ofenderia o princípio do devido processo legal substantivo, porque está confiscando à parte vencedora, parcela que por natureza seria destinada a reparar-lhe o dano decorrente da necessidade de ir a juízo para ver sua razão reconhecida.''

Parece ter razão a dissidência.

O reconhecimento do direito à percepção de honorários ao advogado e não à parte da demanda não guarda relação com a sistemática utilizada no processo brasileiro, a partir da Lei 4.632, de 1965, em que se consagrou o princípio da sucumbência entre nós. Também o art. 20 do CPC vigente desde de 1973 fixa essa orientação que parece corresponder à linha do nosso sistema e à lógica que lhe dá substrato, isto é, que o vencedor da demanda há de ser ressarcido das despesas que porventura tenha realizado para o custeio das demandas.

Quanto à interpretação do art. 20 do CPC, precisa é a lição de Cândido Dinamarco, *verbis*:

''O art. 20 do Código de Processo Civil estatui que 'a sentença condenará o vencido a pagar ao vencedor as despesas que antecipou e os honorários advocatícios'. Isso quer dizer que, chegado o processo ao fim e superados os momentos em que as partes tiveram o ônus de antecipar despesas, agora o juiz pronuncia-se sobre duas obrigações a cargo da parte que dera causa ao processo. Embora a lei fale na condenação do vencido por essas obrigações e nos usos forenses se dê extraordinário valor à sucumbência como critério para a atribuição do custo do processo a uma das partes, a boa doutrina vem há muito tempo dizendo e os tribunais já compreenderam que o verdadeiro princípio, aí, é o da causalidade: responde pelas despesas e honorários aquela parte que, com sua pretensão infundada ou resistência sem razão, haja criado para a outra a necessidade de gastar e para o Estado o dever de movimentar a dispendiosa máquina judiciária. Quase sempre, o Vencido é que está nessa situação (e por isso a sucumbência é um excelente indicador de causalidade).

Há casos, contudo, em que ocorre algum desajuste entre causalidade e sucumbência – como, *v.g.*, quando sobrevém fato relevante e o juiz julga, de acordo com ele (CPC, art. 462), uma demanda que ao tempo da propositura seria improcedente (o réu sai vencido, mas durante o processo a sua resistência era conforme com o direito).

Do que acabo de dizer, decorre que essas obrigações da parte são mesmo autênticas obrigações, segundo o conceito destas perante o direito material. Uma vez findo o processo e condenada a parte pelas custas e honorários, ela se encontra numa situação jurídico-substancial desfavorável quanto ao custo do processo, sendo portanto devedora na mesma medida em que, correlativamente, a parte adversa se encontra em posição jurídica favorável e é credora por despesas processuais e honorários advocatícios, tendo direito subjetivo relativo a eles. Como todo direito e obrigação, também esses derivam de um fato

Estado de Direito e Jurisdição Constitucional – Decisões relevantes em 15 anos de atuação no STF

(*ex facto oritur jus*) e o fato constitutivo do direito, aqui, é a conduta da parte no processo ou antes dele. O réu vencido é ordinariamente obrigado por despesas e honorários (art. 20), porque ele teve uma conduta tal que tornou indispensável à outra parte o recurso ao serviço estatal jurisdicional, pagando por isso ao Estado mesmo e ao advogado que a patrocinou: o autor vencido veio ao Poder Judiciário com uma demanda e obrigou o adversário a despender com advogado e com o processo mesmo, molestando-o sem ter direito: o executado, com a não satisfação do crédito do exequente, forçou este a vir a juízo e gastar. Em qualquer hipótese, tem-se alguém gastando para obter o reconhecimento judicial da sua razão, de modo que, se não for reembolsado, o direito que tem fica desfalcado na medida daquilo que tiver gasto"[40].

Penso, na linha do Ministro Peluso, que essa sistemática possui uma matriz constitucional.

Ao alterar a disposição que constava do Código de 1973, a lei acabou por comprometer um dos princípios basilares desse modelo, dando ensejo a um indevido desfalque do patrimônio do vencedor.

É evidente que a decisão legislativa contida na disposição impugnada acaba por tornar, sem uma justificativa plausível, ainda mais onerosa a litigância, e isso é ofensivo ao nosso modelo constitucional de prestação de justiça.

Em verdade, ao estabelecer no art. 5º, inciso XXXV, que nenhuma lesão a direito poderá ser excluída da apreciação do Poder Judiciário, a Constituição fixa claramente regra que não permite ao legislador adotar uma conformação que debilite ou enfraqueça, imotivadamente, o pleito devidamente reconhecido pelo Judiciário.

Na espécie, ao adotar orientação que direciona a verba de ressarcimento pelos custos do processo àquele que não teve um "ônus próprio" para ir ao Judiciário – considerando-se que a atuação do advogado no processo é eminentemente profissional –, o legislador acabou por expropriar o vencedor das verbas honorárias. Assim, o próprio direito à prestação jurisdicional efetiva resta severamente afetado. Cabe repetir que a restrição ao direito da parte vencedora, com um consequente benefício ao advogado, não possui qualquer justificativa plausível. A relação entre o profissional da advocacia e a parte é profissional, e não se confunde com a relação processual entre os litigantes. De fato, conforme lembra o Ministro Marco Aurélio, a realidade nos "conduz a afirmar que dificilmente teremos uma hipótese em que não haja a contratação dos honorários advocatícios, cliente/advogado, independentemente da sucumbência".

Assim, considerado o princípio da tutela judicial efetiva, a partir do art. 5º, XXXV, da Constituição, resta evidente a inconstitucionalidade do disposto no art. 21 e seu parágrafo único.

Todavia, sob uma perspectiva de segurança jurídica, tendo em vista a distância temporal do julgamento da liminar (que ocorreu em 14.fev.1996) e o fato de que relações contratuais foram estabelecidas com base na boa-fé e sob presunção de constitucionalidade desse dispositivo, creio ser o caso de declaração de inconstitucionalidade do art. 21 e seu parágrafo único com eficácia *ex nunc*, nos termos do art. 27 da Lei n. 9.868.

3. Art. 24, § 3º

Quanto ao art. 24, § 3º, seja em razão da "interpretação conforme" do art. 21, tal como alvitrada pelo Relator, seja em razão da declaração de inconstitucionalidade daquele dispositivo, tal como estou a propor, não há como preservar a norma impugnada.

---

[40] DINAMARCO, Cândido Rangel. *Fundamentos do Processo Civil Moderno*, Tomo I, 3ª edição revista e atualizada, São Paulo, Malheiros, 2000, fls 658/659.

De igual modo, portanto, subsiste o mesmo argumento de que relações contratuais foram estabelecidas com base na boa-fé e sob presunção de constitucionalidade desse dispositivo. Conclusivamente, também em nome da segurança jurídica, considero imperioso declarar a inconstitucionalidade do art. 24, § 3° com eficácia *ex nunc*, nos termos do art. 27 da Lei n. 9.868/1999.

4. Conclusão

Concluo, portanto, no sentido do não conhecimento da ação quanto aos arts. 22, 23 e 78.

Quanto ao § 2° do art. 1°, conheço da ação e julgo procedente o pedido.

Com relação ao art. 21 e seu parágrafo único, e ao § 3° do art. 24, conheço da ação e julgo procedente o pedido para o fim de declarar a inconstitucionalidade, com eficácia, *ex nunc* de suas disposições, nos termos do art. 27 da Lei n. 9.868/1999.

ADI 1.289[1]

Cargos vagos – Juízes de Tribunal Regional do Trabalho – Quinto Constitucional – Ministério Público do Trabalho – Composição de lista – Lacuna constitucional – Interpretação com base no chamado "pensamento jurídico do possível".

Trata-se de embargos infringentes opostos pelo Procurador-Geral da República contra acórdão proferido pelo Supremo Tribunal Federal na ADI 1.289, admitidos na forma do despacho de fls. 224 (RISTF, art. 333, IV e parágrafo único).

A Procuradoria-Geral da República assim relata a controvérsia:

"Trata-se de embargos infringentes opostos contra acórdão prolatado em 18.12.96, por esse Colendo Supremo Tribunal Federal, a seguir transcrito:

'Somente quando não houver, entre os Membros do Ministério Público do Trabalho, candidato com mais de dez anos de carreira, será lícita a inclusão em lista, para investidura no cargo de Juiz de Tribunal Regional do Trabalho, de quem não preencha aquele requisito temporal.

Inconstitucionalidade, perante art. 115, parágrafo único, inciso II, combinado com o art. 94, ambos da Carta de 1988, de ato normativo do Conselho Superior do Ministério Público do Trabalho, que autorizara a complementação da lista com figurantes destituídos daquela antiguidade. Decisão majoritária do Supremo Tribunal.'

Admitidos os embargos (fls. 224) e após juntada a impugnação ofertada pela associação dos Magistrados Brasileiros (fls. 227/230) vieram os autos a esta Procuradoria-Geral da República para manifestação acerca do mérito.

Assim dispõem os dispositivos constitucionais apontados como vergastados pelo ato normativo impugnado mediante a ação direta em causa:

'Art. 115. Os Tribunais Regionais do Trabalho serão compostos de juízes nomeados pelo Presidente da República, observada a proporcionalidade estabelecida no § 2º do art. 111.

Parágrafo único. Os magistrados dos Tribunais Regionais do Trabalho serão:

I – omissis

II – advogados e membros do Ministério Público do Trabalho, obedecido o disposto no art. 94.'

'Art. 94. Um quinto dos lugares dos Tribunais Regionais Federais, dos Tribunais dos Estados, e do Distrito Federal e Territórios será composto de membros do Ministério Público, com mais de dez anos de carreira, e de advogados de notório saber jurídico e de reputação ilibada, com mais de dez anos de efetiva atividade profissional, indicados em lista sêxtupla pelos órgãos de representações das respectivas classes.'

A Constituição exige, de fato, para a formação do quinto constitucional, a elaboração de lista sêxtupla com os membros do Ministério Público que possuam mais de dez anos de carreira.

Porém, nada dispõe a Carta da República na hipótese de faltarem membros do Ministério Público que possuam aquele requisito temporal de dez anos de carreira para compor a necessária lista sêxtupla.

Assim sendo, se não há vedação constitucional expressa, afigura-se legítima a complementação da lista sêxtupla com membros do Ministério Público que, embora tenham sido submetidos ao processo de escolha comum a todos os candidatos, não tenham completado, ainda, o período de dez anos a que se refere o art. 94 da Constituição da República.

Ademais, como afirmado nos embargos, "a lista sêxtupla" visa a permitir a possibilidade de escolha pelo Poder Judiciário de três nomes entre os seis candidatos, bem assim, posteriormente, a escolha pelo

---

[1] O Tribunal, por unanimidade, conheceu dos embargos de infringentes, e, por maioria, vencidos os Senhores Ministros Sydney Sanches e Moreira Alves, proveu-os para declarar a constitucionalidade do ato impugnado na ação (*DJ* de 27.2.2004).

Poder Executivo de um único nome entre aqueles constantes da lista tríplice elaborada pelo Poder Judiciário.

Portanto, a formação, pelo órgão de classe, de uma lista em número inferior a seis representaria cerceamento tanto no dever-poder atribuído ao Poder Judiciário de dentre seis nomes, escolher três, como também no dever-poder do Poder Executivo de escolher apenas um.

Com efeito, veja-se que, na hipótese de haver apenas um candidato com mais de dez anos de carreira, teria ele verdadeiro direito subjetivo à sua nomeação, restando tolhida a necessária participação dos Poderes Judiciário e Executivo no processo de preenchimento do quinto constitucional, contrariando, dessa forma, a Constituição Federal." *(fls. 233/235)*

Opina, por fim, pelo provimento dos embargos para que seja reformado o acórdão proferido no julgamento da ADI 1.289, *"a fim de julgá-la improcedente e declarar a constitucionalidade do item IV da decisão normativa do Conselho Superior do Ministério Público do Trabalho, tomada na sua 4ª Reunião Ordinária realizada em 25.10.93".*

Esta a ementa do julgado:

EMENTA: Ação Direta de Inconstitucionalidade. 2. Embargos Infringentes. Cabimento, na hipótese de recurso interposto antes da vigência da Lei n. 9.868, de 10 de novembro de 1999. 3. Cargos vagos de juízes do TRT. Composição de lista. 4. Requisitos dos arts. 94 e 115 da Constituição: quinto constitucional e lista sêxtupla. 5. Ato normativo que menos se distancia do sistema constitucional, ao assegurar aos órgãos participantes do processo a margem de escolha necessária. 6. Salvaguarda simultânea de princípios constitucionais em lugar da prevalência de um sobre outro. 7. Interpretação constitucional aberta que tem como pressuposto e limite o chamado "pensamento jurídico do possível". 8. Lacuna constitucional. 9. Embargos acolhidos para que seja reformado o acórdão e julgada improcedente a ADI 1.289, declarando-se a constitucionalidade da norma impugnada.

VOTO

Nos termos da Lei n. 9.868, de 10 de novembro de 1999, "a decisão que declara a constitucionalidade ou inconstitucionalidade da lei ou do ato normativo em ação direta ou em ação declaratória de constitucionalidade é irrecorrível, ressalvada a interposição de embargos declaratórios, não podendo, igualmente, ser objeto de ação rescisória" (art. 26).

Assim sendo, resta evidente que o legislador ordinário conferiu disciplina que veda claramente o manejo da espécie recursal em questão no processo de controle abstrato de normas.

Restaria indagar se a inadmissibilidade positivada teria aplicação ao recurso interposto antes do advento da lei proibitiva (4.6.1998).

Esta Corte já afirmou a admissibilidade dos embargos infringentes contra decisão não unânime, em ação direta, proferida antes da entrada em vigor da Lei n. 9.868, de 1999 (ADI-EI 1.591-RS, rel. Sepúlveda Pertence, 27.11.2002).

Não há dúvida, pois, quanto à admissibilidade dos embargos no presente caso.

Na questão de mérito, Carlos Velloso anotou em seu voto, *verbis* (fls. 150/153):

"Temos, sob nossa apreciação, um princípio, o do quinto constitucional, instituído em favor dos advogados e do Ministério Público. É dizer, a Constituição institui o princípio segundo o qual um quinto dos lugares dos Tribunais Regionais Federais, dos Tribunais dos Estados e do Distrito Federal e dos Tribunais Regionais do Trabalho será composto de membros do Ministério Público, com mais de dez anos de carreira, e de advogados de notório saber jurídico e de reputação ilibada, com mais de dez anos de efetiva atividade profissional, indicados em lista sêxtupla pelos órgãos de representação das respectivas classes (C.F., art. 94; art. 115, parágrafo único, II).

O princípio, para a sua concretização, exige a satisfação dos requisitos inscritos no art. 94 da Constituição. No que concerne aos membros do Ministério Público, são dois os requisitos: a) contarem "com mais de dez anos de carreira"; b) serem indicados em lista sêxtupla pelo órgão de representação de sua classe.

De um lado temos, pois, o princípio constitucional, o do "quinto". De outro, os requisitos.

Surge, então, o problema.

Se não houver membros do Ministério Público com o requisito acima indicado, como compor a lista sêxtupla, a fim de realizar-se o princípio? Seria possível compor-se ou complementar a lista sêxtupla com membros do Ministério Público que ainda não tenham completado dez anos na carreira?

Depois de muito meditar sobre o tema, respondo afirmativamente.

É que o princípio, o do quinto constitucional, constitui a premissa maior. É certo que o requisito do tempo na carreira o embasa. Este, entretanto, há de ceder no momento em que a realização do princípio possa não ocorrer por falta de membros do Ministério Público que o satisfaçam. Temos informações seguras no sentido de que em diversos TRTs, em razão do deferimento da cautelar, suspendendo a eficácia da resolução objeto desta ação, há vagas de juízes do Ministério Público que estão ocupadas por juízes de carreira. Segundo um dos memoriais que nos foi oferecido, isto estaria ocorrendo relativamente a quatorze vagas dos TRTs. No memorial que nos foi apresentado pelo ilustre advogado Orlando Vaz Filho, está consignado, ademais, com a prova do afirmado – declaração fornecida pelo Sr. Sérgio da Costa e Silva, Diretor da Divisão do Pessoal da Procuradoria-Geral do Ministério Público do Trabalho – que "contam registrados 379 (trezentos e setenta e nove) Membros em efetivo exercício neste Ministério Público do Trabalho, sendo que 43 (quarenta e três) constam com mais de 10 (dez) anos de efetivo exercício na carreira".

Assim sendo, se não for permitida a inclusão, na lista sêxtupla, de membro do Ministério Público com menos de dez anos de carreira, ter-se-á: ou a não realização do princípio constitucional do quinto, assim descumprindo-se o que a Constituição quer e determina (C.F., art. 94), ou o não cumprimento do segundo requisito, o da lista sêxtupla, vale dizer, com a feitura desta apenas com um ou dois nomes. De um modo ou de outro a ofensa à Constituição é grave: primeiro: a não realização do princípio constitucional do quinto torna irregular a composição do Tribunal e chega a por em dúvida a perfectibilidade de suas decisões; segundo, a não observância da lista sêxtupla, para o fim de realizar-se o princípio do quinto constitucional, implica ofensa a princípio outro: o de que o Tribunal, que deve fazer a redução da lista sêxtupla para lista tríplice tem inibida ou mitigada a prerrogativa de escolha que lhe conferiu a Constituição; e se a lista que deveria ser sêxtupla passou a ser, na origem, tríplice, então o Tribunal não tem escolha nenhuma; e se a lista, que na origem deveria ser sêxtupla, mas que contém apenas um nome ou dois nomes, então teríamos duas ofensas, ao mesmo tempo, à Constituição: nem o Tribunal nem o Presidente da República poderiam exercer à prerrogativa constitucional de escolha (C.F., parágrafo único do art. 94)." (fls. 150/153)

Em seguida, conclui Velloso (fls. 54):

"É de ver-se, portanto, que o ato normativo objeto desta ação impede a ocorrência de ofensas maiores à Constituição.

Esclareça-se, no caso, que o referido ato normativo garante a inclusão na lista sêxtupla de procurador com dez anos na carreira – 'ficando garantida na lista sêxtupla as vagas dos procuradores com 10 (dez) anos'. Preserva-se, portanto, tanto quanto possível, a norma do art. 94 da Constituição Federal".

O exame dessa questão avivou-me a memória para uma reflexão de Gustavo Zagrebelsky sobre o *ethos* da Constituição na sociedade moderna. Diz aquele eminente Professor italiano no seu celebrado trabalho sobre o direito dúctil – il diritto mitte:

"As sociedades pluralistas atuais – isto é, as sociedades marcadas pela presença de uma diversidade de grupos sociais com interesses, ideologias e projetos diferentes, mas sem que nenhum tenha força suficiente para fazer-se exclusivo ou dominante e, portanto, estabelecer a base material da soberania estatal no sentido do passado – isto é, as sociedades dotadas em seu conjunto de um certo grau de relativismo, conferem à Constituição não a tarefa de estabelecer diretamente um projeto predeterminado de vida em comum, senão a de realizar as condições de possibilidade da mesma" (Zagrebelsky, *El Derecho Dúctil. Ley, derechos, justicia*. Trad. de Marina Gascón. 3. edição. Edt. Trotta S.A., Madrid, 1999. p. 13).

Em seguida, observa aquele eminente Professor:

"No tempo presente, parece dominar a aspiração a algo que é conceitualmente impossível, porém altamente desejável na prática: a não prevalência de um só valor e de um só princípio, senão a salvaguarda de vários simultaneamente. O imperativo teórico da não contradição – válido para a **scientia juris** *– não deveria obstaculizar a atividade própria da* **jurisprudentia** *de intentar realizar positivamente a 'concordância prática' das diversidades, e inclusive das contradições que, ainda que assim se apresentem na teoria, nem por isso deixam de ser desejáveis na prática. 'Positivamente': não, portanto mediante a simples amputação de potencialidades constitucionais, senão principalmente mediante prudentes soluções acumulativas, combinatórias, compensatórias, que conduzam os princípios constitucionais a um desenvolvimento conjunto e não a um declínio conjunto* (Zagrebelsky, *El Derecho Dúctil.*, cit., p. 16).

Por isso, conclui que o pensamento a ser adotado, predominantemente em sede constitucional, há de ser o "pensamento do possível". Leio, ainda, esta passagem desse notável trabalho:

"Da revisão do conceito clássico de soberania (interna e externa), que é o preço a pagar pela integração do pluralismo em uma única unidade possível – uma unidade dúctil, como se afirmou – deriva também a exigência de que seja abandonada a soberania de um único princípio político dominante, de onde possam ser extraídas, dedutivamente, todas as execuções concretas sobre a base do princípio da exclusão do diferente, segundo a lógica do **aut-aut**, *do "ou dentro ou fora". A coerência "simples" que se obteria deste modo não poderia ser a lei fundamental intrínseca do direito constitucional atual, que é, precipuamente, a lógica do* **et-et** *e que contém por isso múltiplas promessas para o futuro. Neste sentido, fala-se com acerto de um "modo de pensar do possível" (Möglichkeitsdenken), como algo particularmente adequado ao direito do nosso tempo. Esta atitude mental "possibilista" representa para o pensamento o que a "concordância prática" representa para a ação"* (Zagrebelsky, *El Derecho Dúctil*, cit., p. 17).

Em verdade, talvez seja Peter Häberle o mais expressivo defensor dessa forma de pensar o direito constitucional nos tempos hodiernos, entendendo ser o *"pensamento jurídico do possível"* expressão, consequência, pressuposto e limite para uma interpretação constitucional aberta (Häberle, P. Demokratische Verfassungstheorie im Lichte des Möglichkeitsdenken, in: *Die Verfassung des Pluralismus*, Königstein/TS, 1980, p. 9).

Nessa medida, e essa parece ser uma das importantes consequências da orientação perfilhada por Häberle, *"uma teoria constitucional das alternativas"* pode converter-se numa *"teoria constitucional da tolerância"* (Häberle, *Die Verfassung des Pluralismus*, cit., p. 6). Daí perceber-se também que *"alternativa enquanto pensamento possível afigura-se relevante, especialmente no evento interpretativo: na escolha do método, tal como verificado na controvérsia sobre a tópica enquanto força produtiva de interpretação"* (Häberle, *Die Verfassung des Pluralismus*, cit., p. 7).

A propósito, anota Häberle:

"O pensamento do possível é o pensamento em alternativas. Deve estar aberto para terceiras ou quartas possibilidades, assim como para compromissos. Pensamento do possível é pensamento indagativo (fragendes Denken). Na **res publica** *existe um* **ethos** *jurídico específico do pensamento em alternativa, que contempla a realidade e a necessidade, sem se deixar dominar por elas. O pensamento do possível ou o pensamento pluralista de alternativas abre suas perspectivas para "novas" realidades, para o fato de que a realidade de hoje poder corrigir a de ontem, especialmente a adaptação às necessidades do tempo de uma visão normativa, sem que se considere o novo como o melhor"* (Häberle, *Die Verfassung des Pluralismus*, cit., p. 3).

Nessa linha, observa Häberle, *"para o estado de liberdade da* **res publica** *afigura-se decisivo que a liberdade de alternativa seja reconhecida por aqueles que defendem determinadas alternativas".* Daí ensinar que *"não existem apenas alternativas em relação à realidade, existem também alternativas em relação a essas alternativas"* (Häberle, *Die Verfassung des Pluralismus*, cit., p. 6).

O pensamento do possível tem uma dupla relação com a realidade. Uma é de caráter negativo: o pensamento do possível indaga sobre o também possível, sobre alternativas em relação à realidade, sobre aquilo que ainda não é real. O pensamento do possível depende também da realidade em outro sentido: possível é apenas aquilo que pode ser real no futuro (*Möglich ist nur was in Zukunft wirklich sein kann*). É a perspectiva da realidade (futura) que permite separar o impossível do possível (Häberle, *Die Verfassung des Pluralismus*, cit., p. 10).

Estado de Direito e Jurisdição Constitucional – Decisões relevantes em 15 anos de atuação no STF

A análise do voto proferido por Carlos Velloso, mostra, de forma evidente, a adoção, na espécie, de um "pensamento do possível". Em outros termos, valendo-nos da lição de Scheuner citada por Häberle, se quiser preservar força regulatória em uma sociedade pluralista, a Constituição não pode ser vista como texto acabado ou definitivo, mas sim como *projeto* (*"Entwurf"*) em contínuo desenvolvimento (Häberle, *Die Verfassung des Pluralismus*, cit., p. 4).

Ao assentar que um dos valores constitucionais para a composição de órgãos judiciais era a observância do quinto constitucional, Velloso chamou a atenção para um elemento que assume valor ímpar nas sociedades pluralistas: a composição plural dos órgãos judiciais. Entre nós, o princípio do quinto constitucional rende notória homenagem a esse valor, permitindo que as Cortes tenham, necessariamente, uma composição diversificada. A não satisfação do princípio do quinto constitucional configura, portanto, um desvalor que, certamente, não encontra respaldo na estrutura constitucional, tal como anotado no voto de Velloso. Ademais, cumpre observar que, ao consagrar o critério da lista sêxtupla composta por procuradores que ainda não preenchiam o requisito temporal, no caso de falta de membros habilitados, a resolução referida atendeu a um outro valor, igualmente importante para o texto constitucional: o respeito à liberdade de escolha por parte do Tribunal e do próprio Poder Executivo. Do contrário, restaria prejudicado o equilíbrio que o texto constitucional pretendeu formular para o sistema de escolha: participação da classe na formação da lista sêxtupla; participação do Tribunal na escolha da lista tríplice e participação do Executivo na escolha de um dos nomes. A formação incompleta da lista sêxtupla ou até mesmo o envio de um ou dois nomes que preenchessem todos os requisitos constitucionais acabaria por afetar o modelo original concebido pelo constituinte, reduzindo ou eliminando a participação do Tribunal e do Executivo no processo de escolha.

Portanto, entre as interpretações cogitáveis, parece-me que aquela que mais se aproxima desse "pensamento do possível", na espécie, é exatamente a perfilhada no voto do Ministro Carlos Velloso, que, como se vê, logra realizar os princípios em eventual tensão dialética sem comprometer aspectos fundamentais da complexa decisão constitucional, ou seja, respeita-se a regra do quinto constitucional e a cláusula da lista sêxtupla, que, menos do que a revelação de um número cabalístico, contém uma definição em favor da liberdade relativa de escolha por parte do Tribunal e do Poder Executivo.

Muito mais distante da vontade constitucional seria a composição do Tribunal sem a participação dos integrantes do Ministério Público, significa dizer, sem a observância do princípio do quinto constitucional na espécie. Da mesma forma, haveria de revelar-se distante do texto constitucional a composição da lista com número inferior ao estabelecido constitucionalmente, afetando o modelo já restrito de liberdade de escolha. Não há dúvida, pois, de que, entre os caminhos possíveis de serem trilhados, escolheu a Resolução aquele que mais se aproximava da integridade da decisão constitucional, respeitando o princípio do quinto constitucional e a liberdade de escolha dos órgãos dos Poderes Judiciário e Executivo.

Essa questão poderia ser vista de uma outra perspectiva, a da lacuna da Constituição.

Nesse sentido, permito-me trazer à colação interessante caso julgado pela Corte de Cassação da Bélgica, mencionado por Perelman em "Lógica Jurídica". Anota Perelman:

"*Durante a guerra de 1914-1918, como a Bélgica estava quase toda ocupada pelas tropas alemãs, com o Rei e o governo belga no Havre, o Rei exercia sozinho o poder legislativo, sob forma de decretos-leis. 'A impossibilidade de reunir as Câmaras, em consequência da guerra, impedia incontestavelmente que se respeitasse o artigo 26 da Constituição (O poder legislativo é exercido coletivamente pelo Rei, pela câmara dos Representantes e pelo Senado). Mas nenhum dispositivo constitucional permitia sua derrogação, nem mesmo em circunstâncias tão excepcionais. O artigo 25 enuncia o princípio de que os poderes 'são exercidos da maneira estabelecida pela Constituição', e o artigo 130 diz expressamente que 'a Constituição não pode ser suspensa nem no todo nem em parte.' (A. Vanwelkenhuyzen, De quelques lacunes du droit constitutionnel belge, em Le problème des lacunes en droit, p. 347).*

Foi com fundamento nestes dois artigos da Constituição que se atacou a legalidade dos decretos-leis promulgados durante a guerra, porque era contrária ao artigo 26 que precisa como se exerce o poder legislativo.

(...)" (Perelman, Chaïm. *Lógica Jurídica*, trad. Vergínia K. Pupi. Ed. Martins Fontes, São Paulo, 2000, p. 105).

Perelman responde à indagação sobre a legitimidade da decisão da Corte, com base nos argumentos do Procurador-Geral Terlinden. É o que lê na seguinte passagem do seu trabalho:

"Como pôde a Corte chegar a uma decisão manifestamente contrária ao texto constitucional? Para compreendê-lo, retomemos as conclusões expostas antes do aresto pelo procurador-geral Terlinden, em razão de seu caráter geral e fundamental.

'Uma lei sempre é feita apenas para um período ou um regime determinado. Adapta-se às circunstâncias que a motivaram e não pode ir além. Ela só se concebe em função de sua necessidade ou de sua utilidade; assim, uma boa lei não deve ser intangível pois vale apenas para o tempo que quis reger. A teoria pode ocupar-se com abstrações. A lei, obra essencialmente prática, aplica-se apenas a situações essencialmente concretas. Explica-se assim que, embora a jurisprudência possa estender a aplicação de um texto, há limites a esta extensão, que são atingidos toda vez que a situação prevista pelo autor da lei venha a ser substituída por outras fora de suas previsões.

Uma lei – constituição ou lei ordinária – nunca estatui senão para períodos normais, para aqueles que ela pode prever.

Obra do homem, ela está sujeita, como todas as coisas humanas, à força dos acontecimentos, à força maior, à necessidade.

Ora, há fatos que a sabedoria humana não pode prever, situações que não pôde levar em consideração e nas quais, tornando-se inaplicável a norma, é necessário, de um modo ou de outro, afastando-se o menos possível das prescrições legais, fazer frente às brutais necessidades do momento e opor meios provisórios à força invencível dos acontecimentos.' (Vanwelkenhuysen, *Le problème des lacunes en droit*, cit., pp. 348-349).

(...)" (Perelman, *Lógica Jurídica*, cit., p. 106).

Nessa linha, conclui Perelman:

"Se devêssemos interpretar ao pé da letra o artigo 130 da Constituição, o acórdão da Corte de Cassação teria sido, sem dúvida alguma, contra legem. Mas, limitando o alcance deste artigo às situações normais e previsíveis, a Corte de Cassação introduz uma lacuna na Constituição, que não teria estatuído para situações extraordinárias, causadas 'pela força dos acontecimentos', 'por força maior', 'pela necessidade'" (Perelman, *Lógica Jurídica*, cit., p. 107).

Não é difícil encontrar exemplos do pensamento do possível na rica jurisprudência do Supremo Tribunal Federal, não raras vezes assentada na eventual configuração de uma omissão ou lacuna constitucional. São exemplos notórios desse pensamento as decisões do Tribunal que reconheceram a existência de uma *"situação jurídica ainda constitucional"* relativamente a algumas normas aplicáveis às defensorias públicas.

De certa forma, o precedente firmado no Recurso Extraordinário Criminal n. 147.776, da relatoria do Ministro Sepúlveda Pertence, parece aquele que, entre nós, melhor expressa essa ideia de omissão ou lacuna constitucional apta a justificar interpretação compreensiva do texto constitucional e das situações jurídicas pré-constitucionais.

A ementa do acórdão revela, por si só, o significado da decisão para a versão brasileira do "pensamento constitucional do possível":

"Ministério Público: Legitimação para promoção, no juízo cível, do ressarcimento do dano resultante de crime, pobre o titular do direito à reparação: C. Pr. Pen, art. 68, ainda constitucional (cf. RE 135.328): processo de inconstitucionalização das leis.

1. *A alternativa radical da jurisdição constitucional ortodoxa entre a constitucionalidade plena e a declaração de inconstitucionalidade ou revogação por inconstitucionalidade da lei com fulminante eficácia **ex tunc** faz abstração da evidência de que a implementação de uma nova ordem constitucional não é um fato instantâneo, mas um processo, no qual a possibilidade de realização da norma da constituição – ainda quanto teoricamente não se cuide de preceito de eficácia limitada – subordina-se muitas vezes a alterações da realidade fáctica que a viabilizem.*

2. *No contexto da Constituição de 1988, a atribuição anteriormente dada ao Ministério Público pelo art. 68, C. Pr. Penal – constituindo modalidade de assistência judiciária – deve reputar-se transferida para a Defensoria Pública: essa, porém, para esse fim, só se pode considerar existente, onde e quando organizada, de direito e de fato, nos moldes do art. 134 da própria Constituição e da lei complementar por ela ordenada: até que – na União ou em cada Estado considerado –, se implemente essa condição de viabilização da cogitada transferência constitucional de atribuições, o art. 68, C. Pr. Pen será considerado ainda vigente: é o caso do Estado de São Paulo, como decidiu o plenário no RE 135.328"* (RECrim 147.776-8, Rel. Sepúlveda Pertence, Lex-JSTF, 238, p. 390).

Nesse sentido, afigura-se eloquente a seguinte passagem do voto proferido por Sepúlveda Pertence:

*"O caso mostra, com efeito, a inflexível estreiteza da alternativa da jurisdição constitucional ortodoxa, com a qual ainda jogamos no Brasil: consideramo-nos presos ao dilema entre a constitucionalidade plena e definitiva da lei ou a declaração de sua inconstitucionalidade com fulminante eficácia **ex tunc**; ou ainda, na hipótese de lei ordinária pré-constitucional, entre o reconhecimento da recepção incondicional e a da perda de vigência desde a data da Constituição.*

Essas alternativas radicais – além dos notórios inconvenientes que gera – faz abstração da evidência de que a implementação de uma nova ordem constitucional não é um fato instantâneo, mas um processo, no qual a possibilidade da realização da norma da Constituição – ainda quando teoricamente não se cuide de um preceito de eficácia limitada –, subordina-se muitas vezes a alterações da realidade fáctica que a viabilizem.

É tipicamente o que sucede com as normas constitucionais que transferem poderes e atribuições de uma instituição preexistente para outra criada pela Constituição, mas cuja implantação real pende não apenas de legislação infraconstitucional, que lhe dê organização normativa, mas também de fatos materiais que lhe possibilitem atuação efetiva.

Isso o que se passa com a Defensoria Pública, no âmbito da União e no da maioria das Unidades da Federação.

Certo, enquanto garantia individual do pobre e correspondente dever do Poder Público, a assistência judiciária alçou-se ao plano constitucional desde o art. 141, § 35, da Constituição de 1946 e subsistiu nas cartas subsequentes (1967, art. 150, § 32; 1969, art. 153, § 32) e na Constituição em vigor, sob a forma ampliada de 'assistência jurídica integral' (art. 5º, LXXIV).

Entretanto, é inovação substancial do texto de 1988 a imposição à União e aos Estados da instituição da Defensoria Pública, organizada em carreira própria, com membros dotados da garantia constitucional da inamovibilidade e impedidos do exercício privado da advocacia.

*O esboço constitucional da Defensoria Pública vem de ser desenvolvido em cores fortes pela LC 80, de 12.1.94, que, em cumprimento do art. 134 da Constituição, '**organiza a Defensoria Pública da União, do Distrito Federal e dos Territórios e prescreve normas gerais para sua organização nos Estados**'. Do diploma se infere a preocupação de assimilar, quanto possível, o estatuto da Defensoria e o dos seus agentes aos do Ministério Público: assim, a enumeração dos mesmos princípios institucionais de unidade, indivisibilidade e independência funcional (art. 3º); a nomeação a termo, por dois anos, permitida uma recondução, do Defensor Público Geral da União (art. 6º) e do Distrito Federal (art. 54); a amplitude das garantias e prerrogativas outorgadas aos Defensores Públicos, entre as quais, de particular importância, a de '**requisitar de autoridade pública e de seus agentes exames, certidões, perícias, vistorias, diligências, processos, documentos, informações, esclarecimentos e providências necessárias ao exercício de suas atribuições**' (arts. 43, X; 89, X e 128, X).*

A Defensoria Pública ganhou, assim, da Constituição e da lei complementar, um equipamento institucional incomparável – em termos de adequação às suas funções típicas –, ao dos agentes de outros orga-

Funções essenciais à justiça **2127**

nismos públicos – a exemplo da Procuradoria de diversos Estados –, aos quais se vinha entregando individualmente, sem que constituíssem um corpo com identidade própria, a atribuição atípica da prestação de assistência judiciária aos necessitados.

Ora, no direito pré-constitucional, o art. 68, C. Pr. Penal – ao confiá-lo ao Ministério Público –, erigiu em modalidade específica e qualificada de assistência judiciária o patrocínio em juízo da pretensão reparatória do lesado pelo crime.

Estou em que, no contexto da Constituição de 1988, essa atribuição deva efetivamente reputar-se transferida do Ministério Público para a Defensoria Pública: essa, porém, para esse fim, só se pode considerar existente, onde e quando organizada, de direito e de fato, nos moldes do art. 134 da própria Constituição e da lei complementar por ela ordenada: até que – na União ou em cada Estado considerado –, se implemente essa condição de viabilização da cogitada transferência constitucional de atribuições, o art. 68, C. Pr. Penal será considerado ainda vigente.

O caso concreto é de São Paulo, onde, notoriamente, não existe Defensoria Pública, persistindo a assistência jurídica como tarefa atípica de Procuradores do Estado.

O acórdão – ainda não publicado – acabou por ser tomado nesse sentido por unanimidade, na sessão plenária de 1.6.94, com a reconsideração dos votos antes proferidos em contrário.

Ora, é notório, no Estado de São Paulo a situação permanece a mesma considerada no precedente: à falta de Defensoria Pública instituída e implementada segundo os moldes da Constituição, a assistência judiciária continua a ser prestada pela Procuradoria-Geral do Estado ou, na sua falta, por advogado."
(RECrim 147.776-8, Rel. Sepúlveda Pertence, Lex – JSTF 238: 390-9 (393-7).

Também aqui se identificou uma lacuna no texto constitucional, que, ao outorgar a atribuição de assistência judiciária às defensorias públicas, não ressalvou as situações jurídicas reguladas de maneira diversa no direito pré-constitucional – ausência de cláusula transitória –, especialmente naquelas unidades federadas que ainda não haviam instituído os órgãos próprios de defensoria. Dessarte, a justificativa para a mantença do direito pré-constitucional fez-se com base numa disposição transitória implícita, que autorizava a aplicação do modelo legal pré-constitucional até a completa implementação do novo sistema previsto na Constituição.

Assim, também no caso em apreço parece legítimo admitir que a regra constitucional em questão contém uma lacuna: a não regulação das situações excepcionais existentes na fase inicial de ímplementação do novo modelo constitucional. Não tendo a matéria sido regulada em disposição transitória, parece adequado que o próprio intérprete possa fazê-lo em consonância com o sistema constitucional. E, tal como demonstrado, a aplicação que menos se distancia do sistema formulado pelo constituinte parece ser aquela que admite a composição da lista com procuradores do trabalho que ainda não preenchiam o requisito concernente ao tempo de serviço. Assegurou-se aos órgãos participantes do processo a margem de escolha necessária dentre procuradores com tempo de serviço inferior a 10 anos, na hipótese de inexistência de candidatos que preenchessem o requisito temporal fixado.

Nesses termos, acolho os embargos infringentes, para declarar a constitucionalidade do item IV da decisão normativa do Conselho Superior do Ministério Público do Trabalho, tomada na 4ª Reunião Ordinária realizada em 25.10.1993.